中華人民共和國國務院批准的重大文化出版工程

國家文化發展規劃綱要的重點出版工程項目

新聞出版總署列爲「十一五」國家重大工程出版規劃之首

國家出版基金重點支持項目

中華大典

林業典

鳳凰出版社

《中華大典》工作委員會

《中華大典》編纂委員會

《中華大典》前言

《中華大典》是運用我國歷代漢文古籍編纂的一部大型工具書。其目的是爲學術界及願意瞭解中國古代珍貴文化典籍的人士提供準確詳實、便於檢索的漢文古籍分類資料。

中國是世界文明古國之一，幾千年來纂寫和聚集的文化典籍浩如烟海。我國歷代都有編纂類書的優良傳統，具有代表性的《永樂大典》等大多已佚失，現存《古今圖書集成》編就距今也已數百年。爲了適應今天和以後研究和檢索的需要，一九八八年海内外三百多位專家學者和各古籍出版社同仁倡議，在已有類書的基礎上，用現代科學方法編纂一部新的類書《中華大典》。

國務院在關於編纂《中華大典》問題的批覆中指出，編纂《中華大典》「是我國建國以來最大的一項文化出版工程」。本書所收漢文古籍上起先秦，下迄清末，約三萬種，達七億多字，分爲二十四個典，近百個分典，内容廣博，規模宏大，前所未有。

《中華大典》的編纂工作堅持科學態度和百花齊放、百家争鳴方針。儘量採用古精校精刻本，優先採用我國建國後文獻學和考古學的優秀成果。對傳統文化中重要的不同學派的資料，兼收並蓄。運用現代圖書分類的方法，對收集到的資料，精選、精編，力求便於檢索、準確可信。

這項工作從開始起就受到中共中央、國務院和有關部門的重視和支持。國家主席江澤民、國務院總理李鵬分别爲《中華大典》題詞。江澤民的題詞是：「同心同德群策群力認真編好中華大典爲建設有中國特色的社會主義服務」。李鵬的題詞是：「繼承和弘揚民族優秀傳統文化」。全國政協主席李瑞環、國務委員李鐵映也作了重要指示，要求抓緊辦理。一九九零年五月，國務院批准《中華大典》爲國家重點古籍整理項目。一九九二年九月，正式成立了《中華大典》工作委員會和《中華大典》編纂委員會，召開了《中華大典》工作、編纂會議。自此，《中華大典》的編纂工作由試點轉入正式啓動，逐步鋪開。

編纂《中華大典》，學術性很强，工作量很大，工程十分艱巨，全賴廣大專家學者和全國各有關高等院校、科研院所、圖書館、出版單位的鼎力支持與積極參與。大家本着弘揚中華民族優秀文化的心願，發揚奉獻精神，克服各種困難，團結協作，給這部巨大類書的出版提供了根本保證。在此謹表示誠摯的謝意。

對本書的批評與建議，我們將十分歡迎。

《中華大典》編纂委員會

一九九七年四月

二〇〇六年十一月修訂

《中華大典》編纂通則

一、性質：《中華大典》（以下簡稱《大典》）是對漢文古籍（含已翻譯成漢文的少數民族古籍）進行全面的、系統的、科學的分類整理和彙編總結的新型類書，是在繼承歷代類書優良傳統、考慮漢文古籍固有特點的基礎上，借鑒和參照近代編纂百科全書的經驗和方法編纂而成。編纂《大典》的目的，是爲學術界及願意瞭解中國古代珍貴文化典籍的人士提供各種分門別類的、準確詳細的古代漢文專題資料。

二、規模和體例：《大典》所收古籍的時限，上自先秦，下迄辛亥革命。全書共收各類漢文古籍三萬餘種，七億多字。全書體例，着重汲取清代《古今圖書集成》所採用的經目和緯目相交織這一統一框架結構的模式，同時參照現代科學的學科、目録分類方法，並根據各類學科内容的實際情況，一般將每一大類學科輯爲一典，也有將幾個相關學科共輯爲一典的。對各典名稱，均以現代學科命名，對於所收入的各種古籍資料，亦儘可能納入現代科學分類體系之中。

三、經目：大典共分二十四個典，即哲學典、宗教典、政治典、軍事典、經濟典、法律典、教育典、語言文字典、文學典、藝術典、歷史典、歷史地理典、民俗典、數學典、物理化學典、天文典、地學典、生物學典、醫藥衛生典、農業典、林業典、工業典、交通運輸典、文獻目録典。典以下以分典、總部、部、分部分級，分部之下的標目根據各學科特點由各典自行擬定。

四、緯目：共設置九項緯目，用以包容各級經目的具體内容：

①題解：對有關學科的名稱、概念、涵義、特點等作總體介紹的資料。

②論説：有關理論部份的資料。

③綜述：有關學科或事物的系統性資料，凡有關學科或事物的性狀、制度、範疇、特點及學科地位、發展情況等具體内容均編入此緯目中。

④傳記：有關人物的傳記資料。

⑤紀事：有關學科或事物的具體活動或事例的資料。

⑥著録：重要人物或文獻的有關著作資料，如專集介紹、序跋、藏書題記，以及有關著作的成書經過、版本源流等。

⑦藝文：有關屬於文學欣賞性的散文或韻文。

⑧雜録：凡未收入以上各緯目，而又有較高參考價值的資料，均入雜録。

⑨圖表：根據有關經目的内容需要，圖與表附於相關專題之下，或集中彙總於某級經目之後。

《大典》以内容分類安排各級緯目，各級緯目的正文，一般以原書爲單位，按時代順序排列。每一條資料前標明出處，包括書名或作者名、篇名或卷次，以利讀者核對原書。

五、書目：每分典後附有該分典所收書之書目，書目包括書名、作者、時（年）代、版本等内容。時代以成書時代爲準，成書時代不詳者，以作者主要活動時代爲準，并遵從歷史習慣。

六、版本：《大典》在選用版本時儘量採用古人的精校精刻本，亦採用學術界通用的近、現代整理圈點本及現代學者校點整理本。

七、校點：爲儘可能保存古籍原貌，《大典》衹對底本中明顯的脱、訛、衍、倒進行勘正。古本中的避諱字一般不作改動，衹對缺筆字補足筆劃。後人刻書時避當朝人諱而改動的字，據古本改回。《大典》採用新式標點法。

一九九六年八月

二〇〇六年十一月修訂

《中華大典·林業典》工作委員會

主　　　　任：賈治邦

執行副主任：楊繼平

副　主　任：李育材　趙學敏　江澤慧　雷加富　祝列克

　　　　　　張建龍　印　紅　孫扎根　陳述賢　卓榕生

　　　　　　姚昌恬

委　　　　員：彭有冬　劉永範　王祝雄　曹清堯　汪　絢

　　　　　　張希武　張　蕾　杜永勝　封加平　魏殿生

　　　　　　曲桂林　張永利　譚光明　楊建新　樊德新

　　　　　　孫傳玉　王永海　程　紅　柳維河　吴　斌

　　　　　　陳景歡　姜小青

辦公室主任：曹清堯　程　紅

辦公室副主任：柳維河　厲建祝　葉　智

成　　　　員：曹　靖　梁成喜　楊玉芳　劉春華　熊鷟峰

　　　　　　鄒國輝　曾正德　沈和定

《中華大典·林業典》編纂委員會

主　　編：尹偉倫

副 主 編：嚴　耕　熊大桐　羅炳良

委　　員：李　莉　閻景娟　林　震　張連偉

學術顧問：沈國舫　施　丁　瞿林東　曹紅軍

《中華大典·林業典》序

森林是人類文明的摇籃。上古之世，先民構木爲巢以避群害，鑽燧取火以化腥臊，從而擺脱野性，走出荒蠻，踏上文明之途。森林是一座資源寶庫，爲人類提供了生活必需的物質資料，林木可以資材、取蔭，爲宫室，爲器用，林中的動植物可以爲衣食供養。森林還是神話的故鄉，原始自然宗教的温床。它引導人類敬畏自然，尊重自然；它滋養了人類質朴的心靈，激發了人的想像力和創造力，使人類健全心智，升華情感，精神世界日臻豐富。

林業是百業之母。人類的原初活動都是在森林中進行的，並逐漸從男人狩獵、女人採摘的自發模式，演進爲自覺的生産行爲（産業）。作爲最早形成和發展的産業之一，中國古代林業發端於新石器時代，與農業的發端幾乎同時。傳説中的神農氏「斲木爲耜，揉木爲耒，耒耨之利，以教天下」，既開創了農業，又引導了森林開發利用之先。之後的黄帝堯舜，刳木爲舟，剡木爲楫，斷木爲杵，弦木爲弧，剡木爲矢，可見先民對森林利用是多方面的。五帝時期，林業發展已見端倪，諸如農具、舟楫等木器製造，木構建築，以及林中狩獵、植物採集、蠶桑技術、紡織與編織、漆的利用等。河姆渡遺址中還發現了珠蘭、夜合花、旱蓮木、九里香、荷花、杜鵑等植物或孢粉，陶片上繪製有種在陶盆中的三葉和五葉植物圖案，説明此時的先民已經從事觀賞植物的栽培及盆栽藝術。對森林動植物的崇拜，形成圖騰，萌生了先民的原始宗教。以龍鳳爲代表的圖騰崇拜，在本族祖先及本族保護神之間確立了想象性關系，通過頂禮膜拜和禁忌約束，對某些類動植物施以保護，在一定程度上扼制了濫砍濫獵行爲。

關於森林資源的利用和保護問題，早在夏商周時期就已有較深刻的認識。王朝的建立，城邑的建設，都在很大程度上構成對森林資源的損害。《禹貢》中的「九州」劃定了中華民族的活動範圍，規定了九州的貢品，其中相當一部分是木材、林産品及林副産品，由此可推知古代森林及動植物資源分布、利用及産出情況。自漢代開始的屯田制對森林資源的損害是毀滅性的，其他毀林因素還包括戰争、洪水、病蟲害、惡劣氣候等等。而另一方面，生態保護、生態倫理思想在春秋時就已成形，數罟不入洿池，斧斤以時入山林，不麛，不卵，不殺胎，不殀夭，不覆巢，體現著鮮明的保護森林動植物及生態資源的可持續利用意識。森林培育技術、林業生産觀念也同時發展，《孟子》的「五畝之宅，樹之以桑，五十者可以衣帛矣」，《管子》的「十年之計樹木」等等，成爲後世動員民衆種樹、改善國計民生的勸世良言。中國園林也起源於殷商末修建台囿之期。後世，無論是帝王宫苑還是私家宅園，疊山理水、植物配置等等都是造園的重要因素，實踐著與山水自然不離不棄的詩意般的棲居旨趣。

一部林業史，是見證中華文明崛起和發展的進程史。森林是陸地生態系統的主體，具有製氧固碳、涵養水源、防風固土、改善氣候、維持生物多樣性等十分重要的生態功能，被譽爲地球之「肺」、大地之衣，承擔著維護地球生態平衡和促進碳、水循環的特殊使命。在自然資源消耗超速、生態面臨危機的今天，森林所擔當的生態調節功能日益爲人們所認知、所重用。新世紀以來，隨著經濟社會發展和人類文明的進步，林業的地位越來越重要，林業發展迎來千載難逢的歷史機遇期。黨中央、國務院高瞻遠矚，科學謀劃，作出了一系列加快林業發展的重大戰略决策，特别是召開了新中國成立以來首次中央林業工作會議，確立了新時期林業的「四個地位」和「四大使命」，明確指出，林業在可持續發展戰略中具有重要地位，在生態建設中具有首要地位，在西部大開發中具有基礎地位，在應對氣候變化中具有特殊地位，並明確要求，實現科學發展必須把發展林業作爲重大舉措，建設生態文明必須把發展林業作爲首要任務，應對氣候變化必須把發展林業作出戰略選擇，解决「三農」問題必須把發展林業作爲重要途徑。國家林業局根據中央的要求，提出發展現代林業、建設生態文明、推動科學發展的指導思想，努力構建完善的林業生態體系、發達的林業産業體系和繁榮的生態文化體系，充分發揮林業的多種功能，滿足社會對林業的多種需求。

在發展現代林業的時代背景下，編纂《中華大典·林業典》，意義尤爲顯著而深遠，主要有四：一是有利於總結林業的歷史經驗和教訓，推動林業科學發展；二是有利於深化全社會對森林的科學認知，提高林業的社會影響力和戰略地位；三是有利於弘揚生態文明，積極促進人與自然和諧；四是有利於學者和有識之士開展學術研究，傳承和弘揚祖國極其珍貴的森林文化遺産。

《中華大典·林業典》下設五個分典：《林業思想與文化分典》、《森林資源與生態分典》、《森林培育與管理分典》、《森林利用分典》和《園林與風景名勝分典》。五個分典互爲彼此、相互支撑，囊括了中國古代森林資源及林業科技與文化的全部重要資料。按照現代學科體系對資料内容進行分類，設分典、總部、部、分部四級經目。經目之内，按資料性質，設三至九個緯目不等。全典約一千伍佰萬字，是歷史上第一部集古代林業經典之大成的類書。

以史爲鑒，可知未來。願讀者開卷，切實受益。

是爲序。

賈治邦

二〇一〇年五月八日

《中華大典·林業典》編纂説明

編纂《中華大典·林業典》是新中國成立以來林業領域最重大的一項文化工程。在《中華大典》工作委員會和國家林業局的高度重視和支持下，《中華大典·林業典》曾於一九九八年立項，成爲《中華大典》計劃編纂的二十四個典之一。工作基地設於北京林業大學林業史研究室，來自國内多所林業院校專家組成的編輯組經多次討論，草擬了《中華大典·林業典》編纂大綱，爲後來者提供了重要參考，但此番編纂工作由於種種原因而擱置下來，成爲《林業典》編纂的一個序曲。

二〇〇六年八月，《中華大典·林業典》重新啓動，由北京林業大學校長、中國工程院院士尹偉倫教授出任主編，編纂機構設於北京林業大學人文社會科學學院，由院長嚴耕教授協助主編負責具體組織和編纂工作。我們堅持《中華大典·林業典》的編纂要與林業史的學科建設結合起來，並將它與林業史學科的人才培養融爲一體，使之成爲一項富有挑戰性的科研工作，一個創新性學科的奠基工程和推進學科可持續發展的工作平臺。這種將學術創新與人才培養有機結合的做法，給予參編者極大的工作動力。

回顧《林業典》編纂的歷程，可用四個特點概括之。一是編纂難度高，首次系統地研究、整理和收録古代林業文獻，其開創性和付出之艱辛可想而知。不同於農業史有歷代大型《農書》、醫學史有歷代《本草》，雖然中國古代林學專著可舉出《南方草木狀》、《植物名實圖考》等等及一些植物譜録類書籍，園林專著首舉《園冶》爲巨，但更多的林業資料則散見於浩如煙海的古籍之中，深藏於各類古籍的縫隙、褶皺裏，需要廣泛、深入地查找發掘，摘録專輯。這一開初辟草萊、砂裏淘金的編輯工作，因其開創意義而頗具挑戰性，因其浩繁瑣細而要求極高。唯有效組織，通力合作，才能共舉大業。

二是涉及學科衆多，内容豐富，規模宏大。《中華大典·林業典》資料收集採取拉網式普查和有針對性地倒查相結合的方法，盡可能保證資料來源既準確權威，又廣泛豐富，重要資料不被遺漏。普查古籍上萬種，引用典籍幾千種，獲得可用資源近三千萬字。《中華大典·林業典》由《林業思想與文化分典》、《森林資源與生態分典》、《森林培育與管理分典》、《森林利用分典》和《園林與風景名勝分典》共五個分典構成，涉及林業、園林、生態、林産加工、森林文化等等，成稿總字數達一千五百多萬字，堪稱巨著。

三是科學分類，融古貫今。在編纂方面，用心最苦、用力最多的是對大綱的調整修訂。主編們一面檢閲收集上來的古籍資料，一面研讀現代學者的著作或論文，根據材料收集情況和不斷的研究思考，對原始大綱進行了較大幅度的增、删、併、轉，不僅重新確定了現在各分典的名稱，還調整了各分典中的總部、部和分部的設置，使經目名稱更爲準確，更便於資料的分類，更具科學性，並適度體現當今的生態理念。大綱修訂幾經編輯工作會議討論，並呈請中華大典辦公室和數位院士、學科專家審核，得到充分肯定。《中華大典·林業典》的框架、體例均按《中華大典》編輯條例要求執行，編纂工作一直得到中華大典辦公室德高望重的諸位先生的指導和鼓勵。

四是工作量巨大，參與人數多。以北京林業大學爲基地，在山西平定師範學校、揚州大學、華中科技大學、南昌大學、華南農業大學、安慶師範學院組建了六個資料普查點，分别普查不同的古籍。除書中列出的一百多位編纂人員、工作人員外，前後曾參與領導和組織這項工作的人員也有幾十名，他們是王志寶、李昌鑒、董啓昌、黎祖交、封加平、莊義國、湯升亨等，在此一並致謝。

文章千古事，得失寸心知。親爲修典盛事，我們既倍感榮耀，又誠惶誠恐，戰戰兢兢。《林業典》重新啓動以來，歷時四年，我們時時以先賢皓首窮經的執著精神鞭策自己，自知功底淺薄而責任重大，未敢有絲毫怠慢。現在，雖然我們竭盡全力完成了《中華大典·林業典》的編纂工作，但由於編者水平有限，加之工作浩繁，參編人員衆多，資料重複、分類可榷、句讀可議的情況在所難免，敬請海内外方家雅正。

尹偉倫

二〇一〇年五月八日

中華大典・林業典

總目

中華大典・林業典

森林資源與生態分典

主　編：張連偉
副主編：樊寶敏　李傳印　趙　亮
李　明　李　飛

《中華大典·林業典·森林資源與生態分典》説明

一、《林業典·森林資源與生態分典》採用經目與緯目相交織的框架結構。其經目設三個總部，依次是森林分佈總部、森林植物總部、森林動物總部。總部之下設部，部之下根據材料性質，分設條目。其緯目設置共九項，依次是題解、論説、綜述、傳記、紀事、著録、藝文、雜録、圖表，有則設之，無則不設。

二、森林分佈總部收録中國古籍中有關森林生態與資源分佈的資料，森林植物總部、森林動物總部收録中國古籍中有關森林植物、動物的資料。

三、中國古代有關森林生態與資源的資料中，除了專論性的史料外，還有有關的典故、軼事、詩詞等資料，這些資料對瞭解古代森林生態與資源狀況，具有重要的參考價值，故酌情收録。有些資料，今日雖然視爲荒誕或迷信，但反映了古人的認識水平，也予以收録。但一些帶有神話傳説性質的動植物文獻史料，如有關建木、鳳凰、麒麟等的資料，本分典未予收録。

四、中國古代森林資源，尤其是動植物名稱，存在同物異名、同名異物的情況，因此本分典未嚴格按照現代學科的分類標準設置條目。對於同物異名的情況，已經有明確研究結論的，置於同一條目下；没有明確研究結論的，分設條目或標注不同名稱，以備學者進一步研究參考。對於同名異物，現代學術研究有明確結論的，我們將其歸於不同條目下；現代學術研究没有明確結論的，置於同一條目下。

五、中國歷代疆域時有盈縮，各代疆域以譚其驤主編《中國歷史地圖集》爲準。中國古代州、郡、府、縣等行政區劃的歸屬，以相關的歷史記載爲準，並參考現代學者的研究成果。

六、各緯目下的資料，按照成書年代和作者主要活動時代先後順序編排，無法確定成書年代和作者活動時代的資料，置於其出現朝代的末尾。一些成書時代和作者存在爭議的著作，遵從傳統觀點。凡原始作者的作品保留在其後人編的書中的材料，按原創作者的時代排序，材料出處均在括弧中標出。

七、本分典收録資料，注意首尾連貫，文意完整，不割裂文句，不斷章取義。對同一問題的不同觀點、論見，兼收並蓄。原書中確定無疑的脱、訛、衍、倒，均作勘正。明顯筆誤或刊刻錯誤徑改，缺筆字補足筆劃。通假字、古今字、異體字不改。

八、古籍版本儘量選用古代尤其是明清的精校精刻本，也選用近現代學者整理圈點本，及現代學者整理校點本，並儘量選用作者專集的第一手資料，不用或少用類書輯録的第二手資料。分典後附引用書目，其内容包括書名、作者名、朝代、版本、備注。

目録

果部

草部

獸部

蟲部 …… 一九四八

森林其他動物部

森林分佈總部

春秋公[illegible]詁

森林分佈總部提要

《森林分佈總部》主要收録森林或樹木地理分佈方面的文獻史料，也有少量屬於森林綜述方面的資料（列森林分佈總論部）。資料收録的原則是，凡屬於現代中國疆域範圍内的資料，或者屬於當時歷史時期中國疆域範圍内的資料均予以收録，不收録除上述兩者之外的外國森林的資料。

本總部下設九個部，即森林分佈總論部、華北部、東北部、華東部、華中部、華南部、西南部、西北部、臺港澳部。其中總論部收録介紹全國森林情況，或者跨大區森林情況的資料。在各部中，按資料的性質或所屬省（直轄市、自治區）的不同，再作了分類，只列標題，不稱分部。華北部含總論、北京、天津、河北、山西、内蒙古；東北部含總論、遼寧、吉林、黑龍江；華東部含總論、上海、江蘇、浙江、安徽、福建、江西、山東；華中部含總論、河南、湖北、湖南；華南部含廣東、廣西、海南；西南部含總論、重慶、四川、貴州、雲南、西藏；西北部含總論、陝西、甘肅、青海、寧夏、新疆；臺港澳部含臺灣、香港、澳門。其中各部中的總論屬於區域總體情況的資料，或者跨省（直轄市、自治區）的資料，或者範圍明顯超出現代省（直轄市、自治區）轄域的資料。由於歷代政區沿革，一些方志史料的區域範圍與現代行政區劃不完全一致，在編輯時，根據其反映的主要地區進行歸類。

在部下一級經目（即部的總論、各省級行政區）之中，按題解、論説、綜述、傳記、紀事、著録、藝文、雜録、圖表等九項緯目進行排序。在每個緯目之中，一般按資料的時間順序排列。但對於涉及先秦古籍注釋著作中的資料，如《山海經》及其各種注釋著作中的資料，則作爲一類資料集中放在一起，以便於讀者查閱。

本總部的資料，多出自各種地方志，少部分爲史書中的食貨志、地理志，及多種別集、遊記等。地方志以收省志、府志資料爲主，也兼收州志、縣志，個別有鎮志中的資料。對於同一縣有多部志書的，一般收録成書晚的書。凡是宋代之前的方志，則收録的資料比較詳細。凡介紹各地動植物種類的資料，大多放在『綜述』之中。關於名山勝地的遊記資料多放『紀事』中。此外，以收録記述成片森林的資料爲主，對於記載古樹名木的資料選擇比較重要者也酌情予以收録。由於篇幅所限，本總部在輯録方志中的物産資源時，以果類、木類、禽類和獸類爲主，對於花類、草類、藥類、蟲類和鱗類等動植物資源輯録較少，且以收錄物種名稱爲主，而對於其注疏解釋性的資料多有删減，以「注略」、「只録種名」等形式標注。有關這些物種性狀、特徵的描述，可參閱森林植物總部和森林動物總部的相關資料。

森林分佈總論部

題解

《周禮・地官司徒》 林衡，每大林麓下士十有二人，史四人，胥十有二人，徒百有二十人；中林麓，如中山之虞；小林麓，如小山之虞。注：衡，平也。平林麓之大小及所生者。竹木生平地曰林。山足曰麓。

《爾雅・釋山》 野外謂之林。

漢　劉熙《釋名・釋山》 山中叢木曰林。林，森也，森，森然也。

漢　許慎《説文》卷六 林，平土有叢木曰林，從二木。凡林之屬，皆從林。

森，木多皃，從林從木，讀若曾參之參。

明　馮復京《六家詩名物疏》卷三《林》 《爾雅》云：野外謂之林。《釋名》云：林，森也。森，森然也。《説文》曰：平土有叢木曰林。《禮記》曰：林藪川澤，有能取蔬食野虞教導之。《周官禮》曰：山林，其動物宜毛物，其植物宜皂物，其民毛而方。林衡掌巡林麓之禁令而平其守，以時計林麓而賞罰之。若斬木材，則受法於山虞，而掌其政令。山師辯山林之名。鄭氏《禮注》云：竹木曰林。

論説

《周禮・地官司徒・大司徒》 大司徒之職，掌建邦之土地之圖與其人民之數，以佐王安擾邦國。以天下土地之圖，周知九州之地域廣輪之數，辨其山林、川澤、丘陵、墳衍、原隰之名物，而辨其邦國都鄙之數，制其畿疆而溝封之，設其社稷之壝而樹之田主，各以其野之所宜木，遂以名其社與其野。以土會之法辨五地之物生。一曰山林，其動物宜毛物，其植物宜皂物，其民毛而方。二曰川澤，其動物宜鱗物，其植物宜膏物，其民黑而津。三曰丘陵，其動物宜羽物，其植物宜覈物，其民專而長。四曰墳衍，其動物宜介物，其植物宜莢物，其民晳而瘠。五曰原隰，其動物宜贏物，其植物宜叢物，其民豐肉而庳。

《管子・八觀》 行其山澤，觀其桑麻，計其六畜之産，而貧富之國可知也。夫山澤廣大則草木易多也，壤地肥饒則桑麻易殖也，薦草多衍則六畜易繁也。山澤雖廣，草木毋禁，壤地雖肥，桑麻毋數，薦草雖多，六畜有征，閉貨之門也。故曰：時貨不遂，金玉雖多，謂之貧國也。故曰：行其山澤，觀其桑麻，計其六畜之産，而貧富之國可知也。

又《地員》 夫管仲之匡天下也，其施七尺。瀆田悉徙，五種無不宜。其立后而手實。其木宜蚖菕與杜松，其草宜楚棘。見是土也，命之曰五施，五七三十五尺而至於泉，呼音中角，其水倉，其民彊。赤壚，歷彊肥，五種無不宜，其麻白，其布黄，其草宜白茅與雚，其木宜赤棠。見是土也命之曰四施，四七二十八尺而至於泉，呼音中商，其水白而甘，其民壽。黄唐，無宜也，唯宜黍秫也。宜縣澤，行廧落，地潤數毀，難以立邑置廧。其草宜黍秫與茅，其木宜櫄擾桑。見是土也，命之曰三施，三七二十一尺而至於泉，呼音中宫，其泉黄而糗，流徙。斥埴，宜大菽與麥。其草宜萯雚，其木宜杞。見是土也，命之曰再施，二七十四尺而至於泉，呼音中羽，其泉鹹，水流徙。黑埴，宜稻麥。其草宜苹蓨，其木宜白棠。見是土也，命之曰一施，七尺而至於泉，呼音中徵，其水黑而苦。

凡聽徵，如負猪豕，覺而駭。凡聽羽，如鳴馬在野。凡聽宫，如牛鳴窌中。凡聽商，如離羣羊。凡聽角，如雉登木以鳴，音疾以清。凡將起五音，凡首，先主一而三之，四開以合九九，以是生黄鍾小素之首以成宫。三分而益之以一，爲百有八，爲徵。不無有，三分而去其乘，適足以是生商。有三分而復於其所，以是成羽。有三分去其乘，適足以是成角。

墳延者六施，六七四十二尺而至於泉。陜之芳七施，七七四十九尺而至於泉。祀陝八施，七八五十六尺而至於泉。杜陵九施，七九六十三尺而至於泉。延陵十施，七十尺而至於泉。環陵十一施，七十七尺而至於泉。蔓山十二施，八十四尺而至於泉。付山十三施，九十一尺而至於泉。付山白徒十四施，九十八尺而至於泉。中陵十五施，百五尺而至於泉。青山十六施，百一十二尺而至於泉。青龍之所居，庚泥，不可得泉。赤壤勢山十七施，百一十九尺而至於泉。其下清商，不可得泉。陘山白壤十八施，百二十六尺而至於泉。其下駢石，不可得泉。徙山十九施，百三十三尺而至於泉。其下有灰壤，不可得泉。高陵土山二十施，百四十尺而至於泉。山之上命之曰縣泉，其地不乾，其草如茅與走，其木乃樠，鑿之二尺，乃至於泉。山之上命曰復呂，其草魚腸與蕕，其木乃柳，鑿之三尺而至於泉。山之上命之曰泉英，其草蘄白昌，其木乃樠，鑿之五尺而至於泉。山之材，其草兢與薔，其木乃格，鑿之二七十四尺而至於泉。山之側，其草葍與蔞，其木乃品榆，鑿之三七二十一尺而至於泉。

凡草土之道，各有穀造。或高或下，各有草土。葉下於鞶，鞶下於莧，莧下於蒲，蒲下於葦，葦下於雚，雚下於蔞，蔞下於荓，荓下於蕭，蕭下於薛，薛下於萑，萑下於茅。凡彼草物，有十二衰，各有所歸。

九州之土，爲九十物，每州有常，而物有次。羣土之長，是唯五粟。五粟之物，或赤，或青，或白，或黑，或黄。五粟五章。五粟之狀，淖而不肕，剛而不觳，不濘車輪，不污手足。其種大重、細重，白莖、白秀，無不宜也。五粟之土，若在陵在山，在隫在衍。其陰其陽，盡宜桐柞，莫不秀長。其榆其柳，其檿其桑，其柘其櫟，其槐其楊，羣木蕃滋，數大條直以長。其澤則多魚，牧則宜牛羊。其地其樊，俱宜竹箭藻龜楢檀，五臭生之，薜荔白芷，蘼蕪椒連。五臭所校，寡疾難老，士女皆好，其民工巧。其泉黄白，其人夷姤。五粟之土，乾而不挌，湛而不澤，無高下，葆澤以處，是謂粟土。粟土之次曰五沃，五沃之物，或赤，或青，或黄，或白，或黑，五沃五物，各有異則。五沃之狀，剽忞橐土，蟲易全處。忞剽不白，下乃以澤。其種大苗細苗，赨莖黑秀，箭長。五沃之土，若在丘在山，在陵在岡，若在陬陵之陽，其左其右，宜彼羣木，桐柞扶櫄，及彼白梓，其梅其杏，其桃其李，其秀生莖起。其棘其棠，其槐其楊，其榆其桑，其杞其枋，羣木數大，條直以長。其陰則生之楂梨，其陽則安樹之五麻。若高若下，不擇疇所。其麻大者如箭如葦，大長以美，其細者如雚如蒸，欲有與各，大者不類，小者則治，揣而藏之，若衆練絲。五臭疇生，蓮與蘪蕪，藁本白芷。其澤則多魚，牧則宜牛羊。其泉白青，其人堅勁，寡有疥騷，終無痟酲。五沃之土，乾而不斥，湛而不澤，無高下，葆澤以處，是謂沃土。沃土之次曰五位，五位之物，五色雜英，各有異章。五位之狀，不塥不灰，青忞以落及。其種大葦無，細葦無，赨莖白秀。五位之土，若在岡在陵，在隫在衍，在丘在山，皆宜竹箭求黽楢檀。其山之淺，有蘢與斥。羣木安逐，條長數大。其桑其松，其杞其茸，種木胥容，榆桃柳楝。羣藥安生，薑與桔梗，小辛大蒙。其山之梟，多桔符榆。其山之末，有箭與苑。其山之旁，有彼黄宦，及彼白昌，山藜葦芒。羣藥安聚，以圉民殃。其林其漉，其槐其楝，其柞其穀，羣木安逐，鳥獸安施。既有麋麃，又且多鹿。其泉青黑，其人輕直，省事少食。無高下，葆澤以處，是謂位土。位土之次曰五蘟，五蘟之狀，黑土黑菭，青怵以肥，芬然若灰。其種櫑葛，赨莖黄秀，恚目，其葉若苑。以蓄殖果木，不若三土以十分之二，是謂蘟土。蘟土之次曰五壤，五壤之狀，芬然若澤若屯土。其種大水腸，細水腸，赨莖黄秀，以慈忍，水旱無不宜也。蓄殖果木，不若三土以十分之二，是謂壤土。壤土之次曰五浮，五浮之狀，捍然如米，以葆澤，不離不坼。其種忍蘟，忍葉如雚，葉以長狐茸，黄莖黑莖黑秀，其粟大，無不宜也。蓄殖果木，不如三土以十分之二。凡上土三十物，種十二物。中土曰五忞，五忞之狀，廩焉如壏，潤濕以處。其種大稷細稷，赨莖黄秀，慈忍，水旱細粟如麻。蓄殖果木，不若三土以十分之三。忞土之次曰五纑，五纑之狀，彊力剛堅。其種大邯鄲，細邯鄲，莖葉如枎櫄，其粟大。蓄殖果木，不若三土以十分之三。纑土之次曰五壏，五壏之狀，芬焉若糠以脃。其種大荔細荔，青莖黄秀。蓄殖果木，不若三土以十分之四。壏土之次曰五剽，五剽之狀，華然如芬以脤。其種大秬細秬，黑莖青秀。蓄殖果木，不若三土以十分之四。剽土之次曰五沙，五沙之狀粟焉如屑塵厲。其種大萯細萯，白莖青秀，以蔓。蓄殖果木，不如三土以十分之四。沙土之次曰五塥，五塥之狀，累然如僕累，不忍水旱。其種大樛杞、細樛杞，黑莖黑秀。蓄殖果木，不若三土以十分之四。凡中土三十物，種十二物。下土曰五猶，五猶之狀如糞。其種大華細華，白莖黑秀。蓄殖果木，不如三土以十分之五。猶土之次曰五弘，五弘之狀，如鼠肝。其種青粱，黑莖黑秀。蓄殖果木，不如三土以十分之五。弘土之次曰五殖，五殖之狀，甚澤以疏，離坼以臞堉。其種鴈膳，黑實，朱跗黄實。蓄殖果木，不如三土以十分之六。五殖之次曰五觳，五觳之狀，婁婁然，不忍水旱。其種大菽細菽，多白實。蓄殖果木，不如三土以十分之六。觳土之次曰五凫，五凫之狀，堅而不骼。其種陵稻、黑鵝、馬夫。蓄殖果木，不如三土以十分之七。凫土之次曰五桀，五桀之狀，甚鹹以苦，其物爲下。其種白稻長狹。蓄殖果木，不如三土以十分之七。凡下土三十物，其種十二物。凡土物九十，其種三十六。

《商君書·徠民》 地方百里者，山陵處什一，藪澤處什一，谿谷流水處什一，都邑、蹊道處什一，惡田處什一，良田處什四。以此食作夫五萬，其山陵、谿谷、藪澤可以給其材，都邑、蹊道足以處其民，先王制土分民之律也。今秦之地，方千里者五，而穀土不能處二，田數不滿百萬，其藪澤、蹊谷、名山、大川之材物貨寶，又不盡爲用，此人不稱土也。

《荀子·富国》 今是土之生五穀也，人善治之則畝數盆，一歲而再獲之，然後瓜桃棗李一本數以盆鼓，然後葷菜百疏以澤量，然後六畜禽獸一切而剸車，黿鼉、魚鱉、鰌鱣以時别，一而成羣，然後飛鳥凫鴈若烟海，然後昆蟲萬物生其間，可以相食養者不可勝數也。夫天地之生萬物也，固有餘足以食人矣。麻葛、繭絲、鳥獸之羽毛、齒革也，固有餘足以衣人矣。

又《致士》 川淵者，魚龍之居也。山林者，鳥獸之居也。國家者，士民之居也。川淵枯則魚龍去之，山林險則鳥獸去之，國家失政則士民去之。

漢 陸賈 《新語·資執》 夫楩柟豫章，天下之名木，生於深山之中，産於溪谷之傍，立則爲太山衆木之宗，仆則爲萬世之用，浮於山水之流，出於冥冥之野，因江河之道，而達於京師之下。因斧斤之功而舒其文彩之好，精捍直理，密緻博通，蟲蝎不能穿，水濕不能傷，在高柔軟，入地堅强，無膏澤而光潤生。

又《明誠》 螟蟲之類，隨氣而生。虹蜺之屬，因政而見。治道失於下，則天文度於上。惡政流於民，則蟲災生於地。賢君智則知隨變而改，緣類而試思之，於缺三字。變。聖人之理，恩及昆蟲，澤及草木，乘天氣而生，隨寒暑而動，莫不延，缺四字。傾耳而聽化。聖人察物，無所遺失，上及日月星辰，下至鳥獸草木昆蟲。缺三字。鷁之退飛，治五石之所損，所以不失纖微。至於鴝鵒来，冬多麋，言鳥獸之类缺三字。也。十有二月李梅實，十月殞霜，不煞菽，言寒暑之氣失其節也。鳥獸、草木尚欲各得其所，綱之以法，紀之以數，而況於人乎？

漢 司馬遷 《史記》卷二四《樂書》 是故大人舉禮樂，則天地將爲昭焉。天地欣合，陰陽相得，煦嫗覆育萬物，然後草木茂，區萌達，羽翮奮，角觡生，蟄蟲昭蘇，羽者嫗伏，毛者孕鬻，胎生者不殰而卵生者不殈，則樂之道歸焉耳。

又卷二七《天官書》 (天)〔夫〕雷電、蝦虹、辟歷、夜明者，陽氣之動者也，春夏則發，秋冬則藏，故候者無不司之。天開縣物，地動坼絶。山崩及徙，川塞谿垘；水澹(澤竭)地長，〔澤竭〕見象。城郭門閭，閨臬(枯槀)槀枯；宫廟邸第，人民所次。謡俗車服，觀民飲食。五穀草木，觀其所屬。倉府廄庫，四通之路。六畜禽獸，所産去就；魚鱉鳥鼠，觀其所處。鬼哭若呼，其人逢俉。化言，誠然。

又卷四四《魏世家》 十夫憎韓不愛安陵氏，可也，夫不患秦之不愛南國，非也。異日者，秦在河西晉國，去梁千里，有河山以闌之，有周韓以閒之。從林鄉軍以至於今，秦七攻魏，五入囿中，邊城盡拔，文臺墮，垂都焚，林木伐，麋鹿盡，而國繼以圍。又長驅梁北，東至陶衛之郊，北至平監。所亡於秦者，山南山北，河外河内，大縣數十，名都數百。秦乃在河西晉，去梁千里，而禍若是矣。又況於使秦無韓，有鄭地，無河山而闌之，無周韓而閒之，去大梁百里，禍必由此矣。

又卷一二九《貨殖列傳》 夫山西饒材、竹、穀、纑、旄、玉石；山東多魚、鹽、漆、絲、聲色；江南出枏、梓、薑、桂、金、錫、連、丹沙、犀、瑇瑁、珠璣、齒革；龍門、碣石北多馬、牛、羊、旃裘、筋角；銅、鐵則千里往往山出棊置：此其大較也。皆中國人民所喜好，謡俗被服飲食奉生送死之具也。故待農而食之，虞而出之，工而成之，商而通之。此寧有政教發徵期會哉？人各任其能，竭其力，以得所欲。故物賤之徵貴，貴之徵賤，各勸其業，樂其事，若水之趨下，日夜無休時，不召而自來，不求而民出之。豈非道之所符，而自然之驗邪？【略】衡山、九江、江南、豫章、長沙，是南楚也，其俗大類西楚。郢之後徙壽春，亦一都會也。而合肥受南北潮，皮革、鮑、木輸會也。與閩中、干越雜俗，故南楚好辭，巧説少信。江南卑溼，丈夫早夭。多竹木。豫章出黄金，長沙出連、錫，然堇堇物之所有，取之不足以更費。九疑、蒼梧以南至儋耳者，與江南大同俗，而楊越多焉。番禺亦其一都會也，珠璣、犀、瑇瑁、果、布之湊。【略】總之，楚越之地，地廣人希，飯稻羹魚，或火耕而水耨，果隋蠃蛤，不待賈而足，地埶饒食，無飢饉之患，以故呰窳偷生，無積聚而多貧。是故江淮以南，無凍餓之人，亦無千金之家。沂、泗水以北，宜五穀桑麻六畜，地小人衆，數被水旱之害，民好畜藏，故秦、夏、梁、魯好農而重民。三河、宛、陳亦然，加以商賈。齊、趙設智巧，仰機利。燕、代田畜而事蠶。【略】故曰陸地牧馬二百蹄，牛蹄角千，千足羊，澤中千足彘，水居千石魚陂，山居千章之材。安邑千樹棗；燕、秦千樹栗；蜀、漢、江陵千樹橘；淮北、常山已南，河濟之閒千樹萩；陳、夏千畝漆；齊、魯千畝桑麻；渭川千畝竹；及名國萬家之城，帶郭千畝畝鍾之田，若千畝卮、茜，千畦薑、韭：此其人皆與千户侯等。然是富給之資也，不窺市井，不行異邑，坐而待收，身有處士之義而取給焉。若至家貧親老，妻子軟弱，歲時無以祭祀進醵，飲食被服不足以自通，如此不慙恥，則無所比矣。是以無財作力，少有鬬智，既饒爭時，此其大經也。今治生不待危身取給，則賢人勉焉。是故本富爲上，末富次之，姦富最下。無巖處奇士之行，而長貧賤，好語仁義，亦足羞也。

漢　桓寬　《鹽鐵論》卷一《通有第三》　大夫曰：五行，東方木，而丹、章有金銅之山；南方火，而交趾有大海之川；西方金，而蜀隴有名材之林。北方水，而幽都有積沙之地。此天地所以均有無而通萬物也。今吴、越之竹，隋、唐之材，不可勝音升。用，而曹、衛、梁、宋采棺轉尸。江湖之魚，萊黄之鮐，音台。不可勝音升。食，而鄒、魯、周、韓，藜藿蔬食。天下之利無不贍，古贍字。而山海之貨無不富也。然百姓匱乏，財用不足，多寡不調，調和也。而天下財不散也。

文學曰：古者采椽不斲，音卓。茅屋不翦，衣去聲。布褐，飯上聲。土硎，音刑。《韓非子》曰：堯之有天下也，堂高三尺，采椽不斲，茅茨不翦，雖逆旅之宿，不勤於此矣。冬日鹿裘，夏日葛裘，粢糲之食，藜藿之羹，飯土匭，啜土铏，雖監門之養不觳於此矣。《精神訓》曰：高臺層榭，人之所麗也，而堯樸桷不斲，素題不枅。珍怪奇異，人之所美也，而堯糲粢之飯，藜藿之羹。文繡狐白，人之所好也，而堯布衣掩形，鹿裘御寒。《俶真訓》曰：夫聖人量腹而食，度形而衣，節於己而已，貪污之心奚由生哉。故能有天下者，必無以天下爲也。鑄音注。金爲鉏，音鋤。埏音言。埴音植。爲器，工不造奇巧，世不寶不可衣食之物，晁錯曰：夫珠玉金銀，飢不可食，寒不可衣，是故明君貴五穀而賤金玉。各安其居，樂音洛。其俗，甘其食，便其器。是以遠方之物不交，而崑山之玉不至。

漢　班固　《漢書》卷九一《貨殖傳》　昔先王之制，自天子、公、侯、卿、大夫、士至於皁隸、抱關、擊柝者，其爵禄、奉養、宫室、車服、棺槨、祭祀、死生之制各有差品，小不得僭大，賤不得踰貴。夫然，故上下序而民志定。於是辯其土地、川澤、丘陵、衍沃、原隰之宜，教民樹種畜養；五穀六畜及至魚鼈、鳥獸、雚蒲、材幹、器械之資，所以養生送終之具，靡不皆育。育之以時，而用之有節。草木未落，斧斤不入於山林。豺獺未祭，罝網不布於壄澤。鷹隼未擊，矰弋不施於徯隧。既順時而取物，然猶山不茬蘖，澤不伐夭，蝝魚麛卵，咸有常禁。所以順時宣氣，蕃阜庶物，稸足功用，如此之備也。然後四民因其土宜，各任智力，夙興夜寐，以治其業，相與通功易事，交利而俱贍，非有徵發期會，而遠近咸足。故《易》曰『后以財成輔相天地之宜，以左右民』，『備物致用，立成器以爲天下利，莫大乎聖人』，此之謂也。《管子》云古之四民不得雜處。士相與言仁誼於閒晏，工相與議技巧於官府，商相與語財利於市井，農相與謀稼穡於田壄，朝夕從事，不見異物而遷焉。故其父兄之教不肅而成，子弟之學不勞而能，各安其居而樂其業，甘其食而美其服，雖見奇麗紛華，非其所習，辟猶戎翟之與于越，不相入矣。是以欲寡而事節，財足而不爭。於是在民上者，道之以德，齊之以禮，故民有恥而且敬，貴誼而賤利。此三代之所以直道而行，不嚴而治之大略也。及周室衰，禮法墮，諸侯刻桷丹楹，大夫山節藻棁，八佾舞於庭，《雍》徹於堂。其流至乎士庶人，莫不離制而棄本，稼穡之民少，商旅之民多，穀不足而貨有餘。陵夷至乎桓、文之後，禮誼大壞，上下相冒，國異政，家殊俗，耆欲不制，僭差亡極。於是商通難得之貨，工作亡用之器，士設反道之行，以追時好而取世資。僞民背實而要名，姦夫犯害而求利，篡弑取國者爲王公，圉奪成家者爲雄桀。禮誼不足以拘君子，刑戮不足以威小人。富者木土被文錦，犬馬餘肉粟，而貧者裋褐不完，唅菽飲水。其爲編户齊民，同列而以財力相君，雖爲僕虜，猶亡愠色。故夫飾變詐爲姦軌者，自足乎一世之間；守道循理者，不免於飢寒之患。其教自上興，繇法度之無限也。故列其行事，以傳世變云。

晉　張華《博物志》卷一　地以名山爲輔佐，石爲之骨，川爲之脈，草木爲之毛，土爲之肉，三尺以上爲糞，三尺以下爲地。

北魏　賈思勰《齊民要術·自序》　故《仲長子》曰：叢林之下爲倉庾之坻，魚鼈之堀爲耕稼之場者，此君長所用心也。是以太公封而斥鹵播嘉穀，鄭白成而關中無饑年。蓋食魚鼈而藪澤之形可見，觀草木而肥墝之勢可知。又曰：稼穡不修，桑果不茂，畜産不肥，鞭之可也。杝落不完，垣墻不牢，掃除不净，笞之可也。此督課之方也。且天子親耕，皇后親蠶，況夫田父而懷窳惰乎？李衡於武陵龍陽汎洲上作宅，種甘橘千樹，臨卒敕兒曰：吾州里有千頭木奴，不責汝衣食，歲上一疋絹，亦可足用矣。吴末甘橘成，歲得絹數千疋，恒稱太史公所謂『江陵千樹橘，與千户侯等』者也。樊重欲作器物，先種梓、漆，時人嗤之，然積以歲月，皆得其用，向之笑者咸求假焉。此種殖之不可已也。諺曰：一年之計，莫如種穀；十年之計，莫如樹木。此之謂也。

又卷七　山居千章之楸。楸木千章者，大枚也。師古曰：大材曰章。解在《百官公卿表》。安邑千樹棗，燕、秦千樹栗，蜀、漢、江陵千樹橘，淮北滎南、齊河之間千樹楸，陳夏千畝漆，齊魯千畝桑麻，渭川千畝竹，及名國萬家之城，帶郭千畝鍾之田，孟康曰：一鍾受六斛四斗。師古曰：一畝收鍾者，凡千畝。若千畝梔、茜，孟康曰：茜草、梔子，可用染也。千畦薑、韭：此其人皆與千户侯等。諺曰：以貧求富，農不如工，工不如商，刺繡文不如倚市門。此言末業，貧者之資也。師古曰：言其易以得利也。通邑大都，酤一歲千釀，師古曰：千甕以釀酒。醯醬千瓨，胡靶反。師古曰：瓨，長頭是也，受十升。醬千儋，孟康曰：儋，石甖。師古曰：儋，人儋之也。一儋兩甖。儋，音丁濫反。屠牛、羊、彘千皮，販穀糴千鍾，師古曰：謂常糴取而居之。薪藁千車，船長千丈，木千章，洪同方藁草材也。舊將作大匠掌材者曰章曹椽。竹竿萬個，軺車百乘，師古曰：軺車，輕小車也。牛車千兩，木器漆者千枚，銅器千鈞，鈞，三十斤也。素木、鐵器若梔、茜千石，孟康曰：百二十斤爲石。素木，素器也。馬蹏噭千，師古曰：噭，口也。蹏與口共千，則爲馬二百也。噭，江釣反。牛千足，羊、彘千雙，僮手指千，孟康曰：僮，奴婢也。古者無空手游口，皆有作務，須手指，故曰手指，以別馬牛蹄角也。師古曰：手指，謂有巧伎者。指千則人百。筋、角、砂千斤，其帛、絮、細布千鈞，文采千疋，師古曰：文，文繒也。帛之有色者曰采。荅布、皮革千石，孟康曰：荅布，白疊也。師古曰：粗厚之布也。其價賤，故與皮革同其量耳，非白疊也。荅者，重厚貌。漆千大斗，師古曰：大斗者，異於量米粟之斗也，今俗猶有大量。蘖麴，鹽豉千合。師古曰：麴蘖以斤石稱之，輕重齊則爲合。鹽豉則斗斛量之，多少等亦爲合者，相配耦之言耳。今西楚荆、沔之俗，賣鹽、豉各一斗，則各爲裹而相隨焉，此則合也。説者不曉，迺讀爲升合之合，又改作占，競爲解説，失之遠矣。【略】棗、栗千石者三之，師古曰：三千石。狐、貂裘千皮，羔羊裘千石，師古曰：狐、貂貴，故計其數；羔羊賤，故稱其量也。旃席千具，他果采千種，師古曰：果采，謂於山野采取果實也。子貸金錢千貫，節駔儈，孟康曰：節，節物貴賤也，謂除估儈，其餘利比於千乘之家也。師古曰：儈者，合會二家交易者也。駔者，其首率也。駔，音子朗反。儈，音工外反。貪賈三之，廉賈五之，孟康曰：貪賈，未當賣而賣，未當買而買，故得利少，而十得其三。廉賈，貴乃賣，賤乃買，故十得五也。亦比千乘之家。此其大率也。卓氏曰：「吾聞汶山之下沃壄，下有踆鴟，至死不饑。孟康曰：踆音蹲，水鄉多鴟，其山下有沃壄灌溉。師古曰：孟説非也。踆鴟，謂芋也，有根可食，以充糧，故無饑年。《華陽國志》曰：汶山郡都安縣有大芋如蹲鴟也。諺曰：富何卒？耕水窟。貧何卒？亦耕水窟。言下田能貧能富。魯邴氏家起，富至巨萬。然自父兄子弟勤約，俯有拾，仰有取。

宋　秦觀《淮海集》卷三九《集瑞圖序》　余謂萬物皆天地之委和，而瑞物者又至和之所委也。至和之氣磅礴氤氲而不已，則必發見於天地之間。其精者蓋已爲盛德，爲尊行，爲豪傑之材。其浮沉而下上者，則又爲景星、卿雲、甘露、時雨、醴泉、芝草、連理之木、同穎之禾。而棲翔遊息乎其中者，則又爲鳳凰、麒麟、神馬、靈龜之屬。曄乎光景色象之異也，藹乎華實臭味之殊也，卓乎形聲文章之無與及也。於是世指以爲瑞焉。繇是言之，世之所謂瑞者，乃盛德尊行魁奇之才所鍾和氣之餘者耶。

宋　施德操《北牕炙輠録》卷下　花之白者類多香，其紅者殊無香。今花以香名於世者，白花居十七，紅居三，惟荷花、瑞香之種，而香亦纔瑣碎小紅耳。不惟名於世者，籬落田野間雜花之香者，不可勝數。大率皆白色，而紅色者無一二也。固知戴其角者闕其齒，傅以翼者兩其足，此理在天地間，無物不然也。《本草》云：椒合口者殺人，桑白皮出土者殺人，魚無目者與鱗逆者殺人，如此十餘種。魚無目者與鱗逆，固未之見也。今人烹炰，豈皆能去椒之合口者？店家桑白皮，安能保其無出土者？然亦未嘗見殺人，他物亦爾。是果古人不足信歟？余竊觀《本草》之論藥，如左氏之論禍福，凡人一威儀之失度，一言語之不中節，以爲皆得禍。《本草》言椒實之合口，桑白皮之出土，皆以爲殺人。一威儀之失度，一言語之不中節，未必遽得禍。而左氏斷之以必得禍，蓋有得禍之理也。一椒實之合口，一桑白皮之出土，未必遽殺人，而《本草》斷之以殺人，蓋有殺人之理也。既有得禍殺人之理，則安得不慎？今人食物或不死者，蓋其五臟和平，血氣强盛，幸有以勝之耳。不幸而是中失調，血脈方亂，則又以一物殺之，禍莫測也。

宋　夏僎《尚書詳解》卷二　帝曰：『疇若予上下草木鳥獸？』僉曰：『益哉。』帝曰：『俞，咨。益，汝作朕虞。』益拜稽首，讓于朱、虎、熊、羆。帝曰：『俞，往哉，汝諧。』按《孟子》：禹平水土之初，舜命益掌火，益烈山澤而焚之。則益掌山澤，亦已久矣。至此又命之者，蓋洪水未平，草木暢茂，禽獸繁殖，禹雖欲施功有不可得，故先禹而命益，使焚山澤以除草木之障塞，禽獸之逼人。今洪水既平，舜將求人若上下草木鳥獸，故朝臣以其前曾焚山澤，能知鳥獸草木之異，故共薦于舜，使作虞官也。若之爲言謂順，獺祭魚然後漁人入澤梁，豺祭獸然後田臘，草木零落然後入山林。此所謂若上下草木鳥獸。其事與烈山澤而焚者不同，故知此命與前命實不同。不可泥《孟子》而疑此也。唐孔氏謂此官以虞爲名。言朕虞者，猶言作我虞耳。朕非官名，然則官名爲虞者，豈非欲其度禽獸草木之宜而若之乎？若草木鳥獸，而言上下草木鳥獸，先儒以上爲山，以下爲澤，猶言若山澤間所生草木鳥獸爾。要之，草木鳥獸或上而生于山，或下而生于澤，則謂上下爲山澤，亦有理也。但益所讓朱、虎、熊、羆，孔氏以爲二人。據《左傳》謂高辛氏有才子伯虎、仲熊。既爲二人，則朱與羆亦當爲二人。朱博士云：殳斨、伯與三人也，故云暨以別之；朱、虎、熊、羆四人也，故不言暨。此言爲善。

宋　葉時《禮經會元》卷三上《山澤》　昔晏子謂齊侯曰：山林之木，衡鹿守之。澤之萑蒲，舟鮫守之。藪之薪蒸，虞侯守之。海之鹽蜃，祈望守之。縣鄙之人，入從其征，偪介之關，暴征其私，是以民人苦疾，夫婦皆詛。晏子之爲是言也，是知山澤之利，先王未嘗不與民共之也。晋人謀去故絳，諸大夫皆曰：必居郇瑕氏之地，沃饒而近鹽。韓獻子獨不可，曰：山澤林鹽，國之寶也。國饒，則民驕佚。近寶，公室乃貧。獻子之爲是言也，是知山澤之利，先王以來未嘗禁，民自取之也。是故古之名山大澤，不以封諸侯，而九州山川澤藪之名，皆職方氏之所掌。至於山林川澤之利害，有可與侯國共者，則命山師、川師辨其名而頒之，使致其珍異之貢而已。夫不封以山澤之大者，將以弭諸侯之侈心，而謹天子之守地也。必頒以山澤之利者，將以示諸侯之公心，而均天下之利源也。先王於畿外山澤尚爲之纖悉區畫，而况畿内之山澤乎？大抵山林川澤，民之所取財用利至博也。不公其財，則是山海天地之藏而爲一人之私有，是與民爭利也。不爲之禁，則是山澤國家之寶而聽百姓之自取，是縱民趨利也。先王不與民爭山澤之利，亦不縱民趨山澤之利，是以太宰以九職任萬民，而五曰虞衡作山澤之材，則是官不得私也。至地官之屬，則有山虞令萬民以時斬材，澤虞頒其餘於萬民。田獵者得以受迹人之令，取金石玉錫者得以受卝人之圖。羽翮齒角之物，皆山澤之農所得取。絺綌草貢之材，皆山澤之農所得爲。以至染草、灰炭、疏材、互蜃之物，皆山澤之民所得有也。此之謂與民共財。既而太宰又以九賦斂財賄，而五曰山澤之賦，則是民不得擅也。至地官之屬，山虞則掌山林而爲守禁，林衡則掌巡林麓之禁令，以時計林麓而賞罰之。澤虞則掌國澤而爲厲禁，川衡則掌巡川澤之禁令，以時執犯禁者而誅罰之。迹人則掌邦田之地，爲厲禁而守之。卝人則掌金石之地，爲厲禁而守之。齒角羽翮以當邦賦，則角人、羽人斂之。絺紵、草材以當邦賦，則掌葛斂之。以至掌炭、掌染草、掌茶、掌蜃之屬，無不以時而徵其物也。此之謂禁民趨利。蓋古者鄉遂之民皆爲農，農皆受田，田皆出賦，惟知有田之可業，不知有利之可趨。獨爲山澤之民，不專資田畝之業以爲生，往往資山澤之利以爲業。

利多而民必競，末重而農必輕，故先王既許之以共財，而必禁之，使不至於趨利以逐末，二者並行而不相悖。此其所以無曠土，而無遊民歟？自齊桓公問管仲何以爲國，而管仲對以惟管山海爲可耳，於是鹽筴之利始爲侯國之私，而先王與民共財之意失矣。此山澤之一變也。漢人以山澤租税共奉養，歸之少府，若私之也。然賦雖居上，利猶在民。至吴王國處東南，得以招集亡命，鑄山煑海以富其國，遂至叛逆，而先王禁民趨利之意又失矣。此山澤之再變也。迨失鬻大治，如孔僅咸陽者出，乃盡取天下郡縣鹽鐵之利，斡歸公上，一孔不遺，於是山澤之賦皆變爲榷利矣。此山澤之三變也。自時厥後，邦計惟鹽鐵之是資，國命惟鹽鐵之是議。吁！周人山澤之賦，果有所謂鹽鐵者乎？

宋 林希逸《考工記解》卷上 燕之角，荆之幹，妢胡之笴，吴粤之金錫，此材之美者也。燕地耐寒，故出角。角，耐寒物也。荆之幹，幹，弓弩之材也。妢胡，胡子之國也。笴，箭榦也。吴粤出金錫。皆材之美者。凡物隨土地所宜也。

宋 王應麟《困學紀聞》卷四《周禮》 水有疏導，火有出納，山林金錫之地，皆爲之厲禁。時而用之，先王財成輔相之妙也。《鹽鐵論》大夫曰：五行，東方木，而丹、章有金銅之山。南方火，而交趾有大海之川。西方金，而蜀隴有名材之林。北方水，而幽都有積沙之地。此天地所以均有無，通萬物也。《管子》：出銅之山四百六十七，出鐵之山三千六百九。《唐六典》：天下水泉三億三萬三千五百五十有九。

元 熊太古《冀越集記》前卷《南北鳥獸》 南方爲朱鳥之分，廣海之鳥如鸚䳇、䴉哥、鳳皇、孔雀、檳榔雀、山鳥、山判官、倒掛、秦吉了、鷓鴣、雉雞、鷴雞、金錢雞、火雞、吐綬雞、青鳩、番班鳩等類。北方爲玄武之分，上都之獸如騊駼、黄羊、搭剌不花、夜狐、銀鼠、青鼠、虎班鼠、黄貂鼠、黑貂鼠、青狼、黄狐等類。其征鳥厲疾，冬月皆至中土，廣鳥畏寒，不出嶺也。

元 陶宗儀《輟耕録》卷九《續演雅發揮》 白湛淵先生《續演雅十詩發揮》云：『海青羽中虎，燕燕能制之。小隙沉大舟，關尹不吾欺』者，海青，俊禽也，而羣燕緣撲之即墜，物受於所制者，無小大也。右一。『草食押不蘆，雖死元不死。未見滌腸人，先聞棄簀子』者，漠北有名押不蘆，食其汁立死，然以他藥解之即蘇，華佗洗腸胃攻疾，疑先服此也。右二。『誰令珠玉唾，出彼藜藋腸。仁人不爲寶，良賈宜深藏』者，和林有尼，能吐珠玉雜寶也。右三。『嬰啼聞木枝，羝乳見茅茹。何如百年身，反爾無根據』者，漠北種羊角，能産羊，其大如兔，食之肥美。嬰啼木枝，見《山海經》所載。右四。『西狩獲白麟，至死意不吐。代北有角端，能通諸國語』者，角端，北地異獸也，能人言，其高如浮圖。右五。『䲹脱海鶴啄，已登方物輿。仰面勿啾啾，我長非僑如』者，小人長僅七寸，夫婦二枚，形體畢具也。右六。『羯尾大如斛，堅車載不起。此以不掉滅，彼以不掉死』者，西漢有羯，尾大於身之半，非車載尾，不可行也。右七。『八珍殺龍鳳，此出龍鳳外。荔枝配江珧，徒誇有風味』者，謂迤北八珍也。所謂八珍，則醍醐、麆沆、野駝蹄、鹿唇、駝乳麋、天鵝炙、紫玉漿、玄玉漿也。玄玉漿即馬妳子。右八。『灤人薪巨松，童山八百里。世無奚超勇，惆悵度易水』者，取松煤於灤陽，即今上都。去上都二百里，即古松林千里，其大十圍，居人薪之將八百里也。右九。『兩駝侍雪立，終日饑不起，一覺沙日黄，肉屏那足擬』者，沙漠雪盛，命兩駝趺其旁，終夜不動，用斷梗架片氈其上，而寢處於下，煖勝肉屏，且不起心兵也。右十。

明 宋濂《元史》卷九四《食貨志》 山林川澤之産，若金、銀、珠、玉、銅、鐵、水銀、朱砂、碧甸子、鉛、錫、礬、硝、鹼、竹、木之類，皆天地自然之利，有國者之所必資也，而或以病民者有之矣。元興，因土人呈獻，而定其歲入之課，多者不盡收，少者不强取，非知理財之道者，能若是乎？【略】若竹、木之産，所在有之，不可以所言也。

明 戴冠《濯纓亭筆記》卷七 《本草》云：螽、蚯蚓二物，異類同穴爲雌雄。端午日收取，夫婦佩之，令人相愛。蓋物有非類而爲配偶者，如蛇與龜、獱狚與猨、鵌與鼷皆是也。又如驢父馬母而生曰騾，驢父牛母而生曰駏駋，驢騾相合而生曰青騊。嘗有畜鹿與驢同處者，忽生一物，似鹿非鹿，似驢非驢，人不可得而名。大抵物之非類而合，雖能成形質，而不能恒生育。如花樹接换他木，則卉實異常。復以其實種之，則卉實如故。造化自有一定不易之理，不可亂也。

明 張時徹《芝園定集外集》卷一五《訟林十五・物理林》 鳲鳩性

一而慈，祝鳩性一而孝，烏得食而反哺，鷄見食而呼群，騶虞不殺，麒麟好生，此物之有仁者也。鳫能觸邪，鷹不擊伏，鶻縱煖爪之禽，隼釋懷胎之鳥，鴛鴦思偶而死，猕赴類而斃，此物之有義者也。豺祭獸，獺祭魚，蜂蟻必宗其君，雎鳩不亂其匹，羔飲乳而必跪其母，雉鳴鴝而必推其雄，此物之有禮者也。狼卜食向，虎奮衝破，蛇蟠向壬，鵲巢面歲，燕伏戊己，蝠忌庚申，狨自斷其尾，麝自决其臍，群鹿環角而外衛，羚羊懸角而木棲，駕畫印而開穴，鸛禹步而發蛇，雁設奴而警察，鷺偃絲而啄魚，螳螂隱葉而捕蟬，蜘蛛布網而籠蟲，蝍蛆禁蛇，蛣蜣轉丸，溪鶩勑邪，蜾蠃祝子，狐聽冰，鷸知雨，此物之有智者也。玄鳥以春分來秋分去，丹鳥以立秋來立春去，伯趙以夏至鳴冬至止，青鳥以立春鳴立夏止，此物之有信者也。

大魄歸。之山有草曰蓑，狼。服之不夭。放皐之山有木曰蒙木，服之不惑。苦山有草曰無條，服之不癭。牛首之山有草曰鬼草，服之不憂。翼望之山有獸曰讙，服之已癉。服帶其毛尾也。青丘之山有鳥曰灌灌，佩之不惑。佩亦服也。基山有獸曰猼訑，愽施。佩之不畏。憲翼之水有龜曰旋龜，佩之不聾。杻陽之山有獸曰鹿蜀，佩之宜子孫。招搖之山有木曰迷谷，佩之不迷。錢來之山有獸曰羬羊，可以已腊。皴也。松果之山有鳥曰螐彤。渠，可以已腂。皺皮也。甘棗之山有草曰萚，可以已瞢，有獸曰難，那。可以已癭。脫扈之山有草曰植楮，可以已癙。霍山有獸曰朏朏，普昧反。可以已憂。招搖之山有草曰祝餘，食之不饑。上申之山有鳥曰當扈，食之不眩。陵陽之澤有魚曰冉遺，食之不眯。帶山有鳥曰鵸鵌，食之不疽。眇水有鳥曰鴢，窈。食之宜子。小陘之山有草曰䓘草，食之不愚。石脆之山有草曰條，食之已疥。臯塗之山有鳥曰數斯，食之已癎。陽山有獸曰領胡，食之已狂。英山有鳥曰肥遺，食之已癘。諸毗之水有魚曰滑魚，食之已疣。天帝之山有鳥曰櫟，食之已痔。崑崙之丘有草曰蕒草，食之已勞。譙水有魚曰何羅，食之已癰。蔓聯之山有鳥曰鴳，食之已風。單張之山有鳥曰白鵺，夜。食之已嗌痛。北嚻之山有鳥曰鶩般。鵑，冒食之已暍。陽華之山有草曰藷萸，食之已瘧。此皆物之有利於人者也。蟠冢之山有草曰膏蓉，食之無子。雁門之水有魚曰魳魳，沛。食之殺人。鉤吾之山有獸曰狍咆。鴞，能食人。鹿吳之山有獸曰蠱雕，能食人。萊山有鳥曰羅羅，能食人。邽山有獸曰窮奇，能食人。此皆物之爲厲於人者也。

空桑之山有獸曰軨軨，見則天下大水。崇吾之山有鳥曰蠻蠻，見則天下大水。敖岸之山有獸曰天諸，見則其邑大水。玉山有鳥曰胜姓。遇，見則其國大水。崦嵫之山有鳥曰自號，見則其邑大旱。渾夕之山有蛇曰肥遺，見則其國大旱。姑逢之山有鳥曰獙獙，敝。見則天下大旱。蛇山有獸曰狏巴。狼，見則有兵。令丘之山有鳥曰顒，娛。見則天下大旱。鹿臺之山有鳥曰鳧徯，見則有兵。歷石之山有獸曰梁渠，見則大兵。小次之山有獸曰朱厭，見則大兵。礜山有鳥曰絜鈎，見則其國多疫。大山有獸曰蜚，見則天下大疫。復州之山有鳥曰跂踵，見則其國大疫。樂馬之山有獸曰𤟤，見則其國大疫。柜山有獸曰狸刀，見則邑多土功。盧其之山有鳥曰鵹黎。鶘，見則國多土功。獄法之山有獸曰山𤟹，揮。見則天下大風。几山有獸曰聞豨，隣。見則天下大風。耿山有獸曰朱獳，儒。見則其國有恐。景山有鳥曰酸與，見則其邑有恐。餘峩之山有獸曰犰狳，仇余。見則螽蝗爲敗。堯光之山有獸曰猾褱，懷。見則縣有大繇。章義之山有鳥曰畢方，見則邑有譌。火柜山有鳥曰鴸，見則縣多放士。礜山有獸曰𤞣𤞣，攸。見則國多狡客。此皆物之兆灾者也。

丹穴之山有鳥曰鳳凰，見則天下安寧。女牀之山有鳥曰鸞，見則天下安寧。欽山有獸曰當康，見則天下大穰。泰器之水有魚曰文鰩，見則天下大穰。玉山有獸曰狡，見則其國大穰。此皆物之兆祥者也。

明　丘濬《大學衍義補》卷一六　今天下大勢，南北異域。江以南地多山澤，所生之物，無間冬夏，且多通舟楫，縱有荒歉，山澤所生，可食者衆，而商賈通舟，販易爲易。其大江以北，若兩淮，若山東，若河南，亦可通運。惟山西、陝右之地，皆是平原，古時運道，今皆堙塞，雖有河山，地氣高寒，物生不多，一遇歉歲，所資者草葉、木皮而已，所以其民尤易爲流徙。

明　王兆雲《說圃識餘》卷一《物産因地》　廣西桂林府所以得名，蓋彼中多桂樹，伐以爲薪，殊不爲重。又有橄欖樹，最多且高。問：其菓何由摘？云：於根下鑿一竅如棗大，以少許鹽實之，經一夕則落滿地，任人拾取。永州府零陵縣多零陵香，縣以此稱名。其香草，人用以爲薦，土人返嫌其爲臭，離地乃有香氣。嘉魚縣魚尤美於他處，予食之三四次，其味殊勝，亦以此稱名。過縣治二十里，與常魚等矣。蜀之夔郡，城中出掛麪，味絶佳，城外作者輒不逮，蓋以城内井中水和之則美，他水不如也。

清　愛新覺羅・玄燁《清聖祖文第四集》卷二六《南方物性》　南方梅、杏、桃、李之類，開花結實皆早於北方，及至果熟，或與北方同時，或且有後時者。其麥苗二月即已繁茂，吐穗亦早，宜乎成熟先於北方，及較其收穫之期，南北究無大異。即如野草，初春雖已長成，而結子必待秋令。總之，南方風土柔緩，物性亦復相似，故米麵果實之屬，食之常難運化。朕屢次南巡，親加體驗，乃知之甚詳。彼土著者，皆習而不察也。

清　鄒一桂《小山畫譜》卷上　四知之説，前人未發，今特標之。

一曰知天。萬物生於天，天有四時，夏秋之花皆有葉，春則梅、杏、桃、李各不同。梅開最早，天氣尚寒，故無葉，而必有微芽。杏次之，則芽長而帶緑矣。桃、李又次之，則葉已舒而尚卷曲。至海棠、梨花、牡丹、芍藥之類，已春深而葉肥。水仙本三月花，而以法植之，則正月開，故葉短。迎春與梅花同。蘭蕙宿葉不凋，其新葉亦花後方長。至禽、魚、蜂、蝶，各按四時。梅時無燕，菊候少蜂，冬花不宜緑地，春景勿綴秋蟲，隨時體察，按節求稱，各當其可，則造物在我。

二曰知地。天生雖一，而地各不同。庾嶺梅花，北開南謝，其顯著矣。北地風寒，百花俱晚。滇南氣暖，冬月春花。如朱藤，江南葉後方花，冀北則先花後葉。小桃、丁香、探春、翠雀、鶯枝，北方多而南方絶少。梅花、桂花、茉莉、珍珠蘭、紫薇，則盛於南而靳於北。芍藥以京師爲最，菊花則吴下爲佳。湖南多木本之芙蓉，塞北無倒垂之楊柳。物以地殊，質隨氣化。生花在手，不可不知。

三曰知人。天地化育，人能贊之。凡花之入畫者，皆剪裁培植而成者也。菊非删植則繁衍而潦倒，蘭非服盆則葉蔓而縱横。嘉木奇樹皆由裁剪，否則杈枒不成景矣。或依蘭傍砌，或繞架穿籬，對節者破之，狂直者曲之，至染藥以變其色，接根以過其枝。播種早晚則花發異形，攀折損傷則花無神采。欲使精神滿足，當知培養功深。

四曰知物。物感陰陽之氣而生，各有所偏。毗陽者花五出，枝葉必破節而奇。毗陰者花四出、六出，枝葉必對節而偶。此乾道坤道之分也。草本亦有花五出，而枝葉對節者，又陰陽交錯之理。木本則無。春花多粉色，陽之初也。夏花始有藍翠，陰之象也。花之苞蒂鬚心，各各不同，有有苞無蒂者，有有苞有蒂者，有有蒂無苞者，有無苞無蒂者，有有心無鬚者，有有心有鬚者，花葉不同，幹亦各異。梅不同於杏，杏不同於桃，推之物物皆然。一樹之花，千朵千樣，一花之瓣，瓣瓣不同。千葉不過數暈，縱潤宜加横小。謂大瓣直者，宜以小瓣嵌插之。刺不加於花項，禽豈集於棘叢？草花有方幹之不同，折枝無蜂蝶之來采。牡丹開時，不宜多生萌蘖。蠟梅放候，偶然乾葉離披。新枝方可著花，老幹從無附萼。欲窮神而達化，必格物以致知。

綜　述

《尚書・禹貢》　禹敷土，隨山刊木，奠高山大川。冀州。既載壺口，治梁及岐。既修太原，至于岳陽。覃懷底績，至于衡漳。厥土惟白壤，厥賦惟上上錯，厥田惟中中。恒、衛既從，大陸既作。島夷皮服。夾右碣石入於河。濟、河惟兖州。九河既道，雷夏既澤，灉、沮會同。桑土既蠶，是降丘宅土。厥土黑墳，厥草惟繇，厥木惟條。厥田惟中下，厥賦貞，作十有三載，乃同。厥貢漆絲，厥篚織文。浮于濟、漯，達於河。海、岱惟青州。嵎夷既略，濰、淄其道。厥土白墳，海濱廣斥。厥田惟上下，厥賦中上。厥貢鹽絺，海物惟錯。岱畎絲、枲、鉛、松、怪石。萊夷作牧。厥篚檿絲。浮于汶，達於濟。海、岱及淮惟徐州。淮、沂其乂，蒙、羽其藝，大野既豬，東原底平。厥土赤埴墳，草木漸包。厥田惟上中，厥賦中中。厥貢惟土五色，羽畎夏翟，嶧陽孤桐，泗濱浮磬，淮夷蠙珠暨魚。厥篚玄纖縞。浮于淮、泗，達於河。淮、海惟揚州。彭蠡既豬，陽鳥攸居。三江既入，震澤底定。篠簜既敷。厥草惟夭，厥木惟喬，厥土惟塗泥。厥田唯下下，厥賦下上上錯。厥貢惟金三品，瑶、琨，篠、簜，齒、革，羽、毛，惟木。島夷卉服。厥篚織貝，厥包橘柚，錫貢。沿于江、海，達於淮、泗。荆及衡陽惟荆州。江、漢朝宗于海，九江孔殷，沱、潛既道，雲土夢作乂。厥土惟塗泥，厥田惟下中，厥賦上下。厥貢羽、毛、齒、革，惟金三品，杶、幹、栝、柏，礪、砥、砮、丹，惟箘、簵、楛，三邦底貢厥名。包匭菁茅，厥篚玄纁璣組。九江納錫大龜。浮于江、沱、潛、漢，逾於洛，至於南河。荆、河惟豫州。伊、洛、瀍、澗既入於河，滎波既豬。導荷澤，被孟豬。厥土惟壤，下土墳壚。厥田惟中上，厥賦錯上中。厥貢漆、枲，絺、紵，厥篚纖、纊，錫貢磬錯。浮于洛，達於河。華陽、黑水惟梁州。岷、嶓既藝，沱、潛既道。蔡、蒙旅平，和夷底績。厥土青黎，厥田惟下上，厥賦下中三錯。厥貢璆、鐵、銀、鏤、砮磬、熊、羆、狐、狸、織皮，西傾因桓是來，浮於潛，逾於沔，入於渭，亂於河。黑水、西河惟雍州。弱水既西，涇屬渭汭，漆沮既從，灃水攸同。荆、岐既旅，終南惇物，至於鳥鼠。原隰底績，至于豬野。三危既宅，三苗丕敘。厥土惟黄壤，厥田惟上上，厥賦中下。厥貢惟球、琳、琅玕。浮于積石，至於龍門、西河，會于渭汭。織皮崑崙析支渠搜，西戎即敘。

《周禮・夏官司馬・職方氏》 東南曰揚州，其山鎮曰會稽，其澤藪曰具區，其川三江，其浸五湖，其利金、錫、竹、箭，其民二男五女，其畜宜鳥、獸，其穀宜稻。正南曰荆州，其山鎮曰衡山，其澤藪曰雲瞢，其川江、漢，其浸潁、湛，其利丹、銀、齒、革，其民一男二女，其畜宜鳥、獸，其穀宜稻。河南曰豫州，其山鎮曰華山，其澤藪曰圃田，其川熒、雒，其浸波溠，其利林、漆、絲、枲，其民二男三女，其畜宜六擾，其穀宜五種。正東曰青州，其山鎮曰沂山，其澤藪曰望諸，其川淮，泗，其浸沂沭，其利蒲、魚，其民二男二女，其畜宜雞、狗，其穀宜稻、麥。河東曰兖州，其山鎮曰岱山，其澤藪曰大野，其川河、泲，其浸盧維，其利蒲、魚，其民二男三女，其畜宜六擾，其穀宜四種。正西曰雍州，其山鎮曰嶽山，其澤藪曰弦蒲，其川涇、汭，其浸渭、洛，其利玉石，其民三男二女，其畜宜牛、馬，其穀宜黍、稷。東北曰幽州，其山鎮曰醫無閭，其澤曰貕養，其川河、泲，其浸菑時，其利魚、鹽，其民一男三女，基畜宜四擾，其穀宜三種。河内曰冀州，其山鎮曰霍山，其澤藪曰楊紆，其川漳，其浸汾、潞，其利松、柏，其民五男三女，其畜宜牛、羊，其穀宜黍、稷。正北曰并州，其山鎮曰恒山，其澤藪曰昭余祁，其川虖池、嘔夷，其浸涞、易，其利布帛，其民二男三女，其畜宜五擾，其穀宜五種。

又《冬官考工記》 粤之無鎛也，非無鎛也，夫人而能爲鎛也。燕之無函也，非無函也，夫人而能爲函也。秦之無廬也，非無廬也，夫人而能爲廬也。胡之無弓車也，非無弓車也，夫人而能爲弓車也。注：言其丈夫人人皆能作是器，不須國工。粤地塗泥，多草薉，而山出金錫，鑄冶之業，田器尤多。燕近强胡，習作甲胄。秦多細木，善作矜柲。匈奴無屋宅，田獵畜牧，逐水草而居，皆知爲弓車。疏：【略】云『越地塗泥，多草薉，而山出金錫』者，目驗如是也。金工皆和錫，故兼錫而言也。云『秦多細木』者，亦目驗可知。云『矜柲』者，矜即前注欑，一也。

晉　郭璞《山海經注》卷一《南山經》 《南山經》之首，曰䧿山。其首曰招摇之山，臨于西海之上，在蜀伏山，山南之西頭，濱西海也。多桂，桂葉似枇杷，長二尺餘，廣數寸，味辛，白花，叢生山峰，冬夏常青，間無雜木。《吕氏春秋》曰『招摇之桂』。多金、玉。有草焉，其狀如韭璨曰：韭音九。《爾雅》云：霍山亦多之。而青花，其名曰祝餘，或作桂茶。食之不饑。有木焉，其狀如穀而黑理，穀，楮也，皮作紙。璨曰：穀亦名構，名穀者以其實如穀也。其花四照，言有光燄也，若木華赤，其光照地，亦此類也。見《離騷經》。其名曰迷穀，佩之不迷。有獸焉，其狀如禺而白耳，禺似獼猴而大，赤目長尾。今江南山中多有，説者不了此物名禺，作牛字，圖亦作牛形，或作猴，皆失之也。禺字音遇。伏行人走，其名曰狌狌，食之善走。狌狌，禺獸，狀如猿，伏行交足，亦此類也。見京房《易》。麗麐之水出焉，麐音作几。而西流注于海，其中多育沛，未詳。佩之無瘕疾。瘕，蟲病也。又東三百里，曰堂一作常。庭之山，多棪木，棪別名連，其子似奈而赤，可食。音剡。多白猿，今猿似獼猴而大，臂脚長，便捷，色有黑，有黄，鳴其聲哀。【略】又東三百八十里，曰猨翼之山。其中多怪獸，水多怪魚，凡言怪者，皆謂貌狀倔奇不常也。《尸子》曰：徐偃王好怪，没深水而得怪魚，入深山而得怪獸者，多列於庭。多白玉，多蝮蟲，蝮蟲色如綬文，鼻上有針，大者百餘斤，一名反鼻蟲，古虺字。多怪蛇，多怪木，不可以上。又東三百七十里，曰杻陽之山。音紐。【略】有獸焉，其狀如馬而白首，其文如虎而赤尾，其音如謡，如人歌聲。其名曰鹿蜀，佩之宜子孫。佩，謂帶其皮尾。怪水出焉，而東流注于憲翼之水。其中多玄龜，其狀如龜而鳥首虺尾，虺尾鋭。其名曰旋龜，其音如判木，如破木聲。佩之不聾，可以爲底。底，躪也。爲，猶治也。《外傳》曰：疾不可爲。一作底，猶病愈也。又東三百里柢山，柢音蔕。多水，無草木。有魚焉，其狀如牛，陵居，蛇尾有翼，其羽在魼下，亦作脅。其音如留牛，《莊子》曰『執犂之狗』，謂此牛也。《穆天子傳》曰：天子之狗執虎豹。其名曰鯥，音六。冬死而夏生，此亦蟄類也，謂之死者，言其蟄無所知，如死耳。食之無腫疾。又東四百里，曰亶爰之山，亶音蟬。多水，無草木，不可以上。言崇峭也。有獸焉，其狀如貍而有髦，其名曰類，類或作沛，髦或作髮。自爲牝牡，食者不妒。《莊子》亦曰：類自爲雌雄而化。今貆豬亦自爲雌雄。又東三百里，曰基山。其陽多玉，其陰多怪木。有獸焉，其狀如羊，九尾四耳，其目在背，其名曰猼訑，博施二音。訑一作陁。佩之不畏。不知恐畏。有鳥焉，其狀如雞而三首六目，六足三翼，其名曰鶺鵂，鶺鵂性急，敞孚二音。食之無卧。使人少眠。又東三百里，曰青丘之山。【略】有獸焉，其狀如狐而九尾，即九尾狐。其音如嬰兒，能食人，食者不蠱。噉其肉，令人不逢妖邪之氣，或曰蠱蠱毒。有鳥焉，其狀如鳩，其音若呵，如人相呵呼聲。名曰灌灌，或作濩濩。佩之不惑。英水出焉，南流注于即翼之澤。其中多赤鱬，音懦。其狀如魚而人面，其音如鴛鴦，食之不疥。一作疾。

【略】

《南次二經》之首，曰柜山，音矩。西臨流黃，北望諸毗，東望長右。皆山名。英水出焉，西南流注于赤水。【略】有獸焉，其狀如豚，有距，其音如狗吠，其名曰狸力，見則其縣多土功。有鳥焉，其狀如鴟而人手，其脚如人手。其音如痺，未詳。其名曰鴸，音株。其鳴自號也，見則其縣多放士。放，放還，或作效也。東南四百五十里，曰長右之山，無草木，多水。有獸焉，其狀如禺而四耳，其名長右，以山出此獸，因以名之。其音如吟，如人呻吟聲。見則郡縣大水。又東三百四十里，曰堯光之山。【略】有獸焉，其狀如人而彘鬣，穴居而冬蟄，其名曰猾褢，滑懷二音。其音如斵木，如人斫木聲。見則縣有大繇。謂作役也，或曰其縣亂。又東三百五十里，曰羽山，今東海祝其縣西南有羽山，即鯀所殛處，計此道里不相應，似非也。其下多水，其上多雨，無草木，多蝮蟲。蚖也。【略】又東五百里，曰浮玉之山，北望具區，具區，今吴縣西南太湖也。《尚書》謂之震澤。東望諸毗。水名。有獸焉，其狀如虎而牛尾，其音如吠犬，其名曰彘，是食人。苕水出于其陰，北流注于具區。【略】又東五百里，曰僕勾一作夕。之山，其上多金玉，其下多草木，無鳥獸，無水。又東五百里，曰咸陰之山，無草木，無水。又東四百里，曰洵一作旬。山。【略】有獸焉，其狀如羊而無口，不可殺也，稟氣自然。其名曰䍺。音還，或音患。洵水出焉，音詢。而南流注于閼之澤，音遏。其中多芘蠃。紫色螺也。又東四百里，曰虖勺之山，其上多梓、柟，梓，山楸也。柟，大木，葉似桑，今作楠，音南。《爾雅》以爲柟。其下多荆、杞。杞，枸杞也，子赤。滂水出焉，音滂沱之滂。而東流注于海。又東五百里，曰區吴之山，無草木，多砂石。鹿水出焉，而南流注于滂水。又東五百里，曰鹿吴之山，上無草木，多金石。澤更之水出焉，而南流注于滂水。水有獸焉，名曰蠱雕，蠱或作纂。其狀如雕而有角，其音如嬰兒之音，是食人。又東五百里，曰漆吴之山，無草木，多博石，無玉。可以爲博棊石。處于海東，望丘山，其光載出載入，神光之所潛燿。是惟日次。是日景之所次舍。【略】

《南次三經》之首，曰天虞之山，其下多水，不可以上。又東五百里，曰禱過之山，其上多金、玉，其下多犀、兕，犀似水牛，猪頭痺脚，脚似象，有三蹄，大腹，黑色。三角，一在頂上，一在額上，一在鼻上。在鼻上者小而不墮，食角也。好噉棘，口中常灑血沫。兕亦似水牛，青色，一角重三千斤。多象。象，獸之最大者，長鼻，大者牙長一丈，性妬不畜，淫子。有鳥焉，其狀如鵁，鵁似梟而小，脚近尾。音骹箭之骹。而白首、三足、或作手。人面，其名曰瞿如，音劬。其鳴自號也。浪水出焉，音銀。而南流注于海。其中有虎蛟，蛟似蛇，四足，龍屬。其狀魚身而蛇尾，其音如鴛鴦，食者不腫，可以已痔。又東五百里，曰丹穴之山，其上多金玉。丹水出焉，而南流注于渤海。渤海海岸曲崎頭也。有鳥焉，其狀如雞，五采而文，名曰鳳凰，首文曰德，翼文曰義，背文曰禮，膺文曰仁，腹文曰信。是鳥也，飲食自然，自歌自舞，見則天下安寧。漢時鳳鳥數出，高五六尺，五采。莊周說鳳，文字與此有異。《廣雅》云：鳳，雞頭，鷰頷，蛇頸，龜背，魚尾，雌曰凰，雄曰鳳。又東五百里，曰發爽或作喪。之山，無草木，多水。多白猿。汎水出焉，而南流注于渤海。又東四百里，至于旄山之尾，其南有谷，曰育遺，或作隧。多怪鳥，《廣雅》曰：鵷、鶵、鷦朋、爰居、鴟雀皆怪鳥之屬也。凱風自是出。凱風，南風。又東四百里，至于非山之首，其上多金玉，無水，其下多蝮蟲。又東五百里，曰陽夾之山，無草，多水。又東五百里，曰灌湘之山，上多木，無草，多怪鳥，無獸。一作灌湖射之山。【略】又東四百里，曰令丘之山，無草木，多火。其南有谷焉，曰中谷，條風自是出。東北風爲條。《風記》曰：條風至，出輕繫，督逋留。有鳥焉，其狀如梟，人面四目而有耳，其名曰顒，音娛。其鳴自號也，見則天下大旱。又東三百七十里，曰侖者之山，音論說之論，一音倫。【略】有木焉，其狀如榖而赤理，其汗如漆，其味始飴，食者不饑，可以釋勞，其名曰白䓘，或作睪蘇。睪蘇，一名白䓘，見《廣雅》，音羔。可以血玉。血，謂可用染玉，作光彩。又東五百八十里，曰禺膏之山，多怪獸，多大蛇。又東五百八十里，曰南禺之山，其上多金玉，其下多水。有穴焉，水出輒入，夏乃出，冬則閉。佐水出焉，而東南流注于海，有鳳凰、鵷鶵。亦鳳屬。

又卷五《中山經》

《中山經》薄山之首，曰甘棗之山。共水出焉，音恭。而西流注于河。其上多杻木，其下有草焉，葵本而杏葉，或作楛葉。黄華而莢實，名曰籜，他落反。可以已瞢。音盲。有獸焉，其狀如䶅鼠而文題，䶅鼠所未詳。音虺，字亦或作虺。其名曰難，音那，或作熊也。食之已癭。又東二十里，曰歷兒之山，其上多橿，多櫔木，音厲。是木也，方莖而員葉，黄華而毛，其實如楝，楝，木名，子如指頭，白而粘，可以浣衣也。音練，或作簡。服之不忘。又東十五里，曰渠豬之山，其上多竹。渠豬之水出焉，而南流注于河。其中是多豪魚，狀如鮪，鮪似鱣也。赤喙尾，赤羽，可以已白癬。【略】又東七十里，曰脱扈之山。有草焉，其狀如葵葉而赤華，莢實，實如椶莢，今椶木莢似皂莢也。名曰植楮，可以已癙，癙，病也。《淮南子》曰『狸頭已癙』也。食之不眯。【略】又東百二十里，曰吴林之山，其中多葌草。亦菅字。又北三十里，曰牛首之山。今長安西南有牛首山，上有館，下有水，未知此是非。有草焉，名曰鬼草，其葉如葵而赤莖，其秀如禾，服之不憂。勞水出焉，而西流注于潏水。音如譎詐之譎。是多飛魚，其狀如鮒魚，食之已痔衕。又北四十里，曰霍山，今平陽永安縣、廬江灊縣、晉安羅江縣、河南鞏縣皆有霍山，明山以霍爲名者非一矣。按《爾雅》：大山統小山爲霍。其（水）〔木〕多穀。有獸焉，其狀如狸而白尾，有鬣，名曰朏朏，養之可以已憂。謂蓄養之也。普昧反。又北五十二里，曰合谷之山，是多薝棘。未詳。音瞻。又北三十五里，曰陰山，亦曰陰山。多礪石、文石。礪石，石中磨者。少水出焉，其中多彫棠，其葉如榆葉而方，其實如赤菽，菽豆。食之已聾。又東北四百里，曰鼓鐙之山。【略】有草焉，名曰榮草，其葉如柳，其本如雞卵，食之已風。【略】

《中次二經》濟山之首，曰煇諸之山，其上多桑，其獸多閭麋，其鳥多鶡。似雉而大，青色，有毛，勇健，鬬死乃止。音曷。出上黨也。【略】又西三百里，曰豪山，其上多金玉，而無草木。又西三百里，曰鮮山，多金玉，無草木。鮮水出焉，而北流注于伊水。其中多鳴蛇，其狀如蛇而四翼，其音如磬，見則其邑大旱。又西三百里，曰陽山，多石，無草木。陽水出焉，而北注于伊水。其中多化蛇，其狀如人面而豺身，鳥翼而蛇行，其音如叱呼，見則其邑大水。又西二百里，曰昆吾之山。【略】有獸焉，其狀如彘而有角，其音如號，如人號哭。名曰蠪蚳，上已有此獸，疑同名。食之不眯。又西百二十里，曰葌音間。山。葌水出焉，而北流注于伊水。【略】有木焉，其狀如棠而赤葉，名曰芒草，音忘。可以毒魚。又西一百五十里，曰獨蘇之山，上無草木而多水。又西二百里，曰蔓渠之山，其上多金玉，其下多竹箭。伊水出焉，而東流注于洛。今伊水出上洛盧氏縣熊耳山東北，至河南洛陽縣入洛。有獸焉，其名曰馬腹，其狀如人面虎身，其音如嬰兒，是食人。【略】

《中次三經》萯山之首，曰敖岸之山。或作獻萯，音倍。【略】北望河林，其狀如蒨如舉。説者云：蒨、舉皆木名也。未詳。蒨音倩。有獸焉，其狀如白鹿而四角，名曰夫諸，見則其邑大水。又東十里，曰青要之山，實維帝之密都。天帝曲密之邑。北望河曲，河千里一曲一直也。是多駕鳥。未詳也。或曰駕，宜爲鴐。鴐，鵞也。音加。南望墠渚，水中小洲名渚。墠音填。禹父之所化，鯀化於羽淵爲黄熊。今復云在此，然則一已有變怪之性者，亦無往而不化也。是多僕纍、蒲盧。僕纍，蝸牛也。《爾雅》曰：蒲盧者，螟蛉也。䰠武羅司之，武羅，神名。䰠即神字。其狀人面而豹文，小腰而白齒，或作首。而穿耳以鐻，鐻，金銀器之名。未詳也。音渠。其鳴如鳴玉。如人鳴玉珮聲。是山也，宜女子。畛水出焉，音軫。而北流注于河。其中有鳥焉，名曰鴢，音如窈窕之窈。其狀如鳧，青身而朱目赤尾，食之宜子。朱，淺赤也。有草焉，其狀如葌，菅似茅也。而方莖、黄華、赤實，其本如藁本，根似藁本，亦香草。名曰荀草，或曰苞草。服之美人色。令人更美艷。又東十里，曰騩山，音巍。其上有美棗，其陰有㻬琈之玉。正回之水出焉，而北流注于河。其中多飛魚，其狀如豚而赤文，服之不畏雷，可以禦兵。又東四十里，曰宜蘇之山，其上多金玉，其下多蔓居之木。未詳。滽滽之水出焉，音容。而北流注于河，是多黄貝。又東二十里，曰和山，其上無草木而多瑶碧，實惟河之九都。九水所（憯）〔潛〕，故曰九都。是山也五曲，曲回五重。九水出焉，合而北流注于河，其中多蒼玉。吉神泰逢司之，吉，猶善也。其狀如人而虎尾，或作雀尾。是好居于萯山之陽，出入有光。太逢神動天地氣也。言其有靈爽，能興雲雨也。夏后孔甲田於萯山之下，天大風晦冥，孔甲迷惑，入于民室。見《吕氏春秋》也。【略】

《中次四經》釐山之首，音狸。曰鹿蹄之山。【略】西五十里，曰扶豬之山，【略】有獸焉，其狀如貉而人目，貉，或作貘，古字。其名曰麐。音銀，或作麇。虢水出焉，而北流注于洛。【略】又西一百二十里，曰釐山。【略】有獸焉，其狀如牛，蒼身，其音如嬰兒，是食人，其名曰犀渠。滽滽之水出焉，而南流注于伊水。有獸焉，名曰䝟，音蒼頡之頡。其狀如獳犬而有鱗，其毛如彘鬣。生鱗間也。又西二百里，曰箕尾之山，多穀。【略】又西二百五十里，曰柄山。【略】滔雕之水出焉，而北流注于洛。其中多羬羊。有木焉，其狀如樗，其葉如桐而莢實，其名曰茇，可以毒魚。茇，一作艾。【略】又西二百里，曰熊耳之山，今在上洛縣南。其上多漆，其下多椶。浮濠之水出焉，而西流注于洛，其中多水玉，多人魚。有草焉，其狀如蘇而赤華，名曰葶薴，亭寧，耵聹二音。可以毒魚。又西三百里，曰牡山，其上多文石，其下多竹箭、竹䉋，其獸多㸲牛、羬羊，鳥多赤鷩。音閉，即鷩雉也。又西三百五十里，曰讙舉之山。雒水出焉，而東北流注于玄扈之水，其中多馬腸之物。此二山者，洛間也。洛水，今出上洛縣冢嶺山。《河圖》曰：玄扈洛汭。謂此間也。【略】

《中次五經》薄山之首，曰苟牀之山，或作苟林山。無草木，多怪石。怪石似玉也。《書》曰『鉛、松、怪石』也。東三百里，曰首山，其陰多穀、柞，草多茉芫，茉，山薊也。芫，華中藥。其陽多㻬琈之玉，木多槐。其陰有谷，曰机谷，多䳋鳥，音如鉗釱之釱。其狀如梟而三目，有耳，其音如録，食之已墊。未聞。又東三百里，曰縣斸之山，音如斤斸之斸。無草木，多文石。又東三百里，曰葱聾之山，無草木，多厗石。未詳。東北五百里，曰條谷之山，其木多槐、桐，其草多芍藥、虋冬。《本草經》曰：虋冬，一名滿冬。今作門，俗作耳。【略】又東五百里，曰成侯之山，其上多櫄木，似樗樹，材中車轅。吳人呼櫄。音輴車，或曰輴車。其草多芃。【略】又東十里，曰歷山，其木多槐，其陽多玉。又東十里，曰尸山，多蒼玉，其獸多麖。似鹿而小，黑色。尸水出焉，南流注于洛水，其中多美玉。又東十里，曰良餘之山，其上多穀柞，無石。餘水出于其陰，而北流注于河。乳水出于其陽，而東南流注于洛。【略】又東北二十里，曰升山，其木多穀、柞、棘，其草多藷藇、蕙，蕙，香草也。多寇脱。寇脱草，生南方，高丈許，似荷葉，而莖中有瓤，正白，零桂人植而日灌之，以爲樹也。黃酸之水出焉，而北流注于河。【略】

《中次六經》縞羝山之首，曰平逢之山，在濟北穀城縣西，黃石公石在此山下，張良取以合葬爾。南望伊、洛，東望穀城之山，無草木，無水，多沙石。有神焉，其狀如人而二首，名曰驕蟲，是爲螫蟲，爲螫蟲之長。實惟蜂、蜜之廬。言羣蜂之所舍集。蜜，赤蜂名。其祠之用一雄雞，禳而勿殺。禳亦祭名，謂禳却恶氣也。西十里，曰縞羝之山，無草木，多金玉。又西十里，曰廆山。音如瓌偉之瓌。【略】其西有谷焉，名曰雚谷，其木多柳、楮。其中有鳥焉，狀如山雞而長尾，赤如丹火而青喙，名曰鴒䴏，鈴要二音。其鳴自呼，服之不眯。【略】又西三十里，曰婁涿之山，無草木，多金玉。【略】又西五十里，曰穀山，其上多穀，其下多桑。爽水出焉，世謂之紵麻澗。而西北流注于穀水。【略】又西七十二里，曰密山。今滎陽密縣亦有密山，疑非也。【略】豪水出焉，而南流注于洛，其中多旋龜，其狀鳥首而鼈尾，其音如判木。無草木。又西百里，曰長石之山，無草木，多金玉。其西有谷焉，名曰共谷，多竹。共水出焉，西南流注于洛。【略】又西一百四十里，曰傅山，無草木，多瑤碧。厭染之水出于其陽，而南流注于洛，其中多人魚。其西有林焉，名曰墦冢。音番。穀水出焉，而東流注于洛。今穀水出穀陽谷東北，至穀城縣入洛河。【略】又西五十里，曰橐山，其木多樗，多𣘖木。今蜀中有𣘖木，七八月中吐穗，穗成如有鹽粉著狀，可以酢羹。音備。其陽多金玉，其陰多鐵、多蕭。蕭蒿，見《爾雅》。橐水出焉，而北流注于河。其中多脩辟之魚，狀如黽黽，蛙屬也。而白喙，其音如鴟，食之已白癬。又西九十里，曰常烝之山，無草木，多堊。潐水出焉，音譙。而東北流注于河，其中多蒼玉。蓄水出焉，而北流注于河。又西九十里，曰夸父之山，其木多椶柟，多竹箭。其獸多㸲牛、羬羊，其鳥多鷩。【略】其北有林焉，名曰桃林，是廣員三百里，其中多馬。桃林，今弘農湖縣閿鄉南谷中是也。饒野馬、山羊、山牛也。湖水出焉，而北流注于河，其中多珚玉。又西九十里，曰陽華之山。【略】其草多藷藇，多苦辛，其狀如橚，即楸字也。其實如瓜，其味酸甘，食之已瘧。楊水出焉，而西南流注于洛，其中多人魚。【略】

《中次七經》苦山之首，曰休與之山。與或作輿，下同。【略】有草焉，其狀如蓍，赤葉而本叢生，名曰夙條，可以爲簳。中箭笴也。東三百里，曰鼓鍾之山，帝臺之所以觴百神也。舉觴燕會則於此山，因名爲鼓鍾也。有草焉，方莖而黃華，員葉而三成，葉三重也。其名曰焉酸，可以爲毒。爲，治。【略】又東二十里，曰苦山。有獸焉，名曰山膏，其狀如逐，即豚字。赤若丹火，善詈。好罵人。其上有木焉，名曰黄棘，黄華而員葉，其實如蘭，服之不字。字，生也。《易》曰：女子貞不字。有草焉，員葉而無莖，赤華而不實，名曰無條，服之不癭。又東二十七里，曰堵山，神天愚居之，是多怪風雨。其上有木焉，名曰天楄，音鞭。方莖而葵狀，服者不哽。食不噎也。又東五十二里，曰放皋之山。放或作効，又作牧。明水出焉，南流注于伊水，其中多蒼玉。有木焉，其葉如槐，黄華而不實，其名曰蒙木，服之不惑。有獸焉，其狀如蜂，枝尾而反舌，善呼，好呼唤也。其名曰文文。又東五十七里，曰大䓘之山。【略】有草焉，其狀葉如榆，方莖而蒼傷，其名曰牛傷，猶言牛棘。其根蒼文，服者不厥，厥，逆氣病。可以禦兵。其陽狂水出焉，西南流注于伊水，其中多三足龜，今吴興陽羨縣有君山，山上有池，水中有三足六眼龜鼈。龜三足者名賁，出《爾雅》。食者無大疾，可以已腫。又東七十里，曰半石之山。其上有草焉，生而秀，其高丈餘，赤葉赤華，華而不實，初生先作穗，却著葉，花生穗間。其名曰嘉榮，服之者不霆。不畏雷霆霹靂也。音廷搏之廷。來需之水出於其陽，而西流注于伊水。【略】又東五十里，曰少室之山，今在河南陽城西，俗名泰室。百草木成囷。未詳。其上有木焉，其名曰帝休，葉狀如楊，其枝五衢，言樹枝交錯，相重五出，有象衢路也。《離騷》曰：靡萍九衢。黄華黑實，服者不怒。【略】休水出焉，而北流注于洛，其中多鯑魚，狀如盩蜼未詳。盩音倜。而長距，足白而對，未詳。食者無蠱疾，可以禦兵。又東三十里，曰泰室之山。即中嶽。嵩，高山也。今在陽城縣西。其上有木焉，葉狀如梨而赤理，其名曰栯木，音郁。服者不妬。有草焉，其狀如苿，苿似薊也。白華黑實，澤如蘡薁，言子滑澤。其名曰䔄草，服之不昧。【略】又北三十里，曰講山，其上多玉，多柘，多柏。有木焉，名曰帝屋，葉狀如椒，反傷赤實，反傷，刺下勾也。可以禦凶。【略】又東三十里，曰浮戲之山。有木焉，葉狀如樗而赤實，名曰亢木，食之不蠱。汜水出焉，而北流注于河。其東有谷，因名曰蛇谷，言此中出蛇，故以名之。上多少辛。細辛也。又東四十里，曰少陘之山。有草焉，名曰䒡草，音剛。葉狀如葵，而赤莖白華，實如蘡薁，食之不愚。言益人智。器難之水出焉，或作囂。而北流注于役水。一作侵。又東南十里，曰太山。別有東小太山，今在朱虛縣，汶水所出，疑此非也。有草焉，名曰梨，其葉狀如荻荻亦蒿也，音狄。而赤華，可以已疽。太水出于其陽，而東南流注于没水。承水出于其陰，而東北流注于没。世謂之靖澗水。【略】又東三十五里，曰敏山。上有木焉，其狀如荊，白華而赤實，名曰葪音計。柏，服者不寒。令人耐寒。【略】又東三十里，曰大騩之山，今滎陽密縣有大騩山，騩因溝水所出。【略】有草焉，其狀如蓍而毛，青華而白實，其名曰蒗，音狼戾。服之不夭，言盡壽也。或作芺。可以爲腹病。爲治也。一作已。【略】

《中次八經》荊山之首，曰景山，今在南郡界中。其上多金玉，其木多杼、檀。杼音椽柱之柱。雎水出焉，雎音癰疽之疽。東南流注于江，今雎水出新城魏昌縣東南，發阿山東南至南郡枝江縣入江也。其中多丹粟，多文魚。有斑彩也。東北百里，曰荊山，今在新城沭鄉縣南。【略】其中多犛牛，旄牛屬也，黑色，出西南徼外也。音狸，一音來。多虎、豹，其木多松、柏，其草多竹，多橘、櫾。櫾似橘而大也，皮厚，味酸。漳水出焉，而東南流注于雎，出荊山，至南郡當陽縣入沮水。其中多黄金，多鮫魚。鮫，鮒魚類也，皮有珠文而堅尾，長三四尺，末有毒，螫人。皮可飾刀劍口，錯治材角。今臨海郡亦有之。音交。其獸多閭麋。似鹿而大也。又東北百五十里，曰驕山，【略】其木多松柏，多桃枝、鈎端。神䰠圍處之，䰠，音鼉魚之鼉。其狀如人面，羊角虎爪，恒游于雎漳之淵，淵水之府奥也。出入有光。又東北百二十里，曰女几之山，【略】其獸多豹、虎，多閭、麋、麖、麂，麂似獐而大，猥毛豹脚。音几。其鳥多白鷮，鷮似雉而長尾，走且鳴。音驕。多翟，多鴆。鴆大如雕，紫緑色，長頸赤喙，食蝮蛇頭，雄名運日，雌名陰諧也。【略】又東北三百五十里，曰綸山，音倫。其木多梓、枏，多桃枝，多柤、栗、橘、櫾，柤似梨而酢濇。其獸多閭、麈、麢、㚟。㚟似菟而鹿脚，青色，音綽。又東北二百里，曰陸郃之山，音如跪告之跪。【略】其木多杻、橿。又東百三十里，曰光山，其上多碧，其下多木。神計蒙處之，其狀人身而龍首，恒游于漳淵，出入必有飄風暴雨。又東百五十里，曰岐山，【略】其木多樗。神涉䰠處之，徒河切，一作䰠，笑游切。其狀人身而方面三足。又東百三十里，曰銅山，【略】其木多穀、柞、柤、栗、橘、櫾，其獸多豹。又東北一百里，曰美山，其獸多兕、牛，多閭、麈，多豕、鹿。【略】又東北百里，曰大堯之山，其木多松、柏，多梓、桑，多机，其草多竹，其獸多豹、虎、麢、㚟。又東北三百里，曰靈山，【略】多桃、李、梅、杏。梅似杏而酢也。又東北七十里，曰龍山，上多寓木，寄生也，一名宛童，見《爾雅》。【略】其草多桃枝、鈎端。又東南五十里，曰衡山，上多寓木、穀、柞。【略】又東南七十里，曰石山，其上多金，其下多青雘，多寓木。又南百二十里，曰若山，【略】多寓木，多柘。若或作前。又東南一百二十里，曰皛山，多美石，多柘。又東南一百五十里，曰玉山，【略】其木多柏。一作楢。又東南七十里，曰讙山，其木多檀。【略】又東北百五十里，曰仁舉之山，其木多穀、柞。又東五十里，曰師每之山，【略】木多柏，多檀，多柘，其草多竹。又東南二百里，曰琴鼓之山，其木多穀、柞、椒、柘，椒，爲樹小而叢生，下有草木則蠚死。【略】其獸多豕、鹿，多白犀，其鳥多鴆。【略】

《中次九經》岷山之首，曰女几之山，【略】其木多杻、橿，其草多菊、苿。洛水出焉，東注于江。【略】其獸多虎、豹。又東北三百里，曰岷山。江水出焉，岷山，今在汶山郡廣陽縣西，大江所出。東北流注于海，至廣陽縣入海。其中多良龜，良，善。多鼉。似蜥蜴，大者長二丈，有鱗彩，皮可以冒鼓。【略】其木多梅、棠，其獸多犀、象，多夔牛，今蜀山中有大牛，重數千斤，名爲夔牛。晉太興元年，此牛出上庸郡，人弩射殺得三十八擔肉，即《爾雅》所謂魏。其鳥多翰、鷩。白翰赤鷩。又東北一百四十里，曰崍山。江水出焉，邛來山，今在漢嘉嚴道縣南，江水所自出也。山有九折坂，出貊貊，似熊而黑白駮，亦食銅鐵也。東流注大江。其陽多黃金，其陰多麋、麈，其木多檀、柘，其草多薤、韭，多葯、即蘥。空奪。即蛇被脱也。又東一百五十里，曰崌山。音居。江水出焉，北江。東流注于大江，其中多怪蛇，今永昌郡有鉤蛇，長數丈，尾岐，在水中鉤取岸上人、牛、馬啖之，又呼馬絆蛇，謂此類也。多鰲魚。音贄。未聞。其木多楢、杻，楢，剛木也，中車材，音秋。多梅、梓，其獸多夔牛、麢、㚟、犀、兕。有鳥焉，狀如鴞而赤身白首，其名曰竊脂，今呼小青雀，曲觜肉食者爲竊脂，疑此非也。可以禦火。又東三百里，曰高梁之山，【略】其木多桃枝、鉤端。有草焉，狀如葵而赤華，莢實白柎，可以走馬。又東四百里，曰蛇山，【略】其木多栒，多豫樟，其草多嘉榮、少辛。有獸焉，其狀如狐，而白尾長耳，名狏狼，音巴。見則國内有兵。一作國有亂。又東五百里，曰鬲山。【略】蒲鷬音薨。之水出焉，而東流注于江，其中多白玉。其獸多犀、象、熊、羆，多猨、蜼。蜼似獼猴，鼻露上向，尾四五尺，頭有岐，蒼黃色，雨則自縣樹，以尾塞鼻孔，或以兩指塞之。又東北三百里，曰隅陽之山，【略】其木多梓、桑，其草多茈。徐之水出焉，東流注于江。【略】又東二百五十里，曰岐山，今在扶風美陽縣西。【略】其木多梅、梓，梅或作蕍音。多杻、楢。減水出焉，東南流注于江。又東三百里，曰勾欄之山，音絡椐之椐。【略】其木多櫟、柘，其草多芍藥。又東一百五十里，曰風雨之山，【略】其木多椒、樿，椒木，未詳也。樿木，白理中櫛。騶、善二音。多楊。宣余之水出焉，東流注于江，其中多蛇。其獸多閭、麋，多麈、豹、虎，其鳥多白鷮。又東北二百里，曰玉山，【略】其木多豫樟、楢、杻，其獸多豕、鹿、麢、㚟，其鳥多鴆。又東一百五十里，曰熊山。有穴焉，熊之穴，恒出神人。夏啓而冬閉。是穴也，冬啓乃必有兵。今鄴西北有鼓山，下有石鼓，象懸著山旁，鳴則有軍事，與此穴殊象而同應。【略】其木多樗、柳，其草多寇脱。又東一百四十里，曰騩山，【略】其木多桃枝、荆、芭。又東二百里，曰葛山，【略】其木多柤、栗、橘、櫾、楢、杻，其獸多麢、㚟，其草多嘉榮。又東一百七十里，曰賈超之山，【略】其木多柤、栗、橘、櫾，其中多龍脩。龍須也，似莞而細，生山石穴中，莖倒垂，可以爲席。【略】

《中次十經》之首，曰首陽之山，其上多金玉，無草木。又西五十里，曰虎尾之山，其木多椒、椐。【略】又西南五十里，曰繁繢音潰。之山，其木多楢、杻，其草多枝勾。今山中有此草。又西南二十里，曰勇石之山，無草木，多白金，多水。又西二十里，曰復州之山，其木多檀。【略】有鳥焉，其狀如鴞，而一足彘尾，其名曰跂踵，見則其國大疫。銘曰：跂踵爲鳥，一足似夔，不爲樂興，反以來悲。又西三十里，曰楮山，多寓木，多椒、椐，多柘，多堊。一作渚州之山。又西二十里，曰又原之山，【略】其鳥多鸜鵒。鴝鵒也。《傳》曰：鴝鵒來巢。音臞。又西五十里，曰涿山，其木多穀、柞、杻。【略】又西七十里，曰丙山，其木多梓、檀，多弞杻。弞，義所未詳。【略】

《中次一十一山經》荆山之首，曰翼望之山。湍水出焉，鹿博反。東流注于濟。今湍水逕南陽穰縣，而入清水。貺水出焉，音況。東南流注于漢，其中多蛟。似蛇而四脚，小頭細頸，有白癭，大者十數圍，卵如一二石甕，能吞人。其上多松、柏，其下多漆、梓。【略】又東北一百五十里，曰朝歌之山。潕水出焉，潕水，今在南陽舞陽縣，音武。東南流注于滎，其中多人魚。其上多梓、柟，其獸多麢、麋。有草焉，名曰莽草，可以毒魚。今用之殺魚。又東南二百里，曰帝囷之山，去倫反。【略】帝囷之水出于其上，潛于其下，多鳴蛇。又東南五十里，曰視山，其上多韭。有井焉，名曰天井，夏有水，冬竭。其上多桑。【略】又東南二百里，曰前山，其木多櫧，似柞，子可食，冬夏生。作屋柱，難腐。音諸，或作儲。多柏。【略】又東南三百里，曰豐山。有獸焉，其狀如蝯，赤目、赤喙、黃身，名曰雍和，見則國有大恐。神耕父處之，常游清冷之淵，出入有光，清冷水，在西號郊縣，山上神來時，水赤有光耀，今有屋祠之。見則其國爲敗。【略】其下多穀、柞、杻、橿。又東北八百里，曰兔牀之山，其陽多鐵，其木多藷藇，其草多雞穀，其本如雞卵，其味酸甘，食者利于人。又東六十里，曰皮山，多堊，多赭，其木多松、柏。又東六十里，曰瑶碧之山，其木多梓、枏。【略】有鳥焉，其狀如雉，恒食蜚，名曰鴆。蜚，負盤也。音翡。此更一種鳥，非食蛇之鴆也。又東四十里，曰支離之山。濟水出焉，南流注于漢。今濟水出酈縣西北山中，南入漢。酈，離音，字亦同。有鳥焉，其名曰嬰勺，其狀如鵲，赤目、赤喙、白身，其尾若勺，似酒勺形。其鳴自呼。多㸲牛，多羬羊。又東北五十里，曰祑簡之山，音彫。其上多松、柏、机柏。柏葉似柳，皮黃不措，子似楝，著酒中飲之辟惡氣，浣衣去垢，核堅正黑，可以間香纓。一名祐樓也。又西北一百里，曰堇理之山，其上多松，柏，多美梓。【略】其獸多豹、虎。有鳥焉，其狀如鵲，青身白喙，白目白尾，名曰青耕，可以禦疫，其鳴自叫。又東南三十里，曰依軲之山，音枯。其上多杻、橿，多苴。未詳，音葙。有獸焉，其狀如犬，虎爪有甲，其名曰獜，言體有鱗甲，音吝。善駚坌，跳躍自撲也。鞅奮兩音。食者不風。不畏天風。又東南三十五里，曰即谷之山，多美玉，多玄豹，黑豹也，即今荊州山中出黑虎也。多閭、麈，多麢、㚟。【略】又東南四十里，曰雞山，其上多美梓，多桑，其草多韭。【略】又東南三十五里，曰從山，其上多松、柏，其下多竹。從水，出于其上，潛于其下，其中多三足鼈，枝尾，三足鼈名能，見《爾雅》。食之無蠱疫。又東南三十里，曰嬰硜之山，音真。其上多松、柏，其下多梓、櫄。【略】又東南二十里，曰樂馬之山。有獸焉，其狀如彙，赤如丹火，其名曰狼，音戾。見則其國大疫。又東南二十五里，曰葴山。視水出焉，或曰視宜爲瀙，瀙水今在南陽也。東南流注于汝水，其中多人魚，多蛟，多頡。如青狗。【略】又東三十里，曰虎首之山，多苴、椆、椐。椆，未詳也。音彫。【略】又東四十里，曰卑山，其上多桃、李、苴、梓，多纍。今虎豆、狸豆之屬。纍，一名藤，音誄。又東三十里，曰倚帝之山。【略】有獸焉，其狀如鼣鼠，《爾雅》説鼠有十三種，中有此鼠，形所未詳也。音狗吠之吠。白耳白喙，名曰狙如，音即蛆。見則其國有大兵。【略】又東三十里，曰雅山。澧水出焉，音禮，今澧水出南陽。東流注于視水，其中多大魚。其上多美桑，其下多苴，多赤金。又東五十里，曰宣山。淪水出焉，東南流注于視水，其中多蛟。其上有桑焉，大五十尺，圍五丈也。其枝四衢，言枝交互四出。其葉大尺餘，赤理、黃華、青柎，名曰帝女之桑。婦女主蠶，故以名桑。又東四十五里，曰衡山，今衡山在衡陽湘南縣，南嶽也。俗謂之岣嶁山。其上多青雘，多桑，其鳥多鸜鵒。又東四十里，曰豐山，其上多封石，其木多桑，多羊桃，狀如桃而方莖，一名鬼桃。可以爲皮張。治皮腫起。又東七十里，曰嫗山，【略】其草多雞穀。又東三十里，曰鮮山，其木多楢、杻、苴，其草多虋冬。【略】有獸焉，其狀如膜大，赤喙、赤目、白尾，見則其邑有火，名曰狢即。音移。又東二十五里，曰大支之山，【略】其木多穀、柞，無草木。又東五十里，曰區吴之山，其木多苴。又東五十里，曰聲匈之山，其木多穀。【略】又東十里，曰踵臼之山，無草木。又東北七十里，曰歷或作磨。石之山，其木多荊、芑。【略】有獸焉，其狀如狸，而白首虎爪，名曰梁渠，見則其國有大兵。又東南一百里，曰求山。求水出于其上，潛于其下，中有美赭。其木多苴，多䉋。篠屬。【略】又東二百里，曰丑陽之山，其上多椆、椐。有鳥焉，其狀如烏而赤足，名曰馻餘，音如枳柑之枳。可以禦火。又東三百里，曰奧山，其上多柏、杻、橿。【略】又東三十五里，曰服山，其木多苴。【略】又東百十里，曰杳山，其上多嘉榮草，多金玉。又東三百五十里，曰几山，其木多楢、檀、杻，其草多香。有獸焉，其狀如彘，黃身、白頭、白尾，名曰聞獜，音隣。見則天下大風。獜，一作䝔，音瓶。【略】

《中次十二經》洞庭山之首，曰篇遇之山，或作肩。無草木，多黃金。又東南五十里，曰雲山，無草木，有桂竹，甚毒，傷人必死。今始興郡桂陽縣出筀竹，大者圍二尺，長四丈。又交趾有篥竹，實中勁强，有毒，鋭以刺虎，中之則死，亦此類也。【略】又東南一百三十里，曰龜山，其木多穀、柞、椆、椐，【略】多扶竹。卭竹也。高節實中，中杖也。名之扶老竹。又東七十里，曰丙山，多筀竹，多黃金、銅、鐵，無木。又東南五十里，曰風伯之山，【略】其木多柳、杻、檀、楮。其東有林焉，名曰莽浮之林，多美木、鳥獸。又東一百五十里，曰夫夫之山，【略】其木多桑、楮，其草多竹、雞鼓。【略】又東南一百二十里，曰洞庭之山，【略】其木多柤、梨、橘、櫾，其草多葌、蘪蕪、芍藥、芎藭。蘪蕪，似蛇牀而香也。【略】又東南一百八十里，曰暴山，其木多椶、枏、荊、芑、竹箭、䉋、箘，箘亦篠類，中箭，見《禹貢》。【略】其獸多麋、鹿、麖、就。就，鵰也，見《廣雅》。又東南二百里，曰即公之山，【略】其木多柳、杻、檀、桑。有獸焉，其狀如龜，而白身赤首，名曰蛫，音詭。是可以禦火。又東南一百五十九里，曰堯山，【略】其木多荆、芑、柳、檀，其草多藷藇、茱。又東南一百里，曰江浮之山，其上多銀、砥礪，無草木，其獸多豕、鹿。又東二百里，曰真陵之山，【略】其木多穀、柞、柳、杻，其草多榮草。又東南一百二十里，曰陽帝之山，多美銅，其木多橿、杻、檿、楮，檿，山桑也。其獸多麢、麝。又南九十里，曰柴桑之山，今在潯陽柴桑縣南，其廬山相連也。【略】其木多柳、芑、楮、桑，其獸多麋鹿，多白蛇、飛蛇。即螣蛇，乘霧而飛者。又東二百三十里，曰榮余之山，【略】其木多柳、芑，其蟲多怪蛇、怪蟲。

宋　吴幾復《請於郢唐等州置監鑄錢奏》（引自《續資治通鑑長編》卷二四〇）　郢、唐、均、房、金五州易得林木，而淮南鉛、銅積多，若由襄、郢轉致鉛、銅至郢、唐等州置監鑄錢，可以紓錢重之弊，其利且博。

宋　莊綽《雞肋編》卷下　信州弋陽縣海棠滿山，村人至并花伐以爲薪。廣南以之啖猪，處州龍泉以筍亦然。溫州四時有蘭，各是一種。衡州耒陽縣有桃一株，結子而穰，不甚實。廣州有無核枇杷，海南有無核荔支一株。嚴州通判廳下有花數種而合爲一樹，云見於唐杜牧詩中。宣和間欲移取屢矣，卒以盤根不可徙而止，然其花終無能名者。

明　王圻《稗史彙編》卷一四七《物産異常》　山深土厚之處，物産之異，蓋巨靈所鍾，誠有足駭觀者。如天目山老檜，其大可六七人抱。閩中之荔枝樹，榕樹，大亦可數人抱，比天目少差。滇中之巨竹叢生一堆，非若南方之竹山與園林散漫，其奇異處僅數十株一叢，根如虯龍蟠結，出土上色如石，其大如斗，若截之可以汲水。又若天目山巔之仙人解鋸石，約一二里道傍林林無筭，或六七尺，或及丈，自上至下皆空一寸許，直截如片，虎丘試劍石又不足言。又若雁山之天柱峰，平地突然嶐起，周圍無所緣，如湖南之雷峰塔，然其高與大則又數倍。

明　陳繼儒《虎薈》卷六　山東無虎，浙江無狼，廣東無兔，蜀無鵠。出《華夷續考》。

清　王士禎《香祖筆記》卷八　丹青樹出終南山，丹青竹出熊耳山。

紀事

《逸周書·王會解》　成周之會，墠上張赤弈陰羽。天子南面立，絻無繁露，朝服八十物，搢挺。唐叔、荀叔、周公在左，太公望在右，皆絻，亦無繁露，朝服七十物，搢笏，旁天子而立於堂上。堂下之右，唐公、虞公南面立焉。堂下之左，殷公、夏公立焉，皆南面。絻有繁露，朝服五十物，皆搢笏。爲諸侯之有疾病者，阼階之南，祝淮氏、榮氏次之，皆西南，彌宗旁之。爲諸侯有疾病者之醫藥所居。相者太史魚、太行人，皆朝服，有繁露。堂下之東面，郭叔掌爲天子綠幣焉，絻有繁露。內臺西面者正北方，應侯、曹叔、伯舅、中舅，比服次之。要服次之，荒服次之。西方東面正北方，伯父中子次之。方千里之外爲比服，方二千里之內爲要服，三千里之內爲荒服。是皆朝於內者。堂後東北爲赤弈焉，浴盆在其中。其西，天子車立馬乘，亦青陰羽鳧旌。中臺之外，其右泰士，臺右彌士。受贄者八人，東面者四人。陳幣當外臺，天玄鬣宗馬十二，王玄繚碧基十二，參方玄繚璧豹虎皮十二，四方玄繚璧琰十二。外臺之四隅張赤弈，爲諸侯欲息者皆息焉，命之曰爻閭。周公旦主東方所之。青馬黑鬣，謂之母兒。其守營墻者衣青，操弓執矛。西面者正北方，稷慎大麈。穢人前兒。前兒若彌猴，立行，聲似小兒。良夷在子。在子□身人首，脂其腹炙之霍，則鳴曰在子。揚州禺。禺，魚名。解隃冠。發人鹿，鹿者，若鹿，迅走。俞人雖馬。青丘狐九尾。周頭煇羝，煇羝者，羊也。黑齒白鹿、白馬。白民乘黃，乘黃者似騏，背有兩角。東越海蛤。歐人蟬蛇，蟬蛇順，食之美。姑於越納，□姑妹珍。且甌文蜃，共人玄貝。海陽大蠏。自深桂。會稽以鼉。皆西嚮。正北方義渠以茲白，茲白者若白馬，鋸牙，食虎豹。史林以尊耳，尊耳者身若虎豹，尾長三尺其身，食虎豹。北唐戎以閭，閭以隃冠。渠叟以鼩犬，鼩犬者，露犬也，能飛，食虎豹。樓煩以星施，星施者珥旄。卜盧以牛，牛者，牛之小者也。區陽以鼈封者，若彘，前後有首。規矩以麟者，獸也。西申以鳳鳥，鳳鳥者，戴仁、抱義、掖信，歸有德。丘羌鸞鳥。巴人以比翼鳥。方揚以皇鳥。蜀人以文翰，文翰者，若皐雞。方人以孔鳥。卜人以丹沙。夷用闌采。康民以桴苡者，其實如李，食之宜子。州靡費費，其形人身，技踵，自笑，笑則上脣翕其目，食人，北方謂之吐嘍。都郭生生，若黃狗，人面，能言。奇幹善芳，善芳者，頭若雄雞，佩之令人不昧。皆東嚮。北方臺正東，高夷嗛羊，嗛羊者，羊而四角。獨鹿邛邛。距虛，善走也。孤竹距虛。不令支玄模。不屠何青能。東胡黃羆。山戎菽。其西般吾白虎。屠州黑豹。禺氏騊駼。大夏玆白牛。犬戎文馬而赤鬣縞身，目若黃金，名古黃之乘。數楚每牛，每牛者，牛之小者也。匈戎狡犬，狡犬者，巨身，四尺果。皆北嚮。權扶三目。白州北閭，北閭者，其革若于，伐其木以爲車，終行不敗。禽人管。路人大竹。長沙鼈。其西魚腹鼓鐘鐘牛。蠻揚之翟。倉吾翡翠，翡翠者，所以取羽。其餘皆可知。自古之政，南人至衆。皆北嚮。

《管子·揆度》 共工之王，水處什之七，陸處什之三，乘天勢以隘制天下。至於黃帝之王，謹逃其爪牙，不利其器，燒山林，破增藪，焚沛澤，逐禽獸，實以益人，然後天下可得而牧也。

《商君書·畫策》 昔者昊英之世，以伐木殺獸，人民少而木獸多。黃帝之世，不麛不卵，官無供備之，民死不得用槨。事不同，皆王者，時異也。

《孟子·滕文公上》 當堯之時，天下猶未平，洪水橫流，氾濫於天下，草木暢茂，禽獸繁殖，五穀不登，禽獸偪人，獸蹄鳥跡之道交於中國。堯獨憂之，舉舜而敷治焉。

《莊子·盜跖》 吾聞之，古者禽獸多而人民少，於是民皆巢居以避之，晝拾橡栗暮栖木上，故命之曰有巢氏之民。

《韓非子·五蠹》 上古之世，人民少而禽獸衆，人民不勝禽獸蟲蛇。有聖人作，搆木爲巢，以避羣害，而民悦之，使王天下，號曰有巢氏。民食果蓏、蚌蛤，腥臊、惡臭而傷害腹胃，民多疾病。有聖人作，鑽燧取火，以化腥臊，而民説之，使王天下，號之曰燧人氏。

漢　司馬遷　《史記》卷二八《封禪書》 夏得木德，青龍止於郊，草木暢茂。

三国魏　王肅　《孔子家語》卷八 既濟河西，馬散之華山之陽而弗復乘，牛散之桃林之野而弗復服。桃林，西方塞也。車甲則釁之，而藏諸府庫，以示弗復用。倒載干戈，而包之以虎皮。將率之士使爲諸侯，命之鞬櫜。言所以櫜弓矢而不用者，將率之士力也。故建以爲諸侯，爲之鞬櫜也。然後天下知武王之不復用兵也。散軍而修郊射，郊有學官，可以習禮。左射以狸首，右射以騶虞，而貫革之射息也。

晉　王嘉　《拾遺記》卷六 宣帝地節元年，樂浪之東有背明之國，來貢其方物。言其鄉在扶桑之東，見日出於西方，其國昏昏常闇，宜種百穀，名曰融澤，方三千里，五穀皆良，食之後天而死。【略】其北有草名虹草，枝長一丈，葉如車輪，根大如轂，花似朝虹之色。昔齊桓公伐山戎，國人獻其種，乃植於庭，云霸者之瑞也。有宵明草，夜視如列燭，晝則無光，自消滅也。有紫菊，謂之日精，一莖一蔓，延及數畝，味甘，食者至死不饑渴。有焦茅，高五丈，燃之成灰，以水灌之復成茅也，謂之靈茅。有黃渠草，映日如火，其堅韌若金，食者焚身不熱。有夢草，葉如蒲，莖如蓍，採之以占吉凶，萬不遺一。又有聞遐草，服者耳聰，香如桂，莖如蘭。其國獻之，多不生實，葉多萎黃，詔並除焉。

宋　歐陽修　《新五代史》卷七三《兀欲傳》 初，蕭翰聞德光死，北歸，有同州郃陽縣令胡嶠爲翰掌書記，隨入契丹。而翰妻争妬，告翰謀反，翰見殺，嶠無所依，居虜中七年。當周廣順三年，亡歸中國，略能道其所見。云：『自幽州西北入居庸關，明日，又西北入石門關，關路崖狹，一夫可以當百，此中國控扼契丹之險也。又三日，至可汗州，南望五臺山，其一峰最高者，東臺也。又三日，至新武州，西北行五十里有雞鳴山，云唐太宗北伐聞雞鳴于此，因以名山。明日，入永定關，此唐故關也。又四日，至歸化州。又三日，登天嶺，嶺東西連亘，有路北下，四顧冥然，黃雲白草，不可窮極。契丹謂嶠曰：「此辭鄉嶺也，可一南望而爲永訣。」同行者皆慟哭，往往絶而復蘇。又行三四日，至黑榆林，時七月，寒如深冬。又明日，入斜谷，谷長五十里，高崖峻谷，仰不見日，而寒尤甚。已出谷，得平地，氣稍溫。又行二日，渡湟水。又明日，渡黑水。又二日，至湯城淀，地氣最溫，契丹若大寒，則就温于此。其水泉清冷，草軟如茸，可藉以寢。而多異花，記其二種：一曰旱金，大如掌，金色爍人；一曰青囊，如中國金燈，而色類藍可愛。又二日，至儀坤州，渡麝香河。自幽州至此無里候，其所向不知爲南北。又二日，至赤崖，翰與兀欲相及，遂及述律戰于沙河。述律兵敗而北，兀欲追至獨樹渡，遂囚述律于撲馬山。又行三日，遂至上京，所謂西樓也。西樓有邑屋市肆，交易無錢而用布。有綾錦諸工作、宦者、翰林、伎術、教坊、角觝、秀才、僧、尼、道士等，皆中國人，而并、汾、幽、薊之人尤多。自上京東去四十里，至真珠寨，始食菜。明日，東行，地勢漸高，西望平地松林鬱然數十里。遂入平川，多草木，始食西瓜，云契丹破回紇得此種，以牛糞覆棚而種，大如中國冬瓜而味甘。又東行，至褭潭，始有柳，而水草豐美，有息雞草尤美，而本大，馬食不過十本而飽。自褭潭入大山，行十餘日而出，過一大林，長二三里，皆蕪荑，枝葉有芒刺如箭羽，其地皆無草。兀欲時卓帳于此，會諸部人葬德光。自此西南行，日六十里，行七日，至大山門，兩高山相去一里，而長松豐草，珍禽野卉，有屋室碑石，曰：「陵所也。」兀欲入祭，諸部大人惟執祭器者得入。入而門闔。明日開門，曰「拋盞」，禮畢。問其禮，皆祕不肯言。』嶠所目見囚述律、葬德光等事，與中國所記差異。

已而，翰得罪被鎖，嶠與部曲東之福州。福州，翰所治也。嶠等東行，過一山，名十三山，云此西南去幽州二千里。又東行，數日，過衛州，有居人三十餘家，蓋契丹所虜中國衛州人，築城而居之，嶠至福州而契丹多憐嶠，教其逃歸，嶠因得其諸國種類遠近。云：『距契丹國東至于海，有鐵甸，其族野居皮帳，而人剛勇。其地少草木，水鹹濁，色如血，澄之久而後可飲。又東，女真，善射，多牛、鹿、野狗。其人無定居，行以牛負物，遇雨則張革爲屋。常作鹿鳴，呼鹿而射之，食其生肉。能釀糜爲酒，醉則縛之而睡，醒而後解，不然，則殺人。又東南，渤海，又東，遼國，皆與契丹略同。其南海曲，有魚鹽之利。又南，奚，與契丹略同，而人好殺戮。又南，至于榆關矣，西南至儒州，皆故漢地。西則突厥、回紇。西北至嫗厥律，其人長大，髦頭，酋長全其髮，盛以紫囊。地苦寒，水出大魚，契丹仰食。又多黑、白、黄貂鼠皮，北方諸國皆仰足。其人最勇，隣國不敢侵。又其西，轄戛，又其北，單于突厥，皆與嫗厥律略同。又北，黑車子，善作車帳。其人知孝義，地貧無所産。云契丹之先，常役回紇，後背之走黑車子，始學作車帳。又北，牛蹄突厥，人身牛足，其地尤寒，水曰瓠甗河，夏秋冰厚二尺，春冬冰徹底，常燒器銷冰乃得飲。東北，至韈劫子，其人髦首，披布爲衣，不鞍而騎，大弓長箭，尤善射，遇人輒殺而生食其肉，契丹等國皆畏之。契丹五騎遇一韈劫子，則皆散走。其國三面皆室韋，一曰室韋，二曰黄頭室韋，三曰獸室韋。其地多銅、鐵、金、銀，其人工巧，銅鐵諸器皆精好，善織毛錦。地尤寒，馬溺至地成冰堆。又北，狗國，人身狗首，長毛不衣，手搏猛獸，語爲犬嘷，其妻皆人，能漢語，生男爲狗，女爲人，自相婚嫁，穴居食生，而妻女人食。云嘗有中國人至其國，其妻憐之使逃歸，與其筯十餘隻，教其每走十餘里遺一筯，狗夫追之，見其家物，必銜而歸，則不能追矣。』其說如此。又曰：『契丹嘗選百里馬二十四，遣十人齎乾麨北行，窮其所見。其人自黑車子，歷牛蹄國以北，行一年，經四十三城，居人多以木皮爲屋，其語言無譯者，不知其國地山川部族名號。其地氣，遇平地則温和，山林則寒冽。至三十三城，得一人，能鐵甸語，其言頗可解，云地名頡利烏于邪堰。云「自此以北，龍蛇猛獸、魑魅羣行，不可往矣」。其人乃還。此北荒之極也。』

契丹謂嶠曰：『夷狄之人豈能勝中國？然晉所以敗者，主暗而臣不忠。』因具道諸國事，曰：『子歸悉以語漢人，使漢人努力事其主，無爲夷狄所虜，吾國非人境也。』嶠歸，録以爲《陷虜記》云。

宋　司馬光《資治通鑑》卷一七《漢紀九》

〔武帝建元三年〕時東方朔在傍，進諫曰：『夫南山，天下之阻也。漢興，去三河之地，河南、河內、河東爲三河。漢高帝始居洛陽，後西都關中，是去三河之地也。止霸、滻以西，都涇、渭之南，此所謂天下陸海之地，霸水出藍田縣藍田谷。滻水亦出藍田谷，逕藍田川，北出霸陵，入霸水。霸又北入于渭。涇水注見六卷。渭水出隴西首陽縣西南鳥鼠同穴山，東流與霸水、涇水合，又東至船司空入河。陸海，師古曰：高平曰陸；關中地高，故稱之耳。海者，萬物所出。言關中陸産饒富，是以謂之陸海也。秦之所以虜西戎、兼山東者也。其山出玉、石、金、銀、銅、鐵、良材，百工所取給，萬民所卬足也。卬，古仰字，通用，音牛向翻。又有秔、稻、梨、栗、桑、麻、竹箭之饒，土宜薑、芋，水多䵷、魚，芋，即蹲鴟也，其葉似藕荷而長，不圓；其根大者爲芋魁，其小者附麗甚衆，白膩可食。䵷，與蛙同。師古曰：似蝦蟆而小，長脚。貧者得以人給家足，無飢寒之憂；故酆、鎬之間，號爲土膏，周文王都酆，武王都鎬。《水經》：渭水東過槐里縣故城南，東合甘水；又東，豐水從南來注之；又東北與鎬水合。班《志》，豐水出鄠縣東南。鎬水上承鎬池水於昆明池北，皆在上林苑中。其賈畝一金。賈，與價同。今規以爲苑，絶陂池水澤之利而取民膏腴之地，上乏國家之用，下奪農桑之業，是其不可一也。盛荆、棘之林，廣狐、菟之苑，菟，古兔字通用。大虎、狼之虚，壞人塚墓，虚，讀曰墟。壞，音怪。發人室廬，令幼弱懷土而思，耆老泣涕而悲，是其不可二也。賀瑒曰：耆，至也，至老之境也。斥而營之，垣而囿之，騎馳東西，車騖南北，師古曰：亂馳曰騖。有深溝大渠。夫一日之樂，不足以危無隄之輿，蘇林曰：隄，限也。輿，乘輿也，無限，若言不訾也。不敢斥天子，故曰輿也。張晏曰：一日之樂，謂田獵也；無隄之輿，謂天子富貴無隄限。貢父曰：不足以危，『不』字當作『亦』。隄，亦防也。言車輿馳騁，不爲防慮，必有顛蹶之變。樂，音洛。是其不可三也。夫殷作九市之宫而諸侯畔，應劭曰：紂於宫中設九市。靈王起章華之臺而楚民散，師古曰：楚靈王作章華之臺，納亡人以實之，卒有乾谿之禍也。章華臺在華容城也。秦興阿房之殿而天下亂。糞土愚臣，逆盛意，罪當萬死！』上乃拜朔爲太中大夫、給事中，《百官表》：給事中，加官。師古曰：《漢官解詁》云：掌侍從左右，無員，常侍中。《續漢志》：給事中，關通内外。蓋以給事禁中名官也。賜黄金百斤。然遂起上林苑，如壽王所奏。

又〔武帝建元六年〕間者，數年歲比不登，民待賣爵、贅子以接衣食。比，毗至翻。如淳曰：淮南俗賣子與人作奴婢，名曰贅子，三年不能贖，遂爲奴婢。師古曰：贅，質也。一説云：贅子者，謂令子出就婦家爲贅壻。賴陛下德澤振救之，得毋轉死溝壑；四年不登，五年復蝗，民生未復。年復，扶又翻；未復，如字。今發兵行數千里，資衣糧，師古曰：資，猶齎也。入越地，輿轎而隃領，拕舟而入水，轎，竹輿車，江南人又謂之籃輿。領，山嶺也。不通舟車，故用肩輿以行。轎，旗妙翻。拕，音他，曳也。行數百千里，夾以深林叢竹，水道上下擊石；謂水道多巨石，船行上下，皆與石相擊觸也。林中多蝮蛇、猛獸，應劭曰：蝮蛇，一名虺。蠚，螫也，螫人手足，則割去其肉，不然則死。師古曰：《爾雅》及《説文》皆以爲蝮即虺也，博三寸，首大如擘。而郭璞云：各自一種蛇，其蝮蛇，大頭，細頸，焦尾，色如綬文，文間有毛似猪鬣，鼻上有針，大者七八尺，一名反鼻，非虺之類也。以今俗名證之，郭説得矣。虺若土色，所在有之，俗呼土虺。其蝮惟出南方。蝮，敷福翻。夏月暑時，歐泄霍亂之病相隨屬也；歐，吐也。泄，利也。師古曰：泄，以制翻。屬，之欲翻。曾未施兵接刃，死傷者必衆矣。前時南海王反，陛下先臣使將軍間忌將兵擊之，文穎曰：先臣，淮南厲王長也，間忌，人姓名也。師古曰：《淮南王傳》作『簡忌』，此本作『間』，傳寫字誤省耳。《左傳》有魯大夫簡叔。以其軍降，處之上淦。班《志》豫章郡有新淦縣。應劭《注》云：淦水所出。上淦，蓋淦水之上流也。降，户江翻。處，昌吕翻。淦，音紺，又工含翻。後復反，會天暑多雨，樓船卒水居擊棹，師古曰：言常居舟中水上，而又有擊棹行舟之役，故多死也。復，扶又翻。未戰而疾死者過半；親老涕泣，孤子啼號，號，户高翻。破家散業，迎尸千里之外，裹骸骨而歸。悲哀之氣，數年不息，長老至今以爲記，曾未入其地而禍已至此矣。曾，才登翻。陛下德配天地，明象日月，恩至禽獸，澤及草木，一人有飢寒不終其天年而死者，爲之悽愴於心。今方内無狗吠之警，而使陛下甲卒死亡，暴露中原，霑漬山谷，邊境之民爲之早閉晏開，師古曰：晏，晚也。言有兵難，故邊城早閉而晚開也。爲，于僞翻；下同。朝不及夕，師古曰：言憂危亡不自保也。臣安竊爲陛下重之。

不習南方地形者，多以越爲人衆兵强，能難邊城。服虔曰：爲邊城作難也。難，乃旦翻。淮南全國之時，多爲邊吏，師古曰：全國，謂未分爲三之時也，淮南人於邊爲吏，與越接境，故知其地形也。臣竊聞之，與中國異；師古曰：言其風土不同。限以高山，人迹絶，車道不通，天地所以隔外内也。其入中國，必下領水，領水之山峭峻，漂石破舟，領水，即贛水也；班《志》所謂彭水出豫章南壄縣東入湖漢水，庾仲初所謂大庾嶠水北入豫章注于江者是也。漂石破舟，言三百里贛石。不可以大船載食糧下也。越人欲爲變，必先田餘干界中，班《志》，豫章郡有餘汗縣。應劭曰：汗，音干。今饒州餘干縣，漢古縣名也。積食糧，乃入，伐材治船。治，直之翻。邊城守候誠謹，越人有入伐材者，輒收捕，焚其積聚，積，子賜翻。聚，慈諭翻。雖百越，柰邊城何！且越人緜力薄材，師古曰：緜，弱也；言其柔弱如緜。不能陸戰，又無車騎、弓弩之用，然而不可入者，以保地險，而中國之人不耐其水土也。臣聞越甲卒不下數十萬，所以入之，五倍乃足，師古曰：不下，言不減也。漢軍多之五倍，然後可入其地也。輓車奉餉者不在其中。師古曰：輓，音晚，引車也。南方暑濕，近夏癉熱，近，其靳翻。師古曰：癉，黄病也，丁幹翻。暴露水居，蝮蛇蠚生，師古曰：蠚，毒也，音壑。疾疢多作，疢，丑刃翻，病也。兵未血刃而病死者什二三，雖舉越國而虜之，不足以償所亡。師古曰：舉，謂總取也。

又卷三七《漢紀二十九》〔王莽始建國二年〕又以《周官》税民，凡田不耕爲不殖，出三夫之税；城郭中宅不樹藝者爲不毛，師古曰：樹藝，謂種樹果木及菜蔬。出三夫之布；民浮游無事，出夫布一疋；其不能出布者宂作，縣官衣食之。師古曰：宂，散也，音人勇翻。衣，音於既翻。食，讀曰飤。諸取金、銀、連、錫、鳥、獸、魚、鱉於山林、水澤孟康曰：連，錫之別名也。李奇曰：鉛錫。應劭曰：連，似銅。師古曰：孟、李二説皆非也。許慎曰：鏈，銅屬也；一曰：丱也。鏈，抽延翻，又陵延翻。及畜牧者，畜，許六翻。嬪婦桑蠶、織紝、紡績、補縫，師古曰：機縷曰紝，音人禁翻。工匠、醫、巫、卜、祝及他方技，商販、賈人，皆各自占所爲於其所之，技，渠綺翻。賈，音古。占，之贍翻；下同。之，往也。縣官除其本，計其利十分之，而以其一爲貢；敢不自占、自占不以實者，盡没入所采取而作縣官一歲。

又卷四三《漢紀三十五》〔光武帝建武二十二年〕班固論曰：**【略】**遭值文、景玄默，養民五世，高、惠及呂后、文、景爲五世。財力有餘，士馬强盛，故能睹犀布、瑇瑁，瑇，音代。瑁，音妹。則建珠厓七郡；感蒟醬、竹杖，則開牂柯、越巂；蒟，音矩。牂，音臧。巂，音髓。聞天馬、蒲陶，則通大宛、安息；自是殊方異物，四面而至。於是開苑囿，廣宫室，盛帷帳，美服玩，設酒池肉林以饗四夷之客，作魚龍角抵之戲以觀視之；觀，古玩翻。師古曰：視，讀曰示，觀視之者，示之令觀也。及賂遺贈送，遺，于季翻。萬里相奉，師旅之費，不可勝計。勝，音升。至於用度不足，乃榷酒酤，榷，古岳翻。酤，古暮翻。筦鹽鐵，鑄白金，造皮幣，算至車船，租及六畜。畜，許救翻。民力屈，屈，其勿翻。財用竭，因之以凶年，寇盜並起，道路不通，直指之使始出，衣繡杖斧，斷斬於郡國，使，疏吏翻。衣，於既翻。斷，丁亂翻。然後勝之。是以末年遂棄輪臺之地而下哀痛之詔，豈非仁聖之所悔哉！事並見《武帝紀》。

清　傅恒《歷代通鑑輯覽》卷八〇　秋七月，置提舉御前人船所。時東南監司郡官二廣市舶，率有應舉，又有不待旨，但送物至都計會，宦者以獻，大率靈璧、宋縣今屬鳳陽府，縣有磬石山。大湖、具區也。注見前。慈谿、唐置，今屬寧波府。武康注見前。諸石，二浙奇竹、異花、海錯，福建荔枝、與下龍眼、椰實，注俱見前。橄欖、一名南諫，亦曰味諫，亦曰諫果，江南呼爲青果。龍眼，南海椰實，登萊文石，湖湘文竹，四川佳果木，皆越海渡江，毁橋梁，鑿城郭而至，植之皆生。而異味珍苞，則以健步捷走，雖甚遠，數日即達，色香未變也。至是蔡京又言：陛下無聲色犬馬之奉，所尚者山林間物，乃人之所棄，但有司奉行之過，因以致擾，願節其浮濫。乃請作提舉淮浙人船所，命内侍鄧文誥領之。詔自後有所用，即從御前降下，乃如數貢，餘不許妄進。意欲以便民，而實擾害如故。

又《平定準葛爾方略前編》卷一五　川陝總督年羹堯疏言：桌子、碁子諸山爲匪人潛匿之藪。相度形勢，惟塔拉渡、川東通莊浪，西接刀林先密寺，四圍皆山，林木茂密，盜賊輒由此路出没。

著録

晉　郭璞《山海經序》　世之覽《山海經》者，皆以其閎誕迂誇，多奇怪俶儻之言，莫不疑焉。嘗試論之曰：莊生有云：人之所知，莫若其所不知。吾於《山海經》見之矣。夫以宇宙之寥廓，羣生之紛紜，陰陽之煦蒸，萬殊之區分，精氣渾淆，自相噴薄，遊魂靈怪，觸像而構，流形於山川，麗狀於木石者，惡可勝言乎？然則總其所以乖，鼓之於一響；成其所以變，混之於一象。世之所謂異，未知其所以異；世之所謂不異，未知其所以不異。何者？物不自異，待我而後異，異果在我，非物異也。故胡人見布而疑黂，越人見罽而駭毳。夫翫所習見而奇所希聞，此人情之常蔽也。今略舉可以明之者：陽火出於氷水，陰鼠出於炎山，而俗之論者，莫之或怪；及談《山海經》所載，而咸怪之；是不怪所可怪，而怪所不可怪也。不怪所可怪，則幾於無怪矣；怪所不可怪，則未始有可怪也。夫能然所不可，不可所不可然，則理無不然矣。按《汲郡竹書》及《穆天子傳》：穆王西征見西王母，執璧帛之好，獻錦組之屬。穆王享王母於瑶池之上，賦詩往來，辭意可觀。遂襲崑崙之丘，游軒轅之宫，眺鍾山之嶺，玩帝者之寶，勒石王母之山，紀迹玄圃之上。乃取其嘉禾、艷草、奇鳥、怪獸、玉石、珍瑰之器，金膏銀燭之寶，歸而殖養之於中國。穆王駕八駿之乘，右服盜驪，左驂騄耳，造父爲御，犇戎爲右，萬里長騖，以周歷四荒，名山大川，靡不登濟。東升大人之堂，西燕王母之廬，南轢黿鼉之梁，北躡積羽之衢。窮歡極娛，然後旋歸。案《史記》説穆王得盜驪騄耳驊騮之驥，使造父御之，以西巡狩，見西王母，樂而忘歸，亦與《竹書》同。《左傳》曰：穆王欲肆其心，使天下皆有車轍馬迹焉。《竹書》所載則是其事也。而譙周之徒，足爲通識瑰儒，而雅不平此，驗之史考，以著其妄。司馬遷叙《大宛傳》亦云：自張騫使大夏之後，窮河源，惡覩所謂崑崙者乎？至《禹本紀》、《山海經》所有怪物，余不敢言也。不亦悲乎！若《竹書》不潛出於千載，以作徵於今日者，則《山海》之言，其幾乎廢矣。若乃東方生曉畢方之名，劉子政辨盗械之尸，王頎訪兩面之客，海民獲長臂之衣，精驗潛效，絶代懸符。於戲！羣惑者其可以少寤乎？是故聖皇原化以極變，象物以應怪，鑒無滯賾，曲盡幽情，神焉廋哉！神焉廋哉！蓋此書跨世七代，歷載三千，雖暫顯於漢而尋亦寢廢。其山川名號，所在多有舛謬，與今不同，師訓莫傳，遂將湮泯。道之所存，俗之所喪，悲夫！余有懼焉，故爲之創傳，疏其壅閡，闢其茀蕪，領其玄致，標其洞涉。庶幾令逸文不墜於世，奇言不絶於今，夏后之迹，靡刊於將來；八荒之事，有聞於後裔，不亦可乎。夫蘙薈之翔，叵以論垂天之凌；蹄涔之游，無以知絳虬之騰；鈞天之庭，豈伶人之所躡；無航之津，豈蒼兕之所涉。非天下之至通，難與言《山海》之義矣。嗚呼！達觀博物之客，其鑒之哉。

又《爾雅序》 夫《爾雅》者，所以通詁訓之指歸，叙詩人之興詠，總絶代之離詞，辨同實而殊號者也。誠九流之津涉，六藝之鈐鍵，學覽者之潭奥，摛翰者之華苑也。若乃可以博物不惑，多識於鳥獸草木之名者，莫近于《爾雅》。《爾雅》者，蓋興于中古，隆于漢氏，豹鼠既辯，其業亦顯。英儒贍聞之士，洪筆麗藻之客，靡不欽玩耽味，爲之義訓。璞不揆檮昧，少而習焉，沈研鑽極，二九載矣。雖注者十餘，然猶未詳備，並多紛謬，有所漏略。是以復綴集異聞，會稡舊説，考方國之語，采謡俗之志，錯綜樊、孫，博關羣言，剟其瑕礫，搴其蕭稂；事有隱滯，援據徵之；其所易了，闕而不論；别爲音圖，用袪未寤。輒復擁篲清道，企望塵躅者，以將來君子爲亦有涉乎此也。

明 楊慎 《升菴集》卷二《山海經後序》 《左傳》曰：昔夏氏之方有德也，遠方圖物，貢金九牧，鑄鼎象物，百物而爲之備，使民知神姦，入山林不逢不若，魑魅魍魎，莫能逢之。此《山海經》之所由始也。神禹既錫玄圭以成水功，遂受舜禪以家天下，於是乎收九牧之金以鑄鼎。鼎之象，則取遠方之圖，山之奇，水之奇，草之奇，木之奇，禽之奇，獸之奇，説其形，著其生，别其性，分其類。其神奇殊彙駭世驚聽者，或見或聞，或恒有，或時有，或不必有，皆一一書焉。蓋其經而可守者，具在《禹貢》；奇而不法者，則備在九鼎。九鼎既成，以觀萬國，同彼象而魏之，日使耳而目之，脱輶軒之，使重譯之，貢續有呈焉。固以爲恒而不怪矣，此聖王明民牖俗之意也。夏后氏之世，雖曰尚忠，而文反過於成周。太史終古藏古今之圖，至桀焚黄圖，終古乃抱之以歸殷。又史官孔甲於黄帝、姚姒、盤盂之銘，皆緝之以爲書，則九鼎之圖，其傳固出於終古孔甲之流也，謂之曰《山海圖》，其文則謂之《山海經》。至秦而九鼎亡，獨圖與經存。晉陶潛詩『流觀《山海圖》』，阮氏《七録》有張僧繇《山海圖》可證。已今則經存而圖亡。後人因其義例而推廣之，益以秦漢郡縣地名，故讀者疑信相半，信者直以爲禹、益所著，既迷其元，而疑者遂斥爲後人贋作詭撰，抑亦軋矣。漢劉歆《七略》所上，其文古矣。晉郭璞注釋所序，其説奇矣。此書之傳，二子之功與。但其著作之源，後學或忽，故著其説，附之篋尾。

藝文

唐 高郢 《水木有本源賦》（引自《歷代賦彙》卷一一三） 木造天，水窮玄。森森擢千丈之秀，汪汪澄萬頃之鮮。散而成衆木，疏而爲百川。杞梓之材備矣，江湖之量存焉。竊聞源長而下流不竭，未見本盛而枝葉先顛。志士托以垂陰，無假惡木；渴者飲而滿腹，何求盗泉。故樹善於人，人懷則甘棠不朽；汎愛於衆，衆湊則德水長懸。方將成不言之蹊，廣利涉之路。俾出幽之鳥，仰喬榦而能遷。未濟之人，因餘波而可渡。鳥豈木之所擇，非擇木而不棲。人奚水之足鑒，亦鑒水而取喻。徒聞其移橙渡北，不能苞貢於王國，導漾之東，是以昭回於昊穹。木誠戀於南枝，常得地而專美。水豈忘於西土，乃凌雲而獨崇。用不用也，非結根之有異。高莫高兮，將聞源而實同。葛藟猶能庇其本，江漢所以朝其宗。固宜大樹蔭庥而千牛可蔽，洪河浸潤而九里旁通。寧效有喬而不可休息於其下，至廣而不可游泳於其中者哉。則有青青弱榦，獨秀未立；涓涓細流，餘清可挹。植翰苑以蕭散，赴龍門而驚急。

明 宋訥 《西隱集》卷五《巢雲松記》 雲，山氣也。天之山皆出雲焉。山雲磅礴，而松生長其下，沐沆瀣之華，薄日月之光，野鶴上栖，石泉下溉，高巖重巒，深培遠護。視生於道途，植於庭際而氣色不振者，蓋屈其戛雲之資，撓其凌雲之勢也。徂徠有松，魯嘗取爲寢廟矣，不可巢也。泰山有松，秦嘗封爲大夫矣，不可巢也。李謫仙之將巢者，廬山之雲松焉。婺源胡君公宜以《巢雲松》來請記，不知君所巢者紫陽山乎？龍尾山乎？予嘗究夫巢矣，洪水橫流之際，民巢於上者，不得已而居也。惟堯時隱者以樹爲巢，若謂以擬巢父者，訥則以爲非也。彼以隱爲高，往而不返，埋光鏟采於山木之間，而忘夫脩齊治平之事，心之曠逸、身之逍遥則得矣。蒙霜犯雪，振風凌雨之患不暇論焉，其奈君臣之義何？君之巢必不若是矣，其構屋雲松，不以室名而以巢名，如古人所謂書巢雲巢者乎？方强仕之年，入贊憲政，發所藴，行所學，以澄清河朔。後日白簡繡衣，特立正色之地，俾奸邪屏跡，賢良稱首，無負執法之官。柱明堂，棟大厦，霖雨乎蒼生，丈夫事也。功成身退，綸巾野服，雲朋松友，招琴鶴，侶詩僧，呼白雲以倡和，延青松以勸酌。歌弘景之怡悦，追靖節之盤桓。不知我巢雲松也，雲松巢我也。斯樂也，惟雲與松知之，未易與俗人論也。公宜倘取予言，老歸故山，書記於巢時，對雲松一誦，想見變化於無心，而後彫於歲寒者，亦以訥言爲賞音也。

華北部

華北總論

綜　述

《周禮・夏官司馬》　河内曰冀州，其山鎮曰霍山，其澤藪曰楊紆，其川漳，其浸汾、潞，其利松、柏。【略】注：霍山在彘，楊紆所在未聞，漳出長子，汾出汾陽，潞出歸德。【略】疏：注釋曰：其利松柏，霍山見有松柏出焉。

明　沈應文　萬曆《順天府志》卷三《物産》　果類：香水梨，秋白梨，紅綃，鶴頂紅，雪梨，杜梨，錦糖，毛桃，秋桃，扁桃，核桃，桑椹，接桃，櫻桃，葡萄，土杏，海東紅，金梅，水梅，吊枝乾，紅棗，黑棗，玉黄李，青脆，牛心紅，鴈過紅，麝香紅，串鵲紅，地栗，楸子，沙果，蘋菠，石榴，唬喇檳，雞頭，菱。木類：桑，有蠶、花二種。槐，有青、黄、白。椿，有香、臭、菜三種。松，銀母樹，梧柳有二種。楊有青、白二種。柏，杜，即梨樹。梓，榆，有二種。槿，樗，櫟。花類：牡丹，菊，蓮，葵，榴，石竹，芍藥，玉簪，雞冠，二色。萱草，丁香，月季，鳳仙，金盞，木槿，薔薇，珍珠，金雀，水紅，慈菇，綿花，紫荆，迎春，剪紅羅，老來紅，海棠，十樣錦，翠鶯眉，望江南，六月菊，十姊妹，金銀花，刺梅。藥類：薄荷，罌粟，牽牛，瓜蔞，瞿麥，蛇床子，地黄，蒺藜，茵陳，川芎，木賊，扁蓄，蒼耳，地丁，紫蘇，半夏，連翹，威靈仙，車前子，酸棗仁，山查子，桑白皮，地膚子，苦丁香，益母草，浪蕩子，槐角子，蒲公英，牛旁子，天麻子。即草麻子。草類：水稗，馬蘭，猪牙，節節，水葱，薺薺菜，蘆葦，茜草，蒿，茅，菅，老觀勺。禽類：鶴，鸛，鵞，鴨，雞，雉，鵓，鴿，鷹，梟，鴈，燕，鵲，雀，鴉，鷂，鳩，鷺鷥，鷀鵜，鶻鵃，鴛鴦，鵪鶉，天鵞，地鵏，鴟鴞，黄鸝，啄木，沙雞，鵓鳩，鐵脚鴿汀，禿鶖，魚鶯。獸類：馬，騾，驢，牛，鹿，羊，狗，獐，狐，猫，鼠，兔，獾，狼，地鼠，糞鼠。

清　吴任臣《山海經廣注》卷三《北山經》　《北山經》之首，曰單狐之山，任臣案：單狐，一作嵎狐，在洛一百五十里，秦遷西周公于單狐聚，即此。多机木，郭曰：机木似榆，可燒以糞稻田。出蜀中。音飢。任臣案：楊慎《補注》：机，今之榿也。《字書》云：榿音溪，蜀人以榿爲薪，三年可燒。又宋元符二年，眉山縣榿木二株異根同幹，即此木。其上多華草。逢水出焉，郭曰：音逢。而西流注于泑水，其中多茈石文石。【略】又北二百五十里，曰求如之山，其上多銅，其下多玉，無草木。滑水出焉，而西流注于諸毗之水。郭曰：水出諸毗山也。其中多滑魚，其狀如鱓，赤背，郭曰：鱓魚似蛇，音善。其音如梧，郭曰：如人相枝梧聲，音吾子之吾。食之已疣。【略】其中多水馬，其狀如馬，文臂牛尾，郭曰：臂，前脚也。《周禮》曰：馬黑脊而斑臂膢。漢武元狩四年，燉煌渥洼水出馬，以爲靈瑞者，即此類也。任臣案：漢馬出于余吾之水。又元和中，神馬四匹出鎮池河中。魏黄初間，於上黨得澤馬。晉孝武太元十四年，鎮池縣河水有神馬二匹。唐明皇時，靈昌郡得異馬于河。《隨巢子》云：夏后之興，方澤出馬。皆水馬也。又考《襄陽記》中，廬山有地穴，漢時常有數百匹馬出，遂名馬穴。吴時，陸遜復于此穴得數十匹馬，出土中，更一異也，附記之。《圖贊》曰：馬實龍精，爰出水類。漏注之駿，是靈是瑞。昔在夏后，亦有何駟。其音如呼。郭曰：如人叫呼。又北三百里，曰帶山，其上多玉，其下多青碧。有獸焉，其狀如馬，一角有錯，郭曰：言角有甲錯也，或作厝。其名曰矔疏，郭曰：音歡。　任臣案：《駢雅》曰：雖馬，矔疏，一角馬也。《五侯鯖》云：懽疏，出常山，如馬一角，其性墨。即此也。《異物彙苑》作矔疏，似誤。可以禦火。任臣案：《圖贊》曰：厭火之獸，厥惟矔疏。有鳥自化，號曰鵸鵌。一頭十身，何羅之魚。有鳥焉，其狀如烏，五采而赤文，名曰鵸鵌，郭曰：上已有此鳥，疑同名。　任臣案：《學海》作鵸鵌。是自爲牝牡，任臣案：《唐韻注》云：有鳥名鵸鵌，能自爲牝牡。疑即此鳥也。《爾雅翼》曰：《山海經》類有二種，獸之出亶爰山者，如狸而有髮，其名曰師類。帶山之鳥如烏而五采文，其名曰奇類。食之不疽。郭曰：無癰疽病也。彭水出焉，而西流注于芘湖之水，其中多儵魚，郭曰：音由。其狀如雞而赤毛，三尾，六足，四首，任臣案：《引書晶鈍》云：儵，【略】似雞赤毛，六足四目也，从魚。睿宗《江漢賦》云：翹雞尾之儵。其音如鵲，食之可以已憂。【略】又北四百里，曰譙明之山。任臣案：《荒史循蜚紀》有譙明氏，蓋居于此山也。《冠編》云：譙明氏顯治譙明之山。羅泌云：伯益之書，有譙明之山、涿光之山，而俱載于《北經》。譙明、涿光，信其爲繼治者，乃知邃古之事非必無據。譙水出焉，西流注于河。任臣案：《一統志》譙水在陝州城南三里，湧出入河，俗呼三里澗。其中多何羅之魚，一首而十身，任臣案：張融《海賦》『何羅鱅鮨』，即此也。楊慎《補注》云：何羅魚，今八帶魚也，異魚。《圖讚》曰：何羅之魚，十身一首。化而爲鳥，其名休舊。竊糈于春，傷隕在臼。夜飛曳音，聞鷇。　《玄覽》曰：何羅之魚，一首而十身。《游氏臆見》云：冉遺六足，鯛　四足，章舉八足，鰼鰼十翼，何羅一首十身，皆異魚也。鄧元錫《物性志》云：其尤異者，曰何羅魚，曰鮨，曰鱄，曰䱉。則鱗族之生不測也。其音如吠犬，食之已癰。有獸焉，其狀如貆而赤豪，郭曰：貆，豪豬也，音丸。任臣案：嚴粲音喧。其音如榴榴，任臣案：程良孺曰：榴榴亦獸也。名曰孟槐，可以禦凶。郭曰：辟凶邪氣也，亦在畏獸畫中也。　任臣案：《駢雅》曰：貉邊如狗，孟槐如貆，石穀如豹，活褥地如鼠。《圖贊》云：孟槐似貆，其豪則赤。列象畏獸，凶邪是辟。氣之相勝，莫見其迹。又孟槐，《代醉編》作孟魂。是山也，無草木，多青雄黃。郭曰：一作青碧。又北三百五十里，曰涿光之山。任臣案：《荒史循蜚紀》有涿光氏，蓋居于此山也。《冠編》云：涿光氏顯治涿光之山。前編引此作光山。《神異經》、《事類賦》注作涑光之山，《緯略》引此作緣光之山。囂水出焉，任臣案：《緯略》引此作嚣水。而西流注于河。其中多鰼鰼之魚，郭曰：音袴褶之褶。其狀如鵲而十翼，鱗皆在羽端，其音如鵲，任臣案：《雒書靈准聽》云：鰼鰼魚，狀如鵲，食之不癉。出涿光之山。《神異經》云：鰼鰼之魚，如鵲而十翼，可以禦火。《述異記》云：涿光山下囂水，多鰼鰼之魚。《玄覽》曰：鰼鰼之魚十翼。《圖贊》曰：鼓翮一揮，十翼翩翻。厥鳴如鵲，鱗在羽端。是謂怪魚，食之辟燔。吴淑《魚賦》：䱉則似蛇，鰼聞有翼。可以禦火，【略】食之不癉。其上多松柏，其下多椶橿，其獸多麢羊，其鳥多蕃。郭曰：未詳，或云即鴞，音煩。又北三百八十里，曰虢山，其上多漆，其下多桐、椐。郭曰：桐，梧桐也。椐，樻木，腫節中杖。椐音袪。　任臣案：桐有三種，青桐、赤桐、白桐，外又有岡桐。其名櫬者，青桐也。陸璣云：椐，節中腫似扶老。《詩》曰：其檉其椐。【略】伊水出焉，西流注于河。其獸多橐駝，郭曰：有肉鞍，善行流沙中，日行三百里，其負千斤，知水泉所在也。　任臣案：《西域傳》：大月氏出封駝，脊上有一峰隆起，若封土，故俗呼爲封牛，亦曰犎牛。《穆天子傳》謂之牥牛。《爾雅》謂之犦牛。嶺南徐聞縣，海康皆出之。羅願以爲，此即橐駝也。然橐駝肉鞍肤起有二，封牛領肉肤起惟一，自是二種。橐駝善知伏泉，性惡熱，夏至退毛至盡。又駝峰爲八珍之一，古詩所稱紫駝峰是也。《五侯鯖》云：駝之聲曰圂。《圖贊》曰：駝惟奇畜，肉鞍是被。迅景流沙，顯功絶地。潛識泉源，微乎其智。又《南史》滑國出兩脚駝，亦異種。其鳥多寓，狀如鼠而鳥翼，其音如羊，可以禦兵。【略】又北二百里，曰丹熏之山，任臣案：《白帖》引此作丹重之山。其上多樗柏，任臣案：蘇恭曰：椿、樗二樹，形相似，但樗木疎，椿木實爲別。又山樗名栲，《詩》云『山有栲』是也。其草多韭薤，郭曰：皆山菜。《爾雅》有其名。　任臣案：《說文》云：一種而久，故謂之韭。生山中者名藿，又名韱。蘇頌云：形性亦與家韭類，但根白，葉如燈心苗也。薤，《爾雅》作䪥。葉似韭，一名蒚子，一名火葱，生山中者名葝。多丹雘。熏水出焉，而西流注于棠水。有獸焉，其狀如鼠，而菟首麋身，其音如獋犬，以其尾飛，郭曰：或作髯飛。獋音豪。名曰耳鼠，任臣案：即鼯鼠，飛生鳥也。狀如蝙蝠，暗夜行飛，其形翅聯四足及尾，與蝠同，故曰『以尾飛』。《神農經》謂之鸓鼠，《禽經》謂之鳩，《爾雅》謂之鼯鼠。劉子曰：飛鼯甘煙，走貘美鐵。《別録》稱：鸓鼠狀如蝙蝠。《爾雅注》言：鼯鼠狀如小狐。經稱耳鼠，菟首麋身。雖所喻不同，其實一也。又《博物志》：鼠之最小者，謂之耳鼠。邢昺以爲鼷鼠也，非此。食之不眯，郭曰：眯，大腹也。見《裨倉》。音采也。又可以禦百毒。任臣案：《圖贊》曰：蹠實以足，排虛以羽。翹尾翻飛，奇哉耳鼠。厥皮惟良，百毒是禦。又北二百八十里，曰石者之山，其上無草木，多瑤碧。泚水出焉，西流注于河。有獸焉，其狀如豹，而文題白身，郭曰：題，額也。名曰孟極，是善伏，其鳴自呼。任臣案：《獸經》云：在子其鳴也，在子孟極，其名曰孟極。《駢雅》曰：孟極，諸犍，豹屬也。《麟書》云『孟極是覆』，指此。又北百一十里，曰邊春之山，郭曰：或作春山。多葱、葵、韭、郭曰：山葱名茖，大葉。桃、李。郭曰：山桃，榹桃，子小，不解核也。任臣案：桃屬甚多，如緋桃、緗桃、銀桃、御桃、方桃、偏桃之類，未可枚舉。大抵山中所產，則《爾雅》所謂榹桃是也。《玄中記》云：積石之桃，大如斗斛。《酉陽雜俎》云：九疑有桃，核半扇可容斗一升。亦奇矣。《爾雅》：休，無實李；座，接慮李；駁，赤李。《兩京記》謂之嘉慶子。《梵書》名曰居陵迦。其種有牛心、馬肝、柰李、苦李之異，不能具述。吴淑《李賦》云：邊春則見於方外，員丘則載彼仙經。杠水出焉，而西流注于泑澤。有獸焉，其狀如禺任臣案：大者爲禺，小者爲狖。而文身，善笑，見人則卧，郭曰：言佯眠也。名曰幽頞，郭曰：或作嬇嬒。頞音遏。任臣案：《事物紺珠》曰：幽頞如禺，文身善笑。《圖贊》曰：幽頞似猴，俾愚作智。觸物則笑，見人佯睡。好用小慧，終是嬰累。頞，古音餘，作鴳。又《太平御覽》作幽頞，疑誤。其鳴自呼。又北二百里，曰蔓聯之山，郭曰：萬、連二音。其上無草木。有獸焉，其狀如禺而有鬣，牛尾、文臂、馬蹄，見人則呼，名曰足訾，任臣案：《獸經》云：足訾文臂，風狸長眉。《五侯鯖》云：足訾如巂有鬣。《駢雅》云：嬇嬒、足訾，皆禺屬也。《圖贊》曰：鼠而傅翼，厥聲如羊。孟極似豹，或倚無良。見人則呼，號曰足訾。其鳴自呼。有鳥焉，羣居而朋飛，郭曰：朋猶輩也。其毛如雌雉，名曰鵁，郭曰：交音，或作渴也。任臣案：鵁疑即鵁鶄也。鵁鶄，一名鳽，頂有紅毛如冠，翠鬣丹觜，頗似雉。其鳴自呼，食之已風。任臣案：《圖贊》曰：毛如雌雉，朋翔羣下。飛則籠日，集則蔽野。肉驗鍼石，不勞補寫。又北百八十里，曰單張之山，其上無草木。有獸焉，其狀如豹而長尾，人首而牛耳，一目，名曰諸犍，郭曰：音如犍牛之犍。任臣案：顧野王《玉篇》云：犍獸似豹，人首一目。即此也。善吒，行則銜其尾，居則蟠其尾。有鳥焉，其狀如雉，而文首、白翼、黄足，名曰白鵺，郭曰：音夜。任臣案：《篇海》云：鵺鳥似雉。《駢雅》曰：白鵺、象蛇，皆雉屬也。食之已嗌痛，郭曰：嗌，咽也。《穀梁傳》曰：嗌不容粒。今吴人呼咽爲嗌。音隘。可以已痸。郭曰：痸，疑病也。櫟水出焉，而南流注于杠水。又北三百二十里，曰灌題之山，其上多樗、柘，任臣案：《考工記》：弓人取材，以柘爲上。《埤雅》云：柘宜山石，柞宜山阜。又其葉飼蠶，絲中琴瑟。《爾雅》所謂棘繭是也。其下多流沙，多砥。有獸焉，其狀如牛而白尾，其音如訆，郭曰：如人呼喚。訆音斗。名曰那父。任臣案：《駢雅》：獸似牛而白尾曰那父，赤尾曰領月，馬尾曰精精。有鳥焉，其狀如雌雉而人面，見人則躍，郭曰：躍，跳。名曰竦斯，其鳴自呼也。任臣案：彭儼《五侯鯖》云：竦斯狀如雌雉，見人則躍。《駢雅》云：竦斯、當扈，皆雉屬也。《圖贊》曰：諸犍善吒，行則銜尾。白鵺竦斯，厥狀如雉。見人則跳，頭文如繡。匠韓之水出焉，而西流注于泑澤，其中多磁石。【略】又北二百里，曰潘侯之山，其上多松、柏，其下多榛、楛，【略】有獸焉，其狀如牛，而四節生毛，名曰旄牛。郭曰：今旄牛，背、膝及胡尾皆有長毛。任臣案：《文獻通考》云：冉駹有旄牛，無角，一名犛牛，肉重千斤，毛可爲毦。羅氏《爾雅翼》曰：犛，西南國髦牛也，似牛，四節，腹下及肘有赤毛，長尺餘，而尾尤佳，大如斗。天子之車，左纛以此爲之。是旄、犛一物也。又案：《上林賦》：庸旄貘犛。顔監注云：庸，今犎牛。旄，今偏牛。犛，今貓牛。李東璧亦云：旄牛，一名犏牛，即《爾雅》之犤牛。若犛牛，則《爾雅》之犘牛，明爲二種矣。《圖贊》曰：牛充兵機，兼之者旄。冠于旌鼓，爲軍之標。匪肉致灾，亦毛之招。邊水出焉，而南流注于櫟澤。又北二百三十里，曰小咸之山，任臣案：《藝文類聚》引此作小威之山。無草木，冬夏有雪。北二百八十里，曰大咸之山，任臣案：《事類賦》注引此作大同之山，疑誤。無草木，其下多玉。是山也，四方不可以上。有蛇，名曰長蛇，其毛如彘豪，郭曰：說者云長百尋。今蝮蛇色似艾綬文，文間有毛如猪鬐，此其類也。常山亦有長蛇，與此形不同。任臣案：《豫章記》：永嘉末有大蛇，長十餘丈。亦此類。《圖贊》曰：長蛇百尋，厥鬣如彘。飛羣走類，靡不吞噬。極物之惡，盡毒之厲。又吴淑《蛇賦》云『毛若彘豪』，本此也。其音如鼓柝。郭曰：如人行夜，敲木柝聲。言託。又北三百二十里，曰敦薨之山，其上多椶、枏，其下多茈草。敦薨之水出焉，任臣案：《水經注》敦薨之水出焉者之北，敦薨之山在北邊之西，烏孫之東。而西流注于泑澤。出于昆侖之東北隅，實惟河源。（敦）〔郭〕曰：即河水，出昆侖之虛。任臣案：漢張騫元都實俱窮河源。河源名火敦腦兒，華言星宿海也。在吐蕃西鄙。其中多赤鮭，郭曰：今名鯸鮐爲鮭魚。音圭。任臣案：左思《吴都賦》：魟鮪鯸鮐。即鮭魚也。王充《論衡》云：鮭肝死人，鯵鮋螫人。《雷公炮炙論》：鮭魚插樹，立便枯乾。一名鯢魚，一名嗔魚。日華子謂之鶘夷，今謂之河豚，無鱗無腮，無膽有聲，目能眨。《漢書・貨殖傳》：鮐鮆千尺。桓寬《鹽鐵論》：萊黄之鮐。其獸多兕、旄牛，郭曰：或作撲牛。撲牛見《離騷・天問》，所未詳。其鳥多鳲鳩。又北二百里，曰少咸之山，無草木，多青碧。有獸焉，其狀如牛，而赤身、人面、馬足，名曰窫窳，郭曰：《爾雅》云：窫窳似貙，虎爪。與此錯。軋愈二音。任臣案：《爾雅》：猰貐類豸，食人，迅走。《淮南子》：堯時窫窳爲民害，乃使羿殺之。《海内經》：窫窳龍首，是食人。《海内西經》：窫窳，蛇身人面。《駢雅》：牛人面而馬足，曰窫窳。或爲猰貐，或爲猰窳，形狀不同，所傳亦異，實未詳也。其音如嬰兒，是食人。敦水出焉，任臣案：《水經注》：敦水導源西北少咸之山南麓，東流逕參合縣故城南。東流注于鴈門之水，郭曰：水出鴈門山間。其中多魳魳之魚。郭曰：音沛，未詳。或作鯆。任臣案：李時珍《本草》以爲即鯸鮐也，與鮭同物異名。又江豚别名鯆魚。《魏武食制》謂之鯚魳。未知孰是。食之殺人。又北二百里，曰獄法之山。瀤澤之水出焉，郭曰：音懷。而東北流注于泰澤。其中多鱳魚，郭曰：音藻。其狀如鯉而雞足，任臣案：《圖贊》曰：鱳之爲狀，半鳥半鱗。形如雞鯉，食之已疣。又《南齊書》載張融《海賦》云『鯸魞鰈鯖』，疑鰈即鱳之誤。食之已疣。有獸焉，其狀如犬而人面，善投，見人則笑，其名山𤟤，郭曰：音暉。任臣案：《爾雅翼》曰：釁亦作費，一名揮揮，一名梟羊，一名山𤟤，俗謂之山都，北方謂之土螻。周成王時，州靡國獻之，竊謂狒狒者梟羊也，山𤟤者山都、山丈類，《吳都賦》『𤟤子長嘯』是也。又狒狒人形，山𤟤獸狀，故有差别，羅氏誤矣。璞注梟陽國以山都即狒狒，亦非是。其行如風，郭曰：言疾。見則天下大風。任臣案：《獸經》云：風獸兆風。《國贊》曰：山𤟤之獸，見人歡謔。厥性善投，行如矢激。是惟氣精，出則風作。又北二百里，曰北嶽之山，任臣案：劉會孟曰：恒山渾源，即北嶽。相傳飛至曲陽縣，歷代怯升者就祠于曲陽。多枳棘剛木。郭曰：檀柘之屬。有獸焉，其狀如牛，而四角、人目、彘耳，其名曰諸懷，任臣案：《駢雅》曰：牛四角人目曰諸懷。又《篇海》、《字彙》作犪，通作懐。《事物紺珠》曰：獂似牛，三足。犪似牛，四角。《玄覽》云：諸懷也，驋驋也，四角之獸也。其音如鳴鴈，任臣案：《獸經》曰：窮奇之音獋狗，諸懷之音鳴鴈。是食人。諸懷之水出焉，任臣案：水以獸名，猶蜮山贛水之義。而西流注于囂水，其中多鮨魚，郭曰：音詣。魚身而犬首，任臣案：《物性志》作人首。其音如嬰兒，郭曰：今海中有虎鹿魚及海豨，體皆如魚，而頭似虎、鹿、猪，此其類也。任臣案：張融《海賦》云：何㒩鯆鮨。即斯魚。食之已狂。又北百八十里，曰渾夕之山，無草木，多銅玉。囂水出焉，任臣案：《爾雅翼》引《經》作嚻水。而西北流注于海。有蛇，一首兩身，名曰肥遺，見則其國大旱。郭曰：《管子》曰：涸水之精，名曰蝺，一頭而兩身，其狀如蛇，長八尺，以其名呼之，可使取魚鼉。亦此類。任臣案：《搜神記》曰：涸，小水精，生蚳。蚳者，一頭而兩身，其狀若蛇。即《管子》之所記也。又《五音集韻》云：蟹蠐神蛇，二身同首，六足四羽，見則不雨。是合兩肥蠐爲一矣，疑誤。《圖贊》云：窫窳、諸懷，是則害人。鱳之爲狀，羊鱗黑文。肥遺之蛇，一頭兩身。王世貞詩：狸力見距山，渾夕出肥遺。蓋指此也。又北五十里，曰北單之山，無草木，多葱、韭。又北百里，曰羆差之山，無草木，多馬。郭曰：野馬也，似馬而小。又北百八十里，曰北鮮之山，是多馬。鮮水出焉，而西北流注于塗吾之水。郭曰：漢元狩二年，馬出塗吾水中也。任臣案：塗吾與余吾同。揚雄《長揚賦》：髓余吾。又漢得馬于余吾是也。王氏《釋義》曰：水亦生馬，如所謂渥洼水。又北百七十里，曰隄山，郭曰：或作陒，古字耳。多馬。有獸焉，其狀如豹而文首，名曰狕。郭曰：音么。任臣案：《事物紺珠》云：狕如豹，文首。隄水出焉，而東流注于泰澤，其中多龍龜。任臣案：《殊域周咨録》：滿剌加海有龍龜，高四尺，四足，有鱗甲，露長牙，齒人立死。王氏《釋義》曰：龍龜，蓋龜之大者。亦謂既有龍，而又有龜也。凡《北山經》之首，自單狐之山至于隄山，凡二十五山，五千四百九十里，其神皆人面蛇身。其祠之，毛用一雄雞彘瘞，吉玉用一珪，瘞而不糈。郭曰：言祭不用米，皆埋其所用牲玉。其山北人，皆生食不火之物。郭曰：或作皆生食而不火。

《北次二經》之首，在河之東，其首枕汾，郭曰：臨汾水上也。音墳。任臣案：《山海經》例，先書山，此獨變文。其名曰管涔之山。郭曰：今在太原郡故汾陽縣北秀容山。涔音岑。任臣案：管涔山，土人亦曰箕管山。又爲菅字，見多菅草，或以爲名。《十六國春秋》：劉曜弱冠隱居菅涔山，菅涔王以神劒獻之。劉會孟云：管涔山今屬静樂縣。又劉子威《雜俎》引此作官涔山，誤。其上無木而多草，其下多玉。汾水出焉，任臣案：《十三州記》：汾水出武州燕京山。亦管涔之異名也。李維禎《五臺山記》云：燕京山一名管涔，即五臺之一。而西流注于河。郭曰：至汾陽縣北，西入河。又西二百五十里，曰少陽之山。任臣案：《名勝志》：少陽山在交城縣西北四十里。【略】酸水出焉，而東流注于汾水，任臣案：《名勝志》：酸水其味微酸，流入文谷水。【略】又北五十里，曰縣雍之山，郭曰：今在晉陽縣西，名汲甕。雍音甕。任臣案：《郡國志》曰：懸甕山，一名龍山，亦名結絀。《一統志》云：因山腹有巨石如甕，故名。【略】其獸多閭麋，郭曰：閭即羭也，似驢而岐蹄，角如麢羊，一名山驢。《周書》曰：北唐以閭，亦見《鄉射禮》。任臣案：《禮》曰：君國中射則皮樹中，于郊則閭中。陳祥道《禮書》云：閭如驢，一角。《廣志》云：驢羊似驢。《南史》云：滑國出野驢，有角。皆閭也。或曰《歸藏齊母經》『兩壺兩羭』，即此。其鳥多白翟、白鵨。郭曰：即白鵫也。音于六反。任臣案：《爾雅》：鸐，山雉。《注疏》云：俗呼山鷄也。白鵫，一名鵫雉，江東人亦呼爲白雉。又《字林》云：鳵郁似鶴，出懸雍山。蓋指此鳥也。然與郭注不同，未詳是非。晉水出焉，而東南流注于汾水。郭曰：東過晉陽南，又東入汾。任臣案：《水經》晉水出晉陽縣西縣瓮山，又東入于汾水。其中多鮆魚，其狀如鯈而赤鱗，郭曰：小魚曰鯈。其音如吒，任臣案：一本作叱。食之不驕。【略】又北二百里，曰狐岐之山，任臣案：《禹貢》「治梁及岐」，即此山也。在汾州介休縣東南二十五里，孝義縣西八十里。一名薛頡山，勝水所出。又名洪山。《三易洞璣》曰：鳥鼠朱圉岷嶓，爲艮之太陰，其井出于龍洞隔谷，其合入于狐岐。無草木，多青碧。勝水出焉，而東北流注于汾水，其中多蒼玉。又北三百五十里，曰白沙山，廣員三百里，盡沙也，無草木鳥獸。鮪水出于其上，潛于其下，郭曰：出山之頂，停其底也。任臣案：武王師渡鮪水，疑非此。是多白玉。又北四百里，曰爾是之山，無草木，無水。又北三百八十里，曰狂山，無草木。是山也，冬夏有雪。狂水出焉，而西流注于浮水，任臣案：《國名記》云：狂水逕綸氏城，在陽城。其中多美玉。又北三百八十里，曰諸餘之山，其上多銅玉，其下多松柏。諸餘之水出焉，而東流注于旄水。又北三百五十里，曰敦頭之山，其上多金玉，無草木。旄水出焉，而東流注于印澤。其中多騂馬，郭曰：音勃。牛尾而白身，一角，其音如呼。任臣案：馬一角者名䮊。元康八年，九真郡曾獵得之。《王會解》云：俞人雖馬。雖馬亦一角，皆斯類也。郭璞《江賦》：騂馬騰坡以噓蹀。《駢雅》曰：白而一角，謂之騂馬。明睿宗《江漢賦》：水狗、騂馬，厥類孔多。《圖贊》云：有獸如豹，厥文惟縟。闔善躍嶮，騂馬一角。又吳從仙《別記》作「施水出騂馬」，旄字之誤也。又北三百五十里，曰鉤吾之山。【略】有獸焉，其狀如羊身人面，其目在腋下，虎齒人爪，其音如嬰兒，名曰狍鴞，任臣案：《駢雅》云：羊人面腋目曰狍鴞。《談薈》云：猼訑目在背上，狍鴞目在腋下。是食人。郭曰：爲物貪惏，食人未盡，還害其身，像在夏鼎。《左傳》所謂饕餮是也。狍音咆。任臣案：宣和博古圖古器多篆雲雷、饕餮之形。《呂氏春秋》曰：饕餮有首無身，食人未咽，害及其身。黃伯思《東觀餘論》曰：饕餮之爲物，食人未盡，還囓其軀。又其目在腋下，《山經》所謂狍鴞者，故多以飾器之腋腹，象其本形，示爲食戒。彭儼《五侯鯖》云：鉤吾山獸名饕餮，能食人。《圖贊》曰：狍鴞貪惏，其目在腋。食人未盡，還自齦割。圖形妙鼎，是謂不若。又北三百里，曰北囂之山，無石，其陽多碧，其陰多玉。有獸焉，其狀如虎，而白身犬首，馬尾彘鬣，名曰獨狢。郭曰：音谷。任臣案：《圖贊》云：虎狀馬尾，號曰獨狢。《說文》云：北囂山有獨狢，獸如虎，白身豕鬣，尾如馬。余蜀切。《駢雅》曰：獨狢如虎而馬尾，猬裹如人而彘鬣。《事物紺珠》云：獨狢如虎，白身犬首，馬足豕鬣。有鳥焉，其狀如烏，人面，名⿱般鳥⿰冒鳥，郭曰：般冒兩音，或作夏也。任臣案：孫愐《唐韻》：⿱般鳥⿰冒鳥異鳥，人面。《圖贊》曰：禦暍之鳥，厥名⿱般鳥⿰冒鳥。昏明是互，晝隱夜覿。物貴應用，安事鸞鵠。《釋義》云：⿱般鳥⿰冒鳥一作斑貓。宵飛而晝伏，郭曰：鵂鶹之屬。食之已暍。郭曰：中熱也。音謁。任臣案：程良孺曰：⿱般鳥⿰冒鳥已渴，嶋鵂無卧。洿水出焉，而東流注于邛澤。又北三百五十里，曰梁渠之山，無草木，多金玉。脩水出焉，而東流注于鴈門。郭曰：水名。任臣案：脩水，即于延水也。《水經注》云：《地理志》有于延水，而無鴈門、脩水之名。《山海經》有鴈門之目，而無說于延河，自下亦通謂之于延河矣。其獸多居暨，其狀如彙而赤尾，郭曰：彙似鼠，赤毛，如刺猬。彙音渭。任臣案：彙，古猬字，即蝟鼠。《廣韻》云：似蝟而赤尾者名居暨，或作居監。《集韻》曰：居監，獸似蝟，毛赤。其音如豚。有鳥焉，其狀如夸父，郭曰：或作舉父。四翼、一目、犬尾，名曰囂，其音如鵲，食之已腹痛，可以止衕。郭曰：治洞下也。音洞。又北四百里，曰姑灌之山，無草木。是山也，冬夏有雪。又北三百八十里，曰湖灌之山，其陽多玉，其陰多碧，多馬。湖灌之水出焉，而東流注于海，其中多䱇。郭曰：亦鱓魚字。任臣案：《字苑》作黃䱇，云黃疸之名取此。音旦。有(水)〔木〕焉，其葉如柳而赤理。任臣案：今檉柳，似柳而赤色，未審是非。又北水行五百里，流沙三百里，至于洹山，其上多金玉。三桑生之，其樹皆無枝，其高百仞。任臣案：《圖贊》曰：居暨豚鳴，如彙赤毛。四翼一目，其名曰囂。三桑無枝，厥樹惟高。百果樹生之。其下多怪蛇。任臣案：嶺表之蛇人面，雲南之蛇歧尾，活褥之蛇似鼠而捕鼠，苟印之蛇如蛇而四足，古都之蛇角號曰碧犀，千歲之蝮精呼曰博叔，凡皆蛇類絕怪者，附記之。又北三百里，曰敦題之山，無草木，多金玉。是錞于北海。任臣案：《釋義》曰：錞于北海，謂依附于海也。【略】

《北次三經》之首，曰太行之山。郭曰：今在河內野王縣西北。行，音户剛反。任臣案：《丹鉛録》曰：太行山，一名五行山，《列子》作大形，則行本音也。《河圖括地象》云：太行，天下之脊。郭緣生《述征記》：太行首始河內，自河內至幽州凡有八陘。崔伯陽《感山賦》：上正樞星，下開冀方，起爲名丘，妥爲平岡，巍乎甚尊，其名太行。蓋趂韻之誤耳。《博物志》曰：太行山，北不知山所限極，亦如東海不知所窮。《尸子》曰：龍門，魚之難也；太行，牛之難也。《一統志》云：山勢綿亘數千里，雖各因地立名，其實皆名太行山。魏武帝《苦寒行》：北上太行山，艱哉何巍巍，羊腸坂詰曲，車輪爲之摧。其首曰歸山，其上有金玉，其下有碧。有獸焉，其狀如麢羊而四角，馬尾而有距，其名曰驒，善還，郭曰：還，旋旋儛也。驒音暉。　任臣案：李氏《本草》：驒，山驢之類。《圖贊》云：驒獸四角，馬尾有距。涉歷歸山，騰嶮躍岨。厥貌惟奇，如是旋舞。其鳴自叫。有鳥焉，其狀如鵲，白身、赤尾、六足，其名曰鶌，郭曰：音犇。　任臣案：《玄覽》云：鷌四足，鶌六足。顧起元《帝京賦》曰：三目之鶌，五工之鵗。蓋謂此也。是善驚，其鳴自詨。郭曰：今吴人谓呼爲詨，音呼交反。又東北二百里，曰龍侯之山，無草木，多金玉。決決之水出焉，郭曰：音訣。而東流注于河。其中多人魚，任臣案：《史記》：始皇之葬也，以人魚爲燭。又《稽神録》言：人魚上身如婦人，腰以下皆魚。《臨海異物志》云：人魚長三尺餘，不可食。此更名同而異物者。其狀如鯑魚，四足，其音如嬰兒，郭曰：鯑見《中山經》。或曰：人魚即鯢也，似鮎而四足，聲如小兒啼，今亦呼鮎爲鯑，音啼。　任臣案：鯑魚、鯢魚，皆名人魚，此則鯢魚也。李時珍謂其聲如小兒，故名。蓋即鯑魚之能上樹者，與海中鯨同名。陳藏器云：鯢生溪中，似鮎，有四足，長尾，能上樹。《廣志》云：鯢，四足，形如鱧，可以治牛。《爾雅》：鯢，大者謂之鰕，又一名孩兒魚，秦人名鰨，蜀人名魶。《益部方物略記》：魶魚出溪谷及雅江，有足，能緣木，其聲如兒啼是也。《一統志》：興安縣龍蟠山水中有魚，四足而有角，人不敢傷，恐致風雨。亦其類。食之無癡疾。任臣案：《酉陽雜俎》：峽中人食鯢魚，縛樹上，鞭至白汁出如構汁，方可食，不爾有毒也。《本草》云：食之已疫疾。又東北二百里，曰馬成之山。【略】有獸焉，其狀如白犬而黑頭，見人則飛，郭曰：言肉翅飛行自在。其名曰天馬，任臣案：《韻寶》云：飛虡，天上神獸，鹿頭龍身，在天爲勾陳，在地爲天馬。即其獸也。文人用天馬行空之語，亦指此爾。《圖贊》曰：龍憑雲遊，騰蛇假霧。未若天馬，自然凌翥。有理懸運，天機潛御。吴淑《錦賦》：辟邪天馬之奇。《名山藏》載永樂十八年，忽魯謨斯進天馬，即此獸也。又徐陵云：天馬龍媒。梁簡文云：天馬半漢。疑指漢之天馬，非此。其鳴自訆。有鳥焉，其狀如烏，首白而身青、足黄，是名曰鶌鶋，郭曰：屈居二音，或作鳴。　任臣案：《駢雅》曰：鶺鴒、鶌鶋，皆烏屬也。其鳴自詨，食之不飢，可以已寓。郭曰：未詳，或曰寓猶誤也。　任臣案：《圖贊》曰：鶌鶋如烏，青身黄足。食之不飢，可以辟穀。内厥惟珍，配彼丹木。又東北七十里，曰咸山，其上有玉，其下多銅，是多松柏，草多茈草。條菅之水出焉，郭曰：菅音間。而西南流注于長澤。其中多器酸，三歲一成，郭曰：所未詳也。任臣案：《釋義》曰：器酸，疑物之可食而酸者。如解州鹽池出鹽之類。蓋澤水止而不流，積久或酸，理所有也，故曰三年一成。食之已癘。又東北二百里，曰天池之山，任臣案：劉會孟曰：天池山，今河内鄉，一名高前。疑非。其上無草木，多文石。有獸焉，其狀如兔而鼠首，以其背飛，郭曰：用其背上毛飛，飛則仰也。其名曰飛鼠。任臣案：《宛委餘編》：飛鼠斷猿，狼虱嚙鶴。楊慎《補注》云：飛鼠即《文選》所謂飛蝙，雲南姚安、蒙化有之。其肉可食，其皮治難産。《談薈》云：飛者以翼，而天池之山飛兔以背。又《方言》云：鼫鼠，自關而東謂之飛鼠。蓋所指服翼也，非此。《圖贊》曰：或以尾翔，或以髯凌。飛鼠鼓翰，倏然皆騰。因無常所，惟神是馮。天啓三年十月，鳳縣有大鼠，肉翅無足，毛黄黑，豐尾若貂，首若兔，飛食黍粟，疑即斯類也。澠水出焉，潛于其下，郭曰：停山底也。　任臣案：河南澠池縣與此近。戰國澠池之會，是其地也。若易牙辨淄澠之水。《左傳》有酒如澠，則又臨淄之澠水，同字而異音。其中多黄堊。郭曰：堊，土也。又東三百里，曰陽山，其上多玉，其下多金銅。有獸焉，其狀如牛而赤尾，其頸腎，其狀如勾瞿，郭曰：言頸上有肉腎。勾瞿，牛也。音劬。其名曰領胡，任臣案：《駢雅》曰：獸似牛而赤尾曰領胡。其鳴自詨，食之已狂。有鳥焉，其狀如雌雉，而五彩以文，是自爲牝牡，名曰象蛇，任臣案：鳥獸自爲雌雄者，亶爰之類。鵸鵌之禽，帶山鶺鴒，竹山豪彘，陽山象蛇，以至火眼狻猊，一首兩身，相爲牝牡。而人類傀異，亦有婆羅門半釋迦之屬，兩體畢具，《内典》列于五種黄門，是皆天地不正之氣，陰陽變異之事也。其鳴自詨。留水出焉，而南流注于河。其中有鮥父之魚，郭曰：音陷。　任臣案：《五音集韻》引《經》作𩶬文之魚，音兼。《圖贊》曰：有鳥善驚，名曰鶌鶌。象蛇似雉，自生子孫。鮥父魚首，厥體如豚。其狀如鮒魚，魚首而彘身，任臣案：《廣雅》：鮒，鰿也。《莊子》：鮒魚涸轍。《易》曰：井谷射鮒。《吕氏春秋》：魚之美者，洞庭之鮒。音附。食之已嘔。又北百里，曰王屋之山，郭曰：今在河東東垣縣北。《書》曰至于王屋也。　任臣案：劉會孟曰：在今山西澤州。晁氏曰：山形如屋，故名。李石《續博物志》曰：中國有洞天三十六所，第一王屋山洞天，周迴萬里，名小有清虚天。《王君内傳》曰：王屋山有小天，號曰小有天。《真誥》曰：王屋山，仙之别天，所謂陽臺是也。又王屋山有二，一在山西之垣曲，一在河南之濟源，實一山也。是多石。𣸣水出焉，郭曰：𣸣音輦。而西北流注于泰澤。郭曰：《地理志》：王屋山，沇水所出。𣸣、沇聲相近，殆一水耳。沇則濟也。　任臣案：《水經注》引《經》，𣸣水作聯水，泰澤作秦澤。又東北三百里，曰教山，任臣案：楊慎《補注》曰：教即殺也。秦晉戰于殺，即此地。兩山則殺之南北兩嶔也。夏后皋墓、文王避雨陵在焉。見《公羊傳》。又案：《水經》曰：河之右則崤水注之。注云：出河南盤崤山西北流。又曰：河水又東與教水合。注云：出垣縣教山。是二山實相近，然以爲教即殺也，非是。《名勝志》云：教山，今名効山，亦名罩山，在絳縣東南八十里，入垣曲界。其上多玉而無石。教水出焉，西流注于河，是水冬乾而夏流，實惟乾河。郭曰：今河東聞喜縣東北有乾河口，因名乾河里，但有故溝處，無復水，即是也。任臣案：酈道元云：是水冬乾夏流，今世人猶謂之乾澗。楊慎曰：乾河在陜州，唐名石壕。杜子美有《石壕吏》歌，今名石壕鋪。其中有兩山，是山也，廣員三百步，其名曰發丸之山，其上有金玉。又南三百里，曰景山，郭曰：《外傳》曰：景霍以爲城。任臣案：《寰宇記》：山在聞喜縣東南十八里。非《毛詩》景山。南望鹽販之澤，郭曰：即鹽池也，今在河南猗氏縣。或無販字。任臣案：《地理志》曰：鹽池在安邑西南，許慎謂之鹽鹽，長五十一里，廣六里，周一百一十四里。吕宿云：河東鹽池謂之解鹽。今池水東西七十里，南北十七里，紫色澄渟，渾而不流，水出石鹽，自然印成。西又一池，名女鹽澤。朱廷立《鹽政志》曰：安邑一池，謂之女鹽澤，東西二十五里，南北二十里，在猗氏故城南。大曆間生乳鹽，賜名寶應靈慶池。《本草》云：解州、安邑兩池取鹽，于池旁耕地，沃川池水，每得南風急，則宿夕成鹽滿畦。北望少澤。其上多草、藷藇，郭曰：根似羊蹄，可食。曙豫二音。今江南單呼爲藷，音儲，語有輕重耳。任臣案：藷藇有二種，此草藷藇也。《中山經》其木多藷藇，蓋木藷藇也。又藷藇或音儲余。計然曰：『儲藇本出三輔，白色者善』是也。或音署預。《本草》：『薯蕷，味甘温』是也。其草多秦椒。郭曰：子似椒，而細葉草也。任臣案：楊氏云：秦椒，今名地椒。狗羶羊肉之故，尾比他羊爲美。計然云：秦椒，出隴西天水，粒細者善。又《本草》以大椒爲秦椒，即《爾雅》檓也。地椒別爲一種。【略】有鳥焉，其狀如蛇，而四翼、六目、三足，名曰酸與，任臣案：《駢雅》曰：酸與三足。《玄覽》云：三足之鳥，有酸鶃焉。即此也。《事物紺珠》云：酸與如蛇，四翼、六目，三足。程良孺曰：善芳令人不寐，酸與令人不醉。《圖贊》曰：景山有鳥，禀形殊類。厥狀如蛇，脚三翼四。見則邑恐，食之不醉。其鳴自詨，見則其邑有恐。郭曰：或曰食之不醉。又東南三百二十里，曰孟門之山，郭曰：《尸子》曰：龍門未辟，吕梁未鑿，河出于孟門之上，大溢逆流，無有丘陵，高阜滅之，名曰洪水。《穆天子傳》曰：北井孟門，九河之隥。任臣案：辛氏《三秦記》曰：河津，一名龍門，巨靈迹猶在，去長安九百里。孟門，與龍門相對，即龍門之上口也，實爲河巨阨，兼孟門津之門也。《名勝志》云：今在山西平陽府吉州西七十里界，離風山四十里。其上多蒼玉，多金，其下多黄堊，多涅石。又東南三百二十里，曰平山。任臣案：《水經注》輔山，疑即平山也。山頂周員五六里，少草木。《隋圖經》曰：平山在平陽，一名壺口山。《尚書》『既載壺口』是也。今名姑射山，平水出其下。又《一統志》：平山在平陽府西南二十五里，姑射山之支也。《圖經》以爲即姑射山，非。姑射山在府西五十里。平水出于其上，潛于其下，是多美玉。又東三百里，曰京山，有美玉，多漆木，多竹。【略】高水出焉，南流注于河。又東二百里，曰蟲尾之山，其上多金玉，其下多竹，多青碧。丹水出焉，南流注于河。薄水出焉，郭曰：《淮南子》曰：薄水出鮮于山。而東南流注于黄澤。又東三百里，曰彭毗之山，其上無草木，多金玉，其下多水。蚤林之水出焉，郭曰：音早。東南流注于河。肥水出焉，任臣案：今鎮原縣西北，有肥水，疑即此。劉會孟曰：昔黄帝誅百魅，膏流成泉，故有肥泉之水。而南流注于牀水，其中多肥遺之蛇。又東百八十里，曰小侯之山。明漳之水出焉，南流注于黄澤。有鳥焉，其狀如烏而白文，名曰鴣鸐，郭曰：姑習二音。任臣案：《駢雅》曰：鶬鴹、鷗鶥、鴣鸐、精衛，皆烏屬也。食之不灂。郭曰：不瞧目也。或作瞷，音醮。又東三百七十里，曰泰頭之山。共水出焉，郭曰：音恭。南注于虖池，郭曰：呼佗二音，下同。其上多金玉，其下多竹箭。又東北二百里，曰軒轅之山，任臣案：《路史・禪通紀》有軒轅氏作于空桑之北。注引此爲據，非黄帝軒轅也。其上多銅，其下多竹。有鳥焉，其狀如梟而白首，其名曰黄鳥，其鳴自詨，食之不妒。任臣案：倉庚亦名黄鳥，倉庚即鸎也。李氏《本草》于鸎條下云『食之不妒』，且引《經》文爲證。又楊夔《止妒論》云：梁武帝郄氏性妒，或言倉庚爲膳療忌。遂令治之妒，果減半。合觀二説，明以此鳥爲倉庚矣。然《經》云『狀如梟，白首』，與倉庚不甚類，疑亦同名異物者也。《圖贊》曰：鴣鸐之鳥，食之不瞧。爰有黄鳥，其鳴自叫。婦人是服，矯情易操。又北二百里，曰謁戾之山，郭曰：今在上黨郡涅縣。任臣案：劉會孟云：今在澤州高平縣。其上多松柏，有金玉。沁水出焉，南流注于河。郭曰：至滎陽縣東北入河，或出穀述縣羊頭山也。任臣案：《水經》：沁水出上黨沮縣謁戾山。注云：沁水即洎水也。其東有林焉，名曰丹林。丹林之水出焉，任臣案：鄭世子《律學新説》：羊頭山西二十里曰丹朱嶺。意古之丹林也。蓋年久伐盡，不復有林矣。遂譌爲丹嶺，而朱乃後人妄加者。楊慎《補注》曰：丹林，今之懷慶清化鎮柿林百里，故曰丹林，實北地之上腴，太行之穠秀也。丹水，在懷慶寶帶府城。《水經注》云：丹水出上黨高都縣故城東北阜下，俗謂之源源水。《地理志》云：高都縣有莞谷，丹水所出，東南人絶水。《竹書紀年》：晉出公五年，丹水三日絶，不流。幽公九年，丹水出相反擊。皆丹水也。南流注于河。嬰侯之水出焉，北流注于氾水。任臣案：《水經注》：溤水又會嬰侯之水，北流注于氾水，亂流逕中都縣，俗又謂之中都水。《一統志》曰：嬰澗水，今在平遥縣東三十里，即嬰侯水也。東三百里，曰沮洳之山，郭曰：《詩》云：彼汾沮洳。任臣案：劉會孟曰：今山西太原，叔虞封此。無草木，有金石。濝水出焉，郭曰：音其。任臣案：郝敬《讀書通》曰：文字附合增減，悉由人作。如《山海經》『沮洳之山，濝水出焉』，增系海內，西南陬有鶽增鳥。南流注于河。郭曰：今淇水出汲郡隆慮縣大號山，東過河內縣南，爲白溝。　任臣案：清淇自魏郡朝歌縣界入，分爲二派。一在郡東，一在郡西，俱南流入河。漢建武二年，遣司空王梁守此關，即濝水地也。《水經》：河西會濝水。注云：水出汲縣王屋西山。又北三百里，曰神囷之山，郭曰：音如倉囷之囷。其上有文石，其下有白蛇，有飛蟲。黃水出焉，任臣案：劉鳳《雜俎》云：隆慮縣黃水，出于神囷之山黃華谷。山高十七里，水出木門帶，直瀉巖下，狀若雞翹，故謂之雞翹。而東流注于洹。郭曰：洹水出汲郡林慮縣東北，至魏郡長樂入清水。洹音丸。　任臣案：《隋圖經》云：洹水出隆慮縣西北，俗謂安陽河，即聲伯夢涉之所。滏水出焉，任臣案：楊慎云：滏水在今磁州。而東流注于歐水。郭曰：滏水，今出臨水縣西釜口山，經鄴西北，至列人縣入于漳，其水熱。　任臣案：《水經注》：滏水發源出石鼓山南岩下，泉奮湧，滏水之陽矣。其水冬溫夏冷，水上有祠，能興雲雨。又東流注于漳，謂之合河。又北二百里，曰發鳩之山，郭曰：今在上黨郡長子縣西。　任臣案：劉會孟云：今屬山西潞安府。《一統志》云：在長子縣西五十里。《律學新說》曰：織蓋山西北三十里，曰發鳩山，山下有泉，泉上有廟，濁漳水之源也。廟有象神女三人，女侍手擎白鳩，俗言漳水欲漲，則白鳩先見。蓋以精衛之事，而傅會之也。王鑑《禹貢考》云：發鳩山，又名鹿谷山。其上多柘木。有鳥焉，其狀如烏，文首、白喙、赤足，名曰精衛，其鳴自詨。【略】漳水出焉，郭曰：濁漳音章。　任臣案：《一統志》：濁漳在潞州西五十里。《名勝志》曰：發鳩山，上有靈湫泉，即濁漳之源。而東流注于河。郭曰：或曰出長子縣鹿谷山，而東至鄴，入清漳。又東北百二十里，曰少山，郭曰：今在樂平郡沾縣，沾縣故屬上黨。　任臣案：《晉地記》云：少山即太谷也，在太谷縣西南十里，有咸陽故城，亦名咸陽谷。王鑑《禹貢考》云：山在太原府樂平縣西南二十里。《福地記》曰：其高八百丈，可以避兵，恒山之佐命也。清漳水出此，又名沾嶺。其上有金玉，其下有銅。清漳之水出焉，東流于濁漳之水。郭曰：清漳出少山大繩谷，至武安縣南暴宮邑，入于濁漳。或曰：東北至邑城，入于大河也。　任臣案：《禹貢合注》：漳水有二，出大黽谷爲清漳，出鹿谷山爲濁漳。【略】又北百里，曰題首之山，有玉焉，多石，無水。又北百里，曰繡山，其上有玉、青碧，其木多栒，郭曰：木中枚也。音荀。其草多芍藥、芎藭。郭曰：芍藥，一名辛怡，亦香草屬。

任臣案：辛怡，乃辛雉，今謂之木筆。楊雄《甘泉賦》：列辛雉于林薄。服虔注云：即辛怡，雉、怡聲相近耳。《楚詞》有辛怡車，亦不謂芍藥也。郭注非是。又毛《傳》以芍藥爲香草。陸璣云：今藥草芍藥無香氣，未審今何草。芍或作勺。《鄭風》云：伊其相謔，贈之以勺藥。董子云：勺藥一名將離，故將別贈之。《韓詩外傳》云：勺藥，離草也。李瀕湖曰：芍藥猶綽約也，此草花容綽約，故以爲名。《爾雅翼》云：制食之毒，莫良于勺，故得藥名。又赤者名金芍藥，白者名木芍藥。洧水出焉，任臣案：《水經》云：洧水出河南密縣馬領山。而東流注于河，其中有鱯。郭曰：鱯似鮎而大，白色也。黽郭曰：鼃黽似蝦蟇，小而青。或曰蠖黽，一物名耳。　任臣案：《爾雅疏》：蟾諸在水者名黽，一名耿黽，一名土鴨。鄭樵云：黽，水雞也。音猛。又北百二十里，曰松山。陽水出焉，東北流注于河。又北百二十里，曰敦與之山，任臣案：《名勝志》作敦輿山，在今直隸趙州臨城縣南七十里。其上無草木，有金玉。溹水出于其陽，郭曰：音悉各反。　任臣案：今索水源出滎陽小陘山，北流入京水。而東流注于泰陸之水。郭曰：大陸水，今鉅鹿北廣平澤，即其水。　任臣案：泰陸，一本作泰陛，誤。泜水出于其陰，郭曰：音抵肆也。而東流注于彭水。郭曰：今泜水出中丘縣西窮泉谷東，注于堂陽縣，入于漳水。　任臣案：《一統志》：泜水在臨城縣西北，源發元氏縣。《史記》：韓信斬成安君于泜水上。槐水出焉，而東流注于泜。任臣案：《釋義》曰：此謂『泜水出于其陰』，指泰陸之南，而言曰『東流注于彭水』，亦泜水也。曰『槐水出焉』，則出于鼓水也。三水委折，必分別始悉。又北百七十里，曰柘山。【略】歷聚之水出焉，而北流注于洧水。又北三百里，曰維龍之山。【略】肥水出焉，任臣案：成德亦有肥水，出良餘山，非此。而東流注于皋澤。【略】敞鐵之水出焉，而北流注于大澤。又北百八十里，曰白馬之山。【略】木馬之水出焉，而東北流注于虖沱。郭曰：呼佗二音。　任臣案：曹學佺《名勝志》：白馬山，在孟縣東北四十里，有白馬關。相傳後魏時，築其水，俗謂之牧馬河。源有二，一出當縣，一出忻州，俱名白馬山，至三交村之牛尾莊合流，經城南七里東北入定襄界，注于滹沱。又北二百里，曰空桑之山，郭曰：上已有此，疑同名也。　任臣案：空桑有二：《路史》云：共工振滔鴻水，以薄空桑。其地在莘、陝之間。伊尹，莘人，故《呂氏春秋》、《古史考》俱言尹產空桑。空桑故城在今陳留三十里，又有空桑澗。史稱帝榆岡居空桑。《歸藏・啓筮》云：蚩尤伐空桑，帝所居也。即此空桑也。兗地亦有空桑，其地廣絕，高陽氏所嘗居，皇甫謐所謂『廣桑之野』。上古有空桑氏。又《春秋演孔圖》及干寶所記孔子生于空桑，皆魯之空桑也。見《東山經》。無草木，冬夏有雪。任臣案：吳淑《雪賦》云『怪空桑于四時』，本此。空桑之水出焉，東流注于虖池。郭曰：音佗。又北三百里，曰泰戲之山，任臣案：一作秦戲。《一統志》云：秦戲山在繁峙縣東北，俗名小孤山。《寰宇記》云：一名武夫山，亦曰氏天山，今名孤山。王鑑《禹貢考》引此亦作秦戲。無草木，多金玉。有獸焉，其狀如羊，一角一目，目在耳後，其名曰辣辣，郭曰：音屋棟之棟。任臣案：《獸經》曰：辣辣一目，從從六足。《玄覽》曰：解廌、猙駮、驩疏、辣辣，一角之獸也。《駢雅》曰：羊一角謂之辣辣。楊慎《奇字韻》云：辣辣，今産于代州鴈門谷口，俗呼爲耩子，見則歲豐。音東，見《晉志》。曹學佺《名勝志》曰：代州谷中常産獸，其名曰辣，狀如羊，一目一角，目生耳後，鳴則自呼。《河源志》云：崑崙以西，獸有氂牛、野馬、狼狍、辣羊之類。又《字彙》引此作辣。又《集韻》音陳。別有獸名豴，似豕，目出于耳。亦與此類。見《事物紺珠》。其鳴自訆。虖沱之水出焉，郭曰：今虖池水出鴈門鹵成縣南武夫山。任臣案：《地理通釋》云：虖沱在今代州繁畤縣，東流經定州深澤縣東南，即光武所渡處，俗謂之危渡口。《名勝志》：滹沱水列如品字，又名三白水。古本作灌池，虖沱後人改也。而東流注于溇水。郭曰：音樓。液女之水出于其陽，南流注于沁水。郭曰：液音悅懌之懌。任臣案：劉會孟曰：竇憲奪公主田處。又北三百里，曰石山，多藏金玉。濩濩之水出焉，郭曰：濩音尺蠖之蠖。而東流注于虖池。鮮于之水出焉，而西南流注于虖池。又北二百里，曰童戎之山。皋涂之水出焉，而東流注于溇液水。又北三百里，曰高是之山。郭曰：今在北地靈邱縣。任臣案：《一統志》：高是山在蔚州西北七十里。滋水出焉，郭曰：音慈。任臣案：《一統志》云：在靈邱西南枚迴嶺，懸流五丈，湍激之聲震動山谷。《名勝志》云：滋水在蔚州西南三十里之南馬莊，名流水泉。而南流注于虖沱。其木多椶，其草多條。滱水出焉，郭曰：音寇。任臣案：滱水，今在渾源州恒山南。《水經》：滱水出代州靈邱縣高氏山。注云：即温彝之水也。今名纏河，亦名温彝河。東流注于河。郭曰：過博陵縣南，又東北入于易水。又北三百里，曰陸山，多美玉。鄞水出焉，郭曰：或作郯水。而東流注于河。又北二百里，曰沂山。郭曰：音祈。般水出焉，郭曰：音盤。而東流注于河。北百二十里，曰燕山，任臣案：《一統志》：燕山在玉田縣西北，自西山一帶迤邐東，其延袤數百里。北平立燕山三衛，因此山而名。【略】燕水出焉，東流注于河。又北山行五百里，水行五百里，至于饒山，是無草木，多瑶碧。其獸多橐駝，其鳥多鶹。郭曰：未詳。或曰：鶹，鵂鶹也。任臣案：《廣雅》曰：鶹鳩，飛鸓也。疑即是。歷虢之水出焉，而東流注于河，其中有師魚，食之殺人。郭曰：未詳，或作鯢。任臣案：《本草綱目》有魚師之名。陳藏器《本草拾遺》云：魚師，大者有毒殺人。疑即此魚也。《唐韻》云：鰤，老魚。《事物紺珠》云：鰤魚，青黃色，腮下有橫骨如鋸。又北四百里，曰乾山，無草木，【略】無水。有獸焉，其狀如牛而三足，其名曰獂，郭曰：音元。任臣案：《玄覽》曰：從從六足，獂三足。其鳴自詨。又北五百里，曰倫山。倫水出焉，而東流注于河。有獸焉，其狀如麋，其川在尾上，郭曰：川，竅也。任臣案：楊慎《補注》曰：伯樂《相馬經》有馬白州，當是川字，以此可证。姚旅《露書》云：倫，山獸，川在尾上。則川可爲穿也。其名曰羆。任臣案：《圖贊》本作羆九。《獸贊》曰：辣辣似羊，眼在耳後。竅生尾上，號曰羆九。幽都之山，大蛇牛呴。《談薈》云：羆有二種，如麋，與如熊者別也。又北五百里，曰碣石之山。郭曰：《水經》曰：碣石山，今在遼西臨榆縣南水中，或曰在右北平驪城縣海邊山。任臣案：《水經注》：碣石在驪城縣西南，漢武帝常登之以望海。杜佑曰：碣石在樂浪郡，長城起于此，東截遼水而入高麗。《禹貢》右碣石在平州，有三十餘里。則高麗中爲左碣石也。或曰：碣石，一在廣東海口，一在冀州北海口。北碣石在海中，如河中砥柱，追天造也。繩水出焉，而東流于河。任臣案：澠水亦謂之繩水。《水經注》：繩水又西北入時水是也。非此。其中多蒲夷之魚。郭曰：未詳。【略】又北水行五百里，至于鴈門之山，無草木。郭曰：鴈門山即北陵西隃鴈之所出，因以名云，在高柳北。任臣案：《釋義》曰：今三晉代州有鴈門山，遂以是名關，然其上草木多生，此曰『無草木』，又曰『水行五百里』，所未詳也。又北水行四百里，至于泰澤，其中有山焉，曰帝都之山，廣員百里，無草木，有金玉。任臣案：《釋義》曰：凡此皆在晉地。夫環晉皆山，恐無水行四百里者，然鴈門山亦曰水行五百里，豈禹治水時事與？又北五百里，曰錞于毋逢之山，北望雞號之山，任臣案：《通志略》作惟號之山。其風如颷。郭曰：颷，急風貌也。音戾。或云：飄風也。任臣案：一本作颰。又《説文》引《經》云：惟號之山，其風若劦。何頰切。西望幽都之山。任臣案：《爾雅》：北方之美者，有幽都之筋角焉。《一統志》：山在昌平縣西北，古幽州，蓋因山爲名。浴水出焉，郭曰：浴即黑水也。任臣案：今黑水在定州界，未審是非。是有大蛇，其音如牛，見則其邑大旱。凡《北次三經》之首，自太行之山以至于無逢之山，凡四十六山，萬二千三百五十里。

清　周家楣　光緒《順天府志》卷五〇《食貨志二・物産》　果屬：櫻額，櫻桃，桃，李，杏，銀杏，柰，栗，棗，石榴，梨，杜梨，倒弔果，呀兒果，沙果，虎喇檳，頻婆果，山樝，桑葚，蒲陶，文官果，蓮的，藕，菱，芡，慈姑，葧臍，煙梟，郁李，羌桃，鐵梨，落花生，山荆子。花屬：梅，蠟梅，榆葉，杏，桃，碧桃，夾竹桃，櫻桃，李，郁李，梨，紅梨，梔子，石榴，海棠，秋海棠，紫薇，紫荆，木槿，小繡毬，八仙，牡丹，荷包牡丹，鼓子花，丁香，瑞香，迎春，探春，金雀，薔薇，十姊妹，酴醾，刺醾，芍藥，玫瑰，蘐，紫藤，紅藍，蘋，白日蓮，金蓮花，荷，玉簪，晚香玉，月季，合歡，葵，山丹，卷丹，鳳仙，雞冠，金錢，石竹，蓼，水葓，白蓼，剪春羅，剪秋羅，杜鵑，映山紅，扒山虎，馬蘭花，瓊花，米襄花，虞美人，金銀花，攀枝，珍珠，甘菊，金鈴，藍菊，無絲菊，六月菊，萬壽菊，長春菊，西洋菊，敷地錦，棣棠，牽牛，水仙，胡蜨花，扁竹，金絲荷葉，石花，水蓬花，千日紅，素馨，望江南，翠蛾眉，佛指甲，佛見笑，頻婆花，棠梨，林檎，柰，仙人掌，唐花。木屬：桑，檉，楊，椵，樺，煖木，榆，栩，穀，檀，椿，樗，桐，婆羅樹，椒，杜，山荆，棘，木蘭，皂角，枸橘，梣，竹。鳥屬：雞，鴨，騀，駉騀，鶴，雉，沙雞，鸛，鵠，鷹，海東青，鷂，鴟鵂，雕，魚鷹，阿濫，啄木，淘河，青鶴，秃鶖，鴛鴦，鸂鶒，鷺鷥，鷗，鸕鷀，姑惡，鵙鴒，鵪鶉，鵮，鶉，燕，火燕，雁，鴻，鴽，山鶡，瓦雀，麥雀，黃雀，鐵雀，白翎，雅烏，山烏，山和尚，鳲鳩，鵓鳩，斑鳩，鶌鳩，黃鸝，魚虎，北畫眉，白頭翁，寒號蟲，伏翼，飛鸓，地鵏，地鷸，鴣汀，松雞，烏鸞。獸屬：豬，貛，羊，麢羊，牛，馬，驢，騾，鹿，麝，麂，貛狗，臊狗，文狸，狐，貉，虎，豹，狼，豺，狽，熊，羆，兔，鼠，鼢鼠，鼸鼠，鼬鼠，松鼠，松狗，刺蝟，獺，豆處子。

清　李鴻章　光緒《畿輔通志》卷七三《輿地略·物産·果屬》　桃，大甯路大甯縣、惠州、興中州皆土産桃。《元一統志》金桃、玉桃皆上林苑出。《西京雜記》桃花《明一統志》漢明帝時，常山獻巨桃核，其桃霜下花，至暑方熟。《西京雜記》桃花有白者，亦上林苑異種。《六街花事》京師佳果八：紅桃、白桃、銀桃、山桃、蟠桃、合桃、霜下桃、肅寧八月桃。《客燕雜記》今豐甯縣之白云洞、平泉州之鳳凰嶺諸處尤多。又一種名山桃。《熱河志》肅甯人多種桃爲業，如藝稼然，花時望之火蒸霞浮，秋落其實，市於四方。銀桃味最佳，絡絲桃紅白相間，金桃色紅，扁桃形如小餅，秋桃熟遲。《河間府志》梨兒桃最佳。《長垣縣志》枝幹勁直，色紫，滑可以爲鏃。《盧龍縣志》　李，北方一種御黄李，形大而肉厚，核小，甘香而美。《農書》李五：紫李、緑李、黄李、麝香李、盤山李。《客燕雜記》杏，大甯路大甯、富庶、金源三縣，惠州、興中州、建州皆土産杏，又富庶縣土産杏仁。《元一統志》魏郡好杏，地産不爲無珍。《冀州論》北方肉杏甚佳，赤大而扁，謂之金剛拳。《農書》房山車營嶺環十數里，峰頭澗底皆是杏林，又東一小嶺樹尤奇古，高者三丈，低者丈餘，狀如垂柳，繁花綴之。《北游紀方》杏仁皆味苦，有一種甘者名巴旦杏，或謂之八達杏。《長安客話》今關外多杏，山中有老杏根，文理細密，可飾器。《熱河志》《異物彙苑》：巴旦杏出哈烈國，今北方皆有之，京師者實大而甘。《香祖筆記》石榴，張騫使西域還，得安石榴。《博物志》深州、趙州土産石榴。《太平環宇記》燕中石榴有千瓣粉紅、千瓣白、千瓣黄、千瓣大紅，單瓣者比他處不同，中心花瓣如起樓臺，謂之重臺石榴。《遵生八牋》山家有之。其一種名海榴，植以供盆玩，能結實。《熱河志》國朝郭棻《白石榴》詩：無香有艷爛朱霞，博望攜歸是麗華。誰剪冰紈遮絳朵，更搏雪蕊換瓊葩。玉蟾照徹揮三素，粉蝶飛來直一家。料得花神甘淡漠，千紅萬紫慢矜夸。　梨，常山土貢梨。《唐書·地理志》大名府産梨肉。《金史·地理志》大甯路大甯、富庶二縣，惠州、興中州、建州皆土産梨。《元一統志》常山郡貢梨六百顆。《通典》定州土産檮梨。《太平寰宇記》真定梨大如拳，甘若蜜，脆若菱，可以解煩消悁。《魏文帝詔》常山好梨，地産不爲無珍。《冀州論》奉使北遼至松子嶺，舊例互置酒三行，時方窮臘，北京壓沙梨，冰凍不可食。接伴使耶律均取冷水浸良久，冰皆外結，已而敲去，梨已融釋。《文昌雜録》李時珍曰：好梨皆産於北土，今北人每於樹上包裹，過冬乃摘。《本草綱目》北地處處有之，二月開白花如雪，上巳日無風則結梨必佳。《羣芳譜》過仰山村，山多梨樹，秋深紅，葉如燒。《燕山紀游》山莊内有梨樹峪，蒙古謂梨爲阿里瑪，建昌縣有阿里瑪圖谷，亦以有梨處得名。一種名罐梨，味甘而小；一種名山梨，亦作酸梨，味酢而多水，汁經錬成膏，其味鮮美。【略】羌桃，一名胡桃，北方多種之，以殼薄仁肥者爲佳。《羣芳譜》蘇頌曰：胡桃生北土。《本草綱目》王平口山坳多核桃。《長安可遊記》北果而宜山種。【略】櫻桃，平州貢櫻桃，大名府産櫻桃。《金史·地理志》興中州地産櫻桃。《元一統志》結子一枝數十顆，圓如珊瑚，極大如彈丸，密葉圓，有尖及細齒。《羣芳譜》白櫻桃生京師西山中，微酸，不及朱纓之甘碩。《因樹屋書影》有赤、白二種，白者尤難得，今山莊内有之，平泉州有櫻桃溝。又一種名山櫻桃，子小而尖，亦可食，而味遜。【略】山樝，有二種，小者味酸爲棠杌子，茅樝、猴樝堪入藥，肥大者可作果實。《群芳譜》今塞外多有之。《熱河志》栗，燕秦千樹栗。《史記·貨殖傳》幽州土貢栗。《唐書·地理志》廣信軍貢栗。《宋史·地理志》薊州産栗。《金史·地理志》固安之栗，天下稱爲御栗。《括地志》五方皆有栗，惟漁陽、范陽栗甜美長味。《蟲魚草木鳥獸疏》中山好栗，地産不爲無珍。《冀州論》北燕薦朔濱之巨栗。王逸《荔支賦》良鄉，燕山屬邑，驛中供金栗、梨、天生子，皆珍果。又有易州栗，甚小而甘。《石湖渠》

栗園在固安縣界。北魏孝昌三年，上谷賊杜洛周遣其黨曹紇真掠薊州，南幽州刺史常景遣將干榮擊破之於栗園，是也。《方輿紀要》燕山栗小而味甘。《本草圖經》蘇頌曰：范陽栗甘美味長，他方者不及也。《本草綱目》幽州棗栗千子，可食數口。《石甕記》北地所産，小者爲勝。《羣芳譜》燕京肆市及秋以餳雜石子曝之，比南中者差小而味頗甘。《析津日記》今京師炒栗最佳，四方皆不能及。《陔餘叢考》棗，大甯路富庶縣、惠州、興中州、建州皆土産棗。《元一統志》北方荒中有棗樹，其高五丈，敷結枝條一里餘，子長六七寸，乾之不縮，氣味甘潤，味殊於常棗。《神異經》北方有七尺棗。《述異記》宣帝時，幽州刺史李宣尚范陽公主，公主憶長安，於易州築一城象長安，城中有棗樹，花而不結，皆向南而引，俗謂之思鄉棗。《太平寰宇記》邢州城東十餘里周世宗莊也，門側有井，上有大棗，一株柯葉茂盛，垂蔭一畝。《括地志》安平好棗。《冀州論》信都縣東北五十里漢煮棗侯國，六國時於此煮棗油。《元和郡縣志》南棗堅燥，不如北方棗肥大。《農書》旱潦之地不任稼穡，種棗則任矣。《齊民要術》棗五：纓絡棗、賽梨棗、合兒棗、密雲棗、無核棗。《客燕雜記》北方有無核棗，有大如鷄卵者，其肪瑩白如水晶。【略】羊棗，俗名軟棗，一名丁香柿。《雍正志》榛，大甯土産榛。《明一統志》《馬志》曰：榛生遼東山谷，樹高丈許，子如小栗，軍行食之當糧。李時珍曰：遼代上黨甚多，久亦易油壞者也。《本草綱目》鎮有禮鼠，冬取榛實爲糧，於穴中貯之，皆美好，價倍於常，山氓多掘取之。《黄花鎮記》今塞外多有之，實極美好，土人每收藏鬻於關内常山峪。《熱河志》蘋婆，出北地，燕趙者尤佳，葉似林禽而大，果如梨而圓滑。《羣芳譜》燕地蘋婆果味雖平淡，夜置枕邊有香氣。《采蘭雜志》上方兜率寺有蘋婆果園，園中蘋婆果二株。入秋結實甚繁，山僧不忍摘果，既熟，暈青紅色，絶可愛。《韞光樓雜志》韋公寺南觀音閣蘋婆一株，高五六丈。花時鮮紅新緑，五六丈皆花葉光。實時早秋，果著日色燄燄於春花時。實成而葉竭矣，但見垂累紫白丸丸五六丈也。【略】柰，陶宏景曰：江南雖有而北國最豐，作脯食之。《本草綱目》韋公寺後五里，柰子樹花開時，柰旁人家負几案酒肴具以待游者，賃賣旬日，卒歲爲業。樹旁枝低亞，入樹中，曠然容十數席，花陰暗日，花光明之，看花日暮，多就宿韋公寺者。《帝京景物略》韋公莊里許，有柰子古樹，婆娑數畝。春時花開，望之如雪。至夏葉特繁密，列坐其下，烈日不到。袁宏道謂戒壇老松、顯靈官柏、城南柰子樹，可稱卉木三絶。《長安客話》烏刺柰，塞外紅果也。實似櫻桃而大，味甘酸，不可多食。《廣群芳譜》一名歐李子，土人稱爲酸丁。《熱河志》國朝查慎行《山莊雜詩》：叢間樸樕葉先枯，歐李駢晴似火珠。長路微甘供解渴，馬鞭争挂紫珊瑚。林檎，一名來禽，一名文郎果，生渤海間。此果味甜，能來衆禽，故名。又唐高宗時，紀王李謹得五色果似朱柰以貢，帝大悦，賜爵文林郎，因呼爲文林郎果。《群芳譜》宋蘇軾《林禽》詩云：東坡居士未歸時，自種來禽與青李。五年不踏江頭路，夢逐東風泛蘋芷。沙果，綿而沙者曰沙果。又楸子似沙果而小。《雍正志》檳子，一名虎喇檳，同上似蘋婆而小，色紅紫。《灤州志》倒弔果，俗名弔搭果，形似山梨而小，體微長，味酢肉多沙，長蒂，花實皆垂，故名。性暖，健脾消食。樹枝葉盡如梨，今遵化沿邊多有之。《御製文集》柿，水盡頭，春之花尚不敵其秋之柿葉，葉紫紫，實丹丹，風日流美，曉樹滿星，夕野皆火。《帝京景物略》經霜早熟，其一種軟柿，實小而長，亦名牛奶柿。【略】銀杏，法雲寺在西山後，有銀杏二株，大數圍。《雪齋集》一名白果，一名鴨脚子。文官果，北方有文官果，如小栗之乍乳而加嫩，似蓮實之初目而尤甘，咀則雪甜偏貝，含則露醲廣長。加以房中，心密若規楊梅之通體；横陳室内，神情如詡荔子之將膚，都豔誠山中之白雪，亦寰宇之介士也。《閩小紀》形如無花果，肉味如栗，五月成熟，出景州。無花果，木饅頭京師亦有之，謂之無花果，狀類小梨，中空。既熟，色微紅，頗甘酸。《倦游録》【略】櫻額，樹叢生，果形如葡萄而稍小，味甘澁，性温補脾。古北口外亦有之，山莊之千秋島遍植此種，每當夏日則纍纍綴枝，遊觀其下，殊堪娱目，不獨秋實之可採也。《御製文集》葡萄，白葡萄出興中州城西北隅。《元一統志》三衛土産白葡萄。《明一統志》《別録》曰：甘美，可作酒。云用藤汁殊美。北人多肥健耐寒，蓋食斯乎？《本草綱目》北方天寒，初冬年里埋地尺餘，春分後取出，卧置地数日，然後架起。子生，去繁葉，使霑風露，則結子肥大。《羣芳譜》出大宛，張騫使西域得種來。有白、黑、黄三色，一名黑水晶，釀以爲酒，藏至十年不壞。《酉陽雜俎》近得哈密各種植於苑禦中，結實有白者、緑者、長如馬乳者。又一種大葡萄，中間有小者，名公領孫。又一種小者，名瑣瑣葡萄。種類雖殊，實皆甘美。移種南方，便失本味，大約其性於北方沙石水土相宜。《御製文集》【略】山葡萄，紫黑色，味酸，七八月間，山家採之款客。《盤山志》枝頭乾，南樂縣出。《明一統志》草茘支，叢生，朱顆味甘且芳，似普盤而無子。普盤亦内地所無，而塞外恒有，惟興安及烏喇乃有之。【略】普盤，木木，叢生，結實味甘酸，略似楊梅。北天竺，塞外奇種，異植茂密，神農、歧伯有所未辨，郭璞、陸佃夫豈能疏？有倒生絶壁，不與恒羣，結實纍纍，玫瑰靺鞨其色而扶緑葉者，問之蒙古，不能舉其名，與天竺子相類，因名之曰北天竺。《御製詩序》烏沙爾器，樹名，生塞外，秋結紅果，一枝纍纍數千百顆。《羣芳譜》高數尺，實如櫻桃而小，可食，味酸苦。【略】奇石蜜食，緑蒲萄也，結實無子。本布哈爾種，自回部移置。《熱河志》凡蒲萄皆有子，此獨無子，截條植地而生。回中古亦無此種，云數百年前自布哈爾始得之。《御製詩序》

又《木屬》 松，冀州其利松柏。《周禮・職方》安邊郡蔚州貫松子一石。《文獻通考》大甯路富庶縣、龍山縣、惠州皆土産松。《元一統志》自古北口山中長松鬱然。王曾《上契丹事》李時珍曰：蘇軾云鎮州松脂亦良。《本草綱目》報國寺矬松幹數尺，枝横數丈，如淺水荇，如柱架藤。《帝京景物略》石徑山東南至林衡署有古松數百株，參錯平野。《燕山紀游》無暑清涼之南長松環翠，壑虚風度，如笙鏞迭奏，不減西湖萬松嶺也。《御製詩序》近邊諸地，經明嘉靖時胡守中斬伐，遼、元以來古樹略盡。然山中尚多松林，以黄松爲貴。又有白者，其幹直上，枝葉如盤，下枝長，以上漸短，遠望無異浮圖，其體最輕。蒙古謂松爲呐喇蘇，今塞外諸山多有稱爲呐喇蘇台者，皆以有松處得名。山莊内則喬松尤多。《熱河志》盤山之松以百萬計，而其奇絶者多生石罅中，擁腫卷曲，其勢不得伸，枝多旁抽，如怒龍之攖。又有陂陀土壤而生者，大數十圍，龍鱗斑駮，或挺茸直上，或青蔥垂下。《盤山志》葉五出者有子。【略】柏，惠州土産柏。《元一統志》府西北清白口社柏山，四旁多産柏。《明一統志》顯靈宫折枝柏，雷披一枝，屏於山中，折而不殊，二百年蔥蔥。平谷縣城東延祥觀柏，古質而葉幽光，再生柏也。《帝京景物略》今塞外有之，其大者亦可爲器用。《熱河志》天城少林、龍泉、香木諸寺，柏皆千年物。《薊州志》丹青樹【略】檜，柏葉松身。《爾雅》碧雲寺殿前二栝松十圍，日出映之山中，蓊鬱如青雲起。《西山遊記》塞山多有之，與落葉松相似而非。《熱河志》柞，色黑而有紋，亦謂之文木。《古今注》堅韌之木，新葉將脱，故葉乃落，附著甚固。《詩輯》有刺，不結實。《正定府志》楓樹，似白楊，葉圓而歧。《爾雅疏》北方原無楓樹之名，自南巡見楓樹，方知北方之梌木即是楓樹。但南方厥木維喬，所以直生，北方厥木維叢，故矮短耳，其枝葉則相同也。熱河北嶺多楓葉而美蔭，其色油然。《御製文集》塞山多有之，初未經霜已有紅葉，秋深則全赬紅。山莊内北嶺尤多。《熱河志》槐，有極高大者，材實重，可作器物。有青、黄、白、黑數色，開黄花。未開時狀如米粒，採取曝乾，炒過，煎水，染黄甚鮮。結實作莢，如連珠。《羣芳譜》有青槐、白槐二種。《熱河志》又一種曰龍爪。【略】椿，涿州靈椿寺椿木一株，大不可量。凡樹影皆隨日月升沈以爲斜正，早暮未嘗少移。《宦遊記聞》有二種：菜椿、香椿，香者較勝。《盤山志》芽可充蔬。《雍正志》桑【略】榆，江南有刺榆，無大榆，蓋大榆北方有之。《爾雅翼》大甯路富庶、和衆、龍山三縣，惠州、建州，皆土産榆。高州有榆山，以其山多榆木，因名。《元一統志》北方種榆尤多，宜蠶桑，好田穀。《典術》天壇拗榆，榆春錢，天壇榆之錢以秋。《帝京景物略》有數十種，今人不能别，惟知莢榆、白榆、刺榆、椰榆數種而已。《羣芳譜》熱河諸境稱榆樹溝及榆樹林者甚多。蒙古謂爲海拉蘇，圍場中地有稱海拉蘇台者，亦以有榆處得名。其堅老者可任車軸。又有榆癭，生榆樹上，鋸爲片，色黄，紋細密，可以餙器，土人稱爲疙疸榆。《熱河志》白榆皮可充饑，其錢甚美。漢龔遂治渤海，令民種千株備饑。《河間府志》堅韌，可作器物。《交河縣志》檀，淶水之山峰巒秀麗，中多檀木。《名勝志》葉如槐，皮青而澤，肌細而膩，體重而堅，材可爲車輻及斧鎚諸柯，臘月分根旁小枝種。《羣芳譜》槲，山中不材木，而其葉宜蠶，正定近山各屬多有之。《正定府志》枸橘，一名鐵籬寨。《雍正志》橛，燕之東北、朝鮮洌水之間謂之椴。《方言》木可作杖机。《説文》大甯路富庶縣龍山土産椴木。《元一統志》木葉最大，類團扇，其皮可以當麻，取爲魚網之網，牢固殊常。《羣芳譜》今灤平縣境内有椴樹嶺。蒙古謂椴爲多們，圍場中地有稱多們者，亦以椴樹得名。《熱河志》大白楊堡有椴樹，山上有古椴樹。【略】謹案：椴，音段。《雍正志》作椵，據《爾雅》注『椵似白楊』，與此合。椵，柏屬也，當另是一木。櫟，似樗之木也。《爾雅注》秦人謂柞爲櫟，河内人謂木蓼爲櫟。《蟲魚草木鳥獸疏》緣山谷生之，薊州上方寺者最古。子曰橡斗，可以染皁。《雍正志》婆羅樹，香山卧佛寺婆羅樹大三圍，皮鱗鱗，枝槎槎，癭纍纍，根搏搏，花九房峩峩，葉七開蓬蓬，實之稜陀陀，叩之丁丁然，西域種也。《帝京景物略》卧佛寺二株，子如橡栗，可療心疾。【略】桐，荏桐多生楚粤，椅桐宜於北地。《燕京賦》注中峰庵先有老梧桐數株，遊人詩多成其下，摘桐葉書之。《帝京景物略》有椅桐、青桐、梧桐。《雍正志》梓，大甯路和衆縣土産梓。又和衆縣有梓木山，其中最多梓。《元一統志》楸類，一名木王，植於林，諸木内拱。造屋有此木，則羣材皆不震。《羣芳譜》楮，幽州人謂之穀桑。《蟲魚草木鳥獸疏》有二種，一種皮斑而葉無椏，謂之斑穀，開花成長穗狀，不結實；一種皮薄無花，花葉有椏，又似葡萄葉，開碎花，結實如楊梅。用時，取葉有椏又有子者爲佳。《群芳譜》皮可作紙，今永平出。《雍正志》楮皮浸之造紙，出響水亮東、武任等村。《磁州志》詳《方言》。樗，樹及皮皆似漆，青色，嗅其葉臭。《蟲魚草木鳥獸疏》陳藏器曰：北人呼樗爲山椿。《本草綱目》俗名臭椿，荒年人亦採食。有花者無莢，有莢者無花。《羣芳譜》詳《方言》檉，葉細如絲，婀娜可愛。天之將雨，檉先起雲以應之，故一名雨師。《爾雅翼》俗名西河柳，性浮，可以負重。《雍正志》樺，嬀州土貢樺皮。《唐書・地理志》大甯土産鵲樺皮。《元一統志》李时珍曰：生遼東，胡人尤重之。以皮卷蠟，可作燭點。《本草綱目》今灤平境有大小樺榆溝。蒙古謂樺爲威遜，平泉州諸山多有稱爲威遜圖者，皆以樺處得名。翻爲弓矢諸器，多取資焉。《熱河志》張家口出皮有紫黑花者可裹弓。皮厚者爲煖木，可鑲器物。《宣化府志》【略】苦櫪，一名秦皮。《雍正志》楸，中山有楸户，掌楸木，可作什物。《述異記》玉田楸樹，山行五里，楸樹紛披。《雍正志》楊有二種：一種白楊，聳直圓整，高者十餘丈，大者徑三四尺，堪棟樑之任；一種青楊，比白楊較小，亦聳直，高數丈者，大徑一二尺。北方材木全用楊、槐、榆、柳，人多種之。《羣芳譜》明時宫中用馬口柴，取給於蔚州、昌平諸州縣，其柴長四尺許，整齊曰潔，兩端刻兩口，以繩縛之，故謂之馬口柴。康熙初年，炊爨還用此，今惟天壇焚燎用之。《御製文集》楊木長柴産寶鳳山，柴烟直上，郊壇焚燎用之。每年四月入山斫伐，九月編筏起解，務於冬至前交納。【略】柳，滄州土貢柳箱。《唐書・地理志》大定四年，命都門外夾道重行植柳各百里。《金史・地理志》北土最多，枝條長軟，葉青而狹長，春初生柔荑，開黄花，鱗次荑上。晚春葉長生，花中結細子，如粟米大，細扁而黑，上帶白絮如絨，名柳絮，隨風飛舞，着毛衣即生蟲，入池沼隔宿爲浮萍。其長條數尺，嫋嫋下垂者名垂柳。又一種幹小枝弱，皮赤，葉細如絲縷，婀娜可愛，一年三次作花，即所稱三春柳也。春前以枝插之即活。《羣芳譜》塞外驛道官柳最多，伐者有禁，烈日暑歊可以蔭暍。又有沙柳，高不過六尺，圍不過五寸，有紅、黄二色，間亦作花絮，生沙灘中，如荆棘然。【略】荆，《爾雅翼》云：凡木心圓荆心方，七月間山家伐軟條，編器盛糧，曰荆囤。《盤山志》橡，徧山有之，上方寺者最古，實可爲粉，中秋前後熟即墮地，居人拾之以水漬數日，曬乾去殼，復漬數日，磨濾去滓，水渟成粉，不澀爲度，或云可愈痢。《盤山志》産阜平，其蒂如斗，可染色。《正定府志》杜，杜梨，《詩》稱甘棠，其木可接梨。【略】竹之品：甜竹、苦竹、緑竹。《析津志》燕故難竹，至水盡頭，林林畝畝。竹杖始枝，筍丈猶籜，竹粉生於節，筍梢出於林，根鞭出於籬，孫大於母。《帝京景物略》城東麻子港甚繁，筍亦可食。《昌平州志》棘，北嶽之山多枳棘剛木。《山海經》心赤而外有刺，有赤、白二種，其刺亦有直者、鈎者。《爾雅翼》孛羅木，橡屬，山中皆有之，可燒灰，葉攤麫蒸餅佳。《永平府志》落葉松，口外興安高寒之地有樹名落葉松，枝幹與松杉無異，而針亦青蔥如蓋，經霜雪後則葉盡脱。其木質甚堅，有微毒，所伐時誤入肌膚驟難平復，根株歷久不朽，沈埋水中則變爲石，可供磨礪之需，亦松杉之别種也。《御製格物論》塞外興安嶺多有之，其皮蒙古無茶時用以代茶。木性最堅，其刺有毒，入肉即爛，入水即沈，所以木商不取。其幹直挺參天，枝葉蔚然，恍若九霄羽蓋。經秋葉脱，至夏復生。《廣羣芳譜》松葉杉身，生興安嶺北，質極堅緻，入水土中，年久化爲石。松上寄生白脂，厚五寸，光潔如玉。《熱河志》生獨石口外黑龍山中，其葉至冬輒落。《口北三廳志》鳳尾松，松葉如鳳尾，故名。栴檀林階砌間有石孔尺許，乾隆乙未歲植鳳尾松於此。《熱河志》梌，即楓屬，叢生，歲久成文甚爲堅緻，材中諸器。同上。杻，檍。【略】菩提树【略】柘，潭柘寺柘以瓦覆者一枯，長不能大，志所稱虬龍形，僧所説林林千章者烏有，此枯其猶最晚發，特後彫者也。柘枯，然不朽。《帝京景物略》塞山有之，葉可飼蠶，材可作器。《熱河志》榑欏樹，山中長榑欏處即爲蠶場，又穀雨後出子，斫榑欏枝。《武經總略》土人取其葉以飼蠶，或謂即斛也。今朝陽縣土默特山中尤多，至秋深霜降，丹葉與楓葉相映。《熱河志》以其葉包果味更香，伏日采之蟲不蛀。《盤山志》各旗境内高山之中多産榑欏木，其葉大如掌，可飼山蠶，餘無他用。今建昌縣出山綢，即以此葉專其放蠶之利，繭成即名爲榑欏繭。《承德府志》杉，塞山有之。蒙古謂爲楚古爾蘇，圍場中地有稱爲楚古爾蘇者，以杉樹得名。《熱河志》曬樹，塞外樹名，其花黄，産山中。灤平縣境内有大小曬樹溝。六道木，塞外樹名，幹有紋六道，細如綫而界畫。明開夜合，塞外樹名，結實纍纍，色粉紅，狀如秋海棠，中含紅珠，晨放暮斂，故名。産山中，其木色白，可以飾器。夜亮木【略】皂角，正定府産皂角。《金史・地理志》樹高大，結實有三種：一種小如猪牙；一種長而肥厚，多脂而粘；一種長而瘦薄，枯燥不粘。以多脂者爲佳。《羣芳譜》菜樹，生鵲王廟前，左一株大可四五人合抱，右一株亦三人合抱，葉間垂豆莢甚繁。居人稱建廟時忽生此樹，以佐工匠食。《内邱懸志》

又卷七四《輿地略・物産・獸屬》

虎，幽都之山上有元虎。《山海經》走碣石最高峰，西望連巖邃谷，大麓多虎、豹、熊、羆所游伏。《圖書編》秋捺鉢曰伏虎林，七月中旬，自納涼處起牙帳入山射虎。《遼史・營衛志》松州、知州、布薩圖格前後射虎以萬計。《元史》口外産虎，自昔爲衆，今塞外多有之。蒙古謂虎爲巴爾，圍場中地及府屬境内之山有巴爾圖者，皆以有虎處得名。【略】豹，營州土産豹尾皮、骨咄。《唐書・地理志》柳州城出豹尾。《明一統志》李時珍曰：遼東諸山時有之，狀似虎而小，其文如錢者曰金錢豹，如艾葉者曰艾葉豹。《本草綱目》今塞山多有之，以金錢文者爲貴，艾葉文者又次之。【略】熊，平州土産熊韉。《唐書・地理志》蔚廣多出熊膽。《明一統志》豬熊其形似豬，馬熊其形似馬。《酉陽雜俎》今塞山多有之，小者爲狗熊，大者爲人熊。《熱河志》熊山舊常産熊。《撫甯縣志》【略】貔，豐狐文貔搏於山林，伏於巖穴，夜行晝伏。《莊子》北燕、朝鮮之間謂之豾。《方言》似虎，一名執夷，一名白狐，其子爲豰，遼東人謂之白羆。《蟲魚草木鳥獸疏》駮，順州山中有異獸，如馬而食虎豹，遼人不知其名，以問劉敞，敞曰：此所謂駮也。爲言其形狀、聲音，皆如所見，人歎其博物。《東都事略》犺【略】猛【略】狼，形大如狗，青色，善逐獸。《埤雅》李時珍曰：處處有之，北方尤多。《本草綱目》今大塞山外多有之。蒙古謂狼爲綽諾，府屬境内山多有稱綽諾圖者，皆以有狼處得名。《熱河志》【略】狐，武定元年七月，幽州獲白狐以獻。《魏書・靈徵志》蘇恭曰：形似小黄狗，鼻尖尾大。李時珍曰：南北皆有，北方最多，有黄、黑、白三種。《本草綱目》長而黄者曰草狐，短而黠者爲沙狐，並出蒙古，其皮皆可以爲裘。蒙古謂狐爲烏納格，府屬境内之山有烏納格圖者，皆以有狐處得名。《熱河志》土貢狐皮二十八張。《魏縣舊志》狸，蘇頌曰：處處有之，其類甚多，似虎斑文者可用。《本草綱目》京師北山獸有虎豹奇狸。《薊邱集》貉，李時珍曰：生山野間，狀如狸，與貛同穴而異處。《本草綱目》似狸，鋭頭尖鼻，斑色，毛深温厚滑，可爲裘。《正定府志》貛，獸似豕而肥。《説文》李時珍曰：遼東女真地面有海貛，皮可供裘。《本草綱目》今土人呼爲猪貛，其小者呼爲狗貛。《熱河志》土貢貛皮六十二張。《魏縣舊志》野狸，能食貓，故山中之貓難畜。《盤山志》飛狐，鋭頭闕口，耳小尾長，毛黑色，翅如鼈裙，四足生翅中，前三爪，後五爪，能飛，不踰丈尺。《敬業堂詩》注産於口外密樹林中，似狐，肉翅連四足及尾，能飛，但能下而不能上。《續博物志》云：飛狐亦名飛生，今山陝有飛狐嶺、飛狐口，當時必以物産得名。而《名勝志》曰：有狐食五粒松子，遂成飛狐。其説荒誕，皆未能知天下有飛狐也。貂，建武二十五年，烏桓獻貂皮。《東觀漢記》大定府産鼦鼠。《金史・地理志》青貂穴死牛腹掩取之，紫貂升木射取之。黄色乃其老者。銀貂最貴，契丹主服之。《嘉祐雜志》獺，似狼而小，青黑色。《埤雅》是物本有山獺、水獺二種。今塞外所産者，大抵皆山獺之類，土人稱爲旱獺。《熱河志》鹿，冀州貢鹿角膠，久罷。《唐六典》漁陽郡貢鹿膠十斤。《通考》北狄有駝鹿極大，而色蒼黄無斑，角大而有紋，堅瑩如玉。《夢溪筆談》流杯亭之北瓜圃，平原如掌，豐草茂木，鹿麛雉兔交牣其間。《御製詩序》塞山産鹿最盛，其角自兩乂、四乂、六乂至八乂，年久則數至八乂以外。蒙古謂鹿爲布古，今圍場中地及府屬州縣内之山多有稱布古圖者，皆以有鹿處得名。《熱河志》昌平駐蹕山西北山，鹿之毳、豪猪之毛，丰茸隨風。《天府廣記》今京師宴席最重鹿尾，雖猩唇、駝峰未足爲比。然自唐已貴之。陳子昂《麈尾賦》云：『(率)〔卒〕網羅以見逼，受庖厨而罹傷。爲君雕俎之饍，側君金盤之實』云云。《香祖筆記》盤山處處有之，丙辰春青溝西嶺有黑鹿二，大如羸，其毛類山羊，長六七寸。羣鹿隨之，東西不敢逆隱。見月餘，後不復見。《盤山志》麞，一名麕。《古今注》形似鹿而無角，今塞山有之。《熱河志》麅，形似麞，角似鹿而短，僅一兩乂，塞山多有之。蒙古謂麅爲朱爾，今圍場中地及府屬境内之山多有稱朱爾圖者，皆以有麅處得名。其白色者尤珍。同上。塞上蒙古台吉必力滾達賴以此來獻，色純白如雪，目睛如丹砂，《抱朴子》所稱『鹿壽千歲，滿五百則白』，此殆其類。《御製詩序》麋，鹿屬也，冬至解其角。

《説文》與鹿相似，毛作梅花斑者爲麋。圍埸中多鹿麅而少麋，迤南始有之。《熱河志》麝，營州土貢麝香。《唐書·地理志》奚常採北山麝香。《五代史·奚附録》嬀川郡貢麝香十顆。《通考》馬【略】野馬，日走五百里。《穆天子傳》騊駼，野馬之良也。《説文》北海内有獸焉，狀如馬，名曰騊駼。《山海經》禽獸異於中國者，有野馬。《後漢書·鮮卑傳》李時珍曰：似馬而小，出塞外。《本草綱目》羸，驢牡馬牝生羸。《古今注》北方或曰罔。《廣志》大將軍衛青圍匈奴，匈奴薄暮乘六騾，壯騎數百冒圍去，追之不及。《史記·匈奴傳》野羸，塞外無驢，故無畜羸，惟野羸則有之。《熱河志》角端牛，以角爲弓，俗謂之角端弓。《後漢書·烏桓傳》太祖至東印度有一角獸，狀如鹿而馬尾，其色綠作人言。耶律楚材曰：其名角端，能四方言語。《元史·太祖紀》驢【略】野驢，李時珍曰：遼東出，似驢而色駮，鬉尾長。羊【略】青羊【略】黄羊，善鬭。一云狀如羸而羣行，暑天塵露，在其角上生草，戴行獨寢，所謂『羱羊養草以盤旋』者也。《埤雅》味極肥美，元時以爲玉食之奉。《霏雪録》李時珍曰：生沙漠，能走善卧。《本草綱目》【略】羚羊，京西山有之，夜則掛角於險峻巖崖之下以睡，其蹺捷如飛，履險如夷，人覘其往來多獲之，俗呼爲野羊是也。《析津志》豕，朔人獻燕昭王以大豚，年百二十歲，謂之豕仙。《符子》漁陽以豬爲豝。《纂文》北燕、朝鮮之間謂之豭。《方言》李時珍曰：豕生燕冀者皮厚，生遼東者頭(曰)〔白〕。《本草綱目》野豬，契丹多黄豕。《行程録》塞山多有之。蒙古謂豬爲噶海，今府屬境内有稱噶海圖者，皆以有野豬處得名。《熱河志》豻，胡地野犬也。《説文》猨屬，頭形正方，髮長尺餘，犬類，似人，頭有所視輒摇頭，兩手披髮，不爾則覆障其兩目，衣毛皤皤，若披狐裘，木居，深藏密視，乃得見耳。《異物志》獵犬，北地雕巢中生獵犬，極難得。今駕前有二隻，其性頗異，每獵而獲十倍於常犬。《使遼録》李時珍曰：遼東又有鷹背狗，乃鷹産三卵，一鷹，一鵰，一犬也。《本草綱目》彪，羈於馬後背，田則縱之，毛色光耀，日照之則有五色花紋。捕獸，則蹲伏於草莽中，卒然擒之，是其態也。《析津志》貓，波斯國貓極大，拂菻狗極小，今爲京師土産。《燕京賦》注臊狗，狀似狸，黑黄色，走峭壁迅疾如飛。《盤山志》松鼠，中峰庵松鼠出入石根中，淨滑詭曲不可撲。《帝京景物略》有二種，一小者大不過三寸，通身豹紋，最靈黠，名松鼠；一大者灰色，善盜果實，名臊鼠。《盤山志》白鼠【略】鼦【略】鼦【略】會鼠，口外有飛鼠，與飛狐相類，特頭尾似鼠，體小於狐，荀子所謂鼯鼠五技而窮也。《御製格物論》鼩，胡地風鼠。《説文》鼲鼠，出丁零胡，皮可作裘。同上。有貂豽鼲子，皮毛柔軟，天下以爲名裘。《後漢書·鮮卑傳》蹷，北方有獸名蹷，鼠前而兔後。《吕氏春秋》得甘草必銜以遺邛。邛，巨虚也，將爲假足故也。《韓詩外傳》李時珍曰：今契丹交河北境有跳兔，頭目毛色似兔，而爪足如鼠，前足僅寸，後足長尺，尾亦長，其端有毛，一跳數尺，止即蹷仆。《本草綱目》蒙古打跳兔圍於月黑夜，人持一木棍驚草中，則跳兔成羣而出。徐蘭詩註【略】地猴，黄鼠畏地猴，入其穴則銜黄鼠喙，曳而出之。《霏雪録》一名夜猴，能嗅知黄鼠穴，知其有無，有則入囓其鼻而出，如蜀人養烏鬼以捕魚也。《菽園雜記》一名黄鼠狼。《雍正志》黄鼠【略】青鼠【略】鼴鼢鼠【略】兔【略】沙鼠【略】駞，其奇畜則橐駞。《史記·貨殖傳》深谷中時見畜牧牛、馬、橐駞。《上契丹事》馬志曰：生塞北，其脂在兩峰内。《本草綱目》【略】安塔塔，即野橐駝也，似驢而差小，垂癭毛，朔北野馬川甚廣。其性深喜飲人便溺，見則忘軀而吸飲之，蓋其地艱於水故也。因其喜飲水，故以誘其來，而陷阱填獲焉。《隋圖經》猨，撫甯三巒山最多，每至八月，義院口温泉堡外有數萬，至彌月乃去，田家苦之。《永平府志》駱騷牛【略】蝟，俗呼刺鼠，穴地而居，處處有之。《正定府志》

紀　事

《戰國策·燕策一》 燕東有朝鮮、遼東，北有林胡、樓煩，西有雲中、九原，南有呼沱、易水，地方二千餘里，帶甲數十萬，車七百乘，騎六千匹，粟支十年。南有碣石、鴈門之饒，北有棗、栗之利，民雖不由田作，棗、栗之實足食於民矣。此所謂天府也。

漢　司馬遷　《史記》卷六九《蘇秦列傳》 燕東有朝鮮、遼東，北有林胡、樓煩，西有雲中、九原，南有嘑沱、易水，地方二千餘里，帶甲數十萬，車六百乘，騎六千匹，粟支數年。南有碣石、鴈門之饒，北有棗、栗之利，民雖不佃作而足於棗、栗矣。此所謂天府者也。

宋　徐夢莘　《三朝北盟會編》卷二〇 至閏州，離州東行六十里，至榆關，並無保障，但存遺址，有居民三數家。登高四望，東自碣石，西徹五臺，幽州之地沃野千里，北限大山，重巒複嶂。中有五關，居庸可以行大車，通轉餉。松亭、金峨、古北口，止通人馬，不可行車。外有十八小路，盡兔徑鳥道，止能通人，不可行馬。山之南，地則五穀百果，良材美木，無所不有。出關來才數十里，則山童水濁，皆瘠鹵，彌望黄茅、白草，莫知亘極，豈天設此限南北也。

明　馬文升《端肅奏議》卷七《禁伐邊山林以資保障事》　復自偏頭、鴈門、紫荆，歷居庸、潮河川、喜峰口，直至山海關一帶，延袤數千餘里，山勢高險，林木茂密，人馬不能。

明　丘濬《守邊固圉之畧》（引自《名臣經濟録》卷四三）　竊以爲今京師切近邊塞，所恃以爲險固者，内而太行，西來一帶，重岡連埠；外而渾、蔚等州，高山峻嶺，蹊徑狹隘，林木茂密，以限敵騎馳突。不知何人始於何時，乃以薪炭之故，營繕之用，伐木取材，折枝爲薪，燒柴爲炭，致使木植日稀，蹊徑日通，險阻日夷。設使國家常如今日之無事，固無所用之不幸，一旦而有風塵之警，將何以扼其來而拒其入乎？

北京

綜述

北魏　酈道元《水經注》卷一四《濕餘水》　［居庸］關在沮陽城東南六十里居庸界，故關名矣。更始使者入上谷，耿況迎之于居庸關，即是關也。其水導源關山，南流歷故關下，溪之東岸有石室三層，其户牖扇扉，悉石也，蓋故關之候臺矣。南則絶谷，累石爲關垣，崇墉峻壁，非輕功可舉。山岫層深，側道褊狹，林鄣邃險，路才容軌，曉禽暮獸，寒鳴相和，羈官遊子聆之者，莫不傷思矣。

明　劉侗、于奕正《帝京景物略》卷七《百花陀》　家園名種，其初野花草也，暫見移植而命名之，乃傳耳。然不至百花陀，則不知從經物色者，猶未能十一矣。府西一百二十里，繇王平口，過漢匈奴分界處，曰大漢嶺。抵沿河口、玄女廟，是百花山足也。山翠躍來引人，渡石澗，上馬欄山，拍旋其徑，左右周轉百步，當直上十步以登。所苦石磊磊，承趾不以土柔，素車馬人，趾繭生之。所喜樹陰雲影，蔭蓋密稠，不至曝酷，逕此至法幢庵，五里，逕折旋如前，幸容騎，而馬奔奔喘喘，汗淫淫，多不忍騎者。上下諸嶂，縱横一翠，迎送目步，不覺五里，籬徑坦然矣，妙庵也。嶺而西行數里，千佛山。又數里，觀音山。逕折旋如前。山舊有菩提樹、仙人橋、望海石，盜伐樹矣，橋石則存。過此，山石盡於空際態變矣。下上嶺者七，迎前壁立者，鶴子山也。此去千佛岩，山石態變者，盡作人形。度閻王鼻，是百花山腰也。百花者，紅紫翠黄不可凡數，不可狀喻，不可名品，即一色中，瓣萼跗異，不可概之。土人指一種，尊之曰天花。豔光而幻質，佛諸經每所稱天雨曼陀羅花、天雨曼殊沙花也。行百花中一里，進籬門石洞，禮佛殿上，禮文珠閣上，禮文殊法身塔下，登菩薩頂累石，凡三峰，登者必以小石累而尖之，種佛因故。石小風大，不能吹去，以示曠劫無動轉故。坐立頂上，俯諸山摺如圭，東西二靈山也。乃旁四望：東京師也，南冉冉者渾河也，西鬱乎荼露頂，居庸諸山；北蕩蕩乎邊城外，沙漠際無窮也。是百花山頂也。下頂未半，又入百花中，不可名狀數者，多於前。游此者，或曾見文殊光，風雲作，雷一聲，山灝灝如海，忽左澗一圓光，輪右壑遍，初白，次紅，次五色，具木石人鳥塔宇，攝入光中，如鏡受像。我聞文殊表智，故放光莫勤五台，智光也。東之龍王頹廟，列五龍王，中位龍母。北之大士殿，發鬅須鬖然。下千佛岩，南之，東之，又入百花中。花被逕八里，多於前。過白水庵，行泉聲二里，一松標瑞雲寺。寺即五代時李克用建亭故處，俗今曰百家寺也。寺有摩訶祖師法身，用像法裝之若新。有摩訶煮石鐺，非石非鐵，瑩如漆光，宣宗曾取視，賜以龍袱歸寺也。有摩訶摔龍石，龍逸，祖追摔之，今龍跡宛于石也。志稱山暖肥，産杉漆藥草，春夏爛紅紫，香襲人。則百花者，藥草花耶？然《本草圖經》中，亦無從物色之。

又卷八《銀山》　天壽山東北六十里，曰銀山。或曰望也非金方鎔於冶，非月下之潮方至，非鑌甲練刃，西來萬騎而日方東，山之光也，曰銀山矣，或曰礦焉。銀山近皇陵，故禁樵采。松不勝其柯而偃，柏拂地而已枝，橡子落而無人收，榆柳條繁而禁老秋，壁生樹頂，泉流葉間。【略】出山北四十里，井兒峪。庵峪中，一山蹙其額，終歲不承日光。又一里，玉峰山，山盡石，石盡白，樹盡頻婆果。果林中，大萬聖寺，土人呼張開寺。寺久頽落，像設皆石，今露而坐立也。殿前一大松，僧云，備五種葉，二種耳，側掌柏也。針松也。入山者取道二：從白泛嶺入者，壁奇，松柏奇，而路險難；從三思嶺、牛蹄嶺入者，路則平，木石亦平矣。

明　張紹魁　萬曆《重修居庸關志》卷六《物産》　果類：桃，梨，李，杏，栗，榛，紅棗，羊棗，石榴，銀杏，核桃，沙果，蒲萄，頻婆，林檎，胡賴頻，屢中杏，八達杏，無花果，櫻桃，柰，匾桃，柿。花類：梅花，地棠花，牡丹，芍藥花，薔薇，石竹，丁香，玉簪，荼蘼，蘡栗，菊葵，菊花，木槿，雞冠，萱花，金盞，水紅花，菘丹，碧桃花，八仙花，甲金連，滴滴金，鳳耳花，轉枝蓮，馬纓花，夜合金錢花，月季花，珠珍花，迎春花，六月。草類：蒲草，茨菰，佛甲，虎鬚草，綉墩草，芰白，馬藺，蘋萍，藻吉祥草。木類：松，竹，柏，梧桐，椿，槐，榆，柳，楊，棠，杜，桑，楸，椴，樺，檀，楮，柘，黄檗，苦練，漆。藥類：地骨皮，天南星，半夏，瞿麥，麥門冬，欵冬花，地丁，枸杞，商陸，艾，菖蒲，蒼术，紫蘇，薄苛，茴香，荆介，黄精，瓜蔞，黄芩，桔梗，黄蘗，芍藥，牽牛，人參，大黄，防風，知母，益母草，薏苡，郁李仁，車前子，兔絲子，馬兜鈴，五味子，麻黄，柏子，天仙子，甘草，乳香。禽類：鵞，鴨，鷄，鴿，鴈，鴉，鵲，燕，鸛，鶯，鷂，黄鸝，瑚鳩，鷺，鵜鴉，鶺鴒，青鸞，畫眉，青翠，練雀，恨虎，石鷄，野鷄，啄木，布穀，紅鴉，鴩鷄，雕雀，白頭公，鴛鴦，黎鷄，沙雞，鳶，鴟叫天。獸類：【略】虎，熊，豹，鹿，麞，麂，麅，獺，鼠，狐狸，豺狗，兔，野猪，青羊，山狐，蝟，貉。

明　曹學佺《明一統名勝志·直隸名勝志》卷二《平谷縣》　靈泉山、栢山、峨眉山俱在縣東北界。靈泉以洞内出泉。栢山以山多柏樹。峨眉者，紓員秀拔，狀如蜀之峨眉也。徐無山在縣東南十里，徐水出焉。碣山在縣東四十里，林谷幽邃。

清　顧炎武《昌平山水記》卷上　自大紅門以内，蒼松翠柏無慮數十萬株，今剪伐盡矣。【略】環山凡十口，自大紅門東三里曰中山口，又東北六里曰東山口，距州東門八里，有樓，南北二座，三層。有松園，方廣數里，皆松檜，無一雜木。嘉靖中，俺答之犯，我兵伏林中，竟不得逞而去，今盡矣。【略】而東山口内二里景陵果園之旁有古槐一株，其大數十圍，中空，可容十人坐，相傳爲燕山竇氏莊，自陵木盡而槐亦伐矣。此皆在陵山以内者也。【略】州北八十里爲黄花鎮城，三門。《元史》黄花鎮千户所於昌平縣東口置司者也。以參將一人、守備一人守之，景泰中，又設内官守備，嘉靖四十年革。黄花鎮城直天壽山之後，爲長陵元武，爲京師北門，當居庸、古北二關之中，而北連四海冶，昔人所謂擁護山陵，勢若肩背者也。其水曰黄花鎮川，河出塞外，自二道關入口，逕渤海所、懷柔至順義界入白河。其流九曲，俗謂之九渡河。城北有碧霞元君廟，其殿西有二松，相去四五尺，而上枝樛曲相穿，遂合爲一，名曰交松。其地多鼠，色如貂而毛淺，初冬掇榛實貯穴中，爲岐洞貯之，多至二三斗，美好倍於人所收者。土人每掘取之，鼠失榛乃槁死樹上，纍纍相望。因并取而食之，京師人以爲美味。國史言，洪熙元年閏七月，守居庸關都督僉事沈清獻黄鼠，上曰：卿受命守關，當練士卒，利器械，而獻鼠何邪？其卻之。城西有垣一重，曰頭道關，再重曰二道關。關之西撞道口堡、鷂子峪堡、西水峪堡，堡西爲八達嶺。

又卷下　昔蘇秦説燕文公以其北有棗栗之利，謂之天府。而今密雲多棗，小而堅緻，北人重之。正統二年，鎮守都指揮陳亭以占所部棗樹八百株，被劾奪俸。【略】自過古北口，居人草庵板屋耕種，但無桑柘，所種皆從壠上，虞吹沙所壅。山中長松鬱然，深谷中時見畜牧牛馬橐駝，多青鹽黄豖。【略】曹家寨之東，墻子嶺之北，有霧靈山。距邊四十里，《水經注》孟廣刑山也。其下爲廣刑水，自黑峪關入，西南流逕墻子嶺，西合清水河。其山高峻，有雲霧蒙其上，四時不絶，上多奇花，又名萬花臺。山之左右，峰巒拱列，深松茂柏，内地之民多取材焉。《元史》有霧靈山伐木官。

清　孫承澤《春明夢餘録》卷六八《巖麓》　洪光寺，入石門，路甚修平，可步。古柏夾之，外不見林，上不見顛，枝幹交蔭。人行道上，蒼翠撲衣，日影注射，如荇藻凌亂。歷數百步，復折而上，如是者凡十有一。每登一折，必右俯木末，左瞰絶壁。壁皆甃石爲之，歲久若天造。柏從石罅出，多類鬼工。初登一二盤，奇在柏。稍上，諸山如螺髻，自柏外見則又奇。至七八盤，山盡在下，精藍名墅，棊布繡錯，金碧晃耀，日竟屢换，殆無暇問柏奇矣。【略】洪光者，即香山之支院也。不復由十一盤，穿柏中山徑數十步，即香山藏經殿。步而下，即後殿。從兩廊逶迤行至正殿，歷級從東行，至方丈，自迴廊復東，爲來青軒。羣山拱揖，蒼蒨刺人目。下見陂陀高下，杏樹可十萬株，此香山之第一勝處也。

清　徐乾學《讀禮通考》卷九三《葬考一二・山陵六》　《燕都遊覽志》：武宗毅皇帝陵曰康陵，在泰陵正西。田大受《謁康陵記》曰：康陵西去紅門三十里，十二陵中最僻遠者，陵背負五峰，形如青菡萏，舊名蓮花山。灌莽陰森，望之不見土石，長松大者至數十圍。

清　吴景果　康熙《懷柔縣新志》卷四《物産》　花類：牡丹，芍藥，迎春，十姊妹，碧桃，薔薇，月季，剪春羅，百日紅，玫瑰，玉簪，千葉蓮，石榴，六月菊，八仙，山丹，珍珠，鳳仙，夜落金錢，雞冠，金盞，石竹，丁香，葵，菊，萱，扁竹，水萍，茨，薇，木槿。果類：杏，李，各種。沙果，櫻桃，郁李，蘋婆果，檳子，桃，各種。柿，各種。梨，各種。核桃，棗，酸棗，瓶兒棗，較常棗大而圓，其頂突起如瓶之有蓋。栗，葡萄，有緑色、白色、牛奶、瑪瑙各種。瑣瑣葡萄，杜梨子，一名倒掛果。榛。木類：松，柏，榆，槐，檀，柳，棗，椿，白楊，椵，桑，楸，橡，柞，煖木。草類：荻，茅，蓬，艾，蒲，燕蓄，靛草，烟草。藥類：半夏，南星，柴胡，桔梗，黄芩，天花粉，瓜蔞，荆芥，防風，紫草，薄荷，牽牛，地丁，地骨皮，知母，天仙子，杏仁，桃仁，大麻子，豨薟。獸類：狼，兔，獐，黄鼠。禽類：野雞，野梟，斑鳩，兔鶻，鵪鶉，鐵雀，麥雀，青燕，鷹，鷂。

又《雜綴》　縣西北諸山産榛之處，有黄鼠如鼦而色淺。初冬掇榛實藏穴中，爲岐洞貯之，多至二三斗，美好倍於人所收者。土人每掘取之，鼠失榛，槁死樹上，纍纍相望，因並取食之，以爲美味。明洪熙元年閏七月，守居庸關都督僉事沈清獻黄鼠。上曰：清受命守關，當練士卒，利器械，而獻鼠何耶？却之。

清　于敏中《日下舊聞考》卷三五《宫室》　原萬歲山在子城東北元武門外，爲大内之鎮山。高百餘丈，周迴二里許，林木茂密。其顛有石刻御座，兩松覆之。山下有亭，林木陰翳，周廻多植奇果，名百里園。

又卷八七《苑囿》　原西山蒼蒼，上干雲霄，重岡叠翠，來朝皇闕，中有道場曰香山。李晏《香山記》【略】原香山一逕幽遐，青松夾道，流泉下注，朱闌上引。依巖爲刹，高傑整麗。獨是作者騁象馬之雄圖，乏邱壑之妙思，數十年後金碧蝕於蛛絲，堵砌隱於苔蘚，遊人漸稀，樹木漸老，則兹山之勝當倍於今日矣。《袁中郎集》原香山門徑寬博，喬木夾道，流泉界之，依山汙隆以爲殿宇。殿前古松二株，虬龍詰曲。左來青軒如衫袖忽開，盡見原隰。寺後有藏經閣，石路净潔，高松列植，四望比來青較遠。其傍僧舍數十處，多植偃蓋之松，引流水周其霤下。《柯雪齋集》原穿洪光寺柏徑而上，即香山藏經殿，步而下即後殿，從兩廊逶迤行至正殿，歷級從東行，至方丈，自迴廊後東爲來青軒。下見坡陀，杏樹可十萬株，寺中來青軒、鬱秀、清雅、望都亭四扁，皆御書。《燕都遊覽志》【略】原香山夾道盡白楊、青檜，流憩亭在山半灌木陰翳中。來青軒前兩山相距，而虚其襟以捧帝城。自無量殿折而至洪光寺，皆短垣疎柏。中涓甃白石爲階，東望閣道參差爲光裕寺。《緱山集》

又卷一四九《物産》　牡丹近數曹亳，北地則大房山僧多種之，其色有天紅淺緑，江南所無也。《淥水亭雜識》燕地苦寒，江南羣芳不可易得，即有攜種至者，僅可置盆盎中爲几席玩。其有進御者，皆爲火迫而發，日月朝夕之艷，無經歲計也。《長安可遊記》右安門外草橋，唐時有萬佛寺，寺廢而橋存，天啓間建碧霞元君廟其北。土近泉，居人以種花爲業，冬則蕴火暄之，十月中旬，牡丹已進御矣。《帝京景物略》栽剔接治，各有其法，謂之弄花。《牡丹譜》牡丹栽之法，分之法，接之法，洗之法，醫之法，一如博州洛下，近有藤花而牡丹葉者，曰高麗牡丹。《帝京景物略》【略】花之品：牡丹、芍藥、桃、梅、杏、御黄子、李、林檎、柰子、蘋婆、櫻桃、石榴、海棠、荼蘼、合歡花、棗、荷、芡、秋子、御馬纓、紫荆、石竹、葵花、金盞兒花、山丹、松丹、木香、薔薇、刺薇、粉團、月季、紫菊、金蓮、雁傳書、獅頭石竹、長十八、馬蘭兒、大花菊、句樓子芍藥、玉簪。《析津志》京師多海棠，初以鐘鼓樓東張中貴宅二株爲最。嘉隆間，數左安門外韋公寺。萬曆中，又尚解中貴宅所植高明。區中允大相詩「解家海棠帝苑邊，開時車馬日喧闐」是也。今舊本俱無存矣。《隩志》海棠：上西府，次銕梗，次垂絲，贋者木瓜，辨之以其葉。木瓜，花先葉；海棠，葉先花。韋公、慈仁二寺皆京師海棠盛處。《帝京景物略》丁香：紫、白二種。《畿輔通誌》【略】紫薇，北人呼爲猴郎達樹，謂其無皮，猴不能捷也。北地其樹絶大，有環數夫臂者。《西陽雜俎》燕中榴花有千瓣白、千瓣粉紅、千瓣黄。大紅者比他處不同，中心花瓣如起樓臺，謂之重臺石榴。《遵生八箋》玫瑰花有二種，其一種色黃，出燕中，花稍小於紫玫瑰。同上朱昆田原按：黃玫瑰，京師目爲刺梅者是也。紂以紅藍花汁凝作燕脂，以燕國所生，故名。《中華古今注》燕支，葉似薊，花似蒲公英，出西方，土人以染，名爲燕支。中國人謂之紅藍，以染粉爲面色，謂爲燕支粉。今人以重絳爲燕支，非燕支所染也。燕支花所染自爲紅藍爾。舊謂赤白之間爲紅，即今所謂紅藍也。崔豹《古今注》燕脂，今燕國所出，故名。今人寫燕字加月，甚有因旁加月者，失其本矣。《余氏辨林》荷包牡丹，草本，一名朝鮮牡丹，花似僧鞵菊而深紫色。其以牡丹名者，因其葉相類也。京師槐樹斜街慈仁寺、藥王廟，花市恒有之。《六街花事》隆恩寺小軒，蠟梅一株甚大，江南亦不多得。《燕都遊覽志》六宅使何承矩議因陂澤之地瀦水爲塞，欲自相度，恐其謀泄，日會僚佐泛船置酒賞蓼花，作蓼花游數十篇，繪爲圖。《夢溪筆談》【略】燕地苦寒，惟草花異種最多，江南委之水濱籬外者，無不釀艷蒸芳，鮮奇炫目，至有不能辨名者。《長安問花記》豐臺種花人，都中目爲花兒匠，每月初三、十三、二十三日，以車載雜花至槐樹斜街市之。桃有白者，梨有紅者，杏有千葉者，索價恒浮十倍。日昳則雖不得善價亦售矣。桃花白者見於詩人吟詠絶少；紅梨則歐陽永叔有詩，所云「紅梨千葉愛者誰，白髮郎君心好奇」是也。楊廷秀杏花詩：於中更有紅千葉，且道化工奇不奇。斯亦上苑之異種矣。聞百花陀所產更異，雙厓一澗，下上皆花，村民多有不知其名者，惜無荷擔者載之入市也。《六街花事》【略】京師右安門外十里曰草橋，居人以花爲業，都人賣花擔，每辰千百，散入都門。入春而梅、而山茶、而水仙、而探春，中春而桃李、而海棠、而丁香，春老而牡丹、而芍藥、而孌枝。入夏榴花。外皆草花，花備五色者蜀葵、鶯粟、鳳仙，三色者鷄冠，二色者玉簪，一色者十姊妹、烏斯菊、望江南。秋花耐秋者紅白蓼，不耐秋者木槿、金錢，耐秋不耐霜者秋海棠。木槿，南種也，最少；菊，北種也，最繁。種菊之法，自春徂夏，辛苦過農事。菊善病，菊虎類多於螟螣賊蟼，圃人廢晨昏者半歲，而終歲衣食焉。《帝京景物略》京師鬻花者以豐臺芍藥爲最，南中所產惟梅、桂、建蘭、茉梨、梔子之屬，近日亦有佛桑、榕樹。榕在閩廣，其大有蔭一畝者，今乃小株，僅供盆盎之玩。佛桑重臺者，永昌名花，見藝林伐山。《香祖筆記》《析津日記》云：京師豐臺芍藥連畦接畛，荷擔市者日萬餘。謹按：北地芍藥之美勝於江南，不特豐臺所產也。

《涿州志》今京師臘月即賣牡丹、梅花、緋桃、探春諸花，皆貯暖室，以火烘之，所謂堂花，又名唐花是也。【略】又按：以上花藕類。《聖祖御製文集》：櫻額樹叢生，果形如野葡萄而稍小，味甘澁，性温，補脾，古北口外亦有之。山莊之千秋島，遍植此種，每當夏日，則纍纍綴枝，游觀其下，殊堪娱目，不獨秋實之可採也。《聖祖御製文集》：近得哈密各種葡萄，植於苑籞中。結實有白者、緑者、長如馬乳者，又一種大葡萄，中間有小者，名公領孫，又一種小者，名瑣瑣葡萄。種類雖殊，食皆甘美，移植南方，便失本味。大約其性於北方沙石水土相宜。《聖祖御製文集》：倒吊果，俗名吊搭果，形似山梨而小，體微長，味酢，肉多沙，長蔕，花實皆下垂，故名。性暖，健脾消食。樹枝葉俱如梨，今遵化沿邊多有之。謹按：櫻額樹、哈密葡萄、倒吊果皆他書所未見，始見於《聖祖御製文集》，恭載果木類之前。南有碣石雁門之饒，北有棗栗之利，民雖不田作而棗栗之實足食於民矣。此所謂天府也。《戰國策》蓊鬱薆薱，蓏果成陰。崇桃蕡實，乃玉乃金。花紅青翠，香水黑琴。朱櫻素柰，若榴丹椹。虎刺班於榅桲，蘋菠楙於來禽。《北京賦》菓之品：葡萄、蘋婆、桃、栗、瓜、胡桃、香水梨、大梨、榛、棗、山桃、山杏。《析津志》北方大棗味有殊，既可益氣又安軀。《神異經》燕秦千樹栗，其人與千户侯等。《史記》密雲產棗，小者佳。《密雲縣誌》黃淳耀《賣棗兒行》：燕山棗樹深，棗生纂纂懸赤心。懸赤心，人不喜。謂言南方棗如瓜，仙種傳來勝於此。市兒狡猾生大貪，即將北棗呼爲南。劚皮脱核開生面，北人得棗皆稱善。賣棗兒謂言爾黠爾更癡，安得終身挾詐不使旁人知。《陶庵集》遼於南京置栗園司，蕭罕嘉努爲右通造典南京栗園，是也。元昌平縣亦有栗園，薩里傅戰於昌平栗園殺二人，是也。蘇秦謂燕民雖不耕作，而足於棗栗。唐時范陽以爲土貢。今燕京市肆及秋則以餳拌雜石子爆之。栗比南中差小，而味頗甘，以御栗名，正不以大爲貴也。《析津日記》左太冲《魏都賦》：信都之棗，故安之栗。注云：故安屬范陽，出御栗。按《水經注》云，汝南有栗園，其栗殊小，不並固安之實矣。《名勝志》固安之栗，天下稱之爲御栗，因有栗園。《括地志》五方皆有栗，惟漁陽、范陽栗甜美味長，他方者悉不及也。《詩草木鳥獸蟲魚疏》栗園在固安縣界。北魏孝昌三年，上谷賊杜洛周遣其黨曹紇真掠薊南，幽州刺史常景遣將于榮擊破之於栗園，是也。《方輿紀要》王逸《荔枝賦》云：北燕蕭朔濱之巨栗。庚肩吾《謝東宮栗啓》云：未若北燕巨實，用奪榮枯。似乎栗以大爲貴，然燕人之論殊不爾也。《詠歸録》【略】榛出北山黄花鎮者良。《昌平州志》過仰山村，山多梨樹，秋深紅葉如燒。《燕山紀遊》謹按：朱彝尊原書有《湛然居士集》二條，述遵化棉梨事。遵化今别爲州，不隸順天府，謹移附遵化卷末。房山車營嶺，環十數里，峯頭澗底皆是杏林。又東一小嶺，樹尤奇古，高者三丈，低者丈餘，狀如垂柳，繁花綴之。《北遊紀方》【略】白櫻桃生京師西山中，微酸，不及朱櫻之甘碩也。《因樹屋書影》慕容儁觀兵近郊，見甘棠於道周，從者不識。儁曰：此詩所謂甘棠。甘者，味之主也；木者，春之行也。五德屬仁，五行主土，春以施生，味以養物，色又赤者，將有赫赫之慶於中土。吾謂國家之盛，此其徵也。傳曰：升高能賦，可以爲大夫。羣司亦各書其志，吾將覽焉。於是内外臣僚並上甘棠頌。《十六國春秋》燕地蘋婆果味雖平淡，夜置枕邊，微有香氣。佛書所謂蘋婆，華言相思也。《采蘭雜誌》曾棨詩：異果曾因釋老知，喜看嘉實出京師。芳腴絶勝仙林杏，甘脆全過大谷梨。炎帝遺書慙未録，長卿多病獨相宜。由來南土無人識，那得靈根此處移？《巢睫集》朱彝尊原按：《詩》：蔽芾甘棠。毛公傳：甘棠，杜也。鄭康成注：北人謂之杜梨，南人謂之棠梨。《爾雅》：杜，赤棠。郭璞曰：今之杜梨也。樊光曰：赤者爲杜，白者爲棠。陸璣曰：赤棠與白杜同，但子有赤白美惡，子白色爲白棠，甘棠也，少酢滑美，赤棠子澁而酢，無味。《通志》：甘棠謂之棠梨，又有沙棠。《廣志》云：如棠，味如李，無核。竊疑今之蘋婆果即《詩》所云甘棠，而俗呼沙果即沙棠，呼檳子者乃赤棠也。其曰棠梨者，以花似棠，實似梨，合而稱之爾。葡萄，北方天寒，初冬草裹同，埋地尺餘，春分後取出，數日架起。子生，去繁葉，使霑風露，則結子肥大。《廣羣芳譜》綿而沙者曰沙果，又秋子似沙果而小，土人多曝爲乾。《畿輔舊志》木饅頭，京師亦有之，謂之無花果。《倦遊録》芡在京師産者形如刺蝟而有粳，糯糯而大者味勝杭産。《學圃雜疏》【略】又按：以上果實類。

又卷一五〇《物産》

穀，幽州人謂之穀桑。《詩草木鳥獸蟲魚疏》曹子建《艷歌》：出自薊北門，遥望湖池桑，枝枝自相值，葉葉自相當。庚子山詩：桑葉紛紛落薊門。王介甫詩：幽燕桑葉暗川原。蓋幽薊古多樹桑，此桑乾所以名河，樓桑所以名村也。今則千里之内樹桑絶少矣。《卍齋詩話》木之品：椵木、澁木、楸木、桑木、梨木、白楊木、牛筋木、青楊木、椿木、柏木、荆榛、橡。《析津志》【略】香山卧佛寺娑羅樹大三圍，皮鱗鱗，枝槎槎，癭纍纍，根搏搏，花九房，葉七開，實三稜，西域種也。《帝京景物略》【略】西山滑石根，名之曰不灰木，以之爲粗布，不畏火，今西山有之。《析津志》

竹之品：甜竹、苦竹、緑竹。同上【略】

蘠，似燕薁，延蔓生，葉如艾，白色，其子赤，可食，酢而不美，幽州謂之推蘠。卷耳，幽州人呼爵耳。芣苡，幽州人謂之牛舌草。葑，幽州人或謂之芥。菲，似葍，莖粗，葉厚而長，有毛，可作羹，幽州人謂之芴。葍，幽州人謂之燕葍，其根正白，可著熱灰中温噉之。芄蘭，幽州人謂之雀瓢，蔓生，葉青緑色而厚，斷之有白汁，鬻爲茹，滑美，其子長數寸，似瓠子。蘞，似栝樓，葉盛而細，其子正黑如燕薁，不可食也，幽州人謂之烏服。蓫，似蘆菔而莖赤，可瀹爲茹，滑而美，幽州人謂之蓫。苕，幽州人謂之翹饒，蔓生，莖如勞豆而細，葉似蒺藜而青，其莖葉緑色，可生食。《詩草木鳥獸蟲魚疏》

稽含《南方草木狀》：鹿葱有紅、黄、紫三種。任彦升《述異記》：萱草一名紫萱。今京師有草，花葉皆絶類萱，春時葉布地，經暑則朽，及秋花發，則葉已無存矣。都人謂曰孤挺花。花澹紫色，疑即紫萱也。《六街花事》茅地經冬燒去枝梗，至春，取土中餘根白如玉者搗汁，煎之至甘，可爲洗心糖。《幽燕紀異》左行草使人無情，范陽長貢之。《酉陽雜俎》草之品：示儉草、包茅、蓍草。《析津志》謹按：《析津志》所稱示儉草，考葉世奇《草木春秋》，又作誓儉草，即柯九思宫詞所云數尺闌干護青草者也。詳元宫室卷内。包茅出湖廣常德澧州，三脊茅是也，上位邕裸所用，在灰池内，每歲進上，重報本也。蓍草産汝寧府，即蔡州，白龜池上者佳，此伏羲畫卦揲蓍之祖本也，每歲進上者九尺長，公卿七尺，皆有等第。此二草皆植御園。《析津志》房山縣白蒂山生芯題草。《帝京景物略》稀薟草，居庸出，金稜銀線，素莖紫荄。《昌平舊志》蘆、葦，通一物。北人以水旁下濕處生者爲葦，其細不及指。人家園池間所植者爲蘆，其幹差大，深碧色者爲碧蘆。《丹鉛録》【略】又按：以上草木類。

出藥土地：檀州人葠，幽州人葠、蛇膽、知母。《藥録纂要》人葠有生幽州、檀州者，爲藥無效。《茶經》【略】山藥産采育者甘美，特異他處。《析津日記》杏仁皆味苦，有一種甘者，謂之巴旦杏，或謂之八達杏。《長安客話》藥之品：黄精、葳蕤、榆仁、半夏、柴胡、升麻、荆芥、薄荷、當歸、蒼朮、黄芩、地黄、細辛、五味子、山川烏、烏頭、茯苓、茯神、防風、鎖陽、大黄、善化屯甘草。《析津志》謹按：以上藥物類。

又卷一五一《物産》 京師北山鳥有北雅、沙雞、文雉、半翅。《薊邱集》鶡鳩，褐色，昌平北山有之。《爾雅·釋鳥》云，鶡鳩，寇雉是也。今土人呼曰沙雞，亦呼半翅，或曰即突厥雀。《唐書》：車鼻未叛，鳴鶡羣飛入塞。吏曰：所謂突厥雀者南飛，寇必至。《爾雅》名以寇雉，疑古即有此占矣。《芹城小志》鶡，大如鴿，似雌雉，鼠脚，無後指，岐尾，爲鳥憨急，羣飛，出北方沙漠地。《爾雅》郭璞注半翅，盤山多有之，即沙雞也，一名鐵脚。《居易録》桃雀，狀類黄雀而小，燕人謂之巧婦，亦謂之女匠。《禽經》雎鳩，深目，目上骨露出，幽州人謂之鷲雕，一名鶚。鳩，幽州人謂之鶻鵰。黄鳥，幽州人謂之黄鸎。鳭鷯，幽州人謂之鷚鳩。《詩草木鳥獸蟲魚疏》吾鄉稻熟時，張羅以捕黄雀，北則陶家莊，南則馬家疃，所産獨肥，喻物者比之披綿，朵頤者侈爲珍饌。京師則不然，田雀以四月肥，背有黄羽，與江鄉純色者别。而以江南食法製之，亦甚腴美，蓋江南黄雀所食者稻，疑北地以食麥而肥也。《小丹邱客談》幽州之墟，有善鳴之禽，人面鳥喙，八翼一足，毛色如雉，行不踐地，名曰青鸐。《拾遺記》翎之品：海東青、句白海青、句青海青、句白黄鷹、句黄鷹、皂雕、鴉鶻、赤鶻、兔鶻、角鷹、白鷂、崖鷹、魚鷹、鐵鷂、木鶻鷂、崧兒、句百雄、句茸垜兒、以上俱爲羽獵之雄者。天鵝、秃鶖、鷀老、地鵏、地鵐、白雉、朱鷺、銘觜鷺鷥、句香匙觜鷺鷥、句山雞、鶡雞、花頭鴨、雉雞、句錦札鵰鵲、句赤眼鸛、句白頸鴉、斑鳩、翠禽、山鷓、山和尚、早種穀、句拖白練、句樂官頭、句杜鵑、黑翼、句臙脂雞、句青灰弗、句黄灰弗、句啄木、句絆鷓、句鶺鴒、山雉、拖紅、練角雞、石雞、小雞、章雞。以上在處通有。《圖經志書》鷹有房山白者，紫背細斑，三斤以上、四斤以下，便兔，生房山白楊、椴樹上，向范陽、中山飛。漁陽白，腹背俱白，大者五斤，便兔，生徐無及東西曲，一名大曲、小曲。白葉樹上生，向章武、合口、博海飛。黑皂鸝，大者五斤，生漁陽山松杉樹上，多死，時有快者，章武飛。白皂鸝，大者五斤，生漁陽、白道河、陽漠北，所在皆有，生枯柏樹上，便鳥，向雲邱、中山、范陽、章武飛。青斑，大者四斤，生代北白楊樹上，細斑者快，向靈邱山、范陽飛。《酉陽雜俎》海東青産遼東海外，隔數海而至，常以八月十五渡海而來者甚衆。古人云疾如鷂子過新羅，是也。尼嚕罕田地是其渡海之第一程，至則人收之，已不能飛動矣。蓋其來饑渴困乏，羽翮不勝其任，自此始入東國。有制，犯遠流者能獲海東青即贖罪，傳驛而歸。嘗諏錫寶齊，云：海青一翅七日或八九日始得至尼嚕罕，其氣力不支，或饑而眼亂者多溺死，凡能逮此地者，無不健奮。故其於羽獵之時獨能破駕鵝之長陣，絶雁鶩之孤騫，雲間獻奏臂上功勳，此海青之功也。錫寶齊者，國言養鷹之蒙古名也。《析津志》按：尼嚕罕，滿洲語畫也，舊作努兒干。今譯改。【略】天鵞又名駕鵞，大者三五十斤，小者廿餘斤，俗稱金冠玉體乾皂靴是也。每歲大輿縣管南柳林中飛放之所，彼中縣官每歲差役鄉民，廣於湖中多種茨菰以誘之來游食，其湖面甚寬，所種延蔓，天鵞來千萬爲羣。俟大駕飛放海青鴉鶻，所獲甚厚，乃大張筵會以爲慶賞，必數宿而返。《析津志》【略】秃鵞能食蝗蟲蝻子，有旨不敢捕食。其形醜惡，來則成羣，無間蟲蝗多少，悉能食之，而吐出復聚於石上，復食之。其頭如長袋。同上魏延興二年四月，幽州獻白鵲。太和十七年正月，幽州獻白雉。景明四年六月，幽州獻四足烏。正始元年五月，幽州獻三足烏。延昌四年十二月，幽州獻白雉。正光元年十月，幽州獻白烏。《魏書·靈徵志》近京師花兒市鬻黄鴿二，毛羽作黄金色，索直甚高。《居易録》北燕朝鮮洌水之間謂伏雞曰抱，爵子及雞雛皆謂之鷇，其卵伏而未孚，始化謂之涅，屍鳩謂之鶝鳾，戴勝謂之鵀。《方言》【略】又按：以上飛羽類。

有熊有羆，有猫有虎，獻其貔皮，赤豹黄羆。《毛詩》貔，北燕朝鮮之間謂之貊。《方言》漁陽以豬爲豝。《纂文》獸有虎、豹、奇狸、狼、野干、白駁、豪豬、兔、麅。《薊邱集》瑞獸之品角端。《析津志》獸之品：獅、象、豹、彪、虎、安塔哈、黄羊、駱駝、騾、驢、駻騷、羚羊、獐、麂、麋、鹿、兔、野豕、臭、香子、獾、狼、豺。同上 按：塔哈，滿洲語客也，舊作荅海。今譯改。狼之品：九節狐、赤狐、黑狸、青狸、花狸、豺狼、麝。《析津志》安塔哈即野駱駝也，似驢而差小，項下垂癭毛，朔北野馬川甚廣，其性深喜飲人便溺，見則忘軀而吸飲之，蓋其地艱於水故也。因其喜飲水，故以誘其來而陷阱填獲焉。禁中有之。《圖經志書》彪羈於馬後，背田則縱之，毛色光耀，日照之則有五色花紋。捕獸則蹲伏於草莽中，卒然擒之，是其態也。《析津志》跰騌，牛頭，唇反居上。驢，毛矮小而醜，駕車力過於牛遠矣。同上羚羊，京西山廣有之。夜則掛角於險峻巖崖之下以睡，其蹺捷如飛，履險如夷。山人覘其往來多獲之，俗呼爲野羊是也。同上武定元年七月，幽州獲白狐以獻。《魏書·靈徵志》今京師宴席最重鹿尾，雖猩唇、駝峯未足爲比。然自唐已貴之。陳子昂《麈尾賦》云：卒綱羅以見逼，受庖厨而罹傷。爲君雕俎之羞，厠君金盤之實云云。若六朝以來，則以麈尾爲談柄耳，未聞充盤俎也。耶律楚材西域詩亦以麈尾、駝峯作對。《香祖筆記》謹按：以上走獸類。

又卷一五四《邊障》 補居庸重鎮，時平爲上谷之襟喉，事亟真北門之鎖鑰。不惟雄臨朔漠，亦且險類崤函。關西各隘自晏磨峪口起，至紫荆關沿河口止，共二十七處，俱係山前隘口；自火山口起，至合河口止，相兼懷來各隘共九處，俱係山後隘口。前後相距，遠近不同，或七八十里，或四五十里。山川錯雜，路徑紆迴，向以林密地險，敵不得騁。近年樵采，林木漸疎，往來無所阻矣。《東田集》

清 唐執玉 雍正《畿輔通志》卷一七《山川·順天府》 香山，一逕幽遐，青松夾道，流泉下注，朱闌上引，依巖爲剎，高傑整麗。《袁宏道集》〔霧靈山〕山上常有雲霧蒙之，四時不絕。山之左右峰巒攢立，深松茂柏，内地之民多取材焉。元有霧靈山伐木官。縣《舊志》

清 儲大文《存研樓文集》卷八《雜著·獨石長城形制》 又過磨兒嶺，至頡家營，歷白塔兒，至沙嶺。自車坊黑谷至此，凡三百一十里，皆深林複谷，邨塢僻處，山路將盡，兩山高聳如洞門，尤多巨材。【略】野雞山，在西北七十里，多産雉。【略】南二十五里蒼巖，古有飛泉，又名蒼崖。北五十里樺嶺，古産樺木。東北二里鶴山，古多植松檜。

清 屠秉懿 光緒《延慶州志》卷三《物産》 史遷《貨殖傳》稱，碣石北多馬、牛、羊、旃裘、筋角、銅鐵。乃延慶居北平極邊，地僻物嗇，即所産不過利用之常，烏足登志。顧山川畜植，豈必盡皆唤鐵、神鉦、何羅、海稀，而狤𤠳、猳玃、羊棘、石瓜也哉。【略】木類：松，椿，槐，榆，柳，楊，棠，杜，桑，櫟，樗，荆，苦梨，苦檀，多羅。【略】 果類：桃，杏，李，梨，棗，榛，胡桃，沙果，葡萄，忽刺畢，蘋婆。【略】 禽類：烏，鵲，鴉，燕，雁，雀，鳶，鷺，鳩，鷂，鶉，鴟，鴿，鸛，鷹，鶯，雕，鶻，鵝，鴨，雞。雉，鳧，梟，鷀老，淘河，白搗，青肩，啄木，巧婦，鴛鴦，鶺鴒，黄雀，山雀，紅雀，錫嘴，蠟嘴。獸類：狼，豺，鹿，兔，狐，猪，犬，牛，羊，馬，騾，驢，貛，猫，野猪，野羊，夜猴，鼠，狼。若虎、豹、熊、麞，俱在東山塞外。

清 吳履福 光緒《昌平州志》卷一〇《冢墓》 〔長陵〕自大紅門以内，蒼松翠柏，無慮數十萬株，今翦伐盡矣。

又卷一三《物産》 果之類：蘋婆果，《帝京景物略》：昌平玉峰山，樹盡蘋婆果。又出鎮邊城者，圓小而堅實，曰冷果子，入罈可經冬。沙果，《畿輔舊志》：緜而沙者曰沙果。又秋子似沙果而小，州人多爆爲乾。杏，《長安客話》：杏仁皆味苦，甘者名巴旦杏，或謂之八達。又有白色者，名山白八達。梨，核桃，山核桃，俗用作手揉。葡萄，棗，白浮白羊城崔村樹最多。栗，出北山。榛，《畿輔土産志》云：榛出北山黄花鎮者良。《黄花鎮記》云：鎮有禮鼠，冬聚榛實爲糧，於穴中儲之，皆美好，價倍於人，山氓多掘取之。杜梨，桃，李，皂角屯貢李最佳。石榴，櫻桃，山樝，柰子，檳子，俗名虎喇檳。柿子，羊棗，白果，無花果，《倦遊録》謂之木饅頭。桑葚，【略】木瓜，惟昭陵有之。甌梨，文官果，《舊志》云：形四稜，内有仁如螺，外蔽以房。山葡萄，陽桃。藥之類：黄芩，薑石，荆芥，防風，大戟，茵陳，苦參，葛根，芍藥，天南星，白桔梗，羊蹄根，遠志，柴胡，牽牛子，秦艽，酸棗仁，車前子，桑螵蛸，黄精，半夏，菊花，桑寄生，桑白皮，地膚子，艾葉，瞿麥，劉寄奴，蒼朮，地榆，杏仁，馬兜鈴，蓖麻子，白蒺藜，沙參，威靈仙，百合，知母，藜蘆，益母草，莨菪，五味子，澤瀉，茺蔚，蠡實，夏枯草，天花粉，蒼耳子，萹蓄，郁李仁，草烏，旱蓮子，芫花，大薊，小薊，旋覆花，王瓜，露蜂房，土蜂房，豨薟草，狼毒，蒲公英，穀精草，紫花地丁，石鍾乳，商陸，白鮮皮，丹參，地骨皮，藁本香，蒲黄，王不留行，紫參，禹餘糧，翻白草，卷柏草，兔絲子，酸漿草，牛黄，薏苡仁，細辛，麻黄，側柏葉，急性子，鼠粘子，自然銅，五靈脂，麝香，夜明沙，石菖蒲。木之類：松，紅柏，黄柏，明陵諸山最盛。槐，榆，有赤、白二種。冬青，椿，樗，楊，橡，楸，桑，檀，柳，三川柳，樺，椴，苦櫪，梓。花之類：芍藥，秋海棠，蘋婆，荷，湯山行宫内有白蓮花黄邊，曰金邊蓮花，瓣内又生一花者曰樓子蓮，四月即開。又涼水河舊有蓮塘坊，曰十里荷香。榆葉梅，丁香，有紫、白二色。菊，玉簪，迎春，鳳仙，探春，長春，金錢，金銀藤，一名忍冬。《天府廣記》：駐蹕山西清水澗崖間，百合、忍冬、棠、杜、牛奶、黄精之屬，紅翠含濡。木瓜海棠，花極嬌豔，惟昭陵監爲多。黄刺梅，荷包牡丹，《畿輔土産志》云：即當歸花，一名朝鮮牡丹。石竹，木槿，月季，金盞，玫瑰，十様錦，紫荆，郁李，蝴蝶，馬蘭，江西臘，紅蓼，轉枝蓮，雞冠，北茉莉，百日紅，萵苣蓮，瓊，虞美人，翠雀，墨葵，夾竹桃，鼓子，望江南，八仙，珍珠花，翠蛾眉，捲丹，合歡，躑躅。草之類：菖蒲，《畿輔舊志》：一寸九節者，出居庸石澗中。馬鞭，龍珠，女羅，亦名金綫草。紫草，莠，一名狗尾草。芭蕉，虎鬚草，墨記草，旱蓮草，垂盆草，吉祥草，填火草，即佛指甲。觀音草，鈴兒草，喝起草，萱草，又名宜男草。茅，水葱，芄蘭，蘞，盧。【略】禽之類：雞，鴨，鵝，半翅，《芹城小志》：鷄鳩褐色，土人呼曰半翅。雁，鷹，雕，鶻，鶯，雉，燕，飛生鳥，《舊志》：居庸出，狀如蝙蝠而大，産婦持其毛皮易生。烏，號寒鳥，喜鵲，瓦雀，俗名家雀。鸛，鷺鷥，鴛鴦，鵁鶄，鶖，鶬鶊，梟，鶻，姑惡，鶺鴒，鵂鶹，鴷，一名啄木。布穀，桑扈，錫嘴，油葫蘆，北畫眉，一名灰串。鵠，俗謂之天鵝。鴿，地鵏，拖白練，鷀鶄，一名鷀老。紅料，靛雀，土人呼爲自自回。麻料，柱頂紅，朱脰燕，鶌鶘，叫天子，俗謂之阿鸝。鳶，俗謂之若鷹。鶓，俗謂之地歕牛。鵓鳩，鴂，俗呼爲翠雀。鵩，俗呼爲夜貓。鳩，百舌，一名反舌，俗呼爲百靈。鸒斯。俗呼爲寒鴉。獸之類：馬，贏，驢，牛，羊，豕，鹿，《天府廣記》：駐蹕山西北，山鹿之毳，豪豬之毛，豐茸隨風。麅，虎，狐，兔，犬，貓，狼，猬，貍，鼠，松鼠，黄鼠狼，貉，獾，豺狗，麝，獐，野豬，熊，豹，麅，黄鼠。《舊志》云：黄鼠足短善走，見人則交其前足，拱而如揖。《山水記》云：黄花鎮有鼠，色如貼而毛淺。

清　龔自珍《定盦續集》卷一《説天壽山》　由德勝門北行五十五里，曰沙河，沙河有城，出沙河之北門，實維廣隰，豐草肥泉，引領東拜，大山臨之，是爲天壽山。明成祖永樂十年所錫名也。【略】山多文杏，春正月而華。山之勢尊，故木之華也先；山氣厚，故木之華也怒。山深，故春甚寒；深且固，故雖寒而不冽。

又《説居庸關》　自入南口，木多文杏、蘋婆、棠梨，皆怒華。

紀事

漢　司馬遷《史記》卷八〇《樂毅列傳》　樂毅報遺燕惠王書曰：【略】齊器設於寧臺，大吕陳於元英，故鼎反乎磨室，薊邱之植植於汶篁，自五伯已來功未有及先王者也。

元　脱脱《宋史》卷二六四《宋琪傳》　自易水距此二百餘里，並是沿山，村墅連延，溪澗相接，采薪汲水，我占上游。東則林麓平岡，非戎馬奔衝之地，内排槍弩步隊，實王師偹禦之方，而於山上列白幟以望之，戎馬之來，二十里外可悉數也。

明　宋濂《元史》卷九《太祖紀》　九月壬辰朔，命國師益憐真作佛事于太廟。己亥，享于太廟，常饌外，益野豕、鹿、羊、蒲萄酒。

又卷一二〇《札八兒火者傳》　金人恃居庸之塞，冶鐵錮關門，布鐵蒺藜百餘里，守以精鋭。札八兒既還報，太祖遂進師，距關百里不能前，召札八兒問計。對曰：『從此而北，黑樹林中有間道，騎行可一人，臣向嘗過之。若勒兵銜枚以出，終夕可至。』

清　阮葵生《茶餘客話》卷九《古樹》　京城古樹，如太學檜、慈仁寺松、吏部藤花、卧佛寺娑羅樹、萬壽寺及昌運宫白松、封氏園松、吕家藤，皆數百年物。城南舊刹有龍爪槐，僧言三百年矣。前輩詩文集中不多見。徐電發《菊庄詞話》，載白門紀伯子云：壬子季夏，僕與合肥龔宗伯、山陽陳黄門階六同飲龍爪槐下填詞。此地在國初，亦名流屐齒所常到也。乾隆庚辰四月，予與張六雲門、陳三竹泉，茗飲槐陰，對弈竟日。竹泉，黄門從孫也。風氏園與龍泉寺相近。楊禹江集有丙戌夏日陪宋商邱過龍泉寺觀風氏園古松之作。封氏松見前輩題詠甚多，皆未明指何處，覩此則在龍泉寺不遠耳。今則四望瓦礫，不知孰爲園址。

藝文

三國魏　曹植《曹子建集》卷六《豔歌》　出自薊北門，遥望湖池桑。枝枝自相值，葉葉自相當。

唐　高適《高常侍集》卷五《使青夷軍入居庸三首》　登頓驅征騎，棲遲愧寶刀。遠行今若此，微禄果徒勞。絶坂水連下，羣峯雲共高。自堪成白首，何事一青袍。

匹馬行將久，征途去轉難。不知邊地別，秖訝客衣單。溪冷泉聲苦，山空木葉乾。莫言關塞極，雲雪尚漫漫。

古鎮青山口，寒風落日時。巖巒鳥不過，冰雪馬堪遲。出塞應無策，還家賴有期。東山足松桂，歸去結茅茨。

唐　陳子昂《陳拾遺集》卷二《薊丘覽古贈盧居士藏用・燕昭王》　南登碣石館，遥望黄金臺。丘陵盡喬木，昭王安在哉。霸圖悵已矣，驅馬復歸來。

元　劉因《静修集》卷四《易臺》　望中孤鳥入消沉，雲帶離愁結暮陰。萬國山河有燕趙，百年風氣尚遼金。物華暗與秋容老，杯酒不隨人意深。無限霜松動巖壑，天教摇落助清吟。

元　袁桷《清容居士集》卷一五《居庸關》　太行領羣山，萬馬高下拜。平巒轉城隍，隱隱南北界。危坡互交牙，寒溜寫泙湃。陰風玄虬湧，巨石忽崩壞。周遭青松根，下有古木砦。石皮散青銅，云是舊戰鎧。天險不足憑，歷刼有成敗。驅車上林杪，出日浴光怪。肅肅空巖秋，天風迅行邁。

元　馬祖常《石田文集》卷一《登都北神山醉中題壁》　過溪踏瑶瓊，入山採蒼翠。仙宫名神山，下負六鰲背。我來訪丹藥，羽人已千歲。清嘯響山谷，幽姿媚松檜。白水從北來，南與衆川會。開窻目沃野，千峯儼相對。自是山林樂，何但官爵貴。買田釀清泉，里社日相慰。詩成悵如失，天風逼衣袂。東望鄒衍廟，盃酒可遠酹。談天劇當時，古屋尚粉繪。騎驢獨歸去，人世空一喟。

明　邊貢《華泉集》卷一《入鑵石口四首》　濯足秋澗水，水寒清見沙。凌兢不可渡，碎石如狼牙。童子欣暮晴，笑指東峰霞。

穿林復渡河，佳興未能盡。每當路窮處，更著祠官引。山女何處來，石上洗秋菌。

西登鑵石口，鳥道不盈尺。連山樹如繡，雲中日將夕。不聞樵采音，但見虎行跡。

睥睨接崇嶺，白處生浮嵐。上有百尺厓，下有千尺潭。爾非豢龍子，那敢窮幽探。

明　文徵明《甫田集》卷一〇《登香山》　指點風烟欲上迷，却聞鐘梵得招提。青松四面雲藏屋，翠壁千尋石作梯。滿地落花啼鳥寂，倚闌斜日亂山低。去來不用留詩句，多少蒼苔没舊題。

明　王世貞《弇州四部稿》卷八《西山詩・其一》　朝上西山，艱哉嶔崟。溪谷多風，倏暘而陰。眕曨中膚，憯慄緑音。十步五步，不能見人。牛馬却走，熊羆號吟。僕夫告痛，口舌屈噤。修途無端，北陸遵沈。道有鼷鼠，結穴何深。忽而過我，杳不可尋。菀菀好鳥，栖栖中林。我獨何爲，傴僂不禁。皇命秩祀，俾孔之欽。肅肅卿相，咫尺爾臨。我躬不遑，簡書是忱。念思悁結，眄此高岑。

清　愛新覺羅・玄燁《清聖祖文第二集》卷三三《蕚輝園記》　京師西北隅，地曠而幽，西山疊巘，近可指矚，清泉交流，渟泓於其間，林木茂密，禾黍芊綿，有古鄠杜之風焉。朕既築暢春園，時往以省耕觀稼，炎暑蒸鬱，亦將以憩息於此也。東北御果園舊地，以賜裕親王。其地有清泉喬木，因而葺治，循乎自然，林樾丘壑，具蕭遠之致。王既爲斯園請朕名之。夫《詩》以棠華比兄弟，朕每讀《詩》，未嘗不三復留連，思古人友愛之誼、天倫之樂，邕邕怡怡，被於絃誦，竊欣慕焉。因以蕚輝名兹園，蓋有取於詩人之旨也。王秉性寬和，入則集議巖廊翼贊機政，退居之暇澄懷簡澹，不涉外務。時當風日佳美，眺覽郊坰，輒至斯地，蔭嘉樹，鏡清流，問農閲圃。古人有言，爲善之暇，想足怡神。王之遊息於兹園也，其猶此意也歟？唐開元中，營興慶宫，賜諸王第於宫側建爲花蕚相輝之樓，史册傳之。朕所嘉尚於是，既命其名，而并記其事云。

清　愛新覺羅・弘曆《清高宗詩初集》卷三〇《絢秋林》　山中之樹，嘉者有松，有檜，有柏，有槐，有榆，最大者有銀杏，有楓，深秋霜老，丹黄朱翠，幻色炫采。朝旭初射，夕陽返照，綺纈不足擬其麗，巧匠設色不能窮其工。

嶂葉經霜染，迎暉紫翠紛。絢秋堪入畫，開錦恰過雲。晻藹峯容變，迷芒界道分。金官鬭青帝，果足張吾軍。

天津

綜　述

明　袁宏道《遊盤山記》（引自《盤山志》卷一二）　盤山外骨而中膚。外骨，故峭石危立望之若劍戟羆虎之林。中膚，故果木繁，而松之抉石罅出者，嵚嵚虯曲，與石爭怒，其幹壓雪霜不得伸，故旁行側偃，每十餘丈。

清　孫才衡《訂游盤山衛公菴記》（引自《盤山志》卷一二）　薊城之北皆山也，石頑而土燥，遠近無樹植。獨西北一面，望之鬱然蒼秀者，曰盤山。聞之山中景甚奇，剎亦甚衆，非久居者莫能游，非善游者亦莫能盡也。求其地之勝而游之易者，則衛公菴。菴四維皆石，石皆怪皆松，松皆夭矯屈曲，莫可名狀。其他桃、李、棗、栗、蘋、梨之類，産厓壑間者，尤不可指計。遇春之時，秋之日，花葉芳美，果實繁茂，青紅交錯，儼若錦綉蟠結。

清　閻甲胤　康熙《静海縣志》卷四《土産》　果屬：核桃，梨，棗，桃，杏，文官果，菱芰，蓮子，蒲萄，桑椹，蘋果，玉黄，花紅，石榴，無花果。草屬：苜蓿，蘆，蒲，蓬蒿，白蘋，菖蒲，水葱，艾。木屬：榆，柳，槐，楊，桑，杜，柏，椿，花椒，馬英，果樹。花屬：丁香，蓮花，紅蓼，木槿，榴花，海楠，鳳仙，紫薇，萱花，石竹，雞冠，金雀，月季，蜀葵，玫瑰，玉簪，黄簪，薔薇，向日葵，藍簪，菊花，芍藥，海棠。藥屬：益母草，薄荷，菟絲子，車前子，茵陳，地膚子，蛇床子，瞿麥，艾葉，馬蘭葉，青葙子，萹蓄，蘆根，桑白皮，夏枯草，萱花根，獨角蓮，茅根，槐花，地骨皮，芡實，蟬蛻，馬齒莧，杏仁。羽屬：家雞，雉雞，□□，鵝，鴨，鶉，鐵脚，雀，鴿子，鴛鴦，鸛，精衛，綬晝。毛屬：馬，驢，騾，牛，兔，貛，狐狸，狼，獐，猫，豕，犬。

清　洪肇楙　乾隆《寶坻縣志》卷七《風物》　果之屬：當初夏時，桃、李、杏、柰之實俱有，惟無梅。夏秋有蒲萄，有藕，有菱。冬有棗、梨，則資之薊。木之屬：宅前多槐、榆。岸旁有楊，有柳。古瓏遺刹亦間有松、柏。原有椿，長年樹也。隰有桑，然不多見，故少治蠶者。花之屬：桃、李過三月乃開，地寒，節氣故遲也。若牡丹、芍藥，種雖不及豐臺，縉紳家常玩之。間遇諸寺院，夏有蜀葵、丁香。夏季有酴醿，有海棠，有六月菊。秋則有水紅、玉簪、雞冠、雁來紅之類。無桂，月季亦間有之。秋將老，則衆芳歇矣。草之屬：萱，忘憂草也。茜，一名靛，其汁可以染。如苻，如馬蘭，如蓬蒿，皆以佐蔬，蘆葦則薪之。獸之屬：爲牛，爲馬，爲騾，爲驢。朱子曰：馬耕牛馳，則非性矣。而北方往往有此，意宋時地屬遼金，朱子未之悉也。其他豕、犬、羊，皆常畜，亦有獵狼、兔者。禽之屬：其常畜者，爲鵝，爲雞，爲鴨，有鴿焉，或狎而玩之。又有小雀，翠色而善鳴，多畜諸籠中。有鐵脚，炙之，味甚美，與吴越間黄雀略同。

清　吴翀　乾隆《武清縣志》卷四《物産》　果類：香水梨，秋白梨，紅綃梨，鶴頂紅，雪梨，杜梨，錦塘梨，毛桃，秋桃，扁桃，核桃，桑椹，接桃，櫻桃，蒲萄，土杏，海東紅，金梅，水梅，吊枝乾，紅棗，黑棗，玉黄李，青脆，牛心紅，雁國紅，麝香紅，串鵲紅，地栗，揪子，沙果，蘋菠，石榴，唬喇檳，雞頭，菱。木類：松，柏，杜，銀母，即夜合樹。榆，柳，槐，楊，青、白二色。桑，椿。花類：菊，各色。六月菊，葵，各色。榴，红、白。石竹，芍藥，各色。荷花，牡丹，各色。木槿，卷丹，雞冠，玉簪，紫、白。萱草，八僊，鳳僊，丁香，碧桃，月季，金盞，紫荊，望江南，馬藍，薔薇，各色。玫瑰，蜀葵，珍珠，百日紅，老來紅，水紅，剪羅紅，剪春羅，剪秋蘿，十樣錦，紫蝴蝶，佛指甲，爬山虎，馬纓，金雀子，苦丁香，草麻子，益母草，樗根，桑白皮，枸杞子，浪蕩子，蒼耳，木賊，蒺藜，瓦松，半夏，艾，葶藶，川芎，地丁，紫蘇，蓮殻。草類：蒲，蘆，葦，茅，苔，萍，蒿，馬蘭，莎，水葱，水稗，猪牙。禽類：鶴，鸛，鵝，鴨，雞，雉，鴣，鴿，鷹，梟，雁，燕，鵲，雀，鴉，鵁鶄，鴒鵲，鴛鴦，鵪鶉，天鵝，地陽，鴟鴞，黄鸝，啄木，沙雞，鶉鳩，鐵脚，鴣汀，秃鶖，魚鷹。獸類：馬，騾，驢，牛，鹿，羊，狗，獐，狐，猫，鼠，兔，貛，狼，地鼠，糞鼠。

清　蔣溥《盤山志》卷一五《物産·果木》　松，盤山之松以百萬計，而其奇絶者多生罅中，擁腫卷曲，其勢不得伸，枝多旁抽，如怒龍之攫。又有陂陀土壤而生者，大數十圍，龍鱗斑駁，或挺聳直上，或青葱垂下。明王衡所品，松爲最良，非虛語。如古中盤之以盤龍、抱子、卧雲名者，東甘澗之以斗笠名者，劍臺之以支離广名者，其類殆不可枚舉也。李鍇《咏法藏寺古松》詩：造物無餘力，孤生此物奇。鈎盤容一騁，局促殆相持。骨聳青麟角，斑皴赤豹皮。雷聲如解作，龍戰不披靡。勢薄秋空黑，根盤大壑危。長風有時下，萬里爲之吹。孔蓋邀天步，金幢助佛儀。介龜終解甲，靈怪亦何爲。又支離叟《二松歌》：在劍臺東。物有奇偉每絶倫，意想所及猶非真。乾坤迺有此松樹，被髮狂虬驚天閽。何時於此詭託根，皺皮斑駁蒼龍鱗。千年偃側忽怒伸，媧石迸裂青天痕。風雷倒激鐵幹偃，日月低盪秋陰昏。下有一株不盈尺，連蜷夭矯蟠龍孫。二者化身夫誰是，伸縮大小真有神。諸松鵷鸞復鳳翥，視此一切非其羣。形神直追古蒼頡，冠劍儼對荆靈均。陰森不敢久相逼，鬼物呵護如欲嗔。委蛇卻下恣太息，回首一峰沉亂雲。檜，天成寺墻下一，少林寺一，香水寺殿後三，龍泉寺殿前一，皆千年物也。椿有二種，菜椿、香椿，香者較勝。楸樹，似核桃。穀雨前，山下居民采輭皮，售之曰『楸皮』，一名山核桃。橡，遍山有之，上方寺者最古。榑欏，以其葉包果，味更香，伏日采之蟲不炷。木蘭，芽六七月間采之，可染皂。荆，《爾雅翼》云：凡木心圓，荆心方。七月間，山家伐輭條編器盛糧，曰『荆囤』。山葡萄，一名燕薁，紫黑色，粒小味酸。七八月間，山家采之欵客。椒有二，家椒，野椒。野椒出五盆溝與小盤山。七月間居人采之，醃菜，味同小茴香。杏，田盤峰坳澗側有土壤處皆植杏。春時萬樹齊發，花光炫耀，與鄧尉西溪之梅各擅標格。仁皆苦，有一種甘者名巴旦杏。李，盤山李，見《客燕雜記》。桃，有八種，是處宜，值花時，穠豔盈矚。栗，《史記・貨殖傳》：燕秦千樹栗。《草木蟲魚疏》：五方皆有栗，惟漁陽、范陽栗甜美長味。《金史・地理》：薊州産栗。今山中所樹，落實頗豐。棗，多植平岡小阜。《神異經》：北方大棗味有殊，既可益氣，又安軀。柿，小曰火柿，大曰蓋柿。山中最繁盛，實熟時葉赤如燒，點染蒼黛，不若楓桕之待霜也。蘋婆果，爲燕地果中佳品，盤山之麓一樹大可合抱。居人云，此樹歲可得錢二十千，江南橘柚五十樹不能及也。見唐時升《三易齋集》。檳子，品亞於蘋婆果，色赤而微酢。花紅，俗名甜果，即林檎。羌桃，北方多種之，以殼薄仁肥爲佳，俗名核桃。梨，有多種，曰錦湯，曰香水，曰紅綃，曰棠梨。山中是處有之，其品亦不減河間、廣平所産。智朴《甘棠辯譌》：《爾雅》云：杜，甘棠。郭璞注云：今之杜梨。杜梨，即甘棠也。花純白，蕤開最繁，結實黄黑，大如指，酸澀不可食。朱注謂白者爲棠，赤者爲杜，蓋本樊光之説，非是。赤者爲棠，或有之，鐵梗、木瓜是也，因有赤、白之説，故人以蘋果、檳子實之。夫蘋大如拳，其色紅白相兼而甘。檳大如卵，其色紫而酸。皆清香可食，爲果實之尤者，珍惜寶護之不暇，豈有翦伐之理乎？惟其酸澀無所用，故人多翦伐。《詩》云『勿翦勿伐』，意有在焉。棠、杜二名，本一種，無煩曲解。謹按《日下舊聞》引陸璣及《通志》、《廣志》定甘棠紅、白二種爲蘋果、檳子，較智朴所辯爲核實。山荆子，形似杜梨，其果大如胡椒，殷紅，霜後可食。其木用接蘋婆，甘香有色。檳子、林檎、海棠、木瓜俱用此接之，他樹接之則不活。竹，高止尋丈，宜於巖陰水際。查爲仁《涓涓泉畔見竹》詩：脩脩岩下竹，經冬翠如是。最愛兩三枝，出石斜暎水。

又《禽》 火燕，雄者黑紅色，雌者黄色，巢石孔中或簷下。沙鷄，羣飛，多鳴盤山，春初最多。《爾雅・釋鳥》云：『鵽鳩，寇雉』是也。土人呼爲沙鷄，一曰半翅。然鵽鳩、沙鷄本屬二種，鵽大如鴿，岐尾，毛脚，無後指。沙鷄似雌雉而小，短尾，紅脚，無後指。《爾雅》混而爲一，故辯之。畫眉鳥，較南方者微小，亦善鳴。桃雀，張華《禽經》云：桃雀狀類黄雀而小。燕人謂之巧婦，亦謂之女匠，善營巢。

又《獸》 神虎，昔老僧慈慧住法藏寺墻院，持《法華經》二十年不下山。有偷兒屢竊道糧，虎即遍山叫嘯，響震崖谷，偷兒自此寢息。凡盤山之獨處者仗此無虞，故名『神虎』，好啖犬，故山中諸庵無犬。鹿，盤山處處有之。丙辰春，青溝西嶺有黑鹿二，大如羸，其毛類山羊，長六七寸，羣鹿隨之，東西不敢逆，隱現月餘，後不復見。松鼠，有二種。小者不過三寸，通身豹紋，最靈黠，名松鼠。大者灰色，善盗果蓏園圃，以此爲患，俗名膆鼠。野貍，能食貓，故山中之貓難畜。膆狗，狀似貍，黑黄色，走峭壁迅疾如飛。

又《鱗》 蛟，龍屬，無角，有足，能變化。康熙庚午夏五月，霖雨十日，盤山水涌數丈，抉石裂山，出蛟百餘。《廬山志》云：蛇雉蚯蚓之類，穴山而伏，三十年則化而爲蛟，常以夏月乘雷雨去之江湖。善蛇，有黄黑二種，性馴，長六七尺，不毒人。相傳盤山有五百善蛇，潛天成寺墻下，嘗來僧座下聽法，亦時沿屋壁啖雀雛。布雲虎，蛇屬，尖頭，長尾，四足。有二種，一淺黄色，長三四寸；一黑花色，脊有金暈，尾如娛翠毛，天將雨能吐雲，俗呼四足蛇。

清　周家楣　光緒《順天府志》卷七一《故事志七·雜事下》　盤山多異禽，入饌者以松鴨、沙雞爲最。鴨，鴉身鴨觜，毛蒼紫，性喜松，巢松嶺，日惟以松子爲食也。不棲止他木，渴飲泉，泉必松下者，以浸松脂也。鳴聲啞啞然，呼羣鼓翅，百十爲隊。土人網之充饌，肉作松子香，清腴甘美，不與雞鶩同。《畿輔志·物産類》及《盤山志》均未載，名家集中亦無詠及者。詢之山僧，云：是物開山時即多有之，近山諸邨及他山所無。世有注《禽經》者當補入也。沙雞，即鵽鳩，一名半翅，見《爾雅注》及朱竹垞《曝書亭記》。

清　沈家本　光緒《重修天津府志》卷二六《輿地八·物産》　果蓏屬［注略］：桃，櫻桃，核桃，李，郁李，榛，栗，棗，羊棗，酸棗，杏，杏梅，李梅，銀杏，梨，杜梨，海棠，山楂，柰，檳子，頻婆，花紅，杮，榴，椒，葡萄，野葡萄，錦荔支，文官果，無花果，長生果，草荔枝，【略】木瓜。【略】木屬［注略］：竹，附松，柏，樅，檜，桑，槐，柘，槐，檀，榆，柳，檉，杞柳，楊，桐，楸，椿，樗，楮，椶，櫟，荆，冬青，竹，海楠。花屬［注略］：紫薇，紫荆，合歡，木槿，繡球，火球，玫瑰，迎春，探春，長春，牡丹，荷包牡丹，丁香，金雀兒，薔薇，夾竹桃，蘭枝，鴨跖，月季，刺蘼，十姊妹，芍藥，山丹，捲丹，菊，僧帽菊，僧鞋菊，江西臘，望江南，水仙，萱，雞冠，鳳仙，玉簪，金簪，秋海棠，芭蕉，金錢，金粟，虞美人，剪春羅，剪秋蘿，草茉莉，千日紅，蝴蝶花，珍珠花，荷，金蓮，西番蓮，轉枝蓮，蔦蘿，紫藤，藤蘿，蘋，蓼，芄蘭，馬蘭，洛神珠，九蓮燈，燈籠翠，燕直豆，滿天星，絡石藤。藥屬［注略］：甘草，菖蒲，地黄，菟絲，麥門冬，車前，防風，蛇床，沙參，麻黄，半夏，葶藶，旋覆花，夏枯草，艾，茵陳蒿，栝蔞，枸杞，瞿麥，荆芥，薄荷，蘇，益母草，青葙子，蒺藜，金銀花，大薊，小薊，香附，鬱金香，馬兜鈴，木賊草，穀精草，木鼈子，紫花地丁，蒲公英，天仙子，牽牛，蒼耳，解毒草，馬鞭草，翻白草，金絲荷葉，萹蓄，獨角蓮，三棱草，瓦松，秦王草，蔓荆子，老鴉嘴，鳳眼草，赤色兒，馬前草。羽屬［注略］：戴勝，布穀，鵻鳩，鶖，鳩，桑扈，鵪鶉，阿鷀，鵓鳩，鐵脚，鵲，燕，倉庚，烏，雅，北畫眉，伯勞，翟，鸛，鴟鶚，雞，雉，鶖，梟，鵝，雁，天鵝，鶴，鷺鷀，脊令，鷺，鷗，鴛鴦，鵪鶉，鶬，鵁鶄，鳽，翠雀，鵁鶄，鷹，鷂，雕，鳶，雀，倒掛，相思鳥，蟬鵝，金眼，姑丁，山喳喳，服翼。毛屬［注略］：牛，羊，犬，馬，驢，羸，豕，獾，狼，獐，狐，狸，貈，刺猬，兔，猫，鼠，田鼠，鼬，黄鼠，地羊。

清　丁符九　光緒《寧河縣志》卷一五《風物》　果之屬：石榴【略】櫻桃【略】櫻桃【略】梨【略】蒲萄【略】。木之屬：松，有山松、栝松、海松之異，惟宜岡陵。寧邑地平衍，無山，植之者甚鮮，惟古刹名園間有一二，風枝雨鬣，留爲奇觀耳。柏，今人多植墟墓間，側葉者八藥，其尖葉者名檜。椒【略】辛香不及蜀産。桑【略】榆【略】槐【略】楊柳【略】。花之屬：牡丹【略】寧邑惟赤、白兩種而已。海棠【略】玫瑰【略】芍藥【略】榆梅【略】丁香【略】迎春【略】探春【略】萱【略】鳳仙【略】玉簪【略】雞冠【略】秋海棠【略】菊【略】邑多植以爲玩。老少年【略】酴醾【略】金銀花【略】。草之屬：枸杞【略】牽牛【略】菟絲【略】苜蓿【略】藍靛【略】邑中沿河諸鄉多擅槐藍之利。蒼耳【略】蓖麻【略】黄花【略】蒺藜【略】秋蜂兒【略】車前子【略】蒿【略】益母【略】菖蒲【略】蘋【略】馬蘭【略】鹿藿【略】牛舌【略】蓼【略】蘆葦，生潮河岸邊，東坍西長，雖云兩岸蘆花，實止一岸耳。可織筐織席，田家盡資其利。黄鬚菜【略】三棱【略】稗【略】野稗，邑東南地瘠，遍地俱生，暮秋落地，田家掃土篩簸山粒，作粥味香，人多賴之。馬料草、青箭草、地藜草、莎草、茅草、荇草、蒲草，惟蒲可作蓑笠，荇可打繩索，餘供爨而已。毛之屬：牛【略】羊【略】馬【略】驢【略】猪【略】狗【略】獾【略】猫【略】狐【略】鼠【略】兔【略】邑多棄地，故此種最多。狼【略】。羽之屬：鵝【略】雞【略】鴨【略】雉【略】雀【略】鴿【略】雁【略】燕【略】鵲【略】烏鴉【略】鷺【略】鷹【略】鴟梟【略】啄木【略】蝙蝠【略】梟【略】鵪鶉【略】禿鶖【略】。

藝　文

明　朱之蕃　《盤山道中》（引自《盤山志》卷一三）　盤山盤泉盤厓壁，百折猶難望嶺頭。鳥樂菁林山果熟，客停飛旆野雲流。緑陰遮屋渾忘暑，白叟歌田不解愁。極目雄關環帝闕，可知奇奥在并幽。

明　宋權《盤山》（引自《盤山志》卷一三）　山水何奇絶，高秋快此行。千層盤路轉，萬壑暗泉爭。天外懸松影，雲根度鳥聲。更憐紅樹色，遠近向人明。

清　宋犖《重游盤山七首》（引自《盤山志》卷一三）　盤山如盤龍，舊名爲四正。幽燕之奥區，百里勢奇横。五峰插碧天，羣岫如奔命。我行越薊丘，曠望迥生敬。趨途隨山樵，短策喜孤勁。千像凌晨經，樹石莽疎映。矮墻儼衆僧，導客來相競。靈椿學虬松，法界殊潔淨。澤鉢失淪漪，摇石具情性。登攀忘渴饑，亦未暇吟詠。俯首紫蓋峰，會當持其柄。

去去遵山麓，谿谷何威遲。芒鞖鬬石齒，竚立宜輕颸。天香穿老屋，零落餘罘罳。艾而張網羅，禍機嗟虞師。盤泉響珮環，隔嶺聽愈奇。既至得舊觀，太息水之涯。照影驚皴面，仍不改漣洏。中盤白墖院，少林紅龍池。停屐還振策，胸已無險巇。山心探初地，天藻仰穹碑。道人知我來，爲我埽茅茨。松石知我來，爲我發幽姿。所恨春尚早，杏萼閟華滋。經壇沙淹汨，東崦榛還披。月明嘯高閣，願與山靈期。

萬壑激松濤，空山黯將夕。失道困巑茸，蒼耳時一摘。谽谺勢搏人，卻步憐局蹐。稍循迮徑迂，未怕層巒隔。人語驚栖禽，老鸛聲格格。聞鐘投寶坊，片月簷際白。登臺撫長松，天畔留岍幘。隣僧邂逅逢，茶話意良適。河漢手可摩，猿掛看林隙。靈境清心魂，欲卧不安席。頭陀催閉目，云有虎行迹。

游山如噉蔗，佳處得以漸。崒嵂挂月峰，磴道一何險。孤墖入雲汀，殿閣聳巉厂。探奇並鳥飛，耳畔罡風颭。積雪明皚皚，晴靄閒冉冉。幽磵藏上方，禪扉日夕掩。老僧雖屢邀，未去同回剡。捫藤勞抗尻，狂嘯等驚魘。嶺脊得少休，聖燈想光閃。佛牙禮金棺，捧視意還歉。盈盤薦棗梨，地僻僧厨儉。嗟余攜幼來，非向金仙諂。愛作八極游，齊煙看九點。

昔余吟五字，幽賞企青溝。凌風越西嶺，闌入麋鹿游。谷口訪邃洞，門閉巨石留。何時名將軍，古蘚纏兜鍪。異鳥静相語，聲比山呼優。松鼠竄窈窱，豎尾招其儔。顧盼出叢薄，花宫臨荒陬。茆屋八九間，彈琴藏湯休。新詩感祭酒，奚啻珊瑚鈎。黄精潤齒頰，名畫清人眸。幾年輯山志，往牒窮冥搜。遺世幸同調，矢口談莊周。誰謂白蓮社，高風獨千秋。

游興動枯禪，偕我登疊嶂。煙嵐清冥濛，斷續來樵唱。幽處衛公庵，松石訝殊狀。位置造物工，左右恍揖讓。崎嶇到寺門，劍臺屹相向。纔聆梵放幽，旋策登高杖。嶄絶苔壁横，徐緣石脈上。篝火尋題名，畫腹辨字樣。新月正如舟，散髮一疎放。人生螘旋磨，今夕愜微尚。四山響木魚，清切聞法藏。風起海雲鋪，從師聞真妄。

曉起問歸路，天城經山隅。如行鉄堂峽，石氣侵肌膚。嘉果不知數，遑復問槐榆。林端響啄木，顔色憐衣襦。幾日天桃開，想見絶代姝。峭壁壓臺殿，詎與屏風殊。松篁紛點綴，摩詰當能圖。涓涓山脚泉，一寺皆沾濡。折松作麈尾，酌泉佇銅壺。歸示華亭客，定恨不並驅。簿書行委坐，柳栗何時扶。

清　愛新覺羅・玄燁《清聖祖文集》卷三三《清晨入盤山二首》　日出入盤山，宸遊草木閒。村莊人盡望，處處水潺潺。

其二：當年乘輦到，今日復來遊。山水不同色，泉聲還細流。

又《古中盤望蓮花峰》　中盤遥望蓮花峰，日映山林氣色重。老衲吟詩渾半偈，翠輿臨發又從容。

又《盤山絶頂三首》　上盤絶頂俯神京，九月登山積翠晴。荒寺日高人少至，野林煙静鳥無聲。道中勒馬觀風景，澗下留鑾愛水清。縱目徘徊猶不盡，氤氲縹緲海雲輕。其二：四顧清標高逼天，風雲塞上斂寒煙。遥觀沙漠宣威遠，近控州城作鎮懸。紫盖山中獨奇秀，雙峰嶺外更綿聯。九秋朗耀幾千里，落葉蕭條滿目前。其三：薄暮東峰來返照，遊心怡曠動揮毫。題詩數句林光晚，作賦初聯雁陣高。盤道崚嶒難步躡，危巖巀嵲恐身勞。欲歸帳殿還傳語，引路山僧度遠臯。

又卷三五《天津》　轉粟排千艦，分流納九河。潮聲連海壯，樹色入京多。鼓棹魚龍伏，停帆鸛鶴過。津門秋望遠，明月湧金波。

又卷三七《再遊盤山》　薊州城北黄崖前，水甘土厚多平阡。崇山特起矗霄漢，栝栢夾路陰參天。回巒複嶂倍娟秀，幽林邃谷時賁緑。雲藏古寺行未到，樹杪先有鐘聲傳。數峰突兀勢陡絶，上迫箕尾雙星躔。峩峩石狀獸蹲立，因風摇曳如空懸。深潭清冷那可測，知是百尺神龍淵。鉢泉恍惚有海眼，潮井呼噏通百川。不然泛濫亦易挹，何爲萬古清涓涓。神工融結天巧鑿，更騁遠目窮高巔。漁陽古郡最阻阨，屹爲左輔雄幽燕。即今交河遠置候，此實堂奥非臨邊。太平粗喜有端緒，石根沙磧皆原田。偶兹登陟聊駐旆，用寄襟抱題斯篇。

又《清聖祖文第二集》卷四三《復遊盤山絶頂》　絶頂巉巖裏，松煙向曉開。片雲生衆壑，虚籟落空臺。寺古人行少，林深鳥亂回。千峰多秀色，遠眺足徘徊。

又《清聖祖文第三集》卷四六《前過江浙桃花已放今回鑾至津門復見桃花盛開調寄點絳唇》　再見桃花，津門紅暎依然好。回鑾纔到，疑似兩春報。錦纜仙舟，星夜盼辰曉。情飄渺，豔陽時嫋，不是垂楊老。

清　王煐《盤山道中》（引自《盤山志》卷一四）　四月盤山草木深，七年曾此一登臨。杏花楊柳來時路，好共黄鸝續舊吟。

曲曲谿流逐徑衺，馬蹄騰踏入烟霞。碧桃知我重來晚，春盡猶留一樹花。

清　博爾都《懷盤山》（引自《盤山志》卷一四）　曾入羣峰裏，林深古刹閒。草花明石隙，野路晦松間。溜水和啼鳥，歸雲補斷山。至今縈夢寐，何日更躋攀。

清　德齡《辛酉暮春薄遊盤山三首》（引自《清文穎》卷九九）　陰陰桑柘鳥聲幽，渺渺平灘帶緑疇。誰傍名山成小築，枳花門巷嶺西頭。

諸天樓閣畫圖中，亂石幽泉一逕通。知是僧厨燒槲葉，紅簷輕颺落花風。

參天松栢影縱横，占岫嬌雲放午晴。小坐僧牕證聞見，萬株寒翠木魚聲。

清　愛新覺羅·弘曆《清高宗詩初集》卷二《登盤山口號》　千林落葉見山容，翠嶂丹崖歷幾重。溯憶當年曾訂約，今朝果上最高峰。

又卷一一《登盤山作》　金根遥指碧雲限，磴路林扉迤邐開。石裏流泉聞不見，煙中飛鳥去還來。南臨薊野耕桑富，北枕盧龍關塞恢。詎比登封誇豫大，每思山木毓良材。

又卷二三《萬松寺三首》　磴道行行赴，峯容面面殊。來看後凋色，得領小年娱。謖籟林端瀉，蟠虬壁罅扶。三間白板閣，萬里納徐無。

上方棲碧嶝，松徑破煙登。堪與僧爲侶，何勞竹作朋。濤聲將俗速，黛色得雲凝。古蹟供詩料，苔碑尚可徵。

木落見山容，葱葱色獨濃。有聲皆作鐵，無我不成松。寫霧衣應濕，盤陰草尚茸。苾芻無半偈，讓爾古高宗。

又卷三九《萬松寺》　山外石而中膚，松生石罅，或偃或欹，或横出或倒懸，或屈曲夭矯，或竦特直上，負奇闘異，古秀不可名狀。昔人遊盤山，謂山之勝松爲最，良信。

蒼翠復清臞，仙山别一區。誰知圓覺佛，也愛老成儒。以石爲胎古，因風泛籟紆。此間來亦屢，興會幾番殊。

河北

綜述

宋　樂史《太平寰宇記》卷六六《河北道十五·莫州》　狐狸淀，在縣西北二十里。《水經》云鄚縣東南隅水有狐狸淀，俗名亦謂爲掘鯉淀，即左太冲《魏都賦》所云『掘鯉之淀』也。按：淀中有蒲柳，多葭葦。

又卷七一《河北道二十·嬀州》　土産：麝香，樺皮，胡鹿，人參。

明　王直《開平衛廟學記》（引自《赤城縣志》卷八）　獨石絶域也，荒煙野草，狐狸、豺狼之跡交，而聚廬托處之人無有也。

明　李正儒　嘉靖《藁城縣志》卷二《物産》　果實：桃，其性早華，其皮幹頗急。《埤雅》云：四年後不以刀劃其皮，則皮急而死。李，《素問》曰：東方之果，木之子也，故其字從之，性頗難老，處桃之上。梅，其實酢，俗云：梅華優於香，桃花優於色。子赤者材堅，子白者材脆。榴，《酉陽雜俎》云：甜者曰天漿，千葉花者不實。梨，梨有數種，惟漿水梨極甘。棗，大者曰棗，小者曰棘。棗性重喬，故其文重束。棘性重低，故其文並束。蒲萄，有黑、白二種，根枝冬俱藏於地，春則架之，或云蒲萄架下不可飲酒。【略】木類：桑，樹類楮，葉可飼蠶，秋收之，冬可代牛料。有椹者曰土桑，無椹者曰接桑。槐，《春秋説》曰：槐者，虚星之精。其星暢茂，花黄宜染，子可入藥。柳，葉狹長而青枝，幹柔軟，土最宜，顛倒植之皆生。榆，《爾雅》云：蘦，荎。土人春將其錢以爲合。椿，枝葉與樗相似，土人於仲夏時取其葉入曝麥中，則麥不蛀。柏，樊宗《師園記》謂：柏爲蒼官，子香而可爇。楊，有青、白二種，白者葉圓，青者葉長，皆可爲棟梁用。梧桐，梧子似乳綴，桐無子。賈思勰曰：桐冬結似子者，乃是明年之華房爾。花草【略】獸畜：馬，【略】兔，《埤雅》云：唇缺，吐而生子。《禮》曰明視。兔乃月之精。狐，《埤雅》云：妖獸也，鼻尖尾大，色黄似狸，有三德。【略】禽鳥：【略】鴿，《雀賦》曰：此鳥性淫，以雌乘雄，逐日有子。鳩，俗呼爲班鳩，天陰則屏，逐其匹，晴則呼之。黄鳥，《詩》名鶬鶊，一名黄鸝，椹熟時則來往桑間。鴽，《列子》云：蛙變鴽。又曰：鼠變鴽。即田鼠化爲鴽。燕，《禮記》名乙鳥，《爾雅》名鳦，一云玄鳥，往來以社爲節。鵲，《埤雅》云：鵲知人喜，故土人呼爲喜鵲。鴉，純黑而返哺者曰慈鳥，腹白者曰鴉。鶡，《西京雜俎》云鶡生，土人謂鳩生，三子則一爲鶡。鵂鶹，西鳥也。《詩》名鴟鴞，攫鳥子而食。雀，俗呼爲家雀，善穿屋，又有黄雀、山雀之别。布穀。一名鳴鳩，一名搏黍，江東呼爲郭公，不自爲巢，春種時則有之。

明　郜相　嘉靖《河間府志》卷七《土産》　［注略］木：杜，樫，椒，棗，槐，梨，桑，榆，白枌，楊、柳，椿，松，柏、樅，檜，楸，梧桐，銀木，桂樹，皂角樹，紫荊，檀，柘，竹。花：牡丹，碧桃花，芍藥，轉枝牡丹，菊花，竹葉梅，薔薇，鷄冠，鳳仙花，棠棣，蜀葵，石竹子花，葉落金錢，剪春羅，紅花，槐花，紫薇，玉簪，望江南，馬蘭花，水蓬花，山丹，滴滴金，百合，牽牛郎花，金蓮花，山芥花，珍珠花，木芙蓉。果：小桃，匾桃，接桃，絡絲桃，秋桃，紅絲桃，櫻桃，核桃，銀杏，杏，葡萄，李，柿，沙果，頻婆，柰子，石榴，文官果，無花果，栗，梨，地梨，芡實，菱，薜膝。【略】羽：鷄，野鷄，鵝，天鵝，鴨，野鴨，姑丁，呼蚊虫，鵓鴿，鴻，雁，鵪鶉，鶯，鳶，斑鳩，鴟鴞，鵜鶘，鳭鷯，鶬鶊，脊令，燕，鸕鷀，鸂鶒，黄鸝，翠鷸，蝙蝠，鷗，鴛鴦，烏鴉，鶴，鷺鷥，鸜鴿，鴞，乾鵲，啄木，鵁鶄，黄雀，信天緣，謾畫，鶗鴂，青雀，黑鷹，白兔鷹，漁陽白，東道白，黑皂鵰，白皂鵰，鶡，鶚，白頭翁，青鵝，鳳凰，喜雀，灰鶴。毛：馬，牛，豬，羊，犬，貓，騾，狐狸，貂，鼠，鼢，鼬鼠，貛，兔，白兔，赤兔。

明　石邦政　隆慶《豐潤縣志》卷六《食貨·物産》　［注略］果類：杏，桃，櫻桃，核桃，李，梨，棗，白檎，沙果，楸子，虎喇賓，花紅，栗，郁李，柿，無花果，榛，松實，白果，石榴，官桂果，葡萄，蓮蓬，地梨，菱角，芡。木類：椿，桑，榆，槐，柳，松，柏，檜，桐，楸，櫟，椵，竹，苦栗木，煖木，楊，椽，皂角。【略】羽屬：鵝，鷄，鴨，鴿，□，鷹，鴞，鶴，鸛，□，鴇，鵲，烏，鳩，鴟，燕，雀，梟，□，雁，秃鶖，青□，陶河，鴛，鴦，鷺，鷥，沙雞，魚鷹，杜鵑，布穀，鶬鶊，天鵝，兔鶻，□鶻，啄木，銅嘴，黄鸝，白□，天雞，鵁鶄。毛屬：馬，牛，羊，驢，騾，豕，犬，猫，鹿，麅，虎，豹，狐，貉，豺，狼，貛，麞，兔，黄鼠狼，鼠，蝟，獺。

明　曹學佺《明一統名勝志·直隸名勝志》卷三　偏凉汀在州城北五里，灤水臨于前，横山枕于後，其地最凉，故名。汀據川流之匯，衆山列于其旁，叅錯聯亘其間，林壑幽勝，草木葱蒨。水之經其下者，若潀，若撒，若沮，若横，若肥，如青龍之類，下流胥會。昔人鑿崕通道，因山建亭，有寺曰『偏凉汀寺』。又有薦福寺在城西隅，古松二株，枝幹連屬，下可坐百餘人。

又卷四　［溝城縣］西北十五里有荆山，其上多産荆樹，故名。傍有松山，山多松樹，風雨撼之，每每作笙簧聲。

明　王都《縣尹李公生祠祀》（引自《鉅鹿縣志》卷一二）　按許氏《説文》：鉅，大也。古者鹿、陸通用，則鉅鹿、大陸一也。肆今地勢洼下，斥鹵沮洳，愚鄉鄰之萑、荻、菰蒲、黄茅、白葦、灌莽極目。

清　鍾文英　雍正《井陘縣志》卷一《山川》　柏山巖在縣東南十五里，山多産柏，甘淘河遶其下。

又卷三《物産》　菓類：桃，大小不一，種佳者少。李，有青、黄、紅三色。杏，梅，梨，有香水、秋白二種。柿，有小大二種。核桃，即胡桃。棗，有數種。羊棗，栗，葡萄，有黑、白二種。石榴，蘋菓，沙菓，文官菓，西瓜，甜瓜。藥類【略】木類：松，柏，楸，槐，榆，椿，楊，檀，楮，梧桐，橡，即栩，名芧。桑，樗，榛，柳，棎，漆，荆。花類：牡丹，馬蘭，海棠，有春、秋二種。鳳仙，鷄冠，迎春，丁香，紅、白二色。夾竹桃，五香梅，金盞，玫瑰，玉簪，木槿，榮花，菊，有紅、黄、白三色。餅子，葵，百日紅，月季，繡毬，水紅，薔薇，黄花，藍蛾，六月菊，胡椒，荷包花，石竹。草類【略】羽類：鷄，鴨，鵝，鴛鴦，寒號虫，雉，鳩，鵲，鴉，石鷄，雕，鷺，鶥，鴿，黄鸝，庚燕，鷂，梟，流鷹，鶬鶊，畫眉。毛類：馬，牛，羊，騾，驢，豕，犬，猫，狼，虎，豹，狐，鹿，貛，麞，猴，兔，鼠，熊，猬，麝。

清　朱懋德　雍正《直隸完縣志》卷一《輿地》　嚎口、壇山二社則柿林比櫛，沿岸徧山。至深秋，珠垂萬顆，類周王玉果之圓，光燦千巖，疑寒夜天星之衆。味壓江南之橘，李衡見而呼奴珍，同海上之瓜。

清　陸福宜　雍正《阜城縣志》卷一〇《物産》　果之類：有杏，杏梅，梨，有數種，秋白最佳，土人以之熬膏。棗，銀桃，甚大，雖熟不紅，味最佳。絡絲桃，紅白相間。金桃，色紅。秋桃，熟遲。櫻桃，李，青、黄、紅三種。頻婆，味最平淡。《藏經》云：上苑也無貧婆果，且來山裏吃黄虀。御黄，土培紅，牛心紅，沙果，林檎，奈子，石榴，無花果，不花而生，狀如青李，大葉勁枝。文官果，細葉柔枝，其花叢生，一顆内數房。周亮工《閩小記》云：北方有文官果，如栗之乍乳而加嫩，似蓮之初目而尤甘，咀則雪甜編貝，含則露釀廣長，加以房中，心密若規楊梅之通體，横陳室内，神清如譜荔子之將膚都艷。相傳種自上方，偶亦流傳人間，誠山中之白雲，亦寰宇之介士也。余常有『結伴同爲湖自冷，層綃剥出蕙心香』之句，但殼大而無當，實小而僅存。余笑謂友人，向欲荔大如瓜，今但望此君大如荔子，吾事足矣。葡萄。有紫、黑、白、緑四種。木之類：有桑，棗，槐，榆，椿，杜，即杜梨，名甘棠，可任剞劂。檉，柏，椒，柘，白楊，楊，柳，馬英，一名夜合，別名合歡。白粉。皮可充饑，其錢甚美。漢龔遂治渤海，令民口種十樹備饑。花之類：碧桃，迎春，丁香，金盞，金鵲，刺蘩，紫荊，木槿，夾竹桃，薔薇，十姊妹，菊，石竹，玉簪，金簪，萱花，鷄冠，蜀葵，月季，鳳仙，牽牛郎，金銀藤，轉枝蓮，剪春羅，翦秋羅，望江南，蘭菊。

清　唐執玉　雍正《畿輔通志》卷一七《山川・順天府》　松亭山，遵化州東北百二十里，上多古松。【略】黄獨岡，保定縣西南多林木，可登眺，畔有清泉環繞。

又卷一八《山川・永平府》　楸子峪，玉田縣石鼓山之后，林木叢茂，峰巒環繞，爲邑之勝景。菊花坡，府城北五里。牡丹坡，撫寧縣東北六十里，多産牡丹。坡之西有三石洞。【略】月坨，樂亭縣西南五十里海中，形如半月，廣數十頃，其間草木繁殖，雉兔充斥。冰合時，居民嘗射獵於此泮，則掉艇樵采，爲利甚溥。【略】虎頭石，府城南八里，傳李將軍射虎處。【略】松山，滿城縣西南三里。松山多松樹，風雨撼之，每作笙簧聲。《名勝志》【略】抱陽山，滿城縣西南十里。清苑有抱陽山。《金史・地理志》山勢南拱，中谷温和，隆冬冰雪不積，故曰抱陽。又以花木蓊鬱，名花陽山。【略】荊山，滿城縣西北十五里。山多荊樹，故名。《名勝志》【略】羅喬山，唐縣西三十五里，四山環抱，松柏交翠。世傳宋羅道成、喬同二仙所居，故名。【略】柏山，完縣西三十里，舊傳柏樹盈巔，撐云蔽日，因名。

又卷一九《山川・河間府》　萬春山，獻縣東十里。桃林花放，爛如鋪錦。《府志》【略】桂巖，任邱舊志：縣西北深邃如巨室，多桂木。相傳爲獻王子讀書處，今失其處。【略】楸山，靈壽縣西七十里，山多楸樹，故名。【略】紫荊山，廣平縣東北三十里，山産紫荊，故名。西逼河岸，雖經衝突，而紫荊遺本尚存。《縣志》【略】葛山，在紫山東。上有雙泉，林木森郁，葛藟尤盛，故名。《畿輔舊志》

又卷二〇《山川・大名府》　野雞山，赤城縣西北七十里，多雉，故名。【略】花鶴山，赤城縣西北馬營堡東二里，俗名東山，上多松、檜，有鶴棲止。【略】浩門嶺，龍門縣山，懷安縣西北三十里，春冬多花，上有池水，旱不涸。【略】浩門嶺，龍門縣東雕鶚堡北二十五里，明初以此爲驛，上有古松數百株，鬱然蒼秀。【略】檀山與易州西北界之白楊嶺相連，濡水逕其下，峰巒秀麗，中多檀木。《名勝志》【略】傳房水山，淶水縣北五十里又西爲竹子纏山，地多叢竹，故名。【略】白楊嶺在淶水縣西北六十里。《輿圖》在州西北四十里路通山西蔚州，嶺多白楊樹，故名，俗訛爲白羊。【略】棗山，［冀］州西南五十里，山多棗，因名。

清　吳廷華　乾隆《宣化府志》卷三二《物産》　［注略］果屬：榛，梨，桃，李，杏，柰，棗，栗，葡萄，櫻桃，蘋果，沙果，林檎，檳子，松子，無花果，胡桃，梗棗，山木瓜。木屬：松，柏，槐，椿，榆，楸，柳，楊，桑，樺，椵，杆，檜，檀，柞，棠，檉，漆，荊，枇。【略】禽屬：鶴，鵲，鴈，鷹，鷂，雕，鸛，雉，鳩，鴉，燕，鴿，鴇，鶉，角雞，沙雞，半痴，啄木，石雞，鶡鳴，黄鶯，雀，噪天，杜宇，鳶，水鴨，鷗，山書眉，脊令，蝙蝠，訓狐，鵞，鴨，鷄。獸屬：馬，驢，騾，駝，牛，羊，犬，豕，虎，豹，熊，鹿，麅，麞，麝，狼，猬，狐，兔，貛，豺，野猪，黄鼠，地猴，青羊，黄羊，秋羊，碩鼠，會鼠。

清　莊日榮　乾隆《滄州志》卷四《物産》　菓屬［注略］：桃，杏，李，梨，棗，柰子，花紅，蘋婆果，文官果，無花果，石榴，葡萄，櫻桃。木屬：柏，性堅脂，以爲榔，最耐久。桑，南鄉多種之。榆，性堅，宜造器用。子曰榆錢及嫩葉皆可食，歲凶刮其皮爲麵，可療饑。龔遂治渤海，使民口種十株。柳，有垂柳、齊頭柳二種，最易生。又有杞柳，柔條，叢生，歲一芟之，揉之可爲筐筥。楊，白楊類桐，高數丈；青楊類柳，俱易生。椿，芽香，可作蔬。臭者曰樗。椿木實而葉香，樗木疏而氣臭。槐，檜，俗呼刺松。杜，一名甘棠，可作劄劂。實曰杜梨，亦可食。檉，俗呼西河柳。《河間府志》云：性浮，爲舟可以任重。荆，叢生，莖方，葉對生，亦可爲筐。棘，多生邱墓、溝堐間，實即酸棗。草屬【注略】：菌，苜蓿，葦，蒿，麻，艾，藍，茜，茅，鹽蓬，烟草，馬藍，莎，萆麻子，鈴兒草，解毒草。藥屬【注略】：地黃，甘草，牽牛，薄荷，荆芥，蒲公英，益母草，菟絲子，茵陳蒿，紫花地丁，車前子，白蒺藜，蘇子，蟬蛻，芒硝，海螵蛸，牡蠣，枸杞，地骨皮，斑猫，木賊草，瓜蔞仁，天花粉，夏枯草，穀精草，蒼耳子，金絲荷，大薊，□□，麻黃。花屬【注略】：迎春，探春，山芥花，水仙，碧桃，丁香，鐵梗海棠，蘭枝，金雀花，黃刺蘼，玫瑰，薔薇，紫荆，月季，長春，夾竹桃，紫薇，珍珠花，紫藤，金銀花，纏枝牡丹，荷包牡丹，蜀葵，紫蝴蝶，牡丹，芍藥，木槿，虞美人，罌粟，荷，西番蓮，石竹，鳳仙，剪春羅，邑蕉，鴨跖，望江南，六月菊，六月藍，金銀花，萱花，扁竹，百合，馬纓，雞冠，火毬，江西蠟，蓼花，浴神珠，玉簪，秋海棠，草茉莉，葵花，老少年，菊，僧帽菊，竹。毛屬【注略】：馬，驢，牛，羊，犬，豕，猫，狼，獾，狐，狸，貉，地猴，黃鼠，鼠，兔，刺猬，地羊。羽屬：鵝，鷄，鴨，有家鴨、野鴨。鴿，一名飛奴。燕，胡燕斑襟聲小，越燕紅襟聲大。麻雀，鵲，烏，反哺曰烏，不反哺曰鴉。蟬鵝，狀類鵝，頭長，羽可作箭。鶴，灰、白二種。鸛，鴞，鐵脚，沙鷄，鵪鶉，雄者善鬥，人多畜之。鴷，一名啄木。鷹，《爾雅》：翼大者爲鷹，小者爲鷂。天鵝，雁，鳶，鵜鶘，俗名淘河。鷺鷥，鳩，即反舌。靛雀，桑扈，一名蠟嘴。布穀，鷦鷯，其嶋名巧婦。黃鸝，善轉。北畫眉，一名灰串。阿鸝，聲似畫眉。白翎，紅料。

清　李光照　乾隆《東安縣志》卷八《風物志・物産》　果類：梨，棗，杏，李，桃，沙果，蘋婆果，核桃，葡萄，金梅，水梅，麝香紅，三種俱杏類。玉黃子，即黃李。柿，牛心紅，《格物論》：柿有名牛心者，即小紅柿。石榴，唬喇檳，金桃，櫻桃，菱，鷄頭，楸子，蓮子，柰子，文官果，紅果。木類：榆，柳，槐，椿，楊，青、白二種。松，柏，檟榆，杜，即杜梨，一名甘棠。銀母，即夜合樹。桑。王介甫詩：幽燕桑葉暗川原。今則稀少，其葚可爲糧。【略】禽類：鸛，鵝，鴨，雀，鵲，燕，雁，黃鸝，鴛鴦，雞，烏鴨，雉，蠟嘴，即桑扈。鵪鶉，鷀鶘，俗名兹老。鳩，秃鶖，魚虎，鷺鷥，鷹，鷂，鴞，梟，天鵝，地鵏，鷗，鴟鴞，啄木，鐵脚，烏鴉，鶘汀，黃頭，白翎。獸類：牛，馬，騾，驢，猪，羊，獐，犬，貓，狐，鹿，貉，兔，狼，鼠，獾，香鼠，鼢鼠，地羊。

清　孟思誼　乾隆《赤城縣志》卷一《山川》　鶴山，《畿輔通志》：縣西北馬營堡東二里，俗名東山，柏檜森然，白鶴恒棲其上，故名。滴水崖，【略】《巡邊日記》：滴水崖在堡西北三里許，山半千松嶺，松陰茂密，其上平岡蜿蜒，有松十二株，亭亭如排衙。樺嶺，《北中三路志》：馬營北五十里多産樺木。

又卷三《食貨志・物産》　果屬：榛，桃，李，杏，松子，無花果，楔棗，一名羊棗。山木瓜。一名文官棗。木屬：松，柏，槐，椿，榆，楸，楊，柳，樺，椵杆，檜，榴，荆。花屬：芍藥，丁香，迎春，探春，月季，菊，薔薇，罌粟，錦葵，蜀葵，鳳仙，珍珠，石竹，萱花，山丹，玉簪，金盞，鷄冠，水葓，金蓮，扁竹，紅刺梅，玫瑰，轉枝蓮，紅娘子，十樣錦，藍菊，向日葵，蝴蝶花，郁李，黃金帶，翠雀，麗春，金雀。【略】禽屬：鶴，雀，鴈，鷹，鷂，鸛，雕，雉，鳩，鴉，燕，鴿，鴞，鶉，角鷄，沙鷄，半癡，啄木，石鷄，鶡鳴，水鴨，鳶，鷗，山畫眉，鶺鴒，蝙蝠，鵝，訓狐，鴨，鷄。獸屬：馬，驢，駝，羸，牛，羊，犬，豕，虎，豹，熊，鹿，麅，麞，麝，狼，猬，狐，兔，獾，豺，野豬，黃鼠，地猴，青羊，黃羊，秋羊，碩鼠，會鼠，貓。

清　劉統　乾隆《任邱縣志》卷三《食貨志・物産》　果之屬：葡萄，《漢書》作蒲陶。桃，李，杏，梨，棗，柿，柰，石榴，羊棗，馬牙棗，沙果，蘋婆果，來禽，即林檎。檳子，桑椹，文官果，芡實，即雞頭。菱角。【略】木之屬：松，柏，桑，杜，即甘棠。榆，槐，楊，柳，香椿，檉，樞，即臭椿。柘。花之屬［注略］：雞冠，荷，菊，蜀葵，向日葵，茉莉，石竹，玉簪，玫瑰，鳳仙，秋海棠，長春，薔薇，丁香，夾竹桃，迎春，探春，月季，水紅，牽牛郎，串枝蓮，草芙蓉，萱草，茨莓，荼蘼，合歡，十姊妹，佛見笑，虞美人，江西辣，竹葉梅，罌粟，童姑娘。【略】禽之屬［注略］：雞，鴨，鵝，鴿，燕，鵲，雀，烏鴉，鵪鶉，窩練，鶯不落，倉庚，鷂，鴞，啄木，天鵝，鴞，鳩，鷹，鶯，梟，姑鵈，蠟嘴，鷦鷯，蝙蝠，翠雀，靛雀，信天緣，謾畫。獸之屬［注略］：馬，騾，驢，牛，羊，豕，犬，兔，狐，獾，猫，鼠，黃鼠狼，土豹，狸子。

清　王錦林　乾隆《鷄澤縣志》卷八《風俗・物産》　果之類：蘋果，梨，棗，數種。羊棗，無花果，杏，文官果，梅，花紅，沙果，柿，石榴，桃，李，葡萄，胡桃，蓮子，錦荔枝，紅薯，香芋。木之類：椿，香、菜二種。榆，桑，楊，青、白二種。槐，栢，桐，棠，楸，楮，杜，樗，山川柳，椒，皂角，界桑，荆，棣，檉。花之類：牡丹，芍藥，月季，百日紅，荷，菊，洋菊，木槿，玉簪，雞冠，石竹，匾竹，金鳳，金盞，金銀花，鳳仙，葵，蜀葵，海棠，秋海棠，碧桃，夾竹桃，洋桃，人面桃，紫荆，丁香，白、紫二種。玫瑰，芙蓉，迎春，長春，刺梅，薔薇，石榴，馬櫻，草茉莉，數種。水紅花，佛指甲，剪秋羅。【略】禽之類：鵞，鴨，雞，鴿，鴉，雁，燕，鳩，鷹，兔虎，鷂，鵲，鸛，鴟，鵪鶉，蠟嘴，鷺鷥，黄雀，啄木，雀，葦喳，子規，布穀，鵜鶘，鸜鵒，鶡，黎雞，麻衣雀，阿鸞，鶯，沙雞。獸之類：牛，馬，驢，騾，羊，豕，犬，兔，獾，狐，狼，猫，花貍虎，黄鼬。

清　黄景曾　乾隆《邱縣志》卷一　木之品：松，柏，槐，桑，柘，椿，楊，楮，檜，棠，棣，棘，藤。惟榆、柳最多，間有竹，不甚茂，久之多槁。果之品：桃，李而下杏，核桃，沙果，石榴，林檎，葡萄，無花果。若蘋果、落花甜頗少，惟棗、梨最宜，邱多有之。【略】花之品：海棠，芍藥，薔薇，紫荆，荼蘼，玫瑰，丁香，月季，槿，萱，雞冠，石竹，匾竹，金雀，玉簪，金盞，蜀葵，長春，馬纓葵，鳳仙，水紅，迎春，金錢，刺梅，荷花，鶯粟，轉枝蓮，剪春，秋羅，獨鞠類最多。毛之品：【略】在野者，狐狸、獾、兔，無鹿，文廟丁祭以羊代之。【略】羽之品：雉，鵪鶉，鳩，鵲，啄木，布穀，鴉，雀，燕，雞，鴨，鵝，鴿，畜於家者勿論。

清　黄文蓮　乾隆《唐縣志》卷一《物産》　菓之屬：有葡萄，有石榴，有核桃，有林檎，有木瓜，有菱芡、蓮藕，其多者，桃、李、柿、杏、棗、栗。木之屬：有松，柏，有楝，有棠，有桐，有楸，有楮，其多者，槐、柳、桑、榆。花之類：有珍珠，有凌霄，有地瑞，有草桂，有蜀李，四季槐，梅，桂，海棠，芍藥，萱草，素馨皆生焉。羽之族：不恒畜者，有鷺，有梟，有雉。毛之屬：有鹿，有狼，無虎，豹，多兔，其擾者六畜。

清　海忠　道光《承德府志》卷一〇《公署》〔道署〕堂下蒼松二株，是百餘年物，對拱簷楹，鈎枝虬互，如張庭幔，陰匝四隅，兩旁甃以瓴甓，環以朱楯嘉樹之植，足以方茲。由堂下西廂而入，北爲幕齋，南爲來薰園。老屋數椽，庭前瘦柳、古桑，皆非近時所植。四圍文石碁布，瓜畦菜圃錯雜其間。堂後一井甚冽，踰小磵西折，而北傍有卧石鐫『來薰』二字，迤西而北有曲沼，宛轉如舟。又北南嚮架屋三楹，牓曰『嘉樹讀書堂』，款署與九。簷額『來薰』。【略】西邊一亭牓曰『恰亭』，東有屋二楹，簷額『聽濤山館』。款署靖堂海忠。沿徑細草輭莎，虬松森列，墻外居民烟火，鱗瓦參差。塞上官齋斯園爲最。二堂之後爲三堂，内宅三楹，左右俱有羣房，又西平屋三楹，箭廳一所，署垣依山而立，後距宫墻八十四步。《初纂》〔府署〕堂之西北爲小園，環署皆山，長松森列，墻外草庵板屋，野趣天然，中有横塘一鑑，循橋而北，構屋三楹，顔曰一邱一壑，自謂過之。

又卷一八《山川》　五峰山　五峰山在松州西南九十里，有古寺石井，周圍松林。《元一統志》五峰山當在今赤峰縣境，又考今豐寧縣屬鑲白旗之東北有五峰山，爲元興州、松州交界處，或爲松州之五峰山，未可定也。《欽定熱河志》

梓木山　梓木山在和衆縣東南二十里，以山多梓木，故名。

又卷二八《物産・果類》　普盤，木本，叢生，結實味甘酸，略似楊梅。《欽定熱河志》聖祖御製《康熙幾暇格物編》：普盤即木莓，一名懸鈎子，《爾雅》所謂葥也。案《本草》云：懸鈎樹生高四五尺，其莖白色，有倒刺，其葉有細齒，頗似纓桃葉而狹長，又似地棠花葉。四月開小白花，結實色紅，味酸美，人可多食之。有以爲即覆盆，誤也。蓋莓有三種，滕生緣樹而起者，大麥莓，乃入藥之覆盆也。樹本挺而叢生者，木莓，一名山莓，即普盤也。草本委地而生者，地莓，亦名蛇莓，不可食，今江南人謂之蛇盤也。櫻額，樹不甚高，叢生，結實離離可愛，形如黑葡萄而差小，至秋熟可食，味甘澁。《欽定熱河志》聖祖御製《康熙幾暇格物編》：櫻額，果屬也。産於盛京烏喇等處，古北口外亦有之。其樹叢生，果形如野黑蒲桃而稍小，味甘澁，性温煖，補脾止泄，鮮食固美，以至曬乾爲末，可以致遠，食品中適用處多，洵佳果也。今山莊之千林島徧植此種，每當夏日，則纍纍綴枝，游觀其下，殊堪娱目，不獨秋實之可採也。倒弔果，形如山梨而差小，其花實皆下垂，故名。熟時可食，其味酢。《欽定熱河志》聖祖御製《康熙幾暇格物編》：倒弔果，俗名弔搭果，形似山梨而小，體微長，味酢，肉多沙，長蒂。諸果始生時皆向上，此果花實皆下垂，故名。生時堅澁，熟乃沙，性暖，利健脾消食。樹枝葉俱如梨，爲秦中物産，今遵化沿邊有之。而考之書籍，草木諸譜皆不載倒弔之名。

惟司馬相如《上林賦》云：荅遝離支。荅遝音近打拉。張揖注云：荅遝，果名。案：梅堯臣牡丹詩用『打拉』二字。北人方言以『敧垂』爲打拉，是荅遝名果，或因其下垂也。《説文》、《海篇》俱作榙遝果，今名弔搭，或是荅遝音之轉耳。花紅【略】北天竺，叢生，深秋結實，色正赤，類南天竺子。《欽定熱河志》塞山奇種異植，茂密蒙茸，神農、岐伯有所未辨，郭璞、陸佃夫豈能疏。有倒生絶壁，不與恒羣，結子纍纍，玫瑰靺鞨其色，而扶緑葉者，問之蒙古，不能舉其名，與南天竺子相類，因名之曰北天竺。《御製北天竺詩序》【略】烏沙爾器，樹名，生塞外，秋結紅果，一枝纍纍千百顆。《廣羣芳譜》高數尺，實如櫻桃而小，可食，味酸苦。《欽定熱河志》【略】奇石密食，緑葡萄也，結實無子。本布哈爾種，西域平定後，自回部移植。《欽定熱河志》奇石蜜食，回語録葡萄之名也。凡葡萄皆有子，此獨無子，截條植地而生。回中古亦無此種，云數百年前，自布哈爾始得之，布哈爾去葉爾羌西又數千里。前年命取根移植禁苑，今成活結實，詩以紀事。《御製奇石蜜食詩序》【略】榛，大寧土産榛。《元一統志》今塞山多有之，實極美好。土人每收貯鬻於關内。常山峪行宫中榛樹尤多，山莊内之西嶺有榛子峪，亦以此得名。《欽定熱河志》【略】梨，梨，山樆，又謂之檖。《爾雅》梨生山中者名樆檖，實似梨而小，酢可食。《爾雅注疏》檖，一名山梨也，一名鹿梨，一名鼠梨。陸璣《疏》余奉使北遼，至松子嶺，舊例互置酒三行，時方窮臘，坐上有北京壓沙梨，冰凍不可食。接伴使耶律筠取冷水浸良久，冰皆外結，已而敲去，梨已融釋。《文昌雜録》大寧路大寧、富庶二縣，惠州興中州、建州皆土産梨。《元一統志》山莊内有梨樹峪，蒙古謂梨爲阿里瑪，建昌縣境内有阿里瑪圖谷，亦以有梨處得名。又一種名罐兒梨，味甘而小。一種名山梨，亦作酸梨，又名香水梨，味酢而多水。《爾雅》謂之檖，《本草》謂之野梨，汁經煉成膏，味鮮美。《欽定熱河志》梨花，熱河入梨樹峪，過三岔口，循澗西行可里許，梨花萬樹。《畿輔通志》【略】棗，大寧路富庶縣、惠州、興中州、建州皆土産棗。《元一統志》蒙古謂棗爲齊巴噶，今平泉州建昌縣諸境内有齊巴噶山及齊巴噶溝，皆以棗樹得名。又一種名酸棗，似棗而小，《爾雅》謂之樲，注云『樹小實酢』者是也。《欽定熱河志》栗，惠州土産栗。《元一統志》塞外栗結實微小。《圖經》謂燕山栗小而味最甘，今熱河所有，大抵皆燕種也。蒙古謂栗爲呼什哈，今灤平縣有地稱呼什哈者，即以栗樹得名。《欽定熱河志》核桃，一名胡桃。《學圃餘疏》曰：核桃，北果而宜山種。今塞山多有之。《欽定熱河志》松子，松歲久則實繁，中原雖有，不及塞上者佳好也。《本草》桃，大寧路大寧縣、惠州、興中州皆土産桃。《元一統志》今豐寧縣之白雲洞、平泉州之鳳凰嶺諸處尤多。又一種名山桃，《爾雅》謂之褫，注云：實如桃而小，不解核。《羣芳譜》謂之毛桃。《欽定熱河志》杏，大寧路大寧、富庶、金源三縣，惠州、興中州、建州，皆土産杏。又富庶諸縣土産杏仁。《元一統志》今關外多杏，山中有老杏根，文理細密，可飾器。【略】柹，經霜早熟，其一種軟柹，實小而長，亦名牛奶柹。安石榴，山家有之。其一種名海榴，植以供盆玩，亦能結實。已上《欽定熱河志》山樝，土名稱爲山裏紅，結果較内地差小，味酸。《口北三廳志》一種小者，實有赤、黄二色，堪入藥；大者經霜乃紅。《羣芳譜》今塞山多有之。《欽定熱河志》櫻桃，楔，荆桃，今櫻桃。《爾雅疏》櫻桃，含桃也。《廣雅》羞以含桃。《月令》興中州土産櫻桃。《元一統志》有赤、白二種，白者尤難得，今山莊内有之。【略】今平泉州有櫻桃溝。又一種名山櫻桃，子小而尖，亦可食，而味遜。《欽定熱河志》郁李，大寧路和衆縣、建州皆土産郁李仁。《元一統志》【略】葡萄，白葡萄出興中州城西北隅。《元一統志》三衛土産白葡萄。《明一統志》有紫葡萄、水晶葡萄、馬乳葡萄數種。又一種名山葡萄，苗、葉、花、實皆與葡萄相似，惟實小而圓，即《豳風》之薁也。《羣芳譜》謂之野葡萄。《欽定熱河志》山葡萄，一名燕薁，粒小味酸。《畿輔通志》烏喇柰，一名歐李子，土人稱爲酸丁。《欽定熱河志》烏喇柰，塞外紅果也，實似櫻桃而大，味甘酸，不可多食。《羣芳譜》【略】巴欖仁，杏子何如巴欖良。

又《木類》　松，自過古北口山中，長松鬱然。宋王曾《上契丹事》松州在松林南境。《元史》大寧路富庶縣、龍山縣、惠州皆土産松。《元一統志》近邊諸地經明嘉靖時胡守中斬伐。遼、元以來，古樹略盡，然山中尚多松林，以黄松爲貴。又有白松，《廣羣芳譜》謂之杄松，其榦直上，枝葉如盤，下枝長，以上漸短，遠望無異浮圖，其體最輕。蒙古謂松爲納喇蘇，今塞外諸山多有稱爲納喇蘇台者，皆以有松處得名。山莊内則喬松尤多。《欽定熱河志》高宗御製松詩：千林蒼翠皆空，幾株謖韻嚴風。底視巖枝澗葉，芳時許爾相同。宋蘇頌《摘星嶺》詩：遠目平看萬嶺松。又《游中京鎮國寺》詩：青松如拱揖，棟宇欲騫騰。

國朝于敏中《恭和御製栴檀林松》詩：作蓋合於香界護，聆音或有法螺吹。靈根琥珀何年結，證大因緣是此時。前題汪廷璵詩：已看纓絡枝頭綴，疑有笙簧烟外吹。初地植來先結蔭，便如五葉證禪時。案：《方輿紀要》載，萬松山在廣寧衛西北十五里，山多松，因名。則知《契丹國志》稱奚竄居松漠之間，《北蕃地理志》稱興中府界西北松陘嶺。《(宗)〔宋〕元史質》稱王惠導閣訽由松亭往。《富鄭公行程録》：自中京正北至松山館，皆以多松處得名。而臨潢西之千里松林，目爲平地松林。《胡嶠陷北記》謂自上京東行，地勢漸高，西望平地，松林鬱然數十里，則又以松得名之一證也。落葉松，塞外興安嶺多有之，其皮蒙古無茶時用以代茶。本性最堅，其刺有毒，入肉即爛，入水即沉，所以木商不取。其幹直挺參天，枝葉蔚然，恍若九霄羽蓋，經秋葉脱，至春復生。《廣羣芳譜》生獨石口外黑龍山中，其葉至冬輒落。《口北志》松葉杉身，生興安嶺北，質極堅緻，入水土中年久化爲石。松上寄生白脂，厚五六寸，光潔如玉。《欽定熱河志》聖祖御製《康熙幾暇格物編》：五臺及口外興安高寒之地有樹，名落葉松，枝幹與杉無異，而針亦青葱如蓋，惟經霜雪後則葉盡脱。其木質甚堅，有微毒，斫伐時誤入肌膚，驟難平復。根株歷久不朽，沉埋水土中則變爲石，可供磨礪之需，亦松杉之别種也。【略】鳳尾松，松葉如鳳尾，故名。栴檀林階砌間有石孔尺許，乾隆乙未歲植鳳尾松於此。《欽定熱河志》【略】楓，楓樹似白楊，葉圓而歧。《爾雅注》塞山多有之。秋初未經霜已有紅葉，秋深則全頳紅。山莊内北嶺尤多。《欽定熱河志》【略】梌，即楓之屬，叢生，歲久成文理，甚爲堅緻，材中諸器。《欽定熱河志》聖祖御製《康熙幾暇格物編》：楓樹，南北不同，北方原無楓樹之名，自南巡見楓樹，方知北方之梌木即是楓樹，但南方厥木惟喬，所以直生，北方厥木惟叢，故矮短耳，其枝葉則相同也。檜，塞山多有之，與落葉松相似而非，《廣韻》以爲即栝也。《欽定熱河志》【略】榆，大寧路富庶、和衆、龍山三縣，惠州、建州，皆土産榆。《元一統志》高州有榆山，其山多榆木，因名。同上。熱河諸境稱榆樹溝及榆樹林者甚多。蒙古謂榆爲海拉蘇，圍場中地有稱海拉蘇台者，亦以有榆處得名。其堅老者，可任車軸。又有榆癭生榆樹上，鋸爲片，色黄，文細密，可以飾器，土人稱爲疙疸榆。《欽定熱河志》高宗御製《榆》詩：自昔稱榆塞，經過乃識榆。入林雖有徑，望樹似無隅。絶壑蟠深翠，平沙卧老株。鸒鳩時決起，跳兔善騤瞿。一帶排天仗，千頭媿木奴。縱輸春色好，均被露華濡。便是遊星漢，焉知在朔區。闕荆如到此，健筆早應圖。桑，白川州地宜桑柘，民知織紝之利。宋曾公亮《武經總要》川州在中京東四百三十里，地宜桑柘，民知織紝。《北蕃地理志》居人草庵板屋，耕種但無桑柘。宋王曾《上契丹事》【略】柘，即山桑，似桑，材中作弓及車轅。《爾雅注》弓人取幹，柘爲上。《考工記》塞山有之，葉可飼蠶，材可作器。《欽定熱河志》槫欏樹，山中長槫欏處即爲蠶場，又穀雨後出子，斫槫欏枝。宋曾公亮《武經總要》土人取其葉以飼山蠶，或以爲即槲也。今朝陽縣土默特山中尤多，至秋深霜降，其葉丹黄，與楓林相映。【略】椵，椵木葉最大，類團扇，其皮可以當麻，取爲魚網之綱，牢固殊常。《廣羣芳譜》大寧路和衆縣、龍山縣土産椵木。《元一統志》今灤平縣境内有椵樹嶺，蒙古謂椵爲多們，圍場中地有稱多們者，亦以椵樹得名。《欽定熱河志》【略】樺，樺古作檴，畫工以皮燒烟熏紙作古畫，字故名檴，俗省作樺。又其木有小斑點，紅色，皮厚而輕虚軟柔，匠家用襯韉裏，及爲刀靶之類，謂之煖皮，其皮色白。《本草》嬀州土貢樺皮。《唐書·地理志》大寧土産鵲韓皮。《元一統志》三衛土産鵲韓皮。《明一統志》今灤平縣境有大小樺榆溝。蒙古謂樺爲威遜，平泉州諸山多有稱爲威遜圖者，皆以有樺處得名。凡弓矢諸器用，多取資焉。《欽定熱河志》【略】杉，塞山有之。蒙古謂杉爲楚古爾蘇，圍場中地有稱楚古爾蘇者，以杉樹得名。《欽定熱河志》柏，惠州土産柏。《元一統志》今塞山有之，其大者亦可爲器用。《欽定熱河志》梓，大寧路和衆縣土産梓，又和衆縣有梓木山，其山多梓。《元一統志》槐，有青槐、白槐二種。《欽定熱河志》櫟，櫟似樗之木也。《爾雅疏》櫟實橡也，郭云：有梂彙自裹。孫炎注秦人謂柞櫟，河内人謂木蓼爲櫟。陸璣《疏》【略】楊，有青楊、白楊二種。【略】柳，塞外驛道官柳最多，伐者有禁。烈日暑歊，可以蔭暍。又有沙柳，高不過六尺，圍不過五分，有紅、黄二色，間亦作花颺絮，生沙灘中，如荆棘然。《口北志》一種名河柳，《爾雅》謂之檉。【略】曬樹，塞外樹名，其花黄，産山中。灤平縣境内有大、小曬樹溝。六道木，塞外樹名。榦有紋六道，細如線，而界畫甚匀，産山中。明開夜合，塞外樹名，結實纍纍，色粉紅，狀如秋海棠，中含紅珠，晨放暮斂，故名。産山中，其木色白，可以飾器。已上《欽定熱河志》夜亮木，生塞外山中，枯木根入土千歲，煜有光晶，移至暗室中，毫髮皆見，以素瓷貯水投之，澄澈通明，略無障翳。《欽定熱河志》

又卷二九《物産・禽類》

鶴，山莊内多畜之。有松鶴、清越、放鶴亭諸勝。《欽定熱河志》有灰、白二種。熱河進榛子峪夾嶺虬松蒼蔚，鳴鶴飛翔。《畿輔通志》【略】鸕鷀，山莊湖中多有之。《爾雅注》曰：觜頭曲如鈎，食魚。宋陸佃《埤雅》曰：鸕鷀，水鳥，似鶂而黑。《本草》謂，一名水老鴉。《欽定熱河志》【略】雁，來賓較關内爲早，古稱雁磧、雁塞。雁，本朔漠所産。今關外秋風初厲，嘹唳滿空，千百爲羣。《欽定熱河志》【略】鷹，鷹隼醜。《爾雅》。陸璣云：隼，鷂屬也。鸇，負雀。《爾雅注》：鸇，鷂也。在北爲鷹，在南爲鷂。一云大爲鷹，小爲鷂。《爾雅翼》出漠北白者，身長且大，細斑短脛，生沙漠之北。出東道白者，腹背俱白，生盧龍、和龍以北。唐段成式《酉陽雜俎》松州每歲貢納鷹鶻。又建州土産皂鷹、細鷹、鵊兒。《元一統志》鵊，似鷹而小，能捕雀。《廣韻》考《爾雅》以鷹爲鶆鳩。又鸇，注云：鷂也。是鷹與鷂本爲二種。今塞外山中多有之。《欽定熱河志》。【略】雉，《本草》曰：雉，雄者文彩而尾長，雌者文暗而尾短。《爾雅》釋雉有十四種，今土人但呼尾長者爲雉雞，尾短者爲野雞。塞外凡山谷間處處有之。《欽定熱河志》【略】雀，短尾小鳥也，故字從小從隹，棲宿簷瓦之間，故曰瓦雀。《本草》俗呼老而斑者爲麻雀，小而黄口者爲黄雀。《欽定熱河志》【略】野鴨，鶩，野鳧也。《説文》野鴨爲鳧，家鴨爲鶩。《尸子》鳧狀如鴨而小，雜白青色，肥而耐寒。陸璣《詩疏》今塞外水泊中多有之。《初纂》【略】火雞，亦雉類。宋陸佃《埤雅》曰：鷸似雉而大，黑黄色。《本草》謂，青黑色者名鶡。今塞外山中所産火雞，黑身白尾，紅冠赤足，蓋即鶡雞之屬。《欽定熱河志》【略】雕，似鷹而大，黑色，俗呼皂雕。《埤雅》皂雕，鷙也，出北地，青雕出遼東。《本草》鷂，《説文》但以鷂爲鷙鳥，陸璣《詩疏》以隼爲鷂。《埤雅》曰：鷹之搏噬，不能無失，獨隼爲有準。《欽定熱河志》鶻，鶻，鷹屬。《廣韻》鶻，拳大如彈丸，俯擊鳩鴿。《埤雅》建州土産鶻。又松州每歲貢納鷹鶻。《元一統志》皇慶元年，賜大都留守伯帖木兒白兔鶻一，翎翮皓潔，白雪同皎。至延祐元年，毛羽變赤，光采艷奕異於尋常。《松雪齋集》北人二月三月放鶻號、海東青打雁。《使遼録》【略】鸛，似鴻而大，樹上作巢，大如車輪。陸璣《詩疏》似鵠而巢樹者爲白鸛，黑色曲頸者爲烏鸛。《本草》鸝，《詩義疏》曰：黄鳥，鸝鶹也，或謂黄栗留，幽州謂之黄鶯。今無黄鶯之名，土人但呼曰黄鸝。《欽定熱河志》燕，羅苹《路史》注引張采《使遼録》曰：中京牛山館北去，羣燕飛翔，大如鳩鴿。《本草》曰：燕有兩種，紫胸輕小者是越燕，有斑黑而聲大者是胡燕。今熱河諸處燕至秋後不復他去，輒蟄入土隄沙磧中。【略】烏，活羅漢語慈烏也。北方有之，狀如大雞，善啄物，見牛、馬、橐駞脊間有瘡，啄食之。若饑不得食，雖砂石亦食之。《金史》鳴鴉大似鷹。元周伯琦《上京途中紀事詩句》鳩，鳩類甚多，今土人多呼爲斑鳩。鴿，居人畜之，亦有野鴿。鵲，一種土人稱爲山喜鵲者，狀似鵲，而尾長如綬，毛羽可觀。已上《欽定熱河志》鶉，鴽，鴾母。注：鵪也。又曰：鵪鶉，其雄鶛，牝痺。注：鵪屬。又：鶉子鳼，鴽子鸋。注：别鵪、鶉雛之名。《爾雅》鵪與鶉兩物也，形狀相似，但黑色無斑者爲鵪。今土人總稱爲鵪鶉，灤平縣境内有鵪鶉溝，以地多産鶉，故名。《欽定熱河志》白翎雀，生於烏桓朔漠之地，雌雄和鳴，自得其樂。世皇因命伶人碩德閭制曲，以名之。元陶宗儀《輟耕録》，互見《静志居詩話》。白翎雀能制猛獸，尤善擒駕鵞。元楊廉夫《詩注》【略】山畫眉，善鳴，與他處所産不甚殊，獨以卵珍，大僅如蓮子，緑如松石，亦有白色及斑褐文者，土人鎔蠟貫其中，以爲簪珥之飾，鬻於關内。《欽定熱河志》沙雞，古名鵽鳩，其色淡黄，形如鴿，爪有毛。《爾雅》曰：鵽鳩，寇雉。注云：大似鴿，似雌雉，鼠腳，無後趾，歧尾，爲鳥憨急，羣飛，出北方沙漠地，亦名突厥雀。《唐書・突厥傳》：鳴鵽羣飛入塞，吏曰所謂突厥雀者是也。本朝天聰七年八月，鵽鳩羣集，國人皆曰遼東素無此鳥，今蒙古之雀來，必蒙古歸順之兆。明年，察哈爾額哲來降。今豐寧等處多有之。《欽定熱河志》亦名半翅。《畿輔通志》似竹雞而小，其性憨急，故又云半癡。《口北志》鐵腳，土人稱爲鐵雀。【略】啄木，此鳥有大有小，有褐有斑，褐者是雌，斑者是雄。《異物志》山中一種大如鵲，青黑色，頭上有紅毛者爲山啄木。《初纂》

又《獸類》

鹿，塞山産鹿最盛，其角自兩叉、四叉、六叉至八叉，年久則數至八叉以外。蒙古謂鹿爲布古，今圍場中地及府屬州縣内之山多有稱布古圖者，皆以有鹿處得名。每歲行圍時，獲鹿不可勝計。山莊内孳息更蕃，有馴鹿坡之勝。【略】麅，形似麞，角似鹿而短，僅一兩叉，塞山多有之。蒙古謂麅爲朱爾，今圍場中地及府屬境内之山多有稱朱爾圖者，皆以有麅處得名，其白色者尤珍。【略】麋，牡麔，牝麎，其子麇，其跡躔，絶有力狄。《爾雅・釋麋》鹿屬也，冬至解其角。《説文》與鹿相似，毛作梅花斑者爲麋。圍場內多鹿、麅而少麋，迤南始有之。《欽定熱河志》馬【略】橐駞，其奇畜則橐駞。《史記・匈奴傳》韋昭注：背肉似橐。《漢書》師古注：能負橐囊而馱物也。深谷中時見畜牧牛、馬、橐駞。宋王曾《上契丹事》今云駱駞，蓋音之轉。《爾雅翼》橐駞本塞外之産，漢時中土罕見，故以爲奇畜。今蒙古謂駞爲承墨飼秣得宜，最爲蕃息。《欽定熱河志》上都達布遜諾爾騸駞六羣，達里岡崖騍駞一十六羣。《口北志》青羊，契丹多青羊。宋王曾《上契丹事》《格物論》曰：羊有青者，南人所罕見。今塞上多有之。善走屜巖間，爲山羊之一種。《欽定熱河志》【略】飛狐，鋭頭闕口，耳小尾長，毛深褐色，翅如鼈裙，四足生翅，中前三爪，後五爪。能飛，不踰尋丈。見《敬業堂詩注》聖祖御製《康熙幾暇格物編》：飛狐産於口外密樹林中，形似狐，肉翅連四足及尾。能飛，但能下而不能上。《續博物志》云：飛狐亦名飛生，今山陜有飛狐嶺、飛狐口，當時必以物産得名。而《名勝志》曰：有狐食五粒松子，遂成飛仙。其説荒誕，皆因未知天下有所謂飛狐也。【略】飛鼠，首及尾皆似鼠，翅與飛狐同。《欽定熱河志》《聖祖御製康熙幾暇格物編》：口外又有飛鼠，與飛狐相類，特頭尾似鼠，形體小於狐，《荀子》所謂『鼫鼠五技而窮』也。虎 秋捺鉢曰：伏虎林，七月中旬，自納涼處起牙帳入山射虎。《遼史・營衛志》《元史》稱松州知州布薩圖格前後射虎以萬計。以是知口外産虎，自昔爲衆，今塞山多有之。蒙古謂虎爲巴爾，圍場中地及府屬境内之山多有稱巴爾圖者，皆以有虎處得名。每過駐蹕山莊，常命虎鎗人殺虎。至行圍時，親御虎神鎗殪虎。【略】豹，營州土貢豹尾。《唐書・地理志》今塞山多有之。以金錢文者爲貴，艾葉文者次之。《欽定熱河志》【略】熊，平州土貢熊鞹。《唐書・地理志》唐段成式《酉陽雜俎》曰：猪熊其形似豬，馬熊其形似馬，今塞山多有之。小者爲狗熊，其一種大者爲人熊，《本草》謂即羆，而不常見。《欽定熱河志》狼，形大如狗，青色，善逐獸。宋陸佃《埤雅》今大塞山多有之。蒙古謂狼爲綽諾，府屬境内之山多有稱綽諾圖者，皆以有狼處得名。《欽定熱河志》【略】麞，麕，牡麌，牝麜，其子麆，其跡解，絶有力豣。《爾雅》釋麕麕，麞也。《説文》麞，一名麕。崔豹《古今注》形似鹿而無角，今塞山有之。《欽定熱河志》麝，營州土貢麝香。《唐書・地理志》嬀川郡貢麝香十顆。杜佑《通典》奚常採北山麝香。《五代史・奚附録》今塞外有之。《爾雅注》所謂『脚似麕有香』者是也。《欽定熱河志》又麝形似麞，俗呼香麞。

《畿輔通志》野馬，如馬而小，出塞外。《爾雅注》野馬日走五百里。《穆天子傳》良馬名騊駼。《字林》云：北狄良馬也。曰野馬。《爾雅疏》禽獸異於中國者有野馬。《後漢書・鮮卑傳》奇畜則騊駼。《史記・匈奴傳》騊駼，野駿，産自北域。郭璞《騊駼贊》驒騱，《匈奴傳》索隱引《説文》：驒騱，野馬屬。徐廣謂驒騱，巨虛之屬。考《逸周書・王會解》：孤竹巨虛。孔晁注云：巨虛，驢驘屬。然塞外不産驢驘，所謂驒騱、巨虛蓋野馬之類。《欽定熱河志》野驘，驢牡馬牝生驘。崔豹《古今注》塞外無驢，故無畜驘。惟野驘則有之，産沙磧中。《欽定熱河志》驢，塞外向不産驢，今迤南之地亦有之。蒙古部落惟喀喇沁有驢，以承平日久，復有内地連界，故有其種。《欽定熱河志》牛【略】野牛，《後漢書・鮮卑傳》曰：有角端牛，以角爲弓，俗謂之角端弓。《史記・司馬相如傳》作角觽。郭璞謂角觽似貊角，在鼻上，堪作弓。李陵嘗以此弓十張遺蘇武。既云角，可爲弓，自當爲常見之獸。而又稱角在鼻上，殊未可信。至《宋書・符瑞志》謂角端日行萬八千里。《元史》謂元太祖至東印度，有一角獸，形如鹿而馬尾，其色緑，作人言。耶律楚材曰：其名角端，能四方語者。此係神獸，不常見。《後漢書》鮮卑所産之角端，乃野牛之類。《欽定熱河志》羊【略】山羊，有二種：一種大角盤旋，肉至百觔，所謂盤羊者，殆即羱羊也。又一種毛作深黄色者，爲黄羊。《本草》羱羊善鬭。一云狀若驘而群行，暑天塵露在其角上，生草戴行獨寢，所謂『羱羊養草以盤旋』者是也。《埤雅》北陲異味是黄羊。注云：黄羊，北地所産。元楊允孚《灤京雜咏詩》注黄羊味極肥美，元時以爲玉食之奉。劉績《霏雪録》塞山多有之。蒙古謂山羊爲伊瑪，圍場中地及府屬境内之山多有稱伊瑪圖者，皆以有山羊處得名。《欽定熱河志》【略】野豬，塞山多有之。宋王曾《行程録》曰：契丹多黄豕。蓋亦野豕之類。蒙古謂猪爲噶海，圍場中地及府屬境内之山多有稱噶海圖者，皆以有野猪處得名。《欽定熱河志》貛，貒，豚也，一名貛。《爾雅注》獸似豕而肥。《説文》《字林》土人呼爲猪貛，其小者爲狗貛。《欽定熱河志》【略】獺，似狐而小，青黑色。《埤雅》是物本有山獺、水獺二種，今塞外所産者，大抵皆山獺之類，土人呼旱獺。《欽定熱河志》田犬，善捕野獸，塞外多畜之。元周伯琦《上京途中紀事》詩所謂『獵犬高於鹿』者是也。兔，山谷間處處有之，有褐及白、黑數色。蒙古謂兔爲洮賴，府屬境内之山多有稱洮賴圖者，皆以有兔處得名。狐，種類不一，毛長而黃者曰草狐，短而黇者曰沙狐，並出蒙古，其皮皆可爲裘。蒙古謂狐爲烏納格，府屬境内之山多有稱烏納格圖者，皆以有狐處得名。已上《欽定熱河志》貂，建武二十五年，烏桓獻貂、豹皮。《東觀漢記》青貂穴死牛腹掩取之，紫貂升木射取之。黃色乃其老者。銀貂最貴，契丹主服之。《嘉佑雜誌》大定府産鼦鼠。《金史・地理志》鼲，《後漢書・鮮卑傳》曰：有貂豽鼲子，皮毛柔軟，天下以爲名裘。章懷太子注曰：豽音女滑反，鼲音胡昆反。鼦、鼲並鼠屬。豽，猴屬也。許慎《說文解字》曰：鼲鼠出丁零胡，皮可作裘。又曰：豽鼠属善旋。陸德明《經典釋文》又稱貀，一作豽。攷《爾雅・釋獸》：貀無前足。注謂：似狗，豹文，有角，兩足。疏引吕忱《字林》謂：獸無前足，似虎而黑者，名貀。則是異獸之名，非可以爲裘者。寇宗奭等《本草衍義》又以海狗當之。然所云『前脚似獸尾即魚身』者，亦與皮毛柔軟之説不合。攷《晉書》稱夫餘國出善馬、貂、豽，《唐書》稱黠戛斯服貴貂、豽，《本草》稱骨豽獸出西方突厥國，似狐而大，長尾。綜核諸説，似豽爲今之舍利孫，而鼲子盖今灰鼠之類也。至《唐書・地理志》稱營州土貢骨蚋，一作骨咄。而不詳其爲何物。或疑其即爲骨豽，然《唐書》於《黠戛斯傳》既有貂豽，而又稱其獸有野馬、骨咄，知必非一物。《松漠紀聞》載契丹重骨咄，犀紋如象牙黃色，知骨咄乃野牛之名，與豽固迥異矣。已上《欽定熱河志》黃鼠，沙漠之野地多黃鼠，蓄豆穀於其穴以爲食。村民欲得之，則以水灌其穴，遂出而有獲。《北廷事實》北方黃鼠穴處，各有配匹。秋時畜黍菽及草木之實以禦冬，各爲小窖別而貯之。天氣晴和時，出坐穴口，見人則拱前腋如揖狀，即竄入穴。味極肥美，元朝恒爲玉食之獻，置官守其處，人不得擅取也。劉績《霏雪録》契丹國産大鼠，曰毗狸，形類鼠而足短，極肥。其國以爲殊味，穴地取之以供國王之膳，自公相以下皆不得嘗，常以羊乳飼之。頃北使，嘗攜至京，烹以進御。本朝使其國者，亦皆得食，盖極珍重之。此物亦竹鼦、貛狸之類。《澠水燕談》宋刁約《使契丹爲北語》詩云：密賜十貔狸。注云：形如鼠而大，穴居，食果穀，嗜肉。北人以爲珍膳，味如㹠子而脆。沈括《夢溪筆談》南使至北帳前見畢密賜肥羖十枚，毘黎邦十頭。毘黎邦，大鼠也。契丹上供物善麋物如豬貒，若以一鑾置十觔肉鼎，即時糜爛。臣下不敢畜，惟以賜南使。張舜民《畫墁録》【略】夜猴，捕黃鼠必以鬆尾鼠，一名夜猴兒，能嗅知黃鼠穴，知其有無，有則入嚙其鼻而出，如蜀人善烏鬼以捕魚也。《菽園雜記》又名地猴，黃鼠畏地猴，入其穴，則銜黃鼠喙，曳而出之。《霏雪録》蹷鼠，土人名爲跳兔，形如兔而大，相負而行。明永樂，次大甘泉令衞士掘沙穴中跳兔，與隨行等觀之，大如鼠，其頭目毛色皆兔，爪足則鼠，尾長，其端有毛，或黑或白，前足短，後足長，行則跳躍。性狡如兔，犬不能獲之。《口北三廳志》今契丹及交河北境有跳兔，頭目毛色似兔，而爪足如鼠，前足僅寸，後足長尺，尾亦長，其端有毛，一跳數尺，止即蹷仆，即蹷鼠也。李時珍《本草》西方有獸，其名曰蹷，前足兔，後足鼠，得甘草必銜以遺邛，邛，巨虛，將爲假足故也。《韓詩外傳》土人云：蒙古打跳兔，圍於月黑夜，人持一木棍，驚草中，則跳兔成羣而出，跳入圍中，但未見有邛邛巨虛耳。

又卷六〇《雜志》　車坊在縉山縣之東，沃衍宜粟，歲供内膳。又明日入黑谷，過色澤嶺，高峻曲折，凡十八盤，遂歷龍門及黑石頭，過黃土嶺至程子頭，又過磨兒嶺至頡家營，歷白塔兒至沙嶺。自車坊黑谷至此，凡三百一十里，皆深林複谷。郇塢僻處，山路將盡，兩山高聳如洞門，尤多巨石。近沙嶺則土山連亘，地皆白沙，深没馬足。過此則朔漠平川如掌，天氣陡涼，風物大不同矣。遂歷黑嘴兒至失八兒禿，地多泥淖，又名牛羣頭。其地有驛，有郵亭，有巡檢司，闤闠甚盛，驛路至此相合，皆芻牧之地，無樹木，徧地地椒、野茴香、葱、韭，芳氣襲人。草多異花五色，有名金蓮花者，似荷而黃。

清　翟慎行　道光《武强縣新志》卷一《物産》　果之類：有桃，梨，棗，大、小諸種。杏，李，柰，櫻桃，文官果，香梅，牛心紅，林檎，杏梅，黃梅，粉白，沙果，青果，石榴，葡萄，赤、白二種。棠梨。木之類：有柏，槐，桑，榆，柳，杞柳，叢生。楊，青、白二種。椿，樗，赤棠，赤荆，楮，柘，杜。花之類：有迎春，探春，金雀，碧桃，色赤。丁香，紫、白二種。牡丹，芍藥，薔薇，刺梅，海棠，石榴，朱色間有白者層瓣，不結子。玫瑰，月季，荷花，紅、白二種。玉簪，欒枝，色赤。石竹，一本數色。鳳仙，紫蝴蝶，雞冠，赤、白、黃三種。馬纓，牽牛，黑、白二種。葵花，匾竹，夜合歡，菊，諸色皆備。熟菊，紅、白不一。芙蓉菊，柳葉菊，俗呼六月菊。回回菊，類熟菊而小。金絲菊，山丹，紫荆，萱草，金銀籐，穿竹蓮，鹿角梅，紫、白二種。穿心梅，木槿，臘梅。【略】羽之類：有雞，鵞，鴨，鵓鴿，班鳩，烏鴉，雁，黃鸝，紫燕，喜鵲，褐爵，啄木，大鵰，鷴鷂，野雉，鸛爵，鴟鴞，鵪鶉，鷺鴛，鸕鷀。毛之類：有馬，牛，騾，驢，猪，羊，犬，狐紫，狸，兔，蝟，猫，黄鼠，老鼠，獾，鼢鼠。蟲之類：有蠶，蜂，蝶，蟬，蟋蟀，螳螂，守宫，蜥蜴，蛇，蚯蚓，蜻蜓，蝙蝠，蜘蛛，蜣蜋，蝎。

清 寶琳 道光《直隸定州志》卷一九《物産》 果類：杏，海東紅最佳。桃，有數種，其擘開瓤如紅絲者名紅絲桃。李，硃砂斑尤美。梨，煎爲膏可已痰，又有棠，有杜，結實皆小。棗，曰穿竿，曰馬牙。葡萄，沙果，一名花紅。蘋果，本名柰，即頻婆果，較小者名火梨冰。藕。木類：柏，槐，柳，桑，葉宜餌蠶，其實曰葚，其無葚者曰梔。榆，色白者曰枌。椿，楊。【略】禽類：雞，鵝，一名舒鴈，似鴈，性舒遲，又能舒張。其翼行有班列，故聘禮用之。《禽經》曰：鵝鳴則蜮沉。養之園林，則蛇遠徙去。《異物志》：邕州人聚鵝腹毳毛爲衣、被絮，嬰兒尤宜之，能辟驚癇云。鴨，鴿，鳩屬。《周禮》六禽：鴈、鶉、鷃、鴙、鳩、鴿。雀，鵲，《易緯》：鵲，陽鳥，先物而動，先事而應，能制蝟，鳴木上，蝟伏不能興。鳩，鴉，燕，唐人謂烏衣，至自華胥國，白項，羣飛，身翅有黄者曰巧燕，穿城壘而居者曰土燕，《月令》元鳥是也。鷺，《爾雅》：鷺，鉏。以其涉淺水，好自低昂，狀似春似鋤也。頂上有毛，毵毵長尺餘如絲，欲取魚則弭之。《禽經》：鷺啄則絲偃，鷹捕則角弭，藏殺機也。《陰陽變化論》：鷺目感而受胎。杜牧賦稱風標公子，李昉名雪客，蘇詩稱雪衣兒。獸類：狼，似犬，銳頭白頰，高前廣後，其腸直，每作聲後竅皆沸，邊堠烽用狼矢，以其煙直上，風吹不斜也。狐，貆，音完，貉類。兔。

清 陳崇砥 咸豐《固安縣志》卷三《物産》 果類：桃，數種。杏，數種，海東紅最佳。李，青、紅、黄三種。櫻桃，蘋婆，沙果，梨，數種。棗，大、小二種。葡萄，有白、紫、癩三種。白者謂水晶葡萄，有長如馬乳者。又一種小者名瑣瑣葡萄。杜梨，南人謂之棠梨，《詩傳》云甘棠也。桑葚，作椹。石榴，紅、白二種。西瓜，甜瓜，柿，大曰蓋柿，小曰火柿。山樝，酸棗。藥類：半夏，瓜蔞，枸杞，朴硝，蒼耳，牽牛，薄荷，細辛，甘草，芎藭，堇菜，苦參，紫花，地丁，地榆，蒲公英，生地黄，車前子，菟絲子，天仙子，酸棗仁，益母草，桑皮，香附子，小茴香，景天草，罌粟殼，蛇牀子，地膚子，蓖麻子，天茄子，鳳眼草，薯蕷，薏苡仁，菖蒲，茵蔯。木類：桑，縣人素不養蠶，舊楊太僕家種桑千株，繅絲織紝以爲衆倡。榆，亦有刺榆。柳，曰楊柳，一名垂楊。檉，河柳。楊，青、白二種。樗俗呼臭椿。棘，松，柏，檜，梧，楮。草類：艾，蓼，蒺藜，蒿，葦，荻，苜蓿，馬蘭，苔，茅，浮萍，掃箒草，竹，萹蓄也，草屬。茨，蘭，數種。吉祥草，萬年青，王母珠，稗。花類：薔薇，紅、黄數種。玫瑰，蜀葵，紅、白、紫、單、雙葉數種。萱，菊，黄、白、紅數種。鳳仙，數種。雞冠，紅、白二種。石竹，單、雙葉數種。玉簪，黄、白、紫三種。金盞，黄、藍二種。迎春，八仙花，荷華，芍藥，牡丹，木槿，芭蕉，地棠，海棠，碧桃，月季，丁香，金銀花，翦春羅，紫蝴蝶，望江南，金錢花，俗名夜落金錢。夜合。俗呼馬纓。禽類：雞，鵝，鴨，鴿，燕，雀，鵲，烏，鴉，鳩，黄鸝，啄木，鵪鶉，鴻雁，鷂，鳶，鶻，鷹，鸇，鴞，桑鳸，一名蠟嘴。鷗鷺，鵁鶄，禿鶖，雉。獸類：牛，馬，驢，騾，犬，羊，豕，貓，狐，狸，貉，兔，獾，狼，黄鼠。

清 王肇晉 咸豐《深澤縣志》卷五《食貨志·物産》 木類：桑，《爾雅疏》：桑樹一半有實一半無實者爲梔桑，小而條長者爲女桑。女桑一名桋桑。柏，《六書精蘊》：柏，陰木也。木皆屬陽，而柏向陰指西，蓋木之有貞德者。邑人於墟墓間多植之。槐，《爾雅》：櫰，槐大葉而黑。守宫槐，葉晝聶宵炕。疏云：聶，合也。炕，張也。又一種名龍爪槐，邑中不多見。椿，《羣芳譜》：一作櫄，一作杶，今俗名香椿，又名靈椿，芽可食。榆，《本草》：榆有莢榆、白榆、刺榆、榔榆。莢榆、白榆，皆大榆也。白者名枌。未生葉時枝條間先生榆莢，形似錢而小，俗呼榆錢，可食，亦可釀酒。楊，《古今注》曰：白楊葉圓，青楊葉長。又有赤楊，霜降則赤，材理亦赤。柳，《埤雅》：柔脆易生，與楊同類，縱橫顛倒植之皆生。又一種名垂柳，枝皆下垂。樗，《本草》：椿、樗二樹形相似，北人呼樗爲山椿。其葉臭惡，歉年人亦食之。杜，甘棠也。赤者爲杜，白者爲棠。

清 陳奕禧《深澤香泉記》（引自咸豐《深澤縣志》卷九） 猶憶于役成都。過甯羌道中，巖壑斗絶。忽有指目潛水之發源者，停騎山麓，捫藤附葛，攀墜不測，谿洞幽窮，窮數十里不已。其中虺蛇之所藏，虎豹之所穴，參錯狼藉，從者皆目懾色變，而予不之恤及其後，追維往復，未嘗不默然而笑，肅然而恐也。

清 彭美 同治《武邑縣志》卷一《物産》 果之屬：曰棗。曰桃。曰林檎，一名蘋果。曰蒲萄。曰石榴。曰杏。曰李，有黄、紫之分。曰梨。曰杜梨，《爾雅》：杜，甘棠。謂杜之甘者爲棠也。鄭康成《詩注》：北人謂之杜梨。木之屬：曰柏。曰柳。曰楊，有青、白二種。曰桑。曰榆，有赤、白二種，白者名枌，《爾雅》『榆白，枌』是也。曰木槿。曰椿，芽可充蔬。曰杜，《爾雅》『杜，赤棠，白者棠』。曰槐。曰荆，有青、赤二種，青者爲荆，赤者爲桰。花之屬：曰迎春，一名金腰帶。曰長春。曰玫瑰，一名徘徊。曰薔薇。曰丁香，有白、紫之别。曰芍藥。曰蜀葵，一名一丈紅。曰秋葵，一名側金盆。曰月季。曰玉簪。曰菊，本作鞠。《月令》：鞠有黄華。《爾雅》：鞠治蘠。曰藍菊，一名江西臘。曰秋海棠。曰鳳仙。曰金銀花，一名左旋藤。【略】禽之屬：曰雞。曰鵝，《説文》：鴚，鵝也。曰鴨，《説文》：鶩也。《爾雅》：舒鳧，鶩。曰鴿，一名鵓鴿，一名怖鴿。曰燕，元鳥也。曰雀，有黄、麻二種，麻雀一名瓦雀，在檐間作巢，故《詩》曰：誰謂雀無角，何以穿我屋？曰鸛。曰雁。曰秃鶖，一名扶老，一名鶩鵮。曰鶯。曰鵲，一名乾鵲，一名鴳鵲，别種曰山鵲。曰斑鳩。曰烏，黑而反哺者爲慈烏，一名孝烏，腹下白、不反哺者爲雅烏，一名鴉烏。獸之屬：有犬，有羊，有豕，有牛，有馬，有驢，有騾，有兔，有貓，有鼠。鱗介之屬：【略】蟲之屬：曰蠶。曰蟬。曰螳蜋，一名折父。曰蠭，《説文》：飛蟲螫人者曰蠍，蠆尾蟲也。曰蛇。曰蠅。曰蜨，一名野蛾，一名風蝶。曰蜘蛛。曰促織，一名絡緯。曰蜻蛉。曰蟻。曰蛣蜣，《爾雅》：蛣蜣，蜣蜋。《莊子》：蛣蜣之智在於轉丸。

清 劉庚年 同治《重修靈壽縣志》卷三《物産》 果類：桃，李，杏，梅，梨，又有棠有杜，皆梨類，但結實小耳。柹，棗，栗，榛，葡萄，《漢書》作蒲陶。核桃，即胡桃。石榴，核桃、石榴皆相傳出西域，張騫得其種歸。羊棗，雞頭，即芡。花紅，沙果，蘋果，花紅、沙果皆其類傳，各以色味得名耳。西瓜，甜瓜。【略】木類：松，柏，梓，楸，桑，榆，槐，柳，楊，椿，楮，椵，橡。【略】羽類：雞，鴨，鵝，鴿，燕，鵲，鳩，鴉，雀，鷺，烏，鶴，雁，鴻，野鷄，子規，鵪鶉，倉庚，鷂，梟，黄鸝，啄木，天鵝，鶻，白翎。毛類：馬，騾，驢，牛，羊，豕，犬，狼，虎，豹，熊，兔，麞，猴。

清 倪昌燮 光緒《吴橋縣志》卷一《物産》 果之類十四：棗，《小爾雅》：棘實謂之棗。《埤雅》：大者棗，小者棘。《北魏書》：棗强有煮棗城。《元和郡縣圖志》：棗强，其地棗木强盛，故名。《胡志》：種類甚多，總以車頭小棗居上，大棗次之。桃，《典術》：桃，五木之精，仙木也。《埤雅》：桃有華之盛者，其性早華。《舊志》：銀桃味佳，秋桃熟遲。杏，《管子》：五沃之土，其木宜杏。《羣芳譜》：樹大，花多，實多，根最淺，以太石壓根，則花盛子牢。李，有數種，色有紫、黄、緑之别，味有甘、酸、苦、澀之殊。《埤雅》：李性難老，雖枝枯子亦不細，其品處桃上。梨，陶宏景《别録》：梨性冷利，多食損人，謂之快果。《羣芳譜》：上巳日，無風，則結梨必佳。沙果，一名花紅。《畿輔舊志》：綿而沙者曰沙果。蘋果，《羣芳譜》：出北地燕趙者尤佳。葡萄，《本草》：圓者名草龍珠，長者曰馬乳葡萄。石榴，《古今注》：一名丹若。《博物志》：張騫使西域還，得安石榴。《羣芳譜》：一名若榴，一名天漿，今在處有之。柰，亦李之類。無花果，色赤，形類沙果，草本，葉大如麻。文官果。《五雜俎》：形如螺，味甚甘，類滇之馬金囊。木之類十一：柏，《爾雅》：柏，椈。《周禮・職方氏》：冀州其利松柏。《埤雅》：柏性堅緻，有脂而香。柳，《埤雅》：柳柔脆易生之木，與楊同類，雖縱横顛倒植之皆生。《本草》：柳華，一名柳。楊，有青、白二種。《古今注》：白楊葉圓，青楊葉長。槐，《春秋説題辭》：槐木者，虚星之精。《廣志》：槐材有青、黄、白、黑數種。桑，《詩》：蠶月條桑。《説文》：蠶所食葉。榆，《爾雅》：榆白，枌。陸(機)[璣]《草木疏》：榆有十種，葉皆相似，皮及木理異。樗，《詩》：采茶薪樗。蘇頌《圖經》：椿葉香可啖，樗氣臭，北人呼爲山椿。椿，俗名香椿，芽可充蔬。杜，《爾雅疏》樊光云：赤者爲杜，白者爲棠。荆，《羣芳譜》：有青、赤二種，青者爲荆，赤者爲楛。無名樹。似榆非榆，似槐非槐，有子青碧如菉豆，可食。

清 游智開 光緒《樂亭縣志》卷一三《物産・食貨志》 果屬：梨，《羣芳譜》云：梨，一名快果，北地處處有之。棗，王楨《農書》云：北地皆有，然南棗堅燥，不如北棗肥美。杏，一名甜梅，樹大實多，形如彈丸，有大如梨者，率係以他杏接成。桃，接桃與接杏法同。【略】葡萄，《廣羣芳譜》：北方天寒，初冬草裹埋地尺餘，春分後取出，數日後架起，去繁枝，使霑風露，則結子肥大。櫻桃，《金史・地理志》：平州貢櫻桃。今園圃間植者，有紅、黄、白三色，白者尤佳。羌桃，俗名核桃，北方多種之，以殼薄仁肥者爲佳。蘋婆果，一名蘋果。《采蘭雜志》：燕地蘋婆果，味雖平淡，夜置枕邊有香氣，今俗呼白檎，或亦來禽之音譌耳。沙果，花紅，《舊志》云：一名林檎。《學圃餘疏》：北土之蘋婆果，即花紅，一種之變也。紺珠俗名花紅，大者名爲沙果。檳子，實大於沙果，皮紫，氣香，味澁。以上四種，邑中間亦有之，然不如昌黎之多且佳。杜梨，鄭《詩箋》：北人謂之杜梨，南人謂之棠梨。《齊民要術》：凡種梨十子，惟二子生梨，餘皆生杜。無花果，一名木饅頭，五月中不花而實，狀如饅頭。石榴。有結實者，有花而不實者。【略】木屬：松，柏，《周禮・職方氏》：冀州其利松柏。今邑中間亦有之，然不如山地爲多。榆，《爾雅翼》：江南有刺榆，無大榆。蓋大榆北方有之。大榆二月生莢，以莢通隴種之，可編榆墻。槐，木性極堅，造車輞者頗用之。樗，亦椿類，氣臭，俗名臭椿。今修居宅者，每稱此爲木王，其説近誕。杜，木性堅緻，鏇字極佳。椿，俗名香椿，芽可充蔬。檜，柏葉松身，葉尖硬，亦謂之栝。今人名圓柏，以别側柏，即俗所謂刺松也。《爾雅翼》云：一種别名檜柏，不甚長，其枝葉乍檜乍柏，一枝之間屢變，人家庭院間植之以爲玩。楊，《本草》李時珍曰：楊枝硬而揚起，故謂之楊。邑中栽植極多，有大葉、小葉、鑽天、青、白等名。柳，易生之木，北土最多，其長條嫋嫋下垂者名垂柳。桑，有二種，魯桑葉大而厚，花桑葉小而薄。檉。《羣芳譜》云：檉，一名河柳，一名人柳，一名三眠柳，一名觀音柳，即俗所稱三春柳也。今海濱多有之。羽屬［注略］：雞，鵝，鴨，鴿，鳩，燕，鷹，鷂，鵲，雁，鴇，鴽，烏，鴉，鶯，雀，鶺鴒，桑扈。毛屬：【略】狐，似犬，黄赤色，妖媚之獸。貍，亦狐類，俗呼野猫。兔，《埤雅》：兔吐而生子。獾，《本草綱目》：貒，豬獾也。豬獾、狗獾二種，相似而略殊。遼東女直有海獾，皮可爲裘領。《事物原始》：獾，色黄而微黑，尾短毛臭，肉羶。山陝、遼東皆謂之狗獾，邑中所有即此，皮堪作褥，究不如關外者佳。鼠，《舊志》有數種，一名鼢鼠，其形類鼠而肥，善穿地，旱歲則爲田害。又鼬一名黄鼠狼，又名鼪鼠，其説見《本草》，尾毫可作筆。狼。《説文》：狼似犬，鋭頭而白頰，高前廣後，邑之近海處多有之。

清 夏詒鈺 光緒《永年縣志》卷一八《土産志》 果類：桃，杏，李，梨，沙果，蘋果，花紅，核桃，櫻桃，葡萄，石榴，柿，無花果，菱角，文官果，棗，羊棗，錦荔枝，香芋，甜子，落花生。【略】木類：松，柏，檜，桑，椿，樗，榆，槐，柳，青楊，白楊，桐，棠，楸楝，冬青，楮，荆，椒，皂莢，杞，竹。【略】花類：迎春，牡丹，芍藥，海棠，薔薇，荼蘼，月季，木槿，碧桃，玫瑰，刺梅，丁香，紫荆，棠棣，芙蕖，萱，葵，玉簪，百日紅，水紅，牽牛，菊，雞冠，金雀，秋海棠，芭蕉，樓，凌霄，藤，馬纓，茨菰，欒枝，剪紅羅，夾竹桃，探春，寶相，纓絡。【略】草類：藍，苜蓿，蘆葦，流星草，馬蘭，稗，蒲，水藻。【略】羽類：鵝，鴨，雞，鴿，鴉，雁，燕，鳩，鷹，兔虎，鷂，鵲，雉，鸛，鴟，鵰，鶉，蠟嘴，黄鸝，鷺鷥，晝蠟，黄雀，孤汀，鴛鴦，啄木，麻野鵲，翠雀，葦喳，梟，大甲，麻料，紅料，瓦雀，沙雞，鴇，布穀，鶺鴒，淘河，魚鷹，鸕鷀，麥甲，槐甲。獸類：馬，牛，豬，羊，驢，驘，犬，貓，兔，狟，狐，麞。

清 張上龢 光緒《撫寧縣志》卷一《封域》 牡丹坡，［撫寧］縣東北六十里，其坡多牡丹。

又卷二《古跡》 花城在龍門山北，距縣二十里，孤峰聳立，懸崖下花木豐茂，泉石清奇，雉堞迴環，約寬十丈餘。昔人傳爲花城，不知築自何年。

清 陳詠 光緒《唐縣志》卷一《輿地·山川》 龍母巘，【略】清流激湍，映帶左右，樹木叢蔭，綱雅宜人。有八角琉璃臺，臺前槲樹二株，南株空角，北株結子，俗謂之南公北母云。《採訪》

又卷二《物産》 果之屬：有杏，有桃，有李，有梨，有奈，有栗，以穿竿、馬牙分者，有棗，以四稜、牛心判者，有柿，花紅者沙果，架緣者蒲萄。城之西北以羊棗、胡桃爲業，而堆盤者蘋婆果，佩囊者虎喇檳。木之屬：有松，有柏，有榆，而色或白者曰枌；有椿，而葉多瓣者曰楮；結實者有甘棠，供薪者有樗、櫟，質堅者有黄芽，性脆者有梧桐，斗染皂者有橡，材中楝者有楊；中山以著户籍，與越橙、橘等税者有楸；墻下以供蠶養，與吴絲絹比豐者有桑；而柳之生最易，槐之陰尤清。【略】禽之屬：家畜之外有鴉，有鵲，有雀，有鷂；時鳥有燕子，有鴻雁；水鳥有鷺鷥、鴛鴦；山鳥有石雞、灰鶴。入周禮之六禽則有鴿，興風詩之百輛則有鳩，催耕則有布穀，伏蜩則有啄木。善鳥有倉庚，惡鳥有鴟鴞。其可羅而登於俎者，有鶺鴒，有雉。獸之屬：常牧之外，有狼，有獾，有麅，有獐，有狸，有兔，而山中野猪尤爲民田害。其可供服御者，有虎，有豹，有熊，有狐，偶一見於深山。

清 朱乃恭 光緒《懷來縣志》卷四《物産志》 果屬：榛，梨，桃，李，杏，棗，葡萄，紅、白二種。蘋果，檳子，石榴，虎喇檳，形似蘋果。《府志》謂即檳子，非。無花果，胡桃，山木瓜。【略】木屬：松，柏，槐，椿，榆，檉，柳，樺，椵，楸，楊，檜，桑。花屬：芍藥，丁香，月季，菊，鳳仙，槿，珍珠，葵，萱，山丹，玉簪，雞冠，水荭，秋海棠，刺梅，十樣錦，黄金帶，即連翹。金絲菊，似菊而味濁。一冬青，葉似竹實，如豆蔻，經冬不凋。胭脂豆，藤蔓結實如豆。取其汁，可染色。金鳳，一名海納。罌粟花，早蓮花，葉似萍，花似黄梅差大。喇叭花。【略】禽屬：雁，鳩，燕，鷂，鷹，水鴨，烏鴨，鵲，半痴，沙雞，鸕鷀，一名青鷀。麻雀，啄木，鸛，天鵝，地捕，野雞，即雉。鴿，鶡鴠，鴞，鵝，鶺鴒，鷩雞，布穀，黄鶯，叫天，似百鴒，首有纓，善啼，一名噪天。雞，鴨，杜宇，鴛鴦，鵪鶉。獸屬：牛，馬，騾，驢，犬，豕，羊，貓，兔，狼，獐，狐，麅，獾，猬，黄鼠狼，會鼠，一名瞎老。駝，狸，黄鼠。

清 丁燦 光緒《續修故城縣志》卷四《物産》 果之屬：凡北地所

產，桃、李、棗、杏諸果皆有，而無櫻桃，以西瓜爲最。按：城西十餘里小麻一帶，地多沙壓，最宜果木，春曉可游，爲邑繁華之境。岡阜蜿蜒，居民世業賴之，蓋二十餘村。木之屬：無松有柏，多榆、柳、椿、樗、槐、柘、青楊、紅荆，而桑絶少。按：故邑民户風俗，女嫁自衣，有餘布亦許自給，故女紅織最勤，長夜紡車軋軋，比户相聞。木棉遇沃壤，家家蓺之。蓋以布代帛，以棉代桑者也，其因物土所宜歟。葯之屬：《舊志》列二十餘味，大都以桃杏仁、益母草、蒲公英、夏枯、蟬退爲最多。羽之屬：家雞、野鶩不具載，有山鵲，有烏，烏有白頸大喙者，有啄木，有布穀，哥哥磨鉏。按：布穀，土人呼之爲胡播播，入夏呼爲哥哥磨鉏，皆因其自呼而呼之也。與《本草・釋名》割麥插禾、脱却布袴、一百八箇略同，實皆鳩屬。毛之屬：羊不如瀛郡迤北，餘畜同，無豺狼，多狐、兔。蟲之屬：無蠶，以多植棉，少植桑故。其蝟、蝎、蜛、蚋之類與他邑同。

清　雷鶴鳴　光緒　《新樂縣志》卷四《物産》　果類：桃，種類甚多，有核種者，有移接者，皆甘酸可合。《羣芳譜》：巨核桃，霜下始花，盛暑方熟，出常山。李，陸機《果賦》：中山之縹李。盧毓《冀州論》：李曰硃砂斑，杏曰海東紅，本地嘉者也。《井陘志》有青、紅、黄色。杏，《夏小正》：熟則核與肉離，陽中有陰。《江南録》：楊行密改杏爲甜梅，其仁入藥。《羣芳譜》有金杏、白杏、梅杏諸名。梅，詩：梅子黄時雨。但出於南方，非本地産也。《舊志》有之，姑照舊登載。沙果，《羣芳譜》：一名林檎，一名來禽，一名蜜果。此果味甜，能來禽於林，故有林檎、來禽、蜜果之號。《畿輔舊志》：綿沙者爲沙果，二月間開粉紅花，子如柰，小而差圓，六七月熟。蘋果，《羣芳譜》：一名蘋婆，與林檎一類而二種，樹與葉皆似林檎，而實稍大，果如梨而圓活，生青，熟則半紅半白，或金紅，香聞數步，味甘鬆。蘋果者，蘋婆之轉音也。柰，《廣韻》：有赤、白、青三種。潘岳《閒居賦》：二柰耀丹白之色。《西京雜記》：上林苑紫柰，大如升。《白孔帖》：凉州有冬柰，大如兔頭，色微碧。《廣志》：張掖有赤柰，酒泉有白柰。按：此形狀皆是今之蘋果，柰所以名蘋婆也。若今之所謂柰者，枝葉與林檎相似，而果差小，狀如杜梨，色味皆同。林檎、蘋果皆柰所移接者。梨，大小不等，種類甚多，邑所産尤夥。《唐書・地理志》：常山貢梨。葡萄，《漢書》作蒲陶，有緑、紫、白三種。《博物志》：張騫使大夏，得葡萄。石榴，色有紅、白，味有酸、甜，甜者佳。《博物志》：張騫使西域還，得安石榴、胡桃。核桃，本名胡桃。《酉陽雜俎》：殼白仁肥者佳。棗，盧毓《冀州論》曰：穿林曰馬牙，本地嘉者也。邑産者尤勝，地多沙磧，梨、棗所宜，故所出甲於一郡。黑棗，本名羊棗，《孟子》曾晳嗜羊棗是也。《通志》：俗呼軟棗，一名丁香柿。今之柿樹，皆黑棗所移接者。【略】木類：柏，《六書精藴》：柏，陰木也。木皆屬陽，而柏向陰指西，蓋木之有貞德者。字從白，白，西方正色也。槐，郡人四月八日多載槐，芽亦充蔬，其花及角皆入藥。《通志》：又一種曰龍爪。桑，《爾雅疏》：桑，一半有實一半無實爲梔桑，小而條長者爲女桑，一名桋桑。《異苑》：北方有白桑葚。椿，《羣芳譜》：一作櫄，一作杶。有二種，香曰椿，臭曰樗。《舊志》謂芽可充蔬者香椿也。樗，《詩》『采茶薪樗』是也。陸（機）［璣］《疏》：樗，樹皮似椿，青色，北人呼爲山椿。樗芽發時，摘取曬乾，冬月漉食亦佳。榆，《爾雅疏》：榆有十類，皆相似，乃皮理異矣。《本草》白榆名枌，《詩》『東門之枌』是也。柳，有一種枝條下垂如線，名垂柳。楊，有青、白二種，青楊葉大，白楊葉小。杜，《通志》：一名甘棠，可剔刷，實即杜梨。楸，《埤雅》：楸梧早脱，故楸謂之秋。

清　楊晨　光緒　《定興縣志》卷一三《風土志・物産》　果屬：桃，李，杏，石榴，櫻桃，梨，又有酸梨。核桃，棗，葡萄，柰，杜，俗呼杜梨。頻婆果，别有檳子。沙果，即林禽，《府志》分爲二。栗，《草木蟲魚疏》云：范陽生者甜美長味。柿，蓮子。木屬：松，柏，檜，《通雅》：圓柏即刺柏。槐，楊，柳，細柳，俗名三春柳，小兒痘疹煎用去毒。椿，榆，桑，楸。花屬：牡丹，芍藥，迎春，常棣，俗呼榆葉梅，别種爲鸞枝。丁香，木槿，葵，馬纓，俗名絨花。雞冠，繡毬，玉簪，石榴，夾竹桃，鳳仙，酴醾，金盞，一名長春花。玫瑰，海棠，秋海棠，芙蓉，菊，六月菊，有江西藍，疑即此。月季，翦秋蘿，荷，金錢，俗名轉枝蓮。石竹，晚香玉。【略】禽屬：鵝，婚禮奠雁用之。鴨，雞，布穀，鶯，一名黄鸝。《詩疏》：幽州謂之黄鶯。燕，烏，鵲，鳩，鴿，瓦雀。獸屬：馬，《石甕記》云：幽薊馬四足，可當中人之産。騾，驢，牛，羊，豕，犬，貓，兔，狸，獾，鼠。

清　俞廷獻　光緒　《容城縣志》卷四《食貨志》　花菓類：桃【略】杏【略】李【略】梨【略】柰【略】棗【略】葡萄【略】石榴【略】菱【略】芡【略】蓮【略】

菊【略】牡丹【略】芍藥【略】薔薇【略】萱花【略】雞冠【略】葵【略】石竹【略】玉簪【略】荷【略】馬蘭【略】菖蒲【略】。木類：松，《左傳》云：培塿無松柏。容無山，故此木少。柏，《文選》云：青青陵上柏。容城柏樹，惟廟寺墳墓中有，近亦有植於家園者。槐，《管子》云：沃土其木宜槐。《魏都賦》云：槐以蔭途。桑，《毛詩》云：蠶月宜桑。《術》云：桑木，箕星之精。王介甫詩：幽燕桑葉暗川原。幽薊古多樹桑，今則絶少矣。榆，《管子》云：五沃之土，其榆條長。《春秋元命苞》曰：三月榆錢落。又白榆名枌。《河間府志》云：白枌皮可充饑，其錢甚美，葉亦可食。漢龔遂治勃海，令民日種十樹備饑。柳，《管子》云：五沃之土宜柳。《荆州記》云：緣城堤邊悉植細柳，緑條散風，清蔭交（柏）〔陌〕。檜，一名栝。《爾雅》云：柏葉松身曰檜。

清　楊文鼎　光緒《灤州志》卷八《封域志・物産》

果類：梨，有數種，以卜梨爲最香，水雪梨次之，其最下者爲庵羅，多肉少汁而酢。案《一統志》庵羅乃果之極品，今州産最下，想非土性所宜也。栗，其花結而爲繩然火，風雨不滅，木作門限避盜賊，俗多以爲祖父木主，産沙地，杜甫詩『瘦地翻宜栗』是也。不及遷安所産者顆大，然味勝之。棗，有大、小、尖、圓各種，然曝乾核大肉薄，不及他處産者良，甚小者名酸棗，皮薄而酸，不堪食。杏，有早熟、晚熟，有金杏、銀杏、八旦、觀音面、海棠紅等名。桃，夏熟者味劣，秋熟者良，亦有數種。李，有紫李、黄李，不沈水者味皆苦澀，紫李核小肉厚，木必接之乃成。郁李，産山谷間，實若櫻桃而大，味極美，土人呼爲甌李。蘋果，果半青半紅，香味俱勝。北産果實以此爲最，俗呼爲平果。柰，形類蘋果，色純碧，即碧柰也，俗呼爲白檎，讀若阡，轉音之訛也。林檎，似柰而差小，亦有紅若蘋果者，味略酸，收之數日則沙，土人呼爲沙果。檳子，檳榔之外，果無以檳字名者，而土産則有書其字作檳，相承久矣。花葉皆不異林檎，實較大而形微長，純紫色，味酸澀過於林檎，飣之於盤，可香滿一室。胡頻檳，形似蘋果而味與檳子同，故名。海紅，又林檎之别種也，實大如龍眼核，味極酸澀，非霜後不堪食，色半紅半黄，又呼爲花紅果，最小者謂之楸子。山裏紅，即櫨也，其本不接者爲榅桲，實小；已接者，實大，或呼爲紅果。胡桃，一名核桃，土産者殼薄肉厚，較他産爲良，亦有露瓤者尤佳。櫻桃，有朱櫻、紫櫻、蠟櫻三種，其蒂皆短，朱櫻顆小。文官果，葉如槐，花似脂麻，夏熟，果有房，色緑，如核桃，子排其内，色微白，味如蓮子。葡萄，有紫、白二種，有雞心、馬乳、羊眼、鬼睛等名。無花果，果生椏間，不花而實，葉粗大如梧桐，枝類胡桃而幹矮。白果，樹有牝牡乃結實，獨則傍水能自照其影者亦結實。一名銀杏，即鴨腳也。石榴，有紅、白二種，並甘酸不同。羊棗，有無核、有核二種，霜後乃可食，土人謂之黑棗。柿。其樹高大，接則易茂，不接者結實稀而味澀、多核，經霜乃熟。境内惟白道子山中多植之，其味不及牛奶柿之厚。【略】

木類：松，有數種，馬尾爲多。柏，萬木皆向陽，柏獨向西，字又從白，木之秉金氣者也。有數種，側葉鳳尾最多。又刺柏稚時，葉尖利若刺，成樹後葉乃圓，結子如珠。其木易長，有大至數十圍者。桑，有二種，魯桑葉大而厚，花桑葉小而薄。榆，有莢榆、刺榆二種，結莢者木理直順而高大，有刺者不結莢，木理拳曲，不受斧斤。枌，即白榆。槐，有黄、白二種，下者名朱實槐，木性皆堅韌，堪製器具，他如龍爪槐、守宫槐，皆非本地所産。楊，白楊，一名青楊。柳，檉，即三川柳，一名西河柳，冀州謂之紅荆，口外謂之紅柳。椿，樗，梓，葉似梧桐，實如豆莢下垂。橡，即烏臼，土人謂其木曰蔡木，子如栗，味苦不堪食，結子之包如臼，可染皂。杜，結子如小梨，名杜梨。皂莢，樹多盤屈，不直生，老則心空，有莢無子。檀。有黄、白二種。

藥類：枸杞，春生，苗移植易活，子亦可種，葉狹長類柳，莖柔，六七月間開小紫花，秋後結實如珊瑚色，苗實皆可食，能補益神髓。一種大概相類，惟葉作長圓形，名枸棘，有毒，食之傷人，隨處有之，土俗概呼爲枸杞，而不知非也。地骨皮，即枸杞根。薄荷，分植即活。半夏，春生，莖端三葉，淺緑色，生平澤者頗小，名爲羊眼半夏。葶藶，春生，高六七寸，枝莖青色，三月間開黄花，似黍，粒微長。《禮・月令》：孟夏之月，靡草死。許慎、鄭康成皆以靡草爲葶藶之屬。淡竹葉，田野間隨在皆有，春生，苗高數寸，莖小而紫，葉緑如竹，但柔脆，花如蛾形，兩葉如翅，花色翠碧，畫工取汁可作畫，採其根苗搗汁作麴，釀酒甚芳烈，入藥專利小便，有走無守氣壯火鬱者宜，如陰虚清氣不化者勿用根。性極冷，能墮胎，催生，姙婦不可輕用。罌粟。即米囊花，見花類。

禽類〔注略〕：鵝，天鵝，鴨，雞，野雞，沙雞，呱雞，燕，鴿，烏，鵲，黄鸝，鶴，鳲鳩，斑鳩，青燕，啄木，鸛，鷹，鷂，雕，鶻，海東青，雁，鵪鶉，百舌，巧婦鳥，鷰雀，麻雀，鴛鴦，鷺鷥，鸕鷀，鷗，搗，桑扈，鴽，阿蘭，鴳，鵖鴾，鴞，烏鷺兒，練雀，鐵脚，青頭鬼，黄雀，金翅兒，靛青兒，紅點頦，藍點頦，鵓鴿，樹喳，山畫眉，雞蛋黄，粉眼，牛眼，柳葉兒，拳頭雞，伯勞。

獸類：【略】狸，土産者似貓，色黎黑，背多虎紋，腹毛有黑點大如榆莢，爪甚利，善夜入人家，竊雞鴨而啖之。黄鼠，形似鼠而大，黄色，尾如貓，喜食雞，小能制大，又善祟人，尾毛可製筆，皮可爲冠。鼢鼠，一名鼹鼠，一名犂鼠，善穿地，種植者惡之。鼠，穴田野者形小，穴墻壁者形大，土俗呼爲耗子，言損耗物也。蝟，大如黄鼠，短足，尾長寸餘，行則其刺上豎，人見之則縮藏頭足，排刺於外，形如粟篷。兔，狐，產止馬山者，毛深厚，色紫。貛。與狐同穴，晝伏夜出，性疑，出必急於奔馬，奔里許緩步歸穴，知無警始徐出，覓食最喜害瓜，園丁惡之。

清　戚朝卿　光緒《邢臺縣志》卷一《輿地・山川》　桃花山，城西南一百五十里，遍山皆野桃，無異種。

又《物産》　果之屬：石榴最美，實大而甘，爲諸果冠。蘋蔢次之。桃、杏有數種。梨有春、夏、秋之别，春梨微酸，夏梨難耐久，惟秋梨最甘，以李村鄧家莊由留八方所産者佳，更有大如木瓜者，質粗味酸，俗名醋桶，品斯下矣。栗産頗多，佳者鬻遠方，得善價，登市者，皆其次也。山村多柿，可萨爲餅。近水村落亦有蓮藕、胡桃之實，酸棗之粉，並能致遠。其餘李、柰、沙果、花紅、葡萄、棗、羊棗之類，皆西山之利也。【略】木之屬：舊志有松、竹、椿、樗、楝、杜、檜，亦多中器用。惟橡最多，其子可染皂。賈客捆載而去者，歲以千萬計。京都所謂透骨青，即此物也。花之屬：有牡丹、芍藥、紫荆、木槿、海棠、月季、玫瑰、刺梅、萱草、紫薇、山丹、孤挺、丁香、石竹、雞冠、鳳仙、金盞、玉簪、蓮、菊、蓼、葵、馬纓，皆點綴階砌，供養瓶盎，無關民用者也。草之屬：惟葦可織席，蒿可索綯，焚之驅蚊，薺、荼、馬齒莧可食，餘則僅供竈薪而已。羽族之屬：則山有翟雉，水有鷺鷥，應候至者，布穀、桑扈、鳩類也。耳目所狎者，雞、鴨、鵝、鴿，家禽也。若雀，若鵲，若鴉，千百成羣，食苗啄種，殘稼之鳥，爲農病焉。毛蟲之屬：習見者曰馬，曰驘，曰驢，或耕，或乘，或以服重。牛有耕牛，一種肥腯無力，不任服軛，來自邊地，僅充庖厨，謂之菜牛。羊則山坡草地濕耳成羣，頗稱蕃息。狐、狢、貛、兔，獵者之利也。

清　劉崇本　光緒《雄縣鄉土志》卷一四《物産》　鼠，種類甚多，性好疑，出穴多不果，故持兩端者謂之首鼠。鼹鼠，好穴地食地中蟲，俗名地排子，前爪甚利，以爲穴土之用，以行地中不用目，故眼甚小。鼬鼠，一名黄鼠狼，形如狐，性最活潑，好食小鳥、小獸，每夜入人家竊食雞鴿，遇刺蝟則溺之，蝟畏臊，反腹受噬，鼬亦狡矣。蝟，狀似鼠，毛如鍼立。世傳虎饑欲食，見蝟而伏，鵲所在蝟必反腹受其啄，其遇鼬鼠亦然。狐，孤也，性多疑，不能合羣，故曰孤。獵者多以其皮以爲裘，以不傳熱故也，然不常有。國初本縣額解狐皮十九張，皆買自京師，康熙年始永遠免解。兔，舐雄毫而孕，五月吐子，出王充《論衡》。土豹，大如犬，便捷如猫，形亦如之，作黎黑色，深夜入人家，竊食雞鴨。蝙蝠，亦哺乳類，日伏夜飛，好食蚊蚋，廟宇空房多有之，棲則倒掛。以上野獸。【略】

鵲，能制蝟，鳴木上，蝟伏不能動。季冬始巢，知來歲風多，巢必卑下。俗呼喜鵲，謂鵲先物而動，先事而應，能與人報喜，人多用以占驗。以今考之，殊不盡然，蓋迷信之入人深也。烏，亦名鴉，其名自呼。小而項白者性慈，即慈烏也。大而喙長者性惡，即黑烏也。俗谓鵲報喜烏報憂，蓋惡之也。又一種白項烏，寒露節至，來食麥種，稱麥鴉。鶉，雄者足高，雌者足短。古稱田鼠化爲鶉，又云蝦蟇得瓜化爲鶉，殊不足信。布穀，即鳲鳩，播穀時鳴，其名甚多，因其聲之似而呼之，如俗稱光棍多鋤、阿公阿婆、割麥插禾、脱却布褲之類，皆有關於民事者，故古以名官。雀，依人小鳥也，巢於檐瓦之下，老而斑者爲麻雀。啄木，鴷也，口如長錐，常鑿木食蟲，三距立於木而不墜。《本草》云此鳥善爲禁法，能曲爪畫地爲印，則穴之塞自開，開輒以翼毀之，不令人見。其肉治小兒積塊。有大如鵲，青黑色，頭上有紅毛者，爲山啄木。鷺，色雪白，小不踰大，飛有次序，欲取魚則餌之，頂上有毛十數莖，長寸餘，毵毵然如絲。土人以火槍弋之，拔其毛，赴天津洋行售之，約每毛一兩值銀四五兩。鶯，俗呼黄雀，即《詩》之倉庚，善鳴。以三月及八九月來，土人設法捕之，畜以籠，飼以核桃蘇子，鳴聲清脆可喜。以上鳥類。【略】

桃，爲春花之木，有夏熟、秋熟二種。本境多秋熟者，俗呼剛子桃，以不知移接之法，故結實不盛，回味亦不佳。杏，亦春花之木，本境間有之，亦點綴園景而已，不中食。梨，有數種，縣東南境史各莊有種者，然亦不盛。棗，有大、小、甘、酸數種。大者俗稱朴棗，不如小者味甘。又有甘汁最多以供生食者，名菱棗，亦有長、圓二種，西北二鄉多種之，春采芽可入茶。其酸棗實小核圓，古名爲棘，其仁可入藥。石榴，張騫使西域，得安石國榴種以歸。亦有新羅國來者，名海榴。有甘、酸二種，其花或紅或白。亦有花而不實者，名月季石榴。無花果，爲隱花植物，實生葉間，無核，生有白汁，熟則味甘。《本草》云：能開胃止瀉痢。蒲萄，出大宛，張騫使西域，得種以歸。又有馬乳形蒲萄，唐太宗破高昌國得之，種苑中。本境有青、紫二種，性宜溼地，東南鄉沿河一帶多種之。花椒，其花微小，亦隱花植物，四月結子，八月熟，焙熟可煮飲食。椿，有二種，香者芽可充蔬，名香椿；臭者名樗，本境多有之。槐，性堅緻，中爲車材，其花多染黃，城内多種之。榆，白枌也，未生葉時，枝條間先生榆莢，似錢而小，俗呼榆錢，可食，葉亦可備荒，皮尤粘滑，晒乾研末，可雜秫米麵作河漏。楊，白者葉大而圓，青者葉長。北方材木多楊、槐、榆、柳，故人多種之。柳，柔脆易生，縱横顛倒植之皆生。桑椹，有黑、白二種，白者味佳，本境多黑椹。又有楮，一名穀桑，雄者皮斑，葉無缺刻，開花成穗，不結實，雌者開花結實，皮白，葉有缺刻。杜亦梨類，但結實小耳，根可接梨，其木可任剞劂。以上果類。

清　李中桂　光緒《東鹿縣志》卷一二《物産》

獸類［注略］：馬，牛，騾，驢，羊，豕，犬，貓。鳥類［注略］：鷄，鴨，鴿，鵲，烏，燕，雀，啄木。

【略】果類：桃，王子年《拾遺記》：漢明帝時，常山獻巨核桃，霜下始花，隆暑方熟。按：本境桃名不一，多於夏，故俗統名曰熱桃。熟須趁時急賣，否則爛。又有熟於秋者，名冷桃，亦曰蜜桃，可久蓄。深州最著名，本境不多有。梨，魏文帝詔曰：真定郡梨甘若蜜，脆若淩，可消煩解渴。　今按：邑中東北、西南兩隅皆有此産，行銷鄰郡及天津等處，近以仔蟲爲災，獲利甚微，日見減少。棗，《農書》：棗南北皆有，南棗堅爍，不如北棗肥美。按：俗間棗名有鷹不落、糖棗、小棗、桃棗之分。糖棗、小棗、桃棗核小肉多，尤甘美，堪釀酒。杏，《舊志》：杏一名甜梅。《長安客話》：杏仁皆味苦，有一種甘者名巴旦杏，或謂之八達杏。今此種尤多。沙果，《通志》：亦名花紅，錦而沙者曰沙果。葡萄，蘇頌《圖經》云：北國之珍者，其汁可釀酒。《舊志》有青紫大小兩種，又有玉葡萄，味極佳。按：葡萄酒外洋盛行，西人歷中國者，亦常用之，若設法徹行，亦求利之一錨。按：本境果品，推梨尚銷售外境，桃、杏、棗不敷本境之用，餘則園圃中僅有一二，無能生利者。近來梨樹生蟲，名類甚多。一種狀似蚜蟲，雄有翅，雌無翅，驚蟄後從地中卵孵而出，緣樹上，頃刻生子，後即死，子蟲俟樹開花出葉食之，人以棍震樹枝，子蟲含絲而下，狀似蠶蟲，三五日不震，食葉即淨，至立夏，蟲復下蠶地中。又一種狀似蚜蟲，無翅多芒，冬蟄樹皮内，夏入樹葉中，其葉即枯。又一種生於實中，俟實將熟時從實出，狀似蜂，以尾芒刺他實，頃刻即遍實即爛。此三蟲皆梨中大災也，居人無法可除，博物君子幸垂教焉。木類：柏，《埤雅》：柏性堅緻，有脂而香。《通志》云：向陽柏獨西指，受金之正氣，故堅勁不凋。其葉側生者，一名側柏，入藥。按：境柏樹無幾，惟園亭及塋中有之。槐，《爾雅》：大葉而黑者名守宫槐，其葉晝合夜開。又一種名龍爪槐。按：槐子入藥名槐角，性清凉。此樹境中亦少，惟村院中有之。榆，《爾雅疏》：榆即樞也。未生葉時，枝條間先生榆莢，似錢而小，俗呼榆錢。楊，《説文》：楊，蒲柳也。《古今注》：白楊葉圓，青楊葉長。按：青楊俗呼爲柳楊。柳，《本草》：枝弱而垂流，謂之柳。《埤雅》謂其柔脆易生，縱横顛倒植之皆活。又有一種柳竿，叢生類，與《圖經》所云蒲柳相似，今沙地多植之。椿，今俗爲香椿，發芽嫩時，氣味香甘，生熟鹽醃皆可食。又一種名臭椿，《爾雅》：樗，臭椿也。葉脱處，樗蒲子似之，故名。兩種根皮皆入藥。　按：西國自花之安著論後，森林之學日興，其栽植、培壅、去蟲各有法，尤莫要於接種移植。束邑土白壤，宜林木，第今闔境新植，半多柳、榆，誠漸次講求，不惟北境果實可推於南境，即江浙之桑、川楚之林、粤東之柑橘，何不可移易之，以收十年之利。蓋土中各含有輕養淡炭氣，爲植物原質，特多寡稍差耳，是在留心森林者。餘類缺。《舊志》有花、草、藥各類，但本境無多生産，人亦不用之生利，故略焉。　按：境内土地瘠薄，向無間田。近時合境種植，五穀居十之六，棉花、花生居十之三，其餘瓜、菜、果、木共居十之一。

清　孫方隆　光緒《館陶縣鄉土志》卷七《山水》

嘗讀《舊志》，前令郎君國楨所作《陶山記》曰：邑西南五十里有陶山，趙主下降時，曾立館於此，故以命名。始則以此地東望岱嶽，西鄰太行。所謂陶山者，必葱鬱標奇，高華挺秀，與東西相鼎峙，乃足來翠華之蹕駐，鸞鳳之驂。既而索志觀之，則陶山實志山川之首，又譜爲八境之一曰陶山夕照。當時，賢令與縉紳先生迭相倡和，有『千林歸鳥下，半壁彩霞生』之句，豈止寫盡夕照情狀，而陶山之幽雅多致隱然，言外意中真有一陶山矣。

又卷八《物産》

羽之品：鷄，鵝，鴨，鴿，鴟鴞，鷲，鸛，燕，鷗，鶴，鴻，鵲，鴛鴦，水鴨，鶯，鷹，鷺，蒿雀，烏，鴉，鳩，喜鵲，啄木，鵪鶉，雉，杜鵑，黄鸝，蝙蝠，蠟嘴。毛之品：牛，羊，馬，驢，驘，犬，猪，猫，鼠，兔，獾，地羊，田鼠。【略】木之品：楊，有青、白二種，人皆儲爲棟梁之用。大宗，柳，有垂絲、金線、三春之别。大宗，桑，箕星之精，葉可飼蠶，子名椹，可食，釀酒亦佳。榆，白者名枌。大宗，槐，虚星之精，其芽可煠熟水淘過食，亦可代茶，花可染黄，亦可入藥。松，有數種。柏，北方處處有之。楮，皮可爲紙，但本境無此工藝。椿，芽香，可食。樗，俗名臭椿。梧桐，本二木。陸(機)[璣]曰：無子者，梧；有花者，桐。今人概呼曰梧桐。色白而有綺文者曰白桐，先花後葉名榮桐。楸，似梧而小。羊棗，俗名小棗，亦名羊矢棗。皂角。五六月開白花，結莢，長三四寸，可搗以去垢，仲春芽可食。

傳記

宋　歐陽修、宋祁《新唐書》卷一九二《賈循傳》　賈循者，京兆華原人，其先家常山。父會，有高節，嘗稱疾不答辟署，里中號『關中曾子』。親亡，負土成墓，廬其左，手蒔松柏，時號『一龍』。卒，縣人私謚曰廣孝徵君。循有大略，禮部尚書蘇頲嘗謂今頗、牧，及爲益州，表署列將。敗吐蕃於西山，三遷静塞軍營田使。張守珪北伐，次灤河，屬凍泮，欲濟無梁。循揣廣狹爲橋以濟，破虜而還，以功擢游擊將軍、榆關守捉使。地南負海，北屬長城，林埌岑翳，寇所蔽伏。循調士斬木開道，賊遁去。范陽節度使李適之薦爲安東副大都護。安禄山兼平盧節度，表爲副，遷博陵太守。禄山欲擊奚、契丹，復奏循光禄卿自副，使知留後。九姓叛，禄山兼節度河東，而循亦兼鴈門副之。母亡將葬，宅有枯桑，一夕再生，芝出北墉，人以爲瑞。玄宗以循有功，詔贈其父常山太守。

清　劉庚年　同治《重修靈壽縣志》卷六《名宦》　程焯，字映曦，山東舉人，康熙四十年任，有善政。祁林山虎數爲患，白晝路絶，公禱以文，突有異獸搏虎，盡食之。是年蝗入境化爲蛾，士民樹『德政碑』紀其實。

清　韓志超　光緒《蠡縣志》卷六《名賢》　吴祥，城内人，永樂中知嵩縣爲政，寬和逋民，自歸者二百餘户。縣有猛虎、劫賊爲害，祥乃禱神，未踰歲獲虎二十餘，賊黨亦各散去，邑内遂安。

劉錦，宏治辛酉舉人，授華州知府，屬商山猛虎爲患，授民以擒捕之法，虎幾絶，民賴以安。

清　戚朝卿　光緒《邢臺縣志》卷六《列傳》　［郎金剛］四世孫鳳舉、鳳舉子學富，學富與父同行，虎突出撲鳳舉，銜之走，學富急以手中斧斧虎，虎捨人而未肯即去，學富一手扶父，一手持斧禦虎，虎知不可犯，始摇尾去。此事至今，川中人能言之。

紀事

北魏　酈道元《水經注》卷一一　秦氏建元中，唐水汎漲，高岸崩頽，城角之下有大積木，交横如梁柱焉。後燕之初，此木尚在，未知所從。余考記稽疑，蓋城地當初山水渀盪，漂淪巨栰，阜積于斯，沙息壤加，漸以成地。

唐　房玄齡《晉書》卷一〇五《石勒載記》　［太興二年］大雨霖，中山、常山尤甚，滹沲汎溢，衝陷山谷，巨松僵拔，浮于滹沲，東至渤海，原隰之間皆如山積。

宋　沈括《夢溪筆談》卷二四《雜誌一》　今齊魯間松林盡矣，漸至太行、京西、江南，松山大半皆童矣。

宋　蘇軾《東坡全集》卷二二《臨城道中作》　予初赴中山，連日風埃，未嘗了了見太行也。今將適嶺表，頗以是爲恨。過臨城内丘，天氣忽清徹，西望太行，草木可數，岡巒北走，崖谷秀傑。忽悟歎曰：吾南遷其速返乎？退之衡山之祥也。書以付邁，使志之。

宋　莊綽《雞肋編》卷上　河朔、山東養蠶之利，踰於稼穡，而村人寒月盗伐桑枝以爲柴薪，爲害甚大。每有敗獲，估贓不多。薄刑不足以戒，欲禁繫以苦之，則憚於囚衆。單州城武令聶忞，兖州人，起於白屋，知民間利病，有獲此偷，即依法决遣。而據所徵贓錢，隨多寡，必分十限付於其家。又量其情之重輕，每限出頭，加以箠楚。雖欲一日併納贓罰，里正諭意，亦不聽輸。於是一邑桑柘，春陰蔽野，人大受賜。人有相讎害者，於樹幹中去其皮尺許，令周匝，謂之『繫裹肚』，雖大木亦枯死。有一夕傷數百株者，此多大姓侵刻細民，故以此報之也。

金　趙時中《游龍門山記》（引自《名山勝槩記》卷三六）　自恒之南，巋然堀起于太行之東者，封龍之山也。恒亟回環，望之四面如一，廼曩時飛龍山也。唐天寶六載，始易今名，背滹沱之巨浸，右井陘之絶險，實鎮陽之壯觀，非若羣山之迤邐也。龍首興雲而致雨，獅子青毛而赤膂。白羊牧兮玉石亂，華蓋擎兮青松高。鐘磬互鳴于梵宇，金碧交映于琳宫。醮石突兀，吟臺崢嶸。蟠桃欲老，黄精産兮延齡。至如奇峰怪石，清泉茂林，可使畫者勞想，游者忘歸。青城、雁峰不獨美于西方，巫峽、廬山莫專名于南土。有徐童仙觀、郭元振劍石，徐童觀者在獅子峰大谿之下，中央平坦，地多桐木花，其花清香襲人，其子碧，可染青碧色，若移植他處則不活。觀中有泉數處，傍宜栽桃種荷，曹仙姑移之北嶽，徐真君登仙之山也。又《山記》云：駱元素因入山遇老人，與藥十粒，曰：服此則不饑，吾姓徐，字元英，新受長桑君，牒召北嶽長史。言訖，化爲童子，乘雲而去，因得名焉。郭元振者，唐時魏人也。少遊學于此，上獅子峰，前有石屼然高聳，俄聞霹靂聲裂其石，五彩雲氣自石中出，元振由是得寶劍于石罅，後仕睿宗，出入將相。又有東、西、中三書院，其遺址在焉。當時皆名儒碩士，傳受聚徒至百人，置山長、山録以領之。又多仙遊勝迹，自漢唐而來，棲真之士輩出其間。神龍蟠池，油雲鎖洞，三晉之間，不遠千里來禱輒應。今者縣宰昭勇公于明昌辛亥秋游封龍，登獅子峰，欽禮三清，瞰龍潭，游禪堂，遍覽山中勝槩。徘徊久之，登霹靂石，遂揮毫而作頌云。

清 李天璣 康熙《慶都縣志》卷六《祥異》 狼殺童兒 後漢順帝陽嘉元年十月中望，都蒲陰狼殺童兒九十七人，時李固對策，引以爲言，今狼村其地也，後改爲良村。

清 周章焕 乾隆《南和縣志》卷一《災祥》 ［乾隆］五年二三月，狼猱遍地，民間幼稚間爲所食。

清 王楷 乾隆《祁州志》卷八《祥異》 ［明成化］二十五年五月，【略】民人張海家産一桃，實甚大，金色，儼如梨味，與常桃迥異，識者以爲金桃。

又《紀事》 古槐，在城内州治南，相傳此樹置自唐時，大數圍，高六丈許，幹如游龍，枝葉繁茂，大可陰畝。

清 李昌祺 咸豐《初續獻縣志》卷一《善行》 盧志誠勇健多力，【略】夜行山中，虎自後撲之，誠刺以刀，虎大吼躍去，乃歸老於家。

清 王肇晉 咸豐《深澤縣志》卷一〇《佚事》 深澤無山，虎亦不至。康熙二十五年春，忽有見者，城中譁然，兵役丁壯皆趨城西逐虎。生員王臣有幼僕，將饁耕者。人曰：虎且至，爾何往？僕笑曰：我爲虎送飯耳。及耕所而虎已至，耕者懼急上樹，僕倉遽無所之，遂爲虎所得，傷以爪，賴牛與虎鬥，得不爲所啖，然竟以傷死，虎亦爲人所獲。衆皆曰：向者僕之言，乃其讖也。

清 陳詠 同治《欒城縣志》卷三《祥異》 ［嘉靖］乙巳二十四年冬十月，桃李花，浪頭村開桃花十數樹，焦家莊開李花十數樹，梨花數枝。

清 倪昌燮 光緒《吴橋縣志》卷一〇《識餘》 邑城東無名樹，莊西一帶，地中多碎磚瓦，每雨後多有掇拾古錢及珠寶者。又時至上元，於其莊西登高遠望時，有仙燈出現，自南而北若連綴者然。又其地有無名樹數株，其樹似椿，其葉似槐非槐，似榆非榆，其子似櫻桃而核甚大。

清 夏詒鈺 光緒《永年縣志》卷一〇《雜稽》 康熙五十二年，有虎自東北來，經曲周界。曲周駐防兵與廣平官兵共逐，入永年界射殺之。

又卷一九《祥異》 ［乾隆］六十年城西有獸如狼，傷人甚多。【略】［嘉慶］二十年秋大熟，民多病痁，九月有鼠異，晝出，不畏人、猫，亦不捕食。城西有獸如狼，傷人甚多。

清 陳杰 光緒《淶水縣志》卷一《祥異》 順治十一年，縣西南興雲寺梁上有蛇，身具五采，十日後變爲白色。六月望日初更時，黑雲蔽寺，風狂雨驟，霹靂不絶聲，殿中若有龍鬭。及霽，蛇不見，大木多拔，屋瓦盡飛，傷禾稼，僧幾斃焉。

清 楊文鼎 光緒《灤州志》卷一八《外編・雜録》 明郭建初《碣石叢談》：遼景宗乾亨二年三月，如南京賞牡丹，遂西幸。聖宗統和五年三月癸亥朔，幸長春宫賞花釣魚，以牡丹徧賜近臣。則牡丹在長春宫，宫在南京矣。

清 戚朝卿 光緒《邢臺縣志》卷三《前事》 乾隆元年，有虎至東關、南關傷人，人擊殺之。【略】［嘉慶］五年多狼，傷民間子女。時有入城傷人事。

藝文

三國魏 曹操《苦寒行》（引自《藝文類聚》卷四一） 北上太行山，艱哉何巍巍。羊腸坂詰屈，車輪爲之摧。瓏樹何蕭瑟，北風聲正悲。溪谷少人民，雪落何霏霏。擔囊行取薪，斧冰持作糜。悲彼東山詩，悠悠使我哀。

又《觀滄海》(引自《樂府詩集》卷五四) 東臨碣石，以觀滄海。水何澹澹，山島竦峙。樹木藂生，百草豐茂。秋風蕭瑟，洪波湧起。日月之行，若出其中。星漢粲爛，若出其裏。幸甚至哉，歌以詠志。

宋　崔公度　《感山賦》(引自《宋文鑑》卷六) 客有爲予言太行之富，其山一名皇母，一名女媧，或於此煉石補天，今其上有女媧祠。因感其説，爲之賦。其辭曰：【略】下分擅乎百源，上夾輸於六務。此其山之琛賂也。其鳥五色豪鷹，窟生崚嶒，貌如秋胡，月明星精。呴撥利戟，足卷枯荆。雕趨鶚隨，往還青冥。水棲則鴰、鶚、鸒、鸛，水止則鵁翠、鳧鷁。殊種詭類，莫可殫名。其狀如麋有距，四角馬尾，聲若鍾磬，以出爲瑞。赤虎、文豹、黄熊、封豕、麋鹿、貒貜，行搏坐噬。草則紫團之葠，勤母、漏盧、麋銜、牡蒙、蓯蓉、首烏、牛膝、豹足、龍沙、虎須、赤節、紫蒨、如雷、茈胡、雲英、玉支、解蠡、菴蕳、鹿腸、鶴虱、彭根、屈据，澤態天糅，芳臭粉敷。或同葩異實，或冬榮暑枯；或珍傳太一，或用講史區。木則有榛有栗，其桐其椅。篁篠懷風，桃李成蹊。梗、柟、楓、檜、思仲、蕪荑，梓、漆、樞、栲，青檀、紫葳，樅、檍、槐、棗，棠、榴、楟、梨，陽櫨、檿桑，枌、榆、棪、梖，交柢並節，韜唐蔭隄。身緣中材，實資療肌。松柏千歲，蹇金石姿。彌根萬仞之峰，落影千丈之溪。孤幹直出，百尋而後有枝。遠而望焉，或如翔鸞，或如蟠螭。其大蔽牛，其圓中規，參差欃槮，下隔百步，猶樛戞而相羈。公子矍然曰：陸産之盛，僕知焉，不若是之詳也。

宋　范成大　《石湖詩集》卷一二《内丘梨園》 汗後鵝梨爽似冰，花身耐久老猶榮。園翁指似還三嘆，曾共翁身見太平。

元　郭畀　《元暉山》(引自《式古堂書畫彙考》卷一七) 灌木蔭滄洲，閑雲疊曾巘。茅茨在咫尺，逕路渾莫辯。黄家玉印章，翰墨屹冠冕。悵望海嶽菴，禾黍西風轉。

清　愛新覺羅・玄燁　《清聖祖文第三集》卷五〇《鶯囀喬木并序》 甫田叢樾之西，夏木千章，濃陰數里，晨曦始旭，宿露未晞。黄鳥好音，與薰風相和，流聲逸韻，山中一部笙簧也。

昨日聞鶯鳴柳樹，今朝閲馬至崇杠。朱英紫脱平原緑，月駟雲驤錯落駹。

又《青楓緑嶼并序》 北嶺多楓，葉茂而美蔭，其色油然不減梧桐、芭蕉也。踈牕掩映，虚凉自生，羅蔦交枝，垂掛崖畔，水似青羅帶，山如碧玉簪，奇境在户牖間矣。

石磴高盤處，青楓引物華。聞聲知樹密，見景絶紛譁。緑嶼臨牕牖，晴雲趁綺霞。忘言清静意，頻望羣生嘉。

清　愛新覺羅・弘曆　《清高宗詩二集》卷五九《於興安作》 大幹崇盤盤，靈區結木蘭。山惟向北迴，節應當秋寒。獵場深益佳，興安真興安。林有落葉松，獸多大角羱。鹿鳴哨可至，雁飛俯以看。漠南昔王庭，海西今材官。相於奉時獮，樂志餘清歡。念兹匪易致，永言思其艱。

清　韓志超　光緒《蠡縣志》卷九《錢天錫〈路槐行〉》 昔在孝寬爲刺史，路側植槐蔭行旅。枵腹久已斷晨餐，烈日猶能鎔漏釜。攀枝執條實離離，剖粒難救道旁痶。婆娑不愧榆爲兄，苜蓿闒賓同楚楚。三種已盡又何求，桑下眼穿二朐脯。未聞補腦制頹齡，可堪倚樹埋焦土。何如觜觿生葆穀，虚星掩泣問天庾。

山西

綜　述

北魏　酈道元　《水經注》卷四 河水又東與教水合，水出垣縣北教山，南逕輔山，山高三十許里，上有泉源，不測其深，山頂周圓五六里，少草木。《山海經》曰：孟門東南有平山，水出于其上，潛于其下。又是王屋之次，疑即平山也。其水南流，歷鼓鍾上峽，懸洪五丈，飛流注壑，夾岸深高，壁立直上，輕崖秀舉，百有餘丈，峰次青松，巖懸赬石，于中歷落，有翠柏生焉，丹青綺分，望若圖繡矣。

又卷六 東陂世謂之晉興澤，東西二十五里，南北八里，南對鹽道山。其西則石壁千尋，東則蟠溪萬仞，方嶺雲迴，奇峰霞舉，孤標秀出，罩絡羣山之表，翠柏蔭峯，清泉灌頂。

又卷九 陽泉水又南注濩澤水。濩澤水又東南，有上澗水注之，水導源西北輔山，東逕銅于崖南，歷析城山北，山在濩澤南，《禹貢》所謂砥柱、析城，至于王屋也。山甚高峻，上平坦，下有二泉，東濁西清，左右不生草木，數十步外多細竹。其水自山陰東入濩澤水。濩澤水又東南注于沁水。沁水又東南，陽阿水左入焉，水北出陽阿川，南流逕建興郡西，又東南流逕午壁亭東，而南入山。其水沿波漱石，漰澗八丈，環濤轂轉，西南流于沁水。沁水又南五十餘里，沿流上下，步徑裁通，小竹細筍，被于山渚，蒙蘢茂密，奇爲翳薈也。

宋 樂史《太平寰宇記》卷四三《河東道・晉州》 龍子祠，在姑射山東，平水之源，其地茂林蓊鬱，俯枕清流，實晉州之勝境也。

又卷四五《河東道・潞州》 柴團山，《地理志》云：此山出人參、紫草。【略】《山海經》云：發鳩山其上多柘木，有鳥狀如鳩而文首、白喙、赤足，名曰精衛。其名自相呼。是炎帝之女，名女娃，游於東海，溺而不返，化爲精衛。常取西山之木石，以堙東海。

又卷四六《河東道・解州》 景山，在［聞喜］縣東南十八里。《山海經》：景山，草多藷藇、薯蕷、秦椒。

又卷四九《河東道・代州》 郅都墓，《郡國志》云：漢郅都爲雁門太守，匈奴憚之，不敢近塞。葬雁門，墓側柏五千餘株，今號曰郅君柏。

明 陶宗儀《説郛》卷五下《遁甲開山圖》 河東有獨頭山，多青檀，可以爲良弓。

明 李賢《明一統志》卷一九《太原府》 土産：【略】石燕子，俱保德州出。麝，豹，忻州岢嵐二州出。長松子，五臺山出。甘草，人參。府境出。

又卷二〇《平陽府》 土産：【略】椒，河津縣出。芫花，九元山出。葡萄。安邑縣出。

又卷二一《潞安府》 土産：【略】人參，赤石脂，不灰木。府境俱出。

又《沁州》 土産：黄耆，沁源縣出。甘草，柴胡，連翹，州縣俱出。石菖蒲。本州出。

明 李侃 成化《山西通志》卷六《土産》 菓屬：有紅黑二品，惟曲沃最廣，間釀爲酒。古晉城内産者，投水則沉。柰，出汾州者顆大，味香美。梨，間有一種香水，味美。太原、平陽、汾、沁、遼、潞、澤境内俱出。胡桃、榛子、松子，以上三府五州境内俱出。榛，松，迤北尤廣，五臺縣産一種長松子，能愈病。葡萄，平陽境内多出，安邑、夏縣最盛，間釀爲酒，榆次、太谷亦出。柿，平定、潞、澤、平陽府境内俱出，惟平陽有重臺，味美。石榴，蒲、解州、芮城、河津等縣俱出。櫻桃，陽曲、太原等縣，潞、澤州間出。栗，垣曲、夏縣、蒲州、廣昌間出。桃，出平陽者最大。木屬：松、柏俱堅，大而廣。樺，以上三府五州俱出。桑、柘，太原、平陽、汾、沁、遼、潞、澤境内俱出，惟高平縣有萬條桑。檀，平定等州出。椴，煖，太原府、澤州俱出。竹，襄陵、洪洞縣、蒲、澤州間出。【略】羽屬：鶡鷄，石州出。半翅，太原、大同境山中出。天鵝，鴚鵝，以上大同、解州野池、水澤内出。毛屬：熊、麞、鹿、麂、驢、野猪、野羊，以上三府五州大山中出。馬，文水等縣，即古渥洼，多出異種。牛，色黄，身大如土牛。羊，有綿、山二種，民間多蓄，歲以春秋取毛。完羊，大同豐稔山出。黄鼠，大同食他椒味美。以上三府五州境内俱出。

明 張欽 正德《大同府志》卷四《土産》 雲中地極寒，然亦未嘗無産，皆可供食啖，備藥餌，爲宫室器械之用者也。【略】果屬：棗，柰，梨，榛子，松子，栗。【略】木屬：松，柏，樺，桑，椴，煖。【略】羽屬：鶡鷄，半翅，天鵝，鴚鵝。毛屬：熊，麞，鹿，驢，野豬，野羊，馬，牛，羊，完羊，黄鼠。

清 張崇德 順治《恒岳志》卷上《物紀》 鉛松怪石，表岱畎之奇材。貝子瑶花，著崧阿之異産。太華仙掌峰，開玉井之蓮。天柱龍湫岸，聳凌霄之樹。矧乎金城福地，總玄洞天。詎無珍佳標其靈秀，吹律回春于寒谷。爰生四五穠之嘉禾，燒丹採藥于仙巖。乃産十九種之神草。寶符興趙，圭璧命燕。峪芝呈六色之元光，霜桃媲三熟之蟠實。博攷群書之紀載，聿彰命岳之神奇，爰著《物紀》。《神農本草》云：恒山有草，名神護，置之門上，每夜叱人。《物類志》曰：護門草出恒山，取置户下，或有過其門者，草必叱之。一名百靈草。王筠《寓直》詩：霜被守宫槐，風驚護門草。《道書福地記》云：恒山有神草十九種，服之可度世。《管子》曰：恒山北臨代，南俯趙，東接河海之間，早生而晚殺。五穀之所蕃熟，四種而五獲焉！孫武子曰：恒山有蛇，名曰率然，一身而兩頭，擊其一頭則一頭至，擊其中則兩頭俱至。《初學記》云：漢明帝時，常山獻巨核桃，霜下結花，隆暑方熟。帝使植於霜林園中，因名霜林桃。【略】恒山去平原幾二十里，地高寒不宜穀，惟黍與菽可得中熟。木則有松、柏、檜、栝、杆、樺、榆、柳之屬。花則有山丹、石竹、金蓮、萱草之屬。鳥則有雉、雀、鳩、烏、鷹、鷂之屬。獸則有虎、豹、麞、麅、豺、狼、狐、狸之屬。藥則有黄精、黄芪、黄芩、蒼术、紫蘇、白芷、薄荷、荆芥、桔梗、枸杞、甘草、升麻、麻黄、茅香、柴胡、知母、益母、遠志、防風、羌活、三稜、百合、百部、車前子、側柏葉、酸棗仁、王不留行之屬。空響樹、連理枝、樹王，其最異者也。按：恒雖名岳，峙于塞下，恒風、恒寒、恒暘、恒歉，故物産鮮足。稱者如前諸書所載，以今較之，亦幾近于《齊諧》之説矣。詎山嶽靈秀之氣，萃于古而閉于今歟？抑或欲厚于人而故嗇于物耶？《經》云：惟岳降神，生甫及申。且中州清淑之氣，南盡于衡，北盡于恒。恒尤據上游爲全冀山川根本，光岳氣完，不輕洩發，將鍾生偉人以媲唐虞之盛，談者慎毋以物産少恒哉。贊曰：朔名幽都，燕有寒谷。氣閉物藏，律吹春復。圭璧符蛇，芝桃草穀。種種奇珍，鼗生岳麓。

又卷中《登恒山記》 山腰少闊，誅草爲堂，白雲縹緲，簾櫳清曠，差可憩休，時聞樹籟鳥聲，心肺幽暢，令人生倐然物外之想。堂畔有龍泉，味分甘、苦，禱雨輒應。有夕陽巖，松檜插漢，晚霞及之，則樹色蒼然。崖産石脂，五色晶瑩，味腴堪咀，意僊家啖人藥餌，而特不識所以調劑者。

清　傅星　康熙　《文水縣志》卷二《物産》 果屬：桃，李，杏，梨，棗，香柰，核桃，林檎，無花果，櫻桃，葡萄，石榴，軟棗。木屬：椿，榆，桑，柳，松，栢，槐，楸，楊，椒，栝，杆，樺。【略】禽屬：鵰，鷹，鴈，鵞，鴨，鷄，鴿，鵲，鴉，烏，鳩，鸛，燕，雉，雀，梟，鷂，鳶，半痴，蝙蝠，布谷，石鷄，水鴨，啄木，鶺鶉，落浦，黄鸝，杜宇，沙鷄，黄鷗，訓狐。獸屬：虎，豹，牛，馬，騾，驢，豕，犬，羊，猫，狐，狸，兔，狼，獾，鹿，獐，麅，田鼠，山猪。

清　王克昌　康熙　《保德州志》卷三《土産》 ［注略］果屬：沙果，杏，李，桃，海棠，孚果，海紅，棗，林禽，葡萄，文果。【略】木屬：榆，蔡，柳，槐，松，樗，柏，青楊，桑，樫，椿，河楊，三春柳，楓，樺。【略】鳥屬：雀，鴿，雉，燕，鳩，鳧鷺，鷂，鵲，鷗，鷺，烏，半翅，撞破頭，鶉，鵂鶹，石雞，布穀，黄鶯，啄木鳥，戴勝，簷蝙蝠，鷀烏，鴨，畫眉，鷄，鵝，白頭翁。獸屬：狐，狼，狸，貓，犬，黄鼠，兔，馬，騾，驢，牛，豕，羊。

清　潘鉞　雍正　《猗氏縣志》卷二 果類：棗，梨，桃，李，青、黄、朱三種。杏，梅，柰，石榴，甜、酸二種。林檎，蘋果，沙果，柿，大、小二種。核桃，葡萄，楊梅。木類：榆，夾、麻二種。楊，青、白二種。槐，有二種。柳，有二種。楮，椿，有二種。桑，黑、白二種。桐，楸，柏，椒，竹。甜、苦二種。【略】禽類：鵝，鴨，鷄，鴿，鶺鶉，斑鳩，喜鵲，烏，鴉，燕，有二種。黄鸝，杜鵑，布穀，黄雀，有二種。啄木，鳶，鴟鴞，紅嘴鴉，鷂，鷽，麻鵲。獸類：馬，牛，羊，驢，羸，豕，猫，狸，狐，兔，獾，犬，狼，田鼠，刺蝟。

清　房裔兰　雍正　《陽高縣志》卷二《山川》 織錦飛花　織錦莊在城西北五里許，花枝攢密，樹木陰翳。盛夏紅蘂緑葉相間，成文如織錦然。至秋末，樹花亂落，遍地鋪繡，香氣襲人，想見武陵桃源之景。

又《土産》 花屬：菊花，芍藥，山丹，石竹，牽牛，金簪，玉梅，雞冠，水紅，鳳仙，珍珠，丁香，碧桃，葵花。果屬：杏，李，滋梨。木屬：松，柏，楊，柳，榆，杆，槐。【略】羽屬：野雞，半翅，鶺鶉，班鳩，慈烏，畫眉，石雞，雞，鵝，鷀[illegible]，鴈，鷂，鴿，鵲，雀，黄鸝，燕，鷹，鳲，鴞，鵂鶹，白翎，黑白鴉。毛類：牛，馬，羊，驢，騾，豕，虎，狼，兔，狐，麅，鹿，黄羊，狗，猫，獾，獐，麝，拽猴，黄鼠。

清　覺羅石麟　雍正　《山西通志》卷一七《山川・太原府・陽泉縣》

石漕谷，在縣西山産桃。【略】土堂寺，山在縣西北四十里劉村，後倚崇岡，前臨汾水，沙鳥出没，雲烟隱現。寺有巨栢十餘株，蛟蟠虬屈，所謂土堂怪栢也。【略】柳溪，在縣西一里，汾堤之東。宋天禧中，陳堯佐知并州因汾屢漲，築堤周圍五里，引汾水注之，環植柳萬株。

又《榆次縣》 中林山，在大方山南卧虎山西，草堆山東，羣山中茂栢成林，上建和合寺。

又《太谷縣》 松嶺，在縣東南三十里，繇奄谷入，形高松茂，曉日滃雲，殊似蜃樓。【略】回馬谷，在縣東南三十里，袤二十里。谷中有馬陵關，通古邢州路，産葡萄，味甚美。

又《交城縣》 錦屏山，在西北五里，東連卦山，紅崖緑樹，若錦屏然。

又《文水縣》 光統頭山，在縣西南三十里，峰嶺高峻，日出先照。或曰漢光武嘗統兵於此，故一峰有先鋒臺之名。今土人名西頂，山勢邃曲，松柏叢蔚。【略】熊耳山，在縣西北三十里，形似熊耳，松柏蒙翳。一名崇山，上有牡丹。【略】栢茆山，在縣北十三里，龍嵸森蔚，上有壽寧怪柏。【略】郝嶺，在徐南都，上有長栝。

又《岢嵐州》 西山，在州西南一里，有雲際寺，翠嶼蒼岩，石徑茂樹。

又《興縣》 樺林洞，在縣東南六十里，山多樺木，巖内洞穴相通，如陶復陶穴然。合查山，在縣東南八十里，高七里，盤踞十三里，東南連陽山，高可二十里，爲諸山冠，數百里外望之，蒼翠插天。【略】陽山，在縣東南九十里，即合查山之陽，高五里，盤踞八里，危峰刻削，怪石羅峙。中峰下有伽佗嶺，松檜數萬株。上有廣應侯祠，東峰有迴光巖，林巒競秀。【略】採林山，在縣西南四十里，高二里，盤踞五里，林巒高峻，下有採林渡。【略】紫荆泉，在紫荆山南，巨泉也，流出成河，沍寒不凍，鴛鴦、翠鳥時翔遊焉。

又卷一八《山川・平陽府・襄陵縣》 二郎溝，在縣南二十里，有雲幽洞。相傳白犬出没崖山，躍入崖穴，田夫掘得小洞，内有二郎神像，一犬宛肖，因名二郎溝。辛珍《遊記》：邑南十五里，溝名二郎。遠望之，平原沃衍，惟崇墉數十堵。深入中，則峰巒崒嵂，澗溪幽邃。松柏竹卉，森葱蓊鬱。懸崖聳壑，蔽日拂雲。闢險而通橋路，鑿崖以爲陶復。亭臺廊閣，委曲軒豁。不數百武而全勝如畫，襄陵奇觀也。

又《浮山縣》 堯山，在縣東八里，即中條之西麓。上有帝堯祠、老君祠。金范爨《帝堯廟記》：神山縣東有堯山，栢樹森然，回環十數里，其巔有堯祠在焉。

又《趙城縣》 霍山，在縣東北三十里，入山五里有中鎮廟，廟東南有興唐寺，東十里有休糧寺，又南有廣勝上下二寺。霍山勝概，廣勝寺爲最。廣勝勝概，柏居多。泉石映柏彌清，柏萬株，枝胥南向。上有五色花、雙頭蛇、萬年燈、白骨松。

又《翼城縣》 百草嶺，在縣東南四十五里，多産草藥，故名。

又《汾西縣》 元孫文通《廟碑記》：縣西境胥山，其中最鬱鬱蒼蒼而挺拔者，青山也。山連阜姑射，故亦以姑射名。重岡疊巘，崒嵂萬仞。枝峰蔓壑，磅礴百里。谷巖互映而幽邃，林木薈蔚而芬榮。空翠鴻濛，烟霞明媚。非塵寰之觀，乃仙游晦跡之境也。

又《靈石縣》 翠峰山，在縣城東，高半里，盤踞一里，石壁巉巖，巒聳林茂。【略】文殊原，在汾河西，上有聖松樹，枝葉橫長，相傳文殊坐現於此。

又《霍州》 陶唐谷，在州東三十里，中有玉泉西流。《漢書》瓚注：永安唐城，堯所都也。東去彘十里避暑，語殊近俚。祝《志》：堯嘗遊此。羣峯四合，孤泉獨噴，叢壑茂林，繡錯殊狀。

又卷一九《山川・潞安府・長治縣》 五龍山，南六十里，高八百四十丈，盤踞十二里，一峯高十二丈五尺，上有五龍殿。《唐志》：上黨有五龍山。《十六國春秋》：西燕慕容永時，有五色雲見於此，遇旱禱雨輒應，因置祠以祭五方之神。東北一里，有小松窊，枕崗而踞阜，三面胥絶壑斷崖，北爲雲梯，環山胥茂松，李白詩所謂『上黨碧松烟』也。樵採者罔敢睨，名龍山松。

又《屯留縣》 良材山，在縣東三十五里，高二十五丈，袤二里，周七里，山面南多材木。【略】田石山，在縣西八十里，高三十三丈，袤一里，周四里，面北，北至田石村，脈谿盤秀來，陡開巨嶂，松殊鬱茂。

又《襄垣縣》 松石林山，在縣西北三十里莊裏村，峰秀松茂，下有清泉。《上黨記》：邑帶山林，茂松生焉。【略】韓王山，在縣北十五里，高九十五丈，盤踞四里，山殊迥秀，上有韓王廟。劉龍《韓山詩》注：韓山在邑城北，有峰秀出諸山之表，鬱然陰森，暑中望之輒有寒色。

又《黎城縣》 桃花山，在縣東北五十里，有桃花寨，山半多桃。

又《平順縣》 葱蔚山，在縣東三里，懸崖峭壁，松栢葱蔚。【略】青羊山，在城北縣建山下，山形似羊，植柏青翠。

又卷二〇《山川・汾州府・汾陽縣》 將軍山，在縣西南十七里東南，有桑棗坡，西南連石盤山。一名柏山，上有柏。【略】柏山，在縣西二十里，相傳離石侯嵩葬萬户山，封樹多柏，故名。【略】狄谷，在縣西北二十里，谷中水竹環繞，雅有幽致。

又《介休縣》 綿山，在縣南四十里，遞高四十里，隸縣境二十五里，形勢綿亘，林木叢鬱。介子推隱此，一名介山。【略】抱腹巖，在縣西南四十里，綿山之奥，崖似抱腹，羣峯擁翠，澗水流鳴，石梯陡峻，松柏森蔚，綿山勝境也。

又《石樓縣》 石羊山，在縣東二十里東石羊村。山多栝，一名栝水山。舊有石羊里村，故名。

又《永寧州》 太華掌在州東南，山深林密。

又《寧鄉縣》 栢窊山，在縣東南十里，鳥道穿栢林里許，上建聖母廟，廟前泉池清冽。【略】屏風山，在縣南三十里，列翠如屏。

又卷二一　《山川・大同府・懷仁縣》 錦屏山，在縣西二十五里，山峯聳翠。

又《應州》 小山門口，在州南四十里。朱弁《應州記》：南山之麓，平坡峻坂，林木深秀。

又《渾源州》 柏山，在州東南十里，高一里，盤踞五里，西連恒山，東有惠嶺，有黑龍池，山多柏。劉祁記：黑龍池雲興即雨，邑人以爲雨徵。

又《靈丘縣》 太白山，在縣南二十里，高極雲表，爲邑諸山之最。石磴十八盤，綿亘數十里。一山屏列，鳥道插天，又名太白嵬。山有鍾乳穴，穴中乳滴如懸穗。徑多叢木茂草，巔產黃花蕨菜尤美，虎狼錯跡，樵採殊艱。初夏，積霰古冰厚數尺，而巔殊平。雲翳時，見樓閣空濛杳幻。山陽地亦廣衍。【略】鎗嶽嶺，在縣東二十里，直上千仞，多野勺藥，黃白色，尤繁，一叢十數本，蜂聲不輟。

又《廣靈縣》 壺山，在縣東南一里，兀峙一山，環山皆泉，如萬斛珠璣隨地湧出，滙爲沼廣數畝，植柳環之。【略】榆杏山，在縣南二十里，石泉懸崖，兩崖松翳，所謂聖泉松風也。【略】樺山，在縣東北四十里，產樺，上有三岔砦。

又卷二一二《山川・朔平府・左雲縣》 大峪山，在縣東南六十里，雙峯對峙，川澗中遶，林木森鬱，石炭滋殖，袤亘數十里，南通雁門關。

又《平魯縣》 黃草梁山，在縣東南八十里，遞高十五里，盤踞百餘里，崇岡峻嶺，迴環盤繞，中多林木，界連朔州懷仁諸山。【略】十二連山，在縣南井坪西南十五里打鷹溝諸村，上有十二峯，蒼翠綿亘，巔爲楊六郎寨。

又《寧武府・寧武縣》 棋盤山，在縣南六十里，高二里，盤踞三里，山上有石盤，巔有青紅杆樹。

又《偏關縣》 大蟲嶺，在縣東百里，奇峯峭立，巖壑幽邃，昔多茂林，後寖童矣。【略】柏楊嶺，在縣東百里，昔多柏楊樹，故名。高五里，盤踞九里。【略】紫荆山，在縣西北二十里，昔多紫荆花，故名。【略】鶯窩溝，在縣東百里，陡澗削巖，林樾中，有鶯窠。

又《五寨縣》 看花臺，在蘆芽山上，多異卉，葳蕤播颺，駭綠揉紅。

又卷二一三《山川・澤州府・鳳臺縣》 萬松山，劉龍《靈巖寺藏經塔記》：澤西南有山曰萬松，中有寺爲靈巖。其山婉蜒綿亘，雙峰矗聳，若鸞鳳騰翥。松檜森蔚，行竟日不見天日，以是得名，爲太行一支勝概，寺亦茲山佳境也。

又《高平縣》 穀遠山，在縣東北二十里，羊頭山之次，產紅嘴鴉。

又《陽城縣》 峪溝山，在縣東二十里，蒼崖插沁，曲磵穿林。【略】金裹谷，在縣東三十里。谷中龍泉建海會寺，松柏森蔚，樓閣參差，曲水迴廊，修篁游鯉，所謂海會龍湫也。【略】雲濛山，在縣西南八十里，《府志》作九十里，峭壁密林。【略】卧虎山，在縣西四十里，山勢殊險，麓有靈泉寺，谷有萬松亭。【略】桑林河，在縣南四十里，一名大河，源出麻樓諸山，歷西冶，合龍洞川水東北入於沁。地多桑，名曰桑林，相傳成湯禱雨於桑林，即此。今湯廟前豬水澄泓不竭。

又《陵川縣》 菊巘山，在縣東南五里，高二里，一名漳門山，捍水口多菊，上建龍王祠。【略】錦屏山，在縣南二十里，山形似屏，霞彩標映，產芎藭。宋元豐間，都君錫棲此。邑令呂由庚偕聞人高子美、谷漢臣入山訪之，爲芎藭會焉。

又《沁水縣》 榼山，在縣東九十里，清泉飛閣，松栢參霄。白松三，左二圍一丈五尺；右一差小，高胥數丈，膚理瑩膩似雪。山中萬松皆然，此其巨者耳。明張五典《三松說》曰：密縣白松，彼一此三，其數不敵也。今存二。【略】碧峰山，在縣北三里，遞高四里，盤踞五里，東連鳳凰山，又東連車轄山。至河頭村，下有沁河。西十餘里連清風嶺高峰，又十餘里連東塢嶺，峭壁茂林，建五龍神廟，有靈泉。東崖有槲樹，鼓掌聲應，一名驚雞樹。

又卷二一四《山川・蒲州府・永濟縣》 玉簪山，在縣東南百二十里，永樂鎮純陽宮側，松竹交列，桃李爭芳，人擬爲武陵源。【略】河東有獨頭山，多青檀，可爲良弓。【略】鴉兒溝，在縣東五里峨嵋原，兩崖多穴寒鴉。

又《萬泉縣》 栢林在孤山東南隅，上有崑崙臺。【略】桃花洞在孤山南麓，曩多桃樹，故名。

又卷二一五《山川・遼州》 東雲山，在州東十里州巨鎮也。高峯茂林，雲興則雨。上有石岱巖，建殿閣，俯視行人如蟻。甕洪山，在州東十里，有棲真洞。甘泉谷似甕形，林木茂美。【略】崋山在州西三里，四時蒼翠。

又《和順縣》 合山在縣東四十里，山勢盤踞，松栢鬱茂。【略】鹿苑原在縣東，相傳爲趙襄子養鹿之所。

又《榆社縣》 黑山，在縣東二十五里，遞高十里，盤踞四十里，東接遼州，境南接清凉山，高過𡼏山，多松。【略】四縣東有鄧青樹，取其枝入水，五色畢現，且葉繁密則年豐，疎稀則年歉，乃神木也。

又《沁源縣》 上觀山，在縣西北五十里，屏列林茂，上有香林寺。 靈空山，在縣西北六十里，高十里有奇，盤踞五十里，西連霍太山，山勢峭削，四圍石壁如屏，巖邃林密，徑陡磴曲。【略】上嶺在縣北八十里，多木。 青石山在縣北八十里，山石如黛，松栢環寺。【略】青果山，在縣東北五十里，巔有寒泉，松栢環翠，一名青裹山。

又《武鄉縣》 左會山在縣東五十里，四壁崇巒，土人多習獵。【略】龍泉，在縣西九十里龍泉村，林茂泉清。

又《平定州》 吕思誠《豐濟王廟記》：去平定州城三十里，有里曰賽魚，南臨桃水，有獅子山，多松、栢、槲、檜。

又《壽陽縣》 建公穴，在縣南五十里石穴也。 産蛇，療癩癬。

又《盂縣》 芝山，在縣北十五里，多松。 有泉盈流，石徑作細大鳴，與松韻相間。

又《樂平縣》 甕山，在縣東七十里，有甕山祠。 喬宇詩：千尺靈湫絶澗旁，神龍踪迹故非常。 盤空嶺峻連皋落，蔽日林深接太行。【略】松子嶺，在縣南四十里。【略】張仲詩：密密松陰遮嶺曲，層層山勢接雲衢。

又卷二六《山川·五臺縣》 紫羅山，在縣西南八里，巒高松茂。【略】錦屏山，在縣北二十五里，崇壁疊巒，卉樹五色。【略】象山，在縣北五十里，多松。

又《崞縣》 南坡，在縣西南百二十里，松蘿蔚翠。

又卷二七《山川·保德州》 翠峰山，在州東八十里，形似覆斗，林茂巒秀，爲州鎮山。【略】赤山，在州東南八十里，山多楓，霜後胥赤。

又《安邑縣》 栢王山，在縣東北六十里，山多古栢。

又《夏縣》 栢塔山，在縣南二十里王峪口東，峪中水出口流經其下，古栢千株。 中有栢母林，中建寺，寺後建塔，故名。 後塔毁。 王翰詩：翠竹摧梢失鳳凰。 詩注：人呼山爲鳳凰頭山，又名抱珠山。

又《芮城縣》 大通嶺，在縣西北中條山，唐時竹影殊盛，内有竹林寺。

又卷二八《山川·聞喜縣》 栢林山，在縣西二十里栢林村後，石巖蒼翠，下爲疊水崖，再入爲藁峪，蓮葦清幽。

又《絳縣》 青陵山，在紫家峪，多虎。

又《蒲縣》 東神山，在縣東五里，盤迤數十里，山多松栢。【略】翠屏山，在縣西南一里，山聳峰圓，松栢鬱茂。【略】栢谷上有荆叢生。

又《大寧縣》 翠微山，在城南數百武。《明一統志》：在漘河南二里，高千數百仞，亘一里，昕水繞麓。 山勢似旗似屏，松柏蔚秀。

又《永和縣》 仙芝谷，在縣東北五里芝河源，舊名東峪川，常産芝草。《舊唐志》：武德二年，永和移治於仙芝谷。《山堂肆考》：仙芝谷，在平陽府永和縣北，谷中産靈芝草。

又卷四七《物産·山西省》 石榴，杏，沙果，李。 雞，石雞，鶩，雁，鶿，青鴜，鶯，鵲，烏，鴿，燕，鳶，鳩，黄鸝，鶺鴒，布穀，啄木，鴉，爵，鴞，蝙蝠。 牛，羊，騾，驢，豕，狗，麅，鹿，麞，麂，狐，獾，狼，貓，鼠。 鹿茸，連翹，升麻，黄芩，枸杞，薄荷，荆芥，益母草，遠志，白頭翁，菖蒲，車前子，地骨皮。 牡丹，芍藥，玉簪，鳳仙，山丹，薔薇，丁香，碧桃，茨梅，杏花，李花，梨花，水紅花，石榴花，雞冠花，葵，萱草。 柳，垂柳，桑，楊，椵，蔡，椿。 蜂，蟬，蟋蟀，螽斯，蝶，螢，螳螂，蛇，蜈蚣，蟾蜍，蜥蜴，螻蟈，守宫，蠍，百足蟲，蝸牛。

又《太原府》 蒲桃【略】桃【略】半痴【略】白竹，榆次昌源河之濱，人多種竹，雲稍修纖，不緑而白如雪。 長生蘋【略】松柏，《周禮》：冀州之利曰松柏。晉榆次孫綽齋前種一株松，恒自守護。 鄰人曰：樹子非不楚楚可憐，但恐永無棟梁日耳！ 綽答曰：楓柳雖復合抱，亦何所施耶？《荀子》曰：桃李粲於一時，時至而後殺。 至於松柏，經隆冬而不彫，蒙霜雪而不變，可謂得其正矣。此爲晉先賢贊也。 山木，交城多山，而樹藝甚艱，民蓄木以代耕。 舊設廠，武元關前後廠廢。 知縣趙吉士請於水泉灘仍立廠焉。 槐，晉陽都城北有槐一株，一日三榮三悴。

又《平陽府》 桑，《魏風》：彼汾一方，言采其桑。【略】棗，《太平志》：邑宜棗，往時樹盈野，公私賴之，邑人有半年糧之謡。《曲沃志》：出晉城者，視他處特重，投水則沈，名晉棗。《方域考》曰：城西多沃壤，棗大如瓜。《翼城志》：果惟棗最多，有馬牙棗，長一寸；有紫棗，圓如鈴，又名核桃文；有川乾棗，有酥棗，墜地則碎。 柿，趙城、洪洞獨多，入秋販市者相屬於道。《曲沃紫金山志》：山麓宜柹，秋深霜清，萬葉流丹林中，墟落錯互巖岫間，望如赤城矣。《翼城志》：有牛心柹，有杵柹，有蓋柹，而蓋柹最大。【略】鷂，唐高宗獵於苑中，將軍史興宗言：晉州出好鷂，劉齊賢見爲司馬，請使捕之。上曰：劉齊賢豈覓鷂人耶！蠟嘴，出趙城，其喙如蠟，故名。【略】直棘，趙城西北許村有藺相如墓，棘刺無曲鉤。知縣賀定國曰：鋭似懸針，剛如直梃。

又《潞安府》 精衛，出長子發鳩山。【略】鶡，《漢書音義》：上黨猗氏縣出鶡。徐廣曰：鶡似黑雉，出於上黨。《後漢志》：鶡者，勇雉也。其鬭對一死乃止，故趙武靈王以表武士，秦施之。冠加雙鶡尾，竪左右，爲鶡冠，名武冠。師古注：鶡與鳻同，《集韻》音分，蓋一物而二名也。澤馬，李翰《名馬記》：《宋志》魏黄初中，上黨澤馬。虎，攝虎碑：刁黄山有虎咥人，唐長子令崔元靖遣首吏孟完齎牒往攝之，虎啣牒而至。元靖數其罪當刑，虎觸階死。豹，出長治長子。《山海經》有元豹。《詩》有赤豹，尾赤而文墨也。《爾雅》有白豹，即貘也，毛白而文黑。郭璞注：貘能食銅鐵。人參【略】椁棻，《廣志》：上党椁棻小而甘。【略】榛，出長治潞城壺關。楛，陸機《疏》：楛似荆而赤莖似蓍，上黨人織爲牛筥箱器，又揉以爲釵。故上黨調：問婦人欲買赭石否？謂竈下自有黄土。問欲買釵否？謂山中自有楛。松，《後漢書・上黨記》：邑帶山林，茂松生焉。李太白詩：上黨碧松烟。《唐志》：五龍山有松，樵採者罔敢睨，名龍山松。柏，《明一統志》：山與太行、王屋相接，多柏，稱爲柏谷。樺，出長治黎城，其根有花，可作酒器。榆，先生葉，後生莢，三月落，如小錢，其木甚堅。陸機云：榆類十餘種，葉皆相似，皮及理異。漢建安十八年，魏公使梁習於上黨取大材，供鄴宫室。

又《汾州府》 鷺鶿，出孝義，頭有黑毛如絲，一名屬玉。落浦，出平遥。獐，出汾陽孝義，似鹿而小，無角。蘋果，味美而體鬆，熟至八九者者佳。櫻桃，一名含桃，相傳鶯鳥所含，先百果而熟。《禮記》：仲夏，天子羞以含桃，先薦寢廟。漢明帝宴羣臣，大官進櫻桃，以赤瑛盤賜羣臣，月下視之，與盤同色。今長安含桃始敵晉産耳。【略】木蘭，叢生谷岸，葉可染皂，晉人名黑葉子。春初採芽作茹，名木蘭芽。【略】檜，出汾陽寧鄉永寧。《爾雅》：檜，柏葉松身。《字説》：柏葉柏身，葉與身皆曲。桐，出汾陽介休、孝義。一名白桐，體最輕虚，不生蟲蛀，斲琴最良。一名青桐，即梧桐也。其子可炒作果。立秋日必墜一葉。詩云：梧桐一葉落，天下盡知秋。

又《大同府》 鴻鵠，出大同縣。鷹【略】黄鼠，出大同縣。劉績《霏雪録》：黄鼠穴處各有匹配，人掘其穴，見其中作小土窖，若牀榻之狀，則牝牡所居處也。秋時，蓄黍菽及草木之實以禦冬。天氣晴和時出，坐穴口，見人則拱前腋如揖狀，即竄入穴。惟畏地猴，地猴形小，縱入其穴，則喙曳而出之。味極肥美，元時曾爲玉食之獻，置官守其處，人不得擅取也。白駝，金大同貢白駝。栗，出應州、廣昌二縣。地蕈，金大同貢地蕈。松膏，金大同府貢松脂、松明。蘇東坡《偃松屏贊》：予爲中山守，始食北岳松膏，爲天下冠。其木理堅密，瘠而不瘁，信植物之英烈也。安息香，金大同貢安息香。獨活，出應州。《本草》：一莖獨上，不爲風摇，故名。西京張天錫，小名獨活。山查，元大同路，山查課三十三錠四十五兩七錢，今無。【略】雙離，即榆樹也。楊述程《登恒山記》：谿紫芝峪，山迴路轉，古榆數千百章，葳蕤蓊茂，最大者名雙離，樹株可蔽牛，而蒼枝連理，若虬龍軒舉之狀，人以爲果老繫驢樹云。不灰木，廣昌出者佳。

又《朔平府》 白鵰翎，唐常貢，馬邑郡貢白鵰翎五具。顔師古曰：鵰，大鷙鳥也。一名鷲，黑色，翮可作箭羽。杜少陵《鵰賦》：降精於金，立骨如鐵。目通於脑，筋入於節。有觸邪之義焉。朔平地近塞，故多産。【略】三稜，金朔州貢三稜。荆，金朔州貢荆。枸杞，金朔州貢枸。劈藺，一名玉蔓菁，根如碗大。【略】畫眉，出朔州，狀如雀，頭白眉黑，其翅尾亦黑白相間。【略】桑，出朔州馬邑。

又《寧武府》 慈老，徐化溥詩引：塞上一種似雁非雁，偕雁往來。《本草》云：慈老箸爪修喙，翎毛風來颯颯可觀。

又《澤州府》 青田田，王世隆《禽語詩序》：楚辰山中有鳥，四五月則鳴，其聲大而亮，土人譯之曰乾柴乾櫎，晉地則名曰青田田，而譯其音以爲蠶者防火，其實本一鳥。而楚人重竹木，晉人尚蠶，故因其地與其時之所急，而託名以警人也。玃，《尸子》中黄伯曰：我左執太行之玃，右執雕虎。枳椇，蘇譚曰：一名水蜜，又名拐蜜，陽城南山谷有之。形屈曲，如珊瑚，味甘如蜜。《禮》婦人之贄椇榛脯修，即此。人參，唐常貢，高平郡歲貢人參三十斤，味性與潞同。【略】不灰木，出澤、潞山中，色青白，可作刀靶火爐，以紙包裹，蘸延安石腦油中，油浸一年，則照可一年。

又《蒲州府》 棗，唐常貢，河東郡貢棗八千顆，今出積善村者最佳。宋蘇軾《與蒲廷淵》柬：河中永樂出棗，道家所貴，事見《真誥》。唐有道士侯道華，嘗得無核者三，食之後，竟竊鄧太主藥上昇。元柳貫《打棗譜》：大棗出河東猗氏。柿，有牛心柿大如牛心，有鏡面柿圓平如鏡，有朱柿色深紅，圓小而皮薄，味尤甘美，今以入貢。梨，有青、紅、黄三色。唐常貢，河東郡貢鳳棲梨三千五百顆，今無。蠟梅，有二種，一狗蠅梅，一磬口梅。以與梅時開，香又相類，色似蜜蠟，故名。蒲州三晉最南疆，便作羅浮遠想。楮，一名穀，音媾，一作構。陶隱居曰：楮即構樹也。有雌雄二種，雄者皮斑而葉無椏叉，三月開花，長穗如柳花，不結實。雌者皮白而葉有椏叉，亦開碎花，結實，如楊梅汁，能合朱砂爲團，名曰五金膠漆，抽金貼金者皆用其汁。

又《遼州》 紅鶴，似鶴而差小。麝香，其香有三，自剔出者名遺香，爲第一。楊億《談苑》：麝性絶愛其臍，爲人逐急投巖，舉爪剔裂其香，就縶而死，猶拱四足保其臍也。李商隱詩：投巖麝自香。【略】欵冬花，不懼霜雪，至冬而花，故名。鄧青樹，出和順東山，取其枝入水，五色畢現。土人云：葉繁密則年豐，葉疎稀則年歉。

又《沁州》 子規，出沁州沁源，一名杜宇，一名杜鵑。《博物志》：杜鵑生子，寄之他巢，百鳥爲之飼，鳴曰：不如歸去。晉地亦有萬里行人，聞之輒慨。喫酒兒，出沁水白東谷。詩引：喫酒兒，山禽也，鄉里多有之。白眉，出武鄉。【略】連翹，出沁源。莖短而赤，花細瓣，色深黄。土人採以爲茶。【略】橡，實可食，殼用染皂物，潞、澤制皂帕用此。白松，較他産尤高大。明張五典《大雲寺三松説》：膚理瑩膩如雪，蓋山中萬松類然。更有三松玉骨凌霄，瓊枝插漢，視岱嶽五松，密山白松尤異。

又《平定州》 黑棗，州暨樂平産，較紅棗小而圓，即羊棗也。防風，州暨壽陽樂平産。李時珍曰：防者，禦也，其功療風最要，故名。沙參，出壽陽，色白，生沙地，故名。一名鈴兒草，象花形也。詩曰：風吹不響鈴兒草。秋海棠，黄心，緑葉，朱絲，多出娘子關，開時紅膩。羅山舊傳女子懷人不至，灑淚而生，一名斷腸花。

又《忻州》 鶡，出定襄，其形似鷹，又謂之鶡鷹。鴛鴦，飛鳴棲止，兩兩相依，出静樂石峽水中。犵尾，唐常貢，定襄郡貢犵尾十枚。馬，《舊志》：屈産之乘出石峽，今静樂也。地筍，一名玉環，俗名地留兒。龍芽，出静樂。棗果，魏武衛將軍奚康生迎接郁洲，賜細御銀纏槊一張，並棗柰果，面勑曰：果者，果如朕心；棗者，早遂朕意。欆，州屬胥出，性堅緻，較諸木頗適用。

又《代州》 桃，代桃最美，又名胡桃，色白。【略】白鵰翎，唐常貢，雁門郡貢白鵰翎五具，今無。鷹，唐段成式《肉攫部》：荆窠白者，短身而大，五斤有餘，便鳥而快，一名沙裏白。生代北沙漠荆窠上，向雁門馬邑飛。雁，漢皇甫規鄉人有以賄得雁門守者，罷歸見規，規無他語，惟問曰：雁門食雁美乎？解鋸鳥，出五臺，小而色黄，飛最夥。人不知爲何鳥，聞其聲如解鋸然，故名。馬，古稱代多良馬。𤟤，《山海經》：秦戲山有𤟤，其鳴自（訆）[訆]。《通典》：𤟤見則歲豐。𤟤，瑞物也。時一見之，識者亦希。蹷，《爾雅》注：夏屋山有獸，形如兔，相負共行，土人名蹷。《吕氏春秋》：蹷，兔後而鼠前。按：夏屋山去州東北三十里，一名夏壺。山羊，出五臺。【略】沙羅樹，出清涼山。聖祖仁皇帝《娑羅樹歌》：娑羅珍木不易得，此樹惟應月中植。想見初從西域移，山中有人多未識。海桐結蘂松栝形，千花散盡七葉青。山禽迴翔不敢集，虚堂落子風泠泠。楚州遺碑今已偃，峩眉雪外雙林遠。未若兹山近可游，靈根終古蟠層巘。繁陰亭午轉團欒，迴睇精藍路幾盤。憑教紫府仙山樹，寫入披香殿裏看。煖木，陸深《燕閑録》：山西地寒，陳汝止伯安兵備代州，爲余言北上雁門更寒，雲中更寒。然煖木實産其間，此陰中陽也。白楊，令狐楚《白楊廟記》：昔元魏高祖孝文，厥初經營，繇此途出，繫馬其下，欹鞍於枝。威靈所憑，别白而在。既偃頓以附土，又騰跳而架空。如華掌蹠，爲鳥勢形。洎今朝中書令燕公説摹詠其事，户部侍郎吉公中孚申而明之，故迹彌顯，高名益大。爲屏爲圖，播於海隅，代人神之，是以祠也。樺木，出五臺，可作器皿。

又《保德州》 撞破頭雀，羽毛鮮潔，頭有點紅，故名。黑燕鴉，似燕而大，似鴉而小，黑色，長尾有岐。五更輒鳴曰：架格，架格。至曙乃止。古有催明之鳥，名唤起者，疑即此也。農人候其聲，則入田興作。南人呼爲鳳凰，皂隷汇人呼爲夏雞。登相子，沙地多生，一名沙米，作羹頗美。旨鶡草，州境出，草如綬，亦名文章草。

又《解州》 相里棗，相里隷安邑，古河東地也。《别録》：棗生河東平澤。

陶弘景曰：世傳河東棗特異，與青州、江東、臨沂、金城不同。漢文帝詔羣臣曰：棗味美者，莫若安邑御棗。《漢書》：安邑千株棗，與千户侯等。【略】海榴，出安邑者佳，一名天漿。楊廷秀詩：霧縠作房珠作骨，水晶爲粒玉爲漿。鴛鴦，出安邑。《古今注》：鴛鴦，水鳥，似鳧，毛有文采。《本草》：交頸而卧，其交不再，雌雄未嘗相離。李義山詩：池塘漸暖蒲堪結，兩兩鴛鴦護水紋。義山久居晉，故引之。雉，出夏縣。《禹貢》：羽畎夏翟。注：羽畎，谷名。雉尾至夏則光澤，故曰夏翟。《禮記》：雉曰疏趾。《月令》：仲冬，雉始雊。謂陽動則雉鳴而勾其頸也。《禽經》：雉，介鳥也。以其善搏鬬也。《爾雅》鷩雉，即山雞而小，美毛采，自愛其色，終日映水，目眩則溺水中。豺，州境出，似狗而尾長，頰白，高前廣後，體極細瘦，故謂之豺。俗傳能捕虎。紅花，諸縣胥産。白附子，獨莖，發葉甚細，穗極周匝，形類天雄，出芮城北山地黄村。蒲黄，鹽澤有之，春初發白茸漸成柄，鮮潔甘脆，爲蒲筍，作菜佳。夏初發葉成叢，夏半抽梗，中起花抱莖梢，名曰蒲釐，似蠟燭，俗名蒲蠟，屑綴花中，似畫家金粉。【略】碩鼠【略】。

又《絳州》 百舌，聞喜縣出，一名反舌。《禮記》：仲夏之月，反舌無聲。注：五月陽氣極於上，微陰動於下，反舌無陰，故無聲也。杜詩：反舌來何處，重重祇報春。知音兼衆話，整翮豈多身。翡翠，州境間有，羽毛不及廣南。椒，有大樹，出河津縣。【略】茉莉，州境産，一名柰花。《晉書》：都人簪柰花。桃花，州境産，千葉碧桃數種，汾水夾岸數十里，紅似綺錦。竹，州縣多産。有三種，一甜竹，一苦竹，一箭竹。梨，唐常貢，絳郡貢梨三千顆。今種色尚夥，一種大如碗，味甚甘，微酢多瀋。楸子，州馬首山出，色深紅，置數顆於案頭，清香盈室。

又《吉州》 蠟，羣山之中，花卉香馥，蜜蜂窟宅多在石巖穴縫暨古木中，故年久蠟藏焉。漆，州出。慈烏，古有慈烏，戍唐慈州，名取此。鷦鷯，小鳥，州出。【略】文官果，鄉寧出。核桃，樹高丈許，春初生葉，兩兩相對結實，至秋如青桃。漢張騫使西域得種，歸植之秦中，漸移東土，故吉州頗饒。

又《隰州》 椒，金隰州貢龍門椒。棯，果名。《爾雅》：還味，棯棗。土人取其子以榨油，味惡，不堪食，故隰州民自道其疾苦，有『苦蕎麥，臭棯油』之謡。蒼朮，金時充貢。五加皮，一枝五葉，始生漢中，今隰州谷中有之。但生南方者類草而小，生北方者類木而大。葳蕤，出大寧。李時珍曰：處處山中有之。其根横似黄精差小，黄白色，性柔多鬚，種之易繁，嫩葉及根並可煮淘食茹。龍骨，出州境者佳。《别録》：出晉地川谷中。《一統志》：出隰州。鸛，州縣胥産，好水，將雨則鳴。《禽經》：仰鳴則晴，俯鳴則陰。熊，穴處山谷，時爲民害。入山行者，必合羣執炬驚之。夜甚有踰垣傷人者。檀，州出，木性强韌，可用爲車。

又卷一六九《寺觀》 崇法寺，在［襄垣］縣東北三十五里，有古松，名天橋松，數百年樹也。見趙天麟《記》。【略】香山寺，在［廣昌］縣西十里，松鬱卉繁，幽香遠達。【略】登梯山寺，在［廣昌］縣西南三十里，石磴木棧，翠崖練瀑。

清 徐三俊 雍正《遼州志》卷三《物産》 木屬：松，柏，桑，槐，榆，柳，椿，楸，楊，檀，椵，蔡，漆，楮，桐，樗，樘，椒。【略】果屬：桃，杏，榛，李，羊棗，核桃，櫻桃，柿。【略】禽屬：鵲，鴿，鳩，燕，雉，鸛，鶩，鴉，鵝，鵪鶉，布谷，練鵲，啄木。獸屬：【略】麅，獐，虎，豹，狼，兔，狐，猴，山猪。

清 汪嗣圣 雍正《朔州志》卷七《物産》 果屬：杏，山桃，郁李，山梨，櫻桃，榛子，葡萄，棗。木屬：松，柏，枝扁者曰扁柏。榆，柳，楊，有二種，葉大而圓者曰青楊，葉小而白者曰白楊，其材可作室。椵，樺，皮可貼弓。棘，如棗而多刺，木堅，叢生，白色爲白棘，實酸爲樲棘。檜，槐，桑，有二種，一曰樹桑，一曰條桑。暖木，椿，林檎。樹似柰，亦名來禽。花屬：牡丹，芍藥，菊，萬壽菊，七月菊，葵，萱花，石竹，草花。山丹，玫瑰，刺梅，有紅、黄二色。雞冠，珍珠，鳳仙，即海納也。拳丹，即百合花。玉簪，粉團，水紅，即蓼花。十様錦，百般嬌，金盞，西番蓮，玉梅，即御米。荷包花，金蓮花，瑶墜，棣棠，老來紅，丁香，碧桃，漫陀羅，瑞香，石榴花，薔薇。【略】羽屬：雞，鵞，鴨，野雞，半翅，石雞，沙雞，鴿，鴈，燕，雀，鵲，慈烏似烏鴉而小，純黑，反哺。烏鴉，大觜而性貪鷙。鳩，鷹，鷂，鶻，鵪鶉，蠟觜，白翎，鵖鴞，雉，鸛，畫眉，白鷺，鶺鴒，鶡，鶚。毛屬：牛，馬，贏，驢，犬，羊，豕，狼，狐，狸，獐，麅，鹿，兔，猫，鼠，夜猴，熊，虎，獾，黄羊，土鼠。清明前，穿地食草根，人掘獲之，肉肥味美，入夏草腥，則不食矣。

清 巫慧 乾隆《蒲縣志》卷一《物産》 果屬［以下注略］：桃，杏，梨，棗，酸棗，杜梨，榛子，松子，核桃，沙果，紅果，葡萄，文官果。木屬：柏，松，椿，槐，楊，柳，榆，桑，楸。【略】羽屬：鸛，雀，鵲，梟，鴉，鴿，鶉，黄鸝，椓木，雉，鷹，燕，鶏，鵞，鴨，石雞，布穀，鳩。毛屬：牛，【略】虎，鹿，狐，狼，兔，豹，狸，貛，山猪，麞，麂，猫，鼠。

清　郭磊　乾隆《廣靈縣志》卷三《山川》　城東最近平原曠衍，突出一峰，峰頂有九江聖母祠。祠後大士閣下獅子口噴泉一泓，味甚甘美。東漩爲小池，若半規新月。池側舊築精舍，環以林木爲居，人登眺遊息之所，後廢。邑侯李公以是地爲縣治水口，去路宜聳不宜陷，購植柳樹百株，疎密交加，周圍掩映。當春夏間，淡黄拂水，嫩緑含烟，悠然自適。

清　言如泗　乾隆《解州安邑縣志》卷二《物産》　葡萄，縣北諸村多有之。【略】棗，漢文帝詔羣臣曰：棗味美者，莫若安邑御棗。《爾雅注》：御棗甘美輕脆，後衆棗熟，即今所謂撲落酥也。《漢書》：安邑千株棗，與萬户侯等。舊名相里棗。晉郭義恭《廣志》：河東安邑棗，長二寸。明初，督民種棗，以三百二十三株上供，歲徵鈔六十四錠有奇，赴平陽交納，其不種者戍之。令初下，民踴躍，棗林櫛比，獲利滋多。後民窮，胥伐爲薪，道旁坊表題曰『御棗千株』，今猶存。海榴，一名天漿。楊廷秀詩：霧穀作房珠作骨，水晶爲粒玉爲漿。《山西通志》：出安邑者佳。鴛鴦，李義山詩：池塘漸暖蒲堪結，兩兩鴛鴦護水紋。義山久居晉，故引之。《山西通志》：出安邑東郭灘。

清　孫和相　乾隆《汾州府志》卷三《山川》　曰白彪山，東南距府治二十五里。相傳遠古騶虞見於此山，白虎黑文。其麓曰壺盧谷，原公水出焉，東南入文水。谷有龍橋洞，方廣十丈許，闢兩巖間，石梁横續懸溜滴池不絶。南爲羊耳山，石巉峰聳，林茂泉飛。《水經》：原公水出兹氏縣西羊頭山。或云白彪山，即羊頭山之異目也。今別有山名羊頭山，土山載石，東距府治十五里，原公水經其下。【略】曰柏林山，東距［孝義］縣治九十里，一名鳳翅山，鋤溝鎮南山也，北臨澗水。山多古柏，有松一株。

清　和珅《清一統志》卷一〇〇《平陽府》　土産：【略】葡萄，出郡境。《寰宇記》：晉州貢。棗。各縣俱出。按《唐書・地理志》：絳州曲沃縣絳山有銅。今久不開採。至郡境産棗甚廣，頗資民食。今據郡邑各志補入。

又卷一〇二《蒲州府》　土産【略】柹，府境俱有，小者種倍甘，經冬不敗。雍正初常入貢，後罷之。梨，出虞鄉縣，一名虞。梨大者如升。《唐書・地理志》：河中府貢鳳栖梨。竹。府境獨有，抽萌甚細，以地近西南，故蒔得長焉。

又卷一〇四《潞安府》　土産：【略】不灰木。山黎城壺關等縣。《明統志》：州境俱出。

又卷一〇六《汾州府》　土産：【略】麝香，出永寧南鄉等境。《元和志》：石州貢。松木。郡境並出。《寰宇記》：石州産。

又卷一〇七《澤州府》　土産：【略】野雞。出鳳臺縣。《唐書・地理志》：澤州土貢。《元和志》：貢九十隻。

又卷一〇八《寧武府》　土産：【略】石雞。出山中。《府志》：似雞而小，赤喙，褐衣。

又卷一一〇《大同府》　土産：【略】白駞。郡境俱出。《金史・地理志》：大同府産。

又卷一一一《朔平府》　土産：【略】白雕羽。郡境皆有。《唐書・地理志》朔州土貢。

又卷一一二《平定州》　土産：【略】梨。盂縣出。

又卷一一三《忻州》　土産：【略】豹尾，州出。《唐書・地理志》：忻州貢。白鵰羽。州出。《唐書・地理志》：忻州貢。

又卷一一五《代州》　土産：【略】豹尾，《唐書・地理志》：代州貢。白鵰羽，《元和志》：代州貢鵰羽五具。【略】麝香。

又卷一一七《解州》　土産：【略】葡萄，安邑縣出。棗，安邑縣出，名曰御棗，明初曾充歲貢。海榴。《通志》：出安邑者佳。

又卷一一九《絳州》　土産：【略】胡桃，《寰宇記》：絳州産。棗，《寰宇記》：絳州産乾棗。梨。《唐書・地理志》：降州貢。

又卷一二一《遼州》　土産：【略】麝。州縣俱出。

又卷一二三《隰州》　土産：【略】麝香，元和志隰州貢。箕柳。蒲縣出。有數種，金絲最佳，秋可任爲簸箕。

清　白鶴　乾隆《武鄉縣志》卷二《物産》　木類：柳，槐，桑，榆，松，柏，椿，椵，楸，楊，蔡，樗。花類：牡丹，芍藥，大葵，小葵，秋菊，玉簪，金盞，水紅，石竹，牽牛，鳳仙，山丹，鞋僧菊，月季，水葱，六月菊，蝴蝶，萱草，玫瑰，雞冠，黄刺梅，秋海棠，萵苣蓮。果類：桃，杏，李，柰，棗，梨，核桃，櫻桃，榛，小果，蘋果，郁李，棠梨，花紅，葡萄，雁過紅。【略】羽類：雞，鴨，鵪鶉，憨鷄，胡燕，蝙蝠，鴉，鵲，石雞，鷁子，燕，紅鶴，水鴨，雀，鸛，鴟鴞，禿鶖，鶻鵃，雉鷄，啄木鳥。【略】毛類：馬，牛，騾，驢，猪，羊，犬，貓，鼠，狼，狐，獐，兔，猴，麃，田鼠。

清　郭晉　乾隆　《太谷縣志》卷三《風俗・附土産》　果之屬：桃，杏，李，棗，白果，與他邑産無異。梨，近於榆次者佳。惟林檎出龍門壑，葡萄出回馬谷者，皆極美。【略】木之屬有楊、柳、榆、槐、椿、楸、松、柏、桑。【略】禽之屬：家禽及鳩、鴿、鴉、雀常見之類外，亦有鷺、鸛、黄鸝。獸之屬：牛、羊、騾、馬、犬、豕外，有狼有兔。

清　徐品山　嘉慶　《介休縣志》卷二《山川》　秦柏，在柏樹嶺，周遭五丈，高五六尺，銅柯霜幹嫩枝，亦大十圍，相傳爲秦時物也。旁有村曰秦樹村。邑令呂公滋爲繪形於石，並記其樹。中心空虚，上分十一枝，一枝折而復上，形如馬鞍，尤爲奇絶云。

又卷四《物産》　果屬：桃，杏，梨，棗，沙果，蘋果，石榴，無花果，李，奈，柿，榛，櫻桃，棠梨，羊棗，葡萄，胡桃，大紅，蘋婆，酸棗，林檎。木屬：松，柏，楸，杆，槐，檀，榆，柳，楊，椿，有二種。棌，樺，桐，檜，椵，桑，檟，樗，竹。花屬：芍藥，牡丹，萱草，石竹，薔薇，水紅，玉簪，金雀，粉團，月季，金銀，常棣，百合，黄葵，山淡，蜀葵，紫薇，夜合，暮宜，玫瑰，芙蕖，蝴蝶，探春，迎春，臘梅，寶相，有紅、白二種。夾竹桃，木槿，金錢，胡茄，秋菊，紫荆，亦有白者。藍菊，又名六月菊。雞冠，馬纓，萵苣蓮，老少年，鳳仙。獸屬：牛，馬，騾，驢，豕，羊，犬，虎，豹，出豬，豺，狼，麅，狐，狸，麞，鹿，兔，貓，山羊，獾，松鼠，黄鼠，田鼠。禽屬：雞，鵝，鴨，雉，鴿，鳩，鵲，鷺鷥，鷹，鷂，燕，鶻，梟，鸛，雕，布穀，白頭翁，鵪鶉，黄鸝，青雀，麻雀，鷚鳴，半翅，烏鴉，石雞，鴟鴞，啄木，映山。

又卷一四《雜志》　陳子文《益州于役記》：介休縣東八里有郭林宗墓，墓在道南北向，祠宇整潔，蔡碑淪没太原傅山，重刻石祠下。墓大二畝許，高二丈，墓門右古槐一樹，大四十圍，枝幹虬結，勢干雲象，鍾靈千餘年，極爲珍觀，允表名木。

清　員佩蘭　道光　《太原縣志》卷三《物産》　果屬：杏，李，桃，梨，棗，蒲萄，櫻桃，林檎，羊棗，紅果，龍棗，扁桃，花生，山梨，山桃，山果，核桃，銀杏，無花果。木屬：松，柏，栝，杆，樺，椵，梨，榆，槐，柳，桑，椿，楸，楮，樗，棗，楊，桐，檀，核桃，垂楊，柏桃，樫。俗名三春柳。【略】竹屬：大青竹，鳳尾竹，茅竹，實竹。花屬：菊，蓮，探春，迎春，臘梅，杏梅，桃梅，碧桃，紫荆，地棠，連翹，刺梅，牡丹，芍藥，薔薇，卷丹，山丹，萱草，茜草，海棠，馬纓，芙蓉，木槿，茉莉，八仙，玉簪，桃柳，石榴，石竹，蜀葵，鳳仙，雞冠，紫薇，藍雞，榆梅，黄刺梅，剪紅羅，紫蝴蝶，水紅花，山棉花，珍珠蘭，竄條紅，白丁香，没根莪，連翹梅，十姊妹，銀粟殼，虞美人，金蓮花，蝴蝶蘭，黄連花，諸葛花，鼓子花，繡毬花，洋牡丹，秋海棠，鐵甲海棠。禽屬：雞，鵞，雀，鴿，隼，鵲，雉，鳩，鴉，鸛，燕，鳶，鵰，鶯，山雞，石雞，水鴨，布穀，黄鸝，戴勝，土翠，松鴉，水雞，山鵲，半痴。獸屬：猪，犬，貓，鼠，虎，狼，豹，豺，狐，兔，獾，閭麋。

清　李培謙　道光　《陽曲縣志》卷一《輿地圖》　崛嵋紅葉。即城西崛嵋山，峰腰爲多，福寺山莊頭村踞其巔。暮秋霜降，滿山樹葉盡成朱紫。

清　吴葵之　光緒　《吉縣志》卷一《山川》　管頭山，州西北三十里，接高祖山，茂林數十里，内有六甲土地廟，今最靈應。

又卷六《物産》　果屬：核桃，樹高丈許，春初生葉，兩兩相對結實，至秋如青桃。漢張騫使西域得種，歸植之秦中，漸移東土，州中頗多。桃，柿，李，棗，杏，梨，奈，沙果，羊棗，葡萄，櫻桃，秋子，松子，木瓜，林檎，蘋果，石榴。紅果，狀似山茶，味微酸。花屬：牡丹，芍藥，菊，萱，葵，薔薇，荼蘼，月季，鷄冠，石竹，木槿，玉簪，鳳仙，玫瑰，蜀葵，棣棠，紫荆，出丹，茨梅，蓼。剪紅羅，一名剪春羅。《群芳譜》有云：六出，週圍如剪，茸茸可愛。唐詩：昔聞剪作花，花却春羅似；欲覓剪刀痕，盡付東風裏。木屬：茶樹，赤木，汁能染紅。山川柳，松，柏，榆，樫，槐，楊，桑，椿，楸，檀，椴，樗，皂，桐，漆，荆棘，棠棣，青岡。【略】羽屬：慈烏，古有慈烏，戍唐慈州，名取此。鵝，鴨，雞，雉，雁，燕，鶯，雀，鴉，鴿，鶉，鳩，鴟，鳶，鴞，鷹，鷂，山雞，布穀，啄木，戴勝，鷦鷯，鶴，翠，梟。毛屬：【略】麃，鹿，獐，兔，虎，豺，狼，豹，狐狸，獾，貉，猫，鼠。

清　王家坊　光緒　《榆社縣志》卷一《物産》　果類：紅果，蘋果，葡萄，木瓜，黄李，紅李，林檎，花紅，八月李，梨，柰，棗，核桃，桃。【略】木類：松，柏，梓，椿，楸，桑，槐，檀，栝，榆，白楊，青楊，山楊，河柳。【略】禽類：鷺鶯，山鷄，鴟鴞，雉鷄，喜鵲，小鳥，班鳩，啄木，梟鳥，鴉兒，石鷄，憨鷄，黄鸝，鵂鶹，沙燕，鴿，鸛，鵝，鴨，鷄，蝠，鷗。獸類：馬，牛，騾，驢，狐，狼，羊，猫，犬，猪，鼠。

又卷一〇　清涼山畔，松檜參差，氣象多蒼茫之奇。

清　馬鑑　光緒《榮河縣志》卷一《陵墓》　［湯陵］陵有雙柏，未知植于何時。其一三人合抱，其一四人合抱。虬拏蛟結，端正鬱葱，殊勝泰岱漢植也。

又卷二《物産》　果屬：棗，梨，杏，桃，李，柿，沙果，梅，榴，石榴，核桃，葡萄。【略】木屬：柏，榆，槐，柳，楊，椿，桑，桐，楸，樗，楮，柘，竹，皂莢。【略】禽屬：鵝，鴨，鷄，鴿，燕，鷹，雀，鴉，鵪鶉，啄木。獸屬：牛，馬，羊，犬，豕，兔，騾，猫，禾鼠。

清　洪汝霖　光緒《天鎮縣志》卷二《山川》　長勝山，在縣北五十五里。《舊志》六十三里册説：長勝堡久廢，近復墾植成聚。堡南清流灣環，楊柳陰陰，頗饒幽景。【略】牽牛山，白登山之東支也，在縣西南五十里，西距白登河與陽高分界。《舊志》：牛山一名牽牛山，石巘旋盤，清溪環繞，龍泉自兩峰瀉出。有龍泉寺，相傳後漢時建，唐尉遲恭重修，有手植長楊一株。山上榆、楊生石縫，參天可玩。每當夏秋，奇葩異卉，萬紫千紅，恍似仙境。八景名龍泉漢寺，山有石洞三，深邃莫測。

清　馬家鼎　光緒《壽陽縣志》卷一〇《風土志·物産》　果屬：柰，俗呼小果，惟盂語尚存本名，又有接果、香果、蘋果、檳果，皆柰類。蘋、檳本一聲之轉，而其果乃顯分二種，疑莫能明也。棗，本邑惟南鄉産之，然不足用，所用多自直隸、平山、贊皇等處來。又有狗牙棗、酸棗，野生無植者。林檎，一名來禽，其生於山者，爲實較小，别呼山林檎。核桃，即《本草》之胡桃，相傳出西域，張騫得其種歸，故名。邑人植者絶少，所用多自直隸、平山及盂縣來。桃，有夏、秋二種。又有山桃，生山中，不中食。杏，種類甚多，熟有蚤晚，核有苦甜黏離之别。梨，有香水梨，有瓜梨二種。瓜梨耐久，而不及香水之佳。又有杜，亦梨類，但結實小而酸澀，野生無植者。李，有赤、白二種。榛，方山傍近諸山皆有之。石榴，邑地特寒，此種皆盆植之，故無大樹，而結實亦少。蒲萄。蒲萄爲泡之切脚象形爲名也。《漢書》字作蒲陶。有數種，而以形如牛乳者爲佳。木屬：松，山墳壇廟所在多有。其木有赤、白二種，而赤者尤堅緻。然以地磽瘠，必近百年乃可成材。柏，山墳壇廟偶有植者，其木亦有赤、白二種，亦以赤者爲良，而成材較松爲尤難。又有側柏、卷柏，皆其别種。杆，植者尤少，其木亦有赤、白二種。檜，間一有之，其實因年易形，如子年象鼠頭，丑年象牛頭之類，亦可異矣。桑【略】槐，有黄、黑二種。子生者木理堅緻，萌生者遜之，再萌者則又遜矣。榆，其木多病蛀蝕，或謂於其幼也。移地而植之，則不患此。楊，柳，楊有青、白二種，其青者又分大葉、小葉二種，而大葉者，其枝又有上揚、下垂之别。柳亦有二種，一則枝上揚，一則枝下垂，亦若楊。然古書多楊柳連稱，説者遂混楊於柳，失之矣。又有杞柳，多植於田界，以爲栲栳簸箕諸器。椿，爲木堅緻而色赤，俗呼香椿，以其葉之可食也。此外又有樗，亦椿類，俗呼臭椿，爲木似椿而色白。然與土檀、楸、椋皆自生山野耳。要之壽土之木，楊柳爲多，松次之，榆、槐又次之，餘又以次而少。而爲用之廣，以榆、槐爲最，故有『家有榆槐，寸寸成材』之諺。毛竹。【略】花屬：紅白芍藥，紅白牡丹，葵花，紫荆，雞冠，山丹，鳳仙，石竹，玉簪，金盞，珍珠，萱草，迎春，地雲，五色薔薇，菊，五色梅，長春，探春，蝴蝶藍，馬藍，木槿，四季紅，水紅花，荷包，即魚兒牡丹。夜合槐，金絲菊，金銀花，榴花，玫瑰，海棠。禽屬：雉，鵲，山鵲，鴉，按：即烏也，有純黑者，有紅喙者，有白項者。鳩，燕，按：有紫燕、胡燕、麻燕。鷂，鷹，鵰，鳶，按：俗名花鴇。鴿，鶉，雀，鸛，布穀，提壺，啄木，黄鸝，金翅，石雞，魚虎，雀虎，水鴨，河雞，醋雞，火燕，一名紅裙，一名黄翅。榆葉，松皮，以上皆土人所能名者，其不能名者猶多。至於北令、錫嘴、蠟嘴、磞破頭、菊花頭、交嘴等，每秋自他方來者，不並志。又《舊志》有青鶄、紅鶴，今皆不知爲何物。獸屬：虎，今無。豹，土豹，狼，狐，狸，兔，獾，有猪獾、狗獾、人獾三種。黄腰，獐，今無。麅，今無。貓，鼠，獺，鼠狼，夜猴，黑老，各黎，按黑老、各黎，皆田鼠也。

清　崔澄寰　光緒《續修隰州志》卷一《古蹟》　北莊龍松，在城東北十五里。北莊三教寺植平頂松一株，覆院如棚，高七尺，徑十圍，旁枝遠達虬横二畝，如龍蜿蜒作勢兩爪飛舞狀，四旁繚曲遠揚，支以細木。夏暑清風謖謖，村人過客往往息蔭其中，流連不去。

紀事

五代　荆浩　《筆法記》　太行山有洪谷，其間數畝之田，吾常耕而食之。有日登神鉦山，四望廻跡。入大岩扉，苔徑露水，怪石祥烟。疾進其處，皆古松也。中獨圍大者，皮老蒼蘚，翔麟乘空，蟠虬之勢，欲附雲漢。成林者，爽氣重榮；不能者，抱節自屈。或廻根出土，或偃截巨流，掛岸盤溪，披苔裂石。因驚其異，遍而賞之。明日携筆復就寫之，凡數萬本，方如其真。

宋　薛居正《舊五代史》卷九一《晉書・李周傳》　行經西山中，有賊夜於林麓間俟之，射盧岳，中其馬。

宋　黃通《王官谷題名》（引自《名山勝槩記》卷三六）　王官谷者，乃唐兵部侍郎司空圖之舊隱也。人亡迹在，松韻水聲，雲光野色，環照旌旆。太尉吴公雅有山水興，觀之裴徊，乃屏牙仗扶笻曳屐，登休休亭，望瀑布泉，思其人，愛其景。嘆嗟而不忍去者久之，故作詩以見其志。

宋　張商英《昭化寺李長者龕記政和八年十月**》（引自《金石續編》卷一七）**　予元祐戊辰奉使河東，使太原屬縣，訪方山，瞻李長者像。至則荒茅蔽嶺，數十里前後無人烟，有古破殿屋三間，長者堂三間，村僧一名，丐食於縣，未嘗在山。予於破竹經架中得長者修行《决疑論》四卷，《十元六相論》一卷，《十二緣生論》一捲，梵夾如新，從此遂頓悟《華嚴》宗旨。邑人以予知其長者也，相與勸勉，擇集賢嶺下改建今昭化院。予去彼三十年，有住持僧宗悟來言：方山非昔日方山也，松柏林木，高大盛茂，不植而生，皆應古記。又於長者造論處發見龕臺，以磚石甃砌，前建軒閣，古迹歷然。僧徒粥飦，不求於外，遊人庶士，不絶於道。相公開基，始悟亡先師，願得相公隻字，以爲法門之光。予曰：汝持戒人也，必不妄語，可自記其實，以傳後人。政和戊戌十月望日，觀文殿大學士張商英題付宗悟。朝請大夫、直祕閣、權發遣河東路計度轉運使公事、賜紫金魚袋陳知質篆額，迪功郎、前房州司户曹事圓頓居士高淳並姘志居士范圓焞施石。政和庚子歲七月庚申日，從政郎、前麟州州學教授、權太原府壽陽縣事田孝孫立石。

宋　蘇轍《欒城集》卷三七《乞責降韓縝第七狀》　火山、寧化之間，山林饒富，財用之藪也。自荷葉、平蘆、牙山、雪山一帶，直走瓦窑塢，南北百餘里，東西五十里，材木、薪炭足以供一路，麋鹿、雉兔足以飽數州，今皆失之。雪山有廟，河東一路，牲幣所走，今亦爲夷鬼矣。

宋　李燾《續資治通鑑長編》卷一九六　［嘉祐七年］六月癸未，單州團練使劉永年爲汝州團練使、知代州。契丹取山木積十餘里，輦載相屬於路，前守懼生事，不敢遏。永年曰：契丹伐木境中而不治，他日將不可復制。遣人縱火，一夕盡焚之。上其事，帝稱善。契丹移文代州，捕縱火盜，永年報曰：盜固有罪，然在我境，何預汝事！契丹不敢復言。

金　麻革《遊龍山記》（引自《名山勝槩記》卷三六）　吾友渾源劉京叔嘗以詩來，盛稱其鄉泉石林麓之勝，渾源實居代，革獨恨未嘗一游焉。今年夏，因赴試武川，歸，道渾水，修謁于玉峰魏公。語及是邦諸山，若南山，若柏山，業游矣，惟龍山爲絶勝，姑缺，兹以須諸文士同之。子幸來，殊可喜，乃選日爲具，拉諸賓友，騎自治城西南行十餘里，抵山下。山無麓，乍入谷，未有奇。沿溪曲折行數里，草木漸秀潤，山竦出，嶄然露芒角，水聲鏘鳴兩峰間，心始異之。又盤山行十餘里，四山忽合，若拱而揖，環而衛者，嘉木奇卉被之，葱蒨醲郁，風自木杪起，紛披震蕩，山與木若相顧而墜者，使人神駭目眩。又行數里，有泉泓澄渟潤，洑出石罅，激爲迅流，陰木蔭其顛，幽草繚其趾。賓欲休，咸曰：莫此地爲宜。即下馬，披草踞石列坐，諸生瀹觴以進酒數行。西有大石，余乃援筆書游者名氏及歲月而去。又行十許里，大抵一峰、一盤、一溪、一曲，山勢益奇峭，樹林益多，杉、檜、栝、柏，溪花種種，金開玉錯，芬香入鼻，幽遠可愛，木蘿松鬣，罥人衣袖。又縈紆行數里，得岡之高，遽陟而上，行茂林下。又五里，兩嶺岐，中得大雲寺，林巒樹石，櫛比楯立，皆在几席之下。主僧英公相與步西嶺，過文殊巖，巖前長杉數本挺立，有磴懸焉。下瞰無底之壑，危峰怪石，巑岏巧鬭，試一臨之，毛骨森竪。南望五臺諸峰，若相聯絡。西北而望，峰豁而川明，村墟井邑，隱約如奕局然。乃逕北嶺，登萱草坡，蓋龍山絶頂也。勢峻絶，無路可躋，步草而往，深弱且滑甚，攀條捫蘿，疲極，乃得登。四望羣木皆翠（山）〔杉〕蒼檜，凌雲千尺，與山無窮，此龍山勝槩之大全也。降乃復坐文殊巖下，置酒小酌。日既，入輕烟浮雲，與暝色會少焉。月出寒陰微明，散布石上，松聲倏然自萬壑來，覺境愈清思愈遠。已而相與言曰：世其有樂乎？此者與！明旦，各有詩識于石。乃循嶺而東，徑甚微，木甚茂密，僅可通馬行。又五里，至玉泉寺，山勢漸隘，樹林漸稀，顧非龍山比。寺西峰曰望景臺，險甚。主僧導客歷嶔崟，坐盤石，其旁諸峰羅列，或偃或立，或將仆墜，或屬而合，或離而分，賈奇獻異不一狀。北望川口最寬肆，金城原野，分畫條列，歷歷可數。桑乾一水，紆繞如玦，觀覽曠達，此玉泉勝處也。從此歸，路險不可騎，皆步而下，重溪峻嶺，愈出愈(有)〔奇〕。抵暮，迺得平地。念茲游之富，與昔所經見，而不能寐。若太華之雄尊，五老之巧秀，女几之婉嚴，烏權、白馬之端重，茲山固無之。至于奧密淵邃，樹林薈蔚繁阜，不一覽而得，則茲山亦其可少哉！人之情大抵用于所見，而不用于所未見，不知天壤之間，六合之內，復有幾龍山也。

金　元好問《遺山集》卷五《游龍山》　曩予魏大梁，得交此州雷與劉。自聞兩公誇南山，每恨南海北海風馬牛。老龍面目今日始一見，更信造物工雕鎪。是時山雨晴，平田綠油油。並山涼氣多，況得通深幽。山泉谷口出迎客，石罅戛擊琳琅球。婉蜒入微行，漸覺藤蘿罥衣樹打頭。惡木拉颯棲，直幹比指稠。石門無風白日靜，自是林響寒颼颼。一峰忽當眼，仰看看不休。一峰一峰干百峰，雖欲一一顧揖知無由。金城偃蹇不得上，瑶甕回合如相留。苔花萬錦石，丹碧爛不收。天關守虎豹，武庫開戈矛。小山隨起隨偃仆，獨立千仞絶頂縹緲之飛樓。百花崗頭藉草坐，瀟洒正值金蓮秋。亭亭妙高臺，玉斧何年修？登高攬元化，快如鷹脱韝。山靈故爲作開闔，巧與詩境供冥搜。白雲何許來，纖絲弄輕柔。蓬蓬作霧湧，飄飄與煙浮。玉衣仙人鞭素虬，翕忽變化令人愁。須臾視六合，浩蕩不可求。初疑陶軒此運甓，今悟夜壑真藏舟。刧石拂未窮，杞國浪自憂。斷鰲立極萬萬古，争遣起滅如浮漚。快哉萬里風，一掃天四周。誰言太始再開闢，日馭本自無停輈。舉手謝山靈，就無清凉毫相非神羞。賤子貪名山，客刺已屢投。黄華挂鏡臺，天壇避秦溝。太山神明觀，二室汗漫游。胷中隱然復有此大物，便可揮斥八極隘九州。玉峯有佳招，絶唱須一酬。爲君探囊擲下珊瑚鉤，白雲相望空悠悠。異時華表見老鶴，姓字莫忘元丹丘。

又卷三四《兩山行記》　甲辰夏五月八日，予以事當至崞縣。初約定襄李之和偕往，適幕府從事、宣德劉惠之、平陽李幹臣還軍官山，過吾州，遂與同行。是日，行八十里，野宿天涯山前。明日入縣，劉、李别去，予獨游神清觀。舊聞行臺員外廣寧王純甫棄官學道，築環堵而居，甚欲見之，乃屬其徒潞人和志沖道姓名。純甫聞予來，欣然出迎。予謂：先生方晏坐，不肖之來，將無妨静業乎？曰：習静固道人事，然亦有不應静時。因相與大笑，已而之和至，同郡莊煉師通玄，時住此縣之天慶觀，携酒見過，乃聚話于西齋。純甫先隱前高，予問：前高景趣比雁門、鳳凰山爲何如？純甫言：前高去此五十里而近，君能一游，到則當自知之。予竊自念：言先東巖君生平愛鳳山，然竟不一到，故詩有『鳳凰聞説似天壇，北去南來馬上看。想得松聲滿嵓谷，秋風無際海波寒』之句。予二十許時，自燕都試，乃與客登南樓，亡友蘇莘老、閻德潤、張九成、王仲容輩，説山中道人所居有松風軒，層簷高棟，半出空際，長松滿澗谷，如雲幢烟蓋，植立闌楯之下。山空夜寂，石上聞墜露聲，使人耿耿不寐。曩時聞此，固嘗以不一游爲恨矣。北渡又十年，每過雁門，壽寧武尊師子和、圓果、慶上人鍾秀、李文必以此山爲言。是則余夙志爲不可負，而前高之游當次第及之也。即日與純甫、之和並山而東，出雁門之南，夜宿王仲章道正瑞雲菴。菴在鳳山之麓，山中來儀觀，仲章主之。道士孫守真年八十，童丱入道，其家爲此觀黄冠者，至渠十五世矣。亂後無圖志可考，山之故事多從此翁得之。十一日，仲章步送入山，由真人谷行，夾道雜花盛開，水聲激激，自澗壑而下，且行且止，不知登頓之爲勞也。半山一峰，爲釣魚臺。其上爲十八盤，爲青龍嶺，爲風門。由風門而下，繞佩劍峰之右，爲來儀觀。觀在山腹，峰廻路轉，臺殿突起，雲林悄然，别有天地，信靈境之絶異也。觀有天寶四載石記，是道學士董思珍所造。思珍殆學究之初能秉筆者耳，文鄙而義隱，讀之或不能句，故雖鄉人，少有知來儀之始末者。予爲之反復數過，始見崖略。蓋後魏太武嘗都於此，師事寇謙之，授秘籙，自崧高迎謙之來居此山。時有鳳凰見，太武爲立觀，且以鳳凰名之。觀歷周、隋，至唐而廢。真人谷本以謙之爲言，而訛爲『質兒』。鳳游池以鳳凰來游爲言，亦轉而爲『伏牛』。開元初，北岳先生諫議胡山隱案圖志，求故實，嘗爲辨之。天寶元載，敕天下玄元廟有頹毁者，所在長官量事修建，又古今得道昇仙之地、代遠跡存者，皆虔加禮醮。此山應焉。北京居士高談幽、辟穀練師高敬臣，乃共補葺之。碑文刻云：天寶五載，改鳳凰山爲嘉瑞山。八載，置天長觀。蓋唐以玄元爲祖。天長者，以胤祚而言之也。觀度道士七人：高悟真、董參玄、馮通玄、朱自然、孫冷然，餘三人石闕。供養童子尉遲如玉、朱自然。姓字下别刻云：自然以天寶十三年七月十五日昇天，其日未時至京，陳謝唐天子。天子異焉，敕中使覆勘。如玉以後十日亦敕上昇。孫守真言：朱仙翁上昇事，觀曾有敕書碑。唐以後薦經喪亂，焚毁略盡，獨董記僅存耳。來儀觀額，政和七年九月兵馬鈐轄知代州王機建，權發遣河東沿邊按撫司公事王誨書。觀之東有養虎峰、飲虎及五斗二泉。南有天柱峰，峰之南有神山，與五臺境接。西南有玉案峰。西北有煉丹峰、洗藥池，次有玉女峰，峰南有會仙峰，傍有五漫樹。北有王母池。佩劍峰有白虎池。谷中有水簾、朱砂、白雲三洞。青龍嶺旁有桃花洞。觀北少西，洗漫池，漫與參同。又名青龍池。門之下有鳳游池。中殿曰太霄，太霄前石壇上有大松，名昇仙樹。門右有松，高與壇樹等，名望仙。佩劍之下有燒藥爐，疊石故在。白虎池之下有鳳栖樹，立石爲識。凡洗漫、望仙、昇仙、藥竈，悉朱自然遺跡也。自餘葛洪煉丹爐、孫真人養虎峰，四子峰有莊、列、亢倉、文子祠，土人便謂向上諸人皆嘗隱於此，殆齊東語也。予恐識者或並其可信者而疑之，故不録。守真又言：神仙劉海蟾以天聖九年遊歷名山，所至並有留跡。代州壽寧古詩十韻云：『醉走白驢來，倒提銅尾秉。引箇碧眼奴，擔着獨壺瘿。自言秦世事，家住葛洪井。不讀《黄庭經》，豈燒龍虎鼎？獨立都市中，不受俗人請。欲携霹靂琴，去上芙蓉頂。吴牛買十角，溪田耕半頃。種秫釀白醪，便是仙家景。醉卧古松陰，閑立白雲嶺。要去即便去，直入秋霞影。』仍自寫真其傍，撮襟書『龜鶴齊壽』四字，題云『廣寧閑民劉操書』。此詩宋白皡子西曾次韻。子西于詩，號爲專門，極力追之，曾不能彷彿。仙材凡筆，固自不同。世俗所傳劉翁入道詩，所謂『予因太歲生燕地，十六早登科甲第』者，吾知翁碧眼奴亦當羞道之矣。今全真家推翁爲祖，翁之姓名、鄉里且不能知，况其道乎！是又可爲一嘆也。來儀亦自寫真，飛白『清安福壽』四字，所畫五星，惟土宿獨存。已上皆在太霄殿外壁。土宿閉目，倚一幡，坐下一牛。四字，『清安』在東，『福壽』在西。説者以爲心清而安，則福壽從之。翁此書不爲無意也。寫真在西南，一幅巾黄衣，右肩挑酒瓢，左肩提布囊，破處綻補之。氣韵古贍，望之知爲有道者。年歲既久，將就湮滅，惜無名手爲臨摹之耳。守真住山五十年，不省有爲猛獸毒螫所傷害者。山中靈異甚多，佩劍峰劍聲錚然，隱晦中時有光怪，照山谷皆明。静夜或聞音樂雜作，琴、築、箏、笛，歷歷可辨，仙犬時吠。今年上元，村落來燒燈者及聞之。之和持莊練師所餉酒來，約月中飲之。是晚雷雨大作，遂不果。山氣蒸鬱，可喜可愕。雨從林際來，謖謖有聲，雲烟草樹，濃澹覆露。不兩時頃，而極陰晴晦明之變。夜參半，星月清潤，中庭散步，森然魄動，惜清景之不可久留也。之和賦詩，予亦漫作樂府一首，欲爲純甫醉後歌之。明日，期城中諸不至，留題殿壁而去。下山，宿孫張道院。又明日，爲前高之游。

明　都穆《游首陽山記》（引自《名山勝槩記》卷三六）　首陽山在蒲州南四十五里，爲伯夷、叔齊隱處。癸酉十月，道過潼關，去首陽里僅餘二十，遂由關北渡黄河，登岸即蒲州也。至山下，謁二賢祠，門之外有古柏二，其一大二十圍，高二丈許，形狀殊怪；其次圍殺三之一，二根相距數尺，而幹上交，若兄弟之相倚者，傳爲二賢手植，殆未必然。其亦千年物歟？祠之像爲宋元祐中所塑，其前復塑一白鹿道士，云：二賢食薇，兼飲鹿乳，故塑之。此説不見傳記，人鮮有知者。祠下有歷代石刻，其最舊者，唐開元十三年梁昇卿碑也。祠之右即二賢葬處，高墳並峙，上多古柏，直墳之前爲屋，中樹山谷老人碑，及刻首陽山古賢人墓六大字。日暮乃還。夫首陽之重于天下，後世以二賢之故。然考山之所以得名，其説不一。孔子稱伯夷、叔齊餓于首陽之下，民到于今稱之。考亭注：首陽，山名。及其注《詩》至『首陽之巔』則云：首陽，首山之南。安成劉氏取《春秋傳》趙宣子田于首山，謂汎名其山則曰首山，以山南而言則曰首陽。先儒謂首陽即古之雷首也。《禹貢》曰：壺口、雷首，至于大嶽。蔡仲默云：雷首在蒲坂縣南。蒲坂即今之蒲州、盡州之山，無所謂雷首者。今首陽山數里有中條山。州志謂此即雷首，曰中條者以其界河曲之間，延綿不絶，故名。又謂中條之下有水，曰雷澤，即舜所漁之地。此又可見中條之爲雷首矣。若雷首之獨稱首山，猶太華而曰華山，匡廬而曰廬山。此自昔皆然，不可謂首山爲汎名也。

明　喬宇《晉陽遊記・恒山》（引自《名山勝槩記》卷三六）　北嶽在渾源州之南，紛綴典籍。《書》著其爲舜北廵狩之所，爲恒山。《水經》著其高三千九百丈，爲玄嶽。《福地記》著其周圍一百三十里，爲總玄之天。予家太行白巖之傍，距嶽五百餘里。心竊慕之，未及登覽，懷想者二十餘年。

至正德改元，奉天子命，分告于西番園陵鎮瀆，道經渾源，去北嶽僅十里許，遂南行至麓。其勢馮馮煴煴，恣生于天，縱盤于地。其脊盪高雲，其巔經赤日。余載喜載愕，斂色循坡，東迤嶺北而上。是多珍花靈草，枝態不類，桃芳李葩，暎帶左右。山半稍憩，俯深窺高，如緣虛歷空。上七里，是爲虎風口，其間多横松强柏，狀如飛龍怒虬，葉皆四衍，懞懞然怪其太茂。從者云：是嶽神所寶護，人樵尺寸必有殃，故環山之斧斤不敢至。其上路益險，登頓三里，始至嶽廟。頹楹古像，余肅顔再拜。廟之上有飛石窟，兩崖壁立，豁然中虚。相傳飛于曲陽縣，今尚有石突峙，故歷代怯升登者，就祠于曲陽，以爲亦嶽靈所寓也。然歲之春，走千里之民，來焚香于廟下，有禱輒應，赫昭于(西)(四)方。如此，豈但護松柏然哉！余遂題名于懸崖，筆詩于碑及新廟之廳上。又數十步許爲聚仙臺。臺上有石坪，于是振衣絶頂而放覽焉。東則漁陽、上谷，西則大同以南奔峰來趨，北盡渾源、雲中之景，南目五臺隱隱在三百里外，而翠屏、五峰、晝錦、封龍諸山皆俛首伏脊于其下。因想有虞君臣會朝之事，不覺愴然。又憶在京都時，嘗夢登高山眺遠，今灼灼與夢無異，故知兹遊非偶然者。

又《雁門山》　雁門山在代州北三十五里。《志》云：以雁出其門，故名，一名雁門塞。關因山以立。凡山西之關，四十有餘，皆踞隘保固，而聳拔雄壯，則雁門爲最。故趙之李牧、漢之郅都備邊于此，匈奴不敢近塞。固皆一時良將，而不可謂非地險以成之也。迨我皇朝，則特設武臣守禦，熊羆之士雲屯于此，而又專屬憲臺以提督之，地亦可謂要而重矣。余出代州北行，皆登陟盤繞之路，溪水潺潺流，其民皆依山居，高下置屋，圖不可盡。午上關折西，躡高嶺絶頂，四望則繁峙、五臺聳其東，寧武諸山帶其西，正陽石鼓挺其南，朔州馬邑臨邊之地在其北，長坡峻阪，茫然無際。又見巍旌高旗，飄飄雉堞之上，寒林古塞，依依斜陽之下，頗動黄沙紫塞之思，因賦詩三首，筆于關之城樓。

又《五臺山》　正德丙寅夏，發沙澗驛，由南峪口十五里入山，長松古杉，掀空障谷，鹿游于岩，鳥鳴于叢。上嶺至華嚴口，望諸臺甚邇，靈雲恠霧，凄風密雪，相雜而起，恍然窅然，倏陰以晴，造化奇觀，不可形述。又十八盤下嶺，石徑确犖，萬澗汩汩泠泠，如笙如簧。凡揭涉七十里，至顯通寺。寺因北岡而來，風景殊絶，梵刹數十，擁于左右。此下地漸寬夷，夜遂宿于顯通。厥明山空澄霽，但覺風颼颼起林間。有僧進曰：諸臺風雪繁猛，石且冰，路且泥，不利躋躡。予笑而不顧，乘小輿徑上中臺，緣岡行十里，至玉亭寺嶺，丹碧映輝，甍閣于山腰。又十里，至歡喜嶺，風果觱發如隆冬時，幾不能往，稍憩嶺下，風忽和，遂至絶頂。見四臺各拱其方，如分如織，其形勢又各秀拔，如爭奇鬬麗于雲表。予遂題名于壁。薄晚下山，游玉華、真容、圓通諸寺，皆清幽曠遠。寺傍飲三珠泉，馨洌異常，其沸正如珠狀。去泉百步許，觀七寶珠樹，高二丈許，下爲一幹，岐分七條，上復拱合爲一，然後枝葉衍縱，披覆四下。復歸，宿于寺。又明日，離寺。山行過飯仙山、陽伯峪寺，二十里過竹林寺。又過嶺曰金閣殿，唐太宗所建，今已廢。下嶺爲清涼寺，遠望宫殿綴附半巘，儼若圖畫。南有清涼石，幅員數丈，重層複級而上，俗傳可坐千人。又行十里，晚至佛光寺宿焉。已出在南臺之外也。

又《霍山》　孟夏自趙城覽周穆王封造父之地，以趨中鎮。時適雨霽，由峪口入十五里至鎮下，其形勢可伯仲于諸嶽，冢秀而崒，翼拱而墮。廟在山麓，遂行謁其中鎮之神像，冕旒申笏，南面而中臨，才參政汝栗、來僉事伯韶陪而在焉。余謂二君曰：先祖侍郎于景泰元年以吏科給事中分告即位于此，越今將六十年，予又叨承前役。二君皆嘆曰：奇哉！祖孫之相輝也。及遍觀歷代祭告碑，而府君之碑乃仆裂于地。余泫然，二君曰：向有司具石以鐫，今告文者尚幸有副在，公無悲也。廟外皆本山分脈，合抱以繞其前，有古松數株，高數丈，槎枒詭怪，如青幢鐵幹，枝皆東向。十四日，二君請遊興唐寺。寺在廟南之山趾，唐太宗始建，斷碑猶存，依山帶壑，特勝他處，歸復宿于齋居。十五日黎明，服玄衣祭冠，肅拜于殿下，以天子命告訖，篆今告文于石，又篆前仆碑于副石。余欲登其巔，去廟尚有三十餘里，棘莽羅密，且爲熊掛蛇吼之區，畏不敢登。因嘆古書云：西方之美者，有霍山之多珠玉焉。今亦不知其處所矣。

又《龍門山》　予少讀《禹書》，至于『導河自積石，歷龍門』，未嘗不邈然想游其地。今幸奉命傳祀于西及，將往行禮于商湯王廟，下適河津，去龍門止三十里，且有才、來二君偕，遂出河津西門。是時陰雲四翳，風顛木號，而興以勃發，奈路沾雨。由石棧進謁神禹王廟，遍覽壁間圖畫。東西壁皆次第治水隨刊之蹟，每段標以經語，怪怪奇奇，于所見圖畫，變化雄妙者，莫踰于此。東有圖，其標曰『雪竇飛泉』，堯郡席天章筆。西有圖，其標曰『烟凝古柏』，晉溪素菴筆。後屏有圖二，其標曰『揭石尋珠，湧露出波』。前楣有圖，其標曰『春江晚渡』，雪軒誠意筆。想皆宋元名公，因題名于柱。二君設酒于飛丹亭，下瞰黄河自西北而來，驚濤駭波騰驤而下，輪風驟雨相挾而作，勢益洶湧，蒼崖青嶂爲之響振。二君復舉酒，酒半樂甚，爰命榜人舉罾河濱，得三魚，乃復烹魚，歡然對酌聯句，至夜分乃寢。厥明，乃復登看鶴樓以眺，遠近河山，俯視洪流，陡絶百仞，凛然有垂堂之戒。河之西是爲陝西韓城之境，其山亦自北而來，亦號龍門，與東岸之山相照而斷。《三秦記》云：龍門外懸泉，而兩旁有山。水陸不通，魚鼈莫上。今觀之，誠若此。復覽迤岸而東，卉木繁密，得懸石峙若有待。予乃大篆『龍門』二字，筆二詩，已又賦《禹門渡》一章。

明　王世貞《弇州四部稿》卷七八《文部・紀行二首・適晉紀行》

自歸德而西，夾道垂柳，濃緑交蔭，儵然忘暑，逆旅中一佳境也。【略】初八日五鼓發寧郭驛，三十里抵清化鎮，山西之冶器集焉。渡清河，田禾益茂，嘉樹滃鬱，居人引泉水爲長溝以灌，有水碓、水磨之屬。未飯萬善驛，四傍栽白楊，蕭蕭悲風，殊益人旅愴，乃知少府齋中之不易也。

明　栗應宏《游紫團山記》（引自《名山勝槩記》卷三六）　嘉靖戊子秋，予東游紫團山。自五龍信宿而至，道路窈窕，穿林木而上者幾十里。及慈雲寺，有僧數人，邀予觀元人三十六景詩碣，在墻根仳仳然，散且缺矣。由慈雲石磴硈屈攀巖而下者，復幾里，則衺然福地，爲雲蓋寺。山勢四壁巉兀，盤遶諸峰，挺峙競秀而變形，望之鬱鬱葱葱。西連王屋，東俯林慮，諸山南北相拱，帶跨青蓮百泉之勝，斯爲太行樞要也。乃抵寺憩數日，山僧導予游。循石徑，南渡溪，由東峰入屏山遮地，即爲參園，已墾爲田久矣。歷西筆峰，緣石而出，時藥物纍纍然，幽香沓至。復西轉，觀瀑布，淙淙成流，即采藥、坐石、濯足、飲泉而歸。復數日，山僧言西峰石局，予忻然從之。盤條覓步，陟兩峰間，其地盤夷可屋許，予意宜置石室，記刻于此。忽飄風颯至，西望大谷，烟暝蒼翠，泉聲泠泠，幽禽間作，予愕然久之，知即所謂瀑布者。

邊峰峙立，此得徑觀焉。廼左右顧盼，百景俱美，神爽而氣逸，飄飄然有丹臺石室之想。峰巔峭峻，聞有奕局覆松焉。北轉，觀磨崖碑，旁數石孔，僧云：舊有招涼亭于此，復有故咸平閣餘址。至則臺砌頽没，基礎相枕藉，斷柱石已俱仆于水中，惟蓬籬繞匝，牛羊棲之而已。予乃慨曰：鑿石壘上，將恃爲無窮之觀，而山川獨乃如此。彼經營者，今則惡覩其爲誰與之俱朽。悲夫！

清　顧炎武《肇域志・山西三》　巡撫耿如杞疏：寧武西山林木茂密，綿延可百數十里，名爲阻虜禁林，其實虜不由此。奸民盗材木，浮巨筏，販鬻于陝西、河南、山東、北直之間，年利無算。臣又細詢，土人云：盗者先伐大木，仆地令乾，徐以刀鋸取其材。經今二百餘年，其既砍在地，取之不盡。臣謂：宜募人將已伐者搬運出山，召商賣販而酌取其税。其未成材者，挨年採取。官與民交利，而山亦不至於童。五臺之杉尤爲佳木，可得善價。秋水時至，寧武木浮南河而下，五臺木浮滹沱而東，必有趨之如流水者。

清　王克昌　康熙《保德州志》卷三《祥異・狼横》　明正德十六年至嘉靖三年，狼傷人無算，牝牡相隨，道路亦阻。【略】［清］康熙三十年以後，狼入城，民習爲常，獨行野外必持兵。三十二年，吏目解政達，迎新守至沙泉，獲一狼，歸殺之。

又《虎至》　明萬曆八年，虎入孫家溝麻池中，民逐至西嶺，千户孫光祚射獲之。

清　王正茂　乾隆《臨晉縣志》續下《狼劫》　連年際大祲，百姓屢遭劫。猛獸不歸山，耕芸幾失業。並驅從兩狼，齊俗宣令甲。一統世太平，三農無捕法。適從何處來，虎兕出於柙。三五竟成羣，相逢尤路狹。聞之已膽寒，見者殊心怯。狼少純用機，狼多以勢壓。力强尚可支，力弱竟生狎。人有見面情，狼心無浹洽。負嵎莫敢攖，猶是在山峽。相率入村墟，原田人荷鍤。全無畏懼心，一道中間夾。得勢撲人肩，咽喉雙爪掐。狼如饕餮貪，血比朿牲歃。禱祀詣山神，威施嚴管押。

清　徐品山　嘉慶《介休縣志》卷一四《雜志》　狐岐山半有洞久爲狐穴，日夜出爲祟，居民莫能制。時張良西入關道，出綿上，居民以狐患告良，即臨洞視之，狐斂跡不敢出。良去，祟如故，民復追及良，請絶後患。良曰：予奉漢王命，不能久居於此，狐既畏予，其即以予名村也可。民如言，呼爲張良村，患遂息。

清　王家坊　光緒《榆社縣志》卷一〇《雜識》　戊寅正月朔日食，夏有狼，十數成羣，在野嚙人。

清　沈鳳翔　光緒《稷山縣志》卷七《祥異志》　道光十一年十一月，大雪連日，平地深三尺。十二月又大雪，是冬寒甚。北鄉數百年之柿樹，盡被凍枯，禽獸餓死無數。

藝文

《詩經・唐風・山有樞》　山有樞，隰有榆。子有衣裳，弗曳弗婁。子有車馬，弗馳弗驅。宛其死矣，他人是愉。山有栲，隰有杻。子有廷內，弗洒弗掃。子有鐘鼓，弗鼓弗考。宛其死矣，他人是保。山有漆，隰有栗。子有酒食，何不日鼓瑟。且以喜樂，且以永日。宛其死矣，他人入室。

唐　韓愈《條山蒼》（引自《全唐詩》卷三三八）　條山蒼，河水黃。浪波沄沄去，松柏在山岡。

唐　賈島《長江集》卷一《北嶽廟》　天地有五嶽，恒嶽居其北。巖巒疊萬重，詭怪浩難測。人來不敢入，祠宇白日黑。有時起霖雨，一灑天地德。神兮安在哉，永康我王國。

唐　温庭筠《清涼寺》（引自《文苑英華》卷二三八）　黃花紅樹謝芳蹊，宫殿參差黛巘西。詩閣曉牕藏雪嶺，畫堂秋水接藍溪。松飄晚吹摐金鐸，竹蔭寒苔上石梯。妙跡奇名竟何在，下方煙暝草萋萋。

唐　婁虚心《北嶽府君之碑》（引自《山西通志》卷一九一）　北嶽恒山者，北方之巨鎮也。爾其岡巒紛糺，根底磅礴，或壁立，或砥平，傍匿千嶺，下括衆壑。珍禽奇獸，益虞之目駭不能名；芳草甘木，桑宏之心計莫之數。瓊膏石髓，出忌林岳，時時間出，往往迭見。舒丹氣，籠翠微，薈蔚朝躋，披重壤以雲畜；騷屑暮起，吸萬籟以風怒。漢宗聽宋昌之策，以諱還常；趙主從姑布之談，以賢臨代。林麓之富，何有何無？但觀夫萼容峭峙，地勢坱圠，迤太行而綿碣石，負寒谷而面冰川，限華夷之表裏，壯宇宙之隘害。

宋　韓琦《安陽集》卷七《百井路山桃盛開》　漫嶺天桃樹，無人亦自開。雲霞深隱洞，錦繡遠成堆。生意驚樵斧，芳情謝宴杯。莫迷行客路，不似武陵回。

元　丘處機《題天壇二首》（引自《元詩選二集》卷二五）　峩峩峻嶺接雲衢，古柏參差數萬株。瑞草不容凡眼見，靈禽只傍道人呼。鑿開洞府羣仙降，煉就丹砂百怪除。福地名山何處有，長春即是小蓬壺。

四面諸山若附庸，突然中起最高峰。每看晴日移壇影，常説寒潭卧黑龍。沆瀣要和千歲藥，茯苓先斸萬年松。擬尋活計叅真趣，又隔煙蘿第幾重。

元　王惲《秋澗集》卷二六《洪洞道中望霍岳諸峯》　老澗彎環兩翼分，一川草木氣如薰。土人更説山靈異，欲雨先占霍頂雲。

清　愛新覺羅・玄燁《清聖祖文集》卷三七《天花》　靈山過雨萬松青，朵朵湘雲摘翠屏。玉笈重緘勑飛騎，先調六膳進慈寧。

清　王士儀《東神山古松歌》（引自乾隆《蒲縣志》卷一〇）　鬱鬱神山松，蒼古而青葱。騎驢山下過，遥遥送曉鐘。大松小松聲若吼，千株萬株勢若走。餐雲吸露鬬洪濛，歲寒梅竹爲之友。如龍如虎蟠路還，滄桑閲歷幾變遷。劉阮云是天台樹，世人那得知其故。我有友人工畢宏，歸去好將圖絹素。

清　佚名《桃源春雨》（引自道光《太平縣志》卷一四）　小雨不沾泥，沿堤踏沙路。水緑映霞紅，滴滴香成霧。三家兩家村，千株萬株樹。人曰小桃源，卻是桃源渡。

內蒙古

綜述

宋　周密《癸辛雜識續集》卷下《北地賞柳》　焦達卿云：韃靼地面

極寒，並無花木，草長不過尺，至四月方青，至八月爲雪虐矣。僅有一處開混堂，得四時陽氣和暖，能種柳一株，土人以爲異卉，春時競至觀之。

明　楊慎　《升菴集》卷六〇《塞上梅》　唐王建《塞上梅》詩云：『塞上路傍一株梅，年年花發黄雲下。昭君已没漢使回，前後征人惟繫馬。日夜風吹滿隴頭，還隨流水東西流。此花若近長安路，九衢年少無攀處。』按此詩，則塞上斧冰斲雪之地，亦有梅花，可謂異矣。詳詩之旨，以爲漢使送昭君時所種，抑又異矣。而昔人詠梅花及賦昭君，未有引此者，特表出之。元老滇南楊文襄公一清《塞上詩》云：『酒店茶房梅樹，無梅無酒無茶。雲外行行白鴈，風前陣陣黄沙。』則地名梅樹，蓋亦有因，王建所賦，殆非虚也。

清　覺羅石麟　雍正　《山西通志》卷二二《山川・朔平府・朔州》　大青山，東接察罕兒界，迤北而西直抵襖兒都司，以黄河爲界，北有數口，胥通大漠，高百餘仞，袤三百餘里，廣百餘里，中産松柏材木，望之蒼翠似畫屏。

又《平魯縣》　榆樹梁，在朔平府境邊外，遞高三里，盤踞十里，通平魯縣境邊外大榆樹灣、小榆樹灣，山險多榆樹。

清　張曾　《歸綏識略》卷五《山川》　陰山，【略】《一統志》：即今大青山也。在歸化城北二十里，東接察哈爾境，迤北而西，直抵鄂爾多斯，以黄河爲界，北有數口，皆通大漠，高數千仞，廣三百餘里，袤百餘里，内産松柏林木，遠近旺之，嵐光翠靄，一帶青蔥，如畫屏森列。【略】烏喇特境内有山産杉樹極多，今即名烏喇山，亦曰西山。【略】榆樹梁，在城東南二百餘里府境邊外，高三里，周圍十里，通平魯縣邊外大小榆樹灣，山甚險峻，多榆樹，未知即古榆林否？【略】喀喇克沁谷，亦蒙古名城，東北四十五里，即今演放礮位之喀喇沁溝也。谷産林木，與紅螺谷同。

清　姚明煇　光緒　《蒙古志》卷三《物産・植物類》　果有桃、杏、李、榛、栗、棗、山查、白葡萄，味皆不美。木有松、柏、椿、樺、樅、樠欏，而松爲最多，其大者曰銀松、新羅松、落葉松，皆出興安嶺山脈。鄂爾多斯多柳，土人伐之以製器具。土默特多樠欏，土人採其葉，可飼野蠶。花卉有金蓮、芍藥、翠雀、山丹、鳳仙、蜀葵、野薔薇、千佛頭、菊花，可悦人目者甚少。惟千佛頭含蕊數十，聚於一蒂，有紫紅者，有淡紅者，開則皆白，極爲可愛。藥有大黄、黄蓍、甘草、枸杞、黄芩、車前、澤瀉、蒲黄、木賊、艾、蓬、蒲公英、白蒺藜。大黄爲蒙古物産大宗，所在有之，多運入内地，亦有運往俄屬西比里者。草有藍草、罌粟，皆産東北部。又有蘇離草，出於沙漠，多運入北京，製造夏帽，潔白美觀，價亦昂貴。

又《動物類》　野獸有虎、豹、熊、鹿、狐狸、貛、兔、羚羊、山羊、野驢、野馬、獺、鼠、栗鼠、鼯鼠。鼯鼠産於沙漠邱陵，阿拉善北境最多，性耐渴，好羣居，故發一穴，必有數十百之多。土人捕以供食品，味頗佳美。兔産於平原曠野，冬日獵之，堅凍其肉，土人運至北京，亦貿易品之一。羚羊、山羊、麋鹿種類甚繁。山羊棲於山巖溪谷間，性質温順，視聽之力甚强，又有迎風嗅物之能。其至原野覓食也，輒結隊成羣，不相離間。若登高山，必四向觀望，設有危疑，則高鳴一聲，以告同類。時或旱乾草枯，則食木葉，能緣樹而上至丈餘。獵之甚難，雖負重傷，猶能奔馳數百里。然懸衣物於竿頭而高舉之，則必疑訝竚立，故土人獵之，恒誘以此術。野馬所在成羣，伊克阿拉克泊南爲最多，以其山中饒牧草也。體較馴馬略大，毛色多土黄。土人豢養小駒，終身不受束縛，騎之亦不能隨人意。水禽有野鴨、鳧、雁、鵝。飛禽有鷹、雕、鶻、鴇、鴉、鵲、鳩、燕、鶺鴒、鷓鴣、畫眉、雉雀、雲雀、紅雀、沙雉。沙雉、雲雀亦蒙古之特産，沙漠曠野爲多。沙雉飛翔甚捷，然不能疾走，不善用足而善用翼，蓋其趾異於他鳥也。恒成羣而飛，如旋風之起，颯颯有聲，故距離猶遠，已先聞其聲。雲雀居於沙漠南部。鷹有青、白二種。至於小禽，亦頗不乏。【略】蟲多毒螫，以蠅、蚊、擺翎、臭蟲爲最。蛇虺、蜥蜴、蚜虻、蛣蟯、蜘蛛、蜂、蝶、蟹、蟻類所在有之。野蠶産土默特山中，土人飼之以製綢絹，所謂建昌絹者是也。蜜蜂多産於阿爾泰山。

清　光緒　《土默特志》卷八《食貨》　其【略】果則桃、杏、李、蘋、海棠，賓恒多有之。惟瑣瑣葡萄爲兹土佳品，載《一統志》中。其植松、柏間生，桑、椿甚少，榆、柳、樺、楊，水隈稍煖處叢焉，而楊柳之繁如腹郡。其獸狼、貛、狐、虎、豹、鹿，及黄羊、青羊之類。向多獵者，近少材武之人矣。其禽，家則鴨、鵝之類，野則雉、鸛、沙鵝之屬，若鵪鶉、青莊則他境所少，土之産也。

清　佚名　《烏里雅蘇台志略・蒙古土産》　蒙古土産：地勢遼闊，山川綿遠，處處各有土産。若遂一細載，則諸般草木、禽獸、異物類數繁多，恐有舛錯誤寫，反爲訛謬。僅將各處常有之物，著寫數類，以爲土産，以備壯觀也。【略】扎克木似楊木，根糟，葉細，皮薄，内堅，刀難代，以金木擊之即倒。取之爲薪，易燃，無蓄灰，燃盡無炭。或曰：斯灰，産婦以水飲之，易生。　蘑菇　金蓮花性凉，醫病。　各色草藥蒙古人不識。　雪蓮花生雪山，性熱，醫病。　金皮木蒙古曰哈爾噶那。　駝、馬、牛、羊粗細皮張　長毛牛【略】鄂鸞布呼，即家鹿也。鹿身角小。與馬牛一體牧放，取孳，用以駕車、乘騎俱可。包衣卡倫有之　鹿　蟠羊角大頭小。　靈羊　黄羊　麅子　野猪　野駝　野馬　野騾　獺兒　貂鼠　灰鼠　狐狸　狼　野狸兔身似鉅猫，尾似虎。　堪達汗漢名曰四不相。　雕　鷹　鶻　鴨　雁　鵝　黑雀身小，善嘯。　靈雀在河旁樹枝垂處，以馬尾繫窩，在水面上浮之。其性最熱，其窩可用醫病。或曰：善治下寒。　雪鴿子冬夏住雪窟，性熱，醫病。　冰雀黑身白額，冬住冰窟，夏住雪窟，冬則下蛋出鷇。性最熱，醫病。　烏梁海土産：馬，牛，羊，鹿，香麞，貂鼠，灰鼠，水獺，猞猁猻，沙狐，掃雪，艾葉貂，狐狸狼，獾子，各色草藥。

紀　事

漢　班固《漢書》卷九四《匈奴傳》　竟寧元年，【略】元帝以後宫良家子王嬙字昭君賜單于。單于驩喜，上書願保塞上谷以西至敦煌，傳之無窮，請罷邊備塞吏卒，以休天子人民。天子令下有司議，議者皆以爲便。郎中侯應習邊事，以爲不可許。上問狀，應曰：『周秦以來，匈奴暴桀，寇侵邊境，漢興，尤被其害。臣聞北邊塞至遼東，外有陰山，東西千餘里，草木茂盛，多禽獸，本冒頓單于依阻其中，治作弓矢，來出爲寇，是其苑囿也【略】。』

北齊　魏收《魏書》卷四《世祖紀》〔神䴥四年〕十一月丙辰，北部勑勒莫弗庫若于，率其部數萬騎，驅鹿數百萬，詣行在所。帝因而大狩以賜從者，勒石漠南以記功德。

又卷二五《長孫嵩傳》　世祖即位，進爵北平王，司州中正。詔問公卿：『赫連、蠕蠕，征討何先？』嵩與平陽王長孫翰、司空奚斤等曰：『赫連居上，未能爲患，蠕蠕世爲邊害，宜先討大檀。及則收其畜産，足以富國。不及則校獵陰山，多殺禽獸皮肉筋角以充軍實，亦愈於破一小國。』

元　脱脱《遼史》卷三二《營衛志》　秋納：曰伏虎林。七月中旬，自納涼處起牙帳，入山射鹿及虎。林在永州西北五十里，常有虎據林，傷害居民畜牧。景宗領數騎獵焉，虎伏草際，戰慄不敢仰視，上舍之，因號伏虎林。【略】冬巴納：曰廣平淀。在永州東南三十里，本名白馬淀，東西二十餘里，南北十餘里。地甚坦夷，四望皆沙磧，木多榆柳。

元　陳桱《通鑑續編》卷二　秋九月，契丹主祀木葉山。木葉山在永州西界，潢河北界土河。始祖奇善汗之廟，居其上，故凡有事則必先以白馬、青牛告之。

東北部

東北總論

綜　述

清　愛新覺羅·玄燁《清聖祖文第四集》卷二六《窩集》　窩集東至海邊，接連烏喇、黑龍江一帶，西至俄羅斯，或寬或窄，叢林密樹，鱗次櫛比，陽景罕曜，如松栢及各種大樹，皆以類相從，不雜他木。林中落葉常積數尺許，泉水、雨水至此皆不能流，盡爲泥滓，人行甚難。其地有熊及野豕、貂鼠、黑白灰鼠等物，皆資松子、橡栗以爲食。又産人參及各種藥料，人多有不能辨識者，與南方湖南、四川相類。

清　楊賓《柳邊紀略》卷一　邊外多山，戴沙土者曰嶺，如歡喜嶺、盤頭嶺之類。戴石者曰拉，亦作砬，如拉伐、必兒漢必拉之類。平地有樹木者曰林，如惡林、王家林之類。山間多樹木者曰窩稽，亦曰阿機，《盛京志》作窩集，《實録》作兀集，《秋笳集》作烏稽，如那木窩稽、色出窩稽、朔爾賀綽窩稽之類。瀑布曰發庫。平地曰甸子，亦作佃子，如寬甸子、張其哈喇佃子之類。坡陀曰阿懶。山之鋭者曰哈達，達讀作平聲。如山陰哈達之類。【略】自山海關至十三站，連岡復嶺，無徑寸之木。自十三站至奉天，平壤爲多。自奉天至柳條邊，山野相錯，或斷或續。自柳條邊至混同江，岡嶺似十三站西，而草木則隨地皆有。自混同江東尼失哈站至必兒漢必拉，半屬窩稽，崎嶇陰慘，不類人間。至沙闌則又別有天地，而寧古塔尤佳。惜四山樹木，爲居人所伐，鬱葱佳氣，不似昔年耳。【略】自混同江至寧古塔，窩稽凡二：曰那木窩稽，一作諾木阿機，又作納本阿機。明初置納木河衛。萬曆三十八年庚戌十一月，大清命額宜都取之。曰色出窩稽，一作色赤阿機，《盛京志》作色齊窩集。那木窩稽四十里，色出窩稽六十里，各有嶺界其中，萬木參天，排比聯絡，間不容尺。近有好事者，伐山通道，乃漏天一線。而樹根盤錯，亂石坑呀。秋冬則冰雪凝結，不受馬蹄。春夏高處泥淖數尺，低處匯爲波濤，或數日，或數十日不得達。蚊虻白戟之類，攢嚙人馬，馬畏之不前，有死者，乃焚青草，聚烟以驅之。夜據木石，燎火自衛，山魈野鬼嘯呼，墮人心膽。餒則咽乾糧，或射禽獸，燒而食之。糧盡又無所得，久之水不涸則死矣。凡入窩稽者，必掛一物於樹，言笑不敢苟，若齋然。否則多蹭蹬，或曰山神爲祟云。《扈從東巡日錄》云：烏稽中皆喬松及樺、柞樹，間有榆、椴。鱗接虬蟠，纓山帶澗，蒙密紛斜，白晝晻哱，霜旦葉彫，畧見曦月，樹根亂石，磥跪錯落，疑無道路。供奉得之傳聞，記載雖不甚詳，然其大概，略可想見矣。

又卷三 柳條邊外山野、江河，産珠、色微青、所謂東珠也。圓而粗者，天子、諸王以之飾冠，價甚貴。人葠、貂、獺、猞猁猻、鵰、鹿、麅、鱘鰉魚諸物。設官督丁，每歲以時採捕，俱有定所、定額，核其多寡而賞罰之。或特遣大人監督，甚重其事。【略】窩稽人不貴貂鼠，而貴羊皮，凡貂爪袿合縫鑲邊處，必以黑羊皮一線飾之。《松漠記聞》云：不貴貂鼠者，以其見日及火，則剝落無色。余謂此無他，不過厭常喜新耳。今寧古塔梅敕章京以下，皆著猞猁猻、狼皮襖，而服貂者，無一人也。若帽則皆貂矣，豈獨不畏剝落耶？貂鼠喜食松子，大抵穴松林中，或土窟，或樹孔。捕者以網布穴口，而煙熏之，貂出避輒入網中。又有縱犬守穴口，伺其山而嚙之者，然不貴，恐其損毫毛也。紫黑色毛平而理密者爲上，紫黑而理密者次之，紫黑而疏與毛平而黃者又次之，白斯下矣。《胡嶠陷虜記》所謂黑、白、黃貂鼠皮也。康熙初，易一鐵鍋，必隨鍋大小，布貂於内，滿乃已。今且以一貂易兩鍋矣。明時，鐵鍋不許出邊。隆慶四年，俺答受封順義王。後諸所請皆酌給，獨不與鍋，哀告數次，終不允。北邊如此，東可知矣。所以初時難得則貴重，久之日多日賤矣。易一馬必山數十貂，今不過十貂而已。馬良者乃十四五，亦不以上貂易也。上貂皆産魚皮國，即窩稽諸部，以其服魚皮故名。《北史・室韋傳》：南室韋、北室韋，皆捕貂爲業。冠以狐，衣以魚皮。大室韋尤多貂及青鼠。歲至寧古塔交易者二萬餘，而貢貂不與焉。寧古塔人得之，七八月間，售販鬻京師者，歲以爲常。而京師往往賤挹婁而貴索，平聲。倫，蓋以索倫貂毛深而皮大也，然不若挹婁之耐久矣。貉子皮出魚皮國者佳，大與狐等，每皮價四五錢，拔鎗毛毛之長而勁者曰鎗毛。爲帽。脊曰鑽草，臀曰坐草，腹曰拉草。鑽草紺色上也，坐草黃色中也，拉草灰色下也。塞外禦寒在貂上。有爲被者，若爲褥則不拔鎗毛。鎗毛鋭，黃黑色。鹿皮、麅皮、火石、火絨、銼草、紅根草及諸木桿，皆有貢額。【略】席百北有鹿，大若橐駝，名康大罕，角可爲指決，槽若線者，價三四十兩。海豹皮出東北海中，唐開元中，新羅國與果下馬同貢者也。長三四尺，闊二尺許，短毛淡緑色，有黑點。京師人誤指爲海龍皮，染黑作帽。海龍皮大與海豹等，毛稍長，純灰色，京師人又指爲海獺皮者也。紅姑娘，一名紅娘子，狀若彈丸，色紅可愛，味甜酸，子若魚子，八九月間熟，草本，有蔀若秋葵蕊而淡紅，烹湯亦可飲。【略】楛木長三四寸，色黑，或黃，或微白，有文理，非鐵非石，可以削鐵，而每破於石。居人多得之虎兒哈河。相傳肅慎氏矢以此爲之。好事者藏之家，非斗粟疋布不可得。按：楛矢自肅慎氏至今，凡五貢中國。周時貢，魏常道鄉公景元末又貢，晉元帝初又貢，成帝時通于石季龍四年方達，後魏太和十二年遣使又貢。而勿吉室韋之俗，皆以此爲兵器，或曰楛矢，或曰石鏃，或曰楛砮，歷代史傳，言之娓娓。《魏書・勿吉傳》：箭長尺二寸，以石爲鏃。《北史・勿吉傳》：自沸涅以東，皆石鏃。《唐書・室韋傳》：器有角弓、楛矢。《黑水靺鞨傳》：其矢石鏃長二寸，蓋楛砮遺法。今余之所見，直楛耳，無有所爲鏃與砮也。不知鏃與砮，又何以爲之也？【略】桃花水，草本，狀若楊梅而無核，色紅，味甘，質輕脆，過手即敗矣。五、六月間，遍地皆是，居人擇最多處，設帳房或棚子，釀分載酒，男女各爲羣，争采食之，明日又移他處，食盡乃已。又有法佛哈米孫烏什哈者，味甜酸可食，皆中土所無者也。若蘋婆果、桃、李、棗、栗、柑橘之類，非中土人馳送，不可得。瓜往時絶少，今李召林學種，各色俱有，然價甚貴。荸薺，澱子中平地爲澱子。亦生，人不知食。黄精極多，賤者乃食之。蘑菇、猴頭、雞腿之外，尚有数種，然狀莫大於猴頭，味莫鮮於雞腿。雞腿蘑菇，籬落間皆有之。往吴漢槎還，病且死，謂予曰：余寧古塔所居籬下産蘑菇，今思此作湯，何可得！予時竊笑之，以爲蘑菇所在皆有，何寧古塔也？及予省覲東行，乃知寧古塔蘑菇爲中土所無，而漢槎舊居籬下所産，又寧古塔所無者。今此屋屬河南李聞遠，而蘑菇已盡。數年來，數祁家馬槽下者爲第一矣。祁家者，祁奔喜妾所居也。護臘，革履也，絮毛子草於中，可禦寒。毛子草細若線，三稜微有刺，生澱子中，拔之頗觸手，以木椎數十下，則軟於綿矣，一名護臘草。土人語云：遼東三件寶，貂鼠、人參、護臘草。余謂：參貂，富貴者之寶也；護臘草，貧賤者之寶也。有護臘草，則貧賤者生；無參貂，則富貴者死。塔子頭，《扈從東巡日録》作塔兒頭，非。或名和尚頭。苗長尺許，若麥門冬草，春緑，夏青，秋白，冬則土人以火燎之，焦而黑矣。根紫色，細若線，糾結成團，堅如木石。大者抱，小者握，自相聯絡，參差立泥淖中。馬行其上，春夏最難，一失足，陷隙際不能起。秋冬冰堅，則如陸地，然和尚頭仍不與冰等也。土人有取以爲枕者，玩之絶可愛。余欲攜其一示好事者，以馬力不勝而止。松塔，松子蔀也。狀若塔，故名，大者高尺許。打松子者，入阿機中，伐木取之。木大塔多者，取未盡輒滿車。往時不甚貴，近取者多，百里内伐松木且盡，非裹糧行數日不可得，價乃數倍於前。己巳、庚午間，銀六錢買一大斗，然食者少，不甚買也。余初至，日食一升，三四日後，唇焦舌燥，不敢食矣。榛，高二三尺草也，而似木，經霜後，子落可拾，榦可爲薪，否則入野燒，春夏間復生，品素賤。己巳秋獨少，價遂與松子等。樺皮，樺木皮也。樺木偏山皆是，狀類白楊。春夏間，剝其皮，入污泥中，謂之曰糟，糟數日，乃出而曝之地，白而花成形者爲貴，《金史》所謂醬瓣是也。按《金史・輿服志》：醬瓣樺者，謂樺皮斑文色殷紫如醬中豆瓣也。金人佩刀，皆以醬瓣樺爲鍘口。又《北史》：鉢室韋用樺皮蓋屋。拉發北數十里，特設樺皮廠，有章京，按《會典》：設採樺皮六品官一員。有筆帖式，有打樺皮人，每歲打樺皮入内務府，而遼東樺皮遂有市於京師者矣。按《會典》：康熙二十六年以前間，一年取寧古塔樺皮九千斤。【略】遼以東皆産鷹，而寧古塔尤多，設鷹把勢十八名。以流人子弟或奴僕爲之，兼衙門行杖。每年十月後即打鷹，總以得海東青爲主。海東青者，鷹品之最貴者也，純白爲上，白而雜他毛者次之，灰色者又次之。既得，盡十一月即止，否則更打。若至十二月二十日不得，不復更打矣。得海東青後，雜他鷹遣官送内務府，或朝廷遣大人自取之。送鷹後得海東青，滿漢人不敢畜，必進梅勒章京，若色純白，梅勒章京亦不敢畜，必送内務府矣。凡鷹生山谷林樾間，率有常處。善打鷹者，以物爲記，歲歲往，無不遇，惟得差不易耳。視其出入之所，繫長繩，張大網，晝夜伏草莽中伺之，人不得行，行則驚去。

清　阿桂　乾隆《盛京通志》卷一〇六《物産・木類》

松，山中最多，種類不一，土人以結子者爲菜松，無子者爲沙松，脂多者爲油松。赤白松，理細氣香，木之貴者。黄蒿松，松枝葉如蒿，生寧古塔石向子上，他處所無。又有刺兒松，其松多刺。俄羅斯松，一名老鎗菜，抽臺如萬苣，高二尺餘，葉出層層删之，其末層葉葉相抱如毬，取次而舒，已舒之葉老不堪食，割毬烹之，署似安菘。郊圃種不滿二百本，八月移盆官弁分畜之，冬月苞緼以貢。依奇松，生吉林北依奇甸子，質瘦勁，少枝葉，色青如松。土人不知何名，因所生地，呼爲依奇松。伐爲材木，性燥易裂，入土則裂縫復合，堅如石。栢，多生於西北邊外，栢葉、栢仁皆入藥。香樹，莖直，叢生，花黄。長白山中最多。可焚以祭神，土人取以作香。生近山石崖者有節，名竹節香，根作箭骲頭極佳，不可多得。桑，《後燕録》：遼川無桑，慕容廆通於晉，求種江南始得。按：此地桑類頗多，特少養蠶者耳。皮入藥，曰桑白皮。檿，山桑，中爲弓材及車轅，葉亦可飼蠶。榆，本地榆類甚多，皆美材，刺榆、花榆尤佳。刺榆大者中爲車軸，一名軸榆，《唐風》所謂『山有樞』者，此也。花榆理細，宜爲几案。凡榆臃腫處花紋尤勝，可餙器用，人多珍之。檀，色紫，赤紋細潤，中車轅及箭笴。其交枝處花紋尤細，可爲小刀柄。槐，《爾雅疏》：葉大而黑者名櫰槐，晝合夜開者名守宮槐，細而青緑者但謂之槐。今山中皆有之，花入藥。未開者名槐子，可染色。杜，一名甘棠，移接梨樹，結實甚佳。小刺榆，葉初生，鮮可茹，長僅丈餘，質細而堅，激打鎗竿多用之。青楊，葉大而圓，採爲箭笴，歲入貢。白楊，如青楊，葉微小，皮白，木宜箭笴。一種生水澤者，多合抱，刳爲槽盆，性不燥裂，歲入貢。櫸，樹高舉如柳，今呼柜柳。大者可刳爲舟，根可爲骲頭。柳，栝棬之屬多用之，直長者採取入貢，備帳房之用。檉，河畔赤莖柳。花柜柳，質堅緻，可爲鎗竿。蠟蟲食之，一名蠟條。樺，《北史・室韋傳》：用樺皮蓋屋。按：樺樹皮似山桃，有花紋，紫黑色，可裹弓及鞍鐙諸物。諸山中皆有之，而嫩江、混同江之間尤多。内務府採樺木箭笴。烏拉有樺皮屯，設壯丁採皮充貢。亦貢箭竿木，包紋極細，作椀亦佳。又黑龍江樺皮船，僅受一二人，攜以入水，游行便捷。椵，葉大、皮黑、紋細、微赤者曰紫椵，邊外人参多生椵樹之下，内務府所貢椵板即此。質白者曰糠椵，椵皮可製繩引火鎗，軍中需之。椿，葉香可噉者爲香椿。楸，類核桃樹，其木可爲鎗桿及船桨，每歲採取備用。皮堅韌，亦可束物。樗，似椿而葉臭，土人呼爲臭椿。杻，《爾雅》謂之檍，皮理糾結，質最堅，俗呼紐筋子木。大者爲車軸，次於軸榆。栲，似樗而葉差狹。《爾雅注》：種即山樗。柞，一名鑿子木，高大堅實，中爲車材。皮黃，充貢，可染色。木心黃朽者，可爲火絨，黑龍江貢木火絨，即此。櫟，亦柞類，一名栩，質堅，土人多以燒炭。實名橡子，蒂曰橡椀，可染皂。按：櫟葉染皂佳，今尚無用之者。棫，亦栩類，不結實，俗呼薄羅樹。俗以五月五日取葉，裹麵蒸食之，謂之薄羅餅。青剛柳，山中皆有之，亦柞類，材中爲弓。楝，赤者葉細，中爲車輪。白者葉圓，木理堅緻，其色亦中木椀、刀柄之用。煖木，《明一統志》：海州衛出。或云即黃蘗，木皮温厚，可墊鐙心包弓抱，細者中爲鞭桿。又薩哈連烏拉出小煖木，形類杉松，木質尤堅，入水年久化爲安石，可充砥礪之用。茶條，質堅，可爲杖，染皂勝於橡斗。荆條，一云牡荆，成叢疏爽，故又名楚。一種葉圓，花紫，枝柔細，可爲筐筥。一種粗勁者，名鐵荆條，根可爲骲頭。漆樹，《通考》：百濟海島出黃漆樹，似小棕樹而大。六月中，取汁漆物，器若黃金，其光奪目。皮白，葉似椿，花似槐，木心黃。深山有之，但無採漆者。楛，一名雉尾荆，色赤，中爲矢。世傳肅慎氏楛矢，即此。《舊唐書・靺鞨傳》：有角弓矢及楛矢。皂莢樹，刺長、皮潤，結角如猪牙者，入藥。長而肥厚者，多脂。長而瘦薄者，枯燥，子黑。山藤，木之類，枝柔韌，中爲鞭桿。六稜木，枝幹皆六稜，最堅實。明開夜合木，一名金銀柳，結子如花，至冬小凋，木理細潤。老鸛眼，一名鼠李，木堅緻，有花紋。子赤黑，如鴉眼。皮可染色。東瓜木，似柜柳，皮色青，名水柜柳，質堅，中爲硯材。按：本地石可爲硯者，出年頂山及駱駝洞，然性滑。瓦可爲硯者，出北鎮廟，然性堅難磨。得遼陽東上石橋金星礪石，方可成器。木可爲硯者，即遼陽東瓜木也。質輕易攜，頗能下墨，雖非奇玩，亦自可珍。榛柃木，《松漠紀聞》：榛柃木有文縷可愛，多用爲椀。黃楊，木堅難長，東北大山間有之。棘，一名樲，有赤、白二種，結子者名酸棗，仁入藥；不結子者爲牛棘，俗呼棗刺科。白桵，《爾雅》謂之棫，木高五七尺，堅緻，可爲杖。其果紅色，核麻而扁，仁入藥，名蕤仁。杜仲，山中有之，皮薄，不堪入藥。凍青，寄生樹下，葉微圓，子赤，淩冬不凋，青葱可愛。亮木，古木根莖所化，夜視有光，遇雨益明，移置室中，即可燭物，山中往往有之。銀木，《明一統志》載有此木。雒常。《晉書》：肅慎氏有樹名雒常，皮可爲衣。雒常，《山海經》作雄常。按：《字書》雒與洛通，或音作額。

又《花類》 長春，奉天、吉林、黑龍江皆有之。柔條紛披，黃花爛漫，逐時開放。迎春，經春即開。又有探春，春過始開，亞於南中。杏花，存夏之交，開如錦繡，較南方稍遲。黑龍江杏李無成樹者，地氣寒也。桃花，有紅、白、粉紅諸色，千山最勝。又有碧桃花一種。梨花，千山最勝，每春望之，亦如香雪海。李花，《松漠紀聞》：寧江州多草木，如桃李之類皆成園。至八月，則倒置園中，封土數尺，覆其枝幹，季春出之，厚培其根，否則凍死。春暮放花，蕊細如雪。種亦不一，惟黑龍江絶少。丁香，紫、白二色，生山原者名野丁香。小桃紅，花色紅，亞於碧桃。金雀花，形如小雀，黃色。地檀花，杏黃色，大如粉團。雀兒花，黑龍江諸境有之。色翡翠，似鴛鴦菊而单蒂跗横枝上，如鳥之翔。又閃緞花以色名，似龍爪而小，山丹而曲。又有草芙蓉，不知何以名。葉細如皂莢，花黃同菊，瓣高者亭亭二尺許。日奇花，類蝴蝶花而小，一莖十數花，辰收申放，數必奇，故名，葉如萱。黑龍江出。垂絲海常，有絲下垂一種曰貼根，植者甚稀。牡丹，紅、黃兩色俱有之。《契丹國志》：渤海富室往往爲圓池，植牡丹多至二三百本，有叢生數十幹者，皆燕地所無。芍藥，《大金國志》：金太祖十四年，生紅芍藥花，北方以爲瑞。女真地向多白芍藥花，皆野生，絶無紅者。好事之家採其芽爲菜，以麪煎之，凡待賔齋素，則用之。金人珍惜，不肯妄設，遇大賔，縷切數絲置楪中，以爲異品。按：今英莪門外獵場中，有芍藥兩叢相對，繁柯密葉，鬱然猶存，其下不生雜草。土人云：凡鳥獸避跡，不敢蹂踐。花時，人過之，畏不採擷。或有所犯，必致疾病，因名其地爲花園。詳見《御製花園詩序》及注。薔薇，有紅、白色二種。玫瑰，紅者可入食品，黃者花微小，俗通呼刺玫。野開者，花皆单瓣，色紅子赤，名山刺玫。石榴，有紅、白、黃三種，不結果者名番花石榴。山丹，紅花六瓣，一名紅百合。其跗未開者乾之，即紅花菜。鳳仙，俗呼指甲草，性能透骨，子入藥。木槿，朝開暮斂，即詩之舜華。萵苣蓮，即罌粟，八月始花，高尺許，葉如萵苣。生黑龍江者，单瓣微紅，中土人攜十層五色種布輒變，又名生菜蓮。花有紆有白，子入藥。常梨花，黑龍江郊圃間皆有之。土人繫繒條于上，曰神所憑，伏臘祠之。有戕其枝者則怒，不知何所取義。翠蛾眉，隨日側暎鮮妍有致。蜀葵，花色不一，俗呼黍菊花。紫者可染色，紅白者可治疾。一種莖短花小而单者，錦葵也，俗呼小黍菊。又兔葵，黑龍江土人呼曰鬼膾葵。向日蓮，獨莖，頂作黃花，大如椀，向日而轉，亦名葵花。又一種曰秋葵。荷花，即《詩》之菡萏，《爾雅》謂之芙渠，今名蓮花，有紅、白二色。雞冠，其形如雞冠，有黄、紅、白數種。素馨，本出福建，今郊原有之。黄、白二色，白者團而小香勝茉莉。水桂花，細碎而香，淡黄色。旋覆花，《爾雅》謂之盜庚，色深黄，入藥。又名六月菊。蘐花，亦曰萱，一名鹿葱，喜生陰地，花六出四垂，乾則爲金針菜。相傳食之可以忘憂，即《詩》所云『焉得蘐草，言樹之背』是也。牽枝牡丹，花粉紅色，蔓生，俗呼串枝蓮。扁竹蘭，花形三角，即射干花。山胭脂花，有紅、黄、紫、白諸色，又名粉團花，俗呼茉莀花。紅藍花，花可染色，俗呼爲紅花，亦入藥。馬纓，花如絨，一名合歡，其葉晝舒夜捲。金盞，黄花如盞，秋深猶茂。玉簪，一名白鶴仙，未開時如白玉搔頭，黄紫者差小，亦名玉簪。捲丹，六出四垂，大于山丹。先結子枝葉間，入秋開花于頂。根如百合，可充蔬。石竹，枝如竹，花色不一，子入藥，名蘧麥。金錢，色紫而圓，落必以夜。牽牛，蔓生，花色不一，吉林人呼爲喇叭花，子入藥。曼陀羅，如牽牛花而大，子如茄。剪秋羅，有紅、黄諸色，四圍參差如剪。秋海棠，入秋始花，色亦嬌艷。荷包牡丹，亦海棠類也。花形似荷包，鬚亦如穗。百日紅，木本，花如丁香。又千日紅，草本，久而不萎。醉八仙，紫如丁香。蘭草花，葉如韭，花粉紅色，叢生莖上。葛蘿，蔓生，葉如藻，花紫紅色。江西臘，花似菊，色亦不一，枝頗摇曳。水葒花，高者丈餘，多生下濕地。《詩》『隰有游龍』，即此。今人園中往往植之。繡球花，叢生如毬。菊，奉天地寒，諸花皆後時，惟菊開應節。黑龍江菊花，五月苗枝瘦弱，八月移盆入室，臨南窗下，十月花大如錢。萬年菊，花葉類草芙蓉，色黄，枝柔，叢密延蔓，一本可百餘花。或曰：即層瓣高麗菊也。高麗菊，產朝鮮，枝葉類萬年菊，单瓣，色黄赤相間如虎皮。凍青花，葉如柳而圓，新葉生，舊葉始脱。花紫色，冬含蓓蕾，春夏方開。月季。亦曰月月紅。又有十姊妹，一枝數朵相簇。

又《果類》

松子，《宋會要》：新羅出松子、榛子、松塔子。《契丹國志》：女真多產松實。《一統志》：諸山中最多，率三歲之中，一歲大收。按《本草》：松子出遼東及雲南。今烏拉寧古塔山中最多，採取入貢，通行各省。乾隆四十三年，有《御製盛京土產詩》，十一曰《松子》，恭載《天章門》。榛子，香美甲于他省，經荒火燒落者尤佳，内務府採取入貢。胡榛子，結子如榛，殼大實小，其木柔長。温普，形似櫨，味甘而酢，俗呼曰温普。乾隆四十三年，有《御製盛京土產詩》，十二曰《温普》，恭載《天章門》。山樝，《爾雅》曰杭繫梅，土人呼爲山裹紅，佳者密餞入貢。梨，《唐書・渤海傳》：果有樂遊之梨。《一統志》：醫巫閭山出香梨。今千山及廣寧者爲上。接梨、香水梨、平頂香，或鮮，或凍，或密餞，以時入貢。又有羊奶、馬奶諸名，大者至半斤。又有酸梨，皮黑，土人珍之而酢梨乾、梨麪，皆以充貢。【略】桃，出廣寧及千山者佳。又黑龍江貢紅、黑桃皮。玉櫻，紅白相間，其紅者曰朱櫻。李，《新唐書・渤海傳》：果有九都之李。今出奉天者，種類甚多。杏，奉天、錦州諸山皆有之，色味俱佳。稠梨子，一名櫻額梨，果形如野葡萄而稍小，色黑味甘澁。梨乾入貢，屑爲麪，暑月調水服之，可以止渴，土人珍之。山定子，密餞充貢。栗，《後漢書・三韓傳》：出大栗如梨。《隋書・百濟傳》：有巨栗。今出千山者，實小而味佳，採以入貢。花紅，實紅黄色，密餞入貢。檳子似花紅而大，秋子似花紅而小，皆柰之屬。有謂花紅即林擒者，恐誤。棠梨，即杜梨，味甘酸不一，有赤、白二種。葡萄，園產者大而味佳，有紫、碧、圓、長之别；山產者實小味酸，有黑、白二種。其尤小而深黑者，即《詩》之薁，今採入貢。棗，返陽有之。又有軟棗。按：《本草》以左思賦君遷爲軟棗，一名丁香柿。其形如柿，實小而長。今此地所產，形如棗，色青，味甘，蜜餞充貢，蓋别一種也。枸奈子，形如麥，實小，味酸，色紅。菱，一名芰，色有紫有黑，形有兩角、三角、四角，佳者歲取以供祀。又六稜菱，產黑龍江。亦生芡實，但所產甚稀。蓮實，小于建蓮，亦可入藥。郁李，《爾雅》謂之棠棣，今多生山原間。子如櫻桃，仁入藥。奉天、錦州等府，凡郁李收實多者，歲必大熟，二府之人常視爲占候也。銀杏，一名白果，錦州府出。蘋菓，花粉紅色，菓紅碧相間。沙菓，似蘋菓而小，寧遠州海島寺中出蘋、沙等菓最佳。核桃，寧遠州有之。山核桃，生楸樹上，形似胡桃而長，殼堅厚，肉味頗勝。文官菓，形如小香瓜。《五雜俎》：形如螺。蓋别一種。無花菓，不花而實，生于枝葉之間。安石榴，漢張騫使西域，得塗林安石榴以歸，又名海榴。普盤，即木莓，《爾雅》謂之蒴，蔓生，實如桑椹而短，色紅，味甘酸。桑椹，味甘酸，色紫黑。伊爾哈穆昆，出寧古塔。叢生數寸，莖端結菓，色紅，味甘而酸。置器中，少刻成水，一名桃花水，俗呼高麗菜。出愛琿者曰花水，色赤如豆，入口成液，離枝十餘門輒化爲水，以蜜收爲膏充貢。法佛哈，一名紅櫻，即白桜菓。密孫烏什哈，出吉林寧古塔。木樹連綴而生，形類櫻桃，味微甘酸，一名烏察拉齊。龍葵，菓小而圓，一名大茄。燈籠菓，外垂絳囊中，含赤子如朱櫻，俗呼紅姑娘。錦荔枝，《一統志》一名癩葡萄，深黄色，棄皮取瓤，可充菓，亦堪作蔬，又名苦瓜。歐李子，柔條叢生，高二尺許，花碎白，實如小李，味酸澁。寧古塔、愛琿皆有之。杜實。產愛琿小而赤，似桑菜，味酸。

又卷一〇七《物產・藥類》

人參，《春秋運斗樞》：摇兒散而爲人參。《金史・地理志》：遼陽府產人參。《契丹國志》：女真地饒山林，土產人參。寧江州榷場以人參爲市。新羅貢成形人參。《一統志》：盛京、吉林烏拉諸山中產焉。邃谷深巖，葠株叢茁，歲生滋饒，上藥咸珍，皆由土氣鍾靈，神臯毓蔚，瑞草儲精，敷榮萃秀，實足爲億萬載靈長之徵云。《舊志》：凡初夏得者曰芽參，花時得者曰朵子參，霜後得者曰黄草參。參鬚、參菓、參子、參膏，無不珍之。《高麗人參贊》曰：三椏五葉，背陽向陰。欲來求我，椵樹相尋。頗得其形似。案：盛京地方行放額爾敏合勒們參票，吉林地方行放烏蘇哩、綏芬、英峩嶺、東山、羅拉密、瑪延等處參票。乾隆三十八年，定例於盛京五部，侍郎府尹等官內欽派一員協同辦理，停派京員前往，每次年請放參票，各將軍等於刨夫回山後，密看多寡情形，定擬其奏，由部給參票、紅票，分水陸路給發，並給腰牌，於緊要隘驗放。又乾隆十九年，有《御製人參詩》。四十三年，有《御製盛京土産詩》，三曰《人參》，俱恭載《天章門》。茯苓，《宋會要》：新羅出茯苓。今按：生松樹下抱本者爲茯神。吉林烏拉大山中多老松，茯苓、茯神及松香皆有之。五味子，《爾雅》謂之荎藸。凡入藥，以遼東子少肉厚者爲勝。《金史・地理志》：大定府出五味子。《一統志》：今奉天、錦州二府及吉林皆有之。茱萸，《金史・地理志》：大定府産茱萸。今奉天東北諸山亦有之，亞於吴産。細辛，一名少辛。《管子》：『五沃之土羣藥生少辛』是也。醫家以遼細辛爲，佳通行各省。白附子，一名節附，俗呼兩頭尖，母爲烏頭。産遼地者，通行遠省。《金史・地理志》：東京路遼陽府産白附子。《明一統志》：都司出。黄精，服食上品。《博物志》：太陽之草，名曰黄精。初生苗，土人採食之，名筆管菜。玉竹，似黄精苗，即小筆管萊，鈎吻不同。赤芍，即芍藥根。吉林、黑龍江所産較勝，他處亦有白者。金線重樓，《本草》作蚤休。《明一統志》：重樓金線，長白山出。按：是草生於深山陰濕之地，亦名紫河車，亦名草甘遂，亦名三層草，處處有之，未有採者。艾，《爾雅》謂之冰臺。葈耳，即《詩》之卷耳，俗呼蒼耳子。百合，根如蒜頭有瓣。又一種卷丹，子生葉间。又山丹似百合而小，亦名紅百合。根皆可食，蓋一類三種，惟百合入藥。奉天、吉林、黑龍江皆産此。木通，一名通脱木。澤蘭，莖方節紫，葉似蘭草而不甚香，根名玉環菜，山谷陰濕處亦有生者。地丁，有紫花、黄花二種。車前，即《詩》之芣苢。好生道旁，布葉如輪，俗呼車輪菜。抽穗結子，即名車前子。兔絲子，《爾雅》謂之唐蒙，今豆田中多有生者。甘草，邊地生者勝。桔梗，古名薺苨，即杏葉菜，苗曰明葉菜，根爲甜桔梗。五加皮，五葉交加，故名，宜漬酒。牛旁子，一名惡實，葉亦可爲火絨。黄芩，有條芩，有枯芩，吉林、黑龍江諸處皆産焉。遠志，苗名小草，即《詩》之葽。貫衆，葉圓碎，一枝而衆葉貫之，又名鳳尾草，入藥用根。地榆，葉似榆而長，花可染色，生於平原曠野。石葦，生諸山中石上。衛茅，幹上皮薄，旁展者如箭羽。石花，生石崖上，如兒拳，外白內緑，遇雨則開，形同栢葉，採置水中，經月如新，即卷栢也。樹膽，生樹間如膽。四臺草，生東海岸，土人珍之。又龍膽草、白蘚、夏枯草、白芽香，山谷中亦間生焉。柴胡，有竹葉、韭葉之别，蓋以質之柔硬分也。不及延安所産之良。亦産前胡。防風，《宋會要》：新羅出防風。黑龍江諸境亦産焉。土黄連，愛渾産黄連，皆雜煙莽中，萎於霜雪，無採劚者。石决明，《宋會要》：新羅出石决明。薄荷，揚雄《甘泉賦》作茇葀，葉似荏而尖長，香味不如南中所蒔。升麻，裏白外黑者名鬼臉。升麻别有一種曰緑開麻。元參，《廣雅》：鹿腸，元參也。苦參，即野槐根。丹參，色紫微苦，産山谷陰處。獨活，一類二種，節踈色黄者爲獨活，色紫節密者爲羌活。白前，形似牛膝，粗長堅實而易斷。白薇，其形短小，柔軟而能彎。白蘞，蔓赤，枝有五葉，根如卵而長，三五枚同窠。一種曰赤蘞。大戟，色白，不反浙産之佳。威靈仙，根叢鬚數百條，長者二尺餘，色黑，俗名鐵脚。紫草，山産粗而色紫，紫梗；園産細而色鮮。王不留行，花如鈴鐸，實如燈籠，殼五稜，多生於麥地。瓜蔞，即《詩》之果蠃，根即天花粉。前志載之，今不多見。蒺藜，即《詩》之茨，蔓生野地。又一種入藥者，名沙苑蒺藜，不多産。海金沙，莖細如線，葉紋皺處有砂。木賊，與麻黄同形。諸山中亦産天南星、麻黄諸藥。白頭翁，草本，色白。茺蔚，即《詩》之蓷，今名益母草，黑龍江所産尤茂。葶藶，入夏即枯，亦如夏枯草。《禮・月令》：孟夏靡草死。即此。萹蓄，赤莖節，好生道旁，《爾雅》謂之竹，俗呼猪牙草。藁本，《山海經》謂之藁蓄。蛇床，花似水芹，子如蒔羅，《爾雅》謂之虺牀。蒼术，《一統志》：出廣亭者佳。苗曰鎗頭菜。牽牛，黑、白二種。又名黑丑、白丑。三稜，次於荆産者。大小薊，花青紫，葉多刺，俗呼牛戳口，有大、小二種。乾葛，春生苗引蔓，色紫，根形大於臂。《本草》：鹿食九草，此其一種。一枝蒿，一名五龍草。又有天仙子、漏蘆、寄奴草、馬鞭草，山谷間悉叢生焉。皆入藥。無名異，俗呼土子。鍾乳石，生山洞中。老鸛嘴，蔓生，枝間結角，形如鸛嘴，入藥治風，亦可染皂。地骨皮，即枸杞子，根以冬令掘之，入藥尤佳。桑寄生，山中各樹多有寄生，惟桑上者入藥。豨薟，《爾雅》茢薽豕首，即今之豨薟草，金稜銀線，素莖紫荄，可治風病。滑石，《明一統志》：出海州衛。今海城縣山者良。荆芥，有二種，圓穗者荆芥，扁穗者假蘇，處處叢生。《明一統志》：遼東都司出。沙參，生海邊者，細長堅實；生山地者，質鬆次之。馬兜鈴，根即青木香。藜蘆，苗類山葱，俗呼嚏噴草。赤雹，蔓生，結果如小瓜，色正赤。《禮・月令》：孟夏王瓜生。即此。金銀花，花黄白一色，蒂必成雙，一名忍冬。茵蔯，因宿根而生，故名。

又《禽類》 鷄，《後漢書・三韓傳》：自長尾鷄，尾長五尺。《本草》：遼有食鷄、角鷄二種。今有九觔黄、大勝諸鷄。又毛之反生者曰番毛鷄，白毛烏骨者曰烏骨鷄。雉，俗呼野鷄。《禮・月令》：孟冬，雉入大水爲蜃。遼地雉鷄，冬月羣飛入海潮上，擁入沙中，久之變蜃，殼宜軍中號器。變而未成，海濱人常得之猶雉。每七月，捕雉雛供祀，冬月有野鷄、園雉入貢。鵝，肥美勝於他處。鵠，俗名天鵝，江海間皆有之，其毛可爲服飾。鴨，亦曰鶩。凡鵝、鴨，内務府冬月入貢。鷄、鵝、鴨蛋，户部莊交官備用。野鴨，《爾雅》：鸍，沉鳧。以性好没，故名。今湖泊最多，有緑頭、尖尾、黄脚等名。紅鴨，形如白鷺，翅白。蒲鴨，大於野鴨，色黄。沙鷄，似雉而小，脚有毛，《爾雅注》：鵽鳩大如鴿，似雌雉，鼠脚，無後趾，足高二寸。今以入貢，多出黑龍江諸林中。亦呼樹鷄，味勝家鷄。鶴，瘦頭朱頂，長頸高脚，一名仙禽，有灰、白二種。産遼陽河海之濵，自古所稱。鸛，水鳥，黑、白二種。羽充貢，可爲箭翎。鴻鴈，大曰鴻，小曰鴈。《禮·月令》：季秋鴻鴈來賓，季冬鴈北嚮。今黑龍江境内有池極濶，春時鴈來自南，夏月孳息其中，秋復南翔。鴽，一名鴾，鴽屬也。《禮·月令》：季春田鼠化爲鴽。《夏小正》：鴽亦化爲鼠。《本草》以無斑者爲鴾，與鶴爲二物，今呼爲黄鶴。鶉，性喜鬬，土人呼爲鵪鶉。惟青蛙化者則不鬬。練鵲，似鵠而小，黑褐色，頂上披一帶，一名帶鳥，長尾白羽，今呼拖尾練。黄鸝，一名倉庚。《風土記》：六月東南風長，海魚化爲黄雀。又季秋雀入大水爲蛤。指此。俗呼黄鳥。慈烏，色黑，能反哺者俗呼老鴉。鴉，即《詩》之鷽，《爾雅》謂之鴨鶌，似慈烏而大，不反哺，嘴腹白，土人呼曰山老鴉。鵲，一名靈鵲，開户必背太歲，如歲多風則巢下枝，俗呼喜鵲。鶺鴒，青灰色，尖尾長喙，頸黑，腹下白，飛則鳴，行則採。鴛鴦，形如小鴨，色黄，有文，紅頭翠鬣。止則相偶，飛則成雙。鷺鷥，林棲水食，潔白如雪者曰白鷺。又有紫鷺、碧鷺，種類大小不一。鷗，亦曰鷖，性好浮，形如白鴿，遼渾諸河有之。鷹，一名鷞鳩，種類不一，古以出遼海者爲上。《新唐書·黑水靺鞨傳》：出白鷹。《契丹國志》：女真禽有鷹、鸇。《一統志》：白鷹尤爲鷙猛，吉林章古塔諸山有之。鵰，似鷹而大，色黑，《山海經》謂之鷲。今多出奉天以東諸山中及寧古塔諸山。其品不一，上等色黑者曰皂鵰，有花紋者口虎斑鵰，黑白相間者曰接白鵰，小而花者曰芝蔴鵰。羽宜箭翎，於松枝上繩套，名爲鵰手。内務府有鵰丁，歲取以充貢。鵰之最大者能捕麞鹿，上中間有之。海東青，亦曰海青，鵰之最俊者，身小而捷，能擒天鵝，爪白者尤異。次曰玉爪駿，俊異絶倫，一飛千里。遼時以海青鶻擊天鵝，首得者薦之宋廟。《通考》：女真出海東青。《元史·地理志》海蘭府碩達勒等路有俊禽曰海東青，由海外飛來，土人羅之以爲土貢。《明一統志》：五國城東出。《一統志》：最大者力捕麞鹿。今多出黑龍江、烏蘇哩江。乾隆四十三年，有《御製盛京土産詩》，九曰《海東青》，恭載《天章門》。鶻，大曰兔鶻，小曰鴉鶻。鷂，即鸇類，一曰隼，又曰晨風。《本草·釋名》：鷹小爲鷂。今大小種類亦異，有花豹、白豹、細胸、松兒、朵兒、攔虎獸諸名。鳶，鴟類，俗呼鷹奴，亦名鷂鷹。鶖鶬，鶖類，毛色不一，有花者名胡鶖鶬。鶖，似鶴而大，秃頂，長頸，赤目，好啖蛇，一名秃鶖，翮可翎箭。鵜鶘，形類鵠，灰色，長嘴，大脖。每竭水取魚，一名淘河。鸕鷀，似鴨而黑，嘴曲如鈎，食魚入喉則爛。涎可治鯁骨，可治噎。青鶄，鵜類，一名信天緣，俗呼青莊。紅牙，背白，翅微紅，羽亦可翎箭。魚鷹，大於鴉，色黑，鈎嘴食魚，一名鈎魚郎。燕，有越燕、胡燕二種。今土人以善構巢者爲巧燕，小善構者爲拙燕。凡燕秋後多蟄山崖之内，至春始甦來，依人檐屋間，來去皆以社時，故曰社燕。鴿，依人鳥也，來去無定，一名鵓鴿。戴勝，似山鵲，尾短，長嘴，青色，頂有毛角似戴花。鳩，毛色大小不一，通呼斑鳩。又有鳴鳩。《禮·月令》：仲春之月，鷹化爲鳩。仲秋之月，鳩化爲鷹。即此。形大於斑鳩，長尾者一名布穀。鴇，水鳥，似鷹，有斑文，無後趾。鶡，似鶩而大，灰、白二色，羽可翎箭。鶡，嶋者毛色若灰，雄若濃靛。猛鷙善鬬，稱鶡鷄，又呼黑雞。出愛渾深山中，歲捕生者入貢。黎鷄，類雉而小，背黑，昧爽即鳴。又穿草鷄，色黄。石鷄，類雉，身小如鴿，尾短嘴紅。鶬鷄，大如鶴，紅頰，長頸，高脚。寒號蟲，一云印鶡鳴，狀如小鷄，足有肉翅，夏月毛盛，冬月毛脱，鳴益急。糞入藥，即五靈脂。蝙蝠，《爾雅》謂之服翼，晝伏夜飛。糞入藥，即夜明砂。鷦鷯，即《詩》之桃蟲，似黄雀而小，青斑長尾，喙利如錐，取葦花爲巢，最工緻。焦贛《易林》：桃蟲生鵰，即《詩》『拚飛維鳥』之説。《爾雅》：鷦鷯，剖葦。今俗呼爲巧女。白翎雀，雀類不一，青黄色，翎白。鴈春北秋南，白翎雀窮冬沍寒不易其處。元人重之，故元世祖樂有《白翎雀歌》。又有大眼雀，睛大而圓。白眼雀，目有白圈。靛雀，色如靛。小雀依人檐下，俗呼家雀。蒿雀多伏蒿間，俗呼蒿溜兒。黑雀，《爾雅》謂之鵖鳩，田間有食禾之蟲，此雀羣飛食之，亦有功於農事者。又有金翅雀，色黄，善鳴。水鴗，黄肚雀，俗呼黄肚囊。有大、小二種，小者長嘴短尾，大者尾根正白。油鸛兒，形類大水鴗，尾根白。打蟈鳥，形如小水鴗而大，首翅，尾黑色，胸下白。孤頂，類烏鴉，身黑，嘴白。鵃鳥，大如燕，色碧，嘴長，尾短，即翡翠之小者，俗呼魚狗。啄木，《爾雅》曰：鴷，啄木。嘴如錐，長數寸，形色、大小、緑黑不一。諸鳥舌皆根于喉而藏於味，惟啄木舌根過腦，後舌尖，引之逾長。樹中蠹虫雖潛穴隙，皆能勾取食之，俗呼啄木官子。縮脖鳥，灰色，形如鸛，翅大脚高，飛則縮頸，俗呼縮脖子。錫嘴，嘴白。又有銅嘴，似雀而大，色灰黑，喙青黄如銅。又鐵嘴，形類竊藍，無角頂。又蠟嘴，即桑扈之屬，喙如黄蠟，畜之可玩。紅料，色紅，善鳴。色花者，謂之花料，又謂之麻紅料。白頭翁，形如鶺鴒，頭白，身灰黑。又有名拙老婆，頷下色紅。哥哥鳥，其名自呼曰哥哥。畫眉，似鶯而小，黄黑色，其眉如畫，善鳴，山林中間有之。又直二道眉，共眉似分三道。山和尚，類山鵲而小，尾短，灰黑色。鴟鵂，身大，色黑黄而斑，晝日無見，夜則明。其頭如猫，俗呼夜猫子，惡聞其聲。柳葉兒，色淡緑，小如指。又串柳兒，類柳葉雀，形微大。鸎，尾長嘴紅，似鵲而有文采。一名山喜鵲，或呼爲勃姑鳥，亦名綵鵲，毛羽文綵者亞於翡翠。鳳頭鳥，一名阿藍，韋昭謂之鴳扈，有毛冠者曰鳳頭。《吕覽》注：『鴳，一名冠雀』是也。小者曰清水，又曰叫天，《爾雅》謂之鶬鶊，尾短，多聲。千里紅，頂有紅毛，喜食蘇子，俗呼蘇雀。黑龍江稱老鎗雀，出俄羅斯地。雪後即來，羣飛入海，以十一月網而取之，炙食甚美。鐵背雀，大於家雀，灰色，尾分兩白翎。鐵脚。雀之大者，爪堅如鐵。置□覆網取之，漏網者未幾復至，亦鳥之義而愚者。冬則羣飛入海。

又《獸類》

牛，《周禮·職方氏》：幽州其畜宜四擾。注：凹擾，馬、牛、羊、豕。《隋書·百濟傳》：畜有牛。《五代史》：女真地多牛、鹿、野狗。《金史·地理志》：大定府産乳餅。蓋餅以牛乳爲者。今内務府有黑牛館，飼純黑者以供。牛黄，《舊唐書》：開元十一年，新羅來獻牛黄。馬，《後漢書·夫餘傳》：出名馬。《濊傳》：出果下馬。《北史·勿吉傳》：小三尺馬。《新唐書·渤海傳》：俗所貴者，率賓之馬。按：率賓，即今奉天東南之地，與高麗僅隔一江。乃内地馬大，高麗馬小，可知物産亦限疆域也。今有官馬羣駐牧各處，馬極蕃庶，而西北塞外來者亦良。索倫之馬則身長，陡徙毛甚短而澤。駝，《宋會要》：新羅地宜橐駝，長頭高脚，背有肉鞍，謂之駝封，可負橐囊，又名橐駝。今呼駱駝，食少任重而行速，軍中需之。亦産羸及驢，土人負重者，恒以驢代脚力焉。羊，《北盟録》：女真産名馬，多牛羊。今内務府亦有羊館。豕，《後漢書·挹婁傳》：好養豕。《北史·勿吉傳》：其畜多豬。《百濟傳》：有豬。《新唐書·渤海傳》：俗所貴者，鄚頡之豕。《黑水靺鞨傳》：畜多豕。《金史·地理志》：會寧府貢豬。《大會國志》：女真獸多白彘。犬，《通考》：女貞地多良犬。今按：犬類不一。曰田犬。二曰吠犬。三曰食犬。奉天錦州田犬，極健有力，能制虎者，最爲難得。又外蕃犬可供驅策，故《元史》有犬站以犬代馬。今黑龍江以北費雅哈部落，尚役犬以供負載。猫，(姓)[性]善捕鼠。又有野猫，居山谷中，狐類，口方，色倉黄，有斑，善搏，亦曰野狸。野馬，《三國志·鮮卑傳》：其獸異者野馬，形如馬而小。野驢，《通考》：女真獸多野牛、驢之類。按：野驢似驢而色駁，鬃尾長。山羊，生山中，似羊而大，善登山，皮灰黑色。黄羊，大於羊，毛蒼黄。《一統志》：出錦州邊外。冬月入貢。野猪，《通考》：女真獸多野猪。今山中有之，冬月獵得者，醃以入貢。蜜狗，生烏拉諸山中，嘴尖如狗，尾黑可飾盔纓。虎，《北魏·書勿吉傳》：有虎、豹、羆、狼。今諸山中皆有之。邊外間有白質黑章者，尤猛鷙，圍中以激打鎗手制之。虎骨熬爲膏入藥。豹，似虎而小，白面團頭。色白者曰白豹，黑者曰烏豹，文圓者曰金錢豹，最貴重，文尖長者曰艾葉豹。《後漢書·濊貊傳》：其地又多文豹。熊羆，小者曰熊，大者曰羆。一云羆似熊，黄白色。今山中熊類不一，有人熊、猪熊、猴熊、狗熊諸名，獵得者入貢。乾隆四十三年，有《御製盛京土産詩》，七曰《熊羆》，恭載《天章門》。麋鹿，鹿大麋小。《禮·月令》：仲冬，麋角解。仲夏，鹿角解。今考麋鹿俱於夏至解角。盛京、吉林有麋無鹿，見《御製鹿角解詩》後説。凡獵，春夏謂之青草圍，秋曰哨鹿圍，冬曰大圍。進貢則有湯鹿、毛鹿、合子鹿及腸、肚、舌、尾。夏秋貢乾醃肉及茸、角、筋、皮。《新唐書·渤海傳》：俗所貴者，扶餘之鹿。扶餘，即今開原以北地，正爲田獵之所。又外藩俄羅斯地方不産牛馬，多役鹿以供負載，性甚馴。乾隆四十三年，有《御製盛京土産詩》，六曰鹿，恭載《天章門》。鹿角，煎爲膏入藥，亦有用骨作膠者。《松漠紀聞》：鹿頂合，燕以北者方可車，須是未解角前，才解角，血脈通好者有人字，不好者成八字，有髓眼不實。北人謂角爲鹿角，合頂爲鹿頂合。南鹿不實，定有髓眼，不可車。北地角未老，不至秋時，不中。麋角與鹿角不同，麋角如駝骨，通身可車，却無紋；鹿頂骨有紋，上下無之，亦可熏成紋。鹿茸，角之初生者方書，麋茸補陽，鹿茸鋪陰。今入藥者，但言鹿而不及麋。鹿筋，《金史·地理志》：復州舊貢鹿筋。馬鹿，一名八叉鹿，歲取其角交宫。《一統志》：形大如馬，山中極多，亦曰父鹿。駝鹿，《埤雅》：北方有鹿，形如駝。《一統志》：出寧古塔、烏蘇哩江。一名堪達漢，頸短，形類鹿，色蒼黄，無斑，項下有肉囊如繁纓，大者至千餘觔。角扁而潤，瑩潔如玉，中有黑理，截之鋑爲決勝象骨，直敗萬錢。乾隆四十三年，有《御製盛京上産詩》，八曰《堪達漢》，恭載《天章門》。麅，麞類，色蒼赤。又黑龍江地方，每冬有白項野麅，從海邊來，不可勝數，形比内地微大，但味稍腥。麅，麞類，毛長，犬足，皮堪履舄。麢，《爾雅》：大麃，一角，牛尾。漢武帝郊雍，得一角獸，即此。今大山中間有之。狼，皮毛青白者貴，會典品官坐褥冬用皮有定制，一品用狼，二品用貛，三品用貉，四品山羊，五品以下用白羊皮，公侯極品用虎豹皮。麞，鹿屬，無角，即《詩》之麕。獵時以背式骨交官有定數。麝，形似麞，一名香麞，喜食栢。臍血入藥，名麝香。豺，足似狗，瘦如柴，性鷙猛，善逐獸。貛，似狗而矮，體肥行鈍，皮直裀褥。貉，狀如狸，性好睡。猞猁孫，類野狸而大耳，有長毫白花色，小者曰烏倫明，《一統志》謂之上豹。今出索倫者佳，歲入貢。亦作失利孫。狐，色赤而大，夜擊之火星迸出。毛極温煖，集腋爲裘，尤貴重。元狐出下江，大於火狐，色黑，毛煖，最貴。又青狐，亦名倭刀。沙狐，生沙磧中，身小，色白。腹下皮集爲裘名天馬皮，頰皮名烏雲豹。按：狼、貛、狐、貉，一切有用之皮，皆有打牲人取以上官。貂熊，《一統志》：大如狗，紫色。出寧古塔者，頭紫黑，兩肋微白。貂鼠，《後漢書·挹婁傳》：出好貂。《東沃沮傳》：其租税貂。《三國志·夫餘傳》：出貂狐。《挹娄傳》：出好貂。所謂挹婁貂。《晉書·肅慎傳》：貢貂皮。

《北魏書・室韋傳》：亦多貂皮。《新唐書・黑水靺鞨傳》：土多貂鼠。《金史・地理志》：大定府産豹鼠。今烏拉諸山林多有之，近東北邊者色黄，邊外者色紫黑，皮甚輕煖，以松子爲糧。打牲者八月往，十二月回，皆於雪天尋其迹而捕焉，每歲以時入貢。黑龍江索倫達呼哩諸人以捕貂爲業。乾隆四十三年，有《御製盛京土産詩》，五曰《貂》，恭載《天章門》。銀鼠，吉林諸山中有之，毛色潔白，皮禦輕寒。《金史・地理志》：遼陽府産鼠毫、白鼠皮。即此。灰鼠，《契丹國志》：女真獸有青鼠、貂鼠。按：青鼠即灰鼠，吉林諸山中有之，灰白爲上，灰黑者次之。鼬鼠，《明一統志》：海州衛出。俗呼黄鼠狼，又名騷鼠。其尾高麗市以作筆。香鼠，小於鼠，能捕雀。鼢鼠，形似鼠而大，常穿地以行，即田鼠也。鮎鼠，頭似兔，尾有毛，黄黑色，性好在田間食殼豆，即碩鼠也。遼、金、元時，用以供饌，名爲黄鼠，今呼豆鼠。蝟，似鼠，有毛刺，脚短尾長。物犯之，則形縮毛張如集矢，俗呼刺蝟。皮入藥。松鼠，蒼黑色，大尾，好食樹果。小者大不過三寸，通身豹文。艾虎，鼠類，能捕鼠。白兔，《新唐書・渤海傳》：太白山之兔。《黑水靺鞨傳》：土多白兔。開元天寶間，來獻鯨睛、貂鼠、白兔皮。《金史・地理志》：遼陽府産白兔。按：白兔似兔而大，毛純白，出黑龍江。跳兔。前足寸許，後足近尺。《爾雅》謂之蹷。按：廣寧義州北境及黑龍江界内皆有之。

清　何秋濤《朔方備乘》卷二一《艮維窩集考》　東北曰艮維，吉林、黑龍江二省實居艮維之地，山水靈秀，拱衛陪京。其間有窩集者，蓋大山老林之名，良由地氣濃厚，物産充盈，故材木不可勝用。【略】其興安嶺以北爲俄羅斯境，亦多窩集。地氣苦寒，人迹罕至。從古部落之居于是者，非務遊牧，即事採捕，以故深山林木鮮罹斧斤之患。

紀　事

晉　陳壽《三國志・魏志》卷三〇《夫餘傳》　夫餘在長城之北，去玄菟千里，南與高句麗，東與挹婁，西與鮮卑接，北有弱水，方可二千里。户八萬，其民土著，有宫室、倉庫、牢獄。多山陵、廣澤，於東夷之域最平敞。土地宜五穀，不生五果。

又《挹婁傳》　挹婁在夫餘東北千餘里，濱大海，南與北沃沮接，未知其北所極。其土地多山險。其人形似夫餘，言語不與夫餘、句麗同。有五穀、牛、馬、麻布。人多勇力。無大君長，邑落各有大人。處山林之間，常穴居，大家深九梯，以多爲好。土氣寒，劇於夫餘。其俗好養豬，食其肉，衣其皮。冬以豬膏塗身，厚數分，以御風寒。夏則裸袒，以尺布隱其前後，以蔽形體。其人不潔，作溷在中央，人圍其表居。其弓長四尺，力如弩，矢用楛，長尺八寸，青石爲鏃，古之肅慎氏之國也。善射，射人皆入因。矢施毒，人中皆死。出赤玉，好貂，今所謂挹婁貂是也。

南朝宋　范曄《後漢書》卷一一五《夫餘國傳》　夫餘國在玄菟北千里，南與高句驪，東與挹婁，西與鮮卑接，北有弱水，地方二千里，本濊地也。【略】於東夷之域，最爲平敞，土宜五穀，山名馬、赤玉、貂豽，大珠如酸棗。

又《挹婁傳》　挹婁，古肅慎之國也。在夫餘東北千餘里，東濱大海，南與北沃沮接，不知其北所極。土地多山險。人形似夫餘，而言語各異。有五穀、麻布，出赤玉、好貂。無君長，其邑落各有大人。處於山林之間，土氣極寒，常爲穴居，以深爲貴，大家至接九梯。好養豕，食其肉，衣其皮。冬以豕膏塗身，厚數分，以禦風寒。夏則裸袒，以尺布蔽其前後。其人臭穢不絜，作厠於中，圜之而居。自漢興已後，臣屬夫餘。種衆雖少，而多勇力，處山險，又善射，發能入人目。弓長四尺，力如弩。矢用楛，長一尺八寸，青石爲鏃，鏃皆施毒，中人即死。便乘船，好寇盜，鄰國畏患，而卒不能服。東夷夫餘飲食類（此）皆用俎豆，唯挹婁獨無，法俗最無綱紀者也。

北齐　魏收《魏书》卷一〇〇《勿吉傳》　〔勿吉〕國南有徒太山，魏言太皇有虎、豹、羆、狼，不害人，人不得山上溲汙，行逕山者，皆以物盛去。

唐　房玄齡《晉書》卷九七《夫餘國傳》　夫餘國在玄菟北千餘里，南接鮮卑，北有弱水，地方二千里。户八萬，有城邑、宫室。地宜五穀。【略】出善馬及貂豽，美珠珠大如酸棗。

又《肅慎傳》　肅慎氏一名挹婁，在不咸山北，去夫餘可六十日行。東濱大海，西接寇漫汗國，北極弱水。其土界廣袤數千里，居深山窮谷，其路險阻，車馬不通。夏則巢居，冬則穴處。父子世爲君長。無文墨，以言語爲約。有馬不乘，但以爲財産而已。無牛羊，多畜猪，食其肉，衣其皮，績毛以爲布。有樹名雒常，若中國有聖帝代立，則其木生皮可衣。無井竈，作瓦鬲，受四五升以食。坐則箕踞，以足挾肉而啖之，得凍肉，坐其上令暖。土無鹽鐵，燒木作灰，灌取汁而食之。俗皆編髮，以布作襜，徑尺餘，以蔽前後。將嫁娶男，以毛羽挿女頭，女和則持歸，然後致禮娉之。婦貞而女淫，貴壯而賤老，死者其日即葬之於野，交木作小椁，殺豬積其上，以爲死者之糧。性兇悍，以無憂哀相尚。父母死，男子不哭泣，哭者謂之不壯。相盜竊，無多少皆殺之，故雖野處而不相犯。有石砮，皮骨之甲，檀弓三尺五寸，楛矢長尺有咫。其國東北有山出石，其利入鐵，將取之，必先祈神。周武王時，獻其楛矢、石砮，逮于周公輔成王，復遣使入賀。爾後千餘年，雖秦漢之盛，莫之致也。及文帝作相，魏景元末，來貢楛矢、石砮、弓甲、貂皮之屬。魏帝詔歸于相府，賜其王傉雞、錦罽、綿帛。至武帝元康初，復來貢獻。元帝中興，又詣江左貢其石砮。至成帝時，通貢於石季龍，四年方達。季龍問之，答曰：『每候牛馬向西南眠者三年矣，是知有大國所在，故來』云。

宋　歐陽修、宋祁《新唐書》卷二一七《回鶻傳》　太宗時，北狄能自通者，又有烏羅渾，或曰烏洛侯，曰烏羅護，直京師東北六千里而贏，東靺鞨，西突厥，南契丹，北烏丸，大抵風俗皆靺鞨也。烏丸或曰古丸。又有鞠，或曰祴，居拔野古東北，有木無草，地多苔。無羊馬，人豢鹿若牛馬，惟食苔，俗以駕車。又以鹿皮爲衣，聚木作屋，尊卑共居。又有俞折者，地差大，俗與拔野古相埒。少羊馬，多貂鼠。

又卷二一九《黑水靺鞨傳》　黑水靺鞨居肅慎地，亦曰挹婁，元魏時曰勿吉。直京師東北六千里，東瀕海，西屬突厥，南高麗，北室韋。離爲數十部，酋各自治。其著者曰粟末部，居最南，抵太白山，亦曰徒太山，與高麗接，依粟末水以居，水源於山西，北注它漏河；稍東北曰汨咄部；又次曰安居骨部；益東曰拂涅部；居骨之西北曰黑水部；粟末之東曰白山部。部間遠者三四百里，近二百里。白山本臣高麗，王師取平壤，其衆多入唐，汨咄、安居骨等皆奔散，寖微無聞焉，遺人迸入渤海。唯黑水完彊，分十六落，以南北稱，蓋其居最北方者也。人勁健，善步戰，常能患它部。俗編髮，綴野豕牙，挿雉尾爲冠飾，自別於諸部。性忍悍，善射獵，無憂戚，貴壯賤老。居無室廬，負山水坎地，梁木其上，覆以土，如丘冢然。夏出隨水草，冬入處。以溺盥面，於夷狄最濁穢。死者埋之，無棺槨，殺所乘馬以祭。其酋曰大莫拂瞞咄，世相承爲長。無書契。其矢石鏃，長二寸，蓋楛砮遺法。畜多豕，無牛羊。有車馬，田耦以耕，車則步推。有粟麥。土多貂鼠、白兔、白鷹。有鹽泉，氣蒸薄，鹽凝樹顛。

又《渤海傳》　俗所貴者，曰太白山之菟，南海之昆布，柵城之豉，扶餘之鹿，鄚頡之豕，率賓之馬，顯州之布，沃州之綿，龍州之紬，位城之鐵，盧城之稻，湄沱湖之鯽。果有九都之李，樂游之梨。

宋　徐夢莘《三朝北盟會編》卷三　［女真］土多林木，田宜麻穀，以耕鑿爲業，不事蠶桑。土産名馬、生金、大珠、人參及蜜蠟、細布、松實、白附子。禽有鷹、鸇、海東青。獸多牛、羊、麋鹿、野狗、白彘、青鼠、貂鼠。花果有白芍藥、西瓜。

宋　洪浩《松漠紀聞》卷二　女真多白芍藥花，皆野生，絶無紅者。好事之家采其芽爲菜，以麵煎之，凡待賓齋素則用，其味脆美，可以久留。無生薑，至燕方有之，每兩價至千二百金。人珍甚，不肯妄設，遇大賓至，縷切數絲寘楪中，以爲異品，不以雜之飲食中也。

宋　宇文懋昭《大金國志》卷三九　金國初興地在契丹東北隅，地饒山林，田宜麻穀。土産人參、蜜蠟、北珠、生金、細布、松實、白附子。禽有鷹、鸇、海東青之類。獸多牛、馬、麋鹿、野狗、白彘、青鼠、貂鼠。

宋　葉隆禮《契丹國志》卷二五　［晉胡嶠《陷北記》］【略】自上京東去四十里至真珠寨，始食菜，明日東行，地勢漸高，西望平地松林，鬱然數十里。遂入平川，多草木，始食西瓜。云：契丹破回紇得此種，以牛糞覆棚而種，大如中國冬瓜，而味甘。又東行至褭潭，始有柳，而水草豐美，有息雞草尤美而本大，馬食不過十本而飽。自褭潭入大山，行十餘日而出，過一大林，長二三里，皆蕪荑枝，葉有芒刺如箭羽，其地皆無草。

元　馬端臨《文獻通考》卷三二七《女真》　女真蓋古肅慎氏，世居混同江之東，長白山、鴨淥水之源，南鄰高麗，北接室韋，兩界渤海、鐵甸，東瀕海。後漢謂之挹婁，元魏謂之勿吉，隋唐謂之靺鞨。隋開皇時曾入貢。其族分六部，有黑水部，即今女真。其水掬之，則色微黑，目爲混同江。江甚深，然纔闊百步。唐貞觀中，靺鞨來朝，太宗問其風俗，因言及女真之事，自是中國始聞其名。契丹目之曰慮真。地多山林。俗勇悍，善射。獸多野猪、野牛、驢之類。出行以牛馱物，遇雨將生牛革以禦之。所居以樺皮爲屋。地多良馬，常至中國貿易。

清　吴桭臣《甯古塔紀略》　［康熙二十年］九月二十日起行，【略】第三日，進大烏稽，古名黑松林。樹木參天，槎牙突兀，皆數千年之物。綿綿延延，横亘千里，不知紀極。車馬從中穿過，且六十里。初入烏稽，若有門焉。皆大樹數抱，環列兩旁，洞洞然不見天日。惟秋、冬樹葉脱落，則稍明。凡進烏稍者，各解小物懸於樹上以贈神。予父帶有同年張升季年伯骸骨，并其女還姐歸鄉，車馬至此不前，鞭之亦不行。予父覺有異，乃下馬，向空再拜默禱，即行動如初。無不驚異。因念古人建立壇壝，必種松柏，以爲神所憑依，今可識其非虚渺矣。其中多峻嶺巉岩，石徑高低難行。其上烏聲咿啞不絶。鼯鼪狸鼠之類，旋繞左右，略不畏入。微風震撼，則如波濤洶湧，颼颼颯颯，不可名狀。予父同内眷由正路行，予則同護送諸人由側路打獵，所獲頗多。是夕宿於嶺下。帳房臨澗，澗水淙淙然，音韻極幽闃。兵丁取大樹皮二三片，闊丈餘，放地上，即如圈蓬船，俖可坐卧。拾枯枝炊飯，並日間所得獐鹿，燒割而啖。其餘火至曉不絶。迨夜半，怪聲忽起，如山崩地裂，乃千年枯樹忽焉摧折也。至今思之，猶覺心悸。

清　薩英額　光緒《吉林外紀》卷二《山川》　塞齊窩集穆魯，在城東二百九十里，俗稱張廣財嶺。国語塞齊，開闢也；窩集，密林也；穆魯，山梁也。昔有民人張廣財，在此開設旅店，行者遂以名嶺。嘉慶二十年，將軍富俊巡寧古塔城，十月初五日住宿山店，初六日於山嶺頂，席地叩祝萬壽，禮成後改名嵩嶺。自嶺西至嶺東八十里，叢林密樹，南接英額嶺，北通二姓諸山，東西石路崎嶇，僅容一車。東出密林，至額穆赫索囉四十八里。

藝　文

清　楊賓《柳邊紀略》卷五《納木窩稽》　跋涉過混同，所歷已奇峭。結束入窩稽，一望更深奥。樹密風怒號，崖崩石奔跳。陰霾不可開，白日安能照。古雪塞危途，哀湍喧壞道。更無人迹過，惟聞山鬼嘯。車驅苦險澁，換馬欲前導。霜蹏偶一蹶，流血霑烏帽。魂魄已莫收，童僕徒慰勞。死亦分所當，生豈人所料。但苦歷窮荒，庭闈終未到。

又《色齊窩稽》　納木五十里，頗極登頓苦。色齊林更深，未入心已阻。豺狼逐我馳，山鷄向我舞。谷口咆熊羆，松根竄貂鼠。雲横道不通，霧黑眼若瞽。幸有鑿山人，乃見天一縷。架木度層岡，歇鞍藉茅土。纔看日色暝，不覺夜已午。自衞憑野燒，畏懼不敢語。俄頃雪滿衣，一一霑徒旅。冱寒手足僵，皸瘃從此數。釜鬲莫爲炊，調饑腹空鼓。凍餒雖切慮，達曙力可努。但得脱窩稽，鳥道吾所取。

清　愛新覺羅・弘曆《清高宗詩四集》卷五四《盛京土産雜咏十二首・人葠》　深山邃谷中，葠株滋茁，歲産既饒，世人往往珍爲上藥，蓋神臯鍾毓厥草効靈，亦王氣悠長之一徵耳。

奥壤靈區産草神，三椏五葉邁常倫。即今上黨成凡品，自昔天公葆異珍。昔陶弘景稱人參上黨者佳，今惟遼陽、吉林寧古塔諸山中所産者神效，上黨之參直同凡卉矣。氧補那分邪與正，人葠固能扶羸濟弱，然余謂其助正氣即助邪火，而人多思藉以滋補，每受其害而不悟，亦足嗤矣。口含可别僞和真。文殊曰能活能殺，冷笑迷而不悟人。

又《海東青》　羽族之最鷙者，有黑龍江之海東青焉。身小而健，其飛極高，能擒天鵞搏兔，亦俊於礴鶻。

鷙鳥從來有窟窠，海東青窟鮮逢他。鷹雕皆有窠，巢多緣峭壁爲之，人不能上，惟海東青從未見其窠也。徒傳飛至滄瀛左，亦自投於叢樾羅。鶻骨雕周早輸健，蠅營狗苟底須多。禽中虎也却愁燕，演雅名言可會麽。《輟耕録》載《演雅》言：海青，羽中虎也，燕能制之，羣集緣撲即墜云云。以小制大，物性往往如此，亦猶腰黄啖虎之類也。

又《松子》　松子，諸山皆産，而窩集中所産更勝。蓋林多千年之松，高率數百尺，枝幹既茂，故結實大而芳美，亦足徵地氣滋培之厚也。

窩集林中各種松，中生菓者亦稀逢。大雲遥望鋪一色，寶塔近瞻湧幾重。松子生松塔中，其形下豐上鋭，層瓣鱗砌，望之如窣堵，每瓣各藏一粒，既熟則瓣開而子落。鱗砌蚌含形磊落，三稜五粒味甘濃。偓佺曾遺去聲。堯弗受，小矣子房學步蹤。

又《貂》　貂，烏拉諸山林中多有之，索倫人以捕貂爲恒業，歲有貢額，第其等以行賞，冬時供御用裘冠，王公大臣亦服之，以昭章采。

東瀛物産富難詳，美毳尤稱貂鼠良。食喜松皮和栗實，色惟重黑乃輕黄。貂以豐厚純黑者爲上，紫次之，黄又次之。毛潤澤而香，則以喜食松栗之實故也。蝨談被困蘇季子，狗盜獻嗤齊孟嘗。狐白那堪相比擬，名裘黼黻佐朝章。貂裘可作常服，三品以上大臣及京堂翰詹官皆得用之。若爲端罩，惟以供御餘，則皇子諸王亦得用爲朝祭之服。

又《鹿》　地多崇山茂林，鹿蕃息而肥腯，麋鹿尤他所罕覯，扶餘之鹿所以稱美《唐書》也。長白神山夏育麛，鹿以四五月遇雨生麛，交以八九月。攜麛就煖出林窠。長白山崇地冷，鹿以夏月山中避炎，至秋冬乃成羣就煖，向盛京圍場而來。取之無盡用不竭，賜以有常受者羅。將軍等冬日行圍所獲麅鹿山積，擇其肥者以進，歲率千餘，年節頒賜羣臣，羅列充庭，受者如拜割鮮之惠焉。抱朴稱來經目少，趙高指處戒心多。分明角解非同麈，月令傳聞早定訛。

又《熊羆》　盛京多窩集，茂密蓊翳，連林數十里，熊羆每跧伏其中，熊趫捷而羆憨猛，皆獸之絶有力者。甲戌行圍，並曾殪之，羆重千餘斤，熊亦及半。

小者爲熊大者羆，羆惟東土始逢之。熊各處皆有，羆惟吉林、盛京始有，他處所無也。蟄時居穴或居木，熊羆冬令皆入蟄不食，熊小或居木孔，羆大則居穴也。夢裏得祥必得兒。力士刺須十始勝，刺虎者不過五人一排，向於盛京圍中，使力士刺熊，熊非十人不能勝，益其力倍於虎也。封駝負覺一難支。獸哉何自解人語，異苑徒傳子路奇。

又《堪達漢》　堪達漢出黑龍江，似鹿而大，其角可作射韘，色如象牙而堅白勝之，韘間環以黑章一綫，即角中之通理，以點細密而勻正者爲最。

音義率同《爾雅》麔，《爾雅·釋獸》：鹿，絶有力麔。音義俱相近。而麔字，《佩文韻》未收，今據《廣韻》用。鹿中絶有力頎然，垂胡因以樊纓比。堪達漢，國語馬樊纓也。是獸項下懸肉相似，因以得名。戴角猶勝象决鑴，履洳迅行如蹴雨。逢岡遲進似騰烟，異獸生山中而喜水，行水則速，行山則遲，亦異聞也。和闐玉韘夥新詠，嘗命玉工仿角韘琢玉抝爲之，及和闐歲貢美玉，每擇其精好者製爲韘，屢有題詠。數典於斯未可捐。

又《温普》　温普，國語譯漢音書之，山中果也。形似樝，味甘而酢，或借榅桲字書之。考《花木記》以榅桲爲梨別種，則徒取音近，固不相類耳。

山果還將山蜜浸，去聲。大於北地小於南。關内山樝大如彈子，掔之可供殽核。關外如熱河一帶之山樝小不及半，亦不中食。盛京所産温普，大小介乎二者之間，蜜漬之可以致遠。實成露結而霜降，味合梅酸與蔗甘。可口已教述莊子，狀形却覺漏嵇含。地靈氣厚誠天府，動植飛潛物普覃。

遼寧

綜述

明　李賢　《明一統志》卷二一《遼州》　土産：人參，猪苓，藜蘆，麝香，【略】欵冬花，無名異，各縣出。苦參，荆芥，茅香，蓁艽。州縣俱出。

又卷二五《遼東都指揮使司》　土産：【略】榛，松子，【略】人參，荆芥，白附子，五味子，俱都司出。暖木，樺木，銀木，俱海州各衛出。箭，各衛皆以木爲幹，鵰羽爲翎，最工製而堅勁，其出三萬衛者尤佳。【略】貂鼠皮，青鼠皮，俱東寧衛。八稍角，金州衛出。黄鼠。海州衛出。

明　畢恭　嘉靖　《遼東志》卷一《地理志·物産》　果：榛，松，桃，李，杏，楸，梨，菱，芡，棗，栗，櫻桃，蓮子，郁李，軟棗，蒲萄，山核桃，山梨紅，山釘兒，棠梨，石榴，白果，出金州。花紅，無花果，藕。木：松，伯，榆，楸，櫟，椴，樺，槐，桑，柳，煖木，銀木，柞，白楊，苦栗，椿，直栗，檉，青楊，樝。【略】禽：鵝，雞，鴨，雁，梟，鴿，鶯，燕，烏，鵲，雀，雕，鷺，鸛，鵑，鴉鶻，兔鶻，青鵏，鴛鴦，翡翠，鶴，鳩，鸂鶒，鵪鶉，布穀，鵓鴿，銅嘴，啄木，麻雀，鷊，鷲鵜，野雞，練鵲，鷓鴣，白頭翁，鴟鴞，皂雕，鴇，天鵝，鵞。獸：馬，牛，驢，騾，豬，羊，貓，犬，虎，豹，豺，狼，熊，獾，獐，麅，鹿，兔，狐，貉，水獺，刺蝟，野豬，黄羊，野馬，野羊，海豹，鼠。

明　李輔　嘉靖　《全遼志》卷四《方物》　果類：桃，李，杏，棗，揪，梨，菱，藕，蓮子，以上三味出瀋陽。栗子，榛子，松子，東山有，小不堪用，外夷來者佳。白果，出金州。蒲萄，櫻桃，石榴，雞頭，山釘兒，山核桃，山梨紅。木類：松，柏，槐，榆，桑，椿，梩，櫟，椴，樝，柞，樺，柳，楸木，煖木，銀木，白楊，青楊，苦栗，直栗。【略】禽類：鵝，雞，鴨，雁，梟，鴿，鶯，燕，烏，鵲，鳩，鷗，鴇，鸛，鸇，鷂，鶴，鴉鶻，兔鶻，青鶄，鴛鴦，麻雀，黃雀，鷺鷀，鶖鵚，鵪鶉，布穀，鶺鴒，野雞，鵪鶉，鴟鴞，天鵝，銅嘴，啄木，皂雕，翎爲箭羽，邊人貴之。白頭翁。獸類：馬，牛，驢，騾，豬，羊，犬，鼠，兔，熊，虎，豹，豺，獾，貉，狼，狐，猫，獐，一名麢。鹿，麅，刺蝟，野猫，野豬，野羊，水獺，一名水狗。海豹。

清　劉源浦　康熙《錦州府志》卷五《田賦志・物産》　果之屬：桃，李，杏，檳，榛，棗，栗，核桃，蒲萄，郁李，山裡紅，山釘兒，棠梨，石榴，花紅，無花果，菱，芡，蓮子，軟棗，歐梨，櫻桃，香梨。閭山中多有之。氣香而味美，初食猶覺酸澀。貯久愈佳。【略】木之屬：松，柏，榆，槐，楸，櫟，椴，樺，桑，柳，煖木，銀木，柞，白楊，青楊，椿，梩。【略】禽之屬：鵝，鴨，雞，鳩，雁，鳶，鴿，鷹，燕，烏，雀，鵲，鷗，鷺，鸛，鷂，鴉鶻，兔鶻，青鶄，鴛鴦，翠鳥，鶴，鵪鶉，銅嘴，啄木，麻雀，蠟嘴，紅料，花料，阿藍，大眼雀，蒿雀，山和尚，黃肚雀，縮脖鳥，鶖鵚，野雞，皂雕，練雀，鵪鶉，白頭翁，鴟鴞，鴇，天鵝，鷲，鶺鴒，鶩。獸之屬：馬，牛，驢，騾，駝，豬，羊，猫，犬，虎，豹，豺，狼，熊，獾，麞，麅，鹿，兔，狐，貉，水獺，蝟，野豬，黃羊，野馬，海豹，鼠，鼬。

清　楊鑣　康熙《遼陽州志》卷一九《物産》　果之屬：榛，松，桃，李，杏，楸，梨，菱，芡，棗，栗，櫻桃，蓮子，杜李，軟棗，蒲萄，山核桃，山梨紅，山釘兒，棠梨，石榴，白果，出金州。花紅，無花果，藕。木之屬：松，柏，榆，楸，櫟，椴，樺，槐，桑，柳，煖木，柞，白楊，苦栗，椿，直栗，梩，青楊。【略】禽之屬：鵝，雞，鴨，雁，梟，鴿，鶯，燕，烏，鵲，雀，鷗，鷺，鸛，鷂，兔鶻，青鶄，鴛鴦，翡翠，鶴，鳩，鸂鶒，布穀，鶺鴒，銅嘴，啄木，麻雀，鸇，鶖鵚，野雞，練鵲，鵪鶉，白頭翁，鴟鴞，皂雕，鴇，天鵝，鷲。獸之屬：馬，牛，驢，騾，豬，羊，猫，犬，虎，豹，豺，狼，熊，獾，獐，麅，鹿，兔，狐，貉，水獺，刺蝟，野豬，黃羊，野馬，野羊，海豹，鼠。

清　查慎行《人海記》卷上《採參》　遼陽東二百餘里，山深林密，不見日色，下産人參，其苗高出百草之上。採參以夏五月，裹糧披榛而入，或迷徑爲虎狼所噉，或人相遇，弱者死，强者攫所有而出。以地近皇陵，恐傷龍脉，遖者挖參之禁甚嚴，罪至殊死，而趨利之徒輕生不顧也。

清　哈達清格素齋　乾隆《塔子溝紀略》卷六《古跡・柏山》　鳳凰山迤南五十里有柏山，鬱盤峻極，迴環一十六峰，方圓四十餘里。詢之老人，云：曾聞此山有大柏樹數株，因以名山，其樹向被蒙古砍伐無存。

又《玄羊山》　三座塔南去一百二十里爲玄羊山，高峰插雲，深谷無際，訪之故老，僉稱此山素多黑羊，因物命名，遂稱爲玄羊山，樹木叢茂，虎豹成群。

又《大城子》　降魔寺東去二里，距塔子溝七十里，至大城子。昔年初有人煙時，樹木成林，狼虎群聚。蒙古砍伐樹木柴薪，四圍堆積如城，以禦狼虎，而人居其中。蒙古名爲一客河屯，民人呼爲大城子。

又《槐樹洞》　洞在尺不袋溝山凹之上，東距錦州松嶺門八十三里，北距三座塔六十里。溝内先多棗樹，蒙古以棗爲尺不嘎袋，遂名其溝爲尺不嘎袋稿兒，民人譯爲尺不袋溝。其洞高二丈，寬五尺，進深四丈，崆峒峻峭，四面玲瓏，中有石胎釋迦佛像。康熙五十八年，僧人寂坤來居此洞，以洞前有槐樹數株，遂名槐樹洞。

又卷九《土産》　野禽：鵰，鷂，沙雞，野雞，班鳩，寒雀，鵪鶉，喜鵲，窩鵰，拖尾蓮，黃鸝，烏鴉，虎不拉，啄木，水咋子。野獸：虎，狼，鹿，狍，麞，獐，獾，狐，兔。山樹：柏樹，松樹，楊樹，柳樹，榆樹，菜樹，枹樹，畫樹，桑樹，段樹，苦梨樹，杏樹，桃樹，山梨樹，老瓜眼。山花：山芍藥，倶單瓣。石竹，金針花，刺梅，丁香，閃丹花，翠雀花，土蜀葵。山果：山梨，山杏，山葡萄，郁李，桑棋，山櫻桃。

清　金元烺　光緒《安東縣誌》卷一《物産》　果有桃、杏、梨、柿，木多桑、柳、槐。【略】野獸虎、狼、豺、獾、麞、鹿出没，灘蕩桀者，或能害人。

清　蕭雨春　光緒《廣寧縣鄉土志・物産》　木部：松，種類不一，土人以結子者爲果松，無子者爲杉松，脂多者爲油松。柏，柏葉、柏仁皆入藥。榆，本地榆類甚多，皆美材，刺榆、花榆尤佳，刺榆大者爲車軸。槐，《爾雅疏》：葉大而黑者名槐。花入藥，槐子可染色。柳，栝棬之屬多用之，直長者採取入貢。棘，一名樲，有赤、白二種，結子者名酸棗，仁入藥；不結子者爲牛棘，俗呼棗刺科。果部：山樝，《爾雅》曰：杌，繫梅。土人呼爲山裏紅，住者密餞入貢。梨，廣寧者爲上，接梨、香水梨、平頂香，或鮮，或凍，或密餞，以時入貢。【略】桃，出廣寧與山千山者佳。朱櫻，《禮》云含桃，《爾雅》『楔，荆桃』，今名櫻桃，其紅白相間者名玉櫻。李，《渤海傳》：果有九都之李。今出奉天者，種類甚多。花紅，實紅黄色，密餞入貢。棠梨，即杜梨，甘酸不一，有赤、白二種。葡萄，園産者人而味佳，有紫、碧、圓、長之別。山産者實小味酸，有黑、白二種。其尤小而深黑者，即《詩》之薁，今採入貢。枸奈子，形如麥，味酸，色紅，採以供祀。蘋果，花粉紅色，果紅碧相兼。沙果，似蘋果而小。

清　都林布　光緒《鐵嶺縣鄉土志・物産》　動物禽類【以下只録種名】：雞，鵝，鴨，雉，鴉，雁，鷺，鷹，鳶，野鴨，鶺鶉，喜鵲，鴿，鳩，燕，鶥鴣，麻雀，啄木，縮脖鳥，山和尚，鐵雀，柳葉兒，三道眉，蠟嘴鳥，扈伯刺，串雞，蘭□缸，長尾蓮，青頭鬼，紅巔頦。動物獸類：牛，馬，驢，騾，犬，豕，羊，貓，鼠，狼，貍，獾，狐，鼬鼠，兔，獺，蝟，蝙蝠。【略】植物果類：榛，桃，李，杏，櫻，郁李，山梨紅，石榴，蒲萄，狗奈子，菱，芡，蓮實，山胡桃，桑椹，燈籠果。植物木類：榆，椵，柳，楊，松，柏，桑，楸，細葉柞，凍青。

清　唐宗源　光緒《彰武縣鄉土志・物産》　動物天然産如牛、羊、豕、驢、騾、雞、犬等，爲大宗常産。邊外地氣較寒，不宜養蠶，且系平原沙漠，亦無虎、豹等物。

清　管鳳龢　宣統《海城縣誌・物産・植物》　木類【以下只録種名】：果松，杉松，油松，赤柏松，黄花松，椵木，柞木，櫟，棫，桑，榆，槐，青楊，白楊，柳，櫸，花柜柳，樺，椿，樗，青剛柳，楝，茶條，荆條，楛，皂莢，山藤，老觀眼，棘，凍青，煖木。【略】果類：松子，榛子，山樝，梨，香瓜，西瓜，桃，朱櫻，李，杏，花紅，棠梨，蒲萄，棗，菱，芡，蓮，郁李，蘋，文官果，安石榴，無花果。

又《動物》　獸類：牛，馬，驢，騾，羊，犬，豕，貓，家鼠，鼬鼠，鮎鼠，鼢鼠，蝟，白兔，跳兔，山貍，狐，獾，狼。鳥類：雞，雉，鴨，鵝，野鴨，鸛，鶬，鶉，黄鸝，雀，慈烏，鴉，縮脖鳥，鴟鵂，鵲，鷹，鳩，雕，鶚，鴿，蠟嘴，紅料，靛青，黄肚雀，畫眉，鳳頭鳥，千里紅，鐵脚，燕，雀，戴勝，鳩，鳴鳩，啄木鳥，蝙蝠。

清　馬俊顯　宣統《懷仁縣誌》卷一三《物産》　木類【以下只録種名】：松，黄花松，赤柏松，刺兒松，桑，楊，榆，柳，楸，樫，櫟，青剛柳，棫，樺，樗，柞，椵，楝，冬瓜木，煖木，棘，老眼，女兒木，花欞柳，荆條，凍青。按：森林所産，以松爲多。其材亦大，棟樑之用，全賴乎此。其餘木料性質不一，各有適用之處，取之皆爲生民利。可知天地育萬物也，非爲林林總總厚生計焉。【略】果類：松子，桃，榛子，李，山梨，杏，香瓜，櫻桃，西瓜，稠梨子，棠梨，軟棗，托盤，山核桃，蓮子，郁李，蒲萄，山楂，燈籠果，枸奈子，山裏紅，桑椹，山定子。按：種果之事勝於種花，况由花而果，此美尤可兼收。腹地居民栽培果木，頗獲厚利。雖東邊氣寒，不能如此稱盛，而土産所出，亦多内省不生之物，順其性而長養之富，不乏特産之妙品，以通行於各處也。【略】禽類：雞，雉，鵝，鴨，樹雞，鶴，鴻雁，黄鸝，烏鴉，山老鴉，鵲，鷺鷥，鷹，雕，鷂，魚鷹，鴿，啄木，雀，燕，千里紅，縮脖鳥，鐵脚，野鴨，蝙蝠。獸類：牛，馬，驢，羸，羊，豕，犬，貓，虎，豹，鹿，熊，狐，麅，狼，狢，獾，貂，灰鼠，山狸，兔，野豬。

清　楊紹宗　宣統《盤山廳鄉土志》　木類：桃，杏，棗，榆，楊，柳，桑，遼河左右有之。槐。【略】獸類：狼，狐，狸，兔，鼬鼠。俗呼黄鼠狼，又名騷鼠，皮可作帽，尾可作筆。

清　趙宇航　宣統《撫順縣志略・物産表》　【以下只録種名】松，桑，檿，榆，楊，柳，樫，楸，槐，櫟，臭梧桐，柞，棫，樗，樺，青剛柳，椵，楝，煖木，花欞柳，女兒木，冬瓜木，棘，老觀眼，荆條，凍青，茶條，皂莢樹，杏花，桃花，李花，梨花，丁香花，勺藥，雞冠，鳳仙花，葵花，秋葵，山胭脂，刺梅，山刺梅，金盞花，玉簪花，荷花，牽牛花，蜀葵花，山丹花，荷包花，草芙蓉，江西臘，冬葵花，蔦蘿花，月季，菊花，蓼花，牡丹，櫻桃花，小桃紅，木槿花，水葒花，繡毬花，凍青花，桔梗，柴胡，黄柏，細辛，地榆，防風，紫蘇，牛蒡子，紫草，車前子，淫羊藿，升麻，夏枯草，龍膽草，五味子，蒼朮，羌活，赤芍，白芍，黨參，枸杞，佛手，大黄，杏仁，茵陳，瞿麥，貫仲，五加皮，白附子，白頭翁，馬兜鈴，百合，艾，黄精，苦參，桑白皮，萹蓄，三稜，牛黄，老鸛嘴，地骨皮，益母草，知母，牽牛，赤雹，蒺藜，蒼耳子，黄芩，松子，桃，榛子，李，梨，杏，櫻桃，臭李子，棠梨，軟棗，托盤，山核桃，蓮子，郁李，蒲萄，山楂，枸奈子，山裏紅，山定子，桑葚，燈籠果，香瓜，西瓜，花紅，雞，雉，鵝，鴨，樹雞，鴻雁，黄鸝，烏鴉，山老鴉，鵲，鷺鷥，鷹，鷂，魚鷹，鴿，啄木，雀，燕，麻雀，千里紅，縮脖鳥，鐵脚，野鴨，蒲鴨，鶬，鶺鴒，鳴鳩，銅嘴，蠟嘴，靛雀，黄肚雀，鴟鵂，錫嘴，鳩，鶉，鸛，鉅雀，鷲鳺，鷂鵯，蠟梅，沙鷗，雕，蝙蝠，鶘，牛，馬，驢，羸，羊，犬，貓，狐，貉，麅，獾，灰鼠，家鼠，鼬鼠，鮎鼠，花鼠，山貍，兔，蝟。

紀事

宋 樂史《太平寰宇記》卷七一《河北道·營州》 《郡國志》云：白狼山，一曰鹿首山。魏武于此山逢獅子，使格之，獅子哮吼奮越，左右咸驚。王忽見一物從林出，如狸，超上王車軛上，獅子將至，此獸跳上獅子頭上，獅子伏不敢起，于是殺之，得獅子而還。未至洛陽四十里，鷄狗皆不鳴吠。鹿首山，渡遼之要路經此。

清 談遷《國榷》卷一〇 ［太祖洪武二十八年六月］辛巳，總兵官周興等至開原，追西陽哈于黑松林，不及，獲男女馬匹而還。

又卷一五 ［成祖永樂八年六月］壬寅曉，發四渡河，河水急。午次克忒克刺，華言半個山也。多松林，晚次蒼松峽。

清 劉子静《重修興國寺碑記》（引自《遼州志》卷八） 州治南十餘里高庄村有寺，名興國，其來最遠，其地極幽。殿前有怪松一株，虬枝交結，干霄蔽日。庠彦肆業者，嘗潜修於斯，而養其青雲之志。縉紳遊觀者，嘗覽勝於斯，而美其風景之奇。

清 徐三俊 光緒《遼州志》卷三《祥異》 嘉慶八年夏六月旱，柏兒峪村有兄弟二人，素不孝親，一日耕田，有虎自南屏山來，殞兄命，傷弟胸，及人見之，驚惶間不知所往。

藝文

清 愛新覺羅·弘曆《清高宗文初集》卷二三《盛京賦》 天命十年，相險宅中，謂瀋陽爲王氣所聚，乃建盛京而俯關西。故言其封域，則雖始自秦漢，歷隋唐以遼金鄚。而舉其規模，則維新皇運，膺靈祐之獨深也。仰符十度之尾，實臨析木之津。得雲漢之所垂，維北極之所鄰。亦何異乎召伯相宅，卜惟洛食，奉春建策，留侯演成哉。於是乎左挾朝鮮，右據山海，北白山，南帶遼水，滄溟爲池，澎湃湢淢。流湯湯，赴瀰瀰，擻漉洵，迴渾渼，浴日沃星，莫測其始。東盡使犬之部，朔連牧羊之鄙，啓我漠惠之原，擴我俄朵之址。高燥埤濕，原田每每，走大野而拱太室者，萬有餘里。其山則鐵嶺繡嶺，平頂降龍，木查石門。東水南雙，矗嵑嶫聚。崽崀嵫兮，岃崱嵚兮，嶰峒峭兮，嵬嶜嵂兮。嵣嵡蔽虧日月，源流湖江，既孕奇而盤鬱，亦含秀而隆崇。故夫四蹄雙羽之族，長林豐草之衆，無不博産乎其中。蹄類則虎、豹、熊、羆、野馬、野騾、鹿、麞、麅、麀、狼、豺、封駝、狐狸、貛貉、跳兔、婆娑、鼢鼯、艾虎、貂鼠輕嘉；其他牛、馬、羊，豕之資以日用者，蓋填閭巷而烝寢訛。羽類則野鷄、沙鷄、鶩、鴨、青鶾、鸛、鶴、禿鶖，維鶄在梁，縮脖、鳩、燕、啄木、鵲、鶬、鷹、鷂、鵰、鶻、紅牙、商倉。黄鶴鼠化，白鴈霜横。曰海東青，出黑龍江。林擊則天鵝褫魄，甸搏則窟兔走僵。其他鴿、雀、銅嘴、桃蟲、鴽鶩，雜沓紛泊，騰軼翱翔。其草則蒿艾、香蒲、蘆葦、蕭荻、章茅、水葱、紅藍、綬虉、馬藺、知時、木槿、紀節。厥維人參，三椏五葉，氣禀地靈，功符陰騭。商陸、茵陳，萹蓄、葶藶，蠡實、兔絲，均能已疾。其林則五鬣之松，萬年之柏，重障隱天，幽林蔽澤。挺崇槐之曾青，蔭柜柳之濃碧。大椿以八千爲春，壽櫟以不材爲德。爛紅杏與緋桃，紛白棟與黄蘗。山藤柔韌，是資鞭策。鷄桑落黄，可供蠶織。陸珍既牣，海錯亦繁，鯉、魴鱒、鱖、鰻、鯽、鱅、鰱、鰷、鯝、鱧、鰄、鮠、鰌、鮎、鱓，比目分合，重唇浮湛，鯯飾鮫翅，柳炙細鱗。牛魚之長丈計，帶魚之白韋編，烏鰂之鬚粘石，渡父之啄矴船。他如蛇、馬、驢、狗、豚、獺、豹、貛出没乎洶涌，潛躍乎游淵。蒼龍揵鬐而雲作，赤螭掉尾而波開。老蚌含珠，九光燭天。神奇是韞，瓌瑰是生。雖山經與地志，羌莫得而詳焉。懿兹奥區，原隰畇畇，厥田上中，厥壤維平，抱海負蓋，跨遼欲宣。渾河爲帶，興京爲襟。衺複陸而坦坦，穮拓落而芸芸。偉嘉禎之萃薈，信橐籥之絪緼。

吉林

綜述

元　脱脱《遼史》卷三二《營衛志》　鴨子河濼東西二十里，南北三十里，在長春州東北三十五里，四面皆沙堝，多榆、柳、杏林。

清　楊賓《柳邊紀略》卷一　長白山，土名歌爾民商堅阿隣山海經作不咸山魏書及北史皆曰徒太山唐書作太白山或又作白山。在烏喇南千三百餘里，高二百里，橫亘五之。無樹木，惟生叢草，草多白花。

清　阿桂《清開國方略》卷首　長白山高二百餘里，綿亘千餘里，雄觀峻極，扶輿靈氣所鍾。山之上有潭，曰闥門，周八十里，源深流廣，鴨緑、混同、愛滹三江之水出焉。鴨緑江自山南西流入遼東之南海，混同江自山北流入北海，愛滹江東流入東海。三江孕奇毓異，産珠爲世寶重。其山風勁氣寒，奇木靈藥，應候挺生。

清　錢聞震　光緒《奉化縣志》卷一一《物産·果類》　桃，李，杏，【略】梨，【略】櫻，《禮》云含桃，《爾雅》：楔荆桃。今名櫻桃。沙果，似蘋果而小。花紅，《盛京通志》云：實紅黄色，蜜餞以貢。檳子似花紅而大，秋子似花紅而小，皆柰之屬。有謂花紅即林檎者，恐誤。海棠果，以上三種連檳子、秋子，邑中初有種者，尚未蕃多。葡萄，《漢書》作蒲陶。山楂，《爾雅》曰：朹，檕梅。俗名山裏紅。榛子，近東邊有之。

又《木類》　榆，《詩·唐風》『山有樞』是也。邊寒，此種不一類，多美材，勝於内地。楊，柞，柳，白楊。

又《花類》　［以下只録種名］葵花，菊，芍藥，鳳仙花，六月菊，蜀葵花，捲丹花，玫瑰花，山胭脂，玉簪花，秋海棠，石榴花，鷄冠花，月季花，丁香，凍青花，石竹，喜雀梅，竹葉梅，魚兒牡丹，高麗菊，魁英花，十樣錦，江西臘，金絲荷葉。

又《羽類》　雞，慈烏，鴻雁，雉，布穀，燕，鵝，鶺，鴨，野鴨，雀，蝙蝠，百舌，鴿，黄鸝，鵲，蠟嘴，哥哥鳥，紅料，靛雀，千里紅，拙老婆，鷹，鷂，鶉，啄木，鴞。

又《毛類》　牛，馬，驢，羸，犬，貓，羊，豕，貉，狐，兔，鼠，狼。

清　長順　光緒《吉林通誌》卷三三《食貨志·物産·果屬》　松子，女真所産，《北盟會編》三三萬衛出焉。《明一統志》八十九生松塔中。高宗《御製盛京土風雜詠詩》注烏拉、甯古塔山中最多。《盛京通志》而窩集中所産更勝，結實大而芳美。《御製詩序》通行各省。《盛京通志》松塔，松子蔀也。《柳邊紀略》其形下豐上鋭，層瓣鱗砌，望之如窣堵，每瓣各藏一粒，既熟則瓣開而子落。《御製詩》注打松子者入阿機中伐木取之，木大塔多者，取未盡輒滿車。《柳邊紀略》劉綸恭和《御製松子元韻》：虛濤起天半，離立滲長松。古貌又古心，顥氣含清空。有如全真子，鮐耇顔彌童。層臺粲玉粒，胎息香霧重。仙人善吐納，休糧此山中。緗核壓碧柰，素的嗤金蓉。忽夢十八公，采珍嘗見逢。翊旦聞和鑾，持獻林衡同。璠田種青精，透甲輸芬濃。願壽西王母，丹梯擷淩風。連臂雖教猱，探頷空呼龍。白苓與赤壁，竟付樵蘇翁。詔下禁伐樹，曠然爲發蒙。毋俾後雕質，乃隨陽木攻。敬維至教宣，靈産資元功。《盛京通誌》一百十九汪由敦前題：北産薦嘉秩，最數榛與松。松子實尤勝，不比榛多空，諺云：十榛九空。向聞學仙術，久餌顔如童。泛茗玉甍清，飣盤玉顆重。欲識採擷處，今見窩集中。鬱鬱復森森，連林冠芙蓉。青鱗纈絳塔，往往枝間逢。外介而内腴，輭美安可同。金粉糝花細，琥珀流脂濃。一掇纍纍實，爲想謖謖風。不知幾千歲，蟄此百尺龍。疑從支離叟，便訪穀城翁。即看珠采湛，尚有香雲蒙。棟梁藴瓌材，樵蘇遠難攻。落實全其天，保護依神功。同上榛子，樹低小如荆，叢生開花如櫟，其實作苞，三五相黏，一苞一實，生青熟褐，殼厚而堅，仁白而圓。《廣羣芳譜》五十六各衛俱出。《明統志》香美甲於他省，經荒火燒落者尤佳。《盤京通志》樹高二三尺，草也而似木，經霜後子落，可拾幹可爲薪，否則入野燒，春夏間復生。《柳邊紀略》普盤，蔓生，實如桑葚而短，色紅味甘酸。《盛京通志》《爾雅》：葥，山莓。郭注：今之木莓也。實似藨莓而大，亦可食。莓有數種，皆蔓生，此則植生，樹高四五尺，枝亦柔輭，莖多逆刺，葉有細齒，頗似櫻桃葉而狹長，四月開白花，結實如覆盆而大，南人呼爲普盤，北人呼爲磐門，皆即藨莓聲之轉也。《爾雅義疏·釋草》產吉林山中，實類楊梅，色紅而鮮豔，採摘逾夜即化爲紅水，吸飲尤香美。《吉林外紀》七草荔枝，叢生，朱顆，味甘，似普盤而無子。內地所無，烏拉間有之。《皇朝通志》一百二十六伊爾哈穆昆，出甯古塔，叢生數寸，莖端結果，色紅味甘而酸，入口成液，置器中少刻即化爲水。一名桃花水，俗呼高麗果。《盛京通志》又作一兒噶木克花兒水也，因色以名。碧華敷地，實綴葉上，淺紅而鮮，望之如落花片片。其味甘而多汁，居人争採食之。《東巡坿録》桃花水，草本，狀若楊梅而無核，色紅，味甘，質輕脆，過手即敗。五六月遍地皆是，居人擇最多處設帳房或棚子，醵分載酒，男女各爲羣，争採食之，明日又移他處，食盡乃已。《柳邊紀略》草本，紅藤，生雜草中。《甯古塔紀略》法佛哈，一名紅櫻，即白桜果。《盛京通志》實如小杏，味酸甜，甯古塔所出。《皇朝通志》一百二十六法佛哈、米孫烏什哈，味皆甜酸可食。《柳邊紀略》密孫烏什哈，甯古塔等處有之。木樹連綴而生，形類櫻桃，味微甘酸，一名烏察拉齊。《盛京通志》烏禄栗，似橄欖，緑皮小核，味甘而鮮，木本小樹也。《甯古塔紀略》烏立，老鴉眼也。幹柔葉小，結實圓如珠，色紫而味酸，樵者採以止渴。《扈從坿録》歐李子，柔條叢生，高二尺許，花白實如小李，色紅味酸，一名烏拉柰。《盛京通志》歐栗子似櫻桃，味甘而酸，木本小樹。《甯古塔紀略》歐李子色赤而澀。《絶域紀略》烏拉納紅果，烏拉一帶之地尤多。實如楊梅而大，味甘酸。《皇朝通志》一百二十六英莪，紅草果也。結實纍纍如桑葚，甘好可食，叢生原隰間。或言鸜哥闕多此草，遂名傳訛爲英莪也。《扈從日録》下　案，清語謂稠梨子爲英額，作鸜哥者以聲同致誤。高氏反以英額爲誤，非也。稠梨子，亦名英額梨，叢生，結實形如野蒲萄而稍小，色黑味甘澀，屑爲麪，暑月調水服之可以止泄洩，土人珍之。《盛京通志》紅姑娘，苗如天茄子，高三四尺，四五月開小白花，結薄青殼，熟則紅黄色，實大如龍眼。《本草綱目》十六外垂絳囊，中含赤子如朱櫻，一名燈籠果。《盛京通志》一名紅娘子。狀若彈丸，色紅可愛，味甘酸，子若魚子，八九月間熟。草本有蔀，若秋葵蕊而淡紅，烹湯亦可飲。《柳邊紀略》《爾雅》：葴，寒漿。注：今酸漿草。楊慎《巵言》：《本草》燈籠草、苦、耽、酸漿皆一物也，重複耳。燕京野果有紅姑娘，乃紅瓜囊之訛，此説得之。今京師人以充茗飲，可滌煩熱。《爾雅義疏·釋草》枸柰子，形如麥，實味酸色紅，俗呼狗嬭子。《盛京通志》梨，甯古塔梨子雖小，味極美，與葡萄作餻，色味俱精。此二種內地所無也。《甯古塔紀略》又有酸梨，皮黑。《盛京通志》天寒凍結，其堅比石，浸之以水，寒氣內融，冰屑外結，以手振之，裂如脱殼，去其繫而吮之，甘洌無比。桃，金時甯江州獻瑞桃，其大異常，一本而連實者三。《大金國志》十三李，渤海所貴者，九都之李。《唐書》二百十九甯江州地苦寒，多草木，如桃李之類皆成園。至八月則倒置地中，封土數尺，覆其枝幹，季春出之，厚培其根，否則凍死。《大金國志》十三杏，色味俱佳。《盛京通志》西門外有石壁臨江，長十五里，白梨、紅杏參差掩映。《甯古塔紀略》安石榴，又名海榴。《盛京通志》玉櫻，紅白相間，其紅者曰朱櫻。同上葡萄，有紫碧圓長之别。一種山產者，實小味酸，有黑白二種，其尤小而深黑者，即《詩》之薁。同上吉林用以充貢。《竹葉亭雜記》一今裁。花紅，實紅黄色，可蜜漬。《盛京通志》蘋果，花粉紅色，果紅碧相間。同上檳子，似花紅而大。同上小於蘋果而稍長，色紫，味甘微澀。《採訪册》沙果，似蘋果而小。《盛京通志》山樝，大而紅，土人呼爲山裏紅，可蜜漬。同上亦可爲餻。《甯古塔紀略》果子單，山渣煮漿爲之，狀如紙薄，匀净可卷，舒色紺紅，故名果子單，味甘酸止渴。《扈從東巡附録》今吉林閑有作之者。《採訪册》核桃，吉林用以充貢。《竹葉亭雜記》又一種山核桃，生楸樹上，形似胡桃而長，殻堅厚，肉味頗勝。《盛京通志》栗，北地所產，色青，味甘，可蜜漬。同上栗，可炊食之。有數種，大者爲板栗，稍小者爲山栗，小如橡子者爲莘栗，小如指頂者爲茅栗。《本草綱目》二十九今北地出者，實小而味佳。《盛京通志》郁李，多生山原間，子如櫻桃仁，入藥。同上收實多者歲必大熟，農人常視爲占候。《採訪册》羊桃，《爾雅》：長楚，銚芅。郭注：今羊桃也。邢昺疏詩：檜風隰有長楚。陸(機)[璣]《疏》云：今羊桃是也。葉長而狹，花紫赤色，其枝莖弱，過一尺引蔓於草上。今人以爲汲灌重而善没，不如楊柳也。近下根刀切其皮，著熟灰中脱之，可韜筆管。《爾雅義疏·釋草》一名藤梨，生山谷中，藤著樹生，其實形似雞卵大，其皮褐色，經霜始熟，甘美可食，皮堪作紙。《本草綱目》三十二用其汁以合石粉，可固石。田雯《黔書》吉林用以充貢。《竹葉亭雜記》一今裁。葧臍，溵子中亦生，人不知食。《柳邊紀略》菱，色有紫黑，形有兩角、三角、四角。佳者歲取以供祀。《盛京通志》蓮葯，小於建蓮，亦可入藥。同上土人素不識，因游東京者往尋蓮陂，

土人遂擷之以市。《絶域紀略》藕，紅花者蓮多藕劣，白花者蓮少藕佳。《廣羣芳譜》六十六吉林產者亦佳。《採訪册》

又《木屬》 瑞樹，產長白山，自頂至根合十餘丈，大數百圍，上分十二大枝。莖葉各異，具松、檜、白楊、遮勒穆期、紫樺、白樺、密克特、白榆八種。又具生靈芝其上，萬木環衛，如星拱北辰，非大椿八千歲爲春秋者所可比倫。《皇朝通考》一百二十五香樹，莖直叢生，花黄，長白山最多，可焚以祭神。土人取作香，生近山崖者有節，名竹根香，根作箭骲頭極佳。《盛京通志》安春香，生山巖潔凈處，高一尺許，葉似柳葉而小，味香可供祭祀。長白山所產尤異常香，俗呼爲安息香。又七里香，枝葉似安春香，葉大而厚，惟產於長白山，他處不見。《吉林外紀》七。夜光木，古木根莖所化，夜視有光，遇雨益明，移置室中，即可燭物，山中往往有之。《盛京通志》夜光木積歲而朽，月黑有光，遇雨益明，移置室内，通體皆明，白如螢火，迫之可以燭物。以素藝貯水投之，火光澄澈，殆夜光苔、放光木之類歟。高士奇《塞北小鈔》明開夜合木，一名金銀柳，結子如花，至冬不凋，木理細潤。《盛京通志》六稜木，枝幹皆六稜，最堅實。同上榛柃木，有紋縷可愛，多用爲椀。《松漠紀聞》東瓜木，似柜柳，皮青質堅，材可爲棺，亦可作硯，質輕易攜能下墨。雖非奇玩，亦自可珍。《盛京通志》雞舌木，金時刀柄尚雞舌木，黄黑相半。《金史》四十三樺，醬瓣樺者謂樺皮斑文，色殷紫，色如醬中豆瓣也。同上弓以皮爲弦，箭削樺爲簳。《契丹國志》二十三樺樹狀有類白楊，皮似山桃，有花紋紫黑色。可裹弓及鞍鐙諸物，諸山中皆有之，而嫩江、混同江之間尤多。《盛京通志》樺木遍山皆是，狀類白楊，可作箭竿，具木癭紋極細，作椀亦佳。烏拉有樺皮屯，設壯丁採皮，亦春夏間剥其皮入污泥中，謂之糟糟，數日乃出而曝之，地白而花成形者貴。拉發北數十里特設樺木廠，有章京，有筆帖式，有打樺人。每歲打樺皮入內務府，遼東樺皮遂有市於京師。《柳邊紀略》吉林各處有以樺皮作船，大者能容數人，小者挾之而行，遇木輒渡，遊行便捷。又以樺皮蓋窩棚，並有剥薄皮紉綴爲油布單，大雨不濡。《吉林外紀》七椵，葉大，黑皮，紋細，微赤者曰紫椵，人薓多生於下。《盛京通志》高麗《采薓贊》云：三椏五葉，背陽向陰。欲來求我，椵樹相尋。椵音賈，葉似桐。《池北偶談》十四質白者曰穅椵，其皮可制繩，引火槍，軍中需之。《盛京通志》椵類銀杏，可爲器，其皮可代瓦，浸水久之可索綯。《柳邊紀略》又有一種白椵木，葉大如團扇，初生時可蒸冷淘，霜後則鮮赤如楓，其皮可治繩，爲魚網之用，烏喇網大魚常用之。《隨鑾紀恩》楸，類核桃樹，其木可爲槍桿及船槳，每歲採取備用。皮堅韌，亦可束物。《盛京通志》暖木，或云即黄蘗木，皮温厚，可墊鐙心及包弓靶，細者中爲鞭桿。又烏拉出小暖木，形類杉松，木質尤堅。同上榆，鴨子河濼在長春州東北，四面皆沙堝，多榆、枷、杏林。《遼史》三十二烏稽中皆喬松及樺、柞樹，間有榆、椵，鱗接虬蟠，纓山帶磵。《扈從日録》其類不一，皆美材，刺榆、花榆尤佳。刺榆大者，中爲車軸，一名軸榆，《唐風》所謂『山有樞』，即此。花榆理細，宜爲几案。凡榆臃腫處花紋尤勝，可飾器用，人多珍之。小刺榆，葉初生鮮可茹，長丈餘，質細而堅，槍桿多用之。《盛京通志》女真食生狗血，芼以蕪荑。《北盟會編》三《爾雅》：蕪荑。郭注：姑榆也。剥取皮合漬之，其味辛香，所謂蕪荑。蕪荑用山榆莢作醬食之。《爾雅義疏・釋草》《説文》：梗，山枌榆，有束莢，可爲蕪荑也。按：《齊民要術》分枯榆、刺榆、山榆爲三云。刺榆，木甚堅韌，山榆可以爲蕪荑。依許説，則刺榆、山榆一物也。《説文段注》六楛，一名雞尾荆，色赤中爲矢，世傳肅慎氏楛矢即此。《盛京通志》《説文》：楛，木也。閻若璩曰：《國語》：肅慎氏貢楛矢。其地即今甯古塔，詢其風土，云西南去六百里曰長白山，山巔之陰及黑松林，遍生楛木，取以爲矢，質堅而直，不爲燥濕所移。《説文義证》十六松，山中最多，以種子者爲菓松，無子者爲沙松，脂多者爲油松。《盛京通志》大烏稽松樹槎枒突兀，皆數千年之物，緜緜延延橫亙千里，不知紀極。《甯古塔紀略》赤白松，理細氣香，木之貴者，以爲棺，其價甚昂。《盛京通志》鋮長一寸，圍僅八九寸，材可爲棺，佛龕神主尤宜。《東華輯要》黄蒿松，枝葉如蒿，生甯古塔石甸子上，他處所無。又有刺兒松，其松多刺。《盛京通志》黄樺松，直幹參天，圍合三尺，鋮則寸餘，至冬則凋，材可爲棺。刮去皮，紋理斑爛，紅黄相間。《東華輯要》依奇松，生吉林北依奇甸子，質瘦勁少枝葉，色青如松，土人不知何名，因所生地呼爲依奇松。伐爲材木，性燥易裂，入土則裂縫復合，堅如石。《盛京通志》柏，高句麗俗厚葬，積石爲封，亦種松柏。《唐書》二百十九多生於西北邊外，葉仁入藥。《盛京通志》槐，今山中皆有之，花入藥，子染色。同上皂莢樹，刺長，結角如豬牙，入藥。同上檀，色紫，赤紋細潤，中車轅及箭笴。其交枝處花紋尤細，可爲小刀柄。

同上柳，烏舍寨枕混同江湄，寨前高岸有柳樹，時當仲夏，藉樹陰俯瞰長汀，涼颸拂面。《奉使行程録》栝棬之屬多用之。《盛京通志》今遼東皆插柳爲邊，高者三四尺，低者一二尺，掘濠於其外。《柳邊紀略》欅柳，《爾雅》：楥，柜柳。柜柳即欅柳，聲又轉爲杞柳。《爾雅義疏·釋木》大者可刳爲舟，根可爲䑐頭。《盛京通志》花柜柳，質堅緻可爲槍桿。蠟蟲食之，一名蠟條。同上青楊，葉大而圓，其材可爲箭竿。同上白楊，葉微小，皮白，宜爲箭竿。一種生於澤者多合抱，刳爲槽盆，性不燥裂。同上黄楊，木堅難長大，山間有之。同上杜仲，山中有之，皮薄，不堪入藥。同上杜，一名甘棠，移接梨樹，結實甚佳。同上棘，一名樲，有赤、白二種。結子者名酸棗，仁入藥。不結子者名牛棘，俗呼棗刺科。同上鑿子木，高大堅實，中爲車材，皮黄可染色，木心黄朽者可爲火絨。同上櫟，《爾雅》：栩，杼。郭注：柞樹。陸璣《疏》云：今柞櫟也。徐州人謂櫟爲杼，或謂之栩，其子爲皂，或言皂斗，其殼爲汁，可以染皂。杼或作芧，司馬彪注《莊子》：芧，橡子也。杼又名采。徐廣注《史記·李斯傳》：采，一名櫟。《爾雅義疏·釋木》櫟，土人多以燒炭。《盛京通志》山多榛柞，櫟之小者名波羅木，五月土人摘其葉裹稷。柞可爲車，大則名櫟，可爲薪。《柳邊紀略》桑，可食蠶，仁爲桑葚，皮入藥。《盛京通志》檿，山桑，葉亦可食蠶，中爲弓材及車轅。同上椿，葉香可噉者曰香椿。同上樗，似椿而葉臭，土人呼爲臭椿。同上鼠李木，一名老鸛眼，堅緻有花紋，子赤黑如鴉眼，其皮可染緑色。同上茶條，可爲杖，染皂勝於橡斗。同上杻，《爾雅》謂之檍。皮理紐結，質最堅，俗呼杻筋子。木大者爲車軸，次於軸榆。同上青岡柳，山中皆有之，亦柞類，材中爲弓及車轅。同上楝，赤者葉細，中爲車軸。白者葉圓，木理堅緻，其木亦中器皿之用。同上楓，雞林哈答至秋深，楓葉萬樹，紅映滿江。《甯古塔紀略》白桵，《爾雅》謂之棫。高五六尺，堅緻可爲杖。其果紅色，核麻而扁，仁入藥，名蕤仁。《盛京通志》凍青，寄生樹上，葉微圓子赤，淩冬不凋，青葱可愛。同上山藤木之類，枝柔韌，中爲鞭桿。同上火絨，生木癭中，取之可盈掬。《甯古塔紀略》雒常，肅慎氏有樹名雒常，其木生皮可衣。《晉書》十九山海經作雄常。《盛京通志》銀木，《明一統志》載有此木。同上

又卷三四《食貨志·禽屬》　雕，似鷹而大，色黑，出甯古塔諸山。其品不一，上等色黑者曰皂雕，有花紋曰虎斑雕，黑白相間曰接白雕，小而花者曰芝蔴雕。羽宜箭翎。雕之最大者，能捕麞、鹿，山中間有之。《盛京通志》一百七後引皆同雕極大而多，但用其翎毛爲箭，黑斤富者則以雕翅蓋屋。《甯古塔紀略》雕，鳥狀，如鷹而大倍之，翅若車輪，爪同鋒刃，雙眸噴火，長喙反鉤，揚風有淩雲之志，鷙鳥之雄也。《隨鑾紀恩》鷹，唐開元十年，渤海獻鷹。《册府元龜》遼統和十三年，鐵驪貢鷹。《遼史》十三鐵離靺鞨惟以鷹、鶻等物與契丹交易。女真禽有鷹鸇。《契丹志》二十二高士奇《扈從雜紀》：詩離條繡帽脱鷹師。自注：圍中鷹以繡花錦帽蒙其目，擎者綰條於手，見禽乃去帽放之。《扈從日録》遼以東皆産鷹，而甯古塔尤多。每年十月後即打鷹，總以得海東青爲主。凡鷹生山谷林樾間，視其出入之所，繫繩張網，晝夜伏草間伺之，人不得行，行則驚去。《柳邊紀略》白鷹，黑水靺鞨多白鷹。《唐書》二百十九靺鞨土多白鷹。《唐會要》蘇頲《雙白鷹贊》：開元乙卯歲，東夷君長自肅昚、扶餘貢白鷹一雙，其一重三斤有四兩，其一重三斤有二兩，皆皓如練，色斑若彩章，積雪全映，飛花碎點，所謂金氣之英，瑶光之精，高髻偉臆，長距秀頸，奮發而鋭，堅剛則厲，實稀代之尤也。贊曰：鷹之大者，精明竦峻，勁而横絶，雄則遠振。錦文素彩，珠聯玉潤。往乃奮威，將軍所徇。鷹之次者，勇鋭光芒。截海而至，乘風載揚。絡以紅點，文其彩章。下韝必中，惟吏之良。《唐文粹》二十四白鷹尤爲猛鷙，吉林、甯古塔諸山中有之。《盛京通志》又有蘆花鷹，極貴重。《甯古塔紀略》鷹純白爲上，白而雜他毛者次之，若色純白，梅勒章京亦不敢畜，必送内務府。《柳邊紀略》海東青，《遼史·春巴納》曰：鴨子河濼冰泮，乃縱鷹鶻捕鵞雁，五坊擎進海東青鶻，拜授皇帝放之。鶻擒鵞墜，勢力不加，排立近者舉錐刺鵞，取腦以飼鶻。皇帝得頭鵞薦廟，羣臣皆插鵞毛於首以爲樂。《營衛志》五國之東出名鷹，自海東來者謂之海東青，小而健。《北盟會編》三海蘭府、碩達勒達等路有俊禽曰海東青，由海外飛來，土人羅之以爲土貢。《元史》五十九海東青，五國城東出，小而健，能擒天鵞，爪白者尤異。《明一統志》八十九海東青，羽族之最鷙者，身小而健，其飛極高，能擒天鵞搏兔，亦俊於鷹鶻。鷹雕皆有窠巢，多緣峭壁爲之，人不能上。惟海東青從未見其巢。《輟耕録》載《演雅》言：海東青，羽中虎也，燕能制之，羣集緣撲即墜云云。以小制大，物性往往如此，亦猶黄腰啖虎之類也。高宗《御製詩注》海東青能擒天鵞，一日能飛二千里。《甯古塔紀略》鷹品之最貴

者也。得海東青，滿漢人不敢畜，必送梅勒章京。《柳邊紀略》今多出烏蘇哩江。《盛京通誌》李太白詩：翩翩舞廣袖，似鳥海東來。蓋東海有海東青俊鶻，白詩言其舞如海東青也。《秕言》鶻，唐開元二十五年，渤海來獻鷹鶻。《册府元龜》遼應歷二年，鐵驪進鷹鶻。《遼史》六鶻有二種，一玉爪，一黑爪。又有鴉鶻、兔鶻之别。其拳堅處大如彈丸，俯擊鳩、鴿食之。鷂，仲尼在陳，有隼集於陳侯之庭而死，楛矢貫之。以問仲尼，仲尼曰：隼之來也遠矣，此肅慎氏之矢也。《國語》隼，鷂也，或曰雀鷹，春化爲布穀。此屬數種皆爲隼。《詩義疏》鸇，負雀，鵠也。《爾雅・釋鳥》女真禽有鷹鸇。《契丹志》二十六甯古塔産鷂子、黄鷹，猛於他處。《甯古塔紀略》鷂，即鸇類，一名隼，小者爲鷂，有花豹、白豹、細胸、松兒、朵兒、攔虎獸諸名。《盛京通志》鵠，能食蚌，珠藏其嗉。又有俊鶻號海東青者，能擊天鵞，人既以俊鶻而得天鵞，則於其嗉得珠焉。《北盟會編》三俗名天鵞，江海間有之，其毛可爲服飾。《盛京通志》高士奇《扈從雜紀詩》：新翻艷譜天鵞曲。注云：旌門鐃吹，多奏海青捉天鵞曲。《扈從日録》雉，黑水靺鞨俗插雉尾爲冠飾。《唐書》二百十九雉俗呼野雞。《盛京通志》野雞最肥，油厚寸許，遼東野雞頗有名，然迥不及矣。出獵秋間號打野雞圍。《柳邊紀略》蔦，俗呼鷂鷹，不善搏擊，貪於攫肉。《續通志》《盛京通志》鶡，似鵞而大，灰白二色，羽可爲箭翎。《盛京通志》沙鷄，似雉而小，脚有毛。《爾雅》謂之鵽鳩，俗呼沙半斤。《盛京通志》亦名樹雞，多出林中，不在沙漠之内。《東海小志》野鴨，有緑頭、黄脚等名。蒲鴨，大於野鴨，黄色。《盛京通志》烏雅，遼統和九年，東京進三足烏。《遼史》十三白鵲，金時，咸州貢白鵲。《金史・五行志》鸒，尾長觜紅，似鵲，而有文彩。一名山喜鵲，或呼爲勃姑鳥，亦名彩鵲，毛羽文彩者亞於翡翠。《盛京通志》鸛，水鳥，有黑、白二種，其羽可爲箭翎。同上水鳦，黄肚雀，俗呼黄肚囊。有大、小二種，小者長觜短尾，大者尾根白。同上寒號蟲，一云即鶡鴠，狀如小雞，足有肉翅，冬時毛脱，鳴益急。糞入藥，名五靈脂。同上白翎雀，青黄色，翎白，窮冬沍寒不易其處。元人重之，故元世祖樂有《白翎雀歌》。同上大眼雀，睛大而圓。白眼雀，目有白圈。靛雀，色如靛。同上鸕鷀、鵪鶉、鵾鵴、鴿、鳩、燕、鴻、啄木、蝙蝠，所在有之。同上白頭翁，形如鵪鴿，頭白身灰黑。又有名拙老婆，領下白紅。哥哥鳥，自呼其名曰哥哥。同上蠟觜，即桑扈之屬，喙如黄蠟，畜之可玩。同上紅料，色紅善鳴。色花者謂之花料，又謂之麻紅料。同上鐵脚，雀之大者，爪堅如鐵，置囮覆網取之。漏網者未幾復至，亦鳥之義而愚者。冬則羣飛入海。千里紅，頂有紅毛，喜食蘇子。俗呼蘇雀，又稱老羌雀。出俄羅斯地，雪後即來，網而取之，炙食極美。以上俱《盛京通志》孟鳥，《大荒西經》：在貊國東北，其鳥文赤黄青。東鄉，郭注：亦鳥名也。《山海經》十一

又《獸屬》 野牛，女直國獸多野牛。【略】山羊，生山中，似羊而大，善登山，皮黑灰色，血可治疾，吉林有之。《盛京通志》羱羊，即盤羊，鹿身細尾，兩角盤背上，有蹙文。《塞北小鈔》野羊，一名懸羊，類青羊而柔毛過之。《東華輯要》山羊即野羊，亦即羱羊。《本草》五十一【略】蜜狗，生烏拉諸山中，觜尖如狗，尾黑，可飾盔纓。《盛京通志》【略】野豬，【略】今山中有之。《盛京通志》大如牛，形如彘，耳稍小，上下牙如鋼鉤，驅突時猛如虎兕。《隨鑾紀略》豪豬，有刺，白本而黑端，怒則激去，如矢射人。《本草》五十一驢，土人負重，恒以驢代脚力。《盛京通志》往時，驢亦少。近推磨者，多用之，然偶病，輒不治。《柳邊紀略》駝鹿，出甯古塔、烏蘇哩江，形如駝，一名堪達漢。頸短，形類鹿，色蒼黄無斑，項下有肉囊如繁纓，大者至千餘斤。角扁而闊，瑩潔如玉，中有黑理，截之鏤爲決勝象骨。《盛京通志》其蹏能驅風疾。《皇朝通志》一百二十六《王會解》：稷慎大麈。孔晁注：稷慎，肅慎也，貢麈似鹿。《逸周書》七麈，即今之四不象，名駝鹿，其形似鹿非鹿，似麋非麋，皮可以爲半臂衣之，愈久則愈厚，愈久亦愈輭。若爲油水所污，俟其乾揉之，仍復如故。凡皮見水則硬，衣此者若嫌其污，可加澣濯焉。聞此衣油垢既甚，可禦火槍，刀不利率爾亦不能刺入也，關東兵卒多衣之。《竹葉亭雜記》八席百北有鹿，大若橐駝，名康大罕。角可爲決槽，若綫者價三十四兩。《柳邊紀略》四不像者，蹄似牛非牛，頭似馬非馬，身似驢非驢，角似鹿非鹿，不芻不豢，惟食石花。奇勒爾、俄倫春人養之，用則呼之使來，牧則縱之使去。性馴善走，德同良馬，亦美物哉。曹廷杰《日記》劉綸《恭和御製堪達漢元韻》：垂胡姿自軼，竪鬣態何奇。利用思鉤控，稱名問佽飛。堪達漢，獸名，角中韘材。蒐田推物性，山澤任天機。末學慙鏖誤，奎文爲訂非。《盛京通志》一百二十二鹿，渤海所貴者，扶餘之鹿。《唐書》二百十九遼統和九年，女直進唤鹿人。《遼史》十三《胡嶠陷北記》：又東女真善射，多牛鹿，其人常作鹿鳴，呼鹿而射之。《諸蕃記》：女真獸多牛、

馬、麋鹿。《契丹志》二十六好刺，即各色鹿，女直出。《明一統志》八十九吉林所産有湯鹿、毛鹿、合子鹿。《盛京通志》鹿角、鹿頂合，燕以北方可車，須是未解角之前。才解角，血脈通。好者有人字，不好者成八字，有髓眼不實。北人謂角爲鹿角，合頂爲鹿角合。南鹿不實，定有髓眼，不可車。北地角未老，不至秋時不中。《松漠紀聞》鹿牡者有角，夏至則解，牝者無角。宗奭曰：鹿茸，以如紫茄者爲上，然此太嫩，血氣未具，其實少力，堅者又太老。惟長數寸，破之肌如朽木，茸端如瑪瑙紅玉者最善。人有以麋角僞爲者，不可不察。《本草綱目》五十一鹿尾，東方佳品。《扈從日録》麋，似鹿而色青黑，大如小牛，肉蹏。目下有二竅，爲夜目。《本草綱目》五十一麋角與鹿角不同，麋角如駝骨，通身可車卻無紋，鹿頂骨有紋，上下無之，亦可熏成紋。《松漠紀聞》麋角頂根上有黄毛若金線，兼旁生小尖，色蒼白。麋、鹿茸角，今人罕能分别。陳自明以小者爲鹿茸，大者爲麋茸，亦臆見也。不若親視其採取時爲有凖。《本草綱目》五十一人之服藥，蓋有同等藥物而陰陽實相反者，又有一體氣血而功用之不同者，如麋茸、鹿茸是也。二者之性，原自有異，麋茸補陽利於男子，鹿茸補陰利於婦人。《月令》：仲夏日，鹿角解；仲冬日，麋角解。鹿以夏至隕角而應陰，麋以冬至隕角而應陽，故知二者陰陽之性不同。鹿肉煖，以陽爲體；麋肉寒，以陰爲體。以陽爲體者，以陰爲末；以陰爲體者，以陽爲末。末者，角也，其本末之功用又不同也。《野客叢書》馬鹿，形大如馬，山中極多，亦曰父鹿，一名八叉鹿，歲取其角交官。《盛京通志》虎，濊祠虎以爲神。《後漢書》一百十五勿吉有虎、豹、羆、狼。《魏書》一百今諸山中有之，間有白質黑章者，尤猛鷙。虎骨熬爲膏入藥。《盛京通志》文豹，濊多文豹。《後漢書》一百十五似虎而小，白面團頭，色白者曰白豹，黑者曰黑豹，文圓者曰金錢豹，最貴重，文尖長者曰艾葉豹。《盛京通志》貔，豹屬，出貉國。《説文·豸部》熊，小者爲熊，大者爲(熊)〔羆〕，紫黑色。今山中熊類不一，有豬熊、狗熊、猴熊諸名。《盛京通志》熊極猛力，能拔樹擲人。《甯古塔紀略》熊趫捷而羆憨猛，皆獸之絶有力者。羆重千餘斤，熊亦及半。熊羆冬令皆入蟄不食，熊小或居木孔，羆大則居穴也。高宗《御製盛京土風詩》注石熊，全身烏黑，猙獰可畏，長喙鋸牙，前掌如人手，後掌如人足，重七八百斤。《隨鑾紀恩》松花江兩岸舊爲費雅喀部所居，喜弄熊，呼曰馬發，多以重價購養，使鄰里親朋射殺爲歡。有馬熊、狗熊二種，射斃而後聚食之。先食熊頭於野，謂敬長老也。餘則聚食於家，婦女惟食熊髀，身不淨者遠之。曹廷杰《日記》熊蹯，東方佳品，官厨以爲貴。《扈從日録》羆，靺鞨太山有熊羆。《隋書》八十一女直産羆皮。《明一統志》八十九熊各處皆有，羆惟吉林盛京始有，他處所無。《御製盛京土産詩》注麞，室韋人惟射獵麞、鹿爲務。《契丹志》二十六麞，鹿屬，無角，即麕，肉亦可食。獵時以背式骨交官，有定數。《盛京通志》《王會解》：發人麃麃者，若鹿迅走。《逸周書》七《爾雅》：麠，大麃。郭注：麃，即麞。《爾雅·釋獸》麅，麞類，色蒼赤，形比内地所産稍大，味微腥。《盛京通志》其皮可蔽潮濕。《採訪册》麝，形似麞，一名香麞，喜食柏，臍血入藥，名麝香。《盛京通志》豺，足似狗，瘦如柴，性鷙猛，善逐獸。同上狼，皮毛青白者貴，可爲坐褥。《採訪册》麃，麕類，毛長，犬足，皮堪爲履舄。《盛京通志》馬擴《茅齋自敘》：阿骨打每食，以木楪盛鹿、兔、狼、麅、麞、狐、狸、牛、驢、犬、馬、鵞、雁、魚、鴨、鷄、蝦蟆等肉，或燔或烹。《北盟會編》三豽，夫餘國出貂豽。章懷太子注：豽似豹，無前足。《後漢書》一百十五貂豽皮毛柔蠕，故天下以爲名裘。《魏書》九十九貛，似狗而短，體肥行鈍，皮宜裀褥。《盛京通志》形如狗，喙如豕，足皆五爪，毛深厚，油能治火傷。《東華輯要》狐，女直産狐狸，皮有黑、白、黄三種。《明一統志》八十九色赤而大，夜擊之，火星迸出，毛極温煖，集腋爲裘尤貴重。元孤出下江，大於火狐，色黑毛煖，最貴。又青狐名倭刀。《盛京通志》烏稽出元狐、黄狐。元狐全黑者，不可多得，一歲不過數張。《甯古塔紀略》沙狐，賤者被貂毛、羊、鼠、沙狐裘。《契丹志》二十三生沙磧中，身小色白，腹下皮集爲裘，名天馬皮，頦皮名烏雲豹。《盛京通志》野貓，唐開元七年，靺鞨獻白兔、貓皮。《册府元龜》居山谷中，狐類，口方，色蒼黄有斑，善搏，亦曰野貍。《盛京通志》貉，狀如貍，斑色，其毛深厚温滑，可爲裘。同上。貉，俗名野馬，其皮紋上圓下方，寢處其皮者，立能解醒，設有警急，毛輒竪。《格致鏡原》八十八貂熊，出甯古塔，大如狗，紫色，頭紫黑，兩脇微白。《盛京通志》貂鼠，挹婁出好貂。《後漢書》一百十五夫餘出貂狖，挹婁出好貂，今所謂挹婁貂是也。《三國志》三十夫餘國出善馬、貂豽，肅慎貢貂皮。《晉書》九十九勿吉以尸捕貂，貂食其肉，多得之。《魏書》一百黑水靺鞨多貂鼠。拂捏，開元、天寶間，來獻貂鼠。《唐書》二百十九女直獸多青鼠、貂鼠。《北盟會編》三遼統和十五年，烏舍以地遠，乞歲時免進貂皮。開泰七年，鐵驪等五部歲貢貂皮六萬五千。《遼史》十六貂以紫黑色爲貴，青色爲次。《契丹志》二十三女直土産貂鼠皮。《明一統志》八十九貂鼠，女直有之，大如獺，尾粗，毛深寸許，用皮爲裘帽、風領，寒月服之，得風更煖，著水不濡，得雪即消，亦奇物也。《本草綱目》五十一今三姓、琿春、甯古塔各處山林多有之，毛色或黄或紫黑，皮甚輕煖，獵者皆於雪天尋其跡而捕之。《盛京通志》貂鼠，一名松鼠，喜食松子，在深山松林中。其窟或土穴或樹孔，捕者先設網穴口，後以草芻燒煙熏之，貂畏煙出奔，即入網中。貂皮之利，居人藉以衣食，故《金史》稱其地富庶云。《扈從日録》又有縱犬守穴口，伺其出而囓之者。紫黑色，毛平而理密者爲上，紫黑而理密者次之，紫黑而疏與毛平而黄者又次之，白斯爲下。貂大與狐等，每皮價四五錢，拔槍毛爲帽脊者曰鑽草，臀曰坐草，腹曰拉草。鑽草，紺色，上也；坐草，黄色，中也；拉草，灰色，下也。爲被褥則不拔槍毛，槍毛即鋭長而黄黑色者。出魚皮國者佳，歲至甯古塔交易者二萬餘，而貢貂不與焉。甯古塔人得之，販鬻京師，歲以爲常。《柳邊紀略》猞猁孫，即土豹。《明一統志》八十九類野貓而大，耳有長毫，白花色，小者曰烏倫。《盛京通志》《事物紺珠》：猞猁孫黄黑色，其皮可裘，出女直。《格致鏡原》八十九銀鼠，有銀鼠尤潔白。《契丹志》二十三吉林諸山中有之，毛色潔白，皮御輕寒。《盛京通志》灰鼠，女真獸有青鼠。《契丹志》二十三青鼠皮女直出。《明一統志》八十九青鼠，即灰鼠，吉林諸山有之，灰白爲上，灰黑者次之。《盛京通志》豹鼠，開元十八年，渤海靺鞨獻豹鼠皮三張。二十六年，渤海靺鞨獻豹鼠皮一千張。《册府元龜》《爾雅》：豹文鼮鼠。郭注：鼠文彩如豹。《爾雅・釋獸》鼯鼠，《爾雅》：鼯鼠，夷田。郭注：狀如小狐，肉翅，翅尾項脅毛紫黑色，脚短爪長，尾三尺許，飛且乳，亦謂之飛生。《爾雅・釋獸》大烏稽多鼯鼪、貍鼠之類。《甯古塔紀略》鼪鼠，一名鼬，又名黄鼠狼，又名騷鼠。其尾高麗市以作筆。《盛京通志》黄鼠，刁約使契丹爲北語詩云：密賜士貔貍。注：形如鼠而大，穴居，食穀粱，嗜肉，味如豚而肥。《契丹志》二十四貔貍即黄鼠。《本草綱目》五十一今呼豆鼠，頭似兔，尾有毛，黄黑色，性好在田間食穀豆。《盛京通志》烏稽出黄鼠，食之最佳。《甯古塔紀略》鼢鼠，即田鼠，形似鼠而大，常穿地以行。《盛京通志》松鼠，蒼黑色，大尾，好食果蓏，小者不過三寸，通身豹文。《盛京通志》蝟，似鼠，有毛刺，脚短尾長，犯之則縮，毛張如集矢，俗呼刺蝟，皮入藥。白兔，渤海所貴者，太白山之兔。黑水靺鞨土多白兔。《唐會要》開元天寶間，來獻白兔皮。《唐書》一百十九靺鞨土多白兔、貓皮。《册府元龜》今出阿勒楚喀等處。《盛京通志》跳兔，大如鼠，其頭目毛色皆兔，爪足則鼠，尾長，其端有毛，或黑或白，前足短，後足長，行則跳躍，性狡如兔，犬不能獲之，疑即《詩》所稱『躍躍毚兔』者也。《北征録》跳兔，前足寸許，後足近尺，山中有之。《盛京通志》卻塵獸，出句驪國，其獸毛色殷鮮，光軟無比，剥其皮，合毛爲褥，則塵埃無犯，唐有卻塵埃褥是也。《物類相感志》卻塵褥出句驪國，云是卻塵之獸毛所爲也，其色殷紅，光華無比。《杜陽雜編》

清　薩英額　光緒　《吉林外紀》卷《山川》　尼什哈山，即龍潭山，國語小魚曰尼什哈，山之東北，有小河、出小魚，因以名山。山在城東十二里，高三百步，周十里，四面陡壁，西北有車道，盤旋而上至其巔，林木尤勝。南行百餘步，路旁有一池石砌，相傳謂鯽魚池也。北有龍潭，周五十餘步，水色碧而黑，無論水旱，無長無落。周圍山高樹密，遮蓋水面，望之寂然。遊人以繩繫石投之，數十丈未得其底。相傳國初時，潭中有鐵鎖，繫於井木之上，撼之則山樹動摇。後立廟會，男女觀者，旅旅褻瀆。一夜大風暴雨，雷電交作，井木斷折，鐵鎖亦失所在。潭之西南，有二石穴，外狹而内闊，伏而入之，可以容身，無敢深入者，探之黑闇有風。又東南林内，有樺樹一株，高九丈餘，徑二尺上下，標直枝葉翦齊。乾隆十九年，高宗純皇帝東巡，封爲神樹，春秋祭祀，與龍潭同日。

清　張士達　光緒　《柳河縣鄉土志・物産》　動物：只有牛、馬、羊、豕。羊無多，豕爲常産之大宗，馬、牛僅敷耕用。【略】境内並無虎、豹、麋鹿等。春秋天氣較寒，不宜養蠶。植物：龍崗與濛江接壤一帶，樹木深密，歷年土人砍伐，供附近居民之用，并無銷路。

清　趙炳南　光緒　《靖安縣鄉土志・物産》　本境天然衆産，動物有馬、牛、羊、驢、雞、犬、豕。野産動物有鴻雁、麋鹿、狐、貉、狼、狽、獐、獾、兔、黄羊、鵬鳥、百靈鳥、灰鶴、雉、樹雞、鴿、黄雀、雀等物。【略】果有秋梨、郁李、山店、葡萄。藥類有馬鈴、黄芩、甘草、黄耆、黄連、遠志、防風。

清　潘德荃　宣統　《通化縣鄉土志・物産》　【以下只録種名】虎，豹，熊羆，鹿，野豬，麅，牛，馬，驢，騾，羊，豕，貓，馬鹿，狼，獐，獾，貉，狸，狐，貂鼠，灰鼠，鼬鼠，松鼠，兔，野雞，樹雞，鶉，慈烏，鴉，鵲，燕，雀，蝙蝠，啄木，縮脖鳥，蠟嘴，棒槌鵲，藍大膽。【略】植物：人參，松，赤柏松，桑，榆，小刺榆，青楊，白楊，柳，樫，椴，楸，杻，椷，青剛柳，煖木，茶條，明開夜合木，冬青，【略】松子，山裡紅，梨，香瓜，西瓜，朱纓，李，杏，棠梨，葡萄，軟棗，枸杞子，山核桃，燈籠果。

清 張鳳台 宣統《長白彙徵録》卷五《物産·果類》 松子，《本草》蘇頌曰：松歲久則實，中原雖有，不及塞上之佳。《馬志》曰：海松子狀如小栗，三角，其仁香美，東夷當果食。李時珍曰：海松子出遼東及雲南，其樹與中國松樹相同，惟五葉一叢者，毬内結子，如巴豆大，而有三稜。至《馬志》謂如小栗，殊失本體。按：長白松樹，樹極多，而結子頗少。土人云：惟紅松結子，形如蓮子，仁極香脆。榛子，樹低小如荆，叢生，而枝幹疏落，質頗堅硬，開花如櫟花，成條下垂，長二三尺。葉之狀如櫻桃，多皺文，邊有細齒。子形如栗子，殼厚而堅，仁白而脆，味甘香無毒。其皮軟者，其中空。諺曰：十榛九空。長屬盛産此味，每歲三倍於松子。山梨，野生，即《詩》所謂甘棠也。北人謂之杜梨，南人謂棠梨。《爾雅注疏》云：其在山之名曰樆，人植曰梨。長白此樹多生山上，土人謂之山梨。其樹如梨而小，葉似榛子葉而大，亦有圓者，三叉者，邊皆有踞齒，黪白，結實如楝子，霜後可食，但味頗酸澀少汁，且梨小而子大，此其野生之本質然也。如用佳種接之，當可化莠爲良云。

又《木類》 松，《群芳譜》：松，百木之長，猶公，故字從公。磥砢多節，盤根樛枝，皮麤厚，望之如龍鱗，四時常青，不改柯葉。三針者爲栝子松，七針者爲果松，又有赤松、白松、鹿尾松，秉性尤異。按：長境森林，松居多數。土人象形命名，率無所考，然皆具有取義。其色黄而有文者，謂之黄花松。色白而有光彩者，謂之白松。膠多味惡，名爲臭松。質堅色赤，名爲紅松。最上等而少見者，爲石砬中所出抱松。此松堅硬如金石，有紋盤旋如刺繡，其枝曲，其針短，其體幹微小不過拱把之大。蓋生於嵯峨山半間，爲巉巖怪石所障蔽，鬱不得伸，如楛如槁，如死灰，幾無生理，仰賴春雨、秋陽之涵滋，發而爲偃蹇奇特之靈質，名爲抱松。取其爲山石拱抱，曠世挺生，而非木之本性也。此外如棵松、沙松、赤柏松、魚鱗松，五葉、二葉，各松皮相懸擬，名色亦别云。柞，《釋名》：即鑿木，以其木堅細可爲鑿柄。陳藏器曰：柞木生南方，今之作梳者是也。李時珍曰：此木山中往往有之，高者數丈。其木及葉皆針刺，經冬不彫。五月開碎白花，不結子。木理堅細，色微白。皮味苦辛，無毒，入藥品。長地此木高十數丈，大而且多，松樹之外，柞木占一部分焉。椵，皮厚質堅，葉最大有類團扇者。《羣芳譜》云：其皮可以當麻，取製魚網，牢固異常。本境椵木，大者數圍，其作用不亞於松，有用皮葺房以代瓦者。樺，樺木似山桃，皮上有紫黑花，可燃作燭炬。樺古作檴。李時珍云：畫工以皮燒煙燻紙。又云：樺木生遼東及臨洮諸地，其木色黄，有小斑點，皮厚而輕，匠家用襯韉裏及刀靶之類，謂之煖皮。其皮並可入藥品，性温煖，無毒。楸，《本草》李時珍曰：即梓之大者也。生山谷間，與梓樹本同末異。《爾雅》：椅，梓。郭璞注：即楸也。《詩》云：北山有楰。陸璣《注疏》謂楰即楸，江東人謂之虎梓，或謂苦楸。《齊民要術》以白色有角者爲角楸，又名子楸，黄色無子爲椅楸，又名荆黄楸，俱以子之有無爲别。按：此樹長白土人名刺楸，皮色黄白，上有斑點，高十數丈，木濕時甚脆，乾時則堅，可爲什器。榆，一名零。《本草》：榆莢飄零，故曰零榆。一名蘊莖。《爾雅注》：即今之刺榆。《羣芳譜》：榆有數種，今人不能别，惟知莢榆、白榆、刺榆、榔榆而已。其木堅細，未葉時枝上生瘤，纍纍成串，及開則爲榆莢，嫩時色青，老時色白，形圓如小錢，故又名榆錢，中有仁微苦，葉長尖似山茱萸葉。長地榆樹枝幹彎曲，無甚偉大者。柳，《本草》：柳，一名小楊，一名楊柳。陳藏器曰：江東人通名楊柳，北人都不言楊。李時珍曰：楊枝硬而揚起，故謂之楊；柳枝弱而垂流，故謂之柳，蓋一物而二種也。按：柳樹，易生之木，折枝植地，顛倒皆生。俗云倒植則枝條下垂，謂之楊柳，亦不盡然。其樹於天氣稍煖則生柔荑，層層鱗起，如粟之附穗，老則敗落，散而爲絮。性質宜水，不耐乾燥，木理細膩柔脆，未能經久，蓋其生長最速故也。長地嚴寒，木質之堅不及南省，柳質尤遜。黄楊，木質細緻，頗難生長，每歲只長一寸，閏月年反縮一寸，謂之厄閏。《爾雅》謂桐與芡菰皆厄閏，不獨黄楊。其葉圓大而有尖，光潤而厚，色青微黄，未葉先花，纍然如柳絮，但長大色成紅紫，其老而落也，亦如柳絮之弱不禁風。《羣芳譜》云：取楊木，應於陰晦夜無一星時取之，木方不裂。《本草》：楊木堅細，作梳剜印最良。抱馬子樹，木理堅硬，入土不朽，以火炙之，砰然有聲如爆竹。葉似桃柳葉，色微黑，土人謂其葉味香，微苦，可作茶，曰抱馬子，亦從俗名之也。荆，《本草》：杜荆又名黄荆，又名小荆。李時珍曰：古者刑杖用荆，故字從刑。按：荆叢生而疏，作科不作蔓，枝節堅勁，葉如麻，開花成穗紅紫色，結子如胡荽子，落地即生。多有採荆作薪者，《詩》云『錯薪東楚』，即此也。棘，棘心赤，而外有刺，其刺有直者，有彎曲成鈎者。枝、幹、花、葉俱如棗，結實形圓而小，味甘而酸，俗名酸棗。叢生成科，其木頗堅。長境多山，此物最多耳。但屈曲未易成材，山間陌上往往有之。夜光木，樹老根朽，水浸之久，夜則有光，土人謂之夜光木，或曰雷擊木。潮濕處多有之，河邊尤夥。

又《花類》 冰花，地凍初開，天氣稍煖，此花翹楚羣芳，挺然開放，單瓣短鬚，狀類杭菊。赤日當午則槁，早晚獨盛，爲時不久，未見其子。其根盤結多毛，莖色青紫，高五六寸，弱不禁風。長境盛産此花，土人名爲冰凌花。按：與欵冬花之賦性相同，而形質異。淡泊花，花容雅淡，似黄似白，五瓣叢生，微有幽香，根深尺許，莖細如針，花謝後即爲衆草所没，隱約難窺矣。紫囊，草本，叢生，葉大而尖，花色紫，而中空如囊，大如雞卵，微有皺文，上有口，口上有一瓣倒覆，口旁復列兩小瓣如牙，花心吐一蕊如舌，纍纍下垂，耐久無香。又一種開花如豇豆殼，形亦似之。青袋，花形長方，中空如袋，每莖數花，大如拇指，最嬌嫩，折之則槁。根短小，而莖高二三尺，亦草本之奇品也。野丁香，長地多丁香，酷類丁香而香味稍薄，由於天然，故名曰野。山梨花，即杜梨，結實入果品，花白而香，多生山畔，但枝幹短小，未見高大成材者。芍藥，葉似牡丹而狹長，開花有紅、黄、紫數色。劉攽《芍藥譜》云：花之紅葉黄腰者，號金帶圍。崔豹《古今注》云：芍藥有二種，有草芍藥、木芍藥。按：本境野生草本，花單薄，而色多粉白，仲夏始開，抑遼東地氣使然耳。玫瑰，灌生，細葉，莖紫色，多刺，花類薔而色淡紫，青橐黄蕊，嬌豔芬芳，花謝後結實，如海棠果，皮薄子多，味甘稍澁。按：本境野生，質味雖不及内地美，山陽水淀，在在多有。如採取以製糖、製油、製胰皂之屬，亦當居出産之一。紛紛墮地，長人無掇取者，惜哉！山丹花，一名紅百合，即百合之類也。但其根體小而瓣少，味不甚純。其葉長尖，頗似柳葉，開紅花，六出，無香。按《羣芳譜》云：百合有三種，苗高三尺，幹粗如箭，葉生四而如雞距，開白花，長五寸許，六出四垂，其根如蒜瓣而味甘膩者，百合也。一種幹高四五尺，開紅花帶黄，上有黑斑點，花瓣反捲，葉形長尖，根亦似百合而不堪食用者，名爲卷丹，與《本草》所載山丹一種相類。本境所出，長人呼爲百合，亦取其色相耳。

又《草類》 烏拉草，蓬勃叢生，高二三尺，有筋無節，異常綿軟。凡穿烏拉鞋者，將草錘熟墊藉其内，冬夏温凉得當。故諺語云：關東有三寶，人參、貂皮、烏拉草。其功用與棉絮同，土人珍重之。遼東一帶率産此草，出自白山左近者尤佳。安春香，莖高尺許，葉似柳葉，供香可供祭祀，俗呼安息香。生山岩潔淨處，産長白山上者尤異。七里香，枝葉似安春香，惟葉大而厚。生於長白山上，别處無所見。倒根草，白山左近溝渠中有草紅色，根浮水上，葉褊而長，在水下，名倒根草。長人謂性温行血，分治紅白痢並一切吐瀉等症。此草尚待研究，未敢列入藥品。松香草，味香，研爲末配做香料，可敵藏香之味。産東山一帶，烏扯總管每年照例入貢。通煙袋草，節細而長，性綿而直，吸煙草者藉以通袋管，故名，長人名爲通煙袋草。

又《動物類·鳥族》 鴻【略】鵠【略】鷹，鷹以膺擊，故謂之鷹。其頂有毛角，故又名角鷹。性爽猛，故又名鷞鳩。《禽經》云：小而鷙者皆曰隼，大而鷙者皆曰鳩。《爾雅翼》云：在北爲鷹，在南爲鷂。一云：大爲鷹，小爲鷂。梵書謂之嘶那夜。李時珍曰：鷹出遼東者爲上等，北方及東北者次之。北人取雛豢養，南人媒取其大者，用以圍獵攫擊兔屬。其毛色蒼黑，嘴爪皆如利鈎，飛揚神速，所至披靡，莫能當其鋒焉。鵰，鵰似鷹而略大，尾長翅短，悍戾異常，空際盤旋，無微不覩，能搏鴻鵠犬豕之屬。人莫可馴致之，時亦弋獲，用羽製扇。長白山谷中往往有之，春秋則翱翔騰擊，冬則伏。鴟，即《詩》所謂鳶也。其聲叱咤，故謂之鴟。似鷹而稍小，尾如舵，善高翔，捕雀而食。《爾雅》謂之茅鴟，俗呼老鴟。鴞，鴞與鴟二物也，周公合而詠之，後人遂以鴞鴟爲一鳥，誤矣。按：鴞即梟，貓眼狗臉，毛色黄雜，狀如母雞而小，晝不見物，夜則飛行，捕鼠雀食，性狠惡，生而食其母。鳴聲格格如笑，不祥鳥也。古人於夏至磔之，故其字從鳥從木，首在木上，取見則殺之義。鶚，鶚狀可愕，故謂之鶚，亦鵰類也。李時珍曰：鶚，土黄色，深目，好峙，雄雌相得，交則雙翔，别則異處。能翱翔水上捕魚食，江表人呼爲食魚鷹，亦啖蛇。《詩》云雎鳩，即此，並言其視雎健，故謂之雎。長白江洲間多有此鳥。鶯，嘴尖，眉黑，爪色紅青，遍身黄如甘草，羽及尾有黑毛相間。拂柳穿花，鳴聲圓滑。《本草》云：冬月則鶯藏蟄，入田塘中以泥自裹如卵，至春始出。《荆州志》云：農人冬月於田中掘一二三尺，得土堅圓如卵，破之則鳥在焉，無復羽毛。春始生羽，破土而出，故爲身之味頗臭。曰蒼庚，曰商庚，曰鶩黄，曰離黄，曰鶬鶊，曰鸝庚，曰黄栗留，曰楚雀，曰黄袍，曰搏黍，曰黄鳥，曰黄鸝，皆鶯之名稱也。長屬地寒，節候較内省爲遲，此鳥發聲最晚。燕，《釋名》：乙鳥，乙者其鳴自呼也。《説文》：元鳥，元其色也，大如雀而身長，籋口豐頷，布翅岐尾，鳴聲上下飛舞不停，營巢避戊巳日，能知休咎。春社來，秋社去，其來也啣泥巢於屋宇之下，其去也隱身蟄於窟穴之中。或謂其秋後即渡海，謬甚。長屬之燕，仲夏始見，節候使然。烏【略】長地之烏較内地爲稀，地寒故也。鵲【略】翠鳥【略】長屬瀕江所産翠鳥，其文彩亦斐然可愛。雀【略】野雞【略】長地野雞極多，獵取烹食，味嫩而美，冬令尚可售之他方。雞【略】長白雞亦無異，屬境韓僑雖多，未見蓄長尾雞者。鴨，《釋名》：即鶩也。其鳴呷呷，故曰鴨。舒而不疾，故又名舒鳧。似鷄而大，翅短尾秃，不能飛。雄者緑頭文翅，雌者黄斑色。亦有純黑、純白者，又有白而烏骨。性質本喜水，能游泳水中，捕魚蝦食。雌者生卵，較雞卵爲大。長屬瀕江，蓄鴨者無多。蓋此物盛産於南省云。鳧，《釋名》野鴨，《詩疏》謂野鶩、沈鳧，即俗呼水鴨是也。短羽，高飛，江海湖泊中皆有之。似鴨而小，雜青白色，背上有文，短喙長尾，卑脚紅掌，水鳥之謹愿者也。此物喜暖，盛産於南省，長境雖地瀕鴨緑，間而有之。

又《獸族》 虎，《説文》：虎，百獸之君也。《風俗通》謂虎乃陽物，百獸之長。按：虎狀如猫，大如牛，黄質而黑章，鋸牙而鈎爪，鬚健而尖，舌長大，倒生芒刺，目光若電，吼聲如雷，風從而生，百獸震恐。《易卦通驗》云：立秋虎始嘯，仲冬虎始交。或曰月暈時乃交。又云：虎不再交，孕七月而生子。白山一帶産虎爲多。據日本調查謂與孟加拉地方之虎同種，自頭至尾長九尺餘。獵者以其皮骨輸出遠方，頗獲厚資云。熊，熊大如豕而猛憨多力，虎亦畏之。遇人則人立而搏噬，故俗謂之人熊。竪目黄睛，睫毛遮蔽，如不見物，土人因名黑瞎子。龐然蠢物，重可千觔，然升樹攀巖異常輕捷。冬時蟄伏樹孔中，不出覓食，饑則舐其掌。俟春暖則横出攫搏，喜食松子、蜂蜜及含有甜質之物。土人於禾稼成熟時，苦熊爲甚。蓋熊性貪殘而褊急，羣入蜀黍田中，意揚扬在吞盡而止。以左右爪互相攫取，挾於腋下，然伸臂物墮，則不計也。自謂滿載而出，顧所獲者僅三五，因而憤怒，復入田間，連茹拔茅，肆行踐踏，折落一空，害何可堪。熊之愚，於此可見。按：熊胆入藥最良，有銅胆、鐵胆之分。熊掌味最美，居八珍之一。其皮革厚，獵户見之，未敢輕於一發云。羆，類熊，皮色微黄，陸璣謂羆爲黄熊是矣。頭長脚高，動作一與熊同，或云羆即熊之雄。長白熊多而羆少。豹，《本草》引《禽蟲述》云：虎生三子，一爲豹。按：豹似虎而略小，俗謂能食虎，蓋其性暴，敢與虎鬭也。毛赤黄，間有黑色，其文尖長如艾葉者曰艾葉豹；有黄文如線者曰金線豹；冬至後黑斑内生有黄毛，外圓而中空如錢者曰金錢豹。其皮質稍薄，不及虎之美。長人終歲獵獲之數與虎等，惟價值次之。鹿，《釋名》即斑龍。按《乾甯記》云：鹿與游龍相戲，必生異角。則鹿之稱龍，或以此歟。馬身羊尾，長項高脚，性淫而樂羣，食則相呼，行則同旅，居則環角外向，卧則口朝尾閭。喜食龜，能别良草，清潔自愛，不與惡畜伍，《埤雅》所謂仙獸者是也。其貴在角。《本草》云：牡者有角，夏至則解，大如小馬，黄質白斑，俗稱馬鹿。牝者無角，小而無斑毛，雜黄白色，俗稱麀鹿。孕六月而生子。今人謂黄色白斑爲梅花鹿，其茸角最佳。色蒼無斑者爲馬鹿，其茸角次之。統以近夏至日獲之爲良。至於鹿胎、鹿尾、鹿鞭，均入藥品，爲用甚廣。長白獵户歲入，以此爲大宗，計終所獲牝牡，價值約四千餘金。麋，鹿屬也。《本草》云：麋似鹿而色青黑，大如小牛，肉蹄，目下有二竅爲夜目。南方惟海邊最多，千百爲羣。牡者有角，十月取之。鹿喜山而屬陽，故夏至解角；麋喜澤而屬陰，故冬至解角。按：日本調查謂滿洲出麋。本境獵户則不知有十月取之説。豺，《埤雅》云：豺，柴也，俗稱體瘦如豺是矣。其形似狗而色頗白，長尾細體，前倭後高，毛象髼鬆，健猛多力，食小獸，並喜食羊。其肉腥臭不可食，皮質薄，無甚用處。狼，《釋名》稱毛狗，謂其毛色如狗也。鋭頭尖喙，白額駢脇，高前廣後，腰細而小，性最貪，喜肉食，皮厚毛長，可作禦寒之物。惟産虎豹之區，狼則遠避，故長人所獵，歲值不過數百餘金。麞，《釋名》：即麕也。《本草》蘇頌曰：麞類甚多，麕乃總名。有有牙者，有無牙者，有牙出口外者，均不傷人。秋冬居山，春夏居澤，似鹿而小，無角，黄黑色，皮細軟，勝於鹿皮。或曰麞亦有香，如栗子，能治惡疾。李時珍曰：麞無香，有香者麝也。謂麞有香，誤矣。麝，麝之香氣遠射，故謂之麝。其形似麞而小，黑色，常食柏葉，又噉蛇蝎。其香在陰莖前皮内，别有膜袋裹之。或謂其香在皮，或謂其香在臍。長白所獲，歲值無幾。蓋麝以南省、西地爲良，長産無多，其香亦次。野猪，形如家猪，然肥大可千觔，牙長出口外，性憨力猛，羣行覓食，獵人惟敢擊其最後者。後者殪，則前者攢行不顧，若擊其在前者，則羣相散搏以傷人。其肉色微赤，味勝家豬，牝者尤美。皮革亦堅厚，爲用甚廣。山羊，《釋名》即野羊，《圖經》謂羱羊。其角有節，殊疏大，不入藥品。有謂山羊爲羚羊者。按：羚羊之貴在角，山羊之貴在血。《本草》謂其角有卦痕者爲羚羊，無者爲山羊。李時珍曰：山羊有二種，一種大角盤環，體重至百斤；一種角細者，謂之莧羊。本境山羊較家羊爲大，其血最熱，有散淤止痛、滋陰補血之功用，近今價值頗昂。惟長屬所産無多，獵者所得，歲值約三四百金。蓋山羊以滇、蜀、粵産爲良，遼産惟銷本省。貛，《釋名》：狗貛，蜀人謂之天狗。穴土而居，形如家狗而脚短。食果實、草子之屬，肥大多脂，其脂油能療治燒瘡，肉亦甘美。皮質脆而光澤，有用作褥者，然煖度則少差焉。獺，獺狀如犬，頸長似馬，四足俱短，頭與尾皆褐色，若紫帛然。大者自頭至尾長三尺餘。有山獺、水獺、海獺三種。《正字通》云：山獺性淫毒，山中有此，牝獸皆避去。又海獺生海中，毛入水不濡。李時珍云：今人取其毛爲風領，亞於貂。水獺生溪邊，食魚，居水中，亦休木上。王氏《字説》云：水獺於正月、十月兩祭魚。一説謂獺取魚以祭天也。皆報本反始之意。長白所産無多，有山獺、水獺否之分，二種均不多覩。麅，一作麃，《説文》云：麠屬。麠，大鹿也。按：麅形似鹿而無角，毛色蒼黄，皮可障潮濕，肉味平甘，可作脯，亦野味之一也。貂，許慎《説文》云：貂鼠，尾大而黄黑，出零丁國，即今遼東高麗諸地。其鼠大如獺，而尾粗如狐，毛深寸許，用皮爲裘帽、風領等物，最能禦寒，遇風更煖，著雪即消，入水不濡。《本草》謂塵沙眯目，以裘袖抆之即出，誠毛革中之奇品也。白山左近森林蔭翳，産貂尤佳。有黑色、赤鮮、褐色數種，以毛皮之濃淡分價值之高低，且亦因其居處異其毛色。按：産於松杉之林者，毛帶黑色，品格最貴。棲於白楊之林者，色稍鮮明，而品格次之。産落葉松及五葉松之林者，毛皮極鮮明，而品格爲下。其次於貂鼠，而毛皮亦重貴者爲栗鼠，然類貂，惟多見者能辨之。《釋名》謂貂鼠即栗鼠，《爾雅翼》注謂貂鼠即松狗，均係籠侗言之，尚未辨及纖微云。灰鼠，似鼠而尾大，毛長，色如土灰，製裘甚輕，然煖不及狐。生山谷中，羣出覓食，鷙鳥悍獸往往見而搏噬焉。長屬甚産此種，惟皮質較吉、江兩省少遜云。狐，尖鼻大尾，後腿長而行速，腋毛純白，謂之狐白，皮毛制裘輕煖，故世尚狐裘云。狸，《釋名》謂野貓，穴居，薶伏之獸也。黄質黑斑，毛甚脆嫩，其肉味臭，食蟲鼠及草根，以其狀類虎，故俗稱虎狸是矣。猞猁猻，猿屬，而體小如貓，臉如狗，嘴尖似狐，毛色微黄，含有白針，極其滑澤，較狐皮尤佳。産於三姓爲多，長白間或有之。兔，篆文象形，一云吐而生子，故曰兔。有蒼、白、黑各色，大如狸，然皮毛質脆可製筆，用以禦寒不甚堅緻也。山狗，身長尺餘，毛色黄者最夥，形類小犬，行則成羣，足捷善走。山獸皆畏之。每遇獸則一呼嗥皆至，圍而食之，須臾食盡，餘則埋之。土人唤爲山砲手，亦曰豺狼狗子，長郡左近最多。

清　白純義　民國《輝南縣志》卷一《疆域・物産・花果》

杏花，分家杏、山杏二種，家杏頗少，山杏二月著花，香艷如桃，五月實熟，色黄味甘，其仁入葯。李花，小而白，春華暑實。家李實圓而大，色紅而甘；山李實黄而小，多水分，食之已渴。其色黑而小者曰臭李，苦澀無味。梨，山梨最多，花白無香，三月中彌漫山谷，南風微動，落地如雪。秋初實熟，或甘或酸，均可食。家梨有秋白、尖把、香脆諸種，較勝山梨。棠梨，《詩》謂常棣，俗曰棠李子，花實均晚於李，實亦較小，熟時色紅，可食。櫻桃，《爾雅》謂楔荊，《禮》謂含桃，花美麗可愛，實晶瑩而紅如瑪瑙，人家多藝之園圃中。葡萄，花美而多實。山葡萄最多，黑粒圓，甘酸可食。家藝者間亦有之，實紫碧圓長，遠勝於野生者，即《詩》之薁。葡盤，味甘而酢，色紅而潤，荒田叢生之，葉多刺。桃，僅有盆種者，實多毛，曰毛桃，花後結實。山樝，小者曰山裡紅，味酸止渴。《爾雅》謂朹繫梅。丁香花，有紫、白二種，夏季著花，香聞里許，一名百結花。山核桃，生楸樹上，似胡桃而長，皮殼堅厚，仁肉香冽。惟葉含毒質，落水中飲之，手足拳曲，宜伐去之。芍藥，古名婪尾。仲夏發花，大如拳，紅而艷，色白者較小，生山上曰山芍葯。松子，即松塔子，果松結之，纍纍滿樹，秋季採之，殼堅仁肉甘旨，可食。榛子，榦細而低，暑後實熟，采而曝之，爆去其殼，其仁味香，可食。玫瑰，俗曰刺梅，有家刺梅、山刺梅之別。家刺梅較高大，花皆單瓣，色紅嫣艷可愛，其果可食。鳳仙花，俗呼指甲花，紅色，能浸透指甲。野生者曰季季草，端陽節閨中兒女多以染指。月季，俗名月月紅。菊花，《禮·月令》：鞠有黄花。儘有以盆藝植者，有紅、紫、黄、澄數種，江西臘似菊而小。迎春花，迎春而發，人家盆藝之。馬藺，《禮》謂荔挺，葉離披如蘭，花小如蝶，初開藍色，將落變爲絳色，叢生道左。西蕃蓮，大葉奇葩，華麗可愛，相傳來自西蕃。石竹花，生山中，枝如竹，花嬌小嫵媚，入葯曰瞿麥。葵花，本高五尺，花朵大如盤，開常向日，又名轉日蓮。蓼花，《詩》謂游龍，生於隰，花垂穗，秋初而發，摇曳水際，紅奪晚霞。山丹花，一名紅百合，花六瓣，反捲，色深紅，鉤心鬬角。蘇玉局所詠『庭前種山丹』是也。繡毬，木本，藝植盆中，花小而艷，輔輳如毬，嬌艷可愛。玉簪花，白而長，未開時如玉搔頭，一名鶴仙。牽牛花，蔓生，俗呼青娘子，花色不一，入葯曰黑丑、白丑。鷄冠花，形如鷄冠，有黄、白二種，入葯曰青箱子。木槿，花小而黄，朝開夕合，俗曰夜合，《詩》謂舜華。凍青，花葉如柳而圓，新葉生，舊業始脱，花紫色，冬含蓓蕾，春夏方開。蘭草，花形如韭，花粉紅色，儘有盆植者多，蕙屬。冰蓼，生於山陬，冰泮即開，一名冰了花。茉莉，花有黄、白二種，秋後始開。節節高，似菊而質色紅，一本發花數十，每花輒出一枝，節節相高，霜前茂蒨。菱芡，生水中，二角曰菱，四角曰芡，俗謂鷄頭米，角中含粉，味甘和，可食。燈籠花，生山中，榦側俛花，色白，遠望之似懸燈。野菊，生山中，花似菊，色多紅白，惟直質無菊之姿，人家頗有移庭軒者。

又《禽獸》 鶴，深山莽林之間，灰鶴爲多，高約四尺，全身灰色，間有純白，丹頂碧喙，修偉軒昂，戛然長鳴，聲聞數里。鴻雁，大曰鴻，小曰雁。本境不産，春來秋去，輝發江濱常見之。野鴨，形如家鴨而小，弋之可食，出没水中，即《詩》之鳧。鷺，體瘦削，純白，長頸修喙，踆跱水邊，善捉魚，俗呼釣魚郎子。雉，俗曰山雞，岡原皆有之。雄者花冠修尾，文彩斑斕；雌者褐色微紅，亦能産卵，伏雛草間。樹鷄，形如雉而小，非樹不棲。鴟鴞，其形似貓，俗呼貓頭，晝伏夜出，人不常見。鵰，《山海經》謂鷲，似鷹而大，高尺許，英俊負力，能抱犢而飛，目灼灼如星，爪棱棱如鋒，最猛鷙，百鳥畏之。烏，俗呼老鴉，通體純黑，飛則成陣，巢喜近村樹上。鵲，俗呼喜鵲，羽間玄素，善營巢知幾。燕，春來秋去，銜土築巢傍人檐下。小者曰越燕，大者曰麻燕。雀，古謂瓦雀，俗呼佳雀，小而可愛，常居檐下。蝙蝠，形如鼠，四足兩翼，喜夜飛庭際。《爾雅》謂服翼。鴿，性聰頴，能會人意，羽麗可愛，常傍人棲。布穀，穀雨輒鳴，似催耕者，《詩》謂鳲鳩。啄木鳥，俗呼啄木冠子，喙鋭長，能鉤取朽木中蟲，食之。百靈鳥，産於林野，鳴聲甚碎，多納籠中養之。斑鳩，灰色羽，有黑紋，棲林中，鳴聲凄永動人。鶺鴒，性好鬬，産於山林之間。蘇雀，即黄雀，喜食蘇子，故名。王乾哥，喜食葠子，俗呼葠雀。産葠之處輒有之，形似鶉而削弱，喙鋭尾修，羽間玄黄，自春徂秋，徹夜哀鳴，感人鄉思，頗似子規。藍大胆，羽翎藍色，長尾，有冠，不畏人，故以大胆呼之。鷹，一名鵜鳩，目灼爪鋭，猛鷙善捕，多養之以獵雉兔。鷂，即鸇，偉於鷹，而鷙亦過之，俗呼鷂鷹。黄鶯，一名黄鸝，春時啼於樹間，嬌小宜人。練鵲，俗長尾練，似鵲而羽斕斑，尾亦長，生山林中。蠟嘴雀，喙長如涂蠟，故以名之。哥哥鳥，鳴時自呼其名，山鳥自呼名即此。【略】

虎分大虎、石虎二種，東南山中産之。大虎長丈餘，高三四尺，雄黑雌黄，遍體斑斕，生條紋。石虎似大虎而小，性綦殘暴。豹，有金錢豹與土豹之分。金錢豹高三四尺，長五六尺，體有白細花紋，形似金錢，故名。土豹較低小，毛有黑紋，黄尾方喙，爪牙但犀利，身輕善起縱。貅前足似虎，後足似熊，方首長喙，高四尺，長七尺，强而有力，能噬虎豹。相傳爲豹與熊配合而生者。狼，形似犬而喙鋭，尾直，目斑，毛長。本境産者分二種，眼眶毛白，性殘狡者，曰白狼；毛色時變，春夏純青，秋黄冬白者，曰土狼。高如二三尺，長四五尺，每伺隙銜人家驢豕以去，遺矢四野，每有骨骸云。狼蟲，形似狼而狹長，色黄，修至六七尺，能挺立以後足行，殘暴之性無與倫比。鹿，大者曰麋。考《通志》：盛京、吉林有麋無鹿。按：大者曰麋，小者曰鹿。今俗通以鹿呼之。本産分馬鹿、花鹿二種，馬鹿高大性馴；花鹿較小，牡皆有角，椏槎如枝，牝無之。遍體各有斑文，燦爛可觀，長頸短尾，形相似也。

熊，大者曰羆，或云毛色黄白者爲羆。俗以其體重，毛黑，目光艱澀，趾履蹣跚也，又以黑瞎子呼之。本産馬熊最大，高四五尺，長六七尺，重至千斤。狗熊高二尺，長四尺，重五六百斤，掌似人手，能升樹，夏棲林，冬營穴，性猛不易獵獲。《通志》又有人熊、猪熊、猴熊諸稱，以形擬名，類非一也。野猪，形似家而體大，喙長齒利。孤猪重至千斤，羣猪至百餘頭，每至三百斤。孤猪兇猛傷人，不易獵得。豺，足似狗，瘦如柴，體小而輕便，性猛鷙，善逐獸，獸常畏其便溺，著身即腐潰而斃，俗呼豺狼子。麅，麢類，長角，蒼毛，似鹿，捷足善走。狐，分火狐、草狐、沙狐數種。毛色不一，火色、雪色最佳。高六七寸，長尺餘，毛茸茸，細如呢，制爲裘，異常温暖。貉，似狐而尾小，多褐色，皮毛亦極珍貴。兔，《新唐書·渤海傳》：鞢鞨多白兔。境内所産，多蒼褐之色，眼明，善躍，俗呼跳子。豢養於家者，毛色多白。麞，鹿類，無角，即《詩》之麢，體小於鹿而足較長。獾，形似貉而矮，體肥行鈍，以皮爲褥，坐之已痔。猞猁，形似狐而略高，毛長，灰白色，紋小者曰烏倫，又呼猞猁猻，皮毛極珍貴。貂，長尾鋭喙，有黄、黑二色，長二尺，高六寸，《通志》謂貂鼠。水獺，毛色紫黑，長二尺，高五寸，水陸並棲。常在水中捕食魚類，皮毛亦負貴值，東南山麓河中産之。蝟，似鼠而大，毛如刺，腳短尾長，遍體刺毛，張如集矢，物不能犯，俗呼刺蝟。山狸，形如貓，俗呼山貓，黄毛黑紋，高尺餘，長二尺餘。倭貂，俗呼倭刀，黑毛細尾，形同於狐，或謂狐與貉配合而生者。灰鼠，似家鼠而稍大，以灰色、白色者爲佳。松鼠，蒼黑色，通身豹文，尾大如帚，俗呼花鼠，大者不過五寸，喜食山果，每跳擲樹間，輕如飛鳥。黄鼠狼，古謂鼬，一名騷鼠，尾穎，可以制筆。

紀事

宋　洪浩《松漠紀聞》卷一　寧江州去冷山百七十里，地苦寒，多草木，如桃李之類，皆成園。至八月則倒置地中，封土數尺，覆其枝榦。季春出之，厚培其根，否則凍死。每春冰始泮，遼主必至其地，鑿冰釣魚，放弋爲樂。女真率來獻方物，若貂鼠之屬，各以所産量輕重而博易之。後多强取，女真始怨。

清　方象瑛《封長白山記》　〔清〕薩布素率旂甲二百人伐木開道，十二日悉衆行。是日薩布素遣顧愫等先後馳報前進約百數十里，登一山，升樹而望，遥見遠峰，白光片片，殆長白山也。因留噶喇大額黑督采珠蚌。十四日與薩布素等會密樹茂林，揣摩開路。十六日黎明，聞鶴鳴六七聲，雲霧迷漫，不復見山，乃從鶴鳴處覓徑，得鹿蹊循之以進，則山麓矣。始至一處，樹木環密，中頗坦而圓，有草無木，前臨水，林盡處有白樺木，宛如栽植，香木叢生，黄花爛熳。隨移駐林中，然雲霧漫漫無所見也。衆惶惑，前誦綸音，禮甫畢，雲披霧捲，歷歷可覩，莫不歡呼稱異。遂攀躋而上，有勝地平敞如臺，遥望山形長濶，近視頗圓，所見白光皆冰雪也。山高約百里，五峰環繞，憑水而立。頂有池約三四十里，無草木，碧水澄清，波文蕩漾。繞池諸峰，望之摇摇若墜，觀者駭焉。南一峰稍低，宛然如門。池水不流，山間則處處有水，左流爲松阿里兀喇河，右流爲大小訥陰河。瞻眺之頃，峰頭游鹿一羣皆駭逸，惟七鹿忽墜落。衆喜，曰：神賜也。

藝文

清　愛新覺羅·玄燁《清聖祖文第二集》卷四八《閱窩集並序》　古松林數十里，蔭翳無際，非亭午夜分，不見日月。

松林黯黯數十里，罕境偏爲麋鹿游。雨雪飄蕭難到地，啼烏野草自春秋。

又《烏拉山嶼間，古木灌莽，澤潦徧野，即黄龍府之地也，今人未暇詳考》　層岡翳薈亂高低，駿馬迎風不住嘶。磧裏草深行潦闊，遲回應惜錦障泥。

其二：路轉山環雜古柯，覆茅苫舍傍坡陀。疆隅湮没遼金界，虎穴鷹巢處處多。

清　愛新覺羅·弘曆《清高宗詩二集》卷三一《瑞樹歌》　長白之山天所作，隆崇案衍隣峒峽。衆水之源會其極，中産萬木兩儀神秀鍾於兹。

萬木傑池鬱争長，問年皆在循蜚疏仡時以上。厥有瑞樹爲之伯，如星拱北羣所瞻仰栖靈祇。命圖以來真神奇，畢歆河本鴨緑支。船不能進易威呼，溯流而上乃至西埒墨勒溪。威呼，又不能進捨舟陸行一由旬，斯見瑞樹臨匯㶇。近樹無凡草，金光蔚敷披，聳身三丈五尺餘。叶七分去二其合圍，上分十有二大枝。莖葉輪囷各異姿，其種有八若列眉，松檜白楊遮勒穆期，紫樺白樺密克特木及白榆。叶自頂至根合十餘丈，峥參差。靈芝九本三秀滋，是皆紀實非虚詞。乃信神壤天所秘，未許塵世尋常窺。大椿徒傳八千歲，較此奚啻父視兒。特一瑞樹，真足陵駕前古史所垂。宜乎長白之山，開我國家萬年有道無疆基。

黑龍江

綜　述

清　愛新覺羅·玄燁《清聖祖文第四集》卷二七《堪達罕》　索約爾濟等地方有獸，名堪達罕，鹿類也。色蒼黑，項下有肉囊如繁纓，大者至千餘觔。其角寬扁，以之爲決，《詩經》：決拾既佽。注：決以象骨爲之，着於右手大指，所以鉤弦開體。勝於象骨，世人貴之。其四蹄能驅風，凡轉筋等症，佩於患處，爲效甚速。

清　張縉彦《甯古塔山水記·石城》　多虎、狼、獐、鹿、狐、鼠、雉、免。其草卉則有芍藥、玫瑰、芰荷、菖蒲、慈姑、百合、萱草、石竹、水蓼、山丹、茭白之屬。【略】山中則有木耳、蘑菇、黄花、土菌、羊肚之屬。其果品甚少，衹山梨、山杏、山查、松榛、郁李、葡萄數種，然皆出於遠山。而藥苗則人參、黄精、野艾、沙參、防風、桔梗、蒼術、白附、豨薟、益母、蒼耳，其類甚繁。而材木則松、檜、樺、椵、榆、郁諸樹，在烏雞者，千尋之材，不可名數。

又《虎山》　虎山者，在彭諫議屯中，土音蹋□□，華言虎穴。是山虎匿穴中，每入屯，多傷人畜，樵采者避之，故雖在近郊，而林木獨存，蕩蔚窈窅，與他山不類。其綿亙數里，高可白仞，遠望三峰，似雉堞重疊。若有山□傒鬼，往來其間。西北一嶺，突兀如人立，大石盤薄，可□几席，遊人偃息其上，卧而眺遠，雲物草樹，皆在肘腋之下。山陰多卷柏、石蒲、映山紅、白楊、緑柳，與椵、樺和雜。更有異木□□，方而有棱，葉似映山紅，或地氣使然，或系别種，則未可知也。山之陽，土□聯綿，野卉荒榛，與山上下。山脚半里，亂石嶙峋，如星列，如棋壘，地皆汙萊，秋潦浸漬，明水溪毛，能助山之秀色。雖無瀑布，流泉亦不覺少。此山去官道山不遠，風風雨雨，山氣離合，景物絶勝。

又《石河山》　其樹多樺、椵、槲、柳。春時，萱花、山丹、紅藥、紫蕨，遍滿山谷間。再入則三越流溪，中有小洲，兩溪繞之，洲中草樹叢薈，撥茅而入，異花芬馥，且多木本，然不能悉名也。又生野繭，抽之成絲。洲東之河，停水爲洲，深丈餘，中有大蚌，土人没水取之，云有珠，然未之見也。道上有石如筆架，三棱並峙，形如刀削，然視其下，土形漸墜。或古人瘞骨處，不然，豈造物者於平壤之中，爲此奇幻耶？過此，則大山四圍，古木連卷，虎、羆、獐、鹿，充斥于中，行人絶少，去烏雞亦近矣。

又《洞山泥漿》　去台十二里，峰巒高峙，望之如青屏者，洞山也。坐卧其下，森肅逼人，聳如太華，衍如太行，在諸山中，獨雄而大。然處絶塞，不見於圖經，是以得隱潛於灌莽之中。初入山，有河環其北，其中有洲，水分爲二。洲中樹木薈蔚，非芟除叢刺，不可入，野蔓繚繞，多葡萄、山查、郁李諸種。

又《卧佛山》　山之靈奇者必有洞。甯古之山有洞者二，一洞山，一卧佛。卧佛之洞亦有二，小者如牖，大者如屋。如屋者内方而外坦，廣可丈餘，下有石穴，窈不見底。洞在山半，洞上古木森蔚，如復盂然，兩旁皆土丘□草樹，洞之脚，亦有雜木枝幹，結爲山麓。清翠時來此山，連衍不斷，六七里至天羅而大，又二十里至交羅而更大，氣脈龐厚，兩地皆成屯聚，蓋卧佛之□爲首，而天羅、交羅之山爲□□□□。卧佛之名，以洞中有佛偃卧如涅槃者，及□□□□□也。土人云，卧佛，土音乃山之臭咀也，以屯在山□故云。而天羅、交羅皆土人姓名初住此地者，遂以名山耳。三山皆土埠石脚，樹木叢雜，樵牧粉耘，地沃而産豐，然卧佛獨以洞著稱靈奇焉。

又《呼郎山》 土音呼郎者，煙洞也。山大而深，多古木，空其中，人取以爲煙洞，通灶火，故名。或以其山壁峭矗，似煙洞形，理或然也。柳河逼山南而下，地多汙萊，溝渠縱横，遇秋潦漲溢，大木枯椽，塞河而下，其至没岸頳城。城中居民徙山坡，支毳帳避之。蓋地近烏棘，故灌莽難測如是。産多榛、橡，郁李、山梨、葡萄，採取者騎彙交路。

又《雜記》 烏棘，土語大樹林也。南去甯古百餘里，東西去甯古數十里，縱横不知盡處。其中多山神野鬼，過者掛巾帶、衣物、紙錢於樹枝上，以乞神佑，見者莫敢取，或褻嫚戲謔，往往得大病不起。夏日常雨，冬日常雪，四時晦冥，出林則晴明如故。杉松合抱，大材不可勝用，居人粱棟槽桶，皆於此取足，甚便之。虎，夏伏冬出，陰類也。出則近村舍，食人犬豕。噬人則受命於山神，不當食，雖相遇，不害。噬一人則耳爲一缺。攫人不過三躍，遂力盡，土人刺虎者，避其躍，輒掩取之。有神樹，以爪抓樹皮，系其祭神處，人若砍其樹，虎必殺之，雖遠匿不能避。人被虎逐，卧地，首向北則舍之。獸首向北者，亦不食。所食獸餘肉，人不敢取食，食則必尋其人噬之，若以其餘肉飼猫，虎更恨之，必食其人，雖一二年，千百里，亦必報之。鹿，凡山皆有，若千百成群，三二年乃一至，不知從何來。一群之中，必有一大鹿長角者在前，摇尾引之。因群鹿俱隨，兵土圍獵，每一日即可得數百，所謂□□是也。烏棘有駝鹿，土人名曰康達里，其角堅白如玉，中有黑□，射者用以貫指，甚貴重。熊有二種，一緣木，一山棲。緣木者，冬蟄枯木中，山棲者入石穴。其雄有力者，敢與虎鬥。其威在掌中，熊心下有白如鏡面，捕之者，槍箭必中其白，乃斃。其傷人以掌，人爲所困，則以舌舐之，骨肉俱爛。【略】貂鼠山烏棘山中，穴居。取之者，雪地看其蹤跡，跟尋得其巢穴，或用弓弩，或用木夾，潛置行處，以火熏之，中機而□。冬皮毛長而蒼，秋皮毛短而軟，其黑色者，□瀋陽貨者，多用薰染而價倍烏棘。魚皮、黑觔等部落往來交市甚多。烏棘等不用銀錢，易之者以布帑、□(鐵)器、羊皮等物。人參出甯古及烏喇遠山中，生松樹之下，紅紫花，一層五葉，層多爲老參，略似人形者有神。采之者不言而取，一叢可得數十枝，若喧言有參，則握之不見。極大者一根重可七、八兩，其價值無算，服之長年。烏喇出參膏，乃苗葉所熬成，非參蘆也。【略】楛矢，周時肅慎所貢，系千年榆，椵木沉江底者所化，今江河中尚有之，烏喇人名杌烏黑，取以爲磨刀石，一半是石，一半是木，堅如金鋼，用爲箭鏃，極利。【略】水上有小白鵝。秋後乃出，出十八日則霜落，土人晚田畏霜，每指此爲驗，不爽。雕有水雕、沙雕二種。其翎以水雕爲勝。多棲在山中高樹，數十成群。取之者遍結繩，套於樹上，待其棲定，驚之使亂飛，系其足則取之，非從射而得也。【略】鐵角山，雀之最小者，紅頂黃嘴，聲甚嬌好，冬來春去，來則千百成群。結滚籠如輪轉，繫穀穗於上，以一雀誘之，則墮入籠中，日得百十，燒炙以食，味甚美脆。

清　楊賓《柳邊紀略》卷四 [甯古塔]山多櫟、柞、椵，椵類銀杏，鋸板可爲器，其皮可爲瓦，浸水久之可索綯。柞可爲車。櫟之小者名波羅木，五月土人摘其葉裹糉，大則名櫟，爲薪而已。

清　方式濟《龍沙紀略·山川》 興安嶺，一曰新安嶺，或曰蔥嶺之支絡也。盤旋境内數千里，襟帶三江之左右，爲衆流發源。由卜魁至然爾根、艾渾，置驛嶺上。巡邊者渡諾尼西北數百里，則陟降取道，松柞數十圍，高窮目力。穿林而行，午不見日，石色斑駁，若趙千里畫幅間物。有石洞，洞中几榻天然如琢，行者鬭草得之，藉少憩焉。

又《飲食》 卜魁西北二百里，山崖松、柞蓊鬱。江冰後，作炭者乃往，故直賤於冬。

又《貢賦》 貢莫貴於貂與珠，已載之《經制》。其黄羊、野彘、雉、鹿之獲於野者，作邊土之物貢，宜矣。至於盡其土實厥篚，惟錯納於王家，雖蔗節桴苡之微，並宜志懷方之盛焉。海青即海東青，出遼東，鷹鶻之最俊者。《明一統志》云：小而健，能擒天鵞。今出黑龍江左右。鶡雞，雉屬，出艾渾深山中及札賴特地。雌者毛色若灰，雄若濃靛。訛呼黑雞，歲捕生者入貢。【略】歐李子，柔條叢生，高二尺許，花碎白，實如小李，味酸澁。寧古塔、艾渾皆有之。花水，出艾渾，色赤，望之如豆，入口成液，離枝十餘日輒化爲水，以蜜收爲膏，充貢。

又《物産》 杜實，産艾渾，小而赤，似桑葚，味酸。夸蘭磨菇，生卜魁城東草地内，七月入市。夸蘭者，氊廬檐木所立之周遭也。木氣入土生蘑，故名。今因其白色黑闌，名爲花闌，乃强解耳。老鸙鷇，莖葉如雞冠，高丈許，實如栟櫚子，深赤色，取粒作粥，香美。花有蜀葵、兔葵、萱、蓼、鳳仙、長春、刺梅、金錢。土人呼兔葵爲鬼臉葵。雀兒花，色翡翠，似鴛鴦菊而單蒂，跗橫枝上，如鳥之翔。閃緞花，以色名，似龍爪而小，山丹而曲。草芙蓉，不知何以名，葉細如皂莢，花黃同菊瓣規，高者亭亭二尺許。萬年菊，花葉類草芙蓉，色黃枝柔，蒙密延蔓，一本可百餘花，或曰即層瓣高麗菊也。高麗菊，產朝鮮，枝葉類萬年菊，單瓣，色黃赤相間，如虎皮。日奇花，類蝴蝶花而小，一莖十數花，辰收申放，數必奇，故名，葉如萱。萵苣蓮，即罌粟，六月始花，高尺許，葉如萵苣，單瓣微紅，中土人攜千層五色種布之，輒變。菊，亦畏霜，五月茁，枝瘦弱，八月移盆入室，臨南窗下，十月花大如錢。棠梨，郊圃間有之，土人繫繒條於上，曰神所憑，伏臘祀之，有戕其枝者則怒，不知何所取義。城南三十里有柳，叢生，細不及指，高不及肩。杏亦然，無成樹者，花小不實，土人老死，不知鮮果爲何物也。藥味有益母草，赤白芍藥、防風、黃芩、白合、木賊、蒺藜、甘草、車前子、麥虋冬、五味子、薄荷、黃精。艾渾產黃連，然皆雜煙莽中，萎於霜雪，無採劚者。羊草，西北邊謂之羊鬍草，長尺許，莖末圓勁如松針，黝色油潤，飼馬肥澤，勝豆粟遠甚。居人於七、八月間刈積之，經冬不變。大宛苜蓿，疑即此，中土以苜蓿爲菜，蓋名同也。索倫產馬，身長足健，毛短而澤。鄂倫春無馬，多鹿，乘載與馬無異，廬帳所在皆有之。用罷任去，招之即來。有殺食之，斯不復至。鄂倫春地宜樺，冠履、器具、廬帳、舟渡，皆以樺皮爲之。【略】堪達含，駝鹿也，項多肉。陸佃《埤雅》云『北方有鹿，形如駝』，即此。色蒼黃無斑，角堅瑩如玉，中有黑理，橫截之鏤爲玦，使理周於外，一線勻圓。選一决於數十角，直數萬錢。弟世莊有詩曰：臃腫額端欺鹿角，郎當項下鬬狼胡。可憐骨碎三軍指，曾助天山一箭無。沙雞，鳩形鶉毛，足高二寸許，味勝家雞。老鸙雀，一名千里紅，與雀無異，惟顛有紅毛，產俄羅斯地，至以十一月，囮而取之，炙食甚美，籠畜之輒死。無蟻。蚊不入室。

清　吳振臣《甯古塔紀略》　[甯古塔]東門外三里，有林名「覺羅」，即我朝發祥地也。自東而北、而西，沿城俱平原曠野，橡林玫瑰，一望無際。五月間，玫瑰始開，香聞數里。予家采爲玫瑰糖，土人奇而珍之。有果名「衣而哈目克」，形似小楊梅，而無核，味絶佳。草本，紅藤，生雜草中。又有果名「烏禄栗」，似橄欖，緑皮小核，味甘而鮮。又有果名「歐栗子」，似櫻桃，味甘而酸。俱木本小樹。而梨子雖小，味極美。梨與葡萄做酒，色味俱精。此二種，內地所無者也。山查大而紅，亦爲糕。予家常食榛子腐、松子糕，不覺其珍也。產人參，爾時多賤，竟如吾鄉之桃、李。草本，方梗，對節生葉，葉似秋海棠。六、七月開小白花，八月結子，似天竹子。生於深山草叢中，較他草高尺許。土性鬆，掘數尺不見泥，若朽爛樹葉。以八、九月間者爲最佳。生者色白，蒸熟輒帶紅色。紅而明亮者，其精神足，爲第一等。今之醫家俱以白色者爲貴，名爲「京參」，又謂其土不同，故有此二種，大謬。凡掘參之人，一日所得，至晚便蒸，次早曬於日中。曬乾後，有大有小，有紅有白，並非以地之不同，總因精神之足與不足也。故土人貴紅而賤白。蒸參之水，複以參梗、葉同煎，收膏，膏味亦與參味同。人參子煎湯，難產者服之即生。但參在本地服之不能見效。予父初到甯古時，以參半斤煎服，反瀉半日，不可解晚也。產黃精、桔梗、五味子及雞腿麻菇。木耳、真經菜、蕨菜，極多而肥。東山名「商陽哈答」，極高峻。在對江，石壁插于江中，水極深，魚極多。此山最深遠，向出參、貂，今則取盡矣。惟松樹最多，松子采之不盡。再東三百里，名「衣朗哈喇」。今設土城，有官守。與金時五國城相近，略存其形而已。又東北五、六百里，爲呼兒喀；又六百里爲黑斤；又六百里，爲非牙哈；總名烏稽韃子，又名魚皮韃子，因其衣魚皮、食魚肉爲生，故名。其人不知歲月，不知生辰。死以片錦裹屍下棺，以木架插於野，置棺於架上，俟棺木將朽，乃入土。其地不產五穀，出魚及貂皮、元狐、黃狐、海騾、黃鼠、灰鼠、水獺。【略】北山離城十里，重岩迭峰，杏樹叢密。城內人家俱于此樵采。

清　西清　光緒《黑龍江外記》卷八　野花多不知名，人家嘗栽者，不過罌粟、鳳仙、虞美人、蜀葵、牽牛、江西蠟數種。萬壽寺玫瑰兩叢，將軍府芍藥數本，色略有致，無香。閒有種丁香、菊花、石榴者，內地購來，經年即萎，否則有葉無花，地極寒故。地寒，花果絶稀。四月中見杏，枝繁蕊簇，可供膽瓶。蓋屯中人自野甸折來，詢其結實，大不及指。此外了無春色，棠、梨花葉望之，皆似白丁香。或言：土人繫繒條其上，伏臘祭之，忌折其枝。此俗今不聞。歐李，野果也。《異域録》作歐梨，或云即郁李。大如櫻桃，色味皆如李，漬以錫蜜，秋日下酒佳品。有言歐陽文忠使契丹，嗜此果，因名歐李者，附會可哂。伊勒哈穆克，叢生黑龍江城山野中，色紅，味甘酸，大如豆，摘食入口成漿，置盂中不久化爲水。國語花曰伊勒哈，水曰穆克，故漢名花水，亦名高麗果。又有都實者，伊勒哈穆克類也，和牛乳造爲烏他，味殊甘美。榛子，生於野甸，樹大如荆棘，實圓滿，未可以十榛九空之諺例之。經荒火者尤佳，炒而售者，高唱火燎榛子，終年不絶。【略】平地多榆，近水多柳。榆無合抱者，柳皆叢生，燒之戀火，故條子價倍雜草。條子，土人謂柳也。【略】山谷多樺木，土人以爲箭笴，爲鞍版，爲刀柄，皮以貼弓，爲車蓋，爲穹廬，爲扎哈，縫之如栲栳，大擔水，小盛米麪，謂之樺皮斗。俄羅斯亦有之，極小，雕鏤精巧，宜貯檳榔鼻煙，號老羌斗。【略】松有果松、杉松、油松數種。又有伊齊松，轉爲異氣，松性燥易裂，入土則裂者復合，堅如石。伊齊，地名也。松入黑龍江，歲久化爲青石，號安石，何秋濤云：安石即康千石。俗呼木變石，中爲磋，可發箭鏃。《尚書》：礪砥砮丹。《魯語》：肅慎氏楛矢石砮。即此。將軍那啓泰嘗以製研不下墨，先文端公鄂爾泰《恭和御製瀛臺木變石歌》有『濡水不沈火不然』句，得石性矣。或言化石者，非松也，小煖木也。類松，故從而松之，存之以備一説。【略】柞木，亦名鑿子木，取枯心以引石火，謂之木火茸，歲亦充貢。枯柞經雨生木耳，俗呼黑菜，亦曰耳子。採者春去秋還，山中爲棚寮以居，歲無慮數千輩，皆齊齊哈爾流人也。布特哈懼其聚衆滋事，驅逐之，然利之所在，終莫能禁。橡，亦柞類，結實名橡子，殼曰橡盌，内地以之染皂，既出色，乾復可燒。土人不解此用，但伐之燒炭，冬日鬻之齊齊哈爾，車運距城遠，雪則價長。黑龍江扒犁運距城近，雪則價落，地勢使然也。【略】遼東鶴本方物，或得其二，略不加惜，以遺某公，日放置園中，飼以料。修頸高趾，殊自得。性喜浴，每雨過軒舞有節，或啄薪木擲空作添籌戲，丹頂日鮮，乃知此物非可翦翎而籠畜之者也。餘因謂某公曰：是盍名放鶴園。海青，一名海東青，身小而健捷異常，見鷹隼以翼捕擊，大者力能制鹿。《本草集解》：青雕出遼東，最俊者謂之海東青。《元史》：合蘭府有海東青，由海外飛來。《明一統志》：五國城東出海東青。今歲以十一月入貢，中途飼以鴨肉。旦夕嘗引其爪立冰上，性惡熱也。諸城送鷹鶻於幕府備選貢例在七月初旬，故齊齊哈爾有『鷹來立秋』之諺。鷹初生曰額普特，漢名窩雛。長成曰紮發塔，漢名秋黃。逾歲曰呼克申，漢名籠鷹。故養鷹家有一籠、兩籠、三籠之説。【略】齊齊哈爾副都統巳某土著達呼爾也，一日出獵，見兔甫縱鷹，猝墜馬，左右馳而掖之起，瞠目大駡曰：我死即死耳，鷹脱颺去，若當何罪？其重鷹而不顧身如此。嘉慶八年，將軍觀明進白鷹。十年萬壽節站丁得白雉獻之。僚屬聚觀，雉無驚態，一時稱異，乃陪以常雉送京師。都人稱關東云：棒打麞子，瓢舀魚，野雞飛在飯鍋裏。餘嘗見野雞盛時，往往飛集門窗，一握而得，則此言不誣。然亦有貢額不足，多方購補之事，未可以一律論。土人得野雞，例捩首於翼下，故關内有彎脖野雞之稱，《禮》所云獻鳥者佛其首也。野鴨，二月始見西泊中，嘗百十爲群，以槍得之，亦足充饌。歲貢鳥名飛籠者，斐耶楞古之轉音也。形似雌雉，脚小，有毛，肉味與雉同，湯尤鮮美。然較雉難得，多在深林密藪，故漢名樹雞。有呼沙雞者，非也。【略】關以外多雁，故稱雁塞，往來嘹唳，南飛北向，一如《月令》、《夏小正》之記時。燕則四月來九月去，不似内地皆在社日，此爲小異。齊齊哈爾樹上多鳥巢，鳥朝去夕還，食田禾，飛嘗蔽日。鵲惟春冬有之，餘日不知所在，故鵲巢難見，鵲噪亦罕聞。【略】呼蘭多虎，虎過父子兄弟不相護，獨殺之，以獻幕府。余嘗見呼蘭送一虎極大，云已七歲，滿洲某佐領所殺也。聞佐領父亦嘗殺虎，可稱世勇。虞者言虎伏於莽，肖鹿聲，致鹿至則無所逃其口，是可名黠虎。關東鹿尾見重京師，齊齊哈爾諸城皆馬鹿，知味者所不取，謂不如梅鹿盤大漿濃，爲食家珍品。梅鹿即麇，出吉林，鹿茸亦然。【略】堪達漢，案《柳邊記略》作堪達韓。鹿類，背上項下髣髴駱駞。沈存中《筆談》北方有駞鹿，即此。境内諸山皆有之。毛蒼黄，體高大，重或千觔，性極馴，而水行尤速，角長大，色如象齒，以製射韘，盛暑無穢氣。然黑章環繞，匀而不暈者，截數角不得其一。店肆所售，皆僞造也。堪達漢皮中爲韉。土人食其鼻而美之，號猩唇。按《山海經》：猩猩如豕而人面。《吕氏春秋》：肉之美者，猩猩之脣。堪達漢鼻，何足以當之。四不像，亦鹿類，俄倫春役之如牛馬，有事哨之則來，舐以鹽則去，部人賴之，不殺也。國語謂之俄倫布呼，而《異域録》稱之爲角鹿。嘗見《清文彙書》云：四不像，牝牡皆有角，食苔。則稱角鹿不爲無本。土人飼以石花，即苔也。狐，有元狐、青狐、火狐、沙狐數種。元狐最上品，沙狐號倭刀，貴遜元狐，皆非境内所出，惟火狐、沙狐，虞者得之。沙狐生沙磧，所謂天馬，蓋舔毛轉音，其腹皮也。烏雲豹，其頦皮也。土人輕裘尚此。邊地不識雞毛帚何物，擔塵所需，以狐尾爲之。冬日遠行，豐狐尾綴馬箠攜以煖手，狼尾亦閒用，然狐尾輕輭差勝。余嘗謂狐尾拂塵，雉翼扇火，堪稱塞上兩解意奴。或有句云：塵消書案狐搖尾，煙起茶爐雉展翎。能道其實。舍利猻，國語曰西倫，轉爲舒倫。虞者諱其名，稱曰威呼肯孤爾孤。威呼肯，譯言輕也。孤爾孤，譯言獸也。猶之稱虎曰阿勒哈孤爾孤，豹曰呼敦孤爾孤，皆隱語。阿勒哈，斑蘭之謂；呼敦，疾速之謂。而惟舍利猻能升木，謹防之，否則溺下著衣，肌膚立潰，此其毒於虎豹處。野豬極大，其威在牙，牙露吻外，馬尾一拂，萬莖俱斷，所謂獠牙也。生山谷，以榛子、橡子爲糧。吉林者則食松子，時以背抵老松揩癢，久之徧體皆瀝青，攝沙石於毛鬣閒，如披七札，弓弩莫能傷，惟布特哈田犬能咬腎囊，致之死。程子解《大畜》『豶豕之牙』云：豕，剛躁之物，而牙爲猛利，若强制其牙，則用力勞而不能止其躁猛，若豶去其勢，則牙雖存而剛躁自止。觀於田犬之制野豬，愈見前賢説經之妙。而來氏知德駁之謂天下無豶人之豕，特未見野豬故耳。黑龍江城忽一熊自北門入，跳躍叫嘷，馬牛辟易，良久不知所之。一老翁語其儕曰：恐有火災。頃之，城中火延燒殆盡。此數十年前事。考明季有熊入西直門，或以爲熊字能火，是歲都城果有回禄之變。老翁非知書者，所見暗合。狼夜入城殘害牲畜，人家往往縛草爲人置墻頭，蓋以形似者怖之，亦内地壁畫灰圈意。或曰草人拒鬼，非也。挹婁出好貂，見《後漢書》。今之貢貂，挹婁貂也。布特哈人歲齎糧，入山採捕，利在大雪，故秋即去，春始還，往往有空手歸者，則貂之難得可見。説者謂，貂見人走入穴者，取之如探囊，升木則稍難。然守待旬日，亦有到手之時，惟匿石罅中，則無計可施，此亦存乎貂丁之際遇耳。貂以榛子爲糧，畜者多飼雞肉，性畏人，近之瞠目切齒，聲如鼠，見捕嘗緣壁走承塵上，狀如倒掛鳥，其便捷雖猿無以過之。【略】灰鼠，尾長，時時掉置背上，自覆其首。投以榛子，雙爪抱嚙如猴然。出諾敏河者佳，號索倫灰鼠。麅，皮不掛霜，而毛易落，故服者嘗少，率連之爲車帷。其肉則禦冬，美味，海麅遜之。海麅名布勒都里糾，自海中來，動以萬計，如羊羣履而梃擊，應手皆踣，此布特哈自然之利。野羸，似羸而小，國語謂之齊赫特伊，肉可食而麄，不足貴，亦不多得。兔，有兩種，内興安嶺以南者，體長毛褋，形如貓，土人呼跳兒，即京師所謂野貓；嶺以北者，目赤，毛純白，純黑，好事者捕而畜之，不食。鼢鼠，穴地，行經過處，踏之成坑坎，故呼倫貝爾道中馬蹄易陷，多鼢鼠也，俗呼糞鼠子。獺兒，穴居，小獸也。毛色如土，不甚煖，俗以製馬褂，貧者服之。相傳獺兒爲穴，出積土，一仰卧載之，衆啣尾曳之。久之，載土者背毛脱落，鞹僅存，故俗有奴才獺兒之稱。

清　徐宗亮　光緒《龍江述略》卷六《叢録》　鳥多鴉、鵲、喜雀三種，沙雞間有之，雁羣甚多，遺卵孳生，有取以爲玩者。冬多野雉，市上鬻價極賤，蓋聚處諾尼江左右岸，彈取不竭。沙雞亦然，味尤勝家雞，入春無之【略】。山中草地蚊蝱最巨，牛馬被嘬，一夕立致死，行人到處以火燎四面，可稍安寢。其長有至尺許者，夕聚成雷，約歲有兩月餘云。

清　黃維翰　宣統《呼蘭府志》卷一一《物産略》　果之屬：有桃，有李，有蘋果，有沙果，有榴，有杏，有蒲萄，紅酸白甜。有山葡萄，實小味酸，其色黑。有山梨，有棠李，生熟均可食，可團餅泡茶；棠李再花，次年大水。有軟棗，蔓生樹間，色緑味甘。有山楂，實大如杏。土人名爲山裏紅。有山核桃，味甘。有櫻桃，有甌李，即郁李，産山谷間。紫花紅實，實若櫻桃微大，竟體光潤，味甘微酸。有松子，松實中仁也，松實土人狀之曰松塔，下豐上鋭，鉅鱗密甲，層累而成，大逾拳，高幾及尺，一鱗一松子，子大如芸豆，三稜，味芬美，産青、黑二山。有榛子，紫花，其實苞生，累多數小粒爲一大粒，中有針軸，生青熟紅，味甘美。有洋柿，草本，俄種也，實碩大，逾於晉産，枚重五六兩，生青熟紅，味微甜。【略】

草之屬：有蘆葦，【略】有兀喇草，生澤畔，緑葉紅根，無莖，葉作三稜形，韌而膩，藉炕奇温，並能去濕，棰而熟之，用絮皮鞋，走冰雪中足不凍，所謂靰鞡鞋也，人寘一具爲禦寒之用。有羊草，莖類麥，挺有節，下密而上疏，每節兩葉，相對抱莖，而上葉漸高，葉亦漸張，葉寬二三分，節密葉短，節疏葉長，飼馬肥澤多力，六月刈而儲之，供終歲芻秣用。七八月刈者，冬時草色全黃，不適用，疑即苜蓿也。有鹼草，與羊草相類，莖較短，葉微勁，可飼牲畜。有章茅，一名小葉草，俗謂之苦房草，莖圓有節，葉亦節節抱莖而上，柔韌耐霜雪，凡草屋皆以此覆之。有塔頭草，闊葉無莖，葉生窪地中，凸起作塔形，沮洳地之橋梁也，可代薪，可和泥塗牆壁。有木賊草，俗曰矬草，又曰接骨草，中空多節，無枝葉，抽之節節斷，可磨治木錫器。有油包草，亦曰韃子金，莖圓而細，叢生，無葉，供壓油、包餅之用，亦可作繩。有水蒿，碎而繩之，可以引火。有艾，有蕙草之名類至繁，不備録，録其效用最著者，餘則爨下薪料而已。

木之屬：有槐，有莎榆，有黄榆，黄榆堅韌耐久，可作柱，其紋理細膩，製器亦良。有楊、青楊，理細而堅，白楊理麤而脆。青楊産於石山，白楊産於原野。有垂楊，多柳，紅柳可編筐，蒿柳可飼蠶，灰柳、青柳可爲籬落，郡低窪地多種柳，叢生直上，其高隱人，名曰柳條通，閲歲而刈之，强半供炊爨之用。有垂柳，有桑，土桑葉細而薄，自山東移植者葉大而厚，飼蠶宜山東種。多柞，其葉可飼蠶，其實可養豕，其蒂與葉可染皂，其材堅韌，可爲車材犁具。有槲，似柞而小，葉闊七八寸，新葉生，舊葉始脱，俗名波羅烘子，其葉可飼蠶。多松，青、黑二山之松高十數丈，數人不能合抱。松之種類至繁，意氣松，棟梁材也，歷久如新，不腐朽；果松次之；黄松又次之；沙松爲下。有别爲果松、油松、杉松各名者。松閲數百年，則結松塔，青、黑二山中，松塔纍纍也。有樺，皮澤而白者爲香樺，皺而蒼者爲臭樺。香樺傅皮兩層，外白内紫，厚二三分，卷之可引火。蒙古人恒以樺樹皮蒙其車。縱而紉之，可爲汲器，可爲斗斛。其幹可爲鐵道枕木，可爲尋常用器，可燒炭。其枝可爲箭桿，樺木箭桿，呼蘭土貢品也。有瑟木，類赤榆，叩之鏗然有聲，性堅緻，宜作車轂。有黄櫨，皮厚多斑裂。有黄玻璃樹，皮韌而柔，按以指深陷，指起仍凸，舟篙上端恒用之，拄胸不傷。有椴，質堅紋細，可雕刻，其皮可制繩。有楸，可制器，其實大如雞卵，俗呼爲山核桃。有報馬子，類楸，粗不盈尺，性最堅，可代鐵釘。有老栝眼，皮毛作緑色，染料也。

花之屬：有芍藥，赤、白二種。有萱，六七月抽莖開花，花有紅、黄、紫三色。有牽牛，俗名打碗花，微紅淺碧，蔓生籬落間，結子爲白丑、黑丑。有凌霄，俗曰黍稭，長三四尺，節節開花，分紅、白、黑、藍、紫各種。有江西臘，七月開，閲三四月不謝，其狀類菊，色亦不一。有海棠，有迎春，有月季，有秋葵，有金盞，有藍雀，有雞冠，有刺靡。叢生多刺，狀如玫瑰，夏開紫花，秋結紅果，大如桐子，産山野間。有山丹，有九月菊，有冰了，春凍初解，此花先放。花大如錢，黄色，葉類蒿，莖柔，生山野間。有韃子香，先花後葉，衝寒吐芳。産石山，狀似桂，有異香，先花後葉。有紅蓼，生水澤間。有草茉莉，朝暮開，日午斂。北地苦寒，霜降以後，密室置火，猶虞凍稿，故花多草本，歲歲更種。其木本者皆來自關内，以盆蓄之，初冬入藏，春末出之，若植之土中，冰摧雪壓，未有能生者也。

藥材之屬：有人蓡，乾隆三十五年，放蒙古爾山蓡票五百三十九張，一票一人，人交蓡五錢計，歲交蓡二百六十九兩五錢。嗣後蒙古爾山南北次第開放，墾爲熟地，無蓡可采。今惟木蘭所屬之青山、玉皇閣山有之。蓡背陽向陰，初生時一椏五葉，椏多者歷年多，産石壁中尤佳。劚蓡以木，忌用鐵。有黄蓍，碩而綿。有黄連，有黄柏，有蒼术，俗呼爲槍頭菜。有蒼耳，有牛蒡子，有貫衆，俗呼爲廣東菜根。有地榆，有萹蓄，有地膚，嫩時可以爲蔬，俗呼掃帚菜。有蒲公英，有茵陳，有蘼蕪、卷柏、黄精，桔梗、防風、貝母、升麻、白頭翁、荆芥、五味子、藜蘆，有土大黄，俗名牛舌頭，大者長一二尺。有木賊，有車前子，有夏枯草，有艾葉，有香蒲，有鹿茸。【略】

野禽：有鵰，似鷹而大，大者名坐山鵰，小者名脂麻鵰。羽毛黄褐色，尾多斑文，力能捕麞鹿，其翮可製扇，可爲箭翎，鵰翎，呼蘭土貢品也。有鷹，純白者爲上品，海東青尤貴重，不易得。《唐書》：黑水靺鞨多鷹。《元史》：碩達勒達等路有俊禽曰海東青，由海外飛來。《遼史》所稱鷹路，即今呼蘭以東之巴彦木蘭大通湯原各縣境。今所有者，爲雉鷹、兔鷹、雀鷹數種。土人畜之，珍逾家禽，暇則韝鷹，携犬從事遊獵。有鵂鶹，其大如鷹，黄褐多斑文，首目咸類猫，目光晝晦若不見物，鳴則雌雄相和，前若呼，後若笑。予嘗得一鳥，毛色頭目俱如上述，首皆直毛，項腹亦有之，喙距尖利，形狀怪特。未審是否此鳥。有鴞，有鶻，有鷂，有恨呼，大如鵂鶹，斑文猫目，哲然長鳴，聲振林木，産木蘭青山中，其音類恨呼云。有雉，雄者文著而尾長，嶋者文暗而尾短，亦呼蘭貢品。多梟，俗名野鴨。有沙畔雞，似雉而小尾，短腿毛，其羽毛蒼，喜立沙際。有樹雞，爪喙俱紅，集於林木。多鴿、雉、梟、沙畔雞、樹雞。鴿，食之味美。然土人不敢食鴿，並不敢驚侮之。有青莊，俗名老等，脖間有嗉，能受水，日立水際。有魚鷹，紅喙白項，羽毛鮮翠，俗名爲打魚郎。有鸕鷀。

此三種鳥皆以魚爲糧也。有鶘，疑亦捕魚之鳥。似雁而大。毛羽灰褐色，展翅若車輪，喜集水濱，弋者獲之，肉粗甚，或云野鵝也。有蠟嘴，毛羽蒼褐者，斑文，嘴微曲，色黄如蠟。有麻鶆，大如蠟嘴，其音百囀。有燕，有烏，有鴉，有黄雀。小而善鳴，江畔尤多。有靛雀，舌巧，音小，毛羽鮮潔，俗呼藍靛類。有布穀，有鵲，有鶺鴒。

野獸之屬：有熊，類豕而黑，故稱豕熊。毛長四五寸，掩其目，故又稱黑瞎子。前足兩趾似人掌，後足兩趾似人趾，俱五指，能人立而行，其行也必以前足開其睫，審視而後趨，好攀樹顛而復上。冬則蟄居樹穴，頻舐其掌以充饑。春夏則出而覓食，愛食玉蜀黍，蹂躪田禾，擎析逐之則奔。多力，能拔巨樹。受傷後，腹裂腸流，能納腸腹中，以草堵其瘡口，仍與人搏，人折旋避之則免。胸前白毛爲熊要害處，中之立殪，畏咸食。宣統元年間，巴彦州户某婦死淺瘞，被熊攫去，尋至五六里外得之，掩埋如故，屍以盐漬，故未傷損。有虎，土人不敢斥言之，稱曰山神爺，又曰輭蹄子，其小者曰石虎。狀如猫，大如犢，黄質黑文，鋸牙鉤爪，短項健鬣，多智。虎力不敵熊而能斃熊。夜則一目放異光，遠燭十數里。或曰：一目燭物，一目放光。獵者言虎之目光遠望之如電燈然。一燈一虎，兩燈則兩虎在焉。食狗則醉。有羆，似熊而大倍之。有豹，有狼，俗呼野狗。皮可爲褥。有野猪，類家畜，毛色本黑而末灰白，出没松林中，厚黏松脂，刀彈不能入，結羣而行，獵其前走者，則奔逸傷人。其巨者重至千斤。諺言：一猪二熊三老虎。其兇惡如此。有豪猪，周身皆刺，白本黑端，其利如矢，擊猪擊嘴，不中輒傷人。有狐，白者佳。青狐，一名倭刀，毛勁絨厚，亦貴品也。土産多紅色並蒼色，紅色者曰火狐，蒼色者曰草狐。有貉，有大如犬，不傷人，見人則仰卧，露齒而不噬，可手捕之，皮毛奇温，亞於狐裘。有馬鹿，馬身羊尾，毛雜黄白色。牡鹿有角，夏至則解。角初茁時，形若紫茄，漸長分歧，所謂鹿茸也。有麋，似鹿而色青黑，亦有角，仲冬則解，所謂麋茸也。均應俟其未解時取之。麋茸、鹿茸，皆藥劑上品。鹿茸，青毛多，黄毛少，以梅花鹿壯嫩之茸爲最上品。有麞，鹿屬，無角。有麅，大頭，高腿，短角，似鹿，無斑，色蒼赤，性騃易獵，肉味佳，其皮可禦潮濕。【略】有黄羊，類麅略小，黄色，宜裀褥。有獾，頭小喙長，腹大身短，矮足，毛長寸許，本白末棕色，可爲裀褥。有猞猁猻，類野猫而大，耳有長毛，白花色，能升木，溺着人衣膚立爛，皮可爲裘，優於狐貉。有貂，大如獺，而尾較粗，食松子，故一名松狗。毛厚理密，紫色者最佳，稱爲紫廓貂，青色、黄色次之，白色又次之，製爲裘帽，奇煖。自肅慎氏以來，歷代貢獻品也。【略】有銀鼠，毛色潔白。有灰鼠，尖喙短足，喜升木，灰白爲上，灰黑者次之。有水獺，獸而水居，食魚，首尾長三尺許，毛色青褐，光潤温煖，可爲領帽。有鼪，俗曰黄鼠狼，穴居，似鼠尾大，類猫，晴日坐穴前，見人輒拱前足如揖狀，喜食鷄，又能祟人，黄色，身長一二尺，皮可製領帽，土人染之冒爲灰鼠，其尾可製筆。有山狸，一名野猫，虎文多斑，食果實，啖鷄鴨，毛短而潤，可作春裘。有鼢，即田鼠，俗稱瞎眉鼠子，似鼠而大，長不及尺，圓頭小耳，趾有爪甚利，常穿地以行，所穿地麥豆多枯萎不結實，害稼鼠也。晝不常出，出則其行甚緩，如盲鼠然，食糞。有鼠，有兔。舊記呼蘭多虎患，維時林木蓊蔚，田野未闢，獸蹄鳥跡交於國中，不獨虎也。今惟巴彦木蘭北境有之，蓋恒巢窟於青、黑二山中，獵者非深入不能得。

華東部

華東總論

綜述

晉 郭璞《山海經注》卷四《東山經》 《東山經》之首，曰樕螽之山。速株二音。【略】又南三百里，曰栒狀之山，其上多金玉，其下多青碧石。有獸焉，其狀如犬，六足，其名曰從從，其鳴自詨。有鳥焉，其狀如雞而鼠毛，其名曰蚩鼠，音咨。見則其邑大旱。沢水出焉，音枳。而北流注於湖水，其中多箴魚，其狀如儵，其喙如箴，出東海，今江東水中亦有之。食之無疫疾。又南三百里，曰勃亝之山，無草木，無水。又南三百里，曰番條之山，無草木，多沙。減水出焉，音同減損之減。北流注于海，其中多鱤魚。一名黃頰，音感。又南四百里，曰姑兒之山，其上多漆，其下多桑柘。姑兒之水出焉，北流注於海，其中多鱤魚。【略】又南三百里，曰嶽山，其上多桑，其下多樗。濼水出焉，東流注於澤。【略】又南三百里，曰犲山，其上無草木，其下多水，其中多堪孖之魚。有獸焉，其狀如夸父而彘毛，其音如呼，見則天下大水。又南三百里，曰獨山，【略】末塗之水出焉，而東南流注於沔，其中多偹鳙，條容二音。其狀如黃蛇，魚翼，出入有光，見則其邑大旱。又南三百里，曰泰山，即東嶽岱宗也。今在泰山奉高縣西北，從山下至頂四十八里，三百步也。其上多玉，其下多金。有獸焉，其狀如豚而有珠，名曰狪狪，音如吟桐之桐。其鳴自訆。環水出焉，東流注於江。一作海。其中多水玉。又南三百里，曰竹山，錞於江，一作涯。無草木，多瑤碧。激水出焉，而東南流注於娶檀之水，其中多茈羸。凡《東山經》之首，自樕螽之山以至於竹山，凡十二山，三千六百里，其神狀皆人身龍首。祠：毛用一犬，祈聃用魚。以血塗祭爲聃也。《公羊傳》云：蓋叩其鼻以聃社。音鉤餌之餌。

又 《東次二經》之首，曰空桑之山，此山出琴瑟材，見《周禮》也。北臨食水，東望沮吳，南望沙陵，西望湣澤。音旻。有獸焉，其狀如牛而虎文，其音如欽，或作吟。其名曰軨軨，音靈。其鳴自叫，見則天下大水。又南六百里，曰曹夕之山，其下多谷而無水，多鳥獸。【略】又南水行五百里，流沙三百里，至於葛山之尾，無草木，多砥礪。【略】又南三百八十里，曰餘峩之山，其上多梓柟，其下多荆芑。雜余之水出焉，東流注於黃水。有獸焉，其狀如兔而鳥喙，鴟目蛇尾，見人則眠，言佯死也。名曰犰狳，仇餘二音。其鳴自訆，見則螽蝗爲敗。螽，蝗類也，言傷敗田苗。音終。又南三百里，曰杜父之山，無草木，多水。又南三百里，曰耿山，無草木，多水碧，亦水玉類。多大蛇。有獸焉，其狀如狐而魚翼，其名曰朱獳，音儒。其鳴自叫，見則其國有恐。又南三百里，曰盧其之山，無草木，多沙石。沙水出焉，南流注於涔水，其中多鵹鶘，音黎。其狀如鴛鴦而人足，其鳴自訆，見則其國多土功。今鵜胡足頗有似人脚形狀也。又南三百八十里，曰姑射之山，無草木，多水。又南水行三百里，流沙百里，曰北姑射之山，無草木，多石。又南三百里，曰南姑射之山，無草木，多水。又南三百里，曰碧山，無草木，多大蛇，多碧水玉。又南五百里，曰維氏之山，無草木，多金玉。原水出焉，東流注於沙澤。一名俠氏之山。又南三百里，曰姑逢之山，無草木，多金玉。有獸焉，其狀如狐而有翼，其音如鴻鴈，其名曰獙獙，音斃。見則天下大旱。又南五百里，曰鳧麗之山。【略】有獸焉，其狀如狐而九尾，九首虎爪，名曰蠪姪，龍蛭二音。其音如嬰兒，是食人。又南五百里，曰䃌山，音一真反。南臨䃌水，東望湖澤。有獸焉，其狀如馬而羊目，四角牛尾，其音如獋狗，其名曰峳峳。音攸。見則其國多狡客。狡，狡猾也。有鳥焉，其狀如鳧而鼠尾，善登木，其名曰絜鉤，見則其國多疫。凡《東次二經》之首，自空桑之山至於䃌山，凡十七山，六千六百四十里。其神狀皆獸身人面，載觡麋鹿屬，角爲觡。音格。其祠：毛用一雞祈，嬰用一璧瘞。

又 又《東次三經》之首，曰尸胡之山，北望殍山，音詳。其上多金玉，其下多棘。有獸焉，其狀如麋而魚目，名曰妴胡，音婉。其鳴自訆。又南水行八百里，曰岐山，其木多桃李，其獸多虎。又南水行五百里，曰諸鉤之山，無草木，多沙石。是山也，廣員百里，多寐魚。即鮇魚。音味。又南水行七百里，曰中父之山，無草木，多沙。又東水行千里，曰胡射之山，無草木，多沙石。又南水行七百里，曰孟子之山，其木多梓桐，多桃李，其草多菌蒲，未詳，音晒晒之晒。其獸多麋鹿。是山也，廣員百里。其上有水出焉，名曰碧陽，其中多鱣鮪。鮪，即鱘也，似鱣而長鼻，體無鱗甲，別名鮹鱝，一名鱑也。又南水行五百里，曰流沙，行五百里，有山焉，曰跂踵之山，跂，音企。廣員二百里，無草木，有大蛇，其上多玉。有水焉，廣員四十里，皆涌。今河東汾陽縣有濆，水源在地底，濆沸涌出，其深無限，即此類也。其名曰深澤，其中多蠵龜。蠵，觜蠵，大龜也，甲有文彩，似瑇瑁而薄。音遺知反。有魚焉，其狀如鯉而六足，鳥尾，名曰鮯鮯之魚，音蛤。其鳴自叫。又南水行九百里，曰踇隅之山，音敏字。其上多草木，多金玉，多赭。有獸焉，其狀如牛而馬尾，名曰精精，其鳴自叫。又南水行五百里，流沙三百里，至於無皋之山，南望幼海，即少海也。《淮南子》曰：東方大渚曰少海。東望榑木，扶桑二音。無草木，多風。是山也，廣員百里。凡《東次三經》之首，自尸胡之山至於無皋之山，凡九山，六千九百里。其神狀皆人身而羊角。其祠：用一牡羊，米用黍。是神也，見則風雨水爲敗。

又 又《東次四經》之首，曰北號之山，臨於北海。有木焉，其狀如楊，赤華，其實如棗而無核，其味酸甘，食之不瘧。食水出焉，而東北流注於海。有獸焉，其狀如狼，赤首鼠目，其音如豚，名曰猲狙，葛苴二音。是食人。有鳥焉，其狀如雞而白首，鼠足而虎爪，其名曰鬿音祈。雀，亦食人。又南三百里，曰旄山，無草木。蒼體之水出焉，而西流注於展水，其中多鱃魚，今蝦鰌字亦或作鱃秋音。其狀如鯉而大首，食者不疣。又南三百二十里，曰東始之山，上多蒼玉。有木焉，其狀如楊而赤理，其汁如血，不實，其名曰芑，音起。可以服馬。以汁塗之，則馬調良。泚水出焉，而東北流注於海，其中多美貝，多茈魚，其狀如鮒，一首而十身，其臭如蘪蕪，食之不糟。孚謂反止失氣也。又東南三百里，曰女烝之山，其上無草木。石膏水出焉，而西注於鬲水，其中多薄魚，其狀如鱣魚而一目，其音如歐，如人嘔吐聲也。見則天下大旱。又東南二百里，曰欽山，多金玉而無石。師水出焉，而北流注於皋澤，其中多鱃魚，多文貝。有獸焉，其狀如豚而有牙，其名曰當康，其鳴自叫，見則天下大穰。又東南二百里，曰子桐之山。子桐之水出焉，而西流注於餘如之澤，其中多鮹魚，音滑。其狀如魚而鳥翼，出入有光，其音如鴛鴦，見則天下大旱。又東北二百里，曰剡山，多金玉。有獸焉，其狀如彘而人面，黃身而赤尾，其名曰合窳，音庾。其音如嬰兒。是獸也，食人，亦食蟲蛇，見則天下大水。又東二百里，曰太山，上多金玉、楨木。女楨也，葉冬不凋。有獸焉，其狀如牛而白首，一目而蛇尾，其名曰蜚，音如翡翠之翡。行水則竭，行草則死，見則天下大疫。言其體含災氣也。其銘曰：蜚之爲名，體似無害，所經枯竭，甚於鴆厲，萬物斯懼，思爾遐逝。鉤水出焉，而北流注於勞水，其中多鱃魚。

南朝梁　任昉《述異記》卷上　越多橘柚園，越人歲多橘税，謂橙橘户。吳書闞尚表『請除臣之橘籍』是也。

宋　朱長文《吳郡圖經續記》卷上《物産》　吳中地沃而物夥，其原隰之所育，湖海之所出，不可得而殫名也。其稼則刈麥種禾，一歲再熟。稻有早晚，其名品甚繁。農民隨其力之所及，擇其土之所宜，以次種焉。惟號箭子者爲最，歲供京師。其果則黃柑香碩，郡以充貢。橘分丹緑，梨重絲蔕，函列羅生，何珍不有。其草則藥品之所録，《離騷》之所詠，布濩於皋澤之間。海苔可食，山蕨可掇，幽蘭國香，近出山谷，人多玩焉。其竹則大如筼簹，小如箭桂，含露而斑，冒霜而紫，修篁叢筍，森萃蕭瑟，高可拂雲，清能來風。其木則栝、柏、松、梓、椶、楠、杉、桂，冬巖嘗青，高林相望，椒梂梔實，蕃衍足用。其花則木蘭、辛夷，著名惟舊，牡丹多品，遊人是觀，繁麗貴重，盛亞京洛，朱華凌雪，白蓮敷沼，文通樂天，昔嘗稱詠。重臺之菡萏，傷荷之珍藕，見於傳記。其羽族則水有賓鴻，陸有巢翠，鶤鷄、鵠、鷺，鴳鶉、鷗、鵜之類，巨細參差，無不咸備。華亭仙禽，其相如經，或鳴高原，或擾樊籠。其鱗介則鯈、鱨、鰋、鯉，魱鱛、漸離、乘鱟、黿鼉、蟹螯、螺蛤之類，怪詭舛錯，隨時而有。秋風起，則鱸魚肥，楝木華，而石首至，豈勝言哉？

宋　范成大《吳郡志》卷三〇《土物》　緑橘，出洞庭東西山，比常橘特大，未霜深緑色，臍間一點先黃，味已全，可啖，故名緑橘。又有平橘，比緑橘差小，純黃方可啖，故品稍下，而其皮正入藥，今市賣橘皮多雜以柑皮及永嘉匾橘皮，不可不察。《芝田録》云：韋蘇州《寄橘》詩云：書後欲題三百顆，洞庭須待滿林霜。蓋《南史》有人題書尾曰：洞庭霜橘三百顆。韋正用此事。余按王右軍帖亦云：奉橘三百枚，霜未降，不可多得。同出於此。【略】真柑，出洞庭東西山。柑雖橘類，而其品特高，芳香超勝，爲天下第一。浙東江西及蜀果州皆有柑，香氣標格，悉出洞庭下，土人亦甚珍貴之。其木畏霜雪，又不宜旱，故不能多植及持久。方結實時，一顆至直百錢，猶是常品，稍大者倍價。並枝葉剪之，飣盤時，金碧璀璨，已可人矣。安定郡王以釀酒，名洞庭春色。蘇文忠公爲作賦，極道包山震澤土風，而極於追鴟夷而酌西子，其貴珍之至矣。又有『三日手猶香』之詞，則其芳烈又不待言而知。【略】海杏，大杏也。范蠡宅在湖中，有海杏大如拳。今吳下杏猶有如小兒拳大者。《地理志》連根柿，吳令顧修期言縣西鄉有柿樹，殊本合條。《義熙起居注》方蔕柿，出常熟，蔕正方，柿形亦方，色如鞓紅，味極甘鬆，它紅柿無能及者。近年城中園户亦接其種，然味不及常熟。韓梨【略】。頂山栗【略】。蠟櫻桃，自唐已有吳櫻桃之名，今之品高者出常熟縣，色微黃，名蠟櫻，味尤勝，朱櫻不能尚。【略】《梅譜並序》：梅，天下尤物，無問智愚賢不肖，莫敢有議。吳下所出，而成大得而植於范村者十二種，嘗爲譜之。今掇其名狀，略志於此。【略】蜜林檎，實味極甘，如蜜。雖未大熟，亦無酸味。本品中第一，行都尤貴之。他林檎，雖硬大且酣紅，亦有酸味，鄉人謂之平林檎，或曰花紅林檎，皆在蜜林檎之下。金林檎，以花爲貴。此種紹興間自南京得接頭至行都，禁中接成其花，豐腴艷美，百種皆在下風。始時折賜一枝，惟貴戚諸王家始得之，其後流傳至吳中。吳之爲圃畦者，自唐以來則有接花之名。今所在園亭皆有此花，雖已多而其貴重自若。亦須至八九月始熟，是時已無夏果，人家亦以飣盤。蓮花海棠【略】。桂，本嶺南木，吳地不常有之，唐時尚有植者。白樂天謂蘇之東城古吳都城也，今爲樵牧之場，有桂一株，生乎城下，惜其不得地，因賦三絕句以唁之。近世乃以木犀爲巖桂，詩人或指以爲桂，非是。【略】柳，以垂者爲貴。吳下士大夫家有得鳳州種者，其半拂地，復堆如尺，石湖綺川兩旁亦有之。【略】扶芳，初生纏繞它木，葉圓而厚，夏月取葉，火炙香，煮以爲飲，色碧綠而香。隋大業五年，吳郡貢二百本入洛京，植之西苑。時尚食直長謝諷造《食經》，具四時飲，春有扶芳飲。《大業雜記》

宋 史浩 《尚書講義》卷五 濟河惟兖州。九河既道，雷夏既澤，灉沮會同。桑土既蠶，是降丘宅土。厥土黑墳，厥草惟繇，厥木惟條，厥田惟中下，厥賦貞，作十有三載乃同。厥貢漆絲，厥篚織文。浮於濟漯，達於河。【略】厥草惟繇，繇，長也，草生於水，得水，故特長也。厥木惟條，久在波浸，土之所産無大木也。厥田六等，厥賦正者，田既中下，賦亦適相當也。作十有三載者，禹於此州治水已四載矣，始定其賦之同中下也。厥貢、厥篚，皆出於蠶土，宜桑也。按《史記》：禹疏二渠以引河水，北載之高地。注云：其一則漯川是也，蓋兖州所道，或由濟水，或由漯水，皆可入河而至冀浮者，謂能通利舟楫也。

又 淮海惟揚州。彭蠡既豬，陽鳥攸居。三江既入，震澤底定。篠簜既敷，厥草惟夭，厥木惟喬，厥土惟塗泥，厥田惟下下，厥賦下上上錯。厥貢惟金三品，瑤琨篠簜，齒革羽毛惟木。島夷卉服。厥篚織貝，厥包橘柚錫貢。沿於江海，達於淮泗。【略】西北之氣嚴凝，東南之氣溫厚，溫厚之氣浮於陽，故東南之美有會稽之竹箭，而篠簜既敷，敷者，開舒也。厥草之華，多妍媚而馨烈，夭者艷也。大塊噫氣，其名爲風鼓舞，發揚其陽氣也。然而地不滿東南濱海也，於卦爲巽風之所聚，多颶風焉。是無作，作則大木斯拔，惟其挺然獨秀者，真喬木也，故有取焉。厥土塗泥，沮洳也。厥田九等，厥賦七等而上，厥貢惟金三品，金銀銅也。瑤琨玉之次，篠簜竹之纖，齒爲象齒，革爲犀皮，羽爲翠羽，毛爲髦牛，木爲沈檀之屬也。陽氣發越，凡木皆薌也。島夷化外，能以百卉之皮紡績爲絲而衣焉。厥篚織貝，朝霞白氎，古貝之屬也。其包而致遠，惟橘與柚實，西北之所貴也。蓋踰淮則無是物矣。

宋 黃度 《尚書說》卷二 海、岱及淮惟徐州。淮沂其乂，蒙、羽其藝，大野既豬，東原厎平。厥土赤埴墳，草木漸包。厥田惟上中，厥賦中中。厥貢惟土五色，羽畎夏翟，嶧陽孤桐，泗濱浮磬，淮夷蠙珠暨魚，厥篚玄纖縞。浮於淮、泗，達於河。徐州：東海、北岱、南淮。淮水出高唐州桐柏縣桐柏山，東至楚州鹽城縣入海。沂水出沂州新泰縣艾山南，至淮陽軍下邳縣入泗。乂，治也。治水之辭三：乂、道、從。乂用力多，道次之，從又次之。蒙山在沂州費縣，羽山在沂州臨沂、海州朐山縣界。淮、沂既治，蒙、羽乃可種藝。大野，今鉅野澤，在濟州鉅野縣。水所停，曰豬。張華曰：東原，漢東平郡，今鄆州。鄆在鉅野東，鉅野受諸水，不能停蓄，則汎鄆，故大野既豬而後東原底平。土黏曰埴。赤埴，墳也，赤而黏且墳起也。漸長包果也，凡果皆傳皮，故稱包，赤埴之土所宜也。田第二，賦第五。土五色，所以封社。夏翟，雉名，羽中旌旄，羽山之谷有之。嶧山在襲慶鄒縣，山陽特生之桐中琴瑟，古說以爲下邳之葛繹山，非也。嶧、繹字異。泗水出襲慶泗水縣，至淮陽宿遷縣入淮。濱厓浮磬，孔氏以爲泗水中見石，今下邳有磬石山，采供樂府，或曰泗水徙矣，不可知也。淮夷，夷依淮而居者，商周之世常與徐戎相應和擾中國。蠙魚生珠。暨，及也。貢珠，又枯其魚貢之。《山海經》：文魮之魚，背如覆釜，鳥首蛇尾，是生珠玉。蓋蚌屬，若今鰒魚矣。徐水宜染玄纖細縞素。徐州貢道自淮、泗達河。或曰《漢志》、《水經》皆作荷，出古文。荷水分濟東爲荷澤入泗。徐州貢道由泗入荷，由荷入濟，乃達於河，今文誤作河，非也。九州貢道皆入河，惟青達濟南，青因於兖，兖浮濟達河也。揚達淮、泗，揚因於徐，徐浮淮、泗達河也。史省文見之濟淮皆大瀆，菏小瀆，不足特出。酈道元曰：《地理志》乘氏縣泗水東南至睢陵入淮，此菏、濟也。自陶丘北至菏無泗水，志稱泗者，諸水可以終歸泗，便擅通稱，然則泗終達河，豈待更舉入菏而後見哉？河之爲菏，恐是古文傳寫誤。

又 淮、海惟揚州。彭蠡既豬，陽鳥攸居。三江既入，震澤底定。篠簜既敷。厥草惟夭，厥木惟喬，厥土惟塗泥。厥田惟下下，厥賦下上上錯。厥貢惟金三品，瑤、琨、篠、簜，齒、革、羽、毛，惟木。島夷卉服。厥篚織貝，厥包橘、柚，錫貢。沿於江、海，達於淮、泗。揚州，北界淮，東南距海。陽鳥，鴻鴈也，鴻鴈隨日南北，故曰陽鳥。彭蠡既豬而鴻鴈居其洲渚，以見水去土出也。鴻鴈隨日至此止，不復南，南則景愈短，暑益多。《書》東著暘谷，南紀陽鳥，見經略微旨，是故疆理外薄四海，而五服五千，斷長補短，三千而已，陰陽之運猶有限量。秦漢以來，苟務廣地，盡置郡縣，而德不足以洪，覆反罷弊中國，豈先王之所尚哉？ 三江之名見於《禹貢》、《職方》者，江、漢、彭蠡也。 見於《吴越春秋》者，浙、浦陽、剡，濱海小瀆，别爲三江，稱謂偶同也。自孔安國、班固、桑欽説揚州三江，皆亂其源委，錯繆不可據。 近世蘇文忠謂，自豫章而下入於彭蠡而東至海爲南江，自蜀岷山至于九江會彭蠡以入於海爲中江，自嶓冢導漾東流爲漢，過三澨大别入於江，匯彭蠡以入海爲北江。 其説《經》本具之，自昔諸家皆未嘗言此。《經》之證有二：《禹貢》荆州出江漢，揚州出彭蠡，其下遂稱三江，是則江、漢加彭蠡爲三，一也。 導山嶓冢漢源、岷山江源、衡山彭蠡之源，二也。 故曰文忠之説，《經》本具之。 浙、浦陽、剡三江，合於今會稽縣東北，其入海處，俗猶稱三江口，有三江斗門。 范蠡伐吴，蓋由此而出沿海，入秀州澉浦，即《水經》谷水也。 或更沿海而北自青龍江入，即松江也，皆達五湖。《水經》松江奇分，謂之三江口。 酈道元引庾仲初《揚都賦》注松江七十里水口分流，東北入海爲婁江，東南入海爲東江，與松江而三，東江即谷水，婁江今爲顧浦。 由是，説者遂謂范蠡出此三江。 案：松江在五湖下，范蠡審於此出則入海矣。 若由此入，則是泝流達於源，謂之入可也，豈得謂之出哉？ 由是説者益牽合，謂《禹貢》三江，既入震澤底定，其文相顧，正謂此三江各得所入，震澤始底定，亦非也。 震澤，今太湖，在今吴江縣，上承苕霅諸水，旁連五湖，其下流爲松江、江、漢，與彭蠡合流，至今蘇常間，與震澤相襟帶。 若江、漢、彭蠡淼漫之勢未能順入，則蘇常汎溢，與震澤波流相接，震澤固未能底定也。 三江揚州川，震澤澤也。 三江入海不汎溢，故震澤底定得豬水焉，此自然之勢也。 篠，箭竹。 簜，大竹。 彭蠡、震澤，皆大澤藪，長江大山經絡其間，竹箭布生，遂擅東南之美。 少長曰夭。 喬，高也。 先竹箭草木，而後辨土，與徐、兖異，竹箭草木不生於塗泥之土也。 田第九，賦第七，雜出第六。 金三品，金、銀、銅也。 古者黄金爲上幣，白金爲中幣，赤金爲下幣，金銀重幣，銅輕幣也。 瑶、琨，玉。 齒，象牙。 革，犀皮。 羽，毛羽。 毛，旄牛尾。 木，楩梓、豫章之屬。 島夷，山越也。 卉草，蕉葛、木綿之屬。 揚州，吴越之域，地盡南海，皆揚土也。 杜佑分嶺南爲古南越，以爲非《禹貢》九州之域，何所據依哉！《禹貢》冀北界標碣石而著島夷，則地窮沙漠，凡今雲朔燕薊諸夷居於山者，皆是也。 揚南界表海而著島夷，則地窮漲海，凡甌閩交廣諸夷居於山者，皆是也。 是蓋聲教所曁，聞盛德而皆徠臣，爲唐虞之盛，安有四海之内而非《禹貢》九州之域者？ 織貝，織色絲爲錦綺如貝，今猶稱透貝、龜貝。《詩》曰：萋兮菲兮，成是貝錦。 此殆類毯罽之屬。 果之有包者，惟橘柚。錫，命則貢，不常貢，錫貢在篚下，見其爲非常制也。 橘柚踰淮爲枳，自古貴其珍奇，皮更中藥。 揚州貢道，沿江入海，自海入淮、泗，而後達於河。 海運險遠，春秋吴城邗溝通江淮，然則江淮固可通歟？ 曰凡川必行兩山之間，是皆有天地常性，神祇定位。 禹之治水，皆因其自然之勢，順導之江淮，各瀆順導入海，雖運道陟險，回遠而終，不敢斷塹横截，以墮天地之性，汨神明之位也。 獨龍門底柱截河行高地，皆有不得已者，而亦必因其有所附屬而行之，非直取便利而已也。 故《孟子》言：決汝漢，排淮泗。 漢與江合瀆，取決而就之。 淮與江不當合，則排而遠之。 皆行其所無事也。 孟子時，江淮已通，故言此以見治水大經。《考工記》曰：凡溝，逆地防，謂之不行。 水屬不理孫，謂之不行。 防沴屬其所附入也。

宋 薛季宣《書古文訓》卷三 揚州地多篁竹，大木之下，厥草不茂，山多大木，故草夭而木喬也。 敘篠簜之事於土色之上者，竹木産於丘山，非塗泥所出也。 包果實之傅皮者，橘柚之屬也。

宋 傅寅《禹貢説斷》卷一 ［兖州］厥草惟繇，厥木惟條。 孔氏曰：繇，茂。 條，長也。 唐孔氏曰：繇是茂之貌，條是長之體。 言草茂而木長也。【略】厥貢漆絲，厥篚織文。 孔氏曰：地宜漆林，又宜桑蠶，織文錦綺之屬，盛之筐篚而貢焉。 鄭氏曰：貢者，百功之府受而藏之，其實於篚者，入於女功，故以貢篚别之。 蘇氏曰：幣帛盛於篚，故《書》曰：篚厥玄黄。 林氏曰：兖州之地，宜漆林，又宜桑蠶，故貢此二物也。 有貢又有篚，乃入貢之物盛於篚而貢焉。 古者幣帛之屬，皆盛於篚。 蘇氏引『篚厥玄黄』爲證，是也。 織文者，錦繡之屬。 曾氏曰：織文因織而有文者。 錦繡之屬不一，故言織文以包之，謂之織，則繪畫組繡而有文者不與焉。

又卷二 ［徐州］厥土赤埴墳，草木漸包。 孔氏曰：土黏曰埴，漸進長包叢生。 唐孔氏曰：職、埴，音義同。《考工記》用土爲瓦，謂之摶埴之工，是埴謂黏土，故土黏曰埴。《易・漸・彖》曰：漸，進也。《釋言》云：苞，稹也。 孫炎曰：物叢生曰苞，齊人名曰稹。 郭璞曰：今人呼叢緻者爲稹。 漸包謂長進叢生，言其美也。【略】羽畎夏翟。 孔氏曰：夏翟，雉名。 羽中旌旄，羽山之谷有之。 唐孔氏曰：《釋鳥》云：翟，山雉。 此言夏翟，則夏翟共爲雉名。《周禮》立夏采之，官取此名也。《周禮・司（帝）〔常〕》云：全羽爲旞，析羽爲旌。 用此羽爲之。 林氏曰：羽，即『蒙羽其藝』之羽。 羽畎，羽山之畎，猶之岱畎也。 嶧在今兖州鄒縣。 陽孤桐。 孔氏曰：孤，特也。 嶧山之陽，特生桐，中琴瑟。 班氏曰：東海下邳縣西有葛嶧山，魯國騶縣北有嶧山。 今下邳爲淮陽軍之縣，騶即兖州之鄒縣，下邳在南，鄒在北，二縣蓋相連境，則知葛嶧者，嶧山之連延者也。 林氏曰：嶧陽，陽即《詩》所謂『保有梟繹』是也。 孤桐者，特生之桐，可以中琴瑟也。 必以孤桐者，猶言孤竹之管也。

宋 夏僎《尚書詳解》卷六　兗州地界濟河之間，平地多而山少，卑濕之處無山可憑，但升高丘避之，其被水害，比九州爲甚。今幸水退，升丘之民得以復居平土，此尤可喜，故於兗州言之。鄭氏亦謂此州遭水，其民尤困，水害既除，下丘宅土得免於危厄，故記之。此説是也。兗州水退之後，其土以色別之則黑，以性別之則墳，墳謂土脉墳起也。其土所生之草木，水退之後，以草則繇，繇謂茂也；以木則條，條謂長也。九州惟此州與徐、揚言草木，孔氏謂此三州偏宜草木，林少穎謂不然。按：九州西北多山，東南多水。多山，則于草木多宜皇矣。《詩》曰：帝省其山，柞棫斯拔，松柏斯兑。則西北最宜草木也可知。至於東南卑濕，於樹藝誠非所宜，竊謂此州言草木者，乃三州最居下流。其地卑濕，遭水患，草木不遂其性，至是而或繇，或條，或夭，或喬，或漸包，故於三州言之，以見水退草木遂性，非謂此三州最宜草木。余謂少穎此説雖可喜，然以揚州攷之，揚州亦言草木也，而其貢乃有羽、革、齒、毛，惟木，木尚預貢，則宜草木可知矣。【略】兗州之地，宜漆與蠶桑，故其貢以漆絲。然有貢，又有篚者，蓋入貢之時，其物出于女工之成，可充人君之衣服，則盛於篚而貢之。兗州宜蠶桑，其女工有織而成文錦綺之屬，此所以使之篚而入貢也。參攷餘州，徐篚元纖縞，揚篚織貝，荆篚元纁璣組，豫篚纖纊，皆可充衣服之物，故篚而貢之。若夫青州所篚之檿絲，雖非可充衣服之用，然《爾雅》謂檿絲出東萊，以織繒，堅韌異常，則亦可充衣服，故篚之。比至梁、雍，有貢而無篚，以其地不宜也。少穎云八州之貢多少不同，揚、荆最多，兗、雍最少，各因地之宜，而不可强其所無，雖然有多寡不同，大抵以其所入準其高下，以充其每歲之常貢，是以有多寡而無輕重，此説得之。兗貢篚入帝都之道，自濟、漯二水循流而入，然後至河，故經言浮於濟、漯，達於河。顔師古曰：以舟行水曰浮。漢孔氏曰：從水入水曰達。此云浮濟達於河者，豈非謂自濟、漯泛舟而行，因水入水直至於河，不須舍舟而陸也。按《地理志》：漯水出東郡東武陽縣，至樂安千乘縣入海。濟，即《禹貢》所謂『東流爲濟』者是也。【略】青州言厥土白墳，海濱廣斥，則凡言土有二種者，必析而言之，未嘗並言。若必謂埴、墳爲二種，則豫州之土已別二種。言厥土惟壤，下土墳壚，豈可又謂豫之下土又有墳壚二種哉？故當謂埴墳爲埴而墳也。徐州受淮之下流，其地墊溺已甚，草木不得遂茂，爲日久矣。今也洪水既平，乃始進長而叢生，故言漸包，以漸有進長之意，包有叢生之意故也。此州田則第二，故言上中。賦則第五，故言中中。貢則五色土，故言厥貢惟土五色。所謂土五色，非謂一土有五色，謂此州有青、黄、赤、白、黑五種之土也。《韓詩外傳》謂天子社廟五丈，東方青，南方赤，西方白，北方黑，上冒以黄土，將封諸侯，各取其方色，苴以白茅，明有土當謹敬潔清。蔡邕亦謂天子大社以五色土爲壇，皇子封爲王，授以太社土，各以所封之方色，苴以白茅，使歸國立社，謂之茅社。孔《傳》所明，與二説皆同。則徐州所貢五色之土，豈非欲用以立社乎？林少穎謂前言赤埴墳，此又言土五色，蓋此州之地，大抵赤色者最多，青、黄、白、黑者僅有而已。此説極然。上貢土五色，不言其地，下羽畎夏翟，嶧陽孤桐，泗濱浮磬，淮夷蠙珠曁魚，乃獨言其地者，蓋上言五色土乃徐州境内有處非一，故不指一地而言，惟夏翟孤桐等，乃生於此地者最良，故特言其地也。羽即前『蒙羽其藝』之羽山也。羽畎，謂羽山之畎谷，猶青州言岱畎也。夏翟，雉也，雉謂之夏翟者。《周禮》：染人秋染夏。鄭注：染夏，染五色。然則此言夏翟，豈非謂雉之具五色者乎？孔氏謂翟羽中旌旄，其意見《周禮·司常》，有「全羽爲旌」，故謂翟爲旌旄之飾。要之，古者器用車服用雉爲飾者多矣，不但旌旄也。嶧陽，嶧山之南也。《地理志》：東海下邳縣有葛嶧山，《詩》所謂『保有鳧嶧』，即此山也。孤桐，特生之桐也，可中造琴瑟之用。《詩》言『椅桐梓漆，爰伐琴瑟』，用桐可知矣，莫非桐也。而生於嶧山者爲美，嶧山固多桐也。而生於山南者爲難得，生於山南者固難得也。而介然特生於山南者，禀氣爲尤全，故尤爲可貴。此所以必責貢於嶧陽之特生者也。《詩》曰：梧桐生矣，於彼朝陽。則桐以向日爲良也，可知矣。泗濱，泗水之旁也。《地理志》：泗水出濟阴乘氏縣東南，至臨淮雎陵縣入淮。即此水也。浮磬，謂石之浮於水上，可以爲磬者也。泗水之旁有此浮石，故使之貢焉。

又卷七　篠，竹箭也。簜，大竹也。李巡謂竹節相去一丈曰簜，孫炎謂竹潤節者爲簜，皆不如郭璞謂篠是小竹，簜是大竹，其説簡易而易明。揚州水退之後，竹之大小皆敷布而生，故言既敷。草則少而長，故言惟夭。木則喬而高，故言惟喬。此州言夭喬，餘州言丝條，言漸包，皆草木暢盛之意。其不同者，特史家變文耳，不必從而爲之説。若夫此州言草木在厥土之上，兖、徐二州言草木在厥土之下，或先或後不同，當是兖、徐二州不若揚州最宜草木。故兖、徐二州草木必待水退土性既復之後，乃始茂盛，故言草木在厥土之下。揚州則地尤宜此，故水一退則草木遂茂，不待土性既復然後始盛，故言草木在厥土之上也。少穎於兖州，嘗謂兖、徐、揚三州言草木，乃東南多水，不宜草木。今觀揚州，言篠簜既敷，乃是東南宜竹箭，故言之，豈可謂三州不宜草木故言之也。當是最宜草木，故言之，不然則惟木之貢係於揚州，若非所宜，何以責貢其所無哉？故知少穎之説爲未必然。塗泥，漢孔氏謂地泉濕也。東南萬流所湊，故揚州、荆州皆言塗泥，惟其泥，故揚州於田則下下，比九州爲第九，而賦乃出下上，比九州爲第七，有時而錯出第六之賦者，以人工修故也。秦少游嘗謂今之所謂沃壤者，莫如吳越閩蜀，一畝所入比他州輒數倍。吳越閩蜀，古揚州、梁州也。按《禹貢》揚州田第九，梁州田第七，皆在下等之中，而乃以沃壤稱者，吳越閩蜀地狹人衆，培壅灌溉之功至也。金三品，漢孔氏謂金、銀、銅凡三品。鄭氏謂銅三品者，非也。瑤琨，漢孔氏謂皆美玉，王肅謂美石次玉者。按《周禮·内宰》：后裸獻則贊瑤爵。豈有后所執之爵，乃用美石爲之者？當依孔氏謂瑤琨皆美玉也。篠，所用以爲竹箭。簜，大竹，所用以爲笙簫、符節之屬。周官掌節有英簜，蓋此。齒，孔氏謂象齒。革，孔氏謂犀皮。齒所以飾器，革所以爲甲。羽，孔氏謂鳥羽，唐孔氏廣其説，謂孔雀、翡翠之屬，其羽可以爲飾。毛，孔氏謂氂牛尾，唐孔氏廣其説，此氂牛之尾可以爲旌旗之飾。木，孔氏謂楩柟、豫章，林少穎謂不必如此拘定。左氏云：鳥獸之肉不登於俎，皮革、齒牙、骨角、毛羽不登於器，則公不射。是此州所貢，齒、革、羽、毛與木等，乃凡鳥獸之齒、革、羽、毛可以爲器用之飾，與木之可以爲器用者，皆貢之，不必如孔氏拘定。此説是也。島夷與冀州島夷同，皆是夷人之居海曲者。二州皆傍海，故皆有島夷。卉服，漢孔氏謂葛越也，南方布名，用葛爲之。左思《三都賦》所謂蕉葛之屬是也。但孔氏以冀州言島夷皮服，是島夷水退，得服皮服，非所以貢。此言島夷卉服，亦非所貢，不如鄭氏謂此州下濕，皆衣草服，且貢其服，以共天子之官。按：此文在厥貢之下，厥篚之上，則其爲島夷之貢也，明矣。卉服既爲之貢，則冀之皮服，從可知矣。織貝，漢孔氏謂織紬紵也。貝，水物也。唐孔氏廣其説，謂魚有玄貝、貽貝。餘貾，黃白文。餘泉，白黃文。蓋州之篚貢紬紵，與此有文之貝，以爲器用之飾。林少穎謂不然，以織爲一物，貝爲一物，則織字無所屬。當從鄭氏謂貝爲錦名。《詩》曰：萋兮斐兮，成是貝錦。凡爲織貝者，先染其絲乃織之，則成文。是此州之篚，乃貢此織成之貝錦也。彼蘓氏雖謂織貝爲南方島夷織草木爲服，如今吉貝木綿之類，其説攷於今爲可驗。然下文又謂其文斑斕似貝，攷今吉貝木綿又無有，所謂斑斕如貝者，故未能遽從。橘柚，漢孔氏謂小曰橘，大曰柚。顏師古注《漢書》云：柚似橘而大，其味尤酸。則柚大橘小，可知矣。橘柚不耐寒，必包裹而送之，然頒之有時，故特錫命乃貢，言不常貢也。唐孔氏謂此州橘柚錫貢，與荆州納錫大龜，豫州錫貢磬錯，皆非常貢，故其文並在厥篚之下。此説是也。

明　陳全之《蓬窗日録》卷一《福建》　東南多木犀，謂其花氣所蒸成瘴，莫知其然否。福建木犀盈山，瘴者多山人。浙江好植此花，且以和茶食之。蘇州有木犀山連岡，一望而患瘴無筭，俯察之道，固不可忘此也。

清　趙弘恩　乾隆《江南通志》卷八六《食貨志·物産》　果之品：曰桃，曰李，曰杏，曰梅，曰棗，曰柿，曰榴，曰橙，曰橘，曰梨，曰香櫞，曰木瓜，曰樝子，曰林檎，曰櫻桃，曰胡桃，曰栗，曰蓮，曰藕，曰菱，曰芰，曰芡，曰鳧茨，曰落花生，曰甘蔗。【略】木之屬：曰柏，曰松，曰檜，曰桑，曰柘，曰楮，曰榆，曰槿，曰槐，曰檀，曰椿，曰樗，曰楸，曰楝，曰梧桐，曰楊，曰柳，曰冬青，曰石楠，曰烏桕，曰皂莢，曰合歡，曰楓香，曰杉，曰梓，曰櫻，曰黃楊。竹之屬：曰筀竹，曰淡竹，曰燕竹，曰水竹，曰牙竹，曰斑竹，曰紫竹，曰木竹，其質厚，味辣，又名剛竹。曰鳳尾竹，曰慈孝竹。二者尤細密可愛。草之屬：曰芭蕉，曰雁來紅，曰映山紅，曰藍，曰莎，曰苔，曰鳳尾，曰翠雲，曰吉祥，曰萬年青，曰虎耳，曰蓼，曰蘋，曰荇。花之品：曰梅，梅有三：曰玉蝶，曰綠萼，曰硃砂，以綠萼者爲勝。曰桃，曰李，曰杏，曰梨，曰夾竹桃，曰玉芙蓉，曰木筆，即辛夷。曰玉蘭。海棠有四：曰西府，曰垂絲，曰貼梗，曰毛葉，外此草本則秋海棠也。曰紫薇，曰薔薇，曰桂，曰丹桂，曰芍藥，曰牡丹，曰蘭，曰蕙，曰菊，曰水仙，曰罌粟，曰鷄冠，曰千葉蓮，曰錦邊蓮，曰虞美人，曰杜鵑，曰碧桃，曰山茶，曰海桐，曰蠟梅，曰繡毬，曰荼蘼，曰梔子，曰榴，曰茉莉，曰鳳仙，曰玉簪，曰剪春羅，曰剪秋紗，曰棣棠，曰萱。藥之品：曰桔梗，曰蒼朮，曰白朮，曰茯苓，曰枸杞，曰遠志，曰白頭翁，曰何首烏，曰升麻，曰防風，曰細辛，曰烏頭，曰山慈菇，一名金燈花，冬月生，葉如水仙而狹。曰龍膽草，曰杜蘅，一名馬蹄香。曰鬼督郵，一名獨摇，無風自動。曰芎藭，即川芎也，葉似芹。曰孩兒菊，一名澤蘭。曰香薷，曰薄荷，曰蘇，曰艾，曰青蒿，曰夏枯草，曰豨薟，曰木賊，曰麥門冬，曰天門冬，曰決明，曰澤瀉，曰藍澱，澱，即靛也。曰蓼，曰蓖麻，曰半夏，曰兔絲，曰栝蔞，其根爲天花粉，曰葛根，曰茜草，曰絡石，曰木蓮，曰旱蓮草，曰忍冬，曰菖蒲，曰苦參，曰香附，曰茵陳，曰車前，曰百部，曰商陸，曰芫花，曰南燭，曰蒼耳，曰蒲公英，曰鴨蹠草，曰旋覆花，曰天名精，曰益母草，曰土貝母，曰土牛膝，曰尋骨風，曰棋盤草，曰紫花地丁，曰禹餘糧，曰石腦，曰金櫻子，曰元胡索，曰葳蕤，曰黄柏，曰土大黄。禽之屬：曰鵝，曰鴨，曰鷄，曰烏，曰鵲，曰鴉，曰雀，曰鶺鴒，曰鳩，曰鷹，曰鶻，曰魚虎，曰梟，曰雉，曰鴿，曰鸕鷀。獸之屬：曰牛，曰羊，曰猪，曰犬，曰驢，曰騾，曰貓，曰兔，曰獾。蟲之屬：曰蟬，曰蜂，曰蝶，曰蟻，曰蛇，曰螢，曰蟋蟀，即促織。曰蜻蜓，曰螳螂，曰絡緯，曰蜘蛛，曰蠅，曰蛙，曰蚊，曰蝎虎，即守宫。曰蚓，曰蝸牛，曰蜈蚣，曰蚱蜢。

清　鄂爾泰　《授時通考》卷九　又：海岱及淮惟徐州。厥土赤埴墳，草木漸包，厥田惟上中。《傳》：東至海，北至岱，南及淮。土黏曰埴，田第二。《疏》：《考工記》用土爲瓦，謂之摶埴之工，是埴爲黏土。蔡《傳》：埴，膩也，粘泥如脂之膩也。周有摶埴之工。老氏言『埏埴以爲器』，惟土性粘膩細密，故可摶可埏也。漸，進長也。包，叢生也。《集説》王氏樵曰：埴，土性之美者也。而又墳起，最宜於生物，故草木漸包。胡氏瓚曰：土禀冲和之氣，故壤爲上，太燥者不凝，故墳次之。墳，膏起也。又：淮海惟揚州。篠簜既敷，厥草惟夭，厥木惟喬，厥土惟塗泥，厥田惟下下。《傳》：北據淮，南距海，地泉濕，田第九。蔡《傳》：篠，箭竹。簜，大竹。敷，布也。少長曰夭。喬，高也。塗泥，水泉濕也，下地多水，其泥淖。《説文》曰：泥，黑土，在水中者也。《集説》王氏炎曰：南方地煖，故草木皆少長，而木多上竦。河朔地寒，雖合抱之木，不能高也。兖、徐言草木，皆居厥土之下。凡土無高下燥濕，其性皆然，兼山林言之。若揚之塗泥，惟言沮洳之多山林，不與土塗泥，故其田下下，大抵南方水淺土薄，不如北方地力之厚也。金氏曰：古人尚黍稷，田雜五種，故雖水潦旱乾，而各有所收。塗泥之土，其田獨宜稻，故第爲最下。自唐以來，則江淮之田號爲天下最。

紀　事

宋　張邦基　《墨莊漫録》卷五　平江自朱勔用事，花木之奇異者，盡移供禁御。下至墟墓間珍木，亦遭發鑿。山林所餘，惟合抱成圍，或擁腫樗散者，乃保天年。建炎己酉冬洎庚戌春，宣撫使周望留姑蘇，諸將之兵，斧斤日往，樵斫俱盡，棟梁之材，折而爲薪，莫敢誰何，諸山皆童矣。亦草木一時之厄耶。

明　宋濂　《浦陽人物記》卷上《忠義篇》　西洛歲供縣官炭。自元豐以來，稱林木且盡，令淮南代輸。執禮曰：滁之林木亦盡矣。

明　周復俊　《涇林雜紀》卷一　予巡歷迤西，竟日山行，深林廣谷，絶不聞禽聲。嘗登鷄足峰，林樹最稱繁密，亦閴然絶響，非若江南春夏山林中百鳥之啁哳也。虎狼屏跡，熊豹僅有之，蛇虺亦不怕見。臨安迤東則山隣貴竹，虎豹時聞警耳。

上海

綜　述

明　顧清　正德《松江府志》卷四《土産》　果實之屬二十二：櫻桃，梅，杏，桃，李，橘，柑，香橼，棗，柿，枇杷，林檎，梨，蒲萄，石榴，銀杏，藕，蓮實，菱，芡實，地栗，茨菇。竹之屬二十一：淡竹，筀竹，水筋竹，哺鷄竹，燕竹，象牙竹，斑竹，紫竹，慈竹，海桃竹，木竹，王莽竹，黄菰竹，毛竹，箬竹，方竹，金竹，銀竹，黄金間碧竹，觀音竹，鳳尾竹，筍。木之屬十八：桑，榆，槐，楝，檀，楊柳，椿，樸，松，栢，杉，檜，冬青，梧桐，梓，樟，石楠，烏臼。花之屬三十八：牡丹，芍藥，菊，海棠、錦帶，薔薇，木香，酴醾，棣棠，郁李，石竹，金錢，金鳳，諼草，葵，紫薇，石榴，木犀，玉簪，芙蓉，水仙，山茶，辛夷，百合，西番蓮【略】。禽之屬十二：鶴，鴈，鷹，卧鳥，野鷄，野鳧，文鷄，鵓鳩，鶺鴒，黄雀，鵁鶄，青鵻。

明　韓浚　萬曆《嘉定縣志》卷六《物産》　果之屬［以下注略］：梅，杏，桃，李，柿，櫻桃，蒲萄，石榴，林檎，枇杷，棗，橘，橙，金橘，香櫞，柑，銀杏，蓮房，藕，梧桐子，柰。【略】花之屬：牡丹，芍藥，蓮花，木犀，臘梅，郁李，海棠，錦帶，紫薇，白薇，藍薇，紫荆，繡毬，薔薇，木香，荼蘼，罌粟，錦葵，梔子，萱花，鳳仙，水仙，山茶，長春，棣棠，玉蝴蝶，麗春，玉蘭，渥丹，辛夷，芭蕉，金蓮寳相，雞冠，芙蓉，迎春，金燈，雪梅堆，佛見笑，十姊妹，滴滴金，瑞香，蘭，蕙，石榴，金錢，玫瑰，剪春羅，剪秋羅，紫蕚，白蕚，結香，千葉梅，波斯菊，千葉桃，蜀葵，石菊，洛陽，金雀，菊，十樣錦，僧鞋菊，五九菊，石巖，杜鵑，秋海棠，秋牡丹，月季，老少年。木之屬：松，柏，檜，槐，杉，榆，柳，楊，楝，桑，柘，檀，梓，梧，桐，椿，樸，楓，椒，桕，櫟，冬青，石楠，楮，皂莢，椶櫚，合歡，樫，黄楊，黄連，鷄骨，橡。竹之屬：慈孝竹，護居竹，淡竹，紫竹，斑竹，石竹，筆竹，水竹，山竹，燕竹，鳳尾竹，王侯竹，黄金嵌碧玉，碧玉嵌黄金，觀音竹，黄姑竹。【略】羽之屬：鵝，鴨，雞，雉，雀，鵲，烏，鳩，鶯，鶺鴒，黄頭，白頭，青頭，噪天，蠟嘴，畫眉，繡眼，偷倉，鸜鵒，翡翠，山鵲，魚虎子，子規，鬼車，鳶鷹，黄雀，鴟鴞，鵪鶉，鴿，鶴，鸛，戴勝，百勞，燕，啄木，鴰，團尾，鴈，青鵻，鵁鶄。毛之屬：牛，馬，羊，豕，犬，貓，貍，驢，騾，鼠，黄鼠，獾，獺。

清　宋如林　嘉慶《松江府志》卷六《物産》　果之屬：［以下注略］：桃，水蜜桃，櫻桃，梅，銀杏，梨，棗，柚，香櫞，葡萄，橙，林檎，石榴，橘，柿。【略】木之屬：桑，榆，槐，杉，檀，楊柳，椿，松，柏，檜，梧桐，梓，樟，樫，冬青，石楠，烏臼，山礬，皂，柘，蘭筍山茶。【略】竹之屬：淡竹，筆竹，筋竹，哺雞竹，燕竹，象牙竹，斑竹，紫竹，慈竹，桃竹，王莽竹，黄菰竹，箣竹，方竹，金竹，黄金閒碧玉竹，箭竹，觀音竹，羅漢竹，椶竹。【略】花之屬：牡丹，菊，佛頂菊，梅，玉蝶梅，蠟梅，薔薇，木香，酴醾，棣棠，郁李，辛夷，桃，杏，海棠，荷，剪春羅，錦帶，金錢，玉簪，石竹，金鳳，萱，瑞香，迎春，罌粟，洛陽花，芙蓉，水仙，長春菊，刺桐，玫瑰，杜鵑，繡毬，紫藤，蛺蝶花，高良薑，蜀葵，黄葵，秋海棠，剪秋羅，西番蓮，紫槐，紫茉莉，紫荆，木槿，紫薇，薝蔔，石榴，木犀，蘭，玉蘭，丁香，山茶。【略】毛之屬：牛，羊，貓，豬，犬，獾，香貍，猬。羽之屬：鶴，鷹，雉，鳧，文雞，鵝，鴨，雞，黄鸝，燕，鴿，脊令，鸜鵒，鸛，鵲，鷗，鷺，鵁鶄，布穀，鵜鶘，青鵻，百舌，十姊妹，鵓鳩，告天，鵪，雀，黄雀，鶉，鳶，姑惡，婆餅焦，摘山看虎。

清　應寶時　同治《上海縣志》卷八《物産》　果之屬［以下注略］：桃，柿，杏，梅，李，橙，香櫞，代橘，石榴，花紅，蒲萄，枇杷，銀杏，棗，菱，荸薺，無花果。竹木之屬：護居竹，燕竹，黄金間碧玉竹，篾竹，黄菰竹，紫竹，壽星竹，鳳尾竹，飛白竹，慈竹，天竺，桑，榆，黄楊，槐，楊柳，檀，柏，楮，石楠，杉，烏柏，椿，冬青，梧桐，榮，柘，梓，樸，楝，椒，楗，皂角，雞距，椶櫚。花卉之屬：牡丹，芍藥，梅，蠟梅，梨，海棠，杏，桃，李，玉蘭，辛夷，紫荆，繡球，木香，瑞香，結香，迎春，山茶，杜鵑，壽梅，金帶，素馨，飛來鳳，紫藤，薔薇，棣棠，玫瑰，金絲桃，荼蘼，木槿，梔子，榴，凌霄，紫薇，木芙蓉，桂，夾竹桃，翦春羅，罌粟，虞美人，洛陽，萱，百合，翠臺，翠雀，金蓮，箬蘭，柳穿榆，荷，午時蓮，鐵綫蓮，玉簪，金錢，紫茉莉，蜀葵，錦葵，秋葵，菊，長春菊，萬壽菊，藍菊，僧鞋菊，宫錦，鳳仙，雞冠，鴈來紅，金絲荷葉，千年紅，芭蕉，瑶草，象牙草，蓼，苕蕘，仙鶴草，翠雲草，蘋，吉祥草，萬年青，蘭蕙。【略】毛之屬：【略】兔，獾，貒，香貍，黄鼠狼，獺，鼠。羽之屬：鶴，野雞，雁，雞，鴨，鵝，鵁鶄，鵪鶉，鷺鷥，翠鳥，鴿，鶉哥，八哥，蠟嘴，布穀，野鳧，竹雞，鵲，鴉，青鵻，鳶，麻雀，燕。

清　陳其元　光緒《青浦縣志》卷二《疆域·土産》　果之屬［以下注略］：梅，桃，櫻桃，李，麥李，林檎，石榴，柿，銀杏，棗，葡萄，藕，菱，芡，杏，梨，橘，柑，橙，香櫞，枇杷，荸薺。木之屬：桑，槐，楝，楊柳，樫，椿，樗，樸，松，柏，檜，樟，蘭筍山茶，榆，檀，柘，杉，梧桐，梓，石楠，烏柏，冬青，楮，椶櫚，桂，楓，天竹，皂角。卉之屬：黄草，莎草，蒲，蘆，蘭草，荷花草，老少年，千年蒀，狀元鞭，翠雲草，芭蕉，吉祥草，茅，藍。【略】花之屬：牡丹，芍藥，菊，佛頂菊，梅，桃，杏，海棠，荷，石竹，萱，水仙，罌粟，辛夷，金錢，玉簪，木芙蓉，瑞香，洛陽，蝴蝶，渥丹，薔薇，金鈴花，蜀葵，薝蔔花，荆葵，黄葵，鳳仙，秋海棠，紫槐，繡毬，結香，臘梅，石榴，紫薇，山茶，迎春，桂，木香，酴醿，棣棠，郁李，錦帶，杜鵑，凌霄，雞冠，西番蓮，美人蕉，木槿，玉蘭，蓼花，紫藤，金絲桃，木桃，夾竹桃，山茶。竹之屬：哺雞竹，慈竹，桃竹，燕竹，象牙竹，筆竹，羅漢竹，淡竹，筋竹，斑竹，紫竹，黄菰竹，毛竹，方竹，觀音竹，鳳尾竹，壽星竹。【略】毛之屬：羊，貓，獾，牛，豬，犬，兔，獺，猬，香狸，鼠，黄鼠狼。羽之屬：鶴，鴈，鷹，雉，梟，鵝，鴨，雞，黄雀，鵁鶄，告天，戴毛鶯，十姊妹，鵓鳩，青鶼，鵲，烏，鶉，鳫，斲木，鷺鷥，鵜鶘，雀，鸜鴿，柳葉，婆餅焦，摘山看虎，燕，鴿，鶯，鷗，百舌，姑惡，蝙蝠，鶺鴒，鴛鴦，鵪鶉，布穀，子規。

又卷四《山川》 蘭筍山，原名佘山，在縣南十八里，有東西二峰。東高四十丈四尺，周一千一百三十二丈五尺。西高七十三丈四尺，周一千二十丈。舊傳有佘姓者養道於此，故名。土宜茶，産筍，有蘭香。康熙五十九年，聖祖仁皇帝南巡賜今名，御書『蘭筍山』三字，懸宣妙寺中，寺舊名西庵，其東庵改名普照，山上有靈峰，庵後改昭慶、慧日二寺。慧日又名沐堂，今盡廢，明陳繼儒隱此。【略】鳳皇山，在縣東南二十五里，高四十五丈八尺，周七百一十七丈七尺。《圖經》云：據九峰之首，延頸舒翼，宛若鳳翥，故名。東枕通波，西連玉屏，山形修峻，孤起無附，左有青壁，高數十仞，如削成，上多虬松古籐，蒼森可愛。有泉二，曰鳳皇，曰陸寶，故陶宗儀有『丹泉陸寶秘精靈』句。衛宗武《秋聲集》云：吾郡諸山以杭天目爲祖。虎林有鳳皇山，故以雲間爲小鳳，先文節詩『小鳳梳翎倚碧天』者此也。【略】辰山，舊名神山，在盧山南，高四十七丈，周五百七十四丈六尺。唐天寶間改稱細林，又稱秀林。元時彭素雲棲此，構崇真道院，中有仙椅、屯雲、錦濤諸峰及凝雲石、甘白泉。又神翬仙館吕巖書額，筆法奇異，明嘉靖間爲太守吴黄州取去。宋《府志》云守令題名，只有太守吴鉞，江西人，在正德時任，非在嘉靖間。黄州屬湖北，疑是韋蘇州、柳柳州之類，或非松郡太守。今牓蓋摹本云。【略】厙公山，在鳳皇山南，高二十二丈四尺，周一百十丈，昔有厙公隱此，因名。山形如軸，正當鳳喙，俗所謂丹鳳銜書，實鳳山之附庸也。諸嗣郢九峰，詠稱厙公秦時人，有《亢桑子》三卷，相傳鐵鎖金匣埋於山下。土宜盆盎，可栽蘭竹。【略】薛山，在佘山之東，高四十五丈四尺，周五百二十五丈五尺。《吴地記》薛道約居此，因名。土人於山下掘地得石，志曰玉屏，山形亦肖，故又稱玉屏，下有羅池産藕甚佳，今湮。

清　陳方瀛　光緒《川沙廳志》卷四《民賦志・物産》 果之屬［以下注略］：桃，杏，梅，李，石榴，花紅，蒲萄，枇杷，柿，橙，香櫞，梨，白果，蓮，棗，菱，落花生，無花果。竹木之屬：護居竹，燕竹，黄金間碧玉竹，篾竹，黄菰竹，紫竹，壽星竹，鳳尾竹，飛白竹，天竺，桑，榆，槐，黄楊，柏，楮，杉，烏桕，楊柳，椿，銀杏，皂角，楝，柘，樸，樋，山礬，冬青，梓，檀，椶櫚。花卉之屬：牡丹，芍藥，梅，蠟梅，梨，杏，桃，李，玉蘭，辛夷，紫荆，繡毬，木香，瑞香，迎春，山茶，杜鵑，金帶，素馨，飛來鳳，紫籐，薔薇，棣棠，玫瑰，金絲桃，荼蘼，木槿，梔子，榴，凌霄，紫薇，桂，夾竹桃，海棠，罌粟，虞美人，洛陽，萱，荷，玉簪，金錢，茉莉，蜀葵，錦葵，秋葵，蘭蕙，水仙，秋海棠，木芙蓉，虎刺，菊，長春菊，萬壽菊，藍菊，僧鞋菊，石蒜，蘿薜，鳳仙，雞冠，雁來紅，千日紅，芭蕉，蔦蘿，蓼，苕蕘，仙鶴草，翠雲草，書帶草，蘋，萬年青，吉祥草。【略】毛之屬：牛，羊，豕，狗，猫，兔，狸，獾，黄鼠狼，獺，鼠，猬。羽之屬：鶴，雁，燕，野雞，鴨，鵝，鷺鷥，鵁鶄，布穀，鵓哥，八哥，翠鳥，鴿，鵲，鴉，鶩，麻雀，青鶼，鵜鶘，啄木，梟，鷃，鵪鶉。

紀事

明　貝瓊　《清江文集》卷五《雲間集・水雲深處記》 青林在華亭東南六十里，地平衍，無大山，惟叢篠灌木，薈鬱蔽虧。蓋亦海隅之斗絶幽邃所也。

清　趙弘恩　乾隆《江南通志》卷三一《古蹟・松江府》 鶴坡在南匯縣下沙鎮。其地産鶴，俗又呼鶴窠。

清　宋如林　嘉慶《松江府志》卷七四《名蹟》 古銀杏，在柘林城内，大數十圍，根蟠一城。相傳宋時所植。凡海艘收口，望以爲的。《邑志》【略】陳朝雙檜，在滬瀆静安寺，世傳以爲禎明中植。陸龜蒙、皮日休有《重元寺雙檜》詩，即此也。政和間，朱勔圖以進，有旨遣中使取之。時中使欲毁三門而去，一夕風雨震雷，忽碎其一，今殿右者尚存。葉夢得《避暑録》以爲朱冲畫旨取平江白樂天手植檜與華亭悟空禪師塔前檜，皆唐時故物，石林以爲悟空禪師塔前，誤矣！案《臨安志》：悟空塔亦有雙檜，東坡詩所謂『當年雙檜，似雙童』者。然在鹽官耳。【略】鐵槵樹，在干山麓，枝幹奇古，他處所無。《酉陽雜俎》：槵，一名噤婁，一名桓，燒之極香，辟惡氣。崔豹《古今注》：拾櫨木，一名無患。《通雅》：槵子實可去垢，核黑如槩。《梵經》所云『當貫木槵子一百八箇，常自隨身』者，即此。

江蘇

綜　述

宋　樂史《太平寰宇記》卷一六《河南道·泗州》　都梁山，在［盱眙］縣南一十六里。按：《廣志》云：都梁山生淮蘭草，一名都梁香草，故以爲名。

又卷九〇《江南東道·昇州》　鳳臺山，在江寧縣北一里，周迴連三井岡，迤邐至死馬澗。宋元嘉十六年，有三鳥翔集此山，狀如孔雀，文彩五色，音聲諧和，衆鳥羣集，仍置鳳臺里，起臺於山，號爲鳳臺山。

又卷九一《江南東道·蘇州》　蓮塘，《吴城記》：在［吴］縣西十二里有田數畝，生蓮花千葉，甚麗。蜀州李建中移植京師，不生。

宋　張敦頤《六朝事迹編類》卷上《朱雀航》　《地志》云：朱雀門北對吴都城宣陽門，相去六里，爲御道，夾御溝植柳。自朱雀門南渡出國門。羅鄴《金陵野步望宫柳》詩云：色承陽氣煖陰帶，御溝清里俗相傳。今桐樹灣相對浮橋，即其地也。

又《丹陽門》　按《地理志》：建鄴、秣陵、丹楊、句容、溧陽、江寧皆隸丹陽郡，屬揚州所統。注云：丹陽山多赤柳，在郡西，故曰丹楊。

宋　周應合《景定建康志》卷四二《風土志·物産》　果之品：來禽，大杏，海紅，金錠，梅，紅桃，緑李，相公李，出句容。秦公梨，櫻桃，繡蓮，藕，芡寔，菱寔，蒲萄，海門柿，石榴，香查，西瓜，甜瓜，梧桐子，地栗，橘，橙，乳柑，竹蔗，荻蔗，出府境。福鄉柰。出句曲。【略】禽之品：梟，鶉，鳩。【略】獸之品：獐，鹿。

明　王鏊　正德《姑蘇志》卷一四《生植》　果之屬［以下注略］：九楊梅，枇杷，櫻桃，林檎，海杏，栗，銀杏，柿，梨。橘之屬十一：緑橘，平橘，蜜橘，塘南橘，脱花甜早紅橘，真柑，匾橘，金柑，橙，香櫞。梅之屬十二：江梅，早梅，官城梅，消梅，古梅，重葉梅，萼緑梅，百葉細梅，紅梅，鴛鴦梅，杏梅，蠟梅。牡丹之屬十有三：觀音紅，崇寧紅，壽安紅，王希紅，疊羅紅，風矯紅，一捻紅，朝霞紅，鞓紅，雲葉紅，茜金毬，紫中貴，牛家黄。舊傳朱勔家園内萬本，皆以飾金牌記其花名。今人家亦有傳其種者。菊之屬三十六：勝金黄，疊金黄，棣棠黄，疊羅黄，麝香黄，千葉小金錢，太真黄，單葉小金錢，垂絲菊，鴛鴦菊，金鈴菊，毬子菊，又有小金鈴，藤菊，十様菊，野菊，甘菊，五月菊，金杯玉盤，喜容千葉，萬鈴菊，蓮花菊，芙蓉菊，茉莉菊，木香菊，酴醿菊，艾葉菊，白麝香，白荔枝，銀杏菊，波斯菊，佛頂菊，桃花菊，臙脂菊，紫菊。雜花十九：木蘭花，海棠，芍藥，山茶，辛夷，錦帶花，石竹花，鶯粟花，郁李，萱草，麝香萱，鼓子花，水仙花，薔薇，二至花，梔子，木香，百合，紫薇，長春，芙蓉。木之屬六：桂，柳，栝子松，楓，槐，冬青樹。竹之屬七：金竹，紫竹，斑竹，桃枝竹，鳳尾竹，慈姥竹，哺雞竹，附筍。【略】羽之屬四：鵁鶄，鶴媒，三黄雞，黄雀。

明　蘇祐　嘉靖《吴邑志》卷一四《土産物貨穀菽蔬果上·果》　楊梅，爲吴中名品，出光福山銅坑第一，聚塢次之，洞庭所産尤多，惟宜醃以行遠也。其他密漬礬收，火燻糖浸，皆有法，古所傳也。橘，有數種，范《志》云：緑橘出洞庭東西山，比常橘特大，未霜深緑，其臍間一點先黄，味已全，可啖，故名緑橘。他州皆産，惟洞庭香清味美，非他處可及。又王《志》云：橘品蜜橘爲上，匾橘、塘南次之，若早紅蜕花甜，其品稍下。《太湖志》云：洞庭二山，民鮮田，以橘爲業，其木畏寒，極難種，凡橘一畝而培治之功數倍於田也。今按：匾橘實大形匾，故名。塘南皮薄味淡，有紅如丹者，枯槁無漿，不足貴，早紅味酸。成化間，經大雪，洞庭橘皆凍死，培種未復。今市肆所售，皆江西三衢産，比年通用之。桃亦多品，有極大者，其味甘酸鹹皆具，自古貴之。杏，種不一，有大如拳者，色紅而核小，云出范蠡遺種，海杏也，味甘，堪飽人。李，有肉多而核極小者，味美。園林所産大抵多紫粉李，甘而太釀，疑此品易種也。櫻桃，易種，多有色微黄者，名蠟櫻，味尤勝。林檎，一名來禽，俗呼花紅，人家園中多種之。葡萄，蔓生，當熟時，紫黑有漿。然其顆不大，又雜以青紅，江南産終不如北也。枇杷，肉厚味甘，或有核小如椒者，名椒子枇杷。按：《果經》謂此木初接則核小，再接則無核。梨，吴中尤多佳品。盧《志》云：洞庭所産梨有數種，曰蜜梨、張公梨、白梨、消梨、鵞梨、太師梨，名品不一，而韓梨皮褐色，肉如玉。王《志》云：大柄金花梨爲最也。梅子，西山多種，其味仍在熟時，青黄餖飣歷時最久，人家收藏有霜梅、翠梅，乃堪作醬和羹也。惟消梅實小、松脆、多液、無滓，不宜熟，惟堪生噉。銀杏，一名鴨脚子，其木最壽，高者十丈，俗名白果。金柑，實小如彈丸，味帶微酸，其叢高三尺許，纍纍金色，一株千顆。别一種稍長者，名牛乳柑。橙，皮厚而香，其穰極酸，不可食。《格物論》云：橙，橘屬，有刺大者，如杯，色黄皮厚，蹙衂如沸，香氣馥郁，可以作湯。蓮實，有極鮮者，法主甘，云出紅蓮也，然實小，白華實大而淡，出王《志》云。香櫞，樹高，實大類橙，色黄形圓，而香芬襲人，可搗爲湯。柿，名品不一，有緑柿、牛奶柿、方蒂柿。菱，有野菱，有家菱，又有餛飩菱。凡菱四角曰菱，兩角曰芰。今折腰菱多兩角，乾之曰風菱。芡，生黄山南蕩，謂之鷄頭，蓋取其狀似烏首，味甘，食之補益，可以療飢。藕，出黄山南蕩者佳，花白者松脆且甘，食之無滓。他産不滿九竅，此獨過之，以此爲辨也。葧臍，即鳧茨，出華林者色紅味美。茨菰，《本草》名烏芋，生稻田中。

又《竹》　金竹，紫竹，斑竹，鳳尾竹。慈姥竹，叢生，俗名慈孝竹。哺鷄竹，有筍蔓延如鷄哺子，俗稱杜園筍。

又《木》　檜，柏，柏葉扁，檜葉圓，皆堅木。括子松，可泥子而生。榆，人家門前多種，多陰，又堅壽也。楊柳，多種易生，大葉楊細葉柳，夏取其蔭，然多生蝨，不可近。又無垂絲者，可薙供爨。杉，幹長而聳，塚墓及寺院種之。冬青樹，墓園所種，近時人家亦種以取蠟。楓，似白楊，有脂而香，葉三脊，霜時色丹。槐，幹似榆，葉細而長，花可染黄。梓，葉大，有雌雄，雌生莢，雄否。松，出西山，種數歲可伐爲薪。

又《禽》　鶴，邑中不産，來自江北，人家園亭多蓄之，可辟蛇。雉，多棲叢冢中，時出野田啄食，虞人得之，雄者羽毛其五色，雌如家鷄，味美。鵁鶄，水禽，黑襟青脛，丹爪喝。採桑子，吴山有小禽，形嘴紅身黑，桑椹熟時來，故名。啄木鳥，紅頂長觜，啄木取蠹蟲而食。黄鸝，近城絶少，不如江北多也。畫眉，山林中最多。黄雀，每歲秋末冬初，西風急，則千百成群自江外來，弋人羅之，味腴美。

明　盛時泰　《牛首山志》卷上　靈草嘉樹，高山憑依。靡以衆夥，獨珍厥奇。惟兹牛頭，萬木森列。修杉雲崇，團楠蓋揭。文杏實材，匠者徜徉。興則雲雨，任斯棟梁。二木毓秀，乃寄空山，石莚垂蔭，祈保歲寒，撰草樹志。山多松栗，兼饒薇蕨，樵採雖繁，培植亦廣。獨白雲梯傍，夾植杉、楠，亭亭肅肅，干蔽霄日，遊人暫憩於下，若張幕焉。文杏在大雄殿前石欄下，圍可三四人，輪根高幹，叢枝密葉。寺僧説，曾經劫火而不爍，故今毁痕猶在。百餘年來，老於樹傍者，都未見其實。嘉靖戊申，陡結六株，人咸異之，謂有徵應。後鄉人趙文達果造三茆行宫於山椒。嘉靖癸丑七月望，予爲母張建盂蘭盆齋時，憩坐於下，品其材，以爲在祈澤之次栖霞伯仲間，因爲賦詩。今太宗伯洞山尹公游而愛之，命齊雲巖僧拓『秀蔭古今』四字，俾刻石嵌欄壁。【略】山多竹，是處遊客皆有題名。【略】每春暮夏初時，松陰欲午，則寒氣襲衣，時人來遊曾得句云『松榻寒生雲未去，石樓人静月孤懸』者，最善描寫。山多甘菊，春時生滿岩谷，僧採以餉客，即陶隱居所謂『根枝花葉皆可餌』者。好事人移植欄檻，則經年彌茂。是時吴蒓初至，汲澗泉烹而啖之，固爲二絶。山多蘭，每春深則人掘以入城，然皆一莖十數花。惟近時始有一莖一花者，葉少而潤，每莖嫩殼包之如筍籜，色碧香細，初春即發，名曰春蘭，比鬻於市者先月餘，皆傳得之山中云。筍，盛時僧以供客。是時當春夏之交，漸近浴沸，含櫻正夥，城内外茶會極繁，而牛山疎寮中又自有幽閒之趣，坐青樹之新陰，聽黄鸝之間語，雖未割兹塵網，亦足愜此曠懷。夏時遊客，較春初、秋仲爲稀，然山中栗陰，亦自健人，加以槐停粉而晝午，蕉分緑而多陰，麥飯莧羹，自堪怡悦。故時有往山中結夏者，免都人目之爲褦襶客矣。中秋重九，秋之仲季，是時桂蕋葵枝，黄花紅葉，蓋淒然動人，而鷄冠尤盛。【略】白雲梯邊，石楠最古，自春入冬，葉不零落。對月則清影堪怡，經霜則紅陰可挹。【略】僧素不藝菊，以去城遠，苦無佳本，此時朱職方潤身近山寺，構大闕山房，從玉田盧先生分種，故僧房多因以供佛，香生盂水，朝爐減薰，根留堀盆，夕苔破色，遂使人棄潭英而不珍，拋籬枝於不把矣。盧名壁，字國賢，性嗜菊，著《東籬品彙》，家有萬花草堂。每過朱時，則一遊山寺。入冬山中少梅，獨一二處有，古幹如鐵者可三四株，然去寺亦遠。廣緣寺有山茶，不在寺封内，獨春時桃李盛開，則紅白迷望。是時風雨晴霽，無不堪遊。而士人之耽於吟詠者，蓋不可勝賦矣。予嘗誦王右丞『雨中草色緑堪染，水上桃花紅欲然』之句，謂差足以當之。

明　姚希孟《山中嘉樹記》（引自《名山勝槩記》卷一〇）　山以樹爲衣，山無樹，猶麗姝不得羅襦繡帶，而驕語綦縞，能發其驚鴻游龍之態否耶？洞庭固嘉樹藪也。花有二時，爲梅爲梨。梅之盛，未知較光福、鄧尉間何如？但見老榦苞香，糾錯諸塢中。後堡、涵村爲最，往往團而續，不若光福亘而聯，疑光福差雄也。所傳甪頭梨花，則天下無雙矣。又聞黄家堡有一老桂云。甪庵四季山茶，傳爲甪里先生手植，吾何所取質哉！果熟爲橙橘，果娱口，非用悦目，乃談閩南鮮荔枝者，不獨涎流，雙睫亦淫淫不自持矣。橙橘凛高秋之氣，肅然嚴冷，然深黄淺絳，遥映緑叢。如禮法大家，未嘗不濃粧靚飾，而舉止矜重，隱身自蔽。清霜既醉，色韻成酣，間以銀杏之蒼姿，楓林之袨色，遂使明沙淨渚，别開畫圖。遠岫孤峰，轉增褥繡，此秋山一時之美，獨擅於洞庭，余所爲選時而踐也。長松落落，遠者一二百年，近亦不下數十年。寅朝曦，攀夕照，邀清暉於明月，漱爽籟之清風，即水遠不聞湍瀨，僧懶不習鼓鐘，而樹杪生濤，山空響梵，劃然而豹虎嘯，喁然而蛟螭吟，此皆松之餘韻也。松莫盛於天王，莫古於華山。若包山水月，則晉、楚、齊、秦之匹，惜未見羅漢、法喜諸松耳。松之爲龍攫者二，一在徐文敏祖墓，由趾貫其顛，傷痕如刳，樹夭矯自若；一在上方塢，欹卧橋上，若推仆不得起，作臃腫支離態，而鬐戟怒張。夫松，固木中龍類也。故松脂入地爲琥珀，龍血亦爲琥珀，何同偶相軋，豈亦惡其似龍者邪？爲雷劈者一，則松臺孤松也。雷火削去一枝，當是助乖龍爲虐，而老榦未剗，馬遠筆意故在。柏則華山寺前側柏兩株，高僅三尺，枝偃葉冒，有瓔珞莊嚴之相。天王寺古本一株，百餘年物矣，枝枝向佛，若合十皈依者。玄奘歸而松枝轉，孰謂無情不説法也？爰告主林神，當爲摩頂授記。而余譜佳樹，多取喻美人，故當以禪衲終。

明　王鏊《七十二峰記》（引自《名山勝槩記》卷一〇）　太湖之山，發自天目，迤邐至宜興，入太湖，融爲諸山。湖之西北，爲山十有四，馬跡最大。又東爲山四十有一，西洞庭最大。又東爲山十有七，東洞庭最大。馬跡、兩洞庭，望之渺然如世外，即之茂林平野，閭巷井舍，仙宫梵宇，星布棊列。馬跡之北，津里、夫椒爲大，夫差敗越處也。西洞庭之東北，渡渚、黿山、横山、陰山、秦餘、長沙山爲大。長沙之西，衝山、漫山爲大。東洞庭之東武山，北則餘山，西南三山、厥山、澤山爲大。此其上亦有居人數百家，或數十家。馬跡、兩洞庭分峙湖中。其餘諸山或遠或近，若浮若沉，隱見出没於波濤之間。馬跡之西北有若積錢者，曰錢堆。稍東曰大峫、小峫。與錫山若連而斷，舟行其中，曰獨山。有若二梟相向者，曰東鴨、西鴨，中有三峰。稍南大墮、小墮。與夫椒相對而差小，爲小椒，爲杜圻范蠡所嘗止也。西洞庭之北，貢湖中有兩山相近，曰大貢、小貢。有若五星聚，曰五石浮，曰茆浮，曰思夫山。有若兩烏飛且止者，曰南烏、北烏。其西兩山，南北相對而不相見，見即有風雷之異，曰大雷、小雷。横山之東，曰干山、紹山，曰幢浮，曰東嶽、西嶽。世傳吴王於此置男女二獄也。其前爲粥山，云吴王飼囚者也。有若琴者，曰琴山。若杵曰杵山，曰大竹、小竹。與衝山近，若物浮水而可見者，曰長浮、癩頭浮、殿前浮。與黿山相對而差小者，爲龜山。有二女娟好相對，曰謝姑。有若立柱巀嶭玉柱，稍却金庭。其南爲峐山，爲歷耳。中高而旁下者筆格，驤首若逝者石蛇，有若老人立石公。石虵、石公石最奇。與黿山、龜山南北相對曰鼉山，山旁曰小鼉。若螺者青浮。二鼉之間，若隱若見，曰鷩籃。東洞庭之南，首鋭而末岐者，曰箭浮。若屋欹者，曰王舍浮、苧浮。又南爲白浮。澤、厥之間，有若笠浮水面者，曰蒻帽。有逸於前後，追而及之者，曰猫鼠。有若碑碣横者，曰石碑。是爲七十二，然其最大而名者，兩洞庭也。

明　袁宏道《吴郡諸山記・光福》（引自《名山勝槩記》卷九）　光福一名鄧尉，與玄墓、銅坑諸山相連屬。山中梅最盛，花時香雪三十里。其下爲虎山橋，兩峽一溪，畫巒四匝。有湖在其中，名西崦湖，濶十餘里。亂流而渡，至青芝山足，林壑尤美。山前長堤一帶，幾與湖埒，堤上桃柳相間。

每三月時，紅緑燦爛，如萬丈錦，落花染成湖水作臙脂浪，畫船簫鼓，往來湖中。堤上妖童麗人，歌板相屬，不減虎林、西湖。寺僧爲余言，董氏創此堤，費不下百萬錢，時年饑甚，民無所得粟，董氏令載土一舟者，得米數斗。旬日之内，土至如山，遂成大堤。山間蒼松萬餘，樓閣臺榭宛然圖畫，柏屏蘿幄在在有之。碧欄紅亭與白波翠巘相映，發山水園池之勝，可謂兼之矣。嗟夫，此山若得林和靖、倪雲林一二輩粧點其中，豈不人與山俱勝哉！奈何層巒叠嶂，不以宅人，而以宅鬼，悲夫！

明　陳繼儒《贈鄒舜五採蓴》（引自《林屋民風》卷一〇）

鹿出馬跡山，有蒼鹿、玄鹿，其角可以製膏，相傳玄鹿爲脯，食之令人多壽。麞，鹿屬也，出洞庭等山，居人獵取爲脯，香味殊勝，品過於鹿。兔，諸山皆有，洞庭山獨無。有蒼色，有白色，白色者目赤如硃。雉，出東山，毛羽鮮明，五采炫耀，一名錦雉，一名雞雉，《左傳》所謂五雉，此其一也，俗名野雉。緑頭鴨，一名野鴨，出太湖中。鵁鶄，水禽。《吴郡志》：陸龜蒙嘗得之於震澤，黑襟青脛，丹爪噣色，幾及項。龜蒙哀其野逸，而囚録籠檻，爲賦詩焉。鴛鴦，出太湖洲渚中，一名文禽，匹鳥也，狀似鳧，毛有文彩，雌雄未嘗相離。

明　李自滋　崇禎《泰州志》卷一《物産》

木類：松，柏，桑，槐，柘，柳，榆，椿，桐，檀，皂莢，亦名皂角。白楊，黄楊，垂楊，冬青，即女貞。狗橘，楝，梓，銀杏，椒，楓，樗，穀，一曰楮桑。烏臼，椶櫚。亦名栟櫚。花類：牡丹，芍藥，薔薇，荼蘼，海棠，棣棠，木香，瑞香，杰香，郁李，八仙，玉蘭，紫荆，梔子，繡球，木筆，木槿，木樨，紫薇，金沙，鹿葱，金萱，夜合，一名合歡。芙蓉，山茶，玫瑰，山丹，鶯粟，金錢，蜀葵，黄葵，雞冠，菊，茉莉，珍珠花，旋覆花，俗名滴滴金。月季花，紫丁香，后庭花，即雁來紅。十樣錦，石竹花，鼓子花，蠟梅。果類：銀杏，櫻桃，石榴，葡萄，桃，梅，杏，李，棗，梨，橙，柿，菱，芡，蓮，藕，胡桃，栗，林檎。竹類：苦竹，筀竹，筋竹，水竹，紫竹，鳳尾竹，斑竹，慈竹，篋竹。【略】毛類：牛，二種。羊，二種。馬，驢，騾，豕，犬，虎，鹿，麋，麂，獐，兔，狼，猫，狐，狸，獺，獾，鼠，黄鼠，黄鼠郎。羽類：鵝，二種。雞，出樊、漢者高二三尺。鴨，鳧，鶴，雉，花雞，鵲，雁，鴉，燕，鷹，鷂，烏，山練子，鳩，有斑有鵓。鴿，天鵝，鴛鴦，鴝鵒，鵪鶉，百舌，蠟嘴，山鵲，雪姑，鶺鴒，啄木，鵁鶄，白鷗，黄鸝，青鵁，練鵲，郭公，一名布穀。鸜鵒，俗名八哥。叫天，白頭公，禿鶖，鸛，鶻，梟，鵙，一名伯勞。蝙蝠。

清　李光地《月令輯要》卷八《夏令・民用》

花山蒓。增《吴地記》：花山在吴縣西三十里，其山蓊鬱幽邃，山上有池，旱亦不涸。中有蒓，甚美，夏食之去熱，吴中以爲佳品。

清　翁澍　康熙《具區志》卷六《土産》

橘，出洞庭山東山。【略】真柑，出洞庭山東山。【略】。枇杷，一名盧橘，出東山之白沙、紀革、查灣、俞塢諸處者佳。其品有二：實大而色白味甘酸獨核者名白枇杷，實差小而黄色者名金蜜礶。宋建中初，詔江南枇杷歲爲次第貢，吴人乃以東山枇杷配閩之荔枝。故郭祥正詩：顆顆枇杷味尚酸，北人曾作荔枝看。未知何處真堪比，正恐飛書内蠟丸。楊梅，出洞庭山塘里、涵村，東山豐圻、俞塢，若横陰諸山皆有之，品不及光福所産。近圃人擇善本接之，實遂佳，不在光福之下。梅，出洞庭等山，其佳種有四：實小味酸，方吐花即可噉者，名吐花酸；松脆多液，入口無滓者，名消梅；質圓而大，可以蜜漬，可以蒸製者，名脆梅，亦名時裏梅；實小而堅，初冬方可食者，名十月梅。按《詩疏》：梅，杏類也，樹及葉皆如杏而黑。《吴郡志》有《梅譜》。杏，出洞庭等山，吴俗有沙杏、油杏之別。《地理志》：范蠡宅在湖中，有海杏大如拳。今猶有大如小兒拳者，豈古范氏遺種歟？桃，品不一，最大者名半觔桃，白色而味甘者名銀桃，熟最早者名壽星桃，形如盤盂者名盤桃，一名蟠桃。如茄者名茄桃，方春結實、入冬始熟者名凍桃，又一種光澤如李、味酸甜者名李光桃，脆而緑者名緑桃。李，有三種：青脆李、黄姑李、紫粉李。林檎，一名來禽，俗所謂花紅是也，似奈而小，王右軍有《來禽帖》。梨，出洞庭山角頭。《蘇州府志》：洞庭所産梨有數種：蜜梨、林檎梨、張公梨、白梨、語兒梨、消梨、鵝梨、大柄梨、太師梨。柿，凡三種：七寶柿、種自七寶，故名。牛心柿、以形名。油柿。以色名。櫻桃，出洞庭山者，實大而色紫，名羅漢櫻，食多令人如醉，三山、徐侯山皆有之。又一種質圓而小名櫻珠，産東山豐圻、楊家灣者佳。宋范成大有『漁網蓋櫻桃』之句。橙，出洞庭山。若柚而香大者名蜜橙，吴人多買以爲湯品。按《格物論》：橙屬薰高，枝葉不類於橘，亦有刺。大者如杯，包黄皮厚，蹙衂如沸，香氣馥郁，可以熏衣，可以芼鮮，可以漬蜜，真佳實也。香櫞，出洞庭山東山。其種有四：細皮而先黄者，名秋櫞；皮麤，入冬漸黃者，名冬櫞；與冬櫞相似，方春始發香者，名春櫞；耐久，能藏至五六月。實差小而皮赤者，名朱櫞。然有色無香，品稍下，由其皮可以釀酒，人亦珍之。木瓜，出東山。《毛詩》有木瓜、木桃、木李之别。《本草》云：木狀如奈，花生於春末，深紅色，其實大者如瓜，小者如拳。《爾雅》謂之楙。按：此瓜霜降後色漸黃，芳香特甚，每顆重二三觔，好事者購之爲書齋清供，其餘木桃、木李實小而圓，品稍下。棗，出東山紀革，一名白露蘇，松脆味甘，至白露始熟，故名，俗呼白落蘇。一名赤蟑螂。赤色肥甜，俗以其形似，故名。栗，出洞庭山東山。香味勝絶，以微風乾之尤美。銀杏，一名仁杏，一名鴨脚子，實圓者名圓珠，長者名佛手。宋楊萬里詩：深灰殘火略相遭，小苦微甘味最高。未必鷄頭如鴨脚，不妨銀杏伴金桃。【略】蒲萄，諸山皆有。實紫而味甘，亦有白色者。【略】何首烏，諸山皆有，惟馬跡山爲盛。一名野苗，又名交藤，又名野合，又曰地精。苗蔓相交，葉有光澤，赤根遠不過三尺，春秋採之日乾，治痰癖風虚心脅諸疾，久服益精駐顔，酒下最良。或謂昔有何姓者，採服其根而髮愈黑，故名。白芝，出林屋洞中。《道書》：林屋洞中有白芝。長春藤，千歲藟也，生太湖。唐姜撫服太湖長春藤。雉，出東山。毛羽鮮明，五彩炫耀。一名錦雉，一名雞雉。《左傳》所謂五雉，此其一也。俗名野雞。緑頭鴨，一名野鴨，出太湖中。【略】鵁鶄，水禽。《吴郡志》：陸龜蒙嘗得之於震澤。黑襟青脛，丹爪噣色幾及項。龜蒙哀其野逸而囚録籠檻，爲賦詩焉。鴛鴦，出太湖洲渚中。一名文禽，匹鳥也。狀似鳧，毛有文彩，雌雄未嘗相離。鹿，出馬跡山。有蒼鹿、玄鹿，其角可製膏。相傳玄鹿爲脯食之，令人多壽。麞，鹿屬也，出洞庭等山。居人獵取爲脯，香味殊勝，品過於鹿。兔，出洞庭等山。有蒼色，有白色。白色者，目赤如硃。

清 趙弘恩 乾隆《江南通志》卷八六《食貨志・物産・江寧府》

姚棗，出上元姚坊門，長大而甘脆。木瓜，出上元攝山。【略】櫻桃，江寧靈谷寺者佳。銀杏，出江寧之天闕山。蒼术，出句容茅山。黄連香，出句容茅山。【略】黄精，出句容茅山。芝草，芝有八品，曰龍芝、燕胎芝、洞草芝、萪玉芝、絛成芝、夜光芝、琅葛芝、熒火芝。前志皆云出句容茅山，然土人云：芝，靈物，可遇而不可求。【略】雉，兔，俱出句容。野鳬，鴛鴦，章雞，俱出高淳。【略】竹，竹類不一，郡邑皆有。蘿蔔。有紅、白二種，各郡皆産，惟江寧郡城出者肥碩嫩脆味爽。

又《蘇州府》 百葉緗梅，花葉至二十餘瓣差小，而蕊極繁密。江梅，花疎瘦而早開。官城梅，花敷腴而遲，光福鄧尉山香雪萬重，幾三十里，洞庭長坂亦最盛焉。海棠，常熟文村有樹高二丈餘，幹盈抱，花最艷，云種出海東。甘菊花，出蘇郡學圃者尤良。丁香，有紫、白二種。矮桃，出長洲，最高者一二尺，結實約重六七兩，深秋方成熟，其味甘美，異常桃。消梅，其實松脆，爲梅中之最上品，出吴縣。水蜜桃，近出吴縣南園，漿液香甘不讓綏寧。櫻桃，即含桃，出常熟者更佳，白居易詩云：含桃最説出東吴，香色鮮濃氣味殊。枇杷，出洞庭東山者名白沙，味大甘，初接則核小，再接則無核。楊梅，吴中名品，味配閩之荔枝，出光福銅坑者第一，出聚塢者次之。緑橘，出洞庭兩山，大而深緑色，未霜臍間一點先黄者佳。真柑，出洞庭，而品特高，其木畏霜雪。金柑，常熟沙頭稱最。金竹，色如蒸栗，蔣堂詩云：百鎰先寒一徑深，潛移造化鑄成金。荸薺，即鳧茨，出元和華林村者，色紅味美，不耐久；出吴江陳灣村者，色黑，帶泥可致遠。蘭花筍，吴林云岳園泥黑色，産筍肥大，香似幽蘭。方竹，吴中佳植，可以爲杖。木瓜，産洞庭山者清香可玩。香櫞，蘇郡産比他郡爲多。薄荷，府學前南園者名龍腦薄荷。紫蘇，出府學前，其葉背面皆紫。燈草。出郭巷者佳。

又《常州府》 燕筍，出江陰。毛筍，出宜興。竹菇，産宜興之南山者佳。【略】梨，武進之迎春鄉者，爲一郡之冠。桃，産武進之孟河、靖江之諸沙者稱最。楊梅，出武進馬山者佳。【略】櫻桃，産江陰之青暘。何首烏，出宜興銅官者佳。斑竹，多産江陰。牡丹，出虎涇口沙山者佳。【略】蓆草，俱産無錫。鶖鳧産，武進之太湖、滆湖者爲多。黄雀，出武進之横林、無錫之五牧者佳。山牛，出宜興諸山。野豬，出宜興諸山。

又《鎮江府》 杜鵑，在鶴林寺，高丈餘。相傳唐貞元中，有外國僧自天台鉢盂中，以藥養根來種之。玉蘂，在昭隱山，唐人甚重玉蘂，故唐昌觀集賢院、翰林院皆有之，非凡品也，今無。玉蘭，出馬跡山紫府觀，其花表裏瑩白，其香如蘭，不根而植，不蓓而花，開時多於春暮，遇者以爲瑞。宋淳祐間忽開，郡守李迪有詩，見《咸淳志》。陳輔之有《玉蘭詩》二首，見《京口集》。八仙花，狀如瓊花，八蝶簇一心，有簇聚如碧玉者曰玉蝴蝶。金沙，花萼有大小二種，大者開遲而色鮮明，小者開早而色殷重。文官花，鎮江范氏所植，唐時惟學士院有之，胡翰有贊。山木瓜，劉言史有《王侍御莊看山木瓜》詩。黄精，出茅山，九蒸九曝服之，可以延年駐顔。前已載江寧，以山與金壇接界也。南燭，其樹如木，而葉似草，其子如茱萸，冬夏長青，八九月熟，酸美可食。偷蒼鳥，似雀而差小，籠畜易馴，雌雄遞放不失。零陵香，出丹陽郡，古之蘭蕙也。鹿，兔，獐，金壇、丹陽諸山谷中皆有之。黄金間碧玉竹。出金壇。

又《淮安府》 黄薔薇，五色薔薇，皆出安東。【略】雉，兔，白羊，野馬，舊出盧石山中，以其性劣，今不復取也。鶴，出安東。鸛，天鵞，倉鷄，鵲，鴻鴈，鸂鶒，鵁鶄，凡七種。以淮地多湖蕩，時有至者，名可載而非常産。【略】五茄皮。俱出山陽。

又《揚州府》 湘妃竹，斑紋細秀可愛。海艾，《本草》：出揚州。花鷄，似雀而小，味極脆美。黄雀，出揚州者差大。【略】櫻桃，林檎，梨，銀杏，四種以江都爲佳。沙桃，出江都東沙諸處，大如鵞卵，味極美，肉與核離。明朱曰藩詩云：沙桃風味動江鄉，每近中元輒寄將。供奉似君才不忝，漢庭早晚識東方。芍藥，揚州號天下第一，江都凡三十二種，惟金帶圍不易得。宋有圃在禪智寺前，又有芍藥廳，其種最多。玉蘭，一名迎春花。明歐大任《王氏園觀玉蘭》詩有云：翠羽忽驚梅蕚夢，瓊花猶聽竹西歌。芙蓉，荷花，在處有之，不若高郵，邵伯諸湖最多。瑞香葵，有荆葵、戎葵、秋葵、兔黄，今人誤爲葵菜。五茄皮，一名文章草，今高郵以之造酒。象蘆竹。戴凱之《竹譜》有竹象蘆。

又《徐州府》 蘑菇，州邑通産。百合，郡邑皆出。黄芽菜，與黄芽韮並碭山者佳。桃，豐縣桃實大而味甘。杏，以接梅者曰梅杏，味尤佳。梨，蕭縣梨曰兔頭、燕頂者，甘脆尤異。棗，蕭縣天門寺出天棗，形小，色紅，味美。沙果，郡邑通産。蘋婆果，俗名蘋果，徐地産者極佳。茵陳，蒿類，經冬不死，因舊苗而生，故名茵陳。枸杞，郡邑通産，子苗根皆大補益。鬼箭草，入藥可治疫，郡邑通産。牡丹，徐地近豫省種類極繁，花時無美不備，非他郡所及也。素心蠟梅，内外一色，香倍他種，名素心金蓮。芍藥，徐郡多植此花，極爲奇盛。紫草，出碭山。鶴，宋雲龍山人有放鶴亭。鷹，出蕭縣者良。倭鸞，一名角鴿，善鳴，能效百物聲。獐，兔，狐，鹿，獾，徐地土曠山多，故多山獸。野鴨，群飛蔽天，聲如風雨。雉，郡邑多出。【略】榕木，蒲菜，俱邳州出。羊棗，【略】觀音草，虎鬚草，宿遷爲多。【略】雁，【略】猴，邳州宿遷睢寧皆出。灰鶴，天鵞。間有至者。

又《太倉州》 金柑，出太倉。乾柑，出嘉定高橋鎮，紋細，味香如蘭。金桃。出嘉定之婁塘。

又《海州》 冬青，出泰山。【略】五色蜀葵，木香，洋菊，五色薔薇，皆出贛榆。大小薊，亦出贛榆。紅鶴，贛榆時有至者。野梟，【略】蘋果，州與沭陽皆出。白蒺藜，菊香，扁竹，皆出沭陽。【略】鹿，獐，兔。三者州邑亦時有之。

又《通州》 靈芝，出州軍山。【略】九葉芸香。形似小筍，剥之如蕉，俗稱囊荷，用作蔬食，可以解瘴，相傳諸葛征五溪得之。

清 衛哲治 乾隆 《淮安府志》卷二四《物産》 果實之屬［以下注略］：桃，李，梅，杏，棗，柿，梨，櫻桃，無花果，石榴，梧桐子，銀杏，胡桃，長生果，葡萄，山藥豆。【略】花卉之屬：梅花，牡丹，海棠，玉蘭，桃花，李花，杏花，梨花，辛夷，繡毬，珍珠，丹桂，紫薇，紫荆，合歡，石榴，木槿，木芙蓉，瑞香，梔子，金雀花，蠟梅，迎春，芍藥，酴醿，金絲桃，棣棠，玫瑰，月季，木香，薔薇，粉團，寶絲，黄薔薇，五色薔薇，野薔薇，凌霄，紫藤，荔蘿，荷花，白蘋，水葓，霧英花，紫良薑，罌粟，麗春，長春，石竹，玉簪，丹蕉，剪紅羅，山丹，夏菊，藍菊，萱，蝴蝶花，賽牡丹，蒲藍，蜀葵，錦葵，秋葵，向日葵，鳳仙，金錢，鷄冠花，龍爪，孤燈，翠茉莉，野茉莉，鐵線蓮，金燈，紫蘿，菊，秋海棠，秋牡丹，水仙，菖蒲，吉祥草，紅花，芸香，芭蕉，白茅，青莎，金絲荷葉，品藻，書帶，翠雲，秋紅，十様錦，蘆葦，青蒲，茭菰，水葵，萍藻。竹木之屬：竹，梓，柏，椿，榆，槐，楊，柳，棠，桐，櫻，栲，楝，冬青，楮，柘，柞，枳棘，烏櫓，桑。【略】飛禽之屬：鶴，鸛，鶬雞，鵲，鴰鶩，鵜鶘，鴻雁，鴛鴦，鷺鷀，鸂鶒，鵁鶄，梟，布穀，鷗，鶡鷄，秧鷄，鷸，鸕鷀，魚狗，鶖，鴇；雉，鶉，燕，鵲，鷽鳩，烏鴉，班鳩，鳲鳩，桑鳲，鴿鳩，黄鸝，鸜鴒，練鵲，鶺鴒，啄木鳥，瓦雀，黄頭，鶬鶊，鷹，鶚，鴟，鴞。野獸之屬：麇，麞，麃，狐，兔，貍，豺，狼，貉，貒，獾，黄鼠狼，水獺，猬，野豬。

清 曹襲先 乾隆 《句容縣志》卷一《物産》 ［只録種名］何首烏，黄精，芝草，溪蓀草，菖蒲，九枝松，白李，山桃，側柏，【略】木耳，天南燭，相公李，來禽，大杏，【略】福鄉柰，孩兒參，【略】百合，【略】雉，兔，鹿，獐，麂，貍，虎。句容多山，野物常有。按《舊志》所載，物産大（地）〔抵〕皆同，何足表異，兹特仿《通志》，取句邑專産者志之，正見土之珍也。

清 金友理 乾隆 《太湖備考》卷六《物産》 果之屬［以下注略］：梅，杏，桃，櫻桃，枇杷，梨，楊梅，橘，真柑，橙，栗，柿，烏椑，棗，林檎，銀杏，香橼，木瓜，菱，蓮實，藕，芡實。花之屬：梅，桃，李，梨，荷，孩兒蓮。木之屬：桑，皂莢，槵，紅豆。【略】羽之屬：梟，燕鶻，雉。獸之屬：鹿，麞，兔。

清 唐仲冕 嘉慶《海州直隸州志》卷一〇《物産·海州》 果實：曰桃，曰杏，曰梅，曰李，曰梨，曰柿，曰棗，曰石榴，曰銀杏，曰櫻桃，曰胡桃，曰葡萄，曰菱，曰芡，曰藕，曰蓮子，曰荸薺。【略】花卉之類：曰牡丹，曰碧桃，曰芙蓉，曰瑞香，曰海棠，曰薔薇，曰芍藥，曰紫薇，曰酴醾，曰凌霄，曰棣棠，曰月季，曰山茶，曰石竹，曰蜀葵，曰玉簪，曰罌粟，曰金沙，曰水仙，曰萱草，曰金盞，曰雞冠，曰木槿，曰百合，曰珍珠，曰金燈，曰黄雀，曰木樨，曰良薑，曰孤燈，曰繡球，曰粉團，曰金鳳，曰木香，曰鴛鴦，曰迎春花，曰佛見笑，曰百日紅，曰金絲桃，曰千葉蓮，曰金絲荷，曰滴滴金，曰榴，曰梅，曰菊，曰蘭，曰蕙，曰荷，曰芭蕉，曰吉祥，曰虎鬚，曰繡墩，曰茭，曰莎，曰莞，曰芒，曰茅。【略】竹木之類：曰筆竹，曰淡竹，曰慈竹，曰水竹，曰紫竹，曰斑竹，曰紫荊，曰石楠，曰皂角，曰冬青，曰梧桐，曰棠梨，曰桑，曰柘，曰松，曰柏，曰檜，曰槐，曰榆，曰椿，曰樗，曰楊，曰柳。張《志》：竹可編器用，木如松、柏之類皆作室之材也。州人一竹一木皆取給商賈，而土人鮮知植焉。予巡視鄉村，見諸大家稱富厚者，其材木亦屈曲拳腫，閒架疎漏，苟以蔽風雨而已，豈非竹木之少哉！山居千章木，渭川千畝竹，古之治生者，亦取諸此云。鳥之類：曰雎鳩，曰鴛鴦，曰鶺鴒，曰鴝鵒，曰鵁鶄，曰白鷗，曰斑鳩，曰鷺鷥，曰鵓鴿，曰鵪鶉，曰鵜鶘，曰黄鸝，曰天鵝，曰黄頭，曰蠟觜，曰伯勞，曰戴勝，曰山鵲，曰雉，曰野鴨，曰練雀，曰鶴，曰鵲，曰鷹，曰鷂，曰官鷄，曰章鷄，曰鴨。獸之類：曰虎，東海有海虎，西海有狼無虎。曰鹿，有大馬鹿。曰麞，曰麂，曰狐，曰兔，曰獾，一名睡貉。曰蝟，曰狼，曰香貓。【略】

吴恒宣《雲臺山志》【略】果屬：桃，有苦桃、白桃二種。杏，梅，李，柰，栗，有大小二種。棗，梨，有青梨、雪梨、黄香梨三種。柿，有蓋柿、牛心柿二種。銀杏，櫻桃，磊裏最佳，諸韓、宿城次之。榛，花紅，胡桃，石榴，沙果，蘋果，山查，枇杷，惟諸韓及漁灣有之。林檎，枳椇，俗呼剛橘。鹿梨，香櫞，惟諸韓及漁灣有之。木瓜，又有木梨似梨。文官果，無花果，葡萄，有紫、白二種。天竺果，荸薺，藕，蓮子，菱，芡。木屬：松，又有纓絡松。柏，杉，檜，槐，桂，惟清風頂及諸韓漁灣有之。榆，有紫、白二種。楝，楓，椿，即香椿。樗，俗呼爲臭椿。楊，有青、白二種。柳，樫，桐，有青桐、榮桐、小葉桐三種。格，楸，櫶，桑，柘，柞，檀，樟，梓，漆，楮，俗呼爲穀樹。柏，皂莢，黄楊，石楠，花椒，冬青，棠，梨，茶。出宿城山，味似武彝小品，以悟正庵者爲最。【略】花屬：牡丹，紫荊，玉蘭，辛夷，海棠，梔子，瑞香，繡毬，凌霄，薔薇，荼蘼，洋桃，丁香，有紫、白二種。碧桃，刺紅，木槿，金雀，蠟梅，棣棠，月季，虎刺，杜鵑，素馨，珍珠花，玫瑰，芙蓉，夾竹桃，紫薇，朱藤，蓮，芍藥，菊，合歡，迎春，柳，木香。竹屬：慈竹，翠竹，紫竹，邛竹，一名老人杖。篠竹，遍山有之，土人以爲箒。青黛竹，鳳尾竹，金鑲碧嵌竹。【略】禽屬：鶴，鷗，雁，鷹，鷂，鶚，燕，鵝，雞，鴨，雉，梟，鷺鷥，天鵝，章雞，青莊，淘鵝，鵁鶄，鴛鴦，斑鳩，鶺鴒，鵓鴿，鵪鶉，倉庚，黄頭，桑扈，伯勞，戴勝，鸜鵒，翡翠，山鵲，烏鴉，練雀，黄雀，家雀，啄木鳥，蝙蝠，吐綬鳥。獸屬：牛，馬，騾，驢，羊，豬，犬，猫，鹿，獐，兔，野豬，獾，貉，狐狸，蝟，黄鼠狼，狼。

又《贛榆縣》 果：桃，李，杏，梅，棗，柿，梨，銀杏，石榴，櫻桃，芡，芰，葡萄。【略】竹木：竹，榆，柏，檜，桑，柘，槐，椿，樗，楮，楊，柳，桐，梓，楸，棠，皂，楝，黄楝，馬纓，椒，藤，紫荊，冬青，生泰山。枳，柞。【略】畜：狐，麞，麂，麞，獾，狸，狼，兔，猬，貉，馬，贏，驢，牛，羊，犬，猫。禽鳥：鸛，鷹，鷂，隼，鳶，鶯，鵲，鸚，鴉，烏，鴛鴦，鶖，雁，燕，鴇，鵁鶄，鶺鴒，鶉，鳩，鴿，鷺鷥，鵜鶘，黄雀，蠟觜，鶻鵃，戴勝，山鵲，桑扈，布穀，啄木，王雎，淘河，魚鷹，鸕鷀，紅鶴，灰鶴，鶚，梟，鷗，鵝，雞，鴨。

又《沭陽縣》 果：桃，杏，李，梅，棗，栗，柿，梨，櫻桃，核桃，杏，石榴，蘋果。木：柏，槐，柳，桑，榆，椿，楮，梧桐，皂角，棠梨，橡，椒，苦楝，白楊，樗，柘。花：紫薇，牡丹，薔薇，芍藥，海棠，荼蘼，碧桃，棣棠，月季，繡毬，山槿，木樨，石榴，蜀葵，玉簪，罌粟，翦秋羅，紫木香，玫瑰，萱草，金盞，雞冠，百合，珍珠，金雀，金錢，金燈，粉團，木香，迎春，千葉榴，梅，蠟梅，鳳仙，蓮，菊，鳳尾竹，水竹。【略】羽：雎鳩，鴛鴦，鵝，鴨，雞，雁，燕，黄鸝，野鳧，鷺鷥，雕，鸛，鷗，蠟觜，灰鶴，鷹，鷂，鵪鶉，鴿，喜鵲，黄雀，木山鴉，禿鶖，水鴨。毛：鹿，馬，牛，贏，驢，羊，麞，狼，貉，豕，兔，犬，貓。

清 阿克當阿 嘉慶《重修揚州府志》卷六一《物産》 果之屬：果有蓮子，藕，芡，菱，桃，李，梅，杏，石榴，棗，梨，柿，椑，栗，櫻桃，木瓜，雞拱子，鳧茨，林檎，茨菰，榠樝，核桃，銀杏，葡萄，松子，枇杷，落花生，荸薺，香芋，橘，柚，橙，江家菱，青家菱，野菱，桑椹，山芋，香櫞。【略】木之屬：木有楊柳，扶芳，白楊，青楊，黄楊，桑，柘，榆，槐，楝，松，柏，檜，樗，樓，椿，楓，棗，椒，桐，梓，椶，苦楝，白楝，穀，皂莢，石楠，橡，冬青，椐，枸，橘，茱萸，檀，烏桕，橘，香櫞，棠梨，女貞，殼樹，楮，夜合，榿，槿，陰樸。【略】竹之屬：竹有淡竹，苦竹，筀竹，象牙竹，文竹，觔竹，象蘆竹，斑竹，慈竹，榔竹，白竹，紫竹，水竹，鳳尾竹，馬鐙竹，籧竹，誕竹，燕來竹，弓竹，竹肉，山竹，篾竹，天竹。【略】羽之屬：揚州有鶴。羽蟲有鶴，鸛，鳩，戴勝，鵙，烏，燕，鵁鶄，天鵝，蠟嘴，畫眉，百舌，溪鶒，即今禿秋，鷺鷥，鵁鵲，翠鳥，鴻雁，鷄，鶻，鸇，鷹，鶻鵰，雉，鸜鵒，鴛鴦，啄木，子規，雀，鵞，鴨，雞，盧玆，屬玉，鵪鶉，黃鸝，鵪鶉，章鷄，花鷄，黃雀，花鷄，十二紅，白頭翁，叫天，鷓鴣，白鷗，雪姑，鴟鴞，鴞，鴴鵒，喜鵲，練雀，鴿，紅冠水雞，魚虎，杜鵑，鸞，青鶄，黃鶄，鵁鶄，淘河，鵁鵲，山練子，蝙蝠，路天，翠青。毛之屬：東陽縣多麋，《博物記》曰：十千爲羣，掘食草根，其處成泥，名曰麋畯。民人隨此畯種稻，不耕而獲，其收百倍。案：《博物記》即張華《博物志》也，今本有此一則，脱落不詳。通泰鹽池麋食艾生茸入藥，故人極力捕獵，以邀善價。毛蟲有虎，馬，驢，羸，牛，羊，犬，豕，鹿，獐，麂，鼠，黃鼠狼，狐，獾，貍，貉，獺，兔，貓，蝟，鼴鼯，野豬，野狗，水牛，麢。

清　謝元淮　道光《雲臺新志》卷一一《物産》　果屬[以下注略]：桃，杏，李，柰，棗，栗，梨，柿，銀杏，榛，梅，花紅，櫻桃，胡桃，石榴，沙果，蘋果，山查，枇杷，林檎，枳椇，鹿梨，香櫞，木瓜，文官果，無花果，葡萄，天竺果。【略】木屬：松，柏，杉，檜，槐，桂，榆，楝，楓，椿，樗，柳，榿，桐，楊，格，楸，櫬，桑，柘，柞，檀，樟，梓，漆，楮，柏，皂莢，黃楊，石楠，花椒，冬青，棠梨。花屬：牡丹，紫荊，玉蘭，辛夷，海棠，梔子，瑞香，繡毬，凌霄，薔薇，荼蘼，洋桃，丁香，碧桃，刺紅，木槿，金雀，臘梅，棣棠，月季，虎刺，杜鵑，素馨，珍珠花，玫瑰，芙蓉，夾竹桃，紫薇，朱藤，蓮，芍藥，菊，合歡，木香。【略】竹屬：慈竹，翠竹，紫竹，卭竹，青黛竹，篠竹，鳳尾竹，金鑲碧嵌竹。【略】禽屬：鶴，歐，鴈，鷹，鷂，鴞，燕，鵝，雞，鴨，雉，梟，鷺鷥，天鵝，章雞，青鶄，淘鵝，鵁鶄，鴛鴦，鳩，鵓鴿，鵓鴿，鵪鶉，倉庚，黃𪇆，桑扈，伯勞，戴勝，鸜鵒，翡翠，山鵲，烏鴉，練雀，家雀，黃雀，啄木，蝙蝠，吐綬鳥。獸屬：牛，馬，騾，驢，羊，豬，犬，貓，鹿，獐，兔，野豬，獾，貉，狐，狸，猬，鼠，黃鼠狼，狼。

清　陳延恩　道光《江陰縣志》卷一〇《物産》　果之屬[以下注略]：梅，櫻桃，杏，桃，李，枇杷，來禽，棗，葡萄，梨，柿，石榴，香櫞，橙，橘，金橘，銀杏，錦荔枝，荸薺，香瓜，西瓜，蓮菂，藕，菱，芡。【略】木之屬：松，柏，槐，桐，椿，梓，桑，檀，柘，黃楊，銀杏，棠梨，椐，榆，楝，楓，鴉臼，冬青，柳，穀，皂莢，樸，椶櫚，椒。竹之屬：燕竹，台竹，護居竹，紫竹，篾竹，筀竹，水竹，慈竹，鳳尾竹，石竹，結竹，斑竹，淡竹，天竹。【略】禽之屬：雞，鵞，鴨，雉，烏，鴉，鵲，山鵲，鷹，鳩，鸜鵒，鴿，燕，鶯，雀，桑扈，畫眉，啄木，蠟嘴，白頭翁，採桑子，告天子，百舌，梟，鷺鷥，翠鳥，黃頭，鵪鶉，繡眼，楊葉，偷倉，鷸，鴞。獸之屬：牛，羊，犬，兔，狐，貍，豕，獾，貓，獺，蝟，黃鼠狼，鼠。

清　孟毓蘭　道光《重修寶應縣志》卷三《山川》　松岡在縣北門外，舊有長松數千，今鮮存者。

清　劉寶楠　道光《寶應縣圖經》卷一《城邑》　[明東海侯陳文墓]有松千株，名松林，亦曰松岡。萬曆《寶應志》：陳文墓有古松千株。又云：松林，在縣治北門外，有岡長可二里，地勢隱伏，負郭面湖，古松千株，鬱然森秀，有佳氣焉。康熙《志》：松岡在縣北門外，舊有長松數千，今十存二三。【略】舊有梧桐數十株，一名梧桐墩，岡側明廩生鄭鳴世嘉樹草堂在焉。鄭氏譜云：鳴世栽梅種竹，終日鼓琴其下，客至，倡酬以相娛樂。案：今圮廢。明劉繼善詩：珍惜春光喜乍晴，翩翩柳外結曹行。濁醪隨處盃堪把，單服初裁體覺輕。百尺長松分野徑，一陂新水抱山城。自憐老健餘清興，落日低徊無限情。

清　張兆棟　同治　重修《山陽縣志》卷一《物産》　果有桃，杏，銀杏，胡桃，蔆，芡，蓮，蕅，尤美。【略】木則有松，柏，椿，榆，槐，柏，梧桐，桑，柘。【略】卉有芍藥，芙蓉，紫薇，陵霄，近尤尚四季花，城内人多蒔之。禽獸【略】亦有貍、兔、獾、猬、鶩、雁、雉、鶉之儔椒布四野。

清　吳雲　同治《京口三山志・焦山志》卷一一《雜識》　焦山多竹，有一種石罅挺生，天然屈曲，可以爲筇，世傳爲焦仙杖。《志略》天王殿左右多柏樹，大皆連抱，舊傳唐宋間植也。伽藍殿旁檜樹一株，尤奇古。同前。娑羅樹，七葉並生，舊名七葉樹，亭亭直上，清蔭四垂如華蓋然，其子可療病。同前。【略】京口焦山竹木蓊鬱，獨有柏無松。鮑海門山人嘗於松寥閣壁間畫一古松，奇姿夭矯，題一絶句於上云：只栽竹柏不栽松，空負青青海上峰。我爲山靈添一幹，莫因風雨又成龍。後此壁竟頹於江，説者以爲化去。

清 葉滋森 光緒《靖江縣志》卷五《土產》 木實曰果，果之最佳者惟桃與柿。桃香甜離核，大者兩枚斤許。柿乾囊無核，産泰興者最易混之，而味色迥別。其他若梅，若李，若杏，若梨，若栗，若棗，若橙橘，若櫻桃，若枇杷，若銀杏，若胡桃，若林禽，所在有之，不以專名。若香櫞，則繁碩而香，似又倍於他處矣。其他若葡萄，若菱芡，若蓮藕，若荸薺，雖非木實，厥類用之，其爲果均矣。此外若檜，若柏，若石楠，若冬青，若白楊，用表墟墓。江臯堤畔，所在有之。木以利器用。邑無大澤深山，匠石罕顧。然厥土宜楊，江椐、榆、槐、楝，藉蔭門廬。剔牙松、觀音柳、桐、梓、黃楊，可媚園亭。桑柘供蠶作，棘、槿編籬落。其他若樟，若椿，若桕，若楓，若棕櫚、黃楝、夜合、枸骨、枳等，多生叢薄。其質堅可用者，曰檀與椐、桑等。若樗，若陰樸，恒以不材終天年矣。竹産靖最多，獨無毛竹。鄉居舍後，各有竹園。竹萌最早，風味絶勝。稱佳品者曰燕竹，以燕子來時筍即出也。其柔韌可治篾者，曰淡竹。質厚而堅，曰筀竹。材更佳於淡竹者，曰水竹。皮點點可作器者，曰斑竹。又文理細而花者，曰湘妃竹。色黃而修幹者，曰黃竿竹。解籜隔歲而紫者，曰紫竹。冬筍外長，夏筍内長者，曰慈孝竹。又有堅瘦實中，曰石竹，曰鳳尾，瀟湘供盆盎之玩。若社竹、灰竹、苦竹，直竹之下品耳。其亭亭雪中，砂粒叢綴，本非竹種，强名天竹云。花之木本者，其妝舒兩歲曰梅，有香似梅而實非梅者曰臘梅，有狗蠅、素心兩種。色報中春曰杏，春深爭艷曰桃，曰李，桃有紅、白、深、淺數種。山查、海棠，有西府、垂絲、鐵梗三種。玉蘭、木筆、杜鵑、牡丹，有玉樓春、小桃紅、紫、白諸種。紫荆、梔子、繡球，有紫、白二種。八仙、芙蓉、木樨、郁李、瑞香、榴花、紫薇。木本而刺者有木香，有黃、白二種。薔薇、荼蘼、玫瑰、刺莓、月季、十姊妹、佛見笑、迎春、萬年春等。草本則蘭蕙、芍藥、金錢、玉簪、長春、夜合、荷花、石竹、水仙、麗春、含笑、宜男、天棘。葵有荆、蜀、秋、冬之分。剪春羅、剪秋羅、秋牡丹、秋海棠、雒陽、渥丹、鳳仙、雞冠、罌粟、秋香、滴滴金、虞美人。藤蔓而花者，凌霄、紫藤、錦帶、鐵線、蓮、菊多奇種。具范氏譜。其他草花，惟棉花衣被民生，不可以花褻之者。【略】羽之屬甚繁，畜於家者，有雞，有鵞，有鴨，有鴿。若生於野，於林，於水際者，則雉、鳧、鵲、鸛、鴉、鷹、鳩、鶻、鷺鷥、伯勞、鶺鴒、百舌、山練、啄木、鵪鶉、鸜鴝、倒掛、告天、偷倉、魚虎、蠟嘴、黃頭、竹鷄、鵁鶄、布穀、姑惡、練帶、竹嘈、趕揀、採桑、櫻桃、繡眼、黃鸝、白頭。雀有麻、黃。鸝有青、白。桃花、柳葉，各以氣生。候雁、元鳥，各以時至，更僕不能數也。毛之屬十有四。牛耕馬乘，驢騾代步，羊、豕、犬、猫，皆爲家畜。生於野者有狐，有兔，有獾。生於水濱者有獺，生於穴室及田者曰貍，曰鼠。

清 斐大中 光緒《無錫金匱縣志》卷三一《物産》 桂花栗，出惠山，不過十數株，香嫩遠勝他處，以桂花時成實，故名。蘭花筍，出膠山萬玉亭前，色白如玉，香清似蘭，他處所無。桃，鵓鴣山錢桃塢有桃，實小如錢而美，今無之。紫蘇，邑産爲最佳，出東門外者尤勝他郡，邑産名北支。薄荷，出保安寺者佳，亞於蘇郡學之龍腦。

清 陶煦 光緒《周莊鎮志》卷一《物産》 果之屬［以下注略］：李，光桃，鹹酸桃，柿子，白果，香欒。【略】花之屬：玉蘭，桃，薔薇，十姊妹，月季，海棠，梔子，石榴，洛陽花，蜀葵，向日葵，秋葵，荷，鳳仙，雞冠，老少年，白鶴，紅蓼，野菊，石蒜。木之屬：楊柳，楝，槐，榆，桂，冬青，柏。羽之屬：麻雀，十姊妹，烏鴉，鵲，八哥，雉，鳧，白鷴，鸜鴝，魚虎，青鵝，鶻鷹，鸕鷀，鵓鴿，鵓鳩，燕，白頭公，鵪鶉。毛之屬：豬，羊，犬，水獺，狗獾。

清 施惠 光緒《宜興荆谿縣志》卷一《物産》 ［注略］木果之生，多在山鄉、高原。梅、杏、李、桃、棠、梨、樝、楙、林檎、枇杷、椇、棗、柿、梬，或甘或酸，厥包橘、柚、橙、櫞，厥梂栗、榛、栭、櫧、栩、槲，若榴火樹、葡萄水精，以及瓜、瓠、茄、莓、蓮、芡、芰蔆，草實之名於水陸者，他邑雖有，未若此之夥夠。夫果可於口，華悦於目。木有山茶、海棠、木犀、杜鵑、梔子、棣棠、繡毬、木筆、玉蘭、蠟梅、紫薇、白柰、丁香、瑞香、木香，其叢生有莿則虎刺、薔薇、荼蘼、玫瑰，至于朱槿、紫藤，疑草疑木，芙蓉、芍藥，有木有草，木芙蓉爲拒霜，草則菡萏，木芍藥爲牡丹，草則將離。古之將離，香草也，不以華聞，今以華綽約而得名，殆非古種，亦如蘭蕙與菊，冒名至今。葵屬尤繇，不可殫究。若金萱、石竹、鶯粟、鳳仙、烏扇、雞冠、馬蓼、雅蒜、玉簪、玉屑、金錢、金燈，直草榮之小者耳。其有華而不著，或無華而可偁。草木之屬，材於人者爲貴，或取利用，或資痛疾，皆材也。木之大者，梓、桐、枏、樟、檜、柏、松、楨、楓、杉、桱、株、槐、檀、椶、櫚、櫋、楢，其次則桑、櫸、榆、椐、樫、柳、楊。楊有巵閏，有占年，占年者爲羌楊，西域之所致也。楮、楝有實，椒、椴有梂。椿有芽，樗有莢。青棠有華，皂莢有子。而茶山苦櫝，自唐迄今，陽羨之種名天下，不止蛇銜、佳茗與錫樹爭奇已。【略】又有竹屬，非草非木。宋寺古竹，大逾常產。縝密若文枏，其種今無傳矣。貓頭之種，產於南山，取材者特重之。其餘曰茳，曰簞，曰筀，曰水，曰金，曰慈，曰淡，曰苦，曰甘。箭簳之類曰篠，曰篁。珍奉者觀音，供獻者羅漢。纖弱者尾如栖鳳，滋繇者生若抱雞。中虛而或實，外圓而或方。其夾竹之華，天竹之實，又偁竹而非竹者，植物盡於此矣。動物之屬，鳥獸魚蟲盡之。羽族之長爲鳳，其雌爲凰，見似疑瑞，以名其地者，未可據也。鵝、鶩與雞，爲家禽。野鵝謂之雁，其大者謂之鴻。鴰，駕鵝。鵠，天鵝。鵜鶘，淘鵝。淘鵝之屬，爲青翰。野鶩，野鴨，鳧也。鳧浮波者鷖，沈者鸍。鴛鴦，黃鴨。鸂鶒，谿鴨。鸊鷉，刁鴨也。野雞謂之雉，山雉謂之翟，白者鷳，黑者鸕，朱黃鷩，黑黃鶡，鶡綬雞，魴烏雞，竹雞，秧雞，鶉雞，鴿雞。又有非家禽而入室者燕，曰越燕，曰胡燕，居巖穴曰土燕。其非燕而强名燕者，伏翼爲夜燕。如燕而肥爲雀，緅首者藿雀，緗羽者黃雀，蠟觜雀，青絲雀，鷃雀，楚雀，桃雀，剖葦雀。練雀謂之練鵲，乾鵲謂之鵲，山鵲謂之鷽。如鵲短尾而純黑者慈鴉，謂之烏。其醜有雅烏、燕烏、山烏，逐烏謂之鵧鴣。鴿，鳩也。斑鳩謂之鳴鳩，祝鳩謂之鵓鳩。鵓鳩之似爲鴿，斑鳩之似爲鷓鴣。鳲鳩謂之鵠鵴，睢鳩謂之王睢，鶻鳩謂之鶌。鶨鳩，鷹也。鷹之醜有隼，有鶻，有鷂，有鸇，有鷹，有鳶，鳶爲鴟。鴟之醜有鴞，有雂，有梟，其妖鳥有姑獲，有鬼車，有木客，其常者姑惡爲鵙。子規爲鵑，鶺爲鵖，鴿爲駕，啄木爲鴷，告天爲鷚，戴勝爲鵖鵶，寒皋爲鸜鵒，喚春爲鶻鵃，以及黃褐之侯，白頭之翁，纖若穿鼻，麗若繡眼，姣若畫眉，喧若擣藥。原禽之無名，而以形聲名者，蓋難臆計。東南之澗有翔鶴之洞，西北之谿有集鸛之橋。鷺老而禿，鴇行而斑。水禽中爲最鉅，錢母爲鴒，雪客爲鷺，翠爲鴗，白爲鷗，黑爲鷟。鴗，又其細也。夫羽族爲禽，厥名未古。古者，禽獸皆從禸。禽者擒於野，獸者獸於家。【略】野馬，如馬而小，非騊非駮，名曰驒騱。山牛鹿角。南山無野羊，而有野彘。野彘，田豕也。䩉毛如箭者豪，銳喙短足者貒，若是者謂之豕屬。野犬曰犴，如犴而大曰狐，後高者豺，前高者狼，似狗而小曰貛，狼之牡亦曰貛，善登樹者木狗，居谿瀨者水狗，若是者謂之犬屬。野貓曰貍，貍如貙文曰虎貍，似虎貍而尾文黑白者曰九節貍，作麝氣者香貍，如牛尾者果貍，若是者謂之貍屬。兔大如貍，鼠身短尾而缺脣，其子兔。鼠大如兔曰鼮，鼫鼠曰鼬，鼷鼠曰鼢，尾如彗者鼳鼠，毛似棘者彙鼠，迎貓者田鼠，化鰌者水鼠，家鹿常鼠也，若是者謂之鼠屬。鹿，馬身而羊尾，角大多歧曰麚，牝而童首曰麀，如鹿而大曰麋，鹿無角曰麞，麔如小麞，猥毛狗足，若是者謂之鹿屬。山君謂之虎，其弟謂之豹，虎長百獸猶龍之長魚也。潭巔湫洞，有龍則名。今崖谷谿澗諸處，池游蜥，土孕蛟，澗依鰐，泉潛虯，鰕蟄於涇，鯪居於陵，似龍非龍者皆龍種也。蛇近龍。【略】疑介疑鱗，鼉，蟾，亦依於水。鼂爲土鴨，蝓爲石鱗。

清　李銘皖　光緒《蘇州府志》卷二〇《物產》　花之屬〔以下注略〕：梅，山茶，玉蘭，辛夷，梨，桃，海棠，錦帶花，郁李，牡丹，繡毬，木蘭，紫藤花，薔薇，玫瑰，木香，杜鵑，梔子，榴，紫薇，桂，木芙蓉，孩兒蓮，紅豆，水仙花，芍藥，米蘭，鶯粟花，石竹花，萱，百合，葵，二至花，牽牛，菊。果之屬：海杏，梅，櫻桃，枇杷，楊梅，桃，山葡萄，林檎，柰，李，梨，栗，棗，柿，橘，真柑，金柑，香櫞，銀杏。木之屬：桑，松，檜，柏，杉，柳，楓，槐，槵，冬青樹，望水檀。竹之屬：金竹，紫竹，斑竹，桃枝竹，慈姥竹，燕竹，哺雞竹，蘭花筍。羽之屬：鴳鶉、鶴媒、截毛鷹、黃雀、鴨、鳧。

又卷三五《古蹟》　偃松在天平山師子巖下，自地掘起甚怪，正中一幹聳拔如幢，延袤二畝，號眠松。張即之書『卧雲』二字扁之，宋范文正公讀書處也。【略】梁朝松在洞庭西山福源寺。【略】晉柏在陽山龍母祠前，大數圍，紋皆左紐，龍歸省母，緣柏上下，滑澤不生苔蘚。

清　徐傅　光緒《光福志》卷四《土產》　楊梅，按《太平寰宇記》：楊梅，出光福山銅坑者爲第一。楊循吉《吴邑志》：楊梅，爲吴中名品，出光福銅坑者第一，聚隝次之。《江南通志》：楊梅，吴中名品，配閩之荔枝。【略】柰，按《郡志》：光福山中多有之。櫻桃，按：櫻桃有朱有蠟蠟者，出常熟。光福山中所產朱櫻不亞於蠟也。【略】蜜林檎，按：光福山中隨處有之，而青芝山一帶最多。范《志》云：味甘如蜜，雖無大熟，亦無酸味。柿，按：柿名類甚多，光福所產較勝他處。連根柿，見《義熙起居注》。吴令顧修期言，西鄉有此種。梅，按范成大《梅譜》云：梅爲天下尤物，無論智愚賢不肖莫敢有議，予得植於范村者凡十二種，嘗爲譜之。故當時著名焉。追宋元之交，范村荒蕪而梅之名擅於光福，光福山中栽梅爲業者，恒十之七。故張孝廉誠《探梅》詩有『望衡千餘家，種梅如種谷』之句。而栽者莫盛於菖蒲潭，及潭東西至天井一帶間植紅緑者，遊人至晚，花月溶溶，溪山寂寂，目接神怡，渾忘身世，其名類要不離於范村之譜也。官城梅，按《江南通志》：花敷腴而遲，光福鄧尉山香雪海萬重，幾三十里。消梅，按《江南通志》：其實松脆，爲梅之上品，光福有而不多。山茶，按：山茶山中處處皆有，而著名者奉慈庵、雲庵，今香雪海千葉寶珠亦佳。【略】牡丹，按：此花天井潭東一帶最盛。【略】石竹花，按：此草花也，狀如金錢。【略】薔薇花，按：此花處處皆有，惟光福尤勝，有紅、白雜色。【略】木樨，按：今山中八九月間，山家藝此以販於四方。【略】金林檎【略】。麝香萱【略】。錦帶花【略】。菊，按：吳中之菊著於石湖，當文穆公時所植彌望，著譜行世。元以來，吳中所植，率皆粗俗，俱賣花者栽之。數十年來，光福許氏、木瀆錢氏，皆購覓細種。許氏之池上草堂、錢氏之潛園俱植萬本。【略】海棠【略】。金竹【略】。桃枝竹【略】。哺雞竹筍【略】。柳，按范《志》：柳以垂者爲貴，吳下士大夫家有得鳳洲種者，其半拂地，復堆尺石湖，綺川兩傍亦有之。光福西崦自明董氏築隄，隄值桃柳，亦皆石湖本移種。傳垂髫時見虎山橋兩堤，緑陰垂地，今僅存兩三本矣。白芷，按《本草》一名葯，世傳白芷以吳中所出者爲貴，見陸龜蒙《採藥賦》，今光福諸山皆産。

清 陳作霖 光緒《金陵鎖志·金陵物産風土志》 金陵之城，背山面水，叢林灌莽，樵薪者資之。江洲綿亘，自上元、宜昌上溯，上下六段、飛花、八卦、七里、印子，下至江甯永定、綏帶、鳳林、大勝、三山、烈山、救濟諸洲，皆産蘆，無蒲莞。其鬻於城中者，由西水關運入，江荻則堅而實，葭葦則粗而空，其引火最易，居家者喜用之。若南入聚寶門者多葉柴，北入太平門者多山柴，有櫟，有樗，有橡，有楮，有楓，有松毛，皆不材木也。其餘則紅茅、桿豆、稭秫，稭又雜取於原隰，或擔以人，或馱以驢，率送至人家而止。市肆中喜用之，爲其宿火深也，亦各從其便而已。木之至賤者莫如櫟，燒以爲炭，可以佐炊。南鄉朱門人業此者夥矣，承以橢圓之筐，植立如束，亦驢馱肩挑而鬻諸市。居人歲除元旦祀神，必熾之於盆，謂之元寶火。平日則用以烹小鮮，煮沸湯。又有獅子頭、猴子頭炭，燒樹根爲之，是皆與柴薪同功者也。花竹果木，物品之清者也，江南地最宜之。城内五臺山民善植梅，寶林寺僧善種牡丹，雞籠山後人善蓺菊，城外鳳臺門花傭善養茉莉、珠蘭、金橘，皆盆景也。清涼山北多竹與桂，竹筍宜食，品桂則穿爲毬，以助妝飾，乾乃售諸糕餅之肆。南鄉張山、朱門山産鐵線蘭，雲臺山産品字蘭。東北玄武一湖，巨浸也，其湖灘宜櫻桃、林檎、蘋果，而湖中芙蕖爲一大宗。沙洲圩民與爭利，或售藕，或售葉，城闕不得闌入，至懸爲厲禁焉。攝山、天闕俱産銀杏，所謂鴨腳子也，俗呼白果。鍾山多藥材，首烏、沙參、玉竹、黄精、蒼朮、百合諸種，土人類能採之。又有骨牌草者，點肖其牌，云能治勞瘵，《本草》所未載也。山陽曰孝陵衛，懿文園産太子葠，厥土宜瓜，小而甘，謂之衛瓜。迤北曰姚坊門，産大棗，實碩而甜，以其地氏之曰姚棗。南鄉魁栗，大如兒拳，以其時名之曰桂花栗。大板紅菱，入口如冰雪，角兩而非四，芰也。餘如桃、李、梨、榴、葡萄之屬，隨處可植，非一隅所得私，略之可矣。

清 徐成敷 光緒《增修甘泉縣志》卷四《物産》 木之屬：楊柳，世多以楊柳並言，不知楊葉圓而上舉，柳葉長而下垂。春初園池間垂絲縷縷者，柳也。《戰國策》亦曰：柳柔脆易生，與楊類。則二木不同，可知。隋開邗溝入江渠，旁築御道，樹以楊柳，謂之隋堤。扶芳，煬帝在江都吳郡送扶芳二百樹，其樹蔓生，纏繞他樹，葉圓而厚，凌冬不衰，夏月取其葉微火炙使香，煮以飲，令人不渴。《大業雜記》續志考正據爲吳郡所送，則非揚産。檜，揚州法雲寺舊爲謝安宅，有雙檜，安手所植。白楊，青楊，黄楊，桑，柘，榆，槐，楝，松，柏，樗，櫟，椿，楓，棘，椒，桐，梓，椶，栟櫚，其皮爲繩，可覆屋。苦楝，白楝，榖，幽州謂之榖桑，或曰楮桑，荆揚謂之榖。殼樹，即榖之俗名。雍正《府志》椐，康熙《府志》茱萸，茱萸，椒也。《説文》：椒，茱萸，出淮南。《風土記》椽，石南，冬青，即女貞。萬曆《府志》橘，檀，楮，烏桕，狗骨樸，黄連。嘉靖《維揚志》果之屬「只録種名」：芡，桃，李，柹，蓮子，藕，菱，梅，杏，石榴，雞拱子，棗，栗，梨，櫻桃，茨菰，梟茨，林檎，木瓜，榠樝，核桃，葡萄，落花生，松子，枇杷，香芋，蔗，柚，橙，銀杏。【略】竹之屬：淡竹，苦竹，象蘆竹，弓竹，檳榔竹，筀竹，象牙竹，文竹，觔竹，斑竹，慈竹，紫竹，鳳尾竹，馬鐙竹，籧竹，誕竹，燕來竹，白竹，水竹，竹肉。【略】羽蟲之屬「只録種名」：鶴，鸛，鳩，戴勝，鵙，烏，燕，鵁鶄，天

鵁鶄,鸂鶒,畫眉,百舌,溪鷔,即令,禿鶖,鷺鷥,鵁鶄,翠鳥,鴻,鷹,鷂,鶻,鷹,

鶴,鶻,鶻鵰,雉,鸜鵒,鴛鴦,啄木,子規,盧玆,屬玉,鵂鶹,黄鸝,鵁鶄,章鷄,黄

鳥,十二紅,白頭翁,花鷂,叫天,鷓鴣,白鷗,雪姑,鶚,鵁鶄,喜鵲,練雀,鸞,

鸂鶒,鵓鴿,鳽,青鵻,黄鵻,野鴨,鶖,鷟,鷄,勃鴣,魚虎,紅冠水雞。毛蟲

之屬:鹿,麞,麂,狐,兔,貛,貍,蝟,水獺,狼,野豬,鼴鼯,野狗。

紀事

南朝梁　蕭子顯《南齊書》卷四九《劉善明傳》　善明爲屯騎校尉,出爲海陵太守。郡境邊海無樹木,善明課民種榆、檟、雜菓,遂獲其利。

宋　周密《癸辛雜識續集》卷下《石庭苔梅》　宜興縣之西地名石庭,其地十餘里皆古梅,苔蘚蒼翠,宛如虯龍,皆數百年物也。有小梅僅半寸許,叢生苔間,然著花極晚。詢之土人,云:梅之早者皆嫩樹,故得春最早,樹老則得春漸遲,亦猶人之氣血衰旺,老少之異也。此説前所未聞。梅間有小溪,流水横貫交午,橋下多小石,圓淨可愛。時有産花鳥及人物者,近世以來則有騎而笠者,蓋天地之氣亦隨時而賦形,尤可異也。

宋　莊綽《雞肋編》卷中　東坡《石炭》詩引云:彭城舊無石炭,元豐元年十二月始遣人訪獲州之西南白土鎮之北,以冶鐵作兵,犀利勝常云。按東漢《地理志》豫章郡建城注云:《豫章記》曰:縣有葛鄉,有石炭二頃,可然以爨。則前世已見於東南矣。昔汴都數百萬家盡仰石炭,無一家燃薪者。今駐蹕吴越,山林之廣,不足以供樵蘇。雖佳花美竹,墳墓之松楸,歲月之間,盡成赤地。根枿之微,斫橛皆偏,芽蘖無復可生,思石炭之利而不可得。東坡已呼爲遺寶,况使見於今日乎? 或云信州玉山亦有之,人畏穿鑿之擾,故不敢言也。

宋　周應合《景定建康志》卷五〇《拾遺》　陸龜蒙云:予爲兒時,在溧陽聞白頭書佐言:孟東野,貞元中以前秀才,家貧,受溧陽尉。溧陽昔爲平陵,句縣南五里有投金瀨,瀨南八里許道有故平陵城,周千餘步,基址坡陁裁高三四尺,而草木勢甚盛,率多大櫟,合數人抱,叢篠蒙翳,如塢如洞。

元　朱德潤《遊江陰三記》(引自《名山勝槩記》卷一二)　余嘗遊名山,未嘗不藁記其勝。江陰去吴百八十里,不聞佳山秀水之名。至正丁亥冬十一月既望,因永嘉通守余公德彙,約爲京口之行。余公遞舟行速,僕舟遲不能追也,遂自無錫之北門數里大石橋入,過水村漁浦,野田荒墅,草木枯謝。舟行六十餘里,至青陽鎮,始見酒簾村市,客舟駢集。又十里至他村,岸高丈餘,河流灣曲若蛇蜿之勢,始抵江陰州治,晚謁翟仲直州尹,夜宿杜橋岸下。明日西回,登覽高丘,則東瞰長江,南連吴會。復自灣河過佗村而北,皆美田沃壤,斥堠相望,迤邐青山迎棹,樵歌牧唱,相與應答,舟人迴牽,沿山前小河而行,村墟相接,岸柳交映。兩山之間,浦溆縈帶,北通江口,地名石堰。既而舟轉岸曲,板橋爲梁,即三山塢。其間民居輳集,屋瓦參差,稻秸堆委,連衢比巷,如墉如櫛,風俗熙熙,翁呼兒蕘,婦餉姑汲,牛羊在山,犬豕在圈,鳥噪於林,雞登於屋,藹然太平豐稔之象,若古朱陳村焉。其山皆不甚高峻,而松篁蒼翠,石磴丹堊,或頫然如屋,或頑然如虎,窪然而湫,林然而壁。少焉却出山塢,有横山在前,野田開豁,水港漸寬,詢其地,則常之晉陵縣界。於是舟人鼓棹,稚子扣舷,風帆二十里抵官塘溱市橋而泊焉。嗟夫! 一元之氣融結於亘古,歸氣於山澤,而有孕靈育秀。僻在荒陬,不經名覽遊賢,遂寂寥無聞,江陰諸山是矣。余不識温之雁蕩,若吴之靈崖,常之惠山,迨不過是。惜不得與德彙輩同爲尋幽詩勝之辭而品題之,且舟中傲伉,覽之未詳,姑書以識歲月。

元　柯九思《遊天平山記》(引自《吴都文粹緒集》卷一九)　中吴之西,天平山爲之長,實爲吴鎮,原隰環之,河江絡之,其上多怪石,如斵冰,如琱木,或立,或僵,或如介夫,或如奔馬,不可名狀,其木多松檜。

明　都穆《南嶽銅棺二山記》(引自《名山勝槩記》卷一二)　潘氏早食,東南十里,行山峽間,竹樹翳陰,所值惟一二樵人,二里至南嶽山。按南嶽本衡州之衡山,吴孫皓以陽羡山石裂爲瑞,遣使封之,改曰國山,遂禪此爲南嶽。蓋漢武嘗移衡山之祭於灊霍,皓竊其義耳。南嶽寺在山之麓,因山以名。門有卓錫泉,旱歲不竭。又有稠錫樹,極高大,枝葉與他木絶異。相傳唐天寶中,有稠錫禪師自桐廬來,卓庵演法,寺與樹皆其遺跡。每季春,縣官祀山之神泉上,然後以茶入貢。蓋其地即古之陽羡,茶産此獨佳。

宋鄒浩自嶺外歸，東游愛之，欲誅茅不果，而李丞相綱亦留詩山中。寺近頗廢。法堂後舊有天然井，泉甚甘潔，已塞于僧。予爲之惋惜。大抵僧庸必敗毀山水景物，以絶游者恒態，不特一井然也。寺之左三百餘步，飛瀑千尺，如白龍下垂，匯而爲池。僧言稠錫禪師剖腹洗腸之處，今名洗腸池。予欲南上登銅棺山，路陡峻不可以輿，循厓而行，旁無草木，下視甚危。時東風横發，四山圍之，力益勁。予與隸僕屨仆，相顧皆大駭。扶携而前七里，達僧庵。其側有善行洞，昔善行尊者之所居也。洞深可數丈，坐石小飲，午飯於僧菴。菴之後巨石如偃，其隙流泉涓涓，不息晝夜。僧引之以竹，終歲仰給，殆天授歟？山高百八十五丈，周十五里，爲一縣之鎮。予所歷僅及其半，聞山巔池，有三足鼈、六目龜。詢之山人，云今不復見，惟蜥蜴游其中。縣官值旱，禱雨輒應，輿盡不暇登陟。銅棺之説，《縣志》謂：漢縣令袁玘有善政，其殁也，天降銅棺，遂葬於是。今山南巨石，高壘若冢狀，咸以爲玘墓所在。此殊不經，意昔者兹山産銅，有司采銅於山，如鐵官、鹽官之類。後之人譌官爲棺云。姑識之，俟博識者。

明 王世貞《弇州四部稿》卷六六《惠山續集序》 惠山，無錫之北山也，一曰慧山，去邑五里，而近自西神之稱，見於周晌《枕中記》。而山之泉其勝啓於唐故太尉李文肅，公紳文肅抗節逆錡不死，歸而稱疾，以卧山之舊墅，飲泉而甘之，由侍從至拜相領鎮，必郵致兹泉以從。自陸羽品天下水，有第二之目，即忌文肅。如張又新者，能排其人爲端州之貶，而不能少貶兹泉而爲三。凡水之號第一，若金山之中泠與康王谷之水簾瀑，時相爲勝負，而兹泉之第一，故自若也。於是山之名因以益者，其地雖無峕嵦瑰異之壯，與窅窱徑庭之深，可以駭動心目，而奇石幽澗，美箭嘉木，在在不乏，精藺甲墅，碁布於山之前後。而陸羽之所重，以爲能韻泉之勝者茗，茗則南天池而北陽羡。能發茗之孅者泉，泉則無過於惠，而味苦勺清之士所不能不旦夕往矣。且其地最號爲近郭而又饒水，樓船鼓吹，夷猶於烟波花月間，蓋不必抵兹山而後謂之游。以至皇華之奉使，郡邑之沿檄，而行旅之淹途者，稍一移棹而至，亦不必盡味苦勺清之士而後謂之遊客也。

又卷七三《汎太湖游洞庭兩山記》 太湖踞吳郡，之北晉陵，而南吳興，三方者五百里，中爲山大小七十二，兩洞庭者冠之。【略】歸少憊以酒沃之。比月出，興復發，徘徊洞口，乃攝衣取道而上至曲崖。其左踞湖，湖多亂山，不能竟水月觀，而境獨幽閴。四面皆奇石，嵌空玲瓏，仰而卧者，鱗次異狀。由石裂穿下攀蘿葛間，道從竹林中，竹萬箇，其大皆拱，琤琤煌煌，鳴玉碎金，耳目應接不暇。穿民家，傍出炬火，與月相亂，宿鳥撲刺，村犬殷聲如豹，黄雲覆壠，受彩作錦浪，忻然久之。循山而行至屏崖，仰覩穹窿，非斵自削，乃别取徑上覩陽谷洞，其隧陡下，黯昧不測，呼炬入，至束身而止。箕踞磐石，作青天之歌，上入雲表。瞻美數浮大白，狎一從行道士，迫之酒不勝，乃遁，予等亦從而罷歸，可三鼓矣。質明起僦肩輿，不及輿者，杖而從，二里許，得石門，循山趾而道，喬松無際，蒼翠襲衣，數轉始得寺榜，曰包山。

又卷七八《江行紀事》 去金陵僅二舍許耳，晨發三山，望列洲陸，務觀記其山草木極茂密，有神祠在其顛，至今猶然。【略】二十六日質明，病良已，早凉舟抵東西梁山，二山俱在江中，江爲三，西梁首若昂獅，峭峻可畏，而下有民居數十頗櫛比，其尻爲洲，有櫸、柳、蘆葦之利。

明 王衡《京口諸山記》（引自《名山勝槩記》卷八） 歸渡象山，足步四五里，至吕氏别墅，堂以前類樸野，而中有曲室甚麗。室後皆連岡復陸，長松萬餘章環之，間以修竹、石楠翳密矣，乃復楚楚，主人就亭其間，取聲於竹礲石棊，借蔭於松斵石几，而江光山色，穿竹樾中入，若水底菱荇纷披媚人，蓋其致類金陵之木末亭，而深遠過之。諸客稱善而張生又詫。予繞屋有良田六百畝，泉深草肥，歲倍收。余笑曰：使巢由見此，恐不免買山而隱。因相與問其主人姓名，嗟賞留連而去。訪鶴林寺，寺故名刹，爲唐宋諸名賢所吟。坐廢久，粗復耳，寺前山爲黄鶴，右摩笄，映帶松竹，修蹇可悦。而寺中唐宋遺跡蘇公竹院及周公蓮池，皆頹落不成觀，獨米元章闒守寺門爲寺伽藍，歲享貧沙彌一抔土耳。此老顛風景差殺矣。飯已，將游招隱，客有誇九華之勝者，乃决策取道九華。出寺可二里許，至峴山麓，望東諸山頭滚滚如浪，兩谷中萬松沉陰，屑雲亞風，有聲洪洪然。臨視而慄，若萬丈濤之及余足也。

明 袁宏道《遊洞庭記·西洞庭》（引自《名山勝槩記》卷一〇） 西洞庭之山，高爲縹緲，怪爲石公，巉爲大小龍，幽爲林屋，此山之勝也。石公之石，丹梯翠屏；林屋之石，怒虎伏犀；龍山之石，吞波吐浪，此石之勝也。

隱卜龍洞，市居消夏，此居之勝也。涵村梅，後堡櫻，東邨橘，天王寺橙，楊梅早熟，枇杷再接，桃有四觔之號，梨著大柄之稱，此花果之勝也。杜圻傳范蠡之宅，用里有先生之邨，龍洞築《易》《老》之室，此幽隱之勝也。洞天第九，一穴三門，金庭玉柱之靈，石室銀户之跡，此仙蹟之勝也。山色七十二，湖光三萬六，層巒叠障，出没翠濤，彌天放白，拔地插青，此山水相得之勝也。紀包山者，雖雲燦霞鋪，大約不出此七勝外。余居山凡兩日，藍輿行緑樹中，碧蘿垂幄，蒼枝掩徑，坐則青山列屏，立則湖水獻玉。一巒一壑，可列名山，敗址殘石，堪入畫圖，天下之觀止此矣。陶周望曰：余登包山而始知西湖之小也，六橋如房中單條畫，飛來峰盆景耳。余亦謂楚中雖多名勝，然山水不相遇。湘君洞庭遇矣，而荒寂絶人煙，竹樹空踈，石枯土頳。博觀載籍，與洞庭爲配者，或者圓嶠、方壺乎？若方内則故居然第一矣。

又《東洞庭》 東洞庭，一名胥母，莫鰲其最高處也。其山視包山差小，主峰視縹緲差卑，巉巖視石公、龍山差平，廬居視消夏灣差薄。諸草木果品皆同，獨東山民倍饒裕耳。所可恨者，民競刀錐，俗鮮風雅，雖有奇峰峭壁，曾無一亭一閣跨踞石上。每置酒提壺，則盤坐荒草中，亦無方丈之榭，可以布茵列席者。山下僧寺，湫隘不堪，荒凉如鬼室。兩山之民，其不好事如此哉！蘇人好遊，自具一癖，然遊洞庭者絶少。雖騷人逸士，有白首未見太湖者。余以簿書錢穀之人，乍拋牛馬，暫友麋鹿，樂何可言。徘徊顧視，乃益自雄，真不愧作五湖長矣。

明 胡胤嘉 《寒山記》（引自《名山勝概志》卷九） 趙凡夫廬墓，自觀音山左折十餘里，折窮而累垣如峽，峽窮而酒簾招摇，其旁板扉雙合，排扉而入，凡夫小宛堂也。梵書插架，棐几、竹榻光潔可鑑，堂以内樹石如鐵色，蘿蔦是依。頃之，凡夫方袍岸幘，出以肅客，軒軒如舞雀翔鷺，簡邁世局，居然成一隱格也。小宛東砌下闢門，以往則凡夫所鑿，爲沼爲臺爲榭，以翼墓者也。沼環山足前亘以堤，襍樹夾之，菱藻蕁荇，芙蕖間生敷芬，叠翠沉浮池際。山足麗沼，唇吐齒齧，嵚嶇互奪不一，其勢迤邐。北引短虹踦焉，水激石咽，三堰而抵極於沼，青霞榭則馮沼築基，周遭桐楸可得三十許株，清踈映人，到此未有不襟開神朗者。中出供具，俱灌畦之蔬，摘園之菓，味在人外。主人不厭客，清言弱麈，楚楚不倦，自言此山素爲榛叢滅没，寸石尺水皆筋力琢而位置之者。山不知何名，字山以寒，而碑之志之，自凡夫始。吴閶之間，幾與虎丘天池馳聲域外矣。所恨三百畝，皆石骨鑿成，無長松脩竹可爲棲蔭，而凡夫衣着器物，猶有吴下風氣，稍異荷條荷蕢之隱耳。

明 袁袠 《游西洞山記》（引自《名山勝概志》卷一〇） 夫覽山川，辨物宜，稽民俗，舒情性，游之槩也。西洞庭去吴城百里餘。【略】山人知余將歸，明日乃同游毛家壇，觀林屋洞，洞深黑而中甚卑，入者皆俯而進。余獨與文子探隔凡而出，題其旁曰通仙，隔凡洞之最深處也。山人曰：子歸矣，山有曲崖，其石如黛，峻而秀，不可以不觀。乃觀之，遂張帆而歸。袁子曰：西洞庭，東南之沃壤也。梅、梨、橘、柑、楊梅、枇杷、魚、鹽、茶、竹之饒，錯以良田，山之人朴愿而信塗，無婦人，可不謂美乎？自夫差以來，不被兵燹，抑又美矣。

又《游玄墓諸山記》（引自《名山勝概志》卷四六） 吴之山，惟玄墓最僻，而亦最奇。面湖而險隩，丹崖翠閣，望之如屏。背鄧尉而來，法華障其前。銅坑青支迤邐其左，游龍界其右，岡連嶺屬，詭狀異觀。相傳郁泰玄葬此，故以名山。山之奇，經唐宋不顯。自萬峰和尚披萊鑿石，修乘其下，故山亦名萬峰。其陽有萬峰塔院，過此則其中井，井故萬峰所掘，於山爲中，渟泓霽沸，飲之如雪。山多美箭，薈蔚崖巘間，級石而上，得浩公房湖閣，望中縹緲峰益軒，而法華益卑。楓林橘岫，丹塗綺錯。閣下多高松，風起則谷嘯水涌，聲聞數十里，宴碧照軒。宿新院，而軒院皆面湖，望中如浩公房湖閣，惟益峭崒也。其尤奇則在絶頂一登，而洞庭諸山悉陷伏浮於湖，而湖波遂混茫蕩爲一色，不知其所窮。山之麓，有奇石甚詭麗，在盧橘下，勢欲飛動，兹山之奇，晨則觀日出，夕則凌倒景，而四時皆可居。自東崦入，四面皆山，望鄧尉欝欝，已有武陵山陰之想。緣溪至虎山橋，橋亦在亂山中，而六水繞出其下，波聯震澤，映帶不已。趨玄墓者，必自兹始而奇亦略相及，是故詳記之。

明 王問 《游寶界山居記》（引自《名山勝概志》卷九） 王仲子之居在錫西南九里涇，去涇里許爲五里湖，湖上有漆塘、冲獨、大浮、軍將諸山。山背太湖，即《禹貢》震澤，夫椒、洞庭諸山在焉。寶界山，漆塘山别名也。

南北塢多聚落，竹木茂密，山人以樵漁爲業，與之言城府事不解，草衣木食，忻忻如也。仲子治別業其間，蓋將老矣。

明　李流芳《題江南卧遊册・横塘》（引自《名山勝槩記》卷一一）　去胥門九里，有村曰横塘，山夷水曠，溪橋映帶，村落閑頗不乏致，予每過此，覺城市漸遠，湖山可親，意思豁然，風日亦爲清朗。即同遊者未喻此樂也。横塘之上爲横山，往時曾與潘方孺阻風於此，尋徑至山下，有美松竹，小桃方花，恍若異境。因相與攀躋至絶頂，風怒甚，幾欲吹墮，二十年事也。丁巳中秋後三日畫於孟陽閶門寓舍，九月復同孟陽至武林，夜雨泊舟朱家角補題。

清　毛奇齡《西河集》卷四〇《序・送張毅文檢討歸鬱洲山序》　吾聞鬱洲從鬱林飛來，又名鬱洲，其山中所植，尚多竻荔柑蕉之屬。

清　趙弘恩　乾隆《江南通志》卷一九五《雜類志》　徐州有義虎橋，相傳有商迷道，悮墮虎穴，謂必死，乃虎熟視不加噬，晝則出取物食之，夜歸若爲之護者。月餘，商稍諳虎性，謂之曰：吾失道至此，幸君惠我，我久客外，家有父母妻子，思欲一見，仗君力能置我大道中，幸甚！虎即伏地搖尾，商喻意，騎其背，虎躍出，置諸道旁，顧而悲跳分去。後數載，商偶經其地，見獵者縛一生虎將獻之官，視之乃前虎也。虎見商回睨不捨，商亦感泣，與衆具道前事，亟出重貲贖之。衆義其所爲，釋縛縱深山中。後人於其地爲橋以表焉。

又卷一九七《禨類志・禨祥》　大明二年，白鹿見丹陽。白雉雌雄各一見海陵。三年，白鹿見廣陵新市。【略】〔泰始〕三年，白獐見東海丹徒。【略】〔昇明〕三年，白虎見歷陽。【略】承聖元年，淮南有野象數百，壞人廬舍。【略】〔成化〕十四年，吳縣境諸山有虎。

藝文

唐　韋莊《浣花集》卷四《臺城》　江雨霏霏江草齊，六朝如夢鳥空啼。無情最是臺城柳，依舊煙籠十里堤。

宋　劉攽《彭城集》卷八《柿紅》　柿紅梨紫漫山熟，冷雨蕭蕭落喬木。東田收穀畝數斛，築場斂積高如屋。柴車斑斑黄犢健，丁男肩赬兒指禿。烹豬漉酒樂社神，急鼓悲笳斷仍續。田家此樂何所憂，閭里至老還相收。道傍滯穗如山邱，何處老翁寧有求。

宋　曾極《金陵百詠・白鷺洲》　《丹陽記》：在江中心，南邊新林浦，西邊白鷺洲。上多白鷺，故名。

江水悠悠緑染衣，淮山渺渺翠成圍。南朝鷺序歸何處，唯見滄洲白鳥飛。

明　文嘉《和州詩集・虞山七檜》（引自《文氏五家集》卷九）　虞山山下七株檜，云是梁年天監栽。落落離立老氏廟，森森遠映昭明臺。風生似聞豺虎鬭，雲起直訝蛟龍來。莫言委棄未得用，已見磊落俱奇材。

明　王鏊《洞庭山賦》（引自《吴都文粹續集》卷二一）　山之所産，穱穛惟艱，桑柘攸廣，養蠶拾繭，堆雪填幌，盆手繅絲，呼媪擘纊，或衣或貿，乃織乃紡，是家相襲，而里相倣。徧種果實，既繁且美，張公大谷之梨，梁侯烏脾之柿，周文弱枝之棗，房陵朱仲之李，窐麰陘稻，耀緋綻紫，蒲萄、林檎、銀杏、石榴，三桃櫻胡，二李粉緅，枇杷、楊梅，椏柯綢繆，杏、梅、椒、棣，筐貯籠收，種類夥襍。惟柑與柚橙橘，大小金碗紅豆，味甘蜂脾，可奪色蒨。蟠血堪鬭霜風，園囿璀璨錦繡。興販南北，遠近鬻售。所謂千頭木奴，可埒封君之富也。

浙江

綜述

宋　樂史《太平寰宇記》卷九三《江南東道五・杭州》　天目山，《郡國志》云：山上有數百年樹，名曰翔鳳林。

又卷九四《江南東道六・湖州》　飛雲山，在〔長興〕縣西二十里，高三百五十尺。張元之《山墟名》云：飛雲山南有風穴，故雲霧不得歊鬱其間。其上多産楓、櫟等樹。宋元徽五年，置飛雲寺，有石泉、沙渚、松門、苦竹岩也。

又卷九九《江南東道十一·處州》 石羊山，上有蘭岩溪，溪有一穴，莫知深淺。穴口有大樹，仰覩者杳然。《博物志》云：千載木也，色如黛赭，形如鳥翼，或如刀劍，遠視如羊。【略】白龍縣西一百九十二里舊入鄉，今六鄉本章安縣之南鄉，漢獻帝八年吳立爲縣。《吳録》云：取松陽木爲名。按《吳地志》云：縣東南臨大溪，有松陽樹，大八十一圍，腹中空，可容三十人坐，故取此爲名。梁開平四年，改爲長松縣。又改爲白龍縣。

宋 朱長文《墨池編》卷六《紙》 唐舒元輿《悲剡谿古藤文》：剡谿上綿四五百里，多古藤，株枿逼土。雖春入土脉，他植發活，獨古藤氣候不覺，絶盡生意。予以爲本乎地者，春到必動。此藤亦本於地，方春且有死色，遂問谿上人。有道者云：谿中多紙工，持刀斧斬伐無時，擘剥皮肌，以給其業。噫！藤雖植物者，温而榮，寒而枯，養而生，殘而死，亦將似有命於天地間。今爲紙工斬伐，不得發生，是天地氣力爲人中傷，致一物疾癘之若此。

宋 周淙 乾道《臨安志》卷二《物産》 《禹貢》：揚州篠蕩既敷，厥草惟夭，厥木惟喬。《周官·職方氏》：揚州其利金錫竹箭，其畜宜鳥獸，其谷宜稻。舊經云：産白編綾、緋綾、藤紙、木瓜、橘、蜜、薑、牛膝、地黄。今産：【略】果：橘，橙，梅，桃，李，杏，柿，栗，棗，瓜，梨，蓮，芡，菰，藕，菱，枇杷，櫻桃，石榴，木瓜，林檎，楊梅，鷄頭，銀杏，甘蔗。花：牡丹，芍藥，酴醾，棣棠，海棠，金林檎，御李，緋桃，滴滴金，碧桃，紅杏，長春，玉簪，水仙，玉梅，薔薇，佛見笑，聚八仙，粉團，山茶，海紅，徘徊，百合，梔子，剪紅羅，石竹，萱草，密友，金鐙，蜀葵，千葉蓮，佛頭蓮，紅榴，木犀，丹桂，木芙蓉，黄菊，山丹，白菊，臘梅，香梅，千葉梅，福梅，瑞香。木：桑，梓，柘，松，柏，桐，樧，櫟，槐，杉，楮，桂，楝，檀，樟，楓，柳，榆。竹：箬，筀，金，淡，紫，斑。

宋 施宿《會稽志》卷九《山·嵊縣》 丹池山，在縣東七十二里，舊桐柏山，唐天寶六載改爲丹池。《道經》云：上有桐柏合生，下有丹池赤水。南岳真人云：越有桐柏金庭，與四明天台相連，神仙之宫也。《真誥》曰：桐柏山高一萬五千丈，周回八百里，四面視之如一，其一頭在會稽東海際，其一頭入海中。是金庭不死之鄉，在桐柏之中，方四十里，上有黄雲覆之。樹則蘇紆珠碧，泉則石髓金精，其山臺盡五色金也。經丹水而行，有洞天從中過。在剡、臨海二縣之境。按：桐柏山在天台，金庭山在剡。《書》又以金庭爲桐柏。《真誥》所道，一頭在會稽東海頭，一頭謂入海，蓋其山隴聯屬故。

又卷一七《草部》 竹本出會稽，所謂會稽之竹箭者，蓋二物也。戴凱之《竹譜》曰：竹之别類，有六十一焉。蓋總而言之也。今會稽之産：曰早筀，曰晚筀，曰黄筀，曰鯀筀，曰箭。箭之别名曰篠，箭爲矢材，故亦謂矢爲箭。《爾雅》曰：葸，箭萌。音徒哀反。《周禮》有箈菹、筍菹。鄭康成云：竹萌曰筍，箭萌曰箈，音追。曰筋竹，曰慈竹。《酉陽雜俎》云：筋竹，筍未成時，竹堪爲弩絃。慈竹，夏月經雨，滴汁下地，生蓐似鹿角，色白，食之已痢。曰水竹，曰桃枝竹，作篾殊韌，堪織簟。《書》云：篾席黼純。孔安國云：篾，桃枝竹也。曰石竹，桃枝。石竹小而密，人家多植之以當籬援。謝靈運《山居賦》云：水竹，依水生，甚細密，吳中以爲宅援。然水竹大者圍數寸，其細密乃不能如桃枝、石竹也。曰黄苦，曰青苦，曰白苦，曰紫苦，是四苦亦出《山居賦》。曰頓地苦，堅中，可以爲矛。曰掉頴苦，節疎。曰湘簟苦，曰油苦，曰石斑，曰烏末，曰淡竹。曰刧竹，今會稽煮以爲紙者，皆此竹也。苦竹亦可爲紙，但堪作冥錢耳。曰湘班，曰金竹，一名閃竹。曰角竹，曰紫竹，曰油竹。曰木竹，堅中。曰方竹。曰公孫竹，高不盈尺，可爲几案之玩。篠之葉曰箬。凡此非土産則不録。《爾雅》曰：莽數節，桃枝四寸有節，粼堅中，簡筡中。一疏一數，一虚一實，亦以見竹之類不一也。黄魯直以爲竹種類至多，而著爲書如《竹譜》之類皆不詳，欲作《竹史》一書，竟不果成。《山海經》曰：竹六十年易根，易根必花實而枯死，實落土復生，六年而成曈了，作穗似小麥，竹花曰復，死曰䈙。丈九切。唐末隴西民饑相食，是年忽山中竹皆放花結子，色紅而纖，舂治作飯，香美珍於秔稻，民相挈就食如市，或雜葷肉食之，輒中毒嘔噦有斃者，自此竹皆立枯。政宣間，越州竹生花，徐州柏生花。太師蔡京賀表云：獨挺歲寒之節，誕敷朝艷之容。百蕚匀紅耀鶴棲之舊幹，七枝競翠伫鳳實以來儀。議者謂竹生花則實而枯，非可賀也。竹性亦喜東南引生，故古之種法云：斸取東南，引根於園角西北種之，久之自當滿園。語曰：西家種竹，東家治地。言其滋引而生來也。《漢書》曰：齊魯千畝桑，渭川千畝竹，此其人皆與千户侯等。

又《木部》 楸，《釋木》云：大而皵，楸；小而皵，榎。《述異記》云：越人多橘柚園，歲出橘税，謂之橙橘户。中山又有楸户著名楸籍者也。舊説椅即是梓，梓即是楸。蓋楸之疏理而白色者爲梓，梓實桐皮曰椅，其實兩木大類同而小别也。《傳》曰：橋者，父道也；梓者，子道也。然今越人不喜種楸，云不利人家，惟僧居則否。《十道志》云：越城多種豫章樹，每風雨時，聞鐘鼓聲。今無復存。豫章即梓也。松，其爲木也最壽。郭氏《玄中記》曰：松脂淪入地中，千歲爲茯苓。《抱朴子》曰：松樹三千歲，皮中聚脂如龍形，名曰飛節芝。《玉策記》曰：千歲之松，望之如偃蓋。今會稽惟卧龍及蕺山絶頂僅有數樹，爲百年之木耳。穀，惡木也，而取名於穀者，穀，善也，惡木謂之穀，則甘草謂之大苦類也。《本草》曰：楮，一名穀。陶氏云即今構木，誤矣。先賢以爲皮斑者是楮，皮白者是穀，有瓣者曰楮，無瓣者曰構。古之剡藤名天下，今剡中楮紙寖有佳者，亦不在徽池之下。桃之品不一，上原之金桃、御桃、擺核桃、十月桃，廟山之早緋紅桃，湖南之大緋紅桃，蕭山之水蜜桃、唐家桃、邵黄桃、杏桃、川桃、晚秋桃、孩兒面桃，諸暨烏石之鷹觜桃，諸家園中有崑崙桃、扁桃、矮桃之類，不可悉數。又有碧桃、白桃、緋桃、二色桃，皆千葉，花不實。今鏡湖之西如花涇、容山諸處，彌望連岡接嶺，皆桃李，畧無雜木。方春時，花盛發如錦繡裹山谷，照水如雲霞，比然異境。邦人踏青時，競出皆走東湖，故有不知者。甘棠，《釋木》云：杜，甘棠。甘棠，今之杜梨也。又曰：杜，赤堂，白者堂。樊光云：赤者爲杜，白者爲棠。市人多蒸熟賣之，越人目爲梨頭，蓋其實不如北方之美爾。然會稽非梨所出，姑舉大槩，如桃源之水蜜梨、紅糜梨，木栅之馮家梨、映日紅，破塘之青消梨，河塔之五朵梨，東關之葫蘆梨，諸暨烏石之早稻梨、滿殿香梨、甘兩梨，孝義之蜜梨、雪梨，白水之黄匾梨、黄糜梨，前塘之趙拗梨，上金之麻龠梨是也。自烏石以下，皆諸暨地名。梅，一名柟，杏類也。越州昌原梅最盛，實大而美。項里、容山、直步、石軀多出古梅，尤奇古可愛，緑蘚封枝，苔鬚如緑纓，疎花點綴其上，夭矯如畫。山谷間甚多樹，或蔭數十步，好事者移植庭檻，縱不槁，苔蘚亦輒剥落，蓋非凡物也。今江湘二浙四五月之間，梅欲黄落，則水潤土溽，礎壁皆汗，蒸鬱成雨，其霏如霧，謂之梅雨，沾衣服皆敗黦。故自江以南三月雨謂之迎梅，五月雨謂之送梅。轉淮而北則否。梅至北方多變而成杏，故人有不識梅者，地氣使然也。賈思勰曰：按梅花早而白，杏花晚而紅；梅實小而酸，杏實大而甜；梅可以調羹，杏則不任此用。世人或不能辨，言梅、杏爲一物，此則北人不識梅也。越中又有映水梅，其實甚美而頰紅。消梅，其實脆而無滓，其始傳於花涇李氏，故或謂之李家梅。越人謂鴨脚子爲杏，而謂杏爲杏梅。棗，棘大者棗，小者棘。蓋若酸棗，所謂棘也。於文重朿爲棗，並朿爲棘，蓋棗性喬，棘則低矣，故其制字如此。蕭山縣有白蒲棗、水菱棗、馬棗、亳州棗、木棗。諸暨有棘子，其實圓。九花九實謂之九熟棗。近城亦有之，然不及也。石榴，舊説以枯骨置枝間，石壓其根，則結子繁盛。今越中石榴、葡萄，斫枝插土中輒生，不須種也。郡齋舊有海榴亭，李公垂有詩。宋考功在會稽亦有《玩郡齋海榴》詩。李義山詩有云：山榴海柏枝相交。恐海、榴各是一種。橘，如柚而小，白花赤實，蓋亦渡淮而變，《考工記》所謂『橘踰淮而北爲枳』。橙亦橘屬，若柚而香。《物類相感志》曰：『葉有兩刻缺者』是也。杜荀鶴《送人遊越》詩云：有園皆種橘，無渚不生蓮。栗，味鹹，北方之果也，有莱蝟自裹。《國語》曰：婦贄不過棗栗，以告虔也。今諸暨孝義有茅㮚、榛㮚。《筆談》云：茅則《莊子》所謂狙公賦芧者，此文相近之誤也。或謂諸暨有三如，曰如錦之桑、如絲之布、如拳之㮚。柿之别亦多，今會稽所産，有紅柿、牛心柿、烟脂柿、系紅柿、八月白柿、重暈柿、花柿、木柿、丁香柿，及長紅、團紅、白紅之名。又有緑柿，會稽謂之椑，故有油椑、馬蹄椑。《文選》有梁侯烏椑之柿，殆此類歟？上虞有蠟柿，亦椑之别也。古云柿有七絶：一壽，二多陰，三無鳥窠，四無蟲，五霜葉可玩，六嘉實，七落葉肥土。楊梅，《異物志》曰：楊梅如彈丸，味酸。蓋昔人未識會稽楊梅，今出項里、何塔、六峰、塘裏，其品之最佳者曰官長梅，色深紫，香味俱絶。曰線梅，一名稜梅，其實有紋，隆隆如線，故名。色尤紫，實大核小，亦可亞官長梅也。曰烏漤梅，色黑而韵下。曰孫家梅，色紅而酢，越人多漬以糖或鹽，以案酒。曰聖僧梅，色白。曰白蔕梅。曰何塔早梅。曰金家晚梅。曰三線梅。斯爲下矣。方楊梅盛出時，好事者多以小舫往遊，因置酒舟中，高飣楊梅與樽罍相間，足爲奇觀。婦女以簮髻上，丹實緑葉，繁麗可愛。又以雀眼竹筥盛貯爲遺，道路相望不絶。識者以爲唐人所稱荔支筐，不過如此。李，《釋木》云：休，無實李。言李有美蔭可休，則無實可食。故道旁之李所以不食者，苦也。郭璞云：休，無實李，一名趙李。痤，接慮李，今之麥李。駁，赤李，其子赤也。《西京雜記》曰：漢武上林苑有朱李、黄李、紫李、緑李、青李、綺李、青房李、車下李、顏回李、合枝李、羌李、燕李、猴李。《鄴中記》曰：華林園有春李，冬華春熟。《廣志》有黄建李、青皮李、馬肝李。然則李之屬其品爲多，會稽有蠟李、麥熟李、迎瓜李、皺李、白淡李、紫末李，五夫有風山李、蠟瓜李，諸暨有井亭李，餘姚有粉翠李、茄李，其實類茄，七夕後始熟。柰，《晉起居注》：嘉柰一蔕十五實，或七實，生於酒泉。《西京雜記》曰：漢上林苑有白柰、緑柰。《武帝内傳》有圓丘之紫柰。會稽有果名探，亦柰屬也。方探花開時，鏡湖上容山、項里間，亦數百樹爲園，春花特甚，亦可喜也。其佳品曰馬面探。林禽與柰絶相似但差小，所謂來禽。吴越時，有錢仁俊貶於會稽，所居有林禽一本，枯已十年，及是茂盛多實，已而仁俊果復用。山茶，《酉陽雜俎》云：山茶葉如茶樹，高丈餘，葉大盈寸，色如緋，十二月開。一説山茶似海石榴，出桂州，蜀地亦有。然今會稽甚多，昌安朱通直莊有樹高三四丈者。蜀地乃絶少，成都海雲寺僅有一樹，每歲花發，則蜀帥率郡僚開燕賞之。邦人競出，士女絡繹於路，數日不絶。梔子，諸花少六出者，惟梔子花六出。陶貞白言：梔子翦花六出，刻房七道，芬香特甚，相傳即西域薝蔔也。今會稽有二種。一曰山梔，生山谷中，花瘦長，香尤奇絶。水梔生水涯，花肥大倍於山梔，而香差減。近歲有千葉梔，六月初始盛。韓退之云：芭蕉葉大梔子肥。蓋謂水梔也。藥亦用之，然必用山梔。牡丹，歐陽公《花品序》云：牡丹出丹州、延州，東出青州，南出越州，惟洛陽者天下第一。王文公有《越人以幕養花詩二首》。吴越時，錢傳瓘爲會稽，喜栽植牡丹，其盛若菜畦。其成叢列樹者，顔色葩房率皆絶異，時人號爲花精。會稽光孝觀有牡丹亦甚美，其尤者名醉西施。熙寧間，程給事公闢鎮越，嘗領額賞焉。公與坐客皆賦詩，刻石觀中，詩存而花亡。曹娥廟前牡丹二株，亦不凡，雖單葉而着花至數百苞，至今存。杜鵑花，以二三月杜鵑鳴時開，一名映山紅，一名紅躑躅。會稽有二種：其一先敷葉後着花者，色丹如血；其一先着花後敷葉者，色差淡。近時又謂先敷葉後着花者，爲石巖以別之。然鄉里前輩舊但謂之紅躑躅，尚未謂之石巖，不知石巖之名起於何年。荆公《送黄吉父歸臨川》詩云：亦見舊時紅躑躅，爲言春至即傷心。則江西亦謂之紅躑躅也。越人多植庭檻間，結縛爲盤盂翔鳳之狀。惟法華山奉聖寺佛殿前者特異，樹高與殿簷等，而色尤紅，花正發時照耀楹桷，墻壁皆赤。舊例花苞欲拆時，寺僧先期以白郡守，府倅率郡僚往燕其下，邦人亦競出。久之，寺僧厭其擾，陰戕之，今枯已二十年。郡齋有杜鵑樓，今廢。李公垂有詩自注云：樓前植杜鵑，因以爲名。王性之詩云：『杜宇啼時花正開』是也。法華、雲門諸山皆有之。上虞縣南有釣臺山，山足二石筍特起五六十尋，其顛皆有花，春夏照爛，望之有若人立而飾其冠冕者。自國朝太祖、太宗、真宗遏密之時，花枯瘁者皆三載乃復，此齊賢良唐所記也。

又《鳥部》 鵲，《淮南子》曰：太陰所建，蟄蟲首穴而處，鵲巢向而爲蘆。又曰：蟄蟲、鵲巢皆向天一。蓋鵲巢向天一而背歲也。先儒以爲鵲巢居而知風，蟻穴居而知雨，歲多風則去喬木巢旁枝，故能高而不危也。古謂七夕鵲上天河爲橋，雖未必然，今山陰七夕鵲絶少見。鸛，《禽經》曰：鸛俯鳴則陰，仰鳴則晴。《拾遺記》曰：鸛能聚水巢上，故人多聚鸛鳥以攘却火災。然往歲會稽市火，相去其遠，忽有熛燄如流星，獨焚倉西鸛巢，鸛飛鳴空中，竟不能救，又不知何異也。鵞，左氏曰：鄭翩願爲鸛，其御願爲鵞。舊説言，江淮謂羣鸛旋飛爲鸛井。則鸛善旋飛盤薄霄漢，與鵞之成列正異，故古人陣法或願爲鵞，或願爲鸛也。會稽戒珠蘭亭有石軍養鵞池存焉。鶌鳩，《釋鳥》云：鶌鳩，鶻鵃。今江東亦呼鶻鵃。《左傳》曰：鶻鳩氏司事。先儒云：鶻鳩春來秋去，故爲司事。一名鳲鳩，《月令》所謂『鳴鳩拂其羽』者是也。一名鷽鳩，《莊子》所謂『蜩與鷽鳩笑之』者是也。蓋此似山鵲而小，《釋鳥》曰『鷽，山鵲』也。故此一名鷽鳩。又其短尾、青黑色，多聲，故此一名鳴鳩也。陸璣云：鶻鳩，一名斑鳩，似鵓鳩而大。鵓鳩灰色，無綉項，陰則屏逐其匹，晴則呼之，語曰『天將雨，鳩逐婦』者是也。斑鳩項有綉文斑然，故曰斑鳩。則與此鶻鳩全異。璣之言非。今此鳥喜朝鳴，故一曰鶻嘲也。凡鳥朝鳴曰嘲，夜鳴曰㖡。《禽經》曰：林鳥以朝嘲，水鳥以夕㖡。㖡音夜，字見《龍龕手鏡》。鵜，《釋鳥》云：鵜，鴮鸅。郭璞曰：今之鵜鶘也。

好羣飛，沈水食魚，故名洿澤。鵜形似鶚而大，人足，其鳴自呼，頷下胡大如數升囊，因以盛水貯魚，一名淘河，一名洿澤。會稽不常有，有輒大水，土人占之頗驗。鷓鴣，自呼其名，常向日而飛，飛數隨月。蓋若正月，一飛而止，畏霜露，早晚稀山。有時夜飛，飛則以木葉自覆其背。臆前有白圓點文，多對啼。志常南向，不思北徂。《本草》曰：鷓鴣形似母鷄，鳴云鉤輈格磔。會稽諸暨山間頗多。鷺，一名春鉏，步於淺水，好自低昂，故曰春鉏也。《方言》『鶡鴠謂之獨春』，與此同意。鶡鴠亦其鳴聲如春。鷺色雪白，頂上有絲毿毿然長尺餘，欲取魚則弭之。山陰瀕水，人家多畜之，皆馴不去。惟白露一日必籠之，不然飛去。鷰之往來避社，而啣土不以戊己，籥口布翅岐尾。齊人呼鳦，蓋取其鳴自呼，故曰鳦也。一名玄鳥，蓋取其色之玄，故曰玄鳥也。一名鷾鴯，目之所不宜處不給視，雖落其實，棄之而走。其畏人也而襲諸人間，此燕安之道也。舊説紫胷輕小者謂之越燕，胷斑黑聲大者謂之胡燕。胡燕土人謂之社鷗，多巢村墟人家門外，其爲巢有極長者。山陰人家每候燕多社前到，但不入入屋爾，必候玄鳥至之日，乃入而營巢。黃鳥，黃栗留也。一名倉庚，一名皇，齊人謂之搏黍，亦或謂之黃袍。常葚熟時來啄桑間，亦應節趨時之鳥也。凡《詩》言黃鳥者，興也。言倉庚者，賦也。斲木，《釋鳥》云：鴷，斲木。郭璞曰：口如錐，長數寸，常斲木食蟲，因名云。此鳥有大有小，有褐有斑，褐者是雌，斑者是雄。又有青黑者，頭上有紅毛，生山中，土人呼爲山斲木，大如鵲。鴨，鶩也。《尸子》曰：野鴨爲鳧，家鴨爲鶩。不能飛翔，如庶人守耕稼而已。《周官》：庶人執鶩，工商執鷄。工商欲其知時，又上之所畜也，故執鷄。庶人雖亦上之所畜，欲其不散遷而已，故執鶩。《説苑》曰：鶩無他心，故庶人以爲摯。《物類相感志》云：雞鶩伏卵忌磨，若聞礱磨之聲，則不生矣。《曲禮》曰：庶人之摯匹。匹，鶩也。今雄鷄能鳴，其雌不能鳴。鳬鶩能鳴，其雄不能鳴。脊令，《釋鳥》曰：鶺鴒，雝渠。蓋雀之屬，飛則鳴，行則摇，大如鷃，長脚尾，腹下白，頸下黑，如連錢，故杜陽人謂之連錢。會稽人呼爲雪姑，其色蒼白似雪，鳴則天當大雪，極驗。杜鵑，一名子規，一名怨鳥，夜啼達旦，血漬草木。凡始鳴皆北向，啼苦則倒懸於樹，《説文》所謂「蜀王望帝化爲子嶲，今謂之子規」是也。至今寄巢生子，百鳥爲哺其雛，尚如君臣云。《爾雅》曰嶲周，即此鳥也。越人謂之謝豹。顧況詩云：緑樹陰中謝豹啼。又名射豹。戴勝，《釋鳥》云：鵖鴔，戴鵀。郭璞曰：鵀即頭上勝，今亦呼爲戴勝，一名戴鵀。頭上有毛花成勝，故曰戴勝也。三月飛在桑間，蓋蠶生之候，《月令》所謂『戴勝降于桑』是也。越人云：降桑遇金日主穀賤。烏，《説文》曰：烏，孝鳥也，象形。《益都耆舊傳》曰：張霸爲會稽太守，舉賢勸講，一郡慕化，道路但聞誦聲，野無遺寇。民語曰：城上烏鳴哺父母。府中諸吏皆孝友。王子年《拾遺録》云：越王入國，有丹烏夾王而飛，故勾踐起望烏臺以紀其瑞。燕烏，《釋鳥》曰：燕，白脰烏。《廣雅》云：純黑而反哺者謂之烏，小而腹下白不反哺者謂之鴉，烏白項而羣飛者謂之燕烏，白脰烏也。雅烏，鷽也。山陰又有一種名寒鴉，比常鴉頗小，歲十月自西北來，其陣蔽天，及春中乃去。秦太虚《樂府》云：寒鴉萬點，流水繞孤村。不至越者，殆不知也。

又《獸部》 兔，口有缺，吐而生子，故謂之兔。兔，吐也。舊説兔者明月之精，視月而孕。故《楚辭》曰：顧兔在腹。言顧兔在月之腹，而天下之兔望焉，於是感氣。《禮》曰：兔曰明視。其以此歟？《説文》無兔字，以免爲兔。兔生自口出，宜有留難，吐而後免，故字又通爲免。獺，似狐而小，青黑色，膚如伏翼，水居食魚，自祭其先，《記》曰『獺祭魚，然後漁人入澤梁』是也。獺取鯉於水裔，四方陳之，進而弗食，世謂之祭魚。山陰澤居亦時見之。羊，《禮》云：羽鳥曰降，四足曰漬。曰漬者，謂死相瀐漬而善耗敗也。六畜之死，皆善耗敗，而羊爲甚。《禮》曰：羊曰柔毛。柔毛，謂其不疾瘯蠡也。《詩》曰：羊牛下來。先羊後牛者，羊性畏露，晚出而早歸，常先於牛。會稽往歲販羊臨安，渡浙江，置羊艎版下，羊齧船茹，舟漏而沈，溺者甚衆，至今人以爲戒。牛，《詩》曰：爾牛來思，其耳濕濕。濕濕，言潤澤也。蓋牛之爲物，病則耳燥，安則温潤而澤，故古之視牛者以耳【略】猫，鼠善害苗而猫能捕鼠，去苗之害，故字從苗。《記》曰：迎猫爲其食田鼠也，迎虎爲食田豕也。今海州猫最佳。俗云：海州猫，曹州狗。猴，《吕子》曰：狗似玃，玃似母猴，母猴似人。猴善候，其字從侯。《白虎通》曰：侯，候也。楚人謂之沐猴。舊云此獸無脾，以行消食。柳子厚云：猿好踐稼蔬，所過狼籍，山之小草木必凌挫折撓之。會稽山間陸種如豆、麥、胡麻、萊服、蔬果、竹萌之類，多爲殘毀。天衣寺僧法聰令捕一老猴，被以衣巾，多爲細縫，使不可脱，縱之使去。老猴喜得脱，跳趨其羣，羣望而畏之，皆捨去。老猴趨之愈急，相逐日行數十百里，其害遂稍息。

宋 談鑰 嘉泰《吴興志》卷二〇《物産》 橘，太湖洞庭山産緑橘，號洞庭橘。韋蘇州《送橘》詩曰：信後欲題三百顆，洞庭須待滿林霜。橘種不一。《本草注》：有朱橘、乳橘、塌橘、山橘。入水村人家多種成林，畫溝塍，常運水灌溉，有至數百樹者。柑，唐貢乳柑。《本草》：乳柑、沙柑、青柑、山柑。注：柑類有朱柑、黄柑、石柑，而土人以乳柑爲貴，與橘同種而不蕃，人共珍之。柚，《禹貢》：揚州包貢。郭璞注《爾雅》云：柚似橙，而大於橘。孔安國注《尚書》云：小曰橘，大曰柚。今土人亦與橘同植。木瓜，唐貢木瓜糁並煎。顧渚泉上有木瓜堂，列植木瓜。梅谿者尤勝，東坡謂紅勝頰也。楊梅，《吴興記》云：吴興本無楊梅，太史慈葬卞山，三州來祭，越有楊梅，因種，號卞山楊梅。又生石椰山。《風俗記》云：張華《博物志》曰：地名石椰，故生楊梅。棗，《爾雅》有壺棗、酸棗、羊棗等，《本草》有大棗、仲思棗，《齊民要術》又有民棗、木棗、桂棗之類，多北地所宜，今土人亦種之。徐陵孝義寺碑有弱棗，今添。桃，《爾雅》有旄桃、山桃，《西京雜記》又載櫻桃、緗桃桃、霜桃、綺蒂桃、紫文桃，此土植桃頗多，種亦不一。槑，梅生江南，湖郡尤盛。《吴興記》云：烏程有梅墟、梅林、梅亭，德清有梅埭。《舊編》云：今武康得清谿亙山谷。其種以堂頭梅爲上，横枝梅、清梅次之。又有紅梅、重梅、鴛鴦梅、千葉緗梅、蠟梅、惟紅梅、鴛鴦梅有實。菁山等處亦多。杏，《續圖經》載：據《廣志》有白杏、赤杏、黄杏、柰杏，土人所種惟紅杏。栗，《續圖經》載：據《本草》栗類有枝栗、陸栗、芳栗，今山間栗木甚多，有大栗，實大而少味，即板栗也。有小栗，謂之茅栗。又有細大之間者，謂之茶果栗。柿，《續圖經》載：柿，即紅柿也。又有椑柿，色青黑。《齊民要術》注又載梗棗如柿。又土人種柿，種類頗多，有紅匾柿、牛乳柿、火珠柿、水柿。又烏椑柿，俗呼爲緑柿。《舊編》云：安吉多火珠柿。梨，《本草》云：有消梨、黄梨、茅梨、桑梨。《西京雜記》有紫梨、芳梨、大谷梨之類。今鄉土梨類亦不一，有黄梨、青消梨、麋梨，品俱下。獨安吉陳公梨，《舊編》云：東南有名，風味亞於鵝梨，在雪梨之上，甘美而香。李，《續圖經》載《爾雅》再體李、駁李，《西京雜記》有朱李、黄李、紫李、緑李、青李、綺李、車下李。今世有水李，實大而美。《本草注》陶隱居云：麥李，麥秀時熟。本土有米李、條李熟最早，透明李其色明澈，蠟李色深黄，明州李色深赤，茄李色深緑，皆可口。車下李細甚，不堪食。安石榴，《續圖經》載：按陸(機)[璣]曰：張騫使外國得塗林安石榴也。《廣志》曰：有甜、酸二種，今鄉土所種亦有甜者、酸者，其實紅白光潔者醋榴也，紫黯皺散者乃爲甜榴，多出安吉及諸山鄉。又有白花一種，千葉紅花一種，近年園中所栽。枇杷，《續圖經》載：《本草》有枇杷，注云：江南今處處有。鄉土多有之。林檎，《續圖經》載：陳士良云：有三種，長者爲柰，圓者林檎，小者爲梣。今鄉土有之。《舊編》云：武康德清林檎絶佳。又有金林檎，實小而花極可觀。櫻桃，今添。《禮》謂之含桃，《本草》有櫻桃，陶隱居注曰：即今朱櫻，味甘可食。今出烏程下徐村。蒲萄，《續圖經》載《本草注》云：子有紫、白二色，又有似馬乳者，有圓者。又蘡薁名山蒲萄，今鄉土有紫、白二種，皆藉人力，□□實率如馬乳，白者號漿水蒲萄，尤佳。亦有櫻薁，是野生山谷閒者，實正圓，皮厚，味酸澁，不中食。【略】

右果屬。本郡山鄉與平土宜木果。水鄉有水，實鮮潔勝他郡，故詳載。

【略】

豪，考《山海經》云：浮玉之山有獸，其狀如虎而牛尾，其音如豕吠犬，其名曰彘，是食人。今未詳。《續圖經》有豪豬，俗呼野豕。《禮》所謂田豕，即《山海經》彘之類。山間往往有之，如豬而大，且有力。口有二牙長，肩有豪長三四寸，堅利如錐。五七爲群，在田食稻，在山食芋蔬，殊爲人害。捕之能觸齧傷人，故獵者以强弓毒矢而後可獲，有重百斤者。虎，《統記》納和尚至道場山人曰：山多虎。又郭文隱武康，爲虎探取口骨，虎致一死鹿於屋前。又石頤山有虎跑泉，詳見武康護國院。又《遯齋閑覽》云：武康多虎，有姓朱人數搏之，號朱虎殘，見搏虎橋下。今深山叢薈間，有獵户亦能阱捕。猿，江淹《游黄蘗澗》詩曰：猿嘯青崖間。顔魯公《杼山》詩曰：山僧狎猿狖。又有猴性劣，曩歲居民稀少，故老言猿猴在山掇蔬果，蹂稻粟，多爲人害。後居人漸蕃，設檻阱掩取，今遂遠徙矣。鹿，見虎下。麞，《舊編》云：安吉長興武康山多麞、麂、狸、兔。今近城西南山亦有麂。《本草》作麂。狸，兔，獺。今添。水鄉處處有之，搜捕魚食。《本草》云：是以魚祭天者，多出溪岸邊。其骨亦療食魚骨鯁。

右獸屬。牛、羊之類性獿，爲人所畜。鹿、麞、兔之類性野，不受羈制，以鄉土多水，視平陸州郡爲不蕃。山獸有貛、豺等，閒有一二，今不載。【略】

雞，陸龜蒙《雪上紀事》記云：雞豚聊饋餉。甫火謝朏爲吴興太守，以雞卵賦人，收雞數千隻。《爾雅》曰：雞大者蜀，蜀子雞。《本草》有丹、白、烏、黄四色。《齊民要術》：雞種取桑落時生者。形小，淺毛，脚細短。守窠，少聲，善育子。今田家多畜，秋冬月樂歲尤多，蓋有栖穀之類爲食也。鵝，《統記》：德清沈朝家有孝鵝。今水鄉田家多畜。鴨，《舊編》云：田家畜家鳧，取子煎杬木汁藏之，謂之杬子。《南史》：陳武帝與齊軍相拒，文帝送米二千石，鴨千頭，即炊米煮鴨，誓軍攻之，齊軍大潰。今水鄉樂歲尤多畜，家至數百隻，以竹爲落，暮驅入宿，明旦驅出，已收之田食遺粒，取其子以賣。《齊民要術》云：嘗令肥飽一鴨，便生百卵，視他禽尤有息。鶴，今添。《吴興記》云：姚紾化爲白鶴。又唐沈齊家有鶴降於庭廡，鳴甚哀，筮之得睽之離，果二雛爲漁人所獲。溪鶒，《舊編》云：溪泊中多有。鴛鴦，劉禹錫《送韓中丞之吴興口號》曰：溪上鴛鴦避畫旗。《山墟名》云：長興忻湖蓮菱之下鵁鶄所集，使人忻悦。今添。啄木，今添。長興有啄木嶺。《山墟名》云：叢薄中多啄木鳥，故名。杜鵑，今添。李益《顧渚茶山》詩：子規一聲山草緑。一名子規，今鄉土山间多有。伯勞，今添。皎然《顧渚行》曰：伯勞飛日芳草滋。《本草》云：鶪，伯勞也。今山間有之。伏翼，今添。《山墟名》云：伏翼，澗多産伏翼。有素翼赤腹，千載倒掛者。鸛，以下十五物並《續圖經》載。鷗，鷺，鸕鷀，梟，即野梟也。冬初出盛，俗所貴尚，以爲饋送大者，號對敷。鶬，《爾雅》：鶬，麋鴰。注：今呼鶬鴰。鶖，鵝鴰，《爾雅》鵝，鴚鵝。注：今之鵝鴰也。好群飛，沈水食魚，故名。洿澤，俗呼爲淘河。故老相傳，郭璞遷城時，有鳥輒銜標去，伺之乃淘河也，得而刎之。至今賣此鳥，必去頭。烏鵲，鶯，燕，《苕溪漁隱叢話》云：餘曩歲冬間，於吴興山中營先隴，闢一山路，傍有數巨石，其穴頗深，試令僕輩劚之，見鶯燕蟄於其閑甚衆，急掩之。鳩，《左傳》有五鳩。《爾雅》：鳲鳩，布穀也。《本草》：斑鷦，一名斑鳩。又有青鷦。今鄉土皆有斑鳩，價高於布穀。青鳩又倍。雀，冬初有一種黄雀在田間，甚肥美，所謂披緜者。雉，《左傳》有五雉。今山間有文備五采，獵户能射之以貨人，亦多食。鴿，以下三物，《舊編》載云：山林多鳩鴿，亦有鷹雕。鷹，雕。

右禽屬。本郡多水，故家禽蓄鵝、鴨，野禽多鷗、鷺，而近山林則有雄雉之類。《續圖經》、《舊編》所載及今添，殊不能備也。《山墟名》載長興鳳亭鄉云：昔有鳳棲於此。鳳非常禽，《統記》載慈禽，不知其名，亦略去。【略】

桑，《吴興記》：烏程東南三十里有桑墟。《梁陳故事》：吴興太守周敏勸人種桑。顔真卿《西亭記》烏程令李清種桑盈數萬。《本草》有山桑，有家桑，葉椏者名雞桑。《爾雅》有女桑、檿桑。《齊民要術》古荆桑、蛇桑。今鄉土所種，有青桑、白桑、黄藤桑、雞桑，富家有種數十畝者。檿桑，山桑也，生於野。柘，潘焯《吴興》詩曰：桑柘遠連雲。松，《輿地志》：戍山周回十五里，悉産青松。法華寺前有松徑數里，長興有松村。今處處山有。杉，唐高智周《精舍寺》詩曰：院古□□□。柏，德清文墅山郭先生手種柏千株，太玄觀遠壇有古柏十九。檜，長興大雄寺殿前古檜中空，裂爲四枝，蔭半庭，堅如金石，相傳陳高祖手植，號陳朝檜。楓，陳武帝在田時，有楓木下見一人謂曰：子後當富有四海。言訖，不見。出《梁陳故事》。又《本草》云：楓脂淪於地千年變爲琥珀。又云：松脂千年爲茯苓，又千年爲琥珀。今人往往於松下得茯苓，有重斤許者。桂，杼山有青白紫桂，號三桂棚，出寺碑。榆，《山墟名》云：長興有赭石山，多産刺榆。《本草》云：江東無白榆。又云：榆皮可入藥，莢可爲羹，實可爲醬，材可爲器用。《齊民要術》有白榆、刺榆、梜榆。今鄉土有刺榆、梜榆二種。桐，《吴興記》云：烏程縣南百里有胡墟、錢林居、梓山、味桐、映井。《本草注》：桐有四種，青桐似梧桐，無子；白桐有花，有子，子可爲油；岡桐無子，堪作琴瑟；又有梧桐。鄉土俱有之。蘗，烏程有黄蘗山、黄蘗澗。《本草》有蘗木。注：黄蘗也。櫧，《山墟名》云：貴峴山多産櫧。《玉篇》：儲，木名，冬不雕。栲，《山墟名》云：鳳亭山多産栲櫟。櫟，見上。杬，唐貢杬子，以杬木汁煎浸鴨子也。柳，《吴興記》云：烏程縣南百五十里有柳墟。又有柳湖。又金石山多蒲柳。梓，德清黄山有梓華廟。漆，《舊編》云：縣脚嶺多漆林。又貢上漆器三十事。今廢。槐，樟，栩，《本草》云：即橡斗也。檉，《爾雅》：檉，河柳。《本草》云：今水邊赤楊也。楮，杞，枳，枳，橘類。《本草注》：今江南俱有，江北有枳無橘。吴茱萸，《本草》云：以其出吴中以別山茱萸也。棕櫚，《舊編》：德清太玄觀遶壇有棕櫚三株。牡丹。《本草》云：吴牡丹。

右木屬。《續圖經》多載内，檜、蘗、栲、漆、槐、栩、楮、杞、枳九種新添，茱萸、牡丹元系藥屬。按《本草》云：藥之屬木者附木。今不別條。

箊竹，《舊圖經》云：左太冲《吴都賦》曰：其竹則篔箊。《統記》云：今斑竹呼玳瑁竹。苦竹，《吴興記》：今石山多苦竹。武康有黄竹村。箸竹，《山墟名》云：箸峴山以産箸爲名。又長興縣有上箸下箸里。筀竹，《吴都賦》作桂。《舊編》云：早筀食筍，晚筀養竹。淡竹，觔竹，篌竹，水竹，以上四種皆宜爲器，並《續圖經》所載。燕竹，筍最早，燕至即生。篾竹，宜爲篾絲。紫竹，色紫。慈竹，四時皆出筍周生外，故曰慈。間竹，有黄竹而間青者，本出會稽，曰黄金間碧玉。又有青竹而黄間者。猫竹，筍出如猫頭，本出於江西，今有之筍甚大。象牙竹，筍白而大。哺雞竹。今添。

右竹屬。古揚州有筱蕩。《爾雅》：東南之美，有會稽竹箭。郡地舊屬會稽郡，郡之産竹自古然矣。嘗觀《齊民要術》云：北方之竹不過苦、淡二種。《本草》於苦、淡外有筀而已。《吴都賦》有篔、篥、簩。李善云：皆出嶺外。本郡竹類亦可謂多也。

宋 張淏 寶慶《會稽續志》卷四《鳥獸草木・花》

牡丹，自吴越時盛於會稽，剡人尤好植之。仲皎有詩云：玉稜金線曉粧寒，妙入天工不可干。老去只知空境界，淺紅深紫夢中看。芍藥，越中所植，其花大有過尺圍者，而剡尤盛。李易《剡山》詩：斑竹筍行三畝地，紅藥花開一尺圍。王十朋《剡館芍藥》詩：已過花王候，纔聞侍者香。來游禁酒地，免作退之狂。海棠，李德裕《平泉草木記》曰：木之奇者，會稽之海棠。沈立《海棠記》曰：花中帶海字者，從海外來。紅桂，《平泉草木記》：木之奇者，稽山之海棠，剡溪之紅桂。《記》又有訪剡溪樵客得紅桂，移植郊園。詩云：來自天姥岑，長凝翠嵐色。前又有『越叟遺數株，周人未嘗識』之句，意此桂在唐，唯龍門敬善寺及剡中有之，今所至婆娑森立，不特剡也。百葉木芙蓉，《平泉草木記》：宛陵之紫丁香，會稽之百葉木芙蓉。四季桂，有植於剡之雪館者，城圃亦有之。白居易詩：有木名丹桂，四時常馥馥。秦據詩：芳林挺芳幹，一歲三四花。據，晉人也。山茶，《平泉草木記》曰：得會稽之貞同、山茗。在唐唯會稽有之，其種今遍於四方矣。貞同，《平泉草木記》云：稽山之貞同，其花鮮紅可愛，而且耐久。蘭，《越絶書》曰：句踐種蘭渚山。舊經曰：蘭渚山，句踐種蘭之地，王、謝諸人脩禊蘭渚亭。茶蘼，王十朋《剡館茶蘼》詩：日烘香倍遠，雨浥韵尤清。但此白茶蘼爾。近時士人大圃中有黄者，尤可愛。石巖花，與杜鵑花本一種，石巖先敷葉後著花，其色丹如血；杜鵑先著花後敷葉，色差淡。仲皎《石巖花》詩：繁英歷歷爍晴空，過了花間幾信風。明日畫欄供徙倚，却須有句到芳叢。四時杜鵑花，《平泉草木記》：得剡中之真紅桂，稽山之四時杜鵑。杜鵑花，王十朋《會稽風俗賦》：天衣杜鵑，東山薔薇。注云：大衣寺有杜鵑花最奇，每歲盛開，觀者競集。越僧擇璘《杜鵑花》詩：蠶老麥黄三月天，青山處處有啼鵑。斷厓幾樹深如血，照水晴花暖欲燃。三嘆鶴林成夢寐，前生閬苑覔神仙。小山拄頰愁無奈，又怕聲聲聒夜眠。越人謂之映山紅。唐僧修睦有《映山紅》詩。瑞香，剡中西太白山有此花。盧天驥《剡山睡香花》詩云：入夢生香酒力微，不須金鴨裊孤緋。爲嫌淡白非真色，故著仙家紫道衣。時盧正在西山也。了元《瑞香譜》曰：盧山瑞香比他郡最香。信乎風物各有相宜。吴曾《漫録》云：廬山瑞香花，天聖中始傳，東坡諸公悉作瑞字。《廬山記》中載瑞香花及納禪師詩：山中瑞采一朝出，天下名香獨見知。張祠部以瑞爲睡，其詩曰：曾向廬山睡裏聞，香風占斷世間春。竊花莫撲枝頭蝶，驚覺南窗半夢人。今餘姚上虞二邑之地，亦宜此花，城圃亦多，不特剡也。古梅，會稽餘姚皆有之。老幹奇怪，而緑蘚封枝，苔絲四垂，疎花點綴，極爲可愛，他處所未見也。俞亨宗詩云：疎疎瘦蘂含清馥，矯矯虬枝綴碧苔。疑是髯龍離雪殿，蒼鱗遥駕玉妃來。紅梅，城圃中及他邑皆有。盧天驥《剡中同邑官登迎薰堂紅梅》詩：河陽滿縣栽桃李，風過落花闕不起。潘郎遠韻故不凡，爲米折腰聊爾爾。剡溪詩尹亦可人，作堂餉客名迎薰。雖無桃李繼潘令，紅梅一窠香入雲。自憐多病繡衣客，百年未半鬢先白。長鞭短帽飽霜露，田園將蕪身未索。何日背琴攜瘦筇，鳴絃堂上迎薰風。梅香已斷葉初暗，滿枝著子雙頰紅。寄聲艇子可留意，爲我沿溪撐短篷。千葉黄梅，剡中爲多。王梅溪詩：菊以黄爲正，梅惟白最嘉。徒勞千葉染，不似雪中花。蠟梅，越中近時頗有，剡中爲多。花有紫心者、青心者，紫者色濃香烈，謂之辰州本。蠟梅聲名自蘇黄始，徐師川詩所謂『江南舊時無蠟梅，只是梅花臘月開』。王梅溪《剡館蠟梅》詩：非蠟復非梅，誰將蠟染腮。遊蜂見還訝，疑自蜜中來。菊，前志云：昌安門内朱氏莊有佳菊數十種。今上原所蓺名品亦多，剡中高氏雪館種菊一二百本，最奇者紫菊、丹菊。白丁香，剡山絶多。薝蔔花，越山處處有之，唯剡中爲盛。山谷榛篁間最多，即梔子花也。薔薇，越中頗多，自舊見稱於人。李白《題東山》云：不見東山久，薔薇幾度花。又有重臺百葉者。《平泉草木記》：稽山之重臺薔薇。又曰：宛陵之紫丁香，會稽之百葉薔薇。凌霄，前志云：山陰多有，其蔓倚木直上，故名。元稹詩：寒竹秋雨重，凌霄晚花落。杏與梅異，前志已詳。盧天驥剡中詩：山杏枝頭鵯鵊兒，來傳春意語多時。王銍《杏花》詩：主人半醉點豐肌，何待武陵花下迷。記得鞦韆歸後約，黄昏新月粉墻低。又：醉裏餘香夢裡雲，又隨風雨去紛紛。人間春色都多少，莫埽殘花斷盡魂。碧桃，張説《題剡金庭觀》云：他日洞天三十六，碧桃花發共師遊。李光云：吾里桃花，色白而多葉，柎萼皆碧，世謂之碧桃。有詩見光文集。木蘭，吴蜕《鎮東軍監軍使院記》云：大厦前，木蘭特異，越城之中，稱爲第一。鴛鴦梅，王十朋《會稽風俗賦》云：越有鴛鴦梅，雙頭千葉闕。

又《果》 青檽子，出餘姚縣四明山。陸龜蒙詩云：山實號青檽，環岡次第生。外形堅緑殼，中味敵瓊英。皮日休亦有『味似雲腴美，形如玉腦圓』之句。史忠定公詩云：羽幰新從帝所回，餘歡未盡玳筵開。醉抛青子香泥上，留與仙家取次栽。李，越中固多，唯剡溪者頗見稱。唐李紳遊剡龍宫精舍，晝寢。有老僧見一黑蛇上刹前李樹食其子，復望東序而去，入紳懷中。僧曰：公睡中有所覩否？李曰：夢中登李樹，食李甚美，似有一僧相逼，乃寤。僧知非常，延遇甚謹。櫻桃，越有大小二種，蕭山者勝，剡亦有之。李易剡山詩：豆角尝新小麥秀，來禽向長櫻桃肥。枇杷，始寧塹多植此，剡坑吴莊最多。林檎，越中自昔有之，故謝靈運《山居賦》曰：枇杷林檎，帶谷映渚。【略】木瓜，《本草》云：陶隱居曰：山陰蘭亭尤多。彼人以爲良果，最療轉筋，患時但呼其名，及書患處作木瓜字，皆愈，不可解。【略】棗，前志云：其品之美者，出諸暨蕭山。然嵊縣嶀山棗灣又有一種青者。石榴，越固有，唯剡中者佳。地近東陽，故多榴房。葡萄，《廣志》曰：葡萄，黄、黑、白三種，越中間有碧葡萄。王十朋《剡館葡萄》詩：珠帳纍纍掛，龍鬚蔓蔓抽。從渠能美釀，不要博凉州。栗，《本草》云：生山陰。陶隱居曰：今會稽最豐，諸暨形大皮厚不美，剡及始寧皮薄而甜。榧，《平泉草木記》曰：木之奇者，稽山之榧。東坡詩：彼美玉山果，粲爲金槃實。玉山屬東陽，剡實接壤，榧多美者。棖，越中固有，而剡爲多。張籍詩：山路黄橙熟，沙田紫芋肥。真剡中風物也。梅聖俞詩：越虀橙熟久，楚飯稻春初。橘，任昉《述異記》曰：越多橘柚園，越人歲税，謂之棖橘户，亦曰橘籍。今非其舊。柚，《列子》曰：吴越有木焉，曰櫾，碧實冬青，實丹而味酸。《爾雅音義》曰：柚，亦作櫾。

又《木》 仙樹，在餘姚縣祠宇觀。孫應時詩云：劉樊蟬蜕此登仙，老木當時已插天。玉骨半枯元秀潤，蒼皮新長更榮鮮。蟠桃待熟三千歲，銅狄重摩五百年。化鶴末歸山寂寂，徘徊誰與問因緣。貝多木，出諸暨縣寶掌巖，寶掌禪師所植，蓋敗百年矣。檀，可爲車，故曰彊須之木。南渡初，製五輅須檀爲車軸，取諸剡，至今郊年文移如舊。櫟，《水經》曰：謝靈運與惠連聯句，刻孤潭櫟側。《詩》曰：山有苞櫟。《爾雅注》曰：櫟有梂彙自。梓，梅福《四明山記》：山生梓、松、栢。《水經》：謝玄居嶀山，起樓，樓側桐梓森聳。桐，謝車騎嶀江所居桐梓森聳，人號桐亭。楝，見謝靈運《山居賦》。有花，詩人稱之。梅聖俞《楝》詩：紫絲暈粉綴鮮花，緑羅布葉攢飛霞。陳無已詩：密葉已成蔭，高花初著枝。椿，剡溪谷多此木。孔德紹詩：歲積松方偃，年深椿欲秋。用莊子事妙絶。楮，《説文》曰：穀也。陸璣《草木疏》曰：江南以楮搗紙。剡溪作冰紙，亦取此。黄楊，梅福《四明山記》：山生黄楊、茗樹。檉，出越中，四明山爲多。見梅福《四明山記》及謝靈運《山居賦》。《爾雅》曰：檉，河柳。張衡《南都賦》注曰：檉似柏而香。檜，《平泉草木記》曰：木之奇者，會稽之檜。《爾雅》曰：檜，柏葉松身。柞，周處《風土記》曰：始寧剡界山多柞木。吴越之間名柞爲櫪。《爾雅》曰：栩，杼，柞樹也。漢五柞宫多此木。石楠，李白詩：水舂雲母碓，風掃石楠花。祖詩：闕不知叠嶂夜來雨，侵曉石楠花亂流。石楠二月花開，剡山谷多此，冬葉尤可愛。樟，出剡中。《酉陽雜俎》曰：江東人以樟爲船。張嵲詩：白水汪汪滿稻畦，樟花零落徧前溪。棕，《輿地志》曰：越太平山生棕木。剡亦多此木，最宜爲檳。櫧，越山有之。李嘉祐詩：子規夜啼櫧葉暗，遠道春來半是愁。相思木，《平泉草木記》：得稽山之相思木。《述異記》曰：戰國時，魏有民戍秦，妻思之，卒，冢上生木枝葉皆向夫所，謂之相思木。《吴都賦》曰：相思之樹。注曰：樹理堅，斜斫之有文，可作器。栟櫚，《十道志》曰：會稽有椶山。剡山谷多植。《山海經注》曰：椶一皮一節。《廣志》曰：栟櫚葉如車輪，二月一採，轉復一生。柘，越中多有之。非但葉可供蠶事，其木紋理縝密而黄色可愛，堪爲器具。謝靈運《山居賦》所謂木之最美者。楸，梓屬也。楡，白粉也。檿，山桑也。以上皆越山有之。並見謝靈運《山居賦》。

又《竹》 箭竹，《左傳》曰：東南之美，有會稽之竹箭。謝靈運《山居賦》曰：二箭殊葉。注曰：箬箭大葉，笄箭小葉。戴凱之《竹譜》曰：會稽箭最精，節間三尺，堅勁中矢。簟竹，《西京雜記》：會稽貢竹簟，號流黄簟。毛竹，《四明洞天記》：毛竹叢生澗邊。又剡中金庭曰毛竹洞天，有毛竹。李清叟詩：雲藏毛竹深深洞，煙起香爐裊裊風。斑竹，《博物志》曰：洞天二女以涕揮竹盡斑。《述異記》：越中有顧家斑竹，至今人用以作牀椅及其他器具，其清雅。燕竹，越人以其燕來時作筍取其早也，因以爲名。華鎮詩云：竹箭黄芽欲老時，杏梁日暖燕初歸。他林尚聳千竿翠，此筍先抽一握肥。王十朋在剡有詩云：問訊東墻竹，佳名始得知。龍孫初迸處，燕子正來時。苦竹，山陰縣有苦竹城，越以封范蠡之子，則越自昔産此竹矣。謝靈運《山居賦》曰『竹則四苦齊味』，謂黄苦、青苦、白苦、紫苦也。越又有烏末苦、頓地苦、掉顙苦、湘簟苦、油苦、石斑苦。苦筍以黄苞推第一，謂之黄鸎苦。孟浩然詩：歲月青松老，風霜苦竹餘。水竹，謝靈運《山居賦》曰：水竹别谷。注曰：水竹依水而生，甚細密，然亦有大者。石竹，謝靈運《山居賦》注曰：石竹别叢以充屋榱，巨者竿挺之屬。慈竹，生越山，剡中尤多。任昉《述異記》曰：南中生子母竹，慈竹是也。《酉陽雜俎》曰：慈竹，夏雨滴汁入地而生。桃枝竹，梁元帝詩：柯亭臨絶澗，桃竹夾細流。《書》曰：篾席黼純。孔安國曰：篾，桃枝竹也。筀竹，越中俱有，而剡爲多。《字書》曰：筀，竹名也。有早竹、晚竹、䈪竹。梅聖俞詩：侵天筀竹溪西東。筋竹，越中處處有之，剡爲名。《羅浮山疏》曰：筋竹堅利，南土以爲矛。筍未竹時，堪爲弩絃。對青竹，每節青黄左右相間，越俗呼爲黄金間碧玉，又曰閃竹，又曰間竹，或曰越閃竹，即宋景文黄太史所謂對青竹。宋公贊曰：翠溝如畫。太史賦曰：金碧其相。紫竹，剡山谷間往往有之。宋景文《紫竹贊》曰：竹生三歲，色乃變紫。黄竹，出蕭山。《越絶書》云：范蠡遺鞭於此，生筍爲林，竹色皆黄。方竹，中堅而外方。玉岑山所植。張忠定公《詠方竹》詩：筍從初茁已方堅，峻節凌霜更可憐。人面竹，嵊山有之。竹徑幾寸，近本逮二尺，節極促，四面參差。《竹書》曰：如魚鱗而凸，頗類人面。淡竹，越中有之。竹類不一，而《本草》所載，惟筀竹、苦竹、淡竹耳。蘆棲竹，嵊縣嶀山有蘆棲灣。王十朋《嶀山賦》曰：靈禽忽翥於蘆棲。《竹譜》曰：竹膚是蘆。浙江之東以爲篪空於筆。筀竹，今《樂部》作筀，率以會稽卧龍山爲貴。銀筍，梅福《四明山記》：山生毛竹銀筍。

又《禽獸蟲魚》　鷳，項斯詩曰：更望會稽何處是，沙連竹箭白鷳群。子規，前志已詳。李易《剡山》詩：丁寧杜宇往江北，爲唤故人令早歸。仲皎《懷剡川故居》詩：蝴蝶夢中新歲病，杜鵑聲裏故鄉愁。越人謂之謝豹。畫眉，越所在有之，剡林谷唯多。以其眉如畫，故名。拖白練，剡玉岑山最多，尤可玩愛。黄雀，白露來，霜降去。張芸叟詩所謂『黄雀知時節，清江足稻粱』是也。鵯鵊，鵶舅也。盧天驥《剡中》詩：山杏枝頭鵯鵊兒，來傳春信語多時。張祐詩：落日啼烏舅，空林露寄生。胡文恭公宿詩：二月辛夷猶未落，五更烏舅最先啼。言鵯鵊啼最早也。吐綬鷄，剡太白山有鷄五色，吐緑綬，號吐綬鳥。《古今注》曰：吐綬鳥曰錦囊。劉禹錫《吐綬鳥》詩：越中有鳥形寥廓，嗉中吐綬光若若。李易《太白山吐綬鳥》詩：昔人仙去斷丹梯，憔悴深山吐綬鷄。百囀和鳴非我事，漫將文采慰幽棲。牛尾貍，剡山谷産玉貍，東坡所謂牛尾貍也。

宋　羅睿　寶慶《四明志》卷四《叙産・果之品》

楊梅，越之楊梅著名天下，而奉化所産不減於越，有邵家烏、金家烏、許家烏、韓家晚、大荔支、小荔支。鄞之小溪亦有之，色紅不迨奉化之紫黑。産東湖者色白，名酪蜜脚，又其次也。榧，翠山、香山、雪竇皆有之，惟雪竇榧名著。鳧茨，一名荸薺，最大者與閩中地栗形質相似，而甘脆差減，俗謂之土地栗。青檽子。出四明山，陸龜蒙有詩，見《松陵集》，今名存實亡矣。

又《羽之品》　頻伽。佛書著此名，昌國補陀山有之，鄞縣、句章、北巖亦有。

宋　潛説友　咸淳《臨安志》卷五八《物産・果之品》

橘，富陽王洲其地宜橘。橙，有脆、綿、木數種。梅，有消、硬、糖、透數種。桃，有金銀、水蜜、紅穰、細葉紅等種。李，有蜜、透、明等種。杏，柿，有方頂、牛心、紅桿、牛奶、水柿、大珠等種。梨，有雪糜、玉消數種。棗，鹽官者最佳，然不甚大。蓮，聚景園後湖中者，名繡蓮，極貴。瓜，有青、白、黄等色，類有金皮、沙皮、蜜甕、筭筒等名，土人尤稱周家青瓜皆不若謝村、櫟林者酥白而大。藕，錢塘有西湖下湖者，仁和有北新橋北護安村，舊名范堰，産扁眼者最著名。菱，初生嫩者名沙角，硬者名餛飩。湖中生如栗樣者，極鮮。秋末古塘産大紅菱，尤甘脆。東坡《望湖樓醉書五絶》詩云：烏菱白芡不論錢。林檎，土人以鄔氏園者貴，謂之花紅。木瓜，枇杷，無核者名椒子，出於潛黄嶺前烏巾山小錫塘塢者尤珍。白色者上，黄次之，高宗皇帝嘗密遣訪，倍直酬之。櫻桃，紫者反不若淡紅之甘。楊梅，舊載楊梅石塢，今在烟霞嶺瑞峰寺之側，金姆家者佳，東墓嶺十八澗亦盛，臯亭山産者尤甜。銀杏，以三稜者爲上。雞頭，古名芡，又名雞壅。今錢塘之梁渚、窳頭、仁和之藕湖、臨平湖所産特嘉，西湖者尤勝，然不多也，可篩爲粉。蒲萄，有黄、紫二色。紫者稍晚，紫黄者名珠子。御愛其圓大透明者，名瑪瑙。甘蔗。舊貢，今仁和臨平小林地多種之，以土窖藏至春夏，可經年其味不變。小如蘆者曰荻蔗，亦甘。

又《竹之品》　竹：碧玉間黄，筀，淡，紫，斑，金，鶴膝，天竺僧贊寧作譜載出靈隱山，節密而內實，略如天壇藤，間有突起者，故名。苦。筍：南路，出壜山。白象牙，哺雞，出稍早，和靖詩：烟崖早筍肥。苦，端午前多充饋遺，以其性涼也。黄鶯，晚筀，出楊墳。猫頭。大者一莖重數觔，品爲劣。

又《木之品》 桑，數種，曰青桑、白桑、拳桑、大小梅、紅雞爪之類。梓，柘，柏，孤山陳朝柏最古。松，數種，惟天目山者，針短而犀健。括子松三針，華山松四針。白公詩『拂城松樹一千株』，指萬松嶺言，今多不存。九里松，猶有合抱者。桐，檜，鹽官悟空塔前雙檜，東坡嘗咏以詩。楠，東坡詩云：中和堂後石楠樹，與君對床聽夜雨。櫧，櫟，槐，杉，桂，檀，槤，楓，榆，柳，椶，一名栟櫚，東坡《椶筍》詩云：贈君木魚三百尾，中有鵞黄子魚子。夜叉剖癭欲分甘，籜龍藏頭敢言美。椶筍可蒸煨，食之味微苦。青神，鳳集。見李衛公《平泉草木記》云：木之奇者，天目之青神、鳳集。

又《禽之品》 雀，《宋書》：鹽官屢有白雀之異。鵞，烏，鵲，鴿，鷴，雉，鶴，鷗，鷺，鸛，鳩，鶻，鷹，鷂，鵰，燕，鶯，鸜鵒，鶺鴒，亦名雪姑。竹雞，鵁鶄，鶻鵃，紺練，鸕鷀，亦名鸕鷀。鑽沙，魚虎，章雞，白頭翁，黄頭，青頭，烏頭白鵊，蠟觜，告天，百舌，和靖詩云：百種堪憐好言語，一般惟欠好毛衣。杜鵑，布穀，畫眉，婆餅焦，偷倉，即家鶵。黄雀，亦名披綿。提壺，和靖《過下湖別墅》詩：多謝提壺鳥，留人到落暉。鸂鶒，和靖《春日即事》詩：鴛鴦如綺杜衡肥，鸂鶒夷猶翠瀲微。鈎輈。和靖詩：雲木叫鈎輈。

又《獸之品》 【略】鹿，麂，狐，兔，獺，狸，牛尾、玉面於潛、昌化山谷有之。猫。都人蓄猫，有長毛白色者名曰獅猫，蓋不捕之猫，徒以觀美，特見貴愛。

宋 吴自牧 《夢粱録》卷一八《物产・果之品》 橘，富陽王洲者佳。橙，有脆、綿、木。梅，有消、便、糖、透、黄。桃，有金銀、水蜜、紅穰、細葉、紅餅子。李，有透紅、蜜明、紫色。杏，金麻。柿，方頂、牛心、紅柿、椑柿、牛妳、水柿、火珠、步檐、麵柿。梨，雪糜、玉消、陳公蓮蓬梨、賞花、甜霄、砂爛。棗，鹽官者最佳。【略】林檎，鄔氏園名花紅，郭府園未熟時，以紙剪花様貼上，熟如花木瓜，嘗進奉，其味蜜甜。枇杷，無核者名椒子，東坡詩云：緑暗初迎夏，紅殘不及春；魏花非老伴，盧橘是鄉人。木瓜，青色而小，土人剪片爆熟，入香藥貨之，或糖煎，名爊木瓜。櫻桃，有數名稱之，淡黄者甜。石榴子，顆大而白，名玉榴，紅者次之。楊梅，亦有數種，紫者甜而頗佳。葡萄，黄而瑩白者名珠子，又名水晶，最甜，紫而瑪瑙色者稍晚。【略】銀杏。栗子。

又《竹之品》 竹：碧玉間黄金，筀，淡，紫，斑，金，苦，方竹，鶴膝，猫頭。竹筍有數名，曰南路、白象牙、哺雞、猫兒頭、黄鶯、晚筀，皆即涼筍。和靖有『煙崖早筍肥』之句。又有紫筍、邊筍。

又《木之品》 桑數種，名青桑、白桑、拳桑、大小梅紅、雞爪等類。梓，木中王。柘。栢，孤山陳朝最古。松，惟天目者斜短稺健。栝子三針，華山四針。桐。檜。楠，東坡詩云：中和堂後古楠樹，與君對床聽雨聲。櫧。櫟。槐。杉。桂。檀。槤。楓。榆。柳，金湖堤最盛，垂者名楊，長條可玩。椶，名栟櫚，筍可蒸煨，味微苦，太冷。青神、鳳集，目奇者名之。

又《禽之品》 雀，《宋書》云：鹽官屬有白雀之異。鵞。雞，有數種，山雞、家雞、朝雞。鴨。鵲。鴿。鷴。雉。鷗。鶴鶉。鷺。鸛。鳩。鷹。鷂。鶻。鵰。燕，韓溉咏云：對語春風翠滿衣，碧江迢遞往來稀；遠空盡日和煙去，深院無人帶雨飛；珠箔下時猶脈脈，畫堂深處正依依；王孫盡許營巢穩，慣聽笙歌夜不歸。鶯，元積咏曰：天上金衣侣，還能睨草萊；風流晉王謝，言語漢鄒枚；公等久安在，今從何處來；山禽正嘈囋，慰我日徘徊。鸜鵒。鶺鴒。又名雪姑。竹雞。鵁鶄。鶻鵃。紺練。鸕鷀。亦名鸕鷀。鍇沙。魚虎。章雞。白頭翁。烏頭白頰。蠟嘴。告天。杜鵑，沈樂山咏云：到得春深便憶鄉，要歸歸去底須忙；催殘隴月情何切，染遍林花恨更長；夢破四山風雨夜，心灰萬里利名場；爲言蜀道今非昔，縱使歸來亦斷腸。布穀。畫眉。百舌，林和靖詩云：百種堪憐好言語，一般惟欠好毛衣。婆餅焦。提壺，和靖《過下湖別墅》詩：多謝提壺鳥，留人到落暉。黄雀。鸂鶒。和靖《春日即事》詩：鴛鴦如綺杜衡肥，鸂鶒夷猶翠瀲微。偷倉。家鶵。八歌兒。披綿。鷺鷥，邵棠咏云：如鷴非鶴自精神，天地江湖快爾生；既不鵑吟因甚瘦，何嘗食素也能清；隨身釣具去無計，繫到處畫圖來便成；見説得魚歸較晚，蘆花灘上月偏明。徐靈祐《咏鷺》詩云：一點白如雪，頂粘絲數莖；沙邊行有迹，空外過無聲；高柳巢方穩，危灘立不驚；每看閒意思，漁父是前生。鈎輈。和靖詩云：雲木叫鈎輈。野鳧。

《獸之品》 【略】鹿。虎。狐狸。麂，係牛尾玉面，生於昌化於潛山中有之。兔。獺。猫，都人畜之捕鼠，有長毛白黄色者，稱曰獅猫，不能捕蟲，以爲美觀，多府第貴宮諸司人畜之，特見貴愛。犬爲警盜，《太平廣記》載靈隱寺造北高峰塔，有寺犬自山下銜磚石至山巔，吻爲流血，人憐之，以草繫磚於背，塔成犬斃，寺僧恤銜磚之功，葬於寺門八面松下。又錢塘縣界地名狗葬，橘名良犬。故老相傳云：昔人被火燎幾斃，犬入水以濡其主，得蘇省，後犬死，里人葬之，立此名旌其義耳。

元　徐碩　至元《**嘉禾志**》卷六《**物産・菓之品**》桃，李，梅，杏，橘，橙，柚，棗，柹，梨，枇杷，林檎，石橘，蓮，藕，菱，芡，芋，荸薺，茨菇，山藥，葡萄，甜瓜。

又《木之品》松，柏，檜，杉，楊，柳，榆，桃，椿，樸，楝，桑，楮，冬青。

又《草之品》茆，茭，蒲，荻，葦，蒹葭。

又《竹之品》淡，筀，紫，筯，篾，桃枝，筍竹。

又《禽之品》鷄，鵝，鴨，鴻鴈，鸛，燕，雀，鴿，烏，鵲，鳩，鶉，鷗，鷺，鷹，鷂，雉鷄，野鳧，黄雀，鴶鵴，啄木，鵓鴿。

又《獸之品》牛，羊，豬，犬，貓。

元　馮福京　大德《**昌國州圖志**》卷四《**叙物産・禽類**》頻伽，佛書著名，補陀有之。鵲，鴿，鳩，山鵲，雀，鷹，鸛，鷗，鷺，鶯，燕，鸕鷀，姑惡，婆餅焦，野鴨，畫眉，鵁鶄，白頭翁，繡眼，黄頭，山鷓，百舌，雪姑，紅鶴，蠟觜。

又《獸類》獺，野豕，麂，猴，陵里甲。

又《花類》牡丹，芍藥，海棠，山茶，丁香，蘭，瑞香，錦帶，紫笑，望春，八僊，棣棠，紫荆，山丹，酴醿，月計，緋桃，鄭花，石竹，千葉桃，薔薇，荷花，蜀葵，紫薇，薝蔔，即梔子花。雞冠，麗春，鳳仙，又名滿堂紅。鶯粟，萱，又名忘憂草。玉屑，木屑，丹桂，芙蓉，菊，蓀，即秋蘭也。梅花，紅梅，水仙，苔梅，玉簪。

又《果實》櫻桃，楊梅，梅，李，瓜，梨，蓮，葡萄，棗，枇杷，柹，椑，銀杏，林檎，桃，栗，橘，棖，杏，香欒，石榴。

又《竹類》斑竹，苦竹，紫竹，淡竹，筋竹，南竹，筀竹，桃枝竹，四季竹，公孫竹。

又《木類》樟，樠，檡，楝，松，杉，柏，檜，梧，楓，檮，柳，朴，橡，樺桃，楮，欓椒，烏桕，皂角，黄楊，槿，柘，木蘭，椶，桑，槐，女貞。一名冬青。

明　李賢《**明一統志**》卷三八《**杭州府**》土産：漆，絲，綿，黄精，冬筍，楊梅，藕，薑，銀杏。

又卷三九《嘉興府》土産：【略】黄雀，崇德縣出。罌粟，各縣俱出。吴茱萸。各縣出。

又卷四二《金華府》土産：【略】漆，金星草，解丹石毒。黄連，各縣出。玉面貍，竹雞，俱蘭谿縣出。榧子，膏棗，酒，俱東陽縣出。紙。俱永康縣出。

又卷四三《衢州府》土産：獅橘，西安縣出。茶，出龍游縣方山者佳。【略】藤紙。開化縣出。

又卷四五《紹興府》土産：剡牋，嵊縣出。唐舒元輿有《吊剡溪古藤文》。竹，紙。宋曾吉甫詩：會稽竹箭東來美，來伴陶泓住管城。可惜不逢韓吏部，相逢但説楮先生。蜜橘，葛粉，各縣俱出。茶，會稽縣日鑄嶺出。宋歐陽修云：兩浙産茶，日鑄第一。玉芝，會稽縣出。芡實，山陰縣出。筯竹，慈竹。俱會稽縣出。

又卷四六《寧波府》土産：【略】青檽子，鄞縣四明山出。今無。薯蕷，附子，各縣出。卷柏，俗名長生不死草。杜鵑花。俱鄞縣四明山出。

又卷四七《台州府》土産：【略】甲香，乳柑，俱黄巖縣出。金松，府境出。垂條如弱柳，結子如碧珠。三年子乃一熟，每歲生者，相續一年，上綴於條上，璀錯相間。鶼，健跳所出。飛生鳥，白鷴，玉面貍。俱府境出。

又卷四八《温州府》土産：金雀，鴈蕩山出。柑，宋時元夕以温州所進柑遍賜從臣，謂之傳柑。【略】欏木。府境出。

明　王珣　弘治《**湖州府志**》卷八《**土産**》果類：櫻桃，一名含桃，出道場山下者最佳。楊梅，出弁山者色紫而核小，其味勝於他處。消梅，出道場山下，青脆殊甚，其實尤早。梅，安吉最多，土人薰爲烏梅。橘，有數種，洞庭山最盛，屬蘇州。今園圃所植，惟蜜橘、金橘二種爲佳。柑，似橘而大。橙，似橘而味多酸，止可作湯。又有一種香櫞，似橙而大，不宜食，但可供玩。栗，出安吉縣，土人歲貢。柹，有數種，惟緑柹、火珠柹爲異。梨，出安吉縣，名金花梨、雪梨者佳。桃，名品不一，有四月桃、五月桃、十月桃、灰桃、金桃、李桃。【略】

木類：桑，有二種，飼蠶後剪其條謂之條桑，其葉大不翦者謂之高桑，屬縣俱有，城東有桑墟，其處尤多。柘，多植於墻垣傍，惟三眠蠶食之，謂之柘蠶。油桐，出安吉，其子可榨爲油，謂之桐油。

竹類：猫竹，筍出如猫頭，又名猫頭竹，其幹至大，筍味甘美，異於他種，出棲賢山者最勝。苦竹，其節長，筍味苦。筀竹，其篾柔韌，可爲器用。桃枝竹，如蘄竹，其篾韌，可代藤用。班竹，即湘竹也。紫竹，色紫，可爲杖。

箬竹，其葉大，可編篷。水竹，莖葉俱細，植於盆盎，可玩。哺雞竹，與筀竹相似，其篾脆不堪用，其筍可食。

鳥類：鴨，水鄉人家蓄之者甚多。黄雀，出德清，冬月甚肥美可食，謂之披綿。

獸類：豪猪，俗呼爲野猪，脊有長毫三四寸，利如錐。今山間往往有之。猴，孝豐縣天目山多有之。

明　徐獻忠　嘉靖《吴興掌故集》卷一三《物産・梅》　石湖《梅譜》云：古梅會稽最多，四明、吴興亦間有之。其枝虬曲萬狀，蒼蘇鱗皴封滿。花身又有苔鬚垂於枝間，或長數(村)〔寸〕，風至綠絲飄飄可玩。初謂古木久歷風日致然。詳攷所産，雖小株，亦有苔痕，蓋别是一種。予從會稽移植十本，一年後花雖盛，苔皆剥落殆盡。惟湖之武康所得者，即不變，此風土使然。會稽隔一江，湖蘇接壤，土宜亦異同也。安吉之梅溪以梅得名，而烏梅特爲名産。他方所製取自殘落，安吉特摘完好者爲之，其得名亦徒然也。

又《楊梅》　《吴興記》云：故鄣縣北有石郭山，上産楊梅，常以供御。石郭山在今安吉西北十里。今之佳者生卞山東太子匯。俗云：北山楊梅南山李。城南庚村特産佳李也。楊梅根須以草灰禦其冬寒，方茂結。

明　栗祁　萬曆《湖州府志》卷三《物産》　菓之屬：梅，多種，惟消梅最青脆，出道場山下佳，烏梅出安吉，行最遠。櫻桃，《禮》曰含桃是也。桃，李，杏，林檎，楊梅，出弁山陳灣者佳，太子灣次之。枇杷，葡萄，藕，出桑漬者佳。蓮菂，石榴，棗，菱，一名芰，出菱湖。梨，橘，柑，橙，柿，栗，出安吉、孝豐，歲以充貢。銀杏，荸薺，茨菇。【略】木之屬：松，檜，柏，杉，槐，桐，梓，檀，罨畫溪旁有生連理枝者。楊，柳，桑，有條桑，有高桑，城東桑墟尤多。柘，榆，楝，椿，冬青，烏臼，楮，棠梨。竹之屬：猫竹，江竹，淡竹，苦竹，筀竹，紫竹，慈竹，桃枝竹，哺鷄竹，班竹，箬竹。花之屬：牡丹，芍藥，海棠，山茶，紫薇，酴醾，薔薇，木香，瑞香，杜鵑，紫荆，郁李，梔子，木槿，辛夷，蘭蕙，蜀葵，玫瑰，芙蓉，罌粟，菊，玉簪，金鳳，水仙花。【略】鳥之屬：鶴，鸛，雉，竹鷄，鵲，鴉，鸜鵒，百舌，子規，鳩，畫眉，鶯，桑扈，鴛鴦，鸂鶒，鷗，燕，鷹，鶻，鷂，鸇，白頭翁，桑白頭，鶏，鵝，鴉，黄雀，鷺鷥，戴勝，翡翠。獸之屬：牛，馬，騾，驢，豕，羊，犬，猫，鹿，貍，兔，虎，麞，麂，貛，猴，野豬。

明　陸應陽《廣輿記》卷一一《台州府》　蓋竹山。府城南有竹如蓋，故名。記稱第十九洞天，其上天門香鑪二峰絶勝。

明　王懋德　萬曆《金華府志》卷六《物産》　果之屬：梅，桃，李，杏，柰，梨，栗，棗，柿，榧，橘，橙，柚，柑，菱，藕，楊梅，石榴，葡萄，櫻桃，枇杷，林檎，胡桃，銀杏，木瓜，茨菰，蓮實，芡實，鳧茨。【略】竹之屬：雷竹，金竹，水竹，石竹，筀竹，筋竹，箬竹，淡竹，紫竹，班竹，慈竹，方竹，佛面竹，桃絲竹，鳳尾竹。木之屬：黄楊，冬青，椶櫚，□□，梓，松，柏，桑，柘，槐，楊，柳，杉，桐，柏，桂，椿，楓，檀，樟，檜，榆，檡，榔，槤，楮，櫸，朴，杞。【略】禽之屬：鶴，鸛，鴈，鵲，烏，鷹，鷂，雉，鳩，鴿，鵠，鳶，雀，白鷴，竹鷄，雪姑，百勞，百舌，布穀，提壺，畫眉，鷺鷥，鸂鶒，鵁鶄，水鴨，鴝鵒，鸕鷀，鵪鴿，烏鴉，野鴉，黄頭兒，白頭翁，黄鶯。獸之屬：虎，豹，熊，鹿，麞，麂，麖，貍，麈，□，兔，猴，豺，狼，獺，野猪，山羊，□鼠。

明　熊子臣　萬曆《栝蒼彙紀》卷七《物産》　惟菓有桃，有李，有杏，有柰，有柑，有橘，有橙，有榧，有菱，有藕，有蔗，有鵞梨，有棠梨，有櫻桃，有枇杷，有林檎，有銀杏，有蓮子，有葡萄，有海棠，有金豆，有甜瓜，有西瓜，有楊梅，多柿，多櫧，多梅，多栗，多石榴。【略】惟木有栝，有柏，有杉，有檀，有桂，有榆，有櫧，有槐，有樟，有榧，有樗，有櫟，有楊，有柳，有檜，有榲，有桑，有柘，有椿，有桐，有梧，有梓，有冬青，有觀音柳，多松，多柏。惟竹有筀，有雷，有石，有猫，有慈，有觔，有斑，有紫，有苦，有木，有棕，有矮，有方，有鳳尾。惟羽有雞，有鵞，有鴨，有雉，有鳩，有鵲，有鴉，有鷂，有鴈，有鴿，有鸛，有鷗，有鳧，有鷺，有鴟，有錦鷄，有白鷴，有雎雄，有練雀，有黄雀，有畫眉，有百舌，有黄鸝，有翡翠，有鶺鴒，有鴝鵒，有鵪鶉，有竹鷄，有鸕鷀，有黄頭，有啄木。惟毛有牛，有馬，有羊，有犬，有豕，有猫，有驢，有騾，有虎，有鹿，有麖，有麂，有麞，有兔，有狐，有熊，有豹，有獺，有貍，有猴，有狼。

明　馮時可《雨航雜録》卷下　雁山五珍，謂龍湫茶、觀音竹、金星草、山樂官、香魚也。茶，一鎗一旗而白毛者名明茶，紫色而香者名玄茶，其味皆似天池而稍薄。觀音竹，形小葉長，翠潤奪目，植巖石上，經冬不凋。金星草，葉上有星如金，根中有黑筋如髮，用以浸油，能黑髮、長髮。山樂官，似金雀，聲如簫管。香魚，鱗細不腥，春初生，月長一寸，至冬月長盈尺，則赴潮際生子，生已輒槁，惟鴈山溪澗有之，他無有也，一名記月魚。土人朱太守素無宦情，嘗曰：豈以五斗易我五珍？

明 李維楨 《華山遊記》（引自《四明山志》卷七） 白板扉映帶，其間有銀杏，出地即分兩幹，合抱如一，垂蔭半畝，數百年物也。

明 蕭良幹 萬曆《紹興府志》卷四《山川志》 大巙山，在府城西南一百十五里，山形若冕旒，又名冕旒山。宋時宮闕在錢塘者，與山相對。【略】清化山在府城西南一百二十里，多松柏，有石如屋，名石屋；有湫，名龍湫。麻溪水環於山麓。宋許安世詩：淺淺溪流涵白石，微微山路入青雲。

又卷五《山川志》 北門山，四面二百八十峰，山内生銀蘭、香草、藥、石乳、梓、松、柏、樫、黄楊、茗樹、石蕈、毛竹、銀筍、不死之鹽。此蓋盡四明山形勢而言，若舉在餘姚境者，則由梁衕至白水，又逶迤向東南行，斬荆棘，攀蘿葛，二十餘里，其中爲三孕峰。

明 楊守仁 萬曆《續修嚴州府志》卷八《物産》 竹之莖，爲苦竹，爲淡竹，爲筋竹，爲筀竹，爲班竹，爲紫竹，爲水竹，爲廣竹，爲猫竹，爲箭竹。木之本，爲松，爲柏，爲樠，爲杉，爲樟，爲檜，爲桐，爲梓，爲桑，爲柘，爲楓，爲柳，爲檀，爲槐，爲榆，爲櫟，爲白楊，爲冬青。果品，爲梅，爲李，爲桃，爲栗，爲椑，爲柿，爲梨，爲杏，爲棗，爲榧，爲橘，爲柚，爲菱，爲芡，爲石榴，爲枇杷，爲楊梅，爲銀杏，爲櫻桃，爲葡萄，爲蓮房，爲蓮心，爲林檎，爲木瓜，爲西瓜。【略】花之卉，爲菊，爲桂，爲蘭，爲蕙，爲葵，爲荷，爲牡丹，爲芍藥，爲海棠，爲酴醾，爲薔薇，爲芙蓉，爲山茶，爲水仙，爲萱草，爲鷄冠，爲杜鵑，爲紫薇，爲紫荆，爲玉簪，爲鳳仙，爲臘梅，爲剪金，爲木槿，爲梔子。【略】羽之族，爲鷄，爲鵞，爲鴨，爲鴈，爲鴉，爲鵲，爲鶯，爲燕，爲鷗，爲鷺，爲鸛，爲雀，爲鳩，爲鴿，爲鷹，爲鷂，爲鳶，爲白鷴，爲鴛鴦，爲鵁鶄，爲鸕鷀，爲姑惡，爲畫眉，爲杜鵑，爲竹鷄，爲啄木，爲百舌，爲鵋鵙。毛之畜，爲牛，沙牛、水牛。爲馬，爲騾，爲羊，爲豕，爲犬，爲驢，爲猫，爲虎，爲豹，爲豺，爲狼，爲熊，爲猴，爲狸，爲獺，爲鹿，爲獐，爲麂，爲猯，爲麖，爲兔，爲野猪，爲豪猪，爲竹狗，爲松鼠。

明 湯日昭 萬曆《温州府志》卷五《物産》 果屬［注略］：桃，李，杏，梨，橘，柑，朱欒，橙，香橼，蜜橝，羅浮，柿，栗，榛，梅，楊梅，枇杷，林檎，葡萄，蓮實，櫻桃，藕，菱，甘蔗，糖蔗，棗，石榴，葧薺，木瓜，葛，茨菰，銀杏，橄欖，柰。花屬［注略］：牡丹，芍藥，海棠，梔子，山茶，杜鵑，謝豹，赬桐，木筆，薔薇，荼蘼，茉莉，木槿，壽春，長春，鷄冠，水仙，瑞香，芙蓉，百合，夜合，山丹，玉簪，玉繡球，梅，紫荆，美人蕉，紫薇，荷，蓮，蜀葵，佛桑，玉蘭，木蘭，蕙，蕙蘭，菊，桂，木犀，凌霄，罌粟，山樊，麗春，錦帶，玫瑰，金鳳，迎春，玉甌，滴滴金，洛陽花，鳳仙。竹屬［注略］：石竹，猫竹，苦竹，淡竹，慈竹，箘簝竹，方竹，水竹，筋竹，筀竹，紫竹，斑竹，笪竹，佛面竹，棕竹，桃枝竹，公孫竹，鳳尾，雷竹，箬竹。木屬［注略］：樟，檜，黄楊，冬青，榕，榆，槐，杉，烏柏，楮，樸，樠，椿，椶櫚，桐，豫樟，樫，櫪，楠，櫕，柞，櫟，樺，桃，金荆，欏，榅，赤櫡，山棗，槌。

明 徐嘉泰 萬曆《天目山志》卷二《物産》 蓋聞梧禽振響，不棲斥鷃之枝；楩梓成陰，不樹行潦之側。此雖物生之異地，而亦土性之咸宜。所以惟茲天目，岡巒列勢，嶼鳥縈旋，嵐烟障日月之光，潤澤合江湖之氣。所以噓吸則風雨時號，闃寂而蛟龍夜吼。兼之氣通吴會，脉始崑崙，廣延袤者八百而遥，去蒼穹者尺五而近，無不獸驚坂峻，鳥落陂危。豐草茂而川谷迷，沮澤長而樵蘇阻，以故重崖隱豹，古木棲猿。虞史横於深林，神女巢於密樹。喬松若薺，荒草如綿。昔日神仙之地，今鶩狐兔之羣。所幸賢候梵林有禁，斤斧有時。一腔撫字之心，果見桑麻之萬頃，屢年德政而後寧止騋牝之三千。嗚呼！見葭茁於春田，良可紀也。殪大兕於沮漆，非關政哉！爰志物産第五。大榅杉，在真際亭下者，高十餘丈，大十圍，亦名千秋樹。在重雲塔、雲深塔、大佛殿者各一株。雨蓋松，生牛眠石上，松枝平頂而圓渾如翠蓋。楊梅。壽靈藤。龍鬚草。紫草。柏。竹。筍。茶。蕨。木耳。黄精。上品仙藥山深處間有。芫花。菊。蘭。蕙。芍藥。菓：栗，棗，柿，白果，榧，梨，杏，核桃，榛，梅。藥：木通，薏苡，厚朴，地黄，南星，天門冬，獨活，牛膝，天花粉，香薷，苦參，何首烏，烏藥。獸：獐，兔，猿，虎，山羊，野猪，豹，狐狸。禽：雉，鷓鴣，翠鳥，鶯。

明 張睿卿 萬曆《峴山志》卷二《卉木》 洛如花，似竹而叢生，郡有文人則出，載《清異録》。芝，不常生。嘉靖三十六年産數十本，科名特盛。萬曆三十八年庚戌，産五色芝，半尺許，時韓求仲掇會狀。奇樹，在盤陀石之前，樹嵌生石中，扶踈可愛，不減紫陽林屋之妙。古松，一株在大雄殿前之左，干雲天矯，時有隺棲於上。積雪綴枝，霏霏如玉樹，頗有惠山王家聽松之致。竹，滴翠軒前數百竿，青翠逼眉宇，竹中横眄夾山，湖光撩人。

明　戴日强　萬曆《餘杭縣志》卷二《物産》　果之屬：梅，桃，棗，杏，銀杏，柿，菱，榧，栗，李，芡，藕，蓮實，梨，甜瓜，楊梅，石榴。【略】竹之屬：猫，紫，斑，筀，苦，心實性堅，又名雪竹，出文、武二山。花淡，金絲，麂角，桃支，黄箍，水，晚，早，廣，篌，箬。木之屬：杉，松，檜，苦楝，楓，株，桑，柘，皂莢，肥皂，梓，冬青，桐，柳，檀，樢椿。花之屬：牡丹，芍藥，菊花，荼蘼，長春，荷花，百合，薔薇，芙蓉，金錢，桂，葵，山茶，鷄冠，木香，山丹，石榴，萱草，梔子，金鳳，地棠，幽蘭，玉簪，木筆，梅花，臘梅，含笑，紫荆，千葉桃，槿，映山紅。【略】羽之屬：雁，烏鴉，鴛鴦，鴟，鵓鴿，斑鳩，鶺鴒，布穀，畫眉，百舌，杜鵑，野鴨，雉，鷹，鸛，鵲，鶯，雀，鷺鶿，竹雞，燕，梟，山鵲，啄木，黄雀，姑惡。毛之屬：虎，野豬，鹿，麂，麞，麝，兔，猴，蝟。

明　釋無盡《天台山方外志》卷一三《異産考第十九》　木類〔以下注略〕：菩提樹，琪樹，金松，羅漢，怪松。杖類：萬歲藤，方竹，佛面竹。花類：娑羅樹花，杜鵑，山礬，蘭蕙，玉蘭，山海棠。草屬：觀音草，長生草，生卷柏，僊掌。獸屬：僊鹿，青羊，岐尾獸，僊鼠，麞，鹿，虎，豹，豺，狼，猿，松鼠，栗鼠，猩猩。禽屬：念佛鳥，搗藥鳥，金雀，飛生鳥，天鷄，畫眉，黄頭，黄鶯，竹鷄，布穀，杜鵑，百舌，百勞，鵜鶘。

明　閔元京《湘煙録》卷四《櫟樹連句》　若耶溪水上承嶕峴麻谿，谿之下孤潭周數畝，甚清深。有孤石臨潭，垂岸俯視，猨狖驚心，寒木被潭，森沉駭觀。上有一櫟樹，謝靈運與從弟惠連常游之，作連句題刻樹側。麻潭下注若耶溪，水至清，照衆山倒影，窺之如畫。

明　樊維城　天啓《海鹽縣圖經》卷四　果之品曰：李，杏，梅，桃，棗，枇杷，櫻桃，橙，葡萄，蓮房，菱。【略】竹之品曰：淡竹，箋竹，筀竹，簇竹，猫竹。木之品曰：松，柏，槐，榆，樸，楝，楊，柳，桑，柘，楮，檀，冬青，烏桕，梓，柞。【略】羽之品曰：雞，鵝，鴨，鷹，鷂，鶯，鵲，烏，鸛，燕，雀，刺毛鶯，鶉，鷗，鷺，鳩，鵓鴿，雉，鴿，鶻，山鵲，啄木，百舌。毛之品曰：牛，羊，豬，驢，馬，犬，貓，貛，兔，麂。

明　釋廣賓　崇禎《杭州上天竺講寺志》卷一《物産》　桂花，《志》曰：天桂秋來特盛，非必種出月中，蓋亦地氣使然。子瞻《八月十七日送天竺桂花爲楊元素》詩見末卷。楊梅，志載三竺楊梅之富在宋已然，惟楊梅塢金婆家爲最，今上竺多不栽。靈芝，有紫、紅、黄三種，皆木本。《七識》云：柄如漆者是。暑雨時採，蒸熟數年不變。

又《蔭木》　引路古松，自上天竺山門内至見心亭西，大小共一十七株，其間數圍者六株，餘則合抱。淙老橋上首路南張姓屋角合抱樞口樹一株。天王殿前古柏三株，大數圍。案山古楓木七株，大小杉木三株，温杉一株，娑羅樹一株，苦刁樹六株。正殿前柏樹左十二株，右十二株。坐山墻以内古楓木九株，大者數抱，大小杉木十一，栗木八，苦刁木十二，柏木二，榆木三，沙朴四，梧桐二，杜樹三，松木八，箬樹二，香檜二，香樟一。墻外嶺上大古楓二，苦刁一。

清　談遷《海昌外志·輿地志·物産》　卉之屬：牡丹，芍藥，桂，萱，菊，芙蓉，山茶，梔，海棠，石榴，薔薇，荼蘼，水仙，荷，山丹，棣棠，辛夷，木蘭，麗春，鳳仙，杜鵑，木香。木之屬：桑，柘，槐，柳，榆，楓，楷，楮，楊，櫟，樸，椿，松，杉，柏，檜，梧，桐，樟，梓，檀，楝，樗，石楠，冬青。竹之屬：早，石，淡，金，斑，紫，猫，剛，桃枝，苦，水，筀，筋，葰，木，篛，捕雞。菓之屬：石榴，櫻桃，桃，李，杏，梅，枇杷，黎，棗，柿，蓮，藕，菱，芡，橙，橘，林檎，銀杏，荸薺，柚，西瓜。縣舊有棗林村，其棗佳甚，長可二寸許，膚赤如血，寔松脆味甘，稱鹽官棗。今訛爲羊官棗。元時村地陷於海。【略】羽之屬：鵞，鴨，雞，鷹，鷂，鶻，鴟，燕，雀，竹雞，鴝鵒，鷺鷥，鵪鶉，鸕鷀，百舌，戴勝，白頭翁，鳩，雉，烏，鵲，鵓鴿，鶺鴒，鵓鴿，黄頭。毛之屬：牛，羊，狗，豕，猫，獺，兔，狸，獐，獾。

清　李確《乍浦九山補志》卷四《竹林庵》　在宫之西北平坡上，山産苦竹，多細而繁，故山名苦竹，而庵名竹林。司業馮夢禎題。今廢。

又卷六《土産·竹蔬菓之類，不具載》　産於獨山、黄山者，爲王莽竹。産於孟家墳者，爲貓竹。出於天妃宫者，爲苦竹。産於湯山者，爲燕來竹。産於陳山者，爲王莽竹，爲貓竹、燕來竹，筍惟燕來竹爲佳。

又《茶》　産於湯山，僅數株耳。蘇友趙完叔以松蘿製法，授慈音上人烹點頗佳。若廣樹之，亦山居清資也，惜恨於地。

又《松》 凡山皆有之，無干霄合抱者，以居人種至十年餘，即砍伐爲薪。惟屠墳盛極，今僅存無幾。他如馮三峨塚，林孝廉祖墓在陳山者，何氏墳在湯山者，□氏墳在□山者，□氏墳在黃山者，皆拏攫高秀，亦覘世守。

又《松花蕈》 山之有松者皆産，惟陳山東麓爲多。三月間松花入土，至四五月，經雨後即生。至八九月又生。鮮肥滑嫩，素品之上味，山家之清供也。他如玉蕈、松蕈，雷蕈、胭脂簟，味皆不及。惟笑蕈、牛矢蕈不可食，土人能辨之。

清　鄒勷　康熙　《蕭山縣志》卷五《山川》 菊山，在縣西三里，屬夏孝鄉。山多甘菊。《郡志》云：唐永泰中令李蕚尉丹丘登此而名。《三賦》云：菊山黃花。西曰茗山，在縣四里。《三賦》云：茗山鬬好。《茶經》云：其上多奇茗，故名。西北曰蒙山。在縣西五里。

又卷七《物産》 木之屬[注略]：桑，松，柘，柏，檜，柟，椿，榆，槐，樟，梓，桐楦，楓，栗，楊柳，橘，橙，冬青，黃楊，椶，香槤，烏桕，木槿，銀杏，虎茨。竹之屬：[注略]黃竹，紫竹，桃枝竹，斑竹，鳳尾竹，苦竹，青竹，毛竹，早竹，石竹，金竹，慈竹。

清　董欽德　康熙　《會稽縣志》卷六《物産》 果[注略]：楊梅，梅，杏，銀杏，李，桃，梨，石榴，棗，香團，火榧，柑，橙，柚，橘，金橘，蒲萄，栗，柿，荸薺，櫻桃，菱，蓮子，芡，藕，林禽，枇杷。木[注略]：松，柏，桐，椶櫚，檜，樫，楮，樟，榆，楊，柳，桑，柘，槐，檀，烏桕，冬青，椿，桂，櫟，楝，楓，槿，檫，榧，樠，杉，相思木，昇仙木。竹[注略]：箭竹，貓竹，石竹，苦竹，淡竹，筋竹，莢竹，篛竹，水竹，慈竹，斑竹，紫竹，龍鬚竹，鳳尾竹，角竹，桃枝竹，方竹，公孫竹。花[注略]：牡丹，芍藥，蜀葵，芙蓉，薔薇，海棠，杜鵑，山茶，木樨，蘜，山丹，芙蕖，鳳仙，水仙，紫薇，紫荊，蘭，鷄冠，荼蘪，萱花，蒼蔔花，洛陽花，芭蕉，木槿，石竹，玉簪，翦春羅，翦秋羅，木筆，臘梅，午時花，長春花，罌粟花，蝴蝶花，金絲花，芝，貞同，古梅，木蘭，鴛鴦梅，石巖花，凌霄花。【略】羽[注略]：戴勝，雉，鷓鴣，鸂鶒，桑扈，百舌，鸂鶒，鴝鵒，鳩，鵜鶘，布穀，鴛鴦，鶺鴒，雪姑，鵲，雀，鷗，鳧，鷺鷥，鶯，鷹，燕，鴉，鶻，鷂，鸛，杜鵑，烏，鸕鷀，鶚，練鵲，竹鷄，畫眉，啄木，黃頭，白頭翁，鸐，雞，鵝，鴨。獸：虎，鹿，兔，狐，獺，狸，馬，驢，騾，貛，豺狗，竹狗，猴，猭，麂，柿狸，九節狸，栗鼠，松鼠，貓，羊，猪，牛。

清　裘璉　康熙　《南海普陀山志》卷九《方物》 木之屬：柏，山中惟古柏最多。遷廢來，薔植凋殘，惟柏無恙。大者至兩抱餘，皆一二百年物也。山茶，一名海棠，緑葉紅花，自冬至春開放不絶。秋時結子如李，紅碧相間，膚如安石榴，極可愛。山中此樹最多，數千百木不止。《盛記》云：山茶樹高數丈，丹葩滿枝，望之如珊瑚林。迨實録也。梅，山上亦少。觀音洞有古梅二樹，大十數圍，青陰覆屋，花時爛漫如雪，及落，霏霏鱗次，厚積寸許，如鋪茵褥，香氣蒸鬱不散。羅漢松，經歲長青，山中亦多，惟龍青庵兩樹至合抱，爲最大。松極少，間有數十年者，亦枯死不堪，或云畏海風故也。冬青，別名海冬青。槐，有大而古者。娑羅，土桂，黃楊，沙樸，黃椐，楓，榆，柏，椿，楊。【略】果之屬：栗，梅，桃，李，柑，橘，橙，枇杷。竹之屬：紫竹，淡竹，箭竹，筋竹，龍鬚竹，鳳尾竹，毛竹，桃絲竹，種類俱有，肰極少，亦不甚茂如他山也。【略】鳥之屬：鵁鶄，鷊玉，蒼鵝，淘河，俱海鳥，鷹，鷳，鷗，黃鸝，鴉，鵲，鳩，燕，雀，百舌，黃頭，白頭翁。獸之屬：鹿，麞，麂，野豬，松鼠。山中不産虎，間有渡海至者，不多時旋去，一快事也。惟麞鹿、野豕多，害稻蔬。山僧堵墻栅木種種守衛，肰守好生之戒，不敢呼獵人驅殺也。

清　楊廷望　康熙　《衢州府志》卷三《山川》 [雞鳴山]又二十里爲烏巨山，東西兩山連亙，其西盤欝雄秀，尤見奇絶。自麓至巔可六七里。祝穆云：竹木薈蔚，乃信安精蔚第一山。《名勝志》宋趙忭詩：烏巨東西氣候秋，子湖岡隴暮雲浮。欲觀古佛叢林地，只用凭欄一舉頭。

又卷二三《物産》 菓類：橘有朱橘，有緑橘，有獅橘，有豆橘，有漆碟紅，有金扁，有撫州。明時惟西安縣西航埠二十里裁之，今遍地皆栽。柑，又名密羅。柚，橙，香櫞，甘樜有紫、白二種，《西安縣志》：紫者産出龍游，白者種自閩中，可碾煉糖，但不知以糖爲霜耳。桃，李，梅，棗，杏，柿。有紅，有緑，小者曰牛乳柿。栗，梨，林檎，一名花紅。楊梅，枇杷，一名盧橘。金橘，銀杏，石榴，一名天漿，白者味酸。葡萄，核桃，胡桃，羊桃，山查，榧子，櫻桃，橡子，苦珠，甜珠，晳珠，西瓜，芡，俗呼雞頭。藕，菱角，一名菱芰。蓮蓬，落花生，種自閩中，堆沙種之，花落沙上，結實如蠶。無花果，不花而實，即奈子是也。茄栗，針栗。花類：牡丹，惟紫與粉紅二色，粉紅者名玉樓春。芍藥，一名將離，惟紅粉一色。蘭，正月雪中開。蕙，一名九節蘭，俗名夏蘭。木樨，紅、黄、白三種。荷，紅、白、錦邊三種。臺蓮，邊似蓮，中如牡丹，不結實。杏，水仙，有千層、單辨二種，千層者名玉玲瓏。梅，有紅梅、緑萼梅、映水梅、玉蝶梅。桃，有絳桃、碧桃、緋桃。臘梅，有磬口、荷花、九英數種，磬口者貴。薔薇，瑞香，海棠，有西府、鐵梗、垂絲數種。秋海棠，草本八月放。石榴，千葉榴，不實。荼蘼，李，葵，紅、白、黑三色。蜀葵，蜜色。錦葵，向日葵，黄色。茉莉，鳳仙，紫薇，凌霄，山礬，茶，郁李，御李，洛陽，石竹，梔子，菡萏，剪春羅，玉蘭，木筆，一名辛夷，又名紫玉蘭。白玉簪，園茶，山茶，石茶，金雀，芙蓉，夜合，百合，金鳳，罌粟，木槿，萱，一名忘憂，一名宜男，俗呼爲鹿葱。山丹，紫荆，雞冠，菊，號青菊者貴。勝春，一名月桂。月月紅，茶梅，芭蕉，桐花，素馨，石巖，金蝴蝶，珍珠蘭，鳳尾，木香，綉毬，棣棠，夾竹桃，合香，番蕉，山鵑，花千瓣深紅色，江南人多呼爲浙鵑，舊志指爲杜鵑，其實非也。杜鵑花出蜀中，其花葉俱狹而長，先葉後花，花單瓣，硃砂紅色，内一瓣，有湘妃淚紋，江南人家間有之，浙東無此種也。映山紅，有紅、紫、黄三色，花單瓣，黄者名羊躑躅。寶相。竹類：慈竹，紫竹，苦竹，班竹，筋竹，水竹，金竹，箬竹，石竹，雷竹，筀竹，方竹，天竹，棕竹，猫竹，實竹，鳳尾竹，合朵竹，黄鷺竹，黄鶯竹，孝順竹，江南竹，公孫竹。木類：松，柏，杉，桑，樟，楓，槐，有數種，葉大而黑者名讓槐，晝合夜開者名守宫槐，葉細而青緑者俗謂之木槐是也。桐，橡，榆，柳，檀，櫧，實有苦、甜二種。椿，柘，梓，桂，樫，一名櫸。槠，檜，榧，烏桕，榔，金絲榔佳。槎，榛，楊，栲，株，櫟，梨，栗，冬青，一名臘樹，又名萬年枝，實名女貞子。水楊，黄楊，椶櫚，皂莢，石楠，羅漢松，山水竹。鳥類：雉，鳧，野鴨。鴿，鵽，即集也，小於鷹。鸛，鵙，一名伯勞。鷹，鴟，似鷹。燕，鳩，鶉，鴉，即烏也，一名鷽。鵲，鳶，鷗，雀，鶉，鶴，鶚，鷹屬。鵪鶉，一名鵬，又名訓狐。山鷄，似鵕鸃而大。鴛，鵞，野鵞。翡翠，鷺鷥，鷓鴣，鵓鴣，比班鳩差小，聲若曰布穀，又謂勃姑，又謂步姑。班鳩，啄木，練雀，紅、白二種。杜鵑，一名子規，又名射豹。鴛鴦，臘嘴，鶺鴒，鸂鶒，本作谿鴡。畫眉，白鷴，黄頭，竹鷄，鵜鶘，一名淘河。青翠，百舌，一名反舌。鸜，同鴿。鴝鵒，俗呼八哥。鶘鴣，鶬鶊，即黄鸝，以其鳴之嚶嚶曰黄鸎，鸎亦作鶯。山鵲，相思鳥，白頭公。獸類：鹿，麞，麂，麅，虎，豹，狐，狸，兔，獺，獾，熊，有人熊、猪熊、犬熊。猿，猴，豹，松鼠，一名鼠狼。竹鼦，即竹豚。野猪，豪猪，虎猪，山羊，山牛，水牛，花節，香狸，田猪，九節狸，玉面狸。

清　曹秉仁　雍正《寧波府志》卷一三《鹽政·物産附》　竹之屬[注略]：龍鬚竹，斑竹，猫竹，紫筋竹，桃枝竹，四季竹，箭竹，淡竹，筋竹，烏竹，鳳尾竹，公孫竹，水竹，石竹，莢竹，方竹，鰻竹，篠竹。木之屬[注略]：海檜，黄楊，椶櫚，豫章，山桃，青修，櫧，櫟，榆，梓，柘，松，柏，楓，椆，椿，杉，楊，柳，水柏，水楊，樫，桑，梧，桐，麻栗，檀，沙樸，槐，溪口，荆，楝，烏桕，香椗，檡，槿，皂角，欓椒，榴，白栗，槲，懂，石閼，敬松，細柳，榔，雞骨。【略】果之屬[注略]：桃，李子，柿子，枇杷，金柑，杏，梨，白棗，栗，葡萄，楫，橘，橙，柚，榴，香圓，楊梅，松子，銀杏，櫻，花紅，青檽子，林檎，蘋婆，金豆，柰，榛，藤藜。【略】羽之屬[注略]：畫眉，雉，鶻，鴿，黄鸝，善鬭，故人取育之。鳧，燕，春社來，秋社去，二種，紫胸、輕小者是越燕，胸斑黑、聲大者是胡燕。鴝鵒，隨處有之，人取端午前新雛，去其舌本麄皮，則能如鸚鵡言。鸛，《禽經》曰：鸛，俯鳴則陰，仰鳴則晴。鷹，鴞，鷗，鷺，鶯，鳩，雀，白鷴，提壺，鶬鶊，鷓鴣，啄木，鶺鴒，戴勝，喜鵲，白頭翁，野鴨，子規，一名射豹。已上六縣同。稻鷄，鄞慈同。頻加，昌國補陀山有之，鄞縣、句章、北岩亦有。蠟觜，婆餅焦，已上産慈溪。鸂鶒。伯勞，已上鎮象同。黄雎，練鵲，淘沙，江猫，魚虎，已上産鎮海。青菜，繡鳥，巧婦，雪姑，山鶘。已上産象山。毛之屬[注略]：虎，麂，狸，獺，牛，狗，猫，羊，猪，鹿，麞，野猪，栗鼠，□猪，狐，已上六縣同。兔，鄞慈奉鎮同。獐，猴，已上産鎮海。麈，麖。已上産象山。

清　傅王露　雍正《西湖志》卷二四《物産·木品》　九里松，《武林舊事》：九里松，唐刺史袁仁敬守杭日，植松於左右各三行。《靈隱寺志》：唐九里松，今將千歲，大者五六人抱，虬枝偃蹇，龍幹攫拏，爲海内異觀，數年之間所存略盡。山後桐村塢土穀祠有松六株甚奇古，好事者欲觀九里舊松，於此訪之可也。鄧林《九里松》詩：松是山靈一手栽，堯天長就棟梁材。龍髯怒起春風急，似怪遊人喝道來。夏言《九里松》詩：百盤雲磴八千峰，飛蓋行穿夾道松。長晝風雷驚虎豹，半空鱗甲舞蛟龍。江濤夜合秋聲壯，湖雨春添黛色濃。欲藉丹青圖直幹，恨無韋偃得相從。王世貞《九里松》詩：偃蓋垂髯一萬株，鬱葱佳氣冠江湖。長依漢地三天竺，不數秦時五大夫。永夜濤聲遥自合，高秋嶺色未全孤。無勞白眼輕人世，雨後芝苓好更鋤。南屏松，《淨慈寺志》：南屏臨湖一帶，自長橋至太子灣，舊名南新路，夾路多長松，幾五里許蒼翠，與袁仁敬所栽九里相掩映，間有枯萎。明初寺僧夷簡及諸好事者補植之。萬松嶺松，《方輿勝覽》：萬松嶺夾道栽種。白樂天《夜歸》詩云：萬株松樹青山上，十里沙堤明月中。南宋時密邇大内碧瓦紅簷，鱗次櫛比，今平爲大塗，而松亦無幾。咸淳《臨安志》：白公詩『拂城松樹一千株』，指萬松嶺言，今多不存。國朝雍正八年，總督臣李衛以兹嶺爲省城來脈所關，宜植蔭木，且爲南北上下通衢，亦資蔭暍，因補種萬株，蒼翠夾道，漸復舊觀。雲居寺桐，《雲居寺志》：唐時寺内有桐一本，白香山有詩。白居易《雲居寺孤桐》詩：一株青玉立，千葉緑雲委。亭亭五丈餘，高意猶未已。山僧年九十，清淨老不死。自云手種時，一顆青桐子。直從萌芽拔，高自毫末始。四面無附枝，中心有通理。寄言立身者，孤直當如此。楓木塢楓，《咸淳臨安志》：楓木塢舊多楓木，故名。郭祥正《楓樹林》詩：一塢藏深林，楓葉飄蜀錦。寄語別家人，路遥霜霰凜。雙檜，《靈隱寺志》：雙檜峰上有雙檜，望之如蓋。藥王樹，《靈隱寺志》：在靈隱山門外，大三圍，乃香樟也。有僧過之曰：此藥王樹，可治心疾。青林巖櫧，《靈隱寺志》：青林巖多櫧、桂，木葉常青，凌冬不凋，故曰青林。斷橋柳，《湖山勝槩》：段家橋萬柳如雲，白居易《楊柳枝詞》：蘇州楊柳任君誇，更有錢塘勝館娃。若解多情尋小小，緑楊深處是蘇家。葛天民《湖上觀柳，偶記龍泉先生勾春柳一絲之句，感而有述》詩：斷槎無葉又無枝，得似勾春柳一絲。不是畫船棲泊處，白鷗飛下立多時。柳洲柳，《廣羣芳譜》：西湖北山有柳洲亭，南渡後自湧金至錢塘沿城五里堤岸徧插垂柳，故名。貢性之《湧金門見柳》詩：湧金門外柳垂金，三日不來成緑陰。折取一枝入城去，教人知道已春深。蘇堤柳，《西湖遊覽志》：蘇公堤，夾植花柳，歲久弗治。成化已前，楊孟瑛闢之，列插萬柳，頓復舊觀。久之，柳敗而稀。嘉靖十二年，縣令王釴令小罪可宥者，得雜植桃柳爲贖，自是紅翠爛盈，燦如錦帶矣。王宇《西湖柳》詩：堤上千枝復萬枝，春來誰不繫相思。西湖多少堪栽樹，却種柔條引別離。吴擴《賦得西湖新柳》詩：裊裊六橋春，依依萬樹新。似縈離別恨，如待治遊人。殢雨柔條怯，含煙翠色匀。笛聞心易折，眉畫夢難真。映水嬌歌扇，飛花襍舞塵。風光邁劉阮，何必問桃津。三橋柳，《西溪梵隱志》：西溪有三橋，多植柳，濃陰夾道。又金四姥橋下垂柳獨盛。湖田桑，環湖沿山之田，民多種桑。施肩吾《春日錢塘雜興》詩：酒姥溪頭桑褭褭，錢塘郭外柳毿毿。路逢鄰婦遥相問，小小如今學養蠶。土檀香，《上天竺山志》：土檀香乃樺樹根，香極清遠。椶櫚，《武林舊事》：慈雲嶺滿山皆椶櫚。無根藤，《靈隱寺志》：往往被墻，無根自茂。

清 嵇曾筠 乾隆《浙江通志》卷一〇一《物産·浙江通省》 木之類：柏，松，楊，柳，榆，椿，槐，柘，桑，烏桕，冬青，桂，楝，樸，杉，桐，楓，樟，櫟，柞，櫲，棐，檿，榕，棉，黄楊，棕，檀，白杜，楮，梓。果之類：梅，桃，杏，榴，棗，柹，榧，橙，柑，梨，榛，香櫞，葡萄，林禽，山查，枇杷，甘蔗，荸薺，茈菰，木瓜，花紅，梧桐子。花之類：芍藥，牡丹，紫薇，薔薇，棠棣，荷，荼蘼，鳳仙，錦帶，蜀葵，海棠，百合，木香，山茶，玉簪，芙蓉，麗春，瑞香，鹿葱，水仙，山丹，杜鵑，石巖，笑靨兒，佛見笑，木槿，蓼，蘋。竹之類：水竹，筀竹，南天竹，王莽竹，蚤筍竹，篌竹，苦竹，木竹，猫竹，龍鬚竹，鳳毛竹，箭竹，石竹，剛竹，護雞竹，簩竹。藥之類：棘，刺花，紫葳，前胡，天明精，山黄皮，枳實，劉寄奴，骨碎補，細辛，黄蘗，車前，香附，萹蓄，草烏，茨菰，燈心草，桑白皮，桑寄生，槐花，半夏，橘紅，大戟，百合，五味子，白芨，白斂，鳳眼草，野菊花，山茱萸，雞冠子，當陸，馬鞭草，鼠尾草，狗舌草，蘆根，牽牛，金線草，躑躅花，葛，茹香，決明，葶藶，薏苡，菖蒲，千金藤，椶櫚子，薄荷，澤蘭，牛藤，蒼耳，獨活，藁本，貝母，鉤藤，香薷，兔絲子，杜仲，大黄，蛇牀子，地骨皮，良薑，瞿麥，紫蘇，山藥，荆芥，茴香，瓜蔞，罌粟，土木瓜，金櫻子，枸杞子，金銀花，續隨子，石膏，牛蒡子，紫苑。羽之類：雞，鵞，鴨，白頭翁，婆餅焦，蠟嘴，銅嘴，鷀老，告天，偷蒼，竹雞，雉，鵓鳩，鵓鴿，雪姑，黄頭，畫眉，杜鵑，布穀，鵪鶉，鵲，鷹，鷂，鵂鶹，戴勝，拖白練，拖赤練，紺練，雀，鴉，燕，鸛，鷺，青[illegible]，鴛鴦，鵁鶄，鸂鶒，鷗，梟，及摸魚兒。毛之類：牛，羊，馬，驢，騾，豕，犬，猫，狸，貛，鹿，兔，麂，麞，獺，猿，獼猴，麕，野猪，松鼠，栗鼠，鼷鼠，竹狗，山羊，刺蝟，虎，豹。

清 羅愫 乾隆《烏程縣志》卷一三《物産》 ［注略］櫻桃，出烏程下徐村。楊梅殊絶，出太子灣者，大幾如卵，甘不勝口。桃，名品不一，有四月桃、五月桃、七月桃、灰桃、金桃。米李、條李熟最早，其色明徹。蠟李色深黄。明州李色深赤。茄李色深緑。車下李細不堪食。杏，《續圖經》有白杏、赤杏、黄杏，今土人所種惟紅杏。消梅，出道場山下，青脆殊甚，其實尤早。石榴，有酸者，有甜者。蓮，有紅、白二種，秋晚實黑取乾，謂之石蓮子。

藕，出荻港，白蓮花者佳。菱有二，一四角，一兩角。兩角者，有果菱差小，湖趺菱色紅而大，有青菱角曲而利。四角者，野菱最小角銛。泰州菱實豐而美。又有無角者，謂之餛飩菱。芡，子黄者肉嫩，青者硬，惟半青黄者謂之合熟。林檎有三，長者爲柰，圓者爲林檎，小者爲梣。又有金桂檎，實小而花可觀。葡萄，有紫、白二種，實如馬乳，白者號漿水葡萄，亦有山葡萄，實正圓，皮厚，味酸，不中食。甘蔗有兩種，赤色名崑崙蔗，白色名荻蔗。橘有朱橘、金橘、蜜橘、牛奶橘。橙，糖製，或用鹽配桂花入茶。乳柑，味如乳酪。宋康定元年，太守滕宗諒進柑子並詩，仁宗降勅奬喻。香橼，盆供，亦可糖製。荸薺。茨菇。柿有紅匾柿、牛乳柿、水柿、緑柿。梨有黄梨、青消梨、糜梨。栗，《續圖經》有板栗、陸栗、茅栗。今又有大細之間者，謂之茶果栗。棗，出潘店横溪。銀杏，俗名白果。

右瓜果。

梅花，境内皆有，而西崦獨盛，山村一望如雪。桃花，仁王山特盛。荷花，有千葉蓮可玩而無實。淳熙十一年六月，孝宗同太上至飛來峰時，荷花盛開，太上指池心云：此種五花同幹，自湖州來，前此未見也。桂花，卞山有，扶疎虬枝，廣蔭盈畝，花時如千頃黄雲。映山紅，即杜鵑，有紅、紫、黄三種。花之屬：牡丹，芍藥，海棠，山茶，紫薇，酴醿，薔薇，木香，瑞香，紫荆，郁李，梔子，木槿，辛夷，蘭蕙，蜀葵，玫瑰，芙蓉，罌粟，玉簪，鳳仙。

右花。【略】

猫竹，筍出如猫頭，其幹至大，出棲賢山最勝。苦竹，其節長。紫竹，可爲杖。箬竹，葉大可編篷。水竹，莖葉俱細，植於盆。斑竹，即湘竹。筀竹，其篾軟，可爲器用。桃枝竹，如蘄竹，篾韌，可代藤。慈竹，冬月出筍在外，夏月出筍在内，有護根之意，俗名孝順竹。哺雞竹，一名護基竹，植於墻後，篾脆不可用。剛竹，方竹，淡竹，木竹，南天竹，鳳尾竹。

右竹。【略】

松，柏，杉，楓，桂，梓，槐，槿，棘，檀，柚，椿，樟，榆，檜，樸，榧，烏桕，海桐，冬青，黄楊，温杉，椶櫚，楝，楮，棠梨。石楠，皂莢。櫟，一名橡子，可染皂。枇，皮可爲索。桐，烏程縣南有桐墟。楊柳，烏程縣南有柳墟，又有柳湖。蘗黄木，烏程有黄蘗山。

右木。【略】

鵞，水鄉不常用雞、鴨家畜。鶴，雉，竹雞，鵲，鴉，山鵲，鸜鵒，百舌，子規，鷺，畫眉，啄木，黄鸝，桑扈，戴勝，鴛鴦，鸂鶒，鷹，鶻，鴟，鸇，白頭公，鴿，麻鵲，鸕鷀，鳩。着山看火鳥，此鳥當蠶時，與桑扈、戴勝類。野鳧，俗名野鴨，水年動盈千萬。

右禽。

羊，有二種，曰吴羊，山羊，吴羊卷尾無角，山羊角長尾細，毛堪作筆料，食以青草，草枯食乾桑葉，謂之桑葉羊。牛，馬，騾，驢，豕，犬，猫，鹿，狸，兔，虎，麞，麂，獾，野猪，獺。

右獸。

清 沈椿齡 乾隆《諸暨縣志》卷五《古蹟·林》 珠林，《浙江通志》：在五洩山。

又《木》 古木，袁宏道《游五洩記》：青口有古木一株，土人云是沉香樹，一年一花。貝多木，(宏)[弘]治《紹興府志》：貝多木，貞觀間寶掌禪師所植，在諸暨寶掌巖上。謹按《大業雜記》：《新繙經》從外國來，用貝多樹葉旁行作書，即此。桂樹，《章志》：在銀冶山，大數十圍，垂蔭數畝，高十餘丈，一望如山，香聞十里。有趙方氏建庵，並捐田。

又《鳥》 頻伽鳥，舊志在大巖寺，寶掌禪師以杖注地成木，名貝多木。上棲頻伽鳥，雌雄相匹，冬至産雛，雛善飛則棄去，雛復生雛，至今不絶。謹按：環中迂叟《象教皮編》：迦陵一名頻伽，比翼鳥也，又云共命鳥，又名妙聲鳥。《釋迦譜序》云：馥薝蔔而無異，鳴迦陵而無殊。即此。

清 周廣業 乾隆《寧志餘聞》卷四《物産》 竹之屬：龍竹，袁花鎮龍山西限祝氏祖墓，築自成化年，山多竹，每發一科甲，墓上必出異竹一株，其本連蜷擁腫，大類龍形，枝柯横挺，亦如奮爪攫拏狀，土人呼爲龍竹。見祝文彦《聞見卮言》。

清 李亨特 乾隆《紹興府志》卷一七《物産》 竹，《爾雅》：東南之美者，有會稽之竹箭焉。謝靈運《山居賦》：其竹則二箭殊葉，四苦齊味。水石别名，巨細各彙。二箭：一者苦箭大葉，一者笄箭細葉。四苦：青苦，白苦，紫苦，黄苦。水竹依水生，甚細密，吴中以爲宅援。石竹本科叢大，以充屋榱。巨者，竽梃之屬。細者，蕪箐之流也。戴凱之《竹譜》：會稽箭最精，節間三尺，堅勁中矢。《剡録》：箭竹之別形，小身大葉。嘉泰《志》：竹、箭蓋二物也。戴凱之《竹譜》曰：竹之別類有六十一焉。蓋總而言之也。今會稽之産，曰早筀，曰晚筀，曰黄筀，曰綿筀，曰箭，箭之別名曰篠，箭爲矢材，故亦謂矢爲箭。《爾雅》曰：簜，箭萌。音徒哀反。《周禮》有『箈菹筍菹』。鄭康成云：竹萌曰筍，箭萌曰箈，音迨。曰篛竹，曰慈竹。《酉陽雜俎》云：篛竹，筍未成竹時，堪爲弩弦。慈竹，夏月經雨，滴汁下地生蓐，似鹿角，色白，食之已痢。曰水竹。曰桃枝竹，作篾殊韌，堪織簟。《書》云：篾席黼純。孔安國云：篾，桃枝竹也。曰石竹。桃枝、石竹小而密，人家殖之，以當籬援。謝靈運云：水竹甚細密，然水竹大者，圍數寸，其細密乃不能如桃枝、石竹也。曰黄苦、青苦、白苦、紫苦。曰頓地苦，堅中，可爲矛。曰掉顙苦，節踈。曰湘簟苦。曰油苦。曰石班。曰烏末。曰淡竹。曰刼竹。今會稽煮以爲紙者，皆此竹也。苦竹亦可爲紙，但堪作寓錢爾。曰湘斑。曰金竹。一名閃竹。曰角竹。曰紫竹。曰油竹。曰木竹，堅中。曰方竹。曰公孫竹，高不盈尺，可爲几案之玩。篠之葉曰箬。凡此非土産，則不録。《爾雅》曰：莽數節，桃枝四寸有節，粼堅中，簢茶中。一疏一數，一虚一實，亦以見竹之類不一也。黄魯直以爲竹種類至多，而著爲書如《竹譜》之類，皆不詳，欲作《竹史》一書，竟不果成。竹性亦喜東南引生，故古之種法云：劚取東南，引根於園角西北種之，久之自當滿園。語曰：西家種竹，東家治地。言其滋引而生來也。晉竹，《吳越春秋》：越王使大夫種索晉竹十庾，以復封禮。淡竹，萬曆《志》：可煮以爲紙。《剡録》：苦竹，以黄苞推第一，謂之黄鶯苦。剡亦有之。苦竹，萬曆《志》：筍味苦，不堪食，有黄苦、青苦、白苦、紫苦，幹細而直，可以爲筆，《圖經》『越出筆管』是也。篛竹，萬曆《志》：越中處處有之，嵊爲多。《羅浮山疏》：篛竹堅利，南中人以爲矛。慈竹，《剡録》：《述異記》曰『南中子母竹』，慈竹是也。《宏治志》：慈竹即桃枝竹，又名四季竹。萬曆《志》：慈竹冬月筍生竹外繞其母，故又名孝竹，又名王祥竹。斑竹，《述異志》：越中有顧家斑竹，用以作床倚及他器具，甚清雅。對青竹，《成都古今記》：竹黄而溝青，每節若間出。此竹惟會稽頗多，彼人呼爲黄金間碧玉，今或稱曰閃竹，又曰間竹，又云越閃竹。《剡録》：越閃竹即對青竹。宋景文贊曰：翠溝如畫。黄魯直賦曰：金玉其相。紫竹，萬曆《志》：可爲籥管，九節者佳。宋祁贊：竹生三歲，色乃變紫。黄竹，《名勝志》：蕭山黄竹、山竹，色微黄，狀如刀削。萬曆《志》：黄竹出蕭山，昔范蠡過此，遺馬箠焉，生筍爲林，竹色皆黄。筀竹，寶慶《續志》：樂部作笙，率以會稽卧龍山竹爲貴。角竹，萬曆《志》：節高而踈，筍味淡，有斑色。方竹，《剡録》：玉岑山所植。贊寧《筍譜》曰：辰山有方竹，其方二寸。萬曆《志》：方竹中堅而外方。《爾雅》：粼堅中，簢筡中。宋張詠詩：筍從初茁已方堅，峻節凌霜更可憐。公孫竹，萬曆《志》：高不盈尺，可爲几案之玩。人面竹，《剡録》：剡山有之。竹徑幾寸，近本逮二尺，節極促，四面參差，竹書如魚鱗而凸，頗類人面。蘆栖竹，萬曆《志》：嵊嶀山有蘆栖灣。《竹譜》：竹膚是蘆。猫竹，萬曆《志》：一作茅竹，又作毛竹，榦大而厚，異衆竹，越人取以爲舟。《四明洞天記》：毛竹，叢竹，叢生澗邊，又金庭山毛竹洞天有毛竹。宋李清叟詩：雲藏毛竹深深洞，煙起香爐裊裊風。明張璨詩：毛竹陰森洞門古。桃枝竹，萬曆《志》：作篾殊韌，堪作簟。《爾雅》：桃枝四寸有節。《西京雜記》：會稽歲時獻竹簟，號流黄簟。《書》曰：篾席黼純。孔安國云：篾，桃枝竹也。燕竹，《剡録》：燕來時作筍，取其早也。萬曆《志》：越人以其燕來時出筍甚美，因以爲名。宋華鎮詩：竹箭黄芽欲老時，杏梁日煖燕初歸。他林尚聳千竿翠，新筍先抽一握肥。王十朋在剡詩：問訊東墻竹，佳名始得知。龍孫初迸處，燕子正來時。筴竹，萬曆《志》：可煮爲紙，幹細而直。篆刀竹，萬曆《山陰志》：出越王崢，節横錯相間。篛竹。萬曆《志》：即筀竹，越中俱有，而剡爲多。有早筀、晚筀、黄筀、緜筀。宋梅堯臣詩：侵天筀竹溪西東。龍鬚竹，萬曆《志》：長而秀，節踈。鳳尾竹，萬曆《志》：葉細小，亦慈竹別種。語曰：種竹無時，雨過便移，多帶舊土，認取南枝，又數幹相連，則易生。諺曰：十人種竹，一年成林；一人種竹，十年成林。沙筋竹，《談薈》：越州産沙筋竹，採筍者輕步從之，聞聲則縮入沙中。

又 果屬[只録種名]：梅，桃，杏，李，甘棠，楊梅，櫻桃，枇杷，柰，林禽，石榴，橙橘，柑，柚，香團，金橘，金柑，棗，栗，柿，木瓜，核桃，榧，銀杏，蒲萄，青檽子，山查。木屬[只録種名]：松，柏，檜，樫，桐，豫章，梓，楸，桑，柘，櫟，檀，楝，椿，杞，穀，柞，榇，櫧，橡，昇仙木，貝多木，相思木，沉香樹，石楠，椶櫚，黄楊。花屬［只録種名］：牡丹，芍藥，海棠，山茶，桂，百葉木芙蓉，杜鵑花，红躑躅，梔子，瑞香，木蘭，蘜，丁香，水仙，薔薇，白鶴花，凌霄花，蜀葵，鳳仙，鷄冠，萱花，洛陽花，午時花，長春花，罌粟花，蘭，秋蘭，蕙，蠟梅。

又卷一八《物産》 禽屬［只録種名］：鶴，鴿，鸛，鵲，鵞，鶻鳩，戴勝，鵝，鴇，鷓鶘，鶮，鷺，鳶，黄鳥，啄木，鴨，野鴨，脊令，寒鴉，杜鵑，烏，雉，鸊，畫眉，拖白練，黄雀，婆餅焦，巧婦鳥，伯勞，鵪鶉，竹鷄，杉鷄，靈鳥，吐綬，鶉，鸕鷀，翡翠，鸂鶒，鵁鶄，魚鷹。獸屬［只録種名］：兔，獺，猫，猿猴，麖，麂，豲，豕，熊，羆，狐，狸，豺。

清 徐元梅 嘉慶《山陰縣志》卷八《土産》 果之屬［注略］：楊梅，梅，李，枇杷，桃，梨，棗，香圓，橘，菱，蔗，蓮子，藕，杏，銀杏，柑，橙，柚，葡萄，栗，石榴，落花生，柰，林禽，櫻桃，榧子，梧桐子，櫧子，山查，木瓜，荸薺，苦櫧，茨菰。木之屬［注略］：松，柏，檜，桐，梓，桑，柘，櫟，檜，楝，楮，柞，樟，檫，櫧，榧，皂莢，相思木，椶櫚，黄楊，榆，柳，楊，槐，烏桕，冬青，楓，槿，杉，樸，椐，桂，椿，油樹，杞，㭴，檸，娑婆樹，廣東肥皂。竹之屬［注略］：箭竹，貓竹，石竹，苦竹，淡竹，筋竹，莢竹，篛竹，水竹，斑竹，紫竹，龍鬚竹，鳳尾竹，角竹，公孫竹，方竹，觀音竹，天竹，篆刀竹。花之屬［注略］：梅花，蠟梅，牡丹，線串牡丹，篆枝牡丹，杜鵑，山茶，寶珠茶，滇茶，白苓茶，石榴花，海棠，木樨，四季桂，木芙蓉，碧桃，緋桃，李花，杏花，荼蘼，薔薇，梔子，石楠，瑞香，木蘭，凌霄，木筆，紫薇，紫荆，木槿，山丹，芍藥，蘭，蕙，菊，水仙，蜀葵，鳳仙，雞冠，萱，洛陽花，芭蕉，石竹，玉簪，剪春羅，午時花，長春，罌粟，金絲花，荷，木香，粉團花，僧鞋菊，波斯菊，珍珠蘭，玉蘭，茉莉，撒秧花，十姊妹花，蝴蝶花。【略】獸之屬［注略］：獆猪，野猪，鹿，麂，虎，竹狗，貓，鼠，栗鼠，松鼠，鼷鼠，猿，兔，狐，牛尾貍，馬，驢，騾，獺，黄鼠狼，豺狗，柿貍，九節貍，玉面貍。禽之屬［注略］：鷓鴣，戴勝，鴉，鶻，鷂，鸛，雞，鵝，鴨，野鴨，鵲，鶻鳩，斑鳩，鵓鳩，杜鵑，烏，鶯，鵪鶉，燕，鶺鴒，斲木，黄雀，畫眉，白鷴，雉，鵁鶄，桑扈，百舌，鸜鵒，練雀，竹雞，黄頭，白頭公，鶚，鵜鶘，鷺鷥，鸕鷀，鷗，鸂鶒，鴛鴦，鸐，梟。

清 王德浩 嘉慶《峽川續志》卷五《物産》 楊柳，《通志》：硤石西四五里，其地多生垂楊。梧桐，《東山樓集》：桐爲淳樸園故物。今在顧氏別墅。陰陽樹，《竹窗解頤雜録》：崔培元居硤鎮之東庭有二樹，左華則右實，右華則左實，土人謂之陰陽樹。明談遷《崔明府廳前陰陽柏》詩：一花一實判天工，不與人間衆卉同。奇偶迥分交讓木，乘除遞轉玉華宮。山南傳世崔家久，海外移根宋室隆。若使宣和花石運，應標艮嶽化青童。羅漢松，在東山崇福寺側。檜，舊在西山五顯祠前。明胡奎《五顯祠古檜》詩：靈祠雙檜鬱葱葱，秀色渾如在魯東。竽籟半空來鳳吹，波濤中夜撼鮫宮。碧雲團蓋天門近，翠靄凌窗日觀通。會有祠明扶正直，奇材直與棟梁同。樹蘭花，本名木蘭，産蜀中，王廷獻任酆都令攜以歸，浙中始有此種，今已遍栽各邑。花白色，木本，初冬成實，名金彈果，色殷如柿，大似柏子，其味亦肖柿。《群芳譜》不載，惟見於左思《蜀都賦》中，廷獻更其名爲淨瓶花，今里中但稱爲淨瓶而罕知其即木蘭也。《溦浦詩話》：葉類桃，四月開花，大如珠，其口如瓶，傍有四小葉，色淺緑。莎緑，生紫微山谿邊，土人呼爲刷緑樹，又謂之緑柴。陳鱣《疏記》：《詩》『終朝采緑』，鄭《箋》：緑，易得之菜也。《釋文》『緑』，《爾雅》作『菉』，音同。按《爾雅》：菉，王芻。郭注：菉，蓐也，今呼鴟脚沙。鱣謂《詩》『采緑』與下『采藍』對言，蓋皆指染草，緑可以染緑，藍可以染藍也。吾鄉硤石附近水濱産莎緑，土人取以染布，名曰刷緑。每曉起，暴布山頭，望之如浮嵐暖翠，此布行之甚廣，蓋他處不能染此色，即《詩》所云『采緑』，《爾雅》所云『王芻』。邵校理《爾雅正義》謂藎草即王芻，不知藎草可以染黄，故《本草》又名黄草，而非『染緑』之『菉』也。金雀蘭，《潘志》：出東山萬石窩。今無。珠蘭，《潘志》：出白水庵。今無。金雀花，《外志》：沈山産金雀花，蕊黄。連枝竹，《潘志》：在白水庵。今無。斑竹，《通志》：硤石東山有斑竹園，幹最鉅，而紋深朗，不減湘妃，禾人購以織簾，作器具最工雅，其在丹井下坡者，幹細而少紋矣。《圖志》：在故崇福寺。金鑲玉嵌竹，《潘志》：在雞籠墩、西爽庵二處。【略】子規，《潘志》：唐顧況詩：夜半子規來上啼。火鳩、雉，《府志》：俱産東山。竹雞，《潘志》：産東山。兔，《府志》：出東山。獺，産南湖，月下嘗人立而啼。羊，《潘志》：毛最細潤，潁客收取作筆。《戒庵漫筆》：造筆羊毛，硤石爲第一。

清 疏筤 道光《武康縣志》卷二四《佚叢》 武康山間有蛇，名劍脊烏，大而善走，逢人則昂首而立，其尾著地不及寸，須急避之，乃免其害。《夷堅志》山筍有大小年之別，遇小年則不禁人斸掘。其無大小年者，爲桃花山。《逸志》載邑北有徐孝廉《風土詞》云：爲語行人休駐足，儂家山筍是桃花。

古松三，一在城隍廟，一在社稷壇，一在嶽廟。嶽廟之松尤古，傳爲唐時所植，今俱翦伐矣。梅臯塢一小山周里許，高十餘丈。道光三年秋雨中作霹靂聲，陷其半，上有高塚亦陷。邑西廟前村，古廟低屋三楹，庭前銀杏四，拔地百常，圍過百抱，千餘年物也。村民賽社直宰者，落其實以爲貲，歲得二十石。《逸志》邑治東北隅兩松，相傳爲數百年物，好事者稱爲一龍一虎。邑先達潘汝奇詩曰：邑中兩松相對出，左抱龍形右虎質。今其一尚存。古龍光寺，今爲東林陳氏塋，有古桂一枝，本踞土上五尺許，輪困百圍，分五幹，扶疎罨蔚，其下可布十筵，云昔寺中物也。《逸志》。沙港有樸樹一本，大可十餘圍，極蒼古，傳是南宋時物，知縣吳康侯記之。

清　汪曰楨　同治《南潯鎮志》卷二四　果之屬：梅，鹽漬曬乾，捶碎其核，曰霜梅。或以沙糖漬之，和以桂花，曰桂花梅。夾以玫瑰花，曰合梅。桃，李，枇杷，林檎，俗名花紅，橘，橙，金橘，香櫞，櫻桃，木瓜，銀杏，一名白果。石榴，棗，柿，有釗皮柿，釗音干。又有桐盆柿、火珠柿、金鉢盂柿，别有牛㜷柿，即君遷子。無花果，葡萄，慈姑，葧薺，即地栗。蓮藕，菱，有水紅菱、沙角菱、墝角菱、餛飩菱，煮熟鬻於市曰熟老菱。芡。雖有而甚少。按：近地栽桑之外，苦無隙處，植果甚少。市井所鬻，大抵販自他處。【略】木之屬：桑，壓條分種謂之桑秧，有地即栽，無一曠土。《苕紀》云：土人呼桑爲葉，有頭葉、二葉之稱。《湖録》云：按《種樹書》，桑以構接則桑大，故吾鄉所植之桑多接過，謂之家桑，未接者謂之野桑，家桑子少而大，野桑子多而小，子名葚，俗名桑果，可啖，飼蠶之家甚不樂乎其有子也。柘，松。又有羅漢松、白皮松。柏，梓，梧桐，子生葉上，可食。槐，榆，楝，椿，嫩葉可茹。樗，俗名臭椿。烏桕，子可榨油爲燭。冬青，石楠。穀，一名楮。《湖録》云：穀從木，若從禾則爲五穀之穀。樟，樸，皂莢，柳，水楊，白楊，黄楊，檉，俗呼觀音柳。棕櫚，槵，一名無患子，又名菩提子，可爲捻佛珠。東藏寺中有一本。鐵樹，南燭，一名闌天竹。椒，枸杞，五加皮，桑寄生，茳竹，即光竹。護基竹。一名哺雞竹。筍可食。【略】禽之屬：雞，鴨，鵞，鴿，雀，燕，雁，野鳧，亦稱野鴨，出太湖，近鎮漾灘亦間有之，冬日羣飛食稻，頗爲農害。鸊鷉，鴛鴦，鸂鶒，鷺鷥，鷗，鷓鴣，俗名木鴨。雉，俗名野雞，亦稱山雞，冬間田野有之。良民無鳥銃，捕之不易，有私蓄火器者又不屑捕，故鬻者頗少。鵓鴣，白鷳，一名壽帶。斑鳩。鳲鳩，桑扈，鸜鴿，畫眉，鶗鴂，黄頭子，又有緑頭子、十姊妹。啄木鳥，烏，鴉，鵲，白頭公，葉貴了，灼山看火，此上二種至蠶時則鳴。翠鳥，鷹，鶚，鵂鶹，蝙蝠。【略】獸之屬〔注略〕：豬，羊，牛，狗，貓，鼠，鼬鼠，白兔，松鼠，白鼠，猬，獾，水獺。

又《湖雅》卷五　鹿，麢，麞，麂。《談志舊編》云：安吉長興武康山多麞、麂、狸、兔，今近城西南山亦有麂，本草作麔。《武康劉志》：鹿夏至解角，其屬曰麢，曰麞，曰麂，獵者多取之。《安吉伍志》：鹿性謹防，分背而食，食則相呼，羣居則環其角外向以防害者。麞似鹿而小，無角，黄黑色。《苕陰札記》：孝豐深山産鹿，土人計其産子時，輒於夜半伺其洞側。鹿乳子必五更，乳畢出洞，至暮方歸，每日衹乳小鹿一次，小鹿食乳於腹，結十二小餅，每一時輒消一餅。土人候母鹿出洞，即將乳鹿抱歸，剖腹出餅，持貨遠方爲珍藥，價值兼金。其餅如雲南棊子大，色微黄，乾者作老黄色，腥氣最烈，食之於老羸最宜。《胡志》：卞山多兔鹿，烏程鹿山寺因山中見白鹿，故名。獪園吳興白雀寺觀音殿前往常有虎來朝，亦不爲暴，寺僧多怖而逐之，去後遂每日有一獐來作禮，云是虎所使也。按：麞、麂皮可爲襪袴。《孝豐羅志》麞作麐，疑刊本之誤，湖地未聞有麐也。

清　宗源瀚　同治《湖州府志》卷一九《山》　蒼雲嶺，在〔長興〕縣西七十里，達廣德州。《胡志》其山松木翳蒼，狀如蒼雲，故名。合溪之源出於此山。《談志》【略】啄木嶺，在〔長興〕縣北五十里，與懸腳嶺接，達荆溪。《邢縣志》《山墟名》：其山萬木叢薄，多啄木鳥，故名。《談志》宋岳珂《暑憩啄木嶺》詩：啄木侵雲起，流金正日中。澗深猶斷港，山掩略無風。自是人來去，何關暑蘊隆。羲皇正高卧，多愧北窗翁。鳥道度險絶，禽名通古今。築亭聊憩馬，息木未成陰。路峻天應近，崖幽霧更深。畏途猶避熱，坐有躡雲心。獬豸隖，在〔長興〕縣西南六十里，相傳其地曾産獬豸。【略】桃花隖，在〔長興〕縣北二十五里，多桃花。《勞志》元沈貞《桃花隖山行》詩：青絲玉壺當馬蹄，山花笑壓銀鞍低。冷霧零零襲瑤草，暖風拂拂吹棠梨。詩筆落紙興不淺，醉眼傲人春自迷。幽禽應笑客狂甚，飛入落紅深處啼。

又卷二〇《山》　覆舟山，在〔武康〕縣西南二十五里，高二百三十丈，周十八里。同上。古老相傳，邑人數於山上穿土，得大竹笮，若今之船纜，或掘得敗木若船片。故云：山舊爲海，嘗覆舟。見《統記》，又《舊編》。或云山有巨石橫亘，狀如覆船。見《餘英志》。隋龍州刺史沈慤昔結廬讀書其中，有餘址，一名馬頭隖。晉咸和七年，石勒將韓雍寇吳興，詔遣西中郎將趙宏攻之於馬頭嶋，即此也。《談志》、《勞志》同。【略】烟霞嶋，在［武康］縣東七里，《勞志》地名石脇，又謂之丁墓塰山。山下多梅，綿亘十餘里，故邑人有云：碧玉潭中千尺水，烟霞嶋裏萬株梅。嶋有大石如龜，號龜巖。有瀑布。《餘英志》：劉穎士別墅龜巖上，有亭曰藏春，有橋亭名掛雲。《談志》 宋程九萬《烟霞嶋二首》：山深何限好，客到輒同登。泉壑嵐光冷，煙林霽色凝。韻艱詩益健，杯數量難勝。老矣功名穩，何須歎沔澠。鬢髮幾星星，風霜抑飽經。年華輕過鳥，身世俯危亭。寒碧還相照，飛湍盍少停。平生愛山眼，分外爲渠青。【略】郭公山，在［安吉］縣西北十里，上有郭先生祠。《談志》、《勞志》同，又兩志載探虎骨事，與武康郭林山復。山間有石榴、楊梅等花，爲樵牧所傷，文賁簪沽酒以澆之。人問之，曰：爲二子洗瘡止痛。西吴里語 梁吴均《郭公山》詩：郭生在童稚，已得方外心。絶迹遺世務，棲真入長林。元和感異類，猛獸懷德音。不懼因無情，斯言微且深。【略】郭笑山，在［孝豐］縣西北二十里魚池鄉，《勞志》層巒峭拔，下多蒼藤，翠竹夾岸。古梅花皆六出，春時香雪被徑。下有鉢盂山。《羅縣志》：明王光祐《郭笑尋梅》詩：郭笑梅傳早，扶笻踏雪尋。香來風尚遠，色隱路還深。撥石行行坐，逢枝去去吟。忘歸聞暮笛，帶月落疏陰。國朝張九皋詩：鐵幹幾株依白日，寒花數點覓春暉。一枝早透東風信，萬片疑同瑞葉飛。新緑未成詩已就，素琴還抱客來稀。相看不覺溪山寂，薄暮何妨帶月歸。原注：郭笑山梅花六出，天上瑞木花亦六出。石門山，在［孝豐］縣西四十里，梅溪之西，梁吴均居此。《胡志》 梁吴均《與顧章書》：僕去月謝病，還覓薜蘿。梅溪之西，有石門山者，森壁爭霞，孤峰限日，幽岫含雲，深溪蓄翠，蟬吟鶴唳，水響猿啼，英英相雜，綿綿成韻。既素重幽居，遂葺宇其上，幸富菊花，偏饒竹實，山谷所資，於斯已辦，仁智所樂，豈徒語哉！【略】採芝巖，在天目山。昔劚葉者見巖上芝草一本五色，因接長竿採之。

清 何乃容 光緒 《縉雲縣志》卷一四《物産》

果屬［注略］：梅，杏，桃，李，梨，棠梨，栗，棗，柿，柰，柑，橘，柚，香橼，金橘，月橘，朱欒，石榴，林檎，枇杷，葡萄，櫻桃，楊梅，榧，蓮實，銀杏，荸薺，落花生，山樝，芰，芡實，甘蔗，無花果，核桃，瓜子。木屬［注略］：松，柏，檜，楸，榎，櫧，楊，柳，柏，槲，槐，榆，椆，檀，桑，柘，桐，楓，槲，椿，櫸柳，椶櫚，黄楊，冬青，女貞，水冬青，棧木，黄荊，櫟，寒杉。【略】花屬［注略］：梅，蘭，蕙，真珠蘭，牡丹，芍藥，山茶，海棠，薔薇，木筆，杜鵑，梔子，蠟梅，楝，鹿葱，木芙蓉，荷，葵，雞冠，鳳仙，桂，菊，木槿，月季，紫薇，白薇，紫荊，雪毬，秋海棠，罌粟，玉簪，茉莉，瑞香，子午，望春，紅豆，闌天竹，芭蕉。竹屬［注略］：貓竹，雷竹，水竹，棕竹，石竹，金竹，筆竹，斑竹，紫竹，箣竹，鳳尾竹，孝竹，苦竹，公孫竹，籬竹。【略】毛屬［注略］：牛，羊，犬，豕，貓，虎，豹，彪，熊，鹿，麂，麅，麞，麝，狼，豺，獮猴，山羊，豪豬，山豬，豬貛，狸，山狗，兔，鼠，獺。羽屬［注略］：雞，鴨，鵝，鴿，燕，雁，鸛，鵓鴣，鶯，鳩，雀，鵲，鸜鵒，鷹，隼，鶻，鴷，雉，鷺，鷗，梟，鴛鴦，翡翠，鷺，鸕鷀，洋鴨，子規，鷓鴣，百舌，竹雞，秧雞，畫眉，春黍，白鷴，錦雞，布穀，鸚哥鳥，鸂鶒，青鶄，鴞，鵂鶹，水澆，坑雀，秀才，捕蛇鵲，竹葉青，山和尚，告天子。

清 陳鍾英 光緒 《黄巖縣志》卷三二《風土》

果之屬［注略］：梅，落花生，桃，園藕，李，杏，銀杏，梨，枇杷，蓮，安石榴，橘，柑，柰，橙，朱欒，柚，榧，楊梅，櫻桃，菱，林檎，蒲萄，栗，榛，棗，柹，葧薺，楊桃，葛，木瓜。【略】竹之屬［注略］：斑，紫，筀，方，箭，慈，淡，箽，石，觀音，苦，江南，佛面，釣絲，公孫，桃枝，茅，椶，四季，笡，篠。木之屬［注略］：松，柏，檜，梓，槐，樟，杉，桐，楓，樫，楠，榆，檟，柞，櫟，朴，楮，冬青，樺桃，桄榔，金荊，黄心，楝，樗，烏桕，栟櫚，桑，楊柳，柘，皂莢，椆，赤髓，豬牡，冬紅，黄楊，鍾藤，檀，青楢。【略】禽之屬［注略］：烏，鵲，鸛，鷹，鳩，黄鸝，山雞，雉，竹雞，鵪鶉，鴝鵒，鴿，鷴，郭公，翠碧，畫眉，雪姑，白頭翁，搗藥禽，鶗鳩，啄木雀，婆餅焦，山鷓，青絲，伯勞，鵜鶘，鸂鶒，鴞，鸕鷀，鷺，鷗，梟，鴛鴦，紅鸛，花蠟，鶻，百舌，噪天，十二紅，錦雞，相思，鴉舅，夜鷹，鬼車，脊令，秧雞，青菜，鵁鶄。獸之屬［注略］：虎，熊，豹，豺，狼，山羊，野豬，山犬，麂，香狸，兔，刺蝟，猴，狐，海豨，鯪鯉，獺，鼯，栗鼠，鼠狼，竹鼲。

清 劉濬 光緒 《孝豐縣志》卷四《土産》

果屬［只録種名，下同］：梅，桃，李，柰，杏，柿，柑，橙，栗，棗，梨，藕，菱，芡，榧子，沙合桃，慈姑，葧臍，甘蔗，櫻桃，木瓜，葡萄，楊梅，枇杷，石榴，銀杏，梧桐子，香櫞，香團。【略】木屬竹附［注略］：桑，柘，茶，松，柏，檀，檜，杉，桐，梓，榆，楝，椿，槐，冬青，烏柏，桂，楓，白楊，柳，椶櫚，漆樹，靈壽木，棠梨，杞，櫧。竹：貓竹，笠竹，篌竹，石竹，黄姑竹，苦竹，紫竹，慈竹，鳳尾竹，淡竹。花屬［注略］：牡丹，芍藥，海棠，山茶，紫薇，蘭蕙，荼蘼，薔薇，瑞春，杜鵑，紫荊，石榴，郁李，梔子，木槿，辛夷，玉蘭，蜀葵，玫瑰，芙蓉，罌粟，映山紅，石竹，菊，玉簪，水仙，金鳳花，雞冠花，碧桃，臘梅，紅梅，緑蕚梅，六瓣梅，紅木樨，鳳仙，繡毬花，木香。草屬[注略]：龍鬚，靈芝，苔，苧，苘麻，莎，蘆，萍，蘋，繡墩草，翠茵草，鳳尾草，芭蕉，狗尾草，蓼，鈴兒草，煙。鳥屬[注略]：鸛，雀，鵲，鷽，鷹，鷺，鴝，燕，鴿，雉，鷗，雁，翠鳥，鴛鴦，斑鳩，白鷴，竹雞，戴勝，鵓鴣，啄木，百舌，畫眉，桑扈，子規，鷓鴣，布穀，盍旦，郭公，鸜鵒，元雞，白頭公，烏鴉，麥鴉。獸屬[注略]：虎，豹，鹿，麂，麞，豺，狼，兔，猴，熊，獺，狐，獾猪，野猪，豪猪，香貍，松鼠，貓，犬。

清 潘紹詒 光緒《處州府志》卷二四《風土》 花類：牡丹，芙蓉，芍藥，木槿，薔薇，水梔，丹桂，山丹，剪竹，丁香，雞冠，瑞香，茉莉，川鵑，鶯粟，鳳仙，玫瑰，玉簪，子午，矮桃，郁李，紫荆，紫薇，剪春羅，黄地棠，月月紅，海棠，美人蕉，夾竹桃，觀音蓮，玉繡毬，金盞銀臺，金絲蝴蝶，荷，葵，萱，茶，蕙，蘭，菊。果類：桃，李，杏，柰，柑，橘，橙，榧，菱，銀杏，藕，蕉，柿，梅，櫧，栗，棠梨，鵞梨，櫻桃，枇杷，林檎，蓮子，葡萄，金豆，甜瓜，西瓜，石榴，棗，木桃。【略】木類：栝，松，柏，杉，檀，桂，榆，櫧，槐，樟，榧，椤，桑，楓，櫟，楊，柳，檜，榅，柘，桐，梧，梓，柏，椿，冬青，觀音柳。竹類：筀，雷，石，猫，慈，觔，斑，紫，苦，水，棕，矮，鳳尾，方，篌筍。《筍譜》：出處州，竹可作椽，筍則春生，可食。羽類：鷄，鵞，鴨，雉，鳩，鵲，黄頭，鷚，雁，鴿，鸛，鷗，梟，鷓鴣，鴟，錦鷄，白鷴，雎鳩，練雀，黄雀，畫眉，鴉，百勞，黄鸝，翡翠，鵓鴣，鴝鵒，鶺鴒，鷺，竹鷄，啄木。毛類：牛，馬，羊，犬，豕，驢，騾，虎，鹿，麖，麂，麞，兔，猫，狐，熊，豹，獺，貍，猴，狼。

又卷末《雜志》 白雲寺，在郡城北十里白雲山之巔，建於元至正中，山趾爲白雲亭，上數里爲冷泉亭，又數里爲鏡心池，琳宫紺宇隱竹樹間，極幽邃。乾隆初，寺僧廣陵精内典，善草書。今山門孤雲卧此中，萬山拜其下，聯語其手書也。余又見其自畫對鏡小照，題語機鋒雋妙，是有夙根者。

清 皮樹棠 光緒《宣平縣志》卷一七《物産》 果類[只録種名，下同]：梅，杏，李，桃，梨，棠梨，藤梨，梨全，栗，榛栗，毛栗，柹，牛奶柹，石榴，橘，橙，柑，柚，金橘，香欒，花紅，枇杷，楊梅，櫻桃，白果，胡桃，榧子，橄欖，蓮子，藕，棗，芰實，烏芋，落花生，無花果。竹類[注略]：竹，貓竹，慈竹，苦竹，筀竹，雷竹，石竹，筀竹，紫竹，方竹，斑竹，箬竹，三月卷。木類[注略]：松，柏，槐，檀，檜，樟，楓，杉，榅杉，檑，木栗，櫧樹，桑，桐，樺木，榧，冬青，烏臼木，椶櫚，柞，楝，楊，柳，赤檉柳，黄楊，椿，椤，栲，楮。【略】禽類[注略]：雞，鵝，鴨，雉，山雞，白鷴，竹雞，鵓鴿，雀，燕，鸜鵒，百舌，黄鸝，啄木鳥，斑鳩，鳴鳩，烏鴉，鵲，山鵲，鷹，鴈，梟，畫眉，魚狗，鶺鴒，鴛鴦，鷺，鷓鴣，伏翼。獸類[注略]：豕，狗，羊，牛，貓，虎，豹，熊，豺，野猪，山羊，鹿，麂，麞，土狐，野貓，香貍，兔，竹㹠，猴，水獺，鼠，栗鼠。

清 許瑶光 光緒《嘉興府志》卷一三《山川》 柘湖，縣舊治，今屬華亭縣。《海鹽圖經》海鹽本秦縣，淪没爲湖，中有小山，多生柘樹，因名。《雲間志》【略】桂山，[石門縣]在明倫堂後，高五丈餘，上多植桂，故名。明《浙江通志》萬曆己酉，令靳一派建魁星亭於上。崇德靳志 明靳一派詩：采藻章縫集，兹山夙有靈。名高竇家樹，瑞應月中馨。堞抱吴雲白，天開越嶂青。秋風正花發，鵬翮起南溟。國朝管鳳來詩：何日淮南樹，芳香俎豆間。文峰回夕照，金粟滿秋山。月窟移堪近，丹梯步欲攀。由來成一簣，吾道未爲艱。

又卷三三《物産・木類》 桑，詳《農桑》。白桑有花無實，黑桑有實無花。飼蠶須種白桑，欲收紫葚爲藥，明目延年，則黑桑亦可種十分之二也。《倦圃蒔植記》。柘，柘湖中小山生柘樹，因以爲名。《閑窗括異志》梓，吴王好起宫室，天生神木一雙，陽爲文梓，陰爲楩柟。《吴越春秋》烏臼，嘉興種者極多，樹大或收子二三石，可壓取油。《農政全書》楓，爛溪夾岸多楓，亦名楓江。《新溪雜咏》。案：楓、臼二物，《嘉善章志》、《嘉興湯志》誤合爲一，今訂正之。梧桐，梧桐鄉因夾岸皆桐林，故名。《嘉禾百咏》注松，殳山稚松萬株，環合無路。《清江集》柏，檇李亭，在西郭二十七里外，亭背古柏，皆十有八夾路，擁腫如畫。姚綬《本覺寺記》横山草堂中雙樹，蓋二百年物也。東一樹開花不實，西一樹不花而實，實如串珠，著蔕一顆，紅紫可食，鳥亦爭之，其上一顆青碧色，在樹便出根荄，隨地抽長成樹，婆娑虬曲，蒼翠鬱盤，《湧幢小品》以爲陰陽柏云。崔培元《横山草堂集》槐，城南真如寺有老槐，夭矯若龍，陰覆一庭。《味水軒日記》楝，楝樹花開，揠眼勿開。禾諺櫰，城東北隅有櫰子樹，傳自西竺來者。《狷石居詩》注檉，一名西河柳，嘉興産。《本草》

又《果類》 [只録種名]檇李，柰，梨，棗，桃，柿，香櫞，楊梅，石榴子，銀杏，葡萄，栗。

又《花類》［只録種名］嘉蓮，千葉蓮，野蓮，牡丹，芍藥，梅，黄梅，玉蘭，山茶，海棠，桂，菊，蘭，蕙，樹蘭，玫瑰，紫藤，淩霄，錦帶，鷺鷥菊，蜀葵，秋葵，萱，石竹，雞冠，罌粟。

又《竹》 雙竹，宋政和甲午，嘉興縣尉舍東有竹，其幹合生。《東堂集》筀竹，吾郡風物極佳者，四村筀竹筍。《紫桃軒雜綴》鳳尾竹，長不盈尺，纖柯婀娜，翠葉森發。《北墅抱甕録》方竹，遠來之種爲奇，此土可植筍，雖微苦而過熟仍甘。《卷圃蒔植記》

又《羽類》［只録種名］五色鳥，鴛鴦，鶴，鸛，錦鳧，鴨，鵞，鷗，雞，鴿，黄雀，秋鳥，杌山看火，烏。

又《毛類》 豬，正德中禁天下養豬，一時埋棄俱盡，嘉善縣民陳姓穴地養之，遂傳其種。貓，蠶時畏鼠盜食，家必畜貓。獺，水居食魚，他處獺祭魚，則四方陳之，惟嘉善近河多小廟，獺必進魚於廟祭之。

清　陸心源　光緒《歸安縣志》卷一三《物產》　果之屬［注略］：梅，桃，李，郁李，栗，杏，棗，梨，山樝，木瓜，柰，杮，榴，橘，金橘，香櫞，楊梅，櫻桃，梧桐子，落花生，桑葚，蓮，藕。【略】花之屬［注略］：梅，蠟梅，桃，金絲桃，夾竹桃，梨，棠梨，李，杏，桂，水木樨，鳳頭木樨，石榴，海棠，秋海棠，木瓜海棠，玉蘭，辛夷，紫薇，紫荆，山茶，合歡，梔子，木芙蓉，木槿，如意，繡毬，聚八仙，纏枝牡丹，荷包牡丹，瑞香，丁香，金鐙，金帶，鬼鐙檠，迎春，金雀，淩霄，薔薇，木香，玫瑰，月季，酴醾，棣棠，十姊妹，佛見笑，萱，蘭花，蕙花，芍藥，菊，杜鵑，映山紅，雞冠，鳳仙，玉簪，紅蕉，金錢，虞美人，翦春羅，翦秋紗，紫茉莉，千日紅，錦帶，臧蜋蟲花，胡蜨花，旋覆花，洛陽花，金銀花，牽牛，朱藤，女蘿，西番蓮，荷，蘋，蓼。【略】木之屬［注略］：桑，檿桑，柘，椒，檓，松，羅漢松，白皮松，柏，檜，樟，楓，樗，栲，栩，梓，桐，楝，槐，槵，皂莢，楸，榆，椐榆，櫸，柳，水楊，檉，白楊，黄楊，椶櫚，烏桕，冬青，石南，枇，棘，樸，棪，茶。竹之屬［注略］：筱竹，簜竹，貓竹，金貓竹，苦竹，筀竹，桃枝竹，紫竹，箬竹，篋竹，鳳尾竹，珠簾竹，燕竹，象牙竹，淡竹，篁竹，烏筋竹，篌竹，剛竹，哺雞竹，簩竹，四季竹，方竹，木竹，飛白竹，石竹，觀音竹，間竹，竹實，文竹，筍。禽之屬［注略］：雞，鵝，鶩，青鶄，鳧，鵶，鴛鴦，鸂鶒，鷺，鷗，鸕鷀，姑惡，魚狗，雉，鷓鴣，竹雞，鴿，麻雀，鵯鶋，燕，伏翼，唤春鳥，鳲鳩，斑鳩，鶉鳩，青鵻，鶻鵃，戴勝，桑扈，白頭公，畫眉，鴝鵒，反舌，啄木，鵲，鷹。獸之屬［注略］：豕，羊，牛，犬，貓，山貓，田豕，麞，麂，兔，貍，香貍，獺，猬，鼠，田鼠，鼬鼠，松鼠，松狗。

清　張寶琳　光緒《永嘉縣志》卷六《物產》　果屬［注略］：柑，橘，朱欒，密欏，金彈，羅浮，金豆，佛手柑，梅，楊梅，梨，枇杷，橄欖，木桃，甘蔗。木屬［注略］：松，五粒松，海松，樟，椅桐，萬年春，桑，櫂，杉，樺桃，櫕，榕，鐵樹，櫟，無槵木，放杖木，四時紅葉，琪樹。花屬［注略］：梅，蘭，山蘭，掛蘭，牡丹，茶花，荷，桂，紫薇，山礬，拋花，木芙蓉，頳桐，簇蜨，杜鵑，海棠，夾竹桃，菊，茶蘼，茉莉，紅蕉，麗春，罌粟。竹屬［注略］：蘆竹，龍牙竹，木簹竹，篌竹，釣絲竹，慈竹，方竹，紫竹，鳳尾竹，飛白竹。【略】禽屬［注略］：金雀，錦雞，翡翠。獸屬［注略］：虎，獺。

清　吴士進　光緒《嚴州府志》卷九《食貨》　竹之屬：爲山竹，爲苦竹，爲雷竹，爲斑竹，爲紫竹，爲水竹，爲廣竹，爲貓竹，爲箭竹。木之屬：爲松，爲柏，爲楮，爲杉，爲樟，爲檜，爲桐，爲梓，爲桑，爲柘，爲柳，爲檀，爲槐，爲榆，爲白楊，爲冬青。果之屬：爲梅，爲李，爲桃，爲栗，爲柹，爲梨，爲杏，爲棗，爲榧，爲橘，爲柚，爲菱，爲芡，爲石榴，爲枇杷，爲楊梅，爲銀杏，爲櫻桃，爲葡萄，爲林檎，爲木瓜，爲西瓜。【略】花之屬：爲菊，爲桂，爲蘭，爲蕙，爲葵，爲荷，爲牡丹，爲芍藥，爲海棠，爲酴醾，爲薔薇，爲芙蓉，爲山茶，爲水仙，爲萱草，爲雞冠，爲杜鵑，爲紫薇，爲紫荆，爲玉簪，爲鳳仙，爲臘梅，爲翦金，爲木槿，爲梔子。【略】羽之屬：爲雞，爲鵞，爲鴨，爲雁，爲鴉，爲鵲，爲鶯，爲燕，爲鷗，爲鷺，爲雉，爲雀，爲鳩，爲鴿，爲鷹，爲鷂，爲鴛鴦，爲鴝鵒，爲鸕鷀，爲姑惡，爲畫眉，爲鶻，爲竹雞，爲啄木，爲百舌。毛之屬：爲牛，爲羊，爲豕，爲犬，爲貓，爲獺。其於山也，爲猴，爲鹿，爲麂，爲麖，爲猵，爲豹，爲虎，爲豺，爲狼，爲熊，爲狸，爲獐，爲兔，爲野猪，爲豪猪，爲竹狗，爲松鼠。

清　彭潤章　光緒《平湖縣志》卷八《物產》　果屬［注略］：李，梅，杏，桃，棗，柹，石榴，枇杷，櫻桃，銀杏，葡萄，橘，金柑，橙，香櫞，藕，蓮子，芰，菱，慈姑，葧臍，林檎，栗，梧桐子，落花生，桑葚，木蓮。【略】木屬［注略］：松，柏，楮，椿，檀，槐，檜，榆，楝，梓，桑，柘，楓，柞，槿，冬青，檉，楊柳，梧桐，樸，樗，椶閭，杉，銀杏，石楠，皂莢，香樟，黄楊，白楊。【略】竹屬〔注略〕：筀竹，紫竹，斑竹，筬竹，黄莽竹，苦竹，慈竹，鳳尾竹，貓竹，篌竹，方竹，哺雞竹。禽屬〔注略〕：鷹，梟，雉，鴿，燕，鶻，鴉，鵲，鶩，鴨，雞，鶉鴣，鴝鵒，鶴鶉，秋鳥，黄雀，麻雀，鵪鶉，百舌，鷺鷥，鶯，鷗，戴勝，啄木，鴛鴦，鸂鶒，翠鳥，白鷴，鸕鷀，桑扈，青鶄，白頭翁。獸屬〔注略〕：牛，羊，豬，犬，貓，貛，兔，猬，獺，鼠，鼬。

清 馮可鏞 光緒《慈谿縣志》卷五三《物産》 果之屬〔注略〕：楊梅，梅，櫻，桃，李，郁李，杏，枇杷，梨，樝，山樝，棗，榴，林檎，柹，椑，金柑，金豆，柑，橘，柚，橙，香櫞，栗，烏欖，銀杏，葡萄，無花果，落花生，木蓮，鳧茨，茨菰，菱，芡，蓮房，藕。【略】竹之屬〔注略〕：龍鬚竹，筀竹，斑竹，紫竹，筋竹，桃枝竹，四季竹，公孫竹，水竹，箭竹，淡竹，苦竹，石竹，烏竹，貓竹，鳳尾竹，方竹，澤竹，篠竹，觀音竹，壽星竹，密節竹。

又卷五四《物産》 木之屬〔注略〕：松，敬松，柏，水柏，梓，豫章，檀，海檜，杉，櫧，楓，烏桕，冬青，桑，柘，榆，椿，欓椒，楝，槐，柰，櫟，楮，椶櫚，楊柳，黄楊，檡，槿，水楊，柜，桐，梧桐，沙樸，荆，石南，榴，青修，椆，檡，山桃，栗，白栗，麻栗，欏，香槤，溪口，黄椐。羽之屬〔注略〕：雞，鶩，鴨，鴿，燕，梟，雁，鷗，鷺，鸂鶒，溪鵲，白鷴，翡翠，鸛，鶬鵛，鸕鷀，鶯，鴝鵒，百舌，提壺，鷓鴣，稻雞，婆餅焦，子規，畫眉，黄頭，蠟嘴，雉，竹雞，白頭翁，鳩，喜鵲，山鵲，練鵲，雀，鵪鶉，鷹，鶻，伯勞，啄木，鴉，火鴉，鴟鵂。毛之屬〔注略〕：牛，羊，豬，狗，貓，馬，騾，驢，虎，豹，熊，羆，豺，狼，野豬，豪豬，鹿，麂，麞，麈，麏，猴，猨，獺，狐，貉，貍，兔，栗鼠，鼬鼠。

清 唐煦春 光緒《上虞縣志》卷二八《物産》 果之屬〔只録種名〕：梅，杏，桃，李，郁李，栗，棗，梨，山樝，木瓜，林檎，柹，榴，橘，柚，柑，橙，金橘，香櫞，枸橘，枇杷，楊梅，櫻桃，銀杏，榧，梓子，葡萄，桑椹，枳椇子，無花果，落花生，蓮，藕，菱。【略】花之屬〔只録種名〕：梅，蠟梅，桃，梨，桂，榴，海棠，秋海棠，辛夷，玉蘭，紫薇，紫荆，山茶，合歡，梔子，木芙蓉，木槿，繡毬，牡丹，瑞香，木香，淩霄，薔薇，玫瑰，月季，酴醿，七姊妹，葵，萱，蘭蕙，珠蘭，芍藥，菊，七星菊，水仙，杜鵑，雞冠，鳳仙，玉簪，罌粟，虞美人，蝴蝶花，石竹，牽牛，錦帶，女蘿，蔦蘿松，子午花，荷。【略】木之屬〔只録種名〕：松，柏，桐，梓，檫，檜，桑，柘，楊柳，水楊，檡，黄楊，白楊，榆，樟，楓，烏桕，杉，檀，刺桐，油桐，楸，椿，樗，楝，槐，皂莢，肥皂莢，栗，椶櫚，沙樸，冬青，杞，櫟，穀，白果樹，石枏，櫧。竹之屬〔只録種名〕：箭竹，貓竹，苦竹，桃枝竹，慈竹，四季竹，斑竹，紫竹，鳳尾竹，龍鬚竹，燕竹，淡竹，筋竹，油竹。禽之屬〔只録種名〕：梟，青鸞，鵜鶘，鸂鶒，鴛鴦，鷺，鷗，鸕鷀，姑惡，稻雞，雉，鷓鴣，翡翠，竹雞，鴿，雀，十姊妹，鵂鶹，燕，石燕，雁，杜鵑，布穀，斑鳩，戴勝，桑扈，白頭翁，畫眉，鴝鵒，反舌，鶯，啄木，烏，鴉，鵲，山鵲，鷹，鷂，鶚，鵪鶉，黄頭，繡眼，提壺，山和尚，鸛，山雞，江雞，阿育鳥，鵂鶹，鬼車。獸之屬〔只録種名〕：豕，野豬，【略】田狗，竹狗，貓，虎，豹，豺，鹿，麞，麂，獂，兔，野貓，香貍，獺，猨，猴，猬，田鼠，鼠，松鼠，栗鼠，鼬鼠，伏翼。

清 江峰青 光緒《嘉善縣志》卷一二《物産》 果屬〔注略〕：李，梅，杏，桃，棗，柹，銀杏，石榴，枇杷，橘，柑，花紅，櫻桃，香櫞，甘蔗，葡萄，菱，蓮子，藕，葧薺，栗子，落花生，桑葚，木蓮，麥李果，無花果。花屬〔注略〕：桂花，牡丹，芍藥，菊花，薔薇，紫荆，木香，海棠，酴醿，木芙蓉，秋葵，蜀葵，向日葵，紫薇，木筆，鳳仙，萱，金錢，水仙，雞冠，山茶，玉簪，木槿，山丹，瑞香，月季，棣棠，蝴蝶花，金絲桃，金絲梅，罌粟，虞美人，蓮花，翦春羅，翦秋羅，梔子，玉蘭，梅花，蠟梅，茉莉，秋海棠，石榴花，玫瑰，牽牛，繡毬，金雀，桃花，夾竹桃，水木樨，丁香，千日紅，雪蕉，洛陽花，蔦蘿，柳穿魚，杏花，朱藤，淩霄，夜合，蘋花，蓼花，梨花，荷包牡丹，十姊妹，杜鵑，百合，西番蓮，迎春，秋牡丹，午時蓮。木屬〔注略〕：梓，松，柏，槐，榆，椿，檡，石楠，黄楊，冬青，楊柳，梧桐，香樟，楝，烏桕，檀，桑，柘，楮，楓，椶櫚，合歡，皂角，檜，柞，樗，杉，銀杏，白楊，闌天竹，葉底紅，麻櫟，漿梅。【略】竹屬〔注略〕：水筋竹，護居竹，筀竹，斑竹，紫竹，燕竹，鳳尾竹，石竹，慈竹，王莽竹，黄姑竹，壽星竹，貓竹，文竹。禽屬〔注略〕：雞，鶩，鴨，鵲，鴛鴦，鴉，麻雀，鴿，燕，鳩，雁，鷹，鸜鵒，鴞，鸛，青鶄，鷺鷥，鵪鶉，白頭翁，啄木，百舌，鶯，鵙，鶴鶉，鵪鶉，十姊妹，白鸝，鷗，鵂鶹，翠鳥，黄雀，竹葉青，布穀，梟，鶻，鸂鶒，白鷴，鸕鷀，桑扈，野畫眉，吐綬，金雀，黄頭。獸屬〔注略〕：鼠，貛，獺，鼬，兔，蝟，香貍貓。

清 儲家藻 光緒《上虞縣志校續》卷三一《物産》 竹之屬〔只録種名〕：箭竹，貓竹，苦竹，桃枝竹，慈竹，斑竹，紫竹，鳳尾竹，龍鬚竹，燕竹，淡竹，筋竹，筍。果之屬［注略］：梅，杏，桃，李，郁李，棗，梨，山樝，木瓜，林檎，柿，榴，橘，柚，柑，橙，金橘，香櫞，枸橘，枇杷，楊梅，櫻桃，銀杏，榧，梓子，葡萄，桑椹，椇子，無花果，落花生，蓮，藕，菱，芡，葧臍，蔗，慈姑。【略】木之屬［注略］：松，柏，桐，梓，夜合，檫，檜，桑，柘，楊柳，水楊，檉，黄楊，白楊，榆，樟，楓，烏桕，杉，刺桐，楸，榧，椿，樗，楝，槐，皂莢，肥皂莢，栗，棕櫚，沙樸，冬青，杞，櫟，榖，白果樹，石楠，櫧，椈。禽之屬［注略］：鷄，鴨，鵞，鳧，青鸞，鵁鶄，鸂鶒，鴛鴦，鷺，鷗，鸕鷀，姑惡，稻雞，雉，鷓鴣，翡翠，竹雞，鴿，雀，十姊妹，鵻鶴，石燕，雁，杜鵑，布穀，斑鳩，戴勝，桑鳸，白頭翁，畫眉，鵓鴣，反舌，鶯，啄木，燕，烏，鴉，鵲，山鵲，鷹，鷂，鶺鴒，黄頭，繡眼，提壺，山和尚，江雞，鵂鶹，鬼車，潮頭鳥，阿育鳥。獸之屬［注略］：豕，野豬，羊，牛，馬，驢，犬，竹狗，田狗，虎，豹，豺，鹿，麞，麂，獂，兔，野貓，香貍，獺，猿，猴，猬，鼠，田鼠，松鼠，鼬鼠，伏翼。

清　龔嘉儁　光緒《杭州府志》卷七八《物產・花果屬》［注略］楊梅，杭州土貢楊梅。錢塘富陽出者佳。南山瑞峰塢内有老嫗姓金，其家楊梅甚盛，所謂金婆楊梅是也。楊梅塢有紅、白二種楊梅，杭人呼白者爲聖僧梅。諸山多有之，而烟霞塢、東墓嶺、十八澗、皋亭山者，肉鬆，核小，味尤甜美。出餘杭縣之閑林，其子大如彈，味甜酸，可以作煎。錢塘法華山、大雄山多楊梅。天竺、龍井、法華山產者，爲天下冠。烟霞、十八澗亦盛，俗稱楊梅澗。半山徐村頗稱甘美。餘縣亦有，惟臨安、昌化二縣無之。有早色、晚色、燻色、喫色數種。早色色最紅，味酸。燻色色紫黑，味甘美。喫色俱紅紫半。晚色味鬆甜。北山多早，南山多晚，燻色並有之，可燻，可晒，可水，可糖，可蜜。枇杷，餘杭郡貢枇杷。出於潛、黄嶺、前烏、巾山、小錫、塘塢者尤珍。白色者上，黄次之。無核者名椒子枇杷。塘棲產枇杷勝於他處，白爲上，黄次之。橘，富陽王洲出橘，爲江東之最，今見進供。餘杭郡貢橘子二千顆。橘園亭在豐樂橋北，蓋向來未建都之時，此地皆種橘。枝莖有輔，染深緑，背面皆宜。初夏開小白花，六七月成實，經霜色赤如火，方可採取。大概橘之美者皆接生，子種者不結實，隨地皆有。惟塘棲密橘味尤甘美。大小凡數種，富陽地最宜。密橘，仁和唐棲所產有臍無核，味極甘，但樹畏寒，每凍死，故絶少。塘棲市密橘粗皮而小。有一種號金錢者最佳。棗，出鹽官者最著名，然不甚大。鹽官棗紫色味佳。海甯舊有棗林村，其棗可二寸許，膚赤如血，鬆脆味甘，今訛爲羊冠棗，元時村地陷入於海，尚傳其種。新城產青棗，不甚大。石榴，富陽榴實大者如碗。杭州號石榴爲金櫻，避錢武肅諱而起也。林禽，土人以鄔氏園者貴，謂之花紅。郭府園林禽未熟時以紙剪花貼其上，熟則如花木瓜，嘗進奉，其味蜜甜。櫻桃，唐之樟亭有雙櫻樹。臨安有兩櫻桃園，七寶山並薦橋門外是也。梅子，杭州四時果子有青梅、黄梅。西溪緑萼梅結實尤佳，他處莫及。鎕鹽醃製，致四遠。桃子，於潛鶴山出桃，味極甘美。錢塘翻經臺側有靈桃生石面，結實甚大，政和間歸京師。西溪鎮北產桃大如盌，人呼半斤桃，或有斤許者，味鮮美，異於他產。皋亭山有香桃。李子，出省城鐵冶嶺孔氏園者最佳，核小而肉鬆甜。有青綃、紫粉、鵝黄、麥熟、硬枝、朱李等數種，夫人李尤佳。栗，於潛縣良梅、馬頭、金樓諸山皆產栗。靈隱有西栗樹，慧理自西竺攜來種此，實小而味美，惟靈隱數十本，移他處則不生。大樹堂一株，猶理公手植，西晉時物也，至今鬱茂。太平鄉栗塢以栗得名，今多產甯善、廣陵等鄉。柏家園栗在西溪東北，產栗頂有七槍者是也，有魁栗、金青等名。柿，有方頂、緑心、牛奶、火珠數種，多出錢塘瓶窑。不宜與蟹同食，令人腹痛。又一種名油柿，浸油曰柿漆，用油紙辟水。赤而熟者爲火珠。柑，柑子園在後市街。似橘，擘之香霧噀人，樹畏霜雪，立春日以黄柑釀酒，謂之洞庭春色。白果，即銀杏，俗名佛指甲，臨安縣出。出臨安者，視他產特長。虎林山有銀杏樹合抱，宋故物也。報國寺有銀杏，其實無心。獅子巷上水陸寺有銀杏二株，相傳爲宋時所植。木瓜，杭州餘杭郡土貢木瓜，青色而小，土人切作片，暴乾入藥，都城以糖煎，名爊木瓜。新城產，出折桂鄉。榧，山縣多產，富陽、顔隖爲佳。昌化八都、洪嶺、十都江家塘者佳，以火熯食，名白珠榧。山縣產多以火熯食，甚香美。新城東洲產者佳。榛，舊土物無此，近天目山間有，臨安種之，亦稍盛矣。山核桃，俗又名沙核桃，產餘杭北山，似胡桃而小殻，圓無稜，八九月入市。金橘，實小如彈，黄如金，俗稱牛奶橘。無花果，性易生，折枝插地便成柯枝，三月發萌，葉如蜀葵，五月枝茂，不花而實，葉爲醫痔勝藥，《吴都賦》所謂古度即此。

又《花屬》［只録種名］梅花，杏花，桃花，李花，水仙，牡丹，秋牡丹，芍藥，蘭，山茶，瑞香，熏籠，櫻桃花，薔薇，木香，酴醾，海棠，山礬，石榴花，玫瑰，淩霄，荷，金蓮，雙蓮，繡蓮，桂，桂子，紫桂，小瓊花，菊，城頭菊，觀音菊，茶菊，雞冠花，鳳仙，木芙蓉，千日紅，茗花，芫花，莎蘿花，辛夷花，玉蘭，杜鵑，躑躅花，紫薇，茉莉，繡毬，長春，聚八仙花，蝴蝶花，梔子花，居谷花，金燈，石竹，郁李，金鉢盂，山芙蓉，雪梅，野菊，忽地笑，笑靨，蓼花，子午蓮，指甲花，青蓮，唐花。

又卷七九《物産》 靈壽藤，天目山産。《吴興掌故録》即萬歲藤。《西天目志》紫藤，靈石山薛太尉墓前生紫藤，偏繞三峰之上。咸淳《志》地龍藤，生天目山，繞樹盤屈如龍，故名。《本草拾遺》楊桃，藤類，可紙。《西天目志》朱華，藤類，可蔬。《西天目志》萬年藤，産虎跑寺含暉亭側，大十餘圍，數百年物也。庚辛亂後幸存，旋被屯兵斧爲薪。《新纂》桑，桑數種，曰青桑、白桑、拳桑，又有大小梅紅、雞爪等。《夢粱録》環湖沿山之田，民多種桑。《西湖志》富陽種大者可得葉數石，愈老愈茂，年遠不敗。《廣蠶桑説》有女桑、山桑，出富陽者最佳，餘縣接種者亦名富陽桑，仁和甯公塘所産，睦州青四鄉多種此。乾隆《志》引舊志臨安青桑名也，吴人直謂桑曰葉。《劍南詩》自注浙人植桑，斬其枝葉植之，謂之嫁桑。《種樹書》按：乾隆《志》引《農圃六書》云：三月三日雨，則桑葉貴；四日雨，尤貴。杭人云：三日猶可，四日殺我。考陳淏《花鏡》云：三月三日雨，桑葉無人取；三月初三晴，桑上掛銀屏。其説相反。條桑，俗名桑秧，今北關外有此市。黄省曾《蠶經》出臨平，長八尺，其鬻之時於正月上中二旬，鬻之地於北關江漲橋。《東郊土物詩》注。俞葆寅詩：穉桑日長養，漸高七尺零。和根鬻村市，趨時準《蠶經》。春燈節未過，壓擔橋邊停。臨平有專産，不數臨安青。柘，柘葉飼蠶，其絲作琴瑟，弦清響勝凡絲。《新城縣志》松，九里松，唐刺史袁仁敬守杭日，植松於左右各三行。《武林舊事》唐九里松，今將千歲大者，五六人抱，虬枝偃蹇，龍幹拏攫，爲海内異觀，數年之間所存略盡。山後桐村塢土穀祠有松六株，甚奇。古好事者欲觀九里舊松，於此訪之可也。《靈隱寺志》南屏臨湖一帶自長橋至於太子灣，舊名南新路，夾路多長松，幾五里許蒼翠，與袁仁敬所栽九里相掩映，間有枯萎，明初寺僧夷簡及諸好事者補植之。《淨慈寺志》萬松嶺多巨松，在唐時已有之矣。白樂天《夜歸》詩云：萬株松樹青山上，十里沙隄明月中。南宋時密邇大内碧瓦紅簷，鱗次櫛比，今平爲大塗，而松亦無幾。《西湖志類鈔》白公詩『拂城松樹一千株』，指萬松嶺言，今多不存。咸淳《志》國朝雍正八年，總督李衛補種萬株，蒼翠夾道，漸復舊觀。《西湖志》洞霄宫璇璣殿前有古松三本，高若偃蓋，勢矗天柱，影浸丹泉，如龍蟠虬伏，蓋不知幾千百年矣。一夕風雨盡化爲石，或云係郭文舉手植。《洞霄宫志》徑山有老松，婆娑可蔭十畝，與木蘭交枝，薄青雲翳。白石松爲數千年植，而木蘭亦森發離奇，匪深山無此異種。王在晋《游徑山記》新城文廟名宦祠有古松一株。《新城縣志》御愛松，湖曲園宋理宗嘗臨幸，有御愛松。《淨慈寺志》。周密《御愛松》詩：小小蓬萊在水中，乾淳舊賞有遺蹤。園林幾换東風主，留得亭前御愛松。天目松，松惟天目山者，針短而犀健。咸淳《志》天目松形如蓋，或高不盈數尺，一株直萬餘錢。《名山勝概》剔牙松在牛眠石上，枝頂平圓，偃如翠蓋，又多夭矯横斜，鐵屈虬驚，不可摹狀。《天目山志》盆松，産天目。《天目山志》陳繼儒《天目盆松》詩：此松天目孫，嵯峨類其祖。中頂秀擎雲，猶堪坐巢父。羅漢松，植小有天園内，程之章有《咏羅漢松》詩。《淨慈寺志》玲瓏山羅漢松一株，大可合抱，坡公手植者，亦名學士松。萬曆《臨安縣志》棔松，徑山有棔松，其子甚大，服之延年益壽。樓鑰《萬壽寺記》萬年松，南安鄉仙人石上有萬年松，其狀如柏。《新城縣志》柏，孤山有陳時柏二株，其一爲人所薪，山下老人自爲兒時已見其枯矣，然堅悍如金石，愈於未枯者。僧志詮作堂於其側，名之曰柏堂。《東坡居士集》柏爲陳天嘉二年植。東坡詩云：雙幹一先神物化，九朝三見太平年。阜陵書此詩刻石。董嗣杲《西湖百咏詩》題注柏性堅致，有脂而香。《仁和縣志》塔山許公祠有方司空手植柏四株。《新城縣志》瓔珞柏，産天目。《西天目山志》杉，洞霄宫外有唐朝杉二，耆老傳云昭宗景福二年，閭邱先生自天台山以盂移植於此，圍二丈，高三十餘丈，葉雖凋減，而枝益堅，或圖之以爲屏障。咸淳《志》徑山半山亭彌望皆大杉，風雨過之，龍虎吟嘯，令人聳然。周必大《遊徑山記》天目二大杉木，各高千丈，七人合抱。《宏藝録》眠牛亭旁古杉一株，大可七八抱。田藝蘅《遊天目山記》斷崖塔院杉大五圍。唐樞《遊天目山記》昌化産杉最多。萬曆《昌化縣志》環徑山多絲杉。蔡襄《游徑山記》大榅檧亦名千秋樹，一名柀杉，在真際亭下者，幹高十餘丈，十數圍。《天目山志》中峰塔院檧五圍，一本二幹。［注略］楓，錢塘楓木隖舊多楓木，故名。咸淳《志》吴山西南路，其旁楓木參天，是爲楓林。《吴山圖説》千本障天，了無雜樹。《吴山城隍廟志》天風則鳴，故曰楓。城外靈隱爲盛，城中雲居山西南有楓數百株，相傳中峰手植，霜老葉丹，爛如錦繡。康熙《志》太平鄉孫尚書墓有雙楓合抱。嘉靖《新城縣志》新城縣覽川有長楓山，楓木皆百尺合抱。萬曆《新城縣志》檀，材可爲車輻，又可爲斧槌諸柯。康熙《志》天目觀音巖方盈尺幅，中生檀樹一株，長丈餘，外懸，歷數十年不加長。《西湖遊覽志餘》檀有黄、白二種。《新城縣志》柏，葉可染皂，子可取蠟，核可榨油。萬曆《志》富陽中沙民皆種柏樹爲業，多數百年物，有蜿蜒倒地如卧龍者，有根離土而中空玲瓏如靈鷲峰者，有屈盤横覆澗上如危橋者，有若假山狀可交數十人者。《説詩堂集》臨安人田畔必種烏柏，歲收柏子，便可完糧，樹大者或收子二三石。《羣芳譜》樟，富陽樟巖山有大樟，故名。咸淳《志》靈隱山門外有大樹，其大三圍，乃香樟也。有僧謂之藥王樹。《靈隱寺志》椶櫚，慈雲嶺滿山皆椶櫚。《武林舊事》漆，幹如柿，葉如椿，花如槐，實如午柰子，木心色黄。《仁和志》桐，雲居寺唐寺内有桐一本，白香山有詩。《雲居寺志》皂莢，其樹多刺，難於采取，用竹蔑箍樹本，其莢過夜盡落。《仁和縣志》樫，環徑山多翠樫。蔡襄《游徑山記》亦名觀音柳，入藥發疹瘄。《本草綱目拾遺》楮，結實者雌，不結實者雄，葉與花並堪作茹、造紙、練布、撚氈。杭人造醬多用其葉。萬曆《志》作格，非。康熙《志》樅，徑山有宋植，稱樹王。《餘杭縣志》檜，褒親崇壽教寺中有交枝檜。《淨慈寺志》重榮檜在天竺光明懺堂後，相傳爲隋朝所種，高數丈，大十圍，後爲兵火所燎，至大中祥符間復茂，故名。或謂慈雲懺主灑水誦咒乃活。《天竺山志》石楠，舊中和堂植，東坡詩：中和堂後石楠樹，與君對牀聽夜雨。《夢粱録》南方石楠樹野生，二月開花連著實，八月熟，民采取核和魚羹尤美。今人家墓壠間鮮有不植者。《魏玉草木志》按：瀕西湖南北山冢墓多植石楠，經冬不凋，大者頂圓如蓋，與柳、杉夾植，土人謂其行根淺而蔭茂，能芘葬穴也。樺，山産土檀香，乃樺樹根，亦名樺香，極清遠。《上天竺山志》櫟，《餘杭圖經》載宫外有大櫟木，相傳唐咸通三年吴天師所種，至宋咸平元年無故自枯歷十五年，祥符壬子復榮，漕使陳公堯佐異之，圖狀進呈。舊《餘杭縣志》按：櫟質堅致不惹火，杭多火患，人家大門皆以櫟爲之。棫、栩，二種皆櫟屬，不結實曰棫，結實者曰栩，亦名橡，實爲橡斗子，儉歲充飢，豐年肥豕，其斗煎汁用之，可染書帙。康熙《志》俗名麻栗，中薪材。《新纂》櫧，靈隱青木巖，其上櫧桂，凌冬不凋。咸淳《志》俗名苦櫧，實如珠，可食。《浙江通志》土人每作苦櫧腐，一作橴，性極堅，可爲屋材。《新城縣志》冬青，洪武中浙江都司徐司馬令郡城人家植冬青樹，數年後街市緑陰匝地。成化《志》張輿詩：比屋冬青樹，人皆隱綺羅。春風十年後，惟恐緑陰多。柳，段家橋萬柳如雲。《湖山勝概》西湖北山有柳洲亭，南渡後自湧金至錢塘沿城五里隄岸徧插垂柳，故名。《西湖志餘》湖隄植柳最盛，垂者爲楊，倒植而生，則葉垂長條可玩。咸淳《志》蘇公堤，夾植花柳，歲久弗治，成化以前，楊孟瑛闢之，列插萬柳，頓復舊觀，久之柳敗而稀。嘉靖十二年，縣令王釴令小罪可宥者得雜植桃柳爲贖，自是紅翠爛盈，燦如錦繡。《西湖遊覽志》西溪三橋多植柳，濃陰夾道。又金四姥橋下垂柳獨盛。《西溪梵隱志》楊園在海甯硤石西方四五里，古以其地多生垂楊，故名。《硤川志》楝，海甯楝花溪所産多楝，因以名溪。《海昌外志》榆，有數十種，榆錢可羹，可釀，可醬，即榆仁醬也。《錢塘縣志》娑羅樹，徑山寺殿庭兩樹相對，枝葉圓整，高可二丈，云是娑羅異種。李穀《游徑山記》今餘杭南安寺前二株，左右對植甚茂。問之土人，皆不知其名。一僧乃云：相傳娑羅樹，番僧所植者。《華夷花木考》。南安寺或即徑山寺也。永安寺亦有此樹，經冬不凋，俗稱爲貝多樹。《餘杭縣志》波羅樹，茅嶺之旁有波羅樹，絜之百圍。伍餘福《西天目山記》婆娑樹，婆娑木，《羣芳譜》所引諸書，木枝花葉多互異，《七修類稿》辨即七葉樹，今教場後義天禪院有一本，徑二尺餘，高可十丈，每葉一條分七瓣，或五六瓣，其花於沓葉中挺抽一條長尺許，花纍生條上作六七層，如浮屠狀，色輕紅可愛，子即婆娑子也。院僧言此樹相傳已六百年，城中惟此一本，雲林塔院一本較此小三分之一。黄士珣《義天禪院婆娑樹記》霜木，天目山極高峻，山上有霜木，皆是數百年樹，謂之翔鳳林。《水經注》青神鳳集，木之奇者，天目之青神鳳集。《平泉草木記》

又 竹，自江濱取路入雲栖塢，行萬竹中，數十里，仰不見日。《西湖志》臨安貴人家種竹木以麥拌土寘根下，雖盛夏亦生。《二老堂雜志》湖上壽星院竹極偉。《西湖志》引《東坡志林》皇竹，五雲山雲栖寺夾道多竹，内大竹一竿。康熙四十六年聖祖南巡幸寺，賜名皇竹。《西湖志》雙竹，杭州廣巖寺有雙竹相比而生，舉林皆然，其尤異者，生枯樹腹中，自其頂出，森然駢聳，樹如龍蛇相縈，矯首砑然。司馬光《傳家集》武林山西舊謂雙竹院所産修篁嫩篠皆對抽並聳，相傳云兹竹自永泰以來有之，馮翊嚴諸爲記，王子敬《竹譜》云錢塘扶竹，蓋此雙竹，即扶竹也。是竹爲筍便有合歡狀。《筍譜》天親竹即雙竹。《靈隱寺志》浙中有天親竹，末皆兩歧。[注略]方竹，方竹出西蜀，杭州西湖飛來峰山下亦有之，《格古要論》可爲杖。康熙《志》產天目。《天目山志》西湖聖因寺攬勝齋方竹極盛，庚申之亂寺毀，竹亦無存。《新纂》曲竹，臨平黃犢嶺下生曲竹，唐邱丹隱臨平山，後羽化去，棄杖於此生竹，遂曲可爲杖。咸淳《志》洞霄宮生曲竹可爲杖。[注略]紫竹，青梓山多紫竹。《大滌洞天記》杭州紫竹宜爲簫管。嘉靖《浙江通志》細者宜笙。康熙《志》凡紫竹柄，皆榷於城南美政關。《錢塘縣志》產天目。《天目山志》斑竹，節間多墨斑，本地人取作簾椅等用。嘉靖《餘杭縣志》硤石東山有斑竹，幹最鉅而紋最深朗，不減湘妃竹，禾人購以織簾作器具最工雅。其在丹井下坡者，幹細而紋少矣。《硤川志》金竹，金竹嶺滿山之竹，皆作黃金綠玉之色。《西溪梵隱志》一名對青竹，又名對金竹，竹黃而溝青，浙中多有之，呼爲黃金間碧玉。《新城縣志》木竹，靈隱山出，中堅，人采作杖。《筍譜》出天目。唐釋皎然採實心竹杖寄李侍御萼。《天目山志》廣竹，廣竹出天目。《天目山志》五月筍色黃，旱歲則無。李衎《竹譜》胎竹，胎竹出臨安。乾隆《志》引舊志篌竹，篌竹出餘杭。同上篛竹，葉長闊，可爲角黍。康熙《志》產天目。《天目山志》牙竹，牙竹取其色相似也，出海甯。《海甯州志》椶竹，出海甯。《海甯州志》剛竹，可以爲筐籃，武林法華山土民之貧者，用之以度生。《筍譜》石面竹，鷲山多有之。《靈隱寺志》按：《西湖志》載柴紹炳《西湖賦》竹則孝慈攸篤，人面相方。又《海甯州志》云：出人面竹。人面疑即石面，音轉而訛，或即石竹之類。護基竹，筍最佳，俗訛爲捕雞。康熙《志》鳳尾竹，《臨安志》作鳳舞。康熙《志》文武竹，苦竹心實性堅，又名雲竹。餘杭文山出者可爲筆管，武山出者可爲箭幹，故亦謂文武竹。《餘杭縣志》新婦竹，武林山陰，竹圓勁而韌，爲篾可織細器。《筍譜》又見《談薈》孝順竹，產昌化新城。乾隆《志》引舊志羅漢竹，生懸崖石罅間，蟠曲勁挺如老人狀。《昌化龍塘寺志》臨安九仙山出羅漢竹。萬曆《臨安縣志》燕來竹，當燕至時生。《海甯州志》錢塘多生，其色紫苞。《筍譜》鶴膝竹，出靈隱山，節密而內實，略如天檀，籐間有突起者，故名。《咸淳志》鶴膝竹，出靈山，一名唐公竹，又名鶴膝竹，曲突如鶴膝狀。《靈隱寺志》飛白竹，出海甯。《海甯州志》黃箍竹，出海甯。乾隆《志》引舊志毬竹，每於杭州街市人家見之植盆檻中，高不過一二尺，獨竿直上，枝葉叢密，別無種類，人力爲之，以筍初解籜時折去上梢，則竿杪雜出小枝無數，三二年後枝葉轉密，盤曲團團，如毬之狀，繁細可愛，故名。李衎《竹譜》石大頭竹，生餘杭山中，狀與常竹不異，四五月間出筍，上細下大，其籜淡黃色，無斑花，惟上截甘美可食，下截木硬，但可煮汁，以此得名。李衎《竹譜》

又卷八〇《物產・禽屬》 鶴，林君復嘗畜兩鶴，縱之則飛入雲霄，盤旋久之，復入籠中。君復時泛小舟游西湖諸寺，客至則童子開籠縱鶴，必掉舟而回，蓋以鶴爲驗也。《夢溪筆談》仁和三峰山里人夏誠有《三峰十詠》，內有《石青鶴唳》。[注略]鵠，昌化大鵠，頭山大鵠，曾來栖止。成化《志》雉，仁和土貢野雞一隻，富陽縣土貢野雞四隻，於潛縣土貢野雞六隻，昌化縣土貢野雞八隻。成化《志》仁和超山、錢塘法華山、石和尚山、海甯贊山、金牛山、葛嶼山、於潛眉山、鶴山皆多雉，錢塘九里暗山、海甯黃山、妙果山、胡家山、尖山、於潛金鵞山、浮玉山皆多文雉。萬曆《志》山雞，仁和龍珠山、皋亭山、桐扣山、臨平山、錢塘五雲山、焦山、西山、西塢山、法華山、荊山、大雄山、萬松山、海甯茗山、於潛馬頭山皆有山雞。萬曆《志》丫頭山周回四里，鳥則山雞。《西溪梵隱志》按：丫頭山爲焦山之支山。白鷴，海甯花山、尖山、青陽山多白鷴。萬曆《志》昌化有紫鷴。乾隆《昌化縣志》竹雞，新城土貢竹雞十一隻。成化《志》生餘杭苦竹岡，引雛成羣，呼曰泥滑滑，則天降雨。嘉靖《餘杭縣志》燕，有二種，紫胸輕小者謂之越燕，胸斑黑聲大者謂之胡燕，胡燕多巢村墟及人家門外，其巢有極長者，與越燕所巢不同。萬曆《志》石燕，九邑山洞中多有之。《夢粱録》於潛石燕洞中多燕糞，意其秋後所藏。咸淳《志》似蝠，能飛，山穴中有鍾乳者多聚，食其汁。乾隆《志》提壺，林逋《過下湖別墅》詩：多謝提壺鳥，留人到落暉。咸淳《志》畫眉，錢塘法華山、石和尚山、海甯青陽山、於潛岩崿山多畫眉。土人好浪遊者，每於清晨籠所畜，攜至山林間，與羣畫眉調舌爲戲。萬曆《志》鶯，錢塘觀山、黃梅山、九里暗山、仁和桐扣山、於潛金鵞山、馬頭山多鶯。萬曆《志》錢塘法華山、海甯黃山、錢山多鵂鶹。同上。鳩，仁和土貢斑鳩二十四隻，錢塘土貢斑鳩七隻，富陽土貢斑鳩四隻，海甯土貢鵓鳩二十隻，富陽土貢鵓鳩三隻。成化《志》仁和桐扣山、超山、錢塘焦山、觀山、九里暗山、荊山、黃梅山、西塢山、萬松山、法華山、於潛良梅山、金鵞山，鳥皆多鳩。海甯花山、贊山多火鳩。萬曆《志》鶴鶉，海甯土貢鶴鶉五隻。成化《志》宋高宗紹興十三年冬十月，幸清河郡王張俊第，供進御筵，有第一盞花炊鶴子，第四盞鶴子羹，第十二盞鶴子水晶膾，第十五盞炙鶴子脯。《西湖遊覽志餘》俗呼鶴春性，好鬥。《仁和縣志》山鵲，仁和皋亭山、超山、錢塘觀山、焦山、海甯錢山多山鵲。萬曆《志》似鵲而小。《仁和縣志》鵲，俯鳴則陰，仰鳴則晴，人常取以爲候，仁和龍珠山、獨山、錢塘五雲山、焦山、荆山鳥多鵲。萬曆《志》雀，俗呼麻雀，又一種名黄雀，麥稻熟時飛集田中，多至千百，土人捕之，以爲饌中美品。仁和桐扣山、臨平山、錢塘黄梅山、西塢山、石和尚山、萬松山、海甯葛嶼山、胡家山、於潛岝崿山多雀。萬曆《志》麥黄時有細雀漫天而集，土人以絲網罥之，美於常味。《餘杭縣志》烏、鴉，靈隱寺烏極馴擾，於人手中啄食。咸淳《志》仁和龍珠山、獨山、臨平山、錢塘五雲山多鴉。萬曆《志》宋紹興初，高宗建行闕於鳳凰山，山中林木蓊如，鴉以千萬計。高宗在汴邸無山，未嘗聞此，至則大駭。命内臣張去爲領修内司諸兒聚彈射而驅之臨平赤岸間，蓋去闕有五六十里。未幾，鴉復如初。宮中亦習以爲常。《四朝聞見録》［注略］杜鵑，於潛鶴山、馬頭山多杜鵑，金樓山、浮玉山多杜宇。萬曆《志》百舌，和靖詩云：百種堪憐巧言語，一般惟欠好毛衣。咸淳《志》絶似鸜鵒，但鸜鵒有幘而百舌無幘，能反復其舌，效百鳥聲。萬曆《志》鵃鵒，海甯茗山多鵃鵒。萬曆《志》似雀而有幘，徐斷其舌，可使作人言，一名寒皋。《仁和縣志》鈎輈，即鷓鴣也，其鳴云鈎輈，故因以名之。林逋詩『林木叫鈎輈』，指此。萬曆《志》蠟嘴，即桑扈。《浙江通志》杭州有靈禽演劇者，其法以蠟嘴鳥作傀儡，戲曲以導之，拜跪起立，儼若人狀，或使之銜旗而舞，或寫八卦名帖，指使銜之，縱横不差。《西湖遊覽志餘》啄似蠟，能知人性，星家排命多用之。康熙《志》戴勝，蠶生之月則降於桑，相傳謂降桑遇金日主穀賤。萬曆《志》鴿，杭人以放鴿爲太守壽。蘇詩自注宋紹興中，宮中養鴿，每日羣飛於外。《古杭雜記》高宗好養鵓鴿，躬自飛放。有士人題詩云：鵓鴿飛騰繞帝都，朝收暮放費工夫；何如養箇南來雁，沙漠能傳二帝書。高宗聞之，召見士人，即命補官。《西湖遊覽志餘》按：杭人多於院墻或檐際置巢畜鴿，收其卵以爲宴客珍饌，尾綴小竹筒，放之飛聲如風箏，或繫書於足，能傳遞往來故事，值闈場，官禁放鴿。啄木，剛爪，利嘴，舌長於咮，能斜穿木理食蠹。《天目山志》鴈，富陽土貢鴈二隻。成化《志》黄頭，性善鬥。海甯洛塘南樂蘇橋里許所産佳，或項臆間一痕作黄金色者名金帶黄頭，尤趫健。乾隆《志》引舊《海甯縣志》翠鳥，即翡翠鳥，其毛可以作翠，四方多來購之。《新城縣志》一名魚虎，小不盈握，入水銜魚而出。《錢塘縣志》相思鳥，餘杭南湖諸山多有之，赤啄緑羽，大如麻雀，取雌雄置一籠，比翼而棲，乍望之如一鳥。或放其一則少焉自歸，若俱放之則徑去。《餘杭縣志》先後放去，仍兩兩自歸。毛奇齡《相思鳥記》鵁鶄，海甯縣土貢鵁鶄一隻。成化《志》九頭鳥，叢葦中或得之。《海甯州志》宋景定間周漢國公主下降，賜第嘉會門，左近接禁籞。主嘗有疾，一日正午忽有九頭鳥集其第，擣衣石上，其狀類梟而大如箕，哀鳴啾啾，略不畏人，引弓射之不中，飛去。是夕，主薨。《西湖遊覽志》按：聲如小雞，陰雨夜有叢木處每聞之，一名鬼車。《周禮・秋官》：哲蔟氏覆夭鳥巢。是鴞服之外，古有此種不祥之鳥。《韓昌黎集》有《射訓狐》詩。擣藥禽，山有二禽，伏藏深樹間鳴，晝夜不絶，宛如擣藥聲，人無見其形者。《餘洞霄宫》食葛仙翁藥不死，猶作丁當杵臼之聲。《天目山志》［注略］鷗，即鳬鷖，色白，百十爲羣，隨潮上下，常以三月東北風至，乃還洲嶼。今村落河蕩間多有之。康熙《志》鳬，即野鴨，多泊江湖沙上，其羣蔽天而下，聲如風雨至，田間穀粱必空。《錢塘縣志》土名水鴨。《新城縣志》鷺，捕魚爲食。康熙《志》閻方伯言，浙江省門對吴山有白鷺羣飛，朝去暮還，日以爲常，因識一詩，且將繪圖以傳。《程篁墩集》鴛鴦，晉肇法師誦經西湖白蓮院，鴛鴦亦能誦經。《北磵集》鸛，海甯妙果山、於潛岝崿山皆多鸛。萬曆《志》又名旱禽，天將雨則長鳴。康熙《志》鸂鶒，和靖《春日即事》詩：鸂鶒夷猶翠瀲微。咸淳《志》告天子，吴山叢薄間有小鳥飛鳴直入雲際，翻身啁唧，土人呼曰告天子。田藝蘅《留青日札》雞，鹽官僧爽養白雞二十餘年，常立座側聽經。《東坡居士集》鵞，杭人喜食鵞，日屠百鵞。余自湖上夜歸，屠者之門百鵞皆號，若有所訴。東坡《仇池筆記》嘉靖中，侍御張景按浙，令巡官日報屠鵞之數，大約日屠一千三百有奇。較之宋時，又加十倍矣。《西湖遊覽志》鴨，武林鴨蘭橋，蘭與欄通。張文昌詩所云：水鎮應多養鴨欄。《胡柳堂遺集》昌化縣鴨，或有雙頭者。嘉靖《昌化縣志》

又《獸屬》

虎，錢塘黄梅山、瓜藤山、西山、九里暗山、西塢山、石和尚山、荆山、萬松山有虎。宋真宗九年三月，杭州有虎入税場。《文獻通考》理宗三年，小麥嶺有二虎爲患。成化《志》成化二十一年九月二十四日，湖墅有虎登樓。康熙《錢塘縣志》宏治初，錢塘安溪山多虎患，獵人捕之，一日而獲三虎。《七修類稿》五年夏六月，虎由雲居山入城中三茅觀，次日獵而斃之。《武林紀事》嘉靖二十五年秋七月，杭州屬縣諸山，虎聚成羣，白日入民家傷人，道路無獨行者，死傷不可勝記，餘杭尤甚。《七修類稿》虎林山在武林門内，相傳昔時有一虎來踞此山，衆逐之，矢石并發，虎不爲動。有老翁知爲鯊虎，爲鯊魚所化，教人多鍊鐵錐，專擊其足而斃。《湖壖雜記》仁和七都地名葛墩，有土神廟，敗壁四達。正德時，有王姓時寄宿於廟，一夕見虎入廟，叩頭於神而去。意傳記所載，虎傷人，必先於土神求之，此之謂歟？《七修類稿》虞司勳淳熙兒時侍封公舜卿上塚南屏之麓，封公忽聞人語曰：『有老虎，有老虎。』司勳與從祀者皆不聞也，又連呼，獨封公聞之。衆匿笑曰：『白晝安得有虎？』且煖酒餕餘，封公變色起，衆强隨之下山，不數十步，虎已突過塚上矣，蓋山神護之云。《淨慈寺志》新城向有虎患，明邑令劉秉殪虎一十有八。《新城縣志》順治二年，虎入城。《錢塘縣志》九年十月，虎至慶春門外。《仁和縣志》十年，餘杭諸鄉多虎患，一日太璞山有巨獸逐虎，食之，患遂息。《皇朝文獻通考》十一年四月，有虎入城，踞雲居山，獲之。《錢塘縣志》十三年九月二十九日，海甯熙春門外獲虎。《海甯州志》十八年，超山有僧聞虎嘯，欲拽杖往伏之，竟爲所噬。其徒延虎師捕虎，師造阱，即知當獲七虎。以次就獲。越月，師云：今日當獲第七虎矣。往視，阱中虎大吼，忽阱外二伏虎，自草中起，各銜師一足，中裂其體而去。《湖壖雜記》康熙二十一年，富陽多虎暴。《富陽縣志》三十八年十一月，仁和大雄山有白虎，頂有獨角，率四虎行林間，數日而去，不傷人畜。趙彪《談虎》康熙中邑令葛長有驅虎牒，今開罜遍山，虎亦遁跡。《新城縣志》乾隆二十一年，臨安虎患。《臨安縣志》二十二年，新城縣南新、東洲兩鄉虎傷人。《新城縣志》按：乾隆《志・物産》不載虎，萬曆《志》詳載。今循志之，使人知所避。鹿，錢塘歲辦土貢鹿七隻，富陽歲貢鹿四隻，餘杭歲貢鹿五隻，臨安歲貢鹿十三隻，新城歲貢鹿三隻，於潛歲貢鹿一隻，昌化歲貢鹿一隻。成化《志》錢塘石和尚山、萬松山、法華山，有鹿。萬曆《志》呼猿洞外一鹿，大倍常鹿，角高五六尺。《天竺山志》天目山有白鹿，毛質詭異，土人謂爲山神。《天目山志》牡曰麚，牝曰麀，子曰麛。生三年，其角自墮，性多警，羣居則環其角外向以防患。《錢塘縣志》麂，生昌化於潛山中。《夢粱録》似鹿而小，其皮甚細，土人制以爲韝。錢塘五雲山、黄梅山、五里暗山、石和尚山、萬松山、於潛馬頭山、閲武山、獨角山，多麂。萬曆《志》錢塘歲貢麂一隻，餘杭歲貢麂五隻，於潛歲貢麂三隻。成化《志》丫頭山多麂。《西溪梵隱志》麞，一作獐。仁和皋亭山、桐扣山，錢塘黄梅山、焦山、法華山，海甯青陽山、金牛山、葛嶼山、胡家山，獸多獐。萬曆《志》仁和歲貢獐一隻，餘杭歲貢獐二隻。成化《志》兔，仁和皋亭山、桐扣山、超山、錢塘焦山、五雲山、觀山、黄梅山、瓜藤山、西山、九里暗山、神山、西塢山、石和尚山、法華山、荆山、大雄山、萬松山、海甯妙果山、青陽山、贊山、金牛山、胡家山，於潛金鵞山、馬頭山、良梅山、浮玉山、眉山、閲武山、鶴山、獨角山，皆多兔。萬曆《志》仁和歲貢兔二隻，錢塘歲貢兔一十三隻，海甯歲貢兔七隻，餘杭歲貢兔五隻，於潛歲貢兔三隻，昌化歲貢兔四隻。成化《志》丫頭山多兔。《西溪梵隱志》古城山北爲兔山，以多兔名。《仁和縣志》狸，錢塘焦山、西塢山、海甯妙果山、於潛金鵞山、浮玉山、閲武山，多狸。萬曆《志》於潛昌化谷中多玉面狸。咸淳《志》新城亦間有之。《新城縣志》狐，錢塘神山、海甯胡家山多狐。萬曆《志》土名啄狗。《新城縣志》按：杭地衙署園池、空屋僻室往往有之，惟不爲怪異祟人耳。又《昌化縣志》有竹狗，似狸，居竹林中，別是一獸，與啄狗異。貛，錢塘法華山、大雄山、海甯金牛山、葛嶼山、胡家山多貛。萬曆《志》豺、兕、麝，天目山有之。《天目山志》猿，呼猿洞，相傳慧理法師就洞中呼出黑、白二猿。六朝劉宋時，僧智一善嘯，亦嘗養猿山間，每臨澗長嘯，則衆猿畢集，時人謂之猿父。見《高僧傳》。《天竺山志》杭州天竺靈隱兩寺多猿猴，謂之孫團，彌長其類。《西湖志》引《李紳詩序》西天竺僧慧理蓄白猿於靈隱寺，陸羽爲記。釋蓮式《白猿峰詩序》順治己丑秋夜，一僧於月下見一白猿立於飛來峰頂，皎如積雪，映月逾潔。辛卯冬，青蓮閣下一黑猿戴笠而趨，衆皆見而呼之，猿却顧微吟，越溪而去。《湖壖雜記》産天目山，寺常以饅首齋猿，先一日懸牌寺門，書齋猿若干，至期集，每一猿持一饅首而去，無敢亂者。《天目山志》【略】野豬，一名㹕，亦名山豬，肉赤色。萬曆《志》其肚治風，四蹄愈痘。《新城縣志》按：粤匪亂後，各山縣及西湖南北山産野豬極多，春夏食筍麥，秋食禾稻，或穴塚墓爲巢，居民晝夜捕逐，而種類生息日繁，頗爲地方之害。豪豬，古名伏矢駿，有刺，怒則奮以射人。土人或取以爲笄。萬曆《志》呼猿洞外有㲋，大如牯牛，行動則背豪琅然有聲。《天竺山志》獺，孫和求白獺髓，購數百金。有富春漁人云：此物知人欲取，則逃入石穴，伺其祭魚之時，有門死者，穴中應有骨可得。如言得之。《拾遺記》善入水取魚，土人取其皮爲女帽，名一盞燈。萬曆《志》土人以其皮飾袖。《新城縣志》似小狗，水居食魚，正月取魚水旁四面陳之，謂之祭魚。性能知水高下，其爲穴，必度水所不至處，鄉民以爲潦水之候。《錢塘縣志》馬，昔吴越王牧馬於錢塘門外，東西馬塍，其馬蕃息，號爲馬海。今餘杭、臨安、於潛三邑，猶有牧馬遺迹。《夢粱録》馬非杭産，今會城有滿漢八旗駐防以及鎮撫水陸各營皆牧馬，水草得宜，故馬亦蕃庶。《浙江通志》騾，驢馬相交而生，縣有騾生驢，人以爲異。嘉靖《昌化縣志》牛，望牛堆在餘杭南湖間，農隙之時，四近皆於此牧牛。成化《府志》豕，南豬行候潮門外，北豬行在打豬巷。《武林舊事》羊，邑産皆山羊，秋晚飼以桑葉。《新城縣志》犬，錢塘縣界，地名狗葬，橋名良犬。相傳云：昔人被火燎幾斃，犬入水以濡其主得甦，後犬斃，里人葬之。《夢粱録》富陽桑亭埭在縣北，漢末桑君養犬數年，不吠，孫文臺微時，犬忽吠之，桑君謂文臺曰：『君其異相乎？』成化《志》六月六日，郡人舁猫狗浴於河中。《西湖遊覽志餘》猫，都人蓄猫，有長毛白黄色者，稱曰獅猫，不能捕鼠，徒爲美觀。咸淳《志》蠶時，村人蓄猫驅鼠，謂之蠶猫。《東皐雜録》山猱，富陽有之，人面能言，或云獨足。國語《注》膃肭臍，臨安民往江口見潮退有一異物，褐色，有毛、有足，骨軟似不勝持，重三四十觔，或以爲海狗，後有貴人詢其狀曰：此膃肭臍也。《清波別志》松鼠，林逋《湖山小隱》詩：畫巖松鼠静，春塹竹雞深。《西湖志》

清　李登雲　光緒　《樂清縣志》卷五《物産》　果類[只録種名]：梅，桃，李，杏，柰，梨，楊梅，柿，橘，柑，柚，朱欒，香櫞，橙，金彈，羅浮，金豆，棗，栗，榛，安石榴，葡萄，林檎，櫻桃，枇杷，銀杏，木瓜，橄欖，山楂，木桃，甘蔗，蓮子，芡，菱，荸薺，茨菰，椎，落花生，番薯。木類[只録種名]：桑，柘，松，黄楊，原稿缺。柏，梓，樟，杉，烏桕，桐，欏，花梨，楓，女貞，萬年春，椶櫚，槐，榆，樺，楮，檳，柞，檀，柳，榕，樸，金荆，松蘿木，櫟，樗，觀音樹。竹類[只録種名]：筀竹，篁竹，方竹，慈竹，鳳尾竹，紫竹，椶竹，苦竹，篠竹，貓竹，水竹。【略】禽類[只録種名]：雉，山雞，錦雞，白鷳，黄鸝，斑鳩，布穀，郭公，鴿，鵲，練鵲，花雀，繡眼，烏，鴉舅，鸜鵒，百舌，畫眉，鶴，鷹，鷺，鸂鶒，鵜鶘，梟，鷗，鷓鴣，翡翠，鴛鴦，竹雞，伯勞，謝豹，啄木，山和尚，白頭翁，黄頭，雀，婆餅焦。獸類[只録種名]：虎，鹿，麂，豺，狼，山牛，山羊，山犬，野豬，猿，猴，犺獱，香狸，獺，兔，松鼠，竹鼦，鼯鼠，石蝝，山樂官。

清　陳常鏵　光緒　《分水縣志》卷三《食貨》　果類[注略]：梅，杏，桃，李，梨，花紅，枇杷，石榴，栗，柿，榧，白果，山核桃，橙，橘，香欒，木瓜，棠梨，櫻桃，落花生，無花果，猢猻桃，秤錘蔀，錦荔枝，天竹子。竹類[注略]：竹，慈竹，貓竹，早竹，箭竹，木竹，越王竹，苦竹，金竹，紫竹，黄竹，羅漢竹，壽星竹。木類[注略]：松，柏，桑，柘，杉，梓，梧桐，桐，麻櫟，青材，白栗，烏柏，白楊，槐，檀，楓，椶櫚，樟，牛筋，椿，楝，檫，枕，榔，榛樹，楊柳，黄楊，金枸樹，肥皂莢，山漆柴，石楠，沙樸，樺，楮，木紅，冬青。羽屬[注略]：雞，鵝，鴨，鵓鴿，雉，山雞，竹雞，鵲，鴉，燕，鶯，布穀，戴勝，畫眉，黄頭，竹葉青，山和尚，鸜鵒，百舌，報春，克丁當，練鵲，蠟嘴，子規，鵪鶉，四喜，白頭翁，鳩，雀，啄木，柯黄鳥，鷹，鷂，猫頭鳥，鸛，鷓鴣，鷺，鴛鴦，水鴨，魚狗，魚虎。毛屬[注略]：牛，犬，豬，羊，貓，虎，鹿，麕，豹，麂，野豬，豪豬，貒豬，山狐，火狐，香狸，文狸，野貓，玉面狸，兔，獺，鼫鼠，松鼠，黄鼠狼，豺，刺猬，猢猻。

清　李前泮　光緒　《奉化縣志》卷三六《物産》　果之屬[注略]：梅，桃，李，枇杷，楊梅，杏，銀杏，柑，橙，橘，柿，石榴，栗，菱，榧，櫻桃，梨，金柑，香櫞，柚，白棗，紫葡萄，荔枝，青糯子，藤梨，枸橘，鳧茨。【略】木之屬[注略]：松，敬松，柏，水柏，櫟，桑，柘，烏柏，楓，槐，楊，柳，水楊，黄楊，檀，楝，槿，椿，冬青，山桃，青樇，皂莢，梩，樟，槲，梓，梧，桐，檿，刺桐，栗，麻栗，椆，楮，榆，沙樸，溪口，荆，香槤，檡，烏檂，木烏，黄橘，榔，檫，鈞樟，石南，檗，合歡，烏不宿，烏米飯樹，椶櫚，樺桃，樗。竹之屬[注略]：白竹，龍鬚竹，斑竹，紫竹，烏竹，桃枝竹，筋竹，貓竹，筴竹，苦竹，箭竹，淡竹，觀音竹，鳳尾竹，黄竿竹，四季竹，尖竹，筍，天竹。【略】羽之屬[注略]：雞，鵞，鴨，雉，鴿，燕，黄頭，戴勝，提壺，鸛，鷹，斵木，鴉，鷗，鷺，梟，鵪鶉，鵲，山鵲，雀，鶻，姑惡，百舌，黄鸝，鸜鵒，白頭翁，子規，鵂鶹，竹雞，鳩，畫眉，鵁鶄，鴟，翡翠，鷸，青鶮，鷓鴣，鬼車，山和尚。毛之屬[注略]：牛，羊，豬，狗，貓，虎，豹，豺，狼，野豬，豪豬，兔，貍，獺，田狗，麂，鼠，松鼠，栗鼠，田鼠，黄鼠狼。

清　彭循堯　宣統　《臨安縣志》卷一《古蹟》　唐朝杉，在洞霄宫外。重榮木，在天柱宫外。唐咸通二年，吴天師所種。至宋咸平中，無故自枯。歷祥符壬子復榮，漕使陳堯佐異之，圖狀進呈，並奏五色雲現及地湧泉事，降旨以褒神異。後熙甯間，一夕風雨大震，不知所之，以爲靈化焉。晉朝松，武肅王《天柱觀記》：東晉郭文舉得飛化之道，隱居此山，乃於蝸廬之次手植三松，虬偃鳳翔，蒼翠千載。今殿前者是。唐朝松，凡二。唐朝櫟，並在洞霄宫，唐景福間閭邱先生自天台山來，以盂移植，圍二丈，高二十餘丈，葉雖凋減而枝益堅，或圖以爲屏障。偃松，在徑山西，其高丈許，其蔭四垂，平柯不聳，如芝孤生。悟道松，在天目山路旁，頂平圓如蓋，相傳葛稚川修仙天目，每坐松頂高吟。萬年松，在天目山分經臺有三株，一爲雷火所摧，二俱枯立。無骨箬，洞霄宫大滌山多生紺箬，許真君上昇，語弟子曰：吾有金丹一劑，藏山中無骨箬下，他日有緣者遇耳。後人採薪或帶箬歸，往往臨爨始得之，採時不見無骨者。功臣古桂，在開化寺前，古桂二枝，吴越王時遺種。學士松，在玲瓏山合澗泉七里許，大可合抱，坡公所手植者，一名羅漢松，今勝因院尚存一枝，大如之。辛彝古木，一在玲瓏山醉眠石上，二百餘武，枝幹疎勁，翼以扶欄。洪先生石刻：飛來辛彝花浮玉，生爲識其孫枝云。一在益泉山，老幹叅天，廣蔭數畝，花開時如玉山燦爛。雙桂林，在治北雙林山，舊有古桂二株，干霄蔽日，垂蔭寺門，花開時天香遠飄。

又卷二《物産》 果類：佛指甲，即銀杏，俗名白菓，二更花開，隨即卸落，三稜爲雄，二稜爲雌，産治南中嶠者特長而細，形如佛手，因名佛指甲。梅，杏，櫻桃，枇杷，出黄嶺、烏巾山、錫塘塢尤珍。白色者上，黄次之。桃，有五月桃、油桃、毛桃、楊桃，最遲爲十月桃，一名寒桃。榴，李，橙，香圓，梨，産花石山、烏山者最甘美。橘，栗，出西華者佳，大名魁栗，小名茅栗。柿，有方頂、鹿心、牛奶、水柿等種。又有油柿，作柿漆，以油紙。榧，産桃源者形長細而尖紅，味甚香美。榛，出天目山間。山核桃，樹不甚大，花黄，味頗香。甜珠，一名苦珠，産生梓樹，冬令自落，可以救荒。茶果。採之，可搗油。木類：桑，葉以養蠶，皮可造紙，墻垣園圃皆徧樹之，其利甚普。松，有數種，産天目山者針短而犀健，栝子松三針，華山松四針。杉，仲春取苗扦之，十年即成林，利甚渥。柏，檜，梓，桐，子可搗油。椿，楓，榆，橀，冬青，桕，子可搗油。黄栗，白栗，槐，椶，檀，櫱，白楊，樟，梧桐，榧，楝，柘。葉可飼蠶，山溪皆可植。竹類：曲竹，産洞霄宫，可爲杖。胎竹，紫竹，産青檀山，可爲簫管，細者又宜笙。羅漢竹，産九仙山。貓竹，一名毛竹，可結筏，東南鄉俱産，惟出徑山者極茂，而大邑無舟楫，結筏轉輸，利用甚廣，嫩竹可造白紙。斑竹，可製器。金絲竹，早竹，廣竹，捕雞竹，苦竹，筍苦不可食，葉能療口瘡。淡竹，色青翠，葉可爲藥。木竹，中實。水竹，爲簟最佳。石竹，方竹，鳳尾竹，形如鳳尾。箭竹，篌竹，慈竹，觀音竹，紅殼竹，孝順竹，筍月出。羊毛竹，青竹。【略】花類：牡丹，有紅、白、紫、粉紅四種，園林多栽之。澹黄牡丹，産淨土寺，蘇軾游淨土院有『一朵宫黄微拂掠，鞓紅魏紫不須看』之句，即指此也。芍藥，薔薇，荼蘼，海棠，曰西府，曰垂絲，曰鐵幹。又有草本，秋時始花，名秋海棠。桂，金、銀二種。蜀葵，錦葵，向日葵，紫薇，一名半年紅，五月開花，九月始止。玉簪，一莖十數花，未開時白如玉，形如簪。水仙，夜合，山丹，一名百合根，似百合而紅，每歲添一枝。金錢，木芙蓉，在水曰草芙蓉，在陸曰木芙蓉，又名拒霜花，紅、白二種，別有一種晨白、午後微紅而暮深紅者曰醉芙蓉。鳳僊，一名金鳳花。雞冠，花如雄雞冠，最耐久，色亦不一。山茶，紅、白、黄數種，寶珠最勝。玫瑰，紅、白二種。杜鵑，徑山梅閣庵三游堂後最盛，本復高大，色紅如血，因名其巖曰赤壁。映山紅，蓮，金蓮，産徑山寺中放生池，移植他處即稿。瑞蓮，見《祥異》。菊，黄、白、紅、紫數色。辛夷花，粉團，木槿，石竹，老少年蘭，生深谷中，有九莖者曰蕙，又有風蘭生石壁上。十姊妹，紅、白、淺、深不一色。大笑鞠，《花史》：臨安有大笑鞠，花白心黄，葉如笑，或云即枇杷鞠，今無考。萱草花，一名鹿葱，婦人戴之宜男。梔子花，色白而香，初夏盛開。臘梅。帶雪而開。【略】羽類：雞，鵝，鴨，鴿，燕，即元鳥，春來秋去，營巢避戊已日。雉，錦雞，一名鷩雉，毛羽鮮明如錦。竹雞，即泥滑，性好啼，喜鬬，善食蟻。諺云：家有竹雞啼，白蟻化爲泥。白鷴，出簰頭。畫眉，大如鸜鵒，黄色，眉長白如畫，善鳴。杜鵑，又曰子規，夜啼達旦，血漬草木，始鳴皆北向，啼苦則倒懸於樹，蓋怨鳥也。田家候其鳴則興農事。《太平寰宇記》以爲望帝所化，即杜宇。按：臨有鳥黄色，其音則似家家看火，蠶月則鳴，逾時不見，俗傳昔人飼蠶失火，焚死化鳥，以警蠶婦，亦怨鳥也。鸜，鵒，似鵙而有幘，又名八哥。百舌，一名反舌，立春後鳴，反復如百鳥，仲夏則無聲。相思鵲，大如鴉而長尾，鋭啄，緑背，白腹，季冬始巢。山鵲，狀如鵲，有文彩。鳩，布穀，戴勝，黄脰，即鵪鶉。白頭公，黄鸝，雁，大曰鴻，小曰雁。麥鴉，歲十月初自西北來，陣列蔽天，每飛食田間麥子，爲害匪淺，仲春乃化。擣藥禽，禽有二，晝伏夜鳴，聲如擣藥。鴖，蠟嘴，啄木，姑惡，鳧，水鳥。鷗，水鳥。鷺鷥，林棲水食，羣飛成序。鸛，烏、白二種，似鶴而頂不丹。鴛鴦，匹鳥，雌雄相匹，人得其一，其一必死。鸂鶒，水鳥，五色，尾如船舵，在山澤中。水鴨，狀類鴨。摸魚兒，青翠青羽雀也，雄曰翡，雌曰翠。鷹。羽可爲扇。毛類：牛，馬，驢，騾，羊，豕，犬，貓，虎，《山海經》：出浮玉山。豹，似虎而圜文，毛赤文黑爲赤豹，毛白文黑爲白豹。鹿，牝無角者名麀鹿。兔，尾短，耳大，唇缺，無脾。麞，秋冬居山，春夏居澤。麂，類麞而善跳。猿，猴，狀似人，性躁動，羣行害物，今不多見。玉面狸，香狸，野豕，蹂躪禾稼，爲害匪淺。豲豬，狀如豬，項脊有刺。獺，食魚，居水中，亦休木上，皮可製衣，髓可治瘢。豺，狼屬，黃毛而狗足，俗名豺狗。狼，皮可爲裘。⿰鼠登⿰鼠令鼠。俗名松鼠。

紀事

唐　姚思廉《梁書》卷五三《沈瑀傳》　永泰元年，［沈瑀］爲建德令，教民一丁種十五株桑，四株柿及梨、栗，女丁半之。人咸歡悦，頃之成林。

宋　朱弁《曲洧舊聞》卷四　龍福寺門外東偏有修竹二畝餘，殆不減洛中所産。有鼠喜食其筍，寺僧于筍生時置鼓晝夜鳴之，謂之驚鼠鼓。予與韓秉則同游見之，秉則笑曰：使王子猷遭此鼠，必躬自撾鼓。傳中又添此一事，以爲後人美談也。

宋　蔡襄《端明集》卷二八《遊徑山記》　記徑山之游。臨安縣之北鄙直四十里，有徑山在焉。山有佛祠，號曰承天祠。有碑籀述載，本初唐崔元翰之文，歸登書之石，今傳於時云。始至山之陽，東西之徑二。登自其西，壁絶襟繞，轎行少休。松檜交錯，盤欝蒙翳，尋丈之間，獨聞語聲。躋稜層，披翠蒨，盡十里許。下視來徑，青虬蜿蜒，搏巖騰霄。且及其巔，峽束洞隱，幾不容並行。已而內括一區，平盈坦壑，四面五峰，如手豎指，一峰南絶，卓爲巨擘，屋蓋高下在掌中矣。其間小井，或云故龍湫也。龍亡湫在，歲率嘗一來，雷雨暝曀，而鄉人祠焉者憧憧然。環山多傑木，絲杉翠樫，殆千千萬萬，若神官蒼士，聯幢植葆，駢鄰倚徙，沉毅而有待者。導流周舍，鏘然璆然，若鑾行珮趨而中節者。由西峰之北數百步，矻然巨石，屏張笏立，上下左右可再十尺，劃而三之若川字，隸文曰『碣石巖』，其傳甚神。並岩被谷，修竹茂密，嘗以契力刻竹兩節間，成『景祐三年十二月十五日』字云爾。由東徑而往，坎窞爲池，游魚曠空。其西逕東折，蹴南峰，領脰之間，平地砥然，盈畝而半。偃松一本，其高丈，其蔭四之，横柯不聳，如芝孤生。松下石泓，激泉成沸，甘白可愛，即之煮茶，凡茶出北苑，第品之無上者，最難其水，而此宜之。偃松之南，一目千里，吴江之濤可挹，越岫之桂可搴。雲駁靄褰，狀類互出，若古圖畫蟲蠹斷裂，無有邊幅，而隱顯之物尚可名指。羣山屬聯，呈露崗脊，矯矯翦翦，咸自意氣，若小説百端，欲聖知之亢而不知其下也。臨觀久之，魁博通幽之思生焉。古人有言曰：登高能賦，可爲大夫。旨乎哉！予於斯見之矣。曷止大夫之爲也？大凡言之，天鄰地絶，山回物静，在處神巧，舉可人意。雖窮冬闃寂，未覩夫春葩之榮，薰風之清，秋氣之明，然取於予者猶在也。既歸，無幾何，而曩所歷者，重鈎復結，無一見焉。追而言之，若覺而言夢，使人悄愴而不知其自也。同游者，建安黄瑊君度、岳陽朱師德宗哲，又君度之姪子常、子美，甥杜沂皆從游。其前與謀，而後以事已之者，朱宗哲之兄師道希聖、杜沂之父叔元君懿，揭陽盧幾舉之三人。莆陽蔡襄一與之善，惜乎不及俱也。書所經見往貽之，人一通。嘗刻竹兩節間之十字，其游之年月日也。

宋　晁補之《雞肋集》卷三一《新城遊北山記》　去新城之北三十里，山漸深，草木泉石漸幽。初，猶騎行石齒間，旁皆大松，曲者如蓋，直者如幢，立者如人，卧者如虬。松下草間，有泉沮洳，伏見墮石井，鏘然而鳴。松間藤數十尺，蜿蜒如大蚖，其上有鳥，黑如鴝鵒，赤冠長喙，俛而啄，磔然有聲。稍西，一峰高絶，有蹊介然，僅可步。繫馬石嘴，相扶携而上，篁篠仰不見日，如四五里，乃聞雞聲。有僧布袍躡履來迎，與之語，愕而顧，如麇鹿不可接。頂上有屋數十間，曲折依崖壁爲欄楯，如蝸鼠繚繞，乃得出，門牖相值。既坐，山風颯然而至，堂殿鈴鐸皆鳴，二三子相顧而驚，不知身之在何境也。且暮，皆宿。于時九月，天高露清，山空月明，仰視星斗，皆光大如適在人上。牕間竹數十竿，相摩戛聲，切切不已。竹間梅棕，森然如鬼魅離立突鬢之狀。二三子又往顧魄動而不得寐。遲明，皆去。既還家數日，猶恍惚若有遇，因追記之。後不復到，然往往想見其事也。

宋　袁褧《楓窗小牘》卷上　汴中呼餘杭百事繁庶，地上天宫。及余邸寓，山中深谷，枯田林莽塞日，魚鰕屏斷，鮮適莫揆，惟野葸苦蕒，紅米作炊，炊汁少許代脂供飲，不謂地上天宫有此受享也。

宋　舒岳祥《閬風集》卷一二《故豸峰應君墓志銘》　寧海以浮谿爲屏几，梅林爲茵席。自提樹趨而至於清泉山，是爲邑之右臂。自法昌帽尖趨而至於嶽祠白嶠，是爲邑之左臂。梅林居其中，寬平沃衍，可容萬家。爲通驛大道，旁引兩臂，支分港別，達於大海，有舟航網罟之利。其隅隩深窈，環以文谿，峙以茶山，有椅桐、檜柏、楩楠、豫章、竹箭、筍茗之産。

元 趙孟頫《松雪齋集》卷七《遊吴興山水清遠圖記》 昔人有言：吴興山水清遠。非夫悠然獨往有會于心者，不以爲知言。南來之水，出天目之陽，至城南三里而近，滙爲玉湖，汪汪且百頃。玉湖之上，有山童童，狀若車蓋者，曰車蓋山。繇車蓋而西，山益高，曰道場。自此以往，奔騰相屬，弗可勝圖矣。其北小山坦迤，曰峴山，山多石，草木疎瘦如牛毛。諸山皆與水際，路繞其麓，遠望唯見草樹緣之而已。中湖巨石如積，坡陀磊磈，葭葦藂焉。不以水盈縮爲高卑，故曰浮玉。浮玉之南，兩小峰參差，曰上下鈞魚山。又南長山，曰長超。越湖而東，與車蓋對峙者，曰上下河口山。又東四小山，衡視則散布不屬，縱視則聯若鱗比，曰沈長，曰西余，曰蜀山，曰烏山。又東北曰毗山，遠樹微茫中，突若覆釜。玉湖之水，北流入于城中，合苕水於城東北，又北東入于震澤。春秋佳日，小舟泝流城南，衆山環周，如翠玉琢削，空浮水上，與船低昂，洞庭諸山，蒼然可見，是其最清遠處耶！

明 貝瓊《清江文集》卷一《遊殳山記》 御兒地四平無山，其東北六十里，有小山曰殳山，山由殳道人得名。殳山之東曰史山。庚戌春清明，陳君仲謀約予遊殳山，適予被召赴京師，而仲謀亦以雨止。今年春三月丁酉，天氣澄穆，予與仲謀幸無一事撓，乃相謂曰：不可以不償所願。促治酒肉飲食已，帥陳熊、陳魯兩生洎予子翺，由大溪北折而東，渡陌越阡，至殳山之趾，居人四五家，皆棘樊荆扉，雞犬相應，仿佛桃源中。而里之巨族卜氏有冢在山半，冢後得支徑而上，高下稚松萬株，環合無路，俛首松下，傴僂行而雲氣相蕩，不啻魚泳波濤中。山回路盡，有石嶄然壁立者，即殳道人尸解處。其巔有小石突怒土中類迸筍者，有盤互類木走長根者。方飲酒大醉，昏然欲睡，皆踞石而坐，松風謖謖吹人衣，耳目爲醒。欲過山北陸生來青堂，而生以事出，其子聞之，爲煮茶來獻，乃啜二甌，以沃燥吻。已而復東，其途漸夷，有公主墓，云宋孝宗女葬于此。又行至東山，則所謂史山者，山視殳山稍卑，上建神官祠，人至而禱者前後相屬。余亦倦而休焉。兩山之中，求其奇峰之環拱，瀑布之噴薄，如赤城天姥，無有也。然予意在於一適耳，意之所適，亦何異夫赤城天姥哉！因觀祠旁古井，井深二仞，而泉瑩可鑑，疑學仙者洗藥於此。或云山僧鑿石以濟三伏之暍者，人獲汲以飲焉。山之勝殆盡於是矣！日暮下山，路益陗，或有雞子石磊磊至不容足，而山陽王氏巨竹千挺參天，以非好事者，不得造其所。近山又有三湖，青停黛蓄，與天一色，錦鳧往來可畫，從者艤舟以待，翺與二生皆登舟，仲謀從余徒行歸。翌日戊戌，放舟自馬橋南行六七里，舍舟而塗至紫薇山之陰。山赭無草木，左右怪石縱横錯布，類馳馬者，類虎豹蹲者，類羣羊之或寢或訛者。細路出石間如縈蛇，蹣跚鼇而上山顛，亦有神官古祠，祠之下爲廣幅寺，寺建於唐時，而飛樓湧閣，高下向背，皆依山勢而成。寺僧逵公古道延坐半間雲所，同坐者曰蘭谷，曰天然。惜余所知，梓南山者，不幸而夭，爲之愴然。其東偏小樓曰覽遠，遂與古道登樓望海，而弱水三萬里之廣，宛在其下，蓬萊雲氣隱隱接於欄楯也。又西過裔笑巖，居中闢燕坐之，室納湖光，延野色，即所謂天開圖畫者，信非夸言也。時笑巖没已久，弟子道印具茗飲，共讀章孝標詩。日卓午返，酌於半間雲所，醢筍而食肉，雖美不能過也。與仲謀各賦詩一解，兒子翺復成五言長篇，以紀其事。既罷，下至半山，有寺曰慧力，蓋晉尚書張延光故第也。視廣福尤極壯麗，旁像尚書父子，而祠之兵變之餘，仆者不復支，螙者不復易，而陶者舍其中，摶土爲瓦器。然諸浮屠猶守其道不去，日於西廡小殿禮古旃檀佛，梵唄之聲雜於螺磬。予嘉其信之篤，而持之固，且嘆吾儒之不能及也。其東廡飯僧之堂，曰勝功德海，宋張即之所書四字在焉。古道導余觀壁間畫龍，一驤首躍洪濤中，一既昇而反顧，恍惚有風雨隨之，鱗甲飛動，乃葉茂章元統甲戌夏所作，距今三十餘年矣。其餘兩胡僧亦入妙品，歎賞久之。寺南有勝果寺者，不暇遊。且轉而遊東山，道遇才公大用洎桑子才、沈復東二生，因與之俱。東山與紫薇，夾水對峙，相去可三里許，石磴猶峻。余且賈勇先登，古道則不及而後矣。山之寺曰崇福寺，寺廢亦久，徒見浩劫於荒煙野草間，而審食其墓，顧況讀書臺、錢鏐洗劒池、走馬塘，舉無存者。惟仙人葛洪井，歷歲不改，其泉甚清，汲者往往得丹砂，或投石井中，輒有聲如雷。又有慈烏泉者，在山之東，冬夏不竭，余以道迂不及觀，獨至俱胝喝石嵒，嵒深黑，可坐三四人，人言舊多合抱大木，三伏時如清秋。嵒前土皆五色，兒童拾之以爲玩。今大木盡伐，棟宇亦撤矣。下有農圃數十家，屋參差鱗比，叢篠灌木，交蔭其旁，豈亦辟世之人與？回登絶頂，東望岸海連山起伏者，秦駐山也。其北如獅子騰舞者，横山也。共憩東嶽行宫，至是而遊者漸稀矣。

明 沈琮（遠）《游陳山記》（引自《名山勝概志》卷一六） 成化改元乙酉之九月，同沈吏部朱郡博及鄉之縉紳暨韋布士共十有五人集社陳山，爲登高之會，乃道松逕躡而上，甫及山半，已憊於險峻，别取山麓坦道東行僅二里，折而南上至石壁，下探龍湫，湫水泓瑩澄潔，雖大旱不涸，掬飲之，味極甘美。去龍湫四十餘步，大石危峙旁，如仰盂形，石眼泉出，涓涓不絶，俗呼曰洗兒盆。由湫至南而上，近三百步許，至絶頂，始平曠。東南則大海，水天相涵，一目無際。直南則明越諸山如屏障，隱隱羅列於百里外。東則金山，西則秦駐峰，如龍虎騰驤相輔弼也。後則二大石相矗，高皆喻二尋。又有所謂龍母塚、飛來石、仙人洞在别峰。聞勝國時，山前後民居櫛比，竹樹鬱繁。入國朝，海寇竊發，居民内徙。兹山遂爲烽堠之所，皆童童然矣。歔欷久之。

明 唐樞《遊天目山録》（引自《名山勝槩記》卷一六） 章村南至長潭，入山界，兩壁插霄，蜿蜒夾出。界開只數武，中溯一澗，跨歷亂石，綉木蒼崖，泠泠湲湲，盈耳商角。時有青獮改木跳石，蓋非人間景。亟曲轉約七八里，閲十二險潭，每開石窩高四五丈，巨石墉列，飛泉噴落如沸，下會一泓，淵然瀦瀉。復出長潭，陟步南陟過高湖庵，轉眄諸峻峰，峋嶁在下。兹山爲東南大宗，西自黄山來，南支結錢塘，北由長興、宜興、溧陽正結建康東腰落一脉，至湖州乃度錢求嶺、分平嶺。予謂其受承當代爲不乏，諸山波湧峰遊，拱揖飛蹴，鳥道數里，懸壑側臨，不容聯趾。歷中溪灘，數尖峰攢合一阿嵬石，繡林匝罨轉大洋灣，北望石峻壁懸，列小石峰千百，如筍茁。入爛湖蕩，長塢邃幽，奇花、異草、名藥不能辨記，有簳子米狀穲麥，可克饑。蕩南界於潛，東達臨安，度井坳嶺，長歷彌封岡，巨石數百，皆片裂。直上爲西天目山，山頂鋭石嶙峋，開一池，大旱不竭。西繞而降爲仙殿基，今爲金仙庵，許旌陽禮斗之所，予謂其禮奚禮精神禮之。行出石門，僅容一體，山頸一逕。繞五里，至大佛殿，山十數峰圜合，殿坐山頂正脉，殿西衍地爲斷崖塔院，杉大五圍，右悟道亭。轉西南中峰塔院，杉大五圍，一本二幹，皆起石峰矗矗。右巨石峻立，高十數丈，或五七丈，一石可眺錢塘江。南繞而下，高峰塔院，長崖谺谽，中歛而上下覆突，前臨千丈壑，右飛泉一落如珠簾。東獅子口，高峰居之，復閣四層，長列數楹，其所自名舫室死關。自下視之，如螺鬟浄結。西張公洞，張道陵與高峰試法屈服，乃居右。守僧出中峰銅鉢一，高麗所製，不擊常自鳴，又漆鉢四，予謂此斷高中精神之所歷。殿東幻住庵，東歷二峰。東塢庵諸峰下，回崖陡峭，崖上小石峰百千如林。自幻住而降立玉亭，險崖突出空中。四望峰巒秀簇，泉聲隱隱在耳。乃下山，歷百步磴着衣亭、真際亭，杉大六圍。又卧牛、觀音、半山、東塢脚、阮家，凡七亭。至山脚雙清莊，昭明太子駐所。度珠藤嶺、九鎖塢門嶺，爲臨安界。又度葫蘆嶺、石塢嶺，爲餘杭，出山。

明 田汝成《西湖遊覽志餘》卷二三《委巷叢談》 前宋時，杭城西隅多空地，人蹟不到。寶蓮山、吴山、萬松嶺，林木茂密，闃無民居。城中僧寺甚多，樓殿相望。

明 馮夢禎《西山看梅記》（引自《名山勝槩記》卷一四） 武林梅花最盛者法華山，上下十里如雪。其次西山，西山數何氏園，園去横春橋甚近，梅數百樹，根幹俱奇古。余所最喜游，必至焉。庚寅正月，姻家包君至，偶舉似之，奮欲往，約十八日行，風雨無阻。而婦翁以包君故，治具相待於金沙灘僧舍，戒雨具，行果雨，尋下雪，雪又甚。至何園，僧出應門，則自靈峰移居者，梅尚含蕊，放者十二三，燦然雪中，香氣微馥，乃班坐命酒。同行來生道之方戒飲，而喜人飲，遂與包君角戲。會僧進茶具，有陳餅八枚，曰：願以此物代酒，負即啗一枚。雖互有勝負，而道之啗三餅，幾欲嘔，衆爲大噱。夜宿上天竺長生房。厥明，四山戴雪，如萬玉峰，清寒撲面。近地有大梅二株，可合抱，開亦未半。徘徊其下，久之而出，一路溪流潺湲，聲如戛瑟，然不能如昨暮之壯矣。是游也，包國子世熙來文學，斯行驥兒侍，返于金沙僧舍者楊大行，應時返於何園者余婦翁，呼而不入者余壻周孝廉紹祚也。去歲何園看梅亦正月十八日，其日晴，兩兒俱侍，因並記之。作記之日，遊之後三日也。真實居士燈下戲筆。

又《法華山看梅遂至西溪記》 西山看梅後數日始晴暖，遂鼓興往法華山。屬婦翁展墓龍居，乃與道之、驥兒同行，步至松毛塲，從舟而西。先時水涸，不通舟十五月矣。舟小如芥，受四人，一奴、一舟子。溪水清明可鑒，行十五里登岸，趾目所向，無非梅花，帶以清流怒湍，修篁灌木，村舍雞犬，使人意消累釋。憩三方廟，村民以祠方神者，而僧居之，傍爲佛宇小樓。予三四年前一至，仿佛記憶留茶欸坐之僧，當時垂髫童也。際廟梅花最佳處，自登岸距龍居約三四里，會心處輒休，休輒不能舍去，凡六七休而至，拜謁沈太公墓，午飯於村民蔣老家。予有梅園二畝在塢口，溪流環之，頗堪卜築，道之甚樂之。塢中梅花遜塢外，而溪聲如一，遂與道之、驥子步至西溪，麟上人出迎，茶餉甚佳。麟居白雲流水，其西十數武，即予山莊，有竹，有茶，有泉，大堪栽梅而有待。時已薄暮，返宿麟上人居，婦翁已如約至西溪。予熟游，所謂司空見慣，而道之、驥子頗爲尤物所動，歡喜不休，遂欲讀書於此。驥方新婚，溺於燕婉，且與道之共憂之。能以坐石息肩，尤可喜也。

又《東目記略》（引自《名山勝槩記》卷一六） 飛橋與臨流亭相對向，坐亭上，見索練蜿蜒而出者，即過飛橋溪流也。歸且至平溪，見子晉、季象坐大石上，欲詭言飛橋之勝，而爲申甫所露，過所題奇木石處，語二君，飛橋當遠讓此。然非親到，終不斷疑，安得向上事如到飛橋時耶？小憩平溪，僧進茗飲。返黑軀源，上人具供，面甚佳。返昭明寺，日正中，季象云：兩天目，西以石勝，東以泉勝，惟温之雁蕩，兼泉石之勝。余曰：君至雁蕩否？曰：未嘗至，以圖知之。余曰：非雁蕩也，然泉勝一語足以盡東目矣。東目泉自絶頂而下，至小仙峰分爲二，其左出者匯爲上下龍池，白龍池、玉劍泉而渡飛橋；其右出者爲瀑布，經垂虹橋至臨流亭之下，兩泉合而匯爲蛟龍池，右短左長，勝俱在左。遊人至東目即大仙峰，罕有登者，況響鑪龍池諸勝乎？大仙無甚奇，但登山不至頂，如謁客但至廳堂。至于二八靡麗，百物珍怪，必在深宫曲房，非窮搜不能披睹。如粗醜奴婢、階前屋後物，何足比數，而傖父眼中遂爲奇特。此如入石家厠，而曰誤入鄉内，良可笑也。

又《西目記畧》 初五早發雙清，迎溪流，覓路而上，怪石如星，如雲，以千萬數，碁置溪中，歷五亭，至千丈岩，禮高峰塔，初過第二亭，見一石立響水中，舊名響水岩，水激石下如沸，題曰谷雲第三亭。踰小橋，曰半山橋。古柏下仰望，石壁奇峭，意頗飛動。僧指云：此即立玉亭，後爲西方庵。在東目時，申甫云：西目奇甚，類吴山紫陽面目而巨。至此嘆賞，以爲知言。後大石曰眠牛石，相傳高峰過此，聞牛鳴而住，故云。然牛鳴自佳，何云眠牛也？與眠牛相望，一石蹲立如怒蛙，苔衣遍身，其半面尤異，題曰半面雲。越一亭，尋石磴而下，即獅子岩也。迤東一二百步，見石筍凌空倚立，曰玉柱峰，上有矮松甚古。山民取石耳，常至其上，可以眺江。又進之稍北爲中峰塔院，殿甚壯麗。有經一載毁于火，今重建而塔尚未餙，祖師石像甚古，有大杉四圍。又東爲斷厓塔院，又東爲師子寺，有經閣及殿，殿亦十年前重建，像設甚妍麗。又東爲幻住庵，中峰住處皆以幻名，占地雖勝而屋舍甚陋。稍南亂石如筍，離立絶壑，大類馬鬣，因題之曰馬鬣雲，即中峰三年立禪處，舊爲立玉亭，今廢。右畔有僧屋數椽，一入啜茶。自此至西方庵，一逕如髮，下臨無際，斷處綴以木，甚險甚奇。四面俱奇峰峭壁，夐絶人境。後一峰卓起者，題曰險絶，前一峰環空俯瞰者，題曰懸厓撒手。乃從龍門取路而返。龍門者，兩山對合，中通一痕可走。自立玉亭至龍門，怪石如獐、如獸、如劒戟者，林林千指，奇松如畫者無算。既至千丈岩，初月娟娟，已宿岩際，粥後從諸君子至第五亭觀之，所向背月，行百餘武，乃知其誤。歸而倚檻西望，月尚未落也。初六日，至重雲庵、著衣亭，亭結構甚古，如新沐，不受一塵。而北三里見大石，卓立如屏，横亘十餘丈，復有斜石支之，中斷而不仆，真奇觀也。再上二三里，即爲絶頂，雲氣如烟如霧，聚爲一抹，英英在下。其上石筍成林，或立或卧，或斜瞰欲飛，不可名狀。而世俗以意强名之，或雅或鄙，得一漏十，無足取也。曰石庵者，一石横蓋，可容一二人，相傳爲仙人住處。自此取西道而下，數十步，見石片片如鋸出者無筭，俗傳以爲仙人所鋸。登頂所見石屏、石板最奇。自峰右至仙殿，純土無石，路甚陡滑，且無奇跡。從大路東，稍有亂石，而頑行四五里，俱髡無樹。走烈日中，再踰嶺，遥見山圍，叢樹如簇，即昨所歷諸勝處，不啻如渴人得飲。蓋西峰最奇，爲千丈岩、西方庵、玉立亭，競爽爭妍，周遭不盈數里。其左右兩腋，如椎朴野人入市，舉止羞澁，不足觀矣。

明　程嘉燧　《餘杭至臨安山水記》（引自《名山勝槩記》卷一六） 辛卯二月丁亥，夜發抵餘杭城下。明日舁籃轝過城之西門，道左見溪水甚清深，問舁夫，云是苕溪，從天目來。道逶迤，隱起若隄，右平田，左陂澤，澤中多蓮芰莖，陂皆臨溪，田亦帶山，沿陂多深松美篠。遠山色若翠羽，時出松杪。稍前竹益綿密，路屈曲竹中，如行甬道。竹光娟娟襲人，有溝水帶之，或鳴或止，與竹聲亂，淙錚可聽。幾十餘里，逕折竹窮，復與溪會。溪益深潤，道行溪之右，皆高岸。溪流所激齧，多崩圻。樹根時踞頹岸，半迸出水上，偃蹇離奇，多桑，多烏桕。溪左皆平沙廣隰，松林深秀，桃柳始華。時見人家隱林間，估客乘筏順流下，悠然如行鏡中。溪流曲折明滅，遠水窮處，爰有高山入雲，黛色欲滴，與叢林交青，深溪合翠，森沈蓊薆，警神沁目。蓋至青山亭而道折，背溪行山間。至十錦亭大溪橋，乃復踰溪，則已次臨安。橋以石，頗壯，橋上四望皆山，采翠翔翥，誠所謂龍飛鳳舞者也。馬首一山形若案，上有浮圖，爲石鏡山，一曰衣錦山，吴越王歸燕父老處。山林皆蒙以錦，故今有十錦亭。道傍竹林中有化城寺，會天雨，急趨臨安邸。按：餘杭有大滌山，有金堂玉室，爲第三十四洞天。又有天柱山，居福地之五十七。是日，意於空際，或一覯焉。然昪夫野人，莫能指其處也。

又《臨安至昌化》 既雨，宿臨安邸中，明發遂行。雲氣淋漓，衣袖皆潤。至九州，山路緣岩，屈曲上下，小溪繞山足，苕溪亦相映帶而稍遠，俯察水涯，楓樫叢生。溪得雨乍漲，迴縈林間，仰視岩樹，宿雨滴瀝。數里外人家，林木翳然，晨煙如縷，明滅遠上，半入雲霧，屢回不覺。旋至其地，又前爲一泉，山有泉懸石上，旁有石磴，聞上有佛寺。山麓犬牙回互，水木益攢簇。至藻溪，遂入於潛境，水皆分流其中，聚爲山市，散爲遠村，疎數出没，曲有異趣。凡若干里道左臨溪，故雙溪之下流也。望見九里橋，山巒岑秀，松柏樠楠，蒙蘢其上，人家倚薄其下。危橋淺沙，馬渡沙際，人行樹間，暮色暗靄，宛在畫中。又一二里，抵於潛。明日遊觀山，亭午始就道。時余霑醉輿中，勝槩已失其十九。至羅嶺，不甚高峻，然有關踞其隘，其上逶迤。旁見林塢，其下陡陘。回俯縣邑，山縣無城，其大不能當歙之聚落。然溪谷特回合，縣東石橋亦壯，縣南隔溪，小山岩崿，上有古刹，皆足寓目。薄暮獨南行溪水，上觀寺閣，復東渡石橋，讀山下古碑，碑載縣沿革甚詳，惜好事者未嘗至也，故記之。

又《自昌化至[illegible]溪》 出昌化之西門，門跨兩山之間，甃以石竇，上有睥睨。路緣岩行，甚仄，岩石崛礨，傍臨大溪，中有堰蓄水，灌水春溪流，上平若鑑，其下濺沫沸白，聲亦載路。少前有村曰西畹，隔岸一山，峰石廉峭，狀如英石，皴剥甚麗。其地多漆，多棗，多棕櫚，桃梨始華，時照籃轝。又前至瀨子溪，下輿從板橋渡，溪流觸石，四迸倒注，泌瀄軼越，瀠濇跳號，橋爲之撼。從橋隙望見，驚掉心目，其水聞出績溪縣。又前過柱溪橋，其勢遂殺。越華光三跳二嶺，至泥脱渡，乘小舟，渡舟可受四五人。時日色射水底，晶縈的皪，沙石五色如霞綺，淘金漾碧，亦異覩也。又四望，山翠萬疊如城，近而脩者，如龍蛇之飲於河，或如駭獸臨河，躑躅而却走。遠者如連山之濤，噴薄漓澌，千派萬落，或皦若翠羽，或淡若碧衣之蒙霧綃，殆無以窮其狀。既渡，乃飯於大柳鋪。又若干里，至五聖橋，路緣岩斗折，下臨澄溪十餘丈。路險仄高下，岸間松樫瓌瓏蔭溪路，時出其杪，有廟閣嵌絶壁，下臨崩岩，橋所由名也。橋已圮。今從上流一二里渡，橋下水漱激石間，水楊蒙冪其上，隔岸有平疇，春華爛然，遠山益層疊攢矗，若回巧呈異於險仄之境者。又前，有大冥山十餘峰，尤峭削，如卓筆。更薄暮過車盤嶺，嶺高四五里，在層山中，不能絶出也。二月壬辰記。

明　胡胤嘉《不溪偶記》（引自《名山勝槩記》卷一六） 不溪襟帶清邑，每過輒樂其清佳。壬子孟秋，偶得半日閒暇，盪舟乾元山下，板橋跨曲港，水色如碧汕，桑竹映發，使人幽絶。山麓平松萬株，日影穿射，凉風拂襟，暑氣忽滌。去余里而近者，南則超，東則洛，北則乾元金蛾，互峙爭高。平時登陟，常有怯懾之色。今步山麓，遥在眉睫，氣已凌之矣。樵子復指余坦道，迤邐如蛇盤，中亭再休，下視一邑，不滿萬竈，粉垣如畫，苕水貫之，螺髻之山，若跂若倚，田苗正緑，烟嵐襍起，亦領人意。去亭稍陡峻，再折而至，前架一亭，插槿爲藩。其上兩楹，中供大士，香几潔清，不見人影，簫聲襍笑語，裊裊自空中出。余澄坐久之，門榜高士庵，蜀人陳侯效□題。高士者，漢吴羌、宋沈驎士也。其銘曰：山不在高，有仙則名。余□□詠徘徊不能去，仙字疑不韻，易以人字□爲□□。按：吴羌，漢季人，避新莽之亂，攜妻子隨□□來隱于吴，後居烏程之餘不，□人因名其所居山爲吴羌山云。沈驎士，字雲禎，武康人，家貧，織簾爲養，作《玄散賦》以絶世，隱居餘干吴差山，講經教授，從學者數十百人，各營屋宇，依止其側。吴差山，今不知何地。沈約《與驎士書》云：名山既鄉内所豐，晴用亦坐卧可對。意即今之乾元也。余考《志》，無吴差山，疑羌與差訛，故《齊書》言吴差山以羌著，因以爲號，未知羌前更名何山，乾元之名豈在羌前耶？又讀《吴興掌故》，言雲楨有『希心日損』之句，作《玄損賦》與《齊書》《玄散》又別。然《玄損》不如《玄散》之合也。並記以俟再考。

明　江元祚《横山草堂記》（引自《名山勝槩記》卷一五） 客詰横山樵

子曰：達人安于容膝，子居室之外，有淡圃、竹樹、池臺，亦云侈矣。又況結境幽奧，城市之中，儼然丘壑，能閉門即深山也。何乙卯迄癸亥，不逾十載，又營草堂，得毋取境過奢乎？ 山樵曰：噫！ 余豈貪于取境者哉？ 蓋欲以可進可退之身，寄之山林城市者也。故兩營焉，以爲藏身地耳。客曰：子言是矣，第草堂奚加于淡圃？ 每見子過淡圃如寄，入草堂如歸，何哉？ 山樵曰：淡圃之不得匹草堂，猶培塿之不可當衡華也。請爲子言之。草堂結于黄山，黄山舊名横山，土音呼横爲黄，遂相傳爲黄山云。離吾家五十里許，其途有二：一繇湧金門，以平湖、長江爲徑，歷净慈而梵村，入朱橋；一繇錢塘門，以古梅、修竹爲徑，歷東嶽而西溪，越大嶺。二徑俱勝，一蕭曠，一幽邃。入山宜幽，予多取道西溪焉。西溪抵吾庵，路過半矣，延途茂林森夾碧澗，紆流村落茅亭。不數里一憩，且轉折煙迷，如入武夷九曲，非止行山陰道，令人應接不暇也。近庵二百餘武，更有六松，大十數圍，高可百尺，古幹龍枪，蒼姿翠滴，每箕踞其下，清冷之氣逼人，不惟爲横山翹楚，即三竺九里亦遜下風。惜局于社垣之間，殊未得所耳。然峭峙路傍，與佛慧古樹、法華老梅，均爲吾往來快觀。若千百年來，預爲山居闢此佳徑也。繇是漸入深壑，竹陰轉密，日影不得漏落，有溪一灣，潺潺横瀉，雪浪漱石齒間，予磊石爲橋，即名漱雪。更(值)[植]桃其岸，取桃花流水杳然去，别有天地，非人間意。傍有一泉，尤清澄可弄，中涵竹色，因以蓄翠題焉。過此則白雲蒼靄，斜封小徑，而一種幽深之致，能令人意自遠。再歷高阜，松筠夾道，逶迤而入，編竹爲扉，曰鹿簃。簃内復闢曠地，植梅數十本，冬月香雪平鋪，亦不減孤山疎影。此處一望，翠竹成窩，青山作障，兼多林木掩映茅簷，而籬垣一帶，横亘山腰，如作闌栅。【略】山後又有曰龍潭、千丈巖，可暢遊覽，何處非山樵樂地。乃知草堂之構，既屏以崇山峻嶺，復繞以茂林修竹，前則江湖梅松爲徑，後則巖石泉瀑爲隣，誠爲造物所鍾，必厚以天福，而後樂此。

明　黄汝亨《天目山記》(引自《名山勝槩記》卷一六)　自東目折而下，天日清和如春，晴山葉地，所履皆坦途。次早，從白雲曳輿左徑上，稍南有旭日峰，西爲紫薇峰，東北上有昭明峰，又西爲仰止橋亭，水石一片亦佳，坐而吸之。亭右石翳藤蘿如錦，一峰中峙，四面翠微俱落，故名倚翠峰。又睨而望，一峰石孔攢叢千億計，似蜂窠蟻穴，與倚翠亭相對，是名花石峰。右睨而可指者，則香爐峰也。又上爲響水崖，片石丈許作障，澗水旁激。山半有亭，稍左上爲下觀音崖，岩内小，方盈幅尺，中忽生檀樹一株，長丈餘，外縣歷三十年不加長。又左轉爲上觀音岩，岩西有鶯歌石、酷肖岩，有數松，皆清特。四面險絶無磴，貪者不能取。又折而上，松徑甚平，可步，清涼橋在焉。不數武爲著衣亭，似無當。歷級而上，即獅子林矣。拜佛畢，就方丈飯已，從殿左只尺上斷岩庵，爲斷岩祖師塔。從斷岩塔而上十餘里，爲金仙絶頂，樹木稀少，惟長徑數里，即就山石磊砌而成。至頂則爲四仙人解石處，石板薄不盈寸，長僅丈許，解文一線，可穿而望，有全解者，有解及半者，有倒解者，神工鬼斧所不及也。乃折而下頂，時月初起，可俯與落日光漸相迫，下視雲氣，横絶半空如帶，横覽四垂，則具區、苕霅、敬亭、白岳、嚴灘、富渚，可眺而會。不知日之欲暮，乃急相挽歸，衣袂已濕，露滑滑欲倒。至獅子林，月已大朗。越宿爲九日，雅稱登高之期，於是各起披衣，急索苜蓿飯，覽獅子林左之未竟者。從林登左對玉柱峰者爲玉立亭，是高峰得悟處，環視崖壁，青林黄葉，綴丹點碧，如五色錯繡。不佞每言秋色淡而艷，勝春色遠甚，此益信耳。從亭後緣崖捫蘿而下，絶級無磴，彼此相曳，如猿猱昇木，稱大嶮絶。半里許爲西方庵，是月溪法師所創，庵旁上有石崖亦絶，磴級中可結小茄瓢。稍西爲真氣洞，僧云冬燠夏涼，其息自蒸。過此爲玉柱峰，峰峻立十餘丈，廣幾二畝許，險絶無石，鄰旁二松，特插甚奇。頂五松，俱高不可攀。過此則高峰祖師塔院矣。塔西覆盂，即中峰所結相，繞禮三匝而退。岩傍爲象鼻峰，岩上有飛雲閣，閣下爲千丈岩，岩大陡絶，栗栗不敢垂視。其下其右入爲活埋庵，庵之前爲香爐峰，剛逢九日，高踞峰頭，吟昔人醉把茱萸之句。是日已夕，仍還雙清竹院宿，覺霞氣山光尚拂拂襟袖間。次早計尋故道，作徑山遊矣。

明　何璧《書罨畫溪》(引自《名山勝槩記》卷一六)　溪在长興縣西八里，古木夾岸，叢篠翳其下，朱藤蔽其上，如是者十里。花時遊人競集，有罨畫亭。宋劉濤詩：竹林深處杜鵑啼，兩岸青青草色齊；欲識人間真罨畫，朱藤倒影入青溪。張西農詩：少小江南岸，何時最好行；水香荷葉吐，春晚鵓鴣鳴。落景參差緑，芳情澹蕩生；風吹未歸去，罨畫小溪平。

明　鍾人傑《過楓林記》(引自《名山勝槩記》卷一五)　楓林在城西南隅，枕岡帶郭，境頗幽迥。際秋老霜新之候，悠然一往，會心正不在遠也。歲辛未重九望後二日，晨起霜風肅然，日氣爽潔，不知何從，忽動登眺之興。欲出郭，念無可與游者，遂獨登候潮城，循雉而西，城因山起伏，不復規規齧整，委蛇旋拆，足可送遠目，適游履也。甚有如石梯峻而無級可拾者，頗費登頓。頫見枯茇斷梗，凈無泥滓，殊可偃卧，遂舒體少憩。甫轉面，忽江沙無際，目光極處，如烟霧滅没而後已。心懷盪然，覺飄飄有凌雲之思，回念妻孥累真醯鷄甕裏事也。復進數十步，野雉聞人履聲，驚起草間，五色離披，拂額越城而去，如意在雉先，手可搏取也。將近楓林，女墻竟與人家菜畦坦接，穿籬度莽轉一拗，則楓木千本，障天蔽野，了無雜樹。時夕照已轉林腰，横射葉上，光彩如潑丹砂者，正坐吟『遠上寒山』之句，希微間踽踽影動，定視之，乃一野衲掃落葉耳。迫晚風景蒼涼凛不可留，望龕燈明處亟投，漸聞石磬，乃三茅福地，遂由石徑出而歸。

明　劉暹《敘山遊》（引自《名山勝槩記》卷一四）　游湖者，出錢塘，泊南屏，一入裏湖而返，以爲觀止矣。其有好事者，欲舍湖而之山，不過一往靈隱，由六橋、三潭而歸，人未常不以爲異也。而予心訝之，問之，趙子伯邕曰：今吾欲爲山遊，亦有可以稍易其境，以幻我心口者乎？趙子曰：南而南峰，北而北峰，其輻輳肢背間者，不可勝數。計之以月，迺可盡之耳。予時心善之，而病不能往也。越十日，病脱神爽，新秋乍來，凉氣泠泠以洗人，弱質飄飄而思舉。兩峰清氣，來往衣履之間；萬壑雲光，浮遊心目之上。迺扶杖登輿，携樽治茗，所向無方，山山誘我，所之未遠，步步生幽。俗客不能相從，好朋不招而至。暑不迫我以威，雨不阻我以濘。病初愈而胸無一事，神少怯而足不以疲。抱一往之深情，相羊焉以問乎水，逍遥焉以之乎山。未陟嶢岹而心懷已霽，乍投林壑而魂魄皆幽。齊夷險以登臨，視足力爲憩住。朝往夕返，雨止晴興。幽不必其皆收，意怊焉而期適。南北峰之勝，寧遂難窮哉！爾乃邅道湖邊，望西林而右折，古藤老樹，茀蔚其間；蜩响蟬聲，摇曳其際。林盡道窮，而見一山飛舞而下者，爲北峰之肢。從山肢取道，仰古松，俯幽石，聽新篁，履纖流，穿徑過橋，出林落磴，迺見一石，鐵色雲質，若飛若停者，爲紫雲洞。從洞中窺天，天小如掌；從洞中瞰雲，雲出如沸。出洞口，下高崗，蒼碧遞來而不斷，蒙然而可望者，爲金鼓洞。崗盡道夷，平疇緑舞，聽洞上之風，望四山之美，委蛇于長禾肥草之中，有寺葱葱當其前者，爲玉泉寺。寺有二水，一水清皎可鑑絲髮，有大魚千頭散其中者，爲玉泉池；一水沉滑無滓而波面滴滴作受雨狀者，爲法雨泉。從玉泉返，至岳墳，道左折，飛葉洗目，凉風摇耳，流淙淙以自續，烟漠漠以相交。柳盡楂來，竹窮花出，有峰嵳峩而立，而一水帶其前者，爲飛來峰。峰狀如墜，峰勢如暫立，瀨響歷歷，若列繒帛。尋響而前不數武，一刹巍然當其前者，爲靈隱寺。寺前不數武，細泉戛戛而鳴，紫薇婷婷而舞，木石參差，亭館崔錯者，爲包家園。舍園而前，仰空濛，入蓊翳，山嵐在衣，磴响生足。大壑陰陰而日滲，文瀑孃孃以雨飛。足疲行倦，而一寺適當可憩之所者，爲韜光。從寺門而眄，高岑層層送霽。攀古蘿而上，荒砌步步生寒。砌斷蘿空，一坪坦焉。其上近可以眺湖，而遠可以眺江者，爲岑之頂。寺後有洞凝寒，言語皆响者，爲維摩洞。返故道，繞飛來峰之根以右折，不出里許，見三石，峭瘦而倚于峰之側者，爲三生石。從三生石返，至五橋，投空林茅舍而入，石樹能奇，岩壁生冷。一溪緑暗，覆流泉而响幽；兩壑叢深，映山雲而氣冥。猿鶴翛然，時有梵音溢林外者，爲法相寺。由法相左折而度坂橋，入荒徑，碧青相接，禽鳥相聞，一屋蓬然而臨於路者，爲石屋。從石屋去里許，有洞鏗然而出瀑聲，籟響相答，水石相商，聽之若環佩之舞者，爲水樂洞。舍水樂而登高阜，入幽濠，江氣湖光，時隱現于木杪，峰紋塔影恍浮動于眉端，而適以一臺收其涣，爲烟霞寺。寺後有石丹碧色，冷氣陰濃，時聞淅瀝之聲者，爲烟霞洞。出洞門而撫深壑，幽度重泉，危躡岹嵽，身寄虚空之外，目亂群峰之前。來往無定，倏忽東西，偶見一庵葱然而隱于古蘿中者，爲新庵。舍新庵而越危岑，望町畦，幽响自生，野花亂綴，一泉清且冽而出于寺門者，爲龍井。從龍井以達于湖，過六橋，踰南山，傍岩沼江，昇巒陟岫十餘里，迺見一亭負山憑江而危立者，爲五雲亭。出亭躡蹬，凌崎嶇，盤青空，林澗壑在下，心眼爲開。近俯湖上諸峰，則怒生叢指，若花蘂之初開。遠眺江上諸岫，則奔走披離，帶烟光而明媚。江水隨秋以共迥，湖波吹碧而無休。遥望一寺于飛峰之巔，聳然自振，以通江湖之氣，爲五雲端。踰五雲端，尋山蹊而返，歷巘巇，雜荒蕪，麋鹿爲群，猴狖相狎。目不得停，足不得住，壁立以抵山根，若從雲端而墜者，爲十八澗之首。從此而涉清流，履白石，兩山翠合，衆響相傳，橋屢過而不知，澗往來以相送，山窮水盡，湖湛然而明于前者，爲十八澗之終。目紛紜于古碧浮青，耳摇亂于湍流樹響，鼻煌惑于嵐氣花香，手憶攀援，足懸登躋，意有所會，作息因之。或臨風而振衣，或踞石而披跣，或劃然而嘯，或含淒而吟，或欬笑于松竹之中，或疾呼于泉瀑之下。過溪橋而恍恍，望岩谷以悠悠。涼葉思紅，空林戀綠。群峰寂寂，依素秋以爲魂；濕翠盈盈，仗湖光而自定。時見寒潭之隻影，時聞跫然之一聲。懷抱伊何，語言皆塞。我其爲新愈之人乎？我其爲久旅之人乎？我其爲深山之人乎？我其爲清秋之人乎？笑而不答，人不能知。愀以無言，己亦不解。悲古今之不一，慨心事之非遥，恍情性之皆移，覺肺肝之無主。南峰北峰之間，亦豈止幻吾心目而已耶？因記之，以自識焉爾。

明　吴廷簡　《遊徑山記》（引自《名山勝槩記》卷一六）　徑山亦有佳處乎？曰：後山有之，遠則大佛頂，近則鶯窠石，而五峰龍井，凌霄喝石，諸名蹟不與焉何也。談徑山者，以閎敞勝，以竹勝，以叢林静室勝。已耳蹇弱者，利其閎敞。食筍者，垂涎其竹。慕道者，皈依其叢林，棲止其静室。予遊客也，筋力尚健，下之不屑爲餔餟中人，上之未能爲衆悟中人，所賞者山水而已。啗山水之名而不核其實，夫誰不以徑山嘖嘖也。癸酉冬暮，予客武林。適年叉吴皜庵攝餘杭，遂得借山觀焉，而鶯窠、佛頂始出世。曷言乎始出世也？前人未之游，前志未之載也。曷爲乎未遊未載也？路稍危，毛不甘，僧弗廬也。予之入是山也，其地則沃土修篁，其寺則飛檐金碧，其途則脂磨肪砌。曰：如斯而已乎？主僧曰：未也。有凌霄焉，然峻甚矣，沍寒風勁，先生得無病乎？曰：無傷也。趨登之非不咢，然大也不過如予鄉之金竺，云爾曰：如斯而已乎？曰：未也。遂徧導歷諸名蹟焉。上愈沃，篁愈修，云爾曰：如斯而已乎？曰：若是則不能□先生解也。無已山之背有瘰巖陋而迂，必無以當先生意，奈何曰無傷。第指示之其去喝石僅里許耳，□消而骨露，毛伐而髓存，向之豐壤變而爲萬仞石，□向之世途變而爲側足，深壑下聞潺湲聲，探身俯□□如怒雷，峭壁巉巖，屹若鬼斧。予喜曰：足爲是遊解嘲矣。問：何名？曰：無名也。每春則黄鳥營巢孚卵于其下，姑謂之鶯窠云耳。歸寺作詩呈皜庵，于是乎鶯窠始出世也。其大佛頂者何？見鶯窠後窮搜而得之者也。曷言乎窮搜也？詫鶯窠于游僧，僧曰：先生喜此耶，後山固不乏也，第毋厭遠，吾將偕焉。跋涉二十里，觀不償勞，而遊僧于是乎恥且憤矣。踐荆攀藤，履穿汗竭，陞石壁塢之巔，而奇觀突現焉。遠望之，拔地而起，若多寶之涌塔。近覩之，排空而下，若太虚之墜雲。合則全相，分則各身，蒂微腹巨，玲瓏磊疊數重，毫不粘連。其下諸石，仰者、企者、瞻拜者、横卧者，歷級而肩踵，躡者將崩，而署閣者若卷糕，而切斷者若薄氈，而剪裂者蓋千二百五十人俱焉。謂之大佛頂固宜也。游侣約而不至者，主僧伴如約而至者，予與潘爾廸遊僧淨心及僕僮守第致祥捷慶，不約而至者，庵僧不我湛源惟一也。登者凡九人，設有山足樵蘇，遥見如是居士上人。隆冬歲杪，或立或坐，或攀躍，或偃伏于懸崖亂石，人蹟不到之上，不以爲仙翁佛祖，即以爲狂病失心者。爾今而後，徑山可無負冤矣。然則曷爲乎道場，不于此而于彼也善乎？遊僧之言曰：祖師之擇山也，欲其庸而弗炫，淺而易給，爲修禪静地耳。非爲遊客之賞，山水者設也。故曰：佳在後山而諸名蹟不與也。然則前山竟無可取乎？曰：肥澤婦人而能育子治家，家之寶也。吾烏乎無取。

清　張廷玉　《明史》卷一二八《章溢傳》　浙東造海舶，徵巨材於處。溢曰：處、婺之交，山巖峻險，縱有木，從何道出？白行省罷之。

又卷一七七《臧夢解傳》　時淮東按察副使王慶之，按行至其州，見夢解剛直廉慎，而學有淵奥，自任職以來，門無私謁，官署蕭然，凡有差役，皆當其貧富，而吏無所預。於是民以户計者，新增七百六十有四；田以頃計者，新闢四百四十有三；桑柘榆柳，交蔭境内，而政平訟簡，爲諸州縣最。乃舉夢解才德兼備，宜擢清要，以展所藴。而御史臺亦以其廉能，抗章薦之。

藝文

宋　王十朋　《梅溪後集》卷一《会稽风俗赋》　其物則有魚鹽之饒，沈立《越州圖序》：瀕海居人，以魚鹽爲生。竹箭之美。《爾雅》：東南之美者，則有會稽之竹箭。山涵海蓄，忘其有幾。貢入王室，利周遐邇。耕焉以火，耨焉㠯水。《漢書·地理志》云：江南地廣，火耕水耨，民食魚稻。南風翼苗，翠浪千里。秔稏一空，玉粒如峙。炊粳釀秫，既甘且旨。檿桑之奇，號爲第一。《吴録》、《太康地記》並云：諸暨境上諸山第一產檿桑，文采如博棊，方正駢次有如畫作，可爲屐鞽，上品者一兩至數十萬。龍精儀儀，吐絲滿室。《蠶書》曰：蠶爲龍精。荀卿《蠶賦》云：有物於此，儀儀兮，其狀屢化如神。萬草千葉，機軸中出。綾紗、繒縠，霅積縑匹。《圖經》：越貢花紗自編綾、輕交梭綾、輕容生縠、吴綃、十樣綾、大花綾、編文紗花羅。木則楓挺千丈，《名山志》云：天姥山有楓木千餘丈。松封五夫。上虞有地名五夫，始皇封松木爲五大夫之處。桐柏合生，嵊縣金庭觀《道經》云：上有桐柏合生。𣘻棐異隅。《輿地志》云：餘姚有太平山，四角各生一種木，不雜他木，一角純𣘻，一角純梓，一角純棐。文梓楩柟，《吴越春秋》：吴王好起宫室，越王使工入山伐木，天生神木一雙，大二十圍，陽爲文梓，陰爲楩柟，以獻吴王。櫟柞櫧榆。《郡國志》：若邪溪有櫟木，謝客兒惠連作詩，聯句刻於其上。上虞有歷山，山下多柏木，吴越名柞爲歷，故曰歷。諸暨有櫧山，剡有榆木山。連理之柯，諸暨有木連院，因有連理木，故得名。合抱之株。迺斧迺斤，曰輿曰廬。迺有蕭山陸吉，東坡《黄甘陸吉傳》：吉隱蕭山。諸暨三如。《圖經》：諸暨出三如，謂如錦之桑、如拳之栗、如絲之苧。胡柟成林，賀瓜滿區。《爾雅》：梅，柟。任昉《述異記》中有王氏橘園、胡氏梅山、贺氏瓜丘、陵家白蓮。棗實全赤，檎腮半朱。火樝殼玉，櫻桃薦珠。鴨脚含黄，雞頭去盧。百益七絶之奇，《爾雅》：楙，木瓜。《埤雅》：梨百損一益，楙百益一損。隱居云：山陰蘭亭尤多木瓜，人以爲良果。《酉陽雜俎》：材有七絶，一壽，二多陰，三無鳥巢，四無蠹，五霜葉可愛，六嘉實，七落葉肥大。雙頭四角之殊。越多雙頭蓮。《埤雅》：大俗言菱芰而不分別。惟《武陵記》云：四角三角曰芰，兩角曰菱。蔗有崑崘之號，《本草》注甘蔗有兩種，赤色名崑崙蔗，白色名荻蔗，赤蔗出江東會稽。梅有官長之呼。越有楊梅二種絶佳，一曰官長梅，一曰稜梅。蔓生則馬乳、蘡薁，土實則梟芘、慈菰。野蔌豀毛，園蔬木菌。湘湖之蓴，箭里之筍。蕭山湘湖出蓴菜，會稽有美箭里。可薦可羞，采擷無盡。鱗蟲水族，海生池養。丁首丙尾，皤腹縮項。赤鯶文鱧，玄鮹黄鱌。以上魚名並載於《圖經》，越所有者，餘皆類此。𢿱人駢集，以釣以網。羹金鱠玉，不數熊掌。能言之鶩，善鳴之鵞。陸龜蒙養能言之鶩，王羲之愛善鳴之鵞。輸芒之蟹，孕珠之蠃。文身合氏之子，蛤有文，故謂之文蛤。元微之詩：鄉味尤珍蛤。合氏子見東坡《江瑶柱傳》。跛足從事之徒。元微之詩：鱉解稱從事。街填巷委，與土仝多。異獸珍禽，屑銅吐綬。銅牛山在會稽縣，夏侯曾先《地志》云：昔有銅牛，見於靈汜橋，人逐之，奔入此山，掘地視之，悉銅屑也。《圖經》：太白山有鳥，尾似鷄，文采五色，口吐緑綬，長數尺，號吐綬鳥。猛虎負子，蕭山有去虎山，本名虎子山，有猛虎傷人。景德四年六月晦日，虎負一子而渡浙江而去，知縣杜守一因改名焉。靈烏送聲。法華山有雙烏，鶵長則送出之，故惟此鳥在焉。唐萬齊融守碑云：雙鳥所以示北。鳳栖鹿化，會稽有鳳林鄉。按《吴越春秋》：禹會諸侯于稽山，因傳國政。鳳凰栖于水，百鳥伺于澤。華公鳳林詩：苗山會計圖書日，威鳳曾栖璧玉枝。《龍瑞圖經》：葛仙翁有桐木隱几，化爲白鹿，三足，號爲鹿跡山。鶴拾雁耨。孔靈符《會稽記》云：射的山西南有白鶴，爲仙人取箭，因號箭羽山。上虞有雁田。《州志》云：夏禹與諸侯虞樂於此，化感鳥獸，故其地雁爲民田，春拔草根，秋除其穢。熊羆貍豹，猴玃猿狖。鵁銜鸕吐，《埤雅》：鵁鶄子銜母翅，鸕鷀吐而生子。鷺求鶉鬬。鷗浮鸂浴，《禽經》曰：鳧善没，鷗好浮。《埤雅》：鸂，翡翠也，銜其毛羽，日浴澄瀾洄淵之間。鵶寒鳦瘦。越多寒鵶，秦少游詞『寒鵶萬點』，黄岩叟詞『寒鵶如豆』，俱得其實。鳦，燕也，有二種，有胡燕，有越燕，胡燕肥，越燕瘦。巧婦錐喙，《埤雅》：鷦鷯性巧，故俗呼巧婦，其喙尖利如錐，巢至精密。春鋤霅脰。《爾雅》：鷺，春鋤。《埤雅》：步於淺水，好自低昂，故曰春鋤。林棲水宿，脩尾長味。《禽經》曰：陸鳥曰棲，水鳥曰宿。又曰：山禽之味多短，水禽之味多長；山禽之尾多脩，水禽之尾多促。江湖爲籠，山林爲囿。以牡以牝，以蜚以走。甲第名園，奇葩異香。牡丹如洛，芍藥如揚。歐陽公《花品序》：牡丹西出丹州、延州，東出青州，南出越州，出洛陽者爲天下第一。揚州出千葉芍藥。木蘭載新，吴蜕《鎮東軍監軍使院記》云：大厦之前木蘭特異，越城之中稱爲一絶，當前政不軌之際忽焉凋零，逮彭城王之鎮臨也，緑葉紫苞，載新陽豔也。海榴懷芳。州宅舊有海榴亭。唐李紳詩：懷芳不作翻風豔，列萼猶含泫露新。蘜山黄華，《圖經》：菊山在蕭山縣西，山多甘菊，唐縣令李萼尉丘丹目之曰菊山。蘭亭國香。《越絶書》：蘭亭在山陰越王種蘭處。天衣杜鵑，天衣寺有杜鵑花最奇，每歲盛開，觀者競集。東山薔薇。李白詩：不到東山久，薔薇幾度花。湖映香雪。越多梅花，又餘姚有梅澳湖，以梅得名。鑑生水芝，李白詩：荷花鑑裏生。鴛梅並蒂，越有鴛鴦梅，雙頭千葉。仙桂丹枝。越有丹桂。司華聘巧，天女效奇。桃節漫山，臧獲眂之。藥物之産，不知其名。白茱丹參，甘鞠黄精。吴萸越桃，山梔子，一名越桃。禹糧石英。嵊縣了山出禹餘糧，諸暨烏帶山出紫石英。薊訓鬻之以療疾，《圖經》：古廢市在州南。《輿地志》曰：昔薊訓賣藥於此市中。彭祖服之而延齡。彭山在會稽縣北。《典録》云：彭祖隱居之城。秦皇求之而莫致，《史記》：始皇令方士徐市等入海求神藥，數歲不得。葛仙餌之而飛昇。葛仙翁煉丹飛昇，禹穴北有仙岩。日鑄雪芽，日鑄山在會稽東南五十五里，歐冶鑄劒之所。《覽古集》云：會稽日鑄山産雙芽，不在建溪之後。卧龍瑞草。卧龍山亦産奇茗，范文正公《清白堂記》以建溪、日鑄、卧龍、雲門之茗試之，甘液華滋悦人。闕　張伯玉云：卧龍茶冠吴越。瀑嶺稱仙，《茶經》云：餘姚縣茶生瀑布嶺者，號仙茗。茗山鬭好。《圖經》：茗山在蕭山縣西，其上多奇茗。顧渚爭先，建溪仝蚉。碾塵飛玉，甌濤翻皓。生兩腋之清風，興飄飄于蓬島。剡藤番番，管城斑斑。越紙出于剡，舒元輿有《悲古剡藤文》。《圖經》：越出筆管。冰敲嵊水，張伯玉詩：敲冰呈巧手。注云：越俗呼敲冰紙爲巧手。竹翦顧園。《述異記》：越中有顧家斑竹。裂於蒙蔡之手，游於羲獻之間。友陳元與端紫，仝文字於人寰。

宋　葉適《水心集》卷六《古詩・中塘梅林，天下之盛也，聊伸鄙述啓好游者》　幽花表窮臘，病叟行村墟。所欣一蕊吐，安得百萬株。上下三塘間，縈帶十里餘。荒茨各尊貴，野徑爭扶疎。愁雲忽返旆，急霰仍回車。蒼然歲將晚，陡覺天象舒。羣帝胥命游，衆仙儼相趨。龍鸞變化異，笙笛音制殊。物有據其會，感召驚堪輿。妙香徹真境，態色疑虚無。問誰始種此，豈自開闢初。至今闕勝賞，浩劫隨榮枯。兒童候黄墮，捧拾紛筐盂。熏蒸雜烟煤，縛賣傾江湖。臙脂蘸羅縠，絳艷生裙襦。和羹事則已，甘老山中臞。以兹媚婦女，又可爲嗟吁。夜闌燭燼短，月淡意躊躇。林逋與何遜，賦詠徒區區。

又《余頃爲中塘梅林詩，他日來游復作》　側聞中塘好，曾賦勸游篇。凌江入枉浦，聊復信所傳。化工何作强，耿耿不自憐。山山高相映，塢塢曲相穿。林光百道合，花氣十村連。風迎亂駊騀，日送交嬋媛。天回徂陰後，地轉升陽前。初如别逃秦，疎附恥獨賢。又疑未興周，掩擁欣俱全。惜哉見之晚，重尋畏離年。一省三歎息，十步九折旋。詩家託梅事，槁乾陋肥鮮。常於寒角曉，愛彼明冰懸。疎枝澁冷豔，小蕊露孤妍。吟悲鵁留嗛，句喜珠離淵。忽兹遇衆甫，欲彀羞斷弦。無以寄美人，千室炊暮煙。明朝指行處，霧雨空迷田。

宋　林宪《天台萬年山羅漢樹》（引自《天台续集别编》卷四）　羅漢嶺頭羅漢樹，開闢餘工所鍾聚。百圍直上摩紫霄，鐵剥犀空自無蠹。積年魔怪不敢棲，暫過鸞鳳却迴顧。初晴偃榦礙雲霓，欲雨蟠根起烟霧。聲回浪吼東海鯨，影落雲侵石橋路。氣陵太古化兒驚，勢壓羣材梓人懼。陽開陰閉資指南，地弱天承賴撑拄。凡斤俗斧遠遁逃，黛色蒼皮未須疏。巖靈樹異如相語，傑葉豪柯翠雲覆。冰霜坐閲無古今，合抱雲仍仰雄據。豈同澗梓與壑柟，未歷千年隨草腐。我來駭識天下奇，斗酒澆之共軒翥。行人莫擬明堂柱，險徑無來萬牛處。盛時要用真棟梁，宜使巇危可平鶩。指呼刊鑿動六丁，匠氏仍煩修月户。轉隆廣厦蔽蒼生，何止增華萬年趣。懸崖黯慘陰風吐，振谷徘徊忽號怒。纖梢嘯舞山雨來，石走雷轟鬼神怖。未容造次搜奇句，五百尊師所呵護。

又《使君沈虞卿宗丞命賦郡圃羅漢樹，其樹葉如楊梅，經冬不凋，生子若羅漢，然使君云奇特古怪，前所未見也》　參雲亭前羅漢樹，非檜非杉獨雄據。天台萬年宴坐峰之大杉、大檜皆名羅漢樹，予嘗賦之。蒼皮剥落珊瑚寒，錯節輪囷海花蠹。倐圓佛指葉沃光，刺歷蝦筒槎倒竪。銅柯不受鵃蝮穿，翠葆還容藤蔓附。藏牙斂翼方屈蟠，奮鬣張鱗忽馳鶩。突如破浪六鼇迴，蜿若驚雷蟄蛟呴。摩空颼颼永夏涼，薄霧慘慘晚秋雨。白猿叫月時出没，紫鳳棲煙乍飛舉。郡人相傳樹有白猿出於月明之時。慶曆中，有禽若鸞鳳而紫色，棲於曉煙之中，故云。開花瑣碎兒女笑，結子模糊羅漢具。威儀莊肅初入定，向背跏趺欣共住。蒙頭大侶安禪時，瞑目還同摩頂處。得非天台五百僊，此地鉢提曾得度。偶然一念落樹石，不覺形骸成布露。何時收拾過石橋，未免根株伴龍顧。更疑地主屈將軍，開闢巖荒肇城宇。翦除魔怪迎道猷，飛錫半千此焉駐。神通墮在造化中，千載英靈飛不去。犀堅久矣耐風霆，樗散非徒免斤斧。盆山秀聳不足論，猊座婆娑通一路。峥嶸下笑桃李繁，奇怪應須鬼神護。使君自是名世才，善政報成多暇豫。悠然領客上參雲，篆隸傳觀酒深注。平生好古丘壑會，指樹軒渠命之賦。我無文章光焰長，搜攪經時乏佳趣。昨宵夢遊兹樹巔，環視谿山莽回互。上雲變幻舞龍鸞，下風清和寫韶濩。最高峰在樛枝底，方廣寺隨纖葉寓。一枝一葉一沙界，應供各談無義句。啓予一嘯誰嘘然，八表泠泠樹掀翥。

明　來汝賢《菲泉先生存稿》卷一《宿康山田家》　幽谷鮮人跡，青蘿濕短墻。濤花迎潋遠，石竹度山長。櫸木憐歸鳥，瞻雲迥故鄉。十漿慚上客，坐籍白茅香。

清　李應徵《天目怪松歌》（引自《澄遠堂三世詩存・藿園詩存》卷二）

天目峰頭多古松，一一怪狀如飛龍。洞壑高寒石骨瘦，苔蘚剥蝕雲氣封。大者尋丈短者尺，蒼鱗鐵榦咸拏空。有時倒俯層巖出，勢復干霄上煙日。天矯還疑夜蛟舞，屈曲更類潛虯蟄。冥冥似得神鬼扶，咫尺却愁風雨入。近來斧鑿曾屢經，搜剔强半多奇形。山空遂使猿鶴怨，仿佛夜半愁山靈。一株獨傍古庵後，黛色參差結雲構。孤生不爲千霜侵，片石幸托盤根厚。塵影時留講席陰，偃蓋長向僧寮覆。怪松，怪松，爾材既不中梁棟施，胡爲具此雲霄姿。支離豈甘供世玩，半死肯逐枯桐爨。

清　吴文漪《大慈山觀古藤》（引自《兩浙輶軒續録》卷四七）　蒼龍騰拏不可攫，天矯盤雲露頭角。夜深風雨颯然至，怒挾奔雷竄空谷。山神恐洩造化秘，攝入幽巖傍喬木。靈泉灌溉性亦馴，化作亂枝鱗爪秃。至今偃卧絶壁下，古榦輪囷互起伏。一枝拳曲横松巔，一枝飛度繞山麓。枝枝合抱作連理，倒掛仙根穿石腹。破空兀立幾尋丈，樵夫運斤不敢斸。得非性空禪師來，兹山卓錫山前僵。不啻運以慧力靈，氣騰枝葉扶疎蔭。平陸我欲削作靈，壽杖健步九溪及三竺。著手摩挲駭且走，陡作風濤撼茅屋。霹靂一震破壁去，依舊飛騰入巖壑。

安徽

綜　述

宋　樂史《太平寰宇記》卷一〇四《江南西道·歙州》　靈山，《新安記》云：靈村有山，生香草，名曰靈香。又有黄精木。上有靈壇，道士祈請，不燒香，自然芬馥。【略】九頓山恒風，樹木摧拔，雖長成合抱而無大枝，存則多於南面。【略】客嶺在[休寧]縣東，有木石糖，出樹空石罅中，百姓每採得。《梁書》曰：任昉爲新安郡界密容嶺探糖，昉以所處險遠，長史每擾百姓就探之，昉至罷焉。【略】牛泉山在[黟縣]縣北五十七里。顧野王《輿地志》云：牛泉嶠通商陽縣，自下上至山頂九里一頓，凡九頓。山常風，樹至合抱，而高不至丈。當頂有泉，方濶丈餘，俗云牛跑所至，亦云虎跑泉也。

又卷一〇五《江南西道·池州》　城山在[貴池]縣西七十五里，其山周迴如城，有水名待月溪，故此山獨秀異，又有桂柏森聳。【略】九華山，在[青陽]縣二十里，舊名九子山。李白以有九峰如蓮花削成，改爲九華山。因有詩云：天河溢緑水，秀出九芙蓉。今山有李白書堂，基址存焉。又費冠卿及第歸後，以不及榮養，遂絶迹不仕，隱此中。長慶中，三徵拾遺，不起。又按顧野王《輿地志》云：其山面有峰，千仞壁立，周迴二百里，高一丈，出碧鷄之類。

又卷一二五《淮南道·舒州》　多智山，在[懷寧]縣西北三百里，山高九百八十丈，自壽州霍山縣西南入懷寧太湖界，西接蘄州。其山兩岸相去十里地，有水一道，流入霍山縣界。一山迤邐一百里，連太湖縣。山南有水一道，流入太湖縣界。其山有茶及蠟，每年民得采掇爲歲貢。秋夏有毒蛇、沙虱，人不敢登。獸有熊、猴。木多松、梓，工巧所用。諺謂之多智山。

宋　羅願《新安志》卷二《敘物産·木果》　木則松、梓、槻、柏、檮、榆、槐、檀、赤白之樧，歲聯爲桴，以下淛河，大抵松、樧爲尤多，而其外則紙、漆、茶、茗以爲貨。桑之類有花桑，遇葉少時亦可以食蠶。柘有青柘，有柹柘。柹柘葉如柹，結實如楮而絶紅，然能病蠶。黄柘最少而最宜蠶。葦堅而不雕，實小於橡，或甘或苦。檜則土人謂之圓柏，柛葉如柀而子赤，材理麤，謂之柛柏。栟櫚葉大如車輪。樟，豫章也。橡，則櫟也。石柟聳而蒙密，古之交讓也。楝之實甘，故爲鳳所食。冬青歲晏不雕，所謂萬年枝也。相思似之巖桂，秋後作華，四出而絶香，山中人謂之小相思。山桂葉鋭而可喜。木堇以夏華。桐首春而榮，其别有三，桐材輕利。頃歲有悮發貞觀中藏者，其桐棺如故，問之，鄉人云：桐材既干，復以其膏漬之，則終古不壞。梧，碧梧也，有乳者也。柳與楊之類最多，柜柳枝弱，黄楊性堅，以閏爲厄。椿、樗、白楊、紫荆、狗骨，皆散木也。楓，散木也，而有香。梁任昉爲太守，調香二石，始入三斗，遽出，教止之。烏臼可爲燭，而歙之人不取。南燭叢生春晚，苗葉紅赤，照耀山谷，道家用作餖飯，其色青，故又謂之青精飯，非人家庭館所植南天竹也。欀檻結穗，霜後白如鹽而酸鹹。椒、欓、茱萸所以去濕。皂之爲物莢，《經》所謂宜皂物者也。夜夾萁者，夜合也，可以治繭，即合歡，蠲忿者也。

總，小木之多刺而無枝者。椰栗，小木可用以爲杖。柞以爲櫛，石膚之屬以爲炭，檫以爲艕，枸以爲鞍。詹戒木高華，白而下垂，花如百合。棗或脆而多津，或大而理疎。丁香棗者紫黑，不類棗，其蒂、核、皮、肉，正柿之絶小者耳，一名牛乳柿，蓋古之楩也。山棗似橄欖而圓，剥之正白如涕。栗則或毛或澤，小者獨顆而圓，狙公所賦芧也。榛花長而實細。枳椇味在枝杪，霜後絶甜，一曲一直如枅之承栱，故一名曲枅，一名木蜜，一名堅枸木，以其材爲柱，能敗室中酒味，古以椇爲婦贄，今不復貴。木瓜實小，不及宛陵。榠樝者，苦木瓜而不臧者也。香樝甚小，所謂榅桲也。棠，甘棠也。棠有霜後黑而糜者，曰青沙爛。梨之類多種，大抵歙梨皆津而消，其質易傷，蜂犯之則爲瘢，故土人率以柿油漬紙爲囊，就枝苞封之，霜後始收。今出丁字橋者，名天下。近城多楊梅。南朝時，太守所採。任昉以冒險多物，故而停絶。銀杏葉如鴨蹠，實外有皮，山中人貯之。及柿之紅者，以爲酢椑，似柿而青黑，所謂烏椑之柿也。《本草圖經》：椑柿出宣、歙、荆、襄、閩、廣諸州。柿美而益人，椑又制丹石毒。柀之小而美者出於黟，古稱柀出玉山，世以爲上饒，而《漢志》歙有玉山，未知孰是。其木爲什器、几案則明潔而宜漆。《爾雅》曰：檆，柀。按：二物葉甚相類，但檆聳而柀垂，柀又有佳實，此爲不同耳。其外則桃、李、梅、杏、含桃、來禽、枇杷、胡桃、安石榴、橙、橘、柚之屬。大率山寒不宜橘、柚，種者築池中爲交午之道，列植其上，水氣四面薄之，則不畏霜雪。婺源則有金橘。竹有苦、淡、紫、斑、篁、筀之名。老竹長尺則曲，桃枝四寸有節。慈竹叢生不離母，又四時有筍，一名四季竹。對青竹枝榦皆金色，唯一邊起枝處青碧，大率金碧相煇可愛。休寧有拜竹，苦竹之極大者也。婺源苦竹之筍，大者爲花菌筍。又有冬筍，縝理而甘。祁門時有猫頭竹。

又《羽族》 羽物則翬雉五色，黄鳥鵹而黄。鶻公，布穀也，食麥即去。鵓鴣者，鵓雄也。斑鳩最拙，古之頒鶥也。青鳩色蒼緑，人多蓄之。鶉小而善鬭。鶻嘲能爲聲。秭歸候歲而先鳴。鶪逢春則聲圓美而可喜，至夏不復鳴，故《詩》曰：懷我好音。夏鷄以五六月終夜號田中。竹雞如鷓鴣，天將雨則爲泥滑滑之聲，蠹蝝聞之則化而爲水。白鷴大如雞，白質黑章，其稺純黑，南越尉佗所獻也。耿介不可馴，古稱黄山之馴者伏以家雞。山雞文采似白鷴而小，緑雞色緑，皆雉之類。鷹鷂善搏，啄木善啄。鵀，戴勝也，頭有華勝，故以降于桑，爲蠶事之候。山鵲色蒼緑，咮足皆赤，特其首尾輕翹而好爲聲，要爲鵲之類。水鵲甚似鵲而小，好在水旁，人以其聲爲喜也。烏大而反哺，慈烏小而多聲。鵯鵊鳴將旦，體雖小，鷹與烏不能敵也，其尾如匕，一名青鵶，一名鵶臼。燕、雀、伏翼，棲集人家者也。胡燕大而越燕紫，其巢亦異。百舌，反舌也。唎唎一名花鵒，能爲聲，其在瓦中色蒼者爲鸜鵒。婆餅焦者巧婦，其巢如刺韈也。摇鶤者脊令，行則自摇其鶤也。唤姑大如鳩，黑色長尾，唯兩翅赤而不鮮，其音呱呱。淘河者鵜，淘去河水而取魚也。鸕鷀約頸以環，使没水取魚，爲人用者也。魚鷹翔水上，以兩爪搦魚，挽就水次啄食之，小鮮則銜以飛。鸌兩翼白，其鳴自呼，好在田中。又有鳥大小如鸌，黑而長喙，林宿而水食，其聲澌而不揚，令人惡，聞者名曰賣瓦鳴，則當晴鷺之類，而翼下紅者曰紅鶴。翠碧、鸂鶒、鵁鶄，皆水鳥也。俗之言駕去鵝者，鸛也。白頭翁者，頭白。畫糜，眉似畫也，在水曰水畫，在籬塹中者曰塹畫。小者石畫，亦取其聲似候陰晴。白練，小雀，尾如曳練也。山雀如家雀，稍大而微赤。青菜，言菜色也。困子似山雞而小，無尾。鴕，徒河切。鳥，一名楚雞，尤愛其羽，中矰弋則守死不動。《郡國志》曰：翎下有青紅相應如垂綬，其狀如蜀雞，背若朱蛇。又有紅鵲、鷓鴣、山鸚鵡、同力。自困以下凡六物，《祥符經》所書。

又《獸類》 吴赤烏中，新都言白虎見。宋元嘉中，太守到元度，又得白熊以獻，皆見於史。土人以熊之高大而似馬者爲馬熊，庳小似豬者爲豬熊。野豕有奇牙，大者數百斤，類能傷人，冬伏於深谷聚籜之下，獵者矛籍之號槍。鬣豕豪如簪，長五六寸，能激以射人。蝟似鼠而毛勁，縮之如栗房，其皮可以治練。山羊角細而驄色，能越峻險。大山乃有之豺，似黄狗而長，數十爲羣，好竊羊以食。狸有猫斑者，有豹文者。牛尾貍的額而大尾，蟄則不食，舐掌而肥，別名曰白額，亦曰玉面貍也，竹狗似之而臊。貛豚體促，可三四斤，額亦白。獺之小者，土人謂之抓鰌。鯪鯉四足而巨鱗，其光如鯉，能陸能水，可以已蟻螻。山中時有鹿、麝，而尤多麕、兔、狐、沐猴之屬。麕之驄色者麖，其大如麕而黑者，俗謂之郭。舊經有獐、猨，則未知二者之果有否也。鼠之豐尾者曰栗鼠，亦曰松狗，漢侍中所珥貂也。鼯者，五技之鼠，大而有翼，飛且乳，夜呼，爲怪祥者也。鼠狼似鼠，而要脊長，善捕鼠，亦以媒鳥雀。

明　李賢《明一統志》卷一五《寧國府》 土産：【略】白术，涇縣出。黄連，太平縣出。筆，各縣出。桐油，玉面貍，香貍。府境出。

又卷一六《徽州府》 土産：【略】黄連，歙縣出。柿心，【略】黑木，黟縣出。漆，祁門縣出。榧子，玉面貍。俱休寧縣出。

又卷一七《廣德州》 漆，州縣俱出，桐油，玉面貍。俱州境出。

又卷一八《滁州》 土産：巴戟子，白蘚皮，女萎，草決明，虎杖，貝母，已上各縣並出。長石，黄精，俱州境出。鯽魚。出城濠者甚大。

又卷八五《太平府》 土産：抗藥，烏蛇，芳竹，府州縣俱出。木綿，刺銅，芭芒草。

明　彭澤　弘治《徽州府志》卷二《土産》 藥材[注略]：芝，蘭，芍藥，兔絲，昌羊，麥冬門，黄連，香薷，火杴，香附子，薛珠，萹竹，蝦蟆衣，蒼耳，茴香，淩霄，羊蹄，樟柳，三白，金罌，甜藤，菝葜，旁其，卮藍，茈，土芎，菊，牡丹，黄精，仙靈脾，天仙藤，五倍子，萱草，桔梗，厚朴，南星，白扁豆，地黄，茯苓，五味，柴胡，白芨，黄蘗，旋覆，菴藺，木賊，穀精，五加，細辛，鶴蝨，百部，通草，木通，玄參，苦參，狼毒，栝蔞，地松，萍艾，謹火，忍冬，卷柏，萆麻，草犀，杜仲，蒴藋，茜草，蜀葵，金星，地錦，葎草，夏枯，懷香，薄荷，覆盆，草烏，瞿麥，芫花，白蘞，前胡，天門冬，霹靂矢，何首烏，白石英。竹木[注略]：筀竹，苦竹，淡竹，金竹，水竹，篁竹，紫竹，班竹，箽竹，老竹，桃枝竹，慈竹，拜竹，對青竹，貓頭竹。梓，槻，柏，檮，榆，槐，檀，松，赤檞，白檞，栥，檿，柘，葦，檜，櫨，栟櫚，樟，橡，石栅，楝，冬青，相思，山桂，岩桂，木槿，桐，桐子樹，梧，柳，楊，椿，樗，白楊，紫荆，狗骨，楓，烏臼，南燭，樓檻，椒欓，茱萸，皂莢，夜來莫，楤，椰栗，柞，石膚，枸，櫟，詹戒，棗，柿，丁香棗，山棗，栗，榛，枳椇，木瓜，榠樝，香樝，棠，梨，楊梅，銀杏，椑，柀，桃，李，梅，杏，含桃，來禽，枇杷，胡桃，安石榴，橙，橘，柚，金橘。【略】羽族[注略]：翬雉，黄鳥，鶉公，鵓鴣，斑鳩，青鳩，鶉，鶻嘲，秭歸，杜宇，鴞，夏雞，竹雞，白鷴，山雞，緑雞，鷹，鷂，啄木，鴽，山鵲，水鵲，烏，慈烏，鵯鵊，燕，雀，伏翼，百舌，唰唰，婆餅焦，摇鶥，黄頭，唤姑，水鴨，鴛鴦，淘河，鸕鷀，魚鷹，鸌，鷺，紅鶴，鶴，夜鳩，翠碧，鸂鶒，鴉青，鸛，白頭翁，畫麋，白練，山雀，青菜，困子，鵃鳥，紅鵲，鷓鴣，山鷃鵡，同力。獸類[注略]：虎，熊，野豕，豪豕，蝟，山羊，豺，狸，竹狗，青真，貛，獺，鯪鯉，鹿，麝，麂，麞，兔，狐，沭猴，麖，郭，獐，猨，猴孫，栗鼠，松狗，鼯，鼠狼。

明　高鶴　嘉靖《定遠縣志》卷一《土産》 木：凡二十六。松，柏，檜，桑，柘，棠梨，榆，槐，楊，柳，椿，冬青，楂，桐，楸，檀，櫟，皂角，楮，椵，楝，楓，黄連，烏桕，練木，絲綿木。果：凡二十二。櫻桃，桃，李，梅，杏，花紅，梨，柿，榴，棗，栗，胡桃，葡萄，菱，芡，藕，蓮房，銀杏，軟棗，荸薺，西瓜，木瓜。花：凡四十二。牡丹，芍藥，木香，荼蘼，海棠，刺蘼，薔薇，山丹，月桂，迎春，山茶，石竹，鳳仙，罌粟，百合，木槿，梔子，紫薇，荷花，蜀葵，鹿葱，金鐙，金盞，蟬蛾，桂花，地棠，紫荆，瑞香，金雀，金錢，珍珠，玉簪，鷄冠，芙蓉，菊花，蠟梅，佛見笑，並蒂蓮，火蝴蝶，千葉榴，剪春羅，金沙花。草：凡三十。苧，色青白，可績以爲布。黄麻，土人呼火麻，可績爲綫布。絅麻，可索。白葛，土人以爲粗布。藍，大小二種，俱可染青。葦，可爲箔。茶芩，閭蒿，並可薦茶。黄草，翻白草，二物俱可煎湯浴體，可以去風。芭蕉。【略】竹：凡五。水竹，長節細皮，剖以作器。天竹，紫竹，淡竹，班竹。藥：凡二十四。柴胡，桔梗，蒼术，香附子，山查子，天花粉，遠志，乾葛，苦參，石菖蒲，金銀花，地骨皮，牛膝，漏蘆，茴香，管仲，五加皮，枸杞子，玄參，艾葉，山藥，茱萸，覆盆子，楮實子。鳥：凡十四。天鵝，雉，鴛鴦，鸛，梟，鵪鶉，鴝鵒，鸕鷀，翁雞，鴨，鵝，稻雞，鵁鶄，鷹。獸凡十。山羊，鹿，獐，兔，虎，山猶，狐，貉，貛，狼。

明　陸應陽《廣輿記》卷二《廣德州・山川》 竹山。州城南，疊嶂層巒，有松竹泉石之勝。絶頂二亭，曰『巢雲』，曰『流玉』。

明　曹學佺《西峰字説》卷一〇 灊山縣，在府西北二十里，編户四十四里。【略】縣南有湖，陂面甚潤，舊名南園。三面依城，故多喬木。有南湖亭、蹇芳堂，俱李師中記。

清　黄桂　康熙《太平府志》卷一三《物産》 果品：木産多梅，多杏，多桃，多李，多石榴，多銀杏，多櫻桃，多林禽，多棗。有枇杷，有梧桐子，有梨，有柿，有栗，有橙，有橘，有香櫞，有柚子。蔓生有葡萄。澤産多荸薺。水産多菱，多芰，多芡實，多蓮子，多藕。梅、杏子黄而圓者，名金杏，熟最早。扁而青黄者，名木杏，仁可爲酥。桃子不落者，可治肺氣、腰痛，殺精魅邪氣，仁可入藥。李有麥李，細實如櫻桃，有構道，與麥同熟，故名。有青李、黄李、紫李、鱣頭李，皆甘美可食。仁皆不入藥。惟一種郁李，子實與仁核皆苦平無毒，可入藥。又有姑孰南居李，解核如杏子者尤佳。石榴子甘者可食，酸者花可治血衄金瘡，殼可治下痢漏精。銀杏，俗呼白果，幹極大，大者數十圍。木堅而細，可爲几，葉名鴨脚，煆之可以活火焚香。櫻桃，即楔荆桃，以其爲飛鳥所含，又名含桃，實熟時深紅可愛，食之調中益氣，美顔色。林禽俗名花紅，實比柰差圓，蕪産多。棗，江南棗堅燥少脂，甘酸、大小、長圓非一類，生食多腹脹，蒸煮及日暴亦甘平無毒。枇杷，果酸甘可食，葉入藥。梧桐子，生瓢角上。梨，青皮梨不多有，多楂少漿。一種棠梨，實小，澁不可食，木取以刻板。柿，《本草》謂之椑。柿黄熟可生噉，止渴潤心肺，除腹臓熱，不宜與蟹同食。栗，小者名錐栗。橙。橘，樹高丈餘。有數種，小者橘，大者爲柚，爲香橼，極小者爲金橘、黄橘。香橼皮辛，青橘、柚子皮苦，俱不耐冷。柚子似香橼而文粗，香氣幽而能久，種不多得。葡萄，熟者紫色，俗呼水晶，菊葡味佳。

又 木品：多粉，多柏，多榆，多柳，多楊，多桑，多柘，多桐，多槐，多椿，多樗，多楓，多楝，多橡，多株，多櫟，多穀，多冬青，多烏楠。松樹高大，葉毛皮黄，四時不改柯易葉，脂、實、葉、節、根、花可入藥。白紵山有六朝松十餘株，故曰白紵松風，其名最著。横望山多怪松，倒懸石壁。隱静山有十里松徑，乃杯渡禪師手種，又嘗取新羅五葉松實種寺西。宋楊傑詩云：廬山社友皆逃晉，秦府功臣不仕隋；今日明堂求巨棟，好教天下匠師知。柏有刺柏、側柏，刺柏材可制物，側柏實、葉、皮、節皆可入藥。又一種名油柏，可取油。俱堅致而香。四時不改柯易葉，與松同久。榆有白榆、刺榆。白榆先生葉後著莢，皮白色，剥之刮去上之粗赤皮，取中之滑白者，晒干爲粉，荒歲可當糧。材堪爲器，葉、皮、莢俱可入藥。一種易高者，可六七丈，易生蟲，不耐久，無用。柳、楊，青緑色，葉大條短而硬者曰楊，葉狹條長而軟者曰柳。黄蕊著條而垂者曰花，帶黑子白而飛者曰絮。亦有葉圓帶弱，微風輙動者，曰白楊。又有葉圓濶而赤，枝條短硬，多生水傍者，曰水楊。皆近似乎柳。惟柳之根、皮、枝、花、葉、子可入藥。其條幹斬而復生，故諺云：家有千株楊，不用買柴山。桑【略】柘，裏有紋，黄花，可鏇爲器。葉亦可飼蠶。桐，有四種。青桐，枝葉俱青而無子。梧桐，皮白葉青而有子，肥美可食。白桐，開黄紫花，有子可壓油。岡桐，似白桐而無子。槐，堪爲器。葉細而青緑，晝合夜開花，黄子出莢中，花、子俱堪染黄，及槐膠、槐皮角可入藥。椿，木無花，不實。木大幹長，而氣香可食。木葉可入藥。樗，木有花，結子，幹短而氣臭，根、葉、夾可入藥。江東人呼樗爲鬼目，蓋以葉脱處有痕如鬼目也，俗一名曰臭椿。楓，似白楊，體細硬厚多節，葉弱枝善揺，葉圓而岐，三角而香，結實孔如羊肚，霜後丹赤可愛，五月斫坎取脂爲香。楝，葉密如槐，細花紫色，其子堪熟絹。橡，樹高二三丈，一名櫟，最堅硬，堪爲炭。三四月開黄花，結實曰橡斗子。斗即房，堪染皂，亦可入藥。仁味苦澁，微温，能止水痢，厚腸胃，亦可漚磨成粉止饑，以度歉歲。株木裏粗，可制物。櫟，亦不材木，然堅勁如石，作炭甚堅。穀，有雌雄，雄者皮斑而葉無叉，三月花開成穗，不結實爲穀；雌者皮白葉有叉，結實如楊梅，名爲楮。二種皮皆可作紙，實尤堪入藥。冬青，冬月青翠不凋。字名女貞，堪入藥，上葉有蟲作窠，掃糞煮之即得白蠟，故一名蠟木。土人多取子，九蒸治酒最佳。烏桕，樹高，葉似梨、杏，經霜則赤，花黄白，房三辦，初青後黑，實上白稃同蠟，壓仁取油，可爲燭。有杉，有檜，有梔子，有茶，有枳椇，有皂莢，有檀，有櫰子，有梓，有楸，有石楠，有黄芽。杉木類松而勁直，葉附枝生，若刺針。《太平圖經》云隱静山有此木。張孝祥居蕪湖，嘗于山中覓杉株，有詩云：舊聞隱静庭前柏，虎嘯龍吟三十秋；我亦經營一丘壑，無根樹子願相求。檜，柏葉松身。《太平圖經》云：廣濟院有古檜軒。黄庭堅愛之，嘗讀書其中。郭祥正有詩云：青幢碧蓋儼天成，濕翠濛濛滴畫楹。今不可復得矣。梔子，即薝蔔也。葉似李而厚硬，三四月生，六出白花甚芬香，夏秋結實如訶子狀，生青熟黄，中仁深紅，堪染黄，亦可入藥。茶，早採者爲茶，晚採者爲茗。惟繁昌山有，餘縣不産，多炒青，治法與徽異，故不甚佳也。枳椇，樹高大似白楊，其子作房似珊瑚，著枝端大如指，長數寸，噉之甘美如飴，八月熟。亦名木密，可入藥，俗稱機勾子，能敗酒。若近人家有此木，或用架屋，則釀酒不成。皂莢，木高大有刺，着實有形狹而曲如猪牙者，有形長而扁如刀豆者，九十月採陰乾，可洗垢膩，亦可入藥。檀，樹體堅細，堪作斧柯。至夏有不生者，忽然葉開，當有大水，農人候之以測水旱。其皮和榆皮食之，可斷穀。《本草》苦茶堪飲，恐誤。櫰子，樹高大，葉身俱似栗，結實如楝子大，剥核可爲念頭，江甯僧多來收之，甚爲貴重。梓，爲百木長。古命制器之工爲梓人。葉似桐而小，木理如楸，色紅者爲上，呼爲羊肝。梓可作琴瑟、楝梁，土風治木主與牀笫，多覓此木爲之。楸，亦梓屬，蓋椅木也。作琵琶面謂之雲楸。蕪湖有古楸二株，身在東門城外，根在城内，盤屈如假山，亦發嫩枝。石楠，花紫白堪玩，本與枏同用，土人多種置塚間，取冬夏不凋、覆陰如傘蓋也。黄芽，俗名爲黄連頭，樹高大，可制几案，春時發嫩葉，取醃蓄，味清涼，可以消暑。

又 竹品：多筀竹，多茅竹，多水竹，多木竹，多老竹，多斑竹。筀竹，園圃種植。葉長而濶，本大而内厚，長丈餘，堪作篋絲。筍可食。茅竹，大如木，長丈餘，可截爲筒，剖之接簷水，俗稱格路。筍大，可食。水竹，小而密，虚心，肉薄而韌，尤堪劈篾織簟。人家多種以爲籬，繁昌山生取筍食。木竹，一名石竹，小而密，實心，不可劈篾。人家多種以爲籬，繁昌山生取筍食。老竹，長大肉厚，可治器。筍苦澁，不可食。斑竹，一名湘妃竹，青幹有紫斑文，可治器。有淡竹，有紫竹，有慈竹，有天竹，有象牙竹，有瀟湘竹，有苦竹，有駢竹。淡竹，葉可入藥。紫竹，稍類斑竹，而通身紫色，質堅，重堪作器。慈竹，任昉《述異記》：南中有子母竹，生不離本，俗名慈孝竹。李善云：慈母山竹作簫笛有聲，以疎節而體圓也。天竹，一名萬壽竹，似竹而草本也。尾端着花如鈴，結朱實，雪中可愛。郡人多植庭前，相傳可避火災。象牙竹，生蕪湖，其筍最早。瀟湘竹，長不踰丈，疎而有韻，好事者多植盆鉢間。苦竹，節高竿曲，鮮中材用，筍苦味寒。《本草》：竹瀝以苦竹爲佳。駢竹，唐姑孰崔氏有駢竹之瑞，觀察使崔准奏因建寺，名瑞竹。今報恩光孝寺是也。俱見《太平圖經》。今世絶無存之，以徵異産。

又 花品：多梅，多桃，多蠟梅，多薔薇，多月季，多荼蘼，多蜀葵，多鳳仙，多玉簪，多木樨，多菊，多鷄冠，多玉蘭，多繡毬，多木香，多蓮，多秋海棠，多玫瑰。梅花，山梅單瓣，玉蝶重瓣。有緑蒂、紅蒂二種。重瓣而紅者稱爲紅梅，亦有大小二種。桃花有單瓣，有千葉。壽帶桃千葉正桃花。色有碧桃千葉正白色，緋桃千葉緋色，絳桃單瓣絳色。蠟梅，黄蠟色，有磬口，檀心者爲上，荷花蠟爲次，有子可種九英蠟爲又次，俗作枸英誤也。

又 羽品：多鵞，多雞，多雉，多鴨，多鷗，多鳧，多鴈，多鵲，多鴉，多烏，多雀，多燕，多鸜鵒，多斑鳩，多鵓鴿，多鵜，多啄木，多畫眉，多百舌，多鸕鷀，多布穀，多鷺鷥，多鶺鴒，多鷹，多黄鸝，多鴞，多鶻鵃，多蝙蝠。【略】鷗，《詩》作鳧鷖，《蒼頡解詁》作水鴞。鳧性好没，鷖性好浮，故名浮漚。陸佃曰：青黑色。今白者多俗呼白鷗。鳧，即俗稱野鴨，青色皆有文，湖中網取之。土人多以爲生。鴈，《書》稱陽鳥。《月令》：仲秋鴻鴈來賓。鴻，鴈之大者。鴈羣居北海，其至以時，其飛以序，避寒就食於南方，春則北向，復居北海而乳。舊志每年貢活鴈貳百捌拾柒隻。鵲，一名靈鵲，一名乾鵲，《傳燈録》謂之芻尼，《海録碎事》謂之神女，亦名喜郎，亦名飛駁。今俗槩呼喜鵲，謂其鳴則人有喜事，其作巢背太歲向天乙，以巢高低知一歲風之大小。鴉，亦烏之别種，白頸而聲大，鳴則凶咎，謂之鬼雀。東方朔有《占鴉經》。烏，孝鳥也。似鴉而小，通身皆黑。初生，母哺六十日，長即反哺六十日，故得慈烏之名。雀，一名佳賓。常栖簷瓦間，故亦名瓦雀。羽作褐斑色，今俗呼麻雀。燕，《詩》作玄鳥，《説文》作乙，莊周作鷾鴯，京房作天女，崔豹作紅公。越燕紫胸聲小，胡燕斑胸聲大，人稱烏衣公子。鸜鵒，俗呼八哥。《説文》：似鵙而有幘純黑，兩翅下各有白點。五月五日剪去舌端，能人言，隨人所使，無不如意。性畏寒。《考工記》：鸜鵒不踰濟。黄足、黄睛爲金眼八哥，鐵足者爲牛矢八哥，以好立牛背上也。斑鳩，一作鵓鳩，項有斑點，性拙於營巢，常借鵲舊巢居之。雨則逐婦，晴則呼而返之。有數種，皆稱鳩。《月令》鳩化鷹，蓋非斑鳩也。鵓鴿，皆張九齡以傳書，呼爲飛奴。毛色多種，以翼健能高飛者爲貴。其色雜不能高飛者，取供食饌而已。鵜，一名鵜鶘，一名逃河，一名淘河，俗又呼淘鵞。劉禹錫曰：昔人竊肉入河化爲此鳥，因名逃河。又云：鵜鶘大如蒼鵞，頤下有皮袋，可容二升物，展縮由之，袋中盛水以養魚。身俱水沫，惟胸前塊肉如拳，能沉水食肉，亦能摒竭小水取小魚食。脂可透物，入藥尤能透鐵，人以瑩刀，謂之鵜鶘刀。啄木，《禽經》作鴷，小者如雀，大者如鴉。有褐有斑，褐雌斑雄，面如桃花，喙足皆青利，嘴如錐，長數寸，舌端有刺，啄蠹即以舌鉤出啖之。《博物志》：能以嘴畫符令蠹自出，且能開鎖，俗呼斲麻子。畫眉，身黄如麻雀而大眉，有白毛一縷如畫，亦善鬭，皆樊籠畜之以角勝負，聲音宛轉嘹亮可聽。百舌，一名反舌。《易封通騐》：能反覆其舌，如百鳥之音。立春始鳴，《月令》：仲夏反舌無聲。通身黑色，俗呼烏雪。鸕鷀，《爾雅》作鷧。陸佃曰：水鳥，似鶂而黑，嘴曲如鈎，食魚，入喉則爛。漁人畜以捕魚，恒箍其頸，令不得咽，啣魚出水以畀主人，取之多乃解箍餌之，飽則不復取魚矣。骨可治魚骨鯁咽，俗呼爲水老鴉。方書稱其吐子，誤矣。亦卵生，猶鳧鷖。布穀，《毛詩》作鳲鳩，一名鴶鵴，農家以其鳴聲爲耕候，今俗呼爲郭公。鷺鷥，《爾雅》曰春鉏，其色正白，頭細脚長，項有長翎如垂絲，欲取魚則弭之。其頭無絲毛者謂之水鶴。性通風雨。一種背灰色，翅身俱白，謂之衰衣鶴，亦名雨落母。一種短項長脚，身通白，謂之草哥。一種緑喙者止食魚。一種蠟嘴者兼食米飯、蒼蠅諸物，人家能畜之。鵪鶉，《月令》作鴽，《内則》作鶉。《列子》：蛙變爲鶉。《周禮》：季春田鼠作爲鴽。大如鵞雛，頭細尾秃。《爾雅翼》曰：鶉，鳥之醇者。然其性善鬭。鷹，古稱爽鳩，故司寇稱爽鳩氏，鳥中最鷙悍者，以季夏月習擊，孟秋月祭鳥，有蒼、白、黑三種，今惟有蒼者，亦麻色，俗稱爲餓鷹。黄鸝，即鶯也。《詩》作黄鳥，亦作蒼庚，《爾雅》作鵹黄，《説文》黄鸝，齊人謂之摶黍，或謂金衣公子。《月令》：二月蒼庚鳴。相傳肉可止妬。鴞，即鵂鶹，《爾雅》作鴟鵂，《説文》作角鴟，俗呼猫頭鷹，怪鳥也。有大、小二種。一種大如鷹，頭目如猫，有毛角兩耳，晝伏夜出，聲如老人，初若喚後若笑，所至多不祥，即鴟鵂也。一種大如鸜鵒，頭目亦如猫，鳴則後竅應之，其聲連轉如云體留休留，江東謂之車載板，楚人謂之快扛板，蜀人謂之脊哥兒，鳴則主凶，夜入人家爲祟，即捕磔之，可禳其禍。鶺鴒，一名列精，一名雝渠，長脚，長尾，尖嘴，背青腹白，行摇飛則鳴。深秋而至，至則颶母不作，又名水刀。潮將至則水刀先鳴，以其江邊尋蟲也。蝙蝠，《爾雅》作服翼，《本草》作伏翼，《仙經》云肉芝，亦云天鼠，類鼠而有肉翅，四足及尾連合如一，夏出冬蟄，晝伏夜飛，食花果、蚊蚋。糞有夜明沙，善服氣。百歲者純白，頭上生冠，不輕令人見。有青鶴，有鸛，有賀鷄，有鷂，有子規，有竹鷄，有練雀，有魚鷹，有鴜𪀦，有白鷴，有頻伽鳥。青鶴，背有青毛，好伺魚食。舊志明姑孰每年貢活青鶴一隻，今無。鸛，有二種，似鵠而巢澍者爲白鸛，黑而曲頸爲烏鸛，好食蛇蟲。陸(機)[璣]《詩疏》以爲皂君，亦曰負釜，亦曰黑尻。又一種小於鸛，大於鷺，好立淺水伺魚，即青鶴也。賀鷄，未詳。舊志每年貢活賀雞二隻，今無。鷂，一名雀鷹，一名隼，皆鴟屬。《禽經》曰：善博者曰鷂。又一名晨風，一名鷂子。《莊子》云：鷂爲鸇，鸇爲布穀，布穀復爲鷂。皆此屬也。子規，即杜鵑，一名杜宇，一名怨鳥，夜啼達旦，血噴草木。《説文》謂蜀王望帝化爲子巂，即子規也。竹鷄，一名山菌子，一名泥滑滑。多居竹林，狀如小鷄，褐色，多斑赤文。性好啼，尤喜鬭。諺云：家有竹鷄啼，白蟻化爲泥。蓋好食蟻也。亦辟壁虱。練雀，大如白頭翁，似雀而尾長，俗名拖白練。身雪白，尾端翠碧，亦俊鳥也。魚鷹，俗呼魚鷂，小於鷹，而專於水際攫魚。鴜𪀦，俗作鶿鶬，即秃鶖也，水鳥之大者，狀如鶴而大，青蒼色，張翼廣五六尺，舉頭高六七尺，長頸赤目，頭項皆無毛，其頂皮方二寸許，紅色如鶴頂，其喙深黄色而扁直，長尺餘，嗉下亦有胡袋，如鵜鶘狀，足爪如鷄，黑色，性貪惡，好與人鬭，啖魚。《詩》云『有鶖在梁』，即此。舊志歲貢活鶿鶬一拾隻，今無。白鷴，似雉而白。宋李之儀求白鷴於黄山胡居仁，詩曰：請以雙白璧，買君雙白鷴；白鷴如白錦，白雪恥容顔；照影玉潭裏，刷毛琪樹間；夜栖寒月静，朝步落花閑；我願得此鳥，玩之登碧山；胡公能輟贈，籠寄野人還。今此鳥罕見，或古亦少之也。頻伽鳥，形如鸚鵒，聲似黄鸝，種異凡鳥，育自海外。昔杯渡禪師攜一雙，畜繁昌隱静寺中。昔人稱其好集幢幡，能和鐘磬，至今雛成即去，數百年止見其二云。按《本草·釋名》：《梵書》謂雉曰迦頻闍羅。

又 毛品：多馬，多牛，多羊，多豬，多狗，多驢，多猫，多鼠，多兔，多麞。

【略】兔，《禮記》謂之明眎，言其目不瞬而了然也。或云吐而生子，故謂之兔。大如貍而毛褐，形如鼠而尾短，耳大而鋭，上唇缺而無脾，長須而前足短，尻有九孔，趺居趫捷善走，舐雄毫而孕，五月吐子。謂兔無雄，望月成胎者，誕也。古樂府有『雄兔脚撲速，雌兔眼迷離』，可证其非。今丁祭爲醢，以實豆。齊永明中丹陽獲白兔一頭。麞，一名麕，似鹿而小，無角，黄黑色，大者不過二三十觔。雄者有牙出口外，俗呼麞牙，亦不能噬嚙。秋冬居山，春夏居澤。今丁祭爲醢，以實豆。有虎豹，有騾，有貛，有鹿，有麂，有蝟，有獺，有狐狸，有狼鼠，有竹狗，有猴，有猨，有豪豕，有穿山甲，虎豹俱繁。間産騾，大於驢，而健於馬。其力在腰，其後有鎖骨，不能開，故不孳乳。牡驢交馬而生者騾也，牡馬交騾而生者爲駃騠，然産者甚少。貛，一名狗貛，一名天狗，穴土而居，形如家狗而肥，脚短，喙尖，毛深褐色，皮可爲裘領。鹿，馬身羊尾，頭側而長，高脚而行速，牡者有角，夏至則解，大如小馬，黄質白斑。牝者無角，小而無斑，毛雜黄白色，俗稱麀鹿，孕六月而生子，性滛，一牡常交數牝，謂之聚麀。麂，麞類。《字説》云：山中有虎，麂必鳴以告，其聲几几然，故曰麂。大者曰麐。皮堪作履舃，勝於諸皮。舊志每年貢活麂八隻，今無。蝟，俗稱刺蝟，如鼠而毛多刺，見則卷縮如栗子殼，使人不可近。虎甚畏之，而制於鵲，見鵲則仰腹受啄，中其矢輒爛。《淮南子》云：鵲矢中蝟。皮可治絲紕類。獺，如小狗，穴居，入水食魚，毛密不濡，色如貍，肉甚美，可治胃病，故從胃。黑獺、白獺皆難得。貍，有數十種，皆斑文黃黑相間。有虎貍形似虎，而小狗得執之。有豹貍，文如金錢豹。有風貍，大如兔，棲樹間，遇風過則飛附它樹。有香貍，肉作麝臍。狐，似小黃狗，鼻尖，尾大，性多疑審聽。有黃、黑、白三種，白色者少。日伏穴，夜出竊食，聲如嬰兒，氣極臊烈，毛皮可爲裘，腋毛純白，謂之狐白，尤佳。狼鼠，一作鼬，一作鼪，《莊子》所謂『捕鼠不如貍狌』是也。形似鼠而身長，尾大，色黃，氣臊，最善捕鼠，亦能捕鷄，俗呼黃鼠狼。取毫可制筆。竹狗，繁產，亦貍屬而臊。《本草》：似虎貍，而尾有黑白錢文相間者，爲九節貍，皮可供裘領。或即此也。猴，無脾，以行消食。《詩》謂之猱，性多智，惟繁昌隱靜山中有之。猨，猴屬，長臂，臂通肩，善嘯，居深林，渴則連臂下飲。或射其子，必自投而卒，剖之腸皆寸斷，亦名猿父。《爾雅》曰：猿善援，故名。隱靜山有宿猨洞。豪豕，似猪，毫如簪，長數寸，追急則激以射人。穿山甲，一名蛟鯉，四足而巨鱗，如鯉，能陸能水，地有微孔鑽入，倏忽尋丈。皆繁產。

清　閔麟嗣　康熙《黃山志定本》卷一《形勝》　松林峰在雲外峰西，高七百仞，山頂多產蒼松，無它樹。按：松，《史記》曰：松，百木長也，而守宮闕。其材小者椽，大者棟。千年則子黃味似粟，分其氣於他處生苓，其脂一名曰肪。黃山松，以石爲母，以鐵爲幹，以針爲鬚，以苔爲鱗，以矬以瘦以偃蓋爲古。雖松，不可以常松測。【略】源中多古柏，人行柏中，風來柏子落，其聲丁丁然。柏之枯，掌掌片片滿空山，其音蹌蹌然。柏之翠，目及之。柏之香，鼻入之。柏之陰，身受之。柏之形，幹柱焉，枝欄焉，葉屏障焉，人得而擬似之。近源人家爲室，爲器，爲薪，皆柏也，而柏不減其多，豈玉衡之精，獨鍾此地耶？

又卷二《山產》　木屬：擾龍松，散花塢中突兀一峰，下臨無際，一松破石以孕身，賈勇怒撐，上透峰頂，即偃其蓋，衡枝長二三丈，凌空飛舞，若龍爪搏擊，松中第一奇觀，見者駭矚，尊爲帝松。卧龍松，文殊院道中一松，橫偃石壁，長丈有奇，作龍卧狀。似卧矣，首忽上昂，角嶄鬐張，如卧將起。是松，德在潛見之間，恐千百年後，風雨大作，終當破壁飛去。接引松，在始信峰脰，峰將至巔忽分，其分處如龍淵界劃，夾壁削立，下視萬仞，支以柴梁，樸隘顛危，人不敢渡。松生彼岸，枝橫此澥，援渡者手藉以登峰，松實有功於遊人。棋枰松，在平天矼，極奇古，高二尺，圍如之，枝踰丈，頂正平若砥，鬚鬣井井若罫布，鬱翠蒼古，以矬見奇。指此爲蒲團松者，誤。蒲團松，枝幹盤屈，形規鬣密，在小心坡絕壁。困龍松，亦在小心坡絕壁。迎送松，亦在小心坡，根緣石罅無土，枝葉交接，與遊人肅對，有若揖讓者然。倒掛松，在蓮花峰道中，蒼虬逆懸，根怒生如髮上指，一絲貫壁，實歷億萬年，而蔥翠之色自若。破石松，在一線天，有危石高二丈，圍丈餘，松根植石底，枝鋪石巔，蓋蔭畝許，游者見蓋不見幹，謂松以石爲幹，不知幹固藏石腹也。松干壯茁，石不任受，裂縫一綫，盤抱如故，若母懷子，噫奇矣。崇禎戊寅，雷震石崩，松爲雷火燒死。按《博物志》：松本石氣，石裂受沙即產松，松三千年更化爲石。黃山無山不石，無石不松，或以多石故歟？此松之奇，則又非意想所可及。偃橋柏，在偃橋，矼根去杪不逾尺許，葉密如茵，樹杪可經行，可趺坐，可借眠。游龍柏，黃山以松著，柏無奇者。大悲頂石壁一柏，若龍焉。體曲爪張，曲者復伸似升張者，欲攫似怒，奇至無理，怪到想窮。黃山松石皆然，不意又得柏也。樧，俗作杉，可木，黃山老而巨者不讓蜀材，陽材飽茹日華，膏潤不枯，錯文成綉。原氏之子所謂貍首之斑、女手之卷者，若爲此木咏矣。桱，類杉，材不逮杉。杉堅而綿，桱堅而脆。其材可爲器，可搆可舟。山林藪澤之利，新安惟樧與桱最贍。世爲豪强所吞並，瘠土之民日貧，良可慨也。人奈何使其擅民利爲己悉也。黃楊木，山中多產。高峰松柏之外，所生者惟此一種。其木堅膩，其葉攢簇上聳，似初生槐芽而青厚，不花，不實，不彫。其性難長，遇閏則退，非退也，但閏年不長耳。香榔，與香柏皆宜制器，光潔芳澤，足充雅玩。放光木，深崖邃壑中樵斧不到，木枯久，復經雨露浸潤，光彩自發，取置暗室，明亮如晝。古藤，古質若銕贅，若癭曲，若龍蛇，根柯若輪搏而輻引，可几，可杖，可入假山，此無用之用，不才之才。紫檀樹，蓮蕊峰僻塢峭崖間有洞，循洞術紫檀樹生焉，香翠覆地。按：紫檀惟產崑崙盤盤國，極香，與紫榆異。今黃山有之，足徵山產之異。雲霧茶，山僧就石隙微土間養之，微香冷韻，遠勝匡廬。

又 藤屬：藤子，子含莢中，通明如水晶，熟時剖食，甘同蕉。露，不剖自啓者，不可食。蛇嗜其子，恐染厥毒也。

又 果屬：榧，黄山多榧木，其葉似杉，又似柏，微軟，實小而香。按《本草》有彼子。《爾雅》云：彼當作柀。柀子即麄榧。其實恢而中空，圓而不鋭。陶弘景不識柀子，蘇恭辨爲一物，但分精麄耳。山産是榧，非柀，不必辨。木瓜，《爾雅》曰楙，花淡紅色，似鐵梗海棠。實如小瓜，皮薄色黄，香味遠過於花。觀《衛風》瓊琚匪報之詩，木瓜爲古尚也久矣。枝可作杖，利筋膝。根葉煮湯，淋足脛，可以已蹷。榛木叢生。《爾雅》：女贄用榛，告虔也，取臻至之義。關中鄜坊爲多，故木右从秦。黄山亦多有之，出後海。其葉如櫻桃，文皺齒細，結房函子。子如小粟，其殼厚而堅。其仁圓，色白。其上微鋭，生青色，熟褐色。其條涇重難然。樵歌曰：寧自空來，莫打榛柴。桃，偃種老而不死，猶挾艷姿，酒浸花飲之，除百病，好顔色。其實中秋始熟，采食甘香，異常桃。梅，浮丘溪之梅成林成藪，桃花源之梅疑圖畫，疑園林。梅皆生石徙中，干必古，枝必屈，花必大。至問爲何代所生，則茫無可考。軒轅以下，宋元之間，一任諸山僧、樵客之口而已矣。山嬰桃，一名崖蜜，花大於園本，色復嬌妍，實纍纍綴危崖間，四月可采食。杜詩：崖蜜松花熟。蘇詩：待得微甘回齒頰，已輸崖蜜十分甜。皆指此。按《爾雅》：楔音戛，荆桃也。孫炎注：即今櫻桃。最大而甘者，謂之崖蜜，謂櫻桃矣。然櫻桃乃櫻，非桃也。嬰桃生山中，故曰崖蜜，又何疑焉。

又 花屬：木蓮花在華嚴堂前，其本踰拱，其高二丈。其花蓮其瓣九，其色白，其縷紫，其香玉蘭，其葉枇杷，經霜不彫，其實朱實含苞内，苞開實出，若珊瑚新琢，其根檀。震旦止慈光一本，盛夏始花。石蓮，其花畧同木蓮。但彼九出，此五出耳。花時，瀰漫山谷，盈目皆香雪。玉蘭，黄山有玉蘭谷，花時過此如行雪山中。山海棠，葉淡緑，嚴冬不萎，其花一苞數蕊，嬌過海棠。按：海棠，海外種也。本棠屬，不實，春始花，凡數種，有鐵梗，有木瓜，有毛葉，有垂絲，並嬌紅絶艷，西府微淡，更艷也。惟昌州與大足縣海棠有香，餘無香。山海棠之奇，不以花，以葉。海桐，生山谷中。一名刺桐，一名賴桐。體有巨刺，其皮若梓，白皮青葉，高三四尺。即有花，附干而生，成朶而繁，紅色如火，爲夏秋榮觀。山桃花，色如桃，視桃更夭，垂絲裊裊，弱不勝持。水桂，葉比桂差小，花如梅四出，香與蓮相似，瓣白心黄，麥秋時開。山礬，一名芸香。葉似薝蔔，微有齒。可辟蠹魚，又可焚灰染紫爲黝，不藉礬而成。三月開花，花繁而馥。獨黄山偃燈洞道中開於九月，花稍大，香稍減爲異耳。按：山礬稱栝花者，李延壽也。栝音陣，易名山礬者，黄庭堅也。以芸香即七里香者，沈括也。辨七里香爲玉蕊花者，曾端伯也。訛栝爲鄭，又訛鄭爲瑒，或爲春桂，荆楚之俗，江南之人也。《老子》曰：方物芸芸。芸，盛多也。稱爲芸香者，近是。纓絡蠟梅，幹葉類繡毬，花似蜜脾，一莖十數葩。花時莖垂如弱柳，垂垂然作纓絡狀。

又 竹屬：簜，俗名矛竹，生桃花源。黄山竹類甚多。此地竹最巨，故稱簜。小曰篠，大曰簜。簜，大竹也。實竹，竹不中空，堅實犀鋭，可以佐武備，利兵戎。瓦竹，山中一種竹，葉長廣似箬葉。山僧厚紉覆屋，用以代瓦，蕭然精緻，遂覺陶冶無功。

清 趙弘恩 乾隆《江南通志》卷八六《食貨志·安慶府》 山葵，葉翠如雲。正二月間浥露抽苗，香甘異常。土人美其名曰珊瑚菜。懷、桐、太三縣俱出。木耳，一名萸，出太湖、灊山。石耳，出天柱山中。黄精，太陽之草，久服可仙。出灊山。茯苓，出灊山。【略】長春藤，出太湖，服之延年。青木香，一株五根，一莖五枝，一枝五葉，葉間五節，故又名五木香。【略】冬筍，出灊山、太湖。蘭，一幹一花，香極幽遠。蕙，一幹十餘花，出龍眠、天柱者更佳。芽茶，出灊山。苦茶，可消暑疾，出皖山。錦鷄，出灊山，似雉而小，文彩焕然。竹鷄，出灊、望二邑。石猴，出望江。鵜鶘，出太湖。鸕鷀，出灊山。鵁鶄，懷寧望江時有至者，而非常産。虎，豺，狼，鹿，麂，獐，狸，雉，狐，貉，安屬多山，以上各種皆出。魚鮓，出懷寧。蜜，六邑皆有。白蠟，灊山出。龍鬚蓆，龍鬚草出龍山。竹簟，出灊山。木棉，郡邑皆出。桕油，郡邑皆出。漆，出灊山。筍，出灊、太。紫草，穿山甲，俱出宿松。【略】皂角。郡邑爲多。

又《徽州府》 茶，出松蘿山者最佳。有雀舌、蓮心、金芽數種。紫霞茶，出歙縣紫霞山。色香清幽如蘭。新安家家制茶，以此品爲最。山藥，歙、休二邑皆佳。筍，六邑皆産，出問政山者尤佳。石耳，出黄山。黄精，亦以産黄山者爲佳。白石英，新安所出細長白澈。黄連，産黄山。菖蒲，石生而細者良。《本草》載所出之州七，歙其一焉。大葉者爲昌羊。白术，歙産勝於浙，以其白勝也。杉，出婺源祁門。三友柏，一樹而扁、側、翠兼焉。娑羅樹，在灊虬山。黄山松，堅細秀古，根出石上，異於他松。春桂，似桂而五出，三月開。金縷梅，似蠟梅而瓣如縷，春日開時翩躚欲舞。撚蠟，亦似蠟梅。一苞四五朵，其開也以春杪。海鬩花，生雲海，春日遍崖谷，紅色深淺相錯，至鋪海時爛然雲錦矣。彷彿瑞香而差大。旌節花，老藤上作花，行行垂如旌節，色淺碧，黎州漢源縣亦有之。瓔珞花，色黄碧，幽倩澹冶，清香雋永，有垂柳之態。蕡桃，與桃無異，但花趺先實耳。山櫻，木本竹葉，初夏作花，實如含桃。紫雲花，花深紫，日光下燭晶然凝望。石蘭，一莖一葉一花，色紫，生峭壁上。木蓮花，在慈光寺前，高柯成圍，蜜葉蔽日，冬不彫。花肖白芙蕖，惟房菂不類。四五月間開，香聞數里，山中無二本。疊雪花，花似剪雪，中含一葫蘆，九月開。玉鈴花，樹高大蘢蔥。夏月碧陰中，白花串串，有類雕刻，香色俱佳。香杜鵑，杜鵑處處有之。此則高幹濃香，迥異凡種。查蔔花，木有芒刺。四月開小黄花，如丁香。其結實也，如丹砂。覆杯花，攢生葉底，空中下垂，似鏤竹髹朱而成。仙都花，生仙都峰下。古幹屈曲，花一苞七八朵，望之如芙蓉而特香，綠心如拳，三年一放，放則葉下披如相讓然。紫綺玉環，草花也。頗肖二物。傲雲花，形色似木蓮，自夏徂秋香不斷，葉亦微馨。悟公雲舫四圍皆此樹。鵝羣花，藤屬。葉似菰蔣，秋日著花，宛然鵝也。以上諸花，多産黄山。銀絲麫，出祁門，其細如銀縷絲，故佳。羅漢松，在吴山寺。方竹，堅實可爲杖。佛面竹，亦可爲杖。【略】五穀樹，在顔公山。歲以所實占豐歉。【略】虎，猴，鹿，兔，獐，山羊。徽郡多山，故多出焉。

又《寧國府》茶，宣、涇、寧、太諸山皆産松蘿，又太平龍門山産翠雲茶，香味清芬。又雅山茶，宋梅詢有「茶煮雅山雪滿甌」之句。今不可多得。【略】棗，有四種，圓棗、長棗、甜棗、羊棗。栗，郡邑山谷多栗。栗熟比於穀熟，公私賴之。雪梨，種類亦多，而宣邑雪梨爲最。花紅，産寧國。實大味甘。櫻桃，一名含桃，六邑皆産。芋，即蹲鴟也。可備荒。桃，有六種，五月桃、六月桃、離核桃、回回桃、扁桃、矮桃。薑，寧邑山鄉港口二十里内出薑，熟如穀熟，財貨所資也。白术，産寧太山谷者佳。鬼箭羽，能除疫氣。寧國山中爲多。【略】蕨粉，苗可食，根可爲粉。《本草》云：根如紫草，作菜食之，味甘。寧國多山，蕨徧生焉。竹鷄，宣、寧、涇、太諸山鄉皆有。其鳴音似泥滑滑，木中蛀聞之化爲水。翡翠，大者曰山翠，小者曰水翠，俱巢水際。虎，黑熊，山羊，鹿，麂，兔，狐，雉，猴，豪猪，香狸，玉面狸，自虎而下，以寧郡邑多山，與徽郡山接壤，故多出焉。杉，涇、寧、太三邑多。竹，有十數種，郡邑資之爲利。竹簟，出旌德。木瓜，出宣城。能固氣，調榮衛，止霍亂，轉筋。宋楊萬里詩：天下宣城花木瓜，日華霑露繡成花；何須猴子强呈界，句有瓊琚先報衙。蘭，郡邑巖壑皆産，香最清遠。鳳尾蕉，木本有合圍高數丈者。玉荷，花似千瓣梔子，入夏始開。花香過於茉莉，可作食，亦嚴州移種。四季桂。四季開花，結子狀如蓮實。

又《池州府》筍，池州産竹，故筍稱最。【略】竹蕈，出九華山，生竹根者味甘。【略】千秋松，出九華山。長二三寸，葉類柏，生絶巘，取供盆玩，可與黄山松匹。五釵松，出九華山。每枝五花，五股，其實可食，文理如一。仙人燭，木名，産九華山。幹似梧桐，長尺許。其液可燃。羅漢柜，出九華山。幹高一二尺，葉似側柏。仙掌扇，木名，出九華山。葉大如羽翣，色青翠。木蓮花，出九華。幹類梔子，苞先於葉。其花與蓮無異，自春開，至八九月始已。玉女幢，木名，出九華山陰巖絶壁之上。其木高一二丈，自成行列如幢節焉。羅漢條，産九華山。木本如檜，高數丈，翠葉間垂心白色，作結成條。菩薩線，産九華山。如檜，但枝葉長垂如線，色翠香清。鉢囊花，木本，高丈餘，葉細而長，色翠而澤。花生葉上，蕚如黄葵，出九華南臺。莎羅花，木本，出九華。其枝每生七葉、九葉，苞如人面，花似牡丹，色類拒霜，香如菡萏。蘭，郡邑皆産。蕙，四月間始花。珍珠蘭，出貴池。淵明菊，出東流，晉陶淵明遺種。九節菖蒲，出九華山中。龍鬚草，出九華山，爲蓆甚佳。紫貝天葵，貴池之西厓所産尤多。七葉一枝花，出九華山。黄精，産九華絶壁者爲上品。何首烏，産九華山者良於他處。錦駝鳥，出貴池。見李白《秋浦歌》。惜春鳥，出九華山。念佛鳥，出九華山。狀如鳩，黄褐，翠羽，作念佛聲。碧雞，出九華山。雲韶部，即音聲鳥，出九華山。其鳴響互答如簫韶。蒼鹿，九華山中天柱峰下，時有見者。羚羊，池郡山中皆有之。【略】猿。貴池、青陽、石埭、建德山谷中，皆有之。

又《太平府》槵子，樹高，葉大，似栗，結實剥核，可爲念珠。芡實，一名水中丹。入藥，與金櫻子稱水陸二仙膏。金櫻子，一名山石榴。叢生多刺，花白類小薔薇，子似榅桲而小，色黄有刺，收子熬膏，治虚損最良。五茄皮，叢生山谷田野。莖黄赤，黄生苗葉俱青，高三四尺。一苗五葉者佳。每葉下生一刺，開白花，結實如豆，根若荆根，皮黄，輕脆芬香，五月、七月採莖，十月採根，陰乾用，味辛温，微苦寒，無毒，入藥功爲多。菖蒲，根有一寸九節，或十二三節。生石澗中，名石菖蒲，尤佳。烏昧草，宋范仲淹奉詔安撫江淮，還，以太平州貧民所食烏昧草進呈，今無。松，白紵山有六朝松十餘株，横望山亦多怪松倒懸石壁，隱静山有十里松徑，乃杯渡禪者手種。駢竹，唐姑孰崔氏有駢竹之瑞。觀察使崔准奏建寺，名瑞竹，今報恩光孝寺是也。穿山甲，出繁昌。【略】竹鷄，出繁昌。一名泥滑滑。諺云：家有竹鷄啼，白蟻化爲泥。子規，即杜鵑，一名杜宇。鳧，鴿鶉，麞，兔。郡邑皆出。

又《廬州府》 何首烏，出合肥深山中者佳，紅、白二種。筍，郡邑皆出，而舒城產者尤佳。竹簞，出舒城。栗，郡邑多產。梨，棗，杏，花紅，出合肥舒城無爲。薏苡，出舒城。五加皮，無爲州產者良。石斛，產合肥。《地理志》：唐時充貢。薑，出舒城。白蠟，郡邑皆產。【略】蜜，出舒城。漆，出合肥舒城、無爲諸邑。【略】梟，即野鴨也。出巢縣。雉，郡邑爲多。天鵝，鵁鶄，淘河，皆出巢湖。黃鴨，巢縣爲多。虎，鹿，兔，獐，郡邑多山，故山獸爲多。玉面貍，出合肥者佳。青鶴，出廬江。畫眉，出廬江。鴛鴦，出巢縣。鶴，郡邑時有至者。竹鷄，一名山菌子，郡邑皆產。猴，野猪，出郡邑深山中。獾，獺，狐。郡邑皆出。

又《鳳陽府》 黃芽菜，出鳳陽。春初生，味極甘滑。黃雀菜，出鳳陽，樹而花生者。山藥，出鳳陽者甘膩。蘑菇，亦以產鳳陽者爲佳。百合，郡邑皆產。綵棉木，出懷遠。木棉，花中如鵝毳，抽其緒可織爲布，郡邑皆出。芹菜，虹縣者長而無節。羊脂菜，羊城湖出。棗，郡邑皆出。圈棗，出定遠。軟棗，出臨淮者佳。櫻桃，出鳳陽。沙果，出懷遠者味勝林檎。白玉瓜，出定遠。文官果，出虹縣者佳。苜蓿，郡邑皆產。相傳種出大宛，張騫帶入中國。蘋果，出宿州味清香。梨，郡邑皆佳，以鳳屬近北地也。木瓜，出臨淮者佳。霜後取之，香幽而耐久。黃金嵌碧玉竹，碧玉嵌黃金竹，皆以產臨淮者爲佳。天竹，郡邑皆產。叢生，朱實，相傳榦踰百者可御火災。箬竹，出定遠。虞美人草，出虹縣虞姬墓，無風自舞。石斛，出壽州。艾，郡邑皆產，壽州者佳。千葉榴，牡丹，乳餅，白蠟，俱出臨淮。葛根，出鳳陽。桔梗，遠志，俱出定遠。花椒，杏仁，郡邑皆產。老鸛草，郡邑皆出。熬膏酒服大補天元。出宿州者更良。石菖蒲，出定遠者佳。鶴，地僻山多，時有見者。雉，梟，獐，鹿，兔。郡邑皆產。

又《潁州府》 沙果，出阜陽。棗，栗，阜陽近北二者所出爲多，亳亦多產。胡桃，郡邑皆出，亳產爲佳。柿，阜陽出，肥大而味甘，亳出亦然。葡萄，有二種，白者號水晶葡萄，味愈佳。軟棗，郡邑通產。蘋婆果，郡邑皆產，香清味爽。梨，郡邑皆出，亳產者實大味爽。【略】文官果，亳州、太和、蒙城俱產。玉蘭木，高丈餘，花白色，春時芬芳異常。芍藥，重臺茂密，芳香不散，以亳出者甲於四方。牡丹，紅、白各種，重臺爛熳如錦。亳地所出尤天下馳名，然亦有來自豫省者。桂，有黃、紅二種，黃色者香愈熾。芡實，亳、太、蒙皆有。白扁豆，郡邑通產，服之補益。地黃，阜陽產者與懷慶相埒。枸杞，苗、根、果皆可服，郡邑通產。酸棗仁，郡邑通產，服之養心寧神。石斛，亳產爲良。百合，亳產者佳。花椒，亳州、太和、蒙城皆產。虎皮鵲，阜陽出。鶴，錦鷄，郡邑多山谷，故二者時有。野鴨，阜陽爲多。野雉，郡邑通出。鴛鴦，潁上、霍邱出。翡翠，阜陽常有之。獐，鹿。亳州、太和、蒙城多產。

又《滁州》 梨，滁、全者佳。櫻桃，州邑通產。花紅，滁地者佳。牡丹，芍藥，二者州邑皆出。黃精，州邑山多，故多出。蒼朮，州邑通產。紫蘇，州出。木瓜，全椒出者，色香耐久。九節菖蒲，豨薟，二者州邑皆產。山查，來、全皆產。【略】野鴨，州邑皆出。獐，鹿，狼，兔。以上四者，州邑多山，故常有之。

又《和州》 五茄皮，州產爲佳。黃精，一枝單長，形似竹葉，相對而生，太陽之草也。服之可以延年。葉後有刺者名鈎吻，不可服。【略】半夏，州通產，以畝下者爲上。紅花，含山多產。梨，出含山。栗，州邑皆產。木芙蓉，出含山。百合，州邑皆產，花有紅、白二種。根如胡蒜，小瓣多層。蒸熟，補中益氣。牡丹，含山產，有水紅、千葉、重臺。蘭，州邑山谷中多有之，氣清遠怡人。【略】鹿，州產。麂，州邑通產。天鵝。州渚間時有至者。

又《廣德州》 芽茶，出建平鴉山者色味香美。白苧，州多苧布。栗，州邑通產，可以代糧。梨，州邑皆出，然終不如北土者之味爽。木耳，州邑通產。【略】桐油，州產。桐有週歲結子者，故多出焉。漆，舊出建平。今不多產。綵，舊出建平，今亦不產。五面貍。此小獸也。州邑多出，四方以爲珍味。

又《六安州》 茶，州及英、霍二邑並產名茶，而霍邑爲多。蕨粉，州邑通產，可以備荒療飢。椶櫚，葉大如蕉，青蒨可愛。椵，州邑通產，可供材用。槲，其皮可以造紙，其材可爲器用。實竹，外强中堅，與常竹異。桂，即山木犀也。種類亦多。惟黃者金粟燦爛，香氣襲人衣裾。蘭，春季滿山花發，幽香被體。柿，實大味甘，土人用以爲餅。棗，栗，州邑所產二者尤多。胡桃，六地土厚多山岡，故山果爲宜。櫻桃，州邑皆出。林檎，州地產。天鵞，淘河，鵁鶄，錦鷄，青鶴，賀鷄，竹鷄，黃鴨，翡翠，畫眉，雉，以上山禽十一種皆有文彩，爲羽屬之特異者，州邑皆產。熊，州邑多山，間有見者。虎，州邑多出。獐，鹿，兔，玉面貍，以上四者，州邑山獸之常見者也。山牛，不常見者。六安山中時有之。豪猪，身有豪矢，可以射人，其肉香異野豕。麝，鹿之別種，香在臍下。狐，六安山中出。猿，猴，州邑山中常有之。獾，州邑皆有。山紬，州邑通產。蠶，綵之所出，州邑皆有。竹簞，州邑通產。【略】木蜜，【略】九節菖蒲，六安山中出。黃精，太陽之草也。六安山中多產之。然葉下有刺者非黃精。五茄皮，六安山出者，其味爲厚。木瓜，芳香，兼有順氣之功。枸杞，生六安山中者，久能變化爲仙杞。【略】黃芪，產六安山中者佳。何首烏。有紅、白二種。亦曰雌、雄二種。生六安山中，年久而大者佳。　藥之屬，州邑所出者不下百餘種，兹特録數種，以其有補益功，人多珍重故也。

又《泗州》　都梁香，即澤蘭草。出盱眙都梁山，故名。古詩：博山爐中百合香，鬱金蘇合與都梁。【略】梨，五河者佳。【略】鶴，州邑多山澤，時有至者。雉，州邑皆出。野鳧，泗州天長爲多。獐，兔，五河爲多。鵪鶉，出天長。何首烏，出五河。遠志，他處皆有，方書以泗州產者爲勝。豨薟草，泗遍地皆出，以療疾功多，人爭重之。半邊蓮，盱眙出者良。青木香，產五河者佳。芍藥，牡丹。俱產五河。

清　朱肇基　乾隆　《太平府志》卷三《地理志・山川》　尼山，亦名梅山，兩山相接，在郡治東南三里上柵渡口，山巔舊有百花頭上亭，其麓古梅數十本。仿佛羅浮元圃坐坡前石壁下，青山白紵，諸勝掩映溪流中，夜月松陰漁舠欸乃不絕。舊稱『尼坡梅月』，此也。【略】范蘿山，俗名飯籮，在［蕪湖］縣西北五里，址毘赭麓，崇林邃密，間道八萬松庵，嚴風徹骨，宜盛燠納涼。秋暮紅樹最佳，楓陰森映間有圓照寺。

清　曹德贊　嘉慶　《繁昌縣志書》卷一《輿地志・風俗》　繁昌僻處萬山，大江繞其西北，民俗椎魯山產，加於良田。入春採茶，劚筍，兼有竹、木、柹、栗之饒。細民平居織篾器，霜後涷緑布爲業，歲徂冬矣。水魚山獵，懸鶉于貉，薦川禽者，無虛市。《府志》

又《涇縣志》卷三《山水》　北曰大嶺，大嶺之後曰小嶺，二嶺之間有楓坑，彌望百千株。秋時霜葉迷離，淺深相間，萬紫千紅，奇麗奪目。

清　李兆洛　嘉慶　《鳳臺縣志》卷二《食貨志》　木則槐、榆、椿、樗。《農桑輯要》：材密而葉香者爲椿，材疏而葉臭者爲樗。今土人統名爲椿，率皆樗也。不植而自生，且易長，數歲輒連抱，其材並不中爨矣。山亦宜松柏，而種者少。《晉書》稱，八公山草木皆如人形，而《水經注》則云：八公山無草木，惟童阜耳。今北山固濯濯也。詢之山民，或云不宜木。然其故老皆云：北山向時木甚美，中棟梁，今城中老屋多北山木所搆。其產有青櫕、紅櫕，大皆合圍以上，發老屋者猶時時得之。青櫕色青黑，堅致，類海楠，紅櫕紅澤，皆他處所無。《玉篇》：櫕，木叢生也。今作灌。偏撿字書，皆無此種木。明季兵火，刊伐遂盡。今欲求青櫕、紅櫕之蘖而辨其枝葉，亦不可得矣。居民每冬月則入山，剗草根以爨，木之槎枿長尺餘者，並其根掘而爨之以爲薪。夫山者，宣也，莫之植而望其茂，即地亦窘於生矣。今雷家套、梁家套頗有松樹，蓋皆飛子成林，不過數年耳。故縣雖有山，而薪蒸苦貴，鬻爨者頗資石炭。懷遠舜耕山產煤，旁郡邑資之者甚衆，舟車運載百里不絕。縣境之三山以東，與懷遠接壤者，亦漸次及之矣。於民間日用甚有益而易於藏，逋逃尤宜譏察也。濱淮之地宜柳，宜萑葦，亦樵蘇所賴也。柳之堅實者亦中梁柱。淮岸易崩，種葦兼可護地。

清　賴同宴　光緒　《重修五河縣志》卷一《疆域・山川》　翠柏山在縣治西南六里，高阜矗立，叢柏挺秀，蔚然可觀。

又卷二《疆域・山》　翠柏山在縣治南三里許，距黃家溝之北岸，舊志云六里者，誤。當金岡山之南，亦縣城之南屏也。本多松柏，四季長青。咸、同間，髮逆竄擾，斬伐已盡，近植槐柳其上，已蔚然可觀矣。惟惜其名不符耳。

又卷一〇《食貨・物產》　果之屬［以下只録種名］：梅，桃，杏，李，無花果，棗，柹，丁香棗，梨，柰，石榴，櫻桃，蒲萄。木之屬：松，柏，桑，柘，檜，槐，檀，榆，楊柳，桂，椿，樗，烏桕，楝，橡櫟，梧桐，楓，櫪，蠟條，椒，皂莢，木瓜，棠梨，觀音柳，楮。竹之屬：水竹，苦竹，斑竹，紫竹，壽星竹。【略】花之屬：木芙蓉，山茶，繡毬，瑞香，山丹，牡丹，芍藥，罌粟，薔薇，荼蘼，七、十姊妹，玫瑰，木香，梔子，鳳仙，茉莉，玉簪，滴滴金，芭蕉，剪春、秋羅，雞冠，荷，雁來紅，秋葵，秋海棠，菊，鴛鴦菊，百合花，水仙，月季花，蝴蝶花，仙人掌，珍珠花，夾竹桃。【略】羽之屬：雉，鳧，鵓，鴛鴦，鵲，雁，山鵲，燕，雀，黃雀，鶇雀，鸜鵒，烏，鴉，鸕鷀，鷺鷥，鶖，鸛，鷗，鷖，魚鷹，鶉鳩，布穀，鷂子，鶺鴒，鴿，鶉，鴷，百靈，叫天子，百舌，畫眉，鷹，白頭翁，鴟鴞，鴽，芙蓉鳥，野鴨。獸之屬：貛，田鼠，兔，獺，鼠，鼢鼠，鼬鼠，狐，狸，貓。

紀事

漢　班固　《漢書》卷二八《地理志》　壽春、合肥受南北湖皮革、鮑、木之輸，亦一都會也。

南朝梁　沈約《宋書》卷二九《符瑞志》　宋文帝元嘉十六年，宣城宛陵廣野蠶成繭，大如雉卵，彌漫林谷，年年轉盛。

宋　曾鞏《元豐類稿》卷一七《繁昌縣興造記》　太宗二年，取宣之三縣爲太平州，而繁昌在籍中。繁昌者，故南陵地，唐昭宗始以爲縣。縣百四十餘年，無城垣而濱大江，常編竹爲障以自固，歲輒更之，用材與力一取於民，出入無門闕，賓至無舍館。今治所雖有屋，而庳逼破露，至聽訟於廡下，案牘簿書，棲列無所，往往散亂不可省，而獄訟、賦役失其平。歷七代，爲令者不知幾人，恬不知改革，日入於壞。故世指繁昌爲陋縣，而仕者不肯來，行旅者不肯游，政事愈以疵，市區愈以索寞，爲鄉老吏民者羞且憾之。事之窮必變，故今有能令出，因民之所欲爲，悉破去竹障，而垣其故基，爲門以通道往來，而屋以取固。即門之東北，構亭瞰江，以納四方之賓客。既又自大其治所，爲重門步廊。門之上爲樓，斂敕書置其中。廊之兩旁，爲群吏之舍，視事之廳，便坐之齋，寢廬庖湢，各以序爲。廳之東西隅，凡案牘簿書，室而藏之，於是乎在。自門至於寢廬，總爲屋凡若干區。自計材至於用工，總爲日凡二千三百九十六日而落成焉。夏希道太初，此令之姓名字也。慶曆七年十月二十三日，此成之年月日也。始繁昌爲縣，止三千户。九十年間，四聖之德澤，覆露生養，今幾至萬家。田利之入倍他壤有餘，魚、蝦、竹、葦、柿、栗之貨，足以自資，而無貧民。其江山又天下之勝處，可樂也。今復得能令，爲樹立如此，使得無歲費而有巨防，賓至不惟得以休，而耳目尚有以之爲觀。令居不惟得以安，而民吏之出入仰望者，益知尊且畏之。獄訟、賦役之書悉完，則是非倚而可定也。予知縣之去陋名，而仕者爭欲來，行旅者爭欲游，昔之疵者日以減去，而索寞者日以富蓄。稱其縣之名，其必自此始。夏令用薦者爲是縣，至二十七日，而計材以至於落成，不惟興利除弊可法也，而其變因循，就功效，獨何其果且速與！昔孟子譏子產惠而不知爲政。嗚呼！如夏令者，庶幾所謂知爲政者與！於是過子產矣。凡縣之得能令爲難；幸而得能令，而興事尤難；幸而事興，而得後人不廢壞之又難也。今繁昌民既幸得其所難得，而令又幸無不便己者，得卒興其所尤難，皆可喜無憾也。惟其欲後人不廢壞之，未可必得也。故屬予記，其不特以著其成，其亦有以警也。某月日，南豐曾鞏記。

宋　樂史《太平寰宇記》卷一〇四《江南西道・歙州》　醮貴谷，《輿地志》云：黟縣北緣嶺行，得醮貴谷。昔土人入山，行七日至一斜穴，廓然周三十里地，甚平沃，中有千餘家，云是秦時離亂人入此避地。又按：邑圖有潛村，昔有十餘家，不知何許人，避難至此。入石洞口，悉爲松蘿所翳，每求鹽米，晨出暮潛處，今見數十家，同爲一村。

宋　唐積《歙州硯譜》　自歙州大路一百八十里至西坑口，入山三十里至羅紋山，皆山谷大林莽，盤屈鳥道也。自婺源縣大路三十里過溪，皆大嶺，重複九十里至羅紋山下。

明　彭澤　弘治《徽州府志》卷一〇　辛丑年，休寧縣有胡蝶大如紈扇，飛止人家，忽變怪鳥，散集鄉村。居民設香燭供之。永樂癸未，祁門明倫堂西桂樹生二枝，挺然獨高茂，花先衆枝，香清殊異。是秋，黄汝濟、汪宗順二人充貢，皆領鄉舉，破天荒之讖也。【略】泰定乙丑冬，祁門嚴寒，林木枯摧。

明　潘之恒《黄海・紀異五十八》　［乘貘國事］如令夕馳二百里，宿中山之野。旦馳至於邢圍，而獵獲鷹、鸛、鶡、鶉、鸒、鶩、雉、雕、鷂、梟、鵬、鳺、鶻、鳩、鷓、鸜鴒、伯趙、鸏木羽列七百，猨、猕、玃、象、閭，獐、鹿、麇、麞、麕、麝、獵豝、兕、㹢、兔、貍、狐毛種千九百有二，徒搏獨殺者三百。

清　黄桂　康熙《太平府志》卷三《星野》　［南朝宋順帝］二年九月，豫州萬歲澗廣數丈，有樹連理，隔澗騰枝相通，越壑跨水爲一榦。

清　張廷玉《明史》卷一四七《金幼孜傳》　建文元年薦授桐城知縣。鑿桐陂水，溉田爲民利。縣有虎傷人。儼齋沐告於神，虎遁去。

清　陳炳德　嘉慶《旌德縣志》卷一〇《雜志・祥異》　清康熙四十二年，邑東北烏嶺石晃山一帶，虎出以數十計，傷人甚多。舊志

清　曹德贊　嘉慶《繁昌縣志書》卷一八《雜類志・祥異》　［康熙］六十年，蟲眚虎妖。合邑山松蟲蝕盡枯，各山減色。蟲延行山徑，被踐死者流血淋漓。又猛虎四出，白晝食人，夜入縣城捭闔傷人畜。

清　廖大聞　道光《桐城續修縣志》卷二三《雜記・祥異》　［清道光］五年乙酉，城外與西北鄉異獸食人，自正月至九月。或似虎而小，色灰白有黑斑，項領長毫如披蓑。遇人則先舐其面，後殘其肢體。或似犬而健，獵獲者剖其腹，無五臟，只有直腸一條，與所食青草。惟噬婦人與稚子，死者甚多。秋深乃不見。

案：似虎而灰白長毫者，似是貑貘。其似犬而直腸者，狼也。或以爲渾沌。《神異經》：渾沌，狀如犬，有腹而無五臟，有腸直而不旋。

清　吴坤　光緒《重修安徽通志》卷二三五《孝友》　張孔綱，桐城諸生。嘗隨父暮行，有虎突至。孔綱以身當父前，虎熟視而去。母病求醫，路遇異人授以一草。問之，曰：吾丁姓。持歸服之，果立愈。今名其草爲『丁公藤』。

藝文

宋　王瑜《海棠洞》（引自《歷陽典録》卷七）　千株相對復相重，裊娜繁枝夾路紅。疑是當年錦步障，至今留得罩春風。《和州志》

元　余闕《青陽集》卷一《大別山柏樹》　奇樹如蛟蜃，盤骫上虚空。孤生雖異柱，半死反如桐。香帶金爐氣，色映綺錢中。靈從后皇服，年隨天地終。常瞻北枝翠，終古鬱葱葱。

明　蔣山卿《蔣南泠集》卷四《小溪》　黄山金芙蓉，四萬八千尺。苕嶤入雲霓，翠彩散霞石。澗壑爭縈廻，飛泉洒天壁。奔潨忽分流，百里行汩汩。沿洄入小溪，奇蹤轉幽僻。峰巒相映帶，空水共澄碧。儵魚細堪數，蘭苕芳可摘。烟霏竹更青，露泫花逾白。想見溪上人，逍遥此棲息。茅棟依岩築，荆扉臨水闢。空名豈足牽，素懷應自適。永言以遺老，終然謝遠歷。

福建

綜述

宋　樂史《太平寰宇記》卷一〇〇《江南東道・福州》　都員浦《郡國志》云：閩越之地多杉鷄，長栖止于杉樹。【略】荻蘆山，在［連江］縣東南三

十里，先名九龍山，山連石鼓山而來。古老傳云：秦始皇令掘斷山脊，乃見蘆根一莖，長數丈，斷之有血，因曰荻蘆山。

又《南劍州》　聞猿閣在州南，常有二猿嘗啼于溪之南嶺，近有人誤殺其一，後一猿不復啼。【略】紉山，在［沙］縣西北一百二十里，乃龍峽之孤峯，上聳三十餘里，周迴二百里。山上有松、檜、竹、柘。其中有山魅，其形似人而色黑，身長丈餘，逢人而笑口，上唇蓋眼，下唇蓋胷，人見亦怪矣。或時遺下藤制草鞋長二尺五寸，鄉人所謂山大人，又云山魈，或野人也。《爾雅》云：佛佛如人，披髮，迅走，食人。即此也。七朵山在［沙］縣前水南，山分七峰，踴成石壁，岩面生石南、青陽、盧木等樹，春冬長青翠。上有桂花，每深秋競發，馨香散漫市郭，人咸有美色。

又卷一〇一《江南東道・建州》　《茶經》云：建州方山之芽及紫筍，片大，極硬，須湯浸之，方可碾，極治頭疾，江東人多味之。【略】茶山在郡北，民多植茶于此山。涉冬翠茂，俯瞰城郭。【略】孤山在［浦城］縣西北五里。蕭子開《建安記》云：孤山在環障之間，其地坦平，悉是溝塍阡陌，以此山挺然孤立，因名焉。梁江淹爲吴興令，云：此地有碧水丹山，珍木靈草，爲邑之勝境。

又《邵武軍》　烏嶺山在［邵武］縣西北三百里。烏嶺極峻，不通牛馬，以其與君山連接，因此爲名。魏王秦《坤元録》云：邵武有庸嶺，一名烏頭嶺，北隰中有蛇，長七八丈，爲患，都尉長吏多致死者。巫言啖童女，其都尉令長遂估賃人家婢子養之，八月祭送蛇穴，已九女矣。將樂縣李誕有六女無男，小女名奇，及受雇應之。貴買好劍，仍作數品采食，用蜜灌之，持至穴口。虵夜出，目如三尺鏡，奇放犬咋虵，奇從后以劍斫之，虵出，至庭而死。【略】飛猿嶺，在縣西一百七十里，高一千二百丈。《建安記》云：飛猿嶺，喬木造天，猱猿之所飛走，故曰飛猿。

宋　李石《續博物志》卷八　閩中多木綿，植之數千株，採其花紡爲布，名吉貝。《南史》言：林邑等國出古貝木。以古爲吉，訛也。

宋　梁克家　淳熙《三山志》卷四一《土俗類三・物産》　果實【注略】：荔支，江家緑，緑核，圓丁香，虎皮，牛心，玳瑁紅，硫黄，朱柿，葡桃，蚶殼，白蜜，小丁香，大丁香，雙髻小紅，真珠，十八娘紅，將軍紅，釵頭，紛紅，中

元紅，一品紅，狀元紅，馳蹄，金稷，栗玉，洞中紅，火山，星毬紅，龍眼，橄欖，柑橘，橙子，香櫞子，楊梅，枇杷，甘蔗，蕉，棗，栗，蒲萄，蓮，雞頭，芰，櫻，木瓜，瓜，柿，杏，石榴，梨，桃，李，林檎，胡桃，柰，榅桲，楊桃，王壇子，茨菰，菩提果，金斗，新羅葛。【略】花：末麗，素馨，牡丹，芍藥，紫玫瑰，四時山丹，長春，真珠，酴醾，梅花，瑞香，千葉石榴，薔薇，越橘，金林檎，半丈紅，衮繡毬，海棠，鬭雪紅，闍提，玉簪，金沙，剪金紅，度年紅，含笑，百合，凌霄，紫荆，罌粟，葵，菊，玉蝴蝶，朱槿，雞冠，山茶，御仙，金鳳，金錢，拒霜，巖桂，鷹爪，鳳尾，玉屑，玉籠松，寶相。

又卷四二《土俗類四・物産》 山海天地之藏，郡封所至，林煙蓊薆，横屬數百里，滄波瀰漫，下極無涯，物産萬殊，可得而盡名耶？鳥獸草木，要欲多識。矧屬吾境，亦恥一物之不知。姑以所聞見纂其可書者，附于篇。木【注略】：松，柏，相思，櫄，椒，樟，檜，金荆，黄楊，蘖，櫃，木槵，槦，桂，朴，柟，楮，練，椿，樗，梓，橡，石南，桄榔，欅柳，樫，櫏木，加條，青剛，椶櫚，檀，楓，杉，桐，槐，皂莢，櫧，白牙，水楊，柳，桑。竹：慈竹，斑竹，鶴膝竹，箭竹，苦竹，淡竹，石竹，麻竹，江南竹，秋竹，蟲竹，豁竹，筋竹。【略】藤：丁公藤，千金藤，紫金藤，石南藤，含春藤，感藤，吉釣藤，金剛藤，薜荔藤，香藤，王孫藤。【略】獸：虎，豹，豺，狼，熊，麂，麞，猴，猿，玃，兔，香貍，猩猩，刺蝟，野猪，野狐，鮫鯉，山犬，山羊，獺，竹鼫，鼠狼，鼯鼠，鼫鼢鼠，鼹鼠。禽族：鸛，鸕鷀，鵠，鷗，鴻雁，黄雀，魚狗，鵁鶄，鸊鵜，鳧，鸂鶒，鷺鷥，鵜鶘，鳩，鳶，黄鸝，竹雞，白鷴，山雞，雉，鷓鴣，喜鵲，信鵲，鵁，鵪鶉，鵖鳺，鴟，鵂鶹，慈鴉，郭公，鶻，鷹，鸇，鳶，鵐，紅娘，白頭公，啄木，鵪鶉，舶鴿，鵙，謝豹，鴝鵒，呼潮，雀，彩囊，雷舞，鵦。

宋　趙與泌　寶佑《仙溪志》卷一《物産》 木有松、棕、杉、山綿、水綿。竹有慈、貴、筋、石、雪、釣、猫頭。花卉則有紫芝、紫荆、瑞香、龍爪、蜜櫄，而芍藥之奇，南州所無焉。果蓏則有荔子、員眼、黄甜李、栗，而梟茨之珍，又他郡未有焉。

明　李賢《明一統志》卷七四《福州府》 土産：【略】荔枝，按《荔枝譜》有曰江家緑、十八娘紅、狀元紅、將軍紅，皆絶品。龍眼，荔枝過，即龍眼熟，故一名荔枝奴。羊桃，舊志：其實五瓣，色青黄。橄欖，以上果實各縣俱出。出附郭縣者尤佳。蔗，府城西有甘蔗州。素馨，宋蔡襄詩：素馨出南海，萬里來商舶。茉莉。蔡襄詩：團團茉莉叢，繁香暑中折。

又卷七五《泉州府》 土産：【略】松子，蕉，葛，各縣出。蠣房，晉江縣洛陽江出。荔枝，龍眼，俱安溪縣出。枇杷，【略】橄欖，香圓，黄彈，天門冬，麥門冬。各縣出。

又卷七七《延平府》 土産：【略】金橘。南平沙縣出。

又《興化府》 土産：【略】荔枝。閩中荔枝以産莆田者爲上，宋蔡襄有譜。

又卷七八《漳州府》 土産：【略】蕉黄，長枝竹，絲之可以爲器。銀馬甲柱。宋王安石詩：章舉馬甲柱，固以輕羊酪。

明　何喬遠《閩書》卷一五〇《南産志》 吉貝，木綿也。閩人謂之吉貝。本名古貝，一曰古終。曰吉貝者，古貝之訛也。《南史》謂出林邑、于陁利等國，傳至閩中。其木高七八尺，種五六年即枯，枯即芟之。至春，其根復生嫩葉。其實有覆蓋，其殼如檳榔，分爲四瓣或三瓣，中有茸絮如鵞毳，茸中有核。遇烈日絮乃開，采而聚之，或彈以竹弓，或絞以輪車，是爲木綿花矣。宋謝枋得詩：嘉樹種木綿，天何厚八閩；厥土不宜桑，蠶事殊艱辛；木綿收千株，八口不憂貧。茶，宋時建州之茶名天下，以建安北苑爲第一，而今武夷貴矣。北苑茶，語具建寧鳳凰山下。咸平初，丁謂爲閩漕，撰《建安茶録》，劉异慶曆初在吴興撰《北苑拾遺》以補之。祥符初，周絳知建州，以陸羽《茶經》不載建安，作《補茶經》。皇祐中，蔡襄有《試茶録》進御，歐陽公跋其後。朱子安拾丁、蔡之遺，作《東溪試茶録》。東溪，建安地名也。吕惠卿有《建安茶記》。建陽熊蕃叔茂撰《宣和北苑貢茶録》，蕃子克義茂益寫其形製而傳之。建安黄儒撰《品茶要録》，元祐中，蘇東坡跋其後。蔡襄《進録序》：臣前因奏事，伏蒙陛下諭臣先任福建轉運使日，所進上品龍茶最爲精好。臣退念草木之微，首辱陛下知鑒，若處之得地，則能盡其材。昔陸羽《茶經》不第建安之品，丁謂《茶圖》獨論採造之本，至於烹試，曾未有聞。臣輒條數事，簡而易明，勒成二篇，名曰《茶録》。伏惟清閒之宴，或賜觀采，臣不勝皇恐榮幸之至。上篇論茶。色：茶色貴白，而餅茶多以珍膏油去聲。其面，故有青、黄、紫、黑之異。善别茶湯，正如相工之眎人氣色也，隱然察之於内，以肉理潤者爲上。既已末之，黄白者受水昏重，青白者受水鮮明，故建安人鬭試以青白勝黃白。香：茶有真香，而入貢者微以龍腦和膏，欲助其香。建安民間試茶，皆不入香，恐奪其真。若烹點之際，又雜珍果香草，其奪益甚，(永)[正]不當用。味：茶味主於甘滑。惟北苑鳳凰山連屬諸焙所產者味佳。隔溪諸山，雖及時加意製作，色味皆重，莫能及也。又有水泉不甘，能損茶味，前世之論水品者以此。藏茶：茶宜蒻葉而畏香藥，喜溫燥而忌濕冷。故收藏之家，以蒻葉封裹入焙中，兩三日一次，用火當如人體溫溫則御濕潤，若火多則茶焦不可食。炙茶：茶或經年，則香色味皆陳。於凈器中以沸湯漬之，刮去膏油一兩重乃止，以鈐箝之，微火炙乾，然後碎碾。若當年新茶，則不用此說。碾茶：碾茶先以凈紙密裹槌碎，然後熟碾。其大要，旋碾則色白，或經宿則色已昏矣。羅茶：羅細則茶浮，麄則水浮。候湯：候湯最難。未熟則沫浮，過熟則茶沉。前世謂之蟹眼湯者，過熟湯也。況缾中煮之不可碎，故曰候湯最難。熁盞：凡甌點茶，先須熁盞令熱，冷則茶不浮。點茶：茶少湯多，則雲脚散；湯少茶多，則粥面聚。建人謂之雲脚粥面。抄茶一錢匕，先注湯調極均，又添注入，環廻擊沸，湯上盞可四分則止。眡其面色鮮白，著盞無水痕爲絶佳。建安鬭茶，以水痕先沒者爲負，侯久者爲勝。故古較勝負之說，曰相去一水兩水。下篇論茶器。茶焙：茶焙編竹爲之，裹以蒻葉，蓋其上以收火也，隔其中以有容也。納火其下，去茶尺許，常溫溫然，所以養茶色香味也。茶籠：茶不入焙者，宜密封裹，以蒻籠盛之高處，不近濕氣。砧椎：砧椎蓋以碎茶。砧以木爲之，椎或金或鐵，取於便用。茶鈐：茶鈐屈金鐵爲之，用以炙茶。茶碾：茶碾以銀或鐵爲之。黃金性柔，銅又鍮石皆能生鉎，不入用。茶羅：茶羅以絶細爲佳，羅底用蜀東川鵞溪畫絹之密者，投湯中揉洗以羃之。茶盞：茶色白，宜黑盞。建安所造者紺黑，紋如兔毫，其坯微厚，熁之久熱難冷，最爲要用。出他處者，或薄或色紫，皆不及也。其青白盞，鬭試家自不用。茶匙：茶匙要重，擊拂有力。黃金爲上，人間以銀鐵爲之。竹者輕，建茶不取。湯瓶：瓶要小者易候湯，又點茶注湯有準。黃金爲上，人間以銀鐵或瓷石爲之。歐陽公跋：茶爲物之至精，而小團又其精者，《録序》所謂上品龍茶者是也。蓋自君謨始造而歲貢焉。仁宗尤所珍惜，雖輔相之臣，未嘗輒賜。惟南郊大禮致齋之夕，中書、樞密院各四人共賜一餅，宮人剪金爲龍鳳花草貼其上，兩府八家分割以歸，不敢碾試。宰相家藏以爲寶，時有佳客，出而傳玩爾。嘉祐七年，親享明堂齋夕，始人賜一餅。余亦忝與，至今藏之。余自以諫官供奉仗內，至登二府，二十餘年纔一獲賜，而丹成龍駕，舐鼎莫及，每一捧翫，清血交零而已。因君謨著録，輒附于後，庶知小團自君謨始，而可貴如此。而蘇東坡又有《葉嘉傳》，若韓文公傳毛穎者。蓋蔡忠惠所録建安之茶，而蘇文忠傳則武夷茶也。按：宋時，貢茶製造，品式多端，而皇朝武夷不過貢茶斤耳。嘉靖中，又變價造解，列聖不貴遠物之意，不跨千古以上哉。又有茶油之茶，建、劍、汀、邵多有之，而連城爲第一。杉，古字作煔，亦音杉。《爾雅》曰：柀，杉。注云：似松，可以爲船及棺材，作柱埋之不腐。建、延、汀、邵、福、寧爲多，是插而生者。江淹頌：桐梓舊麗，松栝稱奇；焉如茲品，獨秀青崖；群木歛望，雜草不窺；長入烟氣，永參鸞螭。⿰木屠，亦曰杜松，葉如側柏。欏，木可爲器，最奈久遠。⿰木豪，亦可爲棟宇，然久則蠹腐，用不及杉。其白皮着人肌膚最刺撓，山中人或煮其汁合諸毒藥以射虎。水綿，類杉，脩幹而細葉。郡城內外，凡濱水處多植之。梩杉，畧似水綿而木理輕鬆，心赤色。江淹頌：木貴冬榮，梩實寒色；停黛峰頂，插翠石側；碧葉菴藹，頳柯翕艶；方陋筠櫝，遠笑荆棘。刺桐，說見《泉州建置志》。《五燈會元》曰：福州荔支，泉州刺桐。《輿地紀勝》：泉城初築時，環郡皆植刺桐，號桐城。初夏開花，極鮮紅。如葉先萌芽，花後發，則其年五穀豐登，否則反是，故謂之瑞桐。宋丁謂詩：聞得鄉人說刺桐，葉先花發十年豐；我今到此憂民切，只愛青青不愛紅。桐，桐之爲木，諸家說不一。《爾雅》云梧桐。《興化志》一曰白桐，一曰岡桐。竊意桐有四種。花葉不相見，花不結子，材中琴瑟，《禹貢》嶧陽孤桐也。《興化志》：白桐是一種，不花不子，與油桐相類。《興化志》：岡桐是一種，子可食，與中琴瑟者，即《爾雅》所謂梧桐也。一種可壓油，則謂之油桐。今泉南所種多油桐。楮，即穀樹也。江東所產者結實，閩所產者不結實。其皮可擣爲紙，亦可治爲衣爲食。榕，榕陰極廣，以其能容，故名曰榕。《異物異名記》云：或作槦，言材不中梓人也。有二種：一種矮而盤桓，其鬚着地，復生爲樹；一名赤榕，上聳高大，此樹生至福州而止，故福州號爲榕城。諺云：榕不過劍。櫬，考《玉篇》無此字，詢其鄉人，讀如襯音。其樹頗高大，葉略似桂葉，其子如苦櫧，圓而稍長。鄉人去其殼而磨之，料理作涷，亦可食也。出邵武。菩提樹，菩提樹即佛經所謂菩提，其子用爲念珠。泉州舊志：城中承天寺一株，大十餘圍，高數十丈，葉畧如梨葉而大，秋深葉茂，郡人剪取，用灰水浸去浮皮，其脂輕透如紗，染紺色，爲燈極鮮明可賞，曰梧桐燈。相思，似廣花梨木。昔宋大夫韓憑妻甚美，宋康王奪之，憑自殺。妻乃陰腐其衣，王與登臺，自投臺下，左右攬其衣，衣不勝手。遺書于帶曰：願以屍與韓合葬。王怒，(理)[埋]之，二塚相對。經宿，塚上各生一文梓，根交枝連，有鳥如鴛鴦棲于樹，朝夕悲鳴，人因呼梓樹爲相思木。江淹頌：竦樹碧澗，卧根石林；日月斷色，霧雨恒陰；緑秀八炤，丹實四臨；公子不至，山客徒尋。檀，葉似槐。椵，生山中，葉與子似茱萸。《爾雅》云：椒、椵醜莍，桃、李醜核。言桃、李屬皆内核，椒、椵屬皆外莍也。欓，字亦作欓，其木有刺，子朵生如茱萸，辛辣如椒、椵。棠梨，泉人名加冬梨。楝，《東皋雜録》：江南自春至夏有二十四風信，梅花最先，楝花最後。樹有雌雄，雄者根赤，無子；雌者根白，有子。梾，結實似梨，小而酸澁。大者三圍，木理細膩堅致，視楠過之。木槵，葉如橄欖而小，實可浣垢。今釋子多取其子爲手珠。《本草》謂之無患子，俗呼墨圓子。水楊，葉圓潤而赤，枝條短硬，多生水岸。金荆，《閩中記》：木堅有文彩，可爲床榻器用。江淹頌：江南之山，連障連天；既抱紫霞，亦漱絳烟；金荆嘉樹，涵露宅仙；詩節詎及，幽意誰傳。黄連茶，本高二三丈，葉似槐而尖長。春初芽始生，可治以代茗飲，亦爲茹，味香美，俗又呼凉茶樹。加條，《閩中記》：其葉可用磨犀角、象牙。《惠安志》曰：吉釣藤，即道家降真香，生深山中，以枯老紫色爲貴，或即一樹也。又名美龍藤。樸，葉如加條差小，皮鱗皺麤厚，因以得名。白牙，木理極堅白，可爲器玩。石楠，葉如枇杷，有小刺，凌冬不凋。人多植庭宇間，陰翳可愛，不透日。其木堅勁，可爲斧柯。樫，葉細而枝柔，夏花，粉紅如栗，一名西河柳。羅漢松，葉長而狹，色蒼秀可愛，凌冬不凋。鐵樹，葉紅而幹如銕。

右木屬。

竹，李明珍曰：竹惟江河之南有之，故曰：九河鮮有，五嶺實繁。有猫竹，方言謂之麻，可以掾，可以器，削之可以刀，其葉夏月可以裹角黍。江南竹，麤大堅直，筍冬生。慈竹，古名子母竹。斑竹，永福縣鶴洋多産之。紫竹，小而色純紫。苦竹，筍苦而味佳。淡竹，其葉可以藥。石竹，可以器。筋竹，可以弓弩。苦油竹，可以鎗。箭竹，可以箭。赤竹，可以刺舡。方竹，可以杖。桃枝竹，可以席。豁竹，可以笛。長枝竹，可以絲。秋竹，可以箴。含朵竹，可以樊。箬葉竹，其葉可以篷。人面竹，如面。釣竹，如釣。金絲竹，如絲。蘆竹，如蘆。鳳尾竹，如鳳。勒竹，枝上有莿，中心堅塞，枝幹相交。蟲竹，有蟲焉，叢生如蘆，每節生蟲，如新蟬之未翼，外無竅隙，隨竹而長，竹將枯，乃穴傍出。福、興、泉、漳之間，以竹爲器；延、建、汀、邵之間，以竹爲紙。竹之筍，福、興、泉、漳之間烹而饌之，延、建、汀、邵之間蒸而薨之，鹽而糟之。余嘗游永福縣，竹匝地漫山離，有間斷至隔絶數里者，問之，汀、邵間皆然，一大奇也。又福安縣有雷驚竹。

明　袁仲孺　崇禎《武夷山志》卷六《物産篇》　鹿葱，葉如蘭，青翠而稍柔脆，花重臺五出，裏丹外赭，味甘美，食之令人忘憂，故名忘憂草。一説久餌壯陽，又名宜男。毛竹，産毛竹洞傍，每株數十節，節生一枝，枝與幹小大不殊。方竹，徧山皆有，秋乃生筍，甘香脆美，當與天目之産並稱。白鷴，狀如雉，大倍之，素質黑紋，嘴爪皆丹。鷓鴣，形類牝鷄，臆前有白圓點，羽毛黄紫青碧相錯成文。《山谷詩話》謂其聲之鳴，乃行不得也歌歌。《南越志》云：鷓鴣雖東南迴翔，然始開翅必先南向。鸕鷀，形如鶩，色褐而黑，不生卵，孕鶵于池澤之間。能没水捕魚，漁人畜之，馴者聽呼名而至。每漁時，先以環束其項，再駈入水，伺食滿乃懸足，傾而出之。杜荀鶴云：不知此鳥當時亦作何想，然漁人亦大不仁矣。猿，似猴而大，黑色，長前臂，棲木杪。每引臂懸連而飲澗中，恐其足之履地也。土人云其種有三：僊猿、山猿、巖猿。每清夜送聲，聞之凄越。猴，大者爲狙，中者爲胡孫，大僅如拳者爲王孫。晦翁詩云：好鳥時時鳴，王孫遠相喚。則不但猿聲凄越矣。桃，所在皆有，凡數種。一種名鷹嘴，其大數倍常桃，有嘴彎起如鷹。種桃者云：有寒疾者食之，能發汗。故其品獨貴。每花時，紅錦紛披澗谷，茶歌、樵唱與牧笛相爲倚和。安仁而在，當不得以河陽傲十三僊子矣。

清　趙廷機　康熙《壽寧縣志》卷三《物産》　菓類：桃，梅，李，梨，柿，栗，榛，石榴，枇杷，蓮，橘，金橘，橙，柑，林檎，楊梅，葡萄，菱角，木瓜，樜，橄欖，香圓，番薯。花草類：牡丹，劍蘭，玉枕蘭，芍藥紅、白二種。海棠，瑞香，百合，玉簪，山茶，杜鵑，佛桑，蘭，菊，五色。葵，茉莉，水梔，鷄冠，紫薇，臘梅，月桂，萱草，盆梅，月榴，盆桃，荼蘼，荷花，芙蓉，剪春蘿，一丈紅，觀昔草，芭蕉，鶴頂紅。【略】竹類：猫竹，黄竹，石竹，苦竹，紫竹，化竹，班竹，雷竹，方竹，江南竹，釣絲竹，觀音竹。木類：杉，松，柏，槐，櫸，桐，金荆，樟，桑，桂，柘，楓，柳，黄楊，楊，檀，檜，榅，柏，藤。【略】毛類：虎，豹，豺，野猪，豪猪，山牛，山犬，山羊，麖，麂，麅，野，熊，猴，猿，狸，狐，兔，獺，玉面狸，九節狸，穿山甲，竹鼬。羽類：烏，信鳥，鵲，班鳩，翡翠，雉，鷂，白鷴，鸛，錦鷄，畫眉，燕，鷺，鷓鴣，鶯，鴛鴦，白鴿，省，啄木鳥，黄頭子，子鴂，鸕鷀。

清　鄧其文　康熙《甌寧縣志》卷二《山川》　秋竹嶺上多産秋竹。【略】黄梅嶺下爲平林，多梅樹。【略】郭巖峭壁千仞，周遭四十里許，絶嶺可望日出。山多修竹，出仙筍，味甘脆。有菜不種自生，狀如蔓菁，味更香潔。間産黄連，採藥者緣鳥道，每遇猩狒，稱梅岐二公名即遠害。庵前有池，相傳造庵時木從池中湧出，尚餘一木倒植。今猶存。

清　李鋐　康熙《平和縣志》卷一〇《風土》　菓之屬［注略］：荔枝，龍眼，柑，橘，柚，香櫞，梅，桃，李，楊梅，梨，王梨，棗，柿，栗，菩提果，石榴，枇杷，橄欖，黄弾，餘甘，椎，椹，甘蕉，甘蔗，倒黏子，落花生，葡萄，菱角。木之屬［注略］：松，柏，檜，楓，樟，楠，梧桐，榕，榍，槐，梓，椿，柳，桑，相思，杉，楝，山桂，杞，櫞，金荆，黄楊，柯，楮，冬青，水楊，棕，桄榔，杜松，鐵樹，漆，油桐，烏柏，赤欄，白欄，赤皮，九曾，鷄籌。竹之屬［注略］：麻竹，桂竹，石竹，淡竹，苦竹，赤竹，烏竹，甜竹，箭竹，桃枝竹，緑竹，班竹，長枝竹，金絲竹，鳳尾竹，人面竹，蘆竹，桃竹。花之屬［注略］：桂，樹蘭，玉蘭，木蘭，梅，蠟梅，青梅，桃，山茶，川茶，日本茶，李，唐棣，西府，海棠，杜鵑，瑞香，夾竹桃，合歡，含笑，山丹，木芙蓉，繡毬，紫薇，榴花，杜薇，蝴蝶花，木槿，遍地錦，闍提，薔薇，長春，麗春，御愛，寶相，十姊妹，木香，茉莉，素馨，指甲，玉帶春，鷹爪，噴雪，天馬裡卦，蘭，拜歲蘭，鶴頂蘭，碎蘭，吊蘭，蓮，交枝蓮，菊，水仙，秋海棠，玉簪，萱，國丹，國白，剪春羅，洛陽錦，金剪羅，紅蓼，七里香，曇花，鷄冠花，紫燕，金鳳，英菽，一丈紅，黄葵，蜀葵，荆葵，百日紅，胭脂，美人蕉，連蕉，凌霄。【略】飛之屬［注略］：鵲，鳩，鷹，雉，鴿，烏，白鷴，鷂，鳶，鸛，鸜鵒，鶯，竹鷄，鷓鴣，杜鵑，鸂鶒，鴛鴦，鷺，百舌，鶺鴒，畫眉，白頭翁，山胡，伯勞，釣魚翁，呼潮，紅裙，十姊妹，急性鳥，燕，鵰，山鵲，戲鳥，筆雀，雀，鵁，鵝，鴨。走之屬［注略］：虎，豹，熊，猴，狐，狼，鹿，麞，豺，兔，獺，山猪，山犬，山羊，豪猪，狸，山猫，石鼠，竹鼬，鼢鼠，鼠，猫，狗，猪，羊，牛，馬，驢。

清　郝玉麟　乾隆《福建通志》卷一〇《物産・福州府》　果之屬［注略］：荔枝，龍眼，柑，橙，香櫞，柚，橘，桃，李，杏，林檎，柰，頻婆，梨，柿，石榴，棗，栗，楊桃，枇杷，橄欖，楊梅，黄彈子，菩提果，木瓜，銀杏，餘甘，胡桃，山核桃，金斗，椎，葡萄，箇摩子，蕉，酸棗。【略】木之屬［注略］：松，柏，檜，杉，樟，柟，榍，櫸，櫞，樫杉，杜松，水綿，桐，梓，相思，桑，柘，烏柏，冬青，槐，檀，椒，樧，櫰，皂莢，木槵，水楊，柳，楓，槦，楮，金荆，樠，楝，黄連茶，加條，朴，白牙，櫟，櫱，黄楊，石楠，樫，羅漢松，椶櫚，桄榔，竹木，吉兆藤，金剛藤，香藤，王孫藤。竹之屬［注略］：猫竹，江南竹，淡竹，慈竹，斑竹，紫竹，苦竹，石竹，筋竹，箭竹，方竹，秋竹，苦油竹，含朵竹，蟲竹，豁竹，鳳尾竹，觀音竹。【略】毛之屬［注略］：虎，豹，熊，鹿，麞，麂，兔，豺，狼，猴，猿，玃，狸，狐，獺，山犬，山羊，野豬，猩猩，刺蝟，竹鼬，鼠狼，鼦鼢，鼯鼠，鼴鼠，鼠。羽之屬［注略］：喜鵲，烏，鳩，鵓鴿，信鳥，山鵲，郭公，鶯，燕，百舌，布穀，啄木，吉吊，畫眉，白頭翁，鶺鴒，雀，鶬鵊，鵙，雉，白鷴，竹鷄，鷓鴣，杜鵑，紅娘，綵囊，雷舞，鷹，鸇，鳶，鷂，鸛，鴻鴈，鴇，海鶻，鵜鶘，鷺鷥，鸕鷀，鸂鶒，鴛鴦，梟，鷗，翡翠，鵁鶄，鸀鳿，孤鷄，呼潮，鷁，鵜鸛，鴞。

又《泉州府》　果之屬［注略］：荔枝，龍眼，柑，香櫞，橘，桃，李，林檎，梨，石榴，柿，棗，栗，羊桃，枇杷，橄欖，楊梅，黄彈子，木瓜，松子，丹粘子，葡萄，西瓜，黄瓜，甜瓜，蕉，蔗，蓮，鷄頭菱。【略】木之屬［注略］：松，柏，檜，杉，樟，檬，椿，水綿，梧桐，相思，桑柘，烏柏，槐，楊，柳，楓，榕，楮，柯，苦楒，羅漢松，桄榔，椶櫚，荔枝藤，吉兆藤。竹之屬［注略］：猫竹，江南竹，慈竹，斑竹，紫竹，苦竹，筋竹，箭竹，方竹，筀竹，雪竹，槌竹，緑竹，鳳尾竹，盧竹，瀟湘竹，釣絲竹，人面竹。【略】毛之屬［注略］：虎，豹，熊，鹿，麞，麂，兔，豺，猴，猿，狸，狐，獺，山犬，野豬，豪豬，兕，刺蝟，竹鼬。羽之屬［注略］：喜鵲，烏，鳩，鵓鴿，信鳥，山鵲，鶯，燕，百舌，啄木，畫眉，白頭公，鶺鴒，雀，鵙，雉，白鷴，鷓鴣，鷹，鳶，鷂，鸛，鷺鷥，鴛鴦，水鴨，鷗，翡翠。

又《漳州府》　果之屬［注略］：荔枝，龍眼，柑，橙，香櫞，橘，桃，李，林檎，梨，石榴，柿，棗，栗，羊桃，枇杷，橄欖，黄彈子，木瓜，銀杏，餘甘，山核桃，倒粘子，葡萄，芭蕉。【略】木之屬[注略]：松，柏，檜，杉，樟，楠，水綿，桐，梓，相思，山綿，梨，桑，柘，冬青，槐，椒，皂荚，柳，榕，楮，金荆，黄楊，羅漢松，桄榔，吉兆藤。竹之屬[注略]：猫竹，慈竹，斑竹，苦竹，石竹，箭竹，筀竹，雪竹，綠竹，含竹，長枝竹，瀟湘竹，桃枝竹，金絲竹，釣竹。【略】毛之屬[注略]：虎，熊，鹿，麞，麈，猿，猴，狸，狐，獺，豪豬，野豬。羽之屬[注略]：喜鵲，烏，鳩，鵓鴿，鶯，燕，布穀，吉吊，畫眉，白頭公，鸜鵒，雀，雉，白鷴，錦鷄，竹鷄，鷓鴣，鷹，鷂，鸛，鸕鷀，鷺鷥，鷗，翡翠。

又《興化府》　果之屬[注略]：荔枝，龍眼，柑，橙，香櫞，柚，橘，桃，李，梨，石榴，柿，棗，栗，楊桃，枇杷，橄欖，黄彈子，菩提果，木瓜，銀杏，餘甘，山核桃，椎，葡萄，箇摩子，丹粘子，蕉，甘蔗，西瓜，甜瓜，黄瓜，蓮，菱角，鷄頭，梟茨，茨菰。【略】木之屬[注略]：松，柏，檜，杉，樟，⿰木屠，⿰木豪，樫杉，杜松，水綿，山綿，油桐，梓，相思，桑柘，烏柏，冬青，槐，椒，榝，欓，皂荚，木槵，柳，櫸柳，楓，榕，楮，金荆，櫧，楝，黄連茶，加條，朴，白牙，柞，櫟，漆，山樗，黄楊，西河柳，羅漢松，椶櫚，桄榔，蒲葵，竹木，吉兆藤。竹之屬[注略]：猫竹，江南竹，筀竹，慈竹，斑竹，紫竹，苦竹，石竹，筋竹，箭竹，赤竹，苦油竹，發竹，釣竹，含筞竹，淡竹，古散竹，勒竹，桃竹，斑桃枝竹，箬葉竹，篔簹竹，人面竹。【略】毛之屬[注略]：虎，豹，鹿，麂，麞，兔，豺，猴，猨，香狸，獺，狐，山犬，山羊，野猪，豪猪，鼠狼，竹䶉，⿰鼠吉⿰鼠令鼠。羽之屬[注略]：喜鵲，烏，鳩，鵓鴿，信鳥，山鷓，郭公，鶯，燕，百舌，布穀，斵木，吉吊，畫眉，白頭公，鸜鵒，雀，黄雀，五色雀，鵂鶹，伯勞，雉，白鷴，竹鷄，鷓鴣，杜鵑，雪姑兒，鷹，鳶，鷂，鸛，海鶻，鵜鶘，鷺鷥，鸕鷀，鸂鶒，鴛鴦，梟，水鷈，鷗，翡翠，鵁鶄，鸘鳿，孤鷄，呼潮，鴞。

又卷一一《物産・延平府》　果之屬[注略]：香櫞，柚，橘，桃，櫻桃，李，梨，石榴，柿，栗，枇杷，楊梅，銀杏，葡萄，西瓜，黄瓜，土瓜，蓮，菱。【略】木之屬[注略]：松，柏，檜，杉，樟，桐，相思，桑，柏，冬青，槐，椒，皂荚，楊，柳，楓，榕，楝，樫，椶櫚，杪欏樹。竹之屬[注略]：猫竹，江南竹，紫竹，綠竹，黄竹，石竹，苦竹，綿竹，秋竹，人面竹，朱竹。【略】毛之屬[注略]：虎，豹，熊，鹿，麞，麂，兔，豺，猿，猴，狸，狐，獺，山羊，野猪，豪猪，鼠狼，竹䶉。羽之屬[注略]：喜鵲，烏，鳩，鵓鴿，山鵲，鶯，燕，布穀，啄木，畫眉，白頭公，伯勞，雀，蠟嘴，太平鳥，提壺，白練雀，雉，白鷴，鷓鴣，鷹，鷂，鸛，鷺鷥，鸕鷀，鸂鶒，梟。

又《建寧府》　果之屬[注略]：柑，橙子，香櫞，柚，橘，金橘，桃，李，杏，林檎，柰，棗，梨，石榴，柿，櫻桃，栗，榛子，楊梅，枇杷，木瓜，銀杏，胡桃，榧子，毛栗，香楂，梧桐子，株子，山棗，葡萄，蔗，西瓜，黄瓜，白瓜，枕瓜，香瓜，土瓜，鮮葛，蓮，菱角，藕。【略】木之屬[注略]：松，柏，杉，樟，楠，杪欏，桐，梓，枳枸，相思，桑，柘，烏柏，冬青，槐，楊，柳，榆，楓，櫧，楝，朴，白楊，柞，黄楊，白斷藤，釣鉤藤，紫荆藤。竹之屬：猫竹，江南竹，斑竹，紫竹，黄竹，苦竹，石竹，筋竹，箭竹，方竹，秋竹，釣絲竹，綿竹，水竹，火竹，白眉竹，長壽竹，鶴膝竹，瀟湘竹，人面竹，毛竹，觀音竹，朱竹。【略】毛之屬[注略]：虎，豹，熊，鹿，麞，麂，兔，豺，猴，猿，狸，狐，獺，山犬，野猪，豪猪，竹䶉，山⿰犭軍。羽之屬[注略]：鵲，烏，鳩，鵓鴿，山鵲，鶯，燕，百舌，啄木，畫眉，白頭公，鸜鵒，雀，雉，白鷴，錦鷄，竹鷄，鷓鴣，子規，鷹，鷂，鶻，鸛，鷺鷥，鸕鷀，鸂鶒，鴛鴦，梟，鷗，翡翠，鴞。

又《邵武府》　果之屬[注略]：橙，柚，金橘，桃，李，杏，林檎，櫻桃，梨，石榴，柿，棗，栗，榛，枇杷，楊梅，木瓜，甘蔗，西瓜，黄瓜，土瓜，蓮，菱角，茨菰，梟茨。【略】木之屬[注略]：松，柏，檜，杉，樟，楠，桐，梓，桑，柘，烏柏，冬青，皂荚，柳，楓，櫧，櫟，櫱，黄楊，椶櫚。竹之屬[注略]：猫竹，江南竹，筀竹，篠竹，苦竹，甜竹，黄蠟竹，方竹。【略】毛之屬[注略]：虎，飛虎，豹，熊，豺，鹿，麈，兔，猿，猴，狸，狐，獺，山犬，野猪，豪猪，山牛，刺蝟，竹䶉。羽之屬[注略]：喜鵲，烏，斑鳩，青鳩，鵓鴿，山鵲，燕，鶯，百舌，啄木，畫眉，白頭公，鸜鵒，雀，鵙，雉，白鷴，錦鷄，竹鷄，鷓鴣，杜鵑，鴿鶉，練鵲，鷹，鳶，鷂，鶻，鸛，鷺鷥，鸕鷀，鸂鶒，鴛鴦，梟，鷁。

又《汀州府》　果之屬[注略]：柑，金橘，桃，李，花紅，柰，梨，石榴，柿，栗，枇杷，楊梅，櫨，葡萄，蔗，西瓜，土瓜，蓮，菱。【略】木之屬[注略]：松，柏，杉，樟，楠，桐，桑，烏柏，冬青，槐，檀，楊，柳，楓，槦，楮，櫧，椶。竹之屬[注略]：猫竹，江南竹，紫竹，黄竹，苦竹，實竹，筋竹，赤竹，筀竹，蒜竹。【略】毛之屬[注略]：虎，豹，鹿，麂，兔，猴，猿，狸，獺，山羊，山馬，野猪，豪猪，竹䶉。羽之屬[注略]：喜鵲，烏，鳩，鶯，燕，百舌，啄木，畫眉，雀，雉，錦鷄，鷓鴣，杜鵑，伯勞，鷹，鷂，鸛，鷺鷥，鸂鶒，鴛鴦，翡翠。

又《福寧府》果之屬〔注略〕：荔枝，龍眼，柑，橙，香櫞，橘，桃，李，杏，林檎，梨，石榴，柿，棗，栗，楊桃，枇杷，橄欖，楊梅，菩提果，木瓜，蔗，蓮，菱角。【略】木之屬〔注略〕：松，柏，檜，杉，樟，樺，桐，漆，相思，桑，柘，冬青，槐，柳，楓，榕，朴，黄櫸，椶櫚，牡桂，吉兆藤，拏藤，黄藤，臚藤，鼈藤，鷄翁藤，金剛藤，黄爽藤。竹之屬〔注略〕：猫竹，江南竹，慈竹，方竹，斑竹，苦竹，石竹，緑竹，箭竹，調絲竹，紫竹，赤竹，筋竹，桃竹，含竹，豁竹，觀音竹，人面竹，羅漢竹，箬竹，槌竹。【略】毛之屬〔注略〕：虎，豹，熊，鹿，麞，麂，豺，兔，猴，狸，狐，獺，山牛，山狗，野猪，豪猪，野猫，猩猩，竹鼦，玉面狸。羽之屬〔注略〕：喜鵲，烏，鳩，鴝鵒，鶯，燕，山呼，拖白練，畫眉，雀，雉，白鷴，鷓鴣，鵪鶉，鴈，鵁鶄，鴛鴦，翠鳥。

又《永春州》果之屬〔注略〕：桃，李，栗，柿，甘蔗，枇杷，香櫞，金橘，石榴，橄欖，鷄頭子，柑，蕉，西瓜，甜瓜，通瓜，木瓜，楊桃，龍眼，菱角，芡實。【略】木之屬〔注略〕：松，杉，柏，檜，椶櫚，苦楝，楓，樟，杜松，椿，橡，槐，桐，肥皂，烏桕，柯，桑，柳，櫸柳，相思，榕，椒，棗。竹之屬〔注略〕：猫竹，石竹，赤竹，筀竹，緑竹，苦竹，竻，斑，紫竹，盧竹，觀音竹，雪竹。【略】毛之屬〔注略〕：虎，豹，麂，麞，熊，豺，狼，兔，猴，蝟，狐，獺，猿，鼠，山羊，野猪。羽之屬〔注略〕：喜鵲，布穀，鴝鵒，畫眉，伯勞，鷓鴣，鸕鷀，杜鵑，烏鴉，斑鳩，鶺鴒，百舌，鴛鴦，鶯，燕，雉。

又《龍巖州》果之屬〔注略〕：桃，李，梅，楊梅，梨，柿，栗，榧，柑，石榴，橘，香櫞，西瓜，番瓜，王瓜，冬瓜，苦瓜，甜瓜，木瓜，土瓜，瓠。【略】木之屬〔注略〕：松，柏，杉，槐，榕，樟，桐，楓，棕，橡，金荆，櫸，杞，梓，楠。竹之屬〔注略〕：筀竹，竻竹，黄竹，麻竹，長枝竹，鳳尾竹，猫兒竹，石竹，雪竹，方竹，蘆竹。【略】毛之屬〔注略〕：虎，豹，鹿，麞，猴，猿，熊，狐，兔，獺，狼，豺，山狗，野猪，豪猪，山羊，山鼠。羽之屬〔注略〕：雉，梟，燕，雀，鶯，鷺鷥，鴛鴦，竹鷄，畫眉，伯勞，啄木，鸛，鴝鵒，杜鵑，翡翠，鷓鴣，烏鴉，鳲鳩，鶺鴒。

清　陳焱　乾隆《永福縣志》卷一《輿地・物産》　果：荔枝，龍眼，佛手【略】，橄欖，柑，橘，柚，桃【略】，李【略】，梨，杏，楊梅，梅子，枇杷，銀杏，栗，柿，蕉，棗，葡萄，榧，石榴子，楊桃，酸棗，柰，金桔。木：榕，松，柏，槐，樟，桐，檜，荆，黄楊，黄檗，椿，柟，楮，柳，杉，樗，梓，柏，楓，桑，椶櫚，藤【略】。竹：慈竹，斑竹，石竹，江南竹，鳳尾竹，紫竹，花眉竹，方竹，猫兒竹，觀音竹，棕竹，蔞竹。【略】花：茉莉，玫瑰，薔薇，辛夷，木筆，山丹，長春，酴醿，海棠，葵，紫薇，佛桑，鷄冠，木槿，山茶，菊【略】，罌粟，木芙蓉，桂，蘭【略】，金鳳，杜鵑，萱梅，水仙，海石榴，雪毬，瑞香，秋海棠，玉蘭。羽：雉，鴛鴦，溪鶒，翡翠，鸕鷀，鴈，鶩，鷗，鴈，燕，水梟，錦鷄，脊令，鷺鷥，鳩，山鷓，鷓鴣，竹鷄，鶯，白鷴，鷄，鵲，鴉，烏，鶻，鷹，鳶，白頭公，鴞，鸜鵒，啄木，布穀，鵪鶉，鵓鴿，百舌，畫眉。毛：虎，豹，熊，鹿，牛，獐，麂，豺，狼，麞，猿，猴，兔，狐狸，刺蝟，石鼠，猪，羊，山猪，豪猪，山羊，貓，竹鼦，山犬，獺，山鼠。

清　董天工　乾隆《武夷山志》卷一九《物産》　果屬：小李，生大王峰頂，形如小鳥卵，稍長而色赤，味甚美。山荔枝，亦生大王峰，密實叢生，味頗類晉安者，但差小耳。仙橘，小者如彈丸，皮可食；大者如鷄卵，味甚甘美。亦生大王峰頂。花實不與恒橘同時，故以仙稱。

又　篁屬：毛竹，生一曲毛竹洞。每節旁生枝，枝之巨細與幹等，異種也。方竹，遍山皆有之，幹正方，八月生笋，味甚甘。雙幹竹，生七曲城高巖寺後。【略】笻竹，【略】生山北章堂巖一帶。

又　禺屬：王孫，似猴而小，大僅如拳。朱文公《山中》詩：王孫遠相唤。韓元吉《武夷精舍記》：山故多王孫是也。

又　禽屬：白鷴，狀類雉，大倍之，白毛黑緣，爪喙皆丹。韓元吉《武夷精舍記》云：鳥則白鷴、鷓鴣。聞人聲或磔磔集崖上，散漫飛走而無驚懼之態。【略】鷓鴣。

清　章竟可　乾隆《古田縣志》卷二《物産》　果屬〔注略〕：桃，栗，榛，棗，菱，橡，李，梅，杏，柿，柰，柚，橘，梨，楊梅，枇杷，石榴，蓮實，銀杏，海棠梨，林檎，葡萄。木屬〔注略〕：杉，檜，柏，楠，槐，櫸，樟，楓，柏，冬青，女貞，柳，桐，榕，相思，牡荆，蔓荆，桑，瓢木。竹屬〔注略〕：猫竹，油竹，紫竹，方竹，苦竹，筋竹，箭竹，黄竹，豁竹，觀音竹，鶴膝竹，江南竹，麓竹。【略】花屬〔注略〕：芘芣，蓮，菊，海棠，石榴，葵，蘭，蕙，桂，金銀，瑞香，長春，金錢，玉簪，牡丹，荼蘼，麗春，芍藥，茉莉，山茶，木槿，金鳳，鷄冠，芙蓉，水仙，剪春羅，紫荆，辛夷，頳桐，午時蓮。【略】羽屬〔注略〕：鴉，雉，雀，燕，鴟，鷹，鷗，鴛鴦，鵲，鷺鷥，錦鷄，鴝鵒，杜鵑，畫眉，白鷴，啄木，鷓鴣，竹鷄，金暉，藍袍，鵪鶉，鸖,進鳥,鵋鶀,鶀,鵙,斑鳩。毛屬[注略]:虎,豹,鹿,豺,猿,熊,麞,麂,狐,狸,兔,山羊,獺,菅豚,豪猪,土猪。

清 曾曰瑛 乾隆 《汀州府志》卷三《山川》 蓮花山,在倉盈里。中有池,夏則蓮花盛開。【略】楓隔山,在縣西南四保里。多楓木,秋來如丹。【略】黃楊巖。一名靈峰山,即萬壽岩,在縣東八十里。岩居歸化、永安二縣界。多產黃楊木。

又卷八《物產》 菓之屬[注略]:梅,桃,李,楊梅,栗,梨,香櫞,葡萄,枇杷,菱,柯子,棗,柑,橙,柚,橘,柿,椑,橄欖,蓮,石榴,查子,鷄頭,木瓜,甘蔗,楊桃,銀杏,落花生。【略】木之屬[注略]:松,柏,榶,櫂,檬,楓,桐,檜,杉,桑,柘,槐,檀,水綿,槻,黃蓮茶,加條,樸,羅漢鬆,鐵樹,柳,欅,烏柏,椶,櫚,樟,梓,柟,樫,榕樹,黃楊,楮,冬青,椿,楝,山檎,金荆,肥皂筴,苦櫧,柞,梌杉,柯木。竹之屬[注略]:慈竹,筆竹,箭竹,苦竹,紫竹,鳳尾竹,觀音竹,方人面竹,含竹,猫竹,黃竹,江南竹,斑竹,苦油竹,石竹,筋竹,定光杖竹,箬竹,車竿竹,赤竹,篆竹。花之屬[注略]:梅,蘭,樹蘭,玉蘭,木筆,巖桂,酴醾,山茶,山丹,茉莉,素馨,瑞香,萱,玉簪,剪春羅,月桂,滴滴金,紫羅傘,玉樓春,夜合,含笑,木槿,杜鵑,珍珠,鳳尾,御帶,半丈紅,鷹爪,罌粟,御僊,寶相,玉屑,錦竹,金燈,指甲,鶴頂紅,勝春,海棠,菊,木芙蓉,繡毬,薔薇,玫瑰,紫薇,紫荆,金錢,金鳳,老少年,長春,凌霄,荳蔻,蜀葵,水紅花,頳桐,玉蝴蝶,鷄冠,燕子花,芭蕉,美人蕉,百合,剪秋紗,虎刺,水仙。【略】毛之屬[注略]:虎,豹,熊,鹿,麞,麂,麈,豺,狼,猴,猿,狐,兔,獺,貍,山羊,野豬,竹䶉,鼯⿰鼠令,鼯鼠,山鼠,土蝓,穿山甲,鼠狼,鼠。羽之屬[注略]:鸜鵒,白鷴,山鵲,鷓鴣,喜鵲,烏,鳩,信鳥,百舌,吉吊,綵囊,山胡,畫眉,雷舞,蠟嘴,紅裙,海鶻,雀,鷂,鸕鷀,杜鵑,燕,布穀,啄木,白頭公,鶯,雉,鷹,鴻鴈,梟,鴛鴦,鶺鴒,鷺,鸇,鵋鶀,鷗,翡翠,鵙,郭公,鵁青,鸛,竹鷄,相思鳥,練雀。

清 徐景熹 乾隆 《福州府志》卷二五《物產》 花之屬[注略]:桂,玉蘭,牡丹,木筆,蠟梅,滾繡毬,紫荆,朱槿,山茶,拒霜,紫薇,夾竹桃,夜合,山丹,風車蓮,半丈紅,越橘,金林檎,御帶,刺桐花,番茶,蜀茶,杜鵑,海棠,鬪霜,芍藥,玫瑰,葵,山樊,末麗,素馨,長春,鬪雪紅,水麗春,真珠,酴醾,瑞香,薔薇,闍提,玉簪,金沙,剪金紅,度年紅,含笑,百合,凌霄,罌粟,聚八仙,鷄冠,御仙,金鳳,金錢,鷹爪,鳳尾,玉屑,寶相,梔子,紫羅傘,錦竹,金燈,菊,荳蔻,指甲花,金銀花,美人蕉,鐵蕉,蘭,珠蘭,吉祥蘭,樹蘭,賽蘭,紫蘭,歲首蘭,吊蘭,鶴蘭,硃砂蘭,風蘭,獨占蘭,魚魷嬌,萱,水仙,扁竹,老少年,紫燕,鶴頂紅,十姊妹,丁香,十樣錦,剪春羅,剪秋紗,漢宮燈,雪柳,夜來香,秋海棠,芭蕉,午時蓮。菓之屬[注略]:荔枝,龍眼,橄欖,柑,橘,橙,桃,李,梨,杏,梅,楊梅,枇杷,棗,栗,柿,櫻桃,柰,肥皂菓,山核桃,頻婆,胡桃,林檎,石榴,王壇子,菩提菓,楊桃,酸棗,金橘。木之屬:榕,柏,檜,杉,榶,相思木,櫕,椒木,樟,金荆,黃楊,櫱木,櫃,木櫘,朴,栟,楮,楝,椿,梓,橡,石楠,桄榔,櫸柳,椴,加條,青剛,椶櫚,檀,楓,桐,皂莢,白牙,水楊,柳,桑,櫂,水綿,樫杉,烏柏,梌,柯,槐,冬青,茶樹,榆,黃連茶,羅漢松。竹之屬[注略]:慈竹,研竹,紫竹,鶴膝竹,箭竹,苦竹,澹竹,石竹,猫竹,江南竹,秋竹,篛竹,豁竹,筋竹,苦油竹,赤竹,桃枝竹,長枝竹,含朵竹,箬葉竹,人面竹,釣竹,金絲竹,蘆竹,鳳尾竹,勒竹,觀音竹,棕竹,綿竹,蔞竹,黃竹,水竹,黃金閒碧玉竹,方竹,朱竹,冬筍,毛筍,甜筍,苦筍,菉筍,錦邊筍。藤之屬[注略]:丁公藤,千金藤,紫金藤,含春藤,感藤,吉釣藤,金剛藤,香藤,薜荔藤,王孫藤,石南藤,風不動藤,拏藤。【略】毛之屬[注略]:虎,豹,熊,鹿,麞,麂,豺,獺,猴,兔,狸,菓狸,山羊,山犬,野猪,豪猪,狼鼠,竹䶉,⿰鼠吉⿰鼠鳥,猩,鼫鼠,鼯⿰鼠令,鼯鼠,馬。羽之屬[注略]:鸛,鷗,鸇,鷹,鷂,錦鷄,白鷴,雉,鷓鴣,竹鷄,鷁,海鶻,鳶,山鵲,鸜鵒,信鳥,慈鴉,燕,翡翠,鴈,鶖鶬,鵜鶘,啄木,山呼,畫眉,雪姑兒,紅娘,白頭翁,布穀,鶬鶊,呼潮,吉吊,彩囊,百舌,鵂鶹,鬼鳥,杜鵑,鷺鷀,鵙,鳩,鵲,鴛鴦,鸂鶒,鷄,鵞,鴨。

清 朱珪 乾隆 《福寧府志》卷四《山川》 梨溪多產梨樹,下臨清溪。林嵩登第後,結廬其中。【略】南峰山有庵,庵前有古榕樹,蟠根成門。傅汝舟詩:古樹兀危根,依天巧作門;雲飛不着迹,虎過應銷魂;野路逢人静,山僧入定尊;朋遊坐不厭,落葉滿金樽。【略】瓢峰山在四十都,因產瓢木得名。山蒼水清,覽者忘倦。楊梅嶺舊產楊梅,東至九里亭,西至十八溪,徑路崎嶇行。

又卷一二《物產》 菓屬[注略]:梅,杏,荔枝,龍眼,石榴,楊梅,桃,橄欖,李,柿,榛,梨,棗,金橘,葡萄,椎,橘,柚,佛手柑,栗,橙,香櫞,柑,蓮房,菱角,甘蔗,芡,楊桃,胡桃,櫻桃,銀杏,林檎,棠梨,花紅,花生,枇杷。木屬

[注略]：松，柏，檜，杉，桑，榅，樫，樟，椿，水綿，冬青，桐，榕，楓，槐，楊，柳，檀，櫂，香楠，櫸，椶櫚。竹屬[注略]：慈竹，猫竹，斑竹，箠竹，筋竹，石竹，苦竹，柔竹，箬竹，篛竹，菉竹，紫竹，木竹，鳳尾竹，方竹，箭竹，化竹，淡竹，箬竹，觀音竹，油面竹，豁竹，苦槌竹，黄竹，赤竹，人面竹，羅漢竹，江南竹，釣絲竹，若柔竹。藤屬[注略]：古藤，風藤，赤根藤，鱉藤，吉釣藤，金鋼藤，蛇莆藤，薜荔藤。【略】毛屬[注略]：虎，豹，兔，刺蝟，毫猪，野猪，山牛，山狗，山羊，野猫，狐鼠，山鼠，竹鼦，鼠狼，熊，猴，狐，猿，獺，豺，玉面貍，穿山甲，麂，麞，鹿，麋。羽屬[注略]：白鷴，錦雞，雉，鴈，黄雀，鷺鷥，黄鶯，鷓鴣，畫眉，竹鷄，鴛鴦，信鳥，鴝鵒，白頭翁，鸕鷀，長尾哥，郭公，鵓鴿，燕，山燕，鴿，鴉，鵲，鳩，翡翠，鳧，鷂，黄豆，鷹，鵂鶹，竿鄭，鵜鴣，鷗，山呼，啄木，脊鴒，鸛，百舌，杜宇，吉釣，青絲。

清　廖必琦　乾隆　《莆田縣志》卷一《輿地》　凝翠湖。與清江相襟帶，上有周氏延緑亭、歸來亭。湖木繚繞，長百餘丈，迤南有水綿樹百餘章。湖光動盪，亦呼翠渠。學士吴希賢《延緑亭》詩：信手栽花香可拈，緑陰啼鳥在危簷；湖光向晚斜侵竹，野色經春過隔簾；水緑漣溪分一脉，天垂壺嶠露雙尖；輞川浪説多奇勝，何似兹亭史隱兼。【略】瓊山。在後洋，由雙髻山發脉西行，岡阜聯絡，有松萬株。

清　吴宜燮　乾隆　《龍溪縣志》卷一九《物産》　花之屬[注略]：桂，蘭，梅，蠟梅，桃，玉蘭，辛夷，蜀茶，山茶，洋茶，海棠，秋海棠，瑞香，末麗，素馨，菊，拒霜，繡毬，山丹，蓮，朝日蓮，交枝蓮，薔薇，玫瑰，合歡，石榴，紫荆，紫薇，含笑，夾竹桃，指甲花，水仙，遍地錦，杜鵑，鼓子，月橘，玉簪，金錢，石花竹，雞冠，萱，洛陽錦，金鳳，紫燕，金絲蝴蝶，狀元紅，紅蓼，滴滴金，七里香，梔子，木槿，佛桑，密柳，酴醾，葵花，金燈，紫香藤，瑪哩芥，夜來香，番蝴蝶，玉蝴蝶，寶相，長春，麗春，凌霄，樹蘭，賽蘭，罌粟，鷹爪，棣棠，紅蕉花，大笑，英梅，噴雪，荳蔻花。果屬[注略]：荔枝，龍眼，柑，橘，柚，甘蕉，柿，桃，李，楊梅，栗，梨，佛手，金橘，菩提果，葡萄，枇杷，王壇子，石榴，餘甘，橄欖，棗，橙，菱，楊桃，倒黏子，甘蔗，多羅密，樣，枇杷果，芋，丹果，椎，箇摩子，落花生，鳧茨。木屬[注略]：桐，松，柏，檜，槐，楓，樟，梓，椿，楠，柳，樫，榕，桑，柘，相思樹，榆，楝，山桂，山樆，杉，榍，水綿，杞，山棉，橡，金荆，白楊，楮，冬青，水楊，椶櫚，桄榔，杜松，樺，椴，加條，樸，羅漢松，漆，銕樹，烏柏，椑，皂莢，抱木，甘藤。竹之屬[注略]：木竹，筀竹，慈竹，麻竹，猫兒竹，箭竹，淡竹，苦竹，赤竹，石竹，桃枝竹，緑竹，斑竹，黄竹，紫竹，長枝竹，鳳尾竹，釣竹，人面竹，七絃竹，蘆竹，含孕竹，烏竹。【略】毛之屬[注略]：虎，豹，熊，鹿，麞，麂，麈，豺，狼，猴，猿，狐，兔，獺，山犬，野猪，豪豬，貍，竹鼦，鼢鼠，山鼠。羽之屬[注略]：鵲，烏，鳩，雉，錦雞，白鷴，鷹，鷂，鳶，鸛，鸜鵒，杜鵑，鸂鶒，鶯，鷓鴣，竹雞，鴛鴦，鷺鷀，鶺鴒，百舌，吉弔，畫眉，山呼，白頭翁，燕，雀，鵂鶹，布穀，啄木，黄匡，鸕鷀，鴡，桑扈，呼潮，鷗，翡翠，釣鱼翁，紅裙，鵪鶉，練雀，鴿。

清　陳鍈　乾隆　《海澄縣志》卷一五《物産》　果之屬[注略]：荔枝，柑，橘，柚，柿，桃，李，梅，梨，香櫞，橄欖，藷蔗，楊梅，枇杷，杷果，楊桃，葡萄，黄彈子，石榴，菩提果，多蘿蜜，樣子，蕉，餘甘，椎，多南，鳳梨，釋迦果，番石榴，龍眼。木之屬[注略]：梧桐，松，柏，檜，槐，楓，樟，梓，椿，楠，柳，樫，榕，桑，柘，榆，相思樹，楝，山桂，山樆，杉，榍，杞，山綿，水綿，橡，金荆，白楊，柯，楮，冬青，水楊，并閭，桄榔，杜松，樺，茱萸，加條，樸，羅漢松，側柏，銕樹，漆，油桐，烏柏，椑，皂莢，海柯。竹之屬[注略]：木竹，麻竹，猫兒竹，箭竹，淡竹，苦竹，赤竹，石竹，緑竹，斑竹，紫竹，長枝竹，鳳尾竹，人面竹，七絃竹，蘆竹，含竹，觀音竹，烏竹。花之屬[注略]：桂，蘭，梅，蠟梅，桃花，玉蘭，辛夷，山茶，洋茶，海棠，秋海棠，瑞香，茉莉，素馨，菊，木芙蓉，繡毬，山丹，荷花，交枝蓮，薔薇，玫瑰花，合歡，石榴花，紫荆，紫薇，含笑花，夾竹桃，指甲花，水仙花，遍地錦，杜鵑花，赬桐，玉簪花，金錢花，雞冠，萱，鹿葱，洛陽錦，金鳳，紫燕，剪春羅，滴滴金，七里香，梔花，木槿，佛桑，密椰，酴醾，御愛，寶相，長春，麗春，凌霄花，樹蘭，賽蘭，鷹爪，棣棠，紅蕉花，噴雪，荳蔻花，葵花，金燈，紫香藤，瑪哩芥，雪鴛鴦，番蝴蝶。【略】毛之屬[注略]：虎，鹿，猴，獺，山犬，鼠。羽之屬[注略]：鵲，烏，鳩，鷹，鷂，鳶，鸜鵒，鶯，竹雞，鷓鴣，杜鵑，鸂鶒，鴛鴦，鷺，鶺鴒，百舌，畫眉，山胡，白頭翁，燕，雀，鵂鶹，布穀，啄木，鸕鷀，伯勞，鳧，鷗，翡翠，鵪鶉，鴞。

清　萬友正　乾隆　《馬巷廳志》卷一二《物産》　果之屬[注略]：荔枝，龍眼，梅，桃，羊桃，李，珠李，棗，柑，橙，柚，香櫞，石榴，樣，桑椹，蓮子，甘蔗，奈子拔。【略】竹之屬[注略]：石竹，淡竹，緑竹，赤竹，鳳尾竹。木之屬

［注略］：松，柏，榕，楓，桐，椿，槐，桑，柳，烏桕。【略】羽之屬［注略］：雉，鶯，燕，鵲，鴞，班鳩，鵓鴿，鷹，鷂，鳶，鸜鵒，鷓鴣，鶺鴒，杜鵑，播穀，百舌，啄木，練鵲，鸛，白頭翁，鶺鴒，信鳥，麻雀，鴈，白鷺，田鷄，鳧，鸕鷀，翡翠，釣魚翁。毛之屬［注略］：狐，兔，獺。

清　傅爾泰　乾隆《延平府志》卷三《山川》　桃源溪，一稱桃溪。自桃源漈與白蓮院前水合十五里，以至於大溪。先是兩岸皆桃林，春水漲時，花開甚盛，爲邑中之勝。今花樹已廢，在桃源都。

又卷四《山川》　幼山，《寰宇記》：孤峰上聳，直上約三十里，盤根約三百里。《名勝志》：宋羅畸爲福州司理，坐忤使者投檄，歸居此山。山多怪石邃洞，有獸似人，生毛黑色，身長丈餘，逢人即笑，鄉人謂之山挪揄。《爾雅》云：狒狒如人，披髮迅走，能食人，見人輒笑。宋羅畸詩：殿角纔餘一握天，我來神骨自飄然；影移隱隱烟霞裏，身在亭亭日月邊；脚底擁青寒樹杪，面前凝翠亂峰巔；却疑銀漢餘波溢，浪滚黃金山畔泉。

又卷五《山川》　桂花峽，中多桂花，當縣治南。

清　鄭一崧　乾隆《永春州志》卷二《山川》　御蘭山，其上産蘭，有一莖三十花者，香烈異於常植。【略】戴雲山，在新化里。《名勝志》：高聳霄漢，雄跨三十里，上嘗有雲氣覆之其巔，有池深不可測，分爲九派，下注九溪。【略】《閩書》：泉人語曰：天下無山高戴雲，龍潯諸山之祖也。山上奇花異果，有五鬚松，蒼鬱可愛。麓有戴雲寺，寺後有石屏、天柱石、儒冠石、一線泉。西有石室曰祖師室，石屏之上、右鼓左鐘皆奇觀也。太湖山，《閩書》作龍湖山，十二峰峛崺插雲，既登絶頂，如履平陸，名曰金峰。頂有池，丈許，一碧如鏡，名曰碧水。旁有奇花異草，果木陰秀，因名太湖，又名青草湖。又以形若船，名飛船山。《縣志》：青草湖嘗産青蓮花，下有卓泉，春不盈，冬不竭。宋僧自超鑿湖西，普陀山上有化臺，自超坐化處。【略】白鶴山，【略】《福建通志》：昔有異僧結廬其上，手種榕樹皆數十圍，旁有楊梅溪，下有石室、梨溪、橘嶺諸勝。結廬而居者，往往成村落。

又卷三《建置》　香林院，在蕭坑社黃柏村，高山盤谷，樹林陰翳，多生芝蘭，到處聞香。

又卷七《風土》　花之屬［注略］：桂，玉蘭，梅，蠟梅，繡毬，朱槿，山茶，拒霜，夾竹，紫薇，山桃，碧桃，絳桃，海棠，山丹，茉莉，素馨，酴醾，薔薇，鳳仙，瑞香，菊，雞冠，指甲花，晚香玉，梔子，美人蕉，蘭，御蘭，珠蘭，樹蘭，歲首蘭，吊蘭，水仙，老少年，夜來香，秋海棠，榴花，鼓子，西番蓮，蓮，牡丹，芍藥，杜鵑，木筆，寶相，棣棠，郁李，噴雪，金錢，凌霄，紫藤花，粉蝴蝶，金絲蝴蝶，滴滴金，錦竹，剪春羅，葵，萱，十姊妹，玉簪，含笑，曇花，鐵樹，紫荆，洋茶，一丈紅，漢宫春，麗春。果之屬［注略］：荔枝，龍眼，橄欖，柑，桃，李，梨，楊梅，棗，栗，柿，枇杷，金橘，石榴，王壇子，香櫞，佛手柑，楊桃，蕉，餘甘，甘蔗，葡萄，菱，芡，落花生，椎，杏，橘，柚，林禽，銀杏，酸棗，蓮房，橙，梅子，波羅蜜。木之屬［注略］：榕，松，柏，檜，杉，樟，楠，楝，棶，櫸柳，楓，柯，桐，皂莢，柳，肥皂莢，水綿，桑，烏桕，槐，檬，相思，杜松，椿，羅漢松，椶櫚，欏，柘，黃木，榧子，樫杉，金荆，梓，白花梨，苦楒，冬青，檀，木槵，漆，椒，蘗。藤之屬［注略］：吉鈎藤，鷄矢藤，金絲五葉藤，貼壁藤。竹之屬［注略］：猫竹，石竹，赤竹，筀竹，緑竹，苦竹，箹竹，箭竹，斑竹，紫竹，人面竹，方竹，觀音竹，油竹，調絲竹，鳳尾竹，淡竹，箬葉竹，葫蘆竹，蓋竹，千歲竹，蘆竹，綿竹，黃竹，雪竹，烏竹。【略】毛之屬［注略］：虎，豹，熊，兔，豺，鹿，麂，麞，猴，猿，獺，狐，鼠，鼠狼，野猪，竹鼦，鼯鼢鼠，山羊，山犬，豪猪，山貚，鼫鼢，鼯鼠，猍，刺蝟。羽之屬［注略］：鸛，鷂，鷹，白鷳，雉，鷓鴣，鵲，鳶，鴝鵒，烏鴉，燕，鶯，畫眉，布穀，鷺鷥，杜鵑，鵙，鴛鴦，野鴨，鶺鴒，雀，山呼，鴈，百舌，鳩，鸕鷀，鵂鶹，鶖，鷄，鴨，吉吊，白頭翁，鷓鴣，翡翠，信鳥，山鵲，啄木，錦鷄，釣魚翁，竹鷄，鶺鴒，孤鷄，鵬，鶻，鸂鶒。

清　譚掄　嘉慶《福鼎縣志》卷二《山川》　玉湖，由太姥洋登嶺五里許，松篁竹木扶疎蔽天，澗泉一道泠泠不絶。

清　薛凝度　嘉慶《雲霄廳志》卷六《物産》　菓之屬［注略］：荔枝，龍眼，柑，橘，柚，香櫞，佛手，桃，李，梅，梨，王梨，棗，柿，石榴，橄欖，餘甘，黃彈，無花果，栗，椎，椹，木瓜，羊桃，甘蔗，蕉，倒黏子，葡萄，落花生，金棗，楊梅，樣。飛之屬［注略］：鷄，鵝，鴨，鴿，鵲，烏，鳩，雉，錦鷄，鷹，鷂，鸜鵒，鶯，鳧，翡翠，鶺鴒，急性鳥，燕，畫眉，竹鷄，鷓鴣，杜鵑，鴛鴦，鷺，鶺鴒，白頭翁，鸕鷀。走之屬［注略］：虎，豹，鹿，麞，猴，兔，獺，野豬，山犬，豪豬，山猫，石鼠，鼠，山鼠。【略】竹之屬［注略］：筀竹，麻竹，淡竹，石竹，緑竹，紫竹，人面竹，觀音竹，烏竹，金絲竹，方竹，笏竹。花之屬［注略］：桂，蘭，梅，蠟梅，桃花，玉蘭，辛夷，蜀茶，山茶，洋茶，海棠，秋海棠，瑞香，茉莉，菊，木芙蓉，繡毬，山丹，荷花，朝日蓮，合歡，石榴花，紫薇，紫荆，含笑花，夾竹桃，指甲花，水仙花，遍地錦，杜鵑花，龍船花，雞冠，萱，鹿葱，洛陽錦，金鳳，金絲蝴蝶，狀元紅，七里香，木槿，密柳，寶相，長春，麗春，樹蘭，罌粟花，鷹爪，棠棣，紅蕉花，噴雪，葵花，金燈，雪鴛鴦，吊蘭，一丈紅，百日紅，胭脂。【略】木之屬［注略］：吉貝，松，柏，檜，杉，樟，梧桐，楓，榕，槐，椿，柳，樫，桑，楝，山桂，山樆，檬，柯，并閭，桄榔，鐵櫟，漆，油桐，刺桐，烏桕，椑，棠梨，九曾，雞籌。

又卷二〇《紀遺》 古林舖，即雲霄營公子店塘。有老樟樹一株，大數十圍。相傳淳熙間叢神自名曰卓立進闈登第，先數日到報房親填籍貫，且曰報到以三十金爲謝。揭榜果有名。報至，徧詢無章卓立其人者，徘徊久之，忽于樹下拾得報資，折封如數。此傳聞之可異者也。明正德間厚廣村李旦構庵讀書其下，著有『松竹梅蘭清幽閒静』八章，稱爲絶調。榕之爲樹，根盤而凋後，材美而蔭廣，植物中肩並松柏，故地勢空闊之處皆種樹之以護藩墻，以蔽風雨，蔭可數畝。自榕壇作頌，而榕村特起，榕門繼盛，皆離明華滋，爲我國家億萬禩之喬木也。中州南浙無之，而此獨有。諺言榕不過浙，此可徵矣。纂書者泥《草木疏》，謂理踈不中規矩，豈知言哉！ 深山多虎，所至輒有烏隨之，圓眼，鈎吻，竪兩耳，頭如虎，似鵂而大，聲啁哳不可聽，伺所攫産而食其腸。謹按云：霄多有此獸，爲民害，宜招獵户殄除之。烏山多巨猴，嘗於秋月一會，千百爲羣，叫嘯跳躍，遍滿山谷。他時見亦罕矣，不知聚族何所也。

清　蔡世鈸　道光《漳平縣志》卷一《輿地・物産》 果之屬［注略］：桃，李，梅，楊梅，栗，梨，柿，椎，石榴，柚，香櫞，橘，柑，橙，橄欖，枇杷，櫻桃，銀杏，梧子，倒黏子，菱角，蓮子，梟茨，落花生，甘蔗。花之屬［注略］：蘭，梅，蠟梅，桃，蓮，桂，菊，玉蘭，辛夷，山茶，寶珠，洋茶，鐵幹海棠，秋海棠，薔薇，長春，仙丹，瑞香，茉莉，素馨，紫荆，芙蓉，繡毬，洋毬，杜鵑，含笑，百葉榴，樹蘭，紫薇，龍鬚花，玫瑰，夾竹桃，金鳳，雞冠，蜀葵，向日葵，翦春羅，萱花，白蘋，紅蓼，美人蕉，夜來香。【略】木之屬［注略］：松，柏，杉，槐，榕，樟，桐，楓，楊，柳，椶，竹。毛之屬［注略］：牛，羊，豕，狗，猫，虎，豹，麞，野猪，毫猪，獺，狸，熊，兔，猴，狐，猿，山羊，山犬，獐，土鼬，鼠。羽之屬［注略］：雞，鶩，鴨，鸕鷀，杜鵑，鵲，烏，伯勞，鴉，鸎，燕，斑鳩，雉，梟，練雀，翠鳥，鶺鴒，百舌，啄木，鵓鳩，鳲鳩，鷓鴣，鵓鴿，鷺絲，鷹，白頭公，白鷴，畫眉，竹雞。

清　彭衍堂　道光《龍巖州志》卷八《土産志》 果之屬［注略］：桃，李，梅，楊梅，梨，棗，栗，柿，石榴，橄欖，枇杷，梧子，香櫞，甘蔗，佛手柑，菩提菓，木瓜，橘，柚，柑，荔枝，龍眼，葡萄，芭蕉果，菱角，梟茨，倒粘子，落花生，蓿砂，蓮子，榛，柰。花之屬［注略］：素心蘭，緑幹蘭，報春蘭，山蘭，草蘭，蕙，桂，梅，蠟梅，李，桃，夾竹桃，紫荆，紫薇，蓮，百葉榴，子午蓮，牡丹，芙蓉，芍藥，莘荑，仙丹，山茶，洋茶，賽牡丹，玫瑰，素馨，杜鵑，玉蘭，寶珠，樹蘭，珠蘭，長春，瑞香，繡毬，蠟毬，茉莉，薔薇，菊，鐵幹海棠，秋海棠，龍丹花，金鳳，金銀花，雞冠，一丈紅，向日葵，白蘋，紅蓼，含笑，夜合，萱花，剪春羅，夜來香，美人蕉，金絲蝴蝶，雁來紅，玉簪花。【略】木之屬［注略］：松，柏，杉，槐，檜，椿，桑，柘，榕，樟，桐，梓，柯，楓，楊，柳，山棗，冬李，榆，女貞，荆，年冬，烏柏，寄生枝，栟櫚，皂角。竹之屬［注略］：貓竹，筆竹，緑竹，篁竹，慈竹，人面竹，鳳尾竹，觀音竹，實竹，黄柑竹，紫竹，斑竹，馬尾竹，箭竹，義竹，篠竹，茨竹，白竹，苦竹，箬竹，蘆竹。毛之屬［注略］：牛，羊，豕，狗，貓，虎，熊，豹，鹿，麞，野猪，山猪，毫猪，獺，貍，九節貍，兔，猴，野羊，山犬，黄鼠，土鼬，鼠。羽之屬［注略］：雞，鴨，鵞，杜鵑，鸕鷀，烏，鵲，鴉，伯勞，燕，鶯，雉，斑鳩，練雀，梟，鶺鴒，翡翠，啄木，百舌，鳲鳩，鳴鳩，鴿，鷓鴣，鷺鷀，鷹，鵓鴿，禾雞，白鷴，白頭公，竹雞，畫眉，鴟鵂，鴝鵒。

又卷一四《古蹟志》 龍傘巖。在馬坑社，去州三十餘里，自前明樹林叢雜，最爲清幽。遠近士子多讀書於此。

清　賈懋功　道光《順昌縣志》卷一《輿地志》 芹山，泉甘木茂，多産香芹。在莒口都。

清　陳鼐　同治《德化縣志》卷九《地理・物産》 果［注略］：桃，梅，李，杏，棗，柿，枇杷，榧，石榴，莆桃，柑，橘，橙，栗，梨，藕，菱，芡，葧薺，苦株。【略】竹［注略］：貓竹，筆竹，苦竹，水竹，筋竹，叢竹，紫竹，斑竹。木［注略］：松，柏，杉，椿，桂，桐，桑，柘，棗，榆，槐，楓，樟，株，檀，栗，楊，梄，楮，冬青，棕櫚，望春，檍，枹。花［注略］：牡丹，芍藥，金鳳，葵，雞冠，海棠，木樨，薔薇，荼蘪，玉簪，木槿，瑞香，紫荆，諼草，芙蓉，菊，紫薇，映山紅，鶴頂，蘭。【略】禽

［注略］：雞，鵝，鴨，鶯，杜鵑，雉，鸛，鷹，雁，梟，烏鴉，鴟，鳩，鴿，鴛鴦，鶺鴒，鷺，鷗，鷴，喜鵲，山鵲，白頭翁，練雀，麻雀，竹雞，翠，伯勞，百舌。獸［注略］：牛，馬，羊，驢，騾，羊，豕，猫，犬，山牛，野猪，麞，麂，鹿，兔，虎，豹，山狐，猴，獺，毛狗，夜猫。

清　謝昌霖　光緒《長汀縣志》卷三一《物産》　果屬［注略］：梅，桃，李，蘋果，林檎，柰，楊梅，栗，榛，椎，鉤栗，枇杷，橘，金棗，金豆，公孫橘，柑，柚，橙，梨，棠梨，鹿梨，卍字果，柿，椑柿，櫻桃，桑葚，棗，櫧子，櫨子，梧子，榴，銀杏，橄欖，香櫞，映日果，木瓜，葡萄，楊桃，落花生，花紅，蔗，芡實，蓮實，菱，梟芘。木屬［注略］：松，柏，桑，柘，楓，檜，槐，加條，樟，柟，梓，苦櫧，楮，金荊，肥皂莢，桂，烏桕，柯木，楝，女貞，栟櫚，櫬，檀，寄生樹，木棉，水棕杉，桐，柳，櫸柳。竹屬［注略］：慈竹，笙竹，貓竹，箭竹，赤竹，江南竹，筋竹，石竹，箬竹，方竹，紫竹，人面竹，含竹，苦竹，苦油竹，黄竹，鳳尾竹，斑竹，觀音竹，車竿竹，定光杖竹，粉竹，黑竹，綠竹，棕竹，篁竹。花屬［注略］：蓮，桂，桃，李，梅，蠟梅，梨花，榴花，葵，蘭，賽蘭，玉蘭，瑞香，木芙蓉，山丹，合歡，百合，杜鵑，映山紅，御仙，燕子花，珍珠，萱，水僊，金燈，鷄冠，金錢花，木槿，一丈紅，夾竹桃，文壇花，御帶，凌霄，長春，勝春，薔薇，荼蘼，寶相，玫瑰，紫荊，繡毬，山茶，木筆，牡丹，海棠，紫薇，含笑，金鳳，指甲，玉蝴蝶，夜來香，玉簪花，茉莉，雁來紅，罌粟，荳蔻，鳳尾，鷹爪，素馨，滴滴金，剪春羅，紫羅傘，玉樓春，十姊妹，虎刺，錦竹，頳桐，芭蕉，紅蕉，蓼花，菊。【略】毛屬［注略］：牛，山牛，馬，犬，羊，山羊，驢，贏，貒，竹鼬，鼠，麂，麞，猴，獺，狐，狸，兔，土蝓，豕，野豬，豪豬，鹿，麖，麞。羽屬［注略］：鷄，竹鷄，米鷄，彩囊，鶺鴒，雉，雀，白頭翁，燕，長尾燕，鵂鶹，雷舞，鷓鴣。

清　張景祁　光緒《福安縣志》卷七《物産》　菓類［注略］：荔枝，龍眼，梅，石榴，柰，楊梅，楊桃，桃，李，杏，柿，棗，梨，枇杷，栗，橄欖，花紅，銀杏，橘，葡萄，金橘，棠梨，橙，柚，香櫞，柑，榛，柯實，林檎，蓮房，菱角，椎，竹蔗，甘蔗，無花果，落花生，番石榴。木類［注略］：松，柏，檜，杉，桑，柘，樫，樟，椿，榅，榕，甘棠，楓，冬青，杜，楊，柳，黄楊，槐，金荊，黄梁，樸，櫂，櫸，香楠，柚，相思木，椶櫚，楝。竹類［注略］：慈竹，斑竹，猫竹，華竹，筋竹，石竹，柔竹，箬竹，簹竹，菉竹，紫竹，箭竹，方竹，淡竹，化竹，鳳尾竹，豁竹，箬竹，黄竹，油面竹，赤竹，觀音竹，人面竹，釣絲竹，江南竹，苦鎚竹，若柔竹，苦竹。藤類［注略］：古藤，風藤，赤根藤，鱉藤，吉釣藤，金剛藤，蛇菁藤，薜荔藤，李郎藤，拏藤。花類［注略］：牡丹，芍藥，海棠，山丹，薔薇，長春，玉簪，山茶，木槿，翦春羅，翦秋羅，辛夷，杜鵑，紫荊，紫薇，茉莉，水梔，鳳山，酴醿，萱，梅花，桃花，夾竹桃，鶴頂紅，雞冠花，斜蹄，蘭，碎蘭，蕙，月桂，瑞香，桂，芙蕖，菊，葵，石榴，日日有，雁來紅，罌粟，露滴金，半年紅，棠棣，蠟梅，紅花，一丈紅，木芙蓉。【略】毛類［注略］：虎，豹，熊，山牛，山馬，山羊，野猪，山狗，野猫，豪猪，麞，鹿，麂，猿，豺，長腰豺，獺，穿山甲，山鼠，竹鼬，鼠狼，山猪，狐，狐鼠。羽類［注略］：白鷴，雉，錦雞，山雞，鴛鴦，鷺鷥，鴣，鴈，黄鶯，鷓鴣，練鵲，黄雀，鵁鶄，郭公，鵲，鴉，鴟，鸕鷀，鵂鶹，梟，鷹，畫眉，長尾哥，百舌，吉釣，秀眼，杜宇，青絲，鷗，信，啄木，燕，竿鄭，鵜鶘，翡翠，鶺鴒，鸛，白頭翁，寒鳥，黄頭，山呼，鵓鴿，山燕，匍鵝，拖練，猴練。

清　王琛　光緒《邵武府志》卷三《山川》　碎石嶺，古名桃花嶺，在古山黄漈上。國朝魏昉詩：嶺勢高接天，白石屹森布；石邊遠公廬，門外丹楓樹；落葉何紛紛，吹向人間去。由殊山西迤離城六十里，路通盱江。昔有關查税，今改置月山。其植多竹，有竹鼠，名土豚。

又卷一〇《物産》　果之屬［注略］：蓮實，藕，芰，梅，桃，李，梨，柿，石榴，棗，栗，楊梅，櫻桃，枇杷，葡萄，【略】甘蔗，銀杏，酸棗，芡菰，梟茨，山查，【略】柑，櫧子，榧子，榛子，枳椇，莒蔞，落花生。【略】竹之屬［注略］：篁竹，淡竹，苦竹，甘竹，南竹，貓竹，筀竹，斑竹，烏步竹，江南竹，麻竹，紫竹，黄蠟竹，扁竹，黄竹，車干竹，篠竹，秋竹，慈竹，觀音竹，箬竹，瀟湘竹，方中。木之屬［注略］：松，柏，杉，檜，楠，桑，柘，槐，柳，梓，柞，櫟，桐，樟，楮，楓，皂夾樹，冬青，蘗，楝，黄楊，椿，榆，櫧，檀，杞，山樆，柯木，花梨，漆，烏桕，茶，油茶，櫬，棕杉，椶櫚，羅漢木，墊理，鐵樹。【略】花之屬［注略］：牡丹，芍藥，蓮花，桃花，李花，菊，蘭，瑞香，茉莉，百合，萱，桂，梅花，石榴花，紫薇，紫荊，山丹，山茶，木芙蓉，木槿，凌霄，蔦蘿，繡毬，金鳳，雞冠，剪春羅，剪秋羅，玉簪，杜鵑，玉蘭，木筆，海棠，秋海棠，雁來紅，葵，薔薇，酴醾，玫瑰，石竹，梔子花，胭脂花，牽牛花，鼓子花，金錢，滴滴金，芭蕉，頳桐，玉蝴蝶，郁李，欲留春，碧雪，扁竹，蠟蒂，虎刺，素馨。羽之屬〔注略〕：燕，鶯，百舌，鸜鵒，白鷴，雉，雀，鵲，錦雞，畫眉，鵪鶉，杜鵑，竹雞，鶘鴣，博勞，練鵲，郭公，鵓鴿，斑鳩，山鵲，烏鴉，白頭公，信鳥，相思鳥，鴝鵒，鷹，鷂，鶻，鐵觜雀，鴈，鴛鴦，鸂鶒，鷺鷥，鸕鷀，鸛，梟，鷗，啄木鳥，猫頭鷹，鶺。毛之屬〔注略〕：熊，虎，豹，豺，鹿，麞，麂，麅，麈，猴，兔，狐，狼，玉面貍，山羊，山犬，野猪，山馬，飛虎，獺。

清　翁天祜　光緒《續修浦城縣志》卷三《山川》　楮原山，在船山裏楮原，距城四十五里。三峰矗起，中峰尤秀削。舊産苦竹，可爲楮，因名。【略】百丈山，在招賢里，距城四十里，高聳百丈。【略】宋元豐中，山中叢竹結實，狀如占城米，可炊而食。提舉黄静繪圖，上之詔付史館。真文忠公嘗讀書於此。【略】楊梅山，在高泉里楊梅村，距城五十五里，以山多楊梅樹，故名。【略】章潭山。在太平里下章，距城二十里，來自蘇州尖順流而下，盡于浦湖，峰巒森秀。下爲梅花溪，即柘溪也。以兩岸遍植梅花，因名。

又卷七《物産》　果之屬〔注略〕：梅，李，桃，櫻桃，枇杷，林檎，柰，楊梅，梨，棗，柿，石榴，梧桐子，銀杏，栗，榛，茅栗，櫧子，榧子，山楂，無花果，橘，柚，橙，柑，香櫞，葡萄。【略】木之屬〔注略〕：柘，桑，松，柏，檜，桐，梓，杉，榅，枏，樟，椿，栲，楓，槐，金荆，花梨，相思木，黄檀，水竹木，肥皂莢，女貞，冬青，楝，榆，楮，柞，朴，柳，樫，黄楊，櫸，水楊，栟櫚，鳳尾蕉。竹之屬〔注略〕：孝順竹，貓竹，苦竹，黄竹，紫竹，斑竹，瀟湘竹，江南竹，越王竹，觀音竹，方竹，雷竹，筋竹，箭竹，石竹，綿竹，水竹，蘆竹，箬竹，倒插竹，虎脊竹，椶竹，天竹。花之屬〔注略〕：牡丹，海棠，梅，蠟梅，玉蘭，木筆，木樨，山茶，桃花，夾竹桃，紫薇，紫荆，繡毬，芙蓉，杜鵑，常棣，榴花，木槿，瑞香，水梔，赬桐，虎刺，茉莉，玫瑰，薔薇，酴醿，刺蘗，月季，黄棣棠，蘭花，珍珠蘭，箬蘭，掛蘭，蕙，荷花，睡蓮，鐵線蓮，風車蓮，菊花，洋菊，湯盪菊，萱花，芍藥，百合，鶴頂紅，秋牡丹，秋海棠，玉簪，蛺蝶花，紫羅傘，芭蕉，罌粟，黄葵，一丈紅，翦春羅，翦紅紗，石竹花，金盞花，午時梅，鳳仙花，雞冠花，老少年，蔦絲蘿。【略】毛之屬〔注略〕：虎，豹，熊，羆，鹿，麞，麂，豺，獺，貍，貛，猴，尖孫，兔，山兔，山羊，山犬，野豬，豪豬，鯪鯉，竹鼦，山猑，鼠狼，鼠。羽之屬〔注略〕：錦雞，雉，白鷴，山鷓，鶯，燕，鵲，烏，雀，鴿，鵓鴿，朝天子，鸜鵒，百舌，畫眉，鷓鴣，竹雞，鳴鳩，斑鳩，布穀，鷹，鷂，杜鵑，伯勞，報春鳥，嬉過了，黄頭鳥，蠟嘴，相思鳥，長尾線，練鵲，白頭翁，啄木鳥，鷺，鴛鴦，翡翠，鶺，鵁鶄，鸂鶒，梟，鷗，水壺盧，鸕鷀，鵜鶘，鸛。

紀事

漢　班固《漢書》卷六四《嚴助傳》　臣聞越非有城郭邑里也，處溪谷之間，篁竹之中，習於水鬬，便於用舟，地深昧而多水險，中國之人不知其勢阻而入其地，雖百不當其一。得其地，不可郡縣也；攻之，不可暴取也。以地圖察其山川要塞，相去不過寸數，而間獨數百千里，阻險林叢弗能盡著。視之若易，行之甚難。天下賴宗廟之靈，方内大寧，戴白之老不見兵革，民得夫婦相守，父子相保，陛下之德也。越人名爲藩臣，貢酎之奉，不輸大内，一卒之用不給上事。自相攻擊而陛下發兵救之，是反以中國而勞蠻夷也。且越人愚戇輕薄，負約反復，其不用天子之法度，非一日之積也。一不奉詔，舉兵誅之，臣恐後兵革無時得息也。得毋間者，數年歲比不登，民待賣爵贅子以接衣食，賴陛下德澤振救之，得毋轉死溝壑。四年不登，五年復蝗，民生未復。今發兵行數千里，資衣糧，入越地，輿轎而逾領，柁舟而入水，行數百千里，夾以深林叢竹，水道上下擊石，林中多蝮蛇猛獸，夏月暑時，嘔泄霍亂之病相隨屬也，曾未施兵接刃，死傷者必衆矣。

宋　陶穀《清異録》卷上《錦地鷗》　閩中造盞，花紋鷓鴣斑點。試茶家珍之，因展蜀畫鷓鴣於書館。江南黄是甫見之，曰：鷓鴣亦數種，此錦地鷗也。

宋　曾敏行《獨醒雜志》卷九　北苑産茶有四十六所，廣袤三十餘里，分内外園。江南李氏初置使，本朝丁晉公行漕事，始製龍鳳團以進，然歲不過四十餅。慶曆中，蔡端明爲漕，復有增益。元豐中，神宗有旨造密雲龍，其品又高于小龍團。今歲貢三等十有二綱，四萬九千餘銙。

宋　郭彖《睽車志》卷三　治平丁未歲，漳州地震，裂長數十丈，闊丈餘，有狗自中走出，視其底皆林木，枝葉蔚然。

明　伍福綏《何坑記》引自(《汀州府志》卷四一)　騰千峰而上鳥道，

繚穿至半嶺。有楓數十章，垂緑繁陰，如儀仗夾階。僧選石置樹下，爲遊人憩息。嶺盡爲塢，幽竹成藂，而瓜棚、豆架、草樹、鶯花亦互爲點綴。

清　張逸少　《佩文齋廣群芳譜》卷八六《竹譜・筍》　《福建志》：羅源縣回仙巖一石突起，高數十丈。有僧名秀者，常見呂洞賓來遊，啖以一筍，復以手畫石，作回仙巖三字，回字蓋隱呂字也。秀從此絶食，飛錫而去。福青縣石竺山，其産少竹而多筍，春夏之交，鄉人於此采筍，欲多則不可得，號濟貧筍。南安縣苦竹山有隱君寓，石牀、石臼存焉。隱君好竹，至今竹數里，彌漫山中。鄉人取筍，號曰英筍。

清　趙廷機　康熙《壽寧縣志》卷八《雜記・虎變》　嘉靖十四年，有虎自浙來，倚南郊樹死。二十三年，羣虎往來九都，地方行旅維艱。時或踰東西二澗，入城損傷人畜。知縣張公焚牒祈禱，民賴以安。康熙六年，附城村落群虎載道，路鮮行人。防守顧招虎匠搏之，一日而殺三虎，害少除。康熙二十二年、二十三年，各鄉猛虎成群，或日傷二三人，路幾無行踪。二十四年春，知縣趙公廷機莅任，猛虎遂遠遁去，行人乃得無虞。

清　郝玉麟　乾隆《福建通志》卷六六《雜記・福州府》　紹興中，葉弼帥福州，儀門外夾道至通衢，皆古榕，虬結蔽虧日月，鷺數千巢其上。每出入，矢污輿從。弼心惡之，欲盡伐樹，未宣諸口也。是夜，叅議曾悟夢介胄者懇云：府主不見容，望寬期，當盡室徙去。曾以告弼，弼心異之。遲日大雨，鷺羣一空。（大明一統志）

清　董天工　乾隆《武夷山志》卷一五《山北》　蹕暢春寓水村別墅，四面皆水，榆、柳、桃、杏數百環之，俯臨大河，右挾西山。草堂中有書萬餘卷，鐵公再訪，余欣然爲留連，忘其幾晨夕也。

清　徐景熹　乾隆《福州府志》卷六《山川》　靈鷲山，在城北隅，邑主山也。五代漢乾祐間，有異禽來集，五色炳釆，或以爲西竺靈鷲，因名。旁爲鳳皇山。

又卷七五《外紀》　政和二年，林瑗與衆砌永安門，州産榕木，河堤官廨多植之。治平四年，張郎中伯玉令通衢編户，濬溝六尺外植榕爲樾，歲暮不凋。熙寧以來，緑陰滿城，行者自不張蓋。政和中，黄尚書裳時補其闕。今定安宜興新河尚無恙，東南數是，僅存數株矣。（三山志）

清　廖必琦　乾隆《莆田縣志》卷三四《祥異》　正統中，興化縣大疫，虎兕縱横。【略】天順三年，北山虎食人，持杖羣行亦不免，山中數月絶人跡。【略】成化八年，虎害復作。太守潘琴禱于城隍之神，募人捕之，乃止。【略】［弘治］十一年四月初二日至初五日，大雨不止，各處龍蛇奮迅，山崩水溢，近山處水深及丈，漂流人畜。有豹乘水至龜塘上樹，爲人所獲。

清　朱珪　乾隆《福寧府志》卷四三《祥異》　［嘉靖］有白虎咆哮傷人，旋入福安縣，民戴姓格殺之。

清　吴宜燮　乾隆《龍溪縣志》卷一一《古蹟》　梅莊，在郡南南山寺後，進士張一棟別業也。莊内置石榻可數十處，種梅千餘株，冬日載酒尋梅者繹絡相望。今廢。

又卷二〇《祥異》　成化十年四月，大鳥止郡庭榕樹上，身色青灰，翅黑，嘴足淡紅，頭舉高丈餘，舒其翼盈數弓地，攫紫背白鷺而吞之。後爲弩人射死。舊縣志：此乃知府張瓚時事，《通志》作九年，誤。

又卷二一《雜記》　萬曆庚寅歲六月初九日二十九，都徑内山有一物，貍面猿背猴爪，灰色，身僅尺許，鄉人獲之縛樹上，遍問無識者。甫三日，颶風發屋拔木，久乃知其爲風猿也。按劉欣期《交記》云：風母狀似猿，撲之不死。【略】南厢外琥珀嶺，相傳舊種松柏，大十圍，其下有泉，鄉人多百歲者。明邑令徐聞遠奇之，意其下必産琥珀，掘之，果得琥珀，大如斗，泉遂竭。以後鄉里遂替，今松柏亦無有。康熙初年，大旱，鄉人掘地爲桔槔，其下松頭錯立，則其説亦似有據也。

清　陳鍈　乾隆《海澄縣志》卷一八《災祥》　［萬曆］二十八年，虎至大巖山，不傷人。

清　方鼎　乾隆《晉江縣志》卷一五《雜志》　桐城。郡初築城時，環城皆植刺桐，衢巷夾道有之，故號桐城。郡人因其花開以驗年之豐歉，若花生葉後，歲必豐，否則反是，故又稱瑞桐。宋呂造詩云：閩海雲霞繞刺桐，往年城郭爲誰封？鵑鴂啼困悲前事，荳蔻香消減舊容。又丁謂詩云：聞得鄉人説刺桐，葉先花發始年豐；我今到此憂民切，只愛青青不愛紅。

清　蔡世鈸　道光《漳平縣志》卷一〇《雜志》　東山麓有巨樟焉，巍然聳於道左。夜半忽聞音樂，連日不絶，邑人咸以爲神。適城隍神像壞，邑侯呂兼攝龍溪篆聞之，馳札召匠，用巨樟雕像。像成，遣子琮來廟拈香，仰見端莊威嚴臨之在上者呂侯也。歸謁曰：是可質諸無疑矣。雍正戊申八月廿四日也。明年己酉，紳士以是日丑時禮拜神像。一老人云：呂爺來上任矣。羣譁其妄，訃至，侯果於是日丑時卒龍溪官署。録邑人陳廣《城隍記》

清　謝昌霖　光緒《長汀縣志》卷三《山川》　靈蛇山。縣南百八十里。山舊多蛇，下有蛇王廟。

又卷三三《雜識》　《淵鑑類函》：《汀州志》曰：唐大曆中，有猴數百集古田杉林中。里人欲伐木殺之，中一老猴忽躍去近鄰一家，縱火焚屋。里人懼，亟走救火。於是羣猴脱去。

藝　文

南朝梁　江淹《江文通集》卷三《閩中草木頌十五首有序》　僕一命之微，遭萬代之幸，不能鐫心礪骨，以報所事，擢翼驤首，自致丹梯，爰乃恭承嘉惠，守職閩中；且僕生人之樂，久已盡矣，所愛兩株樹十莖草之間耳。今所鑿處，前峻山以蔽日，後幽晦以多阻，饑猨搜索，石瀨戔戔，庭中有故池，水常决，雖無魚梁釣臺，處處可坐，而葉饒冬榮，花有夏色，兹赤縣之東南乎？何其奇異也。結莖吐秀，數千餘類，心所憐者，十有五族焉，各爲一頌，以寫勞魂。金荆：江南之山，連障連天。既抱紫霞，亦漱絳煙。金荆嘉樹，涵雲宅仙。姱節詎及，幽意誰傳。相思：竦枝碧澗，卧根石林。日月斷色，霧雨恒陰。緑秀八熠，丹實四臨。公子不至，山客徒尋。豫章：伊南有材，匪桂匪椒。下貫金壤，上籠赤霄。盤薄廣結，捎瑟曾喬。七年乃識，非曰終朝。栟櫚：異木之生，疑竹疑草。攢叢石逕，森莅山道。煙岫相珍，雲壑共寶。不華不縟，何避工巧。杉：桐梓舊麗，松栝稱奇。焉如兹品，獨秀青崖。群木歛望，雜草不窺。長入煙氣，永參鸞螭。檉：木貴冬榮，檉實寒色。停黛峰頂，插翠石側。碧葉菴藹，頩柯翕赩。方陋筠櫝，遠笑荆棘。楊梅：寶跨荔枝，芳軼木蘭。懷蕤挺實，涵黄糅丹。鏡日繡壑，熠霞綺巒。爲我羽翼，委君玉盤。薯蕷：華不可炫，葉非足憐。微根儻餌，棄劍爲仙。黄金共壽，青雘爭年。君謂無妄，我驗衡山。杜若：山中杜若，嘉爾翠質。不奇不俗，載華載實。同銜夕露，共炯朝日。夷陂無二，沈冥如一。藿香：桂以過洌，麝以太芬。摧阻天壽，夭折人文。詎及藿香，微馥微薰。攝靈百仞，養氣青雰。山桃：惟園有實，惟山有叢。丹藹驚露，紫榮繞風。引霧如電，映烟成虹。伊春之秀，乃華之宗。山中石榴：美木艷樹，誰望誰待。縹葉翠萼，紅華絳采。熠列泉石，芬披山海。奇麗不移，霜雪空改。木蓮：迸采泉壑，騰光淵丘。緗麗碧巘，紅艷桂洲。山人結侶，靈俗共遊。時至不採，爲子淹留。石菖蒲：蘂實靈品，爰乃輔性。却痾衛福，蠲邪養正。縹色外妍，金光内映。草經所珍，仙圖是詠。黄連：黄連上草，丹砂之次。御孽辟妖，長靈久視。驂龍行天，馴鳳匝地。鴻飛以儀，順道則利。

明　曹學佺《永福山水記》(引自乾隆《永福縣志》卷九)　閩中永福縣，是一山水窟，東與侯官相接，有龍潭，游者經王翰故居，地名官烈，龍潭去此十里，其水流爲流，石皆錦色，樹欹斜而古，多叢竹，竹盡見潭。潭在谷中，其上則水簾也。岩頂至下，有數十丈，縱亦如之。水居十之一，有石室在水旁，居十之二。翰之子偁，讀書於此。予見水簾多矣，未有旁可以室者也。與水同一巖，巖覆不可蔽風露。地稍深有土，有樹幾株。頹楹敗址，遺構宛然。徑若蛇行，必累石以措足，始可達。相對有一小嶺，可觀水簾。嶺亦竹叢也，水聲入竹中，如裂繒。【略】由方廣巖越縣以西，有高蓋山，亦有水簾石室。高蓋山之石室，東西杳不相及，紆徐蜿蜒，塞則巖，而開則爲室。其泉之散者爲珠，並者爲簾，總之一巖耳。始未有路，必緣崖而下。後有路，從石門中出，閩王封西嶽時之所開也。石門中磴百始達，折以十數。入門有樹，直高百尺，無旁枝。樹之傍，有小石門通外，容一人，想未鑿磴時，可緣此入耳。徐君壇在西室，有龜嶼、石棋坪對立，相傳此龜爲徐君所叱也。東室有水簾蔽之，水簾之外有古杉樹蔽之。杉樹高與水簾接，其首秃，其枝下垂，説者以爲倒植，亦徐、趙手跡耶？過水簾有飛閣，是此巖盡處，與石門磴合爲二千級，雲霧暸靄，樹色蓊翳，從外望之不見片石也。

清　趙良生《檀壇春翠》(引自《汀州府志》卷四四)　高榕鬱糸天，樛枝長拂地。古壇春雨餘，芳草緑無際。生烟淡冥濛，斜陽遠迢遞。載酒可尋香，題詩繼倚褉。何須召伯棠，於焉足游憩。

清　李拔《福甯郡賦》（引自《福寧府志》卷四二）　其物産，則上備山珍，下兼海錯。虎豹馳而風腥，豺狼歸而聲惡。竹鼲、山甲與刺蝟並隨猿猴，玉兔、金獐偕驚麢共友貓貉。錦雞、白鷺雜翡翠於鴛鴦，鵜鶘、鸛鸹伴鷓鴣與乾鵲。春則燕、鳧、鶺鴒、百舌、吉了隨畫眉而語青絲，秋則鵾、鴿、鷹、鴻、啄木、伯勞呼長尾而驅黃雀。郭公叫兮山姑鳴，天翁唱兮巧婦樂。鱸、鱆、魴、鯉環大海而鼓鬐，鱔、鯽、鰣、鰌赴長江而激汭。車鰲、蟛蜞合黿鼉、蜃蛤而入清流，海月、江珧同蝦蟹、鱟蠣以游深壑。固不必如蠶、蟬、蜂、蝶隨四序以迭更，亦何遜乎犬、豕、牛、羊因三時而烹酌。其花則有牡丹、芍藥、蘭蕙、薔薇、梅、桃、杏、桂、蓮、菊、榴、葵、杜鵑、百合、罌粟、酴醿。其木則有松、杉、竹、柏、楠、欏、櫸、楝、桑、柳、榕、柘、楓、檜、樫、桅。其草則有龍、鳳、鼠、兔、蛇、虎之紛綸，萍、藻、芰、菱、蓼、荼之葳蕤。其藥則有茯苣、茵陳、天花、茱萸之錯落，蕪附、薏苡、茴樟、薷荷之參差。粟、麥、豆、麻、桑田萬頃，瓜、匏、薑、菜、膏圃千翠。秀鬱天喬，堪作方州之貢；撙節愛養，用昭物土之宜。亦有先賢勝蹟，久勒名巒。翠闕三弓，蘭亭之祠猶在，青環四道，武曲之宅未殘。見江樓、碧雲樓蔚然深秀，昭明臺、太平臺卓爾大觀。金石瑞屏如入平泉之畫，留仙迎鳳勝挹西湖之瀾。犀甞框子，恍同世外；昆田鐵障，幾非人間。心遠地偏，夜游明月。梓里因心錫類，朝式神瓜門闌。少保宫前竹韻與松音競響，狀元宅裡梅花共桂子交蟠。户盡同風，祥和藹藹，俗皆化美，瑞色漫漫。乃從而歌，曰：撫茲甯郡兮實惟樂土，惠我嘉師兮三事六府。上觀天文兮星野可數，下稽輿圖兮山川環堵。宏經濟兮修文武，率僚屬兮飭簠簋。廣富教之方兮行正直之短，表正誠和兮積誠肺腑。居有土兮行有商，近躬耕兮遠服賈。民安勿阜兮皞皞，普大同之宇。普大同兮答聖主，庶不負所學兮以榮今而稽古。

清　徐璉《潭口松林》（引自同治《南安府志》卷二七）　驛路經潭口，叢松遠近林。翠浮村郭暝，影入嶺雲深。晏歲凌霜液，斜陽聚鳥吟。宦途增慷慨，塵事又關心。

江西

綜　述

宋　樂史《太平寰宇記》卷一〇六《江南西道・洪州》　松門山，在〔南昌〕縣北水路二百一十五里，其山多松，遂以爲名。【略】風雨山，《豫章記》：山高水湍，激著樹木，因霏散遠灑如風雨，數里中通洪崖先生井。【略】王喬壇，按雷次宗《豫章記》：西山中峰最高頂名鶴嶺，即王喬控鶴經過之所。壇在鶴嶺之側，雲景鮮美，草木秀潤，異於他山。山側有古控鶴鄉，在縣之西八十三里。葛仙壇，在州西北三十二里北小峰之下，今山上色蒼氣鬱，茂草秀木，殊異於他處。【略】血樹山，在〔分寧〕縣西南二百八十里，與潭州劉陽縣分界，山多血木，故以爲名。【略】藥王山，在〔奉新〕縣西北五十里，山上有藥王廟，因以名之。其山盤險而上，及其頂平濶二十里，其中有湖，水澄深無底，湖岸四時花木芳濃，風景異於他處。

又卷一〇七《江南西道・饒州》　仙鶴山在〔鄱陽〕縣南八十里，其山上有三峰，峰有湖，春冬不竭，衆鳥翔集。中峰古觀壇，地高三丈，松竹森聳，古老相承，是張道陵學道處。其山今立仙鶴壇，舊曰鵠鳴山，天寶六年改名仙鶴山。

又《信州》　竹溪水在〔貴溪〕縣西二十里，自縣北從歸化南流，出縣西上源數十里，皆生苔竹，苔痕點暈，狀如篆琢玉幹，直可爲杖。水旁山嶺幽映，堪爲賞玩。溪岸竹樹蒙密，因爲名焉。

又卷一〇八《江南西道・虔州》　空山祠，晉咸康五年太守庾恪於山西麓中建立神廟，歷代祈雨最有靈應。按《郡國志》云：空山在縣南，山多材木果食物，一郡皆資此山。雖名空山，其出物百倍於他山。【略】歸美山在〔安遠〕縣西南三百里，高一十四丈。《南康記》云：山四面險峻，自然有石城，高數十丈，周迴三百步。又有石峽，左右高五六十丈，迴若雙闕，其勢入雲。有古石室，色如黃金，號爲金室。有鷃鳥，形色鮮潔，自愛毛羽，其隻者或浴監水，向影悲鳴，自絶山頂。有杉枋數百片，高危懸絶，非人力所及焉。【略】梓潭山在東南六十九里。《南康記》云：其山有大梓樹，吴王令都尉蕭武伐爲龍舟，艚斫成而牽引不動。占云：須童男女數十人爲歌舞。當下乃以童男牽曳，艚没於潭中，男女皆溺。其後大晴朗净，髣髴若見人船焉。夜静，潭邊或聞歌唱之聲，因號梓潭焉。【略】宵山在〔雩都〕縣西南一百九十里。《南康記》云：山多杉松，下有筦筍，二年一生，味甚甘美。

又卷一〇九《江南西道·吉州》 贛石山，《廬陵異物志》云：有木客鳥，大如鵲，千百爲羣，飛集有度，不與衆鳥相厠，俗人云是木客化爲此鳥也。又按《郡國志》：木客鳥，左翼後有文，飛特高，謂之五馬。前正黑翎下霜色而頳者謂之功曹，右脅下有毛狀貌似盤囊者謂之主，是五曹官局。土人次第呼之，凡飛不過百步餘。又有山都獸，似人形。《異物志》云：大山窮谷之間有山都，人不知其流緒所出，髮長五寸而不能結，裸身，見人便走避之。種類疎少，曠時一見，然自有男女焉。【略】更生山在〔安福〕縣南百五十里，古老相傳云山有豫章樹，伐而更生。【略】大泉在〔安福〕縣南六十里，泉有兩穴，中有石室，窄不通船，濶三尺，自然磐石爲人坐，傍泉巖穴狀如削成，竹樹交陰，冬夏常茂。有石潭水入王溪。【略】封溪，《郡國志》云：溪有大樟樹，即聶支。繫樟舸處，今邑有聶支祠墓存。

又卷一一〇《江南西道·撫州》 豐村山在〔崇仁〕縣西一百一十九里，本名麻山，天寶六年勑改爲豐村山。荀伯子《臨川記》云：登之者望廬嶽、彭蠡，皆在其下，出黃蓮、厚朴。恒山又有楓樹，數千年者如人形，眼鼻口全而無臂，入山者往往見之，或斫之即出血，俗呼爲槐子鬼。

明 李賢 《明一統志》卷四九《南昌府》 土産：【略】乳柑，各縣出。苦參。南昌县出。

又卷五二《南康府》 土産：石斛，葛布，蛤粉，茶，石耳。俱星子縣出。

又《九江府》 土産：【略】葛，茶，玄參，雲母，石斛，俱德化縣出。石耳，廬山石上生。梅，栗。

又卷五四《撫州府》 土産：【略】竹箭，朱橘。各縣出。

又卷五五《臨江府》 土産：【略】柑，銀杏。各縣出。

又卷五六《吉安府》 土産：葛布，苧布，茶，各縣俱出。柑，橘，俱萬安縣出。玉版筍，一名夏筍，出白鷺洲。水晶葱，宋孝宗問周必大：吉州所産何物？必大對曰：金柑、玉版筍、銀杏、水晶葱。紫苑，木草，出廬陵郡城西南廖岡嶺。浮筍，泰和縣禾山出。坐拏草，永豐縣秋田出。龍須草，龍泉縣東南三十五里巾子石出。紫草。龍泉縣東南四十五里許婆峰出。

又卷五七《臨江府》 土産：【略】紫竹。小而勁直，俱府境出。

又卷五七《袁州府》 土産：【略】黃精，宜春縣出。地黃，宜春、分宜二縣俱出。葛布。

又卷五八《贛州府》 土産：【略】實竹，斑竹，白竹，茉莉，葛布，紵布，石蜜。各縣出。

又《南安府》 土産：箭竹，扁竹，仙茅。俱大庾縣出。

明 張士鎬 嘉靖《廣信府志》卷六 菓之屬〔注略〕：石榴，蒲萄，桃，梅，李，枇杷，櫻桃，杏，葛，棗，橘，柿，柑，梨，柚，甘樜，栗，橙，鷄頭，菱，蓮，藕，苦株，茅栗，葧薺。【略】竹之屬〔注略〕：水竹，猫竹，實竹，紫竹，黃竹，苦竹，桃竹，箭竹，斑竹，筀竹，鳳尾竹，江南竹。木之屬〔注略〕：松，柏，杉，楓，槐，棕櫚，柳，梧桐，烏桕，冬青，黃楊，樟，檀，桐，梓，桑柘。花之屬〔注略〕：牡丹，雞冠，鳳仙，芍藥，蘭，海棠，萱草，茉莉，錦棣棠，錦帶，錦堂春，紫荆花，綉毬，芙蓉，梅花，荷花，山茶，月桂，木槿，杜鵑，罌粟，蕙，菊，葵，桂，含笑花，桃花。【略】羽之屬〔注略〕：【略】鶯，杜鵑，雉，鸛，鷹，白鷴，百舌，鵓鳩，啄木，翠鳥，野鴨，喜鵲，錦雞，竹雞，鷂，鴉，鶺鴒，鴛鴦，鷓鴣，白頭翁，鷺，燕。毛之屬〔注略〕：虎，豹，鹿，麖，麂，麞，狸，猿，獺，兔，穿山甲，野猪，土豚，熊。

明 桑喬 《廬山紀事》卷一《通志·果之品》 《山疏》：橙柑大而酸，獅頭柑小而甜。張賓陽蓺瓜於筋竹嶺，實大如斗，甘美如吴瓜。羊桃似樝梨，味酸無核，有數小黑子如芝蔴。《圖經》：山葡萄，蘡薁也。莖細裊而花紫白，不恒實，如葡萄小而赤。八九月熟，味酢可食，其莖主嘔逆。斷其兩頭之節而吹之，有汁出如通草，僊家浴丹用其實，乾濕各半，和石腦油、樟腦油煎水以解胎。《廬山記》：香罏峰頭有大磐石，可坐數百人。石陲生山石榴，三月中作花，色似海石榴而少淡紅，敷紫萼輝曄可愛。白樂天詩：山榴花似結紅巾，容艶新妍不占春。周景式《廬山記》：山有益智葡萄。慧遠《答盧衛書》：益智乃是一方異味，即於僧中得之。嵇含《草木志》：益智子如筆毫，長可七八分，二月花，花色如蓮花，實六月熟，味辛雜五味，中芬馥，亦可鹽曝。顧徽《廣州記》：益智葉如蘘荷，莖如竹箭，一枝有子十數，肉白滑，剖去之取皮，蜜漬煮爲粽，味辛。《廣志》：益智子如棗，瓣黑，皮白，含之攝液。

又《木之品》 周景式《廬山記》：石門澗北巖即松柏岩，南臨石門澗，自澗中仰視之，離離如駢麈尾，號麈尾松。《山疏》：即佛手松。《墨藪》：廬山松煙、代郡鹿角膠，十年以上，堅如石者妙矣。《餘冬序記》：潯陽之楠，西榮東枯。《山疏》：黄楊圓如毬，蒼翠蔥鬱可愛，諸庵寺多蓄之。《酉陽雜俎》：黄楊木性難長，世重黄楊以其無火，或曰試投之水，沈則無火，伐必以陰晦之夜，不見一星，爲枕不裂。楓樹子大如鴨卵，二月華已，乃著實，八九月熟，曝乾燒之香馥。國初時，林茂多大木，其後土人作炭治薪，斬伐日至木浸衰少。歲又苦火，木不易大，即有大者，必近人能御火乃得之，不然即煨燼矣。

又《竹之品》 《酉陽雜俎》：筋竹，南方以爲矛，筍未成時堪爲弩弦。《山疏》：五老峰之下有石竹，中實如藤。方竹大可爲杖，今亡之。千歲竹生山南絶壁間，盛以竹器，培以砂石，懸之檐前，即暢茂。夏三月著花，瘗之以土，即枯死。陶穀《清異録》：比丘海光住廬山石虎庵，夢一人長而臞，衣斑衣，自言願舍身爲庵中供養具。俄有筍生於堦下，紫籜斑然，如所夢衣色。既成竹，長六七尺而無節，黄緑瑩淨。江州太守聞，欲奪取之，竹忽摧折，自仆地死。

又《羽蟲品》 《山疏》：山巔深絶處，林雖茂，亦不聞鳥聲，惟近麓乃多鳥。西林寺磚浮屠上有二鴟，其大如鶩，其脛有毛如兔毛，常與兔並行草莽中，因搦兔而食之。鳴聲甚悲，時飛至人家鳴，鳴則其家有凶。簡寂觀山中有鬼車。《列異記》：廬山野鶩以數千記，嘗有狸夜掩食之。翌日，其狸自縛於沙上死。

又《毛蟲品》 《山疏》：往國初時，廬山草木深茂，虎豹從横，即數里非数十人不可往。乃今山益童斥，虎稀少，窮岩邃谷無不可至矣。老麞有鬼憑之，則以兩足抱首而號，自擲於地號，則其地有凶。貛毛緝以爲裘，輕煖，乃勝於氊毺。野豕，豍豝也。絶有力，能搏虎，虎不能制。豪豬之毛如簪，能奮之以射人。郭璞《贊》：剛鬣之族，號曰豪豨；毛如攢錐，中有激矢；厥體兼資，自爲牝牡。天池之山多猴，人獨行者，猴得而侮之矣。蝙蝠，諸岩洞往往有之。《古今注》：一名僊鼠，五百歲則色白，腦重，集則頭垂，謂之倒折，食之神僊。《格物論》：伏翼，一名天鼠。

又《鱗蟲品》 《山疏》：山上下龍潭以數十百計，然不皆有龍。龍所居多移徙，去來不專一潭。性好潔，惡厭穢。其出入近潭處，雖盛夏必有雹雨，遠則無。野雉穴山而伏，則化爲蛟，嘗以夏月乘雷雨去之江湖。《山海經》：蛟似龍而無角，似蛇而有足，小頭細頸，頸有白癭，大者十數圍。卵生子，卵如三斛瓮，能吞人。郭璞《贊》：匪蛇匪龍，鱗采暉焕；騰躍濤波，蜿蜒江漢；漢武羽飲，佽飛劍斷。青蛇，小蛇也。盛夏時嘗自懸竹木上，其色與竹木葉相亂，人林行有被囓者。【略】穿山甲，即鯪鯉，用酒服之，可以通滯，已厲。楊孚《異物志》：鯪鯉吐舌，蟻羣附之，因吞蟻。又開張其鱗甲，使蟻入其中，因奮迅而舐食之。鯪鯉治蟻漏。

明 鄭仲夔 《玉麈新譚・雋區》卷八《物雋》 ［廬陵］郡永豐安民山亦産方竹。

明 秦鏞 崇禎 《清江縣志》卷三《土産》 蔬果：【略】果之屬，如棗、栗、梅、李、桃、杏、梨、柿、梧、榴、菱、芡、茨菰、枇杷、銀杏之類，皆不乏，而要之以柑爲最，有橘，有橙，有柚，皆名爲柑。有香柑、蜜羅柑，惟師頭柑最大。富家子置柑園爲産，每柑熟時市吴客得錢可佐正供，然土性各有所宜，寔不能遍也。昔有隱士被召至京，人問土産，對曰：金柑、玉枝、筍、銀杏、水晶葱。極善談江右風味。【略】花木：木之屬以樟爲最，其餘松、柏、楓、杉、槐、柳、檀、榆、柞、櫟、桑、柘之屬，雖有而不必書。樟之最大者，居人或作神祠其下，以防剪伐。人家所植，多以樹之榮茂爲興徵。古寺院亦往往有之，獨樟陰觀最著。竹之屬有紫、篹、斑、白、篁、筀、貓、苦、淡、實數種。中洲人多以竹籬爲藩户，境最幽異。銀杏樹霜葉最佳，其他雜樹霜降後亦多紅黄不一，較春時爲爛熳。柑樹果熟時，望之如金，平時亦最可愛，盛夏成陰，坐其下可以避暑。至於瑞筠山之銀竹，慧力寺之引路松，禪林寺之漢柏，今皆無存，止供憑吊而已。【略】禽魚：飛之屬：水鳥如鸂鶒、鸕鷀，木鳥如鸛、鵲、鸜、鴿，家鳥如鵞、鶩、雀、鴿，客鳥如燕、鴈、鷹、隼之類，皆不異。宋時多黄雀，郡守除入貢外，賂□朝貴以萬計。郡守王逵禁雀罷貢，李大異作詩美之。王安石送《呂嘉問》詩亦云：黄雀有頭顱，長行萬里餘；想因君出守，暫得免苞苴。今則絶無矣。

清　毛德琦　康熙《廬山志》卷一《物産・羽蟲品》　桑《疏》：山巔深絶處，林雖茂，亦不聞鳥聲，惟近麓乃多鳥。《新志》：鶴多棲於山之陽。《列異記》：廬山野鵝以數十計，嘗有狸夜掩食之。翌日，其狸自縛于沙上死。西林寺磚浮圖上二鴟事，具西林類中。石雁事，具漢陽峰類中。《新志》：九疊谷中多鸂鶒。桑《疏》：簡寂觀中有鬼車。《新志》：鳴更鳥，不知其形狀，夜將央輒鳴。其聲悲，感静者聞之多不敢卧。

又《毛蟲品》桑《疏》：往國初時，廬山草木深茂，虎豹縱横，即數里非數十人不可往。乃今山益童赤，虎稀少，窮巖邃谷無不可至矣。桑《疏》：貛毛緝以爲裘，輕煖，乃勝於氊毹。《新志》：野牛，其形似黄牯，頸長腹大，尾如毬。桑《疏》：老麞有鬼憑之，則以兩足抱首而號，自擲于地號，則其地有凶。桑《疏》：野豕，豟豝也。絶有力，能搏虎，虎不能制。桑《疏》：豪豬之毛如簪，能奮之以射人。山羊事，具九叠谷中。桑《疏》：天池之山多猴，人獨行者，猴得而侮之。今並無。桑《疏》：蝙蝠，諸巖洞往往有之。《古今注》：一名仙鼠，五百歲則色白，腦重，集則頭垂，謂之倒折，食之神仙。《新志》：狼行緣諸樹杪，尋虎唼之，遇人則避。《新志》：山猫，猫形，虎斑，與家猫同，其尾甚長而大。《新志》：松鼠，花眉，黑背，白腹，其行如飛。

清　謝旻　雍正《江西通志》卷二七《土産・南昌府》［注略］茶，筍，【略】拔舌子，苦參，黄精，香薷，乳柑。

又《瑞州府》［注略］羊桃，椑，青紙，竹紙，石珠，無名子，土硃，千里光，仙人掌草，烏藥，柑，柿，拒霜花，茶花，竹，紫竹，竹鷄，鸚鵡。

又《袁州府》［注略］玉板筍，絲花菜，酒，石髮，焯，龍鬚草，【略】香橼，楊梅，金橘，地黄，木蓮，紫金藤，天冬，麥冬，石楠，茴香，山鳳凰，石燕，【略】金線猿。

又《臨江府》［注略］救公飢，茶芽，猴荀，銀杏，黄柑，柿，山礬花，紫蘭，菖蒲，石乳，茱萸，白藥，黄雀，鷓鴣，野鷄，鹿。

又《吉安府》［注略］浮筍，玉版筍，金橘，楊梅，銀杏，蕈，水晶葱，紫苑，坐拏草，紫草，龍鬚草，竹紙，【略】雞。

又《撫州府》［注略］五十日占，碧蓮，玉茗，山礬，楓柯樹，四季青楓，朱橘，椑侯柿，黄精，菖蒲，清江紙，牛舌紙，捭紙，紅白凝酥，【略】赤箭。

又《建昌府》［注略］香蕈，【略】蜜橘，石榴，山茶，並頭蓮，梔子，蘭，芍藥，澤蘭，【略】畫眉，鴛鴦，【略】藍靛。

又《饒州府》［注略］天鵞，鴈，鷺鷥，麂，兔，牛尾狸，【略】南星，【略】茯苓，白芍藥，烏藥，史君子，獨脚蓮，竹，茶，【略】柏油。

又《南康府》［注略］石耳，野葛，豆葉菜，蕈，萬年松，方竹，石竹，麝囊花，春芙蓉，楊梅，山桃，山石榴，山葡萄，匡茶，石斛，半夏，山藥，香薷，山茨菰，枸杞，黄精，金櫻子，紫金藤，【略】鴈，天鵞，野牛，鹿，麂，竹雞。

又《九江府》［注略］筍，紅花，藍靛，紙，漆，【略】元參，雲母，石斛，何首烏，乳香，虎掌，薏苡，紫河車，紫蘇，牽牛，枸杞，牡丹，梅，寶樹，柏，楮，箭竹，墨竹，鸛，鴈。

又《南安府》［注略］土茶，竹紙，香蕈，澱，蜜梨，靈桃，糖，珍珠李，菖蒲，仙茅，樹蘭，春蘭，青蓮，箭竹，水竹，山梨，牛筋木，茱梁，椶櫚，山鳳，畫眉。

又《贛州府》［注略］漆，岕茶，儲茶，雪筍，蒜筍，【略】橘，桃，梅，梨，水晶果，蘭，報春蘭，紅蘭，樹蘭，木蘭，茉莉，蓮，白蓮花，方竹，匾竹，石竹，翠雲草，鷓鳥，鷄，龍豬，【略】黄連，金毛狗脊，【略】茶油。

清　俞雲耕　乾隆《婺源縣志》卷四《疆域・地産》［注略］梅，桃，李，杏，栗，棗，柿，丁香棗，梨，查，林檎，柰，枇杷，櫻桃，陽桃，銀杏，柑，橘，金豆，橙，柚，香橼，石榴，楊梅，葡萄，蓮子，菱。

又　松，柏，檜，杉，梓，梧桐，油桐，檀，槐，樟，楓，榆，櫧，櫟，橡，石枏，梘，椑，桑，檿，柘，楮，楊，柳，椿，樗，桂，皁莢，石膚，冬青，相思樹，柏，柜子樹，楝，南燭，棘，椒，欓，茱萸，荆，椶櫚，敷鹽，杯，木瓜，楤，椰栗，柞，梚梘，棣，五穀樹，羅盤樹。

又　毛竹，筀竹，篁竹，紫竹，斑竹，慈竹，篁竹，淡竹，苦竹，水竹，箬竹，佛面竹，方竹，觀音竹，金竹，鳳尾竹，桃枝竹，老竹，對青竹，天竹，瑞竹，禿竹，竹實，筋竹，線竹。

又　牡丹，芍藥，梅，蠟梅，菊，桂，木芙蓉，瑞香，丁香，木筆，月桂，紫薇，梔子，紫荆，海棠，山茶，蘭，玉蘭，建蘭，吊蘭，珍珠蘭，洛陽花，剪春羅，山礬，杜鵑花，罌粟，虞美人，雞冠花，玉簪，萱花，鳳仙花，茉莉，水仙，荼蘼，木槿，桃，李，杏，梨，榴，薔薇，葵花，凌霄，繡毬花，山丹，金錢花，老少年，長春，鼓子花，蝴蝶花，玫瑰花，錦帶花，鈴兒草花，蕙，子午花，百合花，蓮。

又 雉，鵲，燕，烏，雀，鵓鳩，斑鳩，布穀，百舌，鶻嘲，鷹，鷂，子規，巧婦，鶉，倉庚，黃頭，畫眉，鸜鵒，啄木，鴿，鴈，鵙，鶻鵃，竹雞，鶺鴒，梟，鴛鴦，鷺鷥，鸛，鸂鶒，鸕鷀，魚鷹，鵁鶄，鵜鶘，翠鳥，白鷴，錦雞，白頭翁，夏雞，夜鳩，鴟鵂。

又 虎，豹，熊，豺，野豕，豪豬，貛，山羊，鹿，麞，麂，麖，麝，青真，狐，貍，狨，兔，獺，猴。

清 楊柏年 乾隆《石城縣志》卷一《輿地志・物産》 木：松，松猶公，柏猶伯也，松柏爲百木之長。邑斧松木爲薪，旦旦而伐，將來大有童巔之患。不早培植，恐炊桂滋懼也。樟，即章木。本省名豫章，因木得名。豫即釣樟，蕪頌謂釣樟高丈餘尺。又延叔堅曰：豫即枕木，豫與樟二，不相似。《淮南子》曰：生七年可知。謂樟豫俟久乃別也。石色豫不少樟木，盛大者十圍，高十餘丈，樹老則身肉腐而內虛。近見長樂村名。有古樟，內空處高可丈餘，横空可容二十餘人，盤根勁節，不知幾歷風霜。又樟蟲名羊辣，入醋死，引其腹中筋長丈餘，可作釣絲。

又 鳥：白鷴，出邑牙梳山，俗呼寒雞、白雉也。越裳重譯獻此，形似山雞，白質黑章，文如漣漪，尾長三四尺，距觜純丹，雄者更有朱冠。亦有青黑者。張華曰：行止(鷴)[閑]暇，故曰鷴。《爾雅》：翰雉，翰音寒。南人呼閑如寒，即翰音之轉。

又 獸：豪猪，毛間有豪如箭，白本而黑端，能激射人，箭盡則斃。害稼植雜藝，又好食苦參，故肚最苦，能治熱風水脹。

清 蔣啓勛 道光《德興縣志》卷三《土産志》［注略］桃，李，梨，柿，柑，柚，棗，橘，橙，梅，石榴，楊梅，枇杷，白菓，栗，金橘，橡實，苦櫧，甜櫧，山楂，葡萄。

又 松，柏，杉，楓，榆，桐，樟，楊，柳，槐，椿，檀，桂，柘，冬青。

又 海棠，薔薇，杜鵑，荼蘼，雞冠，木芙蓉，山茶，月季，木槿，玉簪花，金鳳花，紫薇，蘭，菊，荷，葵，羊躑躅，罌粟。

又 苗竹，苦竹，淡竹，筋竹，筆竹，紫竹，斑竹，方竹，箬竹，篁竹。

又 虎，鹿，麂，猴，熊，豹，麞，兔，獺，狐，豺，鼠，野豬，豪豬，猬，穿山甲。

又 鴛鴦，鴿，雉，鷹，鸕鷀，雁，鷗，畫眉，雀，梟，鳩，翡翠，鴉，鵲，鷂，燕，鷺鷥，鶯，百舌，鸜鵒，啄木鳥，鴞，杜鵑，竹鷄，鵓，蝙蝠，秧雞。

清 何慶朝 同治《武甯縣志》卷九《物産》 果之屬凡三十七種［注略］：桃，李，杏，櫻桃，楊梅，枇杷，梧桐子，栗，鷄頭蓮，藕，蓮子，梨，榛，銀杏，石榴，柹，椑，柑，山楂，橘，金橘，金豆，橙，柚，荸薺，金櫻子，芰實，林檎，梅子，榧子，甜櫧，苦櫧，茅栗，鈎栗，尖栗，無心果，棗，木瓜，丁香柿。木之屬凡四十三種［注略］：樟，柏，梓，桑，梧桐，柘，桂，椿，櫧，檀，柳，楊，杞，榬楮，梨，槐，榆，楓，柞，櫟，樗，膩棘，黃楊，棠梨，冬青，海冬青，椒，荆，杉，柏杉，李，棗，紫荆，商陸，榿，梅，榧，油桐，山茶，銀杏，松，千年松，丹桂，皰桐。竹之屬凡十二種［注略］：猫竹，筆竹，筋竹，苦竹，水竹，斑竹，實竹，慈竹，桃竹，鳳尾竹，箬竹。花之屬凡四十六種［注略］：牡丹，蘭，芍藥，木樨，海棠，茶花，薔薇，水香花，長春，素馨，茉莉，薝蔔，芙蓉，金鳳花，玉簪，躑躅花，石榴花，水仙香，棠棣，紅槿，白槿，芙渠，蓮花，桃花，李花，梅花，菊花，杏花，紫荆，扁竹花，山丹，雞冠，紫薇，石竹，金錢，七姊妹，梨花，萱草，葵花，芭蕉，夜合，剪春羅，剪秋羅，蠟梅，棘花，果合花。【略】毛之屬凡三十二種［注略］：虎，豹，熊，彪，麞，麂，山牛，豺，狼，豺狗，茅狗，野猪，豪猪，香貍，牛尾貍，鹿，麋，兔，山羊，黃鼠狼，鼯鼠，猿猴，玉翼，獺，牛，馬，騾，驢，豕，羊，犬，猫，野馬。羽之屬凡四十五種［注略］：鸛，白鷴，雀，黃雀，竹雞，茅雞，錦雞，雉，鴈，鶯，黃頭，鵲，鷺鷥，鷗，鶻鵃，鸕鷀，百舌，畫眉，鵪鶉，脊鴒，鴉，烏，練鵲，隼，鷂，子規，翡翠鳥，鳩，姑惡鳥，鵂鶹，斑鳩，布穀，掛旛鳥，當當鳥，苦鳥，鼓吹鳥，鴛鴦，鴿，山鶘，梟，啄木，雞，鶩，觀音鳥。

清 童範儼 同治《臨川縣志》卷一二《地理・物産》 果之屬：有梅，有梨，早熟曰青小梨，晚熟曰黃土梨，有栗，有柿，有桃，有李，有棗，有橘，有火橘，有蜜橘，有金橘，多柑，有橙，有柚，有菱，有芡，有蓮實，有甘蔗，有枇杷，有梧桐子，有銀杏，有楊梅，有櫻桃，有石榴，有葡萄，有山查，有鳧茨，有苦株，有甜株，有楮子，有茅栗，有金棗。按《宏治志》云：橘産於城西二十里間，今城東南三十里靈谷山之陽、嵩湖之濱比城西爲多。

又 木之屬：多松，有柏，其類有刺柏，有卷柏、羅漢柏。有杉，縣南山中有高數丈者，其皮可以代瓦。多樟，大者輪廣如山，喬木中之最，漢郡名豫章，以此。多楓，有桐，有桑，有柘，有槐，有檀，有柞，多柳，多烏桕，北鄉尤多。有櫧，有椿，有樫，有櫸，有櫟，有榆，有㮈，有椶櫚，有黃楊。冬青，一名蠟樹，又名萬年枝，唐宋來禁中多植之，詩曰：月華承露掌，風動萬年枝。

又 竹之屬：有貓頭，有箭幹，有篔簹，有慈竹，有紫竹，有斑竹，有白竹，有黃竹，有實竹，有桃竹，有淡竹，有金竹，有苦竹，有箣竹，有觀音竹。

又 花之屬：曰玉茗，曰碧蓮，曰辛夷，曰躑躅，曰山礬，曰木樨，曰薔薇，曰茉莉，曰瑞香，曰合歡，曰丹桂，曰酴醿，曰芍藥，曰並頭蓮，曰葵，曰菊，曰芙蓉，曰鷄冠，曰梔子，曰海棠，曰金鳳，曰水仙，曰紫荆，曰玉簪，曰剪春羅，曰夾竹桃，曰夜落金錢，曰牡丹。宋時，郡東院産白山茶一株，號玉茗。郡守崔仁冀有賦，黃山谷庭堅、謝竹友邁、曾南豐鞏和之。後宋太守家坤翁相繼有作，謂古樹奇花，天下止此一株，在揚州瓊花之上，而今亡矣。碧蓮，亦宋時産於臨川縣，尉廳者最勝，畫工目爲撫蓮。或云長安鄉花姑山産此，有碧蓮池，今亦無。辛夷、躑躅，俱載荆公詩集中。山礬，高可數尺，春時開小白花，香氣清甚，王荆公以其白名之曰瑒花，黃山谷以其葉可染名之曰山礬。後人駁之曰：易瑒、山礬總未佳，要須博物似張華；因觀異代前賢帖，知是唐昌玉蘂花。今觀王建《題唐昌觀玉蘂》詩云：一樹瓏璁玉刻成，飄廊點地色輕輕；女冠夜覓香來處，唯見階前碎月明。乃知唐昌唯一株，故詩人極其形容。今山山有之，誰爲賞音？按：此則唐昌别爲一種，謂山礬即玉蘂者，非也。木樨，一名桂花，丹、黃二種，然丹者少。合歡，朝開暮合，又名合昏。崔豹《古今注》云：欲忘人之憂，則贈以丹棘。丹棘，一名忘憂。欲蠲人之忿，則贈以青裳。青裳，一名合歡。古人贈别又用芍藥，以芍藥一名將離，與此正同。瑞香，有金邊粉口。茉莉有單胎、雙胎，單胎者名素馨，其香可入茗。山茶，含胎一年始開。又有寶珠茶。梔子，花重瓣，名玉樓春。芙蓉，又名拒霜。蓮，有並頭、千葉、九子，並頭者勝。竹葉而桃花，名夾竹桃。月桂，每月一開。玉簪、鷄冠，各以其象爲名。

又 禽之屬：有鵲，有鷹，有隼，有雉，有鸛，有鶉，有鴿，多鴉，多鳩，多雀，有倉庚，有鶺鴒，有睢鳩，有鴛鴦，有鷓鴣，有杜鵑，多鷺鷥，有畫眉，有百舌，有布穀，有翡翠，有鸕鷀，有鸂鶒，有鸜鵒，有啄木，多練雀，有竹鷄，有姑惡，有錦鷄，有白鷴。鵲鳴則人喜，故名喜鵲。鷹，鷙鳥，古人田獵用之。隼，尤剽疾，俗謂之鷂。雉，雄者具五色，其曰野鷄，沿漢吕后諱也。鸛之大類鶴，而少丹頂。鶉與鴿皆可畜，鶉善鬬，至以比鬬鷄。鴉，有寒鴉、慈鴉、烏鴉。鳩知陰晴，天將陰則逐其婦，晴則呼之，故人以鳩聲卜雨。雀小而多，與燕皆棲人屋梁。倉庚，一名鶯，又謂之黃鸝，又謂之黃栗留，相與和鳴。鶺鴒，行摇飛鳴，有急難之義。睢鳩，摯而有别，故《詩》以倉庚喻友，鶺鴒喻兄弟，睢鳩喻夫婦。鷓鴣之聲鉤輈格磔，俗謂之山鷓。杜鵑，即杜宇，又名子規，本蜀鳥。鷺鷥，純白，頂上有絲毿毿然。畫眉，小鳥，兒童所珍，籠而置之。百舌，即反舌。《月令》：五月反舌無聲。布穀，田間催耕之鳥。翡翠、鸕鷀、鸂鶒皆善取魚，而鸕鷀可馴，今漁家往往畜之。鸜鵒，俗謂之八哥。啄木，長喙，取蠹能畫符以出木楔，猶鶴禹步禁蛇。禽鳥之智，有人不及者。練雀羣飛。竹鷄呼泥滑滑，與姑惡皆聒人。鴞，惡鳥，一名鵂鶹，賈誼謂之鵩，夜入人家鳴則不祥。

又 獸之屬：有虎，有豹，多麝，有麂，有兔，有鹿，多狐，多獺，有竹鼦，有牛尾狸。虎，猛獸，凡夜行，以一目眎，一目放光，獵人候而射之，其光應弦墮地，得之者如白石。有骨如乙，在兩脇旁，帶之令人有威。豹如虎，而趫捷過之。有元豹、赤豹、金錢豹。豹性廉，有所程度以食，故字從勺。麞有牙而不能噬，猶鹿有角而不能觸。麂亦麞之類。鹿最大爲麖，好鬬，其皮多鬬痕。兔生子，口吐而生，妊婦忌食之。鹿有茸，有血，有峻，餌之可以補羸。狐穴處，死則丠首，其久者善爲魅以媚人，故曰狐媚。獺，水居食魚。《王制》：獺祭魚，然後漁人入澤梁。竹鼦，藏入根中，嚙竹萌而食。杜詩所謂『筍根稚子無人見』者與？牛尾狸，其味皆腴。

清　楊長杰　同治《貴溪縣志》卷一《地理・物産》

果之屬［注略］：梅，桃，李，櫻桃，棗，葛，柿，梨，栗，蔗，蓮，藕，苦櫧子，茅栗，葧薺。木之屬［注略］：松，柏，杉，楮，桐木，椑柿，椶櫚，樟，楓，栗。竹之屬［注略］：猫竹，水竹，紫竹，苦竹，筀竹，箣竹。花之屬［注略］：蘭，蕙，桐花，雞冠，鳳仙，木槿，寒信花，杜鵑。【略】毛之屬［注略］：麞，麂，麖，兔，野猪，豪猪，土豚。羽之屬［注略］：鶯，杜鵑，雉，鷹，畫眉，百舌，鵓鳩，啄木，野鴨，喜鵲，竹雞，鴉，白頭翁，鷺。

清 崔國榜 同治《興國縣志》卷一二《土産》 果類〔只録種名〕：珍珠李，桃，梨，棗，柑，金柑，香橼，林禽，山樝，柹。木類〔只録種名〕：松，杉，樟，榕，楓，桐，蠟，漆，棕，烏桕。竹類〔只録種名〕：方竹，扁竹，苗竹，苦竹，觀音竹，箬竹，黄竹，筀竹，斑竹。【略】羽类〔只録種名〕：布穀，雀，鴿，梟。毛類〔只録種名〕：猴，狐。

清 黄德溥 同治《贛縣志》卷九《地理・物産》 果之屬〔只録種名〕：枇杷，葡萄，【略】柑，橘，金橘，佛手，香橼，柚，橙，樝。花之屬〔只録種名〕：蘭，春蘭，秋蘭，紅蘭，樹蘭，賽蘭，風蘭，茉莉，夜來香，山茶，夾竹桃，辛夷，芙蓉，蓮花，榴花，菊。木之屬：杉，贛杉不如建杉之高大，然堅實過之。樟，大者十圍，高八九丈，葉似枬而尖長，肌細膩而有文，氣甚芬烈，老則出火。又一種似樟者爲豫。榕，高過十丈，廣蔭數畝，其根多至千百，上下皆成連理，蟠結土石，宜植河濱以衛隄岸。或謂榕踰梅嶺則不生，故紅梅驛有數榕，爲炎寒之界。然贛在嶺北，此樹極多。松，此木性宜黄土，贛墳赤黑，雖多産而不能盛也。又一種名杉松，疎理而少節，其材較良。楓，枝幹修聳，葉圓而岐，每至秋杪，其葉經霜，色赤如錦。茶，桐，贛田少山多土，性於茶、桐二樹最宜。茶木堅而葉厚，青翠茂密，凌冬不凋，取子榨油，味甘香清潔，名曰『清油』，土人多入食饌。桐樹枝葉俱似梧桐，二月開花，滿山如雪，至冬收子以榨油。楚蜀亦出桐油，而不及贛之桐油，膠粘清亮，可入漆也。二油爲贛佳産，每歲賈人販之他省，不可勝計。故兩關之舟載運者，絡繹不絶。漆，浙、徽、閩、廣皆産。贛漆即閩種也。土人墾荒種之，品居廣漆之上，與浙、徽相埒。竹，贛以竹木爲業，諸器皆以竹爲之，功用與木相等。【略】鳥之屬〔只録種名〕：白鷴，鷓鴣，畫眉，鳲鳩，竹鷄。獸之屬：贛巨人，即狒匕。《山海經》謂贛以産是人得名。今贛之山林無是物，惟安遠三伯山常有之。其山之神最靈，獵者先禱卜，當得異物，乃設筵於山中，列牲醴等物，酌樽酒置前，别以甕盛釃酒，和毒藥機、毒矢於其旁，其物來，或被酒毒罹機辟倒地，未死則以横木壓其軀，斷其首而取之。《山海經》謂其反踵，非也。惟無膝耳，故僅能前却行，而不能左右行。倒地必互攜乃起，醉則俱倒爲人得矣。長者八九尺，短者止六尺，長者尤善走，被人擊鉦羣驅，一日夜能越數縣地。麂，贛有麂山，麂灘，蓋以地多産此，故名。狐，有黑、白、黄三種。贛獨有黄者，地少霜雪，多荆棘，故其皮粗，毛淺而色不純，不及白狐之毛深温厚也。豪豬，一名山豬，鬣間有豪如箭，白本黑端，能激以射人，成羣害稼，山中人尤惡之。鯪鯉，能陸能水，鱗甚堅利，力能穿山，故又曰穿山甲。

清 張廷珩 同治《鉛山縣志》卷五《地理・物産》 果類〔只録種名〕：枇杷，李，郁李，梅，櫻桃，楊梅，桃，梨，葡萄，山樝，石榴，銀杏，落花生，甘蔗，無花果，棗，柿，栗，榧子，櫧子，芡，蓮子，藕，百合，蕨，金櫻子，金橘，橘，柑，橙，柚，葛粉，烏芋，菱。花類〔只録種名〕：梅花，水仙花，蘭花，茶花，海棠花，木筆花，瑞香，桃花，梨花，杜鵑，紫荆花，牡丹，罌粟花，卷柏，蝴蝶花，李花，虎耳草，荼蘼，天竺，薔薇，夾竹桃，梔子花，繡球花，芍藥，茉莉，真珠蘭，石榴花，鳳仙，木槿，荷花，萱草，葵花，紫薇花，千日紅，美人蕉，雞冠花，秋海棠，玫瑰，玉簪花，芙蓉，桂花，雁來紅，萬壽菊，菊花，蠟梅，月季，仙人掌。木類〔只録種名〕：松，柏，槐，楓，楊柳，檉柳，黄楊木，梧桐，椿樗，樟，杉，椶櫚，冬青，烏柏，桑柘，梓。竹類〔只録種名〕：毛竹，車竿竹，水竹，苦竹，斑竹，紫竹，鳳尾竹，椶竹，箬竹。【略】禽類〔只録種名〕：鴉，鵲，百舌，子規，鷺，鴈，梟，鸊鷉，啄木，翡翠，竹雞，鸜鵒，鶴，雀，鴿，雞，鵝，黄頭鳥，畫眉，鴨，布穀。獸類〔只録種名〕：虎，豹，麞，麂，狐，兔，猿猴，豺，熊，狸，野猪，山羊，土豚，獺，穿山甲。

清 陳汝禎 同治《廬陵縣志》卷二《物産》 木之屬：曰桑，曰柘，明初令諸州縣民俱植桑、柘，舊志載桑園百餘所，然廬陵罕習蠶事，桑園多廢不存。曰松，曰柏，廬陵多松而少柏，惟高唐羅漢古松、長嶺盤林古松二處頗爲異植。曰杉，所産不及虔、贛遠甚，山間亦有之。曰樟，其材多巨而長，岡廟古樟大至數十圍。曰桕，取其子爲脂。曰槺，實似甘蕉。曰楠，曰黄檀，曰柳，曰欅，《爾雅》謂之柜柳，杜甫詩云：欅柳枝枝弱。曰山棗，曰相思，其餘若檜、槐、楓、楸、柞、榆、櫟、棠、桐、梓、楮、楝，所産視他邑畧同。

又 竹之屬：曰苗竹，曰筀竹，曰篍竹，曰苦竹，曰慈竹，曰箭竹，曰黄竹，其本柔而叢生茂密。古詩云『林中枝枝今琅玕』，謂黄竹也。曰白竹，曰毛竹，筍可生食。曰斑竹，斑紋不及湘中産。曰紫竹。二種俱大，不踰拱把，廬陵以爲園林佳植。

又 果之屬：曰銀杏，即《吳都賦》所謂平仲也，李善注云：平仲之木，實白如銀。《通志》載吉安産，以周必大著也。樹一名鴨腳。黄庭堅詩云：烹茶煨鴨腳。誠齋詩云『小苦微甘韻最高』，言其味也。曰金柑，即金橘。曰竹子，歐陽修《歸田録》云：金橘産於江西，都人初不甚識，明道景祐初，與竹子俱至京師，竹子味酸，人不甚喜，後遂不至。而金橘香清味美，光采灼爛如金彈丸，誠珍果也。余家江西，見吉州人甚惜此果，欲久留，則置緑荳中藏之，可經時不變云。曰枇杷，蘇頌《本草圖經》云：枇杷，舊不著所出，今江西南皆有之。然謝瞻《安成郡庭枇杷樹賦》云：伊南國之嘉木，偉邦庭而延植。廬陵昆建安成，則枇杷爲此地産亦舊矣。曰楊梅，《通志》載楊梅出楊嶺，味類揚州，然廬陵舊志有之。曰葡萄，曰櫻桃，曰林檎，曰蓮實，曰藕，曰甘蔗，曰梅子，曰梨，曰錐栗，小者曰榛栗，曰茅栗，曰柿，小者曰椑柿。

又 花之屬：曰桃，城東五六里，春中萬樹競妍，爛若雲錦，爲近郭勝觀。曰蓮，宋時城西池中嘗産瑞蓮，郡東堂池産嘉蓮，一莖三葩，又舜化鄉苔池産雙蒂蓮，皆見諸載記。今郡廨有蓮池，花爲最勝，餘各鄉亦多蓮沼。曰牡丹，各處花園有之，雍正間安平鄉資國寺盛開，人以爲瑞。曰木犀，有紅、黄、白三種，黄者爲多，縣齋一株，嘗産芝其下。曰芍藥，曰海棠，曰木香，曰荼蘼，曰薔薇，曰金紗，曰紫荆，曰芙蓉，曰麗春，曰玫瑰，曰木槿，曰粉團，曰玉簪，曰金燈，曰雞冠，曰金鳳，曰山茶，曰含笑，曰扁竹，曰山礬，曰水仙，曰石榴，曰頳桐，曰薝蔔，曰郁李，曰錦帶，曰石竹，曰杜鵑，曰辛夷，曰旱地蓮，曰南天竹，曰芭苴，曰鳳尾蕉，曰玉蕊，曰聚八仙，曰惜香，曰紅蓀，曰魚兒荷葉，曰萱，曰瑞香，曰木梨，曰菊，曰茉莉，多見邑人花圃中，然有自他方移植者。曰躑躅，曰山丹，春夏間，絢爛於煙嵐雲嶂。曰蘭，曰蕙，叢生幽崖空谷中，人或移之花砌，終不若深山遠壑吐芬競秀之天然也。

又 禽之屬：【略】曰鴻，士大夫家偶畜之，非邑産也。曰翡翠，《通志》云：廬陵縣出。曰山樂官，《爾雅》云：鶤，天鷁。釋者云：善鳴如簫，聲高多韻，故名天鷁。廬陵俗呼山樂官，亦以其聲名也。曰茅雞，舊志載之。曰吐綬，《古今注》云：吐綬鳥，一名功曹。《埤雅》謂之鷊，《異物志》云是木客所化，大如鵲，有綬，飛獨高者爲長，色雜赤者爲功曹，各有章色。廬陵郡東有之，功曹之名本此。其他山禽曰鷹，曰鳶，曰鶡，曰鵲，曰雉，曰白鷴，曰倉庚，曰竹雞，曰白頭，曰百舌，曰黄頭，曰杜鵑，曰畫眉，曰鷓鴣，曰鶺鴒，曰鵖鴭，曰練帶，曰鴿，曰鶩。水禽曰鷗，曰鳧，曰鴛鴦，曰鸂鶒，曰鵝。俱與他邑約畧相同。

又 獸之屬：曰牛，曰羊，曰豬，曰犬，曰貓，家而畜之。《異聞録》曰：江浙間豬黑而羊白，至江廣吉州，二者則反。是今廬陵諸縣豕色多花白，而邑稱富田豬爲勝，張尚瑗謂江右多以牧豕爲生業，不特富田然也。曰驢，曰騾，曰馬，邑人間畜之，然騾馬俱貿自他邑，非邑産。曰虎，曰豹，曰麞，曰麂，曰鹿，曰兔，曰獺，曰狼，曰猴，曰野猪，《爾雅》所謂貒也。曰牛尾貍，即玉面貍。俱舊志載之。然虎、豹、鹿、猴之類，多未嘗見。

清 王肇賜 同治《新淦縣志》卷一《地理志・物産》 果實［注略］：栗，柿，梅，桃，李，梨，橙，柑橘，香櫞，芰實，銀杏，石榴，枇杷，葧薺，櫧子，山棗，柚子，花椒，山查，枳椇，長生果，茱萸。树木［注略］：樟，楊柳，楓，桐，桑，柘，楮，枳，椶櫚，烏臼，柞，竹，椿，楝，槐，木棉，櫟，松，柏，杉，桂。花卉［注略］：白鶴花，萱草，鳳仙，百合，山丹，雞冠花，茸母草，木香，刺蘼，酴醿，薔薇，金沙，玉簪，合驩，白鶴花，月季花，蜀葵，黄蜀葵，茉莉，凌霄花，映山紅，梔子花，剪春羅，石竹花，鴈來紅，芍藥牡丹，蘭蕙，荷藕蓮實，紅梅，白梅，瑞香，蠟梅，茶梅，山茶，芙蓉，芭蕉，木槿，山礬，菊，水仙，玉蘭，辛夷，海棠，紫微，紫荆。【略】走獸［注略］：牛，馬，羊，犬，豕，猫，鹿，兔。飛禽［注略］：鴈，鶩，鳧，鵞，鷗鷺，雉，雞，鸕鷀，鷃，鴿，雀，燕，伏翼，斑鳩，伯勞，鵯鶋，烏鴉，鵲，鳴鳩，鷓鴣，啄木。

清 文聚奎 同治《新喻縣志》卷二《物産》 果［注略］：棗，柿，梅，栗，桃，李，楊梅，銀杏，梧桐，梨，枇杷，橙，石榴，柚子，橘，柑，山棗，苦櫧，茅栗，荸薺，小菱角，落花生。木［注略］：垂絲柳，梧桐，油桐，茶樹，香椿，松，柏，椶櫚，烏柏，黄楊，楓，蠟樹，杉，櫧，桑，槐，樟，枯桐，柞，榆，檀，欅，柘，楊，櫟，樫。竹［注略］：貓竹，紫竹，斑竹，苦竹，篁竹，實竹，黄竹，筀竹，水白竹，方竹，棲鳳竹，猴竹，菉竹。花［注略］：芍藥，牡丹，玉蝴蝶，蕙蘭，海棠，桃花，寶珠茶，洛陽錦，珍珠蘭，倒垂蘭，芙蓉，棠棣，酴醿，茉莉，盆蘭，薝蔔，玉簪，紅梅，荷花，觀音蓮，薔薇，紫荆，金錢花，白梅，海榴，石榴花，紅花，繡毬，一丈紅，狀元紅，翦羅紅，杜鵑，倒掛紫金牌，盆桃，月月紅，鳳尾，李花，梨花，盆梅，紫薇，芭蕉，菊花，葵花，雪毬，金鳳，瑞香，萬壽菊，水仙花，賀新年，臘梅，雞冠，萱草，千年松，桂花，仙人掌，神仙劍，碧桃。【略】禽［注略］：鴛鴦，翡翠，鸂鶒，鸕鷀，鵪鴿，啄木，野雞，雀，鵝，燕，布穀，鷺鷥，鸜鴿，野鴨，鷹，鴨，斑鳩，杜鵑，百舌，雞，黃鶯，鶉，喜鵲，隼，鸛，鴉，畫眉，鷂。獸［注略］：豺，狼，豪豬，兔，馬，野貓，麂，山牛，麞，羊，牛，犬，騾，驢，狐，虎，豕，獺，豹，野豬。

清　李人鏡　同治《南城縣志》卷一《物產》　木屬［注略］：松，柏，桐，杉，楊，柳，楓，花櫚木，鐵力木，楠，柯，桕，桑，柘，楝，槐，柞木，凍綠柴，櫧，黃楊木，櫟，枳，櫸，檜，楮，榛，茶，肥皂，㯃，銅錢樹，金櫻，檀，椿，樟，梓，榆，椶櫚，五加皮樹，櫰。以下以果著，並以花著者［注略］：梅，桃，李，棗，杏，銀杏，橘，榴，梨，柹，栗，枇杷，佛手柑，柑，柚，橙，香櫞，楊梅，橄欖，無花果，櫻桃，山查，葡萄。以下木專以花著者［注略］：梅，桃，臘梅，桂花，紫荊，杜鵑，山礬花，瑞香，木茉莉，海棠，木槿，木芙蓉，山茶花，辛夷，望春，梔子，牡丹，夾竹桃。竹屬［注略］：斑竹，猫竹，紫竹，苦竹，護居竹，篁竹，佛手竹，筀竹，實竹，湘妃竹，箭竹，觀音竹，刺竹，箬竹，慈竹，千年竹，箛竹，方竹，鳳尾竹，白竹，黃竹，人面竹。藤屬［注略］：萬年藤，忍冬藤，紫藤，十姊妹，芝，真珠蘭，茉莉，天蓼，薔薇，玫瑰，月季，野薔薇，酴醾，鳳尾蕉，薜荔，落花生，僊人掌，籐蘿，長生草，卷柏，西湖景，燕脂，葛繡毬，西番蓮，尋風藤。草屬［注略］：千葉芍藥，甌蘭，蕙蘭，箬蘭，建蘭，書帶草，剪春羅，石竹花，葵，萱草，玉簪，夜合，鳳僊，秋海棠，水僊，長春，荷苞牡丹，罌粟，虞美人，指甲花，蝴蝶花，素馨，山丹，荷花，茈菰，子午花，玉芙蓉，雞冠，美人蕉，老少年，雁來黃，菊，洋菊，千日紅，千日白。【略】禽屬［注略］：天雉，竹雞，秧雞，雁，錦雞，鸕鷀，鷂，鳩，鸛，鷺鷥，鴟，黃鸝，白鷳，畫眉，天鵝，梟，燕，鷹，山啄木，鷓鴣，百舌，鴝鵒，白頭公，鴛鴦，鶺鴒，麻雀，杜鵑，練雀，翡翠，喜鵲，烏，黃雀。【略】山獸［注略］：虎，豹，麞，狐，貍，兔，獺，熊，豪豬，野猪，鼠，竹鼬，山羊，麂，鹿，猴。

清　王維新　同治《義甯州志》卷八《地理志・土產》　木之類有松、柏、楊、柳、梧桐、杞、樟、椿、楓、楮、柞、株、桑、柘、檀、山棗、梗、榆、櫟、楠。果之類有梅、桃、李、銀杏、木瓜、枇杷、石榴、橘、柚、柑、橙、榧、板栗、尖栗、茅栗、楊梅、梨、柿、藕、葡萄。花之類有木樨、海棠、牡丹、芍藥、菊、蓮、瑞香、芙蓉、薔薇、山礬、鷄冠、躑躅、月季、梔子、百合、繡毬、鳳仙、玉簪、水仙、凌霄、望春、荼蘼、紫荊、紫薇、錫杖、罌粟、葵、寶珠茶、玫瑰。

又　竹［注略］：《禹貢》：揚州，篠簜既敷。孫炎曰：竹濶節曰簜。郭璞云：竹別名，篠爲小竹，簜爲大竹。雷次宗《豫章記》云：金鐵篠簜，資給於四境。甯所產者，其大者爲毛竹，其小者有欒竹、烟竹、筀竹、苦竹、方竹、葛坡竹、實竹、月報竹、水竹、紫竹、箬竹、斑竹。證諸戴凱之《竹譜》，豫章所產箘簬竹、蘇麻竹、桃枝竹、簪篠竹、白鹿竹、浮竹，互有異同，要可以篠簜概之云。

又　布穀鳥，即倉庚，春夏之交鳴曰：割麥栽禾。竹雞，毛羽斑斕。天將雨，長鳴曰泥滑滑。蓄之可避白蟻。擔當鳥，在深山中，夏夜聲徹曉，鳴曰：姑姑擔當，嫂嫂不擔當。鼓吹鳥，山中羣鳥翕鳴，如琴瑟笙竽迭奏間作，自爲律呂。掛旛鳥，俗名山鴉鵲，翠首丹面，體披褋文，尾二條，色白，長尺餘。穿竹木間，常自護其尾。鷓鴣，師曠《禽經》云：鷓鴣飛必南翥。《異物記》曰：白黑成文，其鳥自呼，山澤中多有之。虎，藏深山幽巖中，處茅葦，不處樹林，慮禽鳥之遺矢也。山農每當草枯時，舉火燒之，以免藏虎，號曰燒畬。山牛，雄者角歧而長，雌者無角，眉目際有孔深寸許，今已尠見矣。留其皮爲寢席，可以避濕。野猪，喙長而鋭，皮厚肉實。每出百十爲羣，大損山苗。大者可三四百觔。鹿，藏深山，不常見。麂遇雪盡出，一獵可十獲。豪猪，通體有箭，長數寸，上黑下白，顛末皆鋭，急則張之，虎亦逡巡無敢犯。其行瑯瑯有聲。香貍，一名果子貍，專食果子。烹食，味極甘香。又有玉面、花尾、九節、牛尾數種。

又　羽之類：鷄，鴨，鵝，洋鴨，水鴨，野鷄，鳩，鴿，鴉，燕，鵲，雀，鸛，鴞，鷹，鷂，白鷳，白鷺，青鸐，鵪鴿，啄木，畫眉，百舌，鷗，鴛鴦，翡翠，子規，黃鶯，鴝鵒，鸕鷀，鸂鶒。毛之類：馬，牛，羊，豕，犬，貓，驢，騾，兔，獺，猿，猴，野羊，狐，俗呼黃野狗。豺，狗，貉，俗呼鼾狗。熊，麞，麇，捫田猪，寢地猪。

清　許應鑅　同治《南昌府志》卷一《地理》　櫧山，在縣東六十里，高三百餘丈，產櫧木。

又卷七《地理・新建名蹟》　聶公杉，在甯和潭西岸聶氏神壇，其上有杉，約千年物施。杉有藤，大如斛，勢如蒼虬攫拏。《縣志》

又卷八《地理·土產》 果之屬[注略]：梅，桃，榧，苦櫧，乳柑。【略】木之屬[注略]：樟，柳，榆，白桐，烏桕，桑，望春樹，婆娑木，杉，山茶。竹之屬[注略]：慈竹，猫竹，毛竹，方竹。花之屬[注略]：牡丹，蓮花，蘭蕙，杜鵑，玫瑰，蜀葵，玉簪，菊，梅，果合花。【略】羽之屬[注略]：鴈，鴛，鴿，布穀，白鷺，畫眉，鳧，秤駝鳥，擔當鳥，鼓吹鳥。毛之属[注略]：狸，豺，野猪，猿猴，玉翼，虎。

清　劉榮　光緒　《廣昌縣志》卷一《物產》 果類：桃，扁桃，南鄉諸村有之。李，杏，梨，棗，羊棗，蘋果，沙果，柰，檳子，栗，葡萄，核桃，榛，郁李。花類：牡丹，芍藥，秋海棠，丁香，鳳仙，玉簪花，棣棠，鷄冠花，月季，卷丹，石竹，玫瑰花，石榴，珍珠花，荷包花，蓮花，葵，菊，六月菊，西方蓮，旱蓮，迎春，長春，金簪，馬蘭，馬蘭生道旁，似蘭而大，色藍，無香。蓼，榆葉梅，一丈紅，亦有白種。金菊塔，粉團。木類：松，柏，杆，葉似松而有刺。槐，柳，榆，楊，桑，椿，樗，楓，樺，根有花紋，可作盃椀。楸，椵，蔡，楛，樸，苞栩，苞櫟。【略】禽類：黃鸝，燕，喜鵲，烏，紅嘴鴉，北畫眉，鶬鶊，鷗，山雀，啄木，雉，石雞，半鷄，鳩，黎雞，布穀，鶡旦，五色鳥，鷺鷥，鴛鴦，鳧，鶩，鷄，鵝，鷹，鷂。獸類：牛，羊，豕，犬，馬，驢，猫，虎，豹，麞，麅，豺，狼，熊，狐，狸，兔，獾，松鼠。《周禮·職方氏》曰：其畜宜五擾，馬、牛、犬、羊、豕。

清　陳蔭昌　同治　《大庾縣志》卷一《地理·山川》 [西華山有]五老樹及古松數千株，皆摩空，上無旁枝。

清　許應鑅　光緒　《撫州府志》卷一三《地理·物產》 果之屬：有梅，有梨，有栗，有柿，有桃，有李，有棗，有橘，多柑，多菱，有芡，有蓮實，有甘蔗，有枇杷，有梧桐，有銀杏，有楊梅，有櫻桃，有石榴，有葡萄，有山查，有鳧茨，有苦株，有甜株，有楮子，有茆栗。

又　木之屬：多松，有柏，有冬青，有杉，有樟，多楓，有桐，有桑，有柘，有槐，有檀，有柞，多柳，多烏桕，有櫧，有椿，有樫，有櫸，有櫟，有榆，有檫，有椶櫚，有黃楊。冬青一名蠟樹，又名萬年枝，唐宋來禁中多植之，詩曰：月華承露掌，風動萬年枝。

又　竹之屬：有猫頭，有箭簳，有篔簹，有慈竹，有紫竹，有班竹，有白竹，有黃竹，有實竹、有桃竹，有淡竹，有金竹，有苦竹，有篛竹，有觀音竹。猫頭產崇仁。宜黃箭簳，惟宜黃有之，其筍均美。慈竹，則樂侍郎所賦之篔簹也。

又　禽之屬：有鵲，有鷹，有隼，有雉，有鸛，有鶉，有鴿，多鴉，多鳩，多雀，有倉庚，有鶺鴒，有睢鳩，有鴛鴦，有鷓鴣，有杜鵑，多鷺絲，有畫眉，有百舌，有布穀，有翡翠，有鸕鷀，有鸂鶒，有鸜鵒，有啄木，多練雀，有竹鷄，有姑惡，有錦鷄，有白鷴。鵲鳴則人喜，故名喜鵲。鷹，鷙鳥，古人田獵用之。隼尤剽疾，俗謂之鷂。雉，雄者具五色，其曰野鷄，沿漢呂后諱也。鸛之大類鶴而少丹頂。鶉與鴿皆可畜，鶉善鬥，至以比鬥鷄。鴉有寒鴉、慈鴉、烏鴉。鳩知陰晴，天將陰則逐其婦，晴則呼之，故人以鳩聲卜雨。雀小而多，與燕皆棲人屋梁。倉庚，一名鶯，又謂之黃鸝，又謂之黃栗留，相與和鳴。鶺鴒行摇飛鳴，有急難之義。睢鳩摯而有別。故《詩》以倉庚喻友，鶺鴒喻兄弟，睢鳩喻夫婦。鷓鴣之聲鈎輈格磔，俗謂之山鷓。杜鵑即杜宇，又名子規，本蜀鳥，杜子美所感而拜者。鷺絲純白，頂上有絲毵毵然。畫眉，小鳥，兒童所珍，籠而置之。百舌即反舌，《月令》：五月反舌無聲。布穀，田間催耕之鳥。翡翠、鸕鷀、鸂鶒皆善取魚，而鸕鷀可馴，今魚家往往畜之。鸜鵒，俗謂之八哥。鸜鵒不踰濟，故《春秋》書『鸜鵒來巢』，魯舊無鸜鵒也。啄木，長啄，取蠹能畫符以出木楔，猶鶴禹步禁蛇。禽鳥之智，有人不及者。練雀羣飛，竹鷄呼泥滑滑，與姑惡皆聒人。錦鷄、白鷴，惟金谿雲林厓山間有之，然亦不易得。鴞，惡鳥，一名鵂鶹，賈誼謂之鵩，夜入人家鳴則不祥。《周禮》硩簇氏掌覆夭鳥之巢，庭氏又以救日之弓、救月之弓射之，則不特今人惡之矣。

又　獸之屬：有虎，有豹，多麞，有麂，有兔，有鹿，有山羊，有豪猪，多狐，多獺，有猴，有竹鼬，有牛尾狸。虎，猛獸，凡夜行，以一目眎，一目放光，獵人候而射之，其光應弦墮地，得之者如白石。有骨如乙，在兩脇傍，帶之令人有威。又每行能以爪畫地，觀奇偶以卜，今人效之者亦謂之虎卜。豹如虎，而趫捷過之，有玄豹、赤豹、金錢豹。豹性廉，有所程度以食，故字從勺。尾最貴，故車駕鹵簿之後有豹尾。麞有牙而不能噬，猶鹿有角而不能觸。麂亦麞之類，鹿之大爲麖。《山海經》曰：女几之山，其獸多麖。麂與麖，人取其皮作履，材殊勝。顧其獸好鬥，其皮亦多鬥痕。兔生子，口吐而生，姙娠忌食之。鹿有茸，有血，有峻，餌之可以輔羸。山羊，《爾雅》謂之獂羊，至死不可牢畜。豪豬周身皆刺，其刺能跳入虎耳中，而見鵲便自仰卧受啄。物各有制，不可以恒理測如此。狐穴處，死則丘首，其久者善爲魅以媚人，故曰狐媚。獺，近狐而小，水居食魚。《王制》：獺祭魚，然後漁人入澤梁。猴無脾，以行消食，類人形，亦能爲人立，優人擾之爲戲。竹鼯藏入根中，嚙竹萌而食，杜詩所謂『筍根稚子無人見』者與？牛尾貍，其味皆腴，出雲林厓山深谷中。

清　劉坤一　光緒　《江西通志》卷五六《山川略一》　冬桃山，在龍南縣西南一百五十里，一作二百里。相傳舊多桃樹，經冬始熟，故名。下有溪流，是爲桃水。【略】黄竹嶺，在贛縣西北一百四十里路，出龍泉縣，嶺畔多竹，故名。【略】竹管洞，在興國縣東北一百里，一作縣北八十里。叢篁萬頃，三十餘里鮮雜植，民舍皆以竹爲之。【略】苦竹嶂，在定南廳東一百十里，草木蒙茸，苦竹尤多。【略】東華山，在甯都州西北二十里。【略】其西北數里爲桃林山，徧山皆桃，雜以佳卉、茂竹。【略】中華山，在甯都州北九十里，遠望如卓筆，上有四季梅花，結子至十月方熟。【略】青陽巖，在甯都州西南一作西北。十里，亦稱青陽洞，懸崖峙壁，修竹茂林，中有龍湫，澄清徹底。東陽巖，在甯都州西南八里，高峻插天，其麓有泉、石、竹、木之勝，有泉曰仙液。

又卷五七《山川略二》　曲江，在豐城縣西北一作東北十里，形如半月，中分三潭，岸旁民居繚繞，榆柳成行，水波之灩如蕩金碧。【略】龍霧洲，在豐城縣北四十里，中皆橘林，今稱金鐘口。【略】鮎魚洲，在高安縣東二十五里，當錦江水口之衝。中流突起，竹木縈迴，春夏水溢，洲隨水長。

又卷五八《山川略二》　盧洲，在宜春縣東二里，以盧肇得名。向多喬木，爲居民所據。明萬曆六年，知府鄭惇典清復之，仍種樹其上。【略】梅溪，在吉水縣東北三十里，溪旁多梅樹，故名。

又卷五九《山川略二》　梅仙潭，在樂安縣南五十里，石磯出於水裔，松竹森潤，其源有梅百十株。【略】石堂溪，在貴溪縣西二十里，自福建歸化縣流入縣界，上源數十里皆生苦竹，苔痕點暈狀如琢玉，幹直可爲杖。水旁山嶺幽映，堪爲賞玩。溪岸竹樹蒙密。【略】永平溪，在廣豐縣東四十五里，岸多杉木，一名杉溪。【略】秋香源，在貴溪縣北，地多桂樹，涼秋著花，清香襲人。

又卷六一《山川略二》　萬磜龍泓，在興國縣東北九十里，兩厓壁立，瀑布飛下數十丈，聲如雷礮，三折瀦爲池，廣二三畝，深不測。崖石皆蒼潤掛壁，松檜爲虬龍形，舊名龍湖。

紀事

南朝梁　任昉　《述異記》卷下　廬陵有木客鳥，大如鵲，千百爲羣，不與衆鳥相厠，俗云是古之木客化作。廬陵，即今吉州也。

唐　李淩漢　《末山九峰崇福寺記》（引自《瑞州府志》卷一九）　［古木］千章，竹萬个。種有方者，筍在秋月衍蕃甚，予常得食。老藤掛壁，若龍蛇狀。【略】嶺盡有一巷，深里許，巷口大楓數株，兩傍林皆高密合覆不漏天，遊人過此，骨采必不是人間色。【略】池上有一斜岸，産芭蕉，游時正茂。適雨，蓬蓬若助雨聲，時風舞，又若千手拂摇蝶箑様。

宋　王平叔　《建昌軍記》（引自正德《建昌府志》卷六）　《舜典》肇十有二州曰牧，《周禮》萬二千五百人爲軍。州軍之名，本兹始也。自周秦以遠，炎漢而下，或罷侯置守，或胙土分封，革易隨時，稱號不一。唐室貞觀之後，分十道，統犄角之師；至德之間，錫大郡，有節度之額。朔方、瀚海，因地以立名；天策、平盧，威戎而夸狄。爾後以繁會之縣道，邊要之戍城，或用建軍，取諸董武。其增置僚吏，互奉貢輸，詔令下頒，章奏專達，同乎州郡，無有等衰。建昌軍即臨川郡之南城也，本豫章之舊屬，據江西之上游，歲常豐饒，民皆禮讓。山多隱逸，谷通華子之岡；地富仙靈，壇近蔡經之宅。其穀宜稻，厥木惟喬。有軍山以鎮於離，有盱水以流其惡。溪山繁顆，素封匪讓於岡陵，竹箭堅良，勁節靡資於董澤。舟車輻輳，郵傳星繁。版圖編民，伍魏萬之盈數；屯營聚卒，一楚國之成師。

宋　樂史　《太平寰宇記》卷一〇六《江南西道·洪州》　南昌縣舊二十八鄉，今一十四鄉。漢南昌縣地屬豫章郡，隋平陳，改爲豫章縣，以郡名邑。

唐寶應元年六月，改爲鍾陵縣，因山爲名。貞元中，又改爲南昌。按《豫章記》云：漢高六年，大將軍灌嬰所築城有六門，南二門一曰南門，二曰松陽門。又云：昔松陽門，有大樟樹高十七丈四十五圍，枝葉扶疎，庇蔭數畝。先是樟樹並枯，永嘉中一旦華茂，晉以爲中興之祥。

宋　何嗣昌《遷龍泉縣城水北議》（引自乾隆《龍泉縣志》卷一）　龍泉居吉州上流，離府治二百七十餘里。高山茂林，深谷盤桓。官斯土者，號稱難治。予以寺丞來知縣事，竊見城池卑小，官舍弗稱。昉自南唐昇場爲縣，因即場地築城，規模隘陋，未爲允臧，中更豪傑多矣，而莫有議及者。孟子謂『天時不如地利』，《孫子》五事，三曰地，其論形變詳矣，俱言城池欲其堅且固也。今泉邑居萬山之中，與郴、衡、南、贛諸郡邑犬牙相錯，屢爲惡少出没之地。群雄擾攘，數犯邑，爲民間害。故城池之修，誠不可以已。予觀水南之地勢污下，非所以壯觀瞻。細閱水北，桐木墈地，四塞宏敞，高下得宜。南有天馬，北有平岡，遂水環流，復有五峰蓮花之勝，洵百里之侯疆。苟能將城遷徙斯地，立縣以臨其民，凡錢糧之催征，倉庫之儲蓄，公事之勾挕，與夫化民成俗，布治宣猷，永爲稱便。雖然，《春秋》謹書城，慎勞民也，爾紳士百姓人等，有見識超特，能知時務，深明地理者，不妨各呈一説，以俟采擇，第毋爲道旁築室之議可耳。

宋　吴曾《能改齋漫録》卷一二《甘露》　紹興辛亥冬，撫州祥符觀松降甘露若飴，有郎官徐其姓者獻《甘露古松》詩於太守。其詩畧曰：仙臺之陽石壇東，下有亭亭太古松。又曰：至誠感格合天意，露零青松真上瑞云云。太守以爲祥，奏於朝，坐言章罷郡。先人時謂予曰：熙甯六年冬，建昌軍距城五里，甘露降於進士徐上交别業大松上，濃如厚酒，其味香甜。上交折獻於太守張郎中子方，子方率寮屬觀之，欲以上聞。路過鳳凰山下，牧童見車馬，皆叫呼曰：此山松上亦多甘露，何獨彼耶？各持松葉飴弄，以示不誤。時有野夫賣藥於市者，語人曰：太守不察耳！何者爲甘露？露從天降，必徧於數畝，豈止松乎？吾嘗客華陰，縣民亦有以甘露告縣者，令因出按之。有道人笑焉，令怒，械繫之。道人曰：譬如人身精液，流通均布六七十年中。若夫壽促，必涌併於未死之前，此松殆將槁耳。官人若不信，請寬我以俟明春，此松必不榮也。令如其説，至期，果驗焉。軍民得其説，因省。景祐丙子，城西天慶觀松，昔嘗一枝有甘露，因往驗之。昔時甘露所降之枝，果已先朽，張守因不復奏知。先人因言，鄉里松有甘露亦甚多，其實非也，乃松液耳。

宋　傅權《東巖山記》（引自乾隆《新城縣志》卷一）　東巖之陰，崖谷深邃，林莽窈窱，如行隧中，不見天日者，十有五里，奸人惡少往往倚爲窟穴，椎埋胠篋，歲嘗有之。紹聖四年，宜黄鄒天錫爲南城尉，聞其事，曰：清奸除盜，吾任也。明年季秋，遂相便利而闢之，易險以平，易幽以明，行人舒愉，居人晏休，因名曰『鄒公新路』。

宋　曾元一《遊金精山記》（引自《名山勝槩記》卷二六）　金精山在寧都西郊十五里，未至縣一舍外，望陣石截雲，丹岩翠壁，烟靄明滅，知爲神仙區宅。出北門渡拱辰橋，折而西入，至蒼山簣簹谷，石峰已漸獻奇，昂首尻坐作伏獅狀，項湊圓石如懸鈴，是爲獅子峰。入青牛峽，清澗出嵌壁下，諸石魁岸擁道，山氣清肅，愈前愈奇，不一名狀：拏龍而驤馬，困立而屏張；截者玉削，跂者鵬飛，鋭者圭列，展者旗揚；界立者如劒剖鋸分，壁峙者如鐵城環闉，冗聚者蜂巢燕壘；石脂摇光者膏凝液流；高岫出雲者炊氣欝蒸，千奇萬異，駭目怵心。石之著名者十有二峰，獅子其一焉。微圓而長，承以盤砥，如菡萏出擎蓋中者，蓮花峰也。雙峰合峙，中泐至麓，如僧作禮梵唄者，合掌峰也。雙石顆頓，中出孤木，枝葉扶疎，如帶葉果飣者，仙桃峰也。削壁堊色，石紋墨縷，拂布石面者，披髮峰也。怒踞當道，耽耽俛視者，伏虎峰也。林木葱蔚，蒼翠輝明者，翠微峰也。闞洞前立，與靈泉仙龕對者，望仙峰也。瓏玉叠瓊，巒石叢珍者，三巘峰也。萬蓧叢生，根柯特異者，瑞玉峰也。千仞峭聳，中通洞天者，凌霄峰也。豐首低尾，色如渥丹，狀如腰鼓者，石鼓峰也。回峰有竇，出半壁中，裂修縫，垂掾藤。樵牧黠勇者，扳藤猱升，窺洞中極廣敞，宛然廳堂房闥，舊傳有金床玉几，是名碧虚洞焉。有石遠睇如鋸，近則團立直上，有金縷者，黄竹峰也。峰麓崎險，路絶梯登，兩石傾軋，中僅綫通，匍匐登其巔，廣平可容千家，兩泉湧出甚冽，極旱不涸，中更寇亂，辟而寨居者，多得免焉。茲十二峰，亦隨見指名，要未盡茲山奇也。陽靈觀在群石間最佳處，自仙桃閣入石爲甕户。啓户穿行，曲棧環石，自一區巨岩覆之，仰視天空如規，像真仙其間。

層殿複閣，屋無陶瓦，雨不能侵。岩頂懸木鶴，能隨四時轉指。岩面飛泉潺湲，日夕如雨。自殿沿崖曲折下，石益蹙，氣益肅，靈泉自石罅迸瀉，乃委蛇出，味宜茶，遊人不敢葷酒入。相傳謂嘗犯者，暴雷雨並至。此要亦氣森冷，令人粟膚，况仙靈禱輒應，人自不敢瀆也。按《雲笈七籤》云：兹山乃三十五福地。漢初女仙張麗英，字金華，飛昇所。《志》云：山下民家女，生有異質，年十五偶於山中拾桃二顆，以一奉母化爲石，自餐其一，頓忘飢渴，遺核亦化石，謂今仙桃峰。是後，積功行乃仙。初長沙王吴芮平閩越，道過邑，聞仙名，强委禽焉。父母欲許之，真人（爲）〔謂〕使者曰：吾名仙階，暫混塵境，幸無辱。使者還報，芮以兵入山求之。真人乘雲空中，語曰：吾金星之精，降治此山，汝宜爲民立壇祈福。芮始懼謝，仙已冲天矣。仙屢以祈雨應，封靈泉普應真人。宋徽宗朝崇寧間封之。飛昇時，歌詩十八章，今存其五。一曰：哀哀世事，悠悠我意。不可抗兮王威，不可奪兮余志。二曰：石鼓石鼓，悲哉下土。自我來觀，民生實苦。三曰：有鸞有鳳，自舞自歌。何爲不去，蒙垢實多。四曰：凌雲爍漢，遠絶塵羅。世人之子，於我其何。五曰：暫來斯會，運往即乖。父兮母兮，毋傷我懷。其詞高古，固漢人文章。首篇竦然女節，餘篇超塵逸氣可想。其末章不忘其親，又人心天理之真。章貢舊志謂其詞鄙俚不收，俗盲可歎哉！

明　蕭弘魯《遊麟嶺記》（引自《名山勝槩記》卷二六）　余與鄒東廓、劉三峰會講安塘百谷中，獨眺所謂麟嶺者，直插天表，巍然高也；列岫涵雲，詭然秀也。思欲振衣其上，以收千里之勝。及再會，得與二公卒願焉。由原度古江橋之壯麗，蓋鄉井唐太和間創，而宋蕭特山擴之也。墨潭龍州居其下，江中蒼石虎踞。里人云：春漲石輒浮起，視常立水面，故相傳爲障江石。下陂上有六樹，同本生，各四五圍，離立可置二席於是，合族舉酌四五行，皆以爲異材，而東廓名之曰六合同春云。東至象山，隱然象也。復東至樟木古寨，上可容數百人，三峰奇之，而名之玉几山。折而東北至石窩岩，虚呀敞朗，然氣蕭肅，泉滴滴，注石竇，四時不竭，余名之曰虚明洞天。折北至琉璃仙山，翠冥冥，欲沾衣。西至螺蜂，下有寺，静勝可游。南至麟嶺，山半有蕭將軍廟，乞靈者應響。數十盤及頂，千峰萬壑，皆其弼佐，惟馬嶺對峙猶劣，極目無際，指顧間，數百里纖毫皆具。咏左太冲振衣千仞岡之句，飄飄然欲仙也。乃記之而去。

明　蔡元偉《遊紫崖記》（引自《名山勝槩記》卷二六）　在東佳泉之上，崖石峻聳，平正如壁，望之紫色瑩潤，泉出其下，飛白瀉碧，猿猴往來其上，恬不畏人，亦奇觀也。又按紫崖泉水，天晴則西流，雨復注之東，東流則西水遂絶，西流亦如之。若雨晴未定，則西有小水。或遇旱，人欲塞其竇挽之于東，亦不能也。其中流名馬尾泉，傍流則人開以灌禾者，其下有龍潭。旱則馬尾之水微而潭水多，但不能及遠。歲豐則潭水少而東西流大，此其大致云。自泉西行數步至石洞，深不可紀。洞口有仙人跡、仙人馬蹄，過大雨，濁水噴湧出至流杉、篙、船板、黑魚諸物。旱則建昌、武陵、瑞昌諸邑之禱雨者畢至，至必秉炬以入，或火滅，則昏不知所出。進四十里許，有大湖，昔求雨有善泅者泅過其湖，見小山小田，或繫桃符用狗首觸龍，聞土雷之聲即得雨。相傳陳友諒之反也，人多於兹洞逃匿焉。自洞西半里至百鳥洞，厥地恒乾，雖大雨不入。洞門有三重，其一光亮寬敞，可容百餘人，石壁上有梅有松如畫。夏百鳥飛來，不常，冬多宿於松梅孔竅上；其二可七八十人進；三重極寒，有小池，其上倒垂尖峰，水滴滴不絶，峰上生龍鬚、虎耳諸草。三重後，必用火光照入見崖閣，然難窮其所止。自洞西行半里，有小泉蔭注軍田，旱暵不竭。又半里至石菖蒲墩，多居屋，可容萬人。又一里至長溪山，乃下焉。石洞東行二里至赤壁崖，其石色紫，方圓有三五十丈高，有二十餘丈，壁光間有微竅，猿猴多扳藏其上。下崖一里至觀音洞，有石門方圓七丈餘，中有石觀音、石香爐，生成自然。洞一里下山。

清　尚崇年　康熙《萍鄉縣志》卷六《祥異》　魯定公四年，吴師入郢，楚昭王出奔。至香水渡，有物觸王舟，舟人收之。王怪，問羣臣，莫識。遣使聘魯，問孔子，孔子曰：萍實覇徵也，余聞諸童謡而知之。大如斗，赤如日，剖而食之，甜如蜜。王食之，果美，卒復國啓覇，如孔子言。

清　楊以兼《深隴看梅記》（引自《瑞金縣志》卷九）　邑北六七里爲深隴，绵江繞之中，有古梅近萬株。花放時，雪艷浮空，芳香襲遠近，雖羅浮孤嶼，未必有此爛熳也。恨開當歲暮，正朔風凄緊，人事又復倥偬，自非雅士高人，遠外塵事，遊屐之至焉者，蓋已寡矣。憶童時侍先君子及族兄惟明謝怡古前輩，一至其處，麥浪連隴，繁花著枝，酣飲高吟，意興勃發時則有詩趣而無詩思，有酒懷而無酒量，然而情則已暢矣。嗣是以後，名途宦轍羈紲半生，殆于既悟昨非風流，又已久歇，家園兀匕，寂對無歡。乙酉之臘，湘江文君山起，粵水吳君松若，各以扁舟來顧，張子桐侶居近梅花村，持一束邀予云：此際梅花盛放，名士踵臨，先生能忍凍一遊乎？予即忻然拉客，並邀劉子岣立、胡子世千，命次兒執杖行。甫半途，微聞香風，一過客誤謂：已幾。予曰：未也。此如王母將降，使青鸞預傳消息耳。復行二里許，酸香撲鼻轉甚，客謂：已至無疑。予曰：此又如玄奘行至西竺，法王已在箇中，尚有香河一隔也。客因撫掌大笑。俄見怪石嶙峋，布列江側，張子攜茶具遲客其中，予亦足力微倦，撫怪石，啜清茗，遥望隔江梅花十數里如積雪。爲徘徊久之，乃躡板橋入深林。時花已半殘，惟選穠郁處，設席開樽，飛英片片落酒巵中。因唸數十年舊游已同隔世，即還，自顧鬚髪種種，亦且與梅花争白矣。因各賦詩一章，以志花與人相遭之盛。

清　游法珠　乾隆　《信豐縣志》卷二《疆域》　河田山，在縣東一百里，樹木繁茂，亘三十餘里。

清　連柱　乾隆　《廣豐縣志》卷一《天文・祥異》　［明萬曆］三十一年五月，菊與芙蓉盛開花，海棠寔大如桃，剖食之，味如梨，中有數核。

清　何慶朝　同治　《武甯縣志》卷末《雜記》　南關外離城二里許，土名南市嶺。西邊樟樹二株，一株圍六尺，長七丈；一株圍七尺六寸，長八丈。耆民曾本然獻。

清　宋瑛　同治　《泰和縣志》卷一《輿地・山水》　聞思庵，庵前有羅漢樹二，東樹開花，西樹結子，大可十圍，如龍蛇旋繞。

又卷三〇《雜記・祥異》　［南朝］齊建元二年庚申夏，石陽縣長溪出古木千章。《齊書》記：石陽縣長溪水激山麓，出古木千餘章，皆十圍，長者一丈，短者八九尺，上有古文不可識。江淹以問王儉，儉曰：江東不諳隸書，此必秦漢時樹也。古爲世變之象。《白下大記》：長溪出古木，皆有題識，惜儉、淹輩未之知耳。自建元至今千有餘年，正符千餘株之象，文木之祥，於此徵焉。

清　趙宗耀　同治　《彭澤縣志》卷一八《學田》　交柯木在邑南二十五都危姓蓮花山，兩木隔澗對峙而生，直上丈許，忽合爲一，再開枝葉，四時蒼翠，至今猶茂，殆自所謂連理者。以上舊志

清　陳汝禎　同治　《廬陵縣志》卷一《禨祥》　元豐六年癸亥秋八月，吉州生芝草三十本。是年芝草二本生於州治獄門之東，又生於郡齋，又生於西峰之秀野亭。最異者黄芝，異本同穎。時廬陵守魏綸，即秀野亭改爲三秀亭，屬黄庭堅記之。《通志》

清　王肇賜　同治　《新淦縣志》卷一〇《雜類志・軼事》　新淦土宜柑橘，不減洞庭，亦以近水植者爲佳。陳藏器云：柑有朱柑、黄柑、乳柑、石柑、沙柑；橘有朱橘、乳橘、塌橘、山橘、黄淡子。此南方之果，閩、廣、温、台、蘇、撫、荆州爲盛。橘皮比柑色黄而稍厚，理稍粗。橘可久留，柑易腐敗。朱橘小而色赤如火，不待霜後色味已佳，外薄内盈，其脉瓣隔皮可數。松毛緑荳藏橘，可以久留。昔曾三異以橘與長韻遺周益公，時已春暮，益公次其韻，載《平園集》。益公詩云：『荼䕷殿春枝滿霜，盧橘熟夏今乃黄。彈丸煌煌照坐光，老叟驚詫見未嘗。客言采果孟冬月，剖竹爲符帶蒼雪。包之赫蹏滿貯中，纏以絲枲外合節。或藏緑荳飲醉翁，或雜寸藁仍緘封。三説未識將誰從，但覺色香新摘同。分甘安能與衆樂，秘方何惜都傳却。已誇指下石化金，仙指併求君勿噱。』據此，則新淦藝橘舊矣。《平園集》睡香花産廬山，因南唐李主得名，改爲蓬萊紫，移植含風殿。新淦花卉以白鶴花爲奇品。《玉笥志》云：玉笥山中有白鶴花，頂翅宛然類鶴。王藺友爲作詩，送至廬陵劉詵和之，云：『縞衣元爪立前除，天上人間翦紙糊。除却青青三四葉，月明滿地却全無。千載蘇仙上帝鄉，空餘琪草似人長。夜凉環珮不知處，夢覺滿山風露香。』

清　許應鑅　同治　《南昌府志》卷六五《祥異》　［唐］高宗麟德二年，新吳、望蔡得白麐各一，有司以獻。是年，詔置寺觀，以銀麐爲名。舊志

清　劉坤一　光緒　《江西通志》卷一一六《勝績畧二・署宅三》　龍陂，王江東流與瀘水合，其匯爲龍陂，去安福縣東南百餘里，顧野王謂是掣材之處。土人言：孫晧時，伐木順流至此陂而沈，以繩挽之，即有風雷之變，後歲旱，試相牽拽之，風雨立至。宋元嘉中，木忽自浮水面，厚可五寸，其半猶沈水中，垂成沙洲。

藝文

晉　陶潛　《陶淵明集》卷二《歸園田居·其三》　種豆南山下，草盛豆苗稀。晨興理荒穢，帶月荷鋤歸。道狹草木長，夕露沾我衣。衣沾不足惜，但使願無違。

南朝宋　鮑照　《鮑明遠集》卷八《登廬山二首》　懸裝亂水區，薄旅次山楹。千岩盛阻積，萬壑勢迴縈。巃嵸高昔貌，紛純襲前名。洞澗窺地脈，聳樹隱天經。松磴上迷密，雲竇下縱横。陰冰實夏結，炎樹信冬榮。嘈囋晨鵾思，叫嘯夜猨清。深崖伏化迹，穹岫閟長靈。乘此樂山性，重以遠游情。方躋羽人途，永與烟霧并。

又　《藝文類聚》作《登廬山望石門》。訪世失隱淪，從山異靈士。明發振雲冠，升嶠遠棲趾。高岑隔半天，長崖斷千里。氛霧承星辰，潭壑洞江汜。嶄絶類虎牙，巑岏象熊耳。埋冰或百年，韜樹必千祀。雞鳴清澗中，猨笑白雲裏。瑤波逐穴開，霞石觸峯起。迴互非一形，參差悉相似。傾聽鳳管賓，緬望釣龍子。松桂盈膝前，如何穢城市。

唐　李白　《李太白文集》卷二〇《夏日山中》　嬾摇白羽扇，躶袒青林中。脱巾挂石壁，露頂灑松風。

唐　白居易　《白氏長慶集》卷一《潯陽三題並序》　廬山多桂樹，湓浦多修竹，東林寺有白蓮花，皆植物之貞勁秀異者，雖宫圃省寺中，未必能盡有。夫物以多爲賤，故南方人不貴重之。至有蒸爨其桂，剪棄其竹，白眼於蓮花者，余惜其不生於北土也。因賦三題以唁之。

廬山桂　偃蹇月中桂，結根依青天。天風繞月起，吹子下人間。飄零委何處，乃落匡廬山。生爲石上桂，葉如剪碧鮮。枝幹日長大，根荄日牢堅。不歸天上月，空老山中年。廬山去咸陽，道里三四千。無人爲移植，得入上林園。不及紅花樹，常栽温室前。

湓浦竹　潯陽十月天，天氣仍温燠。有霜不殺草，有風不落木。玄冥氣力薄，草木冬猶緑。誰肯湓浦頭，回眼看修竹。其有顧眄者，持刀斬且束。剖劈青琅玕，家家蓋牆屋。吾聞汾晉間，竹少重如玉。胡爲取輕賤，生此西江曲。

東林寺白蓮　東林北塘水，湛湛見底清。中生白芙蓉，菡萏三百莖。白日發光彩，清飈散芳馨。洩香銀囊破，瀉露玉盤傾。我慚塵埃眼，見此瓊瑶英。乃知紅蓮花，虚得清淨名。夏萼敷未歇，秋房結纔成。夜深衆僧寢，獨起繞池行。欲收一顆子，寄向長安城。但恐出山去，人間種不生。

宋　王安石　《臨川先生文集》卷八四《靈谷詩序》　吾州之東南有靈谷者，江南之名山也。龍蛇之神，虎豹、翬翟之文章，楩枏、豫章、竹箭之材，皆自山出。而神林、鬼冢、魑魅之穴，與夫仙人、釋子恢譎之觀，咸附託焉。至其淑靈和清之氣，盤礴委積於天地之間，萬物之所不能得者，乃屬之於人，而處士君實生其址。君姓吴氏，家於山阯，豪傑之望，臨吾一州者，蓋五六世，而後處士君出焉。其行，孝悌忠信；其能，以文學知名於時。惜乎其老矣，不得與夫虎豹、翬翟之文章，楩枏、豫章、竹箭之材，俱出而爲用於天下，顧藏其神奇，而與龍蛇雜此土以處也。然君浩然有以自養，遨遊於山川之間，嘯歌謳吟，以寓其所好，終身樂之不厭，而有詩數百篇，傳誦於閭里。他日，出《靈谷》三十二篇，以屬其甥曰：『爲我讀而序之。』惟君之所得，蓋有伏而不見者，豈特盡於此詩而已。雖然，觀其鑱刻萬物，而接之以藻績，非夫詩人之巧者，亦孰能至於此！

宋　蘇軾　《東坡全集》卷二五《贈嶺上梅》　梅花開盡百花開，過盡行人君不來。不趁青梅嘗煮酒，要看細雨熟黄梅。

宋　蘇轍　《欒城集》卷一〇《黄雀》　秋風下，黄雀飛。禾田熟，黄雀肥。羣飛蔽空日色薄，逡巡百頃禾爲稀。翾翻巧捷多且微。精丸妙繳舉輒違，乘時席勢不可揮。一朝風雨寒霏霏，肉多翅重天時非。農夫舉網驚合圍，懸頸繫足膚無衣。百箇同缶仍相依，頭顱萬里行不歸。北方居人厭羔豨，咀嚼聊發一笑欷。

宋　潘述祖　《山梅》（引自《瑞州府志》卷二二）　不擇水姿地，深巖結一根。知風香似許，立雪色無言。且繼霜禽眼，何來野雀喧。春光如早寄，生水植家園。

平生花草興，只合住孤山。月夜心同素，霜空色共閒。流風千古在，索笑一簷慳。莫厭尋芳遠，騎驢任往還。

宋　孫覿《鴻慶居士集》卷一《余南遷次臨川，奏廬陵道屬，聞盜掠高安新淦之間，少留仙遊山道祠。是時，巖下木犀花盛開，漫山皆大松，一峰蒼然。終日遊憩其下，各賦詩一篇》　簷牙啄林抄，筆殿浮青紅。天風吹泬寥，萬籟酣笙鏞。木犀已著花，濯濯秋雨中。瓶姿出素面，一洗丹粉空。幽香襲巾袂，冷艷淒房櫳。迫此芳歲殘，一笑當誰共。羣仙立通明，矯矯驂鸞龍。相隨歸閬苑，遺恨寄西風。

二：歷歷水中榆，地遠連玉京。掄材上華屋，裊裊黄金莖。蒼宫表獨立，垂胡交纓纓。根深崖嶠壯，勢壓山嶽傾。萬牛挽不回，老氣空峥嶸。夜半風雨會，歲晚龍蛇升。我來不忍去，繞樹三匝行。珍重金石友，待我烹茯苓。

宋　張九成《横浦集》卷四《嶺下桃花作澹紅色絶可愛因作絶句》　江北桃花色頗穠，不堪凡陋也春風。誰知嶺下新來樣，故作宫粧澹水紅。

宋　戴復古《石屏詩集》卷五《山中見梅寄曾無疑》　香動寒山寂寞濱，直從空谷見佳人。樹頭樹底參差雪，枝北枝南次第春。有此瑰琦在巖壑，其他草樹亦精神。移根上苑誰云晚，桃李依然在後陳。

宋　董嗣杲《廬山集》卷二《廬山折桂一枝》　風露木葉飛，崖谷清氣足。不知月中花，幾番破粟玉。深巖得秋易，香味真絶俗。幽人領此妙，況寄虎溪曲。花放怯衣單，衹嘆歲時促。折來浸瓦瓶，夜賞欠醽醁。

又卷三《銀樹》　銀樹驛橋廢，征車難久停。月沉孤店柳，雪掩敗舟萍。野冢晚荒燐，山田出斷銘。甫能投宿去，歷歷過郵鈴。

又卷四《銀樹道上》　銀林驛路雪離披，行迹茫茫自苦悲。不忍早梅經細雨，却欣折竹壓枯籬。身嫌出陸肩輿破，足涉沿溪口岸遲。荒店無人塵滿釜，豈堪獨力任晨炊。

宋　王澂《北沼荷香》（引自《浮梁縣志》卷八）　一曲滄洲菡萏開，麝香誰剖錦雲堆。有時帶露沾吟袖，幾度隨風落酒盃。遠噴已應清似桂，暗飄更覺雅如梅。一般獨許漁翁占，夜夜扁舟載得回。

元　劉詵《桂隱文集》卷二《九日登鹿角山詩序》　余舊家吉水南嶺，有山崢嶸如鹿兩角，俗呼爲鹿角。當在宋時，山下有喬木數千章，連抱參空，陰雲蔽虧，鷺鸛號集，宛然深山太古意也。國朝始通是鄉，爲官逵創馬驛，所謂喬木斬伐殆盡，莽爲曠土。近年來或繚以長垣，限以棘溝，而所謂曠土又將爲果園蔬圃矣。嗟夫！是鄉特寬閑寂寞之濱，而爲谷爲陵者如是不一，則通都大邑之改化，又何怪也。

明　解縉《引路松》（引自《興國縣志》卷四二）　蒼松夾道龍髯怒，常引遊人幾朝暮。神僧肯許斧斤尋，況予特遣山靈護。疎陰亂落晴雲堆，重重滿地掃不開。小童久立候歸錫，一雙白鶴驚飛回。

明　張岱《長林詩》（引自《撫州府志》卷四）　深谷靄晴中，高林見晚楓。雲鎖半山白，霜餘千樹紅。清風灑慈竹，碧水浸芙蓉。九子橋邊立，秋波浴雁鴻。

明　陳興《石人嶺松》（引自《蓮花廳志》卷八）　最愛石人嶺，更奇石上松。弄月娱元鶴，潛雲隱卧龍。長爲君子伴，不羨大夫封。夜静天風發，清音泛碧空。

明　凌汝綿《寶樹》（引自《彭澤縣志》卷一七）　爲愛雙峰寶樹孤，亭亭翠蓋護僧居。謝林選遍誰相似，可是西天種也無。

明　吴文焕《探梅》（引自《彭澤縣志》卷一七）　方丈尋幽到嶺時，馬肥韁軟與春宜。松風竹樹三十影，玉骨冰肌一兩枝。有興不殊東閣意，無懷誰作隴頭思。經過爲問花消息，香氣濃催酒後詩。

明　胡虚白《杏林》（引自《九江府志》卷四九）　匡廬西望在霞邊，種杏仙翁不計年。花塢日高聞虎嘯，之田雲暖借龍眠。活人何惜千金藥，積穀全勝萬頃田。回首紫微山下路，萬株團雪照青天。

明　余長祚《連理松》（引自《武甯縣志》卷三九）　大田道旁古松二株，相抱而生，蒼翠相望，蓋數百年植也。偶憩其下，口占是詩。鐵幹扶疎老石壇，千尋高出白雲端。排空雷雨靈長護，圻地虬龍勢互蟠。黛色對分雙嶺秀，濤聲不斷四時寒。撫餘梁棟尋常事，珍重行人飽眼看。

清　張尚瑗《煮鷴歎》（引自《興國縣志》卷四三）　初冬風日清，嶺嶠未落木。山禽豐羽毛，下上紛林麓。罝罘時入林，飛土歌續竹。弋鳧兼射雉，佐饌充蒲蔌。白鷴翩然遊，皓質皎於玉。虞羅一中之，恣取混殈殰。纍纍入肆懸，沽沽論價鬻。嗟哉造物理，貴賤詎無族。瑞世必鸞鳳，充庖乃雞鷟。彈雀貪被擒，羹梟惡自蹙。斷尾犧宜憚，拔擎巢免覆。蔚爾素鷴姿，雙璧高韞匵。毛革謝麃章，脂膏違鼎餗。開籠翀可逝，鎩翮馴難辱。何來世網嬰，莫悟殺機伏。元腥及瑛瓚，秦坑被綺角。鮓鸚脂孔雀，桂海啞文穆。漁洋賦射鷴，此風來自蜀。見《香祖筆記》。包鳳泣何勝，煮鶴冤已酷。微謡醒民狂，永嘯悲天梏。

清　王思軾《方竹徑》（引自《興國縣志》卷四三）　山行不厭遠，舍宅入幽谷。兩厓逼烟霏，一逕墮雲木。巖蒸石氣青，壁繡苔紋緑。仰視天漢光，偪側不容幅。豈伊昧往還，前路紛以曲。夾道多脩篁，蕭森削寒玉。托體惡輕圓，孤生具節目。爲憐勁直姿，詎畏風霜肅。顧步境屢遷，欣賞隨所觸。陰泉灑暗聲，秋花展餘馥。緬遵去程遠，未遺征途速。興盡行歸來，披雲候樵牧。

清　吴陳琰《萬松歌》（引自《興國縣志》卷四四）　城南古壩江滔滔，地形爭指宜崇高。海公出宰爲民慮，課民種松松作濤。萬松生意今盡矣，忠介芳名仍不死。後來仙吏得張君，謖謖清風滿人耳。

清　程嶁《湖塘墕看荷花》（引自《鉛山縣志》卷二八）　踏藕人家屋數間，影湖南浸半房山。香回蛺蝶春前夢，艷照湘魂鏡裏顔。向曉紅敷雲拥臘，溢塘青冒水迴環。羣賢舊有祠堂地，知在荷花第幾灣。

清　楊果《壽樟歌》（引自《泰和縣志》卷二八）　一幹矯若龍虬蛟，攫拏雷電森騰跳。一幹猛於豹虎彪，嘯起風伯嵓怒號。側生旁出互鈎帶，横竪低亞紛周遭。或如旗幟張飄摇，或如銅鐵難鎸雕，或如門户夾窗牖，心數指屈防目淆。一幹卧如長虹橋，獨侵土脈垂天腰。土人見慣誰愛惜？歲久不覺髡無條。中有一幹材更超，氣必騰上千重霄。黑雲潑墨濃匝地，月輪欲碾枝葉梢。豈惟勢與山爭高，西揖武姥東子瑶。公輸逝後王爾死，棟樑材老城東皋。皇天雨露滋培饒，生機勃鬱不可消。飽受冰霜壽彌固，閲歷南宋元明朝。昔我先人嘗憩此，把酒坐聽空中濤。祝融無權暑盡遁，濃陰四蔭凉秋森。我生三十猶蓬飄，摩挲老幹思云勞。將軍大樹名獨標，男兒勳業掣鯨潮，徘徊樹下增牢騷。樹猶如此吾何以，千秋不朽南山喬。

山東

論　説

《孟子·告子上》　孟子曰：牛山之木嘗美矣，以其郊於大國也，斧斤伐之，可以爲美乎？是其日夜之所息，雨露之所潤，非無萌蘖之生焉，牛羊又從而牧之，是以若彼濯濯也。人見其濯濯也，以爲未嘗有材焉，此豈山之性也哉？

宋　蘇轍《詩集傳》卷一九　泰山巖巖，魯邦所詹。奄有龜蒙，遂荒大東。至于海邦，淮夷來同。莫不率從，魯侯之功。保有鳧繹，遂荒徐宅。至于海邦，淮夷蠻貊。及彼南夷，莫不率從。莫敢不諾，魯侯是若。天錫公純嘏，眉壽保魯。居常與許，復周公之宇。魯侯燕喜，令妻壽母。宜大夫庶士，邦國是有。既多受祉，黄髮兒齒。

泰山，齊魯之望也。詹，至也。龜、蒙、鳧、繹，魯之四山也。故《春秋》：齊人歸鄆讙龜陰之田。《禹貢》：徐州蒙羽其乂，嶧陽孤桐。魯之疆則止於此四山。其餘則其東南勢相聯屬，可以服從之國也。常、許，魯之故地而未復者也。《春秋》：鄭伯以璧假許田。常或作嘗，齊有孟嘗，豈爲齊所侵歟？此三章言僖公懷柔遠方，至於淮海蠻貊之國，莫不服從而願其壽考，以復魯之侵地，宜其室家臣庶，以保有其所服從之國也。

徂徠之松，新甫之柏。是斷是度，是尋是尺。松桷有舄，路寢孔碩。新廟奕奕，奚斯所作。孔曼且碩，萬民是若！

徂徠、新甫，皆山也。八尺曰尋。舄，大貌也。新廟，姜嫄廟也。脩舊曰新。奚斯，公子子魚也。曼，脩廣也。僖公上爲神之所福，内爲國人之所安，外爲鄰國之所懷，於是脩舊起廢，治其宫室寢廟，以順萬民之望。

宋　王讜《唐語林》卷八　兖州鄒縣嶧山，南面半腹，東西長數十步，其處生桐，相傳以爲《禹貢》『嶧陽孤桐』者也。土人云：此桐所以異於常桐者，諸山皆發地土多，惟此山大石攢倚，石間周回，皆通人行，山中空虛，故桐木響絶，以是珍而入貢也。按《漢書・地理志》：下邳縣西有葛嶧山，古之嶧陽下邳者是矣。關西西風則雨，東風則晴，皆以爲常候。夫九州之地，洛陽爲土中，風雨之所交也。今關西西風則雨，關東東風則雨，是風氣各自其方而來，交於土中，陰陽和則雨成。相里湯陰縣北有羑里城，周回可三百餘步，其中平實，高於城外地丈餘，北開一門，相傳文王演《易》之所。曹子建《誥紂文》云：崇侯何功，乃用爲輔。西伯何辜，囚之囹圄。囹圄既成，負土既盈，興立炮烙，賊害忠貞。觀此意，見文王所囚之地，紂使負土實此城也。未詳子建所據。今按：此東頓丘、臨黄諸縣多有古小城，周一里或一二百步，其中皆實。郭緣生《述征記》云：彭城東有秺城，云是崇侯冢，自淮迄於河上，城而實中謂之秺，丘壠可阻謂之固。然則城小而實，皆古人因依立冢以爲保固。子建所云『負土既盈』，或承流俗之傳耳。

綜述

明 李賢《明一統志》卷二二《濟南府》 土産：【略】澤瀉，三稜草，俱歷城縣出。防風，章丘縣出。蒼术，桔梗，俱新泰縣出。半夏。長清縣出。

又卷二三《兖州府》 土産：兔絲子，蛇床，單縣出。全蝎，【略】阿膠，陽穀縣出。【略】楷木，曲阜縣孔林出，其木似槐，文理縱横，縉紳多取之爲簡。蒙頂茶，蒙山石上出。蕨菜，曲阜縣出。仙靈脾，紫石英，鍾乳石，沂州出。雲母石，茯苓，滋陽等縣出。天門冬，卷柏。兖州出。

又卷二四《東昌府》 土産：絲，綿，氈，梨，棗，枸杞，牽牛。以上各縣俱出。

又《青州府》 土産：【略】牛黄，諸城、安丘二縣俱出。紫石英，沂水縣出。沙魚皮，天南星，半夏，柿餅，胡桃，鹿角菜，俱本府出。石花菜。日照縣海中出。

又卷二五《登州府》 土産：【略】方竹。登州出。體如削，勁健，堪爲杖，亦不讓張騫笻竹杖。

明 任弘烈 萬曆《泰安州志》卷一《物産》 木有秦松、漢柏、唐槐，皆紀于嶽、于祠，與徂徠、新甫並傳矣。它若椿、梧、梓、檜、楸、槲、桑、柘、榕、櫟、榆、柳、楊、楝，雖皆有之，顧登封之無喬林豐樾，而取裁於工師者或寡焉。岳多石少土，固難於滋植，然而人見其濯濯也，是豈山之性哉？果有梨、栗、棗、柿、梅、杏、桃、李、柰、石榴、銀杏、櫻桃、林禽、核桃、葡萄、羊棗、文冠果、無花果諸品，多植岳阯園林。其在岳者多野生，曰山榴、稱桃、野棠。花有牡丹、芍藥、紫薇、凌霄、夜合、辛夷、長春、麗春、梔子、玉簪、萱、葵、臘梅、薔薇、鷄冠、鶯粟、山丹、月季、蘭薰、茨菰、石竹、菊百餘種。蔓生於樹，曰藤花，可蔬。鹿茐花，别名曰黄花菜，珍美稱於天下，而土人賤之，不以供客。【略】鳥多野鴿，巢岩穴及岳祠、榱題。多鳩、雀，有鶯、鴞、鷹、鸇、鴉、鵲，惟岳祠無鴉，異哉！有曰巧婦，《爾雅》釋桃蟲是也。曰山僧，聲如念佛。曰紅娘子，色如胭脂。曰拖紅練、拖白練，皆以尾色名。有雉鷄、山鷄、野鷄、雌鵓、黄鸝、鶺鴒、翡翠、布穀、畫眉，有翠羽褐衣如畫眉者。汶有鴛鷺、鸕鷀、鶺鴒、野鶩。獸有獐、麅、獾、兔。有兔兩其足者不能走，每跳一二丈許，曰跳兔。有黄鼠，蒼色，而常在深山夾谷，而登封之地則無也。《山海經》曰：有獸焉，其狀如豚而有珠，名曰狪狪。今未之見。豈山林古今之變而氣化亦有不同與？

又《山川》 雕窩山。在嶽頂西十五里，崖多雕巢，故名。【略】鶴山。在岳頂北十里，林木葱鬱，野鶴巢此，故名。

明 曹學佺《西峰字説》卷一二 益都縣。附郭編户百七十七里。【略】雲門山在城南，一名雲峰山，山麓爲花林疃地，多柿樹。秋深霜葉蔓衍平鋪，登山遠望如爛錦然。

清 韓文焜 康熙《利津縣新志》卷一《土産》 菓類：杏，桃，梨，棗，李，柰，林檎，文官，秋子，杏梅，沙菓，石榴，葡萄，西瓜，甜瓜，櫻桃，桑椹。花類：葵，菊，雞冠，金鳳，萱草，石竹，玉簪，芍藥，薔薇，荼蘼，刺梅，玫瑰，五色梅，月季，紫荆，木槿，丁香，海棠，金雀，金盞，馬纓，滴滴金，水蓬。木類：柏，椿，楊，榆，柳，槐，桑，棗，杜，樗，楮，楸，桐，椒。【略】獸類：【略】狐，兔，狸，蝟，黄鼠，獐，狼，獾。禽類：雞，鵝，鴨，鴿，鳩，鶯，鷹，燕，鸛，鶡，雀，鵲，鶺鴒，沙雞，啄木，雉，梟，黄鸝，䴏哥，水鴨，鴛鴦，鸕鷀，鷺鷥，鴞，鴉。

清 崔懋 康熙《新城縣志》卷三《物産》 果屬：棗，長棗、鈴棗、小棗、

□□棗，共四種。杜梨，李，紅、黃二種。杏，杏梅、巴旦二種。桃，金桃、銀桃、络絲桃、扁桃，共五種。胡桃，櫻桃，蘋婆，鴈過紅，文官果，石榴，菱角，芡實，蓮子，梨，柰，葡萄。瑪瑙、馬乳二種。【略】木屬：果松，黃松，馬尾松，柏，檜，槐，椿，桑，柳，垂柳，三春柳，亦名烟柳。白楊，青楊，榆，荆，青桐，梧桐，楸，柘，棠棣，楮，樗，竹。附【略】花屬：梅，葵，菊，牡丹，芍藥，鷄冠，木槿，紫荆，玉簪，金盞，夜合，金雀，丁香，石竹，有木本者。薔薇，海棠，月季，迎春，山丹，萱，鳳仙，秋海棠，荷，木芙蓉，開石榴，及地金錢，剪春羅，剪秋羅，玫瑰。羽屬：【略】鴿，鸛，燕，鵲，雀，鳩，鵪鶉，黃鸝，蠟嘴，鴟鴞，鶺鴒，鴛鴦，梟，鷺，麻姑油，天鵝，鷺鷥，啄木，青鴟，鷹，雉，鴉。毛屬：【略】豕，鼠，麞，鹿，兔，狼，狸，貛，蝙蝠。附

清　盧承琰　康熙《堂邑縣志》卷七《物産》　木之屬十三：曰柳，曰榆，曰槐，曰桑，曰椿，曰柏，曰棠梨，曰檉，俗名西河柳，又名山川柳，又名觀音柳，近縣皆産之，頗以爲薪，故絶無大樹。曰樗，俗呼臭椿。曰椿，曰白楊，曰青楊，曰楮。花之屬十三：曰葵，曰蜀葵，曰萱，曰丁香，曰金盞，曰玉簪，曰菊，曰迎春，曰地棠，曰秋海棠，曰薔薇，曰鳳仙，曰鷄冠。【略】禽之屬十三：曰鷄，曰鴨，曰鵞，曰鳩，曰鴿，曰鵲，曰烏，曰雀，曰黃鳥，即黃鸝，一名黃栗留。曰鵪鶉，曰鷗鴣，曰啄木，曰鵂鶹。即鴟鴞，俗呼夜猫。果之屬十一：曰杏，曰桃，曰李，曰石榴，曰棗，曰梨，郡謡云『堂梨博棗』，謂其産多耳。其實非最上之品。曰蘋婆，曰林檎，一名來禽。曰柿，曰葡萄，曰羊棗。俗呼軟棗。

清　方學成　乾隆《夏津縣志》卷四《物産》　果之類：李，柰，桃，杏，棗，梨，文官果，蘋波，葡萄，石榴，沙果，林檎。【略】木之類：柏，椿，槐，桑，楊，榆，柳，杜，樗，柘，楮，桐。花之類：入藥品者不載。菊，萱，榴，葵，迎春，月季，丁香，金盞，玉簪，鳳仙，雞冠，薔薇，刺薇，木槿，水蓮，紫荆，海棠，十姊妹，滴滴金，串枝蓮，百日紅，千日紫。草之類：葦，蒿，莎，萍，蘆，稂，莠，茅，蓬，苔，苜蓿，馬藍，水稗，三稜，節節。獸之類：【略】兔，狐，狸，獾，蝟，鼠，鼬鼠，鼢鼠。禽之類：鵝，鴨，鷄，鴿，鳩，雀，鵲，烏，梟，鶉，鸇，鸛，元鳥，啄木，鶺鴒，布穀，巧婦，蝙蝠。

清　黃懷祖　乾隆《平原縣志》卷三《物産》　果之屬：棗，梨，桃，李，杏，柰，沙果，蘋果，瓶梨，葡萄，棠梨，櫻桃，石榴，林檎，文官果。木之屬：松，柏，檜，桑，榆，槐，檉，椿，楊，青、白二種。柳，柘，梧，桐，杜，樗，楮，棠，荆，馬櫻，楸，竹，藤。《恩縣志》云：成化間，叅政唐虞令種植桑、棗等樹，贍給貧民。迄今夏寨等處樹木茂盛，棗、梨、桃、李之屬獲利頗多，皆唐公遺惠也。今按馬頰河、西臨河一帶，北自梅家口、董路口，南至津期店，凡五六十里，爲恩平兩縣接壤之地，杏花繁盛，桃李繽紛，合抱之木，數尋之材，所在皆是。每春日遊憩，衆香迷路，洵勝地也，夏間兼得果實之利，大抵皆自唐公啓之。又馬頰河東岸隄外皆縣地，棗樹最盛。【略】獸之屬：牛，羊，馬，驢，羸，犬，豕，兔，貓，鼠，獾，狐狸，蝟，田鼠。禽之屬：鵞，梟，雉，鴿，鴉，雀，燕，鵲，鳩，鵪鶉，烏，鸛，鷺，鷹，黃鸝，布穀，蠟嘴，阿濫堆，啄木，梟，蝙蝠。

清　張思勉　乾隆《掖縣志》卷一《山川》　大基山，城東二十里，掖水出焉，中爲邃谷，曰道士谷，劉長生棲真處也。巘崿蒼翠，流泉潺湲，松竹花卉，最爲勝地。有鄭道昭修道廬其西巖，先天觀即古掖山祠。金劉國樞、明胡濙記。

又　馬鞍山，城東南五十里，巖巒奇特，爲掖境諸山之祖。西南麓有白雲庵，谽谷邃幽，松栗叢翳，古洞祀老子，王肇林手植銀杏二株。有尤泉，爲小沽水源。東五六里爲竹林寺，亦奇秀。其相連者曰軍山、金山、土山。

啓山，城東南六十里，巔踞奇石作浮圖形，羣峰四拱，松株獨盛。

又《壇廟》　東海神廟，城西北十八里，《漢志》注云：臨朐有海水祠，宋開寶六年重修。【略】植楊樹、椿、榆一千四百四十餘株，規制宏大，輪奂精工，傑立於東海之上，稱爲巨觀。大學士劉珝爲記。正德七年燬於寇，嘉靖十九年海道副使吴道南重修。

又《古蹟》　五龍廟古槐，城西三里五龍廟東墀下，大十圍，腹幹枯空，僅存皮膚者半，歷久長生。

又《物産》　木：松，柏，槐，桐，楸，柳，楊，榆，桑，柘，楮，椿，樗，柞，皂莢，竹。果：桃，李，梨，栗，杏，棗，羊棗，柿，櫻桃，胡桃，銀杏，郁李，柰，花紅，蘋果，葡萄，安石榴，木瓜，文官，山樝，藕。【略】花：梅，蠟梅，牡丹，芍藥，蓮，菊，薔薇，荼蘼，玫瑰，月季，丁香，探春，迎春，玉簪，紫薇，紫荆，海棠，秋海棠，葵，萱草，石榴，石竹，鳳仙，雞冠，虞美人，山丹，百合，金盞，金雀，繡帶，映山紅，六月菊，夾竹桃，木槿。【略】禽：雞，鵝，鴨，烏，鴉，鵲，雀，燕，

鴿，雉，梟，鷗，鴛鴦，鷺絲，斑鳩，鶺鴒，啄木，布穀，黄雀，鴟鴞。獸：【略】貛，兔，狐，狸，貉，狼，鼠，鼬。

又卷五《塚墓》 贈少保毛敏墓。城西五里福禄山前，賜祭葬，有大學士李東陽《墓表碑記》：古柏六十二株。太保毛文簡公紀墓。在敏墓側，賜祭葬，有神道碑，古柏一百七十二株。太僕寺卿毛渠墓。城西四里禄山東，賜祭葬，古柏二十八株。【略】贈兵部尚書河南巡撫殉難王漢墓。城東五里，古松二十餘株。【略】保定副使守義林文蔚墓。城東北七里，有墓碣，古松三十餘株。

又卷八《西由場文廟記》 一綫天出洞口至鵓鴿堂石壁中，鴿鳥數千頭，聞人跡，戛戛驚起，劃然長嘯，谷應山鳴。

清 張耀璧 乾隆《濰縣志》卷一《土産》 果：桃，李，杏，梨，栗，棗，菱，藕，西瓜，榴，木瓜，葡萄，櫻桃，花紅，虎喇檳，胡桃，蘋果，地瓜。木：柏，槐，蠟樹，楊，桑柘，榆。花：牡丹，芍藥，榴，蓮，萱，鷄冠，菊，木槿，葵，玉簪。【略】羽：八歌，鵝，鴨，雉，鴿，燕，鶯，雀，烏，鷂，鷹，鳶，鸛，梟，鷗，鶴，鳩，鵓鳩，鶺鴒，啄木，鴛鴦，鷺鷥，鵁鶄，禿鶖。毛：【略】狐，兔，黄鼠。

清 莊肇奎 乾隆《樂陵縣志》卷二《物産》 果屬［注略］：棗，梨，杏，桃，李，石榴，葡萄，林檎，餅果，文林果，蘋婆，沙果，櫻桃，楸子。【略】木屬［注略］：柏，檜，柳，楊，槐，榆，椿，樗，杜，桑。【略】獸屬［注略］：【略】豕，狐，貉，貛，鼠。禽屬［注略］：雞，鵞，鶩，梟，鷹，鳶，燕，鸛，鶻，鳩，鶯，戴勝，鶺鴒，鵓，鵲，烏，鴿，鵪鶉，啄木，天鵞，蠟嘴，瓦雀。

清 王植 乾隆《郯城縣志》卷五《物産》 果之屬：柿，栗，核桃，桃，杏，李，梅，梨，棗，山查，白果。木之屬：松，柏，椿，樗，槐，榆，柳，楊，桑，楝。【略】獸之屬：犬，兔，豕，牛，馬，羊，驢。鳥之屬：鴛鴦，鶯，鶺鴒，鷂鷹，鶴，鵓，水鴨，雉，鳩，鵲。

清 宫懋讓 乾隆《諸城縣志》卷六《山川》 自夾山至此可千五里也。其南土山爲獐子山，昔人跡稀時，叢薄中多獐麋矣。【略】東北爲花樓山，下圓上平若樓臺然，山前多桃、杏花。時登山可全攬其勝，俗名看花樓矣。

又卷一二《方物考》 蔬果同他邑，而菘較大，栗、柿較多。康熙間多棗，近年樹稍張則枯，父老謂樹之瘋疾也。果松、青桐樹文而子可食，白花。百合花香，根美，則他邑不及。文官果雖著名天下，惜種植不多也。安榴花單者實，花雙者不實。銀杏亦有實、不實二種，而樹多干霄，縣西放鶴村一株尤大。徐栩《野田嘉樹篇》比之浮來云。木瓜、木梨、海棠并可爲案頭清供。【略】五蓮山之拐棗，齋堂島之海棗，則一物之獨異者。【略】禽獸有家畜、野生之别，家畜不贅，野生者獸少而禽多。獸曰兔，曰狼，曰狐，曰貒，曰狸，惟兔可飼，狼、狐、貒、狸雖皮亦有用，不及塞産之温厚也。禽曰鶯，一名黄鸝，一名倉庚；曰鳲鳩，一名布穀，一名反舌；曰鳩，曰百鸰，曰似笙，皆鳴能成聲者。雉，取之可食。鴿，畜之積糞。烏、鵲、鵓、鴞、瓦雀、啄木鳥之類不足數矣。又有非本邑所産而（莫）［暮］春來仲夏去，其聲可聽者，曰蠟嘴，曰銅嘴，曰黄雀。其色可觀者，曰竊脂，頷下羽如朱；曰菜花，羽具五色；曰靛花，羽深翠；曰拖白練、拖紅練，長尾，色分紅白。蠟嘴見《本草》，竊脂見《詩傳》，白練、紅練見《漁洋詩集》。其餘未見紀載，而每歲自來，如春燕秋鴻之信也。【略】木以柏爲貴，柏以老爲佳，用爲棺槨，久而不朽。松有馬尾，山産，平原亦産。有刺松，刺緑如翠。有檜，土名麥粒松，皆偕柏不凋者。椿可牧野蠶成繭，織紬與冰紈綺羅同值，《爾雅》所謂樗繭也。詳王仲威《鉞暑窗臆說》。益都孫文定廷《銓南行記》謂椿與槲爲一繭，示深考耳。楓紅葉可玩，楊、柳、榆、槐則爲室制器之材也。南境河干多櫸柳，長城南多竹，雖不弱江南産大，海濱亦宛然淇澳矣。江北花卉邑中署備，而梅花尤盛，開後於江南，其種之佳而富無多讓焉。桂性畏寒，本非江北土産，而盆植頗多。玉蘭、藤蘿大者可成喬木。文杏、碧桃、緋桃艷麗，且出海棠之上。丁香四種，有大、小、白、紫不同。牡丹、芍藥屢見蘇詩，想見當年之盛，今尚有數十種，其色不一。秋菊，舊亦數十種，今又有洋菊倍之。梔子、茉莉亦宜南不宜北，猶稻與竹也。叢花草卉，繁不勝紀。

清 胡德琳 乾隆《濟陽縣志》卷一《物産》 果爲文官果，爲蘋果，爲秋果，爲沙果，爲無花果，爲蜜果，爲花紅果，爲硃砂紅，爲土培紅，爲石榴，爲葡萄，爲梨，爲栗，爲柿。其於杏也，爲紅，爲白。其於桃也，爲絳桃，爲扁桃，爲凍桃，爲胡桃。其於李也，爲青脆，爲玉皇子。其於棗也，爲小棗、婆棗、長棗、凍棗、酸棗之屬。花爲紫薇，爲薔薇，爲牡丹、芍藥、芙蓉，爲海棠、地棠，爲鳳仙、雞冠、金雀、馬纓，爲玉簪、金簪，爲木槿，爲荷，爲蘭，爲椐，爲萱，爲蜀葵，爲向日葵，爲石竹，扁竹，山丹、茶蘼、茨蘼，月季，爲迎春，爲含笑，爲瑞香，爲丁香，爲結香，爲滿地嬌。木爲文廟古柏，爲漢棗，爲唐桑，爲高老槐，爲松，爲椿，爲檜，爲桑、柘、榆、桐、楸、楮、柳、杜。其於楊也，爲青，爲白。【略】羽、毛爲雁、燕、鶯、鷹、鳩、鶻、鴞、鴿、鵲、烏、鷂、雉、麻雀、啄木、鵪鶉、鷺鷥，爲狐、兔、鼠、蝟之屬，志所見也，家畜不與焉。

清　許紹錦　嘉慶　《莒州志》卷一《山川》　浮來山，城西二十里，《春秋·隱公八年》公及莒人盟於浮來，即此。一名浮邱山，畔有莒子陵，有泉下注西湖，有定林寺，即劉勰校佛經曇觀送舍利處。寺内銀杏一株，大十餘圍，枝幹如虬龍，横蔭數畝。相傳春秋時所植，歷數千年，自樹杪及根膏潤，無一枝一葉枯者。士大夫往來，無不親造其下，摩挲不去云。

又卷五《物産》　果屬［注略］：杏，桃，李，棗，梨，栗，柿，蓮，蘋婆，石榴，櫻桃，葡萄，核桃，林檎，沙果，山查，白果，梟茨，菱芰，芡實。木屬［注略］：柏，松，椿，梧桐，楸，槐，皂莢，柳，楊，榆，桑，柞，檀，楓，楮，荆，楝。花屬：梅，芍藥，牡丹，木槿，紫荆，蘐，雞冠，山丹，葵，蜀葵，迎春，鳳仙，剪秋羅，菊，玉簪，石榴，薔薇，月季，荼蘼，金錢花，海棠，紫薇，丁香，常棣，木香，朱藤，珍珠花，蘭，芭蕉，繡毬，草茉莉，蓼。羽屬［注略］：鸛，雁，鶻，鴛鴦，梟，鷗，雉，燕，鶯，鵲，鷹，鳩，烏，鳶，雀，鴞鶹，鵂鶹，鷺鷀，鶺鴒，鴿，鶉，鴞，鷙，鴟，雞，鴨，鵝。毛屬［注略］：【略】獐，狼，狐，獾，兔，猬，猫，鼠。

清　李賢書　道光　《東阿縣志》卷二《物産》　果屬［注略］：梨，桃，李，杏，棗，柰，栗，柿，蘋婆，石榴，櫻桃，葡萄，林檎，山查，核桃，白果，西瓜，甜瓜，金瓜，木瓜，文官果，蓮房，藕，羊棗。【略】木屬［注略］：松，柏，檜，椿，樗，梧桐，楸，槐，榆，楊，柳，桑，柘，槲，猶離，楮，皂角，赤梁，荆，檉。花屬［注略］：蓮，芍藥，牡丹，木槿，紫荆，迎春，探春，石榴，丁香，夾竹桃，碧桃，臘梅，菊，萱，葵，雞冠，玉簪，鳳仙，剪秋蘿，金錢，月季，玫瑰，薔薇，十姊妹，海棠，紫薇，凌霄，合歡，珍珠，美人蕉，罌粟，虞美人，山丹，石竹，藤花，蜀葵，榆葉梅，紫蝴蝶，金銀花，繡球，由庚，轉枝蓮，草茉莉，水仙，荼蘼。【略】禽屬：鵝，鴨，鷄，雉，梟，燕，鶯，鵪鶉，鷺斯，黄鸝，鸛，鵲，烏，雀，鳩，啄木，瓦雀，天鵝，雁，黄雀，鳶，布穀。獸屬：馬，牛羊，犬，豕，驢，羸，貓，鼠，狐，獾，狼，兔。

清　舒化民　道光　《長清縣志》卷二《土産》　果：杏，桃，李，棗，柿，栗，梨，銀杏，櫻桃，石榴，葡萄，核桃，沙果，文官果，蘋果。【略】木：柏，桑，柘，榆，椿，槐，柳，楊，杜，楮。附録：銀杏，俗呼白果，寺内所産較他産大而味甘。柏，心大色赤而香，寺境外便不相類。檀。臃腫虬屈，奇怪可愛。【略】羽族：雀，烏，鵲，雞，鴨，鵝，鷗，雉，鶉，鴿，鷺鷥，燕，梟，布穀，鴛鴦，鸛，鶯，黄鸝，杜宇，鴟，斑鳩。毛族：牛，羊，犬，豕，貓，狐，兔，獾，馬，驢，騾，狼。

清　孫觀　道光　《觀城縣志》卷二《物産》　果類：梨，棗，柿，杏，李，桃，沙果，石榴，葡萄，花紅，柰，落花甜，蘋果，林檎。木類：桑，楊，青、白二木。椿，榆，槐，棠，柏，柳，楝，楮。【略】禽類：【略】鷹，雉，雀，燕，鳩，鵲，鴉，鴿，蠟嘴，鶉，鵂鶹，布穀。獸類：牛驢，狗，羊，猪，兔，猫，狐。

清　張同聲　道光　《膠州志》卷一二《山川》　都朵山，在州東南七十餘里，俗名都朵子。其東祭山，其北喜鵲山，亦名靈鵲山。昔年多映山紅，花開時，紅映山谷，俗名花林山。

又卷一四《物産》　［注略］其果桃、杏、杏梅、李、栗、榛、柿、核桃、梨、棠梨、棗、羊棗、石榴、櫻桃、櫻珠、葡萄、蘋婆、山樝、銀杏、文官果、木瓜、海棠果、佛手柑、香橼、金棗、無花果、葛藤。【略】其木松、柏、樅、檜、桐、槐、楸、楓、椿、榆、楊、柳、柞、桑、柘、楮、皂角、樗、檉、櫬。其竹毛竹，菉竹，金鑲玉竹，鳳尾竹。其花玉蘭、梔子、瑞香、梅、山茶、耐冬、桂、碧桃、絳桃、海棠、丁香、紫荆、木槿、繡毬、馬纓、棣棠、杜鵑、百日紅，以上木本。薔薇、夾竹桃、真珠、木香、牡丹、玫瑰、月季、長春、迎春、玉馬鞭、金絲萄、黄金帶、木芙蓉、子午蓮、鐵綫蓮、天竹、凌霄、藤蘿、金銀花，楊妃鈕，以上藤本。荷花、菊花、芍藥、茉莉、百合、虎皮蓮、山丹、石竹、玉簪、萱草、罌粟、虞美人、芭蕉、美人蕉、雞冠、秋海棠、剪秋蘿、晚香玉、纏枝蓮、鳳仙、旱蓮、翠雀、翠梅、草桂、金盞、金錢鈴兒、草蝴蝶、蔦蘿、江西臘、睡蓮、葵，以上草本。其鳥雞、鵝、鴨、雉、梟、松雞、鴿、鴉、鵲、鷹、鷺鷥、鸕鷀、鵝、鶺鴒、布穀、戴勝、黄鸝、練雀、鸛、鶴、鶉、燕、翠、鷃、鴟鴞、鴈、鴞、鴐、鴇鶉。其獸馬、羸、驢、牛、羊、豕、貓、犬、狐、兔、獾、貍、狼、鼠、騷鼠。《衛志》有野豕、鹿、獐，今無之。

清　李熙齡　咸豐　《濱州志》卷一《名景》　榆林晚照，州之西郊二里許有榆林，日没光晦，林中猶帶餘映，其土人多壽。説者謂桑榆暮景之兆云。今林無。

清　李壘　同治《金鄉縣志》卷一《輿地》 金山。在葛山北，即金鄉山，縣所由名也。山陰有清涼洞，相傳秦始皇帝避暑處。《地形志》謂之秦王陵，或云漢昌邑哀王冢也。距縣三十七里，今爲鉅野境。舊志作高平山。《水經注》：高平山，東西十里，南北五里，與衆山連，其頂方平，邑取名焉。今按：其形勢疑非是。又按：晁補之云：縣嘗鑿山得金，因爲金山，地氣獨異，松、檜、梅、橿植此皆良。今則久無金礦，而佳植古木亦甚少矣。

又卷三《食貨》 果之類曰：棗，有大、小、圓、長諸品，果之可蓄而救饑者，棗爲首。柿，梨，桃，李，杏，柰，栗，頻婆，即平果。林禽，花紅，石榴，核桃，櫻桃，蒲桃，梅，羊棗，文果，棠梨，銀杏。即白果。木之類曰：檜，柏，松，楸，榆，柳，楊，棗，椿，槐，桑，柘，棠，楮，楝，桐，樗，椒，白蠟，皂莢，竹。【略】飛之類曰：【略】鴿，鳩，燕，雀，鵲，鴉，鶉，鷹，鶻，鸇，鴦，鵜，布穀，百舌，啄木，練雀，鷺鷥，黄鸝，烏，鴞，鶚。走之類曰：【略】獾，貉，狸，兔，蝟，鼠，鼬。

清　林溥　同治《即墨縣志》卷一《山川》 無影山，縣南三里，圓而四垂，上多杏花。

又《古蹟》 石橛，在馴虎山東北里許，高尺餘，有字類蝌蚪文，不可辨。傳童府君馴虎所立。謡云：石橛壞，老虎來。乾隆二十七年春，牧豎毁之，夏遂有土豹攫牛而食。邑令尤淑孝立碑其處，患始息。

又《物産》 桃，杏，李，柰，棗，柿，栗，胡桃，銀杏，文官果，櫻桃，林檎，即花紅，舊志載花紅，今更正。杏梅，李梅，蘋果，沙果，羊棗，葡萄，石榴，木瓜，木梨，【略】山查。

右果屬。

松，柏，檜，椿，梓，楸，梧桐，樗，榆，槐，柞，楮，桑，柏，楊，柳，棠，黄楊，白楊，冬青，西河柳，皂角，竹。

右木屬。

梅，桂，蓮，菊，萱，葵，牡丹，芍藥，耐冬，木蘭，玉蘭，木筆，長春，迎春，探春，荼蘼，薔薇，海棠，合歡，杜鵑，玫瑰，罌粟，月季，繡球，木槿，丁香，木香，山丹，百合，粉團，金錢，金盂，珍珠，芭蕉，蠟梅，天竹，山茶，石竹，玉簪，鳳仙，鷄冠，蔦蘿，倒垂蓮，秋海棠，夾竹桃，虞美人，翦春羅，西番蓮，玉馬鞭，小桃紅，江西臘。

右花屬。

鷄，鴨，鵝，烏，鴉，鶯，鳩，雉，鴈，梟，鳶，鷹，鸇，鴞，鷗，鸛，灰鶴，鵁鶄，燕，布穀，倉庚，鴿，啄木，寒號，寒號鳥，即五靈脂。鴛鴦，鷺鷥，鵲，雀，鶉。

右禽屬。

馬，牛，騾，驢，犬，豕，羊，貓，狼，狍，狐，貉，獾，兔，騷鼠，蝟。右獸屬。

又卷一〇《聚仙宮碑銘》 自王重陽之東也，而全真氏之教盛行，其徒林立山峙，雲蒸波湧，以播敷恢宏其説。於是並海之名山勝境，半爲所有。至若下插鉅海，高出天半，連峰複嶺，綿結環抱，蟠據數百里。長松交蔭，飛泉噴薄，珍草奇木，駢生間出，簷楹軒户，隱見於烟雲杳靄之間。憑高引領，歷覽無際，使人有遺世之念，則爲勞山上清宫。

清　姚延福　光緒《臨朐縣志》卷三《山水》 其西南二十里爲二郎山。在縣治西南九十里，山西即博山境，山上有金大定碑。山陰有卧牛洞，廓如巨室，俗傳孫臏飼牛於此，故名。其北崖爲絲窠山，峭壁陡立，有松數百株，雜生崖石間，蟠屈掩翳，望如翠屏。舊多槲樹，居人仰事蠶績，其利溥焉。今剗伐殆盡矣。【略】嵩山東北四峰高聳，靈秀獨絶者，曰三一山。在縣治西南五十里。其東峰俗名回頭崮，北峰俗名香鑪頂，南峰俗名楊州崮，西峰俗名望佛頂，三山西合而東分可十餘里，奥谷十數區，可容數百家，足棗、栗、梨、柿、雜果，可不耕而食。北麓有鍾乳洞，中有石柱、石牀，玲瓏如冰，淋漓欲滴，鐙檠丹竈，皆乳石天成，類有仙靈宅窟，俗謂之仙人洞矣。南麓雜樹薈蔚，綿亘五六里，蒸雲隱日，晴晝濛濛，奇禽異獸於焉萃止。石徑如線，車馬之迹皆絶，近地之小成都也。【略】其東南三十里爲禪堂崮。在縣治南少西四十餘里，崮南三里爲單崮，兩崮皆崖石陡絶，可避亂，然單崮雖峭絶，上無泉水。禪堂崮奇峭不如單崮，而崖半有泉，可足數十人之用。崮下復有泉自白龍洞中出，洞側有龍神祠，歲旱禱雨多應。又北十里，峭壁十數仞，雜木陰翳，古籐屈曲虯拏，蔓絡無際，開花時望之如綴錦。巨竹萬竿生石罅中，紅翠交映。有泉自懸崖下滴，匯爲小池，俗名之曰孤山。【略】又北十里爲海浮山。在縣治直南二十五里，下臨熏冶水，上有神祠，疏松數株，靉如碧雲，下與水邊密竹俯仰相映。此山以北雖地勢趨下，而曼衍平夷，無復岡嶺矣。

又卷四《古蹟》 其東北十里爲蜘蛛山。在縣治西北十餘里，圓秀孤起，松檜蒼蔚【略】。王氏別業在七賢里。明萬曆中，新城王象乾所築，村之東嶺及南北隧壑徧種松柏，彌望蒼然，名萬松園。明季地歸衡藩，易名半山山莊。【略】國朝順治三年知縣童本胡、康熙元年謝賜牧、乾隆十年陳錕、嘉慶四年蔣清有碑記，在大成門外。相繼修屏墻面，羊石街東西列德配天地、道冠古今坊。北爲欞星門，門內偏左有矮松一株，高僅數尺，蔭方逕丈，嘉植也。【略】又北爲大成門，門外有古槐，雷雨駁蝕，腹枵然半裂，而枝柯新翠油然，廟樹蕭槮交蔭，此爲最古矣。門內甬道槐、榆、松、柏夾列。右有老檜從曲阜移至，有短碣記其事。相傳道光元年，雨雹，萬樹皆摧，此檜枝葉略不損壞，邑人神之。

又卷八《風土》　［注略］果之屬：桃、杏、李、柰、棣、榠、榛、椇、石榴、蒲桃、銀杏、壺棗、羊櫻，皆繁盛。其尤美者，梨、蘋婆、林禽、魁果、胡桃、柿、栗。凡此諸果，利萃西南諸山。柿莗爲餅，與胡桃、杏仁最能致遠。梨、蘋婆走鬻江淮，疾足者能之，餘但集郡郭而已。佛手味甘可食，農家植甕盎中，秋實累累，頗珍異，不輕鬻，以至濟南、濰縣皆得高價也。木之屬：山多松，原多柏，隰有六駁、楸、柳、槐、榆、枰、柳、梧桐、椿、楝，並稱良材。白楊速成，尤利民用焉。桑葉厚，宜蠶，連岡被野，盛甲青州。柘不多有，多樗，多槲，以飼山蠶，與桑同功。椒亦宜蠶，《山蠶説》食椒名椒是也。仰天之山多丹楓，多黄枰，孟婆、八岐諸山多牛李。沂山之木，谷秀巖翹，多不可識，方俗名狀，於古無徵，如所稱仙人骨、色木者，尤爲奇植矣。竹性喜水，盛於冶源南山，引泉亦多瀟碧，然培灌無術，又率早伐。竿脩而肌薄，材不中物用，千倍之利坐享未能也。其他花卉，充階砌盆盎之玩，無關民用。然亦有可誌者，若牡丹、芍藥、海棠、紫薇、丁香、朱藤、杜鵑、紅蓮、丹桂、菊、秋海棠之屬，并稱佳品。一種尤奇絶者，曰孤海亭【略】若夫羽族之美，則有山鵲、翟雉、竹鷄、練鵲、山烏、倉庚、鵜鴣、鴛鴦、翡翠、鸂鶒。其應候而至，與耳目所狎習者，朝嘲夜啄，不可殫究。訓狐能攫食小羊犬，雀啄粒，鵶掊種，鴿食苗，并能殘稼，爲農病焉。獸則麞、兔、貍、貉、貒、狼、鼪、鼬。沂山舊産鹿，今則絶不見。巖穴多狐，其皮温厚，集以爲裘，貴亞邊産，雪天嗥然饑出求食，跡而捕之，獵者之利也。

清　陳懋　光緒《日照縣志》卷一《山水》　東爲幽固山。縣西南八十里。正德間，居人避亂於此，流寇登山，衆以滚石斃於巖下，因名保安寨。寺有銀杏一株。山迤北，有桃源洞山。

又卷二《壇祠》　卧佛寺。一名下元寺，在阿掖山東北。有唐碑火毁，元大德碑尚存。寺前銀杏二株，蔭多屋暗，風雨折去緐枝而殿宇不傷，土人神之。

又卷三《物産》　［注略］果之屬：棗、栗、胡桃、梅、杏、桃、含桃、李、柰、梨、羊棗、酸楂、銀杏、葡萄、香橼、木瓜、安石榴。【略】木之屬：桑與松宜廣種，而柘、樗、柞皆可蠶，桐、楝皆不蠹，椿、榆可食，柏、檜、檀、楓、槐、楊、柳皆可成材，竹爲用尤廣，荆、棘可編籬。此外繁不勝紀。其切於民用者，如家禽有雞、鴨、鵝。飛則有雉、鶴、雕、鵲、燕、雀、鴿、鶉、鴛、鶻鳩、桑扈、布穀、戴勝、鶯、鵲、烏、鴈、梟、鶖、鴛鴦、鷺鷥、鷹、鷂、斲木，諸類甚繁。蝙蝠，亦禽之屬也。【略】畜獸有馬、牛、羸、驢、犬、羊、豕、貓。野則貍、貛、狐、兔、鼠、狼，即猬亦獸之屬也。

清　聯印　光緒《霑化縣志》卷四《物産》　木屬：柏，惟墓田乃有之。槐，榆，柳，樗，楊，惟東西鄉有之。樫，鹻地易生而不能成材，即作薪亦劣。棗，土地所宜。桃、杏、桑俱不多見。禽屬：雞，鶖，鵝，鴿，以上家禽。烏，鵲，鶯，燕，雀，鶉，鳩，布穀，戴勝，啄木鳥，以上野禽，皆常見者。鵠，鷺，雁，梟，鶿，鸛，以上水禽，不能常見至。鷹、隼、鸇、雕益稀。狐，兔，貛，狼，雖有而不常見。鼬，猬，鼠。可憎之物，所在多有。

清　凌錫祺　光緒《德平縣志》卷三《物産》　菓屬：棗，梨，桃，李，杏，奈，榴，椹，蘋婆，沙菓，木瓜，葡萄，文官菓。木屬：柏，槐，楊，二種。椿，柳，數種。榆，桑，杜，楸，樗，樫，荆，紅荆。【略】毛屬：馬，牛，羊，驢，騾，猫，犬，豕，鼠，兔，狸，貛，蝙蝠。羽屬：雞，鴨，鵝，鴿，燕，雀，鳩，鵲，鶉，鴉，雉，雕，梟，蠟嘴，啄木。

清　李祖年　光緒《文登縣志》卷一《山川》　鵂鶹山，在城東南二十里。《寰宇記》：此山常有鵂鶹棲止，故名。今名金嶺山，又名佛爺頂，石上蠣殼紛如，或云舊時南連大海，故孕此。今山去海二十餘里。【略】天福山，在駕山東南隅，四面奇峰環抱，中有地寬敞，圍五里許，突起平臺。國初大水泊，于氏建佛刹其上，院宇幽邃，竹樹陰森，士人往往讀書於此。臺之左有甘泉繞臺流涓涓不絶。每當春夏之際，樹林翳影，雜鳥弄聲，極爲幽勝。【略】三奇山，在城東二十里，上有龍穴、石竈、仙人迹，因以三奇爲名，林壑幽邃，神仙窟宅也。【略】邑西北有七松嶺，嶺皆種松，故名。其六嶺巋然而起，古松鬱盤，狀作龍鱗，曰香鑪頂。【略】密山，在城西二十五里，東連木渚，西接崮山，幽巖秀石，多奇形怪狀。又有石名怖鴿崖，如鳥之淩虛而翔也。山之陽有石屹立相向，曰石門，門之左右曰貉子洞、野豬溝。南折而東有石洞，中闊可容百許人。其上牡蠣殼旋轉錯出，山故多狐。晨夕間，輒學兒語，作雞鳴。山中古刹頹垣，不知建自何代。舊有園址，亦復荒廢。邑人賽珠密山詩：『我愛孤峰秀，開軒入戶檽。石屏蒼矗矗，松蓋翠亭亭。仙子掇瑶草，幽人覓茯苓。誰憐荒僻地，載酒賦山靈。』【略】裏口山，在掛榜山西南，明董指揮建蘭若於此，其別業在焉，饒臺榭林木之勝。

又卷四《寺觀》 洪教寺在城東二十里，古嘉會院舊址。金大定三年敕賜爲洪教寺，有石刻。尚書禮部牒寺僧普暾請改寺名，於此可考。寺居萬佛山中，峰巒合沓，林木茂密，溪澗幽邃。有明嘉靖十九年碑，志寺之四至起訖。萬曆中，邑人王棟重修碑，已不存。國朝康熙二十三年重修碑，邑人叢大爲撰，于可託篆額，于其瑛書丹，附後。

又 文登縣治之東三十里，駕山之陽，舊有招提，以清涼寺額之，左視潯峰，南瞰鐵槎頂，北連正棋山，枕天門澗；右聳文山，松杉鬱茂，溪壑幽深，土腴泉甘，龍蟠虎踞，嵐光翠氣，峙映滄溟，紫靄白雲，旋騰霄漢。披松風而覽月鑑，登嵓石而窺禪林，宜以清涼而爲之額也。

又 [甘泉寺]國初經于七之亂，燬於兵，楹礎缺訛，棟宇傾圮，三五殘僧，朝夕謀香火不繼。康熙庚寅，寺僧照忍，力爲募化。經營五年，自正殿、廊廡、山門、客舍、禪房，各訖厥工，寺乃完整。乾隆以後，寺僧以富甲於東方，重新舊寺，規模愈壯。松林茂密，中石坊聳立額曰甘泉寶剎。西行數十步，碑亭對峙，刻名人詩文於其上。東北有亭，亭有井，井南爲池，井水自龍口入池，涓涓不竭，味甘冽，寺名甘泉以此。《通志》：水出石穴，色瑩味甘。《廢鐸囈》曰：寺居崑崙山之東麓，爲邑中第一名勝。四山合抱，羣峰森然，內向由天井坐觀峭壁，巉巖下臨欲墮，四時各有奇景，不可殫述。《啓堂隨筆》曰：甘泉寺嵌巖幽壑，怪石長松，緑竹修修，清泉滴滴，空山梵唱，寶榻幡高，令人有塵外意。

又 [金水菴]國朝雍正間重修，庵居崑崙東南麓，四山合抱，西至旱溝，南北東水之內流者，俱係庵地。樹木茂密，拔地參天，極爲幽勝。庵門外有石，高七八尺，寬丈餘，平地特立，狀若危樓，可容數人弈酒，號爲樓石。其東大石如盆，微圓而凹，雨後則清水澄澈，一塵不染。

又卷一三《土産》 木之屬：椿、樗、楸、槐、楊、柳、梧桐之類，無甚奇材，而土性最宜者松，長巖幽澗，沙磧石隙，鬱鬱葱葱，秀削參天，蟠屈覆地，淩霜含翠，飽雪流脂，蓋鍾於天地磅礴鬱積之氣，故蒼髯黛色，彌滿山岡。國初舊屋榱桷棟梁皆取諸此，聞諸父老云：百年以前，連山接麓皆爲松林，人烟既密，翦伐斯頻，雖有萌蘖，僅可爲薪，不中材用矣。今村民厚利，莫如柞樹，俗名不落。一名櫟，一名栩，一名柔，一名棫，其實名草，即皂字，《説文》作草，《詩》陸疏作皂。一名樣，音象。一名草斗，一名象斗，一名芧，一名柞實，樣字俗別作橡，故又名橡，其房名梂，與槲相似而不同，即《禹貢》注之山桑，其葉可以飼蠶。厥篚檿絲，唐虞職貢，俗名山繭，由來遠矣。《暑窗臆説》云：山繭，即《禹貢》之檿絲，今之山紬。有柞之山，謂之蠶場，春蠶出自秋繭，秋蠶出自春繭，若風雨以時，陰陽和調，春秋兩收，其利什倍。惜土人拙於工作，不諳繅織之法，雖有厚利，爲他邑人埽蠶捆載以去。【略】羽毛之屬：莫大於崑崙之雕，鼓翼遮雲，羽可爲扇，土人名曰坐山鵰。夜則子規滿山啼，聲凄楚。又山中有鳥，曰歸山好，見趙飴山詩集。明時，文廟丁祭用鹿，取之獵户，今絶迹矣。餘如狐狸、貛、貉，獵者猶常得之。闔境諸山以狼爲盛，有時數十爲羣，災及羊豕，至不可制，名曰狼荒。嚴冬大雪，雉、兔亂竄，獵者以網，以火器轟於烟台。

清 劉文煃 光緒《壽張縣志》卷四《物産》 果屬：梨，棗，桃，杏，李，柿，沙果，石榴，葡萄，瓜子，核桃，柰，甜子，蘋果，林檎，花紅，文果。花屬：菊葵，雞冠，石竹，玉簪，荷花，芍藥，牡丹，金盞，木槿，黃梅，紅梅，金銀花，絨花，剪秋羅，海棠，丁香，山丹，鳳仙，薔薇，紫荆，百日紅，玫瑰，老少年。木屬：椿，槐，榆，柳，桑，桐，柏，楊，棠，楮。【略】禽屬：鵝，鴨，雞，鴿，鶯，鵲，鶉，燕，雀，鳩，鷹，鷂，烏，鵓，鴟鴞。獸屬：牛，馬，騾，驢，猪，羊，犬，兔，猫，貛。

清 聶鈫 《泰山道里記》 北爲對松山坊，自朝陽洞坊至此四里，兩峰夾路對峙，蒼松跡焉，曰對松山，亦曰萬松山。松阨於石，不能大，雨不常及，以雲氣沾溼而生，且茂枝皆作蛟虬狀。

清 吴若灝 光緒 《鄒縣續志》卷二《山水》 貴殊山，在城東北三十八里土旺村北，俗名四山峪。山口北向，中廣數十畝，有蘭若，有學舍，係土旺村杜氏捐置。山形盤鬱，林木深秀，四面圍環，狀若圓甑。下有井，曰聖泉。有洞，曰朝陽。【略】餘山，一名雨山，在城東北三十里，前爲脈停，山石青色。龜山，在城東北三十餘里九龍山後，餘山之右，上有蒼松古檜，孔子去魯南行，作《龜山操》。

清 汪鴻孫 宣統 《恩縣志》卷二《山川》 西山在縣西四十里舊治境。左傑《西山晚眺》詩云：『貝邱何迢遞，靈山迥嶇嶔。元景停陰壑，丹氣靄陽林。蒼蒼秀瑶草，唧唧亂鳴禽。日夕多更佳，賢達幾登臨。巇崿坐銷歇，雲物杳深沉。城郭嘆非古，人烟嗟至今。振策尋遺跡，惻惻傷我心。幸餘圖牒在，悠然獲所欽。』《天下名勝志》【略】陰山在縣南二十里，林木陰濃，周匝數里，故名。今僅有土阜。

又卷四《物産》 木：榆，柳，二種。椿，樗，桑，有椹。荆，槐，楊，青、白二種。桐，柏，楮，杜，柘。果：棗，五種。梨，六種。桃，數種。李，四種。杏，杏梅，石榴，沙果，二種。蘋婆，文官，葡萄，核桃，棠梨，櫻桃，花生。【略】花：葵，牡丹，芍藥，數種。石竹，玉簪，金雀，榴，菊，海棠，刺梅，卷丹，金盞，月季，鷄冠，夜合藤，匾竹，迎春柳，薔薇，鳳仙，萱，夜落金錢，剪秋羅，木槿，地棠，剪紅羅，山丹，碧桃，紫荆，紫蝴蝶，四季槐，連三春柳，丁香，水蓬，荼蘼，蜀葵，珍珠花，金簪，轉枝蓮，藤花，洛陽葵。【略】禽獸：鵝，鴨，鴿，烏，雉，雀，鳩，鵲，鵙，鸛，鶺鴒，鷂，鷹，鴛鴦，伏翼，啄木，桃蟲，即巧女。水鴨，紫燕，黄鸝，鶉，鶯，鷺，黄雀，杜鵑，蠟嘴，驢，騾，猫，兔，獾，狐，貉。

紀事

漢 司馬遷 《史記》卷六五《孫子吴起列傳》 孫子度其行，暮當至馬陵。馬陵道陝，而旁多阻隘，可伏兵，乃斫大樹白而書之曰『龐涓死於此樹之下』。於是令齊軍善射者萬弩，夾道而伏，期曰『暮見火舉而俱發』。龐涓果夜至斫木下，見白書，乃鑽火燭之。讀其書未畢，齊軍萬弩俱發，魏軍大亂相失。龐涓自知智窮兵敗，乃自剄，曰：『遂成豎子之名！』

又卷八〇《樂毅列傳》 齊器設於寧臺，大吕陳於元英，故鼎反乎磿室，薊丘之植植於汶篁，自五伯已來，功未有及先王者也。

又卷一二九《貨殖列傳》 齊帶山海，膏壤千里，宜桑麻，人民多文綵布帛魚鹽。

漢 孔鮒 《孔叢子》卷下《諫格虎賦》 帝使亡諸大夫問乎下國。下國之君，方帥將士於中原。車騎駢闐，被行岡巒。手格猛虎，生縛貙犴。昧爽而出，見星而還。國政不恤，惟此爲歡。乃夸于大夫曰：『下國鄙，固不知帝者之事。敢問天子之格虎，豈有異術哉？』大夫未之應，因又言曰：『下國褊陋，莫以娱心。故乃辟四封以爲藪，圍境内以爲林。禽鳥育之，驛驛淫淫。晝則鳴嚾，夜則嘷吟。飛禽起而翳日，走獸動而審音。犯之者其罪死，驚之者其刑深。虞侯苑令，是掌厥禁。於是分幕將士，營遮榛叢，戴星入野，列火求蹤，見虎自來，乃往尋從。張罝網，羅刃鋒，驅檻車，聽鼓鐘。猛虎顛遽，奔走西東。怖駭内懷，迷冒怔忪。耳目喪精，值網而衝。局然自縛，或隻或雙。車徒抃讚，咸稱曰工。乃縛以絲組，斬其爪牙。支輪登較，支與榰同，言獲獸多可榰其軵輪，登滿較式。高載歸家。孟賁被髮嗔目，躁猾紛華，故都邑百姓，莫不于邁。陳列路隅，咸稱萬歲。斯亦畋獵之至樂也。』大夫曰：『順君之心樂矣，然則樂之至也者，與百姓同之謂。大兕虎之生，與天地偕，山林澤藪，又其宅也。被有德之君，則不爲害。今君荒于遊獵，莫恤國政。驅民入山林，格虎於其廷。妨害農業，殘天民命。國政其必亂，民命其必散。國亂民散，君誰與處？以此爲至樂，所未聞也。』於是下國之君乃頓首曰：『臣實不敏，習之日久矣，幸今承誨，請遂改之。』

漢 班固 《漢書》卷二八《地理志》 魯自文公以後，禄去公室，政在大夫，季氏逐昭公，陵夷微弱，三十四世而爲楚所滅。然本大國，故自爲分壄。今去聖久遠，周公遺化銷微，孔氏庠序衰壞。地陿民衆，頗有桑麻之業，亡林澤之饒。

漢 應劭 《泰山封禪儀記》（引自《東漢文紀》卷七） 是朝上山，騎行，往往道峻峭，下騎，步牽馬，乍步乍騎。且相半，至中觀留馬。去平地二十里，南向極望無不覩，仰望天關，如從谷底仰觀抗峰。其爲高也，如視浮雲，其峻也，石壁窅窱，如無道徑通，望其人，端如行杇兀，或爲白石或雪，久之，白者移過樹，乃知是人也。殊不可上，四布僵卧石上，有頃復蘇。亦賴齎酒脯。處處有泉水，目輒爲之明。復勉强相將行，到天關，自以已至也。問道中人，言尚十餘里。其道旁山脅，大者廣八九尺，狹者五六尺，仰視巖石松樹，鬱鬱蒼蒼，若在雲中。俛視谿谷，碌碌不可見丈尺。遂至天門之下。

宋　樂史　《太平寰宇記》卷二一《河南道二一・兖州》　甑山，東魏張華原爲徐州刺史，先是猛州境有猛獸爲暴，華原爲令，州北七十里甑山中，忽有虎食猛獸都絶。時人稱化感之至。

又《沂州》　青沙峴在［新泰］縣北十里。伍緝之《從征記》：青沙峴玄圃城十里，木皆櫨杏，草多微菻。

又卷二四《河南道二四・密州》　蘆水出［諸城］縣東南盧山，亦名文臺水。《齊記》云：武城盧水側有勝火木，方俗多爲鋌子燒之，成炭而不灰。東方朔云不灰之木，即此也。

金　元好問　《遺山集》卷三四《濟南行記》　凡北渚亭所見，西北孤峰五，曰匡山，齊河路出其下，世傳李白嘗讀書于此；曰粟山；曰藥山，以陽起石得名；曰鵲山，山之民有云：每歲七、八月，烏鵲羣集其上，亦有一山皆曰鵲時，此山之所以得名歟？曰華不注，太白詩云：『昔歲遊歷下，登華不注峰。兹山何峻秀，青翠似芙蓉。』此真華峰寫照詩也。大明湖由北水門出，與濟水合，瀰漫無際，遥望此山，如在水中，蓋歷下城絶勝處也。華峰之東，有卧牛山。正東百五十里，鄒平之南，有長白山，范文正公學舍在焉，故又謂之釁堂嶺。東十里，有南北兩妙山，兩山之間有閔子騫墓。西南大佛頭嶺下有寺。千佛山之西有函山，長二十里所，山有九十谷，太山之北麓也。太山去城百里而近，特爲函山所礙，天晴登北渚，則隱隱見之。歷山去城四五里許，山有碑云：其山修廣，出材不匱。今但兀然一丘耳。西南少斷，有蠟山，由南山而東，則連亘千里，與海山通矣。

明　畢瑜　《尼山記》（引自《名山勝槩記》卷三五）　丁酉之春，仲月十有六日，余自濟南謁翰林學士王公于曲阜，又明日衍聖公偕學士遊尼山。適風和日麗，一時欣然，聯轡者憲副張公珩、陳公相余及叅議杜公鋐也。尼山居曲阜東六十里，出城十里左右，纍纍然盡魯漢諸陵。去二十里，茂林葱欝，中有馬鬣封者，顔墓也。及二十里餘，遠近崗巒秀列，隱若龍虎，蟠踞環結而爲五峰，此即尼山也。

明　喬宇　《遊沂山記》（引自《名山勝槩記》卷三五）　丙申昧爽，臨事畢，遂明。見山上霞光彩映，汎汎煒煒，頗爲奇玩。稍頃，又頓陰，霏霧槩逼，雨乃急下。期以飯後往觀百丈岩，又忽杲然出日。向廟西山行十五里，皆涉澗躡磔，肩棘踵莽而入。時聞鳥聲清哢於林間，意爲奇羽逸翮，而薈蔽不可覩。至于岩下，岩削立百丈，廣數十丈，瀑布泉自中而下，蜿蜒垂動，宛如玉龍，湍奔流迅，輷輷作響；又若飛雨倒空，沫沫四下。並泉石常沾苔潤蘿，下匯爲澄潭，幅員十餘丈。中有大石，色皆青葱可愛。

又《牛山記》　牛山在臨淄之南十里，予往而登之。【略】昔者孟軻氏以牛山之濯濯非山之性，乃由斧斤牛羊而致，以喻人之禽獸也，非人之性，乃由梏亡而致。余今登兹山也，見其濯濯如當時所云，而天下之不梏亡其性者亦鮮矣。仁義之心，雖余固有，存存亡亡，云胡能定，余故憂之也。

明　林文俊　《方齋存稿》卷七《楓山別墅記》　泉城南十里有山，曰楓山。樹木葱蒨，四時異狀，而楓尤多，故特以名其山。

明　任弘烈　萬曆《泰安州志》卷一《災祥》　漢昭帝元鳳三年春正月，泰山大石起立，高丈五尺，有白鳥數千集其旁，僵柳復起生，蟲食柳葉成紋。【略】崇禎七年甲戌歲正月，有飛鳥千萬成羣，遮天蔽日，自東北來。其鳥身體若鳩，色微紅，足如貓，人不能識，説者以爲塞外之鳥，名曰沙鷄。【略】野猪之名，前未有也。自順治元二年，有畜在泰山左右麓林之處茹草食，田獵者見之，不知其名，形狀聲音與猪無異，毛色似鹿，土人以野猪名之。今山中及附近州縣之鄰山者，皆有之。【略】自孔子過泰山，聞有母哭其子被虎食者，自後千餘年，未聞有虎至。順治十一年，州東轉山有虎，嗣後有虎跡，出入無常。【略】順治十六年春，有虎見於城南竇家村，州守曲允斌率百騎往捕之，馬見虎皆驚奔不前。

明　李裕　《游泰山記》（引自《名山勝槩記》卷三四）　從西折北二里，有王母池，泉甘而冽，瀵沸潾潮，不竭不溢，鄉人取水，禜雨頗驗。又北五十餘步，曰吕巖，有吕仙石像。宋時建樓閣堙圮，獨荒基破礎存。今圍以石垣，其中深林茂草，森布蒙密，曄曄猗猗，頗有佳致。【略】是［回馬］嶺，岌業陡絶，車騎不可前馳。余四人神思覺疲，僕從亦有倦色，少憩石上，飲茗。易肩輿，穿深林，踰大石，行可四里，陡崖剷削，中夾石徑，陋陀險陒，有石磴可躋。復行二里許，即宋真宗東封帳宿處，曰御幢，其地夷衍，嘉木樌樌，繁陰布地。前即深澗，黛蓄膏渟，水光映天，巉石錯雜如齗齶。有小魚，色青黑，浮游水面。【略】又西行數步，上太平頂，此泰山最高處。上有磐石方丈，廉隅尚整，黧色，光潤可愛。余四人坐石上，少頃，拱宸、尚源足疲怯，還昭真觀。余與景賢褰裳徑往頂上，俛瞰羣峰攢簇，伏地若培塿，獨神、霄兩峰巉嶙特起，佳花異草含丹吐白者，駢羅列布於巖谷，靈禽怪獸啾鳴嘯號之聲，雜沓盈耳，最爲泰山奇勝。

明　高出《勞山記》（引自《名山勝槩記》卷三五）　余總丱時，就師即墨城中讀，是知勞山也。【略】下爲甚稍得夷曠之墕，多松，静而聲間覆數椽之茅，野婦乳兒，視客不異也。山花片片，雜英如紅纈襲路之芬，瀨鳴谷答，沙白掩帶，紫蔞蒲芃鬱，來往翠禽，我馬駸駸，如在郊野，可與忘險，人其罷厭哉！【略】壬申，觀漁于海，遂從莊北六十里而至華樓。碧巖紫巘，古樹浮青，列嶂排空，丹梯指掌。東有孤石植焉，霞色映之，建標擢秀，煥若金銀之臺，是勞第一石也。邦大夫之蒞止有舍，北道雖岌而治，壁有鎸刻，槐眉有樹，亭有碑，蓋衆遊之所蕞也。道士導余且刺刺語，余爲無所聞也者。攬膹而止，則暝矣。華樓之對者，黄石宫也。旦行，而初日在眉，交柯拂衣，意蒸然快之。山止則溪，溪北岸之稍西，遡而上，爲石竹澗，（寺勞）［澗旁］一寺，寺一僧爾，爾中供旃檀佛像一顔，爲大慈聖施置那羅延山者，亦憨山吏也。東踰複嶺，遡而上，里許逕絶，門于石中空容，人仰趾漸，高而不傴，殆百餘武，亦勞第一逕。出之，又數盤，而得黄石宫。宫中道士皆出，不見一人。酌柏下泉而還，就舁於道。東行十五里，原田每每，林木交翳，椒條繁郁，桑柘多陰，棗之纂纂，木之蓁蓁，叢宛而蕩胷。昔人謂沃土之民淫，勞山多百歲人，雖草木之年，豈非其食腴而視澮哉！　午至大勞觀，觀處曠而能收樹石之勝，故足述也。

清　張謙宜《華樓仙跡記》（引自《即墨縣志》卷一〇）　順治庚子秋，道士王雲莊告予云：華樓山高千仞，方削不可上，其下爲鳳臺觀，即雲莊隱處也。相傳，烟波月明時，每聞簫聲鶴唳。崇禎間，觀中有老道士嗜酒，醉後向山膜拜曰：仙翁憐予，獨不能扶掖一登乎？儕輩笑其狂，積歲不懈。一日微酣，攀葛如掛狷，凡三息以達於巔。砥平約十餘畝，松盤生石上，偃卧虬龍，天風簸盪之枝，磨成片猶潤數尺，毛勁如鐵。道士酒醒矣，不敢下，蹣跚蹲踞以進。中立大石，紫翠玲瓏，攲者如几，上嵌青玉椀，骹長陷入竅中，可轉而不可取。有白玉吕仙翁像，長七八寸。乳泉一泓，掬飲如糯米汁，可以不飢。境界清寒，非凡骨所能居也。初至一晝夜，熙熙然樂之，一二日漸恐，四五日後，展轉悲思，俯瞰松外，股栗復回，計無所出。則取玉像懷之，仙不祐我者，甯與俱碎，並取椀，折其骹，面山附葛皴澁凹凸處，揣躡以退，山過半，石磡可立而下，皆陡滑無草蔓，外向招呼，遠弗聞，身才似小鳥耳。觀中失道士浹旬，四出偵探無所見，會日中大市，其徒向山悲悼，豈能上去耶？向夕返照絶壁上，黑物動不止。道友曰：酒顛得毋是乎？顧相隔三十餘丈，無計取之，已乃拜求市人，借木與索，結駕連屬以上，果酒顛也。下而惘惘若悔者數日。令聞其探奇寶，捕繫之，不得已，獻像與椀。令又使人發屋壁，掘牀下土數尺，終無所見，久乃釋之。自是不復聞簫鶴矣。後一好事令來，遊樂其山川，立石碑於觀前，刻曰：海上第一山。形家云：此飛鳳之勢，而斲斷其頸，後必無得道者。康熙庚申，從舅挾我過華陰，望遠樹如薺，豈所謂虬龍搏風者耶？

清　崔懋　康熙《新城縣志》卷一〇《災祥》　靈鳥。學宫有柏數十株，叅天拂雲，数百年物也。大凡前鳥集多，則次年必有登科者。萬曆丁亥秋尤盛，次年戊子舉者六人。【略】雙鶴。王太史翼吾公妻畢孺人殉節葬時，有雙鶴集于華表良久，乃入雲際，會葬者皆見之。《舊事》【略】玄兔。崇禎丁丑，城南三里莊獲玄兔一。《舊事》白鹿。王太師東園蓄白鹿二。《舊事》

清　周來邰　乾隆《昌邑縣志》卷一《山川》　青石山。在縣東南二十五里，盤亘數里，南有遇仙園，又其南曰鈴鐺溝，山故多松柏，曰墨松林，相傳漢赤眉賊餘黨聚處也，今樵伐無餘。有東鎮廟，邑舉人陳之枌讀書於此，建文昌閣於其上。

又《形勢》　東山晚照。東山雄峙邑左，綿亘數里，每夕曛西下，山麓烟横，緑樹、丹崖與落霞暉映，觀者奪目。【略】孫廟奇槐。孫臏食采於鄑廟，在瓦城中有古槐二株，老幹硉矹，枝柯蟠拿，翠蓋穹垂，拗屈百結，有虬舞雲縈之態，謂之奇槐。相傳先有槐，後立廟云。

清　李賢書　道光《東阿縣志》卷三《山》　城之西爲虎窟山，去城三里。《酉陽雜俎》以爲燕建平中，濟南太守胡諮得白虎於洞中，故以名山。今其南岩有二洞，一向北者白虎洞也；其一西向，大可數丈，謂之夕陽洞。洞口懸崖丈許，爲一佛堂，崖下有泉，其旁故多林木，風聲颯颯，不秋而寒，以爲邑一景峰。

清　周壬福　道光《博興縣志》卷一三《訂訛》　段成式《酉陽雜俎》：晉太始中，北海蓬球入貝邱之西玉仙山伐木，忽聞異香，球遡風尋之，有宫殿盤鬱，樓臺軒敞。入門窺之，見玉樹五株，有四婦人，端妙絶世，共彈碁於堂上。又彈琴於樓者，名曰元暉。球立樹下，覺饑，乃以舌舐葉上垂露。俄有一女，乘鶴而至，恚曰：玉華汝等何故有此等俗人？王母即令速驅出諸仙室。球懼而出，出門回顧，忽然不見。抵家，已是建平中，其舊居閭舍皆爲虚矣。《府志》引此，或以北海爲古青州云然也。而舊志以博興有貝邱鄉，並引之，然古人引地皆以縣名。段氏，唐人，所指貝邱，當即隋改淄川縣之貝邱。唐時隸北海郡，今淄川、博山兩縣之域非博興貝邱鄉也。

清　張同聲　道光《膠州志》卷六三《雜述》　匡氏嘉樹園，初名享堂，所以祀其始祖者，創於明成化十三年，給事中匡鐸始修爲别墅。自嘉靖四十年，迄萬曆四十年，臺池亭樹始備。國朝順治十年，海時行叛，焚爲灰燼，其七世孫匡範有《嘉樹園記》，甚詳。後其地夷爲民居，然猶名花園。今刑部主事楊階家猶存合抱之木，曰紅葉樹，葉大如柿，暗而綴以簪，書之即成赤文，歷久，不踰霜降則全葉變紅，雖遠遊歷者未嘗見之，或古所謂題紅葉者，即此。無俟筆墨乎？　誠三百餘年之碩果也。想見爾時奇卉異木之多，宜其園以嘉樹名焉。

藝文

漢　孔鮒　《孔叢子》卷上《記問第五》　哀公使以幣如衛迎夫子，而卒不能賞用也。故夫子作《丘陵之歌》曰：登彼丘陵，峛崺其阪。仁道在邇，求之若遠。遂迷不復，自嬰屯蹇。喟然迴慮，題彼泰山。鬱確其高，梁甫迴連。枳棘充路，陟之無緣。將伐無柯，患茲蔓延。惟以永嘆，涕霣潺湲。

魏　曹植　《曹子建集》卷六《梁甫行一云泰山梁甫行》　八方各異氣，千里殊風雨。劇哉邊海民，寄身於草墅。妻子象禽獸，行止依林阻。柴門何蕭條，狐兔翔我宇。

宋　王曾　《矮松賦》（引自雍正《山东通志》卷三五）　齊城西南隅矮松園，自昔之閒館，此邦之勝槩。二松對植，卑枝四出，高不倍尋，周且百尺，輪囷偃亞，觀者駭目。蓋莫知其年祀，亦靡記夫本源，真造化奇詭之絶品也。曾咸平中，忝鄉薦，登甲科，蒙被寵靈，踐歷清顯，幾三十載。前歲秋始罷冢司，出守青社，下車之後，省閭里，訪故舊，則曩之耆耋悉淪逝，童冠皆壯老，邑居風物，觸目遷變，惟彼珍樹，依然故態。竊謂是松也，匪獨以後雕，克固歲寒，抑由臃腫支離，不爲世用，故能宅兹臯壤，免於斤斧，向若負搆厦之材，竦凌雲之幹，將爲梁棟，戕伐無餘，又安得保其天年，全其生理哉？感物興歎，聊爲賦曰：惟中齊之舊國，乃東夏之奥區，有囿游之勝致，直廛閈之坤隅。偉茂松之駢植，軼衆木而特殊。上輪囷以夭矯，旁翳薈而紛敷。廣庭廡之可蔽，高尋常之不踰。枝擁閼兮横亘，根蹙縮兮盤紆。徒觀其前瞻林嶺，却枕康衢。宅寶勢兮葱鬱，據古地兮膏腴。類蟠蟄兮蛟螭，訝騰倚兮虎貙。將拏空兮未奮，忽伏竄兮爭趨。色黝鮮兮欲滴，形詭俗兮難圖。遠而望之，蔚兮若摶鵬之出滄海。迫而察之，默兮若方輿之承寶蓋。矗洞口之歸雲，堆崑阿之宿靄。談揮麈兮何多，被集翠兮增汰。度朔吹兮飂飀，含陽暉兮晻藹。吾不知其幾千歲，起毫末而碩大。昔去里兮離邦，攀緑條兮彷徨。令剖符兮臨郡，識奇樹兮青蒼。怵光景兮遄邁，嘉歲寒兮益彰。葉毵毵兮不改，情眷眷兮難忘。異古人之歎柳，協予志之恭桑。信矣夫，卑以自牧，終焉允臧。效先哲之俯僂，法幽經之伏藏。願蹈影於澗底，厭爭榮於豫章。鄙直水兮先伏，懼秀林兮見傷。幸高梧之垂蔭，愧修竹之聯芳。鸞乍迷於枳棘，鶡每悮於榆枋。媲周雅之踏地，符羲易之巽牀。既交讓以屈節，復善下而同方。自儲精於甘實，不受命於繁霜。客有系而稱曰：材之良兮，梓匠之攸貴；生之全兮，蒙莊之所美。苟入用於鈎繩，寧委跡於塵滓。俾其天性而稱珍，曷若存身而受祉。紛異趣兮誰與歸，當去彼而取此。

元　楊載　《楊仲弘集》卷一《古木詩》　大木生何許？乃在泰山隈。泰山崖石裂，怒水響如雷。浸潤長膏液，根株日以培。縱歷千百載，霜雪不能摧。長安天子詔，欲築九層臺。臺上構宫殿，青雲共徘徊。匠氏走海内，博求楝梁材。萬夫治道路，揮斧重林開。大器當大用，小器宜翦裁。有如豪傑士，蹤跡困塵埃。適可厚自養，毋爲與歎哀。

清　邢國爾《游麓臺四首並序》（引自乾隆《濰縣志》卷六）　己卯夏五月，胡卓明進士邀飲邑西南郊之麓臺。臺之上舊有修貞觀，環有碧山，下有清泉，谷容窅邃，林木蓊翳，爲濰之佳境焉。偶拈四韻以識其勝。四載塵勞吏，於今遊麓臺。俗顔何處滌，勝地此中開。知己欣時髦，相攜話酒杯。會心不在遠，魚鳥真悠哉。

境有靈源闢，層臺聳邃陰。坐忘知道意，貞悟見天心。白雪豈絲竹，青山自古今。得逢嵇眼顧，暫爾一開襟。

出郭不數武，蓊叢別有天。桑麻帶雞犬，山水特風烟。一令雖云俗，雙鳧此亦仙。平津有東閣，無計附前賢。

除夜雪相留，元日晴相送。東風吹宿酒，瘦馬兀殘夢。葱朧曉光開，旋轉餘花弄。下馬成野酌，佳哉誰與共。須臾晚雲合，亂灑無缺空。鶖毛垂馬騣，自怪騎白鳳。三年東方旱，逃户連欹棟。老農釋耒歎，淚入飢腸痛。春雪雖云晚，春麥猶可種。敢怨行役勞，助爾歌飯瓮。

清　于際隆《神楊垂蔭》（引自乾隆《濰縣誌》卷六）　飛柯天半葉拌拌，偃蓋連雲秀色揚。鬱鬱數圍陰白日，亭亭百尺蕩穹蒼。千年雨露皇恩溥，十世栽培祖澤長。巨室何人求大木，可將老榦棟披香。

華中部

華中總論

論說

《墨子·公輸》　荆之地方五千里，宋方五百里，此猶文軒之與敝轝也。荆有雲夢，犀兕、麋鹿滿之，江漢之魚鼈、黿鼉爲天下富，宋所爲無雉、兔、狐、狸者也，此猶粱肉之與糠糟也。荆有長松、文梓、楩柟、豫章，宋無長木，此猶錦繡之與短褐也。

綜述

漢　班固《漢書》卷二八《地理志》　楚有江漢川澤山林之饒。江南地廣，或火耕水耨。民食魚稻，以漁獵山伐爲業，果蓏蠃蛤，食物常足。故呰窳媮生，而亡積聚，飲食還給，不憂凍餓，亦亡千金之家。

宋　范致明《岳陽風土記》　龍興觀故基，在太平寺東，舊有西閣，爲登覽之勝。見滕公詩咏，皮日休、陸龜蒙亦爲觀步之什。今治平寺江路兩山間，林木邃密，故基存焉。天禧中，賜名天慶。昔時觀名，因而泯没。【略】君山東對㴩山，山多竹，兩山相去數十里。回峙相望，孤影若浮，湘人以吴船爲㴩，山形類之，故以名。山上有塔曰啞女塔。舊傳有商女祟病，至此忽能言，指其上可置塔。其家爲之置塔，因以名焉。【略】巴陵鴉甚多，土人謂之神無敢弋者。穿堂入庖厨略不畏，園林果實未熟，耗啄已半。故土人未嘗見成實之果，半生半熟採之。君山在洞庭湖中。昔人有詩云：『四顧疑無地，中流忽有山。』正謂此也。夏秋水漲皆巨浸，不可以陸行，往近年冬深水落，渡江肩舁以游。上有廟曰「淵德侯洞庭君廟」，舊祠以爲湘君，遂以爲二妃，誤也。上有野馬數十足，蓋昔之所獻馬，歲久滋生。山多古木，少草。夏秋食木皮，多餓死，故其數不充廣。

宋　史浩《尚書講義》卷五　荆及衡陽惟荆州。江、漢朝宗于海，九江孔殷，沱、潛既道，雲土夢作乂。厥土惟塗泥，厥田惟下中，厥賦上下。厥貢羽、毛、齒、革，惟金三品，杶、榦、栝、柏，礪、砥、砮、丹，惟箘、簵、楛，三邦底貢厥名。包匭菁茅，厥篚玄纁璣組。九江納錫大龜。浮于江、沱、潛、漢，逾于洛，至于南河。【略】杶、榦、栝、柏，木之美。礪、砥、砮、丹，石之美。惟箘、簵、楛，皆弓矢之材，非不良也。而有名可貢者，菁茅是也。蓋菁菹豆實而茅可縮酒，此爲王祭所重，故有名焉。其曰三邦，必荆之三國，産是物也。昔齊伐楚，責楚貢之不入。不言羽、毛、齒、革、金石、竹木，而曰『包茅不入，王祭不供』，其意若曰：有名者尚且不貢，則無名者可知矣。是知所重者祭祀，厥有名者，惟菁茅也。既包又匭，則其貴重可知已。

宋　林之奇《尚書全解》卷八　三邦底貢，厥名包匭菁茅。

漢孔氏曰：三物皆出雲夢之澤，近澤三國常致貢之，其名天下稱善。箘、簵、楛出於三邦者，尤爲有名故也。三邦之地，經無明文，難以考據。案《考工記》：材之美者，有妢胡之笴。鄭氏注云：胡子之國在楚旁，意者即三邦之故地與？蘇氏曰：杶、榦、栝、柏、礪、砥、砮、丹與箘、簵、楛皆物之重者。【略】鄭氏以『厥名』下屬『包匭菁茅』，尤爲無義，據揚州之貢，金三品，瑶、琨、篠、簜、齒革、羽、毛，惟木。荆州之貢，羽、毛、齒革、金三品、杶、榦、栝、柏、礪、砥、砮、丹、箘、簵、楛，而《職方氏》揚州其利金、錫、竹箭，荆州其利丹、銀、齒、革，則是此二州所出之物産，大抵中原所資以爲兵器之用者。晋文公謂楚子曰：子女玉帛則君有之，羽、毛、齒、革則君地生焉。其波及晋國者，皆君之餘也。蓋中原之所出者，皆不得如此二州之精良，故必資此二州者爲用。【略】『包匭菁茅』，孔氏以包爲一句，謂包者橘柚也。唐孔氏曰：匭是匣也，菁茅既以匭盛，非所包之物，明包必有裹也。案：《左氏傳》齊桓公責楚貢包茅不入，王祭不供，無以縮酒。則茅之有包，自古然也。以是知孔氏之説爲未然。鄭氏云：匭猶纏結也。菁茅之有毛刺者重之，故既包裹而又纏結之。謂其包而又匭，此説誠是也。若以匭爲纏結，則非矣。匭，匣也。菁茅供祭祀之用，既包而又匣之，所以示敬也。顔師古云：包其茅，匭其菁，以獻之。亦不必如此分別。孔氏以菁茅爲二物，謂菁以爲菹，茅以縮酒。據菁即蔓菁也，蔓菁處處有之，豈必貢於荆州邪？鄭氏以菁茅爲一物，謂茅之有毛刺者，義或然也。

宋　傅寅《禹貢説斷》卷二　杶、榦、栝、柏，礪、砥、砮、丹。孔氏曰：榦，柘也。柏葉松身曰栝。砥細於礪，皆磨石也。砮，石中矢鏃。丹，朱類也。唐孔氏曰：《考工記》云：弓人取榦之道也，以柘爲上。《釋木》云：栝，柏葉松身。陸璣《毛詩義疏》云：杶、榑、栲、漆，相似如一。杶、栝、柏，皆木名也，以其所施多矣。柘木惟用爲弓榦，弓榦莫如柘木，故舉其用也。砥以細密爲名，礪以麤糲爲稱。鄭云：礪，磨刀刃石也。精者曰砥。《魯語》曰：肅慎氏貢楛矢、石砮。賈逵云：砮，矢鏃之石也。丹者，丹砂。王肅云：丹可以爲采。顔氏曰：丹，赤石也，所謂丹砂者也。曾氏曰：揚州貢木，不言其名，所貢之木不可勝名也。此州曰『杶榦栝柏』，其所貢者，止此而已。張氏曰：今辰溪丹砂，醫方所貴，正荆州分域也。惟箘、簵、楛，三邦底貢厥名。孔氏曰：箘、簵美竹，楛中矢榦，三物皆出雲夢之澤。近澤三國常致貢之，其名天下稱善。陸氏曰：韋昭云：箘，一名聆風也。馬云：楛，木名，可以爲箭。《毛詩草木疏》云：葉如荆而赤莖似蓍。唐孔氏曰：鄭云，箘、簵，聆風也。竹有二名，或大小異也。箘、簵是兩種竹也。《傳》言三物皆出雲夢之澤，當時驗之猶然。顔氏曰：箘、簵，竹名；楛，木名，皆可爲矢。蘇氏曰：三邦大國，次國小國也。杶、榦、栝、柏，礪、砥、砮、丹，與箘、簵、楛，皆物之重者。荆州去冀最遠，而江無達河之道，難以必致重物，故使此州之國，不以大小，但致貢其名數，而準其物，易以輕賫，致之京師，重勞人也。張氏曰：三物貢其尤美者，厥名猶言尤美也。林氏曰：《考工記》云：材之美者，有妢胡之笴。鄭云：妢胡，胡子之國，在楚旁。意者即三邦之故地歟？吕氏曰：凡杶、榦及楛十物，非朝廷所常用，必使之貢，則勞民；不使之貢，則有用而或闕。故惟使貢其名。名者，列其條目而貢之也。見聖人處事之精審如此。

宋　夏僎《尚書詳解》卷七　荆及衡陽惟荆州。【略】杶，顔師古謂似槆而寔，陸璣謂與榑、栲、漆相似如一。榦，漢孔氏謂柘也。以《考工記》取榦之道以柘爲上，故知其爲柘。少穎謂凡木可以爲榦者皆名榦，不必指名爲柘、栝。漢孔氏云：柏葉松身，即今之柏也。此四木生于此州，既良且可以充器用，故責貢之。曾氏謂揚州貢木，不言名者，不可勝名也。此則言杶、榦、栝、柏者，所貢止此而已。此説是也。礪、砥皆磨石，唐孔氏謂砥以細密爲名，礪以麄糲爲名，則砥細于礪。《山海經》謂荆山首自景山至琴鼓山，凡二十有三，而獲多砥、礪，則荆州貢砥、礪亦宜矣。砮，石之中矢鏃者，《魯語》肅慎氏貢楛矢石砮，則砮爲石之中矢鏃者可知。丹，唐孔氏謂丹砂，王子雍謂可以爲采，二説皆通。按《職方》荆州其利銀、丹，則丹貢于荆，亦宜矣。箘、簵，竹名；楛，木名。顔師古謂皆可以爲矢。曾氏之説亦然。曾氏引智伯伐趙，趙子入晋陽，召張孟談曰：無矢奈何？孟談曰：臣聞董安子之治晉陽也，公宫之垣皆以荻蒿苫楚廧之，其高丈餘。趙襄發而試之，其堅則箘、簵之勁不能過也。以此言之，則箘、簵，竹之堅勁者，其材中矢之笴。楛矢，肅慎氏常貢焉，則楛之材亦中矢之笴。蓋以箘、簵、楛皆笴之良材也。孔氏此説與師古同，而孔氏但以楛爲中矢榦，其説未盡。若夫孔氏謂三物皆出雲夢之澤，近澤三國常致貢之，其名天下稱善。以此解『三邦，底貢厥名』，其説比諸儒爲長。蓋箘、簵、楛出于三邦者，尤爲有名故也。三邦之地，經無明文，難以攷據。按《考工記》云：材之美者，有妢胡之笴。鄭注云：胡子之國，在楚傍。意者即三邦之故地也。一説又謂箘、簵、楛皆弓矢之材，楚之國易叛難服，故聖人當天下無事之時，雖不用威武之事，于箘、簵之材一無所用，然雖無用，亦使之致貢其名者，亦見不忘武之意。此説亦通，但于九州之例，未嘗有貢名不貢物者，故未敢必信。蘇氏乃謂杶、榦、栝、柏、砥、礪、砮、丹與箘、簵、楛皆物之重者，荆州去冀最遠，而江無達河之道，難以必致重物，故此邦之貢不以大小，但致貢其名數，准其物易以輕賫，致之京師。此説不然。夫所謂任土作貢者，皆其服食器用之物而不可闕者，故使准其本歲所輸之賦，而貢于京師。若貢其名數，易以輕賫，正合作貢之本意。鄭氏又以『厥名』下屬『包匭菁茅』，尤爲無義，故特從孔氏之説也。包匭菁茅，漢孔氏以『包』爲一句，『匭菁茅』爲一句。其説以包爲橘柚，謂橘柚則包而貢之，菁茅則匭而貢之。此説不然。按《左傳》齊桓公責楚貢包茅不入，王祭不供，無以縮酒。則茅之有包，自古然也。匭，匣也，唐孔氏謂匱之小者是也。蓋菁茅，祭祀之用，既包之，又匭之，所以示敬也。漢孔氏以菁茅爲二物，謂菁以爲菹，茅以縮酒。其説蓋以《周禮》醢人有菁菹，故爲是説。少穎謂《周禮》菁菹即蔓菁是也。蔓菁處處有之，豈必貢于荆州？然則所謂菁茅者，當從鄭氏謂茅之有毛刺者。説者又以《管子》三脊之茅爲此菁茅。唐孔氏謂管子乃觀桓公欲封禪，不可窮以辭，因設以無然之事，故云古者封禪，江淮之間三脊茅以爲藉，此乃懼桓公耳，非荆州所有。此説是也。厥篚玄纁璣組，謂此州之篚貢此三物也。唐孔氏按《考工記》云：三入爲纁，五入爲緅，七入爲緇。鄭注云：染纁者三入而成，又再染以黑爲緅，又再染以黑爲緇。玄色，在緇緅之間。其六入者，是染玄纁之法也。此州染玄纁色善，故令貢之。璣，珠之不圓者。組，綬之類。三物皆充冕服之用，故皆入筐篚而貢之。大龜，蘇氏謂：國之所守，其得罕，不可以爲常貢。又不可錫命使貢，惟使有之則納錫于上。漢孔氏乃謂：錫命而納之。夫經言『納錫』，未嘗言『錫納』。如揚州言『橘柚錫貢』，豫州言『錫貢磬錯』，則可謂之錫命，此安得謂之錫命以貢？故其説不若蘇氏爲長。太史公《龜策傳》云：龜千歲滿尺二寸。《漢書・食貨志》云：大龜巨髯，長尺二寸。蓋尺二寸，然後爲大龜。龜，至靈之物也。

紀事

漢　司馬遷　《史記》卷七八《春申君列傳》　且王攻楚將惡出兵？王將借路於仇讎之韓、魏乎？兵出之日而王憂其不返也，是王以兵資於仇讎之韓、魏也。王若不借路於仇讎之韓、魏，必攻隨水右壤。隨水右壤，此皆廣川大水，山林谿谷，不食之地也，王雖有之，不爲得地。是王有毁楚之名而無得地之實也。

清　談遷　《國榷》卷九五　［思宗崇禎九年三月］巡撫陝西右僉都御史甘學闊報，北路諸賊奔慶陽之合水、真寧，西路汧、麟游諸寇奔寧州，一奔平涼之靈臺、涇州。又總督洪承疇報，四川總兵侯良柱協剿賊于鳳縣之三江口，走犯城固、洋縣，共斬三百七十七級，賊逃山間。總理盧象升言，李自成等大賊奔漢江南，餘賊觀望秦、豫間。豫、楚、秦、川，大山綿亘，賊出没無端。若奮剿窮追，何地可歇。凡崇岡峻嶺，密箐深林，扳木懸崖，日行三四十里，馬行不能進，人苦于登。此時，折色銀無所用，本色糧無從運，車、驢無所施，勢必以人負米二斗，隨兵來往。日食一升，一供兵，一自贍，十日而二斗之糧盡，毋論此十日内遇賊否？相持否？而以千兵入，須千人肩運；萬兵入，須萬人肩運。糧以兵運，不出十日而俱歸于盡矣。

河南

論說

《莊子・人間世》 南伯子綦游乎商之丘，見大木焉，有異，結駟千乘，隱將芘庇其所藾。子綦曰：此何木也哉？此必有異材夫？仰而視其細枝，則拳曲而不可以爲棟梁。俯而視其大根，則軸解而不可以爲棺槨。咶其葉，則口爛而爲傷。嗅之，則使人狂酲，三日而不已。子綦曰：此果不材之木也，以至于此其大也。

清 王夫之《詩經稗疏》卷一 淇澳，緑竹。《後漢書》注引《博物記》曰：有奥于六切。水流入淇水。則澳亦水名，非水之曲也。又曰：奥水有緑竹草，正與《經》合。緑竹，非竹也，二草名也。緑，王芻也。竹，扁竹也。王芻者，郭璞謂之蓐，亦謂之鴟腳莎，《本草》謂之蓋草，亦謂之盭草，或謂之菮草。多生溪澗側，葉似竹而細薄，莖圓而小，可以染黄色，用之染綬曰盭綬。扁竹，《本草》謂之扁蓄，一名粉節草，《說文》作扁筑，《楚辭》謂之萹。音編。郭璞云：似小藜，赤莖節。李時珍云：葉似落帚，弱莖引蔓，促節。三月開細紅花，結細子，節間有粉。淇澳非一水，緑竹非一草，且皆草而非竹，好生水旁。若竹則生必于山麓原岸，非水曲間物。而《集傳》引《河防書》下淇園之竹，以證此爲竹，不知衛武公時去漢武帝六七百年，竹豈長存？且《河防書》言園竹，則淇上園林所蓄植，原非水曲野生者，則愈知淇澳之緑竹，非淇園之脩竹矣。

清 王榮陛 道光《武陟縣志》卷一一《物産》 《貨殖傳》所稱，産殖之饒，凡萩、竹、棗、橘之物，皆可以致富，與千户侯等。大約不過相擇土宜，勤力取財而已。然言夫生計之大，則莫若禾黍。雜物日盛，與五穀爭地，雖目前之利勝於五穀，而其後民食漸少，本業漸荒，既無積貯，自無以御歉歲，其弊甚大。有導民之責者，不可不深長思也。河朔地多肥美，其近於沁、濟閒者，尤宜於藥草。鶩利之徒遂舍穀稼而專植他物，武陟較少於河内、温孟，然亦居十之二三。末産不禁，而欲求百室之盈，安可得哉？吾輯《物産志》而著論及此，此言不獨爲武陟發也。河朔之濱，亦一隅耳，有心世道之賢，當不以余言爲河漢矣。

綜述

漢 班固《漢書》卷二八《地理志》 衛地有桑間濮上之阻，男女亦亟聚會，聲色生焉，故俗稱鄭衛之音。

南朝梁 任昉《述異記》卷上 盧氏縣有盧君古塚，塚旁柏二株，枝條蔭茂二百餘步，樹文隱起，皆如龜甲，根勁如銅石。

宋 樂史《太平寰宇記》卷五《河南道・緱氏》 半石山，在［緱氏］縣南十五里。按《山海經》云：半石之山，其上有草焉，生而秀，其高丈餘，赤莖赤華而不實，其名嘉榮。服之者，不畏雷霆。

又卷六《河南道・陝州》 桃林塞，《山海經》云：夸父之山，其北有林，名曰桃林，廣員三百仞，中多馬。湖水出焉，北流注于河，其中多珚玉。造父于此得騄騮緑耳之馬，來獻穆王。【略】鳳林泉，後漢辛繕，字公文，隱居華陰。有大鳥，雞首燕頷，魚尾蛇頸，五色而多青，栖於門之槐上，因名鳳林泉。

又卷一二七《淮南道・光州》 杏山在［僊居］縣東北，與仙居山隔谷，去縣七里，上有抱朴子鍊丹井竈，仙跡甚多，遍山皆杏樹。

又卷一四一《山南西道・商州》 熊耳山，盛弘之《荆州記》云：熊耳東西各一峰，南北望之，狀如熊耳。《山海經》：熊耳山，其上多漆，其下多椶。浮蒙之水出焉，西流注於洛。又按：仙書謂此山上有青丹之樹，得而服之成仙。

又卷一四六《山南東道・荆門軍》 晉安帝隆安五年，刺史桓玄立武寧郡於故編縣城。其屬有長林縣，與郡俱立，分編縣所置也。盛弘之《荆州記》云：當陽縣東有櫟林長坂，昔時武寧至樂鄉八十里中，拱樹修竹，隱天蔽日，長林蓋取名於此。

明　陸深《儼山外集》卷六《知命録》　未至洛陽東十五里，小村店道傍椿樹成列。内兩株相去一丈五尺餘，土剥露其下，西根一條，大可拱把，纖直如椽，長過東根，連綴如一，甚奇。木固有連理，今復見連根云。

清　邱天英　康熙《汝陽縣志》卷四《方物》　果類：桃，杏，李，梅，栗，梨，柿，棗，石榴，柰子，核桃，櫻桃，蒲萄。【略】花類：桂花，杏花，桃花，李花，梨花，玉蘭，海棠，石榴，繡毬，梔子，木香，牡丹，芍藥，迎春，瑞香，紫薇，荷花，蘭花，菊花，薔薇，葵花，荼蘼，月季，雞冠，玫瑰，玉簪，鳳仙。木類：柏，梓，椿，槐，榆，槿，檜，柘，棠梨，楮，楸，橡，桑，楝，椒，楊柳，冬青，梧桐。竹類：斑竹，淡竹，水竹，紫竹。【略】禽類：雉，燕，鵲，鷹，鷗，鶉，鴿，鴉，雀，練雀，黃鸝，鴝鴿。獸類：鹿，獐，兔，貉。

清　楊廷望　康熙《上蔡縣志》卷四《物産》　果類：桃，杏，李，栗，梨，柿，棗，白果，石榴，核桃。花類：海棠，地棠，薔薇，玉簪，木槿，紫荆，月季，玫瑰，石竹，梔子，山丹，火蝴蝶，金盞，鳳仙，臘梅，春梅，葵，四季槐，菊，紫薇，丁香，素馨，水桂，芙蓉，芭蕉，滿地嬌，木香，辛荑，雞冠，秋海棠，扁畜，天竹，迎春，夜合，龍鬚，萱草。木類：柏，檜，椿，梓，桑，橡，荆，柘，楸，楊，柳，棠，梧桐，榆，皂莢，槐，楮，竹。禽類：鵝，鴨，鷄，雉，鵲，鴉，鴿，鳩，燕，布穀，瓦雀，鵪鶉，鸜鵒，百舌，鶺鴒，啄木，竹雞。獸類：驢，牛，山羊，豕，犬，貓，兔，鼠。

清　張聖誥　康熙《登封縣志》卷九　草木類〔注略〕：帝休，栯木，貝多，桫欏樹，松，柏，檜，槐，杏，桂，葍草，牛傷草，壽榮草，南燭草木，芝，蓍，蘭，合蔕迎輦花，金蓮花，山躑躅，菖蒲，朮，黃精，何首烏，天門冬，芍藥，桔梗，赤箭，葵，防葵，天雄，辛夷，白頭翁，草石蠶，嵩花，橡，棉棗。

清　徐元燦　康熙《孟津縣志》卷二《山川》　自新安縣魄山東北入孟津，爲宜蘇山。亦曰蘇也。又東爲黃麓山。舊志：在縣西北五十五里，相留堡近河，高出羣山，秋高羣鷹飛集其上。又東爲花崖山。舊志：在縣西三十里，柿林堡北，臨大河。每于三春花發時，望之，如列錦張。東爲柏廟山。舊志：在縣西六十里，兔洛溝南，山巔有廟祀山神。簷間古柏虬枝盤根，爲漢唐舊物。又東爲龍門山。舊志：在縣東七里，左爲墨山，右爲硯山，巖植翠柏數千株，蓊蔚可愛，中多土窟，邑士人習靜讀書之所，亦名龍門洞。又東爲翠薇山。舊志：在縣東二十八里小寨村南，圓峰高聳，挺特妍秀。山之産多薇，春夏間儼如翠茵掛壁。

又卷四《物産·果之屬》　櫻桃，産西山梓澤中，原田多風，不産也。杏，有數種，相傳産漢陵側者至美，一種類李，晚熟，名海東紅。桃，有夏白桃、緑桃、紅桃、餅桃、十月桃，名色各殊。李，有紫李、玉黃李、金絲李、竹竿青。柰，林檎，花紅，有秋、夏二種。蘋果，棗，葡萄，有紫、白二色。文官果。石榴，有紅榴、銅皮榴、鐵皮榴，白者名冰糖榴，又花千瓣結子者味酸。梨，熟亦有早晚，夏梨、伏梨、平梨、雪梨、五香梨、秋落白、馬蹄黃各種植者最多。柿，有七絶。津邑植者最廣，故柿里凝丹爲十景之一。有小柿、凍柿、牛心柿、雞心柿、火罐柿、車輪柿、板蓋柿、門釘柿、蓮花柿，及鬼臉青、雁過紅、杵頭鏡面等名。核桃，津土亦宜，殼厚難碎者名夾穰，味轉佳。橘，柑，金橘，香橼，佛手柑，枳，皆盆植。

又《木之屬》　柏，生於山者，其木更堅致。相傳原陵大柏數千，順治初所存惟塚上數株耳。忽而四面叢生，一歲而把，再歲而拱，未數載而合抱焉。塚東者頂圓如幞頭，塚西者頂鋭如兜鍪，因呼爲文武柏。植於廟前者如之，亦異事也。桑，檜，椿，樗，楸，色黃者名金楸。楊，有白楊，有青楊，葉小者俗呼爲小葉楊。柳，有柴柳，有垂柳。槐，有黃槐、黑槐、盤槐數種，花可染色，子可點茶。榆，有數種，木理有異，而葉皆相似，莢曰榆錢，可茹，其皮堪作糊，亦可救荒。梧桐，青桐，楮，栗，楝，黃楝，樹大者數圍，初生嫩芽，可以佐庖，子則用之柞油。皂莢，合歡，木蘭，葉可染色。檉柳，沿河多生，一年三花，一名三春柳。

又《羽之屬》　鵲，黑者名喜鵲，巢居知風，農人視其□以卜旱潦。色碧者名麻鵲。烏，即孝烏也。俗以小者爲烏鴉，大者爲老鴉，白項而羣飛者爲白脖鴉。又一種嘴足皆赤，産山谷間，謂之紅嘴鴉。雉，鶉，鴿，鳩，雁，燕，倉庚，布穀，啄木，鷹，鶻，雕，鷂，隼，鸇。鵙，即稼鷄也，一名鳳凰皂隸。有鷹集於林，則盤旋鳴聒，俟鷹飛，輒擊之。又夜半輒鳴不止，至曙乃息，謂以勸稼云。鶡鴠，似雞，冬無毛，則晝夜鳴，因謂之寒號蟲。鴇，有二種：小者重於雞，名雞鴇；大者重如羊，名羊鴇。崖雞，雀，黃雀，鷺鷥，鴛鴦，鷗，梟，鸛，信天翁，俗名老等。

又《毛之屬》　虎，豹，邑西山中間有之。狼，狐，貍，猴，兔，蝟。鼠，在田者爲田鼠，在山者爲山鼠，其類各異。黄鼠，穎可爲筆，亦名騷鼠，皮可爲冠。

清　董學禮　乾隆　《裕州志》卷一《土産》　果類［注略］：桃，李，杏，石榴，柿，梨，棗，白果，櫻桃，栗。木類：槐，榆，柳，楊，桑，楸，楮，桐，椿，柏，檜。花草類［注略］：菊，桂，海棠，牡丹，芍藥，迎春，木香，薔薇，木槿，山丹，芙蓉，玫瑰，荼蘼，萱草，馬蘭，菖蒲，千葉桃，千葉榴，梔，鳳仙。禽獸類：【略】鷺，鳧，鸛，雉，鸕，鶉，鵲，鴿，鴛鴦，虎，豹，熊，鹿，獐，狼，狐，貍，兔。

清　陳之熉　乾隆　《南召縣志》卷二《土産》　木類［注略］：大椿，槐，榆，楊，柳，桑，桂，檉櫟，梧桐，松，柏。果類［注略］：柿，桃，杏，李，梨，棗，栗，核桃，石榴，櫻桃，葡萄。【略】毛類［注略］：虎，豹，狼，熊，鹿，【略】狐，貍，猴，獺，兔。羽類［注略］：鵝，鴨，鷄，雉，畫眉，鵲，山雞。

清　張鉞　乾隆　《信陽州志》卷三《物産》　其蔬果、花木、藥材、鳥獸産與别邑畧同，以猥瑣不載。舊志曰：申山郡也，産無珍異，民資畊稼以生，無它淫巧，故《禹貢》土品上中，厥産唯絺，當屬此地。今則益之以貉矣。夫絺麻舊出漢中興國，濯以淮曲之水，乃柔韌可袗。今道荒遠難通，土葛脆不任緶，固徒有其名耳。貉本穴處，日率韓獹而罝罘之，薰灼之，幾何不種族絶也哉。

清　徐金位　乾隆　《新野縣志》卷一《山川》　蔓荆山，縣北四十里，白水之西，積沙高數丈，峰巒特起，狀如堆雪，多産蔓荆，故名。小蔓荆山，縣西三里許，白河西岸，積沙高聳，亦産蔓荆。

又《物産》　菓類：棗，柿，桃，梅，杏，李，梨，榴，葡萄，藕。花類：蓮，菊，萱，紫荆，紫薇，梔子，薔薇，千葉桃，千葉榴。木類：柏，槐，榆，椿，桑，桐，楸，柘。藥類：蔓荆，枸杞，杏仁，茨藜，車前，酸棗，何首烏。禽類：【略】雉，鴿，鴛鴦，鶺鴒。獸類：【略】兔。

清　蕭應植　乾隆　《濟源縣志》卷二《山川》　猴嶺山。在縣西北五十里。《一統志》云：以其上有狙猿麓，因名。俗呼侯景山，北齊神武圍玉璧，别命侯景趨齊子嶺，屯兵於此，故名。【略】高槲陂。在縣西百里，其地多産槲樹。見《通志》、《府志》。

又卷末《雜志》　奉仙宫，有荆木、柿木梁，桑木、棗木柱，皆合兩三圍，高二丈許，形直上，亦非恒物。

清　紀黄中　乾隆　《儀封縣志》卷二《土産》　其果則曰桃，曰杏，曰李，曰石榴，曰蘋婆，曰沙果，曰花紅，曰葡萄，曰核桃，曰棗，曰梨，曰柿，曰瓜子，曰蓮房，曰百合。其木則曰楊，曰柳，曰榆，曰槐，曰桑，曰柘，曰楝，曰椿，曰楮，曰棠，曰朴，曰桐，曰柏，曰檉。【略】其禽則曰鷄，曰鵝，曰鴨，曰鶯，曰燕，曰雁，曰鴻，曰鵓鴿，曰鶺鴒，曰斑鳩，曰喜雀，曰麻雀，曰鴉，曰鷂，曰鷗，曰鷺，曰黄鸝。其獸則曰馬，曰牛，曰騾，曰驢，曰犬，曰羊，曰豬，曰貓，曰貛，曰鼠，曰狸，曰兔。

清　康基淵　乾隆　《嵩縣志》卷一五《食貨》　［只録種名］桑，【略】柘，槲，竹，漆，松，楸，椴，桐，櫟，橿，楮，炭，柿，栗，榛，白菓，木耳，何首烏，茯苓，蒼術，百合。

清　黄文蓮　乾隆　《唐縣志》卷一《山川》　牡丹山，縣東南一百二十里，相傳昔産牡丹，因名。【略】棗林岡，縣北十五里，其土宜棗。

清　周璣　乾隆　《杞縣志》卷八《物産》　果屬：桃，杏，奈，梨，棗，柿，胡桃，石榴，蘋婆，葡萄，荸薺，李，西瓜，甜瓜。【略】花屬［注略］：牡丹，荷花，芍藥，木芙蓉，碧桃，蜀葵，海棠，菊，木香，紫丁香，紫荆，臘梅，夾竹桃，石榴，鳳仙，雞冠，玉簪，薔薇，木槿，長春。木屬［注略］：柏，桐，楸，桑，椿，樗，柳，檉柳，槐，楝，白楊，青楊，南天竹，女貞，竹。【略】禽屬［注略］：鵞，鴨，鷺，鷗，鷄，雉，斑鳩，鷺，鵲，鴉，烏，鶉，鴿，黄雀，雀，燕，啄木，鷹，鴟。獸類［注略］：牛，羊，狗，豕，馬，驢，騾，狐，兔，貓，黄鼠，貛。

清　湯毓倬　乾隆　《偃師縣志》卷三《山川》　［栢谷隖］由景山西麓入谷峭壁夾峙，谽谺詰曲，虧蔽曦景，即戴延之《西征記》所謂『谷中無回車地』。曩聞緣谷皆柏，今斫伐無餘。谷前爲塢，高十餘丈，俯臨休水。其巔有寺，人猶以隖上稱之，即《名勝志》所謂『塢西有寺』。今寺左磴道螺旋，下躡無際，老柏數株，盤拏譎詭，猶古時物，即裴漼記中所謂『高峰佛日傍臨鳥道』者也。舊志：休水源出縣東南六十里，萬安山後谷柏葉溝中，西流佛光寺南，寺前有白松樹，皮類雪，大十餘圍。

又卷五《風土記・土産》　木之屬：有柏，有檜，有柳，有楊，有椿，有樗，有榆，有槐，有楸，有桐，有桑，有楮，有楝，有皂莢，有花椒，有秦椒，有酸棗，有木蘭。而舊志佛光峪有白松，皮白如雪。果之屬：有秫，有梨，有桃，有李，有杏，有石榴，有胡桃，有棗，有林檎，有蘋婆，有蒲萄。【略】獸之屬：【略】有兔，有狐，而《續博物志》云：緱氏山有黑虎。禽之屬：有鷄，有鴨，有鵝，有雉，有鳩，有燕，有鴉，有鵲，有□，有雀，有啄木鳥，有伏翼鳥，而緱山有放鶴亭、飲鶴池。

清　莫璽章　乾隆　《新蔡縣志》卷三《物産》　果類：桃，杏，李，梅，梨，棗，西瓜，香瓜，俗名甜瓜。榴，栗，核桃，銀杏，俗名白果。蓮，藕，菱，芡實。俗名雞頭子。【略】木類：椿，柳，楮，槐，榆，柏，桑，檜，白楊，楝。以上雜木僅作尋常器皿，及村莊架屋之需。凡有興作大宇，必取之北河松料，謂之河材。雖士族亦知楠杉之貴重，然不欲强力求之也。竹類：水竹，斑竹，上二種，性燥硬，大段不能蕃茂。民間器物之需，皆買河竹用之。

清　武穆淳　嘉慶　《濬縣志》卷九《山水》　偉觀岩，《名勝志》：元劉遜書岩下有古柏數十株，蒼翠森然。又有怪柏，自西壁間挺出，因建亭其上。

清　袁通　道光　《河内縣志》卷九《山川》　又東五里爲紫金壇。舊志云：在城西北五十里，突高千仞，羣峰拱向上，多白松。每歲九日，邑人登高於此。曹石倉《天下名勝志》云：紫陵澗水出焉。今亦名白松嶺。【略】又東十五里爲明月山，課蜜泉、靈井出焉。舊志云：在城東北四十里，山形如員月。上有大明禪院、清風庵，皆金大定時山僧空相之所造也。大明禪院在元爲寶光寺，今爲月山寺。自山坳層構而上，最後爲憑虛閣，高峻舒豁，可以登高，可以眺遠俯視。其下田塍皆如圃畦，烟火相屬，縹緲不絶。元《寶光寺記》所謂『南則大川宏曠，延袤嵩少，北則羣峰高峙，盪摩霄漢，西綿盤谷，東揖百巖』者也。閣右爲蒼公洞，左即課蜜泉，從高至下，松柏交蔭。其極高處，又多古柏。或以爲皆空相以子彈著其上，故名彈子柏云。遊人多題壁者。乾隆十五年九月聖駕巡幸。

又卷一〇《物産》　《周官・職方氏》：河内曰冀州，其利松柏。【略】果之屬：曰李，曰桃，曰柿。花之屬，曰牡丹［注略，下同］。木之屬：曰槐，曰桑，曰梓，曰榆，曰柳，曰白楊，曰樗，曰栩，曰竹，曰葭葦。

清　王榮陛　道光　《武陟縣志》卷一一《物産》　果之屬：曰桃，杏，李，柿，棗，梨，柰，蘋果，沙果，檳子，花紅，蓮藕，葡萄，榴實，核桃，文官果，木瓜。木之屬：曰槐，椿，檜，柏，榆，柳，楝，桑，柘，棠梨，梧桐，青楊，白楊，皂角，櫟。

清　張道超　道光　《重修伊陽縣志》卷一《古蹟》　白熊洞，在城西南六十五里，洞外海棠爛熳如錦。【略】官地溝，在城西南十八里。溝口古木交加，翠竹掩映。兩山相對，有泉水經流其間，極幽勝之致。【略】長蛇嶺，在城北四十七里。嶺上有文峰塔，下有杏林、竹溪，左鳳井，右龍泉。泉大畝許，冬温夏涼，味甘可飲，其聲泠泠，禱雨輒應。

又《物産》　［注略］桃，杏，李，柿，檽，棗，梨，核桃，栗，榛，石榴，蓮子，葡萄，櫻桃，文官果，橘，柚，柑，飛穰，枳，以上果之屬。桐，椿，榆，松，柏，槐，檜，桑，柘，楊，柳，楸，檀，楝，漆，椵，構，棠棣，女貞，椒，以上木之屬。石竹，斑竹，紫竹，箬竹，鳳尾竹，細竹，以上竹之屬。【略】梟，鷲，雉，鶯，燕，雁，鴉，烏，鵲，鳩，雀，鸛，鷹，鷂，隼，鷺鷥，鴛鴦，鵓鴿，畫眉，鶚，紅鶴，黄鸝，布穀，鵙，鵪鶉，訓狐，桃蟲，以上羽之屬。馬，贏，驢，牛，羊，犬，豕，貓，鹿，野豬，麞，狼，狐，貉，貍，獾，兔，虎，豹，豺，猴，獺，以上毛之屬。

清　歐陽霖　同治　《葉縣志》卷一《土産》　菓之屬：棗，樲，柔棗也。胡桃，柿，栗，梨，棠梨，杏，桃，李，櫻桃，林禽，俗呼花紅。蘋果，石榴，文官果，蒲萄，蘡薁，俗名野蒲萄。藕，蔆，芡實，荸薺，長生。一名落花生。木之屬：柏，桐，槐，榆，白楊，柳，桑，柘，梍，荆，椿，樗，楸，檜，楮，櫸，即柜柳。烏桕，杜，楝，皁莢。土呼毛梍。【略】禽之屬：烏，雀，鶯，鴉，鶉，鳩，鵓鴿，鵲，鷹，鶻鵃，俗名襪雀。鴂，鷺，鴈，梟，鵞，鴨，鷄。獸之屬：狼，豺，狐，貍，兔，鼠【略】。

清　謝應起　光緒　《宜陽縣志》卷三《輿地》　壽安山，在城東十里，古以此山名郡。《通志》：壽安山，在宜陽東十三里。隋置壽安縣，蓋取諸此。宋歐陽修《洛陽牡丹記・花釋第二》：魏家花者，千葉肉紅色花，出於魏相仁溥家。始樵者於壽安山中見之，斲以賣魏氏。魏氏池舘甚大，傳者云：此花初出時，人有欲閲者，入税十數錢，乃得登舟渡池至花所。魏氏日收十數緡。其後破亡，鬻其園。今普明寺後林池乃其地。寺僧耕之，以植桑麻。花傳民家甚多，人有數其葉至七百葉。錢思公曰：人謂牡丹花王，今姚黄真可爲王，而魏紫乃后也。又《牡丹記・風俗記第三》：大抵洛人家家有花而少大樹者，蓋不接則不佳。春初時，洛人於壽安山，斲小栽子賣城中，謂之山篦子。人家治地爲畦塍種之，至秋乃接。接花工尤著者，謂之門園子，豪家無不邀之。

【略】香爐山，在縣北五里，洛河北岸，段村西北。山多柿樹，霜降後紅葉滿山。

又卷六《土產》 果類［注略］：桃，李，梅子，杏，梨，棗，栗子，柿子，石榴，櫻桃，葡萄，柰子，林檎，銀杏，胡桃，平果，花紅，棠棣，文官果，没花果，木瓜，木李，柑子，金棗，金橘，橘紅，香櫞，春元，橙子，柚子，橘瓜，橘桃，枇杷，佛手。木類［注略］：松，柏，桑，柳，楸，桐，槐，柞，荆，楮，楊，楝，栗，椿，冬青，榆，椵，皂莢，杪欏，椒，棣，棘，竹，蘆葦。花卉類［注略］：木本：牡丹，海棠，木槿，桂花，辛夷，山茶，結香，瑞香，梅花，臘梅，玉蘭，榴花，月季，桃花，棣棠，丁香，夜合，梔子，紫荆，紫薇，薔薇，躑躅，玫瑰，茉莉，玉藥。草本【略】。藤本：淩霄，荼蘼，桐花，木香，蔦蘿，荔枝，左纏藤，鐵線蓮。【略】飛禽類［注略］：稚雞，黄鸝，鵪鶉，鵓鴿，布穀，喜鵲，烏鴉，風鴉，鶺鶉，燕，雞，鴛鴦，崖雞，鷺鷥，麻雀，竹雞，鶩，鴨。走獸類［注略］：馬，牛，羊，豕，犬，螺，驢，貓，虎，豹，狼，狐，狸，野豕，獾，兔，蝟，鼠。

清　楊修田　光緒《光州志》卷四《物產》 果之屬［只録種名］：梅，梨，櫻桃，桃，杏，李，柿，棗，栗，核桃，石榴，木瓜，香櫞，無花果，白果，葡萄。木之屬［只録種名］：松，柏，桐，梓，槐，桑，楊，榆，柳，樫，槲，櫟，柘，楓，杞，椿，樗，楮，并閭，檜，柜，杜，桂，檀，杉，柏，黄蘗，柞，枸橘。【略】禽之屬［只録種名］：烏，鵲鳩，鴛鴦，鵑鳩，黄鸝，鶺鴒，鷺，錦雞，雉，白鷴，鵲鵴，鶉，鵂，鵲，鸛，鷺，鸜鵒，鴝鵒，靛鵲，梟，鸊鷉，魚狗，鶉，杜鵑，鴿，鷓鴣，白頭翁，鴑，百舌，畫眉，山和尚，鵜鶘，鷗，斑鳩，鶏，鵝，鴨。獸之屬［只録種名］：牛，羊，馬，騾，驢，豬，貓，虎，豹，鹿，麞，麂，豺，狼，狐，貉，貍，兔，竹鼦，松鼠，鼷鼠，熊，獺，猴，猿。

清　郭光澍　光緒《盧氏縣志》卷二《物產》 果類：山栗，山榛，山查，山萸，山杏，山桃，核桃，石棗，棠棣，五味子，山李，綿棗，山櫻桃。木類：松木，柏木，椵木，桐木，漆木，桑木，柘木，檀木，綿木，構木，榆木，黄緑木，冬青木。【略】獸類：虎，豹，熊，猴，鹿，獐，羚羊，山豕，狐貍，貛，豺。禽類：畫雞，崖雞，雉鷄，山赭，鴑鷄，黄鸝，青鵲，胡燕，火燕，鶺鶉，畫眉，布穀。

又卷三《山川》 虎兒嶺。在縣西七十里，上多虎穴。【略】箭幹嶺。在縣西百里，上產竹，可作箭，故名。

清　李淇　光緒《虞城縣志》卷二《物產》 木類：桑，槐，榆，柳，椿，楝，青楊，白楊，松，梧桐，荆糖，柏。果類：桃，李，杏，棗，榴，柿，梨，梅，奈，沙果，蘋果，葡萄，蓮房，櫻桃，核桃，西瓜，甜瓜。【略】羽類：鴿，鵲，鳩，燕，黄鸝，鶉，鴉，鸛，鴈，鷺鷥，鴛鴦，水鴨，梟鳧。獸類：【略】兔，猫，鼠，獾，黄鼠狼。

清　于滄瀾　光緒《鹿邑縣志》卷九《物產》［注略］果之屬：最多者，曰杏，曰桃，曰李，曰沙果，曰花紅，曰棗，曰柿，曰石榴，曰核桃，曰甜瓜，曰西瓜，曰甘蔗【略】。次曰櫻桃。其次曰蒲桃，曰輭棗，曰蓮，曰藕，曰菱，曰芡。又次曰梨，曰蘋果，曰白果，曰無花果，曰文官果，曰落花生。木之屬：其材最良者，曰柏，曰楸，曰桑，曰槐，曰榆，曰柘。次曰楊，曰柳，曰楝，曰棠梨，曰桐。其材不必良而亦利於民者，曰樗，曰楮，曰白蠟條。其爲佳木而殖不繁，曰松，曰檜，曰黄楊，曰檀，曰冬青，曰天竹。竹之屬：曰青竹，曰黄竹，曰紫竹，曰苦竹，曰方竹，曰鳳尾竹。【略】毛之屬：利在孳畜者，則有七，曰牛【略】。其穴於野而最蕃者曰獾。

清　施有方　光緒《南樂縣志》卷二《方物》［注略］果類：桃，李，杏，梨，棗，柿，羊棗，葡萄，石榴，杜梨，花紅，來禽，蘋果，沙果，無花果，落花生。【略】木類：梧桐，柏，槐，桑，柘，柳，楊，椿，樗，榆，楮，楝，皂莢，樫。【略】羽類：雞，鴨，鵞，烏，鵲，鳩，燕，鴿，雀，鷹，鸇，鷺，啄木，鵖，鸛。毛類：牛，馬，驢，羸，犬，羊，貓，豕，狐，貍，獾，蜍，鼠。

清　潘守廉　光緒《南陽縣志》卷二《疆域》［注略］南陽物產，舊志所載詳矣，大要穀宜六種，瓜果諸蔬宜菘、梨爲良。木多槐、柳、桐、柏、椿、槲。藥有蔓荆、黄精、款冬、天花粉、白菊之華。獸有雉、兔、白花蛇。

清　施景舜　宣統《項城縣志》卷五《物產》［注略］果之屬：最多者，曰杏，曰桃，曰李，曰沙果，曰花紅，曰棗，曰柿，曰石榴，曰核桃，曰甜瓜，曰西瓜，曰甘蔗，曰百合，曰荸薺，曰櫻桃，曰蒲桃，曰蓮，曰藕，曰菱，曰芡，曰梨，曰白菓，曰落花生。木之屬：其材最良者，曰柏，曰楸，曰桑，曰槐，曰榆，曰桐，次曰柘，曰楊，曰柳，曰楝，曰棠黎，曰香椿。其材不必良而利於民用者，曰樗，曰楮。其爲佳木而植不繁者，曰松，曰檜，曰黄楊，曰檀，曰冬青，曰天竹。竹之屬：曰青竹，曰黄竹，曰紫竹，曰鳳尾竹。

紀事

漢　司馬遷《史記》卷二九《河渠書》　自河決瓠子後二十餘歲，歲因以數不登，而梁楚之地尤甚。天子既封禪巡祭山川，其明年，旱，乾封少雨。天子乃使汲仁、郭昌發卒數萬人塞瓠子決。於是天子已用事萬里沙，則還自臨決河，沈白馬玉璧于河，令羣臣從官自將軍已下皆負薪寘決河。是時東郡燒草，以故薪柴少，而下淇園之竹以爲楗。

晉　石崇《遊金谷序》（引自《名山勝槩記》卷三一）　予以元康六年從太僕卿出爲使，持節監青、徐諸軍事、征虜將軍。有別廬在河南縣界金谷澗中，或高或下，有清泉茂林，衆果、竹、柏、藥草之屬，莫不畢備。又有水碓、魚池、土窟，其爲娛目歡心之物備矣。時征西大將軍祭酒王詡當還長安，余與衆賓共送往澗中，晝夜遊宴，屢遷其坐，或登高臨下，或列坐水次。時琴瑟笙築，合載車中，道路並作。及住，令鼓吹迭奏，遂各賦詩以敘中懷，或不能者罰酒三斗。感性命之不永，懼凋落之無期，故列序時人官號、姓名、年紀，又寫詩著後。後之好事者，其覽之哉！

唐　韓愈《送李愿歸盤谷序》（引自《唐文粹》卷九六）　太行之陽有盤谷，盤谷之間，泉甘而土肥，草木叢茂，居民鮮少。【略】吾非惡此而逃之，是有命焉，不可幸而致也。窮居而野處，升高而遠望，坐茂樹以終日，濯清泉以自潔。採於山，美可茹；釣於水，鮮可食。

唐　穆貞《新安谷記》（引自《文苑英華》卷八二三）　京洛佳賞，盡走乎闕塞。次則東城，以桃李繁華相高。北山瀍陽，有巖谷谿洞之勝。蓋天然疏鑿，以遺來者，而人不之争。我公懸車之三年，探得其最。凡遠于國門邇于闕塞者，四之一買之，直減于東城之貴者亦如之。連岡疊磴，中斷夾闢，爲其拱蹻，如狀如意，翠竹茂樹，縈環森羅，爲其緣飾，如繢如織。泉出山腹，釀而爲池，釃而爲派，帶于竹樹葱籠之間。池可行舟，派能流響。果園蔬圃，用以爲漑，其餘與瀍水合于山下。

宋　樂史《太平寰宇記》卷五三《河北道·懷州》　稽康鍛竈。康，即晉之七賢。今有竹林尚存，並鍛竈之所宛在。

宋　柳開《游天平山記》（引自《名山勝槩記》卷三二）　越明日，惟深告辭。予因留惟深同遊以賞前言。初自馬嶺入龍山，小徑崎嶇。又數里，入龍口谷，山色回合，林木蒼翠，繞觀俯覽，遂忘筆轡之勞。翌日，飯林石亭，午抵桃林村，乃山麓也。泉聲夾道，怪石奇花不可勝數。山回轉，平地數尋，曰槐林。坐石弄泉，不覺日將晡，憩環翠亭，四顧氣象瀟灑，恍然疑在物外，留連徐步。薄暮，至明教院。

宋　蔡襄《蔡忠惠集》卷二五《導伊水記》　伊水出伊陽縣西南山，北流至闕塞，折東會於洛。自闕塞治渠釃水，行一十八里，以貫郡城。伊瀕大山，屬連數百里，其生植深遠無窮。多材木林竹，薪蒸橡栗之饒，歲取之，設方泭以載，浮伊而下，循渠引行，萃於城中。物衆售平，人用賴焉。

宋　司馬光《資治通鑑》卷二〇《漢紀一二》　［武帝元封元年］春，正月，上行幸緱氏，《考異》曰：《封禪書》、《郊祀志》作『三月』；《漢書武紀》及荀《紀》皆作『正月』，今從之。禮祭中嶽太室，從官在山下聞若有言『萬歲』者三。荀悦曰：萬歲，神稱之也。從，才用翻。詔祠官加增太室祠，禁無伐其草木，以山下户三百爲之奉邑。奉，扶用翻。

又卷二三九《唐紀五五》　［憲宗元和十年］東都西南接鄧、虢，《九域志》：河南府，西南抵虢州界三百二十五里。稍南，抵鄧州界六百里。皆高山深林，民不耕種，專以射獵爲生，人皆趫勇，趫，丘妖翻。捷也。謂之山棚。元膺設重購以捕賊。數日，有山棚鬻鹿，賊遇而奪之，山棚走召其儕類，儕，士皆翻。且引官軍共圍之谷中，盡獲之。

宋　司馬光《資治通鑑考異》卷二　［延熹九年］襄楷上疏曰：前年冬，竹柏傷枯。《帝紀》此年十二月書，洛城傍竹柏枯傷，誤也。

宋　蘇頌《蘇魏公文集》卷六〇《太常少卿李君墓志銘》　［李規，字子震，］爲陵臺令兼知永安縣事。諸陵歲時之祀皆有常制，而宫嬪宦官或私有所厚薄，君辭日對便殿言之，仁宗稱善。少室山隸縣境，林木茂美，望之鬱然。異時爲佛寺據其地。一日，民有伐薪爲炭而爲寺僧所毆者，兩造於縣，僧曰：此地自唐以來皆在寺籍，碑識具存。請以爲驗。君一見辨其僞，悉治以法。因諭民曰：凡境内之山林，皆得樵牧。來者遂如歸焉。

宋　孟元老《東京夢華録》卷一《東都外城》　東都外城方圓四十餘里，城壕曰護龍河，闊十餘丈，壕之内外皆植楊柳，粉墻朱户，禁人往來。【略】新城每百步，設馬面戰棚。密置女頭，旦暮修整，望之聳然。城裏牙道各植榆柳成陰，每二百步置一防城庫，貯守御之器。

又卷二《酒樓東街巷》　潘樓東去十字街，謂之土市子，又謂之竹竿市。【略】街南中山正店，東榆林巷，北鄭皇后宅，東曲首向北墻畔單將軍廟，乃單雄信墓也。上有棗樹，世傳乃棗槊發芽，生長成樹，又謂之棗冢子巷。

宋　趙彦衛《雲麓漫抄》卷三　唐之東都連虢州，多猛獸。人習射獵而不耕蠶，遷徙無常，俗呼爲山棚。今人謂錫宴所結綵山爲山棚。

宋　李燾《續資治通鑑長編》卷三七四　［元祐元年四月辛卯］工部言：京西轉運司奏，北使經由道路，近爲浮橋須合解拆，改入京西路由河陽至京。昨準朝旨，務要不見山陵，須合刱置道路。今來再相度得河陽南至偃師，東由鳳臺、孝義次入鞏縣，最爲順便。皆有亭驛道路，止是望見山陵林木，恐不須迴避，乞就上項驛路。從之。

宋　馬純《陶朱新録》　内侍吴子雲言：宣政間，禁中有木犀一株，雕欄漆檻，封殖甚謹。有中官典領之，每有花落，輒收取之進呈。雖一枝一葉，莫有敢攀折者。是時如柑橘之類，御苑種之皆盛。今永嘉平亦用爲薪，物有遇不遇也。

明　李濂《濟源遊記·明月山》（引自《名山勝槩記》卷三二）　太行之陽，丹水之東，有山焉，曰明月山，蓋太行之支峰也。層巒疊障，聳峙于後，而左右回抱，宛如城闕。有寺巋然在山之半者，曰明月寺也。余西游天壇還，乃由清化鎮西行，至五里堡，折北行七里許，至山神廟。始躡明月山之麓，石徑兩旁羅雜樹，悉桑、柿、青楊、胡桃諸木。時三月垂盡，櫻桃滿山谷，纍纍然如紺珠赤璣，摘之可食。【略】余見寺山皆古柏，無它木，怪問其故。老僧曰：元泰定中，空相始創兹寺，以泥丸柏子，持彈諸巖谷。今蓊鬱成林障蔽天日者，皆泥丸柏也。

又《白茅寺》　下百家巖，並太行之麓東北行三十里，至白鹿山。山之半稍西南一里許，有寺曰白茅，一曰白雲。泉壑清曠，林木薈蔚。蓋太行諸寺之最佳者。始余之西游也，友人謂余曰：必游白茅。至則丹厓翠壁環峙前後，怪石奇柏谽谺撑拄，而三鳳嶺參差翔舞，若自天而下，抱寺之左右而止焉。由山之麓抵寺，凡三里。余攀援而上，足罷力勌，遇稍平處，輒坐憩石上。僧持茗來迓，啜茗畢，乃手拊僧背，努力盡石磴入寺，竹樹陰合，弗見天日。

又《三湖》　人有言曰：河北多名山，而莫勝于輝縣，中三湖皆邃奥，尤莫勝于中湖。余慕三湖久矣。今年春，始克來遊，聿償夙願云。輝縣西北七十里曰侯趙川，四面崇山巑岏。中悉平疇，煙林村墟，雞犬相應，蓋仿佛桃源焉。相傳古時避兵者居此，實四塞險阻之區也。侯趙川有水北流，土人呼爲北流河。或者乃謂無水，誤矣。然游者欲至侯趙川，必過十八盤山。而山極危峻，石磴仄隘，盤旋而上，如登天然。遇不可輿處，則徒步行。僕夫牽曳以上，俯瞰兩崖，頗深峭。視諸天壇之十八盤山，差爲易上。余晨出百泉書院，過午始抵侯趙川。頃之，至中湖寺。巖谷幽窈，倚崖叢竹數萬竿，翠陰蔽日，凉颸瑟瑟，雖盛夏亭午，暑氣不到。余坐其下，聞竹音如笙簫竽籟，心神蕭爽。寺中有石鏡半規，往聞能照山河人物之影，俗稱透靈碑。余諦觀之，殊昏闇，與常石等。僧曰：昔有一上官，見此石異之，舁以歸，至盤山，忽昏闇無所見，乃復送至寺云。南湖至中湖僅三里，北湖則倍之，濶大宏敞，視中湖寺咸弗及。乃若各當一峰之奇，有泉，有竹，則三寺同耳。余徧游三湖，昏黑不能返，宿中湖寺。是夕風起，撼林木，獵獵如秋聲，卧不成寐，乃秉燭起坐，賦詩四章。曩正德戊辰，北郡李公夢陽嘗往游三湖，歸爲余言中湖之盛，僧徒數百人，距今三十年矣。僧死徙殆盡，存者僅五六人。余怪問其故，則知其毒于賦役，而至此極也。余聞而悲之。

又《百泉》　《詩》曰：毖彼泉水，亦流于淇。又曰：源泉在左。斯蓋謂共城之百泉，實衛源云。共城西北七里有蘇門山，一曰百門山，乃百泉始出之山。其地巖谷幽邃，林樾茂密，古名士多卜居焉。

明　周復俊《涇林雜記》卷一　河南密縣東十里有白松，肌理如雪。人瓜之，則肌間紅色隱起，若血漬焉。孤幹千尺杪焉，無風自濤，人莫敢犯也。登封縣西北二十餘里，有漢封三柏，柏大者圍以七人，次五人，又次三人，咸以將軍稱之，從漢封也。一柯一葉，人莫敢翦伐，犯之則禍病立至。故自漢迄今猶存。朱祁川兵部爲余説。

清　談遷　《國榷》卷一五　［成祖永樂八年四月］甲寅，行沙陀中，多桃榆。午後至廣武鎮，西南山峰甚秀，以常有靈異，命曰靈顯翠秀峰，泉曰清流。上銘曰：於鑠六師，用殲醜虜。山高水清，永彰我武。乙卯晚，次高平。無水，載水廣武鎮。

清　朱廷獻　康熙　《新鄭縣志》卷四《祥異》　［康熙］十五年八月，有異鳥集大隗山，羽毛五彩，似鳳而尾短，羣鳥隨之，越宿始去。

清　董學禮　乾隆　《裕州志》卷一《地理》　［康熙］十四年豹入城街，民擊殺之。【略】十九年白麵長鬚虎，去來如風，白晝行州境，傷人三十餘。知州佟鸚彩，督鳥鎗手數百人，逐之，患乃息。【略】［康熙］四十五年，大乘山至菜山一帶地方，有一白額虎，去來無踪，傷人無數，路幾絶。南陽别駕張宏祚署州篆焚牒禱神，虎始不見。里民爲建去虎亭，在大乘山下。【略】［乾隆］三年十月，東山有大虎爲患。知州宋名立，虔禱隍廟，即日率鎗手殺之。其虎兩耳，共有十三缺。

清　蔣光祖　乾隆　《鄧州志》卷五《建置》　普濟堂，乾隆十九年，知州蔣光祖奉文，又勸捐銀一千二百四十三兩，買監生丁正暾時家林地三頃九十畝，價銀七百八十兩。丁正暾又捐基地九畝。

又卷一九《仙釋》　［張三峰］至太和山，結庵於玉虛宫。有古木五株，嘗棲其下，猛獸不距，鷙鳥不搏，人益異之。居二十年，拂袖遊方而去。舊志，參《明史》。

清　紀黄中　乾隆　《儀封縣志》卷一〇《勳業》　高安西南境爲往來孔道，有虎爲害。文日爲文祝之，虎徙去，患遂息。

清　康基淵　乾隆　《嵩縣志》卷六《星野》　［崇禎］十五年，有狼十五爲群，白晝噬人。

清　周璣　乾隆　《杞縣志》卷二《天文志・祥異》　［崇禎］十六年癸未春，正月，雷電大雨雪。是歲，縣境皆水，村落一空，蓬葦、豹、狼、野猪之屬皆生焉。

清　李于垣　嘉慶　《長垣縣志》卷五《地理》　雍正二年，撥歸山東曹縣太行隄一段，自東明交界起至曹縣止，長一千六百一丈五尺。太行隄柳，共一萬二千七百六十二株。

清　姜篪　咸豐　《郟縣志》卷一〇《雜事》　崇禎十三年大旱，蝗，人相食。有鼠千百爲羣，渡汝踰山而南，鳥鵲盡南飛，樹巢一空，盜起。崇禎十四年，縣西北水泉盡竭。有鳥大如鳩，褐色，肉翅，獸蹄，羣飛，自北來棲水洲沙上，人羅而食之。

清　謝應起　光緒　《宜陽縣志》卷二《天文》　［同治］十年秋，閑和里鎖營村，王氏花欄旁忽生兩芽，數日高八九尺，莖圓，葉似葵，花大如盤。是科冠山領鄉薦，里人因號秋葵。其實與葵不類，殆異草也。十三年，有獸似狼而大，出没無常，夜入宅食人。光緒七年較多，往往三五成羣。四年，四月初五日，午後大風霾，天氣赤甚。七月有鼠，十百爲羣，晝則纍纍與人並行，夜則聒聒使人不寐。每飯緣釜，與人爭食，投之忌器，驅之復還。甚或囓小兒於牀，幾於死者。市市一猫，價至錢二千文。

清　李淇　光緒　《虞城縣志》卷一〇《雜記》　崇禎七年，甲戌元日大雷電，冬，沙雞至。一名反鳥，鷹頭兔蹄，不能樹棲，飛千百成群，如風雨聲。【略】崇禎十六年癸未，【略】黄河絶流，夏旱雀餳。沾柳取煉類蜜，人云甘露。【略】咸豐年間，彗星三見，野鷄成羣。點燈後，羣鷄齊鳴，鄉間徧地鬼火。桃、杏樹結梅豆，日夕時每見無數白圈，似太陽無光者，自南而北。

清　于滄瀾　光緒　《鹿邑縣志》卷五《古蹟》　宋處士張仁甫墓在南郭外，古柏森森，參天蔽日，蓋元時物也。據張氏家譜云：南宋末，自湖南湘潭遷鹿邑，迨今二十三世，族姓蕃衍，幾遍一邑，攬眺嘉蔭，真故家之喬木矣。

清　施有方　光緒　《南樂縣志》卷七《祥異》　［光緒］十六年【略】九月癸酉，地震，寺莊村北杏林數里花大放。

藝　文

《詩經・商頌・殷武》　撻彼殷武，奮伐荆楚。罙入其阻，裒荆之旅。有截其所，湯孫之緒。維女荆楚，居國南鄉。昔有成湯，自彼氐羌，莫敢不來享，莫敢不來王，曰商是常。天命多辟，設都于禹之績。歲事來辟，勿予禍適，稼穡匪解。天命降監，下民有嚴。不僭不濫，不敢怠遑。命于下國，封建厥福。商邑翼翼，四方之極。赫赫厥聲，濯濯厥靈。壽考且寧，以保我後生。陟彼景山，松栢丸丸。是斷是遷，方斲是虔。松桷有梴，旅楹有閑，寢成孔安。

漢　張衡《南都賦》（引自《漢魏六朝百三家集》卷一四）　於顯樂都，既麗且康。陪京之南，居漢之陽。割周楚之豐壤，跨荆豫而爲疆。體爽塏以閑敞，紛郁郁其難詳。爾其地勢，則武闕關其西，桐栢揭其東。流滄浪而爲隍，廓方城而爲墉。湯谷涌其後，淯水盪其胸。推淮引湍，三方是通。其寶利珍怪，則金彩玉璞，隋珠夜光。銅錫鉛鍇，赭堊流黄。绿碧紫英，青雘丹粟。太乙餘糧，中黄瑴玉。松子神陂，赤靈解角。耕父揚光於清泠之淵，游女弄珠於漢皋之曲。其山則崆峣嶱嵑，嵣嵯嶚刺岸峉嶵嵬，嶮巇屹𡾊，幽谷嶜岑，夏含霜雪。或岩嶙而纚聊，或豁爾而中絶。鞠巍巍其隱天，俯而觀乎雲霓。若夫天封大狐，列仙之陬，上平衍而曠蕩，下㟏龍而崎嶇。坂坻嶻嶭而成巘，谿壑錯繆而盤紆。芝房菌蠢生其隈，玉膏滵溢流其隅。崑崙無以奓，閬風不能踰。其木則檉松楔櫻，槾栢杻橿，楓柙櫨櫪，帝女之桑。楈枒栟櫚，柍柘檍檀。結根竦本，垂條嬋媛。布绿葉之萋萋，敷華蘂之蓑蓑。玄雲合而重陰，谷風起而增哀。攢立叢駢，青冥盰瞑。杳藹蓊鬱於谷底，森蓴尊而刺天。虎豹黄熊游其下，㺃玃猱㹶戲其巔。鸞鷟鵷鶵翔其上，騰猨飛猵棲其間。其竹則籦籠䈽篾，篠簳箛箠。缘延坻坂，澶漫陆離，阿那蓊茸，風靡雲披。爾其川瀆，則滍澧藻濜，發源岩穴，潛㴔洞出，没滑瀎潏，布濩漫汗，漭沆洋溢。總括趣欲，箭馳風疾。流湍投濈，砏汃輣軋。長輸遠逝，漻淚減汨。其水蟲則有蠳龜鳴蛇，潛龍伏螭，鱏鱣鰅鳙，黿鼉鮫蟜，巨蚌函珠，駮蝦委蛇。其陂澤則有鉗盧玉池，赭陽東陂。貯水渟洿，亘望無涯。其草則有藨苧薠莞，蔣蒲蒹葭。藻茆菱芡，芙蓉含華。從風發榮，菲披芬葩。其鳥則有鴛鴦鵠鷖，鴻鴇駕鵞，鶪鶂鸊鷉，鷫鷞鵾鸕。嚶嚶和鳴，澹淡隨波。其水則開竇灑流，浸彼稻田。溝澮脉連，堤塍相轄，朝雲不興，而潢潦獨臻。決渫則暵，爲溉爲陸。冬稌夏穱，隨時代熟。其原野則有桑漆麻苧，菽麥稷黍，百穀蕃廡，翼翼與與。若其園圃，則有蓼蕺蘘荷，藷蔗薑䕶，菥蓂芋瓜。乃有櫻梅山柿，侯桃梨栗，梬棗若榴，穰橙鄧橘。其香草則有薜荔蕙若，薇蕪蓀萇。晻曖蓊蔚，含芬吐芳。若其厨膳則有華薌重秬，滍皋香秔，歸雁鳴鵽，黄稻鱻魚，以爲芍藥，酸甜滋味，百種千名。春卵夏筍，秋韭冬菁。蘇蔱紫薑，拂徹羶腥。

南朝宋　釋志道《嵩山八景·杪欏林》（引自《梅里志》卷三）　結屋在嵩山，下有杪欏樹。生長漫成林，鬱鬱静而閟。九夏自生寒，三冬不改翠。兀兀林間人，深得物外意。

又《薝蔔林》　愛彼薝蔔林，葉密翠如織。朝從薝蔔游，暮倚詹蔔息。日暮花氣浮，月冷香露滴。托根在巖阿，不礙桃李色。

金　雷淵《會善寺怪松》（引自《中州集》卷六）　物生自有常，怪特物之病。嗟嗟此老蒼，怪怪生魁柄。侏儒蹙髀股，宿瘤擁肥頸。蜿蜒蛟龍戲，騰擲貙虎競。鬚髯喜張磔，意氣怒狂迸。匠石求棟楹，節目足譏評。蒭蕘急薪槱，堅悍空盼瞪。静言觀倚伏，未易相弔慶。雖違時世用，顧免斤斧横。陽秋莫榮悴，歲月何究竟。盤盤曲則全，挺挺獨也正。小草悮掃迹，茯神還守性。儻隨大中景，廣宇共庥映。

明　王禕《王忠文集》卷三《澠池縣丞王侯驅虎歌》　澠池之境最多虎，道路行人共愁苦。狂風吼怒振塵沙，落日驚魂慘烟雨。王侯承詔來作丞，民有瘡痍手摩撫。下車走謁城隍神，親寫文移對神語。爲言幽顯雖有分，我與爾神均守土。猛虎今兹實害人，責不在予遂在汝。早遣惡類離境中，爾神無愧爲民主。精誠一念既感孚，顯逐潛驅固其所。驛使郵夫中夜馳，畊農賈客凌晨聚。前時出户即畏途，今日連村皆按堵。童謡籍籍相謂言，孰使吾人樂居處。我侯之德與神通，故令孽沴成銷沮。豈不見古來循吏美蹟多，虎有渡江及渡河。澠池之事同不磨，王侯王侯奈爾何。

明　張民表《漢封三柏》（引自雍正《河南通志》卷七四）　混沌開先樹，殷周閲世姿。雲滃龍下攫，霆激帝高麾。遠翠苞千品，浮清滲兩儀。恥爲庸俗伍，卜築與公期。

清　沈荃《三柏行》（引自雍正《河南通志》卷七三）　太室山前三古柏，屹然鼎峙倚絶壁。黛色成陰數十畝，霜柯蔽日百千尺。挺生不知自何年，森梢巨幹排蒼煙。得地能逃斧斤厄，摩空直據造化先。凌冬蕭颯色葱蒨，過客欷歔但增羡。枝間往往出蛟龍，巖下時時起雷電。漢家天子事登封，鑾輿忽駐三花宫。此柏特賜將軍號，草木恩榮誰與同。羽林車騎今何有，武帝雄圖消歇久。古樹寧隨時代更，含風溜雨渾難朽。將軍作鎮嵩之陽，肅如劍佩儼成行。空山魑魅皆竄伏，白日狐狸亦走藏。年去年來對碧嶂，此柏之壽安可量。木槿朝榮祇足悲，靈椿大算何容抗。君不見，五松大夫在岱宗，毒流海内恨祖龍。寧爲漢帝壇前柏，莫作秦王嶺上松。

清　楊思聖《白松》（引自雍正《河南通志》卷七四）　老樹何年植，軒轅事有無。霜紋飛素雪，鐵幹冷棲烏。赤日風雷急，空山魑魅趨。榮枯應不到，天地任荒蕪。

清　李國亮《白松》（引自雍正《河南通志》卷七四）　老幹勢擎天，繁枝星斗懸。風隨龍欲舞，月戴鳳將翻。肌潤純如玉，心貞歷有年。夜游三女墓，靈氣貫山川。

清　桑芸《白松》（引自雍正《河南通志》卷七四）　玉女何年羽蓋翀，瓊柯天矯植天中。撑霄黛質偏粧粉，拔地霜姿不舞風。豈是吹笙邀白鶴，或因解珮染蒼龍。遺碑云自軒轅代，笑却秦階與漢封。

清　馬之馳《白松》（引自雍正《河南通志》卷七四）　密縣城東古白松，千年雪幹立高峰。空青或借嵩陽色，滴翠渾如洛浦容。朗與星辰遲漢月，運同刼數失秦封。奇文螭篆銷磨盡，惟有濤聲伴寺鐘。

湖北

論說

明　楊慎《丹鉛餘録》卷一六　地志諸家，予獨愛常璩《華陽國志》，次之則盛弘之《荆州記》。《荆州記》載鹿門事云：龐德公居漢之陰，司馬德操宅州之陽，望衡對宇，歡情自接，泛舟褰裳，率爾休暢。記沮水幽勝云：稠木傍生，淩空交合，危嶁傾岳，恒有落勢。風泉傳響於青林之下，巖猿流聲於白雲之上。游者常苦目不周玩，情不給賞。若此二段讀之，使人神遊八極，信奇筆也。記三峽水急云：朝發白帝，暮宿江陵。凡一千二百餘里，雖飛雲迅鳥，不能過也。李太白詩：朝辭白帝彩雲間，千里江陵一日還。杜子美云：朝發白帝暮江陵。皆用盛弘之語也。然二公詩語亦自有優劣，試與詩流辨之。

綜述

南朝梁　任昉《述異記》卷上　今宜都有吴王射亭、木棠苑。木棠，果名，似梨而甜。宜都七里溪吴王射堂，堂之柱礎皆如伏龜，袁宏宫賦曰『海龜之礎』是也。

又卷下　荆州清溪秀壁，諸山山洞往往有乳窟。窟中多玉泉交流，中有白蝙蝠，大如鴉。按《仙經》云：蝙蝠，一名仙鼠。千歲之後，體白如銀，棲即倒懸，蓋飲乳水而長生也。

宋　樂史《太平寰宇記》卷一四五《山南東道四・襄州》　薤山在「穀城」縣西六十里。諸山雲起，此山無雲，終不降雨。諸山無雲，此山有雲起，必降大雨。土人以爲恒驗，因山薤爲名。山上有孤竹，三莖，三年生一筍，故竹死代謝如春秋。又有白鹿二，紫羆一，人不敢犯之。

又卷一四八《山南東道七・歸州》　麝香山在「秭歸」縣南一百一十里，多麝。

明　李賢《明一統志》卷五九《武昌府》　土産：【略】蘄竹，大冶縣有山塲，相傳宋吕文德所種。秀柑，各縣俱出。【略】麂獺。府境出。

又《漢陽府》　土産：天鵝，竹，橙，橘，榧子，銀杏。

又卷六〇《承天府》　土産：綿花，漆，麂，野猫，花猫。麂及野猫、花猫皮皆歲輸貢。

又《襄陽府》　土産：【略】山雞，萬年松，鶱林葉，靈壽杖，黄精，茅香，俱太和山出。【略】榔梅。在太和山。相傳真武折梅枝，寄榔樹之上，仰天誓曰：吾若道成，花開果結。後竟如其言，今樹尚存，名榔梅。

又《鄖陽府》　土産：【略】麝香，房縣出。蒼礬，雷丸，【略】竹鼦，房縣出。花桑木，青藤根。保康縣出。

又卷六一《德安府》 土産：漆，白蠟，野雞，各縣俱出。葛，覆盆子。隨州出。

又《黃州府》 土産：白艾，麻城縣龜峰山出。連翹，松蘿，【略】白花蛇，蘄州出。頂有方勝，尾有指甲。人劃破其腹，則自赴水以指甲洗去其腸，蟠屈而死。其長丈餘，能愈大風。緑毛龜，蘄州出。背有緑毛，浮水中則毛自泛起，壓置壁間，數年不死，能辟飛塵。茶，蘄州出。蘄竹。蘄州出。以色瑩者爲簟，節疎者爲笛，帶鬚者爲杖。唐韓愈詩：蘄州笛竹天下知，鄭君所寳尤瓌奇；擕來當晝不得卧，一府争看黄琉璃。白居易詩：笛愁春盡梅花裏，簟冷秋生薤葉中。

又卷六二《荆州府》 土産：柑，橙，橘，梔子，貝母，覆盆，石龍芮，箭竹，杜若。

又卷六六《施州衛軍民指揮使司》 土産：【略】椒，降香，花獐，馬鹿，紅麂，白鷴，羚羊，金線鷄，衛境内。白藥。《本草》載施州所出者，有白藥、小赤藥、露筋草、野蘭草，小兒羣，紅茂草、大木皮、都管草、獨用藤、瓜藤、金陵藤、岩椶、野猪尾，皆藥物也。

明 曹學佺 《西峰字説》卷二五 襄陽縣。附郭編户三十五里。山下有桃林舘，桓冲北伐屯軍于此，因食桃，偶擲其核，遂成茂林。齊武帝《樂府》：分手桃林岸，送别峴山頭；若欲寄音信，漢水向東流。

明 童承敘 嘉靖 《沔陽州志》卷九《食貨》 鳥有鷺，多雁，有鴛鴦，多水鴨，有天鵞，有鶴，有鶩，多鸕鷀，多谷雞，多鸛，多鵁鶄，有青鶴，有靈雞，有鶺鴒，有鴻，有鸊，似鴨而小者。有雎鳩，有鶩，多梟，多鷺，有鷸。翠。獸多貛，多獐，多兔，多獺。

明 祝珝 嘉靖 《羅田縣志》卷二《物産》 菓類：梨，杏，桃，橙，榴，李，梅，橘，棗，柿，菱，白果，栗，柑，木瓜，西瓜，藕，核桃，櫻桃，□，慈菇，葧薺。【略】竹類：按唐以後縣有蘄竹、蘄簟、笛竹，此均佚，見訂補。水竹，叢竹，貓竹，斑竹，黄連竹，紫竹，白覃竹，苦竹。木類：按唐宋有茶産極盛，此未之及，見訂補。松，桑，柏，柘，椿，楊，桐子，楓，槐，梧桐，蠟，株，白楊，楮，椒，朴，荆，檀，苦連，鬼柳，皂角，烏桕，樟，鵝掌，望春，梓，楮，段皮。羽類：雉，鷓鴣，翟雞，鷺絲，雁，鵪鶉，鸕鷀，鷹，鴉，鵲，梟鷗，雀，百舌，杜鵑，燕，鸜鴒，喜鵲，布穀，鵝，畫眉，竹雞，鴨，雞，啄木雀。毛類：水牛，羊，騾，豕，黄牛，馬，驢，貓，犬，豹，狼，獐，虎，豺，兔，獺，猪犴，猴，狗，狗犴，狐，野猪。

清 邁柱 雍正 《湖廣通志》卷五《疆域志·漢陽府》 黄陂縣，王朴題名記，木蘭拱秀，灄水包環。

又卷七《山川志·武昌府》 ［江夏縣］錦繡山，縣南七十里，山多桃李，每春時爛如錦繡。【略】［嘉魚縣］虎帽山，縣西南三十里，林木葱蔚，近遠望之，儼若帽然。【略】［崇陽縣］黄龍山，縣南九十里，産竹木。【略】［大冶縣］梅山，縣西四十里，三峰秀麗，最多梅樹。【略】［黄陂縣］甘露山，縣東十五里，峰巒疊出，林木蓊然。相傳陳武帝時，有甘露降。

又卷八《山川志·黄州府》 ［羅田縣］王道山，縣東十里。昔王姓者修道於此，因名。頂有蒼松一株，龍鱗虬枝，相傳植自漢代。【略】［蘄水縣］蘭溪，縣西四十里。《圖經》：源出苦竹山，其地多蘭，唐以此名縣。杜牧詩：蘭溪春盡碧泱泱，映水蘭花雨發香；楚國大夫憔悴日，應尋此路去瀟湘。［麻城縣］木陵山，縣北百里。上有木陵關，樹木茂密，岡陵鬱然，爲一邑之望。【略】［蘄州］百家冶山，上産蘄竹。

又卷九《山川志·德安府》 ［隨州］松蓋山，州西北九十里，山多大松，遠望如蓋。

又《荆州府》 ［公安縣］柳浪湖，舊縣西南。湖中高阜數十畝，皆種柳。每春夏之交，濃陰遮樾，午無曦陽。中有柳浪館，爲袁宏道别業。【略】［監利縣］林長河，縣東北三十里，西岸林木最稱蓊蔚。

又卷一〇《山川志·襄陽府》 ［襄陽縣］桃花山，縣西南二十五里。舊傳山有桃千樹，故名。【略】［穀城縣］薤山，縣西南八十里。山有孤竹，三莖，三年生一筍，筍成竹枯，代謝不已。每諸山雲起，此山無雲，終不雨，人以爲驗。

又《鄖陽府》 ［鄖縣］滄浪山，縣城山横似舟，産古松三株，下有聖水寺。【略】［長陽縣］百里荒，横百里，縱不知幾百里，深林茂箐，熊虎之藪，蠻獠盤踞。

清 儲大文 《存研樓文集》卷三《雜著·荆州論》 夷陵东道，當由車御，至赤岸乃得渡沮，西道當出箭谿口，乃趨平土，皆山險狹，竹木叢蔚。

清 常丹葵 乾隆 《竹山縣志》卷一〇《風俗》 竹邑幅幁寬廣，土浮於人，又山多田少，水田十之一，旱地十之九，近因遠方萃集，木拔道通，雖高巖峻嶺，皆成禾稼。

又卷二一《物産志》 果屬：桃，杏，李，棗，柑，栗，榛，柰，橙，橘，柿，梨，梅，藕，石榴，山楂，櫻桃，胡桃，軟棗，拐棗，葡萄，枇杷，林檎，蘋果，無花果，羊桃。木屬：松，柏，楸，桐，槐，柳，榆，樟，桑，杉，椶，棡，檀，櫟，楓，桹，栲，槲，漆，杞，椿，楝，棣，棫，黄楊，白楊，花栗，黄櫨，蠟樹，毛桐，冬青，三春柳，柘。竹屬：水竹，苦竹，斑竹，紫竹，金竹，茅竹，刺竹，家竹，叢竹，通竹，篩竹。花屬：梅，蘭，蓮，蕙，菊，葵，牡丹，芍藥，桂，薔薇，海棠，玫瑰，簷蔔，蝴蝶花，石榴花，水桂，木槿，淩霄，合歡，粉團，繡毬，吊蘭，紫荆，絳桃，玉簪，金鳳，臘梅，蜀葵，金杯，碧桃，茉莉，雞冠，迎春，萬壽菊，長春，落陽，荷包牡丹，杜鵑花，映山紅，月月紅，月月粉，芙蓉，西番蓮，秋海棠。【略】禽屬：鷄，鵝，鴨，鴿，燕，鴈，鳩，雀，鷹，鷂，鸛，烏，鴉，雕，鵙，野鷄，竹鷄，錦鷄，翟鷄，秧鷄，土鷄，黄雀，白鷴，畫眉，啄木，鶺鴒，翡翠，鸜鵒，鵂鶹，鵪鴰，鸛鴿，鷺鷀。獸屬：牛，羊，犬，豕，猫，馬，驢，騾，虎，豹，熊，貘，豺，獺，猿，猴，兔，鹿，獐，麂，貛，狐，貍，蝟，羚羊，綜羊，石貓，竹貓，䕭牛，毫彘，毛鼠，刺蝟，狼，麋。

清 和珅 乾隆《清一統志》卷二六〇《武昌府》 土産：【略】麻，《寰宇記》：鄂州産麻。火紙，《明統志》：各縣俱出。鰣鰉魚，《明統志》：大江出。敗醬。生江夏川谷間，花黄根紫，色如柴胡。攻暴熱癰腫，及産後諸病。八月採其根。

又卷二六二《漢陽府》 土産：橙，橘，《明統志》：漢陽府出。枳殼，墨石，出漢陽縣東至山。獺葛，出黄陂縣，又出孝感縣小河溪。棉花，出孝感縣。白蜜。《唐書・地理志》：復州貢。

又卷二六四《黄州府》 物産：茅，《書・禹貢》：荆州厥貢包匭菁茅。苧布，《元和志》：蘄州貢。蘄竹，《明統志》：蘄州出。以色瑩者爲簟，節疎者爲笛，帶鬚者爲杖。鹿毛筆，白艾，《明統志》：麻城出。連翹，松蘿，《唐書・地理志》：黄州貢。羅漢菜，《名勝志》：出黄安縣三角山。昔有異僧種之，採宜淨食，雜以葷膩，其味頓減。山蘭，唐以此名縣。白花蛇，背有方勝，尾有指甲。《明統志》：蘄州出，能愈大風。緑毛龜。《明統志》：蘄州出。置壁間數年不死，死能辟塵。

又卷二六六《安陸府》 土産：棉花，《府志》：天門縣出。觀音竹，《府志》：鍾祥縣出。郢蘭，《府志》：鍾祥縣出。萆薢，黄精，《通志》：俱荆門州出。花猫，《明統志》：府境出，歲輸貢。鸜鵒。《府志》：當陽縣出。

又卷二六七《德安府》 土産：青紵布，《唐書・地理志》：安州貢。《宋史・地理志》：德安府貢。《寰宇記》：安州土産。漆，《明統志》：各縣俱出。白蠟，《明統志》：各縣俱出。根子菜，《明統志》：根似蔓菁而大，惟安陸有之。藥，桔梗、蒼朮，各縣俱出。蒼耳、景天，安陸縣出。石膏，應城縣出。三稜、丹參、沙參、旋覆花，隨州出。茴香、赤小荳，應山縣出。枸子。一名木蜜，一名拐棗，能解酒毒，雲夢縣出。

又卷二六九《荆州府》 土産：方紋綾，《唐書・地理志》：江陵縣土貢。紵布，《唐書・食貨志》：江陵府土貢。貝母，《唐書・地理志》：江陵府土貢。烏梅，《唐書・地理志》：江陵府土貢。梔子，《唐書・地理志》：江陵府土貢。覆盆，《唐書・地理志》：江陵府土貢。石龍芮，《唐書・地理志》：江陵府土貢。丁公藤，《府志》：宜都縣出。龍牙草，千歲藟，積雪草，百合，俱江陵縣出。通草，茜草，紅花，秦椒，仙茅，大黄。俱遠安縣出。

又卷二七一《襄陽府》 土産：蔗，薑，《唐書・地理志》：襄州貢蔗、薑。綸草，襄陽縣出。萬年松，鶱林葉，靈壽杖，茅香，《明統志》：俱太和山出。白蘘荷，府境出，可爲菹，又解蠱毒。榔梅，《明統志》：出太和山。山雞，《元和志》：均州開元貢山雞尾。麝香，《元和志》：襄州、均州貢。羚羊，駝牛，俱均州出。我師禽，出均州太和山。藥。龍膽草、鳳眼草、滛羊藿、杜萱、隔山消、九仙子、石燈心草、金沸草，刺春俱均州出。

又卷二七二《鄖陽府》 土産：花桑木，青藤枝，《明統志》：俱保康縣出。羊肚菜，獐花栗，俱房縣出。鍾乳，《元和志》：房州貢。雷丸，《元和志》：房州貢。蒼礬，《唐書・地理志》：房州貢。竹鼦，《唐書・地理志》：黄州貢。白鷴。房縣出。

又卷二七三《宜昌府》 土産：馬瑙石，《州志》：州境洪溪出。茶，《寰宇記》：歸州貢。椒，《寰宇記》：歸州貢。漆，《通志》：巴東縣出。錦雞，白鷴，《通志》：俱長陽縣出。方紋綾，《九域志》：峽州貢。芒硝，《唐書・地理志》：峽州貢。箭竹，《唐書・地理志》：峽州貢。五加皮，《唐書・地理志》：峽州貢。杜若，《唐書・地理志》：峽州貢。鬼臼。《唐書・地理志》：峽州貢。

又卷二七四《施南府》 土産：布，《府志》：建始産葛布。漆，《府志》：建始産。桐油，《府志》：建始産。蜜蠟，《府志》：建始出。椒，《府志》：建始産。藥，《唐書·地理志》：建始出黃連。獸皮。《唐書·地理志》：建始出熊皮、鹿皮。

清　勞光泰　道光《蒲圻縣志》卷四《鄉里》　北鄉上寺團距城二十里。丁卯山有玉皇庵，産天冬、麥冬。【略】天池庵在茂樹山西。【略】月山産虎刺。

清　袁景暉　道光《建始縣志》卷三《户口志·物産》　菓類：建邑蜜羅甚少，棗、栗、核桃之類堪供盤盂，其餘不足食也。梅，杏，桃，味酸，不堪食。李，棗，梨，酸澁。栗，核桃，枇杷，林檎，葡萄，石榴，木瓜，柿，蜜羅，柑，香櫞，茗，香菌，茨菇，芋頭。【略】木類：建邑木植甚繁，以香南、瘿木爲上。從前人不知貴，今則種類甚稀，並松柏亦少栽植者。香楠，今少。垂楊，梧桐，松柏，杉，椿，柳，槐，桑，楓，檮，黃楊，烏桕，冬青，槲，橡，棕，竹。各種。【略】禽獸類：舊志所記，山深林茂，熊、豕、鹿、獐出没其中。當屬明季。國朝定鼎以來，人烟漸密，虎豹遠藏，今不常見。惟虎、豹、猿猴之類，時出害物，居民宜豫防也。狐狸，豺狼，猿猴，鹿，今無。獐，今無。麂，野猪，今無。毫猪，今無。山羊，山驢，獾子，松鼠，穿山甲，鸐雞，竹雞，杜鵑，百舌，黃鸝，斑鳩，喜鵲，壽鷄，烏鴉，啄木，燕子，野雞，鷹，鷂，催生，畫眉。

清　王履謙　道光《安陸縣志》卷三七《物産》　卉木之屬［只録種名］：娑羅樹，松，馬尾松，羅漢松，波斯松，柏，石楠，楠，樸，槐，檜，櫻桃，芭蕉，木芙蓉，梧桐，芝，竹，梅，臘梅，蘆，牡丹，芍藥。羽毛之屬［只録種名］：鶴，念佛鳥。雉，虎。

清　金大鏞　同治《續修東湖縣志》卷五《物産》　菓類：櫻桃，銀杏，梅，柿，核桃，柑，橘，佛手柑，棗，柚，石榴，枇杷，金橘，木瓜，花紅。桃有仙桃、白桃、五月桃、七月桃、海桃。李有甘、苦二種。杏有沙杏、金杏、梅杏。栗大者俗名板栗，小者俗名茅栗。梨有乳梨、雪梨、綿梨、鵝梨、消梨，味俱香美，又有山梨、棠梨。枸櫞，即香櫞。椑柿，即柿之小者。山樝，名猴樝。橙，釋名金毬。壽星橘，其形微長。公孫橘，結實大小相隨如公孫然。山嬰桃，實多毛，味惡，不食。無花果，名文光果。葡萄，有長、圓二種，長者俗名奶葡萄。木類：松，柏，槐，桐，楓，桑，柘，楊，柳，黃楊，椿，楮，檀，杉，蠟樹，烏桕，白楊。冬青，一名萬年枝。榆梓，下坪有梓一株，其大數圍，其花甚異。梓，鄉坪亦産之。竹類：南竹，筀竹，水竹，叢竹，山竹，紫竹，斑竹，慈竹，藍田竹。鳳尾竹，山野叢生，多栽盆中玩之。【略】羽類：鸛，錦鷄，雉，鷹，鵲，鳩，鷂，燕，鴉，鸇，鴛鴦，鶺鴒，子規，鶉鴿，啄木鳥，竹鷄，鷺，茭鷄，鷗，鴿，鷄，鵝，鴨，鴟鴞，畫眉，巧婦，吐綬鷄。鳧，俗名野鴨。雕翎，爲箭飾，每過，百鳥驚恐。鵠，一名天鵝。雀，有麻雀、黃雀。鷺，一名黃鳥。兔虎，似鷹，而善擒兔，今無。鴉虎，性猛悍。白頭翁，似雀，頭有白點。鸜鵒，俗名八哥。緑翠，一名翠鳥。百舌，一名反舌。麥鷄，秧出時鳴。布穀，即鳲鳩。練雀，俗名拖白練。【略】毛類：鹿，麞，麂，猿，獾，獺，兔，野豬，虎，豹，狼，鼠，馬，騾，驢，豕，野猫，猫，羊，黃牛，水牛。香麞，即麝。熊掌作珍，左更勝。山羊作脯，與鹿同美，筋次之。獨豬似野豬，而力大，逢樹輒拔之，猛過熊虎，獵人不敢捕。獨形似犬而尾大，足短，其躍如飛，土人呼爲猴王。每至，羣猴畏伏，齊聚不敢移動，獨捉一肥者啮之，食不盡取，羣猴乃敢去。物之相制如此，與《本草》載説無異。偶見西北鄉深山中。山彪，從容美各司中來，今山野中偶有之，傷小兒及牲畜，頗爲害，皮肉皆不堪用。狐，俗呼爲毛狗。鼬，俗呼爲黃鼠狼。

又卷七《人物志》　梗、楠、杞、梓，良材皆産於楚。

清　多壽　同治《恩施縣志》卷一《地理志·山川》　猨啼山，在客星山北，丹巖碧嶂，林木葱蒨，多猨啼聲。

又卷六《食貨志·物産》　果品：香櫞，柑，橘，橙，柚，柿，榴，枇杷，櫻桃，葡萄，胡桃，榛，銀杏，佛手柏，密羅。可入茶飲。木品：松，栢，樟，檀，栗，楸，杉，白楊，槐，椿，水紅，馬靈光，桐，椶，漆，桑，烏桕，凍緑，棓子，皂角，黃楊，楓，有老爲人形者。陰沉木，質香而柔膩，入土堅重如鐵。楠木。竹品：筋竹，性剛。慈竹，性柔。斑竹，紫竹，箭竹，南竹，水竹，苦竹。【略】羽族：白鷴，錦雞，山鶯，一名山咋。雉，杜鵑，洋鴨，野鴨，涼水東東。自呼其名。獸族：獨豬，形旨如牛。虎，豬熊，豹，白面貍，豺，麞麂，九節貍，獺，野豬，害穀。松鼠，竹鼠，鼯鼠，貂，野牛，羚羊。

又卷一二《雜記志·雜志》　白巖頭之興家坡，栗樹二株，連理交錯，大二十圍，蓋數百年物也。斫之者，輒罹災殃。【略】咸豐以來，崇岡峻嶺之地，忽有野豬數十成羣，大者三百餘觔，小亦百餘觔。晝匿，夜食田禾，農家苦之。新寨等處有毫猪，徧身毫長盈尺，短亦四五寸，堅硬如竹，步摇有聲，夜耗田穀。大吉場西南十里，有樹大合抱，高數十尺。道光初年，椏上生棕，一株長約丈餘，十餘年又一椏生櫻桃一株，盈握。道光二十二年，烈風折棕，而櫻亦枯。至今大樹猶存。【略】丫沐峪譚氏宅後古樹大十餘圍，忽夢樹神辭云：往賴明經家去。是年，花葉俱無，然枝幹長青。越十餘年，神忽夢告復來，竟花葉如常。白洋坪離市二里許，一樹生峰頂，遥望如繖，經冬不凋，凋則有水火、訟獄之災，市人常卜休咎焉。

清　聶光鑾　同治《宜昌府志》卷二《山川》　黄柏山，縣西一百三十里。昔年産黄柏，故名。【略】桑木山，縣西八十里，多産桑木。【略】木籠山，在採花保，山極陡峻，叢竹蔽天，細流繞逕。【略】鐵樹口，在漁洋關保麻溪仲內，諸小溪之水匯流處，上有鐵椆樹一株，枝葉暢茂，四季常青，因名。上有東嶽廟。【略】青樹口，在漁洋關老街後，即石龍過江岸，上有青樹三株，生石隙中，大皆合抱，高數丈，枝幹古拙，雖隆冬，葉亦不雕，不知何代物也。有棉藟藤一株，大與樹等，盤繞其上，矯如虬龍。【略】石橋溝，在本城保東八里。溝上有栗樹一株，大十圍，高數丈，百餘年物也。【略】金鰲洲，《通志》：太山寺在城北半里許，溪河中突起一洲，長十餘丈，寬數丈。上有古木數株，大十餘圍。今僅一株楠樹。道光三年，曾被火災，縣少尉茹救滅之。後雖留燒痕，而枝葉鬱葱，不減當年。相傳此有神，溪漲並高，不能淹没。鰲州火樹爲縣景之一。

清　張梓　同治《咸豐縣志》卷八《物産》　菓屬俱有，惟胡桃，楊崗梨最佳。木屬俱有，惟楠木、梓木爲上。楠木有二種，曰花楠，曰香楠，俱可作桌及屏風、文櫃、拜匣，甚可玩。梧桐木可作琴。梓木。竹屬十二種：荆竹，南竹，斑竹，水竹，紫竹，鳳尾竹，慈竹，茨竹，苦竹，冷竹，羅漢竹，花竹。【略】禽屬俱有。竹雞，鳴則呼泥滑滑，居竹林，多斑文。畜之可制白蟻，鳴三十六聲者佳。錦鷄，赤雉也，長尾，徧身文彩，好事者畜養。吐壽鷄，似錦鷄，每嘘氣結爲壽字形，鄉人多蓄之，以作玩好，近年甚稀。土鶯歌，歲冬出林，其形小於瓦雀，嘴紅身緑，尾如魚狀，土人羅之，攜至江湖間，值十餘金焉。【略】獸屬：豹，豺，獼猴，狐，狸，獾，麂，麞，山羊，獺，馬，騾，白面狸，野豬，兔，貂鼠。

清　楊廷烈　同治《房縣志》卷二《山川志》　黄竹山，城北百里，山竹色皆黄。

又卷一一《風俗志》　防渚多山林，少原隰。厥民刀耕火種，厥性剛烈躁急。自漢高祖發巴蜀，伐三秦，遷巴中渠帥七姓居商洛，房密邇金商。故俗至今多獵山伐木，有賨渝風，厥聲近秦，厥歌好楚，厥士子向學侔荆、襄，厥水陸罔利舟車，商賈縮跡。俗信巫魍，重神祀。婚喪歲時，俚雅參半，華質不齊。《防渚紀聞》。

又《物産志》　果類：桃，杏，李，栗，有大小。梨，類多。銀杏，櫻桃，一名含桃。石榴，來禽，核桃，羊桃，柿，牛心、寶蓋、牛奶、羊奶，數種。棗，一名木棗。柑，橘，香櫞，盧橘，雞距子，俗名拐棗。葡萄，甘蔗，荸薺，落花生，平果，榛，野葡萄，梅子。木類：松，柏，杉，槐，楸，桐，榆，柳，椿，柞，桑，柘，楓，白楊，黄楊，紅豆木，桕，冬，檀，花梨，鐵鋼木，青鋼梨，白蠟木。竹類：龍頭竹，鳳尾竹，水竹，黄竹，薰竹，煎竹，斑竹，苦竹，筀竹，石竹，紫竹，荆竹，筍。《爾雅》竹萌也。春夏雨中土而出，不減益陽冬筍。【略】羽類：錦雞，畫雞，竹雞，秧雞，雞，綬雞，鵞，雉，繡雞，鴛鴦，鸂鶒，鷺鷥，翡翠，鶯，鶴，啄木，淘河，鶘，鸜鴿，鵂鶹，鶺鴒，鵓鴿，割麥種禾，脊令，畫眉，鵲，蠟嘴，鴉，瓦雀，蒿雀，鳩，類多。雕，鷹，鷂，鶻，金翅，棉花包，貓兒頭，即鴞。杜鵑，子規。點水雀。毛類：虎，豹，熊，鹿，獐，麂，青麂、黄麂。兔，猿，狐，貉，獾，豺，狼，猫，竹鼦，山羊，盤角羊、盟鬃羊。豪猪，果狸，松鼠，刺猬，麕，獺。

又卷一二《雜記》　宋家集有朱筆樹，大合抱。孟秋開花，巨如碗，色若傅粉，不實。葉大而青者茂於春，小而赤者於花落後見之枝端。有紅蕾若筆，因以名焉。花兆豐歉，花盛在頂，高山豐收，在中兆淺山，在下兆平川。旁有池，清泉不竭，曰玉硯池。

清　余思訓　同治《歸州志》卷一《地輿志・土産》　菓屬：李，杏，枇杷，梅栗，梨，柿，橙，柚，橘，柑，棗，桃，胡桃，石榴，櫻桃，林檎，梅。【略】木屬：松，柏，杉，楓，槐，柳，桑，柘，櫪，檀，棕，竹。。【略】禽屬：吐綬雞，綬烏，子規。。【略】獸屬：虎，鹿，獐，麂，狼，獾，熊，果子狸，松鼠，狐狸，猴，山羊。介屬：穿山甲，蛇。

清　崔培元　同治《宜都縣志》卷一下《地理志・物産》　瓜果之屬：【略】櫻桃，杏，桃，枇杷，梅，李，石榴，葡萄，橘，柿，菱，芡，橙，香櫞，梨，栗，棗，林檎。邑多柑園，尤甘美。草木之屬：桑，柘，松，柏，槐，檀，樟，楊，柳，梧桐，椿，楓，杉，枳，黄楊，白楊，萬年枝，俗名冬青，烏柏，椶，楮，椒，楝，女貞木。竹屬：有荆竹，水竹，叢竹，白竹，紫竹，冬竹，貴竹。其種之異者，又有鳳尾竹，椶竹，藍田竹。禽屬：鷄，鴨，鵝，鴿，鵲，鸛，鴉，鳩，燕，雀，鷹，鷂，鶺鴒，倉庚，鷓鴣，子規，鷺鷥，鵪鶉，翡翠，梟，雁，百舌，畫眉，布穀，鴛鴦，鸂鶒，啄木，鸜鵒，竹鷄，錦鷄，鸕鷀，鵜鴣，姑惡，鵂鶹，鴞。獸屬：牛，羊，馬，騾，驢，犬，豕，貓，虎，豹，麞，麂，兔，獺，狐狸，猴，鼠，飛鼠，鼬，獾，菓狸，味極鮮美，一名白眉子。山羊，毫猪，野猪，狼。

清　林讓昆　同治《保康縣志》卷一《地輿志·疆域》　榛樹山，東北四十里山多榛樹，故名。

又卷四《田賦志·物産》　蔬菓、藥材以及禽鳥無異物，香菰、猴菌、羊肚菌亦間有之。樹有漆，野者最佳。有栗林，可結木耳，白者少。魚類白小，見亦罕。獸則有狪，野彘也。近年更多，喜食禾，晝夜成羣，苛甚於虎，農人苦之。

清　廖恩樹　同治《巴東縣志》卷一一《物産志·果類》　橘，柑，柚，柰，柿，棗，梅，枇杷，石榴，櫻桃，木瓜，銀杏，金橘，枸杞，佛手柑，花紅【略】，胡桃【略】，桃【略】，李【略】，栗【略】，黎【略】。枸櫞，即香櫞。椑柿，即柿之小者。山樝，一名猴樝。橙，釋名金毬。山櫻桃，多毛，味惡，不可食。無花果，名文光果。葡萄，有長圓二種。【略】椇，有樹蜜、木錫、木珊瑚等名。

又《竹類》　水竹，山竹，叢竹，笘竹，淡竹，篛竹，篠竹。

又《木類》　松，柏，槐，桐，桑，柘，楊，柳，楓，椿，楮，檀，杉，栗，棗，株，楠，柞，椶，椒，櫃，樗，櫟，棟，杜，柳，漆，梧桐，泡桐，蠟樹，黃楊，紫荆，皂角，冬青，一名萬年枝。

又《花類》　牡丹，芍藥，山蘭，金萱，薔薇，木香，瑞香，辛夷，鳳仙，荼蘼，粉團，玉簪，芙蓉，錦葵，雞冠，山茶，月季，碎剪，金錢，繡毬，杏花，李花，水仙，玉蘭，罌粟，菊花，玫瑰，木犀，紫荆花，向日葵，蝴蝶花，映山黃，迎春柳，夾竹桃，石榴花，纏枝牡丹。杜鵑花，俗呼映山紅。海棠，有鐵線、垂絲、西府三種。蠟梅，有磬口者最佳。桃花，有絳桃、碧桃、送春歸。桂花，有丹、白、黃三種。紫薇，一名滿堂紅。梔子，大者重臺，小者名海梔。木槿，有紅白二色。丁香，有黃、白二種。茉莉，自蜀中移植。老少年，又名鳳凰衣、雁來紅、漢宮秋。棠棣花，即郁李。

又《羽類》　鷄，鴨，鵝，鴿，鳩，鵲，鴉，鸛，鶻，鷂，鷹，燕，鷺，鷗，錦雞，鴛鴦，子規，竹雞，茭雞，畫眉，鴝鵒，鵪鶉，巧婦，鸕鷀，鵁鶄。鵙，即伯勞。布穀，即鳲鳩。鷓鴣，聲若布穀。梟，俗名野鴨。鴷，即啄木鳥。鷚，小鳥，善鳴。雕翎爲箭飾，每過，百鳥驚恐。鵠，一名天鵝。雀，有麻雀、黃雀。鶯，一名黃鳥。鸜鵒，俗名八哥。綠翠，一名翠鳥。百舌，一名反舌。麥鷄，秧出時鳴。練鵲，俗名拖白練。

又《毛類》　騾，驢，貓，鹿，麞，麂，猨，猴，兔，獺，虎，豹，豺，獾，麈，鼠，黃牛，水牛，野豬，豪豬，野貓，斑鼠。熊，其掌作珍，左更勝。山羊，作脯，與鹿同美，筋次之。果狸，味甚美。香麞，即麝。狸，有虎狸，貓狸，香狸，九節狸、玉面狸數種。鼲鼠，即黃鼠，時煖則出坐洞口，見人則交前兩足於頸，拱立如揖，乃竄入穴，故一名拱鼠，又名禮鼠。鼬鼠，即竹鼠。飛鼠，即蝙蝠。鼯鼠，狀如小狐，肉翅連四足及尾，似蝙蝠，翅尾，項脅毛紫赤色，背上蒼艾色，腹下黃，喙頸雜白，脚短爪長。一名飛生鼠。荀子曰：鼯鼠五技而窮，能飛不能過屋，能緣不能窮木，能游不能渡谷，能穴不能掩身，能走不能先人。陶宏景云：取其皮毛，與産婦持之，令易生。鼬，俗呼爲黃鼠狼。狐，俗呼爲毛狗。獨豬，似野豬而力大，逢樹輒拔，猛過熊虎，獵人不敢捕。獨猿，形似犬而尾大，足短，其躍如飛，土人呼爲猴王。每至，羣猴畏伏不敢移動，獨捉一肥首嚙之。食不盡，羣猴乃敢去。物之相制如此。山彪，從容美各司中來，山野中偶有之，傷小兒及牲畜，頗爲害，皮肉皆不堪用。

清　鄭燡林　《遠安縣志》卷二《物産》　仙鼠，即白蝙蝠，生青溪秀壁諸山洞，飲乳窟之水。千載之後，體白如銀，棲則倒懸。

清　程啓安　同治《宜城縣志》卷一《方輿志·山川》　鳳凰石泉南七里有杏兒山，山出小銀杏。【略】麻線堆，在州東南歸峽口。大山崛起，樵徑攀援而上，縈紆如線。浮屠德寶始沿岩伐木，另作新路，不復登山。【略】天鵝湖在侯塘營縣西十五里，昔有天鵝集此。

又卷三《食貨志·物産》　果之屬：菱，芡，蓮，藕，柿，梨，桃，胡桃，櫻桃，李，梅，杏，銀杏，棗，石榴，桑椹，荸薺，落花生，無花果，葡萄，杏黃。木之屬：松，柏，桐，榆，楝，椿，槐，檀，楸，桑，柘，柳，樸，楊，黃楊，椶櫚，白楊，馬尾松，烏桕，冬青，皂角，蛇爛，郁李，棠梨，合掌柏，樫，橡，黃楝，樗。【略】竹之屬：筆竹，叢竹，水竹，鳳尾竹，東坡竹，紫竹。【略】禽之屬：鶴，鷗，鷺鷥，野鴨，點水，淘河，鴉，禿鶖，鴿，鳩，鷹，鵲，鷂，鸛，雀，鴛鴦，倉庚，練鵲，燕，雁，白頭翁，杜鵑，鵪鴿，鶺鴒，布穀，啄木，野鶏，銅嘴，百舌，鸚鴿，畫眉。獸之屬：狼，兔，獺，鼠，狐狸，野猫，貛，豬。

清　吴葆儀　同治《鄖陽縣志》卷一《輿地志・山川》　烏呼埡西二十里古楊一株，挺植埡前，輪囷離奇，如月裏娑羅，故土人稱烏呼夜月。

又卷四《田賦志・物産》　果之屬：有桃，李，杏，栗，梨，棗，橘，蔗，柿，藕，荸薺，《爾雅》鳧茈。山查，銀杏，軟棗，櫻桃，核桃，石榴，素奈，一名蘋婆。花紅，落花生，無花果，林檎，雞距，葡萄，柑子，而房陵之縹李僅存其名。木之屬：有椿，樗，桑，柘，松，柏，桐，槐，檀，櫨，櫟，楓，楸，樟，椶，冬青，皂角，烏桕，黄楊，白楊，花桑，青藤，而花栗爲多，漆林之利亦盛。竹則六屬皆産，有水竹，苦竹，斑竹，荆竹，茅竹，刺竹，鳳尾竹，龍頭竹。竹山舊多黄竹，縣以得名。疊經兵燹，無復成林矣。【略】昔年林叢箐密，家畜而外種類甚繁。今則人逼禽獸，凡錦雞、白鷴、虎豹、狐狸、犲狼，皆失。所藏竹雞、綬雞，殊可玩羅之者，率居以爲奇。熊亦時見，而掌不易得。鶺鴒、野雉、猫、兔、刺蝟，所在多伏蓁莽，麞、麂、猿、猴、青羊、貛子，則聚族於南山中，其他候蟲時鳥飛鳴上下，往往有習其聲，不知其名者，人不之求，物亦適其天也。

清　劉昌緒　同治《黄陂縣志》卷一《物産》　果類〔只録種名〕：栗，柿，桃，棗，杏，李，藕，菱，石榴，葡桃，櫻桃，無花果。【略】木類〔只録種名〕：松，柏，椿，槐，栗，柘，柳，桑，梓，桐，楊，棗，棠梨，樟，榔。竹類〔只録種名〕：水竹，三月竹，五月竹，鳳尾竹，叢竹。【略】鳥類〔只録種名〕：布穀，啄木，黄鸝，鶺鴒，燕，雉，鳩，鶯，鷹，鴉，雀，鵲，烏，鴿【略】。獸類〔只録種名〕：【略】狐，兔，貍，鹿，虎，狼，豹。

清　松林　同治《施南府志》卷三《地輿志・山川》　香爐峰，縣西百七十里，頂生楠木一株，望之如蓋。

又卷一一《食貨志・物産》　菓品俱有，多産橘、柚、橙子、佛手柑。恩施産者較他處沈著。木瓜，宣恩産者油飽香甚。密羅，出恩施清香，可入茶。梨，惟恩施名水冬瓜，咸豐名楊洞梨，利川名香水梨，三種絶佳。救兵糧，其色紅，又名滿盤珠，可以備荒。竹品俱有，惟南竹、慈竹最多。羅漢竹，老人可爲杖。畫竹，每葉青白相間。鳳尾竹。龍頭竹。木品俱有，以楠木爲上，其木近梘處多山水紋、花草紋、葡萄紋者皆呼爲影木，以作桌几、文櫃、拜匣諸器皿，其香不散，恩來咸利多出之。陰沉木，此物掘地得之，名陰沉木。【略】檮木，其性剛，有紅白二種，直而堅，可以扛輿。此外香樟、紅杉、翠柏、桑，亦頗不少。靈楓，《述異記》云：南方楓木，老者爲人形，亦呼爲靈楓。蓋木癭也。譚景《升化書》云：楓老化爲羽人，無情而之有情也。又孫炎云：攝生江上有寄生枝，高三四尺，生毛，一名楓子。天旱，以泥泥之即雨。舊志稿。按《明史・主司列傳》巡撫劉慤條議，言施州延袤頗廣，物産最饒，衛官朘削，致民逃夷地云云。蓋土廣人稀，荒山未辟，暢茂蕃殖，自爾豐饒也。自改土以來，流人麇至，窮巖邃谷，盡行耕墾。砂石之區，土薄水淺。數十年後，山水衝塌，半類石田，尚何物産之有？詢之故老，言從前此地亦産棉花，今則絶無其種。裳衣之資，亦市之外地。山險水惡，運負維艱。地力之窮，則亦無如之何也。近日，廣植苧蔴，尚可以此易彼。而不知者，顧病其多占穀土，欲從禁制，亦可謂不達物情矣。

清　劉焕　光緒《潛江縣志》卷八《風土志・物産》　果之屬：梅，李，桃，杏，枇杷，櫻桃，梨，栗，木瓜，柿，棗，銀杏，梧桐，石榴，葡萄，橘，橙，柑，柚，香櫞【略】，菱，芡，蓮，荸薺，茨菰。木之屬：松，柏，桐，梓，杞，桑，柘，楊，椿，樗，槐，柳，檉，櫟，楝，樗，楓，槿，皂莢，烏桕，冬青。竹之屬：筆竹，慈竹，鳳尾竹，淡竹，苦竹，紫竹，斑竹，水竹。【略】羽毛之屬：鷄，鴨，鵝，雉，鴉，鵲，烏，鴝鵒，鳩，燕，鶯，鷂，鸛，鵁鶄，鵓鴿，牛，羊，豕，犬，貓，貛，驢，兔，獐。

清　陳樹楠　光緒《咸寧縣志》卷四《食貨志・物産》　果類〔只録種名〕：梅，桃，杏，李，梨，郁李，楊梅，棗，石榴，橘，栗，櫧實，柹，木瓜，銀杏【略】。木類：松，柏，桂，楊，柳，桑，櫟，槐，檀，楓，楮，株，椿，杉，樸，梂，梠，梓，栗，榔，楝青，椶，桐，櫧，烏桕，樟。竹類：楠竹，斑竹，筆竹，苦竹，叢竹，筋竹，水竹，紫竹，實竹，天竹。【略】花類：山礬，紫薇，薔薇，萱草，山茶，桂花，芙蓉，芍藥，葵花，玉簪，紫荆，木槿，菊花，蓮花，月桂，榴花，棠棣，石竹，瑞香，月季，辛夷，荼蘼，俗名刺蘼。金鳳，春蘭，蕙，映山紅，普庵蓮，金錢，指甲花。羽類：雞，鵝，鴨，鴿，燕，雁，鷗，鳩，雉，鴉，鷹，鷂，鴞，鵲，鸛，黄鸝，鸕鷀，鴟鴞，子規，布穀，鶺鴒，畫眉，鴝鵒，百舌，野鴨，啄木，麻雀，竹鷄，蠟嘴，魚翠，春鋤，淘河，伯勞，白頭，錦雞，白鶴，白鷴，鸂鷘，鴛鴦，相思鳥，練鵲，鳥，鴿。毛類：【略】兔，鼠，獺，虎，鹿，麂，獐，狸，野豬，豬獾，狗獾。

清 朱希白 光緒《孝感縣志》卷五《土物》 果屬：桃。李。櫻桃。杏。葡萄，有白黑二種。癩葡萄。石榴。棗，大者名木棗，小者名蜂兒棗，以其甘似蜜也，本地蒸曬謂之曬乾。【略】梨。栗。胡桃，俗名核桃。柑。橘。味酸不可食。白果。茅栗。山楂，俗名茅楂，有紅、白二種，白而大者名猴楂。柚，俗名香丸。蓮實。藕。【略】木屬：柏，有側柏，曰扁柏，曰刺柏，曰真珠柏，結實如珠。槐。桐，有梧桐，有油桐，子可爲油，有泡桐。梓。檀，有黃、白二種。桑。柘。楓，燒之甚香，俗名楓香，葉至秋則紅。柏，子可爲油，又曰烏柏，又曰木子樹。松。楊，有大葉、細葉二種。柳。榆。楝，似榆，疎幹易長。椿，有白、赤二種，赤者芽可食，俗名香椿。樗。楮，一名穀，或名構子。黃楊。棠梨，赤曰杜，白曰棠，可以鐫刻。椶櫚，葉如摺扇，末散其皮曰椶。冬青，亦曰女貞。朴。榔。鴨掌樹。蠟樹，經冬不凋，生水次者，曰水蠟。椒。茱萸。栗，可以炭，實可粉食。竹屬：金竹。筀竹。斑竹。紫竹。叢竹，一名慈竹，叢生相倚，故名。水竹，一名淡竹。鳳尾竹。【略】禽屬：雞，鴨，野鴨，鵞，鷗。鴿，俗名鵓鴿。雀，有麻雀，生於簷際，有黃雀，生於林間。雉，俗呼野雞。竹雞，生於竹林。秧雞，生於秧隴。遯雞，見人則避，遯，登去聲。烏。鴉，似烏，白脰。風鴉，似烏而小，腹白，好羣飛，《詩》所謂鸒也。鵲。山鵲，頭黑，身淺藍，好叫，俗名矢巴鵲。燕，《爾雅》謂之鳦，即《詩》所謂玄鳥也，有二種，胡燕斑襟身小，爲巢如籠，俗呼籠燕；越燕紅襟聲大，爲巢如釜，俗呼矢燕。鸜鵒，黑色，俗名八哥，重五日，人捕得之，剪其舌，教作人語。鶯，一名倉庚，一名黃鸝。子規，告天，百舌。練鵲，白色而小，尾長尺餘，一曰線鵲。啄木，鷹，鷂，鷺。鳩，俗名斑鳩。鶉，俗名鵪鶉。鴛鴦。鷸。駝河，似雁而大，浮于河。魚虎，俗名沫魚老。翠生水邊叢草中，毛可爲花。獸屬：【略】鹿，麇，麞，麂，兔，貛，狐，狸，狼，虎，豹，獺，野豬，貉。

清 英啓 光緒《黃州府志》卷二《疆域志・山川》 [麻城縣西]九十里曰陽臺山。百里曰羚羊山，以產羚羊得名。西南有分水嶺，倒水分流之處，南流爲艾陽寺河，北流入光山縣界。【略】縣東北二十里曰九龍山，一名柏子山。即柏子塔基。二十五里曰祖功山，三十里曰玉霧山，九十五里曰黃蘖山，上產茶筍。【略】四十里曰黃梅山，山皆梅，因以名縣。

又卷三《疆域志・物產》 果之屬[注略]：杏，桃，櫻桃，李，梅，棗，胡桃，銀杏，枇杷，栗，柑，金橘，石榴，梨，頻婆，柿，葡萄。木之屬[注略]：松，柏，桑，槐，檀，梧，桐，樟，欅柳，垂柳，茶，烏柏，楓，皂角，櫟，楝，構，杜仲，薊木，椿，棠梨，厚樸，杉，冬青，蠟樹，黃楊，天竺，竹。【略】羽之屬[注略]：鵞，鴨，鷄，鶴，鷹，鷂，鴉，鵲，慈烏，白項烏，鳩，鴿，鸝鴨，黃雀，鵪鶉，桑扈，白頭翁，竹鷄，白鷴，山喜鵲，畫眉，鸌子，老鸛，鴕鷊，杜鵑，鸂鷘，翠鳥，燕，雁，白鷺，梟，雉，百舌，鶻鵃，啄木，鴛鴦，鵠，鶯，鶉，鵙，鶺鴒，鸜鵒。毛之屬[注略]：馬，牛，騾，驢，羊，豕，狗，貓，虎，狼，鹿，獐，麂，猴，狐，兔，狼鼠，野貓，鼠。

又 專產[注略]：黃岡：黃扇，元修菜，蕎草。蘄水：大柑，石耳，白合，山蘭，藕粉，羅漢菜。麻城：鹿皮，絹，白艾，蕨粉，山櫨，桔梗。黃安：茅栗，果子狸，松鼠，纓絡松。羅田：黃精，木耳，栗，紫草，蒼朮。蘄州：竹，艾，緑毛龜，白花蛇。廣濟：山藥，木棉，無花果，銀杏。黃梅：青靛，筀竹，葛，土綢。

又《古蹟》 春風嶺，一名東界嶺，在縣東九十里，嶺多梅花。宋蘇軾自新息渡淮經此。蘇軾《過淮》詩：『朝離新息縣，初亂一水碧。暮宿淮南村，已度千山赤。麏鼯號古戍，霧雨暗破驛。回頭梁楚交，永與中原隔。黃州在何許，想像雲夢澤。吾生如寄耳，初不擇所適。但有魚與稻，生理已自畢。獨喜小兒子，少小事安佚。相從艱難中，肝肺如鐵石。便應與晤語，何止寄衰疾。』《梅花二首》：『春來幽谷水潺潺，的皪梅花草棘間。一夜東風吹石裂，半隨飛雪度關山。何人把酒慰深幽，開自無聊落更愁。幸有清谿三百曲，不辭相送到黃州。』

清 鍾桐山 光緒《光化縣志》卷三《物產志》 果之屬：有杏，桃，李，梨，栗，棗，花紅，甘蔗，櫻桃，石榴，荸薺，葡萄，菱，芡，柿，藕，落花生。竹之屬：有菁竹，叢竹，水竹，斑竹，紫竹。木之屬：有杪欏，松，柏，榆，柳，桑，柘，桐，梓，槐，楸，椿，楝，白楊，烏柏，椶櫚。【略】禽之屬：有雞，鴨，鵝，鳩，鵓鴿，鵪鶉，鶯，燕，鵲，鷂，烏鴉，鴻雁，鷺鷥，鴛鴦，鶺鴒，杜鵑，練雀，啄木，野雞，錦雞，竹雞。獸之屬：有馬，牛，羊，犬，豕，驢，騾，貓，兔，狐。

清 恩聯 光緒《襄陽府志》卷二《輿地志二・山川》 萊公山，在縣西二十五里。上產韭，味殊勝。又產桃，形大如鉏，宿根無再實，移塒不生。

又卷四《輿地志·物産》 襄地乏梅，俗呼杏曰杏梅，李曰李梅，西瓜頗佳，池中亦多藕而不蓄蓮實，南漳有枳椇子。竹有猫竹，方言謂之茅竹。筀竹，青竹，水竹，苦竹，筋竹，班竹，紫竹，白竹，叢竹，黄竹。郡不乏竹，而少大竹。光化有桫欏，均州有萬年松，又有靈壽杖、楂條杖。【略】獸産于深山，故南、穀、均三地最多。【略】榔梅，出太和山。《明一統志》榔梅，出均州太和山。相傳真武折梅枝插於榔樹，誓曰：吾道若成，開花結果。後果如其言。今樹尚在五龍宫左，榔木梅實杏形桃核。道士每歲采而蜜煎以充貢獻焉。榔乃榆樹也。《本草綱目》【略】篠竹，出襄州卧龍山諸葛亮祠中，長百丈，梢上有葉，土人作幡竿承落，其筍堪食，甚美。【略】羚羊，駝牛，俱均州出。《一統志》狦，如師子，蒼黑色，瞑目聳耳，出武當山。《異物類苑》

清 鍾桐山 光緒《武昌縣志》卷三《物産》 果之屬：有梅，有桃，有李，有郁李，有栗，有榛，俗名爲毛栗。有杏，有棗，大者爲秤錘棗，小者爲蜜棗。有梨，皮薄而嫩者爲瓜梨。有山樝，山中極多，有紅、白二色。有木瓜，有林檎，俗名爲花紅。有柹，有安石榴，有甜、酸二種。有橘，小者名金橘。有柚，有柑，有橙，有香橼，有枇杷，有櫻桃，有銀杏，俗名爲白果。有胡桃，有落花生，有葡萄，有蓮，有藕，有菱，有芡，俗名爲雞頭包。有葧臍，有蔗。新纂。【略】花之屬：有梅，西山有緑萼梅，有蠟梅，雷山有石上梅。有桃，有夾竹桃，有桂，多産深山中，寒谿有丹桂，輪囷十圍，又有四季桂，月桂，每月有花。有石榴，小者名火石榴。有西府垂絲貼梗海棠，【略】又有秋海棠。有玉蘭，有紫薇，俗名百日紅。有紫荆，有山茶，有梔子，有木槿，有繡毬，有蘭，有蕙，一幹一花，其香清者爲蘭，一幹五六花至八九花者爲蕙，俗名九節蘭，多産山谷中。土人冬劚之，裹以草，可致遠。又有素心者，每花值千錢。有木芙蓉，有牡丹，有瑞香，有迎春，有薔薇，有木香，有玫瑰，有月季，俗名月月紅。有酴醾。【略】有萱，俗名爲金鋮。有芍藥，有菊，有藍菊，五九菊，萬壽菊，長壽菊，僧鞋菊，即烏頭。有美人蕉，有杜鵑，俗名映山紅，又有黄、白二色，黄者即黄躑躅，一名鬧羊花。有雞冠，矮者名壽星雞冠。有鳳仙，有玉簪，有夜落金錢，有罌粟，有茉莉，有蓮，有葵，有丁香花，有玉蕊花。【略】木之屬：有松，山中多種之，伐爲薪。有種松秧者，取松毬曝烈日中，其子自出，以草灰和子種之，蓋以草穰，則生矣，分栽易活。有柏，柏有扁柏，即側柏，有刺柏，多植冢墓間。有桑，地産荆桑，葉薄。同治十三年，署知縣宗景藩捐廉俸於浙江，買魯桑萬株，分給各鄉，葉圓厚而多津，民間呼爲宗公桑。有柘，皆野生，亦可飼蠶。有椒，有杉，有樟，有楓，有椿，春生嫩葉，瀹食最佳。有樗，有橡斗，最堅韌，伐爲薪名櫟柴，子可染皂，即《詩》所謂栩也。有枳，俗名臭橘。有杞，幹直，多生靈五里溪旁。有梓，有桐，桐有梧桐，結子可食。有荏桐，可榨油，俗名爲桐子。有茶，子亦可榨油，俗名爲茶子，其木可爲炭。有楝，有槐，有檀，極堅，有春間不生葉者，俗名拗春檀。有皂莢，有肥皂莢，可澣衣去垢，生擣者佳。今鄉人販至他處，多煮熟以售。其子有白脂，可以膠綫，刺繡者多用之。有榆，有柳，有楊，有檉，一名觀音柳。有白楊，多産墟墓間，可雕鏤花鳥。有黄楊，有椶櫚，有烏柏，俗名木子樹。有穀，有冬青，俗名青凍。有樸，有榔。《新纂》竹之屬：大者俗名南竹，深山土脈，厚大如盂，筍亦肥美。小者俗名水竹，鹽水煮之，柔韌如籐，可爲簟。有紫竹，色紫黑，可爲織柄，土人用以支帳。有實心竹，産石燕寺，可爲鞭。有淡竹，葉可入藥。有叢竹，節長而不堅牢。有羅漢竹，可作扇柄。《新纂》羽之屬：有雞，有鴨，鄉人有成羣飼之者曰放排鴨，夜宿竹棚中。有鵝，有鶩，有鵜鶘，有青鵁，冬天獨立水田，不好飛啄。有鳧，即野鴨，大者爲緑頭鴨，曰對鴨，最小者名八當。有鷺，成羣飛止，毛色潔白。有鸛，有鸕鷀，色黑，漁舟有畜以取魚者，名水老鴉。有翡翠，能没水捕魚，亦有居山中者，赤喙而文身，人或網得，拔其羽而縱之。有秧雞，分秧時有之，黑色如家雞，夜鳴舺舺然。有雉，穴山中，人捕之，輒以首入土。有竹雞，有鵪鶉，有鴿，有麻鵲，多産卵於墻上。有黄脰雀，質小而健鬭，人以媒置籠中，聞其聲即飛來，機動而縛，猶力鬭不止。有燕，常以秋去而春來巢。有雁，有蝙蝠，山洞中尤多。有子規，有斑鳩，或置籠中飼之。有布穀，常呼割麥插禾，終日夜不住聲。有畫眉，有鴝鵒，俗名爲八哥，多能言者。有反舌，有鶯，即黄鸝。有啄木，有烏，有鵶，俗名老鴉。有鵲，俗名喜鵲。有鷹，有鷂，有麥啄，麥熟時有之，長喙而褐色，網而食之。相傳此鳥嗜食半夏，能化痰，或以爲《禮記·月令》之鴽，其喙即田鼠尾也。有鴞，俗名猫兒頭，其羹美，食之已頭風。《新纂》毛之屬：有牛，牛有二種，有水牛，即吴牛也，有黄牛。有馬，有豕，有羊，皆山羊。有驢，有犬，有貓，有虎，不常見。有熊，多狗熊，人熊最少。有田豕，即野豬，山鄉種雜糧，田豕多爲害，常捕得之，肉可食。有狼，有鹿，宋薛季宣序並詩：乳鹿或得之近山，既不可縱，畜之更日而馴走，命之曰山友。駒鹿何年致，它山小水濱。呦呦興念母，麌麌熟依人。物性初無定，野心時亦馴。故林迷町曈，結友幸相親。有麞，有麂，有兔，有狐，俗名茅狗。有香貍，俗名果子貍，味最肥美。有牛尾貍，尾長而味稍遜。有貛，人以煙薰之即出，其皮可爲裘，豬貛肉可食，狗貛有羶味。有獺，産水中，腳如鴨掌。有猬，有鼠，有鼬鼠，俗名黄鼠狼。《新纂》

清 黄世崇 光緒《興山縣志》卷八《山志》 白沙水以西之山，出自神龍山，北隸房縣，西隸巴東，南隸興山，爲三邑界山，一名神龍架，高寒，爲一邑最幽深險阻，多猛獸，産百藥。光緒十年三月，邑廪生陳宏慶經采溪，遠望神龍積雪。詢之土人，云：山上常八月雨雪，至明年六月始消，又常六月飛霜。久雨初霽，峰巒隱現，有如城郭村落，相傳爲山市。每歲元宵、中秋夜、除夕時，聞爆竹鼓角聲，又常見大人跡。

又卷一四《物産志》 [注略]於果則梅，桃，鸎桃，核桃，李，杏，銀杏，梨，木瓜，棗，柹，山樝，枇杷，林檎，柰，安石榴，橘，橙，柑，柚，櫧子，枸橼，橡實，栗，蒲桃，茨菇。【略】於竹木則竹，松，柏，檞，桂，梧桐，槐，檀，楓，白楊，黄楊，柳，木芙蓉，杶，樗，烏桕，栮，漆，樟，梓，楸，辛夷，苦桃，榆，榔榆，櫸，椶櫚，紫荆，冬青，柞木，黄陵樹。【略】於鳥則雞，雉，鷩雉，竹雞，秧雞，綬雞，鴿，雀，蒿雀，畫眉，鳦，蝙蝠，鼺鼠，寒號蟲，烏，鴉，鳩，布穀，鸜鵒，鸎，啄木鳥，鵲，鷹，雕，鶚，鴟，鵂，鴟鵂，姑獲鳥，鵝，鴈，鶩，鳧，鸕鷀。於獸則豕，犬，羊，山羊，牛，馬，驢，騾，虎，豹，熊，麂，麞，貓，貍，狐，貒，貛，豺，狼，兔，山獺，鼠，鼷鼠，貂鼠，鼬鼠，獮猴。

清 賡音布 光緒《德安府志》卷三《地理志下・物産》 果屬：桃，有大、小、早、晚數種。胡桃，俗名核桃。櫻桃，色如琥珀，味酸甜，府西渡以此得名。杏，花爲豔客，實可食。梅，味酸，帶生摘入藥，爲烏梅。石榴，有甘、酸二種。棗，大者名木棗，尖者名牛奶棗，小者名蜂兒棗。栗，大者名板栗，小者名茶栗、茅栗。梨，不一種，色青者曰青皮梨，色黄麻者曰麻梨，味香者曰香水梨，小而早者曰撚綫鉈、望水白。郡西山向出一種，稍扁而大，香甘可口，今則種植頗稀，市中售僞者尚贋名德安梨。柹，有三種，大者名寶蓋，小者名牛奶，最小者爲油柹。白果，大者曰銀杏。桑椹，俗名桑棗。拐棗，即枳椇，味甘美，能解酒，《詩》所謂『南山有枸』是也。葡萄，庭中以架植之，有黑、白二種。山楂，俗名茅楂，可入藥。【略】有木瓜，有柑，有橘，有無花果。

又 木屬：郡西北多山。相傳金元之際，枏木成林。明代建藩，伐而用之。後民苦徵貢，遂赭其山，鋤其種。松、栗，諸山皆植，以供柴薪。松黄入藥，栗可爲炭。波斯松，異種也，圍可三尺，長凌霄漢，在明主事劉伯生别墅。柏，有扁柏，有刺柏。桐，有梧桐，有泡桐，又有油桐，子可爲油。楓，俗名烏桕，一曰木子樹，子亦可爲油，葉至秋則紅。檀，有黄、白二種，身葉皆如槐。農人以葉開之遲早，占歲之水旱，極驗，名之曰拗檀。葉堪爲飲，色味不減安化茶。楊，有大葉、細葉，又别種曰黄楊。柳，與同類，枝幹柔輭。椿，有赤、白二種，赤名香椿，芽可食，白名臭椿，即樗，皮可治夢遺。棠梨，赤曰杜，白曰棠。椶櫚，葉如摺扇，皮曰椶筴。有樫，有櫟，有楝，有槲，有皂角，有冬青，一種名臘樹，即女貞也。桑、柘，葉皆可蠶。竹類多筍，可食。《唐書》：安州土貢糟筍，是也。有紫竹，以皮色名。有慈竹，叢生不散，有慈愛意。有桃枝竹，即水竹，可作器。

又 禽屬：雉，一名野雞。鵝，一名野雁。鴻、雁，一類二種，分大小。鴨，即鳧也，家畜曰家鳧，野産曰野鳧。鴿與雀性淫，逐月有子。有鶺鴒，《列子》云蛙變，又曰鼠變。有鴑，俗名麥啄。有鴑，名駕鴽。有啄木鳥。鸝，一名倉庚，即鶯也。燕，一名乙鳥，又曰元鳥，巢如籠者爲籠燕，巢如釜者爲矢燕。鸜鵒，一名寒皋，即八哥也。有喜鵲，人家聽其聲，以卜喜兆，故名。鴉，項白，老鴉純黑。鷹，《爾雅》曰鷞鳩。鷂，鸇也。《列子》云：鷂爲鸇，鸇爲布穀，復爲鷂，此天變也。有鳩，俗名布穀，一名催耕。翡翠，巢岸側，小者曰魚虎。念佛鳥，出安陸。《麈史》云：鳥小於鸜鵒，色青黑，常言一切諸佛。宋元憲詩：鳥解佛經言。張齊賢守郡日，爲古詩一篇，今則罕見。

又 獸屬：牛有黄牛，有水牛。馬，種不一，馬母驢父謂之騾。羊，名髯郎，有黑、白、花三種。豕，俗呼爲猪。犬善守，猫能捕鼠，兔矢名望月砂。獺善捕魚。有豺，有貛。虎、豹不常見。

清 黄世崇 光緒《利川縣志》卷七《户役志・物産》 於果則梅，一作楳。桃，别種曰鸎桃。核桃，一名胡桃。李杏，銀杏，一名白果。縣北南坪十一保白果壩有銀杏，高三十丈，蔭數畝，千年前物也。梨，産縣署者良。木瓜，棗柹，俗作杮。

山楂，枇杷，林檎，俗名花紅。土人又以樹低小實少者爲林檎，高大實多者爲花紅。柰，一名頻婆。安石榴，出安石國，故名。橘，橙，柑，柚，小曰橙，大曰柚。櫧子，有苦、甜二種。枸櫞，一名香櫞。橡實，一名芧。栗，有板栗、茅栗之别。蒲桃，俗名葡萄。葧薺，茨菇，小者爲葧薺，大者爲茨菇，一名地栗，又名慈姑，一種山茨菇，可入藥品。【略】於竹木則竹，邑産有紫竹、斑竹、荆竹、水竹、風竹、慈竹、南竹、油竹、苦竹、鳳尾竹。松柏，縣東五里，法光寺有古柏四，數百年物也。椴，俗作杉，有赤、白二種。邑産最多，在土中年久者曰陰沈椴，堅而不腐，色黑者良。桂，本名木犀，有花。梧桐，一種子可成油，縣西南井坪長灘壩産最多。槐，有青、黄、黑、白數種。檀，彊紉之木。楓，厚葉弱枝善摇，縣東東三保向家壩、縣北南坪十一保龍神祠前有楓高數十丈，皆千年前物也。白楊，以葉白名。黄楊，楊之别種。縣西南忠路産者良，可制人物。柳，一名小楊。杶，似樗而香，俗作椿。櫟，似樗有實。枏，俗作楠，邑産者良。在土中年久，與陰沈椴同。漆，木汁可以髹物，有大木、小木之别。邑産頗多。樟，苦桃，椶櫚，俗作棕。冬青，一名凍青。柞，一名鑿子木。蠟樹，《本草》蟲白蠟，李時珍曰：蠟樹，四時不凋。其蟲食汁吐涎，剥取其渣，煉化成蠟。邑産者其色黄，爲蠟之别種。【略】於鳥則雞雉［注略，下同］，鶯雉，竹鶏，秧雞，綬雞，鴿，雀，畫眉，鳦，蝙蝠，鼺鼠，烏，鴉，鳩，布穀，鸜鴿，鷽，啄木，鵲，鷹，鵰，鶚，鵋，鶻，鵋鵂，杜鵑，鷸，鵝，鳶，梟，鷗，鸕鷀，鷺。於獸則豕，一名豬。一種野豬害禾稼，農民鳴礮驅之。又一種曰豪豬，其鬣如筆。犬，一名狗，又名地羊。一種野狗。又有毛狗，皮可爲裘。羊，今名綿羊。山羊，牛，馬，驢，騾，一種野馬，能傷人。虎，豹，别種曰馬豹，犬喙，馬尾，牛腰，豹爪。好食野豬，野豬盡，逐食牛馬。産忠路十五保。麂，一名麐。麞，一名麕。貓，貍，野貓曰貍，頭鋭如貙曰虎貍。善緣樹食果，一名果子貍。面白，又名玉面貍。皮可爲褥，肉味良。狐，皮可爲裘。貒，一名豬獾。獾，一名名狗獾。豺，俗名豺狗。狼，一名毛狗。兔，山獺，鼠，鼷鼠，一名田鼠。鼬鼠，一名黄鼠狼。獼猴。一名狙，産白沙峽中，大者毛青。

紀事

唐　元結　**《次山集》卷六《退谷銘并序》**　抔湖西南是退谷。谷中有泉，或激或懸，爲竇爲淵。滿谷生壽木，又多壽藤縈之。始入谷口，令人忘返。時士源以漫叟退脩耕釣，愛游此谷，遂命曰退谷。元子作銘，以顯士源之意，銘曰：誰命退谷？孟公士源。孟公之意，漫叟知焉。公畏漫叟，心進跡退。公懼漫叟，辭小受大。於戲退谷，獨爲吾規。干進之客，不羞游之。何人作銘，銘之谷口。荒浪者歟，退谷漫叟。

宋　樂史　**《太平寰宇記》卷一四六《山南東道五・荆州》**　郭仲産宅，《渚宫故事》云：郭仲産爲南郡從事，宅在枇杷寺南。江陵城東十五里有枇杷寺，其村有名枇杷。元嘉末，起齋堂，以竹爲櫨，竹遂漸生枝條，長數尺，扶疎苔翠，蔚然如屋。仲産以爲祥。俄而，同義宣之謀，被誅。

宋　歐陽修　**《歐陽文忠公集》卷一五二《與薛少卿公期書》**　某頓首再啓：東園一别，自夏涉秋，今倏冬矣。泝汴絶淮，泛大江，凡五千里，一百一十程，纔到荆南。見家兄，言出京時有公期書。渴得一見，要知别後事，然數日尋之不見，遂已。某自南行，所幸老幼皆無病恙，風波不甚惡，凡舟行人所懼處，皆坦然而過。今至此，鬻夷陵江水極善，亦不越三四日可到。又聞好水土，出粳米、大魚、梨、栗、甘橘、茶、筍，而縣民一二千户，絶無事，罪人得此，爲至幸矣。祇是沿路多故舊相識，所至牽率，又少便人作書入京。公期始約今冬赴絳州，必非久行矣。每憶君謨家會，頗如夢中。未知相見何時，惟自愛而已。因人便，附書在君貺處，乃可達。今因遣白頭奴入京，謹附狀。不宣。

宋　陸游　**《入蜀記》卷四**　二十一日，舟中望石門關，僅通一人行，天下至險也。晚泊巴東縣，江山雄麗，大勝秭歸。但井邑極於蕭條，邑中纔百餘户，自令廨而下皆茅茨，了無片瓦。權縣事秭歸尉右迪功郎王康年、尉兼主簿石迪功郎杜德先來，皆蜀人也。謁寇萊公祠堂，登秋風亭，下臨江山。是日重陰微雪，天氣飂飂，復觀亭名，使人悵然，始有流落天涯之歎。遂登雙柏堂、白雲亭。堂下舊有萊公所植柏，今已槁死。然南山重複，秀麗可愛。白雲亭則天下幽奇絶境，羣山環擁，層出間見，古木森然，往往二三百年物。欄外雙瀑瀉石澗中，跳珠濺玉，冷入人骨。其下是爲慈溪，奔流與江會。予自吴入楚，行五千餘里，過十五州，亭榭之勝無如白雲者，而止在縣廨聽事之後。巴東了無一事，爲令者可以寢飯於亭中，其樂無涯，而闕令動輒二三年，無肯補者，何哉？

明　王廷陳《游武昌西山記》（引自《名山勝槩記》卷二七）　辛卯秋七月，磐濱李子、龍津黄子，按黄以暇日游武昌之西山。玉泉張子、五丘王子及予從。既渡，沿回江岸。初經市井，隨迹原隰。故阡新術，遞歷互出。古松夾道，輿行松間。風激木末，響中笙簧。雲陰藉裾，山禽逐蓋。既出九曲道中，宛轉盤折，登頓欲疲。曲竟，古碣不屋，剔蘚考刻，感慨陳迹，遂乃憩花宫。登萃景樓，搴蘅掇藻，駢秩賓筵。饔子割鮮，魴鯉雜薦，鼓吹墀列，歌聲近筵。數觴且輟，攀磴緣蘿，直至絶頂。率情草坐，命酒藉石。袖拂烟霞，喜鷺鶩鴛，悉出尊俎之下。面挹大江，帆檣陸離。遥攬白雉，山名倦雲歸岫。近引寒溪，迅湍赴曲。俯睇故城，頽雉積莽。吟謝客之詩章，撫孫權之劒石。豪華狼藉，俛仰愴神。遂奮起回立，觴轉若環，勸酧不文，謔浪無禁。已而落照在山，候吏催暮，於是二君遄歸。予三客留龍磐磯，宵酌磯頭，臨流洗爵。忽見江光霞色，窈窕微茫，超然有塵外之想，惜二君之不偕也。游之明日，磐濱君賦之，屬諸君和之。以及予，予曰：古稱登高能賦者爲大夫。予，山人也，不能賦，請爲君志之。

明　陸銓《武當遊記》（引自《名山勝槩記》卷二八）　嘉靖乙未五月既望，炎暑驕旱，予以涖任謁撫臺鄖陽。既事，乃十九日登舟，沿漢江而歸。是日也，舟坐如甑絺葛沾膚。計明日至均州，可以取道一登武當山。詢諸僕從，咸有難色，予亦怯暑，兼程利歸，然此心夢寐登陟也。夜四皷，大雨如注。黎明雲斂日出，清風如秋，山光交碧，四面映目。二十日巳初刻，至均州，即治裝山行。午刻出城，沙堤飲潤，輕塵不飛，柳風拂翠，水聲喧瀨，輿從疾趨，單衣不汗。予顧而樂之，命數登山者夾走輿傍，遐指遠眺。行四十餘里，平岡野路，地勢漸高，山樹陰濃，村籬修飾。輿人曰：此地俱屬宫觀矣。又十餘里，至迎恩宫，宫傍復一觀，赭墻金榜，規度甚偉。時日色漸晡，不暇徐顧。又十餘里，山徑曲迂，然夷坦空潤，步舒輿平。忽聞清籟振山，幽香載途，心甚異之。輿人曰：此遇真宫道士迓輿也。而黄冠前導，髫童翼趨，笙簫皷笛，且奏且行，遂入遇真宫。宫有邋遢張仙遺像，其竹笠木杖，英廟取藏宫中，範銅鍍金象，其笠杖以易之。蓋牌志云。翌日，雲馭如鱗，日光穿罅，山清曙爽，僕夫飽嬉。行三十餘里，至太子坡，上有觀，垣墻外圍，圈門重轉，肩輿周折，如入朝市。憑空下眺，羣山偃伏，仰觀天柱諸峰，尚隱隱插霄漢間。又十里，至龍泉觀，泉水清冽，平地湧出如沸。觀前有橋，白石楚楚，虹卧龍横。予見樹梢垂滴，途間浮雨。詢諸路人，曰：清晨有驟雨。移時，予在遇真宫，戴星而出，高下四十里間，晴雨迥異如此，亦奇矣。又行三四里，山巖侵輿，展轉不便。乃更易短輿，仍以四人肩之。遥見峭峰壁立，危巖旁附，松杉竹簇，其叢如麻。輿人曰：此即紫霄宫也。予曰：嘻！有是哉，吾聞紫霄宫宇高宏，黄冠數百，咫尺山曲，基地幾何。已而傍椒度澗，凌級縮堦，迎行皆是，既見復隱，山曲漸舒，岡回抱負。宫之前則潴水爲池，廣五畝；宫之後則倚巖爲屏，高可千仞。階登九層，殿廊重複，乃倚輿少憩，午飯于方丈。飯畢，輿人曰：紫霄以上，山勢陡峻，非推挽不可行。乃命四人挽以長絙，復命四人以手推之。過雷巖，窺風洞，奇壑異巒，應接不暇。經榔梅園，就其樹，物色之。榔皮蒼蘚似梅，葉圓而大似杏，聞其實亦酸澁。俗傳玄帝修真，以梅枯枝插榔而道成，其説甚荒。今榔梅熟，進貢尚方。離紫霄六七里，至南巖宫，宫在山背，迂道而入，道士出迓。予志在絶嶺，麾輿尚往。南巖與天柱峰，遠視僅一山。比至南巖，斷崕兩分，澗壑深墨，中有平岡半里，澗僅三四丈。兩岸峭立，迢遞徑度。輿行其上，神寒髮竪。岡盡，轉經榔梅祠，祠與南巖相對。停輿轉眄，見南巖景甚麗。行五六里，一道士趺坐道左。輿人曰：此道士巖間搆居，人不能上。予停輿，仰視之，但見壁巖千仞，中有一洞，洞中架木牽竹，隱隱有户牖，若蜂房燕巢然。以鐵繩雙垂于地，貫以横木，相間以度。予乃命道士試登之，即挽繩履木，伸縮以上，繩虚飄動，傍觀膽落。比道士至洞口，面下而呼曰：道士已至洞口矣。聲微形短，恍惚若仙。夫揮斥八極，神氣不變，乃爲至人。道士亦用志不分者乎？又行二三里，至朝天宫。宫逼近絶嶺，地促徑聳，行者傴僂，舉膝齊胸。輿人曰：過此一里，輿不可肩矣。已而石梯直樹，危磴高懸，兩傍夾以石欄，柱牽以鐵，登者挽索送軀，相望喘汗。予素捷於登高，仰視雲間，蒼茫無際，不覺畏怯。輿人用青布四尺，兜予下體，四人分兩道，力挽而上。予乃倚身于布，借力於索，且行且止，轉十數回，將一里許，乃至一天門。門前有小房數間，蔽以屏墻，擁以松竹，風景甚雅。乃憩坐啜茗，復摳衣而上。又半里許，至二天門。過一里許，至三天門，即朝聖門也。入門，道士吹敲金竹，鴈行前導。時雲氣往來，忽陰晴，景物蒼茫，半見半隱。予足疲力困，拖步入太宫。中堂三間，翼以兩廂，簷滴垂珠，堦砌凝潤，蓋山高雲重故耳。予偃卧移时，奮力復上。凡周折數回，孤峰特出，四山如壁，天風勁烈，輕寒徹骨。予乃停立，取夾衣數重服之。已而仰視，遥見女墻森聳，神門高敞，予以此即絶巓矣。從人曰：未也，此紫金城也。入城，螺旋而上，行如轉輪。將百步許，見東天門。又數十步，見北天門。又數十步，見西天門。城如簑衣，以次斜高，倚巖附峰，下臨無際。已而仰見爐煙雜雲，龕燈耀林，予以此即絶巓矣。從人曰：未也，此元時舊銅金殿，原在絶巓，因我朝創建金殿，遂移置於此。入殿，繞後復上，凡三四折，乃至天柱峰絶巓。南北長七丈許，東濶五丈許，中立玄帝殿。殿凡三間，每間濶五尺，高可一丈七八尺，楹棟拱棁，制度精巧，皆鑄銅爲質，鍍以黄金。殿前有臺，濶二丈許，皆徐州花石甃砌。殿傍兩廂房，司香火香錢者，宿于其中。天柱峰前，東西壁立二山，名蠟燭峰。中壁立一山，似香爐，名香爐峰。時陰雲未散，如霧如烟，萬山千壑，隱隱下伏，注目凝視，若身在洞庭彭蠡中。但見波浪萬頃，一偃一起，蒼蒼茫茫，不復似山形矣。已而雲氣益重，鬚髮霑濡，衣服滋潤。予意下方大雨，不可久留，疾趨而下。令兩人前行，予以手附其肩，石滑風寒，不復顧盻。回至一天門，晴日曝林，背視蜚鳥。予乃詢道士，登絶巓時，天色曾暫陰否？道士曰：晴暄如故，但絶巓略有白雲籠罩耳。是日晚歸，憩于南巖宫。次日，繞宫後，俯舍身巖，登飛昇臺，徘徊久之。午後，迂道游玉虚宫，宫在半山，麗宇勝臺，頡頏紫霄。聞有五龍宫更奇，須曲走四十里乃至。予歸期不可少暇，遂戒旆回均州，宿爭樂宫中。兹游也，非公事不得至其地，非宿雨不得却其暑，非新霽不得快所視。平生奇絶，在此一游矣。

明　董穀《游九真山記》（引自《名山勝槩記》卷二七）　山在漢沔，其最著者曰大别。蓋禹跡所及，嶓源所窮，紀于《虞書》，人皆知。余之初授漢陽也，仰之與龍門砥柱等，以爲其必有異者也。既見之，廼平岡横亘江漢之滸，猶堵然。余每過焉，必心羨之，曰：是猶及見菲衣惡食之盛德，步武于雲根水涯，茫乎數千年矣。既而，侍御朱别山，授余《郡志》考之，又有所謂九真山者，實維一郡之鎮，去縣百里，能作雲雨，禱輒應。余曰：安得一往其間乎？是年入夏不雨，畞田告災，民以雩事白。爰吉蠲齋宿，以五月既望乙丑，有事于真。舟行蔡店，乘月明肩輿登陸。行過半，從者戒虎，乃益鳴金吹角，持炬報呼以進。又二十餘里，至麓，夜色微茫，樹影參錯，攀援扶掖。良久，至絶頂，得古祠焉，即九仙之殿，如《郡志》所載云者。雞且鳴，假寐以旦，俯首四顧，群峰羅立，廼進典祠之老詢之，曰：此爲襲山。此爲朝冠山。此爲走馬山。此爲黄鶯山。此爲陳湖山。此爲稽功山。此爲崇陽山。此爲同山。皆瘦削，其雕刻蜿蜒如蛇龍，遠若趨拱，迫若侍衛。而九真巍然居所安如受之。蓋體有崇卑，則勢因俯仰，可以觀物理，得人情矣。薄暮祀竣，廼下山，倒舁之。僕夫順行，余得逆觀，危崖長壑，萬卉盛長，草木之氣，紛馥著人，左右皆成一色。殆類鬱藍之天，自空而降，碧霞之宫，從地而湧。巒光欲滴，應接不暇。又良久，廼即平地。行三里許，始出山，止焉。鴻荒之初，余不識真宰之意，使漢水汎濫，經乎九真之下，或九真突屹立乎漢水之上，則有夏之后，金簡玉文之書，未必不告成于兹山之巔，與岣嶁同垂無疑矣。廼今如是泯没千古，兹余是之憾也。豈九真之靈，不欲炫露，自甘寂寞之鄉。抑神禹之偶遺，不以漢决於此，將大塊賦形，出於無意。妍媸好惡，自生于人心，而水土者不與也，是皆未可知也。昔九華晦於漢，知于唐。鴈宕晦于唐，知于宋。又安知九真山不知自今乎？是又未可知者也。

明　尹伸《峯遊記》（引自《名山勝槩記》卷二八）　稍稍得其君臣之槩，忽忽神愴意動，未免移諸峰之癖。注之，則壑面千百年松杉。挺然而上，黝然而瀰谷被嶺者，不知其幾千萬株也。此山杉，凡三種，其一皵皮梂實，其一杉身柏葉，垂垂如編線，皆異種。恨不攜《埤雅》、《草木狀》。

清　邁柱　雍正《湖廣通志》卷九《山川志・荆州府》　［鹽利縣］曹鞭港，縣東二十五里，曹操敗歸，至此擲鞭。東北四里，有趙蓋庵。社前有鷄冠溝，相傳關聖追操，祭旗翦鷄遺址。岸北古楊一株，宛若龍盤，騷人往往題咏。

又卷一〇《山川志・鄖陽府》　［興山縣］仙侣山，縣東三十里，層峰疊嶂，曲折幽静。《荆州志》：昔有人入山採藥，愛其竹樹葱蒨，留居數載。一日，相挈而出，摘蘭葉，化小舟，泛溪水而去。

清　多壽　同治《恩施縣志》卷一二《雜記志・雜志》　［白巖頭之興

家坡」一古藤大盈尺，纏樹杪。咸豐年間，有人斷其藤，血汁涔涔，半月不盡。傍有一清池，水色忽變若漆，亦半月不清。次年春，藤復生，今盈握矣。

清　聶光鑾　同治《宜昌府志》卷一《天文志·祥異》　成化元年，彝陵有鱅脊虎，猛猘獢健，若有神翼。傷人畜無算，山獸絶跡。舊《州志》。崇禎十五年，雷火焚彌羅宫、東嶽城隍二廟，古木皆數百年物。舊《州志》。【略】【略】道光二十二年，猩猩見。道光二十三年，峰溪舖長冲有大栗樹一株，可二十圍，高四丈餘，根盤半畝。七月初七日申刻，空中降緑火落枝頭，閲七晝夜，全樹燒燬，留三尺餘樁。【略】邑舊多虎患。虎多之年，其歲必凶，名曰虎荒。然自來未聞有狼也。嘉慶十年後，忽有狼。土人不識，呼爲山彪。或三五成羣，捕犬豕食之。夜半時，一鳴俱應，並害及小兒，莫能殲也。然自此物出，而虎患頗息。【略】咸豐二年六月，委蛇見於平水河，毛色鮮紅，形如枯樹。是年大水，山崩，壓倒民房無數。【略】嘉慶時，山林既墾，野獸久稀。忽有獸，稍大於犬，頭耳似驢，或黄色，或黄白斑駮，攫食村中雞犬及彘。夜或入城逐之。不甚畏人，邑人呼爲山猋。【略】咸豐二年六月望日午間，漁洋關忽晝晦，雷霆風雹並作。保内麻溪古松杉百餘株，皆大數十圍，盡拔折。俄頃，霹靂一聲，雲霧頓銷，晴明如故。【略】道光二十八九三十年，任家坪有山猋，傷小兒甚多。【略】咸豐元年，麥莊猋亦傷小兒。金錢豹，邑多有之。【略】咸豐二年，界山近城等處有豹，多傷犬豕，鄉間獵户設機置弩，往往擒之。

清　查子庚　同治《枝江縣志》卷二〇《雜志·災異》　〔崇禎〕十年，有異鳥約數百萬，自北飛至，響聲震地，蓋墮江死。【略】〔道光〕四年十一月十三日未時，地震有聲。邑西山多猋，其狀不一，具馬驢犬形，噬鄉民小兒甚衆。五年乙酉，猋入城。【略】五年，江北施家岡，虎入民家。

清　崔培元　同治《宜都縣志》卷四下《雜記終》　〔咸豐四年〕是歲，石羊山多豹。

清　廖恩樹　同治《巴東縣志》卷一四《事變志·災祲》　崇禎十五年，縣多虎，白晝食人。縣民治侣而行，並偶而耕。然虎時時於衆中攫人，日以數計。先是，山中虎雖多，晝輒匿不出，間於夜啖羊豕而已。其晝出食人，自是歲始。嗣後，日夜不絶，死者萬餘人。至壬辰，歷十二載，乃稍息焉。

又《瑞應》　寇公準作令時，每游壽寧寺，僧必預設具迓之。縣在寺上游。今舊縣。命舟而下，轉盼可至，度無從得信，而僧顧不失期，若夙約者。公怪問故，僧曰：寺崖有白鹿，但公來必爲預鳴。公驗之，果然，因搆白鹿亭，以表其異。

清　吴葆儀　同治《鄖陽縣志》卷八《祥異》　〔乾隆〕二十六年冬十二月二十七日，房縣虎入西關，傷市民李鬍子，登惠感寺，攫其鴟，吻碎於街，行十餘家屋脊，市肆晝閉。營兵某以銃斃之。《志稿》【略】〔乾隆〕四十八年夏，房縣有鹿自東關文昌洞門入黌宫，繞臺殿泮池，逡巡去。【略】〔乾隆〕五十八年秋，郡有瘈狼入城，噬十餘人，傷者多發狂死。

清　英啓　光緒《黄州府志》卷四一《摭聞》　邑治後墻下，舊有皂角樹，大數圍。咸豐初，漸枯，外缺中空，有物倒懸，約長五六尺，狀如人頭，項肩腹手足皆具，若拘攣然，即樹心也。時粤逆踞梅，論者嘆爲生民倒懸之象。數年，官兵克復，木爲風拔。《縣志》

清　黄世崇　光緒《興山縣志》卷一七《祥異志》　明憲宗成化元年，邑有虎患，噬人畜。案《東湖志》：憲宗成化初，虎暴，據興山，爲害二十餘稔，噬人畜殆盡，詔革其縣。【略】〔清〕咸豐二年【略】，蛇見平水河，形如枯樹。是年，大水，山崩，壞民居無數。五年，山中産野豕，食禾稼。農人吹角擊鼓逐之，聲聞四境，自是歲以爲常。七年正月朔，縣西濫涇溝，有蟒長七丈餘，有頃不見。

又卷二〇《名宦傳》　劉孜，南昌人，成化初知縣。縣於永樂間，有虎患，民鮮全者。正統七年，併入巴東。成化初復，孜至任，治以安静無爲，而民悉化。見《峽史》。案：明萬曆二十五年，禮部左侍郎劉楚譔知縣曠驥生祠碑，云：天順景泰時，興山殘黎不滿數百，棲木巢石穴，疲敝蕭條。日將午不見烟火，而邑治廢。據此，則縣屬虎患，自永樂至景泰時，爲時最久，誠未有之奇災也。

譚溥，北直隸人，宏治中知縣。先是成化中，縣有虎患，齧人畜殆盡，詔革縣附歸州。弘治時，邑得復，凋敝不堪。溥履任，建縣署學舍，立城濬池，功績懋著。教諭黄子久譔，有政蹟，序祀名宦。

藝文

漢　司馬相如　《子虛賦》（引自《歷代賦彙》卷五八）　楚使子虛使於齊，齊王悉發車騎，與使者出田。田罷，子虛過詫烏有先生，而亡是公存焉。坐定，烏有先生問曰：今日田樂乎？子虛曰：樂。獲多乎？曰：少。然則何樂？對曰：僕樂齊王之欲夸僕以車騎之衆，而僕對以雲夢之事也。曰：可得聞乎？子虛曰：可。王駕車千乘，選徒萬騎，畋於海濱。列卒滿澤，罘網彌山。掩兔轔鹿，射麋脚麟。騖於鹽浦，割鮮染輪。射中獲多，矜而自功。顧謂僕曰：楚亦有平原廣澤遊獵之地饒樂若此者乎？楚王之獵孰與寡人乎？僕下車對曰：臣，楚國之鄙人也。幸得宿衞十有餘年，時從出遊，游於後園，覽於有無，然猶未能偏覩也。又焉足以言其外澤乎？齊王曰：雖然，略以子之所聞見而言之。僕對曰：唯唯。臣聞楚有七澤，嘗見其一，未覩其餘也。臣之所見，蓋特其小小者耳，名曰雲夢。雲夢者，方九百里，其中有山焉。其山則盤紆岪鬱，隆崇嵂崒。岑崟參差，日月蔽虧。交錯糾紛，上干青雲。罷池陂陁，下屬江河。其土則丹青赭堊，雌黃白坿，錫碧金銀，衆色炫耀，照爛龍鱗。其石則赤玉玫瑰，琳瑉昆吾，瑊玏玄厲，碝石碔砆。其東則有蕙圃，衡蘭芷若，芎藭菖蒲，茳蘺蘪蕪，諸柘巴苴。其南則有平原廣澤，登降陁靡，安衍壇曼，緣以大江，限以巫山。其高燥則生葴菥苞荔，薛莎青薠。其埤濕則生藏莨蒹葭，東蘠彫胡，蓮藕菰盧，奄閭軒于。衆物居之，不可勝圖。其西則有湧泉清池，激水推移，外發芙蓉菱華，内隱鉅石白沙。其中則有神龜蛟鼉，瑇瑁鼈黿。其北則有陰林巨樹，楩枏豫章，桂椒木蘭，檗離朱楊，樝梨梬栗，橘柚芬芳。其上則有鵷雛孔鸞，騰遠射干。其下則有白虎玄豹，蟃蜒貙犴。

明　韓楊　《荆湖山川人物賦》（引自《歷代賦彙補遺》卷六）　木兮則有楠、樟、槐、柳、松、柏、椿、桐、桑、榆、梓、漆、楮、柘、檀、棕、楸、杉、檜、棘、槲、柏、櫧、楓、冬青、白楊，用各不同，可以制器，可以爲宫。竹兮則有猫、筀、慈、苦之名，青、白、紫、斑之色，笛、箭、水、蘄用皆有益。果兮則有梨、栗、棗、柿、李、杏、桃、梅、葡萄兮秋熟，盧橘兮冬開，芡、菱、蓮、藕兮湖池可蒔，石榴、橙、橘兮苑囿宜栽，可以薦於郊廟，可以侑夫樽罍。【略】花兮則有牡丹、芍藥、薝蔔、薔薇、鹿葱、罌粟、瑞香、蜀葵、海棠、石竹、山茶、木樨、水仙、月桂、迎春、荼蘼，金燈無葉，紫荆有枝，鳳仙呈瑞，玉簪獻奇，春兰馥馥，秋蕙馡馡，雞冠與芙蓉共景，菊華偕木槿同時。以言其禽之類兮，則有鷹、鸇、鳩、鴿、山鵲、竹雞、鶺鴒、鴝鵒、鶥鴣、子規、黄頭秀眼、白頰畫眉，山鷄夜叫，野雉朝飛，白鷴草宿，紅鵝樹棲，鶬鶊、百舌逢春則啼，桑扈、布穀其鳴夏時，鴟鴞、伯勞人皆惡之。以言其獸之類兮，則有牛、羊、犬、豕、馬、鹿、騾、驢、獐、鹿、猴、兔、虎、豹、熊、羆、猿、豺、貛、獺、豝、兕、狐、狸，或祭其肉，或貢其皮。【略】其羽族分則有天鵝、野鶴、鸂鶒、鵁鶄、鸛、鵜、鵁鶺、鸕鷀、鶬鴰、鴻鴈、鳧鷖，宿食飛鳴。鴛鴦、鷗鷺，往來不驚更。有家鳧、家雁，沿池繞汀。

清　商盤　《燒山行》（引自同治《恩施縣志》卷一一）　朔風獵獵夜更遒，烈炬燒山騰鬱攸。黄茅白葦何足惜，中有楩楠高百尺。崑岡玉石並雜焚，其勢直欲蒼崖髡。火牛長驅燕壘破，隊象突出吴師奔。君不見，天橉即治山名。去天纔一握，密箐深林掩圭角。下策翻宜用火攻，高坡漸可施錢鎛。國家休養經百年，荒土盡闢爲良田。炎炎秉畀應時令，太平了不驚烽烟。須臾火熄鳳且止，翠微依舊清如永。明朝樵客入山行，爛額焦頭虎狼死。

清　徐輔忠　《古楠樹歌》（引自同治《宜昌府志》卷一四）　楠爲棟梁材，自古稱嘉樹。托植苟未宜，澗阿宜沉痼。斧斤遭横加，樗櫟儕輩附。幸哉今美蔭，乃在洲之渚。栽培不計年，老幹自軒舉。洪濤任激衝，沙礫憑捨拒。飽歷諳雪霜，曾不一齟齬。大材本天成，勁氣無消阻。中幹如柱石，挺拔有常尊。衆枝皆合抱，拱立如兒孫。歲寒柯不改，青陰茂且蕃。何來遭小厄，誤被野火焚。鬱攸從虛透，炎上勢煽炘。濡褐縱蒙茸，猝難解棼熅。賢尉師心智，鑿空下水輪。須臾如雨注，燼絶掃沸塵。枝柯毫無損，依然保輪囷。輪囷得所滋，疑有神力助。神光樹憑依，樹蔭神回護。神樹兩相倚，長砥中流砫。築石堅其堤，伐木新其祔。捐貲賴邦人，好義趨如騖。焕然改舊觀，闢鎖屹鞏固。我聞祠怒特，乃在千年梓。無故遭剥擊，曾莫勝葛藟。滄桑有何常，變更難懸揣。叮嚀囑邦人，慎勿加苛厲。

留此棟梁材，長此資屏蔽。

清　吳其濬《施州草本詩九首》（引自同治《恩施縣志》卷一一） 籠竹苗寒筍，旬日得十丈。霜雪壓脆梢，勁與松柏仿。佳兒見頭角，未肯脱錦襁。坐待春風來，方作出塵想。玉立兩三竿，矯矯不成黨。歲晚主人卧，迎客自俯仰。

三巴產蜜羅，輪囷拙可笑。敗絮實其腹，黄與佛手肖。但乏麻姑爪，不鑿混沌竅。舊臘預傳楫，賜果瑛盤照。懷歸冰沾衣，瞿管色相耀。歲寒臭味同，無藉形骸妙。方朔窮且醜，傴僂金門詔。閩中歲以密羅作貢。去臘蒙賜十數枚，冰堅如石，置茶中作佛手黄。内廷珍之。

楚客頌皇樹，詫爲衆木尊。空山多碩果，此實豈其元。我行夔子國，凛烈雪正繁。百卉生炎洲，隕落如中原。孤峰見翠葆，緑潤照璇源。三年刻一楮，此價未易論。生平笑李衡，僮比卓王孫。利欲驅草木，奴隸視蘭蓀。荒阜已成蹊，桃李兩無言。

哥窑免褐盆，錦石襯菖蒲。年年盼花開，徒爲古所愚。豈知山居人，蹴如秣馬芻。根節走蛟龍，緑葉淨可娱。石竇無寸土，靈液相滋濡。細梢戴曉露，皎如摩尼珠。倘能照我心，不辭山澤癯。

欔鋤剔山骨，爬土得盈握。亂石如犁齒，仰刺牯牛足。豌豆苗寒藤，枯槎寄瘦緑。蔓弱不自勝，倒垂玉鈎曲。采擷供朝餐，脆滑壓苜蓿。但恐羊踏園，不愁魚疾腹。土人相驚猜，嗜歡鼻爲蹙。他日元修來，餐盡冬山緑。貯藥吾未能，此事差免俗。

北方千尺冰，曝檐醉白日。南山十日雪，不禁池水溢。池中如船藕，皎如玉縝栗。池上寶珠茶，赤燄忘凛慓。芙蓉自畏寒，晚花露蕭瑟。始知天地氣，升降非膠一。舒慘互相循，生機仍時逸。長安方臘鼓，海棠照盤橘。

礫砢不材木，生無萬牛引。不如自僵僨，朽腐成美菌。深山無冬日，陰雪蛟龍盡。由蘖蒸濕雲，生機傲擇隕。錯落小疊錢，輪囷大揚盾。肥豈種晚菘，滑宜媲凍筍。草木餘菁華，旨爲造物窘。君看疢疾人，智慧出愚蠢。

虎刺珊瑚珠，的皪紅纍纍。移向壺中峰，旬日漸已萎。甘爲小草生，羞作卷施死。不如寒天竹，結實垂堂戺。凍雀啅丹砂，繫星攢朱李。剪剔作盆栽，金屋藏彼美。嗟哉此離離，南國相思子。世無相思人，棄爲籬邊枳。

余試施南，讀壁間鮑覺生前輩口號四首詩，格謹嚴然，未能測其寓意所在，余以道旁所見草木有所感觸，得九首。蘭芷滿山，不見採擇，有如此矣。

清　王乃斌《古樟歌》（引自光緒《黄州府志》卷三七） 蘄州麟山有古樟三株，舊傳明末張獻忠陷蘄，夜見三人擐甲持戈護城，疑即三樟樹神也。孝陵樹枯明社屋，烈帝諸臣如朽木。傳聞流寇陷蘄陽，麒麟山頭鬼夜哭。山中老樹鬱奇氣，連理三株伯仲季。不誇衣錦遇錢鏐，曾見論功坐馮異。托根劫歷明山河，高寒不改淩霜柯。羅平妖鳥忽飛到，虬枝怒奮如琱戈。此際風雲助叱咤，羣驚天上將軍下。葉戰蕭蕭賊膽寒，貞心凛凛達官怕。吁嗟乎！一木難支大厦傾，空山雨露沐時清。行人尚識古樟樹，宰木飄零康壽卿。

湖南

綜　述

明　李賢《明一統志》卷六三《长沙府》 土産：【略】斑竹，相傳舜崩，二妃攀竹悲哀，淚滴竹上，遂成斑點。玉面狸。各縣出。茶陵縣出。

又《寶慶府》 土産：【略】黑鶡，新化出。鵪鴣鲊，府境出。麝香。熊膽山出。

又卷六四《衡州府》 土産：【略】山礬，各縣出。蠟，桂陽州並酃縣出。萬年松，仙人絛，長髮草，龍鬚草，俱衡山出。

又《常德府》 土産：【略】石碌，桃源縣出。包茅，《書》：包匭菁茅。《春秋》齊桓公責楚貢包茅不入，無以縮酒。佛頭柑，霜柑。俱沅江縣出。

又卷六五《永州府》 土産：【略】香茅，《山川記》：永州野有香茅，貢以縮酒。《春秋》楚貢苞茅不入，即此。零陵香，生湘源，所生處香聞數十步。異蛇。柳子厚《捕蛇者説》云：黑質而白章，觸草木盡死。腊之以爲餌，可以已大風、攣踠、瘻癘，去死肌，殺三蟲。

又卷六六《靖州》 土産：【略】烏頭，五倍子。州境出。

又《永順軍民指揮使司》 土産：【略】黄蠟，降香，麝香，石英，藺馬，野牛，猿，錦鷄，白鷴。

又《保靖州軍民宣慰使司》 土産：【略】黄蠟，降香，豹，熊，猿，豺，獺，竹鷄，白鷴。宣慰司境出。

明　彭簪　嘉靖《衡嶽志》卷一《物産》 萬年松，出祝融峰懸崖上，本草類，高者三四寸許，凌冬不雕，連根拔之，收於巾笥中，歷數十年取而植之，蒼翠如故。又拔而收之，再經歲月，出而復植，亦如之。千年竹，出水簾洞石上，葉稍似竹，高者二寸許，凌寒不雕。土人拔取之，經歲月，再植沙土中，其色鬱然。方竹，出蓮華峰。南竹，出嶽山後。土人往往取大者，截其筒爲甑以炊，節處即爲盆以盥。多在深山中人跡不到之處。杉，山宜杉，皆紫油甚香。土人不善栽，頗少，遂謂非土所宜，惟嶽路上有之。漆樹，桹，榧樹，檀香，紫草，土人取以灌燭，色甚紅潤。龍鬚草，織席用之。蕈，生懸崖石上。香菌，大者如盤。筍，山中叢篠，無處無之。筍出時，山下遠近之人入山採取，即於山中燒火煮熟，擔負而出，不可數計。蕨，豐年不見，每遇饑即多有。土人云。木耳，石耳。

明　史朝富　隆慶《永州府志》卷九《食貨志・材産》 果之屬，凡三十有二：曰桃，曰李，曰杏，曰梅，曰梨，曰柿，曰棗，曰栗，有大，有茅。曰柑，曰橙，有香，有紅。曰柚，曰橘，曰金橘，曰香圓，曰枇杷，曰葡萄，曰菱角，曰芡實，曰蓮房，曰藕，曰西瓜，曰甘蔗，曰荸薺，曰茨菇，曰香芋，曰甘露子，曰佛指柑，出枇杷所。曰石榴，曰銀杏，曰櫻桃，曰楊梅，曰株。有甜，有苦。木之屬，凡三十有九：曰桐，曰梓，曰樟，曰楠，曰檀，曰椿，曰松，曰□，曰羅漢松，曰檜，曰杉，曰楮，曰槐，曰楓，曰楊，曰柳，曰栗，曰棗，曰桑，曰柘，曰椆，曰桂，曰椒，曰株，曰烏栗，曰旋栗，曰猴栗，曰大栗，曰線桐，曰茶條，曰黄楊，曰白楊，曰冬青，曰榆，曰蠟，曰杬，曰梁，曰和，曰櫺。生九疑山。竹之屬，凡十有八：曰紫，曰淚，曰猫，曰方，曰壽，曰綿，曰豹，曰箭，曰苦，曰箭，曰白，曰筀，曰淡，曰桃，曰鳳尾，曰瀟湘，曰合歡，曰舜。生九疑山。【略】毛之屬，凡十有八：曰虎，曰豹，曰鹿，曰獐，曰麖，曰麂，曰熊，曰狼，曰猿，曰猴，曰狸，曰兔，曰獺，曰鼠，曰竹鼠，曰野猪，曰豨猪，曰山牛。

清　郭琇《請調沅州鎮移駐鎮筸疏》（引自乾隆《湖南通志》卷一四三）

湖南辰州西南一帶苗地，乃楚黔蜀萬山之交，懸巖深澗，路皆鳥道、羊腸，林木稠密，兼多蠻烟瘴霧。其苗類不一，各倚箐嵎爲寨，約數百處，而内巢生苗地，更險峻，性更悍頑。

清　吕履恒　康熙《寧鄉縣志》卷五《賦役志・土物》 木屬：松，柏，桑，榆，槐，檀，柳，楊，楺，楸，椿，檜。果屬：梨，棗，桃，杏，沙果，核桃，李子。【略】鳥屬：野鷄，石鷄，喜鵲，鵓鴿，鴛鴦，水鴨。獸屬：虎，豹，豺，狼，兔，麂，狐。

清　邁柱　雍正《湖廣通志》卷一二《山川志・岳州府》 ［巴陵縣］艑山，在洞庭湖中。本名湘山，又曰編山。《史記・五帝紀》：南至於江，登熊湘。《正義》：《括地志》云：湘山，一名艑山，在岳州巴陵縣南。《水經注》：君山東北對編山，山多篔竹，兩山相次，去數十里，迴峙相望，孤影若浮。

又《常德府》 ［武陵縣］善德山，在城東南十五里，舊名枉山，亦曰枉人山。《水經注》：沅水又東歷小灣，謂之枉渚，渚東里許，便得枉人山。山西帶循溪一百餘里，茂竹便娟，披谿蔭渚，長川逕引，遠注於沅。《唐書・地理志》：武陵縣有枉山。《廣輿記》：隋刺史樊子蓋以堯時善卷居此，因名善德山，即《道書》第五十三福地。

又《辰州府》 ［辰溪縣］嵩溪，在縣東二十里。《述異記》：辰州嵩溪有丹青樹，枝葉直上籠雲，下無枝條，上有五色葉，圓如華蓋，故號丹青樹。俗謂之五采樹，今在辰陽縣。

清　吕肅高　乾隆《長沙府志》卷三六《物産志・果之屬》 梅，杏，又有銀杏。李，又有珍珠李。桃，榧子，楊梅，木瓜，枇杷，藕，菱芡，林禽，棗，蔗，荸薺，茨菇，葡萄，蓮子，湘潭所産，白者絶佳。今官買入貢。石榴，柿，櫻桃，栗，大者爲板栗，小者爲茅栗。旋栗，梨，橘，柚，佛手柑，香櫞，橙，柑，苦株，杬株，無花果，香芋，甘露，奈，人參豆，落花生，梧桐子，烏金桃。

又《木之屬》 烏桕，子可熬油，俗名木子油。梅，棯，梓，樟，杉，檀，椿，檜，松，柏，楮，楓，槐，柳，楊，穀，皮可爲紙。桑、柞，椐，梁，楠，梧，椆，榆，椒，桂，株，柘，榔，杬，樅，楷，椶櫚，水桐，油桐，線桐，黄楊，水楊，茶條，椆櫪，冬青，即女貞，可放蠟。白楊，水蘭，黄檀。

又《竹之屬》 斑竹，方竹，壽竹，猫竹，箭竹，豹竹，綿竹，箭竹，柴竹，桃竹，淡竹，禮竹，笙竹，苦竹，釣竹，水竹，石竹，刺竹，椶竹，扁竹，紫竹，油竹，卉竹，觔竹，蘆竹，可編席，蓋屋，有課。淚竹，瀟湘竹，鳳尾竹，觀音竹，白竹，義竹，菡竿竹，叢竹，實竹，烟竹。

又《羽之屬》 鷄，鵝，鴨，鴿，布穀，鶴，鴛鴦，鷓鴣，斑鳩，竹鷄，水鷄，鵪鶉，子規，啄木，鷺鷥，喜鵲，瓦雀，黃鸝，鷹，鴉，白鷴，錦鷄，地花鷄，雉，鵠，鷂，畫眉，白頭翁，燕，百舌，鴈，鸕鷀，鷂，長尾鵲，蠟嘴，鸜鵒，鷗，野鴨，梟，天鵝，鶺鴒，練雀，跳蟲。

又《毛之屬》 馬，驘，驢，黃牛，水牛，羊，豕，犬，猫，虎，豹，鹿，獐，麖，獾，皮爲裘極温。麂，熊，狼，豺，猴，猿，兔，狸，野豬，有田豬，皮亦爲裘。狐，山羊，鼠，鼫鼠，豪豬，毛有箭，能射人。竹鼠，野猫，山獺，木獺，山牛，鼦鼠，風林鼠。

清 呂肅高 乾隆《長沙府志》卷五《山川志》 ［茶陵州］雲陽山，州西十里，周回七十里。自麓至巔，曲折高四十五里，上有七十一峰，二洞府仙人窟宅、百靈闕真洞。草高三十丈，一本千枝，枝生萬葉，百年一開，名經刧草。有雙石柱，柱傍怪松百尺，竹萬竿，徑數尺，節闊一尋，多鸞鳳棲止。有雲英洞，深十里，緑水桃花，寒暑長茂，或曰秦人洞。西南有煉丹竈、石杵臼壇，西隅多黃精、茯苓、石耳，峰有木合抱。偃霞峰，多紅桑、紫柘、靈草、嘉木。紫薇峰，有華英石，上如蓋，下巖磴，不可測。瀑布泉畔有石人，長六尺，髮七尺。石柱峰，有丹桂千株，百年一實。白石峰，有白鶴池，池有白蓮，一朵千葉，一房百菂，大如雞子。隱形峰，常有雲霧罨之。有碧溪，生紫菖蒲，一根百節，多蘭香露菊，千叢。多椿、檜、杉、松、白檀、紫檀、降真諸香。東南有桃千株，實大如瓜，多白鹿、青牛，山雞尾長七尺，練鵲如霏雪。元豹、猿猴之屬多在赤松壇、老君巖，五雷池多甘泉、怪石。餘小峰不勝記。山若崩闕則武官陞。諺云：雲陽山笑，將軍見。【略】［湘陰縣］黃陵山，縣北四十里。大江之濆，出斑竹，有舜二妃墓。【略】［瀏陽縣］白茅尖，縣西界於瀏醴。奇峰聳異，深林密茂，竹木森秀，世傳曰茅真人居此。【略】［寧鄉］黃柏山，縣西百里，産黃柏。【略】［攸縣］梓木山，縣東一百三十里。高二百餘丈，多梓樹。【略】［安化］辰山，縣北一百八十里。盤踞，新寧益陽，高四十里，上有白雲寺，有田多産藥材。春夏蟒蛇毒物出没於中。苗竹山，縣東十里。有冬桃灣，隆冬實繁，人稱仙果。

清 陳宏謀 乾隆《湖南通志》卷五〇 果屬［注略］：林檎，橡，梅，杏，李，柰，郁李，桃，梨，棗，石榴，松子，瓜子，木瓜，香橼，橘，柚，柑，胡桃，橙，茨菇，荸薺，蔗，蒲萄，梧實，山樝，櫻桃，花生，柿，苦櫧，杬櫧，榛，栗，楊梅，菱角，蓮子，銀杏，藕，芡實，羊棗，桑葚。

又 木屬［注略］：松，柏，杉，梧桐，楊，柳，梓，槐，檀，烏臼，樟，椿，榬，楸，楓，櫧，柞，桑，楝，椐，柘，椆，榆，椶櫚，榔，樺，水桐，冬青，棉木，檜，櫟，皂角樹，柟，羅漢松，樗，楷，黃檀，穀，漆，櫳。

又 竹屬［注略］：楠竹，紫竹，猫竹，水竹，苦竹，黃竹，實竹，方竹，椶竹，蘆竹，觀音竹，鳳尾竹，箭竹，扁竹，笙竹，慈竹，刺竹，斑竹，筀竹，金竹，鶴膝竹，羊顫竹，雙竹，壽竹，桃竹，瀟湘竹，義竹。

又 羽屬［注略］：鵝，鴨，雞，鴿，鶴，鷺，布穀，鴛鴦，鷓鴣，斑鳩，竹雞，水雞，鵪鶉，子規，啄木，鷺鷥，翡翠，鴉，鵲，黃鶯，瓦雀，鷹，鷂，白鷴，錦雞，雉，鴿，畫眉，白頭翁，燕，百舌，鴈，鷂，鸛，蠟嘴，鸜鵒，鷗，天鵝，鶺鴒，桃蟲，鸕鷀，油葫蘆，駕鵝，鴞，鵜鶘，鸂鶒，信天緣，魚虎，魚鷹，靈雞，鷫鸘，桑扈，鶻。

又 毛屬［注略］：馬，騾，驢，水牛，黃牛，羊，豕，犬，猫，虎，豹，鹿，獐，麖，麂，獾，熊，羆，狼，豺，猴，猿，兔，狸，野豬，狐，山羊，鼠，鼫鼠，豪豬，野猫，山獺，水獺，山牛，竹鼠，鼦鼠，風林鼠，飛虎。

清 和珅 乾隆《清一統志》卷二七七《長沙府》 土産：【略】苧布，《府志》：湘鄉、攸、瀏陽、茶陵四州縣出。鸕鷀。《府志》：湘陰縣出。

又卷二七八《寶慶府》 土産：麻布，邵陽出。《元和志》：邵州貢。黃蠟。邵陽出。《元和志》：邵州貢。

又卷二七九《岳州府》 土産：蓴菜，出臨湘縣蓴湖。《府志》：葉如萵苣，面紫背青，莖黃花白，秋間開浮水上。橙橘，巴陵縣出。菱芡，華容諸垸出。茶，諸縣俱出。君山爲上，臨湘爲多。《岳陽風土記》：㴩湖諸山産茶，李肇所謂岳㴩湖之含膏也。方竹，巴陵縣君山出。絹，巴陵平江出爲多。苧，諸縣皆出。葛，平江縣出。文魚，臨湘縣沅潭出。一名春魚。《府志》：細如針長一二分，惟立夏小滿間有之。鼈甲。《唐書・地理志》：岳州土貢。

又卷二八〇《常德府》 土産：包茅，沅江縣出。《書・禹貢》：荊州包匭菁茅。即三脊茅也。《宋史》：祥符元年，遣使沅江，采三脊茅。《府志》：此間出者。蠟，府境出。《府志》：境産蠟樹，其葉常青，即冬青樹。綴蟲生蠟，故亦名蠟樹。黄精，境内間出。根葉大概似薑。張華《博物志》：太陽之草黄精，食之長生。翡翠。府境出。【略】

按舊志載蒟醬即《漢書》所稱蜀蒟醬，俗名鬼芋，葉如天南星，子如桑椹。

又卷二八一《衡州府》 土産：【略】葛，《府志》：耒陽、常寧二縣出。綿紙，《唐書·地理志》：衡州土貢。《明統志》：耒陽縣出。蠟，《府志》：酃縣出。山礬，《府志》：各縣俱出。地榆，《衡嶽志》：衡山出。萬年松，長髮草。《府志》：各縣俱出。

又卷二八三《永州府》 土産：【略】細葛，零陵出。《元和志》：永州貢。又道州開元、元和貢細紵。綄線，刓絲，《明統志》：零陵、祁陽二縣出。【略】香茅，零陵出。《水經注》：《晉書地道記》曰：零陵縣有香茅，氣甚芬香。言貢之以縮酒也。零陵香，《隋書·地理志》：永州道州貢。【略】方竹，斑竹，俱道州出。茶，寧遠縣出。異蛇。唐柳宗元《捕蛇者説》：永州之野産異蛇，黑質而白章，觸草木盡死。腊之爲餌，可以已大風、攣踠、瘻癘，去死肌，殺三蟲。

又卷二八四《辰州府》 土産：【略】絹，辰漢縣出。黄蠟，沅陵縣出。白蠟，瀘溪縣出。葛，辰溪縣出。蜂蜜，沅陵縣出。【略】漆，溆浦縣出。桐油，沅陵縣出。黄精，辰溪縣出。茜草。溆浦縣出。

又卷二八五《沅州府》 土産：絲絹，麻陽出。葛布，黔陽、麻陽出。【略】白蠟，芷江、黔陽出。棉花，郡境皆出。【略】桃枝竹，郡内皆出，可以織簟，即《吴都賦》所謂桃笙是。茅。麻陽出。《書傳》：辰州麻陽縣苞茅山出苞茅，是也。

又卷二八六《永順府》 土産：棉花，諸縣皆出，織成布皆粗厚。《府志》：漢之賨布、宋之溪布，即此類。土錦，斑布，皆永順、龍山、桑植出。【略】桐油，四縣皆出。蜂蜜，四縣皆出。在崖壁石隙間，色香氣味更佳。黄連，桑植縣出。通草，名通脱木，各縣俱出。可爲花，又制成紙，可供書畫。茜草，即紫草，永順縣出。山牛，山羊，錦雞，《明统志》：永順土産。竹雞。《明统志》：保靖縣出。

又卷二八七《澧州府》 土産：【略】漆，慈利縣出。桐油，永定出。竹簟，《唐書·地理志》：澧州土貢竹簟。野牛，永定出。玉面貍，《州志》：州境出。石松，石耳，石筍。俱慈利縣出。

又卷二八八《郴州府》 土産：【略】絹，葛，永興縣出。【略】茜草。宜章縣出。

又二八九《靖州府》 土産：【略】，葛，州縣俱出。桐油，茶油，州縣俱出。白蠟，靛，俱綏宁縣出。五倍子，州境出。九肋鼈。《明統志》：沅江出。

又卷二九〇《桂陽府》 土産：蠟，州境出。山礬，州及各縣俱出。龍鬚草。州及各縣俱出。

清　趙文在　嘉慶《長沙縣志》卷一四《風土志·土産·果屬》　梅，似杏，一名蕵，先衆木花，似杏，而香遠勝。樹最耐久。初實純青酸甚，熟則黄，甘酸可啖。灰拌晒乾，名烏梅，入藥。桃，二月開花結實，夏熟，仁入藥。杏，間出，一名甜梅，實如彈丸，可食，仁入藥。李，葉緑花白，結實有離核、合核、無核之異。梨，間出，葉青而花白如雪，六出。上巳無風，則結實必佳。有二種，瓣圓而舒者果甘，缺而皺者果酸。又一種棠梨，俗名野梨，白花，結實如小楝子，霜後可食，其樹接梨甚佳。郁李，間有，即棠棣。凡花先合而後開，此花先開而後合，色或白或赤，子如櫻桃，六月熟，可食，仁入藥。楊梅，一名朹子，二月開花結實，肉在核上，無皮殼，五月熟。棗，間出，一名木蜜，五月開小淡黄花，結實微見紅絲，即堪生啖，熟則純紅味甘。《清異録》云：百益一損者棗。故醫氏目爲百益紅。石榴，本出塗林安石國，故名安石榴。五月開花，實有甜、酸、苦三種。單葉者開花結實，千葉者不結實，皮入藥。橘，一名木奴，刺生莖間，四月開小白花，實如柚而小，至冬黄熟，皮與核可入藥。又有一種牛奶橘，一種金彈子，皆以形似得名。柑，似橘而少刺，實亦似橘而圓大，霜後始熟，味甘，故名柑。又柑屬有柚，名臭橙，《爾雅》謂之櫾，又曰蕵，實大而粗，柑橘下品也。又有香橙、香橼二種，香氣俱遠勝於柑。栗，苞生外殼，刺如蝟毛，其中著實，或單或雙，秋熟則苞裂實墜，俗呼板栗。其頂圓末尖，謂之旋栗。其形如板栗而極小，高山多有者，俗呼毛栗。櫧實，櫧樹子，味苦，俗名苦珠子，可作腐食。橡實，橡樹子，形圓小如苦珠，而味較甘，俗名圓珠子。枇杷，一名盧橘，葉大如驢耳，背有黄毛，形似琵琶，故名。冬開白花，三四月成實，葉可入藥。柹，朱果也，四月開黄白花，結實青緑，八九月熟。長沙産者極小，酸澀不堪食。又一種椑柹，乃柹之小而卑者，雖熟亦深緑色，大如杏，味甘，可生啖。搗碎浸汁，謂之柹漆，可染罾扇諸物，俗謂之膠柹。葡萄，間出，一名蒲桃。春月萌苞，漸乃蔓延，葉有五尖鬚垂。三月開花，成穗著實，七八月熟。又有野葡萄，名山葡萄，實小而圓，不堪食。無花果，間出，一名映日果，一名優曇鉢，一名蜜果，三月發葉，五月不花而實，味如柹而無核。木瓜，葉厚如桂，味酸似梅。銀杏，間出，一名鴨脚子。芡，生水澤中，又名雞頭。實又呼芡實，入藥。菱，生水澤中，即芡實。西瓜，長沙間有。落花生，濱河沙土中，間有種者。荸薺，《爾雅》云凫茈，生田中。

又《花屬》［只録種名］牡丹，辛夷，玉簪，紫荊，瑞香，剪羅，洋茶，茉莉，梔子，萱草，蓮花，薔薇，木芙蓉，雞冠，金鳳，木犀，菊，木槿，夜合，蘭，葵，秋葵，西番葵，紫薇，月季，繡毬，扶桑，蠟梅，水仙，茶醾，海棠，碧桃，芍藥，迎春，杜鵑，凌霄，金雀，罌粟，金錢，滴滴金，夾竹桃，百日紅，美人蕉。羅漢松，枝葉似杉而小，枝頭結子，先青色，後紅如瑪腦。

又《木屬》 松，百木之長，樹極高，其皮如鱗。柏，樹聳直，皮薄肌膩，三月開細花，結實成毬，多瓣，取仁入藥。楓，葉似白楊，《爾雅》云攝。槐，葉細枝脆，緑陰最濃，四五月開黄花，狀如米粒，七八月結實作莢，俱入藥。蠟，其葉常青，四時不改，即冬青樹，綴蟲生蠟，故亦名蠟樹。子名女貞子，入藥。柳，葉長而青。楊，圓潤而微赤，生水岸。栗，實名栗橡，其殼可染色。烏柏，葉似梨而小，子可熬油爲燭，俗名油子木。櫧，結實可食，俗呼苦珠樹。《山海經》云：作屋柱難腐。苦楝，花小枝脆，春末夏初開花，農家以此占候。椿，樹高葉香者名香椿，初生芽可食，臭楮，《詩》謂之穀，皮可造紙，實入藥。桑、柘，家植者謂之桑，山中生者謂之柘，根皮入藥。椶，一名棕櫚，性堅。黄楊，葉緑，冬夏不凋。每歲長一寸，閏年則縮一寸，東坡所謂『黄楊厄閏年』是也。皂莢，生莢如刀豆，入藥。杉，類松而勁古，葉附枝生，其鋒如針。柞，身有刺，葉厚而光，理質堅靭。樟，一名豫樟，木高大，葉似柟。梧桐，《爾雅》云櫬，一名梧，一名桐，結子形似胡椒，可食，曰梧桐子。油桐，結子可笮油，曰桐油，與梧桐不相類。水桐，易生易長，性脆質輕。檀，花黄，葉似槐而性堅，質重。又一種，至夏不生葉，忽然葉開，當有大水。農人以之占驗，名望水檀，俗呼傲春檀。榆，葉拋錢，花似雪。檜，柏葉松身，葉尖硬，亦謂之栝，今人名圓柏，以別側柏，俗有呼爲松者。山茶，葉似洋茶，白花單瓣。結子笮油，曰茶油，可食。烏藥，高一二尺，根間累附如葡萄，而稍長，入藥。

又《竹屬》 斑竹，節疎理薄，大徑數寸，長可二三丈。楠竹，大者徑尺，可爲器。白竹，質小，中虛，節凸。實竹，密節，實中，厚理，可爲拄杖，一名桃竹。苦竹，柯似叢竹，而葉大節疎。水竹，似斑竹而小。紫竹，外紫内白，長丈餘。叢竹，四時生筍，不堪食，一名孟宗竹。鳳尾竹，葉纖細猗那，植盆中可作書室清玩。綿竹，生作大叢，長幹中聳，冬雨雪多，則羣篠内出若雨雪，少則羣篠外護，謂之慈孝竹。

又《羽屬》 雞，鴨，鵞，有蒼、白二種。鴿，布穀，班鳩，竹雞，子規，啄木，鷺鷥，喜鵲，黄鸝，鷹，鴉，雉，鷂，燕，畫眉，百舌，鴈，鷓鴣，鷸，長尾鵲，鸜鵒，鷗，野鴨，鶺鴒，桃蟲，隼。

又《毛屬》 馬，贏，驢，黄牛，水牛，羊，猪，犬，猫，虎豹，間有。兔，猴，間有。野猫，鼠，獺。間有。

清 曾鈺 嘉慶《寧遠縣志》卷一《山川志》 麓牀山，在簫韶峰北。《潛確類書》：麓牀有三級。第一級麓牀，有石長一尺六寸，人跡彷彿。第二級麓牀，有二石鑑，寒光圓瑩可照。第三級麓牀，有天湖水，常自溢。中有禽，大如雁，錦羽，尾長六尺。湖東有洞，洞左右二石人，如冠劍而立。又有修真四壇。第一壇有茜草，長丈餘，如虎鬚。【略】維山，在縣南三十里，其山多古松。【略】楊梅嶺，在縣南三十里，山多楊梅，故名。桂嶺，在縣南四十里，多丹桂，桂水出焉，因名，並以名鄉。梅嶺，在縣南四十里，多梅花，因名，梅水出焉。【略】黄連山，在縣北二十里，其山多黄連木。【略】黄蘗嶺，在縣東北一百五十里，地產黄蘗，故名。【略】高士巖，在今舜祠西二里。《方輿勝覽》：舊名野猪巖。昔有獵者遇羣豕，逐之，入巖而没。掘地，得樂器一部。無爲觀道士獻之朝。事見唐王維賀表。邱舜甫欽若改今名。宋朱晦翁高弟劉子澄建書院其上講學，今遺跡猶存。

又卷二《風土志·物產》 果之品：芰，棗，栗，梨，柑，橙，橘，柚，石榴，楊梅，銀杏，桃，李，舊志。落花生。竹木之屬：斑竹，今少。淚竹，石竹，方竹。隨處有之。松，柏，櫧，杉，楓，柳，栗，槐，桑，桂，棗，梨，杏，椿，叢桐。舊志。山之族：斑鳩，鷓鴣，畫眉，秦吉了。

清 黄應培 嘉慶《新田縣志》卷二《地輿志·嶺》 東山嶺，在南六都，宅後有古樟，樹大數圍。

清 張映蛟 道光《晃州廳志》卷三七《物產志·果之屬》 桃，香水桃極美，又有烏桃、旱桃、扁桃諸種。李，有雞心李、牛黄李諸名。梅杏，實圓者爲金杏。銀杏，俗名白果。枇杷，棗，林檎，安石榴。柹，俗作柿，非。水寬裹産者最大，香甘倍於他産。土人去皮捻扁，日晒夜露，至乾納甕中，待生白霜，謂之柹餅。團圞皺成花紋，亦謂之柹花。然不及青州者爲道地。梨。胡桃，俗名核桃，外有青皮包之，其形如桃，胡桃乃其核也，間有種者。葡萄，多紫色，味甚酸。甘蔗。柑，皺皮痱瘟者名佛頭柑。橘，皮紅而薄，小於柑，名金橘。又一種最小者，名牛奶橘。柚，纍纍垂實，中亦分瓣。橙，實大如盌，香氣馥烈。《本草》謂：經霜早熟，色黃。皮厚可以熏衣，可以芼鮮，可以和葅鹽，可以爲醬虀，可以蜜煎，可以糖製橙丁，可以蜜製爲橙膏者，即此。俗又呼爲香櫞。考香櫞，《本草》謂爲佛手柑，與此迥别，未可混也。栗，李氏《本草》：栗之大者爲板栗，中心扁子爲栗楔，稍小者爲山栗，山栗之圓而末尖者爲錐栗，圓小如橡子者爲莘栗，小如指頂者爲茅栗，即《爾雅》所謂栭栗也，一名栵栗，可炒食之。櫧子，櫧樹所結實也。外有小苞，霜後苞裂子墜，子圓褐而有尖，大如菩提子，内仁如杏仁，生食苦澁，煮炒乃帶甘，亦可磨粉，晒汁成腐，和脂煎食，味亦滑美。鈎栗，即甜櫧子，本文細白，其子似栗而圓小。又有雀子，相似而圓黑，久食不肌。橡實，一名皂斗，又名橡斗，櫟木子也。《本草》：橡實如荔枝核，而有尖。其蒂有斗，包其半截，其仁如老蓮肉。山人儉歲採以爲飯，或擣浸取粉食，豐年可以肥豬。葧臍，本名鳧茈，一名烏芋。《本草》：小者如鳧茈，大者名地栗。生淺水田中。其苗一莖直上，無枝葉，狀如龍鬚草。其根白蒻，秋後結顆大如山查栗子，而臍有聚毛，下生於泥底。野生者黑而小多滓，種出者紫而大，謂之羊葧臍。

又《木之屬》 松，柏，杉，桐，梓，椿，槐。檀，有黃、白二種，葉皆如槐，皮色青澤，肌細體堅。榆，桑，柘，柳。楮，即穀木也，其皮多擣以制紙。楓，櫟。櫸柳，俗名鬼柳。檉柳，俗名觀音柳。水楊，葉圓闊而尖，枝條短硬，多生水岸。白楊，葉圓似梨而肥大，有尖，面青，背白，有齒。烏桕，一名臼，葉如小杏葉，微薄而緑，霜後紅豔如染丹，收子壓油，可以制燭。冬青，本名女貞，俗名蠟樹，以收蠟蟲之利也。按：此有宜蟲者，有宜蠟者，收蟲與蠟歲有登耗，俗謂之天財，蓋言利聽於天也。故價之低昂不能一定，餘詳後蠟蟲下。椶櫚。

又《竹之屬》 筀竹，可治器兼宜刺船。《廣東新語》：筀竹葉細節疎，宜作篸絲。筋竹，内厚而竅小，可爲弓弩材。慈竹，叢生不散。苦竹，堅鋭，可以爲槍。桃枝竹，俗名水竹。析絲適用甚多，用以織簟尤佳。《吴都賦》所謂桃笙是也。篠竹，竹之細者可爲筆管，山中多有之。筭竹，《篇海》：竹中實，即今實竹也。紫竹，以皮色名。鳳尾竹，短而葉細，以狀名也。山白竹，《本草》：山間小白竹也。篛竹，《本草》：一曰遼葉，根莖皆似小竹。葉與籜似蘆荻，面青背淡，柔而韌，新舊相代，四時常青，可以作笠。蘆竹，莖葉皆如蘆荻。

又《羽之屬》 鴿，鵲，慈烏，雀。燕，相傳城北昔有白燕，栖止巖穴中。雁，雉，鸛，鳩。鸜鵒，人家常馴畜教之學語。鷺鷥。子規，俗名陽鵲。黃鸝。鸕鷀，有畜以捕魚者。野鳧。畫眉，好鬭善鳴。錦鷄，鷩屬。竹雞，其聲自呼爲泥滑滑，畜之可制白蟻。鷓鴣。鵪鶉，雄者善鬭。

又《毛之屬》 虎，豹，鹿，麞，麂，兔，猴，山中多有。狸，果狸，藏山穴中，色黃類貓，果熟則出竊食，人以糞核迹之，捕得臘食。山羊，即羱羊，生深山巖穴中，力能陟險。野豬，似家豬，腰細足高，長毛褐色，牙利如刃。龍豬，《嶺南雜記》：龍豬出自龍王巖，重一二十斤，小耳痺脚細爪，土人醃熏，以竹片綳之，皮薄肉嫩，與常豬不類。今山巖間亦出此，捕得者製法與此同。俗又呼爲聾豬，謂是物鈍滯若聾，故掩獲不甚著力。蝟，頭喙似鼠，刺毛卷縮如栗房，溺之即開。獾，尖喙短足，似小狗，肉食能補益。

清 黃宅中 道光《寶慶府志》卷八四《户書二》

［注略］於果則有李，鼠李，杏，銀杏，梅，桃，唐棣，常棣，胡桃，棗，栗，榛，梨，檖，棠，木瓜，榠樝，君遷子，椑，石榴，橘，柑，橙，櫞，枇杷，楊梅，枳椇，無花果，花椒，食茱萸，山胡椒，葡萄，蘡薁，獼猴桃，芡，茨菇。【略】於木則有松，樅，柏，圓柏，椶，櫧，楔，丹桎，屠杉，羅漢松，楸，梧桐，水桐，罌子桐，刺桐，槐，合歡，棘，皂莢，肥皂莢，檀葉，杶，樗，栲，漆，棆，樟，鈎樟，梗，枏，柳，青楊，白楊，移楊，黃楊，水黃楊，柘，奴柘，桑，檿桑，穀，白梂，赤梂，大梂，櫟，槲，楮，楧，椆，杭，楓，檍，烏臼，樺，椶櫚，枸橘，女貞，凍青，枸骨，楢，楤，檫，檟，椋。【略】竹則有南竹，桂竹，慈竹，綿竹，水竹，紫竹，四季竹，碎枝竹，輭竹，篠竹，實竹，方竹，羅漢竹，箬。【略】於鳥則有雞，雉，白鷴，金雞，鵲，山鵲，練鵲，竹雞，畫眉，黃鶯，蛇尾雀，祝鳩，鶌鳩，鳲鳩，鵻鳩，鴿，戴鵀，百舌，鳶，鸇，隼，鷹，茅鴟，鸇，鈎鵅，鴟鴞，流離，鳩軌，燕，鴂鳥，杜鵑，秧雞，鸜鵒，鶻鵃，鷓鸕，鶺

鴿，烏鴉，白脰烏，鷽，山烏，斵木，鴽，鷸，鶉，魚狗，鸍鵟，雀，黄雀，鴟鵂，鵁，春鳸，夏鳸，冬鳸，秋鳸，桑鳸，棘鳸，小啄木，宵鳥，天鸙，鹵艾，癡鳥，白頭翁，鶡旦，鴨，梟，鸍，鷺鷀，鵝，鷗，鸕鷀，頭鵁，鶃，姻澤，鷺鷥，鷚玉，白鷴，茭雞，烏鶨，鸛，鴿，章渠。於獸則有牛，水牛，馬，驢，豕，羊，犬，貓，豪豬，野豬，田豕，豺，狼，貛，虎，貙，豹，兔，白鼠，獺，猴，鼠，鼯，鼪，鼳，鼬，蝙蝠。於蟲則有【略】蜥蜴，鯪鯉，烏蛇，黄頷蛇，青蜂蛇，蝮蛇，虺，兩頭蛇，泥蛇，水蛇，螣蛇。

又卷末上《摭談一・談物》 武岡州産方竹。《州志》【略】武岡雲山綿亘蜿蜒，直接奥域。有樵迹不能到之處，上有寺院。當春和時，寺前後地産菌，特異他處，大如盤盎，厚寸許，其色白。曩者衲子伺得一枚，必先獻州牧，復伺其餘，剖分以遺士。夫産不一地，數亦無多。聞柳宜齋先生守郡時，州牧曾以此相餉。《萸水録聞》。【略】雲山菌，俗謂之芝，有重至數十觔者。雲山産藥甚多，近出山膝，堅黑甚藤縣，土參佳者抵潞産。

清 劉華邦 同治《桂東縣志》卷二《疆域志・山川》 石鼠寨，在漚菜洲東北角，高百餘丈，離城三十里，産竹鼠。故云麋鹿鷴雉叢集於中，今罕見矣。

又卷八《物産志》 果之屬：曰梅，棗，柿，梨，有青、黄二色，有查梨。栗，有板栗、尖栗、毛栗、旋栗四種。桃，有芒種桃、夏至桃、早禾桃、毛桃、糯米桃。李，有桃邊李、秧李、明李、猪血李。石榴，銀杏，楊梅，柚，柑，有大小、甘酸二種。橘，金橘，香橙，香橼，枇杷，櫻桃，菱角，藕，蓮子，落花生，苦株，杬株，柞子，慈菇。【略】木之屬：曰松，柏，杉，樟，梧桐，梓，櫧，檀，楓，槐，柳，桑，楮，其皮可爲紙，俗呼雪花皮。椿蠟，桂，椶，冬青，皂筴，山棗，桐，即油桐，子爲油。羊桐葉。竹之屬：曰猫竹，赤竹，紫竹，黄竹，箭竹，苦竹，滿心竹，水竹，麻竹。羽之屬：家畜曰鷄，鵝，鴨，鴿，來巢曰燕，野禽曰雉，梟，鷓鴣，竹雞，白鷺，黄鳥，烏鵲，鳩，鶯，鸜鵒，百舌，魚鷹，鴛鴦，鷹，隼，畫眉，紅嘴鳥，其翅五色，以重陽前時出，俗呼鴛鴦鳥。綬帶鳥，俗呼土鳳凰，身小尾長，兩兩並垂，如綬帶然。毛之屬：家畜曰牛，有黄牛、水牛。馬，騾，多買自他産。猪，羊，犬，貓，野獸曰鹿，麞，麂，兔，犀，獺，狐，虎，豹，豺，狼，野猪，猿，猴，貕猪，布狗，白尾狗，狸有黄腰狸，玉面狸，即果子狸。挖鰍狸，竹鼠。鱗之屬：【略】狗魚。狗魚能上樹，産山澗中，味極佳。介之屬：【略】穿山甲。【略】附舊志錫坑説：桂東山高水淺，物産最薄。穀之屬稻粱，而外棉花，二麥均非所宜。獸之屬，虎，兕，獐，鹿，載自舊志，亦非常有之物。

清 盛鎰源 同治《城步縣志》卷一《山川志》 赤水嶺，縣東五十里，楓木環山，秋霜如雪。

又卷一〇《物産志》 果：梅，李，桃，杏，梨，柑，橘，柚，橙，栗，石榴，楊梅，銀杏，枇杷，杬株，苦株，胡桃。【略】木：松，柏，楓，槐，楊，柳，棕，杉，桐，檀，蠟，栗。竹：南竹，桂竹，水竹，苦竹，實竹，荆竹，鳳毛竹，煙竹，白竹，湖竹，冬竹，箭簳。【略】禽：鷄，鵝，鴨，雉，燕，鸜鵒，鷺鷥，喜鵲，畫眉，鶺鴒，黄鸝，布穀，竹鷄，麻雀，杜鵑，鵪鶉。獸：豬，犬，牛，羊，虎，豹，鹿，獐，麂，野豬，獼猴，貍。

清 林葆元 同治《石門縣志》卷四《食貨志・物産》 [只録種名]果類：木瓜，林檎，柰，柿，銀杏，枇杷，石榴，胡桃，櫻桃，枳椇，葡萄，茱萸，郁李，李，桃，杏，梅，棗，橘，柚，柑，橙，梨，鹿梨，棠梨，栗，榛，櫧，橡，櫟，槲，椒，茗。木類：松，柏，檜，桂，樧，梓，楸，枏，樟，桐，楝，荆，楓，椶，楮，柞，欒，樠，椆，栗，女貞，冬青，枸骨，椿，樗，榆，楊，柳，槐，檀，桑，柘，烏臼，皂筴，梔子，木蘭，合歡，木棉。竹類：筀竹，南竹，水竹，山竹，苦竹，紫竹，白竹，斑竹，筋竹，實竹，叢竹，黄竿竹，鳳尾竹。【略】禽類：鷄，鴨，鵝，鴿，燕，雀，鸕鷀，鵲，鳫，鸛，鴞，鷹，鷂，雕，鶚，鴟鴞，慈烏，服翼，鳩，桑扈，反舌，練鵲，雉，竹雞，秧鷄，鵁鶄，鷺，魚狗，鸍，鵜鶘，鷿鷉，鸂鶒，鷗，啄木，鸜鵒，鶃，杜鵑，伯勞，姑惡，巧婦，鸎，鵪鶉，鶺鴒，畫眉，溪水發，白頭翁，木老雅，祝英臺，鷚雀。獸類：【略】虎，彪，豹，豺，狼，野豬，山羊，鹿，麋，麂，麞，麝，兔，貍，狐，貒，貛，獺，鼠，猬，猴，猨，熊，羆，鯪鯉。

清 王開運 同治《清泉縣志》卷四《貢賦志・物産》 果類二十八：【略】梅，桃，李，杬，橘，柚，橙，柑，棗，栗，梨，樝，梨，郁李，石榴，枇杷，銀杏，林禽，甘蔗，葡萄，櫻桃，荸薺，百合，金櫻子，落花生。木類三十：松，柏，檜，槐，榆，杉，楓，檀，桑，柘，樟，楝，椰，椶，椒，柞，櫧，椿，樗，槲，楊，白楊，柳，櫸柳，黄楊，皂角，冬青，即女貞，俗稱蠟樹。桐，有刺桐、水桐、岡桐各種。岡桐可榨油。柏，茶。柏油、茶油，皆供貿易。竹類十：白竹，紫竹，水竹，篁竹，苻竹，箬竹，實竹，可作杖。南竹，大者可建屋。慈竹，即子母竹，亦名觀音竹。斑竹。即湘妃竹。【略】禽類二十五：雞，竹雞，鵝，鴨，鳧，鴿，鶉，雉，鳩，鳲鳩，燕，雁，鷹，鷂，鷺，鶯，雀，鵲，烏，鵃鴣，鷓鴣，啄木，畫眉，子規，反舌。獸類十六：牛，羊，馬，豕，犬，貓，兔，鹿，麂，麞，狐，貉，獾，獺，猴，鼠。

清　徐淦　同治《醴陵縣志》卷一《輿地志·土產》　果之屬：桃，梅，焙乾爲烏梅，惟潭塘地方多，又有楊梅。李，棗，梨，柑，橘，柚，橙，栗，菱，藕，葡萄，荸薺，俗名慈菇。芡實，俗名雞頭蓮。枇杷，石榴，柿子，蓮子，落花生。【略】木之屬：杉，樟，松，柏，桑，桐，又有油桐、枯桐。檀，梓，櫧，柳，椿，楓，槐，楝，棕，柞，黃楊，白楊，皂莢，冬青，俗呼蠟樹。烏柏，俗名木子樹。化香，葉可杵和香料。竹之屬：南竹，斑竹，水竹，紫竹，黃竹，苦竹，實竹，毛竹。【略】羽之屬：雞，鴨，鵝，鴿，雉，一名野雞。燕，鶯，鷹，鴉，鵲，雀，鳩，子規，畫眉，鷓鴣，布穀，一名催耕。竹雞，洋鴨。毛之屬：牛，馬，羊，犬，豕，貓，驢，騾，豺，獺，兔，鼠，麞，麂，狸，野豬，毫豬。

清　劉華邦　同治《江華縣志》卷一《方域志·山川》　秦山，在縣南五十里，高聳深邃，人跡罕到。盛夏常有積雪，土人稱爲千年雪，中多古梅、古桂。

又卷一〇《風土志·土產》　菓之品：佛手柑，香櫞，白菓，梧桐子，竹李，蓮藕，蓮實，梅，桃，李，尖栗，毛栗，板栗，椑柿，柚，橙，柑，橘，梨，棗，枇杷，楊梅，石榴，菱角，甘蔗，林禽，芡實，落花生。【略】木之品：柏，榆，楠，杉，松，梨，櫟，株，栗，楊，槐，梓，柘，檀，櫧，椶，冬青樹，黃心樹，紅榿木。竹之品：苦竹，蔑竹，白竹，燕竹，箭竹，斑竹，鳳尾竹，觀音竹，荞竹，大石竹，紫竹，方竹，篁竹，筴竹。【略】羽之屬：錦鷄，白鷴，鴛鴦，黃鸝，竹鷄，鵪鶉，鷓鴣，斑鳩，鷺鷥，烏鴉，山鵰，喜鵲，子規，畫眉，啄木，野鷄，麻雀，合鴿，水鷄，八哥，水鴨，黃鶯，鷂，鷹，鷓鴣，百舌，白頭翁，燕。毛之屬：虎，豹，熊，豺，野猪，豪猪，野牛，兔，鹿，麞，麂，山羊，竹鼠，穿山甲，猴猿，獺，狸，貓，山狗，山猫。

清　陳玉祥　同治《祁陽縣志》卷四《山川志》　瑞竹山，縣西郭外半里白竹湖右，岡巒綿亘，爲邑右屏蔽，上產美箭，故名。【略】花山，縣南八里，有石泉庵，春多野花異卉，人不能識。【略】齊祝山，縣東七十里，其山多異竹。【略】苦竹山，縣東百里，山多苦竹。【略】竹嶺，縣東六十里。山產筱竹，蒼翠無間，深林密徑，人行緑陰，蕭瑟中梵唄魚響，偏於山壑，往往嵌庵石間，俗稱小南嶽。

又卷七《寺觀志》　金紫觀，縣南三十里，雲臺山之巔。舊志載一峰危峙，湘江之南，爲邑下障。古木森秀，四時常青。

清　符爲霖　同治《龍山縣志》卷一二《物產志》　果屬[注略]：胡桃，梨，栗，臙脂李，柑，橘紅，蜜欏，甘蔗，並頭連，萬壽菊，素心蘭，夢花，美人蕉。【略】木屬[注略]：羅漢松，紅稠木，香柟木，夜光木，樟木，黃楊木，陰沈木。竹屬[注略]：鳳尾竹，柟竹，斑竹，羅漢竹。【略】羽屬[注略]：翡翠，鸜鵒，竹鷄，綬帶鳥，畫眉，錦雞，吐綬雞。毛屬[注略]：麝，玉面貍，烏金獺，黃狐，飛虎，豹，豺，熊，毫豬，山羊，麂，兔，蛟。豹、豺之能食人，無論已。若熊豬之類食人之食，使窮苦編氓無以爲生，其害等也。雖其爪牙皮肉或有裨生人之食用，然利與害之相越實遠矣。至於蛟之出，山裂川溢爲患更巨，縱不常有，抑宜預爲防之。今彙諸物而附記焉，明察之，官設法殄殲之，是亦除害之一端也。且夫虎渡河，蝗不入境，登斯上理，豈獨古之人能然耶噫！

清　梁葆頤　同治《茶陵縣志》卷七《食貨志·物產》　果之屬：桃，李，棗，栗，銀杏，梨，柿，石榴，桑椹，香櫞，葡萄，梅，苦株，杬株，落花生，菱，芡，橘，橙。竹木之屬：南竹，苦竹，紫竹，黃竹，筀竹，松，柏，杉，樟，櫧，桐，楓，槐，柳，椿，桑，梓，檀，柞，楮，一名穀。冬青，椶櫚，白楊，黃荆，皂莢，檮，樠，櫟，茶，烏柏。【略】羽毛之屬：鵝，雞，鴨，雉，鵲，鴿，鳩，鴉，鷺，鷓鴣，鶯，燕，爵，麻雀。翡翠，啄木，畫眉，布穀，雁，禾雞，相風鳥，牛，羊，豕，馬，犬，猫，獐，麂，兔，鹿，貍，狐，獺，犴，野猪。

清　彭玉麟　同治《衡陽縣志》卷九《山水志·承水》　側有柳坪，平廣一頃。明嘉靖時，居民種柳數百株，今猶存百餘。樹皆十數圍，穠蔭有加，而生意不盡。若乃飛綿春暮，照影谿潭，流鶯雛燕，有悅幽聽。

清　關培鈞　同治《新化縣志》卷一九《物志一·忠義》　[終南山]其地衺延千數百里，深崖密箐，虯松喬柏。漢唐以來，歷供樵採，名曰老林。

又卷二一《人物志·宦蹟》　白水，在南山之麓。崇林密箐，綿亘千里。漢唐以來，未經開闢，所謂老林也。

清 周來賀 同治《桑植縣志》卷二《風土志·土產》 果屬：梅，縣西南七里有梅子溪。棗，縣東四十里有棗兒埡。栗，橙，縣北九十里有橙子界。白果，文教里有白果埡。柿。邑之上下二峝，舊名柿溪。【略】木屬：楠，有白楠，有香楠。伐置山谷間，俟山水發，始順流下。然空灌蛀裂者多，良材難得。黃楊，有水、旱二種，水者無用，旱者取爲盤匜，色似象牙，可愛。松，楓，杉，桑，楊，桐，榆，柳。竹屬：苦竹，筍味苦。縣西南十里有苦竹河，依仁里。有苦竹坪、苦竹匣。

白竹，依仁里有白竹溪，又曰白竹坪。羊竹。太平里有羊竹溪。【略】禽屬：杜宇，一名子規，俗呼陽雀。李供奉詩云：楊花落盡子規啼。邑杜鵑鳴最早，不待楊花發後也。苦鳥，一名姑惡。諺云：苦鳥所集，其家不吉。故無捕者。黃鶯，金雞，一名錦雞。野雞，即雉也。雞，鵝，鴨，鴉，鵲。獸屬：飛虎，狀如蝙蝠，重十餘觔，紫毛。生深林中，能飛。

山牛，内半縣有之。岐角，雌者無角。眉目間有孔，深尺許，俗呼爲夜光眼。其皮可爲寢席，夏涼冬溫。筋肉俱可食。虎，豹，改土初頗多，今内半縣間有之。麂，似鹿而小，無角。鹿，麝，一名香獐。猿，居巖洞中，善竊，赤溪尤多。水獺，善捕魚，縣東有水獺舖，又永康里有墨獺溪。山羊，縣東有山羊隘，北有山羊溪。犀牛。縣東二十里有犀牛潭。

清 唐榮邦 同治《酃縣志》卷四《炎陵·雜説》 陵間舊產綬文雞，即鷊也，項有嗉囊，内藏肉，綬如幅錦，采色煥爛可愛。頭上兩翠角一寸許，俗呼角雞。又有白鷴，形似山雞，白質黑章，尾長三四尺，距觜純丹，《爾雅》所釋白鵫也。《炎陵初志》。【略】炎陵昔多鹿，且曾產一白鹿，故其地稱白鹿原。祭陵亦每設鹿俎。後居民漸密，鹿漸少，猶循例，必獵致之。今則絶跡矣。遇國家慶典告祭之年，近陵諸山，必早有麞麂族類出於其間，獵者遂預知天朝遣官祭陵也，如鹿脯、鹿醢，即以麞麂代之。《課農雜記》。

又卷七《户口志·物產》 果之屬：栗，有板栗、尖栗、毛栗。棗，梅，杏，桃，有二種。李，柿，梨，橘，柑，有三種。柚，橙，葡萄，枇杷，銀杏，落花生，石榴，楊梅，慈菇，菱。竹之屬：南竹，黃竹，紫竹，鳳竹，實竹，其筍味甚佳。猫竹，苦竹，箭竹，慈竹，俗名觀音竹。烟竹。木之屬：松，柏，楠，杉，楓，株，椿，楊，柳，槐，柘，棕，椳，桑，櫟，小者爲檞。柞，樟，茶，檀，冬青，土名蠟樹。梓，漆，皂角，梧桐。【略】毛之屬：牛，馬，豕，犬，猫，虎，豹，豺，麞，麂，鹿，羊，兔，狸，猴，獺，產甚少。箭豬，野豬，土貐，熊。羽之屬：雞，鵝，鴨，鵲，子規，俗名陽鳥。鷹，禾鷄，竹雞，白鷴，鷓鴣，鴿，翠鳥，水鴨，白鷺，班鳩，布穀，烏鴉，蠟鳥，畫眉，麻雀，鸕鷀，燕，雁，雉，土名野鷄。啄木，鶺鴒，泥鴨。

清 孫炳煜 光緒《會同縣志》卷三《食貨志·物產》 果類：桃，李，石榴，棗，梨，柑，橘，杏，枇杷，胡桃，栗，梅，橙，柿，楊梅。竹類：白竹，水竹，楠竹，管竹，綿竹，篁竹，茅竹，紫竹，桃竹，實竹。木類：松，柏，杉，楓，槐，桐，梓，桑，楊柳，冬青，椿，桂，樟，白楊，栗，椶，檀，櫟，榛，楮，木犀，黃紫。【略】禽類：雞，鵝，鴨，鵲，鴉，雉，燕，鳩，麻雀，布穀，竹雞，畫眉，鷓鴣，鶯，錦雞，鴟梟，翡翠，鴈，鷹，鷂，鶺鴒，白鷺，鵁鶄，百舌。獸類：牛，馬，猪羊，犬，驢，猫，獐，兔，狐，貉，穿山甲，山豕，麝狸，猴，黃鼠，白面狸。

又卷一三《形勝志·古蹟》 杉木坳，在城南五十里木一里空房坪。二杉對峙，可三合抱，青蒼挺特，行者恒憩於其下，數百年之物也。【略】水二里檀木灣村外有樟樹，枝幹甚大，蔭覆甚遠，羣呼爲鴨婆樹。相傳有二鴨時集樹上，數十年間隱見無常，遂以得名。

清 嵇有慶 光緒《零陵縣志》卷一《地輿志·山》 石門嶺，宗績辰《府志》云：縣東五十里有石門嶺，嶺倚天表上。有雙石門如城壁，又有巨石如樓閣，羚羊、麋鹿常往來其中。【略】杉木嶺，接道州界，杉木隱蔽天日。《方輿記要》。《一統志》作接甯遠界。

又《物產》 果類三十一：西瓜，桃，桃之異者。有人面桃、扁桃、邊桃、邊李。李，銀杏，櫻桃，梅，枇杷，梅子，林檎，梨，棗，酸棗，栗，柿，柑，橙，橘，無花果，即優曇鉢華。木瓜，葡萄，半春子，俗名羊嬭子。蓮藕，菱，荸薺，甘蔗，落花生，涼秫，烈甘露，即蕉實，味甘可食。榧，榴。木類四十一：松，柏，檜，槐，榆，楓，檀，桑，柘，樟，楝，杉，柳，櫸柳，俗名鬼柳。黃楊，皂角，棘，椋，櫆，冬青，灌，俗名黃林芽。茾，芽可爲虀，舊志謂之楷芽。羅漢松，栟，櫟，楷，椿，櫨，樠，椆，梓，鐵力木，荆，梧桐，靈壽木，可爲杖，俗名椐木。桐，茶，柏，椶，椒，柞。竹類十八：瀟湘竹，苦竹，毛竹，南竹，觀音竹，即實心竹。壽竹，釣竹，棉竹，即筤竹。卉竹，即箸竹，葉長尺許。方竹，紫竹，篔竹，笙竹，篇竹，箭竹，椶竹，扁竹，豹竹。即斑竹。【略】禽類四十一：雁，鸛，燕，鷹，鷂，鷓鴣，鸚鵡，竹鷄，雉，錦鷄，鴛鴦，鶺鴒，鳩，布穀，子規，黃鸝，桑扈，鷺鷥，梟，鴿，鵪鶉，鵲，練鵲，鷂，鸜鵒，反舌，翠，俗曰翠鳥。鳶，畫眉，桐花鳳，鸕鷀，啄木，鴞，鷄，鵝，鴨，洋鴨，西鴨。獸類二十九：虎，豹，豺，狼，俗名武當虎。鹿，麞，麂，兔，牛，榛牛、水牛二種。榛牛即今黃牛。犬，狐，羊，山羊，狸，俗曰果子狸。馬，豕，野猪，貓，野貓，貉，俗名貛。獺，黃鼠狼，猴，鼠，毫猪，鼫鼠，猥，騾，驢。鱗類三十五：【略】鯪鯉，即穿山甲。蜥蜴，俗名狗婁蛇。守宫，俗名壁虎。白花蛇，青竹標，烏稍蛇，草魚蛇，菜花蛇，雞公蛇，棒頭蛇，鎗鍬鱉，水蛇。

清　黃心菊　光緒《東安縣志》卷八《山水志》　小陽水，東南流經玉陛源。北山饒黃葛，常供采煮。明嘉靖中，山民深入一山，見葛節蔓延而皆無葉，方興疑怪。忽遇暴雨，俄見壑卧黑蛇，噓氣成雨，旋投葛蔓而去，葉靡如捋。自此箐林幽谷，莫敢孤行。

清　黃文琛　光緒《邵陽縣志》卷六《食貨志》　縣地瘠，不産珍異。【略】木有枏、杉，又有貓竹、方竹、實竹。

清　李鏡蓉　光緒《道州志》卷一〇《風土志・土産》　果子屬：梅子，李子，桃子，梨子，棗子，松子，蓮子，瓜子，柑子，柿子，橘子，栗子，香櫞，荸薺，蒲萄，梧實，胡桃，花生，楊梅，菱角，銀杏，茨實，桑椹，茨菇，櫻桃，百果，枇杷，藕，大栗，毛栗。木之屬：松，柏，杉，桑，柞，桐，茶，槐，梓，檀，椆，樟，椶，楓，楝，蠟，柳，柘，楊，椳，株，水桐木，櫟，枏，樗，栗，棗，梅，李，桃，梧，柏。竹之屬：紫竹，水竹，南竹，佳竹，苦竹，方竹，洞竹，斑竹，白竹，椶竹，蘆竹，箭竹，觀音竹，皮竹，淚竹。【略】羽之屬：雁，鶯，燕，鶖，鷗，鶪，梟，雉，鶡，鷂，鴒，鶖，鴨，鷄，鴉，鴞，雀，鳶，布穀，斑鳩，啄木，鷺鷥，鸕鷀，畫眉，百舌，鷓鴣，竹鷄，子規，鶺鴒，魚鷹，竹鳳，錦鷄，八哥，寒鷄，白頭翁，油葫蘆，烏春子。毛之屬：馬，騾，驢，羊，豕，犬，猫，虎，豹，狐，鹿，獐，麂，貛，猴，鼠，獺，兔，貍，野牛，野猪，黃牛，水牛，毫猪，山羊。

清　孫炳煜　光緒《華容縣志》卷四《食貨志・物産》　果之屬：梨，橘，桃，李，杏，柑，柿，石榴，葡萄，栗，梅，羊桃，櫻桃。【略】木之屬：松，柏，槐，桑，楓，杉，柘，梧桐，楊柳，栗，樟。【略】羽之屬：鶉，産禹山。雉，鵲，鳩，倉庚，杜鵑，燕，鷗，鷺，雁，梟，鶪。毛之屬：虎，麞、麂，兔，狐，猴。《潛確類書》、《輿地紀勝》云：玉猴山在華容界，山産猢猻。今官山亦傳有猴窩。

清　汴寶第　光緒《湖南通志》卷一四《地理志・山川》　梓木山，在［攸縣］縣東北百二十里，多産梓木。

又卷一六《地理志・山川》　巾紫峰，在［衡山］縣西二里，山無林木，多杜鵑花，狀若紫巾。【略】弛馬嶺，在［衡山］縣西十里，路通湘鄉，山多苦竹，林深泥滑，馬艱於行，故名。【略】彌陀峰，在衡山左東北，有巖虚險而暗，古木怪藤蔭蔽其間。【略】萱洲，在［衡山］縣南四十里，又觀湘洲在縣北十里，湘水中泝流南向，上有文峰塔及書院，僧寮竹樹陰森，爲一邑之勝。

又卷一七《地理志・山川》　大松山，在［安仁］縣東南三十里，舊多喬松。【略】龍源山，在［耒陽］縣南五十里，峰迴嶂合，古木蓊翳，一逕入微，有泉從怪石湧出。【略】石羊山，在［常寧］縣南六十里。又環秀山，在縣北五里，一名樟木嶺。栖霞山，在縣北三十里，多松柏。【略】紫衣巖，在［常寧］縣西三十里，奇峰矗立，上傠雲霄，游者攀緣竹樹乃得至。其巔古木虬偃，藤蘿交蔭，遠眺東南，諸山若拱若揖。

又卷一八《地理志・山川》　香零山，在［零陵］縣東四里，在縣東瀟水中。山中所産草木，當春皆有香氣。山産香草，唐世上供。郡人苦之，刺史韋宙奏罷。【略】杉木嶺，在［零陵］縣東百里，接甯遠縣界，上多杉木。【略】紅玉洞，在［零陵］縣南四十里，洞上松杉排列如畫。【略】龍山，在［祁陽］縣城内，中峰最爲竦傑。相屬者爲小東山，有茂林修竹。苦竹山，在縣東百里，山多苦竹。【略】竹嶺，在［祁陽］縣東六十里，山産篠竹，峻壁四周，蒼翠無間。

又卷一九《地理志・山川》　黃連山，在［寧遠］縣北二十里，多黃連木，有巖窈密中通。【略】桂嶺，在［寧遠］縣西南四十里，古多丹桂，因爲鄉名。桂水出焉。西又有梅嶺，舊多梅花，爲梅水所出。【略】高士巖，在［寧遠］縣東南。《一統志》巖在舜祠之西，一名嘯父巖。宋邱欽若改名高士，《明統志》舊名野豬巖。唐時有獵者見羣豕，逐入巖不見。【略】銅嶺，在［永明］縣東南。又黃甲嶺，在縣東南二十里，本名寒柏町，青石蒼崖，松篁夾道。【略】青山，在縣南六十里，其最高者曰天門砦，竹木蓊鬱，四時常青。

又卷二〇《地理志・山川》　枏木山，在［城步］縣東南十里，山産枏木。【略】赤木嶺，在［城步］縣東五十里，多楓，經霜如繪。蓮河山，在縣西北四十里，四面峻闊，中多茂林深樹，險阻幽深。【略】金華山，在［邵陽］縣東南百三十里，高百仞，巉峻嵌空，林木蓊鬱。文竹山，在縣東南五十里，一名扶陽山。邵陵高平縣有文竹山，上有石牀方高一丈，四面緑竹扶疏，常隨風委拂此牀。七里花山，在縣北五十里，上多古木異卉。

又卷二一《地理志·山川》 艑山，在［巴陵］縣南五里。艑山多篪竹。【略】金鶚山，在［巴陵］縣南二里，相傳有異鳥飛集於山，其色如金。

又卷二二《地理志·山川》 黄湖山，在［華容］縣東，下臨華容，河産薇、蕨，多雉、兔。【略】桃花山，在［華容］縣東五十里，延袤數十里，甚高峻。有水碓，可造紙，産蘭茝、杜蘅等藥草。【略】金竹山，在［臨湘］縣東三十里，上有小竹，枝榦純黄，遇冬愈鮮潤，色類金，相傳神人所種。【略】梧桐山，在［平江］縣北十五里，舊多梧桐，上有龍泉可禱雩。相接者爲黄蘗山，峰巒秀特，産黄蘗。【略】岱華山，在縣西八十里，高數百丈，盤據三十餘里，多桃花。【略】太平山，在縣西二十里，四山環合，崤峰如削，旁有井澗清洌不涸。山産石菖蒲、黄精之屬。

又卷二三《地理志·山川》 鹿山，在［武陵］縣西三十里，下有鹿穴。山在高吾山後。宋武陵溪人射鹿，逐入石穴，見有梯，因上，豁然開朗，桑果靄茂，乃以桃樹記之。其後尋訪，莫知所在。【略】鼇山，在［武陵］縣北七十里，一名虎齒山。山形如虎齒，民常六月祭之，不然輒有虎害。

又卷二五《地理志·山川》 白鶩山，在［桂陽］縣南二十里，上有萬年松、檜。【略】金紫巖，在［永興］縣東四十里，高數十丈，上産金紫藤，有異香。【略】桄榔山，在［宜章］縣東一里，舊産桄榔樹，上多奇石。

又卷二六《地理志·山川》 艮山，在［靖州］州西十五里，多古柏、怪石。

又卷六〇《食貨志·物産·總紀》 欅木，生湖南者甚多。【略】丁謂爲玉清昭應修宫使，有潭、衡、道、永、鼎之梌、楠、櫧，永、澧之槻、樟，潭之杉，衡州之碧石。《容齋三筆》【略】湖南石楠甚多。《本草衍義》【略】南中生子母竹，今之慈竹也。《述異記》湖南人冬月掘大竹，根下未出土者爲冬筍，《東觀漢記》謂之苞筍，並可鮮食，爲珍品。《本草集解》徑尺竹，可爲甑，出湖湘。《竹譜》昔人稱交廣曰竹鄉，衡湘壤接，殆未多遜，種類之繁，不止《竹譜》中各處所産已也。俗所通用者，自屋宇以至器具，無不取給，名曰南竹。大者圓徑四五寸，小徑二三寸，深山中有極大者，嘗見山家及寺觀内，截之爲盥盤飯棊，用久光澤動目。《瀟湘聽雨録》君遷子，生湖南，樹高丈餘，子中有汁，如乳汁，甜美。《淵鑒類函》：【略】瀟湘有橘鄉，洞庭有橘社。【略】湖南鼠李甚多。《本草衍義》枇杷，不著所出州土，今湖南北皆有之。《圖經本草》櫻桃，湖南諸郡間有之。《湖湘清話》。唐韓偓《湖南絶少含桃，偶有人以新摘見惠，感事傷懷，因成四韻》：時節雖同氣候殊，不知堪薦寢園無；合充鳳食留三島，誰許鶯偷過五湖；苦筍恐難同象匕，酪漿無復瑩蠙珠；金鑾歲歲長宣賜，忍淚看天憶帝都。【略】公藤，寄生石間，蔓延木上，湖南諸大山有之。通草藤，生蔓大如指，一枝五葉，今湖南州郡有之。《圖經本草》五加皮，五葉者良。今湖南州郡皆有之。《本草集解》杜仲，産湖廣湖南者良。《本草衍義》

清 余良棟 光緒《桃源縣志》卷一《疆域志·土産》 果［注略］：梅，杏，山樆，梨。甘棠，棠梨。李。桃。栗。栭謂之栵，栵謂之芧。芧，芧栗也。椇杷，大栗如鷄子。槲，橡栗。冬榮者櫧栗。棗。棘實。橘。按：橘之類有柑，有橙，有柚，有枳，有香櫞，有金橘。郭璞云：柚，似橙而大如橘，橘實小而皮辛苦，皆爲柑也。韓彦直《橘録》：柑别種凡有八，而乳柑推第一。《周禮·考工記》：橘踰淮而化爲枳。《南方草木狀》：枸櫞子，肉甚厚，白如蘆菔。女工競雕花草，漬以蜂蜜。亦名香櫞。《羣芳譜》：金橘，一名盧橘。柹。君遷，牛奶柹。枇杷，楔，櫻桃。楊梅，平仲。銀杏。林檎。花紅。鐵腳梨。木瓜。石榴。

又 木草［注略］：桑，柘【略】松，檜，樅，梓，楸，榎，槐，守宫槐，合歡，柀，煔，杶，椅椿，桐，楓，檀，樟，柞，穀楮，柳，楊，榆，女貞，蠟樹，蒲葵，椶櫚，楂，苦楝，皂莢，根【略】。

又 獸禽［注略］：牛，馬，羊，豕，犬，貓，虎，豹，鹿，麂，麞，鼠，鼯，豺，狼，野豬，豪豬，狗獾，兔獺，貍，猨，蝟，狐，雞，雉，鴨，梟，鵝，雁，雀，鷽，脊令，鳸，子嶲，鳦，畫眉，鵲，鳩，祝鳩，鳲鳩，鶻鳩，睢鳩，鴿，戴鵀，鵪鶉，鷓鴣，百舌，烏，鴝鵒，鵙，翠鷸，鵜鶘，鴟鴞，鴞，鵂鶹，鷴，白頭翁，鴷斲木，叫天，鴛鴦，鷺，鸕鶿，鸂鶒，鷂，鷹，鵠，魚鷹鶚，鬼車。

清 上官廉 光緒《邵陽縣鄉土志》卷四《地理志·物産》 動物之

類：毛族有牛，馬，羊，豕，犬，貓，麋，鹿，虎，豹，豺，狼，麞，麂，兔，鼠，狐，貍，貙，獺，猿，熊各物。牛分水牛、黄牛，水牛能浮水，能負重，能犁泥深田。黄牛，但可以耕輕淺之田，耕田以牛爲最急最重，近各處困於宰殺、偷竊，值頗翔貴。馬，不多産。閒亦有産騾者，騾一作驘，短鬣長耳，牡而壯者俗呼駒子。羊，分黑、白二種，邑並山羊，許慎《説文》所謂細角似兔而大者也。豕，畜於家者曰家彘，長於野者曰野豬，野豬狀類家彘，喙長多力。一種豪豬，鬣如筆管，偏體有刺。一種田豬，大如兔。一種土豬，居土穴，無大者。犬分家犬、獵犬。獵犬輕捷，能逐走獸。近時城市頗蓄低小洋犬。貓，善捕鼠，狀似虎，與他處同。麋，本鹿之大者。一種類黄牯，腹大頭長，尾如圓球，俗曰野牛。鹿，身有斑點，叢山密林間一值之。虎，大者爲彪，頗不常見。豹，似虎，形較小，多圓斑文。有一種小者，俗稱雞豹。豺，故狼屬，性善噬，俗曰豺狗。狼，似狗而大，土人取以爲裘。則一種黄黑色者，其名曰貛。麞，亦作獐，首有白花紋，取爲腊，味最佳。好緣木，食果，俗稱白面狸，亦曰果子狸。麂，似麞而小，黑黄色。一種純黑，俗呼烏獐。貙，似狸，俗呼烏爪虎。狐，即野狗，歲久尾有白毬。獺，一名水狗，蒼黑色。一種山獺，毛軟，毳純黑如黍，俗名紫獺。兔，穴居，畜於家，與他處同。鼠，善齧物，自常鼠外，有田鼠，春化爲鴽。有竹鼠，一名竹鼬，往來竹杪，絶迹飛行。有山産黄鼠，烏尾，好食蛇，頴可爲筆。猨，即猿，俗曰獮猴，邑不常有。熊，有狗熊、馬熊，龍山一帶有之，人能絶少。

又 羽族有雞，鴨，鵝，鵠，鴿，雀，鳩，鵲，鶯，燕，鴟，鴞，鷹，鷂，脊令，杜鵑，鵓鴿，鷓鴣，百舌，畫眉，鵪鶉，戴勝，鷺鷥，鸕鷀，鵯鵊，綬帶，鴷，烏，鵂鶹，鴛鴦，魚虎，蝙蝠各物。鷄，大小毛色不一等，絨毛者俗呼太和鷄，毛反上者俗呼翻毛雞。一種秧雞，秧生始有。一種禾雞，獲采時人逐之，或但藏其頭。鴨，分家鴨、野鴨、洋鴨。洋鴨有冠，頗肥大，邑中畜之尚少。野鴨，即鶩，羽白，喜沈。一種曰鷖，色蒼黑，喜浮，此即鷗。鵝，係鴈之大者，野曰雁，家曰鴈，二字有别。鵠，大於雁，其色白，一名天鵝。鴿，狀類鵓鴣，亦名鵓鴿。雀，依人小鳥，俗呼麻雀，别種稍大食麥，俗曰麥啄子。鳩，一名布穀，有數種。斑鳩，亦其一也。鵲，本作舄，能知太歲所在，今呼喜鵲，亦名乾鵲。一種山鵲，長尾赤喙，食蛇，俗曰蛇鵲。一種出没溪澗中，尾長而白，俗呼拖白練。鶯，即鸝，一名倉庚，又曰搏黍，又曰黄離留。燕，即鳦，亦名元鳥，一種紫頷，一種純青。鴟，雁屬。鴞，惡鳥，晝伏夜出，所鳴其家有禍，此即鵬鳥之類。鴞，似斑鳩而緑。鵬，似鴞而黑。鷹，即䧹，喜攫飛鳥、稗雞爲食。鷂，多赤鷂，尤善搏擊。脊令，《爾雅》一名雝渠，俗呼瓦灰鳥，亦稱蕩水鳥，飛則鳴，行則摇。杜鵑，一名杜宇，一曰子嶲，一作子規，俗又呼陽雀。鵓鴿，即八哥，亦曰八八，能言語。鷓鴣，類斑鳩，一名懷南，其鳴自呼云：鉤輈格磔，行不得也。哥哥，百舌，反舌也，似百勞而小。畫眉，眼角有白眉如畫，故名，多慧，善鳴，好鬭。鵪鶉，《説文》：鵪，鶉屬，本二鳥，今統名鵪鶉，棲有常匹，不越橫草。戴勝，即戴鵀，似山鵲，毛冠俱有文飾。鷺鷥，一名春鉏，一種色枯，俗呼蓑衣翁。鸕鷀，其喙似鍼，俗呼水老鴉。一種差小，曰鵁鶄，或謂之交精。鵯鵊，催明鳥，俗呼鐵夾子。綬帶鳥，尾長尺許，大如燕，紅毛者雄，白毛者雌。鴷，俗曰啄木，斑者雄，褐者雌。烏，孝鳥，《爾雅》注：純黑反哺者烏，腹下白不反哺者鴉。今統名烏鴉。鵂鶹，一名訓狐，今謂之鬼車，或云即《説文》之梟，不孝鳥也。鴛鴦，飛止相匹。别種鸂鶒，俗謂之紫鴛鴦。魚虎，食魚，翠色。翡翠，雄赤曰翡，雌青曰翠，即所謂鷸，大小二種，皆可爲飾。蝙蝠，鼠形肉翅，俗名檐蝠，或稱檐飛鼠，又一種出石洞中，形尤大。

又 植物之類：樹屬有松，柏，檜，櫻，樧，樟，槐，檀，椆，楓，杶，樗，榆，柳，桐，梓，桑，柘，桼，穀，柞，楝，椋，杬，黄楊，黄櫟，烏柏，山楂，女貞，栟櫚，皂莢，赤楝，桎木，魚桂，木棉各物。松，縣最多，入水經久不朽，惟陸地受風鋸爲料頗易招蟻。别種曰羅漢松。千年松、水松皆盆養，自外移置。柏，陰木也，葉皆側生，有香柏、刺柏之異。檜，《説文》云：樅，松葉柏身；檜，柏葉松身。櫻，似松，有刺，俗曰松杉。樧，俗作杉，亦謂之杉木。一種葉不刺手，名香杉。樟，豫章木也。二木生七年，乃可分别。豫者，枕木；章者，樟木。槐，有青、黄、白、黑諸種，縣所産實堅葉小。檀，木質極彊韌。椆，分紅、白二種，質堅重，經冬不凋。楓，一名欇欇，厚葉弱枝，善摇。一種雞楓，狀如雞形，歲久則生癭。杶，俗作椿，《説文》一作櫄，或名虎目，葉香，可食。樗，椿、樗二木相似，樗木疏，椿木實，椿葉香，樗葉臭。榆，《廣雅》：山榆，毋姑也。其白者曰枌。柳，《本草》：枝揚者謂之楊，弱而垂者謂之柳。楊有青楊、緑楊、白楊、紅楊諸種。别種赤莖，俗呼觀音柳。桐，與梧别。一種刺桐，材中琴瑟。一種青桐，子可食。一種罌子桐，子可取油。別種水桐，則質極輕脆。梓，楸屬，疏理白色者梓，別種俗名牛筋樹。桑，葉可飼蠶，結實爲椹，可食，邑尚鮮獲其利。柘，其葉亦可飼蠶。桼，似椿，刓皮取汁，可髹器物，隆回都頗多。穀，楮也，皮可爲紙，俗曰皮葉樹。柞，最堅韌，新葉將生，故葉方落。楝，似槐，葉大，子能殺蟲。椋，俗呼膏子樹，葉似柿，以其實浸水，可膏物。杬，魚毒也，皮厚，取而乾之色赤；煎汁，藏衆果，不壞。黄楊，質小而堅，俗謂閏年不長，其別種曰羅楊。黄櫟，實可食。一種黄栗，質堅，有實，味澀，不可食，與櫟別。烏柏，《説文》作桕，俗呼木子樹，子可取油，鳥喜食之。山楂，葉類茗，取油與烏桕同，楂尤良。別一種，有花無實。女貞，一名冬青，俗呼蠟樹，結實圓小，深紅色。栟櫚，即椶，可作雨衣，可爲繩。皂莢，有刺，實如刀豆，去油膩，一名雞棲子。赤楝，似柞，叢生，葉鋭而歧，文理錯戾，俗呼牛楝木。椌木，質幹拳曲而堅，葉小，花有紅、白二色。魚桂，葉香美，用以烹魚，甚佳。木棉，精好者謂之吉貝，出自林邑國，今内地所植，別係一種。

又 果屬有梅，杏，桃，李，棗，梨，柿，栗，橘，柚，柑，橙，石榴，枇杷，林檎，木瓜，蒲萄，蓮實，慈姑，無花果，落花生各物。梅，似杏，實酢。別有楊梅，如桑實而大，有核，種分紅、白，白者尤佳。杏，似梅子差小。別有銀杏，即《本草》白果，一名鴨脚子。桃，有數種，分紅、白二色。別種櫻桃、核桃。櫻桃，亦名金桃，色紅似瓔珞。核桃，亦曰胡桃，狀如雞心而大，邑不多。有李，皮青者早熟，紫赤者先後不齊。別種實如櫻桃，名曰薁李。棗，分大、小二種，小棗叢生，亦曰樲棘。梨，有紫、白數種，熟最遲者白梨，味甘而酢，亦曰雪梨。別有棠梨，實如小楝子，可食。柿，有大、小二種，小者名丁香柿。栗，大者曰板栗，小者茅栗，一種實鋭曰錐栗，亦曰旋栗。橘，小者曰金錢橘，初生色青，亦名盧橘。又有牛乳橘。橘類之最大者則曰香櫞。柚似橘，實酢。柑，似橘而大，俗名橘紅。又一種藤本，生十二月熟。別種曰佛手柑，亦可漬食。橙，樹似橘，有刺，實似柚而香，心紅白不一。石榴，種出安石國，盆養亦有花實。枇杷，冬花，春實，夏熟。林檎，一名來禽，俗曰花紅。木瓜，木本曰香木瓜。入藥品一種藤本，實如稱錘，以其子擣汁，入水成膠。一種無子，不可食。蒲萄，一名馬乳，種出大宛。蓮實，分紅、白二種。慈姑，一作茨菇，一名葧薺，亦有野生者。無花果，狀如小梨，亦謂之木饅頭，佛書謂之優曇鉢。落花生，根自花出，入土即生。

又 竹屬有南竹，淡竹，筆竹，綿竹，苦竹，紫竹，斑竹，箬竹，方竹，觀音竹，月月竹，實心竹各物。南竹，俗曰茴竹，竹之大者，其用甚廣。淡竹，一曰水竹，叢生細密，入藥品。筆竹，俗作桂竹。綿竹，俗呼皮竹。筒竹，又名鳳尾竹，質薄而韌，可爲舟纜。苦竹，節長尺許，初生味苦。紫竹，黯色黝然，可爲籥管，今俗稱黑竹。斑竹，有黑點，俗呼麻竹。箬竹，即箭篁竹，其葉可作船篷、雨笠，細小者筆工取以爲管。方竹，四方有稜，大者可杖。觀音竹，形細小而卑。月月竹，四時並生。實心竹，中不虛者。他如南天竹，多盆養之，謂可避火，結實如珊瑚，本非竹類。

清 金蓉鏡 光緒《靖州鄉土志》卷三《物産志·動物·禽之屬》

[注略]雀二，曰麻雀，羽毛斑褐，喙黑色，瓜距黄白色，尾長寸許，躍而不步，常在簷瓦庭院之間；曰山麻雀，形同麻雀而差小，棲宿山林，冬雪則集庭除。燕二，曰胡燕，大於雀而形長，尾歧，色斑黑，善作巢，寄居人家梁上，春來秋去；曰越燕，紫胸而輕小。鵲，又名喜鵲，尖嘴長尾，上下飛鳴，毛色黑質而白文，腹下皆白。蛇鵲，又名長尾鵲，狀如鵲而烏色，有文采，喙足皆赤，尾長約一尺，能食蛇。似喜鳥，土名猪屎鳥，又名季季鳥，又名釘釘鳥，似喜鵲而小，喙尖，尾長，色黑，翅有白毛，食糞中蛆。鴉三，曰烏鴉，土名黑老鴉，喙大身長，其色烏；曰白頸老鴉，土名間頸老鴉，形體較大項有白圈；曰山老鴉，小而赤喙，聲亦較小。鳩二，曰斑鳩，土名筍殼斑鳩，頭圓，喙尖，身肥，色澤灰色帶赤，有斑點如梨花；曰火斑鳩，小於筍殼斑鳩，色烏如柴炭，無斑點。鴿，狀似鳩，有黑、白、皂、雀班各色，其目有黄、赤、緑各色。鷹，又名巖鷹，色烏黑，頭大，喙曲，爪利，翼健，飛高顧盼，作勢回旋，見可搏擊之物，則突下如風馳。鷂，似鷹而小，其大如鳩，其色淡黑，直上直下，比鷹更捷。猫股鳥，大如鷹，黄黑斑色，頭目如猫，有兩耳，能鳴，諸般聲音所至，多不祥。黄鸎，土名黄栗落，大於畫眉，色黄而帶黧，光澤奪目，黑眉，尖嘴，青脚，其音流利。畫眉，似鸎而小，色黧黄，眼眶毛白，善鳴，畜之可令鬬搏。白頭翁，土名白眼畫眉，比畫眉差小，眼眶白毛較多而長，而聲音遜之，毛色黄。鶉，大如雞雛，頭細而無尾，毛黄褐有斑點，宿田野叢莽中，夜則羣飛，畜之可令鬬搏，但性畏寒，不能過冬。鵪，土名黄鶉子，又名黄鑽子，似鶉而差短，喙較長，毛黄

無斑，不善鬭搏。八哥二，曰八哥，身首俱黑，兩翼下有白點，其舌如人舌，取雛翦去舌端，能作人言，頭上有幘，間有無幘者；曰牛屎八哥，形同八哥而小，身差長，色黑嘴尖，好食蚯蚓，常宿牛背，牛食草時，草中有蟲飛，即啖之，又取牛毛作巢。陽鳥，形似鷃，而啄不曲，色慘黑，赤口，有小冠，春暮即鳴，夜啼達旦，至夏則晝夜皆啼，其聲哀切。竹雞，狀類小雞，多居竹林，灰黑色，多斑赤文，性好啼，其聲爲泥滑滑，好食蟻。芒動鳥，略似麻雀而較小，其色黧黃。算命鳥，小如芒動鳥，喙與尾較短，色淡黃，日者畜之，令啄占命數休咎。綠豆鳥，形似麻雀而差長，喙黃，有白毛繞項下，遍體毛如綠豆色。烏菌鳥，形頗似八哥，烏色，腹下灰斑色。青媽鳥，形似畫眉而喙差短，青色，好食粟稻及樹木結實。裙帶鳥，身小而有文采，色多赤，尾甚長，灰白色，雄雌往往偶俱。雌者文采較暗，尾亦較短。斲木鳥，大如鴉，嘴如錐，長數寸，穿木食蠹。蝙蝠，土名簷老鼠，形似鼠，毛紫黑色，肉翅與足相連，夏夜飛翔庭院簷廡，掠蚊蚋而食之。雉，又名野雞，大如雞，斑色，繡翼，尾長約二尺。錦雞，又名金雞，狀似雞而差小，文采爛然，五色炫燿，尾長約二尺。寒雞，似雉，而尾長四五尺，冬月偶見之，其尾優隸以爲冠飾。秧雞，狀如雞雛，身黑頰白，長嘴短尾，翅有白斑，飛鳴田澤之中。田雞，又名禾雞，比秧雞較大，黃黧斑色，常居田澤，喜鳴。眯雞，小於小野鴨，斑白色，常浮河中水面，見人則潛水底。野鴨二，又名水鴨，曰大野鴨，土名寒鴨，又名白袍，形似鴨而頭較長，灰白色，冬月有之，羣飛以十數；曰小野鴨，似鴨而小，形色皆似大野鴨，惟白毛較少，常浮水面，見人則沈。打魚鳥，又名打魚郎，穴土爲巢，大如燕雀，喙尖而長足，短毛，青黑色，喙、足皆赤色，背毛翠色，可以爲飾。鸕鷀，又名水老鴉，大如鴨，黑如鴉，喙長而尖曲如鉤，善入水取魚，漁舟常畜養數十，束其頸，使捕魚。雁，形似鵝，秋末及春間，常聞飛空長鳴，聲亦似鵝。鷺，又名鷺鷥，大如小鴨，色白如雪，頭有長毛，頸細而長，足翹尾短，水食而林居。夜哇子，頭背烏色，項腹間白色，腳長，尾短，喙頸皆長，頭有長毛約六七寸，水食林棲，巢於高木。櫻包，頸狀類夜哇子而差小，惟毛多白色，頸毛如櫻色，頭無絲，棲食皆同夜哇子，常共巢一樹。鸛，赤喙，修頸，灰白色，翅尾俱黑色，形頗似鷺而較高大，空中飛繞號鳴，靖地偶見之。

又《獸之屬》

貓，捕鼠小獸，貍身虎面，鉤爪利齒，有黃、黑、黧、白各色，靖多黧貓。兔，有黑、白、斑各色，大如貓，形如鼠，耳大而銳，上脣缺，前足短，短尾，長鬚。鼠六，曰老鼠，即人家常鼠，似兔而小，毛青黑色，長鬚，露眼，尾文如織而無毛，長與身等；曰黃鑽子，似鼠而小；曰水老鼠，形同而水居；曰黃老鼠，又名鼠狼，狀似老鼠而大，身長尾巨，黃色帶赤，善捕鼠及禽畜，又能制蛇，其毫及尾可作筆；曰亮老鼠，又名飛鼠，形同老鼠而尾較大，喙亦大，居樹林中，跳躍如飛；曰竹根鼠，又名竹貍，形同老鼠，大如兔，穴土而居，食竹根。麂二，土名野羊，曰黃麂，大如羊，形亦似之，毛色黃，牡者有短角，腳矮而力勁，善跳越，其皮細縟可作履舄；曰烏麂，大倍於黃麂，毛色烏。野豬，形似家豬，而喙較長，牙出口外，略似象牙，有大至四百斤者，靖之山中多有之。野貓，形似家貓而較大，毛較粗。九節貍，毛黑質而白章，尖頭長尾，尾黑白節節相間，其皮可作裀褥。白面貍，形似野貓，頰有白毛，緣樹食百果，秋後最肥而味美。五爪虎，形似虎而喙尖，毛黑質而白章。貛，又名狗貛，似小狗而肥，深毛，短尾，尖喙，矮足，皮可爲裘。毛黃者曰銅貛，毛烏者曰鐵貛。惟靖地産貛，毛比他處産者較粗，亦不及其厚。豬貛，土名土豬，形如小豬，尾足皆短，喙尖體肥，能孔地食蚯蚓、蟲蟻，皮毛不如狗貛。豪豬，土名刺猪，狀似猪而遍身棘，刺長者約六七寸，粗如筯，行則相撞而響。馬尾狗，又名馬貍，靖人或謂爲狼，形似狗，而尾如馬，喙黑而尖，毛有黃、黑各色，性最猛悍，常伏牛背，刳腸致死。豺，又名豺狗，土名野狗，形似狗，而喙較尖長，體瘦而健，氣最臊臭。野兔，形似家兔而略大，體較長。獺，頭尖身長，四足俱短，毛色青黑。虎，形似貓而大如牛，毛黃質而黑章，舌大如掌，有倒刺，爪牙最利，聲吼如雷。豹，形如虎而小，毛黃質而黑章，其文如錢者爲金錢豹，如艾葉者爲艾葉豹。鹿，馬身羊尾，毛色黃質白章，頭尖而長，高脚而行速。牡者有角，夏至解角長茸，土人于夏至前後取之。麋，似鹿而色青黑，大如小牛。牡者有角，冬至解角長茸，土人于冬至前後取之。狐，土名白尾狗，形似小黃犬，尾大如帚，氣極臊烈。日伏穴中，夜出竊食，聲如嬰兒。麝，土名麝羊，形似小麂，黑色，其香在陰莖，前皮內別有膜袋裹之。麝過園林，則瓜果不實，花開者皆落盡。

又《鱗之屬》

蛇十：曰烏梢蛇，色黑如漆，大者長近丈許，身能竪立疾行，最捷。曰三道稜，形同烏梢蛇，而背有三稜。曰黃頷蛇，又名黃喉蛇，黃黑色相間，喉下色黄，頭有王字，大者長近丈許，喜食蛇，又在樹間逐鳥而食，乞人多養之。曰惡蛇，赤文成片，間以黑色，大者長近丈許，牙長尾禿，常在草間潛伏不動，齧人輒致死。曰紅頭蛇，形大而短，身黑尾禿，惟頭獨紅，齧人致死。曰青皮蛇，色青如竹，常在樹間，大者長二三尺，最毒。曰水蛇，生水中，紅質黑章，大者長三四尺。曰辣流蛇，紅斑色，大者長二三尺。曰秤竿蛇，色紅黑，節節相間，大者長二三尺。曰狗皮蛇，又名狗婆蛇，又名四脚蛇，大如指，有四足。穿山甲，頭與身約長尺餘，尾長略相等，鱗尖厚，有三角，四足，不甚高，長舌而尖喙，常吐舌誘蟻食之，性走竄，能穿山，又能入水。

傳記

清 黄宅中 道光《寶慶府志》卷一一八《耆舊傳二》 ［武］佐知思南府，思南爲黔西極邊，民俗鄙悍，野多虎患。佐至，率民攘剔叢莽，縱火驅逐。

又卷一二五《耆舊傳一三・遺民》 簡文灝，字吉人，别號培松，邵陽人。鄉賢慈利訓導而廉之子。性敏篤，博學能文，與弟文瀚、文灝齊名，時稱三簡。崇禎末，學使堵允錫考充拔貢。旋罹國變，既而允錫督師荆常，召使監軍，未赴。丙丁之際，閩粤相繼稱號，其時閣部蘇觀生有議曹之命，何督輔騰蛟有監紀之徵，皆堅辭不就，日侍其父於萬山中。所居有古柏環列左右，蒼然林立，皆大十圍，吟哦其下，有《柏園詩集》。嘗自稱先朝處士、培松山人。子琰舉康熙己酉，湖廣鄉試第一，自有傳。

清 彭玉麟 同治《衡陽縣志》卷七《列傳》 華士捷，字鹿峰。祖光國，字文巖，明歲貢生，至性敦篤，撫從弟妹如同生。歲旱，出私穀，贍族里，有義聲。士捷父明弼，字調元，光國第四子也。年十五，有名諸生間。崇禎十六年，流寇陷衡州，明弼負父避山中，逢巨虎，據地大嗥，林木震動。明弼以身蔽父，俄而虎去。家人倉皇求其父子，驚愕曰：頃，游兵操戈入此林，爲虎逐而去。若父子乃扗此非虎俘矣。自是鄉人以爲孝感，爭護之。

又 唐大智，字若庸。父病禱神，請以身代。竈神見夢，告大智割左手血一琖，合馬欄丹酒，煎服之。如言而愈。母病思生梨，城中皆無有，往深山求之。遇虎踞巖，跪訴之，虎跳觸樹，墮一實，視之，梨也。母食而愈。

清 金蓉鏡 光緒《靖州鄉土志》卷一《耆舊志》 唐肇鸞，字美臣，生甫周晬，其父維朝客往雲南，越十餘年不歸。肇鸞稍長，從母詢父所在，欲往尋之。日夜號哭不止，母以其念誠，許之。行至夜郎山，深林密箐，羣猿梗道，意洶洶，將攫人。肇鸞語以尋父故，猿若解者，遂嘯嘯相引去。及暮，復遇虎，謂如前，虎亦去，不害也。

紀事

漢 司馬遷 《史記》卷六《秦始皇本紀》 ［秦始皇］浮江至湘山祠，逢大風，幾不得渡。上問博士曰：湘君何神？博士對曰：聞之堯女舜之妻而葬此。於是始皇大怒，使刑徒三千人皆伐湘山樹，赭其山。

南朝宋 王歆之 《神境記》（引自《藝文類聚》卷八二） 九疑山過半路皆行竹松下，狹路有清澗，澗中有黄色蓮花，芳氣竟谷。

南朝宋 盛宏之 《荆州記》（引自《太平御覽》卷四九） 長沙西岸有麓山，其下有精舍，左右林嶺環迴，泉澗精舍，旁有一石，每至嚴冬，其上不停霜雪。

唐 柳宗元 《柳河東集》卷一六《捕蛇者説》 永州之野産異蛇，黑質而白章，觸草木盡死，以齧人，無御之者。然得而腊之以爲餌，可以已大風、攣踠、瘻癘，去死肌，殺三虫。

又卷二九《記山水十一首・游黄溪記》 北之晉，西適豳，東極吴，南至楚越之交，其間名山水而州者以百數，永最善。環永之治百里，北至于浯溪，西至于湘之源，南至于瀧泉，東至于黄溪東屯，其間名山水而村者以百數，黄溪最善。黄溪距州治七十里，由東屯南行六百步，至黄神祠。祠之上，兩山墻立，如丹碧之華葉駢植，與山升降。其缺者爲崖峭巖窟。水之中，皆小石。平布黄神之上，揭水八十步，至初潭，最奇麗，殆不可狀。其略若剖大甕，側立千尺，溪水即焉。黛蓄膏渟，來若白虹，沉沉無聲，有魚數百尾，方來會石下。南去又行百步，至第二潭。石皆巍然，臨峻流，若頦頷齗齶。其下大石雜列，可坐飲食。有鳥，赤首烏翼，大如鵠，方東向立。自是又南數里，地皆一狀，樹益壯，石益瘦，水鳴皆鏘然。又南一里，至大冥之川，山舒水緩，有土田。始，黄神爲人時，居其地。傳者曰：黄神王姓，莽之世也。莽既死，神更號黄氏，逃來，擇其深峭者潛焉。始，莽嘗曰：余，黄、虞之後也。故號其女曰黄皇室主。黄與王聲相邇，而又有本，其所以傳言者益驗。神既居是，民咸安焉，以爲有道，死乃俎豆之，爲立祠。後稍徙近乎民，今祠在山陰溪水上。既歸爲記，以啓後之好游者。

又《始得西山宴遊記》 自予爲僇人，居是州，恒惴慄。其隙也，則施施而行，漫漫而游。日與其徒上高山，入深林，窮回溪，幽泉怪石，無遠不到。到則披草而坐，傾壺而醉，醉則更相枕以卧，卧而夢，意有所極，夢亦同趣。覺而起，起而歸。以爲凡是州之山水有異態者，皆我有也，而未始知西山之怪特。今年九月二十八日，因坐法華西亭，望西山，始指異之。遂命僕過湘江，緣染溪，斫榛莽，焚茅茷，窮山之高而止。攀援而登，箕踞而遨，則凡數州之土壤，皆在衽席之下。其高下之勢，岈然洼然，若垤若穴，尺寸千里，攢蹙累積，莫得遁隱。縈青繚白，外與天際，四望如一。然後知是山之特出，不與培塿爲類。悠悠乎與灝氣俱，而莫得其涯。洋洋乎與造物者游，而不知其所窮。引觴滿酌，頽然就醉，不知日之入。蒼然暮色，自遠而至，至無所見，而猶不欲歸。心凝形釋，與萬化冥合。然後知吾嚮之未始游，游於是乎始，故爲之文以志。是歲元和四年也。

又《鈷鉧潭記》 鈷鉧潭在西山西，其始蓋冉水自南奔注，抵山石，屈折東流。其顛委勢峻，蕩擊益暴，齧其涯，故旁廣而中深，畢至石乃止。流沫成輪，然後徐行。其清而平者且十畝，有樹環焉，有泉懸焉。其旁居者，以予之亟游也，一旦欵門來告曰：不勝官租、私券之委積，既芟山而更居，願以潭上田貿財以緩禍。予樂而如其言。則崇其臺，延其檻，行其泉，於高者而墜之潭，有聲潨然。尤與中秋觀月爲宜，於以見天之高，氣之迥。孰使予樂居夷而忘故土者，非兹潭也歟？

又《鈷鉧潭西小丘記》 得西山後八日，尋山口西北道二百步，又得鈷鉧潭。西二十五步，當湍而浚者爲魚梁。梁之上有丘焉，生竹樹。其石之突怒偃蹇，負土而出，爭爲奇壯者，殆不可數。其嶔然相累而下者，若牛馬之飲于溪，其衝然角列而上者，若熊羆之登于山。丘之小不能一畝，可以籠而有之。問其主，曰：唐氏之棄地，貨而不售。問其價，曰：止四百。予憐而售之。李深源、元克己時同游，皆大喜，出自意外。即更取器用，剷刈穢草，伐去惡木，烈火而焚之。嘉木立，美竹露，奇石顯。由其中以望，則山之高，雲之浮，溪之流，鳥獸之遨游，舉熙熙然迴巧獻技，以効兹丘之下。枕席而卧，則清泠之狀與目謀，瀯瀯之聲與耳謀，悠然而虚者與神謀，淵然而静者與心謀。不匝旬而得異地者二，雖古好事之士，或未能至焉。噫！以兹丘之勝，致之豐、鎬、鄠、杜，則貴游之士爭買者，日增千金而愈不可得。今棄是州也，農夫漁父過而陋之，價四百，連歲不能售。而我與深源、克己獨喜得之，是其果有遭乎！書于石，所以賀兹丘之遭也。

又《至小丘西小石潭記》 從小丘西行百二十步，膈篁竹，聞水聲，如鳴珮環，心樂之。伐竹取道，下見小潭，水尤清冽。泉石以爲底，近岸卷石底以出，爲坻，爲嶼，爲嵁，爲巖。青樹翠蔓，蒙絡摇綴，參差披拂。潭中魚可百許頭，皆若空游無所依。日光下澈，影布石上，怡然不動，俶爾遠逝，往來翕忽。似與游者相樂。潭西南而望，斗折蛇行，明滅可見。其岸勢犬牙差互，不可知其源。坐潭上，四面竹樹環合，寥寂無人，凄神寒骨，悄愴幽邃。以其境過清，不可久居，乃記之而去。

又《袁家渴記》 由冉溪西南，水行十里，山水之可取者五，莫若鈷鉧潭。由溪口而西，陸行，可取者八、九，莫若西山。由朝陽巖東南，水行至蕪江，可取者三，莫若袁家渴。皆永中幽麗奇處也，楚、越之間方言，謂水之反流者爲渴，音若衣褐之褐。渴，上與南館高嶂合，下與百家瀨合。其中重洲小溪，登潭淺渚，間厠曲折。平者深黑，浚者沸白。舟行若窮，忽又無際。有小山出水中，山皆美石，上生青叢，冬夏常蔚然。其旁多巖洞，其下多白礫。其樹多楓、柟、石楠、楩、櫧、樟、柚，草則蘭、芷。又有異卉，類合歡而蔓生，轇轕水石。每風自四山而下，振動大木，掩苒衆草，紛紅駭緑，蓊葧香氣，衝濤旋瀨，退貯溪谷，摇颺葳蕤，與時推移。其大都如此，予無以窮其狀。永之人未嘗游焉，予得之，不敢專也，出而傳於世。其地世主袁氏，故以名焉。

又《石渠記》 自渴西南行不能百步，得石渠，民橋其上。有泉幽幽然，其鳴乍大乍細。渠之廣或咫尺，或倍尺，其長可十許步。其流抵大石，伏出其下。踰石而往，有石泓，菖蒲被之，青鮮環周。又折西行，旁陷巖石下，北墜小潭。潭幅員減百尺，清深多儵魚。又北曲行紆餘，睨若無窮，然卒入于渴。其側皆詭石、怪木、奇卉、美箭，可列坐而庥焉。風摇其顛，韻動崖谷。視之既静，其聽始遠。予從州牧得之。攬去翳朽，决疏土石，既崇而焚，既釃而盈。惜其未始有傳焉者，故累記其所屬，遺之其人，書之其陽，俾後好事者求之得以易。元和七年正月八日，蠲渠至大石。十月十九日，踰石得石泓小潭，渠之美於是始窮也。

又《石澗記》 石渠之事既窮，上由橋西北下土山之陰，民又橋焉。其水之大，倍石渠三之一，石爲底，達于兩涯。若床若堂，若陳筵席，若限閫奥。水平布其上，流若織文，響若操琴。揭跣而往，折竹掃陳葉，排腐木，可羅胡床十八九居之。交絡之流，觸激之音，皆在床下，翠羽之木，龍鱗之石，均蔭其上。古之人其有樂乎此耶？後之來者有能追予之踐履耶？得意之日，與石渠同。由渴而來者，先石渠，後石澗。由百家瀨上而來者，先石澗，後石渠。澗之可窮者，皆出石城村東南，其間可樂者數焉。其上深山幽林逾峭險，道狹不可窮也。

又《小石城山記》 自西山道口徑北，踰黄茅嶺而下，有二道。其一西出，尋之無所得。其一少北而東，不過四十丈，土斷而川分，有積石横當其垠。其上爲睥睨，梁欐之形，其旁出堡塢，有若門焉，窺之正黑，投以小石，洞然有水聲，其響之激越，良久乃已，環之可上，望甚遠。無土壤而生嘉樹美箭，益奇而堅，其疏數偃仰，類智者所施設也。噫！吾疑造物者之有無久矣，及是，愈以爲誠有。又怪其不爲之於中州，而列是夷狄，更千百年不得一售其伎，是固勞而無用，神者儻不宜如是，則其果無乎？或曰：以慰夫賢而辱于此者。或曰：其氣之靈，不爲偉人，而獨爲是物，故楚之南少人而多石。是二者，予未信之。

宋 劉仁霸《上供黄連黄蠟事奏》（引自《宋會要輯稿》食貨三七之五）

［澧州］本州沿溪洞出産黄連、黄蠟，價賤而易得，省司所要上供數目，多不依時預行指揮，致成勞擾，乞行條約。

宋 謝麟《議置誠州未畫地里奏元豐五年八月**》（引自《續資治通鑑長編》卷三二九）** 奉詔置誠州，未畫地里四至。慮邵州蒔竹縣爭占誠州新城管分，聞邵州已撥潼村屬新城，潼村距誠州四十里，蒔竹縣八十里，道路峻險，經九疊坡脚，大小盤欄，深山長林，正係湖南至誠州行旅之路，今屬蒔竹，比之誠州地里已遠，又遥隸邵州二十二驛，或有冤訟，縣堡不能决，去州既遠，則民無所訴。乞自昌蒲嶺脊分水，西屬誠州，東屬邵州蒔竹。

宋 謝巖《游兜率巖記》（引自《名山勝概記》卷三〇） 曹成既陷安仁，郴桂雲擾，予從嚴君命，徙家于資興。暇日，接士人黄世工，始知寓舍不遠有兜率岩者，神工鬼迹，莫之與並。乃拉三弟爲世外游。但江天久陰，阻於寒冽，日望霽雲，以定行李，信宿間，欵延慶寺。因剸松膏數百臠爲炬火用。蓋聞巖中晝晦故也。是晚，重霄開爽，氣候可人。遂戒僕史，暨鷄聲欲窮，林色將瑩，各携九節，啜粥而行。自市尾呼小舟，絶漾輕波，已達平地。凡十五里至鐵坑，遥望巖穴，不隔尋丈。由山脚百步，抵僧德明所居。庵舍雖小，具含法界，背疊林莽，面列溪澗，幽禽巧轉，人聲戛絶。迤邐登山，磴道盤折，雲根鳥徑，陟降之間，勢若霄壤。初得一洞，容數十人，爲竅穴甚細，過是幾半里，巖扃怳然，天降地湧，驚異滋至，挺身入巖，已覺温鬱。衆議褫去層綿衣裌，然炬以進。地勢漸下，西行一食頓。回視金剛力士，形若錐刻。夾路祥雲作陣，不容履舄，薄而視之，咸乳石也。又西，得老君像一軀。巖東肩累之上，有崒堵坡，直抵巖頂，望不可極。西邁，覩帳幄高百丈，如猛風所吹，聚皺成疊。其中一疊，叩之清鳴非鼓可比，傍則玉池瑩徹，甘冷倍常。路盡始出，間道尋之，數柱矗立，端正可愛，地廣石平，過於甃砌。云法筵四開，無有褊隘。回而北趨，嶙峋細碎，若荔枝者，若楊梅者，若菌蕈者，若餅餌者，若搭架衣服者，若飛簷冰雪者，凡此類物象千品，心目俱疑。自北而東，樓臺參錯，人鬼髣髴。帷中之菩薩，雲際之如來，金璧爛熳，龍蛇蜿蜒，瓔珞盆盂，百千萬億，奇花異木，所至森然。凡五易其處，從東際，復欲東游。同游告以峭險，須露頂裸袒，乃可深入。時筋力已乏，乃益明燭幽之具，匍匐傴僂，至于扶携，出俟日昃，已轉午矣。大抵自巖口以至深遠，羣石縱横曲折，四維上下皆鍾乳滴瀝凝結而成，不留纖隙，玲瓏穿虚，左右逢源，洞口輝映，入之迷人。或乘空下垂，或從地突起飛走，生植屋宇，雲霧器皿，世之所有，無一闕者。色多黄白，罕有青碧。比倣人工，加以奇麗。乳新體潤，則畫臺堆蠟，含光散射，則火出微鑽，珠幡舍利，種種莊嚴，與觀兜率綿界等無有一岩。覽夫載籍，石之特出者，古今記録，往往過實。已見者竭於咨嗟，未見者發於夢想。彼一端之善尚爾，是巌兼善而有餘，宜如之。九華爲天地間尤物，豈惟浪得名耶？説者顧未見資輿之巌耳。予伯仲歸，索懷袖，得小石之佳者以千百計，置諸几席，以追配事怪石供之萬一云。

明　董傳策《游沉香巖記》（引自《名山勝槩記》卷三〇） 楚中自茶陵以南，長沙、衡、永三都，綿亘諸山，奇峰怪洞，層見絡出。水清澈，尤稱其山之奇。余耳目所厭，殆幾不能狀記。自永而出，謂必無奇。迺十四日丁亥晨，發石級渡諸灘，午從船窻隙望見一峰，壁殊詭絶。舟子云：諸葛兵書山。恨削立不能登焉。夜泊陸埠，遊興甚痒，强拉岸邊人而問奇處。有父老笑曰：此境爲沉香塘。迤邐數里，入深山中，有沉香巖，奇甚，顧此仙靈所棲。道多猿猱虎兕，非數十人秉炬操戈戟，不易可游。今暮矣，郎君且休矣。余與吳子相顧呀然。時月皎如晝，清風徐來，余踴躍曰：天假我游，諸君游無恐。余二人乃與周山人李生飫酒糜，命諸僕人飽飯，執巨杖，提竹燈籠而前。余二人各持一劍，周山人李生各持一弓矢，信步往游。不覺逾數里，至一高岡，岡上層峰挺秀，旁有老木垂藤，下瞰清江一灣水月，四面曠野蕭然，殆非塵境也。進而登巖，巖甚敞，余輩方坐命酌，吳子遽倦而假寐。余覩巖前有一小庵，左覆漁磯，右插青竹數竿，景象幽閒，乃獨往而憩焉。庵内一石函，有書邃，取視之，丹書也。意若遊客所遺，顧此人跡罕到，安知非有詭秘人藏之名山，以遺好事者。余得收而珍惜之，因爲賦詩一首。已而周山人李生從岡掖來，云：彼中猿猱虎兕交印跡于道，知父老之言非我欺也。促余還舟，過而撼吳子，猶未醒。余復與二人徧踏中外大都，其境幽，其石峻，其篁木邃茂，其壑澄而深，其村落大曠，非余輩劇興不能游，游且不能適。余故以斯游爲甚壯，而吳子既醒，起而偕三人者，歸則讓余筆記之，余不得辭。

明　徐光啓《農政全書》卷一 李衡於武陵龍陽汎洲上作宅，種甘橘千樹。臨卒，勑兒曰：吾州里有千頭木奴，不責汝衣食，歲上一疋絹，亦可足用矣。吳末，甘橘成，歲得絹數千疋，恒稱太史公所謂『江陵千樹橘，與千户侯等』者也。樊重欲作器物，先種梓漆，時人嗤之。然積以歲月，皆得其用。向之笑者，咸求假焉。此種殖之不可已也。玄扈先生曰：余勸人種樹，或曰不能待何法而可。余曰：不能待，速種爲可。諺曰：一年之計莫如種穀，十年之計莫如樹木。此之謂也。

明　慎蒙《九疑山記》（引自《名山勝槩記》卷三〇） 九疑山在寧遠縣南六十里。晉郭璞云：其山九谿皆相似。或云九峰參差，互相隱映，望而疑之，故名。峰各有一水，四水流灌於南海，五水北注於洞庭。九峰曰朱明、石城、石樓、娥皇、舜源、女英、簫韶、桂林、杞。林有沙樹十二株，大者七八圍，小者計五圍。縣官某欲鋸其最小者四圍爲用，風雨霹靂，死者二人。樹在舜廟前。

明　袁宏道《游德山記》（引自《名山勝槩記》卷二九） 甲辰夏月，予與衲子寒灰、冷雲、雪照及居士張明教、小僧習之、弟小修，習静荷葉山中，約以秋凉入德山。至八月初旬，暑氣微減，小修入黄山，余適有便舟，遂偕諸衲行。十四日，發舟孟溪，十五夕，看月馬湖。湖與洞庭接，水光千里，生平看月，此爲雄快。十七日晨，抵德山潭下，江上望山如卷石，微見菁林。已，薄岸行，得委巷，崖緑翳日。有丘焉，如覆鐺，樹蔽之，根獰獰若瘦臂，拏石而上，兩巒之凹爲澗，前則茉莉夫人鬼宫道也。塔院踞澗後，負高峰而面層壁，葱菁多古樹。院内外皆田，兩巒相讓而却，初讓爲澗，再爲院爲田，最後讓益甚，地益坦，兩山之勢益張，遂爲佛廬。入門多古杉柏，殿堂高廣，像設亦奇大，辟如阿房舊址，見者知其非漢以後帝王居也。從殿脅而右，多美箭，幽崖相蔽。折而上即峰頂，頂有善卷壇，崖桂盛開，芳香襲一山。數敞宇架其上，敗人意，幾欲下，而瞰壇上光景，意勃勃。從烈日下望，望復避，避復往，山翠水光，匝而繪之，使有佳士撤其冗室，間爲亭榭軒楯，固德山一絶景也。然山中勝處，山僧多不到，到亦不解。余與諸衲徧覓諸奇，如三桂林之幽敞可室，青蓮舍左崖可亭，法堂西之小净室多方竹處可榭可閣，無論幽邃静勝，其間百圍之樟，尺圍之篁，亦非他處所有也。山後面陽山，有地空潤，河流漲其前，直見雉堞田廬，烟嵐疊波而出，葺而廬之，可置叢林。使德山法道再興，當不能舍此爲僧郵也。入德山二日，登覽畧盡，兩龍君載酒來飲，極歡，盡三日夜乃罷。別後暑氣大作，遂坐山中與諸衲極談，慶快無量。至九月六日始入城，詣兩龍君。蓋此山乃鑑大師舊戰場，風柯水音，争爲敷演，瞻其遺像，不覺鋒潁之頓利也。兩龍君者，長君超孝廉，次君御民部，與余兄弟有宿好，奇士也。

清　王士禛《池北偶談》卷二三《松頂生蘭》 予門生翰林湯西厓，右曾嘗於湖南永州道中見古松數萬株，是宋刺史柳開所植，亘數百里，有蘭寄生長松杈椏間，可徑丈，葳蕤四垂，時正作花，香聞遠近。其地曰奇蘭鋪，草木寄生，理固有不可解者。

清　邁柱　雍正《湖廣通志》卷二九《古杉》　舜陵古杉，舜陵有古杉十五。左十一，連理而三者一，連理而二者二，各植者四。右四，連理而二者一，各植者二。圍可八尺，稍次亦六七尺，高可三百尺，勢俱參天。先是凡十六，寧遠以修孔廟，伐其一。伐之日，風雷震動，聲聞數十里，工師奔仆欲絶。《永州志》赤塘冬青樹，岳武穆董師過茶陵之赤塘，向有冬青樹，大數尺，横生梗，道過者難之。武穆師至之夕，忽自植立。舊志

清　吕肅高　乾隆《長沙府志》卷三七《災祥志》　［宋］真宗咸平三年，潭州山水汎溢。十月，潭州獻白鹿。

又　［明崇禎乙酉年］九月，安化地震，有聲如雷，大旱，虎狼載塗。

又　［清順治］五年，安化大饑，疫作。長沙府，虎晝食人，瀏陽亦然。六年，瀏陽有虎坐學宫門首，見人不退。長沙各處大疫，死者十九，大冰蔽江。益陽，虎羣行，食人。【略】［康熙］十三年十月災，梨、杏皆花，竹筍成林。【略】［康熙］五十八年，湘鄉虎白日噬人，死者數十。【略】［乾隆］十一年，牛仍災，又大雪，樹木死者大半，惟瀏陽大豐。

清　江昱　《瀟湘聽雨録》卷八　巖桂頗多樹，極大。但人不愛惜，從無培壅，故花香不甚遠。

清　趙文在　嘉慶《長沙縣志》卷一六《名宦志》　［岳］飛伐君山木爲巨筏，塞諸港汊。又以腐木亂草浮上流而下，擇水淺處，遣善罵者挑之。且行且罵，賊怒來追，則草木壅積，舟輪礙難行。飛命衆將擊之，賊奔港中，爲筏所拒。官軍乘筏，張牛革以蔽矢石，舉巨木撞其舟，盡壞。

又　廖謨《一統志》：泰和人永樂中，知長沙縣。時方用師交趾，謨制置適宜，民不告病。地多虎，設機穽捕之，不能止。謨禱於神虎，遂屏絶。

又卷二六《祥異志》　［東晉］成帝咸和四年己丑七月，長沙獻白鹿。【略】安帝隆安五年辛丑十一月，長沙見白鹿。

又　南北朝　宋孝武帝大明八年甲辰，湘州刺史江夏王世子伯禽獻白鹿。

清　黄宅中　道光《寶慶府志》卷四《大政紀四》　莊烈帝崇禎元年，武岡獲異獸。【略】武岡西關外，井中出一獸，似犬似羊，識者以爲土怪。康熙《府志・五行篇》

又卷九九《五行略》　明萬曆四十八年，武岡城西北十里黄茅山，桐樹一株，忽生刀、鎗、劍、戟，從枝頭上出鋒穎稜稜，此木妖也。國朝順治十四年，武岡潘應星家折梅插瓶，結三子，青黄如樹上生者。道光三年夏，新化緣株嶺木連理。二十五年，邵陽、富陽二都留里衝發塘楊氏宅右，銀杏七、烏桕二皆連理。西平一都漁溪，連理木三：一在和尚壩，其木榆；一在劉氏塋，其木松；一在柳山，其木柳。新化下渡邨，梓木衝鄧氏宅，後龍巖石檀樹連理三，葉公山栗連理一，武岡杏連理三。

又　［注略］梁大通四年二月丙辰，邵陵縣獲白鹿。明崇禎元年，武岡西關外井中獲異獸，似犬似羊，識者以爲土怪。十年正月，武岡有虎入城東，躍垣咆哮竟日，市民合爲斃之。三月，又有虎入城東園，怒吼，亦爲衆斃。十七年十一月十三日，虎入城步城銜羊。二十三日，復入食馬。又虎入邵陽城。國朝順治八年，新化三鄉虎盛。康熙十二年，武岡多虎。乾隆十六年，虎入城步東關，白晝傷豕，斃之。二十八年，城步鄉林多虎，知縣姜某致文於各廟乃止。

清　盛鎰源　同治《城步縣志》卷一一《祥異志》　乾隆辛未，虎入東關，白晝傷豕。邑武庠張淑宗、蕭鵬鵾率衆殺之。乾隆癸卯春，大水衝田甚多，有二猿見於城隍廟樹。乾隆甲辰大有年臘月立春日，喜鵲成羣，噪於縣廳樹上。

清　林葆元　同治《石門縣志》卷一二《祥異志》　同治五年丙寅，虎豹數見，野猪横行。雙溪橋黄家棚等處有豺，馬頭狗身，口角深長，食十餘歲小兒，十數人捕之，不獲。

又卷一四《雜類志・紀聞》　昔孫恪娶袁氏女，生二子，後挈家過瑞州。袁氏欲游夾山寺，既至，若熟其徑者，持碧玉環獻於僧曰：此院中舊物也。齋罷，有野猿數十聯臂下高松來迎袁氏，氏惻然，題壁曰：無端變化幾湮沉，剛被恩情傷此心。不如逐伴歸山去，長嘯一聲烟霞深。書畢，擲筆化老猿而去。老僧方悟曰：昔養猿，高力士以束帛易之，以碧玉環繫猿頸，不見者二十年矣。參見《續世説》及《異苑録》。按善會師所云：猿抱子歸青嶂嶺，鳥銜花落

碧巖泉。即謂此也。舊志

清　王開運　同治《清泉縣志》卷末《事紀・祥異》　咸豐九年、十年，竹實結苞如米，色黄而味甘。前史載楓生李實，蓮生黄瓜，柟生蓮花，謂之木妖，此亦近之。

清　徐淦　同治《醴陵縣志》卷一一《災祥志・災異》　[咸豐]十一年春正月木冰。是時兼旬大凍，木盡冰，抱圍巨株有至死者。

清　曹之璜《游王仙山記》（引自同治《醴陵縣志》卷一二）　由石子岡至大林橋四里許，橋左右環林，木影簌簌落水中。傍卧一古樹，鬚髮蒼潔，與溪光相映發。俯瞰泉聲，仰飧霞氣，夷猶傲睨，不知魏晉矣。近橋一小屋，敗籬荒葉，肅肅洗人。時渴甚，從山婦乞一椀苦茗。展清谿，飲瓊酪，真滴滴玉液也。

清　孫炳煜　光緒《會同縣志》卷一四《外紀・災異》　同治七八年，四鄉多虎，傷人甚多。

清　嵇有慶　光緒《零陵縣志》卷一二《事紀・祥異》　咸豐元年十二月，有白鳥數千飛集治平門外洲上，一洲皆白。既更飛集白蘋洲，樹頂望若積雪，久之乃去。識者以爲兵戈之象。明年，粤逆入境。四年八月二十二日，有白鳥數千向西飛去，首尾相銜結成一白龍，日光照耀，鱗鬣宛然。未幾，有西鄉土寇之變。【略】[同治]六年，麻江、單江多虎，傷人二百餘。

清　李鏡蓉　光緒《道州志》卷一二《雜撰・祥異》　乾隆十五年，有虎入城，食民家一禿尾豕而去。

又卷一二《雜撰・拾遺》　水南坊山川壇之北有古樟一株，大數十抱，高數十仞，虬枝蜿蜒，密葉葱蒨，其陰廣覆數畝，不知幾千年物也。惜咸豐二年，爲賊所焚。【略】州南五十里蓮花宅，相傳石巖内有犀牛。居人時聞吼聲，或地震作響，屋瓦器具皆動，久而安之。今不復然，殆已經化去與？明英宗正統元年，州有虎患。知州盛祥禱之，一虎渡河，一虎自斃。【略】道州有舜廟，凡遇正月初吉，山狙羣聚於廟傍，以千百計，跳踉奮擲，狂奔疾超。如是者，五日而後去。次猸亦如之，三日乃去。土人謂之狙猿朝廟。

清　孫炳煜　光緒《華容縣志》卷一三《五行志・祥異》　宋乾德二年五月，有象入華容，直過闤闠。【略】萬曆三十三年五月，地震。時有大鳥自西北隅來，毛色青翠，沿鄉攫食鷄鵝，見小兒亦逐攫之。人以藥矢中其翮，亦不隕。

又卷一五《志餘》　唐上元中，華容有象入農家中庭卧，其足下有槎，農爲出之。象舞蹈稱謝，乃伏令農騎入深山，以鼻掾土，得象牙數十，報之。

清　汴寶第　光緒《湖南通志》卷二四三《祥異志・漢至明》　[晉]太康元年庚子，白龍三見於永昌。《本紀》。按：永昌零陵郡屬縣。三月，白鹿見零陵泉陵。《宋書・符瑞志》秋七月，零陵令蔣微獲白鹿以獻。【略】[晉]成帝咸和四年己丑五月，白鹿見零陵、洮陽，以獻。七月又見於長沙郡。【略】[唐貞觀]十五年辛丑八月，常甯白鹿見。

又卷二四四《祥異志・國朝》　[清順治]十七年庚子，黔陽虎入城。【略】[清康熙]十六年丁巳七月，衡州虎入城。

清　余良棟　光緒《桃源縣志》卷一《疆域志・風俗》　沅湘間多山，農家惟植粟，且多在岡阜。每欲布種時，則先伐其林木，縱火焚之。俟其成灰，即布種於其間，所收必倍。蓋史所言刀耕火種。許觀《東齋記事》。

藝　文

唐　張説　《張燕公集》卷八《石門墨山二山相連有禪堂觀天下絶境》　困輪江上山，近在華容縣。常涉巴丘首，天晴遥可見。佳遊屢前諾，芳月愆幽眷。及此符守移，歡言臨道便。既攜賞心客，復有送行掾。竹徑入陰窅，松崖上空蒨。草共林一色，雲與峯萬變。探窺石門斷，緣越沙澗轉。兩山勢争雄，峯巘相顧盼。藥妙靈仙寶，境華巖壑選。清都西淵絶，金地東敞宴。池果接園畦，風烟邇臺殿。高尋去石頂，曠覽天宇遍。千山紛滿目，百川豎對面。騎來雲氣迎，人去鳥聲戀。長揖桃源士，舉世同企美。

唐　張九齡　《曲江集》卷四《初入湘中有喜》　征鞍窮郢路，歸棹入湘流。望鳥唯貪疾，聞猿亦罷愁。兩邊楓作岸，數處橘爲洲。却計從來意，翻疑夢裏遊。

唐　張謂　《長沙土風碑銘並序》（引自《唐文粹》卷五四）　天文長沙一星，在軫四星之側，上爲辰象，下爲郡縣。《遁甲》所謂沙土之地、雲陽之墟，可以長往，可以隱居者焉。其山麓山，其水湘水，其畜宜鳥獸，其穀宜秔稻。厥草惟繇，蕳、杜若、荃、蘅、留夷、藒車出焉。厥木惟喬，椅、桐、桂、樫、貞松、文梓生焉。篠簜嬋娟于原野，碔砆照耀于崖谷。昔熊繹始在此地，番君因之而後定王國。至漢道淩遲，董卓狼顧，文臺以三湘之衆，績著勤王。梁朝覆没，侯景虎視，僧辯以一州之人，勳成定國。桓文之舉，亦何加焉？至于致禮舊居，請屍歸葬，桓氏之子可謂忠也。殞身强寇，有死無辱，尹氏之女可謂貞也。軾鄧粲之宅，足以厚儒風；表古初之墳，足以敦素行。齊魯之俗，其何遠哉！巨唐八葉，元聖六載，正言待理湘東，郡臨江湖。大抵卑濕脩短，疵癘未違天常，而云家有重腿之人，鄉無斑白之老，談者之過也。地邊嶺瘴，大抵炎熱寒暑，晦明未愆時序，而云秋有爀曦之日，冬無凛列之氣，傳者之差也。巴蛇食象，空見于圖書。鵩鳥似鴞，但聞于詞賦。則知前古之善惡，凡今之毁譽，焉可爲信哉？因徵故者之言，用紀他山之石。辭曰：舜去黄屋，于焉巡遊。禹逢玄鳥，于焉滯留。五嶺南指，三湘北流。隣聯滄浪，邊遥岣嶁。湘山之下，青青衆草。有蕙有蘭，在江之島。烟雨冥冥，波瀾浩浩。不采不擷，棄捐遠道。湘山之上，青青衆木。有栝有松，在巖之麓。風霜凄凄，河葉沃沃。不榱不棟，老朽空谷。陸有玉璞，水有珠胎。隋侯云亡，卞氏不來。湘雲莽蒼，湘月徘徊。貞右紀事，層城之限。

明 何景明《大復集》卷一一《古松行》 岳州地多古松樹，千株萬株植官路。故老猶能記歲年，行人不解知朝暮。臨江西來烟霧起，夾谷連山一百里。黛色寒通七澤雲，秋聲夜卷三江水。郡城之北江水東，鄂王祠廟丹青空。英雄爲謨本宏遠，古木至今多烈風。忠魂義魄沓何在，故物依然見遺愛。繁枝百世人不剪，直氣千尋我當拜。六年前過蒲圻城，古松陰中三日行。空山倒掛雷雨黑，盛夏常貯炎風清。郵亭傳舍總蕭瑟，鬱抱煩襟亦飄逸。迴巖峭壁奔洪濤，老蔓長藤翻白日。只今復向巴邱道，野草漸多松漸少。仄徑孤根半蝕苔，夕陽幾樹空垂蔦。昔時所見合抱材，斷枝落葉隨蒿萊。過客山中想清籟，行徒道上愁黄埃。輦山輿嶺萬千重，半作豪家樓上棟。古人之力今人勞，大厦明堂不得用。年年官吏催斧斤，故老雖怒那敢嗔。傍枝出地子成樹，野婦山樵摧作薪。驛前數榦聊可數，我忽見之再三撫。霜皮露甲如虬蟠，霧鬣烟鬟學龍舞。陰森氣象凛猶昔，翠色長標不可侮。荒林曠野識者稀，終爲誰家起廊廡。回首鄂廟秋山阿，廟前之樹無高柯。鬼神呵護亦徒爾，英靈不返將如何。達人且勿怨摇落，志士胡爲傷轗軻。君看世事盡如此，拔劍聽我松前歌。

清 羅汝懷《緑漪草堂詩集》卷二《鼓磉洲大樟詩辛巳》 清湘浩千里，川原鬱奇麗。洲迴絶傍依，樹夾插空際。水淨沙明間，落落盤遠勢。巍巍一方表，濃青入遥睇。夏來炎暑盛，林下自陰翳。半空風雨聲，林外卻殅霽。斜陽過鳥集，夜月飛僊憩。岩嶢高墳古，四序煩護蔽。豈獨木從章，並箸祝融裔。伊昔始有植，聯作十年計。甯知根柢蟠，綿歷無窮歲。緬懷明中葉，爾已斯土隸。川流無停機，滄桑眼曾遞。邇來年二百，孫枝益繩繼。王槐竇氏桂，無此久維繫。願言固苞桑，樹立永無替。

清 羅時暄《猛虎行》（引自光緒《桃源縣志》卷一五） 雨遲秧老農事忙，猛虎食人如食羊。射虎將軍眼激電，晚衙報鼓傳羽箭。慎選將士頭虎毛，搏虎肯使潛藏逃。深入虎穴得虎子，幾日飛鎗猛虎死。衆扛入市市人譁，争看死虎趨朝衙。爪利牙銛不可觸，我亦挾箸食其肉。將軍掀髯怒未已，盡殲其類方可止。五日未見十日遥，負嵎遠徹饑聲虓。又斃二虎兼一豹，七害頓除山氓笑。我乘秋水鼓棹行，漁舟談虎使人驚。乃知惡物殺難竟，時清且喜無苛政。

雜録

南朝梁 任昉《述異記》卷下 辰州嵩溪有丹青樹，枝葉直上籠雲，下無枝條，上有五色葉，圓如華蓋，故號丹青樹，俗謂之五采樹。今在辰陽縣。

南朝宋 劉敬叔《異苑》卷三 永初中，邵都梁馮恭醉卧山路，夜有虎來，以頭枕背其。恭中夜展轉，以手搏之，復大寢。向曉始醒，猶見虎蹲在脚後。

清 王開運 同治《清泉縣志》卷末《事紀·祥異》 咸豐三年十一月，桃李花。五六年，桃李秋花，有結實者。

又《雜識》 東洲桃浪。洲在湘水中。其下石磯嵯嶫。春漲時，波紋如縠。兩岸桃花相掩映，遊者比之武陵源。

清　陳玉祥　同治《祁陽縣志》卷二四《雜撰志》〔省志〕正德四年九月，祁陽夜雨桂子。又云：娑羅樹子取種之，葉似橄欖，長六七寸即萎。【略】縣西一百一十里有黄樟樹，圍約八九尺，高約六七丈，其地因名喬木塘。

清　梁葆頤　同治《茶陵縣志》卷二四《雜志》　僧知休居秦人洞，不食烟火。凡閲月偶爲樵者所見，始有物色之者。往山多虎患，僧與虎馴狎作偈戒之。今其境虎不傷人，題詩洞中曰：我到龍回似有因，特來此地覔前身；洞中鐘鼓猶無恙，不記當年翻貝人。一日，坐化。塔藏洞口。

清　唐榮邦　同治《酃縣志》卷四《炎陵·雜説》《客牕隨筆》：夷陵諸山中多梓木，中琴材。沈果仲先生宰酃，得舊梓木，七尺餘，陵間千歲物也。琢爲琴，名炎陵文梓。

清　嵇有慶　光緒《零陵縣志》卷一五《雜記》　河西諸葛廟有古樟，枝幹脱落，形狀磊砢，遠望如石峰孤峙。相傳爲雷所擊斃者，高僅三丈，大約十餘圍，中空可容七八人，坐而對飲。殆開闢以來物也。其中空處又生冬青樹三，大各尺餘圍，枝葉冒出其上，蓋自雷擊後，又不知幾百年矣。而不顛不朽，羣以爲神。西鄉杏山寺側黄荆一株，高約三丈，圍一丈五尺，形質凹凸。此樹性最難長，殆數千年物。相傳明時幹分十三股，至本朝復分出，今共十八股。土人謂應明十三省，本朝十八省之數，信否不可知也。北鄉鹽目橋有古樟樹，大八十餘圍，遮蔽天日，陰蔭十畝。每盛暑，居民過客憩息其間，日以百計。其樹歷年，不知幾何矣。碧雲庵古松一株，大約兩人圍，虬幹錯出，盤屈萬狀，有人工矯揉所不到者。凡松既老，其枝幹率旁撑不挂，不復上生。此樹夭矯奇崛，殆數千年物也。

清　黄文琛　光緒《邵陽縣志》卷一〇《雜志·祥異》　乾隆二十三年，有鳥集文昌閣，大如雞，身黑，首類雉，俄飛鳴去。咸豐五年，南鄉民獲大鳥，重二十餘觔，毛黑，喙足如雞。又三溪鄉崇山坳民獲巨鳥，重十餘觔，烹食甚辛。以上羽蟲之孽。【略】梁大通四年二月丙辰，邵陵縣獲白鹿。【略】明崇禎十七年，虎入城。國朝嘉慶二十四年，東鄉有虎食一家母子三人。同治元年，邑多虎。九年，隆回鄉虎食村民三十餘人。

清　余良棟　光緒《桃源縣志》卷末《拾遺志·物産》　舊《郡志》：桃川宫旁有梧桐樹，根大數十圍，坐十餘人，相傳瞿仙飛昇處。又有摩頂松，在瀹鼎池上，枝葉皆下垂，亭亭如蓋。舊《郡志》：空心杉，在桃川宫内，圍三丈餘，心空爛，可容數十人。其皮外苔蘚深青，傳植千餘年。《圖書集成》作傳植萬年。【略】《湖廣通志》：甯德府境出林檎、碧桃花。

華南部

廣東

綜　述

南朝梁　任昉　《述異記》卷上　番禺有酸柿、甜梅。李尤《果賦》：生物賦偏，梅甜柿酸。

唐　劉恂　《嶺表録異》卷中　楓人嶺多楓樹，樹老則有瘤癭，忽一夜遇暴雨驟雨，其樹贅則暗長三數尺，南中謂之楓人。越巫云取之雕刻，則神鬼易致靈驗。按《太平廣記》四百七卷同。【略】廣州無栗，唯勤州山中有石栗，一年方熟，皮厚而肉少，味似胡桃仁。熟時，或爲羣鸚鵡啄食略盡，只此石栗亦甚稀少。

宋　樂史　《太平寰宇記》卷一五七《嶺南道·廣州》　草有大千金、小千金、守房郎、千里迴、萬里憶、蕃人香。藥有崑崙犀、籬頭母、渡洛崖。【略】花有仙鶴、麝臍、遥憐、向日蓮、紅茉莉、白茉莉、紫水焦。【略】番禺山，在「南海」縣東二百五十步。《山海經》云：桂林八樹在賁禺東。注云：賁禺，即番禺也。八桂成林，言其盛且大。【略】江南州，《南越志》：江南州周迴九十里，有荔枝，洲上有荔枝，冬夏不凋。北有鷄籠岡，上多蠣蛄。【略】白水山，《廣州記》云：增城縣白水山有五距鳥，縣北又有搜山，荔枝樹高八丈，相去五丈，而成連理。【略】和光洞在「清遠」縣東三十一里，中宿峽内，有四色山石榴花。【略】慮山，裴淵《廣州記》云：東莞縣有慮山，其側有楊梅、山桃，只得于山中飽食，不得取下，如下則輒迷路。【略】香山，在[東莞]縣隔海三百里地，多神仙花卉，故曰香山。【略】莫山在[新會]縣南八十里，出鸚鵡。崖山在[新會]縣南八十里，臨大海，出龍眼、子木威、橄欖之樹。【略】廢岡州，今縣理也。按《廣州記》：四會有金鷄岡。新會郡岡州在側，因岡爲州名也。晉末置新郡，宋、齊、梁、陳並因之。隋平陳置封州後，改爲元州，尋又改爲岡州，今廢爲縣。此州最近大海，晴少雨多，時遇大風，則林木悉拔。又俗織竹爲釜，以蠣殼屑泥之類煮鹽，轉久彌密。又藥有鼠藤、千金草。【略】優曇鉢似琵琶，無花而實。又有男青樹，葉如女青，但花異耳，條莖皆朱色，插地便生。又有茉莉樹，葉如梔子，花如薔薇也。

又卷一五八《嶺南道·潮州》 五子樹，《郡國志》云：潮陽五子樹實如梨，有五核，治金瘡及霍亂。

又卷一五九《嶺南道·端州》 賒山在[高要]縣南九十里，上有砂，夷人語訛爲賒，山有南栗，此石山有廚榆，又多錦鳥鮫魚。【略】高要峽，《南越志》云：郡東有零羊峽，一曰高要峽，山高百丈，江廣一里，華翠之樹四時菁蒨。【略】騰豻嶺，《南越志》云：高要縣有騰豻、飛猵、山翠。騰豻，沐猴之類也，頭正方，髮長尺餘，色類犬，似人髮嘗覆面，欲有所視輒摇頭兩手披開之。猵有肉翼如蝙蝠，狸頭鼠目，一曰鼯鼠，亦名江牙，且飛且産，子便隨母而飛，其鳴如人叫，常食火煙，至聚落，則爲災也。

又卷一六〇《嶺南道·惠州》 寅山，《南越志》云：攸業縣有北寅山，青松紫幹，四衢皆疎，其下多茯苓焉。【略】羅浮山，《南越志》云：增城縣有羅浮山，羅水出焉，是爲浮山，與羅山並體，故曰羅浮，非羽化，莫有登其極者。嶮尖之峰四百三十有二。因歸于羅山上則三峰爭竦，各五六千仞，其穴溟水莫測，其極北通句曲之山，即《茅君内傳》云第七洞，名朱明耀真之天，璿房瑤室七十有二，崀崿穹窿，自然雲搆。第三十一嶺，半是巨竹，皆七八圍，節長二丈，謂之龍鍾竹，鳳凰食其實。沙門釋智元游此山，得卭竹以爲杖。【略】三合樹，《投荒録》云：相思亭有木葳樹、橄欖樹、黄支樹，此樹獨根，大十圍，去地二丈，爲三支，號曰三合樹。

又卷一六四《嶺南道·康州領廢瀧州》 [廢瀧州土産]又有古斗樹，猶番禺多荔枝。【略】端山，《吴録》云：端溪縣有端山。《輿地志》云：有樹冬榮，其子號曰猪肉子，大于杯。即此也。

又卷一六九《嶺南道·雷州 海康郡》 黿山，山上有炭坑，又有木棉樹，一實得綿數兩，冬夏花而無實。思靈島，在海中，有木頭，葉如柳，花如金豆，一斗種數年收。《淮南子》云：豆之美者有木豆。是此也。又《山海經》云：崑崙之墟上有木禾。此類也。

宋 祝穆《方輿勝覽》卷三六《潮州》 鱷溪。舊名惡溪，産鱷魚。其身黄，四足，脩尾，其形如鼉，而舉止趫疾，口森鋸齒，往往害人。鹿走崖岸之上，羣鱷嘷叫其下，鹿必怖懼落崖，亦物之相懾服也。按《韓愈傳》：潮之惡溪有鱷魚，食民畜産且盡，愈令其屬秦濟以一羊一豕投溪水而祝之。其署曰：鱷魚有知，其聽刺史言：潮之州，大海在其南。今與鱷魚約，盡三日，其率醜類南徙于海，以避天子之命吏。三日不能，至五日；五日不能，至七日；七日不能，是終不肯徙也。刺史則選材技吏民，操强弓毒矢，以與鱷魚從事，必盡殺乃止，其無悔。是夕，暴風震電起溪中，數日水盡涸，徙六十里。自是潮無鱷魚之患。周洪道云：韓退之逐鱷事，李翱行狀及皇甫湜神道碑皆不載，豈以鱷近怪故删去乎？

又卷三七《南恩州》 土産異花，有花曰優曇鉢，似琵琶，無花而實。異木，《寰宇記》：山多香木，謂之密香，辟惡氣，殺鬼精。斷續藤，山行渴則斷取汁而飲之，號曰東風菜。勾緣藤，南人績以爲布。木葵，可以爲扇。異禽，越王鳥，似鳶而口勾，可受二升，南人以爲酒盃。雲白鳥，能禁蛇。乾闥婆城二有鸐鳥，似山雞，以家雞鬭之則可擒，其翬有光，漢以飾侍中冠。桂山有翡翠、孔雀。異獸。桂山有黑猿、鼷鼠。江中有潛牛，形似魚，能上岸與牛鬭。

明 李賢《明一統志》卷七九《廣州府》 土産：【略】苧，蕉桂，檀【略】攀枝花，樹高四五丈，花類山茶，開時殷紅如錦，一名木綿花。人面子，核如人面。石髮，糖霜，肉荳蔻，丁香，石斛，蒟醬，蔓生，葉似黄瓜而厚大，實似桑椹，其苗爲扶留藤，合檳榔食之。餘甘，味類橄欖。鐵力木，一名石鹽木。君遷樹，宋司馬光云：君遷，木名，子如馬妳，或云俗呼牛妳子是也。荔支，其名有脱玉、皺玉、麝香、匣水、精圓、狀元紅之類。龍眼，俗呼圓眼，一名木彈。波羅密，番禺縣南海廟前，東西各一株，結實大如瓠，一名曩伽結。藤簟，鼊皮，鼊甲，蚺蛇膽，宜母子。狀如柑橘，味酸。【略】灰鶴，新會縣出。素馨，茉莉，香櫞，烏欖，緑欖。府縣俱出。

又《韶州府》 土産：【略】鶴膝竹，鷓鴣。府境出。

又卷八〇《惠州府》 土産：御園柑，《續南越志》：羅浮山有唐時御園柑，玄宗幸蜀、德宗幸梁時，皆不實。僖宗幸蜀，花落樹枯。龍葱竹，《羅浮記》：山有巨竹，十圍，節長二丈。桂酒，博羅有桂，可以釀酒。宋蘇軾《桂酒頌》：有隱者以桂酒方，教吾釀成而色香味超然，非世間物也。藤菜，宋蘇軾詩：豐湖有藤菜，可以敵蒪羹。盧橘，楊梅，蘇軾詩：羅浮山下四時春，盧橘楊梅次第新。碧雞，鸚鵡，《寰宇記》：羽則五距、碧鷄、越鳥、鸚鵡。五色雀。出羅浮山，有貴人至，則先翔集。

又《潮州府》 土産：【略】甲香，蚺蛇膽，各縣出。荔支，五子樹。實如梨，有五核，可治金瘡及霍亂。

又卷八一《肇慶府》 奢山。在府城東南一百三十里，山有丹砂，夷語訛砂爲奢。山南有粟砦山，産山棗，葉似梅，果似荔枝，九月熟。又多錦鳥、鮫魚，又有玄鈎鳥，鳴則雨至。【略】土産：【略】黑猿，鼷鼠，翡翠，孔雀，雲白鳥，能禁蛇。潛牛，生江中，形似魚，能上岸與牛鬭，角軟，還入水，堅則復出。越王鳥，似鳶而喙勾，可受二升，南人以爲酒盃。糞似薰陸香，南人以爲香。一名鸏雕鳥。鵕鸃鳥，似山鷄，以家鷄鬭之則可擒。其羽有光，漢以飾侍中冠。優曇鉢，似琵琶，無花而實。朮葵，可爲扇。多香木，俗謂之密香，辟惡氣，殺鬼精。斷續藤，山行渴則斷取汁而飲之，又名東風菜。以上俱新興縣出。【略】鵝毛鋌，陽江縣出。乃鹽藏鱊魚兒，其細如毛而白。鮫魚皮，封川縣出。苧布，蕉布，縮砂，乾漆，楓香。俱高要縣出。

又《高州府》 土産：【略】孔雀，高涼石城縣出。鸚鵡，吳川石城縣出。白香，化州出。株幹差大，以斧斸之，名曰斧口，而香氣始聚焉。蚺蛇膽，治大風。茂名、電白、信宜三縣俱出。高良薑，化州出。樹石屏。宋洪邁記：祁陽石藉人力磨琢，惟高涼樹石屏混然天成，無斧鑿痕。

又卷八二《雷州府》 土産：孔雀，斑竹，高良薑，俱府境出。百部，海康縣出，名婆婦草，可殺蠅蚋。【略】荔枝，徐聞縣出。大蜈公皮，合浦徐聞縣出，大蜈公皮以冒鼓，不詳是何物，或云蚺蛇也。浮留藤，海康縣出，蒟苗也，合檳榔食之，辛香，又名蔞藤。爆牛。海康其地多牛，項上有骨大如覆斗，日行三百里，《爾雅》所謂犦牛是也。

明　曹學佺《明一統名勝志·廣東名勝志》卷五《潮州府·惠來縣》 百花山，在縣城東三十里，中有林木，四時多産奇花。有同株而紅紫異色者，一名百花林。

又卷六《肇慶府·高要縣》 吳録曰：端溪有端山，山有五色石，石上有香木。

又卷九《欽州》 《志》云：三山嶺在州南五里，有三山亭，宋州守陶弼題十二韻刻石尚存，上産孔雀，又名孔雀嶺。孔雀之雄者生三年有小尾，五年成大尾。自喜其尾而甚妬，凡欲棲，必先擇可置尾之處，然後止。捕之者候甚雨時，其尾霑濕不能高翔，又恐人傷其尾，亦不敢翔也。按：唐宋欽州寧越郡貢翠羽，本朝始罷。

明　張恭懿《松窗夢語》卷二《南遊記》 惟廣州爲然，果實種種，亦惟荔挺爲最，荔奴次之。鳥多孔雀，獸多麞鹿，此其大較也。

清　屈大均《廣東新語》卷二〇《禽語》 [只録種名]鳳，鶴，孔雀，白鷴，鸚母，五色雀，鷓鴣，山鶘畫眉，翡翠，紅翠，鷦鷯，比翼鳥，花燕，石燕，青隹，四雀，諸雞，鸏鷁，鴨，寶鴨，野鴨，鬆鳧，靈鵝，淘鵝，鴉，鶴鶉，鴿，焙鴨，白頭公，江鷗。

又卷二一《獸語》 [只録種名]虎，犀，鹿，牛，果下馬，熊，猿，猴，狨，兔，麂，獐，獴獖，狗，番狗，乳羊，獺箭豬，香貍，碩鼠，竹鼲，義象，凶年虎。

又卷二五《木語》 [只録種名]松，水松，柏，漆，杉，梅，桂，楓，木棉，榕，椀，菩提，荔枝，龍眼，梨，橄欖，檳榔，桃榔，椰，橘柚，波羅樹，訶子，羊桃，山桃，蒲桃，夾竹桃，蜜望，宜母，人面。諸山果：谷子、余甘子、鬼目子、山棗子、卍果、君遷子、五子、千歲子、秋風子、金紐子、青竹子、臼羊齒子、不納子、山葡萄、山韶子、燕脂子、都捻子、黄皮果、蘋婆果。苦楝，牡丹，木芙蓉，夜合，木樨，月貴，茉莉，貝多羅，杜鵑花，丁香，女青，山丹，佛桑，瑞香，合歡，指甲花，南燭。四種花：山石榴、錦鶯花、白鶴花、粉蝶花。櫟，九里香，山礬，蠅樹，藥樹，海南文木，柊叶，山大丹，步驚，槌子，紅豆，泡木，海苔樹，油葵，海棗，鹽醋子，刺桐，香桃花，散沫花，朱槿，添色芙蓉，孔雀花。

清　宋廣業　康熙《羅浮山志會編》卷七《品物志·羽屬》 [只録種名]五色雀，碧雞，白鷴，白鴨，紅翠，鸏，翡翠，倒掛，金雞，青雞，鶴，鷓鴣，木客鳥。

又《毛屬》 [只録種名]啞虎，果下豹，象，巂巂，果然，熊，鹿，石羊，猿，猴。

又《品物志·木屬》 桂樹【略】。沉香，竺法真《登羅山疏》：沉香葉似冬青，樹形崇竦，其木枯折，外皮朽爛，內心乃香，山雖有此樹而非香所出，香之佳者乃出日南北景。旃檀，竺法真《登羅山疏》：旃檀出外國，元嘉末增城有人於山見一大樹，員蔭數畝，三丈餘圍，辛芳酷烈，其間枯條數尺，援而刃之，乃白旃檀也。薰陸香【略】。枸杞【略】。羅浮茶【略】。南燭【略】。訶梨勒【略】。合成樹【略】。木棉，《山記》：木棉正月開花，大如芙蓉，花落結子，方生棉，方葉耳，子内有棉，甚白。松，世言五粒者，粒當言鬣。今山上多五鬣松。《抱朴子》：千歲松樹四邊枝起，上杪不長，望而視之，有如偃蓋。其中有物，或如青牛，或如青羊，或如青犬，或如青人，皆壽千歲。按《老子玉策》云：松脂入地千年變爲茯苓，茯苓千年變爲虎珀，虎珀千年變爲石膽，故有此壽也。蘇軾《偃松屏贊》有序。俱載《藝文志》。合成樹，《南越志》：博羅縣有合成樹十圍，去地二丈，分爲三衢。東向一衢，木葉似練，子如橄欖而硬，削去皮，南人以爲糝。南向一衢，橄欖。西向一衢，三丈樹，南北之候也。求那衛，外國樹也，番僧種之，英華紅粉，至可愛玩。即夾竹桃。男青，《山記》：女青即萬年枝，《本草》一名雀瓢，治蠱邪殺鬼，樹身大合抱，皮麄肉厚，經冬不凋。又名冬青，結子皮青黑色有瓤核，飛禽食之。惟羅浮山有男青，似女青條蕊之屬。莫不朱色，尤易植立土中，因便開榮。皂莢樹【略】。楓香樹，舊志：子大如鴨卵，二月花，色乃連着實，八九月熟，晒乾可燒。考今所燒乃其皮幹，非子也。楓亦無子如卵者。語云：檉喜雨，楓喜風。楓，陰木，以風而生，風去而楓聲不止，不與衆木俱寂。羅浮連亘數嶺皆楓樹，每天風起則楓鳴。榕【略】。荆【略】。桄榔，似栟櫚，其皮可作綆，木性如紫竹，黑苞有文理。山中有桄榔洞。蘇軾《桄榔杖寄張文潛》詩，載《藝文志》。水松，似檜而香，有抱木生其旁，柔弱可作履。謂之抱香履。漢椒【略】。梧桐【略】。刺桐，其木爲材，三月三時布葉繁密，後有花赤色，間生葉間，旁照他物，皆朱殷然。三五房凋，則三五復發，如是竟歲。

又《品物志・果屬》 香柑【略】。橘【略】。棗【略】。荔枝【略】。龍眼【略】。蒲桃【略】。山葡萄【略】。木葡萄【略】。甘蕉【略】。沙棠【略】。羊桃，亦名三斂子。斂，稜也。其實三稜，廣人以爲蔬，能辟瘴毒，中蠱者搗自然汁飲，毒即吐出。山檳榔，一名蒳子。竺法真《登羅山疏》：葉似栟櫚，幹似蔗，葉類作一蘩，十餘幹，每幹生十房，房底數百子，四月采。盧橘，裴淵《廣州記》：羅浮有之，夏熟實大如李，剥皮食作酢，合食則甘。柚，裴淵《廣州記》：橘屬，別有柚，號曰雷柚，實如斗大，即《列子》所謂『碧樹而冬青，實丹而味酸』者也。山桃，大於尋常桃。陸賈《南越行記》：羅浮山頂有湖，楊梅、山桃繞其際，海人時登採拾，止於上飽食，不得持下。江淹有《山桃頌》。載《藝文志》

又《品物志・竹屬》 龍鍾竹，《南越志》：羅浮山生竹，皆七八十圍，節長一二丈，謂之龍鍾竹。《六帖》：第三峰有竹大徑七尺圍，節長二丈，謂之龍公竹，嘗有鸞鳳棲宿。東有溪曰羅陽，永泰中暑雨，溪漲，有竹葉若芭蕉葉大，隨水出，須臾一竹濶二尺餘，長二丈，乃龍公竹也，亦名籠葱竹。舊志：大可十圍，世但聞其名而不識其物。水簾洞有道人庵，忽遇道侶，自稱姓黄，寄宿一宵。及去，留下青竹篋一條，可長二丈餘，而無節，蓋籠葱竹也。或以道侶爲野人云。放杖竹，似竹而非竹，亦木類也。浸酒服之，理腰脚，老人服之，一月放杖，故名。《惠州志》：出羅浮。筍，吴僧贊寧《筍譜》：貞元中，有人游羅浮第十三嶺，見巨竹，三十九節，節長二丈，大十圍，筍甚膚直。意即龍葱筍也。筋竹，竺法真《登羅山疏》：嶺南道無筋竹，惟羅山有之，其大尺圍，細者如黄金，堅貞疏節。桃枝竹，種本出自嶓冢，四寸，有節，皮滑而黄，可以爲席，亦可爲杖。《山海經贊》：嶓冢美竹，厥號桃枝；叢薄幽藹，從容鬱猗；簟以安寢，杖以扶危。《南越志》：《博羅縣東蒼洲足簟竹銘》曰：簟竹既大，薄且空中，節長一丈，其直如松。印竹，本出印山，張騫西至大夏所見者也。而此山左右時有之，右二竹鄉，老者以爲杖。符竹，生劉仙壇左右，葉上有文如篆籀，蓋蟲行之文。宋煜詩、黄蟣詩、劉夢得詩。俱載《藝文志》。

清 郝玉麟 雍正《廣東通志》卷五二《物産志・果》

[注略]荔枝，樹高五六丈餘，如桂樹，緑葉蓬蓬，冬夏榮茂，青華朱實，實大如雞子，肉白如肪，甘而多汁，似安石榴，有甜酢者。夏至日將中，翕然俱赤，則可食也。南方果之美者有荔枝。梧州火山者，夏初先熟，而味少劣。其高潘者最佳，五六月方熟，有無核類雞卵大者，其肪瑩白不減水晶，乃奇實也。廣州有無核枇杷，海南有無核荔枝。荔有多種，曰黑葉，曰大荔，曰田巖，曰塘埜，曰進奉，産增城者尤佳，曰掛緑，曰犀角子，曰狀元紅，曰尚書懷。諸品掛緑爲上。出新興者香荔，實小核焦，而香美。竺法真《登羅山疏》云：荔枝冬青，夏至日子始熟，六七日可食，甘酸宜人，其細核者謂之焦核，荔枝之最珍者也。

《南海藥譜》：荔枝未熟人未採，則百蟲不敢近，纔採之則烏鳥蝙蝠之類無不殘傷，然亦不獨荔枝，諸品皆然。荔枝多不及閩，而較早一月，惟新興者過之，新興荔乾美於閩之狀元紅，官其地者亦不可多得。增城荔枝亦美。掛緑爲最，黑葉次之。彼人取荔漿爲酒，蓋以荔汁和燒酒爲之，香味俱美，然難致遠。龍眼如荔枝，但枝葉稍小，殼青黄色，形圓如彈丸，核如木梡子而不堅，肉白而帶漿，其甘如蜜，一朵五六十顆，作穗如葡萄然。荔枝過則龍眼熟，故謂之荔枝奴，言常隨其後也。龍荔，殼如小荔枝，肉味如龍眼，木身，葉亦似二果，故名。可蒸食，不可生啖，令人發癇。三月開小白花，與荔枝同時。甘蕉，葉長一丈或七八尺，花大如酒杯，形色如芙蓉。每華一闔，各有六子，先後相次，子不俱生，花不俱落。一名芭蕉，或曰芭苴。剥子上皮色黄白，味似葡萄，甜而脆，亦療飢。有三種，羊角蕉味最甘好；牛乳蕉微減；一種大如藕，子長六七寸，形正方，少甘，最下也。其莖解散如絲，以灰練之，可紡績爲絺綌，謂之蕉葛，交廣俱有之。《三輔黄圖》曰：漢武帝元鼎六年，破南越，建扶荔宫，以值所得奇草異木，有甘蕉二本。【略】檳榔樹，高十餘丈，皮似青桐，節如桂竹，下森秀無柯，端頂有葉，似甘蔗，條脈開破，仰望眇眇，如插叢蕉於竹杪，風至觸動，似舉羽扇之掃天。葉下繫數房，房綴數十子。家有數百樹。檳榔，無華而實，堅如乾棗，以扶留古賁灰並食則滑美，下氣及宿食消穀。檳榔，實南越之奇觀，子既非常木，亦特異，性不耐霜，不得北植，必當遐樹海南，遼然萬里，弗遇長者之目，自令恨深。木實曰檳榔，樹無枝，略如柱，其顛生穟而秀，棘針重疊其下，彼方珍之，以爲口實，亦出交阯。檳榔，土人以爲貴，款客必先進，若邂逅不設用，相嫌恨。山檳榔，一名蒳子，葉似栟櫚，幹似蔗，葉作叢，十餘幹，每幹生十房，房底數百子，四月采。東南荒中有椰樹，高二十餘丈，生子三歲而熟，如瓜少瓤。檳榔無柯，椰葉無陰。椰樹高六七丈，無枝葉，其實大如寒瓜，其漿美如蜜，飲之得醉，核中有白膚，厚半寸，味似胡桃。山橘子，冬熟，有大如土瓜者，次如彈丸者，皮薄下氣。【略】波羅蜜，大如冬瓜，外膚礧砢如佛髻，削其皮食之，味極甘，子瓤悉如冬瓜，生大木上，秋熟。波羅樹，自蕭梁時西域達奚司空攜子二枚，栽於南海廟，即佛氏所稱優鉢曇也。無花結果，果成之後，或一生花，故以優鉢曇花爲難得。樹高五六丈，實生枝間，其大如斗，有重至三十四斤者，若不實則以刀斫樹皮，白乳湧出，旋凝結爲實。老樹已朽，今是其萌蘖，已大數十圍，他處皆自此分種。其根旁行，實旋結於地中，坼裂聞香，始知較枝幹所結尤美。一實有數百核，核中仁如栗，可爊食。果之大而美者，惟此與椰子而已。又有一種草本，實結於心頂，仍有葉，其實皮厚，有軟刺，肉層疊如橘囊，味亦香甘。橄欖，樹身聳，枝皆高數丈，其子深秋方熟，味雖苦澀，咀之芬馥，勝含雞舌香。橄欖子八九月熟，其大如棗。《廣志》云：有大如雞子者，樹高不可梯，但刻其根方數寸許，入鹽于中，子皆落矣。今高凉有銀坑橄欖，子細長，味美於諸郡産者，其價亦貴。珠厓欖欖，獨報枝南向者爲橄欖，東向者爲木威。烏欖，如橄欖，青黑色，肉爛而甘。方欖，亦橄欖類，三角或四角，出兩江州峒。烏欖，一名木威子，乃欖之大者，蒂有臭味，大遜橄欖。土人取其肉，醃爲葅，名曰欖豉，色如玫瑰，味頗雋。又可榨油，調食點燈。其仁則爲佳果，其皮染物鮮紅如茜，其核可爲薪。菴摩勒，樹葉細似合昏，黄花，實似青李，黄色，核圓，作六七稜，食之先苦後甘。術士以變白髮，有驗。出九真。餘甘子，形味類橄欖，一名菴摩勒。留求子，形如梔子，稜瓣深而兩頭尖，似訶梨勒，而徑及半黄已熟，中有肉白色，甘如棗，核大，治嬰孺之疾。南海交阯俱有之。海梧子樹與中國松同，但結實絶大，形如小栗，三角，肥甘香味，亦樽俎間佳果也。出林邑。海棗樹，身無閒枝，直聳三四十丈，樹頂四面，共生十餘枝，葉如栟櫚。五年一實，實甚大，如杯盌，核兩頭不尖，雙卷而圓。其味極甘美，安邑御棗無以加也。千歲子，有藤蔓出土，子在根下，鬚緑色交加如織。其子一苞，恒二百餘顆，皮殼青黄色，殼中有肉如栗，味亦如之，乾者殼肉相離，撼之有聲，似肉荳蔻。出交阯。人面子，樹似含桃，結子如桃實，無味，其核正如人面，可玩于席間，飣餖御客。出南海。五斂子，大如木瓜，黄色，皮肉脆軟，味極酸，上有五稜。南人呼稜爲斂，故以爲名。以蜜漬之，甘酸而美。出南海。五稜子，形甚詭異，瓣五出，如田家碌碡狀，味酸，久嚼微甘，閩中謂之羊桃。五子樹，實如梨，裏有五核，因名。五子治霍亂、金瘡。石栗，樹與栗同，但生於石間，花開三年方結實，殼厚肉少，味似胡桃，仁熟時或爲羣鸚鵡啄食略盡，故彼人多珍貴之。出日南。山胡桃，皮厚底平，狀如檳榔。又占卑國出偏核桃，形如半月狀。波斯人取食之，絶香美。蒲桃，樹高二三丈，其葉如桂，四時有花，叢鬚無瓣，如剪出絲毬，長寸許，色兼黄緑，結實如蘋果，殼厚半指，絶香甜，核與殼不相連屬，摇之作響。羅浮澗中多有之，猿鳥含啄之，餘隨流而出。人阻水取之，動盈數斛，以之釀酒，曰蒲桃春，經歲香不減，作膏尤美。山葡萄，莖細裊，而花紫白，不恒實，如北葡萄小而赤，八九月熟，味酢可食，亦堪爲酒。其莖主嘔逆。斷其兩頭節吹之，有汁出如通草，仙家浴丹用之。林檎【略】。蘋婆果，一名林檎，樹高，其莢如皂角，長二三寸，子生莢間兩旁，或四或六，子老則莢迸開，内深紅色，子皮黑，肉黄，熟食味甘，蓋奧栗也。相傳三藏法師自西域移至，梵語曰蘋婆。黎朦子，如大梅，復似小橘，味極酸。宜母果，似橘而酸，婦人懷姙不安，食之良，故有宜母之名，又名宜濛子，製以爲漿，甘酸辟暑，名渴水。元吴萊有《宜濛熟水歌》。藤韶子，大如鳧卵柿。山韶子，色紅，肉如荔枝。古米子，殼黄，中有肉如米粒。殼子，如青梅，味甘。木連子，如胡桃，紫色。特乃子，狀似榧，而圓長端正。不納子，似黄熟小梅，絶易爛，爛即破，肉附核，可爲經珠，似菩提子。黄皮子，如小棗。朱圓子，正圓深紅，狀如楝子。匾桃，大如桃而匾，色正青。羅浮山頂有湖，楊梅、山桃繞其際，海人時登採拾，止得於上飽啖，不得持下。林邑山楊梅，其大如桮椀，青時極酸，既紅，味如崖蜜，以醞酒，號梅香酎，非貴人重客不得飲之。楊梅，葉如龍眼，樹如冬青，一名朹。潘州有白色者，甜而絶大。榛，似栗而小。浮山有沙棠，花黄，實赤，味甘如李。杏園洲在南海中，多杏，云仙人種杏處。漢時常有人舟行，泊此洲五六日，日食杏，故得免死。又云洲中有冬杏。嶺南之梅，少於江左。居人採之，雜以朱槿花，和鹽漬之，梅爲槿花所染，其色可愛。又有選大梅刻鏤取棹汁漬之，亦甚甘脆。紅鹽草果，取生荳蔻入梅汁鹽漬，令色紅，暴乾以薦酒。鸚哥舌，即紅鹽草果之珍者，實始結，即頻取紅鹽乾之，纔如小舌。獼猴桃，亦無花果，但不及波羅蜜之大而美。蜜望，樹高數丈，花開極繁，蜜蜂望之而喜，故名。其實黄，味酸甜，能止船暈，海舶兼金購之。有夭桃者，子大如木瓜，渡海者食之不嘔，然不宜於歲事。諺云：米價高，食夭桃。桾櫏子，樹如甘蕉，即柿也。其子如馬乳而小，中有美漿。金紐子，色紅黄，味甘。都捻子，一名倒捻子，有紅、白二種，花如芍藥而小，子如軟柿，外紫内赤，其汁可染，花可爲酒，葉可代麯，皮漬之有膠可代漆。蘇軾名曰海漆。卍果，形如卍字，橫直甚方正，蒂在卍字中間不可見，生食香甘，土名蓬鬆子。萬壽果，樹高如桐，實在樹間如柚，味香甜。落花參，蔓生，花吐別生莢於根莖間，掘沙取之，狀如蠶豆。蓬蓬奈，華言破肚子，蓋果實也。産於暹邏之崛巃。如大棗而青，島人日乾以附遠，漬以沸汁，其皮自脱，圓滿如大李，肉潤膩如紅酥，甘美可啖，亦珍美云。冬榮子，蔓生，實大如柚，中有瓢瓣，瓣相疊，白如脂，炙食香甘，粤俗采以相餉。杏梅，出樂昌，花紅，實甜。李，有紅心、珍珠、鵞膏、胭脂。革琢子，殼硬黑，肉白甘香，賽核桃。菩提果，色白者味甜，五月熟。羅定有猪膏子。

又《木》 [注略]桂林八樹在番禺東。桂，出合浦，生必以高山之巔，冬夏常青，其類自爲林，間無雜樹，交趾置桂園。桂有三種，葉如柏葉赤皮者爲丹桂，葉似柿葉者爲菌桂，其葉似枇杷葉赤爲牡桂。桂，南方奇木，上藥也。翳樹，出交州，色黑而有文，亦謂之烏文木。紫旃木，出扶南，色紫，亦謂之紫檀。柟榴之木，相思之樹。訶梨勒，樹似木梡，花白，子形如橄欖，六路，皮肉相著，可作飲，變白髭髮令黑，出九真。榕樹，南海、桂林多植之，葉如大麻，實如冬青。樹幹拳曲，是不可以爲器也。其本稜理而深，是不可以爲材也。燒之無焰，是不可以爲薪也。以其不材，故能久而無傷。其蔭十畝，故人以爲息焉。藤梢入地生根節，或一大株有根四五處，而横枝及鄰樹即連理。榕樹閩廣最多，他省則無，故紅梅驛以北無榕。大者蔭十餘畝，離奇古怪，備木之異，衙署多植以爲蔭，莊子所謂以不材而壽者也。其木年久者常結伽南香，焚之致鶴。植于水際，其子可以肥魚。細枝曝乾，束爲炬，風雨不滅。其鬚製藥，可以固齒。其脂乳可以貼金接物，與漆相似。人但知有用之用，而不知無用之用也。桄榔樹似栟櫚，其皮可作綆，得水則柔韌，番人以此聯木爲舟，皮中有屑如麪，木性如竹，紫黑色，有文理，工人解之以製奕枰。出九真交阯。桄榔木身直如杉，又如椶櫚，有節似大竹，一幹挺上高數丈，開花數十穗，緑色。水松，葉似檜而細長，出南海，土産衆香，而此木不大香，故彼人無佩服者。嶺北人極愛之，然其香殊勝于南方時。水松似檜而香，有抱木生其旁，柔弱可作履。五嶺之間多楓木，歲久則生瘤癭，一夕遇暴雷驟雨，其樹贅暗長三五尺，謂之楓人。越巫取之作術，有通神之驗，取之不以法，則能化去。南中有楓子鬼，楓木之老者爲人形，亦呼爲靈楓。語云：梩喜雨，楓喜風。楓，陰木，以風而生，風去而楓聲不止。羅浮連亘數嶺皆楓樹，每天風起則楓鳴。棹樹【略】。蘇枋樹類槐，花黑子，出九真，南人以染絳，漬以大庾之水則色愈深。寧浦有三種荆：金荆可作枕，紫荆堪作牀，白荆堪作履，與他處牡荆、蔓荆全異。熙安縣有古度樹，俗人無子，於祠炙其乳則生男，以金帛報之。嶺南有瘟母樹。《南越志》云：古度樹，俗呼那子，南人號曰柁。不花而實，實從皮中出，如綴珠璫，其實大如櫻桃，黄即可食，過則實中化蛾飛出，亦有爲蚊子者。椶，一名栟櫚，葉似車輪，皮可作索。綸似穀，皮可以爲綿。博羅縣有合成樹，十圍，去地二丈，分爲三衢。東向一衢，木葉似楝，子如橄欖而硬，削去皮，南人以爲糝。南向一衢，橄欖。西向一衢，三丈，[三丈]樹南北之候也。綏南縣有連山樫，松、杞、梓。無患，木名也，實可以去垢，核黑如堅櫨。沙木與松同類，尤高大，葉尖成穗，少與杉異。思儡木堅實，漬鹹水中百年不腐。臙脂木堅致，色如臙脂，可鏇作器。龍骨木色翠青，狀如枯骨。南漆如稀飴，氣如松脂，霑霑無力。潮州韓文公祠有異木，世傳退之手植，去祠十數步種之輒萎。有題詩者云：韓木有青春谷暖，鱷魚無種海潭清。閩廣多種木綿，紡績爲布，名曰吉貝。海南蠻人織以爲巾，上出細字，雜花卉，尤工巧，即古所謂白㲲布。木棉樹大可合抱，高者數丈，葉如香樟，瓣極厚，一條五六葉，正二月開大紅花，如山茶而蕊黄色，結子如酒盃，老則坼裂，有絮茸茸，與蘆花相似，花開時無葉，花落後半月始有新緑。其絮土人取以作裀褥，女工不能治。今詢之粵人，亦無有織者，或别是一種耳。廣州閲武廳前與南海廟各有一株，甚大，開時赤光照耀，坐其下，如入朱明之洞也。綿木【略】。女青，即萬年枝，惟羅浮山有男青，似女青，條蕊之屬莫不朱色，尤易植立土中，因便開榮。南燭【略】。漢椒，似胡椒而大，色黑，治心腹冷痛，出羅浮。香楠，木幹極端偉，一名端正樹，亭亭直上，若幢蓋然，膚有花文，色黄緑而細膩，剖之香辣，多産崖州。花櫚，色紫紅，微香，其文有若鬼面，亦類貍斑，又名花貍，老者文拳曲，嫩者文直，其節花圓暈如錢，大小相錯者佳，往往寄生他樹。雞翅木【略】。鐵力木，理甚堅致質，初黄，用之則黑。粵人以作諸器具，頗不貴。黎山中人以爲薪，至吴楚間則重價購之。吐珠木，堅如鐵力，色比紫荆較赤，爲海南之文木。飛雲木，文如波浪，迴環輳心，斲作杯子，極爲幽致。椽木【略】。椅木【略】。赤黎，俗曰槌子木，子如珠璣，可食，每結子多則歲頗儉。梌木，根葉俱類桃，而膚理細膩，性極耐水，木品之良者，惜少耳。櫨木，性至堅，歷久不朽，白蟻所不敢犯，故以靈名之。紫鉚樹，脂色赤如血，名麒麟竭，以嚼之不爛，如蠟者爲妙。訶林有菩提樹【略】。藥樹，狀似木綿，其液白，見風則黑，是名藥脂，土人以濡箭鏃，中虎則三躍而死。或中山豬，豬嚙木槵根以自療，故知木槵子能解此毒。蠅樹【略】。紫柏木香而文可作器用，多産潮陽。高凉有獺尾木、紅羅木。虎斑木，紋似虎斑。

又《香》

[注略]黎山所産，番舶所湊，芬郁布於天下。故自古稱衆香之國，名品猥多，舉其概爾。【略】沈香，葉似冬青，樹形崇竦，其木枯折，外皮朽爛，内心乃香，佳者乃出日南比景。盆允縣利山上多香林。日南有千畝香林，名香出其中。【略】沈香，雜木也，儋崖海道，居民橋梁皆香材，如海桂橘柚之木，沈于水多年得之，皆爲沈水香，然生採之即不香也。楓香樹，似白楊，葉圓而歧分，有脂而香。其子大如鴨卵，二月華髮乃著實，八九月熟，曝乾可燒。惟九真郡有之。薰陸香，出大秦，在海邊有大樹，枝葉正如古松，生子沙中，盛夏樹膠流出沙上方採。紫藤，葉細長，莖如竹，根極堅，實重重有皮，花白子黑，置酒中歷二三十年亦不腐敗。其莖截置烟炱中，經時成紫香，可以降神。【略】旃檀，出外國，元嘉末增城有人於山見一大樹，圓蔭數畝，三丈餘圍，辛芳酷烈，其間枯條數尺，援而刃之，乃白旃檀也。【略】五木香，一株五根，一莖五枝，一枝五葉，一葉間五節相對，故名五香之木，燒之十日上徹九天。【略】馬眼香，其藤大如臂，歲久心朽，皮堅，自然成香，周迴小眼，如雕刻香筒狀，粵俗多以供神。【略】龍骨香，樹叢生有刺，汁甚毒，枝老而根結成香者美。

又《藤》

[注略]嶺南藤類至多，適於器用，海内莫能尚焉。諸慮山櫐，今江東呼櫐爲藤，似葛而麤大。斜藤，圍數寸，重於竹，可以爲杖笈，以縛船及以爲席勝於竹也。浮沈藤，生子大如齏甌，正月花，苞仍連著實，十月、臘月熟，色赤，生食之，甜酢，生交阯九真。合浦潤子藤，生緣樹木，正二月花，四五月熟，實如梨，赤如雄雞冠，取生食之，味淡泊，出交阯。野聚藤，緣樹木，二月花苞，仍連著實，五六月熟，子大如羹甌，俚民煮食，其味甜酢，出蒼梧。菝藤，生金封山，俚人往往賣之，其色正赤。榼藤，依樹蔓生，如通草藤也，其子紫黑色，一名象目，三年方熟，其殼貯藥，歷年不壞，生南海，解諸藥毒。【略】苴藤，如栟櫚，葉疎破，皮青，多棘刺，高五六丈者，如五六寸竹，小者如

筆管竹，類有十許種。續游，草藤也，一曰諾藤，二曰含水藤，狀若葛，葉若枸杞，其中水清美，可潤五臟，山行渴，則斷取汁飲之，更生根至地，永不死。花藤，鏇以爲器用，中有花紋。丁公藤，俗名過山風，可療筋骨軟痛。甘露藤，蔓生如筋，花如指甲，性甘温，食之令人肥，故又名肥藤。白花藤，味如蔗，以酒調服甚佳，老人宜之。蘭子藤，子如梨，色赤若雞冠，生食之味若番桃。乳藤，蔓如懸鈎倒掛，葉尖而長，斷之有白汁如乳，婦人産乳不通，以藤搗汁和白粥食之立効。五色龍鬚，小藤也，細如髮，直起數丈，無節，常飛越數樹，如百千遊絲牽綴，生無根蒂，以穢物投之，即消釋不知所在，以其液和細土、石灰塗甖糖釜，其堅如鐵，雖猛火不裂，其花及子浸酒服能健筋骨。買蘇藤，其莖多汁，可解渴，性柔易治，用織履，堅韌如麻，故名。又名買子藤，其子可食，買一藤而得三利，故其直頗貴，不比他藤聽人自取。雞香藤，堅而芬烈，能辟水霧之氣。括藤，用以磨礪器物，能發光膩。蚺蛇藤，凡有蚺蛇之所，卽有此藤。捕蛇者以藤圈牽之，蛇不敢强舍此藤，則不能伏。扶留藤，俗名蔞葉，用之以合嚼檳榔。有一種名假蔞，不堪用。黄藤，可染熬汁，即藤黄也，其性最寒，可和青魚膽點目。白藤，葉似土茯苓，藤身小而長白，外有簦裹，用與海南産者同，特膩少遜。沙藤，葉長三四寸，多芒刺，身如指大，堅韌異常。赤裏藤，似香而精細，搥軟乃可用。紅藤，色紅，可代檳榔，出陽江。

又《竹》［注略］粤中多竹，大小皆殊異，籠笯名最著，然竹圍二十一尺，蓋過論也，志其實而已。東南之美者，有會稽之竹箭焉。箭竹，高者不過一丈，節間三尺，堅勁中矢，江南諸山皆有之。始興郡桂陽縣，出筀竹，大者圍二尺，長四丈。又交趾有簝竹，實中勁强，有毒，鋭以刺虎，中之則死。桂竹，高四五丈，大者二尺圍，闊節大葉，狀如甘竹而皮赤，南康以南所饒也。石林竹，似桂竹，勁而利，割象皮如刀，出九真交阯。箟簩竹，皮薄而空，多大者徑不過二寸，皮麤澁，以鎊犀象，利勝于鐵。南方思牢國産竹，質甚澁，可以礪指甲。李商隱《射魚曲》云：思牢弩箭磨青石，繡額蠻渠三虎力。是知亦可作箭。今東廣新州有此種，製琴樣爲礪甲之具，但微滑，當以酸漿漬之，過信宿則澁。雲邱竹，一節爲船，出扶南。今交廣有竹，節長二丈，其圍一二尺者往往有之。思摩竹，竹大而筍生其節，筍既成竹，春而筍復生節焉，交廣所在有之。簞竹，葉疎而大，一節相去五六尺，彼人取嫩者，硾浸紡績爲布，謂之竹練布。單竹，大者如腓，虚細長爽。嶺南人取其筍未及竹者，灰煮績以爲布，其精者如縠焉。越王竹，根生石上，若細荻，高尺餘。南人愛其青色，用爲酒籌，云越王棄餘算而竹生。雲母竹，大竹也。欀竹，細而多刺者。箟竹，堪作笛篃竹，宜爲屋椽。篃竹，皮青内白如雪，輭韌可爲索。漢竹，大，一節受一斛，小者數升，爲椑榼。利竹，蔓生堅韌。筋竹，長二丈許，圍數寸。至堅利，南土以爲矛。其筍未成竹時，堪爲弩絃。嶺南道無筋竹，惟羅山有之，其大尺圍，細者色如黄金，堅貞疏節。龐泠縣有大竹數圍，實中，任屋梁柱，覆用之則當瓦。籦龍，竹名。黄帝使伶倫伐之於崑崙之墟，吹以應律聲。羅浮山生竹皆七八圍，節長一二丈，謂之龍鍾竹。第三峰有竹大徑七尺圍，節長二丈，謂之龍公竹，嘗有鸞棲宿。東有溪曰羅陽。永泰中，暑雨溪漲，有竹葉若芭蕉葉大，隨水出，須臾見一竹，濶二尺餘，長二丈，乃龍公竹也。亦名龍葱竹。貞元五年，番禺有海户避罪羅浮山，入至第十三嶺，遇巨竹百丈萬竿，有三十九節，節長二丈，因破之爲篾，遂挈而歸。時有軍人獲一篾，以爲奇貨，後獻於刺史李復，復命陸子羽圖而記之。許氏《説文》有長節竹，謂之笯，得非羅浮山龍鍾之義乎？籠葱竹，大可十圍，世人聞其名而不識其物。水簾洞有道人庵，忽遇道侶，自稱姓黄，寄宿一宵，及去，留下青竹篾一條，可長二丈餘，而無節，蓋籠葱竹也。或以道侶爲黄野人云。廣州有桃枝竹。桃枝竹，皮滑而黄，可以爲席。篔簹，最大，大者中甑。射筒，薄肌而最長，節中貯箭，因以爲名。箖箊，葉薄而廣，越女試劍竹是也。桃枝是其中最細者。桃枝竹多生石上，葉如小椶櫚，人以大者爲杖。笻竹，本出卭山，張騫西至大夏所見也，而此山左右時有之。鄉老多以爲杖。澄州産方竹，體如削成，勁挺堪爲杖，亦不讓張騫笻竹杖也。又海晏出蘆，堪爲拄杖。高潘州出千歲蕨拄杖之類甚多。更有疎節竹，五六尺一節，僧道多以爲杖。又按：王最云：溱州通竹直上無節，空心也。人面竹，節密而凸，宛如人面，人採爲拄杖。棘竹，生交州諸郡。叢生有數十莖，大者二尺圍，肉至厚，實中。俚人破以爲弓，拔節皆有刺。彼人種以爲城，卒不可攻，萬震《異物志》所謂『種爲藩落阻過層墉』者也。竻竹，多刺，土人用爲藩籬，近交阯境尤多。箘、簵二竹，亦皆中矢，出雲夢之澤，皮特黑澁，以此爲異。《吕氏春秋》云：駱越之箘。然則南越亦産，不但荆也。海中之山曰島山，有篠大者如筋，内實外堅，拔之不曲，生既危埇，海又多風，枝葉稀少，狀若枯筋。交州海石林中偏饒是也。箘篁竹，大如脚指，堅厚修直，腹中白膜闌隔，狀如濕麵生衣。將成竹而筍未落，輒有細蟲齧之。隕籜之後，蟲齧處往往成赤文，頗似繡畫可愛，南康所生。狗竹，生臨海山中，節間有毛。由衙竹，生交州。百葉竹，生南垂界，甚有毒，傷人必死。一枝百葉，因以爲名。劉淵林云：篣竹有毒，黎人以刺虎豹，中之輒死。或一物二名，未詳其同異。蘇麻竹，長數丈，大者尺餘圍，概節多枝，叢生四枝，葉大如履，竹中可愛者也。五嶺左右徧有之。簜竹，葉大且密，如蘆葦。釣絲竹，類簜竹，枝極柔弱。椶竹，幹如竹，而實心密節，皮青色，外有椶皮，節節包之，葉與竹無異，最難長，可爲杖。鶴膝竹，可爲杖，其節如雞腿，亦名雞腿竹。符竹，生劉仙壇左右，葉上有文如篆籀，蓋蟲行之文。放杖竹，似竹而非竹，亦木類也。浸酒服之，理腰脚。老人服之，一月放杖，故名。出羅浮。雷州土貢電斑竹。象牙竹，色白如象牙。石竹，大者徑二寸，質實微虛，最堅老者斧斤不能入，倭人以刀觸之則斷。紙竹，出從化之流溪堡，居民以造紙。粵東印歷日用此，每年解司三十萬爲額。油竹，水浸晒乾爲燎，可代燭。燭竹，多產永安，土人採以代燭。昔宋文丞相屯軍南嶺，每生燃此竹，火光照人，今名丞相竹。生於嶺南者，葉有符文，與他處異。方竹，出乳源。蓼竹，出英德。鳳尾竹、釣絲竹之類多同。

又《筍附》 馬援至荔浦見冬筍，名曰苞筍。馬竹筍，大如盤，長有二尺餘，出從化。銀竹筍，長三四尺，肥白而脆，產西寧。聖筍，出增城。春不老，亦筍名，出陽山。龍牙，油筒竹之筍也。甜竹筍。筆竹筍，所在有之，皆筍之甜味而美者。柔筒筍，小而佳，出新興陽春山谷中。粵東之筍，十九皆苦，以爲苦者益人，甘者作脹。凡煮苦筍，以黄荳同煮，未熟不可開釜。

又《鳥》 [注略]周成王時，越裳獻白雉。白雉有種。按《地域圖》：九德，古之越裳也。周成王所以爲瑞者，貴其所自來之遠，明其德化之廣，非謂此爲奇也。火離爲孔雀。南越王佗獻生翠四十雙，孔雀二雙。南越以孔雀珥門户。孔雀，細頸，隆背，似鳳凰，自背及尾皆作圓文，五色相繞，如帶千錢，頭戴三毛以爲禮，拍其尾則舞。孔雀生高山喬木之上，探其雛育之，喜卧沙中，以沙自浴自拍。雄者尾長數尺，金碧晃耀，時奮張其尾，團如錦輪。羽不可近目損人。孔雀產廣西，而羅定山中間或有之。雌者尾短，無金色。雄者尾大而綠，金翠奪目。其毛羽初春而生，四月後復凋，與花相榮衰。自愛其尾，欲棲息必先擇置尾之地。捕者先施網罟，俟其兩尾露而重，不能高翔，即罹網罟，不肯妄飛，土人取其尾，每數十莖長短相雜爲一屏，價亦不甚貴。其偏身毳毛及尾毛之破碎者，取以織補服。其肉則充餉饋如鵝雁，食之解百毒。然食孔雀肉，則服藥無効。其尾金眼有毒，其膽與糞尤毒，能殺人。孔雀尾插瓶中，蚊喜食之。尾能粘龍腦。宋時，禁中每幸，諸閤擲龍腦以避穢，過則以孔雀帚掃之，腦皆粘聚尾上，無有遺者。成王時，蒼梧獻翡翠。翠鷸，似燕，紺色，生鬱林。其羽可爲飾。翠鳥，先高作巢。及生子，愛之，恐墜，稍下作巢。子生羽毛，復益愛之，又更下巢也。紅翠，亦名搗藥禽，色間紅綠，春夏間夜鳴于深巖幽谷中，如云克丁當，宛似杵臼敲戛之聲。南方有比翼鳥焉，不比不飛，其名曰鶼鶼。成帝時，交趾越嶲獻長鳴雞、伺晨雞。伺晨，即下漏驗之晷刻無差。長鳴，則一食頃不絕，長距善鬭。移風縣有潮雞，鳴長且清，其聲如吹角。每潮至則鳴，故呼爲潮雞。伺潮雞，潮上即鳴，孫綽《望海賦》曰『石雞清響而應潮』是也。翻毛雞，翎翮皆翻生，彎彎向外，尤馴狎，不散逸。二廣皆有。木客鳥，大如鵲，數千百頭爲羣，飛集有度，不與衆鳥相厠。俗人云：木客白黄文者，謂之君長。有翼有綬，高飛而正赤者在前，謂之五伯。居前正黑者，謂之鈴下。緗色而赬雜者，謂之功曹。左脇有白帶似鞶囊者，謂之主簿。長次君後，其五曹官屬各有章色。廬陵郡東有之，即五色雀也。山神常使木客鳥迎貴人。羅浮有五色雀，非時不見。若士大夫將游，則先翔集，庵僧以爲候。東坡至儋州，五色雀來集庭下，客見而異之。坡舉酒祝曰：若爲吾來者，當再集也。已而果然。羅浮有五色雀，即《月令》所謂鶡鴠，綠毛紅喙，類鸚鵡而小。然他產不備方色，毛至冬稀。羅山所有者，羽儀四時鮮明，未嘗遜毨。飛則數十爲羣，不雜他鳥，進退以一雙導之，方色各備。其白者大如鳩，質素凝暎，獨見則爲瑞，海南人謂之鳳。《異物志》云：山神使木客鳥迎貴人。即此雀也。產羅浮者，以鐵冠爲長。蘇軾在海南見者，則常以兩絳者爲長。王母，若練雀，青色，尾最長，有錢文如孔雀。猺中有王母裘，織成錢文。杜詩：子規夜啼山竹裂，王母晝下雲旗翻。南禺之山有鳳凰鵷雛。鳥鳳，如喜雀，色紺碧，頸毛類雄雞，鬃頭有冠，尾垂二弱骨，各長一尺四五寸，其杪始有羽毛，一簇冠尾絕異，大畧如鳳。鳴聲清越如笙簫，然度曲妙合宫商，又能爲百蟲之音。生溪峒中，極難得。山鳳凰，狀如鵝雁，嘴如鳳凰，巢深林中。伏卵時，雄者以木枝雜桃膠封其雌於巢，獨留一竅，雄飛求食以飼之，子成即，發封，不成則室竅殺之。此亦異物也。南方有鳥，其名曰鷓鴣，其鳴自呼，長向日而飛。畏霜露，早晚稀出。有時夜飛，夜飞則以樹葉覆其背上。鷓鴣解嶺南野葛諸菌毒，及辟温瘴。一名鵃，多對啼。《廣志》言鷓鴣鳴云：但南不北南。《越志》云：其鳴自號杜薄州。惟《本草》説鳴云：鉤輈格磔。扶南東有漲海，海中有洲，出五色鸚鵡，其白者大如母雞。鸚鵡有三，一種青大如烏臼，一種白大如鴟鴞，一种五色大於青者。凡鳥四指，三向前，一向後，其目下瞼眨上。此鳥兩指向前，兩指向後，兩瞼俱如人目。交州巴南盡有之，五色者出杜薄州。白鸚鵡，大如小鵞，亦能言，羽毛玉雪，以手撫之，有粉粘著指掌，如蛺蝶翅。林邑國有結遼鳥能言，勝于鸚鵡，黑色，兩眉獨黄，即秦吉了也。一云：形似鸚鵡而色白，頂微黄，頂毛有縫如人分髮。又謂之了哥。出杜薄州。海鸚哥，黑喙緑羽，足類鼈。鵁鶄，巢於高樹，生子在窟中，未能飛，皆銜母翼飛上下也。鸂鶒，水鳥，毛亦五色，食短狐。其所在溪中，無復毒氣。啄木，大如雀，喙足皆青，毛色正青，翠鳥類也。與凡啄木異種，舌長五寸，杪有刺針。增城多鵕鸃。鵕鸃者，山雞也，利距善鬭，世以家雞鬭之，則可擒也。光色鮮明，五采眩耀。山雞愛其毛，暎水則舞。魏武時，南方獻之，以大鏡著其前，雞鑒形而舞，不知止。碧雞，似孔雀而小，五距鳥也，足重距，背連錢文，色碧，亦名越王山雞，羅山多有之。羅浮山有碧雞，羣飛絶巘，或獨鳴於空林，曰先顧先顧，可見不可取。錦鳥，文章如丹地錦，而藻繢互交，俗人見其端正似錦，因謂之錦鳥。南中有錦雞，一名金雞，形如小雞，頭項鬃毛金色，身紅黄相間，極有文彩，目微白。越王鳥，狀似鳶，口句末可受二升許，南人以爲酒爵，珍於文螺。不踐地，不飲江湖，不唼百草，不餌蟲魚，惟噉木葉。糞似薰陸香，山人既以爲香，又治雜瘡。鸃鶓，一名越王鳥，喙長一尺餘，黄白黑色，狀如人畫，光飾以漆，瑩磨益鮮明。松梟，如今野梟，棲息松間，故俗謂之松梟。羅山上有神湖，湖中有白鴨。雄鴨，以南雄府得名。寶鴨，似梟而小，頭有緑毛，多文彩，水次多有。江鷗，一名海鷗，在漲海中，隨潮上下，常以三月風至，乃還洲嶼，頗知風雲。若羣飛至岍，渡海者輒不敢渡，以此爲候。吐綬鳥，身大如翟，毛色可愛。若天晴淑景，則吐綬長一尺，須臾還吞之。一名錦帶功曹。

【略】唐永徽中，吐火羅國獻駝鳥。唐順宗時，拘弭國貢却火雀，純黑，大似燕。置於火中，火自散去。遂盛於水晶籠，懸於寢殿。火雞，出滿剌加山谷，大如鸛，多紫赤色，能食火吐氣，亦成煙燄。子如鶴胎，殼厚，踰重錢，或斑或白，島彝採爲飲盞，見者多珍奇之。又有山鳳，喙首如鶴頂，足率七八尺，翅翮過之，能吞衆鳥，敵人而啄其腦，若刀斧然。其子大如椰甌。粤中曾見火雞，毛黑毿毿下垂，高二三尺，能食火炭。相傳火雞、火鼠毛爲火浣布。此雞毛焚之亦成灰燼，恐非。此雞亦自海外來。端新州有鳥類青鵶而嘴大，常在池塘間捕魚而食。每作一聲，則有蚊子羣出其口。按《爾雅》曰：鷏鳥似烏鷚而大，蚊母鳥也。土人云：其翅堪爲扇，惟辟蚊子。灰鶴，大如鶴，通身灰慘色，去頂二寸許，毛始丹，及頸之半，亦能鳴舞。鶴，白色千歲變蒼，又千歲則黑。惟黄鶴最大，青鶴頗小。此山俱有之。白鷴，素羽黑文，狀如山雞，舉止閑靜，雌雄定耦，不亂不鬭，故曰白鷴。嶺南珍禽有倒掛子，非塵埃間物也。毛羽五色，日聞好香，藏之羽間，夜則張翼倒掛散香。倒掛子，一名么鳳，似鸚鵡而小，緑衣黄裹，嘴紅色，甚姣麗，常倒懸架上，屈體如環，東西相穿以自娱。罗浮梅花邨多有之。海雉，如雉而黑，在海中山上。海雞，毛色如家雞，惟雙足鼈類耳。西洋雞，頭高尾趫，與常雞甚異。亦有黑白雜色諸種。海鵞，大如鳩，春回巢於石巖危壁茸壘，乃曰海菜也。島人伺其秋去，公修竿接鏟，取而鬻之，謂海鵞窩。隨舶至廣，宴品珍之。燕窩有數種，日本以爲蔬菜供僧，此乃海燕食海邊蟲，蟲背有筋不化，復吐出而爲窩，綴于海山石壁之上，土人攀援取之。春取者白，夏取者黄，秋冬不可取，取之則燕無所棲凍死，次年無窩矣。山烏，形如八哥，能作種種禽獸音，教之能學人語，臆間有黑色圓長者善鳴，眼紅者善鬭，彼處多畜之。緑鳩，似斑鳩而色緑，自廣西而來。相傳每年九月，黄魚化爲之出水集巖樹間，網之輒得。粤東甚貴之，而粤西以充庖。官雏，喙距皆紅，身五采，頂有纓碧緑閃爍，處山谷中，羣鳥附之，俗呼山判官。兜兜雀，其名自呼，産東莞大奚山中，出則有大風。豁雞雞頭烏喙，尾長下垂，鳴聲豁豁，性嗜蛇，能治骨節折傷。其哺子時，取其雛，折兩足，以蛇飼之，屢折屢復，故有奇驗。雲白鳥，出肇慶，能禁蛇。鈎割雀，四五月夜半飛叫，若云鈎割年必豐，鈎鈎割年必歉。閣雀，晝不見形，每歲初夜向東高飛，鳴聲閣閣必兆歲豐。瓊郡無喜鵲，明景泰間，指揮李翊自海北攜來縱之，今蕃育滋多矣。

又《獸》［注略］山海之間，奇獸所叢。羅浮虎不咥人，則天下所獨也。其涉於荒怪者不載，載其殊尤與夫多而適於用者。【略】漢時交趾有犀，奔至高涼，人以黑牛眠之。有識者曰，此元犀也。楊孚《南裔異物志》贊曰：於惟元犀，處自林麓；食惟棘刺，體兼五肉；或有神異，表靈以角。犀出九德縣，其毛如豕，蹄有三甲。頭如馬，有二角。鼻上角長，額上角短。【略】彖耳濈濈，其大如掌，行動鼓舞，有歡悦發揚之意。狀似犀而角小，居草茅而知吉凶。東粵謂之茅犀，遇之則吉。象長鼻牙，南越之大獸，三歲一乳。九真都龐縣多象，生山中，郡内及日南饒之。廣之循雷產黑象，土人捕之，爭食其鼻，云肥脆偏堪爲炙。象有十二肉，惟鼻是其本肉。梁翔法師云：一名伽那。象嗜稼，凡引類於田，必次畝而食，不亂蹂也。未旬即數頃盡矣。島人以孤豚縛籠中，懸諸深樹，孤豚被縛，喔喔不絶聲，象聞而怖，引類而遁。𥜿𥜿，其狀如人而長，黑身有尾，反踵，見人則笑，笑則上唇掩其目。交趾及南康郡山中有之，俗呼山都。狌狌似狟，聲如小兒啼，出交趾封溪縣。安南武平縣封溪中有猩猩焉，如美人，解人語，知往事，以嗜酒故，以屐得之。或餉封溪令，以帊蓋之。令問何物，猩猩乃籠中語曰：唯有僕並酒一壺耳。令笑而愛之，養畜能傳送言語，人不如也。胥浦縣有獸名果然，猨狖類也，色青赤有文，居樹上，九真、日南皆有之。交州以南有果然獸，其名自呼，身如猨，犬面，其體不過三尺，而尾長四尺餘，喜反尾度身，其鼻兩孔仰向天，其毛柔細滑澤，白質黑文，集十餘皮可得一褥，繁文麗好，細厚温暖。熊好攀援木而引氣，故謂之熊經。其膽春在首，夏在腹，秋在左足，冬在右足，當心有白脂如玉，味甚美，俗呼熊白。冬蟄不食，饑則自舐其掌，故其美在掌。錢乙言熊膽奇藥，佳者色通明，如米粒，用草莛點入水轉如飛，惟性急者良。貊色蒼白，其皮温暖。貊大如驢，狀頗似熊，多力，食鐵，所觸無不拉。海畔有獸名蒲牢，性畏鯨，每食於海畔，鯨躍，蒲牢則鳴聲如鐘。麢狼大如麋，角向前，有枝下出，反向上長者四五尺，常居平地，不得入山林。豺似狗，而長尾。狼似犬，鋭頭，高頰。山獺，出溪峒，峒人尤貴重，云能解藥箭毒。中箭者研其骨少許，傅治立消。合浦有鹿，額上戴科藤，一枝四條直上，各一丈。儋耳珠厓郡山多麈麖。【略】麃，大麢，旄尾狗足，好作聲，其大者名麖。麃，鹿屬，虎所在，麃必鳴以告鹿，鹿屬馮而安者，亦其聲几几然。出東南山谷。羅浮山有啞虎，不嘯不咥，仙人常乘之。《茅君内傳》：山有湖，岸周迴數里，常應海潮，鐵橋石柱，人不到者，即有啞虎巡山云，因謂遊山虎。羅山高入雲霧，諸仙所游，上有豹獸，小似猿猴，南海人名之爲果下豹，非凡豹也。火狸，其毛色如金錢豹，但其錢差大耳，彼人云歲久則化爲豹，其先似之矣。風貍，狀似黄猨，食蜘蛛，晝則拳曲如蝟，遇風則飛行空中。其溺及乳汁主治大風疾，奇効。高涼青山鎮多猿，有黄緋者，緋者絶大，毛彩殷鮮，真謂奇獸，善啼，其音凄入肝脾。猨有三種，金絲者黄，玉面者黑，純黑者面亦黑。金絲、玉面皆難得。猿，飛雲頂後最多，有黑、白二種。其黄者謂之金絲猿，尤可愛玩。烏猿出羅定及石城，渾身如墨，止眼碧齒白，即舌亦黑也，短身長臂，臂倍於身，行走如人，性甚警慧，攜歸畜之甚馴。石猴小如拳，出高州、化州、羅定等處，可于筆筒中睡。狨，蓋猿狖之屬，輕捷善緣木，大小類猿，長尾，尾作金色，俗謂金線狨。甚愛其尾，中毒箭，即囓斷而擲之，惡其爲身害也。狨毛以藉衣不皺，取其皮爲卧褥、鞍被、坐氊之用。唐制：文臣兩制、武臣節度以上方許乘狨毛暖坐。嶺南有狨似猿猴而大，毛深厚而金色，以猿猴爲糧。每嘯，則羣猴皆集，列跪其前。狨乃一一手按之，驗其肥瘠，視肥者以石戴其頂，此猴跪捧不敢動，餘乃散去。戴石之猴隨狨至水次，入水洗濯，又自拔毛淨，訖乃卧而聽狨食之。物之相制，至於如此。【略】山牛與牛無異，但眼紅耳。山中作隊而行，見人不畏。海南山中甚多。【略】果下馬，土產小駟也。以出德慶之瀧水者爲最高，不踰三尺。駿者有兩脊骨，故又號雙脊馬，健善行。山馬，形似鹿，千百爲羣，角彎繞後。【略】豪彘，夾髀有麄豪，長數尺，能以脊上豪射物，吴楚呼爲鸞豬。昔有懶婦化爲奇獸，得其脂，燃之照紡績則暗，照歌舞則明，習懶之性不革也。今州峒俱有之，狀如山猪而小，喜食苗。田夫以杼柚之類掛于田頭，則不敢復近矣。山猪，即豪猪，身有棘刺，能振發以射人，三二百爲羣，以害禾稼，州峒中甚苦之。龍猪，出南雄龍王巖，在城東百里，重一二十斤，小耳，庳脚，細爪。麢羊，似羊而大，角圓鋭，好在山崖間。花羊，南中無白羊，多黄褐白斑如黄牛。又有一種深褐黑脊白斑，全似鹿。石羊，色黑，類人家羊而蹻捷，其角燒紙爲火罐能收頭風，其皮作褥可愈筋骨疼痛，其血能療跌打損傷，猶秦中山羊也。【略】獴猸，有白、有黑、有黄、有貍狀，酷類猫而大，高足而結尾，捕鼠捷於猫也。諸國皆産，惟暹邏者良，舶估挾至廣，常猫見而避之，豪家每十金易一云。【略】竹鼠，如小狗子，食竹根，出封溪縣。土鼶，似鼠而大，嘴短，穴居。【略】香鼠，至小，僅如指擘大，穴於柱中，行地中，疾如激箭。【略】鼯鼠，似蝙蝠，肉翅，脚短，爪長，飛且乳，亦謂之飛生。千歲蝙蝠，色白如雪，山中間有之，亦有色紅如茜，雌雄不相舍，多巢芭蕉中，皆可服之成仙。

清 周碩勛 乾隆《潮州府志》卷一六《山川》 金山在城北，高四十丈，周圍四里形如覆釜，多巨石，爲郡城後扆。前有小湖，相傳舊爲金氏所居。宋祥符間，知軍州事王漢始闢其勝，竹木葱蒨，荔枝尤繁。

又卷一七《古蹟》 竹溪，即明隱士陸大策故宅，知府郭子章過從處也。渡韓江而東曰東皐，在九郎山之麓，碧澗瀠洄，環植修竹，雜以桃李，徑迴路轉，有平畦數十畝，別具幽致。

清 阮元 道光《廣東通志》卷一〇〇《山川略一》 翠竹山，在「順德」城南十六里，上多産竹。【略】石湧山，在「東莞」城東四十里，高十丈，周三里。水中石如湧出，民多種桑木於其上。環山皆水，多香木，一作石鐘。【略】曹幕山，在「東莞」縣西北八十里，林陰蓊蔚，大者合抱，農隙採山如織，百材于此取辦。【略】柑坑山，在「新安」縣東北四十里，高百丈，延亘四十里，多産赤竹。【略】畫眉山，在「新安」縣東北五十里，樟坑逕側，多畫眉鳥。【略】青幽山，在城南六十里，高七十丈，周圍五十里，樹木森翳，接連雙鳳山。【略】百峰山，在「新寧」縣東四十里，與新會之古兜山相接，峰巒百計，蠻獠所出没也。下有石板潭。獸多獐鹿，木多松梧。其相連者曰古兜山，有峰曰湯瓶嘴。【略】上川洲、下川洲，在「新寧」縣南二百六十里大海中，其洲帶山灣浦極廣，出煎香。【略】上川山多香蠟、竹藤，居民煮鹽者取木於此。下川山亦有香蠟、竹藤之利，居民以賈海爲業。【略】泉山，在「增城」縣西三十二里，其上多漆樹。《廣州記》：增城縣白水山有五距烏。【略】金紫峰，在「增城縣」城西南八十里，多奇花異草，朝旭映之，若金削芙蓉。【略】黄楊山，在「香山」縣西南七十里，幽深峻極，其陽有烽堠。又十里曰荔枝山，多荔枝。【略】香山，在東莞縣「今香山縣」，南隔海三百里，地多神仙花卉，故曰香山。五桂山，在「香山」縣東南八十五里，巖壑瀑布，與羅浮諸勝相埒，山左有大小花園，多異花。【略】圭峰山，在「新會」縣北二里，一名玉臺山，上多松竹，瀑泉出焉。《清一統志》踞高眺遠，全城在目，爲一邑大觀。【略】莫山，在「新會」縣南八十里，出鷓鴣。【略】花尖山，在「清遠」縣北十六里，奇峰峻拔，上多花木。

又卷一〇一《山川略二》 荔枝灣，在「南海縣」城西南五里，漢昌華苑故址。《南越志》：江南洲周迴九十里，中有荔枝洲，上有荔枝，冬夏不凋。【略】合蘭洲，在「新安縣」三門海中，與龍穴對峙，多生蘭草，故名。【略】綠橘潭，在「新安縣」五都龍躍頭，多橘樹。【略】石榴花帶水，在「从化」縣東北四十里，源出石榴山下，山多野石榴，花時夾水相映，故名。

又卷一〇二《山川略三》 《元和郡縣志》有牢石，在曲江縣東六十里，高七十丈，周迴二十一里，色備五采，狀若樓觀，上多羚羊。【略】《湘州記》曰：曲江縣東有玉山，卉木滋茂，泉石澄潤。【略】「曲江縣」靈鷲山本名虎羣山，亦名虎市山，以多虎暴故也。【略】桂竹山，在「翁源縣」城東北二十五里，山有温泉，中多薇蕨，居民採根作粉。

又卷一〇三《山川略四》 湞陽水，在「仁化」縣西三十里，源出昊竹嶺。湞陽溪在縣西五十步，源出湞陽鄉東，南流一百二十里，合真水湞嶺中。岸傍多生梔子、黄金竹。

又卷一〇四《山川略五》 「歸善縣」棕木山，在府治北，地産棕木，故名。【略】羅峯山，在「博羅」縣東北五十里，其下有屯山，産桁木、赤竹、藍靛、棫樸。【略】饅頭山，在「陸豐」縣東一百一十里，上産奇花異卉。【略】梧桐山，在「河源」縣西十里，形勢聳峻，與桂山相望，多産梧桐。【略】觀音嶂，在「和平」縣西南四十里，巖洞間多産觀音竹。【略】「長寧縣」燕子巖，其中有洞，深可數里，秋燕伏藏至春而始出。【略】三泊山，在「長寧」縣西五十里，林木叢茂，土人取材者多於此。【略】柏樹嶂，在「永安」縣西少北四十里，峰巒秀麗，多柏樹，故名。【略】梅花嶺，在「永安」縣西一百里，五嶺攢聚，狀如梅花，故名。有巖十尋，路甚狹隘，累足而入，宏邃高曠，遠望無際。巖下峭削石坪五丈，多古樹怪石。【略】雞石山，在「永安」縣西九十里，其巔有石如雞，故名。左有横眉峰，爲邑後障，産萬年松，及不龜足之藥。【略】梧桐山，在「永安」縣西少北一百里，山高而鋭，多生梧桐。

又卷一〇五《山川略六》 〔博羅縣〕羅陽溪，在丫髻峰下，羅浮諸峰之水，西匯於此。傍溪産龍篛竹，一名龍公，徑七尺圍，節長二丈。唐永泰中，有竹葉大若芭蕉，隨水流出。

又卷一〇六《山川略七》 五房山，在〔揭陽〕縣西北四十里，多竹木。【略】大墩山，在〔惠來〕縣南一里，多榕樹。

又卷一一三《山川略十四》 菁嶺，在〔羅定〕州南九十里，其山多石，一名石嶺，高出諸山之上，多生蒲竹。【略】青旗山，在〔東安〕城東北六十里，開展若旗，山多林木。【略】大力山，在〔西寧〕縣東二十六里，山勢雄偉，多産竹木、赤藤、南漆。其南爲下城洞。【略】雞冠灣，在〔羅定州〕城西六十里，兩岸多雞冠木，水勢瀠洄，魚多聚此。【略】黄連山，連山縣有黄連山。《元和郡縣志》：黄連嶺在桂陽縣西南一百五十里。舊志：在城南四十里，舊産黄連。【略】梅花嶺，在〔桂陽〕城西二十里，其上舊多梅花。【略】香山，在〔陽山〕城東十里，一名香岡山，上多蕙草。【略】〔南雄州〕洪崖山，在保昌縣東九十里，高數千仞，周五十里，崖石平曠，有修竹茂林之勝。【略】仙女巖，在〔南雄州〕城東北一百里，杉檜森翳，泉石潺湲。桂山，在〔始興〕城西南一百里，高十餘丈，廣二里，陵阜屈曲，桂木叢發，人多取以爲藥。【略】白牛山，在〔始興〕城南三十里，高四十餘丈，廣三里餘，爲邑前障，與謝公山相連，山腰有龍池，池上有石壇，産異竹。

又卷一一四《山川略十五》 梅峰，在〔嘉應州〕城西二里，明孝子温禧居其麓，遍植梅花，因名。【略】果老山，在〔佛岡廳〕城西南十二里，上産九節茶、素心蘭。

清 余保純 道光《直隸南雄州志》卷九《物産》 果部：香瓜，西瓜，石榴，楊梅，銀杏，香橼，花紅，今無。葡萄，枇杷，金橘，紅菱，山核桃，藕，桃，李，紅心、珍珠、鶯膏、胭脂。蓮子，棗，柿，梨，橙，今無。柑，今無。櫻桃，土瓜，胡蘿苩。【略】竹部：苦竹，黄竹，單竹，笏竹，水竹，班竹，紫竹。木部：松，柏，檜，榕，樟，梓，楓，柯，杉，桐，楠，苦楊，酸棗，烏柏，赤黎，山桂，油桐。【略】羽部：鸕鷀，鵓鳩，黄鶯，白鴿，青鸞，杜鵑，百舌，鵁鷄，鷹，鶴，鵲，鴉，雀，鶩，鷄，鴨。毛部：麞，鹿，虎，豹，猿，猴，狼，狐，豺，驢，今無。騾，今無。羊，豕，馬，牛。

又卷一〇《山川》 梅花山，在城北八十里，其上多梅。見《廣東輿圖》。【略】九鳳山，峭秀奇拔，無支峰贅阜，屹然撑天。梁天監中，九鳳翔集峰上，傳大士講經於下，今有大士寺。《輿地紀勝》

又卷二四《樓臺》 棲霞樓，在城西百餘步，俯羅公洲，竹木交映，趣同邱壑。

又卷三三《雜志》 州屬多山，每有虎患，而平田一鄉善於擒虎，四鄉受虎患者共請擒獲。其擒虎之法，必用三人，在前者持鳥銃，次持叉，後持鐵毬，合之爲一鈎，散之則爲數鈎，與虎相值。在前者既放銃，即退後，其次者當前，虎隨銃煙飛至，持叉者即用叉叉其項，持毬者閃出以鈎插入虎口，輒散之爲毬，虎口爲毬所鈎，不敢動作，羣牽以游，如犬羊然，繼乃鎚殺之。【略】郡有五色鳥，俗名山鳳凰，大如鵲而有冠，青頭絳身，尾長六寸，采色鮮明，音韻和雅。每巢竹樹駢枝接葉中，卵育始去。其至人家，必有喜慶。

清 屠英 道光《肇慶府志》卷二《山川》 楂山，在城東北五里，形聳而秀，昔産楂梨。

又卷三《物産》 果木〔注略〕：荔枝，王荔，柑，變柑，火線奈，烏欖，佛手，千歲子，鹽醋子，李，山竹子，胭脂子，廚榆子，蘋婆果，青竹子，無花果，波羅蜜，摩廚子，柿，鉤缘子，【略】木棉，吐珠木，胭脂木，格，榕，綿木，葵，油葵，泡木，烏臼，山桂，貝多，貝多羅，芸香，漆樹，梓樹，海苔樹，茶，覵，蚊驚樹。

又 竹〔注略〕：箭竹，篋簩竹，大頭竹，棘竹，鳳尾竹，筆竹，石竹，馬蹄竹，牛角竹，白耀竹，平南竹，恩麻竹，佛肚竹，澧竹，花竹，折尾竹，斑竹，柔筒筍，竹器。

又 禽〔注略〕：越王鳥，金鳥，烏鳳，錦鳥，玄鈎，鳳凰，山鳳，鸚鵡，灰鶴，鵔鸃，竹雞，寶雞，鴿雞，茅雞，天鵝，翡翠，雲白鳥，吐蚊鳥，官鴝，山鵲，松梟，淘鵝，孔雀。

又 獸〔注略〕：石羊，潛牛，靈羊，烏犍牛，果下馬，山馬，白鹿，狼，猿，騰豻飛猵，猩猩，猴，風母，竹鼠，五色蝙蝠，牛黄

清 李福泰 同治《番禺縣志》卷七《物産》 果品〔注略〕：荔支，龍眼，柚，橙，柑，桔，金橘，香橼，甘蕉，三歛，甘蔗，梅，安石榴，番石榴，橄欖，烏

欖，馀甘子，人面子，黄皮，楊梅，桃，李，波羅蜜，波羅，都捻子，黎檬，蘋婆，卍字果，葡桃，柿，盧橘，蜜望，香檸，桂木子，菱，萬壽果，荸薺，落花生，波斯棗，留求子，葡萄。

又　木品[注略]：松，柏，水松，無患子，楓，古度，相思子，榕，蚊樹，蠅樹，桄榔，鐵樹，鴨腳木，苦楝，桑，水翁，柳，垂絲柳，烏桕，冬青，管樹，桐，檜，槐，椿，荊，椶櫚。

又　竹品[注略]：阮俞竹，筆竹，筋竹，碧玉間黄金竹，大頭點竹，觀音竹。

又　羽品[注略]：桐花鳳，鶴，秦吉了，鷓鴣，翡翠，鵪鶉，巧妇，和鵠，相思子，梅花雀，鵓鴿，鴉，瓦雀，白頭公，鷗，雞，水雞，竹雞，鳩，斑鳩，火鳩，青鳩，鴨，野鴨，鵝，喜鵲。

又　毛品[注略]：虎，豪豕，猴，鹿，黄牛，水牛，貍，豹，鼠，獺。

又卷二四《古蹟》　五代南漢劉氏墓在縣東境，謂之陵山。一云在郡東北二十里，漫山皆荔子樹，龜趺石獸具存。

清　林述訓　同治《韶州府志》卷一一《物产·果屬》　頻婆果，形如鳳眼，一名鳳眼果，味爽微甘，果熟多兆吉祥事。梨，出翁源，清甜異於他處。楊萬柚，一名條。《詩·秦風》有條，即此。有紅、白瓤二種，英德繁花盛開。黄皮，一名金彈子。鹽醃醒酒開胃，核磨水塗，消孩子頭瘡。楊梅，一名杋，子如彈丸，色赤，五月熟，甘酸。枇杷，即盧橘，夏熟，最夥。五斂子，黄色皮，肉脆軟，味極酸，上有五斂，一名三斂。有一種味甘如醴，名楊桃。卍字果，形如卍字，横直方正，蒂在卍字中間不可見，生食香，其名蓬菘子，釀酒良，其木可材。李，屬内所産甚繁，出南華寺、三華鎮者，皮有白霜，味最甜美，餘則甘酸錯出。荔枝，樹高五六丈，緑葉蓬蓬，冬夏榮茂，青華朱實，大如雞子，肉白如肪，至日將中翕然俱赤，可食。【略】杏梅，出樂昌，花紅實甜。仙米，産韶州仁化丹霞山，粒如粟而色緑，煮熟大如米，其味清腴。【略】又石榴、蜜桃、栗、棗、柑、金橘、香橼、佛手柑、梅、柿、葡萄、龍眼、欖、芭蕉、蓮藕，俱見舊志。

又《竹屬》　毛竹，質堅實，以作器用久益光滑。其筍有春筍、冬筍之分，冬筍藏在土，不掘亦敗，春筍則籜解而成竹。黄竹，凡竹每節皆有芽蘖，其莖當芽蘖處必凹，所謂谷也，惟黄竹之節無芽。紫竹，産觀音山，他處亦有，皆野生，以飾竹器甚雅。花頭竹，即撐篙竹，其用最廣，土人所植，惟此及水竹爲多。斑竹，色微黄，有黑旋斑，如鳳眼，或作碎斑。世傳湘妃灑淚點竹成斑。産山澗中，採爲斑管，爲烟竹。丹竹，亦曰簞竹，節長二尺，練以爲麻織之，是名竹布，故曰南越食竹衣竹。唐開元間，韶州調以竹子布，即此。本《粤東筆記》。木竹，《竹譜》：韶州多生竹，一莖如萬歲藤，一節長四尺，無花而實，實如草荳蔻，土人鹽之以爲果。甘竹，其筍甚甘，可食。麻竹，長數丈，大者徑尺，槪節多枝，叢生回枝，葉大如履，筍鮮甘可食。釣絲竹，類蕩竹，枝極柔弱。《桂海虞衡志》蒲竹，狀如筋竹，筍甘可食。方竹，出乳源，其孔亦方。觀音竹，枝葉修整，植之軒窗間，極得雅人深致。油竹，水浸曬乾爲燎可代燭，所在皆有。黄金竹，枝弱小，以作竹箒，禾場用之。竻竹，一名棘竹，自根横生，枝條展轉如織，葉下有鈎刺，或在條末如芒針，土人栽爲墻籬，甚固。筋竹，長二丈許，圍數寸，至堅利，南土以爲矛。《竹譜》篸竹，出英德。又大頭竹、江南竹、鶴膝竹、瀟湘竹，俱見舊志。火紙，漚竹爲之，俗謂之紙煤。

又《木屬》　菩提樹，生南華寺中，葉似柔桑，依於淨土，結子可作念珠。赤子木，綻子如珠，色赤，紋理堅緻，中材與鐵力木無異。樆，俗呼爲黎，有豬血樆，有赤樆，有簑衣樆，子如珠，饑可食，名錐子，繁則歲儉，大者用作楹柱。石斑木，一曰虎斑木，紋似虎斑，堅緻可材。黄錯木、黄京木、青構木，俱堅緻可材。梓，葉似桐而小，木理如楸，以色紅者爲上，可作琴瑟、棟梁。杉，一名披樧，似松而勁直，葉附枝生，若刺針，可作屋柱、船料，其用甚廣，俗呼爲沙木。樟木，高者恒五六丈，大十圍，木性直有紋而香，長短大小無不適用。苦楝，村落間嫁女多用作匳具。石膠木，其木有膠，可舂香粉。桄榔木，似椶櫚，有節如大竹，青緑聳直，高十餘丈，有葉無枝，緑陰茂盛，結子葉間數十穗，下垂長可丈餘，子如檳榔而小，可食，葉黑，遇雨聲可聽如芭蕉然。椶，産乳源，樹有皮重疊裹之，每皮一匝爲一節，採以爲簑，爲毯。蚊母樹，即古度樹，葉如冬青，實如枇杷，熟則坼裂，有蚊子從内飛出。松，遍山皆植，作薪用甚廣，其大者鋸板可材。桐木，所在皆産，以供爨薪，赤者良。榕，隨處皆有，茂盛者影亭立如幢蓋。蠟樹，冬青，放蟲收取白蠟，故以爲名。香膠粉，有二種，一是採石膠木連根株枝葉砍碎，入水碓舂爛，是曰石膠；一是採冬青各等有膠樹皮，入水碓舂爛，是曰皮膠，皮膠值恒倍。又柏、槐、楓、楠、柳、桐、檀、烏臼，均見舊志。

又《禽屬》 白鴿，久患瘡疥，食之立愈。斑鳩，食之令人不咽，正月臈月捕食，味如蟹，過十餘日不可食。《太平御覽》山鳳凰，灰色，嘴足紅潤，尾長一尺餘，一名山鵶鵲。鷹，《爾雅》作鶆鳩，注：當作鶆鳩，即《左傳》所謂鶆鳩是也。鸕鷀，似鴉而黑嘴，能没入深水取魚。雉，雌小而雄大，雄有文彩，雌麻色。畫眉，好鬬善鳴。《粤志》云：眉長不亂者善鳴，胸毛短者善鬬。鷓鴣，飛逐月數，其名自呼。《古今注》了哥，即《釋名》所云秦吉了也，能效人言，解人意。翠鳥，《爾雅》作鷸，注云：似燕，紺色，其羽可爲飾。鶉，頸短頭細，土人網得，擇其雄者以鬬，其雌者售人充食。巧婦，一名相思仔，即《詩》所謂桃蟲也，因桃蟲而變，故其形小，性絶巧，以茅葦羽毛爲房。《南越筆記》白鷴，張華曰：行止閑暇，故曰鷴。李昉命爲鷴客，薛氏以爲雉類，汪氏以爲白雉。按《爾雅》白雉名鶾，南人呼鷴如寒，則鷴、鶾，聲之轉。似山雞，而色白有黑文，尾長三四尺，冠距紅，赤嘴丹爪。《本草綱目》又鶴、鴻、鴛鴦、練雀、黄鸝、燕、鴉、麻雀、啄木、子規、春雀、鵁鶄、鸕鷀、蠟嘴、竹雞、山胡、鶺鴒、伯勞、白頭公、鶚、梟，均見舊志。

又《獸屬》 鹿，山中間有，五月解角，端有茸，雖遜北産，亦能滋補。麂，似鹿而小，其大者謂之麖，旄尾狗足，牡者有短角黧色。麞，似鹿而小，黄黑色，牡者有牙出口外，性善驚，故從章。《吴越春秋》曰：章者，偉偟也。釀酒有消風之功。豺狗，狀如狗，身細而足長，頭鋭爪利，見牛豕騰伏其背，爪入肌肉，挖其臟而啖之，虎亦畏避。熊豬，味極美，産深山中。豪豬，一名箭豬，即封豕也。本泡魚所化，豪在脊閑如箸，白本黑端，逐之則激以射人。山牛，兩睛紅，見人弗避，或曰眼上有兩旋毛，似四眼。果狸，在果樹上食果實，故名。肉香而肥，其掌有肉。貓狸，狀如貓，味較甘美，最滋陰補腎。白足狸，自能爲牝牡，一名不求人，亦曰靈貓，其臍可代麝。猴，山中多有，百十成羣，侶少入山恒爲所侮。虎，大者如牛，長六七尺，毛斑如水波紋，年不順成，往往虎入民房。諺曰：清溪濛瀼，早眠晏起。言多虎也。豹，小於虎，身有金錢斑點。虎生三子，必有一豹。赤狗，穴居，吠則不祥。土麢，似鼠而大，嘴短，穴居，以蘆筍爲食。又山羊、山馬、山豬、羚羊、熊、獺、狐，均見舊志。

清　戴肇辰　光緒《廣州府志》卷一〇《輿地畧二》 《黄通志》云：番禺縣治東南一里，曰番山。其上多木棉，其下爲泮宫。自南聯屬而北一里，曰禺山，其上多松柏。【略】萬松山，在城南十里，隔江岸上，土阜平坦，其旁盧循故城，其上多松。舊有乾明庵，蘇軾題扁。【略】七星岡，在赤石岡之南，相去里許，上多翠竹，材中筆管。《名勝志》：唐開元中，羽士林雅存建有草堂。今廢。【略】［蘿岡洞］其地田狹山多，居民種果爲業，而梅、荔爲獨盛。夏時荔火流丹，全洞皆赤。有火山、田巖、貴味數種，各墟市鬻之，輒兩月餘。粤之品荔枝者，曰增城掛緑，曰新興香荔，而貴味清酣香爽，尤爲絶勝，其名獨不傳，豈遲速有時，在物亦有然耶？至冬，梅花大開，則上村下村皆然，其村南嶺北嶺亦盛。遊者謂層巒聳翠酷似羅浮，而煙村之密、果木之美過之。【略】大靈山，在相對岡北五里，高二十丈，歲旱，居民祈雨於山頂，三日即甘霔滂浦，無不驗者。山下有梅林，長十里，多屬古椿，離奇拳曲，花時雪英匝道，芳菲襲人。里人王邦畿偕陳恭尹、諸名士吟咏甚多，恭尹詩所謂『黄村十里梅花路，花候誰能更掩關』是也。旁有放鷹臺數十處，皆平藩遊獵地。昔兩藩怙侈遊獵病民，尚藩見老梅，必督民移送府署。民不堪命，盡伐其梅，已濯濯矣。【略】象山在雷峰之西，山形如象，故名。上多古松，中有先鋒巖，樹林陰翳，山石嶙峋，北枕大河。里人競渡，最爲勝會。

又卷一一《輿地畧三》 插花嶺，在縣北一百里，岧嶢卓出，俯視羣山，其上草木蓊叢，若插花然，又曰桂峰，其上多桂樹。【略】瀑泉城北二里曰桂山，多松竹藥草，是謂黄雲瀑泉出焉。

又卷一五《輿地畧七》 東莞有彭峽，兩山夾蹲，芊綿起伏，怪石礧砢，若岡若阜者數十里。堪輿家稱，南行三紫龍，此其一云。峽西多居人，荔枝林鬱蓊蔽日，有高樓二十餘座，與黑葉丹苞相映，舟販酥醪花果之屬者，交錯水上，稱水市焉。峽中一小山，山下爲龍母祠，有老榕垂鬚百尺，與飛藤糾結，拂水葳蕤，遊人爭繫舟其下，南望羅浮諸峰，隱隱可數。

又卷一六《輿地畧八》 果品［注略］：柚，蔗，甘蕉，荔枝，龍眼，橄欖，柑，羊桃，李，梨，黄皮，人面，蒲桃，蘋婆，梅，波羅樹，蓮，菱，荸薺，宜母子，都捻子，蓬生果，香瓜，西瓜，瑞荔，橙，黎檬子，蜜望，山稔，楊梅，枇杷，榛，乇字果，萬壽果，淡水沙梨。

又 木類[注略]：松，水松，檜，櫨，木棉，榕樹，相思子，訶子，菩提，九里香，板杏，鴨腳木，穀樹，古度，鐵樹，桂，椿，黃楊，桄榔，虎刺，菴摩勒木，藤，冬青，【略】丁香，黃熟香，白銀香，五木香，鶴頂香，女兒香，心字香，楓，柯，桃枝竹，棕竹，離竹，桐，麒麟竭，荆，香樹，女兒香木。

又 羽類[注略]：鷓鴣，鳳雞，竹雞，越王鳥，翡翠，燕，石燕，白雀，吉弔雀，鸚鵡，秦吉了，火葫蘆，鴨，焙鴨，靈鵝，白鵝，地白，鵪鶉，鷓鴣，鶯，山烏，戴勝，官雒，金鳥。

又 獸類[注略]：虎，犀，鹿，麂，麞，牛，水牛，馬，猓然，獺，羊，瀧犬，鼠，田鼠，松鼠。

清 劉湝年 光緒《惠州府志》卷三《輿地》 桃花源，源從紅花嶂、望天螺而出，近石埭山，谷口甚小，舊多桃花。

又卷四五《雜識・物産》 果之屬[注略]：荔枝，龍眼，柑，橘，佛手柑，香櫞，柚，牙蕉，楊梅，盧橘，蔗，蓮，菱，橄欖，餘甘，西瓜，茨菇，金桔，柿，必納子，梨，棗，桃，宜母子，梅，李，梧桐，林檎，頻婆子，栗，波羅蜜。東坡《初食荔枝》詩：南村諸楊北村盧，白花青葉冬不枯。垂黃綴紫烟雨裏，特與荔枝爲先驅。海山仙人絳羅襦，紅紗中單白玉膚。不須更待妃子笑，風骨自是傾城姝。不知天上有意無，遣此尤物生海隅。雲山得伴松檜老，霜雪自困樝梨麄。先生洗盞酌桂醑，冰盤薦此赬虬珠。似聞江瑶斫玉柱，更洗河豚烹腹腴。我生涉世本爲口，一官久已輕蓴鱸。人間何者非夢幻，南來萬里真良圖。韓文恪《博羅志》曰：荔枝宜肥龍眼宜确，故博羅荔枝獨劣，龍眼則不讓他産。《唐書》稱羅浮柑子，開元中始有小僧種於南樓寺，其後常資進獻，幸蜀奉天之際，皆不結實，菀枯亦因其時也，異哉！橄欖、餘甘，昔人稱敢諫子，謂先苦後甘也。波羅蜜來自西域，頻婆子味與波羅蜜子相近，即西域頻婆，《弇州集》以京師頻果當之，或未見此耳。

又 木之屬[注略]：桑，榕，杉，桄榔，松，栢，梓，桂，楓，槁，梧桐，油桐，木棉，椶，苦楝，樟，柳，烏桕，槐，蚊樹，薰陸香，馬牙香，羅漢松，冬青，桐，杞，棕，鐵力木，相思木，皂角。《南越志》云：博羅有合成樹，十圍，去地二丈，分爲三衢。東向一衢，木葉似楝，子如橄欖而硬，削去皮，南人以爲糝。南向一衢，橄欖；西向一衢，三丈樹，今不知何樹。今人花樹多合成者，豈效而爲之，抑昔人所見，亦人力爲之者耶？然今山間有半楓桐者，其半邊爲楓枝楓葉，半邊爲桐枝桐葉，天生自然，不假人力。俗以爲此木可療瘋疾，每生輒取去，故見者亦少。由此觀之，則合成樹又未必非真有也。

又 竹之屬[注略]：筀竹，紫竹，黃竹，綠竹，甜竹，毛竹，苦竹，烏竹。《羅浮志》云：籠葱竹大可十圍，水簾洞有道人庵，忽遇道侶寄宿，及去，留竹篋長二丈餘，無節，即籠葱竹也。竺法真《登羅山疏》云：筋竹大尺圍。今皆不可得見。惟鍾離所篆符竹，今劉仙壇下竹葉皆有篆文，亦一奇也。給用之竹，各邑皆有，惟興長稍多云。

又 羽之屬[注略]：鶴，白鷳，雉，杜鵑，鷓鴣，鸂鶒，鵁鶄，鵲，烏，鷹，鷂，翡翠，鳩，畫眉，鶯，燕，伯勞，鵜鶘，竹雞，鵓鴿，鷺，鸕鷀，鵪鶉，鵝，雞，鴨，梟，倉庚，鴛鴦，鶺鴒。楊文懿云：《山海經》南禺之山有鳳凰鵷雛，意羅浮是耶？羅浮蓋有鳳凰谷，云《志》所稱五色雀、䲦鸕皆鳳屬也。宋真宗時，遣内侍醮祭，五色雀翔集齋所，有貴人至，則先集。竺法真《登羅山疏》云：䲦鸕，一名越王鳥，狀如鳶，口勾末可受二升許，南人以爲酒爵，珍於文螺，不踐地，不飲江湖，不啖百草，不餌蟲魚，惟噉木葉，糞似薰陸香。然則五色雀近乎智，越王鳥近乎仁。東坡《五色雀》詩：粲粲五色羽，炎方鳳之徒；青黃縞元服，翼衛兩紱朱；惠然此粲者，來集竹與梧；鏘鳴如玉珮，意欲相嬉娛。《寰宇記》云：惠州産鸚鵡、碧雞。今無。

又 毛之屬[注略]：鹿，麖，麂，虎，豹，狐，熊，猴猿，狸，山猪，獺，牛，羊，犬，豕，猫。韓文恪曰：《志》稱羅浮有象，又有犀牛潭，訊之故老，從所未見也。啞虎不嘯不咥，果然豹文采蔚然殊異。他産鸓鸓，一名山都，面如人，黑唇，身有毛及踵，嘯則上唇掩目。果然身如猨，白色，體不過三尺，尾乃長四尺餘，皆異物也。山中人亦不恒見，《志》之以俟博物者稽焉。按：鸓，左太冲《吴都賦》作巤，《字彙》從嚚，音吠。《爾雅》：嚚如人被髮迅走，一名梟羊，俗稱山都，交州山中有之。楊子雲《儭賦》作嗚嘷。

清 楊霽 光緒《高州府志》卷三《輿地》 石鳴嶺，在縣西十八里，即牛窩山之背，中有石，方廣盈丈，擊之聲聞數里，山以是得名。竹樹甚茂，居人鄒學冕手植。

又卷四《輿地》 東山，在縣東半里，上有樹，木幹竹葉，俗呼神仙竹。

【略】黄蜂殿山，在縣西北七十里，山極高險，巔有石，側多蜂蜜，至暑由石孔流出。又有黄蜂石，在貴子堡，多蜜亦同。

又卷七《輿地七·物産》 果之屬[注略]：荔枝，龍眼，芒果，橄欖，烏欖，柿，梨，李，梅，羊桃，柑，橙，橘，柚，橘紅，黎檬子，波羅蜜，安石榴，栗，棗，蕉，蓮，蔗，黄皮果，卍字果，人面子，羅望子，部諦子，山查，櫓罟子，草波羅，馀甘子，鹽醋子，山竹子，毛韶子，金鈕子。【略】木之屬[注略]：緬茄，榕，松，杉，沙木，樟，枂，鐵力，檎，何木，車木，水翁，鶴木，楓，桄榔，藥樹，櫨，臙脂，白木，苦楝，烏桕，相思，梡，椿，瞿子桐，娑羅，白汁，篾青，檸木，鴨腳，酸橼，蘇木，黄楊，鸚哥，布渣，木豆，貓尾，豬血，牛乳，鬼畫符，三椏苦，加丁，淖樹，柏，檜，桐，柳，樫，梓，土檀，石凹，紫荆，膠木。竹之屬[注略]：箟簩竹，籬竹，單竹，筋竹，泥竹，石竹，竻竹，大頭竹，黄竹，小竹，斑竹，佛肚竹，笋竹。按《電白志》有桄榔竹，蒲竹，多枝竹，葉竹，貓竹，紫竹，象牙竹。《化州志》有扶竹，火甲竹，平南竹，罩指竹，苦油竹。《信宜志》有牛角竹，貓尾竹，白枂竹等類。藤之屬[注略]：舒筋藤，荔枝藤，黄藤，白藤，青藤，澁葉藤，榼藤。案：《化州志》有厚皮藤，坭藤，單孫藤，飯團藤，烏肉藤，飛羊藤，樟公藤，四方藤，九重皮藤，葛樹藤等類。鳥之屬[注略]：雞，客雞，鴨，鳧，鵝，鴿，鶴，鸕鷀，鶯，燕，鴻雁，畫眉，鷓鴣，鵪鶉，鵲，烏鴉，鸜鵒，斑鳩，杜鵑，豁雞，鶻，伯勞，啄木，雀，坡雕，天弔水，鵁鶄，諸事吉，鷺，布穀，脊令，戴勝，火鳩，白頭翁，鴟鴞，鷹，山鵰，淘鵝，翡翠，孔雀。獸之屬[注略]：虎，麖，箭豬，狐，貍，猿，獾，獺，兔，石猴，不求人，馬，牛，羊，豬，狗，鼠，鹿，熊，猴，豺，山馬，石羊，木狗。【略】介之屬[注略]：山龜，納鼈，穿山甲。

又卷五四《紀述》 羅州山中多孔雀。雌者尾短無金翠，雄者有之。春生夏凋，與華萼俱盛衰。自喜其尾，而甚妬，欲棲必先擇有置尾之地。捕者乘雨往擒之，尾沾雨重，不能高翔也。雖馴養日久，見美婦男子好衣服者，必逐而啄之。芳時媚景，聞管絃笙歌，則張翅舒尾，眄睞而舞，若有意焉。山谷愚民烹而食之，味如鵝，解百毒，食其肉者，飲藥無效，其血與首解大毒。南人得其卵，使雞抱之，即成，而腳稍屈。其鳴曰：都護都護。欲取其尾者，持刀隱蔽於叢篁幽僻之處，伺過隱斷之。否則回首一顧，金翠無復光彩矣。【略】高廉諸郡大蚺蛇食人、鹿、牛，皆通體吞之，不咀嚼，塞於膈臆，即入水，浸兩三日，則肉糜於腹腸矣。或遇大角雙格吻傍不能入，則鹿死而蛇困。如遇蛇嚙，急拔去己頂心上髮，搯破頭頂皮，毒水出即愈。

清　彭貽蓀　光緒《化州志》卷一《山川》 東勝嶺，隔羅江半里，其地多榕樹、荔枝，與帽子山相對，而茲山尤勝，故名。《輿地紀勝》云：東山起於高涼至州城外，拱於州治之左。即此山也。

又卷二《物産》 果之屬[注略]：荔枝，圓眼，芭蕉子，烏欖，橄欖，甘蔗，蓮子，石榴，菱角，香櫞，黏子，山棗，菩提，毛韶，藤韶，楊梅，桃子，槌子，李子，梅子，人面子，羊桃，柑子，臙脂子，柚子，橙子，木鼈子，山梔子，柿子，波羅蜜，大肚子，翻晏子，番桃子，沿牙子，鐘搥子，蜜望子，無花果，橘紅。【略】竹之屬：單竹，扶竹，筋竹，刺竹，斑竹，黄竹，紫竹，大頭竹，火甲竹，大竻竹，石竹，箟簩竹，平南竹，麗竹，筍竹，罩指竹，水竹，坭黄竹，撐篙竹，苦油竹。木之屬：桂木，樟木，荷木，槁木，杉木，沙木，楠木，松木，柏木，榕木，槌木，檀木，柳木，車木，楓木，香木，槐木，鐵力，赤黎，紫荊，白花，紅羅，桄榔，黄芽，花心，桐木，枇杷，相思，酸橼，土杉，苦練，含沙，臙脂，荔枝，山麻，黄桐木，羊屎木，三葉槌，黄粱木，紫木，鐘槌木，鴨腳木，牛乳木，白橼木，橑木，蝦蘇木，春花木，鶴木，薑磨木，柑橑木，圓眼木，扁柏木。【略】禽之屬：雞，鵝，鴨，雁，鶴，鶯，雉，燕，鸛，火鳩，鷓鴣，鷹，喜鵲，烏鴉，山鵰，畫眉，翡翠，白鷴，青雊，野鴨，鷺鷥，杜鵑，鴝鵒，鵓鴿，鵪鶉，鷗鷄，百舌，白頭包，高髻鳥，布穀，白面鷄，錦錢鷄，秦吉了，丁牲羊，斑鳩，鴛鴦，黄鳥，官翠，相思，了哥。獸之屬：馬，牛，羊，犬，豕，貓，鹿，麖，虎，豺，今無。熊，今無。猴，今無。猿，今無。獺，山豬，龍狗，木狗，狐狸，三間貍，穿山甲，果子狸，毛間貍，箭豬。

清　吴宗焯　光緒《嘉應州志》卷四《山川》 陰那山，在城東南八十里，山峰秀峭，澗壑深幽。相傳唐僧了拳結茅於此，今爲靈光寺。後有五指峰，與大埔連界，五峰皆奇險，然可登。左香爐，右白虎，二峰拱抱，有奇偉氣。寺前柏樹三，爲了拳手植，大可三四人合抱，鐵幹虬枝，蒼翠拂雲，千餘年物也。山中勝景頗多，鐵橋、蓬萊徑、船窩、琴石、仙遇湖、伴雲居，皆足遊賞。其水瀑布晶簾處處，雷轟濤湧，而茶泉、月湖又別具清冷之趣。其紅、黄、紫、白各色杜鵑花，及西番蓮、樛子、白菓、紫蒲萄之屬，諸花皆州地所不産者，而山中獨有之。又産五色雀，小如鵪鶉，出則千百成羣，羽毛鮮艷，與屈翁山《新語》所記産羅浮者不異。至其載蘇文忠《海南五色雀》詩，能預報陰晴，可稱靈禽。而此山五色雀，山中人以占寒燠，至則燠，不至歲必寒，斯亦靈矣。羅浮所産，未聞有此。《新語》謂嶺南花鳥與中州不同，羅浮花鳥又與嶺南不同，而此山五色雀則更有不同於羅浮者矣。【略】梅峰，在城西門外。舊志云：平地突起，形如覆鐘。明孝子温禧居其麓，遍植梅樹，因名。又云：五峰錯落，似梅花五片，故名。又云：阜累如馬蹏，名馬蹏峰。今案：梅峰、梅溪，此地山水。宋改敬州爲梅州，本以山水得名，何俟明始有梅峰？《萬姓統譜》載温禧與《志》中本傳略同，俱無植梅事。當是後人因禧號梅野，從而附會之耳。

又卷六《物産》　果之屬〔注略〕：荔枝，龍眼，鳳眼，葡桃，番石榴，楊梅，栗，梨，棗，梅，李，柿，柚，柑，橘，橙，葡萄，香橼，羊桃，落花生，蓮，欖，子，菱角，枇杷，石榴，積椒，當梨子，辣擦，員子，生食葛，蚊果，黄皮果，檸檬，羊矢，桃。木之屬〔注略〕：松，柏，杉，槐，梧桐，柳，楊，杞，檜，榆，桑，榕，椿，棕，穀樹，樟，楓，檀，柯，苦楝，烏桕，木棉，布驚，泡樹。竹之屬〔注略〕：緑竹，貓竹，笙竹，斑竹，高南竹，麻竹，笏竹，人面竹，黄竹，苦竹，箸竹，觀音竹，甜竹，箭竹，毬竹，紫竹，單行。【略】羽之屬〔注略〕：雉，鵲，鵂鶹，烏，鴉，五色雀，鶉鳩，鶯，燕，山鶘，畫眉，麻雀，杜鵑，鷓鴣，百舌，伯勞，鵪鴿，白头，竹雞，鶺鴒，啄木，翡翠，鷂，鴿，鵁鶄，鳧鴨，鸛，鷺鷥，白鷴，鸕鷀。毛之屬〔注略〕：虎，黄麖，猴，貓貍，山羊，野豬，兔，布狗，豪豬，芒輪鼠，獺，豹，田螺狗。

紀　事

南朝宋　范曄《後漢書》卷四《和帝紀》　自竇憲誅後，帝躬親萬機。每有灾異，輒延問公卿，極言得失。前後符瑞八十一所，自稱德薄，皆抑而不宣。舊南海獻龍眼、荔支，十里一置，五里一候，奔騰阻險，死者繼路。時臨武長汝南唐羌，縣接南海，乃上書陳狀。帝下詔曰：『遠國珍羞，本以薦奉宗廟。苟有傷害，豈愛民之本。其勑太官勿復受獻。』由是遂省焉。

宋　樂史《太平寰宇記》卷一五七《嶺南道·廣州》　柑子，《續南越志》云：羅浮山有御園柑子。唐元宗幸蜀子乃不生，德宗幸梁亦不實，僖宗狩蜀花實皆無，樹亦枯悴。

明　王坊《雙榕記》（引自《直隸南雄州志》卷二〇）　雄爲郡當嶺，南路之初闢，岡巒層複，溪澗縈流，往來周道，轂擊肩摩，蓋亦一都會也。城中曠望，率多嘉樹，而郡治之雙榕爲最大，可十圍，高踰百尺，蔽天陰日，四序長青，鳥語昆音，時時相續，幾與秦松、漢柏爭勝千古矣。余甫至刱，見之以爲希有，及泛舟南下，兩岸森列蓊蔚，葱菁如雲烟之驟起，峰岫之聯緜者，無非是焉。始知此樹獨盛於粵，而雄距江關，僅百里巖壑樹大，遂增奇勝。南來氣候，真若造物有獨俾之者，靈異所鍾，即一樹可知也。考之《草木志》，榕多生於山谷中，鳥銜其實，沾於寸土，即得蔓生，而既生之後，根復盤於土上，以故附石傍崖皆可敷幹，而枝葉之茂密者，至蓋數畝，其根虚懸，足容宴坐，則巍巍雙樹，猶是榕中之方盛者耳。異時干霄參雲芘覆，寧可限量哉！余獲逐隊諸大夫後，昕夕出入徘徊榕下，頓覺形神超越。故盛暑則挹其清涼，嚴冬則資其擁護。至於號聲冷韻，風雨之際，更難爲懷。乃信天壤奇樹，何地蔑有，事非目見耳聞，而欲以臆説形容之奇可得乎？然既已領略其勝矣，而不爲一語點綴，山木有情，能無冷眼笑人。爰撰此記，以冀同心之賞鑒此樹者，共有域外之觀云。

清　張廷玉《明史》卷一七八《韓雍傳》　伐木開道，直抵横石塘及九層樓諸山。賊復立栅數重，憑高以拒。官軍誘賊發矢石，度且盡，雍躬督諸軍緣木攀藤上。别遣壯士從間道先登，據山頂舉礮。賊不能支，遂大敗。

清　余保純　道光《直隸南雄州志》卷三四《編年》　永樂十年壬辰，始興縣猛虎爲害，通判程規命獵户捕之，二日獲四虎，害頓息。

清　宋在詩《古榕記》（引自《直隸南雄州志》卷二〇）　南雄通判署，余就養於斯。西偏隙地有古榕樹一株，圍二丈許，枝葉庇蔭數畝，莫知始自何時。府署儀門外亦有一株，與此相仿。考《府志》，明崇正初，司李王君坊作《雙榕記》，蓋儀門外原兩株對植。今其一株甚小，郡人謂曾燬於火，而補植之故也。《記》中云：雙榕大可十圍，蔽天蔭日。想彼時樹形，已與今所見不異，其爲數百年物，可知矣。以彼例此，通判署之榕亦當數百年也。署建於宋皇祐癸巳，榕或即建署時所植，或係元明時所培，姑闕所疑，兹據所見，懸定爲數百年物，而書此以記之。庶再閲千百年後，見者以余言爲證，曰：乾隆中，其樹已古，載於某氏之記，則乾隆以後又若干年可屈指數矣。是爲記。

清 林述訓 同治《韶州府志》卷一一《輿地略》 天聖八年，翁源多虎，知州王益下檄捕之，有五虎自斃。【略】熙甯元年，英州雷震一山，梓樹盡枯而爲龍腦，價爲之賤，至京師一兩纔值錢一千四百。【略】[嘉靖十四年]翁源下鄉虎暴，上鄉溪水溢。【略】十七年八月，翁源大風，拔樹傷稼。十九年，皇岡虎暴，知府符錫親率壯士搗其穴斃。【略】[天啓]十二年二月，樂昌大風，摧毁民居無算，至善寺古樟五六圍盡拔。十三年九月，樂昌至善寺古榕大十餘抱，空中火起如焚膏，三日乃盡。先有猴至樹，把總俞大成張弓往射設炮擊之，猴應接如對壘，甚捷，薄暮啼號墜地而獲。術家謂猴應觜火畜，樹災兆也。【略】[順治]十二年八月旱，木盡枯，迎六祖，禱，弗應。樂昌旱，虎暴。十三年正月，大雪四日，冰厚尺餘，木盡枯。【略】十七年，仁化虎暴，終夜繞城噬人。【略】五十七年，仁化大水，曲江靈溪洞多虎，噬男婦數十，後用機檻獲虎，始安。【略】[紹興]十八年，乳源近城里許，忽有螽蟲數百萬，飛蔽天日。知縣馬驪設劉猛將軍神位鎮之，螽忽不見。樂昌有巨虎入城。

又卷四〇《雜録》 英德縣浛洸司屬，有獵人負弓弩射於山。適雷雨驟至，隱身蓊翳，遥見數武外老樹幹盤繞巨蛇，長十餘丈，首又如甕。迅雷轟轟，將迫蛇，蛇仰首吐火，上衝紅光如彗，雷漸引去。少頃雷聲甚怒，復迫蛇，蛇復吐火敵雷。獵人惡其猛毒，彀弓發弩，中其尾，蛇首頓縮，霹靂大震，蛇遂擊死，而獵人亦驚仆矣。聞空中有語之者曰：無恐，當即甦也。良久清醒，還家，家人見其背有朱書『代天除暴，延壽二紀』八字，浣之不去。此康熙辛酉四月間事。

清 劉湝年 光緒《惠州府志》卷一八《郡事》 [乾隆]五十四年夏，龍川有虎，入南城樓食馬。

清 毛昌善 光緒《吴川縣志》卷一〇《雜録》 康熙五年八月十二日，知縣李光先上任。北直保定府鉅鹿縣貢生。日午，有二虎雌雄入上郭村游擊，紀登雲率兵以礮斃其一。時人謂新官此兆非虐政如虎。

藝文

南朝宋 謝靈運《嶺表賦》（引自《漢魏六朝百三家集》卷六五） 若乃長山欵跨，外内乖隔，下無伏流，上無夷跡。麢鹿望岡而旋歸，鴻鴈覩峰而返翮。既陟麓而踐坂，遂升降于山畔。顧後路之傾巘，眺前磴之絶岸。看朝雲之抱岫，聽夕流之注澗。羅石棊布，怪譎横越。非山非阜，如樓如闕。斑采類繡，明白若月。蘿蔓絶攀，苔衣流滑。

南朝梁 蕭譽《游羅浮山》（引自《廣東通誌》卷六一） 神哉蓬島，合影羅岑。南濱溟渤，西負桂林。龍限斜峙，牛嶺旁升。形高華霍，德邁衡岷。横天起巘，插雲生襲。修崖蔽景，孤峰鳳立。所謂耀真，仙靈攸集。飽靚栖偃，葛洪餌丹。梁盧王佐，控鶴軒鸞。翠袍掛日，朱霞冒冠。寶文可佩，冰玉宜餐。羣生浮瞬，隙電盈輝。枝葉禮義，黥劓是非。無因獨往，山阿采薇。吐納冲氣，卷服雲衣。無他利己，骨竦身跳。至人齊物，中還藴妙。灰心守一，形枯道要。史吹姬笙，嵇琴阮嘯。桃出李傍，李生桃側。無俟相因，李僵桃實。桃李雖榮，終無久艶。不摧松桂，歲寒表色。日惟一味，安止容膝。神以動疲，驕隨滿溢。溢滿則攲，淳真志畢。積想幽人，羨兹正吉。敢刻名山，勒銘斯實。

唐 楊衡《經端溪峽中》（引自《文苑英華》卷一六一） 陰岸東流水，上有微風生。素羽漾翠澗，碧苔敷丹英。重林宿雨晦，遠岫孤霞明。飛猱相攀牽，白雲亂縱横。有客泝輕檝，閲勝匪覊程。逍遥一息間，糞土五侯榮。寡茗庶蠲熱，漱泉聊析酲。寄言絲竹者，詎識松風聲。禮樂志秦尊，柘漿析朝酲。

唐 李德裕《李衛公别集》卷四《謫嶺南道中作》 嶺水爭分路轉迷，桄榔椰葉暗蠻溪。愁衝毒務逢蛇草，畏落沙蟲避燕泥。五月畬田收火米，三更津吏報潮雞。不堪腸斷思鄉處，紅槿花中越鳥啼。

唐 張説《張燕公集》卷八《清遠江峽山寺》 流落經荒外，逍遥此梵宮。雲峯吐月白，石壁淡煙紅。寶塔靈僊湧，懸龕造化功。天香涵竹氣，虚唄引松風。簷牖飛花入，房廊激水通。猿鳴知山静，魚戲辨江空。静默將何貴，所貴心境同。

宋 蘇軾《東坡全集》卷二三《峽山寺》 天開清遠峽，地轉凝碧灣。我行無遲速，攝衣步孱顔。山僧本幽獨，乞食況未還。雲碓水自春，松門風爲關。石泉解娛客，琴築鳴空山。佳人劒翁孫，游戲暫人間。忽憶嘯雲侣，賦詩留玉環。林空不可見，霧雨霾髻鬟。

明 周瑯《游曹溪》（引自《廣東通志》卷六一） 崎嶇歷山谷，窈窕經林丘。廣川相縈帶，梵境迴以幽。金光蕩松筠，鐘磬雲間流。苔痕交虎跡，墖影沈龍湫。依依示化身，鬱鬱祥煙浮。撫念得深省，榮利非所求。安得逐羣衲，從此事焚修。

明 陳璉《游羅浮山》（引自《廣東通志》卷六一） 仙山鬱嵯峨，千古青未了。樓臺起中天，鐘磬出林杪。奇花散仙葩，五色翔神鳥。誰能躡高頂，洞覽周八表。

明 黎民表《游白雲山》（引自《廣東通志》卷六一） 靈嶽奠南溟，鵬翼矯而峙。上干矚斗樞，下盤絶地理。修阪饒蕃苓，迴蹊蔭楩梓。東觀極扶木，西窺逼蒙汜。晨標赬霞截，夜氣白虹起。玉樹發葱菁，金潭耿清泚。平生信經奇，兹山擅巨美。圖史謾莫傳，倜儻固難紀。倘驂飛鸞翔，長揖當途子。

明 趙志皐《游西樵山》（引自《廣東通志》卷六一） 赤輪躍東桑，褰帷入西麓。直矗躡高岑，紆迴度幽谷。浮海四茫茫，攢峯數六六。林翳晝常陰，雲深樹如沐。碧水淨煙嵐，懸厓倚茅屋。老叟解逢迎，兒童喜相逐。卜築忘歲年，問俗去寒燠。朝日下横江，丁丁聞伐木。迤邐白雲窩，千尋瀉飛瀑。追躡鳥利巖，仙人曾辟穀。我亦愛樵居，無緣能信宿。把酒握同心，登眺以舒目。

明 孫蕡《西庵集》卷三《廣州歌》 嶺南富庶天下聞，四時風氣長如春。長城百雉白雲裏，城下一帶春江水。少年行樂隨處佳，城南南畔更繇華。朱樓十里映楊柳，簾櫳上下開户牖。閩姬越女顔如花，蠻歌野曲聲咿啞。岢峨大舶映雲日，賈客千家萬家室。春風列屋艷神仙，夜月滿江聞管絃。良辰吉日天氣好，悲翠明珠照煙島。亂鳴鼉鼓競龍舟，争覩金釵鬭百草。遊冶留連望所歸，千門燈火爛相輝。遊人過處錦成陣，公子醉時花滿堤。扶留葉青蜆灰白，盤飣檳榔邀上客。丹荔枇杷火齊山，素馨茉莉天香國。别來風物不堪論，寥落秋花對酒樽。回首舊遊歌舞地，西風斜日淡黄昏。

明 林如楚《游曹溪》（引自《廣東通志》卷六一） 谷暗樹重重，人稀見虎蹤。引泉僧荷鍤，聽鳥客扶筇。勾漏還堪問，桃源似可逢。莫愁歸路晚，明月在西峯。

清 吴廷舉《太庾嶺路松》（引自《直隸南雄州志》卷一〇） 庾嶺千章引路松，世傳栽自曲江公。狂飈野火仍斤斧，八百年來剩幾叢。

梅嶺修修百里途，征夫夏月汗如珠。獨慚無澤留南國，種得青松一萬株。

十年兩度手栽松，大者遮頭小並胸。官府肯嚴樵牧禁，明禋載啓大夫封。

梅嶺無梅已百年，暗香踈影閣吟箋。東湖頗有西湖興，分得南枝插路邊。

廣西

綜述

南朝梁 任昉《述異記》卷下 勾漏縣有白橘、青椒、縹杏。【略】桂林有睡草，見之則令人睡。一名醉草，亦呼爲懶婦箴。出《海南地記》。

宋 樂史《太平寰宇記》卷一六一《嶺南道・賀州》 大竹，盛弘之《荆州記》云：臨賀山中有二竹，大數十圍。有磐石，徑四五丈，方正青滑，如彈碁局。兩竹屈垂拂掃石上，絶無塵穢，未至數十里，聞風吹如笙簫之音。巢竹，土地有巢竹，叢如大戟，堅中，俚人以爲矛。簩竹有毒，人以爲觚。刺虎，中之則死。幽山在縣西四十里南。按：蒼梧北通道州，山中有古度木，實大如珠，結成後數日化蟲飛去。【略】長林山在東北三十五里，高五百丈，周回七百里，山多橄欖樹，似訶黎勒，食之甘脆。桂嶺縣東北八十二里，依舊二鄉。《輿地志》云：隋開皇九年，東萊公王景巡撫，分興安爲二縣，西爲桂嶺，屬臨賀郡。桂嶺山在縣東北一百五里，高三千餘丈，東接連州，北連道州，山有桂竹桂木。【略】梨狸，狸之品類也。有囊狸，卵生，大如狗。屯狸、黄狸，長五六尺，其聲自號，一曰鷄狸。狎狸，能緣木，食果子，色黄。雷狸，聲自號，色黄蒼。掘螺狸，口尖，能取螺食。狗狸，狀如狗，尾大如斗，在草中吠人。通額狸，黄黑色，而首白如脂，從鼻上通額中入頭上。豨狸，如狸。嚶狸，色青黄，聲嚶嚶聞數里，一體自爲雌雄，而牝牡自給，其香如麝。

又卷一六二《嶺南道・桂州》　《荔溪地記》云：荔溪源多桂，桂所生處不生雜木，樵採皆桂。【略】《南越志》云：桂林郡本治陽溪，今移鬱江口，有銅鼓瀨是也。武熙縣有桂山，團山。《本草》曰：桂生山谷間，久服令人身輕。

又卷一六三《嶺南道・南儀州》　銀山出銀。《爾雅》云：白金謂之銀，其美者謂之鐐。盧循採之。山多木香，謂之密香，辟惡氣，殺鬼精。【略】利山在新會縣東一百七里。《南越志》云：此山多沉香木。南海在新會縣南一百五十里，有穿洲襟帶甚遠，山挺方木，水含珠母。海人以爲酢醬，秘之而餌其肉。又州有大齊雲母。又云：有浮石。又云：海昌郡威寧縣有穿洲，其上多綸木。注云：似穀，皮可以爲綿，但獠緝以爲絮。

又《嶺南道・昭州》　木客，郭仲産《湘州記》：平樂縣多曲竹，有木客，形似小兒，歌哭行坐衣服，不異於人，而能隱形，山居崖宿，至精巧，時出市易作器，人亦無別，就人換借，皆有信義，言語亦可解，精別木理也。【略】齕鼠山多簏竹。注音匯。

又《嶺南道・蒙州》　東區縣東南八十里元二鄉，唐武德五年分立山置屬荔州，貞觀六年屬鷰州，十年改屬蒙州。《郡國志》云：有蚺蛇大數丈，圍可一丈，吞鹿食之，鹿爛則撓樹，腹中骨穿鱗出。【略】有鳥名山鸝，毛羽朱紫素鮮明皎可愛，《禮》謂鸝雉是也。

又卷一六四《嶺南道・梧州》　廣信縣多龍眼、荔枝，生於山溪，人家亦種之。火山直對州城，隔得桂江水。《嶺表録》云：梧州對岸西火山，山形高下大小如桂林獨秀山。山下水澄潭，其深無極。火光每三五夜一見於山頂。每至一更初，火起匝，其頂如野燒，甚者廣十丈餘，食頃而息。或言其下水中有寶珠，光照於上如火。上有荔枝，四月先熟，以其地熱，故謂火山也，核大而味酸。其高、新二州與南海産者最佳，五月、六月方熟。沈佺期嘗有詩云：身經火山熱，顔入瘴鄉銷。即此山也【略】〔梧州〕又多苦竹，竹醜苦也。有黄苦竹、白苦竹。東越謂之高苦竹也。【略】突波羅樹，生絶石懸崖，性至堅白，壅腫盤結，堪爲器焉。

又卷一六五《嶺南道・鬱林州》　猩猩，《郡國志》云：封溪有猩猩，如黄狗，人面善言，聲音如婦人。【略】蚺蛇長十丈，以婦人衣投之，則蟠牙六七寸，辟不祥。【略】檳榔樹如椶櫚，高七八丈，無柯枝，上有十許葉。正月結房，一房三百餘子。花甚香，每生即落一籜，籜堪爲扇。至五月熟，大如鷄子，以海蠡殼燒作灰，名曰蛤奔灰。共扶留藤葉和而嚼之，香美除口氣，久食令人黑齒，故南中有雕題黑齒之俗。椰子樹如檳榔而高大，葉長二尺，無陰陽。結實一房生三十餘子如瓜，其殼中有肉如熊白，味似胡桃，内有漿汁清如水，甘如蜜，飲之愈渴。殼堪爲酒器，皮堪縛船，土人多種。人面木，春花夏實秋熟，皮味甘酸，實有核如胡桃，兩邊似人面。龍眼木，實大如彈丸，食之味甜也。桄榔木似椶櫚，心中有麵。

又《嶺南道・象州》　風母獸，似猿無尾，眼赤，見人則低頭藏面，如似有罪，輒向人叩頭，打死，人開其口，向風便生。《異物志》云：謂之平猴。鼠獸長四尺，馬蹄牛尾如猿，有兩乳，其聲如嬰兒。一母惟一子，其溺地一瀝成一鼠。出則歲災。

又卷一六六《嶺南道・管羈縻州一》　鼓公，邕州有鼓公，大如犬，而色白黑。【略】飛蟲，《博物志》云：晉興郡有飛蟲，大如麥，或云有甲，常伺病者，居舍上，候人氣絶便入食之。雖撲殺不止，如風雨之至，肉盡便去。貧者或殯殮不時，皆受此弊。蟲惡梓木，有力者以梓木板掩之，兼用爲器，蟲不復近也。桂林、寧浦二郡亦有之。

又卷一六七《嶺南道・容州》　白石山，色潔白，四面懸絶，上有飛泉瀑布。下有勾芒木，可以爲布。俚人砍之，新條更生，取皮績以爲布。【略】石袍山，山多竹木，葱翠如袍。山有肉翅虎，下山食人，食訖，即飛還絶巖。

【略】不邏饒山，山多韶石果，味如荔枝。里人謂之不邏饒。

宋 范成大《桂海虞衡志·志禽》 南方多珍禽，非君子所問。余又以法禁采捕甚急，故不能多識，偶於人家見之，及有異聞者，録以備博物。孔雀，生高山喬木之上，人探其雛育之。喜卧沙中，以沙自浴，汩汩甚適。雄者尾長數尺，生三年尾始長，歲一脱尾，夏秋復生。羽不可近目，損人。飼以猪腸及生菜，惟不食菘。鸚鵡，近海郡尤多，民或以鸚鵡爲鮓，又以孔雀爲腊，皆以其易得故也。此二事載籍所未紀，自余始志之。南人養鸚鵡者云：此物出炎方，稍北中冷，則發瘴，噤戰如人患寒熱。以餘甘子飼之，則愈，不然必死。白鸚鵡，大如小鵝，一本作鵞。亦能言，羽毛玉雪，以手撫之，有粉粘著指掌，如蝶蛺翅。烏鳳，如喜鵲，色紺碧，頸毛類雄鷄，鬃頭有冠，尾垂二弱骨，各長一尺四五寸，其杪始有毛羽。一簇冠尾絶異，大略如鳳。鳴聲清越如笙簫，能度曲妙合宫商，又能爲百蟲之音。生左右江溪洞中，極難得。然書傳未之紀，當由人罕識云。秦吉了，如鸜鵒，紺黑色，丹咮黄距，目上連頂，有深黄文，頂毛有縫，如人分髮，能人言，比鸚鵡尤慧。大抵鸚鵡聲如兒女，吉了聲則如丈夫。出邕州溪洞中。《唐書》：林邑出結遼鳥。林邑，今占城，去邕欽州但隔交趾，疑即吉了也。錦鷄，又名金鷄，形如小雉，湖南北亦有之。山鳳凰，狀如鵝雁，觜如鳳，巢兩江深林中。伏卵時，雄者以木枝雜桃膠，封其雌於巢，獨留一竅，雄飛求食以飼之。子成即發封，不成則窒竅以死之。此亦異物，然未之見也。翻毛鷄，翮翎皆翻生，彎向外，尤馴狎，不散逸，二廣皆有之。長鳴鷄，高大過常鷄，鳴聲甚長，終日啼號不絶，生邕州溪洞中。翡翠，出海南，邕賀二州亦有，腊而賣之者。灰鶴，大如鶴，通身灰漆色，去頂二寸許毛始丹，及頸之半，亦能鳴舞。鷓鴣，大如竹鷄而差長，頭如鶉，身文亦然，惟臆前白點正圓如珠，人采食之。水雀，蒼色似鶺鴒，飛集庭户，翾翾然與燕雀爲伍。

又《志獸》 獸莫巨於象，莫有用於馬，皆南土所宜。余治馬政頗補苴漏隙，其説累牘所不能載。姑著其略，及畜獸稍異者，併爲一篇。象，出交趾山谷，惟雄者則兩牙。佛書云『白象』，又云『六牙』。今無有。蠻馬，出西南諸蕃，多自毗那、自杞等國來。自杞取馬于大理，古南詔也，地連西戎，馬生尤蕃。大理馬，爲西南蕃之最。果下馬，土産小駟也。以出德慶之瀧水者爲最，高不踰三尺。駿者有兩脊骨，故又號雙脊馬，健而善行。猨，有三種：金絲者黄，玉面者黑，純黑者面亦黑。金絲、玉面皆難得。或云純黑者雄，金絲者雌。又云：雄能嘯，雌不能也。猨性不耐著地，著地輒瀉以死，煎附子汁與之即止。蠻犬，如獵犬警而猘。鬱林犬，出鬱林州，極高大，垂耳拳毛，與常犬異。花羊，南中無白羊，多黄褐白斑如黄牛。又有一種深褐黑脊白斑，全似鹿。乳羊，本出英州。其地出仙茅羊，食茅，舉體悉化爲肪，不復有血肉，食之宜人。綿羊，出邕州溪洞及諸蠻國，與朔方胡羊不異。麝香，自邕州溪洞來者，名土麝，氣臊烈，不及西蕃。火狸，狸之類不一，邕別有一種，其毛色如金錢豹，但其錢差大耳。彼人云，歲久則化爲豹，其文先似之矣。風狸，狀如黄猨，食蜘蛛，晝則拳曲如蝟，遇風則飛行空中。其溺及乳汁主治大風疾，奇效。嬾婦，如山猪而小，喜食禾田，夫以機軸織紝之器掛田所，則不復近。安平七源等州有之。山猪，即豪猪，身有棘刺，能振發以射人。三二百爲羣，以害苗稼，州洞中甚苦之。石鼠，專食山豆根。賓州人以其腹乾之，治咽喉疾，效如神，謂之石鼠肚。香鼠，至小僅如指擘大，穴於柱中，行地中，疾如激箭。山獺，出宜州溪洞，俗傳爲補助要藥。洞人云，獺性淫毒。山中有此物，凡牝獸悉避去，獺無偶，抱木而枯，洞獠尤貴重，云能解藥箭毒，中箭者研其骨少許，敷治立消，一枚直金一兩，人或求買。但得殺死者，其功力甚劣。

又《志果》 世傳南果有以子名者百二十，半是山野間草木實，猨狙之所甘，人强名以爲果。故予不能盡識，録其識且可食者五十七種。荔枝，自湖南界入桂林纔百餘里便有之，亦未甚多。昭平出槱核，臨賀出緑色者，尤勝。自此而南，諸郡皆有之，悉不宜乾，肉薄味淺，不及閩中所産。龍眼，南州悉有之，極大者出邕州，圍如當二錢，但肉薄不能遠過常品爲可恨。饅頭柑，近蔕起如饅頭尖，香味芳勝，可埒永嘉乳柑。金橘，出營道者爲天下冠，出江浙者皮甘肉酸不逮也。綿李，味甘美，勝常品，擘之兩片，開如離核桃。石栗，圓如彈子，每顆有梗，抱附之類杓柄，肉黄白，甘韌，似巴欖子。仁附肉有白靨，不可食，發病。北人呼爲海胡桃。龍枝，殼枝一作荔。如小荔枝，肉味如龍眼，木身，葉亦似二果，故名。核可蒸食，不可生啖，令人發癎，或見鬼物。三月開小白花，與荔枝同時。木竹子，皮色形狀全似大枇杷，肉甘美，秋冬間實。冬桃，狀如棗，深碧如玉，軟爛甘酸，春夏熟。羅望子，殼長數寸，如肥皂，又如刀豆。色正丹，内有二三實，煨食甘美。人面子，如大梅李，核如人面，兩目、鼻、口皆具，肉甘酸，宜蜜煎。烏欖，如橄欖，青黑色，肉爛而甘。方欖，亦橄欖類，三角或四角，出兩江州洞。椰子，木身，葉類椶櫚、桄榔之屬，子生葉間，一穗數枚，枚大如五升器，果之大者，惟此與波羅蜜耳。皮中子殼可爲器，子中瓤白如玉，味美如牛乳。瓤中酒，新者極清芳，久則渾濁不堪飲。蕉子，芭蕉極大者，凌冬不凋。中抽一幹，長數尺，節節有花，花褪葉根有實，去皮取肉，軟爛如緑柹，極甘冷，四季實。土人或以飼小兒，云性凉去客熱。以梅汁漬，暴乾，按令匾，味甘酸，有微霜，世所謂芭蕉乾者是也，又名牛蕉子。鷄蕉，子小，如牛蕉，亦四季實。芽蕉，子小，如鷄蕉，尤香嫩甘美，秋初實。紅鹽草果，取生草荳蔻，入梅汁鹽漬令色紅，暴乾，以薦酒。鸚哥舌，即紅鹽草果之珍者，實始結，即擷取紅鹽乾之，纔如小舌。八角茴香，北人得之以薦酒。少許咀嚼，甚芳香，出左右江州洞中。餘甘子，多販入北州，人皆識之，其木可以制器。五稜子，形甚詭異，瓣五出，如田家碌碡狀，味酸，久則微甘，閩中謂之羊桃。黎朦子，如大梅，復似小橘，味極酸。波羅蜜，大如冬瓜，外膚礧砢如佛髻，削其皮食之，味極甘，子瓤悉如冬瓜，生大木上，秋熟。柚子，南州名臭柚，大如瓜，人亦食之。皮甚厚，打碑者捲皮蘸墨以代氈刷，宜墨而不損紙，極便於用，此法可傳，但北州無許大柚耳。櫓罟子，大如半升碗。諦視之，數十房攢聚成毬，每房有縫，冬生青，至夏紅，破其瓣，食之微甘。槎擦子，如錐栗，肉甘而微澀。地蠶子，生土中，如小蠶，又似甘露子。赤柚子，如橄欖，皮青肉赤。以下並春實。火炭子，如烏李。山韶子，色紅，肉如荔枝。以下八種，並夏實。山龍眼，色青，肉如龍眼。部蹄子，色黄，如大石榴。木賴子，如淡黄大李。粘子，如指面大，褐色。羅晃子，如橄欖，其皮七重。千里（里一作歲。）子，如青黄李，味甘。赤棗子，如酸棗，味酸。藤韶子，大如鳧卵。柿以下十三種，並秋實。古米子，殼黄，中有肉，如米粒。殼子，如青梅，味甘。藤核子，生白藤上，如小葡萄。木連子，如胡桃，紫色。羅蒙子，黄大如橙柚。毛栗，如橡栗。特乃子，狀似榧，而圓長端正。不納子，似黄熟小梅，絶易爛，爛即皮肉附核，可爲珍珠，似菩提子。羊矢子，色狀全似羊矢，味亦不佳。日豆子，狀如櫻桃，色如葡萄，穗生。秋風子，色狀俱似楝子。黄皮子，如小棗。朱圓子，正圓，深紅，狀似苦楝子。以下六種，綿冬實。匾桃，大如桃而匾，色正青。粉骨子，皮黄，肉如粉。塔骨子，匾如大橘，皮裏空虛。布柚子，似李而黄。黄肚子，如小石榴。

又《志草木》 異草詭木，多生窮山荒野。其不中醫和匠石者，人亦不采。故余所識者少，惟竹品乃多傑異，併附於録。桂，南方奇木，上藥也。桂林以桂名，地實不産，而出於賓、宜州。凡木，葉心皆一縱理，獨桂有兩紋，形如圭製字者，意或出此。葉味辛甘，與皮無别而加芳，美人喜咀嚼之。榕，易生之木，又易高大，可覆數畝者甚多。根出半身，附幹而下以入土，故有『榕木倒生根』之語。禽鳥銜其子寄生他木上，便蔚茂。根下至地，得土氣，久則過其所寄。沙木，與杉同類，尤高大，葉尖成叢，穗少，與杉異。桄榔木，身直如杉，又如棕櫚。有節似大竹，一幹挺上，高數丈。開數十穗，緑色。思櫑木，生兩江州洞，堅實，漬鹽水中，百年不腐。燕脂木，堅緻，色如臙脂，可鏇作，出融州州洞，桂林屬縣亦有之。鷄桐，葉如楝，其葉煮湯，療膝疾。龍骨木，色翠青，狀如枯骨。風膏藥，葉如冬青，治太陽疼、頭目昏眩。南漆，如稀飴，氣如松脂，沾沾無力。蕩竹，葉大且密，略如蘆葦。澀竹，膚麄澀如木工所用砂紙，可以錯磨爪甲。人面竹，節密而凸，宛如人面，人采以爲拄杖。釣絲竹，類蕩竹，枝極柔弱。斑竹，中有疊暈，江浙間斑竹，直一淚痕，無暈也。貓頭竹，質性類筋竹。桃枝竹，多生石上，葉如小棕櫚，以大者爲杖。竻竹，棘棘（一本作刺。）竹也，芒棘森然。箭竹，山中悉有。宿根茄，茄本，不凋，明年結實。銅鼓竹，（竹一作草。）其實如瓜，治瘡瘍毒。大菘，容梧道中久無霜雪處，年深滋長，大者可作屋柱，小亦中肩輿之扛。石髪，出海上，纖長如絲縷。匾菜，細如荇帶，匾如薤韭輩，長一二尺。都管竹，（竹一作草。）一莖六葉，辟蜈蚣蛇。花藤，鏇以爲器用，中有花紋。胡蔓藤，毒草也，揉其草，漬之水，入口即死。

宋 祝穆《方輿勝覽》卷三八《柳州》 土産：荔丹，龍眼。

又卷三九《鬱林州》 土産：【略】猩猩，（封溪有猩猩，似黄狗，人面善言，音如女人。）檳榔木，（樹如棕櫚，高七八丈，無枝柯，籜堪爲扇。與蛤灰同食，令人齒黑，故有雕題黑齒之俗。）椰子木，（樹似檳榔，實大如瓜，堪爲飲器。《文選》曰：檳榔無枝，椰葉無陰。）桄榔木，（似棕櫚，心中出麪。）人面木。（春花，夏實，秋熟，兩邊似人面。）

又《邕州》土産：象，出交趾山谷。惟雄者有兩牙，以鼻爲用，一軀之力皆在鼻。將行，先以鼻柱地，乃移足，知其足力劣于鼻也。安南出象處曰象山，歲一捕之，縛欄道旁，中爲大穽。以雌象前行爲媒，遺甘蔗於地，傳藥蔗上。雄象來食蔗，漸引人欄，閉其中就穽中，教習馴擾之。始甚咆哮，穽深不可出，收者以言語喻之，久則漸解人意。不馴則告之，云當爲爾引雌來，即聽。山猪，即豪猪，身有棘刺，能振蕟以禦人。二三百爲羣，以害苗稼。蠻犬，如獵狗，警而猘諸蠻犬，率攜一蠻犬自防，盗莫敢近。孔雀，生溪洞高山喬木之上，而下落沙上。雄者尾長數尺，生三年尾成長，金碧晃耀，時時自奮，盡張其尾，圖如錦輪，俗謂之朝，其朝無時。秦吉了，似鸜鵒。鸚䳇，能言。倒挂，緑毛，常倒挂于樹枝。翡翠，人採其羽。錦雞。能吐錦，久復收入。

又卷四〇《梧州》翠羽。舊孟陵縣山多翠羽。

宋　周去非《嶺外代答》卷八《花木門・藤》藤，梧州産，大者可爲胡牀，小者圈爲盤盂，又其小而細長者，織以爲籠篋卧簟，耐久而文理可觀。其葉則以爲漁父之蓑，一領可終身用矣。藤州州治之外，嘗有古藤甚大，故以名州。

明　李賢《明一統志》卷八三《桂林府》土産：零陵香，全州出。石燕，蚺蛇膽，桂心，翠羽，何首烏，鍾乳。已上諸縣皆出。

又《柳州府》土産：蚺蛇膽，府境出。藤，象州出。降香，懷遠縣出。猪腰子，木生，子形如猪腎，能解毒藥。鐵，桂心，【略】不死草，郡産苴草，高一二尺，狀如茅，食之令人多壽，俗呼爲不死草。夏月置於盤筵中，蚊蠅不近，物亦不速腐。鬱金香。羅城縣出。

又卷八四《慶遠府》土産：【略】豆蔻，府境出。草菓，馬檳榔。

又《平乐府》土産：【略】筋竹，平樂、恭城二縣出。縣婦能以竹作衫充暑服。降香。平樂縣出。

又《梧州府》土産：【略】桄榔子，樹似椶櫚，心中出麪，可食。人面子，春華，夏實，秋熟，甘酸可食，兩邊似人面。俱鬱林州出。蔞藤，亦名扶留藤。糖霜，藤縣出。勾芒木，皮可績爲布。陸川縣出。翠羽，藤縣出。猩猩，似黄犬，人面能言，音如女人。鬱林州出。【略】蚺蛇，長十丈，以婦人衣投之則蟠，可辟不祥。犀牛，角在額上，鼻又有一角。俱鬱林州出。烏蛇，藤縣出。土人取以浸酒，可治風疾。暘夷甲，《南越志》：暘夷之甲，以錫薄飾之，雜以丹漆，照輝昱晃。仙茅。北流縣出。

又卷八五《潯州府》土産：【略】桂，其皮可爲藥，中有蠹可食。漢文帝時，尉佗嘗獻之。鐵力木，黄藤，三縣俱出。葵，貴縣山中有之，可爲扇。糖牛，桂平縣山有糖牛，與蛇同穴。牛嗜鹽，里人以皮裹手，塗鹽入穴探之。其角如玉，取以爲器。芭蕉，橄欖，吊絲竹。各縣俱出。

又《南寧府》土産：【略】孔雀，秦吉了，形如鸜鵒，教之能言。倒掛，毛緑，常倒掛於樹林，故名。錦雞，能吐錦，久復收之。以上俱宣化府緣縣出。蟲絲。横州出。楓始生，多有食葉之蟲，似蠶而赤黑，四月熟，如蠶之將絲，州人擘取其絲，光明如琴絃，海賓蛋人鬻之，作釣緡。

又《太平府》土産：抗藥，烏蛇，芀竹，府、州、縣俱出。木綿，刺銅，芭芒草。

又《泗城州》土産：降香，雄黄，蠟，柑，縮砂，草果，麖，烏藥。

又《思明府》土産：錦地羅，金汗木，塞住藥。

明　林富　嘉靖《廣西通志》卷二一《食貨》果屬：龍眼，香櫞，橄欖，櫻桃，蓮蓬，楊梅，桃，李，石榴，核桃，甘蔗，菱角，蒟醬，芭蕉，烏欖，枇杷，白果，鏇錐，米錐，棗子，芡，雞頭菱也。柑，橙，柚，橘，梅，梨，栗，柿，杏，人面子，以上俱出横州。荸薺，波羅蜜，扁桃，羊桃，黄皮，餘甘，倒粘子，木杈，土瓜，羅旺，葡萄，毛荔枝，以上俱出太平。荔枝。有二，曰四月八，曰緑羅袍。出横州。【略】木屬：杉，柏，槐，樟，柳，榕，桐，棕，櫧，櫟，楓，桑，柘，楠，棗，楸，椿，杞，梓，滑木，木綿，和木，栗木，梨木，苦楝，椶櫚，郎木，杼木，槌木，黄膽，鐵力，桄榔，羊矢，桐油，紅膽，金花木，楊柳，金汗木，産思明。山桃，凍青，水絲，黄楊，雞翅木，刺桐木，黄連，龍鱗，含沙，相思，弩丹，□□太平。杪木。【略】禽屬：雉，鷗，燕，鴿，鷺，鴆，《廣志》：鴆鳥大如鴞，毛出紫緑色，有毒，頸長七八寸。食蝮蛇。鴿多運日，鵝名陰諧，以其毛瀝，飲食則殺人。伯勞，野雞，竹雞，錦雞，鵓鳩，□雀，斑鳩，鷓鴣，鴛鴦，鸚䳇，翡翠，喜鵲，杜鵑，山鳳凰，山胡，鶴，鶴，雀，紅頂鶴，畫眉，黄雀，鷹，鸕鷀，秦吉了，烏春，青絲，野鴨，黄鶯，白頭翁，黄鸝，練鵲，山鵲，啄木，鶺鴒，鴉，天鵝，白鷴，子規，鵜鴣，倒掛，鴝鵒，鴟，鷂，告天兒，烏凰，産南寧府。長鳴雞。師古曰：雞之鳴聲長者也。獸屬：虎，豺，獺，豹，狸，狼，狐，麖，狚，猪，蠻犬，猴，猿，鹿，麞，麂，麐，兔，鼠，穿山甲，象，按《方輿志》：象，近交趾界山谷間出。飛虎。産太平府。

清　金鉷　雍正《廣西通志》卷三一《物産・桂林府》　筍，各州縣出，有甜、苦二種。金瓜，即番冬瓜，永寧出者佳。木瓜，永寧出。荔枝，色黄味甘，雖差小於粵東，殊不減掛緑、牟尼光。石榴，有紅、白二種。葡萄，有紫、青、水晶三種。九層皮，各州縣出。梅子，各州縣出。案《北户録》云：嶺南之梅小於江左，居人採之，雜以朱槿花，和鹽曝之，其色爲槿花所染，鮮妍悦目。特乃子，狀類榧，而圓長端正。芡，即雞頭菱。【略】木綿，即班枝花。案《羣芳譜》云：樹大可合抱，高四五丈，葉黄，花紅如山茶，而瓣極厚。【略】白茅香，種出交趾，用以合諸名香，甚奇妙，尤勝舶上來者。案《本草綱目》云：草根色白，狀如細柳。排草香，狀如白茅，芬烈如麝香。零陵香，全州出，葉酷似杜若，紅白相間，又名千步草。桐油子，樹類梧桐，而不甚高大。三月花開，色白，瓣上界一紅絲。子如核桃，七八月取其子作油，爲用甚廣。斑竹，永福出，紋細黑，如羅紋，如龜貝，以沙磨濯，其花始見。壽竹，各州縣出。猫竹，大者可屋，嫩者可紙。箭幹竹，節疎肉厚。筀竹，可爲蔑，以織器。沙麻竹，大如智，厚而中空，堪爲椽梁。種者每截二寸許，釘入土中，即生根葉，明年長筍，不三載而成林，蓋土地所宜也。松，全州者較古，宋楊文廣所植。無患木，俗名苦珠子，可去垢，兼愈箭瘡。杉，義寧出者佳。穀木，皮可爲紙。桂，各州縣出。其大者至十圍，終年葱蒨。秋風花發，四遠香聞。至冬結子枝頭，如小蓮子狀。又四季桂，冬花尤盛。桃花，發於正月節。蘭，各州縣出，而灌陽之種尤夥。賽蘭，全州出。牡丹，出靈川、灌陽。石竹，即錦竹，各州縣出。佛桑樹，即朱槿花。案《嶺表録異》云：高祇四五尺，枝葉婆娑，自二月開花，至於冬中。其花深紅，五出，如大蜀葵，有蘂一條長於花葉，上綴金屑，日光所爍，疑有燄生，一叢之上日開數百朵。石榴，有紅、白二種，四時花開不絶。亦有千葉者，春花夏盛。紅荳蔻，花與草荳蔻異。案《虞衡志》云：此花叢生，葉瘦如碧蘆，春末始花，開時先抽一幹，一大籜包之。籜解花，見一穗數十蘂，淡紅鮮妍，如桃杏色，蘂重下垂如葡萄，每蘂有心兩瓣相並。詞人比之比目連理。梔子花，形似小蓮，花色純白，瓣極厚，而香甚韻。仙人掌草，味微苦澁，無毒，貼石壁而生，如人掌，故名。與甘草浸酒，服可治腸痔瀉血。薯良，形如柚子，蔓生，以之浸酒，色微紅，其香味久而不變。龍鬚草，全州出者可爲蓆。五折草，全州出。睡草，一名醉草。案《述異記》：桂林有睡草，見之則令人睡。即此。亦呼懶婦箴。翡翠，各州縣出。案《異物志》：形似燕，而翡差大，翡赤翠青，其羽可以爲飾。山鳳凰，即錦雞。【略】猴，陽朔出。黄羊，深褐色，黑花白斑，而與鹿相近。竹鼠，即竹鼬，形似鼠，大於猫，而身微短，善穿穴，性嗜竹，故名。石麟，各州縣出，又名山蛤，味佳。蟋蟀，春深夏淺，即長鳴。水蛙，味可食。案《嶺南雜記》：石蛤，一名坐魚，即蛙之大者耳，重者觔許，土人連皮食之。蛤蚧，雌雄皆可入藥。穿山甲，即鯪鯉，可入藥。石菖蒲，永寧有九節者。薏苡仁，各州縣出。倚待草，各州縣出。葉圓，高一二三尺，八月始采。案《本草綱目》：味甘温無毒，主治血氣。【略】附：天蛇，出幽陰地，遇雨後則生，其大如筯而匾，長三四尺，色黄赤，澆之以醋則消，或以石灰糝之亦死。人遭其螫而爲露水所濡，則徧身潰爛。惟以秦皮煮汁一斗，令其恣飲，乃無患。胡蔓草，出山溪間，葉似茶而尾尖，每依日爲向背，人服之，旋飲溪水，毒即發，心腹腫痛，面青腸斷而斃。若未飲水猶可解，用人糞汁灌之吐出。此草再殺生雞雛，擂漿水乘熱灌治，可活。斷腸草，一名苦蔓藤，即《周禮》所謂地慝是也。形似黄精，其花姣好，似芙蓉。太白詩云：昔作芙蓉花，今爲斷腸草。本此。羊食此草而肥，故人中其毒者，用羊血灌治，或以伏卵未生雛者細研之，和香油灌治，或以狗屎調水灌治，必充吐出，方愈。杭藥，出深山中，鳥不敢棲其上。案《赤雅》：形似獨窠蒜。人中毒就其生處採煎，忌雞犬聲。用蘸弩矢試之法，以鍼刺臂血，仍用拇指緊按刺孔，令人蘸粟許趕血，血縮倒回者，方可用，不先按其刺孔，血縮入肉，其人立死，如不縮者，雞犬聲敗之也。菌毒，案《朝野僉載》云：食冶葛而死，埋之，土堆上生菌子，其正當腹上者食之立死，手足額上生者當日死，旁自外者數日死，漸遠者或一月、兩月，全遠者或二年、三年，無得活者。復案《草木狀》：以蕹菜汁滴其苗，當日即萎。世傳魏武能噉冶葛至一尺，云先食此菜。毒蜂，菌毒所化。案《酉陽雜俎》云：毒菌夜明經雨而腐化爲巨蜂，黑色，喙若鋸，長三分餘，夜入人耳鼻中，斷人心繫。山豬，即毫豬。案《方輿勝覽》云：身有棘刺，能振發以禦人。或二三百爲羣，以害禾稼。火旺草，毒魚立死。

又《物産・平樂府》　葡萄，各州縣出。佛手柑，出昭平。案《本草綱目》：似朱欒而葉尖長，植之近水乃生。其實狀如人手有指，因名。柚，有紅、白二種。菩提子，狀如沙果，香甜適口，其核可爲經珠。黏子，一名逃軍糧，味酸甜可食，八九月熟，色紅，子細而多。趙炯詩云：枝生榦挺葉花厚，四月之中花欲然；思駕海棠渾不睡，魂隨荳蔻好相憐；落霞片片明如繡，結實垂垂黑正圓；何有逃軍堪采食，時平無那佐炊烟。筍，出荔浦者佳，馬援所稱苞筍即此。芡，各州縣出。榛，似栗而小，俗呼爲錐子。【略】芭蕉莎，可爲雨衣。白藤，各州縣出，頗利結束。吉貝，即木綿，各州縣出。案《文昌雜録》：閩嶺以南多木綿，土人競植之。其花成對，如鵞毳，採花作布，與苧不異，即方勺《泊宅編》所謂白疊布也。【略】陵零香，修仁出。大竹，出賀縣東山，其節大者受一斛，小者數升。莓緑竹，荔浦出，抽筍解籜時便生莓苔，周遭於花紋之上，追既老採取，用泥沙滌去，而花紋乃見，故名。筋竹，長可二丈許，圍則數寸，至堅利，可爲矛。猫竹，各州縣出。鹽漿木，質類石鹽，平樂出。荆，昭平出。有三種，詳見《南寧府》。杻木，平樂出，葉似杏而尖，白色，皮正赤，其理多曲而少直，可爲弓弩之榦。桐，各州縣出，有雞桐、水桐二種。桑，各州縣出。珍珠蘭，平樂出，花極香，而根微有毒，蒸花露者宜忌。千葉榴，各州縣出。牡丹，平樂出。合包花，一名半年紅，荔浦出。桂花，有白色者。翠瑶草，出荔江邊。蔞，昭平出。接骨草，即土牛膝，又名四季花，莖緑而圓，葉長而尖，跌傷骨節，搗爛敷之立效。紅頂鶴，昭平出。山鳳凰，各州縣出。鷓鴣，其鳴則自號，而飛長向日。案《古今注》：鷓鴣畏霜露，早晚稀出，時而夜飛，以樹葉覆其背上。竹鼠，恭城出。山羊，各州縣出，其血治跌撲傷損及諸血症，以分許和酒飲之立效。土人云：見人則決驟而去，跳躍如飛，非足力所及，須密布繩草以罥其足，始能生致。鼊，修仁出。水蛙，各州縣出。金背，有尖、圓二種，可爲釵飾。【略】肥兒草，能治小兒諸疾，且療痧脹。桑寄生，各州縣出。案《東方朔傳》：在樹爲寄生，在地爲窶藪。縮砂，苗似薑，形似白荳蔻，出足灘以下者不減羅浮所産。黄精，各州縣出，俗名野仙薑。三七，恭城出，其莖七葉三根，故名。形似白及，有節，味微甘，以末摻豬血中化爲水者真。附：墨荔，出平樂、修仁、荔浦、賀縣，皮肉核俱黑如墨，味臭而苦辣，有毒不可食，悮食之，令人心腐腸爛而死。嗟乎！墨荔者，墨吏也。而元歐陽玄詠詩，反似揚之何耶？詩曰：當年千里騎塵紅，生色羅襦濕翠濃；今日似嫌妃子涴，蕭然翻有墨君風。鴆，黑身赤目，頸長七八寸，毛羽則紫緑色，雄曰運日，雌曰陰諧，以其毛瀝飲食則殺人。蛇毒草，各州縣出。案《虞衡志》：蠻人制箭，取其汁濡之，中者立死。斷腸草，各州縣出。

又《物産·梧州府》 龍眼，枝葉差小於荔枝，殼青黄色，形圓肉白，其甘如蜜，一朶五六十顆，作穗如葡萄然。荔枝實後則龍眼熟，故謂之荔奴。六旺，即九層皮，色黑，其實如栗。櫻桃，一名含桃。羊桃，俗呼五斂子，瓣五出，如田家碌碡狀，以蜜漬之，甘酸而美。蚺蛇藤，各縣出。案《廣州志》：凡有蚺蛇處即有此，捕蛇者以圈牽之，輒不敢動。藤，白藤外，又有黄藤、膠藤。黄則熬汁爲膏可充眼藥，膠則取其汁和沙土甚堅。絡布，以絡麻績成，因名，各縣出。蕉布，較絡布畧粗而能經久，取芭蕉皮爲質。竹簞，懷集出。靛，即藍草，各縣出。藤合，屈藤盤繞成榼，以漆護之，各縣出。【略】方文竹，皮有斑文，如篆畫，竿方若矩，懷集出。簕竹，爲籓籬，鞏固於磚。釣絲竹，蒼梧出，狀類簜竹，而枝極柔軟，當風如細柳。篔簩竹，質甚澁，可礪指甲，本産思牢國。李商隱《射魚曲》：思牢弩箭磨青石，繡額蠻渠三虎力。謂此。鐵力木，一名石鹽，一名鐵棱，文理堅緻，藤容出。案：《嶠南瑣記》謂木力僅可百餘年，亦未足信。雞翅木，各縣出，白質黑章，身如雞翅而多結瘿，又名瘿子木。作素珠，可雜伽楠。荆，紫色者佳。桃花，十二月開且結子。木指甲，似木樨而色稍白。瓊枝樹，即木綿，春初著花，爛然奪目。鐵線梅，蒼梧出。樹蘭，高可丈餘，花似魚子蘭，而香味則過之，五葉者貴。雞爪蘭，即魚子蘭。甘蕉，葉長丈許，花大如酒杯，形色如芙蓉，每花一闔，各有六子，先後相次，子不俱生，花不俱落。暹羅菊，蒼梧出，來自暹羅，因名。苓香草，各縣出。大蒿，各縣出。案《虞衡志》云：於無霜雪處，年深滋長，大者可作屋柱，小亦中肩輿之杠。翡翠，各縣出。比翼鳥，一眼一翼，雌雄相合，乃能飛。秋風鳥，出蒼藤江，狀類麻雀，當秋八月而魚秧化生者。鹿，懷集出。山馬，似馬而有角，毛似牛，肉味美，皮可爲卧具，能御濕。蚺蛇，可辟不祥，膽入藥，畏葛藤。案《嶺表録異》云：大者五六丈，圍四五尺，次者不下三四丈，圍亦稱是，身有斑文如錦。又《酉陽雜俎》：其膽護身，隨擊而聚。取粟許，置水上旋行極速者真。烏蛇，浸酒可治風，藤縣出。【略】桑寄生，出蒼梧、長洲者佳。艾，出容縣烏石潭。九里明，作飲可解熱毒，瘳目疾。澤蘭，蒼梧出，一名水香，又名都梁香，花帶紫白色，萼通紫色，根名地筍，可食，紫黑色。附：

藍蛇，出陳家洞，首有大毒，尾能解毒，土人以首合藥謂之藍藥，毒人立死，取尾爲腊即可解。十二時蟲，案《嶺南異物志》：容州有蟲，如守宫，身圓而頸長，頭有冠，色隨時變，土人不能名，呼爲十二時蟲，齧之則不可療。苦刎草，葉似茶花，黄而小，一葉入口，腸如刀刎。案《本草綱目》：即鉤吻，係冶葛之苗。羊角紐，一名苦蔓藤，一名三跳藤，即斷腸草，各縣出。

又《物産・潯州府》 荔枝，平南出，南漢梁嵩有『橘柚遠慙登貢籍，鹽梅應合共和羹』之句。餘甘子，形味類橄欖，初入口澁而酸，餘水乃甘。案《羣芳譜》：一名菴摩勒。【略】苓香，出平南朋化里内猺山。壽竹，各縣出。方竹，出貴縣西山。詳見《鎮安府》。桄榔竹，一榦挺出，高可數丈，身直如杉，上著花，每數十穗，緑色。釣絲竹，各縣出。娑羅樹，一名七葉樹。案《花木考》：枝甚巨，每枝上有七葉花，穗甚長，色黄如栗，秋後結實，味亦如之。漆木，各縣出。水松，一名樱，葉似檜而細長，多植水中。觀音蘭，葉如芭蕉，花似蘭，又有觀音蓮，亦以花之似者而名，其葉極大，可御雨。仙人掌草，各縣出。糖牛，性嗜鹽，其角如玉，俗呼爲明角牛，各縣出。蚺蛇，出平南大同里。桂蠹，生桂樹間，色紫，辛香有味，治痰疾。【略】蛇黄，出平南廂一里蛇黄嶺。桂心，出紫荆山，即桂皮根上厚皮内之肉，其稍薄者名桂皮，樹之小枝名桂枝。案《本草綱目》：分三等用。附：苦蔓草，貴縣出。悶陀羅，人食之則顛悶軟弱，急用水噴面乃解，土人呼爲顛茄。

又《物産・南寧府》 雷菌，出横州，雷後即生，須急取，稍遲非腐則老，不堪用矣。作羹甚美，與雞㙲並珍。李，有珍珠、麥黄、苦、郁、素門五種，各州縣及各土州俱出。黄皮果，横州出，狀如楝子及小棗，而味畧酸。橘，有火餤、金、蜜、繡四種，各州縣出。案《本草綱目》：金橘爲冠。牛柑子，一名牛肝子，永淳出。波斯橄欖，宣化出。案《羣芳譜》云：生邕州者，核作兩瓣，蜜漬鹽浸皆可經久。芭蕉子，永淳出，心抽一莖，叢生一二十，筴形如肥皂而三稜，剖之肉爛而甘。波羅蜜，宣化出，不花而實，實生枝間及根上。案《本草綱目》：樹高五六丈，類冬青而黑潤倍之，團可斗大，方結實，外有厚皮裹之，其肉如橘味，一實凡數百核，核大於棗。【略】慈浮竹，出宣化永淳，每二竹必一俯一仰，可以代瓦。猫竹，俗呼茅竹，各土州俱出。棘竹，支上有刺，土人用以堵墻，牢不可破。箭竹，節密肉厚。案《禹貢》云：細者爲篠。荆，各州縣出。有三種，金荆可作枕，紫荆可作牀，白荆可作履，與他處牡荆、蔓荆全異。鐵力木，各土州俱出，而永淳司中山者佳。荔枝木，横州出。黄連木，各州縣出，最能經久，即《嶠南瑣記》所謂勝鐵力者是。綫木，宣化出，枝葉似棗及檳榔，而葉下有鬚如粗馬尾，土人採之以織巾子。樟，出横州東山。茉莉，瓣皆重臺。案《晉書》都人簪柰花，即此。又有千葉者，紅色者，而單臺則名素馨。木槿，一名佛桑，有紅、白、紫、黄數色。純白者名舜英，其紅者又名裹梅花。蘭，出上思東香山。鐵樹花，宣化出，樹高祇二三尺，榦、葉皆黑色，葉小類石楠，質理細厚，遇丁卯年則開花，四瓣，紫白色，如瑞香畧小而圓，數月不凋。諺語謂鐵樹開花，即此。虎耳草，一名石荷葉，一莖一葉，如荷蓋狀。馬鞭草，穗類鞭鞘，故名。長命草，一名龍牙，葉厚而圓，花黄而久。孔雀，各州縣出。山鳳，具五彩，出横州六麽山。秦吉了，各州縣出，紺黑色，夾腦有黄肉冠如人耳，丹咮黄距，舌、目皆如人，目下連頸，有深黄文，頂尾有分縫，能效人言，亦有白色者。鸜鵒，黑色，黄口黄足，亦能效人言。天雞，宣化出。案《赤雅》云：朱冠錦尾，其飛也翔，弄暒對舞，天雞鳴而潮雞鳴，潮雞鳴而家雞鳴。謝康樂詩：天雞弄和風。倒掛，即么鳳，宣化、隆安、永淳出，緑衣黄裹，色甚都麗，傍晚則雙足鉤勒架上，體屈如環。東坡詞云：倒掛緑毛么鳳。緑鳩，永淳出，似斑鳩，而色緑。歲九月，黄魚化出。紅翠，各土州俱出，每更則鳴，響徹山谷，白樂天『紅翠數聲瑶室靜』，即此。山鶘，色青紫，鐵脚赤眼者，善鬭；臆毛帶黑色，圓小而長者，善鳴。各土州俱出。風母，一名風貍，各州縣出。案《本草綱目》：似兔而短，棲息於高樹下，候風而吹至他樹，食果子，其屎如乳，人取養之，乃可得。馬，各土州俱出。天蠶，各州縣出。楓始生時，蟲多食其葉，狀類蠶而赤間黑。四月始熟，抽絲亦如蠶狀，色甚光明。蜑人鬻之，以作釣緡。蛤蚧，横州出，蓋偶蟲也。首如蟾蜍，背緑色，上有黄斑文若古錦，長尺餘，尾絶短，居木竅間，牝牡乃自呼其名。採之入藥，治肺疾。水蛙，各州縣俱出。【略】桂心，種出交阯，各州縣及各土州俱出。黑白牽牛，各州縣出。案《本草綱目》：白者貴。箭頭風花，似箭鏃，可治風，各州縣出。紅果草，有大、小二種，小者圓葉邊花，其梗有軟刺，可治牙痛。附：蜮魚，各州縣出，能含沙射人，人莫敢近。杭藥，各土州俱出。

又《物産・太平府》 優曇鉢，即無花果。案《方輿志》：狀如枇杷，不花而實。六旺，崇善出，俗呼爲羅旺子。跳子，出上下凍土州，色紫黄，不花而實。越三四年結一次，性滑，味淡。凡採掇者，拍樹呼其名，殼自裂而子跳出，故名。山龍眼，各土司出。案《虞衡志》云：夏月熟，色青，肉如龍眼，亦龍眼之野生者。銀杏，俗呼爲鴨脚子。方欖，土州、土司俱出，亦橄欖類，而三角、四角。布衲子，形似李實，而色微黄。蘇木，出永康者佳，樹似槐而葉微圓，枝葉兩兩相對，正赤色，開花結實如皂莢，能行血及染布帛等類。刺蜜，蓋草蜜也，左州出。案李延壽《北史》：羊刺草生蜜，味甘美。猺布，出諸猺谿峝。排草香，出各州縣及土州、土司。白膠香，楓樹脂膠。案：梵書謂之薩闍羅婆香。簜竹，案《虞衡志》：葉大且密，畧似蘆葦。屋竹，即油梧竹。人面竹，《虞衡志》：節密而凸，宛如人面，人采爲拄杖。今太平州峝中多有。桃竹，出各土司，枝長葉纖，肌青皮薄。又《格古要論》：椶竹，出廣西，葉如椶櫚，身似竹，堅且實，亦名桃竹，弩丹都管村出。金汗木，出思州、土州。檀，各州縣出，有黄、白、紫三種，樹葉皆似荔枝，皮色潤澤而香。案《羣芳譜》：檀香，一名旃檀，一名真檀。泡花，出羅陽土縣，似柚，而花較大，色白如珠，風味與茉莉、素馨差近，而清濁相懸。翦紅紗花，莖高三尺，葉旋覆，夏秋開花，狀如石竹而稍大，四圍如翦，紅鮮可愛，各土州出。龍鬚草，各州縣出。金盞草，即長春花，狀如盞子，四時不絶，其葉可治腸痔血症。鶴，出崇善盟猿洞。相思鳥，各州縣出，紅喙緑衣，顔色鮮好，雌雄不相離，籠其一，放其一，飛翔左右，無遠去者。烏鳳，谿峝出。案《爾雅翼》云：如鵲而紺碧，髮頭似鳳，尾垂二弱骨，各長尺四五寸，其末始有毛羽，亦似鳳，聲清越，能爲百蟲音。孔雀，各州縣出，土人謂爲鳴鳳。秦吉了，各州縣及各土司俱出。虎，出各土州、土司。木狗，寧明州出。案（翁）［熊］太古《冀越集》云：形如黑狗，能登木，其皮爲衣褥，能運動血氣。盤蝥，即斑蝥，斑言其色，蝥則言其毒，如矛刺也。秋食豆花，因名，而羽則似玳瑁。【略】金楉欖，安平土州出，藤本，葉大而尖，面青色，背灰色，生根底土中。春夏間，土人掘取，狀如橄欖，内白外黄，遇烈日暴乾，治咽喉齒口等症，亦解嵐瘴。山豆根，萬承土州者佳，苗蔓如豆，葉青，經冬不凋，根解熱毒。金不換，各土州俱出，木本，生於石罅，高不過三尺，葉厚而三叉，性涼，味苦。筋骨閃挫，熱酒濃磨敷之立瘥，其治喉牙功齊楉欖。附：蝍蛆，亦名蜈蚣，狀若水蝦，小至一寸，大至一丈，其尾閃閃有光。山中修蛇無故死者，皆其所傷。蛇腐後，又復化此。人面蛇，案《江湖紀聞》云：能呼人姓名以害人，惟畏蜈蚣。兩頭蛇，如小指大，長尺許，腹下鮮紅，背錯錦紋，一頭有口眼，一頭似有口眼，而兩頭俱能進退。案《博物志》：馬鱉食牛血所化。

又《物産・鎮安府》 桃，出歸順州、都康土州。柑子，歸順出。波斯橄欖，各州俱出。李，出上映土州。【略】桐油子，各土州俱出。方竹，出歸順、奉議二州，體如削成，勁節直上，用以作拄杖甚佳。青皮竹，即蒲竹，奉議出。簕竹，各土州俱出。鐵力木，各土州俱出。線木，下雷土州出。甘蕉花，一名紅蘭花，如石榴，日拆一兩葉，自春及秋鮮緑可愛。吐綬雞，奉議出，綬常時不見，每春夏晴明則向日擺之，故名。案《禽經》謂之避株，《古今注》謂之錦囊，《述異記》謂之錦帶功曹，皆是。緑鳩，出下雷土州湖潤寨。野鳥，各土州出。肉翅虎，出谿峝最深處。案《赤雅》云：出石抱山，晨伏宵出，比凡虎差小，翅如蝙蝠，眼閃閃如陰燐，渾身斑紋飾其皮，可辟百鬼。錦地羅，歸順出。案《本草綱目》云：根似萆薢及括樓狀。人頗重之，以充方物。附：黄金茄，各州及各土州土寨俱出。狀若檳榔，闊而色黄。人誤食之，立死。案《廣州志》：蝦醬可解。

又《物産・柳州府》 楊梅，案：《北户録》名杬子，各州縣出。葡萄，柳城出。李，象州出者味甜美。案《虞衡志》云：綿李勝常品，擘之開如離核桃。柑子，馬平出。茶油樹，各州縣出。漆，來賓出。木綿，雒容出。皮布，懷遠出。絨花被，柳城出。鬱金香，羅城出。案《本草綱目》：生大秦國，二三月有花，狀如紅藍，四五月採花即香也。古樂府所云鬱金蘇合香，即此。丹竹，各州縣出，高四五丈，圍二尺許，節闊葉大，狀如甘竹，皮赤。大頭竹，即桄榔竹，懷遠出。桃枝竹，各州縣出。案《虞衡志》云：生石上，葉如小椶櫚，人以大者爲杖。臙脂木，各州縣出。木堅緻，色似臙脂。案《本草綱目》：種有四，而此則開花似蓼者。黑木，即烏木，融縣出。月桂，懷遠出，圍可合抱，四季著花，其香馥郁。牡丹，柳城出。不死草，即苴草，馬平出，高一二尺，狀如茅，食之令人益壽，俗呼爲不死草。夏月置盤筵中，蚊蠅俱不敢近，物亦不速朽。書帶草，懷遠出。猗蘭草，懷遠出。八哥，雒容出。秋風鳥，柳城出。海南鳥，即子規，各州縣出。山羊，出羅城、柳城。山馬，羅城出。【略】艾葉，羅城、來賓出。豬腰子，出馬平、羅城。案《本草綱目》云：蔓生，筴内子若豬腎狀，長三四寸，色紫，而肉厚，能解諸毒。五加皮，一名文章草，五葉者良，出柳城、雒容。案《煮石經》云：金鹽母可以得長壽。金鹽，即五加也。【略】苦蔓草，各州縣出。醉葡萄，即悶陀羅，子生刺，如雞卵，各州縣出。報冤蛇，案《朝野僉載》：嶺南有報冤蛇，人觸之即三五里隨身而至，若殺其一則諸蛇皆集，惟取蜈蚣佩之，乃免。柳州出此。另詳《雜記》。

又《物産·慶遠府》 杉菌，各州縣出，生積年杉木上，色青者甘平無毒，不減桑耳。鹿角菜，各州縣出。石栗，各州縣出。案《南方草木狀》云：樹與栗同，但生於山之石罅間，殼厚而肉少，味類核桃仁。鳥章，即土絹。案《赤雅》云：集鳥毳之精，織成文章者，謂之鎖袱。粗者（布）［市］於獞狑，謂之鴦罽。【略】甘露藤，那地土州出。案《本草綱目》：藤蔓，如罽人服之得肥，一名肥藤。觀音竹，即椶竹，可爲扇，歲久者佳，南丹土州、永定土司出。朱竹，出各州土司深嵓。沙麻竹，各州縣及各土州俱出。穀木，各州縣出。虎斑木，河池出，文理似虎斑，猶勝黎山鳳眼、龍膽等木。杉木，出思恩、荔波。案《月山叢談》：二縣西北界與貴州爛土黎平接壤有美杉，生山下，或云諸葛武侯伐而埋之。夷人每候其地有紫氣上騰，則羣聚，穿土輒得，堅類牛角，入水即沈。風蘭，各州縣出。案《廣州志》云：花從葉心抽出，雙朵懸於簷前，不著水土，自然繁茂。蕹花，河池出，側垂高巖下，似小金蓮，節間另行枝葉，俗呼屈子花。雁來紅，莖、葉、穗、子並與雞冠同，九月鮮紅，望之如花。又有六月葉紅者，名十樣錦，各州縣出。史君子花，出各土州、土司。案《虞衡志》云：花蔓生作架，值之夏開，一簇一二十葩，輕盈似海棠。草犀，那地土州出，獨莖對葉，形若燈臺，根若細辛，解毒則功若犀角。都管草，各州縣出。案《本草綱目》：葉似土當歸，有重臺，根似羌活，長一節，苗高一尺許。蚊母鳥，即吐蚊鳥，各土州出。案《異物志》：五嶺溪山深處有大鳥，如鵁鶄，捕魚而食，嘗鳴，蚊輒從口中飛出，謂之吐紋鳥。俗傳採其羽爲扇，可辟蚊。烏鳳，永順土司出。山羊，南丹那地土州出，以常食三七葉，取其血更佳。地鼈，一名無頭酢，形如鼈，生深山僻處。獠人得之以爲酢，食之可禦寒。斑猫，各州縣出。三七，南丹那地並各土司俱出。鵞抱，出宜山河池。案《本草綱目》：蔓似大豆，附石而生，其根形似萊菔，大者如三升器，小者如拳，能解蠻箭藥毒。山豆根，宜山出。錦地羅，宜山出。無名異，案《本草綱目》：産宜州，每生於石上，形似石灰，嚼之如餳，大者如彈丸，小者如黑石子，收濕氣，消腫毒癰疽。附：羊角紐，各土司俱出。蚊子樹，案《嶺南録異》云：樹如冬青，實如枇杷，熟即坼裂，蚊子羣飛，惟存皮殼。

又《物産·思恩府》 竹筍，方竹者，肉厚而味甘。案宋僧（煮竹譜）［《筍譜》］云：凡食筍，譬如治藥，得法則益人。採時先宜避風日，見風則本堅，入水則肉硬，脱殼煮則失味，生著刃則失柔，煮之宜久，生必損人。佛手柑，賓州遷江、上林出。荔枝，武緣及土州、土司俱出。龍眼，賓州出，小而佳。橄欖，一名青果，各縣俱出。案《嶺表録異》云：樹枝皆高聳，其子深秋方熟，南方爭重，生咀嚼之味雖苦澁而芬香，勝於含雞舌香。山韶子，各縣出。案《虞衡志》：夏熟，色紅，肉如荔枝。偏桃，田州、土州出，樹扶疎直上，枝葉秋冬不凋，每二月另抽嫩枝，細花叢生，色淡黄，結實五月熟，大如桃，黄色，味甘香。鬱金香，州縣俱出。茶，出上林茶山。漆，武緣、遷江及土州、土司俱出。【略】丹竹，武緣縣、田州、土州者佳。紫竹，田州、土州出。紫檀，出賓州上林。案《格古要論》：木性堅，新者色紅，舊者色紫，有蟹爪紋。新者以水浸之，可染物。黄楊木，各縣出。案《酉陽雜俎》：凡取此木，必以陰晦。

清　吳九齡　乾隆《梧州府志》卷二《山川》 太乙嶺，［藤］縣西南三十餘里，高入雲表，夾道多松杉，酷暑陰凉，行人憩焉。【略】松柏山，［懷集］縣西北八十五里，上多松柏，撫猺居之，舊設營防守。【略】梅子山，［懷集］縣東一百里，壁立如削，中多梅樹，掩映成林，與廣東廣寧縣分界。

又卷三《物産》 果之屬：木實者，有荔枝，《上林賦》：答遝離枝。南方，離火之所出。一曰荔枝。臈萼春花，夏至而子赤，生於木而成於火也。粵東多嘉種，自掛緑至狀元紅，各擅美名，不讓莆陽之陳紫、方紅。而説者謂山枝遲熟，在水枝之後，水枝以黑葉爲上。梧屬荔枝，獨推蒼梧泗化洲産爲第一，即黑葉枝也。顧遲熟絳羅玉膚，甘美可儷廣南。蔡君謨《荔枝譜》於閩産外，獨紀火山一種，載山在梧州，梧山荔枝由來尚矣。龍眼，自尉佗獻漢高帝，始見《西京雜記》。《三都賦》云：旁挺龍目。與荔枝皆成於火，荔枝先熟，龍眼繼之，又得初秋之金，故荔枝丹而龍眼黄，荔枝大而龍眼小。《新語》謂荔枝火之牡，龍眼火之牝，此論甚平。東坡譬以蝆蛸石蠏，故當爲荔枝解嘲。梧産龍眼夥於荔枝，藤容間傍水連村，一望金翠耀目，璀璨陸離，亦奇觀也。柑、黄柑，吴中名佛手柑，嶺南月令所稱黄柑分指是也。柚子最大，其瓤有紅、白二種。橘有火餤、金、蜜、繡四種。橙似橘而皮細，色黄，味甘香烈。杜子美詩：霜橙壓香橘。凡皆厥包之珍也。梅、桃、梨、李、棗、栗、櫨、柿、石榴、葡萄、楊梅、盧橘。《上林賦》注：粤呼枇杷爲盧橘。橄欖，一名味諫，初嚼苦澁，味回乃甘。有白欖、烏欖二種，梧俗多種烏欖。《雜記》：烏欖一名木威子，醃爲葅曰欖豉，色如玫瑰。土人刻其幹，納以紅鹽，則子落，蘇詩『紛紛青子落紅鹽』也。人面子，核似人面，兩目鼻口皆具，肉甘酸，亦橄欖别種，梧人多醃以爲葅，仁絶美，可點茶如梅花片。木瓜與中州産迥别，高柯大葉。有兩種，一於葉間生長穗，作花不實，一於葉底附幹叢實。《毛傳》：楙，木也。實如小瓜，酢可食。詩人木瓜正是此種。若中州所産味香而不可食者，乃别種也。黄皮果，大如龍眼，又名黄彈，皮黄白，有微毛，瓤白如脂肪，多核，似豆，味甘微酸，樹如橄欖，緣條開小白花，夏末果熟。蕉子，粤西多甘蕉，叢高一二丈，經冬常緑，蕉心抽一莖，初如菡萏，每放葉一層則緑莖環生，緑莢如肥皂，三稜，剖之如爛瓜，味比蜜筩，俗名棒槌蕉。波羅蜜，大者如冬瓜，外膚磊砢如佛髻，削其皮食之，味極甘。《懷集志》載：邑令邢瑄，瓊州人，正德間，取種於天馬巖。芋桃，一曰洋桃，俗呼五歛子。歛，即稜也。瓣五出，如田家碌碡狀，甘酸而美，能辟嵐瘴毒，搗汁治蠱，立效。六旺，即九層皮，色黑，其實如栗。黏子，一名逃軍糧，味酸甜可食。木蒲桃，大樹叢生，花茸似鬚，無瓣，其實如蘋果，香甜在殼，殼厚半指，核如彈子，與殼不相屬，摇之作響，灘江一帶水邊多産之。其産水中者，有蓮藕、菱芡、茨菰。在田種者，有荸薺、甘蔗。祝穆《方輿勝覽》云：藤州土人沿江種甘蔗，冬初壓汁作糖，以淨器貯之，蘸以竹枝，皆結霜。《蒼梧志》果屬又有卍字果，象其形也，作萬非，生食香甘，一名蓬鬆子。古買羅晃、沙雷木、熟櫧。《容縣續志》：黄橄欖味甘温，可煮食，能治酒毒，醃之可爲葅。舊《府志》又有金甌、牛相、羅蒙。

又　木之屬：有松、柏、槐、椿、楠、楓、桐、梓、樟、柳、桑、柘、櫞、榕。粤西樹木之高大者，莫盛於榕，往往有數百年物，圍抱至數十人，根株盤鬱，枝葉茂密，偃蓋垂陰，連綿拂地，人目之爲榕厦。性屬火，外臃腫而中虚，於象爲大腹之離。榕，容也，常爲大厦以容人，能庇風雨，不特香可來鶴，子可肥魚也。梧州府廳一樹庇兩署，葱青鬱盤，爲一郡之望。縣署亦有數株，樹皆古茂。故梧江亦稱榕江云。楮即榖也，其實入藥，皮可爲紙。檉，河柳也，似楊，赤色。《爾雅翼》：天將雨，檉先起氣應之，故又名雨師。烏桕、苦楝、椶櫚、油桐、冬青、黄楊、皂角、黄柞，又有紫荆、赤椽，俱産容藤深山中，木堅緻可爲器具。又相思木似槐似鐵梨，斜鋸之有細花雲。其樹多連理，故名相思，其子曰紅豆。唐詩：紅豆生南國，此物最相思。鐵梨，即鐵力，一名石鹽，一名鐵稜，文理堅緻。《嶠南瑣記》謂，木力僅可百年，殊不足信。赤筋木，材理堅緻，葉繁，皮白，解之中有赤筋，出懷集。鷄翅木，各縣出，白質黑章，身如鷄翅，而多結癭，又名癭子木。鐵樹，幹、葉皆紫黑色，葉似榴而長，質理細厚，每遇丁卯年乃花。花四瓣，紫白色，開累月不謝。木棉，高十餘丈，大數抱，枝柯一一對出，排空攖拏，勢如龍奮，一名瓊枝。正月發蕾，似辛夷而厚，作深紅、金紅二色，六瓣，望之如億萬華燈燒空盡赤，花絶大，可爲鳥窠，嘗有紅翠、桐花鳳之屬藏其中。子大如檳榔，五六月熟，角裂，中有棉，飛空如雪，然脆不堅韌，可絮而不可織。桄榔，似椶櫚而多節中虚，巨者徑二三尺，幹長五六丈，葉生於杪，枝葉相比，葉下有鬚，花開成穗，緑色，子如青珠，每一樹輙有青珠百餘條，鬚多於葉，珠又多於鬚，子紅熟者，連瓤食之頗甜。皮中有白粉曰桄榔麪。木色似鐵梨而多綜紋珠暈。蒼梧又有鴨脚、龍膽、勾芒、猫尾、狗骨。羊矢，似椿而子多，長莢垂之纍纍。青藍紅膽，金花山桃。陸賈曰：羅浮山有楊梅、山桃，海人時登採拾。龍鱗含沙，秋風春花。二木産叢薄，無大材，春花葉似槲，秋風子似練，載《虞衡志》。俱有細花，春黄秋白，微香，土人採以作飯。藤縣又有黄鐅木。懷集有榇木、梏木、牛耳、靈水沙、豬血、石桑。岑溪有杉，嚮無，今始漸植。

又　藤之屬：蚺蛇藤，各縣出。《廣州志》云：凡有蚺蛇處，即有此藤。捕蛇者以藤圈牽之，輙不敢動。野聚藤，嵇含《南方草木狀》云：緣樹木生，二月花，色白，五六月子熟，大如羹甌，里民煮食，其味甜酢，出蒼梧。扶留藤，《吴録地里志》：藤緣木而生，葉味辛，可以食。檳榔，《廣州記》：其花實即蒟也，可以爲醬。《異物志》：古賁灰，牡蠣灰也，與扶留、檳榔三物合食而後善也。俗曰：檳榔、扶留可以忘憂。亦曰蓽茇，土人呼爲蔞藤。《縣志》有白藤、膠藤、黄藤、紫藤、葛藤、青香、石礲、鷄屎、馬黄。白藤利結束，膠藤取其汁和沙土築之甚堅，黄藤熬爲膏可充眼藥。《岑溪志》有鷄藤、坭藤、鹽藤。

又 禽之屬：有鵠、鶯、燕、練雀、黄鸝、孔雀、鷺鷥、鸛、鵲、斑鳩。鷸，即翡翠也。《周書・王會解》：蒼梧以翡翠，雄赤爲翡，雌青爲翠。語曰：海南之翠，出疆始珍。杜《詠桂林》詩：家家貢翠羽。梧屬多産此鳥，人不取也。白鷴，一名白雉，越裳貢白雉，即此。鷓鴣，嶺南稱爲越客。古詩云：越鳥巢南枝。鷓鴣飛必向南，雖復東西迴翔，而命翮之始必先南翥，其志懷南也。性絶畏寒，日煖則飛。李商隱詩：木棉花暖鷓鴣飛。畫眉，善鳴，喜鬭，性同山鶘。粵東翁源有畫眉村，美食雕籠，畜者甚多。梧人無畜此者，亦以見其樸俗也。竹雞，形如鷓鴣，褐色斑文，性好啼。廣諺云：家有竹雞啼，白蟻化爲坭。梧多白蟻，惜乎其不養竹雞。鷹、鷂、鴉、杜鵑、鴛鴦。山鶘，一名山鳥，性好鳴鬬。雉、鶺鴒、鷯哥、鵪鶉、布穀、鸕鷀、水雞、鴝鵒、白頭翁、斥鷃。鷦鷯，即桃蟲。啄木、紗帽雀、伯勞、鴟鴞。按：舊志禽屬，首列以雁，雁非土産，故節之。又有青鵻，狀如鴿，青色，喜食橄欖，一名橄欖鵻。說者謂秋深東去，春半西來。鸞，一名鶼鶼，比翼鳥也，出《懷集志》。秋風鳥，出蒼藤江，狀類麻雀而小，相傳爲當秋八月魚秧化生者。錦雞，出容縣。金錢雞，出懷集。

又 獸之屬：有虎、豹、鹿、麞、獐、麖、麂、猩猩、熊、豺、獾、猿、猴。山羊即石羊。野豬，箭豬，即豪豬。《方輿勝覽》：豪豬身有棘刺，能振發以御人，爲羣以害苗稼。《南寧志》云：其箭爲簪。木狗，熊太古《冀越集》：木狗生廣南左右江山上，形如黑狗，能登木，其皮爲衣褥，能運血氣。元世祖有足疾，取以爲袴，人遂貴重之。野狗，即蠻犬，《方輿勝覽》：如獵狗警而猘，諸蠻率携一犬自防，盜莫敢近。又有山馬，似馬而有角，毛似牛，肉味美，皮可爲卧具，能御濕。糖牛，《赤雅》：角若瓊玖，用以爲甲，鵃箭蛇鎗如凉雨之灑荷葉。又潛牛，出勾漏大江中，桂江亦有之。《酉陽雜俎》：形似水牛，每上岸鬬，角軟，還入水，角堅復出。即《赤雅》所謂州留鰅鱅也。東粵曰潛牛，西曰潛州留，楚曰鰅鱅，出澗與虎鬬，角軟，湛水，復堅。柳子厚詩：桂江秋水見鰅鱅。容縣又有土鼢，即田鼠。【略】附異産：三足白鹿，明嘉靖壬午中和節，見於懷集花石崗。里人逐之上燕嶺，失跡而返。黑文白虎，明隆慶間見於懷集石嵎洞，鄉氓不敢攖，一日越筆峰石，衆携鎗弩圍之，諸生粱允環曰：白虎黑文，乃騶虞，仁獸也。俾縱之，後不知所往。黄獅，《容縣續志》：尖鼻大尾，毛黄黑色，行則跳躍，止則延頸而望，善捕野獸，自散溺於草木葉，獸觸之無不立盲者，黄獅據其頭，攫食其目而去。昔魏武帝於白狼山逢獅子，忽有一獸如狸，跳上獅子頭，獅遂伏不敢起。豈即此獸與？【略】巴蛇，能吞虎，其膽隨月轉，上旬近頭，中旬在心，下旬近尾。【略】藍蛇，首有大毒，尾能解毒，出蒼梧陳家洞南。《酉陽雜俎》云：人以首合毒藥，謂之藍藥。藥人死，取尾爲腊，反解毒藥。

清　謝啓昆　嘉慶　《廣西通志》卷九九《山川略・山》　［東蘭州］武篆山，州西八十里，一名五篆山，聳秀菁葱，上多大猿、奇鳥。《一統志》

又卷一〇二《山川略・山》　［修仁縣］羅仁山，縣東一里，【略】多猿猴。《郝志》【略】［修仁縣］雙鳳凰嶺，仙會巖西。《一統志》一如雌，一如雄，上有青松奇木。《金志》

清　何福祥　道光　《歸順直隸州志》卷一《山川》　蒼崖山，在舊州城東十里，卓立田間，其形如筍，高數百丈，下有岩洞。《一統志》相傳有仙遊其上，足跡宛然。士人有登其巔者云：有柑樹結實，可食，不可懷歸。《府志》

清　毛玉成　咸丰　《南寧縣志》卷四《賦役》　果屬：梅，杏，李，有荆山、麥熟數種。桃，梨，木瓜梨，特産。棗，栗，石榴，胡桃，松子，瓜子，木瓜，西瓜，香櫞，橘，柑，又一種佛手柑。橙，奈，柹，葡萄，林檎，花紅，銀杏，枇杷，甘蔗，梧實，落花生，羊棗，櫻桃，山樝，楊梅，多椃，俗名訛椃爲衣。救軍糧，山野彌望，緑葉、白花、紅子極繁，五六月熟，酸甘可食。荸薺，茨菰，菱角，蓮子，藕，枳棘子，俗名拐棗。蘋婆。木屬附竹：椿，松，有油松、杉松、細松數種。柏，有側柏、圓柏、合掌柏、茨柏數種。楊，梧桐，柳，槐，栗，有板栗、毛栗、黄栗、白麻、青剛數種。花栗，棠梨，楸，黄楊，水冬瓜，柞，樟，冬青，樗，柘，桑，檜，椶櫚，觀音柳，羅漢松，皂角樹，無花果，杉，榆，株樹，紫竹，觀音竹，鳳尾竹，東坡竹，人面竹。【略】毛屬：【略】貓，羸，驢，豹，麞，鹿，麂，兔，猨，猴，豺，狐，貍，獾，鼠。羽屬：雞，鵞，鴨，鴿，雀，鷹，鳩，烏，雅，燕，鵲，鵪鶉，鷺，倉庚，一名黄鸝。雉，鸜鵒，俗名八哥。畫眉，白鷴，錦雞，鸛，鸕鷀，俗名水老鴉。鳧，俗名野鴨。拖白練，黑頭公，秧雞，啄木冠，鷂，布穀，青鴟。

清 李世椿 同治《象州志》卷上《紀地》 聖塘山。離城一百里，石山高峻，人莫能登。昔有一藤蔓垂地，一猺人攀援而上到頂，見一池水清冷可愛，亦有魚鼈猿猴至，多桃李環之。猺人歸語，藤折，莫有至者。

又卷下《紀故》 南山寺，在城南十里，江流有聲，斷岸千尺。古榕盤龍，松竹交蔭，爲招提勝境。

清 戴焕南 光緒《新甯州志》卷二《物産・果屬》 龍眼，《雜佩》云：自尉佗獻漢高帝，始有是名。葉似荔枝，而實差小。七月始熟，味雖甜，而風韻遜於荔枝。又實於荔枝後，故謂之荔奴。州地多産此果。其佳者核小，肉厚，味尤爽甜，嚼之，殊可人意。荔枝，熟于四五月間。《虞衡志》云：自湖南界入桂林，纔數百里，便有之，自此而南諸屬皆有。而甯屬以隆安出者爲尤佳。州屬所産，肉薄，味淺，不能及也。山荔枝，皮有毛，色淺紅，肉黏核，微甘而間以酸，又名毛荔枝。梅，子小者爲石梅，大者爲水梅。又有熟而紅色者，肉黏核不離，其味皆酸，不堪食。《北户録》云：嶺南之梅，小於江左。居人採之，雜以朱槿花，和鹽曝之，梅爲槿花所染，其色可愛，酸亦少解。李，有珍珠李、麥黄李、苦李、郁李、紅李、素門李各種。桃，有胭脂桃、鶯觜桃、四月七月桃。又櫻桃，一名含桃。楊桃，一名五斂子，有五稜。南人呼稜爲斂。一歲兩熟，色青黄，味酸，核小，能解肉食毒，又解蟲瘴。亦有甜者。梨，有四種，曰青霄，曰雪梨，曰糖梨，曰沙梨。榴，一歲兩花、兩實。實有紅、白二種，味俱美。有四季榴，四季皆實，小不堪食。又種盆中可玩者曰火石榴。蔗，州地出者，俱細小。交阯所生者，圍數寸，長丈餘，似竹，斷而食之甚甘。藕，有白蓮藕、紅蓮藕、飛蓮藕各種。蓮子，州屬雖有所出，不及江浙之佳。波羅蜜，不花而實，實生枝間及幹上，其大者如斗，小者如升，味極香甘。又有草本者，長葉叢發，每本僅一實，大如升，内無核，切片食之，味亦香甘。按《本草綱目》：波羅蜜，樹高五六丈，類冬青而黑潤倍之。一實凡數百核，核大於棗。圍可斗大，方結實，外裹以厚皮，皮起密釘。煑其核，鬆爽可食。黄皮果，五六月熟，可消食，順氣，除暑熱。食荔枝太飽，以黄皮果解之。山黄皮，其皮光滑，味尤酸，晒乾，可佐羹湯。柑子，以渠黎産者爲佳。橘子，柚子，橙子，桔子，櫨夢果，亦州中土産，但無佳者。落花生，一名地蠶，蔓延於地，花開於上，花落則生子於土中，故名。蔆葉，似荇，紫莖，結實兩角曰蔆，三角曰芰，俗呼蔆角。枸櫞，樹似楠，實如柚大而長，味奇酸。又有佛指櫞，留之可經二月。優曇鉢，又名無花果，不花而實，狀如枇杷。芭蕉，子大者爲牛蕉，小者爲鷄蕉。又有地芭蕉，高三四尺，其實較長於鷄蕉，味尤美，有奇香。豆黏子，又名逃軍糧，土人取其根皮，搗爛以代柿。涞□有牛心、扁柿二種。香皮果，牛奶果，水泡果，牛柑子，菩提子，人面子，木柰子，石栗子，偏桃，金橘，木瓜。

又《竹屬》 釣絲竹，可織筐器。鳳尾竹，可供清玩。刺竹，土人種以爲墻，人不能入。篙竹，可作船竿。蘆竹，易生而不堅實。貓竹，又名茅竹，大者可爲屋，嫩者可造紙。筆竹，葉細節疏，可爲篾以織器。郎當竹，可爲篾用。桃竹，可以爲杖。馬蹄竹，人面竹，紫竹，箭竹，簜竹，筋竹，標竹。

又《木屬》 松，有三鬣者、五鬣者，花後有實如粉，其色嫩黄，可餅食，脂爲松香。柏，有圓柏、扁柏、刺柏，性堅緻，有脂而香。樟，六七都等處，多産此木。楠，有細葉、大葉、金釵、香、紫、黄楠、臭糞諸種。榕，有二種，細葉者結實紫，大葉者結實黄，南方隨在皆有。絲下垂及地，便生根節，樹陰濃密，可遮數畝。槐，土人採嫩葉以食，花可入藥，色可染黄。椿，俗愛取其材以爲梁。楓，木厚葉弱，經霜則赤，俗采葉以染飯。又有楓香樹，有脂而香。梓，爲木王，作室者擇以爲梁。桑，葉可飼蠶，實名桑椹，可入藥。又細葉而根有茨者，謂之茨桑，木性堅實。漆樹，生膠即漆也。柳，有楊、柜、垂絲等類，相傳瘴鄉無柳，未必盡然。杉，類松，幹直，而葉附枝生。荆，有金荆、紫荆、白荆諸種，與他處牡荆、蔓荆全異。又有杜荆，指病自愈。節不相當者，月暈時刻之，與病人身等，置床下，雖危亦愈。鐵力木，一名石鹽，一名鐵稜。黄連木，最能經久，即《嶠南瑣記》所謂勝鐵力者是。桄榔木，如竹，紫黑色，有文理而堅。工人解之，以製博奕局。樹皮中有屑如麪，可爲餅食之。無患木，其木用爲棒器以壓鬼，故名。其子名苦珠子，可去垢。苦練木，又名花心木，子味苦，不可食。穀沙木，即楮木，其實入藥，葉可裹稯造醬。到鱗木，性堅耐久，雖入土不易朽，又名龍鱗木。銀木，可雕鏤，葉可染藍，又名樹藍。栗木，性堅，又名櫞木。梧桐，結子香美。又有油桐子，可壓油。青桐，性輕易長，葉性涼，可食，名曰『青桐菜』。又一種葉苦者，不宜食。烏柏，冬結白實，可以壓油，俗名木油果。木棉，一名吉貝，即斑枝花。樹極高大，春初開花，大如盌，二四月結苞，如皂角，内有棉，可作襪褥。

又《花屬》 桂花，有丹、黄二種，俱八月開。木樨，桂屬，四季開花，色淡黄，葉無齒。蘭，有建蘭、桂蘭、觀音、紫梗、楊妃、鋪地、魚子、暹羅樹蘭諸種。黄山谷云云：一幹一花而香有餘者曰蘭，幹數花而香不足者曰蕙。菊，其品甚多。《遯齋閒話》云：南方花發較北地常先，惟菊則應秋而萼，性宜冷也，處於邊而不改其常者，其惟菊歟？芍藥，花似牡丹，而草本。茉莉，瓣皆重臺。《晉書》都人簪柰花，即此。單臺者，名素馨，與茉莉同種，而香氣一也。昔劉王侍女名素馨，其塚上生此花，因以得名。又有番茉莉，花瓣大如梔子，近心黄色，香氣烈而不幽。荷，未開爲菡萏，已放爲芙渠花。開僅十八瓣，色有紅、白二種。其千葉及並頭者曰蓮。又有雞頭蓮，開小花，其實即芡也。芙蓉，俗曰木堇，秋時開花，有紅、白二種。又有一日三變者，早白，午淺紅，暮深紅，謂之三醉。榴花，中州端陽始開，南方則二月即放，至端陽漸盡。萱草，花黄色，微分深淺。山丹，細葉，生子莖間，一莖三四花，花似萱差小，而色紅，瓣較堅厚。金錢花，圓如錢，而色紅，至夜則落，俗呼夜落金錢。鐵樹花，高二三尺，幹葉皆紫黑色，遇丁卯年開花，四瓣，紫白色，如瑞香，較小而圓，數月不凋。玉簪花，葉類茨菰而大，其花含苞時纖長潔白，儼似玉簪。海棠花，開貼枝，色大紅者曰貼梗，花紅莖赤者曰西府，花淡紅而差小、莖緑如絲下垂者曰垂絲海棠，則草本也。夾竹桃，木本，竹葉，花似桃而差大。地棠花，黄色，四時皆放，團簇如繡球。六合梅，樹高五六尺，花開數十重，如繡球而色淺紅。棠棣花，似六合梅而差小，結實謂之郁李。瑞香花，似丁香，開于新正，故以爲瑞。紫薇花，名百日紅，又名魚腮花。麗春花，俗有月桂、月月紅諸名，色有大紅、粉紅二種。長春花，黄色，四時常開。木槿花，一名佛桑，有紅、黄、紫、白數色。其紅者又名裏梅花，純白無間者曰舜英。葵，有紅、黄、白三種，向日傾心。又有蜀葵，四時皆放。梔子花，白色者實多，可入藥，染物則色黄。簷蔔花，似梔子，而重臺。杜鵑花，放于初春，又名映山紅。金鳳花，一名鳳仙，有紅、白、紫數色。婦女采紅花，入白礬，擣以染指。鷹爪花，青黄色，而香甚烈。狗牙花，又名賽雪。剪春羅，瓣如碎剪，故名。蒲殿香，又名千里香。指甲蕊，如細米花，葉可染指。滴滴金花，色黄如金。觀音蕉，葉似芭蕉，中心發紅芽，初出如卷旗，漸分大瓣如蓮，色鮮豔奪目，可歷數月。又名觀音蓮。美人蕉，初生似玉簪葉，後漸似蕉葉，而小花畧似山丹而紅，次第開放，四時不絶。花後結種，狀如砂仁。《羣芳譜》云：出廣西者，樹不甚高，花瓣尖大，紅色，春開至秋。梅花，蠟梅，石梅，水仙，桃花，碧桃，玫瑰，薔薇，荼蘼，玉蘭，繡球，木蘭，夜合，含笑，紫荆，胭脂，鷄冠，山茶，九里香，午時紅。

又《鳥屬》 山鳳，《爾雅翼》云：廣西有山鳳，狀如鶩而鳳喙，巢兩江深林中。雌伏卵時，雄以木枝雜桃膠封其巢竅以飼之，子成即發封，不成則窒竅而殺之。又有大頭鳳，飛則羽音響如轉輪，所止之處，百鳥不敢鳴。鳴鳳，《赤雅》云：兩江鳴鳳，如孔雀，色紺碧。頭上彩毫，光逾掣電，頂有冠，尾垂二弱骨，長一尺五寸，至杪始有毛羽一簇。鳴聲清越，如簫笙，能變曲，妙合宫商，間出兩江洞中。么鳳，《百粵風土記》云：廣南山中有倒挂鳥，即此。似鸚鵡而小，緑衣黄裏，色甚都麗。傍晚則雙足倒鈎架上，曲體如環。東坡詞云『倒挂緑毛么鳳』，即此。烏鳳，形似鳳，色黑如鴉，腹淡紅，丹喙，朱冠，脚赤有距。鶴，狀類白鷺而大，紅其頂，性通風雨，能鳴，善舞，喜巢榕樹。翡翠，形似燕，翡赤而翠青，其羽可爲飾。鴛鴦，水鳥，匹偶不背。鵾鷄，丹頸，大如灰鶴。竹鷄，斑羽，似鷄而小，喜集篠叢中。白頭翁，似瓦雀，而尾邪長。秦吉了，俗名了歌。《本草綱目》云：出嶺南容、管、廉、邕諸州，紺黑色，夾腦有黄肉冠如人耳，丹喙，黄距，人舌，人目，目下連頸，有深黄文，頂尾有分縫，能效人言，音頗雄重，亦有白色者。鸜鵒，即唎哥，黑色，金眼，黄口，黄足，教之能言。畫眉，色黄，而眉特白，善鳴，善鬬。山鶘，又名百靈，能爲百鳥語，色青紫，鐵脚赤眼者，善鬬，臆有黑色一片，圓小而長者，善鳴。杜鵑，一名子規，又曰海南鳥，暮春多啼，若云不如歸去，晝夜苦鳴，其聲淒切，相傳爲蜀帝魂云。鷓鴣，《格物論》云：鷓鴣小，野雉大。臆前有白圓點，背上間紫赤毛。其飛也，皆東南迴翔，多對啼自呼，伏瘴草間。鵔鸃，即雉也，俗呼野鷄，利距善鬬，性介難馴。雄者身具五彩，雌則斑色而差小。鵪鶉，善鬬鳥也，毛羽花色，雄者頭有白圈。紅翠，每更則鳴，響徹山谷。白樂天『紅翠數聲瑶室静』，即此。緑鳩，似斑鳩而色緑。歲九月，黄魚化爲之。白鷴，形類雉，白質黑章，觜距純丹。黄雀，似鶯，身差小，而色黄。麻雀，性喜噪，以簷瓦爲巢，頭可入藥，其糞爲白丁香。練雀，似鸜而色藍，尾尖，長尺許。喜鵲，

《禽經》云：俯鳴則陰，仰鳴則晴。人聞其聲，則喜。鸜鵒，《詩》注：飛則鳴，行則摇，有急難之意。十姊妹，大如鸜鵒，有黄、紅數種。春初以十成隊，故名。啄木鳥，其觜斲木如錐，格格有聲。人以木塞其巢口，含沙畫之，木遂出。俗傳拾此木，敲鎖即開。百舌，一名布穀。戴勝，亦布穀類也。鷺鷥，羽毛潔白，喜立沙汀，能入水捕魚。鶄鵁，不卵而孕雛于澤間。每有生于上者，多至八九子相連而出，若絲緒然。《埤雅》云吐生。鷗，喜於沙中立宿。鳩，有火鳩、青鳩、斑鳩、珍珠鳩數種。鴿，黑白不等。鸛，類鶴而小，亦丹頂。鴉，純黑而反哺者曰慈烏。有黑身白頸者，人每惡其鳴。鶯，即倉庚，一名黄鸝。燕，一名玄鳥，又曰紫乙，二月至八月歸。雁，粵地時見雁飛，千百成羣。詩云：五嶺山高雁到稀。未必盡然。鷹，喜峙而善搏擊。有二種，攫食鷄鳥者曰崖鷹，頸白身赤而捕魚者曰魚鷹。鸇，食雀鳥也。鴆，毒鳥，山有鴆，草木不生。《赤雅》云：邕州朝天舖及山深處有之。其種有二：一大如鴉，黑身赤目；一大如鴞，毛紫緑色，頸長七八寸。雄名運日，雌名陰諧。聲如羯鼓，遇毒蛇則鳴聲邦邦然。蛇入石穴，作禹步法，石裂蛇出而啄之。秋冬解羽，蟄穴。薰之出走，應弦而斃。以銀爪甲取置銀瓶中，否則指爛。鴆矢著人立死，鴆羽瀝酒，犀角立解。鴆穴多犀，殆天所以制殺機也。鵰鶚，性毒，專食鳥子。

又《獸屬》 虎，山崗時有之。豹似虎，毛黄而文黑如錢，性忌虎，見之輒鬭，跳躍便捷，虎甚畏之。鹿，性善驚，壯者有角，遇人則奔避，涎出即不能急走矣，六七都等處時有之。麖，鹿屬，性尤善驚。麞，波澤中常有之。陸佃云：麞如小鹿而美，故從章。麂，麞屬，皮可作履。熊，多力，性輕健，能攀援。其狀不一，有人熊、馬熊、猪熊、狗熊數種。州屬少人熊，所有者馬熊、猪熊、狗熊三種耳。狸，即狐狸，有虎斑者，貓斑者。性淫，多疑。又有能飛者，曰『飛狸』。狼，似犬，性善顧而多貪，鋭頭白頰，其鳴能小能大。膏可煎，皮可裘，糞可作烽火，其烟雖風不斜而聚。豺，狼屬，犬足長身，尾黄頰白，俗云瘦如豺，以其體細也。獺，形似小狗，水居食魚。猿，有烏猿、白猿、通臂猿，俱善攀援，好食生果。猴，猿屬。猿性静以緩，猴性躁以囂。有猿處，猴不敢居，猿多力，猴非其敵也。兔，口有缺，尻九孔，舐雄毫而孕，生從口吐出。風母，《本草綱目》云：一名風狸，生邕州以南。似兔而短，棲息高樹下，候風而吹至他樹以食果。其屎如乳，甚難取，人獲養之，乃可得。山羊，出深山中，其心血可治撲跌損傷，及諸血症。以一分許調酒，飲之神効。土人云：見人則決驟而去，跳躍風迅，非足力所可及，須密布繩草間，絆其足，始能生獲。刺取其血，乾而藏之，甚貴，不易得也。山猪，生山麓中。《方輿勝覽》云：即豪猪，身有毫如箭，能振發以禦人。二三百爲羣，以害禾稼。俗呼箭猪。野猪，類家猪而腹小，脚長牙利，善噬人。蠻犬，有警則猘，如獵狗然，諸蠻率携以防盗，人不敢近。蘢狗，形似犬，尾大，身黄色，善竊鷄。松鼠，出山中，似鼠而毛長，尾尤巨，奔援較捷於猱。竹鼠，生於山林，伏如兔。飛鼠，類蝠而大，俯食蚊蟲，高噉龍眼。

清 徐作梅 光緒《北流縣志》卷五《山川》 謝仙山，縣西南一百五十里，與陸川接壤，八峰環列。絶頂有潭，潭内鯉魚盈尺許。四時常有花果，相傳爲謝仙得道處。

又卷八《物産》 金橘，樹似橘，不甚高大，鄉人名爲桔子。《虞衡志》：營道金橘爲天下冠。即梁昭明太子《七召》所謂『湘南朱橘』是也。荔支，臘萼春花，夏至子赤。邑中有大造荔、黑葉荔、丁香荔、白蠟荔、麒麟荔等目。而大造荔較多，皮作硃砂紅痱瘤而起芒刺。大造者，粵中禾有早造、晚造之稱，凡物之及時者，亦可謂之造，此荔夏至均熟，故謂大造。其有皮作淡紅色，微有皺紋而不起瘤，謂之黑葉荔。核小如丁香，而皮作胭脂色者，謂之丁香荔。又白蠟荔，色如白蠟而帶紅淡，較諸荔稍大。麒麟荔，如白蠟而小。諸品之中，大造爲最，黑葉與丁香次之，麒麟又次之，白蠟斯爲下，以其肉稀不實，而色香味皆遜也。其餘四月荔、末造荔，一名山荔。尚有數種，雖形似荔支，皆酸酢，不適口。龍眼，殼青黄色，肉白，其甜如蜜。每荔支實後則熟，故謂之荔奴。番荔支，大如桃，色青，皮似荔支殼而非殼也。頭上有葉一宗，擘開白穰黑子，味似波羅蜜。《嶺南雜記》山韶子，狀如荔支，周身有輭刺，如毛而疏，擘其包，有肉如猪肪，著核不離，味甘酢。石榴，《虞衡志》：南中一種，四季常開，夏實之後，秋深忽又發花且實。更別有一種石榴，華而不實，插地即生，經歲便茂，花最豔麗，每開數百朵，然樹不壽，數載輒槁。番石榴，形似石榴而小，生則色青，其味雋永，熟則色黄，其味甜膩。芭蕉子，心抽一莖，叢生一二十莢，三稜，剖之，肉爛而甘。梅子，夏熟。桃子，夏熟。李子，夏熟，有青、白、朱、紫數種。柿子，上六里有之。橙子，經霜始熟。柑子，冬熟。金櫻子，秋實，有刺，可釀酒，亦入藥品。梔子，色黃，可以染，並入藥品。桐油子，採之榨油，以飾器用。茶油子，採之榨油，用以澤髮。橘柚，冬間成熟。餘甘子，味類橄欖，初入口澀而酸，餘水乃甘，一名菴摩勒。人面子，春花，夏實，秋熟，形如含桃，味酸。核睪具人面，故名。波羅蜜，樹高五六丈，圍可斗大。方結實，大如南瓜，外膚磊砢如佛髻。五六月熟時剥之，肉似橘囊層疊，香氣滿室，食之甜美。一實凡數百核，果中之至大者。案《南越筆記》：無花而果，果成或生一花，花甚難得，即優鉢曇花也。佛手柑，木似朱欒，而葉尖長，枝間有刺，近水植之乃生。其實如人手有指，故名。蒟果，樹高丈許，正月花，五月實熟，大如木瓜，其色黃，肉如爛瓜而甜，皮有香氣，葉可瀹飲當茶。橄欖，有二種，小者名香欖，味佳；大者名牛粘欖，味遜。樹枝皆高聳，其子深秋方熟。烏欖，大於橄欖，色青黑。案《嶺南雜記》：取其肉，醃爲葅，名曰欖豉，色如玫瑰，味頗雋。又《嶺外代答》：欖核中有仁，味鬆美。五稜子，形如田家碌碡，又謂之洋桃。案《南越筆記》：其種自外洋來，樹高五六丈，大者數圍，花紅色，一蒂數子，七八月間熟，色如蠟。中蠱者，搗自然汁飲，毒即吐出。脯之，或白蜜漬之，味甚美。東坡詩『恣傾白蜜收五稜』，謂此。楊梅，葉似龍眼，冬月不凋，二月開花結實，五月熟，有紅、白、紫三種。粵中楊梅多酸，不及江南。《物類相感志》云：桑上接楊梅，則不酸。梨子，有青梨、黃梨二種。春花秋實，大若拳，啖之甘爽，涼沁心脾。二廂所產最佳。栗子，霜降後乃熟，其味甘鬆。或用竹籃網袋懸於當風處，八九日待殼内膜自脱，尤甜而腴，故又名風栗。黃皮果，案《南越筆記》：狀如金彈，六月熟，其漿酸甘，可消食順氣。卍字果，案《南越筆記》：果作卍字形，蒂在字中，不可見。生食香甘。其木枝交加盤曲，便於鳥巢，即宋玉《風賦》所謂『枳椇來巢』之枳椇也。蒲萄，案《嶺南雜記》：形如蠟丸，大如桃，高丈餘。花開一簇，如針蕊，長寸許。五月熟，色青黃，中虛，有核如彈丸，摇之有聲，肉鬆而甘。不納子，秋熟，味鹼而甜。黎檬子，案《南越筆記》：一名宜母子，似橙而小，二三月熟，黃色，味極酸。孕婦肝虛者，多嗜之，故曰宜母。捻子，一名投軍糧，味甜可食。無患子，俗名苦槵子，可去垢，兼愈箭瘡。案《古今注》：其木爲衆鬼所畏。取爲器用，以壓邪魔，故號無患。【略】榕木，易生，高大，可覆數畝。禽鳥啣榕子，落於他木，即便寄生根，下至地，得土氣，久則過其所寄。有大葉、小葉二種。格木，葉小如餘甘，修偉强勁，小者合抱，大者數圍，木理縝緻，刷磨光澤可以鑑，堅重如石，蛸蝎不能齧，風雨不能剥，南方美材也。樟木，高數丈，葉似柑而尖長，四時不凋，以有紋理，故名樟。宜於雕刻。氣甚芬烈，可辟邪。性辛温，無毒，霍亂、吐瀉者，煎汁服之多愈，陳久者良。枏，高十餘丈，大數圍，氣芬、紋細、質堅，蓋良材也。松，大者徑數尺，高數丈，作材用，亦作薪用。杉，幹端直高大，上六里尤多，造屋作器，利用甚溥。柏，人家間植之，山中稀少。桐，幹直無節，理細質堅，四月花，六月實。人家齋圃多植之。柳，近河較多。木棉，樹大可合抱，高者數丈。正二月開花，結子如酒杯大，老則拆裂有絮茸茸，與蘆花相似，人取以作裀褥。李義山詩『一夜瘴花開木棉』，即此。黎辨木，高丈餘，結子成穗，大如豆，色鮮紅，十二月熟。根有毒，誤食殺人。葉舒筋活絡，跌打腰骨挫閃等症，可擣汁服並外敷治。根葉之相反也，如此。鐵力木，《南越筆記》：木理甚堅緻，質初黃，用之則黑。桄榔木，《寰宇記》：木似椶櫚，中心有麵。三合木，產大容山，又名楓何桂。一樹三種，有楓葉，有何葉，（何，南方木名，小葉，色微紫。）有桂葉。最去風溼，功用在五加皮之上。〔以下只録種名〕熊膽木，接節木，牛乳木，筋竹，單竹，箆簩竹，竻竹，大頭竹。【略】鵲，自鳴鵲鵲，故謂之喜鵲。鶴，有白鶴、黃鶴二種，而黃鶴較多，白鶴巢於深林，黃鶴常飛啄田野間。鴉，各里有之。燕，春來秋去。鳩，晴雨異鳴，農人以占雨晴。喜鶯，春間飛鳴，與各省無異。催耕，於春末夏初飛鳴，長夏無聲。鷹，鷙鳥，嘴爪如鈎，善攫雞及鳥雀食之。杜鵑，春夏日夜常鳴。伯勞，《爾雅》一名博勞，仲夏之月始鳴。山鵰，色青紫，鐵腳赤眼者，善鬭；臆毛帶黑色，圓小而長者，善鳴。十相雞，有十相之分，一白毛，二絨毛，三烏肉，四烏骨，五烏舌，六重冠，七緑耳，八着褲，（謂毛生至脛。）九戴雋，十十爪。矜貴難養，夜須以幃障之，否則蚊蜼噆蠚，多發肓而死，又宜獨處，不與家雞混，蓋不能與之爭食，同畜多不成就。鳳頭鴨，白鴨頭，上有髻，以雞伏卵，不用火嫗，能治癆瘵。烏骨者良，然難得。翠鳥，其羽可以爲飾。鷓鴣，大如竹雞，頭如鶉，身文亦然，臆前白點圓如珠，飛不甚高。鸜鵒，黑色，黃口黃足，又名八哥。人家養者，於春社端午日翦去舌尖，歲餘即能效人言，而不能自言也。鵪鶉，黑色，魚尾，椭形緊小，如燕而稍大，其飛一縱如擲，三五成羣，見鷹鸇必逐啄之。鳴曰鷓鷅鵪鶉，以其聲名也。花了，一名花哥，秦吉了之類也。身有黑白麻點，紅眸綠趾，比吉了稍大，性慧黠，而雌雄匹偶不亂。伽鶇，大如燕，楕形長尾，黑毛紅羽，其飛縱身隨落，如鳥中彈不任之狀，將至地一二尺，然後抉起，鸘駭鸁裔，倏忽不見，亦健鳥也。山鳳凰，即錦雞，出大容山。【略】虎，出大容山，常至村莊攫食牲畜，每被擊獲。豹，出邑中深山，山人每設窞阱獲之。鹿，凡林壑深處皆有。黄麖，似鹿而小，獵者常常弋獲。香貍，亦名果子貍，其食惟美果，故肉肥而甘。間貍，毛色如虎文相間，糞有常處，日久成堆，人每偵得之，又名聚屎貍。獺，夜間入水攫魚，白日罕見。猴，近年上六里山中有之。龍狗，形似犬，尾大身黄，善竊雞。【略】此外動植飛潛，品彙尚夥。其有各縣所同，或無關切要者，亦不能逐一備載，惟有傷生及害物者十餘條，特附篇末，以備參考。深掘，按《赤雅》：貓首鳥喙，似鵂鶹而大，放聲大哭，哭畢，鳴曰深掘，意賈生所謂鵩也。地虎，大倍蜘蛛，遍體生毛，多伏草根及木節内，人畜或踐之，即咬其足，法急用雄雞冠血塗患處，可救。山蜞，按《南越筆記》：青色，生深山樹葉中，曰飛蜞，聞聲輒飛躍刺人，吮血如螞蝗，專集耳後，使人不知，始小如針，血飽則如指。凡山行，以無患子，或蒜，或薑汁，或茶子末塗身，則飛蜞不敢近。盤螌，即斑蚝，斑言其色，螌言其毒如矛刺也。秋食豆花，因名，而羽則似玳瑁。蝍蛆，亦名蜈蚣，小寸許，大盈尺，遍身是足，閃閃有光，蛇畏之。傷人，以艾灸傷處，立愈。兩頭蛇，嶺外多有，大如小指，長尺許，腹下鮮紅，背錯錦文，一頭有口眼，一頭似有口眼。今小一里山中有之，與孫叔敖所見者大抵不同。按《博物志》云：馬鱉食牛血所化。理或然也。藍蛇，首有大毒，尾能解毒。土人以首合藥，謂之藍藥，毒人立死，取尾爲腊即可解。十二時蟲，按《嶺南異物志》：有蟲如守宫，身圓而頸長，頭有冠，色隨時變，土人不能名，呼爲十二時蟲，齧之則不可療。

清　黎申產　光緒《寧明州志》卷上《山嶺》　掛榜山，俗名『叢珥囊』，在州城東南二十餘里，安馬村後。俗傳昔有女仙降此，今其宫闕遺址尚存，然此特齊東野人語耳。大率昔人於此建立廟宇，久而毁圮，故其名，礎磚瓦間有存者。山中古樹輪囷，一水縈繞，山椒有洞，素無居人，而黑夜望之，如燈光然，所謂榜山光燄也。山多草藥，習草藥者皆往采取。然苦幽邃，入者往往迷其出路，故須裹十日之糧，然後得出。聞諸采藥者云其草多不知名，與原隰之草不類，蓋奇境也。

清　全文炳　光緒《平樂縣志》卷一《土產》　菓類：荔枝，梅摯《十愛》詩有『荔枝登宴美』，是平邑向有荔枝也。《昭代叢書・荔譜》中有云：粤西荔種亦多，雖無粤東之盛，然亦有絶品。如中秋月一種，味甘，皮薄肉滑，不下東粤之掛綠、牟尼光也。或曰：何今日之絶響耶？　墨荔，産平邑山中，皮肉核俱黑如墨，味臭如苦辣，不可啖。或曰：荔浦、修仁、賀縣山中多有之，人皆棄而不食，以其味惡也。或曰：味臭而且有毒，悮食之，令人心腐腸爛而死。嗟乎！　墨荔者，墨吏也。而元歐陽元咏墨荔詩反似揚之，何耶？　詩曰：當年千里騎塵紅，生色羅襦濕翠濃；今日似嫌妃子涴，蕭然翻有墨君風。毛荔枝，亦不可食。龍眼，其種不一，而佳者絶少。梅，桃，橙，香者爲貴。杏，李，棗，黄稗子，栗，石榴，柚，橘，枇杷，橄欖，菩提，狀似沙果。金斗子，甘蔗，西瓜，蓮實，葡萄，有青、紫、水晶三種。柿，香橼，佛手，蕉子，餘甘子，米儲，藕，茨菰，羊桃，扁桃，人面子，荸薺，即梟花。牛甘子，似餘甘而小。烏欖，木柰子，逃軍糧。酸甜可食。趙炯《逃軍糧》詩云：枝生幹挺葉花厚，四月之中花欲然；何有逃軍堪採食，時平無那佐炊夢隨荳蔻好相憐，落霞片片明如綉，結實垂垂黑正涎；思駕海棠渾不睡，烟。木類：松，柏，楠，柳，黄連，樟，桐，鷄桐，水桐，石田，椿，鷄枸，槐，梓，柘，棉，和，榔，榕，楓，烏桕，梨，楝，黄楊，楮，鷄頭，桑杉，榆，檜，樗，柞，山棗，皂莢，鹽梅，杏，杻。竹類：茅竹，桃竹，牛角竹，篁竹，籬竹，統竹，苦竹，茨竹，兒竹，篔簩竹，俗多稱簩篔。按《韻書》四豪『簩』字下注云『篔簩，竹名』，而不詳其説。又按《異物志》：南方産竹，可勵指甲。《竹譜》云：可銼爪是也。筋竹，單竹，蒲竹，觀音竹，石竹，水竹。毛類：【略】虎，豹，狼，猿，猴，兔，豺，鹿，狸，狐，麞，麖，麂，山羊，野猪，飛虎，熊，獺，山豝，田鼠。羽類：【略】鴿，雉，鷹，鷂，燕，黄鶯，鴉，鷺，梟，烏，鳩，鷗，鷓鴣，山梟，鴛鴦，翡翠，百舌，啄木，畫眉，白鷴，子規，鸜鵒，鵪鶉，百勞，鸕鷀，鶺鴒，水鶘，布穀，雀，白頭公，信天翁。

清　陶墫　光緒《恭城縣志》卷一《山川》　破山，一名鎮水山，在縣北五十三里。一峰亭立，半落江心，祠廣福王於上，左右竹木交蔭，祠前老松數本，虬枝古幹，皆千年物也。江濱浮奇石數十，形若蓮花，故名蓮花石。

清　陳如金　光緒《百色廳志》卷二《山川》　錦鷄山，城北三十里，常有山雞來集。善青烏者，識爲廳治來龍。

又卷三《物産》 果品：有柑，有橘，有桃，有李，有梅，有欖，有柿，有荔枝，有栗，有柚，有樜，有龍眼，有梨，有藕，有黄皮，有蘋婆，有偏桃，有山查，有油甘子。木品：有鐵力，有桐，有槐，有柳，有楓，有椿，有□，有烏柏，有木棉。竹品：有緑，有紫，有筋，有單。【略】羽品：有鷴，有山雞，有鷓鴣，有白鴿，有斑鳩，有燕，有雀，有鴉。毛品：有猿，有犬，有貓，有山豬。

清 羊復禮 光緒《鎮安府志》卷一〇《山川》 安保潭，離州五十餘里。相傳有犀牛來此，土人捕殺之，是夕地陷爲潭。

又卷一二《物産》 木果花草【只録種名】：松，柏，桄榔，木棉，柟，鐵力木，線木，榕，思儷木，楓，桐，楊柳，黄楊，穀，樗木，椶櫚，貓竹，箭竹，仙人掌，青皮竹，方竹，椶竹，人面竹，棘竹，簕竹。甘蕉，望之如樹，株大者一圍餘，葉長一丈，或七八尺，廣尺餘二尺許。花大如酒杯，形色如芙蓉，著莖末百餘子，大各爲房，相連累，甜美，亦可蜜藏。根如芋魁，大者如車轂。實隨華，每華一闔，各有六子，先後相次。子不俱生，花不俱落。一名芭蕉，或曰巴苴。剥其子，上皮色黄白，味似葡萄，甜而脆，亦療飢。此有三種：子大如拇指，長而鋭，有類羊角，名羊角蕉，味最甘好。一種子大如雞卵，有類牛乳，名牛乳蕉，微減羊角。一種大如藕，子長六七寸，形正方，少甘，最下也。其莖解散如絲，以灰練之，可紡績爲絺綌，謂之蕉葛。雖鋭而好，黄白不如葛赤色也。交廣俱有之。《三輔黄圖》曰：漢武帝元鼎六年，破南越，建扶荔宫以植所得奇草異木，有甘蕉二本。《南方草木狀》蕉子，芭蕉極大者，凌冬不凋，中抽幹長數尺，節節有花，花褪，葉根有實。去皮取肉，軟爛如緑柹，極甘冷。四季實。土人或以飼小兒，云性凉去客熱。以梅汁漬，暴乾，按令扁，味甘酸，有微霜，世所謂芭蕉乾者是也。又名牛子蕉。《虞衡志》芭蕉中抽一乾，節節有花，如菡萏。花謝有實，一穗數枚，如肥皂，長數寸。雞蕉則甚小，亦四季實。芽蕉，小如雞蕉，尤香嫩甘美。南人珍之，非他蕉比。秋初方實。《嶺外代答》蕉子最多，蕉心抽一莖，叢生一二十莢，如肥皂而三稜，剖之肉如爛瓜，味如蜜筒香瓜，名爲棒槌蕉，自夏徂冬，賣此最久。有玫瑰蕉，作玫瑰花香。又有狗牙蕉，二種。小而甘，品貴于棒槌。其不實者，有紅蕉，中抽一花，如蓮蓝葉。葉遞開，紅赤奪目，久而不謝，名百日紅。有蕉葛，不花，不實。人家沿山溪種之，老則斫置溪中，俟爛，揉其筋織爲葛布，亦有粗細。然一年即黑，而脆遜葛矣。《嶺南雜記》謹案：鎮屬四時皆有，味甜美，小者較佳。荔枝，邕州土産。《寰宇記》自湖南界入桂林，纔百餘里便有之，亦未甚多。《虞衡志》謹案：鎮屬各州縣均産荔枝，皮厚肉薄，核大味酸，遜於粤東。惟天保縣署内一株，核小而肉厚，味甚鮮脆，幾與掛緑爭衡，識者當有以賞之。鄉人擔市出售，間有佳者，不減粤東糯米糍、黑葉等品。龍眼，枝葉差小於荔枝，殼青黄色，形圓肉白，其甘如蜜。一朵五六十顆，作穗如葡萄。然荔枝實後則龍眼熟，故謂之荔奴。《通志》謹案：鎮屬皆有，惟實小而肉薄，不如梧産。羊桃，即楊桃，似橄欖，其味甜，五月、十月熟。諺曰：楊桃無慼，一歲三熟。其色青黄，核如棗核。賈思勰《齊民要術》五斂子，大如木瓜，黄色，皮肉脆軟，味極酸，上有五棱，如核出。南人呼棱爲斂，故以爲名。以蜜漬之，甘酢而美。《南方草木狀》五棱子，形甚詭異，瓣五出，如田家碌碡狀。味酸，久嚼微甘。閩中謂之羊桃。《虞衡志》羊桃，一名三斂子，一名五斂子，以其觚棱而分也。色青黄，味甘酸，内有小核，能解肉食之毒。有人食豬肉，咽喉腫病，欲死。僕飲肉汁，亦然。人教取羊桃，食之，須臾皆起。又能解蠱毒風瘴。土人蜜漬鹽醃，以致遠。《嶺南雜記》謹案：鎮屬亦産羊桃，味酸，不如東粤之佳。粤東人以糯米水灌之，名糯羊桃，味甚甜脆，或煮以爲蔬。蘇長公詩所謂『恣傾白蜜收五稜』也。亦作洋桃。梅，各州縣皆出。舊志。謹案：天保有梅山，植梅甚多，因以名山。近來無人知者。郡中梅樹甚少，惟蠟梅花較多。桃，出歸順州、都康、土州。《通志》。謹案：桃，郡屬皆有。冬月已作花，正月盛開。知事、典史兩署所産桃，實甚大，味尤鮮美。李，白者曰玉李，又有黄蠟李、胭脂李、猪血李、桐子李、秧子李。《通志》李，出上映、土州。舊志。謹案：李，鎮屬皆産，正月開花。梨，各州縣皆出。舊志。謹案：梨種類不一，惟向武獨佳。黄皮更爽脆，可與膠州産者爭勝，真鎮屬佳果也。郡中所産，肉粗而味澀。又有一種小者，名沙梨，亦不佳。柑，生嶺南及江南。柑，南方果也。《本草》葉差類橘，而實大倍之。有蜜團、獅頭、金柑數種。《通志》謹案《草木狀》云：橘屬，滋味甘美，有黄者、赭者。鎮屬所出紅者，如珊瑚，甚豔麗，可供盤飣。惜中空如絮，不中食，黄者較佳。鉤緣子，形如瓜皮，似橙而金色。《南方草木狀》南中女工競取其肉，雕鏤花鳥，浸之蜂蜜，點以胭脂，擅其妙巧。《嶺表録異》枸櫞，生嶺南，柑橘之屬。本似朱欒，而葉尖長，枝間有刺，植之近水乃生，其實狀如人手有指，俗呼爲佛手柑。有長一尺四五寸者，皮如橙柚，而厚皺，而光澤。其色如瓜，生緑，熟黃。其核細，其味不甚佳，而清者襲人。《本草》佛手柑，鎮屬皆出，形甚大，有重至數斤者。《採訪册》謹案：鉤緣，即枸橼。鎮屬皆有，亦甚大，俗呼地藕。狀團欒，如瓜，如柚。皮皺厚，如佛手柑。即粵東女工雕鏤花艸，漬以蜂蜜，爲糖果者。剖之有核，佛手柑無核。《本草》以一物當之，恐非是。柚，有紅、白二種，隨處皆有，味酸，不甚甜。橘，各州縣皆出。《採訪册》金錢橘，各屬皆出。《採訪册》謹案：金錢橘，草本，開小花，形如金橘。鎮人作蔬食之，又以糖漬作餅，用供盤飣。橙，各州縣皆出。舊志謹案：橙似柑而畧長，色黃，味甘美，留至臘月更佳。較之新會，風味亦不甚減。黃皮果，各州縣皆出。舊志謹案：黃皮果，狀如楝子，味畧酸。郡人漬以糖，可供盤飣之用。石榴花，南中一種，四季常開。夏中既實之後，秋深忽又大發花且實，枝頭碩果罅裂，而其旁紅英粲然，併花實折飣盤筵，極可玩。《虞衡志》謹案：石榴，鎮屬隨處皆有。維縣署典史署，結實甚大，味最甜美。核桃，歸順州、小鎮安俱出。舊志謹案：核桃，各屬皆有。出歸順者佳，亦名交桃。橄欖，各州縣俱出。舊志謹案：郡人以鹽漬之，其實大，不甚佳。偏桃，田州出。樹扶疎直上，枝葉秋冬不凋。每二月發嫩枝，細花叢生，色淡黃。結實五月熟，大如桃，黃色，味甘香。《通志》國朝商盤《偏桃花》詩：種異元都觀，名非度索山；探春來五嶺，含笑向諸蠻；流水行難盡，斜陽照漸殷；休疑武陵路，一入竟忘還。柿，各州縣皆出。《採訪册》謹案：鎮屬所出，皆牛奶柿，色黃，味甘，核小。棗，各州縣皆出。《採訪册》山棗，類棗，而味過甜。葧薺，古之鳧茈也。苗似龍鬚，黑色，可食。《碎金》各屬皆出。《採訪册》謹案：葧薺，嶺南名馬蹄，江浙名地栗，一名烏芋。生水中。桂林最佳，鎮屬亦出。葡萄，各屬皆有。《採訪册》謹案：葡萄有紫、青、水晶三種。居人亦多種之，不甚美。又山中多野生者，即蘡薁。黎母，賀州貢黎母汁二餅。開寶四年，準宣旨進。《寰宇記》黎朦子如大梅，復似小橘，味極酸。《虞衡志》番禺人多不用醯，專以此物調羹，其酸可知。又以蜜煎，鹽漬，暴乾，收食之。《嶺外代答》宜母果，似橘而酸，醃食，甚下氣，和胃。婦人懷姙不安，食之良，故有宜母之名。又名宜濛子。製以爲漿，甘酸辟暑，名解渴水。元吳萊有《嶺南宜濛解渴水歌》。《嶺南雜記》吳萊詩：廣州園官進渴水，天風夏熟宜檬子；百花醞作甘露漿，南國烹成赤龍髓；棕櫚亭亭內撤餐，梧桐並壓滄江乾；柏觀金莖擎未濕，藍橋玉臼擣空寒；小甖封出香覆錦，古鼎貢餘聲撼寢；酒客心精辟酒兵，茶僧手段侵茶品。阿瞞口酸那得梅，茂陵肺消誰賜栢；液奪胡蘇有氣味，波凝海椹無塵埃；向來暑殿評湯物，沈本紫蘇聞第一。謹案：黎檬果，即宜母子，似橙而小。二三月熟，黃色，開紅白花。元時於廣州荔枝灣作御果園，栽里木樹大小八百株，以作渴水。里木，即宜母子也。蒙古以爲舍里剔，故吳萊有《渴水歌》。以鹽醃之，歲久色黑，可治傷寒痰火。一名藥果。府署有一株，結實甚繁，葉亦可以治病。栗，各屬皆出。《採訪册》謹案：栗有三種：大者板栗，又名大栗；頂圓，末尖者，名旋栗，又名錐栗；小者似板栗而細，如橡子，名茅栗，樹極小。鎮屬所出，皆板栗。枇杷，各屬皆出。《採訪册》謹案：枇杷，嶺南皆有之。惟實甚小。鎮屬較大，然遠不如江浙。甘蔗，皆畦種，最困地力。荻蔗以蜀及嶺南者勝。《本草》謹案：鎮屬有青、紅二種，不如粵東之高大。奉議較多居蔗園者，皆業糖，利甚厚。波羅蜜，大如冬瓜，外膚磊砢如佛髻，削其皮食之，味極甘。子練悉如冬瓜，生大木上，秋熟。《虞衡志》波羅蜜樹，高五六丈，樹類冬青，而黑潤倍之。葉極光淨，冬夏不凋。樹至斗大，方結實，不花而實，出於枝間，多者十數枚，少者五六枚，大如冬瓜。外有厚皮裹之若栗毬，上有軟刺磊砢。五六月熟時，顆重五六斤，剥去外皮，殼內肉層疊如橘囊，食之味至甜美如蜜，香氣滿室。一實凡數百核，核大如棗，其中仁如栗黃，煑炒食之甚佳。菓中之大者，唯此與椰子而已。《本草》向武、都康、上映、下雷俱出。舊志謹案：波羅蜜，味極甘。然南方濕重，不可多食，令人生濕瘇病。九層果，各州縣出。舊志。雞斯果，各屬皆出。四眼果，各屬皆有。以上《採訪册》。謹案：四眼果，形似小棗，皮如黃皮，果肉黏膩，如塗木果，味畧酸，以核有四眼得名。塗木果，出石山上。

又 鳥獸鱗蟲[以下注略]：鷹，雁，雉，鵓鴿，畫眉，鴉，烏，鵲，鵪鶉，山烏，黃鶯，雀，鷗，鷺，梟，杜鵑，相思鳥，各州縣皆出。緑鳩，出下雷土州湖潤寨。鷓鴣，吳楚之野悉有，嶺南偏多。此鳥肉白而肥，遠勝雞雉，能解野葛並菌毒。臆前有白圓點，背上間紫赤毛，其大如野雞，多對啼。《南越志》云：鷓鴣雖東西迴翔，然開翅之始，必先南翥，自呼杜薄州。又《本草》云：自呼鉤輈格磔。李羣玉《山行聞鷓鴣》詩云：方穿詰屈崎嶇路，又聽鉤輈格磔聲。

鷓鴣大如竹雞而差長，頭如鶉，身文亦然，臆前白點正圓如珠，人采食之。各州縣皆出。倒掛綠毛，常倒掛於樹，故名。即么鳳，綠衣黃裏，色甚都麗。傍晚則雙足鈎勒架上，體屈如環。東坡詞云：倒掛綠毛么鳳。各州縣皆出。吐綬雞，奉議州出，春夏晴明則向日吐其綬。《禽經》謂之避株，《古今注》謂之錦囊，《述異記》謂之錦帶功曹，俗謂之羅裙帶，又謂之斯文飄。舊稿載此，今絕未見。【略】山羊，出左江，大者百餘斤，小者六七十斤，跳越山頭如飛鳥，非千百人不可得，須逐入巄中，張網捕之。生得剖者心血爲上，餘血亦佳。如跳墜山谷跌死者，速剖之，其血已凝，(刀)[力]爲又次。若遲取，則仍甦復跳躍去矣。欲識真假，取雞血半盃，投山羊血一粒米，過宿血變成水。或以久凝臭雞血一塊，投入山羊血，過宿血變成鮮血。以此驗之。血可治撲跌傷損及諸血症，以一分許調酒飲之，神效。土人云：見人則決驟而去，跳躍飈迅，非足力所及。須密布繩草間，罥其足，始能生得，刺取其血幹而藏之，亦甚貴，不易得也。山羊，各州縣出。石羊血，能療跌打損傷。案《羅浮記》云：石羊色黑，類人家羊而蹻捷。其角燒紙爲火罐，能收頭風。其皮作褥，可愈筋骨疼痛。形似獾，下雷州出。膽可息氣喘，骨可浸酒，服之頗壯筋骨。舊志。山豬，即(蒙)[豪]豬，身有棘刺，能振發以射人。二三百爲羣，以害禾稼，州峒中甚苦之。猿，有三種，金絲者黃，玉面者黑，純黑者面亦黑。金絲、玉面皆難得。或云純黑者雄，金絲者雌，又言雄能嘯，雌不能也。猿性不耐著地，著地輒瀉以死，煎附子汁飲之，即愈。猿子能抱其母，牢不可折。人取之，射殺其母，取其子，子猶抱母皮不釋，獵猿者可以戒也。登木好以兩臂攀枝上，不甚用足，終日纍纍然。各州縣出。一種白頭。虎，豹，各州縣出。熊，廣西有獸名人熊，乃一長大人也，被髮裸體，手爪長銳。常以爪劃橄欖木，取其脂液塗身，厚數寸，用以禦寒暑，敵搏噬。是獸也，力能搏虎，每踸踔，而行道遇一木根，必拔去而後行。登木而行橡栗，必折盡而後已。在山中遇人，則執人手，以舌掩面而笑，少焉，以爪抉人目精而去。熊多力，性輕健，能攀援。狀不一，有人熊、馬熊、豬熊、狗熊數種。火狸，狸類不一，邕別有一種，其毛色如金錢豹，但其錢差大耳。彼人云：歲久則化爲豹，其文先似之矣。凡狸之類不一，多有穴於城郭園林者，其大倍貓身，有黑點，鳴號洶厲，處處有之。邕別有一種火狸，其毛色如金錢豹，此皮可寢及覆胡牀，其大幾及豹也。麞，麅，麂，獺，各州縣皆出。麝，自邕州溪峒來者，名土麝，氣臊烈，不及西番。比年西番多僞雜，一臍化爲十數枚，豈復有香？南麝氣味雖劣，以不多得，得爲珍貨，不暇作僞，入藥宜有力。《嶺外代答》麋，州縣俱出，每十月取其脂，煉而藏之。肉翅虎，出石抱山，晨伏宵出，其飛也猣，常向鬼門關食人，爲獞人射殺。予得見之，比凡虎差小，翅如蝙蝠，眼閃閃如陰燐，渾身虎文，餙其皮以辟百鬼。肉翅虎產峝溪中，肋有雙翅，下山食人，食已飛去，人莫能捕。翼虎，出溪峝最深處。狐狸，各州縣出。猫【略】。石鼠【略】。飛鼠【略】。

清 馮德材 光緒《鬱林州志》卷二《山川》 [寒山]產小竹，高不及尺，圓如細管，其節甚密。若以置盆盎甚佳，移種即枯，故惟登山者見之。

清 楊家珍《天河縣鄉土志·物產》 桐油子，路旁山嶺俱可種，四五年長成，秋冬採其子，百產約百萬斤。茶油子，山坡俱可種，五六年長成，九十月採其子，歲產約五十萬斤。【略】樟樹約五百株，西鄉多。杉木，北鄉多，但質鬆，不及柳河上游杉木堅緻。【略】老鼠，魚形如鼠。青魚胆。油魚，身圓多油味。山牛，山羊，箭猪，野猪，龔猪。麝，臍中有香，可入藥，但功力不及川麝、雲麝。穿山甲，狗熊，猪熊，虎，豹。獐，其皮亦佳。鹿，角有茸，可入藥材。麅，其肉甚美。狐狸，猴。以上山獸，多出北鄉山曈。

紀事

明 徐洪祖《徐霞客遊記》卷四《西南遊日記》 向武多何首烏，生石山穴中，有大至五斤者。予於州以十二錢得三枚，重約十五斤。土人皆以爲馬檳榔云。【略】十九日，曉起，半里過寧墟，從南峽去，抵天燈墟，聞有營懷洞。乃龍英分界，爲左右二江脊，東十四里，飯龍瀨村地，已鎮遠屬。初至村，遥見屋角黃花燦爛，以爲菊，疑無此盛，逼視之，乃細花叢叢，不知其名。又見白梅一樹，折之固李也。黃英白李錯紅霜葉中，亦仲冬一奇景。

明 曹學佺《明一統名勝志·廣西名勝志·潯州府》 魏濬《四事珥》云：舊傳潯州官圃有娑羅樹一株，甚巨，每枝生葉七片，有花，穗甚長而黃，秋後結實，如栗可食。唐李邕《進娑羅樹狀》云：此樹不庇凡草，不止惡禽。如得託根長樂，擢穎建章，布葉重陰，比月中之丹桂，連枝接影，對天上之白榆。東瘁則青郊苦而歲不稔，西茂則白藏泰而秋有成。蓋異種也。佛書一曰菩提樹，一曰娑羅樹云。

清　徐作梅　光緒《北流縣志》卷一《禨祥》　清順治【略】十五年，猛虎成羣，或升屋踰垣，噬人甚慘。

清　羊復禮　光緒《鎮安府志》卷二〇《災祥》　［清光緒］八九年間，向武州有虎患，傷人甚多。十六年四月，經上映州獵户捕殺，患始靖。十年，天保縣多虎，官紳禱於神，又募獵户捕之，患旋除。【略】十四年，天保縣多虎患。

清　易紹悳　光緒《容縣志》卷二《輿地志・禨祥》　［清康熙］四十三年甲申秋九月，甘露降於縣南松英嶺。是年九月，松葉流脂，飄灑如雨，味甘香。旬日乃已，時都嶠山靈景寺前雙柏亦如之。寺僧貯以瓦缶，獲汁數升，啜之如蜜。【略】［清道光］二十九年，石頭扶有竹發枒，每竿尺以上皆作兩岐，一林皆是。

海南

綜　述

唐　杜佑《通典》卷一八八《邊方四・敦焚》　敦焚洲，《抱朴子》云：敦焚洲在南海中，薰緑水膠所出，膠如楓脂，所以不可多得者，止患狤猸獸啖人。此獸大者重十斤，狀如水獺，其頭身及他處了無毛，唯從鼻上以竟脊至尾上有毛，廣一寸許，青毛長三四分許，其無毛處則如韋囊。人張捕得之，斬刺不傷，積薪烈火，縛以投火中，薪盡而此獸不焦，須以大杖打之，皮不傷而骨碎都盡，乃死耳。

宋　祝穆《方輿勝覽》卷四三《瓊州》　土産：瓊枝，出樂會縣海岸，惟此邑有之。販者徑自取載以往，瓊人莫之用也。椰子，無時而生，樹似檳榔，葉如鳳尾。海漆，海南有野花如芍藥，目爲倒粘子，漬以爲膠，可代柿油。東坡命名。長節竹，黎母山有水五派，流入四郡，其源有巨竹，節長不啻丈許。知風草，叢生若藤蔓，土人視其葉之節有無，以知一歲之風候。檳榔水，郡城環百里絶無水，惟烈村有石井，諸村三五十里内盡取焉。每用葫蘆負水以歸。其人經月不盥手，每取草上露濡手。遇雨，則檳榔樹下溜水甕中，雖久不壞。五色雀，海南謂鳳凰，久旱而見則雨。坡詩：仁心知憫農，常告雨霽符；回翔天壤間，何必隱此都。紅藤簟，《北户録》云：《方言》謂之笙，亦曰籧篨。烏觜。蘇子瞻云：余來儋耳，得犬曰烏觜，甚猛而馴，隨余遷合浦，過澄邁泅而濟，路人皆驚。詩云：長橋不肯躡，遥渡清深浦，何嘗寄家書，黄耳乃其祖。

明　李賢《明一統志》卷八二《瓊州府》　土産：波羅蜜，大如斗，剖之若蜜，其香滿室。椰子，諸州縣皆出，樹似檳榔，葉如鳳尾，出文昌者爲上。檳榔，瓊山、澄邁、文昌三縣出。瓊枝，文昌、樂會、會同三縣出。一名花菜。沈香，崖州、萬州並瓊山、定安、臨高三縣出。又出黄速等香。烏木，萬州出。土蘇木，各州縣俱出。高良薑，崖州、昌化縣出。花梨木，儋、萬、崖三州出。藤，崖州出。海漆，瓊山縣出。花如芍藥，俗名倒粘子，漬爲膠可代柿油。宋蘇軾命以此名。知風草，叢生若藤蔓，土人視其節以占一歲風候。每一節則一風，無節則無風。五色雀，海南出。常以雨，絳者爲長，旱而見輒雨，潦而見則霽。鐵樹花，海南多此樹，繞二尺，葉密而紅。玳瑁，車渠，俱崖州出。紅豆木，黄楊木。各州縣出。

明　曹學佺《明一統名勝志・廣東名勝志・瓊州府・安定縣》　玉陽山，在縣西北十里，縣之主峰也。林木椰子最多，大三四圍，高二三丈，通身無枝，至百餘年纔有葉。《南方草木狀》云：三月花連着實，房房三十或二十七八子，至六月熟，七月收，其大者可作椀。

清　吴綺《嶺南風物記》　鐵樹花，出瓊州府，樹止一二尺，葉密而紅。【略】桃花出瓊南，二八月兩放皆實。【略】凡梅花皆五出，惟瓊州者六出。予詩云『倍得三分白，平添一段香』，蓋謂此也。壽陽粧額，益爲斌媚矣。

清　蕭應植　乾隆《瓊州府志》卷一下《物産》　果［只録種名］：荔枝，龍眼，蕉，檳榔，椰，橄欖，烏欖，餘甘子，千歲子，五稜子，黎朦子，蜜林檎，不納子，黄皮子，波羅蜜，楊梅，橘，柑，鉤緣子，佛手柑，柚，橙，蒲桃，君遷子，都捻子，石榴，番石榴，葡萄，落花參，山栗，山竹，菩提子，鳳凰子，甘蔗，蓮實，甜瓜。【略】木[只錄種名]：花梨木，香楠木，雞翅木，吐珠木，胭脂木，蘇木，桄榔木，榕樹，烏文木，相思木，無患木，黃楊木，海梅，椿木，梓，檀，烏臼木，桑，秋風木，鳳眼木，山總管，黃子木，牛奶樹。【略】竹[只錄種名]：長節竹，青黃竹，黃竹，人面竹，筋竹，勒竹，簞竹，苦竹，藤竹，茅竹，斑竹，白眼竹，椶竹，箭幹竹，麻竹，石竹，甜竹。禽[只錄種名]：石鷄，火鷄，竹鷄，山鷄，鵲，鸚鵡，秦吉了，五色雀，白鷴，灰鶴，青鵻，黎母雀，鴟鴞，海鳥，倒掛鳥，閣雀，山鵰，鶉，翠鳥，鷓鴣，金鳳，海鵝，鸂鶒，雉，百舌，水鴨，青椿，鴛鴦，黃鶯，鸜鵒，麻雀，斑鳩，子規，白面鷄。獸[只錄種名]：鹿，麞，麂，麖，豺，熊，猨，猴，兔，貍，獺，山豬，豹，牛，山牛，山馬，果下馬，羶羊，海狗，豪豬。

清　陳述芹　嘉慶　《瓊東縣志》卷二《地里》　花類[注略]：蕙蘭，紫莉，素馨，蓮花，菊花，含笑，鷄冠，百日紅，鳳仙，滿天星，芙蓉，木犀，萱草，海棠，千重榴，黃梔，佛桑，老來紅，紫薇，紫荊，木槿，莎，莉苻花，剪春羅，西海紅，玉簪，羅漢松，柳，槐，桃，梅，柏。果類[注略]：荔枝，龍眼，波羅蜜，椰子，芭蕉，蔗，羊桃，香圓，金橘，石榴，鳳凰，柑，柚，橙，梅子，桃子，李，柰，楊梅，烏欖，山竹子，倒黏子，益智子，山甘子，甜娘子。木類[注略]：榕樹，海棠，山柚，荔枝，波羅蜜，臙脂羅木，戊梓，黃桐，白香，山桂，木綿，刺桐。竹類[注略]：麻竹，白眼竹，欝竹，黃枝竹，黃竹，苦竹，金竹，茅骨竹，大面竹，山黃竹，孟宗竹，白藤，苦藤，牛釣藤，熊藤，涼藤。【略】禽屬[注略]：黃鸝，烏鴉，鷺鷥，鵪鶉，燕鳥，麻雀，喜鵲，斑鳩，鷓鴣，子規，鷯哥，水鴨，啄木，水晶，翠鳥，山呼，火鳥，畫眉，打鐵，烏鬚，白鴿，海鵝，白頭翁，長尾鴉，白面鷄，鷹，蓑衣鶴，飛魚鳥，鷲，鷗，梟。獸屬[注略]：山猪，山馬，鹿，麖，猴，猿，狸，兔，毫猪，獺獐，鬆鼠。

清　明誼　道光　《瓊州府志》卷四《輿地・山川》　南陵山，在城西南二十里，高十餘丈。又十里爲青藤山，上産青藤。《蕭志》

又卷五《輿地・物産》　花類[只録種名]：椏蘭，公孫蘭，出架白蘭，旨蘭，黃蘭，草蘭，風蘭，鹿角蘭，小玉蘭，報喜蘭，賀正蘭，幽蘭，翡翠蘭，鶴頂蘭，朱蘭，文珠蘭，雞爪蘭，樹蘭，菊，茉莉花，素馨花，夜來香，指甲花，刺桐花，按：瓊地刺桐甚多，樹高數丈，花如木綿，開後始生葉。或云刺桐，一名蒼梧，根淺質脆，不中材木。土人取其葉食豕。山丹花，芙蓉，木棉花，龍船花，九里香，七里香，紅荳蔻，孔雀花，臙脂花，鳳仙花，瑞香花，酴醿，薔薇，秋海棠，山茶，合歡，木槿，扶桑木，萱，鹿葱，含笑花，金錢花，西洋蓮，蓮花，觀音蓮，美人蕉，蛺蝶花，長春花，換錦，百日紅，百日白，蘆鼓，梔子，梅，夾竹桃，葵花，雞冠花，金銀花，老來紅，月季花。果類[只録種名]：荔枝，龍眼，蕉，檳榔，椰樹，橄欖樹，烏欖，餘甘子，千歲子，五稜子，黎檬子，蜜望樹，蜜林禽，不納子，黃皮果，波羅蜜，楊梅，橘，柑，鉤緣子，佛手柑，柚，橙，蒲桃，椐還子，都念子，石榴，番石榴，葡萄，落花生，山栗，山竹子，菩提子，鳳凰子，【略】木杈，土檀子，雞頭子，坡果，番荔枝。木類[只録種名]：花梨木，香楠木，雞翅木，鐵力木，吐珠木，臙脂木，蘇木，榕樹，桄榔樹，龍骨木，飲木，海棠，烏文木，相思木，虎斑木，無患木，黃楊木，海梅，樟，椿木，梓，檀，烏柏木，桑，秋風木，風眼木，山總管，黃子木，牛奶樹，買生木，稿木，苦楝樹，山羅木，山桂，山柚，楓樹楊。竹類[只録種名]：長節竹，青黃竹，黃竹，人面竹，筋竹，勒竹，簞竹，苦竹，藤竹，茅竹，斑竹，白眼竹，椶竹，箭簳竹，石竹，甜竹。禽類[只録種名]：石雞，火雞，竹雞，山雞，鵲，鸚鵡，秦吉了，山鵰，鷹，啄木鳥，鶉，白鷴，鶴，灰鶴，烏孝，青鵻，翠鳥，鷓鴣，黎母雀，金鳳，鸛，海鵝，鸂鶒，鴟鴞，海鳥，五色雀，倒掛鳥，閣雀，雉，百舌，水鴨，青椿，鴛鴦，黃鶯，鸜鵒，麻雀，斑鳩，子規，白麵雞。獸類[只録種名]：鹿，麞，麂，麖，豺，熊，猨，猴，兔，狸，山豬，豹，牛，山牛，山馬，果下馬，羶羊，鼬鼠，【略】山鼠，毒鼠，腹鼠，蜮，穿山甲，山檀，豪豬。蛇類[只録種名]：蚺蛇，量人蛇，藤蛇，冬瓜蛇，烏稍蛇，四腳蛇，簸箕甲，貓蛇，兩頭蛇，土錦蛇，青竹標，山烏蠢，飛蛇，危杆，檀蛇，生佛蛇，箭簳蛇。

清　李文恒　咸豐　《瓊山縣志》卷三《山川》　瓊山，在縣南六十里，白石都土，石白如玉而潤，縣因以名。種蘋其上特美，所産檳榔尤佳。下有瓊山、白石二村。

又《物産》　果類[只錄種名]：荔枝，龍眼，椰子，波羅蜜，梅，桃，李，楊梅，葡萄，榴，柰，棗，枇杷，柿，柚，橙，柑，橘，香櫞，芭蕉，黃彈子，洋桃，黃皮果，山竹子，甘蔗，木膽，錐栗，餘甘子，倒捻子，不納子，橄欖，蓮實，菱，昌漢子，菩提子，坡果，鳳凰子，千歲子，落花生，蜜林禽，佛手柑，蒲桃，番石榴，酸梅，檬果，麻嘴子，眼仁。【略】木類[只録種名]：梓木，杞木，樟，楠木，松木，柏木，柳木，楮木，槁木，楓木，花梨，買生，荔枝，黃鼓釘，山棗烏木，欏木水沙，赤鱗龍膽木，買頑，山桃，相思木，鼓鎚，狗卵，豬血，牛筋，棠梨，臙脂，海梅，波羅蜜，貓尾，海棠，香椿，紫木，香椿，紫木，白香木，黄楊木，烏蛇木，山麻，羅漢松，樫木，黄桐，山桂，桄榔木，白茶木，圓眼木，山柚，油紅木，山竹，苦楝，榕樹，桑虎斑木，和木，油練，土藤，土松，戈楠，假樌，春花，鴨腳，經心，烏木梓，山樛狗骨，山柳，木柳，千金，海油，横木，黄沙，黄梅，飲木，蘇木，無患木，龍骨木，檜樅，苦子樹，苦榕，大葉榕，枸橘。【略】竹類［只録種名］：麻竹，金竹，石竹，黄竹，紫竹，茅竹，沙竹，刺竹，箭竹，藤竹，苦竹，白眼竹，觀音竹，斑竹，人面竹，青黄竹，簞竹，蕳竹，甜竹，瀟湘竹，牛竹，扶南竹，大茅竹，牛箠竹。【略】禽類［只録種名］：燕，鵓鴿，黄雀，鸜鵒，鵲，黄鸝，鸚鵡，山鶘，秦吉了，白鷴，雉，剪毛雀，五色雀，鷄，鷁，烏鴉，鷹，鶻，白頭翁，鷓鴣，斑鳩，杜鵑，百舌，鵪鶉，畫眉，瓦雀，伯勞，叫天兒，火雞，竹雞，打鐵，山雞，黎母雀，鶴，鵃鴞，紅頭鶯，蓑衣鶴，鷺鷥，水鴨，白臉雞，鸕鷀，青樁，翡翠，鵜鴮，鵝鶘，鸂鶒，鷗，閣雀，鴛鴦，海鳥，灰鶴，水鷹，石雞，焉，青鵻，海鵝，鵝，鴨，番鴨，蝙蝠。獸類［只録種名］：山马，野牛，小狗，鹿，麖，兔，貍，獭，豪豬，刺猬，穿山甲，豹，豺，猴，獐，熊，猨，山鼠，毒鼠，麞，山豬，牛，马，羊，鼬鼠，狗，豬，黄猳，貓，鼠。

紀事

南朝梁　任昉《述異記》卷下　杏園洲在南海中，洲中多杏。海上人云：仙人種杏處。漢時嘗有人舟行遇風，泊此洲五六日，食杏，故免死云。洲中別有冬杏。

宋　樂史《太平寰宇記》卷一六九《嶺南道·儋州·昌化郡》　浴泊石神在昌化縣西北二十里，石形似人帽其首，面南側有橘柑甘香之果，或携去即黑。

清　聶緝慶　光緒《臨高縣志》卷三《輿地》　［康熙］二十三年上元甲子，夏六月，颶風作雨霜，傷椰榔之屬。【略】二十九年庚午，冬十二月，霜萎椰榔殆盡。

又卷二四《雜録》　《寰宇記》云：昆耶山頂有蟲，狀似天蛇，俚人呼爲昆邪。《外紀》又云：昆耶，蟲名也。作昆耶聲，謂之昆耶，山多此蟲，故名。以上《夔府志》。【略】明嘉靖十四年，有野獸類豕，黑色斑文，自黎山出至塲。土人羣逐至城東，獲之。其物猙獰雄惡，形狀怪異，殊非野豬，卒兆黎寇之患。舊志。【略】同治十四年，邑民王肇基家椰子生他樹上，雌雞化爲雄。

藝文

宋　丁謂《有感》（引自《宋詩紀事》卷六）　今到崖州事可嗟，夢中常若在京華。程途何啻一萬里，户口都無三百家。夜聽猿啼孤樹遠，曉看潮上瘴煙斜。吏人不見中朝禮，麋鹿時時到縣衙。

宋　蘇軾《東坡全集》卷二八《儋州二首》　小邑浮橋外，青山石岸東。茶槍燒後出，麥浪水前空。萬户不禁酒，三年真識翁。結茅來此住，歲晚有誰同。荔子幾時熟，花頭今已繁。探春先揀樹，買夏欲論園。居士常携客，參軍許扣門。明年更有味，懷抱鬧諸孫。

明　丘濬《重編瓊臺藁》卷五《五指參天，少時曾作瓊臺八景，郡侯程公已刻之梓。今不復存，惟記其首一章，謾録於此》　五峰如指翠相連，撑起炎州半壁天。夜盥銀河摘星斗，朝探碧落弄雲烟。雨餘玉筍空中現，月出明珠掌上懸。豈是巨靈伸一臂，遥從海外數中原。

西南部

西南總論

題解

晉　常璩《華陽國志》卷一《巴志》　昔在唐堯，洪水滔天。鯀功無成，聖禹嗣興，導江疏河，百川蠲脩。封殖天下，因古九囿以置九州。仰稟參伐，俯壤華陽，黑水、江、漢爲梁州。厥土青黎，厥田惟下上，厥賦惟下中，厥貢璆、鐵、銀、鏤、砮、磬、熊、羆、狐、狸、織皮。於是四奥既宅，九州逌同，六府孔修，庶土交正，厎賦，成貢中國。蓋時雍之化，東被西漸矣。歷夏、殷、周，九州牧伯率職。周文爲伯，西有九國。及武王克商，並徐合青，省梁合雍，而職方氏猶掌其地，辨其土壤，甄其寶利，起於秦帝。漢興，高祖藉之成業，乃改雍曰涼，革梁曰益。故巴、漢、庸、蜀屬益州。至魏咸熙元年，平蜀，始分益州巴、漢七郡置梁州，治漢中，以相國參軍中山耿黼爲刺史。元康六年，廣漢益州，更割雍州之武都、陰平，荆州之新城、上庸、魏興以屬焉。凡統郡一十一，縣五十八。《洛書》曰：人皇始出，繼地皇之後，兄弟九人，分理九州，爲九囿。人皇居中州，制八輔。華陽之壤，梁岷之域，是其一囿。囿中之國，則巴蜀矣。其分野輿鬼、東井。其君上世未聞，五帝以來黄帝、高陽之支庶，世爲侯伯。及禹治水命州，巴、蜀以屬梁州。禹娶於塗山，辛、壬、癸、甲而去，生子啓呱呱啼，不及視。三過其門而不入室，務在救時。今江州塗山是也，帝禹之廟銘存焉。會諸侯於會稽，執玉帛者萬國，巴蜀往焉。周武王伐紂，實得巴蜀之師，著乎《尚書》。巴師勇鋭，歌舞以淩，殷人倒戈。故世稱之曰『武王伐紂，前歌後舞』也。武王既克殷，封其宗姬於巴，爵之以子。古者遠國雖大，爵不過子，故吴、楚及巴皆曰子。其地東至魚復，西至僰道，北接漢中，南極黔涪。土植五穀，牲具六畜，桑蠶麻紵，魚鹽銅鐵，丹漆茶蜜，靈龜巨犀，山雞白雉，黄潤鮮粉，皆納貢之。其果實之珍者，樹有荔支，蔓有辛蒟，園有芳蒻、香茗，給客橙、葵。其藥物之異者，有巴戟天、椒。竹木之璝者，有桃支、靈壽。其名山有塗、籍、靈臺，石書、邪山。

又卷三《蜀志》　蜀之爲國，肇於人皇，與巴同囿。至黄帝，爲其子昌意，娶蜀山氏之女，生子高陽，是爲帝嚳。封其支庶於蜀，世爲侯伯。歷夏、商、周。武王伐紂，蜀與焉。其地東接於巴，南接於越，北與秦分，西奄峨嶓，地稱天府，原曰華陽。故其精靈，則井絡垂耀，江漢遵流。《河圖括地象》曰：岷山之下爲井絡，帝以會昌，神以建福。《夏書》曰：岷山導江，東別爲沱。泉源深盛，爲四瀆之首，而分爲九江。其寶則有璧玉，金、銀、珠、碧，銅、鐵、鉛、錫、赭、堊，錦、繡、罽、氂、犀、象，氈、毦，丹、黄、空青，桑、漆、麻、紵之饒，滇、獠、賨、僰，僮僕六百之富。其卦值坤，故尚滋味。德在少昊，故好辛香。星應輿鬼，故君子精敏，小人鬼黠。與秦同分，故多悍勇。在《詩》，文王之化，被乎江漢之域，秦豳同詠，故有夏聲也。其山林澤漁，園囿果瓜，四節代熟，靡不有焉。

綜述

漢　班固《漢書》卷二八《地理志》　巴、蜀、廣漢本南夷，秦並以爲郡，土地肥美，有江水沃野，山林竹木，疏食果實之饒。南賈滇、僰僮，西近邛、莋馬旄牛。民食稻魚，亡凶年憂，俗不愁苦，而輕易淫泆，柔弱褊阸。

晋　常璩《華陽國志》卷一《巴志》　［涪陵郡］恒有都尉守之，舊屬縣五，去洛五千一百七十里，東接巴東，南接武陵，西接牂牁，北接巴郡。土地山險水灘，人多戇勇，多獽蜑之民。縣邑阿黨，鬭訟必死。無蠶桑，少文學。惟出茶、丹、漆、蜜、蠟。

又卷三《蜀志》　郪縣，有山原田，富國鹽井，濮出好棗。宜君山出麋尾，特好，入貢。大姓王、李氏，又有高、馬家，世常部曲。蜀時，高勝、馬泰皆叛伏誅。【略】南安縣，郡東四百里，治青衣江會。縣溉，有名灘：一曰雷垣，二曰鹽溉，李冰所平也。有柑橘官社。漢有鹽井。南安、武陽皆出名茶，多陂池。西有熊耳，南有峨眉山，山去縣八十里，《孔子地圖》言有仙藥，漢武帝遣使者祭之，欲致其藥，不能得。

又卷四《南中志》　平夷縣郡治有硃津、安樂水，山出茶、蜜。【略】［永昌郡］孝明帝永平十二年，哀牢抑狼遣子奉獻。明帝乃置郡，以蜀郡鄭純爲太守。屬縣八，户六萬，去洛六千九百里，寧州之極西南也。有閩濮、鳩獠、僄越、躶濮、身毒之民。土地沃腴，黄金、光珠、虎魄、翡翠、孔雀、犀、象，蠶桑、綿絹、采帛、文繡。又有貊獸食鐵，猩猩獸能言，其血可以染朱罽。有大竹，名濮竹，節相去一丈，受一斛許。有梧桐木，其華柔如絲，民績以爲布，幅廣五尺以還，潔白不受污，俗名曰桐華布，以覆亡人，然後服之，及賣與人。有蘭干細布。蘭干，獠言紵也。織成，文如綾錦。又有罽、旄、帛、疊、水精、瑠璃、軻蟲、蚌珠。宜五穀，出銅錫。【略】博南縣，西山高四十里，越之，得蘭滄水。有金沙，以火融之，爲黄金。有光珠穴，出光珠。有虎魄，能吸芥。又有珊瑚。【略】雲南郡，蜀建興三年置，屬縣七，户萬，去洛六千三百四十三里。本雲川地，有熊蒼山，上有神鹿，一身兩頭，食毒草。有上方、下方夷。亦出華布。孔雀常以二月來翔，月餘而去。土地有稻田、畜牧，但不蠶桑。

唐　樊綽《蠻書》卷七　象，開南、巴南多有之。或捉得，人家多養之，以代耕田也。猪、羊、貓、犬、騾、驢、豹、兔、鵝、鴨，諸山及人家悉有之。但食之與中土稍異，蠻不待烹熟，皆半生而喫之。

宋　樂史《太平寰宇記》卷七二《劍南西道·益州》　按《十道志》云：巴蜀土地肥美，有江水沃野，山林、竹木、蔬食、果實之饒，橘柚之園，郊野之富，號爲近蜀丹青文采。家有鹽泉之井，户有橘柚之園。紙惟十色，竹則九種。邛竹。蒟醬，如今之大筆撥。【略】花有山茶，出雅州，紅類海石榴。海棠花，此樹尤多繁艷。未開時如硃砂，爛漫稍白，半落如雪，天下所無也。桐花，色白。至大，有小鳥，燋紅翠碧相間，毛羽可愛，生於花中。唯飲其汁，不食他物，花落遂死。人以蜜水飲之，或得三四日，性亂跳躑，多抵觸便死。土人畫桐花鳳扇，即此類也。旌節花，枝直上，花紅紫層際如旌節，葉碧類百合。千葉剌榆，紅似桃花，極大。長樂花，紅紫。小蘇、許公有賦。荼蘼，花香甚，可以爲酒。

紀事

明　宋濂《元史》卷一六八《陳祐傳》　比問西征敗卒及其將校，頗知西南遠夷之地，重山複嶺，陡澗深林，竹木叢茂，皆有長刺。軍行徑路在於其間，窄處僅容一人一騎，上如登天，下如入井，賊若乘險邀擊，我軍雖衆，亦難施爲也。

重慶

綜述

宋　樂史《太平寰宇記》卷一三六《山南西道四·渝州》　縉雲山，在［巴］縣西一百三十七里。其山高聳，林木鬱茂。下有泉水，東西分流。傳云，黄帝于此山合神丹，故此山得名以紀之。

又卷一四九《山南東道·忠州》　鳴玉溪，在州西十里，上有懸崖瀑布，高五十餘丈。潭洞幽邃，古木蒼然。前刺史房式嘉其幽絶，特置蘭若，凡置五橋，以渡溪水，今廢。

明　李賢《明一統志》卷六九《重慶府》　土産：【略】荔枝，涪州出。城西十五里，唐時有妃子園，荔枝百餘株，顆肥。楊妃所喜，當時以馬馳載七日夜至京，人馬多斃。然蜀中荔枝，瀘叙之品爲上，涪次之，合州又次之。靈壽木，涪州出。花竹簟，江津縣出。松屏，涪州石山間出。不加人力，天然成紋。黄心樹，忠州出。唐白居易《木蓮詩·自叙》云：巴民呼爲黄心樹，大者高四五丈，經冬不凋，身如青楊，葉如桂，花如蓮，香色艷膩皆然，獨房蕊有異。四月初花，自開迨謝僅二十日。蘇薰席，忠州墊江縣出，色深碧。引藤，忠州出，大如指，中空可吸，俗用以取酒。苦藥子，忠州出，性寒不熱，解一切毒。【略】桃竹，牡丹。俱合州出。

又卷七〇《夔州府》　土産：【略】木藥子，萬縣、建始二縣出。柑，橘，奉節縣、開縣俱出。【略】麝香，楓香，達州出。椒，奉節、大寧、巫山、建始、雲陽五縣出。黄連，建始縣出。山雞，奉節縣出。【略】厚朴。雲陽縣出。

明　曹學佺《西峰字説》卷二七《重慶府》　永川縣，在府城西一百七十里，編户二十五里。又石松坪，在來蘇鎮。有松化石，石質而松理，或二三尺，大可合抱，俗呼雷燒松，即杜少陵詩所云『萬年松化石』者。

明　曹學佺《蜀中廣記》卷一七《重慶府·巴縣附郭》　《山海經》曰：西南有巴國。大皞生咸鳥，咸鳥生乘釐，乘釐生後照，後照是始爲巴人。有國名曰流黄辛氏，其域中方三百里，其出是塵土。有巴遂山，澠水出焉。又有朱卷之國，有黑蛇，青首，食象。郭璞注云：今三巴是也。後照乃巴人始祖。辛氏即鄷氏。出是塵土，言殷盛也。食象，即巴蛇也。

又卷一八《重慶府・銅梁縣》　《紀勝》云：縣南十五里有巴嶽山，絶頂蟠螭若爐，其下有崑崙洞，多蒼玉，産仙茅、菅。唐長慶中，采樵者服之得仙。又産木蓮花，高五六尺，葉如梗、楠，花如菡萏，出山則不植。有玉版泉，在山上，味甘洌不竭。相傳昔人斲井得玉版，叩之，清越如磬聲然。

清　黄廷桂　雍正《四川通志》卷三八《重慶府》　【略】象牙，《寰宇記》：南州、西高州貢。犀角，《新唐志》：黔州貢。《寰宇記》：南州貢。甘橘，《華陽國志》：江州有柑橘。麝香，《新唐志》：昌州貢。荔枝，【略】蘸薰席，墊江以蘇薰爲席，絲爲輕，其色深碧。又涪州産席，渝州産竹簟。雙陸子，《新唐志》：合州貢。【略】實竹，綦江縣出。引籐，【略】土降香，黔江、涪水俱出。松屏，出涪州石山間。不加人力，天然成文。【略】黄心樹，【略】牡丹，合州出。靈壽杖，涪州出。花竹簟，江津縣出。九節狸，長壽縣出。威靈仙，酥油，天花粉，方竹。俱南川縣出。

又《酉陽司雍正十二年裁改》　花斑竹，嘉州出。降香，蠟，俱酉陽出。野猪。石耶出。

又《邑梅洞長官司》　白鷴，畫眉，五味子，厚朴。

又《平茶洞長官司》　黄蠟，楠木，土降香，樟木，花斑竹。

又《夔州府》　蜜蠟，《唐志》：夔州、開州貢蜜蠟。《寰宇記》：開州産蠟，通州産蜜蜂窠。《九域志》：大寧貢蠟。《新志》：巫山、梁山、建始縣俱出。桐油，《新志》：建始縣出。【略】香，《唐志》：通州貢麝香、楓香。《寰宇記》：通州産挺子、白膠香，萬州産白膠香。【略】柑，奉節巫山出。橘，《漢志》：魚復朐䏰有橘官。《唐志》：夔州貢橘。椒，《通志》：奉節、雲陽、巫山、建始縣産紅椒，開縣亦出。瓜疇芋區，《寰宇記》：夔州産疇，似薯芋，區似貫瓜，皆伏草根。吐綬鳥，大如翟而五色可愛。苦藥子，梁山縣出。巴戟，夔州府出。厚朴，雲陽縣出。白藥，茓苡實，開縣出。黄蘗，夔州府出。黄連，建始縣出。【略】木藥子，萬縣出。【略】山鷄，熊，羆，鹿，麂。

清　李肇奎　咸豐《開縣志》卷一五《物産》　靈壽木【略】。靈龜【略】。連理木【略】。白虎，《華陽國志》：秦昭王時，白虎爲患，令朐忍廖仲藥等射殺之。【略】柑，《唐志》：夔州、開州貢柑。《寰宇記》：開州産柑子。橘，《漢書》：魚復、朐忍有橘官。椒，《府志》：開縣出。【略】吐綬鳥，一名吐綬鷄。《寰宇記》：夔州産，大如翟而五色可愛。天和淑景即吐綬，長一尺許，須臾還吞之。《酉陽雜俎》：魚復有鳥，大如雊鵒，羽色多黑，雜以黄白，頭頰似雉，有時吐物，長數寸，丹彩彪炳，色類綬，因名吐綬鳥。又食必蓄嗉，臆前大如斗，慮觸其嗉，行每遠草木，故一名避株鳥。按：此鳥産縣境馬家營山中，多者什佰爲羣。性最蠢，每食山粱，人以鳥鎗戕之，傷者墜地，羣驚視不肯飛，聞人足聲乃起，故居人多取以供饌，味與雉同。山鷄，《唐志》：夔州貢山雞。今縣境出。【略】熊，《唐志》：夔州貢熊、羆、鹿皮。《府志》：開州出。羆，鹿，麂。桄榔樹，《述異記》：西蜀石門山有樹，名曰桄榔，皮裡出屑如麵，用作餅，食之與麵相似，因謂之桄榔麵焉。黄連，邑東里出。厚樸，邑東里出。【略】桐油，邑境皆産。【略】漆，邑境皆産。【略】榕，俗名黄葛樹，有大至數圍者。檜，俗名刺柏樹，人家前後多樹之。棫，俗名栗橡子樹，又名青岡樹，即《詩》「芃芃棫樸」是也，作薪良。

清　張琴　同治《增修萬縣志》卷一三《地理志・物産》　桐油【略】。木棉【略】。木藥子【略】。山豆根【略】。蘭【略】。紅花【略】。橘柚【略】。錦雞，形類雉，而不食生物，金彩奪目，燦若文錦。愚按：此即《爾雅》鷩雉也。郭注：似山雞而小，冠背毛黄，腹下赤，項緑，色鮮明。《山海經》赤鷩，郭注云：即鷩雉，《尚書》謂之華蟲。陽雀，《金川瑣記》：綏靖屬遜克宗地，有一種雀，形如斑鳩，長尾，常自呼曰貴貴陽，晝夜不絶聲。土人目爲陽雀，云係雀王。深棲叢莽，不喜飛翔，日俟羣雀供蟲豸。此雀非蟲不食，便遺下活蟲如蝨。每夜間，與叫月子規，空山答響，倘亦開明魂化耶？《郡志》：按此即子規也，俗呼爲陽雀，各處有之。愚按：《禽經》：江左曰子規，蜀右曰杜宇。《博物志》：杜鵑生子，寄之他巢，百鳥爲飼之。杜子美詩：生子百鳥巢，百鳥不敢嗔；仍爲飼其子，禮若奉至尊。世傳望帝所化，土人呼爲雀王，殆以此耶？鷹，其形大於隼，而性不鷙。城内外廟院高樹數株，數百翔止。每秋冬，日暝將集，羣飛食頃，盤空往復，有如列陣。

紀事

宋 丁謂《夔州移城記》（引自嘉慶《四川通志》卷五九）〔景德三年〕

太祖皇帝出師平蜀，由劍、巫峽分兵以入，而灩澦激射峻惡，樓船戰艦難進易退。步騎自襄州西山裹糧兼行，林麓無際，澗壑相接，不知道路之所從。得蜀民詣王師獻畫，由大寧路直趨夔州，平蜀之師，實取道于此也。

宋 魏了翁《鶴山集》卷一〇《萬州守潘叔豹拉登魯池觀荷花、荔枝》

密林和雨翦離枝，曲徑留陰切藕絲。自入渝涪山色惡，眼明見此魯家池。分隨猿鶴老限枝，趨詔重來兩鬢絲。邂逅一觴莫辭凸，能禁二十載差池。

明 曹學佺《蜀中廣記》卷一七《重慶府・江津縣》 宋知縣事冉木震碑云：廳事後有合抱荔枝，唐人所種。每熟時，令肅士大夫會食樹下，猶有漢之遺風。荔枝舊有亭，亭中碑刻歲久剥落，想涪亭即舊址也。

又卷一八《重慶府・合州》 魏華父《瑞應山記》云：景德間，合州瑞應山出異木，文理成『天下太平』字。《志》云：瑞應山在州後，濮子墓在其上，光教寺在其下。寺今爲州理所。

四川

綜述

漢 司馬遷《史記》卷一二九《貨殖列傳》 巴蜀亦沃野，地饒卮、薑、丹沙、石、銅、鐵、竹、木之器。

南朝宋 范曄《後漢書》卷四三《公孫述傳》 蜀地沃野千里，土壤膏腴，果實所生，無穀而飽。女工之業，覆衣天下。名材竹幹，器械之饒，不可勝用。

又卷一一六《南蠻西南夷傳》 〔冉駹〕土地剛鹵，不生穀、粟、麻、菽，唯以麥爲資，而宜畜牧。有旄牛，無角，一名童牛，肉重千斤，毛可爲毦。出名馬，有靈羊，可療毒。【注略】又有食藥鹿，鹿麑有胎者，其腸中糞亦療毒疾。又有五角羊、麝香、輕毛毼雞、牲牲。郭璞注《山海經》曰：毼雞似雉而大，青色，有毛角，鬬敵死乃止。其人能作旄氈、班罽、青頓、毞毲、羊羧之屬。【注略】特多雜藥，地有鹹土，煮以爲鹽，麢、羊、牛、馬食之皆肥。

南朝梁 任昉《述異記》卷下 西蜀石門山，有樹名曰『桄榔』，皮裏出屑如麪，用作餅，食之與麪相似，因謂之『桄榔麪』焉。

唐 李吉甫《元和郡縣志》卷三一《江南道・南州》 蘿緣山，在〔南川〕縣南十二里，多楠木，堪爲大船。

宋 李昉《太平廣記》卷四〇七《辨白檀樹》 劍門之左峭巖間有大樹，生於石縫之中，大可數圍，枝幹純白，皆傳曰『白檀樹』。其下常有巨虺蟠而護之，民不敢採伐。又西巖之半有志公和尚影，路人過者皆西向，擎拳頂禮，若親面其如來。王仁裕癸未歲入蜀，至其巖下，注目觀之，以質向來傳説。時值晴朗，溪谷洗然，遂勒轡移時望之。其白檀乃一白栝樹也。自歷大小，漫天夾路，溪谷之間此類甚多，安有檀香虵遶之事？又西瞻志公影，蓋巖間有圓柏一株，即其笠首也。兩面有上下石縫限之爲身形，斜其縫者即袈裟之文也。上有苔蘚斑駮，即山水之毳文也。方審其非白檀，志公不留影於此，明矣。乃知人之誤傳者何限哉？出《玉堂閑話》。

宋 樂史《太平寰宇記》卷七三《劍南西道・彭州》 五龍山有神溪水，云是伯陽登山，嗽此神水，今爲溪源。五龍山多木蓮花。

又卷七四《劍南西道・眉州》 〔通義縣〕白虎山在縣東北二十四里，其山壁立，西臨導江水。《華陽國志》云：秦昭王時，白虎爲害，募人殺之。廖仲藥、秦精等射中之，山因此爲名。下有白虎潭。【略】〔羅目縣〕嘉樹在縣東南三十里陽山江灘，兩樹對植，圍各三尺，一榦上引横枝，亘二丈圍徑，相援連理，陰庇百尺。其木名黄葛，號嘉樹。

又卷七五《劍南西道・邛州》 石樓，按《九州記》云：沉黎縣即武侯征羌之路也。每十里作一石樓，令鼓聲相應。今夷人效之，所居悉以石爲樓。地多長松，而無雜木。

又卷七八《劍南西道・茂州》《九州要記》云：汶山郡有麢鹿，又有五角牛。又旄牛，無角，一曰童牛，肉重千斤。【略】五味山在[汶山]縣東十八里，山出五味子，因而名之。

又卷七九《劍南西道・戎州》 按《郡國志》云：僰道有獸，名獑猢，似猿而四足短，一騰一百五十步，如迅鳥之飛。取此皮爲狐白之用，盈百方成。又段氏《蜀記》云：戎人進猓猻褥，皂、碧、褐三色相間，元出馬湖江、石門兩路蠻界內。【略】荔枝灘，《益州志》云：荔枝灘東南二十里，山嶺上有一冢，惟生女貞樹。樹上常有白猿栖息。《郡國志》云：僰道有玉女冢是也。

又《協州》 螳螂山，毒草城夏飛鳥過之不得，山多猿、鳥，啾啾聒耳。

又卷八〇《劍南西道・巂州》 濮夷，《九州要記》云：在郡界千里，常居木上作屋。有尾長二寸，若損尾立死。若欲地上居，則預窟穴以安尾。【略】及牛，按《博物志》云：越巂郡有牛，稍割取肉，經日必復生如故。《玄中記》云：割而復生，名曰及牛。木多松蘖。有斯難樹，生子大如瓜，味酸，可生食。有龍目樹，實似荔枝。又有橦樹，可以爲布。【略】[越巂縣]鸚鵡山，山多鸚鵡得名。

又卷八二《劍南東道・梓州 富順監》 元武山，《九州要記》云：元武山，一名赤雀山，一名宜君山，山有鹿，尾入貢。

又卷八三《劍南東道・綿州》 猿門山，《益州記》云：猿門山在涪縣之北二十五里，上多猿。其山二峰，堅如門，故曰猿山。【略】[彰明縣靈台山]《郡國志》云：臺山天柱崖下有一桃樹，高五丈，外皮似桃，內心似松。道陵與王長、趙昇試法於此。四百餘年桃迄今未朽，小碑記之。【略】[隴安縣]松關嶺在隴安縣西北一百七十里。又有松嶺山，山上雖出茶，不可食。故毛文錫《茶譜》云：綿州龍安縣生松嶺關者與荆州同，其西昌、昌明、神泉等縣，連西山生者並佳，獨嶺上者不堪採擷。【略】猿門自[隴安]縣北特起去縣二十里，出多猿兒，嶮固如門，舊有猿門戍。

又卷八四《劍南東道・劍州 龍州》 [臨清]掌天山在縣西六十里。《益州記》云：掌天山在臨清縣，山多柘，堪爲良弓，雖檿絲、燕角不能勝也。

又卷八五《劍南東道・陵州》 木梓山，在[籍]縣六十里，出梓木。

又卷八七《劍南東道・遂州》 鄧艾墓，《華陽國志》云：艾征涪陵，見巨猿緣其山，艾性好弩，手自射之，中猿，猿之子拔去箭，卷木葉塞其瘡。艾嘆曰：『吾傷物之性，其將死矣！』見此山美，之後遂葬焉。

宋 薛道祖 《雲頂山詩卷》（引自《六藝之一録》卷三八二） 左綿山中多青松，風俗賤之，止供樵爨之用。

宋 祝穆 《方輿勝覽》卷五五《雅州》 土産：蒙頂茶，【略】紫竹。梅聖俞《蒙山紫竹鞭詩》：蜀道之峭壁兮，如快刀一削平無痕。春雷驚龍走竹鞭。

明 李賢 《明一統志》卷六七《成都府》 土産：【略】椒，各州縣俱出。惟茂州出者最佳。其殼一開一合者尤妙。酴醾花，成都縣出，蜀人取之造酒。桐花鳳，成都縣出，小鳥紅翠碧色相間，生於桐花中。惟飲其汁，不食他物，花落遂死。土人畫桐花鳳扇，即此鳥也。川芎，烏頭，俱綿州出。附子，彰明縣出。郫筒酒，郫人刳大竹，傾春釀於筒，號郫筒酒。相傳晉山濤治郫時，用筠管釀酴醾作酒，兼旬方開，香聞百步，故蜀人傳其法。

又卷六八《保寧府》 土産：【略】橙，蜜，巴州出。麝香，廣元縣出。巴戟，劍州出。

又《順慶府》 土産：【略】天門冬，黄柑，俱南充縣出。紫梨，廣安州出。有數種，到口即化者爲佳紫梨是也。買子木。渠縣出。

又卷六九《叙州府》 山川：【略】石門山。在慶符縣治南，下瞰石門江。其林薄間多蘭，有春蘭、秋蘭、鳳尾蘭、素蘭、石蘭、竹蘭。春蘭花生葉下，素蘭花生葉上。黄庭堅《幽芳亭記》：一幹兩三花而香有餘者蘭，一幹十數花而香不足者蕙，一名蘭山。【略】荔枝，本府出。土人善爲荔枝煎，可以致遠。宋黄庭堅詩：王公權家荔枝綠，廖致平家綠荔枝；試傾一盃重碧色，快剥千顆輕紅肌；潑醅葡萄未足數，堆盤馬乳不同時；誰能同此絶勝味，惟有老杜東樓詩。苦筍，宜賓、長寧二縣出。黄庭堅賦其略云：僰道苦筍冠冕兩川，甘脆愜當，小苦而成味。温潤縝密，多啖而不病。蓋苦又而有味，如忠諫之可治國，多而不害，如舉士之皆得賢。是其鍾江山之秀氣，故能深雨露而飽風烟。食殺以之啓迪，酒客爲之流涎。彼桂斑之與夢永，安得與之同年。【略】秦吉了，《聞見録》：長寧軍有鳥名秦吉了者，能人言。一日有蠻人將錢五千買之。其人告以貧苦，將賣爾。秦吉了曰：我漢禽，不願入蠻地。遂驚而死，今不復産矣。筇竹，府境出。蘭。石門山出。

又卷七〇《夔州府》 土産：【略】木藥子，萬縣、建始二縣出。柑，橘，奉節縣、開縣俱出。【略】麝香，楓香，達州出。椒，奉節、大寧、巫山、建始、雲陽五縣出。

黃連，建始縣出。山雞，奉節縣出。【略】厚朴。雲陽縣出。

又《馬湖府》 土產：餘甘，狀如川練子，初食味苦澁，少頃甚甘。楠木，年深向陽者，結成花紋，俗呼爲鬬柏楠。杉木，獨本葱。元初馬湖蠻，歲以獨本葱來獻。郡縣疲于遞送，元貞初罷之。

又《龍安府》 土產：【略】羚羊角，厚朴，葛粉，附子，天雄，烏頭，蕎麥。地早寒，多植甜蕎、苦蕎二種，全藉此以生。其羚羊角、附子、天雄，江油縣亦出。

又卷七一《潼川州》 土產：桃竹，江心蟠石上出，可爲杖竹。《譜》云：竹性中皆空，此竹獨實如木。唐杜甫詩：江心蟠石生桃竹，蒼波噴浸尺度尺，斬根削皮如紫玉。【略】柑，橘，天門冬，俱遂寧、安岳二縣出。曾青，空青。潼川州出。

又《眉州》 土產：【略】史君子，巴豆，州縣俱出。海棠，斑竹，鸕鶿。

又卷七二《嘉定州》 土產：【略】麝香，本州出。【略】邛竹，堪爲杖。【略】荔支，本州並犍爲、峩眉、夾江三縣俱出。宋吳中復詩：莫愛荔支紅，歲作嘉州孽。【略】海棠。《花譜》云：海棠有色無香，惟蜀中嘉州者有香。其木合抱。

又《瀘州》 土產：【略】荔支，杜甫《過瀘州》詩：憶過瀘戎摘荔支，青楓隱映石逶迤；京中舊見君顏色，紅顆酸甜只自知。楠木。

又《雅州》 土產：【略】石菖蒲，本州出。【略】紫竹，宋梅聖俞《蒙山紫竹鞭》詩：蜀道之峭壁兮，如快刀一削平無痕。春雷驚龍走竹根。娑羅花。瓦屋山出，移之他處則槁。有五色之異，如爛錦，照映山谷。

又《邛州》 土產：【略】山礬花，邛縣出。花繁如雲，香氣極濃。木蓮花。白鶴山出，花分四色。

又《東川軍民府》 土產：【略】蜜，漆，木瓜，松子，麻布，麂。

又《烏蒙軍民府》 土產：【略】鸚鵡，筇竹，荔支，氊，薑，榿木。

又《烏撒軍民府》 土產：【略】漆，松子，木瓜，刺竹，猿，鹿。

又《永寧宣撫司》 土產：【略】梅，柑，葛，思木，苦竹，馬，猿。

又卷七三《天全六番招討使司》 土產：【略】麝，麂，蠟【略】，錦雞。

又《黎州安撫司》 土產：【略】麝香，升麻，筇竹杖，花椒，天南星。

又《平茶洞長官司》 土產：黃蠟，土降香，花斑布，斑竹，楠木，樟木。

又《松潘等處軍民指揮使司》 土產：甘松，當歸，羌活，麝香，朴硝，蠟，毛氊。

明　陸深《儼山外集》卷三〇《蜀都雜抄》 月竹，嘉定州之產，每月生筍。【略】蜀都大抵雨多風少，故竹樹皆修聳。少陵古柏二千尺，人譏其瘦長，詩固有放言。要之，蜀產於他迥異。若謂柏之森森者，惟蜀爲然。所謂喬木如山者，亦惟蜀爲然。楊柳多寄生，狀類冬青，亦似紫藤，經冬不凋。春夏之交，作紫花，散花滿地。省衙前有數株，冬月望之榮枯各異。

明　曹學佺《蜀中廣記》卷一五《敘州府・宜賓縣附郭》 《郡國志》云：僰在施夷中最賢者，多以荔枝爲業，園植萬株，歲收百五十斛。《益州記》云：荔枝潭在僰道縣，山頂有一家惟生女貞樹，樹上常有白猿棲息。古謂之『玉女冢』。《志》云：即峰巖也。在宜賓西百里，山坡荔枝連袤。今多屬廖氏。黃魯直詩『廖致平家綠荔枝』，即此。【略】《方輿勝覽》云：蘭山在僰道縣界。《圖經》云：蘭生于深林，石門尤多，有春蘭、秋蘭、崇蘭、鳳尾蘭、竹蘭、石蘭諸名。春蘭花生于葉之下，崇蘭花生于葉之上。黃魯直《幽芳亭記》：一幹兩三花而香有餘者蘭，一幹十數花而香不足者蕙。

又《筠連縣》 漢定川縣，唐之筠連州也。其地南通芒部，西控烏蒙，四山皆竹，一色相連，因謂之筠連矣。

又卷三五《黎州》 天冲山，險絶無路，止通樵採而已，唐古木碑所云『沉黎界上，山林參天，嵐霧晦日』者也。

又卷五九《方物記第一・鳥》 嚴君平《道德指歸》云：羽者翔虛而神鳳王之。揚子雲草《玄》，夢吐白鳳于《玄》上。蓋鳳有文章而神明者，不易見之物也。予讀《山海經》曰：都廣之野，鸞鳥歌焉。則鳳在蜀中已見之矣。《北周書》：武帝天和之年，渠州上言鳳凰集于楓樹，羣鳥列侍者以萬數。又《唐書》：天福七年六月，鳳凰見萬歲縣。即今之開縣也。《水經注》云：越嶲郡之廢葉榆縣有鳥弔山，山上有鳥，千百羣飛。其會時嗚呼啁哳，歲必一度大集，云鳳凰死於此。《雲笈七籤》云：雲頂山鐵像天尊，是則天朝蒙陽匠人廖元立所鑄。初鑄時，有紫雲如城，其上吐五色，以捧日。衆共瞻禮間，忽有靈鶴數隻，引一大烏，翼廣丈餘，通身赤色，其形如鳳。衆鶴繞鑪盤旋，嘹唳相應，大烏飛勢迅疾，徑入鑪中。忽起火焰高三五十丈，其聲如雷，邐迤屬天，迸散流溢，直遍山上。衆皆奔駭，已聞異香之氣，彌日方散。《朝野僉載》：劍南彭蜀間，有鳥大如指，五色畢具，有冠似鳳。食桐花，每桐結花即來，花落即去，不知何之。俗謂之桐花鳳。極馴，善止於婦人釵上，客終席不飛。人愛之，無所害也。《寰宇記》云：桐花色白，至春有小鳥，色蕉紅翠碧相間，生花中。惟飲其汁，不食他物，花落遂死。人以蜜水飲之，或得三四日。性多跳擲，抵觸便死。士人畫桐花鳳扇，即此也。按：桐花鳳扇，唐李衛公有賦矣。《瑯嬛記》云：桐花鳳小于玄鳥，春暮來集桐花。一名收香倒掛，又名探花使。性馴，好集美人釵上。出成都。疑即東坡詞所謂緑毛麼鳳名倒掛耶？唐僧隱巒詩：五色毛成比鳳雛，深藏花裏只如無；美人買得偏憐惜，移向金釵重幾銖。劉言史《題蜀客楊生亭》云：垂絲蜀客涕沾衣，歲盡長沙未得歸；腸斷錦城風日好，可憐桐鳥出花飛。李之儀《阮郎歸》詞詠倒掛云：朱唇玉羽下蓬萊，佳時近早梅。探花情味久安排，枝頭開未開。魂欲斷，恨難裁，香心休見猜。果知何遜是仙才，何妨入夢來。宋祁贊云：金花之露，俗曰鳳類；緑羽纖爪，藻背翠尾；花落則隱，以是見貴。《益州方物略》云：紅桐嘴出永康軍山谷中，絳體若赭，惟羽間差黑。人亦蓄之，然不能久也。贊曰：絳質剛喙，孱黑于衿；因網就羈，亦馴厥心。又云：護花鳥，青城峩眉間往往有之。至春則啼，其音若云無偷花果，髣髴人言。贊曰：茜首黑裳，黄駁其羽；厥鳴嚶嚶，若禁若護；名而不情，盜者猶懼。又云：百舌鳥，出蜀山谷間，毛采翠碧，蜀人多蓄之。一名翠碧鳥。善效他禽語，凡數十種，非東方所謂反舌無聲者。往往亦矜，鬬至死不解，然捕者告罕，故惜之不使極其擊云。贊曰：緑衣紺尾，一啼百囀；可樊而蓄，爲世嘉玩。《拾遺記》曰：吴黄龍元年，越嶲之南獻背明鳥。止不向明，巢常對北。多肉少毛，聲音百變。聞鐘磬笙竽之聲，則奮翅摇頭。時人以爲吉瑞，及遷都建業，吴人語訛，呼背明爲背亡鳥。國中以爲大妖，不及百年，當有喪亂滅亡之事。果如斯言。《爾雅》：嶲周，燕子。嶲鳥出蜀中。《説文》云：蜀王望帝化爲子嶲。今謂之子規也。師曠《禽經》云：江左曰子規，蜀右曰杜宇，甌越曰怨鳥。又云：杜鵑出蜀中，狀如雀鷂而色慘黑，赤口，有小冠。春暮即鳴，夜啼達旦，鳴必向北，至夏尤甚，晝夜不止，其聲哀切，田家候之以興農事。惟食蟲蠹，不能爲巢，居他巢生子，冬月則藏蟄矣。揚雄《蜀記》曰：望帝杜宇者，蓋天精也。稱王時，荆州有人化從井中出，名曰鼈靈。於楚身死，屍反泝流上至汶山之陽，忽復生，乃見望帝，立以爲相。其後巫山龍鬬，壅江不流，蜀民墊溺。鼈靈乃鑿巫山，開三峽，降丘宅土，民得陸居。蜀人住江南，羌住城北，始立木柵，周三十里，令鼈靈爲刺史，號曰西州。後數歲，望帝以其功高，遂禪位焉，號開明氏。望帝脩道處西山，而隱化爲杜鵑鳥，或云化爲杜宇鳥，亦曰子規鳥，至春則啼，聞者悽惻焉。《西陽雜俎》以杜鵑知陽，相推而鳴，先鳴者吐血死，初鳴時，先聽者主離別。《瑯嬛記》：昔有人飲于錦城謝氏，其女窺而悦之。客聞子規啼，心動即謝去。女恨甚，後聞子規啼，則怔忡若豹鳴也。使侍女以竹枝驅之，曰：豹，汝尚敢至此啼乎？故名子規爲謝豹，亦主離別也。宋鮑照《擬行路難》詩：愁思忽而至，跨馬出北門。舉頭四顧望，但見松栢園，荆棘鬱蹲蹲。中有一鳥名杜鵑，言是古時蜀帝魂。聲音哀苦鳴不息，羽毛憔悴似人髡。飛走樹間啄蟲蟻，豈憶往日天子尊。念此死生變化非常理，中心惻愴不能言。杜甫詩：君不見昔日蜀天子，化爲杜鵑似老烏。寄巢生子不自啄，羣鳥至今爲哺雛。雖同君臣有舊禮，骨肉滿眼身羈孤。業工竄伏深樹裏，四月五月偏號呼。其聲哀痛口流血，所訴何事常區區。爾豈摧殘始發憤，羞帶羽翮傷形愚。蒼天變化誰料得，萬事反覆何所無。萬事反覆何所無，豈憶當殿羣臣趨。温庭筠詩：蜀魄千年尚怨誰，聲聲啼血向花枝。滿山明月東風夜，正是愁人不寐時。羅隱詩：銅樑路遠草青青，此恨那堪枕上聽。一種有冤猶可報，不如銜石疊滄溟。陸龜蒙詩：碧竿微露月玲瓏，謝豹傷心獨叫風。高處已應聞滴血，山榴一夜幾枝紅。又：蜀客春城聞蜀鳥，思歸聲引未歸心。那知夜夜愁相似，爾正啼時我正吟。胡曾詩：杜宇曾爲蜀帝王，化禽飛去舊城荒。年年來叫桃花月，似向春風訴國亡。鷓鴣，蜀夔州郡皆有之。宋布衣陸士規入蜀詩云：東風吹草緑萋萋，路入黄陵古廟西。帝子不知春又去，亂山無主鷓鴣啼。揚雄賦有鸛鴸，注云：伯勞也。蜀童謡有『陽雀叫，鸛鴸笑』之語。一名鵙，音鴂。蜀中名鴐鵞，滇中名醉油郎。好掠人冠巾，衆鳥畏之。俗又名鳳凰皂隸，性好獨。《易緯》『鵙必單栖』，《樂府》『東飛伯勞』，皆一物。曹植《惡鳥論》云：昔尹吉甫用後妻譖，殺其子伯奇，後悟，悲傷出遊于田，有鳥鳴于桑，聲噭然。吉甫動心，曰：伯勞乎？是吾子，棲吾輿。伯勞尋聲而棲于蓋。吉甫乃射殺後妻以謝之。故俗惡伯勞鳴，言所鳴之家必有尸也。《録異記》：王蜀刑部侍郎李仁表將入貢春官，時薛能尚書爲鎮，先繕所業詩五十篇以爲贄，濡翰成軸，於小亭凭几閲之。未三五首，有戴勝自簷飛入，立於案几之上，馴狎。良久，伸頸鞾翼而舞，向人若將語。久之，又轉又舞。如是者三，超然飛去，翼日投詩，薛大加禮待，以其子妻之。《爾雅》曰：鷄大者蜀。蜀子鷂。郭璞注曰：蜀，今蜀鷄也。鷂，鷄子名。《廣雅》云：辟鵹，鷄也。杜艾、季蜀，皆鷄名。《禽經》云：吐綬鷄，出巴峽山中，人多蓄玩。大如家鷄，小者如鴝鵒，頭頰似雉，羽色多黑，雜以黄白圓點，如真珠斑。項有嗉囊，内藏肉綬，常時不見，每春夏晴明，則嚮日擺之頂上，先出兩翠角二寸許，乃徐舒其頷下之綬，長濶近尺，紅碧相間，采色煥爛，踰時悉斂不見。或剖而視之，一無所覩。此鳥生亦反哺，行則避草木，亦謂之避株鳥。按《食物本草》謂之吐錦鷄，《古今注》謂之錦囊，《蔡氏詩話》謂之真珠鷄，《倦遊録》謂之孝鳥，《詩經》謂之旨鷊，『巴邛有旨鷊』是矣。《墨莊漫録》云：中官陳彦和言，宣和中，掌禽苑，見蜀中貢一鳥，狀如鸞，色紺翠，尾甚多而長，飛則尾開裊裊如雙旗，其名曰王母。老杜《玄都壇歌》『王母晝下雲旗翻』，即此。《山海經》曰：岷山其鳥多翰鷩。郭注云：翰白鷩赤。《汲冢·王會》云：巴人以比翼鳥，蜀人以文翰。文翰者，若皐鷄。注：《爾雅》云：翰，天鷄。赤羽也。文若翬雉，一名鷐風，周成王時蜀人獻之。《蜀都賦》：蝌蛦山栖。注：鳥名也，如今之所謂山鷄。其雄色斑，雌色里。出巴東郡。按《華陽國志》：孟獲激其屬反，曰：官欲蝌腦三斗。即此物也。《西京雜記》：成帝時，越嶲獻長鳴鷄，伺鷄晨，即下漏驗之，晷刻無差，每鳴則一食頃不絶，長距善鬥。《蜀都賦》：碧鷄倏忽而曜儀。《地理志》曰：碧鷄在越嶲青蛉縣禺同山。漢宣帝時，方士言益州有碧鷄神，可以醮祭而致也。使諫議大夫王褒持節往求之，褒道病，竟不能致。成都有碧鷄坊，蓋祠所也。老杜詩：時出碧鷄坊。其後西川校書薛濤營宅于碧鷄坊老焉。《漢書》：元始元年正月，王莽白太后下詔，以白雉薦宗廟。蓋莽風益州令，塞外蠻夷所獻也。《災祥志》云：蜀建興九年十月，江陽至江州，有鳥從江南飛渡江北，不能達，墮水死者以千數。是時，諸葛亮連年動衆，志吞中夏，而終死渭南，所圖不遂。又諸將分争，頗喪徒旅。鳥北飛不能達墮水死者，皆有其象也。蜀李雄書曰：武皇帝雄泰成三年，白烏赤足來翔。帝以問范賢，賢曰：烏有反哺之意，必有遠人懷惠而來。果關中流民請降。《宋書》：孝武大明五年六月，赤烏見蜀郡，益州刺史劉思考以獻。《周書》：武帝保定、天和等年，益州獻三足烏者凡數次。按：相如《大人賦》以三足烏爲之使矣。《山海經》：崌山江水出焉，有鳥狀如鴞而赤身白首，其名曰竊脂，可以禦火。郭璞注云：今呼小青雀曲嘴而肉食者爲竊脂，疑非。按《本草》云：蜀徼有火鵶能啣火，是也。人家多避之。《山海經》乃謂其可以禦火，是必以焚灼之具而作威福于人者。黔中有山胡鳥，善鳴，一作山呼。東坡《過涪州得山胡》詩云：終日鎖筠籠，囘頭惜翠茸。誰知聲嚄嚄，亦自意重重。夜宿烟生浦，朝鳴日上峯。故巢何足戀，鷹隼豈能容。《蜀都賦》：彈言鳥於森木。注：言鳥，鸚鵡也。《南方異物志》曰：鸚鵡有三種，青大如烏臼者，白大如鴟鴞者，五色大於青雀者。交州巴南盡有之。凡鳥四指，三向前，一向後，此獨兩指向後。性好食芝麻。劉艾《漢獻帝傳》：興平元年詔曰：往者益州獻鸚鵡三枚，夜食三升麻子。今穀價騰貴，此鳥無益有損，可付安西將軍楊定令歸本土是矣。予武擔署園中有松樹數株，每花熟時，此鳥羣過而掠之，颯颯有聲，緣雲蔽天，登時花爲之盡采摘，稍遲惟有悵惜。唐節度使韋公皐常蓄一鸚鵡，其夫人河東裴氏教以念佛。他日奄化用闍維法葬之，有舍利十餘粒。【略】韋又蓄一孔雀，鑿池以居之。武公元衡來繼任，此鳥猶在使宅，因作詩傷之，一時屬和皆名士焉。韓愈詩云：穆穆鸞鳳友，何年來止茲。飄零失故態，隔絶抱長思。翠角高獨聳，金華焕相差。坐蒙恩顧重，畢命守堦墀。白居易詩云：索莫少顔色，池邊無主禽。難收帶泥翅，易結著人心。項毳落殘碧，尾花銷闇金。放歸飛不得，雲海故巢深。王建詩云：孤號秋閣陰，韋令在時禽。覓伴海山黑，思鄉橘柚深。舉頭聞舊曲，顧尾惜殘金。顦悴不飛去，重君池上心。建又有《傷韋令孔雀》詞：可憐孔雀初得時，美人爲爾别開池。池邊鳳凰作伴侣，羌聲鸚鵡無言語。雕籠玉架嫌不栖，夜夜思歸向南舞。如今憔悴人見惡，萬里更求新孔雀。熱眠雨水饑拾蟲，翠尾蟠泥金彩落。多時人養不解飛，海山風黑何處歸。武相國在蜀又有《春曉聞鶯》詩，韓愈和云：早晚飛來入錦城，誰人教解百般鳴。春風紅樹驚眠處，似妒歌童作艷聲。王建和云：侵黑行飛一兩聲，春寒囀小未分明。若教更解諸餘語，應向宫花不惜情。予按《成都文類》：武公元衡《中秋登錦城樓》詩，席客和者至十許人，皆知名士公，亦節鎮之有文而好事者與。盛弘之《荆州記》曰：雁塞，北接梁州汶陽郡。其間東西嶺，屬天無際，雲飛風翥，望崖回翼，惟一處爲下，朔雁達塞，矯翮裁度，故名雁塞，同於雁門也。《梁州記》曰：梁州縣界有雁塞山，傳云此山有大池水，雁栖集之，故因名曰雁塞。成公綏《雁賦》云：奔巫山之陽隅兮，趁彭澤之遐裔矣。《方物略》云：荏雀每歲荏熟，則羣至食其實。性好鬬，人捕之裒錢使決勝負，閭里曹觀，至一雀直數千錢。官司惡民贅聚，每下符禁叱之。賛曰：緇緑厠彩，喜荏充臆；奮頸铓顋，矜健于咮；里人裒貲，以佐其鬬。按：荏菽，今之胡豆也。傅玄《蜀都賦》曰：鷹則流星耀景，奔電飛光，青骹素羽，飄雪繁霜。范鎮《東斋記事》云：嘉陵江上見二鶻擲卵，相上下以接之，蓋習其飛也。其胎教之意乎？又翅羽未成，躍出穴巢，往往墜崖下死。其天性峻勇，是亦躁進之類也。予今歲在錦城，立秋後一二日，親見此種物盤空搶地，作得意狀。蓋非搏擊，則不能躁進，勢相因矣。《山海經》云：梁渠之山有鳥焉，名曰囂，其音如鵲，食之止衕。郭注：治洞下也。盛弘之《荆州記》曰：巫縣有鳥如嶋鷄，其名爲鴞，楚人謂之鵩。《青城外史》云：梟鳥晝不見泰山，夜則察秋毫。此往志所載也。灌縣最多梟，形如楚梟而小，遇五更則鳴，人鮮忌之。然晝則目明，夜則反暗，此可以補記載之遺。按：梟鳥不宜晝明，而晝明者以時尚伺察白晝公行故耳，何足異云。《蜀都賦》：風胎若鴉。注：風胎，鳥名，未詳。按：《莊子》曰：鶂相視眸子不運而風化。即此物也。蜀人呼鵜鴣爲連點七。五代時有問洪杲禪師曰：如何是連點七？師云：屈指數不及，地上無蹤迹。《廣志》曰：野鴨，雄者赤頭有距，鶩生百卵，一日再生，有露華鶩，以秋冬生卵，並出蜀。杜甫《花鴨》詩云：花鴨無泥滓，堦前每緩行。羽毛知獨立，黑白太分明。不覺羣心妒，休牽衆眼驚。稻粱霑汝在，作意莫先鳴。甫又有《鸂鶒》詩云：故使籠寬織，須知動損毛。看雲莫悵望，失水任呼號。六翮曾經翦，孤飛卒未高。且無鷹隼慮，留滯莫辭勞。蓋多自況之意也。

又《獸》　李膺《益州記》云：張道陵登仙之所，常有麒麟、白鶴遊翔其上。《武陽志》云：漢朱褒獲麒麟於馬煩嶺，故界有麒麟橋也。《唐書》：元和七年冬，東川觀察使潘孟陽奏，龍州平武縣嘉禾生，有麟食之。麟之來，羣鹿環之，光彩不可正視，使畫工圖獻焉。張仲素表賀曰：伏見劍南、東川觀察使潘孟陽奏，龍州寶華山中有麟見，獨角、馬蹄，遍身光耀，並嘉禾二十二莖至八十九穗。麟見與鹿，每來同食。各畫圖函，盛封進者。【略】《華陽國志》：秦昭襄王時，白虎爲害，自秦蜀巴漢患之。乃重募有能殺虎者，邑萬家，金帛稱之。於是夷朐忍廖仲藥何射虎，秦精等乃作白的弩，於高樓上射虎，中頭三節。白虎常從羣虎，瞋恚，盡搏殺羣虎，大呴而死。按《天官書》：參爲白虎，蜀當井參分野，故白虎常爲害也。《朝野僉載》：周武后永昌中，涪州多虎暴。有一獸似虎而大，逐虎噬殺之。録奏檢《瑞應圖》，乃酋耳也，不食生物，有虎則殺之。《蜀記》：文翁在蜀日，常言少力田，方聚柴爲陂，未就，夜有百十野猪，鼻載土著柴中。比曉塘成，稻常倍收。【略】《爾雅》犘牛，注云：犘音麻，重千斤，出巴中。犩牛，注云：牛之大者，出蜀中。《山海經》曰：岷山多犪牛、犀、象。晉興元年，此牛出上庸，郡人弩殺之，得三十擔肉。《博物志》曰：越巂國有牛，稍割取肉，經日必復生如故。按《玄中記》云：割而復生名曰『反牛』矣。《莊子》云：犛牛大若垂天之雲。注云：出荆、夔州志》云：旄牛縣屬蜀郡，出旄牛，歲貢其尾，以爲節旄。宋孔甯子《犛牛賦》曰：惟兹獸之攸生，亦棲遐而憑阻。遁綿野於岷隅，挹清源於庸渚。奔逸躅而倫㣔，載賁首而亂狩。茸長髦之髤髪，戾狼情而首鼠。邁羔羊之如膏，侔蜉蝣之楚楚。既作表於禮樂，又爲容於軍旅。奉藩岳之休明，被戎荒而既序。班琛賂而來庭，超笻蒟乎其所矣。《爾雅》云：南方之美者，有梁山犀角焉。巴浦之犀，其可遇乎？常璩云：會無土地，時産犀牛。《江表傳》曰：諸葛亮討賊還成都，孫權遣勞問之，送馴象一頭與劉禪。予觀《國史傳》：征虜圍成都，僞相戴壽等驅象出戰，而今不可得也。《爾雅》云：麢，大羊。疏略曰：西域多兩角，有一角者爲勝，角甚多節，蹙蹙圍繞。別有山羊角，極長，惟一邊有節，節亦疎大而不入用。羌夷云：此即名麢羊，一名龍羊。《益州方物略》：龍羊出吐蕃及威茂州，形似蓄羊而大，其角繚繞，重八九兩，黑質而白文，可以爲帶胯，其用亂犀。賛曰：羊質而大，角繚于首；以角之珍，軀殘獵手。按《本草》：麢羊質堅，可碎金剛，一絲貫頂，持入耳邊自鳴，能清肝肺熱，夜眠倒掛于樹上，人覓之不可得。禪家有麢羊掛角之喻也。市所鬻者，山羊耳。《益部談資》云：羚羊皮，毛色青，兵中卧之，有警則自動。又云：羊名蟠者，其角年久而蟠，皮可坐數人。恐亦祇可作談資也。

【略】《韻會》云：益州有鹿麣，乃鹿之美者。蜀州古有鹿市之説，今不能有也。《蜀都賦》云：射噬毒之鹿。注云：有神鹿，兩頭，主食毒草，名曰食毒鹿，出雲南郡。此魏宏南中所記，然汶山亦有之。《九州要記》云：汶山有食藥鹿，其腸中糞亦療毒疾，是矣。《晉史》：泰始年，白鹿見梁州。刺史杜幼文以聞。《游梁雜記》：榮經山中，畋人得一白鹿，將以獻邑侯。其鬣如銀，兩角透明，角尖掛一銅牌，上有數字，磨勘莫辨，惟一唐字稍現，邑侯命釋之。蜀中亦往往有白兔。嘉靖初，獲自梁山者，守臣導諛以獻，不久尋斃，而建亭豎碑焉。今謂之白兔亭也。《酉陽雜俎》引韋絢云：巴州兔皆作貍斑。《寰宇記》云：蜀中舊無兔、鴿，隋王秀鎮益州，命左右齎往，鴿尚稀，而兔已衆矣。《詩話》云：川北山中多麝，絶愛其臍，每爲人所逐，勢且急，即自投高巖，舉爪裂出其香，就縶而死，猶拱四足以保其臍。李商隱詩『投巖麝褪香』，以此。《青城外史》載嵇康云：麝食柏而香。今吐蕃山中最多麝，但此獸好食蛇，中散之言，未爲實録也。然今之名存而實亡者，何必麝然。猿，蜀郡山中多有之，惟三峽最著。酈道元云：魚復縣廣陵峽多猨，猨不生北岸，非唯一處。或有取之，放著北山中，初不聞聲，將同狢獸渡汶而不生矣，此三峽之首也。《荆州記》曰：峽中猨鳴至清，諸山谷傳其響，泠泠不絶。行者歌之曰：巴東三峽猿鳴悲，猿鳴三聲淚霑衣。然其通臂善緣，騰空攬蔓，能於空中輪轉，以磊礫擲于下，舟人避之。【略】《王周集》：施南太守以猿兒爲寄，云得之黔中，頭生即白者，作詩答之云：『虞人初獲西江西，長臂難將意馬齊。今日未啼頭已白，不堪深入白雲啼。』此白頭猿也。《禹貢》：梁州貢熊、羆、狐、狸，織皮。《西京雜記》：熊羆毛有緑光，長二尺者直百金。卓王孫有百雙，詔使獻二十枚。《西山經》云：西百七十里曰南山，多猛豹，似熊而小，毛淺有光澤，能食蛇及銅鐵。按《子虛賦》有鋋猛氏，格蝦蛤。孟康曰：皆獸名。郭璞曰：今蜀中有猛氏獸，似熊而小，毛淺有光澤也。《蜀都賦》：戟食鐵之獸。注：貊獸，毛黑白臆，似熊而小，以舌舐鐵，須臾便數十斤，出建寧郡。其皮毛麄厚，中蓐席。《爾雅》：貘即白豹。唐世多畫作屏，白傅有贊序之。《抱朴子》：東方識啖鐵之獸，寔賴神禹之書，大荒之籍矣。《游梁雜記》云：僰夷有火獸，形如黑羊，兩角尖，舉火夜光燭夫，出没不常。僰人一見，即合村户鳴鑼逐之，獸驚入井，即以犬血投入，遲則火從井中出，焰及禾苗、田畦、屋舍，盡成焦土，其地三年不植。《博物志》云：蜀中南高山上有物如獮猴，長七尺，能人行健走，名曰猴玃，一名化，或曰猳玃。伺行道婦女美者，輒盜去，人不得知。行者每過其傍，皆以長繩相引，然故不免。此得男女氣自爾，故取女也。取去爲室家。其年少者終身不得還，十年之後形皆類之，意亦迷惑，不復思歸。有子者輒俱送還其家，産子皆如人，有不食養者，其母輒死，故無敢不養也。及長，與人無異，皆以楊爲姓，一作羊馬姓。此唐蒙所記矣。《珙志》：有獸曰野干，似猿，髮長過面，欲有所視，則摇頭以手披之。《方物略》云：玃出卭蜀間，與猿猱無異，但性不躁動，肌質豐腴。蜀人炮蒸以爲美味也。贊曰：玃與猿猱，同類異種；彼美豐肌，登俎見用。【略】《山海經》曰：武都之山，黑水出焉。其上有玄狐，蓬尾。注：大尾也。《蜀地志》曰：涪陵南界榛險中，有果然獸，形如狗子，頭似虎，尾柔滑，白黑色，皮以爲裘，輕煖可珍。其身不過三尺，尾長四尺餘，脇邊皆斑，集十皮可得一褥，繁紋麗好，細厚柔澤。段氏《遊蜀記》云：戎州進果然褥，皂、褐、碧三色相間，云出馬湖江、石門兩路蠻界内。宋樂史子正作《蜀中詩》云：又聞猓然獸，死不相棄遺。按《國史補》：得一猓然，則數十可得。蓋此獸不忍傷其類，雖殺之不去。獸狀而人心者也。《益州方物略》：狨，威茂等州、南詔夷多有之。大小正類猿，惟毛爲異。朝制内外省以上官乘馬者，得以狨爲藉，武官則内客省使宣徽使乃得用。贊曰：狀實猿類，體被金毳；皮以藉焉，中國之貴。李廌《師友談記》云：狨座，文臣兩制、武臣節度使以上許用。每歲九月乘，二月撤，無定日，視宰相乘則皆乘之，撤亦如之。狨似大猴，生川中，其脊毛最長，色如黄金，取而縫之，數十片成一座，價值錢百千。杜詩云『狨擲寒條馬見驚』，即此。《郡國志》：戎州僰道縣有獸名獑猢，似猿而四足短。一騰一百五十步，如迅鳥之飛。取此皮爲狐白之用，盈百方成。按：猢黑身白腰，手有長白毛者是。《蜀都賦》：鼯貙氓於葽草。注：謂貙氓虎豹之人也。《博物志》『江漢有貙人』，即此。

又卷六〇《方物記第二・鱗介》 劉敬叔《異苑》云：成都有義鼠，形如鼠，短尾，每行遞相咬尾，三五爲羣，驚之即散。俗云：見之者當有吉兆。《梁州記》曰：唐公房登仙於聟鄉山，山有易腸鼠，一月三吐，易其腸，束廣微所謂唐鼠者也。《博物志》云：唐公房升仙，鷄狗並去，惟以鼠惡，棄之。鼠悔恨，一月三吐其腸。

又卷六一《方物記第三・木》《山海經》曰：廣都之野，靈壽實華。《蜀都賦》云：靈壽桃枝。注：靈壽木出涪陵。《郡國志》云：南鄉峽西八十里有巴鄉村，溪中多靈壽木也。《益州記》云：僰道縣有荔枝灘，灘東南二十里山頂有一冢，惟生女貞樹，樹上常有白猿栖息。《郡國志》云：僰道有玉女冢，生女貞處是矣。灌縣有秦時紫柏，團團如蓋，大可蔽畝，其鄉名紫柏鄉。知縣雷叔聞，畫圖見遺，因作讚曰：有赤甲丈人者，居於青城之陽。厥生在祖龍之紀，歷漢及唐。有客伐之，鼓鐘鏜鏜，維神保護。爰及我明，中懷嘉果，鴒鴿來翔，其葉如髮，其榦如石，東榮而西殭，圍丈有八尺，其高四倍。臨於大荒，以孔檜爲父，以五大夫爲兄，九州之內，此一二三者，緊其可相望。【略】《異物志》：楠木年深向陽者，凝結花紋，俗呼爲鬪柏楠。亦有蟠結如山峰者，蘇老泉所作『木假山』，即此物也。【略】《蜀都賦》：杞櫹椅桐。注：引《雅詩》『其桐其椅』也。劉敬叔《異苑》云：晉武帝時，吳郡臨平岸崩，出一石鼓，打之無聲，以問張華。華云：可取蜀中桐材，刻作魚形，打之則鳴。於是如言，音聞數十里。《華陽國志》：益州有梧桐木，其華采如絲，人績以爲布，名曰桐華布。白傅《桐花》詩：春令有常候，清明桐始發。何此巴峽中，桐花開十月？豈伊物理變，信是土宜別。地氣反寒暄，天時倒生殺。草木堅强物，所稟固難奪。風候一參差，榮枯遂乖剌。况吾北人性，不耐南方熱。强羸壽天間，安得依時節。以蜀中桐花開最早也。《山海經》：單狐之山多机木。郭注：机似榆，可燒以糞稻田，出蜀中。《丹鉛録》以爲即今之榿。《總志》云：榿，古稱蜀木，成都爲盛也。《西陽雜俎》：蜀中有木類柞，衆木榮時枯枿，隆冬方萌芽布陰，蜀呼爲楷木。《方物略》云：榿木，民家蒔之，不三年材可倍常薪，疾種亟取，人以爲利。贊曰：厥植易安，數歲輒林；民賴其用，實代其薪；不棟不梁，亦被斧斤。【略】白蠟樹似冬青，而近水。蜀人買蠟虫他處，以清明時，用桐葉包裹，掛於枝上，至孟秋則樹枝皆如綿，刮而熬之成蠟。東南州縣多有之。白樂天《庭槐》詩在忠州作：南方饒竹樹，唯有青槐稀。十種七八死，縱活亦支離。何此郡庭下，一株獨華滋。濛濛碧煙葉，嫋嫋黄花枝。我家渭水上，此樹蔭前墀。忽向天涯見，憶在故園時。人生有情感，遇物牽所思。樹木猶復爾，况見舊親知。按《通志》云：槐榆之植，蜀土所宜。錦官城中閭巷夾道而植，想樂天時未入西川也。劍門之左峭巖間有異樹，生石縫中，大可數圍，枝幹純白，皆傳曰白檀樹。其下常有巨虺，蟠而護之，民不敢採伐。出《玉堂閒話》。《韻書》云：黄葛木，壽可千歲，形如衆藤連理，合而爲一，大者合抱，高數丈。葉如橡，喜緣厓生，擁腫屈曲。咸淳府景德觀前有古木，大數十圍，枝柯盤鬱如蓋。山中人云：此黄葛樹，千年物也。《寰宇記》：羅目縣東南三十里，陽山江溉，兩樹對植，圍三尺二寸，上引横枝，亘二丈，相援連理，陰庇百夫，其名黄葛，即嘉樹也。蘇子由詩『予生雖江陽，未省至嘉樹』，指此。《方物略》云：娑羅花生峩眉山中，類枇杷，數葩合房，春開，葉在表，花在中，根不可移，故人不得爲玩。贊曰：聚葩共房，葉附華外；根不得徙，見偉兹世。范石湖《峩眉行記》：娑羅樹葉如楊梅，又似海桐，花有紅、白二色，春夏間開，惟大峩山有此。今名其處爲娑羅坪。《黎州圖經》：通望縣西一百步內，有天王堂，堂前有池，池南有娑羅綿樹，三四人連手合抱方匝。其花盛夏方開，先花而後葉，謝時不背而墮，宛轉至地。花蘂有綿，謂之娑羅綿。古老相傳云：是肉齒和尚住持靈跡，縣界有和尚山云。《雅安志》：娑羅花，有五色，如爛錦，照映山谷，出瓦屋山中。大抵娑羅，非名山佛地不能得也。杜甫《蜀中丁香》詩：丁香體柔弱，亂結枝猶墊。細葉帶浮毛，疎花披素艶。深栽小齋後，庶近幽人占。晚壓蘭麝中，休懷粉身念。《麗春》詩：百草競春華，麗春應最勝。少須好顏色，多漫枝條剩。紛紛桃李枝，處處總能移。如何貴此重，却怕有人知。少陵在蜀久，一草一木皆入詠，可謂集衆芳者矣。《方物略》：月季花，即東方所謂四季花，翠蔓紅藟者。蜀少霜雪，此花得終歲十二月輒一開。贊曰：花亘四時，月一披秀；寒暑不改，似固常守。又云：錦帶花，蜀山處處有之，長蔓柔纖，花葉間側，如藻帶然，因象作名。花開形似飛鳥，里人亦號『鬢邊嬌』。贊曰：苒苒其條，若不自持；緑葉丹英，蔓衍紛垂。范石湖詩：妍紅棠棣粧，弱緑薔薇枝。北風一再來，飄飄隨舞衣。吳下嫵芳檻，峽中滿荒陂。佳人墮空谷，皎皎白駒詩。蓋東南以錦帶爲珍，峽中蔓生山谷，故云。《方物略》：錦被堆花出彭州，其色一似薔薇，有刺不可玩，故俗謂薔薇爲『錦被堆』。贊曰：花跗芬侈，叢刺于梗；不可把玩，艶以妍整。【略】《成都古今記》：荼蘼花香甚，可以爲酒。晉山濤爲郫令，以此花釀酒竹中，所謂『郫筒酒』也。《方物略》云：蜀酴醾多白而黄者，時時有之，但香減于白花。贊曰：人情尚奇，賤白貴黄；厥英略同，實寡于香。【略】蜀中茉莉，有枝如藤，而花瓣稍大。【略】《檮杌》云：孟昶廣政十二年，令羅城上植芙蓉，盡以幄幙遮護。九月盛開，望之如錦繡。謂左右曰：自古以蜀爲錦城，今日觀之，真錦城也。當時張玄作詩曰：四十里城花發時，錦囊高下照坤維。雖粧蜀國三秋色，難入豳風七月詩。去年今日到成都，城上芙蓉錦繡舒。今日重來舊游處，此花憔悴不如初。預歎其不永矣。文與可《二色芙蓉》詩：蜀國芙蓉名二色，重陽前後始盈枝。畫調粉筆分粧處，繡引紅針間刺時。落晚自憐窺露沼，忍寒誰念倚霜籬。主人日有西園客，得爾方於勸酒宜。蓋此花初開色白，已變而紅，俗號之『醉芙蓉』也。或曰即木蓮花。《方物略》：木蓮花生峩眉山谷，狀如芙蓉，香亦類之，木榦，花夏開，枝條茂蔚，不爲園圃所蒔。贊曰：葩秀木顛，狀若芙蕖；不實而榮，馥馥其敷。《酉陽雜俎》：木蓮，葉似辛夷，花類蓮花，色相傍，出忠州鳴玉溪，邛州亦有。白樂天云：木蓮樹生巴峽山谷間，巴民亦呼爲黄心樹。大者高五丈，涉冬不凋，身如青楊，有白文。葉如桂，厚大無脊。花如蓮，香色艷膩皆同，獨房蕊有異，四月初始開，自開迨謝僅二十日。生忠州西北十里鳴玉谿者尤穠茂。【略】揚雄《蜀都賦》：樹以木蘭。左思《蜀都賦》：木蘭梫桂。按：木蘭，大樹也，葉似長生，冬夏榮，常以冬華，其實如小柿，甘美，南人以爲梅，其皮可食。《寰宇記》：宗慶州産木蘭。皮簡《池志》有木蘭寺，以多此物也。【略】白樂天喜山石榴花開，作詩云：忠州州裏今日花，廬山山頭去年樹。已憐根損斬新栽，還喜花開依舊數。赤玉何人少琴軫，紅纈誰家合羅袴。但知爛漫恣情開，莫怕南賓桃李妒。樂天又有《戲問山石榴》詩：小樹山榴近砌栽，半含紅蕚帶花來。爭知司馬夫人妒，移到庭前便不開。又以山石榴寄元九詩。山石榴，一名山躑躅，一名杜鵑花。【略】《酉陽雜俎》：山茶似海石榴，蜀地有之。《談資》云：山茶有雲南紅、石榴紅、謝萬定數種，朵大勝芍藥，重瓣如芙蓉。土人自能接，他處莫匹也。寶珠雖有，尚拜其下風。《仁壽志》：謝萬定者，木匠也，自雲南大理府負山茶一種歸，因以人名花。【略】《蜀都賦》：梚桃函列。《爾雅》曰：梚，山桃也。劉禹錫《竹枝詞》：山桃紅花滿上頭，蜀江春水拍山流。花紅易衰似郎意，水流無限似儂愁。少陵於《蕭八明府寔處覓桃栽》詩：奉乞桃栽一百根，春前爲送浣花村。河陽縣裏雖無數，濯錦江邊未滿園。白傅《種桃杏》詩：大抵心安即是家，年深兼欲忘京華。忠州且作三年計，種杏栽桃擬待花。又《寄題忠州小樓桃花》詩：再遊巫峽知何日，總是秦人説向誰。長憶小樓風月夜，紅欄干外兩三枝。予于錦官署中得一種桃花，白而重臺者，微露紅色，若繪事然，此海内所無也。【略】《蜀都賦》云：朱櫻春熟。杜甫《野人送櫻桃》詩：西蜀櫻桃也自紅，野人相贈滿筠籠。數回細寫愁仍破，萬顆匀圓訝許同。憶昨賜霑門下省，退朝擎出大明宫。金盤玉筯無消息，此日嘗新任轉蓬。白樂天《題東樓前李使君所種櫻桃》詩：身入青雲無見日，手栽紅樹又逢春。唯留花向樓前看，故故抛愁與後人。宋何耕曰：余承乏成都郡丞，官居舫齋之東，有櫻樹焉。本大實小，其熟猥多鮮紅可愛，而苦不可食，雖鳥雀亦棄之。【略】《本草》：醋林子，生邛州山箐中，木高丈餘，枝葉繁茂。三月開白花，九月、十月子熟，纍纍數十枝成朵，生青熟赤，略類櫻桃而蔕短。熟時采之，陰乾，連核用。土人以鹽醋收藏充果食。【略】《蜀都賦》有扶林檎，注：林檎，實似赤柰而小，味如梨。梁庾肩吾《謝賚林檎啓》曰：丹徒故苑，歲綿長而不見；峩山雖植，路重阻而來難。未有徙核圓丘，移根閬坂，仙厨始摘，猶青玉之盤；下賤爰頒，遂八柚之座。《洞冥記》云：蜀都素柰以夏成。梁褚澐《柰》詩曰：成都貴素質，酒泉稱白麗。紅紫奪夏藻，芬芳掩春蕙。映日照新芳，叢林抽晚蔕。誰謂種三珠，終焉競八桂。不讓圓丘中，粢潔華庭際。

又卷六二《方物記第四・牡丹》 陸游云：牡丹在蜀，天彭爲第一。天彭之花皆不詳其所自出。土人云：曩時永寧院有僧種花最盛，俗謂之牡丹院。春時賞花者多集於此，其後花稍衰，人亦不復至。崇寧中州民宋氏、張氏、蔡氏，宣和中石子灘楊氏，皆嘗買洛中新花以歸。自是洛花散於人間，花户始盛，皆以接花爲業，大家好事者皆竭其力以養花，而天彭之花遂冠兩川。今惟三井李氏、劉村毋氏、城中蘇氏、城西李氏，花特盛。又有餘力治亭館，以故最得名至，花户連畛相望，莫得其姓氏也。天彭三邑皆有花，惟城西沙橋上下花尤超絶。由沙橋至堋口崇寧之間，亦多佳品。自城東抵濛陽則絶少矣。大抵花品近百種，然著者不過四十，而紅花最多，紫花、黄花、白花各不過數品，碧花一二而已。今自狀元紅至歐碧以類次第之，所未詳者姑列其名於後，以待好事。

狀元紅，祥雲，紹興春，臙脂樓，玉腰樓，金腰樓，雙頭紅，富貴紅，一尺紅，鹿胎紅，文公紅，政和春，醉西施，迎日紅，彩霞，疊羅，勝疊羅，瑞露蟬，乾花，大千葉，小千葉。

右二十一品紅花。

紫繡毬，乾道紫，潑墨紫，葛巾紫，福嚴紫。

右五品紫花。

禁苑黄，慶雲黄，青心黄，黄氣毬。

右四品黄花。

玉樓子，劉師哥，玉覆盆。

右三品白花。

歐碧。

右碧花。

轉枝紅，朝霞紅，灑金紅，瑞雲紅，壽陽紅，探春毬，米囊紅，福勝紅，油紅，青絲紅，紅鵞毛，粉鵞毛，蹙金毬，間緑樓，銀絲樓，六對蟬，洛陽春，海芙蓉，膩玉紅，内人嬌，朝天紫，陳州紫，袁家紫，御衣紫，靳黄，玉胞肚，勝瓊，白玉盤，碧玉盤，界金樓，樓子紅。

右三十一品未詳。

洛花見紀於歐陽公者，天彭往往有之。此不載，載其著於天彭者。彭人謂花之多葉者京花，單葉者川花，近歲尤賤，川花賣不復售。花之舊栽曰祖花，其新接頭有一春、兩春者，花少而富，至三春則花稍多。及成樹，花雖益繁，而花葉減矣。狀元紅者，重葉深紅，其色與輕紅淺緋相類，而天姿富貴，彭人以冠花品，多葉者謂之第一架，葉少而色稍淺者謂之第二架。以其高出衆花之上，故名狀元紅。或曰舊制進士第一人，即賜茜袍，此花如其色，故以名之。祥雲者，千葉淺紅花，妖豔多態，而花葉最多，花户王氏謂此花如朵雲狀，故謂之祥雲。紹興春者，祥雲子花也，色淡泞而花尤富，大者徑尺，紹興中始傳。大抵花户多種花子，以觀其變，不獨祥雲耳。臙脂樓者，深淺相間，如臙脂染成，重趺累萼，狀如樓觀。色淺者出於新繁勾氏，色深者出於花户宋氏。又有一種色稍下，獨勾氏花爲冠。金腰樓、玉腰樓，皆粉紅花而起樓子，黄白間之如金玉色，與臙脂樓同類。雙頭紅者，並蔕駢萼，色尤鮮明，出於花户宋氏。始秘不傳，有謝主簿者始得其種，今花户往往有之。然養之得地，則歲歲皆雙，不爾則間年矣，此花之絶異者。富貴紅者，其花葉圓正而厚，色若新染。謝時他花皆落，獨此抱枝而槁，亦花之異者也。一尺紅者，深紅頗近紫色，花面大幾尺，故以一尺名之。鹿胎紅者，鶴頂紅子花，色紅微帶黄，上有白點如鹿胎，極化工之妙。歐陽公《花品》有鹿胎花者，乃紫色，與此頗異。文公紅者，出於西京潞公園，亦花之麗品，其種傳蜀中，遂以文公名之。政和春者，淺粉紅，花有絲頭，政和中始出。醉西施者，粉白花，中間紅暈，狀如酡顔。迎日紅，與醉西施同類，淺紅花中特出深紅花，開最早而妖麗奪目，故以迎日名之。彩霞者，其色光麗爛然如霞。疊羅者，中間瑣碎如疊羅紋。勝疊羅者，差大於疊羅。此三品皆以形而名之。瑞露蟬亦粉紅花，中抽碧心如合蟬狀。乾花者，粉紅花而分蟬旋轉，其花亦異。大千葉、小千葉，皆粉紅花之傑者。大千葉無碎花，小千葉則花萼瑣碎，故以大小别之。此二十一品皆紅花之著者也。紫繡毬，一名新紫花，蓋魏花之别品。其花開正如繡毬狀，亦有起樓者，爲天彭紫花之冠。乾道紫，色稍淡而暈紅，出未十年。潑墨者，新紫之子花也，單葉深黑如墨，歐陽記有葉底紫近之。葛巾紫，花圓正而富麗，如世人所戴葛巾狀。福嚴紫，亦重葉紫花，其葉小於紫繡毬，莫詳所以得名。按歐陽所紀：有玉版白出於福嚴院，土人云此花亦自西京來，謂之舊紫花。豈亦出於福嚴耶？禁苑黄，蓋姚黄之别品也。其花閒淡高秀，可亞姚黄。慶雲黄，花葉重複，郁然輪囷，以故得名。青心黄者，其花心正青，一本往往有兩品，或正圓如毬，或層起成樓子，亦異矣。黄氣毬者，淡黄檀心，花葉圓正，腹背相承，敷腴可愛。玉樓子者，白花起樓，高標逸韻，自然是風塵外物。劉師哥者，白花帶微紅，多至數百葉，纖妍可愛，莫知所以得名。玉覆盆者，一名玉炊餅，蓋圓頭白花也。碧花止一品，名曰歐碧。其花淺碧而開最晚，獨出歐氏，故以姓著。大抵洛中舊品，獨以姚魏冠天彭，則紅花以狀元紅爲第一，紫花以紫繡毬爲第一，黄花以禁苑黄爲第一，白花以玉樓子爲第一。然花户歲益培接，新特間出，將不止此而已。好事者尚屢書之。天彭號小西京，以其俗好花，有京洛之遺風，大家種至千本。花時，自太守而下，往往即花盛處，張飲帟幕，車馬歌吹相屬，最盛於清明寒食時。在寒食前者謂之火前花，其開稍久。火後則易落，最喜陰晴相半時，謂之養花天。栽接剔治，各有其法，謂之弄花。其俗有『弄花一年，看花十日』之語。故大家例惜花，可就觀不敢輕剪，蓋剪則次年花絶少。惟花户則多植花以牟利。雙頭紅初出時，一本直至三十千，祥雲初出亦直七千八千，今尚兩千。州家歲常以花餉，諸臺及旁郡蠟蔕筠籃旁午于道。予客成都六年，歲常得餉，然率不能絶佳。淳熙丁酉歲，成都帥以善價私售於花户，得數百苞，馳騎至成都，露猶未晞。其大徑尺，夜宴西樓下，燭焰與花相映，影摇酒中，繁麗動人。嗟乎！天彭之花，要不可望洛中，而其盛已如此。使異時復兩京，王公卿相築園第以相誇尚，予幸得與觀焉。其動蕩心目，又宜何如也。明年正月十日山陰陸游書。胡元質《成都牡丹記》云：大中祥符辛亥春，府尹任公中正宴客大慈精舍，州民王氏獻一合歡牡丹，公即命圖之，士庶創觀，闐咽終日。蜀自李唐後未有此花，凡圖畫者唯名洛陽花。僞蜀王氏號其苑曰宣華，權相勳臣競起第宅，上下窮極奢麗，皆無牡丹。惟徐延瓊聞秦州董成村僧院有牡丹一株，遂厚以金帛，歷三千里取至蜀，植于新宅，至孟氏於宣華院廣加栽植，名之曰牡丹苑。花至盛矣。有深紅、淺紅、深紫、淺紫、淡黄、鉅黄、潔白、正暈、倒暈、金含稜、銀含稜、旁枝副搏、合歡重臺至五十葉，面徑七八寸，有檀心如墨者，香聞至五十步。蜀平花散落民間，小東門外有張百花、李百花之號，皆培子、分根，種以求利，每一本或獲數萬錢。宋景文公祁帥蜀，彭州守朱君公綽，始取楊氏園花，凡十品以獻。公在蜀四年，每花時，按其名往取，彭州送花遂成故事。公於十種花尤愛重錦被堆，嘗爲之賦。蓋它園所無也。牡丹之性，不利燥濕，彭州丘壤既得其中，又土人種蒔偏得法，花開有至七百葉，面可徑尺以上。今品類幾五十種，繼又有一種色淡紅，枝頭絶大者，中書舍人程公厚倅是州，目之爲祥雲。其花結子可種，餘花多取單葉花本，以千葉花接之。千葉花來自洛京，土人謂之京花。單葉時號川花爾，景文所作贊，别爲一編。其爲朱彭州賦牡丹詩有『蹄金點鬒璋玉鏤跗』之句。今西樓下數欄花不甚多，而彭州所供率下品。范公成大時，以錢買之，始得名花。提刑程公沂預會歎曰：自離洛陽，今始見花爾。程公，故洛陽人也。【略】

按：天彭牡丹今已寥寥，成都惟汶川郡邸好植。牡丹已累世矣。故此花特盛，而蜀藩不敢與之較，黄碧二色絶無。紅者曰魚血紅、播州紅最著，然亦隣于紫，有平頭紫者，頭有九合爲一朵，可得徑尺，有五樹高，亦可得丈許者，予江南所未見也。醉西施則與江南同之，紅者一種曰雀翎紅，亦有斑點，大抵如譜中所稱鹿胎紅耳。白者一種與鶴翎俱單葉，其神不王也。

又《海棠》

《寰宇記》云：成都海棠樹尤多，繁艷未開如朱砂，爛漫稍白，半落如雪。《古今記》：府治西海棠樓，唐李回建監司，花時，燕集吟賞于兹。《益部方物略》：海棠大抵數種，又時小異，惟其盛者則重葩疊萼可喜，非有定種也。始濃稍淺爛若錦章，北方所植，率枝强花瘠，殊不可玩。故蜀之海棠誠爲天下奇豔云。贊曰：修柯柔蔓，濃淺繁總；盛則重蘤，不常厥種。《嘉州志》云：海棠花以紫綿色者爲正，餘皆棠梨耳。産嘉州者有香而本大，有黄海棠色黄，貼幹海棠花小而鮮，垂絲海棠色粉紅向下，皆無子，非真海棠也。【略】宋沈立《海棠記》序云：蜀花稱美者有海棠焉，而記牒多不録。嘗聞真宗御製後苑雜花十題，以海棠爲首章，賜近臣唱和，則知海棠足與牡丹抗衡，稱獨步於西州矣。因摭擇前志，惟唐相賈元靖躭著《百花譜》，以海棠爲花中神仙，誠不虚美耳。近世名儒巨賢發于歌詠清辭麗句，往往而得立。慶曆中，爲縣洪雅，春多暇日，地富海棠，幸得爲東道主，惜其繁艷爲一隅之滯卉，作《海棠記》，敘其大槩。好事者幸無誚焉。棠之稱甚衆，《詩》『有蔽芾甘棠，有杕之杜』。《爾雅・釋木》曰：杜，甘棠。郭璞注：今之杜梨也。杜赤，棠白。《吕氏春秋》曰：果之美者，棠實。又俗説有地棠、棠梨、沙棠，味如李，無核。較是數説，俱非謂海棠也。《酉陽雜俎》引李贊皇言，花名中之帶海者，悉從海外來。故知海椶、海柳、海石榴、海木瓜之類，俱無聞於記述，豈以多而無稱耶？亦非多也。誠恐近代始得之于海外耳。又杜子美《海椶行》云：欲栽北辰不可得，惟有西域胡僧識。若然，則贊皇之言不誣矣。海棠雖盛稱於蜀，而蜀人不甚重。今京師江淮尤競植之，每一本價不下數十金。勝地名園，目爲佳致。而出江南者，復稱之曰南海棠，大抵相類，而花差小，色尤深耳。棠性多類梨，核生者長遲，逮十數年方見花，都下接花工，多以嫩枝附梨而贄之，則易茂。種宜壚壤膏沃之地，其根色黄而盤勁，其木堅而多節，其外白而中赤，其枝柔密而修暢，其葉類杜，大者縹緑色，而小者淺紫色。其紅花五出，初極紅，如臙脂點點然。及開，則漸成纈暈。至落，則若宿粧淡粉矣。其蔕長寸餘，淡紫，於葉間或三萼至五萼爲叢而生，其蘂如金粟，蘂中有鬚三如紫絲。其香清酷，不蘭不麝。其實狀如梨，大如櫻桃。至秋熟，可食，其味甘而微酸。兹棠之大概也。

又卷六三《方物記第五・荔枝》 《蜀都賦》曰：旁挺龍目，側生荔枝。布緑葉之萋萋，結朱實之離離。迎隆冬而不凋，常曄曄以猗猗。南齊孔稚圭《謝賜生荔枝啓》曰：緑葉雲舒，朱實星映。離離昔聞，曄曄今睹。信西岷之佳珍，諒東鄙之未識也。《華陽國志》：江州縣有荔枝園，至熟二千石，常設厨膳，命士大夫共會樹下食之。《南裔志》曰：龍眼、荔枝出朱提南廣縣，犍爲僰道縣，隨江東至巴郡江州縣，往往有荔枝樹。高五六丈，常以夏生，其實赤，可食。龍眼似荔枝，其實亦可食。《方輿》云：學士山在石照縣東五里，直郡治之江樓山西北，張氏有荔枝異本合幹，唐文若曲端嘗賦之焉。《寰宇記》：涪州縣地，頗産荔枝，其味尤勝嶺表。相傳城西十五里有妃子園，多荔枝。當太真時，以馬遞馱載七日夜至京，人馬多斃於路，百姓苦之。故杜牧之《過華清宫》詩云：長安回望綉成堆，山頂千門次第開。一騎紅塵妃子笑，無人知是荔枝來。又晁説之詩：荔枝一騎紅塵後，便有漁陽萬騎來。謂此也。然蜀中荔枝，瀘、叙之品爲上，涪州次之，合州又次之。涪州徒以妃子得名，其實不如瀘、叙耳。《涪州圖經》云：州至長安有便路，不七日可到。昔宋景文作《方物畧》言：荔枝生嘉戎等州，以去長安差近，疑即爲妃所取。蓋不知涪有妃子園，又自有便路也。按《蜀志補》云：高都山在梁山縣北，山中民以種薑爲業，有古驛路，乃天寶貢荔枝所經也。《郡國志》云：僰人在施夷中最仁。古所謂僰僮之富，多以荔枝爲業。園植萬株，藏收百五十斛。《叙州圖經》云：荔枝廳即倅廳，有名萬朵紅，最爲佳品。又一本在尉廳，一株四柯，西南一柯獨肉厚而味甘。又云：峰巖在宜賓西百里，山坡荔枝連袤，多屬廖氏。宋時此州因出荔枝煎。老學庵云：游參成都議幕，攝事漢嘉，及見荔子熟，時凌雲山、安樂園皆盛處，糾曹何豫元立，法曹蔡迨肩吾皆佳士，日與槃桓，憶唐薛許昌亦嘗以成都幙來攝郡，未久罷去。故其荔枝詩曰：歲杪監州曾見樹，時新入座但聞名。蓋恨不及時也。每與二君誦之，而爲致慨。【略】《方物略》云：隈枝生卭州山谷中，樹高丈餘，枝修弱，花白，實似荔枝，肉黄膚甘，可食，大若爵卵。贊曰：挺幹既修，結蘤滋白；戟外澤中，甘可以食。魏鶴山《萬州魯池觀荔枝》詩曰：分隨猿鶴老隈枝，趨詔重來兩鬢絲。邂逅一觴莫辭醉，能禁二十載差池。則荔枝亦可以名隈支矣。

又《梅》 唐張説《正朝折梅》詩：蜀地寒猶暖，正朝發早梅。偏驚萬里客，已復一年來。時奉使在蜀也。杜甫《答裴迪登蜀州東亭送客逢早梅相憶見寄》詩：東閣觀梅動詩興，還如何遜在揚州。此時對雪遥相憶，送客逢春可自由。幸不折來傷歲暮，若爲看去亂鄉愁。江邊一樹垂垂發，朝夕催人自白頭。子美亦好種梅于江岸草堂間。東坡詩云：拾遺被酒行歌處，野梅官柳城西路。當時猶及見之。【略】僞蜀王建梅苑有一老梅，其大可庇一畝，屈盤如龍。予訪之，亦在草堂之西，四十年前此梅尚在，而今亡矣。宋馮時《行梅林分韻》詩，即此梅也。

又卷六四《方物記第六・食饌》 《禮記》注：藙，音蘱，煎茱萸也。《爾雅》謂之榝，色八切。《廣雅》：杘、榝、欓、越椒，茱萸也，一名藙，根東南行者勝。子至九月九日氣烈而熟，故俗至是日折以辟惡氣。又有名『食茱萸』者，其本高大至百尺餘，枝莖青黄，上有小白點，葉類油麻，花黄，蜀人呼其實爲『艾子』，即藙音之訛也。《戎州志》：土人以艾子爲油，樹高數丈，子如茱萸，糜之而取其汁烹蔬筍，味辛香。《方物略》：艾子實正緑，味辛，蜀人每進羹臛，以一二粒投之，少選香滿盂醆。或曰：作爲膏尤良。按：揚雄《蜀都賦》作蘱，藙、艾同音云。贊曰：緑實若萸，味辛香苾；投粒羹臛，椒桂之匹。

又《藥石》 《蜀都賦》：風連延蔓於蘭皋。注云：風連，出岷山及廣都。漢末李當之《本草》：黄連惟取蜀郡，黄肥而堅者爲良。《寰宇記》：榮、雅、渠、忠、利五州皆産。【略】《蜀本草圖經》：黄蘗樹高數丈，葉似吴茱萸，又如紫椿，經冬不凋。皮外白，裏深黄色，其根結塊如茯苓。出夔合州山谷中。【略】《水經注》：巴東舊郡治故陵溪西二里故陵村，即永谷也。地多木瓜樹，有子大如甒，白黄，實甚芬香，《爾雅》之所謂楙也。【略】《寰宇記》：松州有松桑嶺，其上多甘松。《松潘志》：甘松嶺在治西北三百里，産甘松處也。

明　曹學佺《明一統名勝志・四川名勝志》卷二〇《遵義道・真安州》 州境有東松、西松、豹子、羅蒙四山。按：二松俱在州南三百二十五里。豹子在州北八里，山多産豹，故名。羅蒙在州西南三百里。《唐志》有羅蒙縣，言此山高遠可瞰羅蒙也。

又卷二一《下川南道・叙州府・宜賓縣》 《郡國志》云：僰在施夷中

寂賢者，多以荔枝爲葉，園植萬株，歲收百五十斛。《益州記》云：荔枝潭在僰道縣，山頂有一家，惟生女貞樹，樹上常有白猿棲息，古謂之玉女家。《志》云：即峰巖也。在宜賓縣西百里，山坡荔枝連袤，今多屬廖氏。黄魯直詩『廖致平家緑荔枝』，即此。《方輿勝覽》云：蘭山在僰道縣界，蘭生于深林石門尤多。有春蘭、秋蘭、崇蘭、鳳尾蘭、口蘭、石蘭諸名。春蘭花生在葉之下，崇蘭花生在葉之上。黄魯直《幽芳亭記》云：一幹兩三花而香有餘者蘭，一幹十數花而香不足者蕙。

又卷二四《上川南道屬・嘉定州》　《蜀都賦》云：户有橘柚之園。注曰：出犍爲南安縣。《華陽國志》：南安有柑橘，官社出名茶。《寰宇記》云：有石碑山，亦名海棠山，山上徧植海棠，爲郡守宴賞之地。《花譜》云：海棠有色無香，惟蜀之嘉州者有香。吴中復《戒石》云：嘉州出荔枝。《輿地紀勝》有荔枝樓，《愛日亝叢抄》云：宋乾道間，陸放翁取家藏前輩筆札，盡刻石置荔枝樓下。

又《嘉定州・滎縣》　蜀地不宜松，而滎州之松獨著。《紀勝》曰：滎黎松樹如龍盤。陸游詩：枏根横走松倒植。故擅有其奇狀矣。曰滎黎，曰滎隱，曰滎德，所謂三滎也。《寰宇記》云：滎黎山在州東十五里，山上有龍池，池邊有松如盤龍。竹亦有如龍形者，俗謂之羅漢杖。《碑目》云：滎黎山古寺碑、唐元和禱雨碑，俱在本山上。

又卷三一《下川南邊防》　［李京《雲南志》］又云：土獠蠻在敘州南烏蒙北皆是，男子及十四五則左右擊去兩齒，然後婚娶，猪牛同室，而居無匕筯，手摶飯而食之。踏高撬上下山坂如奔鹿。婦人跣足高髻，樺皮爲冠，耳墜大雙環，衣黑布衣，項帶鑭牌以爲飾，出入林麓，望之宛如猿猱。人死則以木棺盛之，置于千仞巔崖之上，以先墮者爲吉。山田薄少，刀耕火種，所收稻穀懸于草棚之下，日旋搗而食，多以採荔枝、販茶爲業云。

明　曹學佺　《西峰字説》卷二七　大竹縣，在州北百六十里，編户十四里。唐析隣水置者，以地産大竹云。舊傳：初剏縣治，砍伐竹林，有白兔之瑞，乃作白兔浮圖，因以竹名縣也。昔治鳳來鄉，今在木門鎮。縣東城内二小岡上有兩木對生，交合如門。元始徙治于此二岡，雖連土色迥別。

清　蔣超　康熙　《峨眉山志》卷六《树屬》　楠，有二種。一真楠，作柱棟梁，閩楠止堪供爨具耳。杉，梧桐，桐油樹，白蠟樹，椿，冬青，樟，柏，檜，似柏有刺，葉短而動螫人。杉，油杪、鋏杪、抛杉、層子杉。白花槿樹，黄楊，椶樹，見東坡《送長老詩敘》云：椶筍狀如魚，剖之得魚子。味如苦筍，而加甘芳。蜀人以饌佛，僧甚貴之，今以餉殊長老。詩云：贈君木魚三百尾，中有鵞黄子魚子。夜叉剖瘿欲分甘，籜龍藏頭敢言美。願隨蔬果得自用，勿使山林空老死。問君何事木魚烹，口不能鳴固其理。嘉樹在羅目縣東南三十里陽山江漑，兩樹對植，圍各三二尺。上引横枝亘二丈，相援連理，陰庇百夫，其名曰黄葛，號嘉樹。蘇子由詩『予生雖江陽，未省到嘉樹』，即此。

又《竹屬》　龍竹，根有二角，高節實中，可爲杖，遊山者多採之。千歲竹，生山南絶壁間，盛以竹籃，培以砂石，懸之檐前，即暢茂，夏三月著花，壅以土則枯死。月竹，每月生，又名普賢竹。對青竹，産峩山。黄魯直有賦，見《藝文》。紫竹，三年始變紫色。荆竹，冷竹，刺竹，桃竹，皮滑而黄，可爲簟席及拄杖。今山中又有杪羅樹，作筆筒更古樸可愛。李太白《酬宇文少府贈桃竹書筒》詩：桃竹書筒綺綉文，良工巧妙稱絶羣。靈心圓映三江月，彩質疊成五色雲。中藏寶訣峩眉去，千里提攜長憶君。杜子美亦有《桃竹杖贈章留後》詩。慈竹即子母竹，性叢産，根不外引，其密間不容笥。筍生夏秋，閱藏枝葉乃茂。蜀中此竹最多，云是岷峨分來。元微之詩云：慈竹不外長，密比青瑶莎。予攢有森束，玉立無蹉跎。纖粉妍膩質，細瓊交翠柯。亭亭霄漢立，靄靄雨露多。冰碧寒夜聳，蕭韶風晝羅。烟含朧朧影，月泛纖纖波。鸞鳳一已顧，燕雀永不過。幽姿媚庭實，顥氣爽天河。峻節高轉露，貞筠寒雯和。托身仙壇上，靈物神所呵。時與天籟合，日聞陽春歌。應怜孤生者，摧折成病痾。有賦見《藝文》。

清　張逸少　《佩文齋廣群芳譜》卷八六《竹譜・筍》　《四川志》：筍筤山在大渡河西北五十餘里，曰前筤，又行數十里，曰後筤。山多筍，故名。樵蘇者以爲衣食之源。

清　黄廷桂　雍正　《四川通志》卷三八《物産志・成都府》　葛，《唐志》：簡州出貢葛。陵州土貢細葛。【略】椶木，府城出。葉似椶，有刺，其中實而不虚。刺竹，成都出。刺皆環節而生，名竻竹。【略】榿木，古稱蜀木。惟成都最多。江干林畔，蓊蔚可愛。桐花鳳，《寰宇記》：成都出小鳥，紅翠碧色相間，出於桐花開時，惟飲其汁，不食他物，花落後死。牡丹，諸色俱備。花千瓣而大如毬，兩都所不及。一名魚血紅者，獨艶。【略】酴醾花，《寰宇記》：成都出。有三種，一名白玉椀，一名出爐銀，一名雲南紅，香色甚美。蜀人取以造酒。旌節花，《寰宇記》：成都出。枝直上，花色紅紫，層發如旌節，葉碧類百合。海棠，鄭谷詩：濃淡芳春滿蜀鄉，半隨風雨斷人腸。浣花溪上堪惆悵，子美無情爲發揚。又有鐵梗海棠，其色稍紅。石榴，《寰宇記》：懷安軍土産。賽蘭香，葉如豌豆，花似粟，香甚清遠。楊用修謂不足於艶而有餘於香。戴之髮，經旬猶馨。西番有伊蒲佛供，即此花也。天師栗，【略】蜀葵，【略】木槿，皮能治瘋癬。芙蓉，有二種：一種花樹叢生，葉大而花深紅，霜降始開，因名拒霜花。一種開時顔色日凡數變，日初出純白色，日中淡紅，日晡深紅，名换色芙蓉。椒，《寰宇記》：蜀州土産。成都府各州縣俱出。荔枝，舊蜀府花圃出，今無。緇土，漢州石梯河出，可代墨。牛膝，舊蜀府出者佳。澤蘭，葉似薄荷，芳香，亦能治血疾。木蘭皮，蜀州土貢。金雀花，俗名美人蕉。地丁，黄、紫二種。慈竹，七月生筍，篾皮可爲繩，甚固，又可爲麻。赭桐，俗名百日紅。蜜蒙花，能治目疾。木蜜，俗名拐棗。【略】月竹，每月生筍，可爲筆管。紫貝龍牙，永康軍産。白貝龍牙，永康軍産。花斑竹，新津最盛。何首烏，彭縣、崇慶州俱出。木筆，一名辛夷。續髓，陵州貢。朴硝，成都出。紫草，新津縣出。升麻，彭縣出。續斷，彭縣出。苦藥，陵州出。川芎，灌縣崇慶州出。沙參，瓜蔞，紅薯，櫻桃，紫薇花，天花粉，楊梅。崇寧縣出。

又《保寧府》 黄蠟，《唐志》：利州、集州貢。《寰宇記》：集州、辟州産蠟。石蜜，《唐志》：巴州貢。《寰宇記》：集州産蜜。薦，《唐志》：劍州貢蘇薫薦。《圖經》云：劍州貢蠲蘇家三稜草薦。橙，《唐志》：巴州貢。《寰宇記》：利州産橙。紙，《寰宇記》：劍州貢蠲紙。馬策，《唐志》：辟州貢。朱慶《送辟州劉使君》詩：江分入峽路，山見採鞭人。《段氏蜀記》云：辟州進貢鞭，諸道不及。鮇魚，《唐志》：利州貢。《寰宇記》：利州産鯖子。葛粉，《唐志》：劍州貢。花油，《唐志》：巴州貢。薑鞭，《寰宇記》：劍州産。木竹，節踈心實，廣元縣出。巴戟，巴州、劍州、廣元俱出。附子，天雄，俱利州出。漆，南部縣出。天白藥，巴州出。龍頭竹，娑羅樹，巴州、劍州、廣元俱出。當歸，閬中縣出。麝香，降香，乳香，天門冬，芎藭，以上俱劍州出。攢絲，即紡紬。絲，各州縣出。楮紙，烏頭，黄連，竹根酒注，巴州出。桃笙。巴州方言謂簟爲笙，桃笙乃桃竹簟也。

又《順慶府》 買子木實，《唐志》：渠縣出。【略】冬青蠟，《明一統志》：營山縣出。蘭蕙，《明一統志》：出大小蓬山。鷄父草，五月五日採。山大豆，八月採，本草無名。天門冬，南充縣出。紫梨。出廣安州，入口即化者佳。

又《叙州府》 葛，《唐志》：戎州貢葛纖。《宋志》：叙州、富順皆出葛。麻布，《元和志》：開元間，戎州貢麻布。蘭，慶符縣石門山出，因名蘭山，黄庭堅有記。仙茅，《明一統志》：仙侶山出。苦筍，《明一統志》：宜賓、長寧二縣出。黄山谷賦：僰道苦筍冠冕兩川，甘脆愜當，小苦而成味，温而縝密，多啖而不痛。蓋苦而有味，如忠諫之可治國，多而不害，如舉士之得其賢。是其鍾山川之秀氣，故能深雨露而飽風煙。食殽以之啓迪，酒客爲之流涎。彼桂班之與蘆菔，安得與之同年。【略】筇竹，《明一統志》：府境出。可爲杖。荔枝，本府出。土人善爲荔枝煎，可以致遠。黄庭堅詩：王公權家荔枝緑，廖家平家緑荔枝。試傾一盃重碧色，快剥千顆輕紅肌。發醅葡萄未足數，堆盤馬乳不同時。誰能品此勝絶味，惟有老杜東樓詩。秦吉了，《聞見録》：長門軍有鳥名秦吉了者，能人言。一日有蠻人將錢五千買之。長門軍告以貧苦，將賣汝。秦吉了曰：我乃漢禽，不入蠻地。遂死。至今不産。【略】狨皮煖坐，《寰宇記》：戎州人進猓猔褥，皂、褐、碧三色相間，出馬湖江、石門兩路蠻界。《郡國志》云：僰道有獸名獮猢，似猿，取此皮爲狐白之用，盈百方成之。五加皮，取其皮，陰乾，囊之，以浸酒。服之，能延年去疾。葉有五尖者爲佳。金星草，《本草》云：戎州爲上，解癰疽及丹石毒。喜生竹箐大木下。紫貝龍牙，《本草》云：能解一切蛇毒，又可治喉痛。蒟醬，《史記》所載蒟醬即此。各屬俱出。楠木，年久向陽者，凝結花紋。俗呼爲鬬柏楠。餘甘，狀如川練子。初食味苦澁，少頃回味甚甘。獨本葱，元初馬湖蠻歲以獨本葱來獻，郡縣疲於遞送，成宗初罷之。半夏，升麻，黄連，杉木。

又《龍安府》 牡丹，有色紅、紫、白、一捻紅，俱重臺。花數大如盤，本可繫馬甲於他處。【略】芍藥，楮紙，出江油縣。厚朴，附子，出彰明縣。胡桃，石榴，石菖蒲，羌活，牽牛，穿山甲，出青川。杜仲，天雄，牛膝，天南星，當歸，府治及各縣俱出。黄精，香臍，史君子，俱出青川。半夏，府治及各縣俱出。莎蘿花，出江油縣。羅紋，出青川。貝母，羅漢松，出青川。大黄，府治及各縣俱出。椒，枳殼，出石泉縣。烏頭，錦鷄，碎剪羅，出江油縣。山鷄，麂皮，鶯，雕，鷂，熊，虎，豹，猴，野猪，山羊，蜜，蠟。

又《松潘衛》 貝母，平番出。甘松無渣者佳。他處皆不及。五加皮，虹橋關出者佳，能治風濕、脚氣。大母藥，雪山石塊上出。有雌雄二種，出必雙出，大補元氣，故名。《本草》不載。藍布帬，草本，能治脚氣，壯筋骨。甘松，當歸，羌活，朴硝，麝香，鹿茸，酥油，旄牛，毽子，毛毯，羊皮，零香，黄羅傘花。俱衛治出。

又《寧遠府》 不朽木，越嶲衛海棠堡出。土人以爲燈心，既燼不灰。火布，《逸周書》説，火浣之布入火不滅，布則火色，垢則布色，出火而振之，皎然疑乎雪。《太平寰宇記》：火浣布，出蜀建昌。石菖蒲，一寸九節，鹽源縣出。靈蛇膽，治諸毒瘡。蛤蚧，西昌縣出。氈，海棠堡出。鉛，茯苓，杉木。

又《雅州府》 落雁木，《元和志》：州貢。邛竹，《元和志》：邛崍山出。竹高節堅實，可爲杖。黄連，《寰宇記》：州産，龍頭鳳尾，身有鱗甲，名曰雅連，甲於天下。升麻，《寰宇記》：州産。石菖蒲，《寰宇記》：州土産。【略】竹鼬，雅安縣出。虞美人草，和夷壩出。人歌曲，其草自舞。娑羅花，花有五色，如欄錦照映山谷。移之他處，則枯。瓦屋山出。椒，《元和志》：貢黎椒。《寰宇記》：貢紅椒。《明一統志》：貢花椒。【略】麝香，府治、天全州俱出。天南星，府治、清溪俱出。松明，府治出。酥油，雀羅花，烏茶，嘉魚，錦鷄，毽子，麅，蠟。俱天全州出。

又《直隸嘉定州》 荔枝，州境出。橘柚，《文選·蜀都賦》：户有橘柚之園。注曰：出犍爲南安。海棠，産嘉定者獨香，其木合抱。黄連，王不留行，夾江縣出。花椒，巴豆，紅花，佛手柑，香橼，茉莉，綿紬，放光石，楠木，萬年松，杉木，欑絲，丁公籐，梭羅木，絲，斑竹，月竹，每月生筍。以上俱州境出。金毛狗脊。夾江縣出。

又《直隸眉州》 柑，《元和志》：州貢。紫筍，海棠，白芨，蜜蒙花，鬱金，木通，史君子，巴豆，斑竹，杉木，白蟹，木獺，鸕鷀。以上俱眉州出。

又《直隸邛州》 細葛，《寰宇記》：州土産。又《伐蜀記》云：鎮南蕉葛上上者，匹值十千。紅花，《寰宇記》：州貢。續斷，《寰宇記》：州産。斑竹，出大邑縣。【略】山礬花，《明一統志》：州出，花繁如雪，香氣極濃。木蓮花，本州出。花分四色，白鶴山有之。茶，《寰宇記》：臨邛四邑有火前、火後、嫩緑黄等號，又有火蕃餅，每餅重四十兩，入西番，党項重之。如中國名山者，其味甘苦。《九域志》有火井茶場。邛竹，草簞。

又《直隸潼川州雍正十二年陞爲府》 葛，《元和志》：普州貢。空青，《元和志》：州貢空青。蔗霜，遂寧出。宋時入貢。唐大曆中，有僧跨一白驢至傘子山下，結茅以居。環山之民素以植蔗凝餹爲業，僧白驢頗食民蔗，民苦之，詣僧，僧曰：汝知蔗之爲餹，而不知餹之爲霜，其利十倍。因示以法，遂成蔗霜，色如琥珀，稱奇品。簟，《寰宇記》：遂州出。鞋靸，《寰宇記》：遂州出。柑，《元和志》：遂州貢柑。橘，州境出。棗，《方輿勝覽》：普州出鐵山棗。梨，《方輿勝覽》：普州出崇龕梨。藕，《方輿勝覽》：普州出天池藕。曾青，州境出。天門冬，《元和志》：遂州貢。芩根，《寰宇記》：遂州産。桃竹，江心蟠石上生，可爲林。《竹譜》云：竹性中皆空，惟此竹獨實如木。杜甫詩：江心蟠石生桃竹，蒼波噴浸尺度足。斬根削皮如紫玉。紫葛根，《寰宇記》：遂州産。

又《直隸瀘州》 花竹簟，《寰宇記》：州産。大黄，《寰宇記》：州産。杏仁，《寰宇記》：州産。石青，《明一統志》：瀘州土産。石緑，《明一統志》：州産。荔枝，杜甫詩：憶過瀘戎摘荔枝，清風隱映石逶迤。京中舊見君顔色，紅顆酸甜只自知。楠木，《明一統志》：州産。桃竹，江安縣出。巴豆，合江縣出。鰉魚，本州出。佛手柑，香薷。

又《直隸資州》 高良薑，《寰宇記》：州産。葛布，資州出。香橼。内江出。

又《直隸綿州》 蜀漆，《寰宇記》：綿州土産。緋紅，《寰宇記》：綿州土産。《遊蜀記》：左綿郡有水所染緋紅，濯後益鮮。【略】白藕，《唐志》：綿州土貢。空青，《元和志》：梓州貢空青。《寰宇記》：梓州産石緑。地黄，紅花，《寰宇記》：梓州産。紫參，川芎，烏頭。《寰宇記》：綿州産。

又《直隸茂州》 犛牛尾，《唐志》：維州土貢。又茂州貢狐尾。麈牛，《寰宇記》：茂州土産。無角，一名童牛，肉重千斤。五角牛，《寰宇記》：茂州土産。麝香，五味子，花椒。疊溪營：犛牛，偏牛，香豬，馬鷄，毽子，毛毯，麝香。

又《直隸達州》 蜜蠟，《九域志》：東鄉、太平二縣出。【略】椒，《新志》：達州東鄉縣出。楓香，麝香，俱達州出。鹿皮，《新志》：達州東鄉太平俱出。熊，羆。達州東鄉太平俱出。

又卷四六《舊志動植譜》 紫柏，灌口西有古樹，圍八九丈。上有寄生木，亦大數圍，傳言秦物也。土人名曰紫柏。金果，【注略】蜀柳，【注略】犀浦古楠，成都犀浦國寧觀有古楠四，皆千歲木也。枝擾雲漢，聲挾風雨，根入地不知幾百尺，而陰之所庇車且百兩。正晝日不穿漏，夏五六月暑氣不至，凛如九秋。成都固多壽木，然莫與四楠比者。蜀荔枝，荔枝，叙、馬、瀘、涪、合俱出，嘉定、富順亦有之。叙、馬、瀘爲上，涪、合爲次。嘉定今生一二株，舊屬蜀藩。《華陽國志》載：漢宣帝時，荔枝開日，二千石張具其下，邀賓賞之。『一騎紅塵妃子笑』，蓋從棧道入關耳。涪舊有妃子園，顆最肥大，馬馳七日夜即抵長安，其速如此，所謂『無人知是荔枝來』也。重慶、榮昌諸處亦間有龍眼。白居易爲木蓮、荔枝圖，各紀其狀曰：荔枝生巴峽間，樹形團團如帷蓋，葉如冬青，華如橘春榮，實如丹夏熟，紫如蒲桃，核如枇杷，殼如紅繒，膜如紫綃，瓤肉潔白如冰雪，漿液甘酸如醴如酪。若離本枝，一日而色變，二日而香變，三日而味變，四五日外色香味盡去矣。萊公柏，【注略】巴橘，巴邛人家有橘園，霜後盡收斂。有大橘如三斗盎，巴人異之，剖開每橘有二叟，鬚眉皤然，肌體紅明，皆相對象戲，談笑自若。一叟曰：橘中之樂不減商山，但不得深根固蔕，爲人所摘耳。古桂，彭縣玄妙觀中有桂二株，對植於仙臺。左右雙幹交枝，老根蟠露，不知幾百年矣。四時清陰覆地十餘丈，秋日花開黃金萬斛，香飄十里，殊爲奇絶。異栗，青城山出天師栗，似栗而小，獨房者爲異，人食可治風攣。相傳張道陵手植七十株，在上清宮。玉真花，青城山出玉真花，差小者號寶仙，淺者爲醉太平，白爲玉真，古稱爲石端聖花。凌雲蕙，【注略】異楠，嘉定州兑説峰下有大楠三株，留雲蔽午，終歲黛色。諸峰葱蒨，楠所助也。匠氏謂之背陰，斵之無香，不中採用，故存。異柏，嘉定清音亭前有異柏四株，霜皮黛色，其葉一則瑣細如剪，一則扁仄如片，一則垂絲如柳，一則蝟刺如毛，異於他柏。松喬，嘉定洗墨池有松，四枝撐出如長蛟拏空，柔條曲糾，北折而南，既垂且仰，鬱然偃蓋，大如車輪。《爾雅》云：小枝上繚爲喬。扶踈曲翹，是謂松喬。璧竇草，峩眉山有璧竇草，光如螢火，或隱或見，雖赤日不掩。塔松，峩眉山有松，狀如杉，而葉圓細，偃蹇如浮圖。莎蘿，峩眉山莎蘿坪有花木一種，每萼數枝，多者十餘枝，並開。其蔕大可尺圍，色有大紅，有粉紅，有白，燦爛如錦，散滿谷嶼中，山僧呼爲莎蘿花，十餘里皆有之。諸名山所無。瓦屋山亦出莎蘿花，五色如爛錦，照映山谷，移之他處則槁。靈壽木，產夔州府龍洞溪上。江安二松，江安三清觀有二松，高十數丈。每晨昏，烟雲鬱鎮不散。邛竹，出邛州之邛崍山，即古臨邛地也。漢張騫奉使西域，得高節竹，還而植此。今人取以爲杖，鶴膝者佳。又叙州亦出此竹。雅州復有一種，名羅漢竹。皆爲杖之具。蒟醬。見相如、揚雄、左思諸賦中。注云：緣木而生，其子如桑椹。蓋僰道通越嶲之地，出蒟，僰人取以爲醬。僰地即今叙州也。或云：今之鷄鬃油及滇中窶葉皆相彷佛。晉灼注：拘音矩。徐廣注：拘亦作蒟，音窶。

清　曹掄彬　乾隆《雅州府志》卷五《物產・雅州府》 麸金，丹砂，雄黃，茶，五頂松，杪，楠，榿，柏，桬，桐，杉，椿，桑，白莢竹，刺竹，斐竹，觀音竹，鳳尾竹，桃，李，柿，栗，梨，石榴，核桃，枇杷，佛手，柑子，香櫞，櫻桃，葡萄，丹桂，芙蓉，蘭，靈山羅城者佳。蕙，凌雲山出。菊，牡丹，芍藥，海棠，萱花，紅蓮花，刺黎花，虞美人，出和夷關。旌節花，黃連，升麻，常山，天南星，五加皮，【略】筍，熊，野猪，鹿，獐，兔，竹鼲，錦鷄，韓鷄，竹鷄，黃頭，畫眉，鸕鷀，山雀，鶯，鶴，慈烏。

又《名山縣》 松，出蒙山，號五頂松。花秋，杪，楠，桑，桐，斑竹，金竹，慈竹，桃，李，栗，柿，梨，柑子，核桃，棗，佛手，香櫞，石榴，銀杏，枇杷，櫻桃，桂花，芙蓉，牡丹，芍藥，名山惟紅色一種，後忽變深紅、淺絳二色。其樓高數寸，初金黃色，又忽變純白色，中心吐大紅小瓣，人以爲奇。年景花，小桃紅，立春即開花，小而色白，漸次變紅，詞名小桃紅。【略】熊，野猪，獐，鹿，兔，錦鷄，韓鷄，繡鷄，竹鷄，雉，牛，羊，猪，犬，鷄，鴨，鵝。

又《榮經縣》 楠，杉，柏，椿，榿木，青杠，湅青，梧桐，鳳尾竹，頂開大紅花，如芭蕉。紫竹，桃，梅，李，柿，杏，梨，柑子，石榴，銀杏，香櫞，櫻桃，枇杷，棗，核桃，栗，花紅，杪羅花，出瓦屋山。深紅，粉紫，幹出崖巔，根盤石外，迎風搖擺，擬墜不墜。一種靈柯若有神明呵護，移根他處則槁矣。錦帶花，一名髩邊嬌。珠蘭，海棠，芙蓉，薔薇花，范成大詩：題作西樓錦被堆。杜鵑，玫瑰，西番菊，賽蘭，小如金粟。暑天戴之香馥，經月不散，比春蘭更過之。西域以作如來供，《後漢書》所稱伊蒲之設，即此。金盞花，夜落金錢，黃連，牛膝，續斷，萆薢，滛羊藿，五加皮，天南星，石菖蒲，水萍草，秋開紫花，瑩潤如刷絨。金星草，背有黃點，似金。長生草，碧雲草，似孔雀尾。清油，桐油，蜂蜜，【略】旄牛，野牛髀骨膝尾，背皆[有長毛，]胡下黑毛長尺許。山羊，出層巒中，取心血能療跌損。獐，兔，水貓，竹鼲，生竹木根荄間，吃竹木，用網得之，微加糟蒸，味極肥美。野鷄，畫眉，鶺鴒，布穀，白頭翁，鸕鷀，黃連鷄，嘴紅脚黃，五綵俱備。□口呼□□□□□□□。□□鳥，出瓦山口□□□。牛，羊，猪，犬，鷄，鴨，鵝，【略】用端。瓦屋山中，峩眉僧壽安云：此中有獸，不知其名，類畫圖中用端，食虎豹，而不傷人。僧養之，以爲一山之衛。

又《蘆山縣》 松，柏，桃，李，栗，梨，竹，柑子，佛手，【略】，蘭，五加皮，綠菜，黃庭堅有贊。獐，麂，鹿，兔，野鷄，竹鼲，牛，羊，猪，犬，鷄，鵝，鴨，魚，魶即娃娃魚。菜花石。似玉，出龍門索橋。

又《天全州》 楠，松，梨，栗，桃，竹，柑子，【略】錦鷄，野鷄，鹿，麂，兔，馬，牛，羊，猪，鵝，鴨，鷄，犬，雀羅花。

又《清溪縣》 松，柏，杪，梨，栗，桃，柑子，【略】竹，獐，麂，鹿，兔，竹鼲，野鷄，牛，羊，猪，犬，鷄，鴨，鵝，玃，似猴，身長七尺，能人行，見婦人則盜之入穴。西山部落善養之。貊貊，似熊而黑，能食錢。梨椒。閤縣皆產，惟署中一二株爲佳。古傳唐三藏經此，以所柱梨杖插之生此。

又卷一二《西域·裡塘·土產》 藏經板，麩金，葡萄根木碗，鳳眼菩提子，貝母，冬虫夏草，出撥浪工山，《本草》不載。性温煖，補精益髓。黑白狼，牦牛，山羊，牛毯，酥油，青稞，大麥，仙釋。

又《巴塘·土產》 白葡萄，葡萄根木碗，石榴，水銀，犛牛，青稞，小麥，蜂蠟，蜂蜜，酥油。

又《乍了·土產》 松蕋石，梨乾，葡萄，核桃，犏牛，綿牛。

清　劉傳經　嘉慶《清溪縣志》卷一《物產》 木之類，松柏最多，榿次之，槐與樺又次之。黎州土百户里約深池，大杉木尤佳，佳者或比於建昌矣。建昌杉木甲天下，向陽者尤佳。竹之屬最多，惟邛來山及筍筤山者佳。《漢書》謂張騫得大夏高節竹，植於邛來，茲邛竹所始。然《山海經》已稱之，則邛竹得名爲最古也。若揚雄《蜀都賦》『邛竹、桃枝』，左太冲《蜀都賦》『邛竹緣嶺』，斯益後矣。晉右將軍王羲之：《與周益州書》去夏，得足下致邛竹杖，皆至。此士人多有尊老者，皆即分布，令知足下遠惠。又與人書：周益州送此邛竹杖，鄉尊長或須此，今送。參《淳化帖法書要録》，米芾釋文。周庾信：《邛竹杖賦》沉冥子遊於巴山之岑，取竹於北陰。嫂娟高節，寂歷無心。霜風色古，露染斑深。每與龍鍾之族，幽翳沉沉。文不自殊，質而見賞，藴諸鳴鳳之律，製以成龍之杖。拔條勁直，璘斌色滋，和輪人之不重，待羽客以相貽。青春欲暮，白雲來遲，訴於長者，操以從之，執末而獻，無因自持。諸蔗雖甘，不可以倚；彼藜雖實，不可以美。未若處不材之間，當有用之始。魯分以爵，漢錫以年。昔尚爾齒，今優我賢。書横几，玉屋筵，則函之以後，拂之以前。爾其摘芳林沼，行樂軒除，間尊卑之垂帨，隨上下之遊紆。夫寄根江南，淼淼幽潭，傳節大夏，悠悠廣野。豈比夫接君堂上之履，爲君座右之銘，而得與綺紳瑶珮，出芳房於蕙庭。果之屬，若梅，若杏，若桃，若橘柚，若落花生，產大渡河。皆產。惟栗與梨、胡桃，他處不能及。栗小而實，胡桃肉厚而甘。梨有一種，經霜後乃熟，鮮紅可愛。杜少陵『紅梨迥得霜』，不虚語耳。若黎椒，世傳陳元裝所遺，氣味辛和，可已瘴厲，世珍久矣。《元和志》：貢黎椒。《寰宇記》：貢紅椒。《明一統志》：貢花椒。皆此物也。官斯土者，每年除入貢外，以小紅囊印記分遺，得者以爲貴也。【略】獸之屬，以旄牛、莋馬爲最。《山海經》：潘侯之山有獸如牛，而四節生毛，曰旄牛。郭注：牛屬，黑色，出西南徼外。《華陽國志》：黎有天馬祠。《前漢書》：巴蜀民或竊出商賈，取其莋馬、僰僮、旄牛，以此殷富。《方輿勝覽》：宋置茶馬、買馬兩務於黎、叙等州，號『川馬』。斯其據矣。他若岩驢、似驢而已。野猪、竹鼲、松鼠，頗爲他處所少。若羊，若犬，若虎、豹、獐、鹿、熊、羆、猿、猴、貊貊，皆與他處同也。宋蘇軾：《竹鼲》野人獻竹鼲，腰腹大如盎。自言道旁得，採不費罝網。鴟夷讓圓滑，混沌慙瘦爽。兩牙雖有餘，四足僅能髣。逢人自驚蹶，悶若兒脱襁。念茲微陋質，刀几安足枉。就禽太倉卒，羞愧不能饗。南山有孤熊，擇獸行舐掌。禽之屬，以鸚鵡爲最，山中木末聚處羣飛，胡桃熟時尤多。若在《禽經》緑毛么鳳，始足方其品格。他如鵁鶄、燕雀依於人者，家有之。鷹鸇、鶉鳩、畫眉遠於人者，亦處處有之。雉尤多，草零木落，獵者取以歸，蓋賤售可得鮮也。錦雞五色斑斕，雪雞雪後乃以羣出，色如墨，二物飛越嶺有之。【略】草木禽獸之異者，有沈黎山之蛟焉，有靈應洞之蛇焉，有慶歷山之玃焉，有太皇山之楠焉，見《山川志》。有富林營之乾濕洞焉，或亡或存，畧志其概。縣多出蛟，十年或數十年必有蛟害。凡山石奔裂處，土人多能言之，然無舊志，不便載入。惟嘉慶四年六月中，西域溝、佛子橋兩處蛟害，損居民百餘家，經當經具詳，捐廉賑之。邛來山靈應洞有巨蛇，隱見靡常，傳爲神君張亞守洞之物。出則有雪雹，諸異隨之，然不擾民，不似蛟之頑也。又城西門内梓橦觀，即文昌宫，古柏一株，傳爲唐宋間物，人病者身量樹之長短，以所病處就樹灸之愈。又有祈夢石如璞，形圓，重六十斤，亦可異也。《博物志》稱沈黎多玃，如猴，長七尺，能人言，見人則攫之，蓋猩猩屬也。西番最畏之。今慶歷鄉石洞有其像，俗以爲夜叉神，其名曰將軍。參《寰宇記》。富林營後十里一山有二洞，一燥一濕，洞中石如龜，瘴時鳶集其上。土人以卜瘴候，鳶之去必在立冬前後，瘴亦寖已。古志有白鶴棲止大渡河側，即此矣。飛越山中有物如猴，見人則笑，姦黠異常，獨畏兩纓，見則走避之。俗名岩道士。

清　陳登龍　嘉慶《裏塘志略》卷上《物產》 木之屬：有菩提樹、娑羅樹、松、柏、檜、樫。卉之屬：有西天花。藥之屬：有大黄、硫磺、貝母、蟲草。【略】禽之屬：有燕、雀、鴉、鵲、鷹、鸇、雕、鴞、鸞雞、紅嘴烏、馬雞。獸之屬：有虎、豹、麞、鹿、麝、麅、狐、兔、猴、鼠、騾、馬、驢、牛、羊、犏牛、牦牛、山羊、蠻犬、蠻豬、山獺、水獺、黑白狼、猓猁猻、艾葉豹、穿山甲。

又卷下《雜記》 裡塘無花而多草花，和風既扇，星星徧野，雖不知名，而嬌艷可愛。尤多西天花，狀如罌粟，微小而色實濃冶。又有一種花，小如金粟，味特郁烈，喇嘛采以供佛，疑賽蘭香也。《佛經》名『伊蘭花』，即《後漢書》所謂『伊蒲之供』也。

清　劉長庚　嘉慶《漢州志》卷三九《物產》 果屬【注略】：梅杏，枇杷，柑。木屬：女貞，俗名冬青，古名萬年枝。柏，有圓柏、側柏、刺柏、千枝柏等類。松，桑，柘，榆，槐，椿，柯，枏，有大葉、小葉諸種。杉，烏桕，子可榨油然燭。夜合，皂角，子名皂莢，可浣衣服。楮，梧，椶，古名栟櫚，可製雨具。黃楊，白楊，樗，槲，俗名青岡。櫟，俗名大葉青岡。榿，苦楝，楊柳，麻柳，羅漢松，刺桐，楓。竹屬：慈竹，外生，名孝竹。斑竹，堅節，名鐵斑竹。紫竹，水竹，篾可織席。苦竹，簞竹，籠竹，椶竹，白甲竹，黃殼竹，鳳尾竹，觀音竹。【略】羽屬：桐花鳳，每至則有吉祥。雞，鴨，鵞，鴿，鷹，鷂，慈烏，又名孝烏。鴉鵲，一名喜鵲。鳧，一名水鴨。鷗，似鳧而小。鵰鵝，斑鳩，鵪鶉，山麻鵲，一名拜天。黃脰雀，偷倉，啄木，有大小二種。燕，鶺鴒，俗名點水雀。鸜鵒，俗名八哥。瓦雀，竹雞，秧雞，烏翎，白翎，布穀，鵂鶹，一名春哥。白頭翁，山鵲，一名野鳳凰。鸕鷀，一名魚老鴉。練雀，鸛，黃雞婆。

清　劉元熙　嘉慶《宜賓縣志》卷五一《物產》 果之屬：梅，葡萄，櫻桃，荔枝，橘，香櫞，桃，李，栗，柿，棗，枇杷，柑，胡桃，【略】佛手，梨，林檎。木之屬：松，柏，杉，桐，桑，柳，棕，梨，黃葛，冬青，白楊，槐，絲栗，夜合。竹之屬：斑竹，水竹，苦竹，黑竹，慈竹，刺竹，棕竹，鳳尾竹。花之屬：木蓮，薔薇，紫荊，茉莉，蠟梅，蓮，芷，芙蓉，菊，梅，金鳳，杜鵑，芭蕉，蘭，蕙，桂。【略】毛之屬：野猪，豪猪，兔，獾。羽之屬：雉，鵲，鶯，燕，鳩，子規，竹雞，鴿，畫眉，八哥，白頭翁，鷺鷥，鳧。

清　趙炳然　嘉慶《納谿縣志》卷三《疆域志・物產》 果之類：【注略】李，桃，杏，梨，栗，柑，橘，柚，柿，棗，石榴，枇杷，櫻桃，香櫞，木瓜，菱角，落花生，白果，梅子，荔枝。竹之類：斑竹，水竹，苦竹，慈竹，一名孝順竹。夏則筍生叢內，冬則筍生叢外。陸（機）〔璣〕《草木疏》云南方子母竹是也。今川地多有。刺竹，紫竹，鳳尾竹，南竹。木之類：松，柏，桑，柘，柳，棕，《說文》作栟櫚。杉，《說文》作椶，油者爲佳。初用秧植，待後旁芽再生，生者比初植者更好。種一株可伐木材三四次。榕，俗名黃葛。枝葉廣大如蓋，道旁植之最能庇蔭，行人鄉途多植之。麻柳，白楊，梧桐，潤枏，冬青，青棡，有黑、白皮二種。絲栗，漆，《授時通考》：樹二三丈，身如柿，皮白，葉似椿，花如槐。六七月刻取滋汁以竹筒釘木中，或以斧逆砍其皮以竹筒承之，滴汁爲漆。皂莢樹，槐。花之類：茶花，牡丹，芍藥，海棠，芙蓉，有水、木二種。桂，有金、銀、赤三種，一名木樨。蓮，鳳仙，水仙，葵，蘭，菊，雞冠，薔薇，碧桃，綉毬，梅，紫荊，刺桐，榴，萱，一名忘憂草，又名宜男草，即今鹿葱也。芭蕉，仙人掌，蒲，覇王鞭，龍鬚，虎耳，葛，艾，萍，蘋，藻，燈草。【略】禽獸之類【注略】：鳧，雉，斑鳩，竹鷄，畫眉，燕，鷹，鷗，鷺，秧鷄，鸛，麻雀，鸜鵒，鴉，白頭翁，布穀，偷倉子，鶯，鵙，杜鵑，喜鵲，鸕鷀，兔，猴，狐。

清　李桂林　嘉慶《羅江縣志》卷三五《外紀》 舊志：縣有馬馳李，出馬馳寺，樹高七八尺，葉微小，結實生熟皆青灰色，核小如米而甘脆，一名青脆李。

清　張澍　道光《蜀典》卷九《動植類》 猛氏咬鐵，酋耳食虎，文草酒釀，麩樹鹽收，蛇有歧尾，鹿或雙頭，竹林鳥細，巴滇馬遒，不賢識小，何病溝猶？

又《朱橘》 傳巽七誨，恒陽黃梨，巫山朱橘，南中茶子，西極石蜜。

又《陰沈木》 李膺《益州記》：邛都陷爲湖，風靜水清，猶見城郭樓櫓叜然。今水淺時，彼土人没水取得舊木，堅貞光黑如漆，今好事人以爲枕相贈。按《逸周書・王會篇》：卜人以丹沙夸用閵木。注：木生水中，黑色而光堅如鐵。《集韻》：茲消切，音焦，木名。皮堅黑若鐵，生水中。或謂即今烏木者，非也。屛山瀕水之處，高岸積圮往往出陳木。居人掘沙泥，亦時得之。其理緻，其色黝，作器具，可臚也。俗呼爲陰沈木，當即閵木。

又《柧》 《埤蒼》：柧，籐屬，蜀人以織布。按《廣韻》：柧，匹卦切。《集韻》：卜卦切，竝音派。《類篇》：柧，木皮也。

又《莎樹》 《齊民要術》云：《蜀志》記莎樹出麪，一樹出一石，正白而味似桄榔，出興古。按一引云：莎木樹高十餘丈，闊四五圍，樹巔生葉，兩邊行列如飛鳥，皮中有白麪尺許，磨屑不可飦，俗呼莎麪，輕滑勝桄榔麪。

又《給客橙》 《上林賦》注郭璞曰：蜀中有給客橙，似橘而非，若柚而芳香。夏秋一作冬夏。華實相繼，或如彈丸如手一作拳指，通歲食之。一名盧橘。按：《通志》引《花木志》文同，有脱漏字。又常璩《志》：江陽郡有蒟醬、給橙。即給客橙也。

又《福鄉奈》《類要》：華陽雷平山地美可種奈，所謂福鄉之奈，以除災異。

又《戎州李》《廣志》：李，戎州所出，肉熟而皮猶緑。

又《婆羅棉樹》《黎州通望縣圖經》：黎州通望縣有銷樟《花木攷》作瘴。院，在縣西一百步，内有天王堂，前古柏樹下有大池，池南有婆羅棉一作錦。樹。三四人連手合抱方匝，先生花而後生葉，其花盛夏方開，謝時不背而墮，宛轉至地。其花蘂有綿，謂之婆羅綿。善政鬱茂，違時枯凋。

又《楷木》《酉陽雜俎》：蜀中有木類柞，衆木榮時如枯枿。隆冬方萌芽布陰，蜀人呼爲楷木。

又《鬱木》《硯北雜志》：峽川黄牛廟後鬱木，似冬青，落葉似符篆，不同。

又《黄葛》《寰宇記》：羅目縣東南三十里陽山江滸，兩樹對植，圍各三尺一寸。上引横枝互二丈圍徑，相援連理，蔭芘百尺。其木名黄葛，[號]嘉樹。《敘州府志》：黄葛木，其形如衆籐連理，合而爲一。大者合抱，高數丈，葉如橡根，喜緣崖壁生，擁腫屈曲，不爲材用。《韻書》云：壽可千歲。按：屏山最饒黄葛，以甘酒罎者爲最巨。《益州記》云：黄葛峽有相思崖，芳泉用灌，俗謂之神窟，在涪州。又《水經注》云：江水右經黄葛峽。舊《巴志》塗山足有古黄葛樹，即黄葛峽也。《錦繡萬花谷》：忠州景德觀前有古木，大數十圍，枝柯盤鬱如蓋，山中人云此黄葛木，千年物也。《南方草木狀》：榕樹，南海、桂林多植之。葉如木麻，實如冬青。樹幹拳曲，是不可以爲器也。其本稜理而深，是不可以爲材也。燒之無焰，是不可以爲薪也。以其不材，故能久而不傷，其蔭十畝，故人以爲息焉。而又枝條既繁，葉又茂細，軟條如籐垂，漸漸入地。籐梢入地便生根節，或一大株有根四五處，而横枝及鄰樹即連理。南人以爲常，不謂之瑞木。是蜀中黄葛，即榕也。

清　李肇奎　咸豐《開縣志》卷一五《物産》〔只録種名〕靈壽木，靈龜，連理木，白虎，【略】蜜蠟，茶，柑，橘，椒，綿，木棉，吐綬鳥，山雞，【略】熊，羆，鹿，麂，桃榔樹，黄連，厚樸，【略】漆，甘蔗，桐油，紙，榕，檜，棫。

又卷一三《古蹟》桂花坰。在縣東北六十里，地多桂樹，秋來香滿林谷。相傳月中桂子落地，仙人拾取，撒於山間而生。

又卷五一《物産》果之屬：桃，李，梅，杏，橘，柿，栗，梨，棗，香圓，石榴，金柑，蜜臘柑，佛手橘，花紅，板栗，槲栗，核桃。【略】木之屬：柏，楠，杉，柘，桑，柘，椿，椶，松，桐，楮，即穀木。閏楠，棕，桐子，樟，青桐，槿，冬青，白楊，黄果，烏桕，槲栗，梨，水冬瓜，鹿筋藤，枇杷，白果。竹之屬：慈竹，苦竹，方竹，斑竹，紫竹，甜竹，郎竹，水竹。【略】毛之屬：兔，獺，鹿，麖，獐，麂，狐，豹，貍，虎，獾，熊，鼬鼠。羽之屬：鵲，鸕鷀，黄連雞，竹雞，燕，鶯，雉，梟，鴞，鷗，鵪鶉，雁，鷺，鳧，鸛鴿，秦吉了，鴉箐雞，子規，畫眉，野雞，蒼鶴，喜鵲，斑鳩。

清　楊昶　同治《會理州志》卷一〇《物産》果之屬【注略】：梅，李，杏，桃，梨，榴，栗，茅栗，橡子，棗，木瓜，山楂，林檎，柿，黑棗，棘，枳椇，君遷子，榛子，郁李，橘，柑，橙，柚，香櫞，枇杷，櫻桃，銀杏，胡桃，葡萄，楊梅，佛手，花紅，橄欖，餘甘子，梧桐子，黄鎖梅，櫧子，元元，荔枝，【略】蘋果，甘蔗，救兵糧，無花果，冰子。【略】木之屬：松，有三種。葉長細而稜者，長毛松也。無子，葉稍短而三稜者，松也。有子，又有羅漢松，結果如合掌狀。柏，別名曰椈，曰蒼官。有扁柏、圓柏、檜柏、瓔珞柏數種。杉，別名曰煔，曰檆，曰沙木，曰椒木，有數百年者。樟，有紅、白、香、臭數種。椿，別名曰櫄，曰杶，曰樠，即香椿也。嫩芽可食。樗，即臭椿也。葉芽不可食，俗呼紅椿。栲，山樗也。別名曰虎口樹，又曰大眼桐。漆，一作桼，其漿汁可以漆物。槐，一作櫰，一名守宫。柳，別名曰小楊，曰楊柳。桑，有二種，一曰馬桑。梓，別名曰木王，楸之疏理白色而生子者爲梓，梓實桐皮美文者爲椅。檜，柏葉松身，性亦耐久。楠，楠一作枏，一作柟，又名交讓木，枝葉相讓，高者十餘丈，大者數十圍，世珍其林。栗，古作㮚，梵書名篤迦。楝，苦楝也。子名金鈴子。柘，幹疎而直，葉豐而厚，團而有尖，可以飼蠶。櫟，別名曰栩，曰杼，曰柞櫟，似樗之木也。子名橡實，又名皁斗，俗名青岡樹。槲，別名曰槲樕，曰樸樕，曰大葉櫟。其子名櫟橿子。葉似栗，結實似橡子，而小蒂，亦有斗，惟供薪炭耳。榕，有大、小葉二種。大葉榕俗呼黄葛樹，又號嘉樹。吴省欽有《黄葛樹考》。桐，即岡桐也。子可作油熬之，以油物俗呼爲桐子樹。梧桐，別名曰櫬。其木可製琴瑟、琵琶。蒼梧，即刺桐也。滇中呼爲鸚哥樹。刺楸，樹高大，皮色蒼白，上有黄白斑點，枝梗間多大刺，葉似楸。嫩時燥熱，水淘過，可拌食。女貞，別名曰貞木，曰冬青，曰蠟樹。淩冬青翠，可放蠟蟲，又名凍青樹。蟲樹，枝葉類冬青，四時不凋，五月開白花，結實纍纍如蔓荆，子初青轉紫，居民以之掛放蠟蟲。合歡，別名曰夜合，曰合昏，曰青裳，曰萌葛，曰烏賴樹。皂莢，別名曰皂角，曰雞棲子，曰烏犀，曰懸刀。又一種小者名猪牙皂。肥皂，似皂莢，而肥澤。水楊，別名曰青楊，曰蒲柳，曰蒲楊，曰蒲移，曰移柳，曰萑苻，曰檉柳，曰河柳，曰水楊柳。白楊，一名獨摇。枝幹間有瘿乳出，若胡桃大，色紅，中生蚊成團，破瘿飛出。又有蚊子樹者，是否即此？黄楊，葉似初生槐芽而青厚，不花不實，四時不凋。歲長一寸，遇閏則退一寸，故曰黄楊厄閏。然閏年以尺寸試之，但不長耳。俗名萬年青。椶櫚，一名栟櫚，俗作棕。牡荆，別名曰楚，曰小荆，曰黄荆。鈎栗，別名巢鈎子，即甜櫧子，木大數圍，冬月不凋，子似栗而小。荏桐，即罌子桐，一名虎子桐，俗呼棬子樹。子作油如豬脂。《本草》：烏臼木，子初青後黑，可取油澆燭。泡桐，木不堅實。無患子，別名曰桓，曰木患子，曰肥珠子，曰油珠子，曰噤婁，曰菩提子，曰鬼見愁。蕪方木，一名蘇木，熬水可染物成紫色。水蠟樹，《本草》：葉微似榆，亦可放蠟，但生蠟甜爲稍異耳。白石木，別名曰金剛木，曰交加枝，曰枅栱，即拐棗樹也。觀音柳，即檉柳也。別名赤檉，又曰赤楊，曰雨師，曰人柳，曰三眠柳，曰垂絲柳，曰西河柳。萬年松，俗呼黄楊爲萬年青，又呼卷柏爲萬年松。杍木樹，木質極細，可任雕刻。不灰木，舊《通志·動植譜》：會川衛産木，火煅不化，取爲燈心，既爐復故，名不灰木，即織火浣布者。仙人掌，有掌緑色，無枝葉，本大者竟如樹，亦生花結實，實可食，掌上有小刺。霸王鞭，與仙人掌類而形異，幹四稜，身多芒刺，葉圓長而厚，內有白漿，能盲人目。植以爲籬，可以禦火災。故一名慎火，又名金剛杵，以其象形也。若至數百年後，根如沉香，焚之極香。爲末服，能順氣。鐵籬笆，横刺，蕞生，質亦堅挺，植作籬笆，可禦盗賊。水冬瓜，木理鬆细，可受雕鏤，窗櫺間花草多用之。銀杏樹，即白果也。木細膩而白，用之鑲嵌飾物，極雅觀。青香樹，枝葉亦類冬青，四時不凋。取葉曬乾爲末，焚之可以除穢，其皮可治狗咬傷。黄連樹，樹大數圍，不堪作材用，以多蟲蝕故也。老鴰船，枝幹間生物如皂莢，大數倍，皮色蒼緑，長幾二尺，潤二寸許，厚一指，中瓤蒙如紙，可揭數百層。著以色，剪製爲花草，較綾綫通草者更覺生動，故又命千層紙。山桃，一名苦桃。降樹，根即降香也。緬樹，枝葉微似梧桐，來自緬甸國。此外又有楂樹、楓樹、樺樹三種。竹之屬：慈竹，一名孝順竹。七月生筍，篾皮可爲繩。籠竹，即慈竹，節間容八九寸者。苦竹，亦慈竹，節間容一尺者。釣絲竹，亦慈竹，弱植垂地者。斑竹，河邊沙壩間有之。黄竹，一作篁竹，實心而堅，可以作杖及矛桿。紫竹，枝葉細小，皮色或紫或黑。筋竹，一作簞竹，葉可入藥。箭竹，細削如箭，可編籬笆。椶竹，竹質椶葉，長二三尺，可以供盆玩。茨竹，鳳尾竹，水竹，觀音竹，南竹，俗呼蠻竹，肉厚而葉長大，筍味微苦。人面竹，節短，節間有笆如人面。【略】羽之屬【注略】：鶴，鴻，雁，烏，鴉，鷗，梟，鸛，雉，鷲，鵪，鶉，鶯，鵲，燕，鷹，鵰，鶚，鴟，鴞，鴟鵂，鶬鷄，鵜鶘，鷺鷥，鸕鷀，魚狗，鸊鷉，白鷴，鷓鴣，鸐雉，竹雞，秧雞，鵁雞，斑鳩，鳲鳩，桑鳸，鵴鳩，伯勞，鸜鵒，百舌，翠鵲，鶺鴒，戴勝，鸚鵡，畫眉，練雀，子規，陽雀，瓦雀，白脰烏，白頭翁，信天翁，啄木翠，黄脰雀，點水雀，點燈捉，蝙蝠，飛生。此外又有山喜、山鶬、鐵嘴、戮鴟。

清 吴德煦 同治《章谷屯志略》 [白盖山]山腹無襍樹，古柳數十株，大十數圍，緑陰垂陰數畝。【略】果木有梅，谷口、溪邊皆徧植。花亦清香，實垂垂，五月熟，核大肉薄，醋醲特甚，夷人不解食。核桃樹最多，枝葉極扶疏，大可合抱，七月熟。【略】鳥獸亦蕃育，幸烟户漸稠，虎豹雖多，無敢公然爲害。【略】鷄，蠻鷄，較小。野鷄，貝母鷄，鸚鵡，鵲，雀，虎，豹，牛，野牛，馬，野馬，熊，猴，鹿，麞，兔，猪，蠻猪，較小。野猪，羊，山羊，猫，鼠，松鼠。

清 張龍甲 光緒《彭縣志》卷三《物産》 果【注略】：桃，李，梅，杏，櫻桃，梨，山梨，柰，杌子，來禽，胡桃，栗，榛，天師栗，銀杏，安石榴，黄柑，柚，枇杷，柹，牛奶柹，木瓜，椇。木：松，柏，杉，一名榪，一名柀煔。諸山徧植之，老林之杉，大數人抱。豫章，俗謂之榪字，一作楠。香章，柳，垂柳也。《爾雅》曰：旄，澤柳。檉，河柳也。與柳無異，但枝不垂。楊，蒲柳也。俗曰白楊，一名杞，一名髦，一名柔英。柷，一名州木。彭人呼爲麻柳，皮紉可糾繩。州，糾也。柷从㔾，亦糾義。柞，一名櫟，一名杼，一名栩。實名橡子，梂名皂斗，可染黑，俗曰青剛。棫，柞之白理者，中爲矛戟柄。樸，柞之不成樹者，其季者名楸。椶，一名檖，一名椵，一名髡梱，一名菌，其皮名苴，又名經。欒，一名槵，或名桓。實名菩提，亦曰無患子。榿，本作机。樗，槵也。似椿而臭，葉上作囊，可染黑，俗呼五槵子。又曰膚鹽樹。椿，一作杶，又名櫄。桂，花有赤、黄兩種。永定場西鴨子河邊有小桂樹，生子。椒，椴，即茱萸，一名鼠梓。茶，《爾雅》：檟，苦茶。俗作茶。梓，木高一二丈，似槐，結莢似紅豆。紅豆才，葉實皆似紅豆。椅，木高，皮似桐，葉似漆，結莢如梓而長，俗呼豇豆樹。桐，梧也，皮青，中似麻，實似丸豆，可食，中爲琴材。白桐，俗名泡桐。剛桐，油桐，柏，烏柏也，一名梂，可作臼。《爾雅》訛爲柏。葉可染黑，實可榨油，俗名棬子。槐，夜合，即守宫槐，葉宵聶晝炕，今《爾雅》本訛爲『晝聶宵炕』。櫰槐，大葉而黑，多脂無子，俗呼爲油槐。檀，榆，縣境特少。榔榆，荆桑，歲削枝有萁，宜高燥地，一名梔。魯桑，即女桑，一名桋桑，無萁而高枝垂，所謂若木宜下溼。柘，苦柘，蠟樹，一名女貞木，實紫，可釀酒。冬青，銀木，古名棆。《爾雅》：棆，無疵。楝，《攷工記》作欄。焦梨，皮可染緑。木芙蓉，裳華，俗名梔子花，蕚如裳襞積。木槿，花爲舜華，滑可食。《禮·内則》作堇。紫荆，二月花，皮可治風。紫薇，七月花，木似倮，故俗呼癢樹。蠟梅，木筆，古名辛夷，俗呼牛心花。穀，音瞉，一名蒳。厚樸。竹：慈竹，一名篔，其皮謂之篾。斑竹，笏竹，音筋。白甲竹，苦竹，甜竹，龍頭竹，黑竹，粼竹，堅中，俗呼牛尾竹。椶竹。鳥[只録種名]：雊，鳲鳩，戴勝，鴿，鳭鷯，鵜鶘，鶬，鵞，鶩，梟，鵝，鸒，鳸鴳，桑鳸，棘鳸，行鳸，宵鳸，春鳸，夏鳸，秋鳸，冬鳸，桃蟲，烏，慈烏，白脰烏，鳶，巂燕，鴽，鶡，鴟，鴞，鶯，鷊，鸜，鷹，白鷹，蝙蝠，鼯鼠，鶚，鷹，樹鷹，楚雀，斲木，白鷺，吐綬雞，錦雞，秧雞，水雞，黄雞，白面雞，鶉。獸[只録種名]：豹，兕，熊，花熊，虡，豪彘，山羊，巖驢，麢，麃，麂，麜，貍，狐，風貍，貒，九節貍，獺，兔。

清 羅度 光緒《珙縣志》卷四《物産》 花之屬：桂，有黄、白、紅數種。蘭，石門爲佳。菊，有數種。葵，翠屏松，烟脂花，鳳仙花，珍珠花，木芙蓉，玉簪花，海棠，薇，黄、白二種，即木香。梔子，大、小二種。鷄冠花，粉團花，山茶，月月開，牡丹，罌粟，茉莉，芍藥，夜合，金絲，紫荆，七里香，紫薇，辛夷，入藥。唐棣，地棠，白鶴，蠟梅，絳桃，金蝴蝶，扁竹，石竹，絨花，木槿，蓮，紅、白二種。茝，蕙，十姊妹，滴滴金，千層石榴。木之屬：松，柏，楠，杉，柳，桑，榆，椿，槐，楸，柘，椶，梓，榛，楮，即構。樟，桐子，青棡，冬青，白楊，烏桕，梧桐。竹之屬：羅漢竹，出羅漢林，可爲杖。䈘竹，有三四種，俱美材。苦竹，斑竹，水竹，甜竹，箭竹，可爲箭竿。刺竹，蘆竹，可爲笛。方竹，墨竹，紫竹，棕竹，東坡竹，鳳尾竹。【略】毛之屬：兔，獺，鹿，今無。豺，今無。麞，今無。狐，豹，今少。貍，虎，今少。獾，鼬鼠，黄鼠，熊，今無。猴。青山有。羽之屬：鵲，鸛，梟，班鳩，錦鷄，鬭鷄，竹鷄，野鷄，黄連鷄，山鷄，黄鶯，啄木，畫眉，白鷴，今少。鸜鵒，今少。烏鴉，白頭翁，鴛鴦，鸕鷀，子規，燕子，鷊鳴，伯勞，八哥，今少。秦吉了，今少。鴞，今少。梟，鷗，鷹，鵰，鷂，雁，鶴，鷺，雀。

清 江亦顯 光緒《興文縣志》卷一《物産》 果之屬【注略】：李，桃，梨，杏，栗，柑，橘，柚，柿，棗，石榴，枇杷，櫻桃，香櫞，核桃，木瓜，菱角，葡萄，林檎，落花生，白果，梅子。竹之屬：桃竹，見《通志》。斑竹，水竹，苦竹，慈竹，一名孝順竹。夏則筍生叢内，冬則筍生叢外。陸(機)[璣]《草木疏》云南方子母竹是也。今川地亦多有之。鳳尾竹，刺竹，紫竹，邛竹，俗名羅漢竹。節大而堅，可爲杖。南竹，白甲竹。木之屬：樟，見《通志》。栟，今多。柏，桑，柘，柳，松，椶，《説文》作栟櫚。杉，《説文》作煔。油者爲佳。初用秧植，伐後旁芽再生者比初植更好。種一株可伐材木三四次。椿，李善注：椿、楸、栲、漆四。《農桑輯要》：木實而葉香，有鳳眼者，謂之椿。木疏而氣臭者，謂之樗。榕，俗名黄葛。枝柑若一，葉廣大如蓋，道旁植之，最能庇蔭行人，鄉途中多有之。麻柳，白楊，梧桐，青杠，即青栗也。有黑、白皮二種。潤栟，冬青，絲栗，漆，《授時通考》：樹高二三丈，身如柿，皮白，葉似椿，花如槐。六七月，割取滋汁，以竹削尖筒釘木中，或以斧逆斫其皮，以竹筒承之，滴汁成漆。合歡樹，一名烏柏，俗名夜合。稽康《養生論》曰『合歡蠲忿』，指此也。槐，皂莢樹。花卉之屬：茶花，珠蘭，牡丹，芍藥，海棠，鳳仙，芙蓉，有水、木二種。桂，有金、銀、赤三種，一名木樨。水仙，薔薇，雞冠，蓮，葵，蘭，菊，碧桃，梅，榴，綉毬，萱，一名忘憂草，又名宜男草，即今鹿葱也。蒲，仙人掌，紫荆，刺桐，芭蕉，龍鬚，虎耳，燈草，霸王鞭，葛，艾，萍，蘋，藻。【略】禽獸之屬：梟，俗名水鴨。雉，俗名野鷄。班鳩，《説文》云：鶻鵃也。《爾雅》：鵃鳩，鶻鵃。似山雀而小，尾短，青黑色。一名鶻嘲。北人呼爲鷁鶂鳥。竹鷄，鳴呼泥滑滑。《蠕範》云：似鷓鴣而差小，好食白蟻。諺曰：家有竹鷄啼，白蟻化爲泥。畫眉，燕，鷹，即鶇鳩。鷗，鷺，一名春鉏。林棲水食，潔白如雪，頭翅上皆有長翰毛，俗人每誤指爲鶴。秧鷄，鸛，有二種，似鵲而巢樹者爲白鸛，黑色曲頸者爲烏鸛。麻雀，鸜鵒，俗名八哥。鴉，有二種，純黑反哺者謂之烏，小而腹下白，不反哺者，謂之鴉。白頭翁，布穀，即鳴鳩，又名鴶鵴。偷倉子，鶯，即黄鸝，又曰倉庚，又曰黄鳥，又曰金衣公子，似鸜鵒而大，音圓滑如促織之聲。鵙，即百勞鳥，一名白鶇，又曰伯趙。杜鵑，一名子規，又名題，又名鷤鴂。李時珍曰：杜鵑出蜀中，狀如雀鷂而色慘黑。赤口，小冠，春暮即鳴，夜啼達旦，至夏尤甚。田家候之以興農事。《寰宇記》云：蜀王杜宇委其政於相，亡去西山，化爲子規。故一號曰杜宇。喜雀，一名鴉雀。鸕鷀，一名烏鬼，又名水老鴉。蜀人以之捕魚。兔，鹿，猴，狐，野猪，山羊。

清 朱言詩 光緒《梁山縣志》卷四《食貨志·物産》 果之屬：曰梅，李，桃，栗，梨，蓮，藕，橙，石榴，花紅，枇杷，櫻桃，落花生，菱。【略】竹之屬：曰慈，紫，苦，斑，刺，鳳尾，水，箭，觀音竹。木之屬：曰松，柏，杉，槐，梧桐，椿，葉香可啖，春時人多摘葉食之。柳，楓，烏相，黃楊，栟櫚，肥皂莢，楮，別名爲穀。《湖録》按：穀字從木，若從禾，則五穀之穀也。楝，桑，檀，青杠，冬青，榆，梓。【略】羽之屬：曰鴉，白鷴，雉，鷹，鸜鵒，鳩，布穀，八哥，鵲，雀，鶯，杜鵑，百舌，燕，雁，鷺，鴇，即天鵞。鳧，俗名野鴨，又名水鴨。鷗，鸕鷀，鵪鶉，畫眉，竹雞，啄木，鴛鴦，練雀，白頭翁，鵂鶹，蝙蝠。毛之屬：曰虎，豹，鹿，麋，麑，麂，麞，猴，獺，狐，狸，貛，竹鼬，鼠，兔，野貓。

清　馬忠良　光緒《增修越巂廳志》卷三《物産志》　果屬：杏，梅，桃，柿，李，柑，栗，胡桃，一名核桃。仙桃，黑棗，紅榴，花紅，雪梨，糖刺梨，一名刺河梁，形如櫻桃。拐棗，一名枳椇，一名木蜜。枇杷，楊桃，櫻桃，林檎，一名來禽，又名蜜果。香梨，小棗，蠻札，甘蔗，出大樹堡。紅苕，一名甘藷。野荔枝，救兵糧，色紅，味甘，形如枸杞。野蘿蔔，無花果，菩提子，海柿子。木屬：松，柏，桂，柟，樹童童若蓋，枝葉森秀不相礙，若相避，又名交讓木。高十餘丈，大數十圍，世珍其材。柳，椶，槐，桑，杉，榆，榨，椿巔，冬青，一名女貞，子上生蠟蟲。黃楊，白楊，株木，烏木，黃蘗，入藥。構樹，青剛，紅子，樺槁，麻柳，花椒，皂夾，血藤，香樟，出河道，有花文，用作棹面最佳。白蠟樹，不灰木，越巂海棠出，以爲燈心，既燼不灰。《通志》。【略】竹屬：斑竹，紫竹，箭竹，慈竹，黑竹，蒼筤竹。出相嶺。花文類湘妃竹，土人取作扇柄、煙桿。【略】毛屬：熊，豹，鹿，猴，獐，麂，獺，狐，貓，豺，兔，犬，馬，牛，羊，豕，鼠，騾，驢，野狐，野豬，竹貍，家貓，松鼠，金狗，趕山狗，黃鼠狼。羽屬：鷹，鷂，鳩，鴿，鷺，鷗，鶴，鴻，雁，鳧，鴨，鴉，雉，燕，鵲，鶯，雞，鵞，魚鷹，俗呼水老鴉。鸜鵒，即八哥。黃鸝，倉庚，鸚鵡，翠雀，畫眉，布穀，鷓鴣，子規，斑鶉，百舌，山札，胡雀，俗呼胡進德。杜鵑，喜雀，蝙蝠，鴞，鬬雞，啄木官，白頭翁，夜射鷹，黃豆雀，點水雀，咺咺雞。

傳　記

清　李于垣　嘉慶《長垣縣志》卷一一《人物》　王森，字榮六，康熙甲午舉人，任四川南江知縣。邑風俗儉陋，男不事詩書，女不知紡織。醬、醋、食物，俱需之他邑。涖任後，即立義學，擇生童教育之，並教民紡織、合醬、造醋。兩年，户有絃誦聲，布鬻於市，食物粗備。邑崇山峻嶺，多虎豹。乃選有勇力者六十人，給以糧，令獲虎，得虎者重賞，虎患漸息。居九年，民甚德之，以病歸。《采訪事實》。

紀　事

宋　李昉《太平廣記》卷四〇七《涪水材》　梓潼郪縣，唐大曆七年夏六月甲子，涪水汎溢，流木數千條，梁棟榱桷具備，補内城屋，悉此木。喬林爲之記。出《洽聞記》。

宋　陳師道《後山談叢》卷四　嘉州舊産紫竹、楠、榴、櫻木等，仕于蜀者競採之以爲器。人甚苦之，吳中復作《嘉陽四詠詩》以悼之。

宋　邵博《聞見後録》卷二九　千葉黄梅花，洛人殊貴之。其香異于它種，蜀中未識也。近興利州山中，樵者薪之以出，有洛人識之，求于其地尚多，始移種遺喜事者。今西州處處有之。予嘗春日經夷陵，山中多紅梨花，誦歐陽公之詩，徘回其下不能去，近蜀中亦稍見之。又有得千葉杏花於劒州山中者，在《洛陽花木譜》中無之，亦奇産也。蜀無橄欖。或云：司馬相如狗監所誦（等賦）[《上林賦》]、《喻蜀父老文》、《封禪書》，王褒《中和樂職宣布詩》、《聖主得賢臣頌》，揚雄《劇秦美新篇》，辭皆爛美，足以取悦當代。張九齡《策安禄山》，姜公輔《論朱泚》，危言可驗，輒棄之不采。相如輩蜀人，九齡、公輔嶺海之士，以草木臭味譬之，如橄欖不生于蜀，生于嶺海也。亦猶唐李直方以貢士第果實：一緑李，二粉梨，三櫻桃，四柑子，五蒲桃，或薦荔枝，曰寄舉之首也。蓋始于范曄，以諸香品時輩。侯朱虛著《百官本草》，皆戲言之善者耳。然近日蜀中種橄欖輒生。予山園自有數章。

宋　穆珣《納溪平蠻事奏元豐元年七月》（引自《全宋文》卷一七四九）　納溪寨去瀘州纔三十里，而羅苟村夷賊在寨之西南不及五里，八姓五十餘村，夷族千户。内近漢之地稍平，於進兵爲易。其後則林箐深阻，難以嚮邇。

明　曹學佺《蜀中廣記》卷六《成都府·灌縣》　晉時，又於丈人峰前建上皇觀。《蜀志補罅》云：亦名玄真觀。神芝、異草、嘉樹、名花皆生於此，芝草如稻苗，食之可仙。

又卷三〇《潼川州·中江縣》　松柏之石，昔著貞堅，桃李之村，今猶爛熳。按《輿地紀勝》云：宋建炎間，轉運使衙後圃有松石，外猶松柏而中化爲石。又云：近郭東北有村，三十里許，彌望皆桃李，春時盛開，爛熳如錦綺。郡守春日講出郊故事於此。

又卷六四《方物記第六·藥石》　《蘇文忠集》：青城山老人村有見五世孫者，道極險遠，生不識鹽醯，而溪中多枸杞，根如龍蛇，飲其水故壽。近歲道稍通，漸能致五味，而壽亦益衰。

清　張廷玉　《明史》卷一二九《廖永忠傳》　蜀山多草木，令將士皆衣青蓑衣，魚貫走崖石間。

清　愛新覺羅·胤禎　《朱批諭旨》卷一二五之二　奏爲敬陳東川事宜事。臣自長寨事竣，於十一月二十五日，由貴陽府起程，過威寧鎮，至東川府。此三百六十里内，人煙俱寂，雞犬無聞。惟隔三十里有塘兵二三名，茅屋數間。而入山處古木參天，遠山處平疇萬頃，取用盡屬良材，墾治皆爲美產。然而田皆蒿萊，地盡荆棘，耕種不施，漁樵絶跡者，則以地近兇夷，徒齎糧以資寇盜。故民不肯爲，官不敢問。而近城數十里内，肥饒之土亦半抛荒。

清　黄廷桂　雍正《四川通志》卷四一《藝文》　蒲咸臨《新繁古楠木記》：周公賦鴟鴞之年，大風拔木，乃命邦人起而築之，最爲異事。然大風拔木，天也；起而築之，人也。大木所偃，因人而起之，當無足怪者。孔子定《書》從而記之，示訓戒也。元祐八年，繁江隆道觀玉帝殿庭有古楠二章，分列左右，如輔如弼。一夕風雷大作，偃其左偏者。邑宰命匠石取之。方執柯伐其枝，忽聞軋軋聲，乃稍稍起立，匠石皆在上如猿猱然，觀者驚駭。邑宰降堦俯伏謝罪，君子以是知天道之不可誣也。較諸《金縢》，兹爲尤異，蓋以不待人力而自起也。今五十有一年矣，縉紳先生尚能言之。若不鑱諸石以永其傳，則無以訓戒後代。余被命尉兹邑，道士詹次淵請書其事，因從《春秋》記異之法月而日之，以警不能寅畏上帝者。

又卷四五《外紀》　熙寧初，吴仲庶知成都。一日文明廳前大槐枝葉皆出烟，色青白如焚香，至暮方止，木如故。歷訪儒士，莫知其説。惟楊損之云：《陰符經》謂，火生於木，禍發必克疑，有將士作亂而不成者。月餘，果有告戍卒謀亂者皆獲。【略】大曆中，成都百姓郭遠因樵獲端木一莖，理成字曰：天下太平。詔藏於祕閣。又西川一縣，不記名，吏因换獄卒木薪之，有天尊形像存焉。

清　張香海　咸豐《梓潼縣志》卷三《祥異》　西河沙洲，廣數十畝，居人或耕牧其中。洲中有獨樹，俗名麻柳。每夏秋河水急漲，農民爲水所溺，攀附樹上，累得全活。人因呼爲觀音樹，以其能拯濟人也。

又　黎雅塲紫府飛霞洞，帝君仙蹟也。載在舊志。洞中有樹，俗名黄連，父老相傳以爲宋代所植，而樹在江梓界。嘉慶年間，江梓街民神爲帝君物，各相爭競，以爲應在我縣内，互執不已，幾成大訟。而樹忽中分腹裂兩開，後仍完抱合好。街民悚然，始息爭焉。迄今大數十圍，而枝葉樸茂猶勝。曩昔無知而宛若有知，此樹殆可媲美晉柏，同著帝君靈異於無暨矣。

著録

宋　宋祁《益部方物略記序》（引自《益部方物略記》卷首）　益爲西南一都會，左阻劍門，右負夷蕃，内坦夷數百里，環以長江，裹以複岑。川陸盛氣，凝而不得東，回薄蜿蜒，還負一方。爲珍木，爲怪草，爲鳥魚芋稻之饒。日暘雨雨，噓和吐妍，層出雜見，不可勝狀。殆岷精緼靈，示（原本缺三字）璚於兹壤也。嘉祐建元之明年，予來領州，得東陽沈立所録劍南陽物二十八種，按名索實，尚未之盡。故遍詢西人，又益數十物，列而圖之，物爲之贊。圖視狀贊，言生之所以然，更名《益部方物略記》。凡東方所無及，有而自異，皆取之，冀裨風土聚丘之遺云。

清　黄廷桂　《四川通志》卷四五　宋祁有《益部方物贊》。曰海椶，曰楠，曰榿，曰竹柏，曰海芋，曰紅豆，曰紫竹，曰慈竹，曰椶竹，曰方竹，曰柑，曰赤鷴芋，曰綠葡萄，曰天師栗，曰天仙果，曰限支，曰錦被堆，曰錦帶花，曰石蟬花，曰長生草，曰瑞草，曰紅蕉花，曰重葉海棠，曰月季花，曰佛豆添色拒霜花，曰黄醾虆，曰艾子，曰鴛鴦草，曰虞美人草，曰仙人稻，曰羞寒花，曰瑞聖花，曰七寶花，曰旌節花，曰娑羅花，曰木蓮花，曰鵝毛玉鳳花，曰蒟，曰珍珠菜，曰朝日蓮，曰蟬花，曰㷆麻，曰水硫黄，曰附子，曰石瓜，曰芎，曰大黄，曰餘甘子，曰金星草，曰桐花鳳，曰紅桐觜，曰荏雀，曰護花鳥，曰百舌鳥，曰狨，曰龍羊，曰玃，曰魶魚，曰嘉魚，曰鯀魚，曰黑頭魚，曰沙緑魚，曰石鼈魚，曰金蟲，凡六十五種。

藝文

漢　揚雄　《揚子雲集》卷五《蜀都賦》　蜀都之地古曰梁州。【略】獸則麕羊野麋，罷犛貘貒，鷹麢鹿麝，户豹能黄，獑胡雖獲，猨蝙玃猱，猶㲉畢方。【略】於木則楩櫟豫章樹榜，檜櫨楈枏，青稚雕梓，枌梧橿櫪，槲楢木櫻，枒信楫叢，俊幹湊集，枇楮楬，北沈樘椅，從風推參，循崖撮捼，溼溜溶，繽紛幼靡，汎閎野望，芒芒菲菲。其竹則鍾龍笨篁，野篠紛苫，宗生族攢，俊茂豐美，洪溶忿葦，紛揚搔翕，與風披[拖]，夾江緣山，尋卒而起，結根才業，填衍迥野。若此者，方乎數十百里。【略】爾乃其裸，羅諸圃歐，緣畛黄甘諸柘，柿桃杏李枇杷，杜樼栗柰，棠梨離支，雜以梴橙，被以櫻梅，樹以木蘭，扶林禽，爚般關，旁支何若，英絡其間。

唐　王勃　《王子安集》卷二《澗底寒松賦并序》　歲八月壬子，旅遊於蜀。尋茅谿之澗，深溪絶磴，人跡罕到，爰有松焉。冒霜停雪，蒼然百丈，雖崇柯俊穎，不能踰其岸。嗚呼斯松，託非其所，出羣之器，何以別乎？蓋物殊類而合情，士因感而成興，遂作賦曰：惟松之植，於澗之幽。盤柯跨巘，沓柢憑流。寓天地兮何日，霑雨露兮幾秋。見時華之屢變，知俗態之多浮。故其磊落殊狀，森梢峻節，紫葉吟風，蒼條振雪。嗟英鑒之希遇，保貞容之未缺。攀翠崿而形疲，指丹霄而望絶。已矣哉！蓋用輕則資衆，器宏則施寡。信棟梁之已成，非榱桷之相假。徒志遠而心屈，遂才高而位下。斯在物而有焉，余何爲而悲者。

唐　杜甫　《杜工部集》卷一四《寒雨朝行視園樹》　柴門擁樹向千株，丹橘黄甘此地無。江上今朝雲雨歇，籬中秀色畫屏紆。桃蹊李徑年雖故，梔子紅椒艷色殊。鎖石藤梢元自落，倚天松骨見來枯。林香出實垂將盡，葉蒂辭枝不重蘇。愛日恩光蒙借貸，清霜殺氣得憂虞。衰顔動覓藜牀坐，緩步仍須竹杖扶。散騎未知雲閣處，啼猿僻在楚山隅。

唐　白居易　《白氏長慶集》卷一八　木蓮樹生巴峽山谷間，巴民亦呼爲黄心樹。大者高五丈，涉冬不凋。身如青楊，有白文。葉如桂，厚大無脊。花如蓮，香色豔膩皆同，獨房蕊有異。四月初始開，自開迨謝僅二十日。忠州西北十里有鳴玉溪，生者穠茂尤異。元和十四年夏，命道士毋丘元忠志寫，惜其遐僻，因題三絶句云。

如折芙蓉栽旱地，似抛芍藥掛高枝。雲埋水隔無人識，惟有南賓太守知。

紅似胭脂膩如粉，傷心好物不須臾。山中風起無時節，明月重來得在無。

已愁花落荒巖底，復恨根生亂石間。幾度欲移移不得，天教抛擲在深山。

宋　蘇軾　《題杜子美榿木詩後》（引自《三希堂法帖》）　蜀中多榿木，讀如敧仄之『敧』，散材也，獨中薪耳。然易長，三年乃拱。故子美詩云：『飽聞榿木三年大，爲致溪邊十畝陰。』凡木所芘，其地則瘠。惟榿不然，葉落泥水中，輒腐，能肥田，甚於糞壤，故田家喜種之。得風，葉聲發發，如白楊也。『吟風』之句，尤爲紀實云。籠竹，亦蜀中竹名也。

宋　蘇軾　《蘇文忠公全集》卷六七《書子美雲安詩》　『兩邊山木合，終日子規啼。』此老杜雲安縣詩也。非親到其處，不知此詩之工。

清　黄廷桂　雍正《四川通志》卷四四《藝文》　陸游跋古柏圖。此圖吾家舊藏。予居成都七年，屢至漢昭烈惠陵。此柏在陵旁廟中，忠武侯室之南。所謂先主武侯同閟宫者，於此略無小異，則畫工亦當時名手也。淳熙六年，龍集己亥六月一日，陸某識。

清　張維斗　《後園核桃》（引自《雅州府志》卷一六）　擎枝密蔭矗樓頭，羌菓纍纍泛雪甌。何必青州堪薦齒，敲來白玉早驚秋。凌寒剛彈開雙瓣，入夏員包不一油。絶勝沉黎甘味湓，携歸可得滃林丘。

雜録

宋 樂史《太平寰宇記》卷七五《劍南西道四・蜀州》 多融山。《博物志》：蜀中西南高山有物似獮猴，長七尺，能人行健走，名曰猳玃，一名馬化，或曰玃。伺行道婦人有美者，盗之，能別女氣，故取女。無子者終不得還。十年後，形皆類之，人意亦迷惑，不思歸。有子者輒送其家，産子皆如人，不養者其母輒死，長不異人，皆羊馬性也。

又卷七七《劍南西道・黎州》 夜叉穴。《博物志》云：蜀南沈黎高山中有物似猴，長七尺，能人行，名曰玃。路見婦人輒盗之入穴，俗呼爲『夜叉穴』。西蕃部落輒畏之。

元 佚名《東南紀聞》卷三 白樂天有《忠州木蓮詩》。木蓮蓋所罕見，放翁陸游嘗遊臨邛白鶴山寺，佛殿前有兩株，高數丈，葉堅厚如桂，以仲夏發花，狀如芙蕖，香亦酷似。花折時有聲如破竹，然一郡止此二株，不知何自至也。成都多奇花，亦未嘗見。

貴州

綜述

明 李賢《明一統志》卷七二《遵義府》 土産：斑竹，播州出。文龜，【略】犀角，廢、綏陽縣出。雄黄，廢、夜郎縣出。蜜，茶，靛，楠木，杉木，猓，熊。

又卷八八《貴陽府》 土産：茶，鐵，馬，薑，蘭，菖蒲，刺竹，筋竹。俱府境及各長官司出。

又《思州府》 土産：【略】竹雞。俱府境及各官司出。

又《思南府》 土産：【略】竹雞，白鷴，蘭，菖蒲，葛。

又《鎮遠府》 土産：笏竹，竹雞，海棠，芙蓉，石榴，柑，綿竹。俱府境出。

又《石阡府》 土産：【略】木瓜，銀杏。

又《銅仁府》 土産：【略】蠟，楠木，杉木，箭竹，葛布。府境及各長官司俱出。

又《普安州》 土産：【略】橙，榛，芭蕉。

又《新添衛軍民指揮使司》 土産：茶，葛布，俱丹平長官司出。薑，梅，菖蒲，刺竹。衛境及各長官司俱出。

又《平越衛軍民指揮使司》 土産：木香，葛布，茶，麂，水竹，橘，烏頭。

又《安南衛》 土産：橙，梅，葛蕨，菖蒲，馬，猿，麂，竹鷄，楓木，刺竹，苧蔴。

明 謝東山 嘉靖《貴州通志》卷三《土産・貴州布政司宣慰司》 菓之屬：柑，橙，桃，李，杏，梨，柿，香櫞，金橘，棗，蓮，梅，栗，瓜，蕉，林檎，花紅，石榴，枇杷，軟棗，楊梅，銀杏，核桃，葡萄，茨菰，木瓜，荸薺，櫻桃，扁桃，地石榴。藥之屬：紫蘇，薄荷，豨薟，蒼耳，栝樓，商陸，荆芥，牛膝，半夏，茱萸，南藤，烏頭，桔梗，象耳，黄精，三稜，澤瀉，鼠婦，苦參，管仲，枳殼，青皮，木通，木賊，藁本，厚朴，石斛，通草，鬱金，桑皮，石菖蒲，馬鞭草，萆蔴子，牽牛子，車前草，香附子，剪刀草，草决明，何首烏，羊蹄根，益母草，使君子，赤白芍藥，麥門冬，地骨皮，白蘚皮，五加皮，金銀藤，土當歸，蜜蒙花，過山硝，天門冬，草血竭，續隨子，一枝箭，蛇含石，九里光，五味子，五倍子，龍膽草，虎耳草，金星草，天花粉，山查子，山豆根，夏枯草。木之屬：松，柏，杉，樟，楠，楮，桐，檜，冬青，桑，柘，槐，椒，柳，楓，椶，檮，皂莢，水楊，黄楊，白楊，羅漢松，血珀，蒙子，花桑，黄心，雞爪，丁木，椿木，猪元。竹之屬：斑竹，紫竹，苦竹，筋竹，箭竹，綿竹，水竹，叢竹，鳳尾竹，瀟湘竹，畫眉竹。花之屬：桂，山茶，海棠，茶蘼，薔薇，木槿，牡丹，菊，梔子，報春，迎春，山丹，紫薇，紫荆，蘭，素馨，芙蓉，崖錦，夜合，棣棠，凌霄，萱，芍藥，水仙，扁竹，玉簪，百合，雞冠，葵，罌粟，石竹，蝴蝶，白結，陽雀，杜鵑紅，滴滴金，金鳳花，龍爪花，洛陽花，鐵線蓮，十姊妹，月月紅，粉團花，鴈傳書，秋海棠，水紅花，碎剪羅，夜落金錢，紅蓼，楊和。草之屬：蒲，藻，獨掃，鵞兒長，佛指甲，茅草，萍，蘆，菁茅，銅錢，虎鬚，骨精。【略】毛之屬：虎，豹，熊，鹿，麞，麂，狐，黄鼠狼，山羊，野猪，毫猪，竹鼬。

羽之屬：烏，鳩，鶯，喜鵲，山鵲，布穀，啄木，畫眉，燕，鴻，梟，鶺鴒，瓦雀，白鷴，竹雞，鷓鴣，鷗，鶴，雉，杜鵑，黄鸝，鷺鷥，鴝鵒，蠟嘴，鶻鶚，鸕鷀，白頭翁，黑頭翁，青菜子。【略】蟲之屬：蛇，蚊，蜥蜴，螘蟻，蜈蚣，蝙蝠，蜘蛛，蠅，蟬，螳蜋，蝴蝶，蜻蜓，螟蛉，蜉蝣，牽牛郎，蟋蟀，促織，蝸牛，蚯蚓。

又《思州府》 竹之屬：綿竹，鶴膝竹。羽之屬：鵁，竹雞。餘與宣慰司同。

又《思南府》【略】藥之屬：椒，慈女歸。木之屬：楠木。羽之屬：鸕鷀，竹雞，白鷴。毛之屬：豺，猿，猴，獺。餘與思州府同。

又《石阡府》 俱與思南府同。

又《銅仁府》 藥之屬：仙茅。餘與思南府同。

又《黎平府》 藥之屬：茯苓，楓香脂。木之屬：官音柳，紫檀木。竹之屬：烟竹，實竹。毛之屬：野狗。餘與思州府同。

又《都勻府》 竹之屬：紫竹，方竹。果之屬：柑，橘。餘與宣慰司同。

又《普安州》 毛之屬：兔。果之屬：橄欖，橙。餘與鎮寧州同。

又《貴州前衛》 俱與宣慰司同。

又《龍里衛》 木之屬：丁木，梨木，黄心木。花之屬：梔子花。餘與貴前二衛同。

又《新添衛》 與宣慰司同。

又《平越衛》 與都勻府同。

又《清平衛》 果之屬：無花果。餘與龍里衛同。

又《興隆衛》 與清平衛同。

又《都勻衛》 與府同。

又《普定衛》 果之屬：梨。餘與平壩衛同。

又《安南衛》 木之屬：虎皮楠，楓木。

又《烏撒衛》 藥之屬：茯苓，半夏，荆三稜。果之屬：松子，柑。羽之屬：鸚鵡。

又《永寧衛》 藥之屬：巴豆，梔子。

清　張澍《續黔書》卷七《梓楠》 黔中昔饒梓楠，播州水西更蕃，近亦濯濯矣。余至播所見椇杷數株，殊無巨抱者。按：梓亦有數種，木理白者爲梓，赤者爲楸。楸之小葉者爲榎。梓之桐皮梓實而美者爲椅，《尸子》謂『荆有長松文梓』是也。又有鼠梓，一名楰。《詩》云『北山有楰』，即此木也。又有虎梓，江東是植。柟木，其樹直上若幢蓋之狀，葉似桑，子似杏，今作楠。《爾雅》以爲柟。

又《柤》 房師鄧玉峰，貴陽人。先生之居，花卉頗饒。有樹焉，秋時結實較木瓜微大，摘味之，似梨而酢澀，或謂即楙。余按：蓋柤也。夫柤，榠樝也。李時珍曰：榠樝乃木瓜之大者，樝子乃木瓜之小者，榅桲則樝類之生於北方者。三物與木瓜一類而實不同。《詩》之木李，《通志略》之蠻樝，《埤雅》之木梨，皆謂柤也。

又《邛竹》 昔我家博望侯至大夏得安石榴、蒟醬，並得笻竹。賈人言：市之身毒國也。身毒或曰賢豆，亦曰天毒，《漢書》作天竺，《汲冢周書》作天竹，《杜篤傳》作天筑，或作天督。《通志略》云：天竺即捐毒也。田山薑以爲出蜀之臨邛，謬矣。且謂黔亦有之，更昧朒矣。夫黔之所生者，非笻竹，乃筀竹，亦作桂竹，《零陵記》所稱『桂竹之埜産桂竹』是也。攷《山海經》：雲山無草木，有桂竹甚毒，傷人必死。《竹譜》云：棘竹一名芀竹，扶疏森然，大者圍二尺，可禦盜賊。又交趾有篥竹，實中、勁强、有毒，鋭以刺虎，中之則死。皆桂竹之屬也。余至黔中，經歷數郡，凡遇叢薄幽藹，輒爲之拂升斤。聽篙檄旁皇其下，賞赤箬緑筒之脩篁，甄育蟲雲母之嫩籜。然未見梢雲百尋，摩月千尺，望之似甕，剖之爲甑，鑿之爲舩者。毋亦土薄水淺，霧重煙荒，不能畜此礧砢之奇節乎？而其萋蒨高原，夔逮重谷，檀欒夾水，樠矗圍塘，青嵐運帚，碧空掃煙。浮筠之榦上葳蕤而防露，嬋娟之篠下瀟瑟而來風。予也，吟句對青，學仙服汁，納千畝於胸中。傲清貧之太守，非尋竹王之胎，鬱爲茂林，何以有此平安之報哉！

又《長壽草》 廣順署後，即馬鞍山，古樹叢林，虬蟠雲結，而懸崖峭陂尤饒奇草，鬱鬱青青。

又《海棠》 舊聞海棠無香，惟四川重慶府昌州所産者有之。余至黔，聞大定海棠極蕃，其香最清烈。質之土人，良信。

又《蠟樹》　天下無無用之物，蠶之嚙桑作繭，蜂之采花爲蜜，構木作羹，蔞葉作醬，夫人而利賴之矣。又如桄榔木有麪，文欀木有粉，都勾木有屑，羊刺草有蜜，椰子核、頓遜樹有酒。女國產鹽草，雲南產酸角，西蜀出糖樹，均足適用。又波斯有齊墩果，西域出摩厨子，真臘種咸平樹，亦可調羹。以予所見，黔之蠟樹爲尤足貴。

又卷八《孝獸》　思南有甑峰盤亘，銅仁思州石阡數百里，騰林拂雲，幽煙冥緬，懸崖陡絶，亢石無階，杳無人居，人蹤亦不能到，所產草木多異狀。有獸焉，形類獮猴而大，尾長四五尺而歧端色蒼黃，鼻露向上，雨即自縣於樹，以尾塞鼻，或以兩指，《爾雅》所謂蜼也。巢於樹，老者居上，子孫以次居下。老者簡出，子孫搜巖得果，即傳遞而上薦老者食。食已，然後傳遞至下。上者未食，下者不敢嘗。先王用以繪於尊彝，取其孝也。按：寓屬，小而尾短者，猴也。似猴而多髯者，豦也。小於猴，文采蔚然者，果下豹也。似猴而大者，玃也。大而尾長赤目者，禺也。似狖而大者，果然也。似狖而小者，蒙頌也。似狖而善躍越者，獑胡也。似猴而長臂者，猿也。似猿而狗首，以猨爲雌者，猵狚也。猵狚，一名獦狎。似猨而金尾者，狨也。似猨而大，能食猨者，獨也。食猴者，㹔也。卬鼻者，狖也。狖，即蜼也，南人名之曰仙猴也。郭景純贊云：禺屬之才，莫過於蜼；雨則自縣，塞鼻以尾；厥形雖陋，列象宗彝。余賡贊曰：蟻穴蜂房，君臣道章；鴇行雁序，兄弟燕處；鸎遷雞呼，朋友卬須；鳩摯鴦别，夫婦締結；惟烏能哺，惟羔能乳；愛深養隆，曰母曰父；云何蒼蜼，念厥顧復；嘉果摘來，爰薦耄壽；嗟嗟世人，誰無二親；商賈逐末，𢰅爵空陳；士也遠宦，鐘鼎自榮；緊昔子輿，益母長歔；亦有周磐，感懷魴魚；銜索幾蠹，奉檄樂胥；蒼蒼者天，薄薄者地；罔極鴻慈，豈惟酒食；此而不將，毛蟲之次。

又《豪彘》　物之自爲雌雄者，亶爰之類，鵁鶄之禽，帶山之鶺鴒，陽山之象蛇，火眼之狻猊，而豪彘亦然。其爲狀，如豚而白毛，如笄而黑端，夾脾有麤豪長數尺，能以脊上豪射物。郭景純謂之狟猪，《長楊賦》注謂之帚豲，《通志略》謂之山猪，《唐本草》謂之蒿猪，亦謂之貆貐，吴楚又呼爲鸞猪也。大定府有之，俗名刺猪。苗人拾其豪以爲簪，猶海嶠之用蝦鬚也。聞南海有泡魚，大如斗，身有棘刺，能化爲豪猪。夫巽爲魚，坎爲豕，巽變爲坎，理或然歟。

又《水馬》　西域以羊臍種土中，溉以水，聞雷而生，臍繫地内。及長，驚以木聲，臍斷便行，齧草。至秋可食，臍内復有種。此物之至奇者也，而人或未之信。黔之養龍坑，兩山相夾，深池涵焉，嘗出神馬。明洪武四年，僞夏明昇獻馬十。其一白者，首高九尺，長丈餘，乃得之於此也。夫渥洼蒲梢，余吾龍友，《漢史》可稽已。又魏黄初間，於上黨得澤馬。晉孝武太元十四年，滇池縣河水有神馬二匹。唐明皇靈昌郡得異馬於河。皆水馬也。《隨巢子》云：夏后之興，方澤出馬。良不誣矣。再考《襄陽記》中，廬山有地穴，漢時常有數百匹馬出，遂名馬穴。吴時，陸遜復於此穴得數十匹馬，出土中，一異也。又雲南越睒之西多薦草，產善馬，始生若羔，歲中紐莎縻之，飲以米瀋，七年可御，日馳數百里，馬出於草，更一異也。庶物之生，俶詭萬變，昧者不察，徒執游牧攻駒，曷與之循會無而涉駿馬之河哉！

又《箐雞》　《逸周書·王會篇》云：蜀人以文鶾。文鶾者，若翬雉。孔晁注云：鳥有文彩者，皋雉似鳧，冀州謂之澤特。今水西出。箐雞高尺許，或畜之，見人輒避去，終不馴擾。而長尾白羽，羽之周遭黑文，緣之如淡墨所畫，即文鶾、澤特之類也。

又《圓蛇》　圓蛇產貴州古州八萬土司中，圓如卵，有五彩文，或山水花鳥竹木歷歷如繢，狀同六合石子。人見之，無不欣愛，拾而撫摩之，不忍遽舍去。少頃，㝵人氣，于中心迸出一頭，口目畢具，舌如火輪，齧人無幸免者。然其人斃處，草木枯槁，泥土焦裂。人不敢由此行，皆迂道以避，三年始復。又有脆蛇，長丈有二寸，見人輒躍起數尺，跌爲十二段，須臾復合爲一，田山薑紀之特詳。

又《哱哱》　山石之間有物焉，形似蛙，又似鮎，色青，味鮮美。苗人得之進上客，呼之爲哱哱。按：字書無哱字，其從土者，土精也。宋時徐廷評監廬州酒税，河次得一物，如小兒掌無指，懼而埋之。或曰：此《白澤圖》所謂埲也，食之多力。按：此形狀懸殊，非即哱哱也。《本草》云：石蛤在山石中藏蟄，似蝦蟆而大，黄色，能吞氣，飲風露，可食。疑哱哱即石蛤之類。

清　平翰　道光《遵義府志》卷四《山川》　石稜子山，在趙十甲，二石一高一卑，稜角古峭。山產木耳、紫草。又去此至馬頸山，多杜鵑花。

又卷一七《物產》［只録種名］果類：杏，棗，花紅，石榴，白果，胡桃，柿，蔗，桃，李，櫻桃，葡萄。【略】楊梅，枇杷，林檎，馀甘子，梨，荔支，橘，柑，香櫞，佛手柑，蜜羅柑，無花果，落花生，羊桃，千葉桃，金橘，菱蓮，沙棠，拐棗，栗，紅子，刺梨。【略】木類：椿，楸，桑，柳，冬青，榆，槐，羅漢松。楠，樟，杉木，松柏，桂，楓香，白楊，白蠟樹，榿木，槲櫪，檉柳，椶，黃葛樹，紅豆，漿梨木，檬子樹，水紅樹，黑達樹，霸王鞭，穀，君遷，闌天竹，刺楸，檍木，青岡樹。竹：筋竹，班竹，苦竹，慈竹，水竹，金竹，桃竹，紫竹，方竹，平竹，刺竹，鳳尾竹，觀音竹。花類：芍藥，芙蓉，海棠，萱，薔薇，玉簪，梅，絳桃，碧桃，木樨，梔子，紅白石榴，繡毬。瑞香，夢花，木筆，紫荊，紫薇，金錢，剪春羅，秋海棠，滴滴金，雞冠，西番菊，水仙，鳳仙，金盞。玫瑰，木香，石竹。《正安志》：州產。按：各屬皆有。蘭，菊，牡丹，茉莉，西府海棠，荼蘼，伊蘭，紫繡毬，映山紅，山茶，蜀葵，天葵，秋葵，金梅，石蟬花，紅焦花，月季花，錦帶花，蝎子花，長樂花，七寶花，旌節花，朝日蓮，打碗花，鐵線蓮，陽雀花，胭脂，鴛鴦草，木蓮，天花，龍爪花，悶頭花，鵝毛玉鳳花，金燈花。【略】羽類：鷹，鷂，鳩，梟，鷺鷥，燕，雀，鴛鴦，烏鴉，鵲，伯勞，鶻鵃。《陳志》：并州縣禽產。畫眉，啄木，鶻，鸜鵒。《綏陽志》：邑產。按：各屬皆有。鸛，隼，鵁鶄，黃雀，鴿，鵪鴿。《正安志》：州產。按：各屬皆有。白鷴，鶺鴒，黃鸝，畫眉，杜鵑，吐綬鳥，百舌鳥，鸕鷀，錦雞，箐雞，竹雞，桐花鳳，護花鳥，黑燈捉蛒蚤，山鳳皇，翡翠，鐵稜甲，山胡。毛類：虎，山水豹，松花豹，水鹿，犀，象，熊，猱，麞，山羊，野豬，麂，狐，獾，嵬嵬，貘，竹鼦，豺。

清　蘇忠廷　光緒《荔波縣志》卷四《物產》　菓屬：梅，桃，李，杏，橘，榛，楊梅，林檎，柿花，板栗，錐栗，茨藜，救兵糧，甘蔗，胡桃，柚，柑，枇杷，櫻桃，橄欖，木瓜，花紅，石榴，地瓜，橙，俗名黃菓。似柚而小，經霜肉甘，味微酸，菓中之佳品也。葡萄，有水晶、紫、黑數種。【略】長生菓，葉似佛手甘而微小，結實圓而微尖。經冬不凋，久則香氣愈馥，可爲案頭清供。山荔枝，味甘微酸，出巴容里山中。佛手柑，清香芬烈，結實有如千葉蓮花者，有如麻姑長瓜者，色味非他產所能及。珍珠李，樹高三四尺，結實小如叩，而色赤，味極甘美。桃李，每歲立春，以桃樹接李則桃核而李實，以李樹接桃則李核而桃實，好事者每植之，以爭異云。香櫞，實如長生菓而微大，味甘香，食之順氣和中，安胃定脾，醒酒解穢。栽秧李，大如龍眼，栽秧時熟，甘脆可食。牛心李，狀如牛心，味甘微酸。棗，有大、小二種。梨，有青、黃、麻數種，黃梨味較勝。香水梨，實大如杯，甘脆，遠勝於他梨。烏梨，以香椿樹接梨，其色烏黑，清香肥美，食之可除熱痢，諸梨之上品也。茶泡，結實於茶樹上，生青熟紅，其色鮮艷，大者如碗，小者如杯，二三月可食。出董界里山中有茶樹處。密臘，實如香櫞而圓大，經霜髮脆，味甘如蜜。冬桃，實小如杯，二月開花，冬至後始熟。味清甘脆，不可多得。白菓，相傳其花多在子、丑、寅三時開，人罕見之。北街忠烈宮庭前有一株，蓋百餘年物，今尚存。涼粉菓。多在巉岩古樹側。有籐木二種，其實圓而微長，內粒微紐而扁，以冷水揉漬之，頃刻凝結如冰。市人以糖或醋調和飲之，謂之涼粉。木屬：松，柏，杞，梓，桐，槐，柳，楓，椶，白楊，青剛，椈柞，黃楊，黃檀，絲梨，脫皮龍，榕，黔無榕。荔邑近粵，惟北門卡房側有一株，大可圍抱，蒼翠陰翳，枝條絲絲下垂，著地即生根倒捲，不蠹不凋，可謂之奇物也。椿，有香、臭二種。紫檀，光潤而堅，作器皿、轎竿良物。杉，有黃杉、紅杉、岩杉、油杉、白杉、窖杉數種。惟窖杉係大杉木，埋於土中千百年，偶值土崩而出，以之作用器盛，夏裝物不腐。以之作冥器，千年不朽。馬尾松，五鬣者，其下有茯苓、茯神、琥珀等項。出從善里、三洞里山隴。香樟，枝葉圓如蓋，經冬不凋，數百年大可數圍，其盤根結成葡萄、雲龍等形，製爲桌心，光潤可鑑物。結子如龍眼，食之止心腹氣痛。千年矮，樹甚難長，其木可作檀板。構皮樹，樹高二三丈，葉可飼豕，皮可作紙，實可入藥，漿可膠物，良材也。水楊柳，可發痘瘡。扁柏。可醫目疾。竹屬：紫竹，白竹，金竹，苦竹，茨竹，椶竹，南竹，水竹，毛竹，慈竹，實心竹，泡竹，可作竹蓆。四方竹，羅漢竹，釣絲竹。端聳直上，枝梢長細下垂，故名。大可作柱，小可作器用。筍肥而甘脆，可鮮可乾，其用宏矣。花屬：牡丹，芍藥，海棠，秋海棠，木筆，蒙花，夾竹桃，薔薇，繡毬，鳳仙，芙蓉，蘭，桂，有金、銀兩色。菊，蓮，有紅、白、金邊、鴛鴦數種。玉簪，臘梅，水仙，龍瓜，茉莉，山茶，紫薇，紫荊，雙石榴，花如單瓣石榴而大，不結實。其花有紅白色者，有瑪瑙色者，有全紅色者，花開甚爲耐久。仙人掌，芭蕉，紅梅，花紅艷而不結實。月月紅，醉楊妃，萬年松，蔓生，葉緑花紅，綽灼可愛。黃飯花，滿山紅，燕山。【略】禽屬：鷗，鷺，鷹隼，雉，杜鵑，鶻鵃，出猺慶大造坡，近粵西處。鶉，鵲，燕，金雞，竹雞，秧雞，鵞，鴨，雞，黃鶯，梟，翠雀，山鶘，畫眉，鳩，鴛鴦，山鷓，信天翁，狀如梟而大，紅嘴白毛，每立必拳一足。性拙，終日呆立河岸，俟有飛鳥銜食偶落，始啄食之。寒雞，其色黃黑，尾長，緩步。鴿。獸屬：熊，有人、馬、狗等名。虎，豹，豺，狼，兔，猴，草狐，牛，馬，羊，犬，豕，貓，有家、野別。箭猪，豶猪，野猪，獐，麝，山羊。

清　曹昌祺　光緒《普安直隸廳志》卷一〇《物産》　果之屬：有梅，有桃，緋桃無實。有李，有杏，有橘，有榛，有栗，有柿，有梨，有蜜羅柑，有佛手，佛手蓋櫞類。有櫞，有白菓，白菓花不易見，其花時多在子、丑、寅三時，霎然有光。有楊梅，有葡萄，有胡桃，有橄欖，有枇杷，有龍瓜，有木瓜，有林禽，有花紅，有安石榴，有郁李。按：白果樂民所尤多。【略】木之屬：有松，有柏，有枏，有梓，有椿，有楸，有杉，有桐，有椶，有元椎，有柳，有槐，有白楊，有土檀。竹之屬：有金竹，有紫竹，有南竹，有茨竹，有滑竹，有椶竹，有水竹，有藤竹，有甜竹。花之屬：則蘭蕙被於山谷中。有菊，有蓮，有牡丹、芍藥，有桂，有玉簪，有海棠。海棠有三種，西府、垂絲、鐵幹也。有鳳仙，有薝蔔，有木芙蓉，有山茶，有洋繡毬，有九心茶，有薔薇，有荆，有辛夷，有伽藍，有茉莉，有粉團，有四季紅，有翦絨，有罌粟。花時爛如雲錦，數百里相屬，可稱花花世界。漿有毒，害人不淺，禁之宜。【略】禽之類：有鷹隼，有鸚鵡，有山雞、箐雞、秧雞，有雉，有杜鵑，有鷓鴣，有鶉，有鵲，有鴉，有畫眉，有鸕鷀，有百舌，有燕，有鴿，有鴟。水禽有鳧、鷺。禽有雞、鵝、鶩、鴨。獸之屬：有虎豹，有豺狼，有熊羆、猩猩，有麋鹿，鹿之類今無。有麂，有獐，有兔，有猴，有猿，有狐狸。牛有野牛，羊有山羊，犬有山犬，豕有野豕，貓有野貓，馬有駿者。

清　吴宗周　光緒《湄潭縣志》卷四《物産》　木類：椿，楸，桑，柳，冬青，槐，松，柏，楠，杉，桂，梧桐，楓，樟，白楊，白蠟，椶，檬子，刺楸，高者數丈，有刺。青棡，水紅樹。果類：胡桃，即核桃。楊梅，紫者味甜而美。枇杷，色黃如金。梨，柑，栗，拐棗，白果，紅子，刺梨，林檎，柚，橙，橘，落花生，木瓜，羊桃柿。柿有十厥。竹類：斑竹，籜上出斑。慈竹，性柔，可造紙。水竹，苦竹，金竹，芭竹，葉大，可包角黍。刺竹，鳳尾竹。花圃多植。花類：牡丹，海棠，芍藥，芙蓉，梅，絳桃，紫荆，花有二種，一深紅，一淺紅。木樨，栀子，榴，秋葵，映山紅，一名杜鵑花。繡毬花，陽雀花，茶花。【略】羽類：鷹，鸇，鷂，杜鵑，黃鸝，鶺，鸛鴒，鸛，燕，瓦雀，一名賓雀。鳩，種類有五。鷺鷥，鵲雀，梟，九頭鳥，俗名九條蟲，一名鬼車。烏鴉，鸕鷀，俗名水老鴉。錦雞，黃豆雀，即桃蟲。竹雞，鷽，俗呼山榨。點水鵲，秧雞鶯。毛類：虎，豹，豺，狼，麞，麂，狐，狸，狐類其種不一，俗名昏子，毫可筆。野豕，兔，貂，獾，彘身狗爪，俗名獾子。獺。

紀事

南朝宋　范曄　《後漢書》卷八六《西南夷傳》　初，楚頃襄王時，遣將莊豪從沅水伐夜郎，軍至且蘭，椓船於岸而步戰。既滅夜郎，因留王滇池。以且蘭〔有〕椓船牂柯處，乃改其名爲牂柯。牂柯地多雨潦，俗好巫鬼禁忌，寡畜生，又無蠶桑，故其郡最貧。句町縣有桄桹木，可以爲麪，百姓資之。

宋　李昉　《太平廣記》卷四四五《崔商》　元和中，荆客崔商上峽之黔，秋水既落，舟行甚遲。江濱有溪洞，林木勝絶。商因杖策徐步，窮幽深入。不三四里，忽有人居，石橋、竹扉、板屋、茅舍，沿流詰曲，景象殊迥。

明　王守仁　《興隆月潭寺公館碑記》（引自乾隆《貴州通志》卷四一）　興隆之南有巖曰月潭，壁立千仞，簷垂數百尺。其上頩洞玲瓏，浮者若雲霞，亘者若虹霓，豁若樓殿門闕，懸若鼓鐘編磬。嶦幢瓔珞，若搏風之鵬，翻隼翔鵠，螭虺之糾蟠，猱猊之駭攫，譎奇變幻，不可具狀。而其下澄潭邃谷，不測之洞，環密回伏，喬林秀木，垂蔭蔽虧，鳴瀑青溪，停迴引映。天下之山萃於雲貴，連亘萬里，際天無極。

明　謝三秀　《東山記》（引自乾隆《貴州通志》卷四〇）　山在黔東門外，故曰東山。峭壁㪷絶百仞，朱樓縹渺欲飛。前俯金湯，後枕銅鼓，固儼然西南一具瞻云。山麓舊無結構，萬曆初，中丞何公始建東山閣，兩山夾谷之間，頗足幽勝。閣後爲都是春風樓，樓高不及閣之半，而瀾倍之。檻外社壇諸山，一目都盡。勁松謖謖，如聽淛江八月潮，能令坐者忘倦。【略】前楹軒豁，松檜陰森，即六月不受暑。下視城市，殆如蟻垤，千甍翼張，萬瓦鱗次。明江一派，盈盈扇履間。虹橋卧波，漁人操舴艋，如在鏡中行。大都黔中之勝，無踰此已。

明　徐洪祖　《徐霞客遊記》卷五《西南遊日記》　白雲山中有元色、白色諸猿，每六六成行，輪朝寺下。據僧言如此，余早晚止聞其聲。又有菌甚美，大者出龍潭後深箐仆木間，玉質花腴，朵徑尺，即天花菜也。又有小者，名八担紫，土人呼爲茅棗，雲南甚多。

明　佚名　《平溪衛志序》（引自乾隆《貴州通志》卷三九）　平之先，古雄溪也。《事文類聚》、《山堂考索》諸集載：沅州路，自秦昭王伐楚，取楚蠻夷地，置黔中郡，隋爲峽州，唐爲法州、巫州、溆州，宋始改沅州，而五溪隸焉。雄，五溪之一也。漢《史記》武陵蠻叛，伏波佩征蠻將軍印，越二酉，渡五溪，而雄始見圖籍。今城北遺跡有存者，土人稱馬王而不名。夫其山峒峻絶，林木蓊鬱，初爲蠻王服習無疑。乃騷經屈平浮湘而南，遵溆浦，導沅澨，歌澧蘭沅芷，而平溪實在沅之平便近都。迨伏波慨毒溛於山川，太白寄愁心於明月，杜甫惜雲山之共，李皐標石柱之銘。雖蠻夷王長之時，而忠臣達士才人墨客已有經歷其地，咏歌其事者矣。

清　談遷　《國榷》卷一一《惠宗建文四年》　［六月］郭子章曰：《吾學編》、《雌伏亭筆記》，俱載帝在金筑長官司羅永庵題詩壁間。予入黔，令定番州守王應昌訪其庵，在羅榮寨五里許，有白雲庵，即帝避難處也。豈誤榮爲永，誤寨爲庵耶？庵畔一井，周匝可二尺許，深半之。傳帝所濬，井中水恒雨不溢，恒陽即千萬人飲之不涸。時有雙鯉出没其間。久旱，出輒雨，淫雨去輒晴，其應不爽。庵後有洞，亦曰白雲，外窄中廣，可坐可卧。有臺可置燈，又有隙通天，光明内徹，乃帝修煉所。庵左右有杉數章，大者數圍，小者合抱，皆帝手植。

清　谷應泰　《明史紀事本末》卷一九《開設貴州》　［明洪武三十年］冬十月，兵至沅州，伐山開道二百里，抵天柱，遂涉苗境營小坪，而以偏師别由渠陽零溪西南山徑御枚夜發犄角以進，分道夾攻，直抵洪州，泊里、福禄、永從諸洞，大破之。

清　張廣泗　《苗疆告竣撤兵疏》（引自乾隆《貴州通志》卷三六）　牛皮大箐綿長數百餘里，横亘於新疆之中，峭壁懸崖，高出雲表，深林密樹，霧雨不開，泥濘没膝，虺蛇交行，不但從來兵威所未臨，即人跡亦所罕到。詢之本地苗蠻，亦止能知其附近大概，不能悉其幽邃深遠也。

清　錢邦芑　《他山記》（引自乾隆《貴州通志》卷四〇）　宇内山石之奇，無過川、黔、楚、粤。然幽遐荒險，車馬不交之處，奇詭殆甚，而世或鮮知之。至川、黔、楚、粤之交，選第名山奇水，幾以百計，而嵾峩之鼇溪幽麗爲最。自鼇溪至湄水可百餘里，幽崖深溪堪怡玩者，何止數十，而蒲村爲最也。村之上有柳湖，湖之陰爲他山。山高不半里，迴曲斜抱，上多奇石，樹多楓、樟、楠、梓。中一石最奇突，名曰翠屏，外削而内空，余鐫『他山』兩大字於上。石腰有洞，曲透其背。其峰勢横飛處，瘦薄而偏聳，爲石帆峰。峰背古木掩映，四布如房然，名曰雲房。左一石高而怪異，曰九面峰。峰前石壁中虚，梅榦從洞口長出，名曰梅蒼。稍上，一石横卧，中刳如船，有孔，植梅其中，名曰梅舟。石帆之右有洞曰小洞天。梅蒼之左有崖奇險，名霹靂崖。稍上，有峽曰藏書峽。此外前後大石二十餘處，低者如蹲如伏，昂者如奮如翥，不可名似。中構一亭，名曰拜石，坐亭中則諸石之奇畢呈。自拜石亭後上二百步，極他山之巔，四顧諸峰，環拱如兒孫。俯視柳湖，湖光圓淨如鏡。此外縈青繚白，攢蹙點聚，蒼碧圍混，遠與天際，奇觀哉！夫宇内名山巨川載於經誌者寧可殫述，而是山之奇殆未多遜也。乃千百年無知之者，余以逃名之故，荒遯萬山深處，始得遇此。然則世之奇偉名勝，隱匿幽遐，不復見知於人世者，又寧獨此山也哉！

清　潘淳　《大風洞記》（引自乾隆《貴州通志》卷四〇）　衆共視之，石壁陡絶。壁間一石穴，穴尚容人，匐匍一廬，縮身入其中，髣髴見天光。餘人亦魚貫入，穴漸大，日漸明。行未數步，豁然雲開，修竹茂林，儼然在望。炊烟縷縷，上穿屋脊。雞犬之聲，依稀到耳。俯瞰則大江千尺洶洶。洞口外四面巉岩，趿藤蘿可捫。凝矚竚望，寂無往來。人相顧恍惚，不知爲何處也。

藝　文

唐　劉長卿　《劉隨州集》卷二《送侯侍御赴黔中充判官》　不識黔中路，今看遣使臣。猿啼萬里客，鳥似五湖人。地遠官無法，山深俗豈淳。須令荒徼外，亦解懼埋輪。

唐　綦母潛《送崔員外黔中監選》(引自乾隆《貴州通志》卷四五)　持衡出帝畿，星指夜郎飛。神女雲迎馬，荆門雨濕衣。聽猿收淚罷，繫鴈待書稀。蠻貊雖殊俗，知君肝膽微。

唐　李嘉祐《送上官侍御赴黔中》(引自《全唐詩》卷二〇六)　莫向黔中路，令人到欲迷。水聲巫峽裏，山色夜郎西。樹隔朝雲合，猿窺曉月啼。南方饒翠羽，知爾飲清溪。

唐　劉禹錫《劉賓客文集》卷二九《送義舟師却還黔南》　黔江秋水漫雲霓，獨泛慈航路不迷。猿狖窺齋林葉動，蛟龍聞咒浪花低。如蓮半偈心常悟，問菊新詩手自攜。常説麂園似靈鷲，却將山屐上丹梯。

宋　梅堯臣《宛陵集》卷五三《送鮮于秘丞通判黔州》　壺公山下俗，巴婦曲中聽。汲井熬鹽白，燒田種穀青。巖風來虎嘯，江雨過龍腥。事簡能談者，揚雄所草經。

元　何弘士《翠屏山》(引自乾隆《貴州通志》卷四四)　俗山如俗人，過眼不相揖。據鞍無好詩，羈思迫胸臆。行行見翠屏，景意兩相適。烟蘿幕青黛，山厓剷蒼璧。雲霞油然生，杉檜森以立。鳴禽遞清響，飛泉散珠急。我疑有幽人，相傍崖居密。朝餐紫霞英，暮啗香松實。

明　宋昂《送楊知事》(引自乾隆《貴州通志》卷四五)　江水澄清樹葉丹，臨岐人送柏臺官。十年幃幄參機務，一旦雲霄振羽翰。風静洞庭高浪遠，月明揚子暮潮寒。京華到日春光好，花柳無邊馬上看。

明　周瑛《題飛泉》(引自乾隆《貴州通志》卷四四)　北山深窈窕，遠接魚樵蹤。中有寒泉水，如奏嶧陽桐。灑雨映疎竹，隨風鳴長松。坐久人跡絶，孤雲生前峰。

明　黄珂《登東山》(引自乾隆《貴州通志》卷四五)　城上旌旗帶雨懸，城邊草樹晝生烟。山光水色連千里，人語鷄聲傍一川。望眼漫勞迎過鴈，愁懷無奈聽啼鵑。登臨直上最高處，恍若身遊萬仞天。

明　丁養浩《安莊道中》(引自乾隆《貴州通志》卷四五)　畦田百疊鎖山腰，雨後流泉似海潮。青嶂午陰看飯犢，碧林秋静聽鳴蜩。一簾暝色人歸市，半壑腥風虎過橋。更待月明刁斗動，滿天蒼碧夜迢迢。

明　王守仁《王文成全書》卷一九《過天生橋》　水光如練落長松，雲際天橋隱白虹。遼鶴不來華表爛，仙人一去石樓空。徒聞鵲駕横秋夕，謾説秦鞭到海東。移放長江還濟險，可憐虚却萬山中。

又《七盤》　鳥道縈紆下七盤，古藤蒼木峽聲寒。境多奇絶非吾土，時可淹留是謫官。猶記邊烽傳羽檄，近聞苗俗化衣冠。投簪實有居夷志，垂白難承菽水歡。

又《陸廣曉發》　初日曈曈似曉霞，雨痕新霽渡頭沙。溪深幾曲雲藏峽，樹老千年雪作花。白鳥去邊回驛路，青崖缺處見人家。遍行奇勝纔經此，江上無勞羨九華。

又《南菴次韻二首》　隔水樵漁亦幾家，緣岡石徑入溪斜。松林晚映千峰雨，楓葉秋連萬樹霞。漸覺形骸忘物外，未妨遊樂在天涯。頻來不用勞僧榻，已借汀鷗一席沙。

斜日江波動客衣，水南綠竹見巖扉。漁人收網舟初集，野老忘機坐未歸。漸覺雲間棲翼亂，愁看天北暮雲飛。年年歲晚常爲客，閒殺西湖舊釣磯。

明　何景明《清平令》(引自乾隆《貴州通志》卷四四)　清平之縣令，不識何爲者。庭前長野桑，庭後長山檟。猛虎上我城，青狨啼我舍。昨日出城去，騎馬到部下。部民道遮之，持刀殺其馬。入門顧妻子，所居無完瓦。秋風吹樹木，白日落原野。永夜空城中，哀哀淚如瀉。

又《平越》　清晨發平越，霧暗山益密。僕夫各相戒，路途恐迷失。薄午游氛清，參差衆峰出。鷄鳴溪谷中，始見厓上日。雲葉分杳冥，高原被華實。秋風起叢林，興感乃非一。悠悠遠行邁，歷險難具述。

明　楊慎《升菴集》卷一二《羅甸曲》　山圍羅甸國，水繞滴澄橋。橋下東流水，可惜無蘭橈。寒燈閟孤館，陰雲鎖重城。長夜恒思曉，久雨恒思晴。蠻樹不凋葉，蠻雲不放晴。長亭望不見，何處是渣城。林間山胡鳥，聲聲啼我前。何似故園裏，花亭聞杜鵑。

又卷三六《平溪道中》　野雞坪邊繞雜花，幽蘭石竹交山茶。可憐春色浩無主，徒使騷人惱鬢華。

明　薛蕙《送周子賢按貴州》(引自乾隆《貴州通志》卷四五)　萬里牂柯路，炎洲百粤南。懸梯穿鳥道，流沫下龍潭。赤坂鼃黿出，玄厓日月含。

虹霓蒸海氣，烟霧灑春嵐。飛猱緣篁竹，垂猿墮石楠。橘花香細細，藤刺緑毿毿。嶺外青驄馭，臺中白筆簪。秦冠高鐵柱，漢節照金函。行邁應多暇，登臨素所耽。江山吟謝客，物色助清談。送遠都無緒，憂時且不堪。安危廷諍地，遲子促朝參。

明　孫璽《**關索嶺**》（**引自乾隆**《**貴州通志**》**卷四五**）　萬里雲南路，三年始得歸。野梅渾破萼，官柳半垂絲。嶺峻盤空險，城尖疊石危。邊江據形勝，天畔控諸夷。

明　田汝成《**烏蠻灘**》（**引自乾隆**《**貴州通志**》**卷四五**）　一葉中流下，千山兩岸開。黿鼉吹浪轉，燕雀受風迴。巨石迎船出，啼猿近客哀。從來輕險絶，涉此寸心摧。

明　李渭《**川上學舍**》（**引自乾隆**《**貴州通志**》**卷四五**）　高閣峰陰入獨立，碧梧秋色滿江城。松巒月落猿啼冷，雲路風凄鴈字驚。紫塞未傳銷甲信，玉樓猶聽擣衣聲。年年對菊誰無賦，此日樽前意未平。

明　郭子章《**霽虹橋**》（**引自乾隆**《**貴州通志**》**卷四五**）　髣髴中流駕巨鼇，獨撑春水跨江臯。祇疑蝃蝀垂仙渚，那畏蛟龍挾怒濤。聲擊桃花紅漲偃，色摇柳樹緑雲高。千秋鎮遠行人頌，不獨當年晝六韜。

又《**過餘慶司**》　餘慶山行踏磴危，幸逢春仲日遲遲。荒村祭社仍茅屋，新户編門半竹籬。夾道櫻桃開白蕋，隔江楊柳换新枝。猶聞豺虎當吾路，去去埋輪一問之。

明　唐時升《**薛侍御出按貴州便道歸雲南省覲**》（**引自乾隆**《**貴州通志**》**卷四五**）　繡衣持節出長安，南入牂柯路萬盤。重箐濕雲常欲雨，點蒼晴雪不知寒。登車自埽豺狼跡，遇客爭彈獬廌冠。遥憶樹頭新酒熟，刺桐花下正承懽。

明　江盈科《**黔陽署中雜咏**》（**引自清乾隆**《**貴州通志**》**卷四五**）　天涯高閣幾回憑，林卧終然愧季鷹。水碓似人舂覺緩，石牀如雪冷難勝。鼠窺籬下初抽筍，猿掛岩前欲斷藤。環視四山饒爽氣，倩誰拄杖與同登。徙倚空亭石磴斜，晚風容易掃殘霞。蟻封土潤霑新雨，燕嘴泥香帶落花。病後檢方親曬藥，睡餘瀹鼎自烹茶。年光怕説如流水，幾度春歸未到家。

又《**黔中雜詩**》　羣峰莽互插天遥，旅魄都從一望銷。蠻語兼傳紅犵狫，土風漸入紫薑苗。耕山到處皆憑火，出户無人不佩刀。一自播兵蹂躪後，幾家茅屋入蕭條。

何處關山是盡期，馬蹄終日歷嶔崎。村墟寂寂寒烟火，野鎮蕭蕭閃戍旗。天斷不聞陽雁過，雲深只有嶺猿知。我期漢吏寬文網，莫把繁文縛屬夷。

地險人稀物態涼，蕭疎羸馬與牂羊。綵繩貫貝苗姬飾，蠻錦裁衣衛士裝。絶壁燒痕隨雨緑，隔年禾穗入春香。民間蓄積看如此，那得公家咏積倉。

一山如戟一如環，列嶂層層杳莫攀。風雨豈無魑魅嘯，月明應有鶴笙還。花苗所在營三窟，草檄誰人諭百蠻。見説赤丸時報警，天涯壯士盡凋顔。

明　汪良《**登香爐山**》（**引自乾隆**《**貴州通志**》**卷四五**）　爐山之高高入雲，嶙峋壁立無支分。雄關未許容雙馬，殺氣曾教走萬軍。林翠濕衣人不覺，猿聲嘯壑客驚聞。攀緣直到層巔立，回首相將日已曛。

明　蔣勸善《**夜坐大峨石**》（**引自乾隆**《**貴州通志**》**卷四五**）　白雲石之上，清泉石之下。趺坐萬竹中，凉風生静夜。

明　陳士奇《**題鐵橋**》（**引自乾隆**《**貴州通志**》**卷四五**）　瘴水春猶早，炎方日未齊。虎當官路鬬，猿掛驛樓啼。繩鎖金沙界，橋飛乳洞梯。當年無寶筏，腸斷夜郎西。

明　劉應麒《**金芝亭**》（**引自乾隆**《**貴州通志**》**卷四五**）　王師若時雨，草木亦蕃滋。共道中丞署，雙蟠五色芝。芬芳蘭弃葉，掩映樹連枝。道路壺漿後，轅門燕喜時。歌應階寶鼎，茹可駐仙姿。蒟醬兼笻杖，窮兵空爾爲。

明　鄧鐘《**和劉觀國觀察青蓮界**》（**引自乾隆**《**貴州通志**》**卷四五**）　東山禪室接雲屏，使節翻勞駐野亭。雨後泉飛千澗白，霜前木落數峰青。論文應合延津劍，借箸先瞻益部星。海内交懽能有幾，那堪聚散若流螢。

明　趙釴《**玉池**》（**引自乾隆**《**貴州通志**》**卷四五**）　疊石圍池水，誅茅結舫亭。偶然成野趣，曠矣勝郊坰。開鑿何人力，幽深本地靈。兩堤新樹緑，萬點舊山青。窈窕牛羊徑，縈洄鷗鷺汀。花繁添滉漾，月出照清泠。心遠少塵事，何須慕四溟。

明　趙天佑《碧雲洞》(引自乾隆《貴州通志》卷四五)　依舍千重樹，連城百囀鶯。勝遊常近郭，吾意欲通名。竹色窮詞賦，山靈識性情。憑誰祈岳手，爲寫輞川屏。

明　李瑞《鸎鵡溪道中》(引自乾隆《貴州通志》卷四五)　廢垣幾處望中存，楊柳青青蔭石門。人爲寇侵先避地，犬知主去尚防村。侵階流水隨渠滿，依樹啼鶯到日昏。何事草場成戰伐，令人三嘆不能飱。

明　萬士和《烏撒道中》(引自乾隆《貴州通志》卷四五)　地當高處峰隨轉，雲到窮時路更賒。夏半火刀方布種，晚來牛馬不歸家。瘴烟寒鎖蠻村樹，嵐霧晴迷客子槎。干羽未能馴鬼國，祇貪關市中鹽茶。

清　彭而述《赴黔臬別梁培元靖州》(引自乾隆《貴州通志》卷四五)
三年兩過靖州城，屢見飛雲馬首生。異國初逢黃葉下，蠻方更聽暮猿鳴。相看聚散還今夕，無那江山是別情。建業若逢黔郡使，驛書早寄故人聲。

清　錢邦芑《他山賦》(引自乾隆《貴州通志》卷四四)　瞻寰區之曠敻，信山水之離奇。乃黔地之荒僻，更聳異而嶔崎。既嵽嵲而陡削，亦峥嶸而逶迤。余也，忘情塵累，遯跡遐陬，遘兹異境，心契神投。闢萊穢於巉嵯，焚荆榛於岰丘。嵱嵷高下而畢現，崱屴前後而俱收。登椒巔以遥矚，覺岬咖之奔投。烟雲開闔以萬狀，氣象變眩而莫求。若夫崧屾嵔嶇以艱陟，洞穴合沓而陰尋。迴溪漭潒而滂潰，大壑奔崩以懷靈。隱窺地軸之維絡，邈測天柱之矗撐。至於叢柯偉木，干霄凝雲。榕樟翹負以飛曳，楅楚捷而隱森。春花列綺於岓岏，秋葉驚霜而換金。高霞華映於峩峉，朱雲采亂於岊岑。獨是奇石磈磥，拔地插天。或贔屭而硈砸，或碪碍而屈鬈，或橫仄而砐矹，或逆豎而倒懸。或龍盤而虎奮，或鵬舉而鳳軒，或蛟騰而鴻下，或獅怒而狻狂。或纛引而旗導，或羽展而翅翩。或雲垂而烟斷，或浪擁而濤旋。高者遏日，下者迴嵐。巨者藏谷，空者隱潭。皺者膚蹙，漏者竅含。瘦者骨削，薄者縠彡。散者星落，簇者毛毵。仰者如嘯，俯者如凝。立者如望，欹者如嬉。蹲者如怒，踞者如思。揚者如舞，抑者如企。端者如拱，斜者如窺。前者如待，後者如趍。聯者如布，斷者如虧。尖者如刺，利者如封。既岋嶷而巀嶭，亦礲礐而嶇峩。況齟齬而曲嵧，又巧妙而因依。抑且松檜叢倚，柏杉掩映。篁筠疏密以相間，花卉參差而互襯。蘚衣斑蝕而皺蒼，木根盤嵌而凸勁。玉膏涵毓而甘香，石髓凝結而精潤。況復淵泉迸湧，流澮成河。既汪洋以瀰消，亦欲溉而迴紆。兼曲汀而斜渚，更危嶼而淤瀦。加之高柳叢生於林浩淼，枝柯披蔭於洪渠，荇藻絲牽而帶續，芹茝斜刺而劍舒。禽鳥閒關於林杪，鳧鷺泳唼於蒲菰。連峰倒影於波底，懸崖插根於水隅。以至渦澌洄漯，石折崖迴，穴鳴竅答，巒傾岫摧。魚鳥騰躍而莫定，柯葉浮盪而橫排。山因水而幽窅，水得山而紆迴。維山有亭，名曰拜石。斲木結茅，依林傍窟。據岃屽之巃嵸，當硈矸之崒屼。砓砄拱侍而碁羅，砮砥硱碍以陡嵂。況復蹇烟佇嵐，洗雨伴月，時探奇而入影，時伐虛而剔骨。雲根倒灑夫珠泉，砥脚橫穿乎木甲。維水有舟，名曰恰受。一葉浮波，清流獨漱。漾淪漪而上下，棹苔萍而簇湊。遡輕漪而織影，盪素瀾而破皺。涵嫩綠於霄光，挹柔碧於空秀。月采沉璧而耀金，雨痕滌沫而漂漚。蘭橈宛轉而夷猶，布帆飄拂而邂逅。維山之陽，南望鰲溪，山幽水繞，泉石多姿。既峗峞而明麗，亦嶺峇而舒徐。盼立鐘而接招隱，望洞鶩而訪石鷄。登峰西眺，山曰五雲。千崖嶢豎，萬壑巉深。寮東仰瞻而神悸，碉户俛瞰而骨驚。鵰鶚斂翮而莫度，狖猱援蘿而懼深。非禪棲之倫侶，孰追級而遐登。厥峰之陰，山名佛頂。杉溪環帶，清駛絕影。崨嶫崣崔而難躋，巉嵁嶙峋而奚騁。名刹焜燿於危巘，鐘鼓響傳於絕畛。樹駐曦而虧耀，巒障蟾而蹴景。石磊砢而層疊，泉瀑注而瀉井。西南遐矚，湄水如綫。庵曰西來，塘名古練。當水轉而山環，亦村古而林蒨。幽人於焉結契，賢士或爾憑眷。環山百里，萃兹名區。龍潛鳳舉，霞隱雲遊。明哲晦跡而耕牧，英流韜采而魚枯。乃復深宵歌嘯，詩酒歡娛。聲林隔而遥答，氣谷短而潛呼。於是雅尚相憐，淪落爲友，朝夕過從，味親蘭臭。風雨無阻於昏冥，歲月雖賒而猶遘。時登高以遐想，或聯袂而紆遲。時銜觴以遠望，或白眼而移時。當唱和之相得，每感慨而淋漓。何諸子之高尚，矢肥遯以相期。況山水之可樂，奚荒寂之自疑。且奇聞之共賞，質今古而無欺。復品行之修潔，實風流而可師。吾將托此以終老，造化於我其何私。

清　高晫《炎方驛道中》(引自乾隆《貴州通志》卷四五)　秋色來何極，遠山接近山。松穿雲滴翠，花過雨飛斑。鳥道烽烟外，柴門蠻僰間。盤江千萬轉，祇自照愁顏。

清　李鎧《**抵鄭家塲**》（引自乾隆《貴州通志》卷四五）　落日驅車覽大荒，浮雲高捲鬱蒼茫。星分井鬼崇山盡，地接牂牁棘道長。幾度烽烟餘茂草，廿年生聚尚殘疆。慚無供奉才名盛，迢遞何緣到夜郎。

清　田雯《**古歡堂集**》**卷七**《**柳阬行**》　麴塵楊柳春三眠，風晴絮飛鋪白氈。兩山夾岸生野烟，栗留鳴樹何翩翩。

又卷九《**送李遜五舍人**》　九月驚寒早，驅車別夜郎。青山遮馬首，紅葉壓行裝。蘆酒村蒭賤，梅花驛館荒。金門臣朔飽，贈爾數檳榔。

又卷一四《**食署中櫻桃甚酸**》　西園木蜜多佳味，北地林檎勝爾曹。可笑山薑一饞口，八十里外啖櫻桃。

楊梅盧橘尋常有，紫李黄瓜分外甜。偏戀櫻桃二三樹，飽嘗酸味不知嫌。

清　高其倬《**松巋寺**》（引自乾隆《貴州通志》卷四五）　溪色澄無滓，嵐光翠欲流。幾盤松外徑，一牖竹間樓。鐘放依岩殷，雲停爲客留。髯僧同一笑，蹤跡愧藏舟。

清　常安《**到黔**》（引自乾隆《貴州通志》卷四四）　年來擬作壯遊賦，踏盡東西南北路。帆影纔衝湘水波，馬蹄又破黔山霧。斜插尖峰形勢奇，平懸峭壁重關固。亂松坡上雨初晴，古驛門前烟欲暮。雹激巖頭百道泉，翠迷谷口千年樹。猿啼虎嘯幾愁聞，星炯月寒頻怯步。足底潛窺宿鳥歸，耳根平洗飛雲渡。嶺崖有路石爲梯，懸市無城嵐作護。村落參差勢不齊，民情質樸安其素。蠻烟掃淨廓封疆，萬姓歡騰書露布。

又《**晚霽自鎮遠赴偏橋**》（引自乾隆《貴州通志》卷四五）　巒光雨後轉氤氲，行過屏山日欲曛。石磴千層天際出，飛泉百道嶺頭分。烏栖翠竹啼紅雨，人坐籃輿度白雲。風送晚鐘何處寺，昏黄月下隔溪聞。

又《**普安道中**》　水勢盤州好，三溪匯一溪。路窮山向背，人倦驛高低。密樹遮輿幰，飛雲襯馬蹄。南中山硉矹，日擬上丹梯。

清　晏斯盛《**上元前三日遊黔靈山**》（引自乾隆《貴州通志》卷四五）　探泉從曲折，看竹每逡巡。簷積舊年雪，堂開元夜春。餘寒怯中座，傾榼醉來頻。

杳靄探何極，嚴城近可凭。平疇流瀰瀰，雉堞齒稜稜。梅柳猶含雨，松杉未脱冰。行厨烟散後，天半有春燈。

清　熊軾《**草塘寒食**》（引自乾隆《貴州通志》卷四五）　寒食羈途悵未還，濁醪傾倒遣愁顔。塘横積翠烟中柳，門掩斜陽雨後山。相對好花思故侣，每逢佳節憶鄉關。千家禁火聊同俗，搔首猶傷滯百蠻。

清　胡嶔華《**暮春還客溪別業**》（引自乾隆《貴州通志》卷四五）　花源不似避秦時，擔荷行歌日正遲。路轉千峰尋故業，身慚疋馬識前溪。桐華簌簌開門閉，柳色毿毿舊館移。初願幾年成錯計，白鷗重與水相期。

清　林華皖《**查城曲**》（引自乾隆《貴州通志》卷四五）　樹樹山楂子，蕭蕭頂箐城。四時常黯淡，祇聽暮猿聲。

清　謝三秀《**披雲巖**》（引自乾隆《貴州通志》卷四五）　曉起雲分晝墨，渠添水弄青蘋。石隙桃花笑客，茅簷燕子銜人。

清　譚瑞《**水月庵訪友**》（引自乾隆《貴州通志》卷四五）　自昔繙經處，重來伴客吟。編籬花滿徑，傍水竹成林。鐘静僧初定，情空境自深。留連溪上月，探取滌塵襟。

雲南

綜述

南朝宋　范曄《**後漢書**》**卷一一六**《**西南夷傳**》　哀牢人皆穿鼻儋耳，其渠帥自謂王者，耳皆下肩三寸，庶人則至肩而已。土地沃美，宜五穀、蠶桑。知染采文繡，罽毲帛疊，蘭干細布，織成文章如綾錦。有梧桐木華，績以爲布，幅廣五尺，絜白不受垢汙。先以覆亡人，然後服之。其竹節相去一丈，名曰濮竹。出銅、鐵、鉛、錫、金、銀、光珠、虎魄、水精、瑠璃、軻蟲、蚌珠、孔雀、翡翠、犀、象、猩猩、貊獸。雲南縣有神鹿兩頭，能食毒草。

唐　樊綽《**蠻書**》**卷七**　荔枝、檳榔、訶黎勒、椰子、桄榔等諸樹，永昌、麗水、長傍、金山並有之。

宋 樂史《太平寰宇記》卷七九《劍南西道·姚州》 弔鳥山，《九州要記》云弔鳥山在葉榆，則雲南郡廢邑也。山上有鳥，千百羣飛，鳴呼啁啾，歲凡六大集。俗云鳳凰死於此地，故衆鳥來弔。禹穴，《九州記》云：蜻蛉縣有禹穴。蜻蛉即雲南郡廢邑，有禹穴，穴内有金馬、碧鷄，其光倏忽，人皆見之。漢王褒入蜀祀之。黄津江在郡南側，有大虵，名曰『青葱』，好食人。又有大蛇，在樹上，伺鹿過，繞之，鹿死乃吞之。吞了，蛇亦繞樹，其角骨亦鑽皮而出，蛇亦殆死。瘡差即更欲吞之。

又卷一七九《四夷·南蠻·哀牢國》 《山海經》云：猩猩如人名。常據《華陽國志》曰：永昌郡有猩猩能言，取其血可以染朱罽。荀卿子曰：猩猩能言笑。《淮南萬畢術》曰：婦終知來，猩猩知往。注云：並神獸也。酈元注《水經》云：武平郡封溪縣有獸名猩猩，猿形人面，毛身黄，姿顔端正，善學人語，聞者無不酸楚。太原王綱著傳云：阮研曾使封溪，見邑人説猩猩好酒及履。里人置之山谷常行路，數百爲羣，見酒物等，知人設，張取之。此獸甚靈，先知其人祖父母名而駡曰：奴殺我，捨爾去也。既去復還，因相呼曰：試共嘗酒。及飲，乃甘其味，逮乎醉，皆擒之，無遺逸。遂置檻中，隨其所飲飼之。將烹，索其肥者，乃自推擇，泣而遣之。又《禮記》云：猩猩能言。《廣志》云：猩猩惟聞其啼，不聞其言。

明 李賢《明一統志》卷八六《雲南府》 土産：【略】香附子，紫花木。俱出府境。

又《大理府》 土産：【略】木連花，樹高大，葉如枇杷，花如蓮，有青、黄、紅、白四種。無花果。趙州出。不花而實，生枝葉間如李。

又《臨安府》 土産：【略】紫檳榔，安南長官司出。勝沉香，即紫檀香，河西縣出。鱗蛇膽，安南長官司出。蛇長丈餘，四足，有黄鱗、黑鱗，能食鹿，春冬在山，夏秋在水。土人殺而食之，取其膽治牙疼，解毒藥，黄鱗爲上，黑鱗次之。波羅蜜，三柰子。府境出。

又《楚雄府》 土産：【略】龍膽草，五月採之，爲酒藥。【略】箭竹，蟬花。

又《澂江府》 土産：【略】仙茅，河陽縣出。麝。新興州出。

又卷八七《永宁府》 土産：犛牛。刺次和、香羅、瓦魯之三長官司出，毛可爲帽爲纓。

又《蒙化府》 土産：【略】麝，椒，斑竹，箭竹。皆府境出。

又《廣西府》 土産：【略】鷄腿竹，每節上大下小，如鷄腿狀。蠟，白面猿。

又《鎮沅府》 土産：【略】孔雀，小雞，形矮小，鳴無晝夜，與中國鷄聲異。籐。

又《姚安軍民府》 土産：【略】麝香，府境出。【略】木槵子，俗云菩提子，圓净勝他處産者。大青，椒，人参，肉桂。州縣皆出。

又《鶴慶軍民府》 土産：【略】麝，松子。各州出。

又《武定軍民府》 土産：【略】麝，當歸，梭羅木。府境出。

又《元江軍民府》 土産：【略】檳榔，土人呼爲馬金囊。蛤蚧，生枯樹中，有雌雄，能鳴。土錦，鱗蟾，詳見臨安府。孔雀，烏木，蘇木，紫檀，黄薑。俱府境出。

又《永昌軍民府》 土産：【略】紫檳榔馬金囊，狀類白荳蔻，嚼塗惡瘡甚效。或食一枚，飲冷水即無所傷。蔞葉藤，葉似葛蔓，附于樹，可爲醬，即《漢書》所謂蒟醬也。實似桑椹，皮黑肉白，味辛，合檳榔食之，禦瘴癘。波羅蜜，實大如瓜，味甘酸。猩猩，獸如人，能言。【略】漆，細布。桐花績爲布，潔白不受垢。

又《北勝州》 土産：【略】攀枝花，狀如綿花，可鋪褥，亦可爲布。烏木，色黑，性堅，可爲器用。桑木，生於石上者爲上等，可爲弓材。山鷄，荏苒，松子。俱府境出。

又《新化州》 土産：【略】孔雀。

又《者樂甸長官司》 土産：藤果，狀如荔枝，味酸。羊桃。夷稱抹猛而長，其味酸甜。

又《瀾滄衛軍民指揮使司》 土産：麝香，鹿茸，【略】松子，山鷄。俱浪蕖州出。

又《騰衝軍民指揮使司》 土産：黄藤，濮竹，黎共山出。節甚長。【略】漆，椶。俱司境出。

又《車里軍民宣慰使司》 土産：【略】木香，沉香。

又《孟定府》 土産：香橼。比之南安府者爲尤大。

又《干崖宣撫司》 土産：【略】白蓮花，竹鼬。大如兔，至肥，可食。

又《隴川宣撫司》 土産：【略】孔雀，豪猪，紫膠，大藥，鮮子。

又《大侯州》 土産：垂絲竹，其枝葉軟弱，皆下垂。金剛纂，其色青，狀如刺桐，性最毒，訶子。秋熟，味苦又甘。

又《芒山長官司》 土產：【略】香橙，橄欖，芋，蔗，藤。

明　陳文《雲南圖經志書》卷二《土產》 ［羅雄州］栗子。州西之山非一，俱產栗子。其實小而味甘，勝於他郡之產也。

明　周復俊《涇林雜紀》卷一 龍女樹，惟大理三塔寺中有之，崇可四丈，株幹凋瘁，向南一枝獨榮。春初開白花如杯，花委地皆仰。【略】滇中雪柳，高可四五丈，荄葉枝幹皆若柳，其花似繡毬，望之皓然如雪。

又卷二 滇中濱水有短柳，十月飛花。楊太史詩云：『十月滇南柳絮輕，迎霜鬬雪滿江城。』紀其異也。

明　謝肇淛《滇略》卷三《產略》 語曰：十步之內，必有豐草。《禹貢》：黑水梁州土青黎，而賦下中三錯。聖人羈縻荒服，固不竭澤而漁之也。商、周西南之獻，及於象齒、矩狗，已非却獒之懿軌矣。至《漢書》始言：滇土平敞，有鹽池、田漁之饒，金銀、畜產之富。人俗豪忲，居官者皆富及累世。夫官之富，民之瘠也。至於今，而惟正之徵發歲增，筐篚之羔鴈日廣，市僧箕斂以鴟張，貪估壟斷而罔利，刮金佛面，削鐵針頭，鮒已涸而决無時，馬方逸而求未已，滇自此困矣。故上有閉關焚裘之令，而後源可清。下有馬羊金粟之長，而後流不竭。其以爲陸海而捆載之，非余所敢知也。湯《四方獻令》曰：西南產里、即今車里。百濮，以象齒、矩狗爲獻。孔氏曰：矩狗，狗之善者也。今志作短狗，誤。周《王會》：白民即滇白人。貢乘黃，似麒有角。卜人即濮人。貢砂，丹砂也。黑齒即永昌夷。貢白鹿。漢元狩間，張騫使大夏，見邛竹杖，問所從來。曰：邛，西二千里身毒國所產。遂遣使至滇，指求身毒。身毒，今天竺也，距麗江可二千里。又《廣志》云：永昌有濮竹，圍三尺餘，大者一節受一斛，可爲船，小者數升，可爲欙榼。杜詩：『籠竹和煙滴露稍。』籠，吐蕃地名也。《舊唐書・吐蕃傳》有籠官、大籠官。又《韋臯傳》：擒籠官四十五人，擒主籠官節度。則其地產竹，因以名之耳。張志淳《南園漫録》載之。唐蒙使南越，食蒟醬，問所從來。曰：道西北牂牁。今臨安、大理俱有之。即蓽茇也。其實似蔞子，土人以和五味。【略】釣藤，藤也，可以釀酒。【略】樹頭酒，緬出。其樹類椶櫚，高五六尺，結實大如掌。緬人納麯甖中，懸之實下，劃實使汁入甖，久則成酒。其葉即貝葉也，古以寫經，今緬以書字。檳榔樹，高十餘丈，臨安、廣南諸郡有之。【略】荔枝，臨安有二樹，其一近北山寺，大可合抱；一在王參戎墅，僅六寸徑耳。熟以三月，形味皆劣於閩廣。又有龍眼一株，味皆差似嶺南。然此三樹之外，土人百計種之不育也。閩廣有橄欖，又有餘甘。二物味相似，而形逈別。橄欖長大，兩頭纖，餘甘圓小而短，樹亦不同。滇有餘甘，蜜而薦之，土人亦謂之橄欖。大理、賓川之黃柑，色味甚佳，大者如椀，謂之『獅頭柑』。舊志謂北勝州產，非也。自秋及春皆噉之。香橼尤大如瓜，味勝閩中遠甚。猩猩果，曲靖、大理俱有之。高數丈，春花秋實，狀如彈丸，色如血，故名。味酸，可食。雞㙡，菌屬，以形似名，永平產者最佳。【略】余按：古人謂蕈爲樹雞，唐肅宗取作博子，與張良娣戲者，名或取此。閩村谷中亦有之。俗不知珍，謂之雞肉菰。又有白生、牛乳菌、柳菌、松菌，皆其屬也，而味不逮。蒙榆山中亦產天花，而土人不識，謂之八擔柴。抹猛，果也，形如小猪。夷語：果曰抹，猪曰猛。又謂之抹母。樹高大，葉長如掌，實與芭蕉相類而差短。夏月熟，味甘酸。《滇程記》曰：色類櫻桃，形如橄欖。馬金囊，其味似文官果而非，文官果樹生，而此蔓生也。咀之飲水，留甘不散。一云傅惡瘡良。波羅蜜，形如瓜，短瓣，攢生如椀，其味黃者甘，赤者酢。潞江及虧容夷地所產。大理上關和山之麓有樹，高七八丈，葉如桂，花開白色，每朵十二瓣，以應月數，遇閏輒多一瓣。相傳仙人所種，更無別本。土人因其地名之曰和山花。豫章鄧渼詩有云：此花種來不知歲，要識歲功驗花蒂；霜葉青青雪作葩，風前十二釵橫斜。又云：古來才士有棄置，不信請看和山花。龍尾關以西山中產和木，肌理膩白而甚鬆，如南方杉木，然取以爲器絕佳。古度，臨安、賓川山中俱有之。《記》云：不花而實，實從皮中出，大如安石榴，色赤，可食。實中有如蒲梨者，取之爲粽，數日不煮，皆化成蟲如蟻，有翼，穿皮飛出，俗謂之無花果。然閩亦有無花果，與《記》所載殊異。楊慎《古度賦》曰：有木詭容，在句之東。脩梯盤壤，巨榦撐空。閟華青帝，垂實玄工。蕁收傳紺，屏翳敷紅。子穿皮出，房殊卉叢。膚無纖蠹，腹育飛蟲。又曰：烜比景灌菌露，果星燭葉雲布。楠榴相思爲黨鄰，平仲君遷爲朋故。君子識之，是曰古度。滇中茶花甲於天下，而會城內外尤勝。其品七十有二，冬春之交，霰雪紛積，而繁英艷質，照耀庭除，不可正視，信尤物也。豫章鄧渼稱其有十德焉。艷而不妖，一也。壽經二三百年，二也。枝幹高踈，大可合抱，三也。膚紋蒼黯若古雲氣尊罍，四也。枝條夭矯，似麈尾龍形，五也。蟠根輪囷，可几可枕，六也。豐葉如幄，森沈蒙茂，七也。性耐霜雪，四序常青，八也。自開至落，可歷數月，九也。折入缾中，旬日顔色不變，半含亦能自開，十也。爲詩一百韻賞之。其紫薇樹尤極繁盛，皆高十數丈，蔭數畝許。公署尤多，盡千百年物也。自夏徂秋，紺英照耀庭廡，令人留連吟賞，不忍捨去，足稱二絶。地湧蓮，高一二丈，形類椶櫚，花如蓮，亦名木蓮。其小而蔓生者，曰西番蓮。雞足僧寮多植之。楚雄之響水坡，産蘭甚繁。楊慎稱其葉大而香遠，實《離騷》所稱可佩之真蘭。莖葉皆香，不獨花也。血樹，似芭蕉，枝葉如血，根幹紫黑色，高者七八尺，惟臨安有之。高第詩：血樹真如血染成，細看疑是赤龍精；與君不惜連牀話，試聽中宵風雨聲。念珠樹，生大理之下關，每結穗百有八顆。相傳元時有日本僧四人，同日坐化，棄念珠於地而生。杜鵑，俗謂之映山紅，花色有十數種，鮮麗殊甚，家家種之盆盎。又有燈籠花，開如小燈籠，紅色，其葉近幹者青，近梢者赤。又有蝶戲珠花，以其形似名之。宋蘇子由詩：誰唱殘春蝶戀花，一團粉翅亞枝斜；美人欲向釵頭插，又恐驚飛鬢上鴉。刺桐，一名蒼梧花，正赤色，發密葉中，傍照他物皆朱，殷然如是者竟歲。土人以其形似，名曰『鸚哥花』。【略】赤藤，産緬甸，朱色，可爲杖，緬婦篾之以爲腰飾。【略】楚雄山中産斑竹，不規而圓，節去逾尺，作筇殊佳，謂之天生。《筇記》云：雲南有實心竹，文采斑駁，殊可爲器物。即此是耶？火把花，一名酒弔藤，諸山俱有，葉如杏，大毒，服無不立死者。乾之亦可毒人。滇中以六月廿五日火把節，則采此草，束而燎之，故名。蓋欲絶其種類，而蕃滋彌甚，村氓自盡圖賴，時見訟牘，厲禁之不得也。安寧温泉西岸有寺，曰曹溪，其中有曇花樹一株。相傳自西域來者，扶疎百尺，緑葉白花，移蘖他種，終不復活。其温泉之側有無名樹，僅四五尺，蟠根石崖，四時不彫，亦不復長。楊用脩遊其地，有『瑶草蟠千歲』之語。今距用脩又且百年矣，而形質如故，不知其爲何木也。江川縣北二十里雙龍鄉有古樹，不知其名。初春茁葉自南則旱，自北則雨，自東自西則風雨時、禾稼登，四圍竝發則饑饉旱澇。驗之，無爽。亦不知昉於何代也。瑣梅，草實也，似桑椹而短，味亦似之，其採以三月。又有草叢生山徑，白花若薇，子赤可啖。四五月間，飢者茹之，謂之『救軍糧』。蒙自山中有仙草，葉圓枝細。採其葉乾之一二年，蘸以井泉，或氣呵之，復鮮茂如故。此亦太和山萬年松之屬也。【略】脆蛇，一名片蛇，産順寧大候山中，長二尺許，遇人輒自斷爲三四，人去復續。乾之，治惡疽，腰以上用首，以下用尾。又治大麻風及痢。蟒蛇，蟒屬，四足，長丈餘，能吞豕鹿。臨安諸郡及鎮康、孟養有之。冬春在山，夏秋在水。其膽治齒䘌，解毒藥。黄鱗爲上，黑者次之。蚺蛇，産孟艮山中。土人欲取之，先以雞卜問諸神，得吉兆則入麓求之。蛇見人，輒伏不動。夷人語之曰：中國天子求爾膽，爾可伏死否，則吾亦不汝貫也。蛇反背就戮。今相傳云去膽復活者，蓋謬説耳。一蛇有三膽，居頷下者以傅毒矢，居腹間者入藥。有病疽者，以童便研一合服之，又以傅患所，頃刻而愈。居尾者棄勿用。《寰宇記》云：滇池黄津江有大蛇，名曰青葱，好食人。又有大蛇藏樹上，伺鹿過繞之，鹿死，乃吞而繞樹。其角骨皆鑽皮而出，蛇亦殆死，創差即更吞之。又《郡國志》云：興古郡有大蛇，長數丈，尾有兩歧如鈎，在水中以尾鈎取岸上人馬食之。然今俱未之有聞也。《元志》：烏蒙山峽多小黄蠅，生毒蛇鱗甲中。嚙人痛癢，搔之即成瘡，惟以冷水沃之，搽鹽即愈。張志淳云：永昌山中亦有。問土人，乃蛇糞中所生也。山呼，似鸚鵡而差小，樊之易馴。宋蘇軾有《咏山呼》詩：終日鎖筠籠，回頭惜翠茸；誰知聲嘵嘵，亦自意重重；夜宿煙生浦，朝鳴日上峰；故巢何處是，鷹隼豈能容。鸚鵡，滇山中甚衆，僅值數十錢耳。馴於隴産者，教之甚易言語。亦有黄者，産百夷中，永樂中嘗貢此。金幼孜有《黄鸚鵡賦》。至於鸜鵒，趙州鳳山以千計，能言，又易於鸚鵡也。孔雀自惜其毛，常巢深草中，或依灌木。時於杲日，舒翼崖陽，文采照耀山谷，尾色最麗，展之如屏，故稱孔雀屏也。性噉蛇虺，或云亦與惡蛇交。其膽毒人立死，夷人取其卵，使家雞伏之，可畜，但不甚文耳。《華陽國志》云：雲南郡孔雀常以二月來翔，月餘而去。今殊不然。朱秉器《楮談》云：緬甸有鳥，四足而肉翅，其大如鵝，其鳴似鶴，能飛而不能遠。其雛胎生，飛行則負雛于背，不踐稼穡，不食生蟲，殺之者不祥。唐咸亨中，永昌之西野桑生石上，其材上屈西向而下直，南詔取以爲弓，不筋漆而利，名曰螟弓。今鶴慶産巖桑，猓猓取以爲弓，發矢千步，其遺種也。【略】《博物志》云：雲南郡出茶首，其音蔡茂，是兩頭鹿也。其腹中胎可治蛇虺毒，土人常以四月中取之。按《後漢書》：兩頭鹿見雲南。

其即是耶？然亦不恒有矣。象産緬甸之擺古，距永昌可四千餘里。莽酋居焉，得象馴而習之，以供戰陳。其梟者直千金，貢象可三百金。景東土官常畜，以備宣索。常璩《南中志》云：永昌有貊獸，能食鐵。有猩猩，能人言，其血可以染朱罽。《博物志》云：越嶲有牛，稍割取肉，經日復生。釋法盛《歷國傳》亦云：天竺有稍割牛，十日一割，不便困病。犛牛産刺次、香羅、瓦魯諸夷地，毛可爲帽爲纓，莊子所謂『大若垂天之雲，而不能捕鼠』是已。騰衝有地名緬箐，常有二獸出見，大如橐駝，毛色碧緑，獅首、象蹄、牛尾，有齒無牙，頂戴肉角，見人則伏地而鳴。土人誤殺其一，暴露數日都不臭腐。父老云：此獸見則有兵。《史記》稱『莋馬僰僮髦牛』，髦即犛也。【略】百夷雞産永昌諸蠻地，視家雞足短而善鳴，晝夜無時，音稺若鷓鴣，然雌者亦鳴。又夏秋之交，生秧田中者曰秧雞，小而黠，不可捕。其五色俱備，日中吐綬者，曰錦雞。薄辰大如狐而人立，手足類熊，亦曰熊弟，炙之甚美。福羅似猴而毛赤，可爲裘，性嗜蜜，土人置蜜罝之。出鶴慶山谷中。

又卷四《俗略》　永昌騰越之間，沃野千里，控制緬甸，亦一大都會也。山高水深，饒竹木、鹿豕、魚蝦之利。其人儇巧，善製作金、銀、銅、鐵、象牙、寶石、料絲、什器、布罽之屬，皆精好甲他處。

明　劉文徵　天啟《滇志》卷二《地理志・山川・鎮沅府》　西二百里曰納羅山，多虎豹。土人呼藏爲納，虎爲羅。杉木江源出者樂甸，流經府治，南入威遠州界，江岸多産杉木。

又卷三《地理志・物産》　雲南府　菌有木耳、香蕈、青頭、牛肝、松菌、白森。雞葼，一曰雞菌。《莊子》曰：蒸成菌。焦弱侯著《莊翼》抹焉。《騰越志》：雞葼，菌類。雞，以其形言；葼，飛而斂足貌。藥有茯苓、陳皮、靡草、遠志、防風、烏梅、桑白皮、茱萸、荆芥、梔子、槐花、瓜蔞、松脂、草決明、薄荷、葛根、菖蒲、紫蘇、香薷、白芷、鼠黏子、當歸、黄精、何首烏、黄芩、柴胡、艾、香附子、罌粟殼、益母、稀薟、白芨、車前子、金櫻子、半夏、山查、楮實子、萆麻子、旋覆花。五葉草，形如菊，葉已毒瘡。走夷方人恒携以隨，咀此草覺無味者，知中蠱矣，急服其汁而吐之。箭頭草，和鹽杵之，消惡瘡。鏡面草，和故簑衣煎酒服之，治女月閉。果有桃，以富民爲佳，大如茗盌，味比萍實。晉寧之梨，秋霜後色若益而鮮，味若增而甘，至深冬而不絶。杏、梅、李、栗、郁李、柿、榴、銀杏、花紅，多梳，又名山花紅，其味酸澁。《蜀都賦》所稱『梳桃函列』，即此。香櫞、橘、核桃、松子、來禽、木瓜、枇杷、櫻桃、葡萄、羊棗、橙、楊梅。酸角，形如皂莢，味酸，食之多病瘴，虧容貌。土荔枝，無花果。【略】香有降真、甘檀、土檀、冬青、柏油、化香。竹有筇、慈、筋、紫、苦、鳳尾、觀音、濮、猫頭、釣絲、毬、箭、水、實心、斑竹。巨竹出易門蕎甸窮山深箐中，其竹比常加倍，數尺一節。土人云：更入箐深，其種尤大，然不敢入也。莨語名竹爲簜，合於《禹貢》『篠簜』之音。《山海經》稱『舜丘之竹，節可爲船』，近是歟？然不可强附也。木有松、杉、椿、桂、楸、柏、槐、柳、梓、細松、黄楊、棠梨、桑柘。花有葵、萱、荷、菊、木犀、芙蓉。刺桐，俗稱鸚哥花，樹高數丈，多刺，其色丹，形如其名，開以星回節，至巧夕乃謝。茉莉、鷄冠、鳳仙、剪紅羅、水紅。棠棣花色純素芳，以春採爲蔬茹，亦以佐茗。芍藥、海棠、牡丹。罌粟花，有紅、白、黄、紫四色。素馨、薔薇、玉簪、瑞香、蝴蝶、綉毬、木蘭、茄蓮、杜鵑、龍爪、鷺鷥、百合、山丹、水仙。山茶，郡人前進士趙壐有譜近百種，其名各異，著顔色繪畫，各賦以詩，總以序記賦，一奇製也。今失傳矣。觀察使晉安謝公肇淛《滇略》，謂其品七十有二。豫章鄧公渼傳其十德。其他題詠品藻，載在《藝文》。禽有鵲、鷹、翡翠、鴛鴦、鵜鴣、黄雀、燕、鴉、鷓鴣、鷺、鴿、梟、鳩、鶯、鶺鴒、倉庚、黑頭公、鸛、戴勝、雉雞、反舌、鴻鴈、畫眉、練鵲、鸚鵡、鸊鵜、鵚鶚、鸕鷀、隼鵰、鷽鳩、鸜鵒、野鴨、鵪鷄、水鷗。獸有馬、牛、羊、豕、驢、騾、豹、麞、鹿、麂、麋、猫、獺、豺、狗、猿、兔、松鼠、田鼠、香狸、狐狸、細犬。

明　曹學佺《明一統名勝志・雲南布政司・臨安府志勝》　［建水州］《南方草木狀》云：興古有果，名劉，三月花，七月熟，其色黄，其味酢。又有荳蔻，樹大如李，二月花，七八月熟，曝乾剥食其核，味辛香。荔枝，臨安有二樹。其一近北山寺，大可合抱。一在王紊戎別墅，僅六寸徑，熟以三月，形味皆劣於閩廣。又有龍眼一株，味甘差似嶺南。然此三樹之外，土人百計種之，不育也。

又《大理府志勝》　［太和縣］《漢書》邪龍、雲南縣注云：山似扶風太乙之狀，上有馮河，週迴萬步，叠嶍承流，崇岡戴雪，四時皆吐鶴雲，松、檜、椅、楸生之，其陽多山茶，陰多丹桂。又有木蓮、躑躅花樹，並高數丈，春日紅白錯襍，被于谿谷中，嵩號雪山。世傳爲佛苦行之地，草石皆作旃檀香氣，叢林列刹，諸峰相望。蓋舊在天竺幅員之内，爲阿育王封故國，有三千蘭若，玆土得其半焉。今存者什一耳。前襟榆江，碧瀾萬頃，皆環漾水，連絡爲帶，林阻谷奧，而無猛虎、毒蛇。冬夏氣候調適，暑至于温，寒至于涼而止，故四時無日無花。

又《永昌府志勝》［保山縣。］《華陽國志》云：永昌郡寧州之屬西南也，有閩濮、鳩獠、僄越、躶濮、身毒之民。土地沃腴，有黄金、光珠、虎珀、翡翠、孔雀、犀、象、蠶桑、綿絹、采帛、文綉。又有貊獸食鐵，猩猩獸能言，其血可以染朱罽。有大竹名濮竹，節相去一丈，受一斛許。有梧桐木，其花柔如絲，民績以爲布，幅廣五尺，潔白不受污，俗名『桐華布』。以覆亡人，然後敢服。【略】馬金囊，狀似白荳蔻，嚼塗惡創甚効。或食一枚，飲以冷水，即無所傷。蔞葉藤，可爲醬，即蒟醬也。實似桑椹，合梹榔食之已瘴。

又《鶴慶府志勝》《物産志》云：鶴州有薄辰，大如狐而人立。手足類熊，炙之甚美。福羅似猴而毛赤，可爲裘，性嗜蜜，土人置蜜餌之始出。巖桑産鶴慶山中，獼玀取以爲弓，發矢千步。昔唐咸亨之季，永昌之西野，桑生石上，其材上屈曲向而下直，南詔取以爲弓，不觔漆而利用，名爲『螟弓』。巖桑蓋其種云。

清　顧炎武《肇域志・雲南二》　欒土以居，佳山川以遊。二者嘗不能兼，惟大理得之。大理點蒼山西峙，高千丈，抱百二十里，如弛弓危岫入雲，段氏表以爲中嶽山，有一十九峰，峰峰積雪，至五月不消，而山麓茶花與桃花爛熳而開。東匯洱河于山下，亦名葉榆，絶流十里，沿山麓而長，中有三島、四洲、九曲之勝，春風掛帆。西視點蒼如蓬萊、閬苑，雪與花争艷，山與水争奇，天下山川之佳，莫逾是者。

清　王民皞　康熙《阿迷州志》卷二一《物産》　果屬：緑石榴，橘紅，種自廣來。蜜波羅，酸角，芭蕉果，甘蔗，香櫞，三奈子。花屬：千日紅，木芙蓉，秋冬俱開。佛手花，佛桑花，素馨花。木屬：石榴樹，異他産。無花果，木棉，酸角樹。

清　范承勛　康熙《雲南府志》卷二《地理志・物産》　果屬：梅，杏，李，桃，櫻桃，棗，栗，柿，梧實，石榴，柰，橘，柑，松子，瓜子，餘甘，梨，銀杏，鎖梅，楊梅，花紅，羊棗，木瓜，梳，香櫞，核桃，林檎，榛子，枇杷，橙，無花果，山查，錐栗，蓮實，藕，荸薺，菱，茨菰，葡萄，菱。花屬草附：牡丹，茶花，梅，桃，杏花，梨花，玉蘭，木筆，海棠，杜鵑花，山丹，唐棣，瑞香，綉毬花，石榴，海石榴，丁香，桂，紫薇，芙蓉，蠟梅，木槿，刺桐，蘭，芍藥，素馨，玫瑰，茉莉，荼蘼，薔薇，魚子蘭，山礬，粉團，旋菖，剪紅羅，十樣錦，長春花，佛手花，蓮，萱，梔子，鳳仙，雞冠，葵，蜀葵，菊，百合，秋海棠，罌粟，虞美人，水仙，報春，迎春，石竹，西番蓮，石斛，鳳尾，玉簪，芭蕉，鳳尾蕉，美人蕉。吉祥草，茜草，象鼻草，火草，虎掌草，通草，燈心草，薜荔，蒲，虎鬚蒲。木屬竹附：椿，松，柏，梓，槲，梧桐，栗，槐，楊，柳，棠梨，黄楊，桑，柘，樟，紫榆，檡，椶櫚，細松，楮，冬青，羅漢松，慈竹，筆竹，水竹，紫竹，攢竹，苦竹，觀音竹，鳳尾竹，猫頭竹，實心竹。【略】羽屬：雞，鵝，鴨，鴿，雀，鷹，鴉，鳩，鵲，鵰鴣，燕，鶺鴒，鷺，倉庚，子規，雉，鵪鶉，鷹，鸛，畫眉，隼，鷂，烏，鸜鴿，鷓鴣，鷗，梟，鴛鴦，鵁鶄，鸚鵡。毛屬：馬，牛，羊，驢，羸，犬，豕，貓，鹿，獐子，猿，猴，麂，兔，狐狸，豹，豺。

清　管掄　康熙《師宗州志》卷二《物産紀略》　師地荒陋，所産皆寙呰，且人功甚拙，不足貴也。【略】棕竹産箐中，惜無人問。【略】鷓鴣鳥，聲稱彌行不得也哥哥，南飛之鳥也。橀，似柚，皮黄而香，其肉酢，不可食。【略】毛竹，大者如椀。土橄欖，小如山查，青色，六稜，初食澁，回味頗甘。土人呼爲橄欖，蓋謬假其名耳。樹高丈許，葉密，細僅分許。鸚鵡鳥，三月探雛，可馴養，然畏寒。

清　祝宏　雍正《建水州志》卷二《物産》　果：梅子，杏子，李子，桃實，橘子，柑子，橙子，柿子，梨子，石榴，葡萄，櫻桃，胡桃，蓮子，松子，楊梅，橄欖，木瓜，花紅，棗子，山查，錐栗，栗子，荔枝。【略】木：椿，松，柏，槐，楊，柳，桑，杉，紫榆，夜合，萬年青，楮，栗。竹：紫竹，刺竹，荆竹，滑竹，鳳尾竹，淡竹，大圓竹。【略】禽：鷄，鵝，鴨，鴿，鳩，鸛，鷓鴣，畫眉，布穀，燕，鶯，鵲，鷺，雉，白鷴，鵪鶉，鴉，鴟，孔雀，百舌，子規，黄雀，啄木冠，黄鴨，黄鸝，竹鷄，練雀，白頭翁，青鴟，鸕鷀，鸚鵡，瓦雀，箐鷄，錦鷄，鴝鵒，鴞，梟。獸：牛，羊，馬，驢，騾，犬，猪，鼠，狐，猿，猴，豺，麂，猫，獐，兔，獺，豹，鹿，熊，豪猪。

清　鄂爾泰　雍正《雲南通志》卷二七《物産・通省》　果屬：梅，有山梅、鹽梅二種。杏，李，有荆山、麥熟、苦李數種。桃，舊志以富民爲最，今滇池、海口者甚佳。梨，省城、晉寧者佳。棗，賓川者佳。栗，石榴，黑鹽井者佳。阿迷州又一種白石榴。胡桃，大理漾濞者佳。松子，瓜子，大理彌渡者佳。榛子，木瓜，西瓜，郁李，香櫞，橘，賓川者佳。柑，又一種佛手柑。橙，柰，柿，葡萄，麗江者佳。林檎，花紅，銀杏，枇杷，元江者佳。甘蔗，梧實，落花生，臨安者佳。羊棗，橄欖，元江者佳。櫻桃，山楂，通海者佳。餘甘，錐栗，楊梅，鎖梅，多槭。俗訛槭爲衣。【略】

花屬附草：牡丹，有紅、黃、紫、香、粉紅數種。茶花，奇甲天下。明晉安謝肇淛謂其品七十有二。豫章鄧渼紀其十德，爲詩百咏。趙壁作譜近百種，以深紅、軟枝、分心、卷瓣者爲上。優曇花，葉如婆羅而有九絲，花如芙蓉而開十二瓣，遇閏則多一瓣。天女花，花似玉蘭而白過之。暮春始開，香甚清遠。蝴蝶花，色黃緑相間，形如蝴蝶，春夏盛開。大理上關一株，樹大花繁，更爲滇省之冠。其花首尾相銜，垂下如串，下有蝶泉。梅花，有紅梅、白梅、硃砂、玉剪、緑萼、照水數種。又大理上關唐梅寺有唐梅一株。桂花，有丹桂、金桂、銀桂三種。又有月桂，四季開花，夏秋結子。杏花，桃花，有絳桃、碧桃、芙蓉桃、夾竹桃數種。李花，梨花，海棠，丁香，有紅、白二種。杜鵑，有五色雙瓣者，永昌、蒙化多至二十餘種。梔子，扶桑，有五色。芙蓉，有深紅、淺紅二種。茉莉，產元江者花較茂盛。蠟梅，有磬口、雀舌二種。石榴，有四季開者。海石榴，有紅、黃二種。櫻桃，有紅、白二種。紅爲苦櫻，白子甘可食。繡毬，有紅、白、紫色三種。紫薇，薔薇，有五色者。玉蘭，茄蘭，荼蘼，唐棣，即郁李。地棠，木槿，海紅，即淺紅山茶。自十二月開至二月，與梅同時，故一名茶梅。金梅，花開黃色，與梅同時，故名。又以垂條似柳，一名迎春柳。山丹，俗名映山紅。辛夷，刺桐，一名蒼梧，樹高數丈，花開丹紅，形如鸚嘴，俗又名鸚哥花。元江產者尤多。小桃紅，木香，有黃、白二種。粉團，有紅、黃、白三種。佛手花，夜合，七里香，瑞香，仙人掌，葉肥厚如掌，多刺，相接成枝，花名玉英，色紅黃，實似小瓜，可食。金剛纂。花黃而細，土人植以爲籬。又一種形類鷄冠。以上俱木本。蘭，有七十餘種，雪蘭爲勝。蓮，有紅、白、錦邊三種。又二色蓮，紅白中分。芍藥，有紅、紫、白數種。菊，有九十餘種。水仙，素馨，山野蔓生，家園廣植。蘂紅花白，質秀香清，亦有四季開者。舊志：即《南方草木狀》所謂耶悉茗也。稱其種來西域。又《滇略》云：南詔段素興好之，故名。《通雅》云：南漢劉鋹之姬曰素馨，葬處生此，人以名之。鳳仙，俗名金鳳。玫瑰，地湧金蓮，開花者勝。鳳尾，龍爪，鷄冠，有高足、矮足、百鳥朝王數種。玉簪，秋海棠，剪紅羅，魚子蘭，十樣錦，萱，迎春，報春，凌霄，石竹，五色錯雜，凡十餘種。金錢，鷺鷥毛，罌粟，有五色。虞美人，扁竹，類萱花，一名菉葱花。十姊妹，西番菊，西番蓮，西番錦，水丁香，一名紫茉莉。金盞銀臺，長春，佛手，向日葵，又有蜀葵、冬葵。旋葍，百合，石斛，山礬，燈籠花，燈盞花，仙鶴花，宛如飛鶴。鷺鷥花，蝴蝶戲珠花。白色，花開如蝴蝶狀，中有圓珠數點，故名。以上俱草本。芭蕉，有鳳尾、象牙、美人數種。元江又產緬芭蕉、公芭蕉二種。吉祥草，通草，蒲草，用以織蓆。又一種虎鬚蒲。象鼻草，虎鬚草，鳳尾草，魚眼草，薜荔，即香草。菖蒲，蘋藻，荇，葦，蘆，茅，燈心草，鐵線草，火草，紫草，夏枯草，蓼草，虎掌草，馬鞭草，青蒿。木屬附竹：椿，松，有油松、杉松、細松數種。柏，有側柏、團柏、合掌、茨柏四種。梧桐，楊柳，白楊，槐，有黃、白二種。栗，有板栗、毛栗、黃栗、白麻、青剛數種。花栗，棠梨，楸，楠，黃楊，俗名萬年青。水冬瓜，楮，柞，樟，梓，冬青，樗，柘，紫榆，桑，檀，檜，椶櫚，樕，觀音柳，樹高數丈，葉如茴香，花開茄色。羅漢松，綿木，皂角樹，無花果樹。紫竹，攢竹，水竹，苦竹，觀音竹，鳳尾竹，慈竹，筆竹，猫頭竹，實心竹，東坡竹，龍竹，筋竹。藥屬：茯苓，姚安者爲上，尋甸、武定、楚雄者次之。何首烏，香附，賓川者佳。沙蔘，土人蔘，蒙化者佳。川芎，苦蔘，當歸，臨安者佳。地黃，天門冬，富民者佳。麥門冬，防風，桔梗，白芷，柴胡，前胡，安寧者佳。半夏，呈貢者佳。南星，黃連，麗江、開化者佳。黃芩，乾葛，升麻，貝母，白芍，赤芍，白豆蔻，遠志，石菖蒲，威靈仙，天花粉，富民者佳。牛膝，秦艽，黃精，猪苓，澤蘭，重樓，常山，薑黃，大黃，大理者佳。細辛，麻黃，香薷，木通，紫蘇，荆芥，薄荷，大理者佳。蒲公英，骨碎補，草決明，益母草，豨簽草，穀精草，龍膽草，木賊草，菊花，金銀花，臨安者佳。紅花，旋覆花，兔絲子，車前子，史君子，金櫻子，五味子，青箱子，枸杞子，補骨脂，薏苡，臨安者佳。萆麻子，覆盆子，蒼耳子，石楠藤，瓜蔞仁，牽牛，葶藶，大理者佳。楮實，枳實，枳殼，陳皮，青皮，賓川者佳。地骨皮，桑椹，桑白皮，桑寄生，厚朴，石膏，滑石，麝香。羽屬：鷄，鵞，鴨，鴿，雀，鷹，鳩，烏，鴉，燕，鵲，鶴，鶉，鷓鴣，鷺，倉庚，一名黃鸝。雉，鸚鵡，鸜鵒，俗名八哥。畫眉，白鷴，灰鶴，錦鷄，鸛，鸕鷀，俗名水老鴉。鷗，梟，俗名野鴨。拖白練，黑頭公，秧鷄，啄木冠，鴛鴦，鵁鶄，子規，一名杜鵑。隼，鶚，鵪鶉，十樣錦，巧婦，天白了，哈喇鷄。毛屬：馬，牛，羊，犬，豕，貓，驘，驢，獐，麂，兔，鹿，麞，猿，猴，虎，豹，熊，豺，狼，獺，狐，狸，麢羊，野猪，蝟，鼠。有飛鼠、黃鼠、竹鼠、鼫鼠、鼷鼠諸種。【略】蟲屬：蠶，熱地多産，繭織土紬。蠭，蝶，蟬，螢，蟋蟀，蠅，蜘蛛，蝙蝠，螽斯，蚊，蝱，蚱蜢，蜉蝣，蜻蜓，螳螂，蛇，蜥蜴，黿，蝦蟆，蝌蚪，蠐螬，蝸牛，蟻，蚯蚓。

又《雲南府》【注略】拐棗，琪花，巨竹，芸香草，鏡面草。

又《曲靖府》【注略】茶子，【略】石燕，馬蹄香，木瓜梨，圓松。

又《臨安府》【注略】勝沉香，柚，扶桑花，鵪鶉。

又《澂江府》【注略】土青，青皮香，靛，蔓胡桃，椶皮，仙茅。

又《武定府》【注略】酸角，梭羅木，五色石斛，岩羊。

又《廣西府》【注略】鷄腿竹。

又《廣南府》【注略】雲竹，千張紙，草果。

又《元江府》【注略】檳榔，蘆子，蔞葉，降真香，荔枝，密多羅，抹猛果，酸角，蘇木，麒麟竭，鱗蛇膽，孔雀，白鷴，泥滑滑，矮雞。

又《開化府》【注略】馬金囊，薑黄，攀枝花，蘇木，桄榔，椶竹，鱗蛇膽。

又《鎮沅府》【注略】南棗，娑羅布，白鷴。

又《東川府》【注略】木棉，漆，降真香，菊花蔓，法落海，鷓雞。

又《昭通府》【注略】節竹，方竹。

又《普洱府》【注略】茶，蘆子，甜筍，石青，蘆薈，神黄豆。

又《大理府》【注略】感通茶，蘆子，【略】紅花，【略】高河菜，龍女茶，黑竹。

又《楚雄府》【注略】霍香，班竹。

又《姚安府》【注略】木槵，木羅布，錦雞，白鷴。

又《永昌府》【注略】飛松子，波羅蜜，董椶，麻竹，花斑藤，排風藤，【略】阿魏，没藥，乳香，兒茶，冰片，哈芙蓉，【略】竹鼺。

又《鶴慶府》【注略】石耳，數珠菜，海棠果，榧子，山驢。

又《順寧府》【注略】蘆子，漆，猩猩果，班竹，濮竹，藤竹杖，雞血藤，蛤蚧，緑鳩，【略】脆蛇。

又《永北府》【注略】石花菜，鹿茸。

又《麗江府》【注略】漆，葡萄，荆花，紫金錠，旄牛，琵琶豬。

又《蒙化府》【注略】紅花，人面竹，錦雞。

又《景東府》【注略】仙茅，苦子，淨瓶蕉，孔雀，竹鼺。

清 管學宣 乾隆《石屏州志》卷一《古蹟》 紅岩洞。在寶秀虎頭山後，由鳳凰山萬松箐至石老寨，萬山深處，林木陰翳，蔦蘿糾盤。洞中懸岩石筍靈異，爲諸洞之最幽雅者。

又卷三《物産》 果部：梅，桃，櫻桃，羊棗，胡桃，梨，李，杏，柿子，栗，橘，石榴，松子，瓜子，葡萄，梧桐子，楊梅，橄欖，枇杷果，藤子果，酸莢。竹部：大竹，榴竹，鳳尾竹，滑竹，斑竹，紫竹，董椶竹。木部：松，柏，檜，椿，杉，榆，槐，楊，柳，桑，梓，桐，栗，櫟，楮，樟，冬青，青皮，椰，楓，楸。花部：桂，山茶，牡丹，芍藥，碧桃，絳桃，海棠，梅，杏，郁李，迎春，蘭，報春，玉簪，丁香，素馨，映山紅，燈籠，杜鵑，薔薇，荼蘼，夜合，玉蘭，魚子蘭，葵，粉團，芙蓉，鐵線牡丹，地湧金蓮，剪紅羅，西番蓮，茉莉，槐杏三春，金鳳，雞冠，白鶴，石斛，蝶採珠，水仙，十樣錦，佛指甲，冲天紅，龍爪，菊，石竹子，玫瑰，罌粟，夜落金錢，小洪，蓼，蘋，芸香，蓮。【略】羽部：鷹，燕，白鷴，畫眉，雞，鴨，鵝，鴿，鶡，鳩，鸛，鵲，鶻，鷓鴣，野雞，黄鸝，布穀，雉，雁，拖白練，啄木，鴒鴿，鵪鶉，白頭公，子規，青鴟，鴉，鵲鴒，水鳧、秧雞、山呼、竹雞、松雀、僱工、花花雀、鴿、汙漚、鷺絲、箐雞、麻雀。毛部：馬，牛，羊，驢，騾，鹿，兔，熊，豹，獐，麂，猴，野猪，狐狸，松鼠，豕。

清 屠述濂 乾隆《騰越州志》卷三《山》 集鷹山，在城西三十里，俗名『打鷹山』。山之陽爲龍潭。昔時樹木茂盛，羣鷹集此，故名。徐霞客云：是山大木巨竹，蒙蔽無隙，中有龍潭，四深莫測。足聲至，則湧波而起，人莫敢近。後有牧羊者，一雷震斃羊無數及牧者數人，連日夜火，大樹深篁，燎無孑遺，而潭亦成陸。今山下有出水之穴，俱從山根分逗而出，山頂之石色赭赤而質輕浮，雖大如合抱，兩指可擕，真刼灰之餘也。【略】飛鳳山，城北七里，矯若飛翔而來，爲來鳳山之前案。干峩山，城西北二里，即土山。山上下皆有湖，名上干峩、下干峩。《一統志》分兩山，下干峩山在司城北一十五里，下有池，亦名下干峩；上干峩山在司城北二十五里，下有池名清河，亦名上干峩。池周五丈餘，花木圍繞，葉落池内則鳥鵲御去。山北有金塔坡，昔有異人修道於此，至今無蚊蚋霜雪。【略】姊妹山，在滇灘關西北三十里。其地崇山密嶺，有雙峰插天，亭亭卓立，宛如巫峽神女峰。山後即茶山野人矣。其山出斑竹。

清 李焜 乾隆《蒙自縣志》卷五《物産》 果屬：梨，棗，葡萄，橘，柑，柿，林檎，李，桃，石榴，木瓜，櫻桃，山查。木屬：松，杉，柏，桑，栗，樟，梧，桐，楊，柳，青皮木，楮，攀枝花。竹屬：紫竹，白竹，滑竹，人面竹，刺竹，鳳尾竹，荆竹，苦竹，綿竹，大竹，薄竹。花屬：牡丹，芍藥，蘭，桂，梅，杏，蓮，葵，山查，海棠，玫瑰，玉簪，粉團，碧桃，丁香，絳桃，罌粟，萱草，夾竹，桃，梔子，木筆，芙蓉，優曇，紫薇，杜鵑，石竹，夜合，蜜多蘿，馬櫻，玉堂春，西洋蘭，夜來香，薔薇，十姊妹，茉莉，四季，長春，剪春羅，金鳳，鷄冠，迎春柳，素馨，石骨，木槿。【略】禽屬：燕，鶯，雉，鴿，鵪鶉，鳩，鷓鴣，鷹，鴉，雀，露雀，野鴨，水鶩，杜宇，布穀。獸屬：虎，豹，熊，鹿，麂，獐，狼，狐，兔，猴，山羊，野猪。

清 師範《滇繫·賦産》 野牛、犀牛、兕牛者，牛也，滇多有之。野牛能鬬虎，割其肉即復生，所謂視肉也。犀牛伏於潭，禄勸鐫字崖有犀牛潭，犀夜出有光，見之者不利。兕嗜叢棘，一曰舐鐵，然舐鐵者貘，非兕。第玀雲廖之兕，煇赫千里，射隨兕者不利，則與貘皆同類。兕角爲觥，祝射皆用之。犀角駭雞，夫豈易得。晉制犀比，或騷人寓言。而今藥舖動以犀角爲矜，恐非真犀也。鄒經元言：九龍江某土司家有犀角一具，寶之累世，一方無灾眚，此其通天者歟？李石云：越睒殺犀，震雷暴雨。真靈物也。麝，亦鹿類而有香。《范志》云：自邕州溪洞來者名土麝，氣臊烈，不及西蕃。謂雲南也。是知滇麝甲於天下。李石云：天寶中，漁人獻水麝，詔養之，滴水染衣，衣敝而香不散。夫有山獺即有水獺，有山麝獨無水麝乎？但不易得，得之且不識耳。山獺、水獺俱可裘。《范志》謂山獺抱樹枯，解藥箭，一枚一金。至於水獺善捕魚，畜之者且費百金。其有皮者，由生獺未馴習，故殺而取皮，(粥)〔鬻〕以爲利耳。《禹貢》梁州以皮爲貢，滇於三代屬梁州，其於春秋爲楚之南陲。傳曰：如杞梓皮革，自楚往。是知南中之皮革盛於北，北且資用於南。羽毛齒革，温地生焉，由來遠矣。【略】松子爲滇果第一，中國所産細不中噉，必資于關東三稜而黄。滇所産，色黑，面圓而底平。其松身似青桐，葉五鬣、七鬣而深濃，高不過一二丈，此結松子之松也。毬長一尺，火煨而剥之，兒童爭啗如包穀。迄至成熟，大擔而塞于街，值不甚高，市升僅數十錢。蘋婆果，南中最少，而滇出盈街。佛手柑之大者直如斗，重三四斤，皆可生片以擺盤。此物經霜不落，在枝頭歷四五年，秋冬色黄，開春回青。吴學使應枚詩：『滇果何曾怕雪霜，枝頭數載歷青黄』是也。核桃以漾濞江爲上，殼薄，可捏而破之。【略】桂，《范志》取冠卷首，謂南方奇木上藥。第桂林不産，産於賓州、宜州。是其所見者，賓、宜之桂也。今世重交桂，雲南與交阯接壤，蒙自、開化本屬古交州，其地舊以産桂流傳，其人又往往爭入交州，作桂言，必得其實。其言云：行入桂山，桂自爲林，高四五丈，更無雜樹。《吕覽》所謂『桂下無雜木』。《爾雅》云：梫木，桂。言能侵害他木，不容植，信有然矣。其盛如此，若每樹可以爲桂，則郤車而載何足難，價值當賤如糞土。顧入林千萬樹，不知何樹已降成桂，猶採檀香者千萬檀樹，不知何檀已降成香。嘗有往來歇宿於樹下，數十年不知其樹已成桂，一旦得之，集工力而作之，又恐土司之駈逐趕散，幸得不散，採取盈谁贏絀。又由於出汗，出之佳者固大贏，出之劣者轉大絀，此乃存乎各人之命運。求之者如牛毛，得之者如麟角。所以入山老死不能得一，當桂可易言乎哉？俗言交阯山已採盡，所以桂價高，於今乃知不然，桂爲奇木上藥，神靈守護。今以林木之盛，周數百里，如此入林之求垂千百，又如此經年素歲不能獲，誠奇木哉！桂爲奇木以上藥顯，檀爲神木以妙香聞。論檀，則滇南各州郡俱有之。而至於爲香，惟《永昌志》載有『趕檀香』。《明一統志》載：八百大甸出白檀、香檀。爲善木，故從亶。亶者，蓋也。有黄、白、紫之異。江淮河朔俱産檀，然不香。檀香出廣東、雲南及番國。三檀並堅重清香，而白檀尤良。釋氏呼爲旃檀，言離垢也。第南徼所産，亦不能盡香，而其降而成香，千百林中或有其一二，物以少爲貴也。《道書》謂爲浴香，不可燒供上真。此故爲歧言，不足辨也。其材之中於物用者甚多，即無香，亦應志而不遺也。滇爲蜀都南境，又南則界連交廣，屬吴都。故三都於蜀則稱，其木木蘭梫桂，杞櫹椅桐，椶榔楔樅，楩柟谷底，松柏山峰，雖寫北境，而南境亦然。於吴則稱，楓柙豫章，栟櫚枸榔，緜杬杶櫨，文欀楨橿，平仲君遷，松梓古度，楠榴之木，相思之樹，皆互交迭見者。則諸木於滇，無不有者也。滇南之松，大利所自出。其實爲松子，其腴爲茯苓。凡松皆有子，而細不中噉，惟滇南松子巨同遼海，味更過之，故以爲甲天下。然所行不出滇境，未有販而至於外省者，至今内地人尚不知雲南之松子也。至於茯苓，天下無不推雲南，曰『雲苓』。農部舊多老松，出茯苓。清江客入山作之，先散錢帛於山氓，山氓得茯苓必歸於客，曰『茯苓莊』。先入林，不知何處有茯苓也，用鐵條斸之，斸之而得，乃掘而出，往往有一枚重二三十斤者，亦不之異。惟以輕重爲准，已變盡者爲茯苓，變而有木心之存者爲茯神，非二物也。客言：茯苓全在出汗如肉桂，其贏絀存乎時命焉。茯苓無取其大，惟以皮帶核桃紋者爲佳。於是乃知古人之稱『斸茯苓』，必斸之而始得也。松林之大或連數山，或包萬壑，長數十里，周百餘里，斸之必於其林，不能於林外斸也。往時林密，茯苓多，常得大茯苓。近來林稀，茯苓少，間或得大者，不過重三四斤至七八斤，未有重至二三十斤者。客言如此。然客運纍纍，大半從農部至，則地之出辦亦大矣。故曰『滇之茯苓甲於天下』也。江浙高山亦種苓，其法斷巨松以藥塗其節而埋之，引其注流而結茯苓。是知茯苓由松始出，故古名松腴也。衢州、龍遊諸山亦知種苓，而惟安慶惟盛，大舫大客載之曰『安慶茯苓』。自安慶茯苓行，而雲苓愈少，責不可言矣。李時珍、汪訒庵之書，尚不言雲苓，雲苓之重當在康熙時。近來又有安慶茯苓出，想其功用不下於雲苓，故行也。杉蓋松之類，故二賦言松不言杉，良以杉統于松也。故滇人曰杉松，故其材中欂櫨。南方諸省皆有杉，惟滇産爲上品。滇人鋸爲板而貨之，名『洞板』。【略】普茶名重於天下，此滇之所以爲産而資利賴者也。出普洱，所屬六茶山：一曰攸樂，二曰革登，三曰倚邦，四曰莽枝，五曰蠻耑，六曰慢撒。周八百里，入山作茶者數十萬人。【略】椶榔、栟櫚、桄榔與檳榔皆同類，高五六丈，而椰實滴酒，桄榔屑麪，尤有資於人。江淮之間亦有椶，但剥皮爲繩索，及笠簞之用，亦利益矣。而緬甸樹頭酒則滴自椶，已詳《志酒下》。桄榔屑麪出自興古、今曲靖諸處也，詳於《漢注》，賦於《蜀都》，豈其虚言？而近代以來未有此麪，豈今昔之或殊哉？桄麪與橦布、卭杖、蒟醬四者，爲蜀都異物。予居滇數十年，絶不之聞。故妄擬以木棉爲橦，其布即橦布。桄榔材中轎扛，一具幾數十金，其爲利用亦有由也。《范志》云：桄榔木身直如杉，又如椶櫚，有節似大竹，一幹挺上，高數丈，開花數十種，緑色。不言屑麪。予在傅羅所見桄榔，亦如《范志》。而《吴都》欀木注云：欀木樹皮中有如白屑者，乾擣之，以水淋之，可作餅如麪，交趾盧亭有之。則屑麪者，乃欀而非桄榔，或古人混二名而一之耳。又按：李時珍《綱目》引諸説，謂桄榔有姑榔、麪木、董傻、鐵木之異名。蘇恭謂人家亦植庭院間，斫其麪，大者至數石，食之不饑。劉恂謂：樹皮中有屑如麪，可作餅食。陳藏器云：彼方少谷常以桄榔麪和牛酪食之。其爲出麪鑿鑿可據。予遊滇粤，詢之土人及諸生，皆不聞出麪。至言其材堅硬，皮至柔，可爲索，抽鬚如馬尾，以織巾子。鹽水浸即粗張，以縛海舶，不用釘線。有文而堅，可製博局。剛利如鐵，可作釤鋤。又可作槍，鋒鋭甚利。即不出麪，而利用已多矣。至如莎木麪者，莎木即上云欀木也。木似桄榔，葉有簑衣之狀。字應作欀，欀、莎同音，故謂之莎木麪耳。《蜀記》云：生南中八郡，樹高十丈許，潤四五圍，宜其出麪，歲得數石之多也。滇爲蜀之南中，不其然乎？椰木出緬甸海濱，諸土司皆有之。似檳榔無枝條，高十餘尋，葉在其末如束蒲，實大如瓠，繫樹頂如挂物。實外有皮如胡桃，核内有膚如雪，厚半寸，似猪膏，味美如胡桃。膚裏有清汁升餘如蜜，可愈渴。核作飲器，粤人以爲酒器及瓢盃，能辟毒，所謂酒滿椰盃消霧毒也。古度木不華而實，子穿皮出如石榴，正赤，可煮食。升庵賦之曰『有木詭容，在蜀之東』云云，則滇亦有古度耶。楠木從南，南方多有之。枏與楩爲類，幽藹於谷底，則生於谷壑也。各省皆有之，而滇出尤奇。蓋滇多地震，地裂盡開，兩旁之木震而倒下，旋即復合如平地。林木人居皆不見，閲千百年化爲煤。掘煤者得木板煤，往往有刀剪器物。或得此木，謂之陰沉木，以製什物，尤珍貴之。《蜀賦》楩枏，《吴賦》楠榴。楠榴者，枏木之瘤也。其瘤之盤結節尤好，以作器具最精，巨者以爲棹而尤佳。至陰沉木，則不可多得矣。枏爲良材，棟梁舟船用甚大，而亦神木，故江湖多立廟祀之。竹木之利至大。江陵千樹荻，渭濱千畝竹，皆與萬户侯等。爲其水道通，而布其利於四方也。滇非盡不毛也，名章巨材，周數百里，皆積於無用之地。且占穀地，使不得藝，故刀耕火種之徒，視倒一樹以爲幸。蓋金江道塞，既不得下木以西東浮。而夷俗用木無多，不過破杉以爲房，聊庇風雨。宗生族茂，詎少良材，雖櫂本垂蔭，萬畝千尋，無有匠石過而問之。千萬年來，朽老於空山，木之不幸，實地方之不幸也。哀牢之山，長千里，中通一徑，走深林中垂。一日若使此山之木得通長江，其爲大捆大放不百倍於湖南哉？前人有見於此，故議開金江，然金江斷難開者，天道使然，不容以人力爭也。運值其通，安知不大風大雷，率羣龍而導之，推其疊水散之，使平破其洞穿徹之，無壅不過一午夜之力，原自易易，若爭以人力，則萬萬不能爲也。

【略】檳榔樹高十餘丈，臨安、廣南諸郡有之。葉如芭焦，花如金粟，實如桃李。土人四剖其房，並實乾而貫之。食者佐以石灰及扶留。扶留，蔞子也，似桑椹而緑，味辛烈，其功消宿食，祛瘴癘，故閩廣人亦噉之。但閩廣人於檳榔去皮而噉寔，於蔞噉葉而棄子，此爲異耳。【略】楚雄山中產斑竹，不規而圓，節去逾尺，作筯殊佳，謂之天生。《筯記》云：『雲南有實心竹，交采斑駁殊好，可爲器物』，即此。

又《山川》 榿木嶺，在城西三十里，嶺甚峻，舊多榿木，下有清水河，流入大溪。【略】梨山，在大關北百五十里，竹樹蔽翳，鳥道崎嶇，行旅不見日色。犄角山，在大關西二里，層巒聳翠，頂多雲霧，草木陰翳，中有黑猿、黃狖、人面猴數種，墜枝飲水。天久雨，聞啼聲即晴。【略】感通寺在郡南十里點蒼之麓，又名蕩山寺，峰巒環遶，林壑幽深。楊升庵寓寺小閣，題曰『寫韻樓』，四壁皆升庵題抄。升庵往來大理、永昌間近四十年，訪於舊家，得《白古通玄峰年運志》。其書僰文，升庵熟諳其語，譯爲《滇載記》。南詔始末，方得詳備。登寫韻樓，雞足雪山，橫亘煙雲之表。明末滇詩人唐大來薙染號擔當和尚，亦寓此樓，壽九十餘。樓前白茶花，高數十丈，大數十圍，花如玉蘭，心殷紅。滇南只此一樹，埋條分種皆不活也。【略】無爲寺在蘭峰半巉巘峭壁，行茂林數里，西山豁然中開，從絕磵左折入寺，有石樓，寬三十丈，摳衣登之，洱海、雪山近在几席。有香杪五株，大百圍，高八九十丈，太古時物也。昔有二十餘樹，喪亂時伐盡，此僅存者。

又《屬夷》 [阿瓦]其產象、犀、馬、椰子、白氎布。兠羅棉樹類椶，高五六丈，結實如掌。土人以麴納罐中，以索懸罐于實下，劃實取汁流于罐以爲酒，名曰樹頭酒。或不用麴，唯取汁，熬爲白糖。其葉即貝葉，寫緬書用之。【略】[孟定府]產香櫞，視南安州產尤大。【略】[南甸宣撫司]產孔雀、吽鷄、紅藤。【略】[隴川宣撫司]產大芋，長尺餘。又有孔雀、毫猪、紫膠、大藥、鮮子、鱗蛇、鸚鵡。【略】[灣甸州]有孟通山產茗，穀雨前採之，勝于中國，但不能多致耳。又有芭蕉實以當果。其人皆僰種。【略】[芒市長官司]產沙金、香橙、橄欖、芋、蔗，又多銀草。【略】[鎮康州]產木則乳香、大藥、鮮子、鱗蛇胆。

又《旅途》 [普安州達新驛軟橋坡]地廣黃壤，樹多青松。土人燧松梯以代燭，堡站實枕新盤山。【略】[白木達平夷]有桂花洞，老桂樹一本百尺，根盤洞底，枝出洞外。秋華時，香徹他山。【略】烏撒八亭而達瓦店有榿木林，橫長十餘里，縱莫知其極，樹多梨。

清　桂馥《札樸》卷一〇《滇游續筆・菌》 滇南多菌，今據俗名記之。青者曰青頭。黃者曰蠟栗，又曰荍麫，又曰雞油。大徑尺者曰老虎。赤者曰胭脂。白者曰白參，又曰茅草。黑者曰牛肝。大而香者曰雞㙡，小而叢生者曰一窩雞。生於冬者曰冬菌。生於松根者曰松菌。生於柳根者曰柳菌。生於木上者曰樹窩。叢生無蓋者曰埽帚，緆蓋者曰羊肚。生於糞者曰豬矢，有毒者曰撐脚傘。《莊子》：朝菌不知晦朔。蔡氏《毛詩名物解》引作雞菌，北方謂之雞腿蘑菇，即雞㙡也。

又《構漿》 滇人呼穀樹爲構漿，以其折枝則漿出也。陶注《本草》云：穀音構。《酉陽雜俎》：穀田久廢必生構葉。有瓣曰楮，無曰構。

又《婆樹》 《詩》：隰有六駮。《毛傳》以駮爲獸名。陸璣《疏》：駁馬，木名，梓榆也。其樹皮青白駁犖，遥視似駁馬，故謂之駁馬。下章『山有苞棣』，『隰有樹檖』，皆山隰之木相配，不宜云獸。又云：檀木，與繫迷相似，又似駁馬。駁馬，梓榆。故里語曰：斫檀不諦得繫迷，繫迷尚可得駁馬。《元和郡縣志》：賀蘭山有樹木青白，望如駁馬，北人呼駁爲賀蘭。馥案：北方無此木，未得目驗。及官雲南，到處有之。土人音譌，呼爲婆樹。

又《醉李》 蒙化諸山中有木，大者合抱，屈曲不材，結實似李，小如梬棗，六月熟。土人呼醉李，余謂即欉李。

又《橄欖》 蒙化順寧山中有小木，高數尺，葉如青棠葉，結實似山楂，淡緑色，有回味，微酢。土人謂之橄欖。案《玉篇》：橄欖果本出交趾。《三輔黃圖》：漢武帝破南越，得橄欖百餘本。即此是也。又有橢圜如雞子者，色青，謂之青果，其木頗大。

又《麻竹》 永昌順寧山谷有竹，中實，葉大，節最疏。土人破爲絲繩作履，謂之麻竹。余案：即濮竹。《漢書・哀牢夷傳》：其竹節相去一尺，名濮竹。

又《鸚哥花》 永昌順寧有木，高數丈，葉如桐，多刺，花色似紅蕉。土人謂之鸚哥花，以其似鸚鵡嘴。案：即刺桐也，亦謂之赬桐。《南方草木狀》：

禎桐，花連枝萼，皆深紅之極者，俗呼貞桐花。禎，音之譌是也。折其枝插地即生。

清　劉沛霖　道光　《宣威州志》卷二《物産》　菓屬：栗子，松子，榛子，橙子，羊桃，楊梅，石榴，山查，花紅，葡萄，李，杏，櫻桃，胡桃，錐栗，荸薺，茨菰，香麪梨，木瓜梨，林青，桃子，梅子。花屬：牡丹，茶花，芍藥，玉蘭，山蘭，蓮花，茄藍，辛夷，蓉芙，天女，綉毬、十様錦，梔子，瑞香，石榴，玉簪，山丹，西番菊，金鳳，魚子蘭，粉團，玫瑰，紫荆，百合，木蘭，蠟梅，石竹，剪絨，雞冠，海石榴，葵花，杜鵑，金線牡丹，薔薇，金桂，銀桂，絳桃，碧桃，鳳尾，黄菊，白菊，蝶戲珠，藏金花，仙人掌，荷包牡丹，垂絲海棠，虞美人，報春花，木槿花，紅白郁李，菜菊。草屬：芭蕉，茜草，火草，通草，蒲草，茅草，燈草，葛長草，荞草，魚腥，三角，蘋，蘩，荇，蘆，艾。木屬：梧桐，棠棣，黄楊，紫榆，白楊，松，柏，槐，冬青，青岡，山桃，椶樹，婆樹，椿，梓，楊，柳，柘，桑，樟，黄松，杉松，羅漢松，單皮栗，雙皮栗。竹屬：紫竹、攢竹、簞竹、刺竹、實心竹。【略】羽屬：雞，鵝，鴨，雀，雉，鷺，梟，鵂鶹，鴿，烏，鵲，鴉，鳩，燕，鷗，鷹，鷂，錦雞，鶴，雁，倉庚，子規，鵪鶉，畫眉，鸚鵡，拖白鴿，鷓鴣，啄木，鸛。毛屬：馬，牛，羊，驢，犬，豕，猫，狐狸，獐，麂，猿，猴，麅，兔，虎，狼，竹鼦，豹，熊，兕，野猪，巖羊，羚羊。

清　侯允欽　咸豐　《鄧川州志》卷二《古蹟》　芭蕉龍。州西北二十五里有龍潭，潭上古木槎枒，芭蕉蔭翳。昔年天旱，致禱，有龍從芭蕉中躍出，遂大雨。至今禱輒應。州牧王恩二公先後勒碑其地。

又卷四《物産》　其果春有枇杷、櫻桃，夏有梅、杏、桃、李、無花果、鎖梅，鎖梅即覆盆子，有酸多衣、救軍糧，秋有榛、栗、梨、石榴、花紅、葡萄、海棠、拐棗，冬有松子、羊棗、柿子、木瓜、橄欖、黄果、橙、柚、佛手柑、香櫞。【略】竹則有紫竹、金竹、龍竹、鳳尾竹、慈竹、苦竹。木則松、柏、椿、杉、栗、榿、楸、榆、椶櫚、夜合、槐、楊，咸有之。【略】若獐、兔、豹、狐、香貓、土狗、水獺之屬，雖有之，不常見也。羽屬家雞、野鶩、鵝、鴨咸足食，若翱翔睍睆於四時，有鶯有燕，有鳩，有雀，有鴿，有鸛，有鴉，有雀，有布穀、子規、啄木、畫眉、山呼、鸜鵒、鵁鶄、四喜、屎姑姑，羽毛文彩有雉，有錦雞，有鴛鴦，有秧雞、松哥、緑翠，搏擊小鳥於穀熟有角鷹，在水有梟，有鷺，有鷗，有水鳥，捕魚有鸕鷀，鸕鷀漁户畜之能致富。

又卷末《雜異・和山花》　龍首關北三里許，地名花樹村。有花焉，不識其名，以産於和山，里遂呼爲『和山花』。始於唐，樹高六七丈，質如桂，色白，香聞里許，朵分十二瓣，逢閏加一，歷占無異，咸稱爲仙人遺種。傳聞既廣，冠蓋日臨，居民病而斧之，今亡矣。

又《豺狗》　鄧邑地勢平衍，四面山谷中人跡踵至，無野獸。近年則多豺，俗呼爲『豺狗』，迤東人謂之『山毛驢』。狀類狗而瘦，毛深色，斑黄，長尾。勢怯弱，然能入人家攫犬豕，銜之以走，沿山麓尸骸淺瘞者，悉刨食無遺齒。天將暝，嘷嘯山谷中，聲嗚嗚頗慘裂。二十年以前，聞有竄入州堂者，可怪也。

清　陳燕　光緒　《霑益州志》卷四《物産》　木之屬：松，柏，榆，柳，桑，柘，槐，桐，白楊柳，棠棣，婆羅樹，椶櫚，三春柳，花木樹，秋木樹，椿，山果樹，杉樹，羅漢松，冬瓜樹，紅果樹，冬青，苦竹，紫竹，鳳尾竹。【略】花之屬：梅，蓮，菊，牡丹，芍藥，茶花，木槿，薔薇，海棠，茉香，剪紅羅，萱，報春，石竹，金銀，罌粟，虞美人，桂，向日葵，丁香，秋海棠，海石榴，山丹，俗名映山紅。粉團，鳳仙，素馨，葵，雞冠，碧桃，玉簪，玉蘭，繡毬，紫薇，茄蘭，茉莉，芙蓉，金盞銀臺梔子，象鼻草，蒲草，葦，蘆。果之屬：桃，李，梨，茨菰，杏，梅，柿，石榴，菱角，葡萄，核桃，松子，山楂，林禽，棗，花紅，楊梅，橙，橘，羊棗。【略】羽之屬：黑頭公，拖白練，畫眉，鷄，鴨，鷴，雀，鸛，鷺，鵝，鵲，鸜鵒，子規，一名杜鵑。鵪鶉，山鷄，鳩，水鳩，鷗，倉庚，鷂，鸚鵡，雉，梟，俗名野鴨。鴿，鴉，燕，鴳鶉，鴛鴦，秧鷄，八哥，啄木冠。毛之屬：虎，豹，豺，狼，牛，馬，鹿，羊，野猪，豕，猿，猴，驢，獺，犬，熊，兔，麂，獐，狐狸，貓，竹鼠。【略】蟲之屬：蜂，蝶，蟬，蝸牛，蟋蟀，蜻蜓，蟻，蛙，螢，蚯蚓，蜘蛛，蝙蝠，蚊蝱，蠅，蛇，螳螂。

清　劉毓珂　光緒　《永昌府志》卷二二《物産》　蔬屬：【略】雞㙡，木耳，香蕈，白森，樹莪，松菌，柳菌，芝麻菌，茅草菌，胭脂菌，青頭菌，牛奶菌，核桃菌。以上菌屬。花屬：梅花，有紅梅、緑萼、照水、寶珠數種。杏花，桃花，有紅、白、絳三種。李花，梨花，棠梨花，櫻桃花，石榴花，有二，一名海石榴。荷花。有青、紅、錦、邊四種。以上實見果屬。牡丹，海棠，有西府、垂絲二種。玉蘭，辛夷，紫荆，紫薇，卮子，杜鵑，有五色。木槿，有紫、白二種。雪毬，扶桑，木芙蓉，木蘭，桂，有丹、銀二桂。茶花，有數種。蠟梅。以上木本。迎春，金雀，薔薇，酴醿，玫瑰，木香，棣棠，小桃，有紅、白二種。茉莉，素馨，凌霄，十姊妹，玉堂春。以上蔓本。蘭蕙，有十餘種。芍藥，金盞，剪春羅，蝴蝶花，石竹，罌粟，虞美人，萱花，蜀葵，金鳳，向日葵，百合，山丹，鳳仙，金錢，玉簪，秋葵，蓼花，百子圖，竹箋，菊花，數種。洋繡毬，雞冠，水仙。以上草本。果屬：梅，杏，桃，李，梨，棠梨。以上花見花屬。櫻桃，柿，楊梅，枇杷，花紅，橄欖，山楂，葡萄，棗，米酥，木瓜。以上膚果。安石榴。花見花屬。栗，榛子，松子，核桃，訶子，銀杏，橘，柑，香櫞。以上殼屬。蓮子。花見花屬。藕，甘蔗，菱，芡，荸臍，慈姑。以上水果。【略】無花果，波羅密。以上無花實。木屬：松，實見果屬。柏，杉，漆，楠，桐，栗，刺桐，榆，槐，楸，椿，楮，樗，櫟，柳，白楊，黃楊，冬青，椶，樺桃。以上灌木。降香，趕檀香，青皮香。以上香木。藤，女蘿，薜荔。以上藤屬。竹屬：金竹，龍竹，毛竹，刺竹，黃竹。以上筍可食。紫竹，鳳尾竹，斑竹，出騰越。觀音竹，水竹，實心竹，可爲杖。麻竹。可以織履，出騰越。卉屬：芝，菖蒲，吉祥草，老少年。以上芳草。芸，九葉爲佳。白芷。以上香草。紅花，茜草，藍。以上染草。芭蕉，茅，蓬，青蒿。以上隰草。荇，蘆，萍，苔，藻。以上水草。仙人掌，金剛鑽，虎掌草，佛甲草。以上雜草。【略】羽屬：雞，鴨，鵝，鴿，鷹，鸛，鵲，雀，燕，鴂，鳩，雕，鴉，鷺鷀，鴛鴦，鷓鴣，鶺鴒，拖白練，子規，山呼，白鷴，白頭翁，魚翠，山和尚，布穀，啄木，鵂鶹，畫眉，鸚鵡，錦雞，秧雞，野鴨，黃鴨。毛屬：虎，豹，狼，鹿，麂，獐，兔，狐，熊，猿，野猪，獺，竹鼴。出騰越。蟲屬：蜜蜂，蜻蜓，蝴蝶，螳螂，促織，田螺，螢，蜘蛛，蝦蟇，蟬，蚯蚓，蟻。

又卷三七《土司》［干崖宣撫］司東二十五里曰『白蓮』。在司北六十里，中挺一峰，土官居其麓下，有白蓮池曰『刺朋』。在司西百餘里，其水曰安樂河，源出騰衝，經南甸，迤邐至北折而西百五十里，入檳榔江。境內甚熱，四時皆蠶，有白氍布、白蓮花，竹鼴大如兔而肥。【略】［南甸宣撫司］產紅籐、孔雀、呌雞。

又卷六二《軼事》二芳記。侍郎張志淳作《永昌二芳記》載茶花有三十六種，杜鵑花有二十種，皆永昌所產者。

清　薛渭川　光緒《嵩明州志》卷二《山川》天槁岩，在州西十五里，高千餘尺，上有古樹兩株，大數十圍，一名玉圍屏。

清　項聯晉　光緒《雲南縣志》卷四《物產》菌部：柳樹菌，早穀菌，青頭菌，羊肝菌，黃羅傘，芝麻菌，臙脂菌，牛乳菌，刷帚菌，銅綠菌，雞葼，香蕈，木耳，白生。【略】菓部：紅棗，林檎，櫻桃，柑橙，栗子，海棠果，石榴，柿子，葡萄，楊梅，核桃，松子，罌粟，無花果，甘蔗，桐子，菱藕，木瓜，桃，李，梅，杏，梨，薺，蒟醬。木部：赤松，飛松，杉松，圓柏，扁柏，和木，楸木，夜合，棠梨，楊，柳，椿，槐，桑，楓，馬纓樹，青棡榆，山纓樹，郁李，青皮樹，皂角，黃楊，栗木，香樟。花部：牡丹，芍藥，海棠，碧桃，山茶，玉蘭，荼蘼，杜鵑花，海石榴，雞冠，扶桑花，菊花，繡毬，芙蓉，燈籠花，蝶採珠，杏花，梔子花，丁香花，李花，刺桐花，米殼，葵花，石竹，棣棠花，梨花，小桃紅，木瓜花，茉香花，梅花，薔薇花，素馨花，扁竹，夜合花，龍爪花，紫薇花，白鶴花，玉簪花，木槿花，金鳳花，夏蕙，山罌花，荷花，燈盞花，玉蝴蝶，山丹，香蘭，剪春羅，地湧金蓮，小冬蘭，水紅花。竹部：紫竹，貓頭竹，斑竹，鳳尾竹。鳥部：燕，鸚鵡，畫眉，斑鳩，黃鸝，鷓鴣，竹鷄，鷺鷥，瓦雀，黑頭公，喜雀，百夷鷄，鸜鴒，野鷄，採花心，臙脂紅，鵝，鴨，鴛鴦，五色四聲，十二闌干，翡翠，山呼，胡文蟲。獸部：馬，牛，羊，驢，騾，鹿，獐，麂，豹，兔，猿，羚，青猿，香貓，飛鼠，穿山甲。

清　李毓蘭　光緒《鎮南州志略》卷四《物產》筍品【注略】：香筍，鳳竹筍，蠻竹筍，茭筍。菌品【注略】：香菌，柳菌，虎掌菌，栗窩菌，雞葼，穀熟菌，青頭菌，木碗菌，過手青，石灰菌，松毛菌，木耳，白生，臙脂菌。果品【注略】：梨，桃，柿，李，杏，梅，榛，安石榴，葡萄，木瓜，木桃，木李，山楂，塔柿，胡桃，香櫞，海松子，櫻桃，林檎，餘甘子，楊梅，荸薺，蔗糖，棘子，橘，柑，橙，菱，佛手，海棠。木品【注略】：松，柏，柳，楸，槐，桑，柘，梓，椶，椿，榆，楊，棠梨，杉松，梧桐，冬青，觀音柳，櫟，栗，黃楊，檜，白楊，茶，橡。竹品【注略】：紫竹，水竹，苦竹，刺竹，斑竹，人面竹，鳳毛竹，筋竹，龍竹。花品【注略】：牡丹，山蘭，蕙，芷，珍珠蘭，玉蘭，茄蘭，芍藥，丁香，茉莉，桂，梅，茶花，蓮，杜鵑，海棠，秋海棠，石竹，薔薇，紫薇，木芙蓉，繡毬，剪紅羅，剪紅絨，剪秋紗菊，丁香，小桃紅，迎春花，萱，葵，雞冠，木槿，夜合，鳳仙，月季，酴醾，棠棣，玉簪，桃竹，雞爪，龍爪，石斛，金絲蓮，子午蓮，粉團，長春，梔子，姊妹花，玉梨，報春，馬纓，扁竹，燈盞花，金雀花，銀雀花。【略】羽屬【注略】：雞，鵝，鴨，雉，乾鵲，雀，燕，鳩，鷹，鷗，鸚鵡，鷺，畫眉，鴛鴦，鷓鴣，白鷴，子規，鴝鵒鐵蓮甲，啄木，鴉，翠，雁，山呼，白頭烏，青鶬。毛屬【注略】：虎，豹，熊，麞，麂，兔，野豬，毫豬，香貓，猿。【略】昆蟲之屬【注略】：蚱蜢，蟋蟀，蜂，蝶，水蛭，竹鼠。

清　羅瀛美　光緒《浪穹縣志略》卷二《物産》　橄欖，《師宗州志》：小如山查，青色，六棱，初食澀，回味頗甘。土人呼爲橄欖。樹高丈許，葉密，細僅寸許。［以下只録種名］無花果，香橼，佛手柑，胡桃，黄果，海棠果，芘碧花，優曇花，木蓮花，素心蘭，仙人掌，黑竹，雲香韭，薄荷，連翹。水鴦，白鷴，鸚鵡，緑斑鳩，黄鴨，鹿，山驢，巖羊，羊。【略】果類：松子，石榴，枳椇，枇杷，杏，梅，李，桃，木瓜，郁李，柿，梨，橙，羊棗，白栗，橘，林禽。花類：薔薇，玉簪，玫瑰，山茶，石竹，剪春羅，蓼，丁香，芍藥，牡丹，金鳳，雞冠，木芙蓉，菊，蜀葵，五子蓮，金絲荷，秋海棠，映山紅，蓮，杜鵑，瑞香花，陽春花，水仙花，淩霄花，桂，臘梅，芙蓉桃，日月桃，木槿，西湖海棠，繡毬，垂絲海棠。竹類：龍竹，水竹，金竹，鳳尾竹，觀音竹。木類：杉木，真松，油松，白楊，柏，椿，楸，樺皮，槐，柘，棕，柳，栗，桑，榆，觀音柳，羅漢松。【略】禽類：雞，鴨，鵝，山雞，雉，鶯，鷲，布穀，黑雀，鸕鷀，喜鵲，燕，雁，畫眉鵲，鶺鴒，鷹，鵓鴿。獸類：牛，豕，兔，馬，山豬，羚羊，狐，猿，獅子犬，松鼠，獐子，麂，熊。

又卷三《古蹟》　大甸古松，舊志：在治西十里，大甸有古松十二株，蟠踞平岡，如虬爪龍鱗，昂然特立，天風浪浪，洪濤謖謖，令人神懾。

清　朱占科　光緒《順寧府志》卷一三《食貨志》　菓之屬［只録種名］：甘蔗，橄欖，猩猩果，柑，香橼，訶子，梅，李，桃，梨，杏，枇杷果，波羅，香芭蕉，酸角，羊桃，錐栗，林檎，白木瓜，辣子，山胡椒，地石榴，無花果，核桃，松子，落花生，石榴，山楂，荸薺。

又　花之屬［只録種名］：木棉花，花上花，樹頭花，雪蘭，牡丹，梅花，山茶，桃花，丁香，杜鵑，榴花，紫薇花，粉團花，仙人掌，蘭，芙蓉，茉莉，櫻桃花，金梅，山丹，刺桐，芍藥，菊，素馨，鳳仙，雞冠，雞爪，金銀花，蝴蝶戲珍珠花，馬纓花，蓮花。

又　草之屬［只録種名］：鹿銜草，雞血藤，芭蕉，蒲草，菖蒲，打不死，桑寄生草，毒草，仙草，秧草，金剛纂。

又　竹之屬［只録種名］：濮竹，藤竹，斑竹，筋竹，垂緣竹，竹斗斛，石竹，刺竹，實心竹，觀音竹，苦竹，龍竹，紫竹，毛竹，人面竹。

又　木之屬：榿木，舊志：一名水東瓜，可以刻字。構，舊志：一名穀，其皮可造紙。松，採訪有油松、杉松、羅漢松。柏，採訪有圓柏、側柏、三會柏、茨柏四種。栗，舊《通志》：有板栗、毛栗、黄栗、白麻、青剛數種。黄楊，舊《通志》：俗名萬年青。柳，採訪有楊柳、觀音柳。又接官廳有垂柳百株，掩映客去。杉，採訪杉蓋松之類，大者鋸爲板而貨之。紅木，採訪有水紅木、刺紅木。土人取作棟樑，以構堂屋。謹案：順甯尚有槐、椿、棠、栗、梧桐、和木、冲天桃、紫榆、桑、棕、皂角、青樹、溪木、楠木、楝。

又　鳥之屬：孔雀，舊志：産深山中。當羣聚飲啄時，繫甏其雄者，衆皆環繞扶救，可連繫之。若先中其雌，則盡飛去。有金孔雀一種，光彩明豔，其毒更甚。玀夷雞，桂馥《札樸》：玀夷地方有野雞，小於家，能飛，聲短。【略】長鳴雞，《一統志》：身小形昂，其鳴無時，聲異常雞。舊志：有矮腳者，長鳴不食。謹案：葛洪《西京雜記》：成帝時，交趾越嶲獻長鳴雞、伺辰雞。即下漏驗之，晷刻無差。長鳴雞則一食頃不絶，長距善門。疑此即《札樸》之野雞也。緑鳩，《一統志》：出順甯府。舊志：斑鳩舊有緑色者，今少。狠虎，桂馥《札樸》：順甯有鳥夜鳴，其聲骨鹿，蒼黑色，大如拳貍，首有角，俗呼狠虎，即兔鴟也。《釋鳥》：萑，老鵵。郭注：木兔也，似鴟鵂而小，兔頭，有角，毛腳，夜飛，好食雞。鸚鵡，《古今圖書集成》：雲州無此。至冬月，漫乃江一帶，往往數百爲羣飛來。彝民用膠黏取，以供匕箸。非冬月，則無有來者。白鷴，《秋坪新語》：先大夫觀察滇南，予隨侍。時方垂髫，有人獻孔雀、白鷴雛各一，畜之園中。孔雀雛長，偏身深碧，映日作金色，而尾尖若劍首，殊無眼，且性獷野，升屋穿樹，見人輒匿。或曰：此其雌者，無足觀。白鷴狀類家雞，尾禿首小而鋭，毛色微黄如乳鵝，飲水啄粟無異常。畜及長，長頸修翎，烏喙丹趾，首翹朱冠，目熒金彈，偏身白質，鮮潔如雪而黑章，作水縐紋蹴縮然。尾長數尺，若曳匹練，黑紋層叠，宛若微波，因風而瀠洄。鳴則翐翐如索鬥狀，時飛鳴於巨樹，暮則栖樹，杪不去。予時加飼飲，故輒隨予後，或迎於前，蓋馴如也。雉，桂馥《札樸》：雉白質五采者，滇人謂之箐雞。青質五采者，謂之翟雞。馥案：白質即翬也，褘衣畫之。青質即摇也，揄狄畫之。馴者畜於庭，喜食花。檀萃《滇海虞衡志》：箐雞生長於箐，滇南多箐，故箐雞爲多。即白雉、白鷳之類也。山喜鵲，桂馥《札樸》：小鳥，大於鵲，形似鵲，滇人謂之山喜鵲。案：即雗鷽也。《爾雅》：鷽，小鵲。《説文》：鷽，雗鷽，山鵲，知來事鳥也。俗言乾鵲噪，行人至。乾、雗，聲近而譌。雁，《滇志》：順治庚子冬，鴻雁來分。注謂雲南舊無鴻雁，至是百十爲羣，日數過，皆西去，自後皆有，不見回。據此則嘉靖中雁始至，猶在昆池。順治庚子雁大至，徑往滇西而不復回。謹案：順甯尚有雞、鵝、鴨、鴿、雀、鷹、鳩、烏鴉、水老鴉、燕、鷓鴣、白鷺、畫眉、拖白練、黑頭公、秧雞、麻雞、啄木、子規、布穀、白頭翁、點小雀、鵪鴣、鸜鴿、魚翠、黄鸝、伏翼、夜鴞、鶺鴒、鵂鶹、箐雞。飛鼠，《古今圖書集成》：即鼯鼠也。腹堂有皮寬垂，如人披袈裟然。樹枝相離數丈，即飛而過，但不能遠。猛緬交界處有之。

又 獸之屬：矮犬，舊《雲南通志》：毛深足短，即《竹書》所載短狗。檀萃《滇海虞衡志》：海叭狗，長毛庳腳，出順甯。滇人亦多畜之，即《王會》短狗也。豪豬，桂馥《札樸》：永昌順甯多豪豬，能發豪射人。或取其豪代箸，遇毒輒作聲。滇俗慣下毒，惟此物能距之。【略】虎，樊綽《蠻書》曰：大蟲，南詔所披皮，赤黑文深，炳然可愛。云大蟲在高山窮谷則佳，如在平川，文淺不任用，喫之。野豬，檀萃《滇海虞衡志》：田豕也，一名嬾婦豬。如山豬而小，喜食禾。田夫以機軸織紝之器挂田旁，則不近。蜡祭迎虎，爲其食田豕也。採訪順屬山地多種蕎與玉麥，成熟之時，人必邏守之，防野豬之傷害也。竹鼲，檀萃《滇南虞衡志》：穴竹林者爲竹鼲，亦兔類。猿猴，檀萃《滇海志》：猿與猴爲一類。《范志》言猨不言猴。滇南有玉面猿，出廣西府。《范志》：獨金絲、玉面難得。猿長臂，善嘯，而猴不能。各省俱多，不必滇也。熊，檀萃《滇海志》：熊類至多，有馬熊、人熊、豬熊、狗熊。滇南多有之。予嘗至農部湯郎馬踊廠，其地多熊。仰視大栗樹，其大枝墜地盈堆，熊嚙而墮之，以食其實。但人所獻熊膽、熊掌，餘則無用，不聞取其皮。貍，檀萃《滇海志》：貓生於野爲野貓，盜竊人家，雞、鶩、鴨、鵝多被吞食，以肥其身。比貓爲大，而眼甚惡。《范志》有火貍，即紅色野貓也，有豹色貍，即花色野貓也。緝其皮爲裘，名九節貍，價亦重。獺，檀萃《滇海志》：山獺、水獺俱可裘。《范志》謂山獺抱樹枯，解藥箭，一枚一金。至於水獺，善捕魚，畜之者且費百金。其有皮者，由生獺未馴習，故殺而取皮，鬻以爲利耳。鼠，採訪有家鼠、黄鼠、竹鼠、松鼠。謹案：順甯尚有犬、豕、騾、野牛、狐狸、獐、麂、麞、鹿、豺、狼、豹。

又 蟲之屬[只録種名]：脆蛇，青竹剽，蛤蚧，金蛾，蟻，斷腸草，蠶，毛辣子，蜻蛉，芫青，蟲，蜂。謹案：順甯尚有蝶、蟬、螢、蟋蟀、蠅、蜘蛛、蝦蟆、青蛙、蛇、蝙蝠、螽斯、蚊、蚱蜢、蜉蝣、蜻蜓、螳螂、蟻、蚯蚓、多腳蟲、螞蝗、蚋、蜣螂、螟蛉、蠅虎、尖棕、螢、蛾、蠅、壁虎、蜈蚣。

清 林則徐 道光《廣南府志》卷一《山川》

鳳凰山。在普廳。傳言鳳凰曾止，其止每年七月二十日，百鳥翔集，入夜，村人焚火山畔，獲鳥十數，多有不知名者。【略】叠翠山。在城西二十五里那郎寨，清潔秀麗，遥對龍湫。其麓多長松，峭壁青葱可愛。每值微風偶過，響類笙簧。【略】天杜峰。在鎮西山前，突起如柱，聳入層霄。四圍虬松老樹，蒼翠欲滴，時有珍禽翔止。石徑懸空，盤折而上，歷數百級始至頂。頂差平，天心寺在焉。登眺間，覺身在太虛中，吞吐靈氣。【略】芙蓉山。在城南一百六十里花果寨，如萬朵芙蓉，排空開放，嵸嶐盤鬱，吞吐烟雲。治南之鎮山也。

清 崇謙 宣統《楚雄縣志》卷四《物産》

果類：梨，有九種。李，有三種。柿，有二種。桃，杏，梅，榛，棗，有二種。楊梅，荸薺，菱角，石榴，櫻桃，林檎，花紅，葡萄，胡桃，板栗，松子，瓜子，海棠果，枇杷果，芭蕉果，黄果，橘子，佛手柑，仙人果，塔柿，山查，橄欖，木瓜，香緣，無花果。木類：松，有三種。柏，有三種。栗，有三種。桑，有二種。柘，楮，柳，榆，楊，槐，楸，桐，梓，椿，樟，茶，漆，蠟，椶，橡，棠梨，皂樹，冬青，即萬年青。水冬瓜，黄練茶，觀音柳，羅漢松，金剛纂。木之通體有刺，與仙人掌等，其漿最毒，惟孔雀食之。土人種以編籬，人莫敢觸。竹類：紫竹，水竹，苦竹，刺竹，筋竹，岩竹，人面竹，鳳尾竹，大龍竹。即蠻竹。花類：梅花，有紅梅、白梅、黄蠟、緑蕚、照水、玉版、寶珠七種。蘭花，種類甚多，不具録。珠蘭，俗呼魚子蘭。玉蘭，茶花，有紅、白二種。桂花，有三種。牡丹，芍藥，有紅、白二種。茉莉，丁香，有紫、白二種。杜鵑，有紅、黄、紫、白四種。菊花，有譜，一百餘種。蓮花，白爲蓮，紅爲荷。素馨，紫薇，棠棣，海棠，秋海棠，芙蓉，繡毬，水仙，月季，俗呼十姊妹。玉簪，有紫、白二種。酴醾，報春，狀元紅，梔子，木筆，剪紅羅，辛夷，夾竹桃，蔡花，金絲蓮，五子蓮，夜合，龍爪，粉團，長春，小桃紅，木瓜，石斛，雞冠，雞爪，金鳳，晚來香，大白花，馬櫻，燈盞，金雀花，色黄，味甘，可作疏。銀雀花，色白，味大苦，以水浸之可作疏。俗呼刺白花。黄花，即菜花。攀枝花，即木棉。棉花。現在試種。【略】羽類：雞，鵝，鴨，有三種。雉，有三種。鳩，有三種。鶉，燕，有二種。鶯，有二種。鷗，烏鴉，鷺鷀，喜鵲，瓦雀，有二種。鴝鵒，俗呼八哥。沙和尚，鸚䳇，畫眉，鴛鴦，鷓鴣，雁，鷹，鸇，鴐，鸛，梟，子規，白舌、即雇工。偷鴿，蝙蝠，白鷳，白頭鳥，啄木鳥，點水雀，緑豆雀。毛類：牛，有二種。馬，羊，有二種。驢，騾，犬，豕，貓，鼠，有田鼠。兔，白臉，麂，麞，野貓，獺，猴，竹鼠，松鼠，野猪，毫猪，狐狸，黄鼠狼，灰鼠，豺，狼，虎，豹。

紀事

明　楊慎《南詔野史》卷下《優曇花》　雲南府省城土主廟，南詔蒙氏時有僧菩提巴波，一名大又法師，自西天竺來，以所攜念珠九子種左右。樹高數丈，枝葉扶疎，每歲四月花開如蓮，有十二瓣，遇閏多一瓣。今存西一樹尚茂。

又《靈會寺》　寺有古梅一株，鐵幹横撑，花千層作紅玉色，相傳蒙氏時所植，故人呼爲『唐梅寺』。

又《鳳棲木》　大理府趙州白崖赤水江，有古樹二株，夭矯參雲。相傳昔曾有鳳棲其上。

又《蝶泉》　大理府龍首關之南泉，從石腹中湧出。旁有蝴蝶花一株，高丈餘。夏月花開，狀如蝴蝶，而蝶啣之，蝶與蝶復首尾相啣，長垂至地，亦奇觀也。

明　徐洪祖《徐霞客遊記》卷五《記滇中花木》　滇中花木皆奇，而山茶、山鵑爲最。山茶花大逾碗，攢合成毬，有分心、卷邊、軟枝者爲第一。省城推重者，城外太華寺。城中張石夫所居朵紅樓樓前，一株挺立三丈餘，一株盤垂幾及半畝。垂者重枝密幹，下覆及地，所謂『柔枝』也。又爲分心、大紅，遂爲滇城冠。山鵑一花具五色，花大如山茶。聞一路迤西，莫盛於大理、永昌境。花紅，形與吾地同，但家食時，疑色不稱名，至此則實有紅艷，果不減花也。

又卷九《西南遊日記》　抵三家村。問老嫗，指奇樹在村後田間。又半里，至其下。其樹南臨深岸，而南幹半空，直然挺立。其花黄白色，大如蓮，亦有十二瓣，按月而閏增一瓣。開時香聞遠甚，土人謂之十里香。榆城有風、花、雪、月四大景，上關風，下關花，蒼山雪，洱海月。上關以此花（者）〔著〕。按《志》，榆城異産有木蓮花，而不注何地，然他處亦不聞，豈即此耶？花自正月抵二月終乃謝。時無餘瓣，余不能聞香見色，惟撫其本辨其葉而已。【略】波羅村，其西山麓有蛺蝶泉之異，余聞之已久。至是得土人西指，乃令僕擔先趨，而余獨從村南西向望山麓而馳。半里，有流泉淙淙，溯之又西半里，抵山麓。有樹大合抱，倚崖而聳立，下有泉，東向漱根竅而出，清洌可鑒。稍東，其下又有一小樹，仍有一小泉，亦漱根而出。二泉匯爲方丈之沼，即所溯之上流也。泉上大樹當四月初發花如蛺蝶，鬚翅翾然，與生蝶無異。又有真蝶千萬，連鬚鉤足，自樹頂倒懸而下，及於泉面，繽紛絡繹，五色焕然。遊人俱從此月羣而觀之，過五月乃已。余在粤西三里，陸參戎即爲余言其異，至此又以時蚤未花。詢之土人，或言蛺蝶即其花所變，或言以花形相似，故引類而來，未知孰是。然龍首南北相距不出數里，有此二奇葩，一恨於已落，一恨於未蕊，皆不過一月，而各不相遇。乃折其枝，圖其葉，而後行。

又卷一二《西南遊日記》　有一樹，立岡頭，大合抱，其木挺直，其枝盤繞，有膠淋漓於本上，是爲紫梗樹，其膠即紫梗也。初出小孔中，亦桃膠之類，而蟲蟻附集於外，故多穢雜。

清　常安《紅優曇花記》（引自雍正《雲南通志》卷二九）　雍正庚戌夏至日，制府少保大司馬公宣於衆曰：西方老客見紅優曇花否？相殊碧玉，色並緋桃。豈鬘持天女伴亦假胭脂粧耶？宜各有記述，以代酬贈。公乃首唱爲詩，諸君子迭相賡和。余既覩花之奇，又備覽篇章之盛，因不自揣，爰爲之記原。夫滇南土候，無嚴寒酷暑，四時皆有春意，花木之得所，天也，宜也。其最著者，茶則七十二種，鄧渼稱其十德，爲天下第一。扶桑則五色爛熳，杜鵑則百本爭妍。其餘水陸草木，與中州互有異同。而優曇之奇逸，又異於諸品，爲天下所無。考《貝葉經》載此花曰『優曇鉢羅』，曰『優鉢羅』，一字增減，未知是一是二。《大理志》：靈鷲山之旁爲和山，有樹高六七丈，幹似桂，葉似枇杷，花似玉，其香入暮轉清，開十有二瓣，以應十二月，值閏增一瓣，世傳爲仙人遺種。又《苴蘭志》：段蒙樂誠魁時，有僧自天竺來，以念珠一串埋城中土主廟，生樹高二十丈，葉叢茂，每歲四月花開如蓮，瓣數與和山不異。土人視花瓣之多少以占歲，名之曰『娑羅樹』。夫《貝葉經》所載，頗與此花不甚相遠。今由《苴蘭》與《大理志》觀之，要亦不過異其地，因以殊其名耳。且聞兩迤之間，所在多有，然則此花之奇且繁也，即以滇作一大香國觀可也。夫優曇在衆香國已爲嘉祥，乃今制府軒中所開以殷紅特聞，則尤爲希世之瑞。從來造化之機常肇於微，而物理之徵當以類究。昔王處回得旌節花種，因之擁旌仗節。唐尚書省古槐夜聞音樂聲，省中遂有登台鼎者。江都芍藥如圍金帶，韓陳諸公相繼入相。然則優曇之紅，豈無故哉？且草木雖無知之物，而靈根異卉常與善氣相迎。余觀公奉命來制三省，愷悌爲懷胥萬姓，而欲偕之大道，與慈氏之寶筏慈航無以異。故優曇以佛種靈苗，與愷悌之至性相感通，特標其異，必有徵也。余願公之益懋乃德爾。至其詩悠然神遠，足爲花神長色，和者咸各發攄藻彩，余亦爲數絶以賡之。世之慕紅優曇花而不得一見者，讀公與諸君子之詩，當亦恍然如坐香國中已。

清　湯懋裴　《從征安南記》（引自《滇繫・典故》）　至威驪以南，麞麂滿岡，鳴咆命疇，警嘯聒野。孔雀飛翔，蔽日彌山。松原以西，鳥獸馴良，不知畏弓。

清　鄂爾泰　雍正《雲南通志》卷三〇《異蹟》　兩頭鹿。《博物志》云：雲南郡出茶首，其音爲蔡茂，兩頭鹿也。以四月中取其胎，可治蛇毒。永昌間有之。魏宏《南中志》曰：雲南郡有點蒼山，上有神鹿，一身兩頭，專食毒草，又名食毒鹿。【略】角端。宋寧宗嘉定十七年，元太祖特穆真征東印度，至鐵橋石門關前，軍報有獸一角，形如鹿而馬尾，色緑。作人言曰：汝主宜早還。左右皆懾。獨耶律楚材曰：此名角端，蓋旄星之精，能四方言語，好生惡殺。聖人在位，則斯獸奉書而至，且能日馳萬八千里，靈異如鬼神，不可犯也。帝即回馭石門關，在麗江府。東印度，蓋指南詔也。【略】鱗鼠。在雲州，有鱗甲，千百爲羣，殘食田苗，數年一出。【略】異竹。《竹譜》曰：棘竹駢深，一叢爲林。根如椎輪，節若束針。亦曰笆竹，城固是任。篾筍既食，鬓髮則侵。釋曰：大者二尺圍，肉甚厚實，南中夷人破以爲弓，枝節皆有刺，種以爲城，卒不可攻。萬震《異物志》又云：種爲藩落，阻過層墉，或卒崩根出，如大十石物，縱横相承如繅車，一名笆竹。見《三倉》。筍味落人鬚髮。今廣南、騰越夷中皆有刺竹，如譜所云。夫竹比君子，而夷落乃爲荆棘，華戎不同貫，即物有然者矣。又曰：筋竹爲矛，稱利海表。藋仍其餘，刃即其杪。生於日南，別名爲簝。釋曰：筋竹長二丈許，圍數寸，至堅，南土以爲矛。其筍未成竹時，堪爲弩絃。見徐忠《南中奏》。劉淵林云：夷人以史竹葉爲矛，即是筋竹，豈非一物而二名者。滇中有筋竹，葉差小於他竹，堅而且直，戍卒取以承槍，甚美利也。又曰：篔與繇衙，厥體俱洪。圍或累尺，篔實衙空。南越之居，梁柱是供。釋曰：《交州廣志》云：由衙竹亦有生於永昌郡，爲物叢生。又曰：竹之堪杖，莫尚於筇。磥砢不凡，狀若人工。豈必蜀壤，亦産於邛。一曰扶老，名實縣同。釋曰：筇竹高節實中，狀若人刻。《廣志》云：出南廣邛都縣。《張騫傳》云：於大夏見之，出身毒國。始感邛杖終開越嶲。越嶲，古身毒也。張孟陽云：邛竹出興古槃江縣。《山海經》謂之扶竹。生尋伏山，去洞庭西北一千一百二十里。《黄圖》云：華園有扶老三株。如此則非一處，賦者不得專爲蜀地之生也。

清　師範　《滇繫・典故》　師範曰：撫署優曇花亦分自安寧者。庚申秋初，中丞繪圖百幅，廣索題咏。予曾賦七律四章。然滇花之奇者，猶有龍女花。相傳南詔時，趙波羅習静點蒼山之感通寺，龍女化美婦人相試，拔劍逐之，入地而没，旋于其處出此。葉類冬青，花白如雪，香如蘭，似梔子而差小，花心一羅漢，結趺而坐，或如意一隻，端好曲肖。後爲惡僧所壞，游者恒多致慨。今幸王聖峰學正園内尚有其種，優孟貌孫叔敖，抵掌談笑，殊足令楚王神移也。方邵村《筆記》云：滇中丁香，木本，高十餘尺，枝如指而空，葉如桃少肥，緑而嫩，花如茉莉，大倍之，色嬌紅如海棠，微香沁人，每枝花蘽生，綴葉末。貯以盆，享客則移筵前以佐酒。懸燈清夜，或月上風來，歌停耳熱，每含笑向人，低佪欲墮，令人有太真當年湯泉初出之想。又謂雪蘭，産永昌，色白，其心紫甚鮮，莖凡十數花，光可鑑人，夏始苞，經秋不落。有好事者與丁香移之東下中道皆萎，故江南無此種。至若扶桑、紫薇、杜鵑、素馨，遍滿園亭。偶一動念筠床午夢，已蘧蘧于金碧蒼洱之間矣。

清　朱占科・光緒　《順寧府志》卷三四《雜記》　諸葛營。舊《雲南通志》：在大雪山石垣，方廣約二里，古木蒼松，幽情鬱密。有土人偶入其中，迷失舊徑，數日始出。相傳爲武侯屯兵之所。霍邱劉範《諸葛營》：新凉時節遇炎方，僕僕征鞍盡日忙；蠻嶺千重遮鳥道，寒江百折繞羊腸；山空故壘陰雲黑，戍古荒台秋葉黄；野老尚能傳漢相，馬前指點説興亡。

藝文

元　張雄飛　《碧雞山》（引自康熙《雲南府志》卷二四）　北闕辭丹鳳，南雲看碧雞。紫苔移玉座，瑶艸濕金泥。雨霽龍歸洞，風生虎渡溪。尋梅穿竹徑，採藥躡松梯。白日依山盡，青山入水低。寄書無鴈過，擇木有猿啼。花映高低樹，園分遠近畦。飛星馳寶馬，沈水吐銀猊。魚戲蓮房北，鷗鳴荻渚西。長歌嘆頌罷，刻石紀新題。

明　顧慶恩《篔邱松實》（引自乾隆《石屏州志》卷七）　百尺虬龍舞碧空，離離新實飽秋風。何時把盞清陰坐，不羡當年十八公。

清　趙翼《甌北集》卷一三《樹海歌》　自下雷州至雲南開化府，凡與交趾連界處八百里，皆大箐，望之如海，爰作歌紀之。洪荒距今幾萬載，人間尚有草昧在。我行遠到交趾邊，放眼忽驚看樹海。山深谷邃無田疇，人烟斷絶林木稠。禹刊益焚所不到，剩作叢箐森遐陬。托根石罅瘠且鈍，十年猶難長一寸。徑皆盈丈高百尋，此功豈可歲月論。始知生自盤古初，漢柏秦松猶覺嫩。支離夭矯非一形，《爾雅》箋疏無其名。肩排枝不得旁出，株株擠作長身撑。大都瘦硬幹如鐵，斧劈不入其聲鏗。蒼髯蝟磔烈霜殺，老鱗虬蜕雄雷轟。五層之樓七層塔，但得半截堪爲楹。惜哉路險運難出，僅與社櫟同全生。亦有年深自枯死，白骨僵立將成精。文梓爲牛楓變叟，空山白晝百怪驚。綠蔭連天密無縫，那辨喬峯與深洞。但見高低千百層，併作一片碧雲凍。有時風撼萬葉翻，恍惚諸山爪甲動。冥濛一氣茫無邊，森沉終古不見天。赤日當空烈於火，下乃窈黑霏寒烟。積陰所生靡不有，猛獸牙角虺蛇涎。呼羣猿鶴叫悽慄，嘯儔魈魅行翩躚。蟲迒禽藪罔兩窟，胎孫卵子不記年。我行萬里半天下，中原尺土皆耕稼。到此奇觀得未曾，榆塞鄧林詎足亞。鄧尉香雪黄山雲，猶以海名巧相借。況茲薈翳徑千里，何啻澎湃重溟瀉。怒籟吼作崩濤鳴，濃翠湧成碧浪駕。忽移渤澥到山巔，此事直教髡衍詫。乘籃便抵泛舟行，支笻略比刺篙射。歸田他日得雄誇，説與吴儂望洋怕。

清　朱光鼎《西山虎》（引自道光《宣威州志》卷八）　鳥有鷹鸇獸有虎，飛鳥落魄獸栗股。鷹鸇於人不敢攫，猛虎貪殘獻且武。一吼絶壑生寒風，震撼林木訇雷鼓。再吼麋鹿喪其羣，東西奔嚇竄草莽。天生汝爲百獸王，乃以百獸爲醢脯。百獸之肉食已盡，更肆爪牙毒村户。疎林古逕無樵夫，蔓草荒煙絶牧豎。咆哮攫肥牛，跳梁啖童羖。可憐村墟只老翁，戰慄趦趄戒弓弩。腥風撲鼻不敢前，屏息蹺局對愁苦。魯有卞，秦有杜，一時東野擒其雙，一日南山搏其五。安得卞莊杜回千萬輩，盡除天下嚙人害人之猛虎。

西藏

綜述

清　焦應旂　康熙《西藏志·寺廟》　熱正寺，自東北二日角子拉上，寺内喇嘛衆多。山徑曲折，鳥獸寂無。欲觀喇嘛振鐸，俄項，山禽獐鹿諸類畢集。

又《物産》　拉薩谷屬産青稞、小麥、胡豆、豌豆、菜子。自他處販來者，則綠荳、黄荳、冰豆、稻米、黑糖。蔬屬則圓根、葱、蒜、芫荽。近漢人自内地帶菜種有白菜、萵苣、菠菜、莧菜、韭菜、蘿卜、桐蒿、四季豆、苦豆。牲畜則馬、騾、驢、牦牛、黄牛、長毛牛；猪頗小，至大不過四五十斤，鷄亦小。野牲則天鵝、黄鴨、白鷳、大鷹、黄鷹、雉、兔、狐、細鱗魚。花果則芍藥、牡丹、西天花、剪碎絨、蜀葵、金盞、罌粟、虞美人、山丹，有紅、白二色。紫金蓮、藏菊花、有紅、黄二色。馬蘭、松、柏、柳、白楊、桃、林檎、胡桃。自他處來者，則葡萄、棗、杏。服物則毡子、氆氌、毛毯、錫、鐵，非造器皿之錫鐵，乃一種毛毯别名。栽絨。拉薩東至碌馬嶺土民皆稱百巴，出産同召。工布江達産栽絨、騾子、大頭狗，其餘出産同藏。自工布江達至寧多濯拉，阿雜一帶土民俱名工固。拉里不産五穀，以牧畜生牛羊爲食。大窩、説板多、洛隆宗土産皆同藏地。説板多山後有金廠，有黑帳房。洛隆宗南去二日有浪岩山，産青金石，頗産麥、豆、牛、羊、猪、鷄、蜂蜜。恩達、察哇作貢、桑阿却宗俱産稻米、麥、豆、蜂蜜、葡萄、胡桃、牛、羊、騾子、鷄、猪等物。昌都産稻米、粟穀、生薑、黄連、麝香、熊膽。自拉里至昌都土民皆稱康巴。拉薩之南春結一帶，土民皆稱百巴。世居黑帳房者名洛巴。産騾子、大頭狗、栽絨、竹木、蕨菜、茜草、葡萄、胡桃、青杠木。拉薩之西干巴白爾極土民名衛巴。羊卓白地至扎什隆布、三桑一帶土民皆名藏巴，物産皆與藏同。阿里噶爾渡一帶産稻米、粟米、棗、杏；拉庫兒碗、札木扎呀碗，其價有數千金者。召北浪子一帶，土産同藏，氣候稍寒。納克産依克、駝洛海一帶，有海子鹽水、毒水。拉薩至楊八景一帶，有霍甘一種人，居黑帳房，以牧畜打牲爲業，天寒不生五穀，産馬、牛、羊、狐狸、沙狐、猞狸猻、白豹、金錢豹、虎、麝香、野牛、野馬、野騾、兔、雉、鶴、黄鴛、黑鵝、雪鷄、野鷄、野葱、蒜、韭、當歸、甘遂。桑駝洛海、吉紮布、生根物角一帶，俱名昂獨，無人烟，地多温泉，海子産白鹽，藏民咸資以食。拉薩東北由哈拉烏蘇至達木一帶，皆蒙古與霍耳人錯居，不産五穀，惟藉牛羊。

又《附録》［白木戎産］甘蔗、葡萄、桃子、石榴、柑子、栗子、水牛、黄牛、羊、大㹠、羓羊、大耳猪、騾、馬、野猪、崖羊、虎、豹等物。又産一種野象野獸，其野獸羊身獨角，乃獬。

又《藏程紀略》 追觀藏内形勝，山水環秀，土田沃衍，樹木濃蔭，居民稠密。

清 佚名 乾隆 《衛藏通志》卷三《山川·衛藏》 羅卜嶺冈，布達拉西南十五里，藏江南岸。其北岸平野叢林，開砌池沼，引藏江水灌之。亭船具備，爲達賴喇嘛暑月澡浴之所，乃清幽勝境也。

清 曹掄彬 乾隆 《雅州府志》卷一二《西藏》 土産：【略】阿魏，黄連，胡連，茜草，紫草茸，石青，桂皮，阿梨勒，藏棗，藏杏，藏香，藏紅花，藏核桃，椰子，氆氌，偏單，藏繭，【略】紫檀，青鹽，青稞，小麥，犏牛，牦牛，犛牛，青羊，綿羊，羚羊，細鱗魚，天鵝蛋，黄鴨，馬騾。

西北部

西北總論

綜　述

漢 班固 《漢書》卷二八《地理志》 秦地於《禹貢》時跨雍、梁二州，《詩·風》兼秦、豳兩國。昔后稷封斄公劉處豳，太王徙郊，文王作酆，武王治鎬，其民有先王遺風，好稼穡，務本業，故《豳詩》言農桑衣食之本甚備。有鄠、杜竹林，南山檀、柘，號稱陸海，爲九州膏腴。

晉 郭璞 《山海經注》卷二《西山經》 《西山經》華山之首，曰錢來之山，其上多松，其下多洗石。澡洗可以磢體，去垢圿。有獸焉，其狀如羊而馬尾，名曰羬羊，今大月氏國有大羊，如驢而馬尾。《爾雅》云：羊六尺爲羬。謂此羊也。其脂可以已腊。治體皴。腊音昔。西四十五里，曰松果之山。濩水出焉，北流注於渭，其中多銅。有鳥焉，其名曰螐渠，螐音彤弓之彤。其狀如山雞，黑身赤足，可以已曝。謂皮皴起也。音叵駮反。又西六十里，曰太華之山，即西岳華陰山也。今在弘農華陰縣西南。削成而四方，今山形上大下小，峭峻也。其高五千仞，其廣十里，仞，八尺也。鳥獸莫居。有蛇焉，名曰肥𧔥，六足四翼，見則天下大旱。湯時此蛇見於陽山下。復有肥遺蛇，疑是同名。又西八十里，曰小華之山，即少華山。其木多荆、杞，其獸多㸲牛，今華陰山中多山牛、山羊，肉皆千斤，牛即此牛也。其陰多磬石，其陽多㻬琈之玉，㻬琈，玉名，所未詳也。鳥多赤鷩，赤鷩，山雞之屬，胷腹洞赤冠金，皆黄頭緑尾，中有赤，毛彩鮮明。可以禦火。其草有萆荔，萆荔，香草也。狀如烏韭，而生於石上，亦緣木而生，烏韭在屋者曰昔邪，在墻者曰垣衣。食之已心痛。又西八十里，曰符禺之山，【略】。其上有木焉，名曰文莖，其實如棗，可以已聾。其草多條，其狀如葵，而赤花黄實，如嬰兒舌，食之使人不惑。符禺之水出焉，而北流注於渭。其獸多葱聾，其狀如羊而赤鬣。其鳥多䳋，其狀如翠而赤喙，翠似燕而紺色也。可以禦火。畜之辟火災也。又西六十里，曰石脆之山，其木多椶、柟，椶樹高三丈許，無枝條，葉大而員，枝生梢頭，實皮相裹，上行一皮者爲一節，可以爲繩，一名栟櫚，音馬騣之騣。其草多條，其狀如韭，而白華黑實，食之已疥。【略】又西七十里，曰英山，其上多杻、橿，杻，似棣而細葉，一名土橿。橿，木中車材。【略】禺水出焉，北流注於招水，其中多鮭魚，其狀如鼈，其音如羊。其陽多箭䉋，今漢中郡出䉋竹，厚裏而長節，根深，筍冬生地中，人掘取食之。䉋音媚。其獸多㸲牛、羬羊。有鳥焉，其狀如鶉，黄身而赤喙，其名曰肥遺，食之已癘，癘，疫病也。或曰惡瘡。韓子曰：癘人憐主。可以殺蟲。又西五十二里，曰竹山，其上多喬木，枝上竦者。其陰多鐵。有草焉，其名曰黄雚，其狀如樗，其葉如麻，白華而赤實，其狀如赭，紫赤色。浴之已疥，又可以已胕。治胕腫也。竹水出焉，北流注於渭，其陽多竹箭，箭篠也。多蒼玉。丹水出焉，今所在有丹水。東南流注於洛水，其中多水玉，多人魚。如鯑魚，四脚。有獸焉，其狀如豚而白毛，大如笄而黑端，笄，簪屬。名曰毫彘。狟猪也。夾髀有麄豪，長數尺，能以脊上毫射物，亦自爲牝牡。狟或作貆，吴楚呼爲鸞猪，亦此類也。又西百二十里，曰浮山，多盼木，枳葉而無傷，枳，刺針也，能傷人，故名云。木蟲居之。在樹之中。有草焉，名曰薰草，麻葉而方莖，赤華而黑實，臭如蘼蕪，蘼蕪，香草。《易》曰：其臭如蘭。佩之可以已癘。又西七十里，曰羭次之山，漆水出焉，今漆水，出岐山。北流注於渭。其上多棫、橿，棫，白桵也。其下多竹箭。【略】有獸焉，其狀如禺而長臂，善投，其名曰囂。亦在畏獸畫中，似獼猴投擲也。有鳥焉，其狀如梟，人面而一足，曰橐𩇯，冬見夏蟄，服之不畏雷。著其毛羽，令人不畏天雷也，或作災。【略】又西百七十里，曰南山，上多丹粟。丹水出焉，北流注於渭。獸多猛豹，猛豹似熊而小，毛淺，有光澤，能食蛇，食銅鐵，出蜀中。豹或作虎。鳥多尸鳩。尸鳩，布穀類也。或曰鶝鶝也。鳩或作丘。又西百八十里，曰大時之山，上多穀、柞，柞，櫟。下多杻、橿。【略】涔水出焉，北流注於渭。清水出焉，南流注於漢水。今河内脩武縣縣北黑山，亦出清水。又西三百二十里，曰嶓冢之山，今在武都氐道縣南。漢水出焉，而東南流注於沔；至江夏安陸縣，江即沔水。囂水出焉，北流注於湯水。或作陽。其上多桃枝、鉤端，鉤端，桃枝屬。獸多犀、兕、熊、羆，羆似熊而黄白色，猛憨能拔樹。鳥多白翰、赤鷩。白翰，白鵫也，亦名鵫雉，又曰白雉。有草焉，其葉如蕙，蕙，香草，蘭屬也。或以蕙爲薰葉，失之。其本如桔梗，本，根也。黑華而不實，名曰蓇蓉，《爾雅·釋草》曰：榮而不實謂之蓇。食之使人無子。又西三百五十里，曰天帝之山，上多椶、柟，下多菅、蕙。菅，茅類也。有獸焉，其狀如狗，名曰谿或作谷。邊，或作遺。席其皮者不蠱。有鳥焉，其狀如鶉，黑文而赤翁，翁，頭下毛。名曰櫟，食之已痔。有草焉，其狀如葵，其臭如蘼蕪，名曰杜衡，香草也。可以走馬，帶之令人便馬。或曰：馬得之而健走。食之已癭。西南三百八十里，曰臯塗之山，薔音色，或作蕢，又作菑。水出焉，西流注於諸資之水；塗水出焉，南流注於集獲之水。【略】其上多桂木。【略】有草焉，其狀如槀茇，藁茇，香草。其葉如葵而赤背，名曰無條，可以毒鼠。有獸焉，其狀如鹿而白尾，馬足人手而四角，名曰玃如。有鳥焉，其狀如鴟而人足，名曰數斯，食之已癭。或作癇。又西百八十里，曰黄山，今始平槐里縣有黄山，上故有宫，漢惠帝所起，疑非此。無草木，多竹箭。盼水出焉，西流注於赤水，其中多玉。有獸焉，其狀如牛，而蒼黑大目，其名曰犖。有鳥焉，其狀如鴞，青羽赤喙，人舌能言，名曰鸚䳇。鸚䳇，舌似小兒舌，脚指前後各兩，扶南徼外出五色者，亦有純赤、白者，大如鴈也。又西二百里，曰翠山，其上多椶、柟，其下多竹箭，其陽多黄金、玉，其陰多旄牛、麢、麝。麢似羊而大，角細，食好在山崖間。麝似獐而小，有香。其鳥多鸓，其狀如鵲，赤黑而兩首四足，可以禦火。又西二百五十里，曰騩山，是錞於西海，錞，猶堤埻也。無草木，多玉。淒水出焉，或作浽。西流注於海。【略】

又《西次二經》之首，曰鈐山，或作冷，又作塗。【略】其木多杻、橿。西二百里，曰泰或作秦。冒之山。【略】浴水出焉，東流注於河，其中多藻玉，【略】多白蛇。水蛇。又西一百七十里，曰數歷之山，【略】其木多杻、橿，其鳥多鸚䳇。【略】又西百五十里，曰高山，【略】其木多椶，其草多竹。【略】西南三百里，曰女牀之山，【略】其獸多虎、豹、犀、兕。有鳥焉，其狀如翟而五彩文，翟似雉而大，長尾。或作鵜，鵜，雕屬也。名曰鸞鳥，見則天下安寧。舊説鸞似鷄，瑞鳥也。周成王時，西戎獻之。【略】又西二百里，曰鹿臺之山，今在上郡。【略】其獸多㸲牛、羬羊、白豪。豪，貆猪也。有鳥焉，其狀如雄雞而人面，名曰鳧徯，其名自叫也，見則有兵。西南二百里，曰鳥危之山，其陽多磬石，其陰多檀、楮，楮即穀木。其中多女牀。未詳。鳥危之水出焉，西流注於赤水，其中多丹粟。又西四百里，曰小次之山，【略】有獸焉，其狀如猿而白首赤足，名曰朱厭，見則大兵。一作『見則有兵起焉』，一作『見則爲兵』。又西三百里，曰大次之山，【略】其獸多㸲牛、麢羊。又西四百里，曰薰吴之山，無草木，多金玉。又西四百里，曰厎陽之山，音旨。其木多稷、柟、豫章，稷似松，有刺，細理。豫章，大木，似楸，葉冬夏青，生七年而後復可知也。其獸多犀、兕、虎、犳、㸲牛。又西二百五十里，曰衆獸之山，其上多㻬琈之玉，其下多檀、楮，多黄金，其獸多犀、兕。又西五百里，曰皇人之山，【略】皇水出焉，西流注於赤水，其中多丹粟。又西三百里，曰中皇之山，其上多黄金，其下多蕙棠。彤棠之屬。蕙或作羔。又西三百五十里，曰西皇之山，【略】其獸多麋、鹿、㸲牛。麋大如小牛，鹿屬也。又西三百五十里，曰萊山，其木多檀、楮，其鳥多羅羅，是食人。羅羅之鳥，所未詳也。

又《西次三經》之首，曰崇吾之山，在河之南，北望冢遂，山名。南望䍃之澤，西望帝之搏獸之丘，搏，或作薄。東望螞淵。有木焉，員葉而白柎，今江東人呼草木子房爲柎。一曰柎花下鄂。赤華而黑理，其實如枳，食之宜子孫。有獸焉，其狀如禺而文臂，豹虎而善投，名曰舉父。或作夸父。有鳥焉，其狀如鳧，而一翼一目，相得乃飛，名曰蠻蠻，比翼鳥也。色青赤，不比不能飛。《爾雅》作鶼鶼鳥也。見則天下大水。西北三百里，曰長沙之山。泚水出焉，音紫。北流注於泑水。烏交反，又音黝，水色黑也。無草木，多青雄黄。又西北三百七十里，曰不周之山。此山形有缺，不周帀處，因名云。西北不周，風自此山出。北望諸毗之山，臨彼嶽崇之山，東望泑澤，河水所潛也，其源渾渾泡泡。河南出崑崙，潛行地下，至葱嶺出于闐國，復分流歧出，合而東流注泑澤，已復潛行，南出於積石山，而爲中國河也。名泑澤，即蒲澤，一名蒲昌海，廣三四百里，其水停，冬夏不增減，去玉門關三百餘里，即河之重源，所謂潛行也。渾渾泡泡，水濆湧之聲也。衮咆二音。爰有嘉果，其實如桃，其葉如棗，黄華而赤柎，食之不勞。又西北四百二十里，曰峚音密。山，其上多丹木，員葉而赤莖，黄華而赤實，其味如飴，食之不飢。丹水出焉，西流注於稷澤，后稷神所馮，因名云。【略】自峚山至於鍾山，四百六十里，其間盡澤也。是多奇鳥、怪獸、奇魚，皆異物焉。又西北四百二十里，曰鍾山，其子曰鼓，此亦神名名之，爲鍾山之子耳。其類皆見《歸藏·啓筮》。其狀如人面而龍身，《啓筮》曰：麗山之子，青羽、人面、馬身。亦似此狀也。是與欽䲹音邳。殺葆江於崑崙之陽，葆或作祖。帝乃戮之鍾山之東曰嶢崖音遥。崖，欽䲹化爲大鶚，鶚，雕屬也。音鄂。其狀如雕而黑文白首，赤喙而虎爪，其音如晨鵠，晨鵠，鶚屬。猶云晨鳧耳。《説苑》曰：緤吠犬，比奉晨鳧也。見則有大兵。鼓亦化爲鵕鳥，音俊。其狀如鴟，赤足而直喙，黄文而白首，其音如鵠，見則其邑大旱。《穆天子傳》云：鍾山作春字，音同耳。穆王北升此山，以望四野，曰：鍾山是惟天下之高山也。百獸之所聚，飛鳥之所栖也。爰有赤豹、白虎、白鳥、青雕、執犬、羊、食豕、鹿。穆王五日觀於鍾山，乃爲銘迹於玄圃之上，以詔後世。【略】又西三百二十里，曰槐江之山。丘時之水出焉，而北流注於泑水。【略】實惟帝之平圃，即玄圃也。《穆天子傳》曰：乃爲銘迹於玄圃之上。謂刊石紀功德，如秦皇漢武之爲者也。神英招司之，司，主也。招音韶。其狀馬身而人面，虎文而鳥翼，徇於四海，徇謂周行也。其音如榴。音留，或作籀，此所未詳也。南望崑崙，其光熊熊，其氣魂魂。皆光氣炎盛相焜燿之貌。西望大澤，后稷所潛也，后稷生而靈知，及其終化形遁此澤而爲之神，亦猶傳説騎箕尾也。其中多玉，其陰多榣木之有若。榣木，大木也。言其上復生若木，大木之奇靈者爲若。見《尸子》。《國語》曰：榣木不生花也。北望諸毗，山名。槐鬼離侖居之，離侖，其神名。鷹鸇之所宅也。鸇亦鴟屬也。莊周曰：鴟鴉甘鼠。《穆天子傳》云：鍾山上有白鳥、青雕。皆此族類也。東望恒山四成，成亦重也。《爾雅》云：再成曰英也。有窮鬼居之，各在一搏。搏猶脅也。言羣鬼各以類聚，處山四脅，有窮其惣號耳。搏，一作摶。爰有淫水，其清洛洛。水留下之貌也。淫音遥也。有天神焉，其狀如牛，而八足、二首、馬尾，其音如勃皇，勃皇，未詳。見則其邑有兵。西南四百里，曰崑崙之丘，是實惟帝之下都，【略】神陸吾司之。即肩吾也。莊周曰：肩吾得之，以處大山也。其神狀虎身而九尾，人面而虎爪。是神也，司天之九部及帝之囿時。主九城之部，界天帝苑囿之時節也。有獸焉，其狀如羊而四角，名曰土螻，是食人。有鳥焉，其狀如蜂，大如鴛鴦，名曰欽原，欽或作爰，或作至也。蠚鳥獸則死，蠚木則枯。有鳥焉，其名曰鶉鳥，是司帝之百服。服，器服也，一曰服事也，或作藏。有木焉，其狀如棠，棠梨也。華黄赤實，其味如李而無核，名曰沙棠，可以禦水，食之使人不溺。言體浮輕也。沙棠爲木，不可得沉。《呂氏春秋》曰：果之美者，沙棠之實。《銘》曰：安得沙棠，刻以爲舟，泛彼滄海，以遨以游。有草焉，名曰薲草，音頻。其狀如葵，其味如葱，食之已勞。《呂氏春秋》曰：菜之美者，崑崙之蘋。河水出焉，出山東北隅也。而南流東注於無達。山名。【略】是多怪鳥獸。又西三百七十里，曰樂游之山。桃水出焉，西流注於稷澤，是多白玉。其中多鰼魚，音滑。其狀如蛇而四足，是食魚。西水行四百里，曰流沙，二百里至於嬴母之山，神長乘司之，是天之九德也。九德，九氣所生。其神狀如人而豹尾。【略】又西三百五十里，曰玉山，是西王母所居也。此山多玉石，因以名云。《穆天子傳》謂之羣玉之山。見其山河無險，四徹中繩，先王之所謂策府，寡草木，無鳥獸。穆王於是攻其玉石。【略】有獸焉，其狀如犬而豹文，其角如牛，或作羊。其名曰狡，其音如吠犬，見則其國大穰。晉太康七年，邵陵扶夷縣檻得一獸，狀如豹文，有二角，無前兩脚，時人謂之狡，疑非此。有鳥焉，其狀如翟而赤，名曰勝遇，音姓。是食魚，其音如録，音緑，義未詳。見則其國大水。又西四百八十里，曰軒轅之丘，無草木。【略】又西三百里，曰積石之山，其下有石門，河水冒以西流。冒，猶覆也。積石山，今在金城河門關西南羌中，河水行塞外，東入塞内。是山也，萬物無不有焉。《水經》引《山海經》云：積石山在鄧林山東，河所入也。又西二百里，曰長留之山，其神白帝少昊居之。少昊，金天氏，帝摯之號也。其獸皆文尾，或作長。其鳥皆文首。文或作長。【略】又西二百八十里，曰章莪之山，無草木，多瑶碧。碧亦玉屬。所爲甚怪。多有非常之怪。有獸焉，其狀如赤豹，五尾一角，其音如擊石，其名如猙。《京氏易義》曰：音如石相擊。音静。有鳥焉，其狀如鶴，一足，赤文青質而白喙，名曰畢方，其鳴自叫也，見則其邑有譌火。譌亦妖訛字。又西三百里，曰陰山。濁浴之水出焉，而西流注於蕃澤，其中多文貝。餘泉蚳之類也。見《爾雅》。有獸焉，其狀如狸或作豹。而白首，名曰天狗，其音如榴榴，或作猫猫。可以禦凶。又西二百里，曰符惕之山，音陽。其上多棫、柟，下多金、玉，神江疑居之。是山也，多怪雨，風雲之所出也。又西二百二十里，曰三危之山，今在燉煌郡。《尚書》云：『竄三苗於三危』是也。三青鳥居之。是山也，廣員百里。三青鳥，主爲西王母取食者，別自棲息於此山也。《竹書》曰：穆王西征，至於青鳥所解也。其上有獸焉，其狀如牛，白身四角，其毫如披蓑，蓑，辟雨之衣也。音梭。其名曰獓狠，傲、噎二音。是食人。有鳥焉，一首而三身，其狀如鸈，其名曰鴟。鸈似雕，黑文，赤頸，音洛。下句或云：扶狩則短，扶木則枯。應在上欽原下，脱錯在此耳。又西一百九十里，曰騩山，其上多玉而無石。神耆童居之，耆童，老童，顓頊之子。其音常如鐘磬。其下多積蛇。又西三百五十里，曰天山。【略】英水出焉，而西南流注於湯谷。【略】西水行百里，至於翼望之山，或作士翠山。無草木，多金玉。有獸焉，其狀如狸，一目而三尾，名曰讙，讙，音歡，或作原。其音如奪百聲，言其能作百種物聲也。或曰奪百，物名，亦所未詳。是可以禦凶，服之已癉。黄癉，病也。音旦。有鳥焉，其狀如烏，三首六尾而善笑，名曰鵸鵌，猗、餘兩音。服之使人不厭，不厭夢也。《周書》曰：服者不昧。音莫禮反。或曰眯眯目也。又可以禦凶。

又 《西次四經》之首，曰陰山，上多穀，無石，其草多茆、蕃。茆，莧葵也。蕃，青蕃，似莎而大。夘、煩兩音。陰水出焉，西流注於洛。北五十里，曰勞山，多茈草。一名茈莨，中染紫也。弱水出焉，而西流注於洛。西五十里，曰罷父之山。洱水出焉，音耳。而西流注於洛，其中多茈、碧。北百七十里，曰申山，其上多穀、柞，其下多杻、橿，其陽多金玉。區水出焉，而東流注於河。北二百里，曰鳥山，其上多桑，其下多楮。【略】辱水出焉，而東流注於河。又北百二十里，曰上申之山，上無草木，而多硌石，硌，磊硌，大石貌也。音洛。下多榛、楛，榛子似栗而小，味美。楛木可以爲箭。《詩》云：榛楛濟濟。臻、怙兩音。其獸多白鹿。其鳥多當扈，或作戸。其狀如雉，以其髯飛，髯，咽下須毛也。食之不眴目。音眩。湯水出焉，東流注於河。又北百八十里，曰諸次之山，諸次之水出焉，而東流注於河。是山也，多木無草，鳥獸莫居，是多衆蛇。又北百八十里，曰號山，其木多漆、椶，漆樹似樗也。其草多葯、虈、芎藭。葯，白芷别名。虈，香草也。芎藭，一名江蘺。葯，音鳥較反。多汵石。汵或作金，未詳。端水出焉，而東流注於河。又北二百二十里，曰盂山，音于。【略】其獸多白狼、白虎，《外傳》曰：周穆王伐犬戎，得四白狼。白虎，虎名，甝虪。其鳥多白雉、白翟。或作白翠。生水出焉，而東流注於河。西二百五十里，曰白於之山，上多松柏，下多櫟、檀，櫟即柞。其獸多㸲牛、羬羊，其鳥多鴞。鴞似鳩而青色。洛水出於其陽，而東流注於渭。夾水出於其陰，東流注於生水。西北三百里，曰申首之山，無草木，冬夏有雷。申水出於其上，潛於其下，是多白玉。又西五十五里，曰涇谷之山，或無『之山』二字。涇水出焉，或以此爲今涇水，未詳。東南流注於渭，是多白金、白玉。又西百二十里，曰剛山，多柒木，多㻬琈之玉。剛水出焉，北流注於渭。是多神䰠，䰠亦魑魅之類也。音耻回反，或作魄。其狀人面獸身，一足一手，其音如欽。欽亦吟字假音。【略】又西三百五十里，曰英鞮之山，上多漆木，下多金玉，鳥獸盡白。浣水出焉，浣，或作浣，音冤枉之冤。而北注於陵羊之澤。是多冉遺之魚，魚身、蛇首、六足，其目如馬耳，食之使人不眯，可以禦凶。又西三百里，曰中曲之山，【略】有獸焉，其狀如馬而白身黑尾，一角，虎牙爪，音如鼓音，其名曰駮，是食虎豹，《爾雅》説駮，不道有角及虎爪，駮亦在畏狩畫中。可以禦兵。養之辟兵刃也。有木焉，其狀如棠，而員葉赤實，實大如木瓜，木瓜如小瓜。名曰櫰木，音懷。食之多力。《尸子》曰：木食之人，多爲仁者，名爲若木。此之類。又西二百六十里，曰邽山。音圭。其上有獸焉，其狀如牛，蝟毛，名曰窮奇，音如獋狗，是食人。或云似虎，蝟毛有翼。《銘》曰：窮奇之獸，厥形甚醜，馳逐妖邪，莫不犇走。是以一名號曰神狗。濛水出焉，音蒙。南流注於洋水，其中多黄貝，貝，甲蟲，肉如科斗，但有頭尾耳。蠃魚，音螺。魚身而鳥翼，音如鴛鴦，見則其邑大水。又西二百二十里，曰鳥鼠同穴之山，今在隴西首陽縣西南，山有鳥鼠同穴，鳥名曰鵌，鼠名曰鼵。鼵如人家鼠而短尾，鵌似燕而黄色，穿地入數尺，鼠在内，鳥在外而共處。孔氏《尚書傳》曰：共爲雌雄。張氏《地理記》云：不爲牝牡也。其上多白虎、白玉。渭水出焉，而東流注於河。出山東至弘農華陰縣入河。【略】西南三百六十里，曰崦嵫之山，日没所入山也，見《離騷》。奄、兹兩音。其上多丹木，其葉如穀，其實大如瓜，赤符而黑理，食之已癉，可以禦火。其陽多龜，其陰多玉。苕或作若。水出焉，而西流注於海，《禹大傳》曰：洧盤之水出崦嵫山。其中多砥礪。磨石也。精爲砥，麄爲礪也。有獸焉，其狀馬身而鳥翼，人面蛇尾，是好舉人，喜抱舉人。名曰孰湖。有鳥焉，其狀如鴞而人面，蜼身犬尾，蜼，獮猴屬也。音贈遺之遺。一音誄，見《中山經》。尾又作眥。其名自號也，或作設，設亦呼耳。疑此脱誤。見則其邑大旱。

明　李賢《明一統志》卷三七《陝西行都指揮使司》　土産：毛褐，各衛俱出。楸子，其色赤，味甘而酸。居人取其汁，熬爲果單。圓根，似蘿蔔而圓，青色，味甘苦。白柰，一名白檎。茄蓮，葉似藍根，似蘿蔔，味甘脆。沙葱，似葱。沙棗，肉蓯蓉，鎖陽，甘草，雌黄，【略】枸杞子，【略】馬雞，嘴、脚紅，羽毛青緑。山雞，項黑花，身斑色。野馬，皮可爲裘。野牛，大者重千觔。氂牛，尾可作纓，出西番。犏牛，力能載重。洮羊，尾如鹿。源羊，大者重百觔，角環盤。以上俱西寧衛出。土豹，鎮番衛出。麝香，絳礬，黄礬。俱沙州出。

清　傅恒《平定準葛爾方略前編》卷一四　邊外自黄河入中國處，至河州、西寧、蘭州、中衛、寧夏、榆林、莊浪、甘州，其間水草豐美，林麓茂密。

紀事

《荀子·彊國》　應侯問孫卿曰：入秦何見？孫卿曰：其固塞險，形勢便，山林川谷美，天材之利多，是形勝也。

漢　司馬遷《史記》卷四三《趙世家》　造父取驥之乘匹，與桃林《正義》：《括地志》云：桃林在陝州桃林縣，西至潼關，皆爲桃林塞地。《山海經》云：夸父之山，北有林焉，名曰桃林，廣闊三百里，中多馬，造父於此得驊騮、騄耳之乘獻周穆王也。盗驪、驊騮、緑耳，獻之繆王。繆王使造父御，西巡狩，見西王母，樂之忘歸。

晉　張華《博物志》卷六　張騫使西域還，乃得胡桃種。

宋　歐陽修、宋祁《新唐書》卷二一六《吐蕃傳》　明年，請定疆候，元鼎與論訥羅就盟其國，敕虜大臣亦列名于策。元鼎踰成紀、武川，抵河廣武梁，故時城郭未隳，蘭州地皆秔稻，桃李榆柳岑蔚，户皆唐人，見使者麾蓋，夾道觀。至龍支城，耋老千人拜且泣，問天子安否，言：『頃從軍没於此，今子孫未忍忘唐服，朝廷尚念之乎？兵何日來？』言已皆嗚咽。密問之，豐州人也。過石堡城，崖壁峭竪，道回屈，虜曰鐵刀城。右行數十里，土石皆赤，虜曰赤嶺。而信安王禕、張守珪所定封石皆仆，獨虜所立石獨存。赤嶺距長安三千里而羸，蓋隴右故地也。曰悶怛盧川，直邏娑川之南百里，臧河所流也。河之西南，地如砥，原野秀沃，夾河多檉柳。山多柏，坡皆丘墓，旁作屋，赬塗之，繪白虎，皆虜貴人有戰功者，生衣其皮，死以旌勇，徇死者瘗其旁。

元　脱脱《金史》卷七九《張中彦傳》　正隆營汴京新宫，中彦採運關中材木，青峰山巨木最多，而高深阻絶，唐宋以來不能致。中彦使構崖駕壑，起長橋十數里，以車運木，若行平地。開六盤山水洛之路，遂通汴梁。

明　宋濂《元史》卷一九《成宗紀》　乙未，詔諸王、公主、駙馬，非奉旨毋罪官吏。賜諸王合班妃鈔千二百錠、雜幣帛千匹，駙馬塔海鐵木而鈔三千錠。回紇不剌罕獻獅、豹、藥物，賜鈔千三百餘錠。

又卷二四《仁宗紀》　［二月］庚午，西北諸王也先不花遣使貢珠寶、皮幣、馬駝，賜鈔一萬三千六百錠。

清　談遷《國榷》卷三四　［憲宗成化二年五月］少保大學士李賢請大舉搜河套，一勞永逸計之上也。下廷議。初，虜居沙漠山，以黄河爲限，水凍而入，冰解而去。邊人止防秋冬，春夏以餘力墾田。修城後，虜入居河套。河套，黄河之隈也。廣袤數千里，草茂獸肥。前代及國初列城置戍，後弛防，虜遂據之出没無時，邊方大困。

清　顧炎武《肇域志·陝西十》　《筆塵》：靈州有填漢尚書御史三渠，皆屯田灌溉之資也。大曆中，吐蕃攻靈州，奪三渠水口，以敵屯田，則靈夏之資於灌溉久矣！今寧夏富饒甲於西邊，水泉之利，號爲小江南，三渠之遺利尚有存者。唐開元、天寶間，中國强盛，自長安西門，西盡唐境，萬二千里，閭閻相望，桑麻蔽野，天下言富庶者，無如隴右。所謂萬二千里，蓋包西域屬國而言，隴右則今之臨洮、鞏昌也。蕭條千里，曠無人烟，視古之富庶，殆如異域，何地利相懸之甚邪？

陝西

綜述

南朝梁　任昉《述異記》卷下　杜陵有金李。李大者謂之夏李，尤小者呼爲鼠李。桃之大者爲木桃，詩云『投我以木桃』是也。

宋　樂史《太平寰宇記》卷二九《關西道·華州》　少華山，在［鄭］縣東南十里。《山海經》曰：大華之西八十里，曰少華之山，其木多荆、杞，其獸多㸲牛，其陰多磬石，其陽多㻬琈，鳥多赤鷩。《爾雅》云：西南之美者，有華山之金石焉。【略】英山，在［鄭］縣西南一百三十里。《山海經》云：英山其上多（扭）［杻］、橿。【略】竹山，在［鄭］縣西南一百四十里，一千二百六十丈。《山海經》云：竹山其上多喬木，其陰多鐵。【略】潼關有潼水焉。按《三輔記云》：關因水得名，水去關一里，即《左傳》云『晉侯使詹嘉守桃林之塞』，是此。按：今潼關是自函谷至於潼關，高出雲表，幽谷秘邃，深林茂木，白日成昏。

又卷三一《關西道·耀州》　《漢儀注》曰：甘泉宫去長安二百里，望見長安城，黄帝以來圜丘祭天處。《開山圖》曰：雲陽先生之墟也。中有神書鐵券玉石之記。又曰：武帝於甘泉宫，更置前殿，始廣宫室，有芝生甘泉殿房内中。《漢舊儀》又云：芝有九莖，金色，緑葉，朱實，夜有光。乃作《芝房之歌》。

又卷一四五《山南東道·光化軍》　五陌洲，在［乾元］縣西南四里。《南雍州記》：酇城南四里有五柏村，榆樹連理，異木合幹，高四丈，鄉人以爲社。其州並樹在五柏村，因此爲名。其樹今已枯。

明　李賢《明一統志》卷三二《西安府》　土産：【略】竹，咸寧、藍田、鄠縣、盩厔、渭南皆有。旱藕，終南山出，服之可延年。甘遂，咸陽縣、乾州俱出。雙皂莢，驪山出。澤瀉，盩厔縣北水中出。麝香，枳殼，商州出。天南星，鎮安縣出。鬼草，牛首山出。赤莖，其葉如葵，其秀如禾，服之使人不憂。千枝柏，産商州南山。其柏一本千枝。漆，華州南山出。細辛，萬年松，俱華陰縣出。璽耳羊，同州沙苑出。其羊耳小，味甚美。紫草，郃陽縣出。礬紅，澄城縣出。茯苓，華州出。白蒺藜。同州出。

又卷三四《鳳翔府》　土産：芎藭，無心草，秦艽，獨活，羌活，骨碎補，商陸，各縣俱出。榛，隴州出。【略】駝羊，郿縣出。有峰，類駝。鸚鵡，能言鳥。《建炎筆録》：郭浩以秦鳳提點刑獄按邊至隴口，見一紅一白鸚鵡，鳴於樹間，問上皇安否，浩詰其因，蓋隴州歲貢此鳥，徽宗置之安妃閣，教以詩文，及宣和末使人發還本土，二鳥猶感恩不忘。浩因賦詩：隴口山深草木荒，行人到此斷肝腸，耳中不忍聽鸚鵡，猶在枝頭説上皇。猍，烏蛇。宜療疾。俱隴州出。

又《漢中府》　土産：【略】漆，蜜，蠟，降香，乳香，鄉、沔、褒城、略陽四縣及興安州出。麝香，紫河車，鳳縣出。笱，羚羊角，沔縣出。鹿茸，南鄭、城固縣及興安州出。【略】熊膽，石斛，天麻，海金沙，仙靈脾，白膠香，自然銅，青箱子，枳實，俱興安州出。石菖蒲，洋、沔二縣及興安州出。金絲椰。鳳縣出。宋元豐間，有旨下鳳州，取金絲椰一百根。

又卷三六《延安府》　土産：牡丹，本府出，宋歐陽脩《花譜》：延安紅、丹州紅，皆彼産之傑然者。自丹、延以西尤多，與荆棘無異。土人刈以爲薪。麝香，鄜州出。甘草，府谷縣出。【略】蓯蓉，保安縣出。大戟，土硫黄，俱宜縣出。甘遂，綏德州出。全蝎，葭州出。黄鼠。延川、青澗、神木三縣出。

明　陳全之《蓬窗日録》卷一《陝西》　漢中府洋縣有九兩雞，生山谷間，十數爲群，凡重九兩。

明　康海　正德《武功縣志》卷二《田賦》　木宜桑、柘、榆、柳、椿、樗、桐、柏、楸、梓、白楊、竹。【略】鳥獸惟所恒畜，亦有狐、兔、鸛、鵲、鳩、隼、鶉、雁、燕、雀，然在在有之，非特産也。

明　張天復《皇輿考》卷五《陝西》　曰恒水，自西傾。其産甘松、菴蕳子，狄道。氂牛，尾可爲旌旄。犏牛，力如水牛。水梨，數品，味皆甘美。果單，以赤柰爲之。毦，俱蘭。駱駝。本府河西。其俗勇悍事耕獵，其山曰沙山，其川曰黄河。其産黄羊，羱羊，土豹，野馬，皂雕，蓯蓉，紅花，其古蹟鳴沙城。衛城東南，此地人馬行沙有聲。

明 曹學佺《西峰字説》卷一五 盩厔縣，在府西南百六十里，編户四十里。山曲曰盩，水曲曰厔。地當山水之曲，故名，漢縣也。唐初爲宜壽，以隋有宜壽宫，在縣東南焉。縣南十三里之司竹園。《漢書注》云：芒竹在盩厔，芒水之曲，而多竹林也。唐義師起，高祖第三女平陽公主舉兵司竹園以應之，號娘子軍者。《寰宇記》云：竹園周迴百里，以供國用，故有司竹都尉管領。

又卷一六 榆林衛，隸陝西都司。《史記》：秦却匈奴，樹榆爲塞。所謂榆溪塞，即此也。隋置勝州，煬帝復爲榆林郡，唐王維《榆林歌》云：山頭松柏林，山下泉聲傷客心。千里萬里青草色，黄河凍流流不息。黄龍戍上遊俠兒，愁逢漢使不相識。

明 曹學佺《明一統名勝志・陝西名勝志・商州》 《寰宇記》云：熊耳山，在州西五十里，其山東西各一峰，狀如熊耳，故名。《山海經》曰：熊耳山其上多漆，其下多椶。浮濠之水出焉，西流注於洛。古經謂此山有仙草，得而服之成仙。《西京雜記》云：『終南山多離合草，葉形似江蘺而紅緑』是也。又有丹青樹，其葉一青一赤，望如錦繡，長安謂之丹青樹。

又《漢中府・鳳縣》 《勝覽》云：當州出絲柳。宋元豐間有旨，取香醪百瓶，金絲柳百株。即邵雍詩『楊柳垂金絲，風動如蓋飛』者也。堯夫《登郡樓書所見》云：鳥去林自空，雲移山不礙。晚角時斷續，層崖遞明晦。殘陽掛踈樹，遠水去微瀨。塞目煙岑密，都城若天外。記稱康節一時遊覽之興，凡九十日而去。

又《慶陽府・合水縣》 華池廢縣，在今治東北百二十里。樂蟠廢縣，在治西南七十里。華池本漢歸德縣地，更始封岑彭於此，亦隋之洛源縣也。《寰宇記》云：洛水源出縣北二十里之白於山，一名女郎山。《山海經》云：白牧山其上多松柏，下多檀櫟。獸多牝牛、羬羊。鳥多白鶉。洛水出其陽，東流以注於渭。

明 王學謨 萬曆《續朝邑縣志》卷四《物産》 南陽北陽多桃李，濱河壖而上，桃花三十里不絶。此其人各任其能，畢其力，不待督責，而競勸植果倍於樹穀，任地之宜，因天之時，上輸租税，下而富家，安其業，樂其俗，邑之地不足，而猶不至大徙者，恃此具也。

清 儲大文《存研樓文集》卷七《雜著・三穀》 按《漢中府志》：鳳縣山則長松山，在東北一百里，三峰胥産喬松。【略】紫柏山，在南一百三十里，多紫柏。【略】又曰：棧道繇鳳縣三百二十里至褒城縣，喬木夾道。【略】八渡山，在北十五里，四匝險隘，林木茂杳，道岐三岔，山溪交匯，要害地也。

清 羅彰彝 康熙《隴州志》卷三《田賦志・物産》 果類：桃，李，杏，棗，核桃，栗，柿，梨，葡萄，石榴，林檎，沙檎，羊棗，櫻桃，西瓜，甜瓜，蓮子，藕，榛，菱。【略】木類：松，柏，千枝柏，桐，槐，楸，椿，榆，柳，楊，棠，桑，漆，柘，樫，荆，楮，櫟，椵，橡，黄楊，青棡，五柞，萋蘿，銀杏，椁，棗，梨，皂角，竹，檜，白楊。花類：牡丹，探春，海棠，迎春，蓮，菊，木槿，荼蘼，鷄冠，紅白一種。金盞，扁蓄，萱草，鳳仙，紫荆，龍柏，玉簪，白紫一種。合歡，山丹，卷丹，蜀葵，黄葵，戎葵，千葉榴，石竹，水葒，落葉蘭，海石榴，十樣錦，珍珠花，串枝蓮，紅莢梅，芍藥，臘梅，薔薇，麗春，火蝴蝶，百合，芙蓉，月季，棣棠，罌粟。【略】羽類：鶴，鸛，鷹，鷂，鳶，雀，鴿，鶻，鴈，燕，雉，鳩，烏，鵲，鴞，黄鸝，脊鴒，啄木，梟，鷺，鷗，鴛鴦，寒鴉，練雀，寒號，布穀，紅鶴，鵰，錦鷄，綬鷄，鵪鶉，蒿雀，鸚鵡，宋郭浩按邊至隴，見一紅一白鳴樹間，問上皇安否？浩語其故，蓋隴州歲貢此鳥，徽宗置之安妃閣後，發還本土，二鳥猶感恩不忘。鷄，鵝，鴨。毛類：馬，牛，驢，騾，犬，豬，羊，猫，虎，豹，熊，羆，豺，狼，麞，狐，鹿，猯，猴，狨，猿，兔，麅，野豬，刺蝟，鼠，黄鼠各種。狸，麅，麝。

清 劉於義 雍正《陝西通志》卷一〇《宜川縣》 牡丹原，在縣東二十五里，盛産牡丹，故名。《雍勝畧》在秋林鎮東山上，牡丹滿山，土人採以爲薪。《府志》

又卷一二《韓城縣》 牡丹山，在縣西北六十里，多産牡丹。開時紅紫滿山，香聞數十里。土人采以當薪。又有牡丹坪，在渚北村西北，亦多牡丹。《縣續志》。

又卷一三《潼關縣》 桃林塞，在縣東。《縣圖》放牛於桃林之野。《書經・武成》晉侯使詹嘉處瑕川守桃林塞。《左傳》在弘農華陰縣東潼關。杜注在長安東四百里。《三秦記》塞在靈寶以西至潼關皆是。《元和郡國志》自潼關至函谷俱謂之桃林塞。《地理通釋》自函谷至此，幽谷秘邃，深林茂木，白日成陰，又名『雲潼關』。又城東南有牧牛山，相傳即武王放牛處。舊《衛志》

又卷四三《物産・果屬》 梅，摽有梅。《詩經・召南》饋食之籩，其實乾蓘。《周禮・天官》乾蓘，梅也。鄭注上林苑梅七，朱梅、紫葉梅、紫蕚梅、同心梅、麗枝梅、燕梅、猴梅。《西京雜記》梅實生漢中山谷。《名醫別録》今漢川皆有之。《圖經本草》李白游慈恩寺，僧獻緑英梅。《纂要》山陽縣天臺山盛産梅，每遇花開，山如綴玉。《西安府志》梅有朱砂梅、錢梅、照水梅、玉蝶梅、星梅。《南鄭縣志》梅清韻與南方同，植之者殊少，邑人尤賤，其子熟則落林下，委棄弗取。杏，上林苑有蓬萊杏，又有文杏，謂其樹有文彩也。《西京雜記》武功山有二杏樹，各大丈餘，東花西實，至明年易向。《述異記》金杏大如梨，黄如橘，武帝上林苑遺種也，一名漢帝杏。《杏譜》巴旦杏，一名八擔杏，關西諸處皆有，鮮者尤脆美。《廣羣芳譜》花千葉者曰文杏，美肉甘核，又曰巴旦杏。又有梅杏，似李而大。《咸寧縣志》有三妙杏花千葉，實大子甜。《商州志》桃，桃之夭夭，灼灼其華。有蕡其實。《詩經・周南》上林苑有秦桃、緗核桃、榹桃、金城桃、綺葉桃、紫霜桃、文桃。《西京雜記》明皇禁苑中有千葉桃盛開，帝曰：不獨萱草忘憂，此花亦能銷恨。《開元天寶遺事》桃，陝西者尤大而美。《圖經本草》有甘核者名巴旦桃，又有扁桃、李光桃，味佳。花有千葉者曰碧桃、絳桃、緋桃。唯山桃花開最早。《咸寧縣志》桃出張村里者佳。《三原縣志》李，華如桃李。《詩經・召南》北山有李。《小雅》上林苑有紫李、緑李、朱李、黄李、青綺李、青房李、同心李、合枝李、金枝李、顔淵李、羌李、燕李、蠻李、侯李。《西京雜記》杜陵有金李。李大者謂之夏李，尤小者謂之鼠李。《述異記》終南山出好李花，貴侯富民以千金買種，有致富者。《耕桑偶記》貞觀中，玉華宫李樹連理，隔澗合枝。《類書輯要》鼠李，關陝甚多。《本草衍義》鳳翔府産胡李。《寰宇記》李有赤、黄二種。《咸陽縣志》李有赤、青、緑、黄數色。《咸陽縣志》李稱御黄者佳。《渭南縣志》李有紫李、麥李。《漢中府志》李異他處，供用頗多。《邠州志》綏德州名玉黄者佳。《延綏鎮志》車下李，六月食鬱及薁。《詩經・豳風》鬱，棣屬。《毛傳》唐棣之類屬。劉禎《毛詩義問》云：其樹高五六尺，其實大如李，正赤，食之甜。《本草》云：一名雀李，一名車下李，一名棣。孔《疏》《別録》云：一名郁李。陸璣《詩疏》作薁李，非。《爾雅》棠棣，即此。寇宗奭曰：郁李子如御李，子紅熟堪啗，微澀，亦可蜜煎，陝西甚多。《本草綱目》郁李仁同官出，今甘泉、鄜州、洛川、宜君皆貢之。馬《志》出鄜州。《延安府志》郁李仁，每年額供二十斤，送司解部。《鄜州志》梨，上林苑有青梨、芳梨、大谷梨、細葉梨、縹葉梨、金葉梨、瀚海梨、東王梨、紫條梨。《西京雜記》武帝御宿園出大梨，如五升瓶，落地則破。其取梨先以布囊承之，號曰含消。《三秦記》雲陽車箱坂下有梨園，一頃梨數百株，青翠繁密，望之如車蓋。《雲陽宫記》新豐箭谷枝懸六斤。庾肩吾啓青城山邢道士曰：太白南溪有紫花梨一樹。《耳目記》關以西弘農、京兆、右扶風界諸谷中梨，率多供御。《廣志》昔人言梨以弘農、京兆爲稱。《本草綱目》今耀州産者亦佳。馬《志》梨名香水者佳。《渭南縣志》梨間重至斤，難久貯。《盩厔縣志》王謙村饒于梨。《朝邑縣志》梨異他處，土人善藏者，仲春猶鮮，供用甚多。《邠州志》山梨，隰有樹檖。《詩經・秦風》檖，赤羅也。毛《傳》陸璣《疏》云：一名山梨，今人謂之楊檖，實如梨，但小耳，一名鹿梨，一名鼠梨。今人亦種之，極有脆美如梨者。孔《疏》上林苑樼十株。《西京雜記》張揖曰：亭，山梨也。《上林賦》注。按：楊慎《丹鉛録》言，尹伯奇採樼花以濟饑。注者言：樼即山梨，乃今棠梨也。恐誤。棠梨，蔽芾甘棠。《詩經・召南》甘棠，杜也。毛《傳》詩璞曰：今之杜梨。又曰：杜，赤棠。白者，棠。孔《疏》上林苑棠四，赤棠、青棠、白棠、沙棠。《西京雜記》張揖曰：沙棠狀如棠，黄華赤實，其味似李，無核。《上林賦》注杜梨，即甘棠也。《安定縣志》樝，上林苑查三，蠻查、羌查、猴查。《西京雜記》木瓜之短小而味酢澀者爲樝子，一名木桃，一名和圓子。重大而黄色，無重蒂者爲榠樝，一名木梨，一名木李。生於吴越，故鄭樵《通志》謂之蠻樝。《本草綱目》處處有之，小於木瓜，更酢澀，色微黄，蒂核皆粗。《廣羣芳譜》榲桲，微大而狀醜，有毛，其味香，關輔乃有。《述征記》生關陝，沙苑出者更佳，其實大抵類樝子，但膚慢而多毛，味尤甘，其氣芬馥，置衣笥中亦香。《圖經本草》秦中物專靈榲桲爲佳果。宋無名氏詩蒺藜已枯天馬歸，嫩蠟籠黄霜冒斡。梅堯臣《得沙苑榲桲》詩即樝類之生於北土者，與木瓜一類各種。《本草綱目》棣，常棣之華。《詩經・小雅》白棣樹也，如李而小，如櫻桃正白，今官園種之。又有赤棣樹，亦似白棣，葉如刺榆葉而微圓，子正赤如郁李而小，自關西多有之。陸《疏》今關西有棣樹，子如櫻桃，可食。《爾雅》郭注棣花山，以地多棣花而名。《商州志》櫻桃，孝惠帝曾春出遊離宫，叔孫生曰：古者有春嘗果，方今櫻桃熟，可獻。《史記・叔孫通傳》櫻桃，一名含桃。《呂氏春秋》云：鸎鳥所含，故曰含桃。《上林賦》注上林苑楔四株。《西京雜記》上游櫻桃園，引中書門下五品以上諸司長官學士等入芳林園嘗櫻桃。《唐書·中宗本紀》京兆府貢櫻桃。《地理志》鄜州櫻桃山，上多櫻桃樹。《花史》一名楔。《廣羣芳譜》一名鶯桃，鶯多銜食，故名。《咸寧縣志》出膚施。《延安府志》枇杷，枇杷橪柹。《上林賦》注張揖曰：枇杷似槲樹而長葉，子如杏。《上林賦》注上林苑枇杷十株。《西京雜記》興元貢。《唐書·地理志》大曆十四年，罷山南貢枇杷。《德宗本紀》今襄漢有之，肥枝長葉，大如驢耳。冬開白花，四月成實作梂，熟時色如黄杏。《圖經本草》華山講堂西頭有枇杷園。《華山記》太白山神窪草木甚稀，惟産金背枇杷、萬年枇杷，皆非世有。三清池金背枇杷甚多，擷其葉可療百病。賈鉉《太白山禱雨記》枇杷金色而肥甘。《沔縣志》柰，上林苑柰三，白柰、紫柰、緑柰。紫柰大如升，核紫花青，其汁如漆，著衣不可浣，名脂衣柰。《西京雜記》似林檎而大，西土最多，有白、赤、青三色，皆夏熟，今關西人以赤柰楸子，取汁塗器中，名果單，《本草綱目》一名頻婆，西土最豐。《廣羣芳譜》大而不酸者佳。《渭南縣志》林檎，初脩上林苑，羣臣遠方各獻名果異樹，有林檎十株。《西京雜記》林檎佳美，關輔乃有。《述異記》周氏《花木記》曰：林檎有六種，蜜林檎、花紅林檎、水林檎、金林檎、轉身林檎、橾林檎，一云即來禽也。《延綏鎮志》出延長。《延安府志》蘋果，果如梨而圓滑，生青，熟則半紅半白，光潔可愛。《廣羣芳譜》蘋果佳，李自成入關歛取甚多，民大累，爭伐其樹，種幾絶。《商州志》極佳，山人不待熟而取之。《山陽縣志》。按《本草》：柰與蘋果爲一物，而《羣芳譜》謂爲一類二種也，今從之。枳椇，南山有枸。《詩經·小雅》枸樹，山木，其狀如櫨，高大如白楊，枝柯不直，子著枝端，大如指，長數寸，噉之甘美如飴，今官園種之，謂之木蜜。古語云：枳椇來巢。言其味甘，故飛鳥慕而巢之。陸《疏》杜工部《入喬口》詩云：樹蜜早蜂亂。錢箋引《古今注》『枳椇子，一名樹蜜』證之。按：枳椇子，秦中呼爲拐棗，其實拳曲如老人杖，核在肉外，味甘，與棗同。《觚賸》 按：華州有萬壽菓，葉如楸，實稍細於箸頭，兩頭横拐，一名拐棗，紫紅色，九月成熟。蓋即枳椇子也。蒲萄，蒲陶似燕奥，可作酒。《上林賦》注張騫使西域還，得蒲萄。《博物志》生五原山谷。《名醫别録》太宗破高昌，收馬乳蒲萄，種於苑中，並得酒法，仍自損益，造酒成緑色，芳香酷烈，味若醍醐。《南部新書》蒲萄在漢西京似亦不少，杜陵田五十畝中有蒲萄百樹，今在京兆，非止禁林也。《酉陽雜俎》《後凉録》曰：龜茲國，人家有至千斛蒲萄，漢使取實來離宮別館傍盡種。《唐類函》唐太宗收馬乳蒲萄釀酒，長安始識。《咸寧縣志》蘡薁，六月食鬱及薁。《詩經·豳風》薁，蘡薁。毛《傳》薁，鬱類，小別而同時熟。孔《疏》一名野蒲萄，蔓葉花實與蒲萄無異，實小而圓，色不甚紫，其莖吹之氣出，有汁如通草。《本草綱目》野蒲萄細如小豆，色紫，蓓蕾而生，狀如蒲萄，蟠之高樹，懸附可觀。《延綏鎮志》棗，八月剥棗。《詩經·豳風》吉少時學問，居長安東家，有大棗樹，垂吉庭中。《漢書·王吉傳》西王母爲帝設玉門之棗。《漢武帝内傳》上林苑有弱枝棗、玉門棗、棠棗、青華棗、赤心棗、西王棗。《西京雜記》周文王時有弱枝之棗甚美，禁之不令人取，置樹苑中。《廣志》馬牙者佳。《渭南縣志》棗有大棗、牙棗、羊心、眝膊、團棗。《吴堡縣志》柹，慈恩寺中柹樹，是法力上人手植。《酉陽雜俎》朱柹出華山，似紅柹而圓小，皮薄，可愛，味更甘。《圖經本草》華州豐原鄉董侯里出。《寰宇記》柹爲類甚多，實可備饑。《咸寧縣志》重臺與小而圓者佳。《渭南縣志》柹出豆村者佳。《三原縣志》柹多可爲餅。《商州志》沿山一帶地多石，種柹作餅，鬻爲日用之資。《華州志》椑柹，上林苑有青椑、赤葉椑、烏椑。《西京雜記》一名漆柹，一名花椑，乃柹之小而卑者。《廣羣芳譜》軟棗，上林苑有梬棗。《西京雜記》輭柹，一名輭棗，一名梬棗。其木類柹而葉長，但結實小而長，乾熟紫黑色。一種小圓如指頭，大者味尤美。其樹接柹甚佳。《廣羣芳譜》。按：《平利縣志》有之。木瓜，元獻皇后思食酸味，明皇以告張説，因進經袖出木瓜以獻。《明皇雜録》商州楚地户，木瓜大如甒。張舜民詩葉光而厚，實小如瓜而有鼻，津潤味不木者，爲木瓜。圓小於木瓜，味木而酢澀者，爲木桃。似木瓜而無臭，大於木桃，味澀者，爲木李，亦曰木梨。《本草綱目》按：延安府、山陽、葭州諸志俱有之。山木瓜，五原郡貢。《唐書·地理志》産崖壑間，極蕃盛，野夫取作油。《安塞縣志》山木瓜，北方一名文官果，一名檳榔榆，俗不知採食，俟其子熟取油用。周氏《花木記》曰：木瓜有五，山木瓜、輭條木瓜、宣州木瓜、香木瓜、榠樝。《延綏鎮志》文官果，子熟可取油。《朱脂縣志》安石榴，上林苑有安石榴十株。《西京雜記》漢張騫使西域，得塗林安石國榴種以歸，故名。《博物志》温湯七聖殿，繞殿石榴皆太真所植。《洪氏雜録》鄭虔云：石榴堪作胭脂，睿宗女代國公主常爲之，取其實於禁中，叢生成林。《北户録》近昭陵南山下多石榴，結實大而甘美，傳爲唐陵園種。《昭陵志》實有紅、白二種，花有千葉、單葉。《咸寧縣志》子軟而色淡者佳。

《渭南縣志》榴重至斤，難久貯。《盩厔縣志》有紅、黄、白、粉四種。《南鄭縣志》石榴，花茂實蕡，盈村皆樹之。《山陽縣志》栗，隰有栗。《詩經·秦風》忝在栗薪。《豳風》栗五方皆有，周秦特饒。陸《疏》栗周土所宜木。朱子《集傳》栗出三輔。《范子》燕秦千樹栗，其人與千户侯等。《史記·貨殖傳》上林苑有侯栗、榛栗、瑰栗、魁栗、嶧陽栗，栗大如拳。《西京雜記》御宿園出栗，十五枚一升。《三秦記》西山麓中有栗，藝植以來，蕭森繁茂。《華山記》漢武果園栗，味甘而小，不如《三秦記》所云。《括地志》栗有關中侯栗，大如雞子，梁州獻栗，徑寸半。《廣志》小而甘美。《山陽縣志》榛，榛楛濟濟。《詩經·大雅》榛似栗而小，關中鄜坊正多。《禮記》鄭注上申之山，在吴堡縣。下多榛。《西山經》《禮記》鄭注言關中甚多此果。關中，秦地也。榛之從秦，蓋取此意。《爾雅翼》扶風、隴州土貢榛實。《唐書·地理志》鳳翔貢榛實。《宋史·地理志》榛子出隴州。《明一統志》榛仁出宜君、宜川。《延安府志》實似栗而小，味美於栗。《咸寧縣志》胡桃，上林苑有胡桃。《西京雜記》陳倉胡桃，薄皮多肌。《廣志》此果漢時張騫使西域始得種，還植之秦中。今陝洛間甚多大樹，厚葉多陰，實亦有房，秋冬熟時採之。出陳倉者，薄皮多肌。《圖經本草》開元中，長安物價大減，胡桃肉十錢一秤。《類書輯要》出南山。《咸寧縣志》核桃瓤綿者佳。《渭南縣志》核桃最佳。《麟游縣志》果之最盛者，無如核桃，市餘，猶足供燈油之用。《雒南縣志》羊桃，萇楚，今羊桃，或曰鬼桃，葉長而狹，紫赤色，其枝莖弱過一尺，引蔓於草上，子赤狀如鼠矢。《詩經》陸疏花葉皆似桃，子細如棗核，根似牡丹。《蜀本草》果有羊桃。《洋縣志》按：今長安、咸寧俱有之。獼猴桃，今陝西永興軍南山甚多，枝條柔弱，多附木而生，子十月熟，色淡緑繁細。《本草衍義》洋州雲亭山生獼猴桃，甚甘酸，食之止渴。《海録》一名獼猴梨，其形如梨，其色如桃，而獼猴喜食，故有諸名。《本草綱目》銀杏，一名白果，葉似鴨掌，又名鴨脚子。《本草綱目》蒲城白果一樹，世傳仙人所擲，枝垂，生果出身，樹腫成壘塊，破之得二三斗或至石餘，形差小，味則不殊。《鄠縣志》南山銀杏甚佳。《羣芳譜》橘，蜀漢千樹橘，其人與千户侯等。《史記·貨殖傳》生山南山谷。《名醫别録》扶荔宫有甘橘百餘本。《三輔黄圖》唐于蓬萊殿九月九日賜羣臣橘。《風土記》金橘，盧橘夏熟。《上林賦》盧橘爲秦樹。李青蓮詩司馬相如《上林賦》曰：黄甘橙楱。有一種小橘名楱，疑即今之金橘，《涪翁雜記》一名盧橘，一名金柑。《廣羣芳譜》柑，黄甘，橘屬，而味精。《上林賦》注興元貢。《唐書·地理志》天寶年内中柑樹結實，帝日與貴妃賞御，呼爲『瑞聖奴』。《清異録》鼎州貢柑子，尚方多不過千，少或百數。《燕翼貽謀録》唐上元夜，多以黄羅包柑，遺近臣，謂之傳柑宴。《全唐詩話》柑較他邑爲勝。《城固縣志》柑華於夏，落實於冬，味苦，遜橘柚。《沔縣志》橙，上林苑有橙十株。《西京雜記》《説文》曰：橙，橘屬也。《上林賦》注洵陽有之。《洵陽縣志》松子，關右亦有，但細小，味薄也。《本草衍義》鳳翔府土産。《寰宇記》寶雞出。《鳳翔府志》菴羅果，梨之類也，先諸梨熟。《本草衍義》俗名香蓋，種出西域，亦柰類也。《明一統志》按：葭州、吴堡志俱有此果。無花果，一名映日果，一名優曇鉢。最易生，插條即活，在處有之。《廣羣芳譜》五月内不花而實，實出枝間，狀如木饅頭，《本草綱目》果有無花果。《咸縣縣志》

又《蔬屬》 筍，維筍及蒲。《詩經·大雅》醢人加豆之實，有筍菹。《周禮·天官》竹萌也。《詩經》毛傳司竹監掌植竹，歲以筍供尚食。《唐書·百官志》興州貢筍，興元府貢冬筍。《地理志》今漢中郡出䈙竹，根深，筍冬生地中，人掘取食之。郭璞《山海經》注漢中太守王圖每冬獻筍，謂之筂笴。《廣志》秦隴已來出筍纖長，土人用鹽鹽乾，結之浸而爲臛菜，甚美。《筍譜》北地少竹，惟秦以南則多有之。竹有雄雌，但看根上第一枝，雙生者必雌也，乃有筍。土人於竹根行鞭時，掘取嫩者，謂之鞭筍。《本草綱目》山筍頗多。《盩厔縣志》形細而鋭，味甚清，俗多芼而市焉。《沔縣志》竹筍幹小，不及閩筍。《山陽縣志》

又《藥屬》 覆盆子，蓬虆是覆盆苗，處處有之，秦尤多。《圖經本草》鳳州貢蓬虆子。《寰宇記》永興華州尤多，四五月紅熟，其味酸甘，外如荔枝，大如櫻桃，軟紅可愛。《本草衍義》俗名插田藨，熟時色烏赤，其四五月熟而色紅者，乃耨田藨也。《本草綱目》【略】山樝子，赤爪木，赤樝也，出山南，葉似香菜，子似虎掌，大如小林檎，赤色。《唐本草》出牛思嶺。《渭南縣志》木蒿蔾即山查子，山間有之。《安塞縣志》鼠李子，即牛李也，高七八尺，葉似李，但狹而不澤。子于條上四邊生，生時青，熟則紫黑色，至秋葉落，子尚在枝。今關陝甚多。《本草衍義》

又卷四四《物産·木屬》 松，松柏斯兑。《詩經·大雅》華山之首，曰錢杰之山，其上多松。《西山經》鄭遨聞華山有五粒松，因徙居華陰求之。《五代史·一行傳》唐時華州貢五粒松，一名乳毛松，十二月採，出蒲谷，今不貢。《寰宇記》凡松葉皆雙股，故世以爲松釵，獨栝松每穗三鬚，而高麗所産，每穗乃五鬣焉，今所謂華山松是也。《癸辛雜識》不空三藏塔多老松，歲旱則官伐其枝爲龍骨以祈雨，蓋三藏役龍，意其樹必有靈也。《寺塔記》五粒松生華山西南峰上，樹如偃蓋，旁有青蘿長百尺。《華嶽集》萬年松出華陰山。《圖書編》鄜州開元寺有白松，奇古。張著詩：葉墜銀釵細，花飛香粉乾；寺門煙雨裏，渾作白龍看。《明一統志》吴瑞曰：松子有華陰松，形小殻薄，有香。《廣羣芳譜》松産南山不一種。《咸寧縣志》南山有白骨松。《鄠縣志》松有赤松、白松、黄松。《商州志》有羅漢松，皮光白，最佳。《山陽縣志》柏，漢文帝霸陵，不起山陵，稠種柏。《三輔黄圖》大興善寺東廊素和尚院庭有柏四株，元和中卿相多游此院。柏至夏月有汗，汙人衣如脂，不可浣。相國鄭相惡其汗，謂素曰：弟子爲伐此樹，各植一松也。及暮，素戲祝曰：我種汝三十餘年，汝以汗爲人所惡，來歲若復有汗，我必薪之。自是無汗。宋敏求《長安志》柏箭，《韓子》：秦昭王令工施鉤梯而上華山，以松柏之心爲博箭。《潛確類書》柏葉仙人田鸞家居長安，入華山求問真侣，見黄冠，指柏樹示之曰：此即長生藥也。《原化記》華山生文柏，一名黄腸。《地理志》予官陝西，登高望柏千萬株，皆一一西指，蓋此木受金之正氣所制也。《本草衍義》《平泉草木記》有藍田龍柏。《老學庵筆記》耀州雲陽出柏板。《寰宇記》漢故道縣龍女山在鳳翔縣。多紫柏。《天中記》紫柏生華山東北峰上，葉際碧露，以五月五日用油囊接之，食者可作地仙。《華嶽集》千枝柏，一本千枝，生商州南山。《明一統志》盩厔昇天臺，上有再生柏，世傳老子説經於此，見二柏枯，以鍼炙之復生，今尚鬱茂。賈《志》産龍首原者佳。叢而致者曰千枝柏，葉長而鋭者曰茨柏。填園圃又有四季柏，四時皆花，枝葉蒼秀如蓋，蒔牛頭寺。《咸寧縣志》乾陵柏，文多菩薩雲氣人物鳥獸，一株值萬錢。白樂天有《柏牀》詩。《乾州志》檜，上林苑栝十株。《西京雜記》栝，柏葉松身。《西京賦》注同州郃陽縣劉靖家墳中白楊生檜。《清異録》檜葉尖硬，亦謂之栝。《廣羣芳譜》樅，上林苑樅七株。《西京雜記》樅，松葉柏身也。《西京賦》注杉，太液池西有一池，名孤樹池。池中有洲，洲上煔樹一株，大十餘圍，望之童童如蓋，故取爲名。《西京雜記》杉，一名煔。《廣羣芳譜》梓，維桑與梓。《詩經・小雅》《商子》曰：南山之陽，有木名橋。北山之陰，有木名梓。《尚書大傳》秦文公二十七年，伐南山大梓。《史記・秦本紀》梓如栗而小。《西京賦》注鼠梓，北山有楰。《詩經・小雅》楰，鼠梓。毛《傳》樹葉木理如楸，亦名苦楸。朱子《集傳》豫章，木蘭豫章。《上林賦》漢武帝立豫章宫於昆明池中，作豫章木殿。《述異記》楠，終南何有，有條有梅。《詩經・秦風》柟葉大可三四葉一藂，木理細緻於豫章。子赤者材堅，子白者材脆。荆州人曰梅。終南多柟。終南與上庸新城通，故亦有柟也。陸《疏》石脆之山其木多柟。《西山經》《爾雅》曰：梅，柟。郭璞曰：柟木似水楊。《西京賦》注上林苑柟四株。《西京雜記》石楠，上發馬嵬行至扶風，道傍有石楠樹團圞，愛玩之，因呼爲『端正樹』。《太真外傳》生華陰山谷。《名醫别録》葉似茵草，凌冬不凋，關中者葉細爲好。《唐本草》隴間出者葉青黄色，皆有紫點，雨多則並生，長及二三寸。《圖經本草》終南斜谷有石處甚饒。韓保昇《本草重注》桐，梧桐生矣，于彼朝陽。《詩經・大雅》上林苑梧桐三，椅桐、梧桐、荆桐。《西京雜記》青梧觀有三梧桐樹。《三輔黄圖》昭帝元鳳三年，馮翊人獻桐枝，長六尺，一葉也。伏虔《古今注》植桐數十萬株於阿房城。《晉書・苻堅載記》忽見紫桐花悵望，下邽明日是清明。《長慶集》桐生桐柏山中，今三原有之。馬《志》榆，秦漢故塞，其地皆榆。《爾雅翼》上林苑白榆十株。《西京雜記》長安故城樹宜榆。《三輔黄圖》同州郃陽劉靖家兄弟同居，宅邊榆樹生桑，人號榆爲義祖。《清異録》榆林地多生榆，王恢云『樹榆爲塞』，謂此。賈《志》槐，上林苑槐六十四株，守宫槐十株。《西京雜記》長安故城水泉深二十餘丈，樹宜槐。甘泉北岸有槐樹，今謂玉樹，相傳以爲《甘泉賦》所謂『玉樹青葱』，即此。《三輔黄圖》自長安至于諸州，皆夾路樹槐，《晉書・苻堅載記》雲陽縣界多，漢離宫故地有似槐而葉細，土人謂之玉樹。《隋唐嘉話》尚書省都堂南門道東有古槐，垂陰至廣。相傳夜深聞絲竹之音，省郎有入相者，俗謂之音聲樹。祠部呼爲木廳，言其清且冷也。宋敏求《長安志》天街兩畔槐樹，俗呼爲槐衙。《中朝故事》長安持國寺門前有槐樹數株，金監買一株，别理解之，每片一天王，塔戟成就。夏州唯一郵，有槐樹數株，鹽州或要葉，行牒求之。《酉陽雜俎》吴湊爲京兆尹，街榆悉易以槐。《唐書・吴湊傳》華州三家店西北道邊有槐甚大，葱鬱周迴可蔭數畝。槐有癭，形如二猪相趂奔走，其迴顧口耳頭足一如塑者。《奇聞録》驪山下玉女殿東有槐，兩樹相並，上幹相連。馬《志》木中車器，花可作黄角資藥物。又有葉晝合而夜布者，名守宫槐。《咸寧縣志》葉大而黑者名櫰槐，葉細而青者，但謂之槐。《咸陽縣志》明皇幸蜀至馬嵬，手植槐焉。及肅宗即位，鑾輿返京，見之曰：此太上槐也。俗訛爲太上老君槐。《興平縣志》檀，樂彼之園，爰有樹檀。《詩經·小雅》孟康曰：檖檀，檀别名也。《上林賦》注有黄、白二種，葉皆如槐，肌細體堅，與梓榆、莢蒾相似。《本草綱目》苦檀，漢中出。《漢中府志》駮馬，隰有六駮。《詩經·秦風》駮馬，梓榆也。其樹皮青白駮犖，遥視似駮馬，故謂之駮馬。陸《疏》楸，終南何有，有條有梅。《詩經·秦風》條，槄也，今山楸也，亦如下田楸耳。皮葉白，色亦白，材理好。宜爲車板。陸《疏》有山、水二種，木多紋理。《咸寧縣志》有雲楸、白楸二種。《商州志》楸堅而好，可作舍製器。《雒南縣志》楓，張揖曰：楓，欇也。脂可以爲香。《上林賦》注楓，香木也。《西京賦》注上林苑楓四株。《西京雜記》關陝甚多，樹高大似白楊，有赤、白二種，白者木理細膩，葉圓作岐而香，霜後丹。《廣羣芳譜》似楊葉圓，有脂而香，名楓香。隋唐多植宫庭，故謂宸居曰楓宸。《咸寧縣志》楮，其下維穀。《詩經·小雅》穀，今之楮樹也。朱子《集傳》南山西北八十里曰大時之山，上多穀。中山其上多穀。鳥山其下多楮。《西山經》於官社後立官稷，稷種穀樹。《漢書·郊祀志》皮可作紙，實入藥。《咸寧縣志》俗名構，一曰穀，田荒蕪久則穀自生，葉有花瓣，無曰構，可作紙。《咸陽縣志》民以此皮爲穰做紙。《山陽縣志》椿，椿、樗、栲，一類三種。椿木皮細，肌實而赤，嫩葉香甘可茹。《本草綱目》易長而有壽，南北皆有之。《廣羣芳譜》紅椿木香，葉可爲菜。《咸陽縣志》向多香椿，今無遺蘖。《白水縣志》樗，采荼薪樗。《詩經·豳風》樗，惡木也。毛《傳》唯堪爲薪，故云惡木。孔《疏》樗樹及皮皆似漆，青色，其葉臭。陸《疏》樗木皮粗，肌虚而白，其葉臭惡。《本草綱目》白椿木臭，幹可爲楝。《咸陽縣志》山樗，南山有栲。《詩經·小雅》山樗與下田樗略無異，葉似差狹耳。陸《疏》栲，山樗。朱子《集傳》栲木即樗之生山中者，本亦虚大，然斧之如腐朽，古人以爲不材之木。《本草綱目》櫟，山有苞櫟。《詩經·秦風》柞棫拔矣。《大雅》秦人謂柞爲櫟，其子房生爲梂。陸《疏》南山西百八十里，曰大時之山，上多柞。中山其上多柞。《西山經》五柞宫，漢之離宫也，在扶風盩厔，宫有五柞樹，因以爲名。五柞皆連抱，上枝覆蔭數畝。《三輔黄圖》櫟有二種：不結實者曰棫，其木心赤；結實者曰栩，其實爲橡。《本草綱目》櫟芽可茹。《商州志》櫟，俗呼花力，作薪燒炭最佳。《山陽縣志》柳，有菀者柳。《詩經·小雅》自長安至於諸州，皆夾路樹柳。《晉書·苻堅載記》王維别墅在輞川，有柳浪。《唐書·文藝傳》曲江池畔多柳，號爲柳衙，意謂其成行列如排衙也。《中朝故事》鳳州境内生柳，翠色可愛，與他處不同。《墨客揮犀》送行者於霸橋折柳贈别，名消魂橋。《地輿志》金絲柳出鳳縣，宋元豐間有旨下鳳州取金絲柳一百根。《明一統志》柳金線者，園囿多莳之。《咸寧縣志》即垂楊掛絲者。《延綏鎮志》檉柳，其檉其椐。《詩經·大雅》檉，河柳，生水旁，皮正赤如絳，一名雨師，枝葉似松。陸《疏》漢苑中有柳，狀如人形，曰人柳，一日三眠三起。《三輔故事》檉柳，一名河柳，一名三眠柳，即今俗所稱三春柳也。《廣羣芳譜》三春柳出鄜州。《延安府志》俗名沙柳，又名三春柳。《延綏鎮志》霧柳，叢生，材中箭笴。《延綏鎮志》水楊，隰有楊。《詩經·秦風》長楊宫中有垂楊數畝，因爲宫名。長安御溝謂之楊溝，謂植高楊于其上也。《三輔黄圖》長安地多長楊。《聞見前録》白楊，葉尖圓如杏，枝頗勁，微風來則葉皆動，其聲蕭瑟。陝號南山谷尤多。《懸笥瑣探》白楊，陝西甚多，永、耀間居人修蓋，多此木也。《本草衍義》勁葉逐風作聲。《咸寧縣志》生澤旁，葉圓，微風動摇，聲若大雨。《咸陽縣志》扶移，唐棣之華。《詩經·召南》山有苞棣。《秦風》棣，唐棣。唐棣，移也。毛《傳》郭璞曰：今白移也，似白楊。孔《疏》一名扶移，無風葉動，花反而後合。《本草拾遺》女貞，豫章女貞。《上林賦》張揖曰：女貞葉冬不落。《上林賦》注今人不知女貞，但呼爲蠟樹。女貞，一名冬青，與冬青同名異物。女貞葉長者四五寸，子黑色。凍青微團，子紅色。花皆繁，子並纍纍滿樹。《本草綱目》前有植白蠟樹者，經亂削伐盡。今始復植矣。《雒南縣志》女貞，子黑色。《山陽縣志》冬青，太液池邊看月時，好風吹動萬年枝。宋盧多遜詩 一名凍青，一名萬年枝。《廣羣芳譜》俗呼凍青，子赤色。《山陽縣志》枸骨，南山有杞。《詩經·小雅》杞樹如樗，一名枸骨。朱子《集傳》小華之山，其木多荆、杞。《西山經》昆明靈沼，黑水元沚，周以金堤，樹以柳杞。《西山賦》杞，即梗木也，如楊赤理。《西京賦》注梗，杞也，似梓。《上林賦》注烏曰，生山南平澤，樹高數仞，葉似梨杏，五月開細花，黄白色，子黑色。《唐本草》漢中有之。《漢中府志》黄楊，木理細膩，枝幹繁多，性堅緻難長。《廣羣芳譜》木多黄楊。《華州志》樺木，延州土貢樺木。《唐書·地理志》生西北諸地，其木色黄，有小斑點，紅色，能收肥膩，其皮厚而輕虚軟柔，用襯韉裏爲刀靶之類，謂之暖皮。以皮卷蠟，可作燭照。《本草綱目》蔓荆，楚荆也。《廣志》秦隴多有之，莖高四五尺，對節生枝，夏有花作穗，淡紅色，蘂黄白色，秋結子。《圖經本草》欒荆，莖葉似石楠，幹亦反卷，經冬不死，葉上有細黑點者真，今雍州所用者是。《唐本草》牡荆，言刈其楚。《詩經·周南》止於楚。《秦風》以牡荆畫幡日月北斗登龍。《漢書·郊祀志》牡荆，荆之無子者。如淳注牡荆作樹，不爲蔓生，故稱爲牡，非無實之謂。《唐本草》其生成叢而疎爽，故謂之楚。《本草綱目》棘，在彼杞棘。《詩經·小雅》左九棘，孤卿大夫位焉，羣士在其後。右九棘，公侯伯子男位焉，羣吏在其後。《周禮·秋官》白棘，《别録》云：生雍州川谷，一名棘鍼，一名棘刺。馬《志》赤棘，隰有杞桋。《詩經·小雅》桋，赤棟也。毛《傳》《釋木》曰：白者棟。舍人曰：桋，名赤棟。郭璞曰：赤棟，樹葉細而岐鋭，皮理錯戾，好叢生山中。白棘，葉圓而岐，爲木大也。孔《疏》皂莢，生雍州山谷，如豬牙者良。《名醫别録》唐華清宫，今靈泉觀也，七聖殿之西南隅數十步間，有皂角一株，合數人抱，枝幹頗瘁。相傳明皇貴妃共植於此。每歲結實必有十數莢合歡者，京兆尹令老卒數十守視之。移接於他枝，則不復合歡也。《墨客揮犀》雙皂莢生太白山。《圖書編》雙皂莢在驪山下臨崖玉女殿西，其背相合，故名。馬《志》秦人多樹之以爲社。《咸陽縣志》蜜香樹，漢武帝起扶荔宫，植所得異木，有蜜香樹百本。《三輔黄圖》靈壽木，其檉其椐。《詩經·大雅》椐，樻也。毛《傳》椐木，節中腫，似扶老，今人以爲馬鞭及杖。弘農郡北山有之，即今靈壽木也。陸《疏》光稱疾，辭位，太后詔賜靈壽杖。《漢書·孔光傳》木似竹，有節，長不過八九尺，圍三四寸，自然有合仗制，不須削理，令人延年益壽。顔師古注娑羅木，慈恩寺殿庭大娑羅樹，大曆中安西所進。其木椿賜此寺四橛，大德行逢自種之。《酉陽雜俎》有坪曰莎羅，舊有莎羅樹，大合抱，頂如華蓋，葉七出如掌，白華緑萼。《登華記》在青柯坪，西域種。《香祖筆記》杻，北山有杻。《詩經·小雅》杻，檍也，葉似杏而尖，白色，皮正赤，爲木多曲少直，枝葉茂好，二月中葉疎，華如練而細，蘂正白蓋柎。今官園種之，正名曰萬歲，或謂之牛筋。嚴粲《詩緝》似棣，細葉，葉新生可飼牛，材中車輞。關西呼杻子，一名土橿。陸《疏》今官園種之，名曰萬歲。《爾雅》郭注英山其上多杻、橿。大時之山下多杻、橿。數歷之山木多杻、橿。申山下多杻、橿。《西山經》楛，上申之山下多楛。《西山經》楛木可以爲箭。《詩》云：榛楛濟濟。郭注莖似荆而赤，其葉如蓍。《草木疏》欒華，欒華生漢中川谷。《名醫别録》長安山中亦有之，其子謂之木欒子。《圖經本草》《本草》云：葉似木槿而薄細，花黄似槐而稍長大，小殼如酸漿，其中有實如熟豌豆，圓黑堅硬，堪爲數珠者是也。馬《志》欒柴可茜氈。《延長縣志》櫧，櫧似柃，葉冬不落。《上林賦》注櫧木，處處山谷有之，大者數抱，高二三丈。葉如栗葉而稍尖，堅厚光澤，凌冬不凋。三四月開白花，如栗花。實大如槲子。《本草綱目》槲，林有樸樕。《詩經·召南》槲，樕别名。《爾雅》郭注槲二種，叢生小者名枹，高者名大葉櫟樹。三四月開花，亦如栗。八九月結實，似橡子而稍短小，蔕亦有斗。《本草綱目》槲大葉。《山陽縣志》棫，柞棫拔矣。《詩經·大雅》棫，白桵也。鄭《箋》郭璞曰：桵，小木也，叢生有刺，實如耳璫，紫赤可食。孔《疏》浮山西七十里，曰揄次之山，漆水出焉，其上多棫、橿。《西山經》青剛木，生宜君、宜川。《延安府志》割漆者必需之。《山陽縣志》黄櫨，郭璞曰：櫨，橐櫨。《上林賦》注黄櫨木生商洛山谷，葉圓，木黄，可染黄色。《本草拾遺》昔無今有。《山陽縣志》楝，有雌雄二種，雄者無子，根赤，雌者有子，根白。《唐本草》類紫荆，微白。《咸陽縣志》黄楝，山中呼爲欒樹。《山陽縣志》椴，椴木葉最大，有類團扇。其皮可以當麻，取爲魚網之網，牢固殊常。《廣群芳譜》出宜川。《延安府志》可刻鏤。《山陽縣志》皮作絙羈鞋履。《華州志》樸，芃芃棫樸。《詩經·大雅》樸，枹木也。《毛傳》椅，其桐其椅。《詩經·小雅》梓之美文者爲椅。《本草綱目》出自南山。《鄠縣志》桑，阪有桑。《詩經·秦風》蠶月條桑。《豳風》爲山其上多桑。《西山經》唐京兆萬年縣大寧坊有桑樹一株，暮秋生子，秋冬椹熟。《文苑英華》桑有數種，葉沃者曰沃桑，不實，可飼蠶，結椹者亦有黑、白二種。《咸寧縣志》檿，其檿有柘。《詩經·大雅》檿，山桑也。毛《傳》郭璞曰：材中爲弓。孔《疏》山中有之。《盩厔縣志》桑多山桑，家植者甚少，然山桑之絲堅韌異常，謂之檿絲。《雒南縣志》柘，弓人爲弓，取幹之道七，柘爲上。《周禮·考工記》張曲江里第之側有古柘，嘗因狂風發其一根，解爲器具，花紋甚奇。人又以公之手筆冠世，目之曰文章樹。《清異録》柘亦可飼蠶。《咸寧縣志》【略】南藤，不見高人王右丞，藍田丘壑蔓寒藤。《杜工部集》南藤，即丁公藤，生南山山谷。《圖經本草》細藤圓膩，紫緑色，一節一葉。葉深緑色，似杏葉而微短厚，四時不凋。《本草綱目》龍藤，山蓀亭有龍藤十二樹，夭矯多節，節皆凹，枝幹皆空，相傳爲陳希夷所植。《説鈴》按《華嶽集》：山蓀亭在華山。木香，惟紫心白花者爲最，香馥清遠，高架萬條，望若香雪。《廣群芳譜》按：《洋縣志》有之。通脱木，葉似蓖蔴，其莖空中，心有白瓤，輕白可愛，女人取以飾物，俗名通草。《本草拾遺》蔓生山中，莖大者圍數寸。《本草綱目》山陽有之。馬《志》天油箸，叢生，可取爲箸。《安塞縣志》瓔珞藤，終南山出，軟碧可愛，葉甚小，有子纍纍然，纏固其上，有似瓔珞。《纂要》竹，如竹苞矣。《詩經·小雅》英山禺水出焉，其陽多箭䈽。又西竹山竹水出焉，北流注於渭，其陽多竹、箭。又西羭次之山漆水出焉，其下多竹、箭。嶓冢之山嚻水出焉，上多桃枝、鈎端。《西山經》今漢中郡出䈽竹，厚理而長節根深。箭，篠也。鈎端，桃枝屬。郭注渭川千畝竹，其人與千户侯等。《史記·貨殖傳》褒斜材木竹箭之饒，擬于巴蜀。《河渠書》漢水重安而宜竹。《淮南子》秦地有鄠杜竹林。《漢書·地理志》篠簜敷衍，編町成篁。《西京賦》林茂有鄠之竹。《西征賦》嶓冢美竹，厥號桃枝，簟以安寢，杖以扶危。郭璞《桃枝贊》竇將軍有青竹田。《三輔故事》蔣詡舍種竹，下開三徑。《三輔決録》太液池岸有竹數叢，牙筍未嘗相離。帝與諸王步於竹間，謂諸王曰：人世父子兄弟尚有離心，覩此可以爲鑑。因呼爲義竹。《開元天寶遺事》輞川有竹里館。《唐書·文藝傳》篔簹谷在洋州，産竹。故詩云：漢川修竹賤如蓬。《東坡集》注丹青竹，黄碧丹相間，出熊耳山。《竹譜》竹出咸寧、藍田、鄠縣、盩厔、渭南。《圖書編》平利縣化龍山有苦竹，其竹米可充食，歉歲民多資之。賈《志》鳳尾竹中篴杖。甜竹即義竹。桓竹出南山，小者曰松花竹，中織器用。墨竹，色淡者曰紫竹。《咸寧縣志》輞川北垞有金絲竹數叢，即竹里館也。《藍田縣志》周穆王遊元池。在盩厔縣植竹，竹皆成斑，其大如椽，其密如簀。《盩厔縣志》竹有斑竹、篁竹、紫竹、木竹、觀音竹、繡毬竹、松花竹、鳳尾竹。洋州雙竹，一幹兩枝。《漢中府志》産毛竹。《鎮安縣志》産箬竹、茨竹、苦竹。《洵陽縣志》丹青樹，終南山有樹，直上百尺無枝，上結叢條如車蓋。葉一青一赤，望之斑駮如錦繡。長安謂之丹青樹，亦云華蓋樹。亦生熊耳山。《西京雜記》千年長生樹，上林苑有十株。《西京雜記》萬年長生樹，上林苑有十株。《西京雜記》七葉樹，杜佑城南樊川有桂林亭，其地有七葉樹，每朶七葉，因以爲名，羅隱詩所謂『夏窻七葉連簷暗』是也。張禮《遊城南記》模木，生周公冢上，其葉春青、夏赤、秋白、冬黑，以色得其正也。《淮南王草木譜》净土樹，在鄠縣南，三月開花如桃花，八月結實，狀如小粟，殼中皆黄。土俗傳鳩摩羅什憩此，覆其履土中所生。《明一統志》大空，秦隴人名獨空，葉似楮小圓厚，根皮赤色。《唐本草》琵琶，駱谷生，花明艷似杜鵑花，樵者識之曰早花殺人。《李紳集》注　按《本草綱目》云：此花似羊躑躅。文莖，小華山西八十里，符禺之山，其上有木名曰文莖，其實如棗，可以已聾。《西山經》盼，竹山西百二十里，曰浮山，多盼木，枳葉而無傷，木蟲居之。《西山經》不灰木，《太平寰宇記》云：俗多以爲鋌子，燒之成炭而不灰，其葉如蒲草。今人束以爲燎，謂之萬年火把。楊慎《丹鉛録》　按：今南山深谷中間有之。入油雖數十燒不灰，見水則易壞。不凋木，生太白山巖谷，樹高二三尺，葉似槐，莖赤色有毛，如棠梨，四時不凋。《本草拾遺》無憂樹，華山希夷洞側有樹四株，名無憂樹。《隴蜀餘聞》在西嶽玉泉院，西域種。《香祖筆記》樕支木，枇杷樕柹。《上林賦》郭璞曰：樕，樕支木也。《上林賦》注貝多，貝多出自摩伽佗國，長六七丈，經冬不凋。貝多是梵語，漢飜爲葉樹名。《酉陽雜俎》延長有之。《延長縣志》

又《禽屬》　鳳凰，鳳凰于飛，翽翽其羽。鳳凰鳴矣，于彼高岡。《詩經·大雅》雄曰鳳，雌曰凰，其雛爲鸑鷟，非梧桐不棲，非竹實不食，非醴泉不飲。陸《疏》文王時，鳴於岐山。《論語》朱注周之興也，鸑鷟鳴于岐山。《周語》鳳凰降集京師，羣鳥從以萬數。《漢書·宣帝本纪》五鳳三年，鳳集長樂宫東闕樹上。神爵二年，鳳凰集祋祤縣。《三輔黄圖》鷫鸘，西方之鳳名鷫鸘。《禽經》長脛緑色，其形似雁。《西京賦》注焦明，似鳳，西方之鳥也。宋衷曰：水鳥也。《上林賦》注鶴，鶴鳴于九臯。《詩經·小雅》大如鵝，長脚青翼，高三尺，喙長四寸餘，多純白，亦有蒼色者。今人謂之赤頰，常夜半鳴。陸《疏》鶴間有之。《臨潼縣志》有灰鶴。《延安府志》鸛，鸛鳴于垤。《詩經·豳風》鸛，水鳥也。將陰雨則鳴。鄭《箋》似鴻而大，長頸，赤喙，白身，黑尾翅，樹上作巢，大如車輪，卵如三升杯。陸《疏》鶬鷄，《爾雅》曰：鶬，麋鴰也。《西都賦》注一名鶬鴰，一名麋鴰，一名鴰鹿。按：羅願云：鶬麋，其色蒼如麋也。鴰鹿，其聲也，關西呼曰鴰鹿。《本草綱目》鶖，有鶖在梁。《詩經·小雅》水鳥也，一名扶老。《玉篇》狀如鶴而大，青蒼色，其嗉下有胡袋如鵜鶘狀，好啖魚蛇及鳥鶵。《本草綱目》鶖即禿鶖。《山陽縣志》鵜鶘，鵜，水鳥，形如鶚而極大，喙長尺餘，直而廣，口中正赤，頷下胡大如數升囊。《詩經》陸疏好羣飛，沉水食魚，故名洿澤，俗呼之淘河。《爾雅》郭注太液池邊多平沙，沙中鵜鶘，動輒成羣。《西京雜記》鴻，鴻飛遵渚。《詩經·豳風》鵠，羽毛光澤純白，似鶴而大，長頸，肉美如雁。又有小鴻，大小如鳧，色亦白，今人直謂鴻也。陸《疏》鴻，毛萇《詩傳》曰：大曰鴻。《西都賦》注雁，鴻雁于飛。《詩經·小雅》大曰鴻，小曰雁。毛《傳》自關而西謂之鴚鵝。《方言》秦穆公得百里奚、公孫支歸，取雁以賀。《說文》駕鵝，野鵝。《西京賦》注　按：《方言》鴚字，《玉篇》音加，與駕同，則駕即鴚也。鵠，《說文》曰：鵠，黃鵠也。《西都賦》注始元元年，黃鵠下太液池上，爲歌曰：黃鵠飛兮下建章。《西京雜記》似鸛而小，毛署紅，巢於木。《商州志》鳧，鳧鷖在涇。《詩經·大雅》郭璞曰：似鴨而小，長尾，背上有文。陸璣云：青色，卑脚，短喙，水鳥之謹愿者也。陸《疏》野鴨也。《咸陽縣志》鴛鴦，鴛鴦于飛。《詩經·小雅》鴛鴦雄雌不相離，故謂之匹鳥。崔豹《古今注》一名黃鴨，其質杏黃色，有文采，紅頭翠鬣，黑翅，黑尾，紅掌。其交不再。《本草綱目》性有定偶。《咸陽縣志》黃鴨，野鴛鴦也。《延綏鎮志》羽有黃鴨。《米脂縣志》鵁鶄，睛交而孕。《禽經》郭璞曰：似鳧而脚高，有毛冠，辟火災。《上林賦》注太液池邊多鵁鶄。《西京雜記》旋目，司馬彪曰：旋目，鳥名也。《上林賦》注大如鷺而短尾，紅白色，深目，目旁毛皆長而旋。《上林賦》云：『鵁鶄旋目』是矣。《本草綱目》方目，一名鴋，一名澤虞，俗名護田鳥，西人謂之蝦蟇護水鳥。常在田澤中，形似鷗鷺，蒼黑色，頭有白肉冠，赤足，見人輒鳴喚不去。《本草綱目》鷺鷥，振鷺于飛，于彼西雝。《詩經·周頌》《爾雅》曰：鷺，春鉏。《西都賦》注鷺鷥，膚施縣出。馬《志》生沙堤水洲，色白。《咸陽縣志》頭雪白絲冠。《山陽縣志》鷗，鳧鷖在涇。《詩經·大雅》《倉頡解詁》云：鷖，鷗也。一名水鴞。孔《疏》悠悠水上人，以比忘世君子。《咸陽縣志》鸀玉，晉灼曰：屬玉，水鳥，似鵁鶄。《漢書·宣帝紀》注天子登屬玉之館。《西都賦》駕鵞鸀玉。《上林賦》屬玉，似鴨而大，長頸，赤目，紫紺色。《三輔黃圖》鸕鷀，盧，鸕鷀也。《上林賦》注似鶂而小，色黑，亦如鴉而長喙，善没水取魚，日集洲渚，夜巢林木。《本草綱目》形似鶴，灰色。《咸陽縣志》翠鳥，符禺之水北流注渭，其鳥多鴖，其狀如翠而赤喙，可以禦火。《西山經》翠似燕而紺色，畜之辟火災。郭注署陽縣出翡翠。舊志羽多翠鳥。《華州志》鶺鴒，脊令在原。《詩經·小雅》大如鷃雀，長脚，長尾，尖喙，背上青灰色，腹下白，頸下黑，如連錢，故杜陽人謂之連錢。陸《疏》脊令，雝渠，水鳥也朱子《集傳》松果之山，濩水出焉，有鳥其名曰螐渠，其狀如山雞，黑身赤足，可以已曝。《西山經》即鸍渠。《古音署》云：水鳥也。吴任臣注庸渠，似鳧，灰色而雞脚，一名章渠。《上林賦》注唐明皇時，有脊令數十，飛集麟德殿廷木，翔棲浹日。魏光乘作頌，以爲天子友悌之祥。《爾雅翼》脊令，一名雪姑。《米脂縣志》雉，雉之朝雊。《詩經·小雅》盂山鳥多白雉、白翟。《西山經》《漢書》：鴻嘉二年，雉飛集承明殿屋。《三輔黃圖》隴州產雉尾。《寰宇記》雉供祀典。《咸寧縣志》山雉多。《山陽縣志》羽多雉。《華州志》鷮雉，有集維鷮。《詩經·小雅》微小于翟，走而且鳴，其尾長，肉甚美。朱子《集傳》鷮雉俗呼化雞，形如鶡，土色，白黑斑，尾長六七尺，夜栖必擇大樹，尾倚木直竪。《山陽縣志》鷩雉，小華之山，鳥多赤鷩，可以禦火。嶓冢之山，鳥多赤鷩。《西山經》赤鷩，山雞之屬，胸腹洞赤冠金背，黃頭綠尾，中有赤，毛彩鮮明。郭注促鵕鸃。《上林賦》羽儀五彩，望之繽紛，間于山中羅致之。然性不受擾，置籠中，輒自斷尾。《沔縣志》西鄉縣出錦雞。舊志錦雞，一名鷩雉，一名鵕鸃，五色，不與他鳥同，赤如硃砂，綠似銅綠，黃如金，白如粉，黑似漆。但不能生捕，必捕雛以養之。《山陽縣志》吐綬雞，羽色多黑，雜以黃白圓點，如真珠斑。頂有嗉囊，內藏肉綬，常時不見，每春夏清明，則向日擺之。頂上先出兩翠角二寸許，乃徐舒頷下綬，長濶近尺，紅碧相間，彩色煥爛，踰時悉斂不見。或剖而視之，一無所覩。《本草綱目》鳳翔有之。《鳳翔府志》鶡鷄，鶡雀飛集丞相府。《漢書·黃霸傳》張揖曰：鶡似雉，鬭死不却。《上林賦》注似雉而大，黃黑色，首有毛角如冠。《本草綱目》白鷴，嶓冢之山，鳥多白翰。《西山經》白翰，白鵫也，亦名鵫雉，又曰白雉。郭注白鷴，一名白鵫。鷴，鵫音之轉也。白色有黑文如漣漪。《本草綱目》通身雪白，項下黑，至胸背上如細墨筆畫紋，細嘴紅腿，形大于錦雞。土人呼潮雞，非也。《山陽縣志》山雞，洋縣出。舊志類班鳩，紅嘴足，而毛文小異，可爲囮禽也。《延續縣志》山雞非吐綬鵕鸃也。《澄城縣志》鷓鴣，太液池邊平沙上多鷓鴣。《西京雜記》性畏霜露，早晚希出，夜栖以木葉蔽身，多對啼，今俗謂其鳴曰：行不得也哥哥。《本草綱目》漢中出。《漢中府志》竹雞，一名泥滑滑，處處有之。多居竹林，比鷓鴣差小，褐色，多斑赤文。其性好啼，見其儔必鬭。《本草綱目》石泉有之。《石泉縣志》鸂鶒，其形大於鴛鴦，而色多紫，亦好並遊，謂之紫鴛鴦。《本草綱目》漢中有之。《漢中府志》鶿，生水草中，大如鳧鷖，羽色微灰，黑嘴，尖如錐，頸足俱長。其翎堪中箭羽，謂之鶿鴒。鶿，當作鶄。《延綏鎮志》鶂，太液池邊多平沙，沙上鴻鶂動輒成羣。《西京雜記》杜預曰：鶂，水鳥也。《上林賦》注青鷀，有名信天緣者，終日凝立，不易其處，俟魚過取之，即俗名青翰者也，又名青鶘。《本草綱目》按：《商州志》有之。箴蝟，張揖曰：箴蝟，似魚虎而蒼黑色。《上林賦》注鶤雞，雞三尺曰鶤。《爾雅》似鶴，黃色。《上林賦》注鶤雞黃白，長項赤喙。《西京賦》注提壺鳥，商州未是無人境，一路山村有酒沽；遷客由來長合醉，不煩幽鳥道提壺。王禹偁《聞提壺鳥》詩雙雞，元和十五年，奉令採雙雞五聯，各重四觔。元稹《同州進雙雞狀》唐元稹有《進雙雞表》，今土人亦不復識。《同州志》土角兒，慧鳥，色如土，而斑頭竪毛，好食沙土拌穀。秦中謂之土角兒。能學諸鳥鳴與貓犬聲，形小聲弱，不能遠聞。《來陽伯詩集》阿濫堆，驪山多飛禽名阿濫堆，明皇御玉笛采其聲爲曲子名，當時左右皆傳唱之。唐尉遲偓《中朝故事》紅樹蕭蕭閣半開，玉皇曾幸此宮來；至今風俗驪山下，村笛猶吹阿濫堆。張祜詩水鴉兒，關內水鴉兒，旱乾累月，氣如焚柴，忽樹頭睍睆數聲，則滂沱立至，故獲此名。《觚賸》按：關中有一種鳥，毛黑，形似鴝鵒，名水鴉兒。紅鶴，色紅，《禽經》所謂朱鷺是也。《圖經本草》出膚施縣。馬《志》伯勞，七月鳴鵙。《詩經·豳風》鵙，伯勞也。毛《傳》伯勞，純黑色，形小于鳩，好擊搏，羣鳥皆怕。夏至一陰生，則五更鳴。七月鳴不已，大寒將至也，不久去矣。一名博勞，左氏作伯趙，商山名硯瓦蟲。《山陽縣志》鸜鵒，身首俱黑，兩翼下各有白點，頭上有幘，亦有無幘者。《本草綱目》俗名八哥，翦舌尖能效人言。《洵陽縣志》鸚鵡，數歷之山，鳥多鸚䳇。《西山經》建隆二年，隴州進黃鸚鵡。《宋史·太祖本紀》郭浩以秦鳳提刑獄按邊至隴口，見一紅一白鸚鵡鳴於樹間，問上皇安否？浩詰其因，蓋隴州歲貢此鳥，徽宗置之安妃閣，教以詩文。及宣和末，使人發還本土，二鳥猶感恩不忘。《建炎筆談》正大六年，隴州防禦使舒穆嚕棟爾進黃鸚鵡。《金史·哀宗本紀》師曠謂之乾皋，李昉呼爲隴客。有緑鸚鵡出隴蜀，丹咮鈎吻，長尾赤足，金睛深目，舌如嬰兒。《本草綱目》出隴州，能言鳥。《明一統志》百舌，一名反舌，狀如鴝鵒而小，灰黑色，微有斑點，喙亦尖黑，行則頭俯。春後鳴囀不已，夏至後則無聲。《本草綱目》興安有之。《興安州志》黃鸝，黃鳥于飛。《詩經·周南》交交黃鳥。《秦風》有鳴倉庚。《豳風》黃鳥，黃鸝留也。或謂之黃栗留，一名倉庚，一名商庚，一名鵹黃，一名楚雀，關西謂之黃鳥。當葚熟時，來往桑間。陸《疏》自關而西謂之鸝黃，或謂之黃鳥。《方言》明皇每於禁院中見黃鶯，常呼之爲金衣公子。《開元天寶遺事》黃鸝，關中謂之楚雀。趙德麟《侯鯖録》斑鳩，翩翩者鵻。宛彼鳴鳩。《詩經·小雅》鵻，《春秋》云祝鳩。郭璞曰：今鵓鳩也。孔《疏》鳴鳩，斑鳩也。《草木疏》鶻，其鴓鳩謂之鸊鷎，自關而西秦漢之間謂之鵴鳩，其大者謂之鳻鳩，其小者謂之鴓鳩，或謂之鷑鳩，或謂之鵶鳩，或謂之鶻鳩。《方言》小而無斑者鵻。《本草綱目》有斑鳩、秋鳩二種。《咸寧縣志》鳲鳩，維鳩居之。《詩經·召南》鳩，鳲鳩，鴶鵴也。毛《傳》鳲鳩有均一之德，飼其子，旦從上而下，莫從下而上，均平如一。陸《疏》今之布穀也。朱子《集傳》南山鳥多尸鳩。《西山經》尸鳩，自關而西謂之服鶝，或謂之鵊鶝。《方言》按：《爾雅》鳲鳩，即布穀，非戴勝也。郭注布穀，一名郭公鳥。《山陽縣志》

雎鳩，關關雎鳩。《詩經·周南》雎鳩，王雎也。鳥摯而有別。毛《傳》大小如鴟，深目，目上骨露出。陸《疏》水鳥，狀類鳧鷖。朱子《集傳》鵓鴿，唐明皇呼爲飛奴。《韻會》鴿之毛色，於禽中品第最多。《本草衍義》色名不一。《咸寧縣志》有家、野二種。《延綏鎮志》鵽鳩，《唐書》云：高宗時，突厥犯塞，有鳴鵽羣飛入塞。邊人驚曰：此鳥一名突厥雀，南飛則突厥必入寇。張華云：鵽生關西，飛則雌前雄後，隨其行止。《本草綱目》慈烏，華州華陰郡土貢烏。《唐書·地理志》柳仲郢每遷官，羣烏大集于昇平里第，庭樹戟架皆滿，凡五日而散，家人以爲候。《舊唐·書柳公綽傳》純黑，小嘴者，反哺者，慈烏。《本草綱目》烏鴉反哺得仁孝之端，人謂之慈烏。《咸陽縣志》純黑色爲烏。《山陽縣志》反哺者爲烏。《葭州志》烏鴉，弁彼鸒斯，歸飛提提。《詩經·小雅》小而腹下白，不反哺者，謂之鴉烏。《爾雅》鴉，楚烏也。一名鸒，秦謂之雅。《説文》大嘴，腹白，不反哺者，鴉烏。《本草綱目》頸白而小，不能反哺。《咸陽縣志》白項爲鴉。《山陽縣志》小而腹白，不反哺者爲鴉。《葭州志》山烏，似鴉烏而小，赤嘴，穴居者，山烏也。一名鷁，生西方。《本草綱目》烏有赤嘴穴乳者。《咸寧縣志》鴉有白項、赤嘴二種。《延綏鎮志》乾鵲，維鵲有巢。《詩經·周南》鵲之作巢，冬至架之，至春乃成。鄭《箋》鵲善爲巢，其巢最爲完固。朱子《集傳》孝武坐未央前殿，東方朔執戟階旁，屈指獨語。上見朔，呼問之，曰：殿後栢樹上有鵲，立枯枝東向而鳴。使視之，果然。《漢書·東方朔傳》其翼左覆右爲雄，右覆左爲雌，人謂之喜鵲。《咸陽縣志》鳥多鵲。《山陽縣志》山鵲，鷽，山鵲。《爾雅》似鵲而有文彩。郭注似鵲而尾長。《洵陽縣志》紅嘴脚，灰青色，長尾，有白尖梢。《山陽縣志》子規，一名杜宇，一名杜鵑，一名周燕，狀如雀鷂而色慘黑，赤口，有小冠。春暮鳴，夜啼達旦，鳴必向北，至夏尤甚。田家候之以興農事。《本草綱目》按：今漢中郡志及興安、蒲城諸志俱有之。燕，一名乙鳥，一名天女。《別録》曰：有紫胸輕小者是越燕，有斑黑而聲大者是胡燕。《本草綱目》燕有大小二種。《咸寧縣志》燕子山以玄鳥冬蟄此，又名燕子龕。《商州志》羽多燕。《華州志》按：延綏、岐山、葭州諸志有名沙燕者，即胡燕。瓦雀，以色名麻雀，以常在階除名賓雀，以居檐中名瓦雀。《山陽縣志》黃雀，莊辛曰：黃雀俯啄百粒。《西京賦》注小於瓦雀，色黃。《山陽縣志》靈雀，細軀，翼拖黃金，有花同名，色芸黃。每夏月花開，鳥輒引族至，嚶鳴可聽。《沔縣志》蒿雀，似雀，責黑色，在蒿中。《本草拾遺》能逐更夜啼。《延綏鎮志》鶉，大如雞雛，頭細而無尾毛。夜則羣飛，晝則草伏。人取之畜，令鬬搏。《本草綱目》人養之鬬。《山陽縣志》鴽，一名鴽。鄭玄注《禮記》以鷃爲鴽。《本草拾遺》與鶉相似，無斑者爲鶴。《本草綱目》亦作鶴，大于鶉，鳴聲如牛，故名牛鶴。《山陽縣志》白頭翁，漢中有之。《漢中府志》蠟嘴，交交桑扈。《詩經・小雅》俗呼青雀，嘴曲，食肉，喜盜脂膏食之。孔《疏》鄭注云：此鳥今謂之蠟嘴，性甚慧。《陸疏廣要》養之易馴，嘴如黃蠟。《山陽縣志》練雀，禹錫曰：似鴝鵒而小，黑褐色。時珍曰：其尾長白，毛如練帶，今俗呼爲拖白練。《本草綱目》咸寧有之。《咸寧縣志》按《臨潼志》：鳥有名托白者。托即拖音之訛也。畫眉，好音怡人，眉白長如畫，山人不知養。《山陽縣志》按：《漢中志》、《南鄭志》俱有之。鴇，鴇有豹文，故名獨豹。《爾雅翼》鴇似雁，無後趾，毛有豹文。《上林賦》注一名花豹。陸佃曰：鴇性淫而無定匹。《延綏鎮志》半翅，一名半癡，大如鶉，見人鳴喚不去，故有癡目。《延綏鎮志》啄木，此鳥鑿裂樹木，取蠹食，故名。《博物志》云：能以嘴畫字，令蟲自出。《本草綱目》有二種。《山陽縣志》按：《延安郡志》、《延綏鎮志》，商州、華州志俱有之。鷦鷯，鴟鴞鴟鴞。《詩經・豳風》肇允彼桃蟲。《周頌》桃蟲，今鷦鷯是也。微小于黃雀。其雛化而爲鵰，故俗語鷦鷯生鵰。陸《疏》鴟鴞，一名鸋鴂，關西謂之桑飛。孔《疏》桑飛自關而西或謂之懱爵。《方言》桑飛即鷦鷯也，又名鷦鸎。懱爵，言懱截也。郭注 按：鴟鴞，孔《疏》以爲桑飛，朱《傳》以爲鵂鶹，二說不同，今俱存之。相思鳥，按：今長安、咸寧皆有之。小而灰色。置雌雄各一於籠中，或放其一，雄鳴則雌歸，雌鳴則雄歸，俱放則皆飛去。鶡鴠，鶡鴠，自關而西秦隴之內謂之鶡鴠。《方言》鳥似雞，五色，冬無毛赤倮，晝夜鳴。鄭注一名寒號蟲，夜鳴求旦之鳥也。冬月毛脱，惟翅尖有硬羽。千里之遠，求食一處抛糞。《山陽縣志》鷹，鴥彼飛隼。《詩經・小雅》隼，鷂屬也。或謂之雀鷹。春化爲布穀者是也。陸《疏》茂陵少年李亨以鷹鷂逐雉兎，皆爲之佳名，鷹則有青翅、黃眸、青冥、金距之屬，鷂則有從風鷂、孤飛鷂。《西京雜記》華州華陰郡貢鷂。《唐書・地理志》《爾雅翼》云：在北爲鷹，在南爲鷂。一云：大爲膺，小爲鷂。《本草綱目》羽多鷹鷂。《華州志》鸇，鴥彼晨風。《詩經・秦風》晨風，鸇也。毛《傳》似鷂，青黃色，燕含勾喙，向風摇翅，乃因風飛急，疾擊鳩鴿燕雀食之。陸《疏》鵰，似鷹而大，尾長翅短，土黃色，鷙悍多力，盤旋空中，無細不覩。《本草綱目》中部縣鵰窠窟去城十里，鵰鸇孕卵其間，至今多出鷙鳥。《延安府志》皂色而大，羽翎可箭。《山陽縣志》鶻，華州華陰郡土貢鶻。《唐書・地理志》同州舊貢鶻，華州採鶻于金氏陂。《寰宇記》按：陂在今渭南縣。有鶻穴於長安薦福浮圖。冬之夕，取鳥之盈握者完而致之，以燠其爪掌。旦則執而上浮圖之跂焉者，縱之。其去苟東矣，則是日不東逐。柳宗元《鶻記》小於鴟而最猛捷。《本草綱目》鶻善擊鴿。《咸寧縣志》鳶，鳶飛戾天。《詩經・大雅》鳶鴟之類，鳥之貪惡者也。鄭《箋》明皇數登勤政樓，每來鴟必集樓上，號隨駕老鴟。《因話録》一名隼，一名鷂，一名鴟。鶻生三子，一爲鴟。鴟似鷹而稍小，其尾如舵，善高翔，專捉雞雀。然不擊胎，殺中有仁。《本草綱目》俗名餓老鴟。《延綏鎮志》⿰松鳥，⿰松鳥，鷂屬。《玉篇》多⿰松鳥雞。《華州志》鴞，自關西而謂梟爲流離。《詩經》陸疏鴞，即梟也，一名鵩。《本草拾遺》訓狐關西呼訓猴。《天中記》狀如母雞，有斑文，頭如鴝鵒，目如貓目，好食桑椹。《本草綱目》訓狐，惡語也。聲自呼其名，兩目如貓，大于鸜鵒。《延綏鎮志》鵩，土人名釁猴，昌黎作訓狐。其首如猫，又呼樹猫。《山陽縣志》鴟鵂，《説文》謂之角鴟，《爾雅》謂之怪鴟。大如鴟鷹，黃黑斑色，頭目如猫，有毛角兩耳。晝伏夜出，鳴則雌雄相喚，聲如老人，初若呼後若笑。《本草綱目》俗名鴟怪，非茅鴟也。《爾雅》：萑，老鵵，木兎也。兎頭，有角。即此。《延綏鎮志》鵂鶹，鴟鴞鴟鴞。《詩經・豳風》鴟鴞，鵂鶹，惡鳥，攫鳥子而食者也。朱子《集傳》大如鴝鵒，毛色如鷂，頭目亦如猫。鳴則後竅應之，其聲連轉如云休留休留，故名。《本草綱目》鬼車鳥，出秦中。春夏之交，遇陰晦則飛鳴而過，聲如刀車鳴。愛入人家，鑠人魂氣，血滴之家，必有凶咎。劉恂《嶺表録》鴆鳥，狀似孔雀，五色雜斑，黑頸赤喙。《別録》陶注出商州以南，其肉腥，有毒。《唐本草》肥遺，英山有鳥焉，其狀如鶉，黃身而赤喙，其名曰肥遺，食之已癘，可以殺蟲。《西山經》橐𩇯音肥，羭次之山有鳥焉，其狀如梟，人面而一足，曰橐𩇯，冬見夏蟄，服之不畏雷。《西山經》當扈，上申之山鳥多當扈，其狀如雉，以其髯飛，食之不眴目。《西山經》浄池鳥，大太白池傍有浄池鳥，如畫眉而小，毛色花紋可愛，其聲嘹喨，亦不避人，人亦莫敢捕之。池有片葉寸莧，鳥必銜去，故名。賈鉉《太白山禱雨記》【略】鼯鼠，張揖曰：蝠鼠也，其狀如兔而鼠首，以其髯飛。郭璞曰：蝠，鼯鼠也，飛且生，一名飛生。《上林賦》注鼯，狀如小狐，肉翅飛且乳。《西京賦》注司馬君實侍其父，知鳳翔府，竹園中得如蝙蝠，巨如大鴟，莫有識者。有自南山來者云：此鼯鼠也，一名飛生，飛而生子。每欲飛，則緣樹至巔，能下不能高也。《江隣幾雜志》關西山中皆有，毛極密，俱向下飛，不能至遠，人捕取皮爲煖帽。《本草衍義》其物飛而生子，難産者以皮覆之則易，故又名催生。馬《志》褒城縣乾龍洞達華山洞，約行三十里，其中飛鼠如鳩。《漢中府志》

又《獸屬》 麟，麟之趾。《詩經·周南》麕身，牛尾，馬足，黃色，圓蹄，一角，角端有肉，音中鐘呂，行中規矩，行必擇地，詳而後處，不履生蟲，不踐生草，不羣居，不侶行，不入陷阱，不罹羅網，王者至仁則出。陸《疏》其獸則麒麟。《上林賦》武帝幸雍，祀五時，獲白麟，一角而五蹄。《漢書·終軍傳》騶虞，吁嗟乎騶虞。《詩經·召南》義獸也，白虎黑文，不食生物，有至信之德則應之。毛《傳》建章宫後閤重櫟中，《索隱》：重櫟欄楯之下，有重欄處也。有物焉，其狀似麋。詔東方朔視之，朔曰：所謂騶牙者也，其齒前後若一，齊等無牙，故謂之騶牙。褚先生《滑稽傳》史之説有得獸而莫知其名者，東方朔識之曰：此所謂騶牙者也。則漢武時嘗有獸號騶牙者矣。古者音聲之假借，以牙爲吾，故朔所謂騶牙，則《詩》所謂騶虞者爾。《陸疏廣要》屈商拘文王於羑里，散宜生乃以千金求天下之珍怪，得騶虞以獻。《淮南子》白虎黑文，西方之獸也。《埤雅》虎，有貓有虎。《詩經·大雅》盂山獸多白虎。《西山經》自關而西謂之伯都。《方言》俗曰伯都，事見《虎説》。郭注。漢中有虎生角，道家云：虎千歲，則牙蜕而角生。《述異記》按《説文》：委虎，虎之有角者。又《爾雅》云：似虎而有角曰虒。虎出南北山。《埤雅》云：虎知衝破，又能畫地卜食，此亦獸之靈者也。馬《志》豹，赤豹黃羆。《詩經·大雅》毛赤而文黑謂之赤豹，毛白而文黑謂之白豹。孔《疏》南山多猛豹。《西山經》豹似熊而小，毛淺有光澤，能食蛇，食銅鐵。郭注。陶谷子妻曰：南山有玄豹，霧雨七日不下食者，何也？欲以澤其衣毛，成其文章也。《列女傳》穆王獵漆澤，得玄豹。《潛確類書》沈氏《筆談》云：秦人謂豹爲程，至今延州猶然。《本草綱目》文豹初生無文，稍長，隱南山霧雨中七日，則文彩蔚然。玄豹毛澤而色黑，美於文豹遠甚，出於南山中。馬《志》貔，獻其貔皮。《詩經·大雅》似虎，或曰似熊，一名執夷，一名白狐，其子爲豰。陸《疏》關西謂之貍。《方言》郭璞曰：貔，執夷，虎屬。《上林賦》注熊，有熊有羆。《詩經·大雅》嶓冢之山多熊。《西山經》張揖曰：熊，犬身人足，黑色。《上林賦》注生雍州山谷。《名醫別録》洋州貢。《寰宇記》今雍洛山中有之，形類大豕，而性輕捷，好攀援高木，見人自投於地。冬蟄，春乃出。《本草衍義》羆，嶓冢之山多羆。《西山經》似熊而長頭，高脚，猛憨多力，能拔樹木，關西呼曰貑熊。《爾雅》羆有黃羆，有赤羆，大如熊，其脂如熊，白而麤理，不如熊白美也。《詩經》孔疏洋州貢。《寰宇記》兕，殪此大兕。《詩經·小雅》兕，野牛也。朱子《集傳》嶓冢之山，獸多犀兕。《西山經》葱聾，符禺之水，北流注渭，其獸多葱聾，其狀如羊而赤鬣。《西山經》案《駢雅》曰：羊之異者，一角謂之辣辣，赤鬣謂之葱聾。吴任臣注。黃腰，豰似鼬而大，腰以後黃，一名黃腰，食獮猴。《上林賦》注似黃鼠而大。《醴泉志》野豬，陝洛間甚多，形如家豬，但腹小，脚長，毛色褐，作羣行。《本草衍義》野豬，惟關西者時或有，黃似豬，而大牙出口外，如象，其肉有至二三百斤者，能與虎鬬，啖蛇虺。《本草綱目》毫彘，竹山有獸焉，其狀如豚而白毛，大如笄而黑端，名曰毫彘。《西山經》貆，豬也，夾髀有粗豪長數尺，能以脊上毫射物，亦自爲牝牡。郭注發民入南山捕熊羆、豪豬。《長楊賦》陝洛諸山中並有，髦間有毫如箭，能射人。《圖經本草》形如豬，毛如笄，行動有聲，其項脊有鬃，長六七寸，能以之射人，俗呼鸞豬。《商州志》渾身二寸長錐尖利，尾長寸許，鬃長五寸若笄，能低頭拱項以射人，中衣而止。見虎則體縮而毛立，行則如甲響。《山陽縣志》昆駼，如馬跂蹄，善登高。《西京賦》注獮猴，毋教猱升木。《詩經·小雅》猱，獮猴也。陸《疏》出南山，性好動，無休時，善避箭，善射者莫能中，牧圉畜之則馬無疾病。馬《志》出終南諸山。唐昭宗時養一猴，衣以緋優服，謂之猴部頭。朱温既篡，引至坐側，仍賜衣爲俳。猴忽號擲，自裂其衣。温叱令殺之。馬《志》猿，猴長臂者爲猨。《詩經》陸疏玄猿素雌。《上林賦》玄猿，猿之雄者，黑色也。素雌，猿之雌者，素色也。《索隱》郭璞曰：似獼猴而大，長臂，便捷，色黑。《西都賦》注商山隱士高太素嘗居清心亭，每至一時，即有猿一枚，詣亭前鞠躬而啼，不易其候，太素因目之爲報時猿。《開元天寶遺事》出南山，形如猴，面白性静而仁，非若猴之躁而惡也。馬《志》鳳縣出黑猴。舊志獑猢，猨之白腰者爲獑胡。《詩經》陸疏張揖曰：似獼猴，頭上有髦，腰以後黑。《上林賦》注獑猢，猿類而白。《西京賦》注黑身白腰如帶，手有長毛，白色，似握版之狀。《本草綱目》狖，張揖曰：蜼似母猴，卬鼻而長尾。《上林賦》注《倉頡篇》曰：狖似狸。《西都賦》注狖，蜼也，尾長四五尺。《長楊賦》注果然，一名蜼，一名狖，狀如猨，白面黑頰，多髯而毛采斑斕，尾長於身，喜羣行，老者前少者後，食相讓，居相愛，生相聚，死相赴，柳子所謂仁讓孝慈者是也。古者畫蜼爲宗彝，亦取其孝讓有智也。《本草綱目》玃，張揖曰：玃似獼猴而大。《上林賦》注郭璞《爾雅注》曰：玃，豹形，如虎而圓文。《長楊賦》注色蒼黑，能人行，善攫持人物，又善顧盻，故謂之玃。《本草綱目》囂，羭次之山有獸焉，其狀如禺，而長臂善投，其名曰囂。《西山經》亦在畏獸畫中，似獼猴投擲也。郭注鹿，野有死鹿。《詩經・召南》町畽鹿場。《豳風》麀鹿麌麌，漆沮之從。《小雅》上申之山，獸多白鹿。《西山經》南山多鹿。《抱朴子》唐京師安國寺釋元康貞觀中遊養一鹿，角分八岐，乘而致遠，曾無倦色。《宋高僧傳》華清宫一鹿，十年精俊不衰，人呼曰角仙。陶穀《清異録》京師玄都觀老鹿，將有客來輒夜鳴，道士每候之無失。《潛確類書》出南北山，鹿性警防，分背而食，食則相呼，羣居則環其角外向以防害。馬《志》白鹿最異間一產於書堂山。《雒南縣志》麋，似水牛。《上林賦》注麋子曰麇。《西京賦》注生南山山谷。《名醫别録》順治五年，興平河得一物，色青黑，頭角如鹿，尾如馬之禿者，目下别有二竅，深寸餘，夜能視物，據《類從》云麋也。《興平志》一名馬鹿，尾長，故名。山人以鹿爲麋鹿，以麋鹿爲馬鹿。馬鹿，陰獸也，冬至則角解。《山陽縣志》麞，野有死麕。《詩經・召南》麕，麞也。《草木疏》鹿屬無角。朱子《集傳》秋冬居山，春夏居澤，似鹿而小，黄黑色。《本草綱目》毛多麞。《華州志》麝，似麞而小，黑色，常食柏葉，又噉蛇。《名醫别録》陝西山中皆有。《圖經本草》商汝山中多麝，遺糞常在一處不移，人以是獲之。楊億《談苑》出商州鳳縣鄜州。《圖書編》麝居山，麞居澤，以此爲别。《本草綱目》出終南諸山，今商汝山中多羣麝，不敢遺跡他所，慮爲人獲，人以是掩羣而取之。馬《志》出商南山，形如小鹿。馬《志》麈，似鹿而大。《上林賦》注鹿之大者曰麈，羣鹿隨之，皆視麈尾所轉爲準。《名苑》出終南諸山，其尾辟塵，以置蒨帛中，能令歲久紅色不黦，又以拂氈不蠹。馬《志》羣鹿視麈尾爲嚮道，故古之談者揮焉。馬《志》麂，山林處皆有，而漢間尤多。乃獐類也。其皮作履，爲勝於諸皮。《圖經本草》虎食則醉，醉所在，麂必鳴以告。馬《志》皮可爲靴。《盩厔縣志》毛多麂。《華州志》貍，取彼狐狸。《詩經・豳風》洋州貢。《寰宇記》一名野猫，大小如狐，毛雜黄黑。《本草綱目》 按：延安、漢中郡志及咸寧、延綏、商、華州諸志，俱有之。狐，錦衣狐裘。《詩經・秦風》有芃者狐。《小雅》狐者妖媚之獸。朱子《集傳》穆王獵漆澤得白狐。《潛確類書》洋州貢。《寰宇記》狐皮毛惡薄，不堪爲裘。《咸陽縣志》貉，一之日于貉。《詩經・豳風》貉形如小狐，毛黄褐色。《本草衍義》其毛深厚温滑，可爲裘服。性好睡。《本草綱目》貛，貛，關西謂之貒。《方言》貒，猪貛也。貛，狗貛也。二種相似，而畧殊。《本草綱目》貛出清澗。馬《志》出終南山。《渭南縣志》狨，生山南山谷中。《本草綱目》楊文公曰：狨類鼠而大，尾長而金色，生陝深山中。人以藥矢射殺之，取其尾爲卧褥、鞍被、坐氊之用。狨甚愛其尾，既中毒，而嚙斷其尾，以擲之，惡其爲身患。陳眉公《辟寒録》出隴州。《明一統志》似猴而大，毛長，黄赤色。人取其皮作鞍褥。馬《志》狼，狼跋其胡。狼疐其尾。《詩經・豳風》盂山獸多白狼。《西山經》豺，《爾雅》曰：豺，狗足。《西都賦》注處處山中有之，狼屬也，俗名豺狗，其形似狗，而頰白，前矮後高，長尾。《本草綱目》毛多豺。《華州志》獨角獸，寶雞縣有獨角獸，樵者見其卧林間，或搏虎而食之，食輒餘其半，山家每得殘虎以飽。陳貞父《雜録》獺，郭璞《三蒼解詁》曰：獱似狐，青色，居水中，食魚。《羽獵賦》注獺，大者曰獱。王氏《字説》狀如青狐，毛色黑，膚如伏翼，長尾四足，水居食魚。《本草綱目》。按：延安、漢中、山陽縣志俱有之。㸲牛。小華之山，其獸多㸲牛。又西英山，禺水出焉，其獸多㸲牛。《西山經》今華陰山中多山牛，肉千斤，即此牛也。郭注鎮北大都護府貢犛牛尾。《唐書・地理志》 按：犛牛即㸲牛。㸲牛，西人呼爲竹牛，因角理如竹也。或云竹，即㸲音之轉。《本草綱目》【略】羊。《西安府志》鳳縣出。舊《縣志》野有羚。《洵陽縣志》【略】黄羊，關右塞上有黄羊，無角，色類麞，人取其皮以爲衾褥。《雞肋編》黃羊無角善走，杜甫云：黃羊飫不羶。有二種，類山羊者瘦，類綿羊者肥。以尾上有毛者辨之。《延綏鎮志》【略】鼬，地猴，一名艾猴，一名黃鼠狼，形極小。人馴養之，縱入黃鼠穴，則銜黃鼠喙曳而出之。味極肥美。《延綏鎮志》鼬，俗呼鼠狼，以食鼠名。《山陽縣志》【略】駝，韋昭曰：背上有肉似橐，故名橐駝。《上林賦》注夏州産駝。《寰宇記》駝生河西，狀如馬，其頭似羊，長項垂耳，脚有三節，背有兩肉峰如鞍，形有蒼褐、黃紫數色，力能負重。《本草綱目》神木府谷出。《葭州志》【略】麢羊，張揖曰：埜羊，麢羊也，似羊而青。《上林賦》注南山商洛間大有，今出梁州。《唐本草》今秦隴、金、商州山中皆有，其形似羊，青色而大。《圖經本草》雒南縣羚羊山多羚黃鼠，出延綏諸地。《本草綱目》生延川、清澗、神木。《圖書編》孟熙曰：北方黃鼠，穴處中作小土窖，若牀榻之狀，則牝牡所居也。秋時蓄黍菽及草木之實以禦冬，各爲小窖别而貯之。天氣晴和時出坐穴口，見人則拱前腋如揖狀，即竄入穴，《韓孟聯句》所謂禮鼠拱而立者是也。《延綏鎮志》黃鼠肥於他處。《乾州志》竹䶉，商嶺多脩篁，蒼翠連山谷，有鼠生其中，薦食無厭足。《山陽縣志》王禹偁《小畜集》竹園中穴地而居，惟食竹根，門牙尖利，肉最肥美。【略】松鼠。西鄉有之。《西鄉志》會鼠，即鼴鼴也，一名土鼠，無目，黑色，穿土而行，天將雨則鳴，行必成羣銜尾，魚貫而進，以目瞽懼顛蹶也。《延綏鎮志》按：《葭州志》亦有之。【略】鼳鼠，《爾雅》云：鼳身似鼠而馬蹄，長鬚。秦人謂之小驢者，即此物也。《本草綱目》刺猬，一名毛刺，一名蝟鼠，頭嘴似鼠，刺毛似豪猪，踡縮則形如芡房及栗房。《本草綱目》醴泉有之。《醴泉縣志》

清　吴炳　乾隆《宜川縣志》卷三《物産》　菓屬：榛仁，載《通志》松花，松子，桃，杏，李，梨，椋，沙菓，核桃，棗，林檎，梅李，梅杏，花椒，葡萄。木屬：椵木，青剛木，以上俱載《通志》。椋，楸，松，柏，槐，椿，赤木，黃櫨木，紫荆，橡木，榆，桐，檀，桑，李，柳。【略】禽屬：鴨，鷄，鷹，雕，鷂，鵲，鳩，布穀，山鷄，雉，鴿，鶉，水鴨，翠，鴉，鴾，鷺，燕，啄木兒，鸛，黃鶴，雀，雁。獸屬：牛，羊，猪，犬，馬，騾，驢，虎，豹，狼，狐，狸，狢，獾，獐，兔，鹿，麅，麝，鼠，黃黧各種。獺，猫。

清　達靈阿　乾隆《鳳翔府志》卷四《物産》　果品：桃，李，杏，棗，核桃，栗子，柿子，梨，蒲萄，石榴，林檎，沙檎，羊棗，櫻桃，西瓜，甜瓜，蓮蓬，藕，

榛，菱，隴州出。松子。隴州、寶雞出。【略】木類：松，柏，桐，槐，楸，椿，榆，楊，柳，棠，檜，白楊，千枝柏，萬年青，竹，桑，漆，柘，樫，荆，楮，櫟，椵，橡，黃楊，青棡，五柞，葽蘿，銀杏，梓，棗，梨，皂角，椶。花品：牡丹，梅，玫瑰，迎春，蘭，虞美人，探春，海棠，鶯粟，蓮，菊，木槿，荼蘼，雞冠，赤白。金盞，剪春羅，萱草，鳳仙，紫荆，玉簪，白紫。龍柏，合歡，山丹，卷丹，蜀葵，黃葵，戎葵，千葉榴，石竹，水葒，落葉蘭，海石榴，十樣錦，珍珠花，串枝蓮，棣棠，紅茨梅，芍藥，蠟梅，薔薇，麗春，火蝴蝶，百合，芙蓉，月季，秋海棠，漢宮秋。【略】野禽：鶴，鸛，鷹，鷂，鳶，雀，鴿，鶻，鴈，燕，雉，鳩，烏，鵲，鴞，黃鸝，脊鴒，啄木，梟，鷺，鷗，鴛鴦，寒鴉，練雀，寒號，布穀，紅鶴，鴟，錦雞，綬雞，鵪鶉，鸚鵡，隴州出。蒿雀。野獸：虎，豹，熊，羆，豺，狼，麞，狐，鹿，猯，猴，狨，猿，兔，麅，野豬，刺蝟，鼠，黃、黧各種。狸，麅，麝。

清　史傳遠　乾隆《臨潼縣志》卷四《賦役·物産》　木屬：柏，松，竹，桑，柘，榆，柳，三川柳，桐，楸，梓，槐，楮，龍爪槐，椿，樗，椵，青楊，白楊，櫟，椒，梧桐，冬青，皂莢。果屬：桃，杏，李，梅，梨，白果，花紅，楸子，檳子，栗，核桃，其木尤佳。石榴，蘋婆，柰，棗，櫻桃，無花果，葡萄，蓮子，柿。【略】羽屬：雁，梟，鷗，鸛，鵲，鷄，鵝，鴨，鴿，鳩，流鶯，胡燕，鴛鴦，黃鸝，鷹，隼，布穀，燕子，啄木，雀，鴉，鷂，野雞，麻雀，鸕鷀，鶺鴒，鴰老，紅嘴鴉，托白，餓鷹，鴟鴞，鷓鴣。毛屬：馬，牛，羊，騾，驢，犬，豕，鹿，麞，兔，貓，鼠，狐，狸，貉，黃鼠，飛鼠。

清　洪蕙　嘉慶《延安府志》卷三三《物産》　延綏鎮：果屬【注略】：桃，杏，林檎，蒲萄，棗，李，梨，無花果。山木瓜。

又　延安府：果屬【注略】：奈，核桃，櫻桃，梅梨，衫桃，杏仁，榛仁，木瓜仁，桑椹，松子。

又　膚施縣：與《府志》同。

又　安塞縣[只録種名]：木瓜，木蒿藜，酸棗。

又　甘泉縣：山桃，白果。

又　宜川縣：松花，松子，沙果，梅子，梅杏，花椒。

又　延長縣：郁李。

又　延川縣：紅棗，沙果。

又卷三四《物産》 延綏鎮：木屬[只録種名]：松，柏，榆，柳，楊柳，桑，槐，青楊，白楊，樗，楸，椲柳，霧柳，杜梨。

又 延安府[只録種名]：桐，椿，青椈，椴木。

又 安塞縣[只録種名]：天油箸。

又 甘泉縣[只録種名]：漆，杕杜，柁柯，貝檔，三川柳。

又 宜川縣：漆，赤木，黄櫨木，紫荆，橡木，檀。

又 延長縣：牛金，杞柳，欒，枸，椇，貝。

又 延綏鎮：鳥屬[只録種名]：雞，鴨，鵝，鴿，雉，鶉，小雀，乾鵲，鶺鴒，慈烏，鴉，天鵝，蒿雀，鳩，燕，沙燕，鷺，鷗，魚虎，鳶，雁，鷂，啄木，布穀，戴勝，鵶鴟，訓狐，鴇，黄鴨，鵲，山雞，半翅，鴟。

又 延安府[只録種名]：紅鶴，灰鶴，鳩，沙雞，鶺鶉，鸍鶏，鴳鵝，喜雀，鷹，鸛，水鴨。

又 甘泉縣：黑鷹，鴛鴦，鶌鵠，畫眉，促穀，黄鶯，玉網鳥。

又 宜川縣：翠，黄鶴，雕。

又 延長縣：梟，花鴇，鶉鴣，蝙蝠，翡翠。

又 延綏鎮：獸類[只録種名]：馬，贏，驢，牛，羊，駱駝，虎，豹，鹿，狼，狐，狸，貛，兔，黄羊。

又 延安府[只録種名]：麅，黄猺。

又 甘泉縣：黄腰，麋，麞，田鼠。

又 宜川縣：狢，麝，鼠，獺，貓。

又 延長縣：犬，黄腰。

清 姚寶煃 嘉慶《西安縣志》卷一四《古蹟》【注略】戰龍松，古樟樹，五枝樟。

又卷二一《物産》 果類【注略】：橘，黄香橘，蜜羅柑，香櫞，橙，甘蔗，櫨，柿，桃，李，梅，栗，梨，葡萄，石榴，林檎，棗，菱，芡，葧臍，枇杷，梧桐子，榛，蓮子，銀杏，櫻桃，杏，奈，楊梅，木瓜，藕，無花果，落花生。【略】木類【注略】：梧桐，松，柏，檜，槐，楓，梅，梓，樟，柳，椲，椿，桑，桂，杉，黄楊，水楊，並閭，冬青，楮，漆，檮，柏，椑，榧，橡，榆，樗，檜，檀，樒，棠，棣，柘。竹類【注略】：貓竹，紫竹，石竹，淡竹，緑竹，鈞竹，方竹，斑竹，椶竹，雙竹，慈孝竹，苦竹，鳳尾竹，觀音竹，佛面竹，蔓竹，白竹，含竹，大夫竹。花類【注略】：梅花，杏花，桃花，李花，梨花，櫻桃花，石榴花，荷花，牡丹，海棠，玉蘭，辛夷，紫荆，紫薇，卮子，山鵑，木槿，木芙蓉，桂花，蠟梅，酴醿，薔薇，月季花，茉莉，蘭，芍藥，罌粟，鳳仙，菊，鷄冠，水仙，美人蕉，晚香玉。【略】羽類【注略】：雁，雉，子規，鷹，烏，鵲，雀，燕，鳩，鵞，雞，鷺，啄木，鸜鵒，鴨，鴛鴦，鷓鴣，鴿，鵙，倉庚，鷗，鸕鷀，百舌，畫眉。毛類【注略】：虎，豹，熊，鹿，兔，狐，貍，猨，猴，鼠，獺，牛，羊，豕，貓，竹鼲，香鼠。

清 李榕 道光《華嶽志》卷三《物産》 松，王處一《志》西南峰有五粒松。《酉陽雜俎》作鬣。平如偃蓋，上有青羅，長百尺。《癸辛雜志》凡松皆雙股，故世以爲松釵，獨括松每穗三鬚，而高麗所産乃五鬚焉，今所謂華山松也。松花，《羣芳譜》二三月間抽蕤生花，長三四寸，開時用布鋪地，擊取其蕋，名松黄，和沙糖作餅，甚清香，宜速食，不耐久。松子，《羣芳譜》吴瑞曰：松子有南松、北松，華山松子，形小而殼薄，有香。柏，《唐・地理志》華山生文柏，一名黄腸。王處一《志》東北峰上有紫柏，葉際有碧露，五月五日以油囊接之，食者可作地仙。柏葉，《化源記》田鸞入華山求仙，見黄冠，指柏葉曰：此長生藥也。柏子，《千金翼方》取沉者爲末，每服寸匕，漸增三五合。欲絶穀，恣食取飽，飢則飲水，久服延年。檜，王處一《志》黄神谷神姑林，松檜數萬株。又曰：山之西南，一林侵天。松檜乃嶽神遊宴之所，名黑山林。《爾雅》檜，柏葉松身。《孔氏禹貢》栝柏，注柏葉松身。石楠，《本草圖經》生華陰山谷，味辛苦，葉似莽草，色青黄，背有紫點。女子不可久服，令思男。《李白詩注》石楠生華陰山谷，葉如枇杷。無憂樹，《華山志》玉泉院山蓀亭大石旁，有無憂樹。王士正《祖香筆記》玉泉院無憂樹四株，閱内典頻頭婆羅王立瞻婆國婆羅門女第一夫人生子名『無憂』，又生子名『離憂』。其無憂即阿育王也。後王出外國遊戲，見無憂樹，花極盛，王已見此樹與我同名，心大懽喜。蓋此樹與青柯坪娑羅樹皆西域種。《彙苑詳注》女子觸之，其花始開花。娑羅樹，李裕《登華》娑羅坪舊有娑羅樹，大合抱，頂如華蓋，葉七出如掌，白花緑萼，二寸許。文翔鳳《記》娑羅即菩提樹。《邑志》云：非菩提。王士正《驛程記》娑羅坪有娑羅樹一。王宜輔《志》今存者名七星樹。寂寞樹，《太華山筆載》聚仙臺南有二檀貼壁並生，而末只齊臺，名寂寞樹。龍藤，《華山聞見録》山蓀亭有龍藤十二，天矯多節，節皆凹，枝幹皆空，相傳爲希夷所植。枇杷，《華山記》華山講堂西頭有枇杷園。今無。栗，《華山記》西山麓中有栗林，藝植以來蕭森繁茂。王處一《志》上方有栗子林。今無。柹，《華山記》朱柹出華山，皮薄而甘。以上果木。

又 五色鷰，《華山志》牛心谷，其山岩間多五色鷰鳥。三青鳥，王處一《志》焦道廣居雲臺峰，有三青色鳥，報未然之事。避株，《禽經》有鳥名避株，頭有彩囊。張華注：此鳥出華嶽，天晴則出彩囊，遇樹木則避之，故名。螐，《西山經》松果之山有鳥焉，其名螐音彤。渠，其狀如山雞，黑身赤足，可以已𦢊。郭璞注：謂皮皴起也。陸德明《經典釋文》云：即鶡鴒也。羬羊，《西山經》錢來之山有獸焉，其狀如羊而馬尾，名曰羬羊，其脂可以已腊。郭璞傳：羊六尺謂之羬。王輔《志》似羚羊，色青，其角有掛痕者爲羚羊，無者爲山羊。羚羊，王輔《志》細角有圓紋，夜則懸角木上以防患，山中人僅一見也。《名醫別録》羚羊角出華山谷。㸲牛，《西山經》小華之山，其獸多㸲牛郭璞傳。今華山中多野牛、山羊，肉皆千斤，牛即此牛也。以上鳥獸。

又 肥𧔥，《西山經》太華之山有蛇焉，名肥𧔥，六足四翼，見則天下大旱。《述異記》虵，一首兩身者，名曰肥𧔥，西嶽華山中有也。湯時此蛇見陽山下。鼯鼠，《漢中府志》褒城縣北乾龍洞中，達華山洞，約三十里，其中飛鼠如鳩。《西京賦》注鼯鼠，狀如小狐，肉翅，飛且乳。以上昆蟲。

清 馬毓華 光緒《甯羌州志》卷四《物産》

菓之屬：桃，杏，柹，李，梨，櫻桃，慈姑，一名茨菰。核桃，榠菓，林檎，枇杷，柑，棗，木瓜，石榴，栗，橘，羊桃，西瓜。【略】木之屬：松，柏，楓，桐，樸，檀，椿，柳，女貞，今呼蠟樹。白楊，冬青，棘，青棡，木堅如鐵，葉飼山蠶。椶櫚，黄楊，桑，竹。花草屬：蘭，牡丹，荷包牡丹，木香，辛夷，芍藥，桂，紫薇，薔薇，金盞花，酴醾，金鳳花，即指甲花。玫瑰，玉簪花，胡蝶花，杜鵑，木槿，秋海棠，梔子，夾竹桃，翦蘿，雞冠，老少年，卷丹，月月紅，凌霄花，山丹，萱，綉毬，臘梅，梅，常棣，蜀葵，迎春，靈雀，水仙，海棠，野棠，菊，芭蕉，蓼，秋葵，黄花蒿，水蒿，萍，藻，蘼蕪，茅，龍鬚草，瓦松，虞美人，虎耳草，膏蓉。禽獸之屬【注略】：鴻，雁，雉，山雞，白鷴，竹雞，斑鳩，喜鵲，燕，瓦雀，鷓鴣，鷩雉，鸜鵒，百舌，畫眉，黄雀，子規，鷹，鸛，鵓鴿，鵝，鶩，鴨，慈烏，雞，鳶，鴞，鵂鶹，虎，兕，豹，豺，貛，熊，羆，野豬，鹿，狼，牛，猿，獼猴，麞，麂，獑猢，馬，牛，犬，兔，貓，貍，鼠，竹鼦，贏，驢。

清 孔繁樸 光緒《綏德州志》卷三《物産》

果屬［只録種名］：杏，桃，李，棗，梨，蘋果，林檎，奈，杜李，胡桃，葡萄，木瓜，羊棗，榛子。木屬［只録種名］：柏，松，桑，榆，槐，椿，樗，楸，柳，櫸柳，檉柳，杞柳，水楊，白楊，棘，紫荆。羽屬［只録種名］：雞，山雞，野雞，鵞，鴨，野鴨，鴿，斑鳩，布穀，雌烏，烏鴉，山烏，戴勝，鵲，燕，鷃鶉，啄木，蠟嘴，鴟，鵬，鷂，鷹，雕，雀，鷗，百舌。毛屬［只録種名］：狐，貉，貒，狼，牛，馬，驢，贏，駝，羊，豕，犬，兔，鼠，田鼠，黄鼠，吉靈鼠，鼷鼠，貓，瞎回。

清 沈錫榮 宣統《郿縣志》卷二《物産》

索羅樹，藥樹，苦蓮樹。舊志無。槐芽鎮槐北寺刻金大定四年牒後一行曰：索羅樹一棵，藥樹一棵，苦蓮樹一棵。蓋寺中所有，今不存。案：索羅，字一作娑羅，亦作杪欏。《酉陽雜俎》：慈恩寺有娑羅樹。今不存。近人《選驛程記》：華山娑羅坪有一株，岐山周公廟有三株。今不知存否？余所見者，江寧宏濟寺有二株，京師慈壽寺有五株。葉之整齊似青裳而大，每枝抽幹作小花，一梃百十朵，淡黄緑色，淡紅心，微香，結子治隔食。【略】不雕木，舊志無。《本草集解》陳藏器曰：生太白山巖谷，樹高二三尺，葉似槐，莖赤有毛如裳梨，四時不凋。【略】駞羊，舊志鳥獸類。《明一統志》：郿縣出駞羊，有峰如駞。畫眉鳥，舊志無。李柏《槲葉集》：鍾吕坪畫眉，馴擾衣裾。

紀事

漢 司馬遷《史記》卷二九《河渠書》

其後人有上書欲通褒斜道集解韋昭曰：『褒中縣也。』斜，谷名，音邪。』瓚曰：『褒，斜，二水名。』正義《括地志》云：『褒谷在梁州褒城縣北五十里。斜水源出褒城縣西北九十八里衙嶺山，與褒水同源而派流。《漢書·溝洫志》云「褒水通沔，斜水通渭，皆以行船」是也。』按：褒城即褒中縣也。及漕事，下御史大夫張湯。湯問其事，因言：『抵蜀從故道，故道多阪，回遠。今穿褒斜道，少阪，近四百里；而褒水通沔，斜水通渭，皆可以行船漕。漕從南陽上沔入褒，褒之絶水至斜，間百餘里，以車轉，從斜下下渭。如此，漢中之穀可致，山東從沔無限，便於砥柱之漕。且褒斜材木竹箭之饒，擬於巴蜀。』天子以爲然，拜湯子印爲漢中守，發數萬人作褒斜道五百餘里。道果便近，而水湍石，不可漕。

又卷三二《齊太公世家》 呂尚蓋嘗窮困，年老矣，以漁釣奸周西伯。**正義**奸音干。《括地志》云：茲泉水源出岐州岐山縣西南凡谷。《呂氏春秋》云：太公钓於茲泉，遇文王。酈元云：磻磎中有泉，謂之茲泉。泉水潭積，自成淵渚，卽太公釣處，今人謂之凡谷。石壁深高，幽篁邃密，林澤秀阻，人跡罕及。東南隅有石室，蓋太公所居也。水次有磻石可釣處，卽太公垂釣之所。其投竿跪餌，兩膝遺跡猶存，是有磻磎之稱也。其水清泠神異，北流十二里注于渭。《説苑》云：呂望年七十釣于渭渚，三日三夜魚無食者，望卽忿，脱其衣冠。上有農人者，古之異人，謂望曰：『子姑復釣，必細其綸，芳其餌，徐徐而投，無令魚駭。』望如其言，初下得鮒，次得鯉。刺魚腹得書，書文曰『呂望封於齊』。望知其異。西伯將出獵，卜之，曰『所獲非龍非彲，非虎非羆；所獲霸王之輔』。於是周西伯獵，果遇太公於渭之陽，與語大説，曰：『自吾先君太公曰「當有聖人適周，周以興」。子真是邪？吾太公望子久矣。』故號之曰『太公望』，載與俱歸，立爲師。

又卷七一《樗里子甘茂列傳》 樗里子者，名疾，秦惠王之弟也，**索隱**按：樗，木名也，音攄。高誘曰：其里有大樗樹，故曰樗里。然疾居渭南陰鄉之樗里，故號曰樗里子。又按：《紀年》則謂之『楮里疾』也。與惠王異母。母，韓女也。樗里子滑稽多智，秦人號曰『智囊』。

南朝宋　范曄《後漢書》卷五五《楊彪傳》 卓曰：『關中肥饒，故秦得并吞六國。且隴右材木自出，致之甚易。又杜陵南山下有武帝故瓦陶竈數千所，并功營之，可使一朝而辨。百姓何足與議！若有前却，我以大兵驅之，可令詣滄海。』

又卷一一〇《杜篤傳》 夫廱州本帝皇所以育業，霸王所以衍功，戰士角難之場也。《禹貢》所載，厥田惟上。沃野千里，原隰彌望。保殖五穀，桑麻條暢。濱據南山，帶以涇、渭，號曰陸海，蠢生萬類。楩柟檀柘，蔬果成實。畎瀆潤淤，水泉灌溉，漸澤成川，粳稻陶遂。厥土之膏，畝價一金。

南朝梁　任昉《述異記》卷下 漢惠帝七年，夏雷震南山，林木皆自火燃至根，其地悉皆焦黄，後其雨迅過，人就其間得龍骨一具。

宋　樂史《太平寰宇記》卷三〇《關西道・鳳翔府・司竹監》 《録異傳》云：秦文公時，雍南山有梓樹，文公伐之，輒有大風雨，樹生合不斷。有一人夜往山中，聞有鬼語樹神曰：秦若使人被髮，以朱絲繞樹伐汝，汝得不憂否？樹神不語。明日，人語文公，如其言，伐樹，樹斷，其中有一青牛出，走入豐水中，復出，使騎擊之，不勝。騎墮地復上，髮解，牛畏之，不出。故置髦頭，因此也。

宋　歐陽修、宋祁《新唐書》卷一《高祖紀》 ［高祖武德二年］十二月丙申，獵于華山。永安王孝基及劉武周戰於下邽，敗績。壬子，大風拔木。

又卷三五《五行志》 大和八年六月癸未，暴風壞長安縣署及經行寺塔。九年四月辛丑，大風拔木萬株，墮含元殿四鴟尾，拔殿廷樹三，壞金吾仗舍，登城門樓觀内外三十餘所，光化門西城十數雉壞。

宋　歐陽修《新五代史》卷三四《一行傳》 其後，［鄭］遨聞華山有五粒松，脂淪入地，千歲化爲藥，能去三尸，因徙居華陰，欲求之。與道士李道殷、羅隱之友善，世目以爲三高士。

宋　司馬光《司馬公文集》卷二一《論復置豐州劄子》 ［嘉祐六年十二月十四日上］今［豐］州城之中，但有丘墟瓦礫，環城數十里，草莽林麓而已。

又《資治通鑑》卷八八《晉紀》 ［愍帝建興元年］是時長安城中，户不盈百，蒿棘成林；公私有車四乘，乘，繩證翻。百官無章服、印綬，唯桑版署號而已。尋以索綝爲衛將軍、領太尉，軍國之事，悉以委之。

宋　李燾《續資治通鑑長編》卷一二七 ［康定元年六月甲申］太子中允、權簽書涇原秦鳳經略安撫判官尹洙數上疏論兵事，請便殿召二府大臣議邊事，及講求開寶以前用兵故實。【略】下三司使鄭戩與翰林學士丁度、知制誥葉清臣參議以聞。戩等奏曰：【略】其募軍例物，人不過十餘千，募萬人所費才十萬緡。陝西、河北營房大率覆以茨苦。關右産材木，計一舍費五七千，萬人不過五七萬緡。以四海之富，亦未至用度屈蹙如此。況洙所募邊民不刺面，與官軍素服習不同。取編户膏血之資，置新軍烏合之衆，如與敵角，何異驅市人而戰哉！臣以謂未能制勝於閫外，適足斂怨於天下。況被邊之俗，熟户雜處，若廣募驍果，或參以奸細之人，則爲患不淺。洙之計策，未見所長，其議遂寢。

明　王褘《大事記續編》卷四八 ［大業三年］解題曰：發丁男百餘萬

築長城，西距榆林，勝州爲榆林郡，蘭州河南有大小榆谷。唐置榆林軍。若自勝州至紫河太近此榆林，蓋蘭州也。東至紫河。《隋·地理志》：紫河在定襄郡，大利東西相距千餘里。定襄，忻州也。《通典》：金河在榆林郡，與紫塞河自馬邑、善陽縣界流入。

明 王履《始入華山至西峰記》（引自雍正《陝西通志》卷九二） 俯瞰浚谷，不見所極，惟松頂麻萃斜踞竇二丈許，峰壁峻拔，自浚谷直上霄外，略無突陷，真所謂削成者。壁上一松，寄之罅間，根直下，如懸死蛇，枝梢正拂竇，手可接，松實纍纍。

又《南峰記》 南岡外皆松林也，裁入笙簧盈耳。

清 劉於義 雍正《陝西通志》卷四六《祥異》 ［開元］二年三月，富平縣有肉角羊。五月壬子，久雨，禜京城門。終南山竹有華，實如麥，竹枯死。是歲大饑，民採食之。占曰：國中竹柏枯，不出三年有喪。《唐書·五行志》六月，京師大風拔木。《玄宗本紀》

藝 文

《詩經·小雅·南山有臺》 南山有臺，北山有萊。樂只君子，邦家之基。樂只君子，萬壽無期。南山有桑，北山有楊。樂只君子，邦家之光。樂只君子，萬壽無疆。南山有杞，北山有李。樂只君子，民之父母。樂只君子，德音不已。南山有栲，北山有杻。樂只君子，遐不眉壽。樂只君子，德音是茂。南山有枸，北山有楰。樂只君子，遐不黃耇。樂只君子，保艾爾後。

又《斯干》 秩秩斯干，幽幽南山。如竹苞矣，如松茂矣。兄及弟矣，式相好矣，無相猶矣。

又《大雅·皇矣》 皇矣上帝，臨下有赫。監觀四方，求民之莫。維此二國，其政不獲。維彼四國，爰究爰度。上帝耆之，憎其式廓。乃眷西顧，此維與宅。作之屏之，其菑其翳。修之平之，其灌其栵。啓之辟之，其檉其椐。攘之剔之，其檿其柘。帝遷明德，串夷載路。天立厥配，受命既固。帝省其山，柞棫斯拔，松柏斯兑。帝作邦作對，自大伯王季。維此王季，因心則友。則友其兄，則篤其慶。載錫之光，受禄無喪，奄有四方。維此王季，帝度其心，貊其德音。其德克明，克明克類，克長克君，王此大邦。克順克比，比于文王。其德靡悔，既受帝祉，施于孫子。帝謂文王，無然畔援，無然歆羨，誕先登于岸。密人不恭，敢距大邦，侵阮徂共。王赫斯怒，爰整其旅，以按徂旅，以篤于周，祜以對于天下。依其在京，侵自阮疆，陟我高岡。無矢我陵，我陵我阿。無飲我泉，我泉我池。度其鮮原，居岐之陽，在渭之將。萬邦之方，下民之王。帝謂文王，予懷明德，不大聲以色，不長夏以革。不識不知，順帝之則。帝謂文王，詢爾仇方，同爾兄弟。以爾鉤援，與爾臨衝，以伐崇墉。臨衝閑閑，崇墉言言。執訊連連，攸馘安安。是類是禡，是致是附，四方以無侮。臨衝茀茀，崇墉仡仡。是伐是肆，是絶是忽，四方以無拂。

漢 司馬相如《上林賦》（引自《歷代賦彙》卷五八） 亡是公听然而笑曰：楚則失矣，而齊亦未爲得也。夫使諸侯納貢者，非爲財幣，所以述職也。封疆畫界者，非爲守禦，所以禁淫也。今齊列爲東藩，而外私肅慎，捐國踰限，越海而田，其於義固未可也。且夫二君之論，不務明君臣之義，正諸侯之禮，徒事爭游戲之樂，苑囿之大，欲以奢侈相勝，荒淫相越，此不可以揚名發譽，而適足以貶君自損也。且夫齊楚之事，又焉足道乎！君未覩夫巨麗也，獨不聞天子之上林乎？左蒼梧，右西極，丹水更其南，紫淵徑其北。終始灞滻，出入涇渭。酆鎬潦潏，紆餘委蛇，經營乎其內。蕩蕩乎八川分流，相背而異態。東西南北，馳騖往來，出乎椒丘之闕，行乎洲淤之浦，經乎桂林之中，過乎泱漭之壄。汩乎混流，順阿而下，赴隘陜之口，觸穹石，激堆埼，沸乎暴怒，洶涌彭湃。滭弗宓汩，偪側泌瀄。橫流逆折，轉騰潎洌，滂濞沆溉。穹隆雲橈，宛潬膠盭。踰波趨浥，涖涖下瀨。批巖衝擁，奔揚滯沛。臨坻注壑，瀺灂霣墜，沈沈隱隱，砰磅訇礚，潏潏淈淈，湁潗鼎沸。馳波跳沫，汩急漂疾。悠遠長懷，寂漻無聲，肆乎永歸。然後灝溔潢漾，安翔徐回，翯乎滈滈，東注太湖，衍溢陂池。於是乎蛟龍赤螭，䱭鰽漸離，鰅鰫鰬魠，禺禺魼鰨，揵鰭掉尾，振鱗奮翼，潛處乎深巖，魚鼈讙聲，萬物衆夥。明月珠子，的皪江靡。蜀石黃碝，水玉磊砢，磷磷爛爛，采色澔汗，叢積乎其中。鴻鷫鵠鴇，駕鵝屬玉，交精旋目，煩鶩庸渠，箴疵鵁盧，羣浮乎其上，沈淫汎濫，隨風澹淡，與波搖蕩，奄薄水渚，唼喋菁藻，咀嚼菱藕。於是乎崇山矗矗，巃嵸崔巍，深林巨木，嶄巖㠋嵳，九嵕巀嶭。南山峩峩，巖陁甗錡，摧崣崛崎。振溪通谷，蹇産溝瀆，谽呀豁閜。阜陵別隝，崴磈嵔廆，丘虛崛礨，隱鱗鬱𡾋，登降陁靡，陂池貏豸，沆溶淫鬻，散渙夷陸，亭皋千里，靡不被築。揜以綠蕙，被以江蘺，糅以蘼蕪，雜以留夷。布結縷，攢戾莎，揭車衡蘭，稾本射干，茈薑蘘荷，葴持若蓀，鮮支黃礫，蔣芧青薠，布濩閎澤，延蔓太原。離靡廣衍，應風披靡，吐芳揚烈，郁郁菲菲，衆香發越，肸蠁布寫，晻薆咇茀。於是乎周覽泛觀，縝紛軋芴，芒芒恍忽。視之無端，察之無涯，日山東沼，入乎西陂。其南則隆冬生長，涌水躍波。其獸則㺎旄貘犛，沈牛麈麋，赤首圜題，窮奇象犀。其北則盛夏含凍裂地，涉冰揭河。其獸則麒麟角端，騊駼橐駝，蛩蛩驒騱，駃騠驢贏。於是乎離宮別館，彌山跨谷，高廊四注，重坐曲閣，華榱璧璫，輦道纚屬，步櫩周流，長途中宿。夷嵏築堂，累臺增成，巖窔洞房，俯杳眇而無見，仰攀橑而捫天，奔星更於閨闥，宛虹拖於循軒，青龍蚴蟉於東廂，象輿婉僤於丙清，靈圄燕於閒館，偓佺之倫，暴於南榮。醴泉涌於清室，通川過於中庭。盤石振崖，嶔巖倚傾。嵯峨𡾰嶫，刻削崢嶸。玫瑰碧琳，珊瑚叢生，瑉玉旁唐，玢豳文鱗，赤瑕駁犖，雜插其間，晁采琬琰，和氏出焉。於是乎盧橘夏熟，黃甘橙楱，枇杷橪柿，楟柰厚朴，梬棗楊梅，櫻桃蒲萄，隱夫薁棣，荅遝離支，羅乎後宮，列於北園。貤丘陵，下平原，揚翠葉，扤紫莖，發紅華，垂朱榮，煌煌扈扈，照曜鉅野。沙棠櫟櫧，華楓枰櫨，留落胥邪，仁頻并閭，欃檀木蘭，豫章女貞，長千仞，大連抱，夸條直暢，實葉葰楙，攢立叢倚，連卷欐佹，崔錯癹骫，坑衡閜砢，垂條扶疏，落英幡纚，紛溶箾蔘，猗狔從風，瀏莅卉歙，蓋象金石之聲，管籥之音。偨池茈虒，旋還乎後宮，雜襲絫輯，被山緣谷，循阪下隰，視之無端，究之無窮。於是乎玄猿素雌，蜼玃飛蠝，蛭蜩蠼猱，獑胡縠蛫，棲息乎其間。長嘯哀鳴，翩幡互經。夭蟜枝格，偃蹇杪顛。踰絶梁，騰殊榛，捷垂條，掉希間，牢落陸離，爛漫遠遷，若此者數百千處。娛游往來，宮宿館舍，庖廚不徙，後宮不移，百官備具。

漢　班固《西都賦》（引自《歷代賦彙卷三一》）　有西都賓問於東都主人曰：蓋聞皇漢之初經營也，嘗有意乎都河洛矣。輟而弗康，實用西遷，作我上都。主人聞其故而覩其制乎？主人曰：未也。願賓攄懷舊之蓄念，發思古之幽情，博我以皇道，弘我以漢京。賓曰：唯唯。漢之西都，在於雍州，實曰長安。左據函谷、二崤之阻，表以太華、終南之山。右界褒斜、隴首之險，帶以洪河、涇、渭之川。衆流之隈，汧涌其西。華實之毛，則九州之上腴焉。防禦之阻，則天地之隩區焉。是故橫被六合，三成帝畿，周以龍興，秦以虎視。及至大漢受命而都之也，仰悟東井之精，俯協河圖之靈。奉春建策，留侯演成。天人合應，以發皇明，迺睠西顧，實惟作京。於是睎秦嶺，睋北阜，挾澧灞，據龍首，圖皇基於億載，度宏規而大起。肇自高而終平，世增飾以崇麗。歷十二之延祚，故窮泰而極侈。建金城之萬雉，呀周池而成淵。披三條之廣路，立十二之通門。內則街衢洞達，閭閻且千，九市開場，貨別隧分。人不得顧，車不得旋，闐城溢郭，旁流百廛。紅塵四合，煙雲相連。於是既庶且富，娛樂無疆。都人士女，殊異乎五方。遊士擬於公侯，列肆侈於姬姜。鄉曲豪舉，遊俠之雄，節慕原嘗，名亞春陵。連交合衆，騁騖乎其中。若乃觀其四郊，浮游近縣，則南望杜、霸，北眺五陵。名都對郭，邑居相承。英俊之域，紱冕所興。冠蓋如雲，七相五公。與乎州郡之豪傑，五都之貨殖，三選七遷，充奉陵邑。蓋以彊榦弱枝，隆上都而觀萬國。封畿之內，厥土千里，卓犖諸夏，兼其所有。其陽則崇山隱天，幽林穹谷，陸海珍藏，藍田美玉。商、洛緣其限，鄠、杜濱其足，源泉灌注，陂池交屬。竹林果園，芳草甘木，郊野之富，號爲近蜀。其陰則冠以九嵕，陪以甘泉，迺有靈宮起乎其中。秦漢之所極觀，淵雲之所頌歎，於是乎存焉。下有鄭、白之沃，衣食之源。提封五萬，疆埸綺分，溝塍刻鏤，原隰龍鱗，決渠降雨，荷插成雲，五穀垂穎，桑麻鋪菜。東郊則有通溝大漕，潰渭洞河，汎舟山東，控引淮湖，與海通波。西郊則有上苑禁囿，林麓藪澤，陂池連乎蜀漢，繚以周墻，四百餘里。離宮別館，三十六所。神池靈沼，往往而在。其中迺有九真之麟，大宛之馬，黃支之犀，條枝之鳥。踰崑崙，越巨海，殊方異類，至於三萬里。【略】爾乃盛娛游之壯觀，奮大武乎上囿。因茲以威戎夸狄，耀威靈而講武事。命荊州使起鳥，詔梁野而驅獸。毛羣內闐，飛羽上覆，接翼側足，集禁林而屯聚。水衡虞人，修其營表。種別群分，部曲有署。罘網連紘，籠山絡野。列卒周匝，星羅雲布。於是乘鑾輿，備法駕，帥羣臣，披飛廉，入苑門。遂繞酆鄗，歷上蘭。六師發逐，百獸駭殫，震震爚爚，雷奔電激，草木塗地，山淵反覆。蹂躪其十二三，迺拗怒而少息。爾乃期門佽飛，列刃攢鏃，要跌追蹤。鳥驚觸絲，獸駭值鋒。機不虛掎，弦不再控。久不單殺，中必疊雙。颮颮紛紛，矰繳相纏。風毛雨血，灑野蔽天。平原赤，勇士厲。猨狖失木，豺狼懾竄。爾迺移師趨險，並蹈潛穢。窮虎奔突，狂兕觸蹶。許少施巧，秦成力折。掎僄狡，扼猛噬。脱角挫脰，徒搏獨殺。挾師豹，拖熊螭，曳犀犛，頓象羆。超洞壑，越峻崖，蹶嶄巖，巨石頽，松柏仆，叢林摧。草木無餘，禽獸殄夷。於是天子登屬玉之館，歷長楊之榭。覽山川之體勢，觀三軍之殺獲。原野蕭條，目極四裔。禽相鎮壓，獸相枕藉。然後收禽會衆，論功賜胙。陳輕騎以行炰，騰酒車而斟酌。割鮮野食，舉烽命爵。饗賜畢，勞逸齊，大輅鳴鑾，容與徘徊。集乎豫章之宇，臨乎昆明之池。左牽牛而右織女，似雲漢之無涯。茂樹蔭蔚，芳草被隄。蘭茝發色，曄曄猗猗。若摛錦與布繡，爥燿乎其陂。鳥則玄鶴白鷺，黄鵠鵁鶄，鶬鴰鴇鶂，鳧鷖鴻鴈。朝發河海，夕宿江漢。沉浮往來，雲集霧散。於是後宫乘輚輅，登龍舟。張鳳蓋，建華旗。袪黼帷，鏡清流。靡微風，澹淡浮。櫂女謳，鼓吹震，聲激越，謍厲天，鳥羣翔，魚窺淵。招白鷴，下雙鵠。揄文竿，出比目。撫鴻罿，御矰繳，方舟並騖，俛仰極樂。遂迺風舉雲摇，浮遊溥覽。前乘秦嶺，後越九峻，東薄河華，西涉岐雍。宫館所歷，百有餘區。行上朝夕，儲不改供。禮上下而接山川，究休佑之所用。采遊童之歡謠，第從臣之嘉頌。於斯之時，都都相望，邑邑相屬。國借十世之基，家承百年之業，士食舊德之名氏，農服先疇之畎畝，商循族世之所鬻，工用高曾之規矩。粲乎隱隱，各得其所。若臣者徒觀迹於舊墟，聞之乎故老，十分未得其一端，故不能偏舉也。

唐　李頎《望秦川》（引自《全唐詩》卷一三四）　秦川朝望迥，日出正東峰。遠近山河浄，逶迤城闕重。秋聲萬户竹，寒色五陵松。客有歸歟歎，悽其霜露濃。

唐　儲光義《儲光義詩集》卷二《登秦嶺作時陷賊歸國》　朝山猛獸林，蹬跜登高峰。僮僕履雲霧，隨我行太空。羲和舒靈暉，倏忽西極通。迴首望涇渭，隱隱如長虹。九逵合蒼蕪，五陵遥曈曚。鹿游大明殿，霧濕華清宫。網羅蛾蠓時，顧齒熊羆鋒。失途走江漢，不能有其功。氣逐招摇星，魂隨閶闔風。唯言宇宙清，復使車書同。林木被繁霜，合沓連山紅。鵬鶚勵羽翼，俯視荆棘叢。誓將食鷦鷃，然後歸崆峒。

唐　劉長卿《劉隨州集》卷六《關門望華山》　客路瞻太華，三峰高際天。夏雲亘百里，合沓遥相連。雷雨飛半腹，太陽在其巔。翠微關上近，瀑布林梢懸。愛此衆容秀，能令西望偏。徘徊忘暝色，泱漭成陰煙。曾是朝百靈，亦聞會群仙。瓊漿豈易挹，毛女非空傳。髣髴仍佇想，幽奇如眼前。金天有青廟，松柏隱蒼然。

唐　王維《榆林郡歌》（引自《全唐詩》卷一二五）　山頭松柏林，山下泉聲傷客心。千里萬里春草色，黄河東流流不息。黄龍戍上遊俠兒，愁逢漢使不相識。

又《新秦郡松樹歌》　青青山上松，數里不見今更逢。不見君，心相憶，此心向君君應識。爲君顔色高且閑，亭亭迥出浮雲間。

唐　韓愈《南山有高樹行贈李宗閔》（引自《全唐詩録》卷四七）　南山有高樹，花葉何衰衰。上有鳳凰巢，鳳凰乳且棲。四旁多長枝，羣鳥所託依。黄鵠據其高，衆鳥接其卑。不知何山鳥，羽毛有光輝。飛飛擇所處，正得衆所希。上承鳳凰恩，自期永不衰。中與黄鵠羣，不自隱其私。下視衆鳥羣，汝徒竟何爲。不知挾丸子，心默有所規。彈汝枝葉間，汝翅不覺摧。或言由黄鵠，黄鵠豈有之。慎勿猜衆鳥，衆鳥不足猜。無人語鳳凰，汝屈安得知。黄鵠得汝去，婆娑弄毛衣。前汝下視鳥，各議汝瑕疵。汝豈無朋匹，有口莫肯開。汝落蒿艾間，幾時復能飛。哀哀故山友，中夜思汝悲。路遠翅翎短，不得持汝歸。

唐　韓愈《終南山》（引自雍正《陝西通志》卷九五）　吾聞京城南，茲惟羣山囿。東西兩際海，巨細難悉究。山經及地志，茫昧非受授。團辭試提挈，掛一念萬漏。欲休諒不能，粗叙所經覯。嘗昇崇丘望，戢戢見相湊。晴明出稜角，縷脉碎分繡。無風自飄簸，融液煦柔茂。横雲時平凝，點點露數岫。天空浮修眉，濃緑畫新就。孤撑有巉絶，海浴褰鵬噣。春陽潛沮洳，濯濯吐深秀。崖巒雖崒崒，輭弱類含酎。夏炎百木盛，蔭鬱增埋覆。神靈日歊歔，雲氣爭結構。秋霜喜刻轢，磔卓立癯瘦。參差相疊重，剛耿陵宇宙。冬行雖幽墨，冰雪工琢鏤。新曦照危峩，億丈恒高袤。明昏無停態，頃刻異狀候。西南雄太白，突起莫間簉。藩都配德運，分宅占丁戊。逍遥越坤位，詆訐陷乾竇。空虚寒兢兢，風氣較搜漱。朱維方燒日，陰霰縱騰糅。昆明大池北，去覿偶晴晝。綿聯窮俯視，倒側困清漚。微瀾動水面，踊躍躁猱狖。驚呼惜破碎，仰喜呀不仆。前尋徑社墅，坌蔽畢原陋。崎嶇上軒昂，始得觀覽富。行行將遂窮，嶺陸煩互走。勃然思坼裂，擁掩難恕宥。巨靈與夸娥，遠賈期必售。還疑造物意，固護蓄精祐。力雖能排斡，雷電怯呵詬。攀緣脱手足，蹭蹬抵積甃。茫如試矯首，堛塞生怐愗。威容喪蕭爽，近新迷遠舊。拘官計日月，欲進不可又。因緣窮其湫，凝湛閉陰罶。魚鰕可俯掇，神物安敢寇。林柯有脱葉，欲墮鳥驚救。爭銜彎環飛，投棄急哺鷇。旋歸道回睨，遠枿壯復奏。吁嗟信奇怪，峙質能化貿。前年遭譴謫，探歷得邂逅。初從藍田入，顧盼勞頸脰。時天晦大雪，淚目苦矇瞀。峻塗拖長冰，直下若懸溜。褰衣步推馬，顛蹶退且後。蒼黄忘遐睎，所矚纔左右。杉篁咤蒲蘇，杲耀攢介冑。專心憶平道，脱險逾避臭。昨來逢清霽，宿願忻始副。崢嶸躋冢頂，倏閃雜鼯鼬。前低劃開闊，爛漫堆衆皺。或連若相從，或蹙若相鬭。或妥若弭伏，或聳若驚雊。或散若瓦解，或赴若輻輳。或翩若船遊，或決若馬驟。或背若相惡，或向若相佑。或亂若抽筍，或嵲若炷灸。或錯若繪畫，或繚若篆籀。或羅若星離，或蓊若雲逗。或浮若波濤，或碎若鋤耨。或如賁育倫，睹勝勇前購。先强勢已出，後鈍嗔詎譳。或如帝於尊，叢集朝賤幼。雖親不褻狎，雖遠不悖謬。或如臨食案，肴核分飣餖。又如遊九原，墳墓包槨柩。或纍若盆甖，或揭若甑豆。或覆若曝鼈，或頽若寢獸。或蜿若藏龍，或翼若搏鷲。或齊若友朋，或隨若先後。或迸若流落，或顧若宿留。或戾若仇讎，或密若婚媾。或儼若峨冠，或翻若舞袖。或屹若戰陣，或圍若蒐狩。或靡然東注，或偃然北首。或如火熺焰，或若氣饙餾。或行而不輟，或遺而不收。或斜而不倚，或弛而不彀。或赤如禿鬝，或燻若柴槱。或如龜坼兆，或若卦分繇。或前横若剥，或後斷若姤。延延離又屬，夬夬叛還遘。喁喁魚闖萍，落落月經宿。誾誾樹牆垣，巘巘架庫廄。參參削劍戟，煥煥銜瑩琇。敷敷花披萼，闟闟屋摧霤。悠悠舒而安，兀兀狂以狃。超超出猶奔，蠢蠢駭不懋。大哉立天地，經紀肖營腠。厥初孰開張，黽俛誰勸侑。創兹朴而巧，戮力忍勞疚。得非施斧斤，無乃假詛呪。鴻荒竟無傳，功大莫酬僦。嘗聞於祠官，苾芬降歆嗅。斐然作歌詩，惟用贊報酭。

唐　杜牧　《商山麻澗》（引自《全唐詩》卷五二三）　雲光嵐彩四面合，柔柔垂柳十餘家。雉飛鹿過芳草遠，牛巷鷄塒春日斜。秀眉父老對罇酒，蒨袖女兒簪野花。征車自念塵土計，惆悵溪邊書細沙。

唐　李紳　《追昔遊集》卷上《南梁行》　江城鬱鬱春草長，悠悠漢水浮清光。雜英飛盡空畫景，緑楊重陰官舍静。此時醉客縱横書，公言可薦承明廬。青天詔下寵光至，頒籍金閨徵石渠。秭歸山路煙嵐隔，山木幽深晚花坼。澗底紅光奪火燃，摇風扇毒愁行客。杜鵑啼咽花亦殷，聲悲絶艷連空山。斜陽瞥映淺深樹，雲雨翻迷崖谷間。山雞錦質矜毛羽，透竹穿蘿命儔侶。喬木幽谿上下同，雄雌不惑飛棲處。望秦峰迴過商顔，浪疊雲堆萬簇山。行盡杳冥青嶂外，九重鐘漏紫霄間。元和列侍明光殿，諫草初焚市朝變。北闕趨臣半隙塵，南梁笑客皆飛霰。追思感歎却昏迷，霜鬢愁吟到曉鷄。故篋歲深開斷簡，秋堂月曙掩遺桂。嗚嗚曉角霞輝燦，撫劍當楹一長歎。芻狗無由學聖賢，空持感激終昏旦。

唐　温庭筠　《商山早行》（引自《文苑英華》卷二九四）　晨起動征鐸，客行悲故鄉。雞聲茅店月，人跡板橋霜。槲葉落山路，枳花明驛牆。因思杜陵夢，鳧鴈滿迴塘。

宋　王禹偁　《小畜集》卷八《春遊南靜川》　南過高車嶺，川源似掌平。峯巒開畫嶂，畎畮列棊枰。帝女柔桑緑，王孫野草生。提壺催我醉，戴勝勸人耕。商嶺堪攜妓，丹河好濯纓。蓋圓松影密，鞭亂竹根獰。勃勃畬田氣，磷磷水磑聲。野桃誰是主，山鳥不知名。欲舞寧無蝶，思謌亦有鶯。官閒春日永，擔酒此中行。

宋　蘇舜欽　《蘇學士集》卷六《獨遊輞川》　行穿翠靄中，絶澗落疎鐘。數里踏亂石，一川環碧峰。暗林麋養角，當路虎留蹤。隱逸何曾見，孤吟對古松。

元　周伯琦　《扈從集·榆林驛》　昔人多種榆，今人惟種柳。堅脆雖不同，氣盡同一朽。此地名榆林，自漢相傳舊。但見柳青青，夾路忘炎晝。行旅蘇汗暍，車騎藉陰覆。培植將百年，柯葉日滋茂。驛亭當要衝，人烟紛輻輳。崇山峙東西，步障明錦繡。輦路中平平，形勝信天授。宛如道衡廬，中流望雲岫。初夏别都城，攀條集親友。兹還秋將中，凉飇滿衣袖。物態有變容，歲月如反手。不問柳與榆，生意要悠久。

明　馮從吾　《少墟集》卷一七《戊申莫春偕王惟大郡丞宜化汝刺史劉

孟直郡丞楊工載進士周淑遠大絭張去浮學博宜叔尚文學講學太華山中同志至三百餘衆》 徵會來蓮嶽，良朋喜共遊。白雲時去住，野鳥自夷猶。雨霽千巖翠，春深萬木稠。山靈真有待，吾道重千秋。

明　張鍊　《七盤山》（引自雍正《陝西通志》卷九七） 昔聞商嶺秦嶺，今過六盤七盤。古木啼猿裊裊，荒祠夜雪漫漫。

清　王士禎　《精華録》卷七《南鄭至沔縣道中》 黑水梁州道，停車問土風。沔流天漢外，嶓冢夕陽東。處處棕櫚緑，村村穲稏紅。更須參玉版，脩竹賤如蓬。

甘肅

綜　述

漢　班固　《漢書》卷二八《地理志》 天水、隴西山，多林木，民以板爲室屋。

晉　段龜龍　《凉州記・冬温夏凉》（引自《説郛》卷六一下） 祁連山張掖、酒泉二界之上，東西二百里，南北百餘里，山中冬温夏凉，宜牧牛，乳酪濃好，夏寫酪，不用器物，刈草着其上不散，酥特好，酪一斛得升餘酥。又有仙人樹，行人山中飢餓者，輒食之飽，不得持去，平居不可見。

宋　樂史　《太平寰宇記》卷三三《關西道・原州　慶州》 白牧山在［洛源］縣北三十里，一名女郎山。《山海經》云：上多松柏，下多檀櫟，獸多㸲牛、羬羊，其鳥多鴞。洛水出其陽，東流注於渭。

明　李賢　《明一統志》卷三五《鞏昌府》 土産：麝，隴西縣出。熊，麂，狨，文縣出。【略】杉木，文縣出。當歸，秦州出。防風，會寧縣出。雄黄，階州出。芎藭，秦州出。天門冬，麥門冬，文縣出。羚羊角。階州出。

又卷三六《臨洮府》 土産：甘菘，菴蕳子，狄道縣出。氂牛，其尾可爲旌旄。犏牛，力如水牛。俱府境内出。水梨，有數品，味皆甘美。果單，以赤柰爲之。毦，俱蘭州出。駱駝，本府及河西俱出。麝香，本府出。硇砂，蘭州出。黄羊，青稞，冬果，樺皮。各縣出。

又《慶陽府》 土産：【略】金絲草，本府出。性凉味苦，能去瘴，解諸藥之毒，《本草》所不載。欵冬花，合水縣南山出者最良。甘草，環縣出。菴蕳草，寧州出。黄管草，櫻桃，楸子。各縣出。

又卷三七《洮州衛軍民指揮使司》 土産：甘草，麝香，【略】犏牛，氂牛，馬雞，豹，兔鶻，鴉鶻。

又《岷州衛軍民指揮使司》 土産：錦雞，甘草，馬雞，犏牛，豹，麂，楸子。

又《河州衛軍民指揮使司》 土産：土檀香，麝香，青稞，青棡，樺木。

又《靖虜衛》 土産：駝褐，野馬革，豹，鹿，雉，兔。

明　胡讚宗　嘉靖《秦安志》卷八《田賦》 多梨，隴以西雖皆有梨，惟縣川、陽兀川梨獨佳。人以爲不在宣州河間之下，但路僻不能遠致，是以止稱於隴云。梨有數種，曰金瓶，曰松花，曰香水，曰圓，曰蘇木，而金瓶尤佳。有李，有杏，有柿，多棗，有葡萄，有桝，木瓜。有櫻桃，有胡桃，有林檎，有杜棠，有椱，有榴，有羊棗。多椿，有楸，有梓，有柏，多楊，多檉，多槐，有檿，有椒，有漆，有榆，有枌，有桑。有錦雞，多雉，有鶉，有鵪鴒，有燕，有鸎，有烏，有鳲鳩，有反舌，有鴽，多鷹，多隼，多竹雞，有馬雞，有梟，有鴈，有鷺，有鴛鴦，有鶩，有魚，有鼈。有豹，多鹿，多兔，有貛，有狸，有麝，有豺，有麕，有犛，有獵，有騋，有騵，有騔，有騊駼，多駃騠，有狐，有狼，多禮鼠，有鼷，有鼢。

清　高彌高　順治《肅鎮志》卷一《物産》 紫花，圓根，似蘿蔔而圓，色青，味甘脆。櫻桃，楸子，色赤，味甘酸。河西俱有，獨甘州取其汁煎爲果單。果單，見上。《元史》：甘肅行省貢。林檎，把丹杏，核仁甘美，元人用爲貢。柰，《廣志》云：張掖有白柰。又云：酒泉有赤柰。梨，河西皆有，惟肅川、西寧獨佳。沙棗，《一統志》云：出甘州，有紅、黄二色，似棗而小，花開香氣襲人，其肉白似沙。葡萄，漢史張騫通西域，傳其利入中國。牡丹，有紅、白、紫三色。歐陽修《花譜》以延安爲産之傑者，殊未如河西尤佳。芍藥，菊，罌粟，有五色。百合，即捲丹。金蓮，有五色，一名滿池嬌。玉簪，佛指甲，金鳳，苜蓿。可飼馬。按《漢史》云：漢使採苜蓿種歸，天子以天爲多是外國使來者衆，益種苜蓿於離宫館旁，極盛其云爾。【略】鸚鵡，《圖經》云：此隴州，今莊浪諸處皆有。鷹，鶚，馬鶏，重四五斤，青色。野鶏，松鶏，重一斤，藍翠色。沙鶏，鴛鴦，鶻，本周鳥，與苦米兀兒鼠同穴，出建昌。鸛，鷺鷥，天鵝。熊，虎，豹，捨里孫，即土豹，一名射獵狻，文彩蔚異，皮可爲裘。駱駝，鹿，麞，麝，麈，野馬，馬，騾，驢，野牛，大者重千斤，黑色。犏牛，力可任耕載。犛牛，尾可作纓，出西寧。䍬羊，尾重三斤餘。羱羊，角可作器，甘州有羱羊角鐙並棊子。黄羊，似麞，色淡黄，角花黑。他刺卜花，似獾，重四五斤。苦木兀鼠，黄鼠。哈蚧。

又　西域物産：瑣瑣葡萄，味甚甘，有大小二種。《淡史》云：大究左右以葡萄爲酒，富人藏酒至萬餘石。安石榴，漢張騫使西域得堂村安石榴是也。毗梨勒，《本草》云：出西域。樹似胡桃，子形亦似胡桃，植似訶梨勒，而圜短無稜。香棗，刺蜜，羊刺草上之(密)[蜜]，味甚佳。阓蜜思檀，樹葉類山茶，實類銀查而小。瓦矢實，類野馬，實甚香，可避蠹。鶴虱，《本草》云：生西域，子如蓬蒿而細。仙茅，《本草》云：生西域，一名獨茅根，一名菜瓜子，一名波羅門。二月開花如梔子黄，不給實。酒杯藤，《博物志》云：出西域，藤大如臂，葉如葛，花如梧桐，堅可以酌酒。有文章映徹可愛，實大如指，味如荳蔻，香美，可醒酒。孔雀，翡翠，氍毹，橐駝，西馬，獅子，狻猊，銀鼠，青鼠，【略】獨峰駝，按《漢史》：犬月氏出，一封駝。師古注曰：脊上有一封，言其隆高若封土也，豈即闆峰駝耶？膃肭臍。

清　耿喻　康熙《金縣志》卷上《山川》　馬寒山，山高，積雪盛暑不消。一名馬銜山。昔有野馬數群，土人圍獵於其上，馬皆化爲石，即名爲大石馬、小石馬。

清　許容　乾隆《甘肅通志》卷二〇《物産·臨洮府》　【略】龍鬚菜，俗名龍髪菜，蘭州出。蕨菜，莖可作蔬，根可搗粉，蘭州産。梨，蘭州出水梨。蘋果，蘭州産者佳。柿，臨洮出。石榴，蘭州出。葡萄，蘭州出。甘草，《九域志》：蘭縣貢。知母，臨洮出。甘松，《元和志》：疊州土貢。菴蕳子，《金志》：臨洮府産。大黄，《金志》：臨洮府出。貫衆，臨洮産。樺皮，出臨洮。硇砂，《明志》：産蘭州。蓬砂。出蘭州。麝香，《唐志》：蘭州、河州貢。《元和志》：渭州貢。玫瑰花，蘭州出。瑞鶴仙，花大如盃，香烈，臨洮出。水金蓮，花似麗春，蘭州生者佳。鵌，渭源鳥鼠同穴山，鵌似鵽而小，黄黑色，穴入地三四尺，鳥在外，鼠在內。犛牛，出臨洮，其尾可爲纓旄。黄羊，出臨洮。土豹皮，一名舍里孫，皮可爲裘，出河州。鼵。渭源縣鳥鼠同穴山，鼵如人家鼠而短尾。

又《鞏昌府》　蒲筍，可作羹，鞏昌出。蕨菜，鞏昌出。柿，鞏昌出。肉蓯蓉，《九域志》：渭州貢。當歸，出寧遠伏羌。秦艽，《唐志》：渭州土貢。防風，《明一統志》：會寧縣出。大黄，生隴西。遠志，鞏昌出。甘菊，鞏昌出。貫衆，鞏昌出。木賊草，隴西出。豨薟草，生隴西。麝香，《明一統志》：隴西出。鹿茸，洮岷出。甘松草，鞏昌出。花骨空，《明一統志》：鞏昌嶓冢山有異草，名花骨空，食之令人無子。牡丹，隴右佳。梨花，靖遠最多。【略】鸚鵡，《寰宇記》：隴山産。雕，洮岷出。念佛鳥，出岷州貴青山，二三月至，聲似阿彌陀佛，故名。【略】鼶，鞏昌出。貉。出鞏昌。

又《平涼府》　【略】木耳，華亭出。柿，平涼出。紅花，《寰宇記》：涇州産。秦艽，《明一統志》：平涼縣出。《寰宇記》：涇州産。天南星，《明一統志》：崇信、華亭二縣出。苦參，静寧州華亭縣出。黄蓍，平涼出。欵冬花，《明一統志》：静寧州莊浪縣出。麝，《寰宇記》：渭州出。皂鶴，出崆峒山。錦雞，華亭出。馬，《寰宇記》：涇州貢。【略】豪彘，平涼美高山出。猴。出平涼諸山。

又《慶陽府》　榛子，慶陽出。甘草，《九域志》：環州貢。假蘇，《唐志》：寧州貢。葶藶，《唐志》：寧州貢。金絲草，《明一統志》：出慶陽府。菴蕳子，《唐志》：寧州貢。防風，《寰宇記》：寧州産。草荳蔻，《寰宇記》：寧州出。青木香，寧州出。麝香，《元和志》：慶州貢。《明一統志》：安化縣出。硯，《九域志》：寧州貢。黄鸝，慶陽有。鼀，慶陽産。芫青。一名青娘子，出寧州。

又《甘州府》　枸杞子，《元和志》：甘州貢。甘草，《元和志》：甘州貢。白柰，《元和志》：甘州貢。大黄，《本草》云：惟山丹大黄有錦紋最佳，回夷入貢，滿載以歸，用以解暑。石膏，出鎮夷。麝香，《唐志》：甘州貢。虎骨，甘州近山處得之。玫瑰花，甘州出。洮羊，尾重三四斤，甘州出。野牛，大者重千斤，出甘州。他刺卜花。似獾，重四五斤，出甘州。

又《涼州府》　枸杞子，鎮番出者佳。肉蓯蓉，鎮番出者尤佳。瑣陽，鎮番出者佳。芎藭，《廣志》：涼州貢。白附子，生涼州沙中。榧實，生永昌。地骨皮，出鎮番者佳。石燕子，出永昌石硤口。羚羊角，出永昌山谷。【略】本周鳥，永昌山有之，形如雀，灰白色，與苦木兀鼠同穴。洮羊，涼州出。野馬，皮可爲裘，出涼州。野牛，重千斤，黑色，出涼州。土豹。一名舍里孫。《明一統志》：鎮番出。

又《秦州》　龍鬚席，《元和志》：秦州貢。鹿皮，禮縣出。蜜，蠟，秦州俱出。漆，《鞏昌志》：兩當出。桃，出秦州。橙，出徽縣兩當。柑，出兩當。枇杷，出秦州。

櫻桃，出秦州。銀杏，出秦州。核桃，清水出者佳。栗，秦州徽縣出。榛，出秦州。柿，出秦州。芎藭，《唐志》：秦州出。木瓜，秦州兩當出。木賊草，秦州出。覆盆子，秦州産。石膽，出秦州。棗，秦安出。山藥，秦州産。凝水石，産秦州鹵地。麝香，出秦州。海棠，出秦州。芭蕉，秦徽、兩當出。石榴花，秦州出。桃花，秦州出絳桃。辛夷，秦徽間産。月季花，秦徽出。山茶花，秦州産。荷花，秦州出。蘭，出徽縣。花石屏，出秦州。錦鷄。徽縣山中有。

又《階州》木瓜，階文成出。木耳，階文出。竹筍，文縣出。桃，出階、文成等州縣。枇杷，階州出。櫻桃，出階州各縣。銀杏，階州出。栗，階、文成出。榛，階州出。柿，階文成出。狼毒，《元和志》：成州土貢。麥門冬，天門冬，俱文縣出。見《一統志》。巴戟天，《寰宇記》：出階州。大黃，《寰宇記》：階州出。【略】梧桐，階、文出。杉，階、文成出。梅花，出文縣。海棠，出階、文成。桂，階文出。臘梅，階、文出。芭蕉，階、成出。桃花，文縣出。月季花，出階、文。夾竹梅，出文縣。素馨，出階、文。荷花，階州出。水仙花，出階文。蘭，出階、文山中。【略】山鷄尾，《唐志》：階州土貢。吐綬鳥，《爾雅》謂之鷊，吐物五綵如綬，出階州。黃鸝，階、文有。山羊，出文縣。猴，出階、文。狨，俗謂金線狨，出階州。鼊。出階州。

又《肅州》白蘑菰，一名銀盤，色潔，肉味美，出河西境外者佳。梨，肅州出者佳。【略】沙棗，《一統志》：出肅州。【略】肉蓯蓉，《元和志》：肅州貢。甘草，《明志》：肅州出。【略】松雞，《肅鎮志》：花頭藍身，重三四斤。沙雞，《肅鎮志》：鳥身鼠爪。紅嘴鷄，《肅鎮志》：毛色沉香，嘴如珊瑚。角雀，《肅鎮志》：俗名亂堆兒，叫空委婉如人言，頭有長毛如角。野馬，皮可爲裘，出肅州。野牛，出肅州。黃羊，出河西。【略】蛤蚧，形如守宮，出鎮夷。雪蟲。《肅志》：山中積雪千年，內有雪蛆，大小不一，色白，大者重三五斤。

清　黃泳第　乾隆《成縣新志》卷一《山川》　雞頭山，縣西南十五里，奇峰孤聳，直入雲際，狀似雞首，因名。史稱秦始皇西略登雞頭山，命宮娥吹簫，使長子扶蘇監蒙恬軍。又漢武帝過回中，登崆峒至雞頭山，即此。松竹叢茂，蒼翠欲滴。【略】泥功山，縣西北三十里，上有古刹，峰巒突兀，高插青霄。周圍數十里，林木豐蔚，鳥獸繁多，採獵者無虛日。氐人楊靈珍據此，歸欵於齊。唐貞元五年，權置行成州。咸通中，成州刺史趙鴻詩云：『立石泥翁狀，天然詭怪形。未嘗私禍福，終不費丹青。』【略】石盤山，在縣北三十里，巖嵌壁立，雲徑險仄，環山松竹鬱葱，宛然仙境。上有龍湫，其神三女遇旱禱雨輒應。邑舉人汪仍有記。【略】七佛崖，縣南七里，上有古佛七及，産香木。見《廣輿記》【略】石門峽，縣南七十里，兩山對峙，天若一線。峽口有石竇，若城門然。行六七里，始有人家，古木參天，清流匝地，幽曠絶塵，宛若武陵桃源。旁又有透明山，絶壁萬仞，一窟透漏，望之如月。

又卷三《物産》果屬：桃，李，桑椹，葡萄，胡桃，柿子，二種。銀杏，杏，栗，柰，梨，石榴，紅、白二種。櫻桃，棗，青梅。【略】木屬：松，柏，槐，柳，楊，桐，桑，椒，椿，栗，竹，榆，椵，漆，檜，楸，橡，柞，樺，千葉柏。【略】禽屬：鵝，鴨，雞，雉，鵲，鴿，鶺鴒，布穀，鷹，黃鸝，啄木，鳩，鸛，鷂，雀，鴉，半翅，鴛鴦，畫眉，錦雞，燕，雁，鷗，鷺，鶚。獸屬：馬，牛，羊，驢，騾，犬，豕，鹿，虎，狼，猴，狐，兔，獐，豹，豺，麝，獺，貓，貍。

清　王烜　乾隆《静寧州志》卷一《山川》　宋家山，在州西南九十里，近武山，山左有峪曰『松柏峪』。昔多松柏，今牡丹繁植。【略】鳳凰山，在州南治平川，右二水盤紆，老松偃蹇，晚翠朝霞，景光如繪。上有東嶽廟，創自唐隋間。【略】馬蘭岔，在州東南十五里，以徧地生馬蘭花，故名。

又卷三《物産》　果類：櫻桃，秋桃，榛子，橡子，松子，花紅，杏，林檎，桑椹，胡桃，葡萄，延壽果，李，藜。【略】木類：松，柏，杉，檜，榆，槐，椿，柳，楸，栗，楊，桑，梨，櫟，樺，椵，棗，檉，即河柳。冬青。【略】羽屬：雞，鴨，鵝，鴿，鷗，雁，鵲，鴉，鳩，鷂，隼，鷹，雀，鶺鴒，半翅，野鷄，鶴，布穀，鵪雞，麻鵪，蠟嘴，金翅，黃鸝，練雀。鳴則殺虸蚄。毛屬：【略】熊，虎，鹿，獐，豹，豺，狼，狐，狸，麝，鼠，獾，兔，黃鼠，田鼠。

清　張延福　乾隆《涇州志》卷上《物産》　果類：桃，杏，仁有甘、苦二種。李，有紅、黃二色。梨，棗，棠，花紅，來禽接者。來禽，核桃，櫻桃，葡萄，木瓜，苹果。似來禽而大，色白。木類：椿，樗，榆，槐，槲，櫟，橡，松，柏，桑，楊，桐，楸，柳，竹，柘。【略】禽類：鵞，雞，鴨，鳩，鷹，鷂，鸇，燕，有大燕、胡燕。鴿，雀，鷺鷥，鸛，鳧，鴇，鴉，雉，啄木，布穀，斥鷃，俗曰蒿雀。鵪鶉，金翅，鵁鶄，梟。獸類：馬，驢，牛，羊，有羖羭。猪，狗，狐，盧，俗曰細狗。兔，猯，貓，蝟，鼠，鼷，鼪，黃香，狸，狼，黃鼬。

清　陶奕曾　乾隆《合水縣志》卷上《形勝》　東山草木多叢生於兩山

之坳，人或不能到，虎狼依栖，狐兔出没，視西面之平原高阜曠達無垠者，又若别一天地矣。

又卷下《物産》 果類【注略】：桃，李，杏，梨，棗，杜梨，酸棗，沙果，楸子，山查。木類【注略】：松，柏，椿，槐，青陽，白楊，柳，桑，榆，桐，橡，檀，欒，楸，檟。【略】禽類【注略】：鵲，雀，雁，燕，鴉，鴿，鷹，雉，布穀，斑鳩，鶺鴒，半翅，山雞，水鴨，雞，鴨。獸類：虎，狼，鹿，獐，狐，狸，猯，兔，黄鼠，牛，马，騾，驢，豬，羊，犬，猫，鼠。

又《山川》 鹿夾山。固城東南，每逢清夜，常有群鹿鳴于其上。

清　呼延華國　乾隆《狄道州志》卷一《山川》 高石巖，在州南八十里，上多古松，蓋以險得存者，翠微有佛閣，清幽可憩。

又卷一一《物産》 木屬竹附【注略】：松，柏，檜，槐，榆，楊，柳，樫，樺，椿，桑，梓，楸，椵，青椆，枇杷，蜂兒柳，沙棗，鳳尾竹。果屬【注略】：桃，李，杏，梨，林檎，櫻桃，葡萄，桑椹，蘋婆，楸子，酸果，石榴，美子，麪彈兒，延壽果。【略】禽屬【注略】：鶏，鴨，鵝，雉，雁，梟，鷗，鴛鴦，鷺鷥，馬鶏，山鶏，沙鶏，鸚鵡，布穀，戴勝，鴿，鳩，鵲，慈烏，老烏，鴉，半翅，燕，啄木，鷹，鵰，隼，鳶，鸛，酸鶏，練雀，紅了，銅鈴，鴟鴞，鵂鶹，火焰鶏，麻雀，鷂。獸屬：牛，犏牛，牦牛，馬，騾，驢，羊，羖羺，豕，犬，貓，虎，豹，麞，麈，麝，山羊，獾豬，狐，狸，兔，獺，鼠，黄鼠，飛鼪，蝟。

清　費廷珍　乾隆《直隸秦州新志》卷二《山川》 柏林山。東七十里，其山多柏，上有柏林觀，有老子庵。【略】仙嶺。東南一百四十里，嶺有仙坪，其平如掌，多猿猴。又有麗石山，其下爲麗橋鎮，麗水出焉。【略】雷王山。南三十里，山峰高出，其上有青岩洞，有丹竈。云昔雷王保修煉於此，山頂有天聖池，遇旱禱之，立應。有槐一株，其孔有釀，飲之，疾立愈。

清　邵陸　乾隆《莊浪縣志》卷四《山川》 牡丹岔，在城西一十五里，舊傳其地産牡丹最盛，故名。載《省志》。【略】舊志：邑四圍皆山，山無樹木，獨東岡古杏一株。父老皆不記其培植之時，因以名岡。

又卷一一《物産》 菓屬【注略】：桃，楸子，李，林檎，山桃，杏，梨，櫻桃，山樝，棗，蘋婆菓。木屬：榆，白者爲枌。柳，葉倒垂者爲垂楊。松，柏，紫荆，沙棗，樫，河柳。椿，芽香者，可充蔬。櫟，梓，檀，楸，槐，楊，樞，栲，山榆。核桃，棫樸。

清　邱大英　乾隆《西和縣志》卷一《山川》 十八盤山，縣東南五十里，澗道崎嶇，委折十八盤。其中草木虬偃蒼翠，不能徧識。多松竹，生石罅中。

又卷二《物産》 果類：核桃，杏，桃，李，石榴，櫻桃，梨，葡萄，林檎，桑椹，松子，榛。【略】木類：松，柏，楊，□，柳，楸，榆，椿，樺，椵，桑，竹，柞，鐵力，漆。【略】禽類：雉，鷄，鵝，鴨，鴉，賓雁，春燕，雀，錦雞，鷹，鵲，鴿，黄鸝，鶺鴒，馬鷄，鳩。獸類：馬，牛，羊，驢，騾，獐，麂，鹿，熊，狼，虎，豹。

清　鍾庚起　乾隆《甘州府志》卷四《山川》 平頂山，城西一百三十里，産松柏木植，通黑河源，河水分澆民田。【略】哼囉口，城南百里，《秦邊紀畧》曰：祁連山巖業數千里，西踰伊吾，東界武威，皆崇山峻嶺，獨至口外較爲坦夷。山徑紆迴，崖谷峭折，而西南山谷中忽有廣斥，長林豐草，所在有之。

又卷六《物産》 果苽之屬【注略】：桃，杏，李，蘋波，梨，黑梨，查，柰，白果，林檎，花紅，冬柰，櫻桃，葡萄，沙棗，西瓜，甜瓜。【略】木之屬【注略】：柏，側柏，檜，松，槐，柳，樫，榆，桑，椿，樗，白楊，青楊，栒。【略】鳥之屬【注略】：鷹，鷂，鶻，馬雞，松雞，沙雞，鸛，鷺鷥，梟，魚鷹，水雞，天鵝，鵙，烏，鴉，鳶，鵲，鳩，鴿，燕，雀，百玲，蝙蝠，本周鳥。獸之屬【注略】：鹿，麝，麞，麈，狼，狐，兔，土豹，野馬，野騾，野牛，青羊，黄羊，羝羊，羚羊，羱羊，蝟，鼠，田鼠，黄鼠，苦木兀兒鼠，他卜刺花。

又卷八《口隘》 哼囉口，離城二百五里，俗呼『波羅口』。昔年口外黄番曰滚卜，八箇家之流派也。其外西達紅崖肅州，東通巴絲墩野馬川。地勢寬衍，多生草木，甘州之所取資，木商之所走集。又産喬松，松枝直而無曲榦，人行木下，不見其嶺。《秦邊紀畧》云：出口離堡南僅六十里，向夷人墨爾根部落在此。

清　張伯魁　嘉慶《徽縣志》卷一《山水》 圓柏山，東南三十里，四圍岡巒，多柏林。西魏置柏樹縣，即此。【略】鹿首山，西北七十里，泥陽之北，江洛之南，形勢突屼，路若羊腸。山之頂，松柏蔭翳，時見白雲冠頂，上有祖師廟。

又卷七《土産》 果類：桃，李，杏，梨，柿，石榴，核桃，楸，銀杏，柰，軟棗，菱角。木類：松，柏，榆，柳，柘，槐，桐，楸，白楊，青杠，椿，鐵杠，烏桑，椶。竹類：金竹，苦竹，木竹。【略】獸類：鹿獐，狐，狸，獾，兔，虎，狼，熊，山羊，野猪，土豹。禽類：鸚鵡，鵓鴿，錦雞，雉，黃鸝，鴈，鸛，鷹，水鴨，鶡，鶻，喜鵲，雀，鳶，鳩，脊鴒，布穀，慈烏，鴉，杜鵑。

清　張伯魁　嘉慶《崆峒山志》卷上《仙踪》　元鶴，仙禽也。世居崆峒之東巖洞中，頂冠丹砂，緇衣元裳，翅如車輪，翱翔雲表。黃帝問道於廣成子，與聞至道。帝堯甲申年，有雙元鶴至。是屢見於世，歷今已四千九十餘年矣。故亦得附於列仙云。

又《物産》　木：松，有青、赤二種，最多。檜，柏葉，松身。杉，少。柏，有千枝、刺柏、側柏三種。椐，多癭。栲，山榆。檞，柘，桐，椶，見《山海經》。榆，樹，五倍子。栒，堅可爲杖。樺，皮可餙弓。枌，白榆。柜，楊，有青、白、黃三種。樑，葉似椿。檿，山桑。椵，似白楊。青棡，可代茶。楰，木理如楸。樞，刺榆。楸，楛，似刺而赤。樗，似椿。楓，竹，今多毛竹。棫，小木，叢生。樫，櫟，杪，樲，即酸棗。樸，木叢生。棘。馬融《廣成頌》：珍林嘉樹，建木叢生，椿、梧、栝、柏、柜、柳、楓、楊。又張衡《西京賦》：木則樅栝椶楠，梓棫楩楓，嘉卉灌叢，蔚苦鄧林。此昔日之崆峒也，而今則童其山矣。牛山之感，可勝慨哉！花：牡丹，赤、白二種。芍藥，赤、白二種。春海棠，木本，春開。麗春，紅、白、黃三種。薔薇，罌粟，五色，脂爲阿夫蓉，皮爲米殼。玉簪，纓絡，探春，珍珠花，菊花，數十種。扁竹，龍柏，金絲桃，可代茶。紫荆，地棠，黃蔀，紫花，牛角花，黃刺梅，木槿，可避麝。山丹花，百合花，玫瑰，山查，即木瓜。連翹，葵花，張綿花，石竹，即瞿麥花，色類尤多。萱草，音宣，一名忘憂，一名宜男，婦人佩之良。迎春。一名素馨。山花野卉，奇巧生新，鮮艷可愛。夏月游山，異香襲人襟袖，惜人不能遍識也。果：山桃，不堪食。核桃，能克金。杜，俗名兔李子。郁李，櫨，音徐，俗曰冬果。杏，白果，一名銀杏。山梨，林禽，即花紅。海紅，羊棗，少。酸棗，入藥。木瓜，野生。櫻桃，松子，棠梨，俗名楸子。橡子，莓子，榛子，今少。柏子，可取油。葡萄，野生。玫瑰子。【略】禽：元鶴，棲東臺巖洞之中，丹頂皂身，白腹朱啄，跰老者，色深黑。鶴之出無時，春夏之交，雨霽風和，或二或三四，多不過七。按浮邱伯《相鶴經》云：鶴生十六年小變，六十年大變，千六百年形定。又云：壽二百六十歲，色純黑。鷹，鸇，鶡，鸛，隼，俗曰松兒。馬鷄，緑毛紅啄。山鷄，應更而鳴。山鵲，雉，最多。鶡旦，夜鳴鳥。黃鸝，啄木，鵓鴿，野生。鶺鴒，燕，有沙燕、紫燕、火燕，至冬月羣蟄於石洞中。斥鷃，蒿宿。鶡鴠，寒號蟲，糞爲五靈脂。烏，白項。鴟鴞，聒鷄，音刮，多可食。翡翠，紅鶴，鵁鶄，金翅，布穀，半翅，阿監堆，鴂，鳴則霜至。練雀，鳴則殺蚜蚄蟲，勿害。梟，訓鵬。皆不祥鳥。山中怪鳥極多，即夜鳴者，不啻數種。俗或謂杜鵑者，非。昔天津橋有鵑鳴，邵康節先生猶以爲異，況平凉地處極北，豈得有此哉？獸：虎，西北臺下往往有之。麋，麐，鹿，麂，麞，麝，玃，唐時出。豪彘，《山海經》：華山西七百里曰高山，出豪彘，壯如彘，毛似簪，能射物。兔，狼，狸，狐，獾，俗曰巡山狗，即貒也。貒，如猪而小。松鼠，色碧而善緣。《尸子》：松柏之鼠。山鼠，黎文，善緣，與鳥同穴。鼠，鼠狼，鼪鼯，蝟，身有刺。狗揄。山羊，按《山海西經》：山神曰狗揄，祀之以燭。

清　陳士楨　道光《蘭州府志》卷二《山》　靖遠縣東，【略】七十里曰屈吳山。古懷戎堡南，泉多林密，禽獸足資獵取。南接六盤山，西連大白草原。上有顯聖廟，可祈雨。相傳昔屈、吳二姓所居，故名。

又卷五《物産》　【注略】果則桃、李、梨、柰、葡萄、胡桃。木宜松、柏、榆、柳。竹惟小者。花則牡丹、芍藥、海棠、榴、菊。【略】鳥獸之異者，有山雞，鸚鵡、犛牛、黃羊、土豹。

清　陳之驥　道光《靖遠縣志》卷二《山川》　神木山，在打喇赤堡東二十里，多林木，澗多甘泉。古有哈家壩，引此水以灌鹽池，今久廢。《康熙志》狼山，條子山，俱在乾鹽池北，山下有泉，半山有寺，林木叢翠。《康熙志》松山，在永安堡東南十里，山多松柏，多泉水嘉木，廠地亦肥饒，下有亂石堆堡。《康熙志》

又卷五《物産》　樹木花草亦同他處所有，但邊地苦寒高燥，林莽稀疏，三春生意岑寂，四野一望蕭條。城南山峰巒突兀，亦鮮薈蔚蓊蔥之態。惟城陰河干水涯，頗多豐林茂樹，春暮則杏雨點紅，梨雲舒素，桃李競芳，榆柳皆媚矣。而村落泉石之地，亦間有錦坊緑野焉。若夫求干霄蔽日之長材，則松雪諸大山所在多有。無竹無蘭，或云地土不宜。野禽多鶡、鶻、鶯、隼，松雪等。山間有白鷹，雪質神俊，亦奇物也，然不多見。有沙燕、胡燕，迅飛疾鳴，全無翩翩呢喃之態，而巢梁紫燕頗少。鴻雁七八月多南飛，蓋賓候也；三四月多北飛，則肇歸時也。未見宿食隴畝者，至冬月則絶無矣。若江皋洲渚蘆葦叢薄之間，則棲息遍田野焉。野獸，各堡山中有虎、豹、豺、狼、狐、貍、麂、鹿、麞、麅、麝、獾、猯、兔、鼠狼之類，有青羊、石羊、野馬。

清　黃璟　道光《山丹縣志》卷一〇《雜纂》　在山丹北口外五百里，又產醉馬草。馬食之者輒如醉，不能移足。以其根及根旁土煎湯灌之，乃醒。又多馬雞、松雞、他喇卜花，及鹿、兔、黃羊、青羊之屬。扁都口南五十里，有野馬川，出野馬，古所稱騊駼者也，俗呼野騾子。唐貢其革，曰野馬之皮。

又卷九《物產》　果苽之屬【注略】：杏，楸。【略】木之屬【注略】：松，柏，柳，榆，白楊。【略】鳥之屬【注略】：鷹，松鷄，沙鷄，梟，天鵝，鵲，鳩，鴿，燕，雀，百玲，鳶，紅嘴鴉，鳥鴉，啄木蟲。獸之屬【注略】：鹿，麞，狼，狐，兔，土豹，野馬，青羊，羝羊，田鼠，黃鼠，蝟，鼠。

清　德俊　道光《兩當縣志》卷二《山川》　廟兒嶺東北一百里，竹樹森陰，行者數里不見日。

又卷四《食貨》　果之屬：有杏，有李，有棗，有櫻桃，有碧桃，有野棗，有林檎、桑椹、葡萄、石榴、楸子、橡子、栗子、木瓜、甜瓜。其多者爲桃，爲梨，爲柿，爲核桃，西瓜。【略】木之屬：松、柏、椿、楸、槐、柳、榆、椴，與椒，與白楊、青杠，木竹皆其多者也。他則桑、梓、皂莢、垂楊、青楊、砂柳、紅柳、苦竹、金竹、鳳尾竹。【略】禽之屬：野多雉、鸛、雁、鵲、鴿、鳶、鴉、雀、錦鷄、沙燕、斑鳩，亦有鵝、燕、鷺、鷗、鸛、鶻、鷹、鷂、馬鷄、沙鷄、半翅、鶺鴒、鸕鷀、布穀骨，又倉庚、鴛鴦、啄木、鸚鵡、紅鶴，最大者黑鷹。獸屬：家多馬、騾、驢、牛、羊、猫、犬，野多狼、兔、狐、狸、野猪。

傳　記

宋　歐陽修、宋祁《新唐書》卷一五六《李元諒傳》　[李元諒]更節度隴右，治良原。良原隍堞湮圮，旁皆平林薦草，虜入寇，常牧馬休徒於此。元諒培高浚淵，身執苦與士卒均，菑翳榛莽，闢美田數十里，勸士墾藝，歲入粟菽數十萬斛，什具畢給。又築連弩臺，遠烽偵，爲守備，進據勢勝，列新壁。虜至無所掠，戰又輒北，由是涇、隴以安，西戎憚之。卒，年六十二，贈司空，謚曰莊威。

宋　李燾《續資治通鑑長編》卷三　[建隆三年六月辛卯]秦州夕陽鎮，古伏羌縣之地也。西北接大藪，材植所出，戎人久擅其利。及尚書左丞高防知秦州，因建議置采造務，闢地數百里，築堡據要害，戍卒三百人，自渭而北則屬諸戎，自渭而南則爲吾有，歲獲大木萬本，以給京師。於是西戎酋長尚巳約師衆來爭，頗殺傷戍卒。防出兵與戰，捕繫其黨四十餘人以聞。

又卷七三　[大中祥符三年三月]丙寅，廢秦州破他嶺採木務。務本楊懷忠所置，以車乘往來艱苦，故廢之。簽署樞密院事馬知節言：『前知秦州按視得蕃界大、小洛門皆巨材所產，已於逐處及緣路置軍士憩泊營宇。令蕃部感朝廷綏撫，各思保塞，望遣使諭諸族，令防援軍士同力採取，況俯臨渭河，可免牽輓之役。』從之。

宋　釋文瑩《玉壺野史》卷二　秦亭之西北，夕陽鎮產巨材，森鬱綿亘，不知其極止，利於戎。建隆初，國朝方議營造，尚書高防知秦州辟地數百里，築堡扼其要，募兵千餘人，爲採造務，與戎約曰：渭之北，戎有之；渭之南，秦有之。果得材數萬本，爲桴蔽渭而下，後番部率帳族絶渭，奪筏殺兵，防出師與戰，戮其衆生，擒數十人，縶俘於獄，以聞。太祖憫之曰：奪其地之所產，得無爭乎？仍速邊州之擾，不若罷之。下詔厚撫其酋，所縶之戎各以袍帶優賜之，遣還其部。諸戎泣謝後，上表願獻美材五十萬於朝。

宋　岳珂《桯史》卷一五《黃潛善》　宣和六年春，東都地震，後三月又震，宮殿門皆動，有聲。既而蘭州地及山之草木，悉没入地，而山下麥苗乃在山上。驛書聞朝廷，徽祖爲之側席。時方得燕兵端釁日侈，上心向闌，遇災而懼。臨朝謂羣臣曰：大觀彗星之異，張商英勸朕畏天，戒更政事，雖復作輟，朕常不忘。五月壬寅，遂罷經撫房，於是時事危一變矣。會遣右司郎中黃潛善按視回，乃没其實，以不害聞，天意遽回。六月，詔天下起免夫錢，圖卒固燕，黃驟遷户部侍郎。建炎中興，復以攀附致鼎軸，殺陳東、歐陽徹，逐李忠定綱，撤備納冠，皆其爲也。維揚渡江，以覆餗賜罷。迹其婞阿患得之心，蓋已見於在庶僚時矣，遺臭千載，言之撫膺。

清　温達《親征平定朔漠方略》卷一一　據總兵官報，博吉所屯昌寧湖，乃邊外野地，離邊一百二十餘里，甚爲遼闊，且林木茂密，易於藏匿，必四路進勦，乃可滅此狡寇。

清　費廷珍　乾隆《直隸秦州新志》卷六《風俗》　［唐］穆宗長慶元年二月，隴士異獸如猴，而腰尾皆長，色青，性迅猛，捕蓄人而食，遇漢人則否。

清　鍾庚起　乾隆《甘州府志》卷一六《雜纂》　匈奴有斗入漢地，直張掖郡者，生奇材木，箭竿就羽。王根爲大司馬，使使者往匈奴，囑令自以意求之。單于曰：『此温偶駼王所居也，未曉其情狀所生，請遣使問之。』已而報曰：『已問温偶駼王，匈奴西邊諸侯作穹廬及車，皆仰此山材木，且先父地，不敢失也。』按：此山，今府北合黎山也。就注云：雕之大者。

清　張彦篤　光緒《洮州廳志》卷一七《災異》　［清］光緒六年，東鄉三岔河都，開花宛如牡丹。光緒十年，山竹開花結實。

藝　文

唐　張籍《張司業集》卷七《涼州詞三首》　邊城暮雨鴈飛低，蘆笋初生漸欲齊。無數鈴聲遥過磧，應馱白練到安西。

又　古鎮城門白磧開，胡兵往往傍沙堆。巡邊使客行應早，欲問平安無使來。

又　鳳林關裏水東流，白草黄榆六十秋。邊將皆承主恩澤，無人解道取涼州。

唐　王昌齡《塞下曲》（引自乾隆《甘肅通志》卷四九）　蟬鳴空桑林，八月蕭關道。出塞復入塞，處處黄蘆草。從來幽并客，皆共塵沙老。莫學游俠兒，矜誇紫騮好。

又　飲馬渡秋水，水寒風似刀。平沙日未没，黯黯見臨洮。昔日長城戰，咸言意氣高。黄塵足今古，白骨亂蓬蒿。

宋　李師中《麥積山》（引自乾隆《甘肅通志》卷四九）　路入青松翠靄間，斜陽倒影下溪灣。此中猿鶴休相笑，謝傅東歸自有山。

明　馬文升《秦隴道中》（引自乾隆《甘肅通志》卷四九）　問俗曾來過隴山，西征今復出秦關。雄聲叫日迷寒渚，楓樹經霜帶醉顔。世路羊腸千里曲，功名蝸角幾人閒。林間鸚鵡能言語，笑我年來兩鬢斑。

青海

綜　述

清　許容　乾隆《甘肅通志》卷二〇《物産·西寧府》　馬鷄，西寧出。羚羊角，《元和志》：鄯州貢。駱駝，《寰宇記》：鄯州出。羱羊，大者重百斤，角可作器。《寰宇記》：鄯州貢。洮羊，尾如鹿，重三四斤，西寧出。野馬，西寧出。野牛。大者重千斤，出西寧。

清　和珅《清一統志》卷二〇七《西寧府》　土産：【略】特犀角，《唐書·地理志》：鄯州貢。羚羊角，《元和志》：鄯州貢。馬雞，《明統志》：觜脚紅，羽毛青緑。山雞，野馬，皮可爲裘。牛，《明統志》：野牛大者重千斤，氂牛尾可作纓，犏牛力能載重。俱西寧衛出。羊，《明統志》：羱羊，大者重百斤，角環盤。洮羊，尾如鹿。以上俱西寧衛出。麝香，《元和志》：廓州貢。【略】大黄。《元和志》：廓州貢。

清　龔景瀚　乾隆《循化廳志》卷二《山川》　料東山，在火力藏寨廳治南二百五十五里，有樹木。觀音山，在火力藏寨廳治南二百里，有樹木。阿米脱綻山，在下則蓋寨廳治南三百三十里，土山多草。塞木力山，在哈家寨廳治南三百三十里，有小林。泥什山，在哈家寨廳治南三百三十里，有小林。按：廳巷沈觀察青崖稟中云：夏秋，番人上撮喀山避暑。撮喀山當亦在哈家寨，不知即此二山之異名，抑別一山，俟考。【略】烟墩山，在保安堡東廳治西南一百二十里，土山多草。蓮花山，在保安堡西南，廳治西南一百三十里，土山多草。雙朋山，在阿巴喇寨廳治西南一百六十里，有樹木。迨赫弄山，在加卧寨廳治西南一百六十里，有樹木。

又卷七《物産》　樹則白楊、沙柳、榆樹爲多，楊、柳、槐亦有之。隆務畢堂諸山有松樹、柏樹、樺樹、青剛木。隆務以西有宗務山，極高大，去河二十里，樹木甚多。今循城所燒薪木皆自山運至河，編筏順流而下，木極堅實，圍四五寸，長丈餘，價不過四五文錢也。有大工營建木料，亦取資于彼。菓則桃、杏、蘋菓、櫻桃、林檎、棗子。葡萄佳，核桃尤佳。出積石關者，皮薄。梨名爲長把梨者味酸，有一種形尖者，名油交團，頗甘。其至冬熟者，名冬菓，形圓，味尤佳。番地出延壽菓。花卉則牡丹、芍藥、桃、杏、梨、菊、石竹、罌粟皆間有，而葵花尤多。打兒架山上野花極繁，多不知名，惟牡丹、芍藥可指數具，餘五色燦爛如錦。保安上李屯獨産黄牡丹。【略】獸則虎、狼、人熊、鹿、熊。山中皆有鹿，獐尤多。亦有麝香、山羊、黄羊、野鷄、兔子、野牛，無騾而有角。

清　康敷鎔《青海志》卷二《森林》　郭密黄河兩岸，杉樹成林。河南完受寺汪什科先木多一帶，天然林木極盛，至巷哇大河壩，以及迤西之可可烏蘇，有居力、蓋丹巴、托力合三家之地，林木茂密，松、柏、楊、柳之屬皆中巨室之材，千百年前之故物也。又青海王可可貝勒之地，松柏甚夥。宗合受與巴隆之西南山，科爾录古之北山，以至台吉乃爾之西南山，森方域占地尤廣，惜蒙番不解培植之法、保護之方，一任商販採伐，日形減少，近黄河處尤有濯之虞也。

又《商品》　駝毛亦有專買者，售出無多。【略】野牛馬皮，蒙番玉樹各地皆有。【略】野獸皮如猞猁猻、狐皮、沙狐、狼皮，蒙番玉樹皆産之，惟近青海左右者毛色尤佳。【略】鹿茸，蒙番各境皆有，近年漸形減少，故價值甚昂。老鹿角亦有專買者，亦不甚多。麝香，蒙番各境皆有，近年價值亦昂。大黄，五柴旦大黄最有名。青海西南自黄河一帶至玉樹，皆産大黄之地。

又《出産大宗》　枸杞，五柴旦最多，近黄河處亦有之，以柴旦爲最佳。【略】貝母，黄河南岸各山亦産。上番不識採法，均由内地漢民往採。【略】毛褐，多産自玉樹，有粗細各種，近番亦有製者，則甚粗矣。

清　張廷武　宣統《丹噶爾廳志》卷三《森林》　響河爾林，距廳城東十五里響河爾莊湟水南山坡，自垠至頂皆是，占地縱横約四十畝，樹高一丈至二丈餘，根徑五六寸至八九寸，硤中林木此爲最大，然祇樺一種，材中車頭者亦鮮。迤東山坡又有一林，占地約十餘畝，樹雖不大，而茂密整齊，培護得法，繁殖可望。此二林爲響河爾一莊公同産業，及衆人鬻伐以濟公用，私家不得採取。阿哈丢林距城東十里湟水南阿哈丢莊南山灣，自山垠至嶺，縱横占地約二百餘畝，樹株高丈餘，根徑一二寸至四五寸，而稀疏不甚繁殖，有樺、楊二種。迤東南灰條溝口，又有一林，占地可四十畝，亦頗繁殖，而樹株不甚高大。此二林皆附近田土農家所有，以數户之力保護扶植不能禁，偷採者之紛至沓來也。昆連南山一帶，徧地萌孽，特以保存之難而森林頓少也。曲卜炭小林距城南十里曲卜炭莊南山垠，占地約十餘畝，林甚茂密，樹亦畧大，可比響河爾林。中起小廟一間，此莊父老奉此林爲神樹，不敢採其條枚。相傳伐木有祟，故護持惟謹，林雖小而頗茂者，以此。拉莫勒林距城南三十餘里白水河莊迤南，占地約二百畝，松、樺相雜，雖有大樹而不甚茂密。此林爲東科寺僧産業，偷採私伐爲寺僧所査禁，故延蔓叢生，占地亦頗廣。葯水硤小林，距城南二十餘里葯水硤山陰處，隨在叢生，然斷續相間，不甚繁殖。近年寺僧始議護持，故材僅拱把，無甚大者。樹皆樺屬，成林中材尚在數十年後也。東科寺南山林，距城南五十餘里東科寺南山内，占地約二百畝，松、樺二種，大樹最多，松尤盛。其根之徑有二尺餘者，然以柯條横生，自根至頂，不折一枝，故盤曲擁腫，粗糙多節，木材反致不佳。蓋僧俗以寺前樹林爲供佛之品，故自建寺以至今，未經斫伐，葱籠特甚。番僧喜培森林，此林近寺，培植尤易也。札藏寺小林，距城西三十餘里，札藏寺對面南山垠，大小松、樺共約千餘株，亦禁採伐，爲札藏寺僧所有之産業也。附近西北相距十餘里，柏林嘴地方，惟餘小柏數十，無人培植，難期長養成林矣。磨林，河柳湟水冲積之地，緣灘自生者最多。惟近水磨而經人護持者，始能成林，然高僅八九尺至丈餘，枝條叢生，緑蔭被地，夏時僅供遊人憩息之所。其材無甚用處，間取其枝，編成大籠，盛石以禦水。惟沉宋二磨林占地畧大，餘皆窄小。境内合計約百餘畝。此等樹株皆隨處水磨各業户所有。栽種柳樹，或緣水堤，或夾道旁，或依傍田園。自臨城迤南東至西石硤口，南至大小高陵，西至塔爾灣，西北至胡丹度，皆能成活，歲有栽種其中，惟池漢、星泉、達爾化、拉拉各莊最多，大小新舊合計無慮四五十萬株。其中新栽而成活難必者約十之三，已收尖成活而不中採用者約十之五，根徑五六寸至一尺餘寸之大樹僅十之二。蓋有力之家所栽之樹，必待長大而後採用。其不待長大而鬻伐以爲屋椽者，每株得價僅二三錢，以致大樹日少，雖歲歲補栽，難望森林之蓊鬱也。此樹皆民間所有。官有森林在城東北北極山暨城東河南葯水河灘兩處，丹噶爾同知張於光緒三十三年捐貲栽植兩處，合計共萬餘株，已皆發芽，然欲成活長大，則此樹尚須補栽。丹地古無官樹，有之自今始。蓋森林除地主外，皆東科寺僧所有，而栽植又各人之自謀生計也。故嗣今官樹若不多方保護，續栽補種，將此樹日見其少，亦終歸於無而後已。按：本境林木，除修建廟宇所用松木巨材運自他境外，其餘宫室器用材木皆取給於境內，每歲所伐至數千株。然森林占地畝數原非丈量而得，農田種植之樹又非株株而數也。彼東科寺所轄之地，一經測量，疑慮驚惶，轉多未便，而民間樹株數目，官爲調查，謡言紛起，謂將按株加捐，甚有欲將新栽之樹全行拔去者。責令查報，非以十報一，即以二十報一，甚有以百分祗報一二者，則實數之不能確知固也。非特林木，即商務貨目、農田地畝，偶涉稽訪，動多掩飾。蓋畏葸無知之輩，以爲上官得其實數，則地方受害無窮。地方風氣之塞，民間程度之低，有如此者。故僅就經歷詢訪之所及，推測而約計其概。其真確數目，尚有待於切實調查也。

紀事

漢 班固《漢書》卷六九《趙充國傳》 計度臨羌東至浩亹，羌虜故田及公田，民所未墾，可二千頃以上，其間郵亭多壞敗者。臣前部士入山，伐材木大小六萬餘枚，皆在水次。願罷騎兵，留弛刑應募，及淮陽、汝南步兵與吏士私從者，合凡萬二百八十一人，用穀月二萬七千三百六十三斛，鹽三百八斛，分屯要害處。冰鮮漕下，繕鄉亭，浚溝渠，治湟陿以西道橋七十所，令可至鮮水左右。

寧夏

綜述

唐 李吉甫《元和郡縣志》卷四《關内道・靈州・保静縣》 賀蘭山，在縣西九十三里。山有樹木青白，望如駮馬，北人呼駮爲賀蘭。

明 李賢《明一統志》卷三七《寧夏衛》 土產：【略】蓯蓉，枸杞，青木香，楸子，暖木，羱羊，絨褐，紅花。

又《寧夏中衛》 土產：黄羊，羱羊，土豹，野馬，草鵰，蓯蓉，紅花。

明 胡汝礪 弘治《寧夏新志》卷二《物產》 花之屬：牡丹，芍藥，薔薇，石竹，鷄冠，萱草，玉簪，黄蜀葵，罌粟，小竹，戎葵，荷，寶象，百合，金盞，鳳仙，珍珠，山丹。果之屬：杏，桃，李，梨，菱，林檎，藕，芋，葡萄，櫻桃，秋子，胡桃，花紅，白沙，沙棗，桑椹，酸棗，茨菰，棗，柰，含桃。木之屬：松，柏，槐，樺，椿，榆，柳，暖木，檉，白楊，梧桐。【略】禽之屬：鵰，鷹，鶻，鷂，山雞，鷄，鶩，鴨，鴿，半翅，馬雞，鴈，天鵞，鵪鶉，梟，鵓鴣，鶺鴒，鴛鴦，鸕鷀，鷄，鸚鵡，白鴿子，臘嘴，黄豆，倉庚，喜鵲，鳩，隼。獸之屬：虎，狼，鹿，麝，麅，艾葉豹，土豹，野馬，羱羊，青羊，黄羊，野豕，夜猴兒，獺，兔，貛，狐，沙狐，野狸，熊，豺，黑鼠，黄鼠。

明 嘉靖《寧夏新志》卷一《山川》 賀蘭山在城西六十里，峰巒蒼翠，崖壁險削，延亘五百餘里，邊防倚以爲固。上有頹寺百餘所，並元昊故宫遺址，自來爲居人畋獵樵牧之場。弘治八年，醜虜爲患，遂奏禁之。然未禁之前，其患尚少，既禁之後，而患愈多。何也？蓋樵牧之人，依窮岩絶壁結草廬，畜鷄犬。虜騎乘夜而入，鷄犬鳴吠達於瞭臺，烽砲即舉。每每兵至山麓，虜方進境，扼之無所掠矣，或聞砲即回。禁後，止以瞭臺爲恃，風雨晦冥，耳目皆所不及，往往獲利出境始覺。是故患益滋矣。説者或謂：『林木採盡，恐通入寇之路。』殊不知木皆產於懸崖峻嶺之間，非虜騎之所至者。使林木可以遏寇，豈特嚴於禁止，尤宜勤於栽植。

清 許容 乾隆《甘肅通志》卷二〇《物產・寧夏府》 紅花，《元和志》：靈州貢。《通志》：出寧夏者佳。甘草，《元和志》：靈州貢。鹿角膠，《元和志》：靈州貢。《新唐志》：土貢白膠。梧桐，《朔方志》：寧夏出。暖木，《明一統志》：靈州產。雕。寧夏出。

清 張金城 乾隆《寧夏府志》卷四《物產》 果之屬：杏，桃，李，梨，菱，藕，芋，柰，葡萄，林檎，櫻桃，秋子，胡桃，花紅，棗，白沙，沙棗，桑椹，酸棗，茨菰，含桃。木之屬：松，柏，槐，樺，椿，榆，柳，檉，暖木，白楊，梧桐。花之屬：牡丹，芍藥，薔薇，石竹，雞冠，萱草，玉簪，罌粟，小竹，戎葵，黄蜀葵，百合，鳳仙，珍珠，山丹，菊，荷，寶象。【略】禽之屬：鵰，鷹，鶻，鷂，鶏，鶩，鴨，鴿，山雞，半翅，馬雞，天鵝，鶬鶊，雁，鵁鶄，鷫鷞，鴛鴦，鸕鷀，鸚鵡，白鴿，梟，臘嘴，黄豆，倉庚，喜鵲，烏鴉，鴞，鳩，隼，雀。獸之屬：虎，狼，鹿，麝，麅，土豹，野馬，羱羊，青羊，黄羊，野豕，夜猴兒，艾葉豹，獾，狐，沙狐，野貍，熊，豺，黑鼠，黄鼠。按：風俗，寧夏五邑皆同，中衛、靈州、平羅地近邊，畜牧之利尤廣。其物産最著者，夏朔之稻，靈之鹽，寧安之枸杞，香山之羊皮。中衛近又以酒稱。其他恒物亦多相類。唐夏州貢有氊角弓、拒霜、薺，靈州貢有紅鹽、甘草、蓯蓉、代赭、白膠、青蟲、雕鶻、白羽、麝、野馬、鹿革、野猪黄、吉莫韡鞢、毡、庫利、赤檉、馬策、印鹽、黄牛臆。明制貢紅花、洎馬。紅花，土實不産，舊志稱歲役千夫，貢只五百斤，不解所由。嘉靖初，給事張翀始奏罷之。

清　和珅　《清一統志》卷二〇四《寧夏府》　土産：【略】山木，《舊唐書・地理志》：靈州土貢。牛，《新唐書・地理志》：靈州土貢黄牛臆。《舊唐書・地理志》：鹽州土貢㹀牛。《明統志》：土産㹀牛。　野馬，《新唐書・地理志》：雷州土貢。羢褐，《明統志》：土産。　鹿皮，野馬皮，雜筋，《元和志》：俱靈州貢。烏翎，《元和志》：州貢。《寰宇記》：土産白鶻翎。《新唐書・地理志》：土貢鵰鶻、白羽。　馬鞭，《元和志》：靈州貢赤檉，馬鞭。《新唐書・地理志》：土貢庫利、赤檉、馬策。氊，《新唐書・地理志》：靈州土貢吉莫韡鞢、氊。瓜，《新唐書・地理志》：靈州土貢。　鹿角膠，《元和志》：靈州貢。《新唐書・地理志》：靈州土貢白膠。　藥。《元和志》：靈州貢甘草、青蟲子、紅花、麝香、花蓯蓉。《新唐書・地理志》：靈州土貢紅藍、代赭、野猪黄。《明統志》：又産胡蔴、青果、枸杞、青木香、楸子、暖木。

紀　事

元　脱脱　《宋史》卷二七七《鄭文寶傳》　文寶至賀蘭山下，見唐室營田舊制，建議興復，可得秔稻萬餘斛，減歲運之費。清遠據積石嶺，在旱海中，去靈、環皆三四百里，素無水泉。文寶發民負水數百里外，留屯數千人，又募民以榆、槐雜樹及猫、狗、鴉、烏至者，厚給其直。地舄鹵，樹皆立枯。西民甚苦其役，而城之不能守，卒爲山水所壞。又令寧、慶州爲水磑，亦爲山水漂去。

藝　文

明　孟霦　《游黑寶塔寺》（引自嘉靖《寧夏新志》卷七）　暖日行郊郭，林深訪釋伽。塞荒時見雁，春暮不逢花。碧水浸斜徑，輕蕪出軟沙。邊城名將在，海外絶胡笳。敞筵春晝永，久坐午陰移。攜酒思登塔，開軒看奕棋。院空芳樹覆，野静白雲遲。醉客耽佳夕，重將玉笛吹。

明　曹璉　《西夏形勝賦》（引自嘉靖《寧夏新志》卷八）　緊夏州之大郡，實陝右之名邦；當三邊之屏翰，辟千里之封疆。廓岡阜而爲垣，浚川澤而爲湟，角黿鼉而爲道，卧螮蝀而爲梁。帶河渠之重阻，奠屯戍之基張，墾良田之萬頃，撑喬木之千章。鹽池滉瀁瀆其限，菊井馥郁馨其傍。桑梓相接，棟宇相望。若率土而論其邊陲，則非列郡之所擬方也。今焉載瞻其四維也：漢隴蟠其西，晋洛梗其東，北跨沙漠之險，南吞巴蜀之雄。山奔突而若馳，水旋繞如環雍，曠遐郊其坦夷，聳孤城之崇隆。内則敞街衢兮輻輳，紛輿馬兮交通；外則經溝塍兮刻鏤，畇原隰兮腴豐。任土作貢而域雍兮，星分井鬼；罷侯置守而隸靈兮，民雜漢戎。出河朔山川之外，臨蕃落境界之中。青窺華岳之隱隱，翠挹岷峨之重重，遥躋西嶺之屹屹，近俯東湖之溶溶。營興廣武，坊旌效忠；壩濱積石，闗邇臨潼。橋横通濟兮，接賓之館連棟；園開麗景兮，望春之樓凌空。澹清潭兮天光雲影，翠秀色兮緑水芙蓉。赫連春曉兮，日烘桃李；靈武秋高兮，風墜梧桐。殘陽夕照荒坰兮，落花啼鳥；飛瀑晴懸峭壁兮，玉澗垂虹。轆轤咿軋兮，影落蘆溝之夜月；漁歌欸乃兮，響窮古渡之秋風。於是高臺日上，長塔煙浮。晴虹之影乍弄，蒲牢之聲初收，大河之水未波，蠡山之雲不流。藹華實之蔽野，曼黍稷之盈疇。石闗雪積兮，銀鋪曲徑；漢渠春漲兮，練拖平丘。騏驥如雲兮，花馬之池；鱒鯽盈肆兮，應理之州。平虜城兮執訊獲醜，鳴沙州兮落雁浮鷗。城傾黑水兮，頹雉殘堞，津問黃沙兮，短擢輕舟。神涯湮兮，猶存博望之迹；石峽鑿兮，尚傳大禹之游。高冢巍峨兮，元昊之魂已冷；古刹煨燼兮，文殊之象常留。表賀獻俘而忠貫日月兮，唐將之精靈耿耿；書抗僞號而名重丘山兮，宋賢之遺韻悠悠。此名天下、播海陬，而爲西夏之勝概，可與江南之匹儔者。然猶未也，若乃則考其四時也：春則杏塢桃蹊，霞鮮霧靄；秋則鶴汀鳬渚，月朗風微；夏則蓮濯碧沼之金波，嬌如太液池邊之姬媵；冬則柏傲賀蘭之晴雪，癯若首陽山下之夷齊。與夫觀鷹鶚之雄度，則凛凛乎周家之尚父也；睹芝蘭之葱蒨，則燁燁乎謝庭之子侄也。對松竹之森立，則梃梃乎汲黯之剛直也；玩鷗鷺之瑩潔，則皎皎乎楊震之清白也。以至芳林鶯語，柳榭蟬聲，鏗鏗鏘鏘，又有若回琴點瑟之立夫孔楹也。此皆玩耳目，娱心志，而爲西夏之美觀，不减江南之佳致者也！

清　許德溥《南麓果園》（引自乾隆《寧夏府志》卷二一）　塞城秋早果園熟，古道官橋試重尋。低樹亭童時礙馬，高雲磊落挹懸金。荔枝漫説來巴峽，盧橘空煩賦上林。幾處短籬開板屋，簷前風露晚香沉。

新疆

綜　述

漢　班固《漢書》卷九六上《西域傳》　［鄯善］地沙鹵，少田，寄田仰穀旁國。師古曰：寄於它國種田，又糴旁國之穀也。仰，音牛向反。　國出玉，多葭葦、檉柳、胡桐、白草。

南朝梁　任昉《述異記》卷上　崑崙山有玉桃，光明洞澈而堅瑩，須以玉井泉洗之，便軟可食。

唐　李延壽《北史》卷九七《西域傳》　［龜茲］物産與焉耆略同，唯氣候少温爲異，又出細氈，饒銅、鐵、鉛、麈皮、氍毹、沙鹽、緑雌黄、胡粉、安息香、良馬、犎牛等。【略】土多孔雀，羣飛山谷間，人取而食之，孳乳如雞鶩，其王家恒有千餘隻云。

宋　樂史《太平寰宇記》卷一五六《隴右道·西州》　《漢書》云：高昌之地饒漆蜜，多葡萄、香棗、金鐵之類。彼婦女以婆羅樹皮績白疊布，尤好，以充職供。又有石鹽，瑩淨如玉，爲枕貢之。

又《隴右道·庭州》　地産駿馬、緋氈，安悉國有皂莢甚大，食之尤美。以邑西南近大荒，有鼠能害人。又有神樹，花實如柰，風吹之泠然可聽。學道者以遠行必聽此樹音，必有成而速還，不爾則雖風無聲。

又卷一八〇《四夷·西戎》　［車師國］案：《唐史》：葉護馬乳葡萄，一房長二尺，子亦極大，深紫色。

宋　王延德《高昌行紀》　伊州生胡桐樹，經雨即生胡桐律。地産五穀，惟無蕎麥，多美草，不生花。【略】北庭川長廣數千里，鷹、鷂、雕、鶻之所生。

宋　鄭樵《通志》卷一九六《四夷傳》　［高昌］氣候温暖，與益州相似。穀麥再熟，宜蠶，多五果。有草名爲羊刺，其上生密，而味甚佳。地産赤鹽，其色如朱。復有白鹽，其形如玉，高昌人取以爲枕，貢之中國。多蒲萄酒。俗事天神，兼信佛法，國中羊馬牧在隱僻處，以避外寇，非貴人不知其所。又有草實如繭，中絲如細纑，名爲『白疊子』。國人取以爲布，交布用焉。

清　傅維鱗《明書》卷一六七《魯陳》　魯陳，一名柳城，古柳中縣地，去哈密千里，經大川砂磧。無水草，馬牛過此輒死。大風倏起，人馬相失，道傍多骸骨。有鬼魅，行人失侶，白日迷亡。彝人謂之旱海。出川西行至流沙河，河上有小岡，云風捲浮沙所積。道北火焰山，山色如火，城方二三里，四面多田園，流水還繞，樹林陰翳。土宜穄、麥、麻、豆。有小葡萄，甘甜無核，名鎖子葡萄。氣候和煖，風俗醇樸。

清　張廷玉《明史》卷三二九《西域傳》　出大川，渡流沙，在火山下有城屹然，廣二三里，即柳城也。四面皆田園，流水環繞，樹木陰翳。土宜穄、麥、豆、麻，有桃、李、棗、瓜、胡蘆之屬，而葡萄最多，小而甘，無核，名鎖子葡萄。

清　傅恒《皇輿西域圖志》卷四三《土産·準噶爾部·百穀草木之屬》
木之有果者名阿里瑪，有松名哈喇默敦，有柏名哈爾垓，有桃名沙布多里，有李名扎納斯達，有蒲萄名烏珠木，美者可釀酒。木之似枸杞而實正黄者，曰齊齊爾噶納，亦可食。木之無果者，有榆名額稜默敦，有桑名珠珠瑪，有柳名布爾噶蘇，有楊名烏里雅蘇，葉不甚垂，其榦可屈爲肉槽，刳爲舟楫。有樹名胡遜，形如樺，其方苞可爲木椀，其油可以然燈。又有樹曰察爾察，形似山茶，取其葉可以供飲，彼中以之代茶荈，其根上旁出之苞可取以爲木椀。其草之名，則識之者罕。有烏蘭奇奇克者，草本，高三五尺不等，葉形尖細，有微毛，花五瓣，圓寸許，色有深紅、淺紅二種，以四月開，七月落。有沙拉奇奇克者三種：一如内地之虞美人，一如金蓮花，一如小黄菊花。有察罕奇奇克者，花五瓣，色白，葉小而圓，本可高尺餘。有庫克奇奇克者，色綠，花狀如梅。有哈喇庫克奇奇克者，色深碧，有數種，或似野菊，或似翠翹。有曰哈特者，高三四尺，葉小圓而頭岐，花五瓣，小如豆，其色白，結小實如枸杞，色紅黑，其味酸。有阿魏名星恭，出天山麓，根株獨立，枝葉如蓋，臭氣逼人，生取其汁熬膏。有羊刺草，上生刺蜜，味甚甘美。

又《羽毛鱗介之屬》 鳥之屬，有鶴名岑，有鷹名哈爾察該，有鷂名豁爾，有雕名布爾古特，有鴈名喀倫，有鷺名渾間，亦有孔雀名託古斯，其小者則燕名哈拉岱，雀名博克碩爾噶，鴉名克呼，鵲名沙札該，雞名塔奇雅，雉名郭爾郭特，味肥而鮮。【略】有鳥焉，形如雉，色黑，尾白斑，赤睛黄顙，名鷰鸞爾。其獸則有虎名巴爾，有豹名伊爾畢斯，有犀名薩爾魯克，有熊名哈喇古囉蘇，有牛名烏克爾，有兕名布拉克囉蘇。多鹿、麞，鹿名布古，麞名庫德里及，馬名摩林，羸名羅薩，驢名額爾集根，駱駝名特們之屬。有羚羊名布空。盤羊名烏呼勒拉，山羊名伊滿。盤羊之形甚肥碩，山羊之皮甚堅韌，可爲弓把。猪名噶海，蹄多白。狗名諾海，形絶小。兔名洮賚。狐名烏尼。狼名綽諾，大者毛長三四寸。貓名蜜，大者重二三十觔。獺名塔爾巴噶，毛色青，伊犂産者佳。有田鼠名呼魯郭納，貂鼠名布拉罕，灰鼠名克呼穆，銀鼠名烏音。猿名薩爾瑪沁。【略】蛇名謨該，多生水中，有渾身金點者。

又《土産・回部・百穀草木之屬》 紅蘿蔔名則爾達克，白蘿蔔名察木古爾。菜名格咱克。有野葱名闢雅資。黄芽韭名庫爾德。秦椒名塔里瑪穆爾。魯楚胡椒名木爾。楚薑名贊濟必勒。樹之有果者，石榴名阿納爾，蘋果名阿勒瑪，木瓜名必喜，梨名那什巴第，櫻桃名哲訥斯台，杏名額魯克，柿名阿拉瓦莫濟特，核桃名揚阿克，李子名愛納魯。蒲萄，長者名薩伊必，圓者名裕租木，別有緑色者，味倍甘，無核，截條栽地而生，布哈爾部種也，名奇石蜜食。桃名密惕薩沙布托里。棗名奇蘭。其桑椹實大而味厚，名裕珠瑪，可佐糧儲，無子者名沙圖特。無果之樹，則榆名喀喇雅阿特，槐名圖呼瑪克，柳名喀拉薩斡特。大葉楊名喀喇特呼克，有小葉楊，枝附榦直，上不旁出，最堅韌，名之曰蘇斡巴達爾塔喇克。松名喀楚喇，柏名喀爾該，桐名圖呼喇克。花草之形似内地者，如玫瑰名古里蘇魯克，吉祥草名訥爾格斯，小雞冠名塔吉和喇斯，大蜀葵名拉列古勒，千日紅名古里雅蘇曼，鳳仙名赫納，向日葵名阿卜塔卜帕喇斯，狗尾花名喀摩楚古勒。有草焉，沿地蔓爲藤，花紅白子，細而扁圓，可煮食，亦可飼馬，其名曰葉斯穆克。有草實如繭，中絲如細纑，名爲克頗斯，國人取織以爲布。

又《羽毛鱗介之屬》 回部之鳥，雕名布爾古特，海青名喀爾察海，兔鶻名伊特勒古，鷹名鶻斯寒，雅名塔哈納克，雁名噶斯。多鸛而少鶴，鸛名哈爾噶，鶴名琿水。鵓鴣亦巢於木，名克克庫克。鸚鵡曰沙圖提，雉名克爾果爾。班鳩之羽五色陸離，名帕哈達克。鵲之大者幾如雁，名薩克則干。燕名哈爾魯阿特，雀名阿克庫徹喀徹，俱巢於室及濱水之岸。他如畫眉名布勒布勒，百靈名托爾海，倒掛名伊資哈克，鷄鶉名伯德訥，鴿名喀布特爾，雞名圖赫依，皆木棲。【略】其獸則熊名愛伊克，虎名約勒巴爾斯，豹名伊勒必斯，犛牛名喀拉，犀名葉克沙赫馬名阿特，羸名喀齊爾，驢名額伊沙克，駱駝名圖噶，盤羊名固勒札，山羊牡名特克，牝名阿楚庫，黄羊名哲楞，羱羊名布爾喀克，鹿名布輝，牝鹿名瑪喇勒，獐名伊勒巴遜，狼名貝哩，狐名圖勒齊，貍名摩倫，豕名通烏斯，貓名穆舒克，狗名伊特，兔名托什干，鼠名薩特堪，灰鼠名題音，銀鼠名阿爾斯，貂鼠名布勒罕，娑羅鼠名蘇勒遜，獺名喀瑪，蛇名伊蘭。

清 長白椿園氏《新疆輿圖風土考》卷一《新疆紀略》 沙雅爾，小回城也，歸庫車大臣管轄。不設官兵，惟設三品伯克及四五六品伯克各一員，餘悉七品。城南緊依渭干河岸，城垣傾圮荒涼，一村堡耳。回子七百餘户，歲納糧千餘石，銅硝磺之數，較庫車減三分之二。地下濕炎熱，宜於粳稻，瓜果皆佳，而梨尤精絶。多虎，産猞猁猻、狐狸。近城皆葦湖，故夏苦蚊，如霧如塵，日晡尤甚。回人以布爲幎，日夕男女皆入幎中避之。滿城牲畜咆哮，偏身流血，二更後始定。其人村野椎魯，然亦健訟，婦女皆好，顔色悉端麗，無甚醜者。其南近賀卜諾爾，渭干河之歸也。西南馬行八日，至和闐。東南，馬行二十八日，至西藏。

又卷四《回疆風土記・天時》［回疆］春夏多風，但不致揚沙拔木耳。楊、柳、桃、杏、梨、李、蘋婆諸樹，率驗之以風，風則開花鮮豔，結實茂密，每風一次枝葉繁盛一次，漸次濃陰鋪地矣。風後緑霧浮澂，如久雨初霽。切不可雨，雨固不多有，倘花葉正放時，點雨著瓣，花輒枯萎，雨微成陣，則滿樹花似油烹，一年之碩果無存矣。

又《物産》 胡桐，譯言柴也。其樹徧滿沙灘，或數十里成林。而横斜曲側，不任器用，間有端直者，亦不堅實。回人呼之胡桐，言僅可取作燒柴而已。夏日炎蒸，其津液自樹杪流出，凝如琥珀者，爲胡桐淚，自樹身流出色白如粉者，名胡桐鹻。【略】地多蛇蠍，大麥熟時，蝎螫人手指，往往不救得。中國之太乙紫金錠敷之，即愈，奇驗。八叉蟲，新疆在在有之，形類土蜘蛛，色褐而圓，八爪微短，紫口，口有四歧，嚙鐵有聲，偏身黄緑爲章，皮裏通明如繭蠶。生濕地、溝渠及人家多年土壁中。大者如雞子，小者如胡桃。每大風則出穴，逐風而行。入人屋宇，行急如飛。怒則八足聳立，逐人。尋常於人身上往來，切不可動，聽其自去，亦竟無恙。倘少動觸之，輒噬人，最爲毒惡，痛徹心髓，須臾不救，通身潰爛而死。如噬人輕，即取其蟲碎之，尚無大害。若噬人時吐白絲於瘡口，或噬人後走向水中呼吸，則人必死矣。或曰茜草搗冲服之，並敷瘡口，可愈。究之中其毒而能生者，百無一二。回子云：唯求阿渾誦經可活。然吾嘗聞回子有被毒者，皆請阿渾誦經，乃經未終，而其人已終矣。【略】岔口，小鳥也，全似鶉而嘴爪皆紅。生冰山中，千百爲羣，卵遺冰上。極寒之時，卵自綻裂，有鳥飛出矣。【略】胃岔，鵰之黑而大者，高二三尺不等，翎健多力，回地深山中所生。惟巴達克山益西黑鵰尤大而猛鷙，飛則兩翼垂雲，宿山嶺高如駞象。所過之處，人皆避屋中，往往攫去牛馬，翅翎墜地，長輒八九尺或丈餘。【略】豺狼，生回地深山中，高尺餘，長只三尺，形全似狼。百十爲羣，行列整肅，如人之圍獵。遇野牲則羣起而噬之，無得脱者。人或於山巖幽隱之處，用鳥鎗擊殺一二，彼皆羣聚零星分散銜之而去，不使人得骸骨焉。山有此狼虎，亦遷徙很獸也。【略】野羊，生回地深林叢葦之中，色青白，毛長被體，大如驢，面似人形，頦下鬚長六七寸，亦類人之落腮鬍。回人謂其神靈，不敢殺之也。【略】伊犁、烏魯木齊之間有壓油鳥，大如雞雛，色正黑。肥則集人屋宇或院落中，唧唧哀鳴，招之輒集於肩袖，捉而急握之，油自其糞門出，油盡仍縱之去。古云：壓油之鳥以石壓之，取油仍能飛去。即此類也歟？

清　苏尔德　乾隆　《回疆志》卷一《地理》 回疆一帶，大半皆係戈壁，無水草之處。山崗亦係沙土。其平原曠野，亦盡沙積、石灘、鹵鹹之區，草木唯蘆葦、芨芨草、駱駝刺、麻黄、木賊、胡桐、紅柳、瑣瑣紫而已。

又《城池》 哈爾沙爾，原係厄魯特達什達瓦遊牧種地之處，後因變亂，遂廢其城，焚燒林木而逸，其地遂荒。乾隆二十四年，定邊將軍武毅謀勇公兆等平定回部具。

又卷二《禱祝》 喀什噶爾正北八十餘里，山名圖書克塔克，在玉斯圖阿爾圖什山之西四十里，係大雪山。其山高而峻險，皆流沙走石，周圍無可入之路，惟山之裂石隙間有一鳥道，人雖能入，而不可並行，坡盤六七里，上至一山間平崗，方圓約三十餘里，草肥水碧，四面盡懸崖絶壁，斷嶺奇峰，惟可望而不可登。又有甘泉瀑布，流至山窪，聚成深潭數處，且有虬松、蒼柏、楊柳、果木樹。【略】［望山］其中多熊、虎、巨蛇。

又卷三《瓜菓》 蘋果，有大、小、青、紅數種，有大如湯碗者，皮薄而肉沙，列之室中，香氣清馥；另一種如受寒凍壞者，味尤甘，至冬更脆美。石榴，樹不甚大，枝柯附幹，叢生，種之極易，折其枝，盤土中即活。五月開紅花。實有甜、酸二種，與内地無異。惟冬月壓卧于地，用土蒙蓋，至二月去土扶植，發生枝葉。若冬不埋，次年即不結實。桑椹，回疆桑樹甚多，先葉而後椹。椹有白、黑、紅、紫數種，大者長寸許，食之甘美而多漿，熟即落，落後復生，一年結寔四五次。每桑椹熟時，回人不穀食，日以爲當餐。風吹落地者，晒乾作糧，亦可以做酒。葡萄，一根數本，藤蔓牽長。花極細而黄白色。其實有紫、白、青、黑數種，形有圓、長、大、小，味有酸、甜不同。一種色緑而無核，寔如黄豆者，味極甘美；一種色紫而小如胡椒者，即瑣瑣葡萄也；一種色黑形長寸許者；一種色白而大者；皆七八月熟，晒乾可致遠，回人多以釀酒。紅桃，回疆有紅桃，枝葉與内地桃寔無異，二三月開花，色鮮艷，有香氣。

六七月間結實，大如巨杏，色赤無尖，光潤無毛，宛如朱李，食之甘美，多津液。又有桃與内地同，微小。有櫻桃與内地同。酸棗，樹不高大，枝多刺。四月生葉，尖而光。五月開小白花，色微青。結寔大如櫻桃，肉沙而皮厚，仁大，食之酸甜。杏，二三月花開，結寔俱與内地同，惟熟較早。食之沙而甜，性不甚熱，回人飽食以當飯，或以米熟之。杏煮於麪内當醋，亦晒乾杏仁，有甜、苦二種，回人將甜杏仁包於苦杏内食之。梨，梨亦回疆之佳果也。其樹之枝、幹、花、葉，悉與内地同，結實各異。一種大者，皮蒼老，形似木瓜，味酸澁，多渣，留至春月，雖多水仍酸，削去皮着糖煮食尚可；一種圓而大者，皮厚肉薄，雖不甚酸，亦無味；惟一種實差小而尖長者，皮薄肉厚，味極甜而多水。雖各處皆有，然阿克蘇之克爾品地方所産者爲最，留至春間食之，誠不遜奉天之香水、永平之波梨也。但回人多不待熟而早摘，殊爲可惜。沙棗，樹多刺，大者圍餘，葉圓如棗葉而有毛，藍白色，花小而色淡白黄。四五月開花，相離里許，香氣迎人，名之曰香柳。結寔曰沙棗，皮薄肉沙，黄紅色，徑寸許。回人以此做酒，名爲阿拉克。酸梅，幹枝畧似杏，葉稍長，後衆木而花，花色白，狀似梅花，結實如梅子，鮮青乾黑，多水，味極酸。木瓜，樹高大，枝幹稠密，春深開紅花，結實氣香而味酸，亦如内地者。無花果，回地亦有無花果，樹幹大徑寸許，高至五六尺，葉大而厚硬，三尖三豁，形如艾葉而寬。冬月壓卧于地上，覆以土，清明時去土，扶起培種，發苗生枝，不開花，結果於枝杈間。始甚微細，漸長，至八月始熟，大如柑子，非圓非方，形似六稜，皮薄而色黄紫，内包子與茄子相類，食之味甜而香，土人名之曰『俺爾吉』。

又《草木》 楊，樹極高大，枝杈不下垂，不横生，直上凌霄。有圓葉而光潤者，亦有花葉而色白者，有小葉者，幹青白色者數種。回人以此木爲材，用雖易長而不堅硬，故不耐久。凡做房屋，或解板做門牕什物，皆賴之。柳，回地之柳亦有數種，生於曠野。有大數圍、高十餘丈者，有枝杈就地横生復有直上者，有中孔出泉者。植于園圃則成行，密栽稍長則髡去其枝，令其另發嫩條，以備材用。若種于水邊池上以爲美觀，乘凉則疎枝密葉，柔條下垂，皆不作花飛絮，惟于枝條上生團結球，望之微似松塔。土人亦不知名，或云即樹之子，或云是樹之病。榆，枝葉亦與内地同。回人亦知食榆莢。然此樹最少，唯園林墳圻間偶有二三株，皆視爲異木，或此木與水土不宜耶？槐，枝、幹、花、葉與内地同，四五月將開花之際，回人亦知將未開之花採取晒乾，以染黄色，但培植者少，故不足備材用。椿，内地所産者，原有二種，香者爲椿，肌實而赤，嫩其芽可茹；臭者爲樗，肌虚而白。回地所産氣臭，葉大，蓋樗耳。皂角，樹身無高大者，幹枝多刺，葉小而花白，結角大者寸許，回人不知有用。胡桐木，哈密迤西南一帶多胡桐樹。葉似小楊葉，或有如桑葉，柔荆葉者。三四月間，開紫黄心小白花，成簇。大者合抱，木質粗糙，多空心，不中繩墨，不堪材用。回人常以爲柴薪，間有生成花班者，取之雕刻筆筒，做馬鞍。其津液流出至地者，名胡桐鹻，可供洗濯發麪；垂于枝杈間色瑩白者，即《本草》所載之胡桐瀝，爲口齒科藥。紅柳，回地多産紅柳，大者徑二寸餘，高不過五六尺。其葉細而小，花色粉紅，垂如瓔絡，香氣襲人，頗似内地之垂柳、西河柳、沙柳。其木性最堅，大者刳鳥鎗鞘，小者做馬鞭杆、烟袋杆，色紅而細。

又《物産》 虎，回地山谷並無樹木，平地胡桐樹木並蘆葦最多，竟有方圓數十里，叢密人跡不到之處。虎俱藏於其内，較内地之虎身小，毛色淡淺稀疎。未聞有爲人害者，回人獵亦能得之。熊，回疆亦有熊，形似豕，毛灰黑色，冬蟄春甦。臘者謂，好舉木翻石傷人云。鹿，多在葦甸樹林近木處，蓋皆麞也。獵得食之，瘦而無味，較之内地者甚遠。大頭羊，身高二尺餘，長三尺餘，耳、目、口、鼻、腿、足與羊同。毛青而無尾，二角盤旋，粗徑三四寸，長五六尺，産於高山石罅間。山行便捷，如履平地。山羊，形類羖羊，毛青無尾，角有稜節，長四五寸不等。獵而得之，取血晾乾，能治人跌傷、墜馬等症。野猪，大者重三四百觔，猳者嘴兩邊露二牙，極鋒利，能傷人，多藏葦甸密林中。回人雖不食其肉，因其傷害田禾，亦設法掘阱或用鳥鎗擊斃之。石龍，形似蜥蜴，守宫，身有鱗甲，四足爪尖，花頭長鬚，尾與身等，大者長八九寸。多産於山谷石罅間。【略】喜鵲，回地之喜鵲形身、毛色，結巢開門背太歲向太乙，與内地同。唯其鳴聲稍有異於内地者。回人最喜鴉而惡鵲，以爲不吉之鳥，每驅逐之。燕子，回地燕子春末即來，過秋即去，不知於何處過冬，亦營巢於回居以育雛。形狀、毛色，相語呢喃，與内地同。雁，形狀微小，毛色、鳴聲與内地者無異。回人亦捕而畜之，皆不食。鴉，回地之鴉有三種，有黑色者，有白胸白脖項者，有灰色者，首尾、兩翅皆黑色。三種俱青腿、青嘴，灰色者較黑色者微小，嘴亦尖細。八九月間俱飛近人居覓食，至三四月合羣飛入深山。野鴨，狀與鴨子同，身軀微小，毛色極白。左眼角一道黑毛穿頭至右眼角，左耳根一道黑毛穿頭至右耳根。脖上黑毛，脖下白毛，脊上黑毛，其翅膀胸下純是白毛，黑白分明而不混雜。回人捕而畜之，不食其肉。又有黃鴨，與內地同。蝙蝠，回地亦有蝙蝠，但不常見，其形與內地同。哈拉和卓，回疆有一種鳥，身如內地畫眉，嘴長而尖，腿高爪長，黑毛白點，有紅綠閃光，黑白分明。回人養馴，能學人言。八蜡，身類蜘蛛而大，有八足，嘴方四瓣，上下各二瓣。多產於破敗墻壁及戈壁鹻灘之中，遇風即出，毒大，螫人無救。或云，將茜草嚼爛敷治，並飲其湯，可保無恙。

清　和寧　嘉慶　《三州輯略》卷九《物產門》　飛類【注略】：鵰，鷹，鴈，鵲，黑雀，鴿，雀，金翅，鳩，烏，鴟鴞，燕，野雞，野鴨，半翅，沙雞，鷂，鬪雞，鵪鶉，雞，鴨。走類【注略】：馬，牛，騾，驢，駝，犬，豕，羊，野猪，黃羊，鹿，麅，兔，狐，猞猁猻，虎，鼠，猫，狼。木類：松，巴里坤松樹塘，山陰老松徧滿山谷。又松樹皮可熬成膏，名松齡膏，治病。胡桐，《本草》：《西域傳》云：車師國多胡桐。注：胡桐似桐，不似桑，故名胡桐。蟲食其樹而汁出下流者，俗名胡桐淚；其入土石成塊者，名胡桐鹼。今南路回疆處處有之。楊，柳，榆，桃，杏，梨，毆朴，蘋婆，核桃，柏，娑羅樹。葉爾羌署內一株，最高大，他處無之。果類：葡萄，種類最多，出西域者佳，又可以造酒。石榴，桃，杏，梨。西域梨最佳，無渣。

清　鍾方　道光　《哈密志》卷一二《古蹟》　九龍樹，多年古柳，在回城內，一根生九樹接連，青葱豐茂。

又卷二三《物產》　果屬：桃，杏，李，梨，小棗，沙棗，石榴，葡萄，長、圓俱有。胡桃，蘋果。白果。檳子果，俗曰紅果。櫻桃，楸子，桑椹。【略】木屬：松，梧桐，桑，皮樹，楊柳，線柳，白楊，柏，槐，沙棗樹，紅柳樹，臭椿，榆樹。【略】禽屬：雞，鴨，鵝，鵓鴿，雉雞，野鴨，鵰鳩，鵰，鷹，鴈，鷂，野鴿，沙雞，天鵝，半翅子，肐胳雞，絨雞子，水駱駝，大紅袍，洋畫眉，一點紅。獸屬：虎，狐，狸，狼，兔，豆鼠，野猫，黃鼠狼，羊，大尾。猪，大耳。牛，馬，驢，騾，黃羊，大頭羊，鹿，麅，野猪，靈羊，野馬，熊，野騾，毛牛，旱獺，豹，松貂。

清　佚名　光緒　《溫宿府鄉土志・物產・動物》　查本境屬阿瓦提莊，與巴楚州毘連間，產鹿茸、豹皮、狐皮，從無取而製造者。惟鹿茸有鄉民取之，爲數無幾。至牛、羊、馬匹，雖有孳生，亦無成群大宗者。

又《植物》　查本境【略】桃、杏、香梨、平果、沙棗均產，祇供地方食用。

清　周芳煦　光緒　《新平縣鄉土志》之《物產・動物》　牛、馬、羊、燕、雀、鴻、雁，在在所有，非特產也。亦有虎、狼、野猪、山羊，惟野猪大害莊稼，纏民以槍擊之，棄而不取，彼教禁猪故也。

又《植物》　樹木沙棗、柳樹、梧桐、白楊。惟梧桐一種，非內地集鳳之梧桐，此則不及拱把，即已中空，不值工師之求。纏語柴大曰梧桐，蓋爲供爨下材耳。

清　王樹枏　《新疆山脈圖志》　天山之首，曰喀喇租庫之嶺。喀喇租庫之水出焉，東流入於雅滿雅爾之河。其上積雪，是生雪蓮。紀昀《灤陽消夏録》云：塞外有雪蓮，生崇山積雪中，狀如今之洋菊，名以蓮耳。其生必雙，雄者差大，雌者小，然不並生，亦不同根，相去必一二丈。見其一，再覓其一，無不得者。蓋如兔絲、茯苓，一氣所化，氣相屬也。凡望見此花，默往探之則獲。如指以相告，則縮入雪中，杳無痕迹。即劚雪求之，亦不獲。草木有知，理不可解。此花生極寒之地，而性極熱，浸酒爲補劑，多血熱妄行。或用合媚藥，其禍尤烈。有草焉，其狀如韭，夏茂冬枯，根乃化爲蟲，是曰蟲草。今蜀西多有之，名曰冬蟲夏草。食之已寒厥之疾。有鳥焉，如鷄而鶩羽，羣飛山谷間，名曰雪鷄。【略】伊格則克山，由塔拉庫勒山分支南行其上，多松林，產花紋木，薩烏雅河逕其東北，業干河繞其西南。【略】哈喇特山，由西南黑孜爾拉特山分支東行，其陽多松柏，其陰沙哈爾之水出焉，東流滙伊爾克什他木河，入於得爾必楚克河。烏落果山，其上多鷹。《巴楚鄉土志》：烏落果山在城東北一百一十里，削壁嶙峋，上多鷹巢。山下小石山如拳者五。一作烏果治可山。【略】［柯坪］又東北曰木素爾之山，廣員二百里，其上多千年之冰，冰橋之下，厥爲雪海。有鳥焉，如鵰而蒼白，名曰神鷹，聞之已迷。有獸焉，非狼非狐，名曰導途之獸。木札拉提之水出焉，西流折而東南，入於渭干河。【略】［冰山］或突起則高三五百丈，或時沈陷則下三五百丈，道路亦無一定之所。有神獸一，非狼非狐，每晨視其蹤之所往，踐而循之，必無差謬。在神鷹一，其大如鵰，色青白，或有迷失路徑者，輒聞鷹鳴，尋聲而往，即歸正路。益西山峰矗起，林立如筍，望之深青，不可登陟矣。【略】處巉巖怪石，迎面森立，激湍鳴沸，響答林谷，松柏生石隙。【略】額什克巴什山，是山也，常有火，多硫磺、銅鐵。鳥多孔雀。獸多麋、良馬、犎牛。多藥草，側柏、黄連、麻黄、甘草、雪蓮、夏枯草、蟲草之屬。赫色勒之水有三源焉，其二源則兹山之所出也，東南之麓哈喇之水出焉。【略】又東北曰汗騰格里之山，特克斯河水出於其陰，東流三百餘里，折而西以注於伊犁之河。其上多孔雀、犎牛、獺、鹿。【略】又東北曰納喇特之嶺。其陽塔里木哈達之水出焉，南流入於朱勒都斯河。其陰昌曼河之水出焉，北流入於空格斯河。其上多鹿，有獸焉，狀如小兒，善啼笑，名曰人猨。【略】《西域水道記》：昌曼河發自納喇特嶺，數泉噴湧，聚而成川。其地多鹿，諺名鹿圈，即《博物志》所謂鹿暖者也。【略】《西陲紀略》載，雍正中，使臣至準噶爾。《行程記》云：正月二十日，自鄂敦庫爾山東口起程，踰鄂敦庫爾嶺五十里，入西邊山口，兩岸松樹稠密，中間流水潺湲，瘴氣漸清，山水秀麗如畫。【略】又東北曰額布圖之嶺，其上多金，多硫黄，多野馬、黄羊、青羊、麋鹿。其陰額布圖之河出焉，而北流注於布勒哈齊淖爾。亦作喀喇塔拉額西柯淖爾。其陽枇噶蘇台格訥特烏里雅蘇台，諸水出焉，而南流注於珠勒都斯河。【略】又東北曰額林哈畢爾噶之山。【略】其獸多虎、豹、獐、麅、狐、鹿、熊、羆、騊駼、野牛、野騾、野豕。【略】又北曰博克達之嶺，天山絶頂也。其上有雲五色，其下有龍湫七箇，達坂在其南。其陰多銅鐵。有草焉，狀如芙蓉，六十年始花，名曰石蓮，嗅之頭痛。有石焉，名曰雲母，切之光可以鑑。有蟲焉，巨身而赤色，重數十觔，名曰雪蛆。其鳥多鸚鵡，獸多狒狒，木多松柏，藥草多黄蓍、木通、知母、貝母、柴胡、白术、茯苓、黄連、大黄、黨參、防風、甘草、當歸、細辛、半夏、牛膝、獨活、羌活、前胡、芍藥、遠志、川芎、附子、沙參、茱萸、黄柏、欵冬、黄芩、益智之屬。其陰庫里葉圖及多倫，諸水出焉，北流入於地。【略】又東曰庫舍圖之嶺，南通哈密，東北瞰喀爾喀，西達闢展古城。其樹多古松，煎膏食之，令人長壽。其花多雪蓮。其草多一枝蒿。招摩多之河經其下，西流入於巴爾庫勒淖爾。有唐碑焉，觸之則大風雪。其上多木客，或曰雲陽之精。【略】庫舍圖嶺口之山，萬松叢立，四時鬱青。熊懋奬《西行記略》云：松有二種，一種紅松，一種白松，四季長青，紅松換葉，至五月初始發新枝。於此置營塘，洪先輩亮吉經此，作《萬松歌》。松皮可煎爲膏。山中雪深處生花，曰雪蓮，又産草，曰一枝蒿。【略】又西北曰塔勒奇之山，陰爲賽里木湖，周一百里，雪峰環之，水色澂泓，隕擇嶕羽不入於波。夜有赤光，上燭霄漢，名曰淨海。有神羊焉，色青而大角，見則雨雹。其樹多林禽、松、樺、樠、柳，多茶，多藥草，多禮鼠、元獺。有物焉，狀如常鼠，厥名曰鼵。有鳥焉，緑身而長尾，與鼠同穴，厥名曰鵌。其西庫色木蘇克一作庫森木西克。之水出焉，東北流注於布勒哈齊淖爾。即喀喇塔拉額西柯淖爾。其南塔勒齊之水出焉，西南流注於伊犁河，其中多白魚、鯊魚。【略】傍淖爾東北隅有二小池，居人謂之海耳。海側多獺，發其穴，則中通數窟，每窟土基如牀，牝牡偶居，乳雛，積穀。別有異穴，兼有鼠，能拱立，所謂禮鼠也。又有鳥鼠同穴者，鼠如常鼠，鳥長尾緑身，如鵲而小。黎明鳥先出翱翔，鼠蹲穴口顧望，漸走平地，鳥來集鼠背，張翼以噪，鼠往返馳而鳥不墜，良久乃已。是即《爾雅》鵌鼵。郭景純言，鳥鼠同穴山在隴西首陽縣。以今驗之，不僅渭源有此矣。【略】《西域水道記》：阿布喇勒山，在惠甯城正東，一作阿布蘭山，蓋音之轉。自城闉東眺，孤嶂高聳，衆峰皆斷，故諺曰獨山。乾隆二十八年，將軍明瑞建伊犁城，即取此山之木。【略】又西北曰阿爾台之山，是山也，周數百里，東望喀爾喀，西望準噶爾部，南望烏魯木齊，連峰沓嶂，盛夏積雪不消。其樹多松、檜，其藥多野參，獸多貂、狐、猞猁、獐、鹿之屬。【略】[金山]松檜參天，花草彌谷。邱處機《金山詩》云：參天松如筆管直，森森動有百餘尺；萬株相倚鬱蒼蒼，一鳥不鳴空寂寂。【略】喀屯斯克別勒克依山溝，溝内産金，兼産水晶，並松杉大木。俄人取作船料，遊獵者捕貂、狐、猞猁之屬，歲獲鹿茸尤多。【略】[阿勒台山]由山後谷處運出之木料、皮張、松子、蜂蜜等物爲數亦巨。

紀事

元 盛如梓《庶齋老學叢談》卷上

[耶律文獻公子中書令湛然居士]戊寅春三月，出雲中，抵天山，涉大磧，踰沙漠，達行在所。明年大舉西伐，道過金山，時方盛夏，雪凝冰積，斲冰爲道，松檜參天，花草彌谷。金山而西，水皆西流入海。其南有回鶻城，名巴實伯里，有唐碑，所謂瀚海軍。瀚海去城數百里，海中島嶼具皆禽鳥所落羽毛。城西二百里，有輪臺縣，唐碑在焉。

城之南五百里，有和州，即唐之高昌，亦名伊州。高昌西三四千里，有謣端城，即唐之于闐國，河出烏白玉。過瀚海千餘里，有博囉城。博囉南有陰山，東西千里，南北二百里，山頂有池，周圍七八十里。池南地皆林檎，樹陰蓊翳，不露日色。出陰山，有阿里瑪城，西人目林檎曰阿里瑪。附郭皆林檎園，故以名。附庸城邑八九，多蒲萄、梨果，播種五穀，一如中原。又西有大河曰伊拉齊，西城曰哈斯鄂爾多，即西遼之都，附庸城數十。又西數百里，有都爾蕉城。又西南四百餘里，有庫徹城、巴勒布城、喀三城、保喇城。庫徹多石榴，其大如拱，甘而差酸，凡三五枚絞汁盈盂，渴中之尤物也。保喇城邊皆芭欖園，故以名。其花如杏而微淡，葉如桃而差小。冬柰而花，夏盛而實。巴勒布城西瓜大者五十斤，長耳僅負二枚。

清　談遷《國榷》卷一六《成祖永樂十三年》　［十月］癸巳，中官李達、吏部員外郎陳誠等使西域還。誠上《西域記》，歷哈烈、撒馬兒罕、俺都淮、八答商、迭里迷、沙鹿海牙、右賓塞藍、渴石、養夷、別失八里、火州、柳陳、土魯番、達失干、卜范兒，凡十七國，山川物産風俗悉備。略曰：【略】別失八里，沙漠地也，馬哈麻王子居之。王子者，元餘裔，無城郭宫室，隨水草畜牧而已。其王戴小罩剌帽，簪鶩鴿翎，衣禿袖衫，削髮貫耳。婦女裹帛纏項，衣窄袖衣，以肉酪爲食，乳湩代飲。米若麵，時用而已，間種穄麥，織毛布爲衣。有松、檜、榆、柳、細茶、梧桐。六畜之屬羊、馬。最寒，山谷中伏暑尚霜雪。人性獷戾，無君臣上下。其國人云：東連哈烈至撒馬兒罕，故疆也。今西至脱忽麻，北接瓦剌，東南抵于闐河端。于闐有河産玉，又有地名哈石，寶石、金銀之所出。火州在柳陳西七十里，城北近山，地多熱，山青紅若火，故名火州。城方十餘里，多僧少民。東有荒城，古高昌國治也。漢西域長史戊巳校尉亦居此。今隸別失八里。柳陳，古柳縣，在火州東，去哈密千餘里，經一大川至其國。地皆沙磧，無水草，道旁多骸骨，云人早暮獨行，則鬼魅迷死之。四出大川，渡流沙河，有山青紅如火焰，山下城屹然，廣二三里，即柳陳城。四面多田園，環繞流水，樹木陰翳。土宜穄麥、豆、麻、桃、杏、小棗、瓜、胡蘆。葡萄最多，小而無核者名鎖子，甚甘。畜有牛、羊、馬、駝。氣候暖，其俗醇朴，男子椎髻，婦人蒙皂布，髻垂額，俱衣胡衣。男子削髮戴小罩剌帽者，號回回粧。婦人白布裹頭者，號畏兀兒粧。方音皆用畏兀兒，風俗大較同火州。土魯番在火州西百里，即古交河縣之安樂城。城方一二里，地平，氣候暖，少雨雪。土宜麻、麥，有桃、李、棗、杏、葡萄，畜多牛、馬。城中有屋舍，信佛法，多建僧寺。其國在漢爲車師，在唐爲伊西。城西二十里有小城，名崖兒城，城中有新崖，其下二水交流，倚崖爲城，故名崖兒城。城廣僅二里，居人百餘家，相傳古交河縣治，又云古車師國王所居也。今土魯番居之。鹽澤在崖兒城西南，去土魯番三十餘里。城居平川，廣二里，居民百餘家。城北有鏤山，産石鹽，殊堅白，可琢爲器，器盛饌，可以不和鹽，故名鹽澤。哈烈者，諸胡往來要地也。其北有山界瓦剌，其西接火州等城，其城居平川，周三四里，開二門。東有溪西北流，地鹹鹵，間有楸、杏。濃種須糞壤，種惟豌豆二麥。人性獷悍，與蒙古回回雜處，而禮俗殊異。

清　王樹枏《新疆山脈圖志》　［小貢古魯克］澗水出口，向東南流，一路戈壁，柴草缺乏。二十日由喀依車口入山，約四十里，有廢卡一所，山形左右穿插相錯，水涯樹木叢生。【略】《東歸日記》：二十六日至松樹塘，一路近山行走，愈近愈妙，雖係山陰，而山頂雪厚，日光照耀，半山以下松樹聳翠，千重萬疊。此山直接伊犂，天山一脈，石骨嶙峋，草緑如茵，流泉百道，野花爛發，異香襲人，極壯游之樂事。對面山脚下有沙坡一段，獨無青草，横長數十里。【略】林則徐《荷戈紀程》：壬寅十一月初六日庚戌黎明，大風天陰，過一卡倫，循海子而西，沿途風濤之聲，四十里松樹頭，海子始盡，兩山劈開，千松挺立。行人謂之『過達般』，不知其名，考前人記載，當是塔爾奇山。大雪飄洒，有店，小坐。雪稀過山，山爲行者所憚，實不甚峻，東來上山少，下山多，西來則反是矣。下後，峰迴路轉，俗名『果子溝』，實塔爾奇溝也。祁鶴皋先生《行記》稱奇絶仙境，如入萬花谷中。值冬濃碧嫣紅，不可得見，而沿山松樹重疊，不可計數。雪後巖白松蒼，天然圖畫，古徑幽折，泉溜清冷。二十里中，步步引人入勝，誠不僅作山陰道上觀也。過橋十餘道，二台宿，晚雪霽。【略】方士淦《東歸日記》：道光戊子三月十八日，四十里至頭台進果子溝，又四十里住二台果子溝，兩山矗立，松樹參天，中有澗溪一道，迤邐盤曲。小橋四十二道，石壁巉巖，青緑相間，人在畫中行，山景之佳，甲於關外。保文端修平山路，利賴至今。余丙戌子月過此，大雪彌漫，半夜始到二台，停車達巴上度夜，但見松林茂密，野獸奔馳，冰塞長沙，雪滿羣山，爲平生所僅見。

清 紀昀《如是我聞》(引自嘉慶《三州輯略》卷七) 烏魯木齊，泉甘土沃，花草繁盛。江西臘，五色畢備，朵若巨杯，瓣葳蕤如洋菊。虞美人，花大如芍藥。大學士温公以倉場侍郎出鎮時，堦前虞美人一叢忽變異色，瓣深紅如丹砂，心則緑如鸚鵡，映日灼灼有光，似金星隱耀，雖畫工設色不能及。公旋擢福建巡撫去。余以彩線繫花梗，秋收其子，次歲種之，仍常花耳。乃知此花爲瑞兆，如揚州芍藥偶開金帶圍也。

藝　文

唐 岑參《天山雪歌送蕭治歸京》(引自《全唐詩》卷一九九) 天山有雪常不開，千峰萬嶺雪崔嵬。北風夜捲赤亭口，一夜天山雪更厚。能兼漢月照銀山，復逐胡風過鐵關。交河城邊飛鳥絶，輪臺路上馬蹄滑。晻靄寒氛萬里凝，闌干陰崖千丈冰。將軍狐裘卧不暖，都護寶刀凍欲斷。正是天山雪下時，送君走馬歸京師。雪中何以贈君别，惟有青青松樹枝。

元 耶律楚材《湛然居士集》卷一《過金山用人韻》 雪壓山峰八月寒，羊腸樵路曲盤盤。千巖競秀清人思，萬壑争流壯我觀。山腹雲開嵐色潤，松巔風起雨聲乾。光風滿貯詩囊去，一度思山一度看。

清 紀昀《紀文達公遺集》卷一四《烏魯木齊雜詩》 山圍芳草翠煙平，迢遞新城接舊城。行到叢祠歌舞榭，緑氍毹上看棋枰。

又 廛肆鱗鱗兩面分，門前官柳緑如云。夜深燈火人歸後，幾處琵琶月下聞。

又 南北封疆畫界匀，雲根兩面翠嶙峋。中間岩壑無人跡，合付山靈作守臣。

又 城南風穴近山坳，一片濤聲萬木梢。相約春來牢蓋屋，夜深時卷數重茅。

又 紅笠烏衫擔側桃，蘋婆杏子緑蒲桃。誰知只重中原味，榛栗楂梨價最高。

又 依稀諫果兩頭纖，松子來從雪嶺南。嶺上蒼官千萬樹，只能五鬣緑鬖鬖。

又 槐榆處處緑參天，行盡青山未到邊。只有垂楊太嬌稚，纖腰長似小嬋娟。

又 依依紅柳滿灘沙，顔色何曾似絳霞。若與緑楊爲伴侣，蠟梅通譜到梅花。

又 河橋新柳緑濛濛，只欠春園杏子紅。珍重城南孤戍下，剛流一樹裊東風。

又 前度劉朗手自栽，天桃移得過山來。阜康城内園池好，尚有妖紅幾樹開。

又 山珍入饌只尋常，處處深林是獵場。若與分明評次第，野騾風味勝黄羊。

清 愛新覺羅·弘曆《清高宗詩三集》卷三一《鶭鸑爾有序》 尚書阿桂還自伊犂，以所獲鶭鸑爾鳥進，色正黝，尾中散白點如雪糁，赤睛黄匡，翎戢戢騈半雉扇然。詢其名，既無義可索，或請按《鳥譜》近似者當之，予曰『否，否』。昔夏后羽毛作貢，厘中土職方恒産。厥後吉光生翠，又不越嶺表炎洲而止，且名率侈艷，弗深考。乃者新域既屯既城，綏遠所徵繁志實是賴，則思曩者剡笴之雄風，紀今時鳴岐之雅，則不其韙乎？爰仍其名，命郎世寧爲之圖，而系以詩。

鶭鸑爾何出，伊犂沙水潯。戍還因致此，鳥譜絶難尋。項背如鶺雉，間關學戴鵟。白斑黑尾點，黄暈赤睛深。忽得犽京闕，能無憶故林。聊將紀殊域，非是寶珍禽。

清 紀昀《烏魯木齊賦》(引自《三州輯略》卷八) 其木則垂連亂，拔千尋，滃茸騈蔓，發觚蔚蓼。循河堧以極目，翠千里之濃陰。火雲韜耀於高枝，長風自鼓於密林。宜恢台之彤暑，選美蔭以延清。若夫薙魁庬，供薪蒸，冬夏陰陽，周官是循。方轅以載，昕夕相軔。樠窩者不改其茷楙，莩甲者益蔚其宗生，允矣。泰媪億載之儲蓄，供取材落實於昌辰。其果蓏則有蒲桃、馬乳、崖密、鶯含。密櫻桃，《爾雅》注：大而甘者，謂之崖密。《呂覽》注：鶯所食，故曰含桃。【略】羽類則花鳥藻其鍬臆，鳳冠綷於矩朱。仙驥雜網而自舞，爽鳩脱鏃而可呼。鵰鶚鷙厲，搏擊平蕪。鵲止枯澁，烏翹畢逋。惟舞鑑之瑞翼，歲作貢於皇都。莫不聱耴皋澤，雕啄菰蒲，刷羽儀而引吭，倏湛淡以凌虛。蹄類則牛牟駝圈，兔躍鹿技，狐祥翰翠，豕饜梓肥。

清 洪亮吉《瞭臺三老柳行》（引自《三州輯略》卷九） 自根及頂僅二尋，老幹横皺忽千丈。枝梢幸遇陂陀轉，不爾居然勢奔放。驅車覓路尤盤曲，騎馬入林時俯仰。風飄羊角忽迅厲，枝撼鵲巢頻震蕩。排空欲攫雷電影，入暝争言鬼神狀。清泉竟爾流根窟，飛瀑無端掛枝上。半晴半雨勢乍分，一幹一枝形不讓。近看十户居民繞，遠與萬株松翠抗。鍊形或是倚丹井。挺榦終須抉青嶂。距村十里復掉頭，攔路青葱尚堪望。

臺港澳部

臺灣

綜 述

三國吴 沈瑩《臨海水土異物志·夷洲》 夷洲在臨海東南，去郡二千里，土地無雪霜，草木不死。四面是山。

宋 樂史《太平寰宇記》卷一七五《四夷》 ［流求國］有熊羆、豺狼，尤多猪、鷄，無牛、羊、驢、馬。厥田良沃，先以火燒，而引水灌之。持一插，以石爲刃，長尺餘，闊數寸，而墾之。土宜播種，樹木同江表。多闊鏤樹，似橘而葉密，條纖如髮，紛然垂下。

元 汪大淵《島夷志略·彭湖》 島分三十有六，巨細相間，坡隴相望，乃有七澳居其間，各得其名。自泉州順風二晝夜可至。有草無木，土瘠，不宜禾稻，泉人結茅爲屋居之。氣候常暖，風俗朴野，人多眉壽。男女穿長布衫，繫以土布。煮海爲鹽，釀秫爲酒，採魚蝦螺蛤以佐食，爇牛糞以爨，魚膏爲油。地産胡麻、緑豆。山羊之孳生，數萬爲羣。家以烙毛刻角爲記，晝夜不收，各遂其生育。工商興販，以樂其利。地隸泉州晉江縣。至元年間立巡檢司，以週歲額辦鹽課中統錢鈔一十錠二十五兩，别無科差。

又《琉球》 地勢盤穹，林木合抱。山曰翠麓，曰重曼，曰斧頭，曰大峙。其峙山極高峻，自彭湖望之甚近。余登此山則觀海潮之消長，夜半則望暘谷之出，紅光燭天，山頂爲之俱明。土潤田沃，宜稼穡，氣候漸暖，俗與彭湖差異。【略】地産沙金、黄荳、麥子、琉黄、黄蠟、鹿、豹、麂皮。貿易之貨，用土珠、瑪瑙、金珠、粗碗、處州磁器之屬。海外諸國，蓋由此始。

清 王士禎《分甘餘話》卷三 臺灣物産多異中土，按東郡太守孫湘南元衡《赤嵌集》所録，有波羅蜜、狀如米，頂中分十數房，似蓮瓣抱生，其色黄，其味甘，房各一實，煮食似栗。鳳梨、通體成章，抱榦而生，葉自頂出，森若鳳尾，其色淡黄。香果、花有鬚，無瓣，色白，其實中空，内如蠟丸。羡子、俗曰番蒜，或作檨，其種云佛國所傳。刺桐花、色紅如火，號刺桐城。番茉莉、花千層，大如菊。鐵樹花、狀如竹絲燈籠，廣張千瓣，瓣各一花。蝴蝶花樹、曇花、葉叢生，如帶濶五寸許，旁生方莛，著花高五尺許，花色純紫，在法華寺，亦西方種。午時梅、色紅，午開，子落。紅繡毬、黄美人蕉、迎年菊、與秋花無異，惟紫色。一種開歷冬春。石榴花。臘月開。

清 蔣毓英 康熙《臺灣府志》卷四《物産》 果之屬【注略】：檨，菠蘿蜜，木瓜，鳳梨，椰子，檳榔，荖藤，桃，梅子，石榴，番石榴，柑仔蜜，番柿，柚，葡萄，蓮子，芭蕉果，桄榔子，甘蔗。【略】竹之屬【注略】：貓竹，刺竹，笙竹，長枝竹，鳳尾竹，籬仔竹，蘆竹，江南竹。木之屬【注略】：樟，楓，厚栗，黄心，百日青，桐，柳，樸，赤鱗，烏裁，象齒，夏梅，埔柿，山荔枝，埔荆，苦楝，柏仔，黄目子，茄藤，林茶，土杉，水漆，九芎，咋柴，藍茶，蓖麻，九荆。花之屬：刺桐，山丹，紫荆，芙蓉，佛桑，照殿紅，樹蘭，指甲，梅花，百葉榴，百葉紅桃，百葉白桃，桃花，三友花，木錦花，唐棣，長春，麗春，薔薇，玉樓春，末麗，金絲蝴蝶，一丈紅，蓮花，菊花，玉芙蓉，皷子，夜合，千日紅，金錢，蓮蕉，海棠，番蘭，鹿葱，月下香，鷄冠，金銀花，素馨，免絲，老來嬌，曇花。羽之屬【注略】：鵓鴿，鶺鴒，雉，烏鴉，燕，鳩，白鷺，畫眉，鳾鴒，布穀，梟，雀，鷗，釣魚翁，伯勞，鶯，鴟，鷹，烏須，白頭翁，鬼鳥，鸕鷀，海雞母，黑鸛，國公鳥，竹雞，蘆雞。毛之屬：金錢豹，麋鹿，麂，麕，麏，兔，豬熊，猴，山豬，山貓，獺，鼠。

清 林謙光 康熙《臺灣紀畧·物産》 鳥之屬有鴉、鷺、鸂鶒、鴛鴦、杜鵑、班鳩、瓦雀、鶺鴒等類。鴻鴈、燕、鶯，有而希見。鵲與鸜鵒，則其所絶無者。山無虎，但有豹，亦不噬人，故鹿、麚、獐、麂之屬成羣徧野，莫爲之害。野牛最蕃滋，設栅欄圍之，有典牧之，官董其數。農夫乏牛者，稟命於官取之，至老而無力，則縱之去。澤中有大黿，時游水濱，人取而食之。菓之美者，檨爲最，狀如猪腎，味甘冽，可敵荔支，越宿即爛，故難到遠地。次莫若波羅密、梨仔、茇王梨、芭蕉子、石榴、桔、柚、椰、梹榔、甘馬弼等類。各方共産，荔支、龍眼則間有之。花莫如四季錦邊蓮，而蘭、桂、梅、桃、拒霜、刺桐之類次之，所少者獨牡丹耳。內山樹木之大者，多洪荒時物，人至不能識其名。竹有大如斗，高數十尋者。地多藤，盤旋里餘，可爲椗索及縛茅屋之用。

清 黃叔璥《臺海使槎録》卷三《物産》 班支花，一作斑枝，以枝上多苔文成鱗甲也。較茶花尤大，色深黃，蓓蕾堅厚，結實如綿。陳觀察子京云：即係木綿，粵西花更大，色紅，爲稍異耳。鷹爪蘭，一名油蘭花，似蘭無心，香味滯膩，嗅之令人作惡，結子如棗，一叢二十餘枚，攢簇如桃，名鷹爪桃。倒垂蘭，出北路內山，枝屈曲如梅，葉似萱，短而厚，不著土生，取一枝桂簷陰雨露所及處，自能生根，抽芽出葉開花，花似蘭，色黃碧，微香。木蘭，花如粟淡黃，芳似珠蘭，樹本大者圍數尺，名樹蘭。水仙，歲底盛開，一本五六莖，一莖可十餘蘂，鮮芳絶倫。廣東市上標寫臺灣水仙花頭，其實非臺産也，皆海舶自漳州及蘇州轉售者，蘇州種不及漳州肥大。美人蕉，花紅、黃二種，黃者尤芳鮮可愛，四時不絶，有高丈餘者，子堅黑，或作小念珠。蕉，有芭蕉、金蕉。芭蕉不結子。金蕉花如蓮，色紫不鮮，每花結子一梳，名蕉果。凡蕉果一枝五六層，每層數十枚，排比而生，剖食味亦甘。《異物志》載羊角蕉，子大如手拇指，長而鋭，有似羊角者，此也。《南方草木狀》：蕉樹子房相連累，甜美，亦可蜜藏。臺地村舍後每廣植之，四時皆生，藉以獲利。性寒，婦人産後，每以蕉果少許置兒口中，謂能清熱。番繡毬，蔓生，葉厚可一錢，花白色，底瓣似通草爲之，心微紅而堅，明亮如礬。番花，葉大於枇杷，枝每三叉，花有五瓣、六瓣者，外微紫，内白色，近心漸黃，香似梔子，夏秋多開，冬則葉落，但名番花，似屬統稱。《廣東志》云：貝多羅來自西洋，葉大而厚，梵僧用以寫經。花大如小酒杯，六瓣，瓣皆左紐，白色，近蘂則黃，有香甚縟，落地數日，朵朵鮮芬不敗。乃知此爲貝多羅花也。番樹，大如槐，枝幹離奇，或似臥松，結實如槐角，皮紅時綻裂，肉白可食，名曰莿豆，一名番豆。曇花，一枝數十蘂，一蘂長七八寸，花六出，外紫內白，頗似蓮香，亦有白色者，摘置几案間，經時暑不損壞，花蘂仍然開放，是一異種。僧家言是西方小本。刺桐花，每枝可數十蘂，一瓣包裹數鬚，似剪綵爲之，爛熳若朝霞，臺郡最盛。辛丑春，無一開花者，遂兆朱一貴之亂，甚奇。後遂於花時占一年盛衰。寶相花，似薔薇，色白，瓣較多，惜不甚香。佛桑，一名朱槿，高不逾五六尺，四時皆花，花有深淺紅淡黃各色。紅則熖熖燒空，尤爲奪目。又有名一丈紅者，葉與佛桑相似，花單瓣，狀如秋葵，而殷紅綽約，較佛桑更爲照眼。《臺灣隨筆》云：照殿紅，樹甚高，花如巨觥，色紅無二。意即一丈紅耶？茉莉，最易栽植，番茉莉較大，種自柬埔寨來，花徑寸，百餘瓣，早晚街頭有連十餘蘂簽成一枝，有連數十蘂爲一串，買置牀榻，殊有妙香。棗子檳榔，即廣東雞心。粵人俟成熟取子而食，臺人於未熟食其青皮，細嚼麻縷相屬，即大腹皮也。中心水少許，尚未成粒，間有大者，剖視其實，與雞心無二。或云：粵人食子，臺人食皮。一色青者爲雄，黑臍者爲雌，雄者味厚，雌者味薄。顆向上長者尤貴，蠣房灰用孩兒茶，或柑仔蜜染紅，合浮留藤食之。按《范石湖集》云：三頂在嶠南，人好食檳榔，合蠣灰、扶留藤，一名蔞藤，食之輒昏，已而醒快。三物合和，唾如膿血，可厭。蔞藤，一作浮留藤。土人誤作爲荖，字釋無荖字。臺地多瘴，三邑園中多種檳榔，新港、蕭壠、麻豆、目加溜灣最多，尤佳。七月漸次成熟，至來年三四月，則繼用鳳邑瑯嶠番社之檳榔乾。種檳榔必種椰，有椰則檳榔結實必繁。椰樹葉少，林高，椰子外裹粗皮如椶片，內結堅殼，剖之白膚盈寸，極甘脆，清漿可一椀，名椰酒。東坡詩『美酒生林不待儀』，此也。《廣東志》：椰心色白，而甘在酒中，大小不一。凡揀椰子，以手摇之，聽水聲清亮，則心大而甜，其肉厚，水聲濁則否。蓋椰心以水而養，無水則無心，往往而是。又有椰油可佐膏火。或云：用火炙椰，其油自出，療齒痛、凍瘡極效。臺地夏無他果，惟番檨、蕉子、黃梨視爲珍品。春夏有菩提果，一名香果，芳馨，極似玫瑰果，當以此爲第一。檨，三種，香檨、木檨、肉檨。香檨差大，味香，不可多得。所食者木檨、肉檨，曬乾用糖拌蒸，亦可久藏。臺人多以鮮檨代蔬，用豆油或鹽同食。北路自半線以上則絶無矣。字釋無檨字。色味似杏，或是番杏誤作檨。檨實大如豬腰子，葉尖長。《居易録》作番蒜。

五月熟，大如頻婆，味甘香，多津液，樹大而葉圓，非是。波羅蜜，一名優鉢曇。《廣東志》：南海廟中舊有東西二株，高三四丈，葉如頻婆而光潤，蕭梁時，西域達奚司空所植，他所有皆從此分種。生五六年至徑尺，削去其杪，以銀鍼釘腰，即結實。成實乃花，然常不作花，故佛氏以優鉢曇花爲難得。每樹多至數十實，自根而幹、而枝條，皆有實纍纍疣贅。若不實，則以刀砍樹皮，有白乳湧出，凝而不流，則實，一砍一實，十砍十實，故一名刀生果。熟以盛夏，大如斗，重至三四十觔，皮厚，有軟刺，礧砢如佛頭旋螺，肉含純瓤，間疊如橘柚囊，氣甚芳郁。有乾濕苞之分，乾苞者液不濡膩，味尤甜。每實有核數百枚，大如棗，仁如栗黄，熓熟可食，能補中益氣，悦顔色。《志》云『色绿似如來頂，液粘如漆』是已。其子却似橡實，每一子爲一房，熟而食之，味似百合，子不可生食，瓤可生食，亦不甚甘美，終不似橘、柚味佳也。土人用波羅蜜子煨肉，黄梨煮肺，亦海外奇製。【略】龍眼，顆小味薄，六七月熟。荔枝皆自内地來，藍總戎廷珍每貽漳州狀元紅，紫綃玉膚，甘如醴酪，每以海上風阻，不得日食三百，殊爲憾事。香橼，初夏即熟，長似木瓜，上下微尖，拌蠟匀檀，較軟羅圓皺稍遜矣。木瓜，樹幹亭亭，色青如桐。每一枝一葉，葉似萆麻，大者尺餘，花白色，生杈椏間。瓜凡五稜，無香味，居民用鹽漬以充蔬。《諸羅志》謂《毛詩》『投我以木瓜』即此，殊非。按《果譜》：木瓜，一名楙，一名鐵脚梨，樹叢枝，葉、花俱如鐵脚海棠，葉光而厚，春末花開，紅色微白，實如小瓜，或似梨稍長，色黄如著粉，津潤不水者爲木瓜。此地所産，與内地木瓜絶不類，豈可以稱謂偶同，遂妄爲引據乎？【略】楠，生深山中，裂土而出，全體悉具，蓋與竹筍相同，兩葉始蘖，已大十圍，歲久則堅，終不加大。《稗海紀游》大松生水沙連，合抱成林，生番所居，莫敢采伐。相傳山後崇爻、黑沙晃諸山有松，有杉，有梅。蕭朗木，大者數圍，性極堅重，入土千年不朽。然在深山中，野番盤踞，人不能取。洪水漂出，僞鄭取以爲棺，實美材也。南路打狗山有香木，色類沉香，味較檀尤烈，不名何香，土人亦不知貴。傳説昔年有蘇州客商能辨之，載數十擔去。後有官某，作爲香杖。今所存者，零星碎木，見爲扇器者。娑羅樹，中空，四圍折疊成圓形，尤異。花紋糾結盤屈如古木狀，用貯管城，因其材也。水沙連茶，在深山中。衆木蔽虧，霧露蒙密，晨曦晚照，總不能及。色绿如松蘿，性極寒，療熱症最效。每年通事於各番議明入山焙制。内山林木叢雜，多不可辨，樵子采伐鬻於市，每多堅質。紫色竈煙，間有香氣拂拂。若爲器物，必係精良，徒供爨下之用，實可惜。倘得匠氏區别，則異材不致，終老無聞，斯亦山木之幸也。木有交標，可爲樑柱。九荆小而不高，苑屋用以爲柱，入土不朽。又有白樹，色白，可以爲器。此皆内地所無者。竹亦可爲器用，但質薄劣，蛀蟲易生，不能經久。遍處皆竹，數十竿爲一叢，遠望若柳，絶無蕭疏之致。生筍不出叢外，皆不堪食。夏月街市亦有煮熟肩賣者，味酸苦，難以充庖。《諸羅志》謂竹塹、岸裏之筀竹筍，味甚佳。觀音竹，枝弱葉小，藝植盆中，亦可供玩，一名鳳尾竹。志載佛眼竹、金絲竹，俱未見。江南竹，亦名南竹，魚港籬落每用之。【略】白鳩，每當風雨舞翅盤旋，霜衣雪襟，可爲近玩。或呼爲洋鴿，云自嘎喇吧來者。初開臺時，一雙不下二十金，近飼養將雛者多，價不及十分之一。海八哥，黑身，紅頂，绿足，一名田雞。烏鬚，鷙鳥也，能搏擊羽族，尾長，黑色，時集於田間牛背上。聞有鳥名彩囊，似雞而小，頂上有五彩囊。五鸣鸡，大如鵪鶉，项白，每漏下一鼓则一鸣。雷舞，苍赤色，闻雷即舞，未见。白八哥，白畫眉，亦未見。或云鹽水港、統領埤加冬樹大數圍，其上每年生白八哥。相近居民，伺其將雛，攫而飼之。番鴨，大如鵞，足微短，兩頰紅如雞冠，雄者色更赤。畜之，常飛去。人每載入内地，然褷褷唼唼，無足充玩。山無虎，故鹿最繁，昔年近山皆爲土番鹿場。今則漢人墾種，極目良田，遂多於内山捕獵。角尾單弱，絶不似關東之濯濯，角百對，只可煎膠二十餘觔。鹿雖多，街市求一臠不得。冬春時，社番截成方塊，重可觔餘，皆用鹽漬，運致府治，色黑味變，不堪下箸，而值亦不輕。福州東島，視彭湖爲近，内惟産鹿，千百爲羣，島人捕得，取其腸胃，連糞食之，以爲至美，其全體則鬻之。福州人今所鬻鹿脯、鹿筋，皆東島物也。《玉堂薈記》鹿以角紀年，凡角一岐爲一年，猶馬紀歲以齒也。番人射鹿爲生，未見七岐以上者。向謂鹿仙獸多壽，又謂五百歲而白，千歲而玄，特妄言耳。竹塹番射得小鹿，通體純白，角才兩岐，要不過偶然毛色之異，書固未足盡信也。《番境補逸》臺灣多野牛，千百爲羣。欲取之，先置木城四面，一面爲門，驅之急則皆入，入即扃閉而饑餓之，然後徐施羈靮，豢之芻豆，與家牛無異矣。《居易録》按：木城，應作木栅，飼蔗葉，非芻豆也。馬，小而力弱，異於内地，内山有山馬。水沙連、紅頭嶼出黄羊，有鬻其皮以爲褥者。山鼠，土人捕獲，以蔗梗填腹，去毛炙黃，合豬肉煮食。又山貓，取其毛以束筆，微短而軟。鄉間亦有捕蟬，紙裹煨熟以下酒者。

清　陳文達　康熙《鳳山縣志》卷七《物產》

果之屬：西瓜【略】龍眼，形圓如彈丸，殼黃，肉白而甘味，亞內地。後荔枝熟，又名爲荔奴。檨，實如猪腰子，熟於夏。有香檨、木檨、肉檨三種。香檨最佳而少，木檨次之，肉檨爲下。此臺果之上者。肉粘於核，必切片而始堪食也。按：檨，《正韻》無此字，臺人因其名，會意書之。波蘿蜜，實生樹幹，大如斗。色綠，似如來頂，液粘如漆。子略似栗，熟而食之，味亦頗甘。橘，柑屬，江以南多有之。皮薄而光，俗通呼爲柑，誤矣。又有公孫橘，長年俱花；實前結者紅，後結者青。味酸，不堪食。柑，橘屬，皮厚而皺，種類甚多。鳳山止有紅柑、雪柑二種，其味比內地頗酸。木瓜，樹直而高，無旁枝。花色白，實結於幹。醃而食之，甚佳；能療足疾。見『藥部』。鳳梨，葉似蒲而濶，兩旁有刺。果生叢心中，至熟而色黃，味酸甘。末有葉一簇似鳳尾，故名。釋迦果，樹高出墻，實大如柿，色綠，如釋迦頭，味甘而膩，熟於夏、秋之間。又名番梨。椰子，樹高數丈，無旁枝，似檳榔而幹尤大。殼堅，可作瓢。殼外有衣如椶，用以洗鍋，可去油垢。檳榔，樹似栟櫚，葉亦相類。幹有節，有房如籜。花在房中，花開而房脫；色白，細而香。一穗結實數百粒，熟於秋。切開，夾以扶留藤、蠣灰食之，可去瘴氣。淡水產甚多。扶留藤，蔓生，子如桑椹，其藤可夾檳榔而食，根尤佳，俗呼爲蔞藤是也。桃，花開於春，熟於夏，味酸於內地，亦不及北淡水之多。又載『花部』。梅，四月熟，味酸而生津，所謂『望梅止渴』是也。北淡水多於南淡水。又載『花部』。石榴，種自塗林安石國，故名安石榴，有紅、白二種，紅者實大而味甜，白者實小而味酸澁，可療痢疾。番石榴，俗呼梨仔茇，花白而味香。實大者如榴，皮青，肉微紅，氣濁，非佳果也。曠野之地，無處不生。柑子蜜，形如彈子而差大，和糖，可充茶品。番柿，形似柿，有毛，俗所謂生毛柿是也。柚，種類甚多，鳳山有紅、白二種。其味酸，比內地之文旦仙凡矣。菱【略】甘蕉，俗呼爲荊蕉，又曰牙焦。花色紅如蓮，子隨花闔；一闔有十餘子，闔落而子現，味甚甘美。桄榔子，五月熟，子若多生，則是歲有年。樹似栟櫚，中有屑如麵。甘蔗【略】。菩提果，俗名香果，花白，實青黃，味甘而香。置諸几案，以供清玩，真不愧其名云。香櫞，俗曰香圓。初生色青，熟則黃，味淡而香，四時俱有。佛手柑，狀如佛手，其指有屈者、有伸者。色黃，中無肉，其味清香異常。

又　竹之屬：莿竹，竹之極高大者，旁枝橫生，而多莿。鄉人種之屋後，亦可以防盜。茅屋梁柱悉資之，爲用甚大。長枝竹，椅、棹、床、橱皆資其用，亦名黨腳綠。鳳尾竹，俗呼觀音竹，一名箭竹，幹小、葉細，高止六、七尺。麻竹，比莿竹尤大，質不堅韌，車籠、糖籠、倉笨等物悉資之。空涵竹，產山中，高二丈許，圍二、三寸，無旁枝。草屋則以爲桷。椶竹，皮似椶而節密，高不滿四尺。蘆竹，似黍，生水涯濕處。

又　木之屬：樟，即豫章也。大者數抱，歲寒不彫。久年即內腐而中虛，不堪成材。楠，即柟也，色稍黑，遜於內地。又有土楠，質堅，爲輔輻之用。猴栗，木性甚堅，可爲梁柱，與栗亦無甚異。樸，樹高大。《通志》曰：葉如加條差小，皮鱗皺而厚。百日青，俗名土杉，雖枯，而色尚青也。柳，《本草》：柳花名絮，即楊柳也。多種水畔。又有御柳，幹赤，條細如綠絲，亦名垂絲。赤鱗，赤色，皮鱗。質堅，入土雖朽；大者取爲車心。烏栽，皮色黑，其質不堅，供薪而外，別無所用。象齒，木直而色白。人多取以爲桷。荊，樹無甚大，隨處皆生。有五葉、七葉二種；七葉者，能療中暑之症。楝，葉似槐而尖。春至而開花，實如小鈴，俗謂之苦楝子。唐詩有『楝花開後春光好莿』之句。萬年青，枝圓，色綠，無花，葉高至丈餘。一名綠珊瑚，又名綠玉樹。黃目樹，樹高大，質脆，實可澣衣。茄藤樹，產海濱，可以供薪。菻茶，樹類鳳梨，而高大至丈餘。鄉人多於園外密種之以爲籬，牛羊不得入。水漆，生海泥中，皮有黏液，着膚則腫。用以編籬，多生枝葉。九荊，樹如紫薇。村落草屋及編籬，多用爲柱。俗呼爲九芎。榕，大者垂蔭可餘丈。王敬美曰：多根，故易茂而難拔；不材，故寡伐而長壽。楓，《說文》曰：楓木厚葉弱枝，善搖。漢宮殿多植之。至霜後，葉丹可愛。《爾雅》曰：楓攝攝。以其求風則鳴也。莿桐，垂陰如梧桐，開花如連焦而大，恍惚班支，一枝數十蕊，色鮮紅；先花後葉。無地不種。破故子樹，葉似梧桐而小。結實如苦楝，醃之可食，且能消積。桄榔，樹似栟櫚，中有屑似麵。木有文理，堪以爲用。

又　羽之屬：鳶，鴟類。《禽經》曰：暮鴉鳴，則小雨；朝鳶鳴，則大風。

鴿，人家畜之，能知往還。鸛，狀類鶴，但小而無朱頂。《禽經》曰：鸛俯鳴則陰，仰鳴則晴。鵜鴒，《爾雅》曰：鵜鴒，雝渠。郭璞注：鵲屬也。習則鳴，行則搖。雉，雄者有冠，尾長，身具五彩；其羽爲翟。雷始動，則雉鳴而雊。烏，《爾雅》：純黑，反哺者爲慈烏；腹白，不反哺者爲鴉。亦名鷽，《詩》曰『弁彼鷽斯』是也。燕，《説文》曰：燕作窠，避戊己。陶隱居曰：胸紫、身小爲越燕，胸班黑而聲大者名胡燕。鳩，即班鳩也，與内地異。色青黑者，曰班甲；項下赤色者，曰火鳩。無地不有。又一種身緑、嘴足紅者，曰金鳩，惟淡水出焉。鷺，毛白，項有絲，嘴長、腳高。《禽經》曰：鷺啄則絲偃，翔集必舞而後下。畫眉，《通志》曰：白眉，褐質，好鬬，善鳴。《興化志》曰：聲似鶯而小，清圓可聽。本地所出與内地等，但眉不白耳。鸜鴿，斷舌，可使效人言。一名八哥。布穀，色淺黑，白腹；頭亦微白，春作方殷，人以鳥至識耕農之候。江東呼爲『護穀』。鳧，似鴨而小，浮於水面。陸璣云：鳥之謹愿者。俗呼爲水鴨是也。雀，『雀』字通『爵』，古作『爵』。《禽經》曰：雀交不一，雉交不再。鷗，水鳥也。隋帝謂『「鷗」字「三品鳥」，宜封「碧海舍人」』。翡翠，俗呼爲釣魚翁。人取其羽爲飾。常宿水，伺魚食之。《異物志》曰：雄赤，曰翡；雌青，曰翠。伯勞，《詩》所爲鴂鵙是也。亦曰博勞。《興化志》曰：一名梟。黄鶯，色純黄，聲巧囀可聽。一名倉庚，一名黄鸝，又名黄鳥。《詩》：『睍睆黄鳥，載好其音』，又『倉庚于飛，熠燿其羽』是也。鶻，色蒼黑，比鶯而較大，善擊鳥，《詩義疏》『隼鶻』是也。長尾三娘，色青、嘴朱，紅足、紫尾，長尺許。疑即青鷗。鷹，《周書》曰：驚蟄之日，鷹變爲鳩；處暑之日，鷹乃祭鳥。大者一名抜雄。烏鷲，色黑，較小於鷹，能搏鳶。人取其雛而飼之，與鷄子同爲飲啄，鳶不敢近。華雀，色紫，較小於雀，置之籠中，唧唧能吟。海鷄母，色黑，形如鷄母，宿海邊，味清而骨脆。海鵝，俗呼爲『南風鷀』，常於海中取魚，其羽可爲箭翎。鵂鶹，狀如鷹，頭目如猫。鳴，雌雄相應。晝不見物，伏於叢草中；夜則出，鳴聲若老人。俗呼爲孤黄是也。

又　毛之屬：豹，似虎而小。陸璣《疏》曰：毛赤而文，謂之赤豹。又有玄豹。古詩曰『餓狼食不足，饑豹食有餘』，言狼貪而豹廉也。本地所出，間或一、二，不可多得。鹿，毛色黄，有白點。《説文》曰：解角獸。《爾雅翼》曰：鹿與麋爲友。鹿，陽獸，游山，夏至得陰氣而解角，從陽退之象也。麋，毛蒼黑色，無白點。《説文》曰：麋，陰獸，游澤，冬至得陽氣而解角，從陰退之氣也。麞，毛黄色，似鹿而小，性悍善跳，無角。麂，亦似鹿而小。《爾雅翼》曰：其聲几几然，實麞類也。有角而短細。兔，《論衡》曰：舐雄毛而孕，生子從口中吐出。故《埤雅》曰：兔，吐也。其居三窟。其毫利爲筆，名兔毫。熊，有人熊、猪母熊。其膽可療眼疾。臺無人熊，眼疾多以此代之，亦佳。猴，一名狙，一名胡孫。《爾雅》曰：猱，母猴也。相傳猴無脾，故行以消食。王廷壽賦曰：儲糧食於兩頰，稍委輸於胃脾。却是有脾矣。野猪，似猪而小，尖嘴、高腳，牙銛利，與家畜者異，《漢書》『景帝游上林，野猪入厠』是也。獺，居水上，食魚。《月令》：正月，獺祭魚。鼠，出之人家者爲家鼠，出之田中者爲山豪。

清　郝玉麟　乾隆《福建通志》卷一一《物産·臺灣府》　果之屬：檨，紅毛，從日本國移來之種，實如猪腰狀，五六月盛熟，有香檨、木檨、肉檨三種，即外國所載『南方有果，其味甘，其色黄，其根在核』是也。波羅蜜，亦荷蘭國移來者，實生於樹幹上，皮似如來頂，剖而食，甘如蜜。鳳梨，葉似蒲而潤，兩旁有刺，果生於叢心中，皮似波羅蜜，色黄，味酸甘，果末有葉一簇，可粧成鳳，故名之。椰子，樹高數丈，直起無枝，殼堅勁可作瓢，殼外有衣，肉在殼内，色白，味似乳，可以釀酒，中有水甚多，俗呼椰酒。檳榔，向陽曰檳榔，向陰曰大腹，實可入藥，實如鷄心，和荖藤食之能醉人，可以祛瘴，人有故則奉以爲禮。荖藤，蔓生，味辛，和檳榔食之。柚，桃，梅子，石榴，番石榴，即梨仔茇。柑仔蜜，形如柿，細如橘，可和糖煮茶品。番柿，形似柿，皮有毛，俗呼爲毛柿，西域種。葡萄，芭蕉，桄榔子，結實五月熟，土民即種埔尖，是歲子若多生，是歲穀亦有年。蔗，香橼，木瓜，西瓜。秋種冬熟，與内郡不同。

又　木之屬：樟，楠，厚栗，百日青，雖枯而色如生故名。柳，樸，赤鱗，烏栽，象齒，木硬而直。埔柿，山荔，無花。埔荆，即埔薑。苦楝，柏，黄目子，茄藤，林茶，土杉，水漆，九芎。

又　竹之屬：箣竹，長枝竹，鳳尾竹。

又　花之屬：梅，海棠，薔薇，佛桑，長春，麗春，山丹，三友花，俗呼番茉莉。芙蓉，紫荆，千日紅，一丈紅，菊，樹蘭，有四葉、六葉二種。番蘭，花如蕙。夜合鷄冠，指甲，金錢，桃，蓮，百葉榴，水錦，唐棣，玉樓春，末麗，金絲蝴蝶，玉芙蓉，鼓子，一名龍船花。蓮蕉，鹿葱，月下香，金銀花，素馨，兔絲，一名凌霄。

老來嬌，曇花。

又 草之屬：仙草，鼠麯，白麯草，瓶桃草，乳草，仙人掌，蘋，藻，龍舌，旱蓮，遍地錦，虎耳，鳳尾。

又 毛之屬：金錢豹，似豹而小。猪母熊，麋，鹿，麂，麕，即麞。麅，似鹿而大。兔，猴，山猪，獺。

又 羽之屬：烏，鳩，鶯，燕，鵓鴿，布穀，畫眉，白頭公，鶺鴒，雀，雉，竹鷄，盧鷄，海鷄母，鷹，梟，鷗，釣魚翁，白鷺，伯勞，鴿烏鬚。

又 蟲之屬：蛇，蜥蜴，蜈蚣，蝙蝠，水蛙，螽斯。

清 周璽 道光《彰化縣志》卷一〇《物産志》 果之屬：梅，先衆木而生，其實春生夏熟。《書》：若作和羹，汝惟鹽梅。搗碎糖煮作醬。李，春花夏熟，有黄、赤、紅三種，水沙連尤盛。閩中有數種，惟虛仁李爲最。桃，花有紅、紫之殊，品有甘、苦之異，春生夏熟。江文通頌：惟園有實，惟山有叢，丹蘤擎露，紫萼繞風。棗，實嫩則青，差熟則黄，熟則遍紅。可以生食，蒸之可作乾果。梨，有青皮、赤皮二種，青皮實大，名棕包梨；赤皮實小，名香水梨。柿，有青、紅二色，青柿名水柿，水浸可食。紅柿以小篾釘之，待紅方食。龍眼，實有大、小二種，殼赤、肉白、核黑，一名福員；以後荔枝而熟，謂之荔奴。有肉厚而核小者尤佳。檨，紅毛人從日本國移來，有香檨、木檨、肉檨三種。樹高多陰，實如猪腰，皮緑肉黄，盛夏大熟。冬春之交，開花，花微白，葉新抽杪，紅若丹楓；老則變緑，其氣辛熱，其味酸甘。《赤嵌集》孫元衡詩云：千章夏木布濃陰，望裏纍纍檨子林；莫當黄柑持抵鵲，來時佛國重如金。荔枝，品類不一，多自内地渡來，味香，色紅紫，本地亦有佳品，不遜内地。《臺海采風圖》孫元衡按：原書作『蘅』，乃誤。有詩云：味含仙意空南國，姿近天然是美人。又云：輕紅照肉白凝齒，芳氣襲魂寒沁心。皆妙。鳳梨，一名黄梨，似蒲而闊，兩旁有刺，果生叢心，皮似波羅密，色黄，味甘酸，末有葉一簇，因形類鳳，故名。孫元衡詩云：翠葉葳蕤羽翼奇，絳文黄質鳳來儀，作甘應似鐘籠實，入按：原書作『八』，乃誤。骨寒香抱一枝。椰子，樹高數丈，直起無枝，其實大如寒瓜，一穗十數，纍纍下垂，重疊無間。外有粗皮，皮次有殼，圓而堅，可作瓢，肉在殼内，色白，味似牛乳，中含漿如酒，不堪多食，性敗胃也。檳榔，樹直無枝，高三、四丈，皮類青銅，節似筠竹，葉皆上竪，臨風旖旎，葉脱一片，内現一包，數日包綻，即開花，淡黄白色，朵朵連珠，香芬襲人。實附花下，形圓而光，宛若棗形，一穟數百粒。秋末採食，至三、四月乃盡，和荖藤葉夾灰食之，能醉人，可祛瘴，五、六月以熏乾者繼之。石榴，花極紅，子可食，即榴花結實也；有大小二本。潘尼賦：千房同膜，十子如一；繽紛磊〔落〕，（亟）〔垂〕光耀質。又有一種番石榴，俗名梨仔茇。柚，實大而皮厚，味甘酸，有紅白大小二種。《列子》所謂『樹碧而冬青，實大而味酸』是也。柑，似桔而大，有雪柑、紅柑、蜜柑、椪柑數種。惟椪柑爲上，産於西螺者尤佳。橘，實小味酸，一年相續，名公孫桔；又有四季桔。沈文開《雜記》：半線有一種番桔，大如金桔，肉酸皮苦。詩云：枝頭儼若掛繁星，此地何堪比洞庭；除是土番尋得到，滿筐携出小金鈴。柑仔密，形細如橘，初生色緑，熟則紅，和糖煮爲茶品。葡萄，蔓生，實纍纍似彈子，煮食可生津濟渴。《史記》：大宛以葡萄作酒，久者積年不敗。張騫移種於中國。段成式云：有黄、白、黑三色，又有緑葡萄。臺只有黑者。甘蕉，俗名牙蕉，亦名荆蕉，實隨花生，一莖五、六層，每層數十枚，始緑，熟則黄，味甘性寒。婦人産後，每以蕉少許置兒口中，謂能清熱。漢武建扶荔宫，有甘蕉二本。香櫞，皮若橘、柚而光潔，肉厚白而鬆，中瓤不分瓣，味甘而香。以鹽醃之，能消食。又有一種如人指形，曰佛手柑，有伸者、屈者，長短錯落；亦有如拳者，香特異常，雖乾而味不敗。甘蔗，有紅、白二種，性温，漿甘，有一種幹小而韌者曰竹蔗，煑汁爲糖。《廣志》一名竿蔗，又名都蔗。釋迦，樹高出墻，實大如柿，色碧紋縐，狀如釋迦頭，故名。種出荷蘭，夏盡秋初成熟，一名番梨，味甘而膩，微酸，波羅蜜即此。羊荀，俗名磅礴，實有分瓣，形如農器磅礴，故名。性酸冷，煮糖可作茶品。橄欖，一名青果，一名諫果。性初酸澀，後漸甘美。菱角，種於池中，蔓生水面，殼烏紫，肉鬆白可食。香果，一名菩提果，出自西域，花有鬚無瓣，其色白，其實中空，狀蠟丸。《赤嵌集》孫元衡詩云：但有繁鬚開爛熳，曾毋輕片見摧殘；海天春色誰拘管，封奏東皇蠟一丸。翦霧，一名軟霧，形略似香果，頭圓而大，末按：原書作未，乃誤。稍尖細，色碧而帶微紫。山楂，一名仙查，以鹽醃之，能消食生津，産於沙連内山。木瓜，《爾雅》：楙，木瓜也。《詩》『投我以木瓜』，即此。切細片漬以鹽，或漬以糖，味殊佳。

又 木之屬：松，《字説》云：松柏爲百木之長，礧砢修聳，皮作鱗形，四時不改柯易葉。仲春抽蕤，花蕊爲松黄，結實如豕心，疊如鱗砌，秋老則子長鱗裂。白玉蟾云：奎星之精，化而爲松，精液爲松脂，餘氣結爲茯苓，千年松脂化爲琥珀。水沙連内山有之，近沿山栽植頗盛。柏，《六書精藴》云：萬木皆向陽，柏獨西指，蓋陰木而有貞德者，故字從白；白者，西方也。《埤雅》：性堅緻，枝、子皆香，不畏霜雪，葉扁而側生者曰側柏，一名扁柏。檜，樟樹，肌理細而錯縱有文，大者數抱，四時不凋，枝葉扶疎，垂蔭數畝。宜於雕刻。氣甚芬烈，熬其汁爲漿腦，可入藥品。楠，其樹正病如幢蓋之狀，枝葉不相礙，幹甚端偉，一名柟，即楠也。《山海經》：柟負霜騰翠。今古以爲美材，有載入内地者，性甚堅韌。榕，大者垂蔭可十餘丈，多根，故易茂而難拔；不材，故寡伐而長壽。細根如藤下垂，漸漸及地，便生枝節。鳥啄其實，墜地復生，名曰鳥榕。楓，楓樹枝弱善摇，故字從風。經霜葉則盡紅，别名欇欇。《爾雅》疏言：風至則欇欇而鳴也。《齊邱化書》：老楓化爲羽人。又天子之居曰楓宸。曰丹楓，曰青楓；青，楓未丹之稱。椿，木之壽者，葉嫩，香甘可茹，其根可祛風疾，方春摘芽。臭者爲樗。董子曰：木命三時，謂椿以春，榎以夏，楸以秋也。柳，白玉蟾，箕宿之精，化爲柳。《禮》：孟春柳稊。稊者，發葉也。花熟時，隨風如飛雪，曰絮。葉狹長而青緑，枝長而軟弱，名垂楊柳。柳與楊實二種也。漢苑有人柳，一日三起三眠，别名檉柳，天將雨，檉先知之，霜雪不凋。臺有御柳，幹赤條細，如緑絲，名垂絲柳。荆，俗名埔荆，即埔姜也。小木叢生，枝葉婆娑，有五葉、七葉，荒阪洲渚多有之。行人中暑者，取七葉荆心嚼之，或縛臍間，立愈。槺榔，樹以栟櫚，幹直無枝，其顛生葉不過數十，結子作穗，生木端。木出九直交趾，皮中有屑如麪。木性如竹，紫黑有文理，可爲器。樸仔樹，葉似苦苓，晒乾可擦錫器。椶，一名栟櫚，幹正直無枝，葉如蒲葵，分析成條，生木杪。下有皮疊裹每一匝爲一節，皮入土不爛，用作簑衣。楝，即苦苓也，能結子纍纍成簇。《圖經》謂：樹有雌雄；雄者根赤無子；雌者根白有子。桕，一名鴉舅，葉可染皂，子可壓油。秋盡葉紅，遠望如霞。桑，養蠶所需，實可食。破故子，葉似梧桐而小，結子如苦苓，煮成以鹽浸之，甚甘美。黄目樹，葉似苦苓，績實如枇杷，色黄皮緺，有子，去之用以澣衣甚潔而白。林投樹，一名林茶，葉多刺，實如鳳梨，不堪食。高可丈餘，栽密爲籬，衛宅之功等於莿竹。其裹鬆，其骨堅，花綾斑駁，可作箸，亦可作朝珠，可作器用。加苳，性極堅重，入水經久不朽。作器具不用漆，本色自佳。蕭朧，一名蕭郎，大者數圍，性堅重而色黄赤，入土積久不敗。作器用，其紋甚美，本色自佳。相思樹，葉細長成簇，形略如楊柳。九荆，俗名九芎樹，無皮，質理甚堅，用爲柱，入土不朽。花似紫荆。雞柔，一名枝柔，材極堅，沙連内山多有之。刺桐，葉如梧桐，其花附幹而生，枝幹有刺，色深紅，花紅則葉生。藜，形如老來娇，高八、九尺。枯則取以爲杖，韌而輕，即藜杖也。緑珊瑚，一名鐵樹，種以爲籬。張鷺洲詩云：一種可人籬落下，家家齊插緑珊瑚；想從海底搜羅得，長就苔痕潤不枯。杉，水沙連内大杉成林

又竹之屬：莿竹，高四、五丈，旁枝横生，多刺堅利。環植屋外爲圍，茅屋或取以爲椽桷，其用甚廣。長枝竹，一名麖脚緑，高二、三丈，圍三、四寸，節疎而平。椅、桌、床、橱每資其用，破絲可爲竹器。麻竹，大於刺竹而無刺，葉比刺竹尤大，或取以包黍。筍味亦佳。笙竹，有大小兩種，大者茅屋取以爲桷，小者以編籬，産於沙連。生冬筍極佳。石介有詩云：斷霞半赭燕支木，零露偏留筆竹叢。緑竹，無刺而長，不甚高，圍亦不甚大。筍極清甘。鳳尾竹，俗呼觀音竹，枝柔，葉微，幹小，高四、五尺，園亭植之，或種之盆以供玩。蘆竹，似黍，生水涯濕處，叢小葉疎。戴凱之《竹譜》：有竹象蘆。金絲竹，一名箭竹，大如小指，其節疎，其質堅。土番取以爲箭。空涵竹，産水沙連，腹空而大。各邑漁人取以駕筏。大竹，産内山，皮薄而腹大，空一節可作水桶一擔。紫竹，葉似麻竹而紫，枝似棕樹而小，一葉一節，高者丈餘，種以供玩。

又毛之屬：鹿，《埤雅》：鹿性決躁，又甚警，分背而食，食則相呼。羣居則環角外向，以防物之害己。《稗海紀遊》：鹿以角紀年，凡角一岐爲一年，猶馬之紀歲以齒也。鹿生三歲始角，角生一歲解，解後角即終身不復解，每歲只增一歧。牝鹿既乳，視小鹿長則避之他山，慮小鹿淫之也。獸之不亂倫，惟鹿與馬。牡馬誤烝則自死。牝鹿自遠以避之。《爾雅翼》：鹿，陽獸，游山，夏至得陰氣而解角，從陽退之象。熊，熊者雄也。《埤雅》：熊似豕，掌心有白脂如玉，味甚美，名熊白。性好舉木而引氣，冬蟄不食，饑則舐其掌，故美在掌。麋，即鹿之大者，性淫迷。《左傳》：澤有介麋。《爾雅翼》：麋，

陰獸，游澤，冬至得陽氣而解角，得陰退之象。麞，似鹿而小，無角，性悍善跳，喜文章，故字從章。《埤雅》：麞性膽怯，飲水見影輒奔。崔豹《古今注》：鹿有角而不能觸，麞有牙而不能噬。兔，《禮記》：兔曰明視。《埤雅》：兔，吐也，生子從口中吐出。兔視月而孕，目尤瞭。每孕一月而生。猴，形似人而多智，長臂善嘯，便攀援，一名狙，一名胡孫。《爾雅》曰：猱，母猴。《詩》：『毋教猱升木』是也。內山有一種極小，名金絲猴。山猪，野彘也。兩耳與尾略小，毛鬣蒼色，大者如牛，巨牙出唇外，擊木可斷。怒則以牙傷人，輒折脅穿腹，行疾如風。獺，毛蟲，一名水狗。水居，食魚。能知水性，爲穴。《埤雅》：似狐而小，青墨色，膚如伏翼。又有一種山居名旱獺。鼠，室中鼠也，俗呼老鼠。又有一種在田曰田鼠，在山曰山鼠。山貓，取其毛以作筆，微短而軟。山兕，形如水牛，即野牛也。

又　羽之屬：鳶，鴟類，《爾雅》：其飛也翔，能搏雞與鳥。《禽經》：朝鳶鳴則大風。鶺鴒，水鳥也。飛則鳴，行則搖。《詩》：脊令在原，兄弟急難。郭璞注：鵲屬也。陸璣《疏》：大如鷃雀，長脚長尾，尖喙，背青赤色，腹下白，頸下黑，一名雪姑。雉，野鷄也。其飛若矢，一往而墮。《月令》：冬雉始雊，謂陽動則鳴而勾其頸也。《書》曰：華蟲。《儀禮》：士相見禮各執雉，取其守介不失節。雉飛崇不過丈，修不過三丈，故計城之丈曰雉。烏鴉，一名老鴉，似慈烏而大嘴，腹下白，亦名鸒。《爾雅》：純黑而反哺者謂慈烏，腹白不反哺者謂之鴉。《禽經》：朝鴉鳴則小雨。燕，春社來，秋社去。《詩》謂之元鳥。《爾雅》謂之乙。《禮記》：仲春元鳥至，祠於高禖。武瓘詩：花開蝶滿枝，花謝蝶還稀；惟有舊巢燕，主人貧亦歸。鳩，《詩》：宛彼鳴鳩。即斑鳩也。色黑雜白者曰斑甲，項下赤色者曰火鳩。又有身緑嘴脚皆紅者曰金鳩。又有色純白能知氣候，每交一時運〔鳴〕數聲曰白鳩。鷺，即白鷺鷥也，一名絲禽，一名雪客。林栖水食，羣飛成序，翔集必舞而後下。翡翠，《爾雅》：鷸也。俗名釣魚翁，善捕魚，一名魚虎，一名魚師。《異物志》：雄赤者爲翡，雌青者爲翠。竹鷄，因其聲而名之曰泥滑滑。《圖經》：其狀如雉，形小尾短，居竹林。褐色多斑赤文，一名越鳥。火炭燒紅置地中，彼一一啄不能傷。雀，栖宿簷瓦之馴，近階除之際，故曰瓦雀，曰賓雀。曹植賦：頭如顆蒜，目如䕫椒，躍而不步。長尾三娘，色青，光彩照人，嘴朱紅，足紫，尾長尺許，一名練雀，或呼娃鳥。烏鶖，身黑尾長，較小於鷹，而能搏鷹、鷂、鳶諸惡鳥，時集田間牛背上。伯勞，《爾雅》謂之鵙，惡聲之鳥，一名博勞。《左傳》謂之伯趙。《易通卦驗》：博勞性好卑栖，其飛猣，其聲嗅，夏至應陰而鳴。黄鶯，一名黄鳥，一名鵹黄，一名倉庚，一名黄鸝，又名金衣公子。毛色黄，立春後鳴，音圓滑。鷹，一名爽鳩，一名角鷹。《禮記》：仲春之月，鷹乃學習。孟秋之月，鷹乃祭鳥。其眼圓，其性猛，雄者形小，雌者體大。鸜鵒，以鵙而有幘，五月五日翦去舌端，能效人語。一名塞皋。南唐李煜謂之八哥，俗名加令。白頭翁，似鶴而小，頭有白點。諸葛恪在吴王坐，有鳥飛過，恪曰：白頭翁。張昭疑爲譏己，請覓白頭母。鴞，一名鵂鶹，一名鴟鴞。狀如母鷄，有斑文，頭目如貓，兩耳。晝伏夜出，鳴則雌雄相應，聲若老人，俗呼爲孤黄。子成，父母俱遭其食，不孝鳥也。鳧，似鴨而小，一名沉鳧，一名水鴨。背上有文，性好浴，按：原書作『没』，乃誤。常游溪水上。陸璣云：卑脚短喙，鳥之謹厚者。不可與胡桃、木耳、豆豉並食。華雀〔以下只録種名〕，鴝鵒，鷂，海鵝，布穀，鷗，鴛鴦。

清　陳培桂　同治《淡水廳志》卷一二《物産》　鳳梨【以下注略】，荔枝，龍眼，香櫞，佛手柑，桃，李，楊梅，石榴，柑，橘，柚，柑仔蜜，荆蕉，葡萄，枇杷，甘蔗，羅漢果，番石榴，菱角，槺榔子，檳榔，樣仔，菩提果，暖霧，黄彈，椰子，木瓜，水梨，棗，無花果，羊桃。

右果屬。

樟，榕，𣚺椰，楠，茄冬，相思樹，烏心石，石柳，紫荆，鐵樹，松，羅漢松，柏，桐，柳，檜，山杉，柯，櫛，赤鱗，金荆，象齒，龍牙，嫦娥，枸檜，杜仔，烏栽，埔薑，九芎，苦楝，公牡樹，鹿仔樹，樸仔樹，白樹，茄藤，林投，山茶，楓，柏，桑，厚殼桂，山猪肉，破故子，莿桃蜜，青桐，椶，大椿，雞柔，桄榔，交標。

右木屬。

莿竹，筀竹，麻竹，緑竹，貓兒竹，長枝竹，鳳尾竹，空涵竹，珠籬竹，箭竹，人面竹，蘆竹，椶竹，石竹，七絃竹，緆竹，紅竹，烏竹，黄竹。

右竹屬。【略】

石豹，熊，麞，鹿，麈，麂，兔，猴，獺，鼠，碰尾鼠，竹鼠，番鼠，飛鼠，山羊，山豬，山狗，山猫，白鼻貓，果子貓。

右毛屬。

番鴨，鴿，鳩，白鳩，瓦雀，梟，雉，鳶，火雞，鷂，鷹隼，雁，燕，鴛鴦，鸕鷀，畫眉，伯勞，鷺，田雞，海鵝，水鴨，竹雞，蕫仔，布穀，烏鶖，海雞母，釣魚翁，白頭翁，番咬鴿，貓頭鳥，食蛇鳥，長尾三娘，八哥，烏鴉，倒掛鳥。

右羽屬。

清　林豪　光緒《澎湖廳志》卷九《物產・疏果》　柑，種自臺灣之西螺傳來，味美亦不少減。南寮、湖西、菓葉等社有之。種於近鄉宅內有井可避風處。甘蔗，湖東西、南寮等社有之。荆蕉，即甘蕉，俗呼牙蕉。石榴，種於盆中，能結實。梨仔茇，即番石榴，花白，澁味，過午則色味暫變，賤果也。澎產頗不惡，以鹽醃之，能消積。桃，柚，葡萄，橙，一名雪柑。以上之果，人家間有種者。檳榔，香櫞。按《紀略》不載諸果，兹悉爲補入。惟柑與荆蕉爲近時所種者。柑樹高與墻齊，即結實纍纍；惟能生蠹，宜先剔去之。澎地多風，故果實不植，而柑獨美盛，近比西螺，突過福橘，亦盛事也。餘則向來所有者，但寥寥無多。

又《草木》　榕，《海物異名疏》：材擁腫不中繩墨，故亦號樠。或因其蔭寬廣，故曰榕。根下垂及地便生枝幹。烏榕，烏啄榕子，墜地即生，亦未能多見也。苦楝，俗呼古苓。枸杞，檉，一名西河柳，葉細枝柔，似垂絲柳，夏著花粉，紅如栗，折枝插土即活。胡健偉多植於書院，今剪伐殆盡。菓葉樹，葉圓，人家作粿，取舖炊籠之用。紅茶棹，葉與子可入藥。林投，竹蘆。生水涯。

又《鳥獸》　麻雀，即瓦雀。《紀略》云：澎地本無麻雀，臺鎮呂瑞麟任澎協時，從內地攜百隻來澎，離任時放之。然歟？　鷺，目感而受胎，俗呼曰白頭絲。《臺灣縣志》：凡渡海者，見白鳥飛翔則喜，蓋水禽陸棲，以將近島嶼也。叫天鳥，俗呼山麻雀，形略大，飛則向天而鳴。練雀，俗呼長尾三娘，色光彩，有自臺飛至者。百舌鳥，烏鴉，海燕，鸕鶿，鴽，俗呼密婆。猫頭鳥，頭如猫，晝瞎夜明，其肉可治鬲食。鷹鸇，朱鴿，人家多畜鴿。種不一。白者遇風雨即靡，不若粉鴿之善飛；而朱鴿毛色鮮紅，亦佳種也。白鳩。能知候，每交一時即鳴。按：白鳩本非澎產，得自番舶，故或呼洋鴿；而地產黄黍可飼，由是生育甚蕃，但不自抱雛，以雞代抱，是其拙也。然鳴則應更，亦其信也。豪嘗爲之賦，載《藝文》中。

清　屠繼善　光緒《恒春縣志》卷九《物產》　果之屬：桃，紅者，曰大紅桃；白而夏熟者，曰夏白桃；秋熟者，曰秋桃；形扁如盒者，曰合桃。按：果品皆須用移接之法。譬如栽樹，一年本如臂，斬其上截，破其下截之皮四、五寸，用原樹或他樹小枝削而尖之。插其中三、四枝，外掩以土，用箬裹緊，使彼此凝合爲一，然後結實肥大。范正敏《遯齋閒覽》：凡果實久不熟者，以祭社餘酒洒之，則繁茂倍常。恒邑新闢，種者不諳；故其桃白而小，多毛，不堪食。李，《本草》云：梵書名居陵迦。古人云：瓜果不及時者，不適於口。恒邑未熟而故其味酸苦。榴，《群芳譜》云：安石榴，一名金罌。舊説以枯骨置枝間，石壓其根，則結子繁盛。今恒邑有花而不實者。又有番石榴，產山野間，極夥；形如橘，皮青，肉淡紅，味甘酸；婦孩喜啖之。鳳梨，長圓如甜瓜，凸凹如佛頭舍利。色淡黄，味甘性熱，土人呼爲黄梨；必用鹽水濺食，否則易致痧症。爇雞、猪肉極佳。生時，置之几案，頗有清香。據采訪云：西人所售蜜蒙水，卽其汁也。波羅蜜爲天波羅，出後山番社；黄梨爲地波羅，莊社皆有。香櫞，《離騷草木疏》云：如小瓜狀，皮若橙，而光澤可愛。肉厚、味短而香氛大勝棋橘。《果疏》云：香櫞，花香實大，雖酸濺齒，以爲湯則大佳；置實盤中，盈室俱香，實佳品也。《橘録》云：香櫞，木似朱欒，近水乃生。其長如瓜，清香襲人；置之明窗淨几間，頗可賞玩。又云：香欒，酸不可食；摘几案間，其臭如蘭。《湖雅》云：亦作香欒，山家清供。謝益齊不能飲，喜看客醉。一日命左右剖香櫞作二杯，刻花於其上，盛上所賜酒以勸客，清芬靄然。今人刻花以作鴉片烟斗、烟筒，亦香氣逼人，兼能舒鬱；其酒杯之流亞歟？菱，《武陵記》曰：兩角曰菱，四角曰芰，通謂之水栗。其色有青、有紅。《埤雅》云：葉似荇，白葩實紫，角刺人；亦〔名〕薢茩，小者刺菱。恒邑龍鑾潭產者，兩角而大。樣子，考字書無樣字，《居易録》作番蒜，從之；今亦名番蒜。樹高多蔭，實如猪腰，青皮黄肉；土人甘之，郡名蓬萊醬。臺屬二百餘年，未得館選，故以此昜多士也。南無，狀如花紅，圓形，鋭頭中空，瑩潤可愛；味甘酸，氣香。俗名葦霧，又名剪霧，又名軟霧，又名染霧。釋伽，狀如水中雞頭，即芡也。紋縐如釋伽舍利；去壳食肉，有子味甘，微酸而膩；出荷蘭。波羅蜜，《明一統志》云：安南出波羅蜜，大如冬瓜，皮有棱刺。五、六月熟，味甜香，核可煮食，能飽人。嘉林出者尤佳。兹番山出者，大者數十斤，形如佛頭。剖食其子，似菱似栗；瓤不可食。菩提果，一名香果。花有鬚無瓣，白色。其實中空，細絨屬蒂，形如蠟丸。青，熟黃，味甘而清。欖，青色，大倍橄欖，味亦似之。柚，似柑而大，青色味酸；推其故，未熟而摘；若俟其黃而摘之，或不酸也。橘，《吳氏春秋》：箕山之東，有甘橘焉。《山海經》：洞庭之山，其木多橘。《異物志》：交趾有橘官，置長一人，秩二百石，主藏貢御橘。《述異記》：越多橘柚園，越人歲稅，謂之根；橘户名曰橘籍。吳闞澤表云：請除臣之橘籍。《淮南子》：橘樹至江北，化爲橙。是橘宜於東南，而不宜於西北。惟恒產者，皮細輭而薄，熟則紅，味亦甜，佳果焉。金蕉，似刀豆而圓，即芭蕉之實。一莖十餘比，一比數十莢。初純青，熟純黃，去其莢而食之，香味如《湖雅》所載之熟瓜。據采訪云：性涼，治喉症、熱症最良。甘蔗，葉似荻，高丈許，有竹、荻二種，亦分青、紫。竹蔗莖粗，荻蔗莖細，榨汁成飴。據采訪云：恒人有購糖廍，仿鳳山之榨糖者；四時皆風，勢又猛烈，蔗不能長，乃寢。今廍在山脚莊，蔗亦不多。王灼譜：唐大曆間，有僧號鄒和尚，跨白驢，登繖上，結茅以居。若須鹽、米、薪、菜之屬，則書寸紙，係錢緡，遣驢至市中；人知爲鄒也，取平值，掛物於鞍，縱驢歸。一日，驢犯山下黃氏蔗苗，黃請償於鄒。鄒曰：汝未知蔗糖爲霜，利當十倍。吾語汝塞責，可乎？試之，果信，遂流傳其法。鄒後走入靈鷲山石龕中，其徒追之，但見一文殊石像，始知爲大士化身，而白驢乃獅子也。龍眼，魏文帝詔：南方果之珍異者，有龍眼，今歲貢焉。《南方草木狀》云：荔枝過即龍眼熟。故謂之荔枝奴，言隨其後也。張益《廣雅》云：益智，龍眼也。王藎臣詩：琬液醅和羞沆瀣，金丸玓瓅賽璣珠；騷人賦就芳名遠，漢帝移來貝葉敷。宋人龍眼詞：香味已驚櫻實淡，絳衣還笑荔枝皺，美人偏喜破朱唇。恒署二堂前，左右兩樹，歲有實，歲爲颱颶吹落。椰子，《南方草木狀》云：椰實大如寒瓜，外有殼，圓而堅。剖之有白膚，厚半寸；味似胡桃，極美。有漿，飲之得醉。俗謂之越王頭。昔林邑王與越王有怨，遣人刺得其首，化爲椰子。當刺時，越王大醉，故其漿猶如酒。檳榔，《南方草木狀》云：檳榔樹，十餘丈，皮似青銅，節如桂竹；下本不大，上枝不小。《仙藥録》云：檳榔亦名仁頻。恒邑產於番社者多，形如黑棗；裹以老葉、石灰，男婦皆喜啖之，不絕於口。婚姻大事，及平時客至，皆以檳榔爲禮。又有檳榔筍者，較竹筍爲嫩，甘鮮可食。蓋取其最上之梢，樹遂枯；主人深惜之，必颱颶大風後，有吹折者，遂取以供餐焉。槺榔亦可斫筍，味稍遜。《本草圖經》：檳榔生南海及嶺外州郡，大如桄榔，高五、七丈。正直無枝，皮似青銅，節如桂竹，葉生木顛；似楯頭，又似芭蕉。實作房，從葉中，一房數百，狀如雞子。又云：尖長而有紫紋者，名檳；圓而矮者，名榔。檳力小，榔力大。陶弘景云：向陽者，曰檳榔；向陰者，曰大腹子。【略】柑，橘柚之屬。《神異經》：東南荒外，有建春山，多美柑。崔豹《古今注》云：柑實形如石榴者，謂之壺柑。《爾雅翼》云：其形似橘而大。《南方草木狀》云：柑乃橘之屬，滋味甘美，特異者也。有黃者，有頳者，謂之壺柑。恒產者，酸甚；推其故，仍以未熟而摘也。

又 木之屬：木棉，高大如檿桑，棉鈴似椀。知縣羅建祥購種粵東，教民栽種；於東門城內，特開棉圃，建茅屋數椽。嗣以風害，樹皆萎。今所存者，僅一、二樹，刁刁調調，昕宵搖落，卒未能收其利焉。刺桐，《南方草木狀》云：九真有刺桐，布葉繁密，三月開，赤色。《桐譜》云：花側敷如掌，體有巨刺。檳榔，詳果屬。《裨海紀游》云：檳榔不與椰樹並栽，蓋華而不實。亦見《赤嵌集》。槺榔，似檳榔，亦曰光榔。其子叢生如穗，大如豆，初青老黃；可食，味甘，微酸。柏，《本草》云：菓木皆向陽，柏獨西指，受金之正氣，堅勁不凋，多壽之木；故元旦飲椒柏酒以辟邪。側柏葉補陰、涼血。楠，任昉《述異記》：黃金山有枏木，一年東榮西枯，一年西榮東枯。張華謂之交讓木。恒邑產內山，居民用以作器。樹有大至數抱者，人力難施，不易到海。桄，葉青色，尖長。嚼檳榔者，非此不可。亦似清香。烏柏，《本草拾遺》：葉可染，子可壓油。塗頭，令白變黑，爲燈極明；又名鴉舅。《安吉志》云：葉可作皂，子可取油爲燭。按：柏油亦曰白油，其色白也。江、浙造燭者，皆是。恒邑柏樹隨處有之，大不過七、八尺，小者尺餘。居民不諳取油、造燭之法，是以任棄路旁，無過問者。林投樹，似栟無椶，實如鳳梨而大。取其子，搥如頴，可以代筆。碧珊瑚，有枝無葉，似仙人掌，緑色。高者丈餘，并植之。可編爲籬，俗名火桁。雞血籐，詳藥屬。白籐，出番社，粗者可以作杖。海籐，黑色，大如指，直挺無枝葉。有長至七、八尺者，可環爲釧。不多見，須俟海中飄來近崖撈之。一名海珊瑚。海樹，黑色，似海藤；有根、有椏杈，無枝葉。環爲釧鐲，易於碎裂，不逮海籐之佳。海花，色黃黑不一。其枝聯絡圜轉不斷，形如葵扇；無葉，供玩甆盆，古氣蓬勃。

又 竹之屬：叢竹，細而多刺。筍，味苦。竹籜。筍乾。暗節竹，在縣署二堂前，一叢數十竿，瀟洒得致。明節以外，全竿如羚羊角，無處非節，撫之則平，爲他處之所無。聞小琉球亦有此竹。人皆取爲雅片煙筒，飾以金翠，足供清玩。

又 禽之屬：雞，五德之禽，人家常畜。鵝，可以充饌，可以驚夜。鴨，野鴨曰鳧，家鴨曰鶩。鳧，野鴨，龍鑾潭有之，不如内地成群而來，動盈千萬也。鵜鶘，《爾雅》：鵜，鴮鸅。注云：今之鵜鶘也。好群飛，沈水食魚，故名洿澤。鷺，《爾雅》：鷺，春鉏。注：白鷺也。頭、翅、背上皆長翰毛。陸璣《詩疏》曰：白鷺步於淺水，好自低昂，故曰春鉏。國朝張起龍詩：聞水廻流千點白，春田界破一行飛。鷗，《詩》曰：鳧鷖在涇。傳：鷖，鷗也。《埤雅》曰：鳧好沒，鷖好浮，故鷖一名漚。今字從鳥，後人加之也。又曰：今鷗，一名水鴞。《禽經》：鷗，信鳥也。注：鷗，水鳥。隨潮而翔，迎浪蔽日，又曰信鷗。翡翠，一作翠青。《爾雅》謂天狗，注云：江東呼爲水狗，或謂之魚狗。《禽經》：背有翠羽，曰翡翠。注曰：狀如鵁鶄，而色正碧，鮮縟可愛。飲啄於澄瀾廻淵之側，猶自惜其羽，日濯於水中。今王公之家，以其羽爲婦人首飾。黄鸝，鶯之名繁，或謂黄鳥，或謂黄鶯，或謂黄鸝，或謂黄栗留，或謂黄伯勞，或謂倉庚，或謂搏黍，或謂之黄袍，或謂之含櫻鳥，或謂之金衣公子。烏：《說文》：孝鳥也。束晳詩曰：嗷嗷林烏，受哺於子。《廣雅》曰：純黑而反哺者，謂之烏；小而腹下白，不能反哺者，謂之鴉。啄木，《釋鳥》云：鴷，啄木。郭璞曰：口如錐長，數常啄木食蟲，因名。此鳥有大有小，有褐有斑，褐者雌，斑者雄。恒産者，毛緑，觜脚皆紅，較緑鳩略小。鷹，《易通卦驗》：鷹，鷙殺之鳥也。《格物總論》曰：鷹，鷙鳥，金眼鈎觜，鐵爪劍翮，善攫搏。按：此鳥飛鳴則風，坐鳴則雨。鷂，《酉陽雜俎》曰：鷂子兩翅，各有複翮，左名撩風，右名掠草。帶兩翮出獵，必多獲。《湖雅》曰：有名鴟、名隼、名鷂、名鸇、名鸇者，皆鷹之類。脊令，《釋鳥》曰：䳭鴒，雝渠。蓋雀之屬，飛則鳴，行則摇。大如鷃，長脚尾，腹下白，頸下黑，如連錢，故杜陽人謂之連錢。《詩》曰：脊令在原。故此鳥在水邊。竹鷄，《格物總論》曰：比鶉鴣差小，羽褐多斑赤文，自呼泥滑滑。所在山谷有之。《甯化縣志》曰：家有竹鷄啼，白蟺化爲泥。蓋好食蟺也。《本草綱目》：一名鷄頭鶻，亦辟壁蝨。《北夢瑣言》曰：竹雞好食半夏。山雞，身備五采，有冠，首尾皆黑，觜、足紅。雄鳴朱，雌鳴冊冊。一如家雞，捕而食之，味甚甘鮮。按《說文》：雉有十四種。是即雉之一種也。《爾雅・釋鳥》：鸐，山雉。郭注：長尾者。疏云：山雉，一名鸐，今俗名山鷄。李時珍曰：雉居野原，鸐居山林，故得山名。大者爲鷮。雉，《禽經》：雉介鳥也。《埤雅》云：雉飛若矢，一往而墮。雉，鷄類也，不能遠飛，崇不過丈，修不過三丈。水雞，似家雞，脚高，黑色白臉，故名曰白臉水雞。居田隴菼中，其雄者可以驚夜；見面生者，大聲急鳴。鴿，《本草》云：鴿，名品雖多，大要毛羽不過青、白、皂、緑、鵲斑數色，眼目有大、小、黄、赤、緑色而已。《四朝聞見録》云：東南之俗，以養鵓鴿爲業，群數十百，望之如錦；灰褐色爲下，純黑爲貴。以粟食之，既則繫金鈴於腰，飛而颺空，風力振鈴，鏗如雲間之佩。《酉陽雜俎》云：波斯舶上多養鴿，能飛行數千里，輙放一鴿至家，以報平安信。恒邑縣署蓄數十百頭，黑、白、灰、褐皆備；設縣迄今，未嘗斷絶。歷任以鴿之來去，占官之去留焉。燕，舊說：紫胸、輕小者謂之越燕；胸斑黑、聲大者，謂之胡燕。胡燕多巢村墟人家門外，其巢土如穴。斑鳩，《爾雅翼》：鵓鳩似斑鳩，而臆無文采，又項有贅，物之拙者。不能爲巢，纔架數枝，往往破卵。無巢不能居，天將雨，而逐其雌，霽則呼反之。或云：雄呼晴，雌呼雨。今人辨其聲以爲無屋住云。緑鳩，翮背皆緑，首與腹紅灰色，觜、足紅白，眉尾稍黑，肩有文采。乍視之緑鸚鵡。鳴姑姑、應誰點。澎湖有全白而觜、足珠紅者，皆爲内地所罕見，俱可籠玩。《埤雅》：鴞大如斑鳩，緑色。《詩・陳風》：有鴞萃止。毛《傳》：惡聲鳥也。今緑鳩並不惡聲，物固有似是而非者。麻雀，俗名厝爵。《說文》：依人小鳥也。《古今注》：一名嘉賓，言棲宿檐瓦，馴近堦除，如賓客也。《本草綱目》：雀，一名瓦雀。畫眉，《蟲天志》云：此鳥各占一山，其侶過之，必苦鬬，無共棲者。按：此鳥，其眉如畫，音宛如人語可聽。鸕鷀，一名鶩鴨，或作木鴨。《一切經音義》引《字林》曰：似鷁而黑，水鳥也。《爾雅注》曰：觜頭曲如鈎，食魚。《小學紺珠》：一名摸魚公。《甯化縣志》曰：畜之者，以繩約其嗉，才通小魚，大魚不可下。時呼而取之，復遣去。白頭翁，《山堂肆考》：形如脊令，其飛如燕之鶺鴒。頭上有白毛，身蒼色。《甯化縣志》曰：似雀而大，頭有白點。諸葛恪在吴王坐，有鳥飛過。恪曰：白頭翁。張昭疑恪諷己，請覓白頭母。即此耳。《湖雅》曰：亦呼鷄骨頭過酒，象其鳴聲也。黄鵠，色黄長嘴，高足凋尾，小如鳩，好居浦溆。按：尾短而觜長者爲山禽，尾長而嘴短者爲水禽。此鳥好居浦溆，蓋水禽也。以其色黄，故名，非仙人所乘之黄鵠也。同名異實，俗謬誤之耳。鴝鵒，一作鸜鵒，即八哥。《格物總論》云：鴝鵒似鵙而有幘，色純黑，金眼穴居，慧鳥也。《本草》：鴝鵒，一名寒臯。《淮南子》云：寒臯斷舌，可使人語。《幽明録》云：五月五日，剪其舌端使圓，教令學語，能人言。繡眼，即緑脰子，一名竹葉青。土百靈，似雀稍大，長爪，居草叢中。春日晴和之候，飛鳴半空，繚繞不絶，音韻移人。海鳥，黑色，翅如車輪，音如小豕，夜出攫人。相傳昔有番姑嫂二人，乘涼月下，嫂忽爲鳥攫去。急呼家人起，惟聞空中哀號。須臾，已不知所往矣。故今夜聞空中小豕聲，婦女皆惶奔避。然此非習見，凶年偶一遇之。落聞，黑色，似鳶稍大，羽有白斑。以其好居大山也，或名山厓。又好隨鹿而飛，獵者尾以捕鹿，亦名『鹿聞』。按《禮》『鳴鳶』疏云：鴟也。鳶鳴則將風，古皆爲鷙鳥，性好攫雞，而落聞則否。何其形似而性非也？酷暑則飛鳴空中，聲小而遠聞，鄉人獵其羽，可爲扇。

又　獸之屬［只録種名］：馬，騾，牛，羊，犬，豕，猫，鹿，麂，猴，熊，豹，麞，山羊，兔，番鼠，松鼠，田鼠，飛鼠，鼬鼠，鼠，伏翼，獺，貍。

紀事

清　郁永河《裨海紀遊》　明日拉顧君偕往，坐莽葛中，命二番兒操楫，緣溪入，溪盡爲内北社，呼社人爲導，轉東行半里，入茅棘中，勁茅高丈餘，兩手排之，側體而入，炎日薄茅上，暑氣蒸鬱，覺悶甚。草下一徑，逶迤僅容蛇伏，顧君濟勝有具，與導人行，輒前，余與從者後，五步之内，已各不相見，慮或相失，各聽呼應聲爲近遠，約行二三里，渡兩小溪，皆履而涉，復入深林中，林木蓊翳，大小不可辨名。老藤纏結其上，若虬龍環繞，風過葉落，有大如掌者。又有巨木，裂土而出，兩葉始櫱，已大十圍，導人謂枏也。枏之始生，已具全體，歲久則堅，終不加大，蓋與竹筍同理。樹上禽聲萬態，耳所創聞，目不得覩其狀。

香港

綜述

清　舒懋官　嘉慶《新安縣志》卷三《山川》　桂角山，在縣東南四十里，多産桂，兩山競秀如角。【略】梅蔚山，在縣南一百里，前護縣治，後障東洋，叢生林木。宋景炎帝常駐蹕於此。大奚山，一名大嶼山，在縣南百餘里，爲急水佛堂門之障。山有三十六嶼，周圍二百餘里。有異鳥，見則大風，生山中。有村落，多鹽田。宋以爲李文簡十采，今仍之。

清　毛鴻賓　同治《廣東圖説》卷一三《新安縣》　桂角山，城東四十里，一名鼇潭山，兩山競秀如角，多産桂，故名。【略】梅蔚山，城東南一百里大海中，林木蔭翳，前護縣治，後障東洋。宋景炎中，常駐蹕於此。【略】太平山，城東南一百三十里香港島上，山勢嵯峨，干霄蔽日，最爲險隘。【略】大嶼山，城西南一百一十里大海中，一名大奚山，爲急水門之障，上分三十六嶼，樹木叢集，地最寥闊。【略】鳳凰山，城西南一百一十里大嶼山障内，雙峰插霄，形似鳳凰，故名。與懷渡山對峙，樹木叢生，最爲險阻，産鳳凰茶。上有小石，祈雨多應。

澳門

綜述

清　印光任《澳門紀略》卷上《形勢篇》　澳東爲東澳山，又東爲九星洲山，九峰分峙，多巖穴，奇葩異草。【略】北則青洲山，前山澳山，盈盈隔一海，兹山浸其中，厥壤砠，厥木樛，巑岏薈蔚，石氣凝青，與波光相上下，境殊幽勝。

又卷下《澳蕃篇》　木之屬：有紫檀木、烏木，一曰茶烏，堅而不脆，入水則沉。紫榆木、黃花木、影木、泡木，質似腐而韌，輕如楮，貯物玻瓈器中，以之塞口，則氣不外洩。波羅樹，今南海神廟前一株最古。蕭梁時，西域達奚司空携種入中國者，一名優鉢曇，無花而果。大楓子、木鼈子、梔子花、胡椒，產粵者爲土椒、洋椒，色深黑，多皺，味辣，中土貴之，故舶貨惟椒多。羊桃，如田家碡碌狀，又曰五稜子，粵產味酸。澳門數株高六七丈，種自西洋來。花紅，一蒂數子，大而甘。橄欖、甜荔枝、酸荔枝，康熙六十一年，暹羅貢大西洋青果十五株，甜荔枝三十株，酸荔枝二十株。又有蕃荔枝，大如桃，色青，似殼非殼，擘之中有小白瓤，黑子，味如波羅蜜。康熙三十八年，駕幸杭州，總兵藍理進之。貝多羅，葉大而厚，梵僧嘗以寫經，唐詩『貝葉經文手自書』是也。花大如小酒杯，六瓣，瓣皆左紐，白色，近蕊則黃，有香甚縟，落地數日，朵朵鮮芬不敗。丁香，樹高丈餘，葉似櫟，花圓細而黃，子色紫，有雌有雄，雄顆小，稱公丁香；雌顆大，其力亦大，稱母丁香。蕃人常口含嚼，以代檳榔，亦嘗釘之牛羊肉中，蒸煮而食。山茶，有紅、白二種，皆重臺千層，性畏寒，而花色絕勝。宋犖洋《山茶》詩：淺紅朵朵小盤盂，顏色翻憐過寶珠；欲把鵝溪圖異種，徐熙手筆此時無；海舶春風初到時，空籐微雨挹芳姿；從來邢尹多相妬，吩咐牡丹開小遲。禽之屬：爲鸚鵡，有大紅者毛內黃，大綠者毛內赤，每抖擻其羽，則陸離炫目，有純白者，五色者，翅大，長頸高足，翼翎美麗，不能飛，足若牛蹄，善奔走，馬不能及。卵可作杯器，即今蕃舶所市龍卵也。又有巨鳥，其吻能解百毒，一吻直金錢五十。駱駝鳥，首高於乘馬之人，行時張翼，大如棚，腹熱能化鐵。獸之屬：爲象，爲犀，爲獅。象有識人言者，命負物，至某處往輒不爽。又象極大，一牙重至二百觔，犀角照之，有血暈，四周圓整，注沸酒有香，蕃人謂牙爲白暗，犀爲黑暗。有黑熊、黑猿、白鹿、白獺。有小白牛，大如犬，斑衣，有肉峰如橐駝。有小鹿，長僅二寸許，雙角嶄然。狗，以小者爲貴，有黑者，有黃色者，蕃人與之同寢食，其稍大而長毛，褵褷深目，短喙如獅子者，尤獰醜。又有般第狗，晝潛於水，夜卧地，以黑者爲貴，能齧樹木，其利如刀。獴獱，似貓而大，高足而結尾，有黃、白、黑三種，善捕鼠，海鼠大至百觔者，齧其目而斃之，蕃人子女卧起抱持。又貓，有肉翅如蝙蝠，能飛。宋太宗有桃花犬，明時太內貓、犬，皆有官名、食俸，此類是已。有獸如貓，名亞爾加里亞，尾有汗，得之爲奇香。有乳羊，頂生兩乳，下垂。又山產異羊，一尾重十觔。獨角獸，大如馬，毛色黃，頭有角，長四五尺，其鋭能觸大獅，若誤觸樹，則角不能出，反爲獅斃。角色明，作飲器能解百毒。有獸，似羊，腹內生一石，可療百病，名曰把雜爾。有海馬，其牙堅白瑩净，文理細如絲髮，可爲念珠等物。

清　郝玉麟　雍正《廣東通志》卷六四《澳門》　香山百里外，其山從海濵發支，如蓮蓬插入海中。有城，皆番人所居，無漢人。離澳設關，以稽人口出入。其地不產米鹽蔬菜，俱內地運出。城中有西洋官，職如侍郎，粵東文書事件往還俱用通事。其俗，見人以摘帽爲禮。凡內地所用犀象、香珀、哆囉嗶吱、羽緞、羽紗、蘇木、椒檀、玻瓈種種洋物，皆與之互市。

森林植物總部

森林植物總部提要

《森林植物總部》依照《中華大典》及《林業典》的有關規定進行編纂，共設木部、果部、草部、竹部和菌部五個部。部之下根據材料情況分設條目，其中森林植物總論部、竹部和菌部未設條目，直接按緯目編排材料。

木部主要收録有關喬木的古籍資料，也酌情收録灌木及野生園林花卉植物的資料，農業上大量栽培種植的桑、茶等資料未予收録。果部主要收録有關木本果樹的資料，包含少量藤蔓類果樹資料。竹部收録各種竹類資料。草部主要收録生長在山林樹木下的各種野草類資料，草本園林花卉植物和水生草類資料未予收録。菌部主要收録木耳、蘑菇、茯苓等眞菌類植物資料。

中國古代森林植物名稱存在同名異物、同物異名的現象，因此，在條目設置上，均以古代森林植物名稱爲基礎編列條目。條目設置的原則是，宜分則分、宜合則合。有些名稱相同，但分屬不同科屬的植物，列在了同一條目下。如有關『桐』的古籍資料，中國古籍中的『桐』不僅有梧桐科的梧桐、大戟科的油桐、玄參科的泡桐，還把胡楊稱爲胡桐。爲便於檢索，將它們統一放在了『桐』這一條目下。而對於同物異名或存在爭議的植物名稱，則在同一條目中，列出幾個植物名稱。有些古籍中的植物名稱，尚未考證出究竟是現代學科分類中的何種植物，或者對其學科分類存在爭議，從保存史料的角度出發，本總部也酌情收録，以備檢索考證。

森林植物總部收録森林植物文獻史料，側重於森林植物形態描述和地理分佈方面的信息，有關其採集、利用和欣賞等方面的資料，請參閲《林業典》的其他分典。

森林植物總論部

題　解

《爾雅·釋草》　釋草【略】音義：草亦作艸。《説文》云：百卉也。從二屮。屮讀若徹，象草木初生。疏：草，《説文》作艸，隸變作廾。七老切。百卉也。又曰：象野草莽蒼之形。《説文》別有草字。自保切。云：草斗，櫟實也。一曰象斗子。徐鍇曰：今俗以此爲廾木之草，别作皂字爲黑色之皂。案：櫟實可以染帛爲黑色，故曰草。通用爲草棧字。然則此篇辨百卉之名，見於經傳者，當爲草木之草，故云「釋草」。

又《釋木》　釋木【略】音義：木，之卜反。《説文》云：木，冒也，冒地而生也。從屮，下象其根。《白虎通》云：木之言踊也，陽氣踊躍。疏：《説文》云：木，冒也，冒地而生。東方之行也。《白虎通》云：木，觸也，陽氣動躍觸地而出也。種名雖多，木爲總號。

漢　許慎　《説文》卷一　艸，百芔也。从二屮。凡艸之屬皆从艸。倉老切。

蓏，在木曰果，在地曰蓏。从艸，从㼌。郎果切。【略】

萌，艸芽也。从艸，明聲。武庚切。

芽，萌芽也。从艸，牙聲。五加切。【略】

莖，枝柱也。从艸，巠聲。户耕切。【略】

葉，楠，艸木之葉也。从艸，枼聲。与涉切。【略】

英，艸榮而不實者。一曰黃英。从艸，央聲。於京切。【略】

卉，艸之總名也。从艸屮。許偉切。

又卷六　木，冒也，冒地而生。東方之行。从屮，下象其根。凡木之屬，皆从木。徐鍇曰：屮者，木始甲拆，萬物皆始於微，故木从屮。【略】

某，酸果也。从木从甘。闕，古文某从口。【略】

樹，生植之總名。从木，尌聲。，籀文。

本，木下曰本。从木，一在其下。徐鍇曰：一，記其處也。本、末、朱皆同義。，古文。

柢，木根也。从木，氐聲。

朱，赤心木，松柏屬。从木，一在其中。

根，木株也。从木，艮聲。

株，木根也。从木，朱聲。

末，木上曰末。从木，一在其上。

樱，細理木也。从木，叜聲。

果，木實也。从木，象果形，在木之上。

橑，木實也。从木，絫聲。

杈，枝也。从木，叉聲。

枝，木別生條也。从木，支聲。

朴，木皮也。从木，卜聲。

條，小枝也。从木，攸聲。

枚，榦也。可爲杖。从木从攴。《詩》曰：施于條枚。

栞，槎識也。从木䀠。闕。《夏書》曰：隨山栞木。讀若刊。，篆文从幵。

枽，木葉榣白也。从木，聶聲。

栠，弱皃。从木，任聲。

枖，木少盛皃。从木，夭聲。《詩》曰：桃之枖枖。

槙，木頂也。从木，眞聲。一曰仆木也。

梃，一枚也。从木，廷聲。

𣡌，衆盛也。从木，驫聲。《逸周書》曰：疑沮事。闕。

標，木杪末也。从木，𤐫聲。

杪，木標末也。从木，少聲。

朵，樹木垂朵朵也。从木，象形。此與采同意。

桹，高木也。从木，良聲。

櫚，大木皃。从木，閭聲。

枵，木根也。从木，号聲。《春秋傳》曰：歲在玄枵。玄枵，虛也。

柖，樹摇皃。从木，召聲。

榣，樹動也。从木，䍃聲。

樛，下句曰樛。从木，翏聲。

朻，高木也。从木，丩聲。

枉，衺曲也。从木，㞷聲。

橈，曲木。从木，堯聲。

扶，扶疏四布也。从木，夫聲。

檹，木檹施。从木，旖聲。賈侍中説，檹即椅木，可作琴。

杪，相高也。从木，小聲。

榴，高皃。从木，畱聲。【略】

林，平土有叢林曰林，从二木。凡林之屬，皆从林。【略】

鬱，木叢生者。从林，鬱省聲。【略】

棽，木枝條棽儷皃。从林，今聲。

楙，木盛也。从林，矛聲。【略】

才，艸木之初也。从丨，上貫一，將生枝葉。一，地也。凡才之屬，皆从才。徐鍇曰：上一，初生歧枝也。下一，地也。

唐　蘇鶚《蘇氏演義》卷下　秀，繡也，草木之花如綺繡者。從禾，從乃。禾者，和也。二月種，八月收。得時中和之氣，遂名曰秀。

明　李時珍《本草綱目》卷一二　李時珍曰：天造地化而草木生焉。剛交于柔而成根荄，柔交于剛而成枝幹。葉萼屬陽，華實屬陰。由是草中有木，木中有草。得氣之粹者爲良，得氣之戾者爲毒。故有五形焉，金、木、水、火、土。五氣焉，香、臭、臊、腥、膻。五色焉，青、赤、黄、白、黑。五味焉，酸、苦、甘、辛、咸。五性焉，寒、熱、温、涼、平。五用焉。升、降、浮、沉、中。炎農嘗而辨之，軒岐述而著之，漢、魏、唐、宋明賢良醫代有增益。但三品雖存，淄澠交混，諸條重出，涇渭不分。苟不察其精微，審其善惡，其何以權七方、衡十劑而寄死生耶？于是剪繁去複，繩繆補遺，析族區類，振綱分目。除穀、菜外，凡得草屬之可供醫藥者六百一十一種，分爲十類：曰山，曰芳，曰隰，曰毒，曰蔓，曰水，曰石，曰苔，曰雜，曰有名未用。

又卷二九　李時珍曰：木實曰果，草實曰蓏。熟則可食，乾則可脯。豐儉可以濟時，疾苦可以備藥。輔助粒食，以養民生。故《素問》云：五果爲助。五果者，以五味、五色應五臟，李、杏、桃、栗、棗是矣。占書欲知五穀之收否，但看五果之盛衰。李主小荳，杏主大麥，桃主小麥，栗主稻，棗主禾。《禮記・内則》列果品蔆、椇、榛、瓜之類。《周官・職方氏》辨五地之物，山林宜皂物，柞、栗之屬。川澤宜膏物，菱、芡之屬。丘陵宜核物。梅、李之屬。甸師掌野果蓏。場人樹果蓏珍異之物，以時藏之。觀此，則果蓏之土産常異，性味良毒，豈可縱嗜慾而不知物理乎？于是集草木之實號爲果蓏者爲果部，凡一百二十七種。分爲六類：曰五果，曰山，曰夷，曰味，曰蓏，曰水。

又卷三四　李時珍曰：木乃植物，五行之一。性有土宜，山谷原隰。肇由氣化，爰受形質。喬條苞灌，根葉華實。堅脆美惡，各具太極。色香氣味，區辨品類。食備果蔬，材充藥器。寒温毒良，直有考匯。多識其名，奚止讀《詩》。埤以《本草》，益啓其知。乃肆搜獵，萃而類之。是爲木部，凡一百八十種，分爲六類：曰香，曰喬，曰灌，曰寓，曰苞，曰雜。

論　説

唐　蘇鶚《蘇氏演義》卷下　牛亨問曰：草木生類乎？答曰：生類也。又曰：有識乎？答曰：無識也。又曰：無識，寧得爲生類也？答曰：物有生而有識者，有生而無識者，有不生而有識者，有不生而無識者。夫生而有識者蟲類也，生而無識者草木也，不生而無識者水土也，不生而有識者鬼神也。

唐　李肇《唐國史補》卷下　李直方嘗第果實名，如貢士之目者，以綠李爲首，楞梨爲副，櫻桃爲三，甘子爲四，蒲桃爲五。或薦荔枝，曰：寄舉之首。又問栗如之何？曰：取其實事，不出八九。始范曄以諸香品時輩，後侯朱虛撰《百官本草》，皆此類也。其升降義趣，直方多則而效之。

宋　蔡卞《毛詩名物解》卷一七《草木總解》　匏可食，葉苦不可食。葑也，菲也，不能常美，人之所不能常善者也。荼，苦也，有曰如荼，皆甚美而爲之辭也。菽微而采之，有以貟之筐，方之筥者，會諸侯以禮數者也。匏葉以爲葅，微者也；　兔首以爲羞，薄甚也，而禮不以微薄廢者也。甘瓠累樛而上行，成美之實也。瓞，瓜之小者也，而緜緜能大者，文王紹太王而興者也。瓜在疆埸，無曠土者也。苹也，蒿也，芩也，鹿之食也，而芩不若蒿之大，而蒿不若芩之美，禮有加也。莪蒿之細則難辨者也，莪蔚之大則易辨者也。蓼莪之思彌深，而易辨者猶難辨也。采芑之菜也，方其始則采於新田，以新田爲不足，而及於菑畝也。世未嘗無士也，亦新美其材而拔取之，若菑畝之芑可也。有芑之草也，物之微也。豐水東注，言其順物之理乃能立法也，故曰皇王維辟也。豐水有芑，言其順物之理乃能貽謀也，故曰以燕翼子也。草木有待於霜而成者，蒹葭蒼蒼，漸至於采采，尤待霜而成者也，國待禮而後固也。葭菼揭揭，薍也，葭也，蓬也，始而生則蒐田時也。葛也，藟也，漘滸潤之而後蕃也。漘也，滸也，葛藟纏而後固者也。王室艱難不可以相無者也。始河之滸，中河之涘，卒河之漘，地之愈危彌不可無葛藟之纏固也。葛藟縈於樛木，則衆妾附后妃之仁而進，此逮下者也。葛藟施於條枚，而子孫緣先祖之功而起，此受祖者也。葛寄松栢而生者也，蘿縈松柏而生者也，蔦蘿同姓也，松柏王室也，同其存亡者也，卒曰松上則引之彌高者也。萇楚，材之柔，不能自立，而可扶掖以成其枝華也。人有不能，以欲故也，子之無家、無知、無室，豈有樂之者，疾其人之欲故也。芄蘭，柔而蔓依以自立者也。人不能者，以驕故也。佩觽雖文，而不我知，無知人之道也。佩韘雖武，而不我甲，無長人之德者也。知人君德也，山有扶蘇也，喬松也，隰有荷華也，游龍也，上下各得其宜。而忽之所美乃非美者也，子都容之美也，子充德之美也。茹藘色之可染者也，以禮則平易，故曰東門之墠，墠者，男子之所以行禮也。下言東門之栗，栗者，女子之所以行禮也。棠棣之華，桃之華，蕣之華，凡以喻色也。棠棣之華，華如桃李，華而實者也。桃華而實，有蕡家室之所以成德也。實而蓁蓁，家人之所以庇陂之失道也。蕣朝華而暮隕，非可恃者也，此喻物之無助者也。凡木曰華，草曰榮，榮而無實爲英，蕣先曰華，而後曰英，喻無實也。木生仁者也，林爲君者也，積仁以能蔽者也。樛木屈而下垂，而葛藟得以纍，甘瓠得以纍者，仁之下屈者也。棠棣華所覆者鄂，鄂所承者華而韡韡然，天性也。兄弟相友，亦天性也。杕杜木大而特生，尚有葉以蔽者也，而杕杜有以刺獨居而無兄弟者也，有以刺不求賢以自輔者，有以敘征夫之情而自傷者。甘棠勿翦，至於勿伐，愛之至也。然甘棠者，教也，惟其教也明，是以愛之至。若夫化則化有所至，而愛有所忘者也。梅先衆木而花實者也，梅先時則男女不可以不及時者也。蔞於楚則微而猶可刈者，微者亦成材也，樸樕於林猶免陵賤者，禮所以自防，而不可以微賤薄廢者也。棘堅而木之難長養者，棘心至於棘薪則長養劬勞，而後成者也。榛所以養也，苓所以治也，養譬則德也，治譬則能也。德在乎上，故曰山有榛也。職在乎下，故曰隰有苓也。此衛之賢者又多能，而苓之不若者也。南山有臺，北山有萊，則前後皆得賢而其基大者也。臺萊徧於山之上下以爲蔽者也，此言邦家之基也。其葉有儺，而幽且沃者，桑也。其枝下垂，而宛以華者，楊也。以其爲山蔽飾，故以此言邦家之光也。杞之實可以療，李之實可以食，故以此言民之父母也。栲之榦高大而車以爲輻，杻之名檍而古以爲弓，其堅以大也，故於此言遐不黄耇也。枸則生而茂以堅，楰則久而益不朽，爲其可傳於後世，故於此言保艾爾後此其得賢之效也。凡山之高，隰之下，莫不有材以爲賁也。山之樞，隰之榆，不皆美材，亦足以庇覆，而子之裳衣弗曳弗婁，車馬弗馳弗驅，何也？山之栲即樗而其葉茂，隰之杻即檍而其材堅，猶以爲榮觀，而子之庭内弗洒弗埽，鐘鼓弗鼓弗考，何也？山之漆可以爲器，隰之栗可以爲禮，而子之酒食不鼓瑟，而喜樂以永日，何也？車鄰則美有車馬，禮樂侍御之好，故曰阪有漆，隰有栗，漆可以用，栗可以食，而阪隰之賴以爲飾者，不若桑楊之美也，故卒曰阪有桑，隰有楊。條所謂稻，梅所謂柟也，條梅尤終南之文飾者也。若夫錦衣狐裘，顔如渥丹，則雖文以服飾以容，而宜實以君之德也，故曰其君也哉，戒之也，卒使之壽考不忘勸之也。杞、棘，木之堅剛者也。桐、椅，木之柔令者也。君子德欲剛，儀欲柔，故於杞、棘言令德，桐椅言令儀。令儀嫌於無實離也，桐椅以譬儀之柔令者也。生於朝陽，則以見君之下賢，不以令之柔，而必以德之温厚也。松柏，葉美材茂，本堅而久者也，自天保福禄而下之。至於竹之苞，松之茂，又本久而固者也，自福德澤而下之。至於松柏之茂，無不爾，或承德蔽廣而久也，竹虛而節直而和者也。淇澳德也，緑竹棫樸附而生者也，棫樸之爲薪，材微而用大，此官人者也。榛楛者莖如荆，葉如蓍，木之微者也，而在旱麓濟濟能盛者，以見流澤之遠，此受祖者也。柞棫木之堅也，文王之德至於柞棫矣，則柔者可知，故昆夷駾矣，大邦畏其力，虞芮質厥成，小邦懷其德也，柞棫之枝猶堅以固者矣。王公於諸侯待信義而後固者也，故采菽信以結之，使如柞柔之附於枝，義以制之，使如紼纚之維其舟也。檀，木之堅而美者也。穀，木之散而惡者也。杞不如桑之本固者也，桑不如檀之堅强者也。將仲子，里也，墻也，園也，而戒之以無踰，以言無侵我之家事也。杞也，桑也，檀也，而戒之以無伐，以言無害我之兄弟也。始於里，卒於檀，以見養人愈强而愈不可制也。柳之條柔而不可折，以樊圃也。椒之實蕃而遠條盛，則本衰者也。王之揚之水而不能流束薪，至於束楚、束蒲之彌輕，以見王愈弱不能有爲也。鄭之揚之水不能流束蒲，至於束楚、束薪，以見臣愈强而不可令者也。不能有爲，罪在上，故刺其上也。不可令，罪在下，故閔其上也。聖人言詩而終於鳥獸草木之名，蓋學詩者始乎此，而由於此以深求之，莫非性命之理，道德之意也。

明　鄺璠《便民圖纂》卷二六《雜占類》　論草木【略】匾豆、鳳仙五月開花，野薇立夏前開花，藕花夏至前開，並主水。凡竹筍透林者多，主有水。梧桐花初生時，色赤主旱，色白主水。

明　王世貞《弇州四部稿》卷一五六　自太史氏謂司馬長卿所載草木鳥獸多過其實，後人相沿疑之。以盧橘夏熟，荅遝離支等語，皆爲增飾。按《西京雜記》載：梨有太谷、細葉、縹葉、金葉、瀚海、東王、紫條、紫李、青李、芳李各十種。棗有弱枝、玉門、青華、赤心、西王、棠棗、梬棗七種。栗有候、榛、瑰、嶧陽四種。桃有湘核、金城、綺葉、紫文、秦桃、榹桃、霜桃、胡桃、櫻桃、含桃十種。李有青綺、青房、同心、車下、含枝、金枝、顔淵、紫李、緑李、朱李、黄李、羌李、燕李、蠻李、侯李十五種。柰有白、紫、緑三種。樝有蠻、羌、猴三種。椑有青、烏、赤葉三種。棠有赤、白、青、沙四種。梅有紫葉、紫萼、同心、麗枝、朱梅、燕梅、猴梅七種。杏有蓬萊、文杏二種。桐有椅桐、梧桐、荆桐三種。林檎十，枇杷十，橙十，安石榴十，楟十，白銀樹十，黄銀樹十，槐六百四十。千年長生樹十，萬年長生樹十，扶老木十，守宮槐十，金明樹二十，摇風樹十，鳴風樹十，琉璃樹七，池羅樹十，離婁樹十，白俞、椈、桂、蜀漆樹各十，柟四，樅七，栝十，楔四，楓四。後云：從上林令虞淵得羣臣所上草木名二千餘種，後失其本，此其記憶者。又茂陵富人袁廣漢園有白鸚鵡、紫鴛鴦、牦牛、青兕、奇獸、怪禽、江鷗、海鶴悉没入上林。太液池中有鳴鶴舟、容與舟、清曠舟、採菱舟、越女舟。池有洲⿰炎占樹一株，大六十圍。五柞宮五柞樹，蔭覆數十畝。《三輔黄圖》：高帝時，南粤王獻龍眼樹。武帝於交阯移荔枝百株植上林，建扶荔宮。中有菖蒲百本，山薑十本，甘蕉十二本，留求子十本，桂百本，蜜香指甲花百本，龍眼、檳榔、橄欖、千歲子、甘橘皆百餘本。内荔枝一株獨茂，忽夕萎死，守吏死者百餘。夫草木多至二千餘種，則長卿所言固未虛也。窮措大不復知前代帝王富盛，便不復信，可發一笑。

明　穆希文《説原》卷一二《原草木説》　草木一荄之細，一核之微，其香色葩葉，相傳而生，千載不變。蓋根幹有生死，而其神未嘗死也。故博花接果發。當接博上，則是花是果。當接博下，則其芽再出而爲元花、元果。穀植三百六十，禾爲之長。木植三百六十，而松爲之長。草植三百六十，蓍爲之長。蔬植三百六十，葵爲之長。松栢有葉有枝，荷芡有葉無枝，木賊有枝無葉，豨苓、茯苓、馬勃無葉無枝。桃、李有花有實，菊、萱有花無實，蕨、薇無花無實。

明　謝肇淛《五雜俎》卷一〇　松栢後凋，松栢未嘗不凋也，但於衆木爲後耳。凡木皆以冬落葉，至春而後發葉，松栢獨以春抽新葉，既長而後舊葉黄落。今南中花木有不易葉者，皆然也，廼知聖人下字不苟如此。

明　朱國禎《湧幢小品》卷二七《木》　樹皆有皮，惟紫荆無之。木皆有理，惟川柏無之。花皆有種，皆可變色。

又《雜品》　松爲百木之長，蘭爲百草之長，桂爲百藥之長，梓爲百木之王，牡丹爲百花之王，葵爲百蔬之王。

明　何三畏《新刻何氏類鎔》卷三一《樹總》　樹有歷百千萬年者，其上多棲鬼神。有高六七十丈者，其下不見日月。有聖樹，有神樹，有仙樹，而又有男青女貞之號，所以爲奇。有麵樹，有酒樹，有肉樹，而又有牛筋狗骨之稱，所以爲異。有一樹而自分條幹，東向一枝木威，南向一枝橄欖，枝枝各别，其樹名爲獨根。有一樹而互相盛衰，東邊一歲枯槁，西邊一歲敷榮，歲歲皆然，其樹名爲交讓。布葉垂陰隣月中之丹桂，連枝接影對天際之白榆。珍枝布葉而成珠，返魂聞香而即活。如何隨刀而異味，烽火至夜而欲燃。或名不火、不灰，或名無憂、無患。或名天上、天榀，或名帝座、帝休。亦曰扶老、生金，亦曰聲風、發日，亦曰雕棠、迷穀，亦曰木蜜、摩厨。若離婁、蜀漆、平仲、君遷，若楨火、雒常、文莖、净土，若丹青、綺縞、珊瑚、琉璃，若蒟母、婜彌、娑羅、都句，其類固難以更，僕言縷指數矣。有樹生于姬公之塋中，其葉皆按四時而各標其色。有樹生于孔子之塚上，其種皆來異國而莫識其名。秦始皇封禪而登岱，所憇之樹封以官名者，欲示寵異于山靈。錢武肅既貴而歸鄉，所戲之樹被以文繡者，用表榮華于梓里。木龍寺之樹，梁武帝遣人圖畫者，其垂如帳，其屈曲如虬龍。琉球國之樹，隋煬帝遣使持歸者，其色如金，其盤蹴如美錦。仁壽種于思煙館，木蘭生于潯陽江。君子植于華林園，長生移于上林苑。諸如此類者，皆佳木也。至《無量壽經》所云『行行相植，莖莖相望，枝枝相準，葉葉相向，華華相順，實實相當』，爲天宫之寶樹者，則豈塵世間所有哉？

又卷三二《果總》 果或一核二膚，或三殼四檜，如棗、杏、柰、梨、桃、榴、松、栢之類是已。有周文弱枝之棗，房陵朱仲之李，梁侯烏椑之柹，張公大谷之梨。而又有安平好棗，眞定好梨，中山好栗，魏郡好杏。北方七寸之棗，南方三尺之梨。番禺有甜梅，趙地有酸棗。而吴越有王氏之橘，團胡氏之梅，山賀家之瓜，丘陸家之蓮沼。燕中果實之佳者曰巴旦杏，秦中果實之佳者曰偏桃仁。建業野人種枇杷者，恃其色曰臘兄；種梨橘者，詫其味曰蜜父，是以佳果而被美名者也。若印度之那核婆者，實在枝頭；交趾之千歲子者，實在土下；廣州之枳椇子者，核在實外；交州之古度樹者，實出皮中。大理之猩猩，興古之荳蔻，南海之都念，崑崙之沙棠，九眞之石南，胡地之鈎緑，端溪之猪肉，占城之波羅，太乙之王壇，江南之木蜜，其實如丸、如榴、如柹、如李、如卵、如蘆菔、如肪、如珊瑚，此又他方之奇果，其名可傳而其味豈可易嘗者哉！說者謂柚橘凋于北徙，若榴欝于東移，橘覩屍而實繁，榴得骸而葉茂，亦物理之難曉者。而果木爲樵牧所傷，有沽酒澆之而曰爲之洗瘡止痛，斯其人于種植中，可謂尋芳而得趣者矣。

清 曹溶《倦圃蒔植記·總論》卷上《論果》 古人五果，桃辛，李酸，杏苦，棗甘，栗鹽。以五味入五臟，不尚異物，然《禹貢》厥包橘柚，則仍自貴重。一曰橘，凡柑、橙、金柑、香櫞，皆同類也。二曰梨。三曰楊梅、葡萄，後先相望，風味並奇也。四曰櫻桃。五曰梅，而杏附焉。六曰桃，而李附焉。七曰枇杷，來禽爲朋。八曰栗，而胡桃附焉。九曰柹子，曰菱芡。此外如石榴、鮮棗、銀杏等輩，俱可備采擇也。果有自遠方來而此地可種者，不列常品中，其土果又别而一類。如香芋、落花生、荸薺、茨菇等，别自拈出，宜加意培養，收其實用，不但尚奇。

清 王愈擴《江頭論樹記》（引自《瑞竹亭合稿》卷上） 凡樹必有俯仰向背，其道取諸《易》。《易》有陰陽奇偶，有生剋，有避就，不知《易》者不足與言樹。凡樹善寫者得某神，次者得其情，又次者得其勢，最下者得其形。唯其形之求此橛株駒也，生意之存焉者寡矣。凡樹之生也氣，貫左則右枯，氣欲張則先斂，故東伸則西必縮，上縱則下必峭。凡樹自甲坼以至抽榦，至舒葉，造物者未嘗節節而模之，寸寸而範之也。至於歷寒暑，滋雨露，照臨日月，離奇夭矯，諸態備具。故善寫生者，隨其筆之所之，不先擬一形，及其成也，自有蔥蒨蒼鬱之妙。凡樹未作時，須有數十百樹在其胸中，及其拈筆在手，意中乃無一樹。蘇子云：胸中有成竹，道其初也。凡樹石生者必怒挺，土生者必喜揚，性之所生而有也。觀其根柢知其枝葉，猶之藝花者，觀其枝葉知其柎萼。凡樹雖千枝萬榦而不離其本，如手足之衛心腹，如常山之蛇首尾相應。凡樹林立者必束，獨立者必縱，並立者必讓，上下立者必相助。凡樹之佳者，人見之必曰似畫，畫本求似樹也，而樹皮求其似畫，故知畫中之樹，樹之選焉者也，選而藏之，不期然而用之。雲構之教余畫樹者如此。一日行江頭，見數樹奇正疏密，盡態極妍。雲構大呼曰：『此余畫也。』歸爲序，次其言，命雲構圖出之。

綜述

《爾雅·釋草》 卉，草。注：百草總名。音義：卉，虚謂反。總，子孔反。疏：別二名也。百卉猶百草也。《詩·小雅》云『百卉具腓』是也。【略】茦，刺。注：草刺針也。關西謂之刺，燕北、朝鮮之間曰茦，見《方言》。音義：茦，初革反。《方言》云：凡草木而刺人者，北燕朝鮮之間謂之茦。刺字又作朿，又作莿，七賜反。注同。《方言》云：關西呼茦壯爲莿。朝，直遥反。鮮，音仙。疏：謂草針刺人也。一名茦，又名刺。郭云『草刺針也。關西謂之刺，燕北、朝鮮之間曰茦，見《方言》』者，案《方言》『凡草木刺人，北燕、朝鮮之間謂之茦，或謂之壯。自關而東或謂之梗，或謂之劌。自關而西謂之刺。江、湘之間謂之棘』是也。【略】蕍。芛、葟、華，榮。注：《釋言》云：『華，皇也。』今俗呼草木華初生者爲芛。音猜豬，蕍猶敷，蕍亦華之貌。所未聞。音義：蕍，羊朱反。芛，郭音猜，羊棰反。顧，羊述反，謝私尹反，樊本作葟。葟，音皇，本亦作皇。疏：此別草木榮華之異名也。蕍，言華之敷貌。芛，華初生之名也。葟華單也。『所未聞。』云『未聞』者，亦未聞所出也。注『音猜豬』者，《釋獸》云：『猜，豶。』郭云：『俗呼小豶豬爲猜子。』此亦取芛與猜音同，其義則異也。【略】華，荂也。注：今江東呼華爲荂。華、荂，榮也。注：轉相解。木謂之華，草謂之榮。不榮而實者謂之秀，榮而不實者謂之英。音義【略】疏：李巡云：分別異名以曉人也。華，一名荂。郭云：今江東呼華爲荂。又一名榮。郭云：轉相解。木則名華，《月令》：季春，桐始華。草則名榮，《月令》：仲夏，木槿榮。此對文爾，散文則草亦名華。《鄭風》云『隰有荷華』是也。不見其榮，但見其實者曰秀。《詩·大雅》云：實秀實發。有其榮而不實者曰英。此亦對文爾，故以英爲不實。其實，黍稷皆先榮後實。《詩·小雅·出車》云『黍稷方華』，是嘉穀之秀必有榮也。

又《釋木》 木自弊，柛。注：弊，踣。立死，椔。注：不弊頓。椔。弊者，翳。注：樹蔭翳覆地者。《詩》云：其椔其翳。木相磨，槸。注：樹枝相切磨。棤，皵。注：謂木皮甲錯。梢，梢櫂。注：謂木無枝柯，梢櫂長而殺者。音義：弊，婢世反，字又作斃。柛，音申，踣蒲北反，或作仆。椔，側利反，一音側其反。弊，必世反。注同。翳，音殪。注同。蔭，於禁反。槸，魚逝反，郭魚逝、魚例二音。棤，七各反。皵，謝音舄，郭音夕。梢，郭音朔。櫂，直角反。《方言》云：拔也。《蒼頡篇》云：抽也。《廣雅》云：出也。《小爾雅》云：拔根曰櫂。殺，色戒反，又色例反。疏：此別死、頓、相磨、皮甲棤櫂之異名也。云『木』者，總在下之稱也。自斃踣者名柛，立死不斃頓者名椔，枝葉蔽蔭覆地者名翳，木兩枝相切磨名槸，木皮甲粗錯者名棤，亦名皵。木無枝柯，長而殺者名梢，一名梢櫂。《小爾雅》曰：拔根曰櫂。注『《詩》：其椔其翳』者，《詩·大雅·皇矣》篇文也。毛《傳》云：木立死曰椔，自斃爲翳。説者引李巡曰：以當死害生曰菑。斃，死也。然則以立死之木妨他木生長，爲木之害，故曰菑也。自斃者，生木自倒，枝葉覆地爲陰翳，故曰翳也。《爾雅》直云斃者，《詩》傳以其非人斃之，故曰自斃。其文與此不同者，所見本異也。【略】句如羽，喬。注：樹枝曲卷似鳥毛羽。下句曰朻，上句曰喬。如木楸曰喬。注：楸樹性上竦。如竹箭曰苞。注：篠竹性叢生。如松柏曰茂。注：枝葉婆娑。如槐曰茂。注：言扶疏茂盛。音義：句，居具反，下同。喬，阮孝緒音橋，郭音驕，下皆同。卷，巨員反。朻，居虯反，本又作樛，同《字林》九稠反。苞，如字本或作枹。篠，先了反。娑，素河反。疏：此別水之曲直、叢生、茂盛之異名也。句，曲也。樹枝曲卷似鳥毛羽，名喬。樹枝下垂而曲，名朻。《詩·周南》云『南有樛木』是也。木枝上竦而曲卷者，亦名喬。如木楸上竦者，亦曰喬。郭云：楸樹性上竦。《詩·周南》云『南有喬木』是也。凡木如竹箭叢生者，曰苞。《禹貢》曰『草木漸苞』是也。凡木枝葉婆娑者，曰茂。《詩·小雅》云『如松柏之茂』是也。枝葉扶疏茂盛如槐者，亦曰茂。梲，州木。髦，柔英。注：皆未詳。音義：梲，章六反。髦，音毛。槐棘醜喬。注：枝皆翹竦。桑柳醜條。注：阿那垂條。椒椴醜莍。注：莍萸子聚生成房貌。今江東亦呼莍。椴似茱萸而小，赤色。桃李醜核。注：子中有核人。音義：棘，居力反。阿，烏河反，又於可反。那，奴何反，又奴可反。椒，音焦。椴，所黠反。《字林》云：似茱萸，出淮南。《本草》云：茱萸，一名椴。案今樹極似茱萸，唯子赤細。莍，音求。《説文》云：椴椒實裹如裘也。一音巨六反。茱，音殊。萸，以朱反。核，何革反。疏：此辨木之枝條、子實形狀之異。醜，類也。喬，高也。槐棘之類，枝皆翹竦。桑柳之類，皆阿那垂條。莍者，實之房也。椒、椴之類，實皆有莍彙自裹。李巡曰：椒，茱萸，皆有房，故曰莍。莍，實也。郭云：莍萸子聚生成房貌。今江東亦呼莍。椴似茱萸而小，赤色。桃李之類，皆子有核人。《曲禮》云：其有核者，懷其核。【略】灌木，叢木。注：《詩》曰：集于灌木。音義：灌，古亂反。叢，才公反，本或作藂。疏：灌木，叢木者，即叢生之木也。下云『木族生爲灌』，郭云：族，叢也。是灌木爲叢木也。《詩·周南》云『黃鳥于飛，集于灌木』是也。瘣木，苻婁。注：謂木病尫傴癭腫無枝條。音義：瘣，郭胡罪反。《説文》云：病也。一曰腫，旁出也。又音回。婁，謝力侯反，施力俱反。樊引《詩》云：譬彼瘣木，疾用無枝。苻婁者，尫傴内病。磈磊，無枝也。李云：苻婁，一名瘣木，無枝木也。尫，烏皇反。《字書》云：傴也。傴，紆禹反。《廣雅》云：曲也。瘻，於井反。《字林》云：頸瘤也。腫，章勇反，本或作瘇，常勇反。疏：某氏云《詩》云：譬彼瘣木，疾用無枝。苻婁，尫傴内疾瘣磊，故疾用無枝。郭云：謂木病尫傴瘻腫無枝條。舍人曰：苻婁屬下句，獨爲異也。蕢，藹。注：樹實繁茂菴藹。音義：蕢，扶云反，孫苻粉反。藹，烏害反。菴，於檢反。疏：蕢亦樹實名又名藹。郭云：樹實繁茂，菴藹。枹，遒木，魁瘣。注：謂樹木叢生，根枝節目盤結磈磊。音義：抱，音包。遒，又作逎，子由反，又徂由反。《説文》云：遒，迫也，謂叢攢迫而生。魁，字亦作魁，謝苦罪反，施苦回反。瘣，郭盧罪反，施胡罪反。磈，本或作傀，苦罪反。磊，本或作儡，力罪反。疏：木叢攢迫而生者名枹、遒木。魁瘣，讀若磈磊，謂根節盤結處也。郭云：謂樹木叢生，根枝節目盤結磈磊。【略】瓜曰華之，桃曰膽之，棗李曰疐之，樝梨曰鑽之。注：皆啖食治擇之名。樝似梨而酢澀，見《禮記》。音義：華，胡化反。鄭注《禮記》云：謂中裂不四析也。膽，丁敢反。疐，亦作庢。同，丁計反。樝，側加反，字亦作查。鑽，子官反。郭，徂端反。澁，字又作濇，又作澀，所立反。疏：此辨啖食治擇瓜果之名也。云『瓜曰華之』者，此爲國君削瓜之禮也。華，謂半破也。降於天子，故破而不四析也。亦横斷之而巾以綌也。云『桃曰膽之』者，桃多毛，拭治去毛，令色青滑如膽也。或曰：膽，謂杏桃有苦如膽者，擇去之。云『棗李曰疐之』者，謂治棗李，皆去其疐。疐者，柢也。云『樝梨曰鑽之』者，恐有蟲，故一一鑽看其蟲孔也。案鄭注《禮記·内則》云『柤梨不臧』者，今之所謂『樝子』者是也。注云『見《禮記》』者，案《曲禮》云：爲天子削瓜者副之，巾以絺。爲國君者華之，巾以綌。又《内則》云：棗曰新之，栗曰撰之，桃曰膽之，柤梨曰鑽之。鄭注云：皆治擇之名也。文雖小異，大意則同。小枝上繚爲喬。注：謂細枝皆翹繚上句者，名爲喬木。音義：繚，音了。疏：此即『上句曰喬』，嫌不了，故重出之。言小枝上竦翹繚者，名爲喬木也。無枝爲檄。注：檄櫂直上。音義：檄，形的反。櫂，直角反。上，時掌反。疏：此釋上文梢梢櫂也。櫂，身櫂也，謂木無枝，檄櫂直上，長而殺者也。木族生爲灌。注：族，叢。音義：灌，古半反。疏：族，叢也。木叢生者爲灌，即上灌木，叢木也。

三國魏 張揖《廣雅》卷一〇《釋草》 莫高蘇，白蓊高也。茈蕮，蕨也。蕈，集蕈負又部也。王白，蕢負也。蒩，子乎蕺也。藜力兮蘆，蒽蕳那甘也。蓨疇蒢，除地榆也。莪蒿，蘪力甚反蒿也。蕑，蘭也。蘱力對芣，才蔽苦拜反也。廉薑，葰雖也。草蒿，青蒿也。揂乳，苦杞也。游冬，苦菜也。黍姑，艾但，鹿何，澤翰之舌也。堇，丑六羊蹏也。牛莖，牛䔥也。豚徒昆反。世人作䐁字，或豘，或豚，或肫，並失之。耳，馬莧也。卬，昌陽，菖蒲也。攣夷，芍藥也。菥析蓂，覓馬辛也。蒣舒蔀，部，又步古。魚薺齊底反。憲案：《説文》以齊氐爲薺，蒺蔾之薺字自資也。狗薺，大室，葶藶也。藡，狄萑丸也。會及，五味也。山蘄，芹當歸也。芪祇母，兒踵，東根也。郝蟬，丹蔘也。飛廉，扇蘆，伏豬，木禾也。貝父，藥實也。王連，黄連也。蕀苑，遠志也。其上謂之小草。黄良，大黄也。菟葿，黄文，内虛，黄芩也。因塵，馬先也。虵粟，馬牀，虵牀也。葽，莠也。常蓼，馬尾，蔏商陸六也。鬼桃，銚弋，羊桃也。虎蘭，澤蘭也。褢，續斷也。地髓，地黄也。薰草，蕙草也。茯神，茯苓也。茈葳，陵苕，蘧麥也。女蘿，松蘿也。陵澤，甘遂也。馬唐，馬飯也。山薑，茉也。地血，如藘，蒨也。兔北，兔絲也。地筋，居勤反枸杞也。地毛，莎隋也。美丹，甘草也。苦萃，欵凍也。黄精，龍銜也。細條，少辛，細辛也。菝拔挈，狗脊也。蔆芰，薢古買反，又古埋反。茩苟也。菮明，羊角也。苓耳，蒼耳葹，常枲，胡枲，枲耳也。雞狗獳，奴侯哺公也。羊蹢直戟躅，逐録英光也。堇，謹音，世人作堇字，如此失之。藋徒吊也。蓳，藜也。寄屏，寄生也。犁如，桔梗也。白茉，往律反。世人作术字，如此失之。术古文秫字。牡丹也。龍木，龍須思臾反。案《説文》須從彡。世人作鬚字，如此失之矣。也。桼莖，澤桼也。顛棘，女木也。陵游，龍膽也。鹿腸，玄蔘也。地精，人蔘所今也。苦心，沙蔘也。其蒿，青蘘素禾也。飛芝，烏毒也。楚衡，杜衡也。葃音昨菇，音姑水芋，烏芋也。龍沙，麻黄也。無心，鼠耳也。女腸，女菀也。天豆，雲實也。瓢，婢昭洊也。笁，竹也。其表曰筤，民忍其裏曰本。步本篙籢，素但箹鉤篙，端桃支也。箭蕕，媚籢至也。菌，薰也，其葉謂之蕙。蕖，渠芋也，其莖謂之蔌。虊，劣船反，又力眷。茆，鳧葵也。菎，古本薈也。荊葵，荍巨遥也。芣，邛萁也。苞，蒳也。水苜，目蓿習。茵也。屈居，盧茹也。蘸醜菝，緩蔞菇也。蕎橘子，菜也。山茝，蘪香，藁本也。貫節，貫衆也。藾，貢起實，薏憶目也。女青，烏葛也。巴尗，巴豆也。烏昆，廉也。燕薁，奥蘡舌也。茈芺，茈草也。莜悦欒芡，儉雞頭也。周麻，升麻也。土瓜，芴也。蔛苦圭菇，瓠古矦瓤，鹿候王瓜也。王廷，蕌萸，上市念反，下羊恕反。署預也。恆山，蜀桼也。藟，力水藤也。石髮，石衣也。采，似醉藁，采也。秆，古旱稈，空又苦江稭，古八稾也。黍穰謂之稛。例稻穰謂之稈。稷穰謂之穇。莊于麻黄莖，狗骨也。白芷，其葉謂之葯。約公蕡，浮沸符分蘱穰，菉，柔蕭乃頂菁，轄荏，蘇也。秈，仙梬也。秫，述稬奴卧也。䅥，口見口㐱䅵，亡皮稨旁稈，皇穄祭也。䅯，扶云，秫誅也。大荳，尗也。小荳，荅也。豍布兮豆，豌烏丸豆，蹓留豆也。胡豆，䜷乎江䝄雙也。大麥，麰牟也。小麥，麳來也。𥻗，斜菘，私茅穗似醉也。蒲穗謂之蒪。大丸箘，簬，路簣，眞菽苦拜笴，公但簫，衛，衛箭也。蕉，捉奚毒，附子也。一歲爲萴子，二歲爲烏喙，三歲爲附子，四歲爲烏頭，五歲爲天雄。蘤，爲詭葩，菁，蘂，花，華也。梄，步項杜，蔎，乎巧茇，撥荄，古來反株，梠也。蒳，弋筆素筆蔕也。萌，芽，甾，蔆，蘗也。蘇，菜，力内芬，莽，蘆，千古毛，草也。草蘽生爲薄。蓍，耆也。益母，充蔚也。菅，茅也。粢，黍，稻，其采辭醉謂之禾。豆角謂之莢，其葉謂之藿。英葯，蒻也。菡萏，芙蓉也。韭，䪥，胡戒蕎，橋其華謂之菁。蘬，歸葵也。藋粱，木稷也。蔄，丈牛藷，直魚蔥也。蒻，臺，臺也。莧，藺吝也。菰，孤蔣子良也，其米謂之彫胡。葒，紅龍，蘈，乎結馬蓼也。蕢，麥蟹。張揖云：蕢，蘽也。案：白蘽與苦蕢大異，恐非。蘽巨也。繁母，蒡葧步没也。莅力合蘧，沓蘆蔽也。蘴，豐又嵩蕘，女交反。世人以此爲芻蕘之蕘。未知孰是。蕪菁精也。匏，瓠也。冬瓜，菰及也。水芝，瓜也，其子謂之瓣。力占龍蹏，虎掌，羊骹，兔頭，桂支，蜜箭，䙈温瓜，徒昆貍頭，白觚，步田無餘，縑，瓜屬也。狗虱，巨勝，藤弦，胡麻也。芬蘋，水蘇也。當道，馬舄也。蕣菌，蕣生也。徐長丁丈反卿，鬼督郵也。丁父附支，蒲草也。鬼箭，神箭也。錢盆，陸英，苺也。海蘿，海藻也。地葵，地膚也，狼毒也。葱，去用，又去拱。苹，平蔺浪蕩宕也。莨，古恨鉤吻也。昔邪，烏韭也，在屋曰昔邪，在墻曰垣衣。馬䪥，荔也。水衣，落也。麦菜，藻也。蘘荷，蒪普各苴子魚也。蔨，鹿藿也。蔦悦專尾，烏蓮，所夾射干也。木實酸木，狐桃也。烏䕚，可與蔦腹也。白芷，茷蕡也。馬帚，屈，馬第也。蔥蒲，莞丸也。矜，禽也。

又《釋木》 楚，荆也。壯荆，曼荆也。穀，楮也。栝，古末栢也。䢭梓，松也。欆棗，欆宅也。栟櫚，椶也。梏榴，石榴柰也。林，武蓋㮣也。含桃，櫻桃也。山李，崔其，䵒也。梡，考椴，欓，越椋，茱萸也。椺，丁戈株也。梲，緩支柯，莖也。本，榦也。棣，枘也。檣，之善掩，攙，摽也。蘗，蒲草葬，落也。木蘽生曰榛。櫨，椁，梨也。亲，㮚也。橡，象柔常與也。柚，榛七候也。雨師，樫，恥京檟子狄也。杆，古旦柘也。杜仲，曼榆也。重皮，厚朴也。木欄，桂欄也。益智，龍眼也。山榆，母估也。柘榆，梗榆也。梔支子，楕爻桃也。宛童，寄生，槝鳥也。秀龍，巢也。下支謂之榑扶支槲。西也。枚，椝，條也。梢，梢交校，椒，叉苟柴也。樓，薪也。笳，枳，叉，股，枝也。

宋 李石《續博物志》卷六 杞、菊、山芋、牛蒡，道家以爲嘉蔬。江淮百合根大而味甘，南地微苦。其次決明、合歡、槐芽亦可食。孫思邈以合歡爲萱草。嵇叔夜合歡蠲忿，萱草忘憂，兩物也。

明 盧翰《掌中宇宙》卷一三《五果》 李屬木，杏屬火，棗屬土，桃屬金，栗屬水，謂之五果。

明 王世懋《學圃雜疏·花疏》 木則天目松、栝子松、千頭栢、纓絡栢、金線柳，皆佳品也。次則丹楓、石楠、梧桐、黄陽、西湖柳、烏絨樹，北人謂之馬纓花。皆可植於水次。果則櫻桃、李、枇杷、橘、栗、葡萄，皆可種也，以供盤飣。予所録次者在花，故草木之類從畧。竹是吾家子猷所好，園中自當日有，其種類當別有記。

明 王世貞《弇州四部稿》卷一五六 有䴵樹則南中桄榔也，酒樹則椰也，肉樹則端溪豬肉子也，大如杯，炙而食之，味如豬肉而美。椰似酒耳，甘而薄，亦不堪飲。若頓遜國樹葉汁，取停之數日，即爲佳酒。枸樓國僊漿，取之樹腹中。又青田核以水實之，少頃成酒，乃眞酒樹也。有酒山，南昌國僊山泉也。有酒泉，涼州地水也。又枳椇子美如飴，能令酒味薄，若以木爲屋柱，一屋之酒皆薄。

明 焦周《焦氏説楛》卷六 石香菜名茵蔯，白蒿名茵蔯，香薷亦名茵蔯。野蘭名漏蘆，飛廉亦名漏蘆。顛棘名薔蘼，薔薇亦名薔蘼，蛇床亦名薔蘼。肫腸草名金沸，旋覆亦名金沸。獨搖曰鬼督郵，赤箭、徐長卿，亦曰鬼督郵。山精曰白朮，芍藥亦曰白朮。葛曰鹿藿，菌亦曰鹿藿。玄參曰逐馬，丹參亦曰逐馬。天名精曰豨薟，豬膏苺亦曰豨薟。天名精曰豕首，蠡首亦曰豕首。沙參曰虎須，款冬亦曰虎須。白楊，曰獨搖。獨活，有風不動，無風自搖，曰獨搖。赤箭，亦有風不動，無風自搖，曰獨搖。婆婦曰百部，天門冬亦曰百部。鉤瓢曰王瓜，狗脊亦曰王瓜。仙靈脾曰淫羊藿，天門冬亦曰淫羊藿。剪草之根曰白藥，栝樓亦曰白藥，桔梗亦曰白藥。夕句曰夏枯，益母亦曰夏枯。藥有薺苨，桔梗亦曰薺苨。藥有白及，萎蕤亦曰白及。藥有禹餘糧，麥門亦曰禹餘糧，藜蘆亦曰禹餘糧。大戟曰顛棘，天門冬亦曰顛棘。牡蒙曰王孫，黄蓍亦曰王孫。猴曰王孫，蟋蟀亦曰王孫。玄參曰重臺，蚤休亦曰重臺。蓮子曰水芝，白瓜亦曰水芝。

明 馮復京《六家詩名物疏》卷四《喬木》

《傳》云：喬，上竦也。《爾雅》云：句如羽喬。上句曰喬，如木楸曰喬。槐棘醜喬。小枝上繚爲喬。趙岐《孟子》『喬木』，注云：高大樹木。按：《爾雅》釋喬雖殊，然總之翹竦之義。惟朱《傳》增『無枝』二字爲謬耳。《箋》云『木高其枝葉，故人不得就而止息則有枝』，審矣。無枝者，《爾雅》所謂檄，非喬也。

明 鐘惺《古名儒毛詩解・胡氏詩識》卷中《花木類》

荼茅，華輕白可愛者也。蕑，蘭也，其莖葉似澤蘭，廣而長節，節中赤，高四五尺。勺藥，亦香草也，三月開花，芳色可愛。菡萏，荷華也。華，草木之華也。荷華，芙蕖也。諼草，合歡，食之令人忘憂者，背北堂也。榛、栗二木，其實榛小栗大，皆可供籩實。榛似栗而小。長楚，銚弋，今羊桃也，子如小麥，亦似桃。蔞蔞，蒿也，葉似艾，青白色，長數寸，生水澤中。蘋，水上浮萍也，江東人謂之薸。藻，聚藻也，生水底，莖如釵股，葉如蓬。葭，蘆也，亦名葦。葽，草名。茅之始生曰荑，言柔而白也。芄蘭草，一名蘿摩，蔓生，斷之有白汁，可啖。葦，蒹葭之屬。蓬，草名，其華如柳絮，聚而飛，如亂髮也。蕭，荻也，白葉，莖麤，根生有香氣，祭則焫以報氣，故采之。龍紅，草也，一名馬蓼，葉大而色白，生水澤中，高丈餘。茹藘，茅蒐也，一名茜，可以染絳。蕢，水舄也，葉如車前草。蘞，草名，似栝樓，葉盛而細，蔓延也。蒹似萑而細，高數尺，又謂之蒹葭，蘆也。蒹葭未敗而露始爲霜。荍，芘芣也，又名荆葵，紫色。菅，葉似茅而滑澤，莖有白粉柔韌，宜爲索也。苕苕，饒也，莖如勞豆而細，葉似蒺藜而青，其莖葉緑色，可生食，如小荳藿也。鷊，小草，雜色如綬。蒲，水草，可爲席者。葛，草名，蔓生，可爲絺綌者。藟，葛類。緑，王芻也。萊，草穢也。卉，草也。苞，草叢生也。蓍，筮草也。萑葦，即蒹葭也。薁，蘡薁也。荼，萑苕可藉巢者也。苹，藾蕭也，青色，白莖如筯。蒿，菣也，即青蒿也。芩，草名，莖如釵股，葉如竹，蔓生。臺，夫須，即莎草也。萊，草名，葉香可食者也。蕭，蒿也。莪，蘿蒿也。蒿，賤草也。蔚，牡菣也，三月始生，七月始華，如胡麻華而紫赤，八月爲角，似小荳角，鋭而長。蔦，寄生也，葉似當盧，子如覆盆子，赤黑甜美。女蘿，兔絲也，蔓連草上，黄赤如金。藻，水草也。藍，染草也。白華，野菅也，草衰則黄。芑，草名。蒲，蒲蒻也。棲苴，水中浮草，棲於水上者，言枯槁無潤澤也。蓼，辛苦之物也。荼，陸草。蓼，水草。一物而有水陸之異也。今南方人猶謂蓼爲辣茶，或用以毒溪取魚，即所謂荼毒也。毒草朽，則土熟而苗盛。灌木，叢木也。桃，木名，華紅，實可食。楚，木名，荆屬。甘棠，杜梨也。白者爲棠，赤者爲杜。梅，木名，華名，實似杏而酢。唐棣，移也，似白楊。李，木名，華白，實可食。柏，木名。棘，小木，叢生，多刺，難長，而其心又稚弱而未成者也。棘可以爲薪，然非美材。椅，梓實。桐，皮桐，梧桐也。梓，楸之踈理白色而生子者。漆木有液黏黑，可飾器物。檜，木名，似柏。木瓜，楙，木也，實如小瓜，酢可食。木下曲曰樛。夭夭，少好之貌。灼灼，華之盛也。木少則花盛。蕡，實之盛也。蓁蓁，葉之盛也。上竦無枝曰橋，亦作喬。枝曰條，幹曰枚，斬而復生曰肄。剪，剪其枝葉也。伐，伐其條幹也。樸樕，小木也。游，枝葉放縱也。蘀，木槁而將落者也。遠條，長枝也。苞，叢生也。遠揚，遠枝揚起者也。取葉存條曰猗。麤曰薪，細曰蒸。樸，叢生也，言根枝迫迮相附着也。燎，爨也，或曰熫燎，除其旁草，使木茂也。菑，木立死者也。翳，自斃者也。或曰小木蒙密蔽翳者也。灌，叢生者也。栵，行生者也。苞，本也。蘖，旁生萌蘖也。蒲，蒲柳。《春秋傳》云：董澤之蒲。杜氏云：蒲，楊柳，可以爲箭者是也。杞，柳屬也，生水旁，樹如柳，葉麤而白色，理微赤。檀，皮青滑澤，材彊韌，可爲車。舜，木槿也，樹如李，其花朝生暮落。扶蘇，扶胥，小木也。柳，楊之下垂者，柔脆之木也。棘，棗之短者。樞，莖也，今刺榆也。榆白，枌也。栲，山樗也，似樗，色小白，葉差狹。杻，檍也，葉似杏而尖，白色，皮正赤，其理多曲少直，材可爲弓弩幹者也。椒，樹似茱萸，有針刺，其實味辛而香烈。杜，赤棠也。栩，柞櫟也，其子有皂斗殼，可以染皂者是也。條，山楸也，皮葉白色，亦白材理，好宜爲車版。駮，梓榆也。其皮青白如駁。棣，唐棣。檖，赤羅也，實似梨而小酢，可食。枌，白榆也，先生葉，卻著莢，皮色白。椒，芬芳之物也。楊，柳之揚起者也。英，猶華也。欝，棣屬。樗，惡木也。棠，棠棣也，子如櫻桃，可食。楊柳，蒲柳也。杞，樹如樗，一名狗骨。枸枳，枸樹高大似白楊，有子著枝端，大如指，去數寸，噉之甘美如飴，八月熟，亦名木蜜。梗，鼠梓，樹葉木理如楸，亦名古楸。穀，一名楮，惡木也。柔木，桐梓之屬，可用者也。杞，枸檵也。楰，赤棟也，樹葉細而枝鋭，皮理錯戾，好叢生山中，中爲車輞。柳，茂木也。桑薪，薪之善者也。柞，櫟也，枝長葉盛，叢生有刺。棫，白桵也，小木，亦叢生有刺。楛，似荆而赤。檉，河柳也，似楊，赤色，生河邊。椐，樻也，腫節似扶老，可爲杖者也。檿，山桑也，與柘皆美材，可爲弓幹，又可蠶也。柔木，柔忍之木也。菶菶萋萋，梧桐生之盛也。簣，棧也，竹之密比似之，則盛之至也。茁，生出壯盛之貌。薈蔚，草木盛多之貌。依，茂木貌。芃芃，木盛貌。揭木，根掘起之貌。阿，美貌。難，盛貌。皆言根葉條垂之狀。薇，菜名。芹，水菜也。荇，接余也，根生水底，莖如釵股，上青下白，葉紫赤，圓徑寸餘，浮在水面。卷耳，枲耳，葉如鼠耳，叢生如盤。蕨，鼈也，初生無葉，可食。薇，似蕨而差大，有芒而味苦，山間人食之，謂之迷蕨。匏，瓠也，匏之苦者，不可食，特可佩以渡水而已。葑，蔓菁也。菲，似葍，莖麤，葉厚而長，有毛，下體根也。葑、菲根莖皆可食，而其根則有時而美惡。荼，苦菜，蓼屬。薺，甘菜。莫，菜也，似柳葉，厚而長，有毛刺，可爲羹。苦，苦菜也，生山田及澤中，得霜甜脆而美。葵，菜名。壺，瓠也。瓠有甘有苦，甘瓠則可食者也。芑，苦菜也，青白色，摘其葉，有白汁出，肥可生食，亦可蒸爲茹，即今苦蕒菜。宜馬食，軍行采之，人馬皆可食也。遂，牛蘈，惡菜也，今人謂之羊蹄菜。葍，蓄，惡菜也。莪，美菜也。大曰瓜，小曰瓞，瓜之近本初生者常小，其蔓不絶，至末而後大也。茆，鳧葵也，葉大如手，亦圓而滑，江南人謂之蓴菜者也。荼，苦菜也，味苦，氣辛，能殺物，故謂之荼毒也。幡幡，瓠葉貌。芣苢，車前也，大葉長穗，好生道旁。芣苢采之，其子治産難。苓，一名大苦，葉似地黄，即今甘草也。茨，蒺藜也，蔓生，細葉，子有三角刺人。唐蒙，菜也，一名兔絲。蝱，貝母，主療鬱結之疾。蓷，鵻也，葉似萑，方莖，白華，華生節間，即今益母草也。果贏，栝樓也。苕，陵苕也。《本草》云：即今之紫葳。蔓生，附於喬木之上。其華黄赤色，亦名凌霄。堇，烏頭也。

明　李日華　**《六研齋三筆》卷二**　宋艮岳八芳草，曰金蛾，曰玉蟬，曰虎耳，曰鳳尾，曰素馨，曰茉莉，曰渠那，曰含笑。

清　揆敘　**《隙光亭雜識》卷二**　黄精，一名兔竹，一名救窮。《抱朴子》地榆，一名玉札。《神仙服食經》靈芝，一名壽潛，一名希夷。《續古今注》蓮花，一名玉環。《三餘帖》蘭，一名媚世。《退居録》芙蓉，一名水芝丹，一名澤芝。《古今注》萱草，吴中書生呼爲療愁花。《述異記》茨，一名鴈頭。萬蓮，葉如烏翅，一名烏羽，一名鳳翼，花大者呼爲仙人花，一名連纈花。《古今注》茱萸，別名秋子。小荳花，名腐婢。苔，又名重錢，南人呼爲垢草。萍，一名水白，一名水簾懸。腸草，一名鬼子蔓，南中呼爲離別草。紫述香，一名紅蘭香，一名金桂香，亦名射香草。並《述異記》藟，一名臣荒。樛木注櫻珠，江南俗名水蔔，淮上俗名拍判。葳蕤草，一名麗草，又呼爲女草，江浙呼娃草。《草木狀》續斷，一曰諾藤，一曰水藤。《廣州記》芸薇菜，一名芸芝。《拾遺記》柏，曰蒼官。《園林記》桂，一名止唾。《吴氏本草》椶櫚，一名鬣葵。《丹鉛録》東南荒中有椰木，一名無葉，一名猗驕，一名綺縞。《神異經》【略】火精，茯苓也。水寶，胡麻也。《雲笈七籤》楊，一名高飛，一名獨摇。山檳榔，一名蒳子，竺法眞《登羅浮山疏》五月十三日謂之竹醉，又曰竹述。《齊民要術》篩竹，一名太極。《神異經》澀勒，竹之有芒者也，一名篦簩。《竹譜》威綏，一名威蕤。王者有禮，則生萐甫，一名倚扇。《瑞應圖》平露，狀如蓋，王者政平則生庭，一名平慮。《白虎通》明莖草，夜如金燈，亦名洞冥草，亦名照魅。《述異記》波弋國獻神精香草，亦名荃蘼，一名春蕪。掌中草，食之，能空中孤立，足不躡地，亦名躡空草。《洞冥記》秦趙間有相思草，一名寡婦莎席。萛草，一名塞路倒枝藻者，枝横倒水中，如繒網，亦名水網藻。《述異記》餌玉長生草，一名通天。《典要》苦葴，一名苦蘵子。獲門草，一名百靈草。《古今注》無畏草，本名乾先。《雲窗私志》劉懎草，一名鹿活草，《彙苑》生金樹皮間，有屑如金，而色青，亦名青金樹。《述異記》恒春樹，一名沉生，如今之沉香也。《拾遺記》垂龍木，亦曰珍枝樹。《述異記》

又卷四　廣南花木別名。水松者，稷也，一名水杉。梡，一名管樹。荔枝，一名離支，亦曰麗支。桄榔，一名麪木。羊桃，一名洋桃，亦名三斂子，亦曰山斂。夾竹桃，一名桃柳，又曰地開桃。蜜望，一名望果。宜母，一名梨檬子。卍果，一名蓬鬆子。桾櫏子，俗稱牛奶柿，亦曰牛乳子。羊齒子，一曰羊矢。山葡萄，一名蘡薁。山韶子，一名毛荔支，亦曰毛珧子。都捻子，一名倒捻子。女青，一名萬年枝，一名凍青。山丹，一名不夜花，一名珊瑚林，又名馬纓丹。佛桑，一名花上花，一名愛老，一名福桑。瑞香，一名雪花，一名奪香。金鳳花，一名指甲桃。山石榴，一名滿山紅。山礬，一名白嬋子。花櫚，一名花貍。烏木，一名角烏。雞翅木，一名雞刺。香枬，一名端正樹。槌子木，一名員子，一名赤黎。椅，一名雲楸。龍眼，一名細荔。海棗，一名紫京。散沫花一名指甲花。木槿花，一名土牡丹草之屬：有人面竹，一名佛肚竹。艻竹，一名澀勒，一名箟篣。籬竹，亦曰白葉。苦竹，又名過山苦。龍公竹，一作籠箟。沙筋竹，名越王餘算。香牙蕉，一名龍奶，一名折腰娘。水蕉，一名蓮花蕉。美人蕉，一名蘭蕉。朱蕉，一名朱竹，一名鐵樹。紫蔗，一名崑崙蔗，一名藥蔗。蘭，一名水香。賽蘭，一名雞爪蘭，亦曰碎蘭，一名遲蘭。薏苡，一名贛米，交趾人呼爲簳珠。素馨，一名河南花。鳳尾蕉，亦曰火蕉。胡蝶花，一名金莖花。雁來紅，亦名紅素馨，一名老來紅。藤葉，一名落葵。苦瓜，一名菩蓮，一名君子萊。高良薑，一名山薑。花猴薑，一名樹雞。三藾，一名山奈，亦曰廉薑。地腎，一名松黄旦。落花生，亦曰落花參。藊豆，一名蛾眉豆。睡菜，一名瞑菜。仙人掌，一名千歲子。愼火，一名戒火，又名火秧，又曰露兜花、牛屎勒。風草，亦曰風菜。涼粉草，一名仙人凍。香薷，一名石香柔，亦曰香茸。排草，一名留香草，亦曰養香。鶴草，亦曰蛾眉草。斷腸草，一名苦吻，亦曰苦蘗，又名苦蔓公，又名大葉茶。甘露藤，一名肥藤。涼口藤，一名斷續藤。東風菜，一作菄風，又名緑耳。麴藤，亦名酒藤。燭竹，一名丞相竹，一名江南竹。

清　夏味堂《拾雅》卷二〇

剛木，檀、柘之屬。柔木，桐、梓之屬。《山海經・北山經》：北嶽之山多剛木。《詩・小弁》篇：荏苒柔木。

林木曰楫，特木曰杕，聚木曰叢，曲木曰橈，不可用之木曰散。肖翹，植物也。木長曰格枲，樹之虛曰樾。楚人謂樹上大本小如車蓋，亦曰越。《呂氏春秋・明理》篇：有若山之楫。《詩・杕杜》篇：有杕之杜。《淮南・俶眞訓》：獸走叢薄之中。《列子・湯問》篇：竿木橈。《莊子・人間世》篇：散木也。《胠篋》篇：肖翹之物。《文選》司馬相如《上林賦》：天蟜枝落。《淮南・人間訓》：武王蔭暍人於樾下。《精神訓》：德茠越下則脱然而喜矣

木生條曰甹，顛末而肄生曰栟，桑榆蘗生曰葆。《書・盤庚》篇：若顛木之有由蘖。《説文・弓部》引作甹，《栟木部》引作甹櫱，馬融注亦作栟，並同《史記・天官書》主葆旅事。

莖曰彙，幹曰枚，木理曰朸，木末曰杪，亦曰標。《爾雅》：謂櫬，采薪。舍人本謂作彙。《詩・汝墳》篇：伐其條枚。《斯干》篇：如矢斯棘。《玉篇》引《韓詩》作斯朸。《後漢書・馬融傳》：踔𧼜枝杪標端。

木病曰科橢，枝葉稀疏不均，曰爆爍。朽木臭曰庮，彫柯曰槭，枯木曰柴，聚柴曰橧，柴木擁曰栫，除木曰柞，髡斬之曰蘖，邪斫木曰茬。《太元窮》：次四木科橢。《爾雅・釋詁》：毗劉，暴樂也。《周禮》：内饔牛夜鳴則庮。《文選》潘岳《射雉賦》：陳柯槭以改舊。《楚辭・九歎・愍命》篇：樹枳棘與薪柴。《家語・問禮》篇：夏則居橧巢。《漢書・翟方進傳》：薦樹之棘。蕭該《音義》薦借以爲栫字。《詩・載芟》篇：載芟載柞。《周禮・秋官》序官柞氏。《漢書・貨殖傳》：然猶山不茬蘖。師古曰：茬，古槎字。

有核曰果，物實無中核者曰郁。《漢書・食貨志》：瓜瓠果蓏。《呂氏春秋・古樂》篇：果實不成。覈與核通。《仲夏紀》：果實早成。《博志》篇：果實繁者，木必庳。高誘注並作有覈曰果。無中核曰郁，見《論衡・量知篇》。

草木有實者曰疏材，亦曰疏食。《周禮・委人》：凡疏材木材。《禮記・月令》篇：有能取疏食田獵禽獸者。

清　張澍《蜀典》卷九《動植類・核果》

《蜀耜雜鈔》：梵文甚細，如敘果有五，棗、杏等謂之核果，梨、柰等謂之膚果，椰子、胡桃等謂之殼果，松子、柏仁等謂之檜果，大、小豆等謂之角果。核殼易解，膚可啖也。角，華言亦稱豆角。惟檜頗奥，按《字書》：麤糠皮謂之檜。

圖表

晉 郭璞《爾雅音圖·釋木》

清 葉灝《全圖植物歌略》

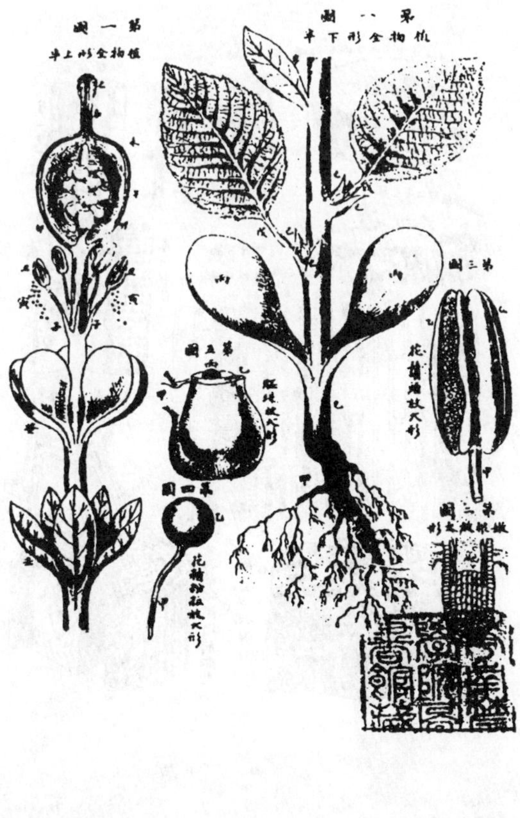

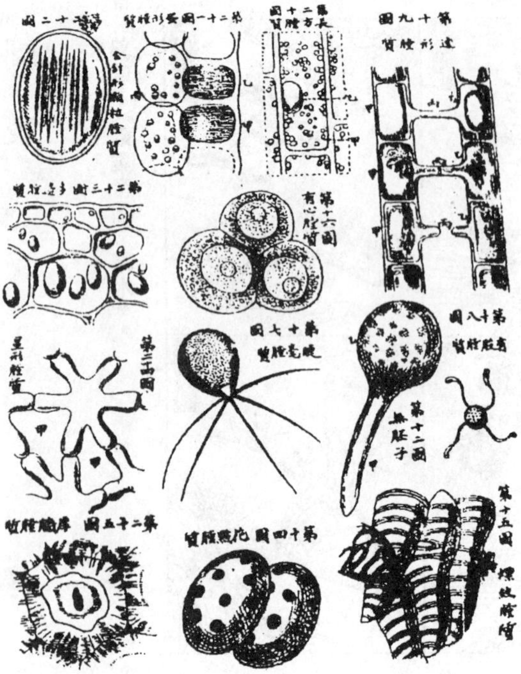

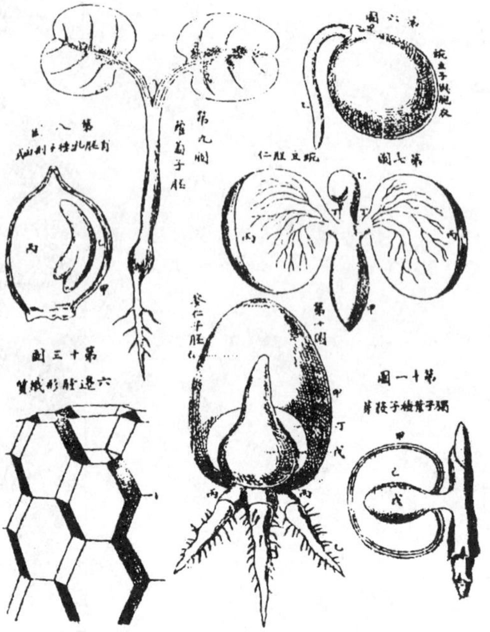

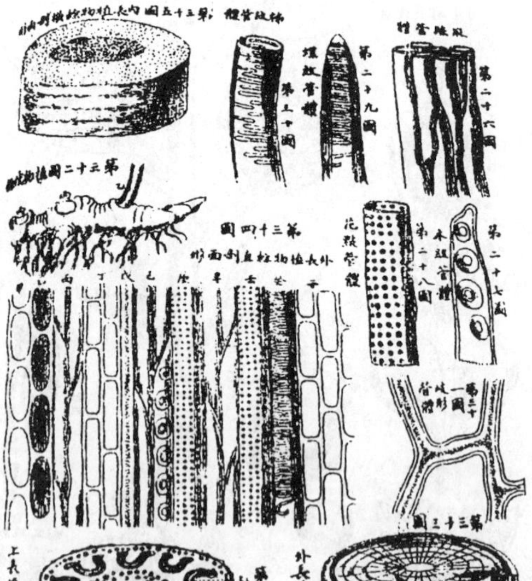

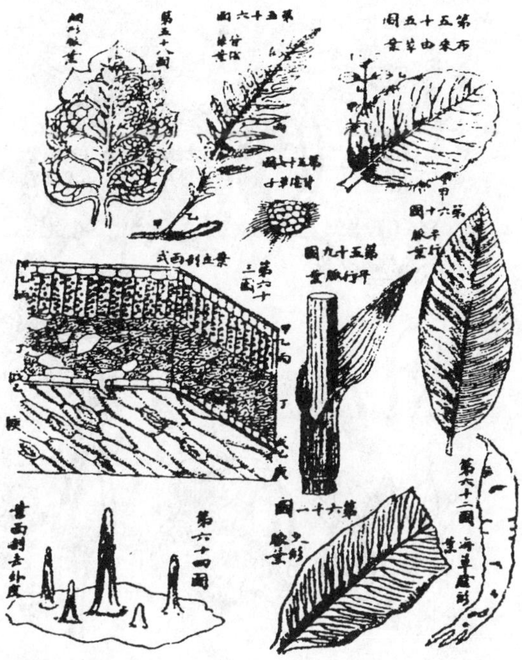

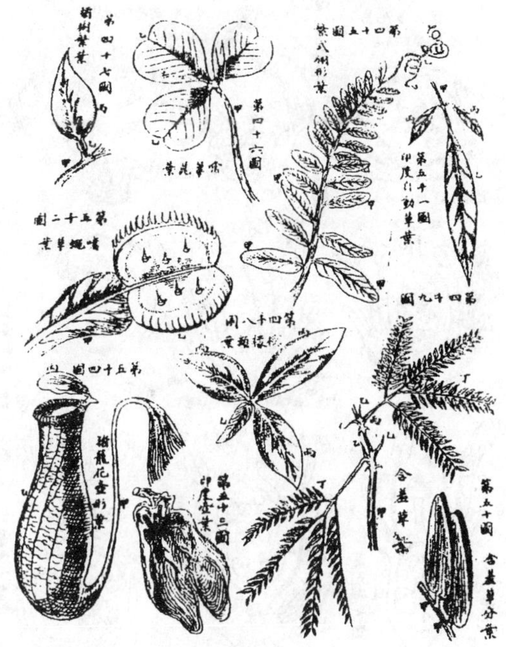

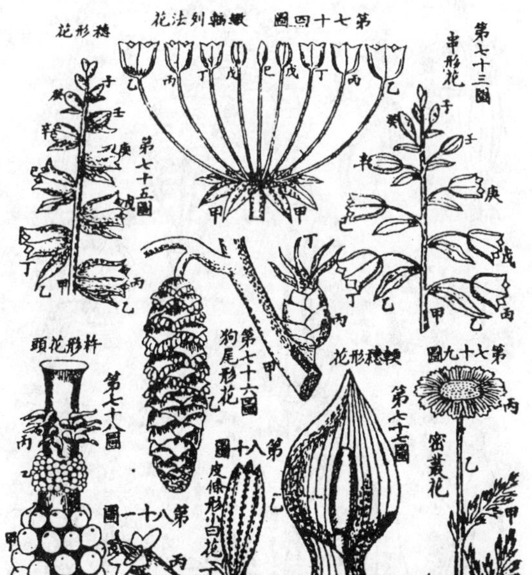

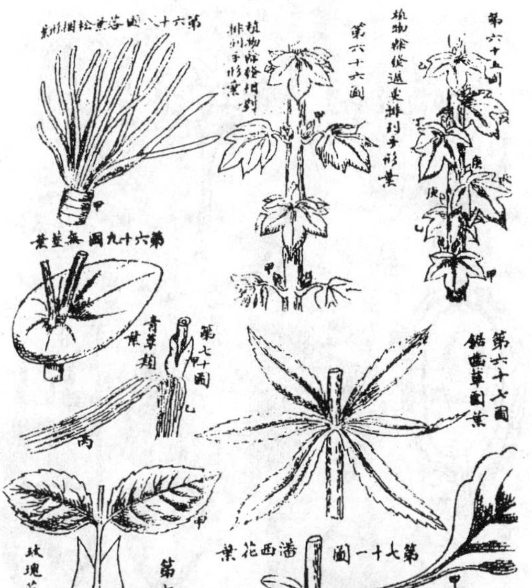

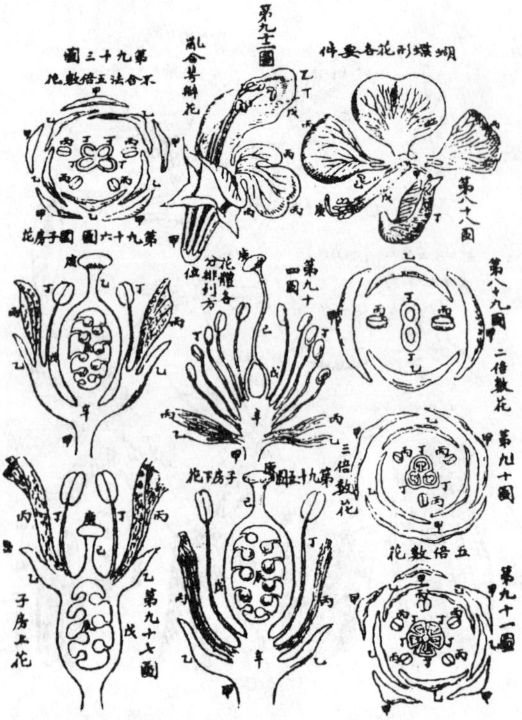

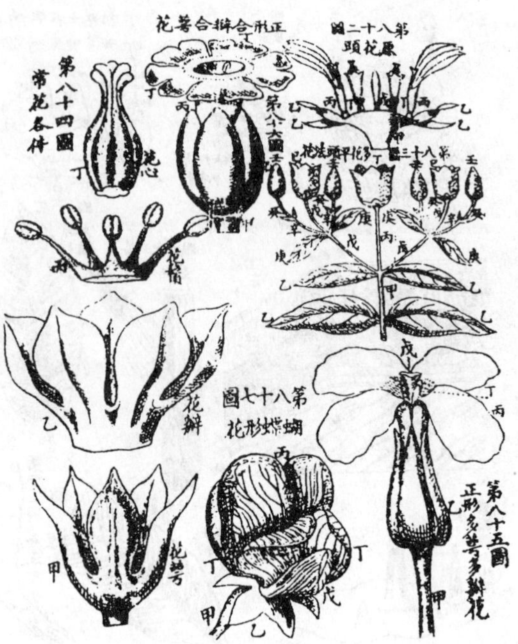

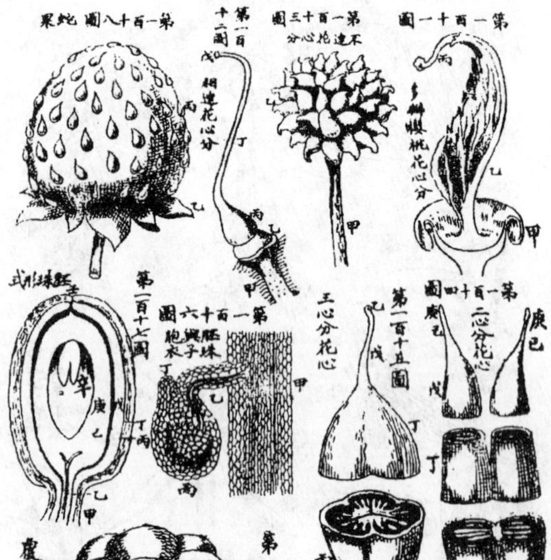

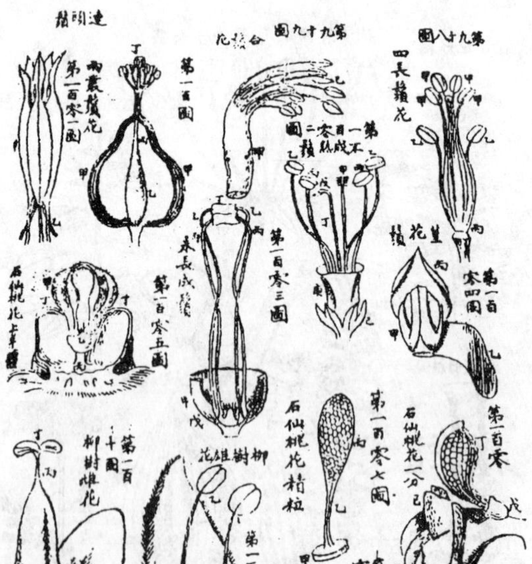

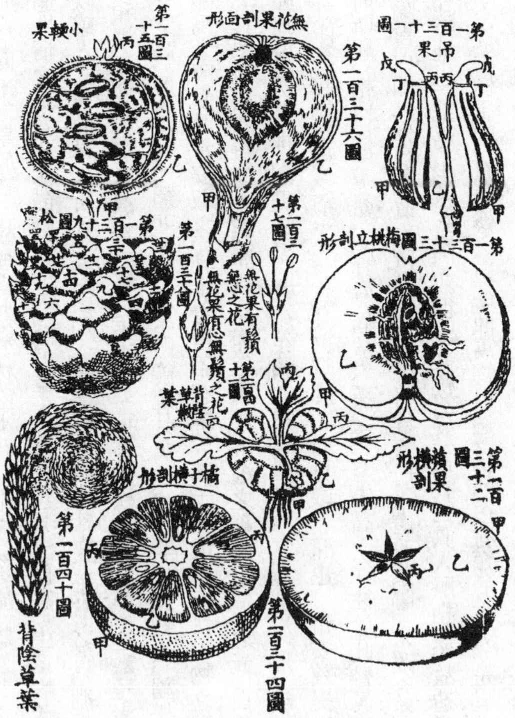

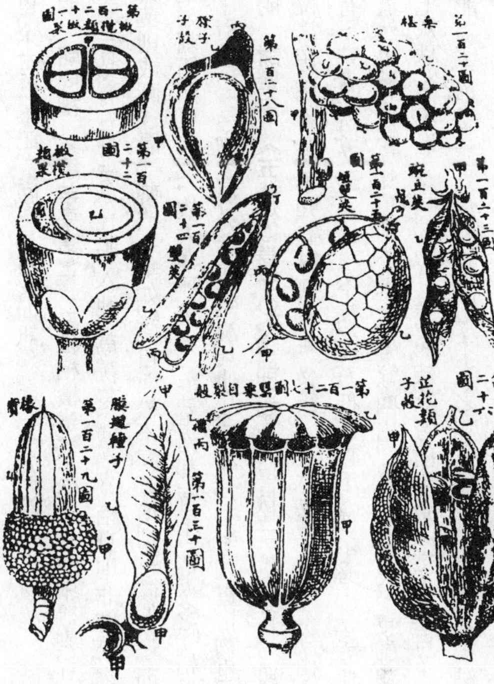

木部

松

論說

《莊子・德充符》受命於地，唯松柏獨也，在冬夏青青。

明　倪謙《倪文僖集》卷二二《翠松記》　茅山玉晨觀住持希安杭錬師，方外士也。山中多古松，盤薄而偃蹇，翠色高寒，凜然若辟穀仙人癯然離立之狀。希安愛之，因以翠松自命而徵記於予。予觀古之離塵絶俗之士，莫不寓

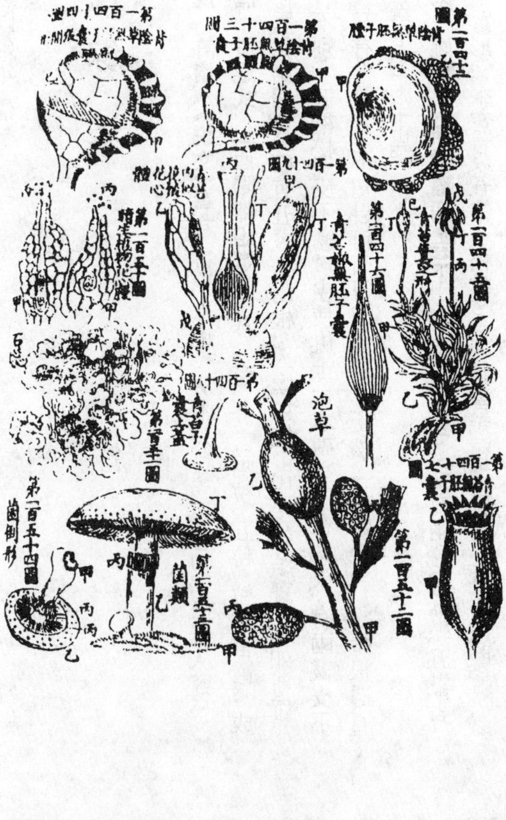

意於物，而未嘗累於物。故煙雲月露，林壑水石，變化倏忽，流峙無窮。凡可以適性情之正者，則皆取以自近。至若草木之微，其芳潔孤高，生意暢茂，尤易以感人之情而爲人所愛。若靈均之蘭蕙，小山之桂樹，子猷之竹，淵明之菊，和靖之梅，茂叔之蓮，樂之終身不厭。至形於詞詠，以寫其情之數子者，其天分之高，興寄之遠，類非汙陋之士所能窺其萬一。初非物於物也，獨松也，未聞爲人所愛而希安取之，其寓意得不有類於數子乎哉！蓋松，物之壽者也。其翠色貫四時而不變，歷歲寒而後凋，注沆瀣之華，薄日月之光，白鶴棲其顛，清泉沃其根，靈飇時至，聲振笙籟。希安遺世獨立，鍊精保形，朱顏若童，其比德將無翠松之似乎？宜其冥契於心而見取之深也。希安兹提點觀事而斯觀，相傳爲展上翁，開基歷周、秦、漢、晉，至人高士往往於此登眞。至梁，陶貞白即其地建昭眞臺，以藏諸宗師丹經寶册。唐改紫陽，宋改今名，寔霞外勝地也。希安少慕玄學，親得以文杭公曁長春劉眞人所指授，故造道深詣，不惟力樹宗門，繼前修之道德而寓物自適之趣，復有類於古人，是豈汙陋所能窺哉！或曰：千歲之松，下有茯苓，食之令人壽。昔偓佺食其實，能飛行如走馬，希安所取容或在此。予曰：審若而言，乃假於物而累於物，非知鍊師者也，不可以不記。尚俟見希安而訊焉。

明　駱問禮《續羊棗集》卷二《松栢檜辨》　松之身鱗甲盤剥，其葉或二針或三針，有五針者。其脂入地，爲茯苓、琥珀。栢身則非若松之有鱗矣，其葉則或圓或匾或刺或下垂如纓，自與松不同。檜則身微似松，而鱗微薄，葉如刺栢而更尖硬，故人亦呼檜尖。近至南都，見士大夫多呼栢爲檜，亦有呼栢爲松者，物之易見者尚然，况其他哉？此君子所以貴格物也。

明　謝肇淛《五雜俎》卷一〇《物部二》　俗言松三粒、五粒。段成式云：粒當作鬣。然亦不知五鬣何義？又云：五鬣松皮不鱗。今山中松，未見有不鱗者。段又云：欲松不長，以石抵其直下，便不必千年方偃。然亦不盡然也。凡松髡其頂則不復長，旁榦四出，久即偃地矣。京師報國寺有松七八株，高不過丈許，其頂甚平，而枝榦旁出至十餘丈者數百莖，夭矯如游龍，然寺僧恐其折，每一榦以一木支之，加丹堊焉。好事者攜酒上其頂，盤踞羣坐。此亦生平所未嘗見也。《澠水燕談》載亳州法相寺矮檜，亦類此。

明　何三畏《新刻何氏類鎔》卷三一《松》　嵩嶽山有大松，歷之千歲變爲青牛。康干河有斷松，役之三年化爲文石。松陽縣大溪下有松樹，大八十圍，中可容三十人入座。滎陽縣石室中有孤松，長一千丈，常見一雙鶴來翔。羅浮奉宸橋之七松，直上凌霄，常爲仙靈所棲，而有古松之號。南昌翊眞觀之二松，忽成合幹，遂爲士人所異，而有義松之名。伐三藏塔前龍骨松之枝可以祈雨，拂北巖澗上麈尾松之幹可以聽泉。玄奘嘗摩松樹以記歸，謂之摩頂；鄴侯嘗取松枝以隱背，名曰養和。秦系客泉州而種松樹，常傍嶺以結廬；弘景居庭院而愛松風，每聞聲而樂志。隱巖有小松七本，號爲處士之廬；天台有金松一株，求列平泉之墅。鍾輻之居，常手植一松也，而夢有告之者，曰松圍三尺，當登第，既而成名，果應其祥。丁固之忽夢腹生一松也，而人有占之者，曰松字十八，當爲公，久之大拜，果符其兆。畫工爲南康之松十數株，無非奇形怪狀。官長種蒋山之松數百樹，盡是罷職還家。鄰人之語孫興也，謂松無棟梁之用，亦知楓柳之合抱何施。辛毗之誚劉逖也，謂松有風霜之姿，以視寒木之春華孰勝。至如偓佺之食松實，伏生之食松脂。文賓食松子而長生，赤松游松坡而得道。漢宮人避亂上墓，食松肪而不饑。秦宫人驚走入山，食松葉而不死。嘗聞仙之上藥有松膏者，服之可以延年，信矣。

綜述

漢　許慎《說文》卷六　松，木也。从木，公聲。祥容切。松或从容。

唐　段成式《酉陽雜俎》卷一八　松，今言兩粒、五粒，粒當言鬣。成式脩竹里私第，大堂前有五鬣松兩根，大幾如椀。甲子年結實，味如新羅、南詔者不別。五鬣松，皮不鱗。中使仇士良水磑亭子在城東，有兩鬣皮不鱗者。又有七鬣者，不知自何而得。俗謂孔雀松，三鬣松也。松命根遇石則偃，蓋不必千年也。

宋　姚寬《西溪叢語》卷下　《名山記》云：松有兩鬣、三鬣、五鬣者。言如馬鬣形。李賀有《五粒小松歌》云：新香幾粒洪崖飯。五粒未詳。

宋　周密《癸辛雜識・前集・松五粒》　凡松葉皆雙股，故世以爲松釵。獨栝松每穗三鬚，而高麗所産每穗乃五鬣焉，今所謂華山松是也。李賀有《五粒小松歌》。陸龜蒙詩云：松齋一夜懷貞白，霜外空聞五粒風。李義山詩：松暄翠粒新。劉夢得詩：翠粒照清露。皆以粒言松也。《酉陽雜俎》云：五粒者當言鬣。自有一種名五鬣，皮無鱗甲而結實多，新羅所種云。然則所謂粒者，鬣也。

宋　戴侗《六書故》卷二一　松、柏、檜、栝　松，祥容切。別作枀。柏，博陌切。檜，古外切。栝，古活切。《爾雅》曰：柏葉松身曰檜，松葉柏身曰樅。孔安國謂，柏葉松身爲栝。孔穎達謂，《詩》、《書》之檜、栝爲一物。《説文》曰：柏，鞠也。按：松、柏人所同識。今人所謂檜，葉似細杉而榦如柏，其兼柏葉者謂之二色檜。栝生北方，其葉似松而大，實似小栗，爲果核之珍。《書》云：杶榦栝柏。《説文》曰：括，檃也。一曰矢栝，築絃處。按：檃括、矢括之括當从手。又草名栝樓。《詩》：果蠃之實。毛氏曰：果蠃，栝樓也。郭氏曰：齊人謂天瓜，蔓生，夏開黄華，秋結實，根如葛。

明　屠本畯《離騷草木疏補》卷三《松》　松生高山大谷，木皮緑衣名艾蒳。每五鬣爲一葉，或有兩鬣、三鬣者。今作五粒，蓋鬣字之譌也。松久則實繁，出塞上者佳。其花上黄粉名松黄，山人及時拂取，作湯甚佳。高麗國多太松，惟五葉者乃結實。始生謂之松房，狀如木瓜，青潤縝密，得霜乃拆，其實始成，而房乃作紫色。國俗雖果肴美餅亦用之，不可多食，令人嘔不已。又取松之柔條，細削成縷，搥壓成綫，織而爲扇，上有花紋，不減穿籐者。又有杉扇，以白杉木臂削如紙，貫以采組，相比如羽，亦可招風。

明　鮑山《野菜博録》卷四　松樹，樹有三種：一名栝子松，一名踢牙松，一名雲南五針松，其葉後凋，有三針、五針之别。二三月抽蕤生花，色如金粉，結實如荔枝狀，每秋老則子長鱗裂。然子有大小，山松如麻子，小而扁，不及塞上者佳也。味甘，性温無毒。

明　李時珍《本草綱目》卷三四　松《别録》上品　釋名：時珍曰：按王安石《字説》云：松柏爲百木之長。松猶公也，柏猶伯也。故松從公，柏從白。集解：《别録》曰：松脂出太山山谷，六月采。頌曰：松處處有之。其葉有兩鬣、五鬣、七鬣，歲久則實繁。中原雖有，不及塞上者佳好也。松脂以通明如薰陸香顆者爲勝。宗奭曰：松黄一如蒲黄，但味差淡。松子多海東來，今關右亦有，但細小味薄也。時珍曰：松樹磥砢修聳多節，其皮粗厚有鱗形，其葉後凋。二三月抽蕤生花，長四五寸，采其花蕊爲松黄。結實狀如猪心，疊成鱗砌，秋老則子長鱗裂。然葉有二針、三針、五針之别。三針者爲栝子松，五針者爲松子松。其子大如柏子，惟遼海及雲南者，子大如巴豆，可食，謂之海松子。詳見果部。孫思邈云：松脂以衡山者爲良，衡山東五百里，滿谷所出者，與天下不同。蘇軾云：鎮定松脂亦良。《抱朴子》云：凡老松皮内自然聚脂爲第一，勝於鑿取及煮成者。其根下有傷處，不見日月者爲陰脂，尤佳。老松餘氣結爲伏苓。千年松脂化爲琥珀。《玉策記》云：千年松樹四邊枝起，上杪不長如偃蓋。其精化爲青牛、青羊、青犬、青人、伏龜，其壽皆千歲。

明　慎懋官《華夷花木鳥獸珍玩考》卷三《松》　松有二種，惟五葉者結子。唐衛公李德裕言，三鬣松與孔雀松别。保定路松山，山多松，木皆大數十圍，遇風則數十里若笙簧。《武當山記》：負歘巖宫前古松數百株，皆參天倚雲，枝葉扶踈上聳可數，譬如大駕郊行，巨人力士高執雲幢星蓋以從。衡神祠其徑綿亘四十餘里，夾道皆合抱松桂相間，連雲蔽日，人行空翠中，而秋來香聞十里，計其數云一萬七千枝，眞神幻佳境也。陸龜蒙《怪松贊》曰：有道人自天台來，示余怪松圖，披之甚駭人，自盤根于嵒穴之内，輪囷逼側而上，身大數圍而高不四五尺，磥砢然，蹙縮然。榦不假枝，枝不假葉，有若龍攣虎跛，壯士囚縛之狀。周景式《廬山記》曰：石門北巖即松林也，南臨石門澗，澗中仰視之，離離如駢麈尾，號麈尾松。壽松在建昌縣北五里冷水觀，一名掛劍松。古老相傳，許遜曾掛劍於此。其松盤屈奇怪。嘉定間，縣丞李鴻漸刻圖于石。《吴地記》：松陽縣在南，臨大溪，有松樹大八十一圍，中空，可容三十人坐，取此以爲名。

又《塔松》　狀似杉而葉圓細，亦不能高，重重偃蹇如浮圖，至山頂尤多。

又《五釵松》　榦本挺矗，畧無岐柯，圓鋭而上，望如浮圖，一葉五釵，膚理綜縝，相傳金地藏新羅種也。今惟塔前一株。

明　周祈《名義考》卷九《松柏》　松，南土爲多，北鮮，唯塞上者爲尤大。柏，南北皆有之。身曲而葉直者松，葉曲而身直者柏。《爾雅》：樅，松葉柏身。檜，柏葉松身。樅葉與身俱直，檜葉與身俱曲也。《埤雅》：樅直而從，檜曲而會。柏木理堅緻，美於松。樅又美於柏。《尸子》云：松柏之鼠，不知堂密之有美樅。今塞上大者，或即樅，與古以爲太廟梁材者也。

明 李中立《本草原始》卷四 松始生泰山山谷，今處處有之。其葉有兩鬣、五鬣、七鬣，歲久則實繁，凌冬不凋。按：王安石《字説》云：松柏爲百木之長。松猶公也，柏猶伯也，故松從公，柏從伯。

明 吴雨《毛詩鳥獸草木考》卷一六《松》 松生高山大谷，木皮緑衣名艾納。每五鬣爲一葉，或有兩鬣三鬣者。今作五粒，蓋鬣之訛也。松久則實繁，出塞上者佳。其花上黄粉名松黄，山人及時拂取，作湯甚佳。高麗國多大松，惟五葉者乃結實，始生謂之松房，狀如木瓜，青闊縝密，得霜乃折，其實始成，而房乃作紫色。國俗雖果肴美餅用之，不可多食，令人嘔不已。又取松之柔條，細削成縷，搥壓成綫，織而爲扇，上有花紋，不減穿藤者。又有杉扇，以白杉木劈削如帋，貫以采組，相比如羽，亦可招風。

明 劉侗《名物通》卷八 朱樹，赤松也，出崑崙。

明 王世懋《學圃雜疏·果疏》 栝子松，俗名剔牙松，歲久亦生實，雖小，亦甘香可食。南京徐氏西園一株是元時物，秀色參天，目中第一。

明 周文華《汝南圃史》卷一〇《竹木部·松》 松之所貴不在子，故不入果部松，古人呼爲蒼顔叟。《記》曰：松栢爲百木長。《抱朴子》曰：松之三千歲者，其皮中有聚脂，狀如龍形，名曰飛節芝。《異苑》云：漢末大亂，宫人小黄門上樹避兵，食松栢實，遂不復饑，身生毛長尺許。魏武聞而收養之，還食穀，齒落，頭白。唐玄奘法師往西域，手摩靈巖寺松曰：吾西去求佛教，汝可西長，吾歸即東向，使吾弟子輩知之。既去，其枝年年西指，一年忽東向。弟子曰：教主歸矣。果還。至今謂之摩頂松。凡松之言兩粒、五粒者，粒當作鬣。五鬣松皮不鱗。又有七鬣者。三鬣松俗謂之孔雀松。玉縈云：千年松栢，枝葉上杪，望如偃蓋。其中有物如青牛、青羊，採食其實，得長生。

明 張存紳《增定雅俗稽言》卷三九 五大夫 黄美引《史記》載：秦始皇上泰山，風雨暴至，休樹下，封其樹爲五大夫。五大夫，秦官第九爵也。唐陸贄云不羨五株樹，悮矣。李誠之又云：一事頗爲清簡累，秦時曾作大夫官。誠以歲寒之孤貞，無庸此爲也。夫艸木無知，且以一時名寵，爲君子所詬，矧士人之進退取與，寧可苟焉而已。千歲之松，天陵偃蓋。蘇伯林云：植松去中心大根，止留四圍小根，即成偃蓋。又《雜俎》云：松根遇石則偃蓋，不必千年也。紳嘗謂連昌之壽松，密縣之白松，天台之怪松，皆歷千百年，而俚俗以其根無由蘖，因有一代松之稱。吁！冤此君矣。松皮上緑衣，亦名艾納，和諸香焚之，能聚其煙。《雜俎》：松言兩粒五粒，粒當作鬣。松三鬣者名孔雀松，五鬣者皮不鱗，結實甚大，且有七鬣者。《博物志》：松脂入地千年爲茯苓，茯苓千年爲琥珀。然泰山松有茯苓而無琥珀，益州永玉有琥珀而無茯苓，何也？又《玄中記》：楓脂入地爲琥珀。《世説》曰：桃瀋入地所化也。《淮南子》云：兔絲，琥珀苗也。其説各異。《南蠻記》：寧州沙中有折腰蜂，岸崩蜂出，燒冶成琥珀。一云龍血入土爲琥珀，其説尤異。杭州天同松，閩之石梅水竹，可稱几上之友。《西湖游志》：餘杭人削松木爲小片，鎔硫磺塗其頂，名發燭，一名引火奴。又北方折粱稈爲之，名取燈。稈音干。

明 方以智《物理小識》卷九 松 《埤雅》：命根遇石成偃。蓋蘇伯材去中根，留四傍以造之。香花有甘苦二種，皮薄而白者甘，皮黑者苦。巴豆瀉香，勿服也。沙漉茅蒸酒煮數十次，如牽糖法，則白矣。五鬣、七鬣爲一朵葉者，剔牙栝子松也。兩鬣而細，則常松也。栝子松膚青内長，而外遂浮脱結一房數十葉，一葉毬一子，子殼内有仁甘美。滇南種子色黑，遼子色黄。其性喜乾，初種惡蟻。其濶瓣厚葉者，羅漢松也。樹老結實，長四五分，底平上鋭，色紫黑，乾之味甘補腎，其香益肺，《本草綱目》所未載也。高山石巖水松亦數丈，葉如簪盤，如菊而厚。夏結子如豆大，赭色，亦所未載也。南岳天臺落葉松，一名金錢松。天臺山亦有落葉松。《本草》：水松，水中苔也。閩水松乃水楊之類。黄山武功千年松，高寸許，石上草耳。中通曰：種松有流脂不止者，以大糞塗之即止。中履曰：采臣言遼北松塔高數尺。履按：既末臘國松子如荔枝。

清 曹溶《倦圃蒔植記》卷三《松栢檜》 古人論山中勝友，首指蒼顔叟，峻厲風姿，實與此君而兩矣。種法：於春分前浸子十日，治畦下糞，漫散畦内，如種菜法，或單排點種，覆土二指許，搭棚蔽日，旱則以水瀕澆。秋後去棚結籬障北面，以禦風寒，仍以麥糠覆樹，令厚數寸。穀雨前後去糠，澆之。三年之後，帶土移栽，須先掘一區以糞土填，合水調成稀泥，栽植於內，壅土令滿，下水塌實，勿以脚踏，及用杵築，次日開裂以脚弭合，常澆令濕，十月祛倒以土覆藏，勿使露樹，至春去之。若栽大樹亦於社前廣留根土，剸去低枝，用繩纏束勿使摇動，記其南北運至區處，栽如前法。或云截去松中大根，惟留四旁根鬚，則無不偃。蓋三徑之中何可無此，一受秦封豈足少哉。栢檜法同，不復贅述。

清　陳淏子《秘傳花鏡》卷三《花木類考・松》　松爲百木之長，諸山中皆有之。兩鬣、三鬣而細者，常松也。五鬣、六鬣爲一朵葉者，别牙栝子松也。濶瓣厚葉者，羅漢松也。其質礧砢修聳多節，永年皮粗如龍鱗，葉細如馬鬣，遇霜雪而不凋，歷千年而不殞。其花色黄而多香，但有粉而無瓣。實似猪心，叠成鱗砌，秋老則子長鱗裂，味最甘香可口。滇南子色黑，遼東子色黄。千歲松産於天目武功黄山，高不滿二三尺，性喜燥背陰，生深巖石塌上，永不見肥，故歲久不大，可作天然盆玩。又有赤松、白松、鹿尾松之異，惟剔牙松青皮而嫩，稍傷其皮，則脂易溜，須以火鐵燙止，用糞泥密封方不洩口。欲松偃蓋，必截去松之大根，惟留四旁根鬚，則無不偃蓋矣。種法：於春分前浸子十日，治畦下糞，浸撒畦內，如種菜法，其苗自生。一切花木皆貴少壯，獨松、柏、梅等，世人多貴蒼老古勁。歲久，松能化石，脂能成珀。如上有兔絲，則根下有茯苓，爲仙家服食之藥。其花亦可作粉食。

清　高士奇《北墅抱甕録・偃松》　蘭渚前古松七株，皆黄山所産。又得偃松一本，亦自黄山來，蓋百餘年物矣，而高僅三尺許，攫拏夭矯，榦若屈鐵，旁倚怪石，儼然畢宏韋偃畫本，絶可珍也。

清　查慎行《人海記》卷下《落葉松》　雍安嶺，塞外諸山最高處。嶺上多白沙，故名□□。其山東連長白，西界五臺。嶺下爲東西四旗舊營，外即蒙古克什黑屯部落，北去百餘里，直走旱海矣。或云此嶺之北即陰山，恐亦未必然。嶺上喬松插天，不計其數，葉短而勁，八月杪被霜黄落，與凡材無異，名落葉松。蓋兹山下臨沙漠，朔氣高寒，宜無不凋之木也。

清　愛新覺羅・玄燁《清聖祖文第四集》卷二七《落葉松》　五臺及口外興安高寒之地有樹名落葉松，枝幹與杉無異，而針亦青葱如蓋，惟經霜雪後則葉盡脱。其木質甚堅，有微毒，斫伐時，誤入肌膚，驟難平復。根株歷久不朽，沉埋水土中則變爲石，可供磨礪之需，亦松杉之别種也。

清　王棠《燕在閣知新録》卷三一《松》　松老則子長鱗，裂其葉有二針、三針、五針之别，三針者爲栝子松，五針者爲松子松。《通雅》曰：方書言松爲五粒。李長吉有《五粒小松歌》。按：粒當是鬣字之誤。松每五鬣爲一葉，或兩鬣、七鬣。段成式曰：李衛公言二鬣松與孔雀松别，惟有剔牙松是三鬣。

清　陸廷燦《南村隨筆》卷四《落針松》　松柏後凋，浙江蘭谿東門外僧舍有松獨落，名落針松。至春則新緑可愛。

清　張宗法《三農紀》卷一六《林屬・松》　松，《圖經》云：始生泰山，礧砢多節，盤根樛枝，皮粗肌潤，四時常青，望之若龍鱗。葉三針者爲栝松，七針者爲果松，又有赤曰鹿尾之松。喜生深壑巉崖。樹生千年，下有茯苓，上有菟蕬。脂入土千年，化爲琥珀、墨玉。《玉策》云：千年松，四邊枝起，上杪不長如偃蓋，其精化爲青人、青牛、青羊、青犬，壽皆千歲。採脂可然燈，收煯可製墨。伏生餌麋得仙，偓佺服胖永壽。《説文》一名寀，爲百木之長，故字從公。《史記》云：秦封爲大夫。此木愈老愈美，不計春秋，有倉象其壽，延於衆木，故加芯也。

清　黄叔琳《硯北雜録》卷一五《松鬣》　凡松葉皆雙股，故世以爲松釵，獨栝。松每穗三鬚，而高麗所産每穗乃五鬣，今所謂華山松是也。李賀有《五粒小松歌》。陸天隨詩：松齋一夜懷貞白，霜外空聞五粒風。粒當作鬣。

清　嵇璜《續通志》卷一七六　松，一名道梓。其葉有兩鬣、三鬣、五鬣之分。兩鬣者，常松也。三鬣者爲栝子松，俗名孔雀松，又名剔牙松。五鬣者爲松子松，又謂之華山松，産高麗。又有金松，葉似麥門冬，葉中一縷如金綖，故名，出台州。有魚甲松，出洛中。有小松，長不過三四尺，出黄山。至赤松、白松、麈尾松，秉性尤異。松葉一名松毛。松皮一名赤龍皮。松花一名松黄松脂，一名松膏，一名松香，一名松膠，一名松肪，一名瀝青，燒取者名松湽。案：蘇頌云松葉有兩鬣、五鬣、七鬣，而不詳松之名。李時珍云松葉三鍼者爲栝子松，五鍼者爲松子松，而不言鬣。考《癸辛雜識》云：栝松每穗三鬣，華山松每穗五鬣。則三鍼、五鍼猶三鬣、五鬣耳。鬣言其形，鍼言其鋭也。又《酉陽雜俎》曰：松，今言兩粒、五粒，粒當言鬣。《述異記》曰：鬣者，言如馬鬣形。言粒者，非據此，應從周説爲正。落葉松，塞外興安嶺多有之，五臺亦有。其皮蒙古無茶時，可以當茶。木性最堅，其刺有毒，入肉即爛，入水即沉，所以木商不取。其幹直挺參天，枝葉蔚然，恍若九簷羽蓋。以塞北高寒，經秋葉脱，至春復生。松上寄生白脂，厚五六寸，光潔似玉，微軟而堅，有用之爲靴底者。杄松，一名白松，生塞外汗特穆爾嶺，五臺亦有。其幹直上，枝葉如盤，下枝長，以上漸短，遠望無異浮圖。其體最輕，商人取之，運至通州。

清 孫之騄《枝語》卷上《松》 松曰五粒，粒當爲鬣。五鬣松，皮不鱗，有兩鬣不鱗者，有七鬣者，孔雀松三鬣松也。松以龍名而不鱗，亦可爲出其類也。

清 徐鼎《毛詩名物圖説》卷八 《莊子》：天寒既至，霜雪既降，吾是以知松栢之茂。《禮記》：松柏之有心也，貫四時而不改柯易葉。王安石《字説》：松，百木之長，猶公，故字從公。《史記·龜策傳》：千歲之松，上有兔絲，下有茯苓。愚按：《花木考》云：松有二種，惟五葉者結子。

清 牟應震《毛詩物名考》卷四 松，百木之長，故字從公。磥砢多節，皮粗厚，有鱗形。葉簇生，如針結梂如豬心。子如麻子，秋老則梂裂子落也。青經冬不改，與栢同。

又 刺松，栢身，松葉。葉如針鋒，觸之凝手。《爾雅》『樅，松葉栢身』，即此。

又 果松，皮色白，葉長三四寸。梂拱把，長近尺。今果中松子，即其子也。

清 吴其濬《植物名實圖考》卷三三《松》 松脂，《本經》上品。花爲松黄，樹皮緑衣爲艾蒳，燒汁爲松淄，松節、松心皆入藥。關東松枝幹凌冬翠碧，結實香美，子爲珍果。永平亦有之。凡北地松難長，多節質堅，材任棟梁，通呼油松。盛夏節間汁即溢出。南方松僅供樵薪，易生白蟻，惟水中樁，年久不腐。雩婁農曰：《爾雅》：樅，松葉柏身。注：今大廟梁材，《尸子》所謂『松柏之鼠，不知堂密之有美樅』。樅蓋松類而異質耳。今匠氏攻木者，有灰松、黄松二種。灰松易生，質輕速腐，爲藉爲薪，皆是物也。黄松赤曰油松，多脂，木理堅，多生山石間。北地巨室，非此不能勝任。余常至盧龍試院，觀所謂古松者，皆數百年物，竦身矗幹，碧潤多節，與老松龍鱗，渺不相屬。而長風謖謖，巨浪撼空，審其釵股，則皆七鬣，意謂即美樅也。湘中方言，謂松爲叢，簡牘中或作樅，則松、樅果一類歟！結實之松，葉同而木駮，凸凹如刻畫，惟燕、遼及滇有之。《演繁露》以樅爲絲杉。松、杉葉迥異，《爾雅》兩載，恐非類也。園庭古寺有麈尾松、栝子松、即刷牙松。金錢松、鵝毛松，皆盆几之玩，非棟梁之用，五大夫之庶孽耳。塞外五臺有落葉松，蒙古取其皮以代茶。高寒落木，異乎後凋，又其木堅，有刺毒，能腐人肉。寄生白脂厚五六寸，光潔似玉，微軟而堅，或有用爲鞾底。又有白松，直幹盤枝，上短下長，望如浮圖，質體獨輕，非木公之別族，則因地而異其形性矣。

清 佚名《名花譜・松》 山松之外有括子松、虎鬚松、羅漢松，而天目爲第一，峻骨奇姿，婆娑萬狀，花可以充幽人之饌，而香味絶塵，以此偃仰園林，庶幾雖無老成人尚有典型。

紀事

南朝梁 沈約《宋書》卷二九《符瑞志》 宋文帝元嘉八年四月乙亥，東莞莒縣松樹連理。太守劉玄以聞。大明五年十二月戊寅，淮南松木連理。豫州刺史尋陽王子房以聞。

五代 王仁裕《開元天寶遺事》卷二《枯松再生》 明皇遭禄山之亂，鑾輿西幸。禁中枯松復生，枝葉蔥蒨，宛若新植者。後肅宗平内難，重興唐祚，枯松再生，祥不誣矣。

宋 馬純《陶朱新録》 伊陽深山中有黑松，山平高四十里，其上皆大松。有二株尤大，一號大將軍，一號小將軍。大者圍絹三疋，小者圍一疋，木客取材于此者皆祭之。以絹圍訖，造幡掛其上。政和間求明堂柱，而邑官以無中程者聞。既而有人告發云，大松不可出，小松可取也。乃命告者以官而令佐皆謫，已伐之，亦不可出，告者尋死。今獨大將軍尚在，而小者委於山間。惜哉！

宋 陳郁《藏一話腴》卷下 明之慈溪縣西北有慶安寺，寺之前有古松夾道，綿亘數里，望之如蒼雲。其一最巨而奇，蜿蜒若龍，飛偃如蓋，臨池之上。寺後有泉出於深谷，僧以巨竹連筩，引行數里。支分千松下石池，溢入千溪。舒龍圖亶有詩云：『門前屏障遶潺湲，付與林僧夜定還。松蓋作雲散十里，竹龍行雨出千山。白公香火蓮開後，謝氏池塘草夢間。我亦鳳凰臺上客，圖閒却笑未能閒。』其後，邑長沈時升有造舟之役，睥睨茲松，將斤焉。里士馮文學鯢作詩以遺沈，賴以不伐，松因詩而壽焉。詩曰：『寒松一幹老蒼蒼，古寺門前歲月長。匠伯偶圖舟楫利，禪翁方患斧斤傷。得全此日同齊櫟，勿剪他年比召棠。可但與君期久遠，相將俱列大夫行。』

明　宋濂　《元史》卷五一《五行志》　【至正】二十一年，明州松樹結實，其大有盈尺者。

明　陳詩教　《花裏活》卷一　［晉］陶宏景特愛松風，庭院皆植松，每聞其響，欣然爲樂。

明　慎懋官　《華夷花木鳥獸珍玩考》卷三《白松》　白松如傅粉，一本三榦，高十數仞，本大四抱餘，本畔一竅常流液甘甚。謂歲兩脱膚，根盤據枝若擎虬，葉秀翠且硬。世傳漢有閨女僊化葬此，此其塚上物也。

又《摩頂松》　玄奘往西域見其松，以手摩其枝曰：吾西去求佛，教汝可西長，吾歸即東回，使吾弟子輩知之。既去，松枝年年西指，一年忽東回，弟子曰：教主歸矣。果還。至今謂之摩頂松。

又《義松》　蓮城縣有義松，郭祥正：古驛森慈竹，蓮城挺義松。

明　吴之俊　《獅山掌録》卷一八《麈尾松》　廬山石門有數百樹松，攢生絶巖，南臨石澗，澗中仰視之如駢麈尾，號麈尾松。

又《支離叟》　鮮于伯機嘗於廢圃中得怪松一株，移置所居齋前，呼爲支離叟。

藝　文

南朝梁　沈約　《寒松》（引自《古詩紀》卷八四）　梢聳振寒聲，青葱標暮色。疎葉望嶺齊，喬幹臨雲直。

南朝梁　范雲　《詠寒松》（引自《古詩紀》卷八七）　脩條拂層漢，密葉障天潯。凌風知勁節，負雪見貞心。

唐　李嶠　《松》（引自《文苑英華》卷三二四）　鬱鬱高巖表，森森幽澗垂。鶴棲君子樹，風拂大夫枝。百尺條陰合，千年蓋影披。歲寒知不及，勁節幸君知。

唐　李白　《李太白文集》卷二二《南軒松》　南軒有孤松，柯葉自綿羃。清風無閒時，蕭灑終日夕。陰生古苔緑，色染秋煙碧。何當凌雲霄，直上數千尺。

唐　杜甫　《四松》（引自《文苑英華》卷三二四）　四松初移時，大抵三尺彊。别來忽三歲，離立如人長。會看根不拔，莫計枝凋傷。幽色幸秀發，疎柯已昂藏。所插小藩籬，本亦有隄防。終然振撥損，得愧千葉黄。敢爲故林主，黎庶猶未康。避賊今始歸，春草滿空堂。覽物嘆衰謝，及茲慰淒涼。清風爲我起，洒面若微霜。足爲送老資，聊待偃蓋張。我生無根蔕，配爾亦茫茫。有情且賦詩，事跡可兩忘。勿矜千載後，慘淡蟠穹蒼。

唐　白居易　《白香山詩集》卷二《和松樹》　亭亭山上松，一一生朝陽。森聳上參天，柯條百尺長。漠漠塵中槐，兩兩夾康莊。婆娑低覆地，枝幹亦尋常。八月白露降，槐葉次第黄。歲暮滿山雪，松色鬱青蒼。彼如君子心，秉操貫冰霜。此如小人面，變態隨炎涼。共知松勝槐，誠欲栽道傍。糞土種瑶草，瑶草終不芳。尚可以斧斤，伐之爲棟梁。殺身獲其所，爲君構明堂。不然終天年，老死在南岡。不願亞枝葉，低隨槐樹行。

又卷四《澗底松　念寒儁也》　有松百尺大十圍，生在澗底寒且卑。澗深山險人路絶，老死不逢工度之。天子明堂欠梁木，此求彼有兩不知。誰諭蒼蒼造物意，但與之材不與地。金張世禄黄憲賢，牛衣寒賤貂蟬貴。貂蟬與牛衣，高下雖有殊。高者未必賢，下者未必愚。君不見，沈沈海底生珊瑚，歷歷天上種白榆。

又卷五《松聲　修竹里張家宅南亭作》　月好好獨坐，雙松在前軒。西南微風來，潛入枝葉間。蕭寥發爲聲，半夜明月前。寒山颯颯雨，秋琴泠泠絃。一聞滌炎暑，再聽破昏煩。竟夕遂不寐，心體俱翛然。南陌車馬動，西鄰歌吹繁。誰知茲簷下，滿耳不爲喧。

又卷一五《松樹》 白金換得青松樹，君既先栽我不栽。幸有西風易憑仗，夜深偷送好聲來。

唐 元稹 《元氏長慶集》卷一《松樹》 華山高幢幢，上有高高松。株株遥各各，葉葉相重重。槐樹夾道植，枝葉俱冥蒙。既無貞直幹，復有罥音絹。掛蟲。何不種松樹，種之摇清風。秦時已曾種，顛頷種不供。可憐孤松意，不與槐樹同。閒在高山頂，樛盤虬與龍。屈爲大厦棟，庇廕侯與公。不肯作行伍，俱在塵土中。

又卷六《西齋小松二首》 松樹短於我，清風亦已多。況乃枝上雪，動摇微月波。幽姿得閒地，詎感歲蹉跎。但恐厦終構，藉君當奈何。

簇簇枝新黄，纖纖攢素指。柔笠漸依條，短莎還半委。清風日夜高，凌雲竟何已。千歲盤老龍，修鱗自茲始。

唐 李商隱 《李義山詩集》卷中《高松》 高松出衆木，伴我向天涯。客散初晴後，僧來不語時。有風傳雅韻，無雪試幽姿。上藥終相待，他年訪伏龜。

又卷下《題小松》 憐君孤秀植庭中，細葉輕陰滿座風。桃李盛時雖寂寞，雪霜多後始青葱。一年幾變枯榮事，百尺方資柱石功。爲謝西園車馬客，定悲摇落盡成空。

唐 許棠 《松》（引自《文苑英華》卷三二四） 何年斸到城，滿國響高名。半寺陰常匝，鄰坊景亦清。代多無巧勢，風定有餘聲。自得天然狀，非同澗底生。

唐 陸肱 《松》（引自《文苑英華》卷三二四） 雪霜知勁質，今古占嘉名。斷砌盤根遠，疎陰偃蓋清。鶴棲何代色，僧老四時聲。鬱鬱心彌久，煙高萬井生。

唐 陸龜蒙 《甫里集》卷二《小松》 擢秀逋客巖，遺根飛鳥逕。因求飾清閟，遂得辭危夐。貞同柏有心，立若珠無脛。枝形短未怪，鬣數差難定。《名山記》云：松有兩鬣、三鬣、七鬣者，言如馬鬣，形也。言粒者非。況密三天風，方遵四時柄。那興培塿歎，免荅鄰里病。微霜靜可分，片月疎堪映。奇當虎頭筆，韻叶通明性。會拂陽烏胷，掄材膺帝命。

唐 羅隱 《羅昭諫集》卷四《小松》 已有清陰逼坐隅，愛聲仙客肯過無。陵遷谷變須高節，莫向人間作大夫。

唐 杜荀鶴 《小松》（引自《文苑英華》卷三二四） 自小刺頭深草裏，而今漸覺出蓬蒿。時人不識凌雲木，直待凌雲始道高。

唐 鄭谷 《松》（引自《文苑英華》卷三二四） 下視垂楊拂路塵，雙峰石上覆苔文。濃霜滿逕無紅葉，晚日高枝有白雲。春砌花飄僧旋掃，寒溪子落鶴先聞。那堪寂寞悲風起，千樹深藏李白墳。

唐 徐寅 《徐正字詩賦》卷一《澗底松賦》 碧澗千仞，青松幾年。豈天生之有異，蓋地勢以居偏。挺操彌貞，雖厄巖巒之下，掄材倘鑒，合居樗櫟之前。則知植物之近，不可用而或用。生物之遠，其可貢而誰貢。伊彼良木，何慙其青竹成龍。工未我求，且伴其高梧宿鳳。翠鎖山椒，心凌碧霄。生風而虎豹唫嘯，拂衣而龍蛇動摇。安得伴磊磊之石，因離離者苗。奚三公之夢猶阻，豈萬乘之封尚遥。何殊孔明之先主未迎，空懷良策。吕望之文王非獵，不到終朝。今則希匠斤，採溪壑。如拔之於高岸邃谷，可嘗之於帝宫仙閣。澗底松兮才不才，候般輸之所度。

又卷二《松》 澗底青松不染塵，未逢良匠竟難分。龍盤勁節巖前見，鶴唳翠梢天上聞。大厦可營誰擇木，女蘿相附欲凌雲。皇王自有增封日，修竹徒勞號此君。

又卷二《大夫松》 五樹旌封許歲寒，挽柯攀葉也無端。爭如澗底凌霜節，不受秦王號此官。

唐 釋齊己 《白蓮集》卷二《古松》 雷電不敢伐，鱗皴勢萬端。蠹依枯節死，虵入朽根盤。影浸僧禪濕，聲吹鶴夢寒。尋常風雨夜，應有鬼神看。

又卷三《小松》 發地纔過膝，蟠根已有靈。嚴霜百草白，深院一株青。後夜蕭騷動，空階蟋蟀聽。誰於千歲外，吟遶老龍形。

又卷一〇《靈松歌》 靈松靈松，是何根株。盤擗枝幹，與羣木殊。世眼爭知蒼翠容，薜蘿遮體深朦朧。先秋瑟瑟生谷風，青陰倒卓寒潭中。八月天威行肅殺，萬木雕零向霜雪。唯有此松高下枝，一枝枝在無摧折。凝凍頑冰如鐵堅，重重鎖到槎牙顛。老鱗枯節相把捉，踉蹡立在青崖前。有時深洞興雷雹，飛電繞身光閃爍。乍似蒼龍驚起時，攫霧穿雲欲騰躍。夜深山月照高枝，踈影細落莓苔磯。千年朽枿魍魎出，一株寒韻鏘琉璃。安得良工妙圖䕶，寫將偃蹇懸煙閣。飛瀑聲中戰歲寒，紅霞影裏擎蕭索。

唐 王貞白《述松》（引自《文苑英華》卷三二四） 遠谷呈材幹，何由入棟梁。歲寒虚勝竹，功績不如桑。秋露落松子，春深裛嫩黄。雖蒙匠者顧，樵採日難防。

唐 韓喜《松》（引自《文苑英華》卷三二四） 倚空高檻冷無塵，往事閒徵夢欲分。翠色本宜霜後見，寒聲偏向月中聞。啼猿想帶蒼山雨，歸鶴遥知紫府雲。莫向東園競桃李，春光還是不容君。

唐 謝偃《高松賦》（引自《文苑英華》卷一四三） 登靈岳以遊目，極千里兮周睇。盡山川之重沓，容雲物之詭怪。何茲松之挺茂，擢脩幹於孤林，映丹霄而有葉，凌青霞而矯心。前絶萬仞，却倚千尋。俯峥嶸之深谷，仰迢遰之層岑。霏夕煙而曖景，度神飈而流音。若乃月起陽爻，歲窮陰律。匝地冰厚，周空霧密。雪積巖而逾峻，風乘林而轉疾。結晻靄之愁雲，黯蒼茫之寒日。於是衆草零，羣木墜。千巖槁，萬嶺悴。獨潔固而不渝，常猗猗而結翠。始見貞而表潔，乃以叢而辨類。夫其深山遂性，委液流津。感天地之粹質，禀陰陽之精純。根含冰而彌固，枝負雪而更新。既無懼於玄月，寧有悦乎芳春。含奇文而養勁，收高節而自珍。耻取媿於稽子，嗤受封於亡秦。本絶希於雕刻，詎有憂於斧斤。若乃流膏可咀，嘉實可薦。香有四飛，味逾九轉。延促齡於度隙，駐生涯於流電。故餌之者目改，服之者容變。紛羽翼而上騰，排紫虚而高扇。起九垓而憩息，周四海而顧盼。信神經而最品，寔祕録而精選。嗟美材之無用，悲側路之嶮巇。動跬步而致阻，投一足而必危。傷拙目之衆毁，慨名工之獨知。仰徑寸而靡及，屈百尺而自卑。縈白雲以舒蓋，接丹桂而變枝。凝暉遠而澮景，繊羅掛而輕颸。一作垂。窮萬祀而不異，歷千秋而不萎。豈茲木之足歎，亦前賢之所規。何吾生之命舛，懷丹誠而莫披。心炳朗而無報，情蕩滌而不羈。任儻來之否泰，委玄運之遭隨。戢輕翮而未舉，蜿一作踠。逸足而莫馳。實未榮而先怠，寧泛駕而致疲。誠責躬而咎己，豈藏瑕而掩疵？怕怯進而勇退，每知雄而守雌。庶比茲以自勗，履貞固而不虧。

唐 釋無可《松》（引自《文苑英華》卷三二四） 枝怪幹鱗皴，煙梢出澗新。屈盤高極目，蒼翠遠驚人。待鶴移陰過，聽風落子頻。青青寒木外，自與九霄隣。

宋 李覯《旴江集》卷三五《晉年松》 典午既陵夷，羣材共淪謝。唯有青青松，于今被王化。

宋 文同《丹淵集》卷一《松賦》 度衆木而特起兮，有高松之可覿。擢雙幹以旁達兮，聳千尋而上擊。怪難入於圖畫兮，老莫知其歲歷。含古意以茫昧兮，負天材而岑寂。柯磅礴而如枹兮，葉獭猭而若冪。停餘雪而暖溜兮，棲宿雨而晴滴。險穴聚乎魑魅兮，陰枿藏乎霹靂。蒙煙霧之灑潤兮，傲冰霜之慘戚。榮枯繫乎所托兮，用舍由乎見覔。敢併名於杞梓兮，甘取誚於樗櫟。

宋 劉敞《公是集》卷七《憶松》 松陰何婆娑，松蓋何偃蹇。松香不堪折，松色無可選。旦暮青松間，吟懷未嘗遠。嚴霜百木死，高秀初欲展。冷冷海風飄，輝輝甘露泫。昔年予居閩時，甘露降。去矣混塵滓，懷哉邈林巘。諒無刀斧憂，千載行可踐。輦轂念山海，誰期共攀搴。獨有風入聲，琴中尚悠衍。

宋 王珪《華陽集》卷一《松》 天地得正氣，四時無易心。生來本孤節，高處獨千尋。月影龍蛇動，風枝簫籟吟。如何楓與柳，亦擬傍清陰。

宋 司馬光《傳家集》卷七《古松》 摧頽巖壑間，磊落得天頑。香葉低漸水，餘根倒掛山。白猿窺子落，黄鶴認巢還。不久應爲石，莓苔舊已斑斑。

宋 王安石《臨川文集》卷四《酧王濬賢良松泉二詩·松》 世傳壽可三松倒，此語難爲常人道。人能百歲自古稀，松得千年未爲老。我移兩松苦不早，豈望見渠身合抱。但憐衆木揔漂摇，顔色青青終自保。兔絲茯苓會當有，邂逅食之能壽考。不知篝火定何人，且看森垂覆荒草。君詩愛我亦古意，秀眉昔比南山栲。復謂留侯不及我，人或笑君無白皂。求僊辟穀彼誠悮，未見赤松饑已槁。豈如强飯適志遊，封殖蒼官蔭華皓。赤松復自無特操，上下隨煙何慅慅。蒼官受命與舜同，眞可從之忘髪縞。詩雖祝我以再黑，積雪已多安可掃。試問蒼官值歲寒，戴白孰與蒼然好。

又卷九《前日石上松》 前日石上松，斸移沙水際。青青折釵股，俯映幽人砌。蟠根今已茂，落子還蒼翠。三年一楮葉，世事真期費。

又卷二三《古松》 森森直榦百餘尋，高入青冥不附林。萬壑風生成夜響，千山月照掛秋陰。豈因糞壤栽培力，自得乾坤造化心。廊廟乏材應見取，世無良匠勿相侵。

宋 楊時《龜山集》卷四一《巖松》 婆娑千尺倚巖巔，隱隱虬姿拂遠煙。尤喜地靈泉脉潤，獨愁天闊晝陰偏。孤根凝石盤彌固，直幹凌霜老益堅。臃腫不須逢匠伯，散材終得盡天年。

宋 孔平仲《清江三孔集》卷二〇《詠道上松》 長松高落落，積雪白皚皚。鱗鬣凍且僵，鬱結久不開。觀其纏壓意，直使同枯荄。鴈帶寒光去，烏傳春信來。微陽入直幹，生意忽已回。豁若醉初醒，整頓出塵埃。秀色媚山腹，孤標摩斗魁。時至自當復，安得長摧頹。若非根本壯，何能異草萊。

宋 李復《潏水集》卷一五《和林次中五鬣松》 僊人五色鼎中丹，丹養松根葉不添。雲散細風梳碧縷，龍離遠嶠舊蒼髯。雨衣鐵澀封霜甲，露點珠明滴翠纖。採釀春醑能愈疾，欲求方法檢書籤。

宋 沈與求《龜谿集》卷一《松下追涼》 佳哉十八公，凛凛廊廟具。大匠偶未收，蒼髯鬱如許。根盤曲磵幽，勢宅層崖阻。清風自掃門，當伏不受暑。顧我蕭散姿，本是山中侶。出逢畏日長，隻影無地去。偷閒蕭寺游，清陰直修廡。神交先浩茫，徑造不我拒。斗酒起自行，開懷爲延佇。寒緑浸杯盤，勁氣逼牙輔。語已心地涼，外熱寧足禦。公家緑骨蛇，千歲穴深土。何當供晨餐，散我腰脚僂。它年聽颼飀，危冠掛神虎。此意亦大奇，勿與夏蟲語。

宋 鄭剛中《北山集》卷二《題赤松》 世謂仙易得，漢武吾所知。終老坐迷妄，海上求安期。世謂仙難得，二王等兒嬉。安期自來顧，一笑相與歸。難易詎能詰，儻恍誰復窺。千古赤松事，話者君勿疑。淩遐與倒景，物外非無之。要須功行滿，乃可超塵泥。無懷輕誕心，鶴鹿浪欲騎。安期寄語謂世人，初平不是收羊兒。

宋 鄧肅《栟櫚集》卷四《霹靂松》 老幹千年如削鐵，蟄龍釀春未肯泄。阿香推車動地來，振起虬髯上天闕。砰轟一聲驚倒人，雨勢更挽銀河月。溟洲六月海生塵，一朝化作無邊春。

宋 吴芾《湖山集》卷九《詠松》 幸不生澗底，傑出蒼蒼崖。歲寒只孤秀，萬木非吾儕。

宋 洪适《盤洲文集》卷六《九日欲爲雲松之集以病倦而輟》 半秋翻蘂裏，九日負雲松。黄菊從他好，清尊不我容。零丁憐敗葉，旁午羨游蜂。今古登臨恨，雲迷五老峯。

又卷九《孤松》 昂霄蒼鬣五，獨立幾寒暑。不肯在雞羣，自然羞噲伍。

宋 葉適《水心集》卷六《和答錢廣文蘭松有剛折之歎》 蘭居地之陰，藹藹含華滋。此本不以剛，而爲剛者師。松無棟梁具，何用稼冰雪。終風撓長林，常恐浪摧折。願子比令德，一薰容衆蕕。笑我非實材，千載空獨高。

宋 高似孫《剡録》卷九《草木禽魚上・松》 酈道元《水經》曰：嵊山臨江，松嶺森森。戴逵《松竹贊》：猗猗松竹，獨蔚山皋。肅肅修竿，森森長條。戴公文章世少見之，此贊甚簡古森嚴。

宋 陳珌《洺水集》卷二六《喬松》 風細吹吟鳳，雷驚起蟄龍。幾年卧空谷，今日享真封。

宋 李曾伯《可齋續稿後》卷一〇《蟠松》 紅紫競芳叢，中蟠一古松。春風自來去，吹不動蒼龍。

宋 裘萬頃《竹齋詩集》卷三《十八公贊并序》 世號松爲十八公，以其字言也。予所居四旁皆松，而森列于前者十有八。本因總名之曰十八公，魯論曰：歲寒然後知松柏之後彫也。公之高節見稱於洙泗，億世而不朽。秦時，公嘗爲大夫，喪失所守，反不若桃源之花，因避秦得名，傳之至今。是不知公者，所謂大夫，特强名耳。公何心哉？且以祖龍之威靈氣燄而倉卒之際，非公無以蔽其身。公素所蓄積，求之當世，雖穀城老翁爲留侯師視之，猶褊彼區區以顔色媚人，纔比於兒女子之態者，爲公役且不足，而謂其得名過於公，何其謬論歟。公自春秋以來，歷年悠久，殆若華表之鶴尚能傲睨霜雪，無所回畏。蓋其天姿若是，予幸與諸公周旋，不知有古今先後之異，懼公一旦舍予而去，柱明堂，棟清廟，則予將無以自托於公也。遂爲之贊曰：矯矯乎雲霄之外，挺挺乎霜雪之中。語操則林下之傑，語形則洞口之龍。噫！大材終大用。烏不逢，逢則必曰：公等何出之晚？斯民久望於帡幪。惟如是，其孰與同。

宋 薛嵎《**雲泉詩·山中古松**》 曾經雷斧劈，上有鶻巢腥。過客誰摽紙，山精此托靈。虬龍雲際頂，龜鳥土中苓。月夜境荒寂，秋聲不可聽。

宋 林景熙《**霽山文集**》**卷一**《**古松**》 獨占寬閒地，不知摇落天。山林猶古色，風雪自窮年。龜伏靈根壽，禽巢絶頂仙。棟梁非所屑，幾見海成田。

又卷二《**古松**》 雷電空山夜，髯蛟起石泉。喬陰無六月，老氣欲千年。斸藥人能壽，巢枝鳥亦仙。天風靈籟發，仿佛奏虞絃。

金 趙秉文《**滏水集**》**卷八**《**龍山怪松**》 自笑書生骨相窮，倒騎驢看兩三峯。天東稍喜無碑讀，踏雪還來看怪松。

金 李俊民《**莊靖集**》**卷三**《**松**》 鬱鬱愁無地，青青獨有心。疑從大夫後，傾蓋到如今。

又卷四《**古松**》 爲嫌紅紫汙家風，故向春來學種松。秖恐等閒兒女輩，輒將斤斧損髯龍。

元 黄庚《**月屋漫稿·古松**》 天矯生寒翠，髯蛟勢倚天。喬陰無六月，老氣已千年。斸藥人能壽，巢枝鳥亦仙。秋風響柯葉，彷彿奏虞絃。

元 任士林《**松鄉集**》**卷六**《**蟠松賦**》 渺堪輿之神氣，孕東海之平巒。紛百昌之甲宅，儼孤松之結蟠。根半蝕以秀出，枝萬折而回環。允神物之附靈，時矯首而盤桓。瞰然鱗甲之四縱，傑出頭角而巑岏。霧市暝合，雲衣晝飛。非鞭霆而欲駕，則既雨而初歸。爾則童豎俛仰，恍然劉累之馴擾。風雨吟哦，又似夫葉公解衣。盤礴雷電，至而飈馳也。噫嘻！龍爲物靈，不離鱗甲。蕩日月，撼山淵，不崇朝而雨六合，何其神也？桎梏禹宫之梁，斲削雷澤之梭。劒津之吏，照水夜驚。長房之竹，騰波自駕。象罔求而不得，雲霧集而時化，又何其幻也？而況乎青髪君之盤蹝，秦大夫之春容。妙蜿蜒於氣母，抱不化之神蹤。龍不知其爲松，松不知其爲龍。人不承澤，螻蟻爲宫。龍乎？松乎？出家間之雷車，走隴上之雨工。松乎？龍乎？撫亭曲以一嘯，山四立而長風。

元 傅若金《**仇工部古松歌**》（**引自**《**元藝圃集**》**卷二**） 蒼松在山自奇古，灌木翳之人不驚。忽然圖向堂上壁，滿座歎息長風生。交柯蝸走森晝晦，其下將疑鬼神會。霧雨寒霏虎豹毛，雷霆怒坼蛟龍背。乃知巨筆老且神，力斡造化雄千鈞。皇天不夭棟梁具，后土潛回霜雪春。爾松已爲人愛惜，見爾爲爾生顏色。山中豈無材木倚絶壁，未逢匠石嗟何益。

明 陶安《**陶學士集**》**卷一〇**《**澗底松**》 兩崖峭立夾幽澗，澗底長松生直幹。崖高澗低無路通，鐵骨霜鱗有誰看。托根若在徂徠野，千尺良材逢匠者。拔爲梁棟登廟堂，豈容偃蹇山林下。澗底松，安可賤，地位雖卑獨無怨，不願用於漢家未央宫，不願用於唐室含元殿。久無帝舜作巖廊，甘分沉淪羞賈衒。自從長養數百年，絶彼斤斧全吾天。未央含元雖壯麗，回首瓦礫淒寒煙。君不見，犧尊青黄木之災，至寶不琢眞奇哉。

明 劉嵩《**槎翁詩集**》**卷四**《**盤松**》 最愛青松樹，盤盤偃勢奇。一擎張羽蓋，四面走虬枝。引手探巢鶴，低頭觸兔絲。尋常三尺裏，赤日未曾知。

明 楊士奇《**東里續集**》**卷六〇**《**題松**》 山中多歲月，白日起蒼虬。但適棟梁用，那無匠石求。

明 鄭文康《**平橋藁**》**卷二**《**松竹篇**》 徂徠之山山有靈，四時秀氣陰冥冥。中產古松高百尺，頭角怪異非凡形。逢時開花吐香雪，一寸堅心一方鐵。嚴霜烈日不改顏，風雨惟聞聲激切。夢中肯上丁公腹，浪遊之封徒自辱。養成良藥在深根，要與蒼生濟惸獨。平生知己獨此君，此君乃是虚心人。直節署施何晏粉，清標不污元規塵。般倕伶倫俱未來，相逢盡説非良材。誰知老天有深意，暗施雨露加滋培。一朝使者軺車動，有司取赴明廷貢。自緣生長草萊中，不是朝家遲爾用。

明 葉盛《**菉竹堂稿**》**卷二**《**松**》 秀色雄姿接杳冥，冰霜歷盡正青青。樵夫不解憐枝葉，誰識根深有茯苓。

明 何喬新《**椒邱文集**》**卷二五**《**題松爲樊都運賦**》 虬枝天矯翠叅天，雨幹霜皮老更堅。樑桷年來收拾盡，豈知梁棟在山巔。

明 祝允明《**懷星堂集**》**卷四**《**戴文進松崖**》 陰崖萬古縣，横出千歲松。中有落澗遥，怒躍數白龍。長年不聞聲，發卷耳欲聾。遠楚夕莽蒼，町疃迴照紅。此域萬物静，尚有坐二翁。何必非夷齊，破衣蕭蕭風。

明　邵寶《**容春堂後集**》**卷九**《**聽松**》　聽松復聽松，松聲在高閣。閣成四十年，聽者今如昨。風來春濤生，風去秋濤落。當其無風時，蕭然亦微作。聽者聽於斯，冥心對寥廓。

明　朱浙《**天馬山房遺稿**》**卷七**《**古松**》　誰將繭素剛一尺，寫出寒松千丈直。高枝多半入白雲，眼前夭矯蒼虬立。鱗甲振奮掌爪撑，左拏右攫令人驚。劃然霹靂欲飛去，動地波濤風雨聲。

明　胡直《**衡廬精藏稿**》**卷一**《**雙松賦**有序》　去桃源六十里，鄭家驛堂背雙松，喬碩奇古，閱人多矣。予數過，加瞻仰焉。近年採巨材，雙松以非杉楠幸完。莊生所謂材不材之間，驗矣。予獨訝其不托深谷而處孔道，終非其所，故爲賦云：

猗與雙松，閱幾百齡。竪雲漢以布葉，掩日車而抽楨。偉峻極之瓌質，匪羣品之攸京。奚結侣之太狹，爰伉儷以居貞。類海濱之二老，媲魯國之兩生。爾其違文，陛謝上林。逃岱嶽之封爵，脱閟宫之斧斤。抱貞陽之烈氣，乃根托於置亭。雖隱約於一舍，終挺特於霄旻。參日月以飛節，貫四時而晶英。欽爲德之崔嵬，虞處身之未諶。背幽寥而弗都，據闤闠而稱永。無孤操以嶢嶢，匪藏珍而匿景。此之孰得孰失，孰智孰愚，予獨鬱伊而絪縕。將印言之弗恂，請決策於詹尹。

明　王世貞《**弇州四部稿**》**卷四三**《**蟠松**》　峭蒨青葱滃不消，蒼然嶽色滿庭臯。虬髯欲振千林月，鳳吹遥翻萬壑濤。摧挫冰霜心自保，屈盤霄漢意徒高。堅貞欲有劉生詠，憔悴逢人用解嘲。

明　張元凱《**伐檀齋集**》**卷八**《**九里松**》　長松九里鬱葱哉，偃蓋蟠空接上台。不盡五株封泰岱，却從三竺問徂徠。壑藏風雨龍鱗老，濤挾雲霄鳳吹哀。竹箭江南良足美，那知此有棟梁材。

明　王思任《**謔菴文飯小品**》**卷二**《**靈谷松**》　寒松十萬寺門前，鱗羽乘濤欲化仙。共向青天爭百尺，各留明月照千年。秦封姓字應難辱，栗里盤桓不受憐。我願逃禪來住此，雪溪投足古風邊。

明　瞿汝稷《**松聲賦**》（**引自**《**明文海**》**卷四四**）　昔人有謂絲不如竹，竹不如肉者，以其漸近自然也。必如斯言，則孰有過于松風之爲聲者耶！客既有爲之賦者，遂援毫而和之。然聲彌妙則和彌寡，深有愧于白雪之音云爾。其詞曰：粵有逃虚之士，淵尚之賓。選八荒而無悦，渺萬物而寡鄰。超人世而獨鏡，廓杳眇以怡神。乃獨娱夫衆竅之諧會，自然之雅音。非絲竹而遞美迭拊，遺鐘磬而觸石樅金。並嶰谷以取韻，託徂徠以標名。實惟要妙，是曰松聲。蓋方風之起蘋末，盛土囊而緣于泰山之阿也。維松固已灑然清矣，及其飄摇呦嘐，蕭灑颼飀，竦萬尋兮忽舞，徐波起而遠流。盈空谷而澎湃，暎别壑而澄幽。林氣如此，劃然成秋，則又聳乎其足聽焉。以至清揚遐厲，森沉沸渭，上漢斯蜚，稍雲慸懘。夕飈振而柯鳴，涼颸引而條曳。猿狖哀嘯乎其側，飢鼯呻吟乎其内。于是蕩瀁乎絶巘之下，浸淫乎深谿之澨。截微徑與荒丘，經石林及花嶼。衆芳肹蠁其坌集，輕靄霏微乎莽際。斯則蕭遠冲虚，空澄幽翳，似春雨兮滿江，若廣陵兮潮至。涓子不能撫其弦，韓娥不能宣其意。以故天籟非一，松聲最矣。松聲若虚，會心契矣。爾其絶迹箕潁，逃名首陽。視揖讓兮喪道，非放伐兮不王。窅然天下喪，頽然出處忘。澗户無人兮濁世遠，孤雲在岑兮獨徜徉。惟聽曉鶯變語，春壑鳴淙。和虚濤之遠寫，足幽耳之笙簧。若夫幽窻獨坐，泉石孤吟。方弘景兮開逕，及彭澤兮歸林。煙芊綿兮如織，霞朗映兮清陰。一鳥偏弄，踈花冒潯。聽孤松之流韻，似幽人兮整琴。悠然忘世，洗耳披襟。至若松子引年於緱嶺，劉阮採藥于天台。萬壑度盡，生平始來。杳松聲兮喧豗，使人心爽，令人意哀。莫不念仙期之綿邈，悔短計之迷回。永結長生之願，深盟鍊魄之懷。别有楚襄蘭臺之上，漢帝蓬萊之旁。玉樹磊夥，雄風忽颺。並葱蒨以發韻，惟松風兮悠揚。上君玉堂，入君洞房。使窈窕兮閒静，俾君王兮清涼。方欲輟洞庭之張樂，罷鼓瑟于瀟湘。已矣哉！松聲之爲妙也。是以至人聽之，與道若一，洗心滌志，含光去迹。收無聲以爲聽，鑒至清以爲心。與天逍遥，與世陸沉。泠然將御風而遐逝，從列仙兮無古今。

清　李來泰《**蓮龕集**》**卷四**《**石塘印松**》　孤松百尺形如叟，古貌蒼顔老歲華。狂飲欲吞梢上月，濤聲響沸鼎中茶。塘開一鑑眠青翠，影並高巖坐緑涯。几見寒聲催落葉，亭亭笑傲滿山花。

清　李楷《**松**》（**引自**《**二南遺音續集**》）　引領睇前村，悠然見一松。始悟未秋時，衆木葉相同。日夕嚴霜起，寥寥寒野中。人生不滿百，愧此長青葱。

清　顔光敏《樂圃集》卷二《大松》　自抵東峰上鰲背，滑石登頓脚不停。崩崖劃開怪蛇鬬，晴空幻作遊塵形。魂摇目悸行障而，耳邊忽覺聞清泠。東峰拔地五千仞，明星玉女愁雲軿。疾風四起颺屋瓦，獨留大樹排天庭。孤高自絶雨露上，鴻蒙一氣含精靈。嶺猿長嘯雜竿籟，山魈欲入愁雷霆。影落千山勢夭矯，西連月窟東滄溟。名山福地闢署盡，蜖蠼神穴無人經。洞口葳蕤鎖雙樹，霜中著葉疑冬青。此松摩挲幾千載，十尋之上常冥冥。翠旌孔蓋紛相盪，蒼鱗夜夜蛟龍腥。松根羽人皆皓首，遠尋五粒斸茯苓。却問秦松近無恙，仰天大笑誰能聽。

清　郭棻《學源望詩集》卷四《五言律・古松》　盤松殊可愛，日暮澹含青。翠髮梳風細，金脂濯雨馨。舞虬猶五粒，巢鶴已千齡。爲借曇光照，清霜耐飽經。

清　彭孫遹《松桂堂全集》卷一五《松濤》　長松清籟發中林，一瀉風前萬壑深。翻覆波濤生眼底，誰能不改歲寒心。

清　謝重輝《杏村詩集・癸未詩・松》　吾年五十七，栽松欲何用。不惜劬與勞，閉門資幽共。爲愛冬猶青，豈在成梁棟。熠熠翠莖翻，團團清露重。風來寫遺聲，猶勝聽鳥哢。

清　高之騱《强恕堂詩集》卷七《松》　竟夕幽窗吼蟄龍，虬枝漏月影重重。風狂老鶴栖難定，雨落寒濤醉後逢。嘯雪姿凌君子竹，鳴珂齒冷大夫封。道人洗髓驚清籟，逸曠如聞夜半鐘。

清　查慎行《敬業堂詩集》卷四一《再賦古松疊前韻》　時聞松子落吾前，小住方知日似年。草色展開三丈地，濤聲捲起四垂天。最宜物外閑相賞，久在人間絶可憐。莫道如龍難畫得，眞龍又值幾多錢。時潤木畫墨松，旁觀有譽樹爲龍者，故戲及之。

清　吕謙恒《青要集》卷三《離石雙松歌》　離石西南林壑奇，兩松離立皆殊姿。大者勁挺高百尺，雷雨恍忽生虬枝。其一東偏勢尤古，攫拏偃蓋蟠蛟螭。黛色半浮巖岫出，蒼鱗欲混青冥移。高齋短墻在阿堵，暇日緩步相追隨。吾兄爲政多閒暇，減騶撤蓋攜絣巵。盛夏山城朋好稀，獨與兩松結心知。晴風舒卷微濤生，謖謖過耳塵襟披。其時日夕山氣佳，樓臺倒景何參差。造物豈供耳目玩，靈根疑有神鬼持。香臺盡亞山殿冷，颯然如在涼秋時。摩挲欲去還復留，酒酣爲作雙松詩。

清　王心敬《豐川續集》卷三二《千丈松》　華岳西隣太白東，一株挺爾占高峯。男兒意氣凌霄漢，何數區區千丈松。

清　方觀承《述本堂詩續集・燕香集上・冬齋八咏・松》　蹲柯四五尺，偃翠十三層。鶴逕移晴雪，僧巖影夜燈。根無嫌土少，葉自帶雲凝。古屋梅花下，寒香許共憑。

清　林䓣《偶存草詩集》卷二《古松行》　君不見，鄣南城下千尺松，吟風帶月聲謖謖。又不見，虬枝盤屈掛女蘿，長者蓬鬆短者秃。牽絲低石徑，含愁横茅屋。骯髒直幹拂斗星，根走龍蛇蟠地軸。有時渾跡百花叢，顔色不争桃杏紅。日行西陸靡草死，歲寒撲雪隱玲瓏。嶙峋氣節不可奪，摩頂西來復向東。千歲黄鶴息羽翮，無端伸屈化爲石。參差不辨陶潛徑，鄭巖七株黑如漆。吸露飡風久辟穀，長嘯恥食秦人禄。雲卧徜徉徂徠間，丹青譜入淞綾幅。千秋傲骨瘦復清，不似凡物偏多肉。我來鄣南菊花黄，開窗常見色蒼蒼。科頭曳履共君語，清陰依稀送我牀。怪殺羣雀驅不去，啾唧唧噪夕陽。蟹肥花開酒正熟，還須對君傾千斛。古來棟梁雖爲用，乾坤浩浩有盈縮。邯鄲道上一蕉鹿，焉知失馬不爲福。獨立荒城青眼無，何不埋名去叢谷。

清　愛新覺羅・胤禛《清世宗文集》卷二五《松》　矯矯拂雲姿，能教衆木卑。蒼鱗疑挾雨，翠鬣静含颸。花暖飄香粉，膏流結紫芝。千齡待黄鶴，集此最高枝。

清　愛新覺羅・弘曆《清高宗詩初集》卷六《塞外落葉松歌》　我聞松柏有本性，經春不榮冬不凋。此木亦被松之名，當秋葉落何刁刁。凌空足有偃蓋枝，詎無盤屈傲霜條。或云塞外即候殊，千林隕萚秋寂寥。嚴寒栗烈異徂徠，故應落葉紛蕭蕭。我聞此語增歎息，古來志士不易操。因地寒暖變節槩，蒼松何以殊蓬蒿。此木非松冒鬆名，千秋定論應難逃。

又卷二〇《春松》　春松不似冬松好，黄染三鍼何夕曛。詎是後凋終變節，應羞桃李與同羣。

又《清高宗詩二集》卷七三《落葉松》　松有落葉者，乃在興安北。其山夏積雪，風勁善蕩滌。是木性宜寒，翠雲盤崱屴。而頗羞獨樹，與衆同凋寂。崖口向已無，關內何能得。我命帶根移，培平土固密。既因順木天，遂如轉地力。奇峯詭石側，森森助景色。材豈限於域，由來繫培植。

又《清高宗詩三集》卷二三《九株松》 謂似會昌曾有詩，三三瘦骨挺仙姿。祝釐去歲香山會，九老居然兩倍之。

又卷三一《喬松歎》 松非槐柳質，耐寒不易長。廿年略入格，卌年始成象。清暉閣之前，九株撐偃仰。年將與我齊，從幼看枝放。春風謖籟清，秋月含輝朗。溜夏雨陰森，傲冬雪倜儻。值旱我焦勞，嘉蔭不知爽。遇霖我傍徨，團蓋何曾享。愁喜莫弗共，喜少愁恒怏。實如患難友，期汝千年上。忽然不戒火，延及摧骪髒。豈無爛額者，竟難救一往。嗟哉會凌雲，倏見淪礫壤。强顔題五字，已事那堪想。

又卷三三《秋山四詠・松》 疊巘叅天翠越濃，韻金風籟謖重重。低臨萬樹猶同色，咨爾行將認老松。

又卷四一《稚松》 稚松得地放新枝，老榦凌雲定可期。自喜栽培出豐蔀，去年猶記雨中移。

又卷四五《萬松山行館即事雜詠・松》 底論三鍼與五鍼，盤虬撑蓋總嘉陰。本來不藉時人種，箇箇拏枝聳十尋。

又《清高宗詩四集》卷六七《萬松山行館雜詠疊前韻・松》 春孟梢頭未發鍼，容客原作滿庭陰。十餘年昔詩情在，秖向盤拏深處尋。

又《清高宗詩五集》卷七五《松鍼》 松鍼出石縫，青蔥三寸許。非人巧能種，造化生幾煦。然而豈無因，松落子着土。歷之以春秋，潤之以露雨。固云天所養，亦緣自所處。常謂卌入畫，癸未作喬松歎詩，有廿年，略入格，卌年始成象之句，及辛卯詠清暉閣前松，又有云待汝四十年老成，或如舊，今已閱三十年矣，茲松雖纔出石縫，若待至四十年，當亦虬榦之而堪入畫格矣。拱把斯未覩，待作老龍鱗，五言仍此汝。

又卷七九《咏庭松》 豈同拱把梓桐觀，却見龍鱗踰丈盤。再歷百年當益好，漫言種植付誰看。

又卷八三《松霞室對松有作》 含青向北堂，幾轉陟東廊。㕍牖虛通白，霞松古入蒼。是非非即是，忘辯辯難忘。著相眞堪笑，圖仍女史張。

又卷九九《詠松癭韘》 松癭製爲韘，阿誰意巧新。色將擬漢玉，質却匪山珉。厭矣幻非實，吁哉假亂眞。珷玞魚目外，似此又紛陳。

清　陳文述《頤道堂詩外集》卷二《古今體詩・落葉松》 松葉杉身生興安嶺北，質極堅，入水土久化爲石。其葉霜後即脱，與他松異。樹上寄生白脂厚五六寸。

後彫無落葉，落葉亦名松。後此濤聲小，前番蓋影濃。冰霜困鱗鬣，雷雨助丰茸。留得孤根在，終應起伏龍。

清　陳慶鏞《籀經堂類稿》卷一〇《萬安橋松蔭歌》 颼颼颸颸爽乎快哉，萬安之涼涼於銷夏灣。長贏何赫赫，道路倐且彎。鬱儀一上沸如釜，欲拓廣厦毋乃千萬間。宋學士蔡端明持節來撫泉，軫念及蒼生。俯瞰茫茫大江碧，鯢桓爲淵蛟龍宅。架以鼉蟎之飛梁，瑱以精衛之巨石。岧嶢横亘跨海門，四十七道釃流奔，雖然劍制亦奇矣。其如東來榑桑升朝暾，徂徠有松森而茂。帶雲之團雨之溜，取次道左爲植之。蔚然清蔭發深秀，須臾培養成十年。閶風來拂高樹巔，十里有廬三十宿。終日人在壺中天，擔鐙躡屩來相望。策馬翩翩亦豪曠，顧視燕鶯織如梭，復有鳴蜩在其上。噫嘻！行道之人胡爲乎樂哉？上自大義，下抵泉漳，相去千餘里，一撇生清涼。螺山交輝而拱峙，蠣石結構而深藏。舉頭但見濃陰緑，不知炎官火繖之恢張。行者浩歌，憩者抃舞，咸頌公之仁。堯厨揚箑箑，萬安之涼涼於銷夏灣，風謖謖水潺潺，濤聲松聲常互答，夕陽飛鳥相往還。君不見，蔽芾甘棠召所廢，勿剗勿敗亦勿剟。又不見，孔明廟前有古柏，俯仰感慨寄陳迹。況復清爽能健人，鳴巖嘯壑閲世百。翠潤一摇天地秋，追隨道路伴行客。一樹風生，萬樹籟起，習習夏生寒，泬寥不能止。迄今嘉蔭猶蒼蒼，左顧長虹千丈强。其橋也若彼，其樹也若此，相與尸祝而馨香。迢復迢兮洛之水，欵復欵兮松之闗。龍拏結成字，石刻相斑斕。萬安之涼涼於銷夏灣，爽氣一撲來西山。

圖表

明 李時珍撰《本草綱目·圖卷》

明 鮑山《野菜博録》卷四

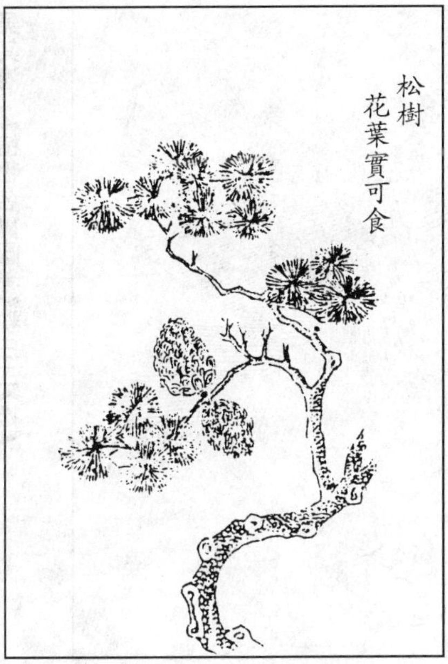

明 李中立《本草原始》卷四《木部·松》

清 徐鼎《毛詩名物圖說》卷八

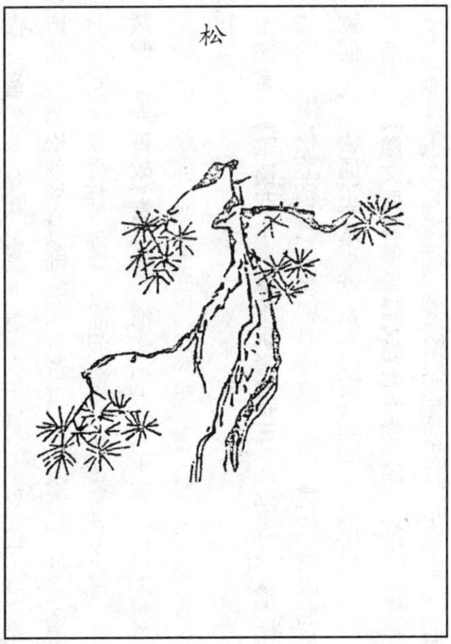

清 吳其濬《植物名實圖考》卷三三《松》

樅

綜述

《爾雅・釋木》 樅，松葉柏身。注：今大廟梁材用此木，《尸子》所謂『松柏之鼠，不知堂密之有美樅』。檜，柏葉松身。注：《詩》曰：檜楫松舟。音義：樅，七容反。松，《字林》象容反。大，音泰。檜，古外反，又苦外反。楫，本又作檝，子葉反，一音集。疏：此辨樅、檜之異名也。松葉柏身者名樅，柏葉松身者名檜。郭云『今大廟梁材用此木』者，以時驗而言也。注『《尸子》所謂』已下者，《綽子》篇文也。云『《詩》曰：檜楫松舟』者，《鄘風・竹竿》篇文也。毛《傳》云『楫所以擢舟』是也。

漢 許慎《說文》卷六 樅，松葉柏身。从木，從聲。七恭切。

宋 李石《續博物志》卷八 樅，松葉柏身；檜，柏葉松身。

宋 羅願《爾雅翼》卷九 樅，松葉柏身；檜，柏葉松身。從者合異而爲同，會者聚兩以爲一，故二木合松柏之體，而取合從胥會之義，猶《淮南子》云『槐榆與橘柚合而爲兄弟』也。樅，大木，千仞無枝，利以爲夏屋。郭璞曰：今大廟梁用此木。是誠木之可貴者也。《尸子》曰：松柏之鼠，不知堂密之有美樅。今貂鼠好在松上食松皮，人謂之松狗，所謂『松柏之鼠』，當謂此耳。樅，松葉柏身，其味當美而鼠不知也。《字說》曰：檜，柏葉松身，則葉與身皆曲。樅，松葉柏身，則葉與身皆直。樅以直而從之，檜以曲而會之。以直而從之，故音從容之從。以曲而會之，故音會計之會。

宋 戴侗《六書故》卷二一 樅，七容、子容二切。《爾雅》謂松葉柏身，未詳。《詩》云：虡業維樅。毛氏曰：崇牙也。朱子曰：業上縣鍾磬處以采色爲崇牙，其狀樅樅然。

明 慎懋官《華夷花木鳥獸珍玩考》卷三 《字說》：檜，栢葉松身，則葉與身皆曲。樅，松葉栢身，則業與身皆直。樅以直從，檜以曲會。

明 劉侗《名物通》卷八 樅，松葉栢身，葉與身皆直。

清 張逸少《佩文齊廣羣芳譜》卷七一《木譜・樅》 樅，松葉柏身。見《爾雅》。千仞無枝葉，與身皆直。樅、檜樹皆高丈餘，花葉皆同，但實稍大，而色黃綠，肉虛爲異耳。初甚酸澀，經霜乃可食，採藥者不收。

清 嵇璜《續通志》卷一七六 樅，松葉柏身。見《爾雅》。郭璞注曰：今太廟梁材用此木，《尸子》所謂『松柏之鼠，不知堂密之有美樅』。《羣芳譜》云：千仞無枝葉，與身皆直。樅、檜樹皆高丈餘，花葉皆同，但實稍大，而色黃綠，肉虛爲異耳。初甚酸澀，經霜乃可食。

金松

綜述

唐 段成式《酉陽雜俎續集》卷九 金松，葉似麥門冬，葉中一縷如金綖。出浙東，台州猶多。衛公言，迴訖草鼓如鼓，及難，果能菜。

又卷一〇《金松出天台山，葉帶金色》 台嶺生奇樹，佳名世未知。纖纖疑大菊，落落是松枝。照日含金晰，籠煙淡翠滋。勿言人去晚，猶有歲寒期。

明　慎懋官《華夷花木鳥獸珍玩考》卷三《金松》　台州府境出，垂條如弱柳，結子如碧珠。三年子乃一熟，每歲生者相續，一年上綴於條上，璀錯相間。

明　彭儼《鐫五侯鯖》卷五　琪樹，一名金松，垂條如弱柳，結子如碧珠，三年子乃熟。每歲生者相續，一年者緑，二年者碧，三年者紅，綴于條上，璀錯相間。

明　方以智《物理小識》卷九　金松　台州金松垂條，結子如碧珠，三年子乃一熟。每歲生者相續，璀璨相間。子治腸風。

藝文

唐　李德裕《李衛公別集》卷九《金松賦並序》　廣陵東南，有顔太師猶子舊宅，其地即孔北海故臺。予因晚春夕景，命駕遊眺，忽覩奇木，植於庭際，枝似檉松，葉如瞿麥。迫而察之，翠葉金貫，粲然有光。訪其名，曰金松。訊其所來，曰得於台嶺。乃就主人，求得一本，列於平泉。今聞封植得地，枝葉茂盛。叙其所自，作此賦。青春已暮，白日將夕。經顔子之故巷，訪孔公之舊宅。美珍木之在庭，得嘉名於樵客。曩擢本於台嶺，近徙根於簷隙。其柯肅肅，可比於直松；其葉纖纖，寔侔於瞿麥。風入葉而成韻，露垂柯而流液。不受命於嚴霜，諒同心於寒柏。含春靄而葱蒨，映夕陽而的皪。疑翠尾之羣翔，若金潭之旁射。褫爽籟於篔竹，混晶光於瑶碧。琪樹以垂珠而擅名，金松以潛顯而莫覿。亦猶處子在於隱淪，奇才遺於草澤。我有衡宇，依山岑寂。類仲長之清曠，如蕭宰之窮僻。託根此地，似在崖壁。殊橘柚之不遷，同甘棠之可惜。庶封植於園林，永愛玩而無斁。

水松

綜述

晉　嵇含《南方草木狀》卷中《水松》　水松，葉如檜而細長，出南海。土產衆香而此木不大香，故彼人無佩服者。嶺北人極愛之，然其香殊勝在南方時。植物，無情者也，不香于彼而香于此，豈屈于不知己而伸于知己者歟？物理之難窮如此。

明　李時珍《本草綱目》卷一九　水松《綱目》　集解：弘景曰：水松狀如松。頌曰：出南海及交趾，生海水中。

明　慎懋官《華夷花木鳥獸珍玩考》卷三《水綿》　此樹福州人呼白水松，莆人呼曰水綿，以其性好近水而皮温厚如綿也。樹高數丈，其枝喬而上勾，其葉散碎紛披，其根歲久磊砢奇古，予家有百章，人憐愛之。

竹柏

綜述

宋　宋祁《益部方物略記》　葉與竹類，緻理如栢。以狀得名，亭亭修直。右竹柏。生峨眉山中，葉繁長而籜似竹，然其榦大抵類栢而亭直。

清　嵇璜《續通志》卷一七六　竹柏，生峩眉山中，葉繁長而籜似竹，其幹類柏而亭直。見《益部方物畧》。

藝文

清 陶澍《陶文毅公全集》卷六四《詩集·賦得體詩·竹柏得其真》

竹柏何年植，清標舊結鄰。空山無限意，本性有其真。翠重偏禁冷，枝高迥出塵。雪封千个峭，霜抱十圍新。太古常留色，羣芳枉作春。心筠通表裏，風雨自精神。對鶴思同契，棲鸞即此身。託根期得地，招隱謝前人。

柏

論說

明 李時勉《古廉文集》卷三《崑山郎官柏記》 凡物之所以能取重於世者，非物之能自重也，因人而重也。南國之甘棠，以召伯手植之，檜以孔子，不然檜與甘棠何處無之，而此獨見稱於時，豈非因人而重也耶？崑山本在吳地，今之崑山因縣而得名，非昔之崑山也。高廣秀特，本一邑之奇觀。然居乎闤闠冗雜之區，牛羊樵牧之所，戕賊童然一峿嶁耳。廣陽羅君延齡來爲是邑也，勞心極慮以涖其政，朞月之間，政化大行，民用阜康。於是修舉廢墜，至於茲山，見其荒落弗治，益增感歎。爰集耆老，問所宜木，乃樹之以柏。越數載，自頂至麓蒼翠蔚然，秀出於孤城埃壒之間，邑居鱗次之上，過者徘徊瞻望，不忍舍去。邑人老長爭相飭戒，不忍翦伐，且名之曰『郎官柏』。欲以傳之後人，使知之而不輕也。於是騷人墨客相與歌吟賦詠，頌君之美者相屬不絕，積成卷帙傳誦至京，翰林待詔沈君來求予記。方今天下，財賦專倚於東南，吳獨當其十八。崑山，吳之鉅邑，地大而民衆，政繁而賦重。爲其邑者，吾意其困於簿書期會之務，窘於應變酬答之勞，宜無須臾之暇以及乎其他。且經山種樹，非爲政之急務，而君能注意爲之，如此則其於脩政立事，從容閒雅而有餘力也。可知非其才猷有以過於人，烏能然哉？宜乎邑人愛護之而不忍傷，詩人詠歌之而不能忘也。雖然，君之所爲美矣，然勢不得久於其職也。如使繼君者之皆得其人焉，則是柏將永存而不壞；不然，則君一代去而牛山之感隨至矣。昔宋張徹爲麻城令，種萬松於道周，以芘行者。去不十載，松之存者無幾。蘇子瞻傷來者之不嗣其意也，作詩以歎惜之。因沈君之請，嘉羅君之政，特書其事以告後之來者，庶其有警，而郎官柏亦將永存焉。

明 何三畏《新刻何氏類鎔》卷三一《栢》 有栢生于孔子墓者，歷漢晉諸代，而成合圍連抱之形；有栢移于通靈臺者，見海水三枯，而有赤鴈翻雲之勢。陳留縣之雙栢，在老子祠前者，歷數百年，久已枯槁，忽生東枝、南枝而鬱鬱之形異于常樹；高麗國之兩栢，種永懷寺内者，纔二三尺，名爲陰陽，每歲右實、左實而亭亭之狀高于殿庭。興國寺之古栢數本，俗傳爲神禹之所栽；泰山廟之大栢千章，世謂爲孝武之所植。孔明廟前之大栢數株，乃種之蜀世；巴東縣裏之蒼栢二樹，乃種之萊公。嵩山嵩陽觀有古栢五株，積翠而婆娑可愛者，遂錫將軍之封號；汝西練水溪有異栢數種，及暮而枝葉盡歛者，輒加合掌之嘉名。關嶺古時栢已無枝披圖，而御筆加點，忽復一枝再榮；平泉珠子栢皆結子放葉，而香風遠聞，又復一房同實。成都日就殿上皆綺栢之材，廣漢梁泉縣中多紫栢之坂。天后登嵩，輒撫栢而賜爵封禪之後，樹益敷榮；王裒廬墓，常攀栢而悲號泣涕之時，樹皆動色。衛家婦之守節十六歲，種栢而成連理之枝；徐伯珍之隱居九巖山，望栢而呈五采之色。至乃乾陵栢樹之上，每多文理，蔚然雲物分明；桂州栢林之中，每至月盈，悠然笛聲清遠。此又天地間之異物，不知何怪何祥，未可以常理論者矣。

綜述

《爾雅·釋木》 柏，椈。注：《禮記》曰：鬯以椈。音義：柏，音百。椈，弓六反。鬯，初亮反。疏：柏，一名椈。注『《禮記》曰：鬯以椈』者，上《雜記》文也。彼鄭注云『所以擣鬱也。椈，柏也』是也。

漢　許慎　**《説文》卷六**　柏，鞠也。从木，白聲。博陌切。

宋　陸佃　**《埤雅》卷一四《柏》**　柏，一名椈，《雜記》所謂『暢臼以椈』者是也。柏性堅緻有脂而香，故古人破爲暢臼，用以擣鬱。【略】檜，柏葉松身，則（業）〔葉〕與身皆曲。樅，松葉柏身，則葉與身皆直。樅以直而放之，檜以曲而會之。世云：柏之指西，猶磁之指南也。

宋　葉庭珪　**《海録碎事》卷二二《負霜柏》**　負霜柏，一作宜霜柏。

宋　戴侗　**《六書故》卷二一**　椈𣚍，居六切。記曰：鬯臼以椈。鄭康成曰：柏也。按：此即《説文》所謂鞠。

明　牛衷　**《增修埤雅廣要》卷二五《卉物門·釋木類·栢》**　側栢一名掬，惟乾陵之栢爲異。其文理多有菩薩、雲氣、人物、鳥獸狀，極分明。有盗至一株徑尺者，可值萬錢。關陝人家重之。泰山廟舊有栢圍夾兩階，赤眉常斫一樹，見血出而止，今斧痕猶在。宋余尚書靖，慶曆中知桂州，州境窮僻處有林木延袤數十里。每月盈之夕，輒有笛聲發于桂林中，甚清遠。士人云聞之已數十年，不詳其何怪也。公遣人尋之，其聲自一大栢樹中出，乃伐取爲枕笛，聲如期而發，寶惜之凡數年。公之季弟欲窮其怪，命工解視，但見木之文理，正如人在月下吹笛之像，雖善畫者不能及，重以膠合之，則不復有聲矣。《晉書》曰：郭璞爲王丞相卦，曰有震厄，公命駕西，步數里得一栢樹，公取置常寢卧處，果震栢粉碎。又檜一名栝，其形栢葉而松身，性耐寒，材大可爲舟，今人謂之圓柏，以别於側栢也。

明　屠本畯　**《離騷草木疏補》卷三《栢》**　栢，一名椈，有側栢、花、叢栢三種。其側栢三月開花，九月結子而圓葉成片，如大片雲母葉，出蜜州者佳。葉皆側向，上有微赤毛。道家多作栢葉湯。花柏，其樹濃葉成朵，無子。叢栢，其樹緑色。

明　李時珍　**《本草綱目》卷三四**　柏《本經》上品　釋名：椈、音菊。側柏。李時珍曰：按魏子才《六書精藴》云：萬木皆向陽，而柏獨西指，蓋陰木而有貞德者，故字從白。白者，西方也。陸佃《埤雅》云：柏之指西，猶針之指南也。柏有數種，入藥惟取葉扁而側生者，故曰側柏。寇宗奭曰：予官陝西，登高望柏，千萬株皆一一西指。蓋此木至堅，不畏霜雪，得木之正氣，他木不及。所以受金之正氣所制，一一西指也。集解：《别録》曰：柏實生太山山谷，柏葉尤良。四時各依方面采，陰乾。陶弘景曰：處處有柏，當以太山爲佳爾。並忌取冢墓上者。其葉以秋夏采者良。蘇恭曰：今太山無復采子，惟出陝州、宜州爲勝。八月采之。蘇頌曰：柏實以乾州者爲最。三月開花，九月結子成熟，取采蒸曝，春擂取仁用。其葉名側柏，密州出者尤佳。雖與他柏相類，而其葉皆側向而生，功效殊别。古柏葉尤奇，益州諸葛孔明廟中有大柏木，相傳是蜀世所植，故人多采以作藥，其味甘香，異常柏也。雷斅曰：柏葉有花柏葉、叢柏葉及有子圓葉。其有子圓葉成片，如大片雲母，葉皆側，葉上有微赤毛者，宜入藥用。花柏葉，其樹濃葉成朵，無子；叢柏葉，其樹緑色，並不入藥。陳承曰：陶隱居説柏忌冢墓上者，而今乾州者皆是乾陵所出，他處皆無大者，但取其州土所宜，子實氣味豐美可也。其柏異于他處，木之文理，大者多爲菩薩雲氣、人物鳥獸，狀極分明可觀。有盗得一株徑尺者，值萬錢，宜其子實爲貴也。時珍曰：《史記》言：松柏爲百木之長。其樹聳直，其皮薄，其肌膩。其花細瑣，其實成梂，狀如小鈴，霜後四裂，中有數子，大如麥粒，芬香可愛。柏葉松身者，檜也。其葉尖硬，亦謂之栝。今人名圓柏，以别側柏。松葉柏身者，樅也。松檜相半者，檜柏也。峨眉山中一種竹葉柏身者，謂之竹柏。

明　吴雨　**《毛詩鳥獸草木考》卷一六《栢》**　《邶風》曰：汎彼栢舟。《傳》：栢木宜爲舟。栢，一名椈。葉頗似柳，與松不同。松皮粗厚，栢皮光滑。松葉直身曲，栢葉曲身直。子如楝，可食。著酒中飲之，辟惡氣。浣衣去垢。核堅正黑，可以間香，性堅緻牢，實有脂而香。古人破爲臼，以搗鬱，《禮記》曰『鬱以椈』是也。有側栢、叢栢、花栢三種。側栢三月開花，九月結子而圓葉成片，如大片雲母，葉皆側向上，有微赤毛。道家多作栢葉湯。出密州者佳。花栢，其樹濃葉成朵，無子。叢栢，其樹緑色。

明　李中立　**《本草原始》卷四**　柏實始生泰山山谷，今處處有之，而乾州者最佳。三月開花，九月結子。候成熟收採，蒸暴乾，春礧取熟仁子用，其葉名側柏。

明　周文華　**《汝南圃史》卷一一《竹木部·栢》**　栢，一名蒼官。《爾雅》曰：栢，椈也。《廣雅》曰：一名汁柏。《廣志》曰：有續柏、有計栢。崔寔《月令》曰：七月收栢實。《列仙傳》曰：赤松子好食柏實，齒落更生。今栢有四種：扁栢，葉扁質黄，一名黄栢。檜栢，葉尖質赤，一名檜尖，又名血栢。側栢，葉俱側如掌，香味清涼，摘可砲湯。瓔珞栢，枝葉如瓔珞。側栢種貴，唯園圃中植之。檜栢體堅難長，亦難萎。扁栢易長易萎，山地丘隴並相宜。瓔珞栢亦難長，可植庭際。俱無花有子，色至冬天愈翠，春分下子，清明或秋後移栽。大抵松栢時時可植，止不宜於夏月，極喜糞澆。檜栢小時可翦縛作盆玩，亦可就其軟枝紮屏闌，材大者，伐解造橱卓甚佳，較勝於黄栢。

明 鮑山《野菜博録》卷四 栢樹，《本草》曰栢實，生山野中。葉及實皆味苦，性平無毒。食法：《列仙傳》云：赤松子食栢子，齒落更生。採葉換水浸去苦味，初食苦澁，入密或棗肉和食尤好。

明 江之源《百花藏譜·栢譜》 栢之上品有二，曰千頭栢，曰纓絡栢。纓絡者，其綫如柳，其葉似檜。松栢歲寒不凋，人家園庭宜植之，且宜于雪，故屠緯眞《書齋冬趣》獨著『玩雪敲松栢』云。

明 張存紳《增定雅俗稽言》卷三九 倒生栢 《抱朴子》：天陵之松，大谷倒生之栢。《花木考》：此木人觸之無風自扇。余邑靖盧山有此，相傳仙人所植。

清 陳淏子《秘傳花鏡》卷三《花木類考·栢》 栢，一名蒼官，一名椈，與松齊壽。有扁栢、檜栢、黄栢、瓔珞栢之異，惟扁柏爲貴，故園林多植之。因其葉側向而生，又名側柏。其味微澁而甘香，道人多採作服食，用點茶湯。諸木向陽，柏木西指。其性堅緻，有脂而香，故古人破爲暢白，用以擣鬱。三月開細鎖花，不甚可觀。結實成球，狀如小鈴，霜後四裂，中含數子，大如麥粒，亦自芬香，仁亦道家所服食者。檜柏體堅難長，亦難萎。黄木聳直而皮薄肌細，葉至冬更青翠。瓔珞柏枝葉俱垂下，宜栽庭際。皆無花有子。峨嵋山有竹葉柏身者，名竹柏，禀堅凝之質，不與羣卉同凋。其小者止一二尺，可作盆玩。又乾陵有柏，木之文理，大者多爲蒺藜、雲氣、人物、鳥獸，狀態分明。徑尺一株，可值萬錢。柏性喜晒，每年中用晒過糞水澆三四次，則色鮮潤。秋時剪小枝二三尺者，插肥地亦活。或收子至二三月間，用水淘取沉者着濕地，隔兩日再淘，候芽出，將劚熟地成畦，以子匀撒其中，覆細土，二三日亦澆。苗出土後，須圍以短籬，防蝦蟇所食。

清 高士奇《北墅抱甕録·柏》 有刺柏，有側柏，有瓔珞柏三種。枝葉各異，刺柏圓而上指，側柏扁而側出，瓔珞柏長而下垂，皆貫雪凌霜，不改柯葉。就中瓔珞一種尤佳，堅勁之中，別具嬝娜，所謂魏鄭公之嫵媚耳。

清 張宗法《三農紀》卷一六《林屬·柏》 柏，《圖經》云：始生泰山，性堅緻，有脂而香，木聳直，皮薄肌細，葉青枝長，四時不彫，歲寒更茂，孔子稱之。三月開細絨花，結實若毬，狀如小鈴，多瓣，中含子，遇霜降則實裂瓣，子大如麥。材質有山水雲彩紋理，無紋理者卷滑芬香。老者入水土，年久難朽。葉脂服之可永壽。《爾雅翼》云：掬。《六書精蘊》云：萬木皆宜陽而栢獨西指，蓋陰木而有貞德者，西方木也，故字從白。《埤雅》云：柏之指西，猶鍼之指南也。其本堅直，可作棟梁材，有乾剛之性，故古人任之。

清 牟應震《毛詩物名考》卷五 栢，百木之長，故曰栢。皮竪理而赤，葉簇連成片下垂而側，故曰側栢。梂狀如鈴，子如松子。

清 吴其濬《植物名實圖考》卷三三《柏》 柏，《本經》上品，葉脂實俱入藥用。有圓柏、側柏。圓柏即栝，有赤心者俗名血柏。

清 佚名《名花譜·栢》 栢之上品有二，曰千頭，曰纓絡。盤旋曲折，氤氳襲人，山居採松花作飯，拾栢子合百和香燒之，迥非人境。

紀事

南朝宋 范曄《後漢書》卷二四《五行志》 延熹九年，雒陽城局竹栢葉有傷者，占曰：天子凶。

唐 段成式《酉陽雜俎續集》卷九 太常博士崔碩云：汝西有練溪，多異柏，及暮秋葉上斂，俗呼合掌柏。

宋 彭乘《墨客揮犀》卷五 壺山有栢木，一株長數尺，半化爲石，半猶是堅木。蔡君謨見而異焉，因運置私第。余莆陽日親見之。

元 脱脱《宋史》卷六五《五行志》 政和四年九月甲申，彭城縣栢開華。

明 慎懋官《華夷花木鳥獸珍玩考》卷三《乾陵木》 謹按陶隱居説，栢忌取塚墓上者。今云出乾州者最佳。則乾州栢葉茂大者，皆是乾陵所出，他處皆無大者，但取其州土所宜，子實氣味豊美可也。乾陵之栢，異於他處，其木未有無文理者，而其文多爲菩薩、雲氣、人物、鳥獸狀，極分明可觀。有盜至一株徑尺者，可直萬錢，關陝人家多以爲貴，宜其子實最佳也。

又《栢柱》 在白帝城西，大十圍高三丈。世傳爲公孫述時樓柱，斫之出血，枯而不朽。

又《騎鯨栢》 騎鯨栢在鳳凰山，有紫栢十圍，根盤石上如騎鯨。

明 徐昌祚《新刻徐比部燕山叢録》卷一八 定州栢山上有古栢，大數十圍，形狀詭特，上貫鐵鐶。云是竇建德植以繫旗者。孔廟有孔子手植栢三本，在杏壇東南者尤奇，高五丈，圍一丈三尺，枝盤曲如虬龍。晉永嘉三年，枯死。至隋義寧元年，復生。唐乾封元年，又枯死。宋康定元年，又活。世謂之再生栢。宋禎元甲戌，蒙古氏焚祖庭，三栢皆燼。好事者以其餘刻聖像。完縣九水寺有大栢，根盤石上，不資寸土，而脩柯翠茂，陰覆十數步。完令淄川趙桐爲文記之。

明 吴之俊《獅山掌録》卷一八《騎鯨栢》 蜀鳳凰山有紫栢十圍，根盤巨石上，號騎鯨栢。

又《陰陽栢》 南渡高麗進陰陽栢二株，左花則右實，右花則左實，植之永懷寺中。

明 姚旅《露書》卷一〇 洪洞廣乘寺山上，栢樹樹身皆左紐，俗謂寺先有聚寶盆，勢家索之，僧匿之栢樹下，左紐爲誌，次早樹皆向左矣。

明 孫能傳《剡溪漫筆》卷三《柳栢楊榆》 宜春有柳栢，甚奇。李贊皇移植平泉，特爲賦以紀之。蓋栢之似柳者，稱其風姿濯濯，布葉低垂，宛若荑楊，而冒雪停霜，四時不改。余鄉亦時有之。往在京師見黑窰廠有榆如楊，長條婀娜，四垂到地，極可愛玩，謂之垂楊榆，亦柳栢之類。惜無李公賞識，徒辱於陶埏之側，與凡卉同泯泯耳。

清 王士禛《隴蜀餘聞》卷一 自劍州已南，盡梓潼縣界，古柏千株，皆大數十圍，形製詭異。有一株根裂爲二，巨石負之，如贔屭之狀。又有一根而三四幹者，高皆入雲，蜀道奇觀也。是正德中劍州守李璧所植。

藝　文

唐 李德裕《李衛公別集》卷一〇《栢別樹經霜，枝葉盡丹》 聞有三珠樹，惟應秘閬風。珊瑚不生葉，朱草又無叢。未若淩雲栢，常能終歲紅。晨霞與落日，相照在巖中。

宋 文同《丹淵集》卷一二《淩霄附栢》 古栢蒼蒼高入雲，淩霄萬朵擁其身。有如巨君染鬚髮，新娶杜陵佳麗人。

宋 司馬光《傳家集》卷五《栢》 落落抱高節，秀出青雲端。無言礀谷幽，自致宫庭難。芳風襲玉宇，餘露分銅槃。不使萬年木，嘉名高歲寒。

宋 王安石《臨川文集》卷二〇《景福殿前栢》 香葉由來耐歲寒，幾經眞賞駐鳴鑾。根通御水龍應蟄，枝觸宫雲鶴更盤。怪石誤蒙三品號，老松先得大夫官。知君勁節無榮慕，寵辱紛紛一等看。

宋 陳師道《後山集》卷四《老柏三首并序》 勝果院後庭有柏，見之二十年矣。踈瘦如故，余寓其舍，數以水溉之，遂有生意。

庭柏無生意，摧殘二十秋。稍霑杯水潤，已與歲寒謀。黄裏青青出，愁邊稍稍瘳。會看笙鶴下，暮雀莫深投。

英姿帶枯槁，勁節闕和柔。物理有興壞，人情成去留。稍看棲鳥集，聊待晚風秋。解道庭前柏，何曾識趙州。

又《柏》 用直寧論世，名成不待官。低枝緣我有，偃蓋到誰看。秀色有新故，英姿無暑寒。要爲千載計，豈慮萬牛難。

宋 鄒浩《道鄉集》卷一《四栢賦并序》 廣陵學官廳，嘗爲夫子廟。今所居之堂，即其殿也。庭植四栢，皆凛凛合抱，愛之而賦云。瞻廣陵之寂歷兮，直高堂之峥嶸。薙蔓草以如拭兮，偉四柏之亭亭。葉委蓋以固覆兮，幹聳峯以上征。根盤薄而石老兮，皮皴皺以龍驚。儼相揖以成列兮，何意氣之不可淩。豈商山逸叟見邀於子房兮，將以翼儲君而經營？抑匡廬勝友自得於蓮社兮，方且傲當世而潔清？想昔日之巍然廣殿兮，對先聖以交榮。如子路、曾皙、冉有、公西華之侍坐兮，垂紳端拱，各控其素志之誠。嗚呼！余德至陋，繆膺教職，獲與栢而相植，如親炙夫盛德。講習之餘，將迎之隙，既弗嗜於盃盤，又兼忘於射奕。必往來栢陰，吟哦其側。綿日月以居多，豁聰明而有得。其朝暮也，藹瑞露以冥冥，駐歸雲而凝碧。其四時也，謝羣芳之爭妍，憩薰風而暑釋。若乃瓊花兮一本，芍藥兮千畦，蕙蘭馥郁乎亭檻，錦綺焜煌乎塗泥。上由刺史，爰逮黔黎，咸擇地而置酒，紛踵繼以車馳。曾此栢之不顧兮，其青青固自若也，豈以此自少而遂衰。及夫時運遄往，木帝無爲。驟雨滂沱以滌盪，狂飇奔騰而折摧。昔蕃鮮兮何在，今寂寞兮空枝。使當年之好事，慘搔首以興悲。獨此柏之不變兮，其青青固自若也，亦豈以此自多而增奇。嗚呼！ 柏之所以爲柏兮，其常德若茲。僕幸得之而深兮，勝老馬以爲師。允蹈賢聖所期於學者，死而後已兮，肯以窮達異其毫釐。庶幾無愧乎柏之常德兮，不爲君子之棄，而小人之歸。

宋　洪适《盤洲文集》卷一《青青陵上柏》　青青陵上柏，槭槭庭中竹。人壽能幾何，譬彼電過目。一觴命暱交，且以慰心曲。駕言長安游，川光晨可掬。神州何赫戲，高城矗延屬。嶢榭干星斗，雕楠錯珠玉。鱗鱗王公第，華纓夾繡轂。放懷恣槃虞，端憂竟誰逐。

宋　高似孫《剡録》卷九《草木禽魚上・柏》　謝靈運《山居賦》曰：松木則松柏檀櫟。《會稽郡記》曰：會稽境多名山水，峯嶺隆峻，吐納雲霧，松栝楓柏，枝擢幹聳。鄭僧保，剡人，孝感甘露降松柏條。

宋　李曾伯《可齋續稿》卷一〇《禹柏》　奕奕衡山禹甸之，功成手植萬年枝。蒼然柯派孤根出，如見九州疏濬時。星嶽鍾爲一木奇，霜皮剥落類駢胝。生從洚水初平日，閱盡青山無老時。

宋　許綸《涉齋集》卷四《古栢行》　太華山頭有古栢，宿柯成銅根化石。自從出地受雪霜，直到於今幾千尺。向來移種向中州，挽之不動艱萬牛。根連玄圃滲七澤，鳳凰將雛鳴上頭。春草寒花幾衰歇，枯蔓朽株風屢拔。巋然此栢安如山，匝地清陰覆椒樾。不辭孤立成大厦，匠石躊躕少須暇。

明　李昌祺《運甓漫稿》卷二《郡庠古柏行》　泮宫翠栢眞奇特，溜雨霜皮古銅色。共傳賢守李侯栽，年數于今過三百。幾經刼火幸仍存，草木猶依聖教尊。清覆講堂閑永晝，密籠禮殿翳香雲。芳根長托絃歌地，壇杏庭槐共生意。春風揺影漾宫墻，午日流陰上庭砌。博士鳴韡散學徒，競來樹底縱歌呼。喬柯寧集接輿鳳，細葉爭巢朱博烏。却憐種者今何在，留得青青表遺愛。文風化雨沾濡深，從宋歷元逢盛代。上摩北斗凌中台，時有佳氣相徘徊。大哉宣尼後凋訓，珍重明堂梁棟材。

明　薛瑄《敬軒文集》卷三《東平行臺十五栢》　行臺臺上十五栢，一一皆抱梁棟姿。自應生長得元氣，更當培植需良期。孔明廟前今在否，才大空聞少陵語。何如此木生中原，萬牛不用可立取。

又卷四《宫前老栢》　蒼蒼老榦鑄青銅，縷縷香毛引細風。自是栽培年歲久，托根長近禹王宫。

又《河汾詩集》卷三《雙柏》　北山多古柏，此地少爲奇。並長階庭下，雙承雨露滋。貞心惟共我，苦意只天知。清影尤宜夏，時來一翫之。

明　吴與弼《康齋集》卷一《題柏己未》　潤色還因帶雨榮，柔枝未許拂雲横。風霜莫厭多經歷，自古良材老始成。

明　葉盛《菉竹堂稿》卷二《栢》　昂昂千尺虎龍姿，雨露栽培閱歲时。大厦若需梁棟具，工師相見莫相疑。

明　吴寬《家藏集》卷二七《多幹柏》　新甫傳遺種，吴門見後昆。碧霄多直榦，黄壤本同根。霜雪持高節，莓苔接古痕。三年非櫰木，十畝自陰繁。

明　周廷用《八厓集》卷二《翠柏》　堦墀森翠柏，秋夏發丹榮。上枝歲寒色，下枝金玉聲。照耀御史臺，清風揚縹青。與爾偕盟好，羽儀日克庭。百年注靈藥，取之制頽齡。

明　俞允文《崑山雜詠》卷二四《小栢・胡清》　栽傍岩隈未足看，謂言斤斧莫無端。他時直入掄材手，不獨青青保歲寒。

明　王世貞《弇州四部稿》卷四五《雙栢》　良宵坐來永，念此栢下雪。鶴氅時一過，亭亭如孤月。

明　魏允中《詠柏》（引自《宋金元明四朝詩・明詩》卷九八）　孤立殊不移，四時空翠積。直愁枝漸高，插破秋雲碧。

清　愛新覺羅・弘曆《清高宗詩三集》卷二四《題漢柏》　遥望嵩山結昆仲，嵩陽書院漢柏，昔曾爲圖。近臨西院是雲仍。廟西院有唐槐。大椿歲月猶虚擬，萬古塏垣永瑞凝。

又卷四五《栢》　有松那可獨無栢，恰似夷齊弟與兄。落落庭前正相對，便先憂者也怡情。

又卷六三《巖栢》　巖栢幾百年，翩翾舞翠鳳。纍纍結子多，風吹入石縫。得氣生枝葉，鬱葱如伯仲。蒼雲嵌石壁，幾致無罅空。是乃出天然，曾弗勞功用。設使人力爲，郭橐不能種。

又《清高宗詩四集》卷六七《栢》　岱廟論年斯固弟，岱廟有漢栢。方山較歲此爲兄。靈巖山有唐元奘摩頂松，然實栢也，見向作。可知伯仲何常定，樹實無情人有情。

清　許虬《萬山樓詩集》卷一一二《柏》　青蒼百尺矯還翔，好集秋來烏府霜。知爾有心霄漢裏，不緣山勢拔空長。

清　郭棻《學源堂詩集》卷四《古柏》　四十圍何大，一千歲更多。藏雪枝罨罥，弄月影婆娑。合藥收青子，懸珠上翠柯。亭亭皆直幹，時有雀來歌。

清　曾燠《賞雨茅屋詩集》卷七《和杜工部四詠·病柏》　我生素孱羸，羨爾風霜姿。嘗聞泰山柏，植自漢武時。爾寧秉氣異，黛色今中衰。金石有不固，人寰彌可悲。樗猶能自全，棆亦終無疵。爾當由材大，造物故困之。世如養樲棘，爾病固其宜。世如需棟梁，爾病將何施。

清　彭兆蓀《小謨觴館詩文集·詩集》卷八《觀濤集·題襟館分和杜工部四詠·病柏》　亭亭奇樹英，峻岳託嘉種。文章不自露，世眼已矜寵。猗彼構廈姿，需時備梁栱。誰憐冰霜侵，勁質亦爲動。黯收濃陰翠，潛損天骨聳。飢凰有同悲，撲簌落毛氄。分乏陵霄心，能無烈風恐。轉羨櫟社材，天年全擁腫。微茫造化權，榮悴邛山重。神明倘扶持，再拜意彌悚。

清　胡敬《崇雅堂駢體文鈔》卷三《慈柏記》　蓋聞擢孤芳於勁節，木乃稱貞。解新擇於寒林，筍因表孝。誠感庶類，德徵殊祥。如吾友慈柏，余君其母若子，兩無愧矣。余君儲竹箭之秀，抱蓼莪之悲。栝棬慕深，搖落感繫，撫斯遺植，繪以成圖。憑雙管之生枯，寫一枝之榮瘁。君太夫人當襛李之載，含貞松之姿，暇於閒庭，藝斯珍木，培尺寸之幹，勢已參天。勤灌溉之功，生而得地，上襲芳蔭，下承清芬，星霜屢遷，柯葉逾盛。媲彼葵藿，長抒向日之心；庇茲蘭孫，即號恒春之樹。前此太夫人六旬開秩，二豎嬰災，柏亦憔悴可憐，根株垂朽。碧梧落早，先驚一葉之秋；黃楊戹深，難過三年之閏。已而太夫人沖養有素，神明再完，迺復欣欣向榮，鬱鬱彌望。天邊之若木向晚曾凋，海上之枯查經春復茂。三眠三起，靈和之柳依然；半死半生，龍門之桐長在。暨乎桑榆景逝，松菊庭荒，而此樹婆娑，悲風蕭瑟，生意盡矣，攀條泫然。寸草之心報春暉於地下，丁蘭之木留手澤於圖間。慈陰長垂，孝思不匱。若是者，豈非草木之性多依於人，感通之機先應乎物。是以祥桑示警於商室，樛木發詠於周詩。庭槐植而公輔興，園荆瘁而昆季睦。矧茲風木所寄，陔蘭是循，比類嶧山之蔓，同符潁水之荻。在昔王裒攀樹表異恒枝，樊衡倚廬垂蔭廣畝。至性所感，方斯畧同。堂北萱枯，君自抱終天之恨；山南橋圮，我亦懷孤露之悲。

圖表

晉　郭璞《爾雅音圖·釋木》

明　李時珍《本草綱目·圖卷》

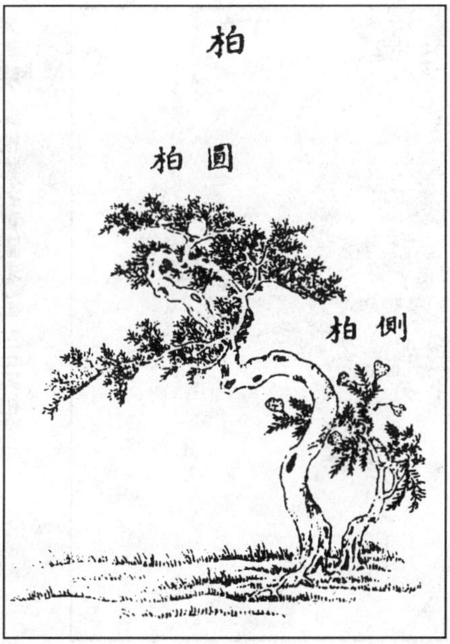

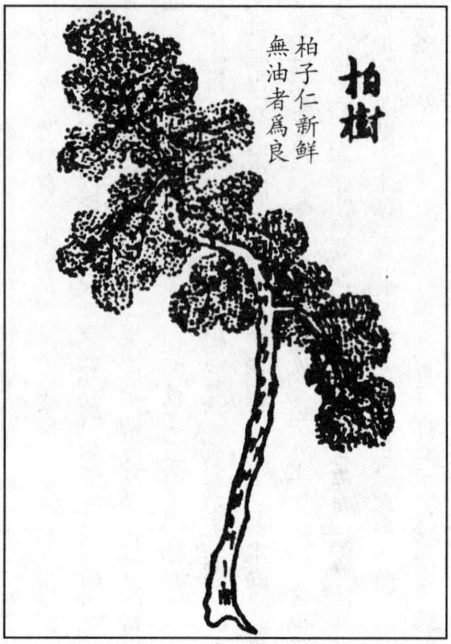

明 李中立《本草原始》卷四

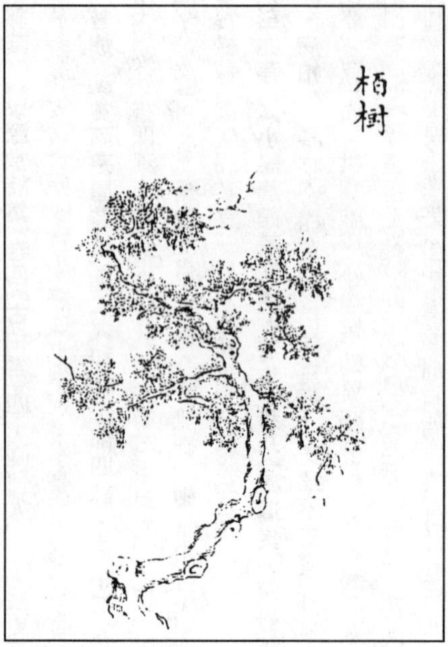

明 鮑山《野菜博録》卷四

清 吴其濬《植物名實圖考》卷三三《柏》

檜

綜述

漢 許慎《説文》卷六 檜，柏葉松身。从木，會聲。古外切。

宋 羅願《爾雅翼》卷九《檜》 檜，一名栝，《禹貢》：荆州貢杶、榦、栝、栢。榦，柘也。栝，檜也。故檜兼有栝音，柏葉而松身，性能耐寒，其材大可爲舟及棺槨。《左傳》稱『棺有翰檜』，而《淇水》『檜楫松舟』也。《衛詩》之託興，以爲物各有偶。檜之與松，其生固已相類。【略】檜，今人亦謂之圓柏，以别於側柏。又有一種别名檜柏，不甚長，其枝葉乍檜乍柏，一枝之間屢變。人家庭宇植之以爲玩。

明 穆希文《説原》卷一二 檜，栝也。檜，栢葉松身。樅，松葉栢身。從者，合異而爲同。會者，聚兩而爲一。故二木合松栢之體，而取合從胥會之義。

明　林兆珂《多識編》卷三《檜》　淇水滺滺，檜楫松舟。《衛風·竹竿》章檜，栝也。《釋木》：檜，栢葉松身。《禹貢》：杶、榦、栝、栢。注云：栢葉松身曰栝是也。檜，性耐寒，其材大可爲舟及棺槨。今人亦謂之圓栢，以別於側栢。又有一種別名檜栢，不甚長，其枝葉乍檜乍栢，一枝之間屢變。人家庭宇植之以爲玩。《字説》云：檜，栢葉松身，則葉與身皆曲。樅，松葉栢身，則葉與身皆直。樅，以直而從之。檜，以曲而會之。以直而從之，故音從容之從。以曲而會之，故音會計之會。《詩序》云：《竹竿》，衛女思歸也。

明　吴雨《毛詩鳥獸草木考》卷一六《檜》　檜，一名栝。《禹貢》：荆州貢杶、榦、栝、柏。榦，柘也。栝，檜也。故檜兼有栝音，柏葉而松身，則葉與身皆屈曲，性能耐寒，其材大可爲舟及棺槨。《左傳》稱『棺有翰檜』。今人謂之圓栢，以別於側栢。又有一種別名檜栢，不甚長，其枝葉乍檜乍栢，一枝之間屢變。人家庭宇多植之以爲玩。

明　馮復京《六家詩名物疏》卷一七《檜》　《爾雅》云：檜，柏葉松身。《禹貢》云：荆州貢杶、幹、栝、栢。注：柏葉松身曰栝。《字説》云：檜，栢葉松身，則葉與身皆曲。樅，松葉柏身，則葉與身皆直。樅以直而從之，檜以曲而會之。《爾雅翼》云：檜，一名栝，性耐寒，其材大可爲舟及棺槨。《左傳》稱『棺有翰檜』，而《淇水》『檜楫松舟』也。今人亦謂之圓柏，以別于側柏。又有一種別名檜柏，不甚長，其枝葉乍檜乍柏。庭宇植之以爲玩。

明　劉侗《名物通》卷八　檜，亦名栝，栢葉松身，葉與身皆曲，即櫂也。

清　張逸少《佩文齋廣羣芳譜》卷七一《木譜·檜》　檜，柏葉松身。葉尖硬，亦謂之栝。今人名圓柏，以別側柏。

清　姚炳《詩識名解》卷一四　檜，乃栢葉松身，其松葉栢身者爲樅，此《釋木》明文不可混也。檜大段似栢，其葉亦如細杉，謂之柏葉松身者，對樅而言，勿泥可耳。羅瑞良謂，有一種別名檜柏，不甚長，其枝葉乍檜乍柏，一枝之間屢變。此即柏之種，非檜也。其材亦鮮大者。《左傳》翰檜乃棺傍飾，非爲棺之木，《詩》亦但稱楫而已，不徑言舟也。《正義》謂檜，《書·禹貢》作栝，又《字書》別作桰。愚按：《釋木》無桰名，亦無栝名。《説文》專訓桰爲矢，桰不訓木，此必有據。《禹貢》：杶、榦、栝、柏。榦爲弓榦，則栝亦當爲矢栝。杶柏皆弓矢之材，謂之栝柏者，錯文耳。然則謂檜別名栝，又謂檜有栝音，俱未可信。玩此詩上下詞旨，但摹寫故鄉風物，無一託喻之意。《傳》、《箋》通作寓言，以舟楫之配喻男女之合，非也。『檜楫松舟』乃是麗語，猶云『桂棹蘭漿』而已。觀下徑接『駕言出遊』，明是乘此舟楫以遊故地，則其非託喻顯然矣。駕猶言乘，舟車通用，子瞻賦『駕一葉之扁舟』是也。嚴華谷別謂乘車出遊，則與『檜楫松舟』句不貫，亦未是。

清　錢大昭《廣雅疏義》卷一九　栝，古末反。柏也栝當作檜。《説文》：檜，柏葉松身。樅，松葉柏身。與《爾雅》同。又云：桰矢本築弦處也，栝炊竈木也。二字本與檜不相涉，自孔氏《尚書》『杶榦栝柏』誤用栝字，學者相承，遂以爲檜之別體，其實非也。羅願曰：檜，今人亦謂之圓柏，以別於側柏。又有一種別名檜柏，不甚長，其枝葉乍檜乍柏，一枝之間屢變。人家庭宇植之以爲玩。

清　徐鼎《毛詩名物圖説》卷八　毛《傳》：檜，柏葉松身。《集傳》：木名，似柏。《正義》：《書》作『栝』。《禹貢》云：杶、榦、栝、栢。注云：柏葉松身曰栝。與此一也。《雅翼》：檜，一名栝，性能耐寒，其材大可爲舟楫及棺。《左傳》稱『棺有翰檜』，而《淇水》『檜楫松舟』也。今人亦謂之圓柏，以別於側柏。

清　牟應震《毛詩物名考》卷五　檜，栢身故曰檜。栢枝後半爲刺，松葉前半爲片。栢葉合松栢爲一，故曰檜栢。《爾雅》云『栢葉松身』，疑誤。

清　吴其濬《植物名實圖考》卷三三《檜》　檜即栝。《書》疏：栝，柏葉松身，與《爾雅》檜同。《爾雅翼》：今人謂之圓柏，以別於側柏。其一種刺柏，木理亦相類。《老學菴筆記》謂：有海檜、土檜二種。海檜難致，不知其葉有別否。檜、柏一枝之間，或檜或柏，庭院多植之爲玩。又有三友柏，一株而葉有圓、側、刺三種。

清　劉玉麐《爾雅校議》卷下　檜，桐葉松身。《詩·竹竿》疏引《釋木》云：檜，桐葉松身。《書》作栝。《禹貢》注云：柏葉松身曰栝。然則栝即檜也。

清　佚名《名花譜・檜》　古幹危柯，如蛟如螭，園林多紅粉佳人，何可無一二醜奴環侍，但貌古而姦，不無睥睨耳。冬葉亦多，紅本，大者可十圍。

紀事

元　脱脱《宋史》卷六七《五行志》　大觀二年十月乙巳，龔邱縣檜生花蕚如蓮實。

明　焦周《焦氏説楛》卷三　亳州太清宫檜至多，檜花開時，蜜蜂飛集其間，不可勝數。作蜜極香，而味帶微苦，謂之檜花蜜，眞奇物也。歐陽公守亳時，有詩曰『蜂采檜花村落香』，則亦不獨太清而已。

藝文

唐　秦韜《檜樹》（引自《全唐詩》卷六七〇）　翠一作窣。雲交幹瘦輪囷，嘯雨吟風幾百春。深蓋屈盤青麈尾，老皮張展黑龍鱗。唯堆一作將。寒色資琴興，不放秋聲染俗塵。歲月如波事如夢，竟留蒼翠待何人。

宋　梅堯臣《宛陵集》卷二〇《檜詠》　文章老重欲追古，便作帝宫蒼檜詩。青蔥玉樹傳楊子，盤屈洪桃見左思。龍鱗已愛松身直，珠實還看柏葉垂。秀木豔叢那可擬，但將霜雪定堅姿。

宋　歐陽修《文忠集》卷九《昇天檜》　青牛西出關，老聃始著五千言。白鹿去昇天，爾來忽已三千年。當時遺迹至今在，隱起蒼檜猶依然。惟能乘變化，所以爲神仙。驅鸞駕鶴須臾間，飄忽不見如雲煙。奈何此鹿起平地，更假草木相攀緣。乃知神仙事茫昧，眞僞莫究徒自傳。雪霜不改終古色，風雨有聲當夏寒。境清物老自可愛，何必詭怪窮根源。

宋　韓琦《安陽集》卷六《小檜》　小檜新移近曲欄，養成隆棟亦非難。當軒不是憐蒼翠，只要人知耐歲寒。

宋　劉敞《公是集》卷一〇《檜花》　百花乘春輝，紅白相嫵媚。暫開已半落，過眼如夢寐。繁奢能幾時，寂寞都埽地。兒童惜徘徊，婦女瞻歔欷。中庭兩檜樹，百尺浮雲際。芳意不玩俗，秀色亦自喜。緑煙凝參差，金粟點細碎。霏霏墮疎香，裊裊隔清吹。足明後凋節，不與衆草類。忽思折瑶花，自放天宇外。

宋　劉攽《彭城集》卷一三《雙檜》　雙檜森森高出簷，憶昨卜鄰逢吉占。清風似主我爲客，冠蓋相向何凝嚴。愛棠不能如召伯，種柳自覺勝陶潛。春暉漸永羣芳麗，翠影看花一寸添。

宋　蘇軾《東坡全集》卷三〇《檜》　依依古仙子，鬱鬱緑毛身。每長須成節，明年漸庇人。

宋　金君卿《金氏文集》卷上《雙檜分題》　名藍壓城闉，巀嶭聳雙檜。得地不孤立，陵風自相對。根盤乖龍獰，葉剪蒼璧碎。交柯紐頑銅，疊影森翠蓋。勁無絲蘿託，直與松栢配。争高丈夫氣，恥學兒女態。雪霜正柔落，草木任顛沛。同心歲寒間，正色煙霞外。斧斤未翦拂，志節已高邁。出羣才可驚，有作器必大。考室須棟隆，濟川俟舟載。

元　虞集《道園學古録》卷三〇《古檜》　根到深泉石作身，疎疎香葉不知春。海波不動天風遠，千歲寒蛟作老人。

明　沈周《石田詩選》卷九《七星檜》　海虞七星檜，宜爲羣木冠。列生老子宫，與邑作奇觀。廣墀氣蕭森，入門凛欲汗。久信天地成，沃知雨露灌。傳植從蕭梁，其説我恐漫。驗斗形叵全，七既夥其半。三株實聊存，難執歲月筭。各各具一異，形容匪詞翰。西體裂多槁，豁然敞三判。東體活亦裂，筋骸互續斷。北者蜷而秃，袖破舞脱腕。葉亦不暇業，榦亦不暇榦。左文皮索綯，孤蕝頂留織。槎折象齒蹺，瘻決鬼目爛。疏越復叢穴，骳骫仍軒岸。蛟攣及娩跛，努力不得竄。矛長及劒短，接戰驚楚漢。如此紛怪駭，明君不能按。知遭幾雷厄，還屢兵火難。生死付冥然，造物反被玩。君子重貞固，頑醜小人讕。緣高坐吹簫，我欲呼鶴鸛。從根覓埋丹，澆泉覬紅燦。長生就其蔭，永作婆娑伴。

明　薛論道《林石逸興》卷六《桂枝香・詠檜》　凌霜正氣，挺然獨立。青鬱鬱栢葉松姿，香馥馥芝馨朮味。看凛凛歲寒，重陰疊翠。三槐不齒，五柳休提。丰標不假丹青繪，直幹應勞翰墨題。

明　劉春《東川劉文簡公集》卷二四《蒼檜》　濃陰不受暑，含露似垂珠。展卷依清樾，從容辨魯魚。

清　方文《嵞山集·續集·魯游草·五言古體·詠檜》　夫子所植檜，乃在杏壇前。其始爲兩樹，屹立上叅天。左者文左紐，右者文右旋。一丁永嘉亂，生意遂索然。義寧後再榮，左右不復全。及至女眞初，俱化爲煨燼。元末根重生，實開有明先。如何弘治間，又爲野火延。道傍有古碑，序其榮枯年。枯必兆禍亂，榮必産聖賢。晉唐宋以來，歷歷可考焉。檜既關世運，振古期不愆。何時再鬱葱，眞宰意難宣。記云：先聖手植檜，自周歷漢凡千餘歲，至晉懷帝永嘉三年而枯，枯三百有九年，至隋恭帝義寧元年復榮，榮五十一年，至唐高宗乾封二年再枯，枯三百七十四年，至宋仁宗康定元年再榮。金宣宗貞祐二年罹于兵火，樹遂毀。後八十年，爲元世宗至元三十一年，故根重發，至明洪武二年枝葉甚茂，其高三丈餘，圍四尺。弘治十二年，聖廟焚，枝葉又毀，惟檜身存耳。

清　錢澄之《田間詩集》卷九《江上集·來園雜詩》　老樹如車蓋，交陰翠幾重。此中堪構屋，恰對九華峰。雙檜

清　金德瑛《詩存》卷一《古檜》　霜皮左紐紋，導客上雲根。我是天隨子，欲移雙作門。

清　愛新覺羅·弘曆《清高宗詩三集》卷三三《古今體一百二十七首·秋山四詠·檜》　森森鳳尾倚崚嶒，惟十八公許作朋。别有一般稱落葉，落葉松似檜而非，冬時落葉，生興安嶺北，近移植山莊，亦成活。冰天瞥眼可猶能。

清　陸心源《宋詩紀事補遺》卷九〇《許彌安·晉檜行》　紫極宮中晉朝檜，故老語我今千年。盤根厚地龍蛇走，幹薄霄漢星斗懸。元冬飛雪斷人跡，貞姿不改平時妍。虬枝香葉翠如幄，一子不落含蒼煙。胡爲廣厦構梁棟，如此大材乃棄捐。伊昔晉朝紛亂日，衣冠南渡依江堧。風流王謝各幻化，肝膽鐵石還依然。

圖表

清　徐鼎《毛詩名物圖說》卷八

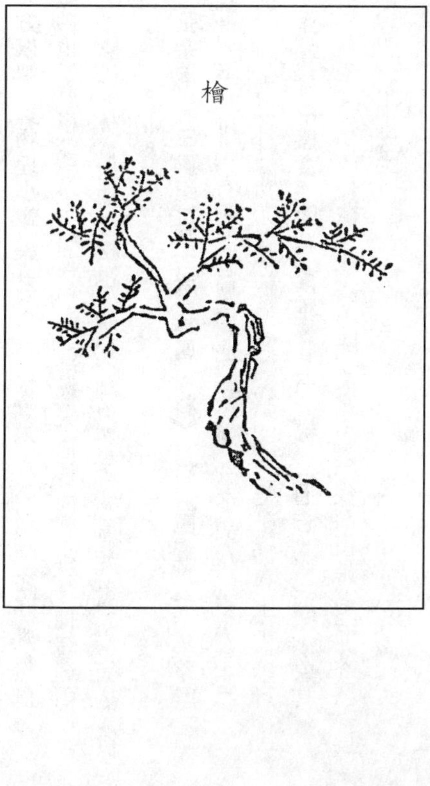

清　吳其濬《植物名實圖考》卷三三《檜》

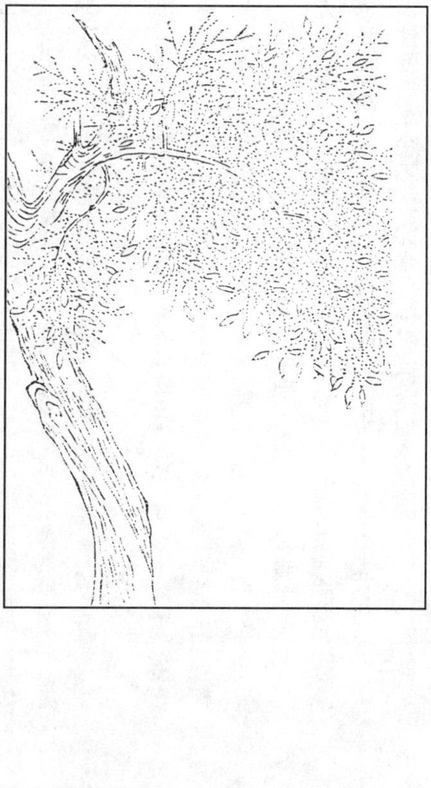

杉

綜述

《爾雅・釋木》 柀，煔。注：煔似松，生江南。可以爲船及棺材，作柱埋之不腐。音義：柀，音披，又匹彼反。煔字或作杉，所咸反，郭音芟，又音纖。棺，音官。腐，音父。疏：柀，一名煔，俗作杉。郭云：煔似松，生江南。可以爲船及棺材，作柱埋之不腐。

漢 許慎 《説文》卷六 柀，檆也。从木，皮聲。一曰折也。甫委切。

檆，木也。从木，煔聲。臣鉉等曰：今俗作杉，非是。所銜切。

宋 羅願 《爾雅翼》卷一二《檆》 檆木類松而勁直，葉附枝生，若刺針，俗作杉，非是。《名山志》曰：華子崗上，紫杉千仞，被在崖側。

宋 程大昌 《演繁露》卷二《絲杉》 《霍光傳》師古曰：《爾雅》、《毛詩傳》皆云：樅木則松葉栢身，栝木則栢葉松身。按：栢葉松身，乃今俗呼爲絲杉者也。

宋 戴侗 《六書故》卷二一 杉杉，所銜切。亦作煔。《爾雅》曰：柀，煔。杉木直榦似松，葉芒鋭，實似松蓬而細，可爲棟梁、棺槨、器用。才美，爲諸木之最。多生江南，亦謂之沙木。沙，杉之譌也。其一種葉細者，易大而疏理，温人謂之温杉。

明 曹昭 《格古要論》卷下《杉木》 俗謂之參木，出四川、廣西。色白，其紋理黄稍紅，有香清甚。或云：南蕃腦子生此，木中花紋細者如雉雞斑，甚難得。花紋麁者亦可愛。直理不花者多。

明 李時珍 《本草綱目》卷三四 杉《别録》中品 釋名：煔、音杉。沙木、《綱目》檆木。音敬。集解：頌曰：杉材舊不著所出州土，今南中深山多有之。木類松而徑直，葉附枝生，若刺針。郭璞注《爾雅》云：煔似松，生江南。可以爲船及棺材，作柱埋之不腐。又人家常用作桶板，甚耐水。宗奭曰：杉幹端直，大抵如松，冬不凋，但葉濶成枝也。今處處有之。入藥須用油杉及臭者良。時珍曰：杉木葉硬，微扁如刺，結實如楓實。江南人以驚蟄前後取枝插種。出倭國者謂之倭木，並不及蜀、黔諸峒所産者尤良。其木有赤、白二種，赤杉實而多油，白杉虚而乾燥。有斑紋如雉者，謂之野雞斑，作棺尤貴。其木不生白蟻，燒灰最發火藥。

明 慎懋官 《華夷花木鳥獸珍玩考》卷三《杉》 插杉用驚蟄前後五日。鄧德明《南康記》曰：南野巘山有漢太傅陳蕃［墓］，遥望兩杉樹，聳柯出嶺，垂蔭覆谷。《游名山志》曰：華子崗上，紫杉千仞，被在崖側。

明 周文華 《汝南圃史》卷一一《竹木部・杉》 杉，幹直葉細，易長，二十年後便可參天。其形古，其色翠，望之可愛。江浙間最盛，而徽州婺源者質最堅，紋理竪粗，又名徑木，自棟梁以至器用小物無不畢需。他木久生蟲蛀，此則性乾燥，千年不朽，即水浸雨淋，亦比他木遲毀。

明 鮑山 《野菜博録》卷三 杉木，一名杉材，一名杉菌，生深谷中，樹頗高大勁直。葉附枝生若刺，葉似刺柏葉，又似榧樹葉，味苦，性温，無毒。

明 方以智 《物理小識》卷九 杉 杉煔不宜水壤，種之亦發，然挺茂不久焦枯也。温杉葉細，刺杉葉粗。一種桱木似杉而硬，宜芒種時遇雨斬肂插之。廬山大林寶樹即杉松也。暄曰：閩有水杉，葉似垂栢，其材剥之可卷作甑盤等器，名曰捲木，甚輕。

清 張宗法 《三農紀》卷一六《林屬・杉》 杉，《圖經》云：華萃幹直，青聳軒昂，葉扁排生，有刺狀若鳳尾，四時不雕，臨冬更茂。夏月結實，果如小桃。開花白者材虚，赤者材實。質輕膏潤，理起羅緻，入土不壞，可遠蟲甲。作盂，夏中盛食不敗。《爾雅翼》云：檆。《通志》云：檄。象其葉，故爲杉；象其材，故爲檄。臨霜不雕，歲寒不變，伐而復生，剪而又茂，不榮不枯，品爲木中高士。

紀事

晉 劉欣期 《交州記・合浦杉》（引自《説郛》卷六一） 合浦東二百里，有一杉樹，葉落風飄，入洛陽城内。漢善相者云：此休徵，當出王者。

故遺千人伐樹，役夫多死。三百人坐斷株上食，過足相容。

晉　嵇含《**南方草木狀**》**卷中**　杉，一名披煔。合浦東二百里，有杉一樹。漢安帝永初五年春，葉落，隨風飄入洛陽城，其葉大常杉數十倍。術士廉盛曰：合浦東杉葉也。此休徵，當出王者。帝遣使驗之，信然。乃以千人伐樹，役夫多死者。其後三百人坐斷株上食，其廣足相容，至今猶存。

宋　歐陽修、宋祁《**新唐書**》**卷三四**《**五行志**》　長壽二年十月，萬象神宫側檉杉皆變爲栢。栢貫四時不改柯易葉，有士君子之操。檉杉柔脆，小人性也，象小人居君子之位。

宋　洪邁《**夷堅志・支志癸**》**卷七**《**九座山杉蘭**》　興化軍仙遊縣九座山，僧寺據之上，有巨杉數百。淳熙中，一杉之杪忽生數花，全如幽蘭，芬馥絶甚。僧命工圖其狀，並折花獻於使君。其山甚高，峻嶺三十五里。至其巔，得平坦之地，五里寺當其要。九峯横前，中一峯瑩碧照曜，儼如立竺。

明　楊慎《**升庵集**》**卷七九**《**合浦杉**》　劉欣期《交州記》云：合浦東百里，有一杉樹，葉落，隨風入洛陽城内。漢時有善相者説：此休徵，當出王者。特遣人伐樹。庾信詩：傳聞合浦葉，遠向洛陽飛。吴均詩：三秋合浦葉，九月洞庭枝。薛道衡《吴趨行》：杉葉朝飛向京洛，文魚夜過歷吴州。皇甫冉詩：心隨合浦葉，命寄首陽薇。楊盈川文：合浦杉葉飛向洛陽，始興鼓木徙于臨武。事皆本此。『始興鼓木』見《水經注》。

明　慎懋官《**華夷花木鳥獸珍玩考**》**卷三**《**七星杉**》　七星杉在麻姑山殿後嶺上，圍二三丈，高切雲漢，横列七株，故以星名。宋淳熙年間，古杉木生花在九座山，其香如蘭。龍標武陽山有僊人，每土人聚即來，入衆莫辯，惟脚趾向後，踵向前，以刀斫之不死，唯以杉木爲刀礙之方去。出《杭州郡國志》。

清　張廷玉《**明史**》**卷二九**《**五行志**》（世宗）嘉靖三十七年十月戊辰，泗水沙中湧出大杉木，圍丈五尺，長六丈餘。

藝文

南朝梁　江淹《**江文通集**》**卷三**《**杉**》　桐梓舊麗，松栝稱奇。焉如兹品，獨秀青崖。羣木斂望，雜草不窺。長入煙氣，永參鸞螭。

唐　陸龜蒙《**甫里集**》**卷三**《**和古杉三十韻**》　衆木盡相遺，孤杉獨任奇。插天形硉兀，當殿勢敧危。恐是夸娥怒，教臨巀嶭衰。節穿開耳目，根瘦坐熊羆。世只論榮落，人誰問等衰。初危切。有巔從日上，無葉與秋欺。虎搏應難動，鵰蹲不敢遲。戰鋒新缺齾，燒岸黑黲黮。鬭死龍骸雜，爭奔鹿角差。肢銷洪水腦，稜聳梵天眉。磔索珊瑚湧，森嚴獬豸窺。向空分犖指，衝浪出鯨鬐。楊僕船橦在，蚩尤陣纛豎。下連金粟固，高用鐵菱披。挺若苻堅棰，浮干祖納椎。峥嶸驚露鶴，趣趣閡雲螭。傍宇將支壓，撑霄欲抵曦。背交蟲臂揭，相向鶻拳追。格音各筆差初加反。猶立，階干卓未麾。鬼神應暗畫，風雨恐潛移。已覺寒松伏，偏宜后土疲。好邀清嘯傲，堪映古茅茨。材大應容蝎，年深必孕夔。後凋依佛氏，初植必僧彌。寺即東晉王家别墅。僧彌，王珉小字。擁腫煩莊辯，槎牙費庾詞。詠多靈府困，搜苦化權卑。類既區中寡，朋當物外推。蟠桃標日域，珠草侍仙墀。眞宰誠求夢，春工幸可醫。若能噓嶰竹，猶足動華滋。

宋　李覯《**盱江集**》**卷三六**《**小杉**》　小杉高丈餘，體直立還孤。任過千年雪，應無一節枯。鬼狂從髮解，龍長怕鱗麄。怪狀春寧笑，清聲月所娱。地終存古氣，景合在仙圖。不作明堂用，良工莫厚誣。

宋　曾鞏《**元豐類藁**》**卷三**《**七星杉**》　古杉蒼蒼横斗文，其榦十圍陰蔽野。應到夜深山月來，林色天光迷上下。

宋　王十朋《**梅溪後集**》**卷六**《**杉**》　記得先人手自栽，森然千尺盡成材。翠絲結作思人樹，他日兒孫豈忍摧。

清　錢澄之《**田間詩集**》**卷九**《**江上集・來園雜詩**》　手植新杉樹，一年一節青。孫枝根下起，出土便亭亭。杉

清　甘汝來《**古杉詩**》（**引自**《**晚晴簃詩匯**》**卷五九**）　南昌古豫章，以

樹名郡治。梓生松陽門，榮悴關隆替。南康吾支郡，巘山在其地。上有陳蕃墓，兩杉入雲際。誰其十年樹，喬木匪偶寄。下鍾地之靈，上秉天之氣。象山我家塋，馬鬣封先世。土角流金星，形家茲可誌。婆娑一古楸，孤幹亭亭植。春夏敷榮華，秋冬彌蒼翠。太傅墳前楸，上下論年歲。吁嗟此古木，且似植其類。惟我大父母，矯矯同風味。盤錯係綱常，磨礱成節義。會合待千年，造物有深意。雨露日滋榮，永言受蔭庇。

清 黃本騏《古杉》（引自《沅湘耆舊集》卷一四九） 結根黃岑嶺之麓，距宜章縣東北二十餘里。一株雙榦直上亭亭，圍三丈，高二十丈有奇。其大幹輪囷，小枝蜷曲，蒼古而離奇，殆千餘年物也。 黃岑老杉何夭矯，古黛參秋入蒼昊。騈拏苔幹雙蛟飛，孤踞霜根五人抱。斑縭磨銅蝕皴皵，槎枒折鐵禁屈撓。風搖褷褷蒼鳳翎，影動毿毿黑蟹爪。交柯豁聳愁攀猿，飛蓋高擎絶棲鳥。鹿松牛梓詎頡頏，晉歲唐年誰究討。連理二氣爭低昂，答響千秋嘯昏曉。磅礴元化迴鴻濛，呵護鬼神守幽窈。雲痕拖白接衡麓，海氣蒸青連粵嶠。我生嗜古來摩抄，如對古人早傾倒。冠劍森排漢官儀，髭鬢肅揖商山皓。未屑秦皇庇雨風，定坐將軍樹旌葆。林林旁立臚諸孫，落落中途盤二老。君不見，扶風樹古柞爲宫，緋錦被飾没荒草。又不見，茂陵臺高柏作梁，斧斤雕斲傷文藻。何如輪囷埋山阿，飽鍊煙霞終壽考。

圖表

晉 郭璞《爾雅音圖・釋木》

明 李時珍《本草綱目・圖卷》

明　鮑山《野菜博録》卷三

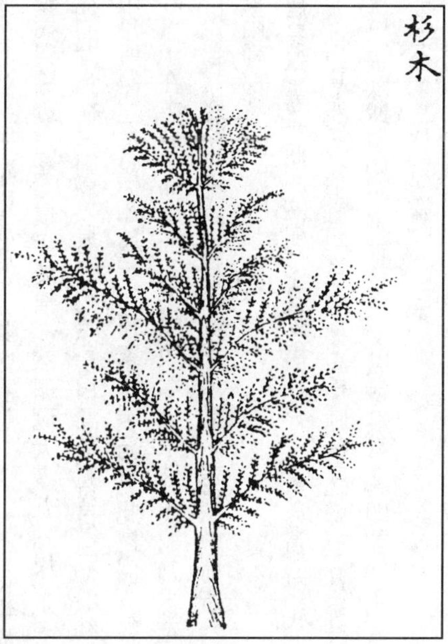

鐵樹

綜述

明　**王路**《**花史左編**》**卷二三**《**鐵樹**》　産廣中，色儼類鐵，其枝丫穿結，甚有畫意。

明　**張存紳**《**增定雅俗稽言**》**卷三九**　銕樹　《花木考》載王濟《手鏡》云：濟守廣西横州，嘗于馴象衛指揮家園中見鐵樹，幹葉紫黑，花四瓣，紫白色，如瑞香花瓣，一開累月不凋。人言作事難成及難待者，曰須鐵樹開花，不知世間眞有此樹也。但此樹必逢丁卯年乃開花，則是六十年一見，亦難遇耳。

明　**田藝蘅**《**留青日札**》**卷三四**《**鐵樹花**》　鐵樹花，海南出。樹高一二尺，葉密而紅，枝皆鐵色，生于海底。諺云『鐵樹開花』，喻難得也。

明　**高濂**《**遵生八牋**》**卷一六**《**鐵樹**》　産廣中，色儼類鐵，其枝了穿結，甚有畫意。又聞有鐵樹花葉密而花紅，想又一種也。未見。

明　**朱國禎**《**湧幢小品**》**卷二七**　横州産鐵樹，高三四尺，幹葉皆紫黑色，葉類石南而質細厚。每遇丁卯年乃花，花四瓣，紫白色，如瑞香，一開累月不凋。

明　**劉侗**《**名物通**》**卷七**　銕樹，花高可三四尺，幹葉皆紫黑色，葉小類石楠，質理細厚。每遇丁卯年花乃開，其花四瓣，紫白色，如瑞香瓣。

清　**談遷**《**棗林雜俎**》**中集**《**榮植・古木**》　横州馴象衛殷指揮園鐵樹高三四尺，幹葉紫黑，葉小類石楠。周年乃花，花四瓣，紫白色，如瑞香，累月不凋，嗅之草氣。

清　**袁棟**《**書隱叢説**》**卷一三**《**鐵樹**》　今人謂事之難成者，則曰須鐵樹開花。《七脩類藁》云：鐵樹高可三四尺，幹葉皆紫黑色，每遇丁卯年則開花。一開累月不凋，或曰甲子年。余戲曰：天上蟠桃三千歲一結實，人間鐵樹六十年一開花也。有云鐵樹喜食鐵，歲以鐵屑如泥土壅其根，又以鐵釘釘之，乃如他木得水灌溉。然《皇華紀聞》云：鐵樹如棕櫚，幹甚奇，古又云六十花甲子，以鐵樹開花而名。《閩小紀》云：閩中多鳳尾蕉，植之可避火災，蕉性宜鐵，種者每埋鐵其下。又云：蕉影照日中，梗虛空若無梗。然《中山傳信録》云：琉球國十月鐵樹有花。又云：鐵樹即鳳尾蕉，四時不凋，處處植之。

清　**黄叔琳**《**硯北雜録**》**卷一五**《**鐵樹**》　《升庵集》：吴興王濟《日詢手鏡》曰：吴湘間有俗諺：見事難成，則云須鐵樹開花。余在廣西横之馴象衛殷指揮家見一樹，高可三四尺，榦葉皆紫黑色，葉小類石榴，質理細厚。問之，曰：此鐵樹也。每遇丁卯年乃花，花四瓣，紫白色，如瑞香，瓣較少圓，一開累月不凋，嗅之有草氣。乃知鐵樹開花之説，有自來矣。

清　**吴其濬**《**植物名實圖考**》**卷三七**《**鳳尾蕉**》　鳳尾蕉，南方有之，南安尤多。樹如鱗甲，葉如椶櫚，尖硬光澤，經冬不凋。欲萎時，燒鐵釘烙之，則復茂。《本草綱目》並海椶、波斯棗、無漏子爲一種，未敢據信。或同名異物，尚俟訪求。

清　**趙學敏**《**本草綱目拾遺**》**卷五**《**草部下・鐵樹**》　《家寶眞傳》

云：亦名鐵連草，生於鐵山銅壁之上。又鐵石之上亦生，並非草本。形如屏風，狀如孔雀尾分張，黑色，細枝刀砍不斷，斧之乃折。《留青日扎》：鐵樹花，海南出樹，高一二尺，葉密而紅，枝皆鐵色，生於海底。諺云『鐵樹開花』，喻難得也。

紀事

明 慎懋官《華夷花木鳥獸珍玩考》卷一《銕樹》 吴浙間嘗有俗諺云：見事難成，則云須銕樹花開。余於横之馴象衛殷指揮貫家園中見一樹，高可四三尺，幹葉皆紫黑色，葉小類石楠，質理細厚。余問之，殷云：此銕樹也。每遇丁卯年乃花，吾父丁卯生，其年花果開，移置堂上，置酒歡飲，作詩稱慶。其花四瓣，紫白色，如瑞香瓣較少團，一開累月不凋，嗅之乃有草氣。余因憶銕樹花開之説，且謂不到此地，又焉知眞有是物耶？《君子堂日詢手鏡》

清 王士禎《香祖筆記》卷八 《嶺海見聞》言，鐵樹生海底石上，幹類珊瑚，尾如彗，千年則成珊瑚，其旁有蚌守之，往往得鐵樹則兼得珠。是鐵樹與珊瑚同類，俱生於海。然珊瑚大者五六尺，小者不過尺許，以鐵網取之，在水則軟，見風則堅，初白漸黄，得日色乃殷紅如丹砂。按王濟雨舟所記，云官横州於一指揮家圃中，親見此樹，歷言其六十年開花之詳。予在羊城學使署，亦見鐵樹，高大不殊諸樹，乃木本，非玉石之屬，但以鐵培護其根則茂，與他樹以水澆灌者差異，與前所云云不類，豈名同實兩種耶？

又《居易録》卷一四 鐵樹，予昔在廣州見之，著於《皇華紀聞》。勞少卿書升之辨言，其大父方伯宦閩日，曾攜二株歸，植之廳事，甚鬱茂，可蔭數弓。喜食鐵，歲以鐵屑如泥土壅其根，又以鐵釘釘之，即如他木，得水灌溉。然乙巳江浙大寒，二株皆凍死。

藝文

清 愛新覺羅・弘曆《清高宗詩初集》卷三八《廣濟寺鐵樹歌》 石橋之北鳳城西，莊嚴净域開招提。我來白晝考歲月，苔階偶撫昔人碑。石龜石柱出廢址，如幻具足非然疑。寶構珠纓縣日月，相好特表天人師。戒壇左峙授摩羯，擘窠神蹟輝雲楣。曲廊右轉築精舍，雖城市也而幽奇。庭前倔强矗老榦，摩挲不辨桐與榿。輪囷盤鬱戛霄漢，層層旌節排神芝。白足僧人稱鐵樹，木疏希見誰能知。大椿散木此其類，名以不壞理亦宜。假山千歲挺不朽，彼小隱耳奚堪題。飽參佛定得如是，熟閱世道何紛兮。天風爲我吹萬慮，童童蓋下聊依遲。

圖表

清 吴其濬《植物名實圖考》卷三七《鳳尾蕉》

厚朴

綜述

宋 高似孫《剡録》卷九《草木禽魚上·朴》 《平泉草木記》曰：厚朴得之剡溪。

明 李時珍《本草綱目》卷三五 厚朴《本經》中品 校正：並入有名未用逐折。釋名：烈朴、《日華》赤朴、《别録》厚皮、同重皮，《廣雅》樹名榛，《别録》子名逐折。《别録》 時珍曰：其木質朴而皮厚，味辛烈而色紫赤，故有厚朴、烈、赤諸名。頌曰：《廣雅》謂之重皮，方書或作厚皮也。集解：《别録》曰：厚朴生交趾、冤句。三月、九月、十月采皮，陰乾。弘景曰：今出建平、宜都。極厚、肉紫色爲好，殼薄而白者不佳。俗方多用，道家不須也。頌曰：今洛陽、陝西、江淮、湖南、蜀川山谷中往往有之，而以梓州、龍州者爲上。木高三四丈，徑一二尺。春生葉如槲葉，四季不凋。紅花而青實。皮極鱗皺而厚，紫色多潤者佳，薄而白者不堪。宗奭曰：今伊陽縣及商州亦有，但薄而色淡，不如梓州者厚而紫色有油。時珍曰：朴樹膚白肉紫，葉如槲葉。五六月開細花，結實如冬青子，生青熟赤，有核。七八月采之，味甘美。

明 李中立《本草原始》卷四 厚朴，始出交趾、冤句，今京西、陝西、江淮、湖南、蜀川山谷中往往有之，而以梓州、龍州者爲上。木高三四丈，徑一二尺。春生葉如槲葉，四季不凋。紅花而青實。其木質朴而皮厚，故名厚朴。其味辛烈而色紫赤，故日華子名烈朴，《别録》名赤朴。

明 盧之頤《本草乘雅半偈》卷五 〔厚朴〕出交趾、冤句，及雒陽、陝西、江淮、湖南、川蜀山谷亦有之，近以建平、宜都及梓州、龍州者爲上。木高三四丈，徑一二尺。葉似槲葉，四季不凋。五六月開，花紅色。結實如冬青子，生青熟紅，實中有核，味頗甘美。木皮鱗皺。

圖表

明 李時珍《本草綱目·圖卷》

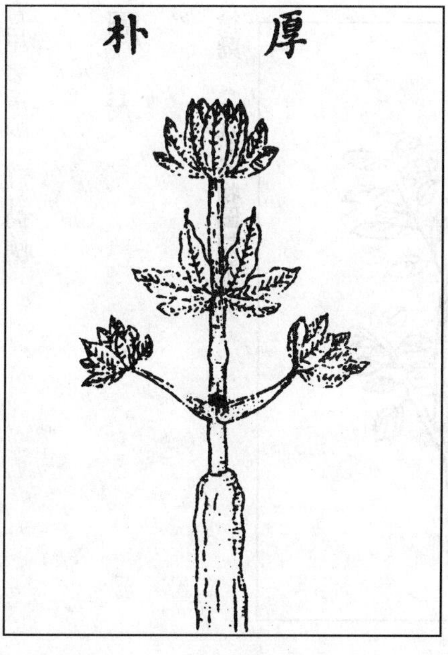

梓榆

綜述

晉 崔豹《古今注》卷下 六駮，山中有木，葉似豫章，皮多癬駁。

宋 羅願《爾雅翼》卷九《六駮》 六駮，木名。其皮青白駮犖，遠而望之似六駮之獸，因以爲名。其木則梓榆也。《秦風》曰：山有苞櫟，隰有六駮。又曰：山有苞棣，隰有樹檖。毛氏直以爲獸之六駮，則與苞櫟、棣檖不相類，故陸璣不從也。六駮，鋸牙之獸，能食虎豹者，其狀如馬，亦名駮馬。此木既以六駮爲號，故亦兼駮馬之名，又曰馬梓。今之檀木，皮正青而澤，與莢蒾及此木相似，故里語曰：斫檀不諦得莢蒾，莢蒾尚可得駮馬。夫鳥獸草木之類，特爲難窮其形之相似者。雖山澤之人，朝夕從事，有不能別其名之相亂者。雖博物君子習於風雅，有不能周，故野人伐檀而得駮，先儒訓駮而爲獸，其去本遠矣。崔豹《古今注》曰：山中有木，葉似豫樟，皮多癬駮者，名曰六駮。蘇子由曰：其皮青白如駮，言六未詳。

明　焦周《焦氏説楛》卷四　梓榆，南人謂之朴，齊魯人謂之駮馬。駮馬即梓榆也。南人謂之朴，朴亦言駮也，聲之譌耳。《詩》：隰有六駮。陸（機）[璣]《毛詩疏》：檀木皮似繫迷，又似駮馬。又云：斫檀不諦得繫迷，繫迷不可得駮馬。蓋以三木相似也。今梓榆皮甚似檀，以其班駮似馬之駮者。今解《詩》用《爾雅》之説，以爲獸，鋸牙，食虎豹。彼動物豈常止于隰？又與苞櫟、苞棣、樹檖非類，直是當時梓榆耳。又諺云：上山斫檀，挈榼先殫。

明　吴雨《毛詩鳥獸草木考》卷一七《駮》　駮，梓榆也。一名駮馬。皮甚似檀，以其斑文似馬之駮，故名。南人呼之爲朴，齊魯謂之駮馬。與梓楸同名異種。陸璣云：駮馬，梓榆也。其樹皮青白如駮犖，遥視似駮馬，故謂之駮馬。毛《傳》云獸，從《爾雅》爲説，但與隣章苞棣、樹檖非類，蓋直是梓榆耳，所以《箋》不言。王肅云：言六者，據所見而言也。崔豹云：山中有木，葉似橡樟，皮多癬駮者，名曰六駮。似亦有六駮之名。

清　魏茂林《駢雅訓纂》卷六　六駮，多癬。《古今注・草木第六》：六駮，山中有木，葉似豫章，皮多癬駮。按：駮與駁《字書》兩收。據今本《古今注》，駮當作駁，竝北角切，音剥。

清　孫之騄《枝語》卷上《六駮》　《古今注》：六駮，山中有木，葉似豫章，皮如鮮鮫，名曰六駮。駮，雜也，行不貞白貌。韓子曰：雖有駮行，必有所利。陽虎逐魯疑齊，是行駮也。趙簡主執術御之，盡其用而趙幾霸。

清　徐鼎《毛詩名物圖説》卷九　孔穎達《正義》：陸璣《疏》：駮馬，梓榆也。其樹皮青白駮犖，遥視似駮馬，故謂之駮馬。下章云『山有苞棣，隰有樹檖』，皆山隰之木相配，不宜云獸。此言非無理也，但《箋》、《傳》不言。愚按：毛《傳》依《釋畜》文解『駮』曰：如馬，倨牙，食虎豹。則此獸名駮。而言『六』者，王肅云：據所見而言也。然陸璣謂駮爲梓榆，並言『山隰之木相配，不宜云獸』，當矣。但『駮』爲梓榆，而『六』字無解。范逸齋云：必以『六』言，意獸三爲羣，六則非一羣。言木之叢生，望而視之，亦若獸之羣聚，其文駮犖也。

清　趙佑《草木疏校正》卷上《隰有六駮》　駮马，木名，梓榆也。其樹皮青白駮犖，遥視似駮馬，故謂之駮馬。下章云『山有苞棣，隰有樹檖』，皆山隰之木相配，不宜云獸。《詩疏》所引疏文。案：陸氏之有裨經義者，莫善于『隰有六駮』，正舊説獸名之違。陸德明、孔穎達並主之，朱子用之最爲不刊，俗刻紊亂，致乖本趣，陶本不足論。毛晉既爲之廣要，曾不一察『爰有樹檀』之疏，何得忽稱《晨風》詩中語爲下章，又何得忽言獸？是雖捃摭務多，于陸氏之書奚益焉。

清　吴其濬《植物名實圖考》卷三五《梓榆》　梓榆，即駮馬，又名六駮，皮色青白，多癬駮。詳《詩疏》。

圖表

清　徐鼎《毛詩名物圖説》卷九

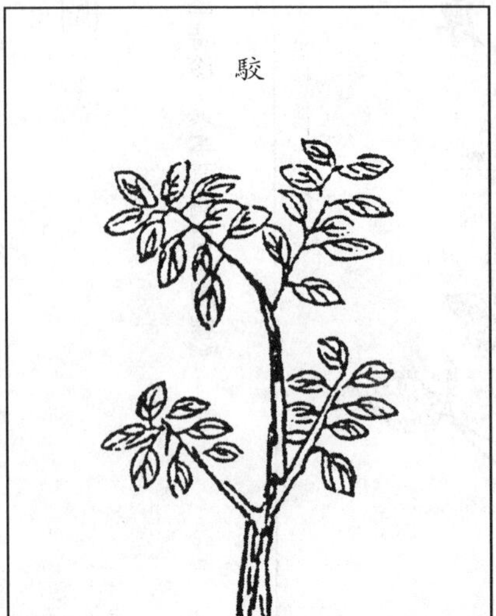

清　吳其濬《植物名實圖考》卷三五《梓榆》

樟

綜述

《爾雅·釋木》 棆，無疵。注：棆，梗屬，似豫章。音義：棆，音倫，又致均反。疵，本又作梳，辭貲反。《字書》云：無梳，棆也。梗，鼻緜反，又婢衍反。《上林賦》云「梗枏豫章」是也。《字指》云：㮨木似豫章。章本或作樟。疏：棆，木也。無疵病，因名之。郭云：棆，梗屬，似豫章。案：梗及豫章，皆南方大木之名也。

漢　許慎《説文》卷六 棆，母杶也。从木，侖聲。讀若易卦屯。陟倫切。

南朝梁　任昉《述異記》卷下 豫章之爲木，生七年而後與衆木有異。

宋　釋贊寧《東坡先生物類相感志》卷一三《龍皮樟》 廬陵龍陂生此樟樹，伐爲材木，投水挽之不出，縱加人力更不浮矣。

宋　鄭樵《通志》卷七六 釣樟曰榆，亦樟之類也。《爾雅》云：（掄）[棆]，無疵。又名無疵。豫章其木甚大，南都之郡，因此得名，今人謂之樟木。

宋　羅願《爾雅翼》卷一二《豫章》 豫章，大木，生七年乃可知。《漢官》曰：凡郡或以所出，金城，城下得金酒泉，泉味如酒；豫章，樟木生庭；鴈門，鴈之所育是也。楚子期抉豫章以殺人。《吳都賦》曰：櫲章。《尸子》曰：水積則生吞舟之魚，土積則生梗楠豫章。

明　李時珍《本草綱目》卷三四《木部》 樟《拾遺》 釋名：時珍曰：其木理多文章，故謂之樟。集解：藏器曰：江東舸船多用樟木。縣名豫章，因木得名。時珍曰：西南處處山谷有之。木高丈餘，小葉似楠而尖長，背有黄赤茸毛，四時不凋，夏開細花，結小子。木大者數抱，肌理細而錯縱有文，宜於雕刻，氣甚芬烈。豫、章乃二木名，一類二種也。豫即釣樟，見下條。

又 釣樟《别録》下品 校正：併入《拾遺》枕材。釋名：烏樟、弘景棆、音綸。枕、音沈。豫。《綱目》。時珍曰：樟有大、小二種，紫、淡二色，此即樟之小者。按鄭樵《通志》云：釣樟亦樟之類，即《爾雅》所謂『棆，無疵』是也。又相如賦云：梗楠豫章。顔師古注云：豫即枕木，章即樟木。二木生至七年，乃可分别。觀此，則豫即《别録》所謂釣樟者也。根似烏藥香，故又名烏樟。集解：弘景曰：釣樟出睢陽、邵陵諸處，亦呼作烏樟，方家少用，而俗人多識。恭曰：生郴州山谷。樹高丈餘，葉似楠葉而尖長，背有赤毛，若枇杷葉上毛。八月、九月采根皮，日乾。炳曰：根似烏藥香。藏器曰：枕生南海山谷。作舸船，次於樟木。

明　慎懋官《華夷花木鳥獸珍玩考》卷三《樟》 《正義》云：豫，今枕木；章，今樟木。二木生至七年，枕、樟乃可分别。又豫章郡名，應劭曰：有豫章生於庭中，故以名郡。按：此樹最大，可解爲卓面，及爲船，其氣中烈，熬其汁可爲腦，置水上火燃不熄。結子可笮油。神木廠所苦大木，皆永樂中肇建宮殿之賸物也。其最巨有樟扁頭者，圍二丈長，卧四丈餘，騎而過其下，高可以隱。近年覆芘，不時風雨震淋，朽腐已侵半矣。當時殿閣之用，如扁頭類，吾不知其幾。

明　謝肇淛《五雜俎》卷一〇《物部二》 建寧行都司有豫章木，其中空，可設數席。余在福寧，龍泉庵後有榕木，其中亦可盤坐五六人，枝梢寄生，大可數十圍。方廣巖有木自深坑出，直至巖頂，寺僧自巔垂組組下度之，得三十丈云，而榦不甚巨，半巖視之殊不覺其長也。

明　劉侗《名物通》卷八　樟，《正義》曰：豫，今枕木。章，今樟木。二木生七年，乃可分別。衢州府有樟，四十人圍之。

清　高士奇《北墅抱甕録・樟》　樟葉四時不凋，細花小子，扶疎挺特，具干霄之勢。其肌理錯綜有文，足中器用，非散材可伍。

清　張宗法《三農紀》卷一六《林屬・樟》　樟，《圖經》云：木高葉小，如柟而尖長，背有赤黃茸毛，四時不雕。夏間開花，結小子。肌理細膩，有紋質，氣芬香，故名樟。《博物志》云：老樟出火，勿近人家。脂可入藥，木作履，除足氣。造牀榻卧，令人生風。《占書》云：莖葉寒風，辟天行。《南都賦》云：枒枒栟櫚，柍柘樟檀。結根聳木，垂修婠媛。其功抵祝由、符章，或者以是名之乎？

紀事

南朝梁　沈約《宋書》卷二七《符瑞志》　豫章有大樟樹，大三十五圍，枯死積久，永嘉中忽更榮茂。

北魏　酈道元《水經注》卷三九　松陽門門内有樟樹，高七丈五尺，大二十五圍，枝葉扶疎，垂蔭數畮。應劭《漢官儀》曰：豫章，樟樹生庭中，故以名郡矣。此樹嘗中枯，逮晉永嘉中，一旦更茂，豐蔚如初，咸以爲中宗之祥也。

唐　房玄齡《晉書》卷二八《五行志》　（晉懷帝永嘉六年）七月，豫章郡有樟樹久枯，是月忽更榮茂。

宋　洪邁《夷堅志・支志丙》卷一《信豐巨樟》　贛州信豐縣水南有端蔭亭，前兩巨樟，相去百餘步。其高拂雲，枝榦扶疎，類煙霄中物，亭以故得名。紹熙癸丑之秋，贛境大水，至浸淫于縣鼓樓、兩樟之間，爲所淘洗，露出一連理枝，自東徂西，長十四五丈，枝下去地丈許。蓋其生已多歷年所，因水暴乃表見，遂爲一邑奇觀。

宋　李石《續博物志》卷四　豫章城南門曰松陽門，門内有樟，高七丈五尺，大二十五圍，垂陰數畝。《漢官儀》曰：豫章郡，樹生庭中，因以爲名。

明　慎懋官《華夷花木鳥獸珍玩考》卷三《壽樟》　在建昌縣治南。宋黃庭堅記項安世作壽樟亭，初邑人李左司公懋仕于朝。高宗嘗問樟公安否？奏以枝葉婆娑，四時常青，何萬幾之暇眷眷乎遐方一樟哉？必閶闔纖悉轉，而上聞抑念世家，仁及此木也。紹定間縣令陳文孫刻圖于石。

藝文

南朝梁　江淹《江文通集》卷三《豫章》　伊南有材，匪桂匪椒。下貫金壤，上籠赤霄。盤薄廣結，捎瑟曾喬。七年乃識，非曰終朝。

唐　敬括《豫章賦》（引自《文苑英華》卷一四四）　東南一方，淮海維揚，爰有喬木，是名豫章。根坎窞，彗天綱，欝四氣，煥三光。矗縮雲聳，離披翼張。一擢而其秀潁發，七年而其材莫當。懿夫倚荆衡，連楚越。回合湘沅之浦，芬敷吴會之闕。點一作黯。彭蠡而煙垂，汩滄浪而吹發。清輝艷艷，朝灑陽臺之雲。翠影亭亭，夕皓吴山之月。爾其孤榦直指，交莖亂傾，紺葉煙緑，朱華日明。掩蓂靈之光價，奪若木之芳榮。卉不暇植，蔓不及縈。總此衆美，疇之與京。其下則啼飛猱，逐暴武，突兀鹿麌，爪牙鉤弩。盤游其下，蓋難勝數。其上則陸鴻漸，谷鶯遷。孔翠曳曳，鸞鵠翩翩。翼翳日，聲聞天。巢集其顛，動盈百千。嗟乎！不菌不輪，有典有則。闕其材也直。空懷寶以自棄，諒斤斧之未識。日者龍宫是構，鵲觀云脩。磬山林之木，應榱桷之求。何獨不見千金而留？爲媒紹也闕，爲出處也幽，爲爾不任大，爲賢而致尤。今叢木之所忽，吾亦爲之心憂。借如將趙括於上軍，秩長卿於下令。良驥爲鹽車所伏，谷松爲山苗所映。以曼倩而等侏儒，尚俳優而輕雅正。雖物情之共爾，故君子之攸病。向若廓君之林池，充君之苑囿。膏澤既沐，鴻休亦覆。門柳不可齊華，庭梧不能獨秀。已矣夫！用之則哲，抑之則沈。隨取捨之攸措，何棟梁之所任。梓匠之瞻望靡及，江潭之歲月空深。誰當徙植天池畔，終冀成君桃李陰。

宋　舒岳祥《閬風集》卷八《樟樹》　樛枝平地虬龍走，高幹半空風雨寒。春來片片流紅葉，誰與題詩放下灘。

清　彭孫遹《松桂堂全集》卷四三《樟樹》　風散林香落浦沙，吹來何處野人家。沿溪偶共山僧話，知是江邊樟樹花。

清　查慎行《敬業堂詩集》卷四四《步陳集・樟樹鷺巢歌爲施溥如明府作》　鉛山縣署南城坳，緑陰冬夏常相交。豫章之材凡五樹，上有鷺鷥來結巢。東風二月高禖祀，燕子來時歲相遇。哺雛引子直經秋，此是風標遺種處。前者代嬗如高曾，後者相繼如雲仍。雪衣飄然閲五世，螽斯蟄蟄還繩繩。我讀東京循吏傳，鴞變好音虎革面。雀雛不探童子仁，疇昔傳聞今眼見。施侯到官踰兩年，政成三異羣稱賢。仁民及物物斯樂，飛鳥依人人自憐。此地昨曾經寇賊，安集哀鴻緊誰力。老夫重過十八年，煙火居然萬家邑。佳辰召客開華筵，葉舄繽鶴同翩躚。酒酣爲爾賦長句，侯乎侯乎豈非仙。

清　周裕仁《吕公樟》（引自《松風餘韻》卷三三）　吕公祠在法堂西室，宋季曾有手植樟樹於西園者，不悉其所自也，久之枯萎。一日黄冠道人至院，頻問樟先生所在，乃拱揖向樟曰：別來憔悴至爾耶。因出瓢水灑之而去。漸復榮茂，每葉束腰似瓢形，始知爲吕公重來。病者採葉服之輒愈，因爲建祠題曰：問樟古院。　樟樹枯來黯無色，不識當年誰所植。有客忽枉樟先生，莫之置對向君揖。却把槁葉枯枝擣，慇懃若訴相知心。榮枯反掌豈其狡，瓢水汲來滋一飽。

清　焦循《雕菰集》卷三《香樟》　道旁老樟樹，不虞霜雪侵。幽香作花氣，紅葉盈春林。三五聚古墓，千百生遥岑。下夾緑谿曲，時雜青松陰。鵂鶹鳴朝風，旅人懷好音。當年爨下桐，斲作中郎琴。柯亭望不遠，秀色開煩襟。

清　吴榮光《石雲山人詩集》卷九《五指樟一根五樹如掌心五指高豎之勢在萬杉寺前》　以指喻非指，生心即住心。何人攜五老，把臂入空林。托月夜方永，拈花春迸深。怪他仙掌好，膏露正沈沈。

清　戚學標《景文堂詩》卷二《樟》　宅南有豫樟，蔚然發深翠。入土蟠老根，衝風吐佳氣。匪無梁棟材，孤抱冰霜志。邦人莫相輕，終古一屏蔽。

清　郭嵩燾《養知書屋詩集》卷八《高沙樟樹歌》　高沙市後古樟樹，負雪崔嵬立官路。頳鐵平穿蛇虺根，蒼藤半卷蛟龍霧。兩株盤鬱尋丈地，輪囷蕭摵豈天意。雲氣橫通石屋山，泉源倒灌鍾滄寺。啞啞枝上嘑寒烏，侵晨舉翮聲相呼。高柯大葉蔭巢窟，停蓄百怪張通衢。山川突兀有更變，人世荆棘多蘼虞。干戈盜賊鬭未已，憂見巨幹成枯株。楩枏萬木滄江入，爇火燎空照愁泣。君不見，瀟湘野客樟樹邊，瞑踏泥沙望雲立。

圖表

晉　郭璞《爾雅音圖・釋木》

明　李時珍《本草綱目・圖卷》

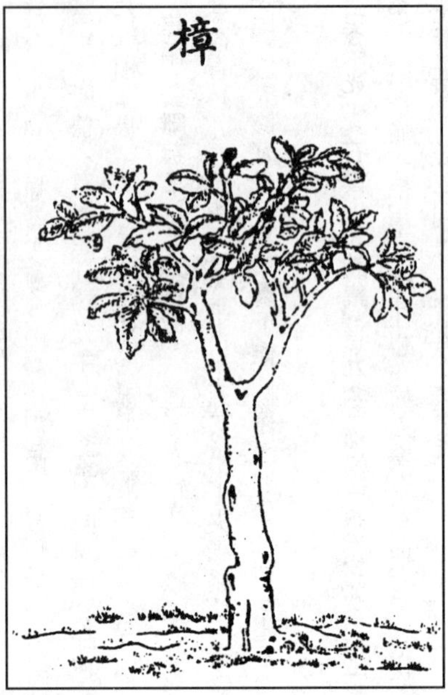

楠

綜述

三國吳　陸璣《毛詩草木鳥獸蟲魚疏》卷上《有條有梅》　梅樹，皮葉似豫章，葉大如牛耳，一頭尖，赤心，華赤黃，子青，不可食。柟葉大可三四葉一藂。木理細緻于豫章，子赤者材堅，子白者材脆。荆州人曰梅。終南及新城、上庸皆多樟柟，終南與上庸新城通，故亦有柟也。

南朝梁　任昉《述異記》卷上　黃金山有楠樹，一年東邊榮西邊枯，後年西邊榮東邊枯，年年如此，張華云交讓樹也。

唐　段成式《酉陽雜俎續集》卷一〇　交讓木，《武陵郡記》：白雉山有木名交讓，衆木敷榮後方萌芽，亦更歲迭榮也。

宋　宋祁《益部方物略記》　楠，蜀地最宜者，生童童若幢蓋，然枝葉不相礙，茂葉美陰，人多植之。樹甚端偉，葉經歲不彫，至春陳新相換。有花實，似母丁香云。

宋　羅願《爾雅翼》卷一一《柟》　柟，大木也，可以爲舟，又可以爲棺，故古稱『梗柟、豫章』以爲良木之類。任昉《述異記》曰：黃金山有柟木，一年東邊榮西邊枯，一年西邊榮東邊枯。張華云：交讓木。宋子京云：讓木即柟也，其木直上，柯葉不相妨，蜀人號讓木。《南史・陸慧曉傳》亦云：此木便是交讓。

宋　戴侗《六書故》卷二一　枏𣏌，奴含切。《爾雅》曰：梅，枏。陸氏曰：梅樹皮葉似豫章。豫章葉大如牛耳，一頭鐵赤心，華赤黃，子青，不可食。枏葉大可三四葉一叢。木理細緻於豫章，子赤者才堅，子白者才毳。江南、新城、庸、蜀多章枏。郭景純曰：枏葉似杏。按：俗又有楠字，吾里中有香枏、黃貫枏，香枏木香，黃貫枏木宜雕刻，爲木偶者用之。

明　曹昭《格古要論》卷下《骰栢楠》　出西蕃馬湖。紋理縱橫不直，其中有山水、人物等花者價高。四川亦難得，又謂之骰子香楠。

又《新增格古要論》卷八《香楠木》　楠木出四川、湖廣，色黃而香，故名。好刊牌扁。又有紫黑色者皆貴，白者不佳。

明　陸深《儼山外集》卷三〇　楠木材巨而良，其枝葉亦森秀可翫，成都人家庭院多植之。有成行列者，其枝葉若相迴避然，謂之讓木。文潞公詩所謂『移植虞芮間』者，以此。

明　田藝蘅《留青日札》卷三四《交讓木》　岷山有木，一年左邊榮，一年右邊榮，名曰交讓木，對連理樹也。

明　李時珍《本草綱目》卷三四　楠《別録》上品　校正：併入《海藥》柟木皮，《拾遺》柵木枝葉。　釋名：柟。與楠字同。時珍曰：南方之木，故字從南。《海藥本草》柵木皮，即柟字之誤，今正之。　集解：藏器曰：柟木高大，葉如桑，出南方山中。宗奭曰：楠材，今江南造船皆用之。其木性堅而善居水，久則當中空，爲白蛾所穴。時珍曰：楠木生南方，而黔、蜀諸山尤多。其樹直上，童童若幢蓋之狀，枝葉不相礙。葉似豫章而大如牛耳，一頭尖，經歲不凋，新陳相換。其花赤黃色。實似丁香，色青，不可食。幹甚端偉，高者十餘丈，巨者數十圍，氣甚芬芳，爲梁棟器物皆佳，蓋良材也。色赤者堅，白者脆。其近根年深向陽者，結成草木山水之狀，俗呼爲骰柏楠，宜作器。

明　曹學佺《蜀中廣記》卷六一　《方物略》云：楠，蜀地最宜者，生童童若幢蓋，然枝葉不相礙，茂葉美蔭，人多植之。樹甚端偉，葉經歲不凋，至春陳新相換。有花實，似母丁香。贊曰：在土所宜，亭擢而上；枝枝相避，葉葉相讓；繁陰可庇，美幹斯仰。《蜀都賦》曰：楩楠幽藹。又曰：交讓所植。注：交讓，木名，兩樹對生，一樹枯則一樹榮，如是歲更終不俱生，不俱枯也。出岷山安都縣。任昉《述異記》：黄金山有枏木，一年東榮西枯，一年西榮東枯。張華以爲交讓木。宋祁曰：即枏也，其木直上，柯葉不相妨。陸慧曉亦謂枏是交讓。顔師古曰：枏與楠同。

明 焦周《焦氏説楛》卷四 楠葉森秀可喜，成都人庭院多植之。枝葉若相避然，謂之讓木。庚開府詩：建始移交讓，徽音種合歡。

明 王路《花史左編》卷四《香楠》 馬湖府土産，年深向陽者，結成花紋。

清 高士奇《北墅抱甕録·楠》 楠樹童童若幢蓋，枝葉森茂，新陳相換，經歲不凋。葉初發者，其色鮮赤，過於晚楓。

清 張逸少《佩文齋廣羣芳譜》卷七二《木譜·枏》 枏生南方，故又作楠，黔、蜀諸山尤多。其樹童童若幢蓋，枝葉森秀不相碍，若相避然，又名交讓木。文潞公所謂『移植虞芮』者，以此。《本草》李時珍曰：葉似豫章，大如牛耳，一頭尖，經歲不凋，新陳相換。花黄赤色。實似丁香，色青，不可食。幹甚端偉，高者十餘丈，麤者數十圍，氣甚芬芳，紋理細緻，性堅，耐居水中。子赤者材堅，子白者材脆。年深向陽者，結成旋紋，爲鬬柏楠。

清 張宗法《三農紀》卷一六《林屬·楠》 楠，《爾雅》云楠，其樹童童然，歲寒不雕，形若幢蓋，枝葉森秀，無相叠碍如避。喜生山南向陽之處，故字從南。葉若女貞而長，開黄赤花，實似丁香，色青。木偉幹端，質氣芬香，細理，性堅，耐居水土，不宜作牀，令人病風，爲其香開竅也。子赤者材堅，子白者材脆。質有羅紋、雲水，惟癭緻奇異，乃文章木也。《西京賦》云：木則樅栝椶楠，梓棫楩楓，嘉卉灌聚，蔚然鄧林。

清 徐鼎《毛詩名物圖説》卷九 《爾雅》：梅，枏。陸璣《詩疏》：梅樹皮葉似豫章。豫章葉大如牛耳，一頭尖，赤心，華赤黄，子青，不可食。枏葉大可三四葉一叢。木理細緻於豫章，子赤者材堅，子白者材脆。江南及新城、上庸、蜀皆多樟、枏。終南山與上庸、新城通，故亦有枏也。愚按：陸璣所稱葉似豫章者，與吴中梅樹全不相似，定是一種枏，木材可爲棺、舟。舊説陳文帝嘗出枏材造戰艦，即此枏也。蓋草木同名異類者多，如一杞而有三種，一桐而有四類，人多混《摽有梅》與此爲一，盍將陸璣之《疏》參之？

清 張澍《蜀典》卷九《動植類·交讓樹》 張華《博物志》：交讓樹兩樹相對，一樹枯則一樹生，如是歲更，終不俱生俱枯也。出岷山，在安都縣。按：任昉《述異記》云：黄金山有楠樹，一年東邊榮而西邊枯，一年西邊榮而東邊枯，年年常然，張華所謂交讓樹也。亦見《潯陽記》。安都縣，即今灌縣。交讓，即今楠木，兩樹相對，一生則一枯。其木直上，柯葉不相妨。

藝　文

唐 杜甫《枯枏》（引自《全唐詩》卷二一九） 楩枏枯峥嶸，鄉黨皆莫記。不知幾百歲，慘慘無生意。上枝摩皇天，下根蟠厚地。巨圍雷霆坼，萬孔蟲蟻萃。凍雨落流膠，衝風奪佳氣。白鵠遂不來，天雞爲愁思。猶含棟梁具，無復霄漢志。良工古昔少，識者出涕淚。種榆水中央，成長何容易。截承金露盤，褭褭不自畏。

宋 宋祁《景文集》卷四七《楠木贊》 在土所宜，亭擢而上。枝枝相避，葉葉相讓。繁陰可庇，美幹斯仰。

宋 趙抃《清獻集》卷三《庭楠》 彼美庭楠植，基培幾十年。夜來全庇月，曉去薄生煙。萬葉光齊動，雙株影共圓。幽棲疑有鶴，清響爲留蟬。飲對傳三雅，琴依按七絃。河陽花自媚，彭澤柳空眠。勢翳門闌静，陰清几案鮮。不才逢訟簡，吟遶强成篇。

宋 宗澤《宗忠簡集》卷五《古楠賦有序》 巴城之南山，有寺曰南龕。寺之外有大木曰楠，其生甚久。唐刺史嚴武、御史史俊，皆有詩詞刻于嵓腹。嚴曰：臨溪插石盤老根。史曰：結根幽壑不知歲。自時迄今，又數百年，邦人謂之古楠，宜矣。僕到官之三月，兩至岩下，讀史、嚴之清什，感是楠之老於岩谷而可憐也，因慨然操筆而賦之曰：楠之生兮，層崖之中巔。詢之人兮，不知幾何年。包堅根而下蟠兮，貫頑石而澈沈淵。竦修幹以上凌兮，並孤岑而叅蒼天。大枝崛起兮，虎豹拏攫。小枝回屈兮，蛟螭蜿蜒。黄葉敷陰，白晝沉沉。輪廣十畆，蓋穹百尋。衆鳥托宿，鄧林非深。諸卉仰茈，荆雲非陰。雨濯瑩兮，一塵不染。風振響兮，海潮同音。露下兮鶴唳，月明兮猿吟。擅此清致，亘古迄今。有客戾止，惻然動中。吁嗟斯木之異兮，有不遇之窮。爾胡不生於泰山之側，秦帝東封，會風雨之是避，豈以五大夫之號而封松。爾胡不生於周成之宫，禁林九重，顧親賢之是戲，豈以封國之瑞而剪桐。爾胡不生於分陝之域，舍彼召公，未必以甘棠之蔽芾，流詠於國風。抑亦豈無工師之良，識爾材之非常。用之爲棟梁，則足以建九重之明堂；用之爲舟楫，則足以濟巨川之汪洋；用爲宗廟社稷之器，則足以參鼎鼒，交神明，薦至德之馨香。夫何默默而甘老於窮山寂寞之鄉？徘徊其下，恍若夢兮，心駭而目眙。蒼髯偉人，瞑目視曰：噫！謂子知我，乃不吾知。吾生於斯，長於斯，始于毫末，至于十圍。雨露不吾遺，霜雪不吾欺。春兮秋兮，吾不知代謝之有期。漢兮唐兮，吾不知興亡之幾時。柯葉顔色，曾無改移，過者千百，睥睨焉不以吾爲樸樕輩待之。斧斤之害，亦幸不罹。吾受天地造化之恩，孰有等夷？子之不智，而乃我悲。使子處此，復將奚爲？吾非不知强自取，藏器以待時而動，老當益壯，自任以天下之重。倘匠人斵而小之，能不浼然而悔痛。乃所願比不材之樗，同乎無所用。若曰不遇，自有物主之，非吾所能爲，姑亦付之一夢。客聞之釋然，悟曰：達矣！夫斯言可書紳而永誦。

明　王煜《楠樹賦》（引自《歷代賦彙補遺》卷一五）　緊楠之生也，含津玄冥，托根崑崙，氣之所湊，殷殷屯屯。羌濆浡之欻發，觸巨石而塊分。得貞剛以爲性，匪蓊茸之爲倫。迨夫雨以膏之，雷以震之，風以撓之，霜以嚴之。扶疎矗特，輪輪囷囷，虯枝上聳，迥無旁紛。凝若木之晶魄，翕淑氣之芳芬，膚理潤玉，體幹堅金。緊楠之茂也，勢參岱華，光拍滄溟，上懸三光，下蟠九地，青鸞白鵠，朝夕是憩。夫豈鵂鶹之敢寄也，貞松巨柏，戢戢相比。夫豈蔓草之敢麗也，莊生索之而駭眙，匠石過焉而睥睨，顧神物之偉奇，斧欲揮而終忌，是宜棟梁乎清廟，爲九垓之大庇。緊楠之壽也，瀋液内盎，姿華外妍，顓頊不肅，祝融不然。枝拂常春之霧，根漬不涸之泉。元龜蟠其下，卿雲覆其巔。豐隆爲之呵護，王孫怵而不前。望之蒼蒼然，叩之砰砰然。騰神光兮夜曙，播蕃陰兮晝帡。老聃曾息蔭於髫齔，王母於兹表道兮屢焉。笑蟠桃之難熟，輕銅狄之千年，諒玄精之丕構，與日月而周旋。

清　汪楫《天門楠樹歌》（引自《詩觀三集》卷一）　天門楠樹眞瑰奇，天矯蹲伏龍虎姿。行人入山未見樹，横空已有陰紛披。異種應爲鬼神護，老幹偏受雷霆欺。火輪墜天石壁紫，三年兩度搜蛟螭。黄冠瞪目救不得，手撞鐘鼓口嘔咿。飛鸞召鶴事慌惚，造化若使巫爲醫。苔蘚駁落轉光澤，瘢痕皴裂成蒼皮。身遭困折終不屈，柔條横入青松枝。我聞此樹江南止一本，培植灌溉知何時。獨立天門結光怪，似恐户牖爲人窺。嗚呼！盤根錯節天知之，永與白岳同興衰。

清　曾燠《賞雨茅屋詩集》卷七《古今體詩·和杜工部四詠·枯柟》

三吴少柟樹，航致由蜀中。千金買一椽，棟宇家争崇。抑或雕几案，甚乃作殯宫。翦伐能無頻，蜀客嗟山空。山川産尤物，人欲滋無窮。上天其有意，返樸示太沖。此材任枯死，貺以桑麻豐。草堂靈儻在，定不傷雨風。

圖表

明　李時珍《本草綱目·圖卷》

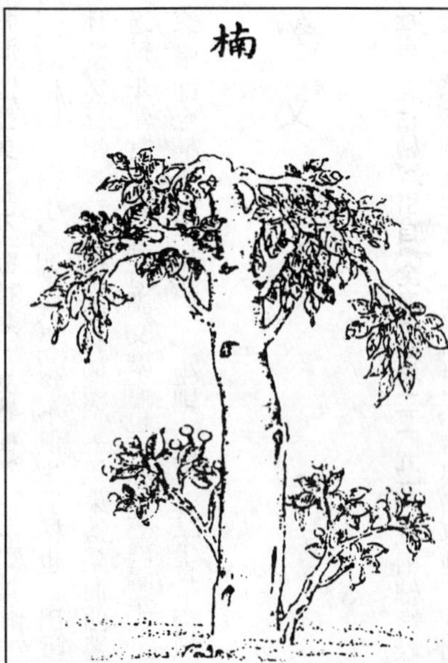

清　徐鼎《毛詩名物圖說》卷九

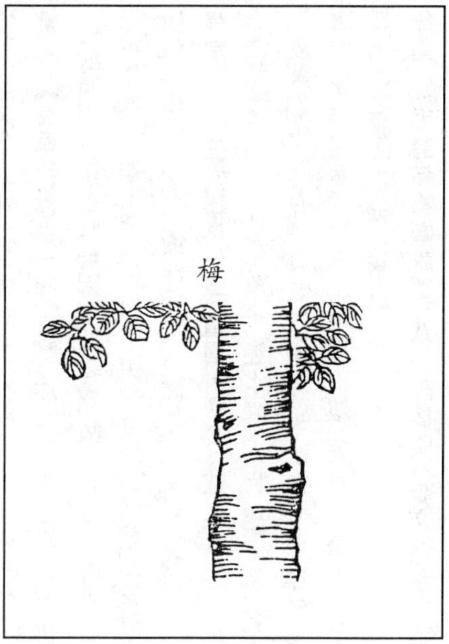

漆

綜　述

宋　羅願《爾雅翼》卷一二《漆》　漆木汁可以髹物，象形，桼如水滴而下。木高三二丈，葉如椿樗，皮白而心黄。六七月間以斧斫其皮開，以竹管承之，汁滴則爲漆，古者以爲貢。《職方氏》豫州其利林漆。傳稱舜造漆器，諫者數百人，以爲奢侈從此興。然三代盛王相繼以爲器皿，以示制度，蓋備物致用，聖人之事也。後世用之既博，故周家漆林之征至二十而五。衛文公徙居楚丘，則樹榛、栗、椅、桐、梓、漆，伐琴瑟焉，蓋其遠慮如此。而後漢壽張侯樊重欲作器物，先種梓漆，時人嗤之。然積以歲月，皆得其用，向之笑者，咸求假焉。《貨殖傳》：陳夏千畝漆，與千户侯等。《莊子》曰：桂可食，故伐之；漆可用，故割之。

元　王禎《農書》卷一〇《漆》　漆樹皮白，葉似椿，花如槐子。今處處有之，而梁蜀者爲勝。春分前後移栽，後樹高，六七月以剛斧斫其皮開，以竹管承之，汁滴則成漆。用漆在燥熱及霜冷時則難乾，得陰濕，雖寒月亦易乾，物之性也。若霑漬人，以油治之。凡驗，惟稀者以物蘸起，細而不斷，斷而急收起，及塗於乾竹上蔭之，速乾者乃佳。樊宏父嘗欲作器物，先種梓漆，時人嗤之。積以歲月，皆得其用，向之笑者，皆求假焉，貲至鉅萬。蓋漆易成而利博故也。

明　李時珍《本草綱目》卷三五　漆《本經》上品　釋名：桼。時珍曰：許慎《説文》云：漆本作桼，木汁可以髼物，其字象水滴而下之形也。集解：《别録》曰：乾漆生漢中山谷。夏至後采，乾之。弘景曰：今梁州漆最甚，益州亦有。廣州漆性急易燥。其諸處漆桶中自然乾者，狀如蜂房，孔孔隔者爲佳。保昇曰：漆樹高二三丈餘，皮白，葉似椿，花似槐，其子似牛李子，木心黄。六月七月刻取滋汁。金州者最善。漆性並急，凡取時，須荏油解破，故淳者難得，可重重别制拭之。上等清漆，色黑如瑿，若鐵石者好。黄嫩若蜂窠者不佳。頌曰：今蜀、漢、(今)[金]、峽、襄、歙州皆有之。以竹筒釘入木中，取汁。崔豹《古今注》云：以剛斧斫其皮開，以竹管承之，滴汁則成漆也。宗奭曰：濕漆藥中未見，用者皆乾漆爾。其濕者，在燥熱及霜冷時則難乾，得陰濕，雖寒月亦易乾，亦物之性也。若霑漬人，以油治之。凡驗漆，惟稀者以物蘸起，細而不斷，斷而急收。更又塗於乾竹上，蔭之，速乾者並佳。時珍曰：漆樹，人多種之，春分前移栽易成，有利。其身如柿，其葉如椿，以金州者爲佳，故世稱金漆。人多以物亂之。試訣有云：微扇光如鏡，懸絲急似鉤。撼成琥珀色，打著有浮漚。今廣、浙中出一種漆，樹似小榎而大，六月取汁漆物，黄澤如金，即《唐書》所謂黄漆者也。入藥仍當用黑漆。廣南漆作飴糖氣，沾沾無力。

明　穆希文《説原》卷一二　漆木，葉如樗椿，皮白而心黄，六七月間斧斫其皮開，以竹管承之，汁滴則爲漆。

明　吳雨《毛詩鳥獸草木考》卷一六《漆》　漆，樹高三二丈，皮白，葉似椿樗，花似槐，子若牛李，木心黄。六七月間，以竹筒針入木中取滋汁。崔豹《古今注》云：以剛斧砍其皮開，以竹管承之汁，滴則成漆是也。其髹物在爆熱及霜冷時則難乾，陰濕，雖寒月亦易乾，亦物之性。舊云血投藕而不凝，漆得蟹而即散。

明　李中立《本草原始》卷四　乾漆始生漢中川谷，今蜀、漢、金、峽、襄、歙州皆有之。木高三二丈，皮白，葉似椿，花似槐，子若牛李，木心黄。

夏至後，以竹筒針入木中取之。舊云用漆桶中自然乾者，狀如蜂房，孔孔隔者。今多用筒子内乾者，以黑如瑿，堅如鐵石者爲佳。許慎《説文》曰：漆本作桼，木汁可以髹物，其字象水滴而下之形也。

明 鮑山《野菜博録》卷三 乾漆，一名地節，一名黄芝，生山中。樹高二丈餘，皮白色，葉似椿樗葉，花似槐花，結子如牛蒡子，其味辛温，無毒。

明 劉侗《名物通》卷八 漆，木高二三丈，皮白，葉似椿，花似槐，子若牛李，木心黄。

明 方以智《物理小識》卷九 漆 漆不取液則自斃，惟霜降後取者良。【略】朝鮮國有黄漆樹似棕，六月取汁，漆物如金。今廣漆則黄，江漆則黑。

清 陳淏子《秘傳花鏡》卷三《花木類考・桼》 桼，一作漆。生蜀、漢江、浙等處，木高二三丈，皮白，葉似椿，花似槐，子若牛李，木心黄，可作杖。夏至後以剛斧斫其皮，將竹管承取其汁，用漆器具甚妙。

清 張逸少《佩文齋廣羣芳譜》卷七二《木譜・漆》 漆，《説文》云：漆本作桼，木汁可以髹物，其字象水滴下之形。似榎而大，樹高二三丈餘，身如柿，皮白葉似椿，花似槐，子似牛李子，木心黄。生漢中山谷，梁、益、陝、襄、歙州皆有，金州者最善，廣州者性急易燥，辛温，有小毒。

清 姚炳《詩識名解》卷一四《漆》 漆本作桼，從水者，乃雍州水名。然《詩》、《書》每通用罕作桼者，疑因取汁之義，故亦從水爲漆與。其木身如柿，葉如椿，花如槐，子如牛李。出漢中山谷，及峽、嚴、歙州皆有之。今廣南又有漆樹似小榎而大，六月取汁漆物，黄澤如金，又是一種。

清 張宗法《三農紀》卷一五《植屬・漆》 漆，異汁也。《禹貢》云：厥貢漆絲。《説文》云：下從水，象桼，如水滴下也。漆者，水名也。樹似榎，身似柿，皮葉如椿，花若槐，實若牛李。其木肌白心黄，作材易朽，乃木中之有液者，黏黑可餙器。汁入土，千年不壞，乾者可入藥。有人聽之身癢，見之目腫，近之發疹，異乎其浆也。

清 徐鼎《毛詩名物圖説》卷八 陸德明《説文》：漆，木名。《説文》：桼，木汁可以髹物。象形，桼如水滴而下。《莊子》：漆可用，故割之。《古今注》：漆樹，以剛斧斫其皮開，以竹管承之，汁滴管中，即成漆也。蘇頌曰：樹高二三丈，皮白，木心黄，葉如椿，花似槐，子如牛李。六、七月以竹筒針入木中取之。

清 牟應震《毛詩物名考》卷五 漆。古作桼，《説文》：象形。桼如水滴而下也，葉如樗花，如槐。六、七月破其皮，以竹管承汁，可以髹物也。

清 吴其濬《植物名實圖考》卷三三《漆》 漆，《本經》上品，山中多種之。斧其木，以蛤盛之，經夜則汁出。

又卷三八《野漆樹》 野漆樹，山中多有之。枝幹俱如漆，霜後葉紅，如烏臼葉，俗亦謂之染山紅。結黑實，亦如漆子。按《爾雅》注：櫄、樗、栲、漆，相似如一，或即櫄樹耶？字亦作杶，作橁。野人樵採之。

清 汪曰楨《湖雅》卷四 漆 《談志》：安吉、長興、武康山多漆。《舊編》云：懸腳嶺多漆林，又貢上漆器三十事，今廢。《湖録六書正譌》：漆乃水名，當作桼，桼木有液黏黑，可飾器物，今人通作漆。《孝豐縣志》載之。按：乾漆入藥品。

藝文

元 王冕《竹齋集》卷下《漆樹行》 東園漆樹三丈長，緑葉花潤枝昂藏。蟲蟻不食鳥不啄，皮膚破碎成痍瘡。野人摩撫重太息，受辱匪因臨道旁。九天降氣疏澁液，大家小家來取將。陶盆紙籠攢待滿，手中白刃磨秋霜。況兼時令值肅殺，苟無正性安敢當。所願天下盡光澤，豈辭一身多損傷。君不見，西郊樗櫟百尺强，薜荔裹縛螻蟻房，此物安可升廟廊。

清 倪濤《擬白香山有木詩八首・之三》（引自《兩浙輶軒續録補遺》卷一） 有木名髹桼，其尤數陳夏。物華足本眞，何用幻虛假。剛斧承竹筒，巧取心入冶。遂令刺繡文，轉傍市門下。藻棁改環堵，丹楹耀翠瓦。投膠衆所趨，合藥效偏寡。顧茲本微植，孰爲論大雅。有用轉相資，常度慨輕捨。

圖表

明　李時珍《本草綱目·圖卷》

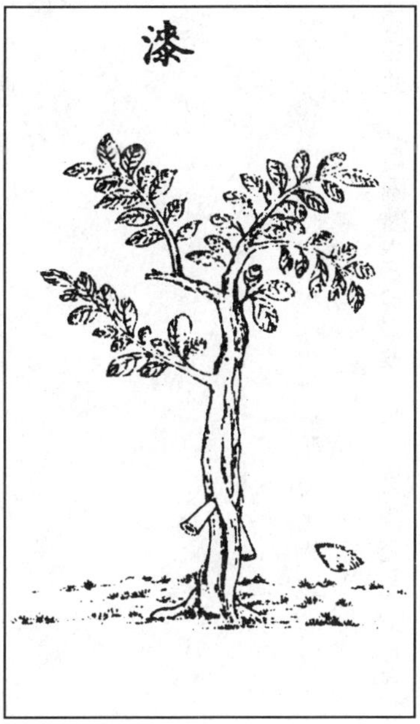

明　鮑山《野菜博録》卷三

清　徐鼎《毛詩名物圖説》卷八

清　吳其濬《植物名實圖考》卷三三《漆》

又卷三八《野漆樹》

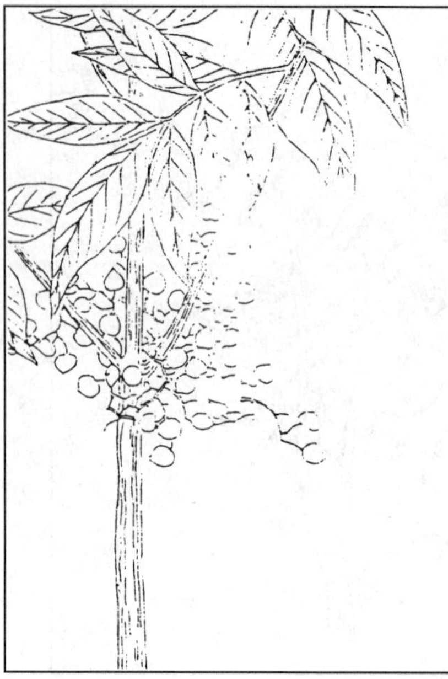

楷木

綜述

漢 許慎《説文》卷六 楷，木也。孔子冢蓋樹之者。从木，皆聲。苦駭切。

唐 段成式《酉陽雜俎續集》卷一〇 蜀楷木，蜀中有木類柞，衆木榮時枯枿，隆冬方萌芽布陰，蜀人呼爲楷木。

宋 戴侗《六書故》卷二一 楷，楷，古諧切。《説文》曰：木也，孔子冢蓋樹之。又苦駭切。《記》曰：今世行之，後世以爲楷。陸德明曰：法式也。

明 劉侗《名物通》卷八 楷，出曲阜，紋如貫錢，有直性。

清 嵇璜《續通志》卷一七六 楷木，生孔子塚上。其餘枝疎而不屈，以質得其直也。見淮南王《木譜》。《酉陽雜俎》曰：蜀中有木類柞，衆木榮時如枯枿，隆冬方萌芽布陰，蜀人呼爲楷木。

清 吳其濬《植物名實圖考》卷三七《黄連木》 黄連木，江西、湖廣多有之。大合抱，高數丈，葉似椿而小。春時，新芽微紅黄色，人競採取醃食，曝以爲飲，味苦回甘如橄欖，暑月可清熱生津。杭人以甘草、青梅同煮，啖之，則五味備矣。故《救荒本草》：黄楝樹生鄭州南山野中，葉如初生椿葉而極小，又似楝葉色微黄。開花紫赤色，結子如豌豆大，生青熟紅，亦紫色。葉味苦，採嫩芽葉煠熟，水浸去苦味，油鹽調食。蒸芽曝乾，亦可作茶煮飲，形狀、功用正同。唯南方未見其花實爲異。其木理堅實。《廣西通志》：黄連木，各州縣出，最能經久，即《嶠南瑣記》所謂勝鐵力木者。唯《湘潭縣志》以爲即楷木，未知所本。楚人呼連與栗同音，字或作槤，或作鸝。春時，鄉人有摘芽售於城市者，呼爲黄鸝芽。《五雜俎》：曲阜孔林有楷木，相傳子貢手植者，其樹十餘圍，今已枯死。其遺種延生甚蕃，其芽香苦，可烹以代茶，亦可乾而茹之。其木可爲笏枕及棋枰，云敲之聲甚響而不裂，故宜棋也；枕之無惡夢，故宜枕也。此木聖賢之遺跡，而守土之官，日逐採伐制器，以充饋遺，今其所存寥寥，反不及商邱之木，以不才終天年，不亦可恨之甚哉！按：所述芽味香苦，似即黄連木。或作《湘潭志》者爲魯人，故識之。

紀事

唐 段成式《酉陽雜俎》卷一八 楷，孔子墓上特多楷木。

宋 孔傳《東家雜記》卷下《楷木》 《廣志》云：夫子没，弟子各持其鄉土所宜木，人植一本於墓而去，冢上特多楷木。楷本出南海，今林中楷木最盛，間有因風摧折者，人或得之以爲手板。

明 孔齊《静齋至正直記》卷二《楷木》 楷木惟吾祖陵有之，音與皆同。相傳爲南海外之木，弟子移植于魯者也。二千餘年，樹身皆合抱，文理堅韌，可作拄板、手板之用。至正丁酉兵亂之後，所存者幾矣。

明 徐昌祚《新刻徐比部燕山叢録》卷一八 孔林楷木，子貢所樹。

枝皆直上，無横出者。堪爲棊枰，亦堪爲拄杖。

圖表

清　吴其濬《植物名實圖考》卷三七《黄連木》

楝

綜述

漢　許慎《説文》卷六　楝，木也。从木，柬聲。郎電切。

宋　羅願《爾雅翼》卷九《楝》　楝木高丈餘，葉密如槐而尖。三、四月開花，紅紫色，芬香滿庭。其實如小鈴，至熟則黄，俗謂之苦楝子，亦曰金鈴子，可以練，故名楝。《淮南子》記十二月之木，正月其木楊，許叔重以爲陽於春爲先。二月其木杏，杏有竅在中，象陰布散在上。三月李，四月桃，李、桃有核，與杏同，顧先後熟爾。五月榆，六月梓，其説未聞。七月其木楝，楝實秋熟故也。八月其木柘，亦未聞。九月槐，槐，懷也，可以懷來遠人。十月檀，檀，陰木也。十一月棗，取其赤心也。十二月櫟，可以爲車轂。木不出火，唯櫟爲然，亦應陰氣也。然則古以楝實，應七月之氣。《管子》：五位之土，種楝。又鳳皇非梧桐不棲，非楝實不食。荆楚之俗，五月五日民並斷新竹筍爲筒，糉楝葉插頭，纏五綵縷，江水中以爲辟水厄。士女或楝葉插頭，五綵纏臂，謂爲長命縷。俗言屈原以此日投水，百姓競以食祭之。漢建武中，長沙人有見人自稱三閭大夫者，謂之曰：所祭甚善，常苦爲蛟龍所竊。蛟龍畏楝葉、五色絲，自今見祭，宜以五色絲合楝葉縛之，所以俗並事之。宗懔引《風俗通》以爲獬豸食楝，原將以信其志也。然則鳳凰、獬豸皆食楝，而蛟龍特畏之，是亦異矣。

宋　戴侗《六事故》卷二一　楝楝，郎電切，今謂之金鈴子。生蜀地者，其實大，狀類小鈴，熟則黄。《本草》曰：葉密如槐而長。三四月華，紅紫芳香。實如彈丸，生青熟黄。爲治氣殺蟲之藥，皮可以殺蟲。

明　李時珍《本草綱目》卷三五　楝《本經》下品　釋名：苦楝。《圖經》實名金鈴子。時珍曰：按羅願《爾雅翼》云：楝葉可以練物，故謂之楝。其子如小鈴，熟則黄色，名金鈴，象形也。集解：《别録》曰：楝實生荆山山谷。弘景曰：處處有之。俗人五月五日取葉佩之，云辟惡也。恭曰：此有雌雄兩種，雄者無子，根赤有毒，服之使人吐不能止，時有至死者。雌者有子，根白，微毒。入藥當用雌者。頌曰：楝實以蜀川者爲佳。木高丈餘，葉密如槐而長。三、四月開花，紅紫色，芬香滿庭。實如彈丸，生青熟黄，十二月采之。根采無時。時珍曰：楝長甚速，三五年即可作椽。其子正如圓棗，以川中者爲良。王禎《農書》言鵷雛食其實。應劭《風俗通》言獬豸食其葉。宗懔《歲時記》言蛟龍畏楝，故端午以葉包粽，投江中，祭屈原。

明　慎懋官《華夷花木鳥獸珍玩考》卷三《楝》　花開芬香滿庭，其實如小鈴，可以練，故名。《爾雅翼》謂：鳳凰、獬豸皆食楝，而蛟龍特畏之。其材宜板，槔桔中尤宜之。

明　朱國禎《湧幢小品》卷二七《神楝》　古楝樹，在江濱埜田中，土人呼爲黄楝。高不過丈許，而週匝可布十畝。從地拔起，色類精鐵，望之如百十怪石，磊磊崚嶒。逼而眎之，莫辯其爲植木也。綴以老幹虬枝，拳曲夭矯，而枯瘦削立，又絶似坡公筆意。野人相傳，有神宅焉，樵牧皆不敢迫，必千年物也。好事者裴徊其下，移日忘去。惜峙大荒，非塗轍所經，故賞識者少。東天目自化城寺側轉，有松樹一株，亦如之。根在厓下，頂高走路僅二尺許，俯視如薺，規圓可三畝。牧童翻觔抖其上，不動也。

明 方以智《物理小識》卷九 楝樹 楝爲器不裂。聯子密種，則駢結如垣墻然。宜芒種時，有成紫花者。其子浸臘水貯甕中，至夏月滌器，蠅永不近。取其子曬乾，雜冬春米内，不生蛀蟲。《居家必用》曰：黄楝芽可爲木蓼。《乘雅》曰：獬豸食之，火獸也，喜其潔。蛟龍畏之，木蟲也，激其怒。

清 周魯《類書纂要》卷二八 楝，花開芬香滿庭，其實如小鈴，可以練，故名。《爾雅》曰：鳳凰、獬豸皆食楝，而蛟龍特畏之。其材宜板，桔槔中尤宜。

藝文

宋 梅堯臣《宛陵集》卷一七《楝花》 紫絲暈粉綴蘚花，绿羅布葉攢飛霞。鶯舌未調香萼醉，柔風細吹銅梗斜。金鞍結束果下馬，低枝不礙無闌遮。長陵小市見阿姊，濃薰馥郁升鈿車。莫輕貧賤出閭巷，迎入漢宫人自誇。

宋 陳師道《後山集》卷四《楝花》 密葉已成陰，高花初著枝。幽香不自好，寒艷未多知。會見垂金彈，聊容折紫綏。粉身非所恨，猶復得聞思。

宋 張藴《楝花》（引自《江湖小集》卷八九） 绿樹菲菲紫白香，猶堪纏黍吊沉湘。江南四月無風訊，青草前頭蝶思狂。

清 黄釗《讀白華草堂詩首蓿集》卷六《學圃中草木雜成十二首・楝》 開花亦紅紫，結實同金鈴。老來骨更堅，暖風襲濃馨。

圖表

明 李時珍《本草綱目・圖卷》

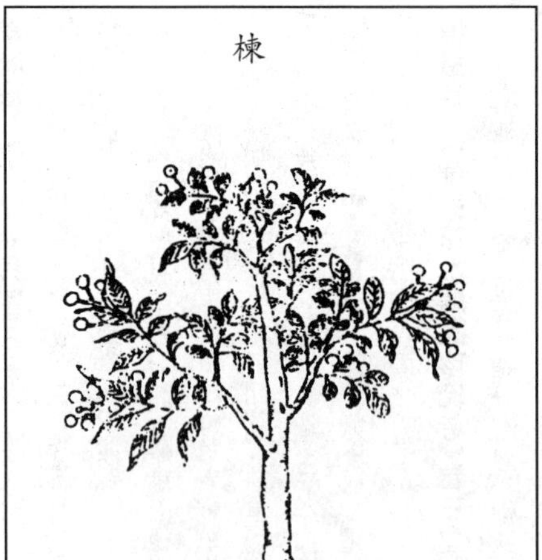

椿

綜述

漢 許慎《説文》卷六 杶，木也。从木，屯聲。《夏書》曰：杶、榦、栝、柏。敕倫切。櫄，或从熏。

宋 戴侗《六書故》卷二一 杶杶，敕倫切。《書》云：杶、幹、栝、柏。或作櫄。顔師古曰：似樗而實。《説文》曰：杶，木也。或作櫄。杻，古文。按：杻自爲一木，丑非杶之聲。《説文》又有櫄，母杶也，讀若易卦之屯。

明　李時珍《本草綱目》卷三五　椿樗《唐本草》　校正：併入《嘉祐》椿莢。釋名：香者名椿，《集韻》作櫄，《夏書》作杶，《左傳》作橁。臭者名樗。音丑居切。亦作樗。山樗名栲，音考。虎目樹、《拾遺》大眼桐。時珍曰：椿、樗易長而多壽考，故有椿、栲之稱。《莊子》言『大椿以八千歲爲春秋』是矣。椿香而樗臭，故椿字又作櫄，其氣熏也。樗字從虖，其氣臭，人呵嘑之也。樗亦椿音之轉爾。藏器曰：俗呼椿爲猪椿，北人呼樗爲山椿，江東呼爲虎目樹，亦名虎眼，謂葉脱處有痕如虎之眼目，又如樗蒲子，故得此名。集解：恭曰：椿、樗二樹形相似，但樗木疏、椿木實爲别也。頌曰：二木南北皆有之。形幹大抵相類，但椿木實而葉香可啖，樗木疏而氣臭，膳夫亦能熬去氣，並采無時。樗木最爲無用，《莊子》所謂『吾有大木，人謂之樗，其本擁腫不中繩墨，小枝曲拳不中規矩』者。《爾雅》云：栲，山樗。郭璞注云：栲似樗，色小白，生山中，因名。亦類漆樹。俗語云：櫄、樗、栲、漆，相似如一。陸璣《詩疏》云：山栲與田樗無異，葉差狹爾。吴人以葉爲茗。宗奭曰：椿、樗皆臭，但一種有花結子，一種無花不實。世以無花而木身大，其幹端直者爲椿。椿木用葉。其有花莢而木身小，幹多迂矮者爲樗，樗用根及莢、葉。又虫部有樗雞，不言椿雞，以顯有雞者爲樗，無雞者爲椿。古人命名其義甚明。禹錫曰：樗之有花者無莢，有莢者無花。其莢夏月常生臭樗上，未見椿上有莢者。然世俗不辨椿、樗之異，故呼樗莢爲椿莢爾。時珍曰：椿、樗、栲，乃一木三種也。椿木皮細肌實而赤，嫩葉香甘可茹。樗木皮粗肌虚而白，其葉臭惡，歉年人或采食。栲木即樗之生山中者，木亦虚大，梓人亦或用之。然爪之如腐朽，故古人以爲不材之木。不似椿木堅實，可入棟梁也。

明　慎懋官《華夷花木鳥獸珍玩考》卷三《椿樹芽》　《本草》有椿木、樗木，舊不載所出州土，今處處有之。二木形榦大抵相類，椿木實而葉香可啖，樗木疏而氣臭。膳夫熬去其氣亦可啖，北人呼樗爲山椿，江東人呼爲虎目，葉脱處有痕如樗蒲子，又如眼目，故得此名。夏中生莢，樗之有花者無莢，有莢者無花，莢常生臭樗上，未見椿上有莢者。然世俗不辨椿、樗之異，故俗名爲椿莢，其實樗莢耳。其無花不實，木大端直爲椿。有花而莢，木小，幹多迃矮者爲樗。

明　屠本畯《野菜箋・椿芽》　香椿，香椿，生無花，葉嬌枝嫩成杈枒，不比海上大椿八千歲，歲歲人不採其芽。香椿，香椿，慎勿諱，見童攀摘來點茶，嚼之竟日香齒牙。

明　劉侗《名物通》卷八　椿樗，樗即臭椿，葉脱處有痕，如樗蒲子，又如眼目，故得此名。栲，山樗也。

明　周文華《汝南圃史》卷一一《竹木部・椿》　椿，樹高聳而枝葉疎，與樗不異。香者曰椿，臭者曰樗，俗亦呼臭椿。圃中沿墻宜多植椿。春夏之交，嫩葉初放，即摘之，焯熟點茶，味絶香美。或拌鹽鋪鐵篩内，下燃炭火炙乾，秋冬時取出以滚水充炮，其味稍遜於鮮者，却可致遠。根旁出小樹，春秋二分，栽即活，五月開花，着子落地亦出。

清　陳淏子《秘傳花鏡》卷三《花木類考・椿》　椿，俗名香椿樹，高聳而枝葉疏，無花而不結莢者是也。其叓土孫枝，春秋二分日移植即活。其嫩葉初放時，土人摘以佐庖點茶，香美絶倫。一種似椿而葉臭，有花而結莢者，俗呼爲臭椿。是樗，非椿也。江東人呼爲虎目，葉脱處有痕柘似也。

清　張宗法《三農紀》卷一六《林屬・椿》　椿，《圖經》云：樹易長，材高大，質堅理細，有縱紋，色赤，葉、幹、皮俱赤。春發芽，頂生若纂，嫩時香美，采作蔬可食，結莢。《本草》名鳳眼草，《禹貢》爲杶，《爾雅翼》名櫄，似樗，材可爲弓幹，一名橁。《莊子》云：斷其橁以爲公琴。馬融《廣成頌》云：珍林嘉樹，建木叢生，椿梧栝柏，柜柳楓楊。椿者，壽木也。從春者，義取賦陽和之氣，得開泰之象，乃秉南極之木。

清　吴其濬《植物名實圖考》卷三五《椿》　椿，《唐本草》始著録，即香椿，葉甘可茹，木理紅實，俗名紅椿。

紀　事

明　焦竑《焦氏筆乘》卷一　道内有大椿樹二株，高十餘丈，蒼鬱濃茂，在廳事之前，對立危聳，數百年物也。

明　朱國禎《湧幢小品》卷二九《僊椿》　福州之壺江，在海上，多烈風。而白崖之巔有椿一株，翠蓋亭亭，榕葉槐身，經年無鳥跡，雖風作，不脱片葉。三年一結子，如紅豆。一道士夜半出門，月明見樹頂霞裳羽衣者數人，隨以鶴鹿，盤旋其上，五色雲暉映遠近，隱隱笙簧聲，非人間所有。鷄初號，乃散。道士居武夷第七曲，年已九十餘。余庚子過此，至其地，日將暝，投宿。道士已先知，令侍者延入，爲語如此。且自述所寓，偒跡甚多，蓋眞有道者。

清　來集之《**倘湖樵書**》**初編卷五**　盧携夢人贈句云：若問登庸日，庭椿不染風。不解其語，後幾年携大拜，庭下古椿一枝，雖狂風驟雨，不濕不摇。則樹亦有有風不摇，有雨不濕者焉。

藝　文

宋　王質《**紹陶録**》**卷下**《**刺椿**》　花紫如茱萸，莖褐，通體皆刺，獨樹無旁杪，梢短，苗從顛生，深如皂莢，芽可食。

喚春鳥，當春呼，莫錯呼，非茱萸。前林迎榆郎，後林接榆姑。刺椿，刺椿，黠禽掐擿。餘姑存土卵，蕨鷄無宿根。

宋　劉敞《**公是集**》**卷一八**《**靈椿館風折椿樹**》　野人獨愛靈椿館，館前靈椿聳危幹。風柔雨練三月餘，奕奕中庭蔭華傘。清陰及物不自惜，赤日當天損炎旱。危簷密牖清有餘，翠竹猗桐何足算。南山白虎嘯狂飈，孤根易動枝條散。芳華寂寞未及衰，萎遲遂比溝中斷。君不見，月中紫桂天上榆，有名無實安自如。天河均潤易生植，甘露洒葉長扶疎。結根得所應自貴，庇蔭雖遠眞徒虚。靈椿乎，莊子浪叟誠爾徒，爾當自取八千歲，今顛蹶矣人誰扶。

宋　高似孫《**剡録**》**卷九**《**草木禽魚上・椿**》　剡溪谷多此木。孔德紹詩：歲積松方偃，年深椿欲秋。用莊子事妙絶。

宋　舒岳祥《**閬風集**》**卷八**《**老椿**並序》　京口多此樹。余昔從趙菊坡遊景韓時，在總幕廳前見此樹，廳有大紙屏，余記其説於屏上，十年後遊金陵過京口，有總所老吏收藏此屏，紙墨如新，問其故，乃用素紙蒙其上，揭去其蒙，故如新，蓋一時醉後書，今不復記其文矣。大槩謂淮楚此樹爲多，最是長大。莊周楚人，故知此樹爲長年也。歸舟曾載得一小根，種山園，即今樗木。莊生亦言樗以不材而全，余有取於此也。

江南江北皆宜産，濠上莊生語不虚。京口舊來曾記此，紙屏流落近何如。

金　趙秉文《**滏水集**》**卷二**《**大椿賦**爲黄太守壽公劉相甥》　於此有物焉，既澤而堅，既蔓而延。託根于無何之鄉，垂蔭于不土之田。柅日月而共友，劵宇宙而爭年。歷春秋其幾何，羌不知其歲之八千。端策筮之繇曰：是以江夏爲鼻祖，小山之外孫者耶？以孝弟爲根本，忠信爲枝葉者耶？有曄其華，富文藻者耶？有騈其實，茂德業者耶？松茂柏悦，不足以比其壽者耶？愚惑不知，請以椿言。

明　徐有貞《**武功集**》**卷五**《**壽椿堂歌**》　君不見上古有大椿，八千歲爲秋，八千歲爲春。東枝直與扶桑接，西枝却與蟠桃鄰。其陰玉兔宿，其陽金烏踆。世間萬卉自榮謝，此木不知長若新。蒙莊之言多怪神，誰能辨彼虚與眞。憐君之心孝且純，平生敬親還愛親。願親壽與椿爲倫，逍遥常作仙中人。西王母東王君，若翁與之相主賓。瑶池蓬島來往頻，年年歲歲樂無恙，後天不老齊三辰。

明　鄭善夫《**少穀集**》**卷八**《**山行見嫩椿**》　嫩椿一樹與松長，麗蕋秋掀紅翠香。愛爾未知誰更嫩，松間好看卧雲房。

明　皇甫涍《**皇甫少玄集**》**卷一**《**感椿賦**》　吾友南川朱子，既葬其先君，墓居不返，日多哀踴，純心昭格，不殖而榮。享堂之隅，爰有椿焉。鏄壖而達，一夕載茂，及期而拱。孟生號竹，嘉荀冬抽。王子撫樹，猛獸夜殞。徵感之跡，列於曩篇。猗惟吾友，千載同轍。乃命其堂曰『感椿』，而爲之賦曰：懿兹木之森翳兮，披重壤而效靈。下虬蜷而布體兮，上扶踈而擢形。驤日月於九重兮，浥膏澤於九冥。爰假號於大椿兮，彌春秋而不零。循柯葉而旁覽兮，稽誕載之故儀。感伊人之孺慕兮，緣扃域而孤峙。靡故根而櫱栽兮，不崇朝兮旖旎。謡白華而永懷兮，痛南陔之不祉。猗有相之既茂兮，恍有覿於斯堂。華容暢而茌苒兮，獨隆夜之不陽。哀猿嘯於林薄兮，鳥低回而不翔。撫松楸而四眄兮，淚流襟之浪浪。惟靈輀之即遠兮，瞻素旆之飄揚。臨幽隧而芬夜兮，哀失次而無行。昭孝思之維則兮，諒託美於兹芳。嗟昔人之純懿兮，假物類以發祥。貽高矩而孔耀兮，允奕世而彌章。

亂曰：亹亹君子，休有聞兮。懿思洞幽，粤稽訓兮。銜衃厚終，孔殷純兮。天錫厥類，物美臻兮。櫱斯叢斯，春載榮兮。倏爾神化，昭厥誠兮。悠悠昊天，哀罔極兮。告爾胤嗣，不封殖兮。

明　馮惟敏《海浮山堂詩稿》卷二《靈椿行》　靈椿一株蒼玉寒，樛枝千尺玄虯蟠。秀拔高標插地起，困輪華蓋當空團。翠葉葳蕤披雲端，天風不動聲珊珊。上有迴翔和鳴之鵷鸞，下有九莖三秀之芝蘭。捧日輝煌碧琬琰，擎天屹立青琅玕。我聞此樹，八千歲爲春，八千歲爲秋。從來奇產有神理，南華之言非繆悠。九地栽培承天休，百靈呵護豈人謀。瑞煙裊裊香不斷，玉露垂垂翠欲流。我欲因之問眞宰，定知神物幾千載。北斗平臨還相盪，南極遥瞻長不改。一元之氣何茫茫，盎然生意回三陽。氣轉千林盡萌達，春歸百卉齊芬芳。舒遲旭日昇暘谷，滴瀝華滋在喬木。條風習習扇微和，千枝萬葉重發育。美蔭已庇黃金臺，靈根夙託燕山隈。華實尚充神仙餌，柯條賸堪梁棟材。老榦去天纔尺五，層霄沆瀣足吞吐。長將枝頭一片雲，散之八荒作霖雨。

明　張鍊《太乙詩集》卷五《園中四時花木二十詠·椿》　老幹靈柯十丈長，雙溪照影類扶桑。西山風雨休相妬，留取清陰蔭草堂。

明　吴從先《小窗自紀》卷三《大椿銘有序》　燕園大椿，陰蔭周畝，開軒其側。太史顔爲嘉樹，余戲爲銘曰：

依樹結巢，緑垂翡翠，抱月留雲，映帶清媚。含風則響應千山，散影則涼分百隊。豈借覆於東柯，奚襲芳於叢桂。胡不移國以樹老成而乃托根千春，徒云喬木之良貴。

清　謝重輝《杏村詩集·丁亥詩·椿》　栽椿荒園中，不羡杉與楠。杉楠待梓材，椿生取芽甘。奄忽翠葉滿，採採盈筐籃。携歸和鹽豉，香脆清露涵。投以西川椒，收拾資深談。木老取爲屋，屋成名椿菴。

清　黄釗《讀白華草堂詩二集》卷一〇《園椿》　人世幾春秋，難爲青鬢留。薰蕕恥蕭艾，朝暮笑蜉蝣。丙舍思乾蔭，丁山問蹇修。未應殊月桂，仙種尚堪求。

又《讀白華草堂詩苜蓿集》卷六《學圃中草木雜成十二首·椿》　廣文小散樗，謂是不材木。爾乃得香名，佐我盎中蓿。

圖表

明　李時珍《本草綱目·圖卷》

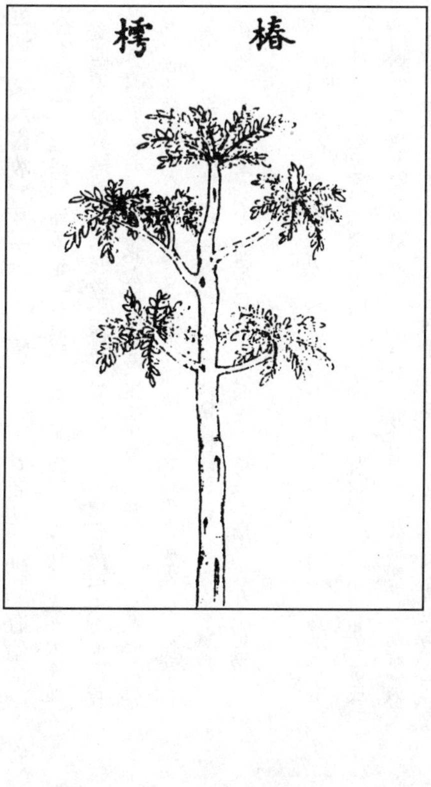

清　吴其濬《植物名實圖考》卷三五《椿》

樗

論說

元 潘伯脩《樗闇說》(引自《三台文獻録》卷一二) 凡木之材，莫不才於樗，故樗之木無所名於材，而名之曰樗。何名於樗？莖葉脱幹，其肯綮之間，若有肖於樗蒲子之目也，而遂名之。噫！宜匠氏之不一顧也，名之無所施也，一至此末與？潘先生曰：善哉命名！夫其枝葉去矣，獨其幹存矣！夫然後可得而名。故君子之觀於天也，每待其定；其觀於人也，每即其所安。鋒殺繁澤，木之所爲庇其身也，而不足禦於霜露。慎之哉！毋多言，毋多儀。實之繁者披其枝，名之於人，固有繫於肯綮之微者矣！古訓有之。君子之學非爲通也，爲窮而不困，憂而志不衰也。慎之哉！彼莊周氏不能知也，故其徒曰：樗，其擁腫而不中繩墨，卷曲而不中規矩。

清 陳啓源《毛詩稽古編》卷八 采茶薪樗。『樗』字本應作『樗』。樗，惡木，敕書切。樗，乎化切，亦木名，以皮裹松脂可爲燭，非惡木也。今諸書皆誤樗爲樗，因别作『樺』字以代『樗』。樺亦作樓華，《莊子》『華冠縱履』是也，沿習已久，不可復正。

綜述

《爾雅・釋木》 栲，山樗。注：栲似樗，色小白，生山中，因名云。亦類漆樹。音義：栲，音考，郭姑老反。案《方志》云：櫄、樗、栲、漆，相似如一。櫄，音勑倫反。樗，丑於反。漆，音七。疏：舍人曰：栲，名山樗。郭云：栲，似樗，色小白，生山中，因名云。亦類漆樹。俗語曰：櫄、樗、栲、漆，相似如一。《詩・唐風》云：山有樗。陸璣《疏》云：山樗與下田樗略無異，葉似差狹耳。吴人以其葉爲茗。方俗無名此爲栲者，似誤也。今所云爲栲者，葉如櫟，木皮厚數寸，可爲車輻，或謂之栲櫟。許慎正以栲讀爲糗，今人言栲，失其聲矣。

漢 許慎《説文》卷六 樗，木也。以其皮裹松脂。从木，雩聲。讀若華。乎化切。檴，或从蒦。

三國吴 陸璣《毛詩草木鳥獸蟲魚疏》卷上《山有栲》 栲，葉似櫟，木皮厚數寸，可爲車輻，或謂之栲櫟。許慎正以栲讀爲糗，今人言栲，失其聲耳。

又《蔽芾其樗》 山樗與下田樗畧無異，葉似差狹耳。吴人以其葉爲茗。

又《采荼薪樗》 樗樹及皮皆似漆，青色耳，其葉臭。

宋 蔡卞《毛詩名物解》卷五《栲》 栲，輻材也。《南山有栲》言其堅久也。故曰：樂只君子，遐不眉壽。栲從考，與耆從耆同意。

宋 戴侗《六書故》卷二一 樗椿 樗，丑居切。椿，丑倫切。《詩》云：采荼薪樗。毛氏曰：惡木也。莊周曰：吾有大樹，人謂之樗。其大本擁腫不中繩墨，小支曲拳不中規矩，立之塗，匠者不顧。《本草》曰：椿、樗相類，椿大實而葉香可啖，樗木疏而氣臭，膳夫熬去其氣。北人呼爲山椿，江東呼鬼目，亦謂虛目，其葉脱處有目，樗蒲子類之，故以爲名，其木最不才。又『椿莢』條曰：樗之有華者無莢，臭樗無華有莢，未見椿有莢者。世俗不辨樗與椿，故謂椿莢爾。按樗、椿同聲，疑特一字，有實無實，或香或否，乃其種别，大槩樗木以不才而壽，故莊周因而生大椿之説，周之言亦不足稽也。樗作樗，見樺下。

又 栲 栲，苦皓、古老二切。《詩》云：山有栲，隰有杻。又曰：南山有栲，北山有杻。又作[illegible]。《爾雅》曰：栲，山樗。《説文》曰：桐，山樗也。陸氏曰：山樗與下田樗無異，葉差陿爾。吴人以其葉爲茗。方俗無有名此爲栲者，《爾雅》似悮。今所云栲者，葉如櫟，皮厚數寸，可爲車輻，或謂之栲櫟。郭景純曰：栲似樗，色小白，生山中，亦謂桼。俗諺曰：櫄、樗、栲、桼，相似如一。

明 穆希文《説原》卷一二 樗櫟，散木也，不材之木。

明 吴雨《毛詩鳥獸草木考》卷一七《樗》 樗與椿極相類。二木形幹大抵相類，但椿木實而葉香可啖，樗木疏而氣臭，膳夫熬去其氣，亦可啖。北人呼樗爲山椿，江東人呼爲虎目，葉脱處有痕如樗蒲子，又如眼目，故得此名。夏中生莢，樗之有花者無莢，有莢者無花。莢常生臭樗上，未見椿上有莢者。然世俗不辨椿、樗之異，故俗名爲椿莢，其實樗莢耳。其無花不實，木大端直爲椿。有花而莢，木小幹多迂矮者爲樗。椿味苦，樗亦苦，惟嫩芽可食。其木最爲無用，《莊子》所謂『其大本擁腫不中繩墨，小枝拳曲不中規矩』是也。陸璣云：樹及皮皆似㯃，青色，其葉臭，惟堪爲薪。《河洛記》云：洛陽北嶺有古樗，婆娑周回四五畝，在伊闕正南相，當建都日，據此樹以爲南北定准，嫌樗木名惡，號曰婆娑羅樹。

又《栲》 栲，山樗也。似樗而小，色白，生山中，因名山樗。亦類㯃，俗語云：櫄、樗、栲、㯃，相似如一。櫄，即椿也。陸璣云：山樗與下田樗略無異，葉似差狹耳。吴人以其葉爲茗。方俗無名此爲栲者，似誤也。今所云爲栲者，葉如櫟，木皮厚數寸，可爲車輻，或謂之栲櫟。許慎正以栲讀爲糗，今人言栲，失其聲耳。然則樗類之别種也。《説文》本作柷。

明　焦周　《焦氏説楛》卷四　樗，江東呼爲鬼目，又名虎目，又名虎眼石南，實亦名鬼目。

明　馮復京　《六家詩名物疏》卷二四《栲》　《爾雅》云：栲，山樗。郭璞曰：栲似樗，色小白，生山中，因名云。亦類漆樹，俗語曰：櫄、樗、栲、漆，相似如一。陸疏云：山樗與下田樗畧無異，葉似差狹耳。吴人以其葉爲茗。方俗無名此爲栲者，似誤也。今所云爲栲者，葉如櫟大，皮厚數寸，可爲車輻，或謂之栲櫟。許慎正以栲讀爲糗，今人言栲，失其聲耳。

明　陳懋仁　《庶物異名疏》卷二三《虎目》　虎目，按《本草圖經》：椿、樗二木相似，但椿木實而葉香可噉，樗木疎而臭氣，膳夫亦能熬去其氣。北人呼樗爲山椿，江東呼爲虎目，葉脱去有痕如樗蒲子，又如眼目，故名。《衍義》云：世以無花不實，木身大，其幹端直者爲椿。其有花而莢大，身小幹多迂矮者爲樗。

清　張逸少　《佩文齋廣羣芳譜》卷七五《木譜・樗》　樗亦椿類，氣臭，俗名臭椿，一名虎目樹，一名大眼桐。皮麤，肌虚而白，其葉臭惡。

又《山樗》　栲，山樗也。似樗，色小白，葉差狹。吴人取以爲茗。木虚大，梓人亦或用之，然爪之腐朽，故古人以爲不材之木。

清　徐鼎　《毛詩名物圖説》卷八　《爾雅》：栲，山樗。邢昺疏：郭云：栲似樗，色小白，生山中，亦類漆樹。俗語曰：櫄、樗、栲、漆，相似如一。陸璣《疏》云：山樗與下田樗畧無異，葉似差狹耳。吴人以其葉爲茗。方俗無名此爲栲者。今所云爲栲者，葉如櫟木，皮厚數寸，可爲車輻，或謂之栲櫟。許慎正以栲讀爲糗，今人言栲，失其聲矣。

又卷九　《莊子・逍遥遊》：吾有大樹，人謂之樗。其大本，擁腫不中繩墨；其小枝，卷曲不中規矩。陸璣《疏》：樗樹及皮皆似漆，青色，其葉臭。蘇恭《唐本草》：椿、樗二樹形相類，樗木疎，椿木實。蘇頌《圖經》：椿葉香可啖，樗氣臭。北人呼爲山椿，江東呼爲鬼目。葉脱去有痕如眼目，故得此名。愚按：椿葉，今俗呼爲香椿。樗木俗呼爲臭樹，取其材，止可供薪，故曰『薪樗』。

清　牟應震　《毛詩物名考》卷五　樗，似椿而皮色青白，枝上生莖，莖上對節生葉，葉狹長而尖，花青白色，子粘連成綫，其味臭，俗呼臭椿。

又　栲，未詳。《爾雅》：栲，山樗。陸《疏》云：山樗與下田樗畧無異，葉似差狹耳。蓋山田瘠，故葉狹，非二木也。又語云：櫄、榆、栲、漆，相似如一。櫄、椿木與榆葉迥別，其木又各不同，未審所謂『如一』者謂何也。

清　吴其濬　《植物名實圖考》卷三五《樗》　樗，《唐本草》始著録，即椿之氣臭者，根莢皆入藥。木理虚白。生山中者名栲。《爾雅》：栲，山樗。陸璣《詩疏》：山栲與下田樗無異，其木稍堅，可作器。

紀　事

晉　干寶　《搜神記》卷六　成帝永始元年二月，河南街郵樗樹生枝如人頭，眉目鬚皆具，亡髮耳。

南朝宋　范曄　《後漢書》卷二四《五行志》　靈帝熹平三年，右校别作中有兩樗樹，皆高四尺所，其一株宿夕暴長，長丈餘，大一圍，作胡人狀，頭目鬢鬚髮備具。

宋　曾慥　《類説》卷六《河洛記・婆娑羅樹》　洛城山北謂之邙山，上無木。惟北嶺上有古樗樹，婆娑四五畝。楊素建都城，以此樹爲南北標準，嫌樗木名惡，號娑娑羅樹。佛經言娑娑羅樹，是如來涅槃之所，其言不祥。後楊玄感亂，李密圍城，及太宗征世充，皆於此樹駐車，下瞰城中。

元 脱脱《宋史》卷四五六《孝義傳・樊景温》 大中祥符中，景温樗樹五枝並爲一。

藝　文

唐 白居易《白氏長慶集》卷三五《林下樗》 香檀文桂苦雕鎸，生理何曾得自全。知我無材老樗否，一枝不損盡天年。

宋 蘇軾《東坡全集》卷三〇《樗》 自昔爲神樹，空聞蜩鶪鳴。社公煩見輟，爲爾致羊羹。

明 張鳳翼《處實堂集・後集》卷三《詠大樗》 風霜自足老樗材，官道何須匠石來。多少楩枏登棟宇，阿房一炬栢梁災。

清 謝重輝《杏村詩集・丁亥詩・樗》 惡木如惡人，除之終難盡。天公本無私，生物殊矛盾。中唐產臭樗，羅生長接軫。剪伐復依然，蕃茂久不隕。幽木爲之殘，奇花爲之窘。不棲鳳與凰，鵂鶹夜相引。我欲用火攻，恐爲造物哂。

清 張問陶《船山詩草》卷二《戊丁集・樗櫟》 曾向中原策馬來，蒼茫舟楫入荆臺。湘南春水思騷客，潁上秋風憶霸才。四海無家長作客，百年如夢且銜杯。亦知天地容樗櫟，敢説空山老大材。

清 陳鵬年《樗》（引自《沅湘耆舊集》卷六四） 樗樹古墻陰，叢生託禁林。漸成霄漢勢，徒有棟梁心。雨露知天大，根荄得地深。當門戒蘭蕙，鋤艾本相尋。

清 倪濤《擬白香山有木詩八首・之八》（引自《兩浙輶軒續録補遺》卷一） 有木至不材，臭濁山有樗。生同覆載內，氣浮質幹疏。繩木難爲設，拳曲焉可舒。樵采幸相棄，夭年欣有餘。乃因土膏潤，移根通邑閭。斧斤非不利，頑惷未忍除。虎目别椿種，鮑肆溷蘭居。雨露厚霑被，冥然絶生初。

圖　表

晉 郭璞《爾雅音圖・釋木》

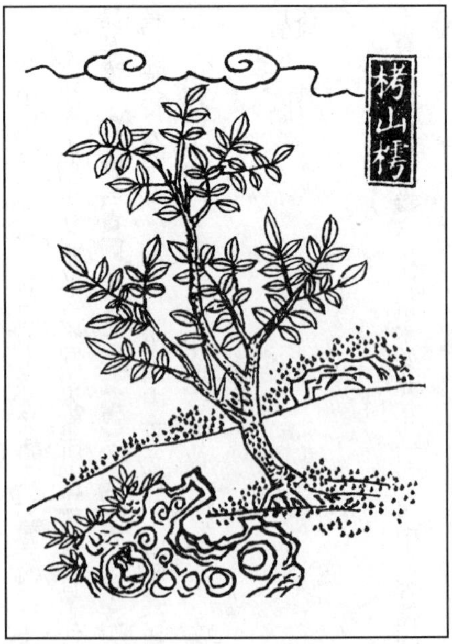

清 徐鼎《毛詩名物圖説》卷八

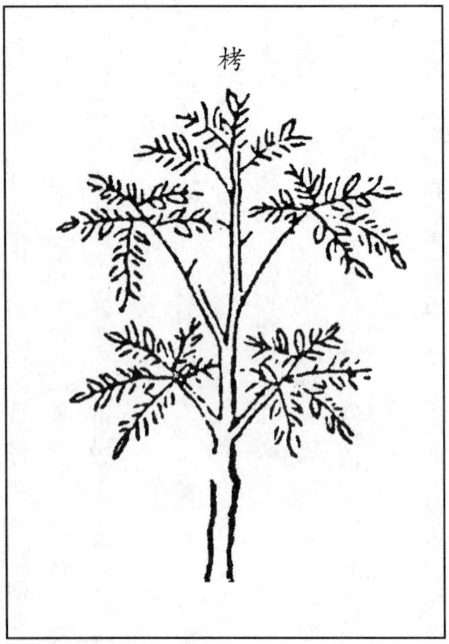

又卷九

清 吴其濬《植物名實圖考》卷三五《櫸》

榕

綜述

晉 嵇含《南方草木狀》卷中 榕樹，南海桂林多植之，葉如木麻，實如冬青，樹幹拳曲，是不可以爲器也。其本稜理而深，是不可以爲材也。燒之無焰，是不可以爲薪也。以其不材，故能久而無傷。其蔭十畝，故人以爲息焉。而又枝條既繁，葉又茂細，軟條如藤垂下，漸漸及地，藤稍入地，便生根節。或一大株有根四五處，而横枝及鄰樹即連理，南人以爲常，不謂之瑞木。

唐 劉恂《嶺表録異》卷中 榕樹，桂廣容南府郭之内多栽此樹。葉如冬青，秋冬不凋。枝條既繁，葉又蒙細，而根鬚繚繞，枝幹屈盤。上生嫩條如藤垂，下漸及地，藤梢入土，根節成一大榕樹。三五處有根者，又横枝著隣樹，則連理。南人以爲常，不謂之瑞木。

宋 范成大《桂海虞衡志・志草木》 榕，易生之木。又易高大，可覆數畝者甚多。根出半身，附幹而下以入土，故有『榕木倒生根』之語。禽鳥銜其子寄生他木上，便蔚茂，根下至地得土氣，久則過其所寄。

宋 戴侗《六書故》卷二一 榕 [illegible]，余封切。南中木，枝幹節節生，根下垂，諺云『榕樹到生根』也。

元 朱思本《貞一齋詩文稿・榕説》 百粤之地有木焉，魁梧偃蹇，蓊鬱霣霿，大或十數圍，高百餘尺。始見以爲荆揚之豫樟也，廹而視之，横柯曲幹，樛斛求乙丮，屹枝間垂絲至地，輒復爲根。久益長大，根幹連絡至有一本數十株，大蔽十畝者。問諸其人，曰榕木也。冬夏恒青，地煖所宜。若嶺北繁霜雪，則不能植矣。予心異之曰：是大可爲梁棟，小可爲欂櫨，構大厦需良材，中州未之有也。行昭梧間，有根株摧仆、枝葉委積者，泥沙汩其外，螻蟻坌其中，匠者莫之顧，樵者莫之取也。私怪而問之，則曰：是木也，其大蔽天，鳳凰不棲焉。其深徹泉，虯龍不親焉。妖狐鬼魅之所憑依，毒虺之所穴藏，人莫敢睥睨者。今也幸而爲雷所震，爲材則脆瘣而速槥，爲薪則渻洽而含洳，無適可用。斯亦控於地，與糞土俱腐而已耳。予於是有感焉，不仁而在高位，豪猾與游，逋逃與歸，上以罔其君，下以賊夫民，神怒而不知，人怨而不恤。其不爲百粤之榕木，而踣於震雷者，幾希吁！

明　慎懋官　《華夷花木鳥獸珍玩考》卷三《榕》　《宋志》引《海物異名記》云：榕或作槦，言材不中梓人也。有二種：一種矮而盤桓，其鬚著地復生爲樹；一種名赤榕，最爲高大。此二樹者，爲蔭最濃，人家於東北方空闕處及院落有餘地或於道路傍，往往栽之，以障風蔽日。此樹生至福州而止，因呼福州爲榕城云。

明　謝肇淛　《五雜俎》卷一〇《物部二》　榕木惟閩廣有之，而晉安城中最多，故謂之榕城，亦曰榕海。云其木最易長，折枝倒埋之，三年之外便可合抱。柯葉扶疎，上參雲表，大者蔽虧百畝，老根蟠拏如石焉。木理邪而不堅，易於朽腐，十圍以上其中多空，此《莊子》所謂『以不才終天年』者也。閩人方言亦謂之松，按松字古作㮤，則亦與榕通用矣。

明　張存紳　《增定雅俗稽言》卷四〇　榕樹　榕或作庸，言材不中梓人也。此樹生玉福山，因呼福州爲榕城。

明　劉侗　《名物通》卷八　榕，有二種，一種矮而盤桓，其鬚着地。又一種名赤榕，最高大，幹濶三四丈，中通不圓實，木理粗惡。曰容者，言其中空有容也。新長未空者，鏇作盤合甚輕。此樹生至福州而止，故福州有榕城云。

明　方以智　《通雅》卷四三　榕當别出，狀木始于嵇含，分字始于戴侗。《説文》以㮤爲古松字，《六書故》以古松字爲㮤，而榕爲南方之榕。榕實南方巨木，嵇含已詳載矣。柳宗元詩：榕葉滿庭鶯亂啼。後山《談叢》言：蔡州壺公觀有大木，四垂傍出，人莫能知。張戣，閩人，嘗至蔡，爲余言乃榕木。此木無用，惟枝上垂根纍之，可作火繩以發砲，又可染黑。贊寧《志》所云倒生木、不死樹，横枝生根，下地如柱，即榕無疑。

清　宋長白　《柳亭詩話》卷二三《榕葉》　閩粤之間，其樹榕有大葉、細葉二種，紛披輪囷，細枝着地，遇水即生，亦異品也。前人取爲詩料，始於柳子厚『榕葉滿庭鶯亂啼』，蘇子瞻有『卧聞榕葉響長廊』，楊誠齋有『榕樹梢頭訪古臺』，程雪樓有『老榕能識舊花驄』，湯臨川有『榕樹蕭蕭倒掛啼』，此外無有專咏者。按：《爾雅》、《説文》諸字書皆遺此字，《本草·木部》亦無榕木。《嶺表録異》曰：蛤蚧多巢榕木間。又福州府名榕城，《正字通》補入之。

清　吴其濬　《植物名實圖考》卷三七《榕》　榕樹，兩廣極多，不材之木。江西南贛皆有之，稍北遇寒即枯，故有『榕不過吉』之諺。或以爲即蜀之榿木，但蘇子美蜀人，在惠在瓊，無一語及之。李調元《南越筆記》敘榕木甚詳，亦不謂即榿。李亦蜀人也。

紀　事

宋　陳師道　《後山談叢》卷三　蔡州壺公觀有大木，世亦莫能名也，高數十尺，其枝垂入地，有根復出爲木，枝復下垂，如是三四，重圍環列，如子孫然。世傳漢費長房遇仙者處，木即縣壺者。沈丘令張戣，閩人，嘗至蔡，爲余言：乃榕木也，嶺外多有之，其四垂旁出，無足怪者。柳子厚《柳州》詩云『榕葉滿庭鶯亂飛』者是也。

明　鄺露　《赤雅》卷二《榕樹門》　榕樹門，古桂州南門，唐時所築。上有榕樹，一枝兩根，苞蘧軌礦，跨門而生。車馬轔轔，皆從樹根而出。至正間忽枯，平章唐元公祀之，復生。

清　趙翼　《檐曝雜記》卷四《榕樹黄果樹》　閩粤間榕樹最多，其材一無所用而蔭極大，暍行者皆憩息焉。余嘗作詩咏之，所謂以無用而爲有用也。其根尤奇，昔在鎮安府署後獨秀山有榕一株，根千百條，沿緣山腹，透入石罅，如鼠鑽穴，蛇入洞，固已奇矣。及至廣州廳事後，又有一株，根大五十抱，相傳有神，每太守到任，必瀝酒祭之，然皆無鬚也。又有一種有鬚者，其旁出之榦，忽生鬚如流蘇下垂，及著土則又成根，久之千百根合成一根，故根益大，槎枒嵌空，不可名狀。土人謂無鬚者爲雄，有鬚者爲雌。余謂當反其名稱，如人之有鬚者必男也。滇南有黄果樹亦然，僰人敬之爲神樹。其鬚垂地，不敢稍損，故根益多。余嘗過遮放土司，有一株蔭大三四畝，其鬚之著土成根者，亦大盈畝，千百根或離或合，中多竅竅如千門萬户，大處可布一席，小處僅側身過，亦有不可過者。余嘗屈曲行其中，竟日猶未遍，幾不能出，信天下之奇觀也。

藝文

唐　柳宗元《柳河東集》卷四二《柳州二月榕葉落盡偶題元和十一年二月也》　宦情羈思共悽悽，春半如秋意轉迷。山城遇雨百花盡，榕葉滿庭鶯亂啼。

宋　鄒浩《道鄉集》卷一一《榕樹》　榕樹能容故得名，枝條環布若高城。何當種滿彌天去，永使青青芘萬生。

宋　唐庚《眉山詩集》卷二《雙榕》　水東雙榕間，有叟時出遊。清風衣履古，白雪鬚髯虬。吟哦明月夕，簸弄寒江秋。驚傳里中兒，不泊岸下舟。君看魑魅中，有此風味不。安知非黄石，但恨無留侯。此生鋤犂手，誤入簪紳流。無功折毫髮，負罪平山丘。政爾求澡濯，聞之歎綢繆。摳衣倘可親，跪履安敢羞。得聞半偈語，一解終身憂。性不喜伐國，兵書非所求。

宋　李綱《梁谿集》卷三《榕木賦並序》　閩、廣之間多榕木，其材大而無用，然枝葉扶疎，芘蔭數畝，清陰人實賴之，故得不爲斧斤之所翦伐，蓋所謂無用之用也，感而爲之賦，其辭曰：南有巨木，其名曰榕。下蟠據於厚地，上盪摩於高穹。雨露之所霶潤，雷霆之所震聳，日月之所照燭，乾坤之所含容，與衆木均。夫何賦形稟氣之獨不同也？爾其擢幹敷條，輪囷離奇，結根植本，拳曲擁腫。口鼻百圍之竅穴，龍蛇千尺而飛動。仰視俯察，何規矩繩墨之不中也。高明之麗，非棟梁之資；斲削之工，非俎豆之奉。以爲舟檝則速沈，以爲棺槨則速腐，以爲門户則液，以爲楹柱則蠹。薪之弗焰，無爨鼎之功；燎之弗明，無爝火之用。蓋楞然之散木，徒萬牛之嗟重。宜匠石之不顧，同櫟社而見夢。然而脩枝翼布，密葉雲濃。芘結駟之千乘，象青蓋之童童。夏日方永，畏景馳空。垂一方之美蔭，來萬里之清風。靚如帷幄，肅如房櫳。爲行人之所依歸，咸休影乎其中。故能不夭斧斤，棓擊是免。雖不材而無用，乃用大而效顯。異文木之必折，類甘棠之勿翦。立乎無何有之鄉，配靈椿而獨遠。不然則鴈以不鳴而烹，漆以有用而割，犀象以齒角而斃，樗櫟以惡木而伐。處夫材與不材之間，殆未易議其優劣也。

宋　薛季宣《浪語集》卷三《大榕賦》　越甌而南，嶺山東麓，有七閩之會焉，厥都維福。福都中閩，城山塹水，修逵孔直。麗譙南指，粤有喬木，根乎此堂，青葱映帶，經五門而之合江，夾經途者，凡十有五里。其爲根也，盤桓詰曲，勢浮平陸。隱丘陵，斡坤軸。如山如坻，崟岑蔽虧。列岫奇峯，幻然默爲。蜿蜒糾紛，虵蟠鹿奔。卷舒連蜷，油如出雲。樹無全株，萬本同植。縈連擁腫，鑽堅露隙。儔引儔緣，自陵空碧。和氣鬱，贅疣生，衆醜備，百怪形。岌如神山，冬無落木。蒼蒼九夏，森其翠幄。枝柯離敧，横從出奇。翕如其合，判如其離。嗟如其往，欻如其來。夭蜘驪龍，摩天切空。雞翼雲垂，扶摇下風。輪囷無心，隨之有本。孔綜根元，誰分混沌。軒然而大厦成，蚴然而怪螭怒。駢爪紛拏，矗其八柱。飛鳥千羣，而咸棲有所。綢繆束薪，不堪以火。盤根錯節，而摧斤缺斧。其圓也，不中乎規，不成乎矩。樵夫視而弗斫，大匠行而弗顧。以無堪而保其天，斯所以邇乎人，而壽莫之數也。若夫景升之牛，主人之鴈，不善其鳴，服箱孔屯，以不才而烹者何哉？蓋豐肌而蠹夫人之芻豢也。斯榕木則不然，承天之施，得生於地，不假乎人，不離乎類，不以直節爲高，不以孤生爲異，淩寒而不改其操，連理而不稱其瑞。無庸而庸無尚焉，爲其全虚愚之義也。至於交柯旁薄，分根合枝，異生同命，縈繚相維，倚天成蓋，蔽野成帷，迷雲而零雨不下，畏日而炎天改色。邑人之依，行人之得，不才而才無似焉，斯其爲大通之德也。夫惟有大通之德，全虚愚之義，守不才之位，處無庸之地，爲物而物固莫之陵，比人而人適當其意，其事也無施，其生乃克遂。是生乎通邑大都之間，尚亦躐千齡而幾萬歲也。走嘗聞諸西方之人曰：尼俱律陀之木，其子芥三之一，及其成材，蔭車將五百乘。斯榕木者，不幾於是乎？今夫閩中之木，榕爲大，其萌也微，物莫之害，有蘖其芽，蓊然天蓋。走不知命之者誰耶？庸以劣其形而不文其內。無文於內，將或容於外，而以成其大。

宋　楊萬里《誠齋集》卷一八《榕樹》　直不爲楹圜不輪，斧斤亦復赦渠薪。數株連碧眞成菌，一脛空肥總是筋。

明　吴寬《家藏集》卷三二《榕江記》　木之産于地者，曰松，曰栢，曰栝，曰檜，曰豫章，曰桐梓，皆良材也。其用于世，大者爲棟爲梁，小者爲桷爲棁，各隨其材以爲用。夫以材之良，不用于什器而于宫室，亦不枉其材矣。然而數木也，其生偏于天下，而亦足天下之用。惟五嶺之南有木曰榕，臃腫離奇，偃蹇蓊鬱，横柯曲幹，間有絲焉。垂地輒復爲根，歲久叢生成林。其高且大，過松、栢、栝、檜、豫章。其不黄落而凋，桐梓所不及也。榕既偏生一隅，中原之人初不之識。故《詩》三百，多草木之名，而篇皆不載。後世如郭璞、陸佃之博物著書復遺之，僅一見於柳子厚之詩而已。余嘗讀子厚之詩而識其名，詢之土人而知其狀。曰：此可取以譬乎人矣。蓋榕之材雖不若松栢之類之堅，可用之於宫室，而其高大不黄落而凋，足以蔭庇乎人。嶺南春夏之交，日氣酷烈，行旅負載之徒，跋履勞苦，争息其下。或風雨暴至，就而避之，亦何異夏屋之帡幪也。故雖不爲宫室之用，而其功與宫室等。豈不猶鄉里巨人，厭爵禄，謝民社，而浮沉乎閭井之間。一旦里之人有急焉，投之無不周卹者，豈惟僅全其身以自足而已。潮陽隱士陳孔誠甫，淳朴恭謹，兼通陰陽樹藝之説。家邑之華里村宅前有榕數十株，數邀賓友携子弟往遊其間，彈琴賦詩，意甚樂也。有水自西山來折，而東環其宅，又東注于海。而榕適際水，水日夜漱其根，濯其條，更茂密可愛。孔誠或坐盤石，投竿而釣，悠然有會于心，因自號榕江。或謂之曰：子其終老于是，而忘斯世耶？則對曰：吾已有子出而仕矣。於是使其子吴江教諭顥來，乞余記所謂榕江者。蓋孔誠託此以自譬者，意實有在。豈惟追涼風，弄明月，以爲供賓友子弟之樂之計耶？且江之廣，不足以爲負舟，然抱甕者即之，亦可以灌畦，孰謂孔誠無意於此？江本出岷山，《禹貢》所謂『岷山導江』是也。此亦曰江，南人指水之急流者，多借以名之爾。

清　李光地《榕村集》卷三七《榕》　十畝之間，有榕三根。三根惟上，其植則分。根不摧兮何以三植，枝不根兮何以條肄。彼風能摧，彼枝能根。摧者其天，根者其人。既根在人，摧亦天意。欲令遠揚，十畝陰翳。

清　魏荔彤《懷舫詩集》卷七《榕樹》　溪邊老樹閱年深，半壓津亭半水心。葉受風吹常瑟瑟，影留月照倍沉沉。高枝巢鶴千秋物，老幹横橋一畝陰。欲擬歲寒松柏隊，可堪移植雪霜林。

清　阮元《揅經室集四集》卷一一《大榕》　秋暑午猶烈，帆影何彤彤。牽船泝贛水，篷低喝難容。安能有美樾，使我船可艘。前川忽東轉，臨水多大榕。盤根岸洒洒，翳薈波溶溶。藏舟入榕底，愛此涼陰濃。交柯復接葉，老緑叠幾重。漁人與舟子，榕下問相逢。何時解纜去，且待上下春。前江有新月，相約采芙蓉。贛南南康縣有芙蓉江

清　彭藴章《松風閣詩鈔》卷一二《問小集·古今體詩一百十二首·牡榕》　雌榕雖不材，其蔭垂數畝。猶堪庇行人，避暑清風受。牡榕勢參天，不與牝爲偶。炎天落葉多，赤曦明當牖。於世竟無功，頑姿於易朽。上愧梗柟材，下慚松柏壽。並無雌榕德，孤直曾何取。胡爲植我庭，汎掃不除垢。甘荔減清芬，幽蘭緘笑口。鬼車多怪聲，倚汝爲淵藪。我欲尋斧斤，梯墻一揮手。

清　焦和生《連雲書屋存稿》卷三《大榕樹》　一望重雲密，瓊南識大榕。晴天含雨色，冬日帶春容。冬不墜葉。烏入藏身穩，人來喜蔭濃。斧斤常不害，散木等喬松。

清　張鉞《紫硯山人全集》詩集卷一一《粤游集·古榕篇》　交州多榕樹，壯哉祝融門。團欒拏重霄，蚴蟉裂厚坤。高者結屋厦，低者盤車輪。垂絲忽梯空，誰辨幹與根。白日不到地，風雨摩蒼天。或以覆神祠，或以輔城闉。墟落多高樓，木棉交籬樊。臃腫豁其腹，譎詭難具陳。工師掉頭過，詎肯施斧斤。不材乃天材，式衍子若孫。既有交讓意，復學連理繁。文櫚與檀楠，華采傷雕鎸。石鹽重且栗，截鋸爲舟船。石以秀自剉，香以膏自焚。靈椿爲春秋，蒙莊非寓言。寄謝豫章行，枝葉無棄捐。行一作山。

清　余鍔《雜詠南方草木》（引自《兩浙輶軒續録》卷二七）　輪囷十畝陰，不見陽烏度。子落長蚍蜉，蚍蜉還撼樹。榕

圖表

清　吴其濬　**《植物名實圖考》卷三七**

柘

綜述

漢　許慎　**《説文》卷六**　柘，桑也。从木，石聲。之夜切。

宋　温革　**《分門瑣碎録・柘》**　柘樹多發生，幹踈而直，葉豐而厚，春蠶食之。其絲以冷水繰之，謂之冷水絲。

宋　戴侗　**《六書故》卷二一**　柘　𣏤，之夜切，桑類，蠶所食也。《考工記》曰：取幹之道，柘爲上，檍次之，檿桑次之。

明　李時珍　**《本草綱目》卷三六**　柘宋《嘉祐》　釋名：時珍曰：按陸佃《埤雅》云：柘宜山石，柞宜山阜。柘之從石，其取此義與？　集解：宗奭曰：柘木裏有紋，亦可旋爲器。其葉可飼蠶，曰柘蠶，然葉硬，不及桑葉。入藥以無刺者良。時珍曰：處處山中有之。喜叢生，幹疎而直，葉豐而厚，團而有尖。其葉飼蠶，取絲作琴瑟，清響勝常。《爾雅》所謂棘繭，即此蠶也。《考工記》云：弓人取材以柘爲上。其實狀如桑子，而圓粒如椒，名隹子。隹音錐。其木染黄赤色，謂之柘黄，天子所服。《相感志》云：柘木以酒醋調礦灰塗之，一宿則作間道烏木文，物性相伏也。

又　奴柘《拾遺》　集解：藏器曰：生江南山野。似柘，節有刺，冬不凋。時珍曰：此樹似柘而小，有刺。葉亦如柞葉而小，可飼蠶。

明　吴雨　**《毛詩鳥獸草木考》卷一八《柘》**　柘，亦桑屬。實一名隹。木裏有文細密，上多白點。可旋爲器。枝條多有刺，葉比桑葉甚小而薄，色頗黄淡，葉稍皆三叉，亦堪飼蠶，曰柘蠶。實紅，熟甘酸，可食。有綿柘，刺少，葉似柿葉微小。枝葉間結實，狀如楮桃而小，熟則亦有紅蘂，亦可食。惟葉微苦，不如柘葉之甘也。

明　鮑山　**《野菜博録》卷四**　柘樹處處有之。其木堅勁，皮紋細密，枝條有刺，葉比桑葉小而薄，色黄淡，葉梢三叉。綿柘刺少，枝葉間結實，狀如楮桃，熟有紅蘂，味甘微苦。柘木味甘，性温，無毒。食法：採嫩葉煠之浸去邪味，油鹽調食。

清　徐鼎　**《毛詩名物圖説》卷九**　《淮南子》：八月其樹柘。《説文》：桑屬。《蠶書》：柘葉飼蠶，爲絲中琴瑟絃，清響勝凡絲。《埤雅》：柘宜山石。愚按：柘材可爲弓矢，故《考工記》云『弓人取幹，柘爲上』，《投壺》云『矢以柘若棘』是也。葉可飼蠶，又堪染色。《本草》云：其木染黄赤色，謂之柘黄，天子服是也。又季夏取桑柘之火，見《周書》。其實名隹，崔豹曰：桑實曰葚，柘實曰隹。

清　吴其濬　**《植物名實圖考》卷三五《奴柘》**　奴柘，《本草拾遺》始著録。似柘有刺，高數尺，江西有之。《湘陰志》：灰桑樹，葉大，有刺三角，亦桑類，即此。

又《柘》　柘，《嘉祐本草》始著録。葉可飼蠶，木染黄。《救荒本草》：葉實可食，野生小樹爲奴柘。《本草拾遺》載之。

圖表

明 李時珍《本草綱目・圖卷》

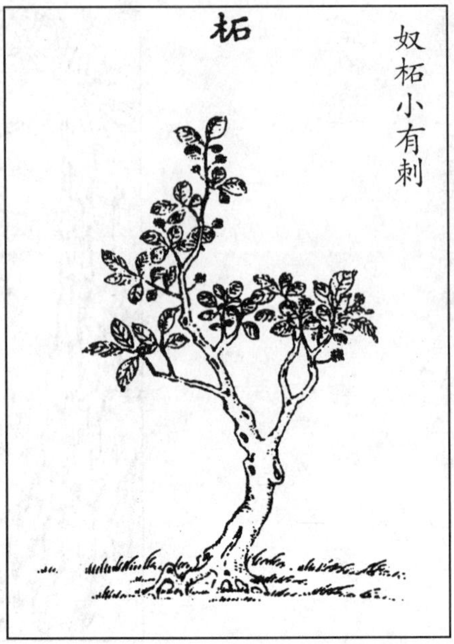

明 鮑山《野菜博録》卷四

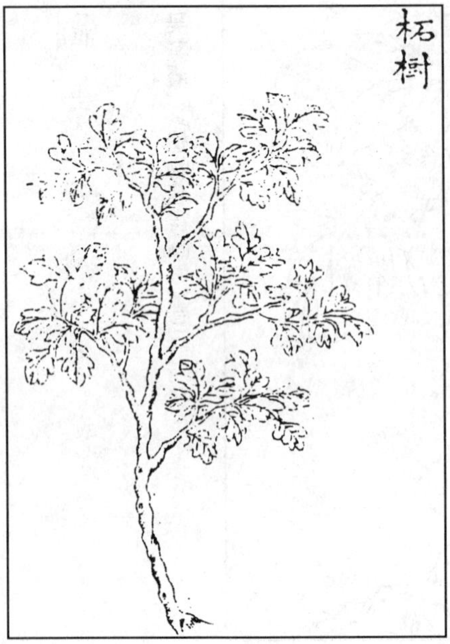

清 徐鼎《毛詩名物圖説》卷九

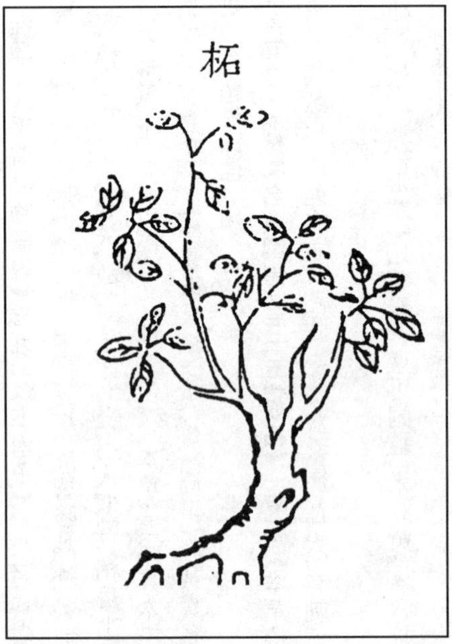

清 吴其濬《植物名實圖考》卷三五《奴柘》

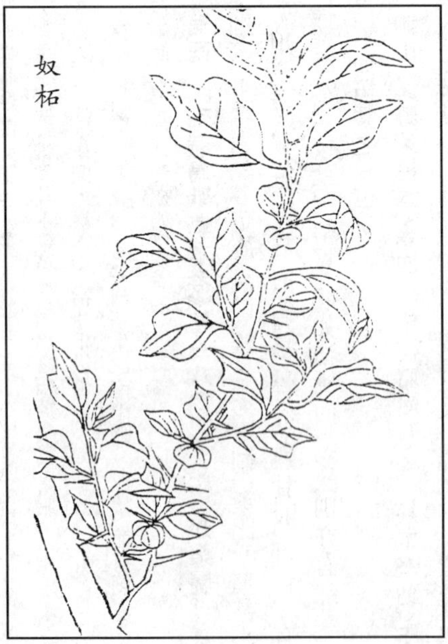

又《柘》

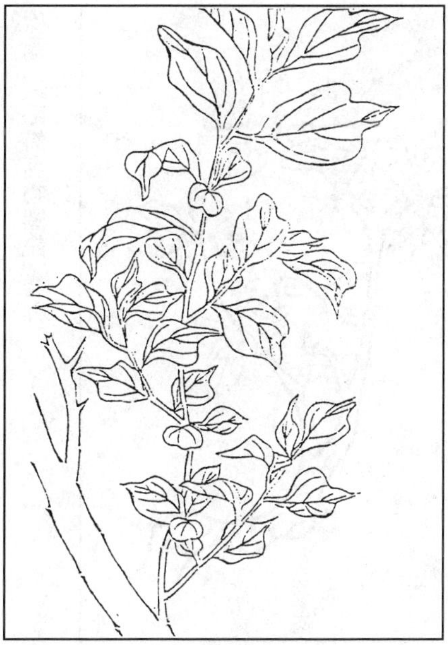

弓人取幹之道七，柘爲上，檍次之，檿桑次之，橘次之，木瓜次之，荆次之，竹爲下。周幽王之亂，檿弧箕服之謡，兆於宣王之時，竟取棄女，以亡周國。先王之制，戎器不鬻於市，而至於夫婦鬻是器則已異矣。檿之爲弓，見於此時。箕草似荻而細，織以爲矢服，説者以爲近射妖。《管子》：五粟之土，其檿其桑。周詩言文王之事，『攘之剔之，其檿其柘』。

宋 戴侗《六書故》卷二一 檿 檿，於琰切。檿桑，山桑也。《禹貢》：厥篚檿絲。《詩》云：攘之剔之，其檿其柘。

明 穆希文《説原》卷一二 檿，山桑也。絲中琴瑟，材可爲車轅，又可爲弓。

明 吴雨《毛詩鳥獸草木考》卷一八《檿》 檿，一名山桑，桑柘之屬。葉似桑葉，有點文，亦可以飼蠶。其木理文采如博碁，方正駢次有如畫者。古者青州以絲爲貢，以檿絲爲篚。蓋食檿之蠶，其絲中琴瑟絃，盛之箱篚，貴之也。材中車轅並弓。《冬官考工記》云：弓人取幹，柘爲上，檿桑次之。

清 徐鼎《毛詩名物圖説》卷九 《爾雅》：檿桑，山桑。郭璞注：似桑，材中作弓及車轅。《考工記》：弓人取幹，柘爲上，檿桑次之。《禹貢》：青州，厥篚檿絲。注：蠶食檿桑所得絲，韌，中琴瑟絃。《説文》：山桑有點文者。朱子《集傳》：檿，山桑也。與柘皆美材，可爲弓幹，又可蠶也。

檿

綜述

《爾雅·釋木》 檿桑，山桑。注：似桑，材中作弓及車轅。音義：檿，烏蕈反。車，昌蛇反。轅，音袁。疏：山桑，一名檿桑。郭云：似桑，材中作弓及車轅。《冬官考工記》云『弓人取幹，柘爲上，檿桑次之』是也。

漢 許慎《説文》卷六 檿，山桑也。从木，厭聲。《詩》曰：其檿其柘。於琰切。

宋 羅願《爾雅翼》卷九《檿》 檿，山桑。顔師古以爲山桑之有點文者，其葉可以食蠶，而材尤有用。古者青州以絲爲貢，以檿絲爲篚。蓋食檿之蠶，其絲中琴瑟絃，盛之箱篚，貴之也。其材可以爲車轅，又可以爲弓。

圖表

晉 郭璞《爾雅音圖・釋木》

清 徐鼎《毛詩名物圖說》卷九

楮

綜述

漢 許慎《說文》卷六 穀，楮也。从木，𣪊聲。古禄切。楮，穀也。从木，者聲。丑吕切。柠，楮，或从宁。

三國吳 陸璣《毛詩草木鳥獸蟲魚疏》卷上《其下維穀》 穀，幽州人謂之穀桑，或曰楮桑，荆揚、交廣謂之穀，中州人謂之楮。殷中宗時，桑穀共生是也。今江南人績其皮以爲布。又擣以爲紙，謂之穀皮紙，長數丈，潔白光輝，其裏甚好。其葉初生，可以爲茹。

唐 段成式《酉陽雜俎》卷一八 構，穀田久廢，必生構。葉有瓣曰楮，無曰構。

宋 羅願《爾雅翼》卷九《穀》 穀，惡木也，易生之物。一説穀田久廢，則生穀。此聲所以通於穀，其音又近御名。或曰葉有瓣曰楮，無曰構。其實正赤如楊梅而無核。《鶴鳴》之詩，園之所有木不同，而其下皆穀，則以穀易生故也。伊陟相太戊，亳有祥桑穀共生于朝。《傳》曰：俱生于朝，七日而大拱，伊陟戒以脩德而木枯。劉向以爲桑猶喪也，穀猶生也，殺生之柄失而在下，則是以桑、穀爲二物也。而陸璣以爲穀，幽州謂之穀桑，或曰楮桑，然則蓋一物也。《論衡》曰：楓、桐之木生而速長，故其皮肌不能堅剛。樹、檀以五月生葉，後彼春榮之木，其材彊勁，車以爲軸。商之桑穀，七日大拱，長速大暴，故爲變怪。穀雖易生，至於七日而拱則已速矣。而宋人刻玉爲楮葉，三年乃成。《列子》曰：使地三年而成一葉，則物之有葉者寡矣。江南人績其皮以爲布。又擣以爲紙，長數丈，絜白光澤甚好。其葉初生可茹。又取班穀之皮以爲冠。裴淵《廣州記》曰：蠻夷取穀皮，熟槌爲揭裹布，鋪以擬氊。然則雖惡木，用亦博矣。《管子》：五位之土，其槐其楝，其柞其穀。《南山經》曰：招摇之山有木焉，其狀如穀而黑理，其華四照，其名曰迷穀，佩之不迷。

宋　戴侗《六書故》卷二一　穀楮　穀，古祿切。楮，丑呂切。楮、穀兩種，一種高大皮駁，實如楓實，熟則紅，《書》所謂『桑穀並生』者也；一種皮白葉長，實小似覆盆子，其木不能高大，俗謂扁穀，所謂楮也。

元　王禎《農書》卷一〇《穀楮》　《説文》云：穀者，楮也。有二種。一種皮有斑花文，謂之斑穀，今人用爲冠者。一種皮白無花，枝葉相類。或云斑者是楮，白者是穀。

明　李時珍《本草綱目》卷三六　楮《別録》上品　釋名：穀、音媾。亦作構。穀桑。頌曰：陸璣《詩疏》云：構，幽州謂之穀桑，或曰楮桑，荆揚、交廣謂之穀。時珍曰：楮本作柠，其皮可績爲紵故也。楚人呼乳爲穀，其木中白汁如乳，故以名之。陸佃《埤雅》作穀米之穀，訓爲善者，誤矣。或以楮、構爲二物者，亦誤矣。詳下文。集解：《別録》曰：楮實生少室山，所在有之。八月、九月采實日乾，四十日成。弘景曰：此即今構樹也。南人呼穀紙亦爲楮紙。武陵人作穀皮衣，甚堅好。頌曰：此有二種：一種皮有斑花文，謂之斑穀，今人用皮爲冠者；一種皮白無花，枝葉大相類。但取其葉似葡萄葉作瓣而有子者爲佳。其實初夏生，大如彈丸，青緑色，至六七月漸深紅色，乃成熟。八九月采，水浸去皮、穰，取中子。段成式《酉陽雜俎》云：穀田久廢必生構。葉有瓣曰楮，無曰構。陸氏《詩疏》云：江南人績其皮以爲布。又搗以爲紙，長數丈，光澤甚好。又食其嫩芽，以當菜茹。今楮紙用之最博，楮布不見有之。醫方但貴楮實，餘亦稀用。大明曰：皮斑者是楮，皮白者是穀。時珍曰：按許慎《説文》言楮、穀乃一種也，不必分別，惟辨雌雄耳。雄者皮斑而葉無椏叉，三月開花成長穗，如柳花狀，不結實，歉年人采花食之。雌者皮白而葉有椏叉，亦開碎花，結實如楊梅，半熟時水澡去子，蜜煎作果食。二種樹並易生，葉多澀毛。南人剥皮搗煮造紙，亦緝練爲布，不堅易朽。裴淵《廣州記》言：蠻夷取穀皮熟捶爲揭裹䌷布，以擬氈，甚暖也。其木腐後生菌耳，味甚佳好。

明　吴雨《毛詩鳥獸草木考》卷一八《穀》　穀，一名楮，一名構。有二種。一種皮有斑花文，謂之斑穀，今人用以爲冠者。一種皮無花文，枝葉大相類，其葉似葡萄葉，作瓣，又上多毛澀，實名楮桃，大如彈丸，青緑色，後漸變深紅色，食之甘美，久食令人骨軟，俗謂之穀。一説木高一二丈。穀田久廢，必生構葉。有瓣曰構，無曰楮。皮可作紙，南人呼穀紙爲楮紙。武陵人作穀皮衣甚堅好耳。陸璣云：幽州人謂之穀桑，或曰楮桑，荆揚、交廣謂之穀。江南人績其皮以爲布。又擣以爲紙，長數丈，光澤潔白，甚好。其嫩芽可爲茹。殷中宗時，桑穀並生是也。《花木志》：楮子如梅實，二月花，色如蓮，實七八月熟，土人鹽藏之，味辛。陸佃云：取名於穀者，穀，善也。惡木謂之穀，則甘草謂之大苦之類。

明　劉侗《名物通》卷八　楮穀，惡木也，易生。實如楊梅而無核。皮斑者楮，白者穀。

明　鮑山《野菜博録》卷四　楮桃樹，一名楮實，所在有之。葉似葡萄葉，作瓣叉，上多毛澁，而有子者佳。桃如彈大，青緑色，後變紅成熟。浸洗去穰，取中子，實葉俱味甘，性寒涼，無毒。

清　孫之騄《枝語》卷上《楮》　《莊子》曰：是之異乎？不是也，其無辨矣。楮，一木也，俄而爲構則無瓣也，俄而有瓣則楮也，俄而爲穀則白皮而雌者也，俄而爲楮則班皮而雄者也。如《詩疏》，如《説文》，如《酉陽雜俎》。楮木，殆三其身。女三爲粲，木三爲森，莫定其一是也。辨之以楮紙爲用也，木則從楮。

清　陳淏子《秘傳花鏡》卷三《花木類考・楮》　楮，一名穀，樹有二種。一雄，皮斑而葉無椏叉，三月開花，即成長穗，似柳花而無實。一雌，皮白，中有白汁如乳，葉有椏叉，似蒲萄，開碎花，結實紅似楊梅，但無核而不堪食，皮可作紙，汁可充膠，十二月内將子淘晒過種即生，亦可佐服食。

清　張逸少《佩文齋廣羣芳譜》卷七五《木譜・楮》　楮，一名穀，一名穀桑。陸璣《詩疏》云：幽人謂之穀桑，或曰楮桑，荆揚、交廣謂之穀，中州人謂之楮。有二種。《本草》曰：楮，本作柠楮。辨雌雄。雄者皮斑而葉無椏叉，謂之斑穀，今人用皮爲冠者。三月開花，成長穗如柳花狀，不結實。雌者皮白，無花葉，有椏叉，似葡萄葉，開碎花，結實如楊梅。用時但取葉有椏叉有子者爲佳。其實初夏生，大如彈丸，青緑色，六七月成熟，漸深紅，八九月采實，名楮桃，一名穀實。

清　錢大昭《廣雅疏義》卷一九　穀，楮也。《説文》：穀，楮也。从木㱿聲古祿切。楮，穀也，或作柠，丑吕切。《小雅・鶴鳴》：爰有樹檀，其下惟穀。《傳》：穀，惡木也。陸璣《疏》：幽州謂之穀桑，或曰楮桑，荆揚、交廣謂之穀，中州人謂之楮。殷中宗時，桑穀共生是也。今江南人續其皮以爲布。又擣以爲紙，長數丈，謂之穀皮纸，絜白光澤，其裏甚好。其葉初生可以爲茹。《御覽》：《吴氏本草》：穀樹皮治喉閉痺，一名楮。《南方記》：楮子如梅實。

紀事

宋 釋贊寧《東坡先生物類相感志》卷一三《殷穀》 《吕氏春秋》曰：成湯之時有穀，生於庭，而生比旦而合拱。湯曰：朕聞祥者，福之先，見祥而爲不善，則福不至；妖者，禍之先，見妖而爲善，則禍不至。於是朝宴退，無百姓，三日而亡穀。按《史記》云：帝太戊立，有祥桑穀生於朝，暮一大拱。太戊懼，問，伊陟曰：臣聞妖不勝德。帝乃修德，桑穀遂死。又《尚書大傳》云：仲丁桑穀生也。按：桑穀野草也，然此云實木也。

宋 吴曾《能改齋漫録》卷一五《楮子》 京師中太一宫道士房，有楮結子如楊梅。徽宗車駕臨觀之，曰『擬梅軒』。李似矩、吴正仲皆有詩。正仲詩云：陰陰緑葉不勝垂，著子全多欲壓枝。自得君王一留顧，故應雨露亦饒滋。其二云：五月霏霏雨不開，若耶溪畔摘楞梅。朱丸忽向雲窻見，疑是靈根越嶺來。其三云：誰將蜜漬借微酸，小摘曾聞飣玉盤。爭似江南風致在，瓶紅初向緑陰看。越州楊梅最佳，士人謂之楞梅。又北人以梅汁漬楮實，益以蜜，作假楊梅。故正仲後二篇皆及之。

藝文

宋 王安石《臨川文集》卷二六《詠穀》 可憐臺上穀，轉目已陰繁。不解詩人意，何爲樂彼園。

宋 蘇軾《東坡全集》卷二四《宥老楮》 我墻東北隅，張王維老穀。樹先樗櫟大，葉等桑柘沃。流膏馬乳漲，墮子楊梅熟。胡爲尋丈地，養此不材木。蹶之得輿薪，規以種松菊。静言求其用，略數得五六。膚爲蔡侯紙，子入桐君録。黄繒練成素，黝面頩作玉。灌灑烝生菌，腐餘光吐燭。雖無傲霜節，幸免狂酲毒。孤根信微陋，生理有倚伏。投斧爲賦詩，德怨聊相贖。

宋 劉克莊《後村集》卷五《楮樹》 楮樹婆娑覆小齋，更無日影午窻開。一端能敗幽人意，夜夜墻西礙月來。

清 畢沅《靈巖山人詩集》卷三一《終南仙館續集·重光赤奮若·穀樹一章》 穀樹雖散材，成陰亦可嘉。依約始生時，扶寸纔萌芽。孤根寄墻角，微榦隱籬笆。紛披葉粗醜，不實又不花。風霜蝕其骨，蟲蟻穴其椏。灌溉蘄靈澤，支離困泥沙。不材生世間，顛顇實可嗟。人情生厭薄，棄置等菅麻。我思保護之，徒沸羣口譁。幸托署園内，得免斤斧加。掄指未十年，喬柯映窗紗。亭亭似偃蓋，空際枝盤拏。烈日不下窺，濃陰障金鴉。煩歊鬱塵海，清風入我衙。閒停白羽扇，静啜紫陽茶。盤桓撫此樹，不覺笑口啞。昔爲衆人賤，今爲衆人誇。君不見，各種奇花開旋落，華堂繡幙重重遮。

圖表

明 李時珍《本草綱目·圖卷》

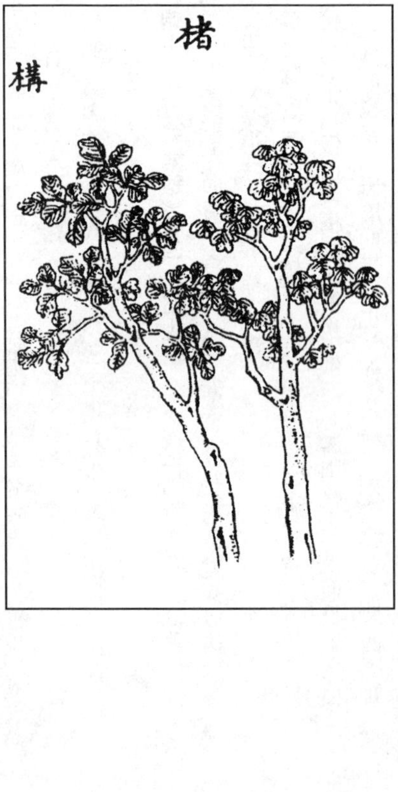

明 鮑山《野菜博録》卷四

菩提樹

綜述

明 慎懋官《華夷花木鳥獸珍玩考》卷一《畢鉢羅樹》 畢鉢羅樹，即菩提樹，出摩伽陀國，在摩訶菩提寺，蓋釋迦如來成道時樹，一名思惟樹。莖幹黃白，枝葉青翠，經冬不凋。至佛入滅日，變色凋落，過已還生。至此日，國王人民大作佛事，收葉而歸以爲瑞也。樹高四百尺，已下有銀塔周迴繞之。彼國人四時常焚香散花，繞樹作禮。唐貞觀中，頻遣使往於寺設供，並施袈裟。至顯慶五年，於寺立碑以紀聖德。此樹梵名有二：一曰賓撥梨力叉，又二曰阿濕曷咃婆力叉。《西域記》謂之畢鉢羅，以佛於其下成道，即以道爲稱，故號菩提婆力叉，漢翻爲樹。昔中天無憂王剪伐之，令事火婆羅門積薪焚焉。熾焰中忽生兩樹，無憂王因懺悔，號灰菩提樹，遂周以石垣。至賞設迦王復掘之，至泉，其根不絕。坑火焚之，溉以甘蔗汁，欲其燋爛。後摩揭陁國蒲曹王，無憂之曾孫也，乃以千牛乳澆之，信宿，樹生故舊，更增石垣，高二丈四尺。玄奘至西域，見樹出垣上二丈餘。

明 張存紳《增定雅俗稽言》卷三九 菩提樹 菩提樹出摩迦陀國，蓋釋迦如來成佛時樹，一名思惟樹。又貝多亦出摩迦陀國，雖冬不凋，此種有三。梵語貝多，漢言葉也，西域經書皆用此三種皮葉。《嵩山記》稱嵩山寺中有貝樹，即貝多。《廣州志》云：貝多葉似枇杷。並謬也。胡致堂云：奉佛者每假花木號以惑世，如仙人栢爲羅漢松，三春柳爲觀音柳，青蓮爲觀音蓮，薏苡子爲菩提子，大林檎爲貧婆果，蓮花爲優曇鉢羅花是也。而《岑嘉州集》有此歌。廣東新興縣有優曇鉢羅，如枇杷無花而結實，即無花果也。豈其實有是樹，抑相沿已久，假借名號而已。

明 劉侗《名物通》卷八 菩提樹，亦名畢鉢羅，莖幹黃白，枝葉青翠，經冬不凋，高四百尺。

清 張逸少《佩文齋廣羣芳譜》卷六七《果譜・菩提子與木譜菩提樹前木槵子名同物異》《天台志》：山有菩提樹，相傳西天梵僧遊化遺此種。樹如柿，花亦大同。未結蘂，先乃別抽一葉，長指半許，濶兩指，色白而光潤。乃結蘂於葉下，日則覆子以蔽穢，夜則捧子以承露。秋社後，取子爲珠，十百中必有一二如羅漢者，謂之佛頭。他處所生則無之。

清 嵇璜《續通志》卷一七六 菩提樹，出摩伽陁國，此樹有梵名二：一曰賓撥梨婆刀義，二曰阿濕曷咃婆刀義。《西域記》謂之畢鉢羅，見《酉陽雜俎》

清 吳其濬《植物名實圖考》卷三七《菩提樹》 菩提樹產粵東莞縣，只一株。樹身數圍，形狀如桑，葉蓊翳似蓋，色青。採葉，用水浸數日，去青成紗，畫工取之繪佛像。《南越筆記》：菩提樹子可作念珠。《廣州志》云：訶林有菩提樹，梁智藥三藏攜種，樹大十餘圍，根株無數。《通志》謂葉似桑，寺僧採之，浸以寒泉，歷四旬浣去渣滓，惟餘細筋如絲，可作燈帷、笠帽。《瓊州志》又稱金剛子，產瓊州，圓如彈，堅實不朽，可爲數珠。按：菩提子，每顆面有大圈文如月，周羅細點如星，謂之星月菩提。又有木槵子，色較黑而質更堅結，亦可爲念珠。大姚諸處，俗亦呼爲菩提子。

清　俞樾《茶香室叢鈔三鈔》卷二八《菩薩樹》　國朝陸次雲《八紘譯史》云：天竺國物産有菩薩樹，不花而實，人不可食。其枝下垂附地，生根若柱，歲久結成巨林。人蔭其下無異屋宇，至有容千人者，以爲佛宇。按：此疑即榕樹之類。

藝文

唐　羅賓王《菩提樹》（引自《嶺南五朝詩選》卷五）　靈根渡海來，間關自天竺。蔭此旃檀林，枝柯貞以肅。日日蕩其光，寧爲造化育。回視梁唐春，榮枯成一宿。百草皆有生，百草皆有欲。安得羣物心，忘情若斯木。

明　徐渭《徐文長逸稿》卷四《土菩提》　菩提五樹百顆懸，但策西功最爾先。點檢小魔空黑豆，糊塗大事有青天。雀錫暗向珠邊結，舍利難飛死後燃。相伴荒塗行不久，維摩示病已連年。

清　陳恭尹《獨漉堂詩集》卷九《唱和集・菩提樹》　訪古肅賓朋，凌晨命車駕。嘉樹有清陰，風幡古蘭若。擢幹聳蒼穹，垂枝籠碧瓦。壇壝石已朽，盤根自相把。外質何連卷，中空若刳剮。一體含菀枯，四氣無冬夏。落葉爲輕紗，虛明復堪寫。宗風未西來，神物乃躍冶。託身炎海南，所貴在知寡。誰爲滿百人，羨爾千年者。

清　許新民《菩提樹子爲祥符寺僧賦》（引自《七十二峰足徵集》卷三）　靈根原是上方來，疑是彌陀佛手栽。顆顆圓通眞舍利，纍纍西向自天台。馬君薏苡空生謗，石氏珊瑚有後災。惟此菩提眞色相，明光一點照靈臺。

清　愛新覺羅・弘曆《清高宗詩初集》卷九《英華殿菩提樹》　何年畢鉢羅，植茲清虛境。徑尋有旁枝，蟠拏芝幢影。翩翩集佳鳥，團團覆金井。靈根天所遺，嘉蔭越以靜。我聞菩提種，物物皆具領。此樹獨擅名，無乃非平等。舉一堪例諸，樹以無知省。

又《清高宗詩三集》卷九《英華殿菩提樹歌》　我聞法華調御丈夫成道處，乃於伽耶城中菩提樹。又聞華嚴海會諸如來，一佛一樹乃至恒沙數。閻扶誰則見，惟有菩提一亦非合恒沙數，非離是佛是樹，皆菩提娑羅貝多之樹。鬱苾蔚郁，常依佛日生光輝，英華之殿聳層甍。勝國莫考，國初曾以居慈寧思齋太任篤奉佛，爰供法像。延禧篤祜貽雲，仍時來瞻禮，意肅穆衰嚴，寶軸相好合梵經，或云即是北斗之七星，貝帙一一名可徵。菩提七樹森列庭，是誠不可思議，標祥禎枝，枝葉葉數無萬，如斯無萬數，繩繩繼繼永世綿皇清。

清　戴熙《習苦齋詩集》卷六《菩提樹》　寂寂古壇風日冷，上有虬柯耿疎影。是從摩伽陀國來，鬼伯蠻君晝夜警。栖以迦陵鳥，綴以曼陀華。香雲滃鬱法雨灑，金剛琉璃森衙衙。寫經作福吾不信，從僧且乞菩提紗。

清　方濬頤《二知軒詩鈔》卷一四《古今體詩・南海百詠・菩提樹》　是花還是葉，梁宋不同時。既曰支摩植，翻云智藥移。南交蒙芘蔭，西竺顯神奇。本自無生滅，颸輪一任吹。

圖表

清　吳其濬《植物名實圖考》卷三七《菩提樹》

娑羅樹

綜　述

宋　宋祁《益部方物略記》　娑羅花，生峨眉山中，類枇杷。數葩合房，春開葉在表，花在中。或言根不可移，故俗人不得爲玩。

清　魏茂林《駢雅訓纂》卷六　沙羅之子若椒。《御覽》九百六十一《木部》：《魏王花木志》曰：娑羅樹，緗葉，子似椒，味如羅勒。嶺北人呼爲大娑羅。

清　談遷《棗林雜俎》中集《榮植・沙羅樹花》　天台山娑羅樹花，一名鶴翎，出華頂峯，以多經風霜，樹不高大。樹數十枝，枝千餘頭，頭六七葉，經冬不凋。花如芍藥，香如茉莉。唐天寶初，安西道進娑羅樹。

清　陳淏子《秘傳花鏡》卷四《藤蔓類考・娑蘿花》　娑蘿樹産雅州瓦屋山，今江淮古寺内及浙之昌花山中皆有之。其本高數丈，葉大似楠，夏月多蔭，而冬不凋。初夏開花，頗香。實大如核桃，栗殻色，可治心痛病。又聞瓦屋山者，五色燦然，若移他處，則闇而多稿，故不可多得。

清　周魯《類書纂要》卷二七　莎羅花，其木大小不常，與凡木全别，每七葉、九葉叢中苞如人面，眉目宛然。花似牡丹，相倚而生，色類拒霜，香如菡萏。

清　黄叔璥《臺海使槎録》卷三　娑羅樹，中空，四圍折疊成圓形尤異，花紋糾結，盤屈如古木狀，用貯管城，因其材也。

清　王森《粤西叢載》卷二〇《娑羅樹》　娑羅樹出西番海中。余在潯州時，官圃一株甚巨，每枝生葉七片，有花穗甚長，而黄如粟花，秋後結實爲栗，可食，正所謂七葉樹也。按李邕《進娑羅樹狀》云：此樹不庇凡草，不止惡禽。如得託根長樂，擢穎建章。布葉重陰，比月中之丹桂；連枝接影，對天上之白榆。東瘁則青郊苦而歲不稔，西茂則白藏泰而秋有成。蓋異樹也。佛書一曰菩提樹，二曰波羅樹。又月中樹影皆曰閻浮山婆娑樹影所映，一樹而異名爾。慎懋官《華夷花木考》

清　嵇璜《續通志》卷一七六　沙羅樹，在蛾眉山，難移，樹葉似柟葉，葉相讓，樹皮如玉蘭，色葱白，最潔。鳥不棲，蟲不生。見《益部方物畧》。《花木考》名七葉樹，又名娑婆樹。

紀　事

北魏　賈思勰《齊民要術》卷一〇《娑羅》　盛宏之《荆州記》曰：巴陵縣南有寺，僧房牀下忽生一木，隨生旬日，勢淩軒棟，道人移房避之，木長便遲，但極晚秀。有外國沙門見之，名爲娑羅也。彼僧所憇之蔭，常著花，細白如雪。元嘉十一年，忽生一花，狀如芙蓉。

唐　段成式《酉陽雜俎》卷一八　娑羅，巴陵有寺，僧房牀下忽生一木，隨伐隨長。外國僧見曰：此娑羅也。元嘉初，出一花如蓮。天寶初，安西道《進娑羅枝狀》言：臣所管四鎮有拔汗那，最爲密近，木有娑羅樹，特爲奇絶。不庇凡草，不止惡禽，聳幹無慚於松栝，成陰不愧於桃李。近差官拔汗那使，令採得前件樹枝二百莖。如得託根長樂，擢潁建章。布葉垂陰，隣月中之丹桂；連枝接影，對天上之白榆。

宋　洪邁《容齋隨笔・容齋四筆》卷六《娑羅樹》　世俗多指言月中桂爲娑羅樹，不知所起。案《酉陽雜俎》云：巴陵有寺，僧房床下忽生一木，隨伐而長。外國僧見曰：此娑羅也。元嘉中，出一花如蓮。唐天寶初，安西《進娑羅枝狀》言：臣所管四鎮拔汗郍國，有娑羅樹，特爲奇絶，不比凡草，不止惡禽，近來得樹枝二百莖以進。予比得楚州淮陰縣，唐開元十一年海州刺史李邕所作《娑羅樹碑》云：非中夏物土所宜有者，婆娑十畝，蔚映千人。惡禽翔而不集，好鳥止而不巢。深識者雖徘徊仰止，而莫知冥植。博物者雖沉吟稱引，而莫辨嘉名。隨所方面，頗證靈應。東瘁則青郊苦而歲不稔，西茂則白藏泰而秋有成。嘗有三藏義浄，還自西域，齋戒瞻嘆。於是邑宰張松質請邕述文建碑。觀邕所言『惡禽不集』，正與上説同。又有松質一書答邕云：此土玉像，爰及石龜，一離淮陰，百有餘載，前後抗表，尚不能稱，賴公威德備聞，所以還歸故里，謹遣僧三人，父老七人，齎狀拜謝。宣和中，向子諲過淮陰，見此樹。今有二本，方廣丈餘，蓋非故物。蔣頴叔云：玉像石龜，不知今安在？然則娑羅之異，世間無別種也。吴興芮燁國器有《從沈文伯乞娑羅樹碑》古風一首云：楚州淮陰娑羅樹，霜露榮悴今何如。能令草木死不朽，當時爲有北海書。荒碑雨侵澁苔蘚，尚想墨本傳東吴。正賦此也。歐陽公有《定力院七葉木》詩云：伊洛多佳木，娑羅舊得名。常於佛家見，宜在月宫生。釦砌陰鋪静，虚堂子落聲。亦此樹耳。所謂七葉者，未詳。

明　田藝蘅　《留青日札》卷三四《娑羅樹》　娑羅樹出西番海中，余在潯州時，官圃一株甚巨。每枝生葉七片，有花穗甚長，而黄如栗花，秋後結實如栗，可食，正所謂七葉樹也。今餘杭南安寺前二株，左右對植，甚茂。問之土人，皆不知其名，一僧乃云：相傳是娑羅樹，番僧所植者。此不謬矣。唐李邕《娑羅樹碑》云『惡禽不集，凡草不庇。東瘁則青郊苦而歲不稔，西茂則白藏泰而秋有成』是也。第以段成式之博雅而曰花開如蓮，則大悖耳。其樹詳于佛書，《維摩詰經》有菴羅樹。《唐會要》云：菩提樹，一名皮羅樹，葉似白楊。即思惟樹，一名成道樹。《西域記》：名卑鉢羅，又雙樹名婆羅樹，其花名婆羅法，今所稱婆羅法門也。蓋婆、娑音同，故互言之耳。今月中樹影皆曰閻浮山娑婆樹影，即此。歐陽永叔《娑羅樹》云：伊洛多奇木，娑羅舊得名。常于佛家見，宜在月中生。余嘗有《遊南安寺》詩：昔聞雙樹法，今見兩娑羅。徑草何由茀，山禽自許過。三花空道士，七葉隱孀娥。願作團欒相，秋成處處歌。

明　王同軌　《耳談類增》卷二二《脞志草木篇・娑羅樹》　峨眉娑羅樹彌山盈谷，皆是第近，下二三十里種移皆不得生。衡山頂樵以爲薪，受風欹偃多作怪狀，然山下亦蔑有。廬山大林寺二株，含四五人抱。京之西山卧佛寺前二株，三人可抱。予皆袖其子歸，無識者。《博物志》曰：驃國諸處不養蠶，惟收娑羅木子，破其殼，中如柳之絮以爲幅，謂之娑羅㡚。

明　焦周　《焦氏説楛》卷七　天寶初，安西道《進娑羅枝狀》言：臣所管四鎮有拔汗郁密，最爲密近，木有沙羅樹，特爲奇絶，不庇凡草，不止惡禽，聳幹無慚于松栝，成陰不媿于桃李。近差官拔汗郁，使令採得前件樹枝二百莖。如得托根長樂，擢頴建章。布葉垂陰，隣月中之丹桂；連枝接影，對天上之白榆。

清　談遷　《棗林雜俎》中集《榮植・古木》　昌化縣西北六十里千頃山龍湫西一娑羅樹，初夏花開，香聞數里。

清　袁棟　《書隱叢話》卷四《娑羅樹》　唐天寶中，安西進娑羅樹。李邕作《娑羅樹碑》。歐陽公有《定力院七葉木》詩，有云：釦砌陰鋪静，虚堂子落聲。亦此樹耳。都穆《遊名山記》云：華山老君殿前有娑羅樹，數百年物。其子類栗，灰之服以酒，可愈心痛。許鶴沙《滇行紀程》云：過應城百里曰觀音崖，有娑羅樹一株，大百圍。范成大《三峩山記》：大峩山有娑羅平。又杭州昌化千頃山側娑羅一株，每初夏花開，香聞十里。五臺山娑羅樹畫圖鏤板。京師卧佛寺有娑羅樹二株。岐山周公廟有沙羅樹二株。廬山大林寺有娑羅樹二株。外如巴陵、淮陰、安西、伊洛、峨眉山，皆有娑羅樹。江寧燕子磯弘濟寺中有娑羅樹二株，鬖髿可愛。明永樂間，三保太監西洋帶回之種，以錢易其子數枚，心痛者服之亦效。世俗多指言月中桂爲娑羅樹者，俗作娑婆，大約以其扶疎之影，又爲世間罕見者耳。

藝　文

宋　宋祁　《景文集》卷四七《婆羅花贊並序》　花生峨嵋山中，葉類枇杷。數葩合房，春開葉在表，花在中。或言根不可移，故俗人不得爲玩。贊曰：聚葩共房，葉附花外。根不得徙，見偉兹世。

宋　梅堯臣　《宛陵集》卷四〇《桫欏樹李邕有碑》　桫欏古樹常占歲，在昔曾看北海碑。今日四方俱大稔，不知榮悴向何枝。

宋　歐陽修　《文忠集》卷一四《定力院七葉木》　伊洛多佳木，娑羅舊得名。常於佛家見，宜在月宫生。釦砌陰鋪静，虚堂子落聲。夜風疑雨過，朝露炫霞明。車馬王都盛，樓臺梵宇閎。惟應静者樂，時聽野禽鳴。

明　孫瑀　《歲寒集》卷下《桫欏樹》　物外植嘉樹，栽培歲月深。本根日以固，枝葉緑成陰。前日花滿枝，今日實滿林。一花一箇實，箇箇具佛心。

清　于奕正　**《娑羅樹歌》（引自《詩觀二集》卷一）**　不知老樹植何代，西山一片娑羅名。大葉小葉青如剪，千螺萬螺繞根生。堦前數畝數百載，日影不向其中行。傾耳忽聞雨大作，穿樹乃見遠天晴。爲問人間誰與偶，漢栢是弟秦松兄。譚子昂首向余説，寥山曾見蔽日月。

清　曹貞吉　**《娑羅樹歌寄答汪扶晨》（引自《詩觀三集》卷一三）**　我聞舍衛布金地，寶欄秖樹森成行。蔚然圓蓋蔭十畝，枝枝葉葉常相當。老佛口吐青蓮坐其下，作禮圍繞是人非人寧可量。鑾君鬼伯以億數，頭如黿鼉身堵墻。莊嚴淨土世鮮匹，何時移種三天鄣。無亦霏微等月桂，天風飄送江南鄉。輪囷離奇挺十丈，霜皮黛色殊昂藏。糾纏枝幹走風雨，東西榮瘁占饑穰。香叅鼻觀類薝蔔，瓣英紫白争飛揚。顆顆子落紅韎韐，珊瑚擊碎石家堂。游女拾取茜裙褁，蘭房戲賭金釵雙。我來不見花開落，但見緑陰匝地流清光。掃地布席儼深幄，徵文考獻防遺忘。斷碑剥蝕李北海，捶金屈玉懸星芒。高文典册氣蒼古，豈矜月露風雲章。開元人物信卓犖，何爲一放同三湘。好事當年盛吴下，虞山宗伯名其莊。記曲娘子亦瀟洒，紅豆不打雙鴛鴦。舞衫歌扇墨痕滿，酒闌人散烏啼霜。祇今荒煙蔓草一望不可識，美人名士皆銷亡。吾徒相聚劇石火，江河千古終茫茫。汪子摇筆强余和，未聞龍文鼎可扛。長空無雲夏大熱，鑊湯思避謀非臧。安得解衣盤礴卧樹底，交柯接葉生微凉。徵引佛藏，誇示多寶，不足爲奇。我愛其筆姿流溢處，艷思警調，繹絡相生，正覺迷離欲絶，先生自一麾以後才益超□□人可及。

清　汪士鋐　**《娑羅樹歌呈曹實菴天子》（引自《詩觀三集》卷一三）**　潛虬山有娑羅樹，枝葉分布如旌旄。撑空蘚黛顔色古，風揉雨練生庭臯。勁者龍髯瘦虎脊，婆娑暎蔚天争高。翠蓋真能却流景，密幄自可回風飈。惡禽翔視不敢下，好鳥棲止難爲巢。孤擎摧抏影弄月，礌硠擺劃聲吹濤。數歲一開香十里，白英紫葯猶含苞。曾聞忉利者羅樹，峥嶸金界森巖嶅。諸天懽樂坐其下，寶華四照香周遭。此花開不減忉利，聞香懽樂多見提壺布席來游遨。蠙珠歷落綻紅豆，夜光火齊懸枝稍。猶記虞山一株亦奇絶，猗狔夭矯飄長□。蒙叟宗伯發清興，山莊取義殊風騷。曩曾挐舟坐其下，無復酒旗歌扇，但有暮蟬悽咽狐狸嗥。四十餘年歌舞地，剩有密陰古幹臨塘坳。何如茲山標格韵，離奇掩映枝相交。鳳池宿老來一顧，文章繡虎還詩豪。徘徊樹底共賞嘆，徵名攷實勤推敲。顧予粃糠使前導，珠玉乃肯抽霜毫。奉公提命久閣筆，措思落想都皮毛。乞公數言紀其事，何啻華衮來榮褒。欐佹糾結終蔽芾，勿翦勿伐長堅牢。一歌端可垂萬古，黄初大手公爲曹。娑羅雖無掌故，此能即景生情，菁葱典鬱，遂覺名勝在目。至援引忉利，借證虞山虚虚實實，奇情萬變，才人筆□，何所不有。

清　愛新覺羅·玄燁　**《清聖祖文集》卷三七《娑羅樹歌》**　娑羅珍木不易得，此樹惟應月中植。想見初從西域移，山中有人多未識。海桐結蕊松栝形，千花散盡七葉青。山禽迴翔不敢集，虚堂落子風泠泠。楚州遺碑今已偃，峩眉雪外雙林遠。未若茲山近可遊，靈根終古蟠層巘。繁陰亭午轉團欒，回睇精藍路幾盤。憑教紫府仙山樹，寫入披香殿裏看。

清　金德瑛　**《詩存》卷一《娑羅樹》**　佛言敷震旦，此樹與俱來。至今驅惡鳥，不近講經臺。

清　愛新覺羅·弘曆　**《清高宗詩五集》卷七二《娑羅樹四依皇祖詩韻》**　欲稽誰種不可得，滄桑恒此中臺植。震旦曾弗知其名，曰是娑羅梵僧識。色空空色傳真形，殿前聳峙太古青。七出葉衍七佛偈，娑羅樹葉皆七出。以風拂偈鳴泠泠。有説爲仰無説偃，獅吼狐鳴相去遠。有所説爲野狐鳴，無所説爲獅子吼，見梵典。喬枝落落息分别，挐影虚無暎嶢巘。奎文妙義包團欒，覆同古幹垂影盤。四賡八韻卌五載，師利衹作如是看。

清　畢沅　**《靈巖山人詩集》卷三三《玉井搴蓮集·娑羅坪古樹歌》**　名山愈深景愈好，一樹菩提大合抱。娑羅樹即菩提樹，名成道，一名畢鉢羅，一名娑婆。皮皴宛類蒼龍鱗，條屈渾疑俊鶻爪。石骨千尋根蹴開，峯頭數仞枝撑倒。羃䍥陰籠百畝清，迎風寫作落潮聲。詩人題品才難稱，畫手丹青貌不成。狀怪形奇真第一，青瑶刻葉銅鎔質。花放流芬勝蕙蘭，實成入藥過芝术。北海碑文萬口傳，此間未審幾時遷。若非白馬馱經日，定係青牛闡道年。我思刳作靈槎樣，來往明河碧海邊。

清　張問陶　**《船山詩草》卷二《戊丁集·娑羅木》**　雲南四時如春，地煖氣厚。蕨生深山大壑中，一草耳，歷百年不朽，大盈拱把，形如龍，質黄紋黑，纍纍如鱗甲者然。土人呼曰娑羅木，實非娑羅樹也。

老龍八山山氣王，鼓腹欲飛鱗甲壯。儲英廣莫幾千春，一莖草現丈六身。樗櫟輪囷松柏固，大材難用皆天數。風雨聲從地下來，尋常匠石空回顧。君不見神州草木蔚靈秀，託根不及蠻荒壽。

清　王棠《燕在閣知新録》卷三一《陀羅花優鉢羅花即娑羅樹》　岑參詩：白山南，赤山北，其間有花人不識，莖碧葉好顔色。葉六瓣，花九房，夜掩聞多異香。廣川秘閣書圖舊有名『陀羅花』。大中祥符六年，京兆府進此圖，下之秘閣。崇寧三年，廣川曝書廡下出此圖。考之，蓋花碧而葉六出，其房九列，鋒殺莖柯，植而叢出，生不旁引，嶷然上聳，攢花内挺，駢葉外包。求之前記，優鉢羅花也。廣川云：求之於詩，此圖不爲無據。廣川，宋人董逌是也，有《廣川畫跋》行世。

蚊子樹

綜　述

唐　李肇《唐國史補》卷下　南中又有蚊子樹，實類枇杷，熟則自裂，蚊盡出而空殼矣。

明　慎懋官《華夷花木鳥獸珍玩考》卷一《蚊子樹》　有樹如冬青，實生枝間，形如枇杷，子每熟即坼裂，蚊子羣飛，唯皮殼而已，土人謂之蚊子樹。

明　徐𤊹《徐氏筆精》卷八《蚊樹》　蚊樹，《嶺南異物志》曰：有樹如冬青，實生枝間，如枇杷，每熟即坼裂，蚊子羣飛，惟皮殼而已，名蚊子樹。今永福山中有之，鄉人爲余言。

清　王森《粤西叢載》卷二〇《蚊子樹》　有樹如冬青，實生枝間，形如枇杷，子每熟即坼裂，蚊子羣飛，唯皮殼而已，土人謂之蚊子樹。《嶺南録異》

清　吳其濬《植物名實圖考》卷三七《蚊子樹》　蚊子樹生南安與廣西。《志》：葉似冬青微相類，而色黃緑，不光潤。余再至南安，時已冬深，未得見其結實如枇杷生蚊，樵薪所餘，嫩葉復萌。土人皆呼爲門子樹，蚊、門土音無別，湘南亦然。

清　朱亦棟《羣書札記》卷一〇《蚊子樹》　李肇《國史補》：江東有蚊母鳥，亦謂之吐蚊鳥，夏則夜鳴吐蚊於蘆葦間，湖州尤甚。南中又有蚊子樹，實類枇杷，熟則自裂，蚊盡出而空殼矣。案《齊東野語》：《爾雅》：鷏，蟁母。一名蚊母，相傳此鳥能吐蚊。陳藏器云：其聲如人嘔吐，輒出蚊一二升。又端新州有鳥類青鵁而觜大，常於池塘捕魚，每一鳴則蚊羣出其口，亦謂之吐蚊，又謂之鷏。然以其羽爲扇，却可辟蚊。嶺南又有蚊子木，實如枇杷，熟則自裂，蚊盡出，而實空。塞北有蚊母草，其説亦然。據此，則不特有蚊子樹，更有蚊母草矣。

圖　表

清　吳其濬《植物名實圖考》卷三七《蚊子樹》

杜仲

綜述

晋 崔豹《古今注》卷下 杜仲，皮中有絲，折之則見。

明 李時珍《本草綱目》卷三五 杜仲《本經》上品 釋名：思仲、《别録》思仙、《本經》木綿、《吴普》櫋。時珍曰：昔有杜仲服此得道，因以名之。思仲、思仙皆由此義。其皮中有銀絲如綿，故曰木綿。其子名逐折，與厚朴子同名。集解：《别録》曰：杜仲生上虞山谷及上黨、漢中。二月、五月、六月、九月采皮。弘景曰：上虞在豫州，虞虢之虞，非會稽上虞縣也。今用出建平、宜都者。狀如厚朴，折之多白絲者爲佳。保昇曰：生深山大谷，所在有之。樹高數丈，葉似辛夷。頌曰：今出商州、成州、峽州近處大山中。葉亦類柘，其皮折之，白絲相連。江南謂之櫋。初生嫩葉可食，謂之櫋芽。花、實苦澀，亦堪入藥。木可作履，益脚。

明 盧之頤《本草乘雅半偈》卷三 （杜仲）出上虞山谷及上黨、漢中。上虞在豫州，虞虢之虞，非會稽上虞縣也。今出建平、宜都及商州、成州、峽州諸山大谷中亦有之。樹高數丈，葉似辛夷，又類柘葉。初生嫩葉可食，謂之棉芽。木皮狀似厚朴，折之，白絲相連。江南單呼曰棉。花、實皆苦濇。

藝文

宋 蘇軾《東坡全集》卷三九《杜處士傳》 杜仲，郁里人也。天資厚朴，而有遠志。聞黄環名，從之遊。因陳曰：願輔子半夏，幸仁憫焉，使得旋復自古揚榷。環曰：子言匪實，宜蚤休，少從容，將訶子矣。仲曰：人之相仁，雖不百合，亦自然同，况吐新意以前乎？吾聞夫子雌黄冠衆，故求決明於子。今子微銜吾，爲其非儕乎？曰：吾如貧者，食無餘糧，獨活久矣。子今屑就，何以充蔚子乎？苟迹子之素狂，若所請亦大激矣。試聞子之志也。曰：敢問士何以益智？行何以非廉？先王不留行者，何事也？曰：此匪子解也。夫得所託者，猶之射干臨於層城也。居非地者，猶之困于蒺藜也。今子宛如《易》之所謂『井渫不食』也。非揚淘之而欲其中空清，是坐恒山而望扶桑耳，勢不可及已。使投垢熟艾以求别當世，則與之無名異矣。某蒙甚，願子白之。曰：吾自通微，預知子高良，故謾矜子以短而欲亂子言。子能詳微意，知所激刺，亦無患子矣。雖然，澤蘭必馨，今王明苟起子爲赤軍使者，且將封子，子甘從之乎？曰：吾大則欲伏神以安息，小者吾殊于衆而已矣。雖登文石摩螭頭不願也。古人有三聘而起松蘿者，迫實用也。余將杜衡門以居之，爲一白頭翁，雖五加皮幣於我，如水萍耳，豈當歸之哉！環曰：然。世有陰險以求石斛之禄者，五味子之言可也，雖吾亦續隨子矣。或斥之曰：船破須筎，酒成於麴，猶君之録英才也。彼貪禄角進者，可誚之也。若夫躑躅而還鄉，甘遂意於丁沉，則吾之所謂獨行之民，可使君子懷寶，烏久居此爲哉？余愛仲善依人，而嘉環能發其心，故録之爲傳。

圖表

明 李時珍《本草綱目·圖卷》

榆

論説

明　何三畏《新刻何氏類鎔》卷三一《榆》　榆者，降以玉衡之精，種來天上，而栽于五沃之土，植在人間。其條則長，其心則赤。憑榆而望雲氣，在二千里之外；植榆而置行宫，在五十里之中。啖榆則飽不能飢，食榆則眠不欲覺。舍北而種榆樹可以得蠶，年荒而噉榆皮可以救死。渤海之民，每一口則種榆一株；襄國之路，方千里而種榆夾道。鄭澤之課百姓種榆樹以爲籬，梁暉之祈山神執榆鞭以竪地。或剥榆皮于塞上，或採榆葉於夢間。彼有榆生於藏胞之坎，既而成林；有榆生於嘔吐之時，後亦成樹，則已異矣。論者以榆爲臃腫之材而見遺于大匠，以榆非蔭翫之所而請易于有司，固其宜也。至謂鵲巢於榆之巔，將凌風而起，有似君子之待時；蟬鳴于榆之上，方奮翼而飛，不虞螳螂之在後。人亦取義於此樹，而鑒觀于斯言也夫。

清　陳啓源《毛詩稽古編》卷六《山有樞》　『隰有榆』，朱《傳》曰：榆，白枌也。此襲《説文》而誤也。《爾雅·釋木》云：榆白，枌。孫炎云：榆之白者名枌。『東門之枌』，毛《傳》云：（枌）［枌］，白榆也。解正相合。《釋木》此文當以『榆白』爲句，『枌』爲句耳。《説文》用《釋木》成語而不加分析，故貽誤於《集傳》。然《集傳》於此詩曰『榆，白枌也』，於『東門之枌』曰『枌，白榆也』。枌既白於榆，榆安得又白於枌乎？蓋亦弗之思矣。嚴緝辨此甚當，但謂是陸璣之誤，則《草木疏》無此語，蓋誤記許爲陸耳。

又卷二八《辨物·草木辨》　《草木疏》言榆之類有十種，葉皆相似，皮及木理異耳。今十種榆不可得而數矣。間嘗考之《詩》及《爾雅》有其七焉。《唐風》：山有樞。《爾雅》：蓲，莖。音迭。注云：今之刺榆也。陸《疏》云：針刺如柖，葉如榆，爲茹美滑於白榆。陳藏器《本草》謂『江東無大榆，有刺榆』是也。《陳風》：東門之枌。《爾雅》：榆白，枌。此白榆也。郭注云：『枌榆先生葉，後著莢，色白』是也。《本草》謂之零榆，入《本經》上品。其葉名榆錢，三月取其仁作糜羹，見《别録》。亦可收至冬釀酒，曬乾可作醬，謂之𨡕醶。音茂豆，見《説文》及崔實《月令》。《小雅·大東》：無浸穫薪。《爾雅》：檴，落。陸《疏》云：『檴，今椰榆也。葉如榆，皮堅韌，可爲絙索甑帶，材可爲杯器』是也。《大雅·皇矣》：其灌其栵。《爾雅》：栵，栭。注：木似槲樕而卑小。陸《疏》云：葉如榆，木理堅韌而赤，可爲車轅。栵本栗類，然元恪所言十種惟取葉似，栵葉似榆，當亦榆類矣。此四者，《詩》、《雅》俱載之。《唐風》『隰有榆』，此莢榆也。筴榆有赤、白二種，而白者名枌，則此其赤榆乎？《秦風》『隰有六駁』，陸《疏》云：駁馬，梓榆，皮青白駁，犖遥視似馬。然陸《疏》又引里語云：斫檀不諦得繫迷，繫音計。迷尚可得駁馬。則駁雖名榆，而亦似檀也。《爾雅》：無姑，其實夷。郭注云：無姑，桔榆也。生山中，葉圜而厚，剥取皮合漬之，其味辛香，所謂蕪荑。《周禮·壺涿氏》謂之『牡橭午貫象齒』以殺淵神者，即此。彼注云：橭讀爲枯。枯榆，木名。《釋文》云：橭音枯，亦音姑，山榆也。《本草》入《别録》中品云：三月采實陰乾。陶云：氣臭如犼，音信，小獸也，黄色，有臭氣，居澤中，食鼠。性殺蟲辟蛀。《周禮》用以殺淵神，殆亦其氣臭乎？此三者，二見《詩》，一見《雅》，合前凡七矣。元恪所云十種，未知此得當其七否也？外此則《本草》有椰音郎。榆，皮味甘寒。《圖經》云：皮有滑汁，秋生莢如此，榆莢皆二月生，此獨以八月異矣。《廣記》云椰榆無莢，則誤也。又名郎榆。《左傳·莊公四年》：楚子伐隨，卒於樠木之下。孔《疏》以爲木似榆，俗呼爲朗榆。蓋樠、朗同音也。《釋文》：樠，郎蕩反。正此木矣。《齊民要術》有梜古協反。榆、凡榆。梜榆味苦，凡榆味甘。此於《詩》、《雅》所稱，未審異同如何耳。又《廣雅》云：杜仲，蔓榆也。山榆，毋估也。柘榆，梗榆也。杜仲皮類榆柳，故得榆名。然十種榆葉皆相似，而《本草》謂杜仲葉似辛夷。亦似辛夷，亦似柘，則非榆類。毋估與姑音同，其即姑榆乎？刺榆如柘，梗榆其即樞乎？然《説文》云『梗，山枌榆，有刺，莢可爲蕪字亦作蒁。荑』音同夷。者，則梗榆即姑榆耳，豈姑、刺兩榆同類而稍别乎？案《内則》甘旨之供，枌榆與焉。後世亦有榆糜醬，皆用其莢，是榆乃佳味。今人無食榆莢者，惟采其根皮以和香劑，而歲饑則貧民食之。可見物之性味，古今不同甚矣。

清　王紹蘭《管子地員篇注》卷二　其木乃品榆，鑿之三七二十一尺而至於泉。《讀書雜志》云：品榆當作區榆，區與榆同類，故並言之。字本作蓲，或作樞，又作櫙，並讀如謳歌之謳。《爾雅・釋木》：櫙，荎。郭注曰：今之刺榆。《唐風》『山有樞』，《傳》：樞，荎也。《釋文》並烏侯反，云本或作蓲。《爾雅疏》引陸璣《詩疏》曰：『其針刺如柘，其葉如榆，瀹爲茹，美滑如白榆』是也。區字本有謳音，故蓲通作區，今則脱其匚胡禮反。而爲品矣。紹蘭按：《唐風》『山有樞』，《魯詩》作『山有蓲』，見石經殘字。《爾雅》『藲，荎』，《御覽》卷九百五十六引作『蓲，荎』，注云：音歐迭。又引郭注有『《詩》曰：山有蓲』五字，蓋景純引《魯詩》也。鮑刻《御覽》引郭注作樞，校書者據《毛詩》改之。《釋木》又云：無姑，其實夷。郭注：無姑，姑榆也。生山中，莢圓而厚，剥去皮合漬之，其味辛香，所謂蕪荑。邵氏《正義》云：頤，九二，枯楊生荑。《釋文》引鄭《注》云：枯，謂无姑，山榆。荑，木更生，謂山榆之實。是鄭亦以無姑爲山榆矣。《秋官・壺涿氏》謂之牡橭。杜子春云：「橭讀爲枯，枯榆，木名」是也。《春秋繁露・郊語》篇：蕪荑生於燕，橘柚死於荆。此言物性之相感也。《説文》「梗，山枌榆，有朿，莢可爲蕪荑」者，段氏注云：《齊民要術》分姑榆、刺榆、山榆爲三，云刺榆木甚堅肕，山榆可以爲蕪夷。依許説，則刺榆、山榆一物也。賈氏言種植皆得諸目驗，豈許有未諦與？　紹蘭按：《齊民要術・種榆篇》云：《廣志》曰：有姑榆，有郎榆。案：今世有刺榆，木牢肕，可以爲犢車材。梜榆可以爲車轂及器物，山榆可以爲蕪荑。然則姑榆乃《廣志》所言，與郎榆爲二種。賈氏自分之三種，爲刺榆、梜榆、山榆，不言姑榆。段氏所引，既非賈氏本文。且『山有樞』，《傳》：樞，荎也。《爾雅》：蓲，荎。郭云：今之刺榆。無姑，其實夷。郭注：無姑，姑榆。生山中，莢圓而厚，取皮合漬，所謂蕪荑。是山樞即刺榆，亦即姑榆，可爲蕪荑，生山中，亦謂之山榆。偁山樞者，詩人對隰榆爲文耳，通偁爲山榆。故許解『梗』字，言山枌榆，即謂山榆説，《詩》之『山有樞』也。言有朿，朿即刺。朿，木芒也。《正字》：刺君殺大夫曰刺。刺，直傷也，借字。即謂刺榆説，《爾雅》之『蓲，荎』也。言莢可爲蕪荑者，即謂姑榆説，《爾雅》之『無姑，其實夷』也。許以十一字兼指山榆、刺榆、姑榆，證以《毛詩》而合，證以《爾雅》而合，其説洵爲諦審。況姑榆之莢可爲蕪荑，則莢榆即姑榆，亦即刺榆，亦即山榆。賈分刺榆、梜榆、山榆爲三，梜即莢，莢，草實。《正字》：梜，檢柙也，借字。顯與《詩》、《雅》相違。段氏乃云賈説得諸目驗，而疑許説未諦。豈詩人雅訓及許、郭諸儒皆未經目驗，鄉壁虛造者？斯不然矣。蕪荑雙聲，《説文》『䤈』下云：䤈𨡕，榆醬也。『𨡕』下云：䤈𨡕也。䤈𨡕亦疊韻，亦雙聲，蕪荑、䤈𨡕聲並相近。蓋山枌榆所爲者，即榆醬也。郭注謂姑榆『莢皮合漬，其味辛』者，亦謂榆醬。《説文》：榆，逗榆白，逗枌也。枌，榆也。段氏注：謂榆也。上當疊枌字，枌榆連讀是也。《唐風・山有樞》篇『隰有榆』，謂榆有山隰之別。《陳風・東門之枌》，毛《傳》：枌，白榆也。《疏》引孫炎曰：榆白者名枌。《爾雅・釋木》：榆白，逗枌。句郭注：枌榆先生葉，却著莢，皮色白。邵氏《正義》云：或以榆爲白枌者，誤也。鄭注《内則》云：榆白者枌。《玉篇》云：枌，白榆也。此別枌與榆之異。亦榆未生葉時，先著莢，莢既拆，葉方生。白榆則先生葉，却著莢。此爲異爾。白榆名枌，故亦偁爲枌榆也。枌皮本白，剥而去其麤皵，中更白而滑，《内則》所謂『堇荁、枌、榆、免、薧，滫瀡以滑之』，殆榆取其葉，枌取其皮與？　紹蘭按：榆不取葉，取其莢。莢者，榆實。《説文》：莢，草實。故《齊民要術》引崔寔曰：二月榆莢成，及青收，乾以爲旨蓄。注云：司部收青小蒸暴之，至冬以釀酒，滑香宜養老。此即《内則》所謂『榆以滑之』者也。枌不取皮，亦取其莢。崔寔曰：色變白，將落，可作䤈𨡕，隨節早晏勿失其適。注云：榆醬是枌與榆之別，即在莢之青白。莢初生而青者爲榆，謂其虇蕍，初萌也。莢將落而白者，即爲枌，謂其紛貼將隕也。白者作䤈𨡕醬，此即《内則》所謂『枌以滑之』者也。枌莢白，故取其白。榆莢青，故取其青。《夏官》司爟掌行火之政，令四時變國火。鄭司農説以鄹子曰：春取榆柳之火。《論語・陽貨》篇：鑽燧改火。馬融引《周書・月令》亦云：春取榆柳之火。《皇氏義疏》謂榆柳色青，春是木，木色青，故春用榆柳也。其言榆色青，亦謂榆莢，不謂榆葉也。《幼官》篇論冬政有小榆、中榆之名，正以三寒將盡，氣轉青陽，因即取榆爲義矣。

綜　述

《爾雅・釋木》 蓲，莖。注：今之刺榆。【略】疏：别二名也。郭云：今之刺榆。《詩・唐風》云：山有蓲。陸璣《疏》：其針刺如柘，其葉如榆，瀹爲茹，美滑如白榆。［榆］之類有十種，葉皆相似，皮及木理異矣。【略】無姑，其實夷。注：無姑，姑榆也。生山中，葉圓而厚，剥取皮合漬之，其味辛香，所謂蕪荑。音義：夷，舍人本作棟，同。疏：無姑，一名姑榆，其實名夷。郭云：無姑，姑榆也。生山中，葉圓而厚，剥取皮合漬之，其味辛香，所謂蕪荑。云『所謂』，《本草》蕪荑，一名無姑也。榆，白枌。注：枌榆先生葉，却著莢，皮色白。【略】疏：榆之皮色白名枌。郭云：枌榆先生葉，却著莢，皮色白。《詩・陳風》云『東門之枌』是也。

漢 許慎《説文》卷六 榆，榆白，枌。从木，俞聲。羊朱切。枌，榆也。从木，分聲。扶分切。梗，山枌榆，有朿莢可爲蕪夷者。从木，更聲。古杏切。

三國吴 陸璣《毛詩草木鳥獸蟲魚疏》卷上《山有蓲》 蓲，其針刺如柘，其葉如榆，瀹爲茹，美滑于白榆。榆之類有十種，葉皆相似，皮及木理異爾。

宋 蔡卞《毛詩名物解》卷五《蓲》 蓲爲之區，受户壯焉。天自爲區，又有受也。闔闢因之矣。莖謂之蓲，有俞有制，知闔闢矣。

又《榆》 榆瀋滑，故謂之榆。莖榆而有刺，所以爲主枌榆而已，安可長也。以俞爲合，乃卒平分。夫根如粉，榆如枌，皆分之道。

宋 陸佃《埤雅》卷一四《枌》 枌，白榆，先敷葉，後著夾。榆性扇地，所扇各與木等，故其陰下五穀不植，而古之人就以息焉。『東門之枌』一章曰：東門之枌，宛邱之栩，子仲之子，婆娑其下。言風化之所行，大夫氏之子道舞也。二章曰：穀旦于差，南方之原，不績其麻，市也婆娑。言風化之所行，大夫氏之女市舞也。男子道舞，尚非所宜，女子市舞，尤非所宜矣。且東門，人所出入；宛丘之道，人所往來，國之交會也。於是有枌栩之陰焉，則人之所趨而聚也。《管子》曰：桓公之時，而衢之民桑麻不種，繭縷不治，衣多弊，屨多穿。管仲請沐途旁之枝，使無尺寸之陰，爲是故也。《内則》曰：堇、荁、枌、榆、免、薧，滫瀡以滑之。免，新生者；薧，其乾也。堇、荁、枌、榆初生，其葉蓋象兔目，故謂之免也。《淮南子》曰：槐之生也，五日而兔目，十日而鼠耳。《字説》曰：榆瀋滑，故謂之俞。莖，俞而有刺，所以爲至。枌，俞而已安，可長也。以俞爲合，乃卒平分。夫很如粉，俞如枌，皆分之道。

宋 邵博《聞見後録》卷二九 榆，有二種：一名郎榆，一名姑榆，郎榆無莢。

宋 羅願《爾雅翼》卷一一《蓲》 《詩》：山有蓲，隰有榆。蓲，莖，蓋榆之類，今之刺榆也。《爾雅疏》：榆之類有十種，葉皆相似，皮及木理異爾。而刺榆有針刺如柘，其葉如榆，瀹爲蔬，美滑於白榆。《内則》曰：堇、荁、枌、榆、免、薧，滫瀡以滑之。蓋榆之類皆滑。免讀若問。孫愐《唐類》：菀，新生草。則薧乃是久者。以上四物新舊之名，皆滑利之名也。嵇康謂榆令人暝。《齊民要術》稱『梜榆、刺榆、凡榆，三種色，别種之，勿令雜』，以爲『梜榆，莢葉味苦；凡榆，莢味甘，甘者春時將煮賣，是以須别也』。《廣志》曰：有姑榆，有郎榆，郎榆無莢。《管子》曰：五粟、五沃之土，其榆條直以長。按陳藏器云：江南有刺榆，無大榆。蓋大榆北方有之，秦漢故塞，其地皆榆。塞榆，北方之木也。《淮南子》曰：槐榆與橘柚合而爲兄弟，有苗與三危通而爲一家。言槐榆北方，橘柚南方也。是以江南無榆，但有蓲耳。若《晉風》則山隰兼有之，然而有材不能用，則不如其亡也。《氾勝之書》曰：三月榆莢雨時，高地强土可種木。漢鑄莢錢如榆莢也。又豐有枌榆社。崔寔《四民月令》曰：榆莢成者收乾以爲旨蓄，色變白，將落，收爲醬。河平元年旱，傷麥，民食榆皮。《萬畢術》曰：八月榆檽，令人不饑。

宋 戴侗《六書故》卷二一 榆枌 榆，《詩》云：山有蓲，隰有榆。枌，《詩》云：東門之枌。《記》曰：枌榆以滑之。又曰：爲榆沈。榆木堅忍而皮汁滑。《爾雅》曰：榆白，枌。郭景純曰：枌榆先生葉，而後著莢，皮色白。漢高祖禱枌榆社。榆之種凡十數，葉皆相似，但木及木理異爾。《齊民要術》曰：有莢榆、刺榆、凡榆，莢榆味苦，凡榆甘。按：今有綿榆、沙榆，綿榆細葉無朿，最堅忍，故謂綿榆；沙榆葉大，木毳，榆白，皮汁滑，故禮及醫方皆取其滑以爲用。

明 李時珍《本草綱目》卷三五 榆俞、由二音。《本經》上品。釋名：零榆，《本經》白者名枌。時珍曰：按王安石《字説》云：榆瀋俞柔，故謂之榆。其枌則有分之之道，故謂之枌。其莢飄零，故曰零榆。集解：《别録》曰：榆皮生潁川山谷。二月采皮，取白暴乾，八月采實，並勿令中濕，濕則傷人。弘景曰：此即今之榆樹，取皮刮去上赤皮，亦可臨時用之，性至滑利。初生莢仁以作糜羹，令人多睡，嵇康所謂『榆令人瞑』也。恭曰：榆三月實熟，尋即落矣。今云八月采實，恐誤也。藏器曰：江東無大榆，有刺榆，秋實，故經云『八月采』者，誤也。刺榆，皮不滑利。頌曰：榆處處有之。二月生莢，古人采仁以爲糜羹。今無復食者，惟用陳老實作醬耳。按《爾雅疏》云：榆類有數十種，葉皆相似，但皮及木理有異耳。刺榆有針刺如柘，其葉如榆，瀹爲蔬羹，滑于白榆，即《爾雅》所謂『樞，荎』，《詩經》所謂『山有樞』是也。白榆先生葉，却着莢，皮色白。二月剥皮，刮去粗皵，中極滑白，即《爾雅》所謂『榆，白枌』是也。荒歲農人取皮爲粉，食之當糧，不損人。四月采實。宗奭曰：榆皮，初春先生莢者是也。嫩時收貯爲羹茹。嘉祐中，豐沛人缺食，多用之。時珍曰：邢昺《爾雅疏》云：榆有數十種，今人不能盡别，惟知莢榆、白榆、刺榆、榔榆數者而已。莢榆、白榆皆大榆也。有赤、白二種。白者名枌，其木甚高大。未生葉時，枝條間先生榆莢，形狀似錢而小，色白成串，俗呼榆錢。後方生葉，似山茱萸葉而長，尖艄潤澤，嫩葉煠浸淘過可食。故《内則》云：堇、荁、枌、榆、免、薧，滫瀡以滑之。三月采榆錢可作羹，亦可收至冬釀酒，瀹過晒乾可爲醬，即榆仁醬也。崔寔《月令》謂之醔𨡓，音牟偷者是也。山榆之莢名蕪荑，與此相近，但味稍苦耳。諸榆性皆扇地，故其下五穀不植。古人春取榆火。今人采其白皮爲榆麪，水調和香劑，粘滑勝于膠漆。承曰：榆皮濕搗如糊，用粘瓦石，極有力。汴洛人以石爲碓嘴，用此膠之。

又 榔榆《拾遺》 集解：藏器曰：榔榆生山中，狀如榆，其皮有滑汁，秋生莢，如大榆。時珍曰：大榆二月生莢，榔榆八月生莢，可分别。

明 穆希文《説原》卷一二 樞，榆之類也。江南有刺榆，無大榆。蓋槐榆，北方之木；橘柚，南方之木也。榆莢之味甘。

明 吳雨《毛詩鳥獸草木考》卷一七《榆》 榆，一名零榆，其樹高大。春時未生葉，其枝條間先生榆莢，形狀似錢而薄小，色白，俗呼爲榆錢。後方生葉，似山茱萸葉而長，尖稍潤澤。葉及錢以爲糜羹，其仁可作醬，食之甚香美，有少辛味。皮取中間軟嫩爲粉，至粘滑，可膠瓦石，京東西北人以石爲確嘴，每用此以膠之。食之，令人多瞑。《廣志》有姑榆，有郎榆，郎榆無莢也。

又《樞》 《唐風》曰：山有樞，隰有榆。《傳》樞，荎也。又：山有栲，隰有杻。《傳》：栲，山樗。杻，檍也。樞，一名荎，一名刺榆，榆類。陸璣云：其針刺如柘，其葉如榆，瀹而爲蔬，則滑美勝於白榆。二月采皮，四月采實，並勿令中濕。荒歲農人服之以當糧。榆之類有十種，葉皆相似，皮及木理異耳。

又《枌》 《陳風》曰：東門之枌。《傳》枌，白榆也。枌，一名白榆，榆類。先敷葉，後著莢，皮色白，剥之，刮去上麄皮，中極滑白是也。榆先著莢，後生葉，此是所以異也。《釋木》：榆白，枌。孫炎云：榆白者名枌。《傳》以枌爲白榆是也。陸璣釋榆云白枌，誤矣。《爾雅》謂榆白爲枌，璣誤謂榆爲白枌也。枌乃榆之白者，無緣榆又爲枌之白者。《内則》曰：堇、荁、枌、榆、免、薧，滫瀡以滑之。免新生者，薧其乾也。堇、枌、榆初生，其葉蓋象免目，故謂之免。

明 鮑山《野菜博録》卷四 榆樹，處處皆有，樹頗高大。有赤、白二種。未發葉時，枝條間先生莢，似錢而小，色白成串，俗呼榆錢。後方生葉，類山茱萸而長尖，味甘平，滑利，無毒。

明 馮復京《六家詩名物疏》卷二四《榆》 《内則》云：堇、荁、枌、榆、免、薧以滑之。《元命包》云：三月榆莢落。《運斗樞》云：玉衡星散爲榆。《管子》云：五沃之土，其榆條長。《淮南子》云：五月其樹榆。《萬畢術》云：八月榆檽，令人不饑。《四民月令》曰：二月榆莢成者，收乾以爲旨蓄，色變白，將落，收爲醬。稽康云：榆令人瞑。鄒子云：春取榆柳之火。《廣雅》云：山榆，毋估也；柘榆，梗榆也。《齊民要術》云：梜榆、凡榆三種，色别種之，勿令雜。梜榆莢葉味苦，凡榆莢味甘。陶隱居云：榆皮性至滑利，初生莢仁以作糜羹。《本草衍義》云：榆皮磑爲粉，歉歲農以代食。葉青嫩時，收貯亦用爲羹茹。《雅翼》云：陳藏器云：江南無大榆。蓋大榆，北方之木也。案：陸氏云榆類有十種，而不詳其别異之狀。《爾雅》云：無姑，其實夷。注：無姑，姑榆也。生山中，葉圓而厚，剥取皮合漬之，其味辛香，所謂蕪夷。《本草》云：味辛平，生晉山川谷。此一種也。樞，今之刺榆，即《廣雅》所謂梗榆，其三種也。朗榆，皮味甘寒，生山中，如榆皮有滑汁，秋生莢如北榆，其四種也。《爾雅》『榆白，枌』，其五種也。《廣志》云：有姑榆，有郎榆，郎榆無莢，又任車用。姑榆即無姑，朗榆有莢，郎榆無莢，則郎榆别一種矣。《齊民要術》有梜榆、凡榆之别，未知梜榆復何如也。陸璣又云『駁馬，梓榆』，或亦一種，與嚴坦叔云此言隰有榆，總言榆耳。

明 周文華《汝南圃史》卷一一《竹木部・榆》 榆有三種：黄榆、青榆、野榆。葉俱細密，色緑覆陰。諺云：種榆柳者，夏得其蔭。野榆又有沙、棉二種。黃榆質堅潤可作器，用青榆則性劣。野沙榆亦可混入黃榆，而野棉榆劣更甚。今園圃門墻皆植黃榆，青者間亦雜之。野榆唯鄉村野畔最多，非特栽者。

明　盧之頤《本草乘雅半偈》卷五　〔蕪荑〕出晉山川谷及高麗，太原、河東、河西、延州、同州近道亦有。生山中，似榆而小，葉圓而厚，其實早成，亦似榆莢，但氣臭如犼，作醬則香美。能殺蟲，置物中亦辟蛀。有大小兩種，小蕪荑醞醬，氣味尤辛。入藥宜大蕪荑，陳久者最良。

清　王夫之《詩經稗疏》卷一　樞　毛《傳》曰：樞，荎也。郭璞曰：今之刺榆。陸璣《疏》曰：針刺如柘，葉如榆，其莢爲蕪荑。《計然書》：蕪荑出地赤心者良。按：蕪荑有二種，小者即榆莢，北人以和麪作餅及作醬；大者臭惡，入藥用此，與榆並言其大者。樞字，《後漢書》注音謳，與户樞之樞音義各別。

清　張逸少《佩文齋廣羣芳譜》卷七四《木譜・榆》　榆，一名零，《本草》云：榆莢飄零，故曰零榆。一名藲荎，《爾雅》云：藲，荎。注云：今之刺榆。有數十種，今人不能別，惟知莢榆、白榆、刺榆、榔榆數種而已。夾榆、白榆皆大榆也。有赤、白二種。白者名枌，《爾雅》云：榆白，枌。《說文》云：梗，山枌榆也。木甚高大。未葉時枝上先生瘤，纍纍成串，及開則爲榆莢，生青熟白，形圓如小錢，故又名榆錢，甚薄，中仁有殼，榆莢開後方生。葉似山茱萸葉而長，尖艄潤澤。《本草》：大榆二月生莢，榔榆八月生莢。

清　張宗法《三農紀》卷一六《林屬・榆》　榆，《圖經》云：木高大，未生葉時，枝上先生瘤，纍纍成串，及開則爲莢，生青熟白，形圓如小錢狀，故名曰榆錢，甚薄，中有仁，莢開後方生葉，似山黃萊葉而長，尖艄潤澤，葉生莢落。故云：萬物生時榆莢落，萬物死時麥芽生。物得天地消長之氣。《爾雅》名樞，《廣雅》名零。陸璣云：榆類十餘種，葉皆相似，皮及理異。《周官》：春取火木也。《詩》云：山有樞，隰有榆。古人擬材可作舟。

清　徐鼎《毛詩名物圖說》卷八　《爾雅》：藲，荎。郭璞注：今之刺榆。陸璣《疏》：其針刺如柘，其葉如榆，瀹爲茹，美滑如白榆。類有十種，葉皆相似，皮及木理異矣。愚按：《廣雅》曰：柘榆，梗榆也。凡草木刺人，或謂之梗，或謂之刺，故張揖謂之『梗榆』，郭璞謂之『刺榆』也。下文『隰有榆』，榆者，統名也。榆之白者謂枌，説詳《陳風・東門之枌》篇。

又卷九　《爾雅》：榆，白枌。孫炎注：榆白者名枌。郭璞注：枌榆先生葉，郤著莢，皮白色。《淮南子》：五月，其樹榆。張華《博物志》：啖榆則眠不欲覺。寇宗奭《衍義》：榆皮磑爲粉，歉歲農以代食。葉青嫩時收貯，亦用爲羹茹。愚按：《詩》所陳『榆』者四：《唐風》『隰有榆』，統名也；『山有樞』，刺榆也；《秦》『隰有六駮』，梓榆也；《陳》『東門之枌』，白榆也。榆性扇地，其陰在下。古人就以息焉，故曰『東門之枌』，『婆娑其下』。

清　鍾褒《攷厓考古録》卷二《榆》　《爾雅》釋榆者三。藲，荎。今之刺榆，《詩・唐風》『山有樞』是也。無姑，其實夷。注：無姑，姑榆也。生山中，葉圓而厚，剥取皮合漬之，其味辛香，所謂蕪荑。枌，白榆。注：枌榆先生葉，却著莢，皮色白。褒按《周易》：枯楊生梯。鄭元『枯』讀若『姑』。《周禮・壺涿氏》：若欲殺其神，則以牡橭午貫象齒而沈之。杜子春注：橭讀爲枯。枯，榆木名，《書》或爲樗。《釋文》橭，劉音沽，可知姑榆之姑當作枯，枯之本字又爲橭也。《說文》榆字注『白枌』，枌字注『榆也』，梗字注『山枌榆，有束莢可爲蕪荑』者。三種與《爾雅》合，而梗又爲枯榆之一名。《釋草》：莁荑，蔱藸。注：一名白蕡。疏謂《本草》一名無姑，一名蕨蘠。《唐本注》云：《爾雅》莁荑，一名蔱藸，今作蕨，蘠字之誤也，而在木部，疑非是，或者與草同氣，然則莁荑即蕪荑也。陸璣云：榆之類有十種，葉皆相似，皮及木理異。據此正不止是三種，惜未詳其名也。

清　牟應震《毛詩物名考》卷五　枌。未詳。《爾雅》：榆白，枌。注：先生葉，却着莢，皮色白。

清　吳其濬《植物名實圖考》卷三三《榆》　榆，《本經》上品，種甚多。今以有莢者爲姑榆，無莢者爲郎榆。南方榆秋深始結莢，不可食，即《拾遺》之榔榆也。其有刺者爲刺榆，質堅。其皮白者爲枌榆，北方食之。又《別録》中品有蕪荑，説者謂即榆莢仁醖爲醬者。李時珍又云，有大蕪荑，別有種，不知何物。

清　劉玉麐《爾雅校議》卷下　無姑，其實夷。《周禮・秋官・壺涿氏》：若欲殺其神，則以牡橭午貫象齒而沈之。注：故書橭爲梓。杜子春云：梓當爲橭，橭當爲枯。枯，榆木名。《釋文》曰：橭，劉音沽，杜讀爲枯。

案：如杜義，則音姑，山榆，生山中。《廣志》曰：有姑榆。《廣雅》曰：山榆，毋估。案：牡樟、毋估、枯榆、姑榆，並即無姑也。《藝文類聚》引注，末有『是也』二字。

紀事

漢　班固《漢書》卷五二《韓安國傳》　昔秦繆公都雍，地方三百里，知時宜之變，攻取西戎，辟地千里，並國十四，隴西、北地是也。及後蒙恬爲秦侵胡，辟數千里，以河爲竟，累石爲城，樹榆爲塞，匈奴不敢飲馬於河，置逢燧然後敢牧馬。

南朝　梁沈約《宋書》卷二九《符瑞志》　晉孝武帝太元十一年四月壬申，琅邪費有榆木異根連理，相去四尺九寸。

南朝梁　蕭子顯《南齊書》卷一八《祥瑞志》　三年正月，安城縣榆樹二株連理。

北齊　魏收《魏書》卷一《序紀》　（桓）帝英傑魁岸，馬不能勝。常乘安車，駕大牛，牛角容一石。帝曾中蠱，嘔吐之地仍生榆木。參合陂土無榆樹，故世人異之，至今傳記。帝統部凡十一年。後定襄侯衛操，樹碑於大邗城，以頌功德。

又卷二《太祖紀》　太祖道武皇帝，諱珪，昭成皇帝之嫡孫，獻明皇帝之子也。母曰獻明賀皇后。初因遷遊于雲澤，既而寢息，夢日出室內，寤而見光自牖屬天，欻然有感。以建國三十四年七日，生太祖於參合陂北，其夜復有光明。昭成大悅，羣臣稱慶，大赦，告於祖宗。保者體重倍於常兒，竊獨奇怪。明年有榆生於埋胞之坎，後遂成林。

宋　陶穀《清異録》卷上《韡韡樹》　金鄉路上一老榆，往來者就樹下易草屨，例以其舊懸而去，行人指爲韡韡樹。

宋　李昉《太平御覽》卷九五六　石虎《鄴中記》：襄國鄴路，千里之中夾道種榆，盛暑之月，人行其下。

明　宋濂《元史》卷五〇《五行志》　元貞元年，太平路蕪湖縣進榆木，有文曰『天下太平年』。

清　趙翼《西台漫紀》卷六　山西大同古寺前有一鼎，鼎耳生一榆樹大如碗，根浮而枝葉扶蔬。過者奇而玩之。

清　桂馥《札樸》卷九《鄉里舊聞·榆》　濟南榆樹枝幹四布，與吾郡之一本挺生者各别。案：應璩《與龐惠恭書》云：見所上利民之術，殖濟南之榆，栽漢中之漆。《廣韻》：榜榆堪作轂。當即濟榆。

藝文

宋　蘇軾《東坡全集》卷二七《榆》　我行汴堤上，厭見榆陰緑。千株不盈畝，斬伐同一束。及居幽囚中，亦復見此木。蠹皮溜秋雨，病葉埋墻曲。誰言霜雪苦，生意殊未足。坐待春風至，飛英覆空屋。

宋　張耒《榆》（引自《佩文齋詠物詩選》卷二八一）　修柯遇雲日，老枿干虹霓。嗟爾臃腫材，大匠何見遺。

宋　郭祥正《青山續集》卷五《榆錢》　鏤雪裁綃箇箇圓，日斜風定穩如穿。憑誰細與東君説，買住青春費幾錢。

明　吴寬《家藏集》卷一九《榆》　始我種三榆，近在亭之左。西日待隱蔽，陰成客能坐。七年長漸高，密葉已交鎖。生錢聞可食，貧者當果蓏。其一忽憔悴，嚙腹緣蟻蜾。持斧欲伐之，材未中船舵。藤蔓方附麗，不伐亦自可。古人無棄物，守圃常用跛。

清　陳維崧《迦陵詞全集》卷四《河傳·榆錢》　蕩漾，誰傍。輕如蝶翅，小於錢樣。抛家離井若爲憐？凄然，江東落絮天。　年年苦被東君鑄，啼鵑訴，賤賣韶光去。漲晴湖，剪春蕪。糢糊，漫空下五銖。

清　彭孫遹《松桂堂全集》卷一五《榆錢》　緑樹初陰紫紺鮮，佳辰早換白榆煙。何曾買得春光住，青帝原來不愛錢。

清　湯右曾《懷清堂集》卷一九《榆》　我家老榆樹，枝幹蛟龍纏。題詩厭常語，不道沈郎錢。

清　錢芳標《湘瑟詞》卷三《卜算子·榆錢》　緑莢亂堆墻，鶯眼分明認。聞道盧家爛不收，難買斜陽寸。折取杖頭懸，春晚銖衣褪。天上寧無種樹人，却用王清本。王清本，錢神名，見《酉陽雜俎》。

清 愛新覺羅・弘曆 《清高宗詩初集》卷一六《榆》 自昔稱榆塞，經過乃識榆。入林雖有徑，望樹似無隅。絶壑蟠深翠，平沙卧老株。鶻鳩時決起，跳兔善睽瞿。一帶排天仗，千頭媿木奴。縱輸春色好，均被露華濡。便是遊星漢，焉知在朔區。關荊如到此，健筆早應圖。

清 王道 《江湖閒吟》卷八《榆錢》 東皇爲恐大家貧，樹樹爭開鵝眼新。欲買春風堆萬叠，陌頭無限送行人。

清 梁同書 《頻羅庵遺集》卷一《榆》 隱隱光生淨碧天，一蟬吟處樹陰圓。沈郎此日無情思，不辨花時買笑錢。

清 柏葰 《薜箖吟館鈔存》卷一《府試榆錢》 嫩莢低垂箇箇圓，繁枝一色疊輕錢。因風擲地青堪選，和雨黏苔緑可憐。柳外不須籐杖挂，水中慣倩荇絲穿。腰纏十萬揚州路，買盡繁華二月天。

漫説青苗裊細煙，枝枝榆莢逞芳鮮。五銖厚重雨霑地，一色勻圓星在天。繫樹斜欹堤柳畔，買春抛向酒簾邊。年年風雨官塘路，都付鶯兒作俸錢。

雜録

北魏 酈道元 《水經注》卷二 《十三州志》曰：大河在金城北門東流，有梁泉注之，出縣之南山。按耆舊言：梁暉字始娥，漢大將軍梁冀後。冀誅，入羌，後其祖父爲羌所推，爲渠帥而居此城。土荒民亂，暉將移居枹罕，出頓此山，爲羣羌圍迫，無水。暉以所執榆鞭竪地，以青羊祈山神，泉湧出，榆木成林。其水自縣北流注于河也。

唐 段成式 《酉陽雜俎》卷三 盧縣東有金榆山，昔朗法師令弟子至此採榆莢，詣瑕丘市易，皆化爲金錢。

圖表

晉 郭璞 《爾雅音圖・釋木》

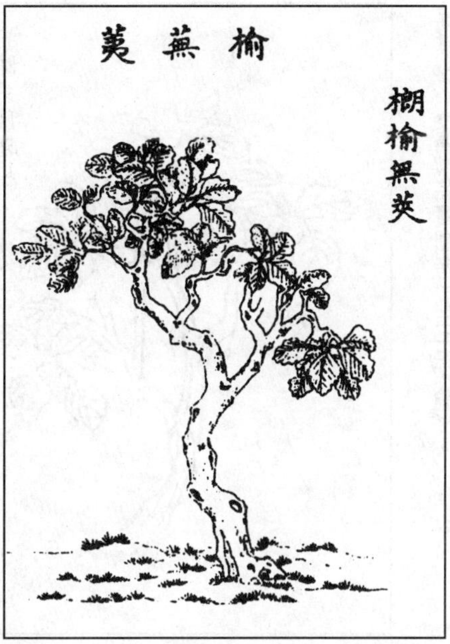

明　李時珍《本草綱目·圖卷》

明　鮑山《野菜博録》卷四

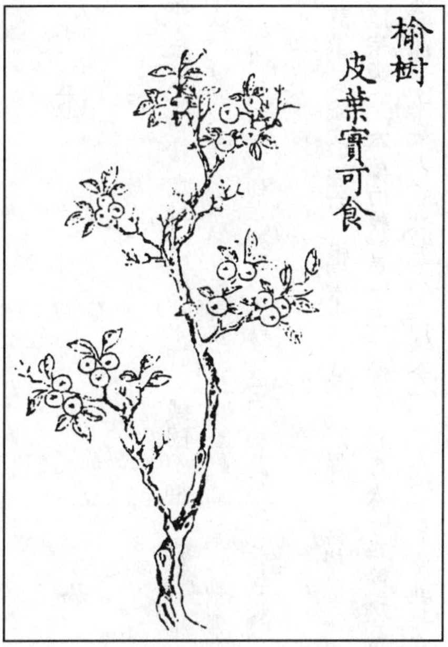

清　徐鼎《毛詩名物圖說》卷八

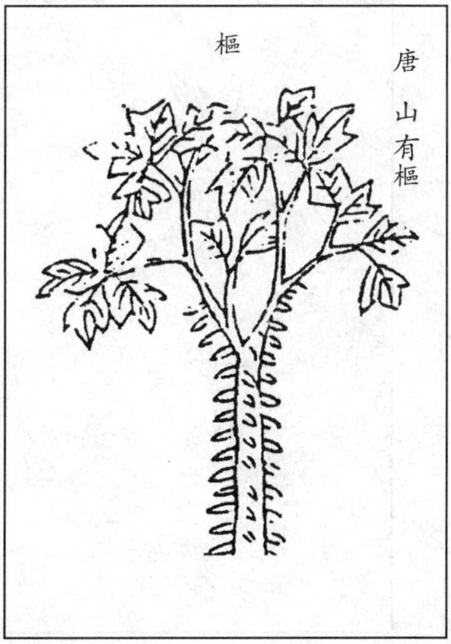

又卷九

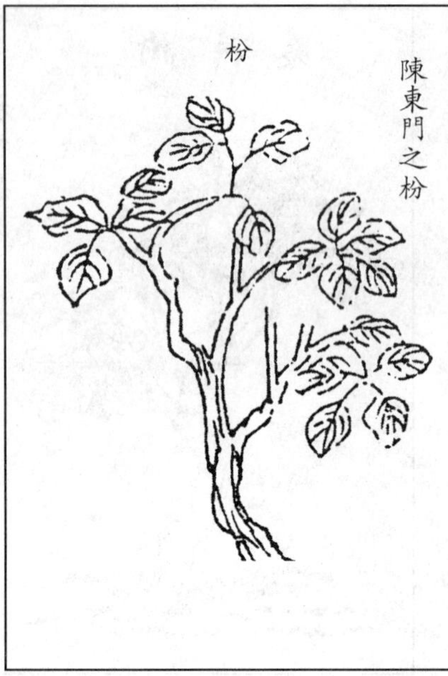

清　吳其濬《植物名實圖考》卷三三《榆》

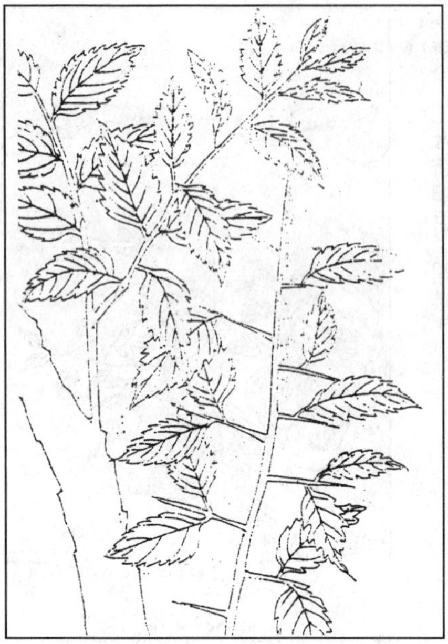

又卷三七《蚊榔樹》

櫸

綜述

《爾雅·釋木》　楥，柜枊。注：未詳。或曰：枊當爲柳。柜柳似柳，皮可煮作飲。音義：楥，孫音袁，又于眷反。柜，謝音巨，郭音舉。枊，郭音印，又作柳，良久反。疏：楥，一名柜枊。郭云：未詳。或曰：枊當爲柳。柜柳似柳，皮可煮作飲。以時驗而知也。

漢　許慎《説文》卷六　柜，木也。从木，巨聲。其吕切。

宋　寇宗奭《本草衍義》卷一五　櫸木皮，今人呼爲櫸柳，然葉謂柳非柳，謂槐非槐。木最大者，高五六十尺，合二三人槐。湖南北甚多。然亦下材也，不堪爲器用，嫩皮取以緣栲栳與箕脣。

宋　鄭樵《通志》卷七六　櫸，榆類也，而枚烈，其實亦如榆筴似錢之狀。

宋　戴侗《六書故》卷二一　椇、欅，苟許切。木生水濱，葉似檀而大。掌禹錫云：山櫸葉亦相類，鄉人采葉爲甜茶。又有山毛櫸，葉加大而毛。別作柜、櫸。

明　李時珍《本草綱目》卷三五　櫸《別録》下品　釋名：櫸柳、《衍義》鬼柳。時珍曰：其樹高舉，其木如柳，故名。山人訛爲鬼柳。郭璞注《爾雅》作柜柳，云似柳，皮可煮飲也。集解：弘景曰：櫸樹山中處處有之。皮似檀、槐，葉如櫟、槲，人多識之。恭曰：所在皆有，多生溪澗水側。葉似樗而狹長。樹大者連抱，高數仞，皮極粗厚，殊不似檀。宗奭曰：櫸木今人呼爲櫸柳。其葉謂柳非柳，謂槐非槐。最大者，木高五六丈，合二三人抱。湖南北甚多。然亦不材也，不堪爲器，嫩皮取以緣栲栳及箕唇。時珍曰：櫸材紅紫，作箱案之類甚佳。鄭樵《通志》云：櫸乃榆須而杖烈，其實亦如榆錢之狀。鄉人采其葉爲甜茶。

明　劉侗《名物通》卷八　柜，樹似白楊，極堅韌，葉似蒲柳，子似珊瑚，味如蜜。《詩》：南山有枸。根即地骨皮。梵書名苦彌，葉長而枝無刺。有刺，枸棘也。

清　高士奇《北墅抱甕録・櫸》　櫸似柳非柳，似槐非槐，性本宜水，故緣野塹種之。葉嫩時，鄉人採取其葉作茗，名爲甜茶。秋有實，若榆錢狀。其材易大，不減檀林，溪陰十畝，不數年而可得也。

清　張逸少《佩文齋廣羣芳譜》卷七八《木譜・櫸柳》　櫸柳，一名鬼柳。《本草》云：其樹高舉，其木如柳，故名。山人訛爲鬼柳。郭璞注《爾雅》作柜柳，云似柳，皮可煮飲也。多生溪澗水側。木大者高四五丈，合二三人抱。葉似柳非柳，似槐非槐。

清　吴其濬《植物名實圖考長編》卷一八《櫸樹》　《別録》：櫸樹皮，大寒，主時行頭痛，熱結在腸胃。陶隱居云：山中處處有。皮似檀、槐，葉如櫟、槲，人亦多識。用之削取裏皮，去外甲，煎服之，夏日作飲去熱。《唐本草注》：此樹所在皆有，生溪間水側。葉似樗而狹長。樹大者連抱，高數仞，皮極麄厚，殊不似檀。俗人取煮汁以療水及斷痢，取嫩葉挼貼火燒瘡有效。《本草衍義》：櫸木皮，今人呼爲櫸柳，然葉謂柳非柳，謂槐非槐。木最大者，高五六十尺，合二三人抱。湖南北甚多。然亦下材也，不堪爲器用，嫩皮取以緣栲栳與箕唇。《本草綱目》李時珍曰：其樹高舉，其木如柳，故名。山人呼爲鬼柳。郭注《爾雅》作柜柳，云其皮可煮飲也。櫸材紅紫，作箱案之類甚佳。鄭樵《通志》：櫸乃榆類，其實亦如榆錢之狀。鄉人采其葉爲甜茶。《說文解字注》：柜，柜木也。趙注《孟子》曰：杞柳，柜柳也。按：鄭注《爾雅》曰：柜柳似柳，皮可煮作飲。《廣韻》柜下云：柜柳。按：柜，今俗作櫸，又音譌爲鬼柳樹，未知許所説是此不？從木巨聲，其呂切，《廣韻》居許切，五部。按《周禮》『梐枑』注「故書枑作拒」，從手。俗本從木，作柜，非。

圖表

明　李時珍《本草綱目・圖卷》

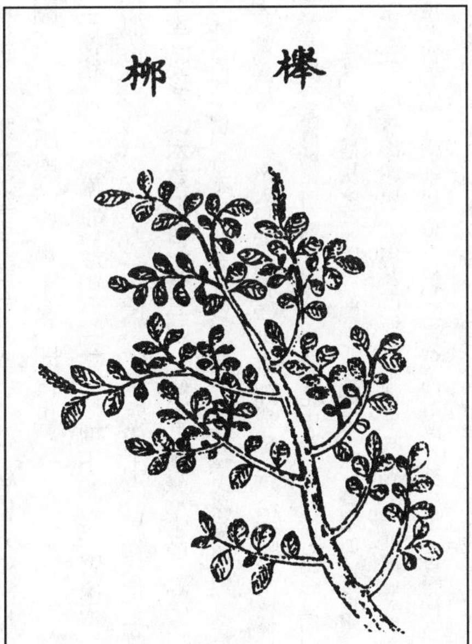

檀

綜　述

《爾雅·釋木》　魄，榽橀。注：魄，大木，細葉，似檀。今河東多有之。齊人諺曰：上山斫檀，榽橀先殫。音義【略】疏：魄，一名榽橀。郭云：魄，大木，細葉，似檀。今河東多有之。齊人諺曰：上山斫檀，榽橀先殫。殫，訓盡也。

漢　王充　《論衡·狀留篇》　檀以五月生葉，後彼春榮之木，其材彊勁，車以爲軸。

漢　許慎　《說文》卷六　檀，木也。从木，亶聲。徒乾切。

三國吴　陸璣　《毛詩草木鳥獸蟲魚疏》卷上《爰有樹檀》　檀木皮正青滑澤，與繫迷相似，又似駮馬。駮馬，梓榆，其樹皮青白駮犖，遥視似馬，故爲之駮馬。故里語曰：斫檀不諦得繫迷，繫迷尚可得駮馬。繫迷，一名挈橀，故齊人諺曰：上山斫檀，挈橀先殫。下章云：山有苞棣，隰有樹檖。皆山隰木相配，不宜謂獸。

晉　崔豹　《古今注》卷下　紫栴木出扶南，色紫，亦謂之紫檀。

唐　蘇鶚　《蘇氏演義》卷下　紫檀木，出扶南而色紫，亦謂之紫旃。

宋　釋贊寧　《東坡先生物類相感志》卷一三《水檀木》　其葉甚爲飲，樹肌細不堪作斧柯，至夏而生葉者，忽然葉開，有大水。農人候以測其水旱，號爲水檀木。

宋　戴侗　《六書故》卷二一　檀　檀，徒乾切。檀，木堅忍，葉頗類槐，有黄、白二種，黄者尤堅忍。毛氏曰：彊忍之木也。陸璣曰：木皮正青滑澤，與繫迷相似，又似駮馬。駮馬，梓榆也。故里語曰：斫檀不諦得繫迷，繫迷尚可得駮馬。繫迷又名絜榼。齊諺曰：上山斫檀，絜榼先殫。《本草》：又白檀出海南。

明　曹昭　《格古要論》卷下《紫檀木》　出海南、廣西、湖廣，性堅。新者色紅，舊者色紫，有蟹爪紋。新者以水揩之，色能染物。

明　楊慎　《丹鉛總録》卷四《燕檀》　嵇含《南方草木狀》云：葯緣子浸以蜂蜜，點以燕檀。所謂燕檀者，蓋以燕脂合檀水也。紫檀木出交趾，性堅。新者色紅，以水濕浸之，色能染物。又畫家合色有檀子，用銀朱淺入老黑燕脂合之，故曰燕檀，俗曰紫檀色，訛爲紫棠也。

又《柃指》　《爾雅》注引諺云：上山斫檀，榽橀先殫。榽字，一作柃。《三輔黄圖》：有柃指殿。柃指，木名，即榽也。

又《三樹相似》　《爾雅》注引諺云：採檀不諦得，繫迷得，可得駁馬。言三樹相似也。駁馬，今北方名報馬，生輝縣山中。見《救荒本草》。

明　李時珍　《本草綱目》卷三四　檀香《别録》下品　釋名：旃檀、《綱目》眞檀。時珍曰：檀，善木也，故字從亶。亶，善也。釋氏呼爲旃檀，以爲湯沐，猶言離垢也。番人訛爲眞檀。雲南人呼紫檀爲勝沉香，即赤檀也。集解：藏器曰：白檀出海南，樹如檀。恭曰：紫眞檀出崑崙盤盤國。雖不生中華，人間遍有之。頌曰：檀香有數種，黄、白、紫之異，今人盛用之。江淮、河朔所生檀木，即其類，但不香爾。時珍曰：按《大明一統志》云：檀香出廣東、雲南及占城、眞臘、爪哇、渤泥、暹邏、三佛齊、回回等國，今嶺南諸地亦皆有之。樹、葉皆似荔枝，皮青色而滑澤。葉庭珪《香譜》云：皮實而色黄者爲黄檀，皮潔而色白者爲白檀，皮腐而色紫者爲紫檀。其木並堅重清香，而白檀尤良。宜以紙封收，則不洩氣。王佐《格古論》云：紫檀，諸溪峒出之，性堅。新者色紅，舊者色紫，有蟹爪文。新者以水浸之，可染物。眞者揩壁上色紫，故有紫檀色。黄檀最香。俱可作帶胯、扇骨等物。

又卷三五　檀《拾遺》　釋名：時珍曰：朱子云：檀，善木也。其字從亶，以此。亶者，善也。集解：藏器曰：按蘇恭言檀似秦皮。其葉堪爲飲。樹體細，堪作斧柯。至夏有不生者，忽然葉開，當有大水。農人候之以占水旱，號爲水檀。又有一種，葉如檀，高五六尺，生高原，四月開花，正紫，亦名檀樹，其根如葛。頌曰：江淮、河朔山中皆有之，亦檀香類，但不香爾。時珍曰：檀有黄、白二種，葉皆如槐，皮青而澤，肌細而膩，體重而堅，狀與梓榆、莢蒾相似。故俚語云：研檀不諦得莢蒾，莢蒾尚可得駁馬。駁馬，梓榆也。又名六駁，皮色青白，多癬駁也。檀木宜杵、楤、鎚器之用。

明　慎懋官　《華夷花木鳥獸珍玩考》卷一《檀香》　樹與葉，似荔枝。

又卷二《罽苾思檀樹》　撒馬兒罕罽苾思檀樹，葉類山茶，實類銀杏而小。

明　吴雨　《毛詩鳥獸草木考》卷一七《檀》　檀，樹高二三丈，葉似槐葉而長大，開淡粉紫花。葉味苦，初生嫩芽可食。其材可以爲車轂，故云彊韌木。陸璣云：檀木皮正青滑澤，與檕迷相似，又似駁馬。駁馬，梓榆也。故里語曰：斫檀不諦得檕迷，檕迷尚可得駁馬。檕迷，一名(挈)[榽]橀。故齊人諺曰：上山斫檀，(挈)[榽]橀先殫。蓋三木相似也。

明　朱國禎《湧幢小品》卷二七《水檀》　蘭溪黃溢之下，大溪岸上，有檀木一株。其大合抱，高十數丈，不知幾何年矣。每歲春夏時，溪流漲後，始生枝葉。其發生早晚，必以水漲爲期。如或漲後而不發，則必復有大水。鄉人因以占水之候。

清　魏茂林《駢雅訓纂》卷六　旃檀，香木也。《御覽》九百八十二《香部》：俞益期《牋》曰：衆香是一木，木根爲旃檀。按：此與《酉陽雜俎·木篇》言『木五香，根旃檀』云云語合。

榽橀，似檀而細葉。《爾雅·釋木》：魄，榽橀。注：魄，大木，細葉，似檀。今河東多有之。齊人諺曰：上山斫檀，榽橀先殫。《釋文》：榽，兮計反，又音奚。橀，許兮反，本亦作醯。

清　張逸少《佩文齋廣羣芳譜》卷七四《木譜·檀》　檀，善木也。其字從亶，亶者，善也。有黃、白二種。江淮、河朔山中皆有。葉如槐，皮青而澤，肌細而膩，體重而堅，狀與梓榆、莢蒾相似，材可爲車輻及斧鎚諸柯。臘月分根，傍小枝種。江南有一種木，至夏不生葉，忽然葉開，當有大水。農人候之以占水旱，號爲水檀。又有一種，葉如檀，高五六尺，生高原，四月開花正紫，亦名檀樹，其根如葛。

又卷八〇《木譜·檀香》　檀香，一名旃檀，一名直檀。出廣州、雲南及占城、眞臘諸國，今嶺南諸地亦皆有之。樹葉皆似荔枝，皮青色而滑澤。有三種，黃檀、皮實色黃。白檀、皮潔色白。紫檀。皮腐色紫。其木並堅重清香，而白檀、黃檀尤盛。宜以紙封固，則不洩氣。紫檀新者色紅，舊者色紫，有蟹爪文。白檀辛温，氣分之藥，故能理胃氣，調脾肺，利胸膈。紫檀咸寒，血分之藥，故能和營氣，消腫毒，治金瘡。中土所產之檀，亦檀香之類，但不香，則地氣使然也。

清　張宗法《三農紀》卷一六《林屬·檀》　檀，《圖經》云：葉若槐，嫩時皮青澤，老則皮白起鱗，肌細膩，體重堅，乃强勁之木材，可爲車。《詩》云：無伐我好檀。一種望水檀，至夏不生葉，忽然葉生，當有大水。農人候之以占。其種有香檀、白檀、紫檀、黃檀之屬。《説文》云：亶者，善也。善於作柄，以製物，故字從之。

清　嵇璜《續通志》卷一七六　檀香，一名旃檀，一名眞檀。葉庭珪《香譜》云：皮實而色黃者爲黃檀，皮潔而色白者爲白檀，皮腐而色紫者爲紫檀。《華嚴經》云：白旃檀塗身，能除一切煩惱。《道書》：檀香謂之浴香，不可燒供上眞。

清　徐鼎《毛詩名物圖説》卷八　毛《傳》：檀，彊韌之木。陸璣《疏》：檀木皮正青滑澤，與檕迷相似，又似駁馬。駁馬，梓榆。故里語曰：斫檀不諦得檕迷，檕迷尚可得駁馬。檕迷，一名挈橀，故齊人諺曰：上山斫檀，挈橀先殫。王充《論衡》：樹檀以五月生葉，後彼春榮之木，其材彊勁，車以爲軸。《唐本草》：一種紫眞檀，出崑崙盤盤國。雖不生中華，人間遍有之。蘇頌曰：有黃、白、紫三種，今人多用之。

清　吳其濬《植物名實圖考》卷三五《檀》　檀，《本草拾遺》始著録。皮和榆皮爲粉，食可斷穀。《救荒本草》：葉味苦，芽可煠食。

又卷三七《野檀》　野檀生袁州，大樹亭亭，與檀無異。土人云：秋時結實如梨，不可食，色黃可染。檀類多種，其黃檀耶？

紀事

宋　歐陽修、宋祁《新唐書》卷三四《五行志》　廣明二年春，眉州有檀樹已枯倒，一夕復生。

又卷二二二《南蠻傳》　單單在振州東南多羅磨之西，亦有州縣，木多白檀。

藝文

清 愛新覺羅・弘曆《清高宗詩三集》卷五九《栴檀林》 馥郁天香石逕穿，入流忘所得聞詮。漫言薝蔔方堪並，澗葉崖葩一體全。

又《清高宗詩四集》卷九一《栴檀林》 一嶺横拖處，平分東與西。無端試升降，便覺別高低。大士相常淨，栴檀林昔題。由來有爲法，不出六如提。

又《清高宗詩五集》卷七四《題旃檀林》 旃檀傳梵經，震旦惟粵有。旃檀出天竺國，或至扶南交趾貿易。見《唐書・西域傳》。交廣相近，故惟粵地有之。塞山富楓榭，旃檀絶見阜。而此乃曰林，假借寧非醜。蓮宇坐金仙，殊不置可否。

清 畢沅《靈巖山人詩集》卷三三《玉井搴蓮集・寂寞樹》 在聚仙臺南貼壁並生檀樹二株，末與臺齊命名，未知始自何人。幽姿古且奇，未審植何代。挺立各千尋，恰與石厓背。斜陽送冷紅，終自凝秋黛。百想極形容，今畧得梗槩。孤竹兩高人，空山默相對。

清 彭蘊章《松風閣詩鈔》卷九《硯北集・古今體詩五十六首・有木十六章》 有木以檀名，古稱爲善木。其質重而堅，取材中車輻。別種制良弓，九合緄縢束。眷言武備修，樹此十年足。檕榼非眞材，相似亦可蓄。作歌告山虞，伫立望空谷。

圖表

晉 郭璞《爾雅音圖・釋木》

明 李時珍《本草綱目・圖卷》

清　徐鼎《毛詩名物圖說》卷八

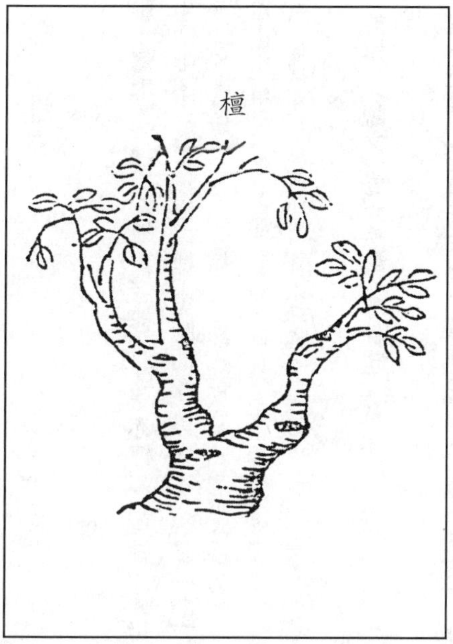

清　吳其濬《植物名實圖考》卷三五《檀》

又卷三七《野檀》

桋

綜述

《爾雅・釋木》 桋，赤棟，白者棟。注：赤棟，樹葉細而岐鋭，皮理錯戾，好叢生山中，中爲車輞。白棟，葉圓而岐，爲大木。音義【略】疏：桋，赤者名桋，白者即名棟。某氏曰：其色雖異，爲名即同。郭云：赤棟，樹葉細而岐鋭，皮理錯戾，好叢生山中，中爲車輞。白棟，葉圓而岐，爲大木也。《詩・小雅》云：隰有杞桋。陸璣《疏》云：棟葉如柞，皮薄而白。其木理赤者爲赤棟，一名桋，白者爲棟。其木皆堅韌，今人以爲車轂。

漢 許慎 《説文》卷六 桋，赤棟也。从木，夷聲。《詩》曰：隰有杞桋。以脂切。

三國吴 陸璣 《毛詩草木鳥獸蟲魚疏》卷上《隰有杞夷》 棟葉如柞，皮薄而白。其樹理赤者爲赤棟，一名桋，白者爲棟。其木皆堅韌，今人以爲車轂。

宋 戴侗 《六書故》卷二一 桋 桋，以脂切。《詩》云：隰有杞桋。《爾雅》：桋，赤棟，白者棟。陸氏曰：棟葉如柞，皮薄而白。木理赤者爲赤棟，一名桋，白者爲棟。郭景純曰：赤棟，樹葉細而岐鋭，皮理錯戾，叢生山中，宜爲車輞。白棟，葉圓而岐，爲大木也。《説文》亦曰『桋，赤棟』，而無棟字。按《詩》『蕨薇杞桋』並言，似皆可采食者。

明 吴雨 《毛詩鳥獸草木考》卷一八《桋》 《小雅》曰：隰有杞桋。《傳》：桋，赤棟也。桋，一名赤棟樹，葉細而岐鋭，皮理錯戾，好叢生山中。陸璣云：棟葉圓而岐如柞，皮薄而白赤者，一名桋，白者爲棟。今人以爲車輞是也。

清 顧棟高 《毛詩類釋》卷一五《桋》 《爾雅》：桋，赤棟，白者棟。鄭注：赤棟樹，葉細而岐鋭，皮理錯戾，好叢生山中，可爲車輞。白棟，葉圓而岐，爲大木。邢疏：《詩・小雅》云：隰有杞桋。陸璣《疏》：棘葉如柞，皮薄而白。其木理赤者爲赤棟，一名桋，白者爲棟。其木皆堅韌，今人以爲車轂。

清 徐鼎 《毛詩名物圖説》卷九 《爾雅》：桋，赤棟，白者棟。郭璞注：赤棟，樹葉細而岐鋭，皮理錯戾，好叢生山中，中爲車輞。白棟，葉圓而岐，爲大木。陸璣《疏》：棟葉如柞，皮薄而白。其木理赤者爲舜棟，一名桋，白者爲棟。木皆堅韌，今人以爲車轂。

清 吴其濬 《植物名實圖考》卷三七《桋樹》 桋樹，生山西霍州。大樹亭亭，斜紋糾錯，枝柯柔敷，葉如人舌，駢生長柄，裊裊下垂。寺院陰清，與風摇蕩，可謂嘉植。按《詩》：隰有杞桋。陸《疏》：棟葉如柞，皮薄而白。其木理赤者爲赤棟，一名桋，白者爲棟。其木皆堅韌，今人以爲車轂。《爾雅》：桋，赤棟，白者棟。郭注：赤棟，樹葉細而岐鋭，皮理錯戾，好叢生山中，中爲車輞。白棟，葉圓而岐，爲大木。按：其形狀不甚合，或别一木。

圖表

晋 郭璞 《爾雅音圖・釋木》

清 徐鼎《毛詩名物圖說》卷九

清 吳其濬《植物名實圖考》卷三七《梾樹》

柯

綜述

明 李時珍《本草綱目》卷三五 柯樹《拾遺》 釋名集解：木奴。珣曰：按《廣志》云：生廣南山谷，波斯家用木爲船舫者也。

清 陳元龍《格致鏡原》卷六六 《廣志》：柯木生廣南山谷，可爲船舫，一名木弩。

清 嵇璜《續通志》卷一七六 柯樹，一名木奴，生廣南山谷，波斯家用爲船舫者也。

樺

綜述

宋 羅願《爾雅翼》卷一二《樺》 樺木似山桃。《上林賦》：華楓枰櫨。華，即今之皮貼弓者。鉢室韋國用樺皮蓋屋。又隋大業中，汾州起汾陽宫，宫南外平林率是大樺，木高百餘尺，行從文武皆剥取皮覆庵舍。又堪爲燭，取脂燒辟鬼。枰，即平仲木也，實白如銀。櫨，黄櫨木也。

元 袁桷《清容居士集》卷一五《戲題樺皮》 褐裳新脱玉層層，紅葉朱蕉謝不能。擬製小冠韜短髮，意行雲水一枝藤。

明 李時珍《本草綱目》卷三五 樺木宋《開寶》 釋名：檴。藏器曰：晉中書令王珉《傷寒身驗方》中作檴字。時珍曰：畫工以皮燒煙熏紙，作古畫字，故名檴，俗省作樺字也。 集解：藏器曰：樺木似山桃，皮堪爲燭。宗奭曰：皮上有紫黑花匀者，裏鞍、弓、鐙。時珍曰：樺木生遼東及臨洮、河州、西北諸地。其木色黄，有小斑點，紅色，能收肥膩。其皮厚而輕虛軟柔，皮匠家用襯韡裏及爲刀靶之類，謂之暖皮。胡人尤重之。以皮卷蠟，可作燭點。

清　吴其濬《植物名實圖考》卷三七《樺木》　樺木，《開寶本草》始著録。山西各屬山中皆産，關東亦饒。湖北施南山中，剥其皮爲屋。古有樺燭，今罕用。考《説文》，樗或從蒦，段氏注云：俗作樺。《爾雅》：檴，落。郭注：可以爲杯器素。《詩經》：無浸檴薪。今五臺人車其木以爲椀盤，色白無紋，且易受采。雁門人斧其枝以爲柴。則杯器素及檴薪之用，今猶古矣。《詩疏》引陸璣《疏》以爲梛榆，云其葉如榆。按：此木葉圓如杏，密齒，殊不類榆。陸蓋不以檴爲樗，與《説文》異。《爾雅正義》引《説文》以檴爲樗之或體，且云樗爲散木，雜於薪蘇，非所見《説文》本異，即是誤記。樗皮及木，其用皆與樺不類。

圖表

明　李時珍《本草綱目・圖卷》

清　吴其濬《植物名實圖考》卷三七《樺木》

榿

綜述

宋　宋祁《益部方物略記》　厥植易安，數歲輒林。民賴其用，實代其薪。不棟不梁，亦被斧斤。

右榿。亦得所宜，民家蒔之，不三年材可倍。常人多薪之，疾種亟取，里人以爲利。杜子美有《覓榿栽》。

元　孔齊《静齋至正直記》卷一《榿木》　榿木惟蜀中有之，俗傳與欹同音。

明　慎懋官《華夷花木鳥獸珍玩考》卷三《榿》　榿，木名。杜甫詩：飽聞榿木三年大，爲致溪邊十畝陰。注：蜀人以榿爲薪，三年可燒。蘇文忠詩：芋魁徑尺誰能盡，榿木三年已足燒。

紀　事

元　脱脱《宋史》卷六五《五行志》【元符】二年九月，眉山縣榿木二株異根同幹，木枝相附。

明　楊慎《丹鉛總録》卷四《榿木》　姑蘇守溪王公濟之在閣，日論杜詩。聞知榿木三年大，因問先父：榿木蜀産，榿字何音？先父曰：音欹。守溪曰：當依韻書音楷。先父曰：音欹則鄉人農夫皆識之，若作楷音，不知何木矣。因舉王荆公《榿木詩》曰：濯錦江邊木有榿，野園封植佇華滋。地偏幸免桓魋伐，歲晚還同庾信移。王乃悦服。蓋王公平昔極愛荆公詩文，而此詩王公亦偶不記憶耳。

楊

綜　述

漢　許慎《説文》卷六　楊，木也。从木，昜聲。与章切。

晋　崔豹《古今注》卷下　白楊葉圓，青楊葉長，柳葉亦長細。移楊，圓葉弱蒂，微風大摇，一名高飛，一名獨摇。又有赤楊，霜降則葉赤，材理亦赤也。

唐　蘇鶚《蘇氏演義》卷下　白楊葉圓，青楊葉長，柳葉亦長細。赤楊，霜降則葉赤，材理亦赤。

宋　陸佃《埤雅》卷一三《楊》　《爾雅》曰：楊，蒲柳。所謂『董澤之蒲』是也。今有黄、白、青、赤四種，白楊葉圓，青楊葉長，赤楊霜降則葉赤，材理亦赤，黄楊木性堅緻難長，俗云歲長一寸，閏年倒長一寸。世重黄楊，以其無火。或曰：以水試之，沉則無火。取此木，必於陰晦，夜無一星，則伐之，爲枕不裂。楊之孚甲，早於衆木，昏姻失時，則曾木之不如也。故《詩》曰：東門之楊，其葉牂牂。牂牂，盛也。東門之楊，其葉肺肺。肺肺，衰也，以言嫁娶之暮如此。《莊子》曰：大聲不入於裏耳，《折楊》、《皇華》，則嗑然而笑。《折楊》、《逸詩》；《皇華》，即《詩》所謂『皇皇者華』是也。蓋送之以禮樂，言遠而有光華，則其即人情也近矣。《詩》之近於人情，非其至者也。《記》曰：清廟之瑟，朱玄而疏越，一倡而三嘆，有遺音者矣。若此者，《詩》之至也。《中庸》曰：上天之載，無聲無臭，至矣！《易》曰：枯楊生華。枯楊生稊。蓋楊性堅勁，雖生棟不撓。《齊民要術》曰：白楊性勁直，堪爲屋材，寧折終不曲撓。榆性儒軟，久無不曲，比之白楊，不如遠矣。正言枯楊，義取諸此。《彖》曰：大過。棟橈，本末弱也。

宋　姚寛《西溪叢語》卷下　楊、柳二種，楊樹葉短，柳樹葉長。花即初發時，黄蘂，子爲飛絮。今絮中有小青子，著水泥沙灘上，即生小青芽，乃柳之苗也。東坡謂絮化爲浮萍，誤矣。

明　李時珍《本草綱目》卷三五　白楊《唐本草》　釋名：獨摇。宗奭曰：本身似楊微白，故曰白楊，非如粉之白也。時珍曰：鄭樵《通志》言，白楊一名高飛，與移楊同名。今俗通呼移楊爲白楊，且白楊亦因風獨摇，故得同名也。集解：恭曰：白楊取葉圓大，蒂小，無風自動者。藏器曰：白楊北土極多，人種墟墓間，樹大，皮白。其無風自動者，乃移楊，非白楊也。頌曰：今處處有之，北土尤多。株甚高大，葉圓如梨葉，皮白色，木似楊，采無時。崔豹《古今注》云『白楊葉圓，青楊葉長』是也。宗奭曰：陝西甚多，永、耀間居人修蓋，多此木也。其根不時，碎札入土即生根，故易繁植，土地所宜爾。風纔至，葉如大雨聲。謂無風自動，則無此事。但風微時，其葉孤絶處，則往往獨摇，以其蒂長，葉重大，勢使然也。時珍曰：白楊木高大，葉圓似梨而肥大有尖，面青而光，背甚白色，有鋸齒。木肌細白，性堅直，用爲梁栱，終不撓曲，與移楊乃一類二種也。治病之功，大抵仿佛。嫩葉亦可救荒，老葉可作酒麴料。

又卷三六　黄楊木《綱目》　集解：時珍曰：黄楊生諸山野中，人家多栽插之。枝葉攢簇上聳，葉似初生槐芽而青厚，不花不實，四時不凋。其性難長，俗説歲長一寸，遇閏則退。今試之，但閏年不長耳。其木堅膩，可作梳剜印。段成式《酉陽雜俎》云：世重黄陽，以其無火也。用水試之，沉則無火。凡取此木，必以陰晦，夜無一星，伐之則不裂。

明　慎懋官《華夷花木鳥獸珍玩考》卷三《青楊木》　青楊木，出峽中，爲牀卧之無蚤。

又《黃楊》 木理堅而細，其色黃，俗説歲長三寸，遇閏則退一寸。東坡詩云：園中草木春無數，惟有黃楊厄閏年。

明　江之源《百花藏譜・黃楊》 性堅緻難長，密葉團簇。庭前植之，蒼古可愛。高五尺者，非世家不易有也。

明　張存紳《增定雅俗稽言》卷三九 楊柳，《續博物志》：楊葉短，柳葉長，其實一物也。《爾雅注》：楊，一名蒲柳，生澤中。前輩作兩用者，悮也。《三齊地記》：無棣縣，秦王繫馬蟠蒲堪爲箭，非菖蒲之蒲也。楊柳初生，黃蕋爲花，花乾而絮始飛，其隨風飛舞者，花絮也。如謝道韞『不若柳絮因風起』，杜子美『不若柳絮隨風舞』是也。其以絮飛爲花飛者悮。然前人詩詞，如李益『風起楊花愁殺人』，劉夢得『晚來風起花如雪』，韓琮『惟見楊花入漢宮』，此類甚多，相沿久矣。李太白詩：風吹楊花滿店香。温庭筠：香隨淨婉歌塵起，影伴嬌嬈舞袖垂。傳奇詩：莫唱踏春陽，令人悉腸結。郎行久不歸，柳自飄香雪。其實柳花亦有微香，詩人之言非無謂也。唐杜常《華清宮》詩：朝元閣上西風急，都入長楊作雨聲。意長楊爲宮名耳。今喬希大爲太常，云至西嶽，親歷其地，見有楊數株，猶在闍基。宋敏求亦曰：長楊，非宮名。朝元閣，去長楊五百餘里。何得名長楊？蓋指實言也。陸佃云：柳纵横颠倒，植之皆生。一説柳星在二十八宿中，寄根于天，故栽之易生也。柳字，一曰从卯，謂二月建卯而□也；一曰从丣，謂八月建西，柳見之而瘁也。按《説文》：柳，从木从丣，篆丣，古文西字也，隸作卯。又按《堯典》：宅西曰昧谷。昧谷當爲柳谷，鄭玄所注《尚書》古篆卯字反。蓋古篆卯字讀當爲柳，古柳、卯字同，裴松以翻譯爲然，是皆宗《説文》也。卯本作丣，兩户相開，日出于卯，象辟户之形；　酉本作丣，兩户相連，謂日入于西，象閉户之形也。

明　馮復京《六家詩名物疏》卷二五《楊》 《爾雅》云：楊，蒲柳。《埤雅》云：今有黃、白、青、赤四種，白楊葉圓，青楊葉長，赤楊霜降則葉赤，材理亦赤，黃楊木性堅緻難長，俗云歲長一寸，閏年倒長一寸。楊之孚甲早於衆木。《淮南子》：正月其木楊。按：楊、柳本二種，然相似而稱之易混。《爾雅》云『楊，蒲柳』，即《本草》之水楊也。崔正熊云：葉似青楊，青楊木出峽中，爲牀卧之無蚤。又別一種，非蒲柳也。白楊株大，葉圓如梨，皮白，多種墟墓間。故古詩曰：白楊多悲風，蕭蕭愁殺人。黃楊葉細難長，俗云歲長三寸，遇閏則退一寸。人家庭中多植以爲玩。赤楊霜降則葉及材理俱赤者。又有栘楊，所謂『唐棣之華，翩其反而』者也。蒲柳，一種又有皮青、皮紅之別，亦名楊柳，《采薇》詩云『楊柳依依』是也。凡此皆楊之屬也。《本草》：柳華，其葉狹長，青緑，枝條長軟者。又有杞柳，《爾雅》所謂『旄，澤柳』也。有赤檉木，《爾雅》所謂河柳也。凡此皆柳之屬也。然蒲柳亦曰蒲楊，栘楊亦曰栘柳，河柳亦曰小楊，大抵二名常混。陳藏器云：江東通名楊柳，北人都不言楊，楊樹葉短，柳樹枝長。朱《傳》云：柳，楊之下垂者；楊，柳之揚起者。《説文》云：柳，小楊也。欲知楊與柳之別者，請以此三説參之。

清　高士奇《北墅抱甕録・黃楊》 黃楊，木理細膩，枝葉繁多，性堅而韌，然滋長最難。世傳此木終歲長不盈寸，遇閏月年，則頓而不長。蓋物理之至奇者。然攷《爾雅》，桐、茨、菰，皆厄閏年，又不獨黃楊也。

清　陳淏子《秘傳花鏡》卷三《花木類考・楊》 楊有二種。白楊葉芽時便有白毛，及盡展，似梨葉長而厚，面淡青而背白，蒂長，兩兩相對，遇風則簌簌有聲。人多植之墳墓間，高可十餘丈。又青楊，樹彼白楊較小，葉似杏葉而稍長大，色青緑，本亦聳直。大槩柳枝長脆，葉狹長；　楊枝短硬，葉圓潤。柳性耐水，楊性宜旱。二木迥不相侔，何可因其並稱而遂認爲一木耶？特表而出之。赤者近水生根須，可栵以護壖堤。

又《黃楊木》 黃楊木，樹小而肌極堅細，枝叢而葉繁，四季長青。每歲止長一寸，不溢分毫，至閏年反縮一寸。昔東坡有詩云：園中草木春無數，惟有黃楊厄閏年。因其難大，人多以之作盆玩。

清　陳啓源《毛詩稽古編》卷二八 楊揚枝，柳下垂，此二木之辨也。然其爲類不一，其名亦互通。《王風》之蒲，秦、陳二《風》之楊，即《爾雅》所謂『楊，蒲柳』也。亦名蒲楊，又名水楊，又名青楊，《左傳》所稱『萑蒲』及『董澤之蒲』者即此。葉廣長，條短勁，華與柳同。陸《疏》云：有皮青、皮白二種，白者大楊，青者小楊，皆可爲箭幹。《齊風》之折柳，《小雅・采薇》之楊柳，《小弁》之菀柳，菀柳之柳，即《爾雅》所謂『桑柳醜條』也。注云：阿那垂條矣。葉長枝輭，其華名柳絮，入水爲萍，古人春取火於榆柳，即此。陶貞白以爲即水楊者，非是。《大雅·皇矣》之檉，即《爾雅》所謂『檉，河柳』也。郭注云：今河旁赤莖小楊。小幹弱枝，細葉如絲，名赤楊，又名朱楊，又名赤檉，又名雨師，又名垂絲柳，又名三春柳，氣能應雨，負雪不凋，一歲三華，華穗長三四尺，紅色如蓼，《衍義》云汴京甚多。案：近世呼爲西河柳，醫家用之治小兒麻疹，即此木矣。《鄭風》之樹杞，即《爾雅》所謂『旄，澤柳』也。亦名杞柳，木理微赤，可爲車轂，其細條可爲箱篋，孟子所謂『爲桮棬』者即此，趙岐以爲柜柳。案：柜柳，即《爾雅》『楥，音袁。柜枊』，音昂。郭讀枊爲柳，云柜柳似柳是也。《本草》作櫸柳。陶隱居云：皮似槐檀，葉如櫟槲。寇宗奭云：謂檀非檀，謂柳非柳。然則《爾雅》之旄與楥殆一木乎？《召南》之『唐棣』，《秦風》之『苞棣』，即《爾雅》所謂『唐棣，移』也。圓葉弱蒂，微風大摇，名移楊，又名移柳，又名高飛，又名獨揺。郭云：似白楊，江東呼大移。案：今通呼白楊，俗稱之誤也，自是一類而小別耳。其白楊不見《詩》、《雅》，而《文選》十九首詩有之。

清 張逸少 《佩文齋廣羣芳譜》卷七八《木譜·白楊》 楊有二種。一種白楊，葉芽時有白毛裹之，及盡展似梨葉而稍厚大，淡青色，背有白茸毛，蒂長，兩兩相對，遇風則簌簌有聲。人多植之墳墓間，樹聳直圓整，微白色，高者十餘丈，大者徑三四尺，堪棟梁之任。一種青楊，樹比白楊較小，亦有二種，一種梧桐青楊，身亦聳直，高數丈，大者徑一二尺，材可取用，葉似杏葉而稍大，色青緑；其一種身矮，多岐枝，不堪大用。北方材木全用楊、槐、榆、柳四木，是以人多種之。

又卷七九《木譜·黄楊》 黄楊，木理細膩，枝幹繁多，性堅緻難長，歲長一寸，閏月年反縮一寸，謂之厄閏。考之《爾雅》，桐、茨、菰皆厄閏，不獨黄楊。葉小而厚，色青微黄。

清 杭世駿 《訂訛類編》卷六《植物訛·黄楊厄閏無退三寸之理》 東坡《退圃》詩自注云：俗説黄楊一歲長一寸，遇閏退三寸。愚案：三歲一閏，五歲再閏，則所長不償所退，決無此理。或是一寸、三寸誤易倒刻，亦未可知。

清 張宗法 《三農紀》卷一六《林屬·楊》 楊，《圖經》云：浮甲早于衆木。白楊發芽時有白毛茸，及盡展似梨葉而梢厚大，淡青色，背有白茸，蒂長，兩兩相對，遇風則籟籟然有聲。青楊葉比白楊葉稍長而色緑。但楊性耐旱，不喜水，與柳異；其飛絮作萍，與柳同。《古今注》云：圓葉弱蒂，微風則大摇，一名高枝，一名獨揺。楊乃陽木也，遇陽而茂，逢陰而衰，故其葉得風而動，戴霜而落。《虞衡志》云：江東人通稱楊柳。柳葉細長，楊葉圓大，自是二物。

清 周廣業 《過夏雜録》卷六《楊木牙籤》 自淮以北有楊，無柳。《爾雅》：楊，蒲柳。邢《疏》：楊，一名蒲柳。生澤中，可爲箭笴，《左傳》所謂『董澤之蒲』。鄭康成曰水楊也。葉圓濶，樹與柳相似，故名楊柳。《采薇》：楊柳依依。《左傳》『董澤之蒲』，即此。凡有白、青、赤三種，白楊葉圓枝弱，微風大摇，古詩『白楊多悲風』是也；青楊葉長；赤楊霜降則葉赤，材理亦赤。此樹易生，倒植之亦生，析而植之亦生。別有黄楊性堅難長，俗言歲長一寸，閏年則短一寸。北方所用楊爲多焉。

清 徐鼎 《毛詩名物圖説》卷九 《爾雅·釋木》：楊，蒲柳。郭璞注：可以爲箭，《左傳》所謂『董澤之蒲』。愚按：楊、柳二種，《詩》分而言之者，《齊風》『折柳樊圃』、《秦風》『隰有楊』、《陳風》『東門之楊』是也；合而言之者，《小雅》『楊柳依依』是也。然枝勁而揚起者曰楊，枝弱而下垂者曰柳，寔不同也。《爾雅》『蒲柳』，即《本草》『水楊』也。『隰有楊』，下濕曰隰，此是水楊無疑矣。

清 牟應震 《毛詩物名考》卷五 楊，其枝揚起，故曰楊。有二種。白楊葉圓而尖，蒂長而弱，微風即摇，花簇結下垂如綴，長二三寸。《古今注》以爲移楊。或曰青楊，其皮色白而青也。水楊喜生水傍，葉小圓濶而尖，花結蕋細瑣，老放白英如絮，曰楊花。《詩·東門之楊》謂白楊，『楊柳依依』謂水楊也。

清 吴其濬 《植物名實圖考》卷三五《白楊》 白楊，《唐本草》始著録。北地極多，以爲梁棟。俗呼大葉楊。《救荒本草》：嫩葉可煠食。又《本草拾遺》有扶移，即此。

又《青楊》 青楊，《救荒本草》：葉似白楊葉而狹小，色青，皮亦青，故名青楊。葉可煠食，味苦。今北地呼小葉楊。

紀事

宋　吴箕《**常談**》　隋開皇中，幽州人家以白楊木垂竈上積十餘年，忽生一條，皆長三尺餘，甚鮮茂。漢時上林僵柳復生，何柳之好爲怪也！

明　郎瑛《**七修類稿**》**卷二六**《**白楊**》　《洛陽志》載北邙山多植白楊，予以北邙古公卿葬地也，今哀挽故用之。白楊如柳而葉圓。

清　張逸少《**佩文齋廣羣芳譜**》**卷七八**《**木譜・白楊**》　《懸笥瑣探》：予初不識白楊，及來河南巡行郡邑，常經平疇，入山谷，見多大樹，問從者，曰：白楊也。其種易成，葉尖圓如杏，枝頗勁，微風來則葉皆動，其聲蕭瑟殊悲慘。陝虢南山谷尤多，高可二三百尺，圓可丈餘，修直端美。用爲寺觀材，久則疏裂，不如松柏材勁實也。

藝文

唐　敬括《**枯楊生稊賦**》**（引自**《**文苑英華**》**卷一四五）**　柔得乎剛，則變化無方。故能令老者以安分，使衰者而再芳。不然，爻之均，奚獨殊其棟撓；木之衆，奚獨舉其枯楊。徒觀其枝葉滋潤，色帶韶光，發枯槁，擢豪芒。直幹森梢，歘浮於青翠。高柯偃蹇，漸變於蒼黄。豈比夫顛木貴枿，壞材稱良而已哉？至如和風稍吹，遲日久照，淡清煙而羃䍦，合晚靄而凝耀。苟非懷蠹，狀雖死而猶生。忽應鳴禽，類先號而後笑。是知心動於内，氣變於形，以類相感，因時則冥。或叢生落落，或孤峙亭亭；映平林而迥秀，倚長空而半青。爰有翰林墨客，懿此維新。覩物生興，與時爲春。在陽當榮於枯木，理代實資於哲人。遂稽大道，將期小伸。相長楊以體長，希百中於兹辰。

唐　楊巨源《**楊花落**》**（引自**《**文苑英華**》**卷三二三）**　北斗南回春物老，紅英落盡緑尚早。韶風澹蕩無所依，偏惜垂楊作春好。此時可憐楊柳花，縈盈艷曳滿人家。人家女兒出羅幙，静掃玉庭待花落。寶環纖手捧更飛，翠羽輕裾承不着。歷歷瑶琴舞金陳，菲紅拂黛憐玉人。東園桃李芳已歇，獨有楊花嬌暮春。

唐　吴融《**唐英歌詩**》**卷中**《**楊花**》　不鬬穠華不占紅，自飛晴野雪濛濛。百花長恨風吹落，唯有楊花獨愛風。

宋　歐陽修《**文忠集**》**卷一五**《**黄楊樹子賦並序**》　夷陵山谷間多黄楊樹子，江行過絶險處，時時從舟中望見之，鬱鬱山際，有可愛之色。獨念此樹生窮僻，不得依君子封殖備愛賞，而樵夫野老又一無又字。不知甚惜，作小賦以歌之。若夫漢武之宫，叢生五柞；景陽之井，對植雙桐。高秋羽獵之騎，半夜嚴妝之鐘，鳳蓋朝拂，銀牀暮空。固已葳蕤近日，的皪含風，婆娑萬户之側，生長深宫之中。豈知緑蘚青苔，蒼崖翠壁，枝蓊鬱以含霧，根屈盤而帶石。落落非松，亭亭似柏，上臨千仞之盤薄，下有驚湍之濆激。澗斷無路，林高暝色，偏依最險之處，獨立無人之跡。江已轉而猶見，峯漸回而稍隔。嗟乎！日薄雲昏，煙霏露滴，負勁節以誰賞，抱孤心而誰識？徒以寶穴風吹，陰崖雪積，哢山鳥之嘲哳，裊驚猿之寂歷。無游女兮長攀，有行人兮暫息。節既晚而愈茂，歲已寒而不易。乃知張騫一見，須移海上之根；陸凱如逢，堪寄隴頭之客。

宋　司馬光《**傳家集**》**卷三**《**楊白華**》　勸君勿嫌楊花太輕薄，籬下溝中紛漠漠。翠鬟婢子不勝愁，掃盡還飛滿朱閣。晚來風雨送行春，天無遊絲地無塵。雪狂絮亂安可得，孤樹青青愁殺人。

宋　朱長文《**樂圃餘藁**》**卷二**《**百幹黄楊**》　寶幹多材美，孤根一氣同。春餘花澹薄，雪裏葉青葱。蕃衍非人力，堅剛稟化工。寸枝裁玉軫，可助舜南風。

宋　劉才邵《**檆溪居士集**》**卷三**《**黄楊**》　不怪天公賦與慳，應憐堅正長偏難。三年檻木真容易，誰肯吟哦著眼看。

宋　王十朋《**梅溪前集**》**卷六**《**黄楊**》　黄楊，紀孝義也。家有黄楊，根一幹百，枝葉森然，木之有義者也。故作是詩以記之。

嘉彼黄楊，鬱焉其蒼。匪甕而圓，匪蓋而張。百幹同根，森如弟昆。千枝其子，萬葉其孫。惟此黄楊，先子所植。草木有義，先子之德。願言我家兄弟子孫，如此嘉樹永爲義。

又《梅溪後集》卷六《次韵昌齡西園十詠·黄楊》　黄楊庚甲與吾同，樹已蕭疏我亦翁。藤蔓稍除苔蘚去，歲寒猶解傲霜風。

宋　華嶽《翠微南征録》卷九《楊花》　一絲不染湖光白，萬點能回山色青。三月金明池上水，與予同是一浮萍。

宋　吴錫疇《蘭皐集》卷一《楊花》　爲見春風不久歸，顛狂上下弄晴暉。只饒天與無拘束，入幕穿簾任意飛。

飛舞隨春去不停，空條留得罩郵亭。狂心未肯沾泥死，猶作輕浮水上萍。

元　劉鶚《惟實集》卷七《楊花》　如雪紛紛不自持，殷勤長藉好風吹。莫欺此日飄零甚，猶有爲萍變化時。

明　姚廣孝《逃虚子詩集》卷九《楊白花》　楊白花雪同色，最是無情況無力。西蕩東飄意難必，斷送春花何太疾。薄暮和煙點緑漪，化作浮萍自不知。願托春風回故處，爲伊吹入深宫樹。

明　曹鏌《楊白花》（引自《明詩綜》卷二七）　楊白花，隨風飛，青春漸老胡不歸。化爲浮萍將安依。美人聯臂歌未歇，宫樹烏啼冷秋月。

又《楊白花》（引自《明詩綜》卷三一）　楊白花，輕且微，春風吹逐何處飛。春陰冥濛千萬里，花小不愁飛不起。重門深鎖寂無人，夜永如年月如水。

明　田藝蘅《香宇集》卷三三《垂楊春思》　楊柳陰濃着地垂，畫樓春暮獨憑時。風風雨雨無情甚，燕燕鶯鶯學語遲。芳草故延千里目，飛花猶亂十年思。分明昨夜西湖夢，蘇小門前第四枝。

明　朱孟震《朱秉器詩集》卷四《楊花》　寒疑宿霧飛還起，晴逐遊絲落更揚。絶似漢宫垂手舞，半空飄颯擁霓裳。

千里春雲擁使軺，垂絲相引共飄颻。若爲化作風前雪，不向征人鬢裏消。

明　王世貞《弇州四部稿》卷四九《楊花》　六代愁深金粉詞，一溪春漲麴塵絲。柔條已是無拘管，慚愧東風特地吹。

明　徐熥《幔亭集》卷一二《楊白花》　楊花如雪葉如絲，無奈東風一夜吹。飄落不知何處所，年年腸斷暮春時。

明　方逢時《黄楊賦》（引自《明文海》卷四三）　樗散野人，遊于章貢之濱，憇於水西之亭。厥有叢木，孤植於庭。蒼枝樛錯，碧葉繽紛。團如翠蓋，蔚若青林。顧謂童子，此木何名？童子曰：噫！余冲罔知，命物未詳，聞諸父老，厥稱黄楊。材質堅細，可爲圖章，琢磨雕刻，玉石同光。其爲性也，終歲所息，僅逾毫芒，閏餘之歲，反縮弗長。故諺有之，閏厄黄楊。君胡未達，而詢之詳。野人悵然，俛而思，仰而嘆，曰：有是哉！造化小兒，其以是戲耶？夫長之難則然矣，閏而縮曷故哉？將造化者之欲神其用也。胡不於楩楠杞梓蒲葦榆柳之皆然，而顧勢其機于一木之微也？夫一氣紛擾，萬有不齊。或遲而速，欲速或遲。物各值于所遭，有非司命之所能移。矧夫干霄巨木，匠石斯戕。榖桑夙拱，謂之不祥。既忘情于速化，又何恨乎黄楊。

清　查慎行《敬業堂詩集》卷二七《過夏集·白楊》　白楊生古墓，墓古鴉亦老。當風叫空巢，敗葉棲衆草。方當托高蔭，豈意守枯槁。嗟彼種樹人，悟機乃不蚤。

清　李蕃《雪鴻堂文集》卷一七《黄楊》　依然積翠滿庭除，幾歷風霜色更都。尺寸已湛酬雨露，始終幸不媿圖書。憑他消息總無意，老我丘園只自如。應是前人滋植好，還同蘭桂遶吾廬。

清　李孚青《野香亭集·丙子稿·楊花四首》　昨宵遍撒沈郎錢，今日平鋪白雪氊。好是鄉園春氣味，兒童力困午風前。

東城南陌望茫茫，撲地漫天上下狂。飛去好尋裀席墜，遭逢底用竟陵王。

纔黏簾押拂窻櫺，倏過長亭到短亭。飄盪今生原不恨，後身還怕作浮萍。

舊遊平地入新愁，一夢楊花歲五周。省得銷魂醺酒處，謝家飛絮溧陽樓。

清　黄之雋《痦堂集》卷三三《白楊》　何處見花竹，愁人多白楊。陰陰墟墓間，閃閃叢祠旁。槭槭葉相戛，蕭蕭聲作涼。千里悲風來，齊魯非吾鄉。行舟悵長川，泊岸凄夕陽。客心無俚賴，倚樹以徬徨。

清　陳玉堪《學文堂集・白楊》　此樹江南少，蕭蕭十丈餘。日穿枝欲倒，雨洗葉偏疏。松柏陰相敵，梧桐翠不如。那能移得汝，一一蔭吾廬。

清　宋長石《柳亭詩話》卷二八《白楊》　古詩《豫章行》：白楊初生時，乃在豫章山。按《通志》：白楊，一曰高飛，一曰獨摇。《古今注》曰：白楊葉圓，青楊葉長。《南史》：何妥住白楊巷，蕭賁住青楊巷。古人未嘗以楊爲嫌也。太白金陵詩亦有『白楊十字巷』之句。《正韵》因《十九首》『白楊何蕭蕭，松柏夾廣路』，遂專指爲墟墓間物。仲長統《昌言》曰『古之葬者，梧桐、松、柏以識其墳』，則不止白楊也。《宋書》：蕭惠開除少府，不得意，剗除堦前花草，列種白楊，曰：人生不得行胸懷，雖壽百歲猶爲天也。亦墟墓間意。

清　姚文田《邃雅堂集》卷七《楊花曲》　花飛不戀樹，但逐春風旋。自謂輕薄姿，零落泥塗閒。何意爲風吹，直上浮雲端。

直上浮雲端，飛揚不自見。下顧同開花，迢迢隔霄漢。詎知風力柔，反被游絲絆。

清　舒位《瓶水齋詩集》卷四《楊花詩》　歌殘楊柳武昌城，撲面飛花管送迎。三月水流春太老，六朝人去雪無聲。較量妾命誰當薄，吹落鄰家爾許輕。我住天涯最飄蕩，看渠如此不勝情。

清　周絜《楊花》（引自《沅湘耆舊集》卷一八八）　萬樹千條緣漸深，子規聲裏正清明。已將弱縷縈春思，又遣花飛管別情。

旖旎垂絲拂苑墻，曾看初染澹鵝黄。韶光眼底匆匆去，一夜東風雪滿塘。

清　鄧廷楨《雙硯齋詩鈔》卷六《白楊樹題壁》　朝發古韓城，墓宿白楊樹。疏樹不成行，一一來時路。來時樹上秋蟬嘶，去時樹上寒鴉嗁。寒鴉啞啞惱人睡，好夢不到青谿西。野寺三更聞疊鼓，白楊蕭蕭疑作雨。寥天一夜飛輕霜，敗葉隨風過清汝。明月入户照我牀，披衣起坐秋宵涼。一琖燒春天欲曙，騎馬匆匆出門去。

清　成書《多歲堂詩集》卷三《乙丑下・高楊》　敢覬棟梁選，荒原獨自憐。已知同散木，不忘近高天。一名插天楊。局促身如束，孤撐意不偏。蕭蕭未死葉，愁絶晚風前。

清　吴振棫《花宜館詩鈔・續存・楊花》　一春春思最纏綿，暖趁東風細趁煙。多少花仙鬭紅紫，此花端合號飛仙。

望裏空濛影欲迷，畫橋南北水東西。心情冷淡吾知汝，願委清流不染泥。

清　王闓運《湘綺樓全集・詩集》卷三《楊白花》　門前楊柳枝，相望湘江水。辛苦弄舟人，夜夜煙波裏。楊花晝冥冥，妾醉君獨醒。東風吹花作微雪，此時攬夢難分明。今朝燕子不銜去，明日浮萍滿洞庭。

圖表

明　李時珍《本草綱目・圖卷》

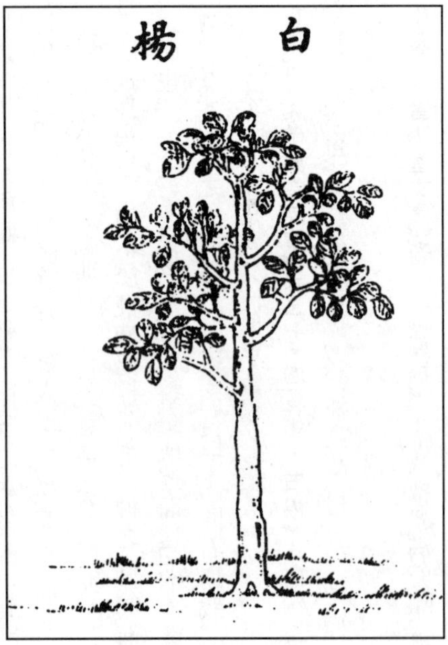

清 徐鼎《毛詩名物圖說》卷九

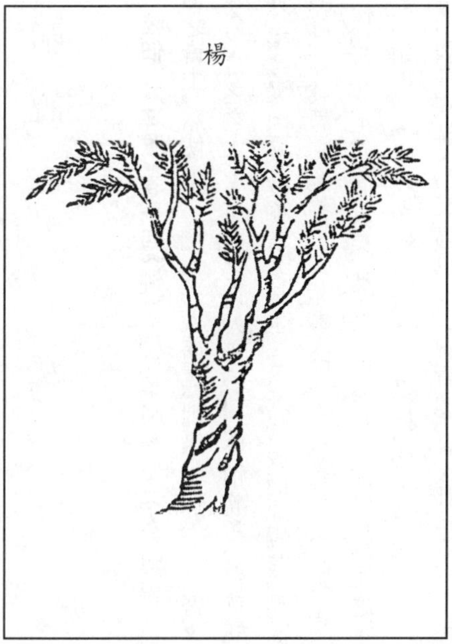

清 吳其濬《植物名實圖考》卷三五《白楊》

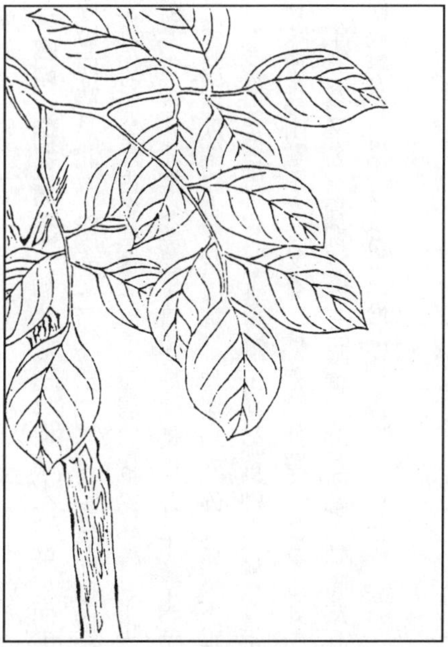

又《青楊》

柳

論説

宋　陸佃《埤雅》卷一四《柳》　柳，柔脆易生之木，與楊同類。雖縱横顛倒植之皆生，然使十人植之，一人摇之，則無生柳矣。立賢之道，何以異此？又況植之之人寡，而摇之之人衆乎！松柏醜茂，桑柳醜苑，《詩》曰『苑彼桑柔』，又曰『苑彼柳斯』，是也。蓋凡物發而成暢茂，積而成苑結，故桑柳醜條，而其詩謂之苑也。《苑柳》曰：有苑者柳，不尚息焉。言柳之苑，非若松柏之茂，未幾而衰矣，然人尚庶幾息焉，以言幽王之不可朝事，曾苑柳之不如也。《東方朔集》曰：首陽爲拙，柳下爲工。一作『柱下爲工』。柱下，老子。柳下，展禽也。二説皆通。《大戴禮》曰：正月柳梯。梯者，發孚也。《本草》曰：柳華一如絮。《抱朴子》曰：柳柞速朽，燎以爲炭，則億載不敗。此言養生之經，有益如此。故廣成子以謂我修身千二百歲矣，而吾形未嘗衰也。《中朝故事》云：天街兩畔槐木俗號爲槐衙，曲江池畔多柳，亦號爲柳衙。意謂其成行列如排衙也。今言宮腰細瘦，謂之柳腰。

明　何三畏《新刻何氏類鎔》卷三一《柳》　漢時内苑之柳，一日三眠三起，所以有人柳之稱；吕渭中書之柳，經年再枯再榮，所以有瑞柳之號。太昌靈和殿之蜀柳數株，不覺風流奕奕，酷似張緒之少年；高熲孩孺時之高柳百尺，眞如車蓋亭亭，預占貴人於他日。陸慧曉與張融並宅，而二株柳共拂于池頭，此樹名爲交讓；王敬則與李錫異時，而兩地柳各榮于行道，此樹俱是甘棠。有鳳州柳者，惟見青絲拂地垂；有兩師柳者，常看地氣行天上。嘗聞漢上林苑偃卧斷柳于地中，俄生葉而蟲食一爲字，是以稱異，而孝宣受命應期；忽聞夜風雨聲湧出雙柳于河畔，皆帶石而樹高十丈餘，是以爲奇，而刺史繪圖進上。孫敬之到洛編柳爲簡以寫經，稽康之居家據柳激泉以戲鍛。韋虛心爲郎官時，所蒔省中之柳，至當再入，對之悚然斂容；桓司馬爲瑯琊時，所種金城之柳，皆已十圍，撫之泫然流涕。顧悦早衰而白髮，自謂蒲柳之姿；王恭年少而美容，渾如春柳之質。桓玄之以柳葉蔽身而紿顧長康也，遂稱癡絶；宗元之夢柳樹什地而得柳州牧也，乃爲佳徵。若隋煬帝種柳于堤上而謂之隋堤柳，辛仲甫種柳于道間而謂之補闕柳，陶淵明種柳于門前而謂之五柳先生，則又皆以柳而得名者矣。

清　趙吉士《寄園所寄》卷八　柳花與柳絮，迥然不同。生於葉間作鵝黄色者，花也。迨花既褪，就蒂結實，其實之熟，亂飛如棉者，絮也。古今吟咏，往往以絮爲花，以花爲絮，畧無分别，何耶？《稗史》

清　杭世駿《訂訛類編》卷六《植物訛・柳花柳絮不同》　宋楊伯嵒《臆乘》云：柳花、柳絮，迥然不同。生于葉間成穗作鵝黄色者，花也。花退既褪，就蒂結實，其實之熟亂飛如綿者，絮也。古今吟詠，往往以絮爲花，略無分别，可發一笑。杜工部詩有『雀啄江頭黄柳花』，又有『坐憎柳絮白于綿』之句，則花、絮不同顯然可見。又曰『糁徑楊花鋪白氈』，得非又一時鹵莽而然耶？愚案：古有《楊白花歌》，不知何意。豈楊花與柳花有别歟？抑從古未有知考者歟？

清　許鵬翊《柳種類考》　柳非一種，其樹高大，其葉短而尖，其味苦而澀，其條短而硬者，北方處處有之，統名楊柳，《詩》云『楊柳依依』是也。其木堅硬，可作器皿者，古名杞柳，《孟子》『猶以杞柳爲杯棬』是也。其幹直長，可作箭幹者，古名蒲柳，《傳》云『董澤之蒲』是也。其木叢生，葉寬而長，立秋前取條剥皮用以編器者，名爲箕柳。其樹高大，條長裊裊下垂，經風摇而柔軟可愛者，俗名倒垂柳，又名垂楊柳，唐詩詠爲柳線、柳絲是也。然以上數種，其味皆苦，山蠶不食。又有一種檉柳，其莖赤，其葉細如松而長，多生河邊，一年三秀，又名三春柳，又名三眠柳，又名河柳。其味雖甘，枝葉軟弱，亦不任放蠶。其可用以放蠶者，惟蒿柳一種。

綜述

《爾雅·釋木》 旄,澤柳。注:生澤中者。音義:旄,音毛。疏:柳生澤中者,别名旄。郭云:生澤中者。

漢 許慎 《説文》卷六 柳,小楊也。从木,丣聲。丣,古文酉。力九切。

宋 李石 《續博物志》卷七 江東人通名楊柳,楊葉短,柳葉長。

宋 戴侗 《六書故》卷二一 楊柳 楊,與章切。桺,力久切。支條揚起者,曰楊。弱而長條,荏冉下垂者,曰柳,亦謂垂楊。弱條修直如蒲者,謂之蒲柳,宜爲矢笴,《傳》所謂『菫澤之蒲』也。《中庸》曰:夫政也者,蒲盧也。莊辛曰:射者,方將修其蒲蘆,治其矰繳。蒲蘆殆是蒲柳,蒲柳最易生,吴中種之水田中,彌頃畝如秧稻,織之爲箱篚。白楊,移楊,生於山。崔豹曰:青楊葉長,柳葉細長,白楊葉圓,移楊圓葉弱蔕,微風則大摇,一名高飛,一名獨摇。蒲柳生水邊,葉似青楊,亦曰移楊,亦曰蒲移,枝莖勁忍,堪作矢。《本草》曰:蒲柳可爲笴,又謂萑苻,水楊是也。生水旁,葉粗而白。木理微赤曰杞柳,人以爲車轂,共山淇水旁、魯國汶水旁純生杞柳也。按:柳不可爲桮棬,杞柳當自爲一物。

明 李時珍 《本草綱目》卷三五 柳《本經》下品 釋名:小楊、《説文》楊柳。弘景曰:柳即今水楊柳也。恭曰:柳與水楊全不相似。水楊葉圓濶而尖,枝條短硬。柳葉狹長而青緑,枝條長軟。陶以柳爲水楊,非也。藏器曰:江東人通名楊柳,北人都不言楊。楊樹枝葉短,柳樹枝葉長。時珍曰:楊枝硬而揚起,故謂之楊。柳枝弱而垂流,故謂之柳。蓋一類二種也。蘇恭所説爲是。按《説文》云:楊,蒲柳也。從木,易聲。柳,小楊也。從木,丣聲。易音陽,丣音酉。又《爾雅》云:楊,蒲柳也。旄,澤柳也。檉,河柳也。觀此,則楊可稱柳,柳亦可稱楊,故今南人猶併稱楊柳。余宗本《種樹書》言,順插爲柳,倒插爲楊。其説牽强,且失楊起之意。宗奭曰:釋家謂柳爲尼俱律陀木。集解:《别録》曰:柳華生琅邪川澤。頌曰:今處處有之,俗所謂楊柳者也。其類非一。蒲柳即水楊也,枝勁韌,可爲箭笴,多生河北。杞柳生水旁,葉粗而白,木理微赤,可爲車轂。今人取其細條,火逼令柔,屈作箱篋。《孟子》所謂『杞柳爲桮棬』者,魯地及河朔尤多。檉柳見本條。時珍曰:楊柳,縱横倒順插之皆生。春初生柔荑,即開黄蕊花。至春晚葉長成後,花中結細黑子,蕊落而絮出如白絨,因風而飛。子着衣物能生蟲,入池沼即化爲浮萍。古者春取榆柳之火。陶朱公言種柳千樹,可足柴炭。其嫩芽可作飲湯。

明 慎懋官 《華夷花木鳥獸珍玩考》卷三《金絲柳》 鳳縣出,宋元豐間有旨下,鳳州取金絲柳一百根。

又《楊柳》 江東人通名楊柳,楊葉短,柳葉長。扦楊柳,北方諺云:根要焦,火燒畧焦,則氣上行。埋到腰。

明 吴雨 《毛詩鳥獸草木考》卷一七《杞》 杞,一名柜柳,一名澤柳,柳屬,生水傍岸邊。葉圓如梨,肥大而尖,白色,葉邊鋸齒狀,木理赤。今人取其細條火逼令柔韌,屈作箱篋。河朔尤多。陸璣云:生水傍,樹如柳,葉麄而白,木理微赤。故今人以爲車轂。今共北淇水傍、魯國泰山、汶水邊純杞也。《孟子》云:『性猶杞柳』是也。

又《柳》 《齊風》曰:折柳樊圃。《傳》:柳,柔脆之木。柳,小楊也。一名天棘。柔脆易生之木,與楊同類。斬其枝幹,雖縱横顛倒插之皆生。枝條長軟,遠望之若垂絲。花即初發時黄蘂,子爲飛絮,隨風如飛雪,落地如鋪氊。今人以絮爲花,誤也。南人呼爲楊柳,楊與柳實兩種。《説文》云:『楊,蒲柳也。柳,小楊』是也。插之法,北方諺云:根要焦,埋到腰。

明 焦周 《焦氏説楛》卷一 宅西曰昧谷。古注疏引之作『度西曰柳谷』。柳一作櫍,《字訓》云:瞉,日出之色。櫍,日入之色。《周禮》注『衣翣柳之材』,曰:柳之爲言聚也,諸飾之所聚。鄭司農云:柳者,諸色新聚,日將没,其色兼有餘色也。余鄉李士龍云:柳從丣,丣古酉字,酉正日入時,羣色著木上,故曰柳谷。此説甚奇,李通六書,言或有據。

明 姚旅 《露書》卷一〇 觀音柳,葉若柳而垂絲如羅漢柏,此二種在眞州於林伯賡園亭見之。倚粧無力信風流,佳種也。枚乘《細柳賦》:吁嗟細柳,流亂輕絲。又有以蜀柳獻武帝者,條甚長,狀若絲縷。武帝曰:楊柳風流,似張緒當年。據二柳之狀,甚類觀音柳,想一物而三名乎?

明 周文華 《汝南圃史》卷一〇《竹木部·楊柳》 楊柳在在有之。《説文》曰:楊,蒲柳也。檉,河柳也。柳,小楊也。《通志》云:柳曰天棘。《大戴禮》曰:正月柳稊。稊,發芽也。崔寔《月令》曰:三月三日及上除採柳絮，可以瘉瘡。張敞爲京兆尹時，罷朝會，過走馬章臺，街有柳，終唐時號章臺柳。《南史》云：劉悛之爲益州刺史，獻蜀柳數株，枝條拂披裊如絲縷。武帝以植太昌靈和殿前，常咨嗟歎曰：此柳風流可愛，似張緒當年。《隋書》云：煬帝自板渚引河築道，植以柳，名曰隋堤，一千三百里。《毛詩疏義》曰：蒲柳之木二種，一種皮正青，一種皮紅，又曰杞柳也，生水旁，葉粗而白，木理微赤，今人以爲轂。《古今注》曰：白楊葉圓，青楊葉長，柳葉亦長細。移楊，圓葉弱蔕，微風則大摇，一名高飛，一名獨摇。蒲柳，生水邊，蔕似青楊，亦曰蒲移，亦曰移柳，亦曰水楊。枝勁而韌，可任大用。又有赤楊，霜降則葉，材理亦赤也。

清 張逸少《佩文齋廣羣芳譜》卷七六《木譜・柳》 柳，易生之木也，性柔脆，北土最多。枝條長軟，葉青而狹長，其長條數尺或丈餘，嫋嫋下垂者，名垂柳。木理最細膩。唐曲江池畔多柳，號爲柳衙，謂成行列如排衙也。柳條柔弱嬝娜，故言細腰娬媚者，謂之柳腰。

清 張宗法《三農紀》卷一六《林屬・柳》 柳，《圖經》云：性柔脆，枝條長軟，葉青狹長。春初生柔荑，粗如飭，長寸餘，開黄芽鱗甚細碎，漸次生葉，至晚春葉長成，花結子如粟，細扁而黑，上帶白絮如絨，隨風舞飛，着毛爪即生蟲，入池沼隔宿化爲萍。垂柳、人柳、三春柳可玩賞。王象晉云：楊、槐、榆、柳，北方之材木，人多植之。垂柳爲楊者，據小説，隋煬賜姓也。柳者，留也，易生物也。秉日之木，故卯月而青。古者春取火于柳。占書云：元旦折柳枝插門上，以辟百邪。

清 徐鼎《毛詩名物圖説》卷八 毛《傳》：柳，柔脆之木。《説文》：小楊也。本作桺，从木，丣聲。《集傳》：楊之下垂者，柔脆之木也。《埤雅》：柳，易生之木，與楊同類，縱横顛倒植之皆生。《唐本草》注：柳與木楊全不相似，水楊葉圓潤而赤，枝條短硬，柳葉狹長青緑，枝條長軟。陶云『柳即水楊』，非也。愚按：今吴中呼爲楊柳，其實枝條楊起者爲楊枝，葉下垂者爲柳，各不同也。惟其枝條柔軟，故折柳可爲樊籬。

清 吴其濬《植物名實圖考》卷三七《水楊柳》 水楊柳，叢生水瀕，高二三尺，長葉對生，似柳而細莖，柔可編筐筥。光州謂之簸箕柳，水農種之。

紀事

唐 房玄齡《晉書》卷二八《五行志》 成帝咸和六年五月癸亥，曲阿有柳樹枯倒六載，是日忽復起生。至九年五月甲戌，吴縣吴雄家有死榆樹，是日因風雨起生，與漢上林斷柳起生同象。

唐 魏徵《隋書》卷二二《五行志》 〔隋文帝〕仁壽四年八月，河間柳樹無故枯落，既而花葉復生。

五代 劉昫《舊唐書》卷一三七《吕渭傳》 中書省有柳樹，建中末枯死，興〔元〕元年車駕還京後，其樹再榮，人謂之瑞柳。渭試進士，取瑞柳爲賦題，上聞而嘉之。

宋 歐陽修、宋祁《新唐書》卷一六〇《吕渭傳》 〔吕渭爲中書時，省中〕有古柳，建中末枯死，德宗自梁還，復榮茂，人以爲瑞柳。

元 脱脱《宋史》卷六五《五行志》 天聖元年二月，河陽柳二本連理。

藝文

漢 孔鮒《孔叢子》卷下《楊柳賦》 嗟兹楊柳，先生後傷。蔚茂炎夏，多陰可涼。伐之原野，樹之中塘。溉浸以時，日引月長。巨本洪枝，條修遠揚。天繞連枝，猗那其房。或拳局以逮下，或擢跡而接穹蒼。緑葉累疊，鬱茂翳沈。蒙籠交錯，應風悲吟。鳴鵠集聚，百變其音。爾乃觀其四布，運其所臨。南垂大陽，北被玄陰。西奄梓園，東覆果林。規方冒乎半頃，清空莫與比深。於是朋友同好，几筵列行。論道飲燕，流川浮觴。殽核紛雜，賦詩斷章。合陳厥志，考以先王。賞恭罰慢，事有紀綱。洗觶酌樽，兕觥並揚。飲不至醉，樂不及荒。威儀抑抑，動合典常。退坐分別，其樂難忘。惟萬物之自然，固神妙之不如。意此楊樹，依我以生。未寧一紀，我賴以寧。暑不御筵，凄而涼清。內蔭我宇，外及有生。物有可貴，云何不銘。乃作斯賦，以叙斯情。

三國魏　王粲　**《柳賦》（引自《漢魏六朝百三家集》卷二九）**　昔我君之定武，致天屆而徂征。元子從而撫軍，植佳木于兹庭。歷春秋以踰紀，行復出於斯鄉。覽兹樹之豐茂，紛旖旎以修長。枝扶疎而覃布，莖森梢以奮揚。人情感於舊物，心惆悵以增慮。行遊目而廣望，覩城壘之故處。悟元正之話言，信思難而存懼。嘉甘棠之不伐，畏取累於此樹。苟遠跡而退之，豈駕馳而不屢。

三國魏　陳琳　**《柳賦》（引自《漢魏六朝百三家集》卷二八）**　偉姿逸態，英豔妙奇。緑條縹葉，雜遝纖麗。龍鱗鳳翼，綺錯交施。蔚曇曇其杳藹，象翠蓋之葳蕤。

三國魏　應瑒　**《楊柳賦》（引自《漢魏六朝百三家集》卷三二）**　赴陽春之和節，植纖柳以承涼。攄豐節而廣布，紛鬱勃以敷陽。三春倏其奄過，景日赫其垂光。振橫條而遠翳，迴雲蓋於中唐。

三國魏　曹丕　**《柳賦有序》（引自《漢魏六朝百三家集》卷二四）**　昔建安五年，上與袁紹戰於官渡，時余始植斯柳。自彼迄今，十有五載矣。感物傷懷，乃作斯賦曰：伊中域之偉木兮，瑰姿妙其可珍。稟靈祇之篤施兮，與造化乎相因。四時邁而代運兮，去冬節而涉春。應隆時而繁育兮，揚翠葉之青純。修幹偃蹇以虹指兮，柔條阿那而蚍伸。上扶疎而施散兮，下交錯而龍鱗。在余年之二七，植斯柳乎中庭。始圍寸而高尺，今連拱而九成。嗟日月之逝邁，忽亹亹以遄征。昔周遊而處此，今倏忽而弗形。感遺物而懷故，俛惆悵以傷情。於是曜靈次乎鶉首兮，景風扇而增煖。豐弘陰而博覆兮，躬愷悌而弗倦。駟馬望而傾蓋兮，行旅仰而迴睠。秉至德而不伐兮，豈簡卑而擇賤。含精靈而寄生兮，保休體之豐衍。惟尺斷而能植兮，信永貞而可羨。

晉　傅玄　**《柳賦》（引自《漢魏六朝百三家集》卷三九）**　美允靈之鑠氣兮，嘉木德之在春。何兹柳之珍樹兮，稟二儀之清純。受大角之禎祥兮，生濛汜之遐濱。參剛柔而定體兮，應中和以屈伸。長莖舒而增茂兮，密葉布而重陰。夾通塗與廣庭兮，環清沼而成林。於是玄雲被岳，素景含暉。泰液渥流，朝露未晞。是精靈之所鍾兮，蔚鬱鬱以依依。居者觀而弭思兮，行者樂而忘歸。夫其結根建本則固於泰山，兼覆廣施則均於昊天。雖尺斷而逾滋兮，配生生於自然。無邦壤而不植兮，象乾道之屢遷。紛猗靡以從風兮，若將往而復旋。若乃豐葩茂樹，長枝夭夭。阿那四垂，凱風振條。同志來遊，攜手逍遥。

晉　成公綏　**《柳賦》（引自《漢魏六朝百三家集》卷五二）**　宅京宇之西偏，濱濆鼻之清渠。啓橫門於大路，臨九達之通衢。愍行旅之靡休，樹雙柳於衢隅。彌年載而成陰，紛婵媛而扶疎。

南朝梁　吴均　**《柳》（引自《文苑英華》卷三二三）**　細柳生堂北，長風發鴈門。秋霜常振葉，春露詎濡根。朝作離蟬宇，暮成宿鳥園。不爲君所愛，摧折當何言。

南朝梁　蕭綱　**《詠柳》（引自《古詩紀》卷八一）**　垂陰滿上路，結草早知春。花絮時隨鳥，風枝屢拂塵。欲散依依采，時要歌吹人。

南朝梁　蕭繹　**《緑柳》（引自《古詩紀》卷八二）**　長條垂拂地，輕花上逐風。露霑疑染緑，葉小未鄣空。

北周　庾信　**《楊柳歌》（引自《文苑英華》卷三三七）**　河邊楊柳百尺枝，别有長條窈地垂。河水衝激根株色，疑作危。倏忽河中風浪吹。可憐巢裏鳳凰兒，無故當年老别離。流槎一去上天池，織女支機應見隨。誰信從來蔭數國，直用東南一小枝。昔日公子出南皮，駿馬翩翩西北馳。左右彎弧仰月支，何處相尋玄武陂。鳳凰新簫管史吹，朱鳥春窗玉女窺。銜雲酒盃赤瑪瑙，照日食螺紫琉璃。君言丈夫地志氣，爲問燕山那得知。百年霜露掩離披，一旦功名不可爲。定是懷王作計媸，無事翻覆用張儀。武昌南城誰可移，官渡營前那得知。尚憶落絮鵝毛色，無復青絲馬尾垂。各與梅花留一曲，共在長笛管中吹。

唐　李嶠　**《柳》（引自《全唐詩》卷六〇）**　楊柳鬱氤氳，金堤總翠氛。庭前花類雪，樓際葉如雲。列宿分龍影，芳池寫鳳文。短簫何以奏，攀折爲思君。

唐　孟郊　**《孟東野詩集》卷九《宇文秀才齋中海柳詠》**　玉縷青葳蕤，

結爲芳樹姿。忽驚明月鈎，鈎出珊瑚枝。灼灼不死花，蒙蒙長生絲。飲栢況一作泛仙味，詠蘭擬一作凝古詞。霜風清颸颸，與君長相思。

又《摇柳一作採柳》 弱弱本易驚，看看勢難定。因風似醉舞，盡日不能正。時邀詠花女，笑輟春粧鏡。

唐 王建《王司馬集》卷八《華清宫前柳》 楊柳宫前忽地春，在先驚動探春人。曉來唯欠驪山雨，洗却枝頭緑上塵。

唐 劉禹錫《劉賓客外集》卷七《柳絮》 飄颺南陌起東鄰，漠漠濛濛暗度春。花巷暖隨輕舞蝶，玉樓晴拂豔粧人。縈迴謝女題詩筆，點綴陶公漉酒巾。何處好風偏似雪，隋河隄上古江津。

又卷八《楊柳枝》 揚子江頭煙景迷，隋家宫樹拂金堤。嵯峨猶是當時色，半蘸波中水鳥棲。

又《劉賓客文集》卷二七《楊柳枝詞九首》 塞北梅花羌笛吹，淮南桂樹小山詞。請君莫奏前朝曲，聽唱新飜楊柳枝。

南陌東城春蚤時，相逢何處不依依。桃紅李白皆誇好，須得垂楊相發揮。

鳳闕輕遮翡翠幃，龍池遥望麴塵絲。御溝春水相暉映，狂殺長安年少兒。

金谷園中鶯亂飛，銅駝陌上好風吹。城東桃李須臾盡，争似垂楊無限時。

花萼樓前初種時，美人樓上鬬腰支。如今抛擲長街裏，露葉如啼欲恨誰。

煬帝行宫汴水濱，數株殘柳不勝春。晚來風起花如雪，飛入宫墻不見人。

御陌青門拂地垂，千條金縷萬條絲。如今綰作同心結，將贈行人知不知。

城外春風吹酒旗，行人揮袂日西時。長安陌上無窮樹，唯有垂楊管別離。

輕盈嫋娜占年華，舞榭妝樓處處遮。春盡絮飛留不得，隨風好去落誰家。

又《楊柳枝詞二首》 迎得春光先到來，淺黄輕緑映樓臺。只緣裊娜多情思，便被春風長請挼。

巫峽巫山楊柳多，朝雲莫雨遠相和。因想陽臺無限事，爲君回唱竹枝歌。

唐 白居易《白香山詩集》卷二《有木詩八首》 有木名弱柳，結根近清池。風煙借顔色，雨露助華滋。峩峩白雪毛，一作花嫋嫋青絲枝。漸密陰自庇，轉高梢四垂。截枝扶爲杖，軟弱不自持。折條用樊圃，柔脆非其宜。爲樹信可翫，論材何所施。可惜金堤地，栽之徒爾爲。

又卷一八《憶江柳》 曾栽楊柳江南岸，一別江南兩度春。遥憶青青江岸上，不知攀折是何人。

又卷一九《青門柳》 青青一樹傷心色，曾入幾人離恨中。爲近都門多送別，長條折盡減春風。

又卷二五《柳絮》 三月盡時頭白日，與春老別更依依。憑鶯爲向楊花道，絆惹春風莫放歸。

唐 李紳《柳二首》（引自《文苑英華》卷三二三） 千條楊柳拂金絲，日暖牽風葉學眉。愁見花狂飛不定，還同輕薄五陵兒。

陶令門前欲接籬，亞夫營裏拂朱旗。人事推移無舊物，年年春至緑垂絲。

唐 姚合《姚少監詩集》卷一〇《楊柳枝詞五首》 黄金絲掛粉墻頭，動似顛狂靜似愁。遊客見時心自醉，無因得見謝家樓。

葉葉如眉翠色濃，黄鶯偏戀語從容。橋邊陌上無人識，雨濕煙和思萬重。

江上東西離別饒，舊條折盡折新條。亦知春色人將去，猶勝狂風取次飄。

二月楊花觸處飛，悠悠漠漠自東西。謝家詠雪徒相比，吹落庭前便作泥。

江亭楊柳折還垂，月照深黄幾樹絲。見説隋隄枯已盡，年年行客怪春遲。

唐 崔護《五月水邊柳》（引自《全唐詩》卷三六八） 結根挺涯涘，垂影覆清淺。睡臉寒未開，嬾腰晴更軟。摇空條已重，拂水帶方展。似醉煙景凝，如愁月露泫。絲長魚悞恐，枝弱禽驚踐。長別幾多情，含春任攀搴。

唐　李德裕《李衛公別集》卷二《柳柏賦並序》　夫受天地之正者，唯松柏而已。故聖人稱其有心，美其後彫。豈無他木，莫可儔匹。予嘗歎柏之爲物，貞苦有餘，而姿華不足，徒值于精舍，列于幽庭，不得處園池之中，與松杉相映。獨此郡有柳柏，風姿濯濯，宛然荑楊，而冒霜停雪，四時不改，斯得謂之具美矣。惜其生而遐遠，人罕知之，偶爲此賦，以貽親友。惟天地之生物，均覆載而不私。雖草木之殊性，皆榮樂之有時。感松柏兮得眞，經隆冬而乃知。常集霰于窮節，終秉心而不移。觀夫竹嬋娟以挺秀，松英茂以含滋。可蔭蔚于臺榭，故封植于園池。嗟緑柏之貞若，爰自託于幽崖。或森森于寒壠，或肅肅于江祠。何炎徼之僻陋，或珍木而在兹。齊蓊蔚于蘭若，儷芬芳于桂枝。遠而象之，聳幹參差，疑翠旌之陸離；迫而玩之，布葉低垂，若羽蓋之葳蕤。又似翠列巢以羣棲，鸞奮翼而來儀。含輕煙于夕景，泣零露于朝曦。待秋實之繁衍，綴青珠之纍纍。嗟乎！材不可備，人亦如斯。子張之容雖盛，柳惠之貞則虧。有長孺之正色，無思曼之風姿。歎此物之具美，以幽深而見遺。非欲企瓊林于塵外，方玉樹于前墀。前舊國兮無際，思故人兮未期。曾不得倚樹而泛瑶瑟，攀條而獻蘭芝。慨路遠而莫致，抑毫端而孔悲。顧謂稚子曄，起爲謡曰：楚山側兮湘水源，美斯柏兮託幽根。條緫翠兮冬轉茂，實垂珠兮秋始繁。彼變化兮不測，焉知非綏也之精魂。

唐　杜牧《柳》（引自《文苑英華》卷三二三）　日落水流西復東，春光不盡柳何窮。巫娥廟裏低含雨，宋玉宅前斜帶風。不嫌榆莢共争翠，深感杏花相映紅。灞上漢南千萬樹，幾人遊宦別離中。

唐　温庭筠《題柳》（引自《全唐詩》卷五七八）　楊柳千條拂面絲，緑煙金穗不勝吹。香隨静婉歌塵起，影伴嬌嬈舞袖垂。羌管一聲何處曲，流鶯百囀最高枝。千門九陌花如雪，飛過宫墻兩自知。

唐　李商隱《李義山詩集》卷上《柳》　動春何限葉，撼曉幾多枝。解有相思否，應無不舞時。絮飛藏皓蝶，帶弱露黄鸝。傾國宜通體，誰來獨賞眉。

又《巴江柳》　巴江可惜柳，柳色緑侵江。好向金鑾殿，移陰入綺窻。

又《謔柳》　已帶黄金縷，仍飛白玉花。長時須拂馬，密處少藏鴉。眉細從他斂，腰輕莫自斜。玳梁誰道好，偏擬映盧家。

又《垂柳》　娉婷小苑中，婀娜曲池東。朝佩皆垂地，仙衣盡帶風。七賢寧占竹，三品且饒松。腸斷靈和殿，先皇玉座空。

又《柳》　曾逐東風拂舞筵，樂遊春苑斷腸天。如何肯到清秋日，已帶斜陽又帶蟬。

又《柳》　爲有橋邊拂面香，何曾自敢占流光。後庭玉樹承恩澤，不信年華有斷腸。

又卷中《關門柳》　永定河邊一行柳，依依長發故年春。東來西去人情薄，不爲清陰減路塵。

又卷下《柳》　江南江北雪初銷，漠漠輕黄惹嫩條。灞岸已攀行客手，楚宫先騁舞姬腰。清明帶雨臨官道，晚日含風拂野橋。如線如絲正牽恨，王孫歸路一何遥。

唐　許渾《丁卯詩集補遺・新柳》　無力摇風曉色新，細腰爭妬看來頻。緑陰未覆長堤水，金穗先迎上苑春。幾處傷心懷遠路，一枝和日送行塵。東風門外多離別，愁殺朝朝暮暮人。

唐　唐彦謙《垂柳》（引自《全唐詩》卷六七二）　絆惹春風一作風光。別有情，世間誰敢鬭輕盈。楚王江畔無端種，餓損纖腰一作宫娥。學不成。

又《柳》　春思春愁一萬枝，遠村遥岸寄相思。西園有雨和苔長，南内無人拂檻垂。遊客寂寥緘遠恨，暮鶯啼叫惜芳時。晚來飛絮如霜鬢，恐爲多情管別離。

唐　薛能《江柳》（引自《全唐詩》卷五六〇）　條緑似垂纓，離筵日照輕。向人雖有態，傷我爲無情。橋遠孤臨水，墻低半出營。天津曾此見，亦是愴行行。

又《新柳》　輕輕須重不須輕，衆木難成獨早成。柔性定勝剛性立，一枝還引萬枝生。天鍾和氣元無力，時遇風光別有情。誰道少逢知己用，將軍因此建雄名。

唐　陸龜蒙《甫里集》卷一二《冬柳》　柳汀斜對野人窻，零落衰條傍曉江。正是霜風飄斷處，寒鷗驚起一雙雙。

唐　**羅隱**　**《羅昭諫集》卷四《柳》**　灞岸晴時送別頻，相偎相倚不勝春。自家飛絮猶無定，爭把長條絆得人。

又**《隋堤柳》**　夾岸依依千里遥，路人回首認隋朝。春風未借宣華意，猶費工夫長緑條。

又**《柳》**　一簇青煙鎖玉樓，半垂欄檻半垂溝。明年更有新條在，擾亂春風卒未休。

唐　**韓偓**　**《韓内翰别集·柳》**　半煙半雨江橋畔，映杏映桃山路中。會得離人無限意，千絲萬絮惹春風。

又**《柳》**　一籠金線拂彎橋，幾被兒童損細腰。無奈靈和標格在，春來依舊裹長條。

唐　**魚玄機**　**《唐女郎魚玄機詩·賦得江邊柳》**　翠色連荒岸，煙姿入遠樓。影鋪秋水面，花落釣人頭。根老藏魚窟，枝低繫客舟。蕭蕭風雨夜，驚夢復添愁。

唐　**李鹹用**　**《詠柳》（引自《全唐詩》卷六四六）**　日近煙饒還有意，東垣西掖幾千株。牽仍一作連。别恨知難盡，誇衒春光恐更無。解引人情長婉約，巧隨風勢强盤紆。天應繡出繁華景，處處茸絲惹路衢。

唐　**鄭谷**　**《雲臺編》卷中《柳》**　半煙半雨江橋畔，暎杏暎桃山路中。會得離人無限意，千絲萬絮惹春風。

唐　**詹敦仁**　**《柳堤詩》（引自《全唐詩》卷七六一）**　夫柳之性，斷根插地，遂有生意。越一二年，而籠晴蔽陰矣。予不知天地生物之心，且得以爲負耒息耕之便焉。況是木删之則枝葉倍長，剪之則芽蘖滋多，又得以供火爨之用焉。時方春也，緑染方勻，柔絲裊風，攪詩腸之百結，宜吾一詠而一觴也。春云暮矣，雪絮飛毬，悠揚遠近，嘆人生之聚散，宜閒居而自適也。於是秉耒就耕，書横牛角，鋤且帶經。或偃息乎繁陰之下，開卷自得，悠然而樂。雖盛夏溽暑，白扇可置，風闕是快。則是柳之繁茂，不謂無庇物之劾也。俄而涼飇颯至，一葉驚秋。露滴疎枝，月篩淡影，放出千巖霽色，静籠數頃黄雲。覺歲月以驚心，嘆年華之暗度。雨雪飄飄，未春而絮。青山改色，覺老其容。既當收歛暇餘，迺且呼童削其繁冗，伐其朽蠹。夫插柳之劾，予既兩資其利，泚筆綴字，以示後人。使知予插柳之意，不爲徒耳。仍記之以詩曰：種稻三十頃，種柳百餘株。稻可供飦粥，柳可爨庖厨。息耒柳陰下，讀書稻田隅。以樂堯舜道，同是耕莘夫。

唐　**翁承贊**　**《柳》（引自《全唐詩》卷七〇三）**　斜拂中橋遠映樓，翠光駘蕩曉煙收。洛陽才子多情思，横把金鞭約馬頭。

高出營門遠出墻，朱闌門閉緑成行。將軍宴罷東風急，閑襯旌旗簇畫堂。

彭澤先生酒滿船，五株栽向九江邊。長條細葉無窮盡，管領春風不計年。

煬帝東遊意緒多，宫娃眉翠兩相和。一聲水調春風暮，千里交陰鎖汴河。

纏繞春情卒未休，秦娥蕭史兩相求。玉句闌内朱簾卷，瑟瑟絲籠十二樓。

唐　**徐寅**　**《徐正字詩賦》卷二《柳》**　漠漠金條引線微，年年光翠報春歸。解籠飛靄延芳景，不逐亂花飄夕暉。啼鳥噪蟬堪悵望，舞煙摇水自因依。五株名顯陶家後，見説辭榮種者稀。

唐　**吴融**　**《唐英歌詩》卷上《詠柳》**　自與鶯爲地，不教花作媒。細應和雨斷，輕祇愛風裁。好拂錦步障，莫遮銅雀臺。灞陵千萬樹，日暮别離迴。

唐　**許景元**　**《柳》（引自《文苑英華》卷三二三）**　春色東來度渭橋，青門垂柳百千條。垂疑作長。楊西連建章路，漢家枝苑紛無數。榮花始遍合歡眞，一作宫。遊絲半罥相思樹。春樓初日照南隅，柔條垂緑掃金鋪。寶釵新梳倭墮髻，錦帶交垂連理襦。自憐柳塞淹戎幕，銀燭長啼愁夢着。芳樹朝催玉管新，春風夜染羅衣薄。城頭楊柳已如絲，今年花落去年時。折芳遠寄相思曲，爲惜榮華難再持。

唐　**裴説**　**《柳》（引自《全唐詩》卷七二〇）**　高拂危樓低拂塵，灞橋攀折一何頻。思量却是無情樹，不解迎人只送人。

唐　**羅紹威**　**《柳》（引自《全唐詩》卷七三四）**　妝點青春更有誰，青春常許占先知。亞夫營畔風輕處，元亮門前日暖時。花密宛如飄六出，葉繁何惜借雙眉。交情别緒論多少，好向仁人贈一枝。

唐　李山甫《隋堤柳》（引自《全唐詩》卷六四三）　曾傍龍舟拂翠華，至今凝恨倚天涯。但經春色還秋色，不覺楊家是李家。背日古陰從北朽，逐波疎影向南斜。年年只有晴風便，遥爲雷塘送雪花。

又《柳十首》　灞岸江頭臘雪消，東風偷軟入纖條。春來不忍登樓望，萬架金絲著地嬌。

受盡風霜得到春，一條條是逐年新。尋常送别無餘事，爭忍攀將過與人。

長恨陽和也世情，把香和豔與紅英。家家只是栽桃李，獨自無根到處生。

只爲遮樓又拂橋，被人摧折好枝條。假饒張緒如今在，須把風流暗裏銷。

弱帶低垂可自由，傍他門户倚他樓。金風不解相撑舉，露壓煙欺直到秋。

終日堂前學畫眉，幾人曾道勝花枝。試看三月春殘後，門外青陰是阿誰。

也曾飛絮謝家庭，從此風流别有名。不是向人無用處，一枝愁殺别離情。

從來只是愛花人，楊柳何曾占得春。多向客亭門外立，與他迎送往來塵。

强扶柔態酒難醒，殢著一作漠漠。春風别有情。公子王孫且相伴，與君俱得幾時榮。

無賴秋風斗覺一作送。寒，萬條菸草一作罩。一時乾。遊人若要春消息，直向江頭臘後看。

唐　韓溉《柳》（引自《全唐詩》卷七六八）　雪盡青門弄影微，暖風遲日早鶯歸。如憑細葉留春色，須把長條繫落暉。彭澤有情還鬱鬱，隋堤無主自依依。世間惹恨偏饒此，可是行人折贈稀。

唐　李中《碧雲集》卷上《柳》　春來無樹不青青，似共東風别有情。閑憶舊居湓水畔，數枝煙雨屬啼鶯。

又　最愛青青水國中，莫愁門外間花紅。纖纖無力勝春色，撼起啼鶯恨晚風。

又卷上《題柳》　折向離亭畔，春光滿手生。羣花豈無艷，柔質自多情。夾岸籠溪月，兼風撼野鶯。隋堤三月暮，飛絮想縱横。

又卷下《途中柳》　翠色晴來近，長亭路去遥。無人折煙縷，落日拂溪橋。

又《柳絮》　年年三月暮，散亂雜飛花。雨過微風起，狂飄千萬家。

宋　寇準《忠愍集》卷下《柳》　絲翠最宜經宿雨，絮飛争忍逐香塵。簾垂獨院無人處，一樹風摇日午春。

宋　柳永《樂章集·玉樓春·柳枝》　黄金萬縷風牽細，寒食初頭春有味。殢煙尤雨索春饒，一日三眠誇得意。　章街隋岸歡遊地，高拂樓臺低映水。楚王空待學風流，餓損宫腰終不似。

宋　歐陽修《文忠集》卷五五《柳》　緑樹低昂不自持，河橋風雨弄春絲。殘黄淺酌眉雙斂，欲舞先誇手小垂。快馬折鞭催遠道，落梅横笛共餘悲。長亭送客兼迎雨，費盡春條贈别離。

又《柳》　雨潤堤長走畫轅，絮兼梨雪墜春煙。東風苑外千絲老，猶伴吴蠶盡日眠。

宋　陶弼《邕州小集·柳》　揚子江頭流水嘶，長安陌上暖風吹。黄金瓔珞雪晴後，碧玉瓏璁春盡時。端的園林俱不及，等閑臺榭便相宜。思量也是多情物，占與人間贈别離。

宋　司馬光《傳家集》卷一〇《垂柳》　天意清和二月初，春風不動整如梳。陶潛宅外時無此，想更蕭條不易居。

宋　王安石《臨川文集》卷二八《楊柳》　楊柳杏花何處好，石梁茅屋雨初乾。緑垂静路要深駐，紅寫清陂得細看。

又卷三〇《御柳》　御柳新黄已迸條，宫溝薄凍未全消。人間今日春多少，秖看東方北斗杓。一作：習習春風拂柳條，御溝春水已冰消。欲知四海春多少，先向天邊問斗杓。

宋　彭汝礪《鄱陽集》卷三《沙柳》　沙陀秖見塵土，柳色如逢故人。憶著千條萬葉，金明馳道青春。

宋　張景修《選冠子・詠柳》（引自《御選歷代詩餘》卷八八）　嫩水挼藍，遥堤影翠，半雨半煙橋畔。鳴禽弄舌，夢草縈心，偏稱謝家池館。紅粉墻頭，步揺金縷，纖柔舞腰低軟。被和風搭在闌干，終日畫簾高捲。春易老，細葉舒眉，輕花吐絮，漸覺緑陰成幔。章臺繫馬，灞水維舟，誰念鳳城人遠？惆悵故國陽關，杯酒飄零，惹人腸斷。恨青客舍，江頭風笛，亂雲空晚。

宋　孫覿《鴻慶居士集》卷五《柳》　修纖似束楚腰支，楊柳春風二月時。金地化身千佛眼，錦江新樣十宫眉。

宋　呂本中《東萊詩集》卷一《柳》　含煙帶雨過平橋，嫋嫋千絲復萬條。張令當年緣底事，風流才似女兒腰。

宋　歐陽澈《歐陽修撰集》卷四《臨溪弱柳》　柳弄嬌黄暖律催，臨溪約略笑殘梅。鴨頭春水回環緑，龜甲屏山掩映開。媚日依依籠霧閣，摇風裊裊拂煙桅。柔絲恨不同攀折，獨立江皋首重回。

宋　劉子翬《屏山集》卷一六《柳》　體爲常輕定復飄，間梅遮杏得春饒。別離處處添愁色，風雨年年换舊條。拂瓦半枯陶令宅，沿溪不斷霸陵橋。凄涼又見千門緑，野老當時恨未消。

宋　洪适《盤洲文集》卷四《古柳》　異時古木蔽巖阿，去盜來兵厄斧柯。老柳如龍壽千百，獨全煨燼傲清波。

宋　楊萬里《誠齋集》卷二九《岸柳》　柳梢拂入溪雲陰，柳根插入溪水深。衹今立岸一弊帚，歸時弄日千黄金。人生榮謝亦如此，謝何足怨榮何喜。秋霜春雨自四時，老夫問柳柳不知。

宋　張鎡《南湖集》卷一〇《楊柳枝》　緑蠟芽疎雪，一包綻雲梢。清香却暑置，堂坳晚風飄。冰雹無聲棲，碧葉笑仍嬌。相隨茉莉展，輕綃伴涼宵。

宋　王蘋《麟角集附録・原隰荑緑柳》　晴郊浮淑氣，踈柳發柔荑。嫩翠原頭遍，輕絲隰畔低。和煙方欝欝，伴草欲萋萋。葉少眉還短，條新帶未齊。離人心已醉，遊客步初迷。無限遷喬意，芳菲正好棲。

宋　蔣捷《竹山詞・洞仙歌・柳》　枝枝葉葉，受東風調弄。便是鶯穿也微動。自鵞黄千縷，數到飛綿，閒無事，誰管將春迎送。　輕柔心性在，教得遊人，酒舞花吟恣狂縱。更誰家鸞鏡裏，貪學纖蛾，移來傍粧樓新種。總不道，江頭鎖清愁，正雨渺煙茫，翠陰如夢。

宋　釋斯植《采芝集續集・淮邊柳》　寂寞淮邊柳，春來自舞腰。性生爭戰地，不得近官橋。

金　施宜生《柳》（引自《全金詩增補中州集》卷七）　魏王堤暗雨垂垂，還似春殘欲別時。傳語西風且停待，黛殘黄淺不禁吹。

金　元好問《遺山集》卷一一《楊柳》　楊柳青青溝水流，鶯兒調舌弄嬌柔。桃花記得題詩客，斜倚春風笑不休。

元　張宏範《淮陽集・風柳》　滄滄池塘近楚宫，緑腰裊娜學盤中。亂揺荒草飛輕白，細搭朱闌拂落紅。枝上嬌鶯啼恰恰，樹邊舞蝶意悤悤。東君應着吹嘘力，要把春愁一埽空。

元　蒲道源《閒居叢稿》卷八《賦柳》　枯樹生荑色已嬌，低垂江岸映溪橋。東君不惜黄金縷，散作春風十萬條。

明　楊基《眉庵集》卷六《雪中柳》　春雪晚蕭蕭，隨鶯上柳條。漸將絲共結，終與絮俱飄。淚粉凝啼眼，珍珠壓舞腰。東風自憐惜，留映赤欄橋。

又卷八《新柳》　濃如菸草淡如金，濯濯姿容裊裊陰。漸軟已無憔悴色，未長先有別離心。風來東面知春淺，月到梢頭覺夜深。惆悵吴宫千萬樹，淡煙疎雨正沉沉。

明　錢子正《三華集》卷二《緑苔軒集二・七言律詩・柳》　手種庭前楊柳樹，千絲萬縷已垂垂。恰似小蠻初舞日，還如張緒少年時。也因窺客傳青眼，生怕離筵斂翠眉。憶得醉歸簾半捲，倚闌紅亞小桃枝。

明　袁凱《海叟集》卷四《新柳》　淺色初含雨，輕陰未過池。黄昏畫樓畔，最是斷腸時。

明　姚廣孝《逃虚子詩集》卷五《謔柳》　輕柔不足貴，栽處易成林。雨後猶加色，霜餘竟減陰。喜兼雙燕舞，愁帶亂蟬吟。無那離情畔，花飛攪別心。

明　謝晉《蘭庭集》卷上《柳枝詞五首》　高出離宫覆御塘，暖煙晴日鬭新妝。舞腰妬盡東風力，恨不移枝出建章。

垂似綴旒籠似蓋，遠如輕霧淡如煙。陶家舊日應堪羨，一任春陰蔽縣前。

驛路溪橋野店傍，幾株摇曳復遮藏，年來頻爲行人折，無復柔條似舊長。

纖腰困舞非因態，眉黛長顰豈爲愁。張緒料應今已老，可憐無復舊風流。

媚眼蒙茸半入春，粧樓舞榭一時新。誰能更近蕪臺種，教得吴娃盡效顰。

明　李昌祺《**運甓漫稿**》**卷五**《**柳**》　含煙裊霧自青青，愛近官橋與驛亭。春滿章臺偏婀娜，秋深隋岸最凋零。長從蘇小門前折，幾向龜年笛裏聽。絶勝東風桃李樹，飛花猶解化浮萍。

明　沐昂《**素軒集**》**卷三**《**新柳**》　江堤春雨過，新柳自芳榮。舒眼先窺暖，垂絲欲待鶯。當年陶令宅，此日亞夫營。愛爾條柔弱，留來贈遠行。

明　葉盛《**菉竹堂稿**》**卷二**《**楊柳**》　莫嗟楊柳易雕零，人到中年鬢已星。霜鬢可能如柳色，一回春到一回青。

明　石瑶《**熊峰先生文集**》**卷一**《**宫柳**》　内裏垂楊自不同，萬條柔翠拂瓊宫。葉含華萼樓前雨，枝帶朝元閣上風。望入畫眉情正切，囀來黄鳥語初工。一般霸水橋頭緑，日日行人惆悵中。

明　文洪《**淶水詩集·柳枝詞**》（**引自**《**文氏五家集**》**卷一**）　芡葉寧如荷葉香，素絺那比葛衣涼。人生莫學章臺絮，飛去飛來枉斷腸。

明　文徵明《**太史詩集·柳色**》（**引自**《**文氏五家集**》**卷六**）　漫説鶯兒色似油，何如楊柳緑幽幽。初收宿雨濃於染，遠映新波翠欲流。十里蟬聲溪上路，一痕斜照驛邊樓。莫言濯濯無人愛，别有春光在御溝。

明　文肇祉《**録事詩集·新柳**》（**引自**《**文氏五家集**》**卷一四**）　陌上東風嘶紫騮，淡鵞黄色弄輕柔。去年此日長安道，萬縷煙條拂御溝。

明　謝榛《**四溟集**》**卷九**《**春柳**》　嫩色含輕雨，柔絲弄早春。昏鴉棲欲定，腸斷未歸人。

明　田藝蘅《**香宇集·拾遺·柳枝詞**》　早春楊柳年抽芽，記得郎來唱采茶。萬縷千絲春易老，尋郎不見亂飛花。

一樹長亭又短亭，月鈎何處帶三星。往來車馬知多少，只待郎來眼對青。

嫩緑垂垂百尺長，參天着地掛肝腸。行人且莫輕攀折，留取郎來結馬韁。結音計。

腰肢憔瘦怕經秋，舞向斜陽恨未休。若得折來郎掌上，娟娟依舊逞風流。

又卷二七《**五月水邊柳**》　仲夏水滿陂，柳絲蘸清淺。拂拂薰風吹，垂垂曉煙輭。一樹弱欲扶，千條細如撚。纖腰舞不休，媚眼倦難展。凌波素佩摇，渡漢翠帷翾。載酒汎前溪，搴之繫輕艑。

五月水邊柳，垂絲照清淺。緑摇煙樹濃，翠拂天波展。落絮風前稀，浮萍浪中鮮。涼隨過客乘，陰覆扁舟轉。裊娜傍隋堤，芳菲蔭吴苑。誰知抱樹蟬，日暮聲遼遠。

明　張鳳翼《**處實堂集**》**卷四**《**風中柳**》　楊柳腰肢，端的爲誰消瘦。更那堪、芳菲時候，紅稀緑暗，莫教人回首。應不比故園清晝。　添却新愁，轉覺舊愁依舊。兩邊廂中分僝僽，千金一刻，知怎生消受。捱多少夜長銀漏。

又《**處實堂集續集**》**卷一**《**楊柳**》　濯濯傷離贈别，青青帶雨縈煙。如今興慶池上，可似張緒少年。

明　陳邦瞻《**陳氏荷華山房詩稿**》**卷八**《**道上柳樹**》　道傍楊柳栽來久，春日青青秋未朽。纖葉長愁思婦眉，柔條半入征人手。飄摇堤岸解繫船，綽約旗亭唤沽酒。我昔冶遊逐少年，青絲白馬章臺走。濯濯長臨夜月前，娟娟肯落春風後。如今憔悴獨堪悲，青眼窺人笑衰醜。可憐摇曳尚多情，落日蒼茫重回首。

明　馮時可《**新柳**》（**引自**《**宋金元明四朝詩·明詩**》**卷一一〇**）　驛外津頭雪半消，芳菲到處著柔條。輕拖夜影摇流月，低舞春陰鬭落潮。

輕陰昨夜度宫墻，徐送春風入建章。何處攀條縈舊恨，有人臨鏡學新妝。

乍垂雲葉覆金堤，日暮牽愁少婦啼。何日漫天飛絮起，春風爲送五原西。

明　顧紹芳《**寶庵集**》**卷八**《**楊柳**》　楊柳春來映遠山，一身憔悴寄禪關。無人更上樓頭望，陌上青青只自閒。

明　王立道《**具茨詩集**》**卷四**《**宮柳**》　占盡芳菲春暮天，昭陽柳色倍堪憐。千條曉濕金莖露，幾樹晴低青瑣煙。暗葉藏鶯嬌自語，飛花蹴燕舞還顛。宸遊到處成歡賞，又見朝來三起眠。

明　羽孺《**柳**》（**引自**《**宋金元明四朝詩・明詩**》**卷六七**）　草閣疏林迴，簷前遶緑楊。章臺憐御苑，灞岸惜他鄉。繫馬青春晚，藏烏子夜長。玉關頻折贈，離思斷人腸。

明　黄世康《**新柳篇**》（**引自**《**宋金元明四朝詩・明詩**》**卷四八**）　靈谷看梅初駐杖，清溪又見柳條長。穉葉晴窺拾翠堤，流絲暗撲游春仗。帶結柔腰不自持，笛弄新腔那得知。小樓思婦愁見别，南陌征人折恨離。離亭欲折未堪折，昨夜迴風復迴雪。黯黯妝成寒食天，㲘㲘怯近清明節。漢苑三眠髻欲斜，隋宫一望雲半遮。此時出谷綿蠻鳥，此時曳豔桃李花。縈花狎鳥空青滴，金縷千行照窗碧。抹黛當壚何氏孃，垂鞭繫馬誰家客。客來索酒葡萄香，巾懸結緑衣蘸黄。迎陰半上鞦韆架，踏影爭登蹋踘場。場前歌舞少年路，綺羅綷畫傷心樹。但憐蘇小門庭清，誰知稽大林園暮。一年柳色一年新，新柳年年弄早春。章臺曲斷驚殘夢，月淡煙疎惱殺人。

明　潘氏《**咏柳**》（**引自**《**天台詩選**》**卷六**）　翦翦輕風二月天，如絲楊柳滿庭前。子規驚動深閨夢，起捲珠簾看翠煙。

明　潘氏《**詠柳**》（**引自**《**宋金元明四時詩・明詩**》**一一五**）　煙柳青青葉已齊，半簾紅日小鶯啼。玉樓人静悲横笛，惟有東風吹向西。

明　李奎《**詠湖上新柳**》（**引自**《**宋金元明四朝詩・明詩**》**八四**）　依依弱柳不勝春，㬙㬙垂條向水濱。奈可輕盈愁少婦，豈堪攀折贈離人。煙消翡翠眠初起，風折鵝黄舞乍新。猶喜芳心未成絮，肯將眉黛向人顰。

明　曾元良《**秋柳**》（**引自**《**宋金元明四朝詩・明詩**》**八九**）　俄驚摇落渭城邊，悵望遥隄絶可憐。病葉幾能禁驟雨，柔條猶自鎖寒煙。從教歌院頻翻譜，忍見郵亭更折鞭。淒斷新霜板橋曲，衰荷相伴曉風天。

明　廣潤《**賦得新月柳**》（**引自**《**宋金元明四朝詩・明詩**》**九四**）　初月生明夜，嬋娟映柳時。幽暉凝露葉，淡影弄風枝。寫黛將開鏡，停梭未理絲。絃調銀指甲，珮曳翠腰肢。顧兔眠還起，驚烏舞乍攲。一痕青眼媚，萬縷素心知。濯濯俱盈手，纖纖互鬭眉。攀條悲往事，流彩誤佳期。偏照深閨夢，長牽故國思。關山正愁絶，莫向笛中吹。

明　劉崧《**楊柳曲三首**》（**引自**《**宋金元明四朝詩・明詩**》**卷四**）　種柳城南河水邊，青枝拂地盡含煙。柔絲若有千千尺，應繫儂家蕩子船。

種柳城南河水傍，常年二月好春光。晴風暖日無聊賴，只聽鶯聲也斷腸。

金縷織成歌舞衣，年年江上惜春暉。無端心性輕離别，待得花開只解飛。

清　吴偉業《**梅村集**》**卷一八**《**詠柳贈柳雪生**》　走馬章臺酒半醒，遠山眉黛自青青。輸他張緒誇年少，柳宿傍邊占小星。

其二

十五盈盈擅舞腰，無言欲語不能描。武昌二月新栽柳，破得工夫鬬小喬。

清　王夫之《**鼓棹初集・清平樂・嫩柳**》　霏霏屑屑，略上些兒色。斂盡翠眉剛半纈，應是春光不徹。　未妨雨細寒輕，緑波淺映盈盈。更着一分螺黛，和煙綰住流鶯。

又《**金明池・新柳**》　多幸煙和，無妨風細，㬙㬙自憐春軟。嬌小甚，鬌黄綻處，但一葉、兩葉初翦。拚多情、拖逗波光，映岸側鏡影，苔茸深淺。總冉冉相依，摇摇不定，約約勻勻低轉。　不問花期今近遠，只着意韶華，殷勤欲綰。忍微寒、待鶯已久，向落日、藏鴉不慣。定誰知、無限柔情，對殘月曉風，翠眉難展。只片晌停凝，經時蕩漾，獨自來回消遣。

清　陸世儀《**桴亭先生詩集**》**卷五**《**高柳**》　種柳不計株，參差自成浪。春風朝夕來，盡日相駘宕。

清　陳至言《**菀青集・賦得柳色緑侵江**》　嫋嫋章臺影，春江入望深。千條初染黛，萬點乍拖金。絲弱飄難定，綿輕嬾未禁。亂飛晴散雪，斜颭浪生陰。帶月摇蒼瀨，隨風捲碧潯。眉疑描水面，腰似舞波心。吹去裁湘縠，飄來剪翠襟。平沙穿細縷，明鏡碎寒針。鴨緑鶯同色，鴉青暗共侵。靈和新雨後，遮莫恍堪尋。

又《春柳啼鶯》　淑氣催春早，遊絲拂面迎。嫩鶯啼樹老，細柳墮煙輕。舞月拖金線，吟風響玉箏。翠陰深寂寂，影裏和新聲。

又《御溝柳》　阿誰巧把懶藍挼，萬縷千絲罥玉河。一夜東風春信急，銀刀碎剪麯塵羅。

又《宮柳》　禁柳絲絲拂御溝，靈和前殿露華收。輕綿亂撲搖青瑣，細縷斜拖壓畫樓。腰比瘦來還似線，眉因點去恰如鈎。漢宮日日三眠起，吹散飛花雪滿頭。

清　朱彝尊《曝書亭集》卷二九《玉樓春柳》　柔條曾記春前種，乍起三眠妍手弄。煙初羃歷態眞濃，絮未顛狂絲尚重。　依依別緒長亭共，舊雨殘陽空目送。一灣流水小紅橋，留與斷腸人作夢。

又《臨江仙寒柳》　綰得舊時離恨否，風前一樣絲絲。送人折盡夕陽時，昏鴉餘幾點，莫認早鶯兒。　憔悴倡條渾不是，菱花記取雙眉。秋聲誰與寄相思。章臺疎影在，只剩兩三枝。

清　彭孫遹《松桂堂全集》卷三三《柳花》　半糝征衣半拂輪，章臺約略舊腰身。誰將柳市爲花市，不管愁人與恨人。　絮白定然憐落粉，葉黄爭自惜餘春。東風無賴吹如雪，杳杳長安陌上塵。

清　王士禎《精華録》卷一〇《柳》　雨態煙姿定有無，柔條依舊暗金鋪。風情甘讓鍾山隱，手寫黄羅付慶奴。

清　熊賜履《經義齋集》卷一八《園林雜咏・柳》　三春弱柳映清渭，横笛吹來字字悲。不是有心傷折贈，關門五月未成絲。

清　孔貞瑄《聊園詩略》卷六《秋柳》　謾道秋深風雨頻，清宵露重也傷神。千金莫買長門賦，餘韵依依尚可人。

寶馬嘶風戍未歸，泰娘憔悴不勝衣。清霜涼月聞寒杵，帶比青春減一圍。

又《新柳》　朱樓細柳緑煙垂，剪剪柔風着意吹。忽啓珠簾出纖手，不知攀折爲阿誰。

爲拂冰紋玉繭光，一緘封淚到漁陽。灞陵驛道黄塵裏，嫩柳煙絲間緑楊。

清　陳元龍《愛日堂詩集》卷二《新柳》　青門憶昨送婦人，又見長條拂水新。抽盡人間何限恨，逗殘天上一分春。生來蕩漾元無力，占得風光別有神。張緒當年憔悴易，任君攀折莫教頻。

清　湯右曾《懷清堂集》卷一九《柳》　寄生良已孤，成陰或可舍。春來一條條，垂在西廊下。

清　閔南仲《碎金集》卷上《和憇召叔春詞・春柳》　東風搖搖千萬里，擠翠含顰愁不語。深映簾櫳淺拂堤，撩亂芳心知幾許。　三五丰姿最可憐，難忘燕後與鶯前。莫教日暮花如雪，頻轉江湖底處圓。

清　余懷《玉琴齋詞・減字木蘭花・楊柳》　柳綿如雪，飛過巫雲千萬疊。金縷如絲，牽惹愁腸促畫眉。　柔條在手，挽住行人爭勸酒。細葉翩翩，淚墮金城憶少年。

清　屈大均《翁山詩外》卷五《五言律・柳花》　一夕垂楊樹，花飛入杳冥。無風已如雪，有水即爲萍。未忍吹長笛，生憎種短亭。鶯銜餘幾片，掩映數枝青。

一春風上下，飛去欲誰家。未肯污泥水，惟知作雪花。條長攀易得，枝弱舞休斜。幾點多情甚，依依在鬢華。

又卷一三《七言絶句・柳》　青青一夕已成絲，舞向東風不自持。白首正愁飛絮亂，莫教如雪一枝枝。

一絲一縷已風流，半拂芳塘半畫樓。日夕含煙復含雨，不將春色散人愁。

故作長條要拂人，莫教攀折向芳春。憐他葉底流鶯好，掩映雙棲不露身。

已遣飛花作白蘋，又教吹絮逐香茵。枝間嬌鳥紛無數，第一流鶯最惱人。

又卷一四《七言絶句・新柳》　鵞黄淺淡雪初消，拂水拖煙已萬條。小得春風都解舞，憎他絶似阿蠻腰。

清　愛新覺羅・玄燁《清聖祖文第三集》卷四六《新柳》　畿内柳絲未出黄，江南柳色已成行。鬱金枝上啼鶯早，積翠河邊待夕陽。

又《清聖祖文第四集》卷三三《柳絮》　御苑春將盡，和風鼓物生。芸牕來淑氣，丹陛奏清聲。眠柳垂青瑣，流鶯囀碧泓。沾泥非有意，高下點蓬瀛。

清 錢澄之《田間詩集》卷九《江上集·來園雜詩》 婀娜門前柳，絲條拂地垂。春風吹有意，爲我埽茅茨。柳

清 尤侗《百末詞》卷一《如夢令·柳絮》 一捻宫腰削素，獨舞朱樓深處。有意送春歸，也向天涯飛去。且住且住，爲道章臺日暮。

清 董元愷《蒼梧詞》卷五《解珮令·詠柳》 波紋漾漾，春陰楚楚，看青青、青垂樹樹。暖暖寒寒，醞釀出、花花絮絮。又難禁、風風雨雨。稜稜腰瘦，纖纖眉嫵。恨依依、飄飄如許。點點飛飛，腸斷絶、絲絲縷縷。却無端、朝朝暮暮。

又卷八《長亭怨慢·詠柳》 記一帶、畫樓西岸，嫩緑初分，輕黄纔换。萬縷千絲，依依摇曳溪橋畔。瘦損腰肢，做出春情嬌軟。欲起又三眠，一半逐風斜，半隨煙卷。 看青青客舍，牢把別離長綰。送郎去也，只不解迎郎近遠。空結盡、思婦愁眉，知何處、窺人青眼。留取最長條，玉笛聲中歸晚。

清 徐昂發《乙未亭詩集》卷一《柳》 濛濛金粉曳絲長，澹澹東風拂面香。萬里關心添別淚，一春閒夢托斜陽。煙中小市逢寒食，鏡裏飛花撲晚粧。長記緑濃如畫處，垂條拗得絆鴛央。

爲有春風怨玉簫，江南是處拂長條。多愁人嫁娉婷市，送遠車回宛轉橋。月影半沉煙冪冪，鶯聲不斷雨瀟瀟。可憐張緒才名减，贏得風流似舞腰。

春陰漠漠覆江城，遠近朦朧碧葉輕。長恐雕殘逢歲莫，不辭攀折送人行。青旗細雨翻斜燕，小院東風鬧睡鶯。罨畫千條濃撲地，蘇家門巷不分明。

樂天老去解尋歡，樓上楊枝別最難。眉黛試描嫌鏡蹙，腰支臨舞覺風寒，一春脈脈啼濃露。盡日垂垂拂畫欄，欲識人間攀折苦，永豐西角幾枝殘。

惹霧籠煙障碧紗，可憐長是占年華。渡頭帆過千株亂，樓角風來一面斜。葉爲多情曾似眼，絮緣無賴不成花。差池到得清秋後，莫道錢唐勝館娃。

乳燕鳴鳩各自忙，小條如畫恰扶墻。戎戎雨檻迷碁道，豔豔晴天覆笛床。翠帶盤雲遥贈叔，青絲繫馬苦留郎。春風着意相擡舉，莫放黏天絮雪狂。

不是煙籠丈八溝，便看婀娜拂珠樓。輕陰漏日微遮面，軟緑摇風亂打頭。春盡佳人眉勢歛，天邊宕子篴聲愁。纖柔容易成摇落，爭耐繁霜到九秋。

誰製新聲贈別離，東風摇蕩緑煙絲。銅駝陌上經秋折，玄武湖邊盡日垂。歌輒奈何愁不見，樹猶如此悔相思。德華舊曲傳囉嗩，試唱儂家楊柳枝。

清 僧如乾《憨休和尚敲空遺響》卷一二《咸橋疎柳》 依依柳色野橋虚，沐雨梳風任自如。繫馬條柔還掩映，藏烏影淡只蕭疎。翠絲時織鶯梭捷，青眼頻窺燕語餘。遊子坐忘歸去晚，幾回搔首更躊躇。

清 陳玉璂《學文堂集》小令《南鄉子第二體·雨中楊柳》 雨打風吹，不成腰樣，不成眉。碧色如煙，煙似水，朦朧裏，惱殺黄鸝飛不起。

清 李孚青《野香亭集·壬申稿·和仲佩新柳》 楊柳隋堤二月遲，已黄將緑漸如絲。蠻腰乍舞横陳怯，羌笛新調律吕疑。煙淺未妨騎馬路，愁深欲長礙人枝。陰成復恐多離別，常作靈和殿裏思。

又《癸酉稿·賦得新柳》 芳樹誰教管別離，一年又遇仲春時。雨侵欲弄黄金色，風緊初舒碧玉枝。漸作紛披林立早，幾經粧點絮飛遲。依依只似江南岸，細霧輕煙繫我思。

又《丙子稿·新柳》 未織條條浪，先裁葉葉春。褪黄初不覺，着緑便愁人。

清 張遠《梅莊集·柳》 楊柳對吾門，森然了在目。此日半無枝，歸雲何所託。在昔種汝時，結根不盈握。歲月倏推遷，風流宛如昨。枵然大數圍，扶疎殷寥廓。何言秋風至，零落同槁木。盛衰固其常，大化有盈縮。但使保其根，春來仍沃若。

清 魏荔彤《懷舫詩集》卷一二《路柳》 去日稍頭緑未匀，今來濃蔭遍河津。爲催老景憐時令，因咏離懷憶古人。林外青簾常繫馬，堤邊金線久銷春。巑岏葉盡清霜裏，愁絶風前舞倦身。

清 汪繹《秋影樓詩集》卷一《秋柳次韻》 短長亭畔暗銷魂，無復絲

絲緑映門。一陣冷風餘倦態，滿梢清露尚啼痕。蕭蕭去馬斜陽路，點點歸鴉落葉村。獨立寒潭倍惆悵，婆娑生意不堪論。

又卷二《柳枝詞》 碧草含煙水皺波，剪刀風急柳絲多。無端裁出宫眉様，破費金閨幾斛螺。

其二：一種風流得自持，水村天與好腰支。月殘風曉無窮意，説與桃花總不知。

其三：古歌舊曲滿蘇臺，翻得新詞水調哀。誰向錢唐唤蘇小，教他卷葉細吹來。

其四：滿堤花霧溼萋迷，萬縷黄金一色齊。是處樓臺煙雨裏，流鶯知坐那枝啼。

清 黎天性《花心動·新柳》（引自《國朝詞綜補》卷八） 暖意初融，灞橋邊，春光問誰能洩。纔卸杏妝，未解桃顔，漸覺青回芳陌。眉痕淺淡舒猶懶，似眠起，不勝嬌怯。怪多事，流鶯來早，競相調舌。 姿態依依似昔，可還記，長亭幾番傷别。卻恐近來，一搦柔腰，不慣迎風低折。章臺走馬人何處，休便把、翠樓遮隔。待看取，黄昏半籠煙月。

清 王式丹《樓邨詩集》卷七《睾蘇集·楊柳枝詞六章》 可惜河邊柳，青青向過人。好風與好日，狼籍大堤春。有日最宜眠，無風也解舞。十二碧闌干，對對黄鸝語。有約共芳時，桃枝與杏枝。惺忪春一半，夢裏鬬腰支。才濯雨條條，旋剪風葉葉。不願作飄揚，願綰同心結。爲底慵開眼，居然愁斂眉。東風吹不斷，不斷是垂絲。迢遞隔年期，懊惱三春節。多事是楊枝，與人管離别。

清 葉之溶《新柳》（引自《兩浙輶軒録》卷一九） 誰家少婦正凝粧，忽見東風翦緑楊。舊恨未消千里别，新愁又弄一分黄。爭誇有眼能窺宋，漫道如眉欲畫張。莫待風流顔色減，滿天飛絮斷人腸。

清 鄭方坤《蔗尾詩集·公車草·咏柳》 最愛長條復短條，輕黄淺碧鬬妖嬈。迷樓曉湧三分黛，楚女春慵一捻腰。古戍淒風看弄笛，清溪曉月任停橈。如何不種靈和殿，征泪年年滴灞橋。

清 愛新覺羅·胤禛《清世宗文集》卷二五《柳絮》 楝花風過雪霏霏，萬點沾衣不濕衣。輕逐東西香轂轉，狂隨來去馬蹄飛。河橋漠漠迷漁艇，村店紛紛撲酒旗。巧入踈簾如有意，拂琴飄卷伴書幃。

清 陸奎勳《陸堂詩集》卷三《柳》 馬蜩曳響微添韻，謝豹傳聲暗有思。惆悵白綿經再脱，候門無復吐柔絲。

清 黄之雋《㾾堂集》卷四三《冬柳》 蕭蕭朔吹壓黄昏，衰柳巑岏正對門。摇落長條經臘早，挽回新意待春温。灞橋風雪無攀處，羌笛關山有斷魂。此地寒鴉猶戀宿，夕陽流水幾家村。

清 程夢星《今有堂詩集·江峰集·長干秋柳四絶句》 金線曾看拂水痕，無端冷落映孤村。六朝寺寺樓堪倚，敗葉愁人亂打門。

莫愁湖畔一絲絲，盪槳何堪問舊枝。蟬去夕陽鴉去月，白蘋風送雁來時。

十四樓頭金粉空，昔時團扇委西風。等閒草木無情思，憔悴天寒賦惱公。

不用金城嘆短條，亭邊送客省勞勞。但來王謝堂前燕，依舊春風似剪刀。

又《今有堂詩後集·螙餘集·謔柳二首》 折得靈和柳一枝，鶯吭蝶夢兩依依。春風擺亂渾難綰，知向誰家作絮飛。

欲放楊枝試舞腰，長條爭散緑絲繅。多情剩有團團月，留著清光照絳桃。

又《五覎集·篠園雜詠五首·新柳》 湖灣柳蔭已無存，新緑猶能映華門。要使博陵遺愛在，小堤常與護霜根。尹鹾使所種柳爲人剪伐殆盡，只餘篠園外十餘株。

又《琴語集·秋柳四首》 芳林風度舊靈和，樓上誰憐對唱歌。根卧不知寒水落，葉疎偏帶夕陽多。腰支罷舞應愁甚，眉黛重勻奈老何。試向灞陵憑曉望，板橋霜重有人過。

天涯芳草入蕭辰，寄遠舉條豈厭頻。巷外淒清空繫馬，笛中嗚咽欲愁人。著煙還碧翻嫌瘦，伴月仍黄不似春。漫道章臺易銷歇，楚宫隋苑總成塵。

曾放飛花陌上吹，可堪婀娜憶當時。露涼自墜蟬吟葉，風定猶垂燕剪絲。半緑半黄羞羃羃，三眠三起悵遲遲。望秋怪底先零落，只爲多情賦別離。

驚心春色惱封侯，又見蕭蕭拂翠樓。蘇小魂歸眞寂寞，徐娘老去尚風流。已無鶯語朝先到，剩有烏啼夜肯留。休怨西風不擡舉，爲伊憔悴轉添愁。

又《隋隄新柳三絶句》 着雨籠煙瘦不禁，才舒倦眼夢初醒。是誰催促春難轉，輸與雷塘草色青。

小眉似黛矜描畫，細纈如絲費剪裁。卻怪當時太輕薄，東風不綰錦帆回。

羅綺香生十里春。年年不改翠條新。等閒一帶河邊路，閱盡多番種樹人。

又《今有堂詩集・附・茗柯詞・重疊金・秋柳》 長條幾許青如織，可憐零落秋蕭瑟。鶯老不來啼，晚鴉何處棲。引人舒望眼，難把離愁綰。黃葉向空飛，陌頭人未歸。

清　李紱《穆堂初稿》卷三《楊柳》 婀娜章華臺上枝，憔悴勞勞亭畔絲。北窗主人兩不知，乃復種汝何以爲。翠帶深深吹不起，挽得春煙千萬縷。會須移向靈和殿，散入長楊作風雨。

清　李果《詠歸亭詩鈔》卷三《新柳》 雪壓梅初間，煙寒柳尚柔。黃鶯渺何處，春色上高樓。細葉映疎箔，低枝拂紫騮。誰家年少客，調笑向壚頭。

又卷五《白堤楊柳曲》 吳閶西望何逶迤，風吹楊柳交生姿。傍橋裊裊初開葉，近水依依欲綰絲。絲絲葉葉争搖曳，七里春堤趁晴霽。二月輕黃拂影斜，萬家重碧臨煙祭。白公一去已千秋，南浦遥遥動別愁。可堪繫馬臨珠箔，尚想凝妝向翠樓。翠樓珠箔今非昔，流水斜陽空脈脈。幾度繁華遡往年，無窮佳麗成陳迹。此時雪絮正飄扬，此際啼鶯益斷腸。酒壚幾見遊人卧，古道彌令旅客傷。君不見灞水疎枝半委塵，隋家舊苑總愁人。輕盈遠近都堪畫，剩見雲巖一帶春。

清　翟灝《無不宜齋未定稿》卷四《柳花》 靜壓簾櫳晝悄然，閑階春影弄輕翾。因風趂蝶如爭路，驟煖和人共脱綿。强住暫緣清露潤，羣飛還引落花顛。玉奴心事紛飄撇，莫倚狂踪去遠天。

清　石球《有蘭書屋存藁》卷一《次韵新柳》 杏花遲放柳絲抽，恰暎涓涓細水流。未許折來添別恨，不勝望去動離愁。終朝帶雨眠芳苑，幾度驚風向小樓。莫怪早鶯勤拂掠，先窺春色在枝頭。

清　程晉芳《勉行堂詩集》卷一《籥東集・秋柳》 水紋雲葉共蕭疏，斜傍寒塘恨有餘。鶯語不聞簫響絶，曉風如櫛月如梳。

又卷二《春帆集・新柳》 渲染煙光色未深，垂垂已近碧波潯。馬嘶曲巷憐新別，人着輕衫動曉吟。舞向斜筵矜好態，誤他啼鳥出高林。坊西一帶花如綺，誰遣風懷老不禁。

又《柳絮》 輕於花片軟於緜，綺陌春晴漾曉煙。野店乍縈沽酒旆，香溪還撲釣魚船。緩隨游子銜雲騎，閑拂騷人落墨箋。點點新萍依緑浦，可知飄泊舊因緣。

清　茹綸常《容齋詩集》卷一〇《輟絃集・柳》 柳是傷心樹，長條復短條。陌頭春濯濯，驛路日蕭蕭。哀怨論羌笛，婆娑憶楚腰。底堪攀折盡，重問灞陵橋。

清　薛雪《抱珠軒詩存》卷六《弱柳》 含煙帶雨不分明，傷盡離筵客舍情。翠黛細腰曾幾日，飛花如雪滿春城。

清　汪學金《静厓詩初稿》卷四《新柳》 如眉如眼復如腰，緑到江南第幾橋。莫道當風纔一縷，東君爲爾已魂消。

緒風絲雨儘丰神，長短亭邊送遠人。知我今年離別早，河橋先放一分春。

清　劉秉恬《述職吟》卷下《柳》 何處生春早，春生嫩柳中。淺金搖旭影，弱翠泛晴空。腰細姿偏媚，眉彎畫欲同。龍池新雨後，一望鬱葱葱。

清　愛新覺羅・弘曆《清高宗詩初集》卷一四《柳絮五首》 緑雲紅雨日逡巡，又見楊花點玉津。未譜豳風歌七月，却看北地殿三春。紛如道韞詩中雪，污比元規扇上塵。每對清和賦雲漢，長空宛轉越愁人。

沿塘回首憶生稊，倏忽輕棉黯欲迷。試看逐風眞蕩爾，可知辭榦渺悉兮。煙中絲裊宋家殿，浪裏鶯流蘇氏隄。誰似參寥遊物外，禪心灰盡喻沾泥。

簇砌鋪阿色似霜，從知駒影迅堂堂。披裘無那王恭老，泣路應憐阮籍狂。灑宇飄飖迷蝶舞，入池喁唼惹魚忙。花天月地粘還滯，白白紅紅兩不妨。

簾櫳亂撲任雰霏，王謝應勞塵尾揮。瓦雀半鴿書案膩，河豚欲上玉刀肥，團風湘浦疑柑點，映月秦樓訝雪飛。獨有村民思麥雨，好將迷谷擬天衣。

春回南國恨何窮，別緒離情滿碧空。未必猖狂如浪子，每看搖落讓雄風。下帷雅稱觀周易，縛帚應須命越童。不似武陵源畔樹，糝波餘得一溪紅。

又卷三五《柳》　山村看掩映，驛路辨微茫。向晚煙猶重，當秋色漸黄。餘陰利行旅，即景驗年光。幾度房山路，垂絲爾許長。

又《清高宗詩三集》卷三《柳》　蒼松翠柏得相於，隄上陌頭自不如。緑柳何曾讀家語，擇交解與善人居。

又《樂善堂全集定本》卷二一《雙柳樹》　雙雙高柳拂長空，繁枝低亞相青葱。不知植此者誰氏，秋來踈葉凌西風。露浥平原獵騎出，得意誰知消歲日。南苑徘徊雙鳥飛，煙柳蕭條僅存一。漫言草木本無情，可憐獨樹傷無朋。寒郊彷彿靈和殿，月上空餘子影明。

清　方觀承　《述本堂詩續集・燕香集下・長安道中四絶句・灞橋新柳》　遠水寒煙地寂寥，無多春柳尚垂條。行人不爲攀離思，祇覺關情是灞橋。

清　唐之鳳　《天香閣詩集》卷四《垂柳篇》　江南二月柳條緑，裊娜臨風碧似玉。斜映瑶窻紫燕飛，半遮金屋黄鸝宿。朝籠輕煙翠欲流，夕含纖雨青如沐。籠煙含雨幾晨昏，傍水依山正可人。灞陵橋畔絲絲恨，京兆街中淺淺春。玉樓萬縷侵珠幌，花巷千條拂錦茵。錦茵珠幌誰家院，少婦凝粧踏芳甸。歲歲天涯人不歸，年年陌上柳常見。欲描淺黛彷青絲，更綰同心採金線。紫騮玉勒白面郎，楊鞭挾彈章臺傍。東風淡蕩飄絮起，亂點壚前春酒香。酒香對景愁難遣，嫩枝攀處腸欲斷。柔弱移根太液池，輕盈分種靈和殿。靈和碧樹想當年，張緒風流尚宛然。杏花桃蕊無情思，惟有纖腰最可憐。

清　薛雪　《斫桂山房詩存》卷四《柳絮》　點點飛過曲檻前，輕于粉蜨軟于棉。亂翻花雨飄飄起，遠逐煙絲滚滚聯。乍去乍來渾不定，無根無蒂倩誰憐。也知總有沾泥日，莫趁東風太放顛。

清　弘曉　《明善堂詩集》卷二《柳絮》　獨坐書齋柳絮飛，春光漠漠草菲菲。却憐三月風初静，晴雪簾前映晚暉。

又卷九《柳》　龍池景色好，踠地柳條妍。風動千枝雨，雲烘萬縷煙。河橋贈欲折，山館緑初眠。繞樹聽鶯坐，深林雜澗泉。

清　汪啓淑　《訒葊詩存・綿潭漁唱・新柳》　隋家堤畔雪初銷，又見輕黄染舊條。細眼乍舒猶帶倦，纖腰欲舞不勝嬌。莫移官道遭攀折，好伴金閶破寂寥。最是動人愁思處，緑波春漲赤闌橋。

清　吴騫　《拜經樓詩集》卷五《柳》　嫋嫋垂楊柳，依依過雨痕。一行低拂面，三月黯銷魂。桃李風徐約，鞦韆影半蹲。永豐坊角路，玉笛又黄昏。

清　吴氏　《秋柳》（引自《江西詩徵》卷八六）　樓前曾記弄輕柔，宿露含煙翠欲流。昨日西風今日雨，十分憔悴不勝秋。

一枝零落夕陽天，瘦影依依也自憐。縱有長條堪繫馬，已無緑葉可棲蟬。

乍覺風流減細腰，寒蘆野水共蕭蕭。行人莫恁輕攀折，千古傷心是斷條。

清　蔣謙　《秋柳》（引自《江西詩徵》卷七七）　張緒何能更少年，西風斜照逼寒煙。橋邊不耐千番折，禁裏曾經幾度眠。老眼猶窺紅葉樹，殘絲已掛碧雲天。金城隕涕情何極，曩日青青自可憐。

欲作靈和殿裏身，纖纖弱質久禁春。已無錦繡堪爭艷，寧有笙歌共鬬新。細葉昔曾藏宿鳥，長條今尚綰行人。商飈莫漫加摧折，轉眼池塘緑更匀。

清　金兆燕　《棕亭詩鈔》卷一二《和程東治詠物詩四首即以奉贈・新柳》　爲得陽和早，先屯曉岸煙。看來眞濯濯，挽去已綿綿。綺日精神好，柔風態度妍。殿前移植後，休負冶春天。

清　紀昀　《紀文達公遺集》卷一五《館課存稾・賦得原隰荑緑柳》　欲問芳郊信，迢迢上天隄。高原連下隰，舊柳長新荑。暖日烘初綻，微風剪未齊。漸看成緑影，稍欲露黄鸝。半掃眉猶淺，三眠夢尚迷。寒憐拖宿霧，軟惜踠春泥。草色平皋迥，波痕斷瀨低。柔條隨處綰，那計路東西。

其二：荏苒東風到，參差柳欲荑。疎黄纔掛縷，淺緑已垂隄。繫馬條猶弱，藏烏葉未齊。數行春映帶，幾處影高低。沮洳通蘭澤，亭皋接蕙蹊。相看青隱隱，會待碧萋萋。陌上花三月，橋邊水一溪。他時攜酒路，樹樹是鶯啼。

又《館課存稾・賦得御溝柳色》　太液波痕長，靈和柳色新。煙光三月暮，水影一渠春。舞罷垂絲軟，粧成對鏡頻。每逢賞花宴，多映釣魚人。有態眠初起，無愁黛偶顰。本來天上種，還闘掌中身。玉砌時飄絮，銀河不染塵。縱成萍點點，終是傍龍津。

清　沈赤然《五研齋詩鈔》卷六《瘁耀集・哀柳》　摇落何須盡，秋來已不同。無言垂晚照，强舞怯西風。青眼送人老，狂花往事空。寒蟬偏戀戀，餘響暮煙中。

清　樂鈞《青芝山館集・詩集》卷九《古今體詩・柳絮》　柳絮多情撲面斜，東風吹去入誰家。便須墮在珠簾裏，莫更隨波伴落花。

清　姚文田《邃雅堂集》卷九《和人春柳》　輕黄蘸水茁柔條，淺緑含風鬥舞腰。衫袖不知朝露濕，乍隨朝散過紅橋。

恰恰嬌鶯躧叟啼，攜柑聽到御園西。東風吹暖一湖水，早有新陰覆遠隄。

清　焦和生《連雲書屋存稿》卷一《秋咏五首次許薇垣韻・秋柳》

疎枝憔悴晚煙濃，曾占春光曉露叢。摇落頻經攀折後，蕭條可耐别離中。當年人去千家雨，此日秋深一笛風。陶令門前知在否，青青空悵故園豐。

清　陳文述《頤道堂詩選》卷八《古今體詩・新柳》　新柳鵝黄色，纖纖十五腰，春風一以至，吹動最長條。海上攀條别，和煙蕩晚潮，江南好時節，畫舫赤闌橋。

又卷一七《秋柳》　半拂郵亭半野塘，半經殘雨半經霜。御溝蛩咽凄寒水，官道鴉啼吊夕陽。尚有屯田營細柳，更無車騎獵長楊。西風吹冷靈和殿，落葉蕭蕭滿苑墻。

清　葉紹本《白鶴山房詩鈔》卷一六《古今體詩・意園雜興用東坡和子由記園中草木韻》　傍池有樫柳，輪困根已老。不知此園中，幾見壞墻倒。雨露任生成，冥冥隨大造。斤斧之所赦，政由拙勝巧。對面海棠花，攀折枝葉耗。徒爲悦世容，終焉慙小草。

清　阮元《揅經室集四集・詩》卷六《秋柳》　盧龍塞内古漁陽，秋柳蕭蕭一萬行。邊馬歸來猶戀影，曉烏啼後漸飛霜。還思歷下西風裏，又過琅琊大路旁。况是淮南悲落葉，隋隄千樹接雷塘。

清　劉墉《劉文清公遺集》卷一二《七律・柳絮》　勝日尋芳紫陌行，毿毿摇曳御風輕。白遊小院身生羽，暖向長空意戀晴。月下好看樊圃路，雪中不辨亞夫營。幾朝萍實稱佳瑞，吹向江皐水面生。

清　李賡芸《稻香吟館詩藁》卷三《感秋十咏・柳》　依舊長條間短條，竟無煙雨伴昏朝。西風驛路神蕭瑟，流水柴門影寂寥。閨夢又隨征雁遠，客魂曾爲聽鶯銷。三眠三起靈和殿，追想穠華寫素綃。

清　馮雲鵬《掃紅亭吟稿》卷二《古近體詩・人柳》　依依弱植好丰神，錫爾佳名美絶倫。隋苑空憐人似柳，漢宫特號柳爲人。小蠻與以千般態，飛燕輸將一段春。大小娉婷學垂手，任它描畫不如眞。二：長條旖旎傍金門，分得官家雨露恩。時有鶯鶯來學語，漫同桃李恨無言。腰才一搦風爲骨，影動三眠月作魂。青眼看人誰似汝，只宜張緒比温存。

清　歐陽輅《柳》引自《沅湘耆舊集》卷一三一　嫋嫋平垂地，青青半掩樓。憐渠春色好，秖是不禁秋。

清　黄婉璚《柳》引自《沅湘耆舊集》卷一八六　昨夜東風作意吹，長條踠地緑垂垂。流鶯巧囀新陰候，紫燕輕穿細雨時。萬縷煙絲縈客憾，一聲羌笛引離思。請看嫋娜河橋畔，折盡行人無盡期。

清　胡敬《崇雅堂詩鈔》卷二《冬柳並引》　仲冬之望，偕趙雩門小飲。湖湄有衰柳數株，披拂鑪畔，雖葉未全脱而朔風蕭屑，憔悴可憐。賦秋柳者多矣，冬蓋未有也。興懷摇落，感賦斯篇。

丹楓林外影蕭蕭，折盡長條更短條。孤艇斜陽隋苑水，蹇驢微雪灞陵橋。即看生意婆娑盡，已共飛蓬歷亂飄。摇落江南愁庾信，賦成枯樹幾魂消。

又《崇雅堂駢體文鈔》卷三《蘇堤新柳》　栽種成陰跡已賒，望來猶自滿天涯。幾回南宋停歌舫，依舊東風帶莫鴉。一徑隄還連白傅，兩湖春盡屬蘇家。笑他緑滿西泠路，空鬭朝朝油碧車。

含風鴨緑水鱗鱗，蘸碧搓黄色未勻。解召鶯花湖上主，曾遮笠屐畫中身。條難踠地迷芳草，陰已生煙覆白蘋。莫憶汴流傷往事，而今原屬一家春。

清　鄧廷楨《雙硯齋詩鈔》卷二《記園中草木十二首·之三》　千絲萬縷碧垂垂，披拂簷牙帶井眉。牽惹春情到鄉國，白門殘月曉風時。柳

清　柏葰《薜箖吟館鈔存》卷一《秋柳用漁洋山人韻》　碎雨零煙欲斷魂，牂牂空自説東門。白蘋洲冷風無迹，紅蓼花疎月有痕。幾日鶯飛聽上苑，三春簾影認江村。而今衰草寒煙路，一段淒迷不可論。

半經宿雨半新霜，病葉蕭蕭下練塘。疎影尚疑牽雀舫，短條無復拂漁箱。江潭一樹悲司馬，胡笛三聲憶野王。惆悵湖邊煙水冷，六橋空數壽安坊。

九月寒砧聽擣衣，曲江亭畔物全非。腰肢此日風前瘦，眉樣當年鏡裏稀。殘照漸催歸雁去，暮煙無極亂鴉飛。漢南零落知多少，猶愛年華未忍歸。

衆芳摇落倍堪憐，縷縷牽愁付暮煙。海燕不來空踠地，沼萍已碎憶飛綿。板橋斜日猶千樹，流水棲鴉又一年。記取新條二三月，青青先到液池邊。

清　載銓《春柳》（引自《晚晴簃詩匯》卷八）　依依楊柳傍沙汀，幾日東風舞未停。細雨鶯聲橋畔路，夕陽人影郭邊亭。腰支漸展三分緑，眉樣新添一抹青。隔岸漁家晴旭暎，絲絲纔覆釣魚船。

清　王慶勳《詒安堂二集》卷二《秋柳並序》　壬寅之秋，歸自梁溪。適家聽翁、瞿春甫，各以秋柳詩見示。嘆風景之淒涼，慨市廛之蕭索。傷今悼昔，情見乎辭。因亦和成四律，非敢謂追踪漁洋，聊誌一時之感云爾。

濃陰無復鎖江城，冷落章臺萬種情。往日鞭絲曾繫馬，何時柑酒再聽鶯。拋殘灞岸橋邊影，吹老陽關笛裏聲。畢竟封侯人有幾，不堪回首亞夫營。

飄颻淒絶舊園亭，可奈西風未肯停。但有柔條零露白，更無媚眼向大青。蛾眉消息誰容訪，馬首光陰我慣經。爲問永豐坊近事，一般憔悴夕陽汀。

十圍徒自鬱森森，回首金城淚不禁。身世每增秋士感，别離憑繫玉關心。煙消陌上愁空綰，春去人間信易沉。儘許新詞翻舊譜，和他衰柳咽寒林。

難避霜花賽絮飛，蕭騷頓訝景全非。三眠失態猶臨水，九烈無靈孰染衣。紅減酒旗痕尚閃，黑盤鴉陣影還圍。攀條漫把從前憶，但祝東風早早歸。

清　祁寯藻《𧝓𧮫亭集》卷一《憶柳四首寄鐵香》　走馬燕臺屬少年，黄金消盡冶游天。誰家樓閣春陰外，幾處簾櫳夕照邊。飛絮漫空花作雪，柔條綰地草如煙。永豐坊裏人安在，回首風流一惘然。

凝妝對影畫屏開，心緒成絲費翦裁。夢被流鶯纔喚起，愁隨羌笛又吹來。歌塵繞柱驚華髮，舞袖當筵惜酒杯。何處西南風最好，班騅應悔繫章臺。

王粲辭家賦遠遊，西風腸斷灞陵秋。滿林黄葉經霜落，撲地紅塵逐水流。疲馬躊躇斜渡口，暮雅零亂古城頭。不知萬縷千條思，能抵離人幾許愁。

將軍一去樹飄零，彈指韶華不暫停。遠浦斷橋南北路，寒煙衰草短長亭。征袍欲染羞無色，寶劍重逢信有靈。寄語江潭老司馬，爲誰惆悵昔年青。

清　彭蘊章《松風閣詩鈔》卷九《硯北集·古今體詩五十六首·有木十六章》　有木名楊柳，嬝娜風煙中。栽傍靈和殿，眠起多丰容。攀條贈行客，縷縷芳情濃。柔姿弄春靄，弱質零秋風。取材成桮棬，不堪大匠逢。槎枒水濱卧，蟻穴中心空。

清　徐寶善《壺園賦鈔》卷上《秋柳賦》　秋空蕭蕭秋葉黄，秋林瑟瑟飛秋霜。一曲西風怨摇落，可憐垂柳復垂楊。垂楊兮八月，美人兮一方。魂銷太昌殿，腸斷永豐坊。淒淒斜月梧桐碧，淼淼涼波葭葉蒼。隋堤拂絲短，金城引綫長。

清　張應昌《彝壽軒詩鈔》卷八《冬柳四首》　猶記登樓媚眼窺，陌頭

翠色閲三時。長條折盡無多剩，倦客歸來未有期。灞岸朔風摇碎雪，永豐寒月照荒陂。一聲羌笛關山怨，羞説芳春濯濯姿。

隋苑城蕪汴水寒，數株衰草共凋殘。白門落日鴉成陣，青女霏霜雁集灘。戍卒哀多心怨訴，將軍營老樹閒看。東風火速催春轉，莫竟漂摇到歲闌。

章臺昔日颺青青，忽似殘荷老荻形。曾共春旗臨大道，又隨秋水送長亭。静無蟬影聲全歇，慵學螺鬟睡未醒。待得柔條垂裊娜，歲華别是一番經。

最憶風流玉殿隅，眼顰眉翠瘦腰扶。縱教舞倦全非舊，還看稊生莫便枯。白傅隄邊愁繫馬，吴王宫裏怕啼烏。江潭易起蘭成歎，那更依依雪載塗。

清 孫衣言《遜學齋詩鈔》卷五《新柳》 春風十日湖隄上，新柳陰陰緑十丈。風流頗似少年人，美服麗都每自賞。文君眉宇無愁顰，飛燕腰支能俯仰。滿湖晴浸碧琉璃，但欠扁舟來蕩槳。前山桃李能白紅，昨日作花今隨風。丁香未雪海棠小，似爾偏能專春工。雖然材質非梁棟，要是天心相鄭重。相逢行樂春光時，吾輩何者非遨嬉。先生睡起百無事，有酒來聽雙黄鸝。

清 徐榮《懷古田園詩節鈔》卷二《途中咏物二十首・柳》 風迎雨送慣年年，多謝官隄柳萬千。此去西湖春浪輭，鶯聲如海抱琴眠。

憔悴風塵大道旁，從今腰折不勝狂。也思聽訟留遺愛，恐被人嗤薛嗣昌。

清 許瑶光《雪門詩草》卷二《湖柳》 抛却靈和種水濱，西湖遊子惜青春。栽培早歲東君意，摇曳情波故國身。翠黛有船貪倚岸，香驄無轡不驚塵。年來張緒頻窺鏡，依舊臨風濯濯神。

西泠煙雨醉初醒，顧盼誰當阮眼青。陶令折腰羞吏俗，謝池入夢仗詩靈。纏綿情性行宫繞，雲水生涯畫舫停。繫住朝暾和夕照，敢將蹤跡恨飄萍。

湖上人家玉笛吹，長條弱縷儘垂垂。紅橋路曲應藏恨，碧玉情多怕展眉。雨外乍懸沽酒斾，陰中還愛讀書帷。衹今刺史無蘇白，誰向沙隄種舊枝。

已覺瓊花雜絮泥，且籠隄岸任東西。寒梅約伴春同漏，細草留人路共迷。濃惹翠煙思太液，輕摇黄月撲前溪。香閨樓上休凝望，淺淺青雲綰馬蹄。

水仙祠畔過清明，誤認杭州作汴城。翠輦昔曾遮御道，青袍久已笑儒生。怕聯杏葉馳香勒，衹合桃根度玉笙。他日煙盟更誰訂，薰風麯院藕花迎。

一番春雨一番多，不盡黄金鑄此鍋。舊柳已輸新柳碧，裏湖終讓外湖波。那堪南渡頻嘶馬，儘有西施學畫蛾。濃抹淡妝都入樣，慎毋輕舞日婆娑。

鵝黄滿擬染春衣，帶雨龍池願竟違。乳燕六橋銜絮到，流鶯三月繞枝飛。王恭年少人應妒，枚叔風流世總稀。幸有吴姬能壓酒，水亭終日醉忘歸。

畫樓掩映碧鴉藏，蘇小當年鬬曉妝。舊院而今空旖旎，長楊何事抱文章。喜無攀折郵亭苦，未免將迎過客忙。寄語湘南鶯燕侶，春來眠起總如常。

又卷四《詠園中草木・楊柳》 憶昔辭家時，柳枝如我長。别來五春風，青雲不可量。層陰填屋角，曲室生微涼。植物有如此，感之惜流光。黄鸝繞枝語，勸我進一觴。霏霏昨日絮，撲地今成霜。青陽那可負，一醉聊自償。

清 杜堮《遂初草廬詩集》卷六《春柳》 占盡年光是柳條，一番顧眄一魂銷。心懷約略初三月，風景依稀廿四橋。玉笛何人吹嫋嫋，紗窗有夢路迢迢。陽關莫問情長短，撲面花飛恨未消。

清 王柏心《百柱堂全集》卷二〇《柳》 作縷黄金才幾日，飛花白雪已連朝。春風欲去未能去，江北江南柳萬條。

清 蒯德模《帶耕堂遺詩》卷四《春柳四律用漁洋山人秋柳韻》 清明時節最消魂，折取柔條緑滿門。燕子樓臺春有影，鞦韆院落夢無痕。風和日暖剛三月，雨淡煙濃又一村。留得韶光使年少，十圍老大且休論。

寒鴉野渡灞橋霜，又是嬌波漾遠塘。鄉夢迢遥新玉笛，衣痕熨貼舊巾箱。堤陰未改思蘇白，門巷猶存感謝王。冷抱春旗招客飲，有誰驄馬酒家坊。

花脱東風香滿衣，萍猶轉緑未全非。黄金肯鑄春光好，青眼相看陌路稀。十里低垂樓盡敞，千絲緊綰客分飛。封侯畢竟尋常事，漫把深閨願與違。

一派疏狂見便憐，有情無力最宜煙。喜逢殿院春歸早，怕對河梁别恨懸。星宿靈根留上界，風流生性憶當年。滸關曾種千株樹，此日濃陰遠水邊。

清　郝懿行　《曬書堂集・外集》卷上《枯柳賦》　庚戌之夏，歸自都門，感道旁枯柳生意猶存，喟然而歎。九烈君聞之，延入精廬，授簡於余，爰爲之賦。自昔移根靈和之殿，別植長楊之館。隋皇帝撫板渚而流連，桓司馬過金城而歎息。觀其鑽火於春，作絮於夏，取材乎秋，含煙乎冬，類達人之識時任用，舍而靡疑。至於長條踠地，密葉藏鶯，灞橋贈其別恨，章台綰其春情。又復風流自賞，澹沱輕盈。雖復濯濯，王恭翩翩，張緒詎能及其風姿者哉？豈意物換星移，更幾何代而顛頷，竟已如斯。有菀其條，摧爲薪矣。阿儺其枝，織爲囷矣。世無匠石，尋斧斤矣。府瘦瘻腫，辱在泥沙。煙霞暴露，風雨爲家。鴐鳥啄其外，蝨蟲穴其間，令人睨而望之，如捫籥以窺天。更有頑童稚子，躑躅嬉戲，羣遊而坐其巔。甚至投火於中，破腹而觀其煙。然而木則有甹，肄其復生。側見旁出，鬱鬱青青。蓋許慎所謂再生曰枿，孟子以爲吾如有萌。且夫君亦知夫易乎？夬盡而姤來，剥終而復始。今兹雖顛，未盡其年，自兹以往，馴至參天。向之兒童易而侮者，將復愕眙駭矚，並息吞聲而莫敢言。鑄汝乎金，成汝乎玉，庸詎知非造物者寓栽培於傾覆，將以老其材而大其族乎？彼夫青牛出於文梓，感喜變乎蒼松，械有投而爲檝節，乃倏兮化龍，此尤事之至異而理實類從者也。於是君囅然而笑，騁子妍祕，闡子佳妙。僕雖不敏，請從斯教。賦畢而出，余遂登路回視，向之所遇，乃道旁枯樹而已。

清　汪嘉祥　《南浦・春柳》（引自《國朝詞綜補》卷三二）　濃緑漸成陰，正三眠，恰被流鶯唤曉。愁雨更愁煙，含情處，幾筆眉痕淡掃。東風搓就，輕盈一捻腰肢小。繫馬王孫，歸也未，陌上又生芳草。　深閨金縷歌殘，甚韶華一霎，拋儂去了。門巷認斜陽，江南岸，燕子銜泥曾到。春波渺渺，池塘盡日凝眸悄。千古灞陵，橋外路斷，送行人多少。

清　汪秉健　《柳初新・湖上新柳》（引自《國朝詞綜補》卷三五）　湖堤十里煙如織，漸逗露、春消息。眼波猶倦，眉痕尚淺，試鬬舞腰無力。纔眠起，段家橋側，一絲絲、鵝兒顔色。　轉瞬毿毿弄碧，灞陵秋、易成陳跡。嬌花含蕊，雛鶯學語，依舊水亭山驛。奈少婦、新愁縈積。上朱樓、靚妝相憶。

清　王友光　《行香子・新柳》（《引自《國朝詞綜補》卷四三）　長短亭邊，歌舞筵前。眼初舒、情便纏綿。高遮樓閣，低護鞦韆。儘一絲風，一絲雨，一絲煙。　鶯正堪眠，花正爭妍。問風流、可似當年。夢中腰瘦，鏡裏眉纖。早有人妒，有人恨，有人憐。

清　謝章鋌　《賭棋山莊所著書・詩集》卷二《柳》　落日江潭渺渺波，眼中瘦影太婆娑。當年張緒今何在，不獨天涯別恨多。

又卷六《柳花》　欲從飛絮問前因，可與浮萍話後身。十日東風五日雨，一分流水一分塵。　纏綿空自添惆悵，飄泊何方慰苦辛。差幸婆娑有生意，長條踠地短條新。

清　吴有倫　《新柳》（引自《兩浙輶軒續録》卷五〇）　春光轉眼到平疇，柳色青青入望稠。淺碧初含隋苑雨，疏黄猶記漢宮秋。　頻添綫迹梳風翦，淡掃眉痕映月鉤。恰值芳塘新漲滿，幾絲低拂釣魚舟。

清　樊增祥　《樊山續集》卷一八《柳》　軟宜春水淡宜秋，抱月飄煙不自由。合使全身俱入畫，不應眉眼獨風流。

清　郭嵩燾　《養知書屋詩集》卷六《秋柳詞同陳懿叔作》　倡條冶葉倚秋深，分付哀蟬斷續吟。暮雨青蒼無限意，淒涼猶是故園心。

章臺往蹟詎堪論，賸與斜陽斷客魂。一角寒山天外影，昏鴉落葉滿閒門。

清　金和　《秋蟪吟館詩鈔》卷一《然灰集・新種樹》　生小爭春眼媚初，露黄煙緑不嫌疎。凌波自寫當風影，爲是旁人畫不如。

又卷六《南棲集・秋柳》　幾夕金風戰緑楊，垂垂病葉已全黄。　憐渠未到飄零甚，猶爲旁人障夕陽。

又《冬柳四首和吴九帆》　曾是長條踠地垂，歲寒消息斷聞知。冰霜浩劫延眉嫵，湖海新愁上鬢絲。　蟬噤本無眞翳葉，鴉栖寧在舊棲枝。謝孃較我還癡甚，雪下詩情尚爲伊。

幾輩停杯話緑陰，當時我最識卿深。瘦腰學舞羞當世，傲骨支撑直到今。　偶對征鞭惟冷眼，盡隨樵斧儻甘心。染衣久已無情緒，葛帔人誰覓賞音。

記得江南長短亭，笛聲常在别離聽。況拋金縷都埋土，誰向冰天肯種星。　未死秋心應更苦，再來春色不堪青。風流如此成銷歇，每見朱樓老淚零。

移根我亦懺閒情，陶令柴門掩不成。萬里霜留疲馬迹，一年風賸病鶯聲。

南枝幸傍梅花熱，小草重逢臘鼓鳴。回首江干同命樹，獨貪寒趣愧餘生。

清 林旭《晚翠軒集·河柳》 復艚水落自潺湲，河柳青黄尚可攀。圓月欲升先絢彩，莫煙迴帶稍留殷。玲瓏疑有樓臺出，寂寞惟看鴉雀還。摇落物情但如此，飄飄客子豈能閒。

清 王闓運《湘綺樓全集·詩集》卷二《垂柳覆金隄》 折柳送君行，春來柳葉生。不覩長條踠，應忘隔歲情。色連芳草緑，愁際莫江平。大隄閒立久，無復玉驄聲。

清 陳作霖《可園詩存》卷一七《青溪柳枝詞八首》 謝公墩上試游行，幾樹垂楊踠地輕。遮斷半山亭子影，緑陰深處聽泉聲。

溪上春歸便許尋，冶遊時候斂微陰。蔣山一角晴逾翠，試與柔條較淺深。

蕭家渡口晚湖平，三弄誰家笛韻清。柳下依稀尋坐處，籠煙籠雨不分明。

柳樹臨風萬縷斜，園亭憑弔實堪嗟。先賢祠宇傾頹盡，賸有疏林集晚鴉。

江令才華有替人，南朝風月本無倫。段侯里巷猶堪指，門外垂楊何限春。

楊花如雪雨如絲，十里珠簾盡捲時。何處神絃剛奏罷，紅墻隱約小姑祠。

流波曲處響湝湝，一帶長橋接廣街。隔著柳陰頻指點，那邊簫鼓鬧秦淮。

別離情況感年年，江草江花總黯然。一曲水邊一株柳，替儂繫住遠行船。

清 吴重熹《石蓮闇詩》卷五《新豐柳》 老葉深黄嫩葉青，雨行金碧夾離亭。折來欲寄無人寄，辜負新豐此度經。

圖表

晉 郭璞《爾雅音圖·釋木》

明 李時珍《本草綱目·圖卷》

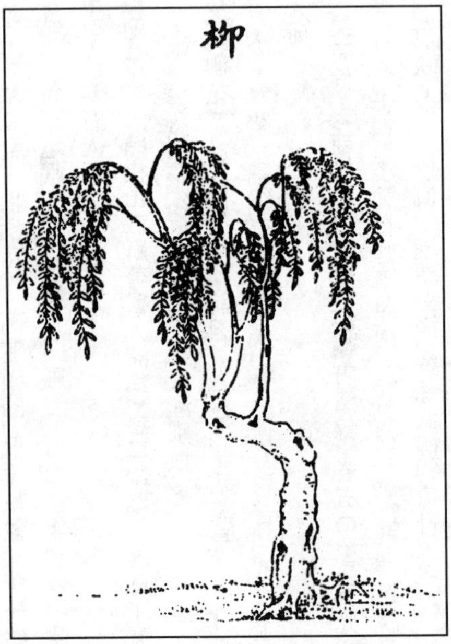

清 徐鼎《毛詩名物圖説》卷八

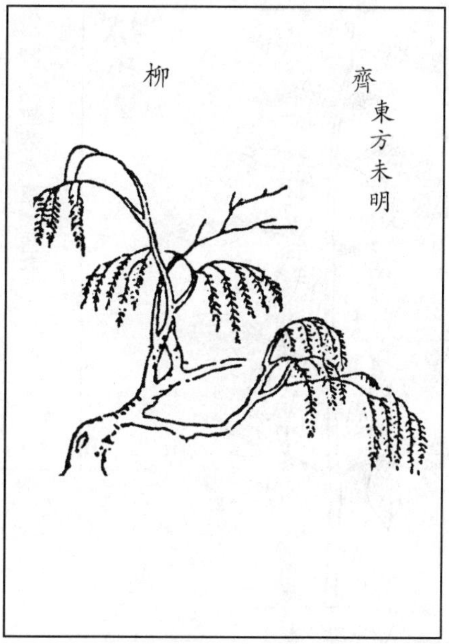

清 吳其濬《植物名實圖考》卷三七《水楊柳》

椋

綜述

《爾雅·釋木》 椋，即來。注：今椋材中車輞。音義【略】疏：椋，一名即來。郭云：今椋材中車輞。《本草唐本注》云：葉似柹，兩葉相當。子細圓如牛李子，生青熟黑。其木堅重，煮汁赤色。《爾雅》云『椋即來』是也。

漢 許慎《説文》卷六 椋，即來也。从木，京聲。吕張切。

宋 戴侗《六書故》卷二一 椋 椋，吕張切。《爾雅》：椋，即來。《本草》曰：葉似柹，兩兩相當。子細圓如牛李子，生青熟黑。郭氏曰：才中車輞。

明 朱橚《救荒本草》卷五 椋子樹上音良。《本草》有椋子木，舊不載所出州土，今密縣山野中亦有之。其樹有大者，木則堅重，材堪爲車輞。初生作科條，狀類荆條，對生枝乂。葉似柹葉而薄小，兩葉相當，對生。開白花，結子細圓如牛李子，大如豌豆，生青熟黑，味甘鹹，性平，無毒。葉味苦。

明 李時珍《本草綱目》卷三五 松楊《拾遺》 校正：併入《唐本草》椋子木。釋名：椋子木。音涼。時珍曰：其材如松，其身如楊，故名松楊。《爾雅》云『椋，即來』也。其陰可蔭涼，故曰椋木。藏器曰：江西人呼爲涼木。松楊縣以此得名。集解：藏器曰：松楊生江南林落間，大樹，葉如梨。志曰：椋子木，葉似柹，兩葉相當。子細圓如牛李，生青熟黑。其木堅重，煮汁色赤。郭璞云：椋材中車輞。八月、九月采木，日乾用。

清 嵇璜《續通志》卷一七六 椋，一名即來，見《爾雅》。郭璞注曰：今椋材中車輞。邢昺《疏》引《本草唐本注》云：葉似柹，兩葉相當。子細圓如牛李子，生青熟黑。其木堅重，煮汁赤色。李時珍以爲即松楊也。

圖表

晉 郭璞《爾雅音圖・釋木》

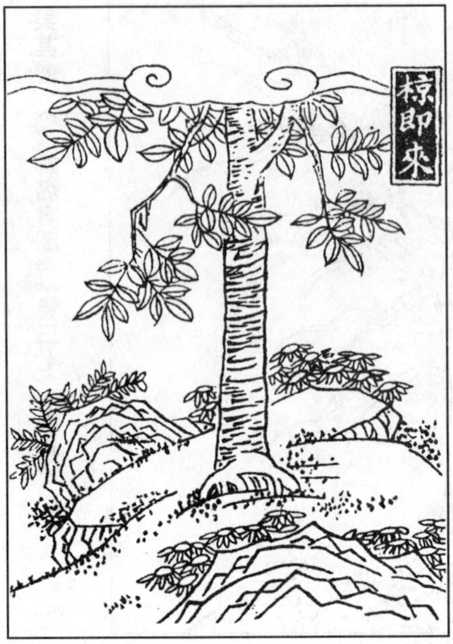

明 朱橚《救荒本草》卷五

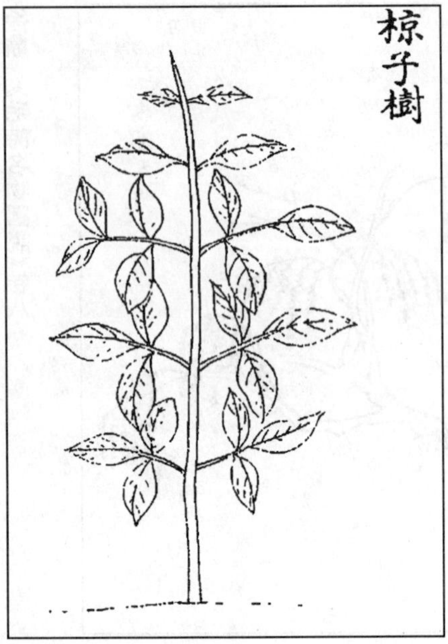

明 李時珍《本草綱目・圖卷》

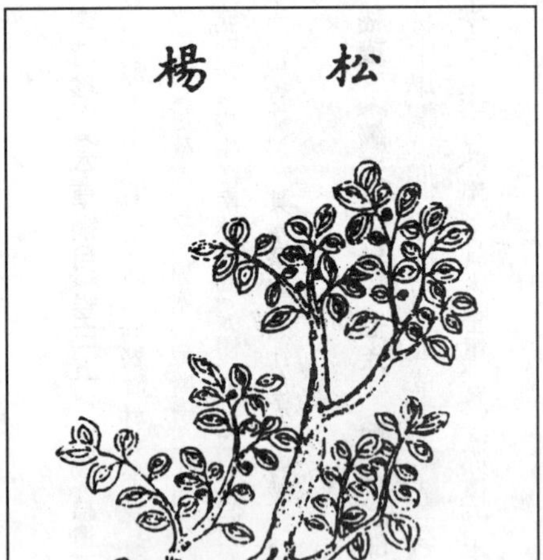

柞

綜述

漢 許慎《說文》卷六 柞，木也。从木，乍聲。在各切。

三國吳 陸璣《毛詩草木鳥獸蟲魚疏》卷上《柞棫拔矣》 柞棫，《三蒼說》：棫即柞也。其材理全白，無赤心者爲白桵。直理易破，可爲犢車軸，又可爲矛戟鎩。

宋 蔡卞《毛詩名物解》卷五《柞》 柞之性堅强，而不爲霜露之遷，得土之正氣也。故《詩》以喻信性堅剛難長。柞棫之木猶且拔然以大矣，則柔者可知矣。

宋 羅願《爾雅翼》卷一二《柞》 柞生南方，葉細而密，今人爲梳用之。《詩》、《雅》道柞爲尤多。方周之興，大姒夢商之庭産棘，小子發取周庭之梓，植之于闕間，梓化爲松栢柞棫。覺驚，以告文王。文王曰：勿言。冬日之陽，夏日之陰，不召而物自來。以爲宗周興王之兆。故《詩》曰：帝省其山，柞棫斯拔，松栢斯兑，帝作邦作對，自大伯王季。未必不謂此也。又述文王之事曰：柞棫拔矣，行道兑矣。山木多矣，而獨言柞棫，蓋柞薪者，民之所燎，且至於聳拔，則其餘從可知也。《齊民要術》稱柞，斫去尋生，料理還復。蓋良木之易成者。然亦非人力料理，有不可復，此以見大王之勤也。又言柞宜種於山阜之曲，十年中椽，二十年中屋欂，薪樵不在此數。然則爲利亦博矣。《管子》：五粟五沃之土，宜柞。《風土記》：舜所耕多柞。又漢有五柞之宫。

宋　戴侗《六書故》卷二一　柞　柞，子各切，又在各切。《詩》曰：柞棫拔矣。鄭氏曰：櫟也。陸璣曰：周秦人謂柞爲櫟，或曰木蓼。又側百切。《詩》云：載芟載柞。毛氏曰：除木曰柞，除草曰芟。《周官》：柞氏掌攻草木及林麓。鄭司農讀如唶唶之唶，屋笮之笮。鄭康成曰：除木者必先校剥之。

宋　高似孫《剡録》卷九《草木禽魚·柞》　周處《風土記》曰：始寧剡界山多柞木，吴越之間名柞爲櫪。《爾雅》曰：栩，杼。柞樹也。漢五柞宫即此木。

元　王禎《農書》卷一〇《柞》　柞，《爾雅》云：栩，杼也。注云：柞樹。案：俗人呼杼爲橡子，以橡殼爲杼斗，以剜剜似斗故也。橡子，儉歲可食者爲飯，豐年放猪食之可以致肥也。

明　李時珍《本草綱目》卷三六　柞木宋《嘉祐》　釋名：鑿子木。時珍曰：此木堅忍，可爲鑿柄，故俗名鑿子木。方書皆作柞木，蓋昧此義也。柞乃橡櫟之名，非此木也。集解：藏器曰：柞木生南方，細葉，今之作梳者是也。時珍曰：此木處處山中有之，高者丈餘。葉小而有細齒，光滑而靭。其木及葉丫皆有針刺，經冬不凋。五月開碎白花，不結子。其木心理皆白色。

明　吴雨《毛詩鳥獸草木考》卷一八《柞》　《小雅》曰：析其柞薪。《傳》：柞，櫟也。柞，其葉繁茂，其木細堅靭，有刺。今人以爲梳，亦可以爲車軸。《齊民要術》云：柞斫去尋生，料理還復。蓋良木之易成者。然亦非人力料理，有不可復。又言柞宜種於山阜之曲，十年中椽，二十年中屋柱，薪樵不在此數。然則爲利亦溥矣。《釋木》云：櫟，其實捄。不言櫟是柞。陸璣云：柞棫，櫟也。周秦人謂柞爲櫟。蓋據時人所名而言之。《風土記》云：舜耕歷山，而在寧、剡二縣界上。舜所耕田在于山下，多柞樹。吴越之間名柞爲櫪，故曰歷山。

清　徐鼎《毛詩名物圖説》卷九　許慎《説文》：木也。《詩緝》：柞，堅靭之木。新葉將生，故葉乃落，附著甚固。陳藏器曰：柞木生南方，細葉，今以之作梳者是也。愚按：木幹有刺，其材堅靭。登高岡者析其木以爲薪，爲其葉茂蔽高岡也，以喻賢女得在后位，必除嫉妬之女，爲其蔽君明也。葉最茂盛，故《采菽》云：維柞之枝，其葉蓬蓬。

清　王元綎《野蠶録·樹名·紅柞》　紅柞，葉尖而長，無歧缺，兩邊有細刺鋭如針，實與櫟相似，皮紅色，故名紅柞。一名栩。《爾雅》：栩，杼。郭注：柞樹也。又名棫。《詩·大雅》：芃芃棫樸。陸璣《疏》引《三蒼説》：棫即柞也。陳氏《毛詩稽古編》曰：唐之苞栩，秦之苞櫟，皆有柞櫟之名。説《詩》者不明，言其爲兩木。宋《嘉祐本草》指爲一木，亦莫辨其非。惟嚴氏《詩緝》云《詩》有二柞櫟，謂《爾雅》『栩，杼』，《唐風》之苞栩是也；《爾雅》『櫟，其實梂』，《秦風》之苞櫟是也。《草木疏》二《風》之柞櫟各有釋。《藝文類聚》亦分柞櫟爲二木，於柞引《爾雅》『栩，杼』及《車舝》、《采菽》、《旱麓》、《緜》諸詩，於櫟引《爾雅》『櫟，其實梂』及《秦風》苞櫟之陸《疏》，則嚴説非無據矣。按：今柞、櫟確係兩種，惟或呼櫟爲柞，或呼柞爲櫟，則方言互異耳。

又《栲柞》　栲柞，葉似櫟而微圓，無歧缺，兩邊有細刺，七八月結實蒂蒙茸如苔蘚，皮麤厚，俗名栲柞。按《詩·小雅》『南山有栲』，《唐風》『山有栲』，毛《傳》俱云：山樗也。陸璣《疏》：山樗與下田樗畧無異，葉似差狹耳。吴人以其葉爲茗。方俗無名此爲栲者，似誤也。今所云爲栲者，葉如櫟，木皮厚數寸，可爲車軸，或謂之栲櫟。又《詩詁》曰：今山間有木如櫟，生子如橡栗而無彙韜，呼如栲，平聲，與櫟並言，亦曰栲櫟。按：今俗名栲柞，故仍之。

又《白柞》　白柞，葉較小，皮白色，故名白柞。李時珍《本草綱目》曰：此木高者丈餘，葉小而有細齒，光滑而靭。木及葉丫皆有針刺，經冬不雕。五月開碎白花，不實，心理皆白色，俗名鑿子木。按：今柞、櫟二種，皆有結實，有不結實者，俗以爲雄雌之分，亦臆説也。

又《圖説・白柞圖説》 白柞，葉微小，無歧缺，有細刺鋭如針。初生色微黄，味甘。發蠶與紅柞同，以飼小蠶尤佳。其種宜白壤。木細密，心理皆白色。

又《栲柞圖説》 栲柞，葉似櫟而微圓，無歧缺，有刺，色緑，甚光滑，味微苦。以飼蠶，出絲堅韌。惟易致病，宜於大眠後食之。其種宜黑土，木麤而勁。

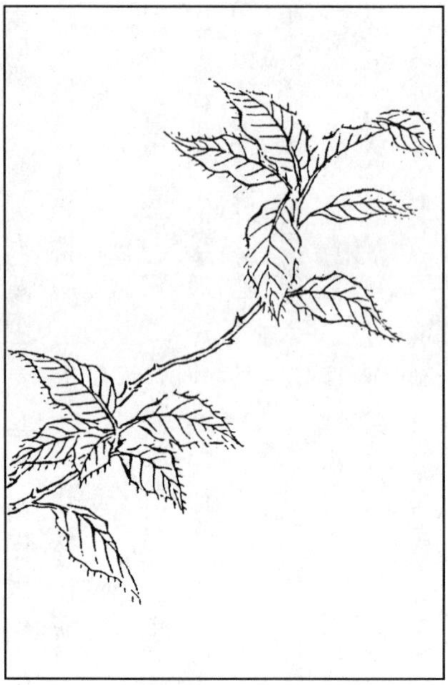

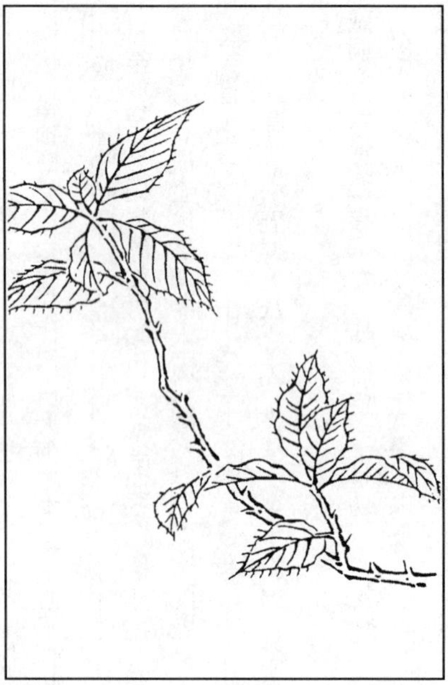

清 董元亮《柞蠶彙誌・柞樹栽培法・柞樹種類》 《詩》：陟彼高岡，析其柞薪。薪之取柞，由來已舊。蓋當時猶未知有柞蠶也。至後漢光武紀，始有野蠶成繭被於山阜之文，此爲柞蠶見於經史之權輿，而柞樹種類顯有區別，然可以飼養野蠶則一也。因取其類，圖之於左。

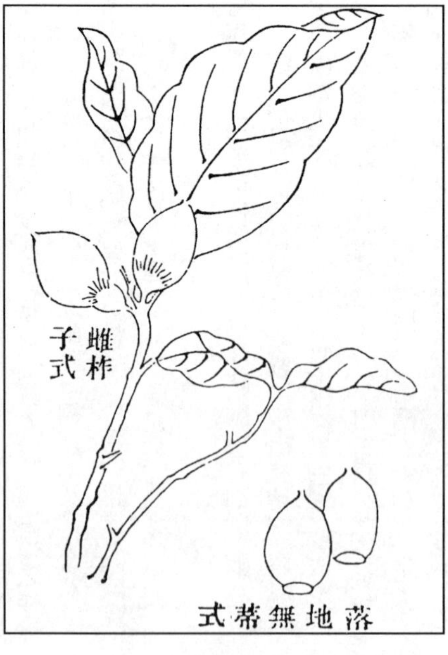

右柞，於枝椏處每生子栗，是爲牝柞子，所落處茁生新苗，長即成樹。北地子大，南地子略小，實同種耳。

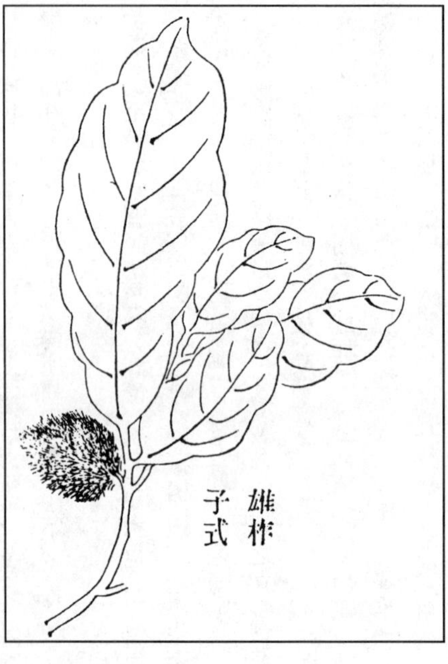

右柞，於枝柎處每生刺栗，是爲雄柞，子落處不茁新苗，與上一種乃柞樹中同類而分雌雄者。

《詩》曰：中原有菽，庶民采之。《采菽篇》曰：維柞之枝，其葉蓬蓬。古之中原，即今之河南地也。在北地曰柞，南地曰白櫟，幹與栗同，葉亦相類，有堅韌之性質，隨處皆有之。南地但伐作柴薪，殊可惜也。

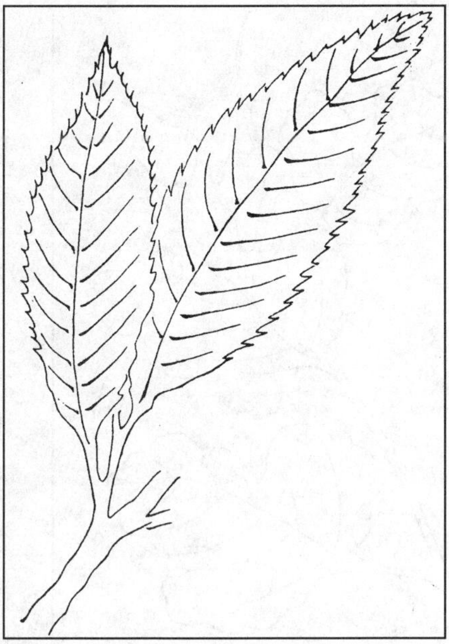

右即南地之蔴栗，樹高數丈，大者作門料，小者伐作薪。所産不及柞樹之多，北地曰橡，曰槲，較青棡柳葉大約一倍，色濃厚而質堅硬，與青棡柳同名爲不落葉，以其經霜不易落葉，故名不落。冬時亦仍凋謝，遲至交春新葉漸生，舊葉亦落，非果不落葉也。

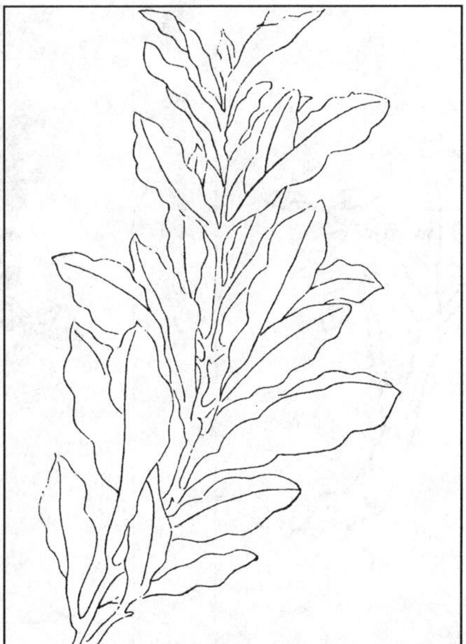

右北地曰青棡柳，南地曰青棡栗。其葉嫩而密，較尖柞葉大，而厚薄同。【略】

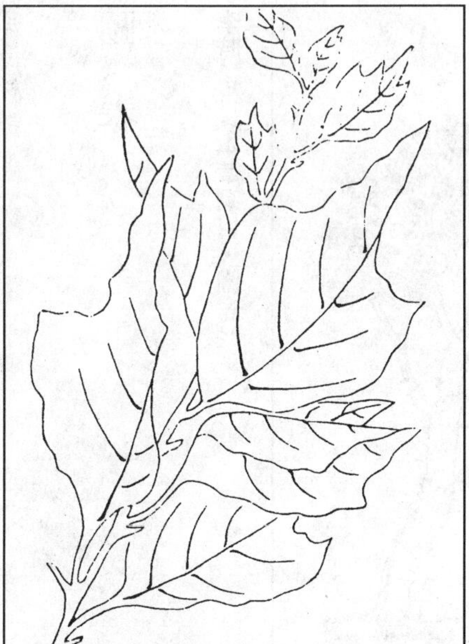

右種名曰尖柞，性質、枝幹、顔色均與圓柞同，惟葉下潤上鋭耳。

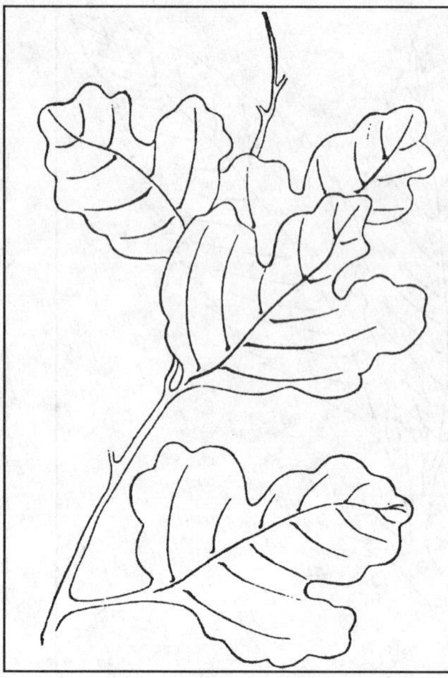

右爲花柸，亦尖柞類也。性質、枝幹、顔色與圓柞同，但葉不過大。以上八種，種雖不同，均可爲飼養野蠶之品。

藝文

宋　許綸《涉齋集》卷一四《柞林》　蓬蓬新葉盛，柞拔儼分行。寧作非材櫟，羞爲傍路楊。

宋　洪适《盤洲文集》卷九《柞林》　柞樹何人種，成林不亂行。漢家全盛日，宫殿對長楊。

清　方式濟《出關詩・柞樹篇》（引自《述本堂詩集》）　柞木何蓊蒙，參錯逐崖谷，十里五里陰，千山萬山緑。細幹撑斗口，大圍脹輪腹。午憩層蓋張，瞑趨暗魈伏。白榆不可見，青松生亦獨。頗訝鄙賤質，易承雨露鞠。聞昔寧古戍，千里但虎躅。星羅今六城，置驛走康陸。村煙接稽林，匼匝莽灌木。剖柞擴墻栅，積柞壯庖突。儘供狼藉用，免折隆棟酷。心異漢時宫，五柞廷下矗。拔兑緬姬周，棄置等蓬蓐。帝王取舍殊，貴賤易標目。吾成柞樹篇，聊作邊材録。

圖表

明　李時珍《本草綱目・圖卷》

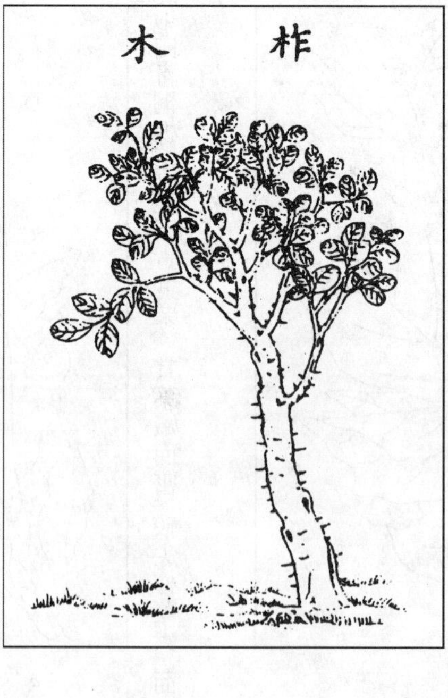

清　徐鼎《毛詩名物圖説》卷九

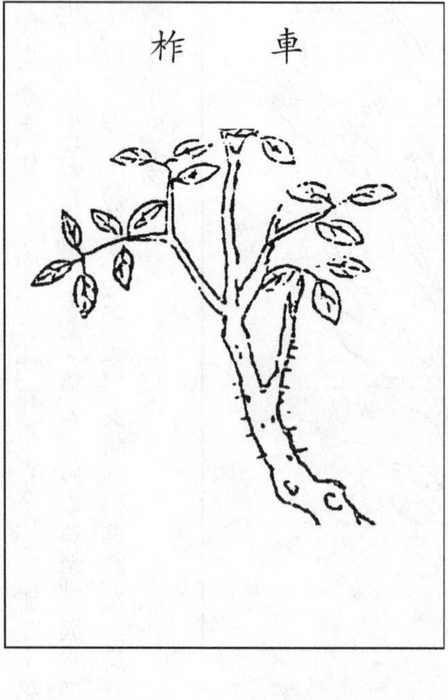

橿

綜述

《爾雅·釋木》棧木，干木。注：橿木也，江東呼木觡。音義：棧，仕板反。干，古丹反，契本作杆同。橿，居良反。《字書》云：死而不朽。本或作僵。《説文》云：僵，偃也。觡，加客反。疏：棧木，一名干木。郭云：橿木也，江東呼木觡。

漢　許慎《説文》卷六　橿，枋也。从木，畺聲。一曰鉏柄名。居良切。

清　嵆璜《續通志》卷一七六　棧木，一名干木。見《爾雅》。郭璞注云：橿木也，江東呼木觡。

枹木

綜述

《爾雅·釋木》樸，枹者。注：樸屬，叢生者爲枹。《詩》所謂『棫樸枹櫟』。音義：樸，音卜，字又作僕。枹，逋莠反，注同。屬，之欲反。棫，于逼反。櫟，音歷。疏：樸屬枹櫟皆木叢生之名也。郭云：樸屬，叢生者爲枹。云『棫，樸』者，《詩·大雅》云『芃芃棫樸，薪之槱之』是也。枹櫟者，《秦風》云『山有苞櫟，隰有六駮』是也。

唐　李匡乂《資暇集》卷下　抱木，南土有木，以抱爲名者，言其輕，滿不能成斤，亦以造器，滿抱如無，因以懷抱名之也。南土多陂塘，多生水松，其抱木蹙水沫，依松而成，似松之疣贅，浮繞其株，悉去水面三寸。原其化徵，假松之氣爾，故其臭芳，其質輕。抱木突輕於赤脚，誠哉斯言。然余爲南漳守，命工爲函匣筒，韓抑造清明毬卵，輕賫而歸，北人莫不稱便而異焉。

唐　劉恂《嶺表録異》卷中　枹木，産江溪中，葉細如檜，身堅類桐，惟根軟不勝刀鋸。今潮循多用其根刳而爲履，當未乾時，刻削易如割瓜，既乾之後柔韌不可理也。或油畫或漆，其輕如通草。暑月着之，隔卑濕地氣，如杉木。今廣州賓從諸郡牧守初到任，皆有油畫枹木履也。

明　馮復京《六家詩名物疏》卷四六《樸》《傳》云：樸，枹木。《爾雅》云：樸，枹者。郭云：樸屬，叢生者爲枹。

清　嵆璜《續通志》卷一七六　抱木，葉細如檜，身堅類栢，唯根軟不勝刀鋸。今潮循人多用其根刳而爲履，輕如通草，暑月著之，隔卑濕地氣，力如杉木。見《嶺表録異》。

圖表

晉　郭璞《爾雅音圖·釋木》

桐

論説

明 何三畏《新刻何氏類鎔》卷三一《桐》 桐晞二春之溢露，遡九秋之鳴飈。蔽陰澮之南皐，覆陽阿之北牖。丹霞奕其上，白水浸其陂，靈雪寫其根，霏霜封其幹。華暉掩映，鳳羽披離。俯結玄陰，仰成翠屋。豈慚光於若木，將齊采於碧林。遇閏而知年，故當閏則增一葉。本虛而末實，故垂實則長孫枝。神農削之以爲琴，牂牁績之以爲布，而茂先刻之作魚狀，扣臨平之石而使鳴。嘗聞龍門之桐，高以百尺；吹臺之桐，大至百圍；寒山之桐，出自太冥；玄谿之桐，傳根朽壤。此王義方所謂佳樹，非他物比也。有桐君者，采藥而結廬于山曲；有桐郎者，披衣而走匿于帳中；有桐廬者，偃蓋而垂蔭于龍間；有桐宫者，含秋而成林於舘下。歷城房家園之桐，胡然而折枝，應歎鳳條之不可伐；京兆興禪寺之桐，胡然而發汗，乃同惡木之不可休。梧桐忽生于沙門火龕之中，觀者謂爲不壞之身，原稱神異；梧桐忽生于第宅栢樹之上，論者謂失後凋之節，豈曰禎祥。他若長安謡所云鳳凰止阿房者，慕容以小字而應其兆；空中歌所云死樹今更生者，吴平以尋歸而應其謡，斯亦奇矣。周成王欲封唐叔而剪一桐葉也，史佚以爲天子之尊無戲言，而曰封之是。唐德宗欲赦懷光而破一桐葉也，鄴侯以爲君臣之分不復合，而曰赦之非。

清 來集之《倘湖樵書·初編》卷三《桐》 東坡云：凡木本實而末虛，惟桐反是。試取小枝削之，皆堅實如蠟，而其本皆中虛空。故世所以貴孫枝者，貴其寔也，實故絲中有木聲。《宛委餘篇》引趙希鵠云：古琴有陰陽二材，桐木面陽日照者爲陽，不面日爲陰。以新桐本驗之，陽必浮，陰必沉。陽材琴旦濁而暮清，晴濁而雨晴；陰材琴旦清而暮濁，晴清而雨濁。《夢溪筆談》云：琴雖用桐，然須多年，木性都盡，聲始發越。予曾見唐初路氏琴，木皆枯朽，殆不勝指而其音愈清。又聞琴不百年，則桐之生意不盡，緩急清濁，恒與雨暘寒暑相應。《采蘭雜誌》云：雷威作琴，不必皆桐，遇大風雪中，獨往峨眉。酣飲，着簑笠，入深松中。聽其聲連延悠飏者，伐之，斲以爲琴，妙過于桐。有最愛重者，以松雪名之。《尺牘新語》張又新云：木質桐疎而梓密，琴之音下徹于桐，至梓而復。故其聲清堅而疏越，是琴非梓不爲功也。而古來之名琴者，但曰絲桐，物固有身其功而辭其名者。《清暑筆談》云：琴材以輕、鬆、脆、滑謂之四善。

清 陳啓源《毛詩稽古編》卷二八 桐有四種。《詩》與《爾雅》得其二焉。《定之方中》之桐，白桐也，即《爾雅》之『榮，桐木』，亦名華桐，名椅桐，名泡桐。二月開華，如牽牛華而白色，心微赤，實長寸餘，殼内有子片，輕虛如榆莢葵實，材堪作琴瑟。《埤雅》謂其不實者，誤。《卷阿》之桐，梧桐也，即《爾雅》之『櫬，梧』，四月開嫩黄小花，五六月結子，可食，古稱鳳凰非此不棲是矣。郭璞合上二桐爲一木者，誤。至《月令》『三月桐始華』，陶貞白以爲白桐，宋寇宗奭以爲梧桐，言其始華之時，陶説近之矣。二桐之外，又有青桐，即梧桐之無實者。又有岡梧，早春開淡紅華，實大而圜，南人用之作油，亦名油桐，名罌子桐，名荏桐，名虎子桐，名紫華桐。宋羅願謂《湛露》詩『其桐其椅』，乃此桐，恐無明據。如以『其實離離』證之，則朝陽之桐何嘗不華實乎？又《湛露》與《定之方中》，皆椅桐並稱，所指自應一種。榮桐實長寸餘，足當離離之目矣。

清 張必剛《濬元》卷四《桐始華清明初候》 用桐木爲絲音，協奏之，可以和陰陽，節風雨，躍潛魚，來儀鳳，降天神，出地祇，享人鬼百物，斯其功亦偉矣。夫魚，水蟲之靈也；鳳，羽醜之靈也；神祇人鬼，理氣之幽以通也。桐雖良，然其靈不及魚與鳳，其幽以通不及神祇人鬼。然魚與鳳與神祇人鬼，不得桐不爲招。故世患桐不協，不患魚不躍，鳳不來，神祇人鬼不降不出不享也。鳳待桐而棲者也，絲音待桐而鳴者也。然桐又待陽而生而華，且非特待陽以生且華也，又有待於治化者，治弗盛，桐雖生鳳亦弗棲。雖强斲桐爲絲音，音亦弗調，而又何論於天地人鬼百物也。嘻！不有感者，則不有應。應之待感若是，待者莫自爲也，豈特桐木然耶。系曰：山之上有桐焉，生孤特以聳；水之濱有竹焉，生秀潔以茂；圃之中有菊焉，生叢欝以幽。吾皆愛之，皆敬之。山之上，水之濱，圃之中，不獨桐竹菊也。敬菊則凡圃中之物可知，敬竹則凡水濱之物可知，敬桐則凡山上之物可知。山屬乎陽，而水與圃屬乎陰。菊之花以秋末也，則爲因陰時，其處於園圃則又因陰位。桐之華以春末也，則爲因陽時，其處於山左，則又因陽位。其时其位，果何從分也？惟各因其性情故分也。樂來自陽，主以疏通。禮作自陰，主以縝密。而琴瑟簫管，又樂中最爲疏通之器。而竹與桐，則植類中最爲疏通之物。一節稀而心鬆，一外實而中空，可驗也。以物之鬆空者，爲器之疏通者，其與玉帛之爲禮器曷異？《周易》震爲萑，爲蒼筤竹，離爲科上槁，坎爲堅多心，艮爲堅多節，堅多心節，爲松、柏、柞、桂。而科上槁則爲桐，桐不能如松、柏、柞、桂，松、柏、柞、桂不肯與桐並也，固也。然其華則亦可愛也。木之陽有桐，桐之陽有向日之位。桐向日之位，雖置之水中必浮，雖反覆易之，終必浮。凡陰陽、浮沉、負抱、順逆之理，無物不統貫乎其中。女子之生，其面向外，其死也必仰；男子之生，其面向内，其死也必覆也。亦若是焉已耳。先華後葉者，梅也，桃也，李也。先葉後華者，桐也，衆木也。桐之華，又後衆木而發。至於秋，而葉與華皆不存也。夫華後矣，尚不可久存也，則人之欲華之早發也，何爲？贊曰：吴錢忠懿王能琴，遣使訪良琴。使者至天台山，宿僧寺。夜聞瀑布聲，晨起視之，寺簷柱正對泉石激薄處，且向日。私念曰：若柱係桐木，則良琴在是矣。以刀削之，果桐也。一桐柱耳，尚能感凄清，藴幽響，况有生名山大川間受風露華實者乎？其良又當何如乎？

綜述

《爾雅·釋木》 櫬，梧。注：今梧桐。音義：櫬，初靳反，下同。梧，音吴。疏：櫬，一名梧。郭云：今梧桐。《詩·大雅》云『梧桐生矣，于彼朝陽』是也。【略】榮，桐木。注：即梧桐。疏：桐木，一名榮。郭云『即梧桐』，與上『櫬，梧』一也。

漢 許慎《説文》卷六 梧，梧桐木。从木，吾聲。一名櫬。五胡切。榮，桐木也。从木，熒省聲。一曰：屋梠之兩頭起者爲榮。永兵切。桐，榮也。从木，同聲。徒紅切。

晉 嵇含《南方草木狀》卷上 赬桐花，嶺南處處有，自初夏生至秋。蓋草也，葉如桐，其花連枝萼，皆深紅之極者，俗呼貞桐花，貞音訛也。

又卷中 刺桐，其木爲材，三月三時布葉繁密後有花，赤色，間生葉間，旁照他物皆朱殷然。三五房凋則三五復發，如是者竟歲。九眞有之。

唐 段成式《酉陽雜俎續集》卷九 貞桐枝端抽赤黄條，條復旁對，分三層。花大如落蘇花，作黄色，一莖上有五六十朵。

宋 陸佃《埤雅》卷一四《梧》 梧一名櫬，即梧桐也。今人以其皮青，號曰青桐。華淨妍雅，極爲可愛，故多近齋閤種之。梧橐鄂皆五焉，其子似乳，綴其橐鄂生，多或五六，少或二三。故飛鳥喜巢其中，莊子所謂『空穴來風，桐乳致巢』是也。今亦謂之梧子。《詩》曰：鳳皇鳴矣，于彼高岡。梧桐生矣，于彼朝陽。蓋梧桐以譬才之柔令，朝陽以譬德之温厚。《莊子》曰：師曠之枝策也，惠子之據梧也。此言精大用則竭，神大用則弊。故二子疲或枝策而立，昏或據梧而瞑也。

又《桐》 此即白桐，華而不實。賈思勰曰：白桐無子，冬結似子者，乃是明年之華房。《爾雅》曰：榮，桐木。即此是也。桐木華而不實，故曰：榮，桐木也。今亦謂之華桐，華則以其華而不實。賈思勰曰：桐葉華而不實者曰白桐，實而皮青者曰梧桐。今炒其實噉之，味似菱、芡。桐有三輩，青白之外復有岡桐，即油桐也。生於高岡，今亦謂之岡梧。蓋梧性便濕，不生於岡，故此桐有岡之號。《毛詩傳》曰：梧桐不出山岡，太平而後生朝陽。陶氏云：桐有四種：青桐葉皮青，似梧而無子。梧桐色白，葉似青桐而有子。白桐與岡桐無異，唯有華子爾。岡桐無子，是作琴瑟者。皆不足據。按：青桐即今梧桐，白桐又與岡桐全異。白桐無子，才中琴瑟。岡桐子大，有油。與陶氏之説正反。《詩》曰：湛湛露斯，在彼杞棘。愷悌君子，莫不令德。其桐其椅，其實離離。愷悌君子，莫不令儀。杞棘，剛木，故《詩》以况令德。椅桐，柔木，故《詩》以况令儀。《淮南子》曰：梧桐斷角，馬氂截玉。言柔弱之勝剛强如此。《論衡》曰：楓桐速長，故其皮肌不能堅也。《老子》曰『大器晚成』，豈不信哉？《孟子》曰：豈愛身不若桐梓哉？又曰：舍其梧檟，養其樲棘，則爲賤場師焉。梧雖桐輩也，而梧下桐上。檟雖梓輩也，而檟下梓上。故桐梓者，愛身之譬也。梧檟以況眉背而已。蔡邕《月令》云：桐始華。桐，木名，木之後華者也。穉之，故曰始。《易緯》曰：桐枝濡毳而又空中，難成易傷，須成氣而後華。《淮南子》曰：桐木成雲。言其升氣可以造雲云。《遁甲》曰：梧桐不生，則九州異。名之曰桐，似本於此。桐，柔木也，而虛其心，若能同者。父喪杖竹，母喪杖桐。竹有節，父道也。桐能同，母道也。母，從子者也。舊説梧桐以知日月正閏，生十二葉，一邊有六葉，從下數一葉爲一月，有閏則生十三葉。視葉小者，則知閏何月。不生，則九州異君。

宋 蘇軾《格物麤談》卷上 梧桐花初生，色赤主旱，色白主水。

宋 李石《續博物志》卷九 《周書》曰：清明之日，桐始華；桐若不華，歲有大寒。

宋 羅願《爾雅翼》卷九《梧》 梧者，植物之多陰最可玩者，青皮而白骨，似青桐而多子。蓋桐有青、赤、白，而青桐又有有實、無實之辨。今人以梧之青亦曰青桐，云其生莢如箕，子相對綴箕上，多者至五六，成材之後樹可得實一石，食之味如芡，古今方書稱丸藥如梧桐子者，蓋倣此也。考《莊子》曰：空閲來風，桐乳致巢。蓋子生纍然似乳，鳥悦於得食，因巢其上，亦猶枳椇之來巢，以味致之也。此木易生，鳥銜墜者輒隨生，殖其畦種者是歲可高一丈。古稱鳳凰集于朝陽梧桐之上，豈亦食其實耶？或曰：梧桐以知日至正南，生十二葉，一邊有六葉，從下數一葉爲一月，至上十二葉，有閏十三小餘者，視之則知閏何月也。梧亦良木，孟子所謂『場師舍梧檟而養樲棘』，則爲賤場師，明梧者場中所貴也。此木雖不中樂器，然堪車板、盤合、木楪等用。《釋木》稱『櫬，梧』，櫬者，棺之別名。豈古下卿之罰，所謂桐棺三寸者，亦有取此耶？其皮今人亦剥用之，然葉春晚乃生，望秋輒槁，惠子所以據之而瞑也。或者槁梧即琴古者梧桐之名亦通。《齊地記》曰：城北十五里有桐臺，即梧宫。

宋 戴侗《六書故》卷二一 梧桐 梧，五胡切。梧桐也。借爲枝梧之梧，與吾、牾通。桐，徒紅切。桐類不一，大畧榦直心虛而葉大。梧桐膚青，故又謂青桐。其皮可漚爲繩，故又謂皮桐。其實莢生類豌豆。《本草》：青桐支葉俱青而無子。梧桐皮白葉青而有子，可食。白桐類穀，華而不實，故又謂華桐。《本草》曰：桐有華與子，華二月舒，黄紫色，一名椅桐，又名黄桐。按《詩》椅、桐、梓、漆，乃四物。毛桐空中，葉尤大，支葉皆毛，故謂毛桐。剛桐絶類毛桐，葉差細而不毛，毛桐易枯，剛桐能大，最中琴瑟，多生於山，所謂『嶧陽孤桐』，蓋此桐也。《本草》曰：『剛桐似白桐，惟無子，宜作琴瑟。』陸氏曰：『白桐宜琴瑟。』雲南人績以爲布，似毛布。油桐又名膏桐，實可厭油。又有束桐、《本草》云：嶺南有束桐，枝幹有束，葉如梧桐，華側專如掌，深紅色。拆桐。《本草》曰：江南又有赬桐，秋開紅華，無實，有紫桐華如百合，實堪糖煮噉。又西域鄯善出胡桐。孟康曰：似桑而多曲。師古曰：胡桐似桐，不類桑。蟲食其樹沫下流者，俗名胡桐淚，可以汙金銀，工匠皆用之，流俗誤呼淚爲律。《本草》云：出肅州以西平澤及山谷中。相傳其木似白楊、青桐葉初生似柳，大似桑、桐。其液入地與石相著，冬月采之藥。

明 楊慎《丹鉛餘録》卷三 《爾雅》注：榮木，梧桐也。櫜鄂皆五。陶詩『冉冉榮木，結根于兹』是也。或以爲榮華，失之。

又卷一七 東坡云：凡木本實而末虛，惟桐反之。試取其小枝削之，皆堅實如蠟，而其本皆虛。故世所以貴孫枝者，貴其實也。

明 李時珍《本草綱目》卷三五 桐《本經》下品 釋名：白桐、弘景黄桐、《圖經》泡桐、《綱目》椅桐、弘景榮桐。時珍曰：《本經》桐葉，即白桐也。桐華成筒，故謂之桐。其材輕虛，色白而有綺文，故俗謂之白桐、泡桐，古謂之椅桐也。先花後葉，故《爾雅》謂之榮桐。或言其花而不實者，未之察也。陸璣以椅爲梧桐，郭璞以榮爲梧桐，並誤。集解：《別録》曰：桐葉生桐柏山谷。弘景曰：桐樹有四種，青桐，葉、皮青，似梧而無子；梧桐，皮白，葉似青桐而有子，子肥可食；白桐，一名椅桐，人家多植之，與岡桐無異，但有花、子，二月開花，黄紫色，《禮》云『三月桐始華』者也，堪作琴瑟；岡桐無子，是作琴瑟者。《本草》用桐華，應是白桐。頌曰：桐處處有之。陸璣《草木疏》言白桐宜爲琴瑟。雲南牂牁人，取花中白毳淹漬，績以爲布，似毛服，謂之華布。椅，即梧桐也。今江南人作油者，即岡桐也，有子大于梧子。江南有赬桐，秋開紅花，無實。有紫桐，花如百合，實堪糖煮以噉。嶺南有刺桐，花色深紅。宗奭曰：《本經》桐葉不指定是何桐，致難執用，但四種各有治療。白桐葉三杈，開白花，不結子。無花者可爲岡桐，不中作琴，體重。荏桐，子可作桐油。梧桐結子可食。時珍曰：陶注桐有四種，以無子者爲青桐、岡桐，有子者爲梧桐、白桐。寇注言白桐、岡桐皆無子。蘇注以岡桐爲油桐。而賈思勰《齊民要術》言，實而皮青者爲梧桐，華而不實者爲白桐。白桐冬結似子者，乃是明年之華房，非子也。岡桐即油桐也，子大有油。其説與陶氏相反。以今咨訪，互有是否。蓋白桐即泡桐也，葉大徑尺，最易生長。皮色粗白，其木輕虛，不生蟲蛀，作器物、屋柱甚良。二月開花，如牽牛花而白色，結實大如巨棗，長寸餘，殼內有子片，輕虛如榆莢、葵實之狀，老則殼裂，隨風飄揚。其花紫色者名岡桐。荏桐即油桐也。青桐即梧桐之無實者。按陳翥《桐譜》分別白桐、岡桐甚明。云白花桐文理粗而體性慢，喜生朝陽之地。因子而出者，一年可起三四尺。由根而出者，可五七尺。其葉圓大而尖長，有角光滑而毳，先花後葉，花白色，花心微紅。其實大二三寸，內爲兩房，房內有肉，肉上有薄片，即其子也。紫花桐，文理細而體性堅，亦生朝陽之地，不如白桐易長。其葉三角而圓，大如白桐，色青，多毛而不光且硬，微赤。亦先花後葉，花色紫。其實亦同白桐而微尖，狀如訶子而粘，房中肉黃色。二桐皮色皆一，但花、葉小異，體性堅、慢不同爾。亦有冬月復花者。

又　梧桐《綱目》　釋名：櫬。時珍曰：梧桐，名義未詳。《爾雅》謂之櫬，因其可爲棺，《左傳》所謂「桐棺三寸」是矣。舊附桐下，今別出條。集解：弘景曰：梧桐皮白，葉似青桐，而子肥可食。頌曰：陶氏謂白桐一名椅桐，陸璣謂梓實桐皮爲椅，即今梧桐，是二種俱有椅名也。《遁甲書》云：梧桐可知日月正閏，生十二葉，一邊有六葉，從下數一葉爲一月，至上十二月，有閏十三葉，小餘者。視之，則知閏何月也。故曰：梧桐不生，則九州異。宗奭曰：梧桐四月開嫩黃小花，一如棗花，枝頭出絲，墮地成油，沾漬衣履。五六月結子，人收炒食，味如菱、芡。此是《月令》「清明桐始華」者。時珍曰：梧桐處處有之。樹似桐而皮青不皵。其木無節，直生，理細而性緊。葉似桐而稍小，光滑有尖。其花細蕊，墜下如醭。其莢長三寸許，五片合成，老則裂開如箕，謂之橐鄂。其子綴於橐鄂上，多者五六，少或二三。子大如胡椒，其皮皺。羅願《爾雅翼》云：梧桐多陰，青皮白骨，似青桐而多子。其木易生，鳥銜子墮輒生，但晚春生葉，早秋即凋。古稱鳳凰非梧桐不棲，豈亦食其實乎？《詩》云：梧桐生矣，于彼朝陽。《齊民要術》云：梧桐生山石間者，爲樂器更鳴響也。

又　罌子桐《拾遺》　釋名：虎子桐、《拾遺》荏桐、《衍義》油桐。時珍曰：罌子，因實狀似罌也。虎子，以其毒也。荏者，言其油似荏油也。集解：藏器曰：罌子桐生山中，樹似梧桐。頌曰：南人作油者，乃岡桐也。有子大于梧子。宗奭曰：荏桐早春先開淡紅色，狀如鼓子花，成筩子，子可作桐油。時珍曰：岡桐即白桐之紫花者。油桐枝幹、花葉並類岡桐而小，樹長亦遲，花亦微紅，但其實大而圓，每實中有二子，或四子，大如大風子。其肉白色，味甘而吐人，亦或謂之紫花桐。人多種蒔收子，貨之爲油，入漆家及艌船用，爲時所須。人多僞之，惟以篾圈蘸起如鼓面者爲眞。

又　海桐宋《開寶》　釋名：刺桐。珣曰：生南海山谷中，樹似桐而皮黃白色，有刺，故以名之。集解：頌曰：海桐生南海及雷州，近海州郡亦有之。葉大如手，作三花尖。皮若梓，白皮而堅韌，可作繩，入水不爛。不拘時月采之。又云：嶺南有刺桐，葉如梧桐，其花附幹而生，側敷如掌，形若金鳳，枝幹有刺，花色深紅。江南有赬桐，紅花，無實。時珍曰：海桐皮有巨刺，如黿甲之刺，或云即刺桐皮也。按嵇含《南方草木狀》云：九眞有刺桐，布葉繁密。三月開花，赤色照映，三五房凋，則三五復發。陳翥《桐譜》云：刺桐生山谷中，文理細緊，而性喜折裂，體有巨刺如欓樹，其實如楓。赬桐身青，葉圓大而長，高三四尺，便有花成朵而繁，紅色如火，爲夏秋榮觀。

明　愼懋官《華夷花木鳥獸珍玩考》卷三《胡桐》　《西域傳》：車師國多檉椏、胡桐、白草。孟康曰：胡桐似桑而多曲。師古曰：胡桐亦似桐，不類桑也。蟲食其樹而汁出下流者，俗名爲胡桐淚，言似眼淚也。可以汗金銀，工匠皆用之。

又卷一〇《海梧》　《南方草木狀》：海梧子樹似梧桐，色白，葉似青桐，有子如大栗，肥甘可食，出林邑。見《廣州志》。

明　穆希文《說原》卷一二　桐名榮，蓋自東風解凍，唯桃、桐先衆木而作花，故名榮。松栢冬茂，陰木也。梧桐春榮，陽木也。梧，青皮白骨，似桐而多子，至五六年成材之後，一株可得寔一石，食之味如茨。

明　吳雨《毛詩鳥獸草木考》卷一六《桐》　桐，柔木也。一名榮，一名白桐。無子，冬結似子者，乃明年之華房，俗謂之花桐。今造琴瑟者以花桐木，是知桐爲白桐也。亦有皮青似梧而無子，華似木綿，可作被絮，而渾重過之，曰青桐。又有皮葉似青桐而有子，曰梧桐。生于山岡，子大而有油者，曰油桐。《周書·時訓》：清明之日，桐始華。桐不華，歲有大寒。惟桃、桐之花爲衆木之先，其榮可紀，故名爲榮。堪作琴瑟。若生石間，其聲則鳴，《書》「嶧陽孤桐」是也。陸璣云：有青桐，有白桐，有赤桐。白桐宜爲琴瑟，牂牁人織以爲布。陸佃云：此即白桐，花而不實。《爾雅》「榮，桐木」，即此是也。以其花而不實，今亦謂之花桐。

又卷一八《梧》　《大雅》曰：梧桐生矣，于彼朝陽。《傳》：梧桐，柔木也。梧，梧桐也。青皮白骨，似青桐而多子。今人以其皮青，亦號曰青桐。華淨研雅，極爲可愛，故多近齋閣種之。梧橐鄂皆五，其子如箕，子相對似乳綴其橐鄂生，多或五六，少或二三，食之味如芡，今人謂之梧子，故飛鳥喜巢其中。最易生，鳥啣墜者，輒隨生。植其畦種者，是歲可高一丈。又知日至正南，生十二葉，一邊有六葉，從下數一葉爲一月，至上十二葉，有閏十三葉餘者，視之則知閏何月也。此木雖不中樂器，然堪車板、盤合、木碟等用。葉春晚乃生，至秋輒槁。《釋木》云：櫬，梧。郭璞曰：今梧桐。又云：榮，桐。郭璞曰：即梧桐也。然梧桐一木耳。

明 屠本畯《離騷草木疏補》卷三《梧》 梧，梧桐也，一名櫬。青皮白骨，似青桐而多子。今人以其皮青，亦號曰青桐。華净研雅，極爲可愛，故多近齋閣種之。梧橐郭皆五，其子似乳綴其橐鄂生，多或五六，少或二三，食之味如芡，故鳥喜巢其中。最易生，鳥銜墜者，輒隨生。殖其畦種者，是歲可高一丈。又知日至正南，生十二葉，一邊有六葉，從下數一葉爲一月，至上十二葉，有閏十三，小餘者。視之，則知閏何月也。此木雖不中樂器，然堪車板、盤合、木碟等用。葉春晚乃生，至秋輒槁。

明 焦周《焦氏説楛》卷二 青桐子生橐鄂間，如乳，曰桐乳，《莊子》『桐乳致巢』是也。庾信詩：草銜長帶，桐垂細乳。又『桐井曉寒千乳結，茗園春嫩一旗開』，亦有致。桐有四種：一曰白桐，一曰茬桐，一曰岡桐，一曰梧桐，即青桐也，又名櫬。白桐，榮而不實，亦名榮桐木。陶詩：冉冉榮木，結根在茲。

明 王路《花史左編》卷一八《花之證·梧花》 梧，一名櫬，即梧桐也。今人以其皮青，曰青桐。華淨妍雅，極爲可愛，故多近齋閣種之。梧橐鄂皆五焉，其子似乳綴其橐鄂生，或五六，少或二三，故飛鳥喜巢其中，《莊子》所謂『空閣來風，桐乳致巢』是也。今亦謂之梧子。《詩》曰：鳳凰鳴矣，于彼高岡。梧桐生矣，于彼朝陽。蓋梧桐以譬才之柔令，朝陽以譬德之温厚。《莊子》曰：師曠之枝策也，惠云之據梧也。此言精太用則竭，神太用則弊。故二子疲或枝策而立，昏或據梧而瞑也。

又《花之證·桐花》 此即白桐，華而不實。賈思勰曰：白桐無子，冬結似子者，乃是明年之華房耳。《爾雅》曰『榮，桐木』，即此是也。桐木華而不實，故曰榮桐木也。今亦謂之華桐，華則以其華而不實。賈云：桐葉花而不實者曰白桐，實而皮青者曰梧桐。今炒其實噉之，味似菱、芡。桐有三輩，青、白之外復有岡桐，即油桐也，生于高岡。蓋桐性便温，不生于岡，故此桐有岡之號。《毛詩傳》曰：梧桐不生山岡，太平而後生朝陽。陶氏云：桐有四種：青桐，葉皮青，似梧而無子。梧桐色白，葉似青桐而有子。白桐與岡桐無異，惟有華子爾。岡桐無子，是作琴瑟者。皆不足據。按：青桐即今梧桐，白桐又與岡桐全異，白桐無子，才中琴瑟。岡桐子大有油，與陶説正反。《詩》曰：湛湛露斯，在彼杞棘。愷悌君子，莫不令德。其桐其椅，其實離離。愷悌君子，莫不令儀。杞棘，剛木，故《詩》以況令德。椅桐，柔木，故《詩》以況令儀。蔡邕《月令》曰：桐始華。桐，木名，木之後華者也。穉之，故曰始。《易緯》曰：桐枝濡毳而又空中，難成易傷，須成氣而後華。《淮南子》曰：桐木成雲。言其升氣可以造雲云。《遁甲》曰：梧桐不生，則九州異。名之曰桐，似本于此。桐，柔木也，而虛其心，若能同者。父喪杖竹，母喪杖桐。竹，有節父道也。桐，能同母道也，母從子者也。舊説梧桐以知日月無閏，生十二葉，一邊有六葉，從下數一葉爲一月。有閏，則生十三葉，視葉小者，則知閏何月。不生，則九州異君。

明 閔元京《湘煙録》卷一四《桐乳楊慎藝林伐山》 桐有三種，青桐華淨妍雅，極爲可愛，故多近齋閣種之。梧橐鄂皆五焉，其子似乳綴其橐鄂生，多或五六，少或二三，故飛鳥喜巢其中。庾信《三月三日賦》：草銜長帶，桐垂細乳。胡宿《冲虛觀》詩：桐井曉寒千乳結，茗園春嫩一旗開。

明 鮑山《野菜博録》卷三 海桐皮，生山谷中。樹高二三丈，葉如手大，味苦，性平，無毒。

清 高士奇《北墅抱甕録·梧桐》 梧桐，修柯碧葉，紆徑之內，種之成列，緑陰蔚然。曉雨夜月時，幽響滴瀝，清影扶疎，秋聲秋色，盡在於是。

又《海桐》 問花埠有海桐一株，枝葉極茂，斜掩溪門，半卧水而葉濃緑，髣髴楊梅。三四月開白花，與丁香相似，釣艇晚歸，時繫於此。

清 張逸少《佩文齋廣羣芳譜》卷七三《木譜·刺桐》 刺桐，葉如梧桐，其花附幹而生，側敷如掌，形若金鳳。枝幹有刺，花色深紅。《嵇含草木狀》云：九眞有刺桐，布葉繁密。三月開花，赤色，照映三五房。凋則三五房復發。陳翥《桐譜》云：刺桐生山谷中，文理細緊而性喜折裂，體有巨刺如欓樹，其實如楓。

又《木譜·臭桐》 臭桐生南海及雷州，近海州郡亦有之。葉大如手，作三花尖，長青不凋。皮若梓，白而堅韌，可作繩，入水不爛。花細白如丁香而臭，味不甚美，遠觀可也。人家園内多植之。皮堪入藥，采取無時。

清　張宗法《三農紀》卷一五《植屬・梧桐》　梧桐，《圖經》云：其木葉缺若花，直身青膚，理細性緊，皮可爲麻，製絞繩索。四月開嫩小花，如棗花狀，墜中如醭。花初開，赤主旱，白主水。夏中結莢，長三四寸許，五片合成，老則開裂如箕，名曰橐鄂。子綴其上，多者五六粒，少者三四粒，大如豆，皮皺，色黄，堪啖，生孰佳。農人植之，取皮爲麻。《博物志》云：花飼豕易肥。《遁甲書》云：梧桐葉能知日月正閏，生十二葉，一邊有六，從下數，一葉爲一月，年有閏，葉生十三葉，小者則知閏何月也。不生，則九州異君。《雅翼》云：櫬桐，一名麻桐、青桐。王象晉云：妍雅華静，賞心悦目。王逸子云：木有梧、桑、松、栢，秉氣純美，異乎羣類。《莊子》云：鵷鶵發南海，而飛于北海，非梧桐不棲，非竹實不食也。

又卷一六《林屬・白桐》　白桐，《圖經》云：葉三尖，徑尺，最易生長。皮色粗白，木質輕虚，造匣箱，避煙塵，遠溼蠹。二月開花，如牽牛花而色白紫。《爾雅》云：榮桐，華而不實，故曰華桐。賈勰云：冬終似子者，乃來年華房也。蔡邕《月令》云：桐始華，桐乃木之後華者也。木之榮者多矣，獨以桐名榮者，爲三月華故也。穉之，故云。《周書・時訓》曰：清明之日，桐始華。不華，歲有大寒。蓋陽氣微，則寒可知矣。《詩》云：其桐其椅。一名泡桐，一名琴桐。桐者，通也，能通天地之氣也，故造樂器者同之。造琴以生山石間者爲最，材取孫桐，其音清明。《周禮》云：龍門之琴，于宗廟奏之。

清　徐鼎《毛詩名物圖説》卷八　《禹貢》：嶧陽孤桐。《爾雅》：榮，桐也。嚴粲《詩緝》：陸璣曰：中琴瑟者，白桐也。『椅桐梓漆』之桐爲白桐。『梧桐生矣』之桐爲青桐。《埤雅》：桐即白桐，華而不實。《爾雅》云：『榮，桐木』是也。今亦謂之華桐。寇宗奭《本草衍義》：桐有四種：白桐，可斵琴者，葉三杈，開白華，不結子。荏桐，早春先開淡紅花，子作桐油。梧桐，四月開淡黄小花，一如棗花，枝頭出絲，墮地成油，五、六月結桐子，今人取炒爲果，此是《月令》『清明之日桐始華』者。崗桐，無花，不中作琴，體重也。《雅翼》：子可作油者，即《詩》『其桐其椅，其實離離』者也。《遁甲經》注：桐知日月正閏，歲生十二葉，每邊六葉，從下數一葉爲一月，有閏則十三葉。視葉小處，則知閏某月。立秋之日，一葉先墜。

又卷九　毛《傳》：梧桐，柔木也。《正義》：柔刃之木，故曰柔木。《釋木》云：櫬，梧。郭璞云：今梧桐。《淮南子・説山訓》：梧桐斷角。注：柔勝剛也。《衍義》：四月開花，五、六月結子，《月令》『清明，桐始華』者是。愚按：花細墮地，枝頭出絲莢，長三寸許，五片合成，老則裂開如箕，謂之橐鄂。其子謂桐乳，綴橐鄂上。飛鳥喜巢其樹，《莊子》所謂『桐乳致巢』也。樹性高潔，異於羣木，故舊説鳳凰非梧桐不棲。

清　牟應震《毛詩物名考》卷五　桐，《桐譜》云：白花桐，文理粗，葉員大而尖長，有角，先花後葉，花白心微紅，實長二三寸，内爲兩房，房内肉上薄片，其子也。紫花桐，文理細而堅，葉三角而員，亦先花後葉。李時珍曰：紫花者名岡桐，即油桐也。

又　梧，今曰梧桐，本無節皮，無皵。葉似桐而小，有尖花細蕊，莢長三寸許，五片合成，老則自裂如瓢，子綴瓢上，大如胡椒。其無實者曰青桐，皮色青而澤。

紀事

唐　張鷟《朝野僉載》卷六　開元四年，尚書考巧院廳前一雙桐樹忽然枯死。旬日，考功員外郎邵某卒。尋而麴先冲爲郎中，判邵舊案。月餘，西邊樹又枯死，省中憂之。未幾而先冲又卒。

宋　高似孫《剡録》卷九《草木禽魚上・桐》　謝車騎嶀江所居，桐梓森擬，人號桐亭。丹池山在剡之東，舊曰桐栢山。《道經》曰：上有桐栢合生。

清　俞樾《茶香室叢鈔三鈔》卷一四《繹山桐》　唐封演《封氏聞見録》云：兖州鄒繹山生梧桐，土人云此桐所以異於常桐者，此山大石攢倚，石間周回皆通，人行山中空虚，故桐木絶響，以是珍而入貢也。按：繹山中空，故有繹孔之號。

著録

宋　陳翥《桐譜·序》（引自《説郛》卷一〇五）　古者《氾勝之書》，今絶傳者，獨《齊民要術》行於世。雖古今之法小異，然其言亦甚詳矣。雖茶有經，竹有譜，吾皆畧而不具。植桐乎西山之南，乃述其桐之事十篇，作《桐譜》一卷。其植桐則有紀誌存焉，聊以示於子孫。庶知吾既不能干禄以代耕，亦有補農之説云耳。皇祐元年十月七日夜。

一之叙源　二之類屬
三之種植　四之所宜
五之所出　六之采斫
七之器用　八之襍説
九之記誌　十之詩賦

宋　陳振孫《直齋書録解題》卷一〇　《桐譜》一卷。銅陵逸民陳翥撰，皇祐元年序。

元　馬端臨《文獻通考》卷二一八　《桐譜》一卷。陳氏曰：銅陵逸民陳翥撰。皇祐元年序。

元　脱脱《宋史》卷二〇五《藝文志》　陳翥《桐譜》一卷。

清　黄虞稷《千頃堂書目》卷九　陳翥《桐譜》一卷。

藝文

晉　傅咸《梧桐賦》（引自《歷代賦彙逸句》卷二）　美詩人之攸貴兮，覽梧桐乎朝陽。蔚萋萋以萋萋兮，鬱株列而成行。夾二門以駢羅，作館宇之表章。停公子之龍駕，息旅人之肩行。瞻華實之離離，想儀鳳之來翔。

晉　夏侯湛《愍桐賦》（引自《歷代賦彙逸句》卷二）　有南國之陋寢，植嘉桐乎前庭。闡洪根以誕茂，豐修榦以繁生。納谷風以疏葉，含春雨以濯莖。濯莖夭夭，布葉藹藹。蔚童童以重茂，蔭蒙接而相蓋。蔽陰澹之南表，覆陽阿之北外。於是詰朝之暇，步趾前廡，春以遊目，夏以清暑。昔詩人之所稱，美厥生之攸奇。植匪岡其不滋，鳳非條其不儀。

晉　郭璞《梧桐讚》（引自《漢魏六朝百三家集》卷五七）　桐實嘉木，鳳凰所棲。爰伐琴瑟，八音克諧。歌以永言，噰噰喈喈。

南朝宋　劉義恭《桐樹賦》（引自《歷代賦彙逸句》卷二）　伊梧桐之靈材，蔚疎林而擢秀。玄根通徹乎幽泉，密葉垂霤而增茂。挺脩榦，蔭朝陽，招飛鸞，鳴鳳凰。甘露灑液於其莖，清風流薄乎其枝，丹霞赫奕於其上，白水浸潤乎其陂。

南朝齊　蕭子良《梧桐賦》（引自《歷代賦彙》卷一一六）　植椅桐於廣囿，嗟倏忽而成林。依層楹而吐秀，臨平臺而結陰。乃抽葉而露始，亦結實於星沈。聳輕條而麗景，涵清風而散音。發雅詠於攸昔，流素賞之在今。必鸞鳳而後集，何燕雀之能臨。匪伊楚宮側，豈獨嶧山岑。邈蒿萊之難儷，永配道於仙琴。

南朝梁　沈約《桐賦》（引自《歷代賦彙》卷一一六）　龍門之桐，遠望青蔥。專巖擅嶺，或孤或叢。枝封暮雪，葉映晝虹。抗蘭橑以栖龍，拂雕牕而溥露。暄密葉於鳳晨，宿高枝於鸞暮。合影陽崖，標峰東陸。俯結玄陰，仰成翠屋。乍髣髴於行雨，時徘徊於丹轂。邈齊綵於碧林，豈慙光於若木。

隋　薛道衡《詠桐》（引自《古詩紀》卷一三三）　本求裁作瑟，何用削成珪。願寄華庭裏，枝横待鳳棲。

隋　虞世基《零落桐》（引自《文苑英華》卷三二四）　零落三秋幹，摧殘百尺柯。空餘半心在，生意漸無多。

隋　陸季覽《詠桐》（引自《文苑英華》卷三二四）　摇落依空井，生死尚餘心。不辭先入爨，惟恨少知音。

唐　李嶠《桐》（引自《文苑英華》卷三二四）　孤秀嶧陽岑，亭亭出衆林。春花雜鳳影，秋月弄珪陰。忽被夜風激，遂逢霜雪侵。不因將入爨，誰爲作鳴琴。

唐　戴叔倫《桐》（引自《文苑英華》卷三二四）　亭亭南軒外，貞幹脩且直。廣葉結青陰，繁花連素色。天資韶雅性，不愧知音識。

唐　白居易《白氏長慶集》卷一一《桐花》　春令有常候，清明桐始發。何此巴峽中，桐花開十月。豈伊物理變，信是土宜別。地氣反寒暄，天時倒生殺。草木堅强物，所禀固難奪。風候一參差，榮枯遂乖剌。況吾北人性，不耐南方熱。强羸壽天間，安得依時節。

唐　陳標《焦桐樹》（引自《文苑英華》卷三二六）　江上烹魚採野樵，鸞枝摧折半曾燒。未經良匠材雖散，待得知音尾已焦。若使琢磨徽白玉，便來風律軫青瑶。還能萬里傳山水，三峽泉聲豈寂寥。

唐　李商隱《李義山詩集》卷上《蜀桐》　玉壘高桐拂玉繩，上含非霧下含冰。枉教紫鳳無棲處，斲作秋琴彈壞陵。

唐　雍陶《孤桐》（引自《文苑英華》卷三二四）　踈桐餘一幹，風雨日蕭條。歲晚琴材老，天寒桂葉凋。已悲根半死，復恐尾全焦。幸在龍門下，知音肯寂寥。

唐　崔鎮《尚書省梧桐賦以託根得地藏器待時爲韻》（引自《歷代賦彙》卷一一六）　惟皇立極，建都河洛。會府疏庭，珍木咸若。偉梧桐之嘉遇，竟因人以勝託。傾鳳翼於朝陽，偶鵷行於秘閣。貴有常尊，静爲躁君。花繁翼子，幹直謀孫。履素至潔，體柔常存。揭日月以曜穎，含雨露以流根。豈與夫龍門半死，嶧陽孤植。齊萬籟而混吹，合千巖以共色。勁質冰摧，而杍人莫識；高標風折，爲樵人所得。求知音於爨燃，論分理於繩墨。且問之以死生，又焉議夫通塞？故至人以全身遠害，君子以自强不息。失其理，山林不足以攝生；順其道，朝市何妨乎育德？梧桐生矣，自遠而至。輕去無何之鄉，不居有過之地。謂繁華兮國人服媚，吾獨後春而翠；謂摇落兮物情共棄，吾亦先秋以悴。不改節以邀利，不立名而自異。必居常以待終，將百慮而一致。大年椿榦，捎雲豫章。菌簵貞勁，桂椒信芳。百果甲拆於金谷，千林花發於河陽。實繁者皆坼，材用者先亡。我異於是，于何不臧。布清陰於仙署，棲白雲於帝鄉。旁連杞梓，俯接琳瑯。蔚金蟬之氣色，耀錦帳之輝光。我封我樹，無臭無香。後天年於社櫟，用當代於甘棠。得喪齊致，語默兩忘。吾不知夫支離之德，何獨攘而自出。蘧瑗之智，何獨卷而自藏？復有翦刻爲圭，琢磨成器。龍章鳳軫，金符玉端。平君子之心，戒王者之戲。晉侯得之，諸侯麇至；子野得之，玄鶴來暨。雖信美於疇日，未若兹辰之佩仁履義。我求懿德，於是乎在。疏相比，遠相待。以其彙征，成而不宰。譬諸草木，生植有時。除惡務本，樹善務滋。引之斯至，權之斯離。角弓兮有什，杕杜兮陳詩。敢告在位，如何不思？念兹在兹，庶事順施。苟求夏陰與秋實，無拔楊以樹茨。

宋　陳翥《桐賦有序》（引自《歷代賦彙補遺》卷一五）　始吾植桐與竹於西山南，見誚乎天倫間，以謂拙難於生計，不如桑柘果實之木有所利。吾決而遂其志，乃自號桐竹君，以固而拒之。又作《西山桐詩》十二首，復掇其詩之餘，次而爲賦，所以伸植之之心也。其詞曰：伊梧桐之柔木，生崇絶之高岡。盜天地之淳氣，吐春冬之奇芳。借濡潤於夕陛，藉知煖於陰陽。綿歲月之久持，森鬱茂而延昌。爾其溪臨千仞，巖空百丈。增巘岌以周列，重峯窠其相向。勢崔嵬而峭且峻，形崎嶇而不可上。巉嶮巇以無土，壑嶒巉而弗敞。枝上拔而雖榮，根下朵而不長。迅雷疾風之所飄擊，湧濡飛溜之所滌蕩。蒙苦霧而含暝，鑠愁雲於寫望。霏霜封條而欲折，積雪擁根而致强。枝蠹則中間，節傷則液滿。同枌棘以溷殽，雜樞榆而蒼莽。於是哀狖晨吟，饑梟夜啼，熊狐傍宿，麏麑下蹊，悲號叫嘯，回惶慘凄。勇夫聞之而心碎，山鬼尋之而晝迷。寒雕啄鷹以之游集，妖烏怪鵬以之安棲。蓋人跡罕履，故物類來萃。材雖具，不見用於匠氏；根已固，故不可以移徙。其或春氣和，木向榮，飛子結孕，其柢抽萌。條毿毿以嫩聳，葉茸茸而緑成。水再離而自茂，氣猶缺而未英。當斯時也，吾孤且否，人無我諳。既支離而不煖，始有地於西山之南。遂忘刻鋭，任情意，命鑁以薙草，向陽以避地。列行行之坑坎，有鱗鱗之位次，庸以梧桐植而異羣類也。由是召山叟，訪埸師，披榛棘之叢薄，陟峰巒之險危。望椅梓以相近，求拱把而見移。全根本之延蔓，擇材榦之珍奇。迺等地以森植，亦分株而對之。侔底道之矢直，鄙左右之器攲。邁夾道之細柳，類通衢之高椅。累歲時而茂盛，發花葉之繁滋。土膏泉液以澤乎根，春風夏雨以長其枝。晨霞暮雲以蔭其榦，清露薄霧以潤其肌。陽烏舒暖以條布，陰兔飛光而影垂。佳庭雪之難積，噱巖霜之易晞。是以其上則鶻鵰鷙鶫之所不敢棲也，其下則騰猿飛猵之所不獲息也。結藤垂蔓，莫得而依也；犇泉依瀨，亡由而及矣。故遠而望之，如列戟與排矛；即而憩之，若緑幄與翠裀。將以集鸞鷟，鳴飄鶴，玩之以興詠，聽之以消憂。於是招直諒之賓，命端善之友。坐萋萋之陰蔭，論詩書之盛否。逍遥乎志氣，宴樂以文酒。賞兹桐之森森，玩桑柘之黝黝。彼槐歎婆娑，樗傷臃腫。一則爲盡其生意，一則嗟無其器用。未若葉中藥餌，材堪梁棟。雲和曾入於周制，嶧陽乃隨於《禹貢》。有名實以相副，豈虚僞以動衆。吾將採東南之孤枝，創疏白之雅琴。絃以檿桑之絲，徽以雙南之金。同夔牙以揮鼓，並鍾期而側聆。追淳風於先德，寫太古之遺音。非鏗鏘也，不足以傾鄙夫之耳；有幽静也，自可以悦君子之心。桐竹君乃神魂清，心志和，以道自任，孰知其他。據高梧以釋俗，申素臆以長歌。歌曰：蒿艾茂郁兮，芝蘭不馨。柞櫟芬芬兮，梗枏不亨。苟毁方以趨勢兮，雖棫樸而見稱。倘容援之云依兮，雖楸梓而弗名。且斥遠於匠石兮，終見委於林衡。自樂天以知命兮，故無慮而自營。歌卒，瞬目周玩，沈吟自斷，後以餘音，系而爲亂曰：貴遠賤近時之宜兮，衆咸去朴爭華僞兮，花葉不能資耳目兮，子實無堪充口腹兮，人誰采用到林麓兮，雖材還同不材木兮，吾願終身老林泉兮，器與不器居其間兮，梓桐放懷事都捐兮，優游共得終天年兮。

宋　歐陽修《**文忠集**》**卷五四**《**桐花**》　猗猗井上桐，花葉何蓑蓑。下蔭百尺泉，上聳凌雲材。日出花照耀，飛香動浮埃。今朝一雨過，狼籍黏青苔。斯桐乃誰樹，意若銘吾齋。常聞漢道隆，上下相和諧。選吏擇孝廉，視民嬰與孩。政聲如九韶，百物絶妖災。優優潁川守，能致鳳凰來。到此幾千載，丹山自崔嵬。聖君勤治理，百郡列賢才。嗟爾不自勉，鳳凰其來哉。

宋　黄庶《**伐檀集**》**卷上**《**賦小桐**》　小桐纔幾尺，氣壓百歲樗。雨露意未飽，風月韻已孤。鳳凰肯寂寞，鳥雀空踟躕。天地有和氣，想爲桐之腴。我願剞作琴，獻上九重居。坐使熏風還，雖死骨不枯。

宋　劉敞《**公是集**》**卷一四**《**桐花**》　一株青玉立，千葉緑雲委。亭亭五丈餘，高意猶未已。仙僧年九十，清淨老不死。自云手種時，一顆青桐子。

又《**題和弟所居桐樹**》　卜隱謝林藪，考槃寄閭里。嘉樹爲我徒，清風濯塵耳。手披漆園書，身擬長梧子。窮秋忽感悲，埽榻且歡喜。

宋　司馬光《**傳家集**》**卷六**《**梧桐**》　紫極宫庭闊，扶踈四五栽。初聞一葉落，知是九秋來。實滿風前地，根添雨後苔。羣仙儻來會，靈鳳必徘徊。

宋　王安石《**臨川文集**》**卷一六**《**孤桐**》　天質自森森，孤高幾百尋。陵霄不屈己，得地本虚心。歲老根彌壯，陽驕葉更陰。明時思解愠，願斲五絃琴。

宋　韓淲《**澗泉集**》**卷二**《**清桐**》　清桐發初葉，朝景散輝蔭。幽人獨步久，興寄頗自任。薰兮一以風，山鳥孰知禁。平流走亂石，可漱尤可枕。

宋　陶夢桂《**平塘陶先生詩**》**卷二**《**梧桐**》　妝點山居要碧梧，向來培植費工夫。一株隨風成仙去，留得孫枝乞鳳雛。

宋　舒岳祥《**閬風集**》**卷九**《**桐**》　嶧陽渾璞凱風心，此是姚虞膝上琴。我有全琴元不斲，時攜枕簟卧清陰。

宋　戴昺《**東野農歌集**》**卷二**《**孤桐行**》　孤桐結根倚崕石，俯瞰清溪照虚碧。枝葉扶踈朱夏寒，上有翔鸞舊棲迹。風霜冉冉歲月深，老柯半朽蒼皮蝕。其中素抱金玉聲，以暗投人人不識。人不識，多苦心，樵夫斤斧莫相尋。寧教枯死倒澗壑，不從爨下求知音。

元　丁鶴年《**鶴年詩集**》**卷二**《**梧桐**》　井梧徹夜下霜風，錦繡園林瞬息空。老盡秋容何足惜，鳳巢吹墮月明中。

元　郝經《**陵川集**》**卷三**《**秋桐**》　高秋江漢波，卉木入摇落。荒林擁孤桐，蔓草重繞縛。凄迷氣日喪，憔悴葉自脱。黄凋晚風吹，青裂饑鳥啄。無時亦無儔，幢幢老陰薄。儀鳳安所棲，宫樹空寂寞。謂汝無自傷，植根亦孀弱。豈能持風寒，況乃失所託。何時此焉居，揚鋤翦荒惡。擕幼扳庭柯，遂我生聚樂。

明　錢宰《**梧桐樹**》**（引自**《**明詩綜**》**卷八）**　梧桐樹，一葉墮秋風，一葉委秋露。明年二月新葉生，還在今年葉飛處。漢宫飛燕近承恩，零落班姬不如故。君不見梧桐樹。

明　劉嵩《**槎翁詩集**》**卷四**《**賦碧梧**》　庭前碧梧葉，秋至總離離。不記遠移處，忽驚初落時。色分雲際石，影亂月中池。鳳鳥幾時至，凄涼青玉枝。

明　高啓《**大全集**》**卷一二**《**梧桐**》　井邊雙玉樹，高結自生涼。影散秋雲薄，聲喧夜雨長。疎英飄碧簟，亂葉響銀牀。緑綺誰能斲，持將奏鳳凰。

明　**葉盛**《**菉竹堂稿**》**卷二**《**梧桐**》　高岡高處與雲齊，坐使人間草木低。衆鳥只應迴避好，好枝留待鳳來棲。

明　**彭綱**《**詠刺桐花**》(**引自**《**江西詩徵**》**卷五二**)　窻前刺桐樹，樹底花楚楚。風吹葉亂翻，露出紅鸚鵡。

明　**何景明**《**大復集**》**卷七**《**花崖梧桐**》　桐生何猗猗，其葉何油油。白雲蔭崇阿，朝日照高邱。感此雨露滋，愧彼蔓草儔。鳳凰久不至，琴瑟誰可求。吾將絙繁絃，庶以宣我憂。

明　**孫承恩**《**文簡集**》**卷九**《**孤桐**》　有桐特生兮墻之陰，既修直兮又鬱森。敷濃陰而四垂兮，聳喬柯之幾尋。墻之陰兮窅而僻，翳蓬蒿兮填瓦礫。塵坌積以四塞兮，又狐鼠之衝斥。嗟嗟爾桐之何爲兮，乃生於兹地也。雜欅柳與樗櫟兮，爾豈若是類也。后皇錫爾以良質兮，既材且珍。充虞廷之貢兮，備韶樂之瑟琴。匪託根於蒼厓兮，則擢秀於玄溪。映朝陽之菶菶兮，實鸞鳳之攸棲。物與地而兩稱兮，顧造物之所私。嗟嗟乎爾桐兮，何獨偃蹇而在兹。豈玄化之莫憑兮，信物理之乖舛。嗟嗟爾桐之虚生兮，辜厥美於弗顯。玉之堂兮虚以敞，有崇臺兮萃蕭爽。風日清美兮，塵囂靡侵。是惟宜爾處兮，藉土脈之厚深。吾欲徙爾以植兹兮，顧人力有不任。吾誠莫爲之所兮，徒仰睇而沉吟。

明　**俞允文**《**仲蔚先生文集**》**卷五**《**椅梧**》　椅梧生北海，華實自披離。奇韻來金奏，輕陰翦碧珪。遠停公子駕，高聳鳳凰枝。詎使囂塵染，寧待歲時移。

明　**張居正**《**新刻張太岳先生詩文集**》**卷四**《**賦得秋色老梧桐**》　涼露燕山秋自偏，高梧十尋殊可憐。蕭蕭落葉當寒井，瑟瑟悲風起暮煙。疑有鳳皇鳴碧幹，不堪哀怨付清絃。皎月夜窻閑對汝，外人誰識子雲玄。

明　**靳學顔**《**梧桐落葉賦**》(**引自**《**明文海**》**卷四三**)　序曰：循禄窮海，忽焉入秋。獨寤空塗，感兹一葉。悲少壯之幾何，耻尺寸之不效。因託毫素，抒我幽隱。非若嘆息流光，惜丹華，而愁素髮者也。賦曰：何朱明之不處兮，俄金祇之振節。鼓三陰于璿籥兮，桐應候而飛葉。墮金井之離離兮，下瑶階之琤琤。音中律以諧商兮，孰辛酸之可聽。若乃逐回風兮紛舞，與靈雨兮俱零。辭故枝兮無語，宛長逝兮含情。近抱根以若親兮，遐乘飈而翔漢。乍縈蔓以潛跡兮，忽出林而自見。徘徊曲榭，飄颻環堵。若往若來，如泣如訴。風簷簌簌，亭皋蕭蕭。形孤影隻，羣萃朋遨。托響天末，借光日表。委兹輕質，游夫縹緲。故有蘭臺苔繡，金屋螢飛。鑒團圞之朗曜，覩嘉樹之漸稀。蛾眉嚬兮素心，結怨莫怨兮新離。別紈扇，恩情中棄；阻白紵，陽春爲離舞。亦有江潭逐客，關塞征人。撫青柯以流盻，慨沃若之非心。御重恩兮報無所，悵佳期兮歸無因。目千里兮湛湛，怪陽鳥兮先人。若夫烈士愴神，雄心感遇。惕修名之將墜，恐芳華之遲暮。情飛乎九岡之陽，魂銷乎華平之坻。腸一日而九回，夜十起而未已。耳驚其聲，目不成視。扳條撫膺，憫時悼己。鼓神劍以無歡，援鳴琴而失理。斯悲之極致，非離思之能擬也。

明　**王世貞**《**弇州四部稿**》**卷四三**《**梧桐**》　青蔥峭蒨秋十尋，髯松篠竹雲沈深。阿閣天空鳳雙下，吹臺風歸龍一吟。已聞嶧陽足遠調，復見露井饒清陰。倉皇爨下荷拂拭，未孤銜恩一片心。

清　**釋讀徹**《**蒼雪和尚南來堂詩集**》**卷三**《**枯桐**》　風撼桐標百尺青，嶧陽山畔十圍形。秋深老鳳雙飛去，夜静寒鴉數點侵。片石斜支撑破月，浮槎倒影卧空庭。漫同散木聊供爨，半死裁琴好自聽。

清　**吴偉業**《**梅村集**》**卷一〇**《**焦桐**》　流落中郎怨，薰風意乍開。響因知己出，歌爲逐臣哀。一曲尊前奉，千金爨下材。漢家忘厝火，絶調過江來。

清　**錢澄之**《**田間詩集**》**卷九**《**江上集・來園雜詩・梧桐**》　滿院梧桐葉，飄零早報秋。免教深夜雨，點滴到心頭。

清　**王夫之**《**船山先生詩稿・花詩八首・岡桐**》　樾館辤寒候，江鄉記稻春。笑迎朝日上，繁暎晚霞勻。紫沁侵鉛粉，青趺藉緑茵。似憐芳草弱，飛覆玉鱗鱗。

清　**吴廷楨**《**桐樹**》　庭中有桐樹，柯榦何蕭森。心孤易爲感，風雨揚哀音。吐華春芳歇，結實秋氣深。惜不植高岡，覆此空堦陰。鳳鳥時不來，丹山寄所欽。

山中有桐樹，託質何嵚崟。良工忽見采，披拂辭舊林。匪寄耳目玩，中含太古音。被以朱絲絃，裁爲緑綺琴。一鼓再三歎，淵魚聳幽沈。既諧丘中賞，永謝爨下尋。無爲在金井，知希徒苦心。

清　董元愷《**蒼梧詞**》**卷一一**《**沁園春・青墩梧桐**》　萬緑叢中，祇少梧桐，溪邊水涯。想黄鐘吐幹，鴛雛飛宿。嶧陽孤峙，琴瑟呈材。百尺無枝，十年生長，盡是狂夫手自栽。衡門外，看數行翠列，幾樹青排。　恰憐夜雨空齋，滴葉葉秋聲入壯懷。任羽葆層層，玉池分蔭；琅玕片片，金井飄來。榮木始華，孫枝乍乳，滿院晴陰漾紫苔。消長日，採離離鮮實，風味清佳。

清　僧如乾《**憨休和尚敲空遺響**》**卷一二**《**梧桐**》　聞道能棲鳳，根培自有年。取材枝尚古，聽爨客偏憐。葉響沉秋雨，陰森覆午天。颸風驚忽至，飛瀑下鳴泉。

清　愛新覺羅・玄燁《**清聖祖文集**》**卷三〇**《**梧桐賦**》　撫萬彙之生成，攬植物之暢茂。見藹藹之梧桐，爲良材之僅覯。當綺閣而結柯，臨玉階而吐秀。既託根以得地，亦含靈而迎候。扇淑景於春陽，振英華於清晝。揚蕤瑶樹，布葉金鑾。碧滋密綴，翠縝深攢。散澄暉於幃幄，濯鮮色於琅玕。被光華於日月，耀羽儀於鳳鸞。迺有芝雲上覆，瓊泉下浸。長浥潤於丹穹，永敷榮於紫禁。雨滴踈聲，風吹籟鳴。乍響廻於環珮，已樂合於竽笙。若夫新條始引，清露初流，如潔清之士，邈焉而寡儔；挺節無撓，陵虚欲上，如謇直之臣，介然而不黨。菶菶者，其陰可以矢卷阿之頌音；離離者，其實可以賡湛露之雅什。韻虞氏之文琴，緪軒皇之素瑟。信天地之嘉生，非凡材之能匹。彼夫桃李之佳蔭，松栢之貞心。甘棠蔽芾於南國，玉樹青蔥於上林。雖留詠於在昔，詎埒美於斯今。至於嶧山孤立之姿，龍門百尺之幹，或擢本於丘樊，或漸色於巖畔。豈若茲樹之曜穎朝陽，植枝霄漢，負聳壑之遐標，增麗城之榮觀也哉！

清　趙士麟《**讀書堂綵衣全集**》**卷三九**《**秋桐**》　百尺無枝倚碧霄，鵷雛鳳羽此堪招。每經南陸旋思秀，纔過西成頓欲飄。金井寒蛩催滴漏，玉階明月待吹簫。不須爨下尋焦尾，風起清音六律調。

清　陶孚尹《**欣然堂集**》**詩集六**《**新桐**》　嶧陽回首舊容非，新葉初舒浥雨肥。搦管題詩宫怨蚤，剪圭爲戲列侯歸。春殘庭院雛鶯語，月上柯條小鳳飛。試捲繡簾看不足，輕煙漠漠露微晞。

清　查慎行《**敬業堂詩集**》**卷四七**《**粤游集上・桐廬**》　山區不可城，千家聚成邑。民居半商賈，仰取俯有拾。斬櫟起炭煙，割林收漆汁。托身覆載内，生理隨分給。壯年不早計，暮齒行已及。莫怪杜陵翁，茫茫百憂集。

清　湯右曾《**懷清堂集**》**卷一九**《**桐**》　清陰凋急雪，無復蔭我室。欲斲枯桐枝，恐不中琴瑟。

清　王時翔《**小山詩餘**》**卷二**《**三姝媚・桐花**》　林園風不定，翠瓏瓏一樹，細花幽靚。簇簇毶毶，正露涼朝閣，越添清景。漫惜因循，偏誤了、好春芳令。應是江南，待鳳棲香，彩翎雙映。　寄遠柳枝休倩，只垂在簾前，折來堪贈。轉憶佳人，薄袖拂銀床，戲牽金井。驚落瓊蕤，擡粉靨、檀痕微凝。蓦閃羅羅新子，紅袿乳影。

清　程夢星《**今有堂詩集・江峰集・桐**》　桐葉悲先落，春來可更生。一年依老屋，昨夜有秋聲。風急知天意，霜多見物情。蕭蕭明月夜，枯影上窗横。

又《**今有堂詩後集・山心集・篠園雜詠四絶句・新桐**》　青桐乍剪未成陰，風律初調緑綺琴。記得葉隨秋雨盡，又看一葉引秋心。

清　陳祖范《**司業詩集**》**卷一**《**秋梧**》　梧桐鳳凰枝，良不耐寒苦。西風人未覺，碧葉墜如雨。況復點微霜，一敗不自主。可惜根株半死生，誰聽宫徵韻鏦錚。翽羽不儀枝已老，迢迢百尺空含情。

清　鄭燮《**板橋集・詩鈔**》**卷一**《**梧桐**》　高梧百尺夜蒼蒼，亂掃秋星落曉霜。如何不向西州植，倒掛緑毛么鳳皇。

清　愛新覺羅・弘曆《**清高宗詩初集**》**卷一一**《**題塞上枯桐**》　枯桐枯崢嶸，劫餘留一片。生意已寂滅，僵卧龍沙岸。蟲蟻穿其孔，文理續復斷。何人憐逸材，製爲文房玩。架以紫檀木，置之雕漆案。植立如半峰，文采殊粲粲。俯視牕外樹，徒然具枝榦。榮枯何有常，如露復如電。儻來汝之時，故林汝莫羨。

又《**清高宗詩四集**》**卷五七**《**桐始華**》　桐生茂豫逮春三，遂有桐華枝妙含。花落實成青則美，實孤花望白應慙。華而不實者曰白桐，華而結實者曰青桐。見《月令集解》孰知周室琢圭戲，却憶鄘風作瑟堪。萋菶待他鳴鳳集，卷阿吉士喻良談。

清　**錢維城**　**《錢文敏公全集·茶山詩鈔》卷七《寄懷小園雜詠五首·梧桐》**　修梧百尺寄墻東，棘院清陰傍晚同。何事秋聲聽不得，非關此地有西風。

清　**程晉芳**　**《勉行堂詩集》卷一《籬東集·桐花》**　桐華載《月令》，古以占天時。結體本孤特，散采復葳蕤。清芬侵曉閣，秀色漾芳池。有鳥得鳳名，五色羽翼披。雙棲向花間，和鳴如簫篪。質奇感亦異，凡禽不敢窺。我欲屏桃李，移栽近前墀。好傍乳蕉紅，映照讀書帷。

又《桐葉》　何樹葉不凋，惟桐先撇屑。心孤易爲感，復此迎涼節。高空鴻響哀，斷砌蛩音切。奄冉下高枝，閑牕助蕭瑟。凄凄金井霜，澹澹銅墀月。殘緑點蒼苔，飄黄委林樾。羈臣十年逐，思婦三秋别。對此意凄其，沈吟向誰説。

清　**沈廷芳**　**《隱拙齋集》卷二八《疎雨梧桐》**　景傳詩聖詩，微雲逗疎雨。摵摵乍蕭蕭，淅淅如語語。幾葉墜銀牀，飄來點廊廡。

清　**祝德麟**　**《悦親樓詩集》卷一《孤桐吟》**　落葉入我牖，孤桐風自吟。枝柯吹不斷，一任雪霜侵。誰言君子意，不如草木心。

清　**劉嗣綰**　**《尚絅堂集·詞集》卷一《筆船詞·昭君怨·桐花》**　一樹刺桐休折，金井曉寒親切。釵朵向人開，鳳飛回。　淡月朦朧如雪，夢到惺忪時節，梧子不歸來，落蒼苔。

清　**武億**　**《授堂詩鈔》卷七《憶椒花吟舫草木六首·梧桐》**　笥翁羃曲檻，移植雙桐樹。秋來最先聞，飄葉戛可數。採掇動盈把，蓓蕾縣紺乳。留致百鳥巢，亦有鳳來伍。翁胡早歸化，瞑然掩杯土。遺此小園陰，僛僛風枝舞。是中閟奇音，賡入農黄譜。誰令賤場師，樲棘栽成圃。

清　**吴蘭庭**　**《胥石詩存》卷三《題桐樹》**　涼思到天涯，碧樹秋瀟灑。夜半疎雨聲，人卧小窗下。

清　**汪學金**　**《静厓詩後稿》卷一二《新夏咏物一韻八首·新桐》**　誰洗青瑶榦，森森覆井泉。琴材雕未老，圭葉翦猶圓。涼借先秋雨，陰留欲霽煙。殷勤待花鳳，消息報靈仙。

清　**王嵩**　**《疎影·秋桐》(引自《國朝詞綜》卷二五)**　霜柯槭槭，共竹陰滿地，並起騷屑。白露離離，一點飄零，早報清秋時節。蕭疎不受多風雨，但攪碎、斜陽千疊。更堦前、落滿緗雲，瘦到半庭殘月。　百尺横空孤影，雁行斜度處，遥露天末。金井荒寒，一片清霜，玉虎敲殘黄葉。西風蝕盡吴宫樹，還愁把、舊題吹滅。悵清宵、立遍殘陰，遥憶美人寒絶。

清　**梁同書**　**《頻羅庵遺集》卷一《桐》**　閉門三日雨如絲，多在君家百尺枝。二十五聲秋點裏，夢殘添得幾番詩。

清　**莊述祖**　**《珍執宦詩鈔》卷二《蕭晨十詠·桐》**　梧井覆銀床，轆轤聲在樹。貞心自不移，莫怨秋霜妬。

清　**孫星衍**　**《孫淵如先生全集·芳茂山人詩録》卷一《齋中四木》**　矯矯百尺桐，立根據孤岑。前有金井欄，後有車馬音。繁條燿春華，密葉團秋陰。但須有琴材，何必伐作琴。

清　**鐵保**　**《惟清齋全集·梅庵詩鈔》卷五《五言排律·桐樹》**　何來青桐樹，摇落吟牕前。一葉墮疎雨，秋風吹上天。

清　**石韞玉**　**《獨學廬二稿》詩卷一《桐》**　桐花如雪糝庭陰，緑罨簾雲小院深。不向人間作琴瑟，都緣世未有知音。

清　**吴榮光**　**《石雲山人詩集》卷二二《賦得桐始華得花字五言八韻》**　金井驚秋後，芳情隔歲賒。春將三月晚，香始數株斜。澹靄雲陰薄，輕籠露氣加。一分留宿雨，百尺掛朝霞。漸覺孫枝透，猶妨閏葉遮。葦萋看别院，璀粲定誰家。消息前時幹，風光此度花。祥鵷文五色，相暎正清華。

清　**陶澍**　**《陶文毅公全集》卷五九《詩集·七言律詩·秋桐》**　一夜西風徵變商，桐生非復舊朝陽。花時倘及春三白，夢裏俄驚月半黄。金井有聲催蟋蟀，玉階無影失鸞凰。當初虎子親栽植，回首星星鬢已霜。

十番曾映小紅樓，瞥眼風枝漫打頭。彈入七絲應有恨，飛來一葉便成秋。刻魚鼓響音還在，噦鳳聲高羽尚留。好待乳巢重結日，石欄點筆坐消愁。

清　**黄釗**　**《讀白華草堂詩苜蓿集》卷六《學圃中草木雜成十二首·梧桐》**　收香宿桐花，顛倒緑衣裳。吾方誦卷阿，期者眞鳳皇。

清　**永理**　**《詒晉齋集》卷三《桐》**　龍門聳翠岑，鄒嶧不成林。葉大交椅影，枝疎借竹陰。北樓秋色老，金井露華深。太古后夔上，神農始削琴。

清　**鄧廷楨**　**《雙硯齋詩鈔》卷一二《洗桐限韻》**　琴材百尺午陰涼，清閟堂西牡蠣墻。政恐元規塵易污，那容飛燕唾留香。寒泉灑葉流新翠，細雨霏花濯淡黃。不是畸人矜潔癖，要看鳴鳳下朝陽。

清　彭蘊章《松風閣詩鈔》卷九《硯北集・古今體詩五十六首・有木十六章》　有木名梧桐，龍門聳百尺。特立山崖中，秉性自孤直。伯牙裁爲琴，鏗鏘和金石。中天奏簫韶，雲間翔鳳翮。惜哉先秋凋，未堪雪霜積。賈生豈無才，顏淵終有德。樗栲永其年，令人長太息。

清　黄爵滋《仙屏書屋初集》詩後録卷一《詠物二六首・古桐》　本是名琴選，般輸未見收。因風疑寫怨，帶雨似悲秋。葉落山空石，枝疎月滿樓。龍門孤絶處，鸞鳳總修修。

清　倪濤《擬白香山有木詩八首・之一》（引自《兩浙輶軒續録》補遺卷一）　有木名梧桐，棲鳳臨清池。朝陽承新色，碧玉拂疏枝。春風及萬物，枝葉方萋滋。別類或刺手，花發眩禎姿。浮華惜無實，謫似空參差。排雲高百尺，孤立耀後時。知音儻可待，韶雅誇天資。槩阿厲名節，澍雨敷丹墀。

清　王柏心《百柱堂全集》卷五一《疏影・秋桐》　心孤易感，看撲檐一葉，金飆來矣。細乳濃春，送過韶華，早又煙凋露悴。繁枝漸看涼陰減，恰漏出、惺忪月子。放金波、潑人間庭，漾作銀河淺水。　今夜美人羅袖，玉闌干靠徧，冷清清地。雨也無情，霜也無情，生把細雲翦碎。蕭蕭聽在銀牀撲，又攙入、轆轤聲裏。没心情、恰向瑶窗，題盡行怨字。

清　汪曰楨《玉鑑堂詩集》卷四《秋桐》　朝陽曾集鳳皇馴，更照如珪月半輪。故苑碧雲涼入夢，閒庭疏雨悄無人。能知霜信先飛葉，便是琴材也作薪。鬒鬢班班元相感，孫枝愁對苦吟身。

清　樊增祥《樊山集》卷一《奉和張孝達師官署草木詩十二首・梧桐》　修桐植金井，青條何森森。朝暉射楹角，硯席生緑陰。含風試春乳，溜雨知秋心。日出讀我書，月出彈我琴。雖無嶧陽質，時聞鸞鳳音。斥鴳隨其後，棲條能勿慚。

圖表

晉　郭璞《爾雅音圖・釋木》

梧桐

桐

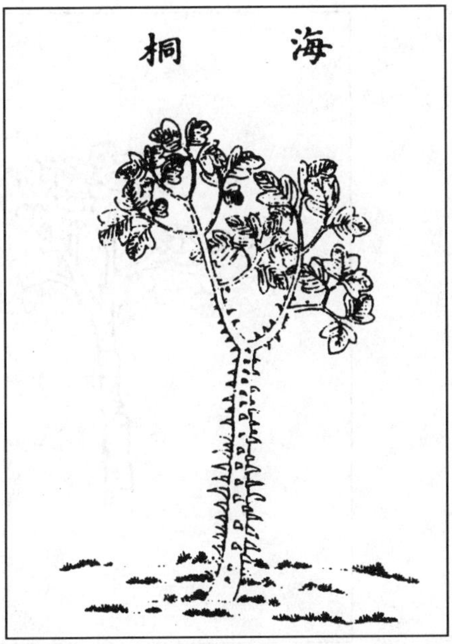
海桐

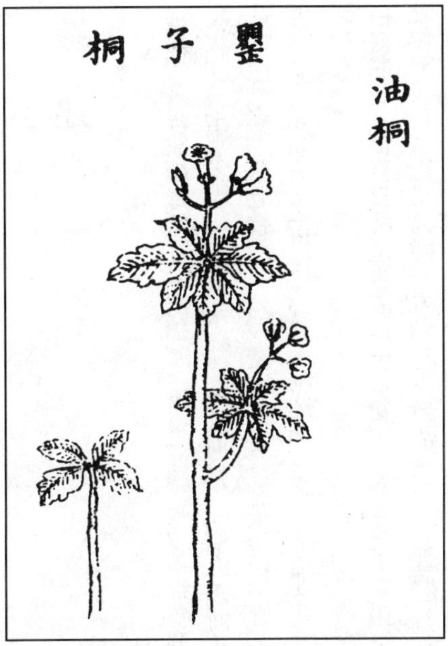
罌子桐
油桐

明 鮑山《野菜博録》卷三

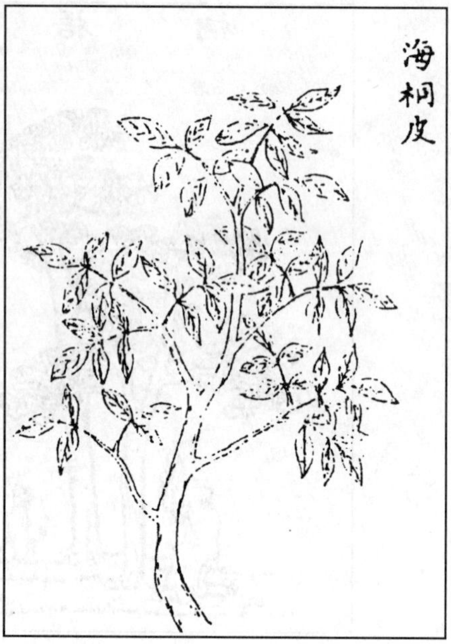

清 徐鼎《毛詩名物圖説》卷八

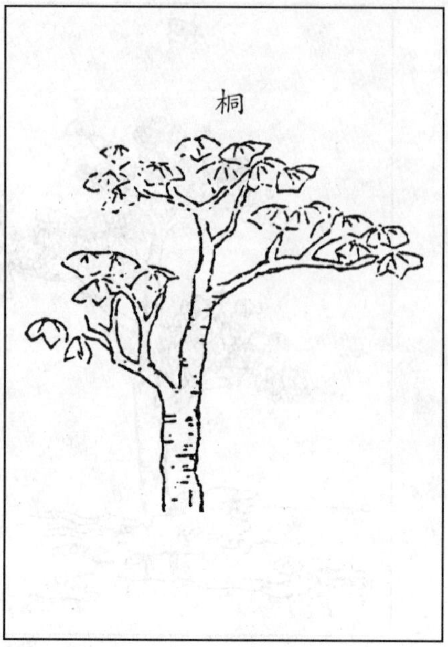

又卷九

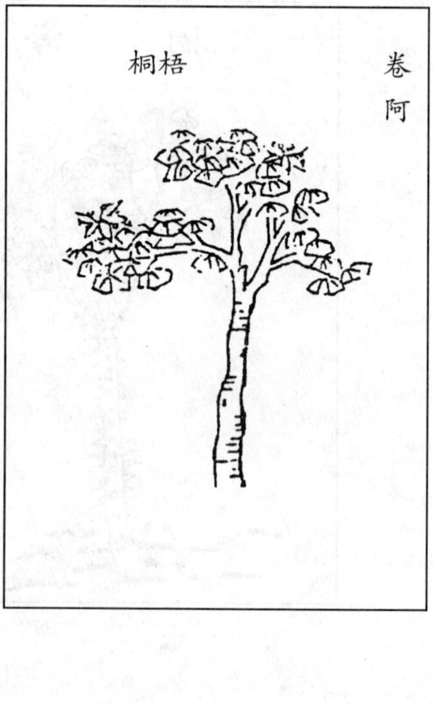

木綿

綜述

明 楊慎《丹鉛續録》卷八《木綿》 唐李商隱詩：木綿花發鷓鴣飛。又王叡詩：紙錢飛出木綿花。南中木綿樹大盈抱，花紅似山茶而蕋黄，花片極厚，非江南所藝者。張勃《吴録》云：交趾安定縣有木綿樹，實如酒杯，口有綿可作布。案：此即今之斑枝花，雲南阿迷州有之，嶺南尤多。（注）〔汪〕廣洋有《斑枝花曲》。

明 田藝蘅《留青日札》卷三四《斑枝花》 今之褥子率用斑枝花，出南方，俗訛作攀枝花。唐李商隱：木綿花下鷓鴣飛。王叡詩：紙錢飛出木綿花。其樹大可合抱，葉黄花紅，如山茶而片極厚，其實如酒杯，口有綿，可作布。見張勃《吴録》。

明　李時珍《本草綱目》卷三六　木綿《綱目》　釋名：古貝、《綱目》古終。時珍曰：木綿有二種，似木者名古貝，似草者名古終。或作吉貝者，乃古貝之訛也。梵書謂之睒婆，又曰迦羅婆劫。集解：時珍曰：木綿有草、木二種。交廣木綿，樹大好抱，其枝似桐，其葉大如胡桃葉。入秋開花，紅如山茶花，黄蕊，花片極厚，爲房甚繁，短側相比。結實大如拳，實中有白綿，綿中有子。今人謂之斑枝花，訛爲攀枝花。李延壽《南史》所謂林邑諸國出古貝花，中如鵞毳，抽其緒，紡爲布。張勃《吴録》所謂交州、永昌木綿樹高過屋，有十餘年不换者，實大如盃，花中綿軟白，可爲緼絮及毛布者，皆指似木之木綿也。江南、淮北所種木綿，四月下種，莖弱如蔓，高者四五尺，葉有三尖如楓葉，入秋開花黄色，如葵花而小，亦有紅紫者，結實大如桃，中有白綿，綿中有子，大如梧子。亦有紫綿者，八月采捄，謂之綿花。李延壽《南史》所謂高昌國有草，實如繭，中絲爲細纑，名曰白疊，取以爲帛，甚軟白。沈懷遠《南越志》所謂桂州出古終藤，結實如鵞毳，核如珠珣，治出其核，紡如絲綿，染爲斑布者，皆指似草之木綿也。此種出南番，宋末始入江南，今則徧及江北與中州矣。不蠶而綿，不麻而布，利被天下，其益大哉！又《南越志》言：南詔諸蠻不養蠶，惟收娑羅木子中白絮，紉爲絲，織爲幅，名娑羅籠段。祝穆《方輿志》言：平緬出娑羅樹，大者高三五丈，結子有綿，紉綿織爲白氈兜羅綿。此亦斑枝花之類，各方稱呼不同耳。

明　慎懋官《華夷花木鳥獸珍玩考》卷九《斑枝花》　木綿即斑枝花，其木高四五丈，花殷紅大於盃，花落則絮蘊焉，採之不盡，則漫空而飛。其觕者任爲褥，不知者或誤以木綿爲吉貝云。汪廣洋《斑枝花曲》：斑枝花，光煒煒，照耀交州二三月。交州人家花滿城，滿城花開未抽葉。焜煌隔水散霞彩，羃歷緣空張錦纈。信非韓郎丹染根，恐是杜宇啼成血。啼成血，著樹枝，點盡穠芳也自奇。嶺南到處足種此，嶺北居人希見之。穠芳曉落花時雨，東家西家具雞黍。當門笑拾瑪瑙鍾，持向城南踏春去。交州地煖春歸早，一夕東風爲誰老。翠包半折漸吐綿，雪花填滿行人道。越娃携筐争採綿，採綿盈筐勝萬錢。槎就瓊簪膩如璽，系成冰縷細如煙。千萬縷，綿綿到底知幾許。的的燈煤夜結花，軋軋機聲暗相語。停梭掩袂那得眠，吉貝相將下機杼。并刀裁翦秋江雲，與郎爲衣白且新。鄉社年豐載春酒，郎試新衣賽海神。從今只種斑枝樹，開花結子兩成趣。勸郎切莫種垂楊，引惹長條繫愁緒。

清　王森《粤西叢載》卷二〇《木綿》　斑枝花，樹大可合抱，高四五丈，葉黄花紅，如山茶而片極厚。一名木綿，出南方，俗謫作攀枝花。《羣芳譜》。

木棉一名瓊枝，其高數丈，樹類梧桐，葉類桃而稍大，花色深紅類山茶。春夏花開滿樹，望之爛然如綴錦。花謝結子，大如酒杯，絮吐於口，茸茸如細毳。舊云：海南蠻人織爲布，名曰吉貝。今第以充裀褥，取其軟而温，未有治以爲布者。潯梧間亦多有之，但土人未嘗採取，隨風飄墜而已。《梧潯雜佩》。

清　宋長白《柳亭詩話》卷一八《烽火樹》　木棉，土名班枝花，高十餘丈，大數抱，閩越皆有之。尉陀所云烽火樹也。蕋純黄，花六瓣，作深紅、金紅二色。嘗有桐花鳳之類宿於花房，屈翁山詩『燭龍銜日來滄海，天女持燈出絳紗』，陳元孝詩『巢鳥須生丹鳳雛，落英擬化珊瑚樹』，形容盡之矣。

清　袁棟《書隱叢説》卷六《木棉》　《尚書》蔡傳曰：今南夷木棉之精，好者亦謂之吉貝。《南史》曰：高昌國有白氎，花可作棉。《泊宅編》曰：閩廣多種木棉樹，秋深開花，白綿茸茸然。土人摘取出殼，以鐵杖捍盡黑子，徐以小弓彈令紛起，然後紡績爲布，名曰吉貝。《輟耕録》曰：閩廣種木棉，紡績爲布，名曰吉貝。松江府元時初無踏車推弓之製，黄道婆自崖州來，教之以法，江浙所在多有。本亦低，小名曰木棉，布且直名曰布。編氓匹婦拮据不遑，而其利人多矣。今江浙多木棉草，秋作紅黄花如秋葵，非如廣南之木棉樹也。

藝　文

宋　楊萬里《誠齋集》卷一六《二月一日雨寒》　姚黄魏紫向誰賒，郁李櫻桃也淺些。却是南中春色别，滿城都是木綿花。

宋　劉克莊《後村集》卷一二《潮惠道中》　春深絶不見妍華，極目黄茅際白沙。幾樹半天紅似染，居人云是木棉花。

明　汪廣洋《鳳池吟稿》卷二《班枝花曲》　班枝花，光韡曄，照耀交州二三月。交州人家花滿城，滿城花開未抽葉。焜煌隔水散雲彩，羃麗緣空張錦纈。信非韓郎丹染根，恐是杜宇啼成血。啼成血，著樹枝，點綴穠芳也自奇。嶺南到處足種此，嶺北居人稀見之。穠芳曉落花時雨，東家西家具雞黍。當門笑拾瑪瑙鍾，持向城南踏春去。交州地暖春歸早，一夕東風爲誰老。翠苞半拆漸吐綿，雪花填滿行人道。越娃攜筐争采綿，采綿盈筐勝萬錢。搓就瓊簪膩如蠒，絲成冰縷細如煙。細如煙，千萬縷，綿綿到底知幾許。的的燈煤夜結花，軋軋機聲暗相語。停梭掩袂那得眠，吉貝相將下機杼。并刀裁剪秋江雲，與郎爲衣白且新。鄉社年豐載春酒，郎試新衣賽海神。從今只種班枝樹，開花結子兩成趣。勸郎切莫種垂楊，引惹長條繫愁緒。

清 黄釗《讀白華草堂詩二集》卷六《木棉絶句》 綵筆難圖異樣春，且尋丹魄認花身。哭空熱血擎天臂，絶似蓮鬚閣裏人。

清 王晦《木棉歌》（引自《國朝練音初集》卷五） 吉貝舊從海島植，流入中華滿阡陌。故老相傳號木棉，其功直與蠶桑匹。年年四月來牟黄，播種入田乘雨隙。迸芽發葉僅寸餘，田中茂草先盈尺。揮鋤流汗浹故衣，赤日中天痛如炙。半載辛勤到九秋，西風忽發苞初坼。幸逢稔歲霜信遲，照眼花叢如雪白。田夫珍重逾夜珠，挈婦呼兒親手摘。歸來索賣價苦賤，百計經營供婦織。機聲軋軋寒月闌，十指凍裂心不惜。待輸公賦償私逋，縱成萬匹難存一。吁嗟！此物衣被天下民，回看農婦兩脚赤。

清 許宗彦《鑑止水齋集》卷一《古今體詩·木棉花歌》 炎方木落三月天，桃李已盡春不妍。亭亭修幹絶翹繚，數枝挺立當門前。夕陽欲落散餘景，燒空幻作十丈蓮。祝融行春駐綵仗，虹旂蜺節相後先。童童朱蓋矗馬首，葳蕤四匝紅雲圓。東風散傅猩脣血，鐵網拗折珊瑚鞭。陀羅八萬四千臂，金色悉現兜羅緜。迷樓高敞十二曲，絳裙摇曳疑神仙。想當勾漏爇九轉，石牀砂暖丹生煙。不然燭龍吐朗耀，神珠散落扶桑顛。頩虬墮鱗訝燦爛，赤鳳墜羽誰緝聯。時平萬里靖烽火，照海直作犀株然。孿孃蜑女謝蠶織，要術可補齊民篇。夜闌不須更秉燭，滿池紅影驚鷗眠。

圖表

明 李時珍《本草綱目·圖卷》

椆

綜述

漢 許慎《説文》卷六 椆，木也。从木，周聲。讀若丩。職留切。

清 吴其濬《植物名實圖考》卷三七《椆》 《新化縣志》：椆，《山經》虎首山多椆。《説文》：木也。《類篇》：寒而不凋。今俗名梁山樹，多枝葉，亭亭如蓋，葉青黑，冬榮。《邵陽縣志》：椆有紅、白二種，紅爲上，白次之。質堅而性柔，作器須浸水，經歲方堅實，否則移時即裂而翹。《辰谿縣志》：

檮有紅、白二種，白者呼蒿荆檮，紅者爲巖檮。性直而堅，可扛輿，大者可作油榨。按：江西之樟、湖南之椆，所爲什器，幾徧遐邇。然樟木江南多有，惟不逾嶺而南。椆木則湖南而外無聞焉。字或作檮。《新化縣志》據《山經》作椆，較爲確晰。其木質重而堅，耐久不蛀。葉亦似樟稍小，亦似山茶。枝幹皮光而灰黑，木紋似栗而斜。《邵陽縣志》謂必浸水經歲而後堅實，不知凡竹木作器，皆宜浸之以水，使其生氣盡而汁液洩，然後可任斧鑿。否則風燥而生蝕，濕蒸而生菌。植物皆然，不獨椆也。《永順府志》：土紙，四縣皆出，檮樹皮爲之。佳者稍白，然粗澀不中書。則檮亦可爲紙。

圖表

清　吴其濬《植物名實圖考》卷三七《椆》

椵

綜述

《爾雅·釋木》　椵，柂。注：白椵也，樹似白楊。音義：髡，苦門反。梱，五門反。椵，徒亂反。《字林》云：木似白楊，一名柂。柂，弋支反。疏：椵，一名柂。郭云：白椵也，樹似白楊。其材能濕。《禮記·檀弓》云：柂，（椵）〔棺〕。鄭注云：所謂椑棺也。即引此文證之是也。

漢　許慎《説文》卷六　椵，木可作牀几。从木，叚聲。讀若賈。古雅切。

明　朱橚《救荒本草》卷五　椵樹，生輝縣太行山山谷間。樹甚高大，其木細膩，可爲桌器。枝叉對生，葉似木槿葉而長大微薄，色頗淡緑，皆作五花椏叉，邊有鋸齒。開黄花。結子如豆粒大，色青白。葉味苦。

清　嵇璜《續通志》卷一七六　椵，一名柂。見《爾雅》。郭璞注曰：白椵也，樹似白楊。邢昺疏曰：其材能濕。

圖表

晉 郭璞《爾雅音圖・釋木》

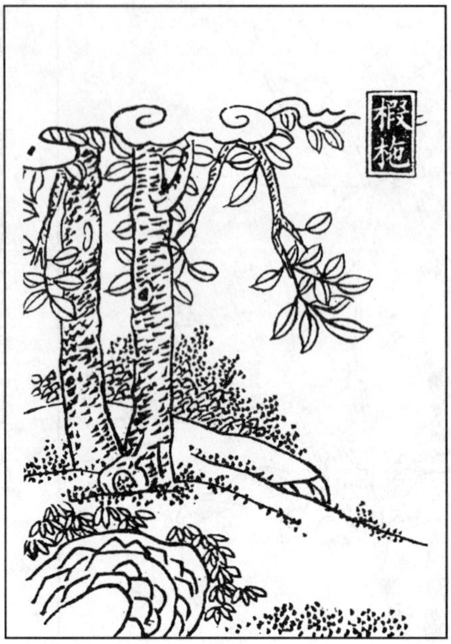

明 朱橚《救荒本草》卷五

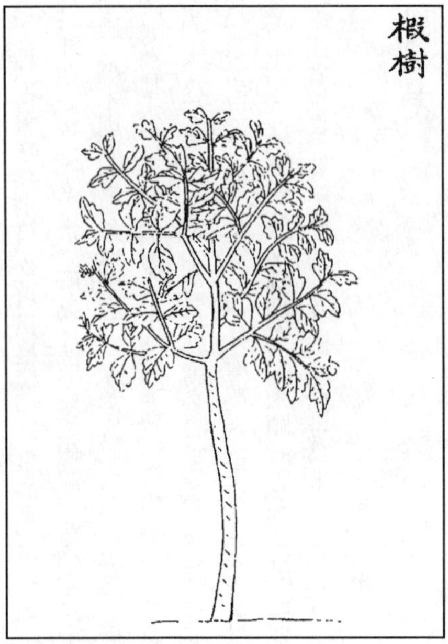

棹

綜述

晉 嵇含《南方草木狀》卷中 棹樹，榦、葉俱似椿，以其葉鬻汁漬果，呼爲棹汁。若以棹汁雜彘肉食者，即時爲雷震死。棹出高涼郡。

清 嵇璜《續通志》卷一七六 棹樹，榦、葉俱似椿，以其葉煮汁漬果，呼爲棹汁。出高涼郡。見《南方草木狀》。《紺珠》云：棹汁唯可染絳。

石楠

綜述

北魏 賈思勰《齊民要術》卷一〇《石南》 《南方記》曰：石南樹，野生，二月花色，仍連著實。實如鷰卵，七八月熟。人採之，取核，乾其皮，中作肥魚羹，和之尤美。出九眞。

唐 段成式《酉陽雜俎續集》卷九 三色石柟花，衡山石柟花，有紫、碧、白三色，花大如牡丹，亦有無花者。

宋 寇宗奭《本草衍義》卷一五 石南，葉狀如枇杷葉之小者，但背無毛，光而不皺。正二月間開花，冬有二葉爲花苞。苞既開，中有十五餘花，大小如椿花，甚細碎。每一苞約彈許大，成一毬，一花六葉，一朵有七八毬，淡白綠色，葉末微淡赤色。花既開，蘂滿花，但見蘂，不見花。花纔罷，去年綠葉盡脫落，漸生新葉。治腎衰、脚弱最相宜。但京洛、河北、河東、山東頗少，人已此故少用。湖南北、江東西、二浙甚多，故多用。南實今醫家絕可用。

明　楊慎　《丹鉛餘録》卷一四　李白詩：風掃石楠花。魏玉《花木狀》言：石楠，野生，二月著花，實如燕子。曲阜古城顔回墓上有石楠二株，大三四十圍，土人云顔子手植之木。

明　李時珍　《本草綱目》卷三六　石南《本經》下品　釋名：風藥。時珍曰：生于石間向陽之處，故名石南。桂陽呼爲風藥，充茗及浸酒飲，能愈頭風，故名。按《范石明集》云：修江出欒茶，治頭風。今南人無所謂欒茶者，豈即此物耶？　集解：《别録》曰：石南生華陰山谷，三月、四月采葉，八月采實，陰乾。弘景曰：今東間皆有之，葉如枇杷葉，方用亦稀。恭曰：葉似茵草，凌冬不凋。關中者葉細爲好，江山以南者葉長大如枇杷葉，無氣味，殊不任用。保昇曰：終南斜谷有石處甚饒，今市人以石韋爲之，誤矣。頌曰：今南北皆有之。生于石上，株極有高大者。江湖間出者，葉如枇杷，上有小刺，凌冬不凋。春生白花成簇，秋結細紅實。關隴間出者，葉似莽草，青黄色，皆有紫點，雨多則併生，長及二三寸。根横，細紫色。無花實，葉至茂密。南北人多移植亭院間，陰翳可愛，不透日氣。入藥以關中葉細者爲良。《魏王花木志》云：南方石南樹野生，二月開花，連着實，實如燕覆子，八月熟。民采取核，和魚羹尤美。今無用者。宗奭曰：石南葉似枇杷葉之小者，而皆無毛，光而不皺。正二月間開花，冬有二葉爲花苞。苞既開，中有十五餘花，大小如椿花，甚細碎。每一苞約彈許大，成一毬，一花六葉，一朵有七八毬，淡白緑色，葉末微淡赤色。花既開，蘂滿花，但見蘂，不見花。花纔罷，去年緑葉盡脱落，漸生新葉。京洛、河北、河東、山東頗少，人故少用。湖南北、江西、二浙甚多，故人多用。

明　劉侗　《名物通》卷八　石楠，野生，二月花，仍連着實，實如燕卵。七八月熟，花有紫碧白三色。

清　陳淏子　《秘傳花鏡》卷三《花木類考·石楠》　石楠，昔楊妃名爲端正木，南北皆有之。樹大而婆娑，其質甚堅，葉如枇杷，有小刺而背無毛，名曰鬼目。春盡開白花成簇，秋結細紅實，冬有二葉爲花苞。苞既開，中有十五餘花，大小如椿花，甚細碎。每一包約彈子大而成毬，一花六葉，一朵有七八毬，淡白緑色，葉末微淡赤色。花既開，蕋滿花，但見葉，不見花。花纔罷，隔年緑葉始落，漸生新葉。緑葉密多蔭，人皆移植庭院間。清明時紅葉墮地，小兒拾爲冠帶嬉戲。蜀中一種，最大者可數十圍，中梁柱之用，小者爲梳最精。

清　嵇璜　《續通志》卷一七六　石楠，一名楓藥。《南方記》曰：石楠樹，野生，二月花。實如燕卵，七八月熟。出九眞。

紀　事

宋　葉庭珪　《海録碎事》卷二二下《端正樹》　玄宗發馬嵬，至扶風道上，有石楠樹團團，愛翫，云呼爲端正樹，蓋有所思也。

明　王世貞　《弇州四部稿》卷一五九　《述異記》言曲阜古城有顔回墓，墓上石楠樹二株，大可三四十圍，土人云顔回手植之木。按：顔淵死僅年三十二，貧不能槨，門人厚葬之，豈有預營塚墓，手植墓樹之理？

藝　文

唐　孟郊　《孟東野詩集》卷九《和宣州錢判官使院廳前石楠樹》

太朴既一剖，衆材爭萬殊。懿兹南海華，來與北壤俱。生長如自惜，雪霜無凋渝。籠籠抱靈秀，簇簇抽芳膚。寒日吐再艷，賴子流細珠。鴛鴦花數重，翡翠葉四鋪。雨洗新粧色，一枝如一姝。聳異敷庭際，傾妍來坐隅。散彩飾机案，餘輝盈盤盂。高意一作立因一作自。造化，常情逐榮枯。主公方寸中，陶植在須臾。養此奉君子，賞覿日爲娱。始覺石楠詠，價傾賦兩一作西都。棠頌庶可比，桂詞難以踰。因謝丘墟木，空採一作操。落泥塗。時來聞佳姿，道去卧枯株。爭芳無由緣，受氣如鬱紆。抽肝在郢匠，歎息何踟躕。

唐　白居易　《白香山詩集》卷一六《石楠樹》

可憐顔色好陰涼，葉剪紅牋花撲霜。繖蓋低垂金翡翠，薰籠亂搭繡衣裳。春芽細炷千燈燄，夏蕊濃焚百和香。見説上林無此樹，只教桃柳占年芳。柳一作李。

唐　温庭筠　《重題端正樹》(引自《文苑英華》卷三二六)

路傍佳樹碧雲愁，曾侍金輿幸驛樓。草木榮枯似人事，緑陰寂寞漢陵秋。

唐　胡汾　《石楠樹》(引自《文苑英華》卷三二六)

本自清溪石上生，移栽此處。稱閒情。青雲事盡識珍木，白屋人多唤俗名。重布緑陰滋蘚色，深藏好鳥引雛聲。余今一日千回看，每度看來眼益明。

宋　朱長文《樂圃餘藁》卷二《石楠》　昔年曾賞玩，移自碧山遥。古幹磨文石，寒枝慰翠綃。雖殊梗梓用，終免雪霜凋。來者宜珍護，毋令困採樵。

宋　高似孫《剡録》卷九《草木禽魚上・石楠》　李白詩：水春雲母碓，風掃石楠花。祖已詩：不知叠嶂夜來雨，清曉石楠花亂流。《魏王花木志》曰：石楠樹，野生，二月花開。剡山谷多此，冬葉尤可愛。

又《疎寮小集・石楠》（引自《兩宋名賢小集》卷三一三）　自隨野意訂山行，香浸楠花白水生。借得風來帆便飽，隔溪新度一聲鶯。

圖表

明　李時珍《本草綱目・圖卷》

橉木

綜述

明　李時珍《本草綱目》卷三五　橉木橉，良刃切。《拾遺》　釋名：橝木。音潭。集解：藏器曰：橉木生江南深山，大樹。樹有數種，取葉厚大白花者入藥，（自）〔自〕餘灰入染家用。時珍曰：此木最硬，梓人謂之橉筋木是也。木入染絳用，葉亦可釀酒。

清　嵇璜《續通志》卷一七六　橉木，一名橝木，又名橉筋木，染絳用之，燒灰淋汁可釀酒。

蘇枋

綜述

晉　崔豹《古今注》卷下　蘇枋木，出扶南林邑外國，取細破煮之以染色。

晉　嵇含《南方草木狀》卷中　蘇枋樹類槐花，黑子，出九真。南人以染絳，漬以大庾之水，則色愈深。

唐　蘇鶚《蘇氏演義》卷下　蘇枋木，出扶南林邑外國，取細破煮之以染色。

宋　李石《續博物志》卷七　蘇枋木自然，蟲糞爲紫粉。

明　李時珍《本草綱目》卷三五　蘇方木《唐本草》　釋名：蘇木。時珍曰：海島有蘇方（木）〔國〕，其地産此木，故名。今人省呼爲蘇木耳。集解：恭曰：蘇方木自南海、崑崙來，而交州、愛州亦有之。樹似菴羅，葉若榆葉而無澀，抽條長丈許，花黃，子青熟黑，其木人用染絳色。珣曰：按徐表《南州記》云：生海畔，葉似絳，木若女貞。時珍曰：按嵇含《南方草木狀》云：蘇方樹類槐，黃花黑子，出九眞。煎汁忌鐵器，則色黯。其木蠹之糞名曰紫納，亦可用。暹羅國人賤用如薪。

明　李中立《本草原始》卷四　蘇方木，樹似菴羅，葉如榆葉而無澁。抽條長丈許，花黃，子生青熟黑。海島有蘇方國，其地產此木，故名蘇方木。

清　魏茂林《駢雅訓纂》卷六　多邦蘇枋，絳木也。《明一統志》九十《外夷》：安南土產蘇木。原注：一名多邦。《南方草木狀卷》中《木類》：蘇枋樹類槐花，黑子，出九眞。南人以染絳。漬以大庾之水，則色愈深。

圖表

明　李時珍《本草綱目·圖卷》

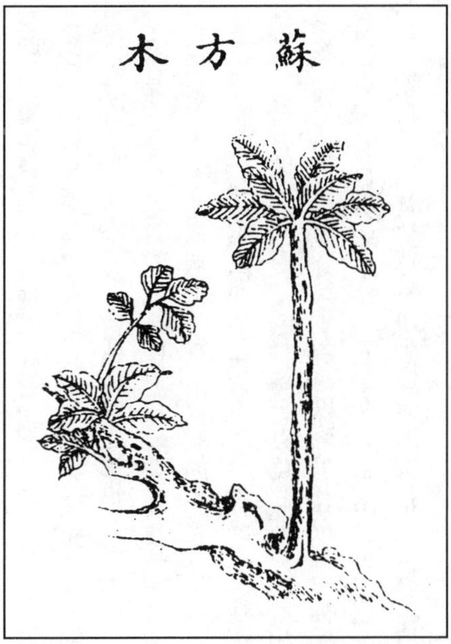

明　李中立《本草原始》卷四

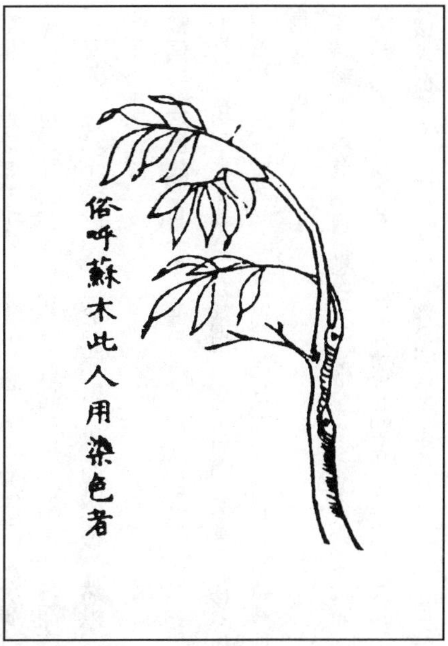

槐

論説

宋　陸佃《埤雅》卷一三《槐》　《春秋説》曰：槐者，虛星之精。槐性暢茂上棘，《爾雅》所謂『如槐曰茂』，又曰『槐棘醜喬，桑柳醜條』是也。《周官》：外朝之法，左九棘，孤卿、大夫位焉。右九棘，公、侯、伯、子、男位焉。面三槐，三公位焉。蓋槐取黃中外懷，又其華黃，其成實玄故也。棘取赤中外刺，又其花白，其成實赤故也。蓋聖人取義簡博，植一物而衆善舉，故曰：禮樂法而不説。《詩》曰：駟騵彭彭。《傳》云『駠馬白腹曰騵』，言上周下殷也。《西方之書》，以蓮華取義，蓋以如此。蓮華有白，有青，有赤，其所表示則白，净也；青，善也；赤，覺也。能隨衆緣應時開，敷悦可衆心而非實也。然實亦因此，是之謂妙蓮華。舊云弱槐初生，不能自立，即於槐下種麻，脅槐令長。既植，移而蒔之，亭亭若一，所謂『蓬生麻中，不扶自直』者也。所以君子居必擇鄉，遊必就士。《天玄主物簿》曰：槐木生丹，不復凋殘也。木身潤滑，常有香氣，如焚松風。由是觀之，内丹之益，豈虛言哉！

宋 羅願《爾雅翼》卷一一《槐》 槐者，虛星之精，其葉尤可翫。古者朝位樹之，私家之朝皆植焉。晉鉏麑觸趙宣子庭之槐，董叔紡於范氏庭之槐。又齊景公有所愛槐，使人守之。皆植於庭之驗也。《釋木》曰：櫰，槐，大葉而黑。守宮槐，葉晝聶宵炕。郭璞以爲晝日聶合而夜炕布者，名爲守宮槐。按《説文》：欇，木葉摇白，从木聶聲。則聶乃開之義。又炕，乾也。木葉近火而乾，則當相合。然則郭氏之説，正反之耳。今江東有槐，晝開夜合者，謂之合昏槐。蓋啓閉以時，有守之義。説者以爲，此槐與雅説相反，不知郭氏誤解之也。槐花可以染黄，其子上房可以染皂，其根可作神燭。《淮南子》曰：老槐生火，久血爲燐，人不怪。《莊子》曰：水中有火，乃焚大槐。老槐當夏間，其上忽自起火，焚燒枝葉，所謂極陰生陽者也。古者冬取槐、檀之火。槐、檀，色黑，北方之行也。

明 謝肇淛《五雜俎》卷一〇《物部二》 槐者，虛星之精，晝合夜開，故其字從鬼。然《周禮》外朝之法，面三槐，爲三公之位。王荆公解：槐黄，中懷其美，故三公位之。吴草廬注云：槐，懷也，可以懷遠人也。《春秋元命包》云：槐之言歸也。古者樹槐，聽訟其下，使情歸實也。然則槐之從鬼，或爲歸耳。

明 何三畏《新刻何氏類鎔》卷三一《槐》 甘泉谷有槐樹，此謂玉樹，而揚子雲所賦青葱者也。司馬府有槐樹，此謂老槐，而庾仲堪所歎婆娑者也。槐據文陛以培本，觀朱榱以振條。花以四月、五月而開，季春初茂；實以六月、七月而結，末夏始繁。色采采其鮮明，形褘褘其暢達。上拂華宇，下臨修渠。帶以通街，湊以夷逕。鳥顧棲而投翼，人望庇而披襟。湛霽豐融，扶疎蓊欝。蓋陰垂建始之殿，而森列睢陽之園者耶。故燧人鑽之以取火，雲物因之以作屯；姬公樹之以待神，鉏麑觸之以死義；三公面之以爲位，諸生坐之以談經；王氏植之以兆興，淳于卧之以致夢。齊景公愛槐勑吏，卒聽晏平仲言，而令罷守槐之役，廢傷槐之法，出犯槐之囚。漢文帝置槐當堠，每用韋孝寬法，而令一里種槐一，十里種槐三，百里種槐五。京兆吴公所蒔道上之榆，悉易槐樹，以此係懷思於後人。長安孫氏所居堂前之柱，忽生槐枝，以此占朕兆于公輔。曾聞晉陽奇事，有槐于一日之内三悴三榮；亦知蕭佑義門，有槐于一歲之中再枝再葉。床前槐枝叢生，而忽作蒙茸狀，則知登科之祥；省中槐條垂陰，而夜聞絲竹聲，則知入相之慶。若李相國所居之堂，有庭槐一本，其兩枝甚長而並爲執政，其一枝稍短而弟爲鎮臣，可謂家禎之應。祖士雄所廬之墓，有庭槐一株，其枝忽枯死而正當居喪，其枝忽敷榮而正當闋服，亦可謂孝感之徵矣。

綜述

《爾雅・釋木》 櫰，槐大葉而黑。注：槐樹葉大色黑者名爲櫰。音義【略】疏：櫰、槐一也。大葉而黑名櫰，不爾者即名槐。郭云：槐樹葉大色黑者名爲櫰。
守宮槐，葉晝聶宵炕。注：槐葉晝日聶合而夜炕布者，名爲守宮槐。音義【略】疏：此亦槐也。聶，合也。炕，張也。言其葉晝合夜開者，别名守宮槐。郭云：槐葉晝日聶合而夜炕布者，名爲守宮槐。

漢 許慎《説文》卷六 槐，木也。从木，鬼聲。户恢切。

宋 鄭樵《通志》卷七六 槐有二種。《爾雅》云：櫰，槐大葉而黑。謂大葉而黑者，櫰也。又云：守宮槐，葉晝聶宵炕。謂晝聶合而夜炕布者，守宮槐也。又云：槐，小葉曰榎。大而皵，楸。小而皵，榎。然楸，梓類也；櫰，桐類也，不可謂之槐。

宋 戴侗《六書故》卷二一 槐 槐，户恢、户乖二切。《爾雅》曰：守宮槐，葉晝聶宵炕。櫰，槐大葉而黑。郭景純曰：櫰，古回切，又音褢。按：槐木世所共識，七月間華，華可染黄，其實莢。合昏葉似槐，夜合晝開，故謂合昏，俗語轉而爲合歡，又謂夜合、合肓，非槐也。

明 李時珍《本草綱目》卷三五 槐《本經》上品 校正：併入《嘉祐》槐花、槐膠。 釋名：櫰。音懷。 時珍曰：按《周禮》外朝之法，面三槐，三公位焉。吴澄注云：槐之言懷也，懷來人於此也。王安石釋云：槐黄，中懷其美，故三公位之。《春秋元命包》云：槐之言歸也。古者樹槐，聽訟其下，使情歸實也。 集解：《别録》曰：槐實生河南平澤，可作神燭。頌曰：今處處有之。其木有極高大者。按《爾雅》槐有數種，葉大而黑者名櫰槐，晝合夜開者名守宫槐，葉細而青緑者但謂之槐，其功用不言有别。四月、五月開黄花，六月、七月結實。七月七日采嫩實搗汁作煎，十月采老實入藥，皮根采無時，醫家用之最多。時珍曰：槐之生也，季春五日而兔目，十日而鼠耳，更旬而始規，二旬而葉成。初生嫩芽可熑熟，水淘過食，亦可作飲代茶。或采槐子種畦中，采苗食之，亦良。其木材堅重，有青、黄、白、黑色。其花未開時，狀如米粒，炒過煎水染黄甚鮮。其實作莢連珠，中有黑子，以子連多者爲好。《周禮》：秋取槐、檀之火。《淮南子》：老槐生火。《天玄主物簿》云：老槐生丹。槐之神異如此。藏器曰：子上房七月收之，堪染皂。

明　慎懋官《華夷花木鳥獸珍玩考》卷三《槐》　《春秋説》曰：槐木者，虚星之精。《爾雅》云槐有數種，葉大而黑者名櫰，其葉可薦茶，其花可染色，其根又可作神燭。

又《守宫槐》　郭璞曰，守宫槐，晝日聶合而夜舒布也。江東有木，與此相反，俗因名合昏。《古今注》云：合歡似梧桐，枝葉互相結，風來解，使人不忿，稽康種之於舍前。

明　李中立《本草原始》卷四　槐始生河南平澤，今處處有之。其木有極高大者。按《爾雅》槐有數種，葉大而黑者名櫰槐，晝合夜開者名守宫槐，葉細而青緑者但謂之槐，其功用不言有别。四月、五月開黄花，六月、七月結實。七月七日采嫩實搗汁作煎，十月采老實入藥，皮根采無時。按《周禮》：外朝之法，面三槐，三公位焉。王安石釋云：槐，黄中懷其美，故三公位之。吴澄注云：槐，懷也，可以懷來遠人。《春秋元命包》云：槐之爲言歸也。古者樹槐，聽訟其下，使情歸實也。一云：槐，虚星之精，葉密而黑，晝合夜開，故從鬼。

明　焦周《焦氏説楛》卷二　槐生五日兔目，十日鼠耳。

明　周文華《汝南圃史》卷一一《竹木部·槐》　槐葉細，皮粗，質鬆脆，非貴種，只取槐陰。昔齊景公種槐令云：犯槐者刑，傷槐者死。王祜嘗手植三槐於庭，謂吾子必有興者。生子王曾，爲丞相。六月開小花，花形彎轉。花謝，收取煎汁染紙布，色深黄。可入藥。結子至明年春盡方落，自生小槐，正二月移栽。

明　鮑山《野菜博録》卷四　槐樹芽，《本草》有槐實。葉大而黑者，名櫰槐。晝合夜開者，名守宫槐。葉細青緑者，謂之槐。開黄花，結實似豆角狀。味苦酸鹹，性寒，無毒。

明　劉侗《名物通》卷八　槐，晝聶夜舒，俗名合歡。似梧桐，枝葉互相結。有數種，葉大而黑者名櫰，其葉可薦茶，花可染色，根可作神燭。

清　曹溶《倦圃蒔植記》卷三《槐》　齊景公《種槐令》云：犯槐者刑，傷槐者死。當時雖或非之，然好尚如此，亦可謂花樹中金湯矣。種法：收熟槐子曬乾，夏至前以水浸生芽，和麻子撒，當年即與麻齊。刈麻留槐，别竪木以繩欄定，來年復種麻其上。三年正月種之，則亭亭條直可愛。予里眞如寺八景有石梅、槐龍等。明末，寺僧苦於應酧，竟付爨材。安得景公復生，盡殺此秃也。

清　陳淏子《秘傳花鏡》卷三《花木類考·槐》　槐，一名櫰，一名盤槐，一名守官槐。樹高大而質鬆脆，葉細如豆瓣。季春之初，五日如兔目，十日如鼠耳，更旬始規，二旬葉成，扶疎可觀。花淡黄而形彎轉，在秋初時開，故有『槐花黄，舉子忙』之諺。人多庭前植之，一取其蔭，一取三槐吉兆，期許子孫三公之意。花可染色。結實至明年春暮方落，落即自生小槐。櫰槐葉大而色黑，本如棠，盤槐膚理、葉色俱與槐同，獨枝從頂生，皆下垂，盤結蒙密如涼傘。性亦難長，歷百年者，高不盈丈。或植廳署前，或種高阜處，甚有古致。守宫槐，幹弱花紫，晝聶夜炕。又俗名猪屎槐者，材不堪用。略收子曬乾，夏至前以水浸生芽，和蕼子撒肥地，當年即與蕼齊。刈蕼留槐，别樹竹竿，以繩攔定，來年復種蕼護之，三年後方可移栽。老槐經秋可取火。

清　高士奇《北墅抱甕録·槐》　槐木數株，陰蔽一院。夏月就緑蔭之下，解帶披襟，箕踞盤薄，不知時爲炎暑。花細而黄，香亦清發。涼雨乍過，金英滿地，倍覺幽趣可耽。

清　張逸少《佩文齋廣羣芳譜》卷七四《木譜·槐》　槐，虚星之精也。見《春秋説題辭》。一名櫰，有數種。有守宫槐，一名紫槐，似槐，榦弱花紫，晝合夜開。《爾雅翼》謂之合昏槐。有白槐，似柟而葉差小。有櫰槐，葉大而黑。其葉細而色青緑者，直謂之槐。功用大略相等。木有極高大者，材實重，可作器物。有青、黄、白、黑數色。黑者爲猪屎槐，材不堪用。四五月開黄花，未開時狀如米粒，採取曝乾，炒過煎水染黄甚鮮。其青槐花無色，不堪用。七八月結實作莢如連珠，中有黑子，以子多者爲好。《淮南子》云：槐之生也，季春五日而兔目，十日而鼠耳，更旬而始規，二旬而葉成。味苦平，無毒。

清　張宗法《三農紀》卷一三《染屬·槐花》　槐，《圖經》云：葉細色青，主莖排生，枝緑桿靛，木極高大，材實重堅。五六月開黄花，秋作實，結莢中子如豆。《古今注》云：槐之爲言懷也，來人于此也。《周禮》云：面三公，三槐位焉。又云：老槐生火。《莊子》云：老槐生丹。《爾雅》云：櫰。《春秋説題》云：槐乃靈星之精。《淮南子》云：槐之生季春，五日兔目，十日鼠耳，更旬始規。《管子》云：五沃之土，木宜槐。乃娑婆樹也，人家宅前多植之以召祥。

清　吴其濬《植物名實圖考》卷三三《槐》　槐，《本經》上品。《救荒本草》：芽可煠食，花炒熟亦可食。

紀事

南朝宋　范曄《後漢書》卷二四《五行志》〔漢靈帝熹平五年，十月〕，御所居殿後槐樹，皆六七圍，自拔，倒豎，根在上。

宋　歐陽修、宋祁《新唐書》卷三六《五行志》　貞觀十一年四月甲子，震乾元殿前槐樹。震耀，天之威怒，以象殺戮；槐，古者三公所樹也。

宋　李上交《近事會元》卷五《玉樹》　《唐傳記》云：雲陽界多漢離宫故地，至唐有樹似槐而葉細，土人謂之玉樹。玉樹青葱，左思賦有之。或非其語過，蓋不知此樹也。

宋　曾慥《類説》卷四《秦京雜記·音聲樹》　都省後都堂門外大槐樹謂之音聲樹，欲除拜僕射，此槐必有聲如歌曲。

宋　吴曾《能改齋漫録》卷三《玉樹》　《三輔黄圖》云：甘泉宫有槐，根幹盤峙，二三百年物也。即揚雄賦所謂『玉樹青葱』者。余按：唐劉餗《隋唐嘉話》謂：雲陽縣界多漢離宫故地，有似槐而葉細，土人謂之玉樹。揚子雲《甘泉賦》云『玉樹青葱』，指此。後左思譏之，已失。《三輔黄圖》以爲槐之根幹，則又甚矣。

宋　洪邁《夷堅志·丙》卷二《應山槐》　德安府應山縣治南半里許，過小溪，有野寺，寺外數十步間，一槐樹高可二丈，闊稱之，根株與常槐等，但遍體柔條纏結，若藤蔓然，莫見其所起處。每枝必分兩岐，葉葉皆背面而生，無一相對，雖孫枝數寸者亦然，娑婆茂蔚。土民相與愛護，故露植空曠之野，未嘗剪伐。士大夫經此，必往賞翫。政和中，花石之役興，有欲徙置禁院者，而盤踞牢甚，不可發掘，乃止。鄱陽張君爲邑宰，命畫史睥睨，將寫爲圖，以寄餉四遠，竟不能落筆，亦止。

宋　張淏《雲谷雜紀》卷一　揚子雲《甘泉賦》云：翠玉樹之青葱兮，壁馬犀之瞵瑞。金人仡仡其承鐘虡兮，嵌巖巖其龍鱗。顔師古曰：玉樹者，武帝所作，集衆寶爲之，用供神也。《三輔黄圖》：甘泉谷北岸有槐樹，今謂玉樹，根幹盤峙，二三百年木也。楊震《關輔古記》曰：耆老相傳，咸以爲此樹即揚雄《甘泉賦》所謂『玉樹青葱』也。《劉賓客嘉話録》：雲陽縣界多漢離宫故地，有似槐而葉細，土人謂之玉樹。揚子雲《甘泉賦》云『玉樹青葱』，後左思以雄爲假稱珍怪，蓋不詳也。二説與顔師古注全不同。予謂《黄圖》、《嘉話》所言者，乃甘泉所産之木也。子雲所稱，乃漢飾以象此木者也。何以言之？《漢武故事》云：上起神屋，前庭植玉樹，珊瑚爲枝，碧玉爲葉。以碧玉爲葉者，是欲肖樹色之青葱也。李善注《文選》正引此爲據。今道釋宫宇多飾金寶爲花木，以爲供神之具，正此類也。使果爲種植之木，則子雲決不與壁飾、鐘虡等並言矣。

明　慎懋官《華夷花木鳥獸珍玩考》卷三《癭槐》　華州三家店西北道邊有槐甚大，葱鬱周回，可蔭數畝。槐有癭形，如二豬相趂奔走。其回顧口耳頭足一如塑者。

又《僊槐樹》　在汾州治西，年久杇如刳舟。金皇統中，有異士貨藥投樹復活，因號僊槐。

又《聲音樹》　都堂南門道東有古槐，垂蔭至廣。或夜聞絲竹之聲，則省中有入相者，俗謂之聲音樹。《南部新書》。

又《矮槐》　在臨淄縣西北二十里郵亭處，有古槐十株，高五尺許，相傳宋藝祖未帝時，過此，常掛袍于上。鹵夏無槐，惟夏州有一株，他州或要其葉，則移牒以取之。貞元中，度支欲取兩京道中槐樹爲薪，更栽小樹。先下符牒華陰，華陰尉張造判牒曰：召伯所憩，尚不翦除，先皇舊遊，豈宜斬伐？乃止。

又《王莊陸槐樹》　王莊吴世澄與朱廷佩交素莫逆，成化庚子，世澄夜坐室中，聞鼓門聲，啓視，六人皆長髯耆老，揖曰：予輩陸槐等是也，與朱廷佩爲隣有年，邇信讒人之言，欲害予輩。知與君素善，願乞解之。世澄許諾，六人忻謝而去。翌日過廷佩家，備述所求。佩曰：吾隣不識陸槐。更思久之，驚曰：吾門有槐六株，恰欲伐去，作室於上，何事物亦愛生如是？遂舍之。

明　徐昌祚《新刻徐比部燕山叢録》卷一八　新泰縣治有古槐，不知植自何代。元時，省縣入萊蕪，此槐枯死。數年，縣復設，槐因復生，至今鬱茂。臨淄縣南有古槐十株，大四圍，高五尺，婆娑翠鬱，謂之矮槐。相傳宋太祖微時，脱袍覆此樹上，故枝葉四垂。

清　陳軾《道山堂前集・唐槐記》　臨城之城隍廟有古槐，其枝輪糾，其葉欝蓊，長二丈有餘。按：邑乘所載，唐天寶時樹也。邑人相傳爲唐槐云。余見而異之曰：有是夫槐之若斯久也。槐以唐名，槐之幸也。唐天寶時，天子奏《淋鈴》之曲，未央之楊柳，太液之芙蓉，化爲蔓棘，沉香亭畔，覓一墮珥遺璫而不可得，何有於鎮州之一槐乎？且漁陽作難，距趙地不遠，此固安史之所蹂躪也，而槐獨無兵燹之患，則何也？或曰：槐爲虚星之精，上應列宿，古者取其黄中以象三公之位。然天下之槐衆矣，其爲夭札之所乘，槎蘖之所及，不知其幾，未聞以其象於三公，而遂得享世之永也。斯槐之存，槐之幸也。蓋凡物之得全其生也，亦有數焉。天能生之，不能一一而全之，而獨以全其生者，私之一槐。夫大椿，春秋彭祖所不能並，今觀斯槐逾于彭祖，不已多乎？雖然，自唐以至於今，天下之人不知有唐久矣。唐亡而唐之名猶在于槐，則槐存而唐不亡也。余之爲斯記也，其有所感也夫。

藝文

三國魏　王粲《槐賦》（引自《漢魏六朝百三家集》卷二九）　惟中唐之奇樹，禀天然之淑姿。超疇畝而登殖，作階庭之華暉。形禕禕以暢條，色采采而鮮明。豐茂葉之幽藹，履中夏而敷榮。既立本於殿省，植根柢其弘深。鳥願栖而投翼，人望庇而披襟。

三國魏　曹丕《槐賦有序》（引自《漢魏六朝百三家集》卷二四）　文昌殿中槐樹，盛暑之時，余數遊其下，美而賦之。王粲直登賢門，小閣外亦有槐樹，乃就使賦曰：有大邦之美樹，惟令質之可嘉。托靈根於豐壤，被日月之光華。周長廊而開趾，夾通門而駢羅。承文昌之邃宇，望迎風之曲阿。修幹紛其璀錯，緑葉萋而重陰。上幽藹而雲覆，下莖立而擢心。伊暮春之既替，即首夏之初期。鴻鴈遊而送節，凱風翔而迎時。天清和而温潤，氣恬淡以安治。違隆暑而適體，誰謂此之不怡。

三國魏　曹植《曹子建集》卷四《槐賦》　羡良木之華麗，爰獲貴於至尊。憑文昌之華殿，森列峙乎端門。觀朱欀以振條，據文陛而結根。暢沈陰以溥覆，似明后之垂恩。在季春以初茂，踐朱夏而乃繁。覆陽精之炎景，散流耀以增鮮。

晉　張華《朽社賦有序》（引自《歷代賦彙》卷一一七）　高柏橋南大道傍，有古槐樹，蓋數百年木也。余少居近之，後去，行路遇之則已朽，意有緬然，輒爲之賦，因以言衰盛之理云爾。伊兹槐之挺植，於京路之東隅。得託尊於田主，據爽塏以高居。垂重陰於道周，臨大路之通衢。饗春秋之祈報，應豐胙於無射。歷漢京之康樂，踰喪亂之横逆。朱夏當陽，蓊藹蕭森。征夫雲會，行旅歸心。輶軒停蓋，輕輿託陰。吉人向風而祛袂，王孫清嘯而啓襟。晞甘棠之廣覆，徧喬木之無陰。

晉　摯虞《槐賦》（引自《漢魏六朝百三家集》卷四二）　覽坤元之産殖，莫兹槐之爲貴。爰表庭而樹門，膺論道而正位。爾乃觀其誕狀，察其攸居。豐融湛霸，蓊欝扶疎。上拂華宇，下臨脩渠。湊以夷逕，帶以通衢。鼓柯命風，振葉致涼。開明過於八闥兮，重陰踰乎九房。

晉　庾儵《大槐賦有序》（引自《歷代賦彙》卷一一六）　余去許都，將歸洛京。舍於嵩岳之下，而植斯樹焉。遂作賦曰：有殊世之奇樹，生中岳之重阿。承蒼昊之純氣，吸后土之柔嘉。若夫赤松王喬馮夷之倫，逍遥茂陰，濯纓其濱。望輕霞而增舉，垂高暢之清塵。若其含貞抱樸，曠世所希。降夏后之卑室，作唐虞之茅茨。潔昭儉以矯奢，成三王之懿資，故能著英聲於來世，超羣侶而垂暉。仰瞻重幹，俯察其陰。逸葉横被，流枝蕭森。下覆靈沼，上蔽高岑。孤鵠徘徊，寡鶴悲吟。清風時至，惻愴傷心。將騁軌以輕運，安久留而涕淫。

晉　傅選《槐賦》（引自《歷代賦彙逸句》卷二）　華葉扶疎，參林蕭蔘。

松蘿寄生，緜連標末。延袤千畝，蓊鬱晻藹。

唐 **李嶠**《**李嶠雜咏**》卷上《**嘉樹部十首·槐**》 暮律移寒火，春宫長舊栽。葉生馳道側，花落鳳廷隈。烈士懷忠至，鴻儒訪道來。何當赤墀下，踈幹擬三台。

唐 **白居易**《**白氏長慶集**》卷一一《**庭槐**》 南方饒竹樹，惟有青槐稀。十種七八死，縱活亦支離。何此郡庭下，一株獨華滋。蒙蒙碧煙葉，嫋嫋黄花枝。我家渭水上，此樹蔭前墀。忽向天涯見，憶在故園時。人生有情感，遇物牽所思。樹木猶復爾，況見舊親知。

唐 **鄭谷**《**雲臺編**》卷下《**槐花**》 毿毿金蘂撲晴空，舉子魂驚落照中。今日老郎猶有恨，昔年相虐十秋風。

宋 **文同**《**丹淵集**》卷三《**高槐**》 高槐夾前除，合蔭卷若洞。交柯載宿雨，壓地翠色重。青蟲煖自掛，黄鳥晴輒哢。枕簟傲炎風，爲君高興動。

宋 **劉敞**《**公是集**》卷一五《**生槐**》 苒苒庭下槐，蒼蒼山中檜。臭味久矣殊，榮枯莫相待。胡爲寓形生，曾不異風概。擢榦初無根，交陰忽成籟。死生詣膠漆，幼壯姿姿態。本同非不佳，末異終恐害。吾意造化巧，淫樂爲狡獪。玩此三公才，比之女蘿輩。不然世俗薄，苟合恥剛介。妄彼特立姿，樂附柔弱類。誰能極物理，且以嘲大塊。陶冶如吾言，庸庸亦何怪。

宋 **趙抃**《**清獻集**》卷三《**成大卿宅矮槐**》 手植踰三紀，年隨矮勢增。枝盤多蠖屈，根轉欲虬騰。密覆周遭地，孤撐最上層。風條低偃蹇，煙葉碎鬅鬙。顧我來雖羨，如公退未能。溪園饒樂事，時此會佳朋。

宋 **王安石**《**臨川文集**》卷一〇《**與平甫同賦槐**》 冰雪泊楚岸，萬株同飄零。春風都城居，初見葉青青。歲行如車輪，蔭翳忽滿庭。秋子今在眼，何時動江舲。

宋 **蘇軾**《**東坡全集**》卷三〇《**槐**》 採擷殊未厭，忽然已成陰。蟬鳴看不見，鶴立赴還深。

宋 **李復**《**潏水集**》卷一五《**詠槐**》 當年夾路緑參差，曾擁金輿拂羽旗。得地偶逃斤斧幸，聞風非與雪霜期。猶殘臘火燔空腹，時有驚雷起蠹枝。想見妖靈占上象，龜山獵罷舊都移。

古槐踈慘倚頹墻，病葉先秋已半黄。封植不知何歲月，雕零今困幾風霜。老根傍出人供爨，蠹腹多穿馬繫韁。嘆惜他年承愛賞，清陰曾借暑天涼。

宋 **洪适**《**盤洲文集**》卷九《**槐**》 花黄秋欲半，昔歲一番忙。謬應魁三象，深慚王氏堂。

宋 **葛紹體**《**東山詩選**》卷下《**槐**》 槐幄成陰緑正宜，青蟲爲蠹祇空枝。花神巧與換新緑，恰似春風三月時。

金 **趙秉文**《**滏水集**》卷九《**道傍古槐**》 虬枝盤屈尚百尺，不肯爲人充棟梁。六月行人汗如洗，尚能于世作清涼。

宋 **舒岳祥**《**閬風集**》卷三《**槐花**》 尊貴三公府，匆忙舉子裝。周官那可見，唐制自難忘。夕照深宫裏，西風大道旁。蟬鳴猶未悟，但報早秋涼。

明 **劉嵩**《**槎翁詩集**》卷四《**偃槐**》 勃窣撐孤柱，婆娑偃一株。長條垂帶厲，細葉掛流蘇。暮鵲從爭起，秋蜩秖謾呼。移牀憐美蔭，何止蔽千夫。

明 **沐昂**《**素軒集**》卷四《**新槐**》 春暮雨初歇，庭槐發嫩柯。色黄猶淺淡，陰緑未婆娑。偏稱流鶯囀，還宜乳燕過。曉來閑步處，踈影拂晴波。

明 **葉盛**《**菉竹堂稿**》卷二《**槐**》 三公屹屹在朝行，嘉連樹陰護朝堂。只恐位高能變節，看花須念爲誰忙。

明 **孫承恩**《**文簡集**》卷九《**留都翰林六植賦·獨槐**》 爰有嘉木，虚星之精。柔條春敷，密葉夏榮。挺扶踈以獨秀，乃孤蹇而無朋。未緣結根於文陛，亦既聳望於詞林。冉冉猗猗，鬱鬱亭亭。驚兔目之初見，又鼠耳之倏更。嚴翠幄之高張，訝碧雲之久凝。無延袤之庇畝，亦婆娑之蔭庭。被朝煙以暫暝，漏夕陽之微明。來關關之鳥語，隱嘒嘒之蟬聲。青蟲並懸而吐絲，赤蜡緣柯而漫行。韵涼颸於清晝，祛熱毒於炎蒸。鑽燧時而致用，守宫誕而莫徵。我有幽軒，棐几潔清。時來燕居，神舒志寧。撫嘉植以流憩，亦商歌而獨行。無取士師之聽訟，思得友生以談經。玩金葩之毿毿，攬瑶實之青青。繄物生之何知，關人事之多情。彼有感時序而騖進取，吾將勤服食以制頹齡。

明 **劉春**《**東川劉文簡公集**》卷二四《**和馬先生書堂雜詠**》 匝地清陰色既勻，幽齋最喜伴吟身。愛槐爲感當時事，猶有高風激後人。

明 **鄧雲霄**《**緑槐賦有序**》（引自《**歷代賦彙補遺**》卷一五） 燕地烈暑如灼，余庭有嘉槐，喜得美蔭，每與韓孟郁科頭披襟，婆娑其下，更作雲林間想。昔陳思、仲宣同時，並有槐賦，暇偕孟郁，率爾抽毫，句底颯颯風生。虚星有靈，當爲色動。掃塵高歌，暑氣若掃。爰有嘉樹，積翠浮涼。爲市不鄰於璧水，倚殿自遠於文昌。避朱輪之大道，植綺疏之閑堂，異仲文之枯槁，有祖雄之芬芳。夫其淑氣回春，條風變節，兔目初窺，鼠耳漸茁。輕如島外殘煙，淡似雲間新月。緑方染兮難就，陰欲簇兮未列。乍上蜂黄，試啼鶯舌。御單袷而朝鶩，進纖羅而晚怯。望微青兮淺黛，已縹緲而堪悦。及其楊花舞雪，榆莢鋪錢，泥融飛燕，沙暖眠鴛。紅雨殘蝴蝶之夢，緑陰老鶻鴣之天。此時柔枝婀娜，缛葉芊緜。籠紅藥於階側，覆碧蕙於欄邊。蔭當廣幕，淨列長筵。棋聲琴韻，瀟灑留連。若乃朱鳥翔，火傘舉，赤坂已焦，温泉沸煮。玄霜未授於金母，冰丸難覓於葛子。怪吴牛之喘月，憫跕鳶之墮水。嘘氣成雲，揮汗若雨。爾乃旁亭橫被，滿院成陰。廊長日少，徑小苔深。侵朱簾而楚楚，泛縹帙而沈沈。若寥寥兮桂宫，似泠泠兮雪峯，坐换姑射之骨，恍乘禦寇之風。聽鳴蟬之疎引，忘烈日之高春。主人乃揮玉麈，坐繩床，品泉而石乳滑，試茗而雲芽香。抛書手倦，脱幘情忘。蘭湯沐罷，晞髪徜徉。却七華與六角，早延爽於清商。又或碧甃浮瓜，冰盤進李，茹以松花，佐以菰米，和槐葉之泠淘，實浣腸而濺齒。窅矣據梧，嗒然隱几。傲枕上之羲皇，覩壺中之天地。既不知黄粱之熟未，又安念南柯之不理。於是兩腋習習，情景相和。慷慨起舞，喜而作歌。歌曰：車馬兮塵浮，褦襶兮可休。吾既幸爲兮散吏，蔭緑槐兮焉求。韓子乃賡曰：日有夏兮，寓有假兮，心灑灑兮，物可化兮，將分蔭於天下兮。

清　竇遴奇《倚雉堂集》卷七《龍爪槐》　園中古槐不記年，蒼蒼黛色匝地旋。虬幹盤鬱作偃蓋，繁枝入夏鳴蜩蟬。緑陰如畫生煙霧，雨濕苔痕聚蝸涎。我聞槐乃上天虚星之精，兔目鼠耳春始生。取火秋間宜燧人，配棘三九位公卿。又聞瘻槐矮槐名多異，未聞龍爪來何自。曲距伸拳勢欲攫，蔭被數舍亦薈蔚。似有蚴蟉龍現形，鱗甲何如牙爪利。更恐乖龍匿其中，驚雷掣電令人悸。樹外主人百尺樓，樹傍池塘有水匯。設茵鋪爛竟日眠，既可幕天復席地，興來酹酒澆樹根。每督園丁時時溉，因念此樹多年紀。童時枝幹已如此，廿年馳驅在四方。園内花木多焚燬，蒼松翠栢遭斧斤，幸爾一株尚不死。我今誅茅治舊圃，見爾有如見桑梓。柳腰合圍悲司馬，竹陰不改歸錢起。吾將浮大白，吸巨觥，婆娑其下，醉歸卧夢，治事南柯隨二吏。

清　梁清遠《祓園集》卷二《雕丘槐》　白晝閒門滿緑陰，小樓深掩對青岑。古槐日有雲霞氣，且可幽人拄笏吟。

清　宫夢僊《槐龍篇並序》（引自《詩觀初集》卷八）　上谷李署之北有三槐，其二古幹修枝相拱立，其一居中央，童童如車蓋，不踰丈高而蔭以庭量，爪牙戟張，奇勢爭出，因名槐龍。見諸吟咏，自山陰徐文長始。或云明毅帝遊幸中涓所植，或云文皇巡朔方，行殿實當槐處，六龍臨之，而槐亦似龍，故名。傍有古方井，泉甘冽。傳聞爲曲甃流觴，後營其地爲官廨。數百年來，此樹婆娑，幾不免仲堪之悲也。嗣詔罷司理守戎，嚴子公偉請署以居，始覩槐龍，大異之。亟芟其蕪，闢其塗，葺甃引泉，盡復舊勝。而又亭其南曰來清軒，其西曰食勝，煙巒映曳，花菓雜植。凡歷涼燠，踰晨夕，無日不與槐相晤對。噫！槐龍之美，殆所云開花建始，結實睢陽者耶！甲辰秋，余自燕出關，公偉招同吴子觀莊、黄子崑瞻觴咏其下，因出和槐龍詩相示，屬余續貂。余無文，勉成二十韻，蓋深恐嬰其鱗，而見嗤于前之風雅諸君子，云：夙駕重關外，言瞻巨鎮雄。山川資壁壘，鎖鑰奠鴻濛。勝蹟多標異，奇觀更不同。因過細柳幕，得仰三槐公。肇駐先朝蹕，傳呼屬國嵩。老枝宜燧火，踈幹逼蒼穹。惕躍存龍性，翱翔擬鳳翀。雲霞千載護，雨露四時通。歲渺青無改，根蟠節愈隆。侵霜金錯落，碎月玉玲瓏。路夾清陰滿，羣遊碧蔭中。越州倡好句，朔塞遡遺風。石甃淵堪挹，苔碑跡未蒙。從來超物表，必自藉神工。蔽芾司刑署，飛揚振武宫。主人眞俊傑，佳氣鬱菁葱。選徑間新搆，規亭拓舊弓。撫軍祇德耀，揖客每春融。縱酒秋槽緑，分題夜蠟紅。飄蓬忻御李，大樹却歌馮。

清　李孚青《野香亭集・庚午稿・槐樹行》　緑槐百尺窻户前，濃陰四散夏亦寒。庭幽當午不見日，清風自至非從天。喜鵲爲巢漸欲成，時向高處聞噪聲。眠醒正愛送竽籟，服食聊且圖身輕。嗚乎！崔鳳閒居惜遲暮，低徊那得生三樹。

又《戊辰稿・題槐樹》　一蓋冥冥即鄧林，步檐垂蔭薄涼侵。鳥聲懊惱春何疾，兔目紛披晝欲陰。把盞不辭晨夕坐，臨風如和短長吟。東陽廢後無聊甚，生意婆娑寄感深。

清　趙士麟《讀書堂綵衣全集》卷三九《百秋詩・秋槐》　蒼蒼老樹長山阿，枝畔時看鳥雀過。零落晨霜堪嘯傲，扶疎月夜任婆娑。栽時豈卜門庭盛，榮後偏欣樾蔭多。最愛冷淘香似雪，更無幽夢到南柯。

清　彭孫遹《松桂堂全集》卷二五《古槐》　槐廳有木木有枝，百餘年物無人知。苦遭霜雪日摧挫，不肯荏苒同凡姿。老龍蜕爪龜裂璺，水中有火心未燼。寄聲爲語殷東陽，莫道婆娑生意盡。

清　熊賜履《經義齋集》卷一七《園林雜咏・槐》　亭槐横老幹，初夏結重陰。蓊鬱花如玖，扶疎莢似金。三株徒見夢，連理亦何心。不是文昌閣，婆娑作苦唫。

清　湯右曾《懷清堂集》卷一六《槐》　與作西清故事傳，槐龍舞翠後堂前。陰濃布葉五六月，椓杙空腔幾百年。樹古幸無人剪伐，地偏不受物糾纏。晚涼風露齋居夜，影在中庭月在天。

又卷一九《槐》　翠作老龍蟠，陰濃六月寒。清心了無夢，不入大槐安。

清　屈復《弱水集》卷九《秋槐》　露滴秋槐老樹根，一枝先掃鳳巢痕。長霄倚月全無影，盡日焚香不返魂。憶折黄花通小院，遥看紅葉隔重門。此情便結三生石，總得春風亦斷猿。

清　李紱《穆堂初稿》卷一四《咏寓庵草木二十一首・槐》　夕陽散危葉，鬖鬖色蘂黄。晝吟感新陰，夏課慚昔忙。孤蟬一何警，蕭然來風篁。

清　趙希璜《四百三十二峯草堂詩鈔》卷一二《槐花》　槐花開徧道周黄，鴻鵠秋風引翩翔。幾見染衣同柳汁，好教憑夢綰金章。南柯欲借一枝老，蕋榜誰呼千佛忙。莫問靈椿與丹桂，先占元吉殿春芳。

清　愛新覺羅・弘曆《清高宗詩三集》卷二《古柯庭》　古槐五百年，幾度荆凡閲。春明跡已邈，淳于夢亦歇。閒庭構其側，几榻皆清絶。樹古庭因古，偶甛輒怡悦。滿院緑瓊陰，一窻黄夾纈。顧竹如得朋，比榆自多潔。壁間逸史畫，室中懸姚綬畫雲根，老樹槎枒，正與古柯寫照。雲東逸史，綬所自號也。早爲傳神設。

清　阮葵生《七録齋詩鈔》卷一〇《老槐》　悄立薙畦側，荒荒起塵礚。此地有高槐，孤圓罩青蓋。直上二千尺，影落高城外。周遭蔭五畝，數里嗅芳馤。夏午坐幽陰，秋宵送爽籟。布席容百人，往往富文會。

清　王汝璧《銅梁山人詩集》卷一〇《居庸集・寓齋雜咏・古槐》　老槐如蒼龍，鬱勃自軒舉。當暑延午陰，停雲逗青雨。

清　劉大紳《寄庵詩文鈔・詩鈔續附》卷五《新槐》　春風娱我，紅紫在人。買惜黄金，簪憐白髮。静對新槐，青青有致。心之所適，輒形於詩：難買西京花一叢，新成槐葉小樓東。淺遮蟻穴窺煙裏，半露烏巢認雨中。碎影細篩春草緑，輕陰斜透夕陽紅。漫天柳絮殊多事，隔斷雲霞望不通。

清　洪亮吉《更生齋集・詩續集》卷八《護生庵古槐歌》　拔地三十尺，腰已將昇天。忽然復下垂，低俯墻及肩。潛虬枯渴思飲泉，頭角下瞰澄潭邊。滿身苔蘚作鱗甲，跨下好花紅欲然。東西一曲復一直，拔地倚天神有力。分枝不宿今世禽，挺榦猶涵古時雪。或者三天虹，下伴虚堂僧。枝梢時死復時活，夜半來剔長明燈。心空骨冷經年載，閲盡枯僧幾人在。終當挾此墻堵飛，激電奔雲走東海。

清　梁同書《頻羅庵遺集》卷一《槐》　午餘風静不生埃，緑暗空庭一樹槐。畢竟爲渠忙未了，可知我亦夢中來。

清　馮雲鵬《掃紅亭吟稿》卷八《古近體詩・咏四季槐》　玉樹青葱秋蕊黄，忽將紫綬换金章。庭前豈獨三株秀，屋角能留四季芳。露浥柔條常掩映，風摇小穗亦飛揚。終年對此堪排遣，不爲科場舉子忙。

清　吴榮光《石雲山人詩集》卷二一《新種雙槐庚子十二月四日》　歸來歲晏卧滄江，爲借清陰拓北窻。暖到土膏將臘八，芳催風信占春雙。頭廳蔭好懷仙籍，馳道花黄憶客幢。從此著書與偕老，南柯無夢蟻爲邦。

清　永珵《詒晉齋集》卷三《槐》　甘泉宫北種，持國寺前栽。取火青林表，開花碧殿隈。似聞惟夢到，頗訝忽神來。手植知陰德，三公應上台。

清　鄧廷楨《雙硯齋詩鈔》卷二《記園中草木一二首・之二》　音聲莫漫憶都堂，長日分陰到曲廊。偏是花黄縈舊夢，少年時節下帷忙。

清　徐榮《懷古田園詩節鈔》卷二《途中咏物二十首・槐》　喝道征人望眼昏，路旁堠子緑雲屯。定知指樹懷吴湊，何必稱公媚長孫。眼底黄花驚昔譃，鄭谷詩：昔年相譃十秋風。夢中紫綬感前恩。祇應常醉南柯下，甲子雌雄莫更論。

清　戴熙《習苦齋詩集》卷八《道旁古槐和兒輩》　矯出長林外，杈枒卧道東。蔭曾三畝覆，腹已百年空。風葉蟬棲遍，苔柯蟻路通。未須憎老醜，幸以不材終。

清　郝懿行《曬書堂集》外集卷上《矮槐賦》　滸水之南，永平之道，厥有樹焉，支離菌蠢，擁腫輪囷。其枝之蜿蟺而上也，如螣蛇踞地，昂首吸氣。其下垂也，如虬龍振鱗，舒爪拏雲，婆娑偃蹇，古怪蒼遒。又如丈人痀僂，齊女宿瘤，盤盤囷囷，矗不知其幾百餘秋。父老告余曰：此矮槐也，相傳宋代所留，而莫詳其所由。余觀夫黛色餐雲，霜皮翻雪，密葉篩風，老柯抱鐵。長條鬖鬖，參軍髯耶？古幹蹇蹇，主簿短耶？抑晏平仲之使狗國，而軀不滿五尺耶？或臧孫紇之似侏儒，而貌乎小丈夫耶？否則爾形不長，而登裴晉公之綠野堂耶？何貌不類於戚施，而傴僂促縮，宛如雞窠之兒？或曰：古有所謂將軍樹者，此殆其奴耳。余曰：否。此蓋智士所以斂其材，而君子所以居於愚。且夫主簿雖短而有筆如椽，平仲五尺而齊國稱賢，臧孫侏儒而智足多焉，裴公寢陋而勳業爛然。但菁華之內抱，奚經麗之外妍。彼龍門之百尺，賴焦尾而後傳。抑豫章之千尋，經斧斵而不完。維茲樹焉，不矜材於羣木，乃終老其天年。異墨家之摩頂，學端木之及肩。樵蘇往來蔭其側，風霜高潔冪其巔。嗟乎！草木何知！

清　戴熙《習苦齋詩集》卷一《古槐行》　道傍高槐勢盤曲，碎花零星綴如粟。客來繫馬夕陽街，滿身濃蔭鋪方褥。濃蔭沈沈生晦冥，兔耳微黃鼠耳青。十樹五樹昔年埃，一株兩株誰氏廳。滄桑轉變無人誌，枝盤鳥雀柯穿蟻。劫燼餘灰知幾時，小碑已蝕隋唐字。野徑蕭蕭風色寒，摩挱擬議龍蛇蟠。誰云材大難爲用，漫摘槐花仔細看。

清　杜堮《遂初草廬詩集》卷一《園中栽小槐兄儔園曰二十年後可讀書秋樹根矣詩以誌之》　雨後新槐葉葉圓，平齊小屋正如船。將贏一日清陰好，更坐西窻二十年。

清　楊芳燦《芙蓉山館全集·詩鈔》卷七《別古槐》　庭西老槐樹，我客君是主。投分忘形骸，不覺十寒暑。夜吟踞孤根，曉吟蔭高枝。十年去如瞥，剩有千篇詩。君材最輪囷，我氣亦斗藪。問君千年來，曾見此客否。秩滿客行去，難忘唯有君。遠夢隔翠雨，離情空碧雲。相對各凄然，客愁主無語。且把訶陵樽，酌君中山醑。低首拜石丈，米顛具衣冠。文饒童子寺，頻報竹平安。今古有情癡，文人同一例。再拜贈君詩，別恨君知未。

清　袁昶《漸西村人初集》卷九《槐》　屋上老槐千龍鱗，夜風霜寒枯欲落。大聲呀豁又微吟，洶洶波濤春枕作。坼茅卷土不肯降，槐距檀攻皆削弱。夢迴酒醒風力微，浩如虛舟絕大壑。九關人寂虎冥冥，起看南枝掛一星。挽著滄江無用處，坐聽雞號霜滿庭。

又《安般簃詩續鈔》丙《墻內老槐》　秋收靈液藏一殼，春弄密葉垂千條。託根雖不得其所，呼吸自透青雲霄。

清　吳重憙《石蓮闇詩》卷六　保陽藩署唐槐，婆娑瑰古，自道光庚戌，隨先君子任即仰攀之，光緒壬寅重膺斯任。昔先君子以十月來臘月交卸，甫兩月。今憙亦以冬月來，正月交卸，亦恰兩月。因用西法，脫槐全影而倩，李君岳星拓而大之，以成此圖，因題于幅。

槐花黃自李唐年，綠滿西南半壁天。兩世未曾承午蔭，且圖節錯與根盤。布散千枝與萬枝，寒鴉曉鵲互棲遲。每看霜露增悲感，十四齡童再到時。

圖表

晉　郭璞《爾雅音圖·釋木》

明 李時珍《本草綱目・圖卷》

明 鮑山《野菜博録》卷四

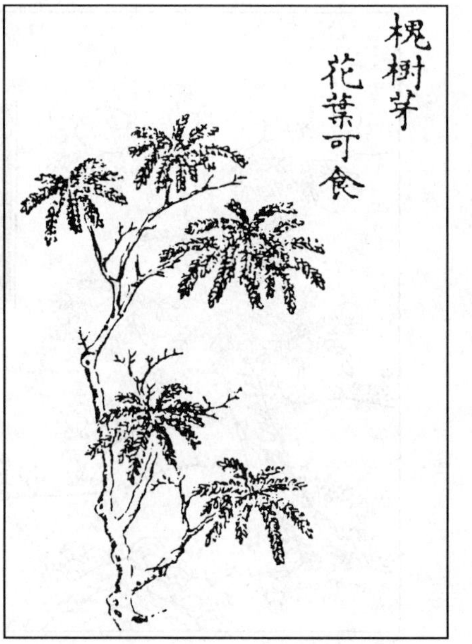

清 吳其濬《植物名實圖考》卷三三《槐》

櫚木

綜述

明 李時珍《本草綱目》卷三五 櫚木《拾遺》 集解：藏器曰：出安南及南海，用作床几，似紫檀而色赤，性堅好。時珍曰：木性堅，紫紅色，亦有花紋者，謂之花櫚木，可作器皿、扇骨諸物。俗作花梨，誤矣。

清 嵇璜《續通志》卷一七六 櫚木，性堅，紫紅色，有花文者謂之花櫚木，可作器物。

清 吳其濬《植物名實圖考》卷三五《櫚木》 櫚木，《本草拾遺》始著録。俗呼花梨木。《南城縣志》：東西鄉間有之，不宜爲枕，令人頭痛。

圖表

明 李時珍《本草綱目・圖卷》

清 吳其濬《植物名實圖考》卷三五《櫚木》

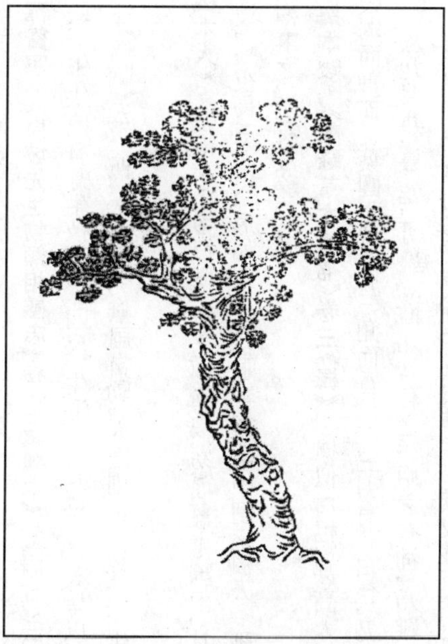

楓

論説

宋 陸佃《埤雅》卷一三《楓》 《釋木》云：楓，欇欇。楓似白楊，有脂而香，今之香楓是也。木，厚葉弱枝善摇，故字從風，作音從風也。葉作三脊，霜後色丹，所謂丹楓。其材可以爲式，《兵法》曰『楓天棗地，置之槽則馬駭，置之轍則車覆』是也。舊説楓之有瘿者，風神居之，夜遇暴雷驟雨，則暗長數尺，謂之楓人。天旱以泥封之，即雨。故造式者以爲蓋，又以大霆擊棗木載之，所謂『楓天棗地』。蓋其風雷之靈在焉，故能使馬駭車覆也。古者王禁被以楓槐，外朝之位樹九棘焉。楓尊棗卑，故式覆以風楓，載以雷棗。賦曰：蘭若充庭，槐楓被宸。此之謂也。

宋 羅願《爾雅翼》卷一一《楓》 楓似白楊，甚高大，厚葉弱枝而善搖。葉圓而歧，霜後丹色可愛。字從風。又《釋木》：楓，欇欇。說者曰：天風則鳴，故曰欇欇。或云：無風自動，有風則止。按《說文》：木葉搖白謂之欇。則欇與風同義矣。《招魂》云：湛湛江水兮上有楓，目極千里兮傷春心。至漢，宮殿中多植之。魏景《福殿賦》猶稱『槐楓被宸』。考漢故事也，有寄生枝，高三四尺，生毛，一名楓子。天旱以泥泥之，即雨。或云樹老有癭瘤，忽遇暴雷驟雨，癭上聳出一枝，一夜暗出三五尺，形如人鬼，口眼備，南中謂之楓人，亦謂之靈楓，越人以計取爲神事之。舊説云黄帝殺蚩尤於黎山之上，擲其械於大荒之中，朱山之上，化爲楓木之林。此猶夸父之杖棄爲鄧林也。其子可以爲式，式局以楓木爲天，棗心爲地。其脂甚香，謂之楓香脂，一名白膠香，入地千歲則爲琥珀。楓上有菌，食之令人善笑不止。

明　何三畏《新刻何氏類鎔》卷三一《楓》　楓樹大至數圍，高亦數丈，有幹而聳，有脂而香。石徑雲中坐看風林之晚，長江水上喜看煙樹之深。烏叫猿啼，忽來遠徑飄狂葉；山寒露冷，爭渡行人簇暮沙。故一夕高飈而千林亂墜，亦其時序然矣。在昔黄帝殺蚩尤，其械盡棄于大荒，化爲楓木；五嶺多雷雨，其枝暗長于一夜，謂之楓人。江南有寄生之高枝，故楓子取材于車式；霜後有可愛之丹色，故楓林發咏于騷壇。楓在巖穴間，謂之楓谷；楓在殿庭内，謂之楓宸。或遇天風而自鳴，有馬駭奔其下；曾聞鳳鳥之來集，有烏環列其傍。楓樹之在山也，百年則生瘤癭；楓脂之入地也，千歲則成琥珀。泥封樹杪，能祈久旱之霖；葉灑帆前，堪作遠行之别。老楓久能仙去，忽化羽人；靈楓幻作人形，渾疑鬼物。若烏傷陳氏之女，倚楓樹爲神。臨訣時有左蒼右黄之語，而其家春秋時每從樹下以蒼狗黄犬設祀者，亦足異哉！

清　愛新覺羅・玄燁《清聖祖文第四集》卷三〇《棕樹》　楓樹南北不同，北方原無楓樹之名，自南巡見楓樹，方知北方之棕木，即是楓樹。但南方厥木惟喬，所以直生，北方厥木惟叢，故矮短耳。其枝葉則相同也。

綜　述

《爾雅・釋木》　楓，欇欇。注：楓樹似白楊，葉圓而岐，有脂而香，今之楓香是。音義【略】疏：《説文》云：楓，木，厚葉弱枝善摇，一名欇欇。郭云：楓樹似白楊，葉圓而岐，有脂而香，今之楓香是。案《本草唐本注》云：樹高大，葉三角，商洛之間多有之是也。又《山海・南荒經》云：有宋山者，木生山上，名曰楓木。楓木，蚩尤所棄其桎梏，是謂楓木，注云即今楓香樹也。

漢　許慎《説文》卷六　楓，木也。厚葉弱枝善摇，一名欇。从木，風聲。方戎切。

晉　嵇含《南方草木狀》卷中　楓人，五嶺之間多楓木，歲久則生瘤癭，一夕遇暴雷驟雨，其樹贅暗長三五尺，謂之楓人。越巫取之作術，有通神之驗。取之不以法，則能化去。楓香樹，似白楊，葉圓而歧分，有脂而香。其子大如鴨卵。二月華發，乃著實。八九月熟，曝乾，可燒。惟九眞郡有之。

唐　段成式《酉陽雜俎續集》卷一〇　楓樹，子大如雞卵。二月華已，乃著實。八九月熟，曝乾，燒之香馥。

宋　釋贊寧《東坡先生物類相感志》卷一三《楓木》　《爾雅》云：楓，欇欇。孫炎云：生江南，有寄生枝，高三四尺，生毛，一名楓子。天旱以泥泥之，即雨。又注《楓賦》云：楓，木，葉厚，無風自動，天雨則止。經云：蚩棄桎梏而化之。

又《楓木人》　嶺南諸山多楓樹，樹老則瘤癭，忽遇暴雷驟雨，其樹贅上則聳出一枝，一夜長三五尺，形如人鬼，口眼畢備，南中謂之楓人。越巫以計取之爲鬼神事之，頗有靈驗。

明　屠本畯《離騷草木疏補》卷三《楓》　楓似白楊，甚高大，木肌理硬，葉厚枝弱而善摇。葉圓作岐，有三角而香。二三月有花白色，乃連著實，大如鴨卵。八九月熟，暴乾，可燒。惟九眞有之。用之有神，乃難得之物。其脂甚香，謂之楓香，又名白膠香，入地千歲爲琥珀。其皮性澁，止水痢。至霜後，丹色可愛。楓上有苗，食之令人笑不止。

明 李時珍《本草綱目》卷三四 楓香脂《唐本草》 釋名：白膠香。時珍曰：楓樹枝弱善摇，故字從風，俗呼香楓。《金光明經》謂其香爲須薩折羅婆香。頌曰：《爾雅》謂楓爲攝攝，言風至則攝攝而鳴也。梵書謂之薩闍羅婆香。集解：恭曰：楓香脂，所在大山中皆有之。頌曰：今南方及關陝甚多。樹甚高大，似白楊，葉圓而作岐，有三角而香。二月有花白色，乃連着實，大如鴨卵。八月、九月熟時，暴乾可燒。《南方草木狀》云：楓實惟九眞有之，用之有神，乃難得之物。其脂爲白膠香，五月斫爲坎，十一月采之。《説文解字》云：楓，木厚，葉弱，枝善摇。漢宫殿中多植之，至霜後葉丹可愛，故稱楓宸。任昉《述異記》云：南中有楓子鬼，木之老者爲人形，亦呼爲靈楓，蓋瘤癭也。至今越巫有得之者，以雕刻鬼神，可致靈異。保昇曰：王瓘《軒轅本紀》云：黄帝殺蚩尤於黎山之丘，擲其械於大荒之中，化爲楓木之林。《爾雅》注云：其脂入地，千年爲琥珀。時珍曰：楓木枝幹修聳，大者連數圍。其木甚堅，有赤有白，白者細膩。其實成毬，有柔刺。嵇含言楓實惟出九眞者，不知即此楓否？孫炎《爾雅正義》云：楓子鬼乃攝木上寄生枝，高三四尺，天旱以泥塗之，即雨也。荀伯子《臨川記》云：嶺南楓木歲久生瘤如人形，遇暴雷驟雨則暗長三五尺，謂之楓人。宋齊丘《化書》云：老楓化爲羽人。數説不同，大抵癭瘤之説，猶有理也。

明 慎懋官《華夷花木鳥獸珍玩考》卷一《楓》 《説文》：木厚，葉弱，枝善摇，一名攝攝，似白楊。有脂而香者，謂之香楓，其脂名楓香。楓樹菌，食之令人笑不止，惟飲土漿皆差。廣西南寧府所屬有横州，其地楓始生，葉有蟲食之，蟲形似蠶而赤黑，四月間熟，亦如蠶之將絲，州人擘取其絲，光明如琴絃，海濱蜑人鬻之作釣緡，甚適於用。謨按：楓木連抱大者甚多，並結毬而不結子，《本經》以爲大楓。子内附但載主治餘無一言，誠可怪也。今詢市家所得，咸云海舶貿來，疑必外番楓木别有一種生者，不然何獨指此爲名，而不言他木耶？姑述之，以俟識者再教。

明 穆希文《説原》卷一二 楓似白楊，厚葉弱枝而善摇，葉圓而岐，霜後丹色。樹老有癭瘤，遇暴雷而癭上聳出一枝，一夜暗長三四尺，形如人鬼，口眼俱備，謂之楓人。越人以計取爲神事之。其脂甚香，一名白膠香，入地千歲則爲琥珀。楓上有菌，食之令人善笑不止，呼爲烏桕。

清 高士奇《北墅抱甕録・楓》 楓，葉三脊，霜過色丹，其脂香濃，可爇以辟蠹。與桕、柹、銀杏等樹同栽，秋色滿林，有鋪錦列繡之目。草堂墻角一株，高五六丈，修枝遠引，老葉易酡，獨擅勝致。

清 陳淏子《秘傳花鏡》卷三《花木類考・楓》 楓，一名欇，香木也。其樹最高大，似白楊而堅，可作棟梁之材。葉小，有三尖角，枝弱善摇。二月開白花，旋即着實，圓如龍眼，上有芒刺，不但不可食，且不中看，惟焚作香。其脂名白膠香。一經霜後，葉盡皆赤，故名丹楓，秋色之最佳者。漢時殿前皆植楓，故人號帝居爲楓宸。一云楓脂入地千年，即成琥珀。又有一種小楓樹，高止尺許，老幹可作盆玩。

清 張逸少《佩文齋廣羣芳譜》卷七五《木譜・楓》 楓，一名香楓，一名靈楓，一名攝攝。《爾雅》云：楓，攝攝。《漢書注》云：天風則鳴，故曰攝。江南及關陝甚多。樹高大似白楊，枝葉修聳，木最堅。有赤、白二種，白者木理細膩，葉圓而作岐，有三角而香，霜後丹。二月開白花，旋著實成毬，有柔刺，大如鴨卵。八九月熟，曝乾，可燒。

清 張宗法《三農紀》卷一六《林屬・楓》 郭璞云：木高大，葉似白楊，圓而岐，秋後色丹，生脂而香，入土千年化爲琥珀。二月開白花，旋着實成毬，有柔刺，大如鴨卵，八九月熟，曝乾，燒其脂爲膠。《述異記》云：南中有老楓，生癭瘤，狀若人形，遇暴露驟雨，暗長爲之楓人，故云老楓化爲羽人。越巫得之，刊鐫鬼神，可致靈異。其葉善摇，故《草木狀》名攝，攝乃楓之名所由也。風能變化，其木有靈，是以楓從之。

清 吴其濬《植物名實圖考》卷三五《楓》 楓，《爾雅》：楓，欇欇。楓香脂，《唐本草》始著録。楓子如梂。《南方草木狀》謂楓實有神，乃難得之物，恐涉附會。江南凡樹葉有叉歧者，多呼爲楓，不盡同類。

紀事

南朝梁 任昉《述異記》卷下 南中有楓子鬼，楓木之老者爲人形，亦呼爲靈楓焉。

南朝梁 蕭子顯《南齊書》卷一八《祥瑞志》 建元二年九月，有司奏上虞縣楓樹連理，兩根相去九尺，雙株均聳，去地九尺，合成一幹。故鄣縣楓樹連理，兩株相去七尺，大八圍，去地一丈，仍相合爲樹，泯如一木。

元　脱脱《宋史》卷六五《五行志》　［政和三年七月］南雄州楓木連理。

明　慎懋官《華夷花木鳥獸珍玩考》卷一《爨杖楓》　在黄梅縣西之東禪寺，有老楓樹數株柯生。常云是六祖禪師插爨杖所生。今止存一株，在寺前。

又《楓生人》　江東、江西山中，多有楓木人於楓樹下生，似人形，長三四尺，夜雷雨即長與樹齊，見人即縮依舊。曾有人合笠於明日看，笠子掛在樹頭上。旱時欲雨，以竹束其頭禊之，即雨。人取以爲式盤，極神驗，『楓木棗地』是也。

明　黄奂《黄玄龍先生小品・偶載・奇樹》　建平縣南四十里王氏莊前有楓樹，初生三尺許，即岐爲兩幹，稍稍向外，如是二尺許，復稍稍向内，合爲一，上下皆一幹，獨其中成圜竅，人因名鴛鴦楓。其家伐爲薪，隨就根腹復抽一枝，其分合成圜亦如前。又夏氏墓有橡樹二株，相隔七尺，初從近根處横生一枝，直與彼根相接，既從七八尺高處復横一枝，亦與彼株接，膠合無痕，莫辨所自生處。二樹一成圓竅，一成方空，皆奇物。又鴛鴦楓側生竹一本，出土二尺許，即作兩幹，相扶而上，高二丈餘，人亦稱合歡竹。縣北三十里岑氏有古桂樹，清陰婆娑，可蔭數屋。花時香聞數里，四面垂枝如幕，直與地接。主人剪其一面若洞門然，客俯首從此入，中可設數席，密葉蔽虧，留香不散，夜深無風露侵，飲者達旦忘返焉。

藝文

南朝梁　蕭綱《詠疏楓》（引自《藝文類聚》卷八九）　萎緑映葭青，疏紅分浪白。花葉灑行舟，仍持送遠客。

唐　姚合《姚少監詩集》卷七《楓林堰》　森森楓樹林，護此石門堰。杏隄數里餘，楓影覆亦徧。鸕鷀與釣童，質異同所願。

宋　文同《丹淵集》卷一八《紅樹》　萬葉驚風盡卷收，獨餘紅樹擬禁秋。已疑斷燒生前嶺，更共殘霞入遠樓。楓岸最深霜未落，柿園渾變雨初休。勸君莫上青山道，粧點行人分外愁。

宋　舒岳祥《閬風集》卷八《楓樹》　屈原廟外千株碧，高帝祠前萬葉紅。楚尾吴頭風景在，片帆不復更西東。

明　王思任《謔庵文飯小品》卷二《楓坐》　霜淨天空山翠高，仙居受饗亦全叨。朱砂萬斛隨君噉，滴盡楓林結蟹膏。

明　錢文薦《楓賦》（引自《歷代賦彙補遺》卷一五）　煙波釣徒張志和，初在母腹，母夢楓生腹上，乃産志和，故志和生而愛楓。若乃楓之爲物，隨地而植，遇風則鳴，經寒始謝，得氣復萌。方抽則嫩姿淺淡，迨盛則密蔭沈凝。脂帶香其馥郁，葉映水以凄清。豈蚩尤之變化，或神女乎依憑？對窮愁而撫景，鬬離别以有情。及夫金飈漸厲，玉露初結，芳草既腓，豐茨亦折。何肅氣之遷染，似病容之悲切。始色改而呈斑，終淚凝而點血。則有分司貴客，作賦名家。形牽紱冕，志放煙霞。撥冗日暮，尋幽路遐。乍感蕭索，轉覺繁華。詩曰：停車坐愛楓林晚，霜葉紅於二月花。於是煙波釣徒繫舴艋，釋綸竿，脱莎衣，掛簦冠。憩黏苔之白石，憑拂衣之朱欄，持消憂之爵斝，進飫口之魚餐。瞻晚景以容與，玩霜樹而盤桓。本無取於榮豔，更何計夫雕殘，遂拾紅葉而書之。此地天台，其人仙子，流水幾曲，桃花數里，不然何凛戾之已交，猶芳非之未委。平泉李德裕聞而歎曰：肅肅江楓最清絶兮，無華可採實堪擷兮，偏與幽人相娱悦兮，怪彼名圃芳樹列兮，豈不殊麗風韻缺兮，何況紅葩耀霜節兮，始信涼冷勝煩熱兮，予猶涉世愧明哲兮。

清　陸世儀《桴亭先生詩集》卷三《楓葉》　萬木皆摇落，丹楓獨赭然。亦知秋氣改，聊以醉爲天。

清　路傳經《曠觀樓詞・醉太平・丹楓》　秋深霜厚，楓林染就。渾疑是桃花源口，見捕魚人否。　雨淋風打顔依舊，伴天半朱霞覆。遶遍山前猩血透，到昏黄如晝。

清　愛新覺羅・弘曆《清高宗詩初集》卷一一《楓》　翠屏開列幛，極目愛丹楓。萬縷霞輪爛，千林秋染紅。傍巖明夕照，臨水韻金風。瀟灑寒臯暮，詩情訝許同。

又卷一六《楓》　乍見新紅三五枝，停鞭還爲立移時。吟丹自我償詩債，近作有『楓林槲阪遅詩約，塞上重吟一片丹』之句。突緑看伊入畫姿。松栢有心原共秀，李桃無色敢爭奇。千秋知己應誰是，衹有司勳杜牧之。

匪同烏鵲歎無枝，一例寒林却耐時。絶勝衰楊翻葉態，還如老菊傲霜姿。嫣紅不數江花好，頳紫惟應塞樹奇。自是山靈儀衛肅，樵蘓誰得斧斯之。

又《詠楓再疊前韻》 朔地依然越鳥枝，恍如霜落洞庭時。滑稽重憶吴江句，衰謝誰知漢苑姿。百歲爲人應是幻，千年成虎已標奇。丹青天巧能渲染，不藉名工顧愷之。

最喜重吟絳雪枝，酣紅猶讓昔年時。詎因改緑訾無節，却爲施朱發妙姿。平抹如看霞外影，常酡似飲米中奇。千林秋色知多少，欲向山靈一問之。

又卷四三《楓》 邇日晨霜重，巖楓盡作丹。樹中傳正色，塞外識金官。照日疑霞爛，經風惜露殘。林深鹿呼侶，枝静鳥梳翰。變幻煙雲狀，繽紛錦繡團。山靈工點綴，正及鞸鞭看。

又《清高宗詩三集》卷三三《古今體一百二十七首·秋山四詠·楓》

頳峯鋪嶺猶青翠，色與平林了不殊。稍待染成紅數點，始知格調有高孤。

清 祁寯藻《饅䜊亭集》卷二七《禁中楓樹》 東堂堂後丹楓樹，三見清霜送素秋。温室不言長耿耿，寒花相對故悠悠。登高久負重陽節，歸沐頻叨五日休。頃奉旨五日入直，五日留署。忽憶吴江舊詩句，斷林斜日在扁舟。

圖表

晉 郭璞《爾雅音圖·釋木》

明 李時珍《本草綱目·圖卷》

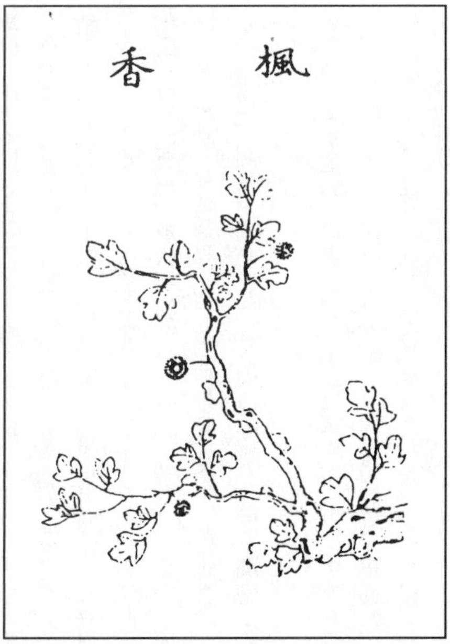

清　吴其濬　《植物名實圖考》卷三五《楓》

欒

綜　述

漢　許慎　《説文》卷六　欒，木似欄。从木，䜌聲。《禮》：天子樹松，諸侯柏，大夫欒，士楊。洛官切。

宋　沈括　《夢溪筆談・補筆談》卷下　欒有一種，樹生，其實可作數珠者，謂之木欒，即《本草》欒花是也；叢生，可爲枝捶者，謂之木欒，又名黄荆，即《本草》牡荆是也。此兩種之外，唐人《補本草》又有紫荆一條，遂與二欒相亂。欒花出《神農正經》，牡荆見于《前漢・郊祀志》，從來甚久。欒荆特出唐人新附，自是一物，非古人所謂欒荆也。

宋　寇宗奭　《本草衍義》卷一五　欒華，今長安山中亦有。其子即謂之木欒子，攜至京都爲數珠，未見其入藥。

宋　戴侗　《六書故》卷二一　欒，盧丸切。《説文》曰：木似欄。按《説文》無欄字。《白虎通》曰：天子樹松，諸侯伯、大夫欒，士槐。《本草》：欒木似木堇而細，華黄似槐而稍長大，子殼似酸漿，中有實如椀豆，堅硬圓黑，堪爲數珠。沈存中云：一種樹生，實可爲數珠，謂之木欒，《本草》所謂欒也。黄荆亦謂之土欒。《本草》又有欒荆。按：晉有欒氏。又《詩》云：棘人欒欒兮。毛氏曰：瘠貌。又《考工記》曰：鍾兩角謂之欒。又左思賦：欒櫨疊栱。注：欒，曲枅也。又曰：雕欒鏤楶。注：欒，拱也。張平子賦：結重欒以相承。謂栱者是。又借爲團欒。俗語團欒、突欒，皆合之爲團也。

明　李時珍　《本草綱目》卷三五　欒華《本經》下品　集解：《别録》曰：欒華生漢中川谷，五月採。恭曰：此樹葉似木槿而薄細，花黄似槐而稍長大。子殼似酸漿，其中有實如熟豌豆，圓黑堅硬，堪爲數珠者是也。五月、六月花可收，南人以染黄，甚鮮明。又以療目赤爛。頌曰：今南方及汴中園圃間或有之。宗奭曰：長安山中亦有之。其子謂之木欒子，携至京都爲數珠，未見入藥。

明　鮑山　《野菜博録》卷四　欒華木，一名賽木槿，生山谷中。樹頗高大，樹葉俱似木槿樹葉，開花似槐花，黄色，味苦，性寒，無毒。

食法：採花、嫩葉煠熟，油鹽調食。

清　吴其濬　《植物名實圖考》卷三七《欒華》　欒華，《本經》下品。《救荒本草》：木欒生密縣山谷中，樹高丈餘，葉似楝葉而寬大稍薄，開淡黄花，結薄殼，中有子如豌豆，烏黑色，人多摘取作數珠。葉味淡甜，採嫩芽煠熟，換水浸，淘淨，油鹽調食。按：山西亦多有之，俗訛作木蘭。《通志》：木蘭，叢生谷岸，葉可染皂，晉人名黑葉子。春初採芽作茹，名木蘭芽。又《長治縣志》：栐，即木蘭。考《集韻》：栐，木名，可爲笏。此木皮赭質白，自可作笏。而黑葉子則染肆用之如皂斗。《説文》：欒，木似欄。段氏注：欄，今之楝字。欒之似楝，其説古矣。西音爲蘭，亦古韻也。

圖表

明 李時珍《本草綱目·圖卷》

明 鮑山《野菜博録》卷四

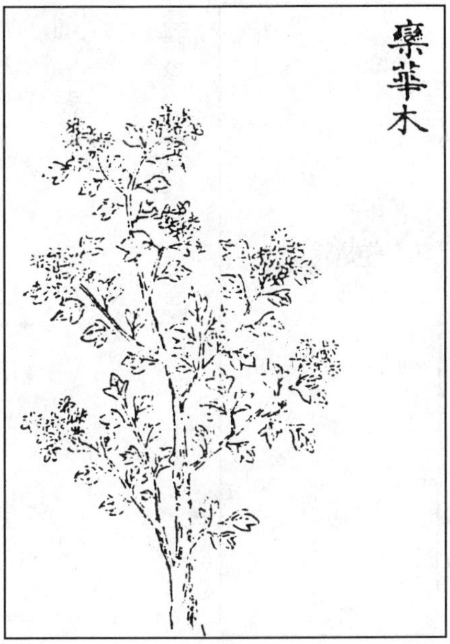

清 吳其濬《植物名實圖考木類卷》卷三七《欒華》

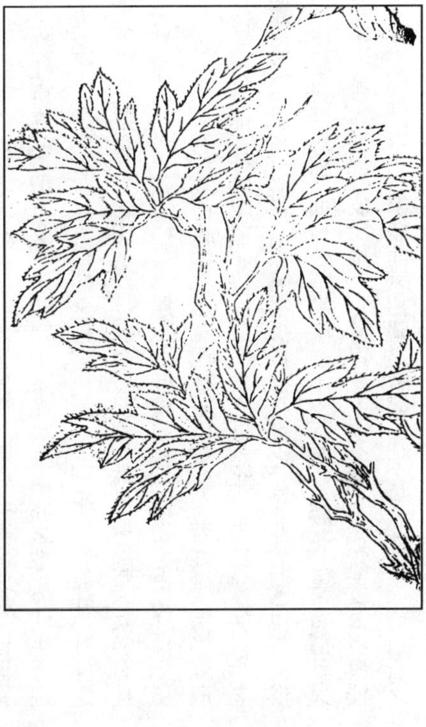

楤木

綜述

明 李時珍《本草綱目》卷三六 楤木音忽。《拾遺》 集解：《藏器》曰：生江南山谷，高丈餘，直上無枝，莖上有刺。山人折取頭茹食，謂之吻頭。時珍曰：辛山中亦有之。樹頂生葉，山人采食，謂之鵲不踏，以其多刺而無枝故也。

清 嵇璜《續通志》卷一七六 楤木，一名鵲不踏，以其多刺而無枝也。樹頂生葉，山人採食，謂之吻頭。

圖表

明 李時珍《本草綱目・圖卷》

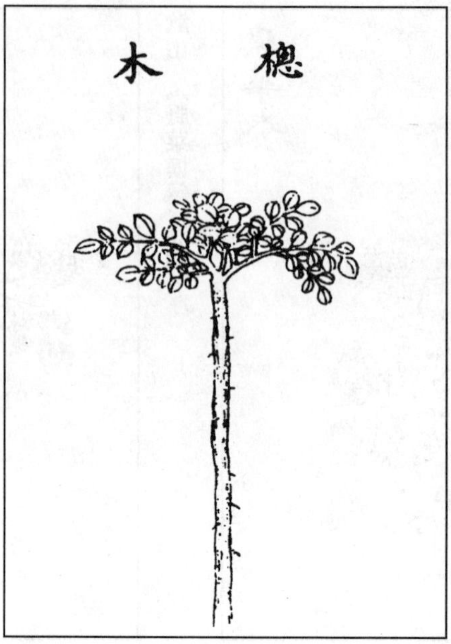

桂 木犀

論說

宋 陸佃《埤雅》卷一四《桂》 蘇秦曰：楚國食貴於玉，薪貴於桂。謁者難見於鬼，王難見於帝。蓋桂，藥之長也。凡木，葉皆一脊，惟桂三脊。桂之輩三：一曰菌桂，葉似柿葉而尖滑鮮淨，《蜀都賦》所謂『菌桂臨崖』者，即此桂也。二曰牡桂，葉似枇杷而大，《爾雅》所謂『梫，木桂』者，即此桂也。菌桂無骨，正圓如竹，故此云木桂也。三曰桂，舊云『葉如柏葉』者，即此桂也。皆生南海山谷間，冬夏常青，故桂林、桂嶺皆以桂爲名也。《本草》言桂宣導百藥，無所畏。又云菌桂爲諸藥先聘通使，故《説文》以爲百藥之長也。《莊子》曰：桂可食，故伐之；漆可用，故割之。言此皆以其能苦其生者也。桂猶圭也，久服通神。若服以祀，宣道諸藥，爲之先聘。若執以使，又謂之梫，能侵他木斃之。《談苑》記江南後主患清暑閣前草生，徐鍇令以桂屑布磚縫，中宿，草盡死。《吕氏春秋》云：桂枝之下無雜木。蓋桂味辛螫故也。然桂之殺草木，自是其性，不爲辛螫也。《雷公炮炙論》云：以桂爲丁，以釘木中，其木即死。一丁至微，未必能螫大木，自其性相制爾。《越絶書》曰：人固不同，慧種生聖，癡種生狂。桂實生桂，桐實生桐。以鯀生禹考之，殆不然矣。《異書》云：月中有桂，下有一人常斫之，木瘡隨合。

明 陳師《禪寄筆談》卷七 桂有桂樹之桂，有桂花之桂。桂樹則《楚辭》桂酒、箘桂之類，即今醫家所用，取其氣味辛辣，乃用其皮也。桂花之桂，則詩詞所言，今人家所植，取其香氣馥烈，乃尚其花也。然二桂種類，亦自各别。今類所載，通不分别，殊失之矣。

明 何三畏《新刻何氏類鎔》卷三一《桂》 桂生泰山之北，亦在賁禺之東。上爲甘露所沾，下爲淵泉所潤。歲餘雖凋晚葉，年至忽長新圍。桂之味辛，其下曾無雜木；桂之實赤，其上常集彩鸞。闇河之紫桂成林，皆標異色；龍門之紅桂挺秀，獨擅芳姿。朱桂樹于靈光黝儵南北之地，叢桂生于别墅紛披小大之山。岱與有丹桂、白桂之枝，百尋直上；平泉有眞桂、牡桂之本，羣卉謝榮。漢時芳林苑之中，有桂婆娑而成列；林邑城隍塹之外，有桂參錯而際天。原夫王母之來壽靈壇，風至而桂枝自拂；武帝之御凌波殿，風來而桂柱自香。天台有桂嶺以凌霜，孝宣起桂臺以望氣。若九微之燈，惟取桂膏，燃之以照夜；即羣仙之餌，常採桂實，食之以延年。吴猛之過石梁，老翁盛丹桂露與之；袁高之遊杼山，陸羽折青桂花寄之，良非偶而已也。世俗傳蟾宫月中之影爲婆羅樹，而白公稱靈隱寺中之種爲紫陽花。幸當清秋之時，徧布黄金之粟。或拾桂皮于地下，或落桂子于天邊。倘如離婁公者餌桂而得長生之訣，如淮南王者攀桂而賦招隱之辭，斯亦不負此桂矣。望白石之山高，而八桂森挺；羨靈椿之枝老，而五桂留芳。疢疾可防，則芝桂備籠中之藥；天帝可見，則薪桂干謁者之門。人有造舟者，以文桂爲航客；有學釣者，以香桂爲餌。尉佗之所獻者，桂蠹一器；郄詵之所占者，桂林一枝。

清 黄叔琳《硯北雜録》卷一五《桂》 《南園漫録》云：桂有桂樹之桂，有桂花之桂。桂樹則《楚詞》桂、酒菌桂之類，今醫藥所用，取其氣味甘辛，乃用其皮也。桂花之桂，則詩詞所言，今人家園囿所植，取其香氣郁烈，乃尚其花也。類書所載，皆未別白，雖《白孔六帖》亦然。

綜述

《爾雅·釋木》 梫，木桂。注：今南人呼桂厚皮者爲木桂。桂樹葉似枇杷而大，白華，華而不著子，叢生巖嶺，枝葉冬夏常青，間無雜木。音義：梫，《字林》音寢，郭音浸，或初林反，一音侵。枇，房私反，又音毗。杷，步巴反。著，丁略反，又直略反。疏：梫，一名木桂。郭云：今南人呼桂厚皮者爲木桂。桂樹葉似枇杷而大，白華，華而不著子，叢生巖嶺，枝葉冬夏常青，間無雜木。案：《本草》謂之牡桂者是也。

漢 許慎《説文》卷六 梫，桂也。从木，侵省聲。七荏切。桂，江南木，百藥之長。从木，圭聲。古惠切。

晉 嵇含《南方草木狀》卷中 桂出合浦，生必以高山之巔，冬夏常青，其類自爲，林間無雜樹。交趾置桂園。桂有三種，葉如柏葉，皮赤者爲丹桂，葉似柿葉者爲菌桂，其葉似枇杷葉者爲牡桂。《三輔黄圖》曰：甘泉宫南有昆明池，池中有靈波殿，以桂爲柱，風來自香。

唐 段成式《酉陽雜俎續集》卷九 月桂，葉如桂，花淺黄色，四瓣，青蘂，花盛發如柿葉，蔕稜。出蔣山。牡桂，葉大如苦竹葉，葉中一脈如筆跡。花蔕葉三瓣，瓣端分爲兩岐，其表色淺黄，近岐淺紅色。花六瓣，色白，心凸起如荔枝，其色紫。出婺州山中。

宋 張邦基《墨莊漫録》卷八 木犀花，江浙多有之，清芬漚鬱，餘花所不及也。一種色黄深而花大者，香尤烈。一種色白淺而花小者，香短。清曉朔風，香來鼻觀，眞天芬仙馥也。湖南呼九里香，江東曰岩桂，浙人曰木犀，以木紋理如犀也。然古人殊無題詠，不知舊何名。故張芸叟詩云：竚馬欲尋無路入，問僧曾折不知名。蓋謂是也。王以寧《周士道中聞九里香花》詩云：不見江梅三百日，聲斷紫簫愁夢長。何許緑裙紅帔客，御風來獻返魂香。近人採花蘂以薰蒸，諸香殊有典刑。山僧以花半開香正濃時，就枝頭採擷取之，以女貞樹子俗呼冬青者，搗裂其汁，微用拌其花，入有釉磁瓶中，以厚紙冪之，至無花時於密室中取置盤中，其香裛裛中人如秋開時，後入器藏，可留久也。樹之幹大者，可以旋爲盂合、茶托種種器用，以淡金漆飾之，殊可佳也。

宋 羅願《爾雅翼》卷一二《桂》 桂，江南木，百藥之長。屈原《遠遊》曰：嘉南州之炎德兮，麗桂樹之冬榮。《周書·王會》：自深桂。《山海經》：桂林八樹，在番隅東。招摇、皐塗之山多桂。《本草》：桂有三種。菌桂生交趾、桂林，正圓如竹，有二三重者，葉似柿，花白蘂黄，四月開，五月結實，《離騷》『雜申椒與菌桂』、『矯菌桂以紉蕙』是也。今有筒桂，筒、菌字近，或傳寫之誤，或云即肉桂也。牡桂生南海，葉似枇杷，皮薄色黄，少脂肉，氣如木蘭，削去皮名桂心，所謂官桂也。桂生桂陽，是半卷多脂者，所謂板桂也。陳藏器云：同是一物。《爾雅》但言：梫，木桂。郭璞云：南人呼桂厚皮者爲木桂。蘇恭謂牡桂，即木桂及單名桂者是也。《廣志》曰：桂出合浦，而生必於高山之巔，冬夏常青。《尸子》乃云：春華秋英曰桂。《吴都賦》云：丹桂灌叢。古者薑桂爲燕食庶羞，和之美者，招摇之桂，切桂置酒中，謂之桂酒。《列仙》有桂父服桂葉，以龜腦和之。《吕氏春秋》云：桂枝之下無雜木，辛螫故也。南越有桂蠹，此蟲食桂，味辛，漬以蜜食之。漢常以獻陵廟，載以赤轂小車。《春秋運斗樞》曰：椒桂連名士起。

宋 高似孫《緯略》卷一一《八桂》 孫綽《天台賦》曰：八桂挺森以凌霜，五芝含秀而晨敷。李善注引《山海經》曰：桂林八樹，在賁隅東。所謂賁隅東者，招摇之山也。五芝在天台，固自有之，不應八桂，遠取招摇之山。按《臨海記》曰：白石之山，望之如雪，山有湖。《傳》云：金鵞之所，集八桂之所植。又《地理記》曰：天台山有八桂嶺，此尤曉然。梁褚澐詩：誰謂重三珠，終焉競八桂。張九齡詩：分庭八桂樹，肅客兩童子。盧綸詩：玉壇標八桂，金井識雙桐。皆用八桂事也。

宋　范成大《桂海虞衡志·志草木》　桂，南方奇木，上藥也。桂林以桂名地，實不産，而出於賓、宜州。凡木，葉心皆一縱理，獨桂有兩紋，形如圭，製字者意或出此。葉味辛甘，與皮無别，而加芳美，人喜咀嚼之。

宋　戴侗《六書故》卷二一　桂　**桂**，古惠切。桂生嶺南，百藥之長。《爾雅》曰：梫，木桂。郭景純曰：今南人呼厚皮者爲木桂。桂葉似枇杷而大，白華，不著子，叢生巖嶺，冬夏常青。《本草》謂之牡桂。按《本草》：欽、韶諸州所産，凡三種。三、四月華，全類茱萸，九月成實，今人多以爲籩實。梫木如石榴，葉細，高丈餘，四月華，如雲生。江東今人又以木犀爲桂，謂月中景爲桂樹。進士至以中禮部第爲折桂，此固俚俗之論，不知木犀何以名桂也？

元　陳秀民《東坡詩話録》卷上　天竺桂花，秋來特盛。非必種出月中，蓋以地氣使然也。子瞻《中秋分桂賜楊元素》詩云：月缺霜濃細蘂乾，此花元屬桂花仙。鷲峯子落驚前夜，蟾窟枝空記昔年。破裓山僧憐耿介，練裙溪女鬬清妍。願公採擷紉幽佩，莫遣孤芳老澗邊。

明　李時珍《本草綱目》卷三四　桂《别録》上品　牡桂《本經》上品　釋名：梫。音寑。時珍曰：按范成大《桂海志》云：凡木葉心皆一縱理，獨桂有兩道如圭形，故字從圭。陸佃《埤雅》云：桂猶圭也。宣導百藥，爲之先聘通使，如執圭之使也。《爾雅》謂之梫者，能梫害他木也。故《吕氏春秋》云：桂枝之下無雜木。《雷公炮炙論》云『桂釘木根，其木即死』是也。桂即牡桂之厚而辛烈者，牡桂即桂之薄而味淡者，《别録》不當重出。今併爲一，而分目於下。集解：《别録》曰：桂生桂陽，牡桂生南海山谷。二月、八月、十月採皮，陰乾。弘景曰：南海即是廣州。《神農本經》惟有牡桂、菌桂。俗用牡桂，扁廣殊薄，皮黄，脂肉甚少，氣如木蘭，味亦類桂，不是知别樹，是桂之老宿者？菌桂正圓如竹，三重者良。俗中不見，惟以嫩枝破卷成圓者用之，非眞菌桂也，並宜研訪。今俗又以半卷多脂者，單名爲桂，入藥最多，是桂有三種矣。此桂廣州出者好。交州、桂州者，形段小而多脂肉，亦好。湘州、始興、桂陽縣者，即是小桂，不如廣州者。《經》云：桂葉如柏葉澤黑，皮黄心赤。齊武帝時，湘州送樹，植芳林苑中。今東山有桂皮，氣粗相類，而葉乖異，亦能淩冬，恐是牡桂。人多呼爲丹桂，正謂皮赤爾。北方重此，每食輒須之，蓋《禮》所云『薑桂以爲芬芳』也。恭曰：桂惟有二種。陶氏引《經》云『似柏葉』，不知此言從何所出？又於《别録》剩出桂條，爲深誤也。單名桂者，即是牡桂，乃《爾雅》所謂『梫，木桂』也。葉長尺許，花、子皆與菌桂同。大小枝皮俱名牡桂，但大枝皮，肉理粗虚如木而肉少味薄，名曰木桂，亦云大桂。不及小嫩枝皮，肉多而半卷，中必皺起，其味辛美，一名肉桂，亦名桂枝，一名桂心。出融州、桂州、交州甚良。其菌桂葉似柿葉，中有縱文三道，表裏無毛而光澤，肌理緊薄如竹，大枝、小枝皮俱是筒。其大枝無肉，老皮堅版，不能重卷，味極淡薄，不入藥用。小枝薄而卷及二三重者良。或名筒桂，陶云小桂是也。今惟出韶州。保昇曰：桂有三種。菌桂，葉似柿葉而尖狹光淨，花白蘂黄，四月開，五月結實，樹皮青黄，薄卷若筒，亦名筒桂。其厚硬味薄者名版桂，不入藥用。牡桂，葉似枇杷葉，狹長於菌桂葉一二倍，其嫩枝皮半卷多紫，而肉中皺起，肌理虚軟，謂之桂枝，又名肉桂。削去上皮，名曰桂心。其厚者名曰木桂，藥中以此爲善。陶氏言半卷多脂者爲桂。又引《仙經》云：葉似柏葉。此則桂有三種明矣。陶雖是梁武帝時人，實生於宋孝武建元三年，歷齊爲諸王侍讀，曾見芳林苑所植之樹。蘇恭只知有二種，指陶爲誤，何臆斷之甚也。藏器曰：菌桂、牡桂、桂心三色同是一物。桂林、桂嶺因桂得名，今之所生，不離此郡。從嶺以南際海盡有桂樹，惟柳、象州最多。味既多烈，皮又厚堅。厚者必嫩，薄者必老。采者以老薄爲一色，嫩厚爲一色。嫩既辛烈，兼又筒卷。老必味淡，自然版薄，薄者即牡桂，卷者即菌桂也。桂心即是削除皮上甲錯，取其近理而有味者。承曰：諸家所説，幾不可考。今廣交商人所販，及醫家見用，惟陳藏器一説最近之。頌曰：《爾雅》但言『梫，木桂』一種，《本草》載桂及牡桂、菌桂三種。今嶺表所出，則有筒桂、肉桂、桂心、官桂、板桂之名，而醫家用之，罕有分别。舊説菌桂正圓如竹，有二三重者，則今之筒桂也。牡桂皮薄色黄少脂肉者，則今之官桂也。桂是半卷多脂者，則今之板桂也。而今觀賓、宜、韶、欽諸州所圖上者，種類亦各不同，然總謂之桂，無復别名。參考舊注，謂菌桂葉似柿，中有三道文，肌理緊薄如竹，大小皆成筒，與今賓州所出者相類。牡桂葉狹於菌桂而長數倍，其嫩枝皮半卷多紫，與今宜州、韶州所出者相類。彼土人謂其皮爲木蘭皮，肉爲桂心。此又有黄、紫兩色，益可驗也。桂葉如柏葉而澤，皮黄心赤，與今欽州所出者，葉密而細，恐是其類，但不作柏葉形爲異爾。蘇恭以單桂、牡桂爲一物，亦未可據。其木俱高三四丈，多生深山蠻洞中，人家園圃亦有種者，移植於嶺北則氣味殊少辛辣，不堪入藥也。三月、四月生花，全類茱萸，九月結實。今人多以裝綴花果作筵具。其葉甚香，可用作飲尤佳。二月、八月采皮，九月采花，並陰乾，不可近火。時珍曰：桂有數種，以今參訪，牡桂葉長如枇杷葉，堅硬有毛及鋸齒，其花白色，其皮多脂。菌桂葉如柿葉，而尖狹光淨，有三縱文而無鋸齒，其花有黄有白，其皮薄而卷。今商人所貨，皆此二桂。但以卷者爲菌桂，半卷及板者爲牡桂，即自明白。蘇恭所説，正合醫家見今用者。陳藏器、陳承斷菌、牡爲一物者，非矣。陶弘景復以單字桂爲葉似柏者，亦非也。柏葉之桂，乃服食家所云，非此治病之桂也。蘇頌所説稍明，亦不當以欽州者爲單字之桂也。按《尸子》云：春花秋英曰桂。嵇含《南方草木狀》云：桂生合浦、交趾，生必高山之巔，冬夏常青。其類自爲林，更無雜樹。有三種，皮赤者爲(用)〔丹〕桂，葉似柿者爲菌桂，葉似枇杷者爲牡桂。其説甚明，足破諸家之辯矣。又有巖桂，乃菌桂之類，詳菌桂下。韓衆《采藥詩》云：闇河之桂，實大如棗。得而食之，後天而老。此又一種也。闇河不知在何處？　正誤：好古曰：寇氏《衍義》言，官桂不知緣何立名？予考《圖經》，今觀、賓、宜諸州出者佳。世人以觀字畫多，故寫作官也。時珍曰：此誤。《圖經》今觀，乃今視之意。嶺南無觀州。曰官桂者，乃上等供官之桂也。

又　桂《別録》　時珍曰：此即肉桂也。厚而辛烈，去粗皮用。其去內外皮者，即爲桂心。

又　箘桂音窘。《本經》上品　釋名：筒桂《唐本》、小桂。恭曰：箘者，竹名。此桂嫩而易卷如筒，即古所用筒桂也。筒似箘字，後人誤書爲箘，習而成俗，亦復因循也。時珍曰：今《本草》又作從草之菌，愈誤矣。牡桂爲大桂，故此稱小桂。集解：《別録》曰：箘桂生交趾、桂林山谷巖厓間。無骨，正圓如竹，立秋采之。弘景曰：交趾屬交州，桂林屬廣州。《蜀都賦》云『箘桂臨巖』是矣。俗中不見正圓如竹者，惟嫩枝破卷成圓，猶依桂用，非眞箘桂也。《仙經》用箘桂，云三重者良，則明非今桂矣。別是一物，應更研訪。時珍曰：箘桂，葉似柿葉者是，詳前桂下。《別録》所謂『正圓如竹』者，謂皮卷如竹筒。陶氏誤疑是木形如竹，反謂卷成圓者非眞也。今人所栽巖桂，亦是箘桂之類而稍異。其葉不似柿葉，亦有鋸齒如枇杷葉而粗澀者，有無鋸齒如巵子葉而光潔者。叢生巖嶺間，謂之巖桂，俗呼爲木犀。其花有白者名銀桂，黃者名金桂，紅者名丹桂。有秋花者，春花者，四季花者，逐月花者。其皮薄而不辣，不堪入藥。惟花可收茗，浸酒鹽漬，及作香搽髮澤之類耳。

明　穆希文　《說原》卷一二　桂，一名木犀，其淡紅者曰丹桂。江南之木，百藥之長。桂有三種：曰菌桂，即肉桂也。曰牡桂，即官桂也。曰板桂。

明　李中立　《本草原始》卷四　桂生桂陽，葉如柏葉，冬夏常青。二、八、十月采皮，陰乾，半卷多脂，其味辛烈，所謂官桂是已。名官桂者，乃上等供官之桂也。一云出觀、賓、宜、韶、欽諸州，因名觀桂。世人以觀字畫多，故寫作官也。俗呼桂皮。因皮赤，又呼爲丹桂。按：范成大《桂海志》云：凡木葉心皆一縱理，獨桂有兩道如圭形，故字從圭。陸佃《埤雅》云：桂猶圭也。宣導百藥爲之先聘通使，如執圭之使也。《爾雅》謂之梫者，能侵害他木也。故《呂氏春秋》云：桂枝之下無雜木。《雷公炮炙論》云『桂釘木根，其木即死』是也。其肉厚辛烈者爲肉桂，去其皮與裏當其中者爲桂心，其枝之細小者爲桂枝。牡桂生南海，葉似枇杷，皮薄色黃，味淡少脂肉，氣如木蘭，一名木桂。箘桂生交阯桂林山谷巖崖間。葉似柿葉而尖狹光淨，花白蘂黃。四月開，五月結實，樹皮青黃，三月、七月採皮，日乾，三重者良。箘者，竹名，此桂正圓如竹，故名箘桂。嫩而易卷如筒，即古人所用筒桂也，故一名筒桂。筒、箘字近，後人誤書爲箘。今《本經》又作從草之菌，愈誤矣。

明　盧之頤　《本草乘雅半偈》卷二　牡桂出合浦、交趾、廣州、象州、湘州、桂嶺諸處。生必高山之巔，旁無雜樹，自爲林類。葉色常青，凌冬不凋，如枇杷葉，邊有鋸齒，表裏俱有白毛，中心有縱文兩道，宛如圭形。四月有花無實，木皮紫赤堅厚，臭香氣烈。

清　徐文靖　《管城碩記》卷一四　嵇含《草木狀》曰：桂出合浦，冬夏常青。交阯置園，有三種：葉如栢，皮赤者爲丹桂，似柿葉者爲菌桂，葉似枇杷者爲牡桂。則菌桂乃桂之一種耳。張氏《文選纂注》曰：菌，薰也。即零陵香也。謬甚。

清　吴其濬　《植物名實圖考》卷三三《桂》　菌桂，《本經》上品。牡桂，《本經》上品。《別録》又出桂一條。牡桂即肉桂，菌桂即筩桂，因字形而誤。今以交趾産爲上。湖南猺峝亦多，不堪服食。桂子如蓮實，生青老黑。

又《蒙自桂樹》　桂之産，曰安邊，曰清化，皆交阯境。其産中華者，獨蒙自桂耳。亦産逢春里土司地。余求得一本，高六七尺，枝幹與木樨全不相類。皮肌潤澤，對發枝條，緑葉光勁，僅三直勒道，面凹背凸，無細紋，尖方如圭。始知古人桂以圭名之説，的實有據，而後來辨別者，皆就論其皮肉之腊，而並未目覩桂爲何樹也。其未成肉桂時，微有辛氣，沉檀之香，歲久而結，桂老逾辣，亦俟其時，故桂林數千里，而肉桂之成如麟角焉。江南山中如此樹者，殆未必乏，惜無識其爲桂者。爨下榾柮，馨氣滿坳，安知非留人餘叢，同泣其豆間耶？　玉蘭著而木蓮微，木犀詠而山桂歇，古之賞者其性，後之賞者其華，草木名實之淆，亦世變風移之一端也。雖然人不至滇，亦烏知桂之爲桂哉？

又《巖桂》　巖桂即木犀。《墨莊漫録》謂古人殊無題詠，不知舊何名。李時珍謂即菌桂之類而稍異，皮薄不辣，不堪入藥。

清　趙學敏　《本草綱目拾遺》卷六《木部・桂子》　《學圃餘蔬》：有一種四季開花而結實者，此眞桂也。閩中最多，常以春中盛開。凡桂四季者有子，此眞桂也。江南桂八、九月盛開，無子，此木樨也。《臨海志》：唐垂拱四年三月，月桂子降臨海，芳香有桂氣，味食之和暢。宋紹定間，舒某於天台山得月桂子一升，大如樟子，無皮，色似白玉，紋如雀卵，中有仁，嚼之作芝蔴氣，以之雜菊入囊爲枕，有散佚石縫中者，旬日輒出樹，葉柔長，經冬猶在，種入盆中，久之亦失所在。

又《桂耳》 按：《綱目》分桂爲五種，曰桂，即今所謂交桂；曰牡桂，今廣桂；曰箘桂，俗呼木犀；曰天竺桂，浙中山桂也，有子如蓮；曰月桂，四季有花者，此桂子乃天竺桂子也。《綱目》失載主治，若月桂則固載其子矣。曰桂丁，乃廣桂之子，《綱目》亦不言其主治。至於桂耳，則各桂皆有之，性亦畧同。和霽《園夜談隨録》：吕司馬季弟琪，從司馬官嶺南署中，有小院頗幽静，舊有古井在軒右，井畔有二老桂，大合抱，值夏夜月光甚皎，琪納涼軒下，聞井中有聲不絶，凭欄窺之，見井水白如銀，中有紅丸，大如彈子，約數十百點，光明如火，向上競相跳躍，漸躍漸高，去欄僅尺餘，琪驚，白司馬。次日，命夫縋下探之，無他異，得桂子數十粒，鮮赤如新，琪即戲以井水服之，日七枚，七日而盡，蓋適取得四十九枚也。後琪壽至九十九歲，無疾而逝。平原董太史曲江與琪善親，見而誌之。　敏按：今月桂子如蓮菂鱒者色青，乾之淡黑色。吕琪所見，大如彈丸，鮮赤如新，當别是一種。考《天地運度經》云：太山北有桂樹七十株，天神青要玉女三千守之，其實赤如橘，人食之一年可以上昇。或是此種，惜琪公所服止四十九枚耳，故得壽。

紀事

晉　王嘉《拾遺記》卷一　闇河之北，有紫桂成林，其實如棗，羣仙餌焉。韓終《採藥》四言詩曰：闇河之桂，實大如棗。得而食之，後天而老。

宋　歐陽修、宋祁《新唐書》卷三四《五行志》　垂拱四年三月，雨桂子于台州，旬餘乃止。

宋　沈括《夢溪筆談》卷四　楊文公《談苑》記江南後主患清暑閣前草生，徐鍇令以桂屑布甎縫，中宿，草盡死。謂《吕氏春秋》云『桂枝之下無雜木』，蓋桂枝味辛螫故也。《雷公炮炙論》云：以桂爲丁，以釘木中，其木即死。一丁至微，未必能螫大木，自其性相制耳。

宋　舒岳祥《閬風集》卷一一《月中桂記》　余記童丱時，先祖拙齋翁夜課余讀書，會中秋月色浩然，聞瓦上聲如撒雹，甚怪之也。先祖曰：此月中桂子也。我少時嘗得之天台山中。呼童子就西厢天井燭之，得二升許。其大如豫章子，無皮，色如白玉，有紋如雀卵，其中有仁，嚼之作脂麻氣味。余囊之，雜菊花作枕。其收拾不盡，散落磚罅甓縫者，旬日後輒出樹，子葉柔長如荔支，其底粉青色，經冬猶在，兒戲不甚愛惜，徙植盆斛，往往失其所在矣。是後未之見也。每遇中秋月明，輒憶此時事。今年五十九，對月悵然。此至清之精英也，今若有此，定汲井花嚥下也。

宋　陳郁《藏一話腴》外編卷上　明之象山士子史本，有木犀忽變紅色，異香，因接本以獻闕下，高廟雅愛之。

清　嵇璜《續文獻通考》卷二一八　理宗淳祐九年，祠山廟戟門前桂樹上花一簇十有四莖，莖開五葉，狀如紅梅。

藝文

三國魏　曹植《曹子建集》卷六《桂之樹行》　桂之樹，桂之樹，桂生一何麗佳。揚朱華而翠葉，流芳布天涯。上有棲鸞，下有蟠螭。桂之樹，得道之眞人咸來會講，僊教爾服食日精。要道甚省不煩，淡泊無爲自然。乘蹻萬里之外，去留隨意所欲存。高高上際於衆外，下下乃窮極地天。

晉　郭璞《桂》（引自《漢魏六朝百三家集》卷五七）　桂生南裔，拔萃岑嶺。廣莫熙葩，凌霜津穎。氣王百藥，森然雲挺。

南朝梁　范雲《詠桂》（引自《藝文類聚》卷八九）　南中有八樹，繁華無四時。不識風霜苦，安知零落期。

南朝梁　庾肩吾《詠桂樹》（引自《藝文類聚》卷八九）　新叢入望苑，舊幹别層城。倩視今移處，何如月裏生。

唐　王績《東皐子集》卷中《春桂問答二首》　問春桂，桃李正芬華。

年光隨處滿，何事獨無花？
二：春桂答，春華詎能久。風霜摇落時，獨秀君知不。

唐　李白《李太白文集》卷二二《詠桂二首》　園花笑芳年，池草豔春色。猶不如槿花，嬋娟玉階側。芬榮何夭促，零落在瞬息。豈若瓊樹枝，終歲長翕艶。世人種桃李，多在金張門。攀折爭捷徑，及此春風暄。一朝天霜下，榮耀難久存。安知南山桂，緑葉垂芳根。清陰亦可託，何惜樹君園。

唐　白居易《白香山詩集》卷二《有木詩八首》　有木名丹桂，四時香馥馥。花團夜雪明，葉剪春雲緑。風影清似水，霜枝冷如玉。獨佔小山幽，不容凡鳥宿。匠人愛芳直，裁截爲厦屋。幹細力未成，用之君自速。重任雖大過，直心終不曲。縱非梁棟材，猶勝尋常木。

唐　李德裕《李衛公別集》卷一〇《山桂此花紫色，英藻繁》　吾愛山中樹，繁英滿目鮮。臨風飄碎錦，映日亂霏煙。影入春潭底，香凝月榭前。豈知幽獨客，賴此當朱絃。

又《月桂出蔣山，淺黄色》　何年霜夜月，桂子落寒山。翠幹生巖中，金英在人間。幽崖空自老，清漢未知還。惟有涼秋夜，嫦娥來暫攀。

又《紅桂树此樹白花紅心，因以爲號》　欲求塵外物，此樹是瑶林。後素合餘絢，如丹見本心。妍姿無點辱，芳意託幽深。願以鮮葩色，凌霜照碧潯。

唐　陸龜蒙《甫里集》卷二《小桂》　諷賦輕八植，擅名方一技。才高不滿意，更自寒山移。宛宛別雲態，蒼蒼出塵姿。煙歸助華杪，雪點迎芳蕤。青條坐可結，白日如奔螭。諒無劉鷟翦憂，即是蕭森時。洛浦雖有蔭，騷人聊自怡。終爲濟川檝，豈在論高卑。

宋　鄒浩《道鄉集》卷一一《桂花》　丹桂從來未發花，今年花發衆驚嗟。盈盈簇蕊眞珠細，片片籠車美玉斜。閶闔攜香燻席綺，嫦娥流影動牕紗。乾坤着意欣逢遇，收得風光向北誇。

宋　李綱《梁谿集》卷八《巖桂》　閩山氣候眞不常，浪蘂浮花渾欲狂。團團巖桂著春雨，擢秀不待秋風涼。微舒嫩葉玉剪碧，巧綴碎顆金排黄。木如犀理自堅緻，噴作十里旃檀香。沙陽滿眼皆此樹，安得白露零清商。芳根端可伴眞隱，他日移植梁溪傍。

志宏送巖桂並惠長篇求予賦詩，次韻答之。

宋　曹勛《松隱集》卷一五《和次子積雨損紅木犀》　應向西瑶立赤墀，鮮雲仍帶緑煙宜。要先籬菊三秋艶，不放蟾華一點窺。頗訝夙宵涼雨疾，頓思晨發曉光披。騷人豪舉經年意，絶歎豐姿積漸吹。

宋　張九成《横浦集》卷三《桂》　清香不復聞，雪英驚滿地。尚餘青青葉，濃陰猶可庇。我欲營茅屋，示此惜花意。茲謀未易言，俗士寡清致。

又《聞桂香》　清晨未盥櫛，桂香遞秋風。不知此花意，何爲惱衰翁。舉頭復何有，燕鴈書晴空。景物如此好，誰云吾道窮。

又卷四《憶天竺桂》　湖上北山天竺寺，滿山桂子月中秋。黄英六出非凡種，肯許天香過別州。天竺種他州無本。

宋　吴芾《湖山集》卷七《巖桂盛開感而有作》　抱痾三月未能瘳，樂事都無祗有愁。忽覺天香參鼻觀，頓令病客展眉頭。擬招賓佐同歡賞，奈怯壺觴能罷休。却憶向來無事日，年年花下醉千秋。

又《和天予即席詠巖桂》　衰病無悰日日加，喜君來自帝王家。素娥正駕一輪玉，老桂方開雙樹花。置酒雖欣陪重客，侑尊還愧乏名娃。莫辭今夕如泥醉，須念明朝各一涯。

宋　王十朋《梅溪後集》卷六《桂》　丹霄休歎路難通，學取燕山種桂叢。異日天香滿亭院，吾廬當似廣寒宫。

宋　楊萬里《誠齋集》卷六《木犀》　天將秋氣蒸寒馥，月借金波滴小黄。不會溪堂老居士，更談桂子是天香。

宋　楊簡《慈湖遺書》卷六《丹桂》　世眼紛紛丹與黄，廣寒宫裏亦如常。目前不作兩般見，筆下方騰萬丈光。且莫錙銖深淺色，也休斤兩淡濃香。靈根已入詩人手，不許姮娥擅此芳。

宋　孫應時《燭湖集》卷一六《見巖桂有感》　苦被天香惱，璁瓏又一枝。年年秋好處，故故月明時。勝絶何妨晚，凄涼却自宜。客愁添白髮，辜負小山期。

又卷二〇《和眞長木犀》　一從月窟移根到，不落人間第二香。商略江梅是兄弟，等閒休復鬬風光。
香傳萬里到蠶叢，依舊江南林下風。憶著小山招隱句，不堪流落更相逢。

長憐花月不相謀，月滿花開得更休。待倚高樓吹鐵笛，爲君極意作吟秋。

宋　杜範《清獻集》卷四《和汪子淵桂花一絶》　姮娥剪綵壓羣芳，一夜秋風入酒囊。薰徹醉魂清入骨，敢言天下更無香。

宋　華岳《翠微南征録》卷七《巖桂》　建人以盆蕙爲重，巖桂夾道，動徹數里不絶，仄以爲常卉，故貶而抑之。　西風吹老碧蓮房，萬壑風流拆麝囊。謾與籬花爭曉色，肯教盆蕙壓秋芳。月中有女曾分種，世上無花敢鬭香。要識仙根逈然別，一枝開傍郄家墻。

宋　吴泳《鶴林集》卷一《桂》　南之山叢叢，桂樹生也直。朱華自成林，不雜衆芳植。上有青鸞棲，因之爲羽翼。移根上林苑，零露滋曉色。豈不擢凝寒，高標竦孤特。丹心能自渥，身性不加飾。所以離騷詞，嘉其秉炎德。相觀穹壤間，人統形氣識。陽根爲剛明，陰質爲闇塞。靈均莫能招，聊與花辯惑。

又卷四《桂》　團團玉葉振天芳，清澈瓊樓午夜光。元是小山分種去，移來西蜀作甘棠。

宋　周文璞《方泉詩集》卷四《桂》　偶向花邊立，懸知病已瘳。小山今夜月，團樹滿庭秋。清露霑叢底，斜河在上頭。須臾香更好，還與碧雲浮。

宋　程公許《滄洲塵缶編》卷一二《桂花》　露香消渴桂花芳，天氣偏饒八月涼。不是窨窊分得種，人間那得許清香。

一秋無雨亦無風，比似常年逈不同。鼻觀了無分別想，道人結習本來空。

雨花那得著衣裾，遍界香分佛飯餘。金粟如來元一點，横陳妙供儘從渠。

宋　許月卿《木犀》（引自《宋詩鈔》卷一〇二）　詩到黄初上，高標不肯唐。分封在香國，筮仕得黄裳。錦書纍金印，瑶英案玉皇。黄香天下士，誰得並清芳。

宋　毛珝《吾竹小藁・桂》（引自《兩宋名賢小集》卷三一〇）　天上分來種異常，年年花占菊前黄。堆將龍麝應難敵，隔盡屏帷亦透香。此日且饒秋富貴，全家疑在月中央。明朝酒醒風吹盡，贏得黄金滿步廊。

宋　方夔《富山遺稿》卷九《木犀》　下土花中第一流，移根自笑此生浮。獨依上界清虚府，滿貯青冥沆瀣秋。稜葉風翻低散亂，蒼皮蟲蝕老雕鎪。醉來徑向高寒處，自駕青鸞擁玉虬。

又　蒼蒼珠樹俯寒流，析木津頭戲拍浮。褐鳳摶風朝紫極，覗蟾滴露寫清秋。返魂香倩羅裳貯，凝月枝憑玉斧鎪。夜景未闌清入骨，蕭蕭鱗甲卧癡虬。

又　緑衣年少正風流，手折高枝喜氣浮。三樹獨標仙窟種，四花分占玉壺秋。濃薰蘂杵長春搗，清逼詩肝巧斲鎪。世上紅兒那可比，試將此句問羅虬。

又《桂花》　服食生平屑辟邪，死埋金粟或金沙。忽驚秋骨開成雪，誰遣香魂化作花。雲外孤芳吟舞鶯，月中半影匿妖蟇。先生幽佩乘風去，獨向仙堂看織紗。

又卷一〇《桂花》　仙府分根飽月光，百車金粟撒瑶房。夜來東壁西風勁，三萬牙籤字字香。

宋　衛宗武《秋聲集》卷一《賞桂》　駕言適東野，聊以慰離索。攝齊甫昇堂，開尊隨命酌。芳鮮羅果羞，珍重如宿約。主客成五人，爽氣涵秋嶽。風生雄辯豪，春容笑語狎。曲徑行委蛇，幽亭恣盤礴。團團駢翠樹，一一耀丹萼。葳蕤花四出，氤氲香徧達。方恨負清賞，不料此行樂。有女嬌婭姹，有子見頭角。舉醆競屬賞，此情尤不薄。英英晚節叢，芳意滿籬落。載酒儻重來，應無爽宿諾。

又卷二《賡南塘桂吟》　卉木摇落如齒牙，紅紫淨盡無浮花。秋芳俄從天上至，人世有香誰敢誇。纍纍金粟疊爲蕊，風韻別自成一家。葱葱緑玉不改色，歲寒氣節何以加。滋榮豈但壓衆植，纖巧直可凌春華。一枝纔折聞四表，芬敷發達其無涯。看花花好時亦好，到眼不覺忘聲嗟。君家喬木知幾載，世世封植今彌嘉。來章璀璨耀珠璧，行墨遒勁飛龍蛇。我嘗小圃富靈種，丹犀列樹尤豪奢。虚堂中夜忽生白，扶疏清影來牕紗。世間萬事等塵土，何苦閉縮如藏蝸。只今有酒爛醉廣寒下，但恨無鼓可作漁陽撾。

又卷四《聞桂》　山光水色染秋容，天際明霞一線紅。冉冉有香來鼻觀，廣寒花氣散晴空。

宋　舒岳祥《**閬風集**》**卷八**《**賦庭前落桂**》　去歲花開三日事，今秋陸續兩番開。渥丹如雨香猶好，乞與幽人護緑苔。

宋　余觀復《**北窻詩稿・木犀**》（**引自**《**兩宋名賢小集**》**卷三三四**）　盤盤老桂樹，金屑黄鬖鬆。孕此無盡香，襲襲乘西風。幽人爲延佇，古意滋無窮。王孫招不來，西郊草蒙茸。欲以遺遠者，道阻嗟難從。愛之不忍替，檻之寄房櫳。夢魂悦而清，夜半超鴻濛。常恐芳氣歇，我恨何時終。

宋　鄧林《**桂樹**》（**引自**《**兩宋名賢小集**》**卷三三六**）　剪剪霜風起晚吹，一溪流水浸寒暉。客衫猶恨吴綿薄，不道邊人盡鐵衣。

金　酈權《**木犀**》（**引自**《**全金詩增補中州集**》**卷二六**）　菊小未堪摘，荒池悴芙蕖。窮秋不慰眼，幽獨將焉如。殷勤蕊宫子，種桂庭之除。乘閒弄餘花，散落荒山隅。從兹雲月裔，漂泊生江湖。娟娟耐凍枝，便與羣芳殊。琉璃剪芳葆，蛾黄拂仙裾。唾袖花點碧，漱金粟生膚。好風一枝拂，九里香縈紆。蘭蕙不敢友，荃蓀正僮奴。安意此尤物，化工異吹嘘。不然九天香，安得獨付渠。託物寄深藴，古今一三閭。收攬名草木，自比君子徒。惟兹不掛口，無乃聖不居。抑夫古簡編，斷缺秦火餘。君看齊魯臣，史筆逸其書。惜哉不可曉，臨風爲嗟吁。猶憐元祐前，不及附歐蘇。末路益可惜，例進宣和初。仙根豈易致，百死不一甦。昔遊汴離宫，識此傾城姝。摩娑三品石，尚想狎客娱。却後十五年，微霜半粘鬚。一枝再經眼，相對憐羈孤。不知苦何事，玉骨乃爾癯。故人憐我老，尺書遠招呼。要趂秋香濃，共此碧玉壺。遥知嬋娟客，與我一笑俱。

明　釋宗泐《**全室外集**》**卷二**《**桂之樹行**》　桂之樹，桂生一何偏，兩株分立於庭前，西株憔悴東株妍。桂之樹，桂生一何蠹，西株方來采其榮，東株又復無人顧。桂兮桂兮非汝憐，縱觀萬事無不然。武安堂上席方暖，魏其門前秋草芊。莫道榮枯長異勢，從來反覆無根蔕。高歌感激君不聽，請君試看庭前桂。

明　葉盛《**菉竹堂稿**》**卷二**《**桂**》　擢桂當年到禮闈，至今香霧撲人衣。自知不是忘情者，每到花時有夢飛。

明　陳獻章《**陳白沙集**》**卷五**《**九日木犀未開**》　野徑香沉舞蝶稀，柴門樹老著花遲。含章此日無窮意，只有階前拄杖知。

菊來栗裏何須酒，梅到孤山不欠詩。老去未甘詩酒廢，木犀其那放花遲。

又《**木犀花下待陳秉常**》　常疑楚客餐秋菊，不信唐人醉牡丹。何處木犀香可愛，須君曾到玉臺山。

又卷六《**木犀**》　曉枕東窻睡不來，木犀造次隔籬開。阿田小孫名也拍手黄鸝到，寫盡春風得意杯。

東風披拂滿林塘，脚債東山也未償。捫虱不禁春意動，日華初吐木犀香。

茗碗朝朝怕侍兒，采花莫采稱心枝。床敷愛就東窻暖，分付東風敵面吹。

人間花草鬬春肥，粉蝶黄鶯接翅飛。也愛白頭肝肺好，木犀墻下嘯朝暉。

名花得見太平年，擊壤聲高壓管絃。化日熙熙春蕩蕩，華夷何處不同天。

白頭無酒不成狂，典盡春衫醉一塲。只許木犀知此意，晚風更爲盡情香。

明　黎民表《**瑶石山人稿**》**卷三**《**桂之樹行**》　桂之樹，枝葉一何紛披。託根三山陽，流輝南海湄。隆冬霜露常不衰，扳桂之枝仰母慈。雲衣霓帶皇所綏，榮光煒煜無休期，丹穴之鳥將來儀。桂之樹，其實何離離。惟母有子載以馳，南覲上元西瑶池。鳲鳩均平巢樹枝，嶺海之氓飽而嬉。非母之德嗟何爲，猗桂樹壽無極。長江如虹流不息，踆烏之飛矯其翼。何以壽母此其匹，於萬斯年保貞吉。

明　王世貞《**弇州四部稿**》**卷四**《**桂之樹行**》　桂之樹，桂之樹，乃在蒼梧之陽，嶺曼衍而崷崪。翠羽爲葉，蒼虬爲株。蕚何葳蕤荄敷，黄如黄金粟，赤如珊瑚珠。桂之樹，僊者四五人，驂駕鳳皇來，謂是日精月華，教爾采服不衰。一歲口澤馨，二歲體骨輕，三歲毛羽生。朝見上帝賜女，麟車霓旌，翱翔玉虚太清。翱翔太清天，爲樂不可言。

清　趙士麟《**讀書堂綵衣全集**》**卷三九**《**四序詩・百秋詩・秋桂**》　叢桂應從淮苑移，星河掩映露華滋。郗詵射策親搴幟，曹植飛觴謾賦詩。香散天街時馥郁，花留月榭自紛披。禪空不語微微笑，金粟堆中拈一枝。

清　熊賜履《**經義齋集**》**卷一七**《**園林雜詠・桂**》　名居百藥長，花占一枝芳。月裏何年植，山中滿院香。靈波高殿柱，酺露汎宫觴。蠹老難爲器，淹留自可傷。

清　謝重輝《**杏村詩集七卷・丙戌詩・野桂**》　參差無限小黄花，艷艷疎香嚮日斜。静倚幽崖人不採，只隨荆棘上樵車。

清　查慎行《**敬業堂詩集**》**卷四六**《**夏課集·西阡桂六韻**》手種西阡桂，三年漸看長。玉蘭輪舊翠，金粟試新黄。露重朝流潤，墻低遠遞香。婆娑佳月色，報畣好秋光。敢擬栽爲柱，差堪署作堂。丁寧松檜伴，稍待共成行。

又《**南堂桂八韻**》五桂階庭樹，迎秋候蚤催。著花多四出，得氣必齊開。自我先人植，仍資造化培。好風香世界，涼影月樓臺。天上逃斤斧，山中混草萊。在家僧偶聚，不速客頻來。（時衎齋東亭不期而會。）豆莢瓜瓤味，兄酬弟勸杯。最宜星露下，永夕與徘徊。

清　陸奎勳《**陸堂詩集**》**卷一〇**《**巖桂**》樹聲昨夜送秋來，叢桂連蜷大可哀。月落淮南成兔窟，風高岱北足薪材。一番逆鼻膏燃鼎，幾次攀條露濕臺。但與麩金鬬顔色，薌林何苦盡情開。

清　張廷玉《**澄懷園詩選**》**卷三**《**桂**》瓊樓人去歎離居，愁見當窗桂蕚舒。猶記香飄金粟夜，一簾明月共攤書。

清　愛新覺羅·弘曆《**清高宗詩初集**》**卷一三**《**缾中桂**》辭林帶餘芬，篸缾伴高詠。恍疑金粟界，色香皆清淨。

又卷二三《**早桂**》垂垂金粟當秋孟，小山丰韻紗窻映。迢遞經年苦別離，不禁芳思催人詠。得秋一例足瀟灑，況是色香兩清淨。如如相對者爲誰，交蘆離合無眞性。只此逍遥坐廣寒，底須天上懸金鏡。

又《**清高宗詩二集**》**卷一九**《**桂**》露重檻風涼，迎階緑間黄。中（去聲）秋先報節，隔歲入吟章（塞外行圍率隔歲一舉，是花未至塞外故云）。一例臯塗種，偏依楚畹芳。誰曾到蟾窟，此處滿天香。

又卷二〇《**桂**》垂垂金粟亞盆開，花信遲因待此間。半放別來逢盛放，盤山却幻作香山。

又《**清高宗詩三集**》**卷七**《**桂枝詞三首**》桂花時節多孤負，亦有天香塞外飛。却訝精神似王粲，山川信美土斯非。

今年八月好中秋，應節臯塗噴蕊稠。金殿玉階流馥處，一輪圓滿正當頭。

無花色相有花馣，瓊緑雲中放正酣。金粟如來眞實體，心香意蕊恰宜參。

又卷三二《**桂**》天香那讓時，金粟又盈枝。眞是飄雲外，誰云此塞陲。芳惟秋可擷，影共月來移。何物不能致，予方怵在兹。

又卷三四《**桂**》好花不讓節，滿樹粟霏黄。標出正中色，散爲眞静香。種（上聲）來應月窟，根徙自江鄉。塞苑揚猗處，寧知道路長。

又卷三七《**詠桂**》玉華岫名，有寺，向於此養桂樹育桂有僧寮，緑葉依然冬弗凋。不似杏桃似松竹，故當香粟放秋朝。

又卷四二《**桂**》氣暖花遲放，粟胎纔漸黄。依然江國候，誰曰塞山涼。雅愛扶踈格，惟思道路長。蟾宫原有約，應節自芬芳。

又《**晚桂**》山莊仍有桂花黄，今歲餘暄迥異常。曾見中秋微吐粟，爲（去聲）芟迴蹕久舒芳。色惟卉裏元吉色，香是風前勝妙香。不識江南似兹否，菀枯遲速耐評量。

又卷六〇《**晚桂**》塞中有桂已屬奇，況於秋晚奇斯甚。然其理實易可知，特爲（去聲）霜遲致暖審。百卉率得暖氣開，桂菊獨待涼氣來。桂先菊後禀金令，乍看同苑誠希哉。聯芳合德金英簇，奚必分疏草與木。秋蟾三度又團圓，佳節何殊廣寒馥。誰云南産艱北生，窖中培護應時榮。莫謾小山更招隱，人品依稀蘇子卿。

又卷六八《**桂**》逢閏得秋早，臯塗已放芬。色原塵外質，香合静中聞。金玉非宜擬，麝檀底藉薰。崇情託雲表，招隱漫云云。

又卷一〇〇《**桂**》塞苑何來江國枝，中秋節近不違期。猗風香逐金風遞，浥露穗擎玉露垂。又已隔年看淨品去歲京中度中秋看桂，誰能特地罷擒詞。設如擬作月中樹，無翼飛來有所思。

又《**清高宗詩五集**》**卷六六**《**桂花**》春輕木芍富貴者，夏讓溪荷君子倫。冬玉秋金如相（入聲）擬，雪猶假借月應眞。

清　僧湛性《**雙樹堂詩鈔·憶山中桂花**》老桂花曾放，空堂夢易生。慚他招隱客，遲我入山情。悵望香飄遠，低佪賦嬾成。幾時雲路近，分折一枝榮。

清　邵遠平《**戒山詩·粤行集·桂**》嶺外從開闢，爭傳入桂林。三秋隨地見，四季作花深。香滿常隨月，園空好布金。郗詵枝可折，相與洽蘭襟。

清　蒯德模《帶耕堂遺詩》卷三《薑桂行》　薑桂有本性，秉賦不可奪。靡靡草木中，臭味獨自别。佐食既宜辛，入藥亦取烈。澧蘭沅芷徒空名，馬勃牛溲殊惡劣。薑桂之氣可通神，薑桂之用能活人。神農不作扁鵲死，庸醫祇用平淡耳。平淡氣質無用多，扶危起死將奈何。君不見藥中甘草長樂老，歷事五朝身自保。到處與人作和好，白雲深處採藥行。藥籠難盡貯參苓，薑兮桂兮性辛熱。振聵發聾老愈辣，碌碌因人總不屑。

清　吴榮光《石雲山人詩集》卷一七《茶園連理桂樹》　傳舍朝餐日未移，桂花連理折連枝。連枝風露香盈手，正是懷人望信時。

圖表

晉　郭璞《爾雅音圖・釋木》

梫木桂

明　李時珍《本草綱目・圖卷》

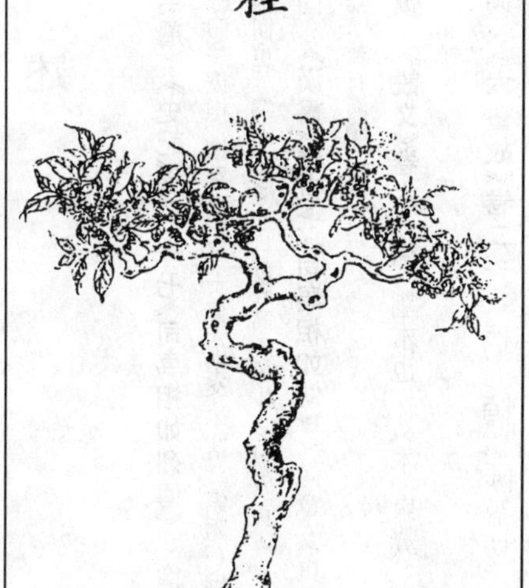
桂

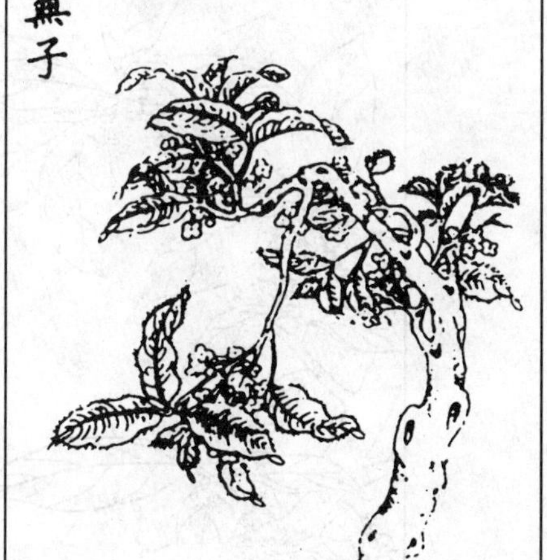
牡桂
無子

清 吴其濬《植物名實圖考》卷三三《桂》

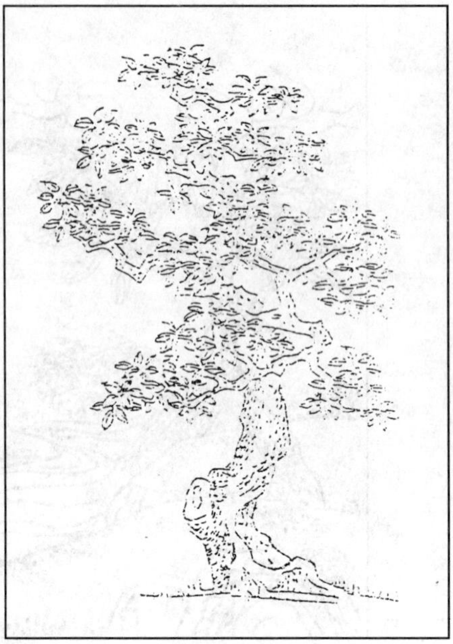

又《蒙自桂樹》

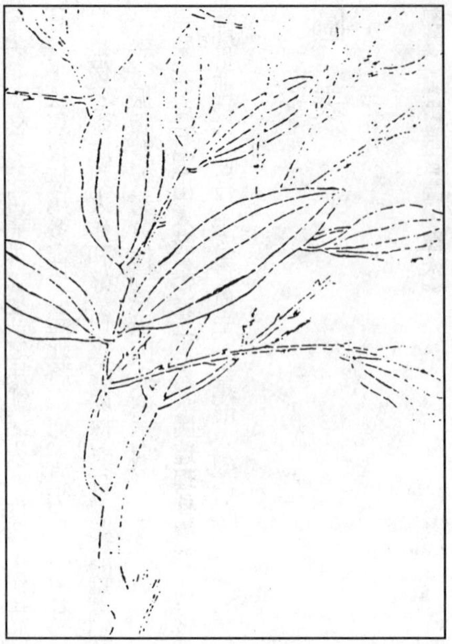

又《巖桂》

女貞

綜述

漢 司馬遷《史記》卷一一七《司馬相如列傳》 豫章女貞。集解：駰案：《漢書音義》曰：櫰檀，檀別名也。女貞木葉冬不落。索隱：櫰，音瓌。《皇覽》云：孔子墓後有櫰檀樹也。《荆州記》：宜都有喬木叢生，名爲女貞。

漢 班固《漢書》卷五七《司馬相如傳》 豫章女貞。師古曰：女貞樹冬夏常青，未嘗凋落，若有節操，故以名焉。

漢 許慎《説文》卷六 楨，剛木也。从木，貞聲。上郡有楨林縣。陟盈切。

宋 戴侗《六書故》卷二一 楨 楨，陟盈切。《説文》曰：剛木也。《書》曰：峙乃楨榦。孔氏曰：題曰楨，旁曰榦。《詩》云：維周之楨。毛氏曰：榦也。

明　李時珍《本草綱目》卷三六　女貞《本經》上品　釋名：貞木、《山海經》冬青、《綱目》蠟樹。時珍曰：此木凌冬青翠，有貞守之操，故以貞女狀之。《琴操》載魯有處女，見女貞木而作歌者，即此也。蘇顔頌序云：女貞之木，一名冬青。負霜葱翠，振柯凌風。故清士欽其質，而貞女慕其名是矣。別有冬青，與此同名。今方書所用冬青，皆此女貞也。近時以放蠟蟲，故俗呼爲蠟樹。集解：《別録》曰：女貞實生武陵川谷，立冬采。弘景曰：諸處時有，葉茂盛，凌冬不凋，皮青肉白，與秦皮爲表裏。其樹以冬生可愛，仙方亦服食之。俗方不復用，人無識者。恭曰：女貞葉似冬青樹及枸骨。其實九月熟，黑似牛李子。陶言與秦皮爲表裏，誤矣。秦皮葉細冬枯，貞葉大冬茂，殊非類也。頌曰：女貞處處有之。《山海經》云『泰山多貞木』是也。其葉似枸骨及冬青木，凌冬不凋。五月開細花，青白色。九月實成，似牛李子。或云即今冬青樹也。而冬青木理肌白，文如象齒，實亦治病。嶺南一種女貞，花極繁茂而深紅色，與此殊異，不聞入藥。時珍曰：女貞、冬青、枸骨，三樹也。女貞即今俗呼蠟樹者，冬青即今俗呼凍青樹者，枸骨即今俗呼猫兒刺者。東人因女貞茂盛，亦呼爲東青，與冬青同名異物，蓋一類二種爾。二種皆因子自生，最易長。其葉厚而柔長，緑色，面青背淡。女貞葉長者四五寸，子黑色。凍青葉微團，子紅色爲異。其花皆繁，子並纍纍滿樹，冬月鸜鵒喜食之。木肌皆白膩。今人不知女貞，但呼爲蠟樹。立夏前後取蠟蟲之種子，裹置枝上，半月其蟲化出，延緣枝上，造成白蠟，民間大獲其利。詳見蟲部白蠟下。枸骨詳本條。

明　慎懋官《華夷花木鳥獸珍玩考》卷一《正女木》　司馬相如賦云：豫章正女木，長十仞，大連抱，冬夏常青，未嘗凋落，若有正節，故以爲名。一名女貞樹。

明　李中立《本草原始》卷四　女貞實始生武陵川谷，今處處有之。《山海經》云『泰山多貞木』，是此木也。其葉似枸骨及冬青木，極茂盛，凌冬不凋。五月開細花，青白色。九月而實成，似牛李子。立冬採實，暴乾。李時珍曰：此木凌冬青翠，有貞守之操，故以女貞狀之。

明　鮑山《野菜博録》卷四　女貞實，諸處時有，葉似冬青葉，四時茂盛，凌冬不凋。其實九月熟，黑似牛李子，味苦，性平，無毒。

清　魏茂林《駢雅訓纂》卷六　女貞不凋。《山海經·東山經》：太山上多金玉楨木。注：女楨也，葉冬不凋。楨一作貞。

清　張逸少《佩文齋廣羣芳譜》卷七九《木譜·女貞》　女貞，《楚辭》作楨。一名貞木，一名蠟樹。《本草》云：凌冬青翠，有貞守之操，故以貞女狀之。近時以放蠟蟲，故俗呼爲蠟樹。處處有之，以子種而生最易長。樹似冬青，葉厚而柔長，面青背淡，長者四五寸，甚茂盛，凌冬不凋，人亦呼爲冬青。《本草》云：與冬青同名異物，蓋一類二種爾。五月開細花，青白色，花甚繁。九月實成，似牛李子，纍纍滿樹，生青熟紫。木肌白膩。立夏前後取蠟蟲種子，裹置枝上，半月其蟲化出，延緣枝上，造成白蠟，民間大獲其利。

清　嵇璜《續通志》卷一七六　女貞，一名貞木，一名蠟樹。《琴操》『魯有處女，見女貞木而作歌』，即此。

藝　文

魯　處女《處女吟》（引自《樂府詩集》卷五八）　《琴操》曰：《處女吟》，魯處女所作也。《古今樂録》曰：魯處女見女貞木而作歌，亦謂之《女貞木歌》：菁菁茂木，隱獨煢兮。變化垂枝，含蕤英兮。修身養志，建令名兮。厥道不同，善惡並兮。屈身身獨，去微清兮。懷忠見疑，何貪生兮。

晉　蘇彦《女貞頌》（引自《藝文類聚》卷八九）　昔東阿王作《楊柳頌》，辭義慷慨，旨在其中。余今爲《女貞頌》，雖事異於往作，蓋亦以厲冶容之風也。女貞之樹，一名冬青。負霜葱翠，振柯凌風。故清士欽其質，而貞女慕其名。或樹之於雲堂，或植之於階庭。

宋　劉攽《彭城集》卷一八《女貞花》　巴婦能專利丹穴，始皇稱作女懷清。此花即是秦臺種，赤玉燒枝擅美名。

明　張羽《静庵集》卷一《雜詩·其八》　青青女貞樹，霜霰不改柯。托根一失所，罹此霖潦多。高枝委爲薪，落葉掩庭阿。弱柳對門植，秀色一何佳。物性固有常，變幻其奈何。

清　熊賜履《經義齋集》卷一七《園林雜詠·女貞》　太山有異木，別號曰冬生。種向石臺側，高將草閣平。經文傳勁節，士女慕嘉名。凜烈凌霜雪，非同凡卉榮。

圖表

明　李時珍《本草綱目・圖卷》

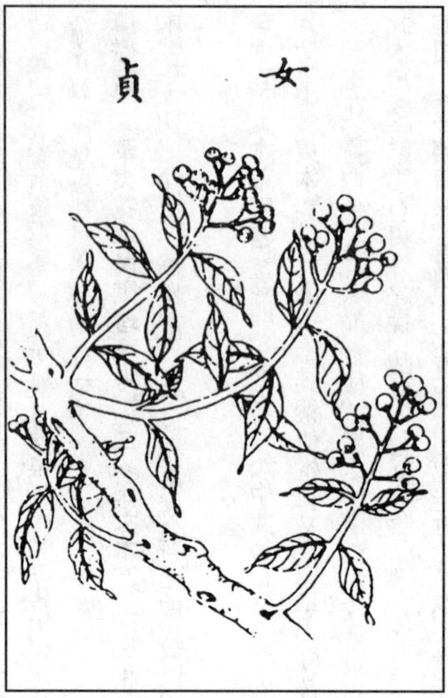

明　鮑山《野菜博録》卷四

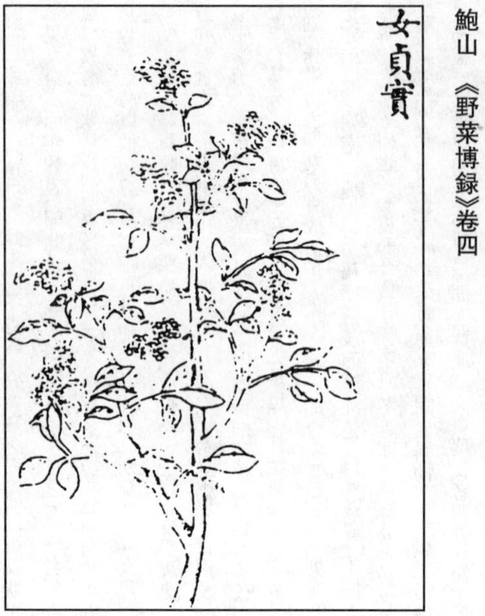

冬青

綜述

明　李時珍《本草綱目》卷三六　冬青《綱目》　校正：原附女貞下，今分出。釋名：凍青。藏器曰：冬月青翠，故名冬青，江東人呼爲凍青。集解：藏器曰：冬青木肌白，有文作象齒笏，其葉堪染緋。李邕云：冬青出五臺山，似椿，子赤如郁李，微酸，性熱。與此小異，當是兩種冬青。時珍曰：凍青亦女貞别種也。山中時有之。但以葉微團而子赤者爲凍青，葉長而子黑者爲女貞。按《救荒本草》云：凍青樹高丈許，樹似枸骨子樹而極茂盛。又葉似櫨子樹葉而小，亦似椿葉微窄而頭頗圓，不尖。五月開細白花，結子如豆大，紅色。其嫩芽煠熟，水浸去（有）〔苦〕味，淘洗，五味調之可食。

明　鮑山《野菜博録》卷四　落霜紅，生山野間，高四五尺，葉似土欒葉，開白花，結子如菉豆大，生青熟紅，味甜。

清　張逸少《佩文齋廣羣芳譜》卷七九《木譜・冬青》　冬青，一名凍青，一名萬年枝，女貞別種也。樹似枸骨子而極茂盛，身大合抱，高丈許。木理白細而堅重，有文作象齒笏。葉似櫨子樹葉而小，又似椿葉微窄而頭頗圓，光潤，經霜不凋，堪染緋。其嫩芽煠熟，水浸去苦味，淘淨，五味調之可食。五月開細白花，結子如豆，紅色。放子收蠟，一如女貞。子及木與皮，氣味甘苦，涼，無毒，去風補虚，益肌膚。江南冬青葉對生，枝葉皆如桂，但桂葉硬，冬青葉軟，稍異，豈另一種耶？

紀事

宋　程大昌《雍録》卷一〇《萬年枝豫章貞女樹》　《文選》謝玄暉《直中

書省》詩曰：風動萬年枝。李善曰：晉宫闕名曰華林園，有萬年樹十四株。然竟不著其物色種類，因何而名萬年也。《西京雜記》曰：武帝初修上林苑，羣臣遠方各獻異樹，亦有制爲美名，以標奇麗。中有千年長生樹十株，萬年長生樹十株。此即玄暉所引萬年之枝也耶？既曰『制爲美名，以標奇麗』，則凡冬夏常不雕改者，皆可名爲千年、萬年也。《泊宅編》曰：徽宗時，興畫學，命題以試畫者曰：萬年枝上太平雀。試者皆不知樹爲何樹，雀爲何雀。試已，有問諸中官者，應之曰：萬年枝，冬青樹也。太平雀，頻伽鳥也。此亦據中官意撰耳。而夫萬年實爲何樹，元無所本也。以其名思之，其類必爲冬青無疑矣。而曰萬年、千年者，從其不雕而標之美名，則自可意想也。《黄圖》：建章鳳皇闕，人呼爲貞女樓。注之者曰：司馬相如賦云：豫章貞女樹，長十仞，大連抱，冬夏常青，未嘗凋落，若有貞節，故以爲名。則直以豫章爲貞女樹也。木之更冬不凋者，多有之矣。松、柏、栝、檜、杉、櫧、桂、楠，未嘗改柯易葉。若以命之爲萬年、千年，無不可者，特不知果爲何木耳。夫木之主名難改矣，而其制爲美名，則《黄圖》之説必得其實也。

又《演繁露》卷一一《萬年枝》　謝詩有『風動萬年枝』之句，凡宫詞多承用之，然莫知其爲何種木也。或云冬青木長不凋謝，即萬年之謂，亦無明據。按《西京雜記》：初脩上林苑，羣臣遠方各獻名果異木，亦自製爲美名，以標奇麗其品，有萬年長生樹、千年長生樹各十株。雖有異名，亦不解何物。越石氏藏書中有吴興方勺所著《泊宅編》者曰：徽宗興畫學，同試諸生，以『萬年枝上太平雀』爲題，在試無能識其何木，遂皆黜不取。或密以叩中貴，中貴曰：萬年枝，冬青木也。太平雀，頻伽鳥也。惟此書指冬青爲萬年枝，又不知何所本也。

元　脱脱《宋史》卷六五《五行志》　〔天聖〕九年十月，公井縣冬青木連理。【略】政和三年七月，玉華殿萬年枝木連理。

藝文

唐　許渾《丁卯詩集》卷下《洞靈觀冬青》　霜霰不凋色，兩株交石壇。未秋紅實淺，經夏緑陰寒。露重蟬鳴急，風多鳥宿難。何如西禁柳，晴舞玉闌干。

宋　韓駒《陵陽集》卷四《冬青》　離宫見爾近天墀，雨露常私養種時。寂寞一株嵐霧裏，無人識是萬年枝。

宋　吴曾《能改齋漫録》卷八《萬年枝》　唐上官儀《詠雪詩》：幸因千里鴈，還繞萬年枝。謝元暉《中書省詩》：風動萬年枝。晏元獻詩：萬年枝上凝煙動，百子池邊瑞日長。盧多遜：太液池邊看月時，好風吹動萬年枝。王維《史館山池》云：春池百子内，芳樹萬年餘。晏用此也。萬年枝，江左謂之冬青，惟禁中則否。韓子蒼《冬青》詩云：離宫見爾近天墀，雨露常私養種時。惆悵一株嵐霧裏，無人識是萬年枝。百子池，見《西京雜記》：戚夫人侍高祖，七月七日臨百子池。何晏《景福殿賦》：綴以萬年。注引《晉宫閣銘》曰：華林園萬年樹十四株。

宋　林景熙《霽山文集》卷三《冬青花》　冬青，一名女貞木，一名萬年枝。漢宫嘗植，後世因之。宋諸陵亦多植此木。冬青花，花時一日腸九折。隔江風雨清影空，五月深山護微雪。石根雲氣龍所藏，尋常螻蟻不敢穴。移來此種非人間，曾識萬年觴底月。蜀魂飛遶百鳥臣，夜半一聲山竹裂。

元　王義山《稼村類藁》卷三〇《萬年枝詩》　百子池邊種最奇，無人識是萬年枝。細花密葉青青子，常得披香雨露滋。東風向晚薰風早，禁路飛花沾壽草。年年聖主壽慈闈，先獻此花名字好。

明　葉盛《菉竹堂稿》卷二《冬青》　帶雨移栽數尺齊，先塋前後路東風。西隆寒時節花如雪，要着慈鳥在上啼。

明　鄭善夫《少谷集》卷八《冬青樹》　道傍冬青樹，人好樹亦好。豈不纏風雷，青青自持保。

圖表

明　李時珍《本草綱目・圖卷》

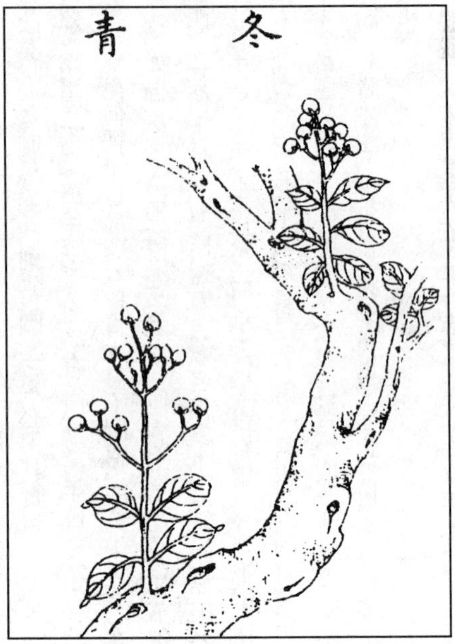

明　鮑山《野菜博録》卷四

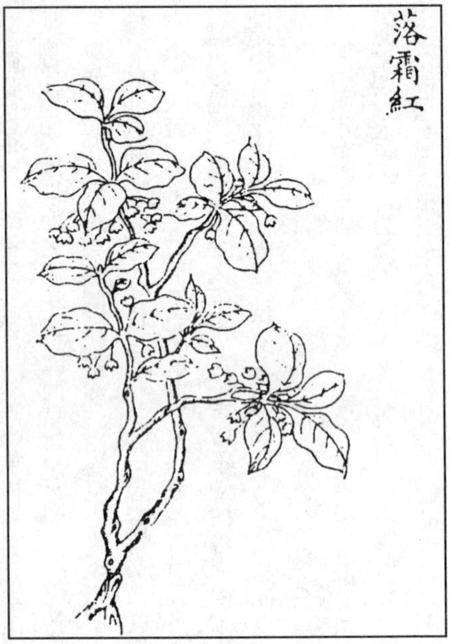

杻

綜述

《爾雅・釋木》　杻，檍。注：似棣，細葉，葉新生可飼牛，材中車輞。關西呼杻子，一名土橿。音義：杻，女九反，吕、郭並汝九反。檍，於力反，字又作億。《說文》云：檍，梓屬也。棣，大細反。車，昌蛇反。輞，音罔，下同。《字林》云：轆也。轆，音渠。橿，居良反。疏：杻，一名檍。郭云：似棣，細葉，葉新生可飼牛，材中車輞。關西呼杻子，一名土橿。《詩・唐風》云：隰有杻。陸璣《疏》云：葉似杏而尖，白色，皮正赤。爲木多曲少直，枝葉茂好。二月中葉疎，華如練而細，蘂正白。蓋樹今（宫）〔官〕園種之，正名曰萬歲。既取名於億萬，其葉又好，故種之共汲山下。人或謂之牛筋，或謂之檍。材可爲弓弩幹也。

漢　許慎　《說文》卷六　檍，杶也。从木，意聲。於力切。

三國吴　陸璣　《毛詩草木鳥獸蟲魚疏》卷上《北山有杻》　杻，檍也。葉似杏而尖，白色，皮正赤。爲木多曲少直，枝葉茂好。二月中葉疏，華如楝而細，蘂正白。蓋此樹今官園種之，正名曰萬歲。既取名于億萬，其葉又好，故種共汲山下。人或謂之牛筋，或謂之檍。材可爲弓弩幹也。

宋　戴侗　《六書故》卷二一　杻　□，女九切。《爾雅》：杻，檍。陸氏曰：葉似杏而鐵白色，皮正赤，多曲少直。二月中開數華，如楝而細，蕊正白。今官園種之，正名萬歲。或謂之牛筋，或謂之檍。才可爲弓弩。郭景純曰：似棣，細葉，葉新生可飼牛，才中車輞。關西呼杻子，一名土橿。按：杻又爲杻械之杻。

又　檍　□□，於力切。《考工記》曰：取榦之道，柘爲上，檍次之。《說文》曰：檍，杶也。檍，梓屬，大者可爲棺郭，小者可爲弓。陸璣曰：華正白，葉似杏，今官園種之，取億萬之義，名萬歲。謝朓詩『風動萬年枝』是也。

明　楊慎　《丹鉛餘録》卷一五　謝朓詩：風動萬年枝。唐詩：青松忽似萬年枝。《三體詩》注以爲冬青，非也。《草木疏》云：檍木枝葉可愛，二月花白，子似杏。今官園種之，取億萬之義，改名萬歲樹，即此也。

明　吳雨《毛詩鳥獸草木考》卷一七《杻》　杻，一名檍，似棣，細葉。葉新生可飼牛，材中車輞。關西呼杻子。一名土橿。陸璣云：葉似杏而尖，白色，皮正赤。爲木多曲少直，枝葉茂好。二月中葉疏，花如練而細，蘂正白。蓋樹今官園種之，正名曰萬歲。既取名於億萬，其葉又好，故種之共汲山下。人或謂之牛筋，或謂之檍。材可爲弓弩幹也。

明　張存紳《增定雅俗稽言》卷三九　萬年樹，《考工記》：弓人取材，檍次之。今官園植檍，取萬年之義。《西京雜記》：上林苑萬年長生樹一株。謝朓詩：風動萬年枝。唐詩：青松忽似萬年樹。釋大隱注：《三體詩》以爲冬青，非也。世俗但知世上也有千年樹，不知却有萬年之稱。《委宛餘編》云：樹有長生、萬年、靈壽、君子、女貞，皆美名也。檍音亦。

明　焦周《焦氏説楛》卷三　檍木枝葉可愛，二月花白，子似杏。官園種之，改名萬歲樹。謝朓詩：風動萬年枝。唐詩：青松忽似萬年枝。

明　劉侗《名物通》卷八　檍，《爾雅》曰：杻。《詩》：北山有杻。二月花白，子似杏。謝朓詩『風動萬年枝』即此樹也。

明　毛晉《陸氏詩疏廣要》卷上之下《隰有杻舊刻山有杻，非》　《爾雅》云：杻，檍。郭氏注云：似棣，細葉，葉新生可飼牛，材中車輞。關西呼杻子，一名土橿。鄭氏注云：俗呼牛筋木，其材堅韌，中車輞及弓弩。

清　何琇《樵香小記》卷下《萬歲木》　謝朓詩『風動萬年枝』，宋人以爲冬青。考陸璣《詩疏》曰：杻，檍也。今官園種之，正名曰萬歲。既取名於億萬，其葉又好，故種之。然則朓所詠者乃杻耳。

清　徐鼎《毛詩名物圖説》卷八　《山海經》：英山其上多杻橿。注：杻似棣而細葉，一名土橿，木中車材。陸璣《疏》：葉似杏而尖，白色，皮正赤。爲木多曲少直，枝葉茂好。二月中葉疏，華如練而細，蘂白。蓋樹今官園種之，正名曰萬歲。既取名於億萬，其葉又好，故種之共汲山下。人或謂之牛筋，或謂之檍。材可謂弓弩幹也。

清　牟應震《毛詩物名考》卷五　杻，今呼曰椆，周、丑通音。陸《疏》：葉似杏而尖，白色，皮正赤。多曲少直。花如練而細蕋。或謂之牛筋。言其柔而韌也。

圖表

晉　郭璞《爾雅音圖・釋木》

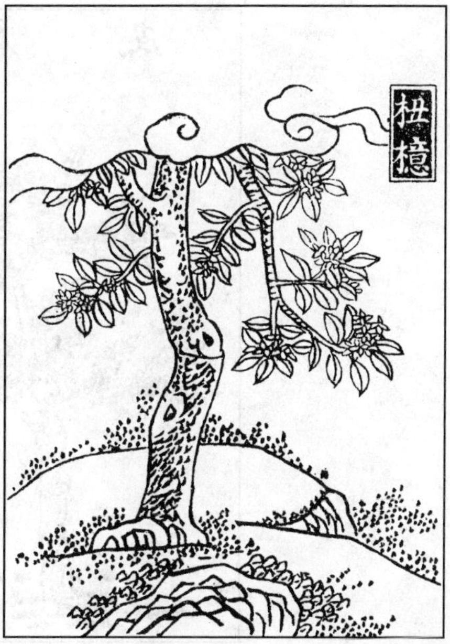

清　徐鼎《毛詩名物圖説》卷八

梣

綜述

漢 劉安《淮南子・俶眞訓》 夫梣木色青翳，而蠃瘉蝸睆，此皆治目之藥也。

漢 許慎《説文》卷六 梣，青皮木。从木，岑聲。子林切。𣚳，或從寖省。寖，籀文寑。

宋 釋贊寧《東坡先生物類相感志》卷一三《柃樹》 《淮南子》云：柃木色青翳。即苪歷木也，生山。剥取其皮以水浸之，止青盲，用水洗服，愈人目中翳也。

宋 戴侗《六書故》卷二一 梣，梣，子林切。《説文》曰：青皮木。或作𣚳，從寑省。《淮南子》曰：梣色青，治翳目。高誘曰：若歷木也。伯曰：梣譌爲秦。今秦皮是也。木似檀，葉細而無華。取皮水漬之，碧色，治目眚。一名石檀，又作樳欓。《本草》：有樳木，皮葉煮，洗蛇傷。

明 李時珍《本草綱目》卷三五 秦皮《本經》中品 校正：併入《拾遺》樳木。釋名：梣皮、音岑。樳木、音尋。石檀、《別録》樊槻、弘景盆桂、日華苦樹、蘇恭苦櫪。時珍曰：秦皮本作梣皮，其木小而岑高，故因以爲名。人訛爲樳木，又訛而爲秦木。或云本出秦地，故得秦名也。高誘注《淮南子》云：梣，苦櫪木也。恭曰：樹葉似檀，故名石檀。俗因味苦，呼爲苦樹。集解：《別録》曰：秦皮生廬江川谷及冤句水邊。二月、八月采皮，陰乾。弘景曰：俗云是樊槻皮，而水漬以和墨書，色不脱，微青。恭曰：此樹似檀，葉細，皮有白點而不粗錯，取皮漬水便碧色，書紙看之皆青色者，是眞。頌曰：今陝西川郡及河陽亦有之。其木大都似檀，枝幹皆青緑色，葉如匙頭，虚大而不光，並無花實，根似槐根，俗呼爲白樳木。

明 愼懋官《華夷花木鳥獸珍玩考》卷三《梣木》 梣木色青翳。梣木，苦歷木名也，生於山。剥取其皮以水浸之，正青，用洗眼，瘉人目中膚翳，故曰色青翳。青，色象也。

圖表

明 劉侗《名物通》卷八 梣木，色青翳，生于山。剥其皮以水浸之，正青，用洗眼瘉。

明 李時珍《本草綱目・圖卷》

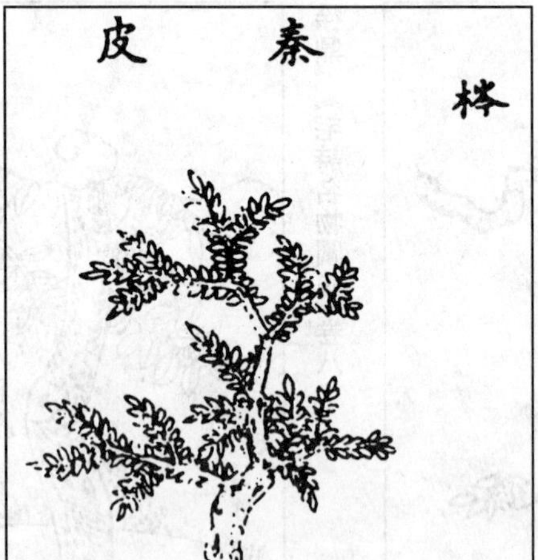

楸

綜述

《爾雅・釋木》 槐，小葉曰榎。注：槐當爲楸。楸細葉者爲榎。大而皵，楸。注：老乃皮粗皵者爲楸。小而皵，榎。注：小而皮粗皵者爲榎。《左傳》曰：使擇美榎。音義【略】疏：別楸榎之名也。楸之小葉者名榎。樊光云：大者，老也。皵，措皮也。謂樹老而皮粗皵者爲楸。小，少也。樹小而皮粗皵者爲榎。注云『《左傳》曰：使擇美榎』者，案襄二年夏，齊姜薨。初，穆姜使擇美榎，以自爲櫬與頌琴，季文子取以葬。是其事也。

漢　許慎《**說文**》**卷六**　楸，梓也。从木，秋聲。七由切。

宋　陸佃《**埤雅**》**卷一四**《**楸**》　《釋木》云：大而皵，楸；小而皵，榎。楸梧早脱，故楸謂之秋。楸，美木也。故曰：山居千章之楸，其人與千户侯等。《董子》曰：木名三時，草命一歲。若椿從春，楸從秋，榎從夏，所謂『木名三時』。芧從子，黄從寅，茆從卯，莤從酉，荄從亥，苧從丁，茂從戊，芭從己，莘從辛，葵從癸之類，命以一歲支幹，故曰『草命一歲』也。《夢書》曰：榆爲人君，楊爲使者，楸爲讃謁。今柳謂之絲，楸謂之線。按：楸有行列，莖幹喬聳凌雲，華高可愛。至秋垂條如線，俗謂之楸線。《述異記》云：越人多橘柚園，歲出橘税，謂之橙橘户。中山又有楸户，著名楸籍者也。

明　朱橚《**救荒本草**》**卷六**　楸樹，所在有之，今密縣梁家衝山谷中多有。樹甚高大，其木可作琴瑟。葉類梧桐葉而薄小，葉梢作三角尖叉，開白花，味甘。

明　牛衷《**增修埤雅廣要**》**卷二五**《**卉物門·釋木類·楸**》　楸，美木也。莖幹喬聳凌雲，可愛。至秋垂條如線，俗謂之楸線。

明　李時珍《**本草綱目**》**卷三五**　楸《拾遺》　釋名：榎。時珍曰：楸葉大而早脱，故謂之楸。榎葉小而早秀，故謂之榎。唐時立秋日，京師賣楸葉，婦女、兒童剪花戴之，取秋意也。《爾雅》云：葉小而皵，榎。葉大而皵，楸。皵音鵲，皮粗也。集解：見梓下。周憲王曰：楸有二種。一種刺楸，其樹高大，皮色蒼白，上有黄白斑點，枝梗間多大刺。葉似楸而薄，味甘，嫩時煠熟，水淘過拌食。時珍曰：楸有行列，莖幹直聳可愛。至上垂條如線，謂之楸線。其木濕時脆，燥則堅，故謂之良材，宜作棋枰，即梓之赤者也。

明　慎懋官《**華夷花木鳥獸珍玩考**》**卷三**《**楸**》　《釋木》云：大而皵楸。小而皵，榎。楸梧早脱，故楸謂之秋。楸，美木也。故曰：山居千章之楸，其人與千户侯等。今柳謂之絲，楸謂之線。按：楸有行列，莖幹喬聳凌雲，華高可愛。至秋垂條如線，俗謂之楸線。

明　屠本畯《**離騷草木疏補**》**卷三**《**楸**》　楸，檟也。木老而皮粗散者爲楸，木小而皮粗者爲檟。楸之疏理，色白，有角而生子者爲梓，又名子楸，又名角楸。黄色無子者名柳楸，亦呼荆黄楸也，楚地尤多，可以爲器。梓實桐皮曰椅。莢細如箸，其長僅尺，冬後葉落而子猶在，其枝葉木理如楸。山楸之異者，今謂之若楸，似桐而葉小，花紫。羅碩曰：梓爲百木之長，室屋之間有此木，則餘材皆不復震，其葉可以飼豕，肥碩三倍。舍西種梓楸五，令子孫孝順。

清　周魯《**類書纂要**》**卷二八**　楸，梓屬，柏葉松身，似梓，有花無子。大而皵，楸。小而皵，榎。楸梧早脱，故楸謂之秋，乃美木也。故曰：山居之楸，其人與千户侯等。

清　張逸少《**佩文齋廣羣芳譜**》**卷七五**《**木譜·楸**》　楸，與萩同。《漢書》注云：萩即楸也。生山谷間，今處處有之。與梓樹本同末異。《本草》李時珍云：即梓之赤者也。周憲王曰：楸有二種。一種刺楸，樹高大，皮色蒼白，上有黄白斑點，枝間多大刺，葉薄。《埤雅》云：楸有行列，莖幹喬聳凌雲，高華可愛。至秋垂條如線，謂之楸線。其木濕時脆，燥則堅，良木也。白皮及葉味苦，小寒無毒，主治吐逆，殺三蟲及皮膚蟲。傅惡瘡疽，瘻腫，除膿血，生肌膚，長筋骨，有拔毒排膿之功，爲外科要藥。

又《**榎**》　榎，檟也，亦楸屬。《爾雅》注云：楸細葉者爲榎。楸葉大而早脱，故謂之楸。榎葉小而早秀，故謂之榎。《爾雅》云：小而皵，音鵲。榎。小而皮皵者爲榎。大而皵楸。老而皮麤皵者爲楸。

清　張宗法《**三農紀**》**卷一六**《**林屬·楸**》　楸，周憲王云：楸有二種。其樹高大，皮色蒼白斑點，小則身生刺，大則枝間生刺，刺名丁皮，可入藥。有種質紋雲水，材堪稱器。《齊民要術》云：白色有角曰梓，無子曰楸。《埤雅》云：楸有行列，莖幹喬聳凌雲，高華，臨秋葉落，故字從之。得宫商之令，是以樂工取材爲器，其音清和。楸屬之中有榎。《爾雅》云：葉小而散曰榎，葉大而散曰楸。早脱葉曰楸，早秀華曰榎。《草木狀》云：楸與梓本同末異。

清　汪曰楨《**湖雅**》**卷四**　楸　《本草綱目》：即梓之赤者也。按：舊俗，立秋日戴楸葉，故有『五九四十五，頭戴楸葉舞』之諺。

藝文

唐 韓愈《楸樹三首》（引自《萬首唐人絶句》卷三） 幾歲生成爲大樹，一朝纏繞困長藤。誰人與脱青羅帔，看吐高花萬萬層。

幸自枝條能樹立，何煩蘿蔓作交加。傍人不解尋根本，却道新花勝舊花。

青幢紫蓋立童童，細雨浮煙作綵籠。不得畫師來貌取，定知難見一生中。

宋 劉敞《公是集》卷二七《大楸使宅堂前》 長楸蔭栢堂，小枝猶合抱。得地遂天年，斧斤安敢到。

明 郭登《楸子樹並序》（引自《明詩綜》卷二四） 去歲于蒙太監家移栽此樹，當就結實繁衍。今年春令已深，草木皆萌蘖，而獨此枯瘁，略無生意。土俗相傳，以爲栽樹當歲著花特餘氣耳，來歲則否，必三年而後如故。予甚信之。偶數日伏枕不出，今晨就庭事啓窗，則花已爛熳，比他樹尤盛，見者咸以爲異。予亦歡然以喜，因賦長句並識意云：窗前新栽楸子樹，去歲移自東君家。根深土凍重莫致，輓以兩犍載一車。方經旬日即蓓蕾，秋深結子如丹砂。人言此特餘氣耳，來歲未必能芬葩。我初聞之稍驚怪，重以土俗相傳誇。今年春風已撩亂，千株萬卉皆萌芽。南山青翠遠可見，獨有此樹猶枯杈。我徵前言苦不樂，行憐坐惜恒咨嗟。連朝病困閉門卧，夢寐猶憶花如何。今晨勿藥彊起坐，眊焉兩瞳如隔紗。推窗一見笑絶倒，蔥蔥滿樹開成霞。冰綃素錦誰翦刻，小紅輕翠相交加。日光照耀春欲醉，翩翩蜂蝶爭紛拏。賓朋來觀繞百匝，共疑造化理則邪。花枝爛熳色更好，詖辭輕易可信邪。豈非陽春有深意，憐我老憊來天涯。浮生過半身計拙，有足不及蚿憐蛇。故教相伴慰岑寂，豈敢與物爭豪奢。六年羈鰥入僧定，但未落髮披袈裟。青裙小鬟別來久，淚眼垢膩首不珈。已聞桂蠹化胡蝶，忍聽鸚鵡呼琵琶。花雖可愛不忍折，無人插向兩髻丫。鈎簾静坐獨清賞，天明起看到日斜。知音未遇寡歡趣，有酒不飲惟烹茶。前年官司催入貢，六千里路豈不遐。移根天苑比瓊樹，有用未必過桑麻。物生遭遇即珍貴，便應壓盡諸般花。我慙不如花命好，謫官五載辭金華。住迥邊城氣蕭索，旦暮慽慽聞蘆笳。自憐淺薄不足忌，羣兒何以喙競呀。方圓鑿枘苦難入，冠非薦角强觸邪。古人明哲有深戒，省愆痛欲掩户撾。窮荒雖覺雙眼淨，聒耳厭聽公私蛙。再歌南風終不競，天驕吹脣魯婦髽。羌兒雜遝近邊鄙，意態詭異聲嘲譁。陰霾接旬不成澤，嗺嗺恒欲噬我豭。麒麟獅子遠將至，爾曹慎勿相邀遮。駟騎東來蹴山倒，黄口學語聲咿啞。羣公羅拜但垂手，踐踏不啻蟲與蝦。人逃馬死金滿篋，一擲何足掛齒牙。我雖無位百憂集，終夜感歎心如瘥。廿年蹤跡半天下，把鏡自照兩鬢髿。老懷食蔗如食蠟，豈但無味仍饒渣。行路難行古如此，道多豺狼水鱷魦。紛紛兒女競聲利，左蠻右觸方爭蝸。金雞何日解羈去，一竿歸釣吴江槎。箕山潁水跡長往，漁蓑樵擔肩相摩。閒看得意鼠如虎，怕説病聰蟻間摩。黄雞紫蟹且慰意，背癢正得麻姑爬。羞將口腹累州里，未能不食如匏瓜。猶勝夷齊待薇蕨，園收芋栗兼梨樝。老農追隨種禾黍，偶耕林下時燒畬。心淳語直意眞率，肝膽相照無疵瘕。瑤臺璇室豈不好，囁嚅較此猶爭些。囊中黄金尚餘幾，壺乾酒盡還當賒。頹然一醉玉山倒，世間萬事皆由他。

清 湯右曾《懷清堂集》卷一九《古今體一百一首・詠齋中草木五十二首同雪子作・楸》 布葉如雲屯，蒼然入夏冷。西風障落日，晚下茅亭影。

圖表

晉 郭璞《爾雅音圖・釋木》

明 朱橚《救荒本草》卷六

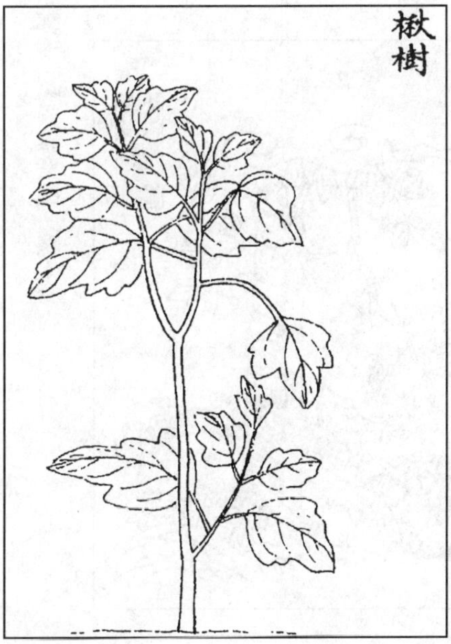

明 李時珍《本草綱目·圖卷》

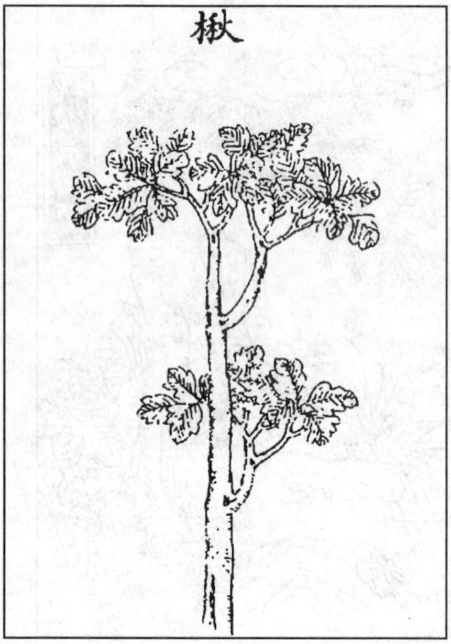

槄

綜述

《爾雅·釋木》 槄，山榎。注：今之山楸。音義【略】疏：李巡云：山榎，一名槄。郭云：今之山楸。《秦風》云：終南何有，有條有梅。陸璣《疏》云：槄，今山楸也，亦如下田楸耳。皮葉白，色亦白。材理好，宜爲車板。能濕，又可爲棺木。宜陽共北山多有之也。

三國吴 陸璣《毛詩草木鳥獸蟲魚疏》卷上《有條有梅》 條，槄也，今山楸也，亦如下田楸耳。皮葉白，色亦白。材理好，宜爲車板。能濕，又可爲棺木。宜陽共北山多有之。

清 徐鼎《毛詩名物圖說》卷九 《爾雅》：槄，山榎。孫炎注：《詩》曰：有條有梅。條，槄也。郭璞注：今之山楸。邢昺疏：陸璣曰：槄，今山楸也，亦如下田楸耳。皮葉白，色亦白。材理好，宜爲車板。能溼，又可爲棺木。宜楊北山多有之。愚按：能與耐同。

圖表

晉 郭璞《爾雅音圖·釋木》

清 徐鼎《毛詩名物圖說》卷九

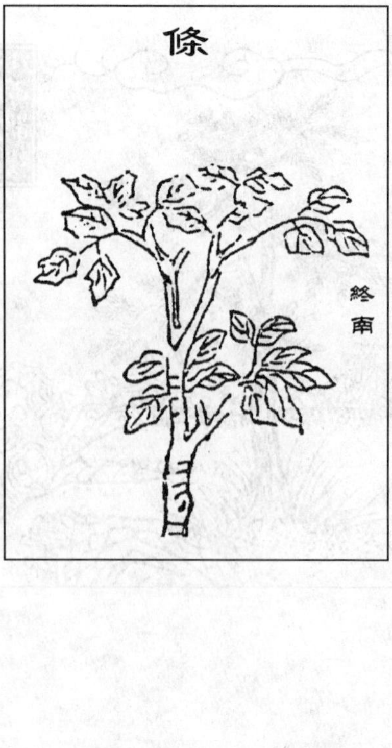

楰

綜述

《爾雅·釋木》 楰，鼠梓。注：楸屬也。今江東有虎梓。音義【略】

疏：李巡曰：鼠梓，一名楰。郭云：楸屬也。今江東有虎梓。《詩·小雅》云：北山有楰。陸璣《疏》云：『其樹葉木理如楸，山楸之異者，今人謂之苦楸』是也。

漢 許慎《說文》卷六 楰，鼠梓木。從木，臾聲。《詩》曰：北山有楰。羊朱切。

三國吴 陸璣《毛詩草木鳥獸蟲魚疏》卷上《北山有楰》 楰，楸屬，其樹葉、木理如楸，山楸之異者，今人謂之苦楸。濕時脆，燥時堅。今永昌又謂鼠梓，漢人謂之楰。

宋 戴侗《六書故》卷二一 楰 楰，羊朱切。《爾雅》曰：楰，鼠梓。陸璣曰：鼠梓，枝葉、木理如楸，山楸之異者，亦名苦楸。郭璞曰：楸屬也。今江東有虛梓。

明 吴雨《毛詩鳥獸草木考》卷一八《楰》 楰，一名鼠梓，一名椑，一名山李，楸類。其木濕時脆，燥時堅。今永昌人謂之鼠梓。漢人謂之楰，即鳥菓子也。大至合抱者，江東呼爲虎梓。鼠李亦名鼠梓，或云即此。然此花之實都不相類，恐別一物而名同也。陸璣云：『其樹葉、木理如楸，山楸之異者，今人謂之苦楸』是也。

清 張逸少《佩文齋廣羣芳譜》卷七二《木譜·鼠梓》 鼠梓名楰，《詩》所謂『南山有楰』是也。今人謂之苦楸，江東人謂之虎梓。《爾雅》云：楰，鼠梓。注云：楸屬也。今江東有虎梓。鼠李亦名鼠梓，別是一種。

清 徐鼎《毛詩名物圖說》卷九 《爾雅》：楰，鼠梓。李巡注：鼠梓，一名楰。郭璞注：楸屬也。今江東有虎梓。陸璣《疏》：其樹葉、木理如楸，山楸之異者，今人謂之苦楸。濕時脆，燥時堅。愚按：鼠梓，木似山楸而黑。

清 牟應震《毛詩物名考》卷五 楰，未詳。《爾雅》：楰，鼠梓。陸疏云：『其樹葉、木理如楸，山楸之異者，今人謂之苦楸』是也。

圖表

晉 郭璞《爾雅音圖·釋木》

清 徐鼎《毛詩名物圖說》卷九

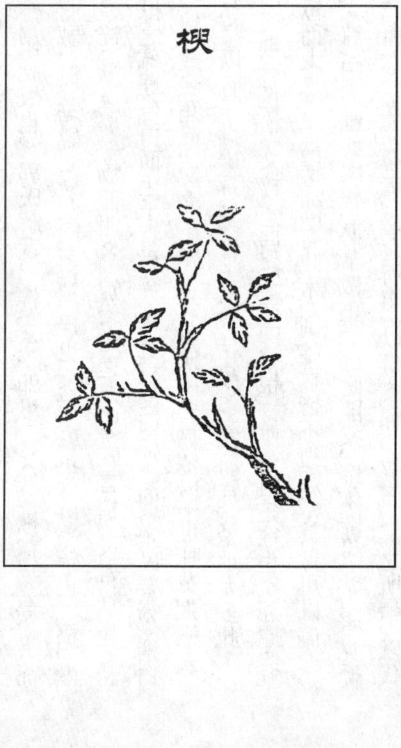

梓椅

論説

唐　丘光庭《兼明書》卷五《杞梓》　近代文人多以杞梓爲大材，可爲棟梁之用。明曰：杞梓小材，木可爲器物之用耳。何以言之？《左傳》云：杞梓皮革自楚往也。與皮革同文，故知非大材。《孟子》曰：性猶杞柳也，義猶桮棬也。以人性爲仁義，猶以杞柳爲桮棬。《釋木》云：杞，枸檵。郭璞曰：今枸杞也。《尚書·梓材》云：既勤樸斲，惟其塗丹雘。孔安國曰：梓，漆也。《詩》云：椅桐梓漆。然則梓非漆之别名，可以爲漆器之材耳。是知杞之與梓皆柔軟之木，杞則可爲桮棬，梓則可爲漆器。其非棟梁之材也，明矣。或曰：昔秦人伐梓，其中一青牛，梓非大木耶？答曰：梓本大木，但其爲貨之時，析而斷之爲小材耳。

宋　蔡卞《毛詩名物解》卷五《椅》　椅，梓實桐皮，非梓之正，非正而外若同焉，有椅之意。樲若棗而小，非棗之正，棗甘而樲酸，棗屬而樲貳者也。羊棗謂之遵，則不貳者也。

宋　陸佃《埤雅》卷一四《梓》　《傳》曰：橋者，父道也；梓者，子道也。舊説椅即是梓，梓即是楸。蓋楸之疏理而白色者爲梓，梓實桐皮曰椅，其實兩木大類同而小别也。今呼牡丹謂之華王，梓爲木王，蓋木莫良於梓，故《書》以『梓材』名篇，《禮》以梓人名匠也。《書》曰：若作梓材，既勤樸斲，惟其塗丹雘。言王者造始，作爲典則，以授諸侯，則既勤樸斲之譬也。諸侯致飾嗣其功而終之，則惟其塗丹雘之譬也。《詩》曰：樹之榛栗，椅桐梓漆。言其宫中所植，皆能預備禮樂之用。《語》曰：一年之計莫如種穀，十年之計莫如種木。故文公於初作宫室之時，早計如此。又曰：維桑與梓，必恭敬止。言桑、梓，父之所植，尚或敬之也。《禮》曰『見君之几杖則起』，其類是乎？《尸子》曰：荆有長松、文梓。

宋　羅願《爾雅翼》卷九《梓》　梓爲百木長，故古者名制器之工爲梓人，商人尚梓，用此故也。郭氏解『椅，梓』云：即楸。又解『楸，榎』云：大而皵，楸；小而皵，榎。《説文》亦曰：椅，梓也。梓，楸也。楸，梓也。檟，楸也。然則椅、梓、楸、檟，一物而四名。然《定之方中》既言椅，又言梓，故《詩義疏》曰：楸之疏理色白而生子者爲梓，梓實桐皮曰椅。而《齊民要術》稱白色有角者爲梓，或名角楸，又名子楸。黄色無子者爲椅楸，世呼黄荆楸云。然則是數者，又以有子爲辨耳。《管子》：五沃之土宜白梓。楚地尤多此木，故《尸子》曰：荆有長松、文梓。而聲子亦曰：杞梓皮革自楚往也。屈原《九章》：望長楸而太息。室屋之間有此木，則餘材皆不復震。其葉可以飼豕，肥碩三倍。《詩》曰：維桑與梓，必恭敬止。靡瞻匪父，靡依匪母。古者見喬木必下而趨，所以廣孝。桑者，母之所事，以供蠶繅；梓者，父之所植，以伐琴瑟。故見之而恭敬之心惕然生焉，不必待於口澤手澤之所漸也。又梓之爲木，有子之道。昔者伯禽、康叔見周公，三見而三笞，遂見商子。商子使觀于南山之陽，見橋木高而仰。又使之觀乎北山之陰，見梓焉，晉然實而俯。商子曰：橋者，父道也。梓者，子道也。於是二子再見乎周公，入門而趨，登堂而跪。周公拂其首，勞而食之，則以能子道焉耳。《雜五行書》曰：舍西種梓楸五，令子孫順孝。蓋亦此義。莢細如箸，其長僅尺，冬後葉落而莢猶在，樹總總然。其實一名豫章。崔豹《古今注》曰：棘實曰棗，梓實曰豫章，桑實曰椹，柘實曰佳。魯季孫植六檟於蒲圃東門之外。子胥曰：植吾墓檟。任昉云：中山有楸户，掌楸木者，楸可爲什器。

綜述

《爾雅·釋木》　椅，梓。注：即楸。音義：椅，於奇反。郭云：即楸也。案：椅與楸唯子爲異耳。梓，《字林》音子。疏：别二名也。郭云：即楸。《詩·鄘風》云：椅桐梓漆。陸璣《疏》云：梓者，楸之疏理白色而生子者爲梓，梓實桐皮曰椅，則大類同而小别也。

漢　許慎《説文》卷六　椅，梓也。从木，奇聲。於離切。梓，楸也。從木，宰省聲。即裏切。榟，或不省。

三國吴　陸璣　《毛詩草木鳥獸蟲魚疏》卷上《梓椅梧桐》　梓者，楸之疏理白色而生子者爲梓，梓實桐皮曰椅，今人云梧桐也，則大類同而小别也。

宋　高似孫　《剡録》卷九《草木禽魚上·梓》　《水經》曰：謝車騎居嶀山，東北曲江起樓，樓北桐梓森摐。

宋　戴侗　《六書故》卷二一　賈、梓、楸、椅、稻　檟，古雅切。亦作榎。梓，即裏切。《説文》曰：宰省聲。亦作榟。楸，七由切。亦作萩。《傳》曰：伐雝門之萩。《史記》曰：河濟之間千樹萩。椅，於離切。亦作椅。《詩》曰：椅桐梓漆。稻，吐刀切。《爾雅》曰：槐，小葉曰榎，大而皵楸，小而皵榎。又曰：椅，梓。稻，山榎。郭氏曰：槐當作楸。樊光曰：皵，錯皮也。樹老而皮粗皵者爲楸，小而皮皵者榎也。陸璣曰：楸之疏理白色而生子者爲梓，梓實桐皮曰椅。稻，今山楸也，亦如下田楸，皮葉白色。亦曰才理好，宜爲車版。能濕，又可爲棺木。宜陽北土多有之。樂彦曰：楸，梓也。胡廣曰：椅，今梧桐也。《齊民要術》：種梓法，秋末冬初，取梓角暴乾，播種之，一年薅之，二年而移之。楸無子，掘根取栽移之，十年後可爲車版器用，爲棺槨勝松柏。按：《詩》椅、桐、梓並稱，明爲二物，恐非梧桐。江南梓木似桐，葉小於桐，生子成珮。

明　李時珍　《本草綱目》卷三五　梓《本經》下品　釋名：木王。時珍曰：梓或作杍，其義未詳。按陸佃《埤雅》云：梓爲百木長，故呼梓爲木王。蓋木莫良于梓，故《書》以『梓材』名篇，《禮》以梓人名匠，朝廷以梓宫名棺也。羅願云：屋室有此木，則餘木皆不震。其爲木可知。集解：《别録》曰：梓白皮生河内山谷。弘景曰：此即梓樹之皮。梓有三種，當用朴素不腐者。頌曰：今近道皆有之，宫寺人家園亭亦多植之。木似桐而葉小，花紫。《爾雅》云：椅，梓。郭璞注云：即楸也。《詩·鄘風》云：椅桐梓漆，爰伐琴瑟。陸璣注云：楸之疎理白色而生子者爲梓，梓實桐皮爲椅，大同而小異也。入藥當用有子者。又一種鼠梓，一名楰，亦楸屬也。枝葉木理皆如楸，今人謂之苦楸，江東人謂之虎梓。《詩·小雅》云『北山有楰』是也。鼠李一名鼠梓，或云即此。然花實都不相類，恐别一物而名同爾。藏器曰：楸生山谷間，與梓樹本同末異，或以爲一物者，誤矣。大明曰：梓有數般，惟楸梓皮入藥佳，餘皆不堪。機曰：按《爾雅翼》云：《説文》言：椅，梓也。梓，楸也。檟亦楸也。然則椅、梓、檟、楸，一物四名。而陸璣《詩疏》以楸之白理生子者爲梓，梓實桐皮者爲椅。賈思勰《齊民要術》又以白色有角者爲梓，即角楸也，又名子楸。黄色無子者爲椅楸，又名荆黄楸。但以子之有無爲别。其角細長如箸，其長近尺，冬後葉落而角猶在樹。其實亦名豫章。時珍曰：梓木處處有之。有三種：木理白者爲梓，赤者爲楸，梓之美文者爲椅，楸之小者爲榎。諸家疏注，殊欠分明。桐亦名椅，與此不同。此椅即《尸子》所謂『荆有長松、文椅』者也。

明　慎懋官　《華夷花木鳥獸珍玩考》卷三《梓》　爲木之長，故材曰梓材，匠曰梓人。室有此木，則餘材不復震，或位置在他木下則有聲，其異如此。土以黄心者爲上。

明　穆希文　《説原》卷一二　梓爲百木之長，椅、梓、楸、檟，本一物也，而四名。

明　吴雨　《毛詩鳥獸草木考》卷一六《梓》　梓，百木之長，古者名制器之工爲梓人。似桐而葉小，花紫。木理如楸，以色紅者爲上，俗呼羊肝。梓可作琴瑟、楝梁，色白者爲下。其皮入藥，莢細者其長僅尺，冬後葉落而莢猶在樹揔揔然。其實一名豫章。梓與楸相似，《爾雅》云以爲一物，誤矣。陸璣云：楸之疏理白色而生子者爲梓。《齊民要術》云：白色有角者爲梓，或名角楸，又名子楸。黄色無子者爲楸。是皆不辨楸、梓也。梓與楸自異，生子不生角。《説文》：楸與梓本同末異，若栢葉有松身。牡丹爲花王，梓爲木王，室有梓木則餘材不復震，或位置在他木下則有聲，其異如此。以黄心者爲上。

明　張存紳　《增定雅俗稽言》卷三九　梓材　梓爲木之長，故木曰梓材，匠曰梓匠。作室有此木不復震，或位置在他木中則時有聲，其異如此。昔韓朋妻美，康王奪之，朋自殺，妻乃投臺而死。王命分埋，兩塚相望，經宿有梓木生其塚上，根交于下，枝連于上，因號相思樹。一曰南方自有相思樹。昔人戍邊，其妻追思，泣于樹下而死，故名。其子曰紅荳。王維詩：『紅荳生南國，秋來發幾枝。贈君多採擷，此物最相思』是也。相思子與龍腦相宜，能節香不耗。《述異記》：燕趙間有相思草，節節相續，亦名斷腸草。太白：昔日芙蓉花，今成斷腸草。《本草》云：斷腸草，一名芙蓉。

清　陳淏子　《秘傳花鏡》卷三《花木類考·梓》　梓，一名木王。林中有梓樹，諸木皆内拱菓。似梧桐差小而無歧。春開紫白花，如桐，極其爛熳。生莢細箸，長尺許，冬底葉落，莢猶在樹。種法：秋末冬初，取莢曝乾播種，一年薅之，二年方可移植。或交春斷其根，瘗於土，亦能發條。其葉飼豕最肥。

清　**高士奇**《**北墅抱甕録·梓**》　梓樹大數十圍，老幹上挺，旁枝交讓。花最繁，形如蛺蝶，色淺紅，上有深點，類洒染所成。中含二鬚，落時一鬚在花，一鬚在蔕。余軒前得十餘株，土人呼爲佛樹。開若紫霞，落如紅雨，眞異觀也。

清　**張宗法**《**三農紀**》**卷一六**《**林屬·梓**》　梓，《圖經》云：木似桐而理白，葉小，花紫。《詩義》謂楸之疏生子者爲梓。《齊民要術》云：生子有角者爲梓，一名杍，角細如箸，長近尺，臨霜葉落，獨角不落。梓爲木中之王，植林則衆木皆拱，造室則諸材不震，制琴瑟則聲韻堪佳。本莫良于梓，故《書》以梓名篇，《禮》以梓人爲匠。又刻書曰繡梓、鋟梓。古者五畝之宅，樹桑、梓二木于墻，給蠶食器用，故《詩》云：維桑與梓。其木質堅固，可以立成，得陰陽正氣，故字從之，是以喻爲子道者是也。

清　**徐鼎**《**毛詩名物圖說**》**卷八**　陸璣《疏》：楸之疏理白色而生子者曰梓。鄭樵《通志》：梓與楸相似。羅願曰：梓爲百木長，故古者名制器之工爲梓人。《管子》云：五沃之土宜白梓。楚地又多此木，莢細如箸，其長僅尺，冬後葉落，而莢猶在樹總總然。陸農師曰：梓爲百木長，故呼梓爲木王。《古今注》：棘實爲棗，梓實爲豫章。

清　**牟應震**《**毛詩物名考**》**卷五**　梓，木之美文理者。葉似桐而小花，長蒂，色有白有紫。古名曰梓，今統名曰楸。

又　椅，《說文》：梓也。案《衛風》椅、桐、梓、漆並舉，如屬一木。既言椅，不應復言梓矣。而陸《疏》、《本草》無分也。楸有結角如菜豆莢者，土人名曰角兒楸。《詩·小雅》云：其桐其椅，其實離離。則椅其梓之有子者乎？

紀事

元　**脱脱**《**宋史**》**卷六五**《**五行志**》　熙寧元年三月，簡州木連理。是歲英州因雷震，一山梓樹盡枯。

藝文

清　**陸奎勳**《**陸堂詩集**》**卷一〇**《**梓花**》　亭亭梓樹長百木，與我舊結青雲交。平泉易主踈譏賞，蕭寺逢僧觀幻泡。黑風繞坪捲靈蜕，紫雨當砌漂泓坳。有花莫飼白頭豕，鳳皇將子來安巢。

清　**沙琛**《**點蒼山人詩鈔**》**卷四**《**梓花**》　停雲薄紫霞，瀟灑寥天廓。春雨老林材，高花開自落。

雜録

南朝梁　**任昉**《**述異記**》**卷上**　梓樹之精化爲青羊，生百年而紅，五百年而黄，又五百年而色蒼，又五百年而色白。

圖表

晋　**郭璞**《**爾雅音圖·釋木**》

明 李時珍《本草綱目·圖卷》

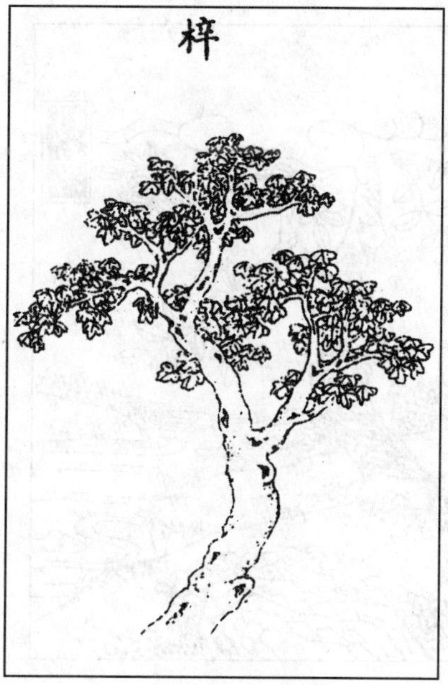

清 徐鼎《毛詩名物圖説》卷八

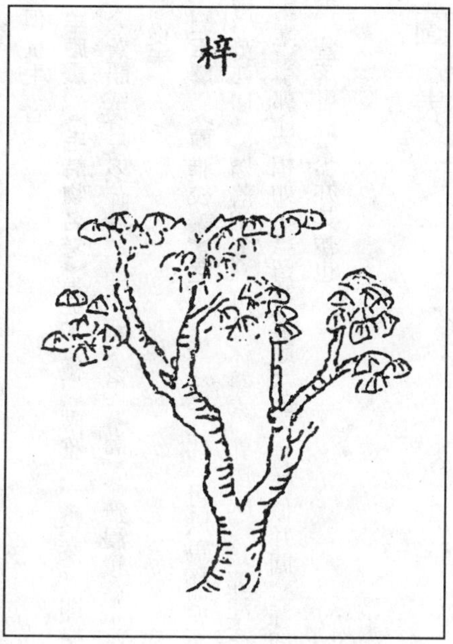

檴

綜述

《爾雅·釋木》檴，落。注：可以爲杯器素。音義：檴，户郭反。《詩》云：無浸檴薪。杯，必回反。疏：檴，一名落。某氏曰：可作杯圈，皮韌繞物不解。郭云：可以爲杯器素。素，謂樸也。《小雅·大東》云：無浸檴薪。鄭《箋》云：檴，落，木名。陸璣《疏》云：『今椰榆也，其葉如榆，其皮堅韌，剥之長數尺，可爲絙索，又可爲甑帶。其材可爲杯器』是也。

三國吴 陸璣《毛詩草木鳥獸蟲魚疏》卷上《無浸穫薪》 穫，今椰榆也，其葉如榆，其皮堅韌，剥之長數尺，可爲絙索，又可爲甑帶。其材可爲杯器。

明 吴雨《毛詩鳥獸草木考》卷一八《檴》 檴，木也，一名落，似檉，可以爲杯器素，皮韌繞物不解，《爾雅》『檴，落』是也。陸璣云：今椰榆也，其葉如榆，其皮堅韌，剥之長數尺，可爲絙索，又可爲甑帶。其材可爲杯圈。箋易傳者，以諸言薪者皆謂木也，而言刈於理不安，故易之。《釋文》：檴，户郭反，毛刈也。《箋》：檴，落，木名也。字則宜從木傍。

明 毛晉《陸氏詩疏廣要》卷上之下《無浸檴薪》 《爾雅》云：檴，落。邢疏云：檴，一名落。某氏曰：可作杯圈，皮韌繞物不解。郭云：可以爲杯器素。素，謂樸也。《小雅·大東》云：無浸檴薪。鄭《箋》云：檴，木名。鄭《注》云：郭云可以爲杯器，據此則今檉杉。按鄭漁仲《通志略》曰：檴，郭云：可以爲杯器素。此赤檉也。但檉是柳屬，檴是榆屬，恐非一類。又按《大東》篇檴字從禾，與『八月其穫』穫字同，故毛、朱《傳》及吕、嚴諸家俱云：刈也。今《爾雅》、陸《疏》俱釋木名從木，確與本章無涉。

清 顧棟高《毛詩類釋》卷一五《穫薪》 《爾雅》：穫，落。郭注：可以爲杯器素。邢疏：檴，一名落。可作柸棬，皮韌繞物不解。《小雅·大東》云：無浸穫薪。鄭《箋》曰：檴，落，木名。陸璣《疏》：『今椰榆也，其葉如榆，其皮堅韌，剥之長數尺，可爲絙索，又可爲甑帶。其材可爲杯器』是也。謹案：《小雅》『無浸穫薪』之穫，字從禾。毛《傳》曰：穫，刈也。《正義》謂讀如穫稻之穫，是穫爲虚字，乃是穫稻之薪耳。而《爾雅》『檴，落』之檴，從木，是木名，音鑊，一名落。字既不同，音義亦異。康成殊屬强解，故朱《傳》及嚴氏《詩緝》俱從毛，音鑊。

清　牟應震《毛詩物名考》卷五　穫，《爾雅》：穫，落。即槲也。穫、槲通音。今齊語或合二名呼之。曰：穫，落。《詩》：無浸穫薪。陸《疏》從木，毛《傳》從禾。

清　劉玉麐《爾雅校議》卷下　檴，落。注：可以爲杯器素。案《類篇》云：檴，黄郭切。檴，落，木名，可爲杯器索，郭璞説。是郭注本作索也。《史記·索隱》引郭注《相如賦》『留落胥餘』，云：胥餘似并閭。并閭，椶也，皮可作索。蓋落可爲索，亦其類也。

圖表

晋　郭璞《爾雅音圖·釋木》

蜜蒙

綜述

宋　寇宗奭《本草衍義》卷一〇　蜜蒙花，利州路甚多。葉冬亦不凋，然不似冬青，蓋柔而不光潔，不深緑。花細碎，數十房成一朵，冬生春開。

明　李時珍《本草綱目》卷三六　蜜蒙花宋《開寳》　校正：慎微曰：自草部移入木部。釋名：水錦花。《炮炙論》　時珍曰：其花繁密蒙茸如簇錦，故名。集解：頌曰：密蒙花，蜀中州郡皆有之，樹高丈餘，葉似冬青葉而厚，背白，有細毛，又似橘葉，花微紫色。二月、三月采花，暴乾用。宗奭曰：利州甚多，葉冬不凋，亦不似冬青，柔而不光潔，不深緑。其花細碎，數十房成朵，冬生春開。

明　鮑山《野菜博録》卷三　蜜蒙，一名寒不凋，生山谷中。樹頗高大，葉似冬青樹葉，又似橘葉而厚，背白色，有細毛，味甘平，性微寒，無毒。

明　劉侗《名物譜》卷七　密蒙花，産自蜀，木高丈餘，葉青冬不凋。花紫，瓣多細碎，千房一朵，故謂密蒙。

清　陳淏子《秘傳花鏡》卷三《花木類考·蜜蒙花》　蜜蒙花，生益州及蜀之州郡。木高丈餘，葉似冬青而厚，背白色，有細毛。花微紫色，二三月採花曝乾，則味甘甜如蜜。其花一朵有數十房，蒙蒙然細碎，故有是名。

圖表

明 李時珍《本草綱目・圖卷》

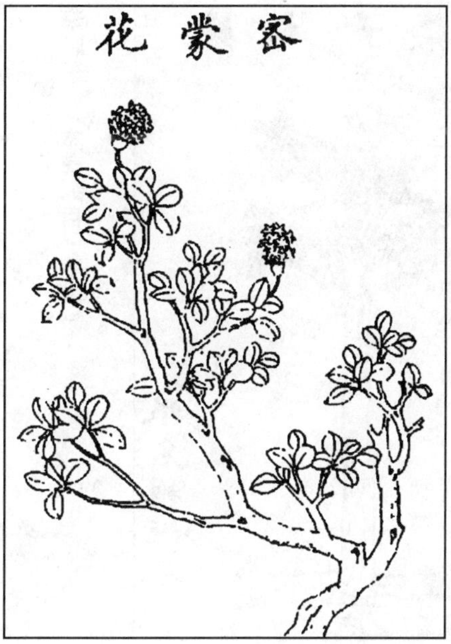

明 鮑山《野菜博録》卷三

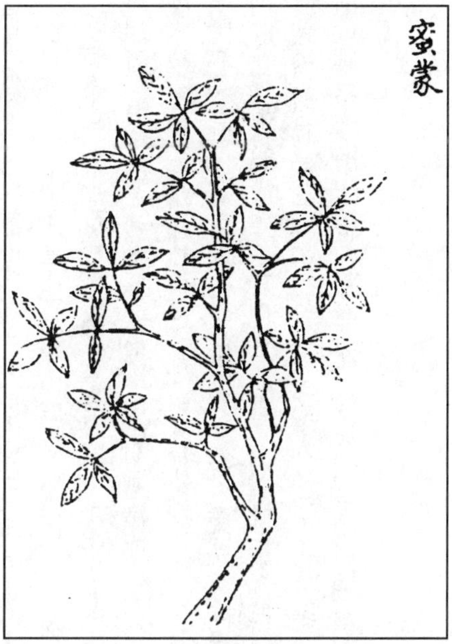

黃蘗

綜述

漢 許慎《説文》卷六 檗，黄木也。从木，辟聲。傅尼切。

明 李時珍《本草綱目》卷三五 蘗木《本經》上品 釋名：黄蘗、《別録》根名檀桓。時珍曰：蘗木名義未詳。《本經》言蘗木及根，不言蘗皮，豈古時木與皮通用乎？俗作黄柏者，省寫之謬也。集解：《別録》曰：蘗木生漢中山谷及永昌。弘景曰：今出邵陵者，輕薄色深爲勝。出東山者，厚而色淺。其根於道家入木芝品，今人不知取服。又有一種小樹，狀如石榴，其皮黄而苦，俗呼爲子蘗，亦主口瘡。又一種小樹，多刺，皮亦黄色，亦主口瘡。恭曰：子蘗亦名山石榴，子似女貞，皮白不黄，亦名小蘗，所在有之。今云皮黄，謬矣。按：今俗用子蘗，皆多刺小樹，名刺蘗，非小蘗也。禹錫曰：按《蜀本圖經》云：黄蘗樹高數丈，葉似吴茱萸，亦如紫椿，經冬不凋。皮外白，裏深黄色。其根結塊，如松下茯苓。今所在有，本出房、商、合等州山谷中。皮緊，厚二三分，鮮黄者上。二月、五月采皮，日乾。機曰：房、商者，治裏、治下用之。邵陵者，治表、治上用之。各適其宜爾。頌曰：處處有之，以蜀中出者肉厚色深爲佳。

明 鮑山《野菜博録》卷三 黄蘗，一名蘗木，一名子蘗，生山谷中。樹高數丈，葉似茱萸葉，經冬不凋。皮外白色，裏黄色。其味苦，性寒，無毒。

明 李中立《本草原始》卷四 蘗木，即黄蘗也。始生漢中山谷及永昌，今處處有之，以蜀中者爲佳。木高數丈，葉類茱萸及紫椿，經冬不凋。皮外白，裏深黄色。根如松下茯苓，二月、五月采皮，日乾。《別録》名黄蘗，俗作黄柏者，省寫之謬也。

明 劉侗《名物通》卷八 黄蘗，根甚遠，去本株四十丈，細根相連，狀如縷，名檀桓芝。

明 盧之頤《本草乘雅半偈》卷五 〔蘗木〕出漢中山谷及永昌、邵陵、山東諸處，今唯蜀中者，皮厚色深，爲佳樹。高數丈，葉似吴茱萸，又似紫椿，經冬不凋。皮外黄白，其裏正黄。其根結塊，如松下茯苓，故根名桓檀。

清　吴其濬《植物名實圖考》卷三七《蘗木》　蘗木，《本經》上品。根名檀桓。《別録》謂生漢中、永昌山谷，今山西、湖南山中至多，俗以染黄。《説文》：檗，黄木也。俗加草作蘗，誤。雩婁農曰：小説家有謂投黄蘗水中，能毒蛟龍者。温嶠然犀，鬼神惡之，但深山中忽遭沸流，俗曰蛟水，當其衝者，山裂木拔，豈無一蘗木隨流而泛者哉？夫洚水離析，害難言矣。近世有栞伐蛟説者，其意甚壯，然不聞有試之者。《周禮》壺涿氏掌除水蟲，若欲殺其神，則以牡橭午貫象齒沈之，其神死，淵爲陵，與後世禁祝何異？然則捍大患，禦大災，而有益於民，雖巫覡小術，亦聖人之所作也。蘗木殺蛟，其説若信，則依澗負崖之氓，家置户蓄，或遇一綫逆湍，爭相迎擲，獨非臨時救恤之一法乎？

圖表

明　鮑山《野菜博録》卷三

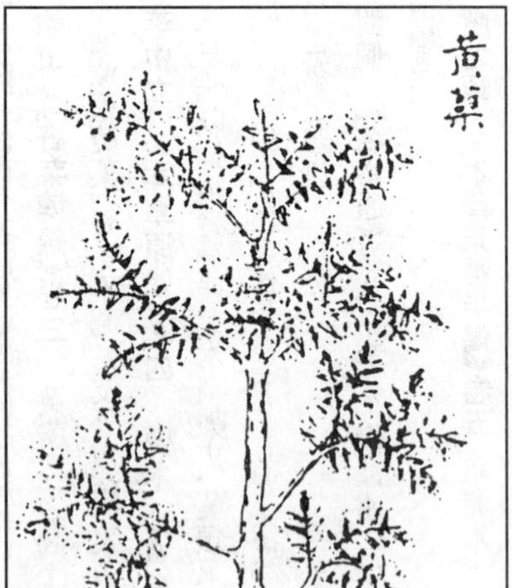

明　李時珍《本草綱目・圖卷》

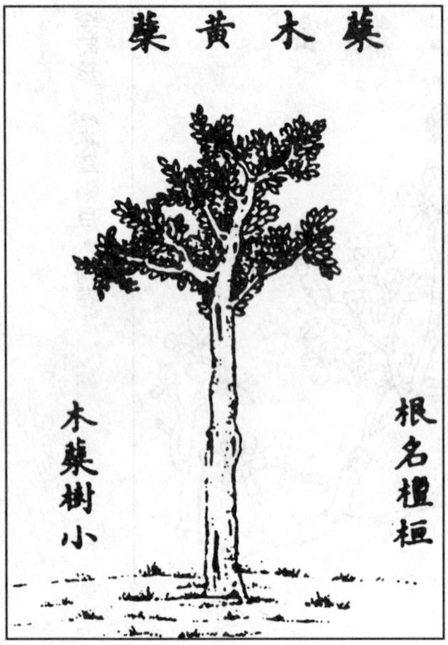

清　吴其濬《植物名實圖考》卷三七《蘗木》

棕櫚

綜　述

漢　許慎《説文》卷六　栟，栟櫚也。从木，并聲。府盈切。　椶，栟櫚也。可作萆。从木，㚇聲。子紅切。

晉　嵇含《南方草木狀》卷上　蒲葵如栟櫚而柔薄，可爲葵笠，出龍川。

宋　鄭樵《通志》卷七六　椶櫚，曰栟櫚，曰葥，曰王蔧。注云：葉可爲帚篲。然有兩種，一種有須，可作繩，耐水；一種小而無須，葉可爲帚。葩未吐時，剖去須而取之曰椶魚，瀹而食之甚美。

宋　羅願《爾雅翼》卷九《并閭》　張揖解《上林賦》曰：并閭，椶也。木高一二丈，傍更無枝，葉大而圓，有如車輪，皆萃於木杪。其下有皮重疊裹之，每皮一匝爲一節。其花黄白，結實作房如魚狀。《山海經》曰：石翠之山，其木多椶。嶺南、西川、江南皆有之。其皮爲用最廣，二旬一剥，則葉轉復生。皮作繩入土，號爲千歲不爛。孫權討黄祖，祖横兩蒙衝保守沔口，以并閭大紲繫石爲矴。又齊高帝時，軍容寡少，乃編椶皮爲馬具裝，此蓋軍旅所須，故晉令夷民守護椶皮者，一身不輸。而《唐書》：訶陵國在南海洲上，立木爲城，作大屋重閣，以椶皮覆之，王坐其中。此皮堅韌不受雨，故可以冒馬覆屋也。一名蒲葵，晉人稱蒲葵扇，扇自柄上攢衆骨如椶葉之狀，今宣、歙、衢、信間扇是也。梁張孝秀性通率，常冠榖皮巾，躡蒲履，執栟櫚皮、麈尾。唐世以爲拂。今人遊山者作椶鞋。如淳解《甘泉賦》謂并閭，其葉隨時政，政平則平，政不平則傾。顔師古曰：如氏所説，自是平慮耳，并閭謂椶也。又郭璞解《上林賦》曰：胥邪。

宋　戴侗《六書故》卷二一　栟櫚　栟，蒲眠、府盈二切。櫚，陵如切。栟櫚，木高者一二丈，葉如蒲扇，實如魚子，葉下有毛彙如鬉，故亦謂鬉櫚，亦作㚇椶。亦作棕。相如、揚雄賦單作并閭。

明　牛衷《增修埤雅廣要》卷二五《卉物門·釋木類·椶櫚》　椶櫚，西川、江南有之。木高一二丈，岐生枝端。其皮爲用最廣，二旬一剝，葉轉復上生。皮作繩，入土號爲千歲不爛。又《山海》曰：石脆之山，其木多椶。一名蒲葵。

明　楊慎《丹鉛總録》卷四《鬣葵》　椶櫚，一名鬣葵，又曰蒲葵。

明　李時珍《本草綱目》卷三五　椶櫚宋《嘉祐》　釋名：栟櫚。時珍曰：皮中毛縷如馬之騣鬛，故名。椶，俗作棕。鬛，音閭，鬣也。栟音并。集解：頌曰：椶櫚出嶺南、西川，今江南亦有之。木高一二丈，無枝條。葉大而圓，有如車輪，萃于樹杪。其下有皮重疊裹之，每皮一匝爲一節，二旬一采，皮轉復生上。六七月生黄白花，八九月結實，作房如魚子，黑色。九月、十月采其皮用。《山海經》云『石翠之山，其木多椶』是也。藏器曰：其皮作繩，入水千歲不爛。昔有人開塚，得一索，已生根。嶺南有桄榔、檳榔、椰子、冬葉、虎散、多羅等木，葉皆與栟櫚相類。時珍曰：椶櫚，廣、川甚多，今江南亦種之，最難長。初生葉如白及葉，高二三尺則木端數葉大如扇，上聳，四散岐裂，其莖三棱，四時不凋。其幹正直無枝，近葉處有皮裹之，每長一層即爲一節。幹身赤黑，皆筋絡，宜爲鐘杵，亦可旋爲器物。其皮有絲毛，錯縱如織，剥取縷解，可織衣帽褥椅之屬，大爲時利。每歲必兩三剥之，否則樹死，或不長也。三月于木端莖中出數黄苞，苞中有細子成列，乃花之孕也。狀如魚腹孕子，謂之椶魚，亦曰椶笋。漸長出苞，則成花穗，黄白色。結實纍纍，大如豆，生黄熟黑，甚堅實。或云：南方此木有兩種：一種有皮絲，可作繩；一種小而無絲，惟葉可作帚。鄭樵《通志》以爲王蔧者，非也。王蔧乃落帚之名，即地膚子。別有蒲葵，葉與此相似而柔薄，可爲扇、笠，許慎《説文》以爲椶櫚，亦誤矣。

明　慎懋官《華夷花木鳥獸珍玩考》卷三《椶》　《説文》：椶，櫚也。以木椶聲，可作萆。《廣雅》：并閭，椶也。《玉篇》：一名蒲葵。張揖曰：木高一二丈，傍無枝葉，如車輪，皆萃於木杪。其下有皮重疊裹之，每皮一匝爲一節。花黄白，結實作房如魚子狀。

明　穆希文《説原》卷一二　并閭，椶也。每皮一匝爲一節。其花黄白，結實作房如魚狀。其皮爲用最廣，二旬一割，椶可作繩。

明　劉侗《名物通》卷八　栟櫚，椶也，一名蒲葵，又名鬣葵。椶笋狀如魚，味如苦笋。椶桐蕨類。

清　魏茂林《駢雅訓纂》卷六　栟閭，比閭，蒲葵，椶也。《玉篇中·木部》：櫚，椶櫚，亦曰栟櫚也。栟，俾名切。閭，與櫚通。《逸周書·王會解》：白州比閭。比閭者，其華若羽，伐其木以爲車，終行不敗。《通雅》四十四《植物類》：比閭，即栟櫚。《王會篇》『白州比閭』，蓋椶閭也。《玉篇中·木部》：椶，祖東切，椶櫚也，一名蒲葵。

清　高士奇《北墅抱甕録·椶櫚》　瀛山蘭渚之地，皆疊亂石爲短垣，不加粉堊，於墻角植椶櫚三四本。高可齊檐，微風乍拂，輕涼自生，極瀟灑之趣。皮有絲縷，錯綜如織，取爲冠屐簟拂等物，大稱山居。三月間，莖内生黄苞，狀若魚子，可食，名曰椶笋，亦曰椶魚，蒸熟後，以蜜醋製之，即千里可致也。

清　陳淏子《秘傳花鏡》卷三《花木類考·椶櫚》　椶櫚，一名蠶葵。木高數丈，直無旁枝，葉如車輪，叢生木杪。有椶皮包於木上，二旬一剥，轉復上生。三月間木端發數黄苞，苞中細子成列即花，穗亦黄白色。結實大如豆而堅，生黄熟黑，每一墮地，即生小樹。宜植莊園之内，性喜鬆土。或鳥雀食子，遺糞於地，亦能生苗。秋分移栽，先掘地作坑，用狗糞鋪坑底，再以肥土蓋之。初種月餘，以河水間日一澆，後此隨便可也。至其椶之爲用，織衣帽褥椅之類甚廣，再製爲繩索縛花枝，紥屏架，雖經雨雪，耐久不爛。園圃中極當多植數本者。

清　張宗法《三農紀》卷一五《植屬·棕》　棕，《圖經》云：其材難長，初苗如白芨狀，漸長聳散岐裂，成材木直無枝，身赤有疊節痕，至頂發莖，莖青而扁稜，生刺葉椡形，集如車輪，遠望之，昂昂如傘狀，四時不凋。春三月木端中出黄苞，初生如魚腹孕子。蘇東坡云：采之可蔬。漸出苞，成花穗，黄白色，結實纍纍如兩豆相聯，生黄熟黑，甚堅。葉莖連皮裹之，一月生一皮，每長一層爲一節。其皮綜毛綜錯若織形，解縷可織履，笥盂、薦椅、簑笠、摩緋、繩索之屬，又印書作刷帚。木可鏇器作杵，葉可繫物帚地，子可入藥。《本草》云：梡。《爾雅》云：栟。《通志》云：夜叉樹。《山海經》云：石翠之山，其木多椶。椶者，取鬛皮中毛如馬鬣也。

清　嵇璜《續通志》卷一七六　蒲葵，如栟櫚而柔薄，可爲葵笠。葵笠或作扇笠。出龍川。見《南方草木狀》。

清　趙學敏《本草綱目拾遺》卷六　閏月椶皮　徽州者，色紫爲上，救生苦海椶櫚皮，每歲只生十二瓣，逢閏月多生一瓣，惟此瓣中間有界紋爲異。按《詹氏小辨》云：椶，每月生一片，歲生必十二片，唯當閏月之年，值所閏之月則此一片僅有其大半，亦不成片。家有椶園，每歲臘盡剥之歷驗，此無中氣之徵也。據此則閏月椶皮無全瓣者。《石室奇方》：椶櫚遇閏年則生半片，歲長十二節，閏月增半節。

清　錢大昭《廣雅疏義》卷一九　栟櫚，椶也。《説文》：栟，栟櫚也。府盈切。椶，栟櫚也。可作萆。子紅切。《玉篇》：椶，椶櫚也，一名蒲葵。櫚，椶櫚，亦曰栟櫚。《西山經》：石脆之山，其木多椶柟。郭注：椶樹高三丈許，無枝條，葉大而員，枝生稍頭，實皮相裹，上行一皮爲一節，可以爲繩。一名栟櫚，音馬駿之駿。陳藏器《本草》云：栟櫚，子黄白色，作房，一名椶櫚。張博士《上林賦》曰：并閭，椶也，皮可以爲索，木高一二丈，傍更無枝，葉大而圓，有如車輪，皆萃于木杪。其下有皮，重疊裹之，每皮一匝爲一節。其花黄白，結實作房如魚狀。

藝文

南朝梁　江淹《江文通集》卷三《栟櫚》　異木之生，疑竹疑草。攢叢石逕，森蓯山道。煙岫相珍，雲壑共寶。不華不縟，何避工巧。

唐　杜甫《枯椶》（引自《全唐詩》卷二一九）　蜀門多椶櫚，高者十八九。其皮割剥甚，雖衆亦易朽。徒布如雲葉，青黄歲寒後。交横集斧斤，凋喪先蒲柳。傷時苦軍乏，一物官盡取。嗟爾江漢人，生成復何有。有同枯椶木，使我沈歎久。死者即已休，生者何自守。啾啾黄雀啅，側見寒蓬走。念爾形影乾，摧殘没藜莠。

唐　徐仲雅《詠椶樹》（引自《全唐詩》卷七六二）　葉似新蒲緑，身如亂錦纏。任君千度剥，意氣自衡天。

宋　劉敞《公是集》卷一《栟櫚賦》　圓方相摩，純粹精兮。剛健專直，交神靈兮。馮翼正性，栟櫚榮兮。中立不倚，何亭亭兮。受命自天，非曲成兮。外無附枝，匪其勞兮。密葉森森，劒戟鋋兮。温潤可親，廉而不傷兮。霜雪青青，不凍僵兮。壽比南山，邈其無疆兮。被髮文身，何佯狂兮。沐雨櫛風，蹇無所妨兮。苦身克己，用不失職兮。磨頂至踵，尚禹墨兮。黄中通理，類有得兮。屹如承天，孔武且力兮。懔其無華，不尚色兮。表英衆木，如繩墨兮。播棄蠻夷，反自匿兮。遯世無悶，曷幽嘿兮。明告君子，吾將以爲則兮。

又卷二九《椶櫚》 纛影吒毿竿影直，雪中霜裏伴松筠。可憐憔悴凌雲色，還是昂藏獨立人。

宋　洪适《盤洲文集》卷九《椶》 剖心青掌露，蓬首紫髯垂。花孕魚堪饌，枝重鳥不窺。

明　薛瑄《河汾詩集》卷三《椶樹》 小圃高椶樹，亭亭迥出雲。近身皮盡古，到頂葉纔分。性直鍾元氣，根多托厚坤。幸兹無剥削，生意得長存。

明　葉盛《菉竹堂稿》卷二《椶櫚》 異種分來自蜀門，青青密葉似雲屯。如今割剥無征斂，默受中天雨露恩。

清　黄任《秋江集》卷一《栟櫚》 蒲衣劍佩緑繽紛，瘦骨扶疎挺不羣。自愛廉隅森似束，巧將條理密成紋。編篔慣獵千山雨，截竹時穿絶磴雲。好戰西風鳴策策，酒醒池館夜深聞。

清　吴省欽《白華前稿》卷四八《學舍集八・旃蒙協洽・椶筍》 栟葉夜叉頭，筍芽美人指。物態奚絶殊，且候蟄雷始。春尖隱膚寸，掘食口同哆。銀刀剖玉條，見出子魚子。僧製今嘆稀，蘇咏古稱旨。清馨溢厨傳，有鼎末由舐。我僕來楚南，云可湆羊豕。早虚肉食相，幸識菜香理。出奇購園官，饌法久荒矣。一抔雖作羹，三嗅欲投几。不如養使成，皮毛剥纚纚。補屋替青蘿，衣地勝文綺。口爽心發狂，矧乃味非美。鄉思訊蓴鱸，區區豈在此。

清　張五典《荷塘詩集》卷七《椶櫚》 正直標孤幹，能禁風雨狂。當梢舒葉大，拔地聳身强。桐老經霜白，蕉寒壓雪黄。枝岐與叢翳，孑者乃青蒼。

清　戚學標《景文堂詩》卷九《棕樹花次韻》 玉白花紅和未完，鐵棕佳咏又更端。祇聞直幹凌霄上，忽有奇葩冒雨寒。鳳尾影開芳蕊見，麝臍香透密心攢。申陽驚報非常瑞，竭盡微才是所歡。

清　吴俊《榮性堂集》卷九《椶》 槁葉長依柯，翻翻敗帚掛。新葉如拏雲，頑不受拘械。縱横股臂拓，節節著癬疥。無雨亦自語，微風乃屢拜。體堅貌致醜，勢勁聲一派。織皮以爲薦，易成且難敗。楚天薜荔多，濕霧屯破廨。黄昏星月濛，一扇得清快。宜與芭蕉鄰，更配煙雲畫。作詩示楚人，得錢勿輕賣。

清　曾燠《賞雨茅屋詩集》卷七《和杜工部四詠・枯椶》 椶櫚即蠹材，樹藝足生活。最適貧賤用，無憂富豪奪。山人履自編，漁家蓑可脱。繩牀宜穩眠，麈尾亦清拂。兩間珍貨多，種種入華闥。茅檐安薄陋，天忍令材竭。季世人患滿，物力窮采割。雨露雖至仁，未能救夭閼。昨見田野間，此材半枯枿。此材亦既枯，莫要枯蒲葛。

圖表

明　李時珍《本草綱目・圖卷》

椶櫚

貝多樹

綜述

南朝梁 任昉《述異記》卷下 一説少室山有貝多樹，與衆木有異，一年三放花，其花白色，香美。俗云漢世野人將子種於此。

唐 段成式《酉陽雜俎》卷一八 貝多，出摩伽陀國，長六七丈，經冬不凋。此樹有三種：一者多羅娑一曰婆。力叉貝多，二者多梨婆一曰娑。力叉貝多，三者部婆一曰娑。力叉多羅多梨。一曰多梨貝多。並書其葉，部闍一色取其皮書之。貝多是梵語，漢翻爲葉，貝多婆一曰娑。力叉者，漢言葉樹也。西域經書，用此三種皮葉，若能保護，亦得五六百年。《嵩山記》稱嵩高寺中有思惟樹，即貝多也。釋氏有《貝多樹下思惟經》。顧徽《廣州記》稱貝多葉似枇杷，並謬。交趾近出貝多枝，彈材中第一。

明 穆希文《説原》卷一二 貝多，出摩伽陀國，長六七尺，經冬不凋，葉可書經。

明 傅梅《嵩書》卷二《物華篇·木部》 貝多，《雜道書》云：漢世有道士，從外國將貝多子來，於嵩高西脚上種之，有四樹，與衆木異，一年三花，白色，香美。《酉陽雜俎》云：貝多出摩伽陀國，長六七丈，經冬不凋。此樹有三種，西域經書用此三種皮葉寫之。《嵩山記》稱嵩高寺中有思惟樹，即貝多也。釋氏有《貝多樹下思惟經》。

明 王世貞《弇州四部稿》卷一五六 貝多樹，大葉。《拾遺記》云：外國有此樹，葉書長五六寸，闊五寸許，葉形似琵琶而厚大。嵩高寺中有思惟樹，即貝多也。

清 來集之《倘湖樵書二編》卷一〇 《魏王花木志》云：思惟樹，漢時有道人，自西域持貝多子，植于嵩之西峯下，後樹高大，有四樹，樹一年三花。

清 嵇璜《續通志》卷一七六 多羅樹，出南印建那補羅國北，其葉長廣，其色光潤，諸國書寫莫不採用。見《翻譯名義集》。《天中記》謂之貝多樹，《嵩山記》謂之思惟樹。

無憂樹

綜述

唐 段成式《酉陽雜俎》卷三 無憂樹，女人觸之，花方開。

明 慎懋官《華夷花木鳥獸珍玩考》卷一《無憂樹》 女人觸之，花方開。

清 王士禛《香祖筆記》卷一〇 華山玉泉院山蓀亭大石旁，有無憂樹四。《酉陽貝編》云：無憂樹，女人觸之，花方開。亦蘭稱待女花之類。

藝文

清 彭蘊章《松風閣詩鈔》卷九《硯北集·古今體詩五十六首·有木十六章》 有木名無憂，初植纔盈把。俄見質輪囷，枝葉蔽九野。合歡芘其根，萱草榮其下。欲呼岐山聖，移種酆京社。奈何石頭城，自比無憂者。三閣逞荒淫，六宮侈風雅。不見關雎詩，寤寐憂心寫。

丹青樹

綜述

漢 劉歆《西京雜記》卷一 終南山【略】有樹直上百丈，無枝，上結藂條如車蓋，葉一青一赤，望之班駮如錦繡，長安謂之丹青樹，亦云華蓋樹，亦生熊耳山。

南朝梁 任昉《述異記》卷下 辰州嵩溪有丹青樹，枝葉直上籠雲，下無枝條，上有五色葉，圓如華蓋，故號丹青樹，俗謂之五綵樹。今在辰陽縣。

明 徐應秋《玉芝堂談薈》卷三六《丹青樹》 終南山多合離樹，葉似江離而紅緑相離，莖皆紫色，氣如羅勒。其樹直上百尺無枝，上結叢條狀如車蓋，一青一丹，斑駁如錦繡，長安謂之丹青樹。瀘州瓦屋山出娑羅花，五色爛然，移他處則槁。

明 劉侗《名物通》卷八 丹青樹，其葉一青一赤，望之若錦繡。

明 徐𤊹《徐氏筆精》卷八《丹青樹》 《西京雜記》云：終南山有合離樹，紅緑相雜，斑駁如錦繡，長安謂之丹青樹。

清 愛新覺羅·弘曆《樂善堂全集定本》卷二〇《丹青樹》 終南有佳樹，其名曰丹青。孤幹挺百尺，上結車蓋形。青赤葉相間，望若錦繡明。崔黄好手筆，一一畫難成。抽條應春和，呈祥藉地靈。鳥雀不敢巢，映日獨蔥菁。梁棟未試用，徒傳奇樹名。不如松杉質，猶足架軒楹。良材苟終棄，空勞造化生。

不凋木

綜述

明 李時珍《本草綱目》卷三六 不凋木《拾遺》 集解：藏器曰：生太白山巖谷。樹高二三尺，葉似槐，莖赤，有毛，如棠梨，四時不凋。

清 嵇璜《續通志》卷一七六 不雕木，葉似槐，四時不雕。

六道木

綜述

清 和珅 乾隆《熱河志》卷九三 六道木，塞外樹名，幹有紋六道，細如線而界畫甚匀，産山中。

清 陳文述《頤道堂詩外集》卷二《六道木》 六道木，塞外樹名，有紋六道細如綫，而界畫甚匀。先天誰界畫，奇在木生初。乙乙規分刲，庚庚辨密疏。文原知有本，柯更驗其餘。六子疑分位，羲爻悟太虚。

燕脂木

綜述

宋　范成大《桂海虞衡志・志草木》　燕脂木，堅緻，色如臙脂，可鏇作。出融州州洞，桂林屬縣亦有之。

宋　周去非《嶺外代答》卷八《花木門・燕脂木》　燕脂木，堅緻，色如燕脂，可鏇作。出融州及州峒，桂林屬縣有之。

明　慎懋官《華夷花木鳥獸珍玩考》卷三《臙脂木》　堅緻，色如臙脂，可鏇作。出融州及州洞，桂林屬縣亦有之。

清　周魯《類書纂要》卷二八　臙脂木，堅緻，色如臙脂，可鏇作。出融州及州洞，桂林屬縣亦有之也。

清　嵇璜《續通志》卷一七六　臙脂木，色如臙脂，堅緻，可鏇作。見《事物紺珠》。

龍骨木

綜述

宋　范成大《桂海虞衡志・志草木》　龍骨木，色翠青，狀如枯骨。

清　嵇璜《續通志》卷一七六　龍骨木，根如杯棬，榦如臂而扁，皮青翠，花黃心紅瓣，根身有刺，斷之有汁，可以編籬。見《事物紺珠》。

放杖木

綜述

明　李時珍《本草綱目》卷三六　放杖木《拾遺》　釋名　集解：藏器曰：生溫、括、睦、婺諸州山中。樹如木天蓼，老人服之，一月放杖，故以爲名。

明　慎懋官《華夷花木鳥獸珍玩考》卷一《放杖木》　放杖木，生溫、括、睦、婺山中。樹如木天蓼，老人服之，浸酒服之。一月放杖，故以爲名也。

清　嵇璜《續通志》卷一七二　放杖木，樹如木天蓼，老人服之，一月放杖，故以爲名。

圖表

明　李時珍《本草綱目・圖卷》

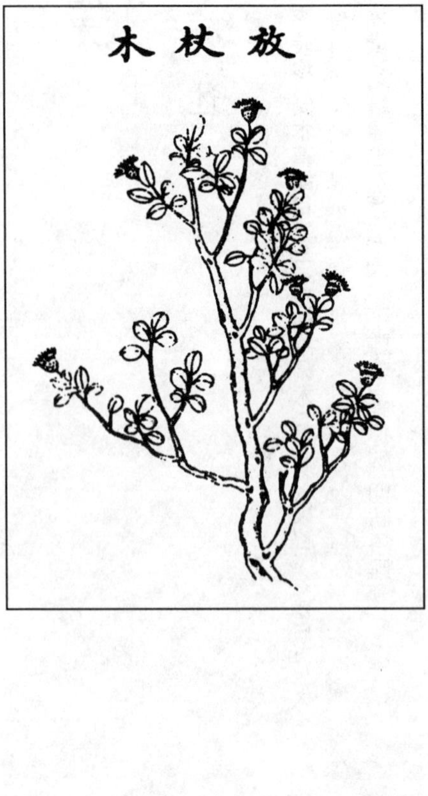

虎斑木

綜述

明 曹昭《格古要論》卷下《虎斑木》 出海南。其紋理似虎斑，故謂之虎斑木。

清 嵇璜《續通志》卷一七六 虎斑木，出海南。其紋理似虎斑，故名。見《格古要論》。

夜光木

綜述

清 查慎行《人海記》卷下《夜光木》 古北口外有老樹，根爲沙水浸潤，歲久發光。以刀削去薄皮，肌理瑩澈，大者合抱，小如臂指，皆透明如琉璃水精，夜置暗室中，照見細字，因呼爲夜光木。出水半月後，濕氣漸乾，光亦漸減，成枯櫪矣。眞物理之莫解者。此樹亦不知名。

清 張逸少《佩文齋廣羣芳譜》卷八〇《木譜·夜光木》 夜光木，一名亮木。塞外木經久而枯，其根不朽，蟠迴連理于土中，水漬木根，光輝透徹，中外一色，有類珠樹，夜明燄可以燭物。取者晝日從朽株中驗其滲濕，昏黑往取，去其皮而光發，則是矣。泥沙淨盡，竟體晶熒，經月水乾，光乃漸減。

清 陸廷燦《南村隨筆》卷六《夜光木》 夜光木生絶塞山間，積歲而朽，月黑有光，遇雨益甚。移置殿上，通體皆明，白如螢火，迫之可以燭物，以素甆貯水投之水，光澄澈，雨露日遠則光漸減矣。《塞北小鈔》。

清 嵇璜《續通志》卷一七六 夜光木，一名亮木、塞外木，經久而枯，其根不朽，蟠迴連理于土中，水漬木根，光輝透徹，中外一色，有類珠樹，夜光焰可以燭物。取者晝日從朽株中驗其滲濕，昏黑往取，去其皮而光發，則是矣。泥沙淨盡，竟體晶熒，經月水乾，光乃漸滅。

清 鄭光祖《醒世一斑録》卷三《物理·草木》 夜明木，乃深山久爛之木。夏月得熱雨，忽明如熾炭。此陰陽氣化，即螢生於夏之義也。以不能久，故不足貴。

藝文

清 愛新覺羅·玄燁《清聖祖文集》卷三〇《夜亮木賦並序》 塞上古木，夜視有光，遇雨益明，移置室中，即之可以燭物，嘉其有異，故賦：猗嘉木之逈異，垂四照之華英。蜿輪囷於川壤，萃盤錯於柯莖。外禀巽德，内蘊離精。焕然夕皎，灼爾宵明。晼瑞星之初麗，炯璧月之漸生。既騰輝於山谷，亦揚彩於檐楹。若乃靈根濯雨，榮枝浥露，芳澤加鮮，澄暉遠布。方隱之而彌耀，旋即之而如晤。洵昭質之無虧，何冥行之是懼。爾廼金膏灺，蕋鶴燄韜。光獨飛熛而振采，長煜煜以煌煌。吐瓊文於赤水，懸瑶景于昆岡。非朝華而夕謝，殆積闇以能彰。於是列之桂宫，置以椒室，流映金鋪，近燭緗帙。豈浮艷之爲容，亮靈奇之足述。庶含章之可貞，雖在野而靡失。

清 宋至《緯蕭草堂詩》卷二《夜光木》 予昔客潞沙，異木得未有。入夜常捧觀，玉盤驚墮手。皎然無纖瑕，螢火爭避走。由來日月精，化之爲瓊玖。厥後染塵穢，瑩潔不復守。譬人富行業，光輝固非偶。一朝罔自持，漸滅速拉朽。追憶成斯篇，明德貴常久。

清 愛新覺羅·弘曆《清高宗詩三集》卷八四《夜亮木》 塞嶺多奇木，奇過夜亮無。不燃光自放，遇濕耀偏敷。照孰劉向者，賦同郭璞乎？明柴蜀中有，較此想非殊。

清 和瑛《易簡齋詩鈔》卷四《夜光木杏木根入水年久，其光夜照物》 塞垣古木免消沈，水面來從不朽林。老幹枯時傳碩果，堅光發處見多心。豈同腐草生宵熠，絶勝明珠獻海琛。要識神功元妙訣，不須鑽燧照山陰。

賣子木

綜述

明 李時珍《本草綱目》卷三六 賣子木《唐本草》 釋名：買子木。

集解：恭曰：賣子木出嶺南、邛州山谷中，其葉似柿。頌曰：今惟川西、渠州歲貢，作買子木。木高三七尺，徑寸許。春生嫩枝條，葉尖，長一二寸，俱青緑色，枝稍淡紫色。四五月開碎花，百十枝圍攢作大朵，焦紅色。隨花便生子如椒目，在花瓣中黑而光潔，每株花裁三五大朵爾。五月采其枝葉用。時珍曰：《宋史》渠州貢買子木并子，則子亦當與枝葉同功，而《本草》缺載，無從考訪。

明 鮑山《野菜博録》卷四 賣子木，出嶺南、邛州山谷中，樹頗大，其葉似柿，四五月開碎花百十枝，隨花更生子如椒目，在花瓣中黑而光。味甘，性寒，無毒。

清 嵇璜《續通志》卷一七六 賣子木，一名買子木，花時便生子如椒目，在花瓣中。《宋史》渠州貢買子木并子，即此。

圖表

明 李時珍《本草綱目·圖卷》

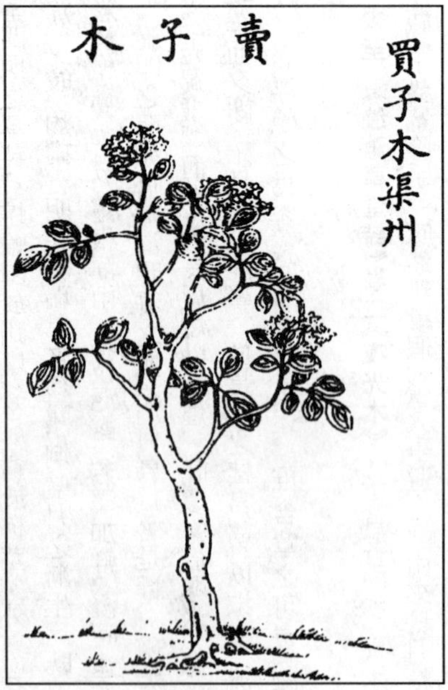

明 鮑山《野菜博録》卷四

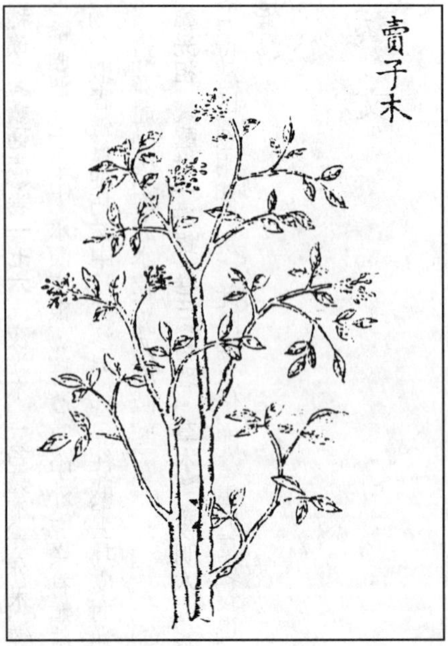

接骨木

綜述

明　李時珍《本草綱目》卷三六　接骨木《唐本草》　釋名：續骨木、《綱目》木蒴藋。頌曰：接骨以功而名，花葉都類蒴藋、陸英、水芹輩，故一名木蒴藋。集解：恭曰：所在皆有之。葉如陸英，花亦相似，但作樹高一二丈許，木體輕虚無心，斫枝插之便生，人家亦種之。

明　鮑山《野菜博録》卷三　接骨木，一名木蒴藋，生深谷中。樹高大丈餘，葉似水芹葉，開花似陸英樹花。其味甘苦，性平，無毒。

清　嵇璜《續通志》卷一七六　接骨木，一名續骨木，一名木蒴藋。

清　吴其濬《植物名實圖考》卷三五《接骨木》　接骨木，《唐本草》始著録。花葉都類蒴藋，但作樹高一二丈，木體輕虚無心，斫枝扦之便生云。

圖表

明　李時珍《本草綱目・圖卷》

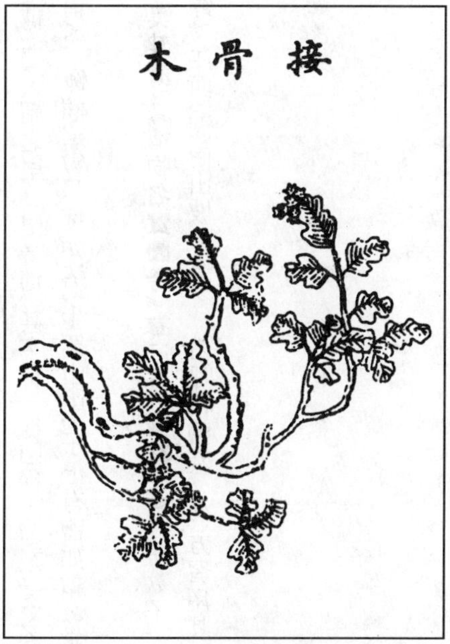

明　鮑山《野菜博録》卷三

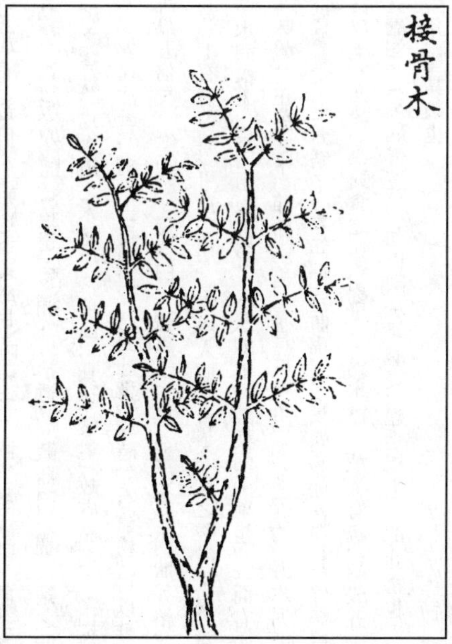

清　吴其濬《植物名實圖考》卷三五《接骨木》

鹽麩木

綜　述

宋　鄭樵《通志》卷七六　鹽麩子，曰叛奴鹽，蜀人曰酸桶，吴人曰烏鹽。其實秋熟爲穗，著粒如小荳，其上有鹽如雪，可以調羹。戎人亦用此，謂之木鹽，故有叛奴鹽之名。

明　楊慎《丹鉛續録》卷六《樹鹽》　陳藏器《本草》：鹽麩樹，一名叛奴鹽，蜀人謂之酸桶。《博物志》云：酸桶七月出穗，蜀人謂之主。主音穗，其字從一從凵從土，與主客之主不同。今案：《博物志》無此文，酸桶亦不知爲何樹。《一統志》載女直國鹽生木枝上，即此類。中國亦有之，今人不知取之爾。

明　李時珍《本草綱目》卷三二　鹽麩子《開寶》　校正：自木部移入此。釋名：五構、音倍。鹽膚子、《綱目》鹽梅子、同上鹽梂子、同上木鹽、《通志》天鹽、《靈草篇》叛奴鹽、《拾遺》酸桶。《拾遺》　藏器曰：蜀人謂之酸桶，亦曰酢桶，吴人謂之鹽麩，戎人謂之木鹽。時珍曰：其味酸鹹，故有諸名。《山海經》云：橐山多構木。郭璞注云：構木出蜀中，七八月吐穗，成時如有鹽粉，可以酢羹。即此也。後人訛爲五倍矣。　集解：藏器曰：鹽麩子生吴、蜀山谷。樹狀如椿，七月子成穗，粒如小荳，上有鹽似雪，可爲羹用。嶺南人取子爲末，食之酸鹹止渴，將以防瘴。時珍曰：膚木即構木，東南山原甚多。木狀如椿。其葉兩兩對生，長而有齒，面青背白，有細毛，味酸。正葉之下，節節兩邊，有直葉貼莖，如箭羽狀。五六月開花，青黄色，成穗一枝纍纍。七月結子，大如細荳而扁，生青，熟微紫色。其核淡緑，狀如腎形。核外薄皮上有薄鹽，小兒食之，滇、蜀人采爲木鹽。葉上有蟲，結成五倍子，八月取之。詳見蟲部。《後魏書》云：勿吉國水氣鹹凝，鹽生樹上。即此物也。別有咸平樹、鹹草、酸角，皆其類也。

清　張澍《蜀典》卷九《動植類・鹽麩樹》　陳藏器《本草》：鹽麩樹，一名叛奴鹽，一名天鹽，一名木鹽，蜀人謂之酸桶。按《博物志》云：酸桶七月出穗，蜀人謂之㞷。㞷音穗，其字從一從凵從土，與主客之主不同。又按《類篇》：櫢楠，木名，葉如椿，生蜀山中，子上有鹽如霜。當即鹽麩樹也。

清　吴其濬《植物名實圖考》卷三五《鹽麩子》　鹽麩子，《開寶本草》始著録。江西、湖南山坡多有之。俗呼枯鹽萁。俚方習用其蟲，謂之伍倍子。

圖表

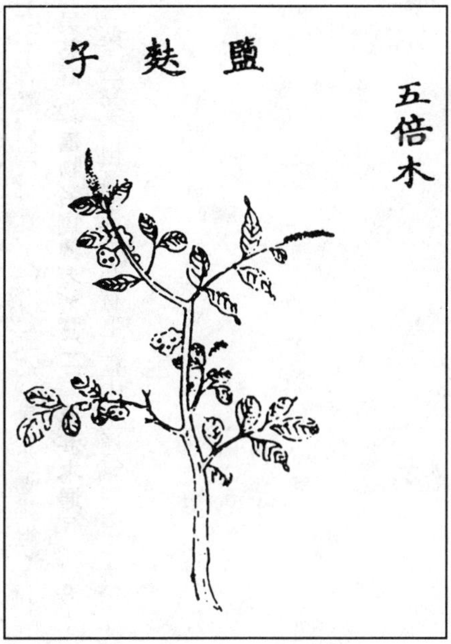

明 李時珍《本草綱目·圖卷》

清 吳其濬《植物名實圖考》卷三五《鹽麩子》

通脱木

綜述

《**爾雅·釋草**》 倚商，活脱。注：即離南也。

宋 釋贊寧《東坡先生物類相感志》卷一二《蓮草》 《墨子術》云：煮蓮草，如茗飲之，使人通夕不睡也。

宋 羅願《爾雅翼》卷七《活莌》 離南，活莌，今通脱木也。《山海經》名寇脱。考生山側，高丈許，葉如萆蓖，花上有粉，莖中有瓤，輕白可愛，女工取以飾物。按：此物爲飾，不知起自何世。漢王符《潛夫論》固已譏花采之費，至梁宗懍記荆楚之俗，四月八日有染絹爲芙蓉，捻蠟爲菱藕，亦未有用此物者。今通行於世矣。亦用蜜藏食之，今俗謂之通草。按：通草作藤蔓，大如指，其莖幹大者，徑三寸，每節有二三枝，枝頭出五葉，夏秋開紫花或白花，白花結實如小木瓜，核白瓤黑，食之甘美，南人謂之燕覆。亦云烏覆，非此類也。

明 田藝蘅《留青日札》卷三四《蓮草》 蓮草，王叡《迎神歌》云：蓮草頭花柳葉裙，蒲葵樹下舞鑾雲。今作通草。蒲葵即椶櫚也。

明 李時珍《本草綱目》卷一八 通脱木《法象》 釋名：通草、《綱目》活莌、音奪。離南。頌曰：《爾雅》：離南，活莌。即通脱也。《山海經》名寇脱，又名倚商。杲曰：陰竅濇而不利，水腫閉而不行，用之立通，因有通草之名，與木通同功。嘉謨曰：白瓤中藏，脱木得之，故名通脱。集解：藏器曰：通脱木生山側，葉似萆麻，其莖空心，中有白瓤，輕白可愛，女人取以飾物，俗名通草。頌曰：郭璞言，生江南，高丈許，大葉似荷而肥，莖中瓤正白。今園圃亦有種蒔者，或作蜜煎充果，食之甘美。時珍曰：蔓生山中，莖大者圍數寸。

明 盧之頤《本草乘雅半偈》卷五 通草即木通。澤、潞、漢中、江淮、湖南州郡皆有之。逸樹蔓藤，大者經三五寸，每節二三枝，枝頭五葉。夏末開花，紫色，亦有白色者。實如木瓜而小，長三四寸，瓤白核黑，食之甘美。枝即通草，通理細孔，兩頭皆通，含取一頭，吹之氣出，彼頭色黃白。

清　魏茂林《駢雅訓纂》卷六　附支，丁翁，燕蕧，離南，活脱，木通也。《神農本草經》中：通草，一名附支。《名醫》曰：一名丁翁。《廣雅釋草》：丁父，附支，蓪草也。《疏證》陶注《本草》云：莖有細孔，兩頭皆通。《唐本注》云：此物大者，徑三寸，每節有二三枝，枝頭有五葉，其子長三四寸，核黑穰白，食之甘美，南人謂爲燕蕧。《食性本草》云：燕蕧莖名木通。蕧音覆或省。《爾雅・釋草》：離南，活莌。《正義》：離南，一名活莌。《本草》謂之通草，一名附支。《釋文》：離，力知反本，今作離。莌，字或作脱，徒活反。又：倚商，活脱。注：即離南也。《釋文》：活，胡濶反。

清　嵇璜《續通志》卷一七六　通脱木，如蜱蔴，生山側，花上粉主治惡瘡。如空中有瓤，輕白可愛，人取以飾物。見《酉陽雜俎》。

清　吴其濬《植物名實圖考》卷二三《滇淮木通》　滇淮木通毛藤如葛，一枝三葉或五葉，粗澀縐紋，亦有毛，莖中空通氣。

圖表

晉　郭璞《爾雅音圖・釋木》

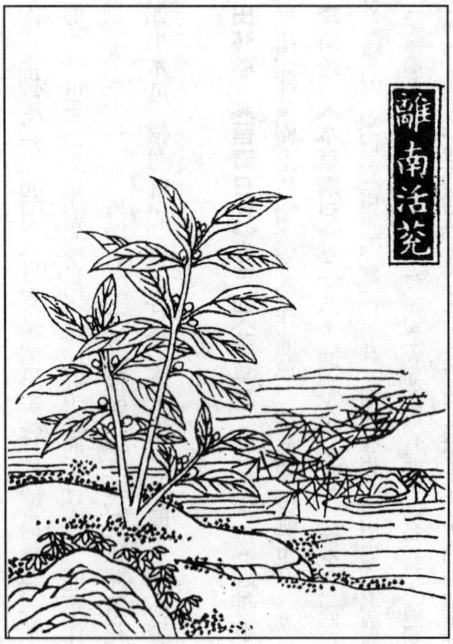

明　李時珍《本草綱目・圖卷》

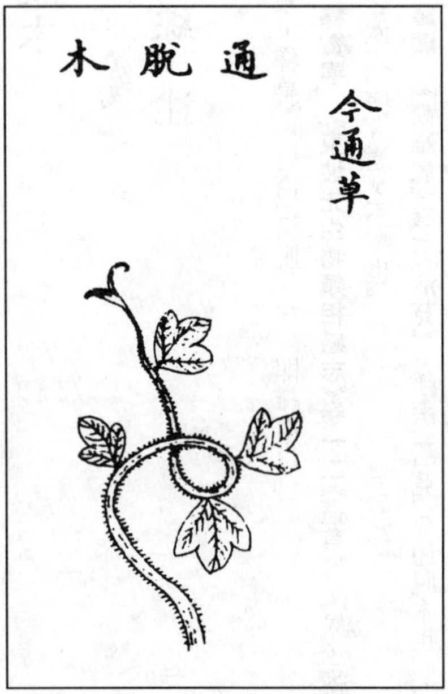

清 吴其濬《植物名實圖考》卷二三《滇淮木通》

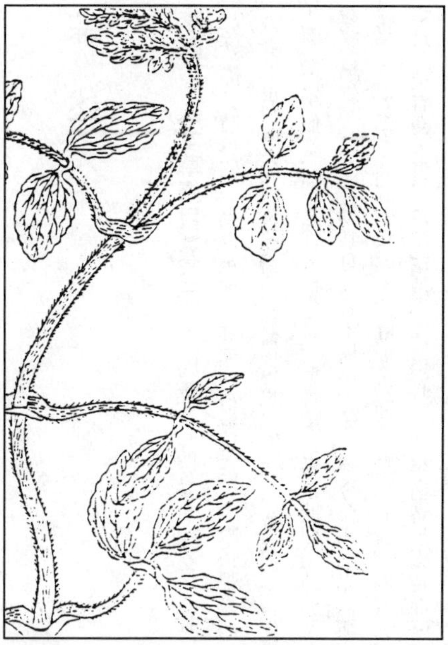

長松

綜述

明 李時珍《本草綱目》卷一二 長松《拾遺》 釋名：仙茆。時珍曰：其葉如松，服之長年，功如松脂及仙茆，故有二名。集解：藏器曰：長松生關内山谷中，葉似松，葉上有脂，山人服之。時珍曰：長松生古松下，根色如薺苨，長三五寸，味甘微苦，類人參，清香可愛。按《張天覺文集》云：僧普明居五臺山，患大風，眉髮俱墮，哀苦不堪。忽遇異人，教服長松，示其形狀。明採服之，旬餘毛髮俱生，顏色如故。今並代間土人，多以長松雜甘草、山藥爲湯煎，甚佳。然《本草》及方書皆不載，獨釋慧祥《清凉傳》始叙其詳如此。韓懋《醫通》云：長松產太行西北諸山，根似獨活而香。

清 嵇璜《續通志》卷一七四 長松，一名仙茆，生關内山谷中。草似松，葉上有脂，山人服之。《張天覺集》云：僧普明居五臺山，患大風，眉髮俱墮。遇異人，教服長松。旬餘，毛髮俱生，顏色如故。

清 吴其濬《植物名實圖考》卷八《長松》 長松，《本草拾遺》始著録。生關内山谷古松下，根類薺苨。釋慧祥有《清凉傳》，宋人詩集多及之。

圖表

明 李時珍《本草綱目・圖卷》

清　吴其濬《植物名實圖考》卷八《長松》

烏藥

綜述

明　李時珍《本草綱目》卷三四　烏藥宋《開寶》　釋名：旁其、《拾遺》鰟魮、《綱目》矮樟。時珍曰：烏以色名。其葉狀似鰟魮鯽魚，故俗呼爲鰟魮樹。《拾遺》作旁其，方音訛也。南人亦呼爲矮樟，其氣似樟也。集解：藏器曰：烏藥生嶺南邕州、容州及江南。樹生似茶，高丈餘。一葉三椏，葉青陰白。根狀似山芍藥及烏樟，根色黑褐，作車轂紋，横生。八月采根，其直根者不堪用。頌曰：今台州、雷州、衡州皆有之，以天台者爲勝。木似茶檟，高五七尺。葉微圓而尖，面青背白，有紋。四五月開細花，黄白色，六月結實。根有極大者，又似釣樟根。然根有二種，嶺南者黑褐色而堅硬，天台者白而虚軟，並以八月采。根如車轂紋，形如連珠者佳。或云天台者香白可愛，而不及海南者力大。承曰：世稱天台者爲勝，今比之洪州、衡州者，天台香味爲劣，入藥功效亦不及，但肉色頗赤而差細小爾。時珍曰：吴楚山中極多，人以爲薪。根、葉皆有香氣，但根不甚大，

纔如芍藥爾。嫩者肉白，老者肉褐色。其子如冬青子，生青熟紫，核殼極薄，其仁亦香而苦。

明　李中立《本草原始》卷四　烏藥，始生嶺南邕、容州及江南，今台州、雷州、衡州亦有之，以天台者爲勝。木似茶檟，高五七尺。葉微圓而尖，作三椏，面青背白。五月開細花，黄白色，六月結實。根色黑褐，似山芍藥根，又似烏樟根，八月采根，以作車轂，形如連珠狀者佳。烏以色名，其葉狀似鰟魮鯽魚，故俗呼爲鰟魮樹。其氣似樟，故南人呼爲矮樟。

明　鮑山《野菜博録》卷四　旁其樹，生似茶檟，高丈餘。葉微圓而尖，面青背白，有紋。四五月開細花，黄白色。六月結實如冬青子，生青熟紫，味辛温，無毒。

清　王森《粤西叢載》卷二〇《烏藥》　烏藥，南人亦呼爲矮樟，生嶺南邕州、容州。樹生似茶，高丈餘，一葉三椏，葉青陰白，根狀似山芍藥及烏樟根，色黑褐，作車轂紋，横生。八月采根，其直根者不堪用。《本草綱目》。

圖表

明　李時珍《本草綱目・圖卷》

明 鮑山《野菜博録》卷四

黄櫨

綜述

明 朱橚《救荒本草》卷五 黄櫨，生商洛山谷，今鈞州、新鄭山野中亦有之。葉圓，木黄，枝莖色紫赤。葉似杏葉而圓大，味苦，性寒，無毒。木可染黄。

明 李時珍《本草綱目》卷三五 黄櫨宋《嘉祐》 集解：藏器曰：黄櫨生商洛山谷，四川界甚有之。葉圓，木黄，可染黄色。

清 吴其濬《植物名實圖考》卷三五《黄櫨》 黄櫨，《嘉祐本草》始著録。陳藏器云：葉圓，木黄，可染黄色。《救荒本草》：葉味苦，嫩芽可煠食。

圖表

明 朱橚《救荒本草》卷五

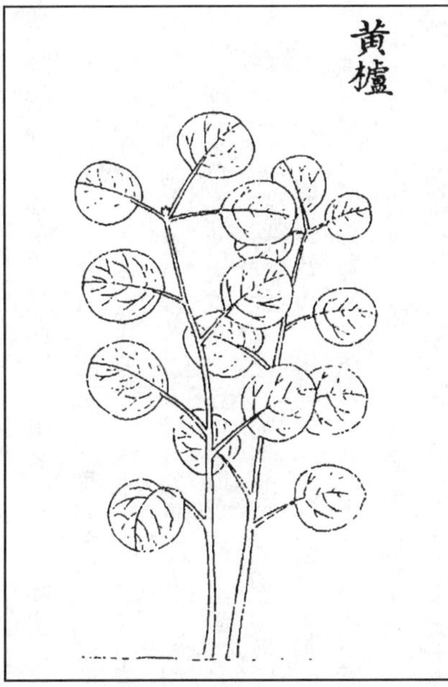

明 李時珍《本草綱目·圖卷》

清 吳其濬《植物名實圖考》卷三五《黃櫨》

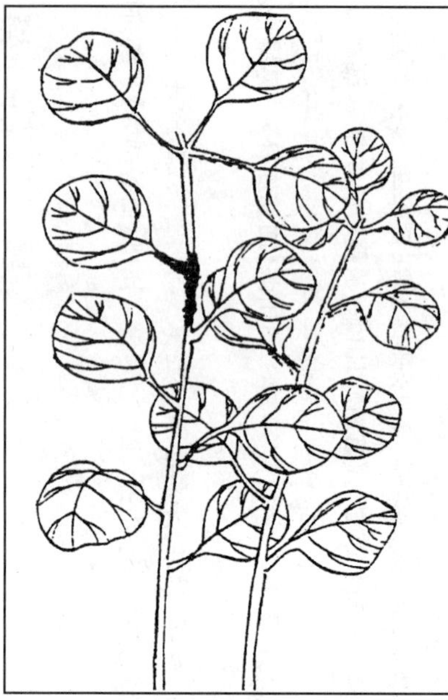

莽草

綜述

宋 鄭樵《通志》卷七六 莽草，曰春草，曰芒草，曰葞。《爾雅》云：莽，數節。以其似竹而中實促節。《離騷》云：朝搴阰之木蘭兮，夕覽洲之宿莽。

明 李時珍《本草綱目》卷一七 莽草《本經》下品 校正：自木部移入此。釋名：菵草、音罔。芒草、《山海經》鼠莽。弘景曰：莽本作菵字，俗訛呼爾。時珍曰：此物有毒，食之令人迷罔，故名。山人以毒鼠，謂之鼠莽。正誤：《別録》曰：一名葞，一名春草。禹錫曰：按《爾雅》云：葞，春草。孫炎注云：藥草也，俗呼爲菵草。郭璞注云：一名芒草。所見異也。時珍曰：葞音尾，白薇也。薇、葞字音相近爾。《別録》白薇下云，一名春草，而此又以爲菵草，蓋因孫炎之誤也。今正之。集解：《別録》曰：莽草生上谷山谷及冤句。五月采葉，陰乾。弘景曰：今東間處處皆有，葉青辛烈者良。人用擣以和陳粟米粉，納水中，魚吞即死浮出，人取食之無妨。頌曰：今南中州郡及蜀川皆有之。木若石南而葉稀，無花實。五月、七月采葉，陰乾。一説：藤生，繞木石間。既謂之草，乃蔓生者是也。宗奭曰：莽草諸家皆謂之草，而《本草》居木部。今世所用，皆木葉如石南葉，枝梗乾則皺，揉之其臭如椒。斅曰：凡用葉，勿用尖及攣生者。時珍曰：《范子計然》云：莽草出三輔，青色者善。

清 吳其濬《植物名實圖考》卷二四《莽草》 莽草，《本經》下品。江西、湖南極多，通呼爲水莽子。根尤毒，長至尺餘。俗曰水莽兜，亦曰黃藤。浸水如雄黃色，氣極臭。園圃中漬以殺蟲，用之頗亟。其葉亦毒，南贛呼爲大茶葉，與斷腸草無異。《夢溪筆談》所述甚詳。《宋經》云無花實，未之深考。雩婁農曰：余所至章、貢、衡、澧山中，皆多莽草。而按其形狀，與《筆談》花如杏花可玩，李德裕所謂紅桂，靳學顔所謂丹萼素蕾者，都不全肖。蓋沈存中所云種類最多者耶？江右産者，其葉如茶，故俗云大茶葉。湘中用其根以毒蟲，根長數尺，故謂之黃藤，而水莽則通呼也。豈與鼠莽有異同耶？詩人多用莔露，陶隱居以爲莽本作莔。按：山中多以黃茅之類爲莔子草。郭璞注：弭，春草，一名芒草。孫炎注：俗呼莔草，莔草刺人衣而彌阬填谷，故以爲晨行之詩，亦夙夜厭浥之意。莽草雖多，殊非荆榛之比。或謂弭爲白薇，以弭、薇音近，春草同名，難爲確詁。邢《疏》以《本草》莽草，郭引作芒草，爲所見本異。然則《本草》經傳寫訛誤多，烏可不慎？而《圖經》云：煎湯熱含少頃，治牙齒風蟲喉痺，甚效。此豈可輕試耶？按《周禮》：翦氏除蠹物，以莽草熏之。《方言》：茻，莽草也。東越揚州之間曰茻，南楚曰莽。《説文》：茻，草總名。則非毒草之莽矣。今人以草燒煙熏蟲，亦不需用毒莽。又《説文》：犬善逐兔草中爲莽。《孟子》『草莽之臣』，趙岐注：莽，亦草也。莽、茻、艸、茻同義。《楚詞》：攬中洲之宿莽。注謂：草冬生不死。此亦但詁宿字耳。唯《山海經》：朝歌之山有莽草，可以毒魚。此或是水莽類。而《爾雅》『莽數節』，郭注云『竹類』，則竹亦有名莽者。《本草》之莽草，或爲芒，或爲竹類之莽，皆未可定。若以毒魚爲毒草，則近世有以莜麥制魚者矣，豈得謂莜麥爲毒草耶？余恐人誤以莽草爲可服，故詳辨之。

圖表

明 李時珍《本草綱目·圖卷》

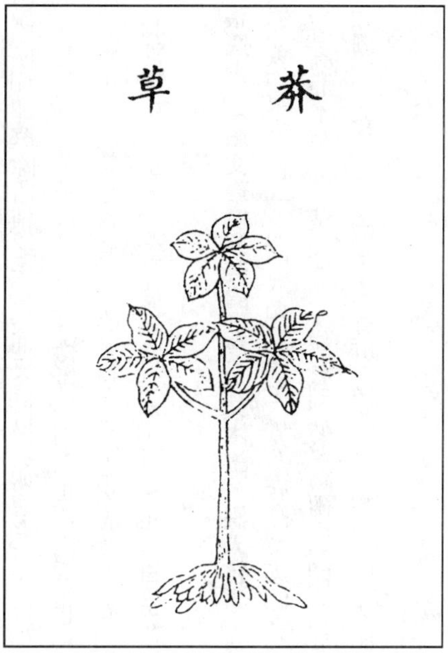

清 吳其濬《植物名實圖考》卷二四《莽草》

南天竹

綜述

宋 沈括《夢溪筆談》卷二六　南燭草木，記傳、《本草》所説多端，今少有識者。爲其作青精飯，色黑，乃誤用烏臼爲之，全非也。此木類也，又似草類，故謂之南草木，今人謂之南天燭者是也。南人多植於庭檻之間，莖如蒴藋，有節，高三四尺，廬山有盈丈者，葉微似楝而小，至秋則實赤如丹，南方至多。

明 李時珍《本草綱目》卷三六　南燭宋《開寶》　釋名：南天燭、《圖經》南燭草木、《隱訣》男續、同上染菽、同上猴菽草、同上草木之王、同上惟那木、同上牛筋、《拾遺》烏飯草、日華墨飯草《綱目》楊桐。《綱目》赤者名文燭。時珍曰：南燭諸名，多不可解。藏器曰：取汁漬米作烏飯，食之健如牛筋，故曰牛筋。集解：藏器曰：南燭生高山，經冬不凋。頌曰：今惟江東州郡有之。株高三五尺。葉類苦楝而小，凌冬不凋。冬生紅子作穗。人家多植庭除間，俗謂之南天燭。不拘時採枝葉用。陶隱居《登真隱訣》載太極真人青精乾石䭔飯法云：其種是木而似草，故號南燭草木。一名男續，一名猴藥，一名後卓，一名惟那木，一名草木之王，凡有八名，各從其邦域所稱，而正號是南燭也。生嵩高少室、抱犢、鷄頭山，江左吴越至多。土人名曰猴菽，或曰染菽，粗與真名相仿佛也。此本至難長，初生三四年，狀若菘菜之屬，亦頗似巵子，二三十年乃成大株，故曰木而似草也。其子如茱萸，九月熟，酸美可食。葉不相對，似茗而圓厚，味小酢，冬夏常青。枝莖微紫，大者亦高四五丈，而甚肥脆，易摧折也。作飯之法，見穀部青精乾石䭔飯下。時珍曰：南燭，吴楚山中甚多。葉似山礬，光滑而味酸澀。七月開小白花。結實如朴樹子成簇，生青，九月熟則紫色，內有細子，其味甘酸，小兒食之。按《古今詩話》云：即楊桐也。葉似冬青而小，臨水生者尤茂。寒食採其葉，漬水染飯，色青而光，能資陽氣。又沈括《筆談》云：南燭草木，《本草》及傳記所説多端，人少識者。北人多誤以烏臼爲之，全非矣。今人所謂南天燭是矣。莖如蒴藋有節，高三四尺，廬山有盈丈者。南方至多。葉微似楝而小，秋則實赤如丹。

明 周文華《汝南圃史》卷七《天竹》 天竹形似竹，而柔脆如薔薇。四五月間開細白花，至秋結子成穗，色紅。老杜所謂『紅如丹砂』，此足以當之。

清 王棠《燕在閣知新録》卷三一《南燭天竹》 《本草綱目》南燭，釋名：南天燭、南燭草木、染菽、烏飯草等凡十二名，無南天竺者。集解引蘇頌曰：今惟江東諸郡有之。株高三五尺。葉類苦楝而小，凌冬不凋。冬生紅子作穗。人家多植庭除間，俗謂之南天燭。陶隱居《登真訣》載太極真人青精乾石䭀飯法云：其種是木而似草，故名南燭草木。沈括《筆談》云：南燭草木，《本草》及傳記所説，人少識者，今人所謂南天燭是矣。莖如蒴藋，有節高三四尺，廬山有盈丈者。南方至多，葉微似楝而小，秋則實赤如丹。按：陸游詩『南天竺子亦微丹』自注：南燭草本，俗謂之南天竺。李端叔取以名僧軒，蓋用俗語也。又羅願《新安志》云：南燭，叢生，春晚苗紅葉赤，照耀山谷。道家用作䭀飯，其色青，又謂之青䭀飯，非人家庭館所植南天竹也。若據集解引説，南燭即庭除所植之天竹，而又溷以䭀飯之名。顧庭植者，並未用以䭀飯，嘗有疑焉。及讀羅志乃知，䭀飯者，南燭也，烏飯草也；庭植者，天竹也，南天竺也。以其莖直有節，故以竹名。張楫《廣韻》：竺，竹也。陸詩固是而自注曰南燭草本，本字或誤當是南燭草木也。見黃蓮坡《草木辨正》。

清 張逸少《佩文齋廣羣芳譜》卷七九《木譜・欄天竹》 一名大椿，一名南天竺，或作東天竺。一名南天燭。幹生年久，有高至丈餘者。糯者矮而多子，粳者高而不結子。葉如竹，小鋭有刻缺。梅雨中，開碎白花。結實枝頭赤紅如珊瑚，成穗，一穗數十子，紅鮮可愛，且耐霜雪，經久不脱。

圖表

明 李時珍《本草綱目・圖卷》

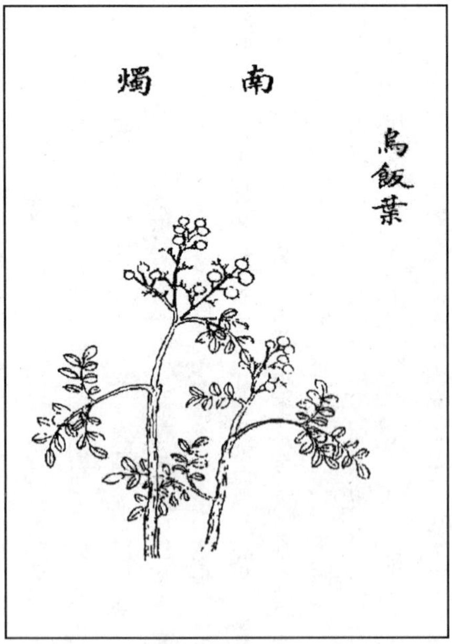

水楊 蒲柳

綜述

《爾雅・釋木》 楊，蒲柳。注：可以爲箭。《左傳》所謂『董澤之蒲』。疏：楊，一名蒲柳，生澤中，可爲箭笴。注云『《左傳》所謂「董澤之蒲」』者，案《左傳》宣十二年晉楚戰于邲，晉師敗績。楚熊負羈囚知罃，知莊子以其族反之，厨武子御，下軍之士多從之。每射，抽矢，菆，納諸厨子之房。厨子怒曰：非子之求，而蒲之愛，董澤之蒲，可勝既乎？杜注云：董澤之蒲，河東聞喜縣東北有董池陂。既，盡也。是其事也。

三國吴　陸璣《毛詩草木鳥獸蟲魚疏》卷上《揚之水不流束蒲》　蒲柳有兩種，皮正青者曰小楊，其一種皮紅正白者曰大楊。其葉皆長廣似柳葉，皆可以爲箭幹。故《春秋傳》曰：董澤之蒲，可勝既乎？今人又以爲箕鑵之楊也。

晉　崔豹《古今注》卷下　蒲柳生水邊，葉似青楊，一曰蒲楊。水楊，蒲楊也。枝勁細。

唐　蘇鶚《蘇氏演義》卷下　蒲楊生水邊，葉似青楊。水楊，蒲楊也。枝勁細紉，作矢用。或言萑苻，亦水楊也。

明　楊慎《丹鉛餘録》卷二　《世説》：蒲柳之質，望秋先零。蒲，水楊也。《三齊地記》：無棣縣有秦王繫馬蟠蒲，堪爲箭，非菖蒲之蒲也。若然，豈堪繫馬，又中爲箭乎？《爾雅》：楊，蒲柳。其言可證矣。

明　李時珍《本草綱目》卷三五　水楊《唐本草》　釋名：青楊、《綱目》蒲柳、《爾雅》蒲楊、《古今注》蒲移、音移。移柳、《古今注》萑苻。音九蒲。時珍曰：楊枝硬而楊起，故謂之楊。多宜水涘蒲萑之地，故有水楊、蒲柳、萑苻之名。集解：恭曰：水楊葉圓濶而尖，枝條短硬，與柳全別。柳葉狹長，枝條長軟。頌曰：《爾雅》：楊，蒲柳也。其枝勁韌，可爲箭笴。《左傳》所謂「董澤之蒲」，又謂之萑苻。今河北沙地多生之。楊柳之類亦多。崔豹《古今注》云：白楊葉圓，青楊葉長，柳葉長而細，移楊葉圓而弱。水楊即蒲柳，亦曰蒲楊，葉似青楊，莖可作矢。赤楊霜降則葉赤，材理亦赤。然今人鮮能分別。機曰：蘇恭説水楊葉圓濶，崔豹説蒲楊似青楊，青楊葉長，似不相類。時珍曰：按陸璣《詩疏》云：蒲柳有二種，一種皮正青，一種皮正白，可爲矢，北土尤多，花與柳同。

清　徐鼎《毛詩名物圖説》卷八　鄭康成《箋》：蒲，蒲柳。陸璣《疏》：蒲柳有兩種，皮正青者曰小楊，紅者曰大楊。其葉皆長廣於柳葉，皆可爲箭幹。《古今注》：蒲柳生水邊，葉似青楊，一名蒲楊。枝勁細，任矢用。愚按：諸説及《本草》並指水楊，而毛《傳》云：蒲，草也。《説文》云：可以作席。《正義》曰：以首章言薪，下言蒲、楚，則蒲、楚似薪之木名，不宜爲草，故易《傳》以蒲爲柳。孫毓云：《箋》義爲長。然則鄭《箋》是也。許氏云可爲席者，乃《澤陂》之蒲，今入草類，非此蒲柳也。

清　吴其濬《植物名實圖考》卷三五《水楊》　水楊，《唐本草》始著録。與柳同而葉圓闊，枝條短硬。

圖表

晉　郭璞《爾雅音圖·釋木》

明　李時珍《本草綱目·圖卷》

清　徐鼎《毛詩名物圖説》卷八

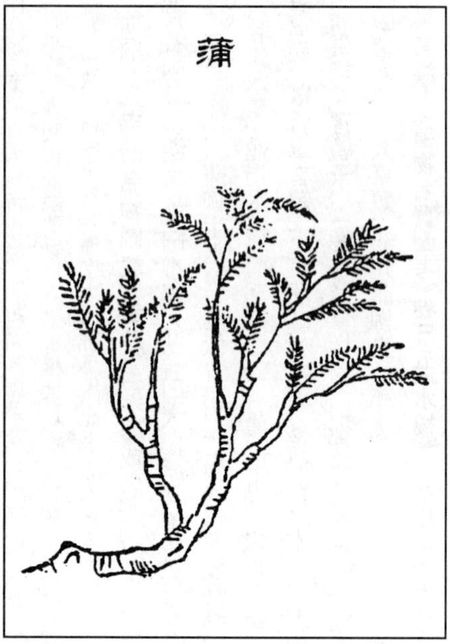

清　吴其濬《植物名實圖考》卷三五《水楊》

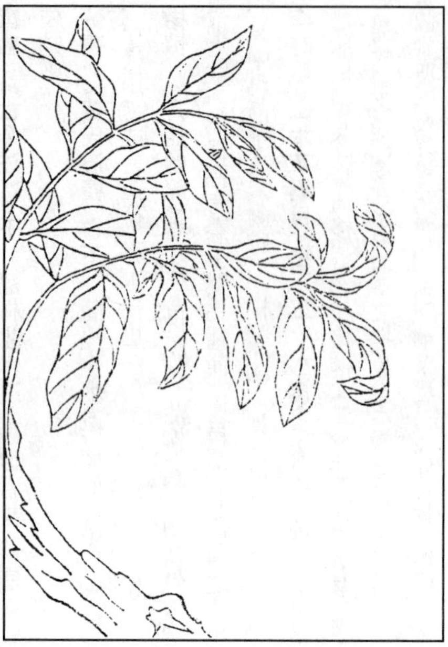

水楊梅

綜　述

明　李時珍《本草綱目》卷一六　水楊梅《綱目》　釋名：地椒。集解：時珍曰：生水邊，條葉甚多，生子如楊梅狀。《庚辛玉册》云：地椒，一名水楊梅，多生近道陰濕處，荒田野中亦有之。叢生，苗葉似菊，莖端開黄花，實類椒而不赤。實可結伏三黄、白礬，製丹砂、粉霜。

清　嵇璜《續通志》卷一七四　水楊梅，生水邊，條葉甚多，生子如楊梅狀。《庚申玉册》謂之地椒。

清　吴其濬《植物名實圖考》卷一三《水楊梅》　水楊梅，《本草綱目》：生水邊，條葉甚多，子如楊梅。按，此草江西池澤邊甚多，花老爲絮，土人呼爲水楊柳。與所引《庚辛玉册》地椒開黄花，不類。

清　趙學敏《本草綱目拾遺》卷四《草部中・水楊梅》　一名金勾葉、家母利、籐勾子。此草結紅子如楊梅，小兒採食之。《綱目》有水楊梅，云其實類椒，乃地椒，是别一種。

圖表

明 李時珍《本草綱目·圖卷》

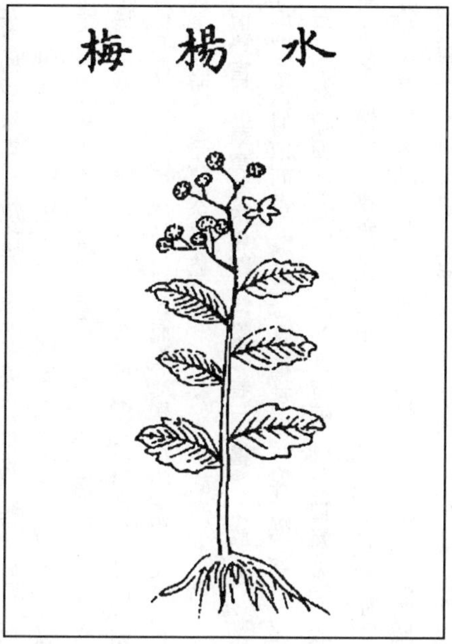

清 吳其濬《植物名實圖考》卷一三《水楊梅》

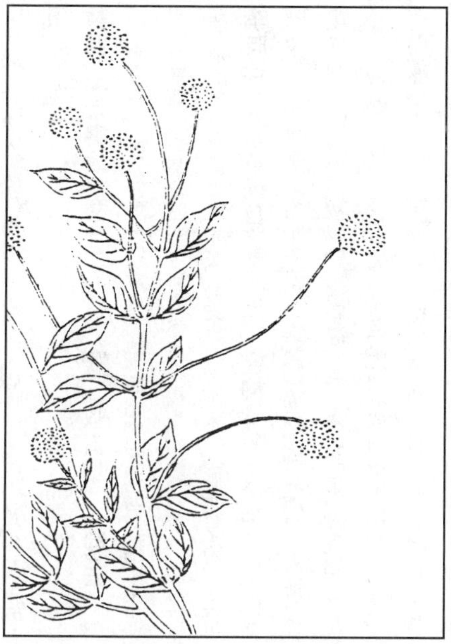

檉

綜述

《爾雅·釋木》 檉，河柳。注：今河旁赤莖小楊。音義：檉，敕貞反。疏：檉，一名河柳。郭云：今河旁赤莖小楊。陸璣《疏》云：生水旁，皮正赤如絳，一名雨師，枝葉如松。

漢 許慎《說文》卷六 檉，河柳也。从木，聖聲。敕貞切。

三國吳 陸璣《毛詩草木鳥獸蟲魚疏》卷上《其檉其椐》 檉，河柳。生水旁，皮正赤如絳，一名雨師，枝葉如松。

宋 鄭樵《通志》卷七六 檉，曰河柳，曰雨師，曰春柳。木中脂曰檉乳。《本草》謂之赤檉木，以其材赤故也。大槩杉松之類，而意態似柳，故謂之檉柳。《爾雅》曰：檉，河柳。其材可捲爲盤合。又曰：楥，落。郭云：可以爲栝器素，此赤檉也。又有一種名赤楊，又名水松，與此相似而植之水邊。其葉經秋盡紅，人多植於門巷。杜詩『赬檉曉夜希』，即此也。

宋 羅願《爾雅翼》卷九《檉》 檉，河柳。郭璞以爲河旁赤莖小楊也。其皮正赤如絳，而葉細如絲，婀娜可愛，天之將雨檉先起氣以應之，故一名雨師，而字從聖。《字説》曰：知雨而應與於天道，木性雖仁聖矣，猶未離夫木也。小木既聖矣，仁不足以名之。音赬，則赤之貞也。神降而爲赤，云檉非獨能知雨，亦能負霜雪，大寒不彫，有異餘柳。蓋《莊子》以松柏獨受命於地，冬夏青青，比舜之受命於天。檉之從聖，亦以此歟？《詩·皇矣》云：作之屏之，其菑其翳。脩之平之，其灌其栵。啓之辟之，其檉其椐。攘之剔之，其檿其柘。蓋文王之養才於山林，日就繁茂，故其始而屏除之也，始於已死之菑翳而及於厖雜之灌栵，又及於檉椐之小材，又不得已而及於檿柘之良木，以明草木逾茂則始之所愛者，不能並育以漸去焉。故其卒至於柞棫斯拔，松柏斯兑也。然則檉亦良木矣。《漢書》：鄯善國多檉柳。段成式云：赤白檉出涼州，大者爲炭，復入灰汁可以煮銅。《南都賦》注：檉似柏而香。今檉中有脂號檉乳。

宋　戴侗《六書故》卷二一　檉　**檉**，敕貞切。《詩》云：啓之辟之，其檉其椐。《爾雅》曰：檉，河柳。旄，澤柳。楊，蒲柳。陸璣曰：檉，皮正赤如絳，一名雨師，枝葉如松。景純曰：某氏曰：今河旁赤莖小楊也。按《詩》云：啓之辟之，其檉其椐。岐周啓土，必去其常平原廣陸者，不應先舉河旁小木。《爾雅》之說，殆未可據。

明　李時珍《本草綱目》卷三五　檉柳音偵。宋《開寶》　釋名：赤檉、《日華》赤楊、《古今注》河柳、《爾雅》雨師、《詩疏》垂絲柳、《綱目》人柳、《綱目》三眠柳、《衍義》觀音柳。時珍曰：按羅願《爾雅翼》云：天之將雨，檉先知之，起氣以應，又負霜雪不凋，乃木之聖者也。故字從聖，又名雨師。或曰得雨則垂垂如絲，當作兩絲。《三輔故事》云：漢武帝苑中有柳，狀如人，號曰人柳，一日三起三眠。則檉柳之聖，又不獨知雨、負雪而已。今俗稱長壽仙人柳，亦曰觀音柳，謂觀音用此灑水也。宗奭曰：今人謂之三春柳，以其一年三秀，故名。　集解：志曰：赤檉木生河西沙地，皮赤色，細葉。禹錫曰：《爾雅》：檉，河柳也。郭璞注云：今河旁赤莖小楊也。陸璣《詩疏》云：生水旁，皮赤如絳，枝葉如松。時珍曰：檉柳，小幹弱枝，插之易生，赤皮，細葉如絲，婀娜可愛。一年三次作花，花穗長三四寸，水紅色，如蓼花色。南齊時，益州獻蜀柳，條長，狀若絲縷者，即此柳也。段成式《酉陽雜俎》言涼州有赤白檉，大者爲炭，其灰汁可以煮銅。故沈炯賦云：檉似栢而香。王禎《農書》云：山柳赤而脆，河柳白而明。則檉又有白色者也。宗奭：汴京甚多。河西（或）〔戎〕人取滑枝爲鞭。

明　愼懋官《華夷花木鳥獸珍玩考》卷一《檉》　《說文》：河柳，一曰赤莖柳，葉細如絲，似栢而香。《詩》：其檉其椐。《注疏》云：河旁赤莖小楊。陸璣云：一名雨師。《爾雅翼》云：天將雨，檉先起氣應之，故名雨師，而字以聖。《前西域傳》：鄯善國出檉柳。段成式云：赤白檉出涼州，大者無炭，人以灰汁煮銅，可以爲銀。《通志》云：材可卷盤合。《前西域傳》：奄蘇國檉松。《爾雅》：河柳也。俗呼天杉。其樹似松，皮赤葉細性溫，其材可以捲胚鋸板，鋪樓無履聲，遇火燒透不延。赤檉木，人謂之三春柳，以其一年三秀也。

明　林兆珂《多識編》卷三《檉椐》　啓之辟之，其檉其椐。《大雅·皇矣》章《釋木》：檉，河柳。郭璞云：今河傍赤莖小楊。陸璣云：生水旁，皮正赤如絳。一名雨師，枝葉如松。《本草圖經》云：赤檉木生河西沙地，皮赤葉細，即今所謂檉柳者，又名春柳。《爾雅翼》云：天之將雨，檉先起氣以應之，故名雨師。檉非獨能知雨，亦能負霜雪，大寒不凋，有異餘柳。段成式云：赤白檉出涼州，大者爲炭，復入灰汁，可以煮銅。《南都賦》注：檉似栢而香。今檉中有脂號檉乳。《草木志畧》云：檉曰河柳。《本草》謂之赤檉木，以其材赤故也。大槩杉松之類而意態似柳，故謂之檉柳。其材可捲爲盤，又可爲柘器素，此赤檉也。又有一種名赤楊，又名水松，與此相似而植之水邊，其葉經秋盡紅，人多植於門巷。杜詩『頩檉曉夜希』，即此也。

明　吴雨《毛詩鳥獸草木考》卷一八《檉》　檉，一名河柳，一名赤莖柳。木中脂一名檉乳。皮正赤如絳，其枝幹似栢而香，葉細如絲，婀娜可愛。花肉紅色，成細穗，負霜雪不凋，異於餘柳。天將雨，先起氣以應之，故名雨師，故字從聖。以之渡河，浮而不溺。其材可以捲抷、鋸板，鋪樓無履聲，遇火燒透不延。大者無炭，人以灰汁煮銅爲銀。大槩杉松之類，而意態似柳，故謂之檉柳，今之河傍赤莖小楊是也。亦謂之三春柳，以其一年三秀也。陸璣云：皮赤，枝葉似松。

明　陳懋仁《庶物異名疏》卷二三《雨師》　檉柳，一名雨師。

清　陳淏子《秘傳花鏡》卷三《花木類考·檉柳》　檉柳，一名觀音柳，一名河西柳，幹不甚大，赤莖弱枝，葉細如絲縷，婀娜可愛。一年作三次花，花穗長二三寸，其色粉紅，形如蓼花，故又名三春柳。其花遇雨即開，宜植之水邊池畔。若天將雨，檉先起以應之，又名雨師。葉經秋盡紅，負霜不落。春時扦插易活。

清　張逸少《佩文齋廣羣芳譜》卷七八《木譜·檉柳》　檉柳，一名雨師，一名赤檉。《本草》云：天將雨，檉先起氣應之，負霜不凋，乃木之聖，故字從聖。一名河柳，一名人柳，一名三眠柳，一名觀音柳，一名長壽仙人柳，即今俗所稱三春柳也。幹小枝弱，皮赤，葉細如絲。《本草》云『南齊時，益州獻蜀柳，條長狀若絲縷』，即此。一年三次作花，花穗長二三寸，色粉紅如蓼花。春前以枝插之易生。《草木子》云：大者爲炭，復入炭汁，可點銅成銀。《酉陽雜俎》言：涼州有赤白檉。王禎《農書》云：河柳白而明。則檉又有白者矣。

清　徐鼎《毛詩名物圖説》卷九　《爾雅》：檉，河柳。郭璞注：今河旁赤莖小楊。陸璣《疏》：生水旁，皮正赤如絳。一名雨師。枝葉如松。羅願《爾雅翼》：檉葉細如絲，婀娜可愛。天之將雨，檉先起氣以應之，故一名雨師，而字從聖。《詩疏廣要》：非獨知雨，又能負霜雪，大寒不凋，有異餘柳。江淹《檉頌》：木貴冬榮，檉實寒色。《衍義》：人謂之三春柳，以其一年三秀也。鄭樵《通志》：大槩松杉之類，而意態似柳。其材可捲爲盤合。

清　牟應震《毛詩物名考》卷五　檉，皮色赤，葉細如絲，婀娜可愛。花垂穗長三四寸，水紅色，如蓼花狀。遇雨即開，一年三秀，故又名三春柳。

藝文

南朝梁　江淹《江文通集》卷三《檉》　木貴冬榮，檉實寒色。停黛峯頂，插翠石側。碧葉菴藹，頳柯翕赩。方陋筠櫝，遠笑荆棘。

南朝梁　蕭綱《檉》（引自《古詩紀》卷七九）　凌寒競貞節，負雪固難虧。無慚雲母柱，詎減珊瑚枝。

宋　高似孫《剡録》卷九《草木禽魚上·檉》　出《山居賦》、《越經》。《爾雅》曰：檉，河柳。張衡《南都賦》注曰：檉似栢而香。江淹《檉》頌曰：碧葉掩藹，頳柯翕赩。喻鳧詩：曉壇檉葉露，春圃朮苗風。

清　龐塏《叢碧山房詩三集》卷二《家園八憶·檉柳》　西閣雙檉在，青葱望眼中。花繁常得雨，葉細不禁風。驗性供醫用，呼名與柳同。歸來應有日，及爾老墻東。

清　朱珪《知足齋詩集續集》卷二《檉柳》　檉柳抽赤心，碎珠吐瓊琳。春花更秋實，倒影芙蕖潯。

清　成書《多歲堂詩集》卷三《乙丑下·紅柳》　不是章臺質，寒沙守舊根。攀條憐葉細，著色避花繁。紅豈風霜力，青無雨露痕。出關後隨道皆是，形與檉柳無異。但紅色過鮮。且磧中不見滴水而叢茂不滅，是足異耳。西河應共賞，檉柳，一名西河柳。秋塞已成園。

清　楊芳燦《芙蓉山館全集·詩鈔》卷五《紅柳四首》　柳色偏嬌紫塞春，推煙唾月送行人。傷心定染壺中淚，拂面空隨陌上塵。冶葉恰宜縈茜裏，柔條可解綰班輪。小蠻巧按紅兒譜，併覺今晨舞態新。

惆悵江鄉別路遥，無緣移傍赤欄橋。春風百結垂珊網，煗日三民擁絳綃。底事施朱工作態，卻看成碧轉無憀。抵他南國相思樹，一種纏綿恨未銷。

纖纖小小愛穠華，掠削新妝欲妬花。漢殿漫懸連愛縷，楚宫曾繫定情紗。頰痕欲暈迎朝日，眉黛纔匀映曉霞。腸斷紫騮空躑躅，朱樓十二是誰家。

落絮應同嗛雪飛，燕支山下見依稀。啼殘怨血巴鵑去，舞倦香襟越燕歸。艷影易迷三里霧，蒨絲不上九張機。謾誇汁染宫袍色，如此風姿合賜緋。

清　黄釗《讀白華草堂詩首蓿集》卷八《雨中雜詠小園卉木四首·檉》　風伯雷公間助囂，灌壇令下疾如潮。雨師莫自誇身手，更要低頭並折腰。

清　徐友庚《紅柳》（引自《兩浙輶軒續録補遺》卷六）　一聲長笛戍樓前，紫玉魂歸欲化煙。山奪焉支尚春色，塵從京洛到窮邊。纖纖眉黛翻新様，濯濯容華記少年。千里關山空夕照，珊瑚還與續絲鞭。

清　彭藴章《松風閣詩鈔》卷九《硯北集·古今體詩五十六首·有木十六章》　有木以聖名，食之令人智。醴泉沃其根，丹砂布其地。曠世偶挺生，蔚作神州瑞。姬墓産靈蓍，孔庭植古檜。此木共千秋，淳風開八會。

圖表

晉 郭璞《爾雅音圖·釋木》

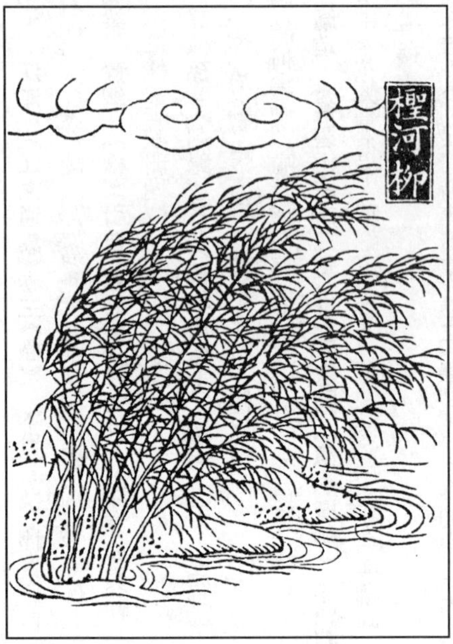

明 李時珍《本草綱目·圖卷》

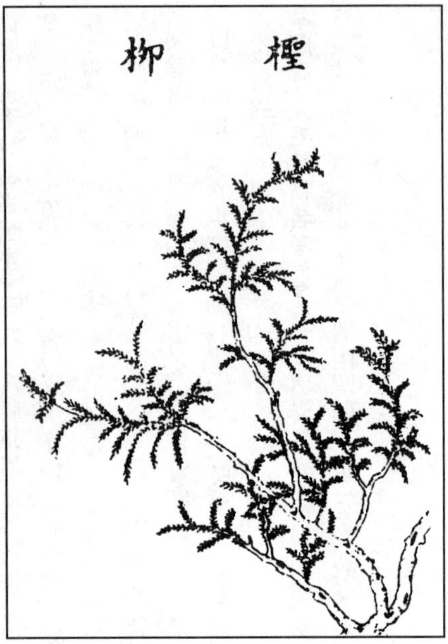

清 徐鼎《毛詩名物圖說》卷九

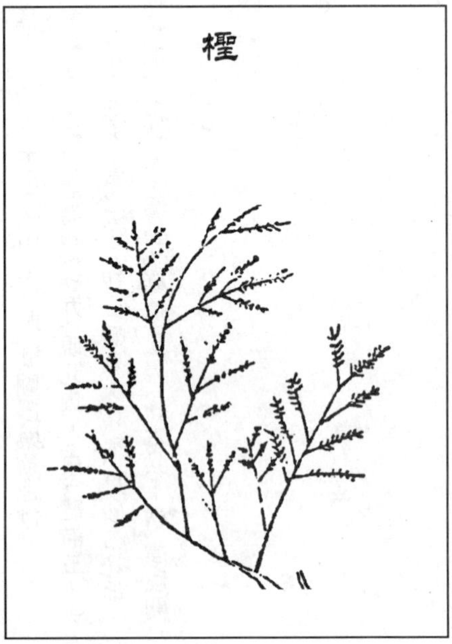

皐蘆

綜述

宋 李昉《太平御覽》卷九九八《百卉部五·皐蘆》 《南越志》曰：龍川縣有皐蘆草，葉似茗，味苦澁，土人以爲飲。今南海謂過羅，或曰拘羅。

明 李時珍《本草綱目》卷三二 皐蘆《拾遺》 校正：自木部移入此。

釋名：瓜蘆、弘景苦䔲。藏器曰：《南越志》云：龍川縣有皐蘆，一名瓜蘆，葉似茗，土人謂之過羅，或曰物羅，皆夷語也。集解：弘景『苦菜』注曰：南方有瓜蘆，亦似茗苦，摘取其葉，作屑煮飲，即通夜不睡。煑鹽人惟資此飲，而交、廣最所重，客來先設，乃加以香芼之物。李珣曰：按此木即皐蘆也。生南海諸山中，葉似茗而大，味苦澀，出新平縣。南人取作茗飲，極重之，如蜀人飲茶也。時珍曰：皐蘆葉狀如茗，而大如手掌，挼碎泡飲最苦而色濁，風味比茶不及遠矣。今廣人用之，名曰苦䔲。

圖表

明　李時珍《本草綱目·圖卷》

紫金牛　平地木

綜述

明　李時珍《本草綱目》卷一三　紫金牛宋《圖經》　集解：頌曰：生福州。葉如茶葉，上緑下紫。結實圓紅，色如丹朱。根微紫色，八月采根，去心暴乾，頗似巴戟。

明　江之源《百花藏譜·平地木》　高不盈尺，葉色深緑，子紅甚，若棠梨下綴，且托根多在甌蘭之傍，巖壑幽處，似更可佳。

明　王路《花史左編》卷二三《平地木》　高不盈尺，葉色深緑，子紅甚，若棠梨下綴，且托根多在甌蘭之傍，巖壑幽處，似更可佳。

明　高濂《遵生八牋》卷一六《平地木》　高不盈尺，葉色深緑，子紅甚，若棠梨下綴，且托根多在甌蘭之傍，巖壑幽處，似更可佳。

清　高士奇《北墅抱甕録·平地木》　平地木，高數寸，葉深緑。子先青後紅，若小棠梨，經年不落。巖洞嵌空處，與幽蘭同種，點綴良佳。

圖表

明　李時珍《本草綱目·圖卷》

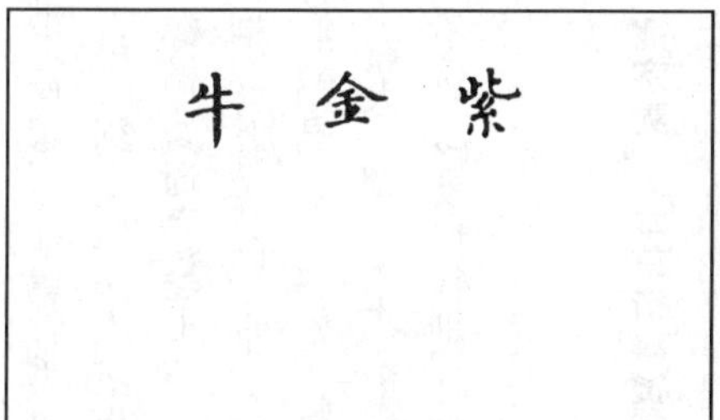

荆

論說

明　何三畏《新刻何氏類鎔》卷三一《荆》　荆名羊櫨，亦名空疏。紫荆可以作牀，金荆可以作枕，白荆可以作履，牡荆可以療痾。其樹在江南之山，荆楚之地，荒坂洲渚間多有之。蓋蕭森有似于榛而叢刺，不同于棘者也。郊祀以牡荆爲幡竿，取其幹之直。楚焞以蔓荆爲燃灼，取其心之方。有荆花兩三莖，多如竹葉，汁冷而甜者，殊無煙火之氣。有荆瘤數十片，色如眞金，文美而艷者，絶勝沉檀之香。聲子之在鄭郊而路逢伍舉，則班荆與食而言。廉頗之在趙國而交惡相如，則負荆肉袒而謝。田氏分財，而堂中所樹之荆花忽驚改色，兄弟之所以復合也。淮南謀叛，而宮中所生之荆露忍見霑衣，國家之所以兆亡也。以叢荆爲箠，輒以笞人，而不肯宥有罪之罰，榜棰如初者，此燕榮之酷于吏。以細荆爲束，必以笞王而不敢廢先王之令，自流請死者，此葆申之忠於君。尹勤嚴師薛漢，而斷交遊之跡，常以身爲牧豕，而荆生于門庭，則孝思所感。左慈偶訪徐隨，而受門客之欺，忽從樹杪見牛，而荆生于車轂，則幻術所爲矣。

清　孫之騄《枝語》卷下《荆》　昔伍舉與聲子遇於鄭郊，班荆相與食，而言復故，荆遂用之朋友。廉頗負荆於藺相如之門，則又以爲謝罪之具。蓋古者杖人以荆，故荆字從刑。若《毛詩》：翹翹錯薪，言刈其楚。楚，牡荆也。釋名：小荆，黄荆。枝堅勁，作樹不爲蔓，故曰牡。其實細而黄，如麻子大。故曰：黄荆，從其色；小荆，狀其實也。荆樹茂叢而踈爽，故謂之楚。從林從疋，疋即踈字也。濟楚之義，取此。或謂荆楚地多産荆，故謂楚爲荆。荆心方，楚焞以荆爲之。古者貧女以荆爲釵，即此木。又寧浦牡荆，指病自愈。一名赤荆，大實者名牡荆，不知青者爲荆，赤者爲楛。或疑蔓荆爲牡荆，不知蔓荆生水濱，苗莖蔓延非樹也。又有欒荆，一名頑荆，莖葉似石南，樹幹反捲，經冬不死。又石荆似荆而小，生水旁，或名水荆，皆非牡荆也。

綜述

漢　許慎《説文》卷六　楚，叢木，一名荆也。从林，疋聲。創舉切。

晉　嵇含《南方草木狀》卷中　荆，寧浦有三種，金荆可作枕，紫荆堪作牀，白荆堪作履，與他處牡荆、蔓荆全異。又彼境有杜荆，指病自愈。節不相當者，月暈時刻之，與病人身齊等，置牀下，雖危困亦愈。

宋　鄭樵《通志》卷七六　荆又有蔓荆、牡荆之别。荆可以作箠者，今人謂之黄荆。蔓荆亦曰小荆，其實入藥用。牡荆亦用實。《登眞隱訣》注云：北方無識者。又云：梁天監三年，將合神仙飯，奉敕論牡荆曰：荆，花白多子，子麁大。歷歷踈生，不過三兩莖，多不能圓，或褊或異，或多似竹節。葉與餘荆不殊。蜂多採牡荆，牡荆汁冷而甘。餘荆被燒則煙火氣苦，牡荆體慢汁實，煙火不入其中，主治心風第一。于時遠近尋覓不得，猶用荆葉。則牡荆殆絶矣。

宋　寇宗奭《本草衍義》卷一三　蔓荆實，諸家所解，蔓荆、牡荆紛紏不一。《經》既言蔓荆，明知是蔓生，即非高木也。既言牡荆，則自是木上生者。況《漢書・郊祀志》所言，以牡荆莖爲幡竿，故知蔓荆即子大者，是又何疑焉？後條有欒荆，此即便是牡荆也。子青色如茱萸，不合更立欒荆條。故文中云：《本草》不載，亦無别名，但有欒花，功用又别，斷無疑焉。注中妄稱石荆當之，其説轉見穿鑿。

宋　羅願《爾雅翼》卷一一《楚》　楚者，楚地所出，其一名荆，故楚國人春秋稱荆，其後稱楚，而荆州亦以此木得名也。今人牡荆作樹生者，實細黄色，而莖甚勁。生子細如麻子，比蔓荆實而小，故稱小荆。又牡亦對蔓爲名，非無實之謂也。《禮弓矢圖》：楚焞以荆爲之，必以荆者，凡木心圓，荆心方，蓍之德圓而神，卦之德方以知，以其德方，故以方木灼龜也。《漢書・郊祀志》以牡荆爲幡竿，又古者收威用榎與楚，亦榎形圓，楚形方，互相備也。《廣州記》曰：白荆堪爲履，紫荆堪爲牀，牡荆節間不相當者，月暈時刻之爲券，以畏病者。《春秋・運斗樞》曰：玉衡星散爲荆。

牡荆、蔓荆、紫荆。

宋　戴侗　《六書故》卷二四　荆　荆，舉卿切，楚也。詳具楚下。有

明　李時珍　《本草綱目》卷三六　牡荆《別録》上品　校正：併入《別録》有名未用荆莖。釋名：黄荆、《圖經》小荆、《本經》楚。弘景曰：既是牡荆，不應有子。小荆應是牡荆。牡荆子大于蔓荆子，而反呼小荆，恐以樹形爲言。不知蔓荆樹亦高大也。恭曰：牡荆作樹，不爲蔓生，故稱爲牡，非無實之謂也。蔓荆子大，牡荆子小，故呼小荆。時珍曰：古者刑杖以荆，故字從刑。其生成叢而疎爽，故又謂之楚。從林，從疋，疋即疎字也。濟楚之義，取此。荆楚之地，因多産此而名也。集解：《別録》曰：牡荆實生河間、南陽宛句山谷，或平壽、都鄉高岸上及田野中。八月、九月采實，陰乾。弘景曰：論蔓荆即應是今作棰之荆。其子殊細，正如小麻子，色青黄。牡荆乃出北方，始如豆大，正圓黑。仙術多用牡荆，今人都無識者。李當之《藥録》言溲疏，一名楊櫨，一名牡荆，理白中虚，斷植即生。按：今溲疏主療與牡荆都不同，形類乖異，而仙方用牡荆，云能通神見鬼，非惟其實，枝葉並好。又云荆樹必枝葉相對者是牡荆，不對者即非牡荆也。並莫詳虚實，更須博訪。恭曰：牡荆即作棰杖者，所在皆有之。實細黄色，莖勁作樹生。《漢書・郊祀志》以牡荆莖爲旛竿，則明知非蔓荆也。有青、赤二種，以青者爲佳。今人相承，多以牡荆爲蔓荆，此極誤也。頌曰：牡荆，今眉州、蜀州及近汴京亦有之，俗名黄荆是也。枝莖堅勁，作科不作蔓，葉如蓖麻，更疎瘦。花紅作穗，實細而黄，如麻子大。或云即小荆也。按陶隱居《登眞隱訣》云：荆木之葉、華，通神見鬼精。注云：荆有三種。荆木即今作箠杖者，葉香，亦有花、子，子不入藥。方術則用牡荆，其子入藥，北人無識其木者。天監三年，天子將合神仙飲，奉勑論牡荆曰：荆，花白多子，子粗（者）〔大〕，歷歷疎生，不過三兩莖，多不能圓，或扁或異，或多似竹節。葉與餘荆不殊。蜂多采牡荆，牡荆汁冷而甜。餘荆被燒，則煙火氣苦。牡荆慢質實，煙火不入其中，主治心風第一。于時遠近尋覓，遂不值也。保昇曰：陶氏不惟不別蔓荆，亦不識牡荆。蔓荆蔓生，牡荆樹生，理自明矣。時珍曰：牡荆處處山野多有，樵采爲薪。年久不樵者，其樹大如盌也。其木心方，其枝對生，一枝五葉或七葉。葉如榆葉，長而尖，有鋸齒。五月杪開花成穗，紅紫色。其子大如胡妥子，而有白膜皮裹之。蘇頌曰葉似蓖麻者，誤矣。有青、赤二種，青者爲荆，赤者爲楛。嫩條皆可爲筥箇，古者貧婦以荆爲釵，即此二木也。按裴淵《廣州記》云：荆有三種，金荆可作枕，紫荆可作牀，白荆可作履。與他處牡荆、蔓荆全異。寧浦有牡荆，指病自愈。節不相當者，月暈時刻之，與病人身齊等，置牀下，病雖危亦無害也。杜寶《拾遺録》云：南方林邑諸地，在海中、山中多金荆。大者十圍，盤屈瘤蹙，文如美錦，色如眞金。工人用之，貴如沉、檀。此皆荆之別類也。《春秋運斗樞》云：玉衡星散而爲荆。

又　蔓荆《本經》上品　釋名：恭曰：蔓荆苗蔓生，故名。集解：恭曰：蔓荆生水濱，苗莖蔓延長丈餘。春因蔓枝而生小葉，五月葉成，似杏葉。六月有花，紅白色，黄蘂。九月有實，黑斑，大如梧子而虚輕。冬則葉凋。今人誤以小荆爲蔓荆，遂將蔓荆爲牡荆也。大明曰：海鹽亦有之，大如豌豆，蔕有輕軟小蓋子，六、七、八月采之。頌曰：近汴京及秦、隴、明、越州多有之。苗莖高四五尺，對節生枝。葉類小楝，至夏盛茂。有花作穗，淡紅色，蘂黄白色，花下有青蕚。至秋結子。舊説蔓生，而今所有並非蔓也。宗奭曰：諸家所解，蔓荆、牡荆紛紏不一，《經》既言蔓荆明是蔓生，即非高木也，既言牡荆，則自木上生，又何疑焉？時珍曰：其枝小弱如蔓，故名蔓生。

又　欒荆《唐本草》　釋名：頑荆。《圖經》集解：恭曰：欒荆莖、葉都似石南，幹亦反捲，經冬不死，葉上有細黑點者，眞也。今雍州所用者是，而洛州乃用石荆當之，非也。俗方大用，而《本草》不載，亦無別名，但有欒華，功用又別，非此物花也。頌曰：欒荆今生東海及淄州、汾州。所上者皆枝莖白，葉小圓而青色，頗似榆葉而長，冬夏不凋。六月開花，花有紫、白二種。子似大麻。四月采苗葉，八月采子。宗奭曰：欒荆即牡荆也，子青色如茱萸，不合更立此條。蘇恭又稱石荆當之，轉見穿鑿。時珍曰：按許慎《説文》云：欒，似木蘭。木蘭葉似桂，與蘇恭所説葉似石南者相近。蘇頌所圖者，即今牡荆，與《唐本草》者不合。欒荆是蘇恭收入《本草》，不應自誤，蓋後人不識，遂以牡荆充之，寇氏亦指爲牡荆耳。

又　石荆《拾遺》　集解：藏器曰：石荆似荆而小，生水旁，《廣濟方》一名水荆是也。蘇頌言洛人以當欒荆者，非也。

明　李中立　《本草原始》卷四　牡荆實始生河間、南陽、宛句山谷，或平壽、都鄉高岸上及田野，今眉州、蜀州及近京亦有之，俗呼黄荆是也。枝莖堅勁，作科不爲蔓生，故稱牡。葉如蓖麻，更踈瘦。花紅作穗，實細而黄，如蔓荆子而小，故《本經》名小荆。古者刑杖以荆，故字從刑。

又　蔓荆實，舊不載所出州土，今近京及秦、隴、明、越州多有之。莖高四尺，對節生枝，初春因舊枝而生葉，類小楝，至夏盛茂。有花作穗，淺紅色，蘂黄白色，花下有青蕚。至秋結實，斑黑如梧子許大而輕虚，八月、九月采實。一説葉如杏葉，作蔓生，故名蔓荆。

明　吴雨　《毛詩鳥獸草木考》卷一六《楚》　《周南》曰：言刈其楚。《傳》：楚，木也。楚，一名荆，亦有蔓荆、牡荆之別。葉如萆麻梗，實細踈瘦，

花紅作穗，子細而黄，如麻子大，比蔓荆實而小，故稱小荆。又牡亦對蔓爲名，非無實之謂也。可作箠者，今人謂之黄荆，葉香，亦有花。凡木心員，惟荆方。亦有白荆堪爲履，紫荆堪爲床。牡荆節間不相當者，月暈時刻之爲券，以畏病。楚地所出，故名楚，故楚國入春秋稱荆，其後稱楚，而荆州亦以此木得名。《登真隱訣》注云：牡荆，花白多子，子粗大，歷歷踈生，不過三兩莖，多不能圓，或褊或異，或多似竹節。葉與餘荆不殊。蜂多採牡荆，牡荆汁冷而甜。餘荆被燒，則煙火氣苦。牡荆體慢汁實，煙火不入其中。《六甲陰符》云：一名羊櫨，一名空疏，理白而中虚。

明 鮑山《野菜博録》卷四 荆子，一名牡荆實，一名小荆實，一名黄荆。科條生，枝莖堅勁，對生枝，又葉似麻葉疏短，開花作穗，色粉紅，微帶紫，結實大如黍粒，黄黑色，味苦，性温，無毒。【略】欒荆，一名栘楊，生山谷中。樹高大，少枝梗，似榆木，葉冬不凋。開花紫白色，結子似麻子大，味苦，性平，有毒。

明 馮復京《六家詩名物疏》卷四《楚》 《廣雅》云：楚，荆也。《廣志》云：赤莖大實者，名曰牡荆。孔氏曰：《學記》注以楚爲荆。羅氏云：楚者，楚地所出，其一名荆，故楚國入春秋稱荆，而荆州亦以此木得名也。今之牡荆作樹生者，實細黄色，而莖甚勁，生子細如麻子，比蔓荆實而細，故稱小荆。牡亦對蔓爲名，非無實之謂也。《本草圖經》云：牡荆即作箠杖者，枝莖堅勁，作科不爲蔓生，故曰牡。葉如萆麻，更踈瘦。花紅作穗，實細而黄如麻子大。蔓荆莖高四尺，對節生枝，初春因舊枝而生葉，類小楝。夏盛茂，有花淺紅色，蘂黄白，花下有青萼。秋結實，斑黑如梧子大而輕虚。陶隱居《登真隱訣注》云：尋荆有三種，直云荆木，即是今可作箠杖者。葉香，亦有花子，子不入藥。方術則用牡荆。《春秋運斗樞》云：玉衡星散爲荆。《學記》云：夏楚二物收其威也。《士喪禮》云：楚焞在燋東。《考工記》云：弓人取材，荆次木瓜。按朱《傳》：楚，荆屬。蓋未即以爲荆也。考諸書，皆謂楚即荆。荆有三種，此楚乃作箠之荆，非牡荆、蔓荆也。《南方草木狀》：寧浦有三種荆，金荆可作枕，紫荆堪作牀，白荆堪作履。此别是廣南之物，非詩人所詠也。

明 劉侗《名物通》卷八 荆，《毛詩》：言刈其楚。楚，荆屬也。凡木心圓，荆心方。亦即薇也。有五色者。大者赤荆，赤莖，赤實。

清 錢大昭《廣雅疏義》卷一九 楚，荆也。楚者，楚地所出，一名荆，故楚國入春秋稱荆，其後稱楚，而荆州亦以此木得名也。《説文》：楚，叢木，一名荆也。荆，楚木也。古文作茘。《周南·漢廣》箋：楚，雜薪中尤翹翹者。《學記》：夏楚二物收其威也。鄭注：楚，荆也。《史記·廉頗傳》索隱：荆可以爲鞭。

清 徐鼎《毛詩名物圖説》卷八 張揖《廣雅》：楚，荆也。《正義》：楚，木名，故《學記》注以楚爲荆。《王風》、《鄭風》並云『不流東楚』，皆是也。《本草圖經》：牡荆即作箠杖者，枝莖堅勁，作科不爲蔓生，故曰牡。葉如萆麻，花紅作穗，實細而黄，如麻子大。愚按：楚者，楚地所出。一名荆，故又號荆楚，亦以此木得名。謂之牡者，以其枝不蔓生，對蔓荆而言，非無實之謂牡也。古者刑杖以荆，故荆字從刑。楚即荆也。《學記》『夏楚二物』，楚即此乎？

清 牟應震《毛詩物名考》卷五 楚，荆也，枝對生，葉如蔴，一枝五葉或七葉，花作穗，色紅，實如麻子。《詩》言楚，皆謂此。又《説文》：楚，叢木也。衛楚邱則是叢木之邱也。

清 吴其濬《植物名實圖考》卷三三《蔓荆》 蔓荆，《本經》上品。又牡荆，《别録》上品。即黄荆也。子大者爲蔓荆，有青、赤二種。青者爲荆，赤者爲楛。北方以製筥筐籬笆，用之甚廣。沙地亦種之。江南器多用竹，故荆條叢生，無復採織。

紀事

明 盧翰《掌中宇宙》卷一三《田氏三荆》 田眞、田慶、田廣欲析産，堂前有紫荆一株，亦議析，荆忽枯槁。嘆曰：物尚如此，況於人乎？遂不分。荆復榮。

明 慎懋官《華夷花木鳥獸珍玩考》卷四《白荆》 出吴興玉虚洞後，花白似雪，邑人爭賞之。又有一種茄花色者，柔媚可愛。

藝文

南朝梁 江淹《江文通集》卷三《金荆》 江南之山，連障連天。既抱紫霞，亦漱絳煙。金荆嘉樹，涵雲宅仙。姱節詎及，幽意誰傳？

清 孫爽《容庵辛卯集》卷七《赤荆雪際荆榛正赤絶似珊瑚樹》 森森荆與榛，幸免樵斧斤。巖高得蚤寒，秋晴雪擁脊。遂使青琳條，染作珊瑚赤。海賈絶驚歎，寶樹光射壁。璀璨一丈紅，不復論幾尺。往詑石季倫，震駭欲墮魄。鐵網倘可施，山齋坐烜赫。

圖表

明 李時珍《本草綱目·圖卷》

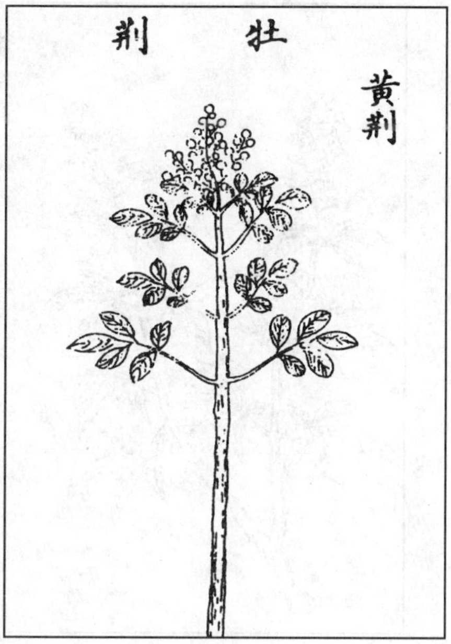

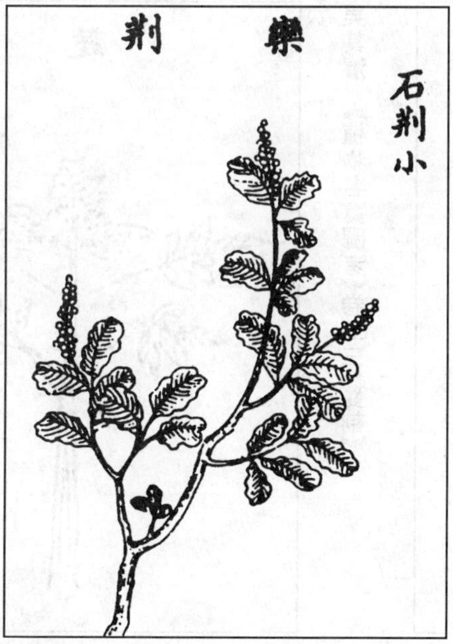

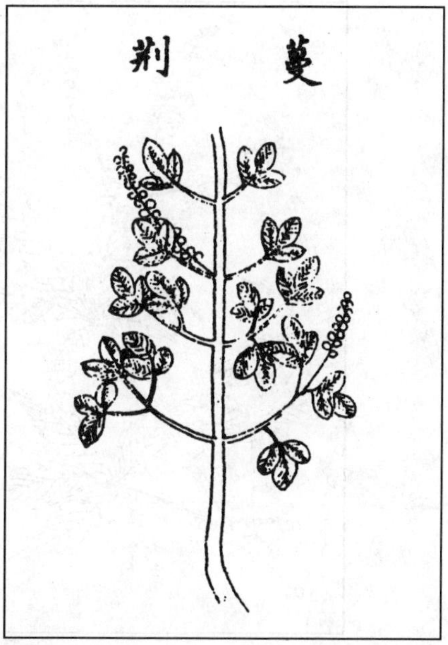

明　鮑山《野菜博録》卷四

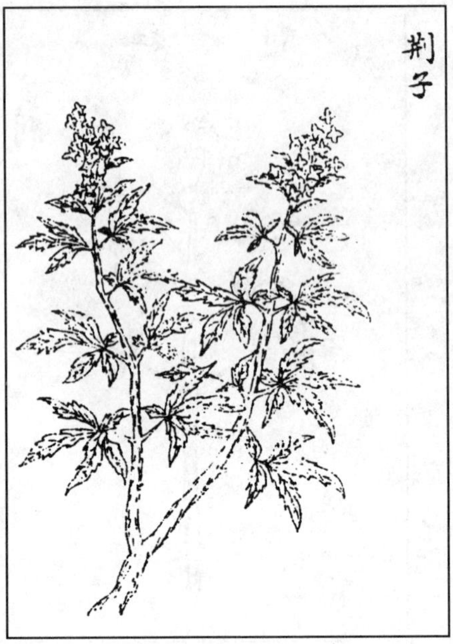

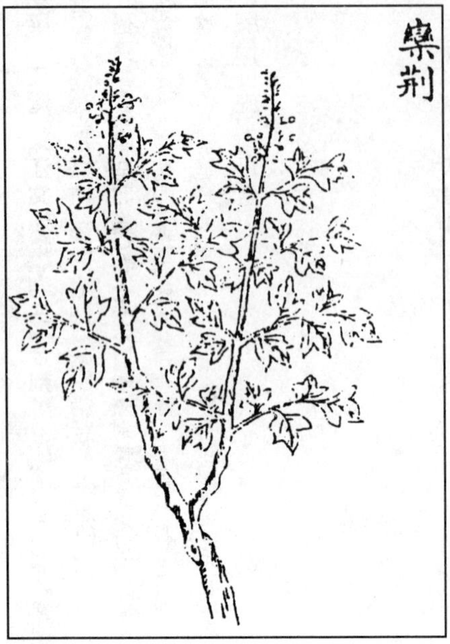

清　徐鼎《毛詩名物圖説》卷八

清　吴其濬《植物名實圖考》卷三三《蔓荊》

棘

綜述

《爾雅·釋木》 終，牛棘。注：即馬棘也，其刺粗而長。疏：終，一名牛棘。其針刺粗長者，亦名馬棘也。

宋 寇宗奭 《本草衍義》卷一四 白棘，一名棘鍼，一名棘刺。按：《經》如此甚明，諸家之意強生疑惑，今掠不取，求其《經》可矣。其白棘乃是取其肥盛紫色，枝上有皺薄白膜先剥起者，故曰白棘。取白之意，不過如此。其棘刺花乃是棘上所開花也，餘無他義。今人燒枝取油，塗垢髮，使垢解。

宋 羅願 《爾雅翼》卷九《棘》 棘心赤，而外有刺，故朝位植之。左九棘，孤、卿、大夫位焉，羣士在其後；右九棘，公、侯、伯、子、男位焉，羣吏在其後；面三槐，三公位焉，州長、衆庶在其後。蓋槐取懷來，棘欲其赤心而留意於三刺也。又《釋木》云：槐棘醜喬。蓋言枝皆翹竦，有奉上之義，亦藉其繁茂，以爲蔽外屏之義也。棘有赤、白二種，其刺亦有直者、鈎者，補益用直，療腫用鈎。古人所謂造沐猴於棘刺，言其難也。《春秋繁露》曰：美惡之類，各以類應，故以龍致雨，以扇逐暑，軍之所處，生以棘楚。蓋棘者刺人之物，楚者撻人之物，皆能傷人，故緣類而生，亦戟棘也。越棘，大弓取象於棘，又棘可以爲矢。昔者楚之先祖桃弧棘矢以共禦王事，蓋冰之將出，桃弧棘矢以除其災。桃能去厲，棘植於花外則花不被霜，所謂除災豈此之謂耶？《詩》曰：凱風自南，吹彼棘心。又曰：吹彼棘薪。凱，南風也，八風以生殺萬物。東北曰條風，物至是而條鬯也。東曰明庶風，東方日所出以明庶物也。東南曰清明風，宅東與南之交，故明且清也。南曰景風，明之極而有景也。西南曰涼風，暑至西南而薄也。西曰昌盍風，昌盍天之門，所以戒藏也。西北曰不周風，天傾西北，故其風不周徧也。北曰廣莫風，有北廣莫之野也。凱風既云自南，乃當景風。《白虎通》曰：景風至，棘造實。蓋吹彼棘心者，將以趣其造實。萬物之難生者棘，而造實又欲其應候南風，雖能生物，亦已勞矣。八風謂之景，衛詩謂之凱，以强教之也。以棘爲凱風之候，則母氏之劬勞甚矣。《老子》曰：師之所處，荆棘生焉。以荆棘惡木，有兵刑之象。《皇覽》曰：孔子塋中不生荆棘及刺人草。《管子》：五沃之土，其棘其棠。

宋 戴侗 《六書故》卷二一 棘 𣏟，己力切。束木叢生者也。並束爲棘，象其叢生。棘有二，樲棘之棘，其實似棗而多酸。《詩》云：園有棘，其實之食。又曰：湛湛露斯，在彼杞棘。《士喪禮》曰：決用正，王棘若檡棘。鄭氏曰：檡，今文作澤，世俗謂王棘矺鼠。《本草》：棘鍼。陶弘景曰：白棘，酸棗也。《圖經》曰：白棘，生道傍，葉、莖、實都似棗，而有赤、白二種。荆棘之棘，褋生荆中，木小而尤多朿。《詩》云：楚楚者茨，言抽其棘。《傳》曰：被苦蓋冢荆棘，引其義爲艱棘。《詩》云：棘人欒欒。又曰：俾民大棘。又曰：孔棘且殆。又爲棘急與亟通。《詩》云：如矢斯棘。曰：匪棘其欲。亦通作革。

明 李時珍 《本草綱目》卷三六 白棘《本經》中品 校正：並入《別録》棘刺花。釋名：棘刺、《別録》棘針、《別録》赤龍爪、《綱目》花名刺原、《別録》菥蓂、《別録》馬朐。音劬。時珍曰：獨生而高者爲棗，列生而低者爲棘。故重朿爲棗，平朿为棘，二物觀名即可辨矣。朿即刺字。菥蓂與大薺同名，非一物也。集解：《別録》曰：白棘生雍州川谷。棘刺花生道旁，冬至後一百二十日采之，四月采實。當之曰：白棘是酸棗樹鍼。今人用天門冬苗代之，非眞也。恭曰：棘有赤、白二種。白棘莖白如粉，子、葉與赤棘同，棘中時復有之，亦爲難得。其刺當用白者爲佳。然刺有鈎、直二種，直者宜入補益，鈎者宜療瘡腫。花即其花，更無別物。天門冬一名顛棘，南人以代棘鍼，非矣。頌曰：棘有赤、白二種。《切韻》云：棘，小棗也。田野間皆有之，叢高三二尺，花、葉、莖、實俱似棗也。宗奭曰：本文白棘，一名棘鍼、棘刺。如此分明，諸家强生疑惑，今不取之。白棘乃是肥盛紫色，枝上自有皺薄白膜先剥起者，故白棘取白之義，不過如此。

明 吴雨 《毛詩鳥獸草木考》卷一七《棘》 棘，荆棘也。田野間多有之，叢生，多刺，高四五尺。葉似蒺藜葉而硬，花白紫色，有赤、白二種。其刺亦有直者，有鈎者，補益用直，療腫用鈎。《詩》中棘有二種，《凱風》『棘心』，《魏風》『園有棘』。與夫《葛生》所蒙，《鴇羽》所集，《秦風》、《曹風》、《黄鳥》鳴鳩所止，注皆謂酸棗也。《楚茨》以棘配茨，《青蠅》以棘爲樊，與夫《墓門》斧斯之棘，舊不指爲何物。《補傳》云：棘，荆棘也。朱子云：墓門，凶僻之地，多生荆棘。此三詩所稱，即此荆棘，非彼酸棗之樲棘也。

明 馮復京《六家詩名物疏》卷一〇《棘》 《爾雅》云：茦，刺。郭璞曰：草刺鍼也。《方言》云：凡草木刺人，北燕、朝鮮之間謂之茦，自關而西謂之刺，江湘之間謂之棘。《本草》云：白棘，一名棘鍼，一名棘刺。棘刺花，一名菥蓂。《唐本注》云：棘有赤、白二種。刺有兩種，有鈎有直，補益宜用直者，療腫宜用鈎者。白棘莖白如粉，子葉與赤棘同。棘中時復有之，亦爲難得也。《圖經》云：棘，小棗也，叢高三四尺，花、葉都似棗，而有赤、白二種。《爾雅》云：槐棘醜喬。注：枝皆喬竦。《孟子》『養其樲棘』，趙注：樲棘，小棘，所謂酸棗也。《爾雅疏》云：棗實小而味酢者名樲。《嵩陽子》云：余家于滑臺，今酸棗縣即滑之屬邑也。其地名酸棗焉，其樹高數丈，徑圍一二尺，木理極細，堅而且重。樹皮亦細，文似蛇鱗。其棗圓小而味酸，核微圓，其仁稍長，色赤如丹。此醫之所重，居人不易得。今市之賣者皆棘子爲之。《圖經》云：酸棗野生，多在坡坂及城壘間，似棗木而皮細。其木心赤色，莖葉俱青，花似棗花，八月結實紫紅色，似棗而圓小，味酸。《埤雅》云：棘性堅强，費風之長養者。其心之生更難于幹。《四時纂要》云：四月棗葉生，凱風之時也。《魏風》：園有棘。棘，酸棗也，於果爲下。舊云鵲巢中必有棘，蓋棘性煖。《雅翼》云：棘可以爲矢。昔者楚之先祖桃弧棘矢以共禦王事。棘植于花外則花不被霜。凱風既云自南，乃當景風。《白虎通》云：景風至，棘造實。蓋吹彼棘心者，將以趣其造實，萬物之難生者，棘而造實。又欲其應候南風，雖能生物，亦已勞矣。《春秋元命苞》云：樹棘，聽訟其下者。棘赤心有刺，言治人者，原心不失其赤實也。《管子》：五沃之土，其棘其棠。按：朱《傳》云：棘，小木，叢生，多刺，難長。似指荆棘。《本草》之白棘，叢生三四尺者也。《老子》曰：師之所處，荆棘生焉。《皇覽》云：孔子塋中不生荆棘及刺人草。此《詩》曰棘薪，若云但可爲薪云爾。然古者朝位植棘，取其赤心有刺也。又以爲七，蓋取其枝翹竦有奉上之義。又可爲矢，出冰以除災，皆疑是樲棘。蓋朝位植以配槐，豈宜小木？其用亦多，豈徒爲薪？樲棘實可食，《魏詩》『園有棘，其實之食』是也。說樲棘者雖不同，想其木高大，非荆棘比也。《埤雅》云：棘，大者棗，小者棘。或云棘實曰棗。故《爾雅》釋樲在棗條中。然《本草》大棗、酸棗、白棘治療各異。《青史子》云：棘，西方之草，秋木也。棗，北方之草，冬木也。斷乎棗、棘有辨。江南無棘，陶隱居之流遂多誤說。合諸書論之，棗有十一種，而樲實是棘，以《本草》列酸棗于木部故也。晳，無實棗，或亦棘類與？嚴氏《詩輯》則以此章『棘心』、《魏風》『園有棘』之『棘』爲酸棗，《楚茨》『言抽其棘』、《青蠅》『止于棘』之棘爲荆棘。蓋樲亦多刺難長者，故嚴云爾。與朱說似別。

明 劉侗《名物通》卷八 棘，有赤、白二種。叢生三四尺，多刺，難長，白棘也。大者爲棗，于文重朿爲棗，並朿爲棘。《周禮》樹棘以爲衛，左右俱九，取赤心而外刺也。樲棘，酸棗也，其木高大。《魏詩》『園有棘』，赤棘也。

明 鮑山《野菜博録》卷三 白棘，一名棘鍼，一名棘刺，生山中。柯莖多刺，葉似酸棗葉，又似赤刺葉，開花結實如棗形，味辛，性寒，無毒。馬棘，生山野間，科高五七尺，葉似新生皂莢葉却小，（稍）〔梢〕間開粉紫花，味甜。

清 徐鼎《毛詩名物圖說》卷八 毛《傳》：棘，難長養者。《集傳》：小木，叢生，多刺，難長。揚雄《方言》：凡草木刺人，北燕、朝鮮之間謂之茦，自關而東謂之梗，自關而西謂之刺，江湘之間謂之棘。愚按：毛《傳》於《魏風·園有棘》云『棗也』，而于《凱風》之棘止言『難長養』，不以棘爲棗者，朱子云：小木，叢生，多刺。則明此荆棘之棘，與彼異也。一章云棘心，二章曰棘薪，言止可供薪爨，其與《魏風》有實之棘不同。又古者朝位植棘，《秋官·朝士》『外朝之法：面三槐，左九棘，右九棘』是也。取其材可以爲矢，《傳》曰：桃弧棘矢，以除其災。又可爲匕，《大東》曰：有捄棘匕。則朝位所植必非小木，爲矢爲匕，不止供薪，又與荆棘之棘異也。而陸氏農師、羅氏端良並指此爲樲棘者，非是。

紀事

唐 段成式《酉陽雜俎續集》卷九 衛公又言：衡山舊無棘，彌境草木，無有傷者。曾录知江南，地本無棘，潤州倉庫或要固墻隙，植薔薇枝而已。

明 徐昌祚《新刻徐比部燕山叢録》卷一八 利津縣官竈城遺址，所生棘，刺皆上向。以手自下循之，不刺。俗稱爲順皇棘。

藝文

清 柏葰《薜箖吟館鈔存》卷一《棘樹》 弱質劇道勁，稜稜棘刺多。丹心存碩果，翠葉伴疎柯。風味酸如許，煙姿峭若何。植將田埂上，猶足衛嘉禾。

清 王闓運《湘綺樓全集》詩集卷四《歎道旁荆棘》 昔人歎松柏，歲寒不凋枯。誰見荆灌叢，陵霜亦敷腴。上枝藏鳩雀，下相走鼪鼯。寒猋滌高岡，靡靡見青蕪。不如前山樹，榮悴與時俱。肅肅有正色，時危道彌孤。微材溷嘉妍，瑣細耳目娛。貞心苟不存，終當付樵蘇。

圖表

晉 郭璞《爾雅音圖·釋木》

明 鮑山《野菜博録》卷三

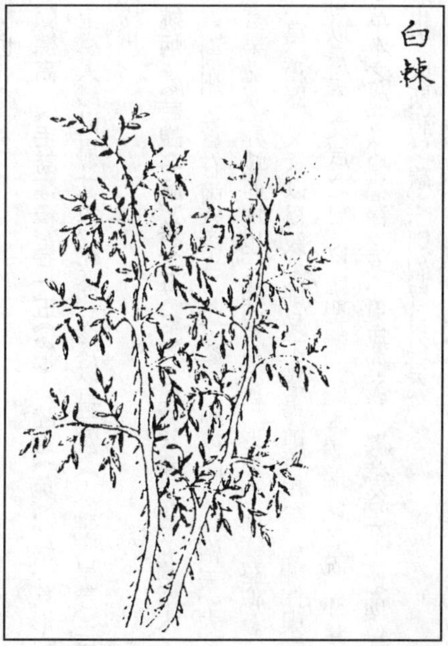

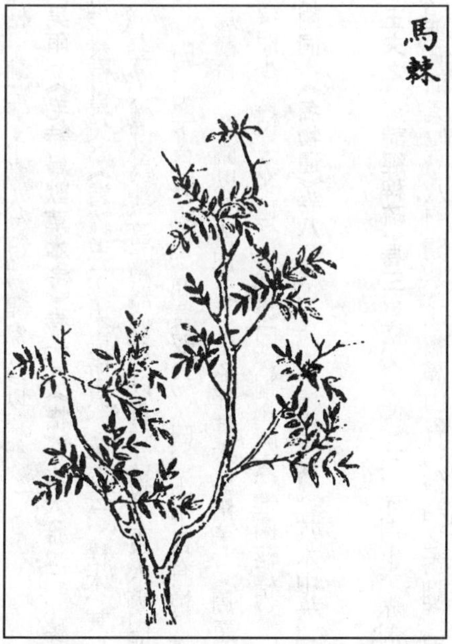

清　徐鼎《毛詩名物圖説》卷八

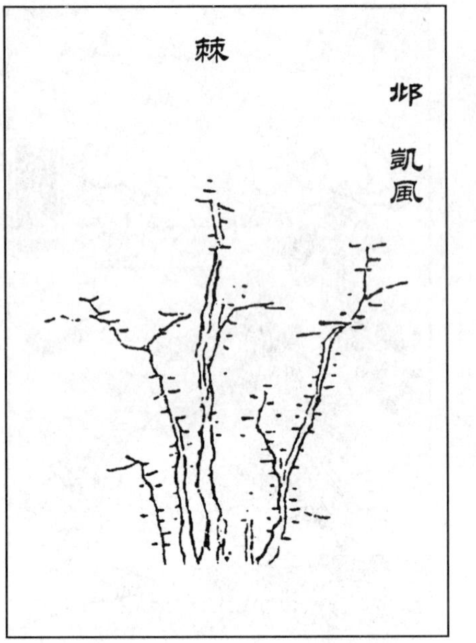

楛

漢　許慎《説文》卷六　楛，木也。从木，苦聲。《詩》曰：榛楛濟濟。侯古切。

三國吴　陸璣《毛詩草木鳥獸蟲魚疏》卷上《榛楛濟濟》　楛，其形似荆而赤莖似蓍。上黨人織以爲斗、筥、箱器，又揉以爲釵。故上黨人調問婦人欲買赭不？曰：竈下自有黄土。問買釵不？曰：山中自有楛。

宋　羅願《爾雅翼》卷九《楛》　楛堪爲矢，其莖似荆而赤，其葉如蓍。古者楛矢，則石爲之砮。【略】陸璣云：上黨人織以爲斗、筥、箱器，又屈以爲釵。故上黨人調問婦人欲買赭否？曰：竈中自有黄土。買釵否？曰：山中自有楛。言其俗朴也。顔監曰：楛木堪爲箭笴。今豳以北皆用之。土俗呼其木爲楛子。又《禹貢》：惟箘簵楛。顔監曰：皆可爲矢。

宋　戴侗《六書故》卷二一　楛　楛，侯古切。《書》云：惟箘簵楛。《魯語》曰：有隼集于陳侯之廷，楛矢貫之。楛蓋可以爲矢笴也。《詩》云：瞻彼旱麓，榛楛濟濟。陸璣曰：形似荆而赤莖似蓍。上黨人織以爲箱筥，又屈以爲釵。

明　穆希文《説原》卷一二　楛堪爲矢，其莖似荆而赤，其葉如蓍。

明　慎懋官《華夷花木鳥獸珍玩考》卷三《楛音户切云木中矢》　楛，荆楚中貢簵楛。疏曰：上黨人篋以爲箱器，珍以爲釵。

明　吴雨《毛詩鳥獸草木考》卷一八《楛》　《大雅》曰：榛楛濟濟。楛，小木也。莖可爲矢。《詩疏》云：東夷所貢。陸璣云：楛木，其形似荆而赤莖似蓍。上黨人織以爲斗、筥、箱器，又屈以爲釵。故上黨人調曰問婦人：欲買赭否？曰：竈下自有黄土。問買釵否？曰：山中自有楛。言其俗朴也。木堪爲箭笴。今豳以北皆用之。土俗呼其木爲楛子。《周語》韋昭注云：榛似栗而小。楛，木名也。《禹貢》曰：荆州厥貢，惟菌簵楛。

明　劉侗《名物通》卷八　楛，《詩》：榛楛濟濟。其木中矢，荆楚所貢簵楛也。

清　王夫之《詩經稗疏》卷三　楛，《集傳》曰：赤荆也。赤荆者，莖微紫赤而方，葉圓而柔厚。八月開紫花，彌滿山谷。俗謂之布荆。惡木謂之楛。此木莖脆易折，繁生礙路，故謂之楛。往往與栵夾雜而生，以類相連，益知榛之爲栵也。

清　顧棟高《毛詩類釋》卷一五《楛》　陸璣《疏》：楛，其形似荆而赤莖似蓍。上黨人織以爲斗、筥、箱器，又揉以爲釵。《大雅·旱麓》云『榛楛濟濟』，即此楛也。

清　姚炳《詩識名解》卷一五《楛》　楛，《大雅·旱麓》篇楛木不槩見他書，惟《禹貢》荆州之貢有箘簬楛。又《家語》肅慎氏貢其楛矢，大抵西北之産。《詩》言旱麓，蓋亦岐西地也。陸璣云：楛，形似荆而赤莖似蓍。上黨人織以爲斗、筥、箱器，又揉以爲釵。則又不獨爲箭笴用矣。郝仲輿謂榛可以供籩，楛可以爲矢，文武之材，以比聖德。此本羅瑞良之説，亦穿鑿甚矣。《詩》但舉草木之盛，以喻福禄之多，更無他義。嚴華谷云：培塿無松柏，由其氣薄故也。以斯語反觀之，則詞旨自得矣。

清　徐鼎《毛詩名物圖説》卷九　《周語》韋昭注：楛，木名。《正義》陸璣云：楛，其形似荆而赤莖似蓍。上黨人織以爲斗、筥、箱器。又屈以爲釵，故上黨人調曰：問婦人欲買赭不？謂竈下自有黄土。問買釵不？謂山中自有楛。《圖經》：有青、赤二種，青者荆，赤者楛。嫩條皆可爲筥筐。古者貧婦以荆爲釵，即此二木也。愚按：古有著簪、荆釵，今吴人以黄楊木作簪，即古之遺意。著簪見《韓詩外傳》。

圖表

清 徐鼎《毛詩名物圖說》卷九

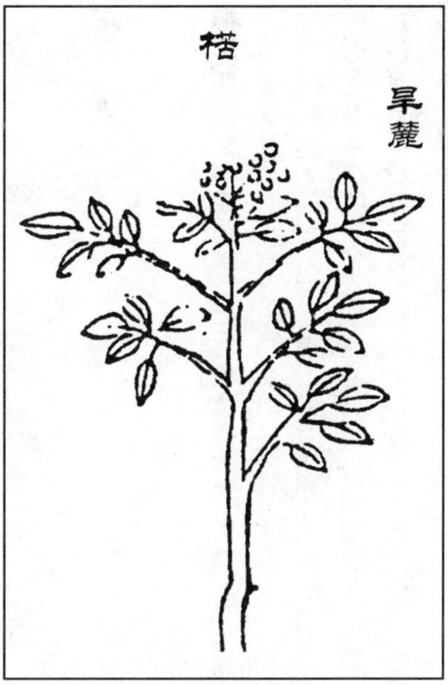

椐

綜述

《爾雅·釋木》 椐，樻。注：腫節可以爲杖。音義：椐，音祛，《字林》已庶反，又音舉。樻，起愧反，又去軌反，《字林》巨位反。樊、孫並云：椐，樻，腫節可作枝杖。《毛詩草木疏》云：節中腫，似扶老，即今靈壽是也。今人以爲馬鞭及杖。弘農共北山皆有之。腫，之勇反。疏：別二名也。郭云：腫節可以爲杖。《詩·大雅·皇矣》：其檉其椐。陸璣《疏》云：節中腫似扶老。今人以爲馬鞭及杖。弘農共北山甚有之。

漢 許慎《說文》卷六 椐，樻也。从木，居聲。九魚切。

樻，椐也。从木，貴聲。求位切。

三國吴 陸璣《毛詩草木鳥獸蟲魚疏》卷上《其檉其椐》 椐，樻。節中腫以扶老，今靈壽是也。今人以爲馬鞭及杖。弘農共北山甚有之。

宋 鄭樵《通志》卷七六 靈壽木，《漢書》：孔光年老，賜靈壽杖。顔注曰：木似竹，有節，長不過八九尺，圍可三四寸，自然有合杖之制，不須削治也。

宋 羅願《爾雅翼》卷一二《椐》 椐，樻也。《草木疏》云：節中腫似扶老，即今靈壽是也。今人以爲馬鞭及杖。弘農郡北山甚有之。《孔光傳》：賜靈壽杖。孟康曰：扶老杖也。顔師古曰：木似竹，有枝節，長不過八九尺，圍三四寸，自然有合杖制，不須削治也。陳藏器云：生劍南山谷，圓長，皮紫，作杖令人延年益壽。王粲《靈壽杖頌》云：奇幹堅正，不待矯鞣。

宋 戴侗《六書故》卷二一 椐樻 椐，九魚、羌居二切。樻，求位切。《爾雅》：椐，樻。陸氏曰：節中腫似扶老。今人以爲丈及馬鞭。或曰樻，又名靈壽。顔師古曰：木似竹，有節，長不過八九尺，口可三四寸，不煩繩削而可爲丈。

明 慎懋官《華夷花木鳥獸珍玩考》卷一《椐》 《說文》：樻，木也。徐按《爾雅》：椐，樻。注：木腫節可爲杖。《詩》：其檉其椐。注：椐，節中腫。今人以爲杖，即靈壽是也。服虔曰：靈壽，木名。師古曰：木似竹，有枝節，長不過八九尺，圍三四寸，自然有合杖制，不須削治也。賜太師孔光靈壽杖。

明 吴雨《毛詩鳥獸草木考》卷一八《椐》 椐，一名樻。其形似竹，圓長，皮紫，有枝節，節中腫似扶老，長不過七八尺，圍可三四寸。今人以爲馬鞭及杖。有自然合杖制，不須削治也。弘農郡共北山甚有之。作杖能令人延年益壽，故名靈壽。《漢書》孔光年老賜靈壽杖，即此也。

明 陳懋仁《庶物異名疏》卷二三《靈壽》 《孔光傳》：賜太師靈壽

杖。服虔云：靈壽，木名，似柳有節，長不過八九尺。

清 徐鼎《毛詩名物圖說》卷九 《爾雅》：椐，樻。孫炎注：樻腫節可以作杖。陸璣《疏》：節中腫似扶老，即今靈壽是也。人以爲馬鞭及杖。弘農共北山甚有之。《漢書・孔光傳》：賜靈壽杖。顔師古注：木似竹，有枝節，長不過八九尺，圍三四寸，自然合杖制，不須削治。令人延年益壽。愚按：《本草》一名扶老杖，一名靈壽木。葉圓而鋭，有華，故《山海經》云『靈壽實華』。

清 牟應震《毛詩物名考》卷五 椐，《爾雅》：椐，樻。即槐也。西人讀槐音近回，槐從鬼得聲。鬼、貴通音。葉對生，陰繁濃，憩者息焉，故又名椐。

藝文

唐 柳宗元《柳河東集》卷四三《植靈壽木》 孔光，漢明帝時爲太師，賜靈壽杖。孟康曰：扶老杖也。服虔曰：靈壽，木名。師古曰：木似竹，有枝節，長不過八九尺，圍三四寸，自合杖制，不須削治也。此與前數詩皆永州作。 白華照寒水，怡我適野情。前趨問長老，重復欣嘉名。蹇連易衰朽，方剛謝經營。敢期齒杖賜，見題注。聊且移孤莖。叢萼中競秀，分房外舒英。柔條乍反植，勁節常對生。循玩足忘疲，稍覺步武輕。安能事翦伐，持用資徒行。

宋 張浮休《靈壽木》（引自《全芳備祖後集》卷一九） 曲木天然性，叨名席上珍。節高工擬手，倚壁快扶人。莫問西來意，終爲竈下薪。他時俘頡利，拜賜敢忘身。

宋 阮閱《郴江百詠・靈壽木》 聊依枯木伴寒藤，曾爲當年孔傳生。寂寞空山窮谷裏，如今文杏又爭名。

圖表

晉 郭璞《爾雅音圖・釋木》

清 徐鼎《毛詩名物圖說》卷九

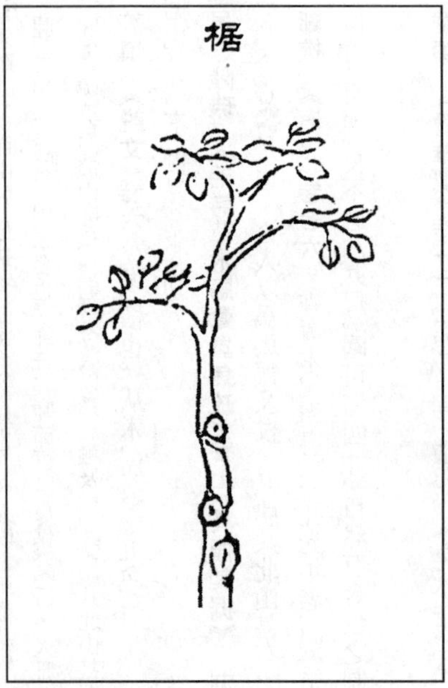

衛矛

綜述

宋 鄭樵《通志卷》卷七六 衛矛，曰鬼箭。莖有三羽，狀如箭翎，俗謂之狗骨。

明 李時珍《本草綱目》卷三六 衛矛《本經》中品 釋名：鬼箭、《別録》神箭。時珍曰：劉熙《釋名》言齊人謂箭羽爲衛，此物幹有直羽如箭羽、矛刃自衛之狀，故名。張揖《廣雅》謂之神箭，寇宗奭《衍義》言人家多燔之遣祟，則三名又或取此義也。集解：《別録》曰：衛矛生霍山山谷，八月采，陰乾。普曰：葉如桃，箭如羽，正月、二月、七月采，陰乾。或生田野。弘景曰：山野處處有之，削取皮羽入藥，爲用甚稀。頌曰：今江淮州郡亦或有之，三月以後生莖，莖長四五尺許。其幹有三羽，狀如箭翎羽。葉似山茶，青色。八月、十一月、十二月采條莖，陰乾。其木亦名狗骨。宗奭曰：所在山谷皆有，平陸未嘗見也。葉絶少，其莖黄褐色，若蘗皮，三面如鋒刃。人家多燔之遣祟，方藥少用。時珍曰：鬼箭生山石間，小株成叢。春長嫩條，條上四面有羽如箭羽，視之若三羽爾。青葉，狀似野茶，對生，味酸濇。三、四月開碎花，黄緑色。結實大如冬青子。山人不識，惟樵采之。斅曰：凡使勿用石茆，根頭眞相似，只是上葉不同，味各別耳。

清 吴其濬《植物名實圖考》卷三三《衛矛》 衛矛，《本經》中品。即鬼箭羽。湖南俚醫謂之六月凌，用治腫毒。按《圖經》：曲節草，有六月凌、緑莖青諸名。此木春時枝葉極嫩，結實如冬青而色緑，性味苦寒，殆即一物。

圖表

明 李時珍《本草綱目·圖卷》

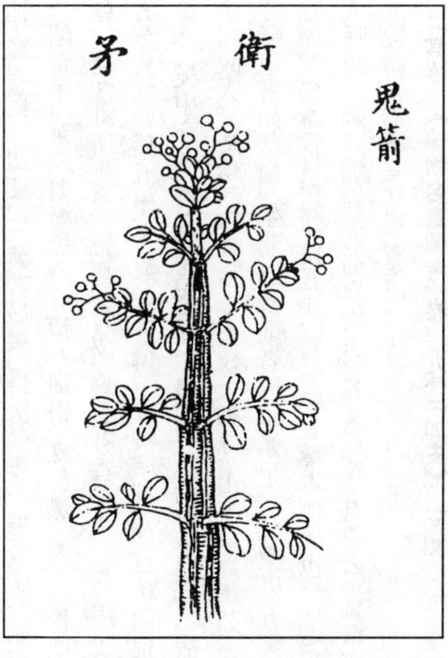

清 吴其濬《植物名實圖考》卷三三《衛矛》

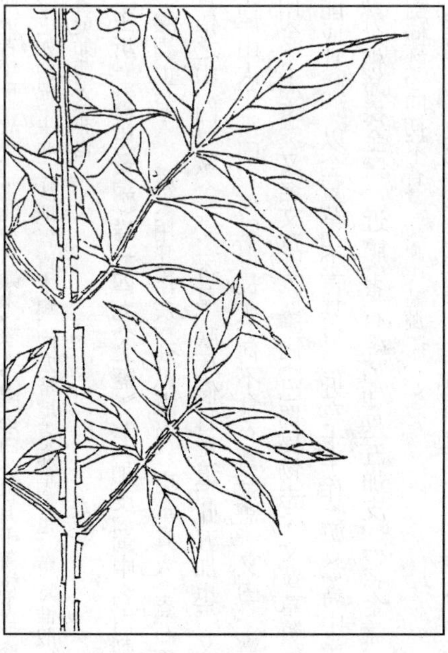

五加

綜述

明　楊慎《丹鉛總録》卷四《五加皮》　五加皮，蜀中名白刺顛。陶隱居云：釀酒主益人。道家用此作灰，亦以煮石，與地榆並無别法。東華眞人《煮石經》曰：舜常登蒼梧之山，曰：厥金玉之香草，朕用偃息正道，此五加也。又異名曰金鹽。王屋山人王常曰：何以得長久，何不食石蓄金鹽母。又曰：寧得一把五加，不用金玉滿車。譙周《巴蜀異物志·文章草贊》曰：文章作酒，能成其味。以金買草，不言其貴。文章草即五加皮也。

明　李時珍《本草綱目》卷三六　五加《本經》上品　釋名：五佳、《綱目》五花、《炮炙論》文章草、《綱目》白刺、《綱目》追風使、《圖經》木骨、《圖經》金鹽、《仙經》豺漆、《本經》豺節。《别録》　時珍曰：此藥以五葉交加者良，故名五加，又名五花。楊慎《丹鉛録》作五桂，云一枝五葉者佳故也。蜀人呼爲白刺。譙周《巴蜀異物志》名文章草，有贊云『文章作酒，能成其味。以金買草，不言其貴』是矣。《本草》豺漆、豺節之名，不知取何義也。頌曰：蘄州人呼爲木骨，吴中俗名追風使。集解：《别録》曰：五加皮五葉者良，生漢中及冤句。五月、七月采莖，十月采根，陰乾。弘景曰：近道處處有之，東間彌多，四葉者亦好。頌曰：今江淮、湖南州郡皆有之。春生苗，莖葉俱青，作叢。赤莖又似藤葛，高三五尺，上有黑刺。葉生五枚作簇者良。四葉、三葉者最多，爲次。每一葉下生一刺。三四月開白花，結青子，至六月漸黑色。根若荆根，皮黄黑，肉白色，骨硬。一説今有數種，京師北地者大片，類秦皮、黄蘗輩，平直如板而色白，絶無氣味，療風痛頗效，餘無所用。吴中乃剥野椿根皮爲五加，柔韌而無味，殊爲乖失。今江淮所生者，根類地骨皮，輕脆芬香。其苗莖有刺，類薔薇，長者至丈餘，葉五出，香氣如橄欖。春時結實，如豆粒而扁，青色，得霜乃紫黑。俗但名爲追風使，以漬酒療風，乃不知其爲眞五加皮也。今江淮吴中往往以爲藩籬，正似薔薇、金銀輩，而北間多不知用此種。斅曰：五加皮樹本是白楸樹，其上有葉如蒲葉，三花者是雄，五花者是雌。陽人使陰，陰人使陽，剥皮陰乾。機曰：生南地者類草，故小；生北地者類木，故大。時珍曰：春月于舊枝上抽條葉，山人采爲蔬茹。正如枸杞，生北方沙地者皆木類，南方堅地者如草類也。唐時惟取峽州者充貢。雷氏言葉如蒲者，非也。

明　王圻《稗史彙編》卷一四九《金鹽》　五加皮，蜀中名白刺顛。陶隱居云：釀酒主益人。道家用此作灰，亦以煮石。東華眞人《煮石經》曰：舜帝登蒼梧之山，曰：厥金玉之香草，朕用偃息正道，此五加也。又異名曰金鹽。王屋山人王常曰：何以得長久，何不食石蓄金鹽。又曰：寧得一把五加，不用金玉滿車。又名文章草。譙周《巴蜀異物志·文章草贊》曰：文章作酒，能成其味。以金買草，不言其貴。近有士子作《游女》詩中一聯云：不曾憐玉笋，相競採金鹽。近讀《煮石經》，知是五加皮，一名金鹽，始知玉笋、金鹽對極妙，而初不合掌。《謝氏詩源》

明　李中立《本草原始》卷四　五加皮始生漢中及冤句，今近道處處有之。春生苗，莖葉俱青，作叢。赤莖又似藤蔓，高三五尺，上有黑刺。葉生五杈作簇者良。四葉、三葉者最多，爲次。每一葉下生一刺。三、四月開白花，結青子，至六月漸黑色。根若荆根，皮黄黑，肉白，骨硬。十月采根，陰乾。今江淮所生者，根類地骨皮，輕脆芬香是也。其苗莖有刺，類薔薇，長者至丈餘。葉五出，香氣如橄欖。春時結實，如豆粒而扁，青色，得霜乃紫黑。吴中亦多，俗名爲追風使。機曰：生南方者類草，故小；生北方者類木，故大。時珍曰：春月于舊枝上抽條，山人采爲蔬茹。正如枸杞，生南方堅地者如草類，生北方沙地者皆木類也。此藥以五葉交加者良，故名五加。楊慎《丹鉛録》作五佳，云一枝五葉者佳故也。《炮炙論》名五花，蜀人呼爲白刺。譙周《巴蜀異物志》名文章草，有贊云『文章作酒，能成其味。以金買草，不言其貴』是已。

清　吴其濬《植物名實圖考》卷一九《三加皮》　三加皮，産建昌山中。大根赭黑似何首烏，叢生，細莖，老赭新緑，對發短枝，一枝三葉，葉勁無齒，形似豆葉而長，面緑背青白，中直脈紋亦稀疎。俚醫以治風氣，故名三加皮，非與一名金鹽之五加皮一類也。

圖表

明　李時珍《本草綱目·圖卷》

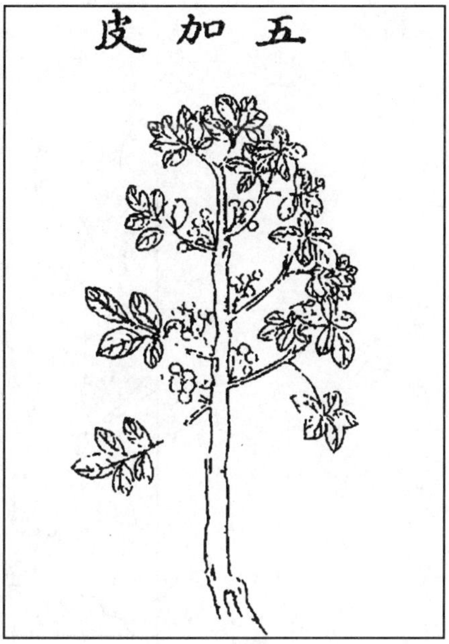

清　吴其濬《植物名實圖考》卷一九《三加皮》

金剛纂

綜述

明　謝肇淛《滇略》卷三　金剛纂，木也。出僰夷中，北勝州亦有之。青色，狀如刺桐，最毒。土人種以編籬，人莫敢觸。《滇程記》云：碧幹而蝟芒，孔雀食之，其漿殺人是已。然以爲草，誤也。

明　朱國禎《湧幢小品》卷二七　金剛纂生天目。其樹長不滿三四尺，多屈曲。雖春夏亦無葉，每觸其枝，曳裾不前。夷緬國有是種。相傳剉其末以漬水，水必毒，飲者立死，曰人瘴。又能借之以爲誘淫之法。

明　姚旅《露書》卷一〇　張洪《使緬録》載：緬甸有木曰金剛纂，狀如椶櫚，枝幹屈曲，無葉。剉以漬水暴，牛羊渴甚而飲之，食其肉必死。即餽生牢，亦必俟三五日毒去，方敢宰用。

清　吴其濬《植物名實圖考》卷二三《金剛纂》　金剛纂，《雲南通志》：花黄而細，土人植以爲籬。又一種，形類雞冠。《談叢》：滇中有草名金剛纂，其幹如珊瑚，多刺，色深碧。小民多樹之門屏間。此草性甚毒，犯之或至殺人。余問滇人，植此何爲？曰：以辟邪耳。唐綿《夢餘録》：金剛纂，狀如椶櫚，枝榦屈曲，無葉。剉以漬水暴，牛羊渴甚而飲之，食其肉必死。《滇本草》：金剛杵，味苦性寒，有毒，色青，質脆如仙人掌，而似杵形，故名。《滇記》：金剛纂，碧榦而蝟刺，孔雀食之，其漿殺人。《臨安府志》：狀如刺桐，最毒。土人種作籬，人不敢觸。按：此草强直如木，有花，有葉，而無枝條。葉厚緑，無紋，形如勺。花生榦上，五瓣色紫，扁闊内翕，中露圓心，黄緑點點，遥望如苔蘚。嶺南附海舶致京師，植以爲玩。不知其毒，呼曰霸王鞭。

圖表

清　吳其濬《植物名實圖考》卷二三《金剛纂》

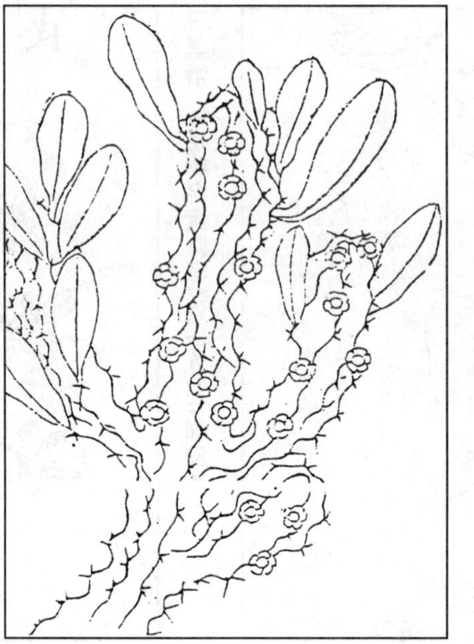

杬

綜述

《爾雅・釋木》杬，魚毒。注：杬，大木，子似栗，生南方，皮厚汁赤，中藏卵果。音義：杬，音元，又作芫。卵，力管反。疏：杬，一名魚毒。

漢　許慎《說文》卷一　芫，魚毒也。从艸，元聲。愚袁切。

宋　洪邁《容齋續筆》卷一六《鹹杬子》　《玉篇》、《唐韻》釋杬字云：木名，出豫章，煎汁藏果及卵不壞。《異物志》云：杬子音元，鹽鴨子也，以其用杬木皮汁和鹽漬之。今吾鄉處處有此，乃如蒼耳、益母，莖幹不純。是木小人爭鬭者，取其葉挼擦皮膚，輒作赤腫如被傷，以誣賴其敵。至藏鴨卵，則又以染其外，使若赭色云。

宋　戴侗《六書故》卷二一　杬，愚袁切。《爾雅》曰：杬，魚毒。景純曰：大木，生南方，實似栗，皮厚煮汁，可藏卵果。

明　李時珍《本草綱目》卷一七　芫花《本經》下品　校正：自木部移入此。釋名：杜芫、《別錄》赤芫、吳普去水、《本經》毒魚、《別錄》頭痛花、《綱目》兒草、吳普敗華、吳普根名黃大戟、吳普蜀桑。《別錄》　時珍曰：芫或作杬，其義未詳。去水言其功，毒魚言其性，大戟言其似也。俗人因其氣惡，呼爲頭痛花。《山海經》云：「首山其草多芫」是也。集解：《別錄》曰：芫花生淮源川谷，三月三日采花，陰乾。普曰：芫根生邯鄲。二月生葉，青色，加厚則黑。華有紫、赤、白者。三月實落盡，葉乃生。三月采花，五月采葉，八月、九月采根，陰乾。保昇曰：近道處處有之。苗高二三尺，葉似白前及柳葉，根皮黃似桑根。正月、二月花發，紫碧色，葉未生時收采日乾。葉生花落，即不堪用也。頌曰：在處有之。宿根舊枝莖紫，長一二尺。根入土深三五寸，白色，似榆根。春生苗葉，小而尖，似楊柳枝葉。二月開紫花，頗似紫荆而作穗，又似藤花而細。今絳州出者花黃，謂之黃芫花。時珍曰：顧野王《玉篇》云：杬木出豫章，煎汁藏果及卵不壞。洪邁《容齋隨筆》云：今饒州處處有之。莖幹不純是木。小人爭鬥者，其葉挼擦皮膚，輒作赤腫如被傷，以誣人。至和鹽擦卵，則又染其外若赭色也。

又　蕘花音饒。《本經》下品　釋名：時珍曰：蕘者，饒也。其花繁饒也。集解：《別錄》曰：蕘花生咸陽川谷及河南中牟。六月采花，陰乾。弘景曰：中牟者，時從河上來，形似芫花而極細，白色。恭曰：苗似胡荽，莖無刺。花細，黃色，四月、五月收，與芫花全不相似也。保昇曰：所在有之，以雍州者爲好。生岡原上，苗高二尺許。宗奭曰：今京洛間甚多。時珍曰：按蘇頌《圖經》言：絳州所出芫花黃色，謂之黃芫花。其圖小株，花成簇生，恐即此蕘花也。生時色黃，乾則如白，故陶氏言細白也。或言無蕘花，以桃花代之，取其利耳。

清　吳其濬《植物名實圖考》卷二四《芫花》　芫花，《本經》下品。淮南北極多，通呼爲頭痛花，以嗅其氣頭即涔涔作痛，故名。又曰老鼠花，以其花作穗如鼠尾也。此是草本，《本草綱目》引芫木藏果卵者，考《爾雅》：杬，魚毒。注：杬，大木，子似栗，生南方，皮厚汁赤，中藏果卵。絕不相類。雩婁農曰：余初歸里時，清明上壟，見有卧地作花如穗，色紫黯者，詢之土人，曰此老鼠花也。其形如鼠拖尾，嗅之頭痛，蓋色臭俱惡，及閲《本草》，知爲芫花。淳于意用以治蟯瘕，雖惡是其可云乎？匡廬間，花葉俱發，且有實，味甘，然食之頭亦痛。烏之南徙，音未變也。洪容齋謂，小人爭鬥不勝，取葉挼膚，輒作赤腫，以誣人。譸張爲幻，乃有此助之厲耶？山人採藥，皆以口授，自賊賊人，案牘坌積。宋時以斷腸草之害，著令燒薙。但盡斂而返，斂可盡乎？良有司各訪其地之所産，根株性味著之志乘，民不能欺，其亦可矣。

又《蕘花》 蕘花，《本經》下品。《别録》云：生咸陽及河南中牟。李時珍以爲即芫花黄色者，方書不復用。

圖表

晉 郭璞《爾雅音圖·釋木》

明 李時珍《本草綱目·圖卷》

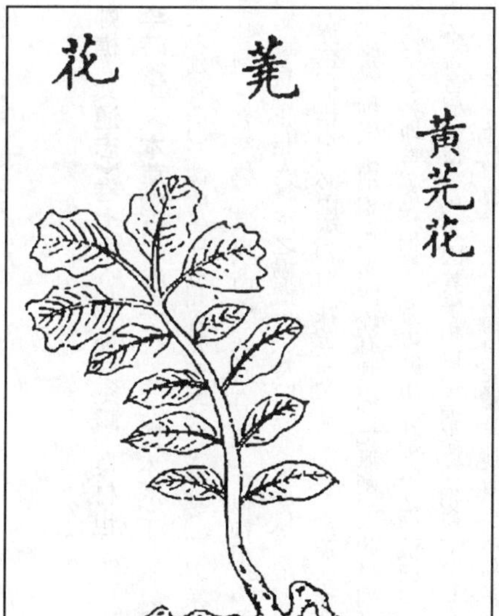

清 吳其濬《植物名實圖考》卷二四《芫花》

又《蕘花》

溲疏 楊櫨

綜 述

宋 鄭樵《通志》卷七六 楊櫨曰空疏，良材也。

明 李時珍《本草綱目》卷三六 溲疏《本經》下品 釋名：巨骨。《別録》 集解：《別録》曰：溲疏生熊耳川谷及田野故坵墟地。四月采。當之曰：溲疏一名楊櫨，一名牡荊，一名空疏。皮白，中空，時時有節。子似枸杞子，冬月熟，赤色，味甘苦。末代乃無識者。此非人籬援之楊櫨也。恭曰：溲疏形似空疏，樹高丈許，白皮。其子八九月熟，赤色，似枸杞，必兩兩相對，味苦，與空疏不同。空疏即楊櫨，其子爲莢，不似溲疏。志曰：溲疏、枸杞雖則相似，然溲疏有刺，枸杞無刺，以此爲別。頌曰：溲疏亦有巨骨之名，如枸杞之名地骨，當亦相類。方書鮮用，宜細辨之。機曰：按李當之但言溲疏子似枸杞子，不曾言樹相似。馬志因其子相似，遂謂樹亦相似，以有刺、無刺爲別。蘇頌又因巨骨、地骨之名，疑其相類。殊不知枸杞未嘗無刺，但小則刺多，大則刺少耳。《本草》中異物同名甚多，況一骨字之同耶？以此爲言，尤見穿鑿。時珍曰：汪機所斷似矣，而自亦不能的指爲何物也。

又 楊櫨《唐本草》 集解：恭曰：楊櫨一名空疏，所在皆有，生籬垣間，其子爲莢。

明 陳懋仁《庶物異名疏》卷二三《溲疏》 溲疏，按《本草別録》：生熊耳川谷。一名楊櫨，一名牡荊，一名空疏。樹高丈許，皮白，中空，時時有節。子似枸杞子，冬熟，赤色，味甘苦。末代乃無識者。此非籬援之楊櫨也。

圖表

明 李時珍《本草綱目·圖卷》

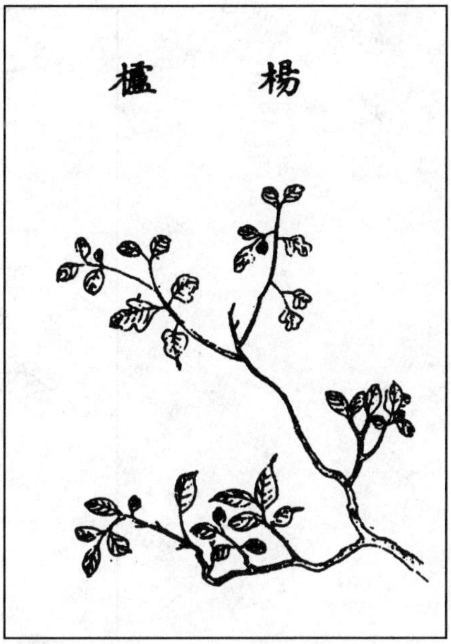

大空

綜述

明 李時珍《本草綱目》卷三六 大空《唐本草》 集解：恭曰：大空生襄州，所在山谷中亦有之。秦隴人名獨空。作小樹，抽條高六七尺，葉似楮，小圓厚。根皮赤色。時珍曰：小樹大葉，似桐葉而不尖，深綠而皺文，根皮虛軟，山人采殺虱極妙，搗葉篩疏圃中殺蟲。

清 孫之騄《枝語》卷上《大空》 大空，小樹大葉，似桐葉而不尖，深綠而皺文，根皮赤而虛軟，秦隴人名獨空。空，竅也，虛也。太空，天也。聖人之心如天有知乎？無知也。無知也。無知之謂大空。

圖表

明 李時珍《本草綱目·圖卷》

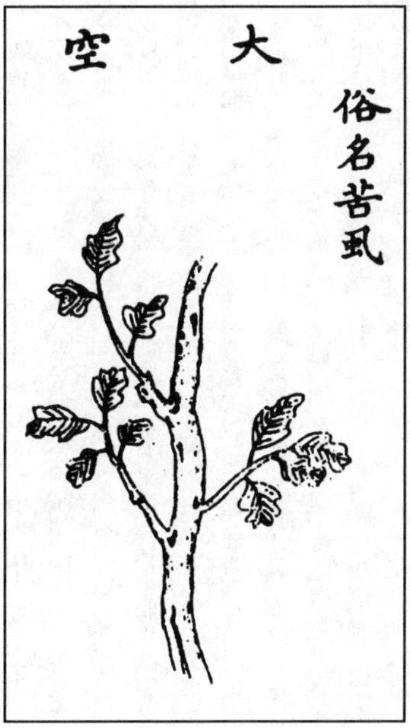

千年艾

綜述

明 李時珍《本草綱目》卷一五 千年艾《綱目》 集解：時珍曰：千年艾出武当太和山中。小莖高尺許。其根如蓬蒿。其葉長寸餘，無尖椏，面青背白。秋開黃花，如野菊而小，結實如青珠丹顆之狀。三伏日采葉暴乾。葉不似艾，而作艾香，搓之即碎，不似艾葉成茸也。羽流以充方物。

清 嵇璜《續通志》卷一七四 千年艾，葉不似艾而作艾香，搓之即碎，不似艾葉成茸也。

圖表

明 李時珍《本草綱目・圖卷》

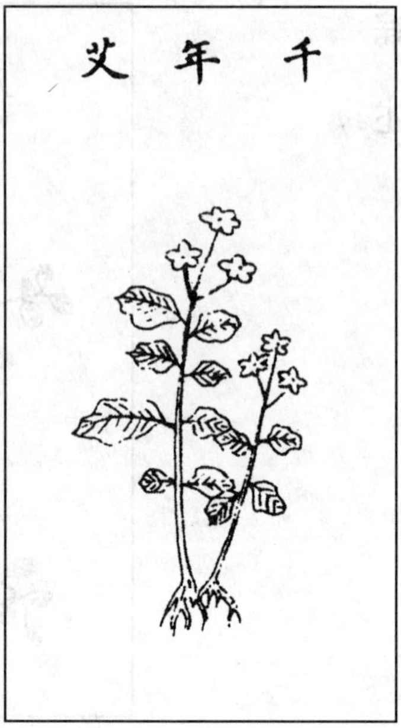

連翹

綜述

《爾雅・釋草》 連，異翹。注：一名連苕，又名連草。《本草》云。音義：翹，字亦作蘒，祁饒反。《本草》：連翹一名異翹，一名軹，一名蘭華，一名折根，一名三廉。苕，音條。疏：連，一名異翹。郭云『一名連苕，又名連草。《本草》云』者，案今《本草》：連翹，一名異翹，一名蘭華，一名析根，一名軹，一名三廉。不同者，所見本異也。《唐本注》云：此物有兩種，大翹、小翹。大翹葉狹長如水蘇，花黃可愛，生下濕地，著子似椿實之未開者，作房翹出衆草。其小翹生岡原之上，葉、花、實皆似大翹而小細耳是也。

宋 鄭樵《通志》卷七六 連翹，曰異翹，曰蘭華，曰折根，曰軹，曰三廉，曰連苕，曰連草。《爾雅》云：連，異翹。即旱蓮也。葉似當歸，華似菡萏。

明 李時珍《本草綱目》卷一六 連翹《本經》下品 校正：並入有名未用《本經》翹根。釋名：連、《爾雅》異翹、《爾雅》旱蓮子、《藥性》蘭華、《本經》三廉，《本經》根名連軺、仲景折根。《本經》 恭曰：其實似蓮作房，翹出衆草，故名。宗奭曰：連翹亦不翹出衆草。太山山谷間甚多。其子折之，片片相比如翹，應以此得名耳。時珍曰：按《爾雅》云：連，異翹。則是本名連，又名異翹，人因合稱爲連翹矣。連軺亦作連苕，即《本經》下品翹根是也。唐蘇恭修《本草》退入有名未用中，今並爲一。旱蓮乃小翹，人以爲鱧腸者，故同名。集解：《别録》曰：連翹生太山山谷，八月采，陰乾。弘景曰：處處有之。今用莖連花實。恭曰：此物有兩種，大翹、小翹。大翹生下濕地，葉狹長如水蘇，花黄可愛，着子似椿實之未開者，作房翹出衆草。其小翹生岡原之上，葉、花、實皆似大翹而小細。山南人並用之，今長安惟用大翹子，不用莖花也。頌曰：今近汴京及河中、江寧、潤、淄、澤、兖、鼎、岳、利諸州，南康軍皆有之。有大小二種：大翹生下濕地或山岡上，青葉狹長，如榆葉、水蘇輩，莖赤色，高三四尺，獨莖，梢間開花黄色，秋結實似蓮，內作房瓣，根黄如蒿根，八月采房。其小翹生岡原之上，花、葉、實皆似大翹而細。南方生者，葉狹而小，莖短，才高一二尺，花亦黄，實房黄黑，內含黑子如粟粒，亦名旱蓮，南人用花葉。今南方醫家説云：連翹有兩種：一種似椿實之未開者，殼小堅而外完，無跗萼，剖之則中解，氣甚芳馥，其實才幹，振之皆落，不着莖也；一種乃如菡萏，殼柔，外有跗萼抱之，而無解脈，亦無香氣，乾之雖久，着莖不脱，此甚相異，此種江南下澤間極多。如椿實者，乃自蜀中來，入用勝似江南者。據《本草》則亦當蜀中者爲勝，然未見其莖葉也。

圖表

晉 郭璞《爾雅音圖·釋草》

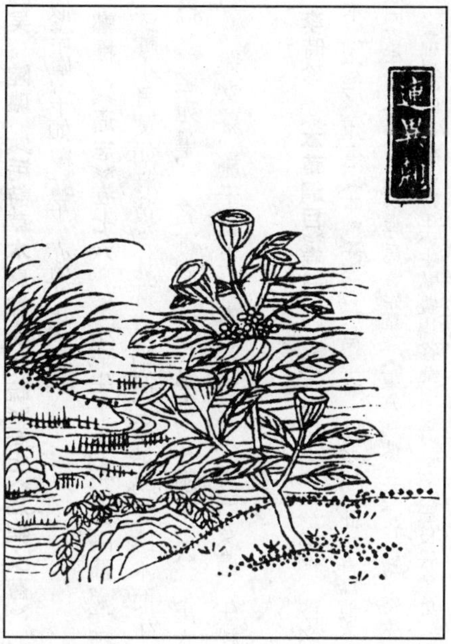

明 李時珍《本草綱目·圖卷》

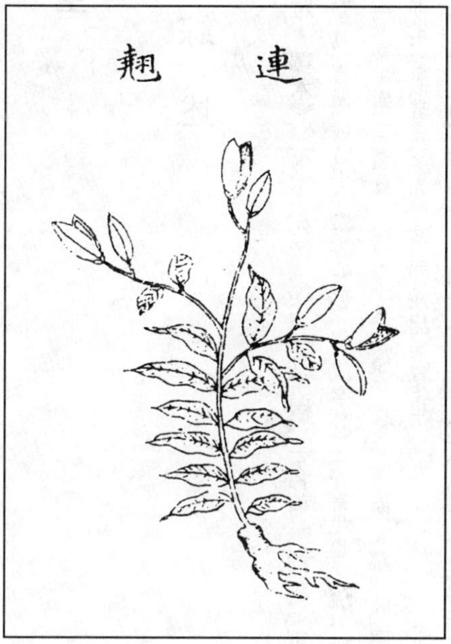

羊屎柴

綜述

明 李時珍《本草綱目》卷一五 羊屎柴 時珍曰：按《乾坤生意》云：一名牛屎柴，生山野中，葉類鶴虱，四月開白花。其葉主癰疽發背，搗傅之。冬月用根，可以毒魚。

又卷二一 羊屎柴 時珍曰：一名牛屎柴，生山野。葉類鶴虱。四月開白花，亦有紅花者。結子如羊屎狀，名鐵草子。根可毒魚。夏用苗葉，冬用根，主癰疽發背，搗爛傅之，能合瘡口，散膿血。乾者爲末，漿水調傅。又治下血如傾水，取生根一斤，生白酒二斗，煮一斗，空心隨量飲。

圖表

明 李時珍《本草綱目·圖卷》

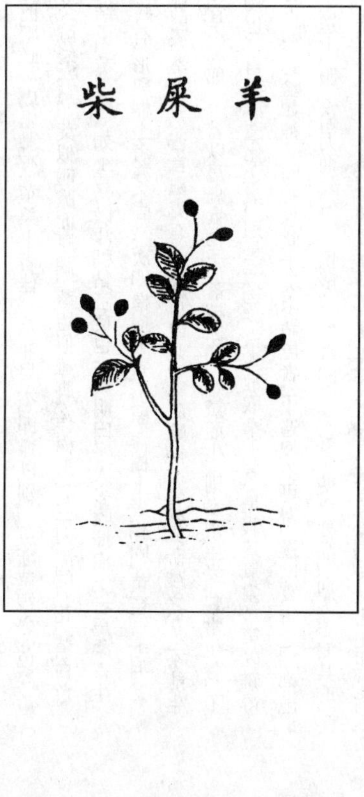

寄生

綜　述

《爾雅・釋木》　寓木，宛童。注：寄生樹，一名蔦。音義：寓，魚具反。宛，於院反。蔦，音鳥，或音弔。《説文》或作槝。《字林》云：寄生也。疏：寓木，一名宛童。郭云：寄生樹，一名蔦。《詩・小雅・頍弁》云：蔦，與女蘿。陸璣《疏》云：『蔦，一名寄生，葉似當盧，子如覆盆，赤黑，甜美』是也。

漢　許慎　《説文》卷一　蔦，寄生也。从艸，鳥聲。《詩》曰：蔦與女蘿。都了切。蔦，或从木。

三國吴　陸璣　《毛詩草木鳥獸蟲魚疏》卷上《蔦與女蘿》　蔦，一名寄生，葉似當盧，子如覆盆子，赤黑，甜美。

宋　鄭樵　《通志》卷七六　寄生，生于木上，有兩種，一種大者葉如石榴，一種小者葉如麻黄。其實皆相似，云是鳥糞感木而生，入藥以桑上者良。一名宛童，一名寄屑，一名寓木。《爾雅》云：寓木，宛童。《詩》云：蔦與女蘿，施于松上。大者曰蔦，小者曰女蘿，生松上者曰松蘿。

明　李時珍　《本草綱目》卷三七　桑上寄生《本經》上品　釋名：寄屑、《本經》寓木、《本經》、宛童、《本經》蔦。鳥、吊二音。時珍曰：此物寄寓他木而生，如鳥立于上，故曰寄生、寓木、蔦木，俗呼爲寄生草。《東方朔傳》云：在樹爲寄生，在地爲窶藪。集解：《别録》曰：桑上寄生，生弘農川谷桑樹上。三月三日采莖葉，陰乾。弘景曰：寄生松上、楊上、楓上皆有，形類一般，但根津所因處爲異，則各隨其樹名之。生樹枝間，根在枝節之内，葉圓青赤，厚澤易折。旁自生枝節。冬夏生，四月花白。五月實赤，大如小豈。處處皆有，以出彭城者爲勝。俗呼爲續斷用之，而《本經》續斷别在上品，主療不同。市人混雜無識者。恭曰：此多生楓、槲、櫸柳、水楊等樹上。葉無陰陽，如細柳葉而厚脆。莖粗短。子黄色，大如小棗。惟虢州有桑上者，子汁甚黏，核大似小豈，九月始熟，黄色。陶言五月實赤，大如小豈，蓋未見也。江南人相承用其莖爲續斷，殊不相關。保昇曰：諸樹多有寄生，莖葉並相似，云是鳥鳥食一物子，糞落樹上，感氣而生。葉如橘而厚軟，莖如槐而肥脆。處處雖有，須桑上者佳。然非自采，即難以别。可斷莖視之，色深黄者爲驗。又《圖經》云：葉似龍膽而厚濶，莖短似雞脚，作樹形。三月、四月花，黄白色。六月、七月結子，黄緑色，如小豈，以汁稠黏者良也。大明曰：人多收櫸樹上者爲桑寄生，桑上極少，縱有，形與櫸上者亦不同。次即楓樹上者，力與櫸樹上者相同，黄色。七月、六月采。宗奭曰：桑寄生，皆言處處有之，從官南北，處處難得，豈歲歲斫踐之，苦不能生耶？抑方宜不同耶？若以爲鳥食物子，落枝節間，感氣而生，則麥當生麥，穀當生穀，不當生此一物也。自是感造化之氣，别是一物。古人惟取桑上者，是假其氣爾。第以難得眞者，眞者下咽，必驗如神。向有求此于吴中諸邑者，予遍搜不可得，遂以實告之。鄰邑以他木寄生送上，服之逾月而死，可不慎哉？震亨曰：桑寄生藥之要品，而人不諳其的，惜哉！近海州邑及海外之境，其地煖而不蠶，桑無採捋之苦，氣厚意濃，自然生出也。何嘗節間可容他子耶？時珍曰：寄生高者二三尺，其葉圓而微尖，厚而柔，面青而光澤，背淡紫而有茸。人言川蜀桑多，時有生者。他處鮮得，須自采，或連桑采者，乃可用。世俗多以襍樹上者充之，氣性不同，恐反有害也。按鄭樵《通志》云：寄生有兩種，一種大者葉如石榴葉，一種小者葉如麻黄葉。其子皆相似，大者曰蔦，小者曰女蘿。今觀蜀本韓氏所説，亦是兩種，與鄭説同。

明　陳懋仁　《庶物異名疏》卷二三《寄屑　寓木》　《本草》云：桑上寄生，其實明目、輕身、通神。一名寄屑，一名寓木，一名宛童，一名蔦。陸璣云：葉似當盧，子如覆盆子，赤黑，恬美。《圖經》云：寄生是鳥鳥食物落子枝節間，感氣而生，葉似橘而厚軟，葉似槐皮而肥脆。三四月開花，黄白色。六七月結實，黄色，如小豈。

明　劉侗　《名物通》卷七　蔦，生樹枝間，寄根在皮節内，葉圓青赤，四月花白，五月實赤，大如小豆。一名寄生草，寄于桑上，一名菀童。

清　魏茂林　《駢雅訓纂》卷六　宛童，寄屏，寄生也。《爾雅・釋木》：寓木，宛童。注：寄生樹，一名蔦。正義：《小雅・頍弁》云：蔦與女蘿。引陸璣《疏》云：蔦，一名寄生，葉似當盧，子如覆盆子，赤黑，甜美。按《方言》云：寓，寄也。寄附於大木而生，故謂之寓木。《廣雅》云：宛童，寄生，槝也。又云：寄屏，寄生也。廣異名也。今寄生多於桑上。《本草》云：桑上寄生，一名寄屑，一名寓木，一名宛童。

清　張逸少　《佩文齋廣羣芳譜》卷七八《木譜・柳寄生》　柳寄生，狀類冬青，亦似紫藤，經冬不凋。春夏之間作紫花，散落滿地。冬月望之雜百樹中，榮枯各異。出蜀中。

清　王森《粵西叢載》卷二〇《寓木》　木之寄生者曰寓木，見《山海經》。梧之桑寄生酒爲佳，然粵人不事蠶，作眞寄桑者甚鮮。《嶠南瑣記》土産異藥有豬腰子也，金藤勾，金皮玄黄基，多治腫毒，而桑寄生尤多。土人不知飼蠶，桑皆合抱，枝葉無損，氣溢而爲寄生，功力倍於他處。其他鯖魚膽、蚺蛇膽、蛇黄、三七、山豆根皆佳。《百粵風土記》五嶺以南絶無霜雪，最宜樹。樹上多寄生本，即《山海經》所謂寓木也。而桑寄生以入藥，名獨著。梧之長州饒有之。採時須令並桑枝摘取，不爾即雜以他木，莫可辨。張七《澤梧滸雜佩》

清　吴其濬《植物名實圖考》卷三六《栗寄生》　栗寄生，雲南栗樹上有之。長條下垂，扁莖密節，一平一側，参差互生，極類雕刻。每節左右嵌以圓珠，與諸木寄生不同，而狀頗奇巧。

又《柏寄生》　柏寄生，生滇南柏樹上。葉小而厚，主舒筋骨，蓋寄生雖別一種，必因其所寄之木而奪其性。滇多寄生，皆連其本。木折取本，木瘁則寄生亦瘁，足知其性體聯屬，如人有瘿瘤頰，毫非由外致。倘不知木之性而用之，其誤多矣。

又《老虎刺寄生》　老虎刺，生雲南山中。樹高丈許，細葉如夜合而光潤密勁，開花作白緑絨毬，通體針刺。土醫以治瘡毒。寄生葉長圓背紅，與他寄生微異，亦治腫毒。

又《寄母》　寄母，寄生各樹上，長葉，秋結紅實如珠，鳥食其實，遺於樹上即生。

圖表

晉　郭璞《爾雅音圖·釋木》

明　李時珍《本草綱目·圖卷》

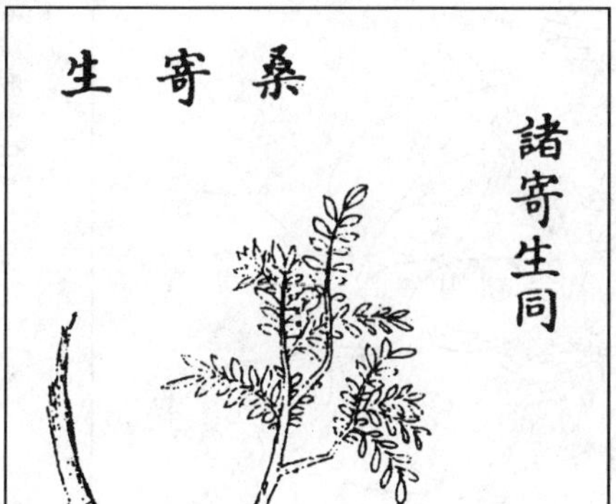

清 吴其濬《植物名實圖考》卷三六《栗寄生》

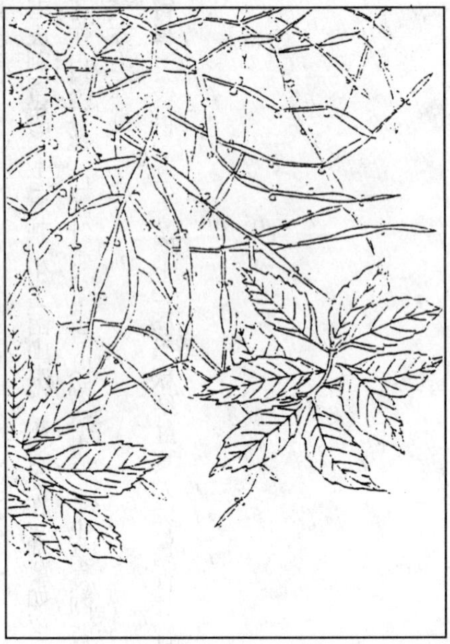

又《柏寄生》

又《老虎刺寄生》

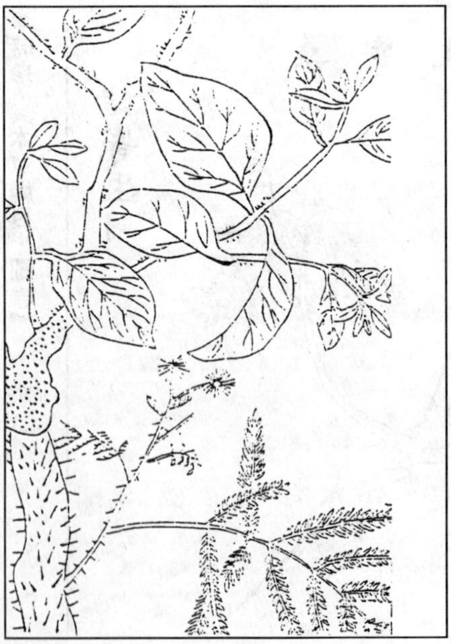

又《寄母》

醉魚草

綜　述

明　李時珍《本草綱目》卷一七　醉魚草《綱目》　釋名：鬧魚花、《綱目》魚尾草、《綱目》樚木。集解：時珍曰：醉魚草南方處處有之。多在塹岸邊，作小株生，高者三四尺。根狀如枸杞。莖似黄荆，有微稜，外有薄黄皮。枝易繁衍。葉似水楊，對節而生，經冬不雕。七八月開花成穗，紅紫色，儼如芫花一樣。結細子。漁人采花及葉以毒魚，盡圉圉而死，呼爲醉魚兒草。池沼邊不可種之。此花色狀、氣味並如芫花，毒魚亦同，但花開不同時爲異爾。按《中山經》云：熊耳山有草焉，其狀如蘇而赤華，名曰葶苧，可以毒魚。其此草之類歟？

清　嵇璜《續通志》卷一七六　醉魚草，一名鬧魚花，一名魚尾草，一名樚木。莖似黄荆，有微稜。葉似水楊，對節而生。七八月開花成穗，紅紫色。漁人采花及葉以毒魚。攷《中山經》云：熊耳山有草焉，其狀如蘇而赤華，名曰葶薷，可以毒魚。其此草之類與？

圖表

明　李時珍《本草綱目・圖卷》

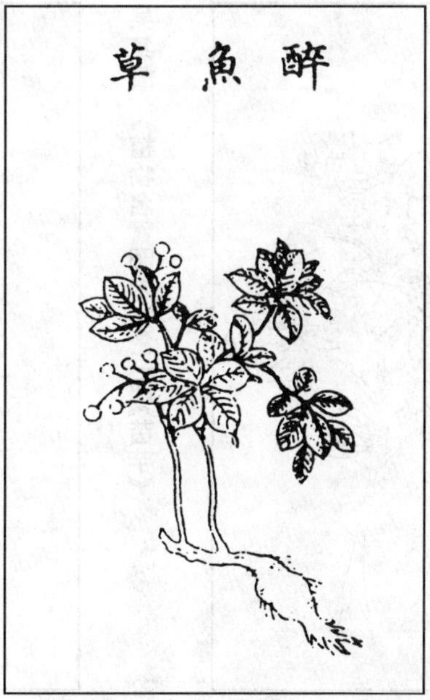

茵芋

綜　述

宋　鄭樵《通志》卷七五　茵芋，曰莞草，曰卑共。

明　李時珍《本草綱目》卷一七　茵芋《本經》下品　釋名：莞草、《别録》卑共。《别録》　時珍曰：茵芋本作因預，未詳其義。莞草與莆莞名同。集解：《别録》曰：茵芋生太山川谷。三月三日采葉，陰乾。弘景曰：好者出彭城，今近道亦有。莖葉狀似莽草而細軟，連細莖采之。方用甚稀，惟合療風酒。大明曰：出自海鹽。形似石南，樹生，葉厚，五、六、七月采。頌曰：今雍州、絳州、華州、杭州亦有之。春生苗，高三四尺，莖赤。葉似石榴而短厚，又似石南葉。四月開細白花，五月結實。三月、四月、七月采莖葉，日乾。

清　吴其濬《植物名實圖考》卷二四《茵芋》　茵芋，《本經》下品。陶隱居云：方用甚稀。《圖經》備載其形狀、功用。李時珍云：近世罕知，蓋俚醫用藥，多爲異名。或實用之，而不識其本名也。雩婁農曰：茵芋，有毒。李時珍以爲古方有茵蕷丸，治瘋癇。又有酒與膏，爲治風妙品，近世罕知，爲醫家疎缺，蓋深惜之。吾謂今之俚醫，治風之藥，不可殫述，安知無茵蕷者？特其名因地而異，古今之不同耳。史傳中，惟功業、道德，婦孺知名者謂之不朽。其他或一事而兩載，或兩傳而一人，所聞異詞。如鳥戾於天，越人以爲鳦，楚人以爲鳧，各因所疑而爲之名，孰知其是耶非耶？楊雄持三尺緹素訪絶域方言，其草木諸物，異名多矣。又烏料其一人之身爲漢郎中，又爲莽大夫耶？黑頭尚書，白頭白書，何異昔日之芳草，今直爲此蕭艾也。嗚呼！在山爲小草，出山爲遠志。以出處而異名，賢者愧之矣。彼上車不落則著作，體中何如則秘書，用之則榮，舍則已焉。束芻以爲狗棄，狗豈有惜其芻者？茵蕷之用，適承其乏，有勝於茵蕷者，而茵蕷爲狗之芻矣。故曰：腹背之毳，益一把不加多，損一把不加少，始則碌碌而因人，繼則汶汶以没世，吾欲求其名而紀之，吾又烏能勝紀之？

圖表

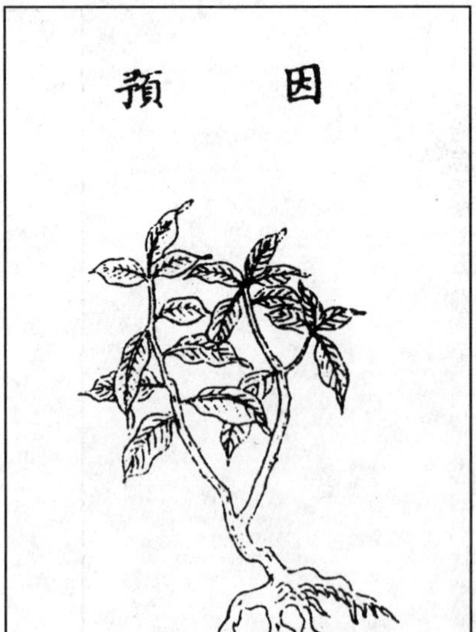

明　李時珍《本草綱目·圖卷》

清　吴其濬《植物名實圖考》卷二四《茵芋》

没藥

綜述

明 李時珍《本草綱目》卷三四 没藥宋《開寶》 釋名：末藥。時珍曰：没、末皆梵言。集解：志曰：没藥生波斯國。其塊大小不定，黑色，似安息香。頌曰：今南海諸國及廣州或有之。木之根株皆如橄欖，葉青而密，歲久者則有脂液流滴在地下，凝結成塊，或大或小，亦類安息香。采無時。珣曰：按徐表《南州記》云：是波斯松脂也。狀如神香，赤黑色。時珍曰：按《一統志》云：没藥樹高大如松，皮厚一二寸，采時掘樹下爲坎，用斧伐其皮，脂流於坎，旬餘方取之。李珣言乳香是波斯松脂，此又言没藥亦是松脂，蓋出傳聞之誤爾。所謂神香者，不知何物也。

明 慎懋官《華夷花木鳥獸珍玩考》卷一《没藥》 三佛齊没藥樹，高大如松，皮厚一二寸，採時掘樹下爲坎，用斧伐其皮，脂流于坎，旬餘方取之。

明 鮑山《野菜博録》卷三 没藥樹，生深山谷中，其樹頗極高大。葉似楓樹葉，味苦，性平，無毒。

圖表

明 李時珍《本草綱目·圖卷》

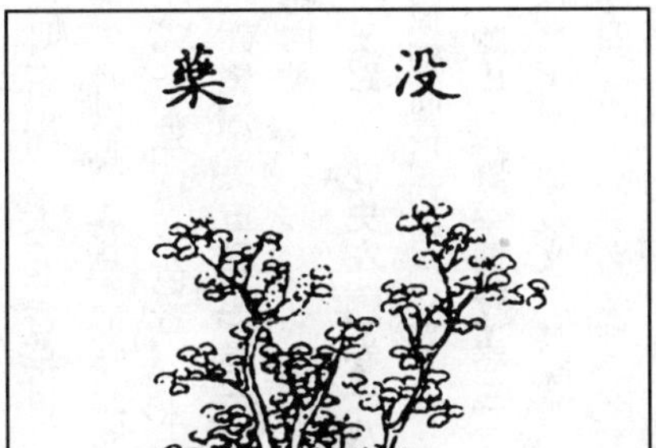

明 鮑山《野菜博録》卷三

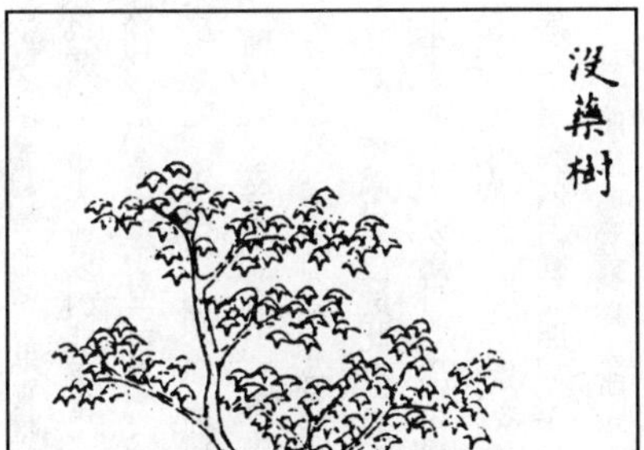

木蘭　玉蘭　辛夷

綜述

宋　羅願《爾雅翼》卷一二《木蘭》　木蘭葉似長生，冬夏榮，常以冬華。其實如小柿，甘美。一名林蘭，一名杜蘭。皮似桂而香，生零陵山谷及泰山。狀如楠樹，高數仞。任昉《述異記》云：木蘭洲在尋陽江中，多木蘭。又七里洲中有魯班刻木蘭舟。今詩家云木蘭舟，出於此。《離騷》云：朝搴阰之木蘭。王逸謂：木蘭去皮不死，以喻讒人，雖欲困己，己受天性，終不可變易也。又云：朝飲木蘭之墜露。《子虛賦》云：桂椒木蘭。洛陽宮殿簿顯陽殿前有之。

明　屠本畯《離騷草木疏補》卷三《木蘭》　《離騷》曰：朝搴阰之木蘭兮，夕攬洲之宿莽。王逸注：木蘭去皮不死，宿莽遇冬不枯，言己旦起昇山采木蘭，上事太陽，承天慶也。夕入洲澤采取宿莽，下奉太陰，順地數也。動以神祇自勑誨也。以喻讒人雖欲困己，己受天性，終不可變易也。木蘭，桂類也。葉似長生，冬夏常榮，四時著花。其實如小柿，甘美。一名桂蘭。皮薄者似桂而味辛，皮厚者似厚朴而氣味爲勝。樹如楠樹，高數仞。任昉《述異記》：木蘭川在尋陽江中，多木蘭。又七里洲中有魯班刻木蘭舟，至今在。

明　田藝蘅《留青日札》卷三二《木蘭》　木蘭樹，高數仞，本作欗，出蜀、韶、春州者各異。皮似桂而香，狀似楠樹，葉似菌桂，有三道縱文。皮有縱橫文。或曰：一名林蘭、杜蘭。夫林蘭，即梔子花也。《述異記》：木蘭川在潯陽江中，多木蘭。又七里洲中有魯班刻木蘭舟，至今在洲中。詩人多用木蘭事，故表出之。

明　李時珍《本草綱目》卷三四　木蘭《本經》上品　釋名：杜蘭、《別録》林蘭、《本經》木蓮、《綱目》黄心。時珍曰：其香如蘭，其花如蓮，故名。其木心黄，故曰黄心。集解：《别録》曰：木蘭生零陵山谷及太山。皮似桂而香，十二月采皮，陰乾。弘景曰：零陵諸處皆有之。狀如楠樹，皮甚薄而味辛香。今益州者，皮厚，狀如厚朴，而氣味爲勝。今東人皆以山桂皮當之，亦相類。道家用合香亦好。保昇曰：所在皆有。樹高數仞，葉似菌桂葉，有三道縱文，其葉辛香不及桂也。皮如板桂，有縱横文。三月、四月采皮，陰乾。頌曰：今湖、嶺、蜀川諸州皆有之。此與桂全別，而韶州所上，乃云與桂同是一種。取外皮爲木蘭，中肉爲桂心，蓋是桂中之一種爾。十一月、十二月采，陰乾。任昉《述異記》云：木蘭洲在潯陽江中，多木蘭。又七里洲中有魯班刻木蘭舟，至今在洲中。今詩家云木蘭舟，出於此。時珍曰：木蘭枝葉俱踈。其花内白外紫，亦有四季開者。深山生者尤大，可以爲舟。按《白樂天集》云：木蓮生巴峽山谷間，民呼爲黄心樹。大者高五六丈，涉冬不凋。身如青楊，有白紋。葉如桂而厚大，無脊。花如蓮花，香色豔膩皆同，獨房蕊有異。四月初始開，二十日即謝，不結實。此説乃眞木蘭也。其花有紅、黄、白數色。其木肌細而心黄，梓人所重。蘇頌所言韶州者，是牡桂，非木蘭也。或云：木蘭樹雖去皮，亦不死。羅願言其冬花，實如小柿甘美者，恐不然也。

明　慎懋官《華夷花木鳥獸珍玩考》卷四《新雉》　《甘泉賦》：列新雉於林薄。服虔曰：新雉，香草也。雉、夷聲相近。師古曰：草叢生曰薄。新雉即辛夷耳，爲樹甚大，非香草也。其木枝葉皆芳。辛夷先花後葉，即木筆花也。最先春以具。花未開時其花苞有毛，光長如筆，故取象曰木筆。有紅、紫二本，一本如桃花色者，一本□者。

明　謝肇淛《五雜俎》卷一〇《物部二》　木蘭去皮而不死，紫薇搔其皮則樹皆摇動。

明　王路《花史左編》卷一八《花之證・木筆》　《格物論》：辛夷木高數尺，葉似柿而長，初出如筆。

明　鮑山《野菜博録》卷三　杜蘭，一名林蘭，生深山中。樹高數仞，葉似菌桂葉，有三道縱文。其味苦，性寒，無毒。

又卷四　房木，一名辛矧，一名辛夷，一名侯木。生山中，樹高數丈，葉似柿葉而狹，花似著毛花，結實似小桃，色白。其性平温，無毒。

明　木增《雲薖淡墨》卷一《木蘭》　大樹，冬夏榮茂，冬花，實如柿，甘美，其皮可食。

明　方以智《物理小識》卷九　木筆，玉蘭。木筆即辛夷，宜斬條插之。玉蘭即木蘭。《大理府志》：木蘭花樹高大，花如蓮，有青、黄、紅、白四種。白香山言忠州有木蓮花。王元美謂即玉蘭。智按：玉蘭春初開，木蓮四月花，蓋亦有別。《五雜俎》曰：木蘭去皮不死。

清　魏茂林《駢雅訓纂》卷六　新雉，侯桃，辛矧，木筆也。《文選·甘泉賦》：列新雉於林薄。注：服虔曰：新雉，香草也。雉、夷聲相近。善曰：新雉，辛夷也。《本草》：辛夷，一名辛雉。《經史證類大全本草·木部》：上品，辛夷，一名辛矧，一名侯桃，一名房木，生漢中川谷。九月採實，暴乾。《衍義》曰：辛夷，先花後葉，即木筆花也，最先春。以其花未開時其花苞有毛尖，長如筆，故取象曰木筆。侯桃，舊鈔本作侯枕，張刻作桃，不誤。

清　陳淏子《秘傳花鏡》卷三《花木類考·玉蘭》　玉蘭，古名木蘭，出於馬跡山紫府觀者佳。今南浙亦廣有。樹高大而堅，花開九瓣，碧白色如蓮心，紫緑而香，絶無柔條。隆冬結蕾，一幹一花。皆看木末，必俟花落後，葉從蒂中抽出。在未放時，多澆糞水則花大而香濃，但忌水浸。與木筆竝植，秋後接換甚便。其瓣擇洗精潔，拖麵麻油煎食極佳。或蜜浸亦可，其製法與牡丹瓣同。

清　王弘《山志》卷二《玉蘭》　玉蘭花古不經見，王鳳洲疑爲木筆之新變。麟洲引《苕溪漁隱》之言，謂即辛夷，北人呼爲木筆，南人呼爲迎春。而駁之云：木筆、迎春自是兩種。木筆色紫，迎春色白。木筆叢生，二月方開。迎春高樹，立春已開。今之玉蘭，即宋之迎春。王文肅云：嶺南人至今仍呼玉蘭爲迎春也。麟洲謂北方有木筆而絶無玉蘭，殆不然。大抵木筆多而玉蘭少，好事者率以木筆接植之，其枝葉俱相類，無叢生、高樹之別。木筆花亦白色，但其萼紫，玉蘭之萼緑，瑩潔勝之耳。然木筆又別有紫花者，麟洲引宋小説云：玉蘭乃白辛夷，意以木筆爲紫辛夷，不知木筆自有白與紫兩種之不同也。

清　徐文靖《管城碩記》卷一四　朝搴阰之木蘭兮。《集注》曰：木蘭，木名。《本草》云：皮似桂而香，狀如楠樹，高數仞，去皮不死。按：《神農本草》：立春之日，木蘭先生。《別録》曰：杜蘭，《本經》曰林蘭，《綱目》曰木蓮，曰黃心。《白樂天集》：木蓮生巴峽山谷間，民呼爲黃心樹，身如青楊，有白紋。葉如桂而厚大，無脊。花如蓮花，四月初始開，二十日即謝，不結實。《廣雅》：木蘭似桂，皮辛可食，葉冬夏常似其實如小甘酸美。則木蓮、木蘭不得爲一種明矣！

清　吳其濬《植物名實圖考》卷三三《木蘭》　木蘭，《本經》上品。李時珍以爲即白香山所謂木蓮，生巴峽山谷間，俗呼黃心樹者。《疏證》甚核。余尋藥至廬山一寺門，有大樹合抱，葉似玉蘭而大於掌。僧云：此厚朴樹也。掐其皮香而辛。考陶隱居木蘭注，謂皮厚，狀如厚朴而氣味爲勝。宋《圖經》謂韶州取外皮爲木蘭，肉爲桂心。李華賦序亦云：似桂而香。則廬山僧以爲厚朴，與韶州以爲桂，皆以臭味形似名之，而轉失其嘉名。張山人石樵僑居於黔，語余曰：彼處多木蘭，樹極大，開花如玉蘭而小。土人斲之以接玉蘭，則易茂。木質似柏而微疎，俗呼泡柏木。川中柏木船皆此木耳。因爲作圖，余繹其説，始信廬山所見者即木蘭，而李時珍之解亦未的。輒憶天隨子詩曰：幾度木蘭船上望，不知原是此花身。蓋實録，非綺詞也。然是木也，功列桐君之書，形載騷人之詞，刳舟送遠，假名汎彼，而擷華者又復以李代桃，用其身而易其謚，遂使注書者泛引而失眞，求材者炫名而遺實。宜乎！李華有感而賦，謂自昔淪芳於朝市，墜實於林邱，徒鬱咽而無聲，可勝言而計籌也。木蓮花見《黃海山花圖》，全似蓮花，不類辛夷。

又《辛夷》　辛夷，《本經》上品。即木筆花。又有玉蘭花，可食，分紫瓣、白瓣二種。雩婁農曰：王世懋《花疏》據《苕溪漁隱》謂玉蘭爲宋之迎春花。今廣中尚仍此名。又云：玉蘭花，古不經見。余謂木蘭、玉蘭一類二種。唐宋以前但賞木蘭，自玉蘭以花色香勝，而騷客詞人競以玉雪霓裳摸寫姑射，而緘舌不與木蘭一字矣。余由豫章泝湘，徑黔抵滇，所見茶花多矣。譜滇茶花者幾及百種。庭廡間位置，爭以深紅軟枝、分心卷瓣爲上品。舊時圖畫册子，濃鬟潤瓣、濡染綺麗者，已棄擲山阿，付與樵豎。而白花黑果，填溢於湘、黔、章、貢山谷中，落實而焚膏者，滇中固無此利，即江湘間士大夫相燕賞於玉茗寶珠間者，亦不盡知其爲族類也。玉蘭雅潔，芳榭名園，非是不稱，正如芝蘭玉樹，欲生階前。彼山鬼朝搴，子規夜上，托根亂石間者，非澤畔羇人，澗阿孤寺，烏能見而憐之。《離騷》而降，遷客淹留，雲埋水隔，愁落恨生，祇是故矣。宋景文贊曰：木蓮生峩眉山中，不爲園圃所蒔，日涉者尚不得一逢，況不窺園者耶？雖然，日食五穀，不辨黍稷，亦多矣。又何論深山古木？

藝文

晉　成公綏《木蘭賦有序》（引自《漢魏六朝百三家集》卷五二）　許昌西園中木蘭樹，余往觀之，遂爲賦曰：覽衆樹之列植，嘉木蘭之殊觀。至於玄冥授節，猛寒嚴烈，峩峩堅冰，霏霏白雪。木應霜而枯零，草隨風而摧折。顧青翠之茂葉，繁旖旎之弱條。諒抗節而矯時，獨滋茂而不雕。

唐　李華《李遐叔文集》卷四《木蘭賦並序》　華容石門山有木蘭樹，鄉人不識，伐以爲薪。餘一本，方摻柯未下，縣令李韶行春見之，息馬其陰，喟然嘆曰：功列桐君之書，名載騷人之詞，生于遐深，委于薪燎，天地之産珍物，將焉用之？爰戒虞衡，禁其剪伐。案《本草》，木蘭似桂而香，去風熱，明耳目，在木部上篇。乃採斫而歸，理疾多騐。由是遠近從而採之，榦剖枝分，殆枯槁矣。士之生世，出處語默難乎哉！韶余之從子也，嘗爲余言，感而爲賦云：泝長江以遐覽，愛楚山之寂寥。山有嘉樹兮名木蘭，鬱森森以苕苕。當聖政之文明，降元和于九霄。更祲沴之爲虐，貫霜雪而不凋。白波潤其根柢，玄雪暢其枝條。沐春雨之濯濯，鳴秋風以蕭蕭。素膚紫肌，緑葉緗蒂。踈密聳附，高卑蔭蔽。華如霜雪，實若星麗。節勁松竹，香濃蘭桂。宜不植于人間，聊獨立于天際。徒翳薈兮爲隣，挺堅芳兮此身。嘉名列于道書，墜露飲乎騷人。至若靈山霧歇，藹藹林樾。當楚澤之晨霞，映洞庭之夜月。發清明于視聽，洗煩濁于心骨。韻衆壑之空峒，澹微雲之滅没。露草白兮山凄凄，鶴既唳兮猿復啼。窅深林以冥冥，覆百仞之玄谿。彼逸人兮有所思，戀芳陰兮步遲遲。悵幽獨兮人莫知，懷馨香兮將爲誰。惋樵父之無惠，混衆木而皆盡。指晝類而揮斤，遇仁人之不忍。方甘心而勦絶，俄固抵於傾殞。憐春華而搴芳，顧落日而迴軫。達者有言，巧勞智憂。養命蠲疫，人胡不求。枝殘體剥，澤盡枯留。顛顇空山，離披素秋。鳥避弋而高翔，魚畏網而深遊。不材則終其天年，能鳴則免于俎羞。奚此木之不終，獨隱見而罹憂。自昔論芳于朝市，墜實于林丘。徒欝咽而無聲，可勝言而計籌者哉。吾聞曰：人助者信，神聽者直，則臧倉譖言，宣尼失職。出處語默，與時消息，則子雲投閣，方回受殛。故知天地無心，死生同域。紜紜品物，物有其極。至人者委性循於自然，寧任夫智之與力也。雖賢愚各全其好，草木不夭其生植。已而已而，翳不可得。

唐　白居易《白氏長慶集》卷二〇《戲題木蘭花》　紫房日照臙脂拆，素豔風吹膩粉開。怪得獨饒脂粉態，木蘭曾作女郎來。

唐　李德裕《李衛公别集》卷一〇《憶辛夷余赴金陵，辛夷欲開》　昔年將出谷，幾日對辛夷。傍樹憐芳意，攀條惜歲滋。清陰須暫憇，秀色正堪思。只待揮金日，慇懃泛羽巵。

唐　李商隱《李義山詩集》卷下《木蘭》　二月二十二，木蘭開拆初。初當新病酒，復自久離居。愁絶更傾國，驚新聞遠書。紫絲何日障，油壁幾時車。弄粉知傷重，調紅或有餘。波痕空映襪，煙態不勝裾。桂嶺含芳遠，蓮塘屬意踈。瑶姬與神女，長短定何如。

唐　李羣玉《李羣玉詩後集》卷五《二辛夷》　狂吟亂舞雙白鶴，霜翎玉羽紛紛落。空庭向晚春雨微，却斂寒香抱瑶萼。

唐　吴融《唐英歌詩》卷下《木筆花》　嫩如新竹管初齊，粉膩紅輕樣可攜。誰與詩人偎檻看，好於戧墨併分題。

明　李東陽《懷麓堂集》卷六〇《木筆》　泚露和煙曉未乾，多情獨自倚闌干。春風爲報眞消息，不似江郎夢裏看。

清　孫爽《容庵辛卯集·玉蘭爲雨所敗》　春愁突兀眉尖立，花事生踈草光澁。美人舞罷又春寒，墮地無聲玉釵泣。纖魂耿耿泫黄昏，持贈幽香與淚痕。漫道情人逐情去，只今愁斷不堪論。

又《玉蘭》　二月春寒苦春瘦，掩卷嘘呵和簷霤。天公救過頗不遑，嫩日和風便馳驟。庭前案舞玉人來，清眄流光如欲就。煙籠禞袂帳中看，小蹙眉峰弄明秀。眉峰淡蕩不勝情，浥淚無言振羅袖。知渠何許最愁多，風露三更月如晝。

清　查慎行《敬業堂詩集》卷四五《雨後玉蘭未殘，適德尹自武原歸，再飲其下，此樹弟手植者》　不負春來約，新晴果到家。手栽當檻樹，眼見出墻花。比雪偏能艷，韋蘓州詩：清詩舞艷雪。如瑜不掩瑕。兩翁心竊喜，何啻茁蘭芽。雨點着花瓣俱成黑斑，故有第六句。

清 張琦《宛鄰集》卷五《木蘭花慢・楊花次茗柯韻》 正紅樓春寂，飛點點，鏡中看。恰慵避風簾，困黏香幙，嬌惹雲幡。依稀似曾相識，記昨宵、曾到夢魂閒。可爲天涯芳草，隨風卻又飛還。 游絲千尺任飄零，偏不與遮闌。便謝了紅塵，依將流水，一樣單寒。空留十分春色，倚危欄、愁對夕陽山。賸有蜂兒蜨子，依依覓盡苔斑。

清 阮元《揅經室集四集・詩》卷二《木筆》 一樹臨風四照開，白雲晴日麗蓬萊。欲知花頂春多少，更與仙人上玉臺。

圖表

明 李時珍《本草綱目・圖卷》

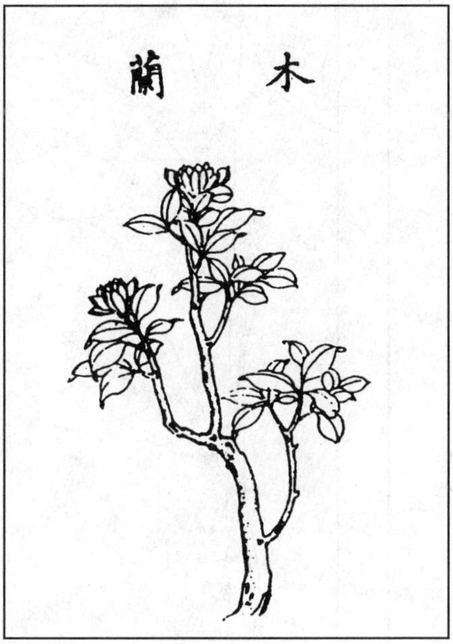

明 鮑山《野菜博録》卷三

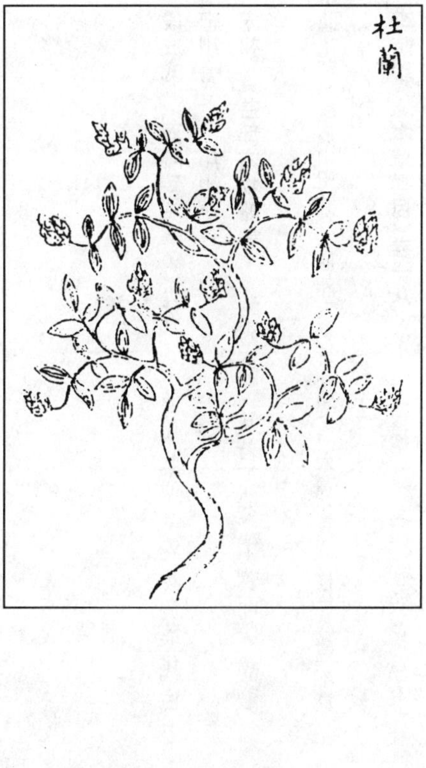

又卷四

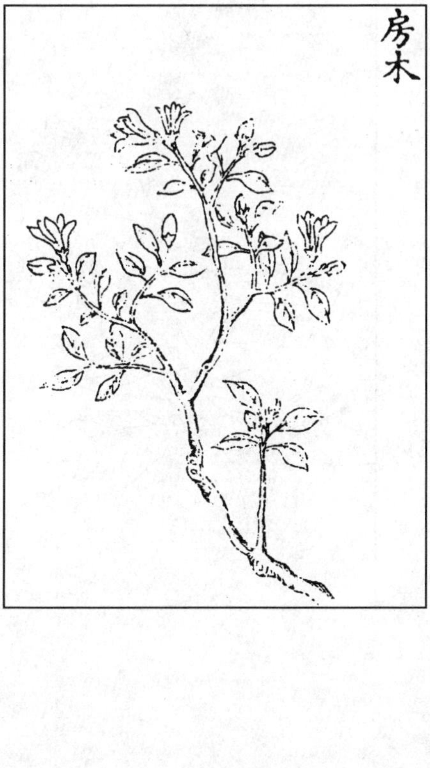

清 吳其濬《植物名實圖考》卷三三《木蘭》

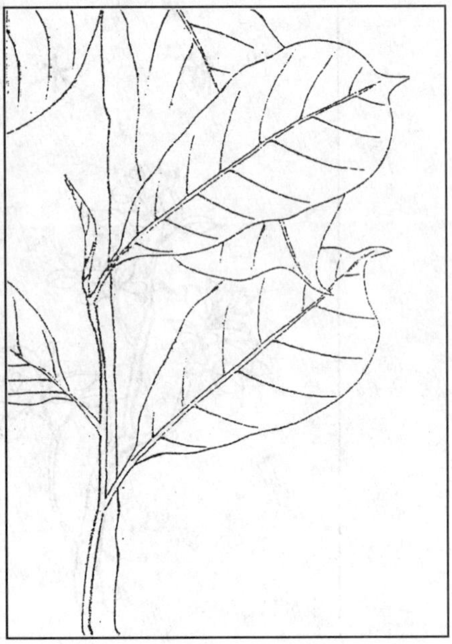

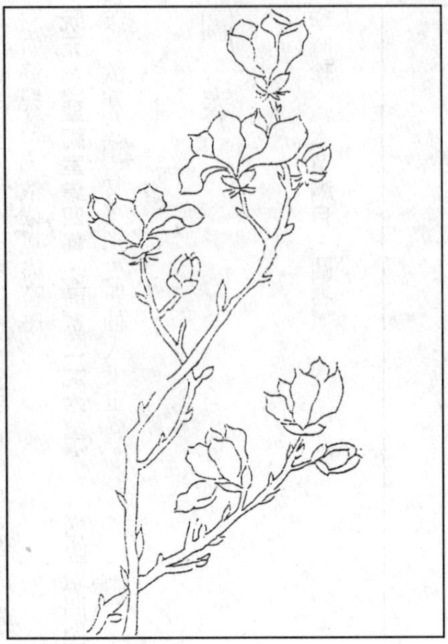

又《辛夷》

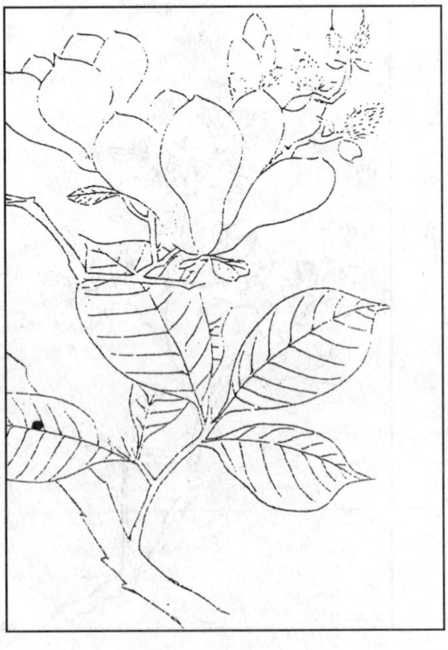

木蓮 木芙蓉

綜述

唐 段成式《酉陽雜俎續集》卷九 木蓮花，葉似辛夷，花類蓮花，色相傍。出忠州鳴玉溪，邛州亦有。

宋 宋祁《益部方物略記》 葩秀木顛，狀若芙渠。不實而榮，馥馥其敷。

右木蓮花。生峨眉山中諸谷。狀如芙蓉，香亦類之。木榦花夏開，枝條茂蔚，不爲園圃所蒔。

明 李時珍《本草綱目》卷一八 木蓮《拾遺》 釋名：薜荔、《拾遺》木饅頭、《綱目》鬼饅頭。時珍曰：木蓮、饅頭，象其實形也。薜荔，音壁利，未詳。《山海經》作草荔。集解：藏器曰：薜荔夤緣樹木，三五十年漸大，枝葉繁茂。葉長二三寸，厚若石韋。生子似蓮房，打破有白汁，停久如漆，中有細子，一年一熟，子亦入藥，采無時。頌曰：薜荔、絡石極相類，莖葉粗大如藤狀。木蓮更大于絡石，其實若蓮房。時珍曰：木蓮延樹木垣墻而生，四時不凋，厚葉堅强，大于絡石。不花而實，實大如盃，微似蓮蓬而稍長，正如無花果之生者。六七月，實内空而紅。八月後，則滿腹細子，大如稗子，一子一鬚。其味微澀，其殼虛輕，烏鳥童兒皆食之。

明　慎懋官《華夷花木鳥獸珍玩考》卷一《木蓮樹》　生巴峽山谷間，巴民亦呼爲黄心樹。大者高五丈，涉冬不凋，身如青楊，有白文。葉如桂，厚大無脊，花如蓮，大理府有青、黄、紅、白四種。香色豔膩皆同，獨房蘂有異。四月初始開，且開追謝僅二十日。忠州西北十里有鳴玉谿，生者穠茂尤異。元和十四年夏，命道士毋丘元志寫，惜其遐僻，因題絶句：如折芙蓉栽旱地，似抛芍藥樹高枝。雲埋水隔無人識，唯有南賓太守知。《畫木蓮花圖寄元郎中》：花房膩似紅蓮朵，艷色鮮如紫牡丹。唯有詩人應解愛，丹青寫出與君看。

明　方以智《物理小識》卷九　木芙蓉　江北木芙蓉冬槁，浙、閩、廣皆成樹。七月開，十月止，故名拒霜。有紅、黄、白花，有大紅者，四面者。粤西添色芙蓉花，朝開正白，午後微紅，夜深紅，此則轉觀花也。冬髡條置向南日下，覆以乾壤，候春見萌，則爲深坎插之，取皮風戾之，漚池爲綆，甚能勝水。

清　陸廷燦《南村隨筆》卷六《木本芙蓉》　閩中芙蓉有木本，高逾樓房，大數圍者，遠望爛如堆錦。聞廣東萆蔴、扁豆、茄子等皆成樹。

清　嵇璜《續通志》卷一七六　木芙蓉，一名地芙蓉，一名木蓮，一名華木，一名枇木，一名拒霜花。類牡丹、芍藥，有紅、白、黄三種。宋祁《益都方物畧》云：添色拒霜花生彭漢蜀州。始開白色，明日稍紅，又明日則若桃花然。案《花史》：邛州有弄色木芙蓉，一日白，二日淺紅，三日黄，四日深紅，比落花紫，人號爲文官花。此與宋祁所記一類而更異，附識於此。

紀事

宋　陸游《老學庵筆記》卷四　白樂天有《忠州木蓮詩》。予遊臨邛白鶴山寺，佛殿前有兩株，其高數丈，葉堅厚如桂，以仲夏發花，狀如芙蕖，香亦酷似。寺僧云：花拆時有聲，如破竹然。一郡止此二株，不知何自至也。成都多奇花，亦未嘗見。

清　談遷《棗林雜俎》中集《榮植・古木》　銅梁縣南五十三里巴嶽山木蓮樹高五六丈，葉如楩楠，花如菡萏，出山則不植。

清　吴菘《箋卉》卷一　木蓮在慈光寺前，高柯成圍，緑雲參天。冬日不雕，花與芙蕖無異，香散崖谷，惟房葯稍不類。其開以四月，山中無二本。

藝文

南朝梁　江淹《江文通集》卷三《木蓮》　迸采泉壑，騰光淵丘。緗麗碧巘，紅艷桂洲。山人結侶，靈俗共遊。時至不採，爲子淹留。

唐　白居易《白氏長慶集》卷一八　木蓮樹生巴峽山谷間，巴民亦呼爲黄心樹。大者高五丈，涉冬不凋。身如青楊，有白文。葉如桂，厚大無脊。花如蓮，香色豔膩皆同，獨房蕊有異。四月初始開，自開迨謝僅二十日。忠州西北十里有鳴玉谿，生者穠茂。惜其遐僻，因題三絶句云：

如折芙蓉栽旱地，似抛芍藥掛高枝。雲埋水隔無人識，唯有南賓太守知。

紅似臙脂膩如粉，傷心好物不須臾。山中風起無時節，明日重來得在無。

已愁花落荒巖底，復恨根生亂石間。幾度欲移移不得，天教抛擲在深山。

唐　黄滔《黄御史集》卷四《木芙蓉三首》　黄鳥啼煙二月朝，若教開即牡丹饒。天嫌青帝恩光盛，留與秋風破寂寥。

郤假青腰女剪成，緑羅囊綻綵霞呈。誰憐不及黄花菊，只遇陶潛便得名。

須到露寒方有態，爲經霜裛稍無香。移根若在秦宫裏，多少佳人泣曉妝。

唐　佚名《木蓮賦》（引自《文苑英華》卷一四五）　蔽芾珍樹，森林綺堂。庇根天壤，擢秀春光。雖違性於舊國，終奉恩於此鄉。違性何苦？主人有勿翦之怙。奉恩何其？主人有挈瓶之滋。君既加我以惠好，我亦報君以葳蕤。弱其枝，圓其葉，亂階前之蓂莢，附疑緑縟，蕁芊茸，狀中浦之芙蓉。既因其理，又憐其美。懷香則十步必聞，含笑則千金可市。有實雖漏於貢納，有陰足延乎憩止。此木也，誠則不材，必姑樹其桃李。

宋　宋祁《景文集》卷一二《江南木芙蓉，張子春云：其高如樹，中山地寒纔數尺，花瘠色淡，八月已開》　江南高比樹，塞北僅成叢。向晚誰爭艷，防寒淺作紅。弄條風淅淅，銜藥蝶怱怱。且作黄花伴，無令歎畀空。

又卷二二《木芙蓉盛開四解》　木末芙蓉語，當時不謂眞。今來木末見，愁殺擬騷人。《楚辭》：搴芙蓉兮木末。蓋指芙蓉，假爲喻耳。

麯塵輕抱蘂，宫纈巧粧叢。青女由來妬，憑君淺作紅。

浩露津緗蘤，尖風獵絳英。繁霜不可拒，慎勿愛空名。雖俗名拒霜花，其實逢霜即悴矣。

千繞青叢外，攜觴只自留。晚花兼素髮，同是一悲秋。

又《木芙蓉》　芙蓉本作樹，花葉兩相宜。慎勿迷蓮子，分明立券辭。

齊時童謡云：千金買藥，園中有芙蓉樹。正指此木芙蓉耳。

一作淮南守，再逢霜艷新。花前今日酒，卻是去年人。予去秋已有木芙蓉四曲，故有是句。

又卷二四《木芙蓉》　寒圃蕭蕭雨氣收，斂房障葉似凝愁。情知邊地霜風惡，不肯將花剩占秋。

又卷四七《黄拒霜花贊》　秋華纂纂，載黄其色。艷靡鋪葉，疑不善殖。南方拒霜花落，則刈其莖，歲取新條。故花葉敷盛，惟無黄者。蜀人使之成樹，而花葉碎小。雖黄品可佳，然不足愛玩。疑如南方新條，則花葉盛矣。

又《添色拒霜花贊》　自濃而淺，花則常態。今顧反之，亦花之怪。生眉彭蜀等州。花常多葉，始開色白，明日稍紅，又明日則若桃花然。

宋　司馬光《傳家集》卷五《未開木芙蓉》　木末採芙蓉，騷人歌所無。何言霜花艷，不與水芝殊。香苞麝臍結，茂葉桐陰敷。豈若龜巢類，飄零老五湖。

宋　陶弼《邕州小集·木芙蓉》　孤景托寒木，一曉一番新。春色不爲主，天香難動人。丹楓見流落，黄菊坐因循。莫訝偏相愛，衰遲似我身。

宋　韋驤《錢塘集》卷七《忠州木蓮花二絶》　喬木開花似水蓮，畫圖遠自昔人傳。化工既許殊凡品，落在遐方亦可憐。

緑葉枝頭灼爍紅，尚疑輕易比芙蓉。根苗不自污泥出，只合移栽近佛宫。

宋　劉摯《忠肅集》卷二〇《木芙蓉》　誰染輕紅皺萬囊，靚如妝面照寒塘。蜀葵千葉仍陪菊，芍藥重臺更耐霜。

宋　歐陽修《文忠集》卷一一《木芙蓉》　種處雪消春始動，開時霜落鴈初過。誰栽金菊叢相近，織出新番蜀錦窠。

宋　王安石《臨川文集》卷三三《拒霜花》　落盡羣花獨自芳，紅英渾欲拒嚴霜。開元天子千秋節，戚里人家承露囊。

又《木芙蓉》　水邊無數木芙蓉，露染燕脂色未濃。正似美人初醉着，强擡青鏡欲糊慵。

宋　李綱《梁谿集》卷二〇《拒霜》　道人多種木芙蓉，曉着清霜分外紅。萬葉千花本何有，因空成色色成空。

宋　王之道《相山集》卷一一《次韻徐伯遠木芙蓉》　千林摇落見孤芳，銷得詩人賦拒霜。高壓菊花還獨步，静窺池水試新粧。自憐衰病追歡懶，忽覩騷吟引興長。何必採江重比並，佳名艷色正相當。

宋　李石《方舟集》卷一《木芙蓉》　榮枯一氣内，造化本自公。春花與秋蔕，孰云有不同。試看木芙蕖，雨露滋芳叢。嫣然生百巧，秀色傾房櫳。婢子有不愜，偃蹇霜枝紅。溪柳疎其西，池荷亞其東。等作一物看，曾是煩春工。開闔寓至理，歲事號秋風。唯有桃李場，感歎無言中。

宋　李流謙《澹齋集》卷二《木芙蓉》　秋光冷如冰，秋花淡無色。偶見此粲者，濃艷照孤寂。天寒翠袖薄，那得在空谷。東風嬖桃李，倚樹三嘆息。

宋　周紫芝《太倉稊米集》卷一《木芙蓉歌》　吴江十月霜華淺，秋空無雲霜日暖。芭蕉樹暗簾幕垂，木芙蓉開紅婉婉。銀床露重梧葉飛，金錢掃地秋蘭萎。無人自對秋風笑，黄菊葵花不同調。慢緑妖紅解醉人，徐娘未老秋娘少。少年時節歡樂多，紅蓮影落秋江波。若耶女兒白如玉，夜半採蓮聞棹歌。驚風吹浪鴛鴦起，回頭日月飛梭裏。對花不飲今蹉跎，淚濕秋風當奈何。

宋　朱熹《晦庵集》卷九《木芙蓉》　紅芳曉露濃，緑樹秋風冷。共喜巧回春，不妨閑弄影。

宋　許綸《涉齋集》卷一四《木芙蓉》　津陸元殊種，名稱偶爾同。秋光波底見，堤上憶蘇公。

宋　趙蕃《淳熙稿》卷一八《木芙蓉》　三兩芙蓉並水叢，向人能白亦能紅。浩然不在芍藥下，如何獨佔晚秋風。

宋　王炎《雙溪類稾》卷九《拒霜花》　池上木芙蓉，曉寒摧折之。緑葉未盡彫，紅芳已先萎。空得拒霜名，憔悴不自持。人生亦如此，榮盛須及時。少壯不久留，老疾仍相隨。騰騰當任運，慘慘徒自悲。萬古同有盡，華顛無再緇。及今幸强健，不樂將何爲。

宋　薛季宣《浪語集》卷五《拒霜花》　蘸染木芙蓉，深紅間淺紅。錦籠烘夕照，翠袖揖秋風。艷冶歸尤物，凄涼識化工。拒霜高節在，丹藥謾成叢。

宋　許棐《梅屋集》卷一《木芙蓉》　芙蓉艷金谷，秋色錦機中。霜樹不知醜，葉與花爭紅。

宋　舒岳祥《閬風集》卷六《木芙蓉》　溪山瀟灑最宜秋，緩步何須百尺樓。亂後見花如故舊，老來得酒更風流。幽孫暗折誰知處，好鳥一啼人舉頭。欲對黄花開口笑，茫然消息也堪愁。

元　艾性夫《剩語》卷下《木芙蓉》　露冷紅酥不帶愁，湘蘭楚菊共清修。靈均死去無人問，閒却滄江一片秋。

元　黄庚《月屋漫稿・木芙蓉》　芙蓉一帶遶池塘，萬緑叢中簇豔粧。錯認園林春富貴，不知葉底有風霜。

元　侯克中《艮齋詩集》卷七《木芙蓉》　落盡羣芳木葉黄，數枝絳雪暎寒塘。晚於紫菊嬌無艷，早似紅梅冷不香。萬里西風霜信遠，一天清露月波涼。多情留得幽花在，莫謂秋容只淡粧。

元　虞集《道園學古録》卷四《木芙蓉》　九月襄王宴渚宫，霓旍翠羽度雲中。滿汀山雨衣裳濕，宋玉愁多賦未工。

元　王沂《伊濱集》卷一一《木芙蓉》　白露江清水殿涼，館娃宫裏宴吴王。美人醉起更衣晚，密帳温帷翡翠粧。

元　傅若金《傅與礪詩集》卷八《道傍拒霜》　驛路迢遥入萬松，人家時見木芙蓉。不堪翠蓋煙中冷，却恨紅粧露下濃。

元　楊弘道《小亨集》卷一《木芙蓉》　南陽氣候温，四序花相續。十月木芙蓉，鮮鮮鏤香玉。花如朝槿姸，葉擬文楸緑。惜哉開既晚，桃李佔春旭。

明　貝瓊《清江詩集》卷八《木芙蓉》　萬里名花蜀上分，澄江渾似錦江濆。夜承仙掌三清露，春剪巫山一片雲。未許王家誇少婦，還從卓氏妬文君。所思欲寄知何處，雁斷天南日已曛。

明　楊基《眉庵集》卷一〇《木芙蓉》　江寒浦溆多，舉目皆衰草。惟有拒霜花，遥遥隔江好。

明　王恭《白雲樵唱集》卷四《題木芙蓉》　西風吹袖玉顔酡，摇落襟期奈爾何。一自鴈池清賞後，梁王賓客已無多。

明　管時敏《蚓竅集》卷六《木芙蓉》　渚宫仙子耐清寒，笑倚西風臉渥丹。絳節三朝瓊作珮，霓裳一曲翠爲盤。夜霜漁屋燈前見，秋水人家畫裏看。可惜繁華易惆悵，錦官城上夕陽殘。

明　于慎行《穀城山館集》卷一〇《木芙蓉》　一本芙蓉樹，三秋覓地栽。尚逢南客問，果向北亭開。色落仙人掌，香浮太乙杯。可憐霜夜月，華艷滿池臺。

清　陸奎勳《陸堂詩集》卷一〇《木芙蓉》　芙容三醉未離披，無限秋情對酒巵。木末有芳搴不易，江干欲渡采何遲。恣開天水凄清處，分隔春風爛漫時。已被霜威重摧壓，蘇公偏道與霜宜。

清　陳廷敬《午亭文編》卷六《木芙蓉》　灼灼拒霜花，顔色衆所殊。豈不惜芳時，乃與晚歲俱。夭桃太冶豔，野菊何蕭疎。感此凌寒姿，獨立將焉如。

清　愛新覺羅・弘曆《清高宗詩三集》卷六一《木芙蓉》　木末芙蓉見一枝，楚辭深致雅堪思。清江碕岸斜臨處，照影無知若有知。

又卷六五《木芙蓉》　聞説秋花宜水邊，芳情摇曳淡溪煙。可知一種難堪處，弄影相看上下憐。

又卷六九《木芙蓉》 金風玉露嬝徘徊，隰有宛看此別裁。水面芙蓉零落盡，一枝猶是暎波開。

又《清高宗詩四集》卷三《木芙蓉》 原來草本却稱木，爲是欲殊水裏花。弄影拒霜秋岸上，清標亦未大相差。

又卷一九《木芙蓉》 芙蓉似惜水華凋，江岸盈盈照晚潮。寫照畫工情不已，倩他代筆匠人雕。

又卷二二《木芙蓉》 水蓮開盡木蓮開，體異名同莫漫猜。最是秋江夕陽落，晚粧一例照紅顋。

又《清高宗詩五集》卷三一《木芙蓉》 殘紅相對碧波清，弗水因之得木名。君子設如詢姓氏，不周黨亦定逢萌。

又卷四五《木芙蓉》 夷榮深淺傍秋池，物有乘除理可思。應是妬他水君子，近仁之一木居之。

圖表

明 李時珍《本草綱目·圖卷》

扶桑

綜述

晉 嵇含《南方草木狀》卷中 朱槿，花、莖、葉皆如桑，葉光而厚，樹高止四五尺，而枝葉婆娑。自二月開花，至中冬即歇。其花深紅色，五出，大如蜀葵，有蘂一條，長於花葉，上綴金屑，日光所爍，疑若焰生。一叢之上，日開數百朵，朝開暮落。插枝即活。出高涼郡。一名赤槿，一名日及。

唐 姚思廉《梁書》卷五四《諸夷傳·扶桑國》 扶桑國者，齊永元元年，其國有沙門慧深來至荆州，説云：扶桑在大漢國東二萬餘里，地在中國之東，其土多扶桑木，故以爲名。扶桑葉似桐而初生如笋。

明 李時珍《本草綱目》卷三六 扶桑《綱目》 釋名：佛桑、《霏雪録》朱槿、《草木狀》赤槿、同日及。 時珍曰：東海日出處有扶桑樹，此花光豔照日，其葉似桑，因以比之，後人訛爲佛桑，乃木槿別種，故日及諸名亦與之同。 集解：時珍曰：扶桑産南方，乃木槿別種也。枝柯柔弱，葉深緑，微澁如桑。其花有紅、黄、白三色，紅者尤貴，呼爲朱槿。嵇含《草木狀》云：朱槿一名赤槿，一名日及，出南涼郡，花、莖、葉皆如桑。其葉光而厚。木高四五尺，而枝葉婆娑。其花深紅色，五出，大如蜀葵，重敷柔澤。有蘂一條，長如花葉，上綴金屑，日光所爍，疑若焰生。一叢之上，日開數百朵，朝開暮落。自五月始，至中冬乃歇。插樹即活。

明 慎懋官《華夷花木鳥獸珍玩考》卷一《扶桑》 扶桑在碧海之中，地方萬里。上有太帝宮，太眞東王父所治處。地多林木，葉皆如桑。又有椹樹，長者數千丈，大二千餘圍，樹兩兩同根，偶生更相依倚，是以名爲扶桑。仙人食其椹，而一體皆作金光色，飛翔空玄。其樹雖大，其葉椹故如中夏之桑也。但椹稀而色赤，九千歲一生實耳，味絶甘香美。《玄中記》云：天下之高者，扶桑無枝木焉，上至天，盤蜿而下屈，通三泉也。扶桑，南齊時聞焉。廢帝永元初，其國有沙門慈深來至荆州，説云扶桑木葉似桐，初生如笋，國人食之，實如梨而赤，績其皮爲布以爲衣，亦爲錦，作板屋，無城樟，有文字，以扶桑皮爲紙。傑公嘗與諸儒語及方域，云東至扶桑。扶桑之蠶長七尺，圍七寸，色如金，四時不死。五月八日嘔黄絲布於條枝而不爲繭，脆如綖燒。扶桑木灰汁煮之，其絲堅韌，四絲爲係足勝。

明　周祈《名義考》卷二《扶桑若木》　《十洲記》：扶桑在碧海中，樹長數千丈，一千餘圍，兩幹同根，更相依倚，日所出處。《山海經》：灰野之山，有樹青葉赤華，名曰若木，日所入處。夫日所出入最爲荒遠，桑曰扶，木曰若，亦以疑似言之耳。根、幹、花、葉孰從而見之耶？暘谷、虞淵等稱，亦不過因義立名，非若職方可考而知也。

明　吴雨《毛詩鳥獸草木考》卷一七《扶蘇》　《鄭風》曰：山有扶蘇。《傳》：扶蘇，扶胥小木也。扶蘇，扶胥小木也。毛以下章喬松是木，則扶蘇是木可知。而《釋木》無文。《傳》言扶蘇小木者，毛當有以知之，未詳其所出也。今之所謂扶蘇者，亦若漢世扶桑、扶竹、扶柳云爾。

清　魏茂林《駢雅訓纂》卷六　榑木，扶桑也。《山海經·東山經》：無皋之山，南望幼海，東望榑木。注：扶桑二音。《箋疏》：按榑木即扶桑，但不當讀木爲桑，注有脱誤。

清　黄叔璥《臺海使槎録》卷三　隆冬木葉不脱，惟佛桑番花落，葉至春敷榮，餘於春日生新葉，逐漸舊葉脱去，青林暗换，紅藥續開，亦見大造密移之妙。

清　孫之騄《枝語》卷上《佛桑》　佛桑産南方，枝葉類桑，或其種來自佛國，故以佛稱。花有丹色者、白者、黄者、粉紅者、淡紅者，皆千葉，輕柔婀娜，如芍藥花而小。一曰花上花，花上復有花者，重臺也。一名愛老不愛老也，不愛老而曰愛老，飾詞也。蠻名福桑，頌祝之辭也。世稱淨土爲福地，蠻人吝佛而祈福也。丹色者曰朱槿，白者曰白槿。非槿而似槿，傳之以似也，訛也。又一名扶桑。扶桑生于陽谷之上日出處，去人遠矣，人烏得而植之。

又卷下《扶桑木椵木槿櫬木槿》　夫物多相類而非也，幽莠之幼也似禾，黎牛之黄也似虎，白骨疑象，碔砆類玉，此皆似之而非者也。碧海有扶桑木焉，十日所浴，上有天帝之宫，東王所治。九千歲一花，實如椹，仙人食之，體作紫色，是將與天地無終極也。世乃有朱槿、日及之名。夫木槿白者曰椵，紅者曰櫬。《毛詩》曰蕣。《莊子》曰朝菌。其木也似李，其葉也似桑，其花之艷也似葵，其結實也似柰，柰實而槿虚，虚僞與眞實相似也而實非。木槿花按日榮落如佛桑花，朝生暮隕，世既訛朱槿爲佛桑，又訛佛桑爲扶桑，甚哉！小人似君子也，孔子曰惡似。

清　吴其濬《植物名實圖考》卷三五《扶桑》　扶桑，《南方草木狀》載之。《本草綱目》始收入灌木。江西贛州亦有之，過吉安則畏寒，不能植矣。

藝　文

唐　李商隱《李義山詩集》卷下《朱槿花二首》　蓮後紅何患，梅先白莫誇。纔飛建章火，又落赤城霞。不捲錦步障，未登油壁車。日西相對罷，休澣向天涯。

勇多侵路去，恨有礙燈還。嗅自微微白，看成沓沓殷。坐疑忘物外，歸去有簾間。君問傷春句，千詞不可删。

明　李夢陽《空同集》卷三《朱槿賦》　司陽兮煽烈，涉秋兮逾熾。覽逝兮中藴，游物兮揄志。韙庭木之榮麗，閔含芳之不脩。傾朝曦以擢華，夕景至而隕枯。伊賦形之靡移，諒天道而奚私。幸見標於哲典，厥登詠於删詩。何有性而易遷，恒隨所而盤據。條荏苒而孔弱，葉縈陰而繁布。蒙薰風之拂披，爰脩妍而運縟。既抽鉛以剖絳，遂希芬而效馥。濡溥露以膏韻，藉垂光於杲日。熨炎陽之静彩，褒絶代之英質。態疑層而遽損，媚若斂而復出，光飄灼而靡定。恍若流霞過茂草，爛若慶雲遊春沼。宛孌窈窕，豔豬縹緲。或爾托文堂之隙寓，奉君子之榮輝。側朱陛以敷蔭，競葵榴於赤墀。屈纖枝於皓腕，徵瓠齒而清歌。歎形微而寵重，屢回笑而增酡。天暮日夕，顔銷華落。辭高墊卑，飄蕪汎濁。檻塵池緯，撲簾繽幙。或委空曲，或飛土苴。颭叢迴波，蹂踏坐隅。觴停鐙昏，主倦容煩。舄履無序，折釵碎鈿。几席狼籍，命駕歸旋。於是棄媵擯嬙，愁女怨姬，出幽房，步苔階，摇金扃，吟殿月。掩團扇而涕零，徙長門而望闕。攀斯木以凝盼，掇賓蕚而中熱。足將進而踟躕，立長廊之肅陰。軫蘭臺而首疾，咎增城而痛襟。思惝怳以攢内，泗交頸而淫淫。嗟容色之難恃，慨歡慢而異營。佩薰芳以順委，庶生榮而没寧。

清 屈大均《翁山詩外》卷一二《朱槿》 正色自難久，榮華秖一朝。自嫌因太赤，不欲鬭嬌嬈。

朱顔苦難駐，花裏一蜉蝣。榮落須臾事，誰能得白頭。

清 彭孫遹《松桂堂全集》卷三三《佛桑》 偶將名字附金仙，嘉樹還從嶺外傳。天遠豈曾慳雨露，地偏終不汙風煙。緑疇十畝花如葚，紅浪千層海作田。果否是桑成底用，此鄉方貢八蠶綿。

清 馮雲鵬《掃紅亭吟稿》卷四《古近體詩・扶桑》 第一奇葩向曉開，蠶家婦子費疑猜。凡花莫訝紅無比，曾捧金輪海上來。

雜録

晉 郭璞《玄中記・扶桑木》 天下之高者，扶桑無枝木焉，上至天，盤蜿而下屈，通三泉。《御覽》九百五十五、《事類賦・桑》注。

南朝梁 蕭繹《金樓子》卷五 秦王遣徐福求桑椹於碧海之中。海中止有扶桑樹，長數千丈，樹兩根同生，更相依倚，是名扶桑。仙人食其椹，而體作金光飛騰元宫也。案原本云：求一寸甚尚云難得，豈知碧海中有扶桑樹云云。謹據《太平御覽》校改。

圖表

明 李時珍《本草綱目・圖卷》

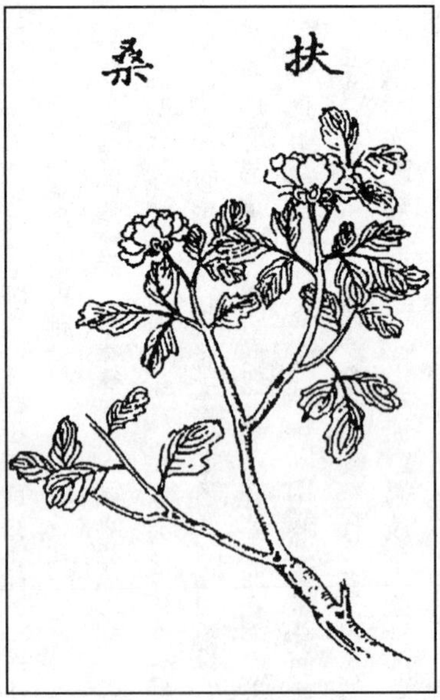

清 吴其濬《植物名實圖考》卷三五《扶桑》

木槿

綜述

《爾雅·釋草》 椵，木槿。櫬，木槿。注：别二名也。似李樹，華朝生夕隕，可食。或呼日及，亦曰王蒸。【略】疏：此别椵、櫬是木槿之二名也。某氏云：别二名也。其樹如李，其華朝生暮落，與草同氣，故在草中。《鄭風》云：顔如舜華。陸璣疏云：舜，一名木槿，一名櫬，一名椵，齊魯之間謂之王蒸，今朝生暮落者是也。郭氏云：可食。亦呼日及。五月始華，故《月令·仲夏》云：木槿榮。

三國吴 陸璣 《毛詩草木鳥獸蟲魚疏》卷上《顔如舜華》 舜，一名木槿，一名櫬，一名曰椵，齊魯之間謂之王蒸，今朝生暮落者是也。五月始花，故《月令·仲夏》：木槿榮。

唐 段成式 《酉陽雜俎續集》卷九 郍提槿花，紫色，兩重葉。外重葉捲心，心中抽莖，高寸餘。葉端分五瓣，如蒂。瓣中紫蘂，莖上黄葉。

宋 陸佃 《埤雅》卷一七《木槿》 《釋草》曰：椵，木槿。櫬，木槿。似李，五月始華，《月令》『木槿榮』是也。華如葵，朝生夕隕。一名舜，蓋瞬之義取諸此。《詩》曰：顔如舜華。又曰：顔如舜英。『顔如舜華』，則言不可與久也。『顔如舜英』，則愈不可與久矣。蓋榮而不實者，謂之英。《人物志》曰：草之精秀者爲英，獸之將羣者爲雄。張良是英，韓信是雄。《篤論》曰：日給之華似柰，柰實而日給虚，虚僞之與眞實相似也。羲之《法帖》曰：來禽，青李。來禽，柰屬也，言果以美而來禽。

宋 鄭樵 《通志》卷七六 木槿，曰舜，曰椵，曰櫬，曰及，齊魯名王蒸。其植如李，五月始花。故《月令》云：仲夏之月，木槿榮。此木類也。《爾雅》云入草例者，樊光云：其華朝生暮落，與草同氣，故在草中。今人謂之朝生暮落。人多植庭院間。唐人詩云『世事方看木槿榮』，言可愛易凋也。亦可作籬，故謂之槿籬。

宋 羅願 《爾雅翼》卷三《木堇》 木堇，今人植爲籬，易生之物也。《抱朴子》曰：夫木堇、楊柳，斷殖之更生，倒之亦生，横之亦生，生之易者莫過斯木也。仲夏應陰而榮，《月令》取之以爲候。其花朝開暮落，一名爲舜，或呼爲日及。陸機賦云：如日及之在條，常雖及而不悟。潘尼云：朝菌者，詩人以爲舜華，莊生以爲朝菌。其物向晨而結，終日而殞。則又以爲朝菌矣。《詩》曰：有女同車，顔如舜華。又曰：顔如舜英。舜乃華之甚茂者，又枝葉相當，有同車之象，亦如舜朝開而暮落，少過時則後之矣。

明 李時珍 《本草綱目》卷三六 木槿《日華》 釋名：椵、音徒亂切。櫬音襯。蕣、音舜。日及、《綱目》朝開暮落花、《綱目》藩籬草《綱目》花奴、玉蒸。時珍曰：此花朝開暮落，故名日及。曰槿，曰蕣，猶僅榮一瞬之義也。《爾雅》云：椵，木槿。櫬，木槿。郭璞注云：别二名也。或云白曰椵，赤曰櫬。齊魯謂之王蒸，言其美而多也。《詩》云『顔如蕣華』，即此。集解：宗奭曰：木槿花如小葵，淡紅色，五葉成一花，朝開暮斂。湖南北人家多種植爲籬障。花與枝兩用。時珍曰：槿，小木也。可種可插。其木如李。其葉末尖而無椏齒。其花小而豔，或白或粉紅，有單葉、千葉者。五月始開，故《逸書·月令》云『仲夏之月，木槿榮』是也。結實輕虚，大如指頭，秋深自裂。其中子如榆莢、泡桐、馬兜鈴之仁，種之易生。嫩葉可茹，作飲代茶。今瘍醫用皮治瘡癬，多取川中來者，厚而色紅。

明 慎懋官 《華夷花木鳥獸珍玩考》卷三《朱槿》 《本草》名麗木，又名蕣華，汝陽王戴研絹帽，打羯鼓，上插紅槿簪，其帽曲終花不墜。《東方朔傳》曰：朔書與公孫弘借車馬，曰：木槿夕死朝榮，士亦不長貧。

又《蕣木》 顧微《廣州記》曰：平興縣有華樹，似槿又似桑，四時常有花，可食，甜滑無子。此蕣木也。《詩》曰：顔如蕣華。《義疏》曰：一名木槿，一名王蒸。

明 穆希文 《説原》卷一二 木槿花，朝開暮落，一名舜華。仲夏應陰而榮，《月令》取以爲候。煮以代茗，可治風疾。然茗令人不睡，木槿令人易睡。

明 周文華 《汝南圃史》卷八 木槿，一名朝菌。五月開花，花如小葵，葉如小桑。《八閩通志》云：木槿有白，有紫，有粉紅。又有一種花瑩白如玉，中心無紫色者名蕣英。郭璞云『蕣英不終朝』，言朝開暮落也。《爾雅翼》云：木槿，今人植爲籬。《抱朴子》曰：夫木槿、楊柳，斷植之更生，倒之亦生，横之亦生，生之易莫過於斯也。仲夏應陰而榮，《月令》取之以爲候。或呼爲日及。陸機賦云：如日及之在條，常雖及而不悟。

清　魏茂林《駢雅訓纂》卷六　朝生，合昏，王蒸，洽容，愛老，日及，槿也。《通志》七十六《昆蟲草木二》：木槿，曰舜，齊魯名王蒸。《爾雅》云入草例者，樊光云：其華朝生暮落，與草同氣，故在草中。今人謂之朝生暮落。又合歡，曰合昏，曰夜合，其葉至暮而合，故曰合昏。今人皆謂之夜合花。按《通志》分木槿、合歡爲二，則不以爲一木名。《爾雅・釋草》：椵，木堇。櫬，木堇。注：别二名也。似李樹，華朝生夕隕，可食。或呼日及，亦曰王蒸。《釋文》：椵，徒亂反。堇，本或作槿，音謹。櫬，楚靳反，本又作藽。《齊民要術》十《木堇》：傅元《朝華賦序》曰：朝華，麗木也，或謂之洽容，或曰愛老。

清　陳啓源《毛詩稽古編》卷五《鄭・有女同車》　舜，凡卉也，而屢見於經。《詩》『顔如舜華』，喻其色也。《月令・仲夏》『木堇榮』，紀其時也。《爾雅》别二名曰椵，曰櫬。其華有赤、白，單葉、千葉之殊。或云白曰椵，赤曰櫬也。種之異者名扶桑，言華有光艷照日如東海扶桑樹也。又名佛桑，音轉也。亦有赤、白、黄三種。赤者尤貴，名朱槿。嵇含《草木狀》云：朱槿，一名赤槿，其華深紅色，大如蜀葵。

清　王士禛《隴蜀餘聞》卷一　府署有木槿一株，治癬最效，所謂川槿，惟此爲最。梅守厭索之者衆，以湯澆之，遂枯。

清　徐鼎《毛詩名物圖説》卷八　《月令》：仲夏，木堇榮。《爾雅》：椵，木槿。櫬，木槿。郭璞注：别二名。陸璣《疏》：舜，一名木槿，一名櫬，一名椵，齊魯之間謂之王蒸，今朝生暮落者是也。《雅翼》：《抱朴子》曰：木槿仲夏應陰而生，其花朝開暮落，莊生以爲朝菌。《衍義》：如小葵，花淡紅色，五葉成一花，湖南、北人家多種植爲籬障。

清　佚名《名花譜・木槿》　樹叢而花繁，種之即活，不必加培。色多紅、粉、紫，日光朝爍，疑若熖生。又一種，千葉白花，葉如翠，花如雪，眞同梨花之淡而比碧桃之芳也。

藝文

唐　盧照鄰《盧昇之集》卷一《同崔少監作雙槿樹賦并序》　日昨於著作局見諸著作，競寫《雙槿樹賦》。蓬萊山上，即對神仙。芸香閣前，仍觀秘寶。金懸秦市，楊子見而無言。紙貴洛城，陸生聞而罷笑。故知柔條朽榦，吹嘘變其死生。落葉凋花，剪拂成其光價。方且傳石渠之故事，得槿樹之新名，足以脂粉仙臺，丹青秘府者也。若布衣藜杖，巖棲藿食。當堯時而非吏，處漢代而無田。學涉蕪淺，文多聲陋，宜其屏竄，用其静默。蓋窮而思達，人之情也。卑而應高，物之理也。故疾雷作而蟄蟲飛，浮雲興而石碣潤，不可廢也。雖云聖朝多士，而公實居之。草澤有人，亦國家之美事。故復奬刷駑鄙，作《雙槿樹賦》，詞義猥薄，退增慙靦。謹啓賦曰：方丈蓬萊，邈矣悠哉！芸居石室，圖天揆日。若乃羲和掌地，太史觀星，銅渾玉策，寶笥金銘。地則圖書之府，人則神仙之靈。中有芳舜，鬱鬱亭亭。觀其兩砌分植，雙階並耀，葉鏤五衢，榮回四照。紛廣庭之靃靡，隱重廊之窈窱。青陸至而鶯啼，朱陽昇而花笑。紫蔕紅蕤，玉蕊蒼枝。露華的皪，風色徘徊，糝糝哀風，婀娜隈綏。狀仙人之羽蓋，疑佚女之瑶臺。寂寞攸利，棲閒此地，委命卷舒，隨時榮顇。外無嬰夭之禍，内有逍遥之致。若夫遊蜂戲蝶封其蕚，輕迫而視之，鳴環動珮歌扇開。遠而望之，連珠合璧星漢迴。狀仙人之羽蓋，疑朝朝暮暮落復開，歲歲年年紅似翠。若夫遊蜂戲蝶封其蕚，輕煙弱霧結其條。來不謂之苟，去不爲之饒。一作『去不謂之損，來不爲之饒』。故能出君子之殊俗，入詩人之舊謡。齊顯昧於兩曜，放生死於一朝。同喪我之非我，固雖凋而不凋。則有亭伯儒門，令思詩友。翰苑曠其吞夢，文鋒高而照斗。詠蕪滋之朝夕，悲積薪之先後。縟繡起於緹粉，煙霞生於灌莽。豈與巖幽弱篠，澗底枯松？徒冒霜而停雪，空集鳳而吟龍。詎得奉仙閨之廣價，連筆匠之爲容？已矣哉！東方生聞而歎曰：故年花落不留人，今年花發非故春。倏兮夕隕，忽兮朝新。侏儒何功兮短飽？曼倩何負兮長貧？聊寄辭於庭樹，儻有感於平津。

唐　白居易《白氏長慶集》卷一〇《秋槿》　風露颯已冷，天色亦黄昏。中庭有槿花，榮落同一晨。秋開已寂莫，夕隕何紛紛。正憐少顔色，復歎不逡巡。感此因念彼，懷哉聊一陳。男兒老富貴，女子晚婚姻。頭白始得志，色衰方事人。後時不獲已，安得如青春。

又卷一八《白槿花》　秋蕣試刃切。晚英無艷色，何因栽種在人家。使君自別羅敷面，争解回頭愛白花。

唐　李商隱　**《李義山詩集》卷上《槿花二首》**　燕體傷風力，雞香積露文。殷鮮一相雜，啼笑兩難分。月裏寧無姊，雲中亦有君。三清與仙島，何事亦離羣。

　珠館薰然久，玉房梳掃餘。燒蘭纔作燭，襞錦不成書。本以亭亭遠，翻嫌脉脉疎。迴頭問殘照，殘照更空虛。

又卷中《槿花》　風露凄凄秋景繁，可憐榮落在朝昏。未央宫裏三千女，但保紅顔莫保恩。

唐　張文矩　**《雙槿樹》（引自《文苑英華》卷三二六）**　緑影競扶踈，紅姿相照灼。不覺桃李亂，一作花更一作亂。向春風落。

宋　楊萬里　**《誠齋集》卷三二《道傍槿籬》**　夾路疎籬錦作堆，朝開暮落復朝開。抽心粔籹輕拖糝，近蔕燕支釅抹顋。占破半年猶道少，何曾一日不芳來。花中却是渠長命，換舊添新底用催。

宋　謝翱　**《晞發集》卷七《槿樹》**　白犬吠行人，西風杵臼新。洗香澄宿水，曝髮向秋隣。野草依溝盡，宫花入帽頻。人家小門徑，憐爾獨相親。

元　劉詵　**《桂隱詩集》卷一《白木槿重臺每開踰十日》**　數花出籬樱，耿耿照夜闌。月寒客獨起，恍若山雪殘。天風泠然來，坐久身欲翰。夢酌瓊宫漿，薦以雕玉盤。羣妃霓裳冷，天姣環青鸞。世言朝暮落，耐此十日看。始知潔白姿，頗勝施朱丹。大鈞縱萬物，爾本羞蕙蘭。同類偶自别，亦復得賞歎。勗哉勵貞節，相期在歲寒。

明　吴寬　**《家藏集》卷一九《槿》**　南方編短籬，木槿每當路。北地少爲貴，翻編短籬護。要知一物耳，貴賤以地故。夏末蕋纍纍，生意含曉露。花開亦可觀，别種更相妬。獨憐一夕間，顔色已非素。蕋多固應爾，此理眞自悟。不見萱草花，開落只朝暮。

明　吴從先　**《小窻自紀》卷三《木槿》**　《本草》名麗木，名蕣華。《廣志》云：日及樹叢而花繁，色多紅紫。小窻有奇種，葉如鋪翠，花如堆雪，分瓣纖細，斐疊若樓，覺梨花讓淡而碧桃孫芳也。觀者竊疑焉，余爲解之。

　解得殊榮不滿朝，自憐粉粉謝紅銷。莫因翠閣臙脂冷，却誤梨雲夢未銷。

清　李霨　**《心遠堂詩集》卷一《槿》**　種松材難成，種槿花易鮮。朝榮暮已落，盛衰如眼前。物理固不一，脩短同所天。汩汩世故中，愛憎誰使然。

圖表

晉　郭璞　**《爾雅音圖・釋草》**

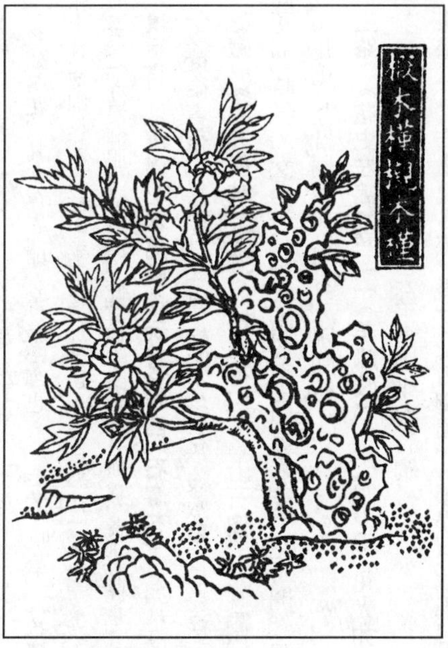

明　李時珍　**《本草綱目・圖卷》**

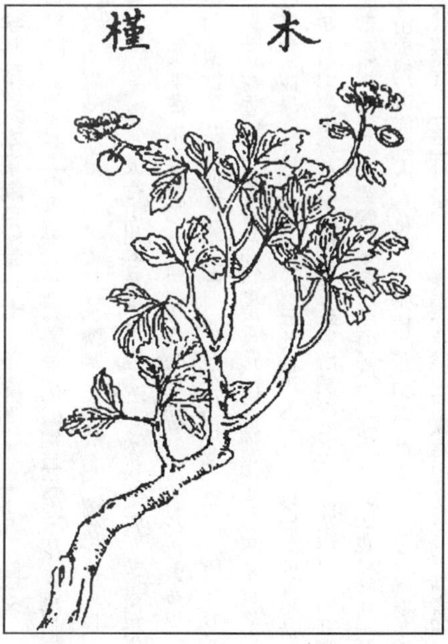

清　徐鼎《毛詩名物圖說》卷八

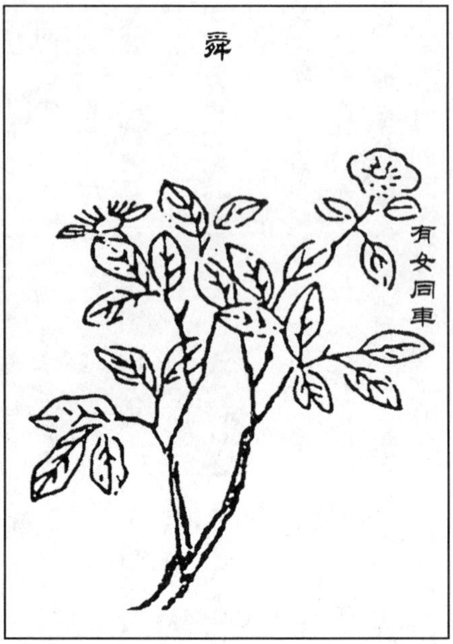

杜鵑　羊躑躅

綜述

晉　崔豹《古今注》卷下　羊躑躅，花黄，羊食之則死，羊見之則躑躅分散，故名羊躑躅。

宋　釋贊寧《東坡先生物類相感志》卷一一《躑躅花》　《古今注》云：其花色黄，牛羊食之必死，羊見之則躑躅不敢前進，故曰羊躑躅。今江東多此花。

明　王可大《國憲家猷》卷三四　映山紅生於山坡欹側之地，高不過五七尺，花繁而紅，輝映山林。開時杜鵑始啼，又名杜鵑花。成幹詩云：杜鵑花與鳥，怨艷兩何賒。疑是口中血，滴成枝上花。一聲寒食夜，數朶野僧家。謝豹出不出，日遲遲又斜。

明　李時珍《本草綱目》卷一七　羊躑躅《本經》下品　釋名：黄躑躅、黄杜鵑、《蒙筌》羊不食草、《拾遺》鬧羊花、《綱目》驚羊花、《綱目》老虎花、《綱目》玉枝。《別録》　弘景曰：羊食其葉，躑躅而死，故名。鬧當作惱。惱，亂也。集解：《別録》曰：羊躑躅生太行山川谷及淮南山。三月采花，陰乾。弘景曰：近道諸山皆有之。花、苗似鹿葱，不可近眼。恭曰：花亦不似鹿葱，正似旋花色黄者也。保昇曰：小樹高二尺，葉似桃葉，花黄似瓜花。三月、四月采花，日乾。頌曰：所在有之。春生苗似鹿葱，葉似紅花，莖高三四尺。夏開花似凌霄花、山石榴輩，正黄色，羊食之則死。今嶺南、蜀道山谷遍生，皆深紅色如錦繡。然或云此種不入藥。時珍曰：韓保昇所説似桃葉者最的。其花五出，蕊瓣皆黄，氣味皆惡。蘇頌所謂深紅色者，即山石榴名紅躑躅者，無毒，與此別類。張揖《廣雅》謂躑躅一名決光者，誤矣。決光，決明也。按唐《李紳文集》言：駱谷多山枇杷，毒能殺人，其花明豔，與杜鵑花相似，樵者識之。其説似羊躑躅，未知是否？要亦其類耳。【略】附録：山躑躅，時珍曰：處處山谷有之。高者四五尺，低者一二尺。春生苗葉，淺緑色。枝少而花繁，一枝數萼。二月始開花如羊躑躅，而蒂如石榴花，有紅者、紫者、五出者、千葉者。小兒食其花，味酸無毒。一名紅躑躅，一名山石榴，一名映山紅，一名杜鵑花。其黄色者，即有毒羊躑躅也。　羊不吃草。《拾遺》。藏器曰：生蜀川山谷，葉細長，在諸草中羊不吃者，是也。味苦，辛，温，無毒。主一切風血補益，攻諸病。煮之，亦浸酒服。時珍曰：此草似羊躑躅而云無毒，蓋別有此也。

明　慎懋官《華夷花木鳥獸珍玩考》卷四《石巖花》　與杜鵑花本一種，石巖先敷葉後着花。其色丹如血，杜鵑先着花，後敷葉，色差淡。

明　彭儼《鐫五侯鯖》卷五　杜鵑花，一名山石榴，山躑躅，映山紅。鶴林有此花，開時見二女子遊。周寶謂殷七曰：重九近，花可開。二女曰：妾爲上帝司此花，九日爛熳如春，不久歸閬苑。

明　王路《花史左編》卷二一《羊躑躅》　生諸山中，花大如杯盞，類萱，色黄，羊食之則躑躅而死。或云羊食則生疾若痼。

明　陳懋仁《庶物異名疏》卷一九《山躑躅》　韻學曰：山石榴一名山躑躅，有草名躑躅者。

清　陳淏子《秘傳花鏡》卷三《花木類考·山躑躅》　山躑躅，俗名映山紅，類杜鵑花而稍大，單瓣，色淡。若生滿山頭，其年必豐稔。人競採之。亦有紅、紫二色，紅者取汁可染物。以羊糞爲肥。若欲移植家園，須以本山土壅始活。

藝文

南朝梁　沈約《**詠山榴**》（引自《**古詩紀**》卷八四）　靈園同佳稱，幽山有奇質。停采久彌鮮，含華豈期實。長願微名隱，無使孤株出。

唐　白居易《**白氏長慶集**》卷一六《**題山石榴花**》　一叢千朵壓欄干，剪碎紅綃却作團。風嫋舞腰香不盡，露銷粧臉淚新乾。薔薇帶刺攀應懶，菡萏生泥玩亦難。爭及此花簷户下，任人採弄盡人看。

又卷二五《**山石榴花十二韻**》　曄曄復煌煌，花中無比方。艷天宜小院，條短稱低廊。本是山頭物，今爲砌下芳。千叢相向背，萬朵互低昂。照灼連朱檻，玲瓏映粉墻。風來添意態，日出助晶光。漸綻胭脂萼，猶含琴軫房。離披亂剪綵，斑駁未匀粧。絳焰燈千炷，紅裙妓一行。此時逢國色，何處覓天香。恐合栽金闕，思將獻玉皇。好差青鳥使，封作百花王。

唐　元稹《**元氏長慶集**》卷二六《**紫躑躅**》　紫躑躅，滅紫攏裙倚山腹。文君新寡乍歸來，羞怨春風不能哭。我從相識便相憐，似是花叢不迴目。去年春别湘水頭，今年夏見青山曲。迢迢遠在青山上，山高水濶難容足。願爲朝日早相暾，願作輕風暗相觸。爾躑躅，我向通州爾幽獨。可憐今夜宿青山，何年却向青山宿。山花漸暗月漸明，月照空山滿山緑。山空月午夜無人，何處知我顔如玉。

唐　李羣玉《**李羣玉詩後集**》卷四《**山榴**》　洞中春氣蒙籠暄，尚有紅英千樹繁。可憐夾水錦步障，羞殺石家金谷園。

唐　方干《**玄英集**》卷二《**杜鵑花**》　未問移栽日，先愁落地時。疎中從間葉，密處莫燒枝。郢客教誰採，胡蜂是自知。周迴兩三步，常有醉鄉期。

宋　梅堯臣《**宛陵集**》卷三六《**九月十八日山中見杜鵑花復開**》　山中泉壑暖，幽木寒更華。春鳥各噤口，遊子未還家。云誰未及還，對此重興嗟。何必因啼血，顔色勝曙霞。

宋　蘇軾《**東坡全集**》卷二五《**躑躅**》　楓林翠壁楚江邊，躑躅千層不忍看。開卷便知歸路近，劍南樵叟爲施丹。

宋　劉敞《**公是集**》卷二八《**杜鵑花**》　嫩紅輕紫仙姿貴，合是山中寂寞開。九陌風塵肯相顧，可憐空使下山來。

宋　楊萬里《**誠齋集**》卷三四《**曉行道旁杜鵑花**》　泣露啼紅作麽生，開時偏值杜鵑聲。杜鵑口血能多少，不是征人淚滴成。

宋　袁甫《**蒙齋集**》卷二〇《**映山紅**》　山花無數笑春風，臨水精神迴不同。喚作映山風味短，看來恰似映溪紅。

清　陸奎勳《**陸堂詩集**》卷一〇《**杜鵑花**》　一欄千朵亂茸茸，名字應憐蜀魄同。昨夜月明眞有淚，他生春恨不成空。斬新榆火分寒食，絕艷榴裙妒晚風。迴首子陵灘下宿，畫眉叫徹滿山紅。

圖表

明　李時珍《**本草綱目・圖卷**》

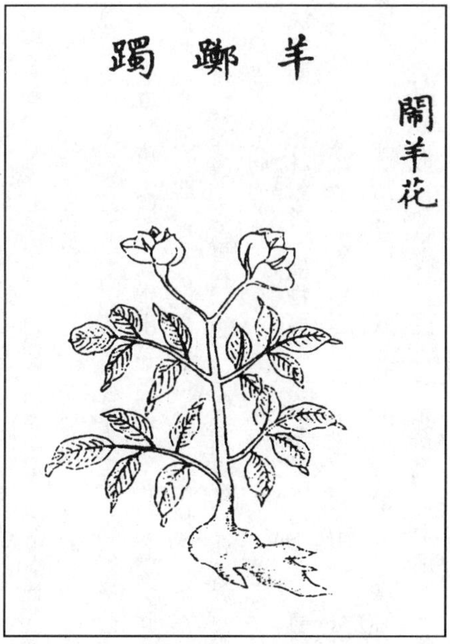

山礬

綜述

宋　龔頤正　《野客叢書》卷五《玉蕊花》　《容齋隨筆》云：物以希見爲珍，長安唐昌觀玉蕊花，魯直所謂山礬者，江東彌山亘野。唐昌所産，至於神女下游，折花而去，以踐玉峯之約。不特土俗罕見，神仙亦然。僕考《李衛公集》，有爲潤州《招隱玉蕊花》詩云：玉蕊天中樹，金鑾昔共窺。注謂禁林有此木，吴人不識，因余賞玩始得名。又曰：内署沈大夫所居閣前有此樹，每花開花落，空中回旋，久之方集庭砌。大夫草詔之暇，邀余同玩。大夫謂沈傳師也。又觀《晏元獻公集》，有《翰林盛諫議借示揚州廟玉蕊詩序》云：此花因王元之更名瓊花，亦謂之玉蕊。二花相近，而名字不同，不知其一種邪？或各異邪？據《春明退朝録》，招隱玉蕊即后土瓊花也。若然，則玉蕊自是瓊花，非山礬也。所謂事有似是而實非者，此花以罕見爲貴。《高齋詩話》、《蔡寬夫詩話》與《隨筆》之説一同。

明　楊慎　《丹鉛總録》卷四《七里香》　七里香，一名山礬石，以其葉燒灰染紫以爲黝，見者皆駭觀。

明　田藝蘅　《留青日札》卷三三《七里香九里香》　今山中春時開細白花滿樹，清香逼人者，名曰七里香。簪之可以鬆膩髮，古云即芸也。可以辟蠹，並去蚤虱。《説文》：芸草似苜蓿。《禮圖》：葉似邪蒿，香美可食。沈招云：類豌豆，秋後葉微白如粉，漢樹之蘭臺、石室藏書之府。又有一種相類而不香者，土人名曰八里臭，簪之頭眩。在嶺南欽州，反名九里香。

明　李時珍　《本草綱目》卷三六　山礬《綱目》　釋名：芸香、音云。椗花、音定。柘花、柘音鄭。瑒花、音暢。春桂、俗七里香。時珍曰：芸，盛多也。《老子》曰『方物芸芸』是也。此物山野叢生甚多，而花繁香馥，故名。按周必大云：柘音陣，出《南史》。荆俗訛柘爲鄭，呼爲鄭礬，而江南又訛鄭爲瑒也。黄庭堅云：江南野中椗花極多。野人采葉燒灰，以染紫爲黝，不借礬而成，予因以易其名爲山礬。集解：時珍曰：山礬生江、淮、湖、蜀野中樹者，大者株高丈許。其葉似巵子，葉生不對節，光澤堅强，畧有齒，凌冬不凋。三月開花繁白，如雪六出，黄蕊，甚芬香。結子大如椒，青黑色，熟則黄色，可食。其葉味濇，人取以染黄及收豆腐，或雜入茗中。按沈括《筆談》云：古人藏書辟蠹用芸香，謂之芸草，即今之七里香也。葉類豌豆，作小叢生，嗅之極芬香。秋間葉上微白如粉汚，辟蠹殊驗。又按《蒼頡解詁》云：芸香似邪蒿，可食，辟紙蠹。許慎《説文》云：芸，似苜蓿。成公綏《芸香賦》云：莖類秋竹，枝象青松。郭義恭《廣志》有芸香膠。《杜陽編》云：芸香，草也，出于闐國。其香潔白如玉，入土不朽。元載造芸暉堂，以此爲屑塗壁也。據此數説，則芸香非一種。沈氏指爲七里香者，不知何據？所云『葉類豌豆，嗅嗅芬香，秋間有粉』者，亦與今之七里香不相類，狀頗似烏藥葉，恐沈氏亦自臆度爾。曾端伯以七里香爲玉蕋花，未知的否？

清　沈自南　《藝林彙考・植物篇》　玉蕊花，所傳不一。有以爲瑒花者，曾端伯；有以爲瓊花者，李衛公；有以爲山礬者，黄山谷；有以爲米囊者。其説皆非也。蓋此花條蔓而生，狀如荼蘼，柘葉紫莖，冬凋春茂。花鬚出，始如冰絲，上綴金粟。花心復有碧筩，髣髴膽瓶，其中别抽一英出衆鬚上，散爲十餘蕊，猶刻玉然，名爲玉蕊，乃在於此，羣芳所未有也。今長安廣昌觀所植，存否不可知。惟潤州招隱寺之花，識者鮮不爲之歎賞云。《論蒼蔔花》云：蒼蔔花，一名梔子花，樹高二三尺，葉厚深緑如兔耳，或似柳而短。凡草木花皆五出，惟此花六出，色白中心黄，春末抽蕤，夏初結花。又一種樹高五六尺許，花葉皆差大，謝靈運目爲林蘭，並筆之《論山礬》云：山礬花俗名椗花，木高數尺，枝肥葉密，凌冬不凋。花白，未開時，木犀相似，及開差大，香絶穠，號七里香，尋常山林間多有之。又有千葉者。按：椗即瑒，音相近也。

清　陳淏子　《秘傳花鏡》卷三《花木類考・山礬花》　山礬花，一名芸香，一名鄭花，多生江浙諸山。葉如冬青，生不對節，凌冬不凋。三月看白花，細小而繁，不甚可觀，而香馥最遠，故俗名七里香，北人呼爲瑒花。其子熟則可食。土人採其葉以染黄，不借礬力而自成色，故名山礬。二月中可以壓條，分栽。

清　吴其濬　《植物名實圖考》卷二九《七里香》　七里香，生雲南，開小白花，長穗如蓼，近之始香。

藝文

宋 黃庭堅《山谷集》卷一一《題高節亭邊山礬花二首並引》 江湖南野中有一種小白花，本高數尺，春開極香，野人謂之鄭花。王荆公嘗欲作詩而陋其名，予請名曰山礬。野人采鄭花葉以染黃，不借礬而成色，故名山礬。海岸孤絕處補陀山，譯者以謂小白花，予疑即此花爾。不然，何以觀音老人端坐不去耶？

高節亭邊竹已空，山礬獨自倚春風。二三名士開顔笑，把斷花光水不通。

北嶺山礬取次開，清風正用此時來。平生習氣難料理，愛著幽香未擬回。

圖表

明 李時珍《本草綱目·圖卷》

山礬

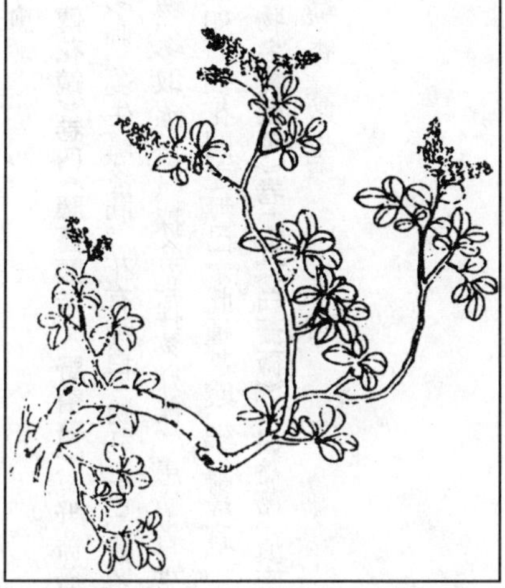

清 吳其濬《植物名實圖考》卷二九《七里香》

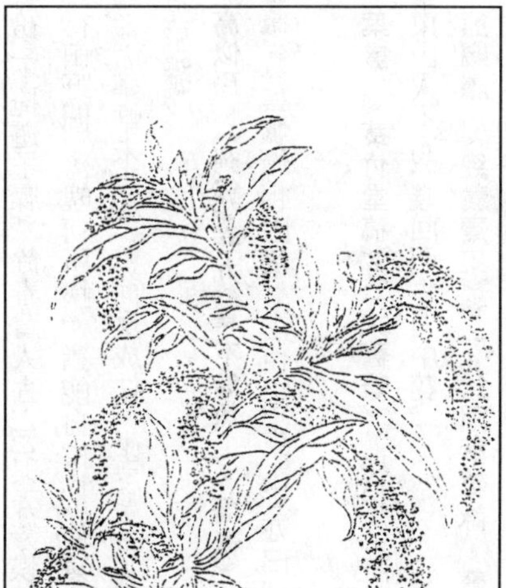

薔薇

綜述

明 李時珍《本草綱目》卷一八 營實、墻蘼音眉。《本經》上品 釋名：薔薇、《別録》山棘、《別録》牛棘、《本經》牛勒、《別録》刺花。《綱目》 時珍曰：此草蔓柔靡，依墻援而生，故名墻蘼。其莖多棘刺勒人，牛喜食之，故有山刺、牛勒諸名。其子成簇而生，如營星然，故謂之營實。集解：《別録》曰：營實生零陵川谷及蜀郡。八月、九月采，陰乾。弘景曰：營實即薔薇子也，以白花者爲良。莖葉可煮作飲，其根亦可煮釀酒。保昇曰：所在有之。蔓生，莖間多刺。其花有百葉，八出六出，或赤或白。子若杜棠子。時珍曰：薔薇，野生林塹間。春抽嫩蕻，小兒掐去皮刺食之。既長，則成叢似蔓，而莖硬多刺，小葉尖薄有細齒。四五月開花，四出，黃心，有白色、粉紅二者。結子成簇，生青熟紅。其核有白毛如金櫻子核，八月采之。根采無時。人家栽玩者，莖粗葉大，延長數丈。花亦厚大，有白、黃、紅、紫、數色。花最大者名佛見笑，小者名木香，皆香艷可人，不入藥用。南番有薔薇露，云是此花之露水，香馥異常。

明　高濂《遵生八牋》卷一六《野薔薇花二種》　色有雪白、粉紅二種，採花拌茶，瘧病烹食即愈。

清　陳淏子《秘傳花鏡》卷四《藤蔓類考・野薔薇》　野薔薇，一名雪客，葉細而花小，其木多刺，蔓生籬落間。花有純白、粉紅二色，皆單瓣，不甚可觀。但香最甜似玫瑰，多取蒸作露，採含蕊拌茶亦佳。患瘧者，烹飲即愈。若花卸時摘去其蒂，猶如鳳仙花開之無已。此種甚賤，編籬最宜。

清　吳其濬《植物名實圖考》卷二九《白薔薇》　白薔薇，滇南有之，五瓣黄蕊，莖紫，葉如荼蘼，香達數里。

藝文

南朝梁　柳惲《詠薔薇》（引自《藝文類聚》卷八一）　當户種薔薇，枝葉太葳蕤。不摇香已亂，無風花自飛。春閨不能静，開匣理明妃。曲池浮采采，斜岸列依依。或聞好音度，時見銜泥歸。且對清酤湛，其餘任是非。

南朝梁　鮑泉《詠薔薇》（引自《藝文類聚》卷八一）　經植宜春館，霾靡上蘭宫。片舒猶帶紫，半捲未全紅。葉疎難蔽日，花密易傷風。佳麗新粧罷，含笑折芳叢。

唐　儲光羲《儲光羲詩集》卷四《薔薇》　裊裊長數尋，青青不作林。一莖獨秀當庭心，數枝分作滿庭陰。春日遲遲欲將半，庭影離離正堪玩。枝上嬌鶯不畏人，葉底飛蛾自相亂。秦家女兒愛芳菲，畫眉相伴採葳蕤。高處紅鬚欲就手，低邊緑刺已牽衣。蒲萄架上朝光滿，楊柳園中暝鳥飛。連袂踏歌從此去，風吹香氣逐人歸。

唐　白居易《白香山詩集》卷一六《薔薇花一叢獨死不知其故因有是篇》　柯條未嘗損，根發不曾移。同類今齊茂，孤芳忽獨萎。仍憐委地日，正是帶花時。碎碧初凋葉，燋紅尚戀枝。乾坤無厚薄，草木自榮衰。欲問因何事，春風亦不知。

又卷四〇《薔薇花聯句》　似錦如霞色，連春接夏開禹錫。波紅分影入，風好帶香來度。得地依東閣，當階奉上台行式。淺深皆有態，次第暗相催禹錫。滿地愁英落，緣堤惜櫂回度。芳濃濡雨露，明麗隔塵埃行式。似著臙脂染，如經巧婦裁。居易。柰花無別計，只有酒殘杯藉。

唐　李羣玉《李羣玉詩集》卷下《臨水薔薇》　堪恨復堪傷，無情不久長。浪摇千臉笑，風舞一叢芳。似濯文君錦，如窺漢女粧。所思雲雨外，何處寄馨香。

唐　陸龜蒙《甫里集》卷九《薔薇》　倚墻當户自横陳，致得貧家似不貧。外布芳菲雖笑日，中含芒刺欲傷人。清香往往生遥吹，狂蔓看看及四隣。遇有客來堪玩處，一端晴綺照煙新。

又卷一一《和重題薔薇》　穠華自古不得久，况是倚春春已空。更被夜來風雨惡，滿階狼藉没多紅。

宋　姜特立《梅山續藁》卷五《野薔薇》　擬花無品格，在野有光輝。香薄當初夏，陰濃蔽夕暉。籬根堆素錦，樹杪掛明璣。萬物生天地，時來無細微。

宋　楊萬里《誠齋集》卷三五《野薔薇》　紅殘緑暗已多時，路上山花也則稀。藞苴餘春還子細，燕脂濃抹野薔薇。

宋　周文璞《方泉詩集》卷二《野薔薇》　娟娟籬頭花，白白間緑葉。明光裁販袴，不掩遊子屧。餘春背人去，乞與弄芳蝶。感我萬古心，離離不相接。我行田野間，落魄何所挾。猶能自撑拄，使氣學漢俠。悠哉芳草畔，見此放逐妾。羅帷未生夢，粉面反成怯。幽香薰倒人，山麝火初熠。長亭或相思，如見玉蹀躞。

宋　高似孫《剡録》卷九《草木禽魚上・薔薇》　李易《剡山》詩：剡山無數野薔薇，黄雲爛熳相因依。李白《題東山》亦曰：不見東山久，薔薇幾度花。

明　葉盛《菉竹堂稿》卷二《薔薇》　托根庭院是誰家，滿架香風度碧沙。望望東山人不到，幾回開盡月中花。

清　熊賜履《經義齋集》卷一八《園林雜詠・薔薇》　爲取薔薇露，頻摇芳草枝。佳人盛玉盞，滴作紫臙脂。

清　楊芳燦《芙蓉山館全集・詩鈔》卷一《薔薇》　天然薄媚最夭斜，

香影玲瓏近畫紗。一夜東風紅露重，催開七十二行花。

圖表

明 李時珍《本草綱目·圖卷》

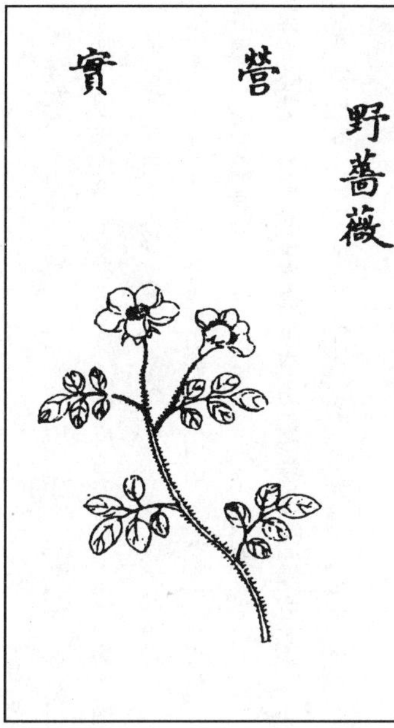

清 吴其濬《植物名實圖考》卷二九《白薔薇》

唐棣

論説

唐 丘光庭《兼明書》卷三《唐棣》 唐棣之華，偏其反而。孔安國曰：唐棣，棣也。明曰：《爾雅·釋木》云：唐棣，栘。常黎反。郭璞注曰：白栘，似白楊樹，江東呼爲扶栘也。又云：常棣，棣。郭璞曰：今山中有棣樹，子如櫻桃，可啗。則唐棣是栘，非棣也。常棣是棣。

宋 蔡卞《毛詩名物解》卷五《唐棣》 唐棣，栘也。其葉相向而開，相反而合，或向或反，文繡之巧麗也。故言王姬車服之盛，則曰：何彼襛矣？唐棣之華。襛，厚貌。夫文繡之巧麗而謂之厚，何也？曰：得禮之正則爲厚，失禮之正則爲薄。

宋 陸佃《埤雅》卷一三《唐棣》 唐棣，一名栘，其華反而後合。《詩》曰：唐棣之華，偏其反而。豈不爾思，室是遠而。子曰：未之思也，夫何遠之有？此《詩》三百所以無此篇歟？然則孔子删《詩》，蓋若此類。凡木之華，皆先合而後開，惟此華先開而後合。【略】陸璣《疏》云：唐棣，奥李也，一名雀梅，亦曰車下李。其華或赤或白，六月中孰，大如李子，可食。《華品序》云：洛陽亦有芍藥、緋桃、碧桃、千葉李、紅郁李之類，皆不減它出者，而洛陽人不甚惜，謂之果子華，曰某華。至牡丹則名直曰華，其意謂天下眞華獨牡丹，其名之著，不假曰牡丹而自可知也。其愛重之如此。

宋 羅願《爾雅翼》卷一一《栘》 唐棣，栘。郭璞曰：似白楊，江東呼夫栘。逸詩曰：唐棣之華，偏其反而。豈不爾思，室是遠而。孔子取而論之。栘生江南山谷，其大十數圍，無風葉動，華反而後合，所謂偏其反而者也。夫人之情反而欲其合，豈欲其常相遠哉？是詩也，其旨與《角弓》之詩同。《角弓》之詩曰：騂騂角弓，翩其反矣。兄弟昏姻，無胥遠矣。夫《角弓》

有時而反也。然反者所以爲適，唐棣有時而反也，然反者所以爲合，然則兄弟昏姻，與此室之遠豈遠也哉？亦猶二物之暫反而終合耳。故孔子曰：未之思也，夫何遠之有。又《何彼襛矣》之詩亦言『唐棣之華』，此詩以王姬車服不繫，其夫築館于外，亦有反而後合之道，至於執婦道以成肅雝，則若桃李之相輝蔽，不終反而已也。崔豹《古今注》曰：栘楊，圓葉弱蔕，微風大摇。一名高飛，一名獨摇。又曰：栘楊，一曰栘柳，亦曰蒲栘。而《齊民要術》以高飛、獨摇爲白楊之别名。又《本草·白楊注》云：取葉圓大蔕小，無風自動者。故説者云葉無風自動，此是栘楊，非白楊也。蓋白楊多悲風，又與此相類，故相雜耳。栘皮焚爲灰，置酒中，令味正，經時不敗，而枳椇木以爲屋，屋中酒則味薄，物之相反有如此者。

綜述

《爾雅·釋木》 唐棣，栘。注：似白楊，江東呼夫栘。音義：棣，大計反，下同，《字林》大内反。栘，以支反，《字林》上泥反。夫音苻。疏：舍人曰：唐棣，一名栘。郭云：似白楊，江東呼夫栘。《詩·召南》云：唐棣之華。陸璣云：奧李也，一名雀梅，亦曰車下李。所在山皆有。其華或白或赤，六月中熟，大如李子，可食。

漢　許慎　《説文》卷六 棣，白棣也。从木，隶聲。特計切。

三國吴　陸璣　《毛詩草木鳥獸蟲魚疏》卷上《唐棣之華》 唐棣，奧李也，一名雀梅，亦曰車下李。所在山中皆有。其花或白或赤，六月中成實，大如李子，可食。

晉　崔豹　《古今注》卷下 栘楊，圓葉弱蔕，微風大摇。一名高飛，一名獨摇。

唐　蘇鶚　《蘇氏演義》卷下 栘楊，圓葉弱蔕，微風大摇。一名高飛，一名獨摇。

宋　釋贊寧　《東坡先生物類相感志》卷一三《棠棣》 一名栘，生江南，出各中樹潤。無風葉自動，花反後合。《詩》云：棠棣之華。鄭注云：棠棣，栘也。崔豹《古今注》云：栘楊，葉圓弱葉，微風大摇也。

明　李時珍　《本草綱目》卷三五 扶栘音夫移。《拾遺》 釋名：栘楊、《古今注》唐棣、《爾雅》高飛、崔豹獨摇。時珍曰：栘乃白楊同類，故得楊名。按《爾雅》：唐棣，栘也。崔豹曰：栘楊，江東呼爲夫栘。圓葉弱蒂，微風則大摇，故名高飛，又曰獨摇。陸璣以唐棣爲郁李者，誤矣。郁李乃常棣，非唐棣也。集解：藏器曰：扶栘木生江南山谷。樹大十數圍，無風葉動，花反而後合。《詩》云『唐棣之華，偏其反而』是也。時珍曰：栘楊與白楊是同類二種，今南人通呼爲白楊，故俚人有『白楊葉，有風掣，無風掣』之語。其入藥之功，大抵相近。

明　吴雨　《毛詩鳥獸草木考》卷一六《唐棣》 《召南》曰：唐棣之華。《傳》：唐棣，栘也。又華如桃李。《秦風》曰：山有苞棣。《傳》：棣，唐棣也。崔豹云：栘楊，圓葉弱蔕，微風大摇，一名高飛，一名獨摇。故郭璞云『栘似白楊』是也。陸璣云：奧李也，一名雀梅，亦曰車下李。所在山皆有。其花或白或赤，六月中成熟，大如李子，可食。嚴粲云：唐棣，薁李也，蘡郁也。即《七月》之薁也。陸佃云：唐棣，一名栘，其花反而後合。凡木之花，先合而後開，惟此花先開而後合。故毛公傳詩皆據《爾雅》，如陸與嚴之言，是《豳詩》之薁，非唐棣之栘。

明　馮復京　《六家詩名物疏》卷八《唐棣》 《爾雅》云：唐棣，栘。郭云：似白楊，江東呼爲夫栘。陸疏云：唐棣，奧李也，一名雀梅，亦曰車下李。所在山皆有。其華或赤或白，五月中成實，大如李子，可食。《埤雅》云：凡木之華，皆先合而後開，惟此華先開而後合。《詩》曰：唐棣之華，偏其反而。《本草》云：扶栘木皮味苦，燒木皮置酒中令味正，經時不敗。生江南山谷，樹木十數圍，無風葉動，華反而後合。崔豹《古今注》云：栘楊，圓葉弱蒂，微風大摇。一名高飛，一名獨摇，一名栘楊，一名栘柳，亦曰蒲栘。《雅翼》云：《齊民要術》以高飛、獨摇爲白楊之别名。又《本草·白楊注》云：取葉圓大蔕小，無風自動者。故説者云葉無風自動，此是栘楊，非白楊也。按：唐棣、常棣是二種。《爾雅》云：唐棣，栘。《本草》謂之扶栘木，一名高飛，一名獨摇。《爾雅》又云：棠棣，棣。《小雅》所謂『常棣之華』也。又《本草》郁李仁一名棣，一名雀李，一名車下李，《七月》之所謂薁也。陸璣知唐棣、常棣各一種，卻不當以名奧李、車下李。五月成實者爲唐棣，故孔仲達《七月》疏俱不明瞭，《本草注》於郁李仁下既引陸氏釋常棣之文，《圖經》又引釋唐棣之文，而常、唐二字俱作棠，混之甚矣。唐棣自是楊類，雖得棣名，而實非棣也。惟鄭漁仲分析甚當，朱子《論語注》云『唐棣，郁李也』，亦陸璣誤之與？

明 陳懋仁 《庶物異名疏》卷二三《高飛》 《齊民要術》：白楊別名高飛，一名獨搖。《古今注》：栘楊，圓葉弱蒂，微風大搖。一名高飛，一名獨搖，一名栘柳，亦曰蒲栘。樹大十圍，無風葉動，花反而後合。

明 鮑山 《野菜博録》卷三 獨搖樹，一名水楡，一名高飛，一名蒲楊，生山谷中。樹頗高大，葉有三角，其味苦，無毒。

明 劉侗 《名物通》卷八 唐棣，一曰栘，樹似白楊。《詩》：鄂不韡韡。鄂，花苞也，不作跗花底也。凡木之花，皆先開而後合，此花先合而後開，故曰：偏其反而。此雖得棣名，而實非棣也。鬱，棣屬也，出《詩·豳風》篇，名車下李。

清 魏茂林 《駢雅訓纂》卷六 夫栘，棠棣也。《爾雅·釋木》：唐棣，栘。注：今白栘也，似白楊，江東呼夫栘。按：今白栘也，四字原脱，《邵氏正義》據《詩疏》增補。又郝氏《義疏》：《説文》：栘，棠棣也。《文選·甘泉賦》注引《爾雅》正作『棠棣，栘也』。《類聚》引《詩》：何彼襛矣，棠棣之華。是唐當作棠，經典通藉作唐。郭云『江東呼夫栘』者，《類聚》八十九引《詩》：夫栘，燕兄弟也，閔管蔡之失道，夫栘之華，萼不煒煒。所引蓋三家詩，此郭所本。《釋文》：栘，以支反，《字林》上泥反。夫音符。

清 牟應震 《毛詩物名考》卷五 唐棣，二果合稱也。唐即甘棠，棣即梨也。二果之分棠花、紅梨花。白棠果扁，梨果長。棠果皮薄而潤，梨果皮厚而粗。棠肉沙，梨肉膩。棠熟六七月，梨熟八九月。古人唐棣並稱者，猶松柏、桃李、楊柳、梓桐之並稱也。

圖表

晉 郭璞 《爾雅音圖·釋木》

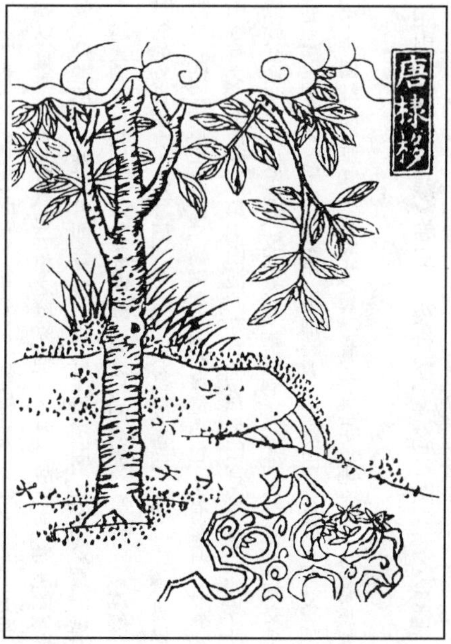

明 李時珍 《本草綱目·圖卷》

明 鮑山《野菜博録》卷三

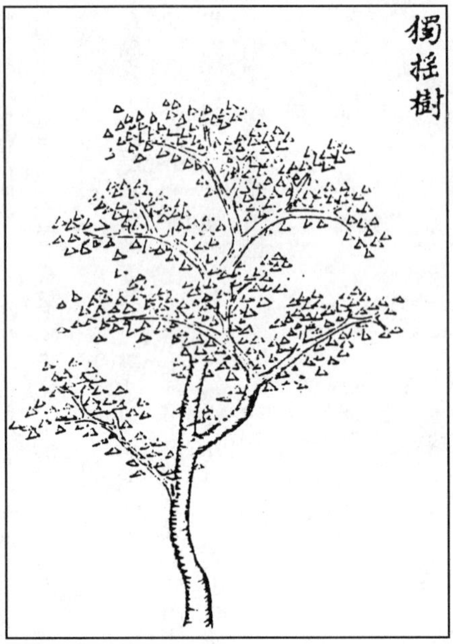

清 徐鼎《毛詩名物圖説》卷八

合歡

綜述

晉 崔豹《古今注》卷下 合歡樹似梧桐，枝葉繁，互相交結，每風來，輒身相解了，不相牽綴。樹之階庭，使人不忿。嵇康種之舍前。

宋 釋贊寧《東坡先生物類相感志》卷一三《尸利沙樹》 生西域，其果難生，若昴星時，果則生出足長五焉。

明 李時珍《本草綱目》卷三五 合歡《本經》中品 釋名：合昏、《唐本》夜合、《日華》青裳、《圖經》萌葛、《綱目》烏賴樹。頌曰：崔豹《古今注》云：欲蠲人之忿，則贈以青裳。青裳，合歡也。植之庭除，使人不忿。故嵇康《養生論》云：合歡蠲忿，萱草忘憂。藏器曰：其葉至暮即合，故云合昏。時珍曰：按王璆《百一選方》云：夜合俗名萌葛，越人謂之烏賴樹。又《金光明經》謂之尸利灑樹。集解：《本經》曰：合歡生豫州山谷，樹如狗骨樹。《别録》曰：生益州山谷。弘景曰：俗間少識，當以其非療病之功也。恭曰：此樹葉似皂莢及槐，極細，五月花發紅白色，上有絲茸。秋實作莢，子極薄細，所在山谷有之。今東西京第宅山池間亦有種者，名曰合昏。頌曰：今汴洛間皆有之，人家多植於庭除間。本似梧桐，枝甚柔弱，葉似皂角，極細而繁密，互相交結。每一風來，輒自相解了，不相牽綴。采皮及葉用，不拘時月。宗奭曰：合歡花，其色如今之醮暈綠，上半白，下半肉紅，散垂如絲，爲花之異。其綠葉至夜則合也。嫩時煠熟水淘，亦可食。

明 鮑山《野菜博録》卷三 夜合樹，一名合歡，一名合昏。木似梧桐，枝甚柔弱，葉似皂莢葉，又似槐葉，極細密。每一風來，輒似相解了，不相牽綴。其葉至暮而合。花發紅白色，瓣上若絲茸然散垂。結實作莢，子極薄細，味甘，性平，無毒。

明 劉侗《名物通》卷八 烏茸樹，一名合歡，一名青棠，一名合昏，一名夜合。花放時，如羊毛筆蘸銀珠。

清 魏茂林《駢雅訓纂》卷六 青堂，合歡也。《古今注問答釋義》第八：欲蠲人之忿，則贈之青堂。青堂一名合懽，合懽則忘忿。懽與歡同。

清 吴其濬《植物名實圖考》卷三〇《夜合花》 夜合花，産廣東，木本，長葉，花青白色，曉開夜合。

又卷三六《大毛毛花》 大毛毛花，即夜合樹。有二種：一種葉大，花如馬纓，初開色白，漸黄。一種葉小，花如毬，色淡緑，有微香近甜。滇俗四月八日，婦女無不插簪盈髻以花，似佛髻云。陳鼎《滇黔紀遊》：夜合樹高廣數十畝，枝幹扶疏曲折，開花如小山覆錦被，絶非江浙馬纓之比。宜其攀折不盡，足供茶雲壓鬢顫釵矣。

藝文

晉 楊方《合歡詩》（引自《藝文類聚》卷八九） 南鄰有奇樹，承春挺素華。豐翅被長條，緑葉蔽朱柯。因風吐微音，芳氣入紫霞。我心羡此木，願徙著余家。夕得遊其下，朝得弄其葩。爾根深且固，余宅淺且洿。移植良無期，歎息將如何。

唐 元稹《元氏長慶集》卷一四《夜合》 綺樹滿朝陽，融融有露光。雨多疑濯錦，風散似分妝。葉密煙蒙火，枝低繡拂墻。更憐當暑見，留詠日偏長。

宋 韓琦《安陽集》卷一《夜合》 俗人之愛花，重色不重香。吾今得眞賞，似矯時之常。所愛夜合花，清芬踰衆芳。葉葉自相對，開斂隨陰陽。不慚歷草滋，獨擅堯堦祥。得此合歡名，憂忿誠可忘。茸茸紅白姿，百和從風颺。沉水燎庭檻，薰陸紛纓裳。彌月固未歇，況茲夏景長。凡目不我貴，馥烈徒自將。仲尼失滅明，史遷疑子房。以貌不以行，舉世同悲傷。予欲先馨德，羣艷孰可方。直饒妖牡丹，須讓花中王。

元 吴師道《禮部集》卷二《合歡木》 合歡愛嘉名，矧復知昏旦。淮土産特多，葱蘢蔭溝岸。離離青葉解，冉冉紅茸散。静和宿露卷，動與微風戀。物意豈悦人，和樂自堪玩。蹇予寡所諧，觸事多忿悁。亦擬學嵇生，植根向庭畔。

明 李東陽《懷麓堂集》卷二〇《夜合花二絶》 夜合枝頭別有春，坐含風露入清晨。任他明月能相照，斂盡芳心不向人。

袂掩芳塵欲避春，羞將月夕换風晨。向來花品看應熟，不待開時已可人。

清 湯右曾《懷清堂集》卷一九《合歡》 合歡夕常合，葉葉自成行。金堂七十二，莫作野鴛鴦。

圖表

明 李時珍《本草綱目・圖卷》

明　鮑山《野菜博録》卷三

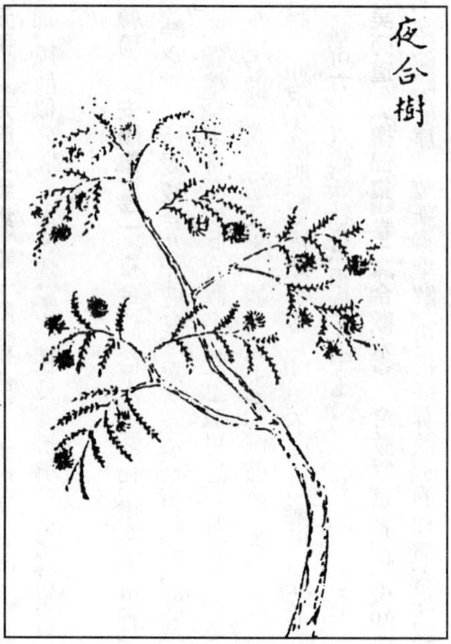

清　吳其濬《植物名實圖考》卷三〇《夜合花》

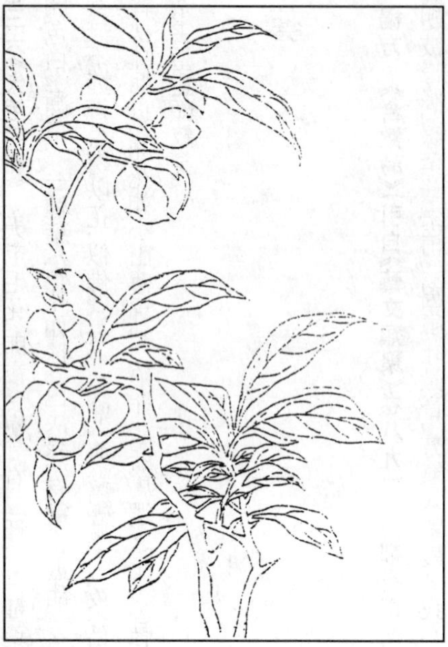

又卷三六《大毛毛花》

紫荆

綜　述

宋　沈括《**夢溪筆談・補筆談**》**卷下**　紫荆，陳藏器云：樹似黄荆，小葉，無刺。夏秋子熟，正圓如小珠。大誤也。紫叢與黄荆葉叢生，小木，葉如蔴葉，三椏而小。紫荆稍大，圓葉，實如樗莢，着樹連冬不脱，人家園亭多種之。

宋　寇宗奭《**本草衍義**》**卷一五**　紫荆木，春開紫花，甚細碎，共作朵生，出無常處，或生於木身之上，或附根土之下，直出花。花罷葉出，光緊微圓。園圃間多植之。

宋　鄭樵《**通志**》**卷七六**　紫荆，人多種庭院間，即田氏之荆也。

明　李時珍《**本草綱目**》**卷三六**　紫荆宋《開寶》　校正：併入《拾遺》紫珠。

釋名：紫珠，《拾遺》皮名肉紅、《綱目》内消。時珍曰：其木似黄荆而色紫，故名。其皮色紅而消腫，故傷科呼爲肉紅，又曰内消，與何首烏同名。集解：頌曰：紫荆處處有之，人多種于庭院間。木似黄荆，葉小無椏，花深紫可愛。藏器曰：即田氏之荆也。至秋子熟，正紫，圓如小珠，名紫珠，江東林澤間尤多。宗奭曰：春開紫花，甚細碎，共作朵生，出無常處，或生于本身之上，或附根上枝下，直出花。花罷葉出，光緊微圓。園圃多植之。時珍曰：高樹柔條，其花甚繁，歲二三次。其皮入藥，以川中厚而紫色、味苦如膽者爲勝。

明　周文華《汝南圃史》卷六《紫荆》　紫荆，叢生，木似黄荆，先花後葉，附木而芳。花深紫色，形如綴珥，二月盡始開。杜子美有『風吹紫荆樹』句，即此也。昔田氏兄弟有欲析居者，後覩三荆同枯，驚歎復合，故爲世所述。或與棣棠竝植，金紫相映，且棠棣即古常棣，其花反而復合。詩以兄弟方之，氣味相投也。《本草衍義》曰：紫荆木，春開紫花，甚細碎，共作朵生，或生於木身之上，或附於根之下，直出花。花罷葉出，光紫微圓。臘月、春初皆可分栽。《灌園史》曰：開花既罷，旁枝分種，性喜肥畏水。

清　曹溶《倦圃蒔植記》卷一《紫荆》　紫荆，枝幹枯索，花如綴珥，形色、香韻無一可取。且設食花下，尤能害人。特以京兆一事爲世所述。其法開花既罷，傍枝分種。然性喜肥，復畏水，亦當時護。

清　吴其濬《植物名實圖考》卷三五《紫荆》　紫荆，《開寶本草》始著録。處處有之。又《本草拾遺》有紫荆子，圓紫如珠，别是一種，湖南亦呼爲紫荆。《夢溪筆談》未能博考，李時珍併爲一條，亦踵誤。

藝　文

唐　韋應物《韋蘇州集》卷八《見紫荆花》　雜英紛已積，含芳獨暮春。還如故園樹，忽憶故園人。

唐　元稹《元氏長慶集》卷二一《紅荆》　庭中栽得紅荆樹，十月花開不待春。直到孩提盡驚怪，一家同是北來人。

宋　舒岳祥《閬風集》卷六《詠紫荆花》　自古惟聞棠棣詠，後人多感紫荆回。固知天理隨機觸，亦本詩人起興來。枯條誰綴桃花米，嫩蕊初挼撒酒媒。野老門前栽一樹，纔開桐角此花開。

圖　表

明　李時珍《本草綱目·圖卷》

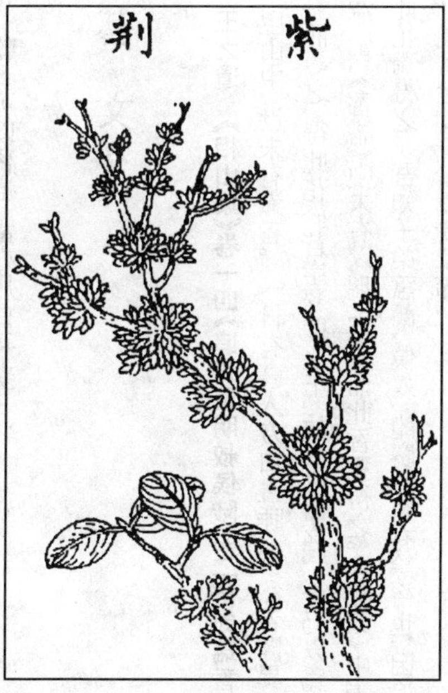

清　吴其濬《植物名實圖考》卷三五《紫荆》

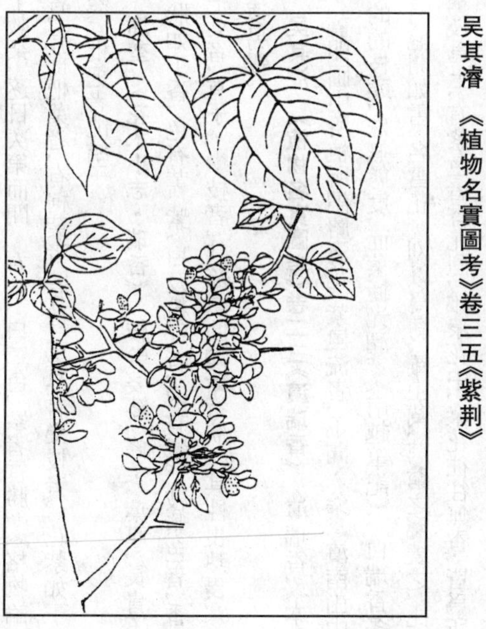

瑞香

綜述

宋 侯延慶《退齋雅聞録·瑞香花》（引自《説郛》卷一七） 瑞香花，種出江州廬山，今長沙競種成俗，一採有至百千花者。最忌麝或佩麝觸之，花輒萎死。惟頻瀹茶灌其根，則不爲蟲所蝕。

宋 吴曾《能改齋漫録》卷一五《瑞香花》 廬山瑞香花古所未有，亦不産他處。天聖中，人始稱傳。東坡諸公，繼有詩詠，豈靈草異芳，俟時乃出。故記序篇什，悉作『瑞』字。《廬山記》中亦載《瑞香花記》。納禪師云：山中瑞采一朝出，天下名香獨見知。張祠部壟名佳客，以瑞爲睡焉。其詩曰：曾向廬山睡裏聞，香風佔斷世間春。窺花莫撲枝頭蝶，驚覺南窗午夢人。

明 李時珍《本草綱目》卷一四 瑞香《綱目》 集解：時珍曰：南土處處山中有之。枝幹婆娑，柔條厚葉，四時不凋。冬春之交，開花成簇，長三四分，如丁香狀，有黄、白、紫三色。《格古論》云：瑞香高者三四尺，有數種，有枇杷葉者，楊梅葉者，柯葉者，毬子者，攣枝者。惟攣枝者花紫香烈，枇杷葉者結子。其始出于廬山，宋時人家栽之，始著名。攣枝者，其節攣曲，如斷折之狀也。其根綿軟而香。

明 謝肇淛《五雜俎》卷一〇 瑞香，原名睡香，相傳廬山一比丘僧晝寢山石下，夢寐之中但聞異香酷烈，覺而尋之，因得此花，故名睡香。後好事者奇其事，以爲祥瑞，廼改爲瑞。

明 王路《花史左編》卷一八《花之證·瑞香》 《格物論》：瑞香樹高三四尺，枝幹婆娑，葉厚，深緑色。有楊梅葉者，有枇杷葉者，有柯葉者，有毬子者，有奕枝者。花紫如丁香，惟奕枝者香烈。枇杷者能結子。本朝始著名瑞香，出于廬山。

明 周文華《汝南圃史》卷六《瑞香》 瑞香，樹高三四尺，枝幹婆娑，葉厚，深緑色。《邵武府志》云：其樹奪枝而生，冬春之際，每枝頭結蘂一簇，每簇率十數朵，逐日次第而開。有紫、白二色，紫者香勝。《格物論》云：有楊梅葉者，有枇杷葉者，有柯葉者，有毬子者，有欒枝者。花紫如丁香，惟欒枝者香烈。枇杷者能結子。

清 謝堃《花木小志·瑞香》 枝幹婆娑，條柔，葉厚，長青不敗。開花成簇，狀如丁香，色有黄、紫、白及粉紅者，内有攣。枝紫色者，香尤馥郁。葉似枇杷葉者，有子。攣枝者，其節攣曲如斷折狀。其性畏熱畏寒，香氣能損它花，須另置。

清 吴其濬《植物名實圖考》卷二三《滇瑞香》 滇瑞香，《本草綱目》始著録。蓋即圃中所植所謂麝囊花、紫風流者，不聞入藥。滇南山中有一種白花者，的的枝頭，殊無態度，而葉極光潤。《南越筆記》：白瑞香多生乳源山中，冬月盛開如雪，名雪花。刈以爲薪，雜山蘭、芎藭之屬燒之，比屋皆香。其種以攣枝爲上，有紫色者香尤烈，雜衆花中，衆花往往無香，皆爲所奪。一名奪香花。乾者可以稀痘，當亦用白花者耳。

藝文

宋 王之道《相山集》卷一四《追和賈明叔侯陟明二侍郎瑞香二首》 睡香始生廬山中，世未有識者。一日有高人方白晝睡，怳然若聞異香，忽神思清發，覺而尋之，得此花於蒼崖翠壁之上，故因以命名。今乃以爲瑞香，非也。雖然無害，《香譜》中未有以瑞名者，而此香獨得之。《花譜》中未有以香名者，而此花獨得之。吾知子弟蕙蘭、僕奴、龍麝綽綽有餘裕也，因追和無爲先生韻，庶幾當世知音者爲我擊節。

日午高人睡正濃，幽香初破碧山紅。忽然夢覺尋無處，會有東來一陣風。

深院重簾數尺墻，對花何必竟燒香。九齡風度高難挹，舉世紛紛漫芴囊。

宋 陳造《江湖長翁集》卷一七《次韻錢倅諸公睡香花四首》 鈎窗玩孤芳，殘月衣上明。紫囊拆蘭麝，小風弄初晴。其二：幽人睡爲鄉，長日踵納息。天香唤醒然，頗復費詩力。其三：輩流魏家芳，要領僧榻夢。倏然目爲青，未敢蜚鴻送。其四：小籬護殷鮮，久厭雜芳眩。風煙桃李蹊，一付檀槐戰。

宋　范成大《石湖詩集》卷一《瑞香花》　萬粒叢芳破雪殘，曲房深院閉春寒。紫紫青青雲錦被，百疊薰籠晚不翻。酒惡休拈花蘂嗅，花氣醉人醲勝酒。大將香供惱幽禪，恰在蘭枯梅落後。

又卷三二《瑞香三首》　小檻移秀色，端來媚禪房。道人不解飲，醺然醉天香。紫雲蹙繡被，團欒覆衣篝。濃薰百和韻，香極却成愁。一叢三百朶，細細拆濃檀。簾幕護花氣，不知窗外寒。

宋　楊萬里《誠齋集》卷八《瑞香花》　織錦天孫矮作機，紫茸翻出白花枝。更將沉水濃薰却，日淡風微欲午時。

樹如巖桂不勝低，花比素馨幽更奇。要作團欒小窠錦，春風不長出籬枝。

宋　趙公豫《燕堂詩稿·瑞香》　本屬廬山種，今移到小堂。疎枝依淺土，永日吐清香。不獨供欣賞，還宜兆吉祥。春深花氣減，對此更微茫。

圖表

明　李時珍《本草綱目·圖卷》

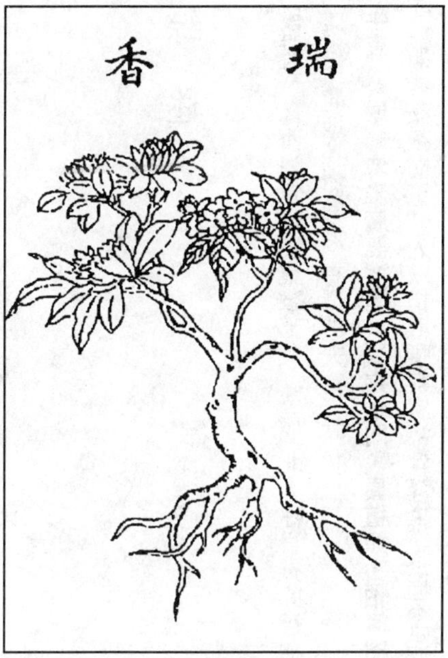

清　吳其濬《植物名實圖考》卷二三《滇瑞香》

清　吳其濬《植物名實圖考》卷二四《金腰帶》

紫薇

綜述

唐　段成式《酉陽雜俎續集》卷九　紫薇，北人呼爲猴郎達樹，謂其無皮猿不能捷也。北地其樹絶大，有環數夫臂者。

明　牛衷《增修埤雅廣要》卷三〇《卉物門·異植類·怕癢樹》　怕癢樹，坡詩注：即紫薇花樹也。人以指爪爬其膚，則其枝葉膻摇不已。

清　嵇璜《續通志》卷一七六　紫薇，一名百日紅，一名滿堂紅，一名怕癢樹，一名猴刺脱。有數種，紫者爲紫薇，其紫帶藍焰者名翠薇，鮮紅者名花薇，白者名白薇。

藝文

唐　白居易《白香山詩集》卷一九《紫薇花》　絲綸閣下文章静，鐘鼓樓中刻漏長。獨坐黄昏誰是伴，紫薇花對紫微郎。

又卷二七《紫薇花》　紫薇花對紫微翁，名目雖同貌不同。獨佔芳菲當夏景，不將顔色託春風。潯陽官舍雙高樹，興善僧庭一大叢。何似蘇州安置處，花堂闌下月明中。

宋　王之道《相山集》卷一二《紫薇花》　過盡紅薇到紫薇，廣庭高檻見芳菲。繽紛不逐槐花落，拂掠應從燕子飛。枝壓畫簷朝露重，影摇苔砌午風微。何當草詔絲綸閣，伴我黄昏坐禁闈。

宋　陶弼《邕州小集·紫薇花》　人言清禁紫微郎，草詔紫薇花影傍。山木不知官況别，也隨紅白上東廊。

宋　陸游《劍南詩稾》卷一六《紫薇》　鐘鼓樓前宫樣花，誰令流落到天涯。少年妄想今除盡，但愛清樽浸晚霞。

宋　劉克莊《後村集》卷四《紫微花》　風標雅合對詞臣，映硯窺窻伴演綸。忽發一枝深谷裏，似知茅屋有詩人。

宋　王十朋《梅溪前集》卷七《紫微花俗名滿堂紅》　盛夏緑遮眼，兹花紅滿堂。自慚終日對，豈是紫微郎。

明　葉盛《菉竹堂稿》卷二《紫微》　一樹猩紅滿意新，南風吹雨濕津津。絲綸閣下重逢處，青眼相看似故人。

明　薛蕙《考功集》卷五《紫薇》　紫薇開最久，爛漫十旬期。夏日逾秋序，新花續故枝。楚雲輕掩冉，蜀錦碎參差。卧對山窻下，猶堪比鳳池。

明　文嘉《和州詩集·紫薇》（引自《文氏五家集》卷九）　庭下紫薇花，點點凝腥血。何如獨對時，浸此一鈎月。

丁香

綜述

宋　洪芻《香譜》卷上《丁香》　《山海經》曰：生東海及崑崙國。二三月花開，七月方結實。《開寶本草》注云：生廣州，樹高丈餘，凌冬不凋。葉似櫟而花圓細，色黄，子如丁，長四五分。紫色中有麁大，長寸許者，俗呼爲母丁香。擊之則順理而折。味辛，主風毒諸腫。能發諸香及止乾、霍亂、嘔吐各驗。

宋　陸游《老學庵筆記》卷八　沈存中辯雞舌香爲丁香，亹亹數百言，竟是以意度之。惟元魏賈思勰作《齊民要術》，第五卷有合香澤法，用雞舌香。此最的確，可引之證，而存中反不及之。以此知博洽之難也。

明　谷泰《博物要覽》卷一五　丁香生東海及崑崙國，二三月花開，七月結寔。又云：樹高丈餘，凌冬不雕。葉似櫟，而花圓細，色黄。子如丁，長四五分，紫色。中有粗大長寸許者名母丁香。

明　李時珍《本草綱目》卷三四　丁香宋《開寶》　校正：併入《别録》雞

舌香。釋名：丁子香、《嘉祐》雞舌香。藏器曰：雞舌香與丁香同種，花實叢生，其中心最大者爲雞舌，擊破有順理而解爲兩向如雞舌，故名，乃是母丁香也。禹錫曰：按《齊民要術》云：雞舌香，俗人以其似丁子，故呼爲丁子香。時珍曰：宋《嘉祐本草》重出雞舌，今併爲一。集解：恭曰：雞舌香，樹葉及皮並似栗，花如梅花，子似棗核，此雌樹也，不入香用。其雄樹雖花不實，采花釀之以成香。出崑崙及交州、愛州以南。珣曰：丁香生東海及崑崙國。二月、三月花開紫白色。至七月方始成實，小者爲丁香，大者如巴豆爲母丁香。志云：丁香生交、廣、南番。按《廣州圖》上丁香，樹高丈餘，木類桂，葉似櫟葉，花圓細，黄色，凌冬不凋。其子出枝蕊上如釘，長三四分，紫色。其中有粗大如山茱萸者，俗呼爲母丁香。二月、八月采子及根。一云盛冬生花、子，至次年春采之。頌曰：雞舌香，《唐本草》言其木似栗，《南越志》言是沉香花，《廣志》言是草花，蔓生，實熟貫之，可以香口。其說不定。今人皆以乳香中揀出木實似棗核者爲之，堅頑枯燥，絶無氣味，燒亦無香，用療氣與口臭則甚乖疎，不知緣何以爲雞舌也。京下老醫言，雞舌與丁香同種，其中最大者爲雞舌，即母丁香，療口臭最良，治氣亦效。葛稚川《百一方》治暴氣刺心痛，用雞舌香酒服。又《抱朴子》書，以雞舌、黄連、乳汁煎之，注目，治百疹之在目者皆愈，更加精明。古方治瘡癰五香連翹湯用雞舌香，而孫眞人《千金方》無雞舌，用丁香，似爲一物也。其采花釀成香之説，絶無知者。慎微曰：沈存中《筆談》云：予集《靈苑方》，據陳藏器《拾遺》，以雞舌爲丁香母。今考之，尚不然。雞舌即丁香也。《齊民要術》言雞舌俗名丁子香。《日華子》言丁香治口氣，與《三省故事》載漢時郎官日含雞舌香，欲其奏事芬芳之説相合。及《千金方》五香湯用丁香，無雞舌，最爲明驗。《開寶本草》重出丁香，謬矣。今世以乳香中大如山茱萸者爲雞舌，略無氣味，治疾殊乖。承曰：《嘉祐補注》及蘇頌《圖經》引諸書，以雞舌爲丁香。《抱朴子》言可注眼，但丁香恐不宜入眼，含之口中熱臭，不可近。乳香中所揀者，雖無氣味，却無臭氣，有痰利九竅之理，諸方用治小兒驚癇，亦欲其達九竅也。斅曰：丁香有雌雄。雄者顆小，雌者大如山萸，更名母丁香，入藥最勝。時珍曰：雄爲丁香，雌爲雞舌。諸説甚明，獨陳承所言甚爲謬妄，不知乳香中所揀者乃番棗核也，即無漏子之核，見果部。前人不知丁香即雞舌，誤以此物充之爾。乾薑、焰硝尚可點眼，草果阿魏番人以作食料，則丁香之點眼、噙口又何害哉？

明　王圻《稗史彙編》卷一五四《丁香》　丁香生廣州，樹大丈餘。葉似櫟，而花圓細，色黄。子如釘，長四五分，紫色。有粗大者，長寸許，呼爲母丁香，擊之則順理而拆。

清　吴其濬《植物名實圖考》卷二六《丁香花》　《山堂肆考》：江南人謂丁香爲百結花。《草花譜》：紫丁香，花如細小丁香而瓣柔，色紫，蓓蕾而生。按：丁香北地極多，樹高丈餘，葉如茉莉而色深緑。二月開小喇叭花，有紫、白兩種，百十朵攢簇，白者香清，花罷結實如連翹。

又卷二九《野丁香》　野丁香，生雲南山坡，高尺許，赭莖甚勁，數葉攢簇，層層生發。花開葉間，宛似丁香，亦有紫、白二種。

又《滇丁香》　丁香，生雲南圃中。木本如藤，葉如枇杷葉，微尖而光。夏開長柄筩子花，如北地丁香成簇，而五瓣團團，大逾紅梅，柔厚嬌嫩，又似秋海棠，中有黄心兩三點，有色鮮香，故不甚重。

又《藏丁香》　藏丁香，或云種自西藏來，枝幹同滇丁香，葉糙有毛。開花白色，有香故勝。

藝文

唐　杜甫《杜工部集》卷一二《江頭五詠丁香》　丁香體柔弱，亂結枝猶墊。細葉帶浮毛，疎花披素艷。深栽小齋後，庶近幽人占。晚墮蘭麝中，休懷粉身念。

唐　陸龜蒙《甫里集》卷一二《丁香》　江上悠悠人不問，十年雲外醉中身。殷勤解却丁香結，縱放繁枝散誕春。

宋　陶弼《邕州小集・丁香》　萬枝千葉遞相親，内結花心外結身。草木至微猶有合，悲哉父子與君臣。

宋　高似孫《剡録》卷九《草木禽魚上・丁香》　剡山白丁香絶多，殊不惡。李賀詩：亂繫丁香梢，滿欄花向夕。錢起《丁香》詩：露香濃結桂，池影鬪蟠虬。

明　吴寛《家藏集》卷一九《丁香》　花開不結實，徒冒丁香名。枝頭綴紫粟，旖旎香非輕。乃知博物者，名以香而成。或者樹相類，惜未南中行。初栽只一幹，肥壤枿爭萌。分移故園内，不知枯與榮。終當問來使，亦欲如淵明。

清　陳元龍《愛日堂詩集》卷九《瓌召集三・紫丁香》　黯影垂垂傍曲廊，朦朧何處認花光。宫中舊識昭容袖，階畔初含侍史香。曉露正濃欹半樹，流雲欲墮壓千房。春風簾幙應深護，不逐楊花到處狂。

二：交枝接葉影參差，十五盈盈斂翠眉。偏惜芳名同豆蔻，未將豔色傍金龜。羅囊風度香難辨，繡結光摇重每垂。便擬移牀依錦幄，夜深花氣少人知。

清　愛新覺羅・弘曆《清高宗詩四集》卷七《丁香》　底須香與瑞香猜，丰度能斯伯仲哉。任是靈心工百結，東風一度也教開。

圖表

明　李時珍《本草綱目・圖卷》

清　吴其濬《植物名實圖考》卷二六《丁香花》

又卷二九《野丁香》

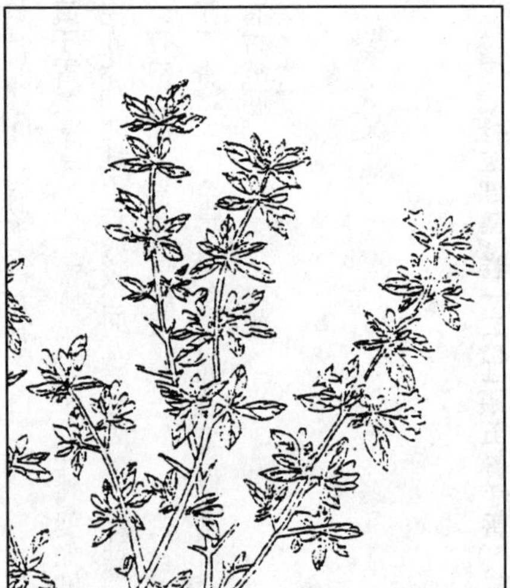

又《滇丁香》

又《藏丁香》

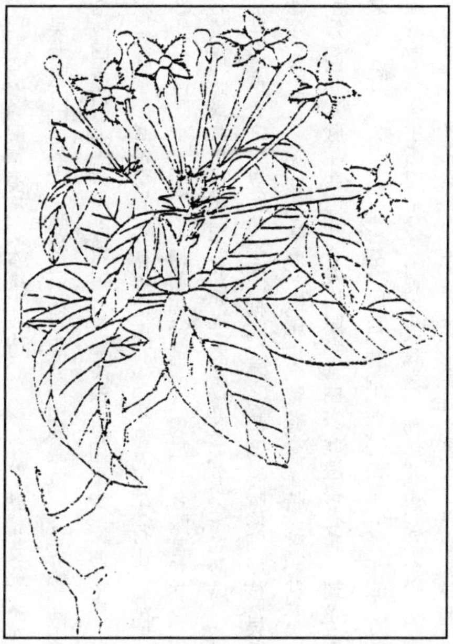

凌霄

綜述

《爾雅・釋草》 苕，陵苕。注：一名陵時。《本草》云。黄華，蔈；白華，茇。注：苕，華色異，名亦不同。音義：菆，豬葉反，又阻留反。苕，徒舟反，下同。蔈，必遥反。茇，郭音沛，補蓋反，又音撥。《説文》云：草之白華爲茇，音布末反。疏：苕，一名陵苕，《本草》一名陵時。舍人曰：苕，陵苕也。黄華名蔈，白華名茇，别花色之名也。陸璣《疏》云：一名鼠尾，生下濕水中，七八月中華紫，似今紫草，可染皂，煮以沐髮即黑。《詩・小雅》云：苕之華，芸其黄矣。鄭《箋》云：陵苕之華，紫赤而繁。陸璣亦言其華紫色。而此云黄白者，蓋就紫色之中有黄紫、白紫耳。及其將落，則全變爲黄。故《詩》云：芸其黄矣。毛《傳》云『將落則黄』是也。

唐　段成式《酉陽雜俎》卷一八 凌霄花中露水損人目。

宋　邵博《聞見後録》卷二九 凌霄花有毒，一作出蜀。有人凌晨仰視其花，花中露水滴入眼中，遂失明。或云金錢亦然。

宋　鄭樵《通志》卷七六 紫葳，曰陵苕，曰茇華，曰女葳，曰陵時，曰陵霄藤。生依緣大木。今人謂之凌霄花，有黄、白二種。《爾雅》云：苕，陵苕。黄華，蔈；白華，茇。白華者少。故《詩》云『苕之華』，云『其黄矣』。

宋　羅願《爾雅翼》卷三《陵苕》 苕，陵苕。黄華，蔈；白華，茇。華色既異，名亦不同。今凌霄花是也。蔓生，喬木，上極木所至，開花其端。《詩》云：苕之華，芸其黄矣。鄭《箋》以爲陵苕之華，紫赤而繁華，衰則黄，蓋非也。是物雖名紫葳，而花不紫。又或以瞿麥根爲紫葳，瞿麥花紅，亦非此類。然則芸其黄者，正自華開之色耳。周室之於諸夏，猶衣服之有冠冕，木水之有本原。蓋有深根固植之義，不特以其在物上而已。今苕雖居高在物之上，然荏弱而託於物所自恃者，微矣。雖華而芸黄，葉而青青，識者知其將不久也。故見其華則爲之憂傷，逮其華落而葉存，則不如無生矣。此華亦彌絡石壁，盛夏視之如錦繡，不可仰望，露滴目中有失明者。

明 李時珍《本草綱目》卷一八 紫葳《本經》中品 校正：自木部移入此。釋名：凌霄、蘇恭陵苕、《本經》陵時、郭璞女葳、甄權茇華、《本經》武威、吳普瞿陵、吳普鬼目。吳氏 時珍曰：俗謂赤艷曰紫葳葳，此花赤艷，故名。附木而上，高數丈，故曰凌霄。正誤：弘景曰：是瞿麥根，方用至少。《博物志》云：郝晦行太行山北，得紫葳華。必當奇異，今瞿麥處處有之，不應乃在太行山。恭曰：紫葳、瞿麥皆《本經》藥，體性既乖，生處亦不相關。《爾雅》云：苕，一名陵苕。郭璞注云：一名陵時。又名凌霄，此爲眞也。頌曰：孔穎達《詩疏》亦云：苕，一名陵時。今《本草》無陵時之名，惟鼠尾草有之。豈所傳不同，抑陶、蘇之誤耶？時珍曰：按《吳氏本草》：紫葳一名瞿陵。陶弘景誤作瞿麥字爾。鼠尾止名陵翹，無陵時，蘇頌亦誤矣。並正之。集解：《別録》曰：紫葳生西海川谷及山陽。恭曰：此凌霄花也。連莖葉用。《詩》云：有苕之華，云其黃矣。《爾雅》云：陵苕，黃華，蔈；白華，茇。山中亦有白花者。頌曰：今處處皆有，多生山中，人家園圃亦或栽之。初作蔓生，依大木，久延至巔。其花黃赤，夏中乃盛。今醫家多采花乾之，入女科藥用。時珍曰：凌霄野生，蔓纔數尺，得木而上，即高數丈，年久者藤大如杯。春初生枝，一枝數葉，尖長有齒，深青色。自夏至秋開花，一枝十餘朵，大如牽牛花，而頭開五瓣，赭黃色，有細點，秋深更赤。八月結莢如豆，莢長三寸許。其子輕薄如榆仁、馬兜鈴仁。其根長亦如兜鈴根狀，秋後采之，陰乾。

明 愼懋官《華夷花木鳥獸珍玩考》卷五《凌霄藤》 威於具戒院見凌霄藤，遇夏萎悴，人欲伐之，因謂之曰：勿剪。慧忠還時，此藤更生。及師回，果如其言。

清 魏茂林《駢雅訓纂》卷六 凌霄，紫葳，陵苕也。《經史證類大全・本草・木部・中品》：紫葳，一名凌苕。《唐本注》云：此即凌霄花也。《爾雅・釋草》郭云：一名陵時，又名凌霄。按：今本《爾雅》注無『又名凌霄』四字。《本草》紫葳，亦無陵時之名。《圖經》謂古今所傳書有異同是也。苕音調，葳音威。

清 陳淏子《秘傳花鏡》卷四《藤蔓類考・凌霄花》 凌霄，一名紫葳，又名陵苕、鬼目。蔓生，必附于木之南枝而上，高可數丈，蔓間有鬚如蝎虎足，着樹最堅牢，久則本大如盃。春初生枝，一枝數葉，尖長有齒，深青色。開花每枝十餘朵，大若牽牛狀。花頭開五瓣，上有數點黃色，夏中乃盈，深秋更赤。八月結莢如豆角，長三寸許，子輕薄如榆仁。用以蟠綉石，自是可觀。但花香劣，聞太久則傷腦。婦人聞之能墮胎，不可不慎。昔洛陽富韓公家植一本，初無所依附而能特立，歲久遂成大樹，亭亭可愛，亦草木之出乎其類者也。

紀事

宋 陸游《老學庵筆記》卷九 凌霄花未有不依木而能生者，惟西京富鄭公園中一株，挺然獨立，高四丈，圍三尺餘，花大如杯，旁無所附。宣和初，景華苑成，移植於芳林殿前，畫圖進御。

藝文

唐 白居易《白氏長慶集》卷二《有木詩八首》 有木名凌霄，擢秀非孤標。偶依一株樹，遂抽百尺條。託根附樹身，開花寄樹梢。自謂得其勢，無因有動摇。一旦樹摧倒，獨立暫飄颻。疾風從東起，吹折不終朝。朝爲拂雲花，暮爲委地樵。寄言立身者，勿學柔弱苗。

宋 梅堯臣《宛陵集》卷三〇《凌霄花》 草木不解行，隨生自有理。觀此引蔓柔，必憑高樹起。氣類固未合，紫纏豈由己。仰見蒼虬枝，上發彤霞蘤。層霄不易凌，樵斧誰家子。一日摧作薪，此物當共委。

又卷六〇《凌霄花賦》 厥草惟夭，厥木惟喬。草有柔蔓，木有繁條。緣根兮附質，布葉兮敷苗。朱華粲兮下覆，本幹蔽兮不昭。嗟乎！此木幾歲幾年而至於合抱，夫何此草一旦一夕而遂曰凌霄？是使藜藿蒿艾，慕高豔而仰翹翹也。安知蘋藻自潔，蘭蕙自芳，芙蓉出汙而自麗，芝菌不根而自長。或紉珮帶，或采頃筐，或製裳於騷客，或登歌於樂章。故得爲馨爲薦，爲嘉爲祥。皆無附著，亦以名揚，奚必託危柯而後昌？吾謂木老多枯，風高必折。

當是時，將恐摧爲朽荄，不復萌蘖，豈得與百卉並列也耶？

宋　文同《**丹淵集**》**卷一二**《**凌霄附栢**》　古栢蒼蒼高入雲，凌霄萬朵擁其身。有如巨君染鬚髮，新娶杜陵佳麗人。

宋　韋驤《**錢塘集**》**卷四**《**和凌霄花**》　翠蔓緣株上，紅芳冒暑開。凌霄誠有謂，託質豈無媒。

宋　范浚《**香溪集**》**卷三**《**凌霄花**》　栽松待成陰，種漆擬作器。人皆笑艱拙，往往後得利。君看植凌霄，百尺蔓柔翠。新花鬱煌煌，照日吐妍媚。風霜忽摇落，大木亦雕瘁。視爾託根生，枯莖無殘蔕。先榮疾蕭瑟，物理固難恃。凌霄亟芳華，衰歇亦容易。

宋　高似孫《**剡録**》**卷九**《**草木禽魚上·凌霄**》　元稹詩：寒竹秋雨重，凌霄晚花落。白居易詩：有木名凌霄，擢秀非孤標。陸游詩：庭中青松四無鄰，凌霄百尺依松身。

清　陳元龍《**愛日堂詩集**》**卷二**《**凌霄花**》　不識孤藤發異葩，殷紅的爍赤城霞。可憐枉負凌霄號，漫倚婆娑一樹斜。

朱萼偏迎旭日開，杜鵑榴火莫相猜。傷心不及閒花草，得拂珠簾上玉臺。

清　愛新覺羅·弘曆《**清高宗詩四集**》**卷二二**《**凌霄**》　宵雅苕華早著名，隨風飄颺自專榮。笑伊縱有凌霄志，不附他柯總不成。

又卷六一《**凌霄**》　赤艷因而喚紫葳，舞風飲露恣芳菲。雖然具有凌霄志，郍免依枝附木譏。

清　焦循《**雕菰集**》**卷五**《**凌霄**》　多文不自富，依人上層級。耐久顔不衰，更染胭脂汁。

圖表

晉　郭璞《**爾雅音圖·釋草**》

明　李時珍《**本草綱目·圖卷**》

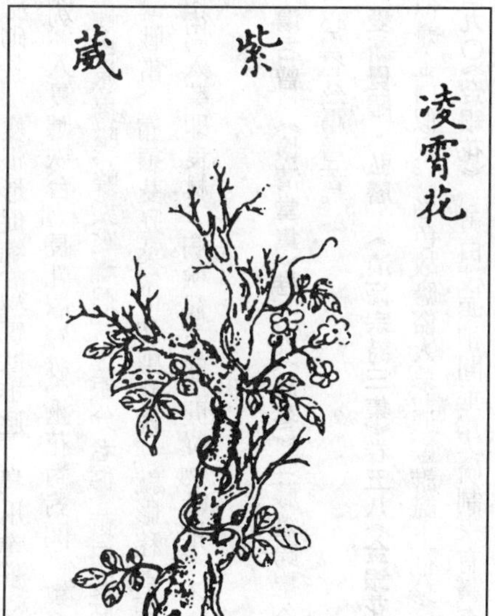

金銀花

綜述

明 朱橚《救荒本草》卷四 金銀花，《本草》名忍冬，一名鷺鷥藤，一名左纏藤，一名金釵股，又名老翁鬚，亦名忍冬藤。舊不載所出州土，今輝縣山野中亦有之。其藤凌冬不凋，故名忍冬草。附樹延蔓而生，莖微紫色。對節生葉，葉似薜荔葉而青。又似水茶臼葉，頭微團而軟，背頗澁。又似黑豆葉而大。開花五出，微香，蔕帶紅色。花初開白色，經一二日則色黄，故名金銀花。《本草》中不言善治癰疽發背，近代名人用之奇效。味甘，性温，無毒。

明 李時珍《本草綱目》卷一八 忍冬《别録》上品 釋名：金銀藤、《綱目》鴛鴦藤、《綱目》鷺鷥藤、《綱目》老翁鬚、《綱目》左纏藤、《綱目》金釵股、《綱目》通靈草《土宿》、蜜桶藤。弘景曰：處處有之。藤生，凌冬不凋，故名忍冬。時珍曰：其花長瓣垂鬚，黄白相半而藤左纏，故有金銀、鴛鴦以下諸名。金釵股，貴其功也。土宿眞君云：蜜桶藤，陰草也。取汁能伏硫制汞，故有通靈之稱。集解：《别録》曰：忍冬十二月采，陰乾。恭曰：藤生，繞覆草木上，莖苗紫赤色，宿蔓有薄皮膜之，其嫩蔓有毛。葉似胡豆，亦上下有毛。花白蘂紫。今人或以絡石當之，非矣。時珍曰：忍冬在處有之。附樹延蔓，莖微紫色，對節生葉，葉似薜荔而青，有澁毛。三四月開花，長寸許，一蒂兩花二瓣，一大一小，如半邊狀，長蘂。花初開者，蘂瓣俱色白，經二三日，則色變黄，新舊相參，黄白相映，故呼金銀花，氣甚芬芳。四月采花，陰乾。藤葉不拘時采，陰乾。

明 劉侗《名物通》卷七 金銀花，開花五出，微香，蔕帶紅色，初開白色，經一二日則色黄，故名。

藝文

清 查慎行《敬業堂詩集》卷四一《木本金銀花十四韻》 本是沿籬蔓，今成傍砌栽。瘦根形促縮，短梗狀堆厖。鳥爪拳筋立，蛇皮換骨來。忍冬經凛烈，入夏應恢台。長乳層層發，幽花對對開。雛鶯飛閃爍，小鶴舞毰毸。蝶粉悠揚墜，蜂鬚颭灩迴。金銀分老穉，黄白變胚胎。最好清含露，尤宜薄戰雷。痛須芟冗葉，惜勿剪條枚。就影移書案，留香泛酒杯。資生無秘術，入藥即良材。病檢醫方熟，閒從物性推。不貪能識氣，衆眼漫相猜。

清 湯右曾《懷清堂集》卷一九《忍冬》 藤纏跨巖谷，不與衆草伍。保爾歲寒心，忍茲霜雪苦。

清 愛新覺羅·弘曆《清高宗詩三集》卷五八《金銀花》 鷺鷥藤吐嫩花新，黄似兼金白似銀。名色故應俗人慕，通靈誰識上仙珍。

又卷九〇《金銀花》 黄白枝頭相間垂，伏硫制汞有靈奇。設如王衍花間立，阿堵應同概屏之。

圖表

明 朱橚《救荒本草》卷四

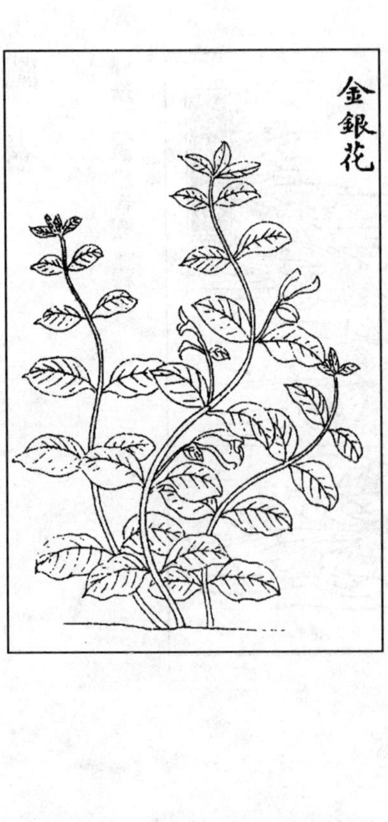

明　李時珍《本草綱目·圖卷》

忍冬金銀花

莢迷　繡毬　瓊花

綜述

金　元好問《續夷堅志》卷三《炭谷瓊花》　鄠縣西南十里曰炭谷，入谷五里有瓊花樹。樹大四人合抱，逢閏即花。初伏開，末伏乃盡。花白如玉，攢開如聚八仙狀。中有玉蝴蝶一，高出花上，花落不着地，乘空而起。亂後爲兵所斫云。

明　李時珍《本草綱目》卷三五　莢蒾《唐本草》　釋名：擊迷、《詩疏》羿先。同上　集解：恭曰：莢蒾，葉似木槿及榆，作小樹，其子如疏溲，兩兩相對，而色赤味甘。陸璣《詩疏》云：檀、榆之類也。所在山谷有之。藏器曰：生北土山林中，皮堪爲索。

明　慎懋官《華夷花木鳥獸珍玩考》卷四《瓊花》　一名玉蘂花，在蕃釐觀內。或云唐所植，天下獨一株，故宋歐陽修作無雙亭以賞之。元至正間朽，以八僊花補之，鄭惠剔辯其不同者有三：瓊花大而瓣厚，色淡黃，不結子而香，葉柔而瑩澤；八僊花小而瓣薄，色微青，結子而不香。

明　焦周《焦氏說楛》卷三　瓊花，古所最貴。相傳惟揚州瓊花觀后土殿前一株。吾鄉先生盧玉田有花癖，自號萬花主人，嘗曰古瓊花即今綉毬花耳。偶觀宋人詩餘，有《詠瓊花·揚州慢》序云：比聚八仙相類而不同者三：瓊花大而瓣厚，色淡黃，聚八仙小而瓣薄，其色青，一也；瓊花葉柔而瑩澤，聚八仙葉麄而有芒，二也；瓊花蘂與花平，不結子而香，聚八仙蘂低于花，結子而不香，三也。余按：聚八仙即今以接綉毬者，始知前輩言必有徵。而瓊花之名，一晦聲價頓減，亦自有幸不幸也。虛齋詞『看冰花剪剪，擁碎玉成毬』亦可證。姚剡川以爲即聚八仙，謬。宋傅子容詩：因看異代前賢帖，知是唐昌玉蕊花。王介甫以爲瑒花，山谷以爲山礬，用修謂即今梔子。不知王建詩『一樹玲瓏玉刻成』，殊不肖也。山礬今殊有種亦非。曾讀《瓊花觀碑》：兀朮擕北去竟死，拾歸復活，明年開花極敷而死。又曰：開止一朵花，元至正間朽，以八仙花補之。相類可知。王定國《見聞雜録》：仁宗嘗分植禁中，明春輒枯，載還廟中，鬱茂如故。因構亭下榜曰：無雙。蔣正子《山房隨筆》云：德祐中，北師至，花遂不榮。趙棠國有詩弔之云：名擅無雙氣已雄，忍將一死報東風。它年我若脩花史，合傳瓊妃列女中。

明　鮑山《野菜博録》卷四　孩兒拳樹，《本草》名莢蒾，生山野中。樹小，葉似杏葉頗大薄澁，枝葉間開黃花。結子共爲一攢，生青熟赤，味甘，微苦，性平，無毒。

清　劉廷璣《在園雜志》卷三　繡毬，一名雪毬，一名玉團，舊皆木本大樹。近以通洋，自洋載至中國者，名洋繡毬，草本也。其花初放，小蕊黃色，成毬始白，將敗則紫，開最長久，惟畏日耳。截枝插地，避陰易活。

清　沈自南《藝林彙考·植物篇》　瓊花、玉蕊本是一種，觀瓊花取義可見。以玉蕊爲梔子，惟唐長安一株。元白賦詩甚貴重。又曰：花白心黃，三四月開，芳芬滿野，高可數丈。則爲今千葉梔子無疑。人但疑其本之高耳。

清　吴其濬《植物名實圖考》卷二三《鞭打繡毬》　鞭打繡毬，生大理府，細葉，莖如水藻，近根處有葉大如指，梢端開淡紫花，尖圓如小毬。俚醫用之，云性温，味微甘，治一切齒痛，煎湯含口吐之。

又卷二六《野繡毬》　野繡毬，如繡毬花，葉小，有毛，開五瓣小白花，攢簇極密而不圓。

又《八仙花》《花鏡》：八仙花即繡毬之類也。因其一蒂八蕊，簇成一朵，故名八仙。其花白，瓣薄而不香。蜀中紫繡毬即八仙花。如欲過貼，將八仙移就粉團樹畔，經年性定，離根七八寸許，如法貼縛水澆，至十月候皮生截斷，次年開花必盛。昔日瓊花至元時已朽，後人遂將八仙花補之，亦八仙之幸也。

又卷三五《莢蒾》　莢蒾，《唐本草》始著録。陳藏器云：皮可爲索。《救荒本草》謂之孩兒拳頭，子紅熟可食。又煮枝汁少加米爲粥，甚美。

又卷三六《蝴蝶戲珠花》　蝴蝶戲珠即繡球之别種。桂馥《札璞》：繡毬花周圍先開，其瓣五出，酷似小白蝶，俗呼蝴蝶花。中心别有數十蕊，小如粟米。按此花五瓣，三大兩小，形微似蝶。中心緑蓓蕾，圓如碧珠，開不成瓣，白英點點，非蕊也。

藝文

宋　劉學箕《方是閒居士小稿》卷上《瓊花》　團簇毿英玉碎圓，露晞日暖欲生煙。親從后土分奇種，不是人間聚八僊。

蕃釐觀裏舊經遊，五月曾看緑葉稠。今日家園玉搏樹，春風吹夢到揚州。

宋　舒岳祥《閬風集》卷六《玉毬花》　花開壓逕枝堪挽，花落鋪堦雪不飄。壐老蛾成投緑水，香乾蝶散離長條。滿地月明濃不掃，無人梅落怨難銷。老人别有心中事，愧爾投瓜之報瑶。

明　張昱《可閒老人集》卷三《繡毬花次烏雅廉使韻》　繡毬春晚欲生寒，滿樹玲瓏雪未乾。落遍楊花渾不覺，飛來蝴蝶忽成團。釵頭懶帶應嫌重，手裏閒抛却好看。天女夜涼乘月到，羽輪偷駐碧闌干。

明　謝榛《四溟集》卷一〇《繡毬花》　高枝帶雨壓雕欄，一帶千花白玉團。怪殺芳心春歷亂，捲簾誰向月中看。

明　徐顯卿《天遠樓集》卷三《古瓊樹歌》　廣陵曾訪隋帝宫，春風已老瓊花空。玉女潭頭露華馥，九曲清泉拍空濛。玉樹離奇何代植，老幹中坼成雙龍。漢柏敢稱丈人行，秦松或與同時封。蒼藤附之竝胡耇，爲蛟爲虬攫長虹。每逢雷雨欲飛去，顧眄巖壑留奇蹤。我欲青山結九老，左挾張公右瓊公。身居其一僅三爾，若爲蒼蒼六老翁。

圖表

明　李時珍《本草綱目・圖卷》

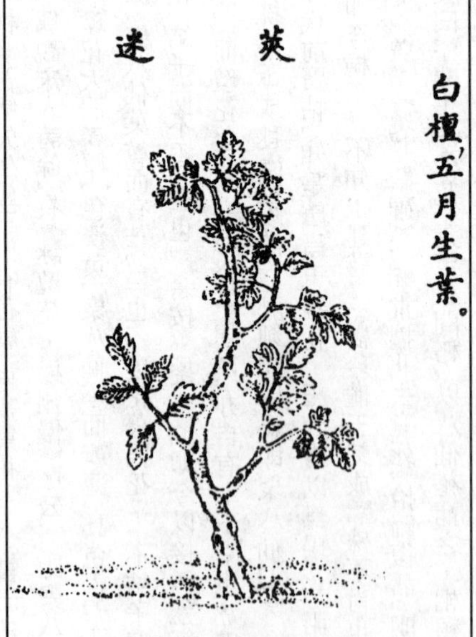

明 鮑山《野菜博録》卷四

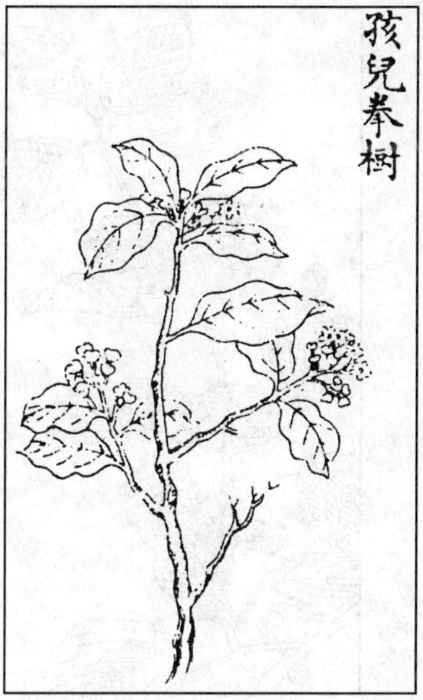

清 吴其濬《植物名實圖考》卷二三《鞭打繡毬》

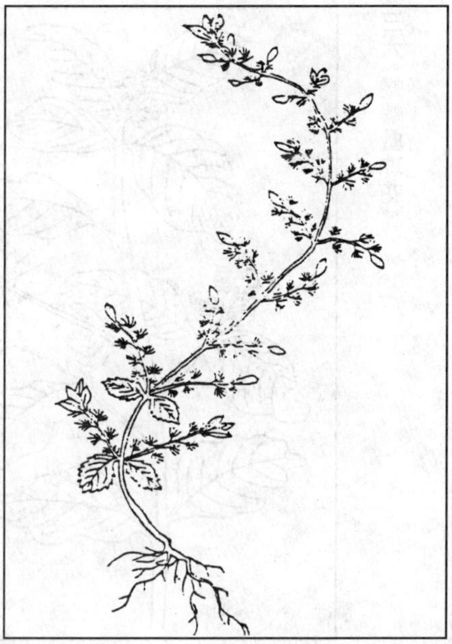

又卷二六《野繡毬》

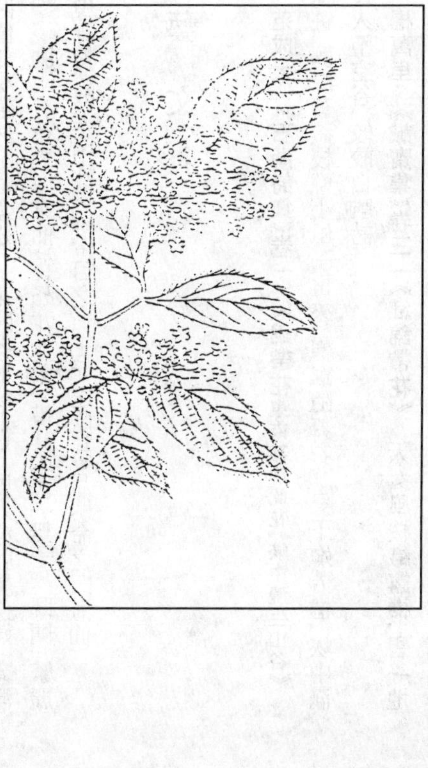

又《八仙花》

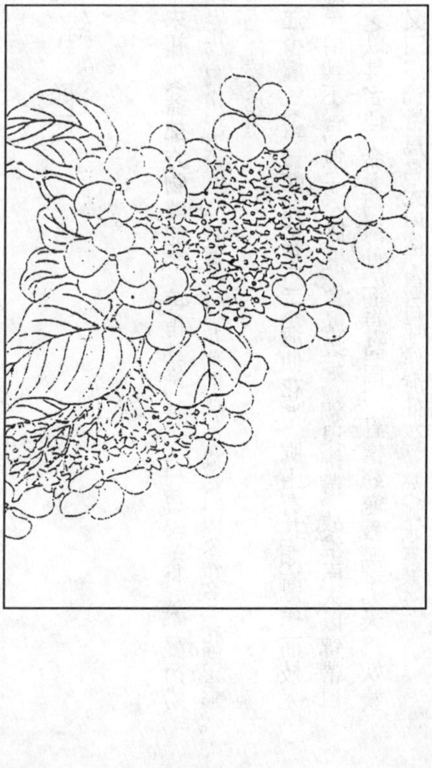

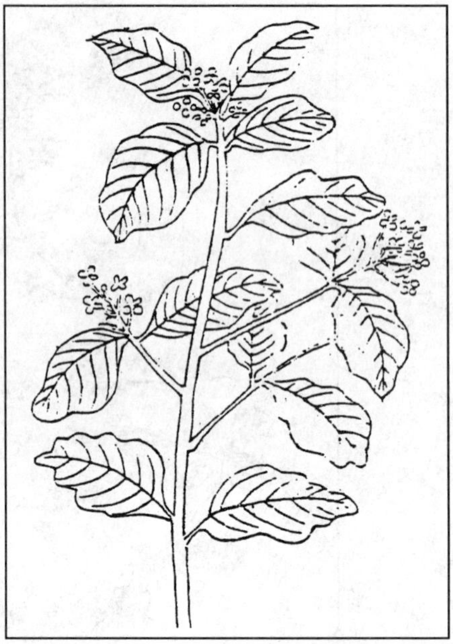

又卷三五《荚蒾》

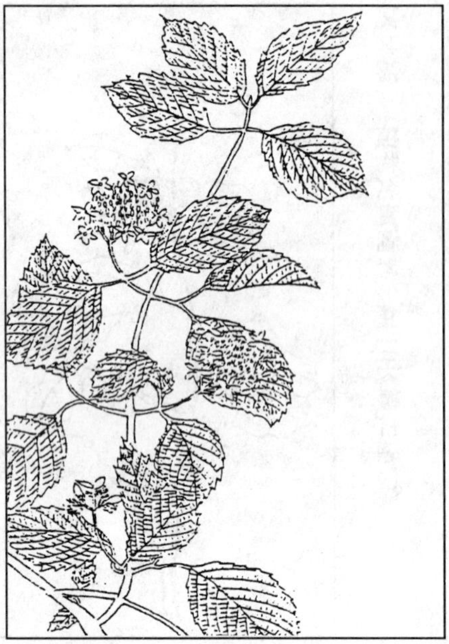

又卷三六《蝴蝶戲珠花》

錦帶

綜述

宋 宋祁《益部方物略記》 苒苒其條，若不自持。緑葉丹英，蔓衍紛垂。右錦帶花。蜀山中處處有之，長蔓柔纖，花葉間側如藻帶然，因象作名。花開者形似飛鳥，里人亦號鬢邊嬌。

宋 江少虞《事實類苑》卷六二《海仙花》 胸山有花類海棠，而枝尤長，花尤密，惜其不香，無子。既開，繁麗裊娜，如曳錦帶，故淮南人以錦帶目之。王元之以其名俚，命之曰海仙，而爲詩曰：春憎窈窕教無子，天爲妖嬈不與香。又曰：錦帶爲名太卑俗，爲君呼作海仙花。見《澠水燕談》。

清 吴其濬《植物名實圖考》卷二六《錦帶》 《益部方物記》：苒苒其條，若不自持。緑葉丹英，蔓衍分垂。右錦帶花。蜀山中處處有之。長蔓柔纖，花葉間側如藻帶然，因象作名。花開者形似飛鳥，里人亦號鬢邊嬌。《澠水燕談録》：胸山有花類海棠而枝長，花尤密，惜其不香，無子。既開，繁麗嫋嫋，如曳錦帶，故淮南人以錦帶目之。王元之以其名俚，命之曰海仙。

藝文

宋 范成大《石湖詩集》卷一六《錦帶花東南甚珍此花，峽中漫生山谷》 妍紅棠棣粧，弱緑薔薇枝。小風一再來，飄飖隨舞衣。吴下嫵芳檻，峽中滿荒陂。佳人墮空谷，皎皎白駒詩。

宋 楊萬里《誠齋集》卷三一《紅錦帶花》 天女風梭織露機，碧絲地上茜欒枝。何曾繫住春歸脚，只解長縈客恨眉。節節生花花點點，茸茸曬日日遲遲。後園初夏無題目，小樹微芳也得詩。

宋　王禹偁《小畜集》卷一一《海僊花詩并序》　海僊花者，世謂之錦帶。維揚人傳云：初得海州山谷間，其枝長而花密若錦帶然。予視其花，未開如海棠，既開如木瓜，而繁麗嫋嫋過之。或一朵滿頭，冠不克荷。惜其不香而無子，苐可鈎壓其條，移值他所。因以《釋草》、《釋木》驗之，皆無有也。近之好事者作《花譜》，以海棠爲花中神仙。予謂此花不在海棠下，宜以僊爲號。目之錦帶，俚孰甚焉。又取始得之地，命曰海僊。且爲賦詩三章，題諸僧壁。

一堆絳雪壓春叢，嫋嫋長條弄晚風。借問開時何所似，似將繡被覆薰籠。

春憎窈窕教無子，天爲妖嬈不與香。盡日含毫難比興，花中應是衛莊姜。

何年移植在僧家，一簇柔條綴彩霞。錦帶爲名卑且俗，爲君呼作海僊花。

圖　表

清　吴其濬《植物名實圖考》卷二六《錦帶》

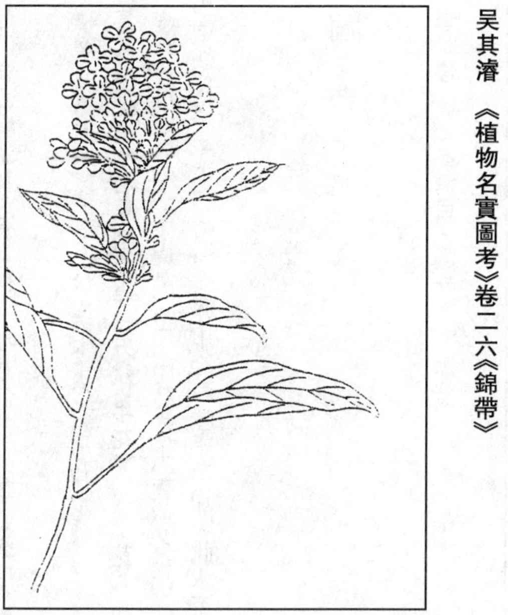

伏牛花　虎刺

綜　述

明　李時珍《本草綱目》卷三六　伏牛花宋《開寶》　校正：併入《圖經》虎刺。釋名：隔虎刺花。未詳。集解：頌曰：伏牛花生蜀地，所在皆有，今惟益州蜀地有之，多生川澤中。葉青細，似黄蘗葉而不(先)〔光〕，莖亦有刺。開花淡黄色作穗，似杏花而小。三月采，陰乾。又睦州所生虎刺，云凌冬不凋。彼人无時采根、葉，治風腫疾。

明　鮑山《野菜博録》卷三　伏牛花，一名隔虎刺，生山谷中。樹頗高大。葉似黄蘗葉，梗多刺，莖赤色。花開淡黄色作穗，似小杏。子味苦甘，無毒。

明　王路《花史左編》卷二三《花之似・虎刺》　産杭之蕭山，白花紅子，而子性堅，雖嚴冬厚雪不能敗也。虎丘者，葉細，畏日色，經糞即死。其枯枝不宜手摘，並忌人口熱氣相近。宜種陰濕之地。春初分栽，四月内開細白花。花開時，子猶未落。花落，結子細大，紅如丹砂。百年者，止高三四尺，想不易長者。

明　周文華《汝南圃史》卷七《虎刺》　虎刺如狗橘，最難長大，宜種陰濕地。春初分栽，四月開細白花，花四出。花開時，子尤未落，紅白相間，甚可愛。花落結子，至冬紅如丹砂。有二種，葉細者佳。吴人多植盆中以爲牕前之玩，宜頻用梅水澆。

明　方以智《通雅》卷四三　伏牛，正今之虎刺也。蘇頌曰：伏牛似黄檗葉，莖有刺。蓋謂似小檗也。小檗葉有齒刺，但虎刺小耳。睦州上虎刺，云凌冬不凋。今吴人種之爲玩，生紅實，雁宕至多，平西猺中有極大者。

清　陳淏子《秘傳花鏡》卷三《花木類考・虎刺》　虎刺，一名壽庭木，生于蘇杭蕭山。葉微緑而光，上有一小刺。夏開小白花，花開時，子猶未落。花落後復結子，紅如珊瑚。其子性堅，雖嚴冬厚雪不能敗。性畏日喜陰，本不易大，百年者，止高二三尺。春初分栽，亦多不活，用山泥，忌糞水並人口中熱氣相沖。宜澆梅水及冷茶。吴中每栽盆內，紅子纍纍，以補冬景之不足。

清 嵇璜《續通志》卷一七六 伏牛花，一名虎刺花。

清 吴其濬《植物名實圖考》卷三五《伏牛花》 伏牛花，《開寶本草》始著録。李時珍併入虎刺。今虎刺，生山中林木下，葉似黄楊，層層如盤，開小白花，結紅實，凌冬不凋。俚醫亦用治風腫。未知即此木否？圖以備考。

圖表

明 李時珍《本草綱目·圖卷》

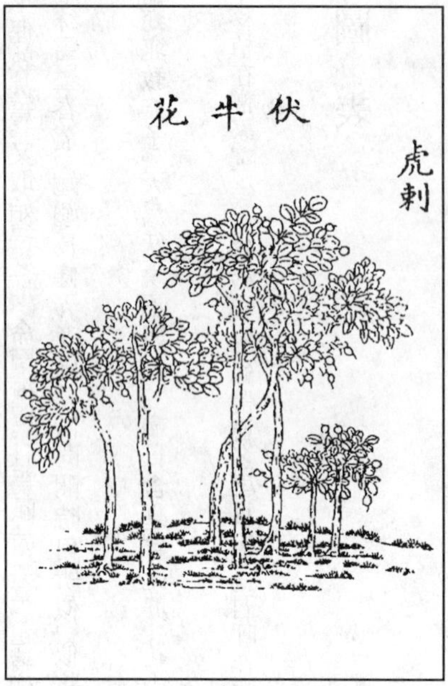

明 鮑山《野菜博録》卷三

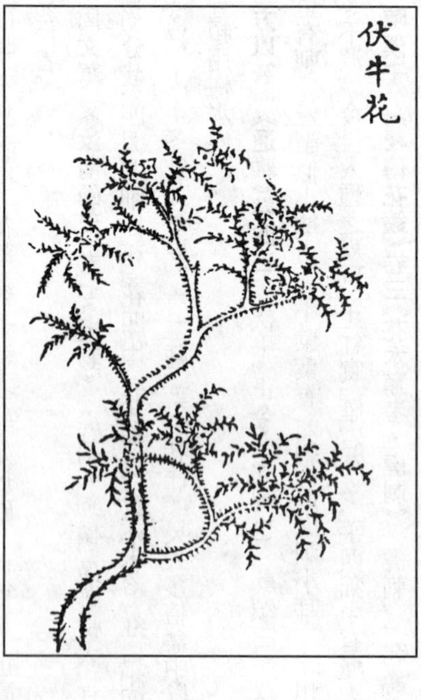

清 吴其濬《植物名實圖考》卷三五《伏牛花》

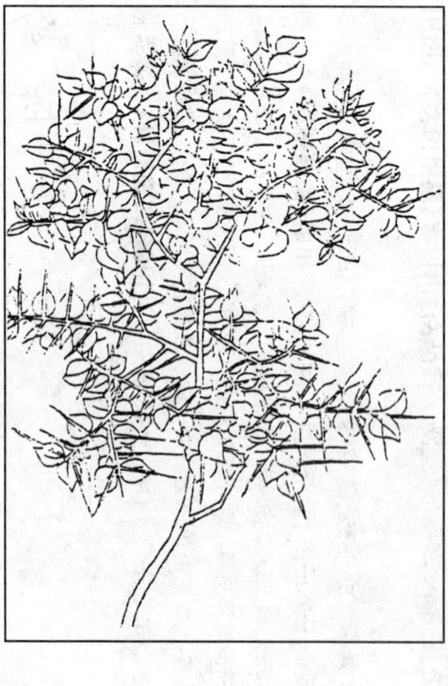

梔子

綜述

漢　許慎《説文》卷六　梔，木實可染。從木，巵聲。章移切。

唐　段成式《酉陽雜俎》卷一八《梔子》　諸花少六出者，唯梔子花六出。陶貞白言：梔子翦花六出，刻房七道。其花香甚，相傳即西域薝蔔花也。

宋　羅願《爾雅翼》卷四《巵》　巵可染黄，其華、實皆可觀。花白而甚香，五月間極繁茂。凡草木之花，大抵不過五出，唯巵六出，大者至七出。其實黄赤，亦以七稜者爲良，即七出花所成就也。經霜取之以染，故染字從木。字學家以爲木者，巵、茜之流也。一名木丹，一名越桃。《上林賦》謂之鮮支，欲其顔色鮮明也。漢世千畝巵、茜，此其人與千户侯等。巵、茜千石，亦比千乘之家。晉令諸宫有秩巵子，守護者置吏一人。或云：此即西域之薝蔔花。或曰：薝蔔者金色，花小而香，西方甚多，非巵也。

宋　戴侗《六書故》卷二一　梔　梔，章移切。小木。夏華潔白芬香，秋實丹黄可染，實類巵。《本草》作巵。

明　楊慎《升庵集》卷七九《薝蔔花》　薝蔔花，即梔子花也。陶隱居云：其花剪刀六出，刺房七道。

明　李時珍《本草綱目》卷三六　巵子《本經》中品　釋名：木丹、《本經》越桃、《别録》鮮支、《綱目》花名薝蔔。時珍曰：巵，酒器也。巵子象之，故名。俗作梔。司馬相如賦云：鮮支黄爍。注云：鮮支即支子也。佛書稱其花爲薝蔔，謝靈運謂之林蘭，曾端伯呼爲禪友。或曰：薝蔔金色，非巵子也。集解：《别録》曰：巵子生南陽川谷，九月采實，暴乾。弘景曰：處處有之，亦兩三種小異，以七稜者爲良，經霜乃取，入染家用，于藥甚稀。頌曰：今南方及西蜀州郡皆有之。木高七八尺，葉似李而厚硬，又似樗蒲子。二三月生白花，花皆六出，甚芬香，俗説即西域薝蔔也。夏秋結實如訶子狀，生青熟黄，中仁深紅。南人競種以售利。《史記·貨殖傳》云：巵、茜千石，與千户侯等。言獲利博也。入藥用山巵子，方書所謂越桃也。皮薄而圓小，刻房七稜至九稜者爲佳。其大而長者，雷斆《炮炙論》謂之伏尸巵子，入藥無力。時珍曰：巵子葉如兔耳，厚而深緑，春榮秋瘁。入夏開花，大如酒盃，白瓣黄蕊，隨即結實，薄皮細子，有鬚，霜後收之。蜀中有紅巵子，花爛紅色，其實染物則赭紅色。

明　穆希文《説原》卷一二　梔子，諸花少六出者，唯梔子花六出。

明　彭儼《鐫五侯鯖》卷五　薝蔔即梔子。蜀有紅色者，曾端伯呼禪友。又名林蘭、越桃、木丹、紅素、紅言花。素言絮，花外曰萼，花内曰蕊。

明　周文華《汝南圃史》卷七《梔子》　梔子花，一名越桃，一名林蘭。佛書又云簷蔔花，比爲禪友。杜悰建簷蔔館，形亦六尺，器用之屬皆象之。其實七稜，單葉者結實可以供染，千葉者不結子，色潔白而香酷烈。

清　魏茂林《駢雅訓纂》卷六　越桃，木丹，鮮支，梔子也。《經史證類大全·本草·木部·中品》：梔子，一名木丹，一名越桃。《文選·上林賦》：鮮支黄礫。注：司馬彪曰：鮮支，支子也。

清　胡鳴玉《訂譌雜録》卷二《提要·薝蔔》　薝音贍。薝蔔，即梔子，又名林蘭。佛書：如入薝蔔林中，聞薝蔔花香，不聞他香。故曾端伯呼爲禪友。歷檢字韻書，薝竝作上聲，謂俗讀簷，讀占爲非。然東坡《贈詩僧道通》詩『香林乍喜聞薝蔔，古井惟慚斷轆轤』作平聲用，不知又何據。

清　吳其濬《植物名實圖考》卷二九《野梔子》　野梔子，生雲南。秋開花如梔子。

又《緬梔子》　緬梔子，臨安有之。緑幹如桐，葉如瑞香葉，凸脈勁峭，矗生幹上。葉脱處有痕斑，斑如蘚紋。

清　俞樾《茶香室叢鈔四鈔》卷二八《紅梔花》　宋張唐英《蜀檮杌》云：廣政十二年十月，召百官宴芳林苑，賞紅梔花。此花青城山中進三粒子，種之而成。其花六出而紅，清香如梅，當時最重之。按：此即梔子花之別種。李時珍言：蜀中有紅梔子，花爛紅色，其實染物則赭紅色。想今蜀中亦當有此花也。

藝文

南朝齊 謝朓《謝宣城集》卷五《詠墻北梔子》 有美當階樹，霜露未能移。金蕡發朱采，映日以離離。幸賴夕陽下，餘景及西枝。還思照緑水，君階無曲池。餘榮未能已，晚實猶見奇。復留傾筐德，君恩信未貲。

南朝梁 蕭綱《詠梔子花》（引自《古詩紀》卷七九） 素華偏可喜，的的半臨池。疑爲霜裏葉，復類雪封枝。日斜光隱見，風還影合離。

唐 劉禹錫《劉賓客外集》卷三《和令狐相公詠梔子花》 蜀國花已盡，越桃今已開。色疑瓊樹倚，香似玉京來。且賞同心處，那憂别葉催。佳人如擬詠，何必待寒梅。

宋 李處權《崧庵集》卷一《水梔》 陰泉隱巖壑，長夏發幽植。深處但聞香，往往樵蘇得。幸不雜薪槱，論價亦何直。適從支郎舍，遠致居士室。婆娑復偃蹇，其高不盈尺。鉛華了不御，絢此冰雪質。我有古魚洗，歲久莓苔蝕。注之清泠水，藉以瓘錯石。靜態自愔愔，孤芳何的的。初疑雲生礎，復訝月過隙。膏沐露穰穰，動摇風澈澈。忽然參鼻觀，似欲破禪寂。俗物多豐肥，仙姿乃癯瘠。已輸白玉英，更作黄金實。昌陽詎足數，薝蔔誠可匹。老來無所好，一見心輒溺。坐卧與之俱，於焉遂成癖。異時張紫薇，飲客盡一石。放懷歌舞筵，折贈無所惜。蟬蜕倏仙去，樓居藐姑射。三嘆哦公詩，俯仰成今昔。問花花如嚬，對之長太息。

宋 楊萬里《誠齋集》卷七《梔子花》 樹恰人來短，花將雪樣看。孤姿妍外淨，幽馥暑中寒。有朵篸瓶子，無風忽鼻端。如何山谷老，只爲賦山礬。

宋 陳造《江湖長翁集》卷一六《次梔子花韻》 居士窗前薝蔔花，清香不斷逗窗紗。傷和錯詆風霜實，照夜偏憐玉雪葩。瓊樹未應矜潔白，金神端爲發英華。世間俗眼便紅紫，試遣詩翁較等差。

又卷一九《次韻楊宰汲泉浸梔子花》 山行不識小人美，但有清寒餉瓦罌。想見雪膚陪獨夜，世間無比長官清。

宋 程珌《洺水集》卷二七《梔花》 青琅削葉玉花鈿，獨占炎皇第一天。未羡冰桃垂夏後，且看金子粲秋前。

宋 舒岳祥《閬風集》卷六《梔子花》 六出臺成一寸心，銀盤裏許貯金簪。月中不著蠅點璧，春過翻疑蝶滿林。陸地水光山院静，炎天冰片石壇深。揚州只説瓊花好，漠漠風沙何處尋。

明 葉盛《菉竹堂稿》卷二《梔子花》 林蘭雪白異羣芳，六出還聞八出强。未必上林移不去，人間合着許多香。

明 吴寬《家藏集》卷二一《梔子》 此種爲薝蔔，名曾載佛書。瓣香凡六出，郤與雪花如。

清 愛新覺羅・弘曆《清高宗詩初集》卷六《梔子花》 暑雨初晴處，薰風細度時。麝蘭輸馥郁，冰玉想丰姿。影向踈間好，香因静裏知。依稀㮈破蕾，壓雪一枝枝。

又《清高宗詩五集》卷三一《梔子》 色瓊玖噴味沈檀，披拂薰風倚石欄。八種夏香曾寫照，向嘗以蘭及夜來香、晚香玉、茉莉、珠蘭、荷、梔子、玉簪爲夏卉八香，寫圖題句。就中巨擘屬林蘭。

圖表

清 吴其濬《植物名實圖考》卷二九《野梔子》

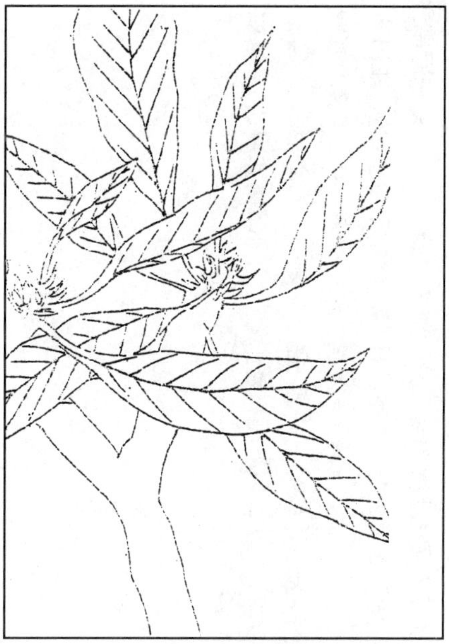

又《緬梔子》

夾竹桃

綜　述

宋　范成大《桂海虞衡志・志花》　枸那花，葉瘦長，略似楊柳，夏開淡紅花，一朵數十蕚，至秋猶有之。

明　周文華《汝南圃史》卷七《夾竹桃》　夾竹桃本名拘那花。《桂海虞衡志》云：拘那花，葉瘦長，略似楊柳，夏開淡紅花，一朵數十蕚，至秋深猶有之。《八閩通志》云：拘那衛，三山人呼爲半年紅。曾師建《閩中記》謂之渠那異，其種來自西域，木高丈餘，今名夾竹桃，謂花似桃，葉似竹也。

藝　文

明　王世貞《弇州四部稿》卷四三《夾竹桃》　一枝幽豔兩分柯，豈比長松附女蘿。有節不愁春事晚，無言自擬歲寒過。枝枝上苑啼紅頰，葉葉清潭寫翠蛾。好似王家佳子弟，隔江團扇唱儂歌。

又　爲以幽姿淩雪霰，不將傿骨傍風塵。輕迴粉面依蕭史，細裊瓊琚似洛神。棲鳳錯疑瑶海實，化龍還憶武陵人。肩輿徑造無煩主，怕有漁郎指避秦。

清　邵長蘅《邵子湘全集》卷六《夾竹桃》　一種仙姿兩擅場，平分冷豔鬬年光。芳蕤灼灼初迎日，稜葉青青欲試霜。忽訝檀欒成綺樹，應憐窈窕處幽篁。天寒翠袖清湘影，漫比紅兒綽約妝。

煙梢無復歎如蓬，不引漁郎一葉通。淇上佳人能巧笑，元都道士本清風。數竿戛玉花猶妥，滿院烘霞擇盡空。誰與此君邀一醉，夜來紅雨又濛濛。

清　謝重輝《杏村詩集・丁亥詩・夾竹桃》　吾土不宜竹，强栽亦難生。有花葉類竹，人遂以竹名。方春即吐蕊，當夏花盈盈。我不愛花多，愛玆名字稱。衛川老難到，相對可忘情。莫當武陵源，問津紛營營。

清　陸奎勳《陸堂詩集》卷一〇《夾竹桃》　問是桃溪是竹溪，看花容易客心迷。劉郎觀裏驚前度，杜老亭邊感舊題。華頂逢仙龍作杖，湘江怨別血成啼。寧知瀟灑洋州筆，輸與傳神崔子西。

清　愛新覺羅・弘曆《清高宗詩初集》卷五《夾竹桃》　竹比丰標桃比芳，因風只少透帷香。河陽縣裏元都觀，髣髴劉郎會阮郎。

又卷二〇《夾竹桃》　瀟灑綠陰濃，嫣夭絳玉茸。北牕君子傲，南國美人逢。長養全忘夏，招呼欲友松。虬枝方落落，云且待三冬。

又卷三二《夾竹桃》　琅玕其葉雲霞瓣，無香有韻宜清玩。綠陰池館露華滋，今夕何夕見此粲。瀲瀲桃笙泛碧濤，元和佳句想士曹。連昌宮中滿宮竹，又有墻頭千葉桃。

清 **彭蘊章《歸樸龕叢稿》卷一《夾竹桃賦》** 何斯逸士，掇芳水濱，拾翠山谷。有異卉一枝，嘉名兩族，舉示客曰：夫姿之艷者莫如桃，節之勁者莫如竹，故春女比其穠華，秋士憐其幽獨。染燕衿而色殷，梢鳳尾而形禿。譬華實之弗兼，雖洵美兮非吾所欲。胡茲花之奇麗，儼文質之相宣。爾其敷葩頳燿，抽幹貞堅。翠袖褶窄，粉顋暈圓。眉黛方濕，口脂欲然。訝嬌紅之解語，倚縟綠而弄妍。既夭夭其媚矣，復娟娟其靜焉。是猶夫佳人之麗質，耦君子而稱賢，擅華色而弗炫，秉虛心以周旋者也。客曰：美則美矣。抑古有墨子，悲素絲之蒼黃。今茲桃秉姿華茂，矯節荒涼，托貞潔之高躅，而仍不改乎時世之妝，豈非鄭聲之亂雅樂，與鄉愿之不狷不狂。青女闃其鳴鼓兮，急投畀于東皇。逸士曰：白而白，黑而黑，賁又何好。高世者遺榮，嗜俗者枉道。世既有此歧途兮，謂全才其可寶。不然安能無金石之貞性，歷春秋而振藻者哉。沽名飾行兮草木無知，素以爲絢兮亦又何疵。

果部

梅

論說

宋 **洪邁《容齋續筆》卷三** 《摽有梅》之詩不注釋梅，而《秦風·終南》詩『終南何有，有條有梅』，毛氏云：梅，柟也。《箋》云：名山高大，宜有茂木。今之梅與柟異，亦非茂木，蓋毛、鄭北人，不識梅耳。

明 **何三畏《新刻何氏類鎔》卷三二《梅》** 摽梅詠自風人，落梅歌成樂府，蓋梅雖同于羣卉，實則放于早春。映雪而凝寒開，銜霜而當户發。枝横却月之觀，花繞凌風之臺。艷吐四照之林，芳舒五衢之路。條新抽而插故葉嫩出而含姿。既玉綴而珠離，亦冰懸而雹布。雜霏霏之晨霧，挂靡靡之游絲。結影臨池，分光傍巘。爭落粉于樓上，奪織素于機中。信洛涘之繁榮，誠雲山之乾腊。食之可以香口，和之可以調羹者也。是以魏武行軍，指梅林中而解渴；蘇耽種藥，蒔梅樹下而療痾。馮涓嚼梅而四座流涎，范信啖梅而一斛皆盡。公主卧簷，而落梅花之粧于眉額；柳渾博射，而摘梅花之貼于烏珠。袁豐之六株梅在第後而張幕蔽風，悵無佳人傾城之笑語；元稹之九英梅在簷前而隙光彈射，喜有才子映日之文章。晏公元獻移植紅梅一二本于西岡圃内，而姑蘇之種始傳都城。英州司寇遍植白梅三十株于大庾嶺上，而熳爛之花始夾山徑。紫花梅植之上林苑裏，乃羣臣獻之漢宫；綠英梅得之慈恩寺中，乃僧人獻之李白。梅以艷歌入曲，已輸一半之春風；梅從驛使寄來，聊贈一枝之春信。若東方朔有三門生同至酒肆，而先是見飛鳩集梅樹間，即知酒酸而不得飲，其數已奇。趙師雄遇一女子，共入松林而久之，見翠羽鳴梅樹上，相顧月落而但興嗟，其事亦怪矣。讀蜀郡東壁之詩有云：『憑仗高樓莫吹笛』，讀韓偓内庭之咏有云『香號返魂容易回』，乃知梅花固亦有神也哉。

明 **馮復京《六家詩名物疏》卷二六《梅》** 陸璣所釋梅，自是柟木似豫章者。豫章大樹，所謂生七年而可知可以爲棺舟者也。陳文帝嘗出柟材造戰艦，即此柟也。若今之所謂梅，乃古和羹之梅，籩實之乾藤。郭璞云似杏實酢者，此也。若《爾雅》之梅。柟乃陸云似豫章者。景純不當以似杏實酢解之，草木同名異種者甚多，如山榎名條，柚亦名條，豈可以上文之條爲柚耶？朱《傳》于《摽有梅》既具釋，此章不復云，似合二梅爲一矣。

清 **陳啓源《毛詩稽古編》卷二八《辨物·草木辨》** 《詩》有二梅，而《爾雅》之『梅柟』是條梅，非摽梅也。郭注以爲似杏，誤矣。《爾雅》有二條，而《詩·終南》之條是《爾雅》之槄。山榎非柚音又。條也。《埤雅》以爲柚，誤矣。當以毛《傳》及《草木疏》爲正。梅之名四見於《國風》，而《召南》與秦、陳之梅，毛皆有傳。《召南》傳云盛極則隋落者梅也。《秦》、《陳》二傳皆云梅，柟也。陸元恪摽梅、條梅亦各有疏，於摽梅曰梅，杏類也；於條梅曰梅，樹皮葉似豫章。然則《召南》之梅是和羹之梅，《秦》、《陳》之梅是梅柟之梅，截然兩木，毛、陸意正相同矣。又《說文》云：梅，柟也，可食，從木，每聲，或從某，作楳，徐莫桮切。又云：某，酸果也，從木，甘。石鼓文從口，作槑，徐莫後切，是兩木，元各一字，古人經文字必各異，後世溷爲一耳。況梅性畏寒，不産北土，《召南》江沱已入粱境，自應植之，非秦、陳所宜木也，其爲枏樹無疑。陸《疏》又言豫章子青不可食，枏之木理細緻於豫章，子有赤、白二種。《説文》以爲可食，殆對豫章言，與《爾雅・釋木》梅枏明是《秦》、《陳》之梅，非《召南》之梅。郭注云：似杏，實酢。蓋誤認兩梅爲一也。邢疏引陸氏條梅疏證之，合於經而違於注，又不辨其同異，疎忽甚矣。

清　孫之騄《枝語》卷下《梅》　荔枝無好華，牡丹無美實，天下之美有不得而兼者矣。梅花早白，杏花晚紅，天時有不得而齊者矣。橘踰淮而爲枳，梅至北方變而成杏，北方之人有不識梅者。江南二月雨曰迎梅，五月雨曰送梅，自江而北則否，地氣有不得而一者矣。傅説之梅和羹，曹公之梅止渴，遇合有不得而同者矣。墓門有梅，歌其不良；鳩子在梅，母則有常美，刺有不齊者矣。梅有香、有色、有華、有實，厥美萃焉，梅一而已。胡子赤材堅，子白材脆。胡大如兒拳，小者如彈。胡重葉實少，而白蓮雙結，賦稟有不齊者矣。早梅夏熟，胡知有冬。墨梅如墨，福州何紅。孰爲冠城梅，胡以侯何不花自實。而水梅無核，鶴頂奚象，玉蝶栩栩有來，鴛鴦同心並蒂，品類有不得而同者矣。是故天時有生也，地理有宜也，人官有能也，物曲有利也。夫物之不齊，物之情也。

綜　述

《爾雅・釋木》　梅，柟。注：似杏，實酢。音義【略】疏：孫炎云：荆州曰梅，揚州曰柟。郭云：似杏實酢。《詩・秦風・終南》云：有條有梅。陸璣云：梅樹皮葉似豫樟，葉大如牛耳，一頭尖，赤心，華赤黄，子青，不可食。柟葉大可三四葉一叢，木理細緻於豫樟，子赤者材堅，子白者材脆是也。【略】時，英梅。注：雀梅。疏：時，一名英梅。郭云：雀梅似梅而小者也。

漢　許慎《説文》卷六　枏，梅也。从木，冄聲。汝閻切。梅，枏也，可食。从木，每聲。莫桮切。楳或从某。

三國吴　陸璣《毛詩草木鳥獸蟲魚疏》卷上《摽有梅》　梅，杏類也。樹及葉皆如杏而黑耳。曝乾爲腊，置羹臛齏中，又可含以香口。

唐　段公路《北户録》卷三《紅梅》　嶺之梅，小於江左，居人採之，雜以豆蔻花。漏蔲花，白色，穗尖，微紅。《南方草木狀》曰：漏蔲樹，子大如李實，二月花，七月熟，出興古。書此字。又劉欣其《交州記》作竇蔲。《廣志》作豆菻字也。構橼子，朱槿之類。顔之推云：枸櫞子似橘，大如飯筴。《字林》音矩櫞。又按梁朝上饌糝莫合子内有根橼是也。又朱槿四時常有，花可食，此蕣木也。一名董，一名櫬。《莊子》云朝□。又張華云：君子國多蕣華之草，朝生夕死。和鹽曝之，梅爲槿花所染，其色可愛，今嶺北呼爲紅梅是也。又有選大梅，刻鏤瓶罐結帶之類，取棹汁漬之，棹木葉，烹其葉呼爲棹汁。按梅有紫花梅、同心梅、麗支梅，品第絶多。亦甚甘脆。

宋　陸佃《埤雅》卷一三《梅》　梅，一名柟，杏類也。其實酢，子赤者材堅，子白者材脆。華在果子華中尤香，俗云：梅華優於香，桃華優於色。故天下之美，有不得而兼者多矣。若荔枝無好華，牡丹無美實，亦其類也。【略】今江湘二浙四五月之間，梅欲黄落，則水潤土溽，礎壁皆汗，蒸鬱成雨，其霏如霧，謂之梅雨，沾衣服皆敗黦。故自江以南，三月雨謂之迎梅，五月雨謂之送梅。轉淮而北則否。亦梅至北方多變而成杏。故人有不識梅者，地氣使然也。《傳》曰：五月有落梅風，江淮以爲信風。亦華信風之類。賈思勰曰：按梅華早而白，杏華晚而紅。梅實小而酸，杏實大而甜。梅可以調鼎，杏則不任此用。世人或不能辨，言梅、杏爲一物，此則北人不識梅也。《詩》曰：終南何有，有條有梅。君子至止，錦衣狐裘。條，柚也。蓋柚渡淮而爲枳，梅變而成杏。今終南之所生，有條有梅，而材實成焉。則山之所以美化乃在乎此，以譬，則人君之道化也。

宋　鄭樵《通志》卷七六　梅之類多，《爾雅》曰：梅，柟。又曰：時，英梅。梅類而實小，謂之雀梅。

宋　羅願《爾雅翼》卷一〇《梅》　梅先春而華，其實亦早，故『摽有梅』爲昏嫁之候。【略】《管子》：五沃之土，其梅、其杏、其桃、其李。今江南梅熟之時，輒有細雨，連日不絶。衣物皆裛，謂之梅雨。《説苑》曰：越使諸發，執一枝梅遺粱王。《夏小正》曰：正月梅杏，杝桃則華，五月煮梅爲豆實。

宋　范成大《范村梅譜》　梅，天下尤物，無問智、賢、愚、不肖，莫敢有異議。學圃之士，必先種梅，且不厭多。他花有無多少，皆不繫重輕。余於石湖玉雪坡既有梅數百本，比年又於舍南買王氏僦舍七十楹，盡拆除之，治爲范村，以其地三分之一與梅。吴下栽梅特盛，其品不一。今始盡得之，隨所得爲之譜，以遺好事者。江梅，遺核野生，不經栽接者，又名直脚梅，或謂之野梅。凡山間水濱、荒寒清絶之趣，皆此本也。花稍小而疎瘦有韻，香最清，實小而硬。早梅花勝直脚梅。吴中春晚二月始爛漫，獨此品於冬至前已開，故得早名。錢塘湖上亦有一種，尤開早。余嘗重陽日親折之，有『横枝對菊開』之句。行都賣花者，爭先爲奇。冬初所未開枝，寘浴室中薰蒸令拆，强名早梅，終瑣碎無香。余頃守桂林，立春梅已過，元夕則見青子，皆非風土之正。杜子美詩云：梅蘂臈前破，梅花年後多。惟冬春之交，正是花時耳。官城梅，吴下圃人以直脚梅擇他本花肥實美者接之，花遂敷腴，實亦佳，可入煎造。唐人所稱官梅，止謂在官府園圃中，非此官城梅也。消梅花與江梅、官城梅相似，其實圓小鬆脆，多液無滓，多液則不耐日乾，故不入煎造，亦不宜熟，惟堪青噉比梨。亦有一種輕鬆者，名消梨，與此同意。古梅，會稽最多，四明、吴興亦間有之。其枝樛曲萬狀，蒼蘚鱗皴，封滿花身。又有苔鬚垂於枝間，或長數寸，風至，緑絲飄飄，可玩。初謂古木，久歷風日致然。詳考會稽所産，雖小株亦有苔痕，蓋别是一種，非必古木。余嘗從會稽移植十本，一年後花雖盛發，苔皆剥落殆盡。其自湖之武康所得者，即不變移，風土不相宜。會稽隔一江，湖蘇接壤，故土宜或異同也。凡古梅多苔者，封固花葉之眼，惟罅隙間始能發花。花雖稀而氣之所鍾，豐腴妙絶。苔剥落者，則花發仍多，與常梅同。去成都二十里，有卧梅，偃蹇十餘丈，相傳唐物也，謂之梅龍，好事者載酒遊之。清江酒家有大梅如數間屋，傍枝四垂，周遭可羅坐數十人。任子嚴運使買得，作凌風。閣臨之，因遂進築大圃，謂之盤園。余生平所見梅之奇古者，惟此兩處爲冠，隨筆記之，附古梅後。重葉梅，花頭甚豐，葉重數層，盛開如小白蓮，梅中之奇品。花房獨出，而結實多雙，尤爲瑰異，極梅之變化，工無餘巧矣。近年方見之，蜀海棠有重葉者，名蓮花海棠，爲天下第一，可與此梅作對。緑萼梅，凡梅花紂蔕皆絳紫色，惟此純緑，枝梗亦青，特爲清高好事者比之『九疑僊人萼緑華』。京師艮嶽有萼緑華堂，其下專植此本，人間亦不多有，爲時所貴重。吴下又有一種萼，亦微緑，四邊猶淺絳，亦自難得。百葉緗梅，亦名黄香梅，亦名千葉香梅。花葉至二十餘瓣，心色微黄，花頭差小而繁密。别有一種芳香比常梅尤穠美，不結實。紅梅，粉紅色，標格猶是梅，而繁密則如杏，香亦類杏，詩人有『北人全未識，渾作杏花看』之句，與江梅同開，紅白相映，園林初春絶景也。梅聖俞詩云『認桃無緑葉，辨杏有青枝』，當時以爲著題。東坡詩云：詩老不知梅格在，更看緑葉與青枝。蓋謂其不韻，爲紅梅解嘲云。承平時，此花獨盛於姑蘇。晏元獻公始移植西岡圃中。一日貴游，賂園吏得一枝分接。由是都下有二本，嘗與客飲花下，賦詩云：若更開遲三二月，北人應作杏花看。客曰：公詩固佳，待北俗何淺耶？晏笑曰：傖父安得不然。王琪君玉，時守吴郡，聞盜花種事，以詩遺公曰：館娃宫北發精神，粉瘦瓊寒露蘂新。園吏無端偷折去，鳳城從此有雙身。當時罕得如此，比年展轉移接，殆不可勝數矣。世傳吴下紅梅詩甚多，惟方子通一篇絶唱，有『紫府與丹來换骨，春風吹酒上凝脂』之句。鴛鴦梅，多葉紅梅也。花輕盈，重葉數層。凡雙果必並蔕，惟此一蔕而結雙梅，亦尤物。杏梅，花比紅梅色微淡，結實甚匾，有斕斑色，全似杏，味不及紅梅。蠟梅，本非梅類，以其與梅同時，香又相近，色酷似蜜脾，故名蠟梅。凡三種，以子種出，不經接，花小香淡，其品最下，俗謂之狗蠅梅。經接，花疎雖盛，開花常半含，名磬口梅，言似僧磬之口也。最先開，色深黄如紫檀，花密香穠，名檀香梅，此品最佳。蠟梅香極清芳，殆過梅香。初不以形狀貴也，故難題詠，山谷簡齋但作五言小詩而已。此花多宿葉，結實如垂鈴，尖長寸餘，又如大桃，奴子在其中。

後序

梅以韻勝，以格高，故以横斜疎瘦與老枝恠奇者爲貴。其新接穉木，一歲抽嫩枝，直上或三四尺，如酴醿、薔薇輩者，吴下謂之氣條。此直宜取實規利，無所謂韻與格矣。又有一種糞壤力勝者，於條上茁短横枝，狀如棘針花密綴之，亦非高品。近世始畫墨梅，江西有楊補之者尤有名，其徒倣之者實繁。觀楊氏畫大畧皆氣條耳，雖筆法奇峭，去梅實遠。惟廉宣仲所作，差有風致，世鮮有評之者。余故附之譜後。

明　李時珍　《本草綱目》卷二九　梅《本經》中品　釋名：時珍曰：梅古文作呆，象子在木上之形。梅乃杏類，故反杏爲呆。書家訛爲甘木。後作梅，从每，諧聲也。或云：梅者媒也，媒合衆味。故《書》云：若作和羹，爾惟鹽梅。而梅字亦從某也。

陸佃《埤雅》言梅入北方變爲杏，郭璞注《爾雅》以枏爲梅，皆誤矣。枏即柟木，荆人呼爲梅，見陸璣《草木疏》。集解：《别録》曰：梅實生漢中山谷。五月采實，火乾。頌曰：今襄漢、川蜀、江湖、淮嶺皆有之。時珍曰：按陸璣《詩疏》云：梅，杏類也。樹、葉皆略似杏，葉有長尖，先衆木而花。其實酢，曝乾爲脯，入羹臛齏中，又含之可以香口。子赤者材堅，子白者材脆。范成大《梅譜》云：江梅，野生者，不經栽接，花小而香，子小而硬。消梅，實圓松脆，多液無滓，惟可生啖，不入煎造。緑萼梅，枝跗皆緑。重葉梅，花葉重叠，結實多雙。紅梅，花色如杏。杏梅，色淡紅，實扁而斑，味全似杏。鴛鴦梅，即多葉紅梅也，一蒂雙實。一云：苦楝接梅，則花帶黑色。譚子《化書》云：李接桃而本强者其實毛，梅接杏而本强者其實甘。梅實采半黄者，以煙熏之爲烏梅；青者鹽淹曝乾爲白梅。亦可蜜煎、糖藏，以充果飣。熟者笮汁曬收爲梅醬。惟烏梅、白梅可入藥。梅醬夏月可調渴水飲之。

又　榔梅《綱目》　集解：時珍曰：榔梅出均州太和山。相傳眞武折梅枝插于榔樹。誓曰：吾道若成，花開果結。後果如其言。今樹尚在五龍宫北，榔木梅實，杏形桃核。道士每歲采而蜜煎，以充貢獻焉。榔乃榆樹也。

明　吴雨《毛詩鳥獸草木考》卷一六《梅》　《召南》曰：摽有梅。《傳》：梅，柟也。梅先春而花，似杏，其實赤而酢，多食則濺齒。果中惟此花香。俗云：桃花優於色，梅花優於香。和泥移種，接桃結實最大，接李紅甘，或言梅、杏一物。北人不識梅也。江南三月雨謂之迎梅，五月雨謂之送梅。渡淮而北則否，亦梅至北方多變而爲杏。《傳》云：五月有落梅風，江南謂之信風。亦花信風之類。《夏小正》云：正月梅杏，則花又五月，煮梅注爲豆實也。《格物論》：梅子大者如小兒拳，小者如彈丸。枝頭碧顆，初熟帶胭脂色，熟甚黄而落。《詩義疏》云：杏類也。樹及葉皆如杏而黑耳，其子赤而酢，亦可生啖。暴而乾爲腊，可著羹臛中，又可含以香口。梅既爲腊，故又稱乾腊。《山海經》云：雲山之上，其實乾腊也。《釋草》：梅，柟。孫炎云：荆州曰梅，楊州曰柟。郭氏云：似杏而實酢。沈氏云：楊州人不聞名柟者。陸璣云：梅樹皮葉似豫樟。豫樟葉大如牛耳，一頭尖，赤心，花赤黄，子青不可食。柟葉大可三四葉一藂，木理細緻於豫樟。子赤者材堅，子白者材脆是也。江南及魏興新城上庸蜀皆多樟柟。終南山與上庸新城通，故亦有柟也。按《爾雅》：梅，柟。夫梅之曰柟，猶鯉之曰鱣也。柟即楠木，細緻於豫樟，一名交讓木。傳疏因《爾雅》『梅，柟』之文，遂謂柟爲梅。雖許慎、孫炎外，不復知有楠矣。猶鱣本鱣鮪大魚，鯉亦謂之鱣，不應遂謂鱣獨爲鯉也。

明　徐光啓《農政全書》卷二九　梅，《爾雅》曰：梅，柟。時，英梅。郭璞注曰：梅似杏，實醋。英子，雀梅。《廣志》曰：蜀名梅爲䕲，大如雁子。緑萼梅，凡梅花跗蒂皆絳紫色，惟此純緑，枝梗亦青，實大，五月熟，特爲清高。重葉梅，花葉數層如小白蓮，結實多雙。消梅，實圓鬆脆，多液無滓，落地必碎，惟可生啖，不入煎造。玉蝶梅，花甚可愛。冠城梅，實甚大，五月熟。時梅，實大，五六月熟。早梅，四月熟。冬梅，實小，十月可用，不能熟。千葉紅梅，出湘閩，有福州紅、潭州紅、邵武紅。鶴頂梅，實大而紅。鴛鴦梅，花輕盈，葉數層，凡雙果必並蒂，惟此一蒂而結雙梅。雙頭紅梅，葉重，或結並蒂小實，不堪啖。杏梅，色淡紅，實扁而斑，味似杏。水梅，實吐自葉罅，不花，色如冰玉，無核，含之自融如冰。墨梅，花黑如墨，或云以苦楝樹接者。又有千葉黄臘梅、侯梅、朱梅、紫梅、同心梅、紫蒂梅、麗枝梅、胭脂梅、百葉梅、湘梅。梅先衆木而花，子赤者材堅，子白者材脆。接本葉皆如杏實，赤于杏而酸，亦生啖。

明　劉侗《名物通》卷八　梅，范石湖《梅譜》凡九十餘種，其結實最遲，必十二年方結實。接桃最大，接李紅甘。

明　周文華《汝南圃史》卷三《花果部・梅》　梅，一名柟，杏之類，樹及葉皆如杏，樹比杏稍黑，葉比杏稍青，北人不識。故賈元勰曰：梅花早而白，杏花晚而紅。梅實小而酸核有文，杏實大而甜核無文。梅任調食及虀，杏則不任此用。世人或不能辨，言梅、杏爲一物，失之遠矣。花香先百花開，結實至五月而熟。范石湖《梅譜》曰：梅，天下尤物，無問知、愚、賢、不肖，莫敢有異議。學圃之士，必先種梅，且不厭多。又曰：梅以韻勝，以格高，故以横斜疎瘦與老枝怪奇者爲貴。其新接稺本，抽嫩枝，直上或三四尺，如酴醾、薔薇類者，謂之氣條。此直宜取實規利，無所謂韻與格矣。又有一種糞壤力勝者，於條上茁短横枝，狀如棘鍼花密綴之，亦非高品。其叙梅類有江梅，遺核野生，不經栽接者，又名直脚梅，或謂之野梅。凡山間水濱、荒寒清絶之趣，皆此本也。花稍小而疎瘦有韻，香最清，實小而硬。有早梅，花勝直脚梅。吴中春晚二月始爛熳，獨此品於冬至前已開，故得早名。錢塘湖上亦有一種，尤開早。予嘗重陽日親折之，有『横枝對菊開』之句。行都賣花者，爭先爲奇。冬初折未開枝，寘浴室中熏蒸令拆，强名早梅，終瑣碎無香。有官城梅，吴下圃人以直脚梅擇他本花肥實美者接之，花遂敷腴，實亦佳，可入煎造。有消梅花，與江梅、官城梅相似，其實圓小鬆脆，多液無滓，多液則不耐日乾，故不入煎造，亦不宜熟，惟堪青噉。有古梅，其枝樛曲萬狀，蒼蘚鱗皴，封滿花身。又有苔鬚垂於枝間，或長數寸，風至，緑絲飄飖可愛。有重葉梅，花頭甚豐，葉重數層，盛開如小白蓮，梅中之奇品。花房獨出，而結實多雙，尤爲瑰異，極梅之變化，工無餘巧矣。有緑萼梅，凡梅花跗蔕皆絳紫色，惟此純緑，枝梗亦青，特爲清高好事者比之『九疑仙人萼緑華』。又有一種萼，亦微緑，四邊猶淺絳，亦自難得。有百葉緗梅，亦名黄香梅，亦名千葉香梅。花葉至二十餘瓣，心色微黄，花頭差小而繁密。別有一種芳香比常梅尤穠美，不結實。有紅梅，粉紅色，標格猶是梅，而繁密則如杏，香亦類杏，詩人有『北人全未識，渾作杏花看』之句，與江梅同開，紅白相映，園林初春絶景也。梅聖俞詩云『認桃無緑葉，辨杏有青枝』，當時以爲著題。東坡詩云：詩老不知梅格在，更看緑葉與青枝。蓋謂其不韻，爲紅梅解嘲云。有鴛鴦梅，多葉紅梅也。花輕盈，重葉數層。凡雙果必並蔕，唯此一蔕而結雙梅，亦尤物。有杏梅，花比紅梅色微淡，結實甚匾，有斕斑色，全似杏，味不及紅梅。《吴邑志》云：梅花疎瘦有韻，山家多種之，光福山中尤多。花時，香雪三十里，物外奇賞也。又云：梅子，其味仍在熟時，青黄餖飣，歷時最久。《埤雅》曰：子赤者材堅，子白者材脆。俗云：梅花優於香，桃花優於色。天下之美不得而兼者，若荔枝無好花，牡丹無美實，亦其類也。今江湘四五月間，梅欲黄落，則水潤玉溽，礎壁皆汗，蒸鬱成雨，其霏如霧，謂之梅雨，沾衣服皆敗黦。故自江以南，三月雨謂之迎梅，五月雨謂之送梅。

明　方以智《物理小識》卷九　梅　有鶴頂梅、消梅、冠城梅，皆實大，五月熟。時梅有六月熟者，早梅四月熟，冬梅花白實小。有玉蝶梅、緑萼梅。紅梅再接即重臺，春分前、秋分後接，用桃、杏體及本體。紅梅白葉，一花三子，曰品字梅，紫梗踈條。蠟梅別一種，其磬口者佳，芒種時種其子。

清　張逸少《佩文齋廣羣芳譜》卷五四《果譜・梅》　梅，《説文》作楳。一名䕩，《廣志》云：蜀名梅爲䕩。實似杏，《草木疏》云：梅，杏類也。實赤于杏而酸。大者如小兒拳，小者如彈。熟則黄，微甘酸，可啖。生純青酸甚。《本草》云：花開于冬而實熟于夏，得木之金氣，故其味最酸。多食泄津液，生痰損筋蝕脾傷腎弱齒。爲脯含之口香，造煎堪久。子赤者材堅，白者材脆。

清　嵇璜《續通志》卷一七七　梅，《説文》作楳。一名䕩。實似杏，微甘酸，可啖。《周禮》：饋食之籩，其實乾䕩。注：乾䕩，梅也。《夏小正》：五月煮梅爲豆實。其類不一，范成大《梅譜》有江梅、消梅、緑萼梅、杏梅、鴛鴦梅諸名。烏梅、白梅可入藥。又有榔梅，出均州太和山，相傳眞武折梅枝插於榔樹而生者，榔乃榆樹也。後魏賈思勰《齊民要術》云：梅實赤於杏而酸，可生啖。煮而曝乾爲腊，置羹臛中，又可含以香口，亦蜜藏而食。按《鄭志》載梅之類，一引《爾雅》『梅，柟』，一引『時，英梅』。柟屬大木。又別一種『時，英梅』類而實小，名雀梅，不足以盡梅類明矣。今增補。

清　趙佑《草木疏校正》卷上《摽有梅》　梅，杏類也。樹及葉皆如杏而黑耳。曝乾爲腊，置羹臛齏中，又可含以香口。案陸氏釋摽梅爲今梅。釋有條有梅，則依傳別爲柟。最是。但梅樹幹作鐵色可言黑，葉不可言黑。陸既吴人，夫寧不審，恐『黑耳』二字當如郭注『實酢』二字，方與下文順，莫知奚以致誤。孔疏不引之，豈以其言之不確，抑以人所共識，而略之耶？至《廣要》以《爾雅》凡三釋梅，獨未及今梅爲欠。竊謂《釋木》云：時，英梅。郭璞注爲雀梅。疏讀『時』字斷句，然安見不可讀『時英』二字句。梅先百花，豈非及時而英者耶？輒信筆博一粲。

清　牟應震《毛詩物名考》卷五　梅，葉似杏，先衆木花。實似杏而酢，調味者用之。

清　吴其濬《植物名實圖考》卷三二《梅》　梅，《本經・中品》。烏梅以突煙薰造，白梅以鹽汁漬晒，皆入藥。核仁、根、葉，亦皆主治。

紀事

南朝宋　劉義慶《世説新語》卷下之下　魏武行役失汲道，軍皆渴，乃令曰：前有大梅林，饒子甘酸，可以解渴。士卒聞之口皆出水，乘此得及前源。

宋　邵博《聞見後録》卷二九　千葉黄梅花，洛人殊貴之。其香異于它種，蜀中未識也。近興利州山中樵者薪之以出，有洛人識之，求于其地尚多，始移種遺喜事者。今西州處處有之。

宋 朱弁《曲洧舊聞》卷三 頃年近畿，江梅甚盛，而許洛尤多，有江梅、椒萼梅、緑萼梅、千葉黄香梅凡四種。許下韓璠景文，知予酷好梅也，爲予致椒萼、緑萼兩種各四根。予植之後圃，作亭遂以緑萼名之。

宋 周密《癸辛雜識續集》卷下《石庭苔梅》 宜興縣之西地名石庭，其地十餘里皆古梅，苔蘚蒼翠，宛如虯龍，皆數百年物也。有小梅僅半寸許，叢生苔間，然著花極晚。詢之土人，云：梅之早者皆嫩樹，故得春最早，樹老則得春漸遲，亦猶人之氣血衰旺老少之異也。此説前所未聞。

明 朱國禎《湧幢小品》卷二二《村梅》 蕭州有大梅樹，如數間屋，蒼皮蘚斑，繁花如簇。楊補之曰臨畫大得其趣，以進徽廟。徽廟戲曰「村梅」，因自署「奉敕村梅」。更作踈枝冷，葉清意逼人，而徽廟不及見矣。南渡後，宫中張其梅，蜂蝶競集，驚怪，求之補之，業已物故。

清 姚之駰《元明事類鈔》卷三五 鄧尉香雪。《袁宏道集》：鄧尉與元墓諸山相屬，山中梅最盛，開時香雪三十里。

著録

清 嵇璜《續通志》卷一五九《范村梅譜》一卷。宋范成大撰。

清 永瑢《四庫全書總目提要》卷一一五《范村梅譜》一卷浙江鮑士恭家藏本。宋范成大撰。成大有《桂海虞衡志》，已著録。此乃記所居范村之梅，凡十二種。前有自序，稱於石湖玉雪坡既有梅數百本，又於舍南買王氏僦舍七十楹，盡折除之，治爲范村，以其地三分之一與梅。吴下栽梅特盛，其品不一，今始盡得之，隨所得爲之譜。蓋記其別業之所有，故以范村爲目也。梅之名雖見經典，然古者不重其花。故《離騷》徧詠香草，獨不及梅。《説苑》始有越使執一枝梅遺梁王事，其重花之始歟？六朝及唐遞相賦詠，至宋而遂爲詩家所最貴。然其裒爲譜者，則自成大。是編始其所品評，往往與後來小異。如緑萼梅，今爲常産，而成大以爲極難得。是蓋古今地氣之異，故以少而見珍也。又楊无咎畫梅，後世珍爲絶作，而成大後序乃謂其畫大略皆如吴下之氣條，雖筆法奇峭，去梅實遠與。宋孝宗詆无咎爲村梅者，所論相近。至嘉熙淳祐間，趙希鵠作《洞天清録》，始稱江西人得无咎一幅梅，價不下百千疋，是又貴遠賤近之證矣。《通考》以此書與所作《菊譜》合爲一編，題曰：《范村梅菊譜》二卷。然觀其自序，實別爲書。今故仍分著於録焉。

藝文

南朝梁 蕭繹《詠梅》（引自《藝文類聚》卷八六） 梅含今春樹，還臨光日遲。人懷前歲意，花發故年枝。

南朝梁 何遜《詠早梅》（引自《藝文類聚》卷八六） 兔園標物序，驚時最是梅。銜霜當路發，映雪擬寒開。枝横却月觀，花繞凌風臺。知應早飄落，故逐上春來。

南朝陳 謝燮《早梅》（引自《藝文類聚》卷八六） 迎春故早發，獨自不疑寒。畏落衆花後，無人別意看。

唐 柳宗元《柳河東集》卷四三《早梅》 早梅發高樹，迥映楚天碧。朔吹飄夜香，繁霜滋曉白。欲爲萬里贈，杳杳山水隔。寒英坐銷落，何用慰遠客。

宋 王珪《華陽集》卷一《梅》 冷香疑到骨，瓊豔幾堪餐。半醉臨風折，清吟拂曉觀。贈春無限意，和雪不勝寒。桃李有慚色，枯枝試並欄。

宋 蘇軾《東坡全集》卷一八《紅梅三首》 怕愁貪睡獨開遲，自恐冰容不入時。故作小紅桃杏色，尚餘孤瘦雪霜姿。寒心未肯隨春態，酒暈無端上玉肌。詩老不知梅格在，更看緑葉與青枝。

雪裏開花却是遲，何如獨占上春時。也知造物含深意，故與施朱發妙姿。細雨裛殘千顆淚，輕寒瘦損一分肌。不應便雜夭桃杏，半點微酸已著枝。

幽人自恨探春遲，不見檀心未吐時。丹鼎奪胎那是寶，玉人頩頰更多姿。抱叢暗蕊初含子，落盡穠香已透肌。乞與徐熙新畫樣，竹間璀璨出斜枝。

宋 李復《潏水集》卷一五《觀梅》 轥藉霜威欲斷肌，傲霜挺挺發南枝。微風披拂香來去，皎月勾添光陸離。已入鷺臺弄粧手，猶存谷口出塵姿。苦無踈影横斜句，深愧林逋處士詩。

宋 謝逸《溪堂集》卷五《梅》 羅浮山下月紛紛，曾共蘇仙醉一尊。不是玉妃來墮世，夢中底事見冰魂。

城中桃李休相笑，林下清風汝未知。本是前村深處物，竹籬茅舍却相宜。

鏤冰疊雪鬬輕盈，莫笑肌膚太瘦生。底事狂風催結子，要當煮酒趁清明。

暗香踈影渾無賴，雨打風吹更可憐。嚼蘂但能供我醉，點粧應是爲君妍。

楊花榆筴風流淺，穠李天桃氣味凡。只有寒香無俗韻，不煩吹笛惱摻摻。

老大無人伴我閑，憶梅幽意頗相關。不知移植溪堂後，免使凡夫俗手攀。

宋 王洋《東牟集》卷五《和方智善兩色梅》 春到冬餘去住間，玉樓無處不輕寒。鮮鮮魏女履下履，粲粲眞妃冠上冠。眼亂互摇歌扇羽，心驚添著粉闌幱。東君厚薄非無意，一種馨香兩眼看。

宋 李處權《崧菴集》卷一《梅花賦》 予衰病索居，經歲不出，芳物過眼眞成一夢，偶作梅花小賦以寄所懷，其辭曰：伊造物之發生兮，無一木之不卉。顧四時之不齊兮，曜白黄與丹紫。懿江梅之秀出兮，儼亭亭而絶比。既嬋娟以暎岫兮，復窈窕以臨水。類忘言之貞士兮，肖獨潔之君子。許蘭茝之僅似兮，睨桃李之可鄙。占嘉月與好風兮，泛幽香而未已。寄美人之一枝兮，想横斜于鏡裏。抗翠袖於天寒兮，撫修竹而孤倚。悵衰翁之撩鬬兮，抱微痾之在體。起三嗅而三歎兮，魂忽蕩而心欲死。

宋 楊萬里《誠齋集》卷七《探梅》 山間幽步不勝奇，政是深寒淺暮時。一樹梅花開一朵，惱人偏在最高枝。

宋 孫應時《燭湖集》卷二〇《江北梅開殊晚和林實之别駕韻》 水邊籬落影踈踈，一見風姿意豁如。驛使莫嫌時節晚，少留春半作春初。

楚江横月一枝明，想見江南半落英。等是春風有先後，不妨調鼎看功成。

地遠天寒飽雪霜，深林依舊十分香。玉堂茅舍公休問，一種風流壓衆芳。

清詩吟賞慰花神，喚起風情寂寞濱。正是參軍舊題處，須公還作一家春。

一笑無言桃李場，從教遥夜鬬寒香。紅梅何意敗家法，便欲從時作鬧粧。

許氏南園十里間，蹉跎勝賞怯春寒。寄聲行客如迴首，莫把尋常醉眼看。

宋 劉學箕《方是閒居士小稿》卷上《落梅》 片片玉零亂，寒風生驚嗟。凍雀相飛鳴，俛啄苔上花。鳴飛飢腸不能實，却上煙梢照斜日。愁逢冷淡太寂寥，不似春風豔陽質。

元 周巽《性情集》卷三《梅子》 中林有佳實，孟夏雨初肥。離離青垂處，落落紅綻時。昔曾感商夢，摽有興周詩。調鼎將用汝，傾筐一墍之。臨風每相望，聊以慰渴思。

明 習經《尋樂習先生文集》卷六《味梅》 種梅千樹繞雞塒，佳實纍纍帶雨黄。好似金丸應獨羡，未登金鼎且先嘗。舊時止渴緣兵革，明日調羹屬廟堂。世俗相看莫容易，着花已自耐冰霜。

明 朱誠泳《小鳴稿》卷一《梅花落》 雅淡雖堪喜，飄零亦可傷。隨風翻玉笛，帶雨上雕梁。蕃將寧知味，胡兒詎識香。吴儂緣戍久，一曲淚成行。

明 藍田《藍侍御集》卷二《梅》 冷溜風欺瘦，寒香雪壓微。深山甘落寞，不逐百花飛。桃李皆奴僕，松篁自主賓。暗香凌積雪，絶色耻宜春。

明 田藝蘅《香宇集》卷二三《黄梅花》 種與梅全别，清香酷似梅。一色遲黄菊並，心借紫檀開。僧訝金爲磬，蜂疑蠟作臺。一枝明月下，如向漢宮來。

清 萬樹《香膽詞·望梅·梅子》 暮煙聞笛。正緗英剥紛，絳趺胎碧。慢結成，幾點青圓，似葉底，啣來翠禽香粒。搏弄風輕，漸勻綻，玉腮紅色。愛垂簷纍纍，欲傍鎖窻，枝重無力。 肥黄又經雨裛。向水盤笑薦，纖指親摘。便茂陵，渴望金莖，想煮酒燈前。爲伊流液，腸斷江南，蚤占了，楊梅盧橘。記桐陰舊事，戲採隔花暗擲。

清 梅清《瞿山詩略》卷二七《風梅》 共指春風在上林，如何也遍故山岑。幾番信到枝枝勁，無意香來處處尋。只恐飄零清夜夢，那堪摇蕩白頭吟。高呼莫使芳魂亂，鐵幹能堅歲暮心。

清 董元愷《蒼梧詞》卷六中調《早梅芳·詠青梅》 玉肌清，冰魂瘦，忽見濃陰覆。溶溶庭院，一樹垂垂伴晴晝。枝頭青子結，葉底繁英透。試淩波微展，小摘纖纖手。　綴如珠，勻似豆，曾撚粧臺右。晶盤初薦，較前酸楚應非舊。鹽和商相鼎，齒軟吴姬口。問東風，並蒂猶存否。

清　陳元龍《愛日堂詩集》卷二《晚梅》　玉臺春寂笛聲哀，留得殘枝獨後開。不是幽人尋豈到，故應寒谷煖方回。春穠桃樹從他占，月映梨花任客猜。車馬城南爭逐豔，晚香誰解一徘徊。

清　劉大紳《寄庵詩文鈔・詩鈔續》卷三《青梅》　齒牙落盡舌空存，自摘青梅向晚園。長憶兒時眞有味，津津不露皺眉痕。

清　張五典《荷塘詩集》卷九《梅子》　傳黄梅子熟，繞樹走羣兒。適口思何妄，攢眉笑帶癡。風枝乾可惜，階木取何爲。滋味多如此，酸甜只自知。

清　阮元《揅經室集續集》卷一〇《梅子黄熟摘置研旁其香更幽於花》　夏雨園林梅子黄，摘來清味比花長。卻從芍藥荼蘼後，又作人間一段香。

圖表

晉　郭璞《爾雅音圖・釋木》

明　李時珍《本草綱目・圖卷》

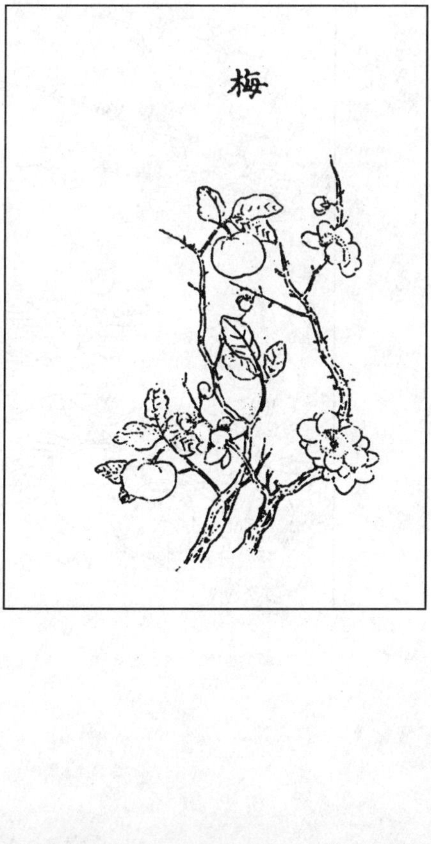

清　徐鼎《毛詩名物圖說》卷八

清　吳其濬《植物名實圖考》卷三二《梅》

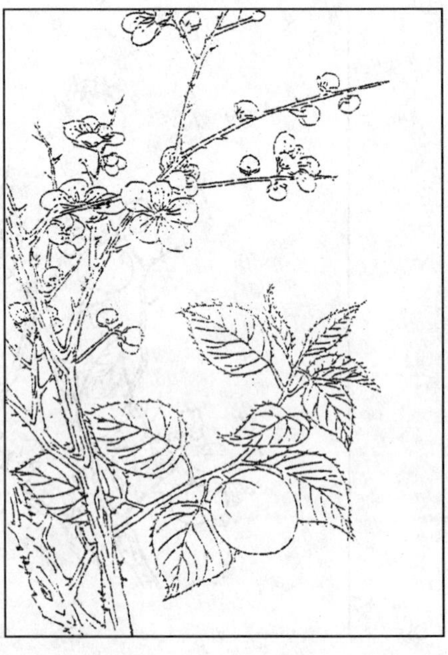

杏

綜述

漢　許慎《説文》卷六　杏，果也。从木，可省聲。何梗切。

晉　郭義恭《廣志》（引自《説郛》卷六一）　滎陽有白杏，鄴中有赤杏，有奈杏。

宋　羅願《爾雅翼》卷一〇《杏》　五果爲五穀之祥，而杏華又候農時。《四民月令》曰：三月杏花盛，可菑白沙輕土之田。又曰：三月昏參夕杏花盛，桑椹赤，可種大豆。謂之上時。《氾勝之書》曰：杏花如何，可耕白沙。《齊民要術》曰：杏始華榮，輒耕輕土弱土。望杏華落復耕，耕輒藺之。故農事之候，杏花、昌葉而已。《吕氏春秋》曰：冬至後五旬七日菖始生。菖者，百草之先生者，於是始耕。又曰：禾生於棗或楊，黍生於榆，大豆生於槐，小豆生於李，麻生於楊或荆，大麥生於杏，小麥生於桃，稻生於柳或楊。其生實又爲農祥，故曰：梅、桃、杏實多者，來歲爲之穰。師曠《占術》曰：杏多實不蟲者，來年秋禾善。五木者，五穀之先。欲知五穀，但視五木。擇其木盛者，來年多種之，萬不失一。故五果分五行，所以表五穀也。又按五果之義，春之果莫先於梅，夏之果莫先於杏，季夏之果莫先於李，秋之果莫先於桃，冬之果莫先於栗。五時之首，寢廟必有薦，而此五果適丁其時，故特取之。杏之枝、葉、華、果皆赤，故古者鑽燧，夏取棗、杏之火也。《夏小正》：四月囿有見杏。

明　何三畏　《新刻何氏類鎔》卷三二《杏》　杏禀東方歲星之精，而爲南海沃土之樹。或生牛山靈草，或植魏郡上林。其艷奪霞，其光鬭日，其花六出而五色，其實小苦而微甘，其大如拳如梨，其黄如柚如橘。蓋綻翠英于枝上，爛熳而開山城。摘紅瓊于盤中，錯落而供賓旅。此名佳果，亦稱美味者也。有仙人杏者，出于天台嶺。有漢帝杏者，出于分流山。縹杏種之老子祠前，海杏植之少伯宅内。杏有合歡之種，栽于武帝仙都。杏有五色之枝，獻于東海郡尉。仲尼嘗與弟子讀書絃歌，而坐杏壇之上。仙子嘗見漢人航海遇風，而泊杏園之中。朱陳之邨，杏花無恙。和父之第，杏樹移栽。午橋莊之杏百株，坊曰碎錦。太平園之杏數本，舘曰爭春。當放榜而杏林之使可探，則進士之題名畢記，遇晴天而杏花之晨將發，則臨軒之羯鼓頻催。杏以病愈而種者，樹百株于北嶺，而成其爲董仙之高。杏以熟多而落者，還兩樹于南鄰，而成其爲張公之潔。占者謂方春之杏華盛，可耕白沙輕土之田。仲夏之杏子多，可十來歲豐亨之兆。故食嵩山之杏實，則不復患有兇荒，可以救死。飲土龕之杏漿，則不復知有飢渴，可以得仙矣。

明　李時珍　《本草綱目》卷二九　杏《别録》下品　釋名：甜梅。時珍曰：杏字篆文象子在木枝之形。或云從口及從可者，并非也。《江南録》云：楊行密改杏名甜梅。集解：《别録》曰：杏生晉山川谷。五月采之。頌曰：今處處有之。有數種：黄而圓者名金杏，相傳種出自濟南郡之分流山，彼人謂之漢帝杏，言漢武帝上苑之種也。今近汴洛皆種之，熟最早。其扁而青黄者名木杏，味酢不及之。山杏不堪入藥。杏仁今以從東來人家種者爲勝。宗奭曰：金杏深赭色，核大而扁，乃接成者，其味最勝。又有白杏，熟時色青白或微黄，味甘淡而不酢。生杏可曬脯作乾果食之。山杏輩只可收仁用耳。時珍曰：諸杏，葉皆圓而有尖，二月開紅花，亦有千葉者，不結實。甘而有沙者爲沙杏，黄而帶酢者爲梅杏，青而帶黄者爲柰杏。其金杏大如梨，黄如橘。《西京雜記》載蓬萊杏花五色，蓋异種也。按王禎《農書》云：北方肉杏甚佳，赤大而扁，謂之金剛拳。凡杏熟時，榨濃汁，塗盤中曬乾，以手摩刮收之，可和水調麨食，亦五果爲助之義也。

明　周文華　《汝南圃史》卷三《花果部・杏》　杏葉如梅而圓大，花先赤後白，艷麗可愛。栽種之法與桃李同，但宜近人家，不得移動耳。二月開花，五月實成，其仁有毒，須煮令極熟，以中心無白爲度。此果多花少實，實多亦爲農祥。師曠《占術》云：杏多實不蟲者，來歲秋禾善。《文昌襍録》云：揚州李冠卿所居堂前杏一株，極大，多花而不實。一老嫗曰：來春爲嫁此杏。冬深忽攜尊酒，云是婚嫁撞門酒，索處子裙繫樹上。已奠酒，辭祝再三，家人咸哂之。明年結子無數。【略】今陝西出八丹杏，杏肉多查不可食，惟取其仁食之，亦名杏榛。與今所食杏又自不同也。

明　鮑山　《野菜博録》卷四　杏樹，《本草》有杏仁，核仁處處有之。樹高丈餘，葉頗圓，稍帶紅色，結實金黄者爲美，味甘苦，性温冷，利有毒，得火良。

清　朱虚　《古今疏》卷一五《杏》　五果爲五穀之祥，而杏花又候農時。又曰：禾生於棗或楊，黍生於榆，大豆生於槐，小豆生於李，麻生於楊或荆，大麥生於杏，小麥生於桃，稻生於柳或楊，其生實又爲農祥。故曰：梅、桃、杏實多者，來歲爲之穰。杏多實不蟲者，來年秋禾善。五木者，五穀之先。欲知五穀，但視五木。擇其木盛者，來年多種之，萬不失一。故五果分五行，所以表五穀也。又按五果之義，春之果莫先於梅，夏之果莫先於杏，季夏之果莫先於李，秋之果莫先於桃，冬之果莫先於栗。

清　曹溶　《倦圃蒔植記・總論》卷上《論果》　杏，此地不乏，家園獨多，但味淡於北方。其樹久而不衰，與梅皆可爲林間古木。八丹杏，其美在仁，此地亦有傳種而結實者。

清　嵇璜　《續通志》卷一七七　杏，一名甜梅。《夏小正》云：四月囿有見杏。《管子》云：五沃之土，木宜杏。杏實形如彈丸，其種多。黄而圓者曰金杏，深赭色，核大而扁，一名漢帝杏，謂武帝上林苑遺種也，大如梨，黄如橘，出濟南，味最勝。其扁而色青黄者曰木杏，味酢不及金杏。又有白杏，色青白或微黄，味甘淡而不酢。黄而酢者爲梅杏，青而黄者爲柰杏，甘而有沙者爲沙杏。山杏最下，惟用其仁。又有赤杏、黄杏、蓬萊杏之名。其巴旦杏，一名八擔杏，又名忽鹿麻，出回地，樹如杏而葉差小，實尖肉薄，其核如梅，其仁甘美，味如榛子。

清 吴其濬《植物名實圖考》卷三二《杏》 杏，《本經》下品，核仁入藥。回部關東出者，仁大，充果實，即巴旦杏仁也。

紀事

南朝梁 任昉《述異記》卷上 東海郡尉于台有杏一株，花雜五色六出，號云仙人杏。

又 杏園洲在南海中，洲中多杏，海上人云仙人種杏處。漢時嘗有人舟行遇風泊此洲，五六日食杏，故免死。云洲中别有冬杏。

唐 令狐德棻《周書》卷四六《張元傳》 南隣有二杏樹，杏熟多落元園中。諸小兒競取而食之，元所得者送還其主。

唐 段成式《酉陽雜俎》卷一八 漢帝杏，濟南郡之東南有分流山，山上多杏，大如梨，黄如橘，土人謂之漢帝杏，亦曰金杏。

唐 李肇《唐國史補》卷中 馬司徒之子暢以第中大杏餽竇文瑒。文瑒以進德宗。未嘗見，頗怪之，令使就第封杏樹。暢懼進宅，廢爲奉誠園，屋木盡拆入内也。

宋 龐元英《文昌雜録》卷一 禮部王員外言，昔見朝議大夫李冠卿説，揚州所居堂前杏一窠，極大，花多而不實。適有一媒姥，見如此，笑謂家人曰：來春與嫁了此杏。冬深，忽攜酒一樽來，云是婚家撞門酒，索處子裙一腰繫杏上。已而奠酒，辭祝再三，家人莫不笑之。至來春，此杏結子無數。江淮亦多有嫁橘法，不知是何術也。

明 愼懋官《華夷花木鳥獸珍玩考》卷二《金杏》 《酉陽雜俎》云：金杏，種出濟南郡東南之分流山，蓋其上飲天漿，下吸地沫，故其生繁，大於梨，黄於橘，而味爲獨美。昔漢武帝訪蓬瀛，有獻是者，帝嘉之，故今人猶呼爲漢帝果。

明 焦周《焦氏説楛》卷二 濟南分流山有金杏，上飲天漿，下吸地沫，故其生繁，大於梨，黄於橘。武帝訪蓬瀛，有獻者，帝嘉之，故亦名漢帝果。

明 姚旅《露書》卷一〇 内苑有吕公杏，中使誇之於朱仲成觀察。觀察悵難得，乃佯不信。中使因以七八枚遺之，啖之，見核破，核復一杏，杏中仍有核。吕仙嘗自稱回道人，今杏中有杏，故名吕公乎？

清 孫承澤《春明夢餘録》卷六四 元人董宇定杏花園在上東門外，植杏千餘株。

清 曹溶《倦圃蒔植記》卷一《杏》 南海有杏園洲，爲仙人種杏處。朱李、蟠桃自堪鼎足。自唐進士有探春宴，春風十里始落紅塵，花如有知，豈不稱屈。栽種之法與桃、李同，但宜近人家，不得移動耳。又聞宋時揚州李冠卿家，堂前一株杏花多而不實。一老嫗曰：來春與嫁此杏。冬深，忽攜一罇酒來，云是婚家撞門酒，索處子裙繫樹上。已奠酒，辭祝再三而去，家人咸哂之。明年結子無數，則嫁樹之術又不當與桃、李並驅耶。

清 慵訥居士《咫聞録》卷九《杏樹》 浙江錢局前有古杏二株，大可三圍。嘉慶三年五月五日巳時，忽見煙從左杏樹中出，初以爲奇也，人皆望之。繼而煙光漸大，火星直出，急扛水龍四座吸水噴去，水愈湧而火愈熾，竟不能救。至未時而杏成灰炭矣。夫杏性具火，故古人于夏時取火于杏。今杏有三圍，火性自旺，火由心發，水龍只可治其外火，而不能息其心中之火，故燒盡耳。

藝文

唐 韋縠《才調集》卷七《杏花》 團雪上晴梢，紅明映碧寥。店香風起夜，村白雨休朝。静落猶和蒂，繁開正蔽條。澹然閒賞久，無以破妖嬈。

宋 蘇軾《東坡全集》卷二二《三月二十日多葉杏盛開》 零露泫月蘂，温風散晴葩。春工了不睡，連夜開此花。芳心誰剪刻，天質自清華。惱客香有無，弄粧影横斜。中山古戰國，殺氣浮高牙。叢臺餘袨服，易水雄悲笳。自從此花開，玉肌洗塵沙。坐令游俠窟，化作温柔家。我老念江海，不飲空咨嗟。明年花開時，舉酒望三巴。

又卷三〇《杏》 開花送餘寒，結子及新火。關中幸無梅，汝彊充鼎和。

金 元好問《遺山集》卷一二《杏花》 桃李前頭一樹春，絳唇深注蠟猶新。只嫌憨笑無人管，鬧簇枯枝不肯勻。

元 張宏範《淮陽集·青杏》 落盡殘紅綠滿枝，青青如豆釀酸時。佳人摘得新嘗怯，一點春愁鎖畫眉。

元 范梈《范德機詩集》卷二《二杏甲寅》 北鄰杏一株，身作龍盤拏。直上青天中，虛空高結花。南鄰杏更好，枝幹相交加。三月二月時，匝地堆紅霞。自我來京城，寄居諸公家。其地僻自阻，茂樹繞牕紗。亦有桃與李，盛節爭豪奢。雖富無可人，紛紛亂如麻。晚遇此二杏，突兀超塵沙。嘗時好客來，立旆遥咨嗟。欲去復顧戀，往往至日斜。我昔詞館直，羸馬道路賖。晨往昏黑歸，無由領其嘉。今我已投散，終日猶枯槎。朝暮出見之，百匝虛簷牙。而我又將去，何由報繁葩。誓將適南郡，辟地江之涯。種此一萬樹，漫漫被荒遐。花成實給食，收拾歲盈車。此事亦易集，但恐君疑誇。

明 葉盛《菉竹堂稿》卷二《杏花》 咲殺鼕鼕羯鼓催，明清誰問酒家來，廬山熟比嵩山熟，要使貧人飽食回。

明 朱誠泳《小鳴稿》卷六《紅杏》 艷奪晚霞紅，繁開細雨中。何如庭下竹，孤節傲霜風。

明 何景明《大復集》卷一三《杏林曲》 君不見，蕭御醫何年種杏成杏林。霞蒸日爛開芳甸，門庭垂實虎晝守。飛花九陌人人羨，菊泉橘井俱仙靈。豈如萬樹春風散，今皇御醫皆不賤。麒麟緋袍常引見，奉詔時翻本草經。承恩數錫仙桃宴，君今一身官未尊。白頭抱藝趨金門，輕財重義世罕比。起死回生不自論，林中有草金光映。服食可以延壽命，蕭君蕭君進此藥，令我皇帝萬歲無疾病。

明 邊貢《華泉集》卷七《倫上人遺杏戲答》 帶葉生英顆顆新，竹籃初發齒生津。清酸本是儒家味，不道山僧亦戲人。

明 王世貞《弇州四部稿》卷四三《杏花》 誰剪僊人六出花，從教春色倍妍華。移來上苑霞千樹，種就河陽錦萬家。破萼東風青旆曉，亞枝殘照玉鞭斜。曲江舊是題名侶，零落孤村謾自嗟。

清 傅山《霜紅龕集》卷一一《佳杏得紅字》 佳杏故遲熟，六月顋方紅。歷落高枝末，深藏密葉中。愁重低垂雨，羞掀輕薄風。幸免野鳥啄，如植靈山峰。詎得金盤貯，不擇瓦缶供。酸酣意自永，誰當嘗此衷。

清 許虬《萬山樓詩集》卷一二《杏》 玉勒金鞭拂曉霞，春明特地發僊葩。一從賜宴尊前別，六載含情未看花。

清 熊賜履《經義齋集》卷一八《園林雜咏·杏》 蓬萊山色綠楊天，二月花飛彩爛然。莫道五湖歸去早，宅邊紅杏已如拳。

清 查慎行《敬業堂詩集》卷三〇《賦野杏根》 古根埋不爛，搜剔豈能辭。斑剥舊苔蘚，槎牙新菌芝。乾坤無棄物，研席得奇姿。自有天然質，何煩斧鑿爲。

清 陳元龍《愛日堂詩集》卷二《杏花》 聞道午橋誇碎錦，每從野店挹芳姿。色經雨白村容改，塵輾香紅路影移。馬過繁條隨意穩，燕尋舊壘入林疑。曲江萬樹空搖曳，不及多情陌上枝。

清 愛新覺羅·弘曆《清高宗詩初集》卷八《杏》 胭脂勻襯曉粧紅，柳冶桃夭訝許同。也解隔墻思宿雨，生憎映塵舞輕風。華林漫憶羣排宴，文館先陪獨省躬。醉月徵歌徒負爾，年來吟興亦飄蓬。

又卷一三《杏》 錦苞煦青陽，雪蕊含宿雨，弄姿上吟箋，攄豔當朱户。偏宜傍酒帘，詎解引漁父，無語惜春心，脉脉自媚嫵。落英飄晚風，時共春駒舞。

又卷二〇《老杏》 老杏芳菲歇，秃立虛堂襟。有懷不能語，因風時作吟。百昌答青韶，競此荏苒陰。亦開四五花，詎期觴管尋。佳人立樹旁，不忍摘而簪。脉脉惟自領，孰識其中心。

又《清高宗詩二集》卷一六《見杏花始放》 桃花例比杏花先，今年見杏桃之前。山村種植隨土性，那計景物供留連。杏花豈比桃花早，杏玆半放桃應老。春色闌珊霎眼間，馬上相逢阜陽道。五臺花朝花信賖，御園想已蒸緋霞。我尚依依執色相，何能致雨曼陀華。

又卷三八《杏》 肘後曾聞說董林，甘芳偏覺勝來禽。充梅漫惹髯翁誚，入酪何妨楚客吟。

清 劉秉恬《公餘集》卷七《題杏實》 仙杏何須天上種，庭前綠樹亦同嘉。相看粒粒金成實，迴想垂垂綺結花。果擬桃紅堪餽食，味非梅碧致酸牙。先華後子天然理，次第排來却不差。

圖表

明 李時珍《本草綱目・圖卷》

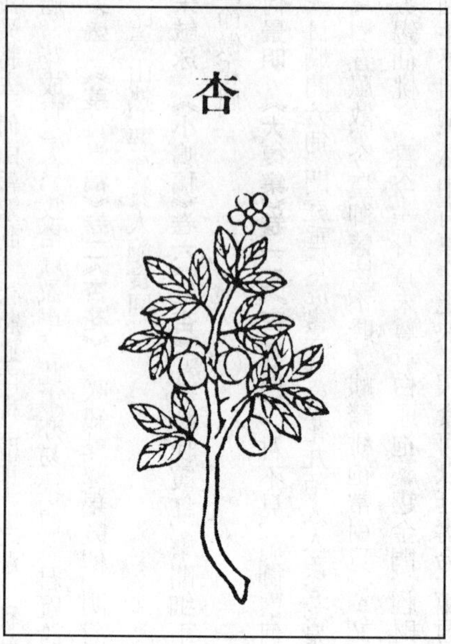

明 鮑山《野菜博録》卷四

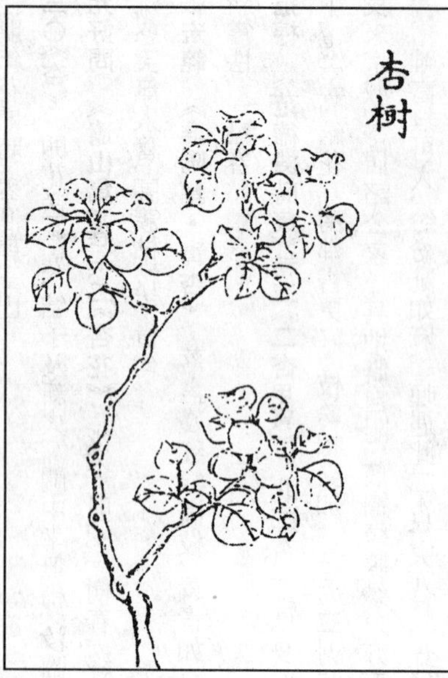

清 吳其濬《植物名實圖考》卷三二《杏》

桃

論説

宋 蔡卞《毛詩名物解》卷五《桃》 桃先百果而華，故從兆。其時則春而陽中也，故以記婚姻之時正。

明 何三畏《新刻何氏類鎔》卷三二《桃》 世之花木，有艷外之艷，華中之華。其盛如霞，其爛如錦。不以多爲鄙，不以衆爲繁者，若桃是已。出自玉嶺，植之霜園。或臨金塘，或交綺井。當青陽之節，值和煦之天。方春灼灼而開紅，迎風綴深淺之色。至夏離離而結實，點露成參差之光。留紫燕于枝間，發輕香于葉底。應同仙子憑臉笑，宜與幽人伴醉眠。採而貯此金盤，勝房陵之縹李；剖而飡兹瓊液，逾眞定之蒼梨。誠照曜無儔而津腴莫匹者也。桃有一萬歲一實者，西王母以食周穆王。桃有三千年一實者，西王母以與漢武帝。張芒女獲桃子而得道，高丘公服桃膠而得仙。有桃十數株，當冬天而其英盡發者，誠爲異術之人。有桃數百株，在山澗而其香撲鼻者，自是神仙之境。桃以劉郎去後栽者，千株皆玄都觀裏之樹。桃以潘令官中植者，一望皆河陽縣裏之花。雲亭山之桃，食之可以止渴。天台山之桃，啖之可以不饑。雲門寺之桃，懷之可以忘飡。金精山之桃，得之可以度世。武陵之桃，可以避亂。而綏山之桃，即不得仙，亦可以豪矣。彼有謂服桃花者，能澤面；服桃實者，能長生；食桃蠹者，能美顔；而插桃枝着桃符者，亦能制鬼物而厭邪氣。然則桃之植地，雖漫山填谷而不勝其多，而桃之資人，至服食飡霞而不勝其益。此眞所謂春之秀華之宗，而可以凡卉槩目之哉！王母之降漢宫也，以桃五枚與武帝，而自食其二。張陵之登絶壁也，以桃二百二枚分弟子，而自食其一。仲尼之先啖黍飯，而後啖桃也，不欲以五穀之長雪果蓏之下也。簡子之不樹蒺藜，而獨樹桃也，不欲以三秋之刺加春華之上也。秦吏有計吴旦生盗食宗廟御桃者，王剖其腹，而欲出其桃，史惡而書之短。人有指東方朔三偷王母蟠桃者，帝食其桃，而欲留其核，母咲而却之。衛之彌子瑕艷而有寵，靈公食其餘桃，及寵弛而惡之，遂自絶，是一人而愛憎異矣。齊之公孫樓、田開疆、古冶子勇而無禮，景公餽之二桃，令計功而食之，皆自殺，是三人而功罪同矣。狄公樹桃而得其佳者，誠公門之一枝；桓玄求桃而不得其佳者，乃籬落之一物。

綜述

《爾雅·釋木》 旄，冬桃。注：子冬熟。榹桃，山桃。注：實如桃而小，不解核。音義：【略】旄，音毛，《字林》作楙，亡到反。榹，郭音斯，又音雌，解古買反。核，胡革反，下同。疏：别桃類也。【略】桃子冬熟者名旄，生山中者名榹桃。郭云：實如桃而小，不解核。

漢 許慎 《説文》卷六 桃，果也。从木，兆聲。徒刀切。

唐 段成式 《酉陽雜俎續集》卷一〇 王母桃，洛陽華林國内有之。十月始熟，形如括蔞，俗語曰王母甘桃，食之解勞，亦名西王母桃。

宋 鄭樵 《通志》卷七六 桃之類多。《爾雅》曰：旄，冬桃。今謂之旄桃，藤生，出山谷，或言即寒桃也。十月熟，故謂之冬桃。又曰：榹桃，山桃。今野出之桃也。味酸苦，不解核桃之實，乾而不落。其中實者曰桃梟，曰梟景。《本草》云：主殺百鬼精物。上古有神荼與鬱壘兄弟二人，桃樹之下閲百鬼，無理者縛以葦索飼虎，今人本此而作桃符。

宋 范成大 《桂海虞衡志·志果》 匾桃，大如桃而匾，色正青。

元 王禎 《農書》卷九《桃》 桃，《典術》曰：五木之精也，厭伏邪氣，制百鬼。《爾雅》曰：旄，冬桃。榹桃，山桃。郭璞注曰：旄桃，子冬熟。山桃，實如桃而不解核。《廣志》曰：桃有冬桃、夏白桃、秋白桃、襄桃，其桃之美也，有秋赤桃。《本草》曰：桃梟在樹不落，殺百鬼。《鄴中記》曰：石虎苑中有句鼻桃，重二斤。《西京雜記》曰：榹桃、緗核桃、霜桃，言霜下可食。金城桃、胡桃出西域，甘美可食。綺蔕桃、含桃、紫文桃。《本草衍義》曰：桃品亦多。京畿有油桃，小於衆桃，有赤斑點，而光如塗油。山中一種，正是《月令》中桃始華者，但花多子少，不堪啗，惟堪取仁，《文選》謂『山桃發紅萼』者是也。太原有金桃，色深黄。西京有崑崙桃，肉深紫紅色。此二種尤甘。又餅子桃，如今之香餅子。

明 李時珍 《本草綱目》卷二九 桃《本經》下品 校正：木部有《拾遺》桃橛，今并入此。釋名：時珍曰：桃性早花，易植而子繁，故字從木、兆。十億曰兆，言其多也。或云從兆諧聲也。集解：《别録》曰：桃生太山川谷。弘景曰：今處處有之。核仁入藥，當取解核者種之爲佳，山桃仁不堪用。頌曰：汴東、陝西者尤大而美。大抵佳果肥美者，皆圃人以他木接成，殊失本性。入藥當用本生者爲佳。今市肆賣者，多雜接核之仁，爲不堪也。宗奭曰：山中一種桃，正合《月令》桃始華者，花多子少，不堪啖，惟堪取仁入藥。汴中有油桃，小于衆桃，光如涂油，不益脾胃。太原有金桃，色深黄。洛中有崑崙桃，肉深紅紫色。又有餅子桃，狀如香餅子。其味皆甘。時珍曰：桃品甚多，易于栽種，且早結實。五年宜以刀劙其皮，出其脂液，則多延數年。其花有紅、紫、白、千葉、二色之殊，其實有紅桃、緋桃、碧桃、緗桃、白桃、烏桃、金桃、銀桃、胭脂桃，皆以色名者也。有綿桃、油桃、御桃、方桃、匾桃、偏核桃，皆以形名者也。有五月早桃、十月冬桃、秋桃、霜桃，皆以時名者也。并可供食。惟山中毛桃，即《爾雅》所謂榹桃者，小而多毛，核粘味惡。其仁充滿多脂，可入藥用，蓋外不足者内有餘也。冬桃一名西王母桃，一名仙人桃，即崑崙桃，形如栝樓，表裏徹赤，得霜始熟。方桃形微方。匾桃出南番，形匾肉濇，核狀如盒，其仁甘美。番人珍之，名波淡樹，樹甚高大。偏核桃出波斯，形薄而尖，頭偏，狀如半月，其仁酷似新羅松子，可食，性熱。又楊維楨、宋濂集中并載元朝御庫蟠桃，核大如碗，以爲神異。按王子年《拾遺記》載漢明帝時，常山獻巨核桃，霜下始花，隆暑方熟。《玄中記》載積石之桃，大如斗斛器。《酉陽雜俎》載九疑有桃核，半扇可容米一升；及蜀後主有桃核杯，半扇容水五升，良久如酒味可飲。此皆桃之極大者。昔人謂桃爲仙果，殆此類歟？生桃切片瀹過，曝乾爲脯，可充果食。又桃酢法：取爛熟桃納瓮中，蓋口七日，漉去皮核，密封二七日酢成，香美可食。《種樹書》云：柹接桃則爲金桃，李接桃則爲李桃，梅接桃則脆。桃樹生蟲，煮猪頭汁澆之即止。皆物性之微妙也。

明　慎懋官《華夷花木鳥獸珍玩考》卷一一《桃》　《春秋運斗樞》曰：玉衡星散爲桃。《易通卦驗》曰：驚蟄大壯，初九桃始華。不華，食庫多火。桃枝四寸有節。《拾遺記》：漢明帝世，有獻巨核桃者，霜下結花，隆暑方熟。使植於霜林園。

又《句鼻桃》　《鄴中記》曰：石虎苑中有句鼻桃，重二觔。

又《僊人桃》　景陽山百果園有僊人桃，其色赤，表裏照徹，得霜乃熟。

又《金桃》　康居，大唐貞觀二十一年，其國獻黄桃，大如鵝卵。其色如金，亦呼爲金桃。日本國有金桃，其實重一觔。太原有金桃，色深黄。柹樹接桃枝，則爲金桃。早熟者謂之絡絲白，晚熟者謂之過鴈紅。

又《玉桃》　崑崙山有玉桃，先明洞徹而堅瑩，須以玉井泉洗之，便軟可食。

又《一石桃》　吐谷渾桃，大如石甕。

又《油桃》　京畿油桃小於衆桃，有赤斑點，而光如塗油。

明　吴雨《毛詩鳥獸草木考》卷一六《桃》　桃，果木也。仲春始華，開極繁麗，能卜歲開。向地則豊，向天則饑。實食而甜，酒漬其花飲之，除百病，好顔色。皮横而急。四年以上宜以刀劚其皮，七八年即老，十年即死。是以宜歲種之。經冬不落者名桃梟，一名桃奴。諺曰：白頭種桃。又曰：桃三，李四，梅子十二。言桃生三歲便放華，早於梅李。故首雖已白，其華子之利可待莖葉毛皆去邪。古者植門以桃，厭邪氣也。桃子冬熟者名旄桃。生山中者名榹桃，亦名山桃，實如桃而小，不解核耳。

明　周文華《汝南圃史》卷三《桃》　桃之品不一，其花繁麗。仲春之月始開，木少則花盛。《詩》云『桃之夭夭，灼灼其華』是也。五六月實成，亦有至十月始熟者。

明　徐光啓《農政全書》卷二九　桃，《爾雅》曰：旄，冬桃。褫桃，山桃。郭璞注曰：旄桃，子冬熟。山桃，實如桃而不解核。《羣芳譜》曰：褫桃，一名毛桃，味惡，不堪食。其仁充滿多脂，可入藥。《鄴中記》曰：石虎苑中有句鼻桃，重二斤。洛中崑崙桃，一名王母桃，一名仙人桃，一名冬桃，形如栝蔞，表裏徹赤，得霜始熟，味甘美。日月桃，一枝二花，或紅或白。波斯國扁桃，形扁肉澀，不堪食，核狀如盆。樹高五六丈，圍四五尺，葉似桃而濶。三月開白花，花落，結實如桃。彼地名波淡樹。仁甘美，番人珍之。新羅桃，子可食，性熱。方桃，形微方。餅子桃，狀如香餅，味甘。油桃，小於衆桃，有赤斑點，光如塗油。《月令》中『桃始花』，即此。花多子小，不堪啗，惟取仁。出汴中。常山巨核桃，霜下始花，盛暑方熟。漢明帝時獻。緋桃，俗名蘇州桃，花如剪絨，比諸桃開遲而色可愛。積石桃，大如斗斛器。漢武帝上林苑有緗桃、紫文桃、金城桃。瑞仙桃，色深紅，花最密。絳桃，千瓣。二色桃，色粉紅。花開稍遲，千瓣，極佳。金桃，形長，色黄如金，肉粘核，多蛀，熟遲，用柹接者，味甘，色黄。銀桃，形圓，色青白，肉不粘核，六月中熟。千葉桃，花色淡，結實少。美人桃，花粉紅，千葉，又名人面桃，不實。鴛鴦桃，千葉，深紅，開最後，結實不雙。李桃，花深紅，形圓色青，肉不粘核。其實光澤如李，一名光桃。十月桃，花紅，形圓色青，肉粘核，味甘酸，十月中成熟。一名古冬桃，又名雪桃。水蜜桃，上海有之，其味亞於生荔枝。雷震紅，每雷雨過，輒見一紅暈。更爲難得。絡絲桃，開時垂絲一二尺，採之煉以松脂，纏織成履，甚輕。壽星桃，樹矮而花，能結大桃，然不堪食。廬山有山桃，大如檳榔。又有白桃、烏桃、五月桃、秋桃、胭脂桃、灰桃、秋白桃、秋赤桃、綺帶桃、合桃。《農桑通訣》曰：早熟者謂之絡絲白，晚熟者謂之過雁紅。夏秋咸有，食之不厭。

明　方以智《物理小識》卷九　桃　金桃，金色上有朱點。銀桃白。王母桃、半斤桃、鷹嘴桃、綿桃皆甘。其矬者曰瑞香桃。皮黑肉脂曰墨桃。無毛曰杏桃。有扁者緋桃。正紅孩兒桃。肉紅瑪瑙桃。紅白間碧桃。白皆有千葉，千葉者不實。春分前、秋分後接於本體。畏水。十年脂凝而枯，刀劚而流之又延十年。深山有山桃，四月花。燕有玉桃，則實似櫻桃，而肉紅色者。外域有桃大如斗者，其核充蟠桃核。

清　張逸少《佩文齋廣羣芳譜》卷五四《果譜·桃》　桃，實甘子繁，故字從木從兆。《本草》云：十億曰兆，言其多也。性酸甘熱可食，多食令人有熱，能發丹石毒。生桃尤不宜多食，有損無益。性早實，三年便結子，五年即老。結子便細，十年即死，以皮緊也。若四年後用刀自樹本竪劚其皮至生枝處，使膠盡出，則多活數年。種類頗多。有崑崙桃，一名王母桃，一名仙人桃，一名冬桃。出洛中，味甘美。詳見後《洛陽伽藍記》。扁桃，出波斯國。形扁肉澀，不堪食，核狀如盒。樹高五六丈，圍四五尺，葉似桃而濶大。三月開白花，花落，結實如桃。彼地名波淡樹，仁甘美，番人珍之。《北户録》云：形如半月狀，出占卑國。新羅桃，子可食，性熱。方桃，形微方。餅子桃，狀如香餅，味甘。油桃，小於衆桃，有赤斑點，光如塗油。花多子小，不堪啗，惟取仁。出汴中。巨核桃，詳見後《拾遺記》。金桃，形長，色黄如金，肉黏核，多蛀，熟遲。用柹接者，味甘色黄。銀桃，形圓，色青白，肉不黏核，六月中熟。鴛鴦桃，結實多雙。李桃，形圓，色青，肉不黏核。其皮光澤如李，一名光桃。十月桃，形圓，色青，肉黏核，味甘酸。十月中成熟，一名古冬桃，又名雪桃。按《爾雅》云：旄，冬桃。疏云：桃子冬熟者不旄。當即此也。毛桃，即《爾雅》所謂褫桃，小而多毛，核黏，味惡，不堪食。其仁充滿多脂，可入藥。水蜜桃，獨上海有之，而顧尚寶西園所出尤佳，其味亞于生荔枝。雷震紅，張七澤云：每雷雨過輒見一紅暈，最爲難得。他如紅桃、緗桃、白桃、烏桃，皆以色名。五月早桃、秋桃、霜桃，皆以時名。臙脂桃、絡絲桃，皆以形名。王敬美有言，桃種最多，金桃、蜜桃、灰桃之類，多植園中取果。壽星桃，樹矮而花，能結大桃，亦奇種可玩，桃殊不堪食。

清　嵇璜《續通志》卷一七七　桃，實甘子繁，性熱，不宜多食，於六果爲下。《夏小正》六月煑桃，㮘桃也。㮘桃，山桃也。煑以爲豆實。《周禮》以爲饋食之籩。蓋古人所食，惟此桃也。其類甚多。味甘美，出洛中者，曰崑崙桃。子可食而性熱者，新羅桃。色黄多蠹，用柹接者，金桃。色青肉白者，銀桃。結實雙者，鴛鴦桃。肉不黏核，皮澤如李者，李桃，亦曰光桃。又有扁桃、方桃、水蜜桃諸名。又洋州雲臺山生獼猴桃，甚甘酸，食之止渴。見《海録碎事》。《齊民要術》云：桃性皮急，四年以上，宜以刀豎劚其皮。按鄭《志》載桃之類，引《爾雅》冬桃及山桃二種。山桃，酸苦味惡，仁可入藥。冬桃，又名十月桃，至冬乃熟。餘桃無聞，今增補。

清　吴其濬《植物名實圖考》卷二七《玉桃》　玉桃，葉如芭蕉，抽長莖，開花成串，花苞如小緑桃。花開露瓣，如黄蝴蝶花，稍大，偶一有之，故人罕見。《花鏡》有地湧金蓮，差相仿佛。

紀事

宋　陶穀《清異録》卷上《餘甘尉》　鄴中環桃特異。後唐莊宗曰：昔人以橘爲千頭木奴，此不爲餘甘尉乎？

宋　袁文《甕牖閑評》卷七　今之小金桃名曰御桃，漢獻帝自洛遷許，許州有小李，色黄，大如櫻桃，帝愛而植之，亦曰御桃。

明　徐昌祚《新刻徐比部燕山叢録》卷一八　永平石門有秋桃，九月方熟，味極甘美。不摘取，終着枝不落。用草裹之，冬月猶鮮。一枚至直錢五六十文。邊將常以此充苞苴。祁州張浚家有桃樹，本常品。成化二十五年，實成，中一實倍大而金色，味亦絶美。人謂之桃王。

明　焦周《焦氏説楛》卷二　積石山之桃，實大如十斛籠。洪武中出巨桃，核長五寸，廣三寸七分，蔑矣。

明　姚旅《露書》卷一〇　己酉，琅邪盧大叅官舍見並頭桃數枚，又舜花並蔕者可百朵。是歲，盧有長婦之變。豈《泊宅編》之言足信耶？

清　汪爲熹《鄢署雜鈔》卷七《夢陽桃》　吾梁有桃，肉脆而核離。土人直呼曰李夢陽桃兒，相傳空同先生得之遠地，歸種之，會城遂有此種，此桃亦附先生千古矣。物以人重如此。《書影》

清　俞樾《茶香室叢鈔三鈔》卷二八《桃花水》　國朝楊賓《柳邊紀略》云：桃花水，草本，狀若楊梅而無核，色紅味甘，質輕脆，過手即敗矣。五六月間，徧地皆是。居人擇最多處設帳房或棚子，醵分載酒，男女各爲羣，爭采食。明日又移他處。食盡乃已。按桃花水之名甚佳，即其名可想見其美矣。得此眞可奴視荔支，惜不能及遠，雖一騎紅塵不能致也。

藝文

南朝梁　江淹《江文通集》卷三《山桃》　惟園有實，惟山有叢。丹蘤擎露，紫榮繞風。引霧如電，映煙成虹。伊春之秀，乃華之宗。

唐 張籍《張司業集》卷一《新桃》 桃生何婆娑，枝葉四面多。高未出墻頭，蒿莧相淩摩。植之三年餘，今年初試花。秋來未成實，其陰良已嘉。青蟬不來鳴，安得迅羽過。常恐牽絲蟲，蒙羃成網羅。顧託戲童兒，勿折我柔柯。明年結甘實，磊磊克汝家。

宋 歐陽修《文忠集》卷一三《和江鄰幾學士桃花用其韻時在崇政殿後詳定幕次》 草上紅多枝上稀，芳條綠萼憶來時。見桃著子始歸後，誰道仙花開落遲。

宋 蘇軾《東坡全集》卷三《桃花》 爭開不待葉，密綴欲無條。傍沼人窺鑑，驚魚水濺橋。

宋 王珪《華陽集》卷四《小桃絶句》 小桃常憶破正紅，今日相逢二月中。自是粉闈人未識，莫因花晚笑春風。

又《和公儀小桃絶句》 粉闈飄雪對清晨，二月桃花始見春。莫向東風恨開晚，鳳城猶有未歸人。

宋 鄒浩《道鄉集》卷九《謝潛亨惠芸香紫桃》 暑窻已覺書生蠹，饑腹還驚雨後雷。珍重先生解人意，芸香桃實一時來。

宋 孫覿《鴻慶居士集》卷六《南唐門道上見桃二首》 一徑青苔短短籬，小桃竹外兩三枝。殷勤待得黄昏月，正見斜紅卧酒巵。 二、細紅如糝未全勻，洗雨梳風日日新。前度劉郎在何處，故林空瑣一枝春。

宋 王洋《東牟集》卷六《和賦千葉桃花》 駢玉團香移寶綃，凌風浥露勢驚飄。從教不結千年實，且看尊前一味嬌。

纔喜尋春又惜春，尋春眉展惜春顰。莫將顰笑爲花用，處處平蕪是醉裀。

宋 李處權《崧庵集》卷四《桃花》 照水桃花樹，春風灼灼開。雖非天上種，何異觀中栽。帝子吹笙罷，漁人信棹迴。故園何處是，目盡望鄉臺。

宋 劉才邵《檆溪居士集》卷三《蟠桃》 奇芬不與衆芳同，移植應從碧海中。結子縱遲人莫怪，靈苗端的有仙風。

宋 孫應時《燭湖集》卷一七《新灘見桃杏書事》 今晨明客眼，桃杏照江紅。鳥哢蒼山曲，人聲翠竹中。獨遊空遠思，一笑負春風。便想荆州道，簪花醉渚宫。

宋 詹初《寒松閣集》卷三《桃花》 桃花灼灼鬭春芳，一見如雲滿目光。不識冬來霜雪徧，芳心爭似竹松長。

宋 周文璞《方泉詩集》卷三《孤山桃花二首》 天山仙人休擲火，塵中道士莫燒香。可憐絳雪渾無賴，一簇千枝對草堂。

莫向蓬蒿恨不遭，夢魂曾釣海山鼇。當時不合輕仙事，惆悵靈風滿碧桃。

宋 釋文珦《潛山集》卷一二《山桃》 山桃初熟山人摘，中有甜子如藥黑。夜寒月落霜在枝，擘破獼猴不敢食。

明 藍田《藍侍御集》卷二《桃》 東風恨未銷，問桃桃不言。試看玄都觀，何如武陵源。

明 葉盛《菉竹堂稿》卷二《桃花》 年年春色住京華，看盡玄都觀裏花。不用劉郎憐道士，殘紅落流已塵沙。

明 吴寬《家藏集》卷二四《桃》 城南春色曉移來，粧點園林錦作堆。嫩緑不須將葉認，淡紅已是帶花開。玄都自發劉郎詠，幽谷還教謝判栽。此日公門深似許，晝長高鎖正掄材。

明 朱誠泳《小鳴稿》卷六《緋桃》 竟日本無言，紅芳簇錦園。漁郎無跡到，不是武陵源。

明 王世貞《弇州四部稿》卷四三《桃花》 度索山頭春正奢，安期玉棗並如瓜。誰留漢殿千秋核，瞥見秦人萬樹花。枝動乍沾眉際月，蕊殘微破臉中霞。莫嫌蜂蝶無才思，聞道東鄰有宋家。

清 許虬《萬山樓詩集》卷二二《桃》 千官朝罷紫宸班，露井風微倚醉顔。僊核自來天上種，如何零落偶人間。

清 彭孫遹《松桂堂全集》卷三三《金絲桃》 誰擣流黄小院前，落英猶似問津年。色絲輕剪曹娥絹，金粟新攢魏女鈿。乍得迎風供把玩，叵教醻雪作芳妍。玄都漫有花千樹，梔貌紛紛盡可憐。

清 熊賜履《經義齋集》卷一八《桃》 花蹊綺樹綴枝殷，葉葉風翻露井間。歷亂不須迎日笑，九重春色隔千山。

清 愛新覺羅・弘曆《清高宗詩初集》卷五《山桃始開》 鴻鈞鼓大

冶，萬物被甄陶。條風細以吹，漸覺物華撩。輕黃染柳絲，新紅綻山桃。尋春初見之，嘉爾占青韶。沐雨猶娟娟，映日方夭夭。物理有如此，四時嬗榮凋。伊余惜分陰，食旰而衣宵。學期尊孔孟，治擬法陶姚。究之實際難，裁詩空自嘲。

又卷二〇《山桃花始開》 春風別院小徘徊，旖旎山桃識客來。二月輕寒猶料峭，墻隈已有數枝開。

緋枝宛宛寫窻紗，春色重題興轉賒。自是東風無近遠，御園應有滿蹊霞。

近日催花信覺頻，山桃都綻錦苞新。東風有意桃知否，例妬芳條占早春。

花香鳥語太昌昌，都爲青韶著意忙。留得年年春色在，新詩幾首一爐香。

又卷三〇《山桃欲開》 遇閏春信遲，花事徒延佇。今朝試尋春，原在桃花隝。向陽低欲綻，迎風半將吐。似含脉脉情，如作娑娑舞。左招杏作弟，迴顧梅爲侣。武陵想高躅，元都惹緐緒。莫嫌爛漫遥，會看霏紅雨。

清　汪縉《汪子詩録》卷三《桃花二首》 春山半碧日將斜，閒對春山喫苦茶。知是清明上冢罷，家家船嘴插桃花。

高閒心性託青霞，欠個騷人寄折麻。且愛春寒人跡少，攤鑪獨自看桃花。

清　曾燠《賞雨茅屋詩集》卷七《古今體詩·晚桃》 紛紛緑陰蔽，脈脈紅顔低。春事一已過，春人都見遺。花開誰久長，遲早理亦齊。但能結甘實，請看下成蹊。

清　焦和生《連雲書屋存稿》卷二《洋桃形有稜角，味甘酸爽口，秋冬熟。》 洋桃生海外，結實晚來香。色相留圭角，甘酸帶雪霜。清含梅子冷，爽比荔枝涼。應勝瑶池獻，飽餐還不妨。

清　成書《多歲堂詩集》卷三《乙丑下·離光桃》 不入羣芳譜，虛名費品題。么麽看木李，酸澁認棠梨。具體憐形小，無才逐價低。春風二三月，花下亦成蹊。

圖表

晉　郭璞《爾雅音圖·釋木》

清　徐鼎《毛詩名物圖說》卷八

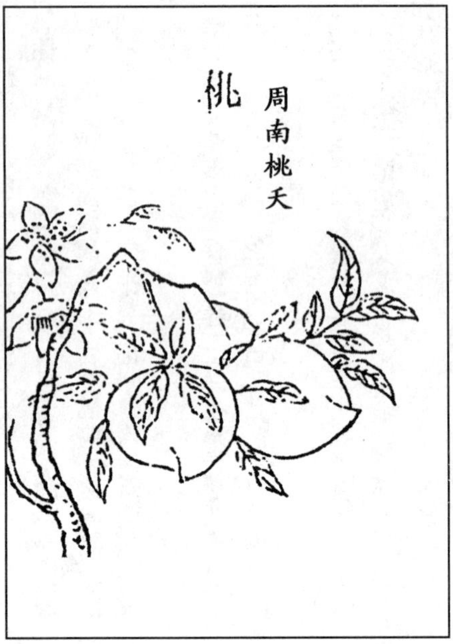

清　吳其濬《植物名實圖考》卷二七《玉桃》

李

論說

宋　蔡卞《毛詩名物解》卷五《李》　李以純白之華如桃，李紅白相間也。桃、李之成實其時偕也。投我以桃，報之以李，言施報之道也。李實之爲用微矣。周之賢人闕所以種藝之道。故雖磽确之丘中有麻之可衣，有李之可食，貴衣絲，賤衣麻，穀實重，果實輕，言賤者有以爲衣，則貴者可知矣。言輕者可以爲脩，則重者可知矣。

宋　陸佃《埤雅》卷一三《李》　《素問》曰：李、韭皆酸。李，東方之果，木子也，故其字从木从子。性頗難老，老雖枝枯，子亦不細。其品處桃上，故果屬有六，桃最爲下。孔子飯黍，不以雪桃。而《詩》曰：投我以桃，報之以李。又曰：丘中有麻，彼留子嗟。丘中有麥，彼留子國。丘中有李，彼留之子。言麻以衣之，麥以食之。又有李焉，且皆丘中植之，則留子之政修矣，此人之所以思之。《法言》曰：男子畝，婦人桑之謂思。《呂子》曰：子產相鄭，桃李之垂於術者，莫之援也。然則丘中有李，又能使人不盜也。《爾雅》曰：桃曰膽之，棗、李曰疐之。蓋棗、李之臍去疐而已。舊云：桃、李種法，大率欲方兩步一根，密則陰，輒相扇，不惟子細，味亦不佳也。《論語》曰：朋友數，斯疏矣，有是哉！《化書》曰：李接桃而本强者其實毛，梅接杏而本强者其實甘。此明造化之權，有以知朽而移矣。《莊子》曰：接子之或使。此之謂也。《爾雅》曰：休，無實李。言可休息而已，無實可食也。

明　何三畏《新刻何氏類鎔》卷三二《李》　李者，玉衡之精所散，而五沃之土所栽。其花列爲九標，其果評爲一品。植嘉樹之蔚蔚，叢弱枝之爰爰。密葉重陰，長條四布。潛實内結，豐彩外盈。清角奏而微酸，大宮動而甘美。合枝連理，不言成谿。採之春山，沉之寒水。或青或赤，載朱載黃。大者、小者有夏李、鼠李之稱，縹者、紅者有神李、仙李之號。丹山玄雲之李，飡之而得仙道；鍾山瓶大之李，食之而生奇光。琳國碧李，帝設之神明臺；魏文朱李，天降之安陽殿。南居之李先熟，東苑之李已朱。韓終之李玉華，杜陵之李金色。伯陽之以李爲姓也，以其時誕生于李樹下。方朔之知人李姓也，以有鳥飛集于李樹傍。李有黄中二字者，産于王母龍月城中；李有紅黄二色者，植于許昌景福殿内。安丘子病痓，忽見雙赤李樹着枯枝自墮入掌；伍貫卿月夜，遥見數團李花如仙狀直飛上天。若房陵定山之李園，三十六所；鳳翔開元寺之李樹，四十九莖。而唐興元大空寺之李枝，忽而聳高六尺，周圍九尺者，亦已異矣。昔王安豐之少也，識道傍之苦李，當羣兒競取而見時乃知其多子而棄之，則何其性之慧。其既也，惜家中之好李，恐他人得種，而賣時，輒取其本核而鑚之，則何其性之慳也哉！

綜　述

《爾雅·釋木》　休，無實李。注：一名趙李。座，接慮李。注：今之麥李。駁，赤李。注：子赤。音義：休，虚求反，又作林。座，徂禾反。慮，如字施，音驪。駁字亦作駮，邦角反。疏：别李屬也。李之無實者名休。郭云：一名趙李。座，接慮李。郭云：今之麥李，與麥同熱，因名云。李之子赤者名駁。

漢　許慎　《説文》卷六　李，果也。从木，子聲。良止切。杍，古文。

宋　鄭樵　《通志》卷七六　李之類多。《爾雅》曰：休，無實李。一名趙李。又曰：痤，接慮李。今之麥李，即青李也。又曰：駁，赤李。此赤李著粉者也。陶隱居云：李以姑熟所出南居李，解核如杏子者爲佳。

宋　羅願　《爾雅翼》卷一〇《李》　李，木之多子者，故从子。亦南方之果也。火者，木之子，故名若。古文則木傍子爲杍，其華與桃尤繁密。【略】《爾雅》有三種：痤，接慮李，即今之麥李，與麥同熟者，爲果肉厚而乾，與核相離。駁，赤李，則李之赤而有水者。休，無實李。李實繁則有竊食之嫌，雖欲整冠其下且不可，猶漢廣之喬木不可休息，無實則其下可休矣。行人謂之行李，亦或取於此。潘岳賦曰：房陵朱仲之李。《山海經》：邊春之山多李。

元　王禎　《農書》卷九《李》　李有數種。《爾雅》曰：休，無實李。痤，徂和切棱子捷切虘李。駁，赤李。注曰：休，無實李，一名趙李。痤，棱慮李，即今之麥李，細實有溝道，與麥同熟，故名。駁，赤李，其實赤者是也。《廣志》曰：有黄建李、青皮李、馬肝李、赤陵李。有餻李，肥黏似糕。有柰李、離核李，似柰。有劈李，熟必劈破。有經李，一名老李，數年即枯。有杏李，味小酢似杏。有黄扁李。有夏李、冬李，冬十一月熟。有春季李，冬花春實。愚嘗見北方一種謂之御黄，其重踰兩，肉厚核小，食之甘香而美，李中之嘉種也。江南建寧有一種，名均亭李，紫色，極肥大，味甘如蜜。南方之李，此實爲最。

明　李時珍　《本草綱目》卷二九　李《别録》下品　釋名：嘉慶子。時珍曰：按羅願《爾雅翼》云：李乃木之多子者，故字從木、子。竊謂木之多子者多矣，何獨李稱木子耶？按《素問》言李味酸屬肝，東方之果也。則李于五果屬木，故得專稱爾。今人呼乾李爲嘉慶子。按韋述《兩京記》云：東都嘉慶坊有美李，人稱爲嘉慶子。久之稱謂既熟，不復知其所自矣。梵書名李曰居陵迦。集解：弘景曰：李類甚多。京口有麥李，麥秀時熟，小而肥甜，核不入藥。姑熟有南居李，解核如杏子形者，入藥爲佳。志曰：李有緑李、黄李、紫李、牛李、水李，并甘美堪食，核不中用。有野李，味苦，核仁入藥。頌曰：李處處有之。郭璞注《爾雅》：休，乃無實李也。一名趙李。痤（音磋），乃接慮李也。一名麥李。細熟有溝道，與麥同熟。駁，乃赤李也。陶氏所謂南居李，今不復識。醫家但用核若杏核者。宗奭曰：李樹大者高丈許。一種御李子，大如櫻桃，紅黄色，先諸李熟，醫家用者亦少。時珍曰：李，緑葉白花，樹能耐久，其種近百。其子大者如杯如卵，小者如彈如櫻。其味有甘、酸、苦、澀數種。其色有青、緑、紫、朱、黄、赤、縹綺、胭脂、青皮、紫灰之殊。其形有牛心、馬肝、柰李、杏李、水李、離核、合核、無核、匾縫之異。其産有武陵、房陵諸李。早則麥李、御李，四月熟。遲則晚李、冬李，十月、十一月熟。又有季春李，冬花春實也。按王禎《農書》云：北方一種御黄李，形大而肉厚核小，甘香而美。江南建寧一種均亭李，紫而肥大，味甘如蜜。有擘李，熟則自裂。有糕李，肥黏如糕。皆李之嘉美者也。今人用鹽曝、糖藏、蜜煎爲果，惟曝乾白李有益。其法：夏李色黄時摘之，以鹽挼去汁，合鹽曬萎，去核復曬乾，薦灑、作飣皆佳。

明　吴雨　《毛詩鳥獸草木考》卷一六《李》　李花與桃尤繁密，服其花，令人好顔色，性頗難老。老雖枝枯，子亦不細。舊云：桃、李種法大率欲方兩步一根，密則陰，輒相扇，不惟子細，味亦不佳。李接桃而本强者，其實毛。梅接杏而本强者，其實甘，品處桃上。故果屬有六，桃爲最下。孔子黍飯不以雪桃。《鹽鐵論》曰：桃、李實多者，來歲爲之穰。《爾雅》有三種：痤，接慮李，即今之麥李，與麥同熟者，爲果肉厚而乾，核相離。駁，赤李，則李之赤者。休，無實李，一名趙李，言可休息而已。

明　周文華《汝南圃史》卷三《花果部·李》　李之品見於傳記者甚多。《埤雅》云：李，東方之果，木子也，故其字從木從子。《爾雅翼》云：李，木之多子者，故從子。又云：李，南方之果也。火者，木之子，故名。與《埤雅》説異。其花白而細，比桃尤繁。楊誠齋常疑韓退之詩『不見桃花唯見李花』，後登碧落堂望隔江桃、李，則桃暗而李明，乃悟其妙。蓋炫晝縞夜云。蕭瑀、陳士遠於龍昌寺看李花，相與論李有九標，謂香雅細淡潔密，宜月夜，宜緑鬢，泛酒無異色。其實以五月熟，甘脆可啖，有微澀且酸者，亦隨其品之上下而已。青李外青内白，嘉慶李外青内紅，俱核小味甘，而嘉慶李尤勝。韋述《兩京記》云：東都嘉慶坊有李樹，其實甘鮮，爲京都之美，故稱嘉慶李。今人但言嘉慶子，蓋稱謂既熟，不以李名也。建寧李亦甚佳，士人乾之貨賣四方。聞北地有御黄子，亦李之類，而味甘美。《齊民要術》曰：李性耐久，樹得三十年老，雖枝枯子亦不細。郁李俗名壽李，高五六尺，叢生，開細花或紅或白，繁縟可愛。陸龜蒙《郁李花賦》云：『一枝上能萬其膚萼，一萼中自參其丹白』是也。花有三種，一種開細白花，單葉，結子如櫻桃，甘酸可食。二月開花，六月中熟，即郁李也。一種開細白花，千葉，俗名喜梅，又名玉蝶。一種開細紅花，千葉，俗名玉梅，皆郁李之類，而千葉者結實多雙，此爲異耳。《本草》郁李仁取單葉者，十月中分栽。陸璣《草木疏》云：唐棣即奥李也。一名雀梅，亦曰車下李，其花或赤或白，六月中熟，大如李子，可食。《埤雅》云：棠棣如李而小，子如櫻桃，正白花，萼上承下覆，甚相親爾，《采薇》所謂『彼爾維何，維常之華』是也。據此，則今之郁李即古之所謂唐棣。然郭璞注《爾雅》以唐棣似白楊，《爾雅》翼又以唐棣爲今移楊，非白楊，皆不以郁李爲唐棣，未知何故。

明　徐光啓《農政全書》卷二九　李，附棠棣。《爾雅》曰：休，無實李。痤，接慮李。剥，赤李。《荆州記》曰：房陵南郡有名李。《風土記》曰：南郡細李，四月先熟。《西京雜記》曰：有朱李、黄李、紫李、緑李、青李、綺李、青房李、車下李、顔回李、合枝李、羌李、燕李、猴李。武帝修上林苑，羣臣獻木李，實大而美。麥李，麥秀時熟，實小有溝，肥甜，一名(座)[痤]，一名接慮。南居李，解核如杏，堪入藥。季春李，冬花春實。御黄李，形大而味厚，核小而甘香。均亭李，紫而肥大，味甘如蜜。擘李，熟則自裂。餻李，一名離李，肥黏如餻。中植李，麥前熟。趙李，無核，一名休。御李，大如櫻桃，紅黄色，先諸李熟。赤駁李，其實赤。冬李，十月十一月熟。離核李，似柰，有劈裂。經李，一名老李，樹數年即枯。杏李，味小酸似杏。縹青李，出房陵。建黄李，出河沂。又有黄扁李、夏李、青皮李、赤陵李、馬肝李、牛心李、紫粉李、小青李、水李、扁縫李、金李、鼠精李、晚李、赤李之類。今建寧者，甚甘，李乾皆出焉。李時珍曰：李名嘉慶子，出東都嘉慶坊。今人呼乾李爲嘉慶子，稱謂既熟，不復知其所自矣。梵書名李曰居陵迦。琳國玉華李五千歲一熟。員邱紅李。鍾山李大如瓶，食之生奇光。天台水晶李。

明　方以智《物理小識》卷九　李　有御黄李、金沙李、蜜李、青脆李、白李、紫李、早李、晚李、苦李。李直方以緑李爲首，號曰嘉慶。今嘉興有醉李，古云檇李，以是名耶？分根種接，與桃同。蘊宜豕通。《埤雅》云：性頗難老，老雖棘枯，子亦不細。大名府南樂縣有枝頭乾如李，而乾熟於樹。肇慶有沙棠果，則如李而無核者也。徐焯曰：惟李核無仁，古謂王戎鑽李核，殆冤。

清　魏茂林《駢雅訓纂》卷六　溝道、黄建、經孝、黄扁，名李也。《御覽》九百六十八《果部》：《廣志》曰：麥李細小，有溝道李、黄建李。又曰：有經李，一名老李，其樹數年則枯。有杏李，味小酢似杏。有黄扁李，有夏李，有冬李。十一月熟，此三李種鄴園。經李，一名老李。此作經孝，未詳。

清　曹溶《倦圃蒔植記·總論》卷上《論果》　玉黄子，北京種也。李之佳者，僅此。向松江袁尹貽柰一種，緑皮紅肉，味極甘美，今不再見。

清　張逸少《佩文齋廣羣芳譜》卷五五《果譜·李》　李實有離核、合核、無核之異。小時青，熟則各色，有紅，有紫，有黄，有緑，又有外青内白、外青内紅者。大者如杯、如卵，小者如彈、如櫻。其味有甘酸、苦澀之殊，性耐久。樹可得三十年，雖枝槁，子亦不細。

清　嵇璜《續通志》卷一七七　李，古文作杍。一名嘉慶子。唐韋述《兩京記》云：東都嘉慶坊有美李，人稱爲嘉慶子。《管子》曰：五沃之土，宜梅、李。其類有緑李、紫李、牛心李、馬肝李、木李、柰李、杏李、水李、均亭李諸名。梵書名李曰居陵迦。《齊民要術》云：李性耐久，樹得三十年，雖枝枯，子亦不細。按《鄭志》列李之類本《爾雅》所載無實李、麥李、赤李及陶隱居所云南居李。

此外有綠李以下諸名，今增補。

清　吴其濬《植物名實圖考》卷三二《李》　李，《別録・下品》。種類極多。《別録》有名未用有徐李，李時珍以爲即無核李云。

又《南華李》　南華李，産廣東南華寺。古有綠李，今北地所産多紫黄色，此李色青綠，繪以備一種。

紀事

漢　郭憲《洞冥記》卷二　琳國去長安九千里，生玉葉李，色如碧玉，數十年一熟，味酸。昔韓終常餌此李，因名韓終李。

南朝宋　劉義慶《世説新語》卷下之下　和嶠性至儉，家有好李，王武子求之，與不過數十。王武子因其上直，率將少年能食之者，持斧詣園，飽共噉畢，伐之，送一車枝與和公。問曰：何如君李？和既得，唯笑而已。晉諸公贊曰：嶠性不通治家，富擬王公，而至儉，將有犯義之名。《語林》曰：嶠諸弟杜園中食李，而皆計核責錢，故嶠婦弟王濟伐之也。

南朝梁　任昉《述異記》卷下　魏文帝安陽殿前天降朱李八枚，啖一枚數日不食。今李種有安陽李大而甘者，即其種也。杜陵有金李，李大者謂之夏李，尤小者呼爲鼠李。

唐　張鷟《朝野僉載》卷三　貞觀年中，頓丘縣有一賢者，於黄河渚上拾菜，得一樹栽子大如指，持歸蒔之，三年乃結子五顆。味狀如柰，又似林檎，多汁，異常酸美。送縣，縣上州，以其味奇乃進之，賜綾一十疋。後樹長成，漸至三百顆。每年進之，號曰朱柰。至今存。德貝博等州取其枝接，所在豐足。人以爲從西域來，礙渚而往矣。

唐　馮贄《雲仙雜記》卷一《龍耳李》　崔奉國家一種李，肉厚而無核。識者曰：天罰乖龍，必劓其耳，耳血墮地，故生此李。《琴莊美事》

宋　歐陽修、宋祁《新唐書》卷三四《五行志》　大和三年，成都李樹生木瓜，空中不實。

又卷三五《五行志》　【天祐】二年十月，陳州李有華，鮮茂如春。【略】太和二年九月，徐州、滑州李有華，實可食。

宋　江少虞《事實類苑》卷六三《小窊李》　許州小窊出好李，太常少卿劉蒙正有園在焉，多植之。每遣人負擔歸京師，以遺貴要。竊得嘗之，絶大而味嘉，所謂小窊李也。並楊文公《談苑》

宋　姚寬《西溪叢語》卷下　潘岳《閒居賦》：房陵朱仲之李。李善云：朱仲李，未詳。按《述異記》云：房陵定山有朱仲李三十六所。許昌節度使小廳，是故魏景福殿。董卓亂魏，太祖挾令遷帝自洛都許。許州有小李子，色黄，大如櫻桃，謂之御李子，即獻帝所植。至今有焉。王逸《荔枝賦》云：房陵縹李。

元　脱脱《宋史》卷六五《五行志》　元符元年八月，施州李木連理。

明　宋濂《元史》卷五一《五行志》　【龍文】十六年七月，彰德李樹結實如小黄瓜。

明　徐𤊹《徐氏筆精》卷八《嘉慶子》　唐韋述《兩京記》：東都嘉慶坊，有李樹極美，故稱嘉慶李。千百年後，稱李子皆曰嘉慶子，他物未有如此之得名悠久也。

藝文

晉　傅玄《李賦》（引自《漢魏六朝百三家集》卷三九）　植中州之名果兮，結修根於芳園。嘉列樹之蔚蔚兮，美弱枝之爰爰。既乃長條四布，密葉重陰。夕景迴光，傍陰蘭林。於是肅肅晨風，飄飄落英。潛實内結，豐彩外盈。翠質未變，形隨運成。清角奏而微酸起，大宫動而和甘生。既變洽熟，五色有章，種别類分，或朱或黄。甘酸得適，美逾密房。浮彩點駁，赤者如丹。入口流溅，逸味難原。見之則心悦，含之則神安。乃有河沂黄建，房陵縹青，一樹三色，異味殊名。乃上代之所不覩兮，咸升御乎紫房。周萬國之口實兮，充薦饗於神靈。昔怪古人之感貺，乃答之以寶瓊。翫斯味之奇瑋兮，然後知報之爲輕。

南朝梁　沈約《詠李》（引自《藝文類聚》卷八六）　青玉冠西海，碧石彌外區。化爲中園實，其下成路衢。色潤房陵縹，味奪寒水朱。

南朝陳　江揔《詠李》(引自《藝文類聚》卷八六)　嘉樹春風早，春風花落新。但見成蹊處，幾得正冠人。當知露井側，復與天桃鄰。

唐　李嶠《李》(引自《全唐詩》卷六〇)　潘岳閒居日(一作暇)，王戎戲陌辰。蝶遊芳徑馥，鶯囀弱枝新。葉暗青房晚，花明玉井春。方知有靈榦，特(一作持)用表眞人。

唐　白居易《白香山詩集》卷一八《嘉慶李》　東都綠李萬州栽，君手封題我手開。把得欲嘗先悵望，與渠同別故鄉來。

宋　王珪《華陽集》卷一《和梅聖俞感李花》　朝摘桃花紅破萼，暮摘李花繁滿枝。客心浩盪東風急，把酒看春能幾時。舞衣未放哀絃闋，鶗鴂欲鳴花影絶。將軍白首不功名，覇陵千古流青血。

宋　司馬光《傳家集》卷八《李花得韻同前》　嘉李繁相倚，園林淡泊春。齊紈剪衣薄，吴紵下機新。色與晴光亂，香和露氣勻。望中皆玉樹，環堵不爲貧。

宋　蘇軾《東坡全集》卷三〇《李》　不及梨英軟，應慚梅萼紅。西園有千葉，淡佇更纖穠。

宋　王十朋《梅溪後集》卷六《李》　長唸詩人詠子嗟，團欒繞樹日欹斜。冰盤行薦炎天實，不用東門學種瓜。

宋　劉才卲《檆溪居士集》卷三《朝天李》　玉妃朝謁珠宫慣，暫到人寰別九天。戀闕丹心終不變，亭亭素艷吐清妍。

宋　許綸《涉齋集》卷一四《朝天李》　恥爲鑽核種，肯向道旁生。中立不阿倚，惟存戀闕名。

又《破核李》　採實傍春山，成蹊鄰露井。和嶠難責錢，計核破莫整。

宋　高似孫《剡録》卷一〇《草木禽魚下・李》　林槩《剡郊野思》詩故園桃李經年別，一夜歸心繞翠蹊。越桃、李品最繁，剡亦多佳種。翠李、竊脂桃最高。李紳游剡龍宫精舍，晝寢，有老僧見一黑蛇上剎前李樹，食其子。復望東序而去，入紳懷中。僧曰：公睡中有所睹否？李曰：夢中登李樹食李，甚美，似有一僧相逼，乃寤。僧知非常，延遇甚謹。

明　葉盛《菉竹堂稿》卷二《李花》　無言又放一番春，朵朵輕盈不涴塵。只有葦綃差可擬，讓他元稹作詩人。

明　李東陽《懷麓堂集》卷六〇《李》　名果出吾家，移栽自海涯。要看花勝雪，先放雨催花。

明　王世貞《弇州四部稿》卷四三《李花》　鄠曲千林花事新，一枝嬌婉出風塵。歌穠處處停游妓，報玖時時憶故人。露井謾爲桃悵恨，煙江未損玉精神。君聽大業歌中語，只有楊花泣暮春。

清　熊賜履《經義齋集》卷一八《李》　房陵縹李擷春芳，東苑穠華樹樹香。不幸盤根生井上，年年齧蝕代桃僵。

清　謝重輝《杏村詩集・癸未詩・李》　吾李有數種，同名而異字。入夏爭結實，大率差可類。黄者玉不如，紅者味更膩。種之卧房旁，正冠人不忌。不慮下成蹊，惟恐狂風至。相對殊自適，報德非吾事。

清　查愼行《敬業堂詩集》卷五〇《唐多令》　後園紅杏林檎二本。今春忽枯，惟李花獨盛。一種舊春風，年時經眼同。好花枝能白能紅。曾被上番唫賞後。蝴蝶夢，忒匆匆。　顏色等頭空，孤芳賸此叢。伴詩懷清許盧仝。應有縞衣來叩户。人尚在，百巒中。

清　永瑆《詒晉齋集》卷三《李》　東苑初生日，南居欲熟辰。處嫌歌自古，思戒喻猶新。結實還聯影，(龍目之李結實九影。)依山更號春。(邊春之山多李。)匡廬曾共食，度索是仙人。

清　方濬頤《二知軒詩鈔》卷一一《詠果・南華李》　曹溪水何甘，滋培孕紅縹。齊名老子祠，芬馨溢嶺表。仙佛道一貫，因果原不小。我如井上螬，夢向禪山遶。

清　汪適孫《殢人嬌・鵝黄李》(引自《國朝詞綜補》卷四一)　龍月城邊，定比蟠桃熟早。縹碧紫，交相映照。鵝兒色淺，似花鈿窈窕。懷袖底，微有麝臍香繞。　杏子衣單，柿綾蒂小。待博取，同心相報，玉華夢遠，更連枝人杳。和酒汁，借爾駐顏尤好。

清　胡敬《月華清・鵝黄李》(引自《國朝詞綜補》卷二二)　殼小猶含苞，新初摘。愛他千顆黄透，弄色嫣然。裊裊淺春垂柳。勞送與，生怕開籠。還認是，雛剛離鷇，纖手，把杏子衫兒，較量同否。　詩道樹成三影，從龍月城西，種分仙畝。相對舟前，醉倒杜陵詩叟。倘眞箇，餉共來禽，也值得，内經書就。消受，伴花鈿影裏，嚥香和酒。

清　管英《聲聲慢·鵝黄李》（引自《國朝詞綜補》卷二九）　鑄金丸重，封蠟衣輕，平分柳上朝煙。浸水偏沈，跳珠亂落晶盤。探懷帕，留溪絹。漫裹來，顆顆匀圓笑投與。向檀郎低説，不似梅酸。　記得深宵偷貯，乍玉纖掐破，沁齒漿寒。濺著衫兒，還同杏子爭鮮。誰擕漢川新釀，恰淺深、相映尊前。風味好，勝房陵、三十六園。

圖表

晉　郭璞《爾雅音圖·釋木》

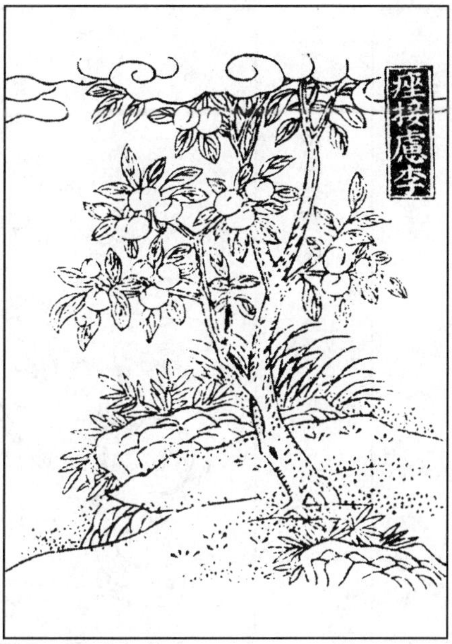

清　徐鼎《毛詩名物圖説》卷八

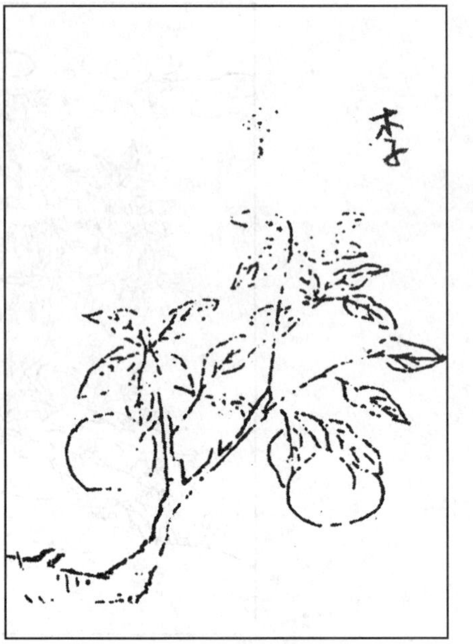

清　吴其濬《植物名實圖考》卷三二《李》

又卷三二《南華李》

郁李

論説

清　陳啓源《毛詩稽古編》卷九《小雅・常棣》　常棣之華，鄂不韡韡。毛、鄭皆以興兄弟，而毛取衆多爲義，鄭取相承覆爲義，稍不同。鄭義勝矣。多而不睦安用多乎？孔氏申之曰：華下有鄂，鄂下有柎，華鄂相承覆而光明，猶兄弟相和順而榮顯，如此説，詩方可以興。《豳風》之鬱，車下李也；薁，薁李也。《小雅》之常棣、常華，白棣樹也，三者各一木，孔《疏》謂薁是鬱類而小別，又引《晉宫閣銘》證之，則鬱、薁各一木矣。陸《疏》謂鬱實大如李，而色赤，棣實如櫻桃而正白。《史記・相如傳》注引郭璞語謂鬱即車下李，棣實似櫻桃，則鬱、棣各一木矣。陸《疏》又謂郁李實大如李，常棣實如李而小，則薁、棣各一木矣，後世説者多誤。掌禹錫修《嘉祐本草》，於郁李條下引陸氏常棣疏而妄益之曰一名薁李，是合薁、棣爲一木也。李氏《綱目》既襲其誤，又以鬱、車下李、常棣爲郁李之别名，是合三木爲一，其誤逾甚。陸元恪以常棣爲郁李固失之，至釋鬱、棣兩木未嘗誤也。鬱、薁、棣三木相類而結實異。鬱、薁大如李，棣小如櫻桃，薁李是薁，非常棣，先儒釋常棣並無言薁李者。《本草綱目》既以薁爲野葡萄，又言常棣爲薁李，誤矣。然則陶隱居所謂子赤色可啗，韓保昇所謂子如櫻桃，甘酸而少濇，寇宗奭所謂子如御李子，紅熟堪啗者，定是常棣，但不得謂之薁李耳。又《漢書》師古注言棣，今之山櫻桃，《急就篇》注言常棣子熟時正赤色可啗，俗呼小櫻桃，隴西人謂之棣子，所言名狀，正與《本草》諸注合。

綜述

《爾雅・釋木》 常棣，棣。注：今關西有棣樹，子如櫻桃，可食。疏：舍人曰：常棣一名棣。郭云：今關西有棣樹，子如櫻桃，可食。《詩・小雅》云：常棣之華。陸璣《疏》云：許慎曰：白棣樹也。如李而小如櫻桃，正白。今官園種之。又有赤棣樹，亦似白棣，葉如刺榆葉而微圓，子正赤如郁李而小，五月始熟。自關西、天水、隴西多有之。

漢 許慎 《説文》卷六 栘，常棣也。从木，多聲。弋支切。

三國吴 陸璣 《毛詩草木鳥獸蟲魚疏》卷上《常棣》 常棣，許慎曰：白棣樹也。如李而小如櫻桃，正白。今官園種之。又有赤棣樹，亦似白棣，葉如刺榆葉而微圓，子正赤如郁李而小，五月始熟，自關西、天水、隴西多有之。

又《食鬱及薁》 鬱，其樹高五六尺，其實大如李，色赤，食之甘。

宋 戴侗 《六書故》卷二一 棣 𨽿，特計切，郁李類也。《爾雅》曰：常棣，棣。唐棣，栘。《説文》曰：棣，白棣也。陸氏曰：唐棣，郁李也。一名雀梅，亦曰車下李，所在皆有。其華或白或赤，六月中熟。常棣如李而小，子如㮕桃，正白，今官園種之。又有赤棣樹，亦似白棣，葉如刺榆而微圜，子正赤如郁李而小，五月始熟，自關西、隴西、天水多有之。郭景純曰：今山中有棣樹，子如㮕桃，可食。唐棣似白楊，江東呼夫栘。沈存中曰：扶栘即白楊也。《本草》白楊、扶栘爲兩條。扶栘出陳藏器，藏器蓋不知扶栘、白楊之爲一物也。扶栘亦謂之蒲栘，至今越人謂白楊爲蒲栘。藏器又引《論語》逸詩『唐棣之華，偏其反而』，鄭注：栘也，亦多栘楊。此又誤也。逸詩唐棣乃白栘小木，比郁李稍大，非此蒲栘，蒲栘乃喬木也。《詩》云：六月食鬱及薁。唐棣，鬱也。棠棣，薁也。《詩注》云：鬱，棣屬，即白栘也。其實似棣，故曰棣屬，又謂之車下李，又謂之唐棣。唐棣也，鬱也，白栘也，車下李也，一物也。薁即郁李也。薁、郁同音。《詩注》謂之蘡，薁蓋其實似𧵍。𧵍，含桃也。常棣也，薁也，郁李也，一物也，與蒲栘不相涉。《本草》續添郁李，一名車下李，亦誤也。《晉宣室閣銘》曰：華林園中有車下李三百十四株，薁李一株。明車下李與郁李自爲兩物也。常棣或作棠棣，誤爾。按白楊，喬木也，多種於墟墓間，似楊而白，故謂之白楊。沈存中辨之已明。棣實小木叢生，高不過五六尺。其種不一，其華或紅或白，或單出或重出。紅而重出者，園圃多植之，亦名錦帶。白而單出者，結實如小李，與李同時熟，其大僅如𧵍薁，故謂郁李，又謂雀李也。《七月》所謂薁，即𧵍薁也。蔓生，類蒲萄，六月熟。甌越諺云：𧵍薁熟，食新粥。正《詩・六月》所食也。存中誤以此爲郁李，非也。常棣、唐棣、常棣特一物，猶夫栘、扶栘、蒲栘之爲一物也。棠、唐、常、夫、扶、蒲，皆聲相邇，故通用爾。棠棣乃棣之類。棠者，今世之垂絲海棠，華如棣而支榦類棠。其華麗爾下垂，豈所謂『偏其反而』者邪？自《爾雅》分棠棣、常棣爲二物，遂啓後誤，枝葉轉繁。《爾雅》以栘爲唐棣，栘必棣類也。《詩》云：山有苞棣。棣蓋叢生。《詩》云：威儀棣棣。言其文采如棣，華之麗密也。

元 梁益 《詩傳旁通》卷六《常棣唐棣》 常棣，棣也；唐棣，栘也。郭璞《爾雅注》曰：山中有棣樹，子如櫻桃，可食。舍人曰：常棣，一名棣。陸璣曰：許慎云：白棣似李而小如櫻桃，今官園種之。又有赤棣樹，亦似白棣，葉如刺榆而微圓，子正赤如郁李而小，五月始熟，自關西、天水、隴西多有之。陸農師曰：常棣如李而小，子如櫻桃，正白，華萼上承下覆，甚相親爾。《采薇》：彼爾維何，維常之華。朱子曰：爾華盛貌，可以見常棣之華盛。栘音移。《爾雅注》舍人曰：康棣，一名栘。郭璞曰：今白栘也，似白楊，江東呼夫栘。陸璣《草木疏》曰：奥李也，奥音郁，一名雀梅，亦曰車下李，所在山皆有，其花或白或赤，六月中熟，大如李，可食。崔豹《古今注》曰：一名栘梅，又曰栘柳，又曰蒲栘。羅端良《爾雅翼》曰：栘皮焚爲灰，置酒中令味正，經時不敗，而枳椇木爲屋柱則屋中酒味皆薄，物之相反有如此者。常棣、唐棣二木不同，無可疑者，而或有誤音常爲棠音者，故并纂之。

明 李時珍 《本草綱目》卷三六 郁李《本經》下品 釋名：薁李、《詩疏》郁李、車下李、《别録》爵李、《本經》雀梅、《詩疏》常棣。時珍曰：郁，《山海經》作栯，馥郁也。花、實俱香，故以名之。陸璣《詩疏》作薁字，非也。《爾雅》常棣即此。或以爲唐棣，誤矣。唐棣乃枎栘，白楊之類也。集解：《別録》曰：郁李生高山川谷及丘陵上。五月、六月采根。弘景曰：山野處處有之。子熟赤色，亦可啖。保昇曰：樹高五六尺，葉、花及樹并似大李；惟子小若櫻桃，甘酸而香，有少澀味也。禹錫曰：按郭璞云，棣樹生山中，子如櫻桃，可食。《詩・小雅》云：常棣之華，鄂不韡韡。陸璣注云：白棣樹也，如李而小，正白，今官園種之，一名薁李。又有赤棣樹，亦似白棣，葉如刺榆葉而微圓，子正赤如郁李而小，五月始熟，關西、天水、隴西多有之。宗奭曰：郁李子如御李子，紅熟堪啖，微澀，亦可蜜煎，陝西甚多。時珍曰：其花粉紅色，實如小李。頌曰：今汴洛人家園圃植一種，枝莖作長條，花極繁密而多葉者，亦謂之郁李，不堪入藥。

明　吴雨《毛詩鳥獸草木考》卷一七《鬱》　《豳風》曰：六月食鬱及薁。《傳》：鬱，棣屬。薁，蘡薁也。八月剥棗。又：采荼新樗。《傳》：樗，惡木也。鬱，棣屬，一名雀李。枝莖作長條，花極繁密而多葉，其子如御李，至紅熟堪啗，微澀。今人亦謂之郁李。此是常棣之類也。劉稹《毛詩義问》云：樹高五六尺，實大如李，色正赤，食之而甜。《本草》云：鬱，一名雀李，一名车下李，一名棣。生高山川谷或平田中。五月時實。言一名棣，則與棣相類。

又《薁》　薁，一名蘡薁，亦是鬱類而小別耳。《晉宮閣銘》云：華林園中有車下李。薁李、車下李，即鬱薁。李即薁也。《疏》既云：鬱是車下李，薁是薁李。則薁李非車下李矣。陸璣以唐棣爲薁李。又云薁李一名車下李。《本草》有郁李仁，亦云一名車下李。則薁李又有車下之名。蓋由二者相類，故名稱相亂。《廣志》曰：燕薁即《詩》所謂『七月食薁』也。似梨而小，早熟。《花木志》云：燕薁實如龍眼，黑色。《説文》謂之蘡薁。則薁又別爲一種。《韓詩》：六月食鬱及藿。薁作藿。藿，山韭也。形性與韭相類，但根白葉如燈心苗，其音羊六切。羅願曰：《毛詩》藿作薁，以鬱爲棣屬。薁，蘡薁。鄭《箋》云：食鬱薁及葵叔棗皆以助男功。蓋豳土務農所植，皆百穀、百蔬，有益於民者。然《七月》所述不及一二，若果蔬之屬，唯瓜足以去時暑，棗足以救歲乏。故重而記之。鬱薁等果不登於邊，不用於贄，正以食之何補飢渴，似兒戲耳。不若鬱菜及藿之可以食養老也。然齊、韓、毛、鄭其詩異説，故并存之。

又卷一八《常棣》　《小雅》曰：常棣之華。《傳》：常棣，棣也。常棣，一名白棣，一名棣。高五六尺，枝、條、葉、花皆若李，而惟子小若櫻桃，赤色，可食，而味甘酸。□人謂之玉李。此與唐棣異木。華萼上承下覆，甚相親爾，所謂維常之華是也。《詩義疏》云：實如櫻桃。薁麥時熟，食甜美。北方人呼爲林思。陸璣云：許慎曰：白棣樹也。如李而小如櫻桃，正白。今官園種之。又有赤棣樹，亦似白棣，葉如刺榆葉而微圓，子正赤如郁李子而小，五月始熟，今關西、天水、隴西多有之。嚴粲云：常棣，玉李也。

明　陳懋仁《庶物異名疏》卷一九《鬱》　《爾雅翼》：鬱實大如李，正赤，食之甜。《毛詩義問》曰：樹高五六尺。《禮記疏》：鬱，一名車下李，一名夫栘，地一名薁，一名鬱梅。

明　盧之頤《本草乘雅半偈》卷七　郁李即棠棣。《詩》云：唐棣，常棣。《山海經》作栯。所在有之。樹高六七尺，花、葉、枝、幹並似李，惟子小若櫻桃，味甘酸，臭香而少濇。一種赤郁李，葉如刺榆，其子正赤而小，五月始熟，關西、天水、隴西多有之。汴雒一種枝莖作長條，花極繁密而多葉，亦謂之郁李。

明　馮復京《六家詩名物疏》卷三〇《薁》　《本草》云：郁李，一名爵李，一名車下李，一名棣，生高山川谷及丘陵上。五月六月採根。陸璣云：唐棣，薁李也，一名雀梅，亦曰車下李，所在山皆有。其華或赤或白，五月中成實，大如李子，可食。《本草圖經》云：郁李木高五六尺，枝條葉花皆若李，惟子小若櫻桃，赤色，而味甘酸，核隨子熟，六月採根并實，取核中仁用。按：薁，一名郁李，一名薁李，一名蘡薁，一名燕薁，一名棣，一名爵李，一名車下李。《廣雅》謂之蘡舌，與鬱俱棣屬也，故同得車下李之名。陸璣以唐棣爲薁李非也，而以爲實大如李則得之。《本草圖經》謂郁李子如櫻桃，則似説常棣非郁李也，郁李雖棣屬，然非《爾雅》所謂『唐棣，常棣』也。古之説者惟不知唐棣爲扶栘木而以爲薁，又不知薁別是一種而以爲常棣，故《本草注》及《詩緝》諸説俱誤。今由陸璣、崔豹、鄭樵及《本草》諸説參詳之，始知其別如此。《魏王花木志》云：燕薁實如龍眼，黑色。《説文》謂之蘡薁。《詩疏》一名車鞅藤，《豳詩・六月》食薁者此也。《廣志》曰：燕薁似梨，早熟。據此又非郁李，而二説亦相矛盾，殆不足取證。《韓詩》『薁』字又作『藿』，是《爾雅》所謂『藿，山韭』者，非《毛詩》之薁。《爾雅翼》云：山韭形性與韭相類，但根白，葉如燈心苗。

明 劉侗《名物通》卷八 常棣，今謂之玉李，其花萼相承。有二種，白棣，實如小李；赤棣，葉如刺榆，微圓，子正如郁李而小，五月熟。

清 魏茂林《駢雅訓纂》卷六 爵李，常棣，郁李也。《齊民要術十·鬱》：《豳詩》義疏曰：其樹高五六尺，實大如李，正赤色，食之甜。《廣雅》曰：一名雀李，又名車下李，又名郁李，亦名棣。按今本《廣雅》雀作爵，無車下李及郁李之文。《經史證類大全·本草·木部下品》：郁李，一名爵李。《爾雅·釋木》『常棣棣』注：今山中有棣樹，子如櫻桃，可食。鄭氏樵注：常棣，棣郁李也。

清 張逸少《佩文齋廣羣芳譜》卷五五《果譜·棣》 棣，一名郁李，一名鬱李，一名爵李，一名車下李，一名鬱梅，一名爵梅。山野處處有之。花及子並似木李。惟子小如櫻桃，熟赤色。五月熟，可食，又可入藥。

清 黃中松《詩疑辯證》卷三《鬱薁》 毛《傳》曰：鬱，棣屬。薁，蘡薁也。孔《疏》曰：劉楨《毛詩義問》云：鬱樹高五六尺，實大如李，正赤，食之甜。《本草》云：鬱，一名雀李，一名車下李，一名棣。言一名棣則與棣相類，故云棣屬。薁，蘡薁者，亦是鬱類而小別耳。《晉宮閣銘》云：華林園中有車下李三百一十四株，薁李一株。車下李即鬱，薁李即薁，二者相類而同時熟，故言鬱薁也。今攷陸璣《疏》於『食鬱及薁』止釋鬱而不及薁。於『唐棣之華』則云：唐棣，奧李也，一名雀梅，一名車下李，其花或白或赤，六月中成實，大如李，可食。馮嗣宗謂陸璣以唐棣爲薁李則非，而以爲實大如李則得之，又以《本草注》爲誤。攷孔《疏》引《本草》以鬱爲一名車下李，故以華林園之車下李即鬱。馮既以薁爲郁李，而引《本草》云郁李一名爵李，一名車下李，一名棣，則車下李是薁而非鬱矣。

清 徐鼎《毛詩名物圖說》卷九 毛《傳》：鬱，棣屬。劉稹《毛詩義問》：其樹高五六尺，其實大如李，正赤，食之甜。《本草》一名雀李，一名車下李，一名棣。生高山川谷或平田中，五月時熟。

又 《爾雅》：常棣，棣。郭璞注：今關西有棣樹，子如櫻桃，可食。陸璣《疏》：許慎曰：白棣樹也。如李而小如櫻桃，正白。今官園種之。又有赤棣樹，亦似白棣，葉如刺榆葉而微圓，子正赤如郁李而小，五月始熟，關西、天水、隴西多有之。鄭《箋》：承華者曰鄂，不當作柎。柎，鄂足也。楊用修曰：鄂，花苞也，今文作萼；不，花蒂也，今文作跗。華下有萼，萼下有跗，花萼相承覆，故得韡韡而光明。愚按：『唐棣之華』即《爾雅》謂『移』也。此《詩》常棣及《采薇》『維常之華』，並《爾雅》所謂『棣』也。今人謂常棣爲唐棣者，誤。

清 牟應震《毛詩物名考》卷五 鬱，郁李也。其木不高，其實似李而小，其味酸澁，故名鬱。鬱者，鬱而不暢也。今解家誤以薁爲郁李，而於鬱字注云：樹高五六尺，實大如李，正赤，味甜。於薁字注云：木高五六尺，子小如櫻桃，色赤，味甘酸。蓋郁李結實原有大小貳種，非二木也。薁从草說，見草部。

藝文

唐 白居易《白氏長慶集》卷九《惜栯李花》 花細而繁，色艷而黯，亦花中之有思者。速衰易落，故惜之耳。 樹小花鮮妍，香繁條軟弱。高低二三尺，重疊千萬萼。朝艷靄霏霏，夕凋紛漠漠。辭枝朱粉細，覆地紅綃薄。由來好顏色，常苦易銷鑠。不見莨魯堂切蕩花，狂風吹不落。

唐 陸龜蒙《笠澤藂書》卷四《榔李花賦乾符三年作》 試問花翁，得榔李之春藂，移來砌下，出自山中。長霑潤雨，迴灑巖風，曾不得次玉堂而展低艷，承畫閣而逞微紅。虛在芳菲之數，徒干造化之功。弱植攲危，繁梢襞積。一枝上能萬其膚萼，一萼中自參其丹白。且桃以夭而蕣以華，芍藥爲贈兮芙蓉可嘉。誰爲剪緗綺，碎明霞。鳳葆檧櫳於水殿，霓襟掩苒於雲車。靜倚庭楹，徐飄蔬氣。落幽閨怨別之夢，寫空谷遺榮之思。初侍東陵聖母，冶態嫣妍；近辭北燭仙人，愁容委墜。嗟其結莓苔之地，抱林麓之姿。蝶善舞而相略，鸎能言而見欺。香憐墜少，蒂戀飄遲。當盃者不顧，守道者應知。請看嵇康高士傳，莫信長安輕薄兒。

宋 趙抃《清獻集》卷五《次韻郁李花》 花縣逢春對曉暉，朱朱白白綴繁枝。梅先菊後何須較，好似人生各有時。

圖表

晉 郭璞《爾雅音圖·釋木》

明 李時珍《本草綱目·圖卷》

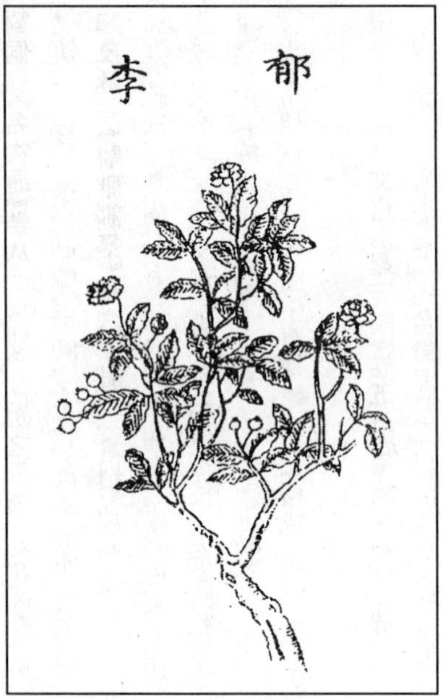

清 徐鼎《毛詩名物圖說》卷九

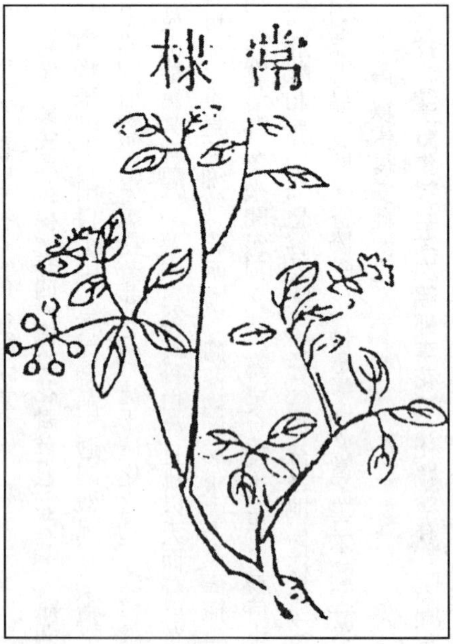

鼠李

綜述

宋 鄭樵《通志》卷七六 鼠李，曰牛李，曰鼠梓，曰椑，曰山李，曰楰，曰苦楸，即烏巢子也。《爾雅》云：楰，鼠梓。《詩》：北山有楰。

明 李時珍《本草綱目》卷三六 鼠李《本經》下品 釋名：楮李、錢氏鼠梓、《別録》山李子、《圖經》牛李、《別録》皂李、蘇恭趙李、蘇恭牛皂子、《綱目》烏槎子、《綱目》烏巢子、《圖經》椑。音卑。時珍曰：鼠李方音亦作楮李，未詳名義。可以染緑，故俗稱皂李及烏巢。巢、槎、趙，皆皂之音訛也。一種苦楸，亦名鼠梓，與此不同。見梓下。集解：《別録》曰：鼠李生田野，采無時。頌曰：即烏巢子也。今蜀川多有之。枝葉如李。其實若五味子，色瑿黑，其汁紫色，熟時采，日乾用。皮采無時。宗奭曰：即牛李也。木高七八尺。葉如李，但狹而不澤。子于條上四邊生，生時青，熟則紫黑色。至秋葉落，子尚在枝。是處皆有，今關陝及湖南、江南北甚多。時珍曰：生道路邊。其實附枝如穗。人采其嫩者，取汁刷染綠色。

明 鮑山《野菜博録》卷四 鼠李，一名牛李，一名鼠梓，一名趙李，一名皂李，一名烏程楛，生田野間，枝葉俱似李子，其味苦，性微寒無毒。

圖表

明 李時珍《本草綱目·圖卷》

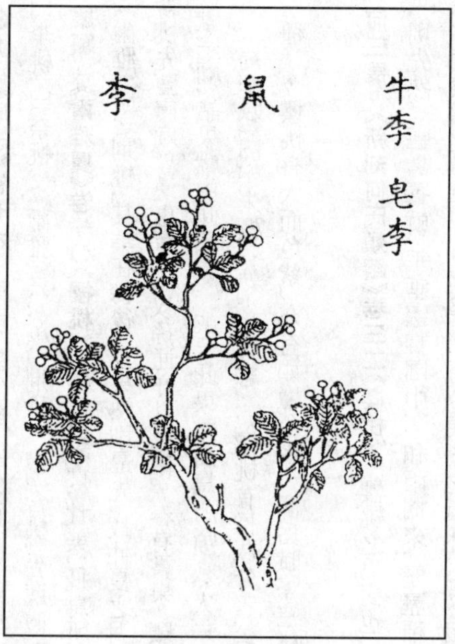

明 鮑山《野菜博録》卷四

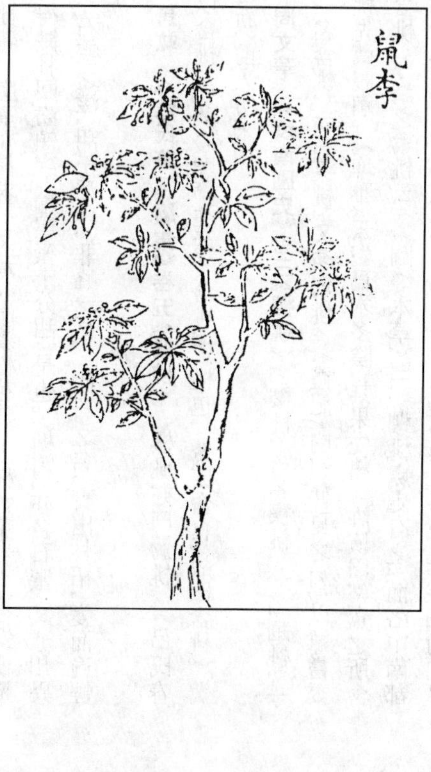

櫻桃

綜述

《爾雅·釋木》 楔，荆桃。注今櫻桃。【略】音義【略】疏：別桃類也。楔，一名荆桃。郭云：今櫻桃。《廣雅》云：櫻桃，含桃也。《月令·仲夏》云『羞以含桃』是也。

漢 許慎《說文》卷六 櫻，果也。从木，嬰聲。烏莖切。

唐 楊曄《膳夫經手録》 櫻桃，其種有三：大而殷者吴櫻桃，黄而白者蠟珠，小而赤者曰水櫻珠，一作桃。食之皆不如蠟珠。

宋 陸佃《埤雅》卷一四《櫻桃》 櫻桃爲木多蔭，其果先熟。一名荆桃，一名含桃。許慎曰：鸎之所含食，故曰含桃也。謂之鸎桃，則亦以鸎之所含食，故謂之鸎桃也。《月令》：仲夏之月，天子羞以含桃。言薦新也。其顆大者或如彈丸，小者如珠璣。南人語其小者謂之櫻珠。《字說》云：櫻主實么稺柔澤如嬰者，栲主材成就堅久如考者。

宋　寇宗奭《本草衍義》卷一八　櫻桃，孟詵以爲櫻非桃類。然非桃類，蓋以其形肖桃，故曰櫻桃，又何疑焉？謂如木猴梨、葫桃之類，亦取其形相似爾，古謂之唅桃可薦。宗廟禮云『先薦寢廟』者，是此。唐王維詩云：纔是寢園春薦後，非干御苑鳥銜殘。小兒食之纔過多，無不作熱。此果在三月末、四月初間熟，得正陽之氣，先諸果熟，性故熱。今西洛一種紫櫻，至熟時正紫色，皮裏間有細碎黃點，此最珍也。今亦上供朝廷，藥中不甚須。

宋　鄭樵《通志》卷七六　櫻桃，曰朱茱，曰麥甘酣，曰楔，曰含桃，曰荆桃，曰李桃，曰奈桃。《爾雅》云：楔，荆桃。禮，含桃，先薦寢廟。

宋　羅願《爾雅翼》卷一〇《櫻桃》　櫻桃，朱實，甘美，飛鳥所含，故又名含桃。《爾雅》謂之荆桃，其華在梅後，至果熟則最先，故仲夏之月，以雛嘗黍羞，以含桃先薦寢廟。漢惠帝時，叔孫通亦以爲禮。春有嘗果，願陛下出，因取櫻桃獻宗廟，諸果獻由此興矣。或云此果雖禽鳥所嗜，然人未采，鳥終不敢先食。《蜀都賦》曰：朱櫻春熟。《廣志》：櫻桃有長八分者，有白色多肌者，凡三種。今櫻桃有大而色紫，亦有如蠟色者。潘岳賦：三桃表櫻胡之別。

明　何三畏《新刻何氏類鎔》卷三二《櫻桃》　櫻桃之爲樹也，則多陰。其爲果也，則先熟。驅禽養就，垂垂綴實園中；和雨摘來，歷歷稱珍席上。圓轉傾玉，赤同熒惑之精華；鮮明透銀，香似醍醐之氣味。揉籃尚帶新攀葉，金丸大小均勻；潑血猶殘舊折條，瓊液酸甜具足。萬顆珍珠觸破，一團甘露含消。蓋風流一種難知，而煒曄三春可愛。此李直方于名果中品爲第三者也。昔有種之廳事前而蟬鳴取弄，薦之寢廟内而春果先嘗。漢時大官櫻桃宴，盛陳月夜，綴以赤瑛之盤。唐世進士櫻桃宴，大會公卿，和以糖酪之味。太宗將以櫻桃賜三宫，避太后之尊而易之曰奉也，遂改文簿以爲常。宰相有櫻宗將以櫻桃致酇公，從虞監之言而稱之曰餉也，乃援梁齊以爲例；文筍之厨，特盛一時之供億；司空有櫻桃之綬，首班兩序之官僚。至有夢青衣携櫻珠一籃者，因與同飡于精舍内。有夢隣女携櫻桃二顆者，覺猶墜核于欹枕邊。斯其夢亦奇矣。

明　李時珍《本草綱目》卷三〇　櫻桃《别録》上品　釋名：鶯桃、《禮》注含桃、《月令》荆桃。宗奭曰：孟詵《本草》言此乃櫻，非桃也。雖非桃類，以其形肖桃，故曰櫻桃，又何疑焉？如沐猴梨、胡桃之類，皆取其形相似耳。《禮記》仲春，天子以含桃薦宗廟，即此。故王維詩云：纔是寢園春薦後，非干御苑鳥銜殘。藥中不甚用。時珍曰：其顆如瓔珠，故謂之櫻。而許慎作鶯桃，云鶯所含食，故又曰含桃，亦通。案《爾雅》云：楔（音戛），荆桃也。孫炎注云：即今櫻桃。最大而甘者，謂之崖蜜。集解：頌曰：櫻桃處處有之，而洛中者最勝。其木多陰，先百果熟，故古人多貴之。其實熟時深紅色者，謂之朱櫻。紫色，皮裏有細黃點者，謂之紫櫻，味最珍重。又有正黃明者，謂之蠟櫻；小而紅者，謂之櫻珠，味皆不及。極大者，有若彈丸，核細而肉厚，尤難得。時珍曰：櫻桃樹不甚高。春初開白花，繁英如雪。葉團，有尖及細齒。結子一枝數十顆，三月熟時須守護，否則鳥食無遺也。鹽藏、蜜煎皆可，或同蜜搗作糕食，唐人以酪薦食之。林洪《山家清供》云：櫻桃經雨則蟲自内生，人莫之見。用水浸良久，則蟲皆出，乃可食也。試之果然。

明　王世懋《學圃雜疏·果蔬》　百果中櫻桃最先熟，即古所謂含桃也。吾地有尖圓大小二種，俗呼小而尖者爲櫻珠。既吾土所宜，又萬顆丹的，掩映緑葉可玩，澹圃中首當多植。

明　焦周《焦氏説楛》卷二　櫻桃，一名含桃，一名荆桃，一名石蜜，一名崖蜜。杜詩：崖蜜亦易求。又云：崖蜜松花熟，山杯竹葉春。東坡《橄欖詩》：『待得微甘回齒頰，已輸崖蜜十分甜』是也。糖霜，亦名石蜜。《涼州異物志》謂：石蜜之滋，甜于浮萍，非蜂之類。假石之名，實出甘柘，變而逾輕是也。

明　焦竑《焦氏筆乘續集》卷五《鸎桃》　櫻桃亦曰鸎桃。《吕氏春秋》：羞以含桃，先薦寢廟。注云：含桃，鸎桃也。鸎所含食，故曰含桃。鸎桃二字甚新，前人所未用。

明　周文華《汝南圃史》卷三《櫻桃》　櫻桃，古名楔桃，一名荆桃，一名朱桃，一名含桃，一名英桃，又名鸎桃。《禮記》曰：仲夏之月，以雛嘗黍羞，以含桃先薦寢廟。《埤雅》云：爲木多陰，其果先熟。許慎曰：鸎之所含食，故曰含桃，亦謂之鸎桃云。《圖經本草》曰：櫻桃處處有之，而洛中南都最勝。其實熟時深紅色曰朱櫻，正黃色者曰蠟櫻，極大若彈丸，核細而肉厚者爲難得。食之調中益氣，美顔色。雖多無損，但發虚熱。《衍義》曰：此果三四月間熟，得正陽之氣，故性熱。《吴郡志》曰：自唐已有吴櫻桃之名，今之品高者出常熟縣，色微黄，名蠟櫻者，味尤勝。朱櫻不能尚之。白樂天《吴櫻桃》詩云：含桃最説出東吴，香色鮮濃氣味殊。《松江府志》曰：初熟時烏雀羣飛就啄，白頭翁尤好食之。

明　陳懋仁《庶物異名疏》卷一九《崖蜜》　《鬼谷子》云：櫻桃一名崖蜜。《太平廣記》：石櫻桃也。《吕氏本草》，一名麥英。東坡詩：待得餘甘回齒頰，已輸崖蜜十分甜。餘甘，橄欖也。戴氏《鼠璞》云：讀《南海志》，崖蜜子殼薄味甘，雖不知與櫻桃爲一物與否，要其類也。

明　鮑山《野菜博録》卷四　野櫻桃生山谷中，樹高五六尺，葉似李葉更尖，開白花似李子花，結實比櫻桃又小，熟色鮮紅，味甘微酸。

明　徐光啓《農政全書》卷三〇　櫻桃，附山嬰桃。《爾雅》曰：楔，荆桃。郭璞注曰：今櫻桃。《廣雅》曰：楔桃大者如彈丸，子有長八分者，有白色者，凡三種。孫炎云：大而甘者謂之崖蜜。櫻桃，一名楔，一名荆，一名英桃，一名鸎桃，一名含桃，一名朱櫻，一名牛桃，一名麥英。《西京雜記》列櫻桃、含桃爲二種。蘇頌曰：櫻桃處處有之，洛中者最勝。其實深紅者，謂之朱櫻。紫色皮裏有細黄點者，謂之紫櫻，味最珍重。又有正黄明者，謂之蠟櫻。小而紅者，謂之櫻珠。味皆不及極大者。

明　劉侗《名物通》卷八　櫻桃，一名荆桃，一名朱茱，一名牛桃，一名麥英。爲鸎鵡所含，曰含桃，亦曰崖蜜。唐新進士重櫻桃宴。

明　方以智《物理小識》卷九　櫻桃　深紅紫者早熟，淺紅遲熟，曰蠟桃。《月令》仲夏含桃薦寢廟，則早熟也。枝節間有根，鬚下垂。春前插之，子漿時得糞氣則易熟。潤州櫻桃核而不仁，其曰脆櫻桃，則郁李也。信陽州有半紅者，曰瑪瑙櫻桃。

清　魏茂林《駢雅訓纂》卷六　麥英，含桃，櫻桃也。《藝文類聚》八十六《果部》：櫻桃，《吴氏本草》曰：一名朱茱，一名麥英。甘酣，主調中益脾氣，令人好顔色，美志氣。《御覽》九百六十九引略同。《禮·月令》：仲夏之月，天子乃以雛嘗黍，羞以含桃。注：含桃，今之櫻桃也。

清　高士奇《北墅抱甕録·櫻桃》　酣春樹，旁有小圃，雜樹參差，櫻桃尤多。仲春發花，嬌冶多態，結實圓匀瑩徹，儼然絳珠，玉液芳津，甘溅齒頰。李義山詩：越鳥誇丹荔，齊名亦未甘。早已爲之長價矣。

清　曹溶《倦圃蒔植記·總論》卷上《論果》　櫻桃，百果中最爲早達。故古人重之，特以薦廟。家園勝市求者，因摘鮮與隔宿迥別也。一種不甚大而淡紅帶黄者，名蠟櫻桃，甘美獨步。

清　陳淏子《秘傳花鏡》卷三《花木類考·櫻桃》　櫻桃，一名楔，又有荆桃、含桃、崖蜜、蠟櫻、朱英、麥英數名。此木得丑陽之氣，故實先諸果而熟。禮薦宗廟，亦取其先出也。本不甚高而多蔭。春初開白花，繁英如雪，其香如蜜，葉圓有尖，邊如細齒，結子一枝數十夥。有朱、紫、蠟三色。又有千葉者，其實少，但果紅熟時，必須守護，否則爲鳥雀、白頭翁所食無移也。枝節間有根鬚垂下者，二月間取栽於肥土中，常以糞澆之，即活。若陽地種者還種陽地，陰地種者還種陰地，不可用糞。實熟時當張葦箔以護風雨，一經雨打，則蟲自内生，人莫之見，須用水浸良久，候蟲出，方可食。

紀事

唐　段成式《酉陽雜俎續集》卷九　衛公言滑州櫻桃十二枚長一尺。

宋　陶穀《清異録》卷上《掌扇岡》　櫻桃素盛睢陽地，名掌扇岡，尤繁妙，有一樹收子至三石者。

清　周亮工《因樹屋書影》卷四　白櫻桃，生京師西山中。吾師北海先生退谷前有一株，歲以數十粒相貽。予有『花間婉轉風團玉，月底依微露洗珠。自浣絳唇歌白苧，任他紅淚滴冰壺』句，先生謬加嘆賞。但味微酸，亦不及朱櫻之甘碩也。

清　汪爲熹《郿署雜鈔》卷七《櫻桃》　櫻桃，舊日止有紅者，忽産白色一種，色如水晶，味若蔗漿。自經兵亂，其種遂絶。舊志

藝文

唐 白居易《白氏長慶集》卷二 有木名櫻桃，得地早滋茂。葉密獨承日，花繁偏受露。迎風闇搖動，引鳥潛來去。鳥啄子難成，風來枝莫住。低軟易攀玩，佳人屢回顧。色求桃李饒，心向松筠妬。好是映墻花，本非當軒樹。所以姓蕭人，曾爲伐櫻賦。

又卷二四《吴櫻桃》 含桃最説出東吴，香色鮮濃氣味殊。洽恰舉頭千萬顆，婆娑拂面兩三株。鳥偷飛處啣將火，人摘爭時蹋破珠。可惜風吹兼雨打，明朝後日即應無。

唐 韋莊《浣花集》卷二《白櫻桃》 王母堦前種幾株，水精簾外看如無。只應漢武金盤上，瀉得珊珊白露珠。

又卷五《櫻桃樹》 記得初開雪滿枝，和蜂和蝶帶花移。如今花落遊蜂去，空作主人惆悵詩。

宋 蘇軾《東坡全集》卷三〇《櫻桃》 獨繞櫻桃樹，酒醒喉肺乾。莫除枝上露，從向口中漙。

宋 陳師道《後山集》卷八《雙櫻》 並蔕隨宜好，連心着一作稱意紅。只堪驚老眼，持此與誰同。

宋 陳與義《簡齋集》卷一五《櫻桃》 四月江南黄鳥肥，櫻桃滿市粲朝暉。赤英盤裏雖殊遇，何似筠籠相發揮。

宋 范成大《石湖詩集》卷二一《櫻桃花》 借煖衝寒不用媒，匀朱匀粉最先來。玉梅一見憐癡小，教向傍邊自在開。

宋 楊萬里《誠齋集》卷九《櫻桃》 櫻桃一雨半雕零，更與黄鸝翠羽爭。會計小風留紫脆，殷勤落日弄紅明。摘來珠顆光如濕，走下金盤不待傾。天上薦新舊分賜，兒童猶解憶寅清。

宋 孫應時《燭湖集》卷一七《冷副端招西郊賞櫻桃》 喜趁林泉約，來同櫻筍厨。緑陰濃欲滴，高竹静相扶。山晚月先上，人歸鳥自呼。不辭拚一醉，此會兩年無。

宋 許綸《涉齋集》卷一四《櫻桃》 苦筍恰相逢，匀圓得許紅。薦新存古意，驅鳥念園公。

元 侯克中《艮齋詩集》卷七《櫻桃》 江北江南氣未殊，朱櫻首夏遍通衢。閭閻競喜嘗新好，籩豆還曾薦廟無。錦樹深藏朱雀卵，玉盤匀瀉火龍珠。野人莫訝筠籠貴，幾向唐宫伴筍厨。

元 程從龍《櫻桃賦有序》（引自《歷代賦彙》卷一二六） 元至正庚辰，館寓石洑齋，舍後蔬圃，其中有櫻桃，啖而美之，遂爲小賦，以寓意云：緊勾芒之作春，何窮奢而極侈。既衮野以施翠，復因林而設綺。一旦代序成功者去，捲紅紫以回輳，繫繁珠於佳樹。但見的皪兮霰集，璀璨兮星聚。蝶欲聚而辟易，鶯欲啄而驚懼。儼翠幄之重重，韜至珍於茹圃。爰有詩人，此焉游遨，感園丁之摘獻，俾侑進乎芳醪。覩珠顆之匀圓，始知其爲櫻桃也。於是摭火齊於銀盤，啖紅香之瓊液。玩其精華，服其風味。爽可以愈沉痾，腴可以美意氣。羙理内而益脾，信蠲煩而清臆。終並功乎丹鼎，豈擅譽乎崖蜜。唐以之昭寵於新科，漢以之均恩於百職。廟羞薦天子之忱，寵贈旌野人之德。噫，金鑾之殊遇，壓珠盤之佳色。何顯赫之不常，乃失身於幽側。每被銷於凡齒，歎九重之懸隔。在物理而尚然，宜人情之通塞。感斯果而擅稱，聊寄懷於翰墨。

明 瞿校《練音集補》卷四《白櫻桃》 品先百果出常流，老幹多陰結子稠。燦燦銀星團葉底，英英玉露點枝頭。江妃解珮鮫人泣，樊素捐脂白傅愁。曾記赤瑛盤裏賜，含香顆顆水晶浮。

明 謝晉《蘭庭集》卷上《櫻桃》 燦燦懸珠實，垂垂拂翠苔。鷪欺人不在，含去又飛來。

明 朱誠泳《小鳴稿》卷七《櫻桃》 來青樓下雨過時，火齊纍纍滿翠枝。無數匀圓訝相似，秖應樊素是相知。

明 祝允明《懷星堂集》卷八《櫻桃白頭翁》 的歷丹餂妃女唇，含來名重不勝春。柏梁臺上劉郎老，斷送因他郭舍人。

明 徐渭《徐文長逸稿》卷四《咏櫻桃花》 滿城花發不知冬，閉户經年筆眊聲。剪送海棠勞及我，折寄櫻桃笑殺儂。雪打霜披應不免，粉腮胭頰爲誰濃。昨宵況復狂風雨，枕畔驚聞折擘龍。

又卷六《白櫻桃》　櫻桃琥珀珠，一樹忽磾礫。入袖迷吴苧，如珩信楚書。朱唇嘗處訝，翠葉凍邊舒。欲問丹陽鳥，曾銜此類無。

明　王世貞《弇州四部稿》卷四四《櫻桃》　纍垂靺鞨青林端，鸚鵡銜春春未殘。粲似玉姬微啓笑，煜如金母乍成丹。栽來並耀明光殿，賜出騰輝赤玉盤。不獨葡萄先讓色，玉門澄酎有餘酸。

明　林章《林初文詩文全集·櫻桃》　百果前頭獨占新，鶯啣不盡内園春。箇中風味誰能識，只有當年姓鄭人。

明　錢文薦《櫻桃賦》（引自《歷代賦彙》卷一二六）　漢明帝月夜燕羣臣於沼，時大官進櫻桃，盛桃以盤，厥名赤瑛，桃盤同色，四照空明。臣觀諧喜，觴酌縱横，坐中獻賦。異代長卿賦曰：何華林之名品兮，乃殊異乎恒族。先百果而珍奇兮，歷九重而成熟。錫字肇夫月令，子和中紀於藥録。因薦羞其禮隆兮，緣頒賚以惠足。念朱明之來早兮，悲青陽之去速。向芳樹而流丹兮，入文牕而映緑。枝婀娜以低亞兮，實纍纍其相續。料素娥之未攀兮，愁黄鳥之先啄。幸未傷於風雨兮，知有待乎晴旭。遥而望之，爛若霞彩綴瓊枝；迫而就之，恍如珊瑚碎金谷。既稱名乎樂府，亦注譜於仙都。姿輝映以擬玉，質圓轉而方珠。揣火棗之同類，恐萍實之不如。帶露痕而覺有，眩燈暈而疑無。爾其寢廟駕返，御園旨宣。紛紜馳騎，絡繹飛箋。聊開秘閣，别整華筵，就中窈窕，沾恩最先。乍入脣而脂掩，忽籠袖而火然。神脈脈以無定，步珊珊其不前。亮衷情之有托，豈管絃之能傳。借嘉物以相比，發清歌而自憐。歌曰：朱實兮離離，玉膚兮絳衣。備百和兮含五滋，粲皓齒兮色怡。朱實兮盈盈，玉壺兮紅冰。斂雙眸兮對孤燈，墮清泪兮血凝。歌罷，月輪斜度，天河倒瀉。徙倚闌邊，殷勤露下。張樂易歇，留情難舍。亟起爲亂，仍歸於雅。亂曰：谷梨消煩尚帶寒兮，壺甘釋餌猶含酸兮。未若朱實堆玉盤兮，食之美好使人歡兮。常恐節移條雕殘兮，安得九轉如金丹兮。

清　孫枝蔚《溉堂詩集續集》卷三《詠櫻桃》　身同西蜀客，口想白家兒。愛看筠籠滿，愁登綺席遲。勸余休飽食，即此荷深慈。赤玉盤雖好，何如映素瓷。

清　宗元鼎《櫻桃》（引自《詩觀初集》卷七）　春深紫燕度芳柎，剪落濃陰一樹朱。疑有花鈴播琥珀，宛然金彈射珊瑚。香吹小徑憐抛豆，人坐重樓學弄珠。採貯冰盤新對酒，幾同紅淚薛家壺。

清　沈雄《柳塘詞·虞美人·櫻桃》（引自《名家詞鈔》）　火珠纍纍名園種，曾帶青絲籠。葡萄滿架薦秋風，不及春深一點口脂紅。　何來挾彈驚相問，莫是當年鄭。嫌他别苑鳥啣殘，只向珊瑚網底定睛看。

清　何思《玉艷詞·三姝媚·櫻桃》（引自《名家詞鈔》）　濃陰櫻正綻，漸園林迷離，膩痕柔片。誰沁燕支，破蛟宫，迸出火珠千串。恨殺狂且，曾記得小名呼賤。繡閣春深，還認枝頭，剩紅如茜。　前夜東風輕扇，看嬌映青絲，玉盤傾徧。色近芙蓉，却難分，的的絳唇頻見。摘取茅齋，又何必，上蘭新薦。只恐含殘御苑，飢鶯更囀。

清　王岱《且園近詩》卷三《櫻桃》　寢園春薦已無期，御苑啣殘小鳥知。並是分甘希寵日，空懷投赤報瓊思。夜光按劍無因至，薏苡添裝有識疑。何似園丁傾橐出，飽餐隨意各相貽。

一朵朝霞的可餐，珊瑚光映赤瑛盤。摟龍領下驪珠摘，彈鵲林中鶴頂殘。透出牟尼三昧火，煉成金液九還丹。南人不解春光異，誤作榴花五月看。

隔墻纍纍一枝横，萬顆珠圓盡夜明。火棗似同來赤縣，瓊漿應自出雲英。居然樊素唇初點，縱使燕支染不成。漢單于姬，名燕支。疑是啼紅春去候，北來時有杜鵑鳴。

浪傳忝食有哀梨，鑽李無端費朵頤。入手芳香幾染指，走盤鮮滑渾凝脂。但令司馬消春渴，不使楊妃憶荔枝。已分上方無賜食，野人聊自種疏籬。

清　許虬《萬山樓詩集》卷二二《櫻桃》　櫻桃風味玉清温，旋綴珊瑚照酒尊。青鳥不銜窗外落，何如待賜出金門。

清　徐昂發《乙未亭詩集》卷三《櫻桃》　華林三百樹，樹樹醉東風。碧葉撑濃蔭，繁花暎綺櫳。捎簷旋結實，接徑不分叢。火齊凌空出，珠丸逐彈通。日烘憐照灼，梓捧瀉玲瓏。千子香屏上，雙株寶楯中。珊瑚沉網碎，鸚鵡啄枝紅。設笋陪嘉會，黏蟬感化功。忍將烹杏酪，好與伴郫筒。味愛酸甜足，圓看朱紫同。蒲萄餘寵濫，橘柚故恩空。破夏宜嘗麥，驅禽欲約僮。

莧腸愁内熱，黧面覺朝融。不信長安客，銀絲絡馬騣。

宿麥秋初逼，含桃節正催。枝低看密綴，籠滿喜新開。煖豔霞成實，紅酣蜜有胎。千絲垂緑絸，萬顆綻赬瑰。珠向圓時摘，鶯從熟後猜。醍醐通臭味，琥珀與根荄。豆擬香膏漬，砂慚勾漏來。北村盧是妄，南國橘非魁。雅稱冰鹽貯，珍和玉果栽。梅青諧酒伴，笋苦聘茶媒。粒粒星芒動，叢叢寶氣焞。張筵須及第，饕腹不論才。鳳食終難待，酥煎覺太摧。南園朱實盡，濃葉似雲堆。

櫻桃忽已熟，圓實自龕鬖。樹重三春暮，園添一味甘。瑛盤盛不覺，火貝比猶慚。清廟常蒙薦，黄鸝欲諱含。明珠齊結珮，紅玉半抽簪。嘲倩詩人答，游應謝客叅。風流瓶薄怒，意態恃沉酣。曉露枝枝滴，晴霞樹樹函。豔休論赤柰，酸擬笑金柑。愛惜鋪魚網，遺投仗竹籃。匙抄嫌卤莽，蜜擣似饞貪。異種兼黄白，佳辰趂麥蠶。香脂曾借妓，小字亦分男。厎事評諸果，差排作第三。

清 張塤《**竹葉庵文集**》**卷二二**《**賜研齋集上·櫻桃**》 江上野櫻桃，過墻數尺高。草堂留一鎖，邨鳥齕千遭。又見筠籃物，辻驚雪鬢毛。雕零諸酒户，不似舊時豪。

清 愛新覺羅·弘曆《**清高宗詩初集**》**卷五**《**櫻桃**》 綴林珠實滿，帶葉玉盤盛。消熱憑新蔗，偷含引早鶯。錦江曾有句，樂府舊傳名。絲籠頻頒賜，因聯上下情。

清 劉秉恬《**公餘集**》**卷六**《**櫻桃**》 粒粒珊瑚貯玉盤，含桃味美性非寒。日長獨坐無餘事，容可消閒代一餐。

清 趙希璜《**四百三十二峯草堂詩鈔**》**卷二五**《**櫻桃**》 緑柳成陰絮飛去，朱櫻初熟鳥銜來。不須野老筠籠贈，試作芳筵笑語陪。 笋嫩同腴香積飯，蔗寒分滿夜光杯。山家餉客惟清供，擊鉢吟詩逸興催。

清 劉嗣綰《**尚絅堂集·詞集**》**卷二**《**筆船詞·望湘人·櫻桃**》 借嗛霜壓樹，蜀豔登盤，櫻厨風景堪補。靺鞨堆殘，珊瑚敲罷，零落絳珠無數。拈不勝圓，寫還愁破，三三五五。倚東風，莫打雛鶯，留飼小窗鸚鵡。 四月江南朝莫，正緑陰青子，有人低訴。算水國相思，紅豆拋來應苦。待攜翠袖，更停銀甲，翻出魏宫新譜，喚白家、樊素重來，一點歌脣輕吐。

清 舒位《**瓶水齋詩集**》**卷三**《**櫻桃**》 甘露西涼隔暮雲，江南風味始憐君。不知紅豆相思苦，崖蜜輸來已十分。

細寫春愁到玉盤，不須更乞蔗漿寒。夢回憶得紅珠帳，失卻青梅一味酸。

清 陳文述《**頤道堂詩外集**》**卷二**《**古今體詩·詠櫻桃**》 灼灼櫻桃花，東風太輕薄。朝見櫻桃開，暮見櫻桃落。分明荆棘叢，横枝礙當路。莫看櫻桃花，但伐櫻桃樹。

清 李富孫《**校經廎文稟**》**卷八**《**一萼紅·櫻桃**》 最風流，記一時紅粉，春事早闌刪。露圃初開，筠籃小摘，千顆綺散林間。怕擎得、鳥還銜也，憐樹底，聲囀更清圓。寫比珊珠，和宜杏酪，薦合瑛盤。 恰好行厨竹裏，試教參玉版，重啟芳筵。乍摘瓊漿，平分崖蜜，那須饞夢同餐。想到石家人去，愁聽歌殘。

清 張雲璈《**簡松草堂詩集**》**卷七**《**櫻桃**》 虚紅萬顆漸盈筐，山鳥銜殘許共嘗。入口定應脣色亂，堆筵先怕爪痕妨。玉階人去妝猶靚，斗帳春回夢亦香。不是上闌休飽食，年年長説大官漿。

清 陸繼輅《**崇百藥齋文集**》**卷五**《**櫻桃**》 櫻桃一樹隱雕闌，香酪親調赤玉盤。昨夜東風吹折損，可煩重進柘漿寒。

清 成書《**多歲堂詩集**》**卷三**《**乙丑下·櫻桃**》 掩映滿筠籠，山櫻別樣紅。繁花驚老眼，齹齒走兒童。花甚穠豔，開時，枝無隙地，味酸澁。 帶葉誰能寫，垂檐訝許同。猶憐杜陵叟，回首大明宫。

清 曾瑤《**山櫻**》（**引自**《**沅湘耆舊集**》**卷一四三**） 山櫻灼灼綻新枝，若比天桃量較遲。開向深林人不到，幽芳粗遣蝶先知。

清 寶廷《**偶齋詩草·内次集**》**卷六**《**養拙集·櫻桃花**》 南山櫻桃多，高下千萬叢。陰澗未破蕚，陽岡盈樹紅。豈其種類異，寒燠有不同。韶光難自主，地勢拗天工。時花恣妍麗，轉眴均飄蓬。一色亘四序，澗底藏孤松。

圖表

晉　郭璞《爾雅音圖·釋木》

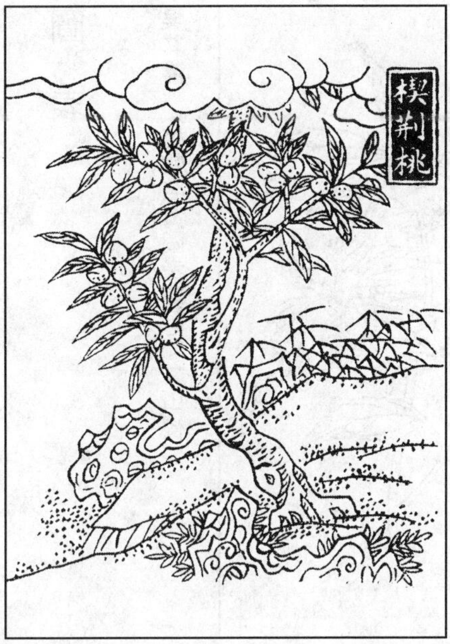

明　李時珍《本草綱目·圖卷》

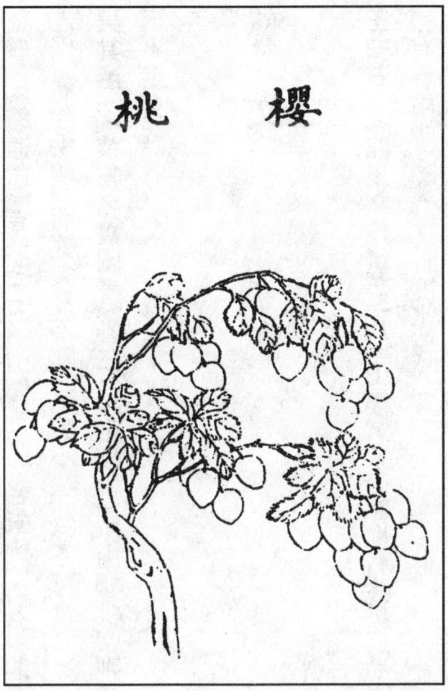

明　鮑山《野菜博録》卷四

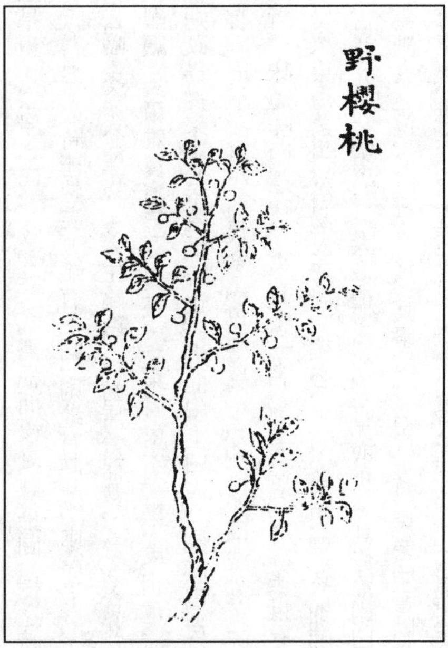

山櫻桃

綜述

明　李時珍《本草綱目》卷三〇　山嬰桃《別録》上品　校正：唐本退入有名未用，今移入此。釋名：朱桃、《別録》麥櫻、《吴普》英豆、《別録》李桃。詵曰：此嬰桃俗名李桃，又名柰桃。前櫻桃名櫻，非桃也。集解：《別録》曰：嬰桃實大如麥，多毛。四月采，陰乾。弘景曰：櫻桃即今朱櫻，可煮食者。嬰桃形相似而實乖异，山間時有之，方藥不用。時珍曰：樹如朱嬰，但葉長尖不團。子小而尖，生青熟黄赤，亦不光澤，而味惡不堪食。

明　徐光啓《農政全書》卷三〇　山嬰桃，《本草·釋名》：朱桃、麥櫻、英豆、李桃。孟詵曰：此嬰桃俗名李桃，又名柰桃。前櫻桃名櫻，非桃也。《別録》曰：嬰桃實大如麥，多毛，四月採，陰乾。陶弘景曰：櫻桃即今朱櫻，可煮食者。嬰桃形相似而實乖異，山間時有之。李時珍曰：樹如朱櫻，但葉長尖不圓。子小而尖，生青熟黄赤，亦不光澤，而味惡不堪食。

清　嵇璜《續通志》卷一七七　山櫻桃，一名朱桃，一名麥櫻，一名英豆，一名李桃。樹如朱櫻，而葉尖長不團，子尖小味惡，不可食。

清　吴其濬《植物名實圖考》卷三二《山櫻桃》　山櫻桃，《别録》上品。野生，子小，不堪食。

藝文

宋　王安石《臨川文集》卷二八《山櫻》　山櫻抱石蔭松枝，比並餘花發最遲。賴有春風嫌寂寞，吹香度水報人知。

清　張英《文端集》卷二四《山櫻桃》　樊圃含桃飄雪後，山櫻花發色尤妍。紅珠斗帳輸他好，白石清泉覺爾偏。

圖表

清　吴其濬《植物名實圖考》卷三二《山櫻桃》

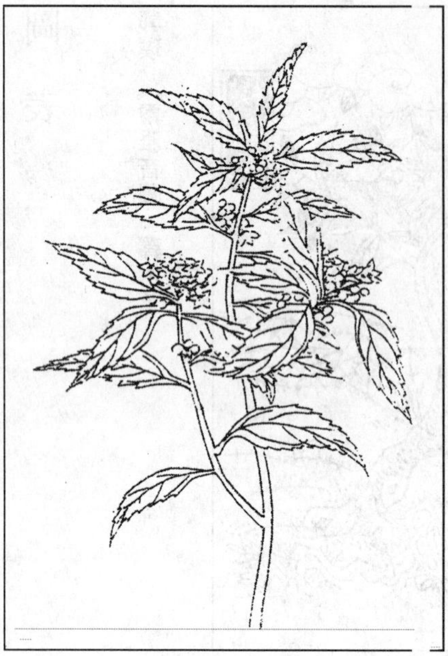

棗

論説

宋　陸佃《埤雅》卷一三《棗》　大者棗，小者棘。蓋若酸棗，所謂棘也。於文重束爲棗，並束爲棘。一曰：棘實曰棗。蓋棗性重喬，棘則低矣，故其制字如此。《詩》曰：八月剥棗，十月獲稻。剥，擊也。棗實未孰，雖擊不落。已孰則爛，不擊自墮，蓋收棗擊而落之。故《齊民要術》所謂『全赤即收，收法撼而落之爲上』是也。且棗全赤即收，故乾則紅皺，復無烏鳥之費。半赤而收者，肉未充滿，乾復黄皺將赤，味亦不佳。故於全赤之時，剥而落之。《夏小正》曰：剥棗栗零。剥也者，取也。零也者，降也。零而後取之。今採華藥，亦各有時。《筆談》云：如紫草未華時採，則根色鮮澤。華過而採，則根色黯惡。故用葉者，取葉初長足時採用。華者，取華初敷時採用。實者，取成實時採。緣土氣有早晚，天時有愆伏。如平地三月華者，深山中則四月華是也。《孟子》曰：今夫麰麥，播種而耰之，其地同，樹之時又同，浡然而生，至於日至之時皆熟矣。雖有不同，則地有肥磽，雨露之養，人事之不齊也。世云噉棗令人齒黄。《養生論》曰：齒居晉而黄。晉齒食此故也。

宋　羅願《爾雅翼》卷一〇《棗》　棗者束木。棗，束相重。棘，束相連。東方朔以爲從來，來者蓋戲辭也。大而鋭上曰壺。細腰曰邊。白熟曰櫅。樹小實酢曰樲。實小而員紫黑色曰遵。大如雞卵曰洗。苦味曰蹶泄。不著子曰晳。味短味曰還味。棗有十一名，郭氏得九焉。後世有紫棗、玄棗、西王母棗、東海蒸棗、洛陽夏白與夫雞心、牛頭、羊角、獼猴、細腰，其名不可勝載。古者『八月剥棗』。《大戴禮》曰：剥者，取也。其修治則曰新之，曰疐之。以爲饋食之籩，又以爲婦贄，其事父母、舅姑者，棗栗飴蜜以甘之。凶歲亦仰焉。秦饑，應侯請發五苑之果蔬橡棗栗以活民。孔融爲東萊賊所攻，城欲破，其治中左承祖以官棗賦與戰士。故古者百穀，以爲梁者黍稷之揔名，稻者溉種之總名，菽者衆豆之總名。三穀各二十種，爲六十蔬果之屬，助穀各二十，凡爲百穀其實。晉人尤好食棗。蓋安邑千株棗比千户侯，其人寘之懷袖，食無時，久之齒皆黃。故《養生論》云：齒居晉而黃，謂棗故也。魏文帝詔羣臣曰：南方龍眼、荔枝寧比西國蒲陶石蜜乎？酢且不如中國。凡棗味莫若安邑御棗也。盧諶《祭法》：春祠用棗油。

明　謝肇淛　《五雜俎》卷一一《物部三》　重束爲棗，並束爲棘，棘亦棗之類也。《埤雅》曰：大者棗，小者棘。棘蓋今酸棗之類，而棗樹之短者，亦蔓延針刺鈎人衣服，其與荆棘又何别哉！惟脩而長之，接以佳種，遂見珍於天下。此亦君子、小人之别也。故藥中諸果皆稱名，於棗獨加大字，明小者不足用也。

明　何三畏　《新刻何氏類鎔》卷三二《棗》　棗有鷄冠、龍骨、羊角、狗牙，有弱枝、細腰、赤心、無實，有中山、東海、信都、王門，有轆轤、醍醐、陰岐、安益，有夏后、單父、樂氏、仲思，有玉文、青華、崎廉、還味。其樹之高也，三丈、四丈，甚而五十丈。其果之實也，五年、百年，甚而一萬年。其獻也，四十枚、六十枚，且至四百枚。其長也，二三寸、四五寸，且至六七寸。其色或白或玄，或黑或紫。其大如梨如李，如瓢如餅。斐斐素華，離離朱實。脆若離雪，甘若含飴。蓋樹于陌南，是名六奇之木。盛于安邑，足當千户之侯者也。老子與王母游西方，同飡棗一實。安期與女郎息東海，共食棗一枚。秦應侯之救饑也，請發五苑之棗以活民。王仲德之避亂也，得噉一囊之棗而起創。劉根欲服棗仁，服之可驅百病。孟節能含棗核，含之可飽十年。漢公主之憶長安，而棗枝西南向引，見之者遂加思鄉之名。趙令公之營家壠，而棗樹婆娑異常，望之者因卜宰輔之氣。蠕蠕客者，指棗實于庭中，布筭而知多少之有數。纂纂歌者，玩棗花于枝上，臨風而歎榮華之有時。鮑焦食棗於山畔，爲人所譏，卒强嘔而致死，何其廉也。王婦取棗于隣家，爲夫所逐，因固請而始還，何其介也。若陶碩之守節，自啖棗外，無所受于鄉曲，是爲貞人。程莫之居喪，當食棗時，即不勝其悲號，是爲孝子矣。滄州之棗，其大如梨。玉門之棗，其大如瓶。安期生之棗，其大如瓠。西王母之棗，其大如李。

综述

《爾雅・釋木》　棗，壺棗。注：今江東呼棗大而鋭上者爲壺。壺，猶瓠也。邊，要棗。注：子細腰，今謂之鹿盧棗。櫅，白棗。注：即今棗子白乃熟。樲，酸棗。注：樹小，實酢。《孟子》曰：養其樲棘。楊徹，齊棗。注：未詳。遵，羊棗。注：實小而圓，紫黑色，今俗呼爲之羊矢棗。《孟子》曰：曾皙嗜羊棗。洗，大棗。注：今河東猗氏縣出大棗，子如雞卵。煮，填棗。注：未詳。蹶洩，苦棗。注：子味苦。皙，無實棗。注：不著子者。還味，捻棗。注：還味，短味。音義：棗，音早。壺字或作⿰木壺。孫云：棗形上小下大似瓠，故曰壺，音胡。瓠，呼故反。要，一遥反。注同字或作櫻。櫅，子兮反。樲，而至反。徹，本或作撤，直列反。皙，思歷反，下同。嗜，時至反。洗，屑典反。猗，乙奇反，又於奇反。填音田，本或作顛。蹶，本或作蹷，居衛反。洩，息列反。著，丁略反。還，音旋。郭云：還味短。味，《字林》作檈，一縣反。捻，而審反，又作荵同。疏：别棗類也。云棗者，目諸棗也。壺棗者，棗形似壺也。郭云：今江東呼棗大而鋭上者爲壺。壺，猶瓠也。邊，大而腰細者名邊。腰棗，郭云：子細腰，今謂之鹿盧棗。棗子白熟者名櫅。實小而味酢者名樲棗。楊徹，齊棗。注『未詳』。遵，一名羊棗。郭云：實小而圓，紫黑色，今俗呼之爲羊矢棗。洗，最大之棗名也。郭云：今河東猗氏縣出大棗，子如雞卵。煮，填棗。注『未詳』。蹶洩者，味苦之棗名也。皙者，無實之棗名也。還味者，短味也，名捻棗。注『《孟子》曰：養其樲棘』者，案《孟子》曰：人之於身也，體有貴賤，有小大，無以小害大，無以賤害貴。養其小者爲小人，養其大者爲大人。今有場師，舍其梧檟，養其樲棘，則爲賤場師焉。趙岐注云：樲棗，所謂酸棗是也。云『《孟子》曰：曾皙嗜羊棗』者，《孟子》云：曾皙嗜羊棗，而曾子不忍食羊棗。公孫丑問曰：膾炙與羊棗孰美？孟子曰：膾炙哉！公孫丑曰：然則曾子何爲食膾炙而不食羊棗？曰：膾炙所同也，羊棗所獨也。是其事。

漢　許慎　《説文》卷六　樲，酸棗也。从木，貳聲。而至切。樸，棗也。从木，僕聲。博木切。橪，酸小棗。从木，然聲。一曰染也。人善切。

晉　郭義恭　《廣志》（引自《説郛》卷六二）　河東安邑棗、東郡穀城紫棗，長二寸。西王母棗，大如李核，三月熟，在衆果之先。洛陽宫後園河内汲郡棗，一名墟棗，一名安益棗。東海蒸棗。洛陽夏后棗。安平信都大棗。單父棗。梁國夫人棗。大白棗，一名曰蹙咨，小核多肌。三星棗、駢白棗、灌棗，此四者官園所種。棗有狗牙、雞心、牛頭、羊矢、獮猴、細腰之名，又有玄棗、大棗、崎廉棗、桂棗、夕棗之名。

宋　釋贊寧《東坡先生物類相感志》卷一二《甘棗》　束哲《發冢記》曰：甘棗令人不惑也。

宋　李石《續博物志》卷一〇　棗與棘相類，皆有刺。

元　王禎《農書》卷九《棗》　棗類最多。《爾雅》曰：壺棗。邊，要棗。櫅，子兮切白棗。樲，酸棗。遵，羊棗。楊徹，齊棗。洗，大棗。煮，填棗。蹶泄，苦棗。皙，無實棗。還味，棯而諸反棗。郭璞注：江東呼棗大而鋭上者爲壺。壺，猶瓠也。要，細棗，今謂之鹿盧棗。櫅，即今棗子白熟。樲，樹小，實酢。遵，實小而圓，紫黑色，俗呼羊矢棗。洗，今河東猗氏縣出大棗如雞卵。蹶泄，子味苦。皙，不著子。還味，短味也。楊徹、煮，未詳。《廣志》曰：河東安邑棗、東郡穀城紫棗、長二寸。西王母棗、大如李核，三月熟河東汲郡棗、一名墟棗。東海蒸棗、洛陽夏白棗、安平信都大棗、梁國夫人棗、大白棗、一名蹙咨，小核多肥。三星棗、駢白棗、灌棗。又有狗牙、雞心、牛頭、羊矢、獮猴、細腰之名，又有氐棗、木棗、崎廉棗、桂棗、夕棗。《西京雜記》曰：有弱枝棗、玉門棗、棠棗、青花棗、赤心棗。潘岳《閒居賦》有周文弱枝之棗，丹棗。青州有樂氏棗，豐肌，細核，多膏，肥美，世傳樂毅從燕齊來所種也。

明　李時珍《本草綱目》卷二九　棗《本經》上品　釋名：時珍曰：按陸佃《埤雅》云：大曰棗，小曰棘。棘，酸棗也。棗性高，故重束；棘性低，故并束。束音次。棗、棘皆有刺針，會意也。集解：《别録》曰：棗生河東平澤。弘景曰：世傳河東猗氏縣棗特异。今青州出者形大而核細，多膏甚甜。郁州互市者亦好，小不及耳。江東臨沂、金城棗形大而虚，少脂，好者亦可用之。南棗大惡，不堪啖。頌曰：近北州郡皆出棗，惟青州之種特佳。晉州、絳州者雖大，而不及青州肉厚也。江南出者，堅燥少脂。今園圃種蒔者，其種甚多。美者有水菱棗、御棗之類，皆不堪入藥，蓋肌肉輕虚故也。南郡人煮而曝乾，皮薄而皺，味更甘于他棗，謂之天蒸棗，亦不入藥。按郭璞注《爾雅》云：壺棗大而鋭，壺猶瓠也。邊，腰棗也，細腰，今謂之轆轤棗。櫅，白棗也，子白乃熟。洗，大棗也，出河東猗氏縣，大如鷄卵。遵，羊棗也，實小紫黑，俗名羊矢棗。樲，酸棗也，木小而實酢。還味，棯棗也，其味短。蹶泄，苦棗也，其味苦。晰，無實棗也。宗奭曰：大棗先青州，次晉州，皆可曬曝入藥，益脾胃。余者止可充食用耳。青州人以棗去皮核，焙乾爲棗圈，以爲奇果。有御棗，甘美輕脆，後衆棗熟而易生蟲，今人所謂撲落酥者是也。又有牙棗，先衆棗熟，亦甘美，微酸而尖長。二棗皆可啖，不堪收曝。時珍曰：棗木赤心有刺。四月生小葉，尖觥光澤。五月開小花，白色微青。南北皆有，惟青、晉所出者肥大甘美，入藥爲良。其類甚繁，《爾雅》所載之外，郭義恭《廣志》有狗牙、鷄心、牛頭、羊矢、猕猴、細腰、赤心、三星、駢白之名，又有木棗、氐棗、桂棗、夕棗、灌棗、墟棗、蒸棗、白棗、丹棗、棠棗，及安邑、信都諸棗。谷城紫棗長二寸，羊角棗長三寸。密雲所出小棗，脆潤核細，味亦甘美，皆可充果食，不堪入藥。入藥須用青州及晉地曬乾大棗爲良。按賈思勰《齊民要術》云：凡棗全赤時，日日撼而收曝，則紅皺。若半赤收者，肉未充滿，乾即色黄而皮皺。將赤收者，味亦不佳。《食經》作乾棗法：須治净地，鋪菰箔之類承棗，日曬夜露，擇去胖爛，曝乾收之。切而曬乾者爲棗脯。煮熟榨出者爲棗膏，亦曰棗瓤。蒸熟者爲膠棗，加以糖、蜜拌蒸則更甜；以麻油葉同蒸，則色更潤澤。搗膠棗曬乾者爲棗油，其法取紅軟乾棗入釜，以水僅淹平，煮沸漉出，砂盆研細，生布絞取汁，涂盤上曬乾，其形如油，以手摩刮爲末收之。每以一匙，投湯碗中，酸甜味足，即成美漿，用和米麨，最止飢渴、益脾胃也。盧諶《祭法》云：春祀用棗油。即此。

又　仲思棗宋《開寶》　釋名：仙棗。志曰：北齊時有仙人仲思得此棗種之，因以爲名。集解：志曰：仲思棗形如大棗，長一二寸，正紫色，細文小核，味甘。今亦少有。時珍曰：按杜寶《大業拾遺記》云：隋時信都郡獻仲思棗，長四寸，圍五寸，肉肥核小有味，勝于青州棗，亦名仙棗。觀此，則《廣志》之西王母棗、谷城紫棗，皆此類也。

又　苦棗《食性》　釋名：蹶泄爾雅　名義未詳。集解：士良曰：苦棗處處有之。色青而小，味苦不堪，人多不食。

又卷三六　酸棗《本經》上品　釋名：樲、《爾雅》山棗。集解：《别録》曰：酸棗生河東川澤。八月采實，陰乾，四十日成。弘景曰：今出東山間，云即山棗樹。子似武昌棗而味極酸，東人啖之以醒睡，與經文療不得眠正相反。恭曰：此即樲棗也。樹大如大棗，實無常形，但大棗中味酸者是。今醫以棘實爲酸棗，大誤矣。藏器曰：酸棗既是大棗中之酸，此即是眞棗，何復名酸？既名酸，又云小。今棗中，酸者未必即小，小者未必即酸。惟嵩陽子云：余家于滑臺。今酸棗縣，即滑之屬邑也。其樹高數丈，徑圍一二尺，木理極細，堅而且重，可爲車軸及匙、箸等。其樹皮亦細而硬，文似蛇鱗。其棗圓小而味酸，其核微圓而仁稍長，色赤如丹。此醫之所重，居人不易得。今市人賣者，皆棘子也。又云：山棗樹如棘，其子如生棗，其核如骨，其肉酸滑好食，山人以當果。頌曰：今近汴洛及西北州郡皆有之，野生多在坡坂及城壘間。似棗木而皮細，其木心赤色，莖葉俱青，花似棗花。八月結實，紫紅色，似棗而圓小味酸。當月采實，取核中仁，《孟子》曰『養其樲棘』是也。嵩陽子言酸棗縣所出爲眞，今之貨者皆是棘實，用者尤宜詳辨。志曰：酸棗即棘實，更非他物。若云是大棗味酸者，全非也。酸棗小而圓，其核中仁微扁；其大棗仁大而長，不相類也。宗奭曰：天下皆有之，但以土産宜與不宜爾。嵩陽子言酸棗木高大，今貨者皆棘子，此説未盡。蓋不知小則爲棘，大則爲酸棗。平地則易長，居崖塹則難生。故棘多生崖塹上，久不樵則成乾，人方呼爲酸棗，更不言棘，其實一本也。此物才及三尺，便開花結子。但科小者氣味薄，木大者氣味厚。今陝西臨潼山野所出亦好，乃土地所宜也。後有白棘條，乃酸棗未長大時枝上刺也。及至長成，其實大，其刺亦少。故棗取大木，刺取小科，不必强分别焉。

明　李中立《本草原始》卷四　酸棗始生河東川澤，今近京及西北州郡皆有之。野生，多在坡坂及城壘間，似棗木而皮細。其木心赤色，莖葉俱青，花似棗花。八月結實，紫紅色，似棗而圓小，味酸，當月採實取核中仁陰乾。《爾雅》辨棗之種類曰：實小而酸曰樲棘。《孟子》曰：養其樲棘。趙岐注所謂酸棗是也。

明　吴雨《毛詩鳥獸草木考》卷一七《棗》　棗，大者棗，小者棘。葉似榆，開淡黄白花，實可食。啖棗令人齒黄，故云齒居晉而黄，以此。《爾雅》云：大而鋭上曰壺，細腰曰邊，白熟曰櫅，樹小實酢曰樲，實小而員紫黑色曰遵，大如雞卵曰洗，味苦曰蹶泄，不著子曰皙，味短苦曰還味。棗實未孰，雖擊不落。已熟則爛，不擊自墜。蓋收棗擊而落之。《齊民要術》所謂全赤即收。收法，撼而落之爲上是也。且棗全赤即收，故乾則紅皺，復無烏鳥之費。半赤而收者，肉未充滿，乾復黄皺將赤，味亦不佳。故於全赤之時，剥而落之。《夏小正》云：剥棗。注云：剥取也。

明　周文華《汝南圃史》卷四《木果部・棗》　棗樹高二三丈，木堅實，可刻字，勝於梨木，爲書坊之用。而紋理極細，每刻人物畫像必需之。葉細而有光。四五月開細白花，甚香，結實長可二寸許，亦有上狹下闊如壺形者。八月而熟，味甘，《詩》云「八月剥棗」是也。《埤雅》云：棗實未熟，雖擊不落。已熟，不擊自墮。《筆談》曰：棗與棘相類，皆有刺。棗獨生，高而少横枝；棘列生，痺而成林，以此爲别。其文皆從朿，音刺，木芒刺也。朿而相戴，立生者棗也。朿而相比，横生者棘也。《圖經本草》曰：大棗，乾棗也。棗並生河東，今近北州郡皆有，而青、晉、絳州者特佳。江南出者堅燥少脂。棗之類最多。郭璞注《爾雅》有壺棗，云今江東呼棗大而鋭上者爲壺，壺猶瓠也。有邊腰棗，云子細腰，今謂之鹿盧棗。有擠白棗，云即今棗，子白乃熟。有樲酸棗，云木小實酢者。有遵羊棗，云實小而圓，紫黑色，俗呼羊矢棗。楊徹齊棗，云未詳。有洗大棗，云今河東猗氏縣出，大如雞卵。有煮填棗，云未詳。有蹶泄苦棗，云味苦者。有皙無實棗，云不著子者。有還味捻棗，云還味短味也。今園圃皆種蒔之，亦不能别其名。又其極美者，則有水菱棗、御棗之類，皆不堪入藥，蓋肌實輕虚，暴服之則枯敗，唯青州之種最佳。蓋晉、絳實大不及青州者之肉厚。相傳爲樂毅來齊所種，又名樂氏棗。按今鮮棗，吴越通謂之白蒲棗，其乾者率自河南、山東等處來，有大棗、紅棗、膠棗，或蒸熟，或生致，或熟而爀去其皮，惟大棗尤多。密雲棗，核細形小。紹興出南棗，甘膩似密雲，而形長大。南都姚坊門棗最有名，皆棗中之佳品也。

明　陳懋仁《庶物異名疏》卷一九《洗》　洗，大棗，見《爾雅》郭注。今河東猗氏縣出，大如雞卵。

又《蹙咨》　《廣志》：梁國夫人棗、大白棗，名曰蹙咨，小核多肌。

明　鮑山《野菜博録》卷四　酸棗樹，《爾雅》謂之樲棗，生山野間。木似棗樹，皮細莖多刺，葉似棗葉微小，結實比棗圓小，紫紅色，味酸，性平無毒。

又　棗樹，《本草》有大棗樹，高一二丈，葉似酸棗葉大，光澤，葉間開青黄色小花，結棗味甘美，性平無毒。

明　徐光啓《農政全書》卷二九　棗，《爾雅》曰：壺棗。邊，要棗。櫅，白棗。樲，酸棗。楊徹，齊棗。遵，羊棗。洗，大棗。煮，填棗。蹶泄，苦棗。皙，無寔棗。還味，棯棗。郭璞注曰：今江東呼棗大而鋭者爲壺。壺，猶瓠也。要，細腰，今之鹿盧棗。櫅，即今棗子白熟。樲，酢。遵，實小而圓，紫黑色，俗呼羊矢棗，即羊棗也。今河東猗氏大棗，子如雞卵。蹶泄，子味苦。皙，不著子者。還味，短味也。陸佃《埤雅》曰：大曰棗，小曰棘。棘，酸棗也。河東安邑出御棗，今名落蘇。樂氏棗，豐肌細核，多膏肥美。舊傳樂毅自燕攜來。蹙咨棗，即大白，核小而肥。穀城紫棗，長三寸。章邱脆棗，實小而圓，生食脆美，不能久留。西王母棗，冬夏有葉，九月生花，十一月乃熟，大如李核，三子一(赤)[尺]。又云：名玉文棗，其實如瓶。羊角棗，亦三子一(赤)[尺]。青城無核棗，實小，核僅有形，食之不覺。窑坊棗，味佳，出應天府窑坊門。洛陽夏白棗、汲郡墟棗。信都大棗。梁國夫人棗。堯山有歷棗。又有三星棗、駢曰棗、灌棗、狗牙棗、雞心棗、牛頭棗、獮猴棗、氐棗、夕棗、木棗、桂棗、棠棗、丹棗、崎廉棗、玉門棗、水菱棗。《説文》云：梬，棗也，似柿而小。陶弘景曰：出青州者，形大而核細，多膏甚甜。鬱州玄市者亦好，微不及耳。李時珍曰：棗本赤心，有刺。四月生小葉，尖觥光澤。五月開小花，白色，微青。《本草衍義》曰：南北皆有之，然南棗堅燥，不如北棗肥美，生于青、晉、絳者尤佳。

明 木增《雲薖淡墨》卷三 仲思棗，長四五寸，紫色。亦名仙水棗。石季龍園中有羊角棗，長一尺。西王母與老子共食玉門棗。魏文帝詔，凡棗味莫若安邑御棗。

明 徐昌祚《新刻徐比部燕山叢録》卷一八 成安宜棗。有一種棗，大如桃杏，圓亦如之。

明 陳正學《灌園草木識》卷二《果之屬·棗》 棗有數種，以核小者爲佳。漳人當其青黄時，便取爲蜜煎。不能待其赤熟。

清 曹溶《倦圃蒔植記·總論》卷上《論果》 鮮棗，赤色者佳，市取甚便。然棗花獨香，可於園林隨意植之，且供鼻觀。

清 高士奇《北墅抱甕録·棗》 棗樹枝柯勁拔，花細小而香頗幽。輕風飄拂，芬馥如蘭。結實滿枝，青紅相雜。抱甕陂上有小亭，戲書『棗熟從人打，葵荒欲自鋤』之句，揭之楹間。

清 張逸少《佩文齋廣羣芳譜》卷五八《果譜·棗》 棗，《埤雅》云：棘，大者棗，于文重朿爲棗。《本草》云：朿性高，故重朿；棘性卑，故並朿。朿，音次。棗、棘皆有刺針，會意也。一名木蜜，《廣記》云：本蜜，棗也。皮麤，葉小，面深緑色，背微白。發芽遲，五月開小花，淡黄色，花落即結實，生青不堪食，漸大漸白，至微見紅絲即堪生啖，熟則純紅，味甚甘甜。王禎《農書》云：南北皆有，然南棗堅燥，不如北棗肥美，生于青、齊、晉、絳者尤佳。《齊民要術》云：旱澇之地不任稼穡者，種棗則任矣。種類甚多。有壺棗，《爾雅》云：棗，壺棗。注云：今江東呼棗大而鋭上者爲壺。壺，猶瓠也。鹿盧棗，《爾雅》云：邊，要棗。注云：子細腰，今謂之鹿盧棗。白棗，《爾雅》云：擠，白棗。注云：即今棗，子白乃熟。揚徹齊棗，見《爾雅》。注云：未詳。羊棗，《爾雅》云：遵，羊棗。注云：實小而圓，紫黑色，今俗呼之爲羊矢棗。大棗，《爾雅》云：洗，大棗。注云：今河東猗氏縣出大棗，子如雞卵。蹶洩棗，《爾雅》云：蹶洩，苦棗。注云：子味苦。無實棗，《爾雅》云：皙，無實棗。注云：不著子者。還味棗，《爾雅》云：還味，棯棗。注云：還味，短味。蹙咨棗，一名大白，核小肌肥。穀城紫棗，長二寸。西王母棗，大如李核，三月熟，在衆果之先。夏白棗，出洛陽。墟棗，出汲郡，一名安益棗。信都大棗、梁國夫人棗、三星棗、駢白棗、灌棗、狗牙棗、雞心棗、牛頭棗、獮猴棗、夕棗、崎廉棗，以上十六名並出《廣志》。棠棗、玉門棗，並出《西京雜記》。樂氏棗，《齊民要術》云：出青州，豐肌細核，多膏肥美，爲天下第一。相傳樂毅破齊時，從燕來齊所種也。羊角棗，詳見後《鄴中記》。御棗，味最美，出安邑。窑坊棗，味佳，出應天府窑坊門内。無核棗，實小，核僅有形，食之不覺，出青城縣。氐棗、木棗、丹棗、鶴珠棗。出天台閒。閒眞人以致元帝。《爾雅》：煮，填棗。未詳。《西京雜記》：上林苑有弱枝棗、青華棗、赤心棗。《廣志》：單父棗、玄棗。《圖經》：水菱棗。味極美。《酉陽雜俎》：仙人棗。晉時華林園有棗，長五寸，葉如針，名仙人棗。《本草衍義》：御棗，甘美輕脆，後衆棗熟而易生蟲，今人所謂樸落酥者是也。牙棗。先衆棗熟，亦甘美微酸而尖長。二棗皆可啖，不堪收曝。元柳貫《打棗譜》：棣棗、紅棗、出山東，紅色。紫紋棗、香棗、出哈蜜。圓愛棗、火棗、三寸棗、金槌棗、鳳眼棗、凍棗、沙棗、出赤斤。嵭嵻棗、詳見後《洞冥記》。凡棗、溟海棗、細核棗、天蒸棗、乾紅於樹上。魄山棗、色甚美。膠棗、南棗、團棗、美棗、匾棗、良棗、卧棗、鹽官棗、出海鹽，紫色，味佳。菀棗、高尺許，實如棗，出丹陽。七尺棗、密雲棗、出密雲縣，味最甘。牙棗、先熟，亦甘美。金城棗、形大而虛，少脂。青州棗、赤棗、萬歲棗、出三佛齊國。山棗、狀如棗而圓，色青黄而味甘酸，出廣州。《客燕雜記》：京師佳果有纓絡棗、賽梨棗、合兒棗。

清 黄叔琳《硯北雜録》卷一五《無實棗》 濟南有無實棗，小而甘。移之他處即生核。《爾雅》曰：填，無實棗。又曰：休，無實李。東坡有《求無實棗帖》。

清 翟灝《爾雅補郭》卷下 楊徹，齊棗。齊地所産之棗，其方俗謂之楊徹也。羅願言棗産晉地，尤多，而世稱膠棗、東海棗、穀城紫棗、青州樂氏棗，並屬齊地。齊固不乏美棗矣。故其名得特著《爾雅》。唐盧照鄰詩：齊棗夜含霜。齊棗與戎葵爲偶。戎葵亦出自《釋草》篇也。徹或又作橵，見《釋文》。橵，棗也，見《廣韻》。

清 徐鼎《毛詩名物圖説》卷九 《爾雅》：棗，壺棗。邊，要棗。櫅，白棗。樲，酸棗。楊徹，齊棗。遵，羊棗。洗，大棗。煮，填棗。蹶洩，苦棗。皙，無實棗。還味，棯棗。邢昺疏：壺棗者，形似壺也；邊大而腰細者，名邊。要棗。白熟者名擠味。酢者名樲。楊徹未詳。遵，羊棗，俗謂之羊矢棗。洗，最大之名，子如雞卵。煮，填棗，未詳。蹶洩，味苦之名。晳者，無實之名。還味者，短味也。《青史子》：棗，北方之草，冬木也。《埤雅》：剥，擊也。棗實未熟，雖擊不落；已熟則爛，不擊自墮。《齊民要術》所謂『全赤即收，收法撼而落之爲上』，是也。

清　吳其濬《植物名實圖考》卷三二《棗》　棗，《本經》上品。《爾雅》詳列數種，乾者爲大棗，入藥。核中仁、木心、葉、根、樹皮，皆有主治。

又卷三三《酸棗》　酸棗，《本經》上品。《爾雅》：樲，酸棗。注以爲即樲棘，又白棘，《本經》中品。李當之云：白棘是酸棗樹鍼。又《別録》有刺棘花，亦即棘花也。

紀事

南朝宋　劉敬叔《異苑》卷二　晉太元中，南郡忻陵縣，有棗樹一年忽生桃、李、棗三種花子。

唐　段成式《酉陽雜俎》卷一八　仙人棗，晉時大倉南有翟泉，泉西有華林園，園有仙人棗，長五寸，核細如針。

宋　陶穀《清異録》卷上《雞冠棗》　睢陽多善棗，雞冠棗宜作脯，醍醐棗宜生啖。或謂棗是聖花兒。

明　姚旅《露書》卷一〇　曲沃縣有棗甜而大，其枝皆向北，因謂之向北棗。今人只稱葵向日，不知棗之向北也。

藝文

晉　傅玄《玄棗賦》（引自《漢魏六朝百三家集》卷三九）　有蓬萊之嘉樹，植神州之膏壤。擢剛莖以排虛，誕幽根以滋長。北陰塞門，南臨三江。或布燕趙，或廣河東。既乃繁枝四合，豐茂蓊鬱。斐斐素華，離離朱實。脆若離雪，甘如含蜜。脆者宜新，當夏之珍。堅者宜乾，薦羞天人。有棗若瓜，出自海濱。全生益氣，服之如神。

南朝梁　蕭綱《棗》（引自《文苑英華》卷三二六）　浮華齊水麗，垂彩鄭都奇。白英紛靡靡，紫實標離離。風摇羊角樹，日映鷄心枝。穀城踰石蜜，蓬岳表仙儀。已聞安邑美，永茂玉門垂。

唐　白居易《白香山詩集》卷一《杏園中棗樹》　人言百果中，唯棗凡且鄙。皮皴似龜手，葉小如鼠耳。胡爲不自知，生花此園裏。豈宜遇攀玩，幸免遭傷毀。二月曲江頭，雜英紅旖旎。棗亦在其間，如嫫對西子。東風不擇木，吹煦長未已。眼看欲合抱，得盡生生理。寄言遊春客，乞君一回視。君愛繞指柔，從君憐柳杞。君求悦目豔，不敢爭桃李。君若作大車，輪軸材須此。

宋　王安石《臨川文集》卷一〇《賦棗》　種桃昔所傳，種棗予所欲。在實爲美果，論材又良木。餘甘入鄰家，尚得饞婦逐。況余秋盤中，快噉取饜足。風包墮朱繒，日顆皺紅玉。贄享古已然，豳詩自宜録。緬懷青齊閒，萬樹蔭平陸。誰云食之昏，匿知乃成俗。廣庭觴聖壽，以此參肴蔌。願比赤心投，皇明儻予燭。

宋　蘇軾《東坡全集》卷三〇《棗》　居人幾番老，棗樹未成槎。汝長才堪軸，吾歸已及瓜。

宋　高似孫《剡録》卷一〇《草木禽魚下・棗》　棗在嶀山間，往往青棗耳。韓愈詩：棗圃落青璣，瓜畦爛文貝。唐詩：雨顆青璣密，風香白雪翻。若蕭山則赤棗，甚奇。庾肩吾詩：『踴躍楨魚醉，參差絳棗浮』是也。

明　吳寬《家藏集》卷一九《棗》　荒園之佳果，棗樹八九株。纍纍爭結實，大率如琲珠。此種味甘脆，南方之所無。日炙色漸赤，兒童已窺覦。剥擊盈數斗，鄰舍或求須。早知實可食，何須種樫榆。此木頗耐旱，地宜土不濡。所以齊魯間，斬伐充薪芻。近復得異種，攣拳類人痀。曲木未可惡，惟天付形軀。良材却矯揉，不見芴與弧。

清　田雯《古歡堂集》卷四《棗》　棗熟何離離，似楊梅盧橘。半紅橫醉頰，全赩勝丹漆。鍾山大于瓶，羊角甘似蜜。當秋綴枝繁，愛此庭樹實。千頭萬户侯，木奴遜其匹。撲之滿筠籠，雜以梨與栗。狡黠兩孲孖，上樹無停日。飽啖三百顆，解爭語蹇吃。舐犢勝惜棗，未嘗一呵叱。商飈起天末，落葉感蕭瑟。尚想安期瓜，尋仙却衰疾。

清 謝重輝《杏村詩集七卷・癸未詩・棗》 豳風記剥棗，乃在白露後。魯史述女贄，諄諄常在口嗟。

清 董元愷《蒼梧詞》卷一一《沁園春・青墩棗》 古木森疎，祇有棗林，葉密花稠。想纂纂攢枝，歌成嘆喈，來來繫檻，帛賜俳優。日映雞心，風揺羊角，青圃珠璣滿樹秋。移根遠，比景陽仙菓，霜降纔收。 何須異種名留，只安邑眞同千户侯。正百顆垂紅，熟從人打，一叢皺赤，撲任鄰偷。園有三星，剥惟八月，籩實應堪進庶羞。謀諸婦，倩并刀切脯，細貯瓷甌。

清 陳玉堪《學文堂集・棗》 棗性云能補，于今補未宜。祇因良藥苦，不覺寸情移。纂纂潘安賦，來來方朔知。還思游海上，服食問安期。

清 李紱《穆堂初稿》卷一四《咏寓庵草木二一首・棗》 葉光何薿薿，晴色明虚園。繁實競秋夏，零落聞朝昏。含章惜有隕，芳露滋華根。

清 汪由敦《松泉集》卷六《棗樹》 中庭少珍木，棗樹花始密。雖乏冶艷姿，微香頗清逸。當暑布繁陰，深秋落嘉寔。饋食充豆籩，告虔比榛栗。甘踰過嶺欖，化豈踰淮橘。磊落抱赤心，終焉保貞質。舜英雖照灼，轉盼朔風疾。

清 愛新覺羅・弘曆《清高宗詩三集》卷一七《安期棗》 無核仙人棗，來應自海東。如瓜雖遜大，蒸栗謾言紅。眞誥諭長史，佯詢讖景公。持將獻王母，甘與玉文同。

清 趙文哲《娵隅集》卷一《行帳卧病不問軍牘適有餉以食用之物數種者喜其適所須也爲各賦一詩・南棗》 如瓜寧易致，致此定安期。人説資難老，吾欣仗耐飢。經時宜浸酒，侵曉試調糜。誰道東山士，猶吟八月詩。

清 張際亮《思伯子堂詩集》卷一七《棗》 眼明棗葉紅，歲晚逐飄風。春至將含蘂，吾行又轉蓬。榮枯天地内，今古去來中。回首青陵柏，方知萬物窮。

清 張祖繼《棗》（引自《晚晴簃詩匯》卷一八〇） 葉薄不爭桃李陰，子多郤勝栗成林。風枝偶落空聞響，露草潛藏没處尋。自負晚年仍火色，誰知野老有丹心。杜陵時感徵求苦，根觸西鄰淚滿襟。

清 陳用光《太乙舟詩集》卷二 掃徑延春華，編籬佇秋實。預想西風時，纂纂耀秋日。仙島有奇種，結實大如瓜。安得安期生，招吾餐紫霞。

圖表

晉 郭璞《爾雅音圖・釋木》

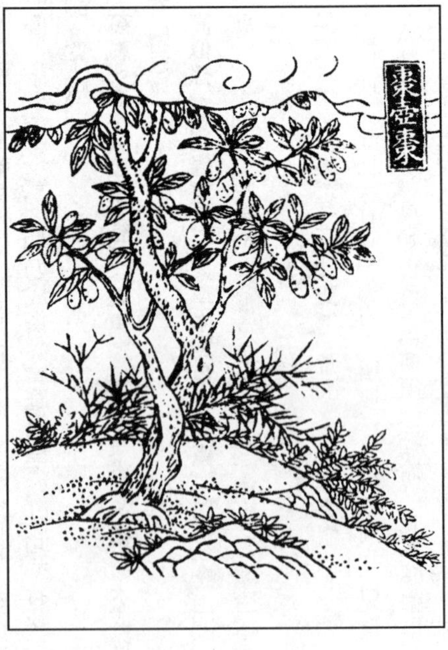

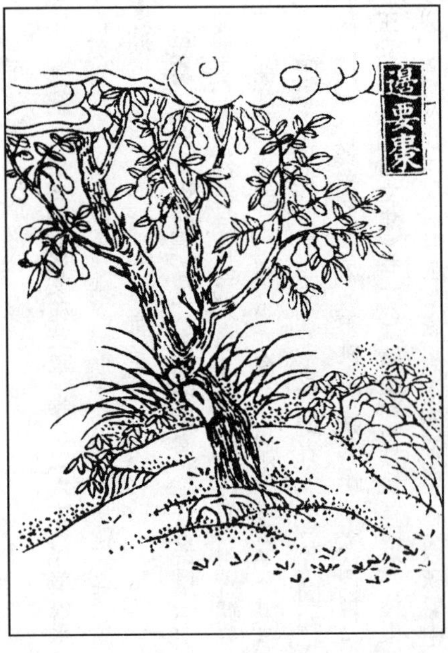

遵羊棗

櫅白棗

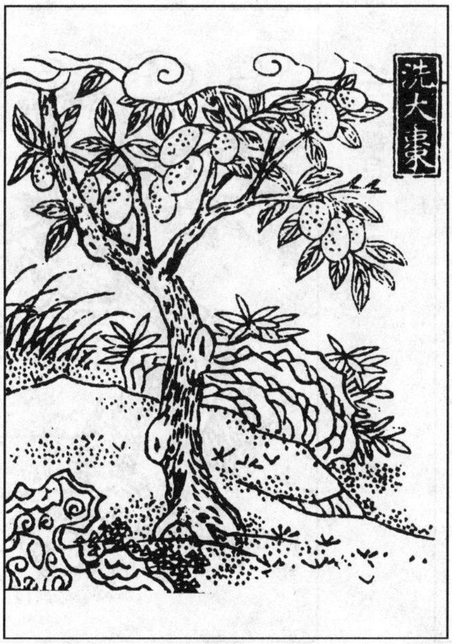
洗大棗

樲酸棗

明 李時珍《本草綱目·圖卷》

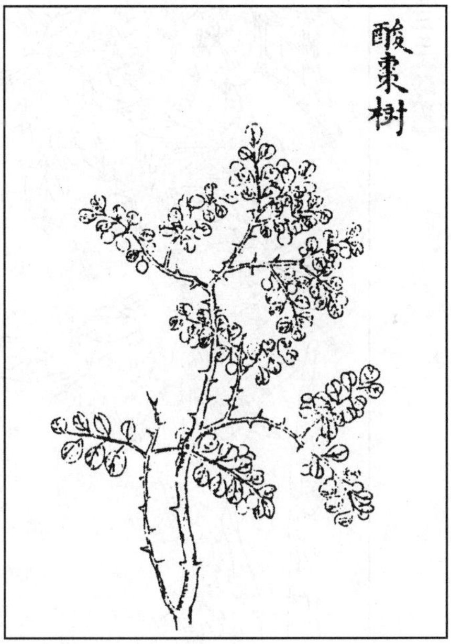

明　鮑山《野菜博録》卷四

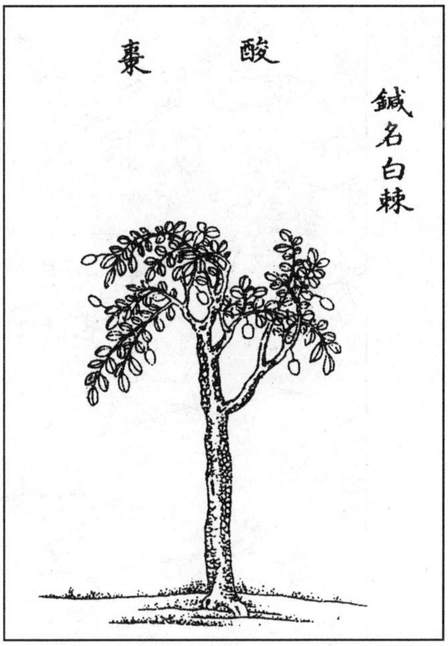

清　徐鼎《毛詩名物圖説》卷九

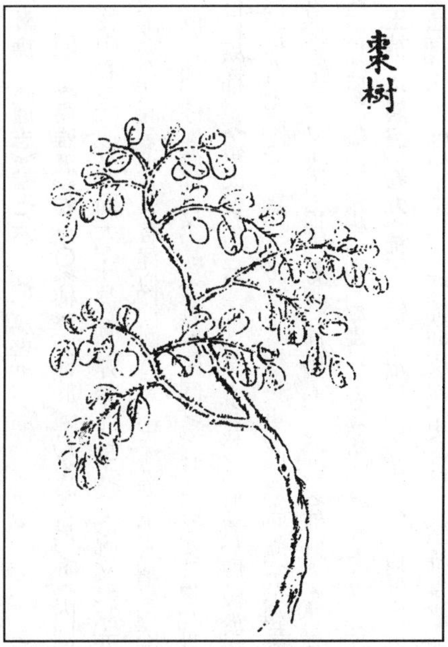

清 吴其濬《植物名實圖考》卷三二《棗》

又卷三三《酸棗》

柿

綜述

漢 許慎《説文》卷六 柿，赤實果。从木，市聲。鉏里切。

唐 段成式《酉陽雜俎》卷一八 柿，俗謂柿樹有七絶：一壽，二多陰，三無鳥巢，四無蟲，五霜葉可玩，六嘉實，七落葉肥大。

宋 寇宗奭《本草衍義》卷一八 柿，有着蓋柿，於蒂下別生一重。又牛心柿，如牛之心。蒸餅柿，如今之市買蒸餅。華州有一等朱柿，比諸品中最小，深紅色。又一種塔柿，亦大於諸柿。性皆涼，不至大寒，食之引痰，極甘，故如是。去皮，掛大木株上，使風日中自乾，食之多動風。火乾者味不佳。生則澁，以温水養之，需澁去可食。逮至自然紅爛，澁亦自去，乾則性平。

宋 邵博《聞見後録》卷二九 種柿有七絶：一有壽，二多陰，三無禽巢，四無蟲蠹，五有嘉實，六其本甚固，七霜葉紅可玩也。

宋 鄭樵《通志》卷七六 柿，烏者謂之椑。

宋 羅願《爾雅翼》卷一〇《柿》 柿於經乃復罕見，唯《内則》所加庶羞三十一物中有之。實黄而大，味甚甘，亦暴而食之。《説文》：赤實果也。又有紅柿，皮深紅而多水，又有椑似柿而青黑，生江淮南，所謂梁侯烏椑之柿是也。利以作漆，漆與蟹性反，故不宜與蟹同食。其葉厚，經霜乃丹色。《上林賦》：枇杷橪柿。《齊民要術》云：柿有小者栽之，無者，取枝於輭棗根上插之。俗謂柿有七絶：一壽，二多陰，三無鳥巢，四無蟲蠹，五霜葉可玩，六嘉實，七落葉肥大。又木中根固者，唯柿爲最。俗謂之柿盤。《急就篇》曰：梨柿柰桃待露霜。《南都賦》曰：櫻梅山柿。鄭虔以柿葉學書。

元 王禎《農書》卷九《柿》 柿，多種。《本草》云：黄柿出近京州郡，紅柿南北通有之，朱柿出華山，似紅柿而皮薄，更甘珍。諸柿食之，皆善而益人。《衍義》曰：柿有着蓋柿，於蔕下别生一重。有牛心柿、蒸餅柿，皆以形得名。華州有一等朱柿，比諸品中最小，深紅色。有一種塔柿，亦大於諸柿。又有椑柿，生江淮南，似柿而青黑，潘岳《閑居賦》曰『梁侯烏椑之柿』是也。

明　何三畏　《新刻何氏類鎔》卷三二《柿》　柿生華林之園，其滋殊絶；出松陽之縣，其品最奇。番禺之味則酸，上林之葉則赤。亦有宜都、大稗，亦有梁侯、烏秕。或名爲鹿心、牛心，或形似鷄卵、鴨卵。大者如楪，小者如拳。多而萬株，密而千顆，紅而二寸，圓而八稜。發葉臨層檻之前，翻英覆藥欄之上。露重而新枝弱，風生而樹影移。懸露照華，凌雪挺潤。甘既清于玉液，潤亦重于金莖。雖復安邑秋，供靈關晚。實無以方斯美味，匹此佳名。蓋世俗所稱七德，亦所稱七絶者，則以其年多壽，其蔭多陰，鳥則無巢，蟲則無蠹，霜葉可玩，嘉實可餐，而落葉又肥且大故也。縣西鄉柿樹植之殊本合條者，可以占顧令之仁政。慈恩寺柿葉貯之盈箱滿屋者，可以供鄭虔之善書。高祖第有柿樹，自天授中枯死，至是年復生者，乃爲禎祥。韋順家有柿樹，自房屋上寄生，從庭中遂茂者，乃爲孝感。蓋木中根蔕之固，謂之柿盤；家中果實之藏，謂之柿醂。而昔人有歌其霜熟，詠其味兼，擬之頳虯，比之石蜜者，亦足爲此果生色矣。

明　李時珍　《本草綱目》卷三〇《果部》　柹音士。《别録》中品　釋名：時珍曰：柹從𠂔，音滓，諧聲也。俗作柿非矣。柹，音肺，削木片也。胡名鎮頭迦。集解：頌曰：柹南北皆有之，其種亦多。紅柹所在皆有。黄柹生汴、洛諸州。朱柹出華山，似紅柹而圓小，皮薄可愛，味更甘珍。椑柹色青，可生啖。諸柹食之皆美而益人。又有一種小柹，謂之軟棗，俗呼爲牛奶柹。世傳柹有七絶：一多壽，二多陰，三無鳥巢，四無蟲蠹，五霜葉可玩，六嘉賓，七落葉肥滑，可以臨書也。宗奭曰：柹有數種：着蓋柹，于蔕下别有一重。又有牛心柹，狀如牛心。蒸餅柹，狀如市賣蒸餅。華州朱柹，小而深紅。塔柹，大于諸柹。去皮挂木上，風日乾之佳。火乾者味不甚佳。其生者可以温水養去澀味也。時珍曰：柹高樹大葉，圓而光澤。四月開小花，黄白色。結實青緑色，八九月乃熟。生柹置器中自紅者謂之烘柹，日乾者謂之白柹，火乾者謂之烏柹，水浸藏者謂之醂柹。其核形扁，狀如木鱉子仁而硬堅。其根甚固，謂之柹盤。案《事類合璧》云：柹，朱果也。大者如碟，八稜稍扁；其次如拳；小或如鷄子、鴨子、牛心、鹿心之狀。一種小而如拆二錢者，謂之猴棗。皆以核少者爲佳。

又　椑柹音卑士。宋《開寶》　釋名：漆柹、《日華》緑柹、《日用》青椑、《廣志》烏椑、《開寶》花椑、《日用》赤棠椑。時珍曰：椑乃柹之小而卑者，故謂之椑。他柹至熟則黄赤，惟此雖熟亦青黑色。搗碎浸汁謂之柹漆，可以染罾、扇諸物，故有漆柹之名。集解：志曰：椑柹生江淮以南，似柹而青黑，潘岳《閑居賦》所謂『梁侯烏椑之柹』是也。頌曰：椑柹出宣、歙、荆、襄、閩、廣諸州。柹大如杏，惟堪生啖，不可爲乾也。

明　李詡　《戒庵老人漫筆》卷六　柿類，大小形狀極多。有火盆柿，大而匾；方柿，四稜、六稜，乾瓤無核，甚佳；火珠多核，不美；緑柿品下。

明　劉仲達　《劉氏鴻書》卷八八　柿有七絶：一壽，二多陰，三無鳥巢，四無蟲，五霜葉可愛，六嘉實，七落葉肥大。冬間下種，待長，移栽肥地，接及三次則全無核，接桃則成金桃。《花木考》

明　周文華　《汝南圃史》卷四《木果部・柿》　柿，木實根固，葉大而肥，似山茶葉。四月結實。花綴實臍，或紅或黄，甘凉可食。其品不一。《姑蘇志》云：柿出常熟東鄉者，名海門柿。出虞山蔕正方色如鞓紅者，爲方蔕柿。九月中皮黄即摘下，以漸自熟。慮將熟時，有白頭翁來啄，如必欲久留樹上，用箬包裹。《聞見後録》云：種柿有七絶：一壽，二多陰，三無鳥巢，四無蟲蠹，五霜葉可愛，六嘉實，七落葉肥大。又柿葉多蝟，而枯葉則潤澤。古人取以臨書。

明　陳正學　《灌園草木識》卷二《果之屬・柿》　園有二種，一寒柿，一重色，謂蔕重起也。

明　劉侗　《名物通》卷八　柿，君遷，今馬嬭柿也。别有椑樹，可作漆。生江淮南，似柿而青黑，《閒居賦》『梁侯烏椑之柿』是也。

明　徐光啓　《農政全書》卷二九　柿，附椑柹君遷子。《説文》曰：柿，赤實果也。《廣志》曰：小者如小杏。王逸曰：苑中牛柿。李亢曰：鴻柿，苦瓜。張衡曰：山柿。《本草》云：黄柿出近京州郡，紅柿南北通有之。朱柿出華山，似紅柿而皮薄，更甘珍。諸柿食之，皆善而益人。《衍義》曰：柿有著蓋柿，於蔕下别生一重。有牛心柿、蒸餅柿，皆以形得名。華州有一等朱柿，比諸品最小，深紅色。有一種塕柿。又有椑柹生江淮南，似柿而青黑，潘岳《閒居賦》云『梁侯烏椑之柿』是也。《酉陽雜俎》云：柿有七絶：一壽，二多陰，三無鳥巢，四無蟲，五霜葉可愛，六嘉實，七落葉肥大。其樹高大，四月開花，黄白色，八九月熟。【略】附椑柹，一名漆柹，一名緑柹，一名青柹，一名烏柹，一名花柹，一名赤棠椑。椑乃柹之小而卑者，故名椑。他柹至熟則黄赤，惟此雖熟亦青黑色。搗碎浸汁，謂之柹漆，可以染罾扇諸物。出宣、歙、荆、襄、閩、廣間，大如杏，惟堪生啖，不可爲乾也。《閒居賦》所謂『梁侯烏椑之柿』是也。

明 方以智《物理小識》卷九 柹 《歸田録》云：百十柹以一榠樝置其中，則紅而熟爛。榲桲亦可。土人謂之烘柹，今但取青者入甕中，自然紅熟。其曰海門、銅盆、方蒂、匾花，皆其名也。海門經久雨，則蒂脱。緑柹耐久藏，即《閒居賦》「梁侯烏椑之柹」也。

清 高士奇《北墅抱甕録・柹》 烏椑之柹，從昔稱之。世傳此樹有七絶：一多壽，二多陰，三無烏巢，四無蟲蠹，五霜葉可玩，六佳實可噉，七落葉可以臨書。秋柯坪左右各有數株，大而多實，亭亭聳拔，鬱然成林。

清 曹溶《倦圃蒔植記・總論》卷上《論果》 海門柹罐皆美。種接而又接則無核。果之肥大甘冷，莫過於此。吾所獨愜者，尤在霜葉膩滑，可供鄭虔隸書。

清 陳淏子《秘傳花鏡》卷三《花木類考・柹》 柹，朱果也。葉似山茶而厚大。四月開黄白小花，結實青緑。九月微黄即摘，少藏數日即便紅熟，甜美可啖。但未熟時，最澁，將木瓜三兩枚雜於生柹籃中數日，或以榅櫨置其中，亦能去澁。産青州者更佳。古云柹有七絶：一樹多壽，二葉多蔭，三無鳥巢，四少蟲蠹，五霜葉可玩，六嘉實可餐，但不可與蠏同食。七落葉肥厚，可以臨書。如冬間核種，待長移栽，不若春後用椑柹接。或取好杖於輭棗根上接最妙。大凡柹接三次，過則核全無矣。蓋柹之種類不一，有紅柹、烏柹、黄柹、牛奶、蒸餅、八稜、方蒂、圓蓋、塔柹等名色。木有文而根最固，俗謂之柹盤。別有一種椑柹，葉上有毛，實皆青黑，最不堪食，止可收作柹漆。八月間，用椑柹擣碎，每柹一升，用水半升，釀四五時，搾取漆令乾，添水再取。傘扇全賴此糊粘成也。

清 張逸少《佩文齋廣羣芳譜》卷五八《果譜・柹》 柹，《説文》作杋。《本草》從柹。今俗作柹者非。赤實果也。樹高大，枝繁葉大，圓而光澤。四月開小花黄白色，結實青緑色，八九月乃熟。紅柹、皮深紅而多核，所在皆有。黄柹、生汴、洛諸州。朱柹、出華山，似紅柹而圓小，皮薄，可愛，味更甘珍。著蓋柹、蒂下別有一層。牛心柹、狀如牛心。蒸餅柹、狀如市賣炊餅。八稜柹、大而稍扁，南劍尤溪柹、處州松陽柹尤爲奇品。塔柹、大於諸柹，去皮挂木上風乾之佳。《學圃餘疏》：海門柹、罐柹、無核，皆甘冷可食。《戒庵漫筆》：柹類大小形狀極多，有火盆柹、大而扁。方柹、四稜、六稜，乾瓤無核甚佳。火珠，多核不美。種類甚多，大者如楪，其次如拳，小者如鹿心。鴨子、雞子生者，澀不堪食。其核形扁，狀如木鼈子而堅，根甚固，謂之柹盤。世傳柹有七絶：一多壽，二多陰，三無鳥巢，四無蟲蠹，五霜葉可玩，六佳實可啖，七落葉肥大，可以臨書。多食引痰，日乾者多食。動風同蟹，食腹痛作瀉。食柹飲熱酒，令人易醉，或心痛欲絶。

又《椑柹》 椑柹，一名漆柹，一名緑柹，一名青椑，一名烏椑，一名花椑，一名赤棠柹，乃柹之小而卑者。生江、淮、宣、歙、荆、襄、閩、廣諸州，雖熟亦深緑色，大如杏，味甘，可生啖，服丹石人宜之，而人弗之貴。搗碎浸汁，謂之柹漆，可染罾扇諸物。

清 徐文靖《管城碩記》卷二六 潘岳《閒居賦》：梁侯烏椑之柹。《纂注》：梁侯烏椑柹，未詳。按《西京雜記・上林苑》：椑，三青椑、赤色椑、烏椑。《地理志》：梁侯園有烏椑，八稜柹。《廣志》：梁國侯家有椑，味甚美。庾仲容《咏柹》詩：苑朱正苾翠，梁烏未銷鑠。潘岳《金谷集》作：前庭樹沙棠，後園植烏椑。

清 陸廷燦《南村隨筆》卷一 閩南郊外二十里曰齊坑，相傳爲唐陳處士隱地。舊名道者岩，岩前有柹一株，結實如佛手柑，指屈伸，層疊有長五六寸者，皮穰色味皆柹也。

清 嵇璜《續通志》卷一七七 柹，側里切。俗作柿，《爾雅翼》作柹。赤實也。有黄、赤、青三種，有牛柹、鴻柹、山柹、湖畔柹諸名。南劍尤溪柹、處州松陽柹爲最。《禮記》云：棗栗榛柹。《齊民要術》云：柹有小者栽之，無則取枝於輭棗根上插之。柹有七絶：一壽，二多陰，三無鳥巢，四無蟲蠹，五霜葉可玩，六佳實可啖，七落葉肥大，可以臨書。見《爾雅翼》。按鄭《志》載柹秖云：烏者謂之椑。椑即漆柹也亦名青椑柹。類未詳，今增補。

清 吴其濬《植物名實圖考》卷三一《椑柹》 椑柹，《開寶本草》始著録，色青以作漆。

又卷三二《柹》 柹，《別録》中品。有烘柹、醂柹、白柹。柹霜、柹餻皆以法製成。

藝文

南朝梁　庾仲容《詠柿》（引自《藝文類聚》卷八六）　發葉臨層檻，翻英糅花藥。風生樹影移，露重新枝弱。苑朱正蕊翠，粱烏未銷鑠。

唐　劉禹錫《劉賓客文集》卷二五《詠樹紅柿子》　曉連星影出，晚帶日光懸。本因遺採掇，翻自保天年。

宋　孔平仲《清江三孔集》卷二一《無核紅柿》　林中有丹果，壓枝一何稠。爲柿已軟美，嗟爾骨亦柔。風霜變顔色，雨露加膏油。大哉造化心，于爾何綢繆。荆筐載趨市，價賤良易求。剖心無所有，入口頗相投。爲栗外屈强，老者所不收。爲棗中亦剛，飼兒戟其喉。衆言咀嚼快，惟爾無所憂。排羅置前列，圓熟當高秋。且以悦一時，長久豈暇謀。咄哉潰爛速，棄擲將誰尤。

宋　張九成《横浦集》卷一《見柿樹有感》　兹山余初來，掩冉柿葉青。相去未三月，柿花亦已零。及兹尋去路，纍纍滿空庭。人生豈無情，眷眷不忍行。嚴霜八九月，百草不復榮。唯君粲丹實，獨掛秋空明。寄語看園翁，勿使墮秋風。願比櫻桃春，置之大明宫。

宋　王之道《相山集》卷四《大柿行》　丙辰夏秋，雖足雨百穀與蔬果皆凋耗不豐，惟柿特大異常，歲昔所未見。夫大柿大事也，其爲國家之祥乎，其掃清强敵迎還兩宫之兆乎，黻豫梟麟蓋不足道也，作大柿行以歌之。君不見，鄭虔學書晚彌篤，歲收柿葉貯三屋。興來寢食兩俱忘，但覺毛公老而秃。又不見，梓人造車度羣木，木中無火柿所獨。舊言蓋軫象乾坤，須信幹旋歸一軸。美哉，此果有常德，結實何曾問荒熟。霜餘萬顆綴寒林，下視黄柑類奴僕。牛心取象庶仿佛，熨斗得名何浼瀆。火乾既許暖腸膈，冰冷當知解煩燠。今年夏秋足時雨，盡道和氣鍾百穀。西成僅得十之五，亦見陰陽有盈縮。就中朱實繁且大，照野煌煌駭人目。較之常歲遠不侔，正似㪷勝難趂斛。國家運厄困强敵，一紀於兹事弓韣。空庭喋血在今年，我已不疑何更卜。禾和鞋諧古云讖，大柿之祥天下福。請賡繼伐獻吾君，王者功成四方服。

宋　劉子翬《屏山集》卷一七《椑柿》　秋林黄葉晚霜嚴，熟帶甘香味獨兼。火傘頳虯浪褒拂，風標那似邑中黔。

宋　洪适《盤洲文集》卷五《憶古城柿》　果園幽僻少能知，丹柿烏椑手自移，欲學鄭虔書墜葉，何人解有寄來時。

宋　高似孫《剡録》卷一〇《草木禽魚下・柿》　剡所多也。種亦不一。謝靈運《山居賦》曰：椑柿披實於長浦。簡文《賜柿啓》有云『懸霜照采』，四字甚奇。

又《椑》　潘岳詩：前庭樹沙棠，後園植烏椑。

宋　方夔《富山遺稿》卷六《柿》　萬株名古寺，近復説東陽。翠樹駢頳卵，燒空炯夜光。果堪凉渴朔，葉復草顛張。欲上潼江去，尋思石蜜霜。

清　錢澄之《田間詩集》卷九《柿》　柿葉無通赤，斑斕錦不如。更憐枝似鐵，屈曲未全舒。

清　董元愷《蒼梧詞》卷一一《沁園春・青墩柿》　大柿谿邊，月值秋清，日出卯南。正枝垂五畝，緑林陰合。種傳七絶，紅氣光含。實被烏椑，葉翻虯卵，萬顆纍纍映碧衫。勤愛護，怕兒窺輕摘，鳥啄還啗。　雨餘風景清酣恰，芳蒂甘香味獨兼。看陽井珠圓，輕勻絳蠟，粱園彩照，色勝黄柑。盤可堆霜，厨堪説餅，玉液都輸石蜜甜。吾衰矣，積慈恩數屋，書破瞿曇。

清　朱彝尊《曝書亭集》卷一二《詠柿》　纍纍八棱柿，託根西山陽。一株一畝陰，蟲鳥莫敢藏。烏椑秋迸實，赤葉新翻霜。團酥釀甘露，冰齒流寒漿。回憶三伏時，毒熱難周防。永日無片雲，焦煙起連岡。行人經樹柢，豈異冰鑿凉。此時儻結子，瓜果安足方。奈何風淒其，摘来始盈筐。嗟爾生非時，難誇受命强。況值蟹膏肥，配爾慮見殃。憧憧往來人，掉臂不一嘗。空煩黄口兒，燈火市道傍。南鄰煨竽栗，北舍鳴椒薑。炎凉迭相代，斂退分所當。幸有林居人，愛之終勿忘。

清　熊賜履《經義齋集》卷一八《園林雜詠・柿》　殘籬不是華林園，赤實青枝弄影繁。六十七株休健羨，甘清玉露總諛言。

清　謝重輝《杏村詩集・丁亥詩・柿》　露斯在杞棘，湛湛沃條柯。春風被豐草，萋萋凌中阿。相彼兩樹柿，同託陰陽和。扶蘇看正好，俄然睆實多。摘取手親酬，大小分爲科。大者奉佳客，小者備蹉跎。冬煖暴作霜，收藏已疾痾。少陵拾橡栗，楚客採芰荷。不知古賢哲，視我竟如何。

清　王澤弘《鶴嶺山人詩集》卷一六《己卯年稿・思匡閣前種三柿樹結實纍可愛賦此》　樓前手植柿三株，獨立亭亭與衆殊。葉滿空青藏紫液，花開微白結紅珠。頻迎秋日光偏皎，久歷寒霜味自腴。佳樹由來稱七絶，寄書多種故山隅。

清　王項齡《世恩堂詩集》卷九《山行見柿林紅葉二首》　停車風景愛秦川，絳樹紛披照眼前。一片丹霞開翠巘，千堆火齊落霜天。高僧書徧龍蛇字，宫女題成錦繡牋。惹起相思紅豆曲，吴江楓冷正同憐。

其二：秦關風物勝吴關，千樹飄紅照客顔。石尉園中移向種，夜來壺内灑成斑。風摇影似朱旗閃，雨洗妍同脂粉殷。若使楊昇圖半幅，分明没骨貌秋山。

清　程晉芳《勉行堂詩集》卷二一《南船小草・柿》　磊磊繫驢背，是能充晚饗。鞭摇趁日影，口嚼爛霞茸。品或在中下，味仍兼澹濃。轉頭看餘葉，火傘尚重重。

清　王士禎《帶經堂集》卷六二《蠶尾續詩卷八・自西山移柿四株題二絶句》　海人鐵網新羅得，金谷園中見幾株。却笑齊奴如意手，不逢漢殿女珊瑚。

青女霜飛萬木空，丹砂葉葉夕陽中。燕支奪後無顔色，知減西谿幾片紅。

清　劉大紳《寄庵詩文鈔》卷七《柿子》　橘柚寒煙外，精盤可雜陳。宫庖嫌餖飣，鄉味嗜鮮新。圓滑宜孺子，柔和益老人。荔枝三百顆，何處笑紅塵。

清　胡天游《石笥山房集・詩集》卷六《小柿》　赬紅路滿筐，山柿久披霜。時報千林熟，分供數縣嘗。一錢憐倍得，冬月許微藏。且用資貧寡，充飢代煮糧。

圖表

明　李時珍《本草綱目・圖卷》

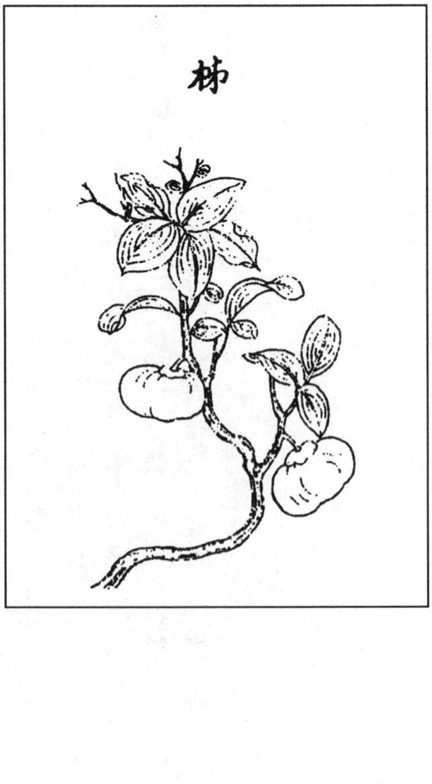

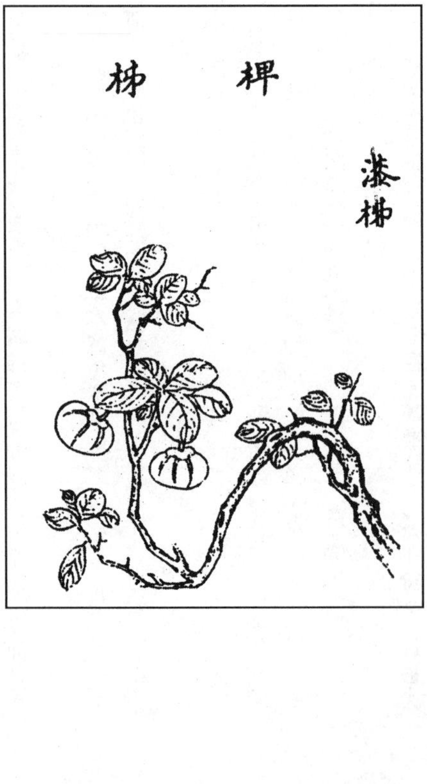

清　吴其濬《植物名實圖考》卷三一《椑柹》

又卷三二《柿》

梨

綜　述

《爾雅・釋木》 梨，山樆。注：即今梨樹。音義：梨字亦作梨、樆，音離，本亦作離，非。疏：梨生山中者名樆。郭云：即今梨樹。言其在山之名則曰樆，人植之曰梨。

漢　許慎　《説文》卷六　梨，果名。从木，秎聲。秎古文利。力脂切。

晉　郭義恭　《廣志》（引自《説郛》卷六一）　洛陽北邙張公夏梨，海内唯有一樹。常山眞定梨，山陽鉅野梨，梁國睢陽梨，齊郡臨淄梨，廣都梨。又云：鉅鹿豪梨重六斤，數人分食之。上黨楟梨，小而加甘。新豐箭谷梨。關以西，弘農、京兆、右扶風界諸谷中梨多供御。陽城秋梨、夏梨。

宋　羅願　《爾雅翼》卷一〇《梨》　梨，果之適口者，剖裂以食。故古人言剖裂爲剖梨，又曰樝梨，曰攢之。蓋樝梨喜爲蜂所螫，螫處輒不可食，故鑽去之。今人皆就木上大作油囊裹之，梨滋長其中，故益大而無傷。辛氏《三秦記》曰：漢武帝園一名樊川，一名御宿，有大梨如五升瓶，落地則破。其主取以布囊盛之，名曰含消。又《廣志》曰：眞定御梨脆如菱。《蜀都賦》曰『紫梨津潤』，是其類也。梨之色多黑，故稱黧，黑者皆从梨，言有凍梨之色也。每梨有十餘子，唯一子生梨，餘皆生杜。

元　王禎　《農書》卷九《梨》　梨謂之快果。《本草圖經》曰：乳梨又名雪梨。出宣城，皮厚而肉實。鵝梨出近京州郡及北都，皮薄而漿多，味差短於乳梨，香則過之。其餘有水梨、消梨紫、煤梨、赤梨、甘棠梨、禦兒梨之類。又注云：消梨可療病，青梨、茅梨並不任用，桑梨惟堪煮食。《廣志》曰：洛陽北邙張公夏梨，海内惟有一樹。恒山眞定、山陽鉅野、梁國睢陽、齊國臨菑、鉅鹿並出梨。上黨楟徒丁切梨，小而味甘。廣都梨、鉅野豪梨重六斤。新豐箭谷梨。宏農、京兆、右扶風郡界諸谷中梨，率多供御。陽城秋梨、夏梨。

愚按：今魏府多産鵝梨，北地有香水梨，最爲上品。

明　李時珍　《本草綱目》卷三〇　梨《別録》下品　釋名：快果、果宗、玉乳、蜜父。震亨曰：梨者，利也。其性下行流利也。弘景曰：梨種殊多，并皆冷利，多食損人，故俗人謂之快果，不入藥用。集解：頌曰：梨處處皆有，而種類殊別。醫方相承，用乳梨、鵝梨。乳梨出宣城，皮厚而肉實，其味極長。鵝梨河之南北州郡皆有之，皮薄而漿多，味差短，其香則過之。其餘水梨、消梨、紫糜梨、赤梨、青梨、茅梨、甘棠梨、御兒梨之類甚多，俱不入藥也。一種桑梨，惟堪蜜煮食之，止口乾，生食不益人，冷中。又有紫花梨，療心熱。唐武宗有此疾，百藥不效。青城山邢道人以此梨絞汁進之，帝疾遂愈。復求之，不可得。常山郡忽有一株，因緘封以進。帝多食之，解煩燥殊效。歲久木枯，不復有種，今人不得而用之矣。時珍曰：梨樹高二三丈，尖葉光膩有細齒，二月開白花如雪六出。上巳無風則結實必佳。故古語云：上巳有風梨有蠹，中秋無月蚌無胎。賈思勰言梨核每顆有十餘子，種之惟一二子生梨，餘皆生杜，此亦一异也。杜即棠梨也。梨品甚多，必須棠梨、桑樹接過者，則結子早而佳。梨有青、黄、紅、紫四色。乳梨即雪梨，鵝梨即綿梨，消梨即香水梨也。俱爲上品，可以治病。御兒梨即玉乳梨之訛。或云御兒一作語兒，地名也，在蘇州嘉興縣，見《漢書注》。其他青皮、早谷、半斤、沙糜諸梨，皆粗澀不堪，止可蒸煮及切烘爲脯爾。一種醋梨，易水煮熟，則甜美不損人也。昔人言梨，皆以常山眞定，山陽鉅野，梁國睢陽，齊國臨淄，鉅鹿，弘農，京兆，鄴都，洛陽爲稱。蓋好梨多産于北土，南方惟宣城者爲勝。故司馬遷《史記》云：淮北、滎南、河濟之間，千株梨其人與千户侯等也。又魏文帝詔云：眞定御梨大如拳，甘如蜜，脆如菱，可以解煩釋悁。辛氏《三秦記》云：含消梨大如五升器，墜地則破，須以囊承取之。漢武帝嘗種于上苑。此又梨之奇品也。《物類相感志》言：梨與蘿卜相間收藏，或削梨蒂插于蘿蔔上藏之，皆可經年不爛。今北人每于樹上包裹，過冬乃摘，亦妙。

明　馬嘉松　《十可篇》卷九《梨》　閩楚之橘，燕齊之梨，霜液滿口，足稱荔枝、龍眼之亞矣。閩中梨初稱建陽，今福州有一種十月方熟，一顆重至二三觔，甘酥融液，不可名狀，但人家有者，不可多求耳。此外有夫人李、佛手柑、菩提果，皆籞囿中佳植也。梨之爲樹，摩霄拂日，藏雲吐霧。

明　劉侗　《名物通》卷六　梨，《木草》名快果。有紅消秋、白香水、鵝梨、瓶梨諸種。有含消、金消、金液、東王、瀚海、紫花、三燕等名。桑上接梨，則脆而甘。種梨春分日將旺，梨條作枴樣，斫下兩頭，以火燒之，又燒紅鐵器，烙定津脉，栽入地二尺，只春分一日可用。

明　方以智　《物理小識》卷九　梨　有香青消梨、瓶梨、綿梨、鵝梨、金花、寒雪、紫水、黄紅諸名。張子賢所云厭沙寺梨謂之御園，其接以棠梨接棗樹上。按：今用春分前接，接用桑體或棠梨，其實大，以油紙護之。梨名快果，百損一益。梨核中子多種之，少生梨多生杜。安南有菴羅果，似北梨，四五月間熟，多食無害。

清　杭世駿　《訂訛類編》卷六《植物訛・交梨非出交州》　《香祖筆記》云：交梨火棗，相沿稱之，未達其義。《蠡海集》云：梨，春花秋熟，實蒼花白，有金木交互之義，故曰交梨，非謂交州也。

紀事

晉　段龜龍　《涼州記・同心梨》（引自《説郛》（四）卷六一）　吕光時，燉煌太守宋歆獻同心之梨。

宋　林之奇　《尚書全解》卷三八　唐武后嘗季秋出梨花，示宰相。宰相以爲祥。杜景佺曰：陰陽不相奪，倫瀆即爲災。今草木黄落而木復華，瀆陰陽也。恐布德施令有所虧紊。

藝文

南朝梁　沈約　《西地梨》（引自《藝文類聚》卷八六）　列茂河陽苑，蓄紫濫觴隈。翻黄秋沃若，落素春徘徊。

南朝梁　蕭詧　《梨》（引自《文苑英華》卷三二六）　大谷常流稱，南荒本足珍。緑葉已承露，紫實復含津。

北周　庾信　《庚子山集》卷四《奉梨》　接枝秋轉脆，含消落更香。擎置仙人掌，應添瑞露漿。

唐　白居易　《白香山詩集》卷一四《江岸梨花》　梨花有意緣和葉，一樹江頭惱殺君。最似孀閨少年婦，白妝素袖碧紗裙。

宋　錢惟演　《梨》（引自《西崑詶唱集》卷上）　紫花青蔕壓枝繁，秋實離離出上闌。東海圓珪無奈碧，嵊州甜雪不勝寒。已憂仙珮懸珠重，更恐金刀切玉難。自與相如解消渴，何須瓊蕋作朝餐。

宋　楊億　**《梨》（引自《西崑詶唱集》卷上）**　繁花如雪早傷春，千樹封侯未是貧。漢苑漫傳盧橘賦，驪山曾識荔支塵。九秋青女霜添味，五夜方諸月溜津。楚客狂酲朝已解，水風猶自獵汀蘋。

宋　劉筠　**《梨》（引自《西崑詶唱集》卷上）**　玄光仙樹阻丹梯，御宿嘉名近可齊。眞定早寒霜葉薄，樊川初曉露枝低。先時櫻熟煩羊酪，遠信梅酸損瓠犀。宋玉有情終未識，蔗漿無奈楚魂迷。

宋　丁謂　**《梨》（引自《西崑詶唱集》卷上）**　摇摇繁實弄秋光，曾伴青棹薦武皇。玄圃雲腴滋紺質，上林風馭獵清香。尋芳尚憶瓊爲樹，蠲渴因知玉有漿。多少好枝誰最見，冒霜丹頬倚鄰墻。

宋　歐陽修　**《文忠集》卷一《千葉紅梨花》**　峽州署中舊有此花，前無賞者。知郡朱郎中始加欄檻，命座客賦之。紅梨千葉愛者誰，白髮郎官心好奇。徘徊繞樹不忍折，一日千匝看無時。夷陵寂寞千山裏，地遠氣偏時節異。愁煙若霧少芳菲，野卉蠻花鬬紅紫。可憐此樹生此處，高枝絶一作紅艷無人顧。春風吹落復吹開，山鳥飛來自飛去。根盤樹老幾經春，眞賞今纔遇使君。風輕絳雪罇前舞，日暖繁香露下聞。從來奇物産天涯，安得移根植帝家。猶勝張騫爲漢使，辛勤西域徙榴花。

宋　王安石　**《臨川文集》卷三四《紅梨》**　紅梨無葉庇花身，黄菊分香委路塵。歲晚蒼官纔自保，日高青女尚横陳。

宋　强至　**《祠部集》卷九《依韻奉和司徒侍中壓沙寺梨》**　誰將冰蜜共囊封，結實祇園顆顆同。蔽芾舍傍思召伯，周流林下賦揚雄。《長楊賦》云：周流梨栗之林。花經春月千層白，頬傳秋霜一抹紅。江橘空甘得奴號，果中清品合稱公。

宋　蘇軾　**《東坡全集》卷三〇《梨》**　霜降紅梨熟，柔柯已不勝。未嘗蠲夏渴，長見助冬冰。

宋　劉子翬　**《屏山集》卷一八《梨》**　尚想飛花照綺疏，離離秋實點煙蕪。丹腮曉露香猶薄，玉齒寒冰嚼欲無。舊有佳名留大谷，誰分靈種下仙都。蔗漿不用傳金椀，猶得相如病少蘇。

宋　楊萬里　**《誠齋集》卷一一《梨》**　掛冠大谷肯干時，飣坐風流特地奇。骨裏馨香衣不隔，胸中冰雪齒偏知。賣漿碎擣瓊爲汁，解甲方憐玉作肌。老子醉來渾謝客，見渠倒屣只嫌遲。

宋　高似孫　**《剡録》卷一〇《草木禽魚下・梨》**　剡梨多種，蓋杜詩所謂『塞柳行疎翠，山梨結小紅』者。然更有大且重者，庾信詩：寒谷梨應重，秋林栗更肥。

宋　家鉉翁　**《則堂集》卷六《詠紅梨花》**　萬玉林中慣識君，霜天月夜富精神。誰將紅粉涴顔色，却與夭桃鬬莫春。

元　劉秉忠　**《藏春集》卷二《梨花》**　玉骨冰姿映曉光，露盈檀蕊洗新粧。夭桃豔杏果誰賞，雌蝶雄蜂空自忙。仙桂是高寧有種，海棠雖美郤無香。司花護惜花長好，莫遣東風取次狂。

又卷五《臨江仙・梨花》　冰雪肌膚香韻細，月明獨倚闌干。遊絲縈惹宿煙環，東風吹不散，應爲護輕寒。素質不宜添彩色，定知造物非慳。杏花才思入凋殘，玉容春寂寞，休向雨中看。

元　張宏範　**《淮陽集・紅梨花》**　嫣然帶雨濕胭脂，却似去年霜葉時。説與謫仙渾不識，向人誰詠雪香詩。

明　劉嵩　**《槎翁詩集》卷四《香水梨》**　香水傳嘉號，輪囷碧玉團。刀場慚誤擬，飣坐喜同歡。崖蜜清心潤，壺冰濺齒寒。宣城空斗大，氣味敢同看。

明　葉盛　**《菉竹堂稿》卷二《梨花》**　何處東闌雪一株，百年身世只須臾。看花又過清明節，惆悵令人憶大蕪。

明　沈周　**《石田詩選》卷九《梨花》**　瑩白姿容謝粉鉛，不教酒洗自嬋娟。日華暖抱溶溶雪，月影涼生淡淡煙。深鎖春愁歸院後，静思曉夢凭闌邊。那堪掃地東風惡，抹搬清明又一年。

明　楊一清　**《石淙詩稿》卷一《梨》**　快果初傳漢谷名，纍纍今見一枝榮。君王自有金莖露，不用含消亦解酲。

明　文徵明　**《甫田集》卷三《梨花》**　剪水凝霜茹蝶裹，曲闌風味玉清温。粉痕浥露春含淚，夜色籠煙月斷魂。十里香雲迷短夢，誰家細雨鎖重門。洗粧見説清明近，旋典春衣置酒樽。

又卷五《梨花山鷓》　物華無賴酒初醒，奕奕梨花照晚晴。怪底山禽啼不歇，十分春色近清明。

明　王世貞《弇州四部稿》卷四三《梨花》　暖雪柔芳出錦除，怪來蜂蝶盡揶揄。晨粧未散垂垂粉，晚淚初勻簌簌珠。愁對峭風時欲語，夢回殘月意同孤。莫言零落無人問，自有冰心在玉壺。

雜録

漢　東方朔《神異經》　東方有樹焉，高百丈，敷張自輔，葉長一丈，廣六七尺，名梨，如今之樝梨，但樹大耳。其子徑三尺，剖之，少瓤，白如素，和羹食之，爲地仙。衣服不敗，辟穀可以入水火也。

漢　郭憲《洞冥記》卷二　塗山之背梨大如升，或云斗，紫色，千年一花，亦曰紫輕梨。

南朝宋　劉義慶《世説新語》卷下之下　桓南郡每見人不快，輒嗔云：君得哀家梨，當復不烝食不？舊語秣陵有哀仲家梨，甚美，大如升，入口消釋。言愚人不別味，得好梨烝食之也。

圖表

晉　郭璞《爾雅音圖・釋木》

明　李時珍《本草綱目・圖卷》

檖

綜述

《爾雅・釋木》　檖，蘿。注：今楊檖也。實似梨而小，酢可食。音義：檖，音遂。疏：檖，一名蘿。郭云：今楊檖也。實似梨而小，酢可食。《詩・秦風》云：隰有樹檖。陸璣《疏》云：檖，一名赤蘿，一名山梨也，今人謂之楊檖。實如梨但小耳。一名鹿梨，一名鼠梨。今人亦種之，極有脆美者，亦如梨之美者。

三國吴　陸璣《毛詩草木鳥獸蟲魚疏》卷上《隰有樹檖》　檖，一名赤蘿，一名山梨，今人謂之楊檖。其實如梨，但實甘小異耳。一名鹿梨，一名鼠梨。齊郡廣饒縣堯山、魯國、河内、共北山中有。今人亦種之，極有脆美者，亦如梨之美者。

宋　陸佃《埤雅》卷一四《檖》　《釋木》云：檖，羅。檖，一名羅。其文細密如羅，故曰羅也。又有白者，赤羅文棟，白羅文緩。雖皆所謂文木，然而赤羅爲上，故穆公植之。《秦詩》『初曰晨風，卒曰樹檖』者，言人君所以用賢之道，始於能致之，終於能立之。棟謂之綾，杉謂之紗，檖謂之羅。羅亦有華者，俗謂之羅錦。羅錦猶言杉錦、棟綾也。羅錦明，杉錦暗。今外域有棟綾器，其文如綾綺狀，又下於杉錦矣。《爾雅》曰：梾，赤梾，白者梾。

宋　戴侗《六書故》卷二一　檖　檖，徐醉切。亦作[illegible]。《詩》云：隰有樹檖。《爾雅》曰：檖，羅。毛氏曰：赤羅也。陸璣曰：一名赤羅，一名山梨，今人謂之楊檖。一名鹿梨，一名鼠梨。郭景純曰：今楊檖也。實似梨而小，酢可食。

明　李時珍《本草綱目》卷三〇　鹿梨《圖經》　校正：原附梨下，今分出。釋名：鼠梨、《詩疏》山梨、《毛詩》楊檖、《爾雅》羅。時珍曰：《爾雅》云：檖，羅也。其木有紋如羅，故名。《詩》云：隰有樹檖。毛萇注云：檖一名赤羅。一名山梨，一名樹梨，今人謂之楊檖。陸璣《詩疏》云：檖即鹿梨也，一名鼠梨。集解：頌曰：江寧府信州一種小梨名鹿梨，葉如茶，根如小拇指。彼人取皮治瘡，八月採之。近處亦有，但採實作乾，不知入藥也。時珍曰：山梨，野梨也，處處有之。梨大如杏，可食。其木文細密，赤者文急，白者文緩。按陸璣云：鹿梨，齊郡堯山、魯國、河内皆有。人亦種之，實似梨而酢，亦有美脆者。

明　吴雨《毛詩鳥獸草木考》卷一七《檖》　檖，山梨也。一名羅，實似梨而小，酢可食。今楊檖也。陸璣云：檖，一名赤羅，一名山梨，今人謂之楊檖。實似梨但小耳。一名鹿梨，一名鼠梨。齊郡廣縣堯山、魯國、河内、共北中皆有。今人亦種之，極有脆美，亦如梨之美者。陸佃云：其文細密如羅，故曰羅。又有白者，赤羅文棘，白羅文緩。皆所謂文木，赤羅爲上。梾謂之綾，杉謂之紗，檖謂之羅。羅亦有花者，俗謂之羅錦。

明　陳懋仁《庶物異名疏》卷一九《楊檖　白羅》　《爾雅》：檖，羅。《毛詩疏義》曰：楊檖，一名赤羅，一名山梨，今人謂之楊檖。其實如梨，但實甘小異耳。其文細蜜如羅，故名赤羅。又有白羅，皆文木。赤羅文棘，白羅文緩。《廣志》云：子似梨，大如杏。陸璣《疏》：一名鹿梨，一名鼠梨。極有脆美者，亦如梨之味。

清　徐鼎《毛詩名物圖説》卷九　《爾雅》：檖，蘿。郭璞注：今楊檖也。實似梨而小，酢可食。陸璣《疏》：一名赤蘿，一名山梨，今人謂之楊檖。實如梨，但小耳。一名鹿梨，一名鼠梨。今人亦種之，極有脆美者，亦如梨之美者。陸佃《埤雅》：其文細密如羅，故曰羅。又有白者，赤羅文棘，白羅文緩。雖皆文木，赤羅爲上。

圖表

晉　郭璞《爾雅音圖·釋木》

清　徐鼎《毛詩名物圖説》卷九

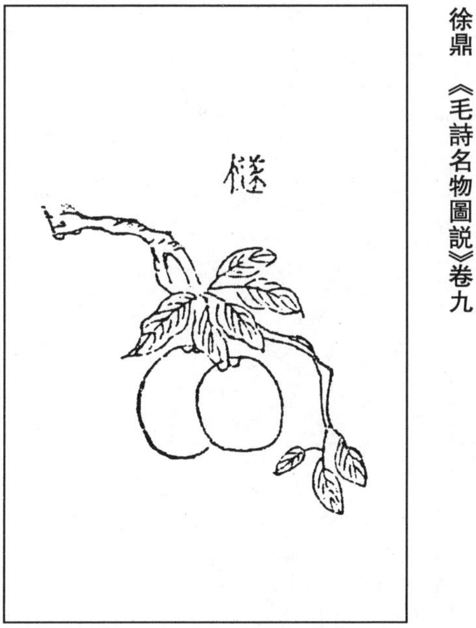

劉

綜述

《爾雅·釋木》 劉，劉杙。注：劉子生山中，實如梨，酢甜，核堅，出交趾。音義：杙，音弋。趾，音止。疏：劉，一名劉杙。其云可食。郭云：劉子生山中，實如梨，酢甜，核堅，出交趾。

漢 許慎 《説文》卷六 杙，劉，劉杙。从木，弋聲。與職切。

圖表

晉 郭璞 《爾雅音圖·釋木》

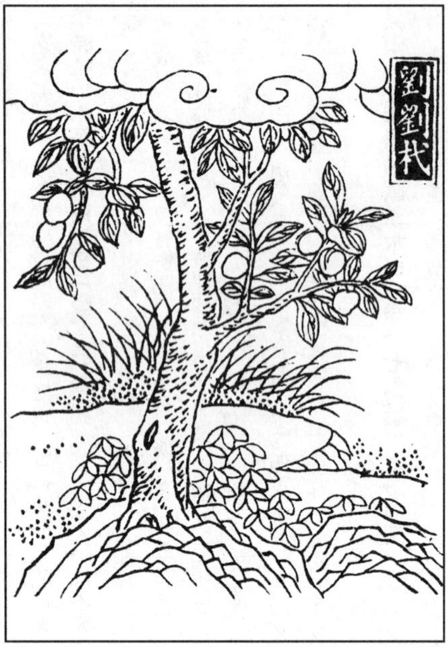

棠梨

綜述

《爾雅·釋木》 杜，甘棠。注：今之杜梨。疏：杜，一名甘棠。郭云：今之杜。梨下云『杜，赤棠，白者棠』，舍人曰：杜，赤色名赤棠，白者亦名棠。然則其白者名棠，其赤者爲杜棠，爲甘棠。杜爲赤棠。《詩·召南》云：蔽芾甘棠。《唐風》云：有杕之杜。《傳》云：赤棠是也。【略】杜，赤棠，白者棠。注：棠色異，異其名。音義：權音拳。疏：郭云：棠色異，異其名。樊光云：赤者爲杜，白者爲棠。陸璣《疏》云：赤棠與白棠同耳，但子有赤白美惡。子白色爲白棠，甘棠也，少酢，滑美。赤棠子澀而酢，無味，俗語云『澀如杜』是也。赤棠木理韌，亦可以作弓幹。

漢 許慎 《説文》卷六 棠，牡曰棠，牝曰杜。从木，尚聲。徒郎切。

杜，甘棠也。从木，土聲。徒古切。

三國吴 陸璣 《毛詩草木鳥獸蟲魚疏》卷上《蔽芾甘棠》 甘棠，今棠梨，一名杜梨，赤棠也。與白棠同耳，但子有赤白美惡。子白色爲白棠，甘棠也，少酢，滑美。赤棠子澀而酢，無味，俗語云『澀如杜』是也。赤棠木理韌，亦可以作弓幹。

明 李時珍 《本草綱目》卷三〇 棠梨《綱目》 釋名：甘棠。時珍曰：《爾雅》云：杜，甘棠也。赤者杜，白者棠。或云：牝曰杜，牡曰棠。或云：澀者杜，甘者棠。杜者澀也，棠者糖也。三説俱通，末説近是。集解：時珍曰：棠梨，野梨也。處處山林有之。樹似梨而小，葉似蒼术葉，亦有團者，三叉者，葉邊皆有鋸齒，色頗黲白。二月開白花，結實如小楝子大，霜後可食。其樹接梨甚嘉。有甘、酢、赤、白二種。按陸璣《詩疏》云：白棠，甘棠也，子多酸美而滑。赤棠子澀而酢，木理亦赤，可作弓材。《救荒本草》云：其葉味微苦，嫩時炸熟，水浸淘净，油、鹽調食，或蒸曬代茶。其花亦可炸食，或曬乾磨面作燒餅食以濟飢。又楊慎《丹鉛録》言：尹伯奇采楟花以濟饑。注者言楟即山梨，乃今棠梨也。未知是否？

明 馮復京 《六家詩名物疏》卷六《甘棠》 《爾雅》云：杜，甘棠。

疏：郭云今之杜梨。下云：杜，赤棠，白者棠。舍人曰：杜，赤色名赤棠，白者亦名棠。然則其白者名棠，其赤者爲杜，爲甘棠，爲赤棠。杕杜，《傳》云杜，赤棠是也。陸《疏》云：赤棠與白棠同耳，但子有赤白美惡。子白色爲白棠，甘棠也，少酢，滑美。赤棠子澀而酢，俗語云『澀如杜』是也。赤棠木理韌，亦可作弓幹。《雅翼》云：每梨有十餘子，唯一子生梨，餘者生杜。《通志》云：甘棠謂之棠梨，其花謂之海棠花，其實謂之海紅子。孫楚《杕杜賦序》云：梨有用爲貴，杜無用爲賤。《字説》云：《詩》言『蔽芾甘棠』，以杜之美；言『有杕之杜』，以棠之惡。《九域志》：召伯甘棠樹在陝州府署西南隅。《括地志》：召伯廟在洛州壽安縣西北五里，召伯聽訟甘棠之下，周人思之，不伐其樹，後人懷其德，因立廟，有棠在九曲城東阜上。按《爾雅》云：杜，甘棠。又云：杜，赤棠，白者棠。蓋杜其總名，種有赤白之異，其實白棠爲甘棠，而赤棠爲杜也。陸璣、羅願之説可玩，邢《疏》誤矣。

明　劉侗《名物通》卷八　杜，赤者杜，白者棠。棠梨，甘棠也。其花謂之海棠花，其實謂之海紅子。每梨有十餘子，惟一子生梨，餘者生杜。梨有用，杜無用。

明　鮑山《野菜博録》卷四　棠梨樹，生荒野中。葉似蒼术葉，亦有團葉者，有三叉葉者，葉邊皆有鋸齒，葉色頗黲白。開白花，結棠梨如小楝子大，味甘酸，花葉味微苦。

明　毛晉《陸氏詩疏廣要》卷上之下《蔽芾甘棠》　《爾雅》云：杜，赤棠，白者棠。郭云：棠色異，異其名。樊光云：赤者爲杜，白者爲棠。《爾雅》又云：杜，甘棠。邢疏曰：郭云今之杜梨。舍人曰：杜，赤色名赤棠，白者亦名棠。然則其白者名棠，其赤者爲杜棠，爲甘棠。杜爲赤棠。《詩·召南》云：蔽芾甘棠。《唐風》云：有杕之杜。《傳》云：杜，赤棠是也。鄭注云：北人謂之杜梨，南人謂之棠梨。《埤雅》云：《字説》：《詩》言『蔽芾甘棠』，以杜之美；言『有杕之杜』，以棠之惡。孔子曰：吾于甘棠，見宗廟之敬也。劉歆《廟議》以爲，思其人尚愛其木，况宗其道而毁其廟乎？《爾雅翼》云：每梨有十餘子，唯一子生梨，餘者生杜。孫楚云：梨有用爲貴，杜無用爲賤。《括地志》：召伯廟在洛州壽安縣西北五里，召伯聽訟甘棠之下，周人思之，不伐其樹，後人懷其德，因立廟，有棠在九曲城東阜上。《通志》云：梨之類多。杜，甘棠，謂之棠梨。其花謂之海棠花，其實謂之海紅子。按樊光云：白者爲棠，赤者爲杜。陸氏以爲，白者甘，赤者澀，則確乎棠美而杜惡矣。《字説》相反之極，豈因《爾雅》『杜，甘棠』之説誤之耶？或棠、杜其總名，但以赤白爲美惡耳。

清　陳淏子《秘傳花鏡》卷三《花木類考·棠梨》　棠一名棠毬，即棠梨也。樹如梨而小，葉似蒼术，亦有圓者，三叉者，邊有鉅齒，色黲白。二月開小白花，實如小楝子，生青熟紅。亦有黄白者，土人呼爲山查果，味酸而歰，採之入藥，兼可製爲糖食。取花日乾，瀹之，亦能充蔬。若以此接换梨或林檎，與西湖海棠，氣質極其相宜。

清　張逸少《佩文齋廣羣芳譜》卷二七《花譜·棠梨花》　棠梨，野梨也。樹如梨而小，葉似蒼术，亦有圓者，三叉者，邊皆有鋸齒，色黲白。二月開白花，可煠食，曬乾磨麵作燒餅可濟饑。葉味微苦，嫩時煠熟，水浸淘净，油鹽調食。或蒸曬代茶。

清　徐鼎《毛詩名物圖説》卷八　《爾雅·釋木》：杜，甘棠。郭璞注：今之杜梨。《正義》：舍人曰：杜，赤色名赤棠，白者亦名棠。然則白者爲棠，赤者爲杜。杕杜，《傳》曰：杜，赤棠是也。陸璣《詩疏》：赤棠與白棠同耳，但子有赤白美惡。子白色爲白棠，甘棠也，少酢，滑美。赤棠子澀而酢，俗語云『澀如杜』是也。愚按：《釋木》又云：杜，赤棠，白者棠。然則棠有赤、白二種，杜其統名也。白者甘棠，赤者爲杜，誠如陸璣所説。郭璞云：棠色異，異其名。此因其子有赤白，故分別言之。樹似梨而小，葉有三叉，邊如鋸齒。二月開華，結實如小楝子，霜後可食，則皆同也。《有杕之杜》詳見于斯，不復圖説。

清　牟應震《毛詩物名考》卷五　甘棠，葉圓有尖，花水紅色，蒂長寸餘。實員而扁，前後並凹。白者曰白棠，赤者曰赤棠。今曰花紅伏日熟者曰伏沙，秋熟者蒂邪生曰秋沙。小者曰奈，大者曰蘋婆，曰林檎，品類甚多，而總名之曰棠。其肉沙，其味酢而甘，故曰甘棠。

又　唐，糖之省文，棠、糖通音，即甘棠也。《衛風》：爰采唐矣。謂此。《傳》解唐謂唐蒙，然當云蒙，不當云唐。猶言甘棠可云棠，不可云甘也。

又　杜，杜，棣也，今曰杜梨。葉如梨而色微白，花亦如梨，實如小楝子，霜後可食。今人以其木接梨。

清 劉玉麐 《爾雅校議》卷下 杜，甘棠 戴東原曰：《爾雅》：杜，甘棠。梨，山樆。榆，白枌。立文少變。杜澀棠甘，而名類可互見。杜，赤棠，白者棠，以棠見杜。杜，甘棠，以杜見棠。《毛詩》：甘棠，杜也。誤『枌，白榆』也。不誤杜甘曰棠。梨山生曰樆，榆白曰枌。

清 吴其濬 《植物名實圖考》卷三一《棠梨》 棠梨，《爾雅》：杜，赤棠白者棠。《本草綱目》始收入果部。《救荒本草》：葉、花皆可食。

紀　事

北魏 崔鴻 《十六國春秋》卷二六 ［慕容］儁觀兵近郊，見甘棠於道，周從者不識。儁曰：唏，此《詩》所謂甘棠於道。甘者，味之主也。木者，春之行也。五德屬仁，五行主土。春以施生，味以養物。色又赤者，言將有赫赫之慶於中土。吾謂國家之盛，此其徵者也。《傳》曰：升高能賦，可以爲大夫。羣司亦各書其志，吾得覽焉。於是内外臣僚並上《甘棠頌》。

宋 歐陽修、宋祁 《新唐書》卷三六《五行志》 建中二年夏，趙州寧晉縣沙河北有棠樹甚茂，民祠之爲神。

宋 程大昌 《演繁露》卷一〇《鳳棲梨》 陝州有棠樹，正觀中有鳳止其上，結實香脆。其色赤黄，號鳳棲梨。（《洛中記異》）

元 脱脱 《宋史》卷六五《五行志》 ［元豐三年］十二月，泌陽縣甘棠木連理。

藝　文

晉 孫楚 《杕杜賦》(引自《藝文類聚》卷八七) 家弟以虞氏《梨賦》見示，余謂豈以梨有用之爲貴，杕無用之爲賤？無用獲全，所以爲貴；有用獲殘，所以爲賤。故賦云爾。惟有杕之爲杜，齊萬物而並生。其質菲薄，既不施於器用。華葉疎悴，靡休陰之茂榮。昔在邵伯，聽訟述職。甘棠作頌，垂之罔極。

宋 王安石 《臨川文集》卷一〇《甘棠梨》 甘棠詩所歌，自足誇衆果。愛其凌秋霜，萬玉懸磊砢。園夫盛採摘，市賈争包裹。車輪動盈箱，舟載輒連柁。朝分不知數，暮在知幾顆。但使甘有餘，何傷小而橢。主人捐千金，飣餖留四坐。柑橪與橙栗，在口亦云可。都城紛華地，内熱易生火。問客當此時，蠲煩孰如我。

圖　表

晉 郭璞 《爾雅音圖・釋木》

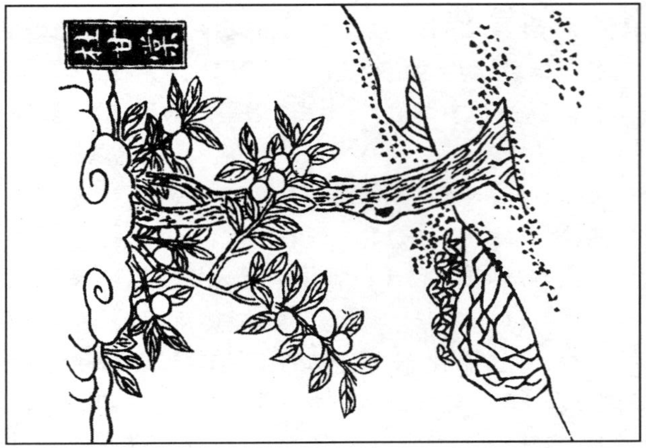

明 李時珍《本草綱目・圖卷》

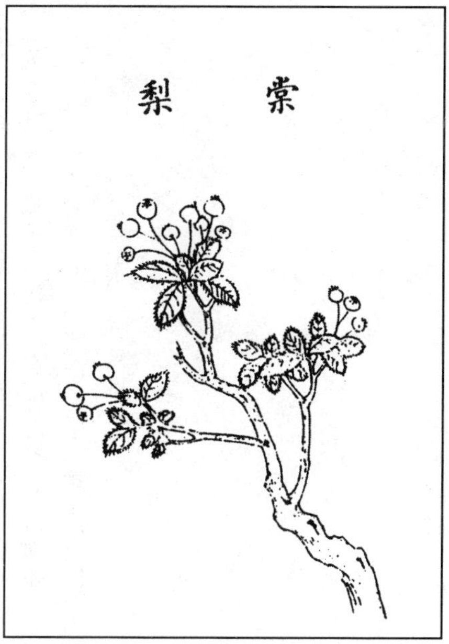

明 鮑山《野菜博録》卷四

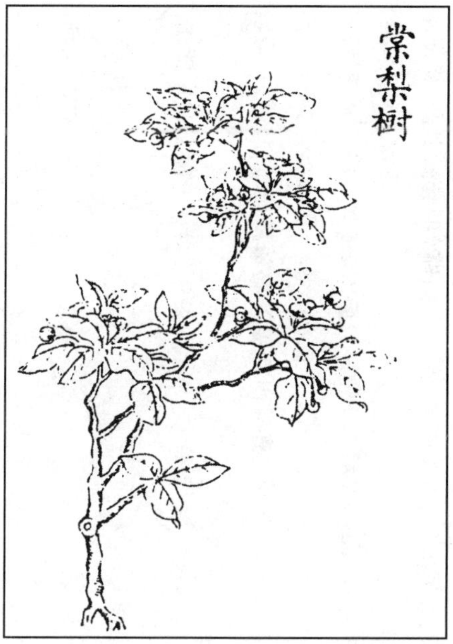

清 徐鼎《毛詩名物圖説》卷八

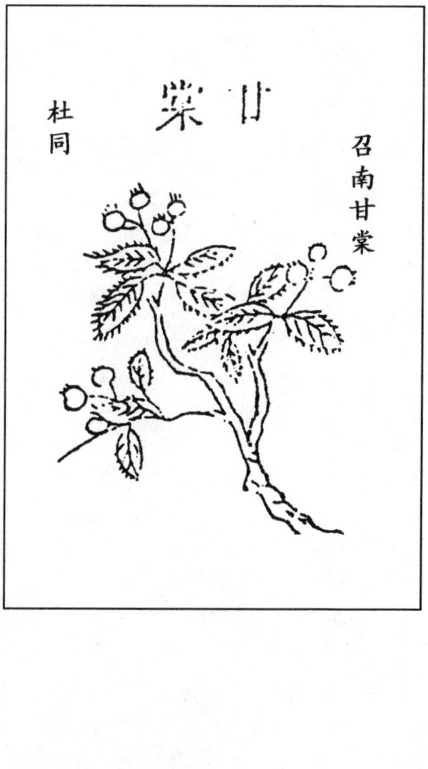

清 吴其濬《植物名實圖考》卷三一《棠梨》

沙棠

綜述

《吕氏春秋・孝行覽・本味》 果之美者，沙棠之實。【高誘注】沙棠，木名也。崑崙山有之。

晉 郭璞《沙棠》（引自《漢魏六朝百三家集》卷五七） 安得沙棠，制爲龍舟。汎波滄海，眇然遐游。聊以逍遥，任波去留。

明 田藝蘅《留青日札》卷三四《桬棠》 桬棠果，瀧水縣出，即詩中所用桬棠木，其果如李，無核。

明 李時珍《本草綱目》卷三一 沙棠果《綱目》 集解：時珍曰：按《吕氏春秋》云：果之美者，沙棠之實。今嶺外寧鄉、瀧水、羅浮山中皆有之。木狀如棠，黄花赤實，其味如李而無核。

明 慎懋官《華夷花木鳥獸珍玩考》卷一《沙棠》 槐江之山有木焉，其狀如棠，華黄赤實。其味如李而無核，名曰沙棠。可以禦水，食之使人不溺。漢成帝常與趙飛燕游太液池，以沙棠木爲舟，其木出崑崙山。人食其實，入水不溺。詩曰：安得沙棠木，刳以爲舟船。

圖表

明 李時珍《本草綱目・圖卷》

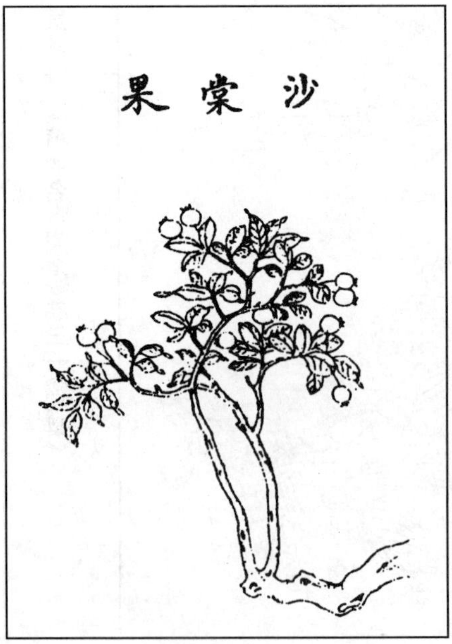

棪

綜述

《爾雅・釋木》 棪，樕其。注：棪實似柰，赤，可食。音義：棪，餘念反。《山海經》：堂庭之山多棪木。注云：子似柰而赤，可食。樕音速。疏：棪，一名樕其。郭云：棪實似柰，赤，可食。《山海經》云：堂庭之山多棪木。注云『子似柰而赤，可食』是也。

清 嵇璜《續通志》卷一七六 棪，一名樕其。見《爾雅》。郭璞注曰：椶實似柰，赤，可食。《山海經》曰『堂庭之山多棪木』，即此。

圖　表

晉　郭璞《**爾雅音圖·釋木**》

柰

綜　述

漢　許慎《**説文**》**卷六**　柰，果也。从木，示聲。奴帶切。

南朝梁　沈約《**宋書**》**卷二九**《**符瑞志**》　晉武帝太始二年六月壬申，嘉柰一蔕十實，生酒泉。

唐　段成式《**酉陽雜俎**》**卷一八**　脂衣柰，漢時紫柰，大如升，核紫花青，研之有汁如漆，或著衣不可浣也。白柰，出涼州野豬澤，大如兔頭。

宋　釋贊寧《**東坡先生物類相感志**》**卷一三**《**崑崙柰**》　山上有柰，冬生子，碧色。須王屏之水洗之，方可食也。

元　王禎《**農書**》**卷九**《**柰林檎**》　柰與林檎，一果而相類也。《廣志》曰：柰有白、青、赤三種。張掖有白柰，酒泉有赤柰。西方例多柰，家以爲脯，數十百斛以爲蓄積，如收藏棗栗。《西京雜記》曰：紫柰、緑柰、別有素柰、朱柰。陶隱居云：江東有之，而北國最豐，皆作脯。有林檎相似而小。林檎，一名來禽。洪玉父曰：以味甘來衆禽也。《本草圖經》曰：木似柰，實比柰差，圓亦有甘酢二種，甘者早熟而味脆美，酢者差晚，須熟爛堪噉。

明　何三畏《**新刻何氏類鎔**》**卷三二**《**柰**》　柰或生于圜丘，張掖，或生于上林、酒泉，或出鍾山、崑崙山、虎丘山，或出靈巖寺、白馬寺、承光寺。其色或赤或白或朱紫，其名爲神爲聖爲春秋。其大如盞而亦如升，其汁如漆而亦如蜜。晉太始之初年，柰蔕垂七實，又有垂十五實。唐貞觀之中歲，柰結五顆，後漸結三百顆。映日而照新芳，叢林而抽晚緑。甘露之漿降其樹，玉井之水洗其皮。曾爲渴者所思，至銘裳帶；亦爲梁州所獻，遠涉道途。柰實出之福鄉，可以消災而除瘴癘；柰脯蓄之百斛，可以充食而當收藏。展上公之食柰于華陽下也，歲忽三千。魏夫人之食柰于静室中也，席多殊色。王僧孺當五歲之時，不敢先嘗而呈之父。魏宫女受七斤之賜，不敢輒食而贈之人。學庭有落柰實于地，羣兒競取而獨坐不顧者，此見楊愔恬裕之家風。後毋令守柰子于庭，風雨忽來，而抱樹至曙者，此見王祥篤至之孝行。蓋潘安仁賦其色耀，梅聖俞詠其實孤。左太冲嗟其夏成，曹子建表其冬熟。則此果亦世所重，人所珍矣。日給之花似柰實者爲柰，而虛者爲日給；林檎之種似柰長者爲柰，而圓者爲林檎。

明　李時珍《**本草綱目**》**卷三〇**　柰《別録》下品　釋名：頻婆音波。時珍曰：篆文柰字，象子綴于木之形。梵言謂之頻婆，今北人亦呼之，猶云端好也。集解：弘景曰：柰，江南雖有，而北國最豐。作脯食之，不宜人。林檎相似而小，俱不益人。士良曰：此有三種：大而長者爲柰，圓者爲林檎，皆夏熟；小者味澀爲梣，秋熟，一名楸子。時珍曰：柰與林檎，一類二種也。樹、實皆似林檎而大，西土最多，可栽可壓。有白、赤、青三色。白者爲素柰，赤者爲丹柰，亦曰朱柰，青者爲緑柰，皆夏熟。涼州有冬柰，冬熟，子帶碧色。《孔氏六帖》言：涼州白柰，大如兔頭。《西京雜記》言：上林苑紫柰，大如升，核紫花青。其汁如漆，著衣不可浣，名脂衣柰。此皆異種也。郭義恭《廣志》云：西方例多柰，家家收切，暴乾爲脯，數十百斛，以爲蓄積，謂之頻婆糧。亦取柰汁爲豉用。其法：取熟柰納瓮中，勿令蠅入。六七日待爛，以酒腌，痛拌令如粥狀，下水更拌，濾去皮子。良久去清汁，傾布上，以灰在下引汁盡，劃開日乾爲末，調物甘酸得所也。劉熙《釋名》載：柰油，以柰搗汁塗繒上，暴燥取下，色如油也。今關西人以赤柰、楸子取汁塗器中，暴乾名果單是矣。味甘酸，可以饋遠。杜恕《篤論》云：日給之花似柰，柰實而日給零落，虚僞與眞實相似也。則日給乃柰之不實者。而王羲之帖云：來禽、日給，皆囊盛爲佳果。則又似指柰爲日給矣。木槿花亦名日及，或同名耳。

明　周文華《汝南圃史》卷四《木果部·柰》　柰，俗名花紅。晉成帝時，三吴女子相與簪白花，望之如素柰。謠言天公織女死爲之著服，則柰花當白色。而南土花紅花作粉紅，黄精鈎吻豈是耳鑒耶？別有一種曰林檎，一名來禽。洪玉父云：以其味甘來衆禽也。王右軍有《來禽青李帖》，而周興嗣所編《千字文》亦云果珍李柰，則柰與李俱非常品。《本草》曰：林檎味酸甘，温，不可多食。其樹似柰，其形圓亦如柰。陳士奇云：此有三種，長大者爲柰，圓者林檎，夏熟，小者味澀，爲梣，秋熟。

明　徐光啓《農政全書》卷二九　柰，《廣志》曰：檣、掩、蓲，柰也。與林檎一類而二種，白者爲素柰，赤者爲丹柰，又名朱柰，青者爲緑柰。張掖有柰，酒泉有赤柰。魏明帝時，諸王朝京，賜東城柰一區。陳思王謝曰：柰以夏熟，今則冬生；物非時爲珍，恩以須爲厚。詔曰：此柰從涼州來。《晉官閣簿》曰：秋有白柰。《西京雜記》曰：紫柰别有素柰、朱柰。涼州有冬柰，色微碧，大如兔頭。上林苑紫柰大如升，核紫，花青，汁如漆，著衣難浣，名脂衣柰。樹與葉皆似林檎而實稍大，味酸帶澀。梵言謂之頻婆。

明　文震亨《長物志》卷一一《花紅》　西北稱柰，家以爲脯，即今之蘋婆果是也。生者較勝，不特味美，亦有清香。吴中稱花紅即名林檎，又名來禽，似柰而小，花亦可愛。

清　曹溶《倦圃蒔植記》卷上《花卉一·柰》　西北多柰，家以爲脯。崑山張應文老圃一得云即南地花紅。予謂晉成帝時，三吴女子相與簪白花，望之如素柰。謠言天公織女死，爲之着服。則柰花當是白色，而我土花紅，花作粉紅，黄精鈎吻，豈容耳鑒耶？別有一種曰林檎者，以其味甘來衆禽食，又名來禽，似柰而小，味非常品。王右軍有《來禽青李帖》，而周興嗣所編《千字文》亦云果珍李柰，則二果以味稱勝，均當與李伯仲耳。

清　王棠《燕在閣知新録》卷二九《頻果》　頻果即奈也，俗云頻婆果，今世謂之頻果，古人謂之林擒，或謂之聯珠果。《廣記》謂之來禽，言味甘熟而禽來也。《本草》云：此有三種，大者爲柰，圓者林擒，小者味澁爲梣。《廣記》云：柰有白、赤、青三種。《洞仙傳》云：福鄉之柰可以除災癘。《西京雜記》云：上林苑有白柰、紫柰、緑柰。貞觀時，有朱柰，亦號爲文林果。

清　嵇璜《續通志》卷一七七　柰，樹似林檎而實稍大，味酸微澀，性寒。有青、赤、白三種，皆夏熟。《西京雜記》：上林苑柰三：白、紫、緑。又有紫柰，大如斗，甘如蜜，核紫花青。見《洞冥記》。梵人謂之頻婆。

清　王念孫《廣雅疏證》卷一〇　檣，椬，欞，榛也。《集韻》云：榛，乃計切，木立死也。榛之言歺也。前《釋詁》云：歺，死也。亦言尼也。《爾雅》云：尼，止也，言其止息不復生也。《玉篇》、《廣韻》並云：椬，柰也。《齊民要術·種柰林檎篇》注引《廣雅》云：檣，椬，蓲，柰也。則是以榛爲果名也。案上已云：楉榴，石榴，柰也。此不應重出。又自『桗，株也』至『木蘩生曰榛』，皆統言木之形狀，不得雜以果名。且上句『肄，枿也』，是伐木之餘。下句『蘖，落也』，是木葉之隕。則此句當爲死木也。以柰字俗亦有作榛者，故誤以榛爲果耳。檣與檣同。《玉篇》云：檣，木瘤也。則檣爲瘣木。《爾雅》：瘣木，苻婁。樊光注云：苻婁尫傴，内病磈磊，無枝也。郭璞注云：謂木病尫傴癭腫無枝條也。木病腫謂之檣，因而死木亦謂之檣，檣之言殄也。鄭注《周官·稻人》云：殄，病也，絶也。椬之言奄也。《白虎通義》云：薨，奄然亡也。欞之言邸也。賈逵説《九邱》云：九州亡國之戒也。孟康注《漢書·楚元王傳》云：西方謂亡女壻爲邱壻，皆死之義也。椬欞，各本譌作掩擖，惟影宋本、皇甫本不譌。

清　吴其濬《植物名實圖考》卷三二《柰》　柰，《别録》下品，即頻果。

藝文

南朝梁　褚澐《柰》（引自《藝文類聚》卷八六）　成都貴素質，酒泉稱白麗。紅紫奪夏藻，芳芬掩春蕙。誰謂重三珠，終焉競八桂。

宋　梅堯臣《宛陵集》卷二七《深夏忽見柰樹上猶存一顆實》　纍纍後堂柰，落盡風雨枝。行樂偶散步，倚杖聊縱窺。林葉隱孤實，山鳥曾未知。物亦以晦存，悟兹身世爲。

圖表

明 李時珍《本草綱目·圖卷》

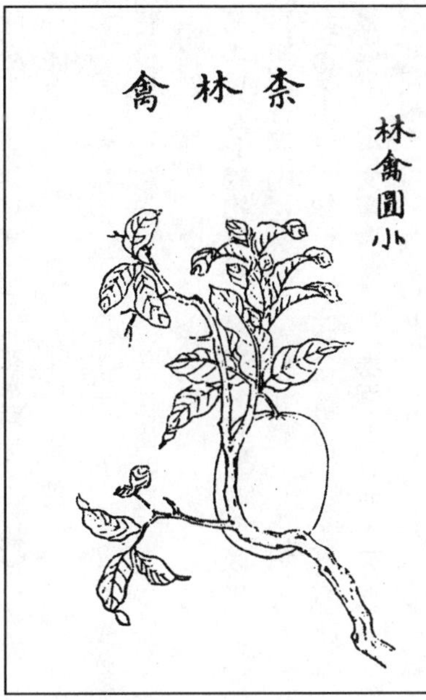

清 吴其濬《植物名實圖考》卷三二《柰》

林檎

綜述

晉 郭義恭《廣志》(引自《説郛》卷六一) 林檎似赤奈子，亦名黑禽，亦名來禽，言味甘，熟則來禽也。

明 李時珍《本草綱目》卷三〇 林檎宋《開寶》 校正：并入《拾遺》文林郎果。釋名：來禽、《法帖》文林郎果。藏器曰：文林郎生渤海間。云其樹從河中浮來，有文林郎拾得種之，因以爲名。珣曰：文林郎，南人呼爲榅桲是矣。時珍曰：案洪玉父云：此果味甘，能來衆禽于林，故有林禽、來禽之名。又唐高宗時，紀王李謹得五色林檎似朱柰以貢。帝大悦，賜謹爲文林郎。人因呼林檎爲文林郎果。又《述征記》云：林檎實佳美。其榅桲微大而狀醜，有毛而香，關輔乃有，江南甚希。據此，則林檎是文林郎，非榅桲矣。集解：志曰：林檎在處有之。樹似柰，皆二月開粉紅花。子亦如柰而差圓，六月、七月熟。頌曰：亦有甘、酢二種：甘者早熟而味脆美；酢者差晚，須爛熟乃堪啖。今醫家乾之入治傷寒藥，謂之林檎散。時珍曰：林檎即柰之小而圓者。其味酢者，即楸子也。其類有金林檎、紅林檎、水林檎、蜜林檎、黑林檎，皆以色味立名。黑者色似紫柰。有冬月再實者。林檎熟時，曬乾研末點湯服甚美，謂之林檎麨。僧贊寧《物類相感志》云：林檎樹生毛蟲，埋蠶蛾于下，或以洗魚水澆之即止。皆物性之妙也。

明 慎懋官《華夷花木鳥獸珍玩考》卷二《林檎》 林檎一名來檎，似柰而小。洪玉父曰：以味甘來衆禽也。觀王羲之不見來禽青李之帖，豈非古人之所重哉？

明 王世懋《學圃雜疏》 花紅，一名林禽，即古來禽也。郡城中多植之。覓利味苦非佳，而特可觀。北土之蘋婆即此種之變也。吾地素無，近亦有移植之者。載北土以來，亦能花能果，形味俱減。然猶是奇物。王相公及政僮園俱有之。二種雖貴賤難易迥別，吾圃中各植三兩株足矣。來禽種雖易，然與桃性俱多蟲而易敗，種者苦於剔蟲。若桃則數年一易可耳。

明 鮑山《野菜博録》卷四 沙果子樹，即花紅，人家園圃亦多栽種。樹高丈餘，葉似櫻桃葉，深緑色，開粉紅花，瓣微長不尖，結實似李甚大，味甘微酸。

明　徐光啓　**《農政全書》卷二九**　林檎，一名來禽，一名文林郎果，一名蜜果。此果味甘，能來衆禽于林，故有林禽、來禽之名。唐高宗時，紀王李謹得五色林檎似朱柰以貢。帝大悦，賜謹爲文林郎。人因呼林檎爲文林郎果。又云其樹從河中浮來，有文林郎拾得種之，因以爲名。《本草圖經》曰：不似柰，實比柰差圓，亦有甘、酢二種。甘者早熟而味脆美，酢者差晚，須熟爛堪噉。陳士良云：大長者爲柰，圓者爲林檎，夏熟；小者味澀爲梣，又名楸子，秋熟。林檎樹二月開粉紅花，六七月熟，又有金、紅、水、蜜、黑五種。李時珍曰：其味酢者即楸子也。

明　陳懋仁　**《庶物異名疏》卷一九《黑檎　來禽》**　《廣志》：林檎似赤柰子，亦名黑檎，又名來禽。言味甘，熟則來禽也。來禽亦見右軍帖。

明　劉侗　**《名物通》卷八**　來禽，以味甘，來衆禽也。似赤柰，實大如小黄匏。色白如玉，間以朱點，即文林菓。亦曰蘋婆，生於玉井之側，出自金膏之地，《楞嚴》諸經有之。

清　陳淏子　**《秘傳花鏡》卷三《花木類考·林檎》**　林檎，一名來禽。一名冷金丹，即奈之類也。二月開粉紅花，似西府，但花六山。實則圓而味甘，非若奈之實長而味稍苦，果之香甜可口。五月中熟者，蜜林檎爲第一。金林檎以花爲重。唐高宗時，李謹得五色林檎以貢。有金、紅、水、蜜、黑五色之異。帝悦，賜謹以文林郎。因名爲文林郎果。

清　高士奇　**《北墅抱甕録·林檎》**　林檎，花與蘋果相似，開亦同時。園中約及百樹，新花滿隖，佳實出林，俱可耽愛。右軍帖：青李來禽，子皆囊盛爲佳，函封多不生。可知古人於此果珍重護惜，不視爲常産也。

清　張逸少　**《佩文齋廣羣芳譜》卷五七《果譜·林檎》**　一名來禽，一名蜜果，此果味甜，能來衆禽於林，故有林檎、來禽、蜜果之號。一名文林郎果，詳見《洽聞記》。一名冷金丹。詳見《清異録》。【略】生渤海間，以柰樹搏接。二月開粉紅花，子如柰，小而差圓，六七月熟，色淡紅可愛，有甜、酸二種，有金、紅、水、蜜、黑、五色。甜者早熟而味脆美，酸者熟差晚，須爛方可食。黑者色如紫柰。有冬月再實者，性甘温，下氣消渴，多食脹滿。或云食多覺膨脹，並嚼其核即消。一云食其子令人心煩，生者食多生瘡癤。

清　張宗法　**《三農紀》卷一〇《果屬·林檎》**　林檎，《圖經》云：葉似梨，樹不高大，仲春月開粉紅花，結實若柰而差圓，六七月熟，□紅可愛，稱爲花紅。甜者早熟脆美，酸者晚熟較脆。色有水蜜、金紅二色。果可脯，乾研末點湯。《方士記》名蜜果，《本草》云泠金丹。《通志》云：始生渤海間，其味甘，能召鳥，謂之來禽，又名林禽。

清　吴其濬　**《植物名實圖考》卷三一《林檎》**　林檎，《開寶本草》始著録，即沙果。李時珍以爲文林郎果，即此。

藝　文

唐　鄭谷　**《雲台編》卷上《水林檎花》**　一露一朝新，簾櫳曉景分。豔和蜂蝶動，香帶管絃聞。笑擬春無力，粧濃酒漸醺。直疑風起夜，飛去替行雲。

宋　王庭珪　**《盧溪文集》卷二四《國材姪送林檎》**　嫩紅輕拂女兒臉，淺緑深堆瑪瑙盤。草木若能成好字，來年早寄一枝看。

宋　陳與義　**《簡齋集》卷七《來禽花》**　來禽花高不受折，滿意清明好時節。人間風日不貸春，昨夜胭脂今日雪。舍東蕪菁滿眼黄，胡蜨飛去轉斜陽。妍媸都無十日事，付與梧桐一夏涼。

宋　劉子翬　**《屏山集》卷一七《來禽》**　粲粲來禽味獨奢，孤根誰徙向天涯。好尋青李相遮映，風味應同逸少家。

宋　高似孫　**《剡録》卷一〇《草木禽魚下·林檎》**　《山居賦》曰：枇杷林檎帶谷映渚，青李來禽出羲之帖。梅聖俞詩：右軍好佳果，墨帖求林檎。李易《剡山》詩：豆角嘗新小麥秀，來禽向長櫻桃肥。

明　張甯　**《方洲集》卷一〇《林檎》**　紅潤過南橘，香甘勝北梨。晴牕見圖畫，重和宋人詩。

清　謝重輝　**《杏樹詩集·癸未詩·來禽》**　臨池識其名，滋味蘋婆亞。栽培五六年，其巨不盈把。春暮綻翠英，爛熳開朱夏。垂實鳥爭來，薦嘗南客訝。省事勝剖柑，漿流過啖蔗。更聞酒泉郡，恣食不論價。安得如野禽，同過藐姑射。

清　愛新覺羅·玄燁　**《清聖祖文第二集》卷四九《詠林檎》**　野果初來上苑東，紫紅鮮品進離宫。雖然不及羣珍味，也有微誠在此中。

清　鄧廷楨　**《雙硯齋詩鈔》卷二《記園中草木十二首·之十》**　淺碧輕紅脆李如，平頭捧進曉涼初。歙州螺子宣州紙，窗下剛臨逸少書。來禽

圖表

明 鮑山《野菜博録》卷四

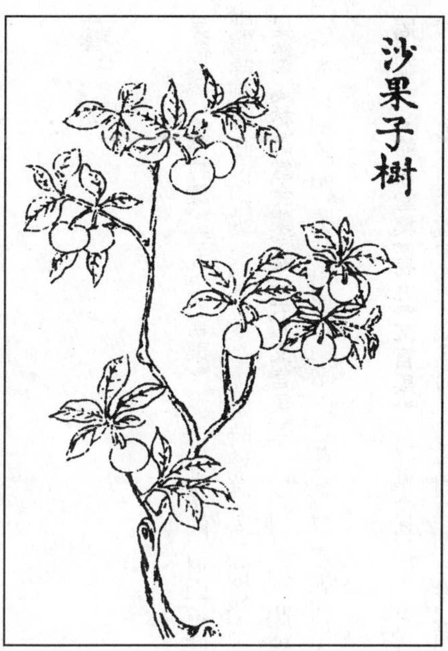

清 吴其濬《植物名實圖考》卷三一《林檎》

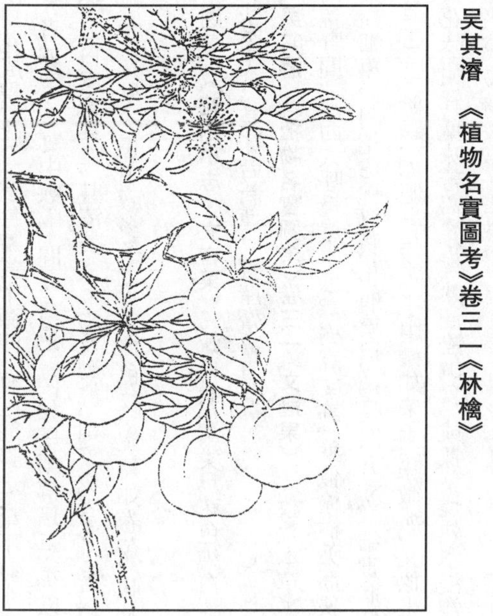

文官果

綜述

明 朱橚《救荒本草》卷六 文冠花，生鄭州南荒野間，陝西人呼爲崖木瓜。樹高丈許。葉似榆樹葉而狹小，又似山茱萸葉亦細短。開花仿彿似藤花而色白，穗長四五寸。結實狀似枳殼而三瓣，中有子二十餘顆，如肥皂角子，子中瓤如栗子，味微淡，又似米麵，味甘可食。其花味甜，其葉味苦。

明 慎懋官《華夷花木鳥獸珍玩考》卷二《文官果》 出青州、德州，四稜，内有仁如螺，外蔽以房。唐德宗出狩，道旁有以是果獻者，遂官其人，故名。或曰其種類自文官得之。

明 謝肇淛《五雜俎》卷一一《物部三》 北地有文官果，形如螺，味甚甘，類滇之馬金囊，或云即是也。後金囊又訛爲檳榔，遂以文官果爲馬檳榔，不知文官果樹生，馬金囊蔓生也。

明 姚旅《露書》卷一〇 文官果，即文林郎。文林郎即高宗所賜之官名。因以名果，俗呼爲文官耳，或曰文林郎。一名來禽，誤。蓋文林郎之實皮如石榴，不可啖，安能來禽？今以花紅爲來禽，花紅味甜，名副其實矣。花紅如蘋果而小，赤色，當是丹柰。

清 陳淏子《秘傳花鏡》卷三《花木類考・文官果》 文官果産於北地，樹高丈餘，皮粗多磥砢，木理甚細，葉似榆而尖長，周圍鉅齒紋深。春開小白花成穗，每瓣中微凹，有細紅筋貫之，蒂下有小青托。花落結實，大者如拳，一實中數隔，間以白膜，仁與馬檳榔無二，裹以白軟皮，大如指頂，去皮而食其仁，甚清美。如每日常澆，或雨水多，則實成者多。若遇旱年，則實粒小而無成矣。

清 張逸少《佩文齋廣羣芳譜》卷六七《果譜・文官果》 文官果，樹高丈餘，皮粗多礧砢。木理甚細，堪作器物。葉似榆而尖長，周圍鉅齒紋。

深春開小白花成穗，花五瓣，每瓣當中微凹，有紅筋貫之，蒂下有小青托。花落結實，大者如拳，一實中數隔，間以白膜。仁如馬檳榔無二，裹以白軟皮，大如指頂，去白皮食其仁，甚清美。多雨及勤澆，則實成者多。若遇旱，則實粃小而不成。其果一苞中藏多子，子多白色紋，旋轉如卷蕉，味甘香如嫩蓮菂。

清 謝堃《花木小志・文官果》 此果狀如銀杏，花色純白，然銀杏不可生食，此果生食，其味若新蓮。實産齊魯者佳。

清 吴其濬《植物名實圖考》卷三一《文冠果》 《救荒本草》：文冠果生鄭州南荒野間，陝西人呼爲崖木瓜。樹高丈許，葉似榆樹葉而狹小，又似山茱萸葉亦細短。開花仿佛似藤花而色白，穗長四五寸。結實狀似枳殼而三瓣，中有子二十餘顆，如肥皂角子，子中瓤如栗子，味微淡，又似米麪，味甘可食。其花味甜，其葉味苦，採花煠熟油鹽調食，或採葉煠熟水浸淘去苦味，亦用油鹽調食，及摘實取子煮熟食。

藝文

清 吴偉業《梅村集》卷九《文官果》 近世誰來尚，何因擅此名。小心冰骨細，虚體緑袍輕。味以經嘗淡，香從入手清。時珍誇衆口，殽核大縱横。

清 吴綺《林蕙堂全集》卷一五《文官果》 佳名因供御，此種自齊州。脂緑蟠蝸尾，房青剖雁頭。脆分山栗早，嫩占楚蓮秋。草木誠何事，居然第一流。

清 周亮工《賴古堂集》卷九《文官果》 異種含苞出上方，升沉肯使世頻嘗。螭盤無意爭高樹，蠖曲棲身就密房。待伴同爲湖目冷，層綃剥出薏心香。莫言文露尋嘗滴，姑射仙人結夏糧。

清 郭棻《學源堂詩集》卷五《文官果》 大于椰子翠于玕，密葉繁花鳥不殘。豈有蕉心抽緑卷，遂同虬鬣拜蒼官。落霞影裏珠千綴，曉色林中玉一攢。倘遇好文如漢武，凌雲應作上林看。

圖表

明 朱橚《救荒本草》卷六

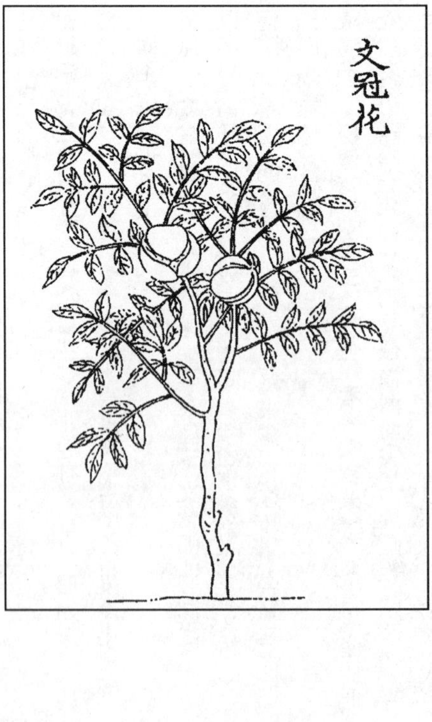

清 吴其濬《植物名實圖考》卷三一《文冠果》

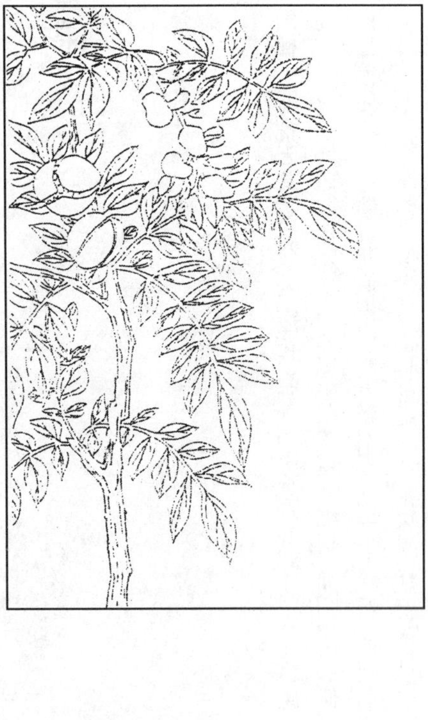

山楂

綜　述

《爾雅·釋木》　朹，繫梅。注朹樹狀似梅。子如指頭，赤色，似小柰，可食。音義【略】疏：朹，一名繫梅。郭云：朹樹狀似梅。子如指頭，赤色，似小柰，可食。

漢　許慎　《説文》卷六　樝，果似梨而酢。从木，虘聲。側加切。

明　李時珍　《本草綱目》卷三〇　山楂音渣。《唐本草》　校正：《唐本草》木部赤爪木，宋《圖經》外類棠梂子，丹溪《補遺》山查，皆一物也。今并于一，但以山楂標題。釋名：赤爪子、側巧切。《唐本》鼠楂、《唐本》猴楂、危氏茅楂、《日用》朹子、音求。繫梅、音計。并《爾雅》羊梂、《唐本》棠梂子、《圖經》山里果。《食鑒》　時珍曰：山楂味似楂子，故亦名楂。世俗皆作查字，誤矣。查，音槎，乃水中浮木，與楂何關？郭璞注《爾雅》云：朹，音求，樹如梅。其子大如指頭，赤色似小柰，可食。此即山楂也，世俗作梂字亦誤矣。梂乃櫟實，于朹何關？楂、朹之名，見于《爾雅》。自晉、宋以來，不知其原，但用查、梂耳。此物生于山原茅林中，猴、鼠喜食之，故又有諸名也。《唐本草》赤爪木當作赤棗，蓋棗、爪音訛也，楂狀似赤棗故爾。范成大《虞衡志》有赤棗子。王璆《百一選方》云：山裏紅果，俗名酸棗，又名鼻涕團。正合此義矣。集解：恭曰：赤爪木，赤楂也。出山南、申、安、隨諸州。小樹高五六尺，葉似香薷。子似虎掌，大如小林檎，赤色。藏器曰：赤爪草，即鼠楂梂也。生高原。梂似小楂而赤，人食之。頌曰：棠梂子生滁州。三月開白花，隨便結實，采無時。彼人用治下痢及腰疼有效。他處亦有，不入藥用。時珍曰：赤爪、棠梂、山楂，一物也。古方罕用，故《唐本》雖有赤爪，後人不知即此也。自丹溪朱氏始著山楂之功，而後遂爲要藥。其類有二種，皆生山中。一種小者，山人呼爲棠朹子、茅楂、猴楂，可入藥用。樹高數尺，葉有五尖，椏間有刺。三月開五出小白花。實有赤、黄二色，肥者如小林檎，小者如指頭，九月乃熟，小兒採而賣之。閩人取熟者去皮核，擣和糖、蜜，作爲楂糕，以充果物。其核狀如牽牛子，黑色甚堅。一種大者，山人呼爲羊朹子。樹高丈餘，花葉皆同，但實稍大而色黄緑，皮澀肉虚爲異爾。初甚酸澀，經霜乃可食。功應相同，而採藥者不收。

明　李中立　《本草原始》卷七　山樝，出山南、申、安、隨諸州。樹高數尺，葉似香薷。二月開白花。實有赤、黄二色，肥者如小林檎，小者如指頂，九月乃熟，味似樝子，故名樝。此物生於山原茅林中，猴、鼠喜食之，故一名茅樝、猴樝、鼠樝，俗呼山查。

明　徐光啓　《農政全書》卷三〇　山樝，《爾雅》曰：朹子，繫梅。又名赤瓜子、鼠樝、猴樝、茅樝、羊梂、棠梂子、山裏果。此物生於田原茅林中，猴、鼠喜食之，故有諸名也。

清　陳淏子　《秘傳花鏡》卷三《花木類考·山楂》　山楂，一名茅樝樹。高數尺，葉似香薷。二月開白花。結實有赤、黄、白三色，肥者如小林檎，小者如指頂，九月乃熟，味似樝子而微酢。多生於山原茅林中，猴、鼠喜食，小兒以此爲戲果。

清　高士奇　《北墅抱甕録·山樝》　來禽坳，以種林禽得名，不植別樹。惟山樝十數本參差林間，亦來禽類也。有黄、赤二色，味兼酸甘，以爲飯餘酒罷之供，所益多矣。

清　嵇璜　《續通志》卷一七七　山樝，一名朹音求子，一名槩音計梅，一名棠捄子，一名赤瓜子，一名茅樝，一名羊捄子。《爾雅》云：朹，槩梅。狀似梅，子如指頭，赤色，似小奈，可食。見郭璞注。生高原，有二種。小者高數尺，多枝柯，葉有五尖，椏間有刺，其華白，其核狀如牽牛子。大者樹高丈餘，花葉同而實大，經霜乃赤。

清　牟應震　《毛詩物名考》卷五　聊，《爾雅》：朹，槩梅。科者聊。注：朹子如指頭，赤色，似小奈，可食。即今山樝也。大者如栗，名唐朹。其小如奈者，曰山樝。疑即《爾雅》所謂科者聊也。其結子甚盛，至秋熟時，通樹爲紅。與蕃衍二字合。《詩》云：椒聊之實。或是二木，椒言其味之香，聊言其色之美也。

清　吴其濬　《植物名實圖考》卷三二《山樝》　山樝，《唐本草》始著録，即赤爪子。李時珍以爲《爾雅》『朹，繫梅』即此。北地大者味佳，製爲糕，小者唯入藥用。《齊民要術》引《廣志》云：朹木易種，多種之爲薪，又以肥田。郭注《山海經》亦云：朹可燒糞田。蓋此木與槲、栩同生山萊，落實取材，薪櫄是賴。郭注《爾雅》但云可食，尚未標以爲果，而入藥則盛於近世也。

藝文

明 徐渭《徐文長逸稿》卷四《山查》　如聞海鳥不宜牲，亦似山查便埜生。紅後滿村量雀卵，秋來偏此只風聲。對苹犬馬傷孤抱，種豆還談少一甥。來往細腰爭窖蜜，莫須移浸與東陵。

清 方觀承《東閭剩稿・山樝》（引自《述本堂詩集》）　一騎貢秋風，山樝粒粒紅。摘林霜落蒂，馳夜月盈籠。品以君羞重，根依王氣崇。櫻桃唐故事，香薦寢園同。

圖表

晉 郭璞《爾雅音圖・釋木》

明 李時珍《本草綱目・圖卷》

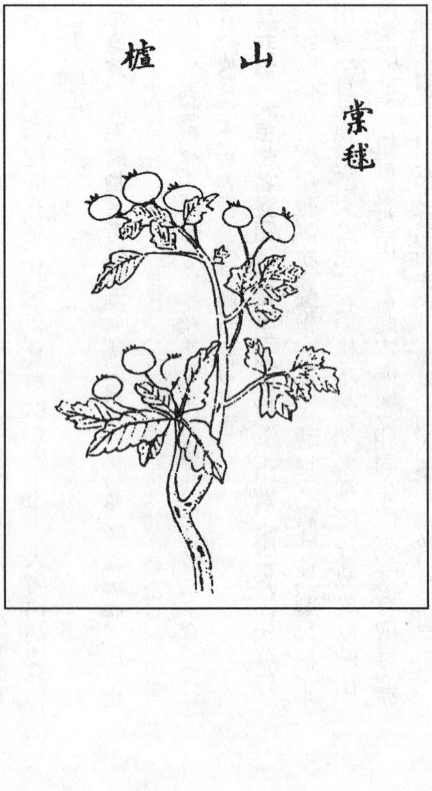

清 吳其濬《植物名實圖考》卷三二《山樝》

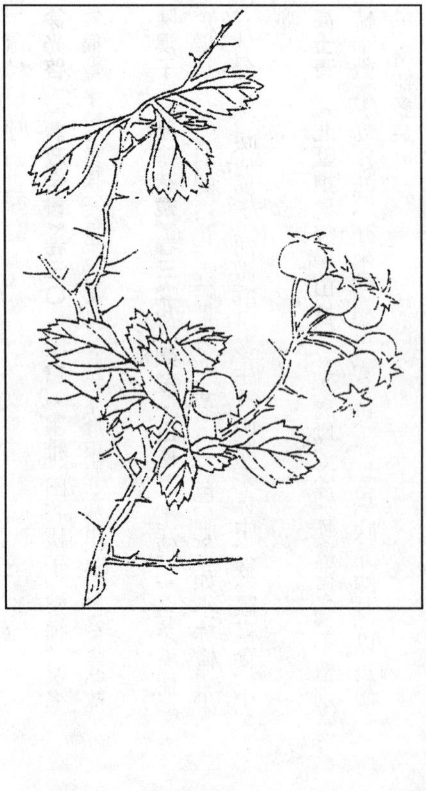

海棠

綜述

明　李時珍　《本草綱目》卷三〇　海紅《綱目》　釋名：海棠梨。時珍曰：按李德裕《草木記》云：凡花木名海者，皆從海外來，如海棠之類是也。又李白詩注云：海紅乃花名，出新羅國甚多。則海棠之自海外有據矣。集解：時珍曰：《飲膳正要》果類有海紅，不知出處，此即海棠梨之實也。狀如木瓜而小，二月開紅花，實至八月乃熟。鄭樵《通志》云：海棠子名海紅，即《爾雅》赤棠也。沈立《海棠記》云：棠有甘棠、沙棠、棠梨，皆非海棠也。海棠盛于蜀中。其出江南者名南海棠，大抵相類，而花差小。棠性多類梨。其核生者長慢，十數年乃花。以枝接梨及木瓜者易茂。其根色黄而盤勁。其木堅而多節，外白中赤。其枝葉密而條暢。其葉類杜，大者縹緑色，小者淺紫色。二月開花五出，初如胭脂點點然，開則漸成纈暈，落則有若宿妝淡粉。其蒂長寸餘，淡紫色，或三萼、五萼成叢。其蕊如金粟，中有紫須。其實狀如梨，大如櫻桃，至秋可食，味甘酸。大抵海棠花以紫綿色者爲正，餘皆棠梨耳。海棠花不香，惟蜀之嘉州者有香而木大。有黄海棠，花黄。貼乾海棠，花小而鮮。垂絲海棠，花粉紅向下。皆無子，非真海棠也。

清　鄒一桂　《小山畫譜》卷上《海棠》　三月花，五出，多層藥，叢生，深紅。開足正面白，反瓣深紅。其瓣狹長而圓，末柄、蒂俱紅者爲西府海棠。唐時大内所植，今不易得。柄緑而帶紅者爲多。著花處先有尖圓小葉青色，而其嫩葉反大而微紅。又一種花葉肥大，重臺梗，光潤而青者，爲河南西府。若棠梨，則單瓣青蒂，葉尖，色態俱不及矣。

清　吴其濬　《植物名實圖考》卷三一《海紅》　海紅即海棠花實。《本草綱目》始收入果部。京師以糖裹食之。

紀事

明　彭儼　《鎸五侯鯖》卷五《海棠》　蜀中海棠有色無香，惟昌州海棠有香，其木合抱，故昌州號曰海棠香。花仙，賈耽《花譜》以此花爲神仙。海棠花睡未足。嘉定州有海棠山，山上皆植海棠，爲郡守游宴之所。海棠溪在州城對岸。杜子美無詩，以其母名海棠。

清　于敏中　《日下舊聞考》卷一四九　海棠，上西府，次鐵梗，次垂絲，贋者木瓜，辨之以其葉，木瓜花先葉，海棠葉先花。韋公、慈仁二寺皆京師海棠盛處。《帝京景物畧》京師多海棠，初以鐘鼓樓東，張中貴宅二株爲最。嘉隆間，數左安門外韋公寺。萬曆中，又尚解中貴宅所植，高明區中允大相詩『解家海棠帝苑邊，開時車馬日喧闐』是也。今舊本俱無存矣。《陝志》

著録

宋　鄭樵　《通志》卷六六　《海棠記》一卷。

宋　陳振孫　《直齋書録解題》卷一〇　《海棠記》一卷。吴人沈立撰。

元　馬端臨　《文獻通考》卷二一八　《海棠記》一卷。陳氏曰：吴人沈立撰。

清　永瑢　《四庫全書總目》卷一一五　《海棠譜》三卷。浙江鮑士恭家藏本。宋陳思撰。思有《寶刻叢編》，已著録。此書不見於《宋史・藝文志》。惟焦竑《國史・經籍志》載有三卷，與此本合。前有開慶元年思自序。上卷皆録海棠故實，中、下二卷則録唐宋諸家題咏。而栽種之法，品類之別，僅於上卷中散見四五條。蓋數典之書，惟以隸事爲主者。然搜羅不甚賅廣。今以《錦繡萬花谷》、《全芳備祖》諸書所類海棠事相較，其故實似稍加詳，而題咏則多闕略。如唐之劉禹錫、賈島，宋之王珪、楊繪、朱子、張孝祥、王十朋諸家，爲陳景沂所收者，此書並未録及。然如張洎、程琳、宋祁、李定之類，亦有此書所有而陳氏脱漏者。蓋當時坊本各就所見裒集成書，故互有詳略。以宋人舊帙，姑并存之，以資參核云爾。

藝文

宋　宋祁《**景文集**》**卷四七**《**重葉海棠贊并序**》　海棠大抵數種，種皆小異。惟其盛者，則重葩疊萼可喜，非有定種也。花開爛若錦障，北方所植者枝强花瘠，殊不可玩，故蜀之海棠誠爲天下奇絶云。贊曰：條柯柔曼，濃淺繁總。盛則重葩，不常厥種。

宋　蘇軾《**東坡全集**》**卷一三**《**海棠**》　東風嫋嫋泛崇光，香霧霏霏月轉廊。只恐夜深花睡去，更燒高燭照紅粧。

宋　尤袤《**梁谿遺稿**》**卷一**《**海棠**》　兩株芳蘂傍池陰，一笑嫣然抵萬金。火齊照林光灼灼，彤霞射水影沉沉。曉妝無力燕支重，春醉方酣酒暈深。定自格高難著句，不應工部總無心。

宋　許綸《**涉齋集**》**卷一四**《**垂絲海棠**》　遊絲颺晴空，垂楊曳平地。中有海洲僊，學舞金鈿墜。

宋　杜範《**清獻集**》**卷四**《**和趙山甫海棠**》　春風得意酌霞觴，翠袖寧禁白露霜。欲向月宫收賸馥，曉窻强理背時粧。

金　王寂《**拙軒集**》**卷二**《**海棠**》　輕紅淡白天然態，山杏溪桃不足多。睡足精神閑蠟燭，酒酣肌肉捲香羅。都官有隙遽如許，工部無情奈爾何。流落幸遭蘇玉局，一樽相對爲君歌。

明　張元凱《**伐檀齋集**》**卷七**《**賞海棠次韻**》　海棠開爛漫，華館共徘徊。色受羣芳妒，香因太豔摧。枝枝供麗曲，朵朵勸深杯。恍惚花神馭，巫山行雨回。

清　孔貞瑄《**聊園續集**》**卷一四**《**詹事海棠**》　詹事海棠二百年，開花燁如霞麗天。天挺奇葩驚絶代，人仰遺薇緬前賢。前賢遺徽眞不替，光華韡韡陰蔽芾。近與壇杏助芬芳，遠從鐵檜連根蔕。世間榮謝萬不同，閒氣鍾靈奪天工。嶧桐岱松遜其艷，何彼桃李敢言穠。春華能共喬木壽，名賢手澤元不朽。年年挈樽看海棠，本支百世同悠久。

清　謝重輝《**杏村詩集・癸未詩・海棠**》　春色欲滿園，園花爭鬬巧。每憶花開時，玆花放獨早。顔色多淡紅，臙脂似者少。但嫌易消歇，不能待芳草。携壺就花茵，眷戀寧忍掃。西蜀多此花，東坡爲絶倒。如何杜陵翁，吟詩獨不道。我欲窮其説，攀條念已老。

清　陸奎勳《**陸堂詩集**》**卷一〇**《**海棠**》　西子湖涯獨立妍，韋公祠下兩參天。名花勝翦隋宮彩，遠道思浮蜀水船。故我未殘胡蝶夢，新春特發海棠顛。少陵脈脈眞心賞，薛鄭何勞補逸篇。

圖表

明　李時珍《**本草綱目・圖卷**》

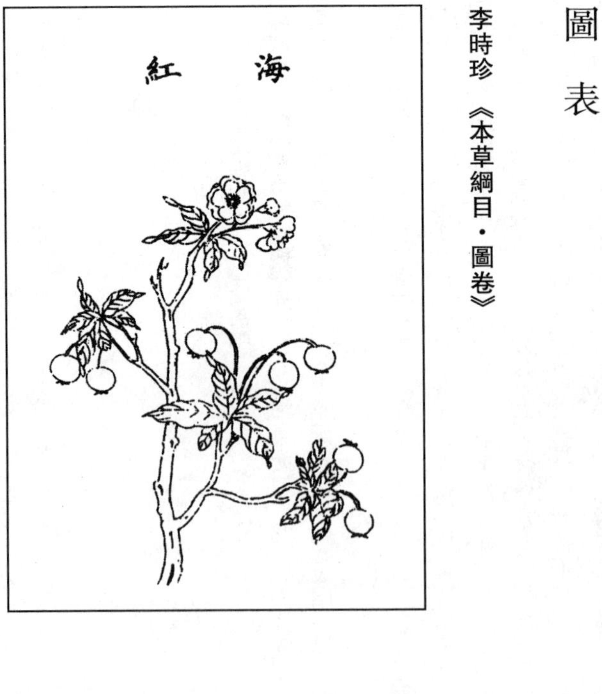

清　吳其濬《植物名實圖考》卷三一《海紅》

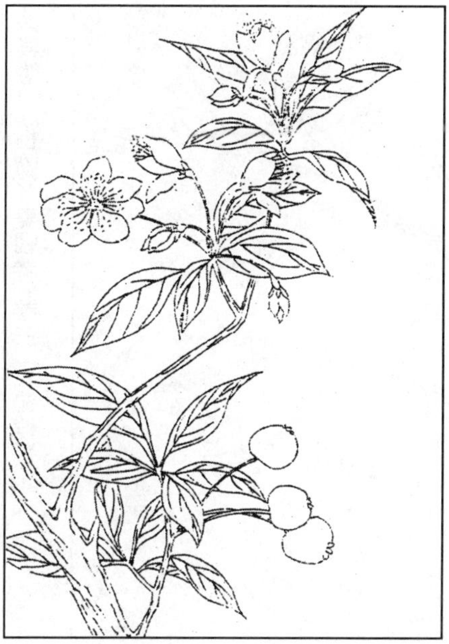

榲桲

綜述

宋　寇宗奭《本草衍義》卷一八　榲桲，食之須净去上浮毛，不爾損人肺。花亦香，白色。諸果中惟此多生蟲，少有不蚛者。《圖經》言：欲卧，噉一兩枚而寢。如此，恐太多痞塞胃脘。

宋　戴侗《六書故》卷二一　榲桲　榲，烏没切。桲，薄没切。榲桲，果也。

明　李時珍《本草綱目》卷三〇　榲桲音温孛。宋《開寶》　釋名：時珍曰：榲桲性温而氣馞，故名。馞，音孛，香氣也。集解：志曰：榲桲生北土，似楂子而小。頌曰：今關陝有之，沙苑出者更佳。其實大抵類楂，但膚慢而多毛，味尤甘。其氣芬馥，置衣笥中亦香。藏器曰：樹如林檎，花白緑色。宗奭曰：食之須净去浮毛，不爾損人肺。花白色，亦香。最多生蟲，少有不蛀者。時珍曰：榲桲蓋榠楂之類生于北土者，故其形狀功用皆相仿佛。李珣《南海藥録》言：關中謂林檎爲榲桲。按《述征記》云：林檎佳美。榲桲微大而狀醜有毛，其味香，關輔乃有，江南甚希。觀此則林檎、榲桲，蓋相似而二物也。李氏誤矣。

明　徐光啓《農政全書》卷三〇　榲桲，李時珍曰：即榠樝之生於北土者。蘇頌曰：今關陝有之，沙苑出者更佳。其實類樝，但膚慢而多毛，味尤甘。其氣芬馥，置衣笥中亦香。

清　張逸少《佩文齋廣羣芳譜》卷五五《果譜·榲桲》　榲桲，出關陝，沙苑者更佳。似樝子而小，氣香辟衣魚。樹如林檎，花白緑色，味甘。食之，宜净洗去毛，恐損肺，不宜多食。同車螯食，發疝氣。

清　嵇璜《續通志》卷一七七　榲桲，音温孛似樝子而小，氣香辟衣蠹。樹如林檎，花白緑色。味甘，多毛，食之宜去净。出關陝，沙苑者佳。

清　吳其濬《植物名實圖考》卷三一《榲桲》　榲桲，《開寶本草》始著録，今惟産陝西，形似木瓜，又似梨，多以飣盤。有攜至京師者，取其香氣，置盤笥中，以薰鼻煙，不復供食。

藝文

宋　梅堯臣《宛陵集》卷一六《得沙宛榲桲戲酬》　蒺藜已枯天馬歸，嫩蠟籠黄霜冒幹。不比江南查柚酸，橐駝載與吴人看。

宋　文同《丹淵集》卷一八《彦思惠榲桲因謝》　秦中物專美，榲桲爲嘉果。南枝種府署，高樹立婀娜。秋來放新實，照日垂萬顆。中滋甘醴釀，外飾素茸裹。彦思摘晨露，滿合持贈我。復侑以佳句，再拜極所荷。珍之不敢盡，玩已即深鎖。玆焉遂名産，沙苑忽么麽。

圖表

明 李時珍《本草綱目·圖卷》

清 吳其濬《植物名實圖考》卷三一《榅桲》

楊梅

綜述

晉 嵇含《南方草木狀》卷下 楊梅，其子如彈丸，正赤。五月中熟，熟時似梅，其味甜酸。陸賈《南越行紀》曰：羅浮山頂有胡楊梅，山桃繞其際，海人時登採拾，止得於上飽噉，不得持下。東方朔《林邑記》曰：林邑山楊梅，其大如杯碗，青時極酸，既紅味如崖蜜，以醖酒，號梅花酎，非貴人重客，不得飲之。

唐 段公路《北户録》卷三《白楊梅》 楊梅，葉如龍眼樹，冬青，一名杌。音求潘州有白色者，甜而絶大。鄭公虔云：越州容山有白熟楊梅。《兼名苑》云：東興縣有大如鷄卵楊梅。《博物志》云：地有章名，則多楊梅。得非誤耶？《南越志》：安章縣白蜀里多楊梅。求之，曰：白蜀去章遠矣。《吳興記》曰：故章縣北有石柳山，出楊梅，常以貢御。張華所謂『地名章，必生楊梅』，蓋謂此也。

宋 温革《分門瑣碎録·菜木總説》 楊梅、皂莢，有雌雄者之樹，雄者無實。

宋 羅願《爾雅翼》卷一二《楊梅》 楊梅木若荔支，葉細陰青。實如穀子而有核，其味酢，出江南，五月中熟。江淹頌云：懷蘂挺實，涵黄糅丹。鏡日繡壑，炤霞綺巒。張司空云：地章，無不生楊梅者。

明 李時珍《本草綱目》卷三〇 楊梅宋《開寶》 釋名：杌子。音求。時珍曰：其形如水楊子而味似梅，故名。段氏《北户録》名杌子。揚州人呼白楊梅爲聖僧。集解：志曰：楊梅生江南、嶺南山谷。樹若荔枝樹，而葉細陰青。子形似水楊子，而生青熟紅，肉在核上，無皮殼。四月、五月採之。南人腌藏爲果，寄至北方。時珍曰：楊梅樹葉如龍眼及紫瑞香，冬月不凋。二月開花結實，形如楮實子，五月熟，有紅、白、紫三種，紅勝于白，紫勝于紅，顆大而核細，鹽藏、蜜漬、糖收皆佳。東方朔《林邑記》云：邑有楊梅，其大如杯碗，青時極酸，熟則如蜜。用以釀酒，號爲梅香酎，甚珍重之。贊寧《物類相感志》云：桑上接楊梅則不酸。楊梅樹生癩，以甘草釘釘之則無。皆物理之妙也。藏器曰：張華《博物志》言地瘴處多生楊梅，驗之信然。

明　謝肇淛《五雜俎》卷一一《物部三》　楊梅以吳興太子灣者爲佳，紫黑若桑椹，入口甘而不酢。又有一種白色者，名爲水精楊梅。余於己酉夏避暑吳山，臧晉叔見餉數十顆，甘美勝常。家人驚異傳玩，以爲在吳興五年所未嘗見也。

王世懋《學圃雜疏・果疏》　楊梅須山土，吾地沙土，非宜種之，亦能生，但小耳，樹極婆娑可愛。今當種澹圃高岡上，與山礬相覆蔭。

明　周文華《汝南圃史》卷四《木果部・楊梅》　楊梅如楮實，有紅、紫、白三色，以五月中熟。《圖經本草》曰：楊梅亦生江嶺南，其本若荔枝而葉細陰厚，其實生青熟紅，肉在核上，無皮，殼核中有仁，甚香。王彛守會稽，童貫患脚氣，或云楊梅仁可療，彛獻五十石，因擢待制。忠雅云：楊梅樹不甚高大，實如彈丸，始青中紅終紫，味酸而甜，多生包山等處。江南佳果也。楊州有一種白者，土人呼爲聖僧梅。張司空言地瘴生楊梅，恐非至論。《吳邑志》曰：楊梅爲吳中名品，出光福山。銅坑第一，聚塢次之，洞庭所産尤多，唯宜醃以行遠，其他蜜漬、礬收、火燻、糖浸皆有法。《西湖遊覽志》曰：楊梅，諸山多有之，而烟霞塢、東墓嶺、十八澗、臯亭山者肉鬆核小，味尤甜美。閩廣人盛稱荔枝無物可比，或以西涼蒲萄當之，然總不若吳越楊梅也。柯正平詩云：五月楊梅已滿林，初疑一一價千金。味方河朔蒲萄重，色比瀘南荔子深。則古人已有舉而方之矣。

明　徐光啓《農政全書》卷三〇　楊梅，《博物志》云：地瘴處多生楊梅。一名杌子，生江南、嶺南山谷間，會稽産者爲天下冠。楊梅種類甚多，大葉者最早熟，味甚佳。次則卞山，本出苕溪，移植光福山中，尤勝。又次爲青蒂、白蒂及大小松子。揚州呼白者爲聖僧樹，若荔枝，葉細，青如龍眼。二月開花，結實如楮實子，肉在核上，無皮殼，五月熟，生青，熟則有白、紅、紫三色。

明　方以智《物理小識》卷九　楊梅　紫者，楊誠齋所謂『玉肌半醉生紅粟，墨暈微深染紫裳』者也。白者，揚州所呼聖僧也。春分前接，用海桐。壅宜水淋淡草灰。吳下者大。贊寧曰：楊梅核碎必八塊。《北户録》曰：潘州有白楊梅，俗以火酒浸之。

清　曹溶《倦圃蒔植記・總論》卷上《論果》　楊梅或擬敵閩荔。雖未遽許，然要爲此地佳果，西山以銅坑至里玉泉寺爲勝。皆核小而味甘，然不甚大。當由美蘊諸中，非以貌耶。兹目前祇黑炭團爲貴，然眞黑者味甜，而染黑者味淡，宜審擇之。是夏晴雨得中，則楊梅必勝。取給山中，美而且便。或植園林，但取粧點景物耳。別有白者，名聖僧。梅色奇，而味終劣。葡萄紫勝於白，秋深過熟，食之方可於口。予近於嘉定得二種，内一種大幾如棗，而味亦勝，園植已盛。又於北方得一種，熟遲至冬，方噉。皆奇品也。此則植而未蕃。右二果熟不同時，而風味相捋。故總居一部定品爲丙。

又卷下《瓜果・楊梅》　《清異録》載杭人盛稱楊梅，或以荔枝折之。予按：楊梅甘液迸流，宛如降雪。釘坐眞人，恐難盡奪也。

清　高士奇《北墅抱甕録・楊梅》　江南諸果，以楊梅爲冠。有紅、白、紫三種。河朔蒲萄，瀘南荔子，與此差堪鼎足。晚花軒前所種，乃出項里者，陸放翁所謂『項里楊梅鹽可撒』是也。放翁自注：楊梅酸者乃薦以鹽，佳品未嘗用。因謂太白『玉盤楊梅爲君設，吳鹽如花皎白雪』，未諳物理，果然。

清　陳淏子《秘傳花鏡》卷三《花木類考・楊梅》　楊梅，一名杌，音求爲吳越佳果。樹若荔枝而小，葉細陰厚，至冬不凋。隔年開花，結實如榖樹子，而有核與仁，生青熟紅如鶴頂狀。亦有紫白色者，肉在核上，無皮殼而有仁可食。以楠漆拌核暴之，則自裂仁出。大畧生太湖、杭、紹諸山者，實大肉鬆，核小而味甘美。餘雖有實，小而酢，止堪鹽淹、蜜漬、火薰而已。種法：六月間，將子於糞坑内浸過，收盒，待來年二月，以青石屑拌黃土□□種之，待長尺許，於次年三月移栽，澆以羊糞水自盛。四年後，取別樹生子好枝接之，復栽山黃泥地。移時根下須多留宿土。臘月開溝於根旁高處，離四五尺，以灰糞壅之，不可着根。每遇雨，肥水滲下，則結實必大而甜。若以桑樹接楊梅，則不酸。如樹生癩，以甘草削釘釘之即愈。春分前，海桐可接。

清　吳其濬《植物名實圖考》卷三一《楊梅》　楊梅，《開寶本草》始著録。吳中産者佳。可爲粽，即醬也。廣信以釀酒。《汀州志》：鹽藏可治傷破。

藝文

南朝梁　江淹《**江文通集**》**卷三**《**楊梅**》　寶跨荔枝，芳軼木蘭。懷蘂挺實，涵黄糅丹。鏡日繡壑，炤霞綺巒。爲我羽翼，委君玉盤。

宋　陶弼《**邕州小集・食楊梅**》　嶺北土寒無荔子，人言形味似楊梅。翠丹條實休相學，不願紅塵一騎來。

宋　饒節《**倚松詩集**》**卷二**《**楊梅**》　五月楊梅正滿林，初疑一核價千金。味方河朔蒲桃重，色比瀘南荔子深。飛舵似聞新入貢，登盤不見舊供吟。詩成欲寄山中舊，恐起頭陀愛渴心。

宋　程俱《**北山集**》**卷一一**《**楊梅**》　吴兒真是沐猴冠，欲比楊梅荔子丹。不用紅塵占使騎，畫船飛楫向長安。

宋　郭祥正《**青山集**》**卷二六**《**楊梅塢**》　紅實綴青枝，爛漫照前塢。不及杏繁時，林間有仙虎。

宋　張鎡《**南湖集**》**卷三**《**張户部惠山楊梅**》　嘗聞魏伯陽，鑄丹會稽山。功成試其徒，未欲汎與餐。紿言丹入口，命盡不可還。一人篤信道，快餌肯作難。翁復起諸死，攜手升雲鸞。臨行作奇戲，留使後世看。聊將一粒變萬顆，擲向青林化珍果。仿佛芙蓉箭鏃形，滋如鶴頂紅如火。只隨翁字姑號陽，姓楊乃是訛偏旁。迄今年深少人識，地嫗山君應記得。木生曲直味宜酸，此獨甘香勝蜜團。吾宗望郎忽馳送，色映筠籃光欲動。想因見此列宿躔，曾遣冰壺纖指弄。我方水際呼清風，葛巾高掛千丈松。爲公摘荷盛薦酒，此樂城中那更有。

宋　岳珂《**玉楮集**》**卷八**《**楊梅**》　滲歷三家市，梅垂萬顆酸。烽池看火樹，嶁室試金丹。風露盈籃重，冰霜透齒寒。他楊應不類，留與子雲看。

宋　方岳《**秋崖集**》**卷二**《**次韻楊梅**》　筠籠帶雨摘初殘，粟粟生寒鶴頂殷。衆口但便甜似蜜，寧知奇處是微酸。

明　吴寬《**家藏集**》**卷二二**《**楊梅**》　五月果初熟，枝頭鶴頂丹。欲知甘冷好，千顆薦冰盤。

明　王世貞《**弇州四部稿**》**卷四四**《**楊梅**》　吴筵飣餖應無限，不及楊家種最奇。熠熠晴空燒韎韐，澄澄嘉露滴臙脂。虚勞驛騎傳桑椹，忽憶冰盤薦荔枝。散髮風林三百顆，可如金闕拜恩時。

宋　余萼舒《**楊梅**》**（引自**《**江西詩徵**》**卷二〇）**　摘來鶴頂珠猶濕，點出龍睛淚未乾。若使太真知此味，荔支應不到長安。

清　徐喈鳳《**蔭緑詞・一叢花・楊梅**》**（引自**《**名家詞鈔**》**）**　楊家妃子現香魂，粧點洞庭春。芳名翻與梅妃並，想風味、甜假酸真。紫綺含愁，紅珠帶怨，遺嫁正炎辰。　炎辰消渴每需君，拈取染脂紋。香肌如醉生寒粟，還疑是、絳雪丸勻。火棗爭妍，冰桃競寵，幻出聖僧身。

清　徐釚《**菊莊詞・蝶戀花・楊梅**》**（引自**《**名家詞鈔**》**）**　紈扇生風人衣葛，嘗罷櫻桃，又過黄梅節。青李來禽瓜菓列，生生嚙碎胭脂雪。　冰碗盛來消暑渴，爭似楊家，一種瓊漿絶。點破絳唇纔一撮，輕羅色印春纖捏。

清　陳維崧《**迦陵詞・一叢花・楊梅**》**（引自**《**名家詞鈔**》**）**　江城初泊洞庭舡，顆顆販勻圓。朱櫻素柰都相遜，家鄉在消夏灣，前兩崦蒙茸，半湖羃㶌，籠重一帆偏。　買來恰起晚涼天，水井小亭軒。粧餘浴罷春纖濕，粉裙上幾點紅鮮。莫是明朝，有人低問，羞暈轉嫣然。

清　吴定璋《**七十二峰足徵集・文集**》**卷一五**《**葉方標**〈**楊梅賦**〉》　粤稽洞庭，惟多名植。盧橘既登，來禽亦出。甘之而若楚萍，厥惟一物，之爲佳實。當夫麥雨初披，荷風乍扇，樹唤緑於倉庚，雉争雊於繡甸。乃有姓是楊家，名同梅美，顆顆如珠，星星若絢。非同郁李之投，堪比櫻桃之薦。越女嚙之而眉顰，燕姬咀之而齒濺。或猶品之尋常，是未悉夫産之盡善。則有涉乎光福，地近銅坑。山山藝植，塢塢氤氲。華實焕朱，鋪園林之錦色；貞葉凝碧，蔚湘岸之夕陰。果有驪龍之寶，大於鷄卵之形。或變紫而爲大赤，并變大赤而爲黝沈。維清泉之既濯，亦鹽豉之稍糝。聿朵頤之噏噏，流齒頰之津津。傳于唇也，似鵑啼之血沁沾于衣也，若鳥道之霞侵。或者曰：閩廣荔枝，萋萋莑莑，笑妃子之紅塵，伴葡萄而入貢。然香色之易更，匪鮮妍而可共。乃有好事吴兒，骨醉若潼，則試清之以酒，不免請君入甕。

又卷一六《**周建鑣**〈**白楊梅賦**〉》　惟朱明之耀景，徵品物於山園。望豊岸之葱蒨，極林谷之幽妍。燦千株之暐暐，皎一鶚之超然。應候擅場，推楊家之珍果；出羣專美，變粉素於朱殷。獨涵泳於殷尚，而盪滌夫楊玄。碧葉外張而密護，瓊枝内敞而高攢。隨盧橘而夏熟，異江梅之晚酸。若乃積雨初晴，暝煙乍歇，徑草未晞，嶺路猶滑。主人杖藜，目周心悦。浥懸珠而欲凝，漬團玉其如捏。似探驪之初得，含素華而光潔。及夫曦御西沉，蟾暉入林，嵐光束黛，湖波簇金，昏冥變幻，巖壑幽尋。擢冰丸之皎皎，綴玉顆之淫淫。若奕棋之全勝，列陣圖之森森。至於日至之時，燦然皆熟，散漫累垂，紛其在目。翳青翠而交輝，萃繽紛而相屬。陰連天上之榆，粉映林中之竹。圓潔如丸，頗憶楚熊之弄；光瑩似卵，應稱越雞之伏。于是緣陟峻之階梯，執懿筐而采摘。勉彼三叉，蘂茲五尺。如取如擕，于焉盈石。盛以玉盂，獻於瑶席。以饗以祀，以裕賓客。膚離披而不黏，粟潤澤而不刺。酸味絶於口吻，安事晶鹽？甘香溢於齒牙，何煩石蜜？歲全樹以屬豪家，尋常百姓波無及。鄰右終身或未嘗，賓筵染指難多得。上林獻棗多至四十九枚，王母蟠桃兩袖傾來惟七。一片入口，擬沉疴之得痊；三咽下喉，將聞見之可必。王戎李、邵平瓜、公榮酒、志崇茶，倍於常價，珍乎獨誇。粟未生而金死，錢已入而始花。洵山農之寶樹，爲鉅室之仙槎。夫惟白狼白鹿爲漢唐之祥瑞，嘉禾芝草爲造物之休徵。荀鶴有科名之草，方言獲文林之檎。王宴齋頭梧桐忽變，羅含宅裏蘭菊自生。今此果之特異，寧不藉於神靈。其或燕生張説鹿相，鄭弘業以是分於美惡，眉以是良於弟兄。燕丹嘆烏於秦質，楊碓吐鳳於夢中。是皆白之爲瑞，此豈色之偶同。爾其青梅紫椹，接跡於春夏；黄柑朱橘，繼踵於秋冬。荔枝與櫻桃爭赤，櫨梨與蔆角同紅。碧藕匀其肉好，紫菊醲於膏液。榴編紫貝之房，棗抱赤心之枝。縫百果之爛陳，曾不如我楊梅之白。雖然，神靈爲瑞，固不藉果實不食而得，若果實之不食而出，則其白之爲白，寧不千萬而什百哉！

清　金甡《静廉齋詩集》卷一七《楊梅》　獨有君家果，因名得姓奇。不須愁弱刺，何必裹妍皮。待熟隨盧橘，奔波笑荔支。漫誇犀浦道，鄉味隖中知。

圖表

明　李時珍《本草綱目·圖卷》

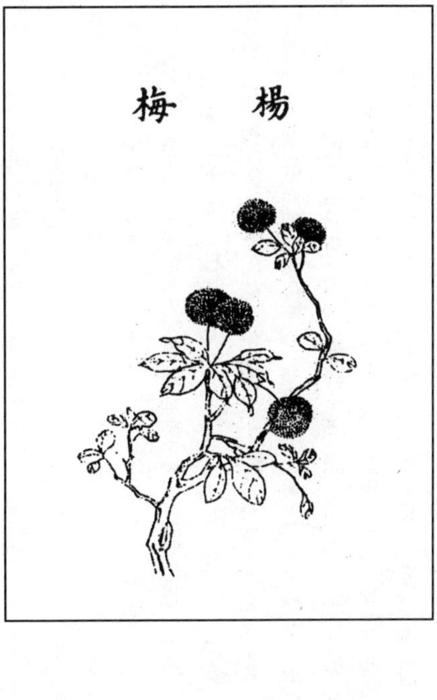

清　吳其濬《植物名實圖考》卷三一《楊梅》

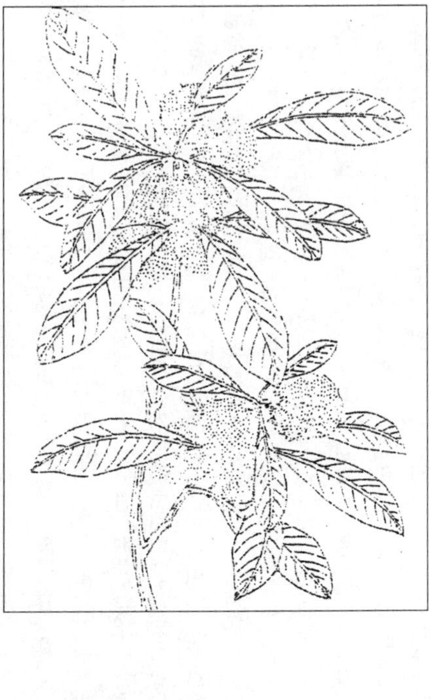

葡萄

論說

明 何三畏《新刻何氏類鎔》卷三二《蒲萄》 蒲萄者，涉春夏秋之三時，分黄白黑之三種。或生于大食、波斯、龜兹、葉護，或出于罽賓、秦野、崑山、貝丘。冰玉飛霜，水晶耀日。魚鱗含潤，馬乳沾香。抛鬚而滑兩三莖，近竹而爭一二尺。纔善盤藤卷葉，旋驚壓架成林。曉看天晴綴露擎，夜愁風雨飄星去。甘而不餶，脆而不酸，冷而不寒，煖而不熱。所謂釀成千日酒，味敵五雲漿者也。故張騫得之西域大宛，而遠道携歸；漢武種之别觀離宫，而都城極望。杜陵田之枝條欝欝婆娑等于禁林，白馬寺之子實纍纍殊美冠于京邑。沾唇向齒，甘逾橘柚之津；解渴除煩，勝絶荔支之味。入蒲萄之谷，與王母燕，見神仙飲葡萄之漿。與學士討論經史，大宛人有作葡萄酒萬石者，藏之可至數十歲。北齊人有貢葡萄子一盤者，報之乃得一百縑。生在月氏，而萬鬚競發。名爲裂葉風者，宛似鸞皇之翼。植在蕭寺，而數仞垂陰。號爲龍珠帳者，眞如帷蓋之形。蓋所謂素裹金衣，星編珠聚。而其實釀之則爲酒，其花搗之則爲漿。衆木此爲最珍，他方亦所難匹矣。昔孟陀曾以一斛酒，遽得梁州牧，而山谷欲收百斛釀，放名厭酪奴者，豈虚也哉！

綜述

明 朱橚《救荒本草》卷三 蛇葡萄，生荒野中，拖蔓而生。葉似菊葉而小，花又繁碎。又似前胡葉，亦細。莖葉間開五瓣小銀褐花，結子如豌豆大，生青，熟則紅色。苗、葉味甜。

明 李時珍《本草綱目》卷三三 葡萄《本經》上品 釋名：蒲桃、古字草龍珠。時珍曰：葡萄《漢書》作蒲桃，可以造酒，人酺飲之，則酶然而醉，故有是名。其圓者名草龍珠，長者名馬乳葡萄，白者名水晶葡萄，黑者名紫葡萄。《漢書》言張騫使西域還，始得此種，而《神農本草》已有葡萄，則漢前隴西舊有，但未入關耳。集解：《别録》曰：葡萄生隴西、五原、燉煌山谷。弘景曰：魏國使人多賫來南方。狀如五味子而甘美，可作酒，云用藤汁殊美。北人多肥健耐寒，蓋食斯乎？不植淮南，亦如橘之變于河北也。人説即是此間蘡薁，恐亦如枳之與橘耶？恭曰：蘡薁即山葡萄，苗、葉相似，亦堪作酒。葡萄取子汁釀酒，陶云用藤汁，謬矣。頌曰：今河東及近汴州郡皆有之。苗作藤蔓而極長，太盛者一二本綿被山谷間。花極細而黄白色。其實有紫、白二色，有圓如珠者，有長似马乳者，有無核者，皆七月、八月熟，取汁可釀酒。按《史記》云：大宛似葡萄釀酒，富人藏酒萬餘石，久者十數年不敗。張騫使西域，得其種還，中國始有。蓋北果之最珍者，今太原尚作此酒寄遠也。其根、莖中空相通，暮溉其根，而晨朝水浸子中矣。故俗呼其苗爲木通，以利小腸。江東出一種，實細而酸者，名蘡薁子。宗奭曰：段成式言：葡萄有黄、白、黑三種。《唐書》言：波斯所出者，大如鷄卵。此物最難乾，不乾不可收。不問土地，但收皆可釀酒。時珍曰：葡萄，折藤壓之最易生。春月萌苞生葉，頗似栝樓葉而有五尖。生須延蔓，引數十丈。三月開小花成穗，黄白色。仍連着實，星編珠聚，七八月熟，有紫、白二色。西人及太原、平陽皆作葡萄乾，貨之四方。蜀中有緑葡萄，熟時色緑。雲南所出者，大如棗，味尤長。西邊有瑣瑣葡萄，大如五味子而無核。按《物類相感志》云：甘草作釘，針葡萄，立死。以麝香入葡萄皮内，則葡萄盡作香氣。其愛憎異于他草如此。又言：其藤穿過棗樹，則實味更美也。《三元延壽書》言：葡萄架下不可飲酒，恐蟲屎傷人。

又 蘡薁音嬰鬱。《綱目》 校正：原附葡萄下，今分出。釋名：燕薁、《毛詩》嬰舌、《廣雅》山葡萄、《唐注》野葡萄，俗名藤名木龍。時珍曰：名義未詳。集解：恭曰：蘡薁蔓生。苗、葉與葡萄相似而小，亦有莖大如碗者。冬月惟葉凋而藤不死。藤汁味甘，子味甘酸，即千歲虆也。頌曰：蘡薁子生江東，實似葡萄，細而味酸，亦堪爲酒。時珍曰：蘡薁野生林墅間，亦可插植。蔓、葉、花、實，與葡萄無異。其實小而圓，色不甚紫也。《詩》云『六月食薁』即此。其莖吹之，氣出有汁，如通草也。正誤：藏器曰：蘇恭注千歲虆即是蘡薁，妄言也。千歲虆藤如葛，而葉背白，子赤可食。蘡薁藤斫斷通氣，更無甘汁。詳見草部千歲虆下。時珍曰：蘇恭所説蘡薁形狀甚是，但以爲千歲虆則非矣。

明 王路《花史左編》卷二三《花之似·野葡萄》 生諸山中，子細如小豆，色紫。蓓蕾而生，狀若葡萄。蟠之高樹，懸挂可觀。

明 周文華《汝南圃史》卷四《木果部·葡萄》 葡萄，胡種。漢武帝使張騫至大宛攜歸，於離宫别館盡種之，有黄、白、黑三種。《圖經本草》

云：葡萄生隴西五原燉煌山谷，今河東及近京諸郡皆有。苗作藤蔓而極長，大盛者一二。本綿亘山谷，花極細，黄白色，其實有紫、白二色，而形有圓、鋭二種。又有無核者，七八月熟，取其汁可以釀酒。魏文帝詔云：醉酒宿酲，掩露而食，甘而不䬼，酸而不酢，冷而不寒，除煩解悁，他方之果，寧有匹者。今有二種，紫者名馬乳，白者名水晶。《吴邑志》云：葡萄熟時紫黑，有漿，然其顆不大，又雜以青紅。江南產終不如北。【略】岳季方云：《西陽雜俎》、《白氏六帖》皆載，葡萄由張騫自大宛移來。按：《本草》已具神農九種，當塗熄火，去騫未遠。而魏文之詔，實稱中國名果，不言西來。自唐以前無此論，乃知大宛之種必與中國異，故博望取之，比戍酒泉，嘗販胡之乾名瑣瑣，比中國者差小，形圓而色正赤，甘美非中國可敵。則予所見庶或得之。張芳洲亦有詩：聞道乘槎客，相攜到漢庭。何緣嘗草日，先自入醫經。瑣瑣葡萄，形甚細，如胡椒大，出土魯番，性熱，可發痘疹。蓋葡萄之別種耳，亦云蒲萄。

明　鮑山《野菜博録》卷四　野葡萄，俗名煙黑，生荒野中，莖、葉、實俱似家葡萄者，細小，實亦稀疎，味酸。

明　陳懋仁《庶物異名疏》卷一九《嬰奥》　《刊謬正俗》云：嬰奥，陶弘景注《本草》云，蒲桃作酒，云用其膠汁，又説是江南嬰奥，恐如北土枳之類橘耳。按：蒲桃酒即多聚而釀之，安得膠事？嬰奥、蒲桃種類殊别，江南自是蒲萄，北土兼有嬰奥，斯則非一物明矣。

明　徐光啓《農政全書》卷三〇　葡萄，附野葡萄。張騫使大宛，取葡萄實，於離宫别館旁盡種之。一名蒲萄，一名賜紫櫻桃。《廣志》曰：有黄、白、黑三種。水晶葡萄，暈色帶白如著粉，形大而長，味甘。紫葡萄，黑色，有大、小二種，酸、甜二味。緑葡萄，出蜀中，熟時色緑。至若西番之緑葡萄，名兔睛，味勝糖蜜，無核，則異品也。瑣瑣葡萄，出西番，實小如胡椒，小兒常食，可免生痘。又云：痘不快，食之即出。今中國亦有種者，一架中間生一二穗。雲南者大如棗，味尤長。波斯國所出大如雞卵，可生食，可釀酒，最難乾，不乾不可牧。《齊民要術》曰：蔓延性緣不能自舉，作架以承之。葉密陰厚，可以避熱。【略】附野葡萄。一名蘡薁，一名山葡萄，蔓生。苗、葉、花、實與葡萄相似，但實小而圓，色不甚紫，堪爲酒。

明　陳正學《灌園草木識》卷二《果之屬・葡萄》　有二種。其一種藤葉多刺，顆大，而熟時色紫。一種無刺，子熟時青黄色。魏文帝稱其除煩解悁，他方之菓，無有匹者。

明　高濂《草花譜・野葡萄》　生諸山中，子細如小豆，色紫，蓓蘽而生，狀若葡萄，蟠之高樹，懸挂可觀。

清　高士奇《北墅抱甕録・葡萄》　葡萄以西北所產爲佳，南方不能得其種。然結架牽藤，涼陰覆院，暑夕坐其下，几簟皆有清意。所植紫、緑二種，芳液甘醲，固亦可敵醇醴也。

清　丁其譽《壽世秘典》卷三《蘡薁》　一名山葡萄，俗名野葡萄，苗葉與葡萄相似而小。亦有莖大如桃者，吹之氣出，有汁如通外也。其實小而圓，色不甚紫。

清　張逸少《佩文齋廣羣芳譜》卷五七《果譜・葡萄》　葡萄，古作蒲桃，又作蒲陶。一名賜紫櫻桃。生隴西五原燉煌山谷，今河東及江北皆有之，而平陽尤盛。苗作藤蔓而極長大，盛者一二本綿被山谷間。三月開小花，成穗黄白色，旋著實，七八月熟。水晶葡萄，暈色帶白如著粉，形大而長，味甚甘，西番者更佳。馬乳葡萄，色紫，形大而長，味甘。紫葡萄，黑色，有大、小二種，酸、甜二味。緑葡萄，出蜀中。熟時色緑若西番之緑葡萄，名兔睛，味勝糖蜜，無核則異品也。其價甚貴。瑣瑣葡萄，出西番。實小如胡椒。今中國亦有種者，一架中間生一二穗。雲南出者大如棗，味尤長。《唐史》：波斯國所出，大如雞卵也。【略】今塞外有十種葡萄：伏地公領孫、哈蜜公領孫、哈蜜紅葡萄、哈蜜緑葡萄、哈蜜白葡萄、哈蜜黑葡萄、哈蜜瑣瑣葡萄、馬乳葡萄、伏地黑葡萄、伏地瑪瑙葡萄。

又《野葡萄》　野葡萄，一名燕薁，一名蘡薁，《説文》云：薁櫻也。《廣雅》云：燕薁，櫻薁也。一名嬰舌，一名山葡萄。藤名木龍，按《詩疏》謂之車鞅藤。蔓生，苗、葉、花、實與葡萄相似，但實小而圓，色不甚紫，亦堪爲酒。

清　趙學敏《本草綱目拾遺》卷八《蒲桃樹》　《羅浮志》：蒲桃樹高二三丈，其葉如桂，四時有花，叢鬚無瓣，如剪出絲毬，長寸許，色兼黄緑。結實如蘋果，殼厚半指，絶香甜。核與殼不相連屬，摇之作響。羅浮澗中多有之，猿鳥舍啄之，餘隨流而出，山人阻水取之，動盈數斛，以之釀酒，曰蒲桃春，經歲香不減，作膏尤美。

清　朱亦棟《羣書札記》卷六《大蒲萄》　《酉陽雜俎》：梁宴魏使魏肇師，曰：我在鄴，遂得大蒲萄，奇有滋味。陳昭曰：作何形狀？徐君房曰：有類軟棗。信曰：君殊不體物，可得言似生荔枝？魏肇師曰：魏武有言，末夏涉秋，尚有餘暑，酒醉宿酲，掩露而食，甘而不餄，酸而不酢，道之固以流味稱奇，況親食之者。瑾曰：此物實出于大宛，張騫所致。有黄、白、黑三種，成熟之時，子實偪側，星編珠聚。西域多釀以爲酒，每來歲貢。在漢西京，似亦不少。杜陵田五十畝中，有蒲萄百樹。今在京兆，非直止禁林也。信曰：乃園種户植，接蔭連架。昭曰：其味何如橘柚？信曰：津液奇勝，芬芳減之。瑾曰：金衣素裹，見苞作貢，向齒自消，良應不及。

清　吴其濬《植物名實圖考》卷三二《蘡薁》　蘡薁即野葡萄。李時珍收入果部，以爲《詩》「六月食薁」即此。舊附葡萄下，從之。雩婁農曰：江南少蒲萄，而蘡薁極賤，但不食西域馬乳，亦烏知蒲萄野生外，尚有異種乎？陶隱居以蒲萄即當是蘡薁，正緣未見西園佳實解渴消餇也。今北種漸徙於南，或飛騎致之，不比荔支色香易變，富貴者望西風而大嚼。彼大如豆而色紫黑者，牧豎與烏雀口就而齧啄之矣。雲南所出大如棗，不能乾而貨於遠。地接西藏，故應佳。又有一種石蒲萄，生於石壁，能發痘瘄，疑即野蒲萄，而回回所謂瑣瑣者歟？

紀事

唐　段成式《酉陽雜俎》卷一八　貝丘之南有蒲萄谷，谷中蒲萄可就其所食之，或有取歸者即失道，世言王母蒲萄也。天寶中，沙門曇霄因游諸岳，至此谷，得蒲萄食之。又見枯蔓堪爲杖，大如指，五尺餘。持還本寺植之，遂活。長高數仞，蔭地幅員十丈，仰觀若帷蓋焉。其房實磊落紫瑩如墜，時人號爲草龍珠帳。

藝文

三國魏　鍾會《蒲桃賦有序》（引自《歷代賦彙》卷一二七）　余植蒲桃於堂前，嘉而賦之，命荀勗並作。美乾道之廣覆兮，佳陽澤之至淳。覽遐方之殊偉兮，無斯果之獨珍。託靈根於玄圃，植崑山之高垠。緑葉蓊鬱，曖若重陰翳羲和；秀房陸離，焜若紫英乘素波。仰承甘液之靈露，下歙豐潤於醴泉。總衆和之淑美，體至氣於自然。珍味允備，與物無儔。清濁外暢，甘旨内遒。滋澤膏潤，入口散流。

唐　劉禹錫《劉賓客文集》卷二七《蒲桃歌》　野田生蒲桃，纏繞一枝蒿。移來碧墀下，張王日日高。分岐浩繁縟，脩蔓蟠詰曲。揚翹向庭柯，意思如有屬。爲之立長架，布濩當軒緑。米液溉其根，理疏看滲漉。繁葩組綬結，懸實珠璣蹙。馬乳帶輕霜，龍鱗躍初旭。有客汾陰至，臨堂瞪雙目。自言我晉人，種此如種玉。釀之成美酒，令人飲不足。爲君博一斗，往取涼州牧。

宋　宋祁《景文集》卷四七《緑蒲萄贊》　西南所宜，柔蔓紛衍。標穗緑實，其甘可薦。北方蒲萄，熟則色紫。今此色正緑云。

宋　王十朋《梅溪前集》卷六《葡萄》　珠帳臨簷掛，龍鬚滿架抽。也知堪釀酒，不要博涼州。

又《梅溪後集》卷六《葡萄》　滿架龍鬚卷復伸，堆盤馬乳釀青春。潑醅一斗宜延客，莫博涼州學漢人。

元　郝經《陵川集》卷四《葡萄》　深院荒草長，短蔓裂塼縫。葡萄本西果，南國誰與種。插蘆爲扶持，灌溉甚珍重。瘦骨紫節舒，龍頭青線控。蟠蟠上踈籬，蒨蒨將遠縱。遭遇雖後時，取實望秋仲。摘露添俎豆，庶間館人供。誰知六月旱，卉木焦死衆。斷秧餘幾花，勉强著土擁。竟作纏結枯，日遶空悼痛。肺渴口重乾，望梅心欲烘。忽憶河隴秋，滿地無歇空。支離半空架，串草十里洞。拇乳積城岸，頑瀍接梁棟。一派瑪瑙漿，傾注百千甕。往歲見沙陀，回鶻正來貢。詔賜琥珀心，雪盛瓶盡凍。查牙飲流澌，氣壓黑馬湩。一旦離魏闕，五載猶在宋。見此復何時，鳥道目逆送。

元　洪希文《**續軒渠集**》**卷五**《**葡萄**》　走架龍鬚弱不支，炎天待月立多時。醍醐縱美輸清滑，瓔珞雖圓讓陸離。珍異曾誇太沖賦，累垂已入退之詩。當年若得傳方法，博取涼州亦一奇。《前漢》大宛以蒲萄爲酒，富人藏酒至萬餘石。又《唐書》破高昌取蒲萄實於園中種之，并得其酒法。上自損益，凡有八色。孟佗字伯郎，中常侍張讓專權用事。佗以蒲萄酒一斛遺讓，爲涼州刺史。

元　劉詵《**桂隱詩集**》**卷一**《**蒲萄二首**》　秋藤逸危架，勢重疑欲委。高齋明月上，顆顆如懸水。枯葉展大蝶，低枝屈長虬。露寒壓成酒，無夢到涼州。

明　李夢陽《**空同集**》**卷三六**《**葡萄**》　萬里西風過雁時，綠雲玄玉影參差。酒醒試取冰丸嚼，不說天南有荔枝。

明　魏偁《**題葡萄歌**》**（引自**《**甬上耆舊詩**》**卷六）**　有客乘槎到西域，携將佳種歸中國。遥從天上落人間，無間江南與江北。插枝容易分根難，引蔓何妨多接竹。初看葉吐金，忽訝叢堆粟。蛇虺縱復横，蛟龍往仍復。薰風自南來，雨腳收三伏。水晶倒垂，驪珠奪目，馬乳千堆，鴛漿百斛。味兼醍醐，價重醽醁。久渴既枯，高卧方足。請進一杯，目饞于腹。憶昔陳叔達，嘗親感主哭。復有李元臣，持獻表芹曝。千載忠孝名，後世誰能續。鄙哉孟扶風，一斗换州牧。張讓亦何人，姓氏污簡牘。横涇陳公名太守，賢孫磊落人如玉。傳家既已飫詩書，更有餘閒工戲墨。殷勤寫贈友梅翁，屬我題詩詩滿幅。咀毫不覺口流涎，忽報翁家酒新熟。

明　湯顯祖《**玉茗堂全集·詩集**》**卷一八**《**西域葡萄**》　葡萄别種費封題，香氣新嘗染麝臍。嘉峪關前三萬里，一時流味漢江西。

清　謝重輝《**杏村詩集·丁亥詩·蒲萄**》　負痾樂巖阿，逃名喜塵外。種樹滿園廬，翠葉何肺肺。蒲萄來大宛，插活意良快。歲歲看結實，離離不相背。九秋零露滋，摘取如期會。藉此潤衰顔，入口流沆瀣。不惟佐譚諧，而且供祭賽。可憐小兒女，垂涎每狼狽。我寧遠人情，恣取恐流汰。漫笑味戒得，恰老我奚賴。

清　張廷玉《**澄懷園詩選**》**卷三**《**葡萄**》　竹架花墻引蔓稠，冰丸顆顆墜枝頭。秋風深院金鈴寂，一任山禽啄不休。

清　鄧廷楨《**雙硯齋詩鈔**》**卷二**《**記園中草木十二首·之七**》　濃陰深護綺窗疏，珠顆垂垂過雨餘。記得宣南坊下住，小軒東畔種雙株。蒲萄

圖表

明　朱橚《**救荒本草**》**卷三**

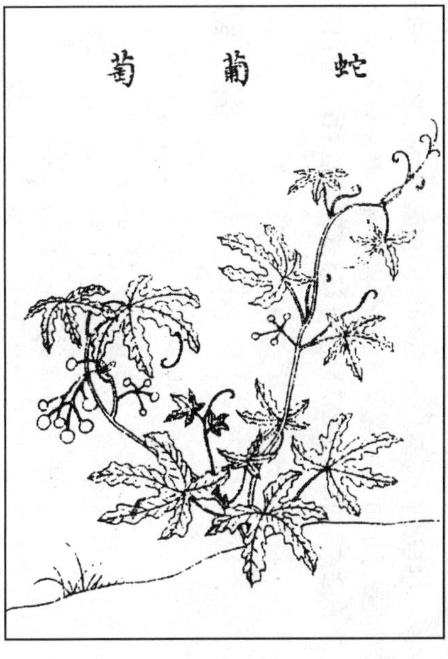

明　李時珍《**本草綱目·圖卷**》

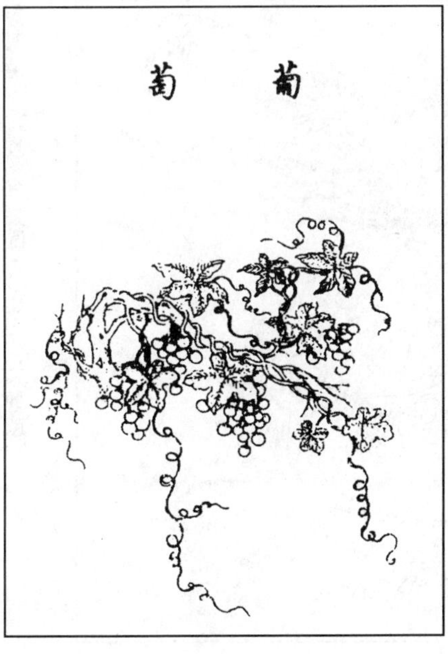

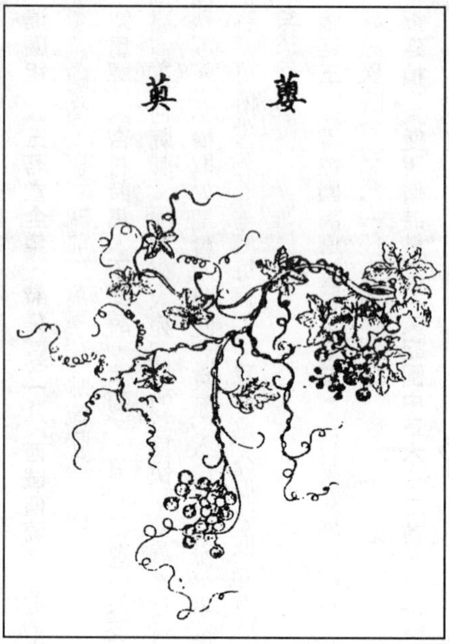

明　鮑山《野菜博録》卷四

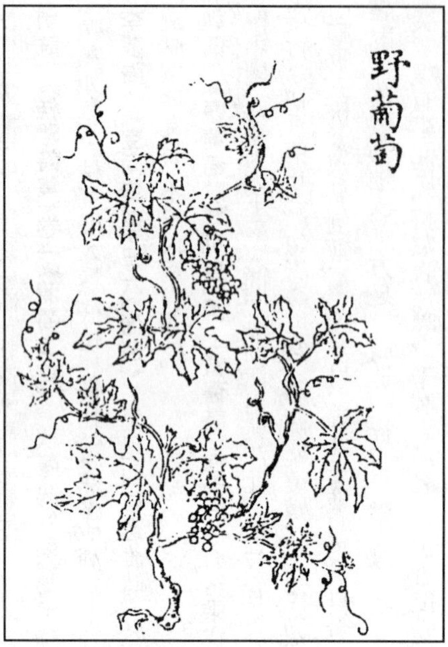

清　吴其濬《植物名實圖考》卷三三《蘡薁》

石榴

論説

明　何三畏《新刻何氏類鎔》卷三二《榴》　石榴，培根夷壤，擢幹蘭庭。萌啓青春，采敷朱夏。接翠蕚于緑蒂，冒紅牙于丹鬚。爛若百枝之並燃，燦如繁星之紛布。亦猶珊瑚之映碧水，更似琉璃之栖鄧林。花茂而游蜂競來，枝濃而飛鳥相失。玳殼作房珠作骨，水晶爲醴蔗爲漿。霜風擊破錦香囊，赤玉之光盈椀；鸚鵡啄殘紅豆顆，丹砂之粒滿盤。剖之則珠流，含之則冰釋。所謂天下之名樹，九州之奇果也。西域有安石榴種，漢使者張騫，至其國携數本而還；東山有石榴花洞，唐樵者藍超，入其門與一枝而出。禁中以石榴作臙脂者，出自公主之植。浙中以石榴號金罌者，因避錢鏐之名。妃母進石榴二本于帝前也，魏收以房中多子爲對，而帝悦其言。許元長致石榴數顆于御榻也，來使以途中失數上聞，而帝嘉其術。邵武郡有石榴樹，垂雙實于木末者，可以卜科名之兆。漢陽軍有石榴枝，插髻花于石罅者，可以明孝婦之冤。吴王昭宣臺上石榴枝，掛夫人火齊指環，而名其臺爲環榴也，諫者謂非吉兆。益州刺史齊前石榴樹，當冬天生花結實，而以其故問道士也，答者謂爲狂華，信矣！

綜述

唐 段成式《酉陽雜俎》卷一八 石榴，一名丹若。梁大同中，東州後堂石榴皆生雙子。南詔石榴，子大皮薄，如藤紙，味絶於洛中石榴。甜者謂之天漿，能已乳石毒。

宋 寇宗奭《本草衍義》卷一八 安石榴有酸、淡兩種。旋開單葉花，旋結實，實中子紅，孫枝甚多，秋後經雨，則自坼列。道家謂之三尸酒，云三尸得此果則醉。河陰縣最多。又有一種子白，瑩澈如水晶者，味亦甘，謂之水晶石榴。惟酸石榴皮合斷下藥，仍須老木所結，及收之陳久者佳。

宋 周去非《嶺外代答》卷八《花木門·石榴花》 石榴花，南中一種，四季常開。夏中既實之後，秋深復又大發花且實。枝頭顆顆罅裂，而其旁紅英粲然並花實。折飣盤筵，極可玩。

宋 鄭樵《通志》卷七六 石榴，《本草》謂之安石榴。《爾雅》云：劉，劉杙。劉與榴通用故也。一名丹若，一名若榴，眞甜者，又名天漿，入藥多用酸榴。

元 王禎《農書》卷九《石榴》 石榴，一名若榴，一名丹若，舊不著所出州土。陸璣云：張騫使西域得塗林安石榴種。今人稱爲海榴，以産海外也，中原河陰者最佳。榴實有二種，其子一紅如瑪瑙，一白如水晶。莊布詩云『鸚鵡啄殘紅豆顆』，此言紅榴也；皮日休詩云『嚼破水晶千萬粒』，此言白榴也。然花不出於紅黄，味不出乎甘酸爾。甘者可餐，多食亦損肺。道家謂之三尸酒，云三尸得此果則醉。酸者皮堪入藥，染墨亦良。夏則花實，秋後則摘以充盤，果多則可鬻。藏榴之法，取其實者有稜角者，用熱湯微泡，置之新甆瓶中，久而不損。若圓者，則不可留，留亦壞爛。榴房比他果最爲多子，北齊高延宗納妃，妃母宋氏薦石榴，蓋取其房中多子之義。北人以榴子作汁加蜜爲飲漿，以代盃茗，甘酸之味，亦可取焉。

明 李時珍《本草綱目》卷三〇 安石榴《别録》下品 釋名：若榴、《廣雅》丹若、《古今注》金罌。時珍曰：榴者瘤也，丹實垂垂如贅瘤也。《博物志》云：漢張騫出使西域，得涂林安石國榴種以歸，故名安石榴。又按《齊民要術》云：凡植榴者須安僵石枯骨于根下，即花實繁茂。則安石之名義或取此也。若木乃扶桑之名，榴花丹頳似之，故亦有丹若之稱。傅玄《榴賦》所謂『灼若旭日栖扶桑』者是矣。《筆衡》云：五代吴越王錢鏐改榴爲金罌。《酉陽雜俎》言榴甜者名天漿。道家書謂榴爲三尸酒，言三尸蟲得此果則醉也。故范成大詩云：玉池咽清肥，三彭迹如掃。 集解：弘景曰：石榴花赤可愛，故人多植之，尤爲外國所重。有甜、酢二種，醫家惟用酢者之根、殼。榴子乃服食者所忌。頌曰：安石榴本生西域，今處處有之。木不甚高大，枝柯附干，自地便生作叢。種極易息，折其條盤土中便生也。花有黄、赤二色。實有甘、酢二種，甘者可食，酢者入藥。又一種山石榴，形頗相類而絶小，不作房生，青齊間甚多，不入藥，但蜜漬以當果甚美。宗奭曰：石榴有酸、淡二種。旋開單葉花，旋結實，實中子紅，孫枝甚多，秋後經霜，則自坼裂。一種子白，瑩澈如水晶者，味亦甘，謂之水晶石榴。惟酸石榴入藥，須老木所結，收留陳久者乃佳。時珍曰：榴五月開花，有紅、黄、白三色。單葉者結實。千葉者不結實，或結亦無子也。實有甜、酸、苦三種。《抱朴子》言苦者出積石山，或云即山石榴也。《酉陽雜俎》言南詔石榴皮薄如紙。《瑣碎録》言河陰石榴名三十八者，其中只有三十八子也。又南中有四季榴，四時開花，秋月結實，實方綻，隨復開花。有火石榴赤色如火。海石榴高一二尺即結實。皆異種也。案《事類合璧》云：榴大如杯，赤色有黑斑點，皮中如蜂窠，有黄膜隔之，子形如人齒，淡紅色，亦有潔白如雪者。潘岳賦云：榴者，天下之奇樹，九州之名果。千房同膜，千子如一。御飢療渴，解醒止醉。

明 愼懋官《華夷花木鳥獸珍玩考》卷二《石榴》 榴本名若榴，初來安石國，故曰石榴，亦曰安石榴。張騫使大夏所得。又云從海外新羅國來，故名海榴，想爾時維紅色一種，故又名丹若。今則有千葉深紅結實者，名寶珠榴。有千葉深紅不結實者，又有一單葉樹甚小，長不逾尺，可供盆几之玩，名火石榴。甚能開花，亦有□葉者。此外有一種白花曰白石榴，黄花者曰黄石榴，藍花者曰青石榴，古人所不載者。莊布詩云『鸚鵡啄殘紅豆顆』，此言子赤也；皮日休詩云『嚼破水晶千萬粒』，此言子白也。子有甜、酸，詳《格物總論》。段成式曰白馬甜榴，一實直牛甘者，名天漿。

明　鮑山《野菜博録》卷四　石榴垂垂如贅瘤也。《廣雅》謂之若榴。舊云漢張騫使西域得塗林安石國榴種以歸，故名安石榴。今處處有之，其葉似枸杞，葉長微尖，緑色，花紅實繁，性温無毒。

明　劉侗《名物通》卷八　石榴，本名若榴，初來安石國，故名石榴。一曰塗林，一曰丹若，一曰天漿。有寳珠榴，白馬甜榴，金荆榴諸種。

明　周文華《汝南圃史》卷三《石榴》　石榴一名安石榴，一名丹若，又名天漿。五月間開紅花，此花附萼皆眞紅色，瓣如撮丹，鬚黄粟密，唯單葉者結實作房，子甚多。《圖經本草》曰：安石榴本生西域。陸機與弟書云：張騫出使絶域十八載，得塗林安石榴。從安石得之，故名。亦名海榴。李贊《皇花木記》所謂凡花以海名者，皆從海外來也。今處處有之。木不甚高大，枝柯附幹，自地便生，作叢，種極易，息折其條，盤土中便生。花有黄、赤二色，實亦有甘、酢二種，甘者可食，酢者入藥。【略】長佩《花史》曰：榴品不一，必以千葉紅榴爲正。然就千葉中亦自迥别，如吾蘇種則枝葉俱麄，花瓣密綴黄粟，五月盛開，至七八月花事未闌，較他榴爲特久。有數花攢聚并成一朵者謂之餅榴，有一花纔謝蔕中更發一花者謂之臺榴，俗呼翻花石榴，又有一種紅白相間比常花最鉅謂之瑪瑙榴，總之非京種也。京榴有二種，葉細者枝亦柔，裁翦之即多曲折，而花瓣較麄；麄葉者花特細整，而枝硬直少致，二美實難兼也。近有一種，花、葉俱細者，從古榦吐奇葩，兼擅其美，稱獨步矣。

明　徐光啓《農政全書》卷二九　安石榴，《博物志》曰：張騫出使西域，得塗林安石國榴種以歸，故名安石榴。一名若榴，一名丹若，一名金罌，一名金龎，一名天漿。有富陽榴，實大如碗。海榴，來自海外，樹僅二尺，栽盆中，結實亦大，直垂至盆。黄榴，色微黄，帶白花，大于常榴，結實甚多，最易傳種。河陰榴，中間有三十八子。四季榴，四時開花，秋結實，實方綻，旋復開花。火石榴，其花如火。餅子榴，花大不實。番花榴，花大于餅子，出山東，移他省便不若。《鄴中記》云：石虎苑中有安石榴，子大如盂碗，其味不酸。《抱朴子》曰：積石山有苦榴。《廬山記》曰：香爐峯頭有大盤石，可坐數百人，垂生石榴。二月中作花，色如石榴而小，淡紅敷紫萼，煒曄可愛。《京口記》曰：龍剛縣有石榴。《西京雜記》曰：有甘石榴。《酉陽雜俎》曰：南詔有榴，皮薄如紙。《農桑通訣》曰：出河陰者最佳。其樹不甚高大，枝柯附幹，自地便生。五月開花，有大紅、粉紅、黄、白四色。實有甜、酸、苦三種。果大如盃，皮赤有黑斑，皮中如蜂窠，有黄膜隔之。

明　陳正學《灌園草木識》卷二《果之屬・石榴》　種不一，有品字榴，有四季榴，有夷國來者，顆如一升器。熟時子如紅瑪瑙，第不及八月熟者，單顆子大而漿甜美也。種榴時置石□於根下，則結菓碩大，故名安石榴。冬至日插其枝，明年盛長。道書以石榴爲天漿，能醉三尸而祛之。

清　曹溶《倦圃蒔植記・總論》卷上《論果》　石榴，結果其湘的米房可愛，求實用，則富陽種最優。

清　汪爲熹《鄢署雜鈔》卷七《五色石榴》　榴，本名若榴。初來安石國，故曰石榴，亦曰安石榴。張騫使大夏所得。又云從海外新羅國來，故名海榴。想爾時惟紅色一種，故又名丹若。今則紅者數種，一單葉紅者甚多，一千葉深紅，結實名寳珠榴，即今千葉石榴。有子大赤者，有子雪白者。有甜、酸二種，甜者佳。詳《格物總論》。甘者名天漿，酸者入藥。一千葉深紅不結實，一單葉樹甚小，長不逾尺，可供盆几之玩，名火石榴，甚能開花，亦有千葉者。此外有一種白花曰白石榴，黄花者曰黄石榴，藍花者曰青石榴，古人所不載者。段成式曰：白馬甜榴，一實直牛。晉安帝時武陵臨沅獻安石榴，一蔕六實。見《宋書》。鄢署石榴七株，六紅一白，子大而甜，既堪耀目，亦取適口。予曩在桐廬作教十載，土産方石榴，四平周正。宋朝作貢上方。予有詩紀之。此種鄢邑所無也。

清　嵇璜《續通志》卷一七七　石榴，出安石國。漢張騫出使西域，得塗林安石國榴種以歸，故名。《齊民要術》云：置僵石枯骨於根下，則科圓滋茂。又一種山石榴，形類榴而絶小，不作房，生青。齊間用蜜漬以當果，甚美。按：《鄭志》誤以《爾雅》劉杙爲石榴。郭注：劉子生山中，實如梨，酢甜，核堅，出交阯。別是一種，因附後。

清　吴其濬《植物名實圖考》卷三二《安石榴》　安石榴，《别録》下品。實有甘、酸、紅、白、瑪瑙數種。

紀事

晉 陸翽《鄴中記》 石虎苑中有安石榴，子大如椀盞，其味不酸。

唐 段成式《酉陽雜俎續集》卷一〇 衛公言，石榴甜者謂之天漿，能已乳石毒。

宋 高承《事物紀原》卷一〇《安石榴》 其生自西域。漢武時，博望侯窮河源回得其種，遂傳中國也。陸機與弟書曰：張騫爲漢使外國十八年，得塗林。蓋安石榴也。《博物志》曰：張騫使西域回所得。

宋 葉庭珪《海録碎事》卷一九《榴實登科》 邵武郡庭有石榴一株，士人視所實之數以爲登科之信。熙寧庚戌歲，有雙實於木末者，又有附枝而雙實者。是歲葉祖洽、上官均名在一二，何與京兄弟同牓。祖洽有詩曰『不負榴花結露枝』，蓋謂此也。

藝文

晉 傅玄《安石榴賦》（引自《藝文類聚》卷八六） 烏宿中而纖條結，龍辰升而丹華繁。其在晨也，灼若旭日棲扶桑。其在昏也，奭若燭龍吐潛光。苞玄黄之烈輝，緣煒曄而焜煌。發朱榮於緑葉，時從風而颻揚。

晉 夏侯湛《石榴賦》（引自《藝文類聚》卷八六） 接翠蕚於緑葉，冒紅牙於丹鬚。艶然含蕤，濯爾散珠。雪醒解餌，怡神實氣。冠百品以奇仰，邁衆菓而特貴。

晉 潘岳《河陽庭前安石榴賦》（引自《藝文類聚》卷八六） 雖小縣陋館，聊可以游賞。有嘉木曰安石榴，脩條外暢，榮幹内樛，扶疎偃蹇，冉弱紛柔。於是暮春告謝，孟夏戒初，新莖擢潤，膏葉垂腴。丹暉綴於朱房，緗的點乎紅鬚。煌煌煒煒，熠爍入蕊。似長離之栖鄧林，若珊瑚之映緑水。既乃攢乎狹庭，載阨載徧，土階無等，肩墻惟淺，壁衣蒼苔，瓦被駮蘚，處悴而榮，在幽彌顯。其華可玩，其實可珍。羞于王公，薦於鬼神。豈伊仄陋，用渝厥眞。菓由如之，而況於人。

晉 張協《安石榴》（引自《藝文類聚》卷八六） 考草木於方誌，覽華實於園疇。窮陸産於苞貢，嗟英奇於石榴。耀靈葩於三春，綴霜滋於九秋。爾乃飛龍啓節，揚飈扇埃，含和澤以滋生，鬱敷萌以挺栽。傾柯遠擢，沉根下盤，繁莖篠密，豐幹林攢。揮長枝以揚緑，披翠葉以吐丹。流暉俯散，回葩仰照。爛若百枝並燃，爀如烽燧俱燎。皦如朝日，晃若籠燭。晞絳綵於扶桑，接朱光於若木。爾乃赬蕚挺蔕，金牙承蕤，蔭佳人之玄髻，發窈窕之素姿。游女一顧傾城，無鹽化爲南威。於是天漢西流，辰角南傾，芳實壘落，月滿虧虛，爰採爰收，乃剖乃坼。内憐幽以含紫，外滴瀝以霞赤。柔膚冰潔，凝光玉瑩。漼如冰碎，泫若珠迸。含清冷之温潤，信和神以理性。

晉 潘尼《安石榴賦》（引自《藝文類聚》卷八六引） 安石榴者，天下之奇樹，九州之名果。是以屬文之士或叙而賦之，蓋感時而騁思，覩物而興辭。余還舊宇，爰造新居，前臨曠澤，却背清渠，實有斯樹，植於堂隅，華實並麗，滋味亦殊，可以樂志，可以充虛，朱芳赫奕，紅蕚參差，含英吐秀，乍含乍披。遥而望之，焕若隋珠耀重川；詳而察之，灼若列宿出雲間。湘涯二后，漢川游女，攜類命儔，逍遥避暑。托斯樹以棲遲，遡祥風而容與。爾乃擢纖手兮舒皓腕，羅袖靡兮流芳散，披緑葉兮修條，綴朱華兮弱幹。豈金翠之足珍，實兹葩之可玩。商秋授氣，收華斂實，千房同蔕，十子如一，繽紛磊落，垂光耀質，滋味浸液，馨香流溢。

晉 張載《安石榴賦》（引自《藝文類聚》卷八六） 有若榴之奇樹，肇結根於西海。仰青春以啓萌，晞朱夏以發采。揮光垂緑，擢幹曜鮮。熻若羣翡俱栖，爛若百枝並然。焕乎郁郁，焜乎煌煌。仰映青霄，俯燭蘭堂。似西極之若木，譬東谷之扶桑。於是天回節移，龍火西夕。流風晨激，行露朝白。紫房既熟，赬膚自拆。剖之則珠散，含之則冰釋。

南朝梁 江淹《江文通集》卷三《山中石榴》 美木艶樹，誰望誰待。縹葉翠蕚，紅華絳采。炤列泉石，芬披山海。奇麗不移，霜雪空改。

南朝梁 蕭繹《詠石榴》（引自《藝文類聚》卷八六） 塗林未應發，春暮轉相催。然燈疑夜火，連珠勝早梅。西域移根至，南方釀酒來。葉翠如新剪，花紅似故栽。還憶河陽縣，映水珊瑚開。

唐　李白《**李太白文集**》**卷二二**《**詠鄰女東窗海石榴**》　魯女東窗下，海榴世所稀。珊瑚映淥水，未足比光輝。清香隨風發，落日好鳥歸。願爲東南枝，低舉拂羅衣。無由一攀折，引領望金扉。

唐　白居易《**白氏長慶集**》**卷一六**《**石榴樹**》　可憐顔色好陰涼，葉剪紅牋花撲霜。傘蓋低垂金翡翠，薰籠亂搭繡衣裳。春芽細炷千燈焰，夏蘂濃焚百和香。見説上林無此樹，只教桃柳占年芳。柳一作李

唐　方干《**玄英集**》**卷五**《**海石榴**》　亭際夭妍日日看，每朝顔色一般般。滿枝猶待春風力，數朵先欺臘雪寒。舞蝶似隨歌拍轉，遊人只怕酒杯乾。久長年少應難得，忍不叢邊到夜觀。

唐　李商隱《**李義山詩集**》**卷上**《**石榴**》　榴枝婀娜榴實繁，榴膜輕明榴子鮮。可羨瑶池碧桃樹，碧桃紅頰一千年。

唐　黄滔《**黄御史集**》**卷四**《**秦和文堯對庭前千葉石榴**》　一朵千英綻曉枝，綵霞堪與別爲期。移根若在芙蓉苑，豈向當年有醒時。

宋　梅堯臣《**宛陵集**》**卷三〇**《**石榴**》　榴枝苦多雨，過熱坼已半。秋雷石罌破，曉日丹砂爛。任從雕俎薦，豈待霜刀判。張騫西使時，蒟醬同歸漢。

宋　歐陽修《**文忠集**》**卷五五**《**榴花**》　絮亂絲繁不自持，蜂黄蝶紫燕參差。榴花最恨來時晚，惆悵春期獨後期。

宋　鄭獬《**鄖溪集**》**卷二六**《**石榴**》　高枝重欲折，霜老裂丹膚。試剖紫金椀，滿堆紅玉珠。根雖傳大夏，種必近僊都。題作江南信，人應賤橘奴。

宋　吕陶《**淨德集**》**卷三七**《**榴花**》　十分紅色占亭臺，不恨春風不許開。摺疊染成隨日麗，芳菲過後爲時來。試詩多是題千葉，釀酒誰能飲百杯。翠萼丹鬚無計學，佳人屢把絳紗裁。

宋　蘇軾《**東坡全集**》**卷三〇**《**石榴**》　風流意不盡，獨自送殘芳。色作裙腰染，名隨酒琖狂。

宋　鄒浩《**道鄉集**》**卷五**《**榴花**》　閣東閣西安石榴，兩株相映花枝稠。山高江濶萬木葉，獨此爛熳開不休。有如牙門集纓緌，碧油幢外紅光浮。又如青天駐羲御，火龍鱗鬣驚人眸。朝朝莫莫看愈好，直若有意寛離憂。無窮歸念姑且置，欄邊取醉商聲謳。

宋　謝薖《**竹友集**》**卷五**《**戲咏石榴晚開二首**》　靡靡江蘺只唤愁，眼前何物可忘憂。楝花淨盡緑陰滿，纔見一枝安石榴。

無復幽姿淡淡粧，胭脂深染薄羅裳。芙蓉影裏避三含，石竹叢中許擅場。

宋　王之道《**相山集**》**卷一三**《**榴花**》　看花令我憶金明，五月尊罍竹葉青。窈窕寶津樓下路，斷腸千里四周星。

宋　曹勛《**松隱集**》**卷一七**《**題禁中黄石榴**》　榴花紅染猩猩血，薝蔔叢中今鬭新。何事司花與純素，不同妖艷汙天眞。

安石開花比御衣，縐紅繁緑不能奇。上林別有嬌黄貴，如剪冰綃襯玉肌。

宋　劉子翬《**屏山集**》**卷一七**《**石榴**》　庭榴結實墊芳叢，一夜飛霜染茜容。萬子同胞無異質，金房玉隔謾重重。

宋　鄧深《**大隱居士詩集**》**卷下**《**千葉石榴**》　丹房疊蕊炯雙眸，熠熠燒空夜不收。莫遣殘英顛倒落，一枝開早見釵頭。

誰家巧婦爲花謀，針線殘零細意收。不管生紅難熨貼，從教百皺綴枝頭。

宋　許綸《**涉齋集**》**卷一四**《**白石榴**》　花開水晶餅，葉排青瑣窗。枝紅立白幟，蝶陣垂翅降。

宋　范成大《**石湖詩集**》**卷二九**《**石榴**》　日烘古錦囊，露浥紅瑪瑙。玉池嚥清肥，三彭跡如埽。

宋　楊萬里《**誠齋集**》**卷二三**《**石榴**》　深著紅藍染暑裳，啄成鮫玳敵秋霜。半含笑裏清冰齒，忽綻吟邊古錦囊。霧縠作房珠作骨，水精爲醴玉爲漿。劉郎不爲文園渴，何苦星槎遠取將。

宋　高似孫《**剡録**》**卷一〇**《**草木禽魚下・石榴**》　剡近東陽故多榴房。晉潘尼、張載、張協、應貞、潘岳、夏侯湛若、庾儵、范堅、宋顔測皆有《安石榴賦》。古人愛之若此。

宋　方夔《**富山遺稿**》**卷六**《**榴**》　種自塗林得，名隨博望來。半因霜

虐重，多爲雨滛開。粒破冰生骨，房分珠帶胎。玉匙飛一餉，爲我配金罍。

元　張宏範《淮陽集·榴花》　猩血誰教染絳囊，緑雲堆裏潤生香。遊蜂錯認枝頭火，忙駕薰風過短墻。

元　同恕《榘庵集》卷一二《石榴》　尚想猩紅點緑苔，壓枝佳實已枚枚。九秋清露含珠滿，一夜新霜裂錦開。丹鼎漫誇鉛汞就，金盤虛薦荔枝來。茂陵應爲文園渴，天上移根地下栽。

明　薛瑄《河汾詩集》卷三《榴》　細葉枝枝翠，嬌英朵朵紅。羡看榴有實，不信色爲空。迎夏葵争發，傾陽意若同。因之思漢武，花滿近郊濃。

明　吴寬《家藏集》卷一九《榴》　團團復亭亭，園子巧相競。都下朝千盆，花市此爲盛。我獨解其縛，高枝遂其性。參差花更繁，緋緑錯相映。安石名已蒙，休從謝公姓。

明　藍田《藍侍御集》卷二《榴》　珠樹瓊英散綺霞，何年安石貢榴花。旅獒垂作千秋戒，今日誰嗔漢使槎。

明　王世貞《弇州四部稿》卷四三《石榴花》　扶疎一樹雨嫣然，緗葯丹鬚倍可憐。貢出塗林朝日媚，栽從積草夜燈然。共誇博望槎中實，還記河陽縣裏篇。雨露恩深多結子，紅顔薄命幾時傳。

又卷四三《題石榴》　安石托根知自遠，扶南壓酢别成鮮。合歡枝上青猶綺，百子池頭紅已然。初疑宛轉珊瑚墜，復似的皪火珠圓。試問圖君北堂上，何如玉樹謝庭前。

清　吴偉業《梅村集》卷九《石榴》　五月華林晏，榴花入眼來。百株當户牖，萬火照樓臺。絳帳垂羅袖，紅房出粉腮。江南逢巧笑，齲齒向人開。江南石榴多裂，北方獨否。

清　郭棻《學源堂詩集》卷七《白石榴》　無香有艷爛朱霞，博望攜歸是麗華。誰剪冰紈遮絳朵，更摶雪蕊换瓊葩。玉蟾照徹渾三素，粉蝶飛來直一家。料得花神甘淡漠，千紅萬紫漫矜夸。

清　徐元文《含經堂集》卷一一《榴實》　塗林何處種，垂實近窗櫳。漸重纖條亞，潛稀細葉籠。霜侵苞半折，露滴液全融。笑比鱗鱗齒，光分的的楓。丹砂圍作裹，火齊結成蘩。總似花開日，枝頭一樣紅。

清　熊賜履《經義齋集》卷一七《榴》　安石傳佳種，塗林列檻栽。千房并蔕結，五月見花開。紫的連朱顆，升鬚晃緑苔。河陽何處是，對酒且傾盃。

清　查慎行《敬業堂詩集》卷四九《花犯石榴》　是何人，移從西域，幾時到南土。依山傍路，映絳萼丹華，高下無數。眼明我是紅樓主。幽遐同恨阻。最苦是，繞枝啼血，對花聽杜宇。　關心節物，記吴孃匆匆，曾過了，那年端午。窗近水，人正在緑陰陰處。傍偏髻，一痕微逗。映小朵，珊瑚籠繭虎。而今向鑾中重見，紅裙誰妬汝。

清　愛新覺羅·弘曆《清高宗詩初集》卷五《榴花》　豔質風摇霞彩炫，濃粧朝洗露華涼。年年似識天中節，的的都開紫絳囊。

又卷九《石榴花》　散彩映朱軒，舒榮當夏月，緑枝綴繁星，清芬猶可悦。

又卷三二《榴》　誰剪輕綃作絳囊，瓣姿葉態總輝光。乍如有火然珠樹，莫漫無香議海棠。微雨汍汍湘女泣，曉霞熻熻夜來粧。天中景物遲逢閏，傳信塗林早不妨。

又《清高宗詩二集》卷三三《石榴》　團團瑪瑙盤，盛以水晶丸。百顆珠無定，三危露早溥。匡頤眞欲解，韓手未曾彈。底事求爐火，纔成九轉丹。

又《清高宗詩五集》卷三一《石榴》　謾誚無香同海棠，有花有實彼奚方。每當重五繁葩放，似與仙家供絳囊。

又卷六六　一般總是無香氣，色則原分白與紅。筆倣石田寓取舍，清乎謂白艷者謂紅别其中。

右白石榴

圖表

明 李時珍《本草綱目·圖卷》

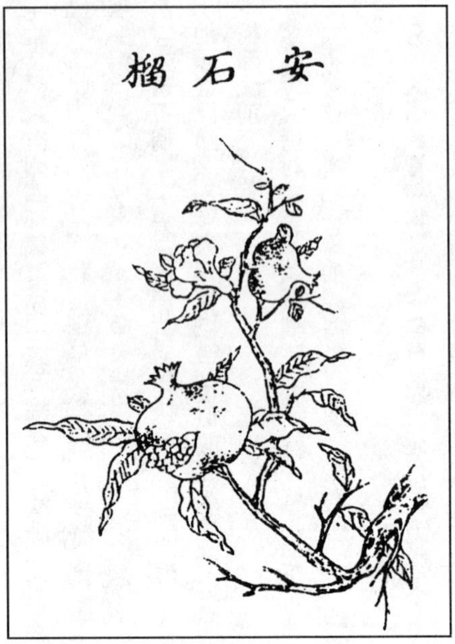

明 鮑山《野菜博録》卷四

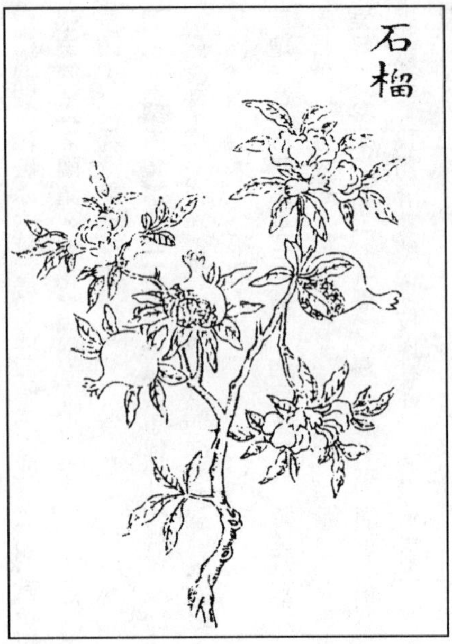

清 吳其濬《植物名實圖考》卷三二《安石榴》

南燭

綜述

宋 釋贊寧《東坡先生物類相感志》卷一三《南燭》 《登眞隱訣》云：其樹是木而似草，故號南燭。草木有八名焉，少室山諸處皆有，世人呼爲染升。其子如茱萸，八九月熟，酸美可可。葉似茗圓而厚，小酢，(東)[冬]夏常青，枝莖微紫，其樹亦高可搗米爲飯，謂之饑飯。染成紺青之色。《上九寶經》云：子食草木之王，氣方神通；食青燭之津，命不復隕。色服之久，童顔聰明，延年不老，無憂思也。

明 李時珍《本草綱目》卷三六 南燭宋《開寶》 釋名：南天燭、《圖經》南燭草木、《隱訣》男續、同上染菽、同上猴菽草、同上草木之王、同上惟那木、同上牛筋、《拾遺》烏飯草、《日華》墨飯草、《綱目》楊桐，《綱目》赤者名文燭。時珍曰：南燭諸名，多不可解。藏器曰：取汁漬米作烏飯，食之健如牛筋，故曰牛筋。集解：藏器曰：南燭生高山，經冬不凋。頌曰：今惟江東州郡有之。株高三五尺。葉類苦楝而小，凌冬不凋。冬生紅子作穗。人家多植庭除間，俗謂之南天燭。不拘時采枝葉用。陶隱居《登眞隱訣》載太極眞人青精幹石䭀飯法云：其種是木而似草，故號南燭草木。一名男續，一名猴藥，一名後卓，一名惟那木，一名草木之王，凡有八名，各從其邦域所稱，而正號是南燭也。生嵩高少室、抱犢、鷄頭山，江左吳越至多。土人名曰猴菽，或曰染菽，粗與眞名相仿佛也。此木至難長，初生三四年，狀若菘菜之屬，亦頗似巵子，二三十年乃成大株，故曰木而似草也。其子如茱萸，九月熟，酸美可食。葉不相對，似茗而圓厚，味小酢，冬夏常青。枝莖微紫，大者亦高四五丈，而甚肥脆，易摧折也。作飯之法，見谷部青精幹石䭀飯下。時珍曰：南燭，吳楚山中甚多。葉似山矾，光滑而味酸澀。七月開小白花。結實如朴樹子成簇，生青，九月熟則紫色，內有細子，其味甘酸，小兒食之。按《古今詩話》云：即楊桐也。葉似冬青而小，臨水生者尤茂。寒食採其葉，漬水染飯，色青而光，能資陽氣。又沈括《筆談》云：南燭草木，《本草》及傳記所説多端，人少識者。北人多誤以烏臼爲之，全非矣。今人所謂南天燭是矣。莖如蒴藋有節，高三四尺，廬山有盈丈者。南方至多。葉微似楝而小，秋則實赤如丹。

明　鮑山《野菜博録》卷四　南燭，一名猴藥，一名男續，一名後卓，一名惟那木，一名染菽，生山谷中。樹頗高大，葉似苦楝樹葉，其味苦，性平無毒。

藝　文

宋　曾極《金陵百詠·南燭草木》　駐采還年枉費功，羞將老色照青銅。仙方石䭀無消息，南燭垂珠顆顆紅。

圖　表

明　李時珍《本草綱目·圖卷》

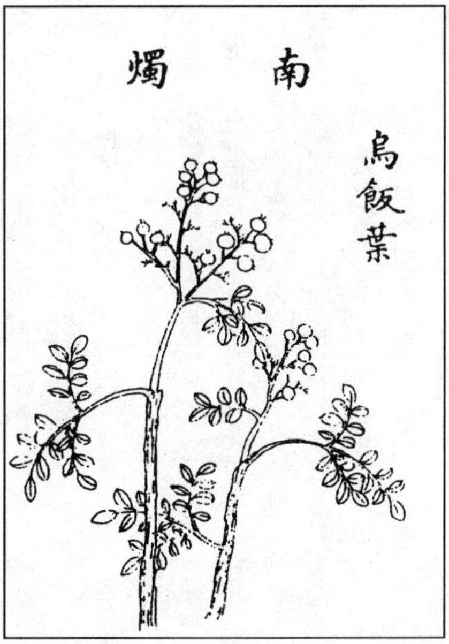

明　鮑山《野菜博録》卷四

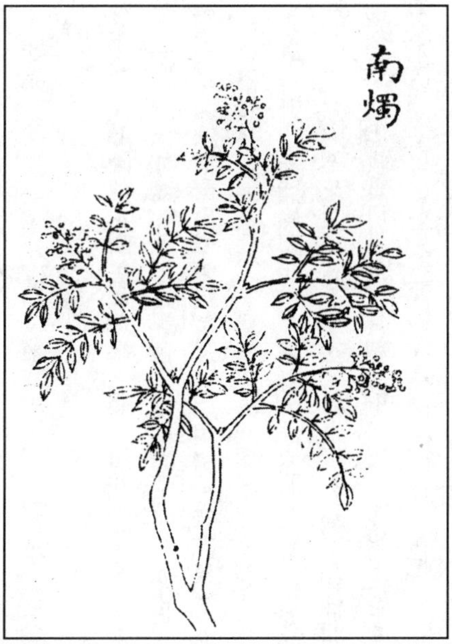

無花果

綜述

宋　江少虞《事實類苑》卷六二《木饅頭》　木饅頭，京師亦有之，謂之無花果。狀類小梨，中空。既熟，色微紅，味頗甘酸，食之大發瘴。嶺南尤多，州郡待客，多取爲茶牀高飣，故云「公筵多飣木饅頭」。或謂嶺南諸州刻木作饅頭狀，成刻字云。大中祥符年，一牒造三十隻。談者之過也。並《倦遊録》

明　牛衷《增修埤雅廣要》卷三〇《卉物門・異植類・無花果》　無花果，不花而實者也。其株若茱萸，實類海榴，皮差柔而房無子。啖之若芭蕉之實而味不逮，亦可充於盤飣。

明　李時珍《本草綱目》卷三一　無花果《食物》　釋名：映日果、《便民圖纂》優曇鉢、《廣州志》阿駔。音楚。時珍曰：無花果凡數種，此乃映日果也。即廣中所謂優曇鉢，及波斯所謂阿駔也。集解：時珍曰：無花果出揚州及雲南，今吴、楚、閩、越人家，亦或折枝插成。枝柯如枇杷樹，三月發葉如花構葉。五月内不花而實，實出枝間，狀如木饅頭，其内虚軟。採以鹽漬，壓實令扁，日乾充果食。熟則紫色，軟爛甘味如柿而無核也。按《方輿志》云：廣西優曇鉢不花而實，狀如枇杷。又段成式《酉陽雜俎》云：阿駔出波斯，拂林人呼爲底珍樹。長丈餘，枝葉繁茂，葉有五丫如蓖麻，無花而實，色赤類椑柿，一月而熟，味亦如柿。二書所説，皆即此果也。又有文光果、天仙果、古度子，皆無花之果，并附于左。

明　慎懋官《華夷花木鳥獸珍玩考》卷二《無花果》　無花果，生山野中。今人家園圃中亦栽，葉形如葡萄，葉頗長硬而厚。稍作三叉，枝葉間生果，初則青小，熟大狀如李子，色似紫茄色，味甘。

又《優曇鉢》　優曇鉢似琵琶，無花而實。

明　陳懋仁《庶物異名疏》卷一九《優曇鉢　阿駔》　《本草綱目》注：無花果凡數種，此乃映日果，即廣中所謂優曇鉢，及波斯所謂阿駔也。

明　鮑山《野菜博録》卷四　無花果生山野中，今人家園圃中亦栽。葉形如葡萄，葉頗長硬厚，梢作三叉，枝葉間生果，初則青小，熟大如李子，似紫茄色，味甜。

明　陳正學《灌園草木識》卷二《果之屬・無花果》　此菓葉將生便於身上着子如芝蔴，漸大如盞。熟時紅黑色，香不及萍菓也。亦從北地來。

清　張逸少《佩文齋廣羣芳譜》卷六七《果譜・無花果》　無花果，一名映日果，一名優曇鉢，一名阿駔，《酉陽雜俎》云：波斯人呼爲阿駔，拂林人呼爲底珍樹。一名蜜果，最易生，插條即活。在處有之。三月發葉，樹如胡桃，葉如楮，子生葉間。五月内不花而實，狀如木饅頭，生青熟紫，味如柿而無核。人家宅園隨地種數百本，收實可備荒。其利有七：實甘可食，多食不傷人且有益，尤宜老人小兒，一也。乾之與乾柿無異，可供籩實，二也。六月盡取次成熟至霜降有三月，常供佳實，不比他果，一時採擷都盡，三也。種樹十年取效，桑、桃最速亦四五年，此果截取大枝扦插，本年結實，次年成樹，四也。葉爲醫痔勝藥，五也。霜降後未成熟者，採之可作糖蜜煎果，六也。得土即活，隨地可種，廣植之，或鮮或乾，皆可濟饑，以備歉歲，七也。

又《果譜・槃多樹》　槃多樹不花而結實，實從皮中出，自根著子至杪，如橘大。

清　周廣業《過夏雜録》卷六《無花果》　護國寺東多花廠，四時之花畧備。有一種葉如枇杷而小，着子纍纍。聞賣花者曰：無花果也。案宋景文《益部方物畧》有天仙果贊，其序云：樹高八九尺，無花，其葉似荔支而小，子如櫻桃，纍纍綴枝柯間。六七月熟，味至甘。贊曰：有子繫枝，不藹而實。薄言采之，味比蜂蜜。荔支葉未之見，不知即此果否？

又　無花果，一名映日果，堅幹大葉。夏結寔如小李。盆種之。《幾輔志》據《倦遊録》謂即木饅頭，非也。已詳前録。

清　吴其濬《植物名實圖考》卷三一《無花果》　無花果，《救荒本草》録之，《本草綱目》引據頗晰。

藝文

清　郭棻《學源堂詩集》卷四《無花果》　繽紛競萬卉，此果獨無花。綠玉仙人掌，青雲帝子霞。自能承月露，不肯鬭春葩。誰爲移荒圃，蓬高日影遮。

清　謝重輝《杏村詩集·癸未詩·無花果》　吾齒日零落，服食畏逢核。荒園産異果，有樹更奇哉！結實不着花，伏枝闇相催。賦形疑落蘇，滋味過楊梅。微嫌螻蟻入，不慮蜂蝶來。停摘久彌繁，薦客竊先猜。體委白玉盤，姿映黃金罍。轉笑河陽縣，徒對百花開。

清　愛新覺羅·弘曆《清高宗詩三集》卷九八《無花果》　磊磊黃金結果熟，枝頭曾不見花開。因緣欲示原無本，根是菴羅園徙來。

清　王汝璧《銅梁山人詩集》卷一〇《居庸集·無花果》　青琅玕綴碧梧枝，無色無香品獨奇。似恐羣葩多見妬，故教碩果自含滋。棱棱厚葉煙綿重，黯黯蒼皮雨濯宜。若謂是花非即果，空花安得味如飴。

清　陳用光《太乙舟詩集》卷一《無花果》　羣花交旖旎，間一優曇鉢。其菓可備荒，隨地輒能活。畿南哀鴻多，待賑今如何。皇仁優且渥，吾儕宜浩歌。

圖表

明　李時珍《本草綱目·圖卷》

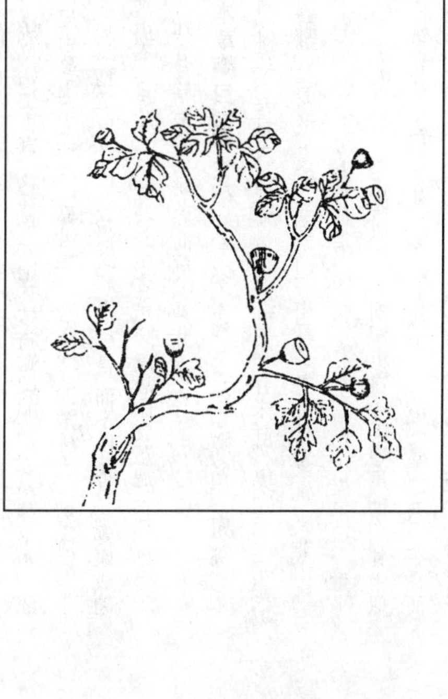

明　鮑山《野菜博録》卷四

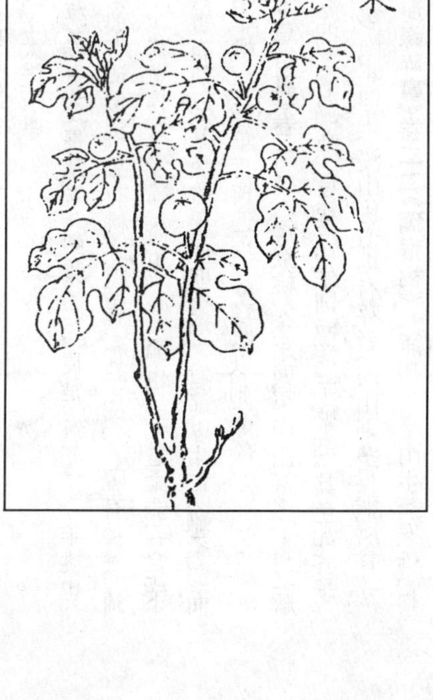

清　吳其濬《植物名實圖考》卷三一《無花果》

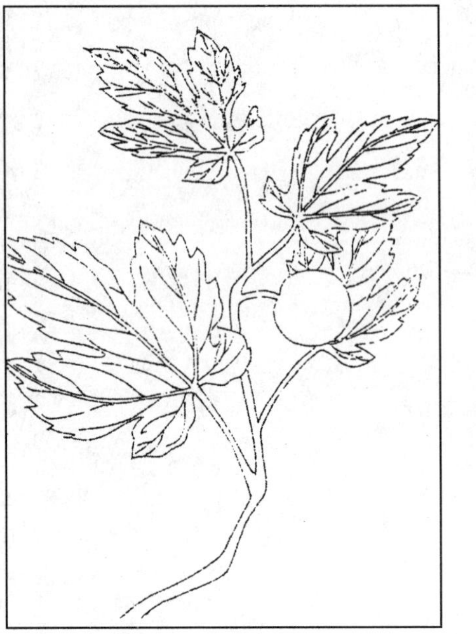

獼猴桃　羊桃

綜述

《爾雅·釋草》　長楚，銚芅。注：今羊桃也，或曰鬼桃，葉似桃，華白，子如小麥，亦似桃。【略】疏：舍人曰：長楚，一名銚芅。《本草》云：銚芅名羊桃。郭云：今羊桃也，或曰鬼桃，葉似桃，華白，子如小麥，亦似桃。《詩·檜風》『隰有萇楚』，陸璣《疏》云：今羊桃是也，葉長而狹，華紫赤色。其枝莖弱過一尺，引蔓于草上。今人以爲汲灌，重而善没，不如楊柳也。近下根刀切其皮，著熱灰中，脱之可韜筆管。

漢　許慎《說文》卷一　萇，萇楚，跳弋，一名羊桃。从草，長聲。直良反

三國吳　陸璣《毛詩草木鳥獸蟲魚疏》卷上《隰有萇楚》　萇楚，今羊桃是也。葉長而狹，華紫赤色。其枝莖弱，過一尺引蔓于草上。今人以爲汲灌，重而善没，不如楊柳也。近下根，刀切其皮，著熱灰中脱之，可韜筆管。

唐　段成式《酉陽雜俎》卷一八　侯騷，蔓生，子如雞卵，既甘且冷，輕身消酒。《廣志》言因王太僕所獻。

宋　陸佃《埤雅》卷一六《長楚》　《爾雅》曰：長楚，銚芅。今羊桃也。白華，子如小麥，其葉與實皆似桃，故有桃之號也。《詩》曰：『隰有萇楚，猗儺其枝』，『猗儺其華』，『猗儺其實』。猗，倚也。儺，節也。萇楚柔弱，又生下濕。然其枝、其華、其實有倚以立，故雖卑濕而不滛。有節以生，故雖柔弱而不恣。【略】一曰有兩羊桃，一種華實皆連理，故《詩》以刺滛恣。

宋　寇宗奭《本草衍義》卷一八　獼猴桃，今永興軍南山甚多，食之解實熱，過多則令人藏寒洩。十月爛熟，色淡緑，生則極酸。子繁細，其色如芥子。枝條柔弱，高二三丈，多附木而生。淺山傍道則有存者，深山則多爲猴所食。

宋　葉庭珪《海録碎事》卷二二《獼猴桃》　洋州雲亭山生獼猴桃，其甘酸，食之止渴。

宋　戴侗《六書故》卷二四　萇　《詩》云：隰有萇楚，猗難其枝。毛氏曰：銚弋也。鄭氏曰：銚弋始生正直，及其長大則其枝猗難柔順，不妄尋蔓草木。陸璣曰：銚弋支莖弱，過一尺引蔓于草上，人以爲汲灌。郭氏曰：即羊桃也。舅氏曰：羊桃藤長丈餘，可以爲綆，不知即萇楚否？按萇楚於《詩》以枝言，而不以蔓言。鄭康成謂銚弋初生正直，長而猗難，猶不妄尋蔓。羊桃乃蔓生之草，陸氏故謂支莖過一尺，則蔓于草上。蓋曲傅康成之説。其實萇楚未必爲銚弋，而銚弋初非羊桃也。

明　李時珍《本草綱目》卷一八　羊桃《本經》下品　釋名：鬼桃、《本經》羊腸、同萇楚、《爾雅》銚芅、音姚弋。或作御弋。細子。并未詳。集解：《別録》曰：羊桃生山林川谷及田野。二月採，陰乾。弘景曰：山野多有。甚似家桃，又非山桃。花甚赤。子小細而苦，不堪食。《詩》云『隰有萇楚』，即此。方藥不復用。保昇曰：生平澤中，處處有之。苗長而弱，不能爲樹。葉花皆似桃，子細如棗核，今人呼爲細子，其根似牡丹。郭璞云：羊桃葉似桃，其花白色，子如小麥，亦似桃形。陸璣《詩疏》云：葉長而狹，花紫赤色。其枝莖弱，過一尺引蔓于草上。今人以爲汲灌，重而善没，不如楊柳也。近下根，刀切其皮，着熱灰中脱之，可韜筆管也。時珍曰：羊桃莖大如指，似樹而弱如蔓，春長嫩條柔軟。葉大如掌，上緑下白，有毛，狀似苧麻而團。其條浸水有涎滑。

又　獼猴桃宋《開寶》　釋名：獼猴梨、《開寶》藤梨、同上陽桃。《日用》木子。時珍曰：其形如梨，其色如桃，而獼猴喜食，故有諸名。閩人呼爲陽桃。集解：志曰：生山谷中。藤着樹生，葉圓有毛。其實形似鷄卵大，其皮褐色，經霜始甘美可食。皮

堪作紙。宗奭曰：今陝西永興軍南山甚多。枝條柔弱，高二三丈，多附木而生。其子十月爛熟，色淡緑，生則極酸。子繁細，其色如芥子。淺山傍道則有存者，深山則多爲猴所食矣。

明 陳懋仁《庶物異名疏》卷一九《侯騷》 《廣志》：侯騷蔓生如雞卵，既甘且冷，輕身消酒。又名藺子藤。《齊民要術》云：藺子藤生緣樹木，實如梨，赤如雞冠，核如魚鱗，取生食之，淡泊甘苦。蕭子雲賦『長卿晚翠，藺子秋紅』，用此。楊升庵説藺子而不及侯騷，蓋未攷《廣志》耳。

又卷二一《銚弋 御弋》 《爾雅》：萇楚，銚姚弋。二名一種，或曰鬼桃，葉似桃，華白，子如小麥，亦似桃。陸璣《疏》：今羊桃是也。葉長而狹，華紫赤色，其枝莖弱過一尺，引蔓於草上。今人以爲汲灌，重而善没，不如楊柳也。近下根，刀切其皮，著熱灰中脱之，可韜筆管。《本草》：羊桃，一名羊腸，一名御弋。鄭《箋》：銚弋之性，始生正直，及其長大，則枝猗儺而柔順，不妄尋蔓。仁謂此象端人改節，而媚乎時者，不蔓猶幾焉。

明 方以智《通雅》卷四四 萇楚、銚芅之羊桃，非今閩廣之羊桃也。戴合溪嘗論萇楚絶非羊桃，以其所見五棱子也。五稜亦作五斂。嵇含曰：南人呼稜爲斂，其狀如爪椎五稜，而凹甚深，稜甚狹，色青。閩廣蜜之爲珍果。范至能作五棱子。注《詩》者北人，豈得知之？今或書作陽桃。又有三廉子，廉亦稜也。《爾雅》：萇楚，銚芅。注：羊桃，一名鬼桃，莖大如指，似樹而弱如蔓。保昇、景純云：花、葉皆似桃，子細如棗核。東璧曰：葉大如掌，似苧而團有毛。此又不一矣。獼猴桃乃藤梨。東璧曰：閩人呼爲陽桃。是又一陽桃。

清 魏茂林《駢雅訓纂》卷六 銚芅，五棱，羊桃也。《爾雅·釋草》：萇楚，銚芅。注：今羊桃也。或曰鬼桃，葉似桃，華白，子如小麥，亦似桃。《釋文》：銚，羊招反，或羊召反。字或作䥲。芅音翼，字亦作弋。《桂海虞衡志·果志》：五棱，子形甚詭異，瓣五出，如田家碌碡狀，味酸，久嚼微甘。閩中謂之羊桃。

清 田雯《古歡堂集》卷三九《羊桃籐》 吾嘗讀陸元恪之書，而未之識也。一日將治南堤，患其石之不固，匠氏持槩蔓至。白余曰：用此之汁以合石粉，膠漆不啻也。問其名，則爲羊桃藤。因憶陸云：萇楚，今之羊桃，引蔓似藤，今人以爲汲灌。《爾雅》云『長楚，桃芅』，羊桃也。鄭《箋》云：萇楚，藤生子赤，一名鼠矢。又云：桃芅之性，始生正直，及其長大，則其枝倚儺而柔順，不妄尋蔓。似又與陸説左矣。陸佃云：萇楚，今羊桃。白華，子如小麥，葉與實皆似桃，故有桃之號也。一曰有兩羊桃，一種華、實皆連理，故《詩》以刺淫焉。此但言其花、葉、子、實、根蔓耳，而未及其槩之用也。陸氏亦但謂其可爲汲灌，而未及於固石也。夫石堅確而畸零，乃以柔蔓之液，遂能締合而成交宜。詩人之見刺也，獨念牛羊之用多矣。既以名棗，又以名桃，而果蓏之細又曰奶。櫻桃之别爲牛桃，芰之名牛蘄，莙之名牛藻，蒛之名牛棘，藚之名牛蘈，義雖無取，而其稱則怪矣，故箋之。

清 王念孫《廣雅疏證》卷一〇 鬼桃，銚弋，羊桃也。《爾雅》：萇楚，銚芅。郭注云：今羊桃也，或曰鬼桃，葉似桃，華白，子如小麥，亦似桃。《説文》云：萇楚，銚弋，一名羊桃。《檜風·隰有萇楚》篇：隰有萇楚，猗儺其枝。《傳》云：萇楚，銚弋也。猗儺，柔順也。《箋》云：銚弋之性，始生正直，及其長大，則其枝猗儺而柔順，不妄尋蔓草木。《正義》引《義疏》云：今羊桃是也。葉長而狹，華紫赤色。其枝莖弱，過一尺引蔓於草上。今人以爲汲罐，重而善没，不如楊柳也。近下根，刀切其皮，箸熱灰中脱之，可韜筆管。《中山經》云：豐山其木多羊桃，狀如桃而方莖，可以爲皮張。郭注云：一名鬼桃，治皮腫起。《神農本草》云：羊桃，一名鬼桃，一名羊腸，生山林川谷。《名醫别録》云：一名萇楚，一名御弋，一名銚弋。陶注云：山野多有，似家桃，又非山桃，子小細，苦不堪噉，花甚赤。《詩》云『隰有萇楚』者，即此也。案《毛詩疏》『羊桃華紫赤』，《爾雅注》云『華白』，則有二種也。其枝條柔弱蔓生，故《詩》『猗儺其枝』，《傳》、《箋》並以猗儺爲柔順。但下章又云『猗儺其華』，『猗儺其實』。華與實不得言柔順，而亦云『猗儺』，則猗儺乃美盛之貌矣。《小雅·隰桑》篇：隰桑有阿，其葉有難。《傳》云：阿然，美貌。難然，盛貌。阿難與猗儺同。

清 吳其濬《植物名實圖考》卷三一《獼猴桃》 獼猴桃，《開寶本草》始著録。《本草衍義》述形尤詳。今江西、湖廣、河南山中皆有之。鄉人或持入城市以售。《安徽志》：獼猴桃黟縣出。一名陽桃。九十月間熟。李時珍解羊桃云：葉大如掌，上緑下白，有毛似苧麻而團。此正是獼猴桃，非羊桃也。枝條有液，亦極黏。

圖表

晉 郭璞《爾雅音圖・釋草》

明 李時珍《本草綱目・圖卷》

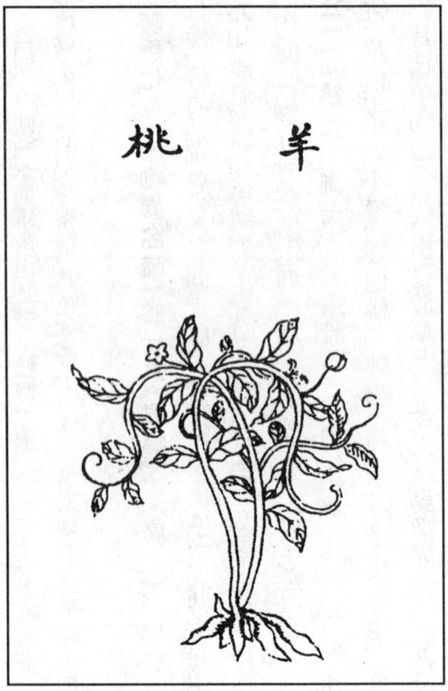

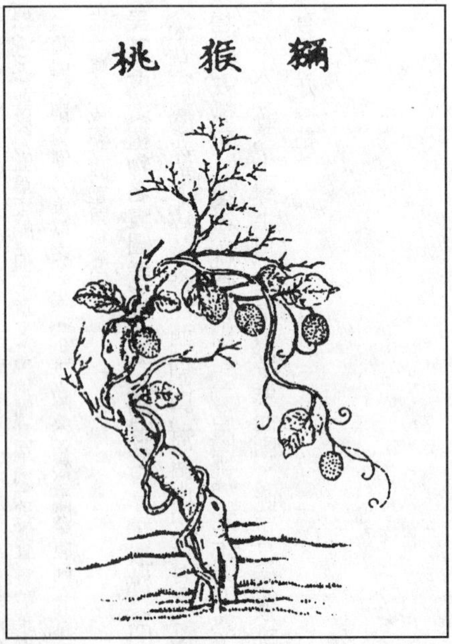

清 吳其濬《植物名實圖考》卷三一《獼猴桃》

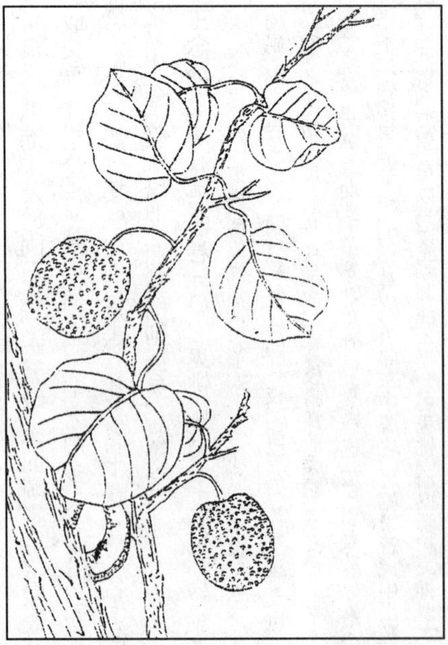

木天蓼

綜述

明　李時珍《本草綱目》卷三六　木天蓼《唐本草》　校正：併入《拾遺》小天蓼。釋名：時珍曰：其樹高而味辛如蓼，故名。又馬蓼亦名大蓼，而物異。集解：恭曰：木天蓼所在皆有，生山谷中，今安州、申州作藤蔓，葉似柘，花白，子如棗許，無定形，中瓤似茄，子味辛，噉之以當薑蓼。藏器曰：木蓼，今時所用出山南鳳州，樹高如冬青不凋，不當以藤天蓼爲注，既云木蓼，豈是藤生？自有藤蓼耳。藤蓼生江南、淮南山中，藤着樹生，葉如梨，光而薄，子如棗，即蘇恭以爲木天蓼者。又有小天蓼，生天目山、四明山，樹如卮子，冬月不凋，野獸食之。是有三天蓼，俱能逐風，而小者爲勝。頌曰：木天蓼，今出信陽，木高二三丈，三月、四月開花，似柘花，五月採子，子作毬，形似檾麻子，可藏作果食。蘇恭所説，自是藤天蓼也。時珍曰：天蓼雖有三種，而功用彷彿，蓋一類也。其子可爲燭，其芽可食。故陸機云：木蓼爲燭，明如胡麻。薛田《詠蜀詩》有『地丁葉嫩和嵐采，天蓼芽新入粉煎』之句。

明　鮑山《野菜博録》卷三　木天蓼，一名蓬萊金蓮枝，生山谷中。樹高數丈餘，葉似枝子花葉，開花似小蓮花，其味辛温有毒。

清　陳淏子《秘傳花鏡》卷四《藤蔓類考·天蓼》　天蓼，一名木蓼，非草也。産於天台、四明二山。本與梔子相類，其葉冬月不凋，花開黄白色，結實如棗，但未審蓼之性何來，子可爲燭。

清　嵇璜《續通志》卷一七六　天蓼有三種：木天蓼，出信陽，木高二三丈，子作毬形，可藏作果食；又有小天蓼，生天目山、四明山，樹如梔子，冬月不彫，野獸食之；又有藤天蓼，生江南、淮南山，子如棗。

圖表

明　李時珍《本草綱目·圖卷》

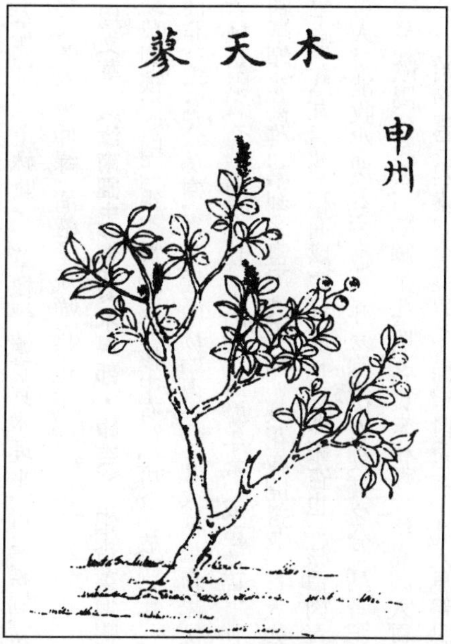

明　鮑山《野菜博録》卷三

銀杏

綜述

宋 彭乘《墨客揮犀》卷五 銀杏葉如鴨脚，獨窠者不實，偶生及蕃生者乃實。

元 王禎《農書》卷九《銀杏》 銀杏之得名，以其實之白。一名鴨脚，取其葉之似。其木多歷年歲，其大或至連抱，可作棟梁。

明 牛衷《增修埤雅廣要》卷二五《卉物門·釋物類·銀杏》 《格物論》：銀杏樹高大，葉薄有刻缺，實如枇杷大，每一枝有百千顆，八九月熟，採之去皮與肉取核白色，炒煨食涼，小兒食能發驚。一名鴨脚，一名公孫樹，以其實久始生，公種而孫方食。有雌雄，雄者二稜，雌者三稜，須合種之，二更開花，三更結實，或在池邊能結子而茂，蓋臨池照影則生也。又云：不結子於雌樹，鑿一孔，入雄樹木一塊，以泥塗之，即生子。

明 田藝蘅《留青日札》卷三四《平仲 君遷》 《吴都賦》：平仲君遷。注：皆木名。劉成曰：平仲之木，實白如銀；君遷之樹，子如瓠形而未詳也。平本作枰。《上林賦》：華楓枰櫨。其木理平，可爲棊局，故棊盤曰枰。唐詩『芳春平仲緑，清夜子規啼』是也。君遷本作梬檍，出交趾。司馬溫公云：如馬妳，俗名牛妳柹。今《本草》有君遷子，味甘平無毒，止渴，去煩熱，令人潤澤。樹高丈餘，子中有汁如乳汁，生海南。又言即柹漆，非也。別有椑柹。《日華子》云：作漆甚妙，生江淮南，似柹而青黑色。《閒居賦》『梁侯烏椑之柹』是也。可補《文選》注。

明 李時珍《本草綱目》卷三〇 銀杏《日用》 釋名：白果、《日用》鴨脚子。時珍曰：原生江南，葉似鴨掌，因名鴨脚。宋初始入貢，改呼銀杏，因其形似小杏而核色白也。今名白果。梅堯臣詩：鴨脚類緑李，其名因葉高。歐陽修詩：絳囊初入貢，銀杏貴中州。是矣。集解：時珍曰：銀杏生江南，以宣城者爲勝。樹高二三丈。葉薄縱理，儼如鴨掌形，有刻缺，面緑背淡。二月開花成簇，青白色，二更開花，隨即卸落，人罕見之。一枝結子百十，狀如楝子，經霜乃熟爛，去肉取核爲果。其核兩頭尖，三稜爲雄，二稜爲雌。其仁嫩時緑色，久則黄。須雌雄同種，其樹相望，乃結實；或雌樹臨水亦可；或鑿一孔，内雄木一塊泥之，亦結。陰陽相感之妙如此。其樹耐久，肌理白膩。術家取刻符印，云能召使也。《文選·吴都賦》注：平仲果，其實如銀。未知即此果否？

明 慎懋官《華夷花木鳥獸珍玩考》卷二《銀杏譜》 銀杏之得名，以其實之白。一名鴨脚，取其葉之似。其木多歷歲年，其大或至連抱，可作棟梁。又名公孫樹，言其實久而後生，公種而孫方食。有雌雄，雄者二稜，雌者三稜，須合種之，二更開花，三更結實。或在池邊，能結子而茂，蓋臨池照影亦生也。又云不結子，於雌樹鑿一孔，入樹樹木一磈，以泥塗之，便生子。禹會封在塗山西南二十里許，土地平衍，相傳爲禹會諸侯處。塗山頂有銀杏一株，大可數百圍，不知年矣。

又卷三《平仲》 《吴都賦》平仲注曰：木名。劉成曰：平仲之木，實白如銀。平本作枰。《上林賦》：華楓枰櫨。其木理平，可爲棊局，故棊盤曰枰。唐詩：『芳春平仲緑，清液子規啼』是也。

明 周文華《汝南圃史》卷四《木果部·銀杏》 銀杏葉似鴨脚，古名鴨脚樹。《菽園雜記》曰：銀杏實如杏而核中有仁，可食，故曰仁杏。今云銀杏，似是而非。一名公孫樹，言公種而孫始得食。北人稱爲白果，南人亦呼之，吴俗皆稱靈眼，又稱白眼。其木高大，多歷年歲，或至連抱。其木理最細，用作園亭顔額甚雅，摹刻名書不失筆法。其花夜開晝落，實大如枇杷，每一枝有百十顆，八九月熟，積而腐之，惟取其核即銀杏也。核白肉青，煨熟食之，甘香可人。能收小便，令不數。亦易飽，仍有粳糯之分，糯者肥輭香滑，粳者不堪食。歐陽公詩云：絳囊因入貢，銀杏貴中州。又云：始摘纔三四歲，久子漸多。梅聖俞詩云：北人見鴨脚，南人見胡桃。識内不識外，疑若橡栗韜。鴨脚類緑李，其名因葉高。則知是果之見重，自宋始矣。其木有雌雄，雄者不結實。

明 陳懋仁《庶物異名疏》卷二三《平仲》 平仲之木，其實如銀，即銀杏也。

明 張存紳《增定雅俗稽言》卷四〇 銀杏 銀，言其色之白也。雄者二稜，雌者三稜。二夏開花，三夏結子。不結者，于雌木鑿一孔，入雄木一塊，以泥塗之，即結。

明　徐光啓《**農政全書**》**卷三〇**　銀杏，一名白果，一名鴨脚子。銀杏，以白得名。鴨脚，取其葉之似。其木多歷歲年，其大或至連抱，可作棟梁，多生江南，以宣城者爲勝。二月開花成簇青白色，二更開花隨即卸落，人罕見之。一枝結子百十，狀如楝子，經霜乃熟爛，去肉取核爲果。

明　徐㶿《**徐氏筆精**》**卷五**《**鴨脚子**》　鴨脚子，即銀杏也。歐陽永叔和梅聖俞詩云：鵞毛贈千里，所以重其人。鴨脚雖百箇，得之誠可珍。又云：鴨脚生江南，名實未相浮。絳囊因入貢，銀杏貴中州。此果北地不能種。今人又呼爲白菓。其葉頗似鴨脚。又鮑照賦園葵，已有鴨脚二字。

明　方以智《**物理小識**》**卷九**　銀杏　核兩頭尖，三稜者雄，二稜者雌，雌雄同種。相望結實，或雌木不結實，則鑿孔納雄木一塊泥之，亦結。

清　曹溶《**倦圃蒔植記·總論**》**卷上**《**論果**》　銀杏有佛手、梅核兩種，總取甘糯爲良，經霜而收乃可久藏。而夏間嫩者嘗新却美，要之成人小子，皆勿多食。

清　王棠《**燕在閣知新録**》**卷二九**《**白果**》　鴨脚子，一名銀杏，俗謂之白果。葉似鴨掌，故初名鴨脚。宋初入貢，改名曰銀杏也。形似小杏，核色白。梅堯臣詩：鴨脚類緑李，其名因葉高。又詠李侯家鴨脚詩：鴨脚生江南。自注云：京師無鴨脚，李駙馬自江南移植。又名平仲，左思《吴都賦》：桾櫏平仲。劉成注曰：平仲之木，實如銀。陳藏器以爲銀杏，一名檘，一名火槖木。相如《上林賦》檘櫨注引郭璞曰：檘，平仲木也。

清　張逸少《**佩文齋廣羣芳譜**》**卷五九**《**果譜·銀杏**》　銀杏，一名白果，一名鴨脚子。《本草》云：葉似鴨脚，因以爲名。宋初始入貢，改呼銀杏。因其形似杏而核色白也。今名白果。

清　嵇璜《**續通志**》**卷一七七**　銀杏，一名白果，一名鴨脚子。樹高二三丈，或大至連抱，可作棟梁。葉薄縱理，儼如鴨掌。花開旋落，人罕見之。一枝子百十，狀如小杏，經霜乃熟爛。去皮肉取核爲果，其核尖中圓而微扁，其仁色緑，久則黄。其樹耐久，生江南，以宣城爲盛。宋初始入貢。歐陽修詩云：絳囊初入貢，銀杏貴中州。即此果也。

清　吴其濬《**植物名實圖考**》**卷三一**《**銀杏**》　銀杏，《日用本草》始著録。即白果，一名鴨脚子，或云即平仲。木理堅重，製器不裂，匠人重之。

紀事

宋　何薳《**春渚紀聞**》**卷一**　元豐間，禁中有果名鴨脚子者四，大樹皆合抱。其三在翠芳亭之北，歲收實至數斛，而託地陰翳，無可臨玩之所。其一在太清樓之東，得地顯曠，可以就賞，而未嘗著一實。裕陵嘗指而加嘆，以謂事有不能適人意者如此，戒圃者善視之而已。明年，一木遂花，而得實數斛。裕陵大悦，命宴太清以賞之，仍分頒侍從。

明　李詡《**戒庵老人漫筆**》**卷二**　丹陽經山寺大銀杏，相傳晉物也。樹圍連抱七人，半枯中空，遺子所出小株從中挺上，亦已盈斗矣。

明　王圻《**稗史彙編**》**卷一五三**《**白果**》　開化縣有一株極大白果樹，云自唐朝遺種，其果不生于枝上，却于樹丫枝中生一癭瘤，大如數石甕。將熟時，即脹裂，有白果數石可收，云是神仙種，又云一村皆然。

明　顧起元《**客座贅語**》**卷一**　樹之大而久者，留都所有，無踰于銀杏，鴨脚子者是也。祈澤寺二株，云是六朝人植。牛首山一株，云是唐懶融時植。棲霞寺二株，云亦是六朝人植。皆大可數人合抱。而棲霞一株，結乳如石筍，下垂。相傳樹千年始生，爲尤奇。自此數株外，他木未有大而久者矣。乃知此木最壽，宜名爲萬年枝。俗傳銀杏開花以夜，人自未有見者。數年前大報恩寺鍾樓傍一株開花，滿樹如柳絮，人皆見之。

明　徐昌祚《**新刻徐比部燕山叢録**》**卷一八**　遷安縣西有銀杏二株，大可十抱。成化間，民韋氏截其一爲器，液流如血。入夜，有聲如兩鐵相戛，月餘而止。韋氏丁口漸耗，不數年而絶。其一人不敢伐，至今尚存，蔭覆數畮。

清　謝堃《**花木小志·銀杏**》　即白果也，世傳白果開花於夜静，旋開旋落，人多不能見，此齊東語也。余購一株，長不滿尺，枝葉扶疎，葉形鴨掌，花澹緑色，傍葉而開，兩三日方落。落後蒂緑豆大，漸大漸垩，色碧可玩，將熟則帶黄矣。此余朝夕親見，想所傳樹高花小，色與葉混，此故不易見也。

藝文

宋 梅堯臣《宛陵集》卷四一《鴨脚子》 魏帝昧遠圖，於吴求鬬鴨。乃爲吴人料，重玩志已愜。江南有嘉樹，脩聳入天插。葉如欄邊迹，子剥杏中甲。持之奉漢宫，百果不相壓。非甘亦非酸，澹苦衆所狎。千里競齎貢，何異賫爭啑。

宋 歐陽修《文忠集》卷七《和聖俞李侯家鴨脚子》 鴨脚生江南，名實未相浮。絳囊因入貢，銀杏貴中州。致遠有餘力，好奇自賢侯。因令江上根，結實夷門秋。始摘纔三四，金奩獻凝旒。公卿不及識，天子百金酬。歲久子漸多，纍纍枝上稠。主人名好客，贈我比珠投。博望昔所徙，蒲萄安石榴。想其初來時，厥價與此侔。今也徧中國，籬根及墻頭。物性久雖在，人情逐時流。惟當記其始，後世知來由。是亦史官法，豈徒續君謳。京師無鴨脚樹，駙馬都尉李和文自南方移植其地。

宋 楊萬里《誠齋集》卷一四《銀杏》 深灰淺火畧相遭，小苦微甘韻最高。未必雞頭如鴨脚，不妨銀杏伴金桃。

明 吴寬《家藏集》卷一三《銀杏》 洞庭霜落後，不數橘能黄。把玩還長笑，因懷阮籍狂。

又卷二七《又次韻謝送銀杏》 緑葉叢叢鴨脚攢，霜前摘取屬園官。無花結實猶堪食，羞殺花王是牡丹。

王子纍纍走大盤，老人手種食應難。閩南橄欖形雖似，待得回甘已受酸。

清 周清原《滿江紅·銀杏》（引自《名家詞鈔》） 霜葉紅時，誰點就、黄金相挜。新果熟，枝頭輕彈，亂拋林外。卸却青衫冰縠細，敲開碧玉玻璃砑。訝杏園春去已多時，名還借。　難插向，簪邊戴，也携向，街頭賣。謝張郎、珍重冷山遥帶。滑膩漫揉酥乳並，温香新剥雞頭亞。倩佳人、輕縷作寒梅，堪增價。

清 李紱《穆堂初稿》卷一四《銀杏》 陰陰緑牡丹，多葉殊婉弱。初疑粲鸚羽，矧敢輕鴨脚。柔條意所歡，筐實亦已慤。

清 和瑛《易簡齋詩鈔》卷一《銀杏棲霞殿後白果樹高數丈，結果極繁》 鴨脚何年植，離離綴似樝。盤堆銀蚌裹，手擘緑晶拏。佐以木魚子，清於玉版芽。茗禪留齒慧，味足老煙霞。

清 成書《多歲堂詩集》卷三《乙丑下·白果子》 豈是蘋婆種，殊方頗見珍。似蘋婆而色正白，極熟則微黄，味較紅者差勝。微芳還浥露，素面最宜人。解結風霜實，深藏樗櫟身。應時非爾分，留待隔年春。質甚堅，實耐久。摘時裹以綿紙置陶器中，覆之以草。來春發視，則香氣襲人，盤供絶勝。

清 梁章鉅《退庵詩存》卷八《大銀杏歌》 西山銀杏大十圍，我聞不如所見奇。夜來入寺了不知，壓頂但訝山厓巖。平明起觀羣愕眙，百步以外神先馳。想當未有幽州時，拔出草昧軒端倪。旁挺猶恐塞地維，盡力擠作參天姿。霜侵雪蝕老不衰，千柯萬幹仍華滋。三稜五稜鱗甲飛，緑陰無縫覘娥羲。僧言故事符昌期。

三朝翠罡聯英蕤，一度一茁青瑶枝。森森竦竦中邊齊，丁辰告瑞如有司。神理所繫誰能窺，固應永護佛日暉。壓倒千柘龍淵遺，俯掃殿角金元鴟。使我譽樹難爲辭，詩腸轉到蟾光遲，定影更認閻浮提。

圖表

明 李時珍撰《本草綱目·圖卷》

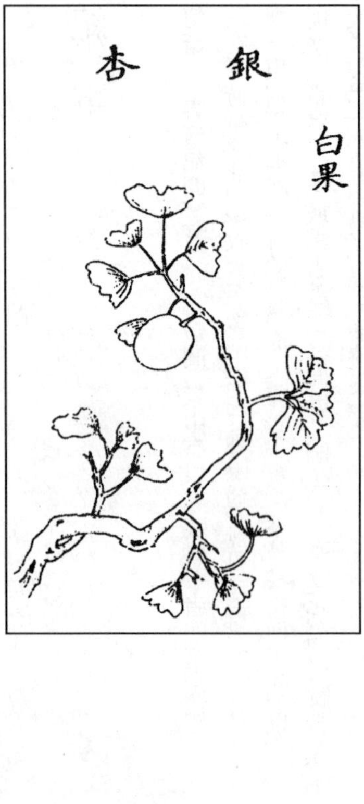

清　吴其濬《植物名實圖考》卷三一《銀杏》

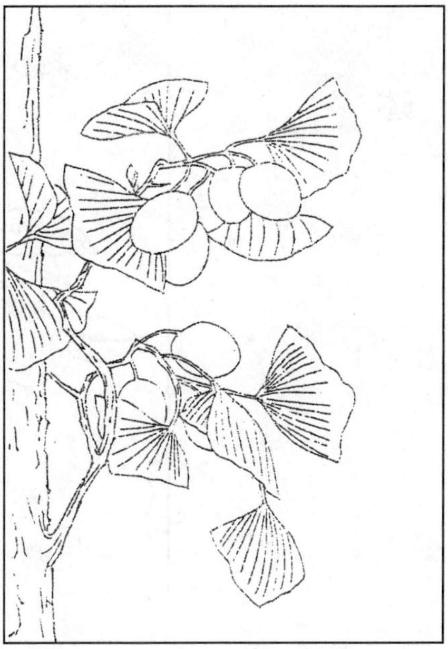

巴旦杏

綜　述

唐　段成式《酉陽雜俎》卷一八　偏桃，出波斯國，波斯國呼爲婆淡樹，長五六丈，圍四五尺，葉似桃而濶大。三月開花白色，花落，結實狀如桃子而形偏，故謂之偏桃。其肉苦澁，不可噉。核中仁甘甜，西域諸國並珍之。

唐　段公路《北户録》卷三《偏核桃》　占卑國出偏核桃，形如半月狀。波斯取仁食之，絶香美，極下氣力，比於中夏桃仁療疾不殊。《會最》云：偏桃仁，勃律國尤多，花殷紅色。

明　田藝蘅《留青日札》卷三四《巴旦杏》　巴旦杏，西番哈烈、于闐出。似棗而甜者，名忽鹿麻。今名八鞑杏仁。

明　李時珍《本草綱目》卷二九　巴旦杏《綱目》　釋名：八擔杏、《正要》忽鹿麻。集解：時珍曰：巴旦杏，出回回舊地，今關西諸土亦有。樹如杏而葉差小，實亦尖小而肉薄。其核如梅核，殼薄而仁甘美。點茶食之，味如榛子。西人以充方物。

明　王世貞《弇州四部稿》卷一五七　秦中果實之佳者曰偏桃仁，燕中果實之佳者曰巴旦杏仁。巴旦，蓋元時人語也。今杏仁多，而偏桃仁遂少。按《嶺表録異》曰：核桃出畢占國，内不堪食。彼中多收其核，遺漢官以稱珍異。其形薄而尖頭，偏如雀嘴，破之，食其桃仁，味酸似新羅松子。性熱，入藥分與北地桃無異。今巴旦杏亦不堪食，其仁味甘於榛而鬆於榧，眞佳品也。

清　魏茂林《駢雅訓纂》卷六　巴旦，北杏也。《通雅》四十三《植物類》：杏仁曰巴旦，乃大宛種也。今京師稱巴旦杏仁，而不知其故。按：答烈，古大宛也，有蒲萄、巴旦杏，永樂七年麼賚等朝貢。

又《補遺》　巴旦，北杏也（十三之二）《通雅》四十三《植物類》：杏仁曰巴旦，乃大宛種也。今京師稱巴旦杏仁而不知其故。文熹按：直隸延慶州西北六十五里有八達嶺，其上有城，南北二門設兵戍守，元史所稱北口也。《長安客話》：杏仁皆味苦，有一種甘者謂之八達杏。按：八達嶺所出，故名之也。八達、巴旦，一聲之轉。林按：《廣羣芳譜・果譜》巴旦杏注：名八擔，杏出回回地。今關西諸處皆有，葉差小，實小而肉薄，核如梅，皮薄而仁清，甘鮮者尤脆美，稱果之佳者。又按：《畿輔通志》卷十七《山川》：八達嶺在昌平州西北六十五里。又卷五十六《土産》：《長安客話》：杏仁皆味苦，有一種甘者名巴旦杏，或謂之八達杏。

清　王士禛《香祖筆記》卷一　《異物彙苑》：巴旦杏出哈烈國，今北方皆有之。京師者，實大而甘。山東者，實小肉薄少津液，土人賤之，不食，獨其仁甘可以佐茹。

清　于敏中《日下舊聞考》卷一五〇　杏仁皆味苦。有一種甘者，謂之巴旦杏，或謂之八達杏。

藝文

明 劉嵩《槎翁詩集》卷四《巴丹》 自是山桃子，蕃名故爾殊。皮膚憐外脂，香味愛中腴。磊落珠盤石，修圓碧海珠。南歸思種汝，土性恐難迂。

圖表

明 李時珍《本草綱目・圖卷》

核桃

綜述

晉 郭義恭《廣志》(引自《説郛》卷六一) 陳倉胡桃薄皮多肌，陰平胡桃大而皮脆，急捉碎。

唐 段公路《北户録》卷三《山胡桃》 山胡桃，皮厚底平，狀如檳榔，其仁如扶容頭，味次陰平。樂游胡桃別作杏膏香，但不耐停耳。《廣志》云：胡羯陰平胡桃皮脆，急投之，即碎。其蝦蟇背見柳世隆《謝樂遊胡桃》，云：胡羯奔逃，吉之先見者也。鄭虔又云：山胡桃無穰，實心，磨之可爲印子。據説即非南山中胡桃也。

宋 寇宗奭《本草衍義》卷一八 桃核仁，桃品亦多。京畿有油桃，光，小於衆桃，不益脾，有赤點斑而光如塗油。山中一種，正是《月令》中桃始華者。但花多子少，不堪啗，惟堪取仁。唐《文選》謂『山桃發紅蕚者』是矣。又太原有金桃，色深黄。西京有崑崙桃，肉深紫紅色。此二種尤甘。又餅子桃如今之香餅子。如此數種，入藥惟以山中自生者爲正，蓋取走泄爲用，不取肥好者。

宋 高似孫《剡録》卷一〇《草木禽魚下・胡桃》 《尚書故實》曰：右軍禽李帖。又曰：胡桃種已成矣。木玄虚《四明山記》曰：芙蓉峯山足生胡桃。今新剡間種此。晉鈕滔母答吴國書：胡桃外剛樸，内柔甘，質似古賢，欲以奉貢。善形容如此。

明 王世懋《學圃雜疏》 核桃，北果而宜山種。吾地絶少，然亦可種。

明 李時珍《本草綱目》卷三〇 胡桃宋《開寶》 釋名：羌桃、《名物志》核桃。頌曰：此果本出羌胡，漢時張騫使西域始得種還，植之秦中，漸及東土，故名之。時珍曰：此果外有青皮肉包之，其形如桃，胡桃乃其核也。羌音呼核如胡，名或以此。或作核桃。梵書名播羅師。集解：頌曰：胡桃生北土，今陝、洛間甚多。大株厚葉多陰。實亦有房，秋冬熟時採之。出陳倉者薄皮多肌。出陰平者大而皮脆，急捉則碎。汴州雖有而實不佳。江表亦時有之，南方則無。時珍曰：胡桃樹高丈許。春初生葉，長四五寸，微似大青葉，兩兩相對，頗作惡氣。三月開花如栗花，穗蒼黄色。結實至秋如青桃狀，熟時漚爛皮肉，取核爲果。人多以櫸柳接之。案劉恂《嶺表録异》云：南方有山胡桃，底平如檳榔，皮厚而大堅，多肉少穰。其殼甚厚，須椎之方破。然則南方亦有，但不佳耳。

明 李中立《本草原始》卷七 胡桃樹高丈許，春初生葉，長四五寸，兩兩相對。三月開花如栗花，穗蒼黄色。結實至秋如青桃。此種原出羌胡，漢時張騫使西域始得種還，植之秦中，漸及東土，故名胡桃。一名羌桃，漚爛青皮肉，取核爲果，故俗呼核桃。

明 周文華《汝南圃史》卷四《胡桃》 胡桃，一名核桃，又名羌桃。《博物志》曰：張騫使西域，還，得胡桃。實圓而青如銀杏，剖之乃得核，核内有肉，白色，肉外有膜，黄色。有小者、大者，有脱肉、不脱肉者。味脆美，與榛子相近，蓋佳果也。【略】《山東通志》云：胡桃出濟、兖、青三郡，青州者爲佳。今商賈販鬻，悉從彼，焙乾頗能致遠。吴中園圃間亦有之，樹亦易長，高至三五丈，下種可出，數年乃生。【略】别有山核桃。《八閩通志》云：山核桃，木高數丈，葉翠如梧桐，其實堅。《三輔黄圖》謂之萬歲子。《北户録》曰：山胡桃皮厚底平，狀如檳榔。又占卑國出偏核桃，形如半月狀。波斯人取食之，絶香美。

明 方以智《物理小識》卷九 胡桃 胡桃，十月種，宜大石重壓其根，使實生子不脱落。其核外肉最爛手皮。其核分二瓣者，山核桃也。占卑國出偏核桃，形如半月。

清 陳淏子《秘傳花鏡》卷三《花木類考・胡桃》 胡桃，一名羌桃，一名萬歲子，樹高數丈，葉翠似梧桐，兩兩翠對而長，且厚而多陰。三月開花如栗花，穗蒼黄色。實似青桃，有二種：殻薄多肉易碎者，名胡桃，産荆襄；殻堅厚，須重搥乃破者，名山核桃，産燕齊。採用先剖去青皮，乃得核桃，核内有白肉，形如猪腦，外有黄膜微澁，須湯泡去之，可食，然其性熱，只宜少食。下種必擇其佳者，殻光紋淺體重之核，平埋土中，即能發芽。若以尖縫向上，則土浸其仁壞，多不能活。春斫皮中出汁，婦女承取沐頭則黑髮。又將核入火中燒半紅，埋灰中作火種，經三四日不動，亦不燼。

清 高士奇《北墅抱甕録・核桃》 核桃葉厚而多陰。瀛山館前，隔岸土岡隆起，雜樹森立，核桃亦種其中。園多鳥雀，諸果熟時，輒被摧啄，惟核桃以味濇得免。蓋外炫者易敗，而中固者不傷。雖小物亦足感耳。

清 吴其濬《植物名實圖考》卷三一《胡桃》 胡桃，《開寶本草》始著録。北方多有之，唯永平府所産皮薄，謂之露穰核桃。木堅，作器物良。

藝文

唐 李白《李太白文集》卷二二《白胡桃》 紅羅袖裏分明見，白玉盤中看却無。疑是老僧休唸誦，腕前推下水精珠。

元 王惲《秋澗集》卷二一《奉和曲山胡桃詩嚴韻》 藤藜爲莫性甘良，今歲收成滿市行。褐殻外包金作皺，黄衣中裹玉爲穰。似憐淡泊陪樽俎，滿噍芳馨潤肺腸。聞説開元全盛日，十金一柈喜新嘗。

元 王沂《伊濱集》卷一《胡桃木賦》 吾廬之陽，峙嘉植兮。受命於天，物莫比兮。修榦巍峩，鉅葉旒兮。屹如承天，中立不倚兮。鴟梟不集，矧毒螫兮。遠彼邪惡，斯明哲兮。纍纍佳實，薦之珍兮。膏以自澤，德潤身兮。厥材之良，剖犧尊兮。不青不黄，而自文兮。林林天壤，寓奚異兮。或斷溝中，萬乘器兮。使然者誰，仰偶置兮。曷若斯木，德之備兮。明告君子，以爲類兮。

明 劉嵩《槎翁詩集》卷四《胡桃》 碧露枝枝重，青苞顆顆匀。葉深初覆夏，花弱不禁春。核隱龜筒小，漿凝密枳新。向來誰致汝，吾欲恨平津。

明 徐渭《徐文長文集》卷六《五言律詩・胡桃》 羌果薦冰甌，芳鮮占客樓。自應懷緑袖，何必定青州。嫩玉寧非乳，新苞一不油。秋風乾落近，騰貴在雞頭。

清 劉秉恬《公餘集》卷四《核桃》 含核桃名附，如桃顆顆團。春華逢夏實，外固豈中乾。玉李形翰脆，葡萄味覺酸。那如嘗此果，飢飽可充餐。

圖表

明 李時珍《本草綱目·圖卷》

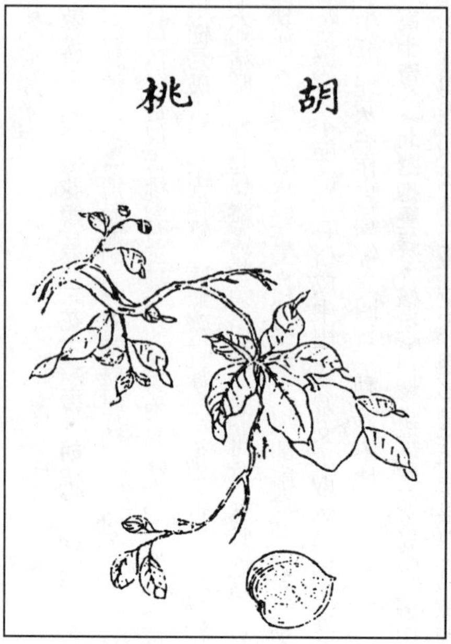

清 吳其濬《植物名實圖考》卷三一《胡桃》

蕤核

綜述

《爾雅·釋木》 棫，白桵。注：桵，小木，叢生，有刺。實如耳璫，紫赤，可啖。音義棫，音域，《字林》于具反。桵，木或作棱，《字林》人隹反。刺，七智反。疏：棫，一名白桵。郭云：桵，小木，叢生，有刺。實如耳璫，紫赤，可啖。《詩·大雅》云：芃芃棫樸。陸璣云：《王蒼》說棫即柞也。其材理全白無赤心者爲白桵。直理易破，可爲櫝、車輻，又可爲矛、戟、矜。今人謂之白棣，或曰白柘。此二說不同，未知孰是。

漢 許慎《説文》卷六 桵，白桵，棫。从木，妥聲。臣鉉等曰：當从綏省，儒隹切。棫，白桵也。从木，或聲。于逼切。

宋 戴侗《六書故》卷二一 棫桵 棫，于逼切。《詩》云：芃芃棫樸。桵，儒隹切。《爾雅》曰：棫，白桵。陸氏曰：《三蒼》說即柞也。才理全白而無赤心者爲白桵。直理易析，可爲車輻及矛、戟、矜。今人謂之白棣，或謂白柘，未知孰是。郭景純曰：小木叢生，有刺實如耳璫，紫赤可食。

明 李時珍《本草綱目》卷三六 蕤核蕤，儒誰切。《本經》上品 釋名：白桵。音蕤。時珍曰：《爾雅》『棫，白桵』即此也。其花實蕤蕤下垂，故謂之桵，後人作蕤。柞木亦名棫而物異。集解：《別録》曰：蕤核生函谷川谷及巴西。弘景曰：今出彭城。大如烏豆，形圓而扁，有文理，狀似胡桃核。今人皆合殼用，此應破取仁秤之。保昇曰：今出雍州。樹生，葉細似枸杞而狹長，花白。子附莖生，紫赤色，大如五味子。莖多細刺。五月、六月熟，採實日乾。頌曰：今河東并州亦有之。木高五七尺，莖間有刺。時珍曰：郭璞云：白桵，小木也。叢生，有刺，實如耳璫，紫赤，可食。即此也。

明 吳雨《毛詩鳥獸草木考》卷一八《棫》 棫，小木也。一名白桵。叢生，有刺，實如耳璫，紫赤，可啖。燒之，其煙與他木異，上直如線，高五七丈不絶。陸璣云：棫即柞也。材理全白無赤心者爲白桵。直理易破，可爲、櫝車，又可爲矛、戟、矜。今人謂之白棶，或曰白柘，桵字亦作蕤。

明　李中立《本草原始》卷四　蕤核始生函谷川谷及巴西。今河東亦有之。其木高五七尺，莖間有刺，葉細似枸杞而尖長。花白，子紅紫色，附枝莖而生，類五味子。六月成熟，朱實。破核取仁陰乾。《爾雅》「棫，白桵」，即此也。其花實蕤蕤下垂，故謂之桵。後人作蕤。

明　劉侗《名物通》卷八　棫，《毛詩》：芃芃棫樸。《爾雅》：白桵燒之，其煙上直如線，高數丈。

明　鮑山《野菜博録》卷四　蕤核樹，俗名蕤李子，生函谷川谷及巴西、河東皆有。今古峪關、西茶店山谷間亦有之。其木高四五尺，枝條有刺，葉細似枸杞葉而尖長，又似桃葉而狹小亦薄。花開白色，結子紅紫色，附枝莖而生，狀類五味子。其核仁味甘，性温微寒無毒，其味甘酸。

清　徐鼎《毛詩名物圖説》卷九　《爾雅》：棫，白桵。郭璞注：桵，小木，叢生，有刺，實如耳璫，紫赤，可啖。陸璣《疏》：《王蒼》説棫即柞也。其材理全白無赤心者爲白桵。直理易破，可爲櫝、車輻，又可爲矛、戟、矜。今人謂之白棶，或曰白柘。蘇頌曰：木高五六尺，莖間有刺。愚按《本草》：葉細似枸杞而狹長，花白，子附莖生，紫赤色，大如五味子。華實蕤蕤下垂，故謂之桵。柞木亦名棫，而材理實異。

圖表

明　李時珍《本草綱目·圖卷》

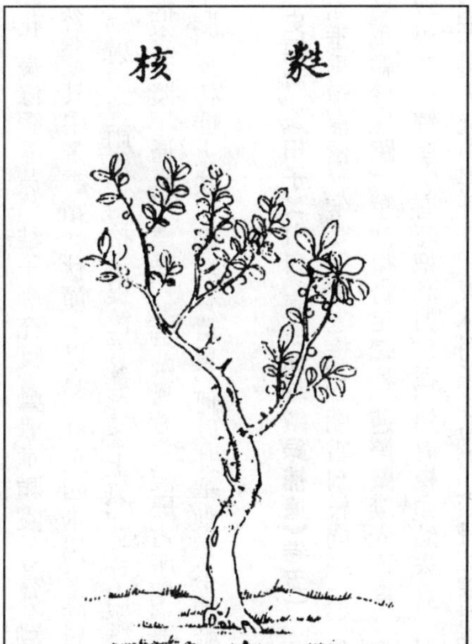

明　鮑山《野菜博録》卷四

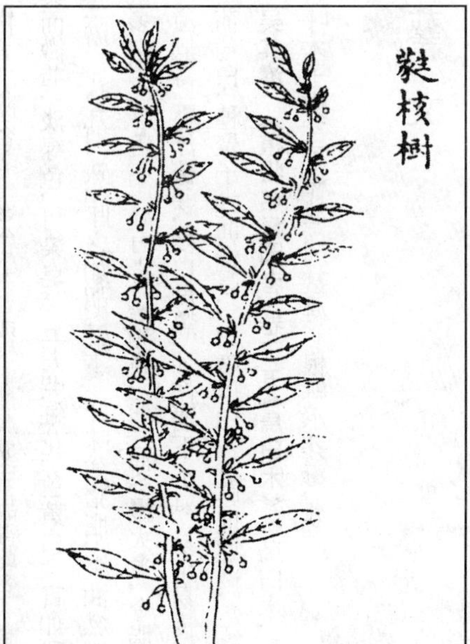

清　徐鼎《毛詩名物圖說》卷九

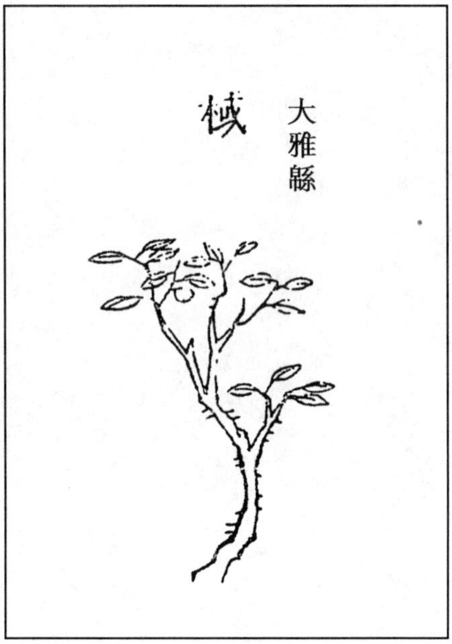

烏桕

綜述

明　李時珍《本草綱目》卷三五　烏臼木《唐本草》　釋名：鵶臼。時珍曰：烏臼，烏喜食其子，因以名之。陸龜蒙詩云『行歇每依鵶臼影，桃頻時見鼠姑心』是矣。鼠姑，牡丹也。或云：其木老則根下黑爛成臼，故得此名。鄭樵《通志》言烏臼即拒柳者，非。集解：恭曰：生山南平澤。樹高數仞，葉似梨、杏。五月開細花，黄白色，子黑色。藏器曰：葉可染皂，子可壓油，然燈極明。宗奭曰：葉如小杏葉，但微薄而緑色差淡。子八九月熟，初青後黑，分爲三瓣。時珍曰：南方平澤甚多，今江西人種植，採子蒸煮，取脂澆燭貨之。子上皮脂，勝于仁也。

清　高士奇《北墅抱甕録・桕》　烏桕亦稱鴉舅，深秋葉赤，最可耽賞。至冬葉落結子，作十字裂，色白似梅花，纍纍不墜。

清　張逸少《佩文齋廣羣芳譜》卷七九《木譜・烏臼》　烏臼，一名鵶臼。烏喜食其子，因以名之。或云其木老則根下黑爛成臼，故得此名。樹高數仞，葉似小杏葉而微薄，淡緑色，可染皂。五月開細花，色黄白。實如雞頭，初青，熟黑，分三瓣。八九月熟，咋之如胡麻子。汁味如猪脂，壓油燃燈極明。南方平澤甚多，根皮味苦，微温有毒，治頭風，通二便，慢火炙，令脂汁盡，黄乾後用子。涼無毒，壓汁梳頭，變白爲黑，炒作湯下水氣，易生易長，種之佳者有二：曰葡萄臼，穗聚子大而穰厚；曰鷹爪臼，穗散而殼薄。

清　吴其濬《植物名實圖考》卷三五《烏臼木》　烏臼木，《唐本草》始著録。俗呼木子樹。子榨油，利甚溥。根解水莽毒，效。

藝文

清　戚學標《景文堂詩》卷一《桕樹》　西郊無雜樹，烏桕森成行。每歲五月花，長條綴深黄。結子漸充實，纍纍垂顆囊。其外黝而黑，家語，黝然黑，頎然長。其中瑩雪霜。秋節一以變，紅葉四飛揚。高風脱褁纈，燦露珠斗芒。射空驟雨落，俯拾爭提筐。蓬蓬釜上氣，萬杵出碓坊。厚剥白玉膚，清挹金麻漿。通宵照屋艷，氣若蘭膏芳。寢殿古所用，遺事傳南唐。近時尚牛脂，死朽罹火殃。燭煙有遺臭，何以升華堂。不知誰作俑，固應仁者傷。

清　史福濟《桕子》（引自《兩浙輶軒續録補遺》卷五）　蘆荻蕭疏漁浦夕，千樹垂垂疏復密。乍疑開徧老梅花，朔雪封枝向一白。村前村後聞喧囂，晶瑩萬顆珍珠跳。壓油得膏足繼晷，蓮檠蘭燄光不摇。豪家烈炬凝煙碧，火樹銀花排錦室。有時把酒對丹楓，錯訝枝頭結朱實。君不見江村兒女打烏桕，星火光中博升斗。楓林月黑趁魚鐙，滿身涼露君知否。

清　淩廷堪《校禮堂詩集》卷一三《癸亥・詠道旁烏桕樹》　烏桕婆娑解耐寒，一經霜信便成丹。即今未到清秋節，都作尋常野樹看。

圖表

明 李時珍《本草綱目・圖卷》

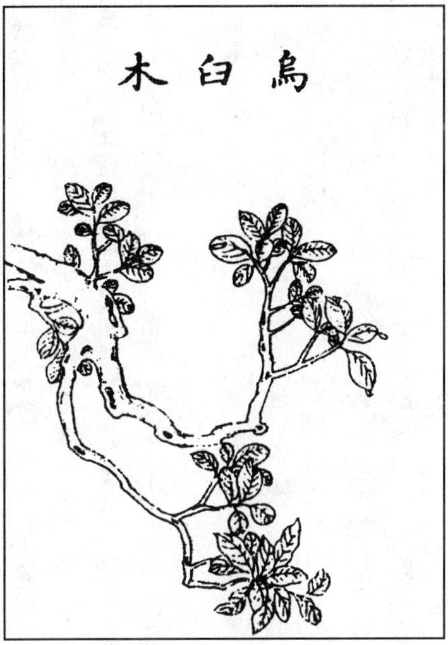

清 吳其濬《植物名實圖考》卷三五《烏臼木》

皂莢

綜述

元 王禎《農書》卷一〇《皂莢》 皂莢有二種，生雍州川谷及魯鄒縣，今處處有之。如猪牙者良，其角亦有長尺一二寸者。

明 牛衷《增修埤雅廣要》卷三〇《卉物門・異植類・鬼皂莢》 形如皂莢，高一二尺，沐之長髮，葉亦去衣垢。

明 李時珍《本草綱目》卷三五 皂莢《本經》中品 釋名：皂角、《綱目》雞栖子、《綱目》烏犀、《綱目》懸刀。時珍曰：莢之樹皂，故名。《廣志》謂之雞栖子，曾氏方謂之烏犀，《外丹本草》謂之懸刀。 集解：《別録》曰：皂莢生雍州山谷及魯鄒縣，如猪牙者良。九月、十月采莢，陰乾。弘景曰：處處有之，長尺二者良。俗人見其有蟲孔，而未嘗有蟲形，皆言不可近，令人惡病，殊不爾也。其蟲狀如草葉上青蟲，微黑便出，所以難見。恭曰：此物有三種。猪牙皂莢最下，其形曲戾薄惡，全無滋潤，洗垢不去。其尺二者，粗大長虚而無潤。若長六七寸，圓厚節促直者，皮薄多肉，味濃大好。頌曰：所在有之，以懷、孟者爲勝。木極有高大者。《本經》用如猪牙者，陶用尺二者，蘇用六寸圓厚者。今醫家作疎風氣丸煎，多用長皂莢。治齒及取積藥，多用牙皂莢。所用雖殊，性味不甚相遠。其初生嫩芽以爲蔬茹，更益人。時珍曰：皂樹高大，葉如槐葉，瘦長而尖，枝間多刺，夏開細黄花。結實有三種，一種小如猪牙，一種長而肥厚多脂而粘，一種長而瘦薄枯燥不粘，以多脂者爲佳。其樹多刺難上，采時以篾箍其樹，一夜自落，亦一異也。有不結實者，樹鑿一孔，入生鐵三五斤，泥封之，即結莢。人以鐵砧槌皂莢，即自損。鐵碾碾之，久則成孔。鐵鍋爨之，多爆片落。豈皂莢與鐵有感召之情耶？

又 肥皂莢《綱目》 集解：時珍曰：肥皂莢生高山中。其樹高大，葉如檀及皂莢葉。五六月開白花，結莢長三四寸，狀如雲實之莢，而肥厚多肉。內有黑子數顆，大如指頭，不正圓，其色如漆而甚堅。中有白仁如栗，煨熟可食，亦可種之。十月采莢煮熟，搗爛和白麪及諸香作丸，澡身面，去垢而膩潤，勝于皂莢也。《相感志》言，肥皂莢水，死金魚，辟馬螘，麩見之則不就。亦物性然耳。

明　慎懋官《華夷花木鳥獸珍玩考》卷五《鬼皂莢》　鬼皂莢，生江南地澤，如皂莢，高一二尺，沐之長髮，葉亦去衣垢。

明　李中立《本草原始》卷四　皂莢始生雍州川谷及魯鄒縣，今所在有之。木極有高大者，葉瘦長而尖，枝間多刺，夏開細黄花。結實有三種：一種小，如猪牙；一種長而肥厚，多脂而粘；一種長而瘦薄，枯燥不粘。皂，黑色也；莢，兩相夾合而中藏子也，故名皂莢。俗呼皂角。《本經》以形如猪牙者爲良，故俗皆用猪牙皂莢。每呼爲牙皂。

明　鮑山《野菜博録》卷四　皂莢樹，生山野間，葉似槐葉，長尖。枝間多刺，結實有數種，小者爲猪牙皂莢，有長五七寸者，用之當以肥膩者爲佳。味醎性，温有小毒。

明　盧之頤《本草乘雅半偈》卷七　（皂莢）出雍州山谷及魯鄒縣，近以懷孟者爲勝，所在有之。樹極高大，葉似槐瘦長而尖，枝間多刺，夏作細花，黄色。結實有三種：一種短小，形似猪牙；一種長大肥厚，多脂而粘手；一種細長瘦薄，枯燥而不粘手。

清　高士奇《北墅抱甕録·皂角》　皂角密葉如槐，緑陰低亞。秋來結莢，下出葉底，離離可觀。園四周皆水，塹岸之上，灌莽成叢，此樹頗爲秀出。

清　嵇璜《續通志》卷一七六　皂樹，葉如槐葉，實名皂莢，又名皂角，又名雞栖子，又名烏犀，又名懸刀，性能消鐵。皂樹多刺難上，采莢時以篾箍其樹，一夜自落，亦一異也。其刺名天丁。肥皂莢，樹葉如皂樹葉，莢長三四寸，肥厚多肉，内有黑子數顆，采莢搗作丸，澡身去垢，勝於皂莢。《物類相感志》言，肥皂莢水，死金魚，辟馬螘，麩見之則不就。亦物性相制耳。

清　汪曰楨《湖雅》卷四　皂莢，《湖録》：見《德清陳志》。樹多刺，曰皂角刺。按：一年生莢，一年生刺，並入藥用，莢可浣衣去垢。

紀事

宋　彭乘《墨客揮犀》卷五　唐華清宫，今靈泉觀也。七聖殿之西南隅十數步間，有皂莢一株，合數人抱，枝榦頗瘁。相傳云明皇洎貴妃共植於此，每歲結實必有十數莢合懽者。京兆尹命老卒數人守視之，移接于他枝則不復合懽也。

宋　葉庭珪《海録碎事》卷一九《一莢半》　泉州文宣王廟庭有皂莢樹，每州人登第，則先生一莢。梁貞明中，忽生一莢半，其年陳逖進士及第，黄仁顥學究及第。《稽神録》

元　脱脱《宋史》卷六五《五行志》　［紹興］二十年八月，福州冲虚觀皂莢木翠葉再實。

藝文

宋　張耒《柯山集》卷二五《皂莢》　畿縣塵埃不可論，故山喬木尚能存。不緣去垢須青莢，自愛蒼鱗百歲根。

清　錢澄之《田間詩集》卷九《江上集·來園雜詩》　高樹秋深葉，童童葆蓋黄。把茅當頂破，特爲覆空王。皂莢樹

圖表

明 李時珍《本草綱目·圖卷》

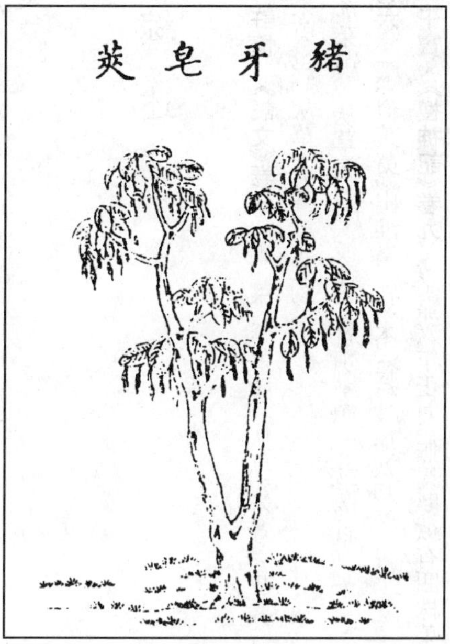

明 鮑山《野菜博録》卷四

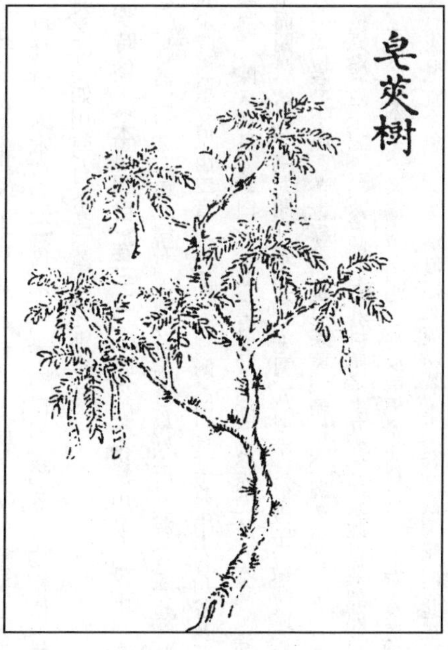

茱萸

綜述

漢　許慎　《説文》卷一　茱，茱萸，茮屬。从草，朱聲。市朱切。萸，茱萸也。从草，臾聲。羊朱切。蘱，煎茱萸。从草顡聲。漢律：會稽獻蘱一斗。魚既切。

又卷六　椴，似茱萸，出淮南。从木，殺聲。所八切。

晉　干寶　《搜神記》卷九　永嘉六年正月，無錫縣欻有四株茱萸樹，相樛而生，狀若連理。

宋　李石　《續博物志》卷七　椴似茱萸而小，赤色。

宋　洪适　《盤洲文集》卷九《茱萸》　覽盡輞川圖，擊節茱萸沜。九日秋子來，黄花爲酒伴。

宋　戴侗　《六書故》卷二四　藙　藙，魚既切。《記》曰：三牲用藙。鄭康成曰：茱萸也。《漢律》：會稽獻藙一斗。《爾雅》謂之椴。按《説文》謂椴似茱萸，則疑自爲二物，或作蘱。

明　楊慎　《丹鉛餘録》卷一二《藙即艾子》　藙，魚既切，《説文》、《玉篇》俱云：煎茱萸也。漢令：會稽郡歲貢藙子一斗。字一作艾。揚雄《蜀都賦》：木艾椒蘺。《本草》：蜀州食茱萸，甚高大，有長及百尺者。蜀人呼其子爲艾子。宋景文公《艾子贊》曰：緑實若萸，味辛香苾。投粒羹臛，椒桂之匹。范石湖《成都古今記》云：艾子，茱萸類也。實正緑，味辛。蜀人每進，輒以一粒投之，少頃香滿盂醆。或曰：作膏尤良。周文安公云：食茱萸，高者尋丈餘。與吴茱萸相似，但吴茱萸粒小，久則色青；蜀茱萸粒大，久則色黄。其所謂艾子者，非茱萸也。木高竦，葉小，花黄，其子類茱萸。八月，土人采而糜之，濾其滓，名曰艾油。以萱笋蕨，味辛香。今渝、瀘皆有之。是艾不甚辛，可以爲油。而茱萸則大辛，采之其氣即薰目，不可糜而爲油也。今土人林園並種之。茱萸則乾之以烹茶，艾子則取其油以烹蔬。彼此異形殊用。《本草》合而爲一，誤矣。又謂閉目者，名欓子，不堪食。按《禮記》云：三牲用藙。《通志》云：欓子，曰食茱萸，又曰樧。《博雅》云：欓樧，吴茱萸，俱名藙。《爾雅翼》云：三香椒，欓薑也。所謂藙與艾者，聲訛耳。慎按，公之説是也。但藙與艾，非聲訛。二字可互呼，如刈草之刈，采艾之艾，字皆從乂，是其例。《本草》云『食茱萸，木』，自不誤，蓋一物相似者。食茱萸、藥茱萸之分，如川芎有茶芎、藥芎之别也。

明　李時珍　《本草綱目》卷三二　吴茱萸《本經》中品　校正：自木部移入此。釋名：藏器曰：茱萸南北總有，入藥以吴地者爲好，所以有吴之名也。時珍曰：茱萸二字義未詳。萸有俞、由二音。集解：《别録》曰：吴茱萸生上谷川谷及寃句。九月九日采，陰乾。陳久者良。頌曰：今處處有之，江、浙、蜀、漢尤多。木高丈餘，皮青緑色。葉似椿而闊厚，紫色。三月開紅紫細花。七月、八月結實似椒子，嫩時微黄，至熟則深紫。或云：顆粒緊小，經久色青緑者，是吴茱萸；顆粒大，經久色黄黑者，是食茱萸。恐亦不然。按周處《風土記》云：俗尚九月九日謂之上九，茱萸到此日氣烈熟色赤，可折其房以插頭，云辟惡氣御冬。又《續齊諧記》云：汝南桓景隨費長房學道。長房謂曰：九月九日汝家有災厄，宜令急去，各作絳囊盛茱萸以繫臂上，登高飲菊花酒，此禍可消。景如其言，舉家登高山，夕還見鷄、犬、牛、羊一時暴死。長房聞之曰：此代之矣。故人至此日登高飲酒，戴茱萸囊，由此爾。時珍曰：茱萸枝柔而肥，葉長而皺，其實結于梢頭，纍纍成簇而無核，與椒不同。一種粒大，一種粒小，小者入藥爲勝。《淮南萬畢術》云：井上宜種茱萸，葉落井中，人飲其水，無瘟疫。懸其子于屋，辟鬼魅。《五行志》云：舍東種白楊、茱萸，增年除害。

又　食茱萸《唐本草》　校正：自木部移入此，并入拾遺欓子。釋名：椴、音殺。藙、音毅。艾子、《圖經》越椒、《博雅》欓子、《拾遺》辣子。弘景曰：《禮記》名藙，而俗中呼爲椴子，當是不識藙字也。恭曰：《爾雅》云：椒椴醜梂。陸璣《詩疏》云：椒，椴屬也。并有椴名，陶説誤矣。時珍曰：此即欓子也。蜀人呼爲艾子，楚人呼爲辣子，古人謂之藙及椴子。因其辛辣，蜇口慘腹，使人有殺毅黨然之狀，故有諸名。蘇恭謂茱萸之開口者爲食茱萸。孟詵謂茱萸之閉口者爲欓子。馬志謂粒大、色黄黑者爲食茱萸，粒緊小、色青緑者爲吴茱萸。陳藏器謂吴、食二茱萸是一物，入藥以吴地者爲良，不當重出此條，只可言漢與吴，不可言食與不食。時珍竊謂數説皆因茱萸二字相混致誤耳。不知吴茱、食茱乃一類二種。茱萸取吴地者入藥，故名吴茱萸。欓子則形味似茱萸，惟可食用，故名食茱萸也。陳藏器不知食茱萸即欓子，重出欓子一條，正自誤矣。按曹憲《博雅》

云：欓子，越椒，茱萸也。鄭樵《通志》云：欓子一名食茱萸，以别吴茱萸。《禮記》三牲用藙，是食茱萸也。二説足正諸人之謬。集解：頌曰：欓子出閩中、江東。其木高大似樗，莖間有刺。其子辛辣如椒，南人淹藏作果品，或以寄遠。《吴越春秋》云，越以甘蜜丸欓報吴增封之禮，則欓之相贈尚矣。又曰：食茱萸南北皆有之。其木亦甚高大，有長及百尺者。枝莖青黄，上有小白點。葉類油麻，其花黄色。蜀人呼爲艾子，《禮記》所謂藙者是也。藙、艾，聲相近也。宜入食羹中，能發辛香。時珍曰：食茱萸、欓子、辣子，一物也。高木長葉，黄花緑子，叢簇枝上。味辛而苦，土人八月採，擣濾取汁，入石灰攪成，名曰艾油，亦曰辣米油，始辛辣螫口，入食物中用。周處《風土記》以椒、欓、姜爲三香，則自古尚之矣，而今貴人罕用之。

又卷三六　山茱萸《本經》中品　釋名：蜀酸棗、《本經》肉棗、《綱目》魃實、《别録》鷄足、吴普鼠矢。吴普　宗奭曰：山茱萸與吴茱萸甚不相類，治療大不同，未審何緣命此名也？時珍曰：《本經》一名蜀酸棗，今人呼爲肉棗，皆象形也。集解：《别録》曰：山茱萸生漢中山谷及琅琊、冤句、東海承縣。九月、十月採實，陰乾。頌曰：葉如梅，有刺毛。二月開花如杏。四月實如酸棗，赤色。五月採實。弘景曰：出近道諸山中大樹。子初熟未乾，赤色，如胡頽子，亦可啖；既乾，皮甚薄，當合核用也。頌曰：今海州、兖州亦有之。木高丈餘，葉似榆，花白色。雷斅《炮炙論》言一種雀兒蘇，真相似，只是核八棱，不入藥用。時珍曰：雀兒蘇，即胡頽子也。

明　李中立《本草原始》卷四　吴茱萸，始生上谷及冤句，今江、淮、蜀、漢最多。木高丈餘，皮青緑色，葉似椿而闊厚，紫色。三月開紅紫細花，七月、八月結實，似辣子。顆粒緊小，嫩時微黄，熟則色青緑。陳藏器曰，茱萸南北總有，入藥以吴地者爲好，所以有吴之名也。

明　鮑山《野菜博録》卷四　實棗兒樹，《本草》名山茱萸，生山野中。葉似榆葉寬團紋粗，開淡黄白花，結實如酸棗大，兩頭尖長，赤色，乾時皮薄味酸，性平微温無毒。

明　盧之頤《本草乘雅半偈》卷五　〔吴茱萸〕所在有之，江、浙、蜀、漢尤多，閩中者最勝。木高丈許，皮色青緑，枝柔而肥，葉長而皺，似椿葉濶厚，色紫。三月梢頭開紅紫色花，七八月結實，纍纍成簇而無核。嫩時微黄，熟則深赤。一種粒大，一種粒小。小者入藥。

又卷六　〔山茱萸〕生漢中山谷及瑯琊、冤句。今海州、兖州近道諸山中亦有。木高一二丈，葉如梅而有刺。二月開花如杏，四月結實如酸棗，深赤色。

清　陳淏子《秘傳花鏡》卷三《花木類考・茱萸》　茱萸，隨處皆生，木高丈餘，皮青緑色，葉似椿而濶厚，色青紫。莖間有刺。三月開紅紫細花。其實結於枝梢，纍纍成簇而無核。嫩時微黄，至熟則深紫，味辛辣如椒。井側河邊，宜種此樹。葉落其中，人飲是水，永無瘟疫。懸子於屋，能辟鬼魅。九月九日折茱萸戴首，可辟惡氣，除鬼魅。

清　嵇璜《續通志》卷一七六　艾子木，高竦，花黄葉小，子若萸，糜之曰艾油。見《事物紺珠》。

圖表

明　李時珍《本草綱目・圖卷》

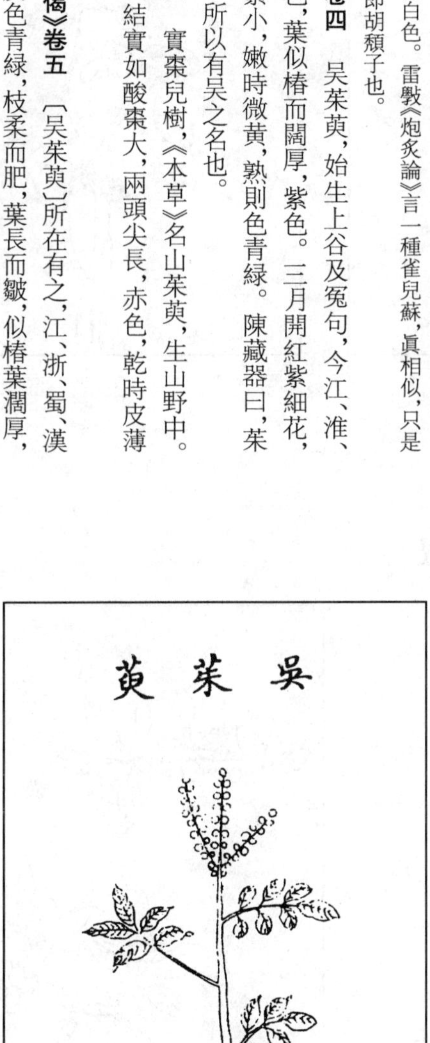

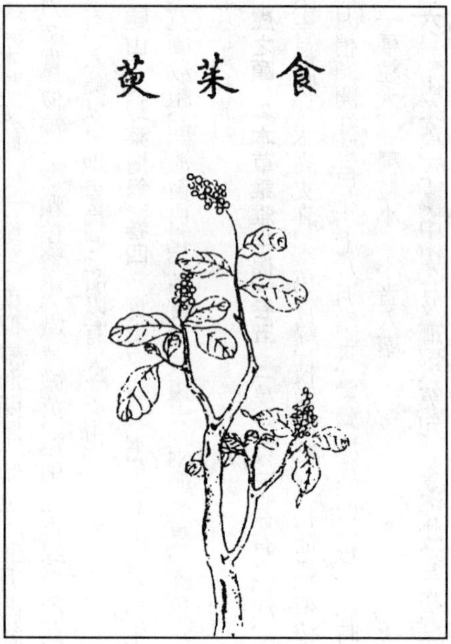

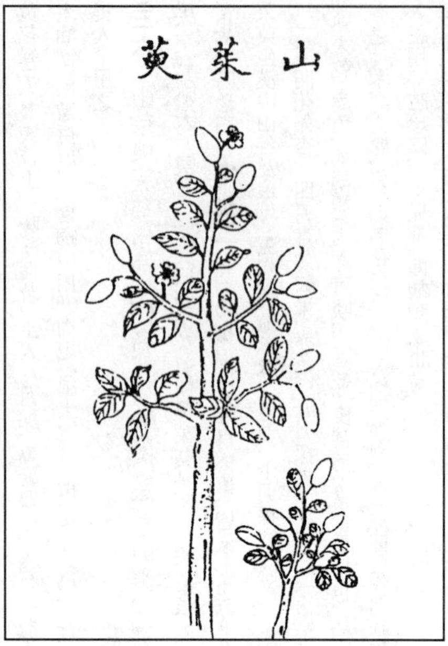

明　鮑山《野菜博録》卷四

椒

綜述

《爾雅・釋木》 檓，大椒。注：今椒樹叢生，實大者名爲檓。音義：檓，況彼反。椒，字又作茮，子消反。疏：檓者，大椒之別也。郭云：今椒樹叢生，實大者名爲檓。《詩・唐風》云：椒聊且。陸璣《疏》云：椒樹如茱萸，有針刺，葉堅而滑澤。蜀人作茶，吴人作茗，皆合煮其葉以爲香。今成皋諸山間有椒，謂之竹葉椒。其樹亦如蜀椒，少毒熱，不中合藥也。可著飲食中。又用蒸雞、豚，最佳香。東海諸島上，亦有椒樹，枝葉皆相似，子長而不圓，甚香，其味似橘皮。島上獐鹿食此椒葉，其肉自然作椒橘香。

唐　段成式《酉陽雜俎》卷一八 胡椒出摩伽陁國，呼爲昧履支。其苗蔓生，極柔弱，葉長寸半，有細條與葉齊。條上結子兩兩相對。其葉晨開暮合，合則裹其子於葉中，形似漢椒，至辛辣。六月採。今人作胡盤肉食皆用之。

宋　鄭樵《**通志**》**卷七六**　椒曰蓎藙，曰陸撥，曰南椒，生於漢中者曰漢椒，蜀中者曰蜀椒，巴中曰巴椒。秦椒曰榝，田野人呼爲椮子。《爾雅》云：榝，大椒。

宋　羅願《**爾雅翼**》**卷一一**《**椒**》　椒實多而香，故《唐詩》以椒聊喻曲沃之蕃衍盛大，聊語助也，《陳詩》『貽我握椒』，《周頌》『有椒其馨』，《離騷》云『雜申椒與菌桂，懷椒糈而要之』，《九歌》云『奠桂酒兮椒漿，播芳椒兮成堂』。漢世皇后稱椒房，取其實蔓延盈升，以椒塗屋，亦取其温煖，故長樂宫有椒房殿，其後董賢女弟爲昭儀居舍與后相擬，號曰椒風，及晉世石崇、王愷之徒相矜以富，於是崇以椒爲泥，泥其屋，而愷以赤石脂泥其壁。云荆楚之俗，正月一日長幼悉正衣冠以次拜賀進椒酒。崔寔《月令》云：過臘一日謂之小歲，拜賀君親，進椒酒，從小起。成公綏《椒花銘》云：肇惟歲首，月正元日，是知小歲則用之，漢朝元正則行之，後世率以正月一日以盤進椒，飲酒則撮寘酒中，號椒盤焉。然椒亦能殺人，故漢李咸欲争竇后配桓帝，擣椒自隨，而齊建武中欲併誅高武子孫，令太醫煮椒二斛，椒熟則一時賜死，此其事。《春秋運斗樞》曰：玉衡星散爲椒。《山海經》曰：琴鼓之山，其木多椒。《孝經援神契》曰：椒薑禦濕，菖蒲益聰。《蜀都賦》丹椒，《爾雅》以榝爲大椒，謂叢生實大者。又曰：椒榝，醜莍。莍，萸子聚生成房貌，今江東亦呼莍云。樹有針刺，葉堅而滑澤，每葉中亦有刺，蜀人作茶，吴人作茗，皆煮其葉以爲香。又東海諸島上有椒，子長而不圓，其味如橘皮，島上麞鹿食此葉者，其肉自然作椒橘香。

宋　吴仁傑《**離騷草木疏**》**卷三**　秦椒葉及莖子皆似蜀椒，但味短實細。掌禹錫云：蜀椒出成都，秦椒出天水隴西。《圖經》云：今南北所生一種椒，其實大於蜀椒，當以實大者爲秦椒。

宋　戴侗《**六書故**》**卷二一**　桗 ，子僚切。小木多朿，葉五出似薔薇。其實梂，六月紫赤，其子突出如目謂之椒目，取其殼爲芼甚辛芳。以爲藥治邪氣、欬逆，温中下氣。出蜀漢者良，出秦中者曰秦椒。秦椒芳辛不逮，但入藥而不爲芼。今俗名豬椒。

明　朱橚《**救荒本草**》**卷五**　《本草》：蜀椒，一名南椒，一名巴椒，一名蓎藙。生武都川谷及巴郡歸峽，蜀川、陝洛間人家園圃多種之，高四五尺，似茱萸而小，有針刺，葉似刺蘪葉，微小，葉堅而滑，可煮食，甚辛香，結實無花，但生於葉間如豆顆而圓，皮紫赤。此椒江淮及北土皆有之。莖、實皆相類，但不及蜀中者皮肉厚，腹裏白，氣味濃烈耳。又云：出金州西城者佳。味辛，性温，大熱，有小毒，多食令人乏氣，口閉者，殺人。十月勿食椒，損氣傷心，令人多忘。

明　李時珍《**本草綱目**》**卷三二**《**果部**》　秦椒《本經》中品　校正：自木部移入此。釋名：大椒、《爾雅》榝、毀花椒。集解：《别録》曰：秦椒生泰山山谷及秦嶺上，或琅琊。八月、九月採實。弘景曰：今從西來。形似椒而大，色黄黑，味亦頗有椒氣。或云即今椮樹子。椮乃猪椒，恐謬。恭曰：秦椒樹、葉及莖、子都似蜀椒，但味短實細爾。藍田、秦嶺間大有之。頌曰：今秦、鳳、明、越、金、商州皆有之。初秋生花，秋末結實，九月、十月採之。《爾雅》云：榝，大椒。郭璞注云：椒叢生，實大者爲榝也。《詩・唐風》云：椒聊之實，繁衍盈升。陸璣《疏義》云：椒樹似茱萸，有針刺。莖葉堅而滑澤，味亦辛香。蜀人作茶，吴人作茗，皆以其葉合煮爲香。今成臯諸山有竹葉椒，其木亦如蜀椒，小毒熱，不中合藥也。可入飲食中，及蒸鷄、豚用。東海諸島上亦有椒，枝、葉皆相似。子長而不圓，甚香，其味似橘皮。島上獐、鹿食其葉，其肉自然作椒、橘香。今南北所生一種椒，其實大于蜀椒，與陶氏及郭、陸之説正相合，當以實大者爲秦椒也。宗奭曰：此秦地所産者，故言秦椒。大率椒株皆相似，但秦椒葉差大，粒亦大而紋低，不若蜀椒皺紋高爲异也。然秦地亦有蜀椒種。時珍曰：秦椒，花椒也。始産于秦，今處處可種，最易蕃衍。其葉對生，尖而有刺。四月生細花，五月結實，生青熟紅，大于蜀椒，其目亦不及蜀椒目光黑也。《范子計然》云：蜀椒出武都，赤色者善；秦椒出隴西天水，粒細者善。蘇頌謂其秋初生花，蓋不然也。

又　蜀椒《本經》下品　校正：自木部移入此。釋名：巴椒、《别録》漢椒、《日華》川椒、《綱目》南椒、《炮炙論》蓎藙、唐毅點椒。時珍曰：蜀，古國名。漢，水名。今川西成都、廣漢、潼川諸處是矣。巴亦國名，又水名。今川東重慶、夔州、順天、閬中諸處是矣。川則巴蜀之總稱，因岷、沱、黑、白四大水，分東、西、南、北爲四川也。集解：《别録》曰：蜀椒生武都山谷及巴郡。八月採實，陰乾。弘景曰：蜀郡北部人家種之。皮肉厚，腹裏白，氣味濃。江陽、晉康及建平間亦有而細赤，辛而不香，力勢不如巴郡者。恭曰：今出金州西城者最佳。頌曰：今歸、峽及蜀川、陝洛間人家多作園圃種之。木高四五尺，似茱萸而小，有針刺。葉堅而滑，可煮飲食。四月結子無花，但生于枝葉間，顆如小豆而圓，皮紫赤色，八月採實，焙乾。江淮、北土亦有之，莖葉都相類，但不及蜀中者良而皮厚、裏白、味烈也。時珍曰：蜀椒肉厚皮皺，其子光黑，如人之瞳人，故謂之椒目。他菽子雖光黑，亦不似之。若土椒，則子無光彩矣。

又　崖椒宋《圖經》　釋名：野椒。　集解：頌曰：施州一種崖椒，葉大于蜀椒，彼土人四季採皮入藥。時珍曰：此即俗名野椒也。不甚香，而子灰色不黑，無光。野人用炒鷄、鴨食。

又　蔓椒《本經》下品　校正：自木部移入此。　釋名：猪椒、《别録》豕椒、《本經》彘椒、《别録》豨椒、弘景狗椒、《别録》金椒。《圖經》　時珍曰：此椒蔓生，氣臭如狗、彘，故得諸名。　集解：《别録》曰：蔓椒生雲中川谷及丘冢間。採莖根，煮釀酒。弘景曰：山野處處有之，俗呼爲樛子。似椒、欓而小不香，一名豨椒，可以蒸病出汗。時珍曰：蔓椒野生林箐間，枝軟如蔓，子、葉皆似椒，山人亦食之。《爾雅》云，椒、椒醜梂，謂其子叢生也。陶氏所謂樛子，當作梂子，諸椒之通稱，非獨蔓椒也。

又　地椒宋《嘉祐》　校正：自草部移入此。　集解：禹錫曰：地椒出上黨郡。其苗覆地蔓生，莖、葉甚細，花作小朵，色紫白，因舊莖而生。時珍曰：地椒出北地，即蔓椒之小者。貼地生葉，形小，味微辛。土人以煮羊肉食，香美。

又　胡椒《唐本草》　校正：自木部移入此。　釋名：昧履支。　時珍曰：胡椒，因其辛辣似椒，故得椒名，實非椒也。　集解：恭曰：胡椒生西戎。形如鼠李子，調食用之，味甚辛辣。慎微曰：按段成式《酉陽雜俎》云：胡椒出摩伽陁國，呼爲昧履支。其苗蔓生，莖極柔弱，葉長寸半。有細條與葉齊，條條結子，兩兩相對。其葉晨開暮合，合則裹其子于葉中。形似漢椒，至辛辣，六月採，今食料用之。時珍曰：胡椒，今南番諸國及交趾、滇南、海南諸地皆有之。蔓生附树及作棚引之。葉如扁豆、山藥輩。正月開黄白花，結椒纍纍，纏藤而生，狀如梧桐子，亦無核，生青熟紅，青者更辣。四月熟，五月採收，曝乾乃皺。今遍中国食品，为日用之物也。　附録：山胡椒。《唐本草》　恭曰：所在有之。似胡椒，色黑，顆粒大如黑豆。味辛，大熱，無毒。主心腹冷痛，破滯氣，俗用有效。

明　慎懋官　《華夷花木鳥獸珍玩考》卷五《胡椒》　胡椒出摩伽陁國，呼爲昧履支。其苗蔓生莖，極柔弱。葉長寸半，有細條與葉齊，條上結子，兩兩相對，其葉晨開暮合，合則裹其子于葉中，子形似漢椒，至芳辣，六月採。今作胡盤肉食皆用之。一云胡椒，蔓生，延蔓附樹枝，葉如扁豆，花間紅白，結椒纍垂。

明　吴雨　《毛詩鳥獸草木考》卷一七《椒》　椒，叢生樹，似茱萸，有針刺。葉似刺蘗葉，微小，堅而滑澤，可煮食，甚辛香。實大者名檓。初秋生花，秋末結實，黑色。三月移之，先作熟穰泥，掘出即以泥封根埋之，又熟時收取黑子。四月初畦種之，方三寸一子。篩土蓋其上，常澆令活。生高數寸，連雨時移之，性不耐寒。若生陽中之樹，冬須草裹，不裹即死。其生陰中者，少稟陰氣，不用裹。相傳椒可以來水銀。又有蜀椒、秦椒，出武都者爲蜀椒，一名巴椒，一名唐蔹，高四五尺。四月結子無花，但生於葉間，如小豆顆而圓，皮紫赤色。江、淮及北土皆有之，但不及蜀中者皮肉厚，氣味濃耳。出天水、隴西者名秦椒，葉及莖子都似蜀椒，但味短，實細。《山海經》：景山之草亦名秦椒。子似椒而葉細。陸璣云：椒似茱萸，有針刺，葉堅而滑澤。蜀人作茶，吴人作茗，皆合煮其葉以爲香。今成皋諸山謂之竹葉椒，其木亦如蜀椒，少毒熱，不中合藥。可著飲食中。又用蒸雞、豚，最佳。東海諸島上亦有椒，枝、葉皆相似，子長而不圓，甚香，其味似橘皮，島上獐鹿食其葉，其肉自然作椒橘香。聊，語助也。其云：蜀、吴作茶茗皆煮其葉，今不復如此。蓋古人所食與今異者多矣。

明　馮復京　《六家詩名物疏》卷二四《椒》　《爾雅》云：檓，大椒。郭云：今椒樹叢生實大者名爲檓。又云：椒椴醜菉。李巡曰：椴，茱萸也。椒、茱萸皆有房，故名梂。梂，實也。陸《疏》云：椒樹似茱萸，有針刺，葉堅而滑澤，蜀人作茶，吴人作茗，皆合煮其葉以爲香。今成皋諸山間有椒，謂之竹葉椒，其樹亦如蜀椒，少毒熱，不中合藥，可著飲食中。又用蒸雞、豚，最佳香。東海諸島上亦有椒樹，枝、葉皆相似，子長而不圓，甚香，味似橘皮，島上獐鹿食此椒葉，其肉自然作椒橘香。《本草經》云：秦椒生太山川谷及秦嶺上或琅琊，八九月採實。蜀椒，一名蓎蔹，生武都川谷及巴郡，八月採實。蔓椒生雲中川谷及丘冢間，採莖、根煮釀酒。胡椒生西戎，形如鼠李子，調食用之，味甚辛辣。《范子計然》云：蜀椒出成都，赤色者善。秦椒出天水、隴西，細者善。《春秋運斗樞》云：玉衡星散爲椒。《援神契》云：椒薑禦濕，昌蒲益聰。《酉陽雜俎》云：椒可以來水銀，茱萸氣好上，椒氣好下。《埤雅》云：椒似茱萸而小，赤色，内含黑子如點，今謂椒目。案：椒之種不一，秦椒色黄黑，似蜀椒而大。初秋生花，秋末結實，即《爾雅》所謂檓也。蜀椒即陸璣云『似茱萸，有刺葉堅而滑』者，四月結子無花，但生葉間，如小豆顆而圓，皮紫赤色，八月採實，陰乾。其生蜀都巴郡者，皮肉厚，腹裏白，氣味濃。蔓椒，陶云俗呼爲椴，似椒欓小不香耳，今亦無能辨之者。又有崖椒，彼土四季採皮入藥，陸璣所謂竹葉椒，但可著飲食中，似是今之胡椒。《續漢書》云：天竺國出胡椒。段柯古云：其苗蔓生，莖極弱，長半寸，有細條與葉齊，條上結子，兩兩相對。葉晨開暮合，合則裹其子于葉中者是也。蓋其種實自西域來耳。此《詩》作於晉人，晉地近秦，歌其土物，當指秦椒。《山海經》云：景山多秦椒。則秦椒之著久矣。

明　鮑山　《野菜博録》卷三　椒樹，一名川椒。《本草》名蜀椒，生蜀郡川谷間，高四五尺，枝莖有刺，葉似薔蘼葉堅硬，結實無花，葉間如豆顆，皮紫赤色，中有小黑子。味辛，性温，大熱，有小毒。

明　盧之頤　《本草乘雅半偈》卷五　秦椒，花椒也。始産於秦，今處處有之，極易繁衍。其葉對生，尖而有刺，四月生細花，五月結青實。熟則紅赤，大於蜀椒，其目不及蜀椒之光且黑也。

清　陳淏子　《秘傳花鏡》卷三《花木類考・椒》　椒，一名蓎藙，一名漢椒，有秦、蜀二種，今處處有之。惟蜀産者香烈，木高四五尺，似茱萸而小，本有針刺，葉堅而滑，味亦辛香。蜀人取嫩芽作茶。其葉對生，尖而有刺。四五月結子枝葉間，如小豆而圓，生青熟紅，皮皺肉厚，内有小黑子突出，如人之瞳子，故有椒目之稱。喜陰惡糞，宜壅河泥。又一種胡椒，生於西戎，北人食物中多尚之。廣東一種小椒，係蔓生，其辣味與樹椒同。

又卷四《藤蔓類考・蔓椒》　蔓椒，出上黨，山野處處亦有之。生林箐間，枝軟覆地延蔓。花作小朵，色紫白。子、葉皆似椒，形小而味微辛。因舊莖而生。土人取以煮肉食，香美不減花椒，但不多耳。

又《胡椒》　胡椒，一名昧履支，南番諸國及交南海南皆有之。其苗蔓生，必附樹，或作棚引之。葉如山藥，有細條與葉齊，條條結子，兩兩互相對。其葉晨開暮合，合則裹其子於葉中。正月開黄白花，結椒纍纍，生青熟紅。五月採收，曝乾，乃皺食品中用之，最能殺腥。

清　徐鼎　《毛詩名物圖説》卷八　《爾雅》：檓，大椒。郭璞注：今椒樹叢生，實大者名檓。陸璣《疏》：椒樹如茱萸，有針刺，葉堅而滑澤。蜀人作茶，吴人作茗，皆合煮其葉以爲香。今成臯諸山間有椒，謂之竹葉椒，其樹亦如蜀椒。可著飲食中。又用蒸雞、豚，最作香。愚按：《釋木》云：椒椴醜莍。蓋椴，茱萸也；醜，類也；莍，房也。李巡所謂椒、茱萸皆有房也。椒内黑子謂之椒目。又據《本草》，秦椒出太山，蜀椒出武都，蔓椒生雲中，胡椒生西戎。今此詩作於晉人晉地，西界接秦，其所言者，疑秦椒也。陸璣曰：聊，語助也。故標其名止曰椒。

清　趙學敏　《本草綱目拾遺》卷六《黎椒 白胡椒　山胡椒　馬思荅吉**》**　《邊州聞見録》：川椒故有名，産自黎大所城隅者，尤香冽。大小必雙，肉理細密，罅裂而子不墮，俗呼抱娃子椒。《四川志》：各州縣多出椒，惟茂州出者最佳，其殼一開一合者尤妙。

又《白胡椒》　《通雅》云：廣船胡椒有一種玉椒，色白，味獨辛於他椒。今甯波洋貨店頗多，其色如雪，以内外通白者爲上。皮白内黄者劣，解魚蝦毒，入房術用。蓬萊李金什言：洋船帶來白胡椒，據彼中人云，即用胡椒之嫩者，生去其皮曬乾，即如白玉色，非别有他種。《物理小識》：胡椒出番國，亦是蔓生有白色者，或曰即蓽澄茄。

藝文

晉　郭璞　《椒》（引自《漢魏六朝百三家集》卷五七）　椒之灌植，實繁有倫。拂穎霑霜，朱實芬辛。服之不已，洞見通神。倫，一本作榛。

清　張際亮　《思伯子堂詩集》卷一七《山椒》　歲晏如紅豆，枝高倚碧雲。誰能識辛苦，自惜抱芳芬。下視荃蘭弱，高爲松桂羣。如何楚臣歎，靈后亦無聞。

圖表

晉 郭璞《爾雅音圖・釋木》

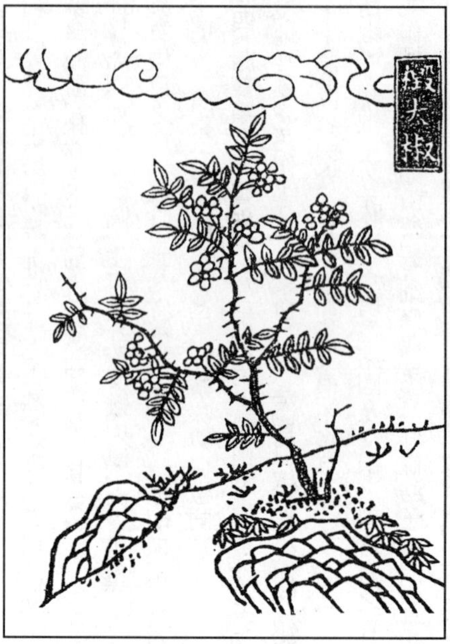

明 李時珍《本草綱目・圖卷》

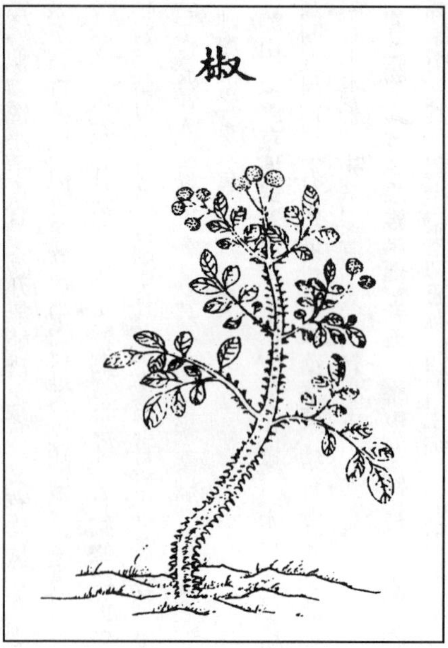

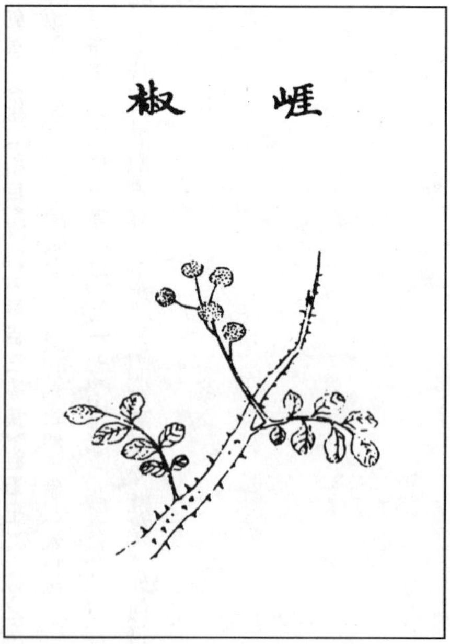

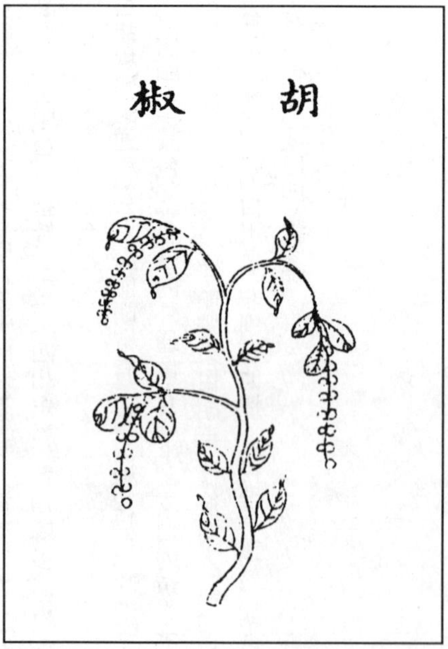

清 徐鼎《毛詩名物圖說》卷八

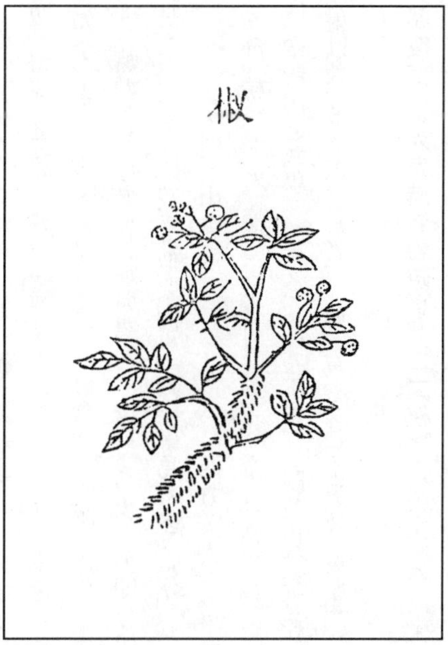

榛

綜述

漢 許慎《說文》卷六 亲，果實如小栗。从木，辛聲。《春秋傳》曰：女摯不過亲栗。側詵切。【略】榛，木也。从木，秦聲。一曰菆也。側詵切。

三國吳 陸璣《毛詩草木鳥獸蟲魚疏》卷上《樹之榛栗》 榛，栗屬，有兩種：其一種之皮葉皆如栗，其子小，形似杼，子味亦如栗，所謂『樹之榛栗』者也；其一種枝葉如木蓼，生高丈餘，作胡桃味，遼東上黨皆饒。『山有榛』之榛，枝葉似栗樹，子似橡子，味似栗。枝莖可以爲燭，五方皆有。

宋 鄭樵《通志》卷七六 榛有三四種，桌類也，似桌而小，正圓。

宋 羅願《爾雅翼》卷九《榛》 榛，枝莖如木蓼，葉如牛李色，高丈餘。子如小栗，其核中悉如李，生則胡桃味，膏燭又美，亦可食噉。漁陽、遼、代、上黨皆饒。鄭注《禮》曰：榛似栗而小，關中鄜坊甚多。然則其字從秦，蓋此意也。【略】又一種，大小、枝葉皆如栗，其子形如杼子，味亦如栗，所謂『樹之榛栗』者。

宋 戴侗《六書故》卷二一 亲榛 亲，側詵切。說文曰：果實似小栗。榛，音同。《詩》云：樹之榛栗。又云：榛楛濟濟。《記》曰：婦人之摯，椇榛棗栗。《說文》曰：榛，木也，一曰菆也。《字林》曰：木叢，又曰才似梓。按《書傳》椇榛榛栗皆作榛。獨榛楛並言，又似別爲一木。《齊民要術》曰：榛有二種，一種枝葉皆如栗子，形似杼子，味亦如栗；一種枝莖入木蓼，葉如牛李色，高丈餘，其核中悉如李，生作胡桃味。其枝莖生樵爇燭，明而無煙。漁陽、遼代上黨饒有之。按：前一種，南方亦有之；後一種，惟北方有之。

元 司農司《農桑輯要》卷五《果實・栗》 榛，《周官》曰：榛似栗而小。《說文》曰：榛似梓，實如小栗。《衛詩》曰：山有蓁。《詩義疏》云：蓁栗屬或從，木有兩種，其一種大，小枝葉皆如栗，其子形似杼，子味亦如栗，所謂樹之榛栗者。其一種枝莖如木蓼，葉如牛李，色生，高丈餘。其核中悉如李，生作胡桃味，膏燭又美，亦可食噉。漁陽、遼代、上黨皆饒。其枝莖生樵爇燭，明而無煙。栽種與栗同。

明 牛衷《增修埤雅廣要》卷二五《卉物門・釋木類・榛》 榛，其形似梓樹，高丈許，子如小栗，遼東最多，軍行食之當米。

明 李時珍《本草綱目》卷三〇 榛宋《開寶》 釋名：亲。古榛字。時珍曰：案羅氏《爾雅翼》云：《禮記》郑玄注云：關中甚多此果。關中，秦地也。榛之從秦，蓋取此意。《左傳》云：女贄不過榛、栗、棗、脩，以告虔也。則榛有臻至之義，以其名告己之虔也。古作桌，從辛，從木。俗作莘，誤矣。莘音詵。集解：志曰：榛生遼東山谷。樹高丈許。子如小栗，軍行食之當糧。中土亦有。鄭玄云：關中鄜、坊甚多。頌曰：桂陽有桌而叢生，實大如杏子中仁，皮子形色與栗無異，但小耳。大明曰：新羅榛子肥白，最良。時珍曰：榛樹低小如荆，叢生。冬末開花如櫟花，成條下垂，長二三寸。二月生葉如初生櫻桃葉，多皺文而有細齒及尖。其實作苞，三五相粘，一苞一實。實如櫟實，下壯上鋭，生青熟褐。其殼厚而堅，其仁白而圓，大如杏仁，亦有皮尖。然多空者，故諺云十榛九空。按陸璣《詩疏》云：榛有兩種：一種大小枝葉皮樹皆如栗，而子小，形如橡子，味亦如栗，枝莖可以爲燭，《詩》所謂『樹之榛栗』者也；一種高丈餘，枝葉如木蓼，子作胡桃味，遼代、上黨甚多，久留亦易油壞者也。

明　慎懋官　《華夷花木鳥獸珍玩考》卷二《榛子》　榛子生遼東山谷，樹高丈許，子如小栗，軍行食之當糧，中土亦有。

明　吴雨　《毛詩鳥獸草木考》卷一六《榛》　榛，枝莖如木蓼，葉如牛李，四時不凋，高丈許，花紅色，子如小栗，核中悉如李。生作胡桃味，膏燭又美，亦可食噉，與栗無異，但差小正圓耳。軍行食之當糧。中土亦有，關中、鄜坊、漁陽、遼代、上黨皆饒有。奥栗皆似栗子，圓而細，即榛栗也。陸璣云：『栗屬，其子小似柿子，表皮黑，味如栗』是也。榛或作蓁，又云榛。有兩種，其一種大小枝葉皆如栗，其子小形如杼子，味亦如栗，所謂『樹之榛栗』者也。《蜀都賦》：樼栗罅發。注云：樼與榛同。《釋文》曰：榛，木叢生也，似梓，實如小栗。

明　周文華　《汝南圃史》卷四《榛》　榛，叢生。葉如麻而闊大。四月花開，色白如栗花。結實作毬，毬中有核，即榛也。核中有仁，白色甘味。本出北地，今吴中園圃間有之。《齊民要術》曰：《周官》曰：榛似栗而小。《説文》曰：榛似梓，實如小栗。《衛詩》曰：山有蓁。《詩義疏》云：蓁，栗屬。或從木。有兩種：其一種大小枝葉皆如栗，子形似杼子，味亦如栗，所謂『樹之蓁栗』者；一種枝莖如木蓼，葉如牛李色，生高丈餘，其核中悉如李，生作胡桃味，膏燭又美，亦可食噉。漁陽、遼代、上黨俱饒。其枝莖生樵，爇燭明而無煙。栽種與栗同。按賈説，後一種即今所謂榛子也。《爾雅翼》曰：鄭注云：榛似栗而小，關中鄜坊甚多。然則其字從秦，蓋此意也。《邶詩》曰：山有榛。云誰之思？西方美人。《旱麓》之詩曰：瞻彼旱麓，榛楛濟濟。説者以榛可爲贄，爲文事。楛可爲矢，爲武事。是不然，榛、楛皆用之武事。《説文》：榛，木也，一曰菆也。《春秋傳》所謂致師者左射以菆，菆蓋矢之善者。《傳》云：女贄不過榛、栗、棗、修。則又兩者皆可用。

明　馮復京　《六家詩名物疏》卷一二《榛》　《説文》云：亲，果實如小栗。榛，木也。《詩義疏》云：榛，栗屬。有二種：其一種之皮葉皆如栗，其子小，形如杼子，表皮黑，味亦如栗，所謂『樹之榛栗』者也；其一種枝莖如木蓼，生高丈餘，作胡桃味，遼代、上黨皆饒。《周禮・籩人》云：饋食之籩，其實榛。《曲禮》云：婦人之贄，椇、榛、棗、栗。《内則》云：棗、栗、榛、柿。《爾雅翼》云：榛枝莖如木蓼，葉如牛李色，高丈餘，子如小栗，核中悉如李，生則胡桃味，膏燭又美，亦可噉。漁陽、遼代、上黨皆饒。鄭注《禮》曰：似栗而小，關中鄜坊甚多。然則其字從秦，蓋此意也。又一種大小、枝葉如栗，其子形如杼，味亦如栗，所謂『樹之榛栗』者，是大木，非榛楛之榛。若女贄，則宜兩者皆可用。《本草圖經》云：桂陽有亲而叢生，實大如杏子中仁，皮子形色與栗無異，但差小耳。又有奥栗皆與栗同，子圓而細，或云即亲也。今此色惟江湖有之。按：《説文》以榛爲木，而亲爲果，然則『山有榛』之『榛』當作『亲』，而『樹之榛栗』宜爲榛矣。《詩義疏》、《爾雅翼》皆云有二種，但莖如木蓼，既似櫟樹之形，子形如杼，復似櫟樹之實，羅氏以『樹榛』之『榛』爲大木，而所云生高丈餘者又非小木，兩榛俱有實如栗。今之榛實較胡桃與栗並自不同，未知何以別異。《本草》注亲于栗條下，且引陸璣《疏》則所謂如杏子中仁，與奥栗皆樹榛之榛矣。既未詳古人旨趣，聊備釋云。

明　陳懋仁　《庶物異名疏》卷一九《亲》　《本草圖經》云：桂陽有亲親而叢生，實大如杏子中仁，皮子與栗無異，但差小耳。又有奥栗皆與栗同，圓而細，云即亲也。按《説文》以榛爲木，而亲爲果，然則『山有榛』之榛當作亲，而『樹之榛栗』宜爲榛矣。

清　王夫之　《詩經稗疏》卷三　榛楛。榛有二種，其結實似櫧實而味香甘，《禮》所謂『榛、栗、棗、脩』也。《説文》作亲，從辛從木。《傳》寫作榛者，俗通用。亲，喬木也，非所在恒有之木。而《邶風》與苓並稱，此又與楛連舉，則非榛栗之榛。可知濟濟者，叢生之貌。張揖曰：榛，叢木也。叢生於旱麓，故古人動稱荆榛塞路。蓋即《皇矣》之詩所謂栵也。

清　陳啓源　《毛詩稽古編》卷二八　陸《疏》言榛有二種：一種枝葉如栗，子如橡子，味亦如栗；一種枝葉如木蓼，高丈餘，子作胡桃味，遼東、上黨皆饒。案：味如胡桃者，今人用爲果，俗呼榛子，品與松子相亞，非栗類也。《詩》言五榛爲果實者四，詳見正字《邶》、《鄘》、《大雅》。先儒皆以爲似栗。曹在兗、豫間，木必産遼果，大抵四榛皆栗耳。

清　張逸少　《佩文齋廣羣芳譜》卷五九《果譜・榛》　榛，古作亲。《本草》云：亲，從辛從木。俗作莘者誤。生遼東山谷。樹高丈餘，子如小栗。李時珍曰：榛樹低小如荆，叢生。冬末開花，如櫟花，成條下垂，長二三寸。二月生葉，如初生櫻桃葉，多皺文而有細齒及尖。其實作苞，三五相黏，一苞一實，實如櫟實，上壯下鋭，生青熟褐。殼厚而堅，仁白而圓，大如杏仁，亦有皮尖。然多空者，諺曰：十榛九空。

清　周廣業　《過夏雜録》卷六　榛，《説文》作辛木，《廣雅》作辛，《詩疏》、《本草》皆作莘，趙岐《孟子注》作梓，栗屬也。有二種：一皮葉皆如栗，子小如杼子，味亦如栗，《詩》『樹之榛栗』是也。南方謂之錐栗；一枝葉如木蓼，高丈餘，子如橡子，作胡桃味，核中悉如李，《詩》『山有榛』是也，《周禮》『以充籩實』，《昏禮》『爲女贄』。陸璣、羅願俱謂漁陽、遼代、上黨皆饒。今果肆獨榛實去殼。蓋是物中空者多，土人採得，以水驗之，沉者搥取，擕入市賣之，浮者以付商販。故南方有『十榛九空』之語。

清　王念孫　《廣雅疏證》卷一〇　亲，㮚也。《説文》云：㮚實如小㮚。从木，辛聲。㮚之言辛，物小之稱也。若方言蕪菁小者，謂之辛芥矣。字通作榛。左思《招隱詩》注引高誘《淮南注》云：小㮚小棘曰榛。《御覽》引陸機《詩義疏》云：榛，㮚屬。有兩種：其一種大小皮葉皆如㮚，其子小，形如杼子，味亦如㮚，所『謂樹之榛㮚』者也；其一種枝莖如木蓼，生高丈餘，作胡桃味，遼代、上黨皆饒。古者以榛爲女摯。莊二十四年《左傳》云：女摯不過榛、㮚、棗、脩，以告虔也。又以爲籩實。《周官・籩人》：饋食之籩，其實榛實。又以爲庶羞。《内則》：椇、棗、㮚、榛。鄭注云：皆人君燕食所加庶羞也。字又作榛。揚雄《蜀都賦》云：杜榛㮚椋。

清　徐鼎　《毛詩名物圖説》卷八　毛《傳》：榛，木名。《正義》：陸璣曰：『栗屬，其子小似杼子，表皮黑，味如栗』是也。榛字或作蓁，蓋一木也。《周禮・籩人》：饋食之籩，其實榛。《名物解》：榛，小木也，所以爲禮實，則貴矣。植之榛栗，椅桐梓漆，先禮實而後工器也。愚按：許氏《説文》云：亲，果實如小栗。榛，木也。蓋古字分别亲同榛，五經通作『榛』字。今之榛實，房似杼而黄，味如栗而香，猶爲婦人摯禮。

清　牟應震　《毛詩物名考》卷五　榛，叢生如荆，葉如麻而闊，有縐紋。花色白，成條下垂，二三寸其寔苞，三五相粘。子如櫟象而小。

清　吴其濬　《植物名實圖考》卷三一《榛》　榛，《開寶本草》始著録。《禮記》：女贄榛栗。《説文》作亲。《詩義疏》謂有二種，遼東、上黨皆饒。鄭注《禮》云：關中鄜坊甚多。今直隸東北所産極多，販市天下。《山西志》：出長治、壺關、潞城，而大同屬之。廣靈與宣化界産尤美。太原山阜間叢生，樹高丈餘，俱如李時珍所述。其實周匝有圓葉，似畫家作雲托日狀。殼甚堅，多不實，十榛九空，非虚語也。《爾雅翼》以鄜坊多産，遂謂其字從秦以此。不知《説文》本作亲，假借作榛。而燕、晉皆饒，何獨秦也？北人謂有鼠如鼦，聚榛爲糧，貯之穴中，山氓多掘取之，其即鼠果之類歟？

藝　文

明　劉嵩　《槎翁詩集》卷四《榛子》　君國充籩實，閨門重贄儀。物微將禮意，名重著歌詩。錯落雞頭小，晶熒鬼目奇。欲嘗憐病齒，把玩獨多時。

清　愛新覺羅・弘曆　《清高宗詩三集》卷三三《榛》　塞外叢生塞裏無，秋來佳實剥盤腴。白鴉谷口栗如擬，却未曾登杜老厨。

圖表

明 李時珍《本草綱目・圖卷》

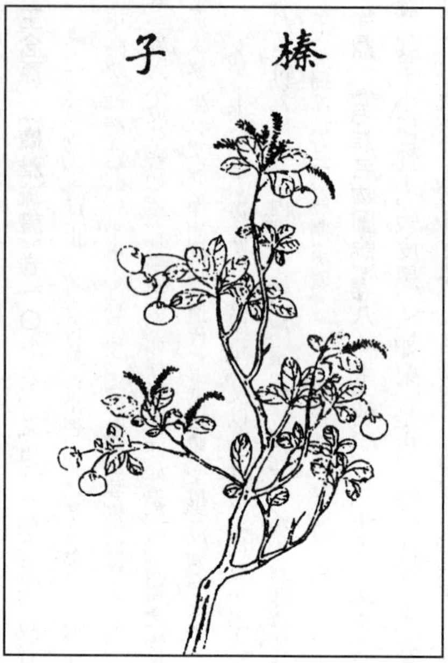

清 徐鼎《毛詩名物圖說》卷八

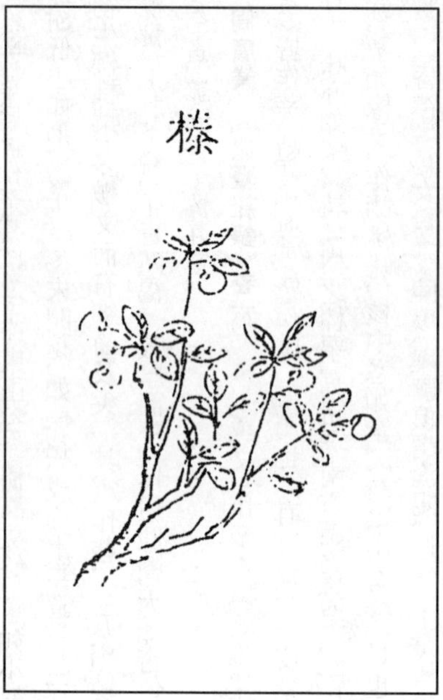

清 吴其濬《植物名實圖考》卷三一《榛》

栗

論說

宋 陸佃《埤雅》卷一四《栗》 栗味鹹，北方之果也。有莍蝟自裹。故先賢云：皂者，柞栗之屬；膏者，楊柳之屬；核者，李梅之屬。《國語》曰：婦摯不過棗栗，以告虔也。先儒以爲棗取早敬，栗取恂栗。《東觀書》曰：栗駭蓬轉。蓋今栗房秋孰，罅發其實，驚躍如爆，去根榦甚遠，所謂栗駭，其以此歟？

宋 羅願《爾雅翼》卷一〇《栗》 栗，其實下垂，故從卤。卤者，草木實垂卤卤然，蓋象形也。古文㮚從西，從二卤。徐巡說，木至西方戰㮚。言木則凡木皆然，而㮚至罅發之時，將墜不墜，尤有戰㮚之象。故天子五社，西社植栗，而宰我對栗社之義，亦以爲使民戰栗也。《大戴禮・夏小正》

曰：八月栗零。零也者，降也，零而後取之，故不言剥也。又栗之生極謹密，三顆爲房，其房爲蝟毛，其中顆褊者號爲栗楔，尤益人。大率栗味鹹，性温而宜於腎。有患足弱者，曰栗木下多食之，至能起行。其質縝密，故稱玉質縝密以栗，玉色黄者倅蒸栗也。古者治果實之名，栗曰撰之。《天官・籩人》以爲饋食之豆，又以爲加籩之實。《士喪禮》設豆右菹南栗東脯，而女子用栗爲贄，以告虔喪事。虞祭則用桑木爲主，既練則用栗主以易之。《秦風》：阪有漆，隰有栗。燕秦千樹栗，是其出處也。秦饑，應侯請發五苑之果，蔬、橡、棗，栗以活民，昭王不許。《范子計然》曰：栗出三輔。《毛詩義疏》曰：五方皆有栗，周、秦、吴、揚特饒。唯漁陽、范陽栗甜美長味。倭韓國栗大如雞子，亦短味不美。桂陽有栗叢生，大如杼木。《詩》又云：山有嘉卉，侯栗侯梅。侯，助辭也。《西京雜記》稱漢上林苑中有侯栗，又有侯梅，此吴均之語，不可取信。

明　何三畏《新刻何氏類鎔》卷三二《栗》　栗自漁陽、范陽、中山、華山而植，亦自關中、越中、固安、南安而生。或出梁州、巨房，或出東夷、北朔，或秦王苑裏，或漢帝園中。亦如李，而如梨；亦如拳，而如卵。英肇萌于朱夏，實方落于素秋。外同荆棘之叢，内比冰霜之潔。薦羞則椇榛並列，加籩則菱芡同行。登玉俎而散鮮光，貯金盤而多麗色。蓋于名果中可埒珍羞，蜀郡推之爲上選；而于藥物内能醫病足，山翁傳之爲秘方者也。栗在北燕之地，則一千樹足當侯爵之封；栗在汝水之灣，則三百石足充天府之貢。王可交之遇道士也，以赤光栗啖之而其甘如飴；謝玄卿之遇神仙也，設鳳冠栗食之而其味特美。蒸栗實以食衆軍，則呼爲河東之飯；脱栗殼以爲酒具，則名爲鄴中之杯。劉穆之在廳事上，令子弟以栗擲柱，而得入穿者，卜其守郡之先徵。王泰之方數歲時，適祖母以栗散床，而獨不取者，見其兒童之異度。蕭琛之預御筵，取栗投之梁武，而正中其面也，四坐皆動色震驚，而琛謂戰栗以爲赤心之報。殷生之當燕飲，取栗分之官妓，而獨綴其鼻也，一時遂起舞狼籍，而生爲脱栗以解粉面之慙。蓋沈約以栗徵事，偶于數十之外，僅少一二，即稱護短爲羞者，乃知該博之人，世亦不可少。狙公以栗養狙，第于旦暮之間，稍更三四，遂得回嗔作喜者，乃知徂詐之術，世亦不能無耳。

綜　述

三國吴　陸璣《毛詩草木鳥獸蟲魚疏》卷上《樹之榛栗》　栗，周、秦、吴、揚特饒，吴越被城表裏皆栗，唯漁陽、范陽栗甜美長味，他方者悉不及也。倭、韓國諸島上栗大如雞子，亦短味不美。桂陽有莘栗，藂生，大如杼子中仁，皮、子形色與栗無異也，但差小耳。又有奥栗，皆與栗同，子圓而細，或云即莘也。今此惟江湖有之。又有茅栗、佳栗，其實更小，而木與栗不殊，但春生，夏花、秋實、冬枯爲異耳。

晋　嵇含《南方草木狀》卷下　石栗樹與栗同，但生於山石罅間。花開三年方結實，其殼厚而肉少，其味似胡桃仁，熟時或爲羣鸚鵡至啄食略盡，故彼人極珍貴之。出日南。

宋　釋贊寧《東坡先生物類相感志》卷一三《密栗子》　出睦洲青溪洞潭中，如蚌似栗大小，内有金星，外堅，色如栗，能製五金，有甜味。

又《木栗》　出東北荒中，栗徑三尺二寸，肉黄白，味甜，食之令人短氣謁也。

宋　朱翌《猗覺寮雜記》卷下　石栗出韶之仁化，他處無也。《嶺表録異》云：廣州無栗，惟勒州此州恐傳誤寫。有石栗，一年方熟，皮厚而肉少，味似胡桃仁。熟時有羣鸚鵡啄食略盡，亦甚稀少。

宋　寇宗奭《本草衍義》卷一八　栗欲乾，莫如曝；欲生收，莫如潤沙中藏，至春末夏初，尚如初收摘。小兒不可多食，生者難化，熟即滯氣，隔食。生蟲往往致小兒病，人亦不知。所謂補腎氣者，以其味鹹，又滯其氣爾。湖北路有一種栗，頂圓末尖，謂之旋栗。《圖經》引《詩》言莘音榛栗者，謂其象形也。

元　王禎《農書》卷九《栗》　栗，陸璣《疏》曰：五方皆有之，周、秦、吴、揚特饒，惟濮陽及范陽生者味美，他方不及。《草木圖經》曰：兖州、宣州者最勝。果中栗最有益治腰脚之疾。愚嘗見燕山栗小而味最甘。《蜀本圖經》曰：板栗、佳栗二木皆大，又有茅栗似栗而細。《衍義》曰：有一種栗，頂圓末尖，謂之旋栗。榛亦栗屬，實最小，《詩》曰『樹之榛栗』是也。《本草》曰：生遼東山谷，樹高丈許，子如小栗，中土亦有。鄭元曰：關中鄜坊甚多。

明　牛衷《增修埤雅廣要》卷二五《卉物門·釋木類·栗》　栗，其生極謹密，三顆爲房，其中顆偏者號爲栗楔，尤爲益人，更宜於腎患足弱者，坐栗木下食之便起。有石栗，其樹與栗同，但生於山石罅中，花開三年方結實，其殼厚而肉少，其味似胡桃。熟時或爲羣鸚鵡所啄，故彼人極珍貴之。出日南。又頻婆子者，其實紅色，大如肥皂，核如栗，煨熟食之，味與栗無異。

明　王世懋《學圃雜疏》　栗，山果也。植之平地，亦生懸殼如蝟。亦堪備一種佳實。

明　李時珍《本草綱目》卷二九　栗《別録》上品　釋名：時珍曰：栗，説文作㮚，從鹵音條，象花實下垂之狀也。梵書名篤迦。　集解：《別録》曰：栗生山陰，九月採。弘景曰：今會稽諸暨栗，形大皮厚，不美；剡及始豐栗，皮薄而甜，乃佳。頌曰：栗處處有之，而兖州、宣州者最勝。木高二三丈，葉極類櫟。四月開花青黃色，長條似胡桃花。實有房蝟，大者若拳，中子三五；小者若桃李，中子惟一二。將熟則罅拆子出。栗類亦多。按陸璣《詩疏》云：栗，五方皆有之，周、秦、吳、揚特饒。惟濮陽及范陽栗甜美味長，他方者不及也。倭、韓國諸島上栗大如鷄子，味短不美。桂陽有莘栗，叢生，實大如杏仁，皮、子形色與栗無異，但小耳。又有奥栗，皆與栗同，子圓而細，惟江湖有之，或云即莘也。莘音榛，《詩》云『樹之莘栗』是矣。保昇曰：板栗、錐栗二樹皆大。茅栗似板栗而細如橡子，其樹雖小，葉亦不殊，但春生、夏花、秋實、冬枯爲異耳。宗奭曰：湖北一種旋栗，頂圓末尖，即榛栗，象榛子形也。栗欲乾收，莫如曝之；欲生收，莫如潤沙藏之，至夏初尚如新也。時珍曰：栗但可種成，不可移栽。按《事類合璧》云：栗木高二三丈，苞生多刺如蝟毛，每枝不下四五個苞，有青、黃、赤三色。中子或單或雙，或三或四。其殼生黃熟紫，殼內有膜裹仁，九月霜降乃熟。其苞自裂而子墜者，乃可久藏，苞未裂者易腐也。其花作條，大如箸頭，長四五寸，可以點燈。栗之大者爲板栗，中心扁子爲栗楔。稍小者爲山栗。山栗之圓而末尖者爲錐栗。圓小如橡子者爲莘栗。小如指頂者爲茅栗，即《爾雅》所謂栭栗也，一名栵栗，可炒食之。劉恂《嶺表録異》云：廣中無栗，惟勤州山中有石栗，一年方熟，圓如彈子，皮厚而味如胡桃。得非栗乃水果，不宜于炎方耶？

又卷三〇　鈎栗《拾遺》　釋名：巢鈎子、《拾遺》甜櫧子。瑞曰：鈎栗即甜櫧子。時珍曰：鈎、櫧二字，方音相近。其狀如櫟，當作鈎櫟。　集解：藏器曰：鈎栗生江南山谷。木大數圍，冬月不凋，其子似栗而圓小。又有雀子，相似而圓黑，久食不饑。詳櫧子下。

明　慎懋官《華夷花木鳥獸珍玩考》卷五《摇枝栗》　摇枝栗，言其枝長而弱，無風常摇。食之益髓。

明　吳雨《毛詩鳥獸草木考》卷一六《栗》　栗，樹高二三丈，極類櫟，花青黃色，似胡桃花。實下垂，極謹密，三顆爲房，其房爲蝟毛，當心一子，謂之栗楔，尤益人，將熟則罅坼子出。陸璣云：五方皆有之，周、秦、吳、楊特饒，吳越被城表裏皆栗，惟濮及范陽栗甜美味長，他方者悉不及也。倭、韓國諸島上栗大如雞子，亦短味不美。桂陽有栗而叢生，實大如杏子中仁，皮、子形色與栗無異也，但差小耳。又有茅栗、佳栗，其實更小，而木與栗不殊，但春生、夏花、秋實、冬枯爲異耳。

明　周文華《汝南圃史》卷四《栗》　栗，四月開花，其花與他花特異，枝間綴花，長二三寸許。山人云俟其落，收之點火，風雨不滅。《圖經本草》曰：栗生山陰，今處處有之，而兖州、宣州者最勝。木極類櫟，花青黃色，似胡桃花。實有房匯若拳，中子必三五。小者若桃李，中子唯一二。將熟則罅拆，子出。凡栗之種類亦多，栗房當心一子謂之栗楔。《吳郡志》曰：頂山栗，出常熟縣，比常栗獨小，香味勝絶，號麝香囊，以其香而軟也，微風乾之尤美。每歲所出極少，土人得數十百枚，則以綵囊貯之，饋送佳客。此栗與朔方易州栗相類，但易栗殼多毛，頂栗殼瑩淨耳。

明　陳懋仁《庶物異名疏》卷一九《駭栗　莍蝟》　《東觀書》曰：駭栗蓬轉。蓋今栗房秋熟，罅發其實，驚駭如爆，去根幹甚遠，所謂駭栗，其以此歟？《埤雅》曰：栗有莍蝟自裹。莍蝟，栗房也。

明　徐光啓《農政全書》卷二九　栗，《爾雅》曰：櫟，其實梂。郭璞注曰：有梂匯自裹。《廣志》曰：關中大栗，如雞子大。蔡伯喈曰：有胡栗。《魏志》云：有東夷韓國山大栗，狀如梨。《三秦記》曰：漢武帝栗園有栗，十五顆一升。王逸曰：朔濱之栗。《西京雜記》曰：榛栗、瑰栗、嶧陽都尉栗，都尉曹龍所獻，其大如拳。栗之大者爲板栗，中心扁子爲栗楔。稍小者爲山栗。山栗之圓而末尖者爲錐栗。圓小如橡子者爲莘栗。小如指頂者爲芽栗，即所謂栭栗也，一名栵栗，可炒食之。劉恂《嶺表録》云：廣中無栗，惟靳州山中有石栗，一年方熟，圓如彈子，皮厚而味如胡桃。《衍義》云：湖北一種栗，頂圓末尖，謂之旋栗，或云即榛栗也。奥栗子圓而細，惟江湖有之，或云即莘也。陸機《疏》曰：栗，五方皆有，周、秦、吳、揚特饒，漁陽及范陽生者甜美味長。梵書名篤迦。《本草圖經》云：兖州、宣州者最勝，治腰脚之疾。燕山栗，小而味最甘。樹高二三丈，花生多刺，極類櫟。四月開花青黄色，長條似胡桃花。實有房匯。大者若拳，中子三四。小者若桃李，中子惟一二。

明　方以智《物理小識》卷九　栗　房駭栗零，種其栗楔，他日生栗豐滿，一曰和梂種之，易結而大，芽茁，三年即實。成樹後，根下原栗尚在。橡栗亦然，他木之核則爛矣，當取去原栗。諸暨栗大如拳，必接乃大。茅栗、錐栗皆可接也。埋栗臍向下，彼自生而向上，故眉抹其臍，掐臍吹氣，則不爆而臍易脱，固其理也。

清　曹溶《倦圃蒔植記·總論》卷上《論果》　栗多仰給於客貨，而恨着水作僞，眞味頓減。廣用未免市求，惟風乾宜於洞庭加意置取其眞率者用之，自是不同也。常熟境内鼎山種，儻能求其貼子接植家園，秋來薦新氣味俱超，又在洞庭栗之上，一可當百。胡桃鮮者，園中旋摘剥新，似用昆吾刀，切玉如泥。此皆不必多，便可適興。物有以少爲貴者，故以二果總爲一類。

清　高士奇《北墅抱甕録·栗》　松盤山外，平疇衍迤，皆種栗樹。大者十數圍，結實甚多，新秋剥食，芳鮮莫及，兼有香氣，若桂叢之始拆。八九月時，其房自裂，命小奚掇拾筐中，懸檐壁多風處，俟其少乾，皮易脱而味較勝。

清　徐鼎《毛詩名物圖説》卷八　許慎《説文》作桌，從木，其實下垂，故從卤。《大戴禮》：八月栗零。零也者，降也。零而後取之，故不言剥也。《内則》：栗曰愵之，桃曰膽之。孔《疏》：栗，蟲好食，數數布陳，愵省視之。桃多毛，拭治令色青，滑如膽。《左傳》：久摯不過亲栗。《埤雅》：栗味鹹，北方之果也。有莱蝟自裹，秋熟罅發其實，驚躍如爆，《東觀書》所謂栗駭也。范處義《補傳》：榛、栗果之嘉者，可以備籩實。椅、桐、梓、漆，皆木之材者，可以爲器用。

清　牟應震《毛詩物名考》卷五　栗，木似柞，葉方長有刺。花作條，如綴。結實作苞，多刺如蝟，苞中子二、三、四不等。九月苞裂，子自落也。

清　吴其濬《植物名實圖考》卷三二《栗》　栗，《别録》上品，一梂三顆，中扁者爲栗楔，栗内薄皮爲栗荴，花爲栗線，樹皮、根、殼、梂匯皆入藥。

又《錐栗》　錐栗，長沙山岡多有之。大樹，葉細而厚，面緑有光，背黄白而澀。結實作梂，數十梂攢聚一枝。一梂一實，似栗而圓，大如芡實。内仁兩瓣，味淡微澀。按《本草拾遺》：鉤栗生江南山谷，大木數圍，冬月不凋。其子似栗而圓小。又有雀子相似而圓黑，久食不飢。蓋即此種與栗相類，非櫧類也。葉擣汁可成膠，油雨傘者用之。又一種栗，大如橡栗，味甘，爊食尤美，蓋即鉤栗。其小如芡實者，當即雀子。湖南通呼錐栗，一類有大小耳。

紀　事

宋　吴曾《能改齋漫録》卷一五《栗如拳》　《越州圖經》載：如拳之栗，如錦之桑。政和中，詔本州貢焉。栗固大於他州，然如拳者終不可得。杜子美《夔府詩》云：色好梨勝頰，穰多栗過拳。

明　盧翰《掌中宇宙》卷一三《連理二栗》　楊延慶母性嗜栗，卒，樹二株於墓上。經年，栗樹枝皆連理，人以爲孝感所致。

藝　文

漢　蔡邕《胡栗賦》（引自《漢魏六朝百三家集》卷一八）　樹遐方之嘉木兮，於靈宇之前庭。通二門以征行兮，夾堦除而列生。彌霜雪而不雕兮，當春夏而滋榮。因本心以誕節兮，凝育蘖之緑英。形猗猗以豔茂兮，似翠玉之清明。何根莖之豐美兮，將蕃熾以悠長。適禍賊之災人兮，嗟夭折以摧傷。

南朝陳　陸瓊《栗賦》（引自《歷代賦匯補遺》卷一六）　四時逸盛，百果元芳。緑梅春馥，紅桃夏香。何羣品之浮脆，惟此質之久長。外刺同夫拱棘，内潔甚於冰霜。伏南安而來清，列御宿而懸房。薦羞則棋榛並列，加籩則菱芡同行。金盤兮麗色，玉俎兮鮮光。周人以之戰懼，大官稱於柏樑。

南朝陳　陸玢《詠栗雜言》（引自《文苑英華》卷三二六）　貨見珍於有漢，木取貴於隆周。英肇萌於朱夏，實方落於素秋。委玉盤雜椒糈，將象腐糅珍羞。

宋 王質《紹陶録》卷下《甜椎》 花白，葉青，樹甚壯。秋結實，殼黑，肌白，人呼烏圓子。苦者殼褐毬，皆類栗，但無刺。

花成穗，子成毬，雅相似，終非儔。茅栗低坡尾，旋栗高岡頭。甜椎，甜椎，秋後龝樹倚斜暉，苦者擲與看牛兒。

宋 朱熹《晦庵集》卷三《栗熟》 樹雜椅桐繼國風，莫教林下長蒿蓬。共期秋實充腸飽，不羨春華轉眼空。病起數升傳藥録，晨興三嚥學仙翁。櫻桃浪得銀絲薦，一笑纔堪發面紅。

宋 高似孫《剡録》卷一〇《草木禽魚下·栗》 始寧墅有栗圃。陶隱居曰：栗，會稽最豐，諸暨形大，皮厚不美；剡及始寧，皮薄而甜。秦系謝朱放《訪山居》詩：土栗添初味，寒花帶老顔。又《山中寄錢起》：苗發詩稚子，唯能覓梨栗。

宋 方夔《富山遺稿》卷六《栗》 秦燕千樹地，富貴出山莊。外作蝟毛磔，中含雞子黄。懸枝開霽日，芽緑候春陽。每憶和兒炒，如今去故鄉。

明 韓雍《襄毅文集》卷七《石栗子詩有序》 石栗子出廣之濱海深山中。郡誌載其殼堅，肉實如栗。然廣之人止識其菓，未嘗識其枝葉全柯之奇也。鎮守太監陳公得之，樵人轉致予清玩，愛其奇異特甚，平生所未見。因賦一詩，仍歸之置之座隅。俟公會同覽云：異菓從來出海隅，誰連枝葉置盤盂。青鸞下拖纍垂卵，翠葆中攢徑寸珠。新摘檳榔形絶似，舊嘗盧橘味全殊。時和萬物皆生瑞，聊作歌詩頌有虞。

清 董元愷《蒼梧詞》卷一一《沁園春·青墩栗》 古栗三株，勢欲排天，青墩之岡。看低枝盤踞，獅蹲象偃，高柯横覆，虎跳龍翔。種自箕山，移來汝木，嘉果羅生擅嶧陽。秋社後，正青苞發罅，紫實開囊。封條一夜凝霜，便宗度，田饒盡得嘗。盡杜老南鄰，園收錦里，陶公舊宅，兒覓柴桑。樹底穰多，谷中盤剥，何必山翁服有方。嚴寒夜，笑燒殘榾柮，煨芋同香。

清 黄鉞《壹齋集》卷四《栗》 不數漁陽與范陽，宣州要比易州良。蒼蓬零後蝟毛磔，黄玉蒸來巖桂香。酒半棗梨時閒出，鐙前兒女亦分嘗。登高節近宜多食，免試徐生腳弱方。

清 胡敬《崇雅堂詩鈔》卷二《風栗》 鄉味收園栗，風威晝下簾。羞籩功最鉅，論斗價何廉。罇漸因秋發，篷難信手拈。緑柎乾盡坼，紫皺嫩猶黏。通透儲筠籠，參差列晝檐。潤含林雨重，寒逼晚風銛。外鑠邀霜信，中枯避日炎。蜜脾新釀滿，蟬翅細紋添。齒縱乾能決，心還老更甜。精華從斂束，圭角愈森嚴。藉有吹噓力，終無棄擲嫌。黄穰三百顆，擘藉手纖纖。

清 釋讀徹《蒼雪和尚南來堂詩集》卷二《鴛鴦栗》 金針初綉殼，賴蝟裹難猜。口葉藏文頸，嚴霜打不開。花非共命鳥，果結有情胎。折散風乾後，微黄荳兩枚。

圖表

明 李時珍《本草綱目·圖卷》

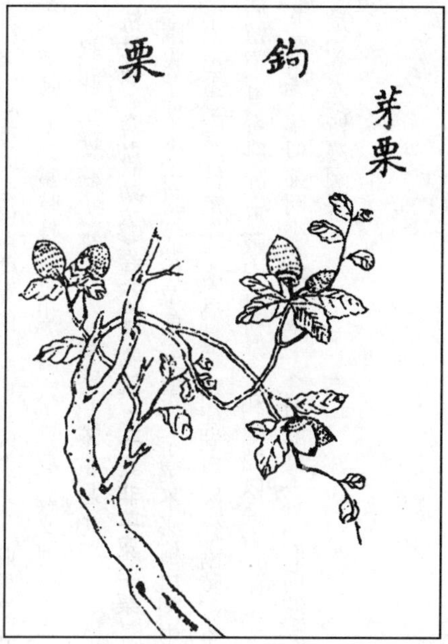

清　徐鼎《毛詩名物圖說》卷八

清　吴其濬《植物名實圖考》卷三二《栗》

又《錐栗》

論説

宋　沈括　《夢溪筆談》卷三　江南有小栗，謂之茅栗。以予觀之，此所謂芧也。則《莊子》所謂狙公賦芧者，此文相近之誤也。

明　楊慎　《升庵集》卷七九《芧栗》　芧栗，木果也。《莊子》所謂徂公賦芧者，今訛作茅栗。沈存中嘗辨其非。杜詩『園收芧栗未全貧』，正指此物。今以芧栗解作蹲鴟之芋，一何遠哉！

清　胡鳴玉　《訂譌雜録》卷九《芧栗》　《夢溪筆談》云：江南有小栗，謂之茅栗。茅，音草茅之茅。以予觀之，此正所謂芧也。則《莊子》所謂狙音朱公賦芧，音序此文相近之誤也。存中之説如此，因思少陵《南鄰》詩『錦里先生烏角巾，園收芧栗未全貧』，本於《莊子·徐無鬼》篇『先生居山林，食芧栗』也。今注家必欲改作芋栗，謂蜀有蹲鴟，且芋、栗二物，可該園中所産，而芧栗野生，不待園中收種。若但芧栗充飢，安得謂未全貧？此種議論，雖似近理，終覺牽合支離，未必當時杜公意也。昔人謂杜詩韓文無一字無來歷，以芧栗屬先生説，此正從《莊子》來也。紛紛聚訟，不當息乎？

清　杭世駿　《訂訛類編》卷六《植物訛·芧栗非芋粟芧栗》　《觚賸》云：杜詩『園收芧栗未全貧』，或作芋粟、芋栗。芋粟不必植之園中，而芋與栗不當類舉。朱愚庵注杜定作芧栗爲是。余往湖口，路經南陵，訪王進士五清，于山居留宿，具餐雜陳，野蔌中有粉葉子和醯醢以進者。王謂余曰：此即錦里之芧栗也。芧似栗而小，山家率于冬月取實去皺，磨而溲之以水，然後用之。是知芧栗皆屬園果。

栵

綜述

《爾雅·釋木》　栵，栭。注：樹似槲樕而庳小，子如細栗，可食，今江東亦呼爲栭栗。音義：栵，《字林》音例，《詩》音同，又音列。栭，音而，《毛詩草木疏》文云：葉如榆木，理堅韌而赤，今人謂之芝檽也。槲，胡木反。樕，桑木反。《詩》云：林有樸樕。毛《傳》云：小木也。或作樕，同。庳，音婢。疏：栵，一名栭。《詩·大雅·皇矣》云：其灌其栵。陸璣《疏》云：葉如榆也，木理堅韌而赤，可爲車轅。郭云：樹似槲樕而庳小，子如細栗，可食，今江東亦呼爲栭栗。《禮記·内則》云『芝栭蔆椇』是也。

三國吴　陸璣　《毛詩草木鳥獸蟲魚疏》卷上《其灌其栵》　栵栭葉如榆也，木理堅韌而赤，可爲車轅。

宋　程大昌　《演繁露》卷一〇《栭栗》　《詩·皇矣》：其檿其栵。音例，爲列或爲例，陸德明音云。舍人注《爾雅》云：江淮之間呼小栗爲栭栗。吾鄉有小栗，叢生其外蓬中，實皆與栗同，但具體而微耳，故名栭栗。栭猶兒。

宋　戴侗　《六書故》卷二一　栵　，力制、良薛二切。《詩》云：作之屏之，其菑其翳。修之平之，其灌其栵。程氏曰：叢生曰灌，行生曰栵。《爾雅》：栵，栭。舅氏曰：《詩》云：菑翳灌栵。不應栵獨爲木名，程説是也。

明　劉侗　《名物通》卷八　栵似槲樕而小，子如細栗可食。《詩·皇矣篇》：其灌其栵。

清　徐鼎　《毛詩名物圖説》卷九　《爾雅》：栵，栭。郭璞注：樹似槲樕而痺小，子如細栗，可食。今江東亦呼爲栭栗。愚按：邢叔明引芝栭爲證，然《内則》云『芝栭』，蓋芝屬也。庾蔚云：無花葉而生者曰芝栭。一作檽。木生者爲檽，地生者爲菌，則非此栭也。所謂栵者，今吴中呼爲茅栗。

清　吴其濬　《植物名實圖考》卷三二《茅栗》　茅栗野生山中。《爾雅》：栵，栭。注：樹似槲樕而卑小，子如細栗，可食。今江東亦呼爲栭栗。《詩》：其灌其栵。陸璣《疏》：木理堅韌而赤，可爲車轅。即此。

圖表

晉 郭璞《爾雅音圖・釋木》

清 徐鼎《毛詩名物圖說》卷九

清 吳其濬《植物名實圖考》卷三二《茅栗》

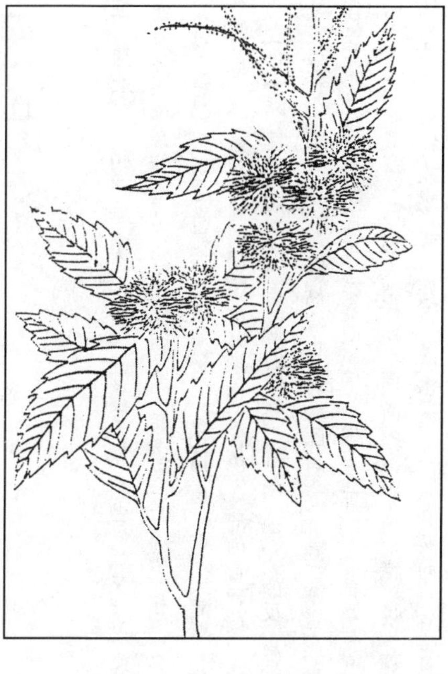

天師栗

綜述

明 李時珍《本草綱目》卷二九《天師栗》 天師栗《綱目》 集解：時珍曰：按宋祁《益州方物記》云：天師栗，惟西蜀青城山中有之，他處無有也。云張天師學道于此所遺，故名。似栗而味美，惟獨房若橡爲異耳。今武當山所賣娑羅子，恐即此物也。

清 吳其濬《植物名實圖考》卷三一《天師栗》 天師栗，《益部方物記》載之。李時珍以爲武當山所産娑羅子，即此。《通志》從之。湖北園圃有種植者，亦呼娑羅果。

藝文

宋 宋祁《景文集》卷四七《天師栗贊》 栗類尤衆，此特殊味。專蓬若橡，託神以貴。生青城山中，他處無有也。似雎栗而大，或言張道陵常所食，故號天師栗。比常栗味美，惟獨房爲異，久食已風緩。

宋 文同《丹淵集》卷三《天師栗》 天師擕此種，至自上饒遠。當時十七樹，高幹倚孤巘。蒼蓬蒺藜大，紫殼檳榔軟。蜀部名果中，推之爲上選。

圖表

明 李時珍《本草綱目·圖卷》

清 吳其濬《植物名實圖考》卷三一《天師栗》

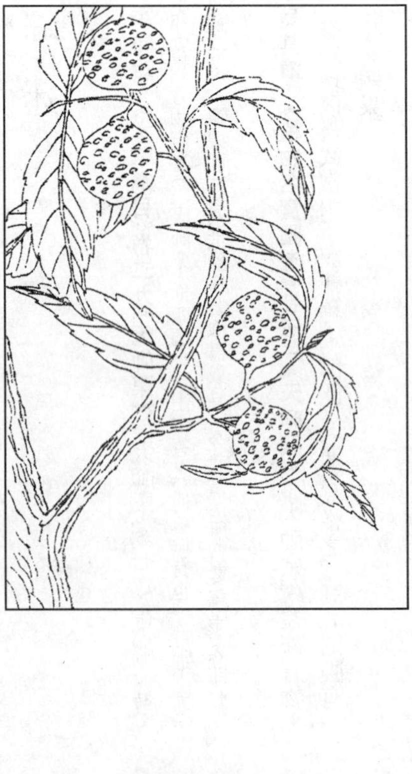

橡

綜述

《爾雅·釋木》 栩，杼。注：柞樹。音義：栩，香羽反，郭又音羽，《字林》醜與反。杼，謝嘗汝反，施音佇，孫昌汝反，施或音序。柞，子各反。疏：栩，一名杼。郭云：柞樹。《詩·唐風》云：集于苞栩。陸璣《疏》云：今柞櫟也。徐州人謂櫟爲杼，或謂之爲栩。其子爲皂，或言皂斗。其殼爲汁，可以染皂。今京洛及河內言杼汁，謂櫟爲杼，五方通語也。【略】櫟，其實梂。注：有梂匯自裹。音義：櫟，力的反。梂，《字林》音求。舍人云：櫟實名梂也。孫云：櫟實，橡也。有梂匯自裹。郭同。匯音謂，裹音果。疏：櫟，似樗之木也。梂，盛實之房也。孫炎曰：櫟實，橡也。郭云：有梂匯自裹。《詩·秦風》云：山有苞櫟。陸璣《疏》云：秦人謂柞櫟爲櫟，河內人謂木蓼爲櫟，椒榝之屬也。其子房生爲梂，木蓼子亦房生，故説者或曰柞櫟，或曰木蓼。璣以爲此秦詩也，宜從其方土之言柞櫟是也。

漢 許慎《説文》卷六 櫟，木也。从木，樂聲。郎擊切。

梂，櫟實，一曰鑿首。从木，求聲。巨鳩切。

栩，柔也。从木，羽聲。其皂一曰樣。况羽切。

柔，栩也。从木，予聲。讀若杼。直呂切。

樣，栩實。从木，羕聲。徐兩切。

三國吴　陸璣《毛詩草木鳥獸蟲魚疏》卷上《山有苞櫟》　苞櫟，秦人謂柞爲櫟，河内人謂木蓼爲櫟，椒椴之屬也。其子房生爲梂，木蓼子亦房生。

宋　羅願《爾雅翼》卷一二《櫟》　《管子》：五粟之土，其柘其櫟，條直以長。《淮南・時則訓》：十二月之木。正月其木楊，楊，蒲柳也。楊木春先。二月其木杏，有竅在中，象陰布散在上。三月其木李，李亦有核，李後杏熟，故主三月。四月其木桃，説與杏同，桃後李熟，故主四月。五月其木榆。六月其木梓，説未聞。七月其木楝，楝實鳳皇所食，今雒城旁有樹楝，實秋熟。八月其木柘，未聞。九月其木槐，槐，懷也，可以懷來遠人。十月其木檀，檀，陰木也。十一月其木棗，取其赤心也。十二月其木櫟，櫟可以爲車轂，木不出火，唯櫟爲然，亦應陰氣也。《秦風》：山有苞櫟。《草木疏》云：秦人謂柞櫟爲櫟，河内人謂木蓼爲櫟。此秦詩也，宜從其方土之言柞櫟是也。《莊子》：匠石見櫟社樹，其大蔽牛，絜之百圍。《上林賦》注：應劭曰櫟，採木也。顔師古以爲木蓼葉辛，初生可食。

明　田藝蘅《留青日札》卷三三　栩實本作樣，從木羕聲，今作橡。《小爾雅》柞實，《廣韻》樂實，通作象。《周禮》掌染注：象斗之屬染黑，所謂皂物也，因謂黑色曰皂；又可染澹黄色爲書殼紙，故稱橐殼色，俗名黄橐屹斗。摯虞入南山饑，拾橡實食。杜甫客秦州采橡橐自給，故曰：饑食楢溪橡。梅聖俞亦云：野糧收橡子。狙公賦芧，注：芧，橡子。故子美又云：天寒橡櫟隨。狙公然食之，令人禿髮，山僧制之成粉，亦可食。

明　李時珍《本草綱目》卷三〇　橡實音象。《唐本草》　校正：自木部移入。釋名：橡斗、《説文》皂斗、同櫟梂、音歷求。柞子、蝟音作。芧、杼同。序、暑二音。栩。音許。　禹錫曰：案《爾雅》云：栩，杼也。又曰：櫟，其實梂。孫炎注云：栩，一名杼也。櫟，似樗之木也。梂，盛實之房也。其實名橡，有梂蝟自裹之。《詩・唐風》云：集于苞栩。《秦風》云：山有苞櫟。陸璣《注》云：即柞櫟也。秦人謂之櫟，徐人謂之杼，或謂之栩。其子謂之皂，亦曰皂斗。其殼煮汁可染皂也。今京洛、河内亦謂之杼。蓋五方通語，皆一物也。時珍曰：櫟，柞木也。實名橡斗、皂斗，謂其斗刓剜象斗，可以染皂也。南人呼皂如柞，音相近也。集解：頌曰：橡實，櫟木子也。所在山谷皆有。木高二三丈。三四月開花黄色，八九月結實。其實爲皂斗，槲、櫟皆有斗，而以櫟爲勝。宗奭曰：櫟葉如栗葉，所在有之。木堅而不堪充材，亦木之性也。爲炭則他木皆不及。其殼雖可染皂，若曾經雨水者，其色淡。槲亦有殼，但小而不及櫟也。時珍曰：櫟有二種：一種不結實者，其名曰棫，其木心赤，《詩》云『瑟彼柞棫』是也；一種結實者，其名曰栩，其實爲橡。二者樹小則聳枝，大則偃蹇。其葉如櫧葉，而文理皆斜勾。四五月開花如栗花，黄色。結實如荔枝核而有尖。其蒂有斗，包其半截。其仁如老蓮肉，山人儉歲采以爲飯，或擣浸取粉食，豐年可以肥豬。北人亦種之。其木高二三丈，堅實而重，有斑文點點。大者可作柱棟，小者可爲薪炭。《周禮・職方氏》『山林宜皂物，柞、栗之屬』即此也。其嫩葉可煎飲代茶。

明　鮑山《毛詩鳥獸草木考》卷一七《栩》　栩，一名杼。春生少枝，長一尺以上者，插著土中，數日即生。枝葉及三歲成橡，其實爲皂斗，堪染皂。曾經雨水，其色淡。今槲木亦有殼，但少不及此也。《釋木》：栩，杼。郭璞云：柞樹也。陸璣云：今柞櫟也。徐州人謂櫟爲杼，或謂之爲栩，其子爲皂，或言皂斗。其殼爲汁，可以染皂。今京洛及河内多言杼汁。謂櫟爲杼，五方通語也。

明　吴雨《毛詩鳥獸草木考》卷一七《櫟》　櫟，實一名橡，高二三丈。葉似栗葉而大。開黄花。實若澀，熟食之厚腸不饑。材可爲車轂。木不出火，惟櫟爲然，亦應陰氣也。《爾雅》云：櫟，其實梂。釋曰：櫟，似樗之木也。梂，盛實之房也。其實橡也。有梂匯自裹。陸璣云：秦人謂柞櫟爲櫟。河内人謂木蓼爲櫟，椒椴之屬也。其子房生爲梂，木蓼子亦房生。故説者或曰柞櫟，或曰木蓼。璣以爲此秦詩，宜從其方土之言柞櫟是也。

明　馮復京《六家詩名物疏》卷二六《櫟》　《通志》云：櫟曰橡，其實作梂，曰皂斗，曰橡斗。《爾雅・釋木》云：櫟，其實梂。《詩・秦風》云：山有苞櫟。並此也。其《釋木》云『栩，杼』與《唐風》云『集于苞栩』，並是柞木，而陸璣誤謂是此耳。

明　王圻《稗史彙編》卷一五一《櫟樹》　櫟樹，多生岡阜之上，大則偃蹇，小則聳岐。疎廣而性直，伐爲薪，鍛爲炭，其力倍於常木。王政詩云：未可輕樗櫟，尤能濟雪霜。

明　劉侗《名物通》卷八　櫟，其實作梂，曰皂斗。

明　鮑山《野菜博録》卷四　橡子樹，本草橡實櫪子也，生山野間。樹高大，葉似果葉大，開黄花，結實有梂裹其實，味苦澁，性微温無毒。【略】石岡橡，生汜水西茶店山谷中。其木高丈許，葉似橡櫟葉，極小而薄，邊有鋸齒而少花叉，開黄花，結實如橡斗而極小，味澁微苦。【略】青岡樹，枝葉條幹皆類橡櫟，但葉色頗青，花叉味苦，性平無毒。

清　高士奇《北墅抱甕録·橡》　橡實似栗而小，圓而有尖，蔕葉與栗同，榦不能如栗之大。親串偶集，取其實以充盤核，聊同古人拾橡之意。

清　徐鼎《毛詩名物圖説》卷八　《爾雅》：栩，杼。郭璞注：柞樹。陸璣《疏》：今柞櫟也。徐州人謂櫟爲杼，或謂之爲栩。其子爲皂，或言皂斗。其殼爲汁，可以染皂，今京洛、河内多言杼汁。謂櫟爲杼，五方通語也。《古今注》：杼實曰橡。《本草》：橡實堪染用，一名杼斗。槲、櫟皆有斗，以櫟爲勝。所在山谷中皆有。《圖經》云：木高二三丈，三四月開黄花，八九月結實。柞櫟也，杼也，栩也，皆橡櫟之通名。愚按：今吴中呼其實爲橡斗子。合觀諸説，皆指栩爲柞櫟，朱子《集傳》亦從之。則《秦風》『山有苞櫟』，即此栩也。惟鄭漁仲分栩、櫟爲二木，是未審五方之異語耳。

清　牟應震《毛詩物名考》卷五　栩，一作杼，或又名槲，即柞也。柞古音讀若祖。柞、栩、杼、槲，皆通音。

又　櫟亦柞木名也。陸《疏》云：周秦人，謂柞爲櫟。今齊語或曰柞，或曰橡，或曰叵櫟，或曰槲，亦各隨方土以爲名耳。

清　王念孫《廣雅疏證》卷一〇　橡，柔也。橡、柔聲之轉也，柔與杼同。各本譌作柔，惟影宋本、皇甫本不譌。《爾雅》云：栩，杼。郭注云：柞樹也。《唐風·鴇羽》篇：集于苞栩。陸機《疏》云：今柞櫟也。徐州人謂櫟爲杼，或謂之爲栩。其子爲皂斗，其殼爲汁可以染皂。今京洛及河内多言杼汁。謂櫟爲杼，五方通語也。杼，一作芧。《莊子·齊物論》：狙公賦芧。司馬彪注云：芧，橡子也。橡，一作樣，一作象。《説文》云：樣，栩實也。又云：皂斗，櫟實也。一曰象斗。鄭注《周官》掌染草云：藍蒨象斗之屬。橡子可染，又可食。《大戴禮·曾子制言》篇云：聚橡㮚藜藿而食之。《吕氏春秋·恃君》篇：冬日則食橡㮚。高誘注云：橡，皂斗也。其狀似㮚。案今江淮之閒通言橡㮚。其實如小㮚而微長，近蔕處有梂彙自裹。《爾雅》所謂『櫟，其實梂』也。田野人多磨粉食之，凶年可以救饑。《韓非子·外儲説》篇云：秦大饑，應侯請曰：『五苑之草箸疏菜橡果棗㮚，足以活民，請發之』是也。其材中車轂，《淮南·時則訓》：十二月，其樹櫟。高注云：櫟可以爲車轂，木不出火，唯櫟爲然，亦應除氣也。杼之聲轉而爲采。高誘注《淮南·本經訓》云：杼，采實也。《史記·李斯傳》：采椽不斲。徐廣注云：采，一名櫟。

清　吴其濬《植物名實圖考》卷三二《橡實》　橡實，《唐本草》始著録，即橡栗也。曰柞，曰櫟，曰芧，曰栩，皆異名同物。其實曰皂斗，以染皂。《説文》：栩，柔也。其實皂，一曰樣。又樣，栩實。《繫傳》云：今俗書作橡。狙公賦之，鴇雛集之。山人饑歲拾以爲糧。或云葉之柔可代茗飲，然則染之、食之、飲之、薪之，橡之爲用大矣。

圖表

晉　郭璞《爾雅音圖·釋木》

明　李時珍《本草綱目·圖卷》

明　鮑山《野菜博録》卷四

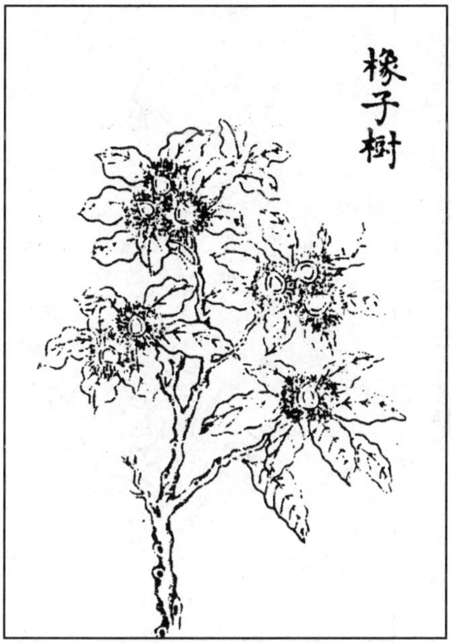

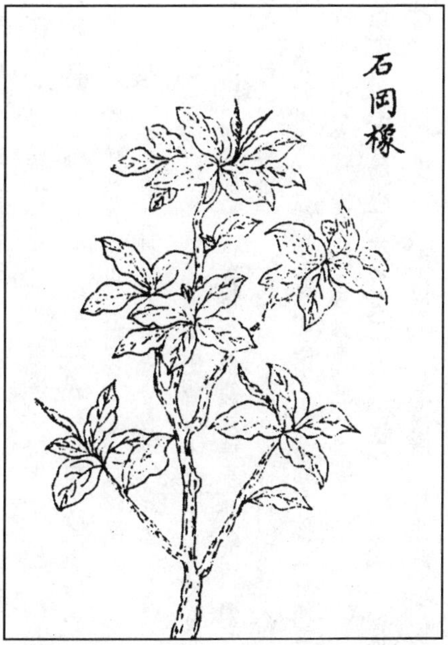

清　徐鼎《毛詩名物圖說》卷八

清　吴其濬《植物名實圖考》卷三二《橡實》

槲

綜　述

《爾雅・釋木》　樕樸，心。注：槲樕别名。音義：樕，音速。樸，音卜。槲，音斛。疏：樸樕，一名心。某氏曰：樸樕，槲樕也，有心能濕，江、河間以作柱。是樸樕爲木名也。故郭云：槲樕别名。《詩・召南》云：林有樸樕。此作樕樸，文雖别，其實一也。或者傳寫誤。

漢　許慎《説文》卷六　樕，樸樕木。从木，欶聲。桑谷切。

宋　戴侗《六書故》卷二一　槲樕　槲，胡谷切。《本草》曰：與櫟相通，亦有斗，但小不中用。《類篇》曰：槲樕，木名。樕，桑谷切。《詩》云：林有樸樕。《爾雅》：樕樸，心。孫炎曰：樸樕一名心。某氏曰：即槲樕也，有心能濕，江、河間以作柱。《爾雅》：有梀。《字説》：具梀下。

明　李時珍《本草綱目》卷三〇　槲實音斛。《唐本草》　校正：自木部移附此。釋名：槲樕、音速。樸樕、並《爾雅》大葉櫟、俗櫟橿子。時珍曰：槲樕猶觳觫也。栗子綻懸，有顫栗之象，故謂之栗；槲葉摇動，有觳觫之態，故曰槲樕也。樸樕者，婆娑、蓬然之貌。其樹偃蹇，其葉芃芃故也。俗稱衣物不整者爲樸樕，本此。其實木彊，故俗謂之櫟橿子。史言武后掛赦書于槲樹，人遂呼爲金鷄樹云。集解：頌曰：槲，處處山林有之。木高丈餘，與櫟相類。亦有斗，但小不中用耳。不拘時采。其皮、葉入藥。宗奭曰：槲亦有斗，木雖堅而不堪充材，止宜作柴，爲炭不及櫟木。時珍曰：槲有二種，一種叢生小者名枹（音孚），見《爾雅》；一種高者名大葉櫟。樹、葉俱似栗，長大粗厚，冬月凋落。三四月開花亦如栗，八九月結實似橡子而稍短小，其蒂亦有斗。其實僵澀味惡，荒歲人亦食之。其木理粗不及橡木，所謂樗櫟之材者指此。

明　吴雨《毛詩鳥獸草木考》卷一六《樸樕》　《召南》曰：林有樸樕。《傳》：樸樕，小木也。樸樕，小木也。一名淋樸樕。高丈餘，葉似兜櫨樹葉而大厚，邊如鋸齒，或三葉、五葉排生一莖。開白花，結子大如豌豆，熟則紅紫色，味酸，可食。《釋木》云：樕樸，心。孫炎云：樸樕，一名心。某氏曰：樸樕，槲樕也，有心能濕，江、河間以作柱。能音耐。是樸樕爲木名，而《爾雅》作樕樸。此作樸樕，文雖倒，其實一也。或者傳寫之誤。言小木者，以林有此木，故言小木也。

明 馮復京《六家詩名物疏》卷八《樸樕》 《爾雅》云：樕樸，心。疏：樕樸，一名心。某氏曰：樸樕，槲樕也，有心能濕，江、河間以作柱。《詩》云：林有樸樕。此作樕樸，文雖别，其實一也。

明 鮑山《野菜博録》卷三 槲若，一名槲木，一名斗樹，生山谷中。樹頗高大，葉似桑樹葉，其味甘，性平無毒。

清 吴其濬《植物名實圖考》卷三二《槲實》 槲實，《唐本草》始著録。似橡栗而圓，斗亦小，其葉爲槲若。

圖表

明 李時珍《本草綱目·圖卷》

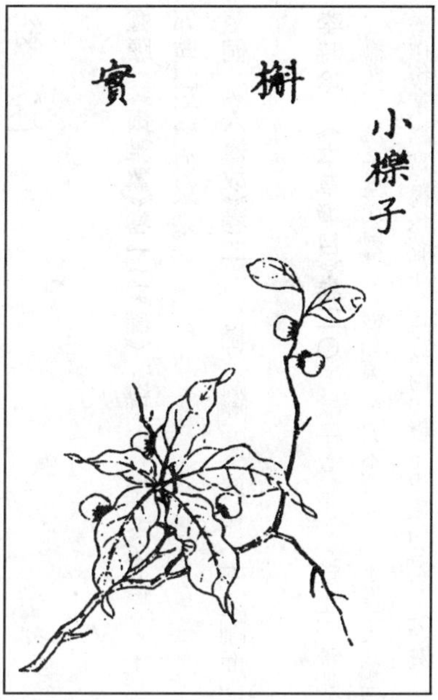

明 鮑山《野菜博録》卷三

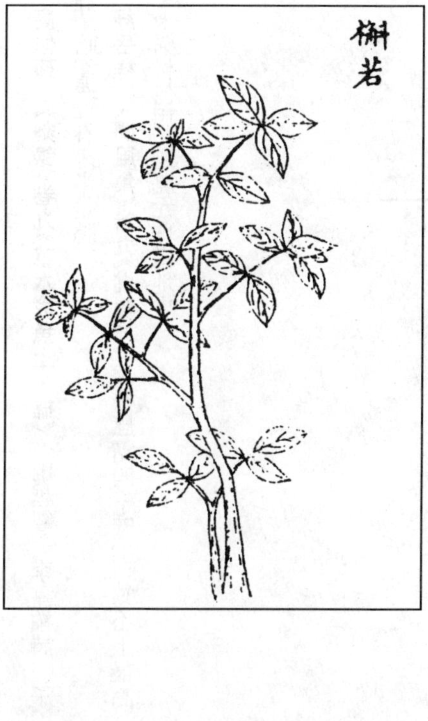

清 吴其濬《植物名實圖考》卷三二《槲實》

櫧

綜述

宋　羅願《爾雅翼》卷一二《櫧》　櫧似柃葉，冬不落。《上林賦》：沙棠櫟櫧。郭璞曰：櫧似采柔。

宋　戴侗《六書故》卷二一　櫧　櫧，專於切。木之剛而能濕者，實似榛而苦澀。

明　李時珍《本草綱目》卷三〇　櫧子《拾遺》　校正：原附鉤栗，今析出。集解：藏器曰：櫧子生江南。皮、樹如栗，冬月不凋，子小于橡子。穎曰：櫧子有苦、甜二種，治作粉食、糕食，褐色，甚佳。時珍曰：櫧子處處山谷有之。其木大者數抱，高二三丈。葉長大如栗，葉稍尖而厚堅光澤，鋸齒峭利，凌冬不凋。三四月開白花成穗，如栗花。結實大如槲子，外有小苞，霜後苞裂子墜。子圓褐而有尖，大如菩提子。内仁如杏仁，生食苦澀，煮、炒乃帶甘，亦可磨粉。甜櫧子粒小，木文細白，俗名面櫧。苦櫧子粒大，木文粗赤，俗名血櫧。其色黑者名鐵櫧。按《山海經》云：前山有木，其名曰櫧。郭璞注曰：櫧子似柞子可食，冬月采之。木作屋柱、棺材，難腐也。

明　慎懋官《華夷花木鳥獸珍玩考》卷一〇《櫧》　吾州制字，郴以多木，名其木，櫧爲貴。其爲樹，四時無改柯易葉，質性堅，於檜、栢伐而材之，雖百歲雨淋日炙弗蠹弗腐，作屋置以當風雨之衝，棺在土與石槨敵，此櫧之所以爲貴也。櫧樹歲結子，其子小者小於榛，味如之，大者大如榛，而味苦。土人取爲果實，謂小實者爲圓珠櫧，大者苦珠櫧，以此分二種，其材固無異也。按《山海經》：前山其木多葦。音諸注謂其樹作子可食，冬夏恒青，作柱難腐。葦，豈即此櫧邪？

明　劉侗《名物通》卷八　櫧，音諸。四時不改柯易葉，質性堅，可以敵石，子如榛。

清　吴其濬《植物名實圖考》卷三三《苦櫧子》　苦櫧子，《本草拾遺》始著録。苦者，實圓葉寬。雩婁農曰：櫧之名見《山海經》。余過章貢間，聞輿人之誦曰：苦櫧、豆腐配鹽幽菽。豆豉也。皆俗所嗜。尚者得其腐而烹之，至舌而澀，至咽而饜，津津焉有味回於齒頰。蓋不肉食之氓，得苦甘者而咀吮之，不似淡食同嚼蠟矣。郭注謂櫧似柞。夫柞一物而數名：栩也，杼也，櫟也，櫪也，橡也，樣也。其實曰梂，曰斗。櫧之葉醜，栗實醜橡，固橡屬也。與橡實同而長者，别名槲，又曰樸樕。其不結實而中繭絲者爲青棡。青棡亦有數種，飼蠶者能辨之。陸《疏》：徐州人謂櫟爲杼，秦人謂柞櫟，爲櫟。《説文》以樣爲栩實。小學家度轉訓詁，但指其類耳。《上林賦》：沙棠櫟櫧。沙棠爲一物，櫟櫧亦應爲一物。櫧、杼聲音輕重，鴇羽所集，其此實耶？長沙秋時傾筐入市，浸浸以腐供賓筵。北地不聞此製也。汝南有一種黄栗樹，與櫟頗類，而中棟梁，非不材之木。櫧木爲柱不腐，亦有紅、白二種，白者理疎，紅者理密，中什器。誠非橡槲伍，其亦如櫄樗之别乎？

又《麪櫧》　麪櫧與苦櫧同。葉長而狹，實尖。

藝文

宋　高似孫《剡録》卷九《草木禽魚上·櫧》　出越經。李嘉祐詩：子規夜啼櫧葉暗，遠道春來半是愁。

宋　舒岳祥《閬風集》卷九《櫧樹》　凌轢風霜四十圍，白猿不上最高枝。明堂未構材何用，抛擲元珠滿地皮。

圖表

明 李時珍《本草綱目·圖卷》

清 吴其濬《植物名實圖考》卷三二《苦櫧子》

又《麪櫧》

榧

綜述

宋 羅願《爾雅翼》卷一〇《棑》 棑似煔而異，杉以材稱，棑又有美實，而材尤文彩。《釋木》云：棑，煔。蓋以類相附也。其樹大連抱，高數仞，葉似煔。其木如柏，作松理而絕難長，肌理細軟，堪爲器用。古所謂文木，柏堅緻有文彩而色黃，銀杏色瑩白而太輭易損成跡。唯棑既有文彩，又勁於銀杏，實良木也。其木自有牝牡，牡者華而牝者自實。理有相感，不可致詰。其實有皮殼，大小如棗而短。去皮殼，可生食。亦僬而收之，可以經久，以小而心實者爲佳。《本草》木部有榧實，又有彼子，皆出永昌，而誤在蟲部。蓋彼字當從木，即是榧也。陶弘景注榧實出東陽諸郡，而不識彼子，惟蘇恭能辨其爲一物。今彼子退入有名無用中矣。

宋　袁文《甕牖閑評》卷七　彼美玉山果，粲爲金盤實。此蘇東坡《榧子》詩也。趙次翁注云：出信州玉山縣。然信州初不出榧子，此玉山乃在婺州。婺州榧子冠于江浙。注書不究地里之是否，而妄意指名，豈不大誤。

明　李時珍《本草綱目》卷三一　榧實《别録》下品。　校正：時珍曰：《别録》木部有榧實，又有棑華。《神農本草》魚蟲部有柀子，宋《開寶本草》退柀子入有名未用。今據蘇恭之説，合併于下。釋名：柀子、音彼。《神農》赤果、《日用》玉榧、《日用》玉山果。時珍曰：榧亦作棑，其木名文木，斐然章采，故謂之榧。信州玉山縣者爲佳。故蘇東坡詩云：彼美玉山果，粲爲金盤實。柀子見下。瑞曰：土人呼爲赤果，亦曰玉榧。集解：《别録》曰：榧實生永昌。彼子生永昌山谷。弘景曰：彼子亦名羆子，從來無用者，古今諸醫不復識之。榧實出東陽諸郡。恭曰：彼子當從木作柀子，誤入蟲部也。《爾雅》柀亦名煔。其葉似杉，木如柏而微軟。子名榧子，宜入果部。又注榧實云：即蟲部彼子也。其木大連抱，高數仞，其葉似杉，其木如柏，其理似松，肌細軟，堪爲器用。宗奭曰：榧實大如橄欖，殼色紫褐而脆，其中子有一重黑粗衣，其仁黄白色，嚼久漸甘美也。藏器曰：棑華即榧子之華也。棑與榧同。榧樹似杉，子如長檳榔，食之肥美。《本經》蟲部有彼子，陶氏復于木部出榧實、棑華，皆一物也。穎曰：榧有一種粗榧。其木與榧相似，但理粗色赤耳。其子稍肥大，僅圓不尖。《神農本草》柀子即粗榧也。時珍曰：榧生深山中，人呼爲野杉。按羅願《爾雅翼》云：柀似杉而異于杉。彼有美實而木有文采，其木似桐而葉似杉，絶難長。木有牝牡，牡者華而牝者實。冬月開黄圓花，結實大小如棗。其核長如橄欖核，有尖者、不尖者，無稜而殼薄，黄白色。其仁可生啖，亦可焙收。以小而心實者爲佳，一樹不下數十斛。陶氏不識柀子，惟蘇恭能辨爲一物也。

明　慎懋官《華夷花木鳥獸珍玩考》卷二《榧》　樹大連抱，葉密類杉，實生與橄欖同形，秋熟色紫褐而脆。

清　高士奇《北墅抱甕録・榧》　榧，木紋理細緻，製器極雅。其葉類杉，黄花紫實。逃禪閣檐廊之下，偶得一本，結子甚多。舊有玉山果之名，殆以堅潤之性，比德於玉耶？

清　吴其濬《植物名實圖考》卷三二《榧實》　榧實，《别録》下品。樹似杉，實青時如橄欖，老則黑。玉山與浙江交界處，多種之。

藝　文

宋　高似孫《剡録》卷一〇《草木禽魚下・榧》　《平泉草木記》曰：木之奇者，稽山之榧。東坡詩：彼美玉山果，粲爲金槃實。玉山屬東陽，剡暨接焉，榧多佳者。僧巽中《棐湯詩》：久厭玉山果，初嘗新棐湯。棐肉和以生蜜冰腦作湯奇絶。其木宜製書几。王昌齡詩『芸香淨棐案，松影閑瑶墀』是也。

宋　方夔《富山遺稿》卷六《榧》　有木出蠻鄉，生居萬仞岡。凌煙圖朽質，中水濯青裳。細剥瓊肌瑩，香浮雕俎光。尸蟲穴何處，食果得奇方。

清　沙琛《點蒼山人詩鈔》卷一《榧松子》　榧子如松子，芳腴質兩融。旅生凝練實，乳綴儼梧桐。百果當筵絀，三蟲避影空。苞龍來落鳳，爲念舊棲叢。

圖　表

明　李時珍《本草綱目・圖卷》

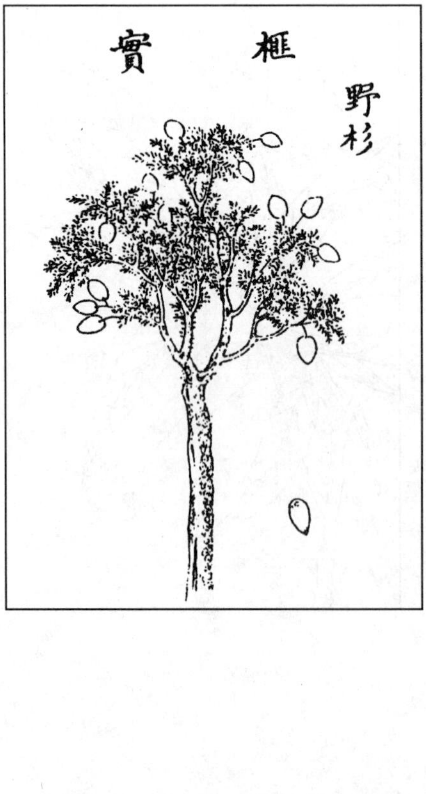

清 吳其濬《植物名實圖考》卷三二《榧實》

紅豆

綜述

唐 段公路《北户録》卷三《相思子蔓》 相思子，有蔓生者。《本草拾遺》六：相思子樹高大，有文字，赤黑間者佳。又《羅浮山記》：增城縣南迴溪之側多相思樹，號相思亭，送行之所贈也。其子切紅，葉如合歡，依籬障而生。合歡，《博物志》云蠲忿，《古今注》云嵇成，種之舍前，一名合昏，亦名戎樹。與龍腦闕相宜，能令香不耗。南人云：有刀瘡、血不止、痛甚者，取葉熟擣厚傅之即愈。《胡神記》云：東平劉羊兒居白沙村，去城十許里，常日晚行。經一廟前，忽拾得一紙裹，芬香殊特，開之皆是雜綵結、紅色紐、瑠璃珠、相思子，遂持歸。至夜，開人叩户，見一青衣，稱淮南王女遣信，向有輕贈，幸蒙採納，羊兒合語契其。明夜女乃至，年十五六，容色殊麗，至曉乃別。後經旬日，時時復來。干寶《搜神記》云：大夫韓憑妻美，宋康王奪之。憑怨，王囚之。憑自殺，妻乃陰腐其衣。王與之登臺，自投臺下，左右攬衣。衣不中手，遺書於帶，願以屍骨賜韓氏而合葬。王怒，弗聽，埋之，令塚相望。宿昔，有文梓木生二塚之端，根交於下，枝錯其上。又有鴛鴦雌雄各一，恒在樹上。宋王哀之，因號其木曰相思樹。《聘北道里記》引許有《韓憑塚》，宋王史也。《四部目録》有《韓憑書》，叙事委悉，而辭義鄙淺，不復具記。無名詩集又云：昔有賢士，姓韓名朋，故娶賢良妻，成公索之女，名曰貞夫，具賢具聖云云。又三日三夜始得，壙空不見韓朋、貞夫，唯見石子一雙，鬱鬱葱葱，一青一白。宋王怪之，分張其雙，青石埋於道西，白石埋於道東。道東生桂樹，道西生梧桐，上枝相連，下枝相通，枝枝相交，葉葉相蒙，下有清流之水，斷道不鬫。葉落兩兩成雙，從明至暮，悲鳴喍喍。宋鬫 是何樹？梁伯對曰：此是韓朋貞鬫 曰：誰能解之？梁伯答曰：臣能鬫。其氣心中合，中是思愛。下有鬫 王妬代遣踐殺之，血流滂鬫 鴛鴦同心異體，頭白身黄高。鬫 一毛落地七赤，有強使者捉鬫 驟往獻于宋王。宋王將拂其鬫 迴頭語，左右司與朕占相。梁伯對鬫 輝輝，鬱鬱蒼蒼，唯有項上少許無光，將毛重拂致其殺傷。空中有言曰：不是鴛鴦舞媚毛，此是韓朋報寃刀。

唐 李濟翁《資暇録・相思子》 豆有圓而紅其首烏者，舉世呼爲相思子，即紅豆之異名也。其木斜斫之則有文，可爲彈博局及琵琶槽。其樹也大株而白，枝葉似槐，其花與皂莢花無殊，其子若穭豆，處于甲中，通身皆紅。李善云其實赤如珊瑚是也。

宋 釋贊寧《東坡先生物類相感志》卷一三《相思子》 樹生子甚堅勁，半紅半黑，可以起諸香氣。

宋 宋祁《益部方物略記》 葉圓以澤，素蘤春敷。子生莢間，纍纍綴珠。

右紅豆。花白色，實若大紅豆，以似得名。葉如冬青，蜀人以爲果飣。

明 田藝蘅《留青日札》卷三二《相思樹》 今之相思木生嶺南，樹高丈餘，其子曰相思子，即紅豆。漢《文選》注：赤如珊瑚者。詩所謂『紅豆生南國，秋來發幾枝。贈君頻采摘，此物最相思』。秋開花，二三月莢枯子老零落，可拾數斗。其樹大而白，枝葉似槐。斜斫之有文理，可爲碁枰、琵琶槽，南方甚多。余山中亦有數株，高三五丈。又一種豆頗圓小，半段紅，半段黑者。《本草》：通九竅，治心腹氣，令人香，止熱悶。子赤黑間者佳。豈所謂單思子邪？蓋杭有少年子弟，與一伎交好，及別後，少年以相思子作緑紗囊寄之以表相思之意。因思想成疾，醫藥不効。鄰家老翁訪之，自言其故，翁迺大笑解之曰：吾聞所謂相思者，必兩人一心，彼此注念，山川阻隔，魂斷神勞，然後謂之相思。今子之故人朝東暮西，又抱琵琶過别船矣。爾獨癡心追戀，此則謂之單思病耳。實非相思也，不幾于枉捐軀命乎？少年聞之，喟然長嘆，赧顔流汗，不覺釋然。遂推枕而起，因記之，并傳一笑。又相思子合糯米炭屑，貯龍腦香不耗。

明　李時珍《本草綱目》卷三五　海紅豆《海藥》　集解：珣曰：按徐表《南州記》云：生南海人家園圃中。大樹而生，葉圓有莢。近時蜀中種之亦成。時珍曰：樹高二三丈，葉似梨葉而圓。按宋祁《益部方物圖》云：紅豆葉如冬青而圓澤，春開花白色，結莢枝間。其子纍纍而綴珠，若大紅豆而扁，皮紅肉白，以似得名，蜀人用爲果飣。

又　相思子《綱目》　釋名：紅豆。時珍曰：按《古今詩話》云：相思子圓而紅。故老言：昔有人殁于邊，其妻思之，哭于樹下而卒，因以名之。此與韓憑冢上相思樹不同，彼乃連理梓木也。或云即海紅豆之類，未審的否。集解：時珍曰：相思子生嶺南，樹高丈餘，白色，其葉似槐，其花似皂莢，其莢似扁豆，其子大如小豆，半截紅色，半截黑色，彼人以嵌首飾。段公路《北户録》言有蔓生，用子收龍腦香相宜，令香不耗也。

明　王世貞《弇州四部稿》卷一五六　相思子有蔓生者，與龍腦相宜，能令香不耗。《搜神記》云韓朋墓木也，《霍小玉傳》有之。

明　劉侗《名物通》卷八　相思樹，即紅豆，其材可爲棋枰，琵琶槽。

明　吴之俊《獅山掌録》卷一八《相思子單思子》　相思木生嶺南，其樹大而白，枝葉似槐，斜砍之有文理，七八月開花，莢枯子老，可得二三斗，有赤如珊瑚者，名相思子。又一種頗圓小，半黑半紅，通九竅，治心腹氣，疑或是單思子耳。

清　鈕琇《觚賸》卷七《粤觚·相思子》　紅豆，名相思子。其樹之葉如槐，盛夏子熟，破莢而出，色勝珊瑚。粤中閨閣多雜珠翠以飾首，經年不壞。相傳有怨婦望夫樹下，血淚染枝，旋結爲子，斯名所山昉也。維揚吴薗次爲吴興太守，有詞云：『把酒祝東風，種出雙紅豆。』梁溪顧氏女見而悦之，日夕諷咏，四壁皆書二語。時因目薗次爲紅豆詞人。

清　陸廷燦《南村隨筆》卷三《相思子》　如杏仁大，二片相合，包藏篋笥中，經久不壞，若口内署含，放入醋中，即旋轉如魚潑水狀，立時散子。

紀事

明　顧起元《客座贅語》卷一　紅豆樹，牛首山東北有鄭太監墳，墳有紅豆樹一株，幹葉俱碧緑，結實如紅豆，故以爲名。

清　鈕琇《觚賸》卷二《吴觚中·白鴿紅豆》　吴門東禪寺白鴿禪師偶拾紅豆，種之寺内，指而囑曰：汝宜速長，但他日不許無故開花。世變有大小，則花開有疎密。今其樹已數圍，人所見者，崇禎九年，小開；十七年，大開，隨遇國變；順治十六年，小開，有鎮江之擾；康熙十二年復開，是冬滇黔寇作。花色如梓莢，小於槐角。霜後莢落，其子深紅可愛。

藝文

宋　高似孫《剡録》卷九《草木禽魚上·思木》　《平泉草木記》曰：相思木得之剡谿。《三異記》、《述異記》皆曰：戰國時，有民戍秦，妻思之卒，冢上生木，枝葉皆向夫，所謂之相思木。《吴都賦》曰：相思之樹。注曰：樹理堅邪，研之有文，可作器。陸龜蒙詩：樹號相思枝滿地，鳥語提壺聲滿溪。權德輿《相思木》詩：空見相思樹，不見相思人。

清　宋犖《西陂類稿》卷二一《聯句集·紅豆聯句》　亭亭海南木，結子麗不億。牧仲託根自蠻方，秉性具炎德。介維種植徐表傳，土物宋祁識。至樹爭號桫欏，花迥類簷蔔。脱莢狀仍菽，郤瘴功等薏。牧仲擊珊瑚紛如，染韎韐一色。介維臍裂儼掐痕，膚茜足首飾。志上啄許緑衣觜，栖合丹山翼。至妃淚凝冰丸，鵑血漬粒食。介維含桃脣乍翻，澡豆面同拭。志上飣果陋巴蜀，夥銀尚京國。俗多於銀袱中貯之　至豔將火棗齊，圓未驪珠逼。志上映燭暈彌增，記曲名舊得。介維貽喜傾筐傾，貢缺職方職。愛之則龍睛，棄之則雞肋。至嵌骰播樂府，賭酒效鈎弋。牧仲打鴛鴦以雙，寄綢繆怨特。志上比難窮羅虬，藝匪待后稷。介維好製絳囊盛，恐被黠鼠賊。志上蒙叟名山莊，風流信無極。牧仲

清　畢沅《靈巖山人詩集》卷三《硯山怡雲集·著雍執徐芙蓉莊紅豆樹歌》　海南名種相思子，劫火灰燒心不死。仙莊勝蹟傍琴川，一株紅豆分明是。是樹今經二百年，虎頭飛烏近炎天。歸裝檢點攜廉石，豔卉扶疎載畫船。尚湖湖邊東澗路，雨葉風枝朝復暮。院落清陰悵寂寥，看花人去思前度。仲蔚荒園徑已虚，丹霞一片落霏霏。瑇梁海燕新巢穩，漁父桃源舊路非。黨魁名姓歸司隸，休官一去空揮涕。江南零落老尚書，菟裘聊作投閒計。絳雲樓閣耦耕堂，書卷叢殘意黯傷。上林目斷三株樹，水國溪迴十笏房。主人頭白寒燈裏，竹屋柴門爨具徙。無那風心老更顛，名花坐對眞連理。猩紅一捻正鮮妍，檀板珠歌夜不眠。枉將旖旎三生夢，懺向香燈繡佛前。紅豆花開復花落，江山回首還蕭索。望帝魂歸泣杜鵑，海棠枝上悲風作。亭成野史笑遺民，枯斷靈根二十春。那堪東海揚塵後，重話西園介壽辰。的皪流丹餘一顆，金盤瑶席陳珍果。玉簫重倚右丞詞，火齊爭看錦繡裹。無柰天家雨露銷，萬年枝折影飄騷。松圓仙去蘼蕪老，墓拱青楊宿草凋。兵燹文章留浩劫，江村潮落流於邑。酒旗歌扇斷前塵，草堂攲塌鼪鼯泣。百歲華胥逐景光，娭枝新茁發生香。石家别墅仍金谷，晉代名園賸辟疆。人間結實寧須促，橋頭猶見繁英簇。區區一樹變枯榮，彈指興亡如轉轂。秋風江上夕陽斜，説與漁樵莫漫誇。傳來花月新聞句，留取東京譜夢華。

清　趙希璜《研栰齋文集》卷二《紅豆賦以南國紅豆采擷相思爲韻》　則有啄殘鸚鵡，夢醒江南。記歌譜霓裳之初拍，驚秋傲霜葉之微酣。豐若有餘，脉脉情同張緒；柔非無骨，珊珊響逸何戡。主人攜紅豆於春樓，遏行雲而迴白雪。先生採紺珠於北里，漫抵掌而肆清談。我謂光先奪紫，人云青出於藍。既疎疎而落落，亦兩兩而三三。彼夫骰子雕嵌，齋名組織。纍纍異解語之花，灼灼有可餐之色。姑蘓臺下，亞枝恨寄桐孫；西子湖中，幾度愁牽蓮薏。知是寸心如結，何必輕拋；未經一捻留痕，偏勞追憶。入盤中而九轉，豈葛令之還丹；托掌上而連蜷，來漢宫之鉤弋。風起而明霞散彩，寒凝綠野之村；燕歸而小喙銜紅，醉墮烏衣之國。以故體輕圓而韻勝，心展轉以旁通。笑長袖之善舞，嗤畫手之難工。嘒彼小星，或參精而昴宿；南有樛木，豈仙桂與欒桐。非荳蔻之凝胎，愛秋波之含睇。似鮫人之滴淚，欺燭影之摇紅。技擅弄丸，總遜靈犀點點；時維流火，緣何赤鳳匆匆。於是墜珥情移，遺簪色授。驗榴帬而石華婀娜，懶隨如意興歌；入薇帳而月影參差，不與芙蓉共瘦。摘來比目，好緣木以求魚；結愛同心，異爲其而種豆。裊裊風傳消息，火齊方燃；團團露濕庭除，胭脂初逗。看他緋添衷服，是何靺鞈之多；若教綠染菖蒲，已奪靈光之秀。青蠅可擊，定來去以皆雙；彤管相貽，悵綢繆之難又。則見其壓半簷，籠百琲，染桃頰，凝杏蕾，三星在户，今夕云何？五日爲期，終朝可采。解江皋之佩者，緯繣多乖；歌西曲之人焉，定情難改。如蠶吐繭，願爲公子之裳；使天雨珠，紛落隋宫之綵。我心匪石，聽懊儂而皎麗堪懷；彼美無言，綰綺帶而風流自在。若夫纖手親拈，迴廊共擷，暈碧連枝，輕紅細纈。啓齲齒而摇唇，轉紺瞳而偷瞥。譜成笳拍，莫教雙淚横流；影入池塘，又見波紋圓折。倘身歸紫府，應知豔奪瑶臺；非寄怨白頭，何事香含鷄舌？離離象鼓子之風飄，顆顆是鐙花之夜結。更有合歡扇子，繡枕鴛鴦，本陸離而當對，亦形影以交相。是情種之錦心，忍使燃其太急；問伊誰之繡口，擬他淋雨郎當。果嚮日以心傾，爭榮萱荚；苟化螢而飛去，好醉萸囊。刮目不是雙蚨，尚自胎含老蚌；療饑曾遊九館，無須跪捋癡羊。請看牟尼閃爍，休譏舍利荒唐。是以或惘然若失，或悵乎若思，或如怨如慕，或如醉如癡。彼靡顔而膩理，羌弱植而妍肌。纂組綺縞兮備斑斕之珍怪，網户朱綴兮盼熒煌之罘罳。蘭膏明燭兮班其相紛，被文服纖兮麗而不奇，赤城無霞兮絳樹暾煦，流水無聲兮碧落雲馳。於焉度金石，賭妍媸，牙板按，羽衣被，當噫而噫，當嘻而嘻，盡調喉之宛轉，聽主人之指麾。欲臨風而仙去，忽睠我而神怡。何掉頭而不顧，復前跪而致辭，其辭曰：唱竹枝兮女兒，謌白紵兮吳姬。見紫姑而妬者，進紅豆而賦之。

清　何紹基《東洲草堂詩鈔》卷一〇《紅豆》　秋來紅豆實離離，折向深山帶露垂。風雨懷人江海徧，一枝何處寄相思。

清　王國維《静庵文集》附詩稿《紅豆詞》　南國秋深可奈何，手持紅豆幾摩挲。纍纍本是無情物，誰把閒愁付與他。門外青驄郭外舟，人生無奈是離愁。不辭苦向東風祝，到處人間作石尤。别浦盈盈水又波，憑欄渺渺思如何。縱教踏破江南種，只恐春來茁更多。匀圓萬顆爭相似，暗數千回不厭癡。留取他年銀燭下，拈來細與話相思。

圖表

明 李時珍《本草綱目·圖卷》

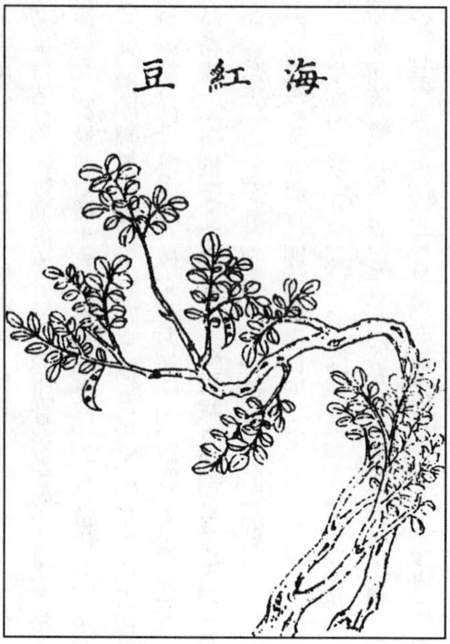

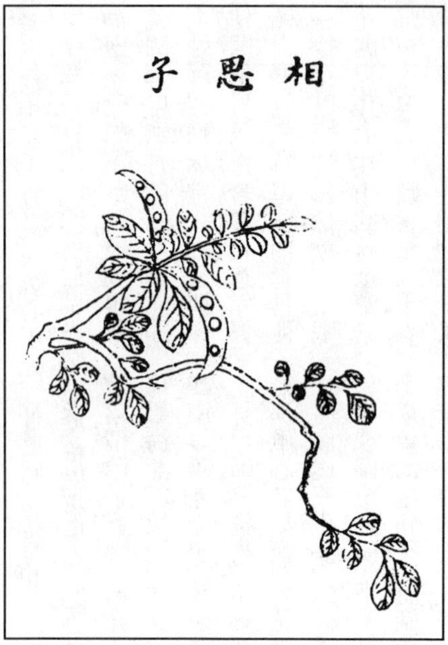

雲實

綜述

晉 崔豹《古今注》卷下 馬豆，一名馬沙，似虎豆而小，實大如指，亦可食也。

唐 蘇鶚《蘇氏演義》卷下 馬豆，一名馬沙。按《古今注》尚有「似虎豆而小，實大如指，亦可食」句。

明 李時珍《本草綱目》卷一七 雲實《本經》上品 釋名：員實、《別録》雲英、《別録》天豆、吴普馬豆、《圖經》羊石子、《圖經》苗名草雲母、《唐本》臭草、《圖經》粘刺。《綱目》 時珍曰：員，亦音雲，其義未詳。豆以子形名。羊石當作羊矢，其子肖之故也。 集解：《別録》曰：雲實生河間川谷，十月采，暴乾。普曰：莖高四五尺，大葉中空。葉如麻，兩兩相值。六月花，八月、九月實，十月采。弘景曰：處處有之。子細如葶藶子而小黑，其實亦類莨菪。燒之致鬼，未見其法術。恭曰：雲實大如黍及大麻子等，黄黑似豆，故名天豆。叢生澤旁，高五六尺，葉如細槐，亦如苜蓿，枝間微刺，俗謂苗爲草雲母。陶云似葶藶者，非也。保昇曰：所在平澤有之。葉似細槐，花黄白色，其莢如豆，其實青黄色，大若麻子。五月、六月采實。頌曰：葉如槐而狹長，枝上有刺。苗名臭草，又名羊石子草。實名馬豆。三月、四月采苗，十月采實，過時即枯落也。時珍曰：此草山原甚多，俗名枯刺。赤莖中空，有刺，高者如蔓。其葉如槐。三月開黄花，纍然滿枝。莢長三寸許，狀如肥皂莢。內有子五六粒，正如鵲豆，兩頭微尖，有黄黑班紋，厚殼白仁，咬之極堅，重有腥氣。

清 王念孫《廣雅疏證》卷一〇 天豆，雲實也。《神農本草》云：雲實味辛温，生河間川谷。《御覽》引《范子計然》云：雲實出三輔。又引吴普《本草》云：雲實，一名員實，一名天豆，葉如麻，兩兩相值，高四五尺，大莖，空中。六月花，八月、九月實。陶注《本草》云：雲實，子細如葶藶子而小，其實亦類莨菪。《唐本注》云：雲實大如黍及大麻子等，黄黑似豆，故名天豆。叢生澤傍，高五六尺，葉如細槐，亦如苜蓿。枝間微刺，俗謂苗爲草雲母。陶云似葶藶，非也。

清 吳其濬《植物名實圖考》卷二四《雲實》 雲實，《本經》下品。江西、湖南山坡極多，俗呼水皂角。《本草綱目》所述形狀甚晰。陶隱居云：子細如葶藶子而小黑，不知是何草。雩婁農曰：雲實，實甚惡而花艷，如金氣近烈，猓玀以爲香草，摘而售之闤闠，雲茶插髻滿頭。明靳學顏撫莽草而狎之，知其毒，委諸壑，以不厚誅爲悔。如滇之同車者，可謂玩虺蜴而昵蜂蠆矣，户服艾以盈要，薋菉葹以盈室，流俗無知，誠無足怪。夫紫宫雙飛，無色何以爲悦？迷樓諸客，無才何以取容？臭味相投，情志斯惑，美先儘矣，蠱即生之。毒在手而脱腕，痏在身而炷膚，自非壯士，烏能絶決哉！

圖表

明 李時珍《本草綱目·圖卷》

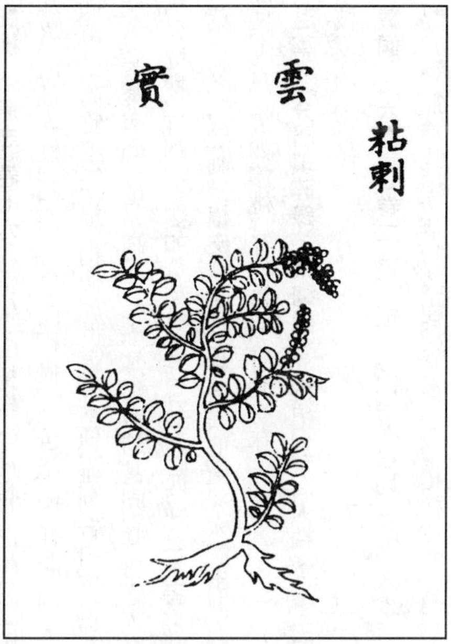

清 吳其濬《植物名實圖考》卷二四《雲實》

枸杞

綜述

《爾雅·釋木》 杞，枸檵。注：今枸杞也。音義：杞，去已反。枸，音苟。檵，音繼。疏：杞，一名枸檵。郭云：今枸杞也。《詩·小雅·四牡》云：集于苞杞。陸璣《疏》云：一名苦杞，一名地骨。春生，作羹茹微苦。其莖似莓，子秋熟，正赤。莖葉及子，服之輕身益氣耳。

漢 許慎《説文》卷六 檵，枸杞也。从木，繼省聲。一曰監木也。古詣切。杞，枸杞也。从木，己聲。墟里切。

三國吳 陸璣《毛詩草木鳥獸蟲魚疏》卷上《集于苞杞》 杞，其樹如樗，一名苦杞，一名地骨。春生，作羹茹微苦。其莖似莓，子秋熟，正赤。莖葉及子服之，輕身益氣。

柱。葉長數寸，無刺。根皮如厚朴，甘美異於他處者。《千金翼》云：甘州者爲眞，葉厚大者是。大體出河西諸郡，其次江池間堙上者。實圓如櫻桃，全少核，暴乾如餅，極膏潤有味。

宋　沈括《夢溪筆談》卷二六　枸杞，陝西極邊生者，高丈餘，大可作

宋　鄭樵《通志》卷七六　枸杞，曰杞根，曰地骨，曰枸忌，曰地輔，曰羊乳，曰却暑，曰仙人杖，曰西王母，曰枸檵，曰苦杞，曰托盧，曰天精，曰却老，曰地仙苗。《爾雅》云：杞，枸檵。世言有兩種，無刺者曰枸杞，有刺者曰枸棘。又云：蓬萊南邱村者，高一二丈，其根盤結甚固，其村之人多壽。考南地生者，名枸棘，有刺，延蔓如草萊。沈括云：陝西極邊生者，高丈餘，大可作柱。葉長數寸，無刺。根皮似厚朴，甘美異他處。大體出河西諸郡，其次江淮間堙上者。實如櫻桃，暴乾爲餅，膏潤有味。

宋　温革《分門瑣碎録・菜總説》　枸杞，春曰天精子，夏曰枸杞葉，秋曰却老枝，冬曰地骨皮。

宋　戴侗《六書故》卷二一　杞　𣏌，虛豈切。杞，大木。枸杞，地骨也。《詩》云：無踰我里，無折我樹杞。傳曰：杞梓皮革，自楚往。《孟子》：順杞柳之性以爲桮棬。此與梓柳並稱大木也。《詩》云：陟彼北山，言采其杞。又曰：山有蕨薇，隰有杞桋。此可采者，枸杞也。《爾雅》曰：枸杞，檵。陸璣曰：一名苦杞，一名地骨，春生葉可茹，微苦，子秋熟正赤。又曰：杞，如樗，一名狗骨。又曰：杞柳可爲車轂，淇汶之旁與河朔饒有之。郭氏以椴爲杞。按杞柳爲一物，或爲二物，詳見柳下。

元　梁益《詩傳旁通》卷六　杞，枸檵。杞，有杞柳之杞，有枸檵之杞。枸音苟，檵音計。《鄭風・將仲子》『無折我樹杞』，朱《傳》曰：杞，柳屬也，生水旁，樹如柳葉麤而白色，理微赤。《小雅・四牡》此篇『集于苞杞』，朱《傳》曰：杞，枸檵。《爾雅・釋木》之文也。邢昺《爾雅疏》曰：杞，一名枸檵。郭璞云：今枸杞也。陸璣云：一名苦杞，一名地骨，春生子秋熟，正赤。莖葉及子服之輕身益氣。《本草》：一名仙人杖，一名西王母杖，根爲地骨，莖幹三五尺作蕖。按朱子《集傳》，《將仲子》『樹杞』、《湛露》『杞棘』，皆杞柳也。此篇『苞杞』、《杕杜》『采杞』、《四月》『杞桋』、《南山有臺》之『有杞』，皆枸檵也。《南山》傳云：杞樹如樗。樗　樗散不材之木，惟供爲薪。《爾雅》於栲曰山樗，郭璞注曰：栲似樗，色小白，生山中，因名山樗。亦類漆樹，故俗語曰：櫄、樗、栲、漆，相似如一。陸璣《草木疏》曰：山樗與下田樗略無異，葉似差狹耳。樗亦作櫟之類，而柞、棫、栩、櫟四者皆橡櫟之通名。惟樗，惡木也。山與下田，未知何別。《秦風》：終南有條有梅。條，山楸也。陸璣亦云：今山楸亦如下田楸耳。

元　王禎《農書》卷一〇《枸杞》　枸杞，《爾雅》云：枸杞，檵。注云：枸杞也。《詩》云：集于苞杞。《疏》云：一名地骨，春夏採葉，秋採莖實，冬採根。枸杞千歲，其形如犬。朱孺子幼事道士王元正，居大若巖。汲于溪，見二花犬，因逐之，入于枸杞叢下，掘之，根形如二犬。食之，忽覺身輕。

明　李時珍《本草綱目》卷三六　枸杞　地骨皮《本經》上品　釋名：枸檵、《爾雅》音計。《本經》作枸忌。枸棘、《衍義》苦杞、《詩疏》甜菜、《圖經》天精、《抱朴》地骨、《本經》地輔、《本經》地仙、《日華》却暑、《別録》羊乳、《別録》仙人杖、《別録》西王母杖。時珍曰：枸、杞二樹名。此物棘如枸之刺，莖如杞之條，故兼名之。道書言千載枸杞，其形如犬，故得枸名，未審然否？頌曰：仙人杖有二種：一是枸杞；一是菜類，葉似苦苣；一是枯死竹竿之色黑者也。集解：《別録》曰：枸杞生常山平澤，及諸丘陵阪岸。頌曰：今處處有之。春生苗，葉如石榴葉而軟薄堪食，俗呼爲甜菜。其莖幹高三五尺，作叢。六月、七月生小紅紫花。隨便結紅實，形微長如棗核。其根名地骨。《詩小雅》云：集于苞杞。陸璣《詩疏》云：一名苦杞，春生，作羹茹微苦。其莖似莓。其子秋熟，正赤。莖、葉及子服之，輕身益氣。今人相傳謂枸杞與枸棘二種相類。其實形長而枝無刺者，眞枸杞也。圓而有刺者，枸棘也，不堪入藥。馬志注溲疏條云：溲疏有刺，枸杞無刺，以此爲別。溲疏亦有巨骨之名，如枸杞之名地骨，當亦相類，用之宜辨。或云溲疏以高大者爲別，是不然也。今枸杞極有高大者，入藥尤神良。宗奭曰：枸杞、枸棘，徒勞分別。凡杞未有無刺者。雖大至于成架，尚亦有棘。但此物小則刺多，大則刺少，正如酸棗與棘，其實一物也。時珍曰：古者枸杞、地骨取常山者爲上，其他丘陵阪岸者皆可用。後世惟取陝西者良，而又以甘州者爲絶品。今陝之蘭州、靈州、九原以西枸杞，并是大樹，其葉厚根粗。河西及甘州者，其子圓如櫻桃，暴乾緊小少核，乾亦紅潤甘美，味如葡萄，可作果食，異于他處者。沈存中《筆談》亦言：陝西極邊生者高丈餘，大可作柱。葉長數寸，無刺。根皮如厚朴。則入藥大抵以河西者爲上也。《種樹書》言：收子及掘根種于肥壤中，待苗生，剪爲蔬食，甚佳。

明　慎懋官《華夷花木鳥獸珍玩考》卷五《枸杞》　枸杞，陝西極邊生

者，高丈餘，大可作柱。葉長數寸，無刺。根皮如厚朴，甘美異於他處者。

明 李中立《本草原始》卷四 枸杞，古以常山者爲上，今以甘州者爲佳。春生苗葉如石榴葉，而軟薄堪食，俗呼爲甜菜。其莖幹高三五尺，作叢，六月七月生小紅紫花，隨便結實，形微長如棗核，其根名地骨。《詩・小雅》云：集于苞杞。陸機《詩疏》云苦杞，《爾雅》名枸檵，《衍義》名枸棘。《綱目》曰：枸、杞二樹名。此木棘如枸之棘，莖如杞之條，故兼名之。其根最長，故曰地骨，俗呼地骨皮。

明 吴雨《毛詩鳥獸草木考》卷一八《杞》 杞，枸杞也。一名枸檵，一名枸忌，一名地輔，一名羊乳，一名托盧。高三五尺，春生苗葉如石榴葉，而軟薄堪食，俗呼爲甜菜。莖葉間開小紅紫花，隨便結實，形如棗核，熟則紅色，可食。枸杞與枸棘二種相類，其實形長而枝無刺者，眞枸杞也。圓而有刺者，枸棘也。陸璣云：一名苦杞，一名地骨。春生作羹茹，微苦。其莖似莓，子秋熟，正赤。莖葉及子服之，輕身益氣爾。

明 周文華《汝南圃史》卷一二《枸杞》 枸杞，《爾雅》曰：杞枸，檵。陸璣《疏》云：一名苦杞，春作羹，茹微苦。莖似莓，子秋熟，正赤。服之可輕身益氣。《本草》云：一名根杞，一名枸忌，一名地輔，一名羊乳，一名却暑，一名仙人杖，一名西王母杖。味苦寒，根大寒，子微寒，無毒無刺者是。其莖葉補氣益精，除風明目，堅筋骨，補勞傷强陰道，久食令人長壽。根名地骨寇。

明 劉侗《名物通》卷八 杞，《詩》有三杞，《仲子》無折我樹杞，柳屬也。若《南山湛露》之篇所言，則山木也。《四牡北山》之篇所言，則枸杞也。

明 鮑山《野菜博録》卷四 枸杞，一名杞根，一名地輔，一名仙人杖，一名地仙。苗根名地骨，莖榦高三五尺，有小刺百，葉如石榴葉，軟薄。開小紅紫花，結實熟則紅色，味微苦，性寒，子微寒無毒。

明 盧之頤《本草乘雅半偈》卷一 枸杞生平澤、丘陵、阪岸間。春放苗，作榴葉狀，軟薄堪食。莖幹叢生，高三五尺。陝之蘭靈及九原以西者並是。大樹七月作花紫色，隨結紅實，形長如棗核，凌冬不落。二月葉發，五月再發，其實乃謝。七月葉又發，花即隨之，極易延蔓。根深者一發三四尺，枝莖寸截，或分劈鏤刻，横埋土中，旬日便發，易生如此。

清 陳淏子《秘傳花鏡》卷四《藤蔓類考・枸杞》 枸杞，一名枸檵，一名羊乳，南北山中及丘陵墻阪間，皆有之，以其棘如枸之刺，葉如杞之條，故兼二木而名之。生於西地者高而肥，生於南方者矮而瘠，歲久本老虬曲多致，結子紅點若綴，頗堪盆玩。春生苗葉微苦，淖過可食。秋生小紅紫花，結實雖小而味甘。澆木必清晨，則子不落，壅以牛糞則肥。多取陝西甘州者，因其子少而肉厚，入藥最良。其莖大而堅直者，可作杖，故俗呼仙人杖。

清 張宗法《三農紀》卷一八《藥屬・枸杞》 枸杞，《本草》云：春生苗，葉如石榴而嫩薄，莖幹五六尺，作叢。六七月開小淡紅紫花，隨結實，生青熟紅，圓若櫻桃。《筆談》云：秦臨蘭以西，並成樹，材可作柱。皮如厚朴，葉厚根粗，其子甘美可噉。晒乾，果緊紅潤，一名檵杞。葉若枸，條若杞，兼二木名也。天精、地仙、却老者，名服食功用也。羊乳、甜菜、地節，名筍可蔬也。《字疏》云：苦杞，根名地骨皮。《詩》云：集于苞杞。《仙經》云：老根能化狗形，服之令人壽。其子色赤，赤屬心，心乃卦離，離爲少女。其子性入腎，腎卦坎，坎爲中男。其味甘，甘屬脾，脾卦坤，坤乃老母。嬰兒有姹女，有黄婆爲媒，則夫婦配合，男女媾精，天地絪緼，萬物化醇。又名曰枸，狗屬戌，戌宫藏戊上。又名曰杞，已納未，未在坤《練丹書》云：欲取天上寶，先聚地下財。服食者自知固密，久久漸結刀圭，百脉暢和，自然而然，六六之宫俱生春矣。昧昧者離家千里，莫服。若妄服，乃如宋人助苗，愛之者，害之也。正所謂『君子得之固窮，小人得之輕命』。

清 牟應震《毛詩物名考》卷五 杞，枸檵也。條柔弱如蔓，有刺，故曰杞棘。葉如石榴，子如耳璫，熟赤色如珊瑚。《詩》言杞皆謂此。《鄭風》：無折我樹。杞木名柳也。《孟子》：性猶杞柳也。《詩緝》謂杞有二種。以『在被杞棘』爲山木，『隰有杞楝』爲枸杞。不知杞未有無刺者，年久則成樹。故《本草》列於木部。嚴氏未見耳。

清 王念孫《廣雅疏證》卷一〇 地筋，枸杞也。即前枸乳，苦杞也。枸乳以子得名，地筋以根得名，猶言地骨也。《神農本草》：枸杞，一名地骨。《詩義疏》同。

清 吴其濬《植物名實圖考》卷三三《枸杞》 枸杞，《本經》上品。根名地骨皮。陸璣《詩疏》：『苞杞，一名地骨』是也。嫩葉作蔬，根實入服食家用，故有仙人杖之名。又溲疏，《本經》下品，代無識者。《唐本草》注：子似枸杞。

紀事

宋　謝采伯《密齋筆記》卷五　宣和間築順州，得枸杞宿根，形如獒伏，獻厚陵。

金　元好問《續夷堅志》卷一《枸杞》　太和初，定陶古城崩摧，出一枸杞，根方廣一尺許，作卧狗狀，足尾皆具，嘴亦有細毛，背上一枝直出。縣外一農家得之，里社傳玩，尋爲縣官所奪。崔君佐見此，時十五六矣。

清　徐岳《見聞録》卷一《枸杞》　甘枸杞以甘州得名。河以西遍地皆産，惟凉州鎮番衛暸江石所産獨佳。暸江石在邊外數百里，爲番彝住收之地。土人往取，率數十人結隊，晝伏夜行，採不數掬即返。恐番彝刦掠也。道遠而得之難，故獨甚貴。乾者大如豆，赤如硃，即當事貴人歲得，亦僅升合耳。黎媿曾先生爲彼地觀察，云僅兩見。今服食家以細小紫色者爲甘枸杞，非也。予所見眞甘枸杞大而赤，少子，即如川貝母，大如龍眼。川附子，其進貢者八隻一斤，人多不識。然則燕石似玉，魚目混珠，天下事以僞亂眞，大抵然也。

藝文

宋　蘇軾《東坡全集》卷二三《枸杞》　神藥不自閟，羅生滿山澤。日有牛羊憂，歲有野火厄。越俗不好事，過眼等茨棘。青荑春自長，絳珠爛莫摘。短籬護新植，紫笋生卧節。根莖與花實，收拾無棄物。大將玄吾鬢，小則餉我客。似聞朱明洞，中有千歲質。靈厖或夜吠，可見不可索。仙人儻許我，借杖扶衰疾。

宋　黄庭堅《山谷集》卷三《顯聖寺庭枸杞》　仙苗壽日月，佛界承露雨。誰爲萬年計，乞此一抔土。扶疎上翠蓋，磊落綴丹乳。去家尚不食，出家何用許。政恐落人間，采剥四時苦。養成九節杖，持獻西王母。

宋　史子玉《枸杞賦并引》（引自《全蜀藝文志》卷二）　史子分教劍庠之明年，目眚踰月，廢卷默坐。客有告之曰：兹土之宜杞，根實繁，産諸泮林尤腴而美。掇之《本草》，明目養神，盍試其味？尋命僮僕，則取之不竭，食之既厭，而昏者開翳者鮮矣。於是作而嘆曰：是物也，不假種植，霑濡雨露，芬敷自榮，其功効足以回光返照如此，況出於輔之翼之，長之養之者。豈不足以備明時采擇哉！有感而爲之賦曰：當春用事，肝怙勢而驕，厥火彌壯，用弗利乎眸。紫珍兮塵漫，望舒兮雲浮。熨之平之，濯之泠之，計屢施而罔功，書既展而復收。其誰巧運乎金篦，抑將乞諸其龍湫者也。客莞爾而笑曰：泮宫耽耽，靈根萃止。匪藻匪芹，强名曰杞。或云羊乳，亦曰狗忌。其效伊何，未易殫紀。于以安神，于以輕體。至於瑩秋之神，而爛巖電之光，則又其效驗之細者也。子居是間，左抽右取，不費一錢。多取其數，餐厥英，還爾明。爲子之計，不亦近而易行乎？應之曰：廣文一寒，飯嘲不足，信如子言，載采盈掬。因以比離婁之目，且不負將軍之腹。豈不魚熊之兼得，又何必空縻乎廪禄。於是，叱畦丁，戒僕夫，搜諸荆棘之塲，採諸榛莽之區。則叢然而遂，油然而達。或壓枝以騈出，或附趾而簪碧。隨取隨足，不耘不植。蔓延布滿，夭矯挺特。有如蒙頂之苗，而搶之始露。有如楚畹之香，而芽之方茁。至若仙仗飛空，髣髴驂鸞。壽榦通靈，時聞吠厖。幸則高人逸士，襲其馨而挹其味；不幸則樵夫野叟，爨之棄而斧之戕也。於是，小摘薦至，大烹可期，錯落琉璃之碎，青葱雨露之滋。憫寒庖之屢空，笑盛饌之莫知。燎南山之煤，罌西澗之水。潔蠲瓦缶，酌中火劑。登俎過熟，噴香霧之蒙茸；舉箸頓空，覺餘糝之滑美。混甘苦而爽口，逼寒凉而液齒。知再飯之幾加，陋八珍之鮮味。朝焉咀英，暮焉茹脆。曾不論乎韭菘，又何數乎蓴豉。殆不可無此君於一日，又何拘乎去家之一思。惜乎首陽之夫，貪采薇而遂足；商嶺之老，厭啖芝而遂止。秦人之炙，夫何太俗；相如之渴，胡不嗜此哉！已而心體舒逸，神情爽塏。湧眞水於玉池，爛夜光於銀海。客不予欺，遜而謝之。荷神農之知音，悵離騷之偶遺。雖則一草之微，無庸多談。感物悟理，斯有可觀。彼弗種而然，矧種之者乎？彼弗養而然，矧養之者乎？所以《菁莪》誦育才之樂，《棫樸》歌官人之能。行有枝葉，可使莠之亂苗；仁在乎熟，深懼茅塞子之心。維杞維梓，扶而養之。一薰一蕕，疏而别之。自本自根，種而茂之。孝弟忠信，培而植之。師友淵源，灌而溉之。先王遺言，饜而飫之。散柯布葉，日積月長。摩厲青冥，直干霄漢。股肱心膂，無施不可。如此則劍山之植物，豈但收近效於眸子瞭焉而已哉！劍陽學官史子玉，校藝益昌，與予聯事。暇日出示所作《枸杞賦》。予讀數過，因思前輩文字率不苟作，東坡賦茶而有取於骨鯁。山谷賦苦筍而有感于忠言。大概一物之微，一理寓焉。此騷人之所以深其思也。子玉之作，豈徒以詞藻相尚，欲使承學者因物悟理，自枝葉而見本根，其意婉哉！子玉刻之泮林，以爲士子之勸。予謂士子文所當重之，而泮林一草木尤宜愛護云。開禧三年七月，益昌郡丞潼川謝艮跋。

宋　高似孫《剡録》卷九《草木禽魚上·杞》　謝靈運詩：滮池溉粳稻，輕雲暖松杞。齊唐詩：梗柟非給燎，鱮魴必施罛。

元　蒲道源《閒居叢稿》卷一《謝蔡參政惠寄甘州枸杞》　來自酒泉郡，殷紅色尚新。去家不食此，遠寄住家人。住家人老矣，獨愛芳甘味。欣然親解包，咀嚼感珍惠。

明　吴寬《家藏集》卷三〇《謝顧良弼送甘州枸杞》　畦間此種看來無，緑葉尖長也自殊。似取珊瑚沉銕網，空將薏苡作明珠。菊苗同摘憑誰賦，藥品兼收正爾須。曾是老人宜服食，只今衰病莫如吾。

明　湯顯祖《玉茗堂全集》詩集卷一八《鎮番枸杞》　明目輕身作地仙，殷殷紅子意相憐。不須更問西河女，活水銅鉼金髓煎。

清　董説《寶雲詩集》卷四《積雨編·枸杞》　聽唱昇天謡乍歇，雲中吠聲仙館鄰。泥蟠青城喜絶俗，奴隸華山非辱身。黄菊連翩金石友，丹砂瑣碎蓬萊春。天隨宅荒不足歎，一握頻看海外珍。

清　朱霞《寒窻雜詠·枸杞》（引自《于野集》卷三）　旭日照東園，霜籬火齊繁。愛他仙犬吠，不忍劚靈根。

清　趙希璜《四百三十二峯草堂詩鈔》卷七《枸杞》　昔策仙人杖，三湘與七澤。丐者遺蒸犬，遂解三彭厄。我住梅花村，自愛居繞棘。棘下有枸杞，毛女盈筐摘。口味本同嗜，飲食胡可節。移種掘其根，澆以杯中物。誰皾嗾獒來，猖猖驚座客。婁宿墮眞精，地骨孕偉質。枝間牛乳垂，火齊燒鈴索。願酌羅浮春，遠訊維摩疾。

清　唐仲冕《陶山詩録》卷一五《枸杞花》　階頭一花犬，近人不入地。當春發華滋，掩映何蒼翠。其瓣紫而深，其心黄而細。向來秋始花，花落子垂檖。春花世罕聞，不供天隨食。花繁每無實，再花何獨異。因思青精子，足比丹砂餌。菁英灌千粒，色味釀四季。願毋摘其苗，多爲却老備。

圖表

晉　郭璞《爾雅音圖·釋木》

明 鮑山《野菜博録》卷四

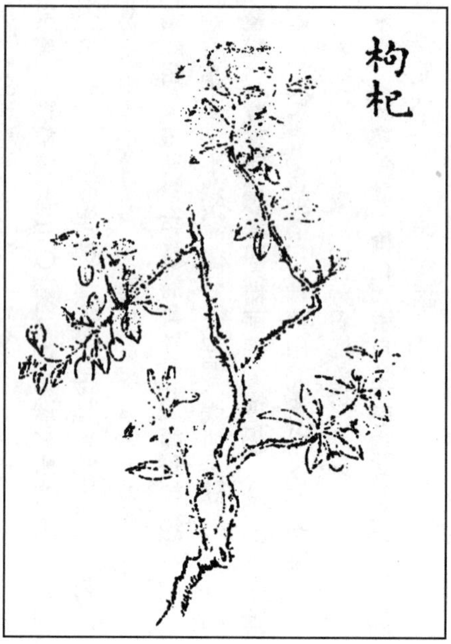

清 吳其濬《植物名實圖考》卷三三《枸杞》

橘

論說

《晏子春秋・雜下》 橘生淮南則爲橘，生于淮北則爲枳，葉徒相似，其實味不同。所以然者何？水土異也。

宋 温革《分門瑣碎録・雜説》 南方柑橘雖多，然亦畏霜時，不甚收。唯洞庭霜雖多，無所損。詢彼人云：洞庭四面皆水，氣上騰能閡霜，所以洞橘最佳。歲收不耗，正爲此爾。

宋 陸佃《埤雅》卷一三《橘》 橘如柚而小，白花赤實。蓋亦渡淮而變，《考工記》所謂『橘踰淮而北爲枳，此地氣然也』。《書》曰：厥包橘柚錫貢。言錫，明不常貢也。崔寔《正論》曰：橘柚之實，堯舜所不常御。蓋知是矣。舊説橘宜見屍則多子，故《類從》以爲橘覩屍而實繁，榴得骸而葉茂也。橙亦橘屬，若柚而香。《物類相感志》曰：葉有兩刻缺者是也。《淮南子》曰：故橘樹之江北化而爲枳，是故桓公以管仲則治，以易牙則亂，可不戒哉！《楚辭》云：斬伐橘柚，列樹苦桃。此亦退賢進不肖之喻也。世傳伊尹爲湯説至味云：肉之美者，猩脣、燕髀、豹胎、象節。魚之美者，洞庭之鱄、東海之鮞。菜之美者，崑崙之蘋、具區之菁。和之美者，陽濮之薑，招摇之桂。飯之美者，玄山之禾、不周之粟。果之美者，江浦之橘、雲夢之柚。非爲天子，不可得而具。已成而天子成，天子成則至味具矣。

清 俞樾《茶香室叢鈔》三鈔卷二八《木奴非橘》 唐段公路《北户録》云：今人引江陵千樹橘爲木奴事。《襄陽記》：李衡爲丹陽太守，密遣人於武陵龍陽洲上作宅種柑千樹。臨死敕兒曰：吾州里有千頭木奴。據此，非橘明矣。又諺云：木奴千，無凶年。《要術》云：蓋言果實可以市易五穀。此即木奴之號果之都稱者也。

按原注云：據《襍書如翰林要海御覽》：賈思勰皆列在黃柑門中。則今人但知爲橘者，固失之不考矣。明陳耀文《天中記》正列入柑門，但引《襄陽耆舊傳》云種柑橘千樹，又云吴末柑橘成，歲得絹數千匹。則衡所種有柑有橘。木奴不專屬橘，亦不專屬柑也。公路所見《襄陽記》但言種柑，豈橘字爲後人所增益邪？然唐鄭谷詩云『橘樹呼奴羨李衡』，則又屬橘矣。愚意木奴爲果之都稱，此説最是。

綜述

漢　許慎《説文》卷六　橘，果出江南。从木，矞聲。居聿切。

晉　嵇含《南方草木狀》卷下　橘，白華赤實，皮馨香，有美味。自漢武帝，交趾有橘官長一人，秩二百石，主貢御橘。吴黄武中，交趾太守士燮獻橘十七實同一蔕，以爲瑞異，羣臣畢賀。

唐　段公路《北户録》卷三《山橘子》　山橘子冬熟，有大如土瓜者，次如彈丸者，皮薄下氣。普寧多之。南人以蜜漬和皮而食，作琥珀色，滋味絶佳，豈比漢人之吴合皮啖橘，以爲笑也。其葉煎之和酒飲，亦療氣神驗。愚憶王壇《臨海異物志》曰：鷄橘子如指頭大，味甘，永寧界中有之。又裴淵《廣州記》：羅浮山有橘，夏熟，實大如李。又云：羅浮有壺橘十種。豈其一歟？《廣州記》又云：荔枝、壺橘，珍果之上。今有枸櫞皮煎、椰子煎，皆奇味也。又《異物志》：枸櫞實似橘，皮不香。椰子去其外皮及殼，有白穰，食之如北中生胡桃味。又有白漿如乳，人亦食之。《異物志》曰：椰子有如兩眼，俗人謂之越王頭。南人取爲瓶子、杓子等器。枸櫞子，即交州黄淡子，橘柚類也。

唐　劉恂《嶺表録異》卷上　山橘子，大者冬熟如土瓜，次者如彈子丸。其實金色，而葉緑。皮薄而味酸。偏能破氣。容、廣之人帶枝葉藏之，入膾醋尤加香美。

宋　羅願《爾雅翼》卷一〇《橘》　橘生於江南，素華丹實，皮既馨香，又有善味，尤生於洞庭之包山，過江北則無。故曰：江南種橘，江北爲枳。《考工記》云：踰淮而北爲枳。則有異同。故《橘頌》云：后皇嘉樹，橘徠服兮。受命不遷，生南國兮。屈原比之夷齊，願置以爲像，取其貞介，似有志也。《禹貢》揚州厥包橘柚錫貢，言錫而貢之。《地理志》曰：蜀郡嚴道，巴郡朐忍、魚復二縣出橘，有橘官。又曹叔《異物志》：交趾橘官長一人，秩三百石，主歲貢御橘。越人歲多橘税，謂之橙橘户，吴闞澤表請除臣之橘籍是也。《春秋運斗樞》曰：璇星散爲橘。弓人以橘爲幹。又有甘橘，其形似橘而圓大，皮色生青，熟則黄赤。未經霜時尤酸，霜後甚甜，故名甘子，生嶺南及江南。《上林賦》曰：黄甘橙楱。郭璞曰：黄甘橘屬，而味精。崔豹《古今注》曰：甘實形如石榴者，謂之壺甘。其名别於此。唐天寶十載，宫甘結實，與江、劍無殊。今洞庭之包山歲貢謂之洞庭甘。李衡臨終，勑其子曰『龍陽洲裏有千頭木奴』，及甘橘成，歲得絹數千匹，即江陵千樹橘，比千户侯之義。

宋　吴仁傑《離騷草木疏》卷三《橘》　后皇嘉植，橘徠服兮。受命不遷，生南國兮。王逸注：言橘生江南，徙種北地，則化而爲枳。屈原自比志志如橘，亦不可移。洪慶善引《廣異志》云：橘爲木，白華赤實，皮既馨香，又有善味。仁傑按：《山海經》：荆山多橘櫾。櫾與柚同。《尚書》：厥包橘柚錫貢。孔安國注：小曰橘，大曰柚。《本草》『橘柚』條，《唐本注》云：柚皮味甘，橘皮味辛而苦。柚肉如橘，有甘有酸，酸者壺甘。俗謂橙爲柚，非也。《吕氏春秋》：果之美者，有雲夢之柚。郭璞云：柚似橙而大於橘，橘柚皆爲甘也。陳藏器云：橘柚類有朱柑、乳柑、黄柑、石柑、沙柑、朱橘、乳橘、榻橘、山橘、黄淡子，以乳柑爲上。《永嘉譜》又有沙橘、緜橘、荔枝橘、穿橘、油橘、金橘、自然橘、凍橘、狗橘、朱欒、香欒、包橘、蜜覃。鄭康成説《書》厥包橘柚，乃三物。包，音普膠切，或云蜜覃是也。又黄橘、早黄橘、緑橘。《嘉祐圖經》云：木高一二丈，葉與枳無辨，刺出於莖間。夏初生白花，六月、七月而成實，至冬而黄，熟可啖。今醫方用黄橘、青橘兩物，不言柚，豈青橘是柚之類乎？然黄橘味辛，青橘味苦。今之青橘似黄橘而小，與舊説大小、苦辛不類，别是一種耳。又有一種枸櫞，如小瓜狀，皮若橙而光澤可愛，肉厚味短，而香氛大勝甘橘，置衣笥中則數日香不歇。閩、廣、江西有之，謂之香櫞。沈存中云：《本草》注：橘皮味苦，柚皮味甘。此誤也。柚皮極苦，不可向口，皮甘者乃橙耳。陳藏器云：舊説江南爲橘，江北爲枳。今江南俱有枳、橘，江北有枳無橘。此自是種别，非關變也。仁傑按：《周官》：橘踰淮北爲枳，地氣使然。又晏子曰：橘生江北爲枳，水土異也。今江北有枳無橘，則其説驗矣。陳氏之説，恐未之思也。張勃《吴録》：建安郡有橘，冬月於木上覆裹之，至明年春夏色變青黑，味絶美。《上林賦》：盧橘夏熟。盧，黑色也。

元　王禎《農書》卷九《橘》　橘生南山川谷，及江、浙、荆、襄皆有之。木高可丈許，刺出於莖間。夏初生白花，至冬實黄。《禹貢》曰：厥包橘柚錫貢。注云：大曰柚，小曰橘。然自是兩種。郭璞云：柚似橙而大於橘。北地無此種，故橘逾淮而成枳，地氣使然也。橘有數種，有緑橘，有紅橘，有蜜橘，有金橘，而洞庭橘爲勝。

明　李時珍《本草綱目》卷三〇　橘《本經》上品　校正：志曰：自木部移入此。釋名：時珍曰：橘從矞（音鷸），諧聲也。又云，五色爲慶，二色爲矞。矞云外赤内黄，非煙非霧，鬱鬱紛紛之象。橘實外赤内黄，剖之香霧紛鬱，有似乎矞云。橘之從矞，又取此意也。集解：《别録》曰：橘柚生江南及山南山谷，十月采。恭曰：柚之皮厚味甘，不似橘皮味辛苦。其肉亦如橘，有甘有酸。酸者名胡柑。今俗謂橙爲柚，非矣。案郭璞云：柚似橙而實酢，大于橘。孔安國云：小曰橘，大曰柚，皆爲柑也。頌曰：橘柚今江、浙、荆、襄、湖、嶺皆有之。木高一二丈，葉與枳無辨，刺出莖間。夏初生白花，六七月成實，至冬黄熟。舊説小爲橘，大爲柚。今醫家乃用黄橘、青橘，不言柚。豈青橘是柚之類乎？宗奭曰：橘、柚自是兩種。《本草》云：一名橘皮。後人誤加柚字，妄生分别。且青橘、黄橘治療尚殊，況柚爲别種乎？惟郭璞所言，乃眞識橘、柚者。若不如此分别，誤以柚皮爲橘皮，是貽無窮之患矣。時珍曰：橘、柚蘇恭所説甚是。蘇頌不知青橘即橘之未黄者，乃以爲柚，誤矣。夫橘、柚、柑三者相類而不同。橘實小，其瓣味微酢，其皮薄而紅，味辛而苦。柑大于橘，其瓣味甘，其皮稍厚而黄，味辛而甘。柚大小皆如橙，其瓣味酢，其皮最厚而黄，味甘而不甚辛。如此分之，即不誤矣。按《事類合璧》云：橘樹高丈許，枝多生刺。其葉兩頭尖，緑色光面，大寸餘，長二寸許。四月着小白花，甚香。結實至冬黄熟，大者如杯，包中有瓣，瓣中有核也。宋韓彦直著《橘譜》三卷甚詳，其略云：柑橘出蘇州、台州，西出荆州，南出閩、廣、撫州，皆不如温州者爲上也。柑品有八，橘品十有四，多是接成。惟種成者，氣味尤勝。黄橘扁小而多香霧，乃橘之上品也。朱橘小而色赤如火。緑橘紺碧可愛，不待霜後，色味已佳，隆冬采之，生意如新。乳橘狀似乳柑，皮堅瓤多，味絶酸芳。塌橘狀大而扁，外緑心紅，瓣巨多液，經春乃甘美。包橘外薄内盈，其脉瓣隔皮可數。綿橘微小，極軟美可愛，而不多結。沙橘細小甘美。油橘皮似油飾，中堅外黑，乃橘之下品也。早黄橘秋半已丹。凍橘八月開花，冬結春采。穿心橘實大皮光，而心虚可穿。荔枝橘出横陽，膚理皺密如荔子也。俗傳橘下埋鼠，則結實加倍。故《物類相感志》曰：橘見尸而實繁。《涅槃經》云：如橘見鼠，其果實多。《周禮》言橘逾淮而北，變爲枳，地氣然也。餘見柑下。

明　謝肇淛《五雜俎》卷一〇《物部二》　橘渡淮而北則化爲枳，故《禹貢》楊州厥包橘柚錫貢。蓋以其不耐寒，故包裹而致之也。然柚似橘而大，其味甚酸，與橘懸絶，乃得附橘著名，幸矣。《廣志》曰：成都有柚大如斗。今閩、廣有一種如瓜者，方言謂之枹。蓋其蒂最牢，任風拋擲而不墜也。其色味彌劣矣。

明　徐光啓《農政全書》卷三〇　橘，附柑、柚、佛手柑、金橘、金豆。《禹貢》曰：厥包橘柚錫貢。注云：大曰柚，小曰橘。然自是兩種。橘有數種，有緑橘，有紅橘，有蜜橘，有金橘，而洞庭橘爲勝。今充土貢。又有黄橘，扁小多香霧，爲上品。芳塌橘，狀大而扁，外緑心紅，巨瓣多液，春熟甚美。包橘，外薄内盈，隔皮可數。綿橘，微小，極軟美可愛，不多結。凍橘，八月花開，冬結春采。穿心橘，實大皮光，心虚可穿。又有沙橘。早黄橘。朱橘。荔枝橘。乳橘。油橘，橘之下品。生南山川谷，及江、浙、荆、襄皆有之。木高可丈許，刺出於莖間。夏初生白花，至冬實黄，踰淮則化爲枳。閩中柑橘以漳州爲最，福州次之。樹多接成，惟種成者氣味尤勝。

明　陳正學《灌園草木識》卷二《果之屬·橘》　橘産於漳者最大。福橘不如漳橘。冬至候剪而藏之，顔色鮮好。樹多蛀蟲，以時巡取。

明　文震亨《長物志》卷一一《橘橙》　橘爲木奴，既可供食，又可獲利。有緑橘、金橘、密橘、扁橘數種，皆出自洞庭。别有一種小于閩中，而色味俱相似，名漆堞紅者，更佳。出衢州者，皮薄亦美，然不多得。

清　屈大均《廣東新語》卷二五《木語·橘柚》　吾粤多橘柚園。漢武帝時，交趾有橘官長一人，秩一百石，其民謂之橘籍，歲以甘橘進御。王逸云：『東野貢落疏之文瓜，南浦上黄甘之華橘』是也。唐有御柑園，在羅浮。按羅浮柑子，開元中始有僧種於南樓，其後常資進獻。其屬有赬、黄二色，大三寸者，黄者柑，赬者橘也。化州有橘一株在署中，月生一子，以其皮爲橘紅，瀹湯飲之，痰立釋。曩亦進御，今爲大風所拔。新種一株，味不及。化州故多橘紅，售於嶺内，而産署中者獨異。其類有曰橙者，皮厚而皺，人多以白糖作丁，及佛手、香橼片爲蜜煎糝貨之。橘圞有紅白，大者曰柚，最大者曰鐳柚，小曰邏柚，熟於早禾時曰禾輽，以其極圓，故曰邏曰輽也。春時，兒女蒸取柚花油，以作香膽口脂，謂可美顔。有香柚者，出增城，小而尖長，甚芬鬱，入口融化。然其性能化物，不能自化，雖香液飴津，甘漿浸齒，多食之輒能病人。近爲貪令所苦，每出教，取至萬枚，需金以代，今樹亦且盡矣。柑亦橘之類，以皮厚而粗點及近蔕起饅頭尖者爲良。産四會者光滑，名魚凍柑。小民供億亦苦，柑户至洗樹不能應。産增城者，以沙貝、東洲、西洲爲貴。其土高，多細白沙，與海潮遠，鹹味不接，故甘美。荔支亦然。凡食柑者，其皮宜陽擘，不宜陰擘。陽擘者自上而下，下者蔕也。陰擘自下而上，則性太寒，不宜入藥。其未熟而落者青皮，年久而芳烈入腦者陳皮。踰嶺得霜雪氣，益發香。橙皮辛，性温，主消腸胃中惡氣，兼醒宿酲。外有水橙，似柑而稍大，皮甜可食。又有桔，亦與柑類。曰蜜桔者，小而甘。曰鬆皮桔者，皮紅不粘，肉微酸。其皮皆不及柑。一種名黄淡子，色黄味酸，花可薰香，是曰塌橘。又有壺橘、山橘，性皆畏冷，不宜肥，肥則春分後多死，故宜種於山谷間。其木善生蠹，而螞螘氣辛，可以養之。有曰岑梨，即橙梨，大如橘味。又有金橘，最小，剥皮則酢，合食則甘，皆厥包之珍也。香櫞，一曰枸櫞，以高要極林鄉爲上。其狀如人手，有五指者曰五指柑，有十指者曰十指柑，亦曰佛手柑。有單拳有合掌不一。花開即見其子於蕊中，子成長如小瓜，皮若橙柚而光澤，肉甚厚，色白如肪。然亦鬆虚，味短，惟香芬大勝香櫞，經久不歇耳。搗大蒜罨其蔕上，香更充溢。以汁浣葛紵，絶勝酸漿，一名飛穰。番愚鹿步都，自小坑火村至羅岡三四十里，多以花果爲業。其土色黄兼砂石，潮鹹不入，故美。每田一畝，種柑桔四五十株，糞以肥土，溝水周之。又采山中大蟻，置其上以辟蠹。經三四歲，桔一株收子數斛，柑半之。柑樹微小於桔，桔茂盛可至二十餘歲，柑亦半之。熟時黄實離離，遠近照映，如在洞庭包山之間矣。自黄村至朱村一帶，則多梅與香蕉、梨、栗、橄欖之屬，連岡接阜，彌望不窮，史所稱番禺多果布之湊是也。吾粤自昔多梅，梅祖大庾而宗羅浮。羅浮之村，大庾之嶺，天下之言梅者必歸之。若荔枝，則以增城爲貴。族柑、橘、香櫞，以四會爲大家。歲之正月，廣利墟賣柑橘秧者數十百人，其土良，其柑甜美，勝於四會、新興。其種散在他處，香味迥殊，以故居人擅其利。番禺土瘠而民勤。其富者以稻田利薄，每以花果取饒。貧者乃三糯七秥，稼穡是務。或種甘蔗以爲糖，或種吉貝以爲絮。南海在在膏腴，其地宜桑，宜荔支。順德宜龍眼，新會宜蒲葵，東莞宜香，宜甘蔗，連州、始興宜茶子，陽春宜縮砂蔤，瓊宜檳榔、椰。或遷其地而弗能良，故居人利有多寡。

清　高士奇《北墅抱甕録・橘》　果中橘最可珍，香色味皆冠絶羣品。噉一二顆，可以蠲煩滌悶，沁潤詩脾。有朱橘，有緑橘，有蜜橘，味絶甜美。魏文帝云『南方有橘，其酢正裂人牙』。至謂其品出蒲萄之下，殊非定論。花亦清香，細如點雪，深可愛玩。

清　張逸少《佩文齋廣羣芳譜》卷六四《果譜・橘》　橘，《本草》云：橘從矞，音鷸，諧聲也。又雲五色爲慶，二色爲矞。矞雲外赤内黄，非煙非霧，鬱鬱紛紛之象。橘實外赤内黄，剖之香霧紛鬱，有似乎矞雲。橘之從矞，又取此意也。一名木奴。詳見後《襄陽耆舊傳》。樹高丈許，枝多刺，生莖間。葉兩頭尖，緑色，光面闊寸餘，長二寸許。四月生小白花，清香可人。結實如柚而小，至冬黄熟。大者如杯，包中有瓣，瓣中有核。實小於柑，味甘微酸。種類不一，有蜜橘，其味最甘。黄橘，扁小，多香霧，橘之上品。緑橘，紺碧可愛，不待霜後，色味已佳，隆冬采之，生意如新。朱橘，實小，色赤如火。塌橘，狀大而扁，外緑心紅，巨瓣多液，經春熟乃甘美。包橘，外薄内盈，其脈瓣隔皮可數。綿橘，微小，極輭美可愛，而不多結。沙橘，細小甘美。凍橘，八月開花，冬結春采。早黄橘，秋半已丹。穿心橘實大皮光，心虚可穿。荔枝橘，膚理皺密，儼如荔枝，出衡陽。乳橘，狀似乳柑，皮堅瓤多，味絶酸芳。油橘，皮似油飾，中堅外黑，橘之下品。自然橘。他橘與柑必以枝接之，惟此則以橘子下種，故名自然，味甚美。出蘇州、台州，西出荆州，南出閩、廣、撫州，皆不如温州者爲上也。王敬美曰：閩中柑橘以漳州爲最，福州次之。樹多接成，惟種成者氣味尤勝。

清　嵇璜《續通志》卷一七七　橘，一名木奴。樹高丈許，枝多刺，生莖間。實如柚而小，其大者如盃，味甘微酸。其類有密橘、黄橘、緑橘、朱橘、塌橘、包橘、綿橘、沙橘、凍橘、早黄橘、穿心橘、荔枝橘、乳橘、油橘、自然橘諸名。蘇、臺、荆州、閩、廣皆有之，而出温州者爲上。《史記・貨殖傳》：蜀漢江陵千樹橘。張衡《南都賦》：穰橙鄧橘。

清　吴其濬《植物名實圖考》卷三一《橘紅》　橘紅，産廣東化州。大如柚，肉甜，刮製其皮爲橘紅。以城内産者爲佳。然眞者極難得。俗謂化州出滑石，樹生石間，故化痰有殊功。贋者皆以柚皮就化州作之。昔人謂陳皮必須橘皮，橙尚可用，柚則性味皆異，而化州所産則形狀殊非橘也。

紀事

漢　東方朔《神異經》　東方裔外有建山，其上多橘柚。

清　阮元《揅經室集三集》卷五《化州橘記》　按《志》：橘紅出化州者佳。化州四鄉多橘，以城内者爲佳，城内多橘矣。以及聞州衙譙鼓者爲致佳，及聞鼓之橘多矣。以衙内蘇澤堂前者爲致佳，蘇澤堂前秪兩樹矣。尤推賴氏園中老樹一株爲致佳。老樹久枯，其根下生新樹。今數十年，高丈許，故復稱老樹。賴氏守此，世爲業。買者就樹摘之，以示其眞。花多實少之年，一枚享千錢，雖官不能攫之。園中近老樹者數十株亦佳，然惟老樹皮紅有白毛，戟手香烈而味辛。識者入手能辯之。夫蘇澤堂橘，官物也。徵之者多，則州牧不暇給。長官若買之，則官不受價，否則攫而已。予于庚辰十一月過州，知賴園之橘可買也，命僕人入園訪老樹。賴叟曰：老橘賣已盡，惟零丁數枚矣。即以數千錢摘之。賴叟，其古橘中人歟？或云化城多蒙石，蘇澤堂當石上，而賴園老樹根下蒙石之力，或更巨。物性所秉，或亦然歟？

著録

宋　陳振孫《直齋書録解題》卷一〇　《橘録》三卷。知温州延安韓彦直子温撰，世忠長子也。

元　馬端臨《文獻通考》卷二一八　《橘録》一卷。陳氏曰：知温州延安韓彦直子温撰，世忠長子也。

元　脱脱《宋史》卷二〇五《藝文志》　韓彦直《永嘉橘録》三卷。

清　永瑢《四庫全書總目》卷一一五　《橘録》三卷。浙江鮑士恭家藏本。宋韓彦直撰。彦直字子温，延安人。蘄忠武王世忠之長子。登紹興十八年進士。官至龍圖閣學士，提舉萬壽觀。以光禄大夫致仕，封蘄春郡公。事蹟附見《宋史・世忠傳》。此譜乃淳熙中知温州時所作。《宋史・藝文志》、焦竑《國史・經籍志》俱作《永嘉橘録》，卷數與此本相合。《文獻通考》作一卷，蓋字之誤也。彦直有才略，而文學亦優。嘗輯宋朝故事，名《水心鏡》凡一百六十餘卷，爲尤袤所稱，今不傳。是録亦頗見條理。上卷載柑品八，橙品一。中卷載橘品十八，以泥山乳柑爲第一。下卷則言種植之法。皆詳贍可觀。陳景沂作《全芳備祖》，引彦直此録，謂其但知乳柑出於泥山，而不知出於天台之黄巖。出於泥山者固奇，出於黄巖者尤天下之奇云云。蓋景沂家本天台，故自夸飾土産。不知彦直是録，專記永嘉，不當借材於異地也。其亦昧於著作之體矣。

藝文

晉　潘岳《橘賦》（引自《藝文類聚》卷八六）　余齋前橘樹，冬夏再熟，聊爲賦云爾。嗟嘉卉之芳華，信氛氲而芬馥。既蓊茸而葳蕤，且參差而橚矗。已欝欝而冬茂，亦離離而夏熟。至如廣命賓客，歷覽遊觀。三清既設，百味星爛。炫熀乎玉案，照曜於金盤。故成都美其家園，江陵重其千樹。既見稱於陸言，亦標名乎馬賦。

晉　郭璞《橘櫾》（引自《漢魏六朝百三家集》卷五七）　厥包橘櫾，奇者維甘。朱實金鮮，葉蒨翠藍。靈均是詠，以爲美談。

南朝宋　謝惠連《橘賦》（引自《藝文類聚》卷八六）　園有嘉樹，橘柚煌煌。圓丹可玩，清氣芬芳。受以玉盤，昇君子堂。味既滋而事美，實厥苞之最良。

南朝齊　虞羲《橘》（引自《藝文類聚》卷八六）　衡飈發隴首，朔雪度炎洲。摧折江南桂，離披漢北楸。獨有凌霜橘，榮麗在中州。從來自有節，歲暮將何憂。

南朝梁　徐摛《詠橘》（引自《藝文類聚》卷八六）　麗樹標江浦，結翠似芳蘭。焜煌玉衡散，照曜金衣丹。愧以無雕飾，徒然登玉盤。

南朝梁　吴筠《橘賦》（引自《藝文類聚》卷八六）　增枝之木，既稱英於緑地。金衣之果，亦委體於玉盤。見雲夢之千樹，笑江陵之十蘭。葉葉之雲，共琉璃而並碧；枝枝之日，與金輪而共丹。若乃秋夜初露，長郊欲素。風賁寒而北來，鴈銜霜而南渡。方散藻於年深，遂凝貞於冬暮。

南朝梁　蕭綱《**詠橘**》(**引自**《**藝文類聚**》**卷八六**)　葳蕤映庭樹，枝葉凌秋芳。故條雜新實，金翠共含霜。攀枝折縹榦，甘旨若瓊漿。無假存雕飾，玉盤余自嘗。

唐　孟浩然《**孟浩然集**》**卷一**《**庭橘**》　明發覽羣物，萬木何陰森。凝霜漸漸水，庭橘似縣金。女伴爭攀摘，摘窺礙葉深。並生憐共蔕，相示感同心。骨刺紅羅被，香粘翠羽簪。擎來玉盤裏，全勝在幽林。

唐　釋皎然《**杼山集**》**卷七**《**洞庭山維諒上人院堦前孤生橘樹歌**》　洞庭仙山但生橘，不生凡木與梨栗。眞子無私自不栽，感得一株堦下出。細葉繁枝委露新，四時常緑不關春。若言此物無道性，何意孤生就來人。二月三月山初暖，最愛低簷數枝短。白花不用烏銜來，自有風吹手中滿。九月十月爭破顔，金實離離色殷殷。一夜天晴香滿山，天生珍木異於俗。俗士來逢不敢觸，清陰獨步禪起時，徙倚前看看不足。

宋　韋驤《**錢塘集**》**卷六**《**和庭橘**》　常思洞庭橘，美實冠南方。雪藹千林謝，金衣萬頃黄。輝光依澤國，髣髴在仙鄉。沈詠滋迎露，韋詩寄待霜。遠邦方渴想，鄰圃得清香。未用矜封户，何如助醑觴。分甘音尚阻，抽思韻空長。豈必三吴渚，寧煩一葦航。揞笻即可到，反掌便堪嘗。慰我東南夢，殷勤送斐章。

宋　李洪《**芸庵類稿**》**卷四**《**橘**》　皇樹擅芳傳楚頌，厥包錫貢紀荆揚。四老何須隱商嶺，千奴誰爲種龍陽。遥踰淮易質從爲枳，書尾重題未降霜。

宋　張鎡《**南湖集**》**卷九**《**霜橘**》　半霜黄緑尚斕斑，笑指清芬數日間。憐陸績懷嘉實，歸奉慈顔滿袖香。會得此中堪樂意，洞庭端合傲商山。

宋　高似孫《**剡録**》**卷一〇**《**草木禽魚下·橘**》　崔顥《入剡詩》：山梅猶作雨，溪橘未知霜。任昉《述異記》曰：越多橘柚園。越人歲税，謂之棖橘户，亦曰橘籍。

明　吕希周《**東匯詩集**》**卷一**《**詠橘**》　受命生南國，分根諒不遷。金衣懸實綴，霰雪眩花然。布葉三秋厲，飛香四運全。上林如可託，夏熟自年年。

清　錢澄之《**田間詩集**》**卷九**《**橘**》　橘柚經時摘，青青日漸黄。最憐人静後，無故忽然香。

清　屈大均《**翁山詩外**》**卷一一**《**霜橘**》　受命生蠻越，爲師得楚臣。甘垂嘉實美，鬱作厥苞珍。噴霧香濡手，含霜冷浸脣。皮令幽菽辣，瓤使縹醪醇。臭味炎涼一，文章褷糅新。江南逾酷烈，淮北即酸辛。雕飾當殘臘，青黄踰早春。華仍分瓣瓣，欒更疊鱗鱗。核易霑紅袖，渣防濕錦茵。肺寒猶復嗜，牙裂不曾顰。老圃年嘗學，荒畦日幾巡。幸生丹荔國，終守白華身。果税非千户，場師是一人。種先山蟻買，林與荔奴鄰。四會柑兼植，增城柚亦眞。橘官知已貴，花利未全貧。廣設仙靈井，長滋道路津。金瑲朝共摘，玉案暮同陳。連理懷多有，曾枝刺莫嗔。張盤休奪子，陸績任遺親。一顆嗟鞭甚，三枚笑墮頻。方圓傾逐器，絺綌覆隨巾。再熟還潘令，雙投豈蔣神。餐餘須壓餅，方法擬甌閩。

又卷一二《**橘柚**》　橘柚炎天物，霜時熟更紅。騷人曾頌汝，香在九章中。

清　彭孫遹《**松桂堂全集**》**卷一八**《**題龔節孫種橘園**》　寒林葉葉點霜氛，小結茅亭卧白雲。不羨江陵千户貴，新來賜爵洞庭君。嘉樹新分玉一叢，滿林霜色壓吴楓。秋來最有江東思，白露青菰客夢中。

清　吴雯《**别本蓮洋集**》**卷七**《**問橘**》　北地多苦寒，橘樹豈易生。愛此花實好，移植勞我情。昨年霜雪時，結茅覆溝塍。雖然稍凋落，翠碧留根莖。春寒既以過，盛夏必敷榮。其如世緣驅，正月我已行。生理果何如，馳書問柴荆。

清　蔣景祁《**罨畫溪詞·紅情·詠橘**》(**引自**《**名家詞鈔**》)　洞庭秋後，記曉霜乍落，滿山如繡。一碧瀟湘，極浦寒楓暮煙覆。休憎紅衣太妬，又幾樹，嫩黄垂手。好倩那，挂壁青猸，不夜鎮相守。香瘦，齒堪漱。擬種向故園，楚騷裁就。傳柑時候，還剪素秋點春酒。今日白雲天遠，奈冷落陸郎懷袖。臘破也，吟未減，錦苞漫剖。

清　李文藻《**嶺南詩集**》**潮陽集卷一**《**簡金式似乞橘子**》　四會産佳

橘，土人呼曰柑。金君木奴主，所部皆蘇耽。熟時日大嚼，納直徒空談。既不充歲貢，厥包非所諳。販賣走四方，艇裝復肩擔。我昔曾剖食，十指香醃醃。味亞新會橙，少酸而多甘。可以解煩渴，且能祛老痰。氣與風露俱，色貴紅黃參。形貌偪柚弟，品格朱荔男。別此忽一載，羊城重停驂。饞涎不自制，乞寄雙藤籃。蚌珠還合浦，沈香來崖儋。價昂或難致，强索爲貪婪。此物雖與取，非惠亦非貪。兼要和我詩，韻事傳嶺南。

清　畢沅《靈巖山人詩集》卷六《橘》　火鈴懸萬箇，赤帝擲炎方。不賦千端絹，來看九月霜。貢經神禹定，頌帶楚騷香。堪笑漆園吏，無端譬百王。

清　王士禛《帶經堂集》卷六四《蠶尾續詩卷十・橘》　紅頰芳梨色最妍，蘋婆香味徹中邊。洞庭朱實南船到，擬學湘人罝橘田。

清　曾燠《賞雨茅屋詩集》卷七《古今體詩・和杜工部四詠・病橘》　謂有歲寒心，矧茲地氣煖。汝宜自雕飾，玉几承燕衎。巨蠹何時生，眞液中不滿。青黄忽改色，古詩句病葉蛛絲卷。洞庭千户侯，恃此爲恒産。江南又屢潦，飢者將代飯。詎可令吴儂，生機一時斷。昨來天雨豆，蠃沙煮不輭。春月上元，儀徵皆雨豆，到地變爲沙礫。

清　陳恭尹《獨漉堂詩集》卷一四《咏物集・霜橘》　嘉果生炎甸，飛香始素秋。一官曾命秩，千樹擬封侯。緑葉霜彌翠，金衣晚未收。玲瓏明夕照，磊落亞枝頭。浥露姿常潔，摇風蔕自柔。厥包神禹錫，作頌楚臣優。偶入金盤採，蒙兼玉饌羞。甘酸消宿酒，清冷破牢愁。小瓣輕鐳柚，微紅妒石榴。光凝珠的的，聲入齒颼颼。水玉深潛窖，堅冰滿貯甌。近之清内熱，聞者亦涎流。有目應同賞，非時莫暗投。苞中仙對奕，江上鶴成樓。實以踰淮變，花從到鄴休。貞操元自固，衆卉豈其儔。藥品皮爲上，醫師舊是求。青黄分所治，沉痼賴能瘳。色味稱俱美，驅除力更尤。有如詞翰士，兼善甲兵謀。筋核皆堪取，蟲魚不是讐。一身無棄斥，萬里極車舟。橘譜原多種，詩篇亦滿眸。醉來渾忘却，何處更旁搜。

清　永瑆《詒晉齋集》卷三《橘》　璇樞初散彩，嘉樹遂滋繁。欲信楊由術，堪思陸績言。白華含日耀，緑葉逐風翻。二叟圍棋處，居然一畝園。

圖表

清　吳其濬《植物名實圖考》卷三二《橘紅》

金橘

論説

宋　朱翌《猗覺寮雜記》卷上　嶺外以枇杷爲盧橘子。故東坡云：盧橘楊梅次第新。又：南村諸楊北村盧，白花青葉冬不枯。唐子西亦云：盧橘、枇杷一物也。按《上林賦》：盧橘夏熟。李善引應劭云：《伊尹書》曰：箕山之東有盧橘夏熟。晉灼曰：盧，黑也。《上林賦》又别出枇杷，恐非一物。枇杷熟則黄，不應云盧。《初學記》張勃《吴録》曰：建安有橘，冬月於樹上覆裹之，明年春夏色變青黑，味絶美。繼云：《上林賦》：盧橘夏熟。又《太平御覽》載《魏王花木志》：蜀土有給客橙，似橘而小，若柚而香，冬夏花實相繼，亦云盧橘。又載郭璞注《上林賦》『盧橘夏熟』：蜀中有給客橙，即此橘也。考二事，則非枇杷甚明。東坡、子西但見嶺外所呼，故云耳。惠洪《冷齋夜話》亦辨之，但未詳。

元　陶宗儀《輟耕録》卷二六《盧橘》　世人多用盧橘以稱枇杷。按司馬相如《上林賦》云：盧橘夏熟，黄柑橙榛，枇杷橪柿。夫盧橘與枇杷並列，則盧橘非枇杷明矣。郭璞注：蜀中有給客橙，冬夏花實相繼，通歲食之，謂即盧橘也。意者橙橘惟熟於冬而善切，而盧橘夏亦熟，故舉以爲重歟？《唐三體詩》裴庾注云：《廣州記》：盧橘皮厚，大如柑，酢多，至夏熟。土人呼爲壺橘，又曰盧橘。

明　楊慎《丹鉛餘録》卷一四　《上林賦》：盧橘夏熟。注不言何物。近注《唐詩三體》者，指爲枇杷，世皆宗其説。偶閲《吴録》云：朱光禄爲建安郡，中庭有橘，冬月樹上覆裹之，至明年夏，色變青黑，味絶美。此即盧橘。盧，黑也。此説近是。

清　杭世駿《訂訛類編》卷六《植物訛·盧橘非枇杷》　北人凡言黑，皆曰盧。盧溝，溝水黑者也。盧橘，亦是橘之色黑者，非枇杷也。《海録花木志》：給客橙出蜀土，似橘而小，若柚而香，冬夏花實相繼。或如彈圓，或如拳，通歲食之，名盧橘。張勃《吴録》云：朱光禄爲建安郡，中庭有橘，冬月于樹上覆裹之，至明年夏，色變青黑，味絶美。此即《上林賦》所謂『盧橘夏熟』，則非常橘也。愚案唐戴叔倫詩：盧橘花開楓葉衰。《上林賦》：盧橘夏熟。則其冬花夏熟，可信無疑。枇杷亦冬花夏實，故人以當之。不知盧，黑也，世豈有黑枇杷乎？葛立方《韻語陽秋》云：《上林賦》『盧橘夏熟』若是枇杷，則下文不當復有黄甘、枇杷、橪柿之品。此論甚明白了當。考《廣州記》：盧橘皮厚味酸，大如柑，至夏熟，土人呼爲盧橘。據此，益徵枇杷之非。李白詩：盧橘爲秦樹，許運送表兄。使南海詩：盧橘花香拂釣磯。東坡詩：盧橘是鄉人。又：盧橘楊梅尚帶酸。皆未言是枇杷。至參寥和東坡詩有『紅紫千葩盡，甘酸萬顆新』句。枇杷花並非紅紫，味亦不是甘酸。意盧橘惟秦楚、巴蜀、嶺海之地有之，吴越、齊魯、燕趙之地無此物也。

清　王棠《燕在閣知新録》卷二九《盧橘》　《魏王花木記》：蜀土有金橘，亦橙類，似橘而非橘。冬夏花實相繼，通歲食之，名給客橙，亦名盧橘。相如賦『盧橘夏熟』即金橘也，非櫨木所生。櫨，《字注》所引不確。東坡以盧橘爲枇杷，陶九成以廣州之壺橘爲盧橘，皆不是。

綜　述

宋　羅願《爾雅翼》卷一二《盧橘》　盧橘，伊尹曰：果之美者，箕山之東，青鳧之所有焉。考而司馬相如賦上林引『盧橘夏熟』，故左思譏之。張勃《吴録》以爲建安郡中有橘，冬月於樹上覆裹之，至明年春夏色變青黑，味尤絶美，以爲相如所引盧橘，盧黑色也，蓋近是乎？

明　田藝蘅《留青日札》卷三四《蘆橘》　蘆橘，惠州出。許渾南海詩：蘆橘花香拂釣磯，美人猶舞越羅衣。蘇軾詩：羅浮山下四時春，盧橘楊梅次第新。今廣東呼枇杷爲蘆橘，知府龐公振卿言之。賦中自有枇杷。又優曇鉢似琵琶，無花而實，亦出肇慶府。

明　李時珍《本草綱目》卷三〇　金橘《綱目》　釋名：金柑、《橘譜》盧橘、《漢書》夏橘、《廣州記》山橘、《北户録》給客橙。《魏王花木志》　時珍曰：此橘生時青盧色，黄熟則如金，故有金橘、盧橘之名。盧，黑色也。或云盧，酒器之名，其形肖之故也。注《文選》者以枇杷爲盧橘，誤矣。案司馬相如《上林賦》云：盧橘夏熟，枇杷橪柿。以二物并列，則非一物明矣。此橘夏冬相繼，故云夏熟，而裴淵《廣州記》謂之夏橘。給客橙者，其芳香如橙，可供給客也。集解：時珍曰：金橘生吴粤、江浙、川廣間。或言出營道者爲冠，而江浙者皮甘肉酸，次之。其樹似橘，不甚高大。五月開白花結實，秋冬黄熟，大者徑寸，小者如指頭，形長而皮堅，肌理細瑩，生則深緑色，熟乃黄如金。其味酸甘，而芳香可愛，糖造、蜜煎皆佳。案《魏王花木志》云：蜀之成都、臨邛、江源諸處，有給客橙，一名盧橘。似橘而非，若柚而香。夏冬花實常相繼，或如彈丸，或如櫻桃，通歲食之。又劉恂《嶺表録異》云：山橘子大如土瓜，次如彈丸，小樹緑葉，夏結冬熟，金色薄皮而味酸，偏能破氣。容、廣人連枝藏之，入膾醋尤加香美。韓彦直《橘譜》云：金柑出江西，北人不識。景祐中始至汴都，因温成皇后嗜之，價遂貴重。藏緑荳中可經時不變，蓋橘性熱、荳性涼也。又有山金柑，一名山金橘，俗名金豆。木高尺許，實如櫻桃，內止一核。俱可蜜漬，香味清美。已上諸説，皆指今之金橘，但有一類數種之異耳。

明 陳正學《灌園草木識》卷二《果之屬・金橘》 如小橘，視金棗特匾耳。

明 徐光啓《農政全書》卷三〇 金橘，一名金柑，一名夏橘。吳越、江浙、川廣間出，營道者爲冠。五月開白花，秋冬黃熟。大者徑寸，小者如指頭。糖造蜜煎皆佳，廣人連枝藏之，入膾醋尤香美。

又 金豆，一名山金柑，一名山金橘。木高尺許，實如櫻桃，生青熟黃，形圓而光溜。皮甜可食，味清而香美，可蜜漬。

清 高士奇《北墅抱甕録・牛嬭橘》 牛嬭，即金橘之長者，以其形而名之。秋深始黃，經冬不落。垂金燦爛，滿樹離離。以盆植之，置深室中極佳。

清 張逸少《佩文齋廣羣芳譜》卷六五《果譜・金橘》 金橘，一名金柑，《橘録》云：金柑在他柑特小。大者如錢，小者如龍目，色似金。一名盧橘，《本草》云：此橘生時青盧色，黃熟則如金，故有金橘盧橘之名。盧，黑色也。或云：盧，酒器之名，其形肖之故也。一名夏橘，《本草》云：此橘冬夏相繼。《廣州志》謂之夏橘。一名山橘，《嶺表録》云：山橘子大如土瓜，次如彈丸，金色，薄皮而味酸。一名給客橙，《本草》云：香芬如橙，可供給客也。《魏王花木志》云：蜀有給客橙，似橘而非，若柚而香，亦名盧橘。一名小木奴。見元稹詩。

清 嵇璜《續通志》卷一七七 金橘，一名金柑，一名夏橘，一名山橘，一名給客橙，一名小木奴。樹如橘，不甚高大，秋實冬熟。大者徑寸，小者如指頭。形長皮堅，肌理細潤，味酸甘而芳香。生吳越、江浙、川廣間。金豆，一名山金柑，一名山金橘。比金柑更小。生山徑間。實多味酸，不可食。

清 吳其濬《植物名實圖考》卷三一《金橘》 金橘，《歸田録》云：產於江西。今江南亦多有之，唯寧都產者瓢甜如柑。冬時色黃，經春復青。或即以爲盧橘。又一種小者爲金豆，味烈，贛南糖煎之。《本草綱目》收入果部。《辰谿志》：橘小而長者爲牛嬭橘，四季可花，隨花隨實，皮甘可食，即此。

紀事

宋 江少虞《事實類苑》卷六三《物性相感》 金橘產於江西，以遠難致，都人初不識。明道、景祐初始與竹子俱至京師。竹子味酸，人不甚喜，後遂不至。金橘香清味美，置之尊俎間，光彩灼爍，如金彈丸，誠珍果也。都人初不甚貴，其後因温成皇后尤好食之，由是價重京師。余世家江西，見吉州人甚惜此果，其欲久留者，則于菉荳中藏之，可經時不變。云橘性熱，荳性涼，故能久也。凡物有相感，出于自然，非人智慮所及，皆因其舊俗而習知之。今唐鄧間多大柿，其初生澀，堅實如石，凡百十柿以一榠樝置其中，榅桲亦可，則紅熟爛如泥而可食。土人謂之烘柿者，非用火，乃用此耳。

藝文

宋 王十朋《梅溪後集》卷一八《金橘》 黃柑緑橘未分珍，瑣碎登盤輒獻新。正可呼爲木奴子，不知誰是鑄金人。

宋 姚勉《雪坡集》卷一三《詠金橘團》 雪不能甜橘小酸，若爲有此蜜冰團。比將金彈可勝軟，嚼破水精如許寒。泉石碎聲鳴齒頰，乾坤清氣入脾肝。京華六月塵生渴，賴爾煩襟得自寬。

清 朱彝尊《曝書亭集》卷二九《秦樓月金豆》 雪田秋。吳儂摘處霜花浮。霜花浮，玉盤的歷，偏惹閒愁。 酒闌燭暗羅衾幬，手香夜半潛相投。潛相投，十年舊事，忽到心頭。

清 潘鍾麟《深秀亭詩集》卷一二《金豆》 小熟橙黃後，卑枝綴緑稠。我供百日玩，兒肯滿盆留。皮相團精貢，酸辛實飽秋。流鶯何足打，的近醒雙眸。

清 方觀承《述本堂詩續集・燕香集上・冬齋八詠・金橘》 踰淮香不減，嘉樹頌同詞。果摘金臺小，花移翠嶺遲。彈丸窺過鳥，簇繭綴層枝。正有南州夢，休吟北客詩。

圖表

明 李時珍《本草綱目·圖卷》

清 吳其濬《植物名實圖考》卷三一《金橘》

柑

論說

明 李詡《戒庵老人漫筆》卷六 柑與橘類，而皮殼畧異，温衢最多佳品。橙香美在皮，而瓤則酸。古云：在南稱柑，在北曰橙。非也。

明 何三畏《新刻何氏類鎔》卷三二《甘》 甘者，族茂神經，名傳地理。遥從歸美建春之嶺，遠自武陵北勝之洲。浸冷泉以培根，承湛露以竦幹。滌纖塵以開景，結密葉以舒陰。仰清氣于旭晨，流惠飈于薄暮。質葳蕤而映日，性耿介而凌霜。似燭龍之銜金璫，同菱花之披綺井。有頳、有黄、有壺、有攣，如升、如卵、如椀、如獅，此其果。脉不沾膚，食不留滓。採之則颯颯清風入座，擘之則霏霏香霧噀人。因而削彼金衣，咽兹玉液。固甘踰萍實，而潤亞冰圭者也。考之上元故事，天子有傳甘之宴，紫羅包之以遺近臣；貴戚有傳甘之會，金盤貯之以贈親友。以乳甘移植者謂之蓬萊種，以黄柑釀酒者謂之洞庭春。益州長史裹甘子以貢于朝，而後且以布易一紙也，其供上何敬。襄陽李衡種甘樹以貽其子，而後乃以果易千絹也，其治生何饒。彭城王顥政于禁中，而貢獻者竟不以三寸甘進御。南康人食果于山上，而飽食者，又欲以三枚甘懷歸。明皇時，甘食千餘枚而皆缺一瓣，以道士羅公遠者，曾嗅之于長途。宣宗朝，甘自千餘里而忽進一奩，以術人董元素者，猝致之于御榻。若唐玄宗御園所植之甘，至幸西蜀而子乃不生。南樓寺所移之甘，至幸奉天而實皆不結。可謂異矣。故有詠甘者曰：幾歲開花聞噴雪，何人摘實見垂珠。豈亦有感而云然耶？

綜述

晉　嵇含《南方草木狀》卷下　柑乃橘之屬，滋味甘美、特異者也。有黃者，有頳者。頳者謂之壺柑。交趾人以席囊貯蟻，鬻于市者，其窠如薄絮，囊皆連枝葉，蟻在其中，并窠而賣。蟻赤黃色，大于常蟻。南方柑樹若無此蟻，則其實皆爲羣蠹所傷，無復一完者矣。今華林園有柑二株，遇結實，上命羣臣宴飲于旁，摘而分賜焉。

晉　崔豹《古今注》卷下　甘寶形如石榴者，謂之壺甘。

晉　郭義恭《廣志》（引自《説郛》卷六一）　黃甘一核，有成都平蔕甘，大如升，色蒼黃。犍爲南安縣出黃甘。

北魏　賈思勰《齊民要術》卷一〇《甘》　《廣志》曰：甘有二十一種，有成都平蔕甘，大如升，色蒼黃。犍爲南安縣出好黃甘。《荆州記》曰：枝江有名宜都郡，舊江北有甘園名宜都甘。《湘州記》曰：州故大城内有陶侃廟地，是賈誼故宅，誼時種甘猶有存者。《風土記》曰：甘橘之屬，滋味甜美特異者也，有黃者，有頳者，謂之壺甘。

唐　段公路《北户録》卷三《變柑》　新州出變柑，有苞大於升者，但皮薄如洞庭之橘，餘柑之所弗及。傳云本自高要移植，不數百里，形味俱變，因以爲名。論其美，直所謂『厥包橘柚』精者。柑見郭璞《讚》。又馬援好事，至荔浦，見冬筍名包筍。上言《禹貢》『厥包橘柚』，疑即此也。亦如踰淮爲枳，乃水土異也。愚按《吕氏春秋》：果之美者，江浦之橘。箕山之東，清馬之所，有櫨橘焉。《説文》：櫨橘，柚也。又郭璞曰：蜀中有給客橙。即櫨橘，冬夏花實相繼。《風土記》：柑有黃者、赭者，赭赤謂之胡柑。今人多引『江陵千樹橘』爲木奴事，此《漢書》云『其人與千户侯等』。且《襄陽記》：李衡爲丹陽太守。衡密遣十人於武陵龍陽洲上作宅，種柑千樹。臨死勑兒曰：汝毋惡吾治家固窮如是，吾州里有千頭木奴，不責汝衣食，歲上一疋絹，亦足用耳。吴末衡柑成，歲得絹數千疋。據此，非橘明矣。據雜書如《翰林要海》、《御覽》，賈思勰皆列在黃柑門中。愚又按諺云：木奴千，無凶年。《要術》云：蓋言果實可以市易五穀。此即木奴之號果之都稱者也。

明　李時珍《本草綱目》卷三〇　柑宋《開寶》　釋名：木奴。志曰：柑未經霜時猶酸，霜後甚甜，故名柑子。時珍曰：漢李衡種柑于武陵洲上，號爲木奴焉。集解：炳曰：乳柑出西戎者佳。志曰：柑生嶺南及江南。樹似橘，實亦似橘而圓大，皮色生青，熟黃赤。惟乳柑皮入藥，山柑皮療嚥痛，餘皆不堪用。又有沙柑、青柑，體性相類。藏器曰：柑有朱柑、黃柑、乳柑、石柑、沙柑。橘有朱橘、乳橘、塌橘、山橘、黃淡子。此輩皮皆去氣調中，實俱堪食，就中以乳柑爲上也。時珍曰：柑，南方果也，而閩、廣、温、臺、蘇、撫、荆州爲盛，川蜀雖有不及之。其樹無異于橘，但刺少耳。柑皮比橘色黃而稍厚，理稍粗而味不苦。橘可久留，柑易腐敗。柑樹畏冰雪，橘樹略可。此柑、橘之異也。柑、橘皮今人多混用，不可不辨，詳見橘下。案韓彦直《橘譜》云：乳柑，出温州諸邑，惟泥山者爲最，以其味似乳酪，故名。彼人呼爲眞柑，似以它柑爲假矣。其木婆娑，其葉纖長，其花香韻，其實圓正，膚理如澤蠟，其大六七寸，其皮薄而味珍，脈不粘瓣，食不留滓，一顆僅二三核，亦有全無者，擘之香霧噀人，爲柑中絶品也。生枝柑，形不圓，色青膚粗，味帶微酸，留之枝間，可耐久也，俟味變甘，乃帶葉折，故名。海紅柑，樹小而顆極大，有圍及尺者，皮厚色紅，可久藏，今獅頭柑亦是其類也。洞庭柑，種出洞庭山，皮細味美，其熟最早也。甜柑，類洞庭而大，每顆必八瓣，不得霜而黃也。木柑，類洞庭，膚粗頑，瓣大而少液，故謂之木也。朱柑，類洞庭而大，色絶嫣紅，其味酸，人不重之。饅頭柑，近蒂起如饅頭尖，味香美也。

明　慎懋官《華夷花木鳥獸珍玩考》卷二《黃甘橙榛》　郭璞曰：黃甘，橘屬。榛乃小橘也，武陵有之。

明　劉侗《名物通》卷八　柑，橘屬，莖葉無異於橘，但無刺爲異耳。出温、台最良。皮薄，味珍，脉不粘瓣，食不留滓。柑名有生枝柑、郛柑、海紅柑、衢柑。大者擘破，氣如霜霧。老杜云：破柑霜落瓜。柑爲蟲所食，取蟻巢於其上，則蟲自去。唐時上元節，以荆州進柑分賜從臣各一二枚，謂之傳柑。

明　徐光啓《農政全書》卷三〇　柑，一名木奴，一名瑞金奴。《農桑通訣》曰：柑，甘也，橘之甘者也。莖葉無異於橘，但無刺爲異耳。生江、漢、唐、鄧間。而泥山者，名乳柑，地不彌一里所，其柑大倍常，皮薄味珍，脉不粘瓣，食不留滓，一顆之核纔一二，間有全無者。然又有生柑，有郛柑，有海紅柑，有衢柑，雖品不同，而温臺之柑最良，歲充土貢焉。江浙之間種之甚廣，利亦殊博。又有山柑。洞庭柑，出洞庭，皮細味美，熟最早。甜柑，每顆八瓣，未霜先黃。饅頭柑。生枝柑。平蒂柑，大如升，出成都。朱柑。大柑。黄柑。白柑。沙柑。江南、嶺南爲盛，蜀次之。實似橘而圓大，未經霜猶酸，霜後始熟，柑樹猶畏冰雪。

明　陳正學《灌園草木識》卷二《果之屬・先柑》　柑種不一，此獨先熟，故名。

又《雪柑》　至小雪時熟而色黄，故名。

又《饅頭柑》　近蒂處起尖如饅頭，漳亦呼爲僣柑。

明　文震亨《長物志》卷一一《柑》　柑，出洞庭者，味極甘。出新莊者，無汁，以刀剖而食之。更有一種粗皮，名蜜羅柑，亦美。小者曰金柑，圓者曰金豆。

清　嵇璜《續通志》卷一七七　柑，一名瑞聖奴。樹似橘，少刺。實圓大，霜後始熟，味甘，比橘稍厚，理稍麤，而不苦。有温州乳柑、洞庭柑、海紅柑、生枝柑、平蒂柑之名。又有名佛手柑者，一名飛穰。木似朱欒，枝間有刺。其實如人手有指，皮如橙柚，厚皺光澤，熟黄色。其味雖不甚佳，而清香不歇。香櫞本名枸櫞，柑橘之屬，大似小瓜，皮若橙，肉厚，白如萊菔。置衣笥中，經旬猶香。晉太康五年，大秦貢十缶，帝以三缶賜王愷，助其珍味，即此。《上林賦》云：黄柑橙(榛)[楱]。按：香櫞與佛手柑異種。《本草》指枸櫞爲佛手柑，非是。鄭《志》枸櫞已見果類，因辨正，故再著之。

清　吴其濬《植物名實圖考》卷三一《柑》　柑，《開寶本草》始著録。南方種類極多，其獅頭柑則唯皮可啖，皮、核、葉皆入藥。

紀事

唐　李肇《唐國史補》卷下　羅浮甘子，開元中，方有山僧種於南樓寺。其後常資進貢，幸蜀奉天之歲，皆不結實。

元　林昉《柑子記》（引自《三台文獻録》卷四）　柑橘，柚之甘者也。揚以橘柚錫貢而柑無聞焉。唐開元天子元夕會宰執侍從饗黄柑，既拜賜，懷其餘以歸，轉相饋遺，號曰傳柑。不數橘柚矣。然此特温柑，非台柑也。宣和中，植温柑數十本于艮嶽，台柑猶未知名。高宗宅錢塘，始錫貢台柑。未幾，錢氏以勳舊貴戚來居台，乾道中，進班兩府，始庫柑貢。雖區區宦妾之忠，而回賜之利厚矣。端平初，謝氏爲后，於是謝氏亦進柑，回賜視錢益厚，其十月進者爲霜柑，獻畢，命班親王兩府即日拜表謝。其九月進者爲青柑，尤上所貴重，始進即獻太廟，上御内殿召后妃宴而饗之。往往手擘諸袖中，宫人徘徊捧金鍾三醸之酒，上手搦其皮，香霧濺酒面，凝而爲乳，下借酒之甜而香辣，挑而嘗焉，故曰乳柑也。當是時，台之乳柑遂爲天下果實第一，雖練紫之香、含消之爽亦在下陳，况洞庭千頭之緑與永嘉數寸之黄者乎？台之州爲縣五，乳柑獨産于黄巖，黄巖之鄉有十二，産而獨于備禮之斷江。地餘四里皆屬富人，一畝之園可二十本，直銅錢十萬，有粥者爭置之。柑之葉如宫粧柳眉，色嫩青如栝，花比橘柚而小，氣清而和，在茶蘗茉莉間。園丁云，此木鬚根土面，下不宜一草，草奪土力，一陣風色即實若彈丸，萎且脱矣。灌時亦不得鋤其下，視其蔭之廣狹，環以塘坭，歲兩糞之，在花之前，實之後也。霜雪即纂稿覆其顛，根亦散覆之。將采貢，先一夕，亦以塘坭漬以糯泔，則液愈飽而美。方錢氏、謝氏收柑時，爲楮動以萬計，園户爭售之。已而分親戚，遺鄉鄰，通商販矣。歸附後，於是台柑作貢四千里遠矣。官吏構奸，株大小各賦，園户置厚賂，顆始及等。朱蓋黄封，貢付其人，一選于府，再選于宣慰司，三選于行省。其選也，皆有計置，始爲轉輪，如是數年，園户大困。官吏上言，黄巖海潮没斷江，柑皆鹵死矣。由是稍寬。斷江之東爲新界，西跨江，北爲新南，地皆宜柑。新南柑，其肌麄，其臭烈，其肉蒼，其脉細，其核夥，其味甘以酢；新界者，其肌細，其臭婉，其肉瑩，其脉絡寬，其核小，其味甘以短；斷江者，其肌澤，其臭馥，其肉素，其脉外附，其核細以稀，其味甘以永。又有地曰東江，亦宜柑，品出新南下，何敢望斷江。予竊感夫木之微，發於數千載後，窮天下果蓏之美，莫能與之爭。曾未幾時，人皆側目，願與枳輩共安於空山亂薄中而不可得，可歎也已！近歲復命進柑，有蠢吾山人史弼，爲江浙省左丞，審知其害，因著定式，縣令丞歲押柑綱，直達于杭。乃復樹者家，民德之。

藝文

晉　胡濟《黄甘賦》(引自《藝文類聚》卷八六)　惟江南之奇菓，資天地之正陽。生殊方之妙域，植朱島之遐鄉。處漢之南，背江之陰。左協蘭臯，右接桂林。帶激水之清流，向崇山之高岑。三秋迭運，初寒履霜。照耀原隰，蔭映林荒。若菱華之綉綺井，燭龍之銜金璫。

晉　劉瑾《甘樹賦》(引自《歷代賦彙補遺》卷一五)　伊冥造之緜緜兮，纚成象於成遇。嗟卉草之森秀兮，將歸美於甘樹。誕寄生於南楚兮，播萬里而東布。浸冷泉以揺根兮，竦逸條以承露。結密葉以舒蔭兮，滌纖塵以開素。仰清氣以旭晨兮，流惠颸於薄暮。雖飛榮於園沼兮，契戀松之貞趣。時屢遷而彌貞兮，凌寒暑而一度。

晉　王昇之《甘橘贊》(引自《藝文類聚》卷八六)　節重履險，操貴有恒。二樹保榮，四運齊能。在斯惟美，於味斯弘。異分南域，北則枳橙。

南朝宋　謝惠連《甘賦》(引自《藝文類聚》卷八六)　嘉寒園之麗木，美獨有此貞芳。質葳蕤而懷風，性耿介而凌霜。擬夕霞以表色，指朝景以齊圓。侔萍實乎江介，超玉果於崑山。

南朝梁　宗炳《甘頌》(引自《藝文類聚》卷八六)　煌煌嘉實，磊如景星。南金其色，隋珠其形。

南朝梁　徐陵《詠甘》(引自《藝文類聚》卷八六)　朱實挺荆南，苞品擅珍淑。上林雜嘉樹，江浦間修竹。萬室擬封家，千株挺荆國。緑葉萋以布，素榮芬且鬱。

宋　司馬光《傳家集》卷七《黄柑》　黄金綴縹蔕，揺落楚江涯。采助杯盤勝，羞將橘柚偕。時移香不變，物遠味尤佳。欲種滄洲樹，何年此意諧。

宋　王洋《東牟集》卷五《賦洞庭柑》　兩潮船上別蘇台，歲歷侵人鶴化胎。霜實可憐今入眼，佳人何日問重來。黄金丸逐驚飛肉，白露團凝別恨腮。重待扁舟落吾手，爲君先報柳郎回。

又卷六《和鉉父分洞庭柑》　林屋仙丹色外妍，清泉香霧總堪憐。不知自落人間後，三寸黄金直幾錢。

宋　王之道《相山集》卷一三《和張文伯洞庭柑》　金苞照俎出雙柑，想見和枝映筍籃。欲倩玉纖分玉液，要濡燥吻發清談。

宋　王十朋《梅溪後集》卷一三《柑》　白帝誰云陋，黄柑亦自香。一株三百顆，風味自吾鄉。

宋　葉適《水心集》卷七《看柑》　窈窕隨塘曲，酸甜在橘中。所欣黄一半，相逐樹無窮。習啖成眞性，悲歌記土風。慙非美人贈，採摘恣村童。

宋　高似孫《剡録》卷一〇《草木禽魚下·柑》　剡素無柑。近有種者，擷實來，風味不減黄巖胡公柑。賦：處漢之南，背江之陰。水帶清流，山向高岑。種柑法也。

清　屈大均《翁山詩外》卷七《柑》　今歲壺柑子，霜稀頗不甜。味回須十日，香在且雙奩。摘恨鬆皮少，歸勞素手纖。就中魚凍者，幸未使君嫌。柑以皮如魚凍者爲美。

冬至甘酸雜，黄堆几案遲。凝心霜瓣冷，浸齒玉津滋。陽擘皮方好，陰乾核更宜。明年多買蟻，盡護故園枝。

載自端州蓮，青黄滿一槎。氣寒純是雪，香熟總如花。盤裹多秋色，懷中有露華。人言洞庭上，朱橘讓紛葩。

開籠閒數數，大小愛圓勻。香霧長濡手，甜霜每在唇。藏時須待臘，寄日欲當春。兒女爭懷袖，歡聲動隔鄰。

至日爭攀摘，離離尚滿柯。山人分未少，縣令贈偏多。皮厚春能到，瓤乾臘欲過。兒童紛賭核，食奈太寒何。(四會令吴君見餉數筐)

又卷八《柑》　向臘黄柑賤，船船四會來。甜因南雪得，香以小寒開。玉爪宜陽擘，冰盤擬盡堆。芬芳堪作頌，恨少楚臣才。

南中多橘柚，一一逐臣師。復有黄柑美，離騷昔未知。綏州生獨異，臘月熟難遲。顆顆冰霜飽，寒香沁齒時。

清　何鼎《香草詞·沁園春·詠柑》(引自《名家詞鈔》)　雁到催黄，霜凝辭碧，晚熱寒村。正紛披茅舍，金懸翠靄，迷離瑶圃，星綴青雯。名重宜都，香嚴守吏，甘美清芬不類橙。須攜酒，待聽鸝柳浪，莫負香魂。　佳人倦繡黄昏，對朱几晶盤砌錦雲。便柔荑擘脆，霧霏紅袖，瓠犀嚼冷，漿濺朱唇。密裹深藏，層愁疊怨，小玉當年病後身。除非是，覷合歡蓬闕，可意知人。

清　朱彝尊《**曝書亭集**》**卷二九**《**霜葉飛　詠柑同魏禹平作**》　昔游曾記。泥山路，青林繞二三里。枝頭行蟻拂還來，正十分黃膩。須不似，甜桃酣李，樽前別有閒風味。見翠竹擎籃，惹重露新霜，指爪都著香氣。　回憶上日春盤，羅帉輕裹，個個鎔蠟封蔕。歸時笑遺細君看，劚殘燈紅蕊。枉想像，金坡舊事，歲星今謫人間世。判洞庭，全家去，偏插墻陰，恣攜懷裏。

清　龐塏《**叢碧山房詩五集**》**卷四**《**壺柑**》　安名任所呼，取相直如壺。覓口何須有，懷香信不無。多情憐老衲，分供到狂夫。舉室生秋色，清吟晚未徂。

清　程晉芳《**勉行堂詩集**》**卷二〇**《**柑**》　聞說寒漿敵蔗漿，包來猶帶洞庭霜。殘枝映手不成緑，喜色連眉相間黃。千本久思隨橘種，一絲端欲亂橙香。上元燈火匆匆到，留待分傳仔細嘗。

圖表

明　李時珍《**本草綱目·圖卷**》

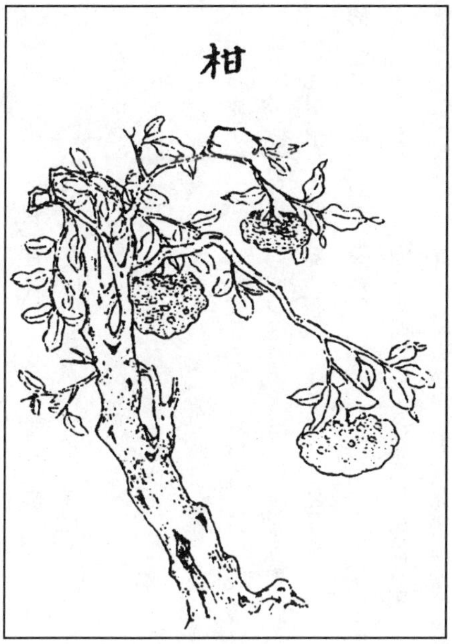

清　吳其濬《**植物名實圖考**》**卷三一**《**柑**》

橙

綜述

漢　許慎《**說文**》**卷六**　橙，橘屬。从木，登聲。丈庚切。

宋　羅願《**爾雅翼**》**卷一〇**《**橙**》　橙之芳用在皮，甘之甘在瓤。其木似橘，其葉中細如蜂腰，其實稍早，橙之黃時，橘方尚緑。其形圓，大於橘而香，皮厚而皺，乃正黃色，不若甘橘之帶赤也。《本草》云：其皮苦辛，作酢醬香美，蓋獨宜爲和，故張景陽《七命》云：燀以秋橙，酤以春梅。

元　王禎《**農書**》**卷九**《**橙**》　橙似橘樹而有刺，葉大而形圓，大於橘，皮甚香，厚而皺，其瓤味酸，不堪食。唐、鄧間多有之，江南尤甚，北地亦無此種。今人取橙皮合湯，香味殊美。栽植無異於橘，而其香則橘又不得比焉。劉彥沖詩云：橙橘甘酸各有能，南包橘柚不同升。果中亦抱遺才歎，有客攀條氣拂膺。昔人橙詩云：吴姬三日手猶香。故橙之爲果，可以熏袖，可以芼鮮，可以漬蜜，眞佳實也。

明 李時珍《本草綱目》卷三〇 橙宋《開寶》 釋名：金球、鵠殼。時珍曰：案陸佃《埤雅》云：橙，柚屬也。可登而成之，故字從登。又諧聲也。集解：志曰：橙，樹似橘而葉大，其形圓，大于橘而香，皮厚而皺，八月熟。時珍曰：橙産南土，其實似柚而香，葉有兩刻缺如兩段，亦有一種氣臭者。柚乃柑屬之大者，早黄難留；橙乃橘屬之大者，晚熟耐久。皆有大小二種。案《事類合璧》云：橙樹高枝，葉不甚類橘，亦有刺。其實大者如碗，頗似朱欒，經霜早熟，色黄皮厚，蹙衄如沸，香氣馥郁。其皮可以熏衣，可以芼鮮，可以和葅醢，可以爲醬齏，可以蜜煎，可以糖製爲橙丁，可以密製爲橙膏。嗅之則香，食之則美，誠佳果也。宗奭曰：橙皮今止以爲果，或合湯待賓，未見入藥。宿酒未解者，食之速醒。

明 徐光啓《農政全書》卷三〇 橙，《埤雅》曰：橙，柚屬，可登而成，故字從登。一名棖，一名金毬，一名鵠殼。葉有兩刻缺者是也。似橘樹而有刺，葉大而形圓，皮甚香，厚而皺，其瓤味酸。唐、鄧間多有之，江南尤盛，北地亦無此種，過淮則化爲枳。

清 曹溶《倦圃蒔植記・總論》卷上《論果》 橙有三種，香橙以氣勝，蜜橙以味勝，蟹橙爲下品。又一種波斯橙，香味俱平平，所長者形質偉然耳。

清 高士奇《北墅抱甕録・橙》 橙瓤極酸，皮甘辛而香。宿酲倦困時，得此昏思頓洗，功在茶荈之上。古者嘗取以芼鮮，《七命》所云『和以春梅，燀以秋橙』，今人未有用之者。

清 張逸少《佩文齋廣羣芳譜》卷六五《果譜・橙》 橙，《埤雅》云：橙，柚屬。可登而成，故字從登。又諧聲也。一名金毬，一名鵠鷇。樹似橘，有刺。實似柚而香，晚熟耐久，大者如盌，經霜始熟。葉大，有兩刻缺如兩段。皮厚，蹙衄如沸，香氣馥郁，可薰衣，可芼鮮，可和葅醢，可爲醬虀，可蜜煎，可糖製爲橙丁，可蜜製爲橙膏，可合湯待賓客，可解宿酒速醒。唐、鄧間皆有，江南尤多。栽植與橘同。多食傷肝。氣發虚熱，同獱肉食，發頭旋、惡心。洗去瓤中酸汁，和鹽、蜜煎成貯食，止惡心。能去胃中浮氣、惡氣。皮消食下氣，去胃中浮氣，和鹽貯食，止惡心。

清 吴其濬《植物名實圖考》卷三一《新會橙》 廣東新會縣橙，爲嶺南佳品。皮薄緊，味甜如蜜。走數千里不變形狀，與他亦稍異。食橙而不及此，蓋不知橙味。

藝文

宋 歐陽修《文忠集》卷五六《棖子》 嘉樹團團俯可攀，壓枝秋實漸斕斑。朱欄碧瓦清霜曉，粲粲繁星緑葉間。

宋 高似孫《剡録》卷一〇《草木禽魚下・棖》 張籍詩：山路黄棖熟，沙田紫芋肥。眞剡中風物也。梅聖俞詩：越山橙熟久，楚飯稻春初。

元 袁士元《書林外集》卷七《橙》 金丸萬顆乍經霜，摘取雕盤助玉觴。笑看吴姬輕剖處，滿身香霧襲衣裳。

明 方孝孺《遜志齋集》卷二三《感橙樹有作有序》 秋林道傍有橙樹，處荆棘中，不知幾何年。會增置驛舍，芟夷堂基，斧斤幾及。遇識者，知其爲果實之美也，獲免。築室既成，正值窻牖間，結實纍纍然可愛。過而見焉，感而爲之賦詩。橙生蜀山裏，蕪没荆棘場。荆棘忽翦除，孤根虞見傷。幸遇識者顧，扶植不忍戕。築室適在兹，窗牖正相當。花垂素雪盛，葉茂青雲張。方秋氣盛肅，原野飛早霜。衆木不復榮，百草已罷芳。纍纍枝間實，爛爛半青黄。摘置樽俎間，几席有餘光。豈惟巴人羡，南服亦罕嘗。嵬峩帝王宫，異味來萬方。何以解煩渴，甘酪間蔗漿。此物儻前陳，玉食益馨香。可令積疢蠲，坐見人情康。惜無先容者，盱彼塗路長。遇世良有會，處已貴安常。歲寒善自保，用舍隨行藏。

清 朱彝尊《曝書亭集》卷二九《減蘭橙》 朱欒幾樹。愛惜芳根移細雨。鵠殼重紋，作意秋涼已十分。一年好景，玉臼金虀長記省。有底酸漿，搗處眞憐透甲香。

清 查慎行《敬業堂詩集》卷四九《綺羅香橙》 翠淺疑流，黄嬌欲滴，屢報新霜番次。顆顆低垂，葉底微窺密刺。記小庭，細雨初移，是籬落，年時秋尾。似蓬萊，金醴嫌酸，清泉簌簌已流齒。憑闌幾遍細數，自攀條摘後，枝頭剩幾。佳客重來，取給猶煩一二。擣金虀，風味攢眉，散緑霧，清香繞指。乞人前，橘樣偷藏，團圞懷袖裏。

清 方濬頤《二知軒詩鈔》卷一一《詠果・新會橙》 殫秋紀張協，霜香吟杜甫。橘籍歲輸貢，命官肇漢武。於今老樹甜，翁山缺未譜。坡云喜搓绿，含酸吾不取。

圖表

明　李時珍《本草綱目·圖卷》

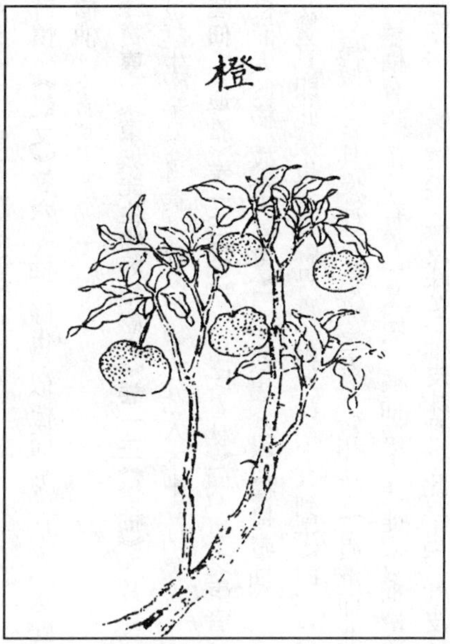

清　吴其濬《植物名實圖考》卷三一《新會橙》

柚

論説

清　張庚《强恕齋文鈔》卷四《柚説》　《禹貢》揚州厥包橘柚錫貢，橘柚並舉，則柚亦美種。吴越爲揚州，其地産佳橘，吴則包山，越則永嘉尤美，獨未聞有柚。考《果譜》，橘曰實如柚而小，橙曰實如柚而香，皆藉柚言，而柚反無譜，僅採古句，如《周禮》「秋食橘柚」，《晏子》「橘柚不剖」，李杜詩「人煙寒橘柚」，「黄知橘柚來」等，附著橘譜，未有專言柚者。惟《吕氏春秋》云：果之美者，雲夢之柚。《廣志》云：成都之柚大如斗。而皆不詳其種。又雲夢爲荆州，成都爲梁州，皆非揚州，未可以證粤中亦産柚。粤爲揚州境，然未聞有稱柚爲佳品者，則錫貢之説不可解矣。豈始則並橘命貢後，廢柚專命貢橘，故鮮及之耶？昔余遊豫章，客有自粤攜柚至，甚異之，其大如鉢，其色正黄如橙，其皮細紋如橘，其瓤白，其味甘而恬，類越中泥山之柑，洵屬絶品。思饜之，覓於市，得四枚，其瓤微紅，其味大不如白者，棄不食。後入蜀，柚之大者誠有如斗者，然瓤多紅，即白瓤，味亦不佳，不足道也。又曾遊楚，惜未及食雲夢産者，不知校粤中何如耳。表弟盛相書客粤，食柚甘之藏其核，歸孕於寢室隙地，俟勾萌甲析謹培之成樹，十餘年不花，以爲根不宜於吴地也。今年始花而實得六枚，已閲十七年矣。其大小及色與味一如粤産，餉余一枚，余不忍即食，盛以磁盤，作清供，見者歎異，行將落其核，冀廣其種，俾吴越間增一名果，以釋《禹貢》與橘並舉之意，且以補《果譜》之闕，著柚説。時爲乾隆二十二年十月下浣。

綜　述

《列子・湯問》　吴楚之國有大木焉，其名爲櫾，碧樹而冬生，實丹而味酸。食其皮汁，已憤厥之疾。齊州珍之，渡淮而北而化爲枳焉。

《爾雅・釋木》　櫠，椵。注：柚屬也。子大如盂，皮厚二三寸，中似枳，食之少味。【略】疏：櫠，一名椵。郭云：柚屬也【略】柚，條。注：似橙，實酢，生江南。音義：柚，羊又反，或作櫾。條，字又作樤。橙，直耕反，《上林賦》云『黄甘橙榛』是也。榛，音直奏反。吕忱云：橙，橘屬。疏：柚，一名條。郭云：似橙，實酢，生江南。《禹貢・揚州》云：厥苞橘、柚。孔安國云：小曰橘，大曰柚。《吕氏春秋》云：果之美者，有雲夢之柚。《本草唐本注》云：柚皮厚味甘，不如橘皮味辛而苦。其肉亦如橘，有甘有酸。酸者名胡甘。今俗人或謂橙爲柚，非也。

漢　許慎《説文》卷六　柚，條也，似橙而酢。从木，由聲。《夏書》曰：厥包橘柚。余救切。

宋　釋贊寧《東坡先生物類相感志》卷一三《橙柚》　其爲樹也，葉有兩刻缺是也。生實香美可食。或以阿魏少分，入木則立枯矣。

宋　陸佃《埤雅》卷一三《柚》　《吕氏春秋》曰：果之美者，有雲夢之柚。柚似橙而大於橘，故《兩同書》曰：執錫分銀，操橙證柚。一名條，《秦風》所謂有條者，即此是也。碧榦丹實，出於江南。《列子》曰：吴楚之國有大木焉，其名爲櫾。食其皮汁，已憤厥之疾。齊州珍之，渡淮而北而化爲枳焉。故曰：橘柚有鄉，萑蒲有叢。又曰：橘柚凋于北徙，若榴鬱於東移也。【略】《藥語》曰：《本草》云：橘皮味苦，柚皮味甘。此誤也。柚皮極苦，不可向口。皮甘者乃橙爾。橙可登而成之，柚視其外油然者也。

宋　周去非《嶺外代答》卷八《花木門・柚子》　柚，南州名臭柚。大如瓜，人亦食之，皮甚厚，穰極小。打碑者，捲皮蘸墨，以代氊刷。宜墨而不損紙，頗便於用也。赤柚子如橄欖，皮青而肉赤，春實。

宋　羅願《爾雅翼》卷一〇《柚》　柚似橘而大，其味尤酸。孔安國云：小曰橘，大曰柚。郭璞則曰：柚似橙而大於橘。《禹貢》揚州，厥包橘柚錫貢。橘柚皆不耐寒，故包裹而致之也。錫貢者，須錫命而獻之，言不常來也。《列子》曰：吴楚之國有大木焉，其名爲櫾，碧木而冬生，實丹而味酸。食其皮汁，已憤厥之疾。齊州珍之，渡淮而北化爲枳焉。則是其類。《子虚賦》：橘柚芬芳。《蜀都賦》：家有鹽井之泉，户有橘柚之園。《廣志》曰：成都有柚大如斗。《吕氏春秋》：果之美者，江浦之橘，雲夢之柚。

宋　范成大《桂海虞衡志・志果》　柚子，南州名臭柚。大如瓜，人亦食之。皮甚厚，打碑者捲皮蘸墨以代氊制，宜墨而不損紙，極便於用。此法可傳，但北州無許大柚耳。

明　田藝蘅《留青日札》卷三三《櫾》　《列子》：吴越之國有木焉，其名曰櫾，碧樹而冬生。櫾、柚同。《漢書》：橘柚芬芳。注曰：柚即橙也。非是。蓋柚與橙異種，初非一物。所云『似橘而大，味酢皮厚』者是也。後又云：蘆橘夏孰，黄甘橙榛。郭璞曰：黄甘，橘孰而味精。榛亦橘之類。張揖曰：榛，小橘也，出武林。則知柚非橙矣。

明　李時珍《本草綱目》卷三〇　柚音又。《日華》釋名：櫾、與柚同。壺條、《爾雅》壺柑、《唐本》臭橙、《食性》朱欒。時珍曰：柚色油然，其狀如卣，故名。壺亦象形。今人呼其黄而小者爲蜜筩，正此意也。其大者謂之朱欒，亦取團欒之象。最大者謂之香欒。《爾雅》謂之櫠（音廢），又曰椵（音賈）。《廣雅》謂之鐳柚，鐳亦壺也。《桂海志》謂之臭柚，皆一物。但以大小、古今、方言稱呼不同耳。集解：恭曰：柚皮厚味甘，不似橘皮薄味辛而苦。其肉亦如橘，有甘有酸，酸者名壺柑。今俗人謂橙爲柚，非矣。案《吕氏春秋》云：果之美者，江浦之橘，雲夢之柚。郭璞云：柚出江南，似橙而實酢，大如橘。《禹貢》云：揚州厥包橘、柚。孔安國云：小曰橘，大曰柚，皆爲柑也。頌曰：閩中、嶺外、江南皆有柚，比橘黄白色而大。襄、唐間柚，色青黄而實小。其味皆酢，皮厚，不堪入藥。時珍曰：柚，樹、葉皆似橙。其實有大、小二種：小者如柑如橙；大者如瓜如升，有圍及尺餘者，亦橙之類也。今人呼爲朱欒，形色圓正，都類柑、橙。但皮厚而粗，其味甘，其氣臭，其瓣堅而酸惡不可食，其花甚香。南人種其核，長成以接柑、橘，云甚良也。蓋橙乃橘屬，故其皮皺厚而香，味苦而辛；柚乃柑屬，故其皮粗厚而臭，味甘而辛。如此分柚與橙、橘自明矣。郭璞云：櫠，大柚也。實大如盞，皮厚二三寸，子似枳，食之少味。范成大云：廣南臭柚大如瓜，可食，其皮甚厚，染墨打碑，可代氈刷，且不損紙也。《列子》云：吴越之間有木焉，其名爲櫾。碧樹而冬青，實丹而味酸。食其皮汁，已憤厥之疾。渡淮而北，化而爲枳。此言地氣之不同如此。

明　周文華《汝南圃史》卷四　柚，枝葉扶蘇，結實最鉅，有如小斗者，肉有紅、白二種。其紅者味甘酸如楊梅，極有風味。近沈雙槐爲福州守，携歸吴中，録其核種之，十年乃生，形雖偉而味頗酢。白色者不足貴，亦可藏至二三月間，以其少，故珍之。

明　徐光啓《農政全書》卷三〇　柚，《爾雅》曰：柚，條。又曰：櫠，椵。郭璞曰：柚屬也，似橙而實酢，大於橘。橘皮薄，味辛苦。柚皮厚而肥甘。其肉有甘有酸，酸者名胡柑。一名條，一名櫾，一名壺柑，一名臭橙。《廣雅》謂之鐳實。有大、小二種，小者如柑如橙，俗呼爲蜜筩；大者如升如瓜，俗呼爲朱欒。有圍及尺餘者，俗呼香欒。閩中、嶺外、江南皆有之。南人種其核，云長成以接柑橘甚良。《呂氏春秋》曰：果之美者，有雲夢之柚。

明　陳正學《灌園草木識》卷二《果之屬・柚》　《呂氏春秋》云：菓之美者，雲夢之柚。漳人呼爲欒，字亦有本，出《本草》。小園有六種：蜜柚、名家柚、侯相柚、仁齋柚、過溪柚、小溪柚。

清　曹溶《倦圃蒔植記・總論》卷上《論果》　柚子味不甚美，而交春乃香，種亦傳於遠方。又一種瓤紅而味甘者，閩人曾以果來售。

清　劉獻廷《劉繼莊先生廣陽雜記》卷四　柚出閩廣，蓋橙類，大如巨升，色黃如梨。案：柚，一曰櫾，亦曰條。《唐本草》曰：壺柑，《食性》曰臭橙，亦曰生欒。李時珍曰：柚色淡然，其狀如卣，故名壺，亦象形。今人呼其黃而小者，正此意也。柚樹葉皆似橙，其實有大、小二種。小者如柑橙，大者如瓜如升。有圍及尺餘者，亦橙之類也。今人呼爲朱欒，形色圓正，都類柑、橙，但皮厚而粗。其味甘，其氣臭，其瓣堅而酸，其萼甚香。南人種其核，長成以接柑橘，云甚良也。《爾雅》有櫠，音廢。郭璞云：櫠，大柚也。范成大云：廣南臭柚，大如瓜，可食。其皮甚厚，染墨打碑，可代氈刷，且不損紙也。《爾雅》亦曰：檟音賈。《列子》云：吴越之間有木焉，其名爲櫾，碧樹而冬青，實丹而味酸，渡淮而北而爲枳。《廣雅》謂之櫺柚，櫺亦柚也，皆此物耳。予在衡州時買而食之，亦可口也。

清　張逸少《佩文齋廣羣芳譜》卷六五《果譜・柚》　柚，與櫾同，古作櫾。《博雅》又謂之棒，七候反。一名條，《爾雅》云：條，柚。注云：似橙，實酢。一名壺甘，《本草》云：狀如卣，故名壺，象形也。《古今注》云：甘實形如石榴者，謂之壺甘。一名臭橙。《桂海虞衡志》又謂之臭柑。《爾雅》謂之櫠，又曰椵。《爾雅》云：櫠，椵。注云：柚屬也，大如盂。《廣雅》謂之鐳柚。《本草》云：鐳亦壺也。《廣州記》云：鐳柚，實大如斗。柚，實大而粗，柑橘中下品也。三月開花，奇大，香甚馥郁。實亦如橘，有甘有酸，皮厚而臭。樹葉皆類橙。實有大小二種。小者如柑如橙，俗呼爲蜜筩。大者如升如瓜，俗呼爲朱欒。有圍及尺餘者，俗呼爲香欒。閩中、嶺外、江南皆有之。南人種其核，云長成以接柑橘，甚良。又有名文蛋，名仁崽者，亦柚類也。

清　王念孫《廣雅疏證》卷一〇　柚，棒也。《禹貢・揚州》：厥包橘柚錫貢。《傳》云：小曰橘，大曰柚。字亦作櫾。《中山經》云：荆山多橘櫾。郭注云：櫾似橘而大也。皮厚味酸。《御覽》引《風土記》云：柚，大橘。赤黃而酢也。《漢書・司馬相如傳》：黃甘橙棒。張氏注云：棒，小橘也，出武陵。是柚大而棒小。不得以柚爲棒也。疑柚棒下脱去橘字。大橘曰柚，小橘曰棒。故云：柚，棒橘也。猶上文樝梈二種皆訓爲梨耳。柚，《爾雅》謂之條。條與柚古音相近也。《說文》云：柚似橙而酢。《莊子・天運》篇云：相梨橘柚，其味不同而皆可於口。以梨橘味甘，相柚味酸也。《列子・湯問》篇云：吴楚之國有大木焉，其名爲櫾，碧樹而冬生，實丹而味酸，食其皮汁，已憤厥之疾。齊州珍之，渡淮而北而化爲枳焉。案《考工記》云：橘踰淮而北爲枳。與此同。蓋橘之與柚，散文則通矣。郭璞注《上林賦》云：棒亦橘之類也。《呂氏春秋・本味篇》云：果之美者，雲夢之柚。張協《七命》云：漢皋之棒。則二物多生江、漢之閒也。雷斅《炮炙論》云：凡使橘皮，勿用柚皮、皺子皮。皺與棒同。棒，各本奚爲棒，今訂正。

清　吴其濬《植物名實圖考》卷三二《柚》　柚，《爾雅》：櫾，條。《日華子》始著其功用。南方極多，以紅囊者爲佳。李時珍以朱欒、蜜筩併爲一種，殊未的。又《爾雅》：櫠，椵。注：柚屬，大如盂。《正義》謂范成大所謂『廣南臭柚，大如瓜，其皮甚厚』者。按：此即閩中所謂泡子，味極酢，亦有可食者，多以爲盤供。與紅囊柚一類二種。

藝文

晋　郭璞《柚讚》（引自《漢魏六朝百三家集》卷五七）　厥包橘柚，精者曰甘。實染繁霜，葉鮮翠藍。屈生嘉歎，以爲美談。

宋　朱熹《晦庵集》卷一《柚花》　春融百卉茂，素榮敷緑枝。淑郁麗芳遠，悠颺風日遲。南國富嘉樹，騷人留恨詞。空齋對日夕，愁絶鬢成絲。

宋 高似孫《剡録》卷一〇《草木禽魚下・柚》 《列子》曰：吳越人間有木焉曰櫾，碧實冬青，實丹而味酸。《爾雅音義》曰：柚作櫾。崔琦《七蠲》曰：于斯江澤，實産橘柚，紫葉元實，緑裏朱莖。謝惠連詩：含苞者柚，忘憂者萱。實摘柯摧，葉殞條繁。

清 屈大均《翁山詩外》卷七《從澹翁六叔乞取香柚》 愛爾增城柚，黄時及大冬。霜多催熟早，雨少使香濃。就樹須親摘，成林即素封。畏寒吾不食，持作玉盤供。

清 愛新覺羅・弘曆《清高宗詩二集》卷三三《柚》 南北奚曾異，味香洵得宜。却教生動筆，寫出欲垂枝。不剖寧非譎，能藏太覺奇。田盤寺樓上，小憶向年時。

清 方濬頤《二知軒詩鈔》卷一二《桑麻柚桑麻園在南海鄉。》 香欒大於橘，遠邁秦中條。鐳邏及禾轆，皆柚名土物充厥包。增城吏胡貪，見廣東新語南海土沃饒。化物不自化，難免詩人嘲。

圖表

晉 郭璞《爾雅音圖・釋木》

明 李時珍《本草綱目・圖卷》

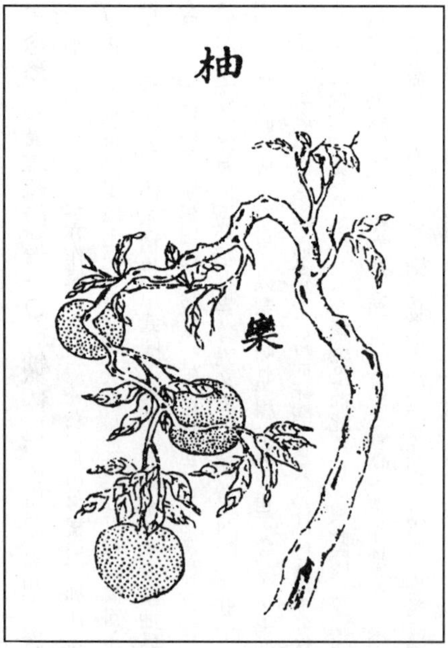

清　吳其濬《植物名實圖考》卷三二《柚》

枳

綜述

漢　許慎《説文》卷六　枳,木似橘。从木,只聲。諸氏切。

明　李時珍《本草綱目》卷三六　枳《本經》中品　校正：并入《開寶》枳殼。

釋名：子名枳實,《本經》枳殼。宋《開寶》　宗奭曰：枳實、枳殼一物也。小則其性酷而速,大則其性詳而緩。故張仲景治傷寒倉卒之病,承氣湯中用枳實,皆取其疏通、決泄、破結實之義。他方但導敗風壅之氣,可常服者,故用枳殼,其義如此。恭曰：既稱枳實,須合核瓤,今殊不然。時珍曰：枳乃木名,從只,諧聲也。實乃其子,故曰枳實。後人因小者性速,又呼老者爲枳殼。生則皮厚而實,熟則殼薄而虚,正如青橘皮、陳橘皮之義。宋人復出枳殼一條,非矣。寇氏以爲破結實而名,亦未必然。集解：《别録》曰：枳實生河内川澤。九月、十月採,陰乾。志曰：枳殼生商州川谷。九月、十月採,陰乾。藏器曰：《本經》採實用九月、十月,不如七月、八月,既厚且辛。舊云：江南爲橘,江北爲枳。《周禮》亦云：橘逾淮而北,爲枳。今江南枳、橘俱有,江北有枳無橘。此自别種,非關變易也。頌曰：今洛西、江湖州郡皆有之,以商州者爲佳。木如橘而小,高五七尺。葉如橙,多刺。春生白花,至秋成實。七月、八月採者爲實,九月、十月採者爲殼。今醫家以皮厚而小者爲枳實,完大者爲枳殼,皆以翻肚如盆口狀、陳久者爲勝。近道所出者,俗呼臭橘,不堪用。

清　孫之騄《枝語》卷下《枳》　橘逾淮而北爲枳,今江南枳橘皆有,江北有枳無橘,一云皮厚而小者爲枳,實完大者爲枳殼,此藥名也。按：《容齋四筆》載六枳關,云盤洲種枳六,本以爲藩籬之限,立小門名曰六枳關。每爲人問其所出,倦於酧應,今取馮衍《顯志賦》中語,書於此。衍云揵六枳,而爲籬。按：《東觀漢記》作八枳。《逸周書・小開篇》云：嗚呼,汝何敬非時,何擇非德。德枳維大人,大人枳維公,公枳維卿,卿枳維大夫,大夫枳維士登,登皇皇維在國枳,國枳維都,都枳維邑,邑枳維家,家枳維欲無彊。言上下相維,遞爲藩蔽也。其數有八,與《東觀記》同。予詳考之,乃九枳也。宋景文公賀辛相啓『式維公枳』,蓋用此云。

清　周廣業《過夏雜録》卷三《枳殼花》　雍陶城西訪友別墅詩：村園門巷多相似,處處春風枳殼花。風趣甚佳。枳寔、枳殼皆藥名。枳即今枸橘,叢生,多刺,春開白花。村人多植之以爲虎落。初夏採其子曝乾,小者全用爲枳寔,大者去穰用殼爲枳殼,則不應言枳殼花。余村行有句云『港南埭北沿籬落,花滿春風枸橘香』,較爲得實。

藝文

唐　白居易《白氏長慶集》卷二《有木詩八首》　有木秋不凋,青青在江北。謂爲洞庭橘,美人自移植。上受顧盼恩,下勤澆溉力。實成乃是枳,臭苦不堪食。物有似是者,眞僞何由識。美人默無言,對之長歎息。中含害物意,外矯凌霜色。仍向枝葉間,潛生刺如棘。

明　陳獻章《陳白沙集》卷九《枳殼》　蓓蕾枝頭春意長,卧看蜂蝶往來忙。不知今日聞多少,熏得先生枕蓆香。

圖表

明　李時珍《本草綱目·圖卷》

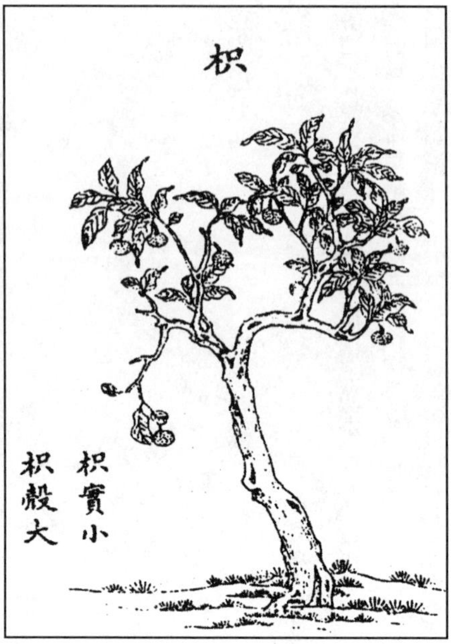

枸橘

綜述

明　李時珍《本草綱目》卷三六　枸橘《綱目》　釋名：臭橘。集解：時珍曰：枸橘處處有之。樹、葉并與橘同，但幹多刺。三月開白花，青蕊不香。結實大如彈丸，形如枳實而殼薄，不香。人家多收種爲藩蘺，亦或收小實，僞充枳實及青橘皮售之，不可不辨。

明　方以智《物理小識》卷九　枸橘　枸橘，穰絢間溝泥種成树，髡頭令發肆棘鍼，成屏翳。

清　嵇璜《續通志》卷一七六　枸橘，一名臭橘。樹葉並與橘同，而實如彈丸，不香。

圖表

明　李時珍《本草綱目·圖卷》

枳椇

綜　述

三國吳　陸璣《毛詩草木鳥獸蟲魚疏》卷上《北山有枸》　枸樹，山木，其狀如櫨，一名枸骨。高大如白楊，所在山中皆有。理白可爲函板。枝柯不直，子著枝端，大如指，長數寸，噉之甘美如飴，八九月熟，江南特美。今官園種之，謂之木蜜。古語云：枳枸來巢。言其味甘，故飛鳥慕而巢之。本從南方來，能令酒味薄。若以爲屋柱，則一屋之酒皆薄。

晉　崔豹《古今注》卷下　木蜜生南方，合體皆甜，嫩枝及葉皆可生噉，味如蜜，解悶止渴。其老枝及根幹堅不可食，細破煮之，煎以爲蜜，味倍甜濃。糯棗葉如柳實，似柿而小，味亦甘美。枳椇子，一名樹蜜，一名木餳。實形拳曲，核在實外，味甜美如餳蜜。一名白石，一名白實，一名木石，一名木實，一名枳椇。

唐　蘇鶚《蘇氏演義》卷下　木蜜生南方，合體皆甜，嫩枝一作軟皮。及葉皆可生啗，味如蜜，解煩止渴。其老枝及根幹堅不可食，細破煮之，煎以爲蜜，味倍甘美。枳椇子，一名木餳，實形拳曲，花在實外。按八字，據古今注補入。味甘美如餳蜜也。一名樹蜜，一名木實，一名白石，一名白實。

宋　釋贊寧《東坡先生物類相感志》卷一三《枸拘》　樹形似白形楊，其子著枝端，如小指長數寸，曲相連，噉之美如餳，八九月熟。今官園種之，謂是木密。木從江南來，能令酒味薄。若作屋柱，令一室酒味薄。江南謂之白石樹。《詩》所謂『南山有枸』是也。

又《木密》　食之解悶。《古今注》云：生南方，合體皆取，軟枝及葉皆生噉，味如今蜜，解悶止渴。其老枝根幹不可食，細破煮之以爲蜜，味倍淳濃也。

又《拘子》　音矩，生蜀中，子可食，江南人謂之木密。其木近酒能使味薄矣。《漢書》有拘醬，亦同名，拘子形如柔桑黮，緣木而生，味尤辛。今岩渠有之，堪爲醬。一説枸緣味酸，生嶺南，大葉，甘橘之屬。按前説爲之木密，則甜能薄酒味；若後二説即甘橘之比。則《禮》謂之枳椇實，有解如珊瑚，霜下益苦，食之甘美。乾則紫色而熟香，詳其拘南人謂之鷄枳是也。枸椇二木別也，又枸音鈎，枸櫞形大於柚，以紫汁染其果瓤亦是也。

宋　羅願《爾雅翼》卷九《椇》　椇，枳椇也。其木徑尺，葉如桑柘。以爲屋材，則室中酒味皆敗。其子作房似珊瑚，核在其端，其味甚甘，小兒食之，江東謂之木蜜。崔豹《古今注》云：枳椇子，一名木蜜，一名木餳。實形卷曲，核在實外，味甘美如餳蜜。一名白石，一名木實、白木實，名枳椇。古者人君燕食所加庶羞，凡三十一物，其果則有淩、椇、棗、栗、榛、柿、瓜、桃、李、梅、杏、楂、梨。又婦人之贄，椇、榛、棗、栗。荆楚之俗，亦鹽藏荷裹以爲冬儲。今不以爲重，賤者食之而已。古語云：枳椇來巢。言其味甘，故飛鳥慕而巢之。或云：枳句如枳木之勾曲。【略】孔氏以爲枳椇之木，其枝多曲撓。亦引陸璣《草木疏》『椇曲來巢』，以證曲撓之義。蓋商俎似椇之曲耳。椇，今人謂之枅狗，又謂之蜜曲録。

明　楊慎《丹鉛續録》卷一《南山有枸》　注：枳枸也。陸璣《疏》云：枸樹高大似白楊。生子著枝端，大數寸，甘美如飴，八月熟，謂之木蜜。《詩詁》云：狀似枅栱，土人謂枅栱木。通作椇，《本草》枳椇，《廣韻》枳椇。實如珊瑚，是白石木之子。《説文》作積字，從禾，積極也。徐鍇云：積極，屈曲不伸之意。積極之果，其狀詰屈，亦取此爲名。

明　李時珍《本草綱目》卷三一　枳椇音止矩。《唐本草》　校正：自木部移入此，并入《拾遺》木蜜。　釋名：蜜樍椒、音止矩。蜜屈律、《廣記》木蜜、《拾遺》木餳、同上木珊瑚、《廣志》鷄距子、蘇文鷄爪子，俗名木名白石木、《唐注》金鈎木、《地志》枅栱、音鷄拱。交加枝。時珍曰：枳椇，徐鍇注《説文》作樍椒，又作枳枸，皆屈曲不伸之意。此樹多枝而曲，其子亦捲曲，故以名之。曰蜜，曰餳，因其味也。曰珊瑚，曰鷄距，曰鷄爪，象其形也。曰交加，曰枅栱，言其實之紐屈也。枅栱，枋梁之名。按《雷公炮炙序》云：弊箄淡鹵，如酒沾交。注云：交加枝，即蜜樍椒也。又《詩話》云：子生枝端，横折歧出，狀若枅栱，故土人謂之枅栱也。珍謂枅栱及俗稱鷄距，蜀人之稱桔枸、棘枸，滇人之稱鷄橘子，巴人之稱金鈎，廣人之稱結留子，散見書記者，皆枳椇、鷄距之字，方音轉異爾。俗又訛鷄爪爲曹公爪，或謂之梨棗樹，或謂之癩漢指頭，崔豹《古今注》一名樹蜜，一名木石，皆一物也。集解：恭曰：枳椇子其樹徑尺，木名白石，葉如桑柘。其子作房似珊瑚，核在其端，人皆食之。頌曰：此《詩・小雅》所謂『南山有枸』也。陸璣《疏義》云：檟枸樹高大如白楊，所在皆有，枝柯不直。子着枝端，啖之甘美如飴，八九月熟，江南特美之，謂之木蜜。能敗酒味，若以其木爲柱，則屋中之酒皆薄也。詵曰：昔有南人修舍用此木，誤落一片入酒甕中，酒化爲水也。藏器曰：木蜜樹生南方，人呼白石木，枝、葉俱甜。嫩葉可生啖，味如蜜。老枝細破，煎汁成蜜，倍甜，止渴解煩也。時珍曰：枳椇木高三四丈，葉圓大如桑柘，夏月開花。枝頭結實，如鷄爪形，長寸許，紐曲，開作二三歧，儼若鷄之足距。嫩時青色，經霜乃黄，嚼之味甘如蜜。每開歧盡處，結一二小子，狀如蔓荆子，内有扁核赤色，如酸棗仁形。飛鳥喜巢其上，故宋玉賦云：枳枸來巢。《曲禮》云：婦人之贄，椇、榛、脯脩。即此也。鹽藏荷裹，可以備冬儲。

明 慎懋官《華夷花木鳥獸珍玩考》卷三《枳柜》《廣志》曰：枳柜葉似蒲柳，子似珊瑚，其味如蜜，十月熟。樹乾者美，出南方邛郲，枳柜大如指。《詩》曰『南山有枸』，毛云：柜也。《義疏》曰：樹高大似白楊，在山中有子著枝端，大如指，長數寸，噉之甘美如飴，八九月熟，江南者特美。今官園種之，謂之木蜜，本從江南來。其木令酒薄，若以爲屋柱，則一屋酒皆薄。岑樓慎氏曰：即《圖經》所謂接骨木也。

明 吳雨《毛詩鳥獸草木考》卷一八《枸》枸，一名枳枸，一名木蜜，一名木錫，合體皆甜，嫩枝及葉皆可生噉，味如蜜，解悶止渴。其老枝及根幹堅不可食，細破煮之，煎以爲蜜，味陪甜濃。子名枳椇房，生著枝端，形似珊瑚，皮薄色黄。江南特美，謂之枅栱。庶羞三十一物内有此果。今人賤之。蜀人謂之枸，以其木爲屋，近酒能令酒味薄。朱子云：枳枸子，建陽謂之皆拱子。俗謂之癩漢指頭。吾鄉呼爲兼勾。味甘而解酒毒。人家左右前後有此木，則醖酒不成。宋玉賦云：枳枸來巢。則枸木多枝而曲，所以來巢也。陸璣云：枸樹大似白楊，子着枝端，大如指，長數寸，噉之甘美如飴。八月熟。今官園種之，謂之木蜜。

明 陳師《禪寄筆談》卷七枸，嚴粲引陸璣曰：枸樹高大似白楊，多枝而曲。飛鳥喜巢其上，生子着枝端，大如指，長數寸，噉之甘美，能令酒薄。名稱不同，各書所載一也。今貴州賣菜傭亦販之，亦名機枸子，蓋音訛也。夫以婦人之首摯，國君之庶羞，今皆泯而無聞，毋怪乎古禮之不復也。

明 吳之俊《獅山掌録》卷一八《枳椇》枳椇似白楊，子着枝端似珊瑚樹，噉之甘美，謂之木蜜。以爲屋柱，能令酒薄。

明 鮑山《野菜博録》卷四拐棗生密縣梁家衝山谷中，葉似楮葉無花，叉却更尖而面多紋脉，邊有細鋸齒，開淡黄花，結實狀似生薑，有叉細短，深茶褐色，故名拐棗，味甜。

清 徐鼎《毛詩名物圖説》卷九《古今注》：枳椇子，一名樹蜜，一名木錫。實形拳曲，核在實外。陸璣《疏》：枸，枳枸也。木高大似白楊，山中皆有。枝柯不直，子著枝端，大如指，長數寸，噉之甘美如飴，八九月熟，江南特美。今官園種之，謂之木蜜。《埤雅》：多枝而曲，飛鳥喜巢其上。宋玉賦曰『枳枸來巢』是也。《本草》：其樹徑尺，葉如桑柘，其子作房似珊瑚，核在其端，人皆食之。

清 牟應震《毛詩物名考》卷五枸，木拳曲多節，故字從句。陸梠字《疏》云：節中腫可爲杖以扶老，今靈壽是也。居、句通音，故陸誤以枸注梠也。今嶗山有木，皮赤紫，擁腫多節，人取以爲杖。問之土人，云靠老木。靠老者，扶老也。

清 吳其濬《植物名實圖考》卷三二《枳椇》枳椇，《唐本草》始著録，即枸也。詳《詩疏》。能敗酒，俗呼雞距，亦名拐棗，山中皆有之。《本草拾遺》木蜜，即此。

圖表

明 李時珍《本草綱目・圖卷》

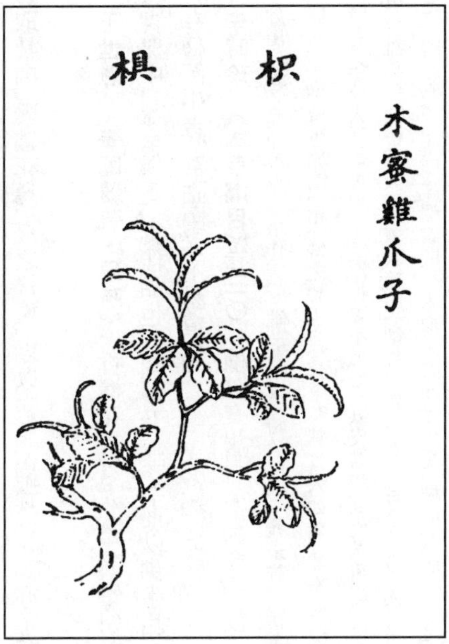

明 鮑山《野菜博録》卷四

清 徐鼎《毛詩名物圖説》卷九

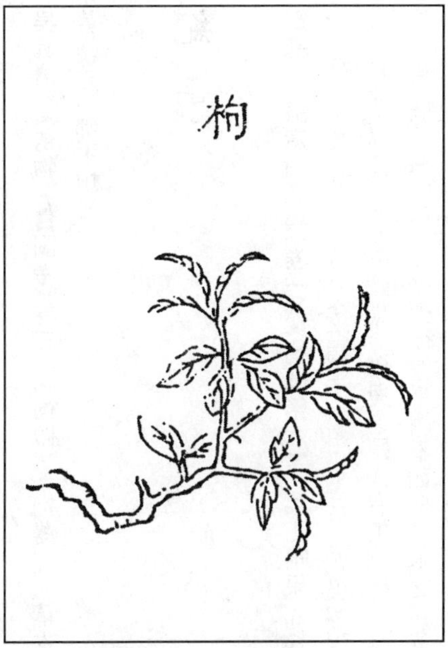

清 吴其濬《植物名實圖考》卷三二《枳椇》

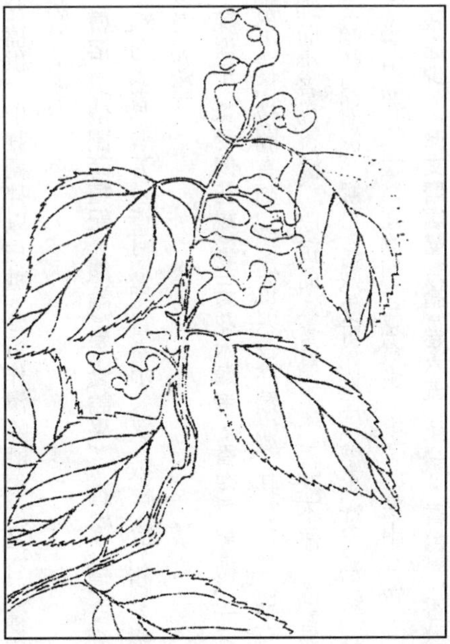

香櫞

綜述

晉　嵇含《南方草木狀》卷下　枸櫞子，形如瓜，皮似橙而金色，胡人重之，極芬香，肉甚厚，白如蘆菔。女工競雕鏤花鳥，漬以蜂蜜，點燕檀，巧麗妙絶，無與爲比。泰康五年，大秦貢十缶，帝以三缶賜王愷，助其珍味，誇示於石崇。

唐　劉恂《嶺表録異》卷中　枸櫞子，形如瓜，皮似橙而金色，故人重之，愛其香氣。京輦豪貴家飣盤筵，憐其遠方異果。肉甚厚，白如蘿蔔。南中女工競取其肉，雕鏤花鳥，浸之蜂蜜，點以臙脂，擅其妙巧，亦不讓湘中人鏤木瓜也。

明　王世懋《學圃雜疏·果疏》　香櫞花香實大，雖酸溅齒，以爲湯則大佳。置實盤中，盈室俱香，實佳品也。閩中乃無之，而以佛手柑名。近聞洞庭人亦有種而生者，吾圃中尤不易植也。

明　李時珍《本草綱目》卷三〇　枸櫞音矩員。宋《圖經》　校正：原附荳蔻下，今分出。釋名：香櫞、俗作圓。佛手柑。時珍曰：義未詳。佛手，取象也。集解：藏器曰：枸櫞生嶺南，柑、橘之屬也。其葉大，其實大如盞，味辛酸。頌曰：今閩廣、江南皆有之，彼人呼爲香櫞子。形長如小瓜狀，其皮若橙而光澤可愛，肉甚厚，白如蘿蔔而鬆虚。雖味短而香芬大勝，置衣笥中，則數日香不歇。寄至北方，人甚貴重。古作五和糝用之。時珍曰：枸櫞産閩廣間。木似朱欒而葉尖長，枝間有刺。植之近水乃生。其實狀如人手，有指，俗呼爲佛手柑。有長一尺四五寸者。皮如橙柚而厚，皺而光澤。其色如瓜，生緑熟黄。其核細。其味不甚佳而清香襲人。南人雕鏤花鳥，作蜜煎果食。置之几案，可供玩賞。若安芋片于蒂而以濕紙圍護，經久不癟。或擣蒜罨其蒂上，則香更充溢。《異物志》云：浸汁浣葛紵，勝似酸漿也。

明　周文華《汝南圃史》卷四　香圓，即香櫞，葉尖長，枝間有刺。植之近水易生。形長大，色正黄，清香襲人。置之窻几間，頗供清玩。肉酢酒鬮破之，蓋不減新橙。瓤可作湯，皮可作丁，葉可療病。有大、小二種，小者香，或云皮粗而形大者乃朱欒，非香櫞也。

明　文震亨《長物志》卷一一《香櫞》　大如楹盂，香氣馥烈。吴人最尚，以磁盆盛供。取其瓤拌以白糖，亦可作湯除酒渴。又有一種皮稍粗厚者，香更勝。

清　曹溶《倦圃蒔植記·總論》卷上《論果》　香櫞二種，皮細而小者，先芳；皮粗而大者，繼芳。皆可取用書室中，盆貯數枚，恰如蘭芳襲人，或和菊花同製湯，亦佳。

清　陳淏子《秘傳花鏡》卷三《花木類考·香櫞》　香櫞，一名枸櫞，本似橘而葉畧尖長，枝間有刺，花之色與香亦類橘。其實正黄色，有大、小二種，皮光細而小者爲香櫞；皮粗而大者爲朱欒，香味不佳。惟香櫞清芬襲人，能爲案頭數月清供。瓤可作湯，皮可作糖片、糖丁，葉可治病。其樹必待小鳥作巢後方得開花結實，亦物類之感召也。下子亦易出。

清　張逸少《佩文齋廣羣芳譜》卷六五《果譜·香櫞》　香櫞，一名枸櫞，柑橘之屬，嶺南閩廣江西皆有之。實大如小瓜，皮若橙，而光澤可愛。肉甚厚，白如蘿蔔而鬆虚。雖味短而香芬大勝，置衣笥中，經旬猶香。古作五和糝用之。

清　吴其濬《植物名實圖考》卷三一《枸櫞》　枸櫞，詳《草木狀》。宋《圖經》始著録。即佛手柑。

紀事

明　劉基《誠意伯文集》卷一八《枸櫞第六》　梁王嗜果，使使者求諸吴。吴人予之橘，王食之美。他日又求焉，予之柑，王食之尤美，則意其猶有美者未予也。其使者聘於吴而密訪焉。禦兒之鄙人有植枸櫞於庭者，其實大如瓜。使者見而愕之，曰：美哉！惶惶乎柑不如矣。求之，弗予。歸言於梁王，梁王曰：吾固知吴人之靳也。命使者以幣請之，朝而進之，薦而後嘗之，未畢一瓣，王舌縮而不能噍，齒柔而不能咀，鰯鼻𪖽頞以讓使者，使者以誚吴人。吴人曰：吾國果之美者橘與柑也。既皆以應王求，無以尚矣。而王之求弗置，使者又不詢，而觀諸其外美，宜乎所得之不稱所求也。夫木産於土，有土斯有木，於是乎果實生焉。果之所産不惟吴，王不偏索而獨求之吴。吾恐枸櫞之日至，而終無適王口者也。

藝　文

清　金之俊　《金文通公集》詩集卷六《山居候鳴・咏香櫞》　歲己酉秋九月，適余病起無聊，偶思世間花香最多，獨果實之香者絶少。南方惟香圓、佛手、木瓜三種爲香，而清幽澹遠，香圓尤勝。余因購得數百枚，滿貯一斗室中，每日鍵户静對，酣我鼻孔。當紅日射窻，覺香氣亦温煦，值浩月浸庭，覺香氣亦清冷。或時而展卷，則點畫皆含香欲溢，或時而假寐，則喘息亦吐納香中，一生未有此樂也。獨古人詩詞，未見咏及香圓者，不知何故，余是以創咏二絶，聊補其缺畧，恨未工爾。

羡君結果孕奇芳，不逐羣葩鬭艷陽。秋老霜濃清氣馥，恰逢三徑吐衷腸。

又　橘緑橙黄爭靚妝，獨君正色表秋陽。偏宜夜静書幃繞，伴我三冬臭味長。

清　徐元文　《含經堂集》卷一一《香櫞》　足凌雲夢柚，還笑洞庭橙。磊落懸枝重，團圞暎日明。香依棐几静，光逐博爐清。亦有青梅味，何心問玉羹。

清　蔣景祁　《罨畫溪詞・澡蘭香・詠香櫞》（引自《名家詞鈔》）　盛來玉盌，疊就金丸，清供畫堂瀙席。博山爐冷，湘水簾垂，依約晚煙江驛。憶當時曾識青青，新黄暗翻輕擿。一剪秋風漸老，茂陵歸客。　却笑輸他雋味，柑子纔分，木瓜剛瀉。爲誰酸澁，只甚團圞脉脉。有人憐惜，付深閨劈作單綃，隨意方圓入格。冰蔗好，點取花甍，雪香初積。

清　徐璣　《湖山詞・婆羅門引・咏香櫞》（引自《名家詞鈔》）　暈檀仙果，摘來顆顆氣新鮮，宛然丹荔初成，又似彩毬纔結，搓得十分圓。襯銅盤□上，與我周旋。　我知負汝搴蛛網，守陳編，倘趁包山橘柚，同上估船，倚門聲價，向吴娘賺盡畫眉錢，紅奩畔多少團圞。

清　愛新覺羅・弘曆　《清高宗詩三集》卷一四《香櫞》　具珠之體具檀味，總是祇園席上珍。設使不妨以色見，囫圇金粟即前身。

清　沈赤然　《五研齋詩鈔》卷六《瘁臞集・香櫞》　實大還同柚，香幽欲勝橙。風情宜几案，氣味似書生。牀絡丹絨細，燈雕寸燭明。何如清供好，剖作酒杯傾。

清　沈欽韓　《幼學堂文稿》卷五《香櫞賦》　稽含《草木狀》云：鈎緣子，形如瓜，皮似橙而金色，極芬香，肉甚厚，白如蘆菔。此香櫞之始也。韓氏《橘録》附三種，曰朱欒，曰香欒，曰香圓，然其所言物狀皆非香櫞，或是佛手柑之類。李時珍《本草》皆并入柚條，又誤矣。今時植園圃，置几案，以爲常玩。宣城朱明府盆畜一本，結二實，獻春出諸庭。其一暴落，而留者浸大雨漬，日炙卷然，纍垂金苔，麗翠古鼎，轉緑色如苞膚則加皵。明府異之，意爲家慶，作圖説見貽。余愛李贊皇詠物諸賦，澹雅有致，效其體作焉。稽汎洲之異品，備園官之別録，具檀欒之魁奇，含馣馤之淑都。色蕤黔而鍛金，膚脂凝而刻玉。嘆清芬于酒碧燈紅，騈大實於橙黄橘緑。映江日而猶寒，出煙林而低簇。于是，殊土分包，掌于墨綬。霜露初酣，青黄雜糅。負布囊而見珍，薦金盤而不剖。擬橙香于枕函，鏤象生于女手。山家清供，或侑一杯。貴戚豪筵，別資三缶。饛楪面而常豐，陳雕几而耐久。乃若碩果僅存，孤根特異。涷雨不損其吕豐，猋風彌成其梱緻。當楓菊之競渲，與竹柏而交翠。若苔蘚之延緣，比土花以漸漬。襯麴塵之衣袿，皴黛螺之眉地。此經歲而再榮，效膚果于循吏。彼夫柑有合歡，橘稱同蒂。豈事出于偶然，乃福基于所試。抑聞既醉之頌云，女而兼乎士行，子乃生其賢智。觀家門之錫羡，實母儀之招致。故勤恭勗乎文伯，平反戒乎雋生。究諸産祥降，堀獻珍挺榮。嘉瓜連畝，甘露流莖。善則歸親爲孝子之義，慶及其母亦詩人之情。庶其博慈顔之一笑，譽嘉植于中庭乎。

圖表

明 李時珍《本草綱目・圖卷》

清 吴其濬《植物名實圖考》卷三一《枸櫞》

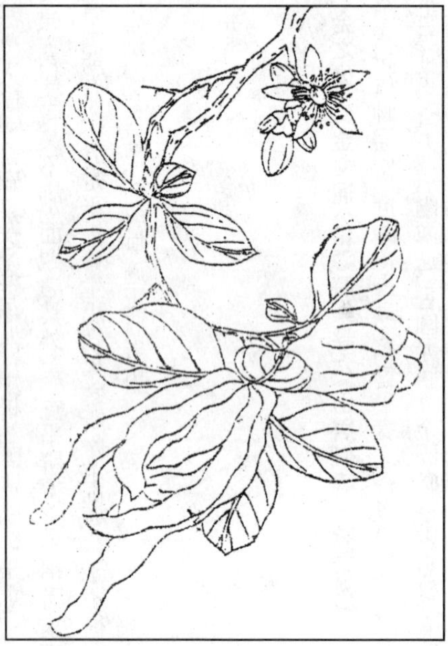

佛手柑

綜述

明 陳懋仁《庶物異名疏》卷一九《飛穰》 鈕滔母孫瓊與定夫人書：此中果有胡桃飛穰，出自南州，胡桃本生西羌，外剛内柔，甘質似古賢，欲以奉貢。《藝海洞酌》云：飛穰，一名佛手柑。

明 徐光啓《農政全書》卷三〇 佛手柑，木似朱欒，而葉尖長，枝間有刺，植之近水乃生。其實如人手，有指，有長尺餘者。皮皺而光澤，味不甚佳，而清香襲人。置衣笥中，雖形乾而香不歇。可糖煎、蜜煎，作果甚佳。搗蒜罨其蒂，香更充溢。浸汁洗葛紵，絶勝酸漿。

明 陳正學《灌園草木識》卷二《果之屬・佛手柑》 老圃云：種佛手柑時，托起手指，則柑多指而不拳。余亦作如是法，第按之樹肥，則柑多結有如張拳者，如垂手者，如托指者，種種變現。樹高五尺，而柑至七八十枚，亦奇觀也。

清 高士奇《北墅抱甕録・佛手柑》 土人遺佛手柑二株，并授培溉之法。枝葉密茂，三四月發花紫白色，開落相繼，至十月不斷。每樹止留實五六枚，長俱半尺，大可一圍餘，經冬鮮潤，養至次年之夏，異香清馥，迥出物表，意特愛之。令人圖其根葉花實之狀，裝爲小卷，而題詩於後，以紀其盛焉。

清 陳淏子《秘傳花鏡》卷三《花木類考・佛手柑》 佛手柑，一名飛穰，産閩廣間。樹似柑而葉稍長，枝間有刺，植之近水乃生。結實形如人手指，長有五六寸者。其皮生緑熟黄色，若橙而光澤，氏肉白而無子，雖味短而香馥最久，置之室内筒中，其香不散。南人以此雕鏤花鳥。作蜜煎果食甚佳。

清 王棠《燕在閣知新録》卷三一《佛手柑》 佛手柑，一名飛穰，櫞中之另一種也。晉鈕滔母與定夫人書云：此中果有胡桃、飛穰，出自南州，胡桃出自西羌，外剛内柔，柑實似古賢。棠按：柑曰飛穰，則單指佛手柑而言。今字書皆入於櫞字内，予謂當分入柑字下也。

藝文

明　朱長春《朱太復文集》卷九《五言律詩・佛手柑》　的的黄柑好，纖纖玉筍長。遠來閩海上，秋與荔枝香。白縷清如雪，黄苞老耐霜。芝蘭比君子，願以奉餘芳。

明　王世貞《弇州四部稿》卷四四《佛手柑》　萬里煙波貢越船，上元燈火禁中傳。嶽蓮遥聳排空迹，金粟曾看授記年。自有色香通妙諦，欲將清苦味眞詮。漢宫虚擢銅僊掌，消渴文園病未痊。

清　周亮工《賴古堂集》卷九《佛手柑》　飛穰小亞碧痕鮮，烽燧猶從嶺外傳。微顯同標明月影，合開空認寶光懸。一心吐掌難爲密，數指撩人不厭駢。遥識五輪宣示意，雲中金色軟如綿。

清　董説《寶雲詩集》卷五《夕香編・佛手柑》　參差風露帶南州，膠柱空將雪嶺籌。竪指直教親見月，展開知道不藏鉤。人天免得花枝惑，正倒安容一倍愁。清絶豈須重入袖，寒香擘散草堂秋。

清　陳維崧《迦陵詞全集》卷九《紅林擒近・咏佛手柑》　芳樹來甌越，名同吴下柑。風調軼橙橘，芳華擅閨襜。玉人夜涼酒醒，怪底薰透紅衫。此際寶鴨，休添香氣十分霑。　月底偏濯濯，枕畔故摻摻。佳人笑説，雪山花瓣曾拈，自塵情未斷。佛猶如此，合掌長思伴玉纖。

清　董元愷《蒼梧詞》卷六《紅林檎近・詠佛手柑花》　南海春工早，西天秋意涼。翠葉壓霜橘，素葩發幽光。散來雪山花瓣，淡掃佛國嚴粧。清絶綺閣瓊窗，夜静夢魂香。　皓月澄疎影，冷蕋促飛觴。匀膏漬粉，曾經共沐芬芳。恰輕拈微笑，東風屈指，合掌雲屏伴法王。

清　朱彝尊《曝書亭集》卷一〇《佛手柑二首》　柰女環初脱，金仙露最甘。萬重來水市，一笑啓筠籃。味豈踰淮變，香仍隔歲含。回思珠海住，千樹嶺雲南。

宛是祇林得，宜從漢殿傳。浮江螺女外，置驛橘官先。白截鵞肪嫩，黄堆免毯圓。尚嫌香氣遠，分傍枕函邊。

又卷二九《滿庭芳佛手柑和嚴蓀友》　青豆開房，白牛露地，春浮一樣根蟠。風簾乍卷，芳氣訝燒蘭。不比金仙十二，承珠露，倒瀉銅盤。雙林底，知他鹿女，幾度踏花看。　園官。傳送處，烏皮旋設，兔毯初安。勝甘蕉乳臭，橄欖漿酸。攜到六街三市，津梁倦，彈指霜寒。鏤酥片，餘香未滅，分配小龍團。

清　彭孫遹《松桂堂全集》卷二三《佛手柑》　依然仙掌露華含，珍果離離自嶺南。肉食多將清苦訝，不知道味本來甘。

清　嚴繩孫《滿庭芳・佛手柑》（引自《今詞初集》卷下）　露質舒金，秋肌斂雪，可宜垂手亭亭。木奴愁絶，低首拜嘉名。何事漢宫仙掌，輕移去，鉛淚雙零。渾輸與，玉毫光裏，一指證無生。　兜羅，垂引處，春纖乍接，一樣香清。正夜深寒淺，幽夢初醒。問取散花人去，如花客，屈指誰爭。還憑藉，慈雲深護，長伴展金經。

清　徐來《一曲灘詞・洞仙歌・佛手柑》（引自《名家詞鈔》）　露華可掬，孤掌舒黄蕊，金粟前身曾記否。攜祇園，幾朶秋色飛來，高座上，因證無生一指。　拈花微笑後，色相香生。貝葉娑羅有瓜蒂，且放開了拳上白毫光。空現出旃檀城裏，算屈指虚名，作麽生，老木奴渾忘，世機如是。

清　徐元文《含經堂集》卷二一《佛手柑》　舒指駢難數，擎拳態最殊。中含白雪質，幻作黄金膚。氣烈醒能解，滋辛病可扶。雲中漫仙掌，得餉玉盤無。

又卷一四《佛手柑大者如瓜來自重慶乃得之土司者》　珍果何奇瓌，致自巴渝夷。金光盛晃耀，香氣静且宜。居然青門瓜，懷袖非可施。捧用雙玉腕，承之斗大匜。衆指紛相環，結形信參差。外指搖如抱，中指挺若枝。輕膚含渥丹，温質凝密滋。少見多怪訝，物理良難推。因思巨靈掌，遠拓狂瀾移。又聞驍健者，殿柱隻舉之。安得借此手，願言贈所思。摩挲意未已，歲序崢嶸時。

清　田雯《古歡堂集》卷七《佛手柑歌爲王幼芬太史》　太倉太史來江

南，十頭投我佛手柑。輪囷磊落堆瓦器，晴牕一日摩挲三。其一緑甲如么鳳，其一黄面如瞿曇。一張老拳蠕蠕動，一挽短袖牙鬚酣。一如怪石虎豹首，一如瘦婦兩耳耽。大者四輪牽跛象，小者飛乳呼千男。更有二柑似青玉，香鉢迸裂生煙嵐。提羅花放乾竺種，獅子尾掉如來驂。橘橙流輩多數指，草木之狀窮嵇含。空王合掌偏伸爪，妙理須待静者參。太史擁傳夜郎國，珊瑚鐵網心無慙。陸賈行牓少長物，但有豐筆同長鍨。蒟醬檳榔可輂載，獨攜此物雙筠籃。山薑衰白今于役，日煨淡粥餐魚泔。壯不如人況髦矣，强將萬里崑崙探。髩絲禪榻維摩病，夜來彌勒眠同龕。遭汝艤船河橋下，造門聊慰七不堪。旃檀襟抱莫輕别，渭城那復歌何戡。

又卷一二《佛手柑樹子》 香甲霜包顆顆懸，江城秋樹弄寒煙。一奩奪去伸新爪，三寸黄來飽老拳。晴晝鸝鳴傾斗酒，提羅花放禮金仙。噴人流齒清齋裏，參得毘耶一指禪。

清 顧貞觀《彈指詞》卷上《虞美人·佛手柑》 額黄染甲宫鴉皺，書法誇筋瘦。憑將背癢試麻姑，且結蓮臺眞印禮南無。色香兼味都超絶，彈指霏輕雪。玉纖頻屈數將歸，按透斷紋如蠶十三徽。

清 秦松齡《咏佛手柑》（引自《瑶華集》卷一〇） 名借西方，種生南國，偏宜人静秋清。小窗偷貯，相映緑甆明，却是道家粧束。香痕透經案，雲屏深閨裏，個人閒倚，拋擲亂銀笙。持將供大士，現前金粟初卸珠瓔，更徵心掌竪，微笑拈輕。曾向靈山受記，如今見魂夢都醒，攜歸去，墨描絲繡，身在法王城。

清 吴夢青《佛手》（引自《七十二峰足徵集》卷五三） 秋來擬向上方收，當酒擎看似送鉤。未許天花輕拾得，曾將貝葉一繙不。樹間影撫棲禽背，榻畔香扶醉客頭。見説深閨還好事，笑藏紅袖闘纖柔。

清 查慎行《敬業堂詩集》卷三二《佛手柑》 名並黄柑種不同，巧從佛號示玲瓏。菩提證果雙林下，優鉢拈花一指中。色映金繩長帶露，香開寶掌自生風。聞思大士應微笑，披拂先教鼻觀通。

清 陸奎勳《陸堂詩集》卷二《佛手柑》 唐宫爭握印，漢殿戲鈎拳。屈指三生事，天花孰有緣。

清 狄億《綺霞詞·一寸金·佛手柑》（引自《名家詞鈔》） 金碧分明，不道霜華幻如此。看殘陽晻映，招攜山曲，西風摇曳，摩挲葉底，似解西來意。垂千手、緑霞袖裏，還堪愛素腕擎來，暖玉寒金香兹倚。生就栴檀，豈云薑桂，秋風冷青蒂。怪難堪搔癢，麻姑爪禿，拳坳半屈，維摩病起，相對饒清韻。應爲我、塵緣盡洗，最宜供水月花燈，頌色聲香味。

清 潘安禮《佛手柑》（引自《江西詩徵》卷七二） 晴雪玲瓏映瑶席，纍纍白定標清格。維摩一室現黄金，垂手珠林度空色。讀罷南華香著衣，旃檀薝蔔未應希。畫屏斗帳破昏夢，月掛海宫天露霏。江南霜後多瓊蕋，楚客含情向千里。松窻柘舘木奴荒，指點緇塵隔煙水。

清 愛新覺羅·弘曆《清高宗詩三集》卷一四《佛手柑》 曰香曰嗅作麽會，非色非空那可拈。便與朱櫻紫菱伍，二物卷中所有如行異類正何嫌。

清 王士禛《帶經堂集》卷六三《蠶尾續詩九·佛手柑》 西來大意無多子，只向拈花一笑尋。應爲衆生勞接引，兜羅綿手臂黄金。

清 劉秉恬《公餘集》卷五《佛手》 佛手因何得美名，尖尖十指象形生。分來金色堆盤耀，掬得幽香在握盈。春雨花輪桃李豔，秋霜味壓橘橙清。人皆説佛無人見，此手應疑是佛成。

清 祝德麟《悦親樓詩集》卷一六《古今體詩·佛手柑》 幻出黄金相，纖柔亦號柑。善根何自植，眞諦好同參。直是拈花笑，非關竪拂談。讚揚宜合十，接引待薰三。捉搦歌休續，玲瓏節試探。開拳鉤弋喜，喻指漆園諳。偶現兜羅輭，全分薝蔔醃。種原稱勝果，供合傍精藍。驢腳形空别，獅頭品或慙。聞思一彈頃，錫貢厥包堪。穰稱茅萸秀，漿輸蔗本涵。龍團點尤雋，蜂蜜漬徒甘。嘉橘愁淮北，香櫞鄙嶺南。須知菩薩縛，禪味戒深貪。

清 陶元藻《泊鷗山房集》卷三五《詞一·揚州慢·佛手柑》 細膩風光。玲瓏標格。黄金色相依然，問化身何日，合掌到林端。憶昔日，拈花臺上，迷途指點，悟徹諸天。猶帶旃檀，馥郁肎爭，橘柚酸甜。垂垂風月笑一時，腕脱難懸看舒卷。因心屈伸如意，都有前緣。且拂官哥盤翠，摩挲罷，供養窗前。恐縫裳少婦，幾回姤殺摻摻。

清 周有聲《和菊溪先生佛手柑原韻》（引自《沅湘耆舊集》卷一二〇） 芳名藉金仙，詎作黄柑玩。想彼丈六身，振臂出林岸。天龍齊俯首，合掌發讚歎。或駢或則枝，生香交不斷。羣生雜蕪穢，榛莽紛漫汗。亭亭祇樹林，挐空抉雲漢。會茲一指禪，足謝塵網絆。人間翻覆手，不值一笑粲。

清　宋㷠《佛手柑》(引自《沅湘耆舊集》卷一一五)　大小垂垂軟勝緜，早霜時候嫩涼天。拈花似悟三生劫，倚樹誰參一指禪。細數牟珠清露下，亂繙經葉緑陰邊。眞如示我忘言久，回首秋林數點煙。

清　劉大紳《寄庵詩文鈔・詩鈔續》卷五《佛手柑》　落葉秋風一草堂，雙柑沈浸酒缾香。分明丈六伸金臂，提挈衰翁入醉鄉。

清　汪學金《静厓詩後稿》卷一《咏佛手柑》　四果三花諦自深，一拳千手取誰禁。眼前示現兜羅掌，鼻觀聞思薝蔔林。無所住心色香味，若爲竪指去來今。橘官枉擅江陵富，輸却祇園布地金。

清　黄鉞《壹齋集》卷一八《次韻雲楣夫子遣悶四詠・佛手柑》　莫謂指非指，拈來盡妙香。兜羅曾示現，金粟暫分光。雅稱三秋供，無須七寶裝。摩尼珠在否，一笑五天王。

清　沈赤然《五研齋詩鈔》卷六《佛手》　黄金誰鑄就，指畫出袈裟。只許迷津拯，難思癢背爬。拳時如握麈，伸處欲拈花。偶爾香風散，還疑説法華。

清　劉墉《劉文清公遺集》卷一三《七律・佛手柑》　從來嘉植有嘉名，獨此稱名莫與京。試向千林瞻色相，便於一室現光明。菴摩勒果何能比，優鉢曇花可並呈。東土西方同臭味，俱憑指掌化羣生。

清　永理《詒晉齋集》卷五《和東墅先生佛手柑》　后皇有嘉樹，遷地託諧笑。佛手出八閩，獅頭慙六詔。香氣何自來，蓉旃向風掉。露漿毓黄包，地肺結丹竅。五輪示阿難，七葉降大照。乃得王升之，摛文歎恒操。諒懷壹志美，毋貽好甘誚。天龍拈花旨，恧予昧西教。物微念時新，間關跋嶺嶠。何意逃禪翁，詩械破淨妙。

清　達宣《佛手柑》(引自《兩浙輶軒續録》卷五一)　一彈指頃現瓏玲，竺國分來伴膽缾。好似彌陀猶結印，何如阿閦尚繙經。和南本是聯枝體，袒右兼成抵掌形。未識能爲獅子否，好教醉象亦通靈。

栴檀爲伴勝薰香，飣向金盤色並黄。小屈未須誇玉筍，微彎渾欲比紅薑。可書梵字通圓覺，合散天花作道場。記取須曼緣好在，西來煩與指迷方。

清　洪暉堂《佛手柑》(引自《兩浙輶軒續録》卷五四)　顆顆新柑佛面黄，曼陀纖手散天香。拈花笑處滋甘露，結印圓時待曉霜。十指玲瓏分法相，雙拳合拱禮空王。相依尚有仙人掌，佳品還應供北堂。

清　葉昌熾《奇觚廎詩集》卷中《心葵餉鮮果兩種五疊前韻奉謝・佛手柑》　非鼻聞香説，西來祇樹龕。竪拳鉤弋啓，合掌首楞參。果證菩提鏡，香分末利簪。天龍拈一指，月正到窗南。

木瓜　楙

論説

清　王夫之《詩經稗疏》卷一　木瓜　毛《傳》：木瓜，楙也。《集傳》因之。所謂楙者，木實如小瓜，酸而可食，今以爲果及入藥用者也。瓜類蔓生，楙似瓜而木實，故有木瓜之稱。若桃李本木實，凡桃凡李皆木也，此何獨繫之木？陸佃《埤雅》乃曲爲之説，取木瓜之小而圓，味酸澀者謂之木桃，大而巨鼻者謂之木李，不知瓜果之屬，形狀之大小，味之甘酸，或種類小異，或土地異宜，或栽培不等，往往差殊。木瓜或大或小，或甘或澀，究不與桃李相似，何得强立異名。木瓜之小者，陳藏器、蘇頌謂之樝。大者，蘇頌謂之榠樝，一曰蠻樝。入藥，功用一也。陸佃之誣甚矣。然則所謂木瓜、木桃、木李者，非瓜果也。蓋刻木爲之，以供戲弄。劉勰所謂刻木作桃李，似而不可食者是已。此詩極言投贈之，微以形往報之。

清　陳啓源《毛詩稽古編》卷四《木瓜》　木瓜之圜而小味酸濇者爲木桃，其大而黄蔕間無重蔕(《埤雅》謂之鼻，云是脱華處，俗呼爲蔕，其著華處乃臍也。)者爲木李，木桃又名樝子，《雷公炮炙論》謂之和圓子。木李又名榠(莫零切)樝，陶隱居云山陰多木瓜，人以爲良果，又有榠樝大而黄，又有樝子小而濇。《禮記》云：樝梨鑽之，古亦以此爲果。鄭玄不識，以爲梨之不臧者是已。木桃下于木瓜，木李又下于木桃。二者之外又有榅(烏温切)桲，生於北地，蓋榠樝之類，與林檎相似而桲，蒲没切。異物。三者皆與木瓜同類，但木瓜得木之正氣，故貴之。又有山樝者，味似樝子，故亦名樝。《唐本草》謂之赤瓜子，宋《圖經》外類謂之棠毬子，即《爾雅》之『朹，音求檕音計梅』也，雖有樝名而類自别。

綜述

《爾雅・釋木》 楙，木瓜。注：實如小瓜，酢可食。音義：楙音茂。

疏：木瓜，一名楙。郭云：實如小瓜，酢可食。《詩・衛風》『投我以木瓜』是也。

宋　李石《續博物志》卷一〇 木瓜味酢，善療轉筋。陶隱居云：如轉筋時，但呼楙名，及書上木瓜字，輒愈。

元　王禎《農書》卷九《木瓜》 木瓜，《爾雅》曰楙，注曰：實如小瓜，酢可食。《詩》曰：投我以木瓜。毛公曰：楙也。《疏義》曰：楙葉似柰，實如小瓤，瓜上黄似著粉。山陰蘭亭尤多，西京亦有之，而宣城者爲佳。

明　李時珍《本草綱目》卷三〇 木瓜《别録》中品　釋名：楙。音茂。

時珍曰：按《爾雅》云：楙，木瓜。郭璞注云：木實如小瓜，酢而可食。則木瓜之名，取此義也。或云：木瓜味酸，得木之正氣，故名。亦通。楙從林、矛，諧聲也。集解：弘景曰：木瓜，山陰蘭亭尤多，彼人以爲良果。又有榠樝，大而黄。有樝子，小而澀。《禮》云：樝，梨鑽之。古亦以樝爲果，今則不也。保昇曰：其樹枝狀如柰，花作房生子，形似栝樓，火乾甚香。樝子似梨而酢，江外常爲果食。頌曰：木瓜處處有之，而宣城者爲佳。木狀如柰。春末開花，深紅色。其實大者如瓜，小者如拳，上黄似着粉。宣人種蒔尤謹，遍滿山谷。始實成則鏃紙花粘于上，夜露日烘，漸變紅，花文如生。本州以充土貢，故有宣城花木瓜之稱。榠樝酷類木瓜，但看蒂間别有重蒂如乳者爲木瓜，無者爲榠樝也。斅曰：眞木瓜皮薄，色赤黄，香而甘酸不澀，其向裏子頭尖，一面方，食之益人。有和圓子，色微黄，蒂粗，其子小圓，味澀微咸，能傷人氣。有蔓子，顆小，味絶澀，不堪用。有土伏子，味絶苦澀不堪，子如大樣油麻，餌之令人目澀，多赤筋痛也。宗奭曰：西洛大木瓜，其味和美，至熟止青白色，入藥絶有功，勝宣州者，味淡。時珍曰：木瓜可種可接，可以枝壓。其葉光而厚，其實如小瓜而有鼻。津潤味不木者爲木瓜。圓小于木瓜，味木而酢澀者爲木桃。似木瓜而無鼻，大于木桃，味澀者爲木李，亦曰木梨，即榠樝及和圓子也。鼻乃花脱處，非臍蒂也。木瓜性脆，可蜜漬之爲果。去子蒸爛，搗泥入蜜與薑作煎，冬月飲尤佳。木桃、木李性堅，可蜜煎及作糕食之。木瓜燒灰散池中，可以毒魚，説出《淮南萬畢術》。又《廣志》云：木瓜枝，一尺有百二十節，可爲杖。

明　吴雨《毛詩鳥獸草木考》卷一六《木瓜》 木瓜，一名楙，似柰，生於春末。花深紅色，實大者如小瓜，小者如拳，上黄似著粉。其枝可爲數號，一尺百有二節，味酢實成，則鏃紙作花。傅其上得露日之氣皆變紅，花文如生，可療筋轉。如轉筋時但呼其名，及書土作木瓜字，輒愈。大枝可以作杖。諺曰：梨百損一益，楙百益一損。以充土貢。古以爲苞苴是也。有一種榠樝，木葉花實酷類木瓜。欲辨之，看蔕間别有重蔕如乳者爲木瓜，無此則爲榠樝。陸佃云：江左故老視其實如小瓜，而有鼻食之津潤不木者，謂之木瓜。

明　周文華《汝南圃史》卷七《木瓜》 木瓜葉如鐵梗海棠而大，花亦似之。至春未發葉先開花，深紅色。《圖經本草》曰：木瓜處處有之，宣城尤佳。其木狀似柰。其花生於春末，而深紅色。其實大者如瓜，小者如拳。《爾雅》謂之『楙』。郭璞云實如小瓜，味酢可食，不可多，無損亦無益。宣州人種蒔尤謹，遍滿山谷，始實成則簇，紙花傅其上，夜露日曝漸而變紅，花紋如生，用以充土貢。其大枝可作杖。

明　陳懋仁《庶物異名疏》卷一九《楙》 《爾雅》：楙，毛木瓜。《詩疏》：木瓜，美木可食，故郭璞云『實如小瓜，酢可食』是也。《水經注》：魚復縣地多木瓜樹，子大如丸，白黄實，甚苦。《廣志》云：木瓜子可藏，長一尺，百二十節。《三國典略》云：木瓜灰毒魚，魚皆死浮出。

明　鮑山《野菜博録》卷四 野木瓜，一名杵瓜，生山野中。蔓延妥附草木上，葉似黑豆葉微小，光澤，四五葉攢生一處，結瓜如肥皂大，味甜。

又 木瓜，生山野中，處處有之。樹枝狀似柰，花深紅色，葉似柿葉，微小厚，《爾雅》謂之楙。其實形如小瓜，似栝樓小，兩頭尖長，淡黄色，味酸，性温無毒。

明　徐光啓《農政全書》卷三〇 木瓜，《爾雅》曰：楙，木瓜。郭璞注曰：實如小瓜，酢可食。一名鐵脚梨。山陰蘭亭尤多，西京亦有之，而宣城者爲佳。李時珍曰：其葉光而厚，其實如小瓜而有鼻。津潤，味不木者，爲木瓜。圓小於木瓜，味木而酢澀者，爲木桃。似木瓜而無鼻，大於木桃，味澀者，爲木李，亦曰木梨，即榠樝及和圓子也。鼻乃花脱處，非臍蒂也。

清　陳淏子《祕傳花鏡》卷三《花木類考・木瓜》　大如瓜，小者如拳，皮黄似著粉，香最幽甜。而津潤有鼻者木瓜，無鼻而澀者木李。比木瓜小而酢澁者，木桃。惟木瓜香而可食。宣州人種滿山谷，每實將成，好事者鏤紙花粘瓜上，夜露日照，漸變紅花色矣。其文如生，本州用充土貢，名爲花木瓜。樹可以子種，亦可接壓。在秋社前後移栽者，較春栽更盛耳。畏日喜肥，更宜大糞。其直枝可作杖，謂老人策之利筋脉。實可浸酒，或蜜漬爲果亦佳。密漬法，先切去皮，煮令極熟，多换水浸，使拔去酸澁之味。然後用生蜜熬成煎，將木瓜晾乾，投於蜜瓶中藏之，經久不壞，而香馥猶存。昔天台山石罅有木瓜一株，花時一巨蛇盤其上。至實落，供大士後乃去，號爲護聖瓜。

清　高士奇《北墅抱甕録・木瓜》　蘭渚左偏，木瓜一株最盛。花蘂類海棠，而色較紅。實如小瓜，黄潤可愛。香極醲釅，以一二枚置坐隅，清芬滿室，可經數月。

清　徐鼎《毛詩名物圖説》卷八　《爾雅》：楙，木瓜。郭璞云：實如小瓜，酢可食。毛《傳》：木瓜，楙木也，可食之木。《正義》以下木桃、木李皆可食之木，則此木瓜亦美木可食。《埤雅》：江左故老視其實如小瓜而有鼻，食之津潤不木者謂之木瓜；圓而小於木瓜，食之酸澀而木者謂之木桃；木李大如木桃，似木瓜而無鼻，其品又小。愚按：如陸農師所説，木桃、木李類於木瓜，而非即桃李。如孔仲達所説，即是桃李。故毛《傳》木瓜有注，而木桃、木李無文。考諸《爾雅》，亦無分釋。或云：桃有羊桃，李有雀李，此皆枝蔓也，故言木以別之。然則雖言木，而即桃李也。若木瓜，定是一種，以宣州者爲良，州人以充土貢。又一種榠樝木，花實酷類木瓜。欲辨之，看蔕間別有重蔕如乳者，是木瓜也。

清　牟應震《毛詩物名考》卷五　木瓜，木有刺，花深紅，實色黄而酢，如瓜形者曰木瓜。如梨形者曰木梨。有鐵梗海棠樹結者曰海棠梨。

清　吴其濬《植物名實圖考》卷三一《野木瓜》　《救荒本草》：野木瓜，一名八月樝，又名杵瓜。出新鄭縣山野中。蔓延而生，妥附草木上。葉似黑豆葉微小，光澤，四五葉攢生一處，結瓜如肥皂大，味甜。採嫩瓜換水煮食。樹熟者亦可摘食。

藝文

南朝宋　何承天《木瓜賦》（引自《歷代賦彙》卷一二七）　美中州之嘉樹，表閒冶之麗姿。結靈根以誕秀，傾朝日以揚輝。擢叢柯之冉冉，布翠葉而葳蕤。惟茲木之在林，亦超類而獨劭。方朝華而繁實，比沙棠而有耀。當大厦之方隆，愧微榦之纖撓。豈隱樸以幸全，固呈才而不效。離用衆而獲寧，永端己以勵操。願佳人之予投，思同歸以託好。顧衛風之攸珍，雖瓊琚而匪報。

宋　羅願《羅鄂州小集》卷一《木瓜塢》　山中果樹署扶疎，炎帝經中未盡書。聞道木瓜紅勝頰，露枝雲葉綴華琚。

宋　高似孫《剡録》卷一〇《草木禽魚下・木瓜》　越剡所産，多青瓜，不復丹色。如宣城梅溪者，何承天《木瓜賦》曰：維茲木之在林，亦超類而獨召。方朝華而繁實，比沙棠而有曜。佳語也。

明　薛瑄《河汾詩集》卷三《木瓜》　窻外有奇樹，木瓜枝相交。幸自少佳味，何由動老饕。香氣頗幽馥，鳥聲恒寂寥。莫爲好相贈，却恐報瓊瑶。

清　錢澄之《田間詩集》卷九《木瓜》　堆盤香自妙，入藥效尤殊。世少瓊琚報，山人莫浪投。

清　徐元文《含經堂集》卷一一《木瓜》　嘉樹傳中土，靈柯吐實稠。微黄含密潤，淺酢奇深幽。不共東陵剖，惟應玉盌留。佳人竟揺落，託好欲誰投。

清　謝重輝《杏村詩集・丁亥詩・木瓜》　庭背宣木瓜，枝幹如人長。殿春花爛熳，結實期可嘗。初疑同栝樓，尖細而微黄。朝灌希瓜熟，暮息聞瓜香。豈無桃與李，亦有棗與桑。終然謝芬馥，愛兹固其常。孰能淡無欲，寂寞失幽芳。

清　王道《江湖閑吟》卷三《木瓜》　薜荔不生花，木瓜乃其子。纍纍石頭垂，剖之湩如泚。野人和以漿，涼粉名伊始。不救兒女飢，聊可伴沉李。

持以薦賓筵，看核豈堪鄙。

清　程晉芳《勉行堂詩集》卷三《索米集·木瓜》　譜稱鐵脚梨，《爾雅》釋曰楙。柯揚朝曦輝，地結靈根秀。曝種記宣城，朱沙暈紅皺。摩抄越筒布，光色潤逾溜。雖非彼美貽，幸免苞苴訴。盛將定窑磁，氣味絶飣餖。重簾隔冰雪，曉起動微嗅。却笑相公謏，酸香出懷袖。

又卷二一《南船小草·木瓜分得佳韻》　也附匏瓜宿，鵝兒色嫩佳。磁盤宜小貯，筒布與頻揩。引睡得甜味，咏詩增古懷。山礬相映帶，雅致是冬齋。

清　唐仲冕《陶山詩録》卷一五《木瓜花》　庭前有楙樹，枝柯爲連理。秋瓜結纍纍，應名報恩子。豈知春明媚，其花先旖旎。翦刻英瓊瑶，紛如佩玉蕊。輕含海棠豔，小具山茶紫。偶飄蘭信風，莫詫桃蹊雨。清香何處來，藴藉已如此。奇馨人莫知，落實乃稱美。

清　沈赤然《五研齋詩鈔》卷六《木瓜》　有客投秋實，奇香發座端。未須醫脚疾，不信益心酸。並蒂宜宵枕，攢金稱小盤。何勞更多事，花紙繡諸般。

清　劉墉《劉文清公遺集》卷一三《蘭泉司寇惠及水仙花木瓜賦謝索和·木瓜》　拜賜曾沾貢篚臨，香清色正果中琛。何人投贈偏酬玉，幾處園林競鑄金。風露滿盤生遠思，芝蘭入室有同心。便因雅貺求新詠，懷古從知發興深。

又《木瓜》　非關當暑問浮沈，入室偏能助静愔。乍覺清新香有格，更看中正色難尋。頗嫌取味區區褻，莫愛生斑故故侵。投贈如今渾似古，報瓊幾處有同心。

清　洪亮吉《卷施閣集》卷四《官閣圍爐集·木瓜》　一種香偏永，踈簾曲几傍。殷勤何以報，轉側敢相忘。木性還經歲，瓜期已履霜。青門一樽酒，風味許同嘗。

清　劉大紳《寄庵詩文鈔》卷九《木瓜》　老病從容卧草堂，木瓜摘下久聞香。鍾秋正氣殊桃杏，載地精英耐雪霜。青玉盤陳松葉外，緑銅瓶插菊枝旁。得來本是南華産，蝶夢逍遥晝影涼。

圖表

晉　郭璞《爾雅音圖·釋木》

明　李時珍《本草綱目·圖卷》

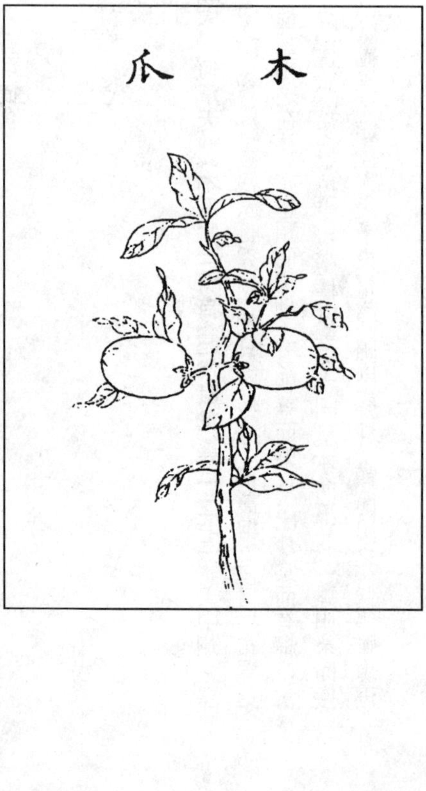

明 鮑山《野菜博録》卷四

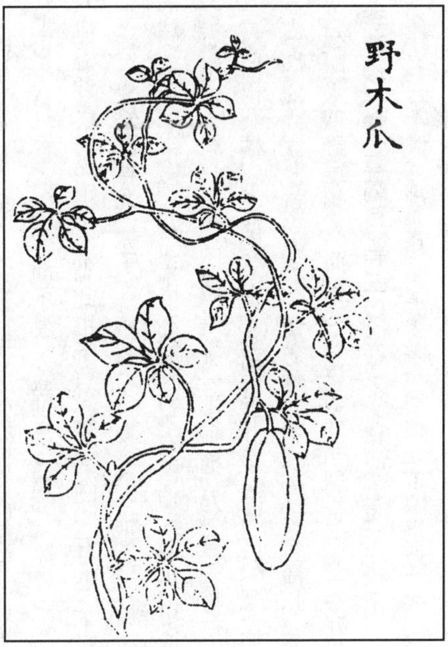

又

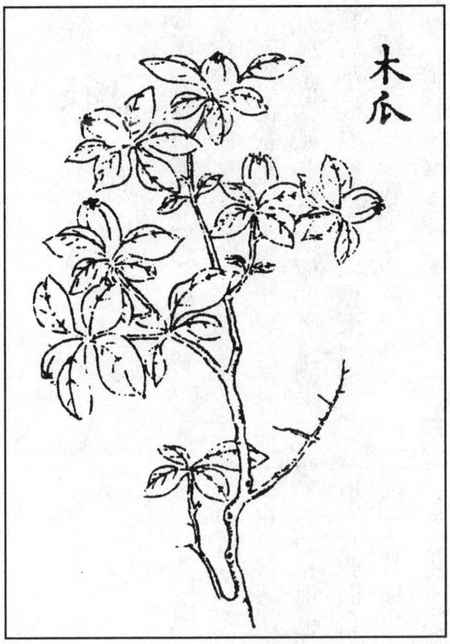

清 徐鼎《毛詩名物圖説》卷八

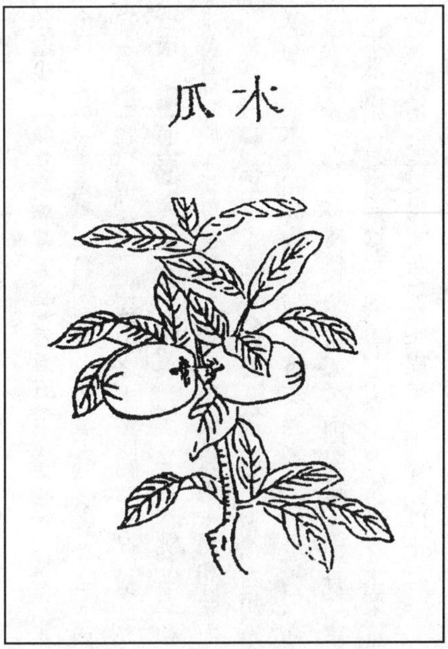

清 吴其濬《植物名實圖考》卷三一《野木瓜》

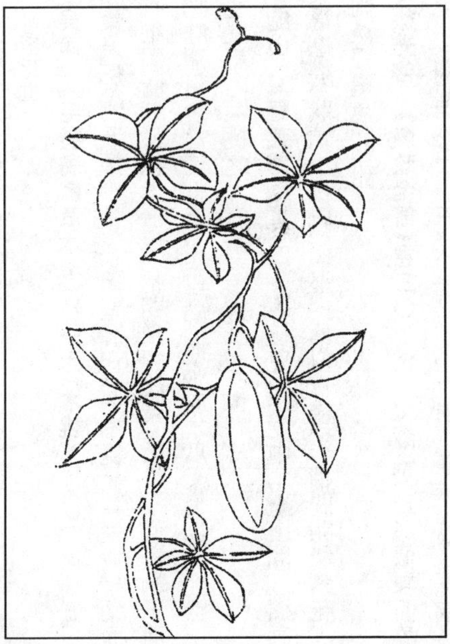

木桃　樝

綜　述

宋　羅願《爾雅翼》卷一〇《樝》　樝似梨而色黄，其味酢澁，今人謂之榠樝，一曰蠻樝。後鄭注《禮記》云：樝是梨之不臧者，以其似梨而酢澁，即是不臧。而陶隱居以爲鄭公不識樝，意其不能别二物也。昔人説蔕間别有重蔕如乳者爲木瓜，無此者爲榠樝。然二物自别，亦不必如此别也。古者以爲人君燕食所加庶羞。《禮記》曰『樝梨曰攢之』，蓋攢去其心而食之也。齊武帝幸丹陽郡，晏飲。王敬則執榠樝，以刀子削之。是去其皮也。《莊子》曰：夫柤、梨、橘、柚，果蓏之屬，實熟則剥，【剥】則辱。大枝折，小枝泄，以其能苦其生者也。今柤樹乃復易壤，宛陵人植木瓜者，亦就此木上接之，得柤之餘氣，則澁而不美。《吕氏春秋》曰：箕山之東有甘樝。《山海經》曰：平丘有甘樝。則是又有甘者矣。又有香柤，子小於榅桲而相似。北土無之，中都則有。唯可生食甚香，熟則蘇而不澁。蓋别是一類。《述異記》曰：江淮南人至北，見榅桲香以爲柤子。謂此也乎？《管子》曰：五沃之土生樝。

元　王禎《農書》卷九《樝子》　樝，梨之小者。《爾雅》云：樝，似梨而酢澁。陶隱居注《本草》木瓜條，乃云木瓜利筋脛，又有榠樝大而黄，可進酒去痰。樝子澁斷痢。《禮記》云：柤梨，曰攢之。鄭公不識樝，乃云是梨之不臧者。然《淮南子》曰：樹柤梨橘，食之則美，嗅之則香。《莊子》曰：柤、梨、橘、柚皆可於口者。蓋古人以樝列於名果，今人罕食之耳。西川、唐、鄧多種此，亦足濟用。然樝味比之梨與木瓜雖爲稍劣，而以之入蜜作湯煎，則香美過之，亦可珍也。

明　李時珍《本草綱目》卷三〇　楂子音渣。《食療》　校正：原附木瓜下，今分出。釋名：木桃、《埤雅》和圓子。時珍曰：木瓜酸香而性脆。木桃酢澀而多渣，故謂之楂，《雷公炮炙論》和圓子即此也。集解：藏器曰：楂子生中都，似榅桲而小，江外常爲果食，北土無之。頌曰：處處有之，孟州特多。弘景曰：《禮》云：楂梨鑽之。謂鑽去核也。鄭玄不識，以爲梨之不臧者。郭璞以爲似梨而酢澀。古以爲果，今不入例矣。時珍曰：楂子乃木瓜之酢澀者，小于木瓜，色微黄，蔕、核皆粗，核中之子小圓也。按王禎《農書》云：楂似小梨，西川、唐、鄧間多種之。味劣于梨與木瓜，而入蜜煮湯，則香美過之。《莊子》云：楂、梨、橘、柚皆可于口。《淮南子》云：樹楂、梨、橘，食之則美，嗅之則香。皆指此也。

明　吳雨《毛詩鳥獸草木考》卷一六《木桃》　木桃，樹高五尺餘，枝條上氣脉積聚爲疙瘩，狀類小桃兒，極堅實，故名木桃。其葉似楮葉而狹小，無花叉，却有細鋸齒。又似青檀葉，梢間别開淡紫花，結子似梧桐子而大，熟則淡銀褐色，味甜可食。陸佃云：木桃圓而小於木瓜，食之酢而澁而木者謂之木桃。《述異記》曰『桃之大者謂之木桃』，非也。

明　鮑山《野菜博録》卷四　木桃兒樹，生中牟土山間。樹高五尺餘，枝條上聚爲疙瘩，狀類小桃兒，極堅。葉似青檀葉，梢間開淡紫花，結子似梧桐子，熟則淡銀褐色，味甜。

明　徐光啓《農政全書》卷三〇　樝子，《爾雅》云：似梨而酢澁。《埤雅》曰木桃。陶隱居《本草注》云：木瓜利筋脛。又有榠樝，大而黄，可進酒去痰。樝子澁，斷痢。《禮記》曰：樝梨曰攢之。鄭公不識樝，乃云是梨之不臧者。《雷公炮炙論》和圓子即此也。李時珍曰：樝子乃木瓜之酢澀者。小於木瓜，色微黄，蔕、核皆粗，核中之子小圓也。

清　張逸少《佩文齋廣羣芳譜》卷五五《果譜·櫨》　樝，與柤同，又作查。《本草》云：酢澀而多渣，故謂之樝。一名和圓子，一名木桃。處處有之，孟州特多。小於木瓜，更酢澀，色微黄，蔕、核皆粗，核中之子小而圓，味劣於梨。

清　嵇璜《續通志》卷一七七　樝，與柤同。一名木桃，一名和圓子。李時珍曰：木瓜酸香而性脆，木桃酢澀而多渣，故謂之樝。《雷公炮炙論》和圓子即此。似榅桲，色微黄，蔕、核皆麤，核中子小圓。《農書》云：摣似小梨，西川、唐、鄧間多種之，味劣於梨。與木瓜同入蜜煮湯，則香美過之。《莊子》云：樝、梨、橘、柚，皆可於口。《淮南子》云：樹樝、梨、橘，食之則美，嗅之則香。皆指此。按鄭《志》云：木瓜短小者謂之榠樝。榠樝乃木李，《埤雅》謂之木梨，生於吳越，非樝也。鄭《志》以榠樝爲《禮記》之樝梨，誤矣。因識此以正之。

清　吳其濬《植物名實圖考》卷三一《木桃兒樹》　《救荒本草》：木桃兒樹，生中牟土山間。樹高五尺餘，枝條上氣脈積聚爲疙瘩，狀類小桃兒，極堅實，故名木桃。其葉似楮葉而狹小，無花叉，卻有細鋸齒。又似青檀葉，梢間另又開淡紫花，結子似梧桐子而大，熟則淡銀褐色，味甜可食，採取其子熟者，食之。

藝文

清 愛新覺羅·弘曆《清高宗詩三集》卷一七《詠木桃》 何代靈根此曲卷，綏山一顆自成仙。枝頭那慮搖風落，盤裏猶疑帶露鮮。東海險哉殺三士，西池幻矣熟千年。獨因想見苞苴禮，衛國風吟第十篇。

圖表

明 鮑山《野菜博錄》卷四

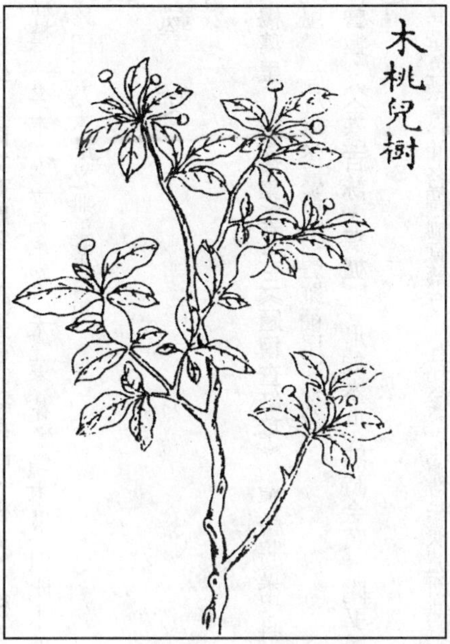

清 吳其濬《植物名實圖考》卷三一《木桃兒樹》

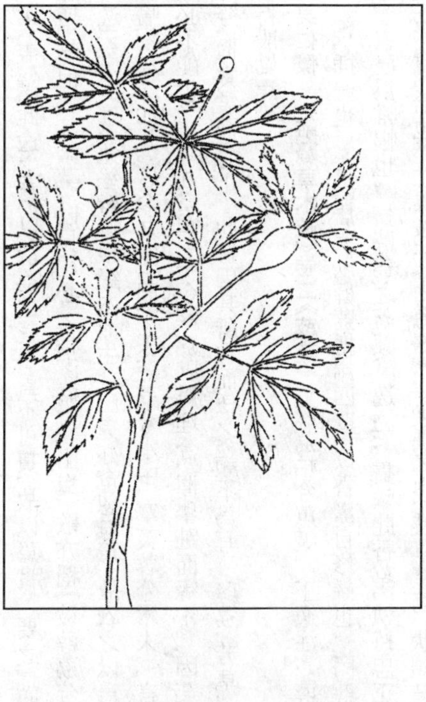

木梨 榠樝

綜述

宋 鄭樵《通志》卷七六 木瓜短小者謂之榠樝，亦曰蠻樝，俗呼爲木梨，《禮記》謂之樝梨。鄭氏誤謂梨之不臧者。

明 李時珍《本草綱目》卷三〇 榠樝音冥渣。宋《圖經》 校正：原附木瓜下，今分出。 釋名：蠻樝、《通志》瘙樝、《拾遺》木李、《詩經》木梨。《埤雅》時珍曰：木李生于吳越，故鄭樵《通志》謂之蠻樝。云俗呼爲木梨，則榠樝蓋蠻樝之訛也。 集解：頌曰：榠樝木、葉、花、實酷類木瓜，但比木瓜大而黃色。辨之惟看蒂間別有重蒂如乳者爲木瓜，無此則榠樝也。可以進酒去痰。道家生壓取汁，和甘松、玄參末作濕香，云甚爽神也。 詵曰：榠樝氣辛香，致衣箱中殺蠹蟲。 時珍曰：榠樝乃木瓜之大而黃色無重蒂者也。樝子乃木瓜之短小而味酢澀者也。榅桲則樝類之生于北土者也。三物與木瓜皆是一類各種，故其形狀功用不甚相遠，但木瓜得木之正氣爲可貴耳。

明　徐光啓《農政全書》卷三〇　榠樝，《詩經》曰木李，《埤雅》曰木梨。鄭樵《通志》曰蠻樝，《拾遺》曰瘙樝。李時珍曰：榠樝乃木瓜之大而黄色無重蔕者也。

清　張逸少《佩文齋廣羣芳譜》卷五八《果譜・榠樝》　榠樝，一名蠻樝，一名瘙樝，一名木李，一名木梨。木、葉、花酷類木瓜，但比木瓜大而色黄。李時珍曰：乃木瓜之無重蔕者也。

藝文

宋　楊萬里《誠齋集》卷三三《題榠查紅葉》　榠樝將葉學丹楓，戲與攀條撼晚風。一片飛來最奇絶，碧羅袖尾滴猩紅。

宋　曾極《金陵百詠・榠樝》　形如木瓜，熟時金黄。陶弘景：五和糁中用之。

子丹進饌色微黄，仙老調胹有禁方。五和糁奇無處覓，榠樝新熟壓枝香。

圖表

明　李時珍《本草綱目・圖卷》

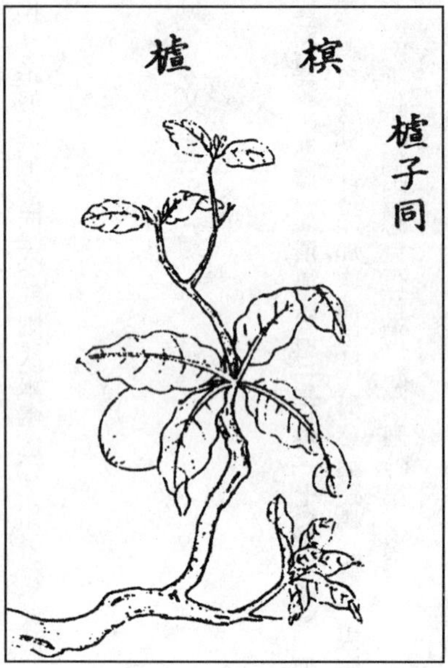

薜荔

綜述

宋　羅願《爾雅翼》卷三《薜荔》　薜荔、白芷、麋蕪、椒、連謂之五臭，管氏之正天下也，五臭所校，謂之土。小華之山，草多薜荔。薜荔狀如烏韭而生於石上，食之止心痛。亦緣木生，在屋曰昔邪，在墻曰垣衣。今薜荔葉厚實而圓，多蔓，好敷巖石上若罔，故云『罔薜荔兮爲帷』也。或寅緣上木，古木之上有絶大者，開華結實。其實上鋭而下平，外青而中皺，經霜則皺紅而甘。鳥烏所啄，童兒亦食之，謂之木饅頭，亦曰鬼饅頭。其狀如餅餌中饅頭也，食之發瘴。嶺外尤多，州郡待客取以爲高飣。或言嶺外郡刻木作饅頭狀，言之過也。雖云藤蔓，枝葉勁厚如木之屬，非復草也。《離騷》云：貫薜荔之落蘂。王逸章句曰：薜荔，香草緣木而生蘂實也。纍，香草之實。執持，忠信貌也。薜荔雖有實，然所取芳者不於實。又按：《説文》：蘂，花鬚頭點也。則蘂乃謂此逸之意，以薜荔之花小蓋不可貫，故以爲實。要之，詩騷當以意逆志，但貫其鬚蘂，以見用心之精潔爾。《山鬼》歌亦稱『被薜荔兮帶女蘿』，逸云：薜荔、兔絲皆無根緣木而生。山鬼亦奄忽無形，故衣之以爲飾。古者喻物意深如此。又《九歌》曰：采薜荔兮水中，搴芙蓉兮木末。言責其所無必不能也。至《九章》曰：令薜荔以爲理兮，憚舉趾而緣木。因芙蓉以爲媒兮，憚褰裳而濡足。此皆因其所宜而任之，顧不爲耳。薜荔，芳草，故《楚辭》特殷勤焉。

宋　吴仁傑《離騷草木疏》卷二《薜荔》　薜荔柏兮蕙綢。王逸注：薜荔，香草。柏，插壁也。言己居家以薜荔搏餙四壁，以香潔自修餙也。罔薜荔兮爲帷。言己爲帷帳也。貫薜荔之落蘂。逸注：貫纍此香草，執持忠正也。五臣云：貫，拾也。仁傑按：《山海經》：小華之山，其草萆荔，狀如烏韭，而生石上，亦緣木而生。郭璞注：萆荔，香草也。蔽、戾兩音。《本草》有絡石，《嘉祐圖經》云：今在處有之，僧寺及人家亭圃山石間種以爲飾。葉圓細如橘正青，冬夏不凋。其莖蔓延節青處，即生根鬚包絡石上，以此得名。花白，子黑。薜荔、木蓮、地錦、石血，皆其類也。薜荔與此極相類，但莖葉麤大如藤狀，木蓮更大如絡蓮房。地錦葉如鴨掌，蔓著地上，隨節有根。石血極與絡石相類，但葉頭尖而色赤。又《藥性論》云：土鼓藤，小兒取於地，打作鼓聲。李邕名爲常春藤。《日華子》云：常春藤，一名龍鱗薜荔。或以揚雄《反騷》言『卷薜芷與若蕙』，《漢書・房中歌》言『都荔遂芳』，疑薜與荔本二物，故《爾雅》有『薜，山蘄』，而《山海經》有草荔。草字與薜音義不同。按《離騷》云：令薜荔以爲理兮，憚舉趾而緣木。則薜、荔固一物耳。《廣雅》以山蘄爲當歸，非緣木而生者也。

明　王圻《稗史彙編》卷一四九《薜荔》　《楚詞》：披薜荔兮帶女蘿。注：薜荔無根，緣物而生。不明言爲何物。據《本草》：絡，石也。在石曰石鯪，在地曰地錦，繞叢木曰常春藤，又曰龍鱗。薜荔又曰扶芳藤，今京師人家假山上種巴山虎是也。

清　翟灝《爾雅補郭》卷下　薜，庚草。此與後『薜，牡贊』，皆薜荔屬也。所以別爲兩釋。一附墻屋，一附巖石。一有實，一無實也。羅願説薜荔曰：在屋曰昔邪，在墻曰垣衣。有絶大者，開花結實，俗謂之鬼饅餖。此文與鬼目並列，乃其有實，號鬼饅餖者。《離騷》：貫薜荔之落蕊。蕊謂其實也。《集韻》以薜庚字駢連爲名，庚與荔或音之轉。

薜，牡贊。《説文》亦解薜爲牡贊，此薜荔之無實者，故以牡名。生山中，故《楚辭》歌山鬼云：被薜荔兮，帶女蘿。好敷巖石，若網，故又云：罔薜荔以爲帷。

藝文

明　王世貞《弇州四部稿》卷四九《薜荔》　一片蒼崖萬古秋，高天翠色晚俱浮。自從謝傳東山別，未許交情到白頭。

清　商盤《質園詩集》卷二九《擘荔吟》　得甘於回待橄欖，蹙頞而食嫌菖歜。荔子能兼色味香，日日眞宜三百啖。晚年典郡殊碌碌，手擘輕紅意無歉。玉體初逢錦帳陳，金槃不用冰盤糝。頡頏姑射爾何慙，唐突夷光吾未敢。兜率蘋婆舊擅名，如來唇色還堪掩。長公願作嶺南人，對此欣然忘謫貶。試聽柔奴宛轉歌，炎荒莫起離鄉感。

桄榔

綜述

晉　嵇含《南方草木狀》卷中　桄榔樹似栟櫚實，其皮可作綆，得水則柔韌，胡人以此聯木爲舟。皮中有屑如麪，多者至數斛，食之與常麪無異。木性如竹，紫黑色，有文理，工人解之以製弈枰。出九眞交趾。

唐　段成式《酉陽雜俎續集》卷一〇　桄榔樹，古南海縣有桄榔樹，峯頭生葉。有麪，大者出麪百斛，以牛乳啖之，甚美。

唐　劉恂《嶺表録異》卷中　桄榔樹枝葉並蕃茂，與棗、檳榔等小異。然葉下有鬚如麄馬尾，廣人採之以織巾子。其鬚尤宜鹹水浸漬，即麄脹而韌。故人以此縛舶，不用釘線。木性如竹，紫黑色，有文理而堅，工人解之以制博奕局。此樹皮中有屑如麪，可爲餅食之。

宋　周去非《嶺外代答》卷八《花木門・桄榔》　桄榔木似棕櫚，有節如大竹，青緑，聳直高十餘丈。有葉無枝，蔭緑茂盛，佛廟神祠亭亭列立如寶林然。結子葉間，數十穗下垂，長可丈餘，翠緑點綴，有如纓絡，極堪觀玩。其根皆細鬚，堅實如鐵，鏇以爲器，悉成孔雀尾斑，世以爲珍。木身外堅内腐，南人剖去其腐以爲盛溜，力省而功倍。溪峒取其堅以爲弩箭，沾血一滴，則百裂於皮裏，不可撤矣。不唯其木見血而然，雖木液一滴着人肌膚，即遍身如針刺，是殆木性將行於氣血也歟？凡木似棕櫚者有五，桄榔、檳榔、椰子、夔頭、桃竹是也。檳榔之實可施藥物，夔之葉可以蓋屋，桃竹可以爲杖，椰子可以爲果蓏，若桄榔則爲器用而可以永久矣。

宋　范成大《桂海虞衡志・志草木》　桄榔木身直如杉，又如棕櫚。有節似大竹，一幹挺上高數丈。開花數十穗，緑色。

明　李時珍《本草綱目》卷三一　桄榔子宋《開寶》校正：自木部移入此。釋名：木名姑榔木、《臨海異物志》麪木、《伽藍記》董㮠、楊慎《巵言》鐵木。時珍曰：其木似檳榔而光利，故名桄榔。姑榔，其音訛也。麪，言其粉也。鐵，言其堅也。集解：頌曰：桄榔木，嶺南、二廣州郡皆有之，人家亦植之庭院間。其木似栟櫚而堅硬，斫其内取麪，大者至數石，食之不饑。其皮至柔堅韌，可以作綆。其子作穗生木端，不拘時月采之。按劉恂《嶺表録》云：桄榔木枝葉並蕃茂，與檳榔小異。然葉下有鬚如粗馬尾，廣人采之以織巾子。得鹹水浸即粗脹而韌，彼人以縛海舶，不用釘線。木性如竹，紫黑色。有文理而堅，工人解之以製博奕局。其樹皮中有屑如麪，可作餅食。藏器曰：按《臨海異物志》云：姑榔木生牂牁山谷，外皮有毛如棕櫚而散生。其木剛利如鐵，可作釤鋤，中濕更利，惟中焦則易敗耳，物之相伏如此。皮中有白粉，以稻米粉及麥麪，可作餅餌食，名桄榔麪。彼土少穀，常以牛酪食之。時珍曰：桄榔，二廣、交蜀皆有之。按郭義恭《廣志》云：木大者四五圍，高五六丈，拱直無旁枝。巔頂生葉數十，破似椶葉。其木肌堅，斫入數寸，得粉赤黄色，可食。又顧玠《海槎録》云：桄榔木身直如杉，又如棕櫚、椰子、檳榔、波斯棗、古散諸樹而稍異，有節似大竹。樹杪挺出數枝，開花成穗，緑色。結子如青珠，每條不下百顆，一樹近百餘條，團團懸掛若傘，極可愛。其木最重，色類花梨而多紋，番舶用代鐵鎗，鋒鋩甚利。古散亦木名，可爲杖，又名虎散。

明　劉侗《名物通》卷八　桄榔，出南海縣，葉有麪，大者出麪至百斛，以牛乳啖之，甚美。

清　魏茂林《駢雅訓纂》卷一三　都勾，桄榔，麪木也。《御覽》九百六十一《木部》：劉欣期《交州記》曰：都勾樹，木中出屑如麪，可啖。《文選・蜀都賦》：麪有桄榔。劉淵林注：桄榔，樹名也。木中有屑如麪，可食，出興古。光、郎二音。

清　屈大均《廣東新語》卷二五《木語・桄榔》　桄榔似椶櫚而多節，巨者徑二三尺，幹長五六丈，至杪乃柯條相比。葉生於杪，不過數十百葉，葉下有鬚，長短如鹿馬尾，微風動之，蕭疎可愛。花開成穗，緑色，子如青珠。每一樹輒有青珠百餘條，鬚多於葉，珠又多於鬚，風飄颺之，若水簾繽紛而下垂也。廣人遇旱，每以其珠結香亭，舁之祈禱，謂可致雨。子紅熟者，連瓤食之，頗甜。皮中有白粉，曰桄榔麪。故海南人有『檳榔爲酒，桄榔爲飯』之語。其心似藤心，以爲炙，亦滋腴極美。南方奇木故多㮠蕉本，而皆可食，桄榔蓋其一云。桄榔一名麪木。語云：毋言天涯，可以爲家。食有麪木，飲有酒花。謂此。木色類花梨而多綜紋，珠暈重重，紫黑斑駁，可以車鏇作器，鬚可織巾及掃帚，肌甚剛，可作鋘鋤及鎗以代鐵，番人多用之。下四府人以其小者爲屋椽，爲梁柱，然多空心，與檳榔、椰、蒲葵三種，皆號木中之竹。檳榔葉小，椰葉大，二種取其實。桄榔取其材，蒲葵取其葉。一種南椰取其粉。皆南天之奇植也。諸祠宇多植桄榔、蒲葵、木棉，佛寺多植菩提。里社多榕，池塘堤岸多水松、荔支。廣州訶林舊多訶子、頻婆，其菩提樹植自蕭梁年間，爲諸寺菩提之祖。南海廟波羅蜜樹，亦爲十郡波羅蜜祖。廣州屯田道署有梡樹，若榕非榕，榕冬時葉不萎落，梡則盡落，亦數百年物，爲諸梡之祖。故廣州城中老樹，以訶林菩提及此梡叢稱，而桄榔則最古者少矣。

清　嵇璜《續通志》卷一七六　桄榔，一名姑榔，一名麪木，一名董㮠，一名鐵木，見《本草》。《蜀志》云：興古南漢縣有桄榔樹，有麪大者至百斛。

清　吴其濬《植物名實圖考》卷三一《桄榔子》　桄榔子，《開寶本草》始著録。一名麪木。廣中有之。木爲車轅，不易折。以爲箭鏃，中人則血沸。

藝文

宋　楊萬里《誠齋集》卷一六《題桄榔樹》　化工到得巧窮時，東補西移也大奇。君看桄榔一窠子，竹身杏葉海椶枝。

圖表

明 李時珍《本草綱目·圖卷》

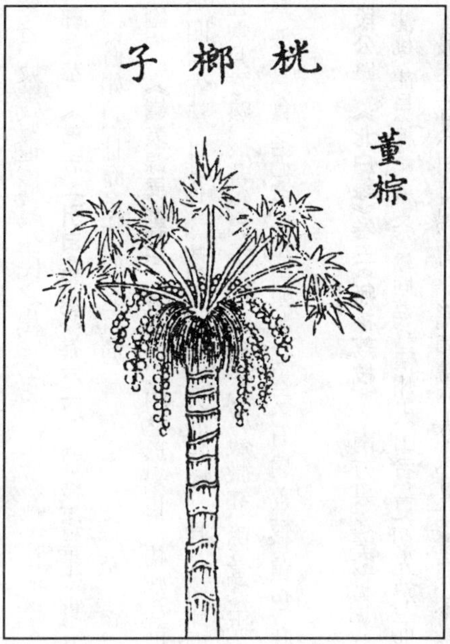

清 吳其濬《植物名實圖考》卷三一《桄榔子》

荔枝

論說

宋 陸游《老學庵筆記》卷五 張文昌《成都曲》云：錦江近西煙水綠，新雨山頭荔枝熟。萬里橋邊多酒家，遊人愛向誰家宿。此未嘗至成都者也。成都無山，亦無荔枝。蘇黃門詩云：蜀中荔枝出嘉州，其餘及眉半有不。蓋眉之彭山縣已無荔枝矣，況成都乎？

明 張萱《疑耀》卷六《荔枝》 荔枝之名，諸書皆未詳其義。《扶南傳》謂結實時，枝弱蒂牢，不可採，皆以刀斧劙取其枝，故以爲名。余按：荔枝之樹甚高大，惟樹杪結實最多，故採者不能攀其枝，多連枝斫之耳，蒂牢之説殊不然也。

明 何三畏《新刻何氏類鎔》卷三一《荔支》 荔支或生蒼梧，或生巴峽，或生南海、南越，或生交州、廣州，或生犍爲僰道，而以閩中爲絶佳。荔支或名焦核，或名鮫魚，或名龍牙、鷄冠，或名虎皮、鳳髓，或名丁香蒲萄，而以陳紫爲最上。其實或四月、五月、六月而熟，其樹或四丈、五丈、六丈而高。綠葉雲舒，丹罽璫映。紅霞灼灼以麗日，列宿離離以横天。皇皇錦繡之林，亭亭翡翠之屋。捧之而葉低垂户，擎之而枝重壓墻。鮮逾橘之得霜，潤勝蓮之生水。酷似百和之味，能兼五滋之馨。剥之凝如水晶，食之消如絳雪。眞所謂「燕支掌中顆，甘露舌頭漿」者也。有宋公荔支，樹高大而扶蘇者，已閲三百歲。有王女荔支，色深紅而長細者，因名十八娘。有見一夕荔支，皆空而盡積軒下者，多傳刺史壁上之詩。有見一園荔支，垂熟而少憇樹傍者，時憶美人夢中之詠。漢武帝之破南越也，自交阯移植荔支于庭畔，而以扶荔名宮。唐明皇之駐驪山也，自南海進供荔支於蹕前，而以荔支香名曲。漢之歲獻荔支也，越五里十里而奔，自此死者繼路，遂以罷獻受勅于大官。唐之歲進荔支也，馳七日七夜而至，自此斃者載塗，徒以紅塵見笑于妃子。蓋荔支者，盛種植于一家之内，或至百株、千株、萬株；離本枝于數日之間，遂令色變、味變、香變。可以蠲渴補髓，可以益智通神，而未必可以延年增壽。臣下上書諫之，君上下詔罷之，皆所稱明時盛事矣。

綜述

晋 嵇含《南方草木狀》卷下 荔枝樹高五六丈餘，如桂樹緑葉蓬蓬，冬夏榮茂。青華朱實，實大如鷄子，核黄黑似熟蓮，實白如肪，甘而多汁，似安石榴，有甜酢者。至日將中翕然俱赤則可食也。一樹下子百斛。《三輔黄圖》曰：漢武帝元鼎六年，破南越，建扶荔宫。扶荔者，以荔枝得名也。自交趾移植百株于庭，無一生者。連年移植不息，後數歲偶一株稍茂，然終無華實，帝亦珍惜之，一旦忽萎死，守吏坐誅，死者數十，遂不復茂矣。其實則歲貢焉，郵傳者，疲斃於道，極爲生民之患。

晋 郭義恭《廣志》（引自《説郛》卷六一） 荔枝，青華朱實。核黄黑，似熟蓮子，實白如肪，甘而多汁，似安石榴。

唐 劉恂《嶺表録異》卷中 荔枝，南中之珍果也。梧州江前有火山，上有荔枝，四月先熟，以其地熱，故曰火也。核大而味酸。其高新州與南海産者最佳，五六月方熟，形若小鷄子，近蔕稍平，皮殼微紅，肉瑩寒玉。又有焦核者，性熱液甘，食之過度，即蜜漿制之。又有蝎荔枝，黄色，味稍劣於紅者。

唐 段公路《北户録》卷三《無核荔枝》 南方果之美者有荔枝。衛洪《七開》曰：蒲桃、龍目、椰子、欖支。欖同荔。梧州火山者，夏初先熟，而味小劣。其高潘州者最佳，五六月方熟，有無核，類鷄卵大者，其肪瑩白，不減水精，性熱，液甘，乃奇實也。又有蠟荔枝，作青黄色，亦絶美。《南越志》云：荔枝洲有焦核黄蠟者爲優。故《廣州記》曰：荔枝如鷄卵大，殼朱肉白，五六月熟，核若鷄舌香。陳藏器曰：荔枝樹冬青，實如鷄子，核黄黑似熟蓮子，實白如肪，甘而多汁，百鳥食之爲肥，極宜人。《廣志》云：焦核、胡楣此最美，次有鼈卵焉。其樹自合抱至數圍大者，材中梁棟，其堅即佉陁等木無以加也。嶺中荔枝纔盡，龍眼子方熟，大如彈丸，皮褐肉白而味過甜，俗呼爲荔枝奴，非虚語耳。《修文殿御覽》云：龍眼子，一名龍目。左思《蜀都賦》云『旁挺龍目，側生荔枝』也。又《西京雜記》曰：尉佗獻高祖鮫魚欖枝，高祖報以蒲桃錦四疋。

宋 蔡襄《端明集》卷三五《荔枝譜》 第一：荔枝之於天下，唯閩粵、南粵、巴蜀有之。漢初南粵王尉佗以之備方物，於是始通中國。司馬相如賦上林云：答遝離支。蓋誇言之，無有是也。東京、交趾七郡貢生荔支，十里一置，五里一候，晝夜奔騰，有毒蟲猛獸之害。臨武長唐羌上書言狀，和帝詔太官省之。魏文帝有西域蒲萄之比，世譏其謬論。豈當時南北斷隔，所擬出於傳聞耶？唐天寶中，妃子尤愛嗜，涪州歲命驛致。時之詞人多所稱詠。張九齡賦之以託意。白居易刺忠州，既形於詩，又圖而序之，雖仿佛顔色，而甘滋之勝莫能著也。洛陽取於嶺南，長安來於巴蜀。雖曰鮮獻，而傳置之速，腐爛之餘，色、香、味之存者亡幾矣。是生荔枝，中國未始見之也。九齡、居易雖見新實，驗今之廣南州郡與夔梓之間，所出大率早熟，肌肉薄而味甘酸，其精好者僅比東閩之下等，是二人者亦未始遇夫眞荔支者也。閩中唯四郡有之，福州最多，而興化軍最爲奇特，泉、漳時亦知名，列品雖高而寂寥無紀。將尤異之物昔所未有乎？蓋亦有之而未始遇乎人也。予家莆陽，再臨泉、福二郡，十年往還道由鄉國。每得其尤者，命工寫生，稡集既多，因而題目，以爲倡始。夫以一木之實，生於海濱巖險之遠，而能名徹上京，外被夷狄，重於當世，是亦有足貴者。其於果品卓然第一，然性畏高寒，不堪移植，而又道里遼遠，曾不得班於盧橘、江橙之右，少發光采，此其所以爲之嘆息而不可不述也。

第二：興化軍風俗，園池勝處唯種荔枝。當其熟時，雖有他果，不復見省。尤重陳紫，富室大家歲或不嘗，雖別品千計不爲滿意。陳氏欲采摘，必先閉户，隔墻入錢，度音鐸錢與之。得者自以爲幸，不敢較其直之多少也。今列陳紫之所長，以例衆品。其樹晚熟，其實廣上而圓下，大可徑寸，有五分，香氣清遠，色澤鮮紫，殼薄而平，瓤厚而瑩，膜如桃花紅，核似丁香母。剥之凝如水精，食之消如絳雪。其味之至，不可得而狀也。荔枝以甘爲味，雖百千樹莫有同者。過甘與淡，失味之中。唯有陳紫之於色、香、味自拔其類，此所以爲天下第一也。凡荔枝膜、形、色一有類陳紫，則已爲中品。若夫厚

皮、尖刺、肌理黄色、附核而赤，食之有查，食已而澁，雖無酢味，自亦下等矣。【略】

第七：陳紫已下十二品有等次，虎皮已下二十品無等次。陳紫，因治居第平窊坎而樹之，或云厥土肥沃之致。今傳其種子者，皆擇善壤，終莫能及，是亦賦生之異也。江緑大，較類陳紫而差大，獨香薄而味少淡，故以次之。其樹已賣葉氏，而民間猶以爲江家緑云。方家紅，可徑二寸，色味俱美，言荔枝之大者莫之敢擬。歲生一二百顆，人罕得之。方氏子名蓁，今爲大理寺丞。游家紫，出名十年，種自陳紫，實大過之。小陳紫，其樹去陳紫數十步。初一家并種之，及其成也差小，又時有櫨核者，因而得名。其家别居，二紫亦分屬東西陳焉。宋公荔枝，樹極高大，實如陳紫而小，甘美無異。或云陳紫種出宋氏。世傳其樹已三百歲，舊屬王氏。黄巢兵過欲斧薪之，王氏媪抱樹號泣求與樹偕死，賊憐之不伐。宋公名誠。公者，老人之稱。年餘八十，子孫皆仕宦。藍家紅，泉州爲第一。藍氏兄弟圭爲太常博士，丞爲尚書都官員外郎。周家紅，獨立興化軍三十年後生益奇，聲名乃損，然亦不失爲上等。何家紅，出漳州何氏，世爲牙校。嘗有郡將全樹買之，樹在舍後將熟，其子日領卒數十人穿其堂房，乃至樹所。其來無時，舉家伏藏，欲即伐去而不忍，今猶存焉。法石白，出泉州法石院，色青白，其大次於藍家紅。緑核，頗類江緑，色丹而小。荔支皆紫核，此以緑見異。出福州。圓丁香，丁香荔支皆旁去聲蔕，大而下鋭。此種體圓，與味皆勝。虎皮者，紅色，絶大，繞腹有青紋，正類虎斑。常於福州東山大乘寺見之，不知其出處。牛心者，以狀言之，長二寸餘，皮厚肉澁。福州唯有一株，每歲貢乾荔支皆調於民，主吏常以牛心爲準，民倍值購之以輸。予嘗黜而不用。玳瑁紅，荔枝上有黑點，疎密如玳瑁斑，福州城東有之。硫黄，顔色正黄而刺微紅，亦小荔枝以色名之也。朱柹，色如柹，紅而扁大，亦云朴柹，出福州。蒲桃荔枝，穗生一朵至一二百，將熟多破裂。凡荔枝每顆一梗，長三五寸，附於枝。此等附枝而生，樂天所謂朵如蒲桃者，正謂是也。其品殊下。蚶殼者，殼爲深渠如瓦屋焉。龍牙者，荔枝之變怪者，其殼紅，可長三四寸，彎曲如爪牙而無瓤核。全樹忽變，非常有也。興化軍轉運司廳事之西嘗見之。水荔枝，漿多而淡，食之蠲渴。荔枝宜依山，或平陸有近水田者，清泉流溉，其味遂爾。出興化軍。蜜荔枝，純甘如蜜，是謂過甘失味之中。丁香荔枝，核如小丁香。樹病或有之，亦謂之櫨核，皆小實也。大丁香，出福州天慶觀，厚殼，紫色，瓤多而味微澁。雙髻小荔支，每朵數十，皆並蔕雙頭，因以目之。眞珠，剖之純瓤圓白如珠，荔支之小者止於此。十八娘荔枝，色深紅而細長，時人以少女比之。俚傳閩王王氏有女第十八，好噉此品，因而得名。其家在城東報國院冢旁，猶有此樹云。將軍荔支，五代間爲此官者種之，後人以其官號其樹而失其姓名之傳，出福州。釵頭，顆紅而小，可間婦人女子簪翹之側，故特貴之。粉紅者，荔支多深紅而色淺者爲異，謂如傳朱粉之飾，故曰粉紅。中元紅，荔枝將絶纔熟，以晚重於時。予嘗七月二十四日得之。火山，本出廣南，四月熟，味甘酸而肉薄，穗生梗如枇杷。閩中近亦有之。山在梧州。右三十二品，言姓氏尤其著者也，言州郡記其所出也。不言姓氏、州郡，四郡或皆有也。嘉祐四年歲次己亥秋八月二十日，蒲陽蔡某述。

宋　吳曾《能改齋漫録》卷一五《荔枝譜》　蔡君謨守福唐，以閩中荔枝著譜，而鄭熊亦嘗記廣中荔枝，凡二十二種。玉英子荔枝，如玉之英。燋核荔枝，核小肉多。沈香荔枝，以其香似。丁香荔枝，以其核似。紅羅荔枝，其細而紅，其紋如羅。透骨荔枝，其他者，皮皆外白，此内外皆紅。牂牁荔枝，形似牂牁帽。僧耆頭荔枝，皮皺堅如僧耆國人首髮，皆成叢脞。水母子荔枝，漿多如水母子。蒺蔾荔枝，皮上皺紋尖如蒺藜。大將軍荔枝，小將軍荔枝，其樹葉俱大小亦然。大蠟荔枝，小蠟荔枝，子有大、小者，皆熟而黄。松子荔枝，像其形也。蛇皮荔枝，紋如蛇皮。青荔枝，熟而青。銀荔枝，熟而白。不憶子荔枝，一食而不復思。火山荔枝，火山在梧州，既大而早，三月已可食。野山荔枝，野山子小而酸澀，人少食。五色荔枝。出海南。好事者作荔枝饅頭，取荔枝榨去水入酥酪，辛辣以含漿。又作簽餡，以荔枝肉作椰子花與酥酪同炒，土人大嗜之。

宋　鄭樵《通志》卷七六　荔支，亦曰離支。始傳於漢世，初出嶺南，後出蜀中。故《蜀都賦》云：旁挺龍目，側生荔枝。《南海藥譜》云：荔枝熟，人未採則百蟲不敢近，才採之則烏鳥、蝙蝠之類無不殘傷。然亦不必荔枝，諸果皆然。《東觀漢記》云：南海舊獻荔枝、龍眼，十里一置，五里一堠，奔馳險阻，道路爲患。孝和時，唐羌上書言狀，帝詔太官勿復受獻。蓋此物易變，一日色變，二日味變，三日色味俱變。古詩云：色味不踰三日變。舊時採貢，以蝎封其枝，或蜜漬之。而近代奸幸之徒連株以進，南人苦之。不知土地所産之異，而輒爲人患。何也？無乃尤物者與。

宋　羅願《爾雅翼》卷一二《離支》　《上林賦》離支，晉灼注：大如雞子，皮麤，剥去皮肌如雞子，中黄，味甘，多酢少離。《蜀都賦》：旁挺龍目，側生荔支。《廣志》曰：木高五六丈，大如桂，緑葉，冬夏榮茂，青華朱實。後漢南海獻龍眼、荔支，十里一置，五里一候，奔馳險阻，道路爲患。孝和時，唐羌爲臨武長，縣接南海，上書言狀，詔太官勿受獻。龍眼，木高一丈許，似荔支而葉微小，凌冬不凋，春末夏初生細白花，七月實成。

宋　范成大《桂海虞衡志·志果》　荔枝，自湖南界入桂林纔百餘里便有之，亦未甚多。昭平出檽核，臨賀出緑色者尤勝。自此而南諸郡皆有之，悉不宜乾，肉薄味淺，不及閩中所産。

宋　洪邁《容齋四筆》卷八《莆田荔枝》　莆田荔枝，名品皆出天成，雖以其核種之，終與其本不相類。宋香之後無宋香，所存者孫枝爾。陳紫之後無陳紫，過墻則爲小陳紫矣。《筆談》謂焦核荔子土人能爲之，取本木去其大根，火燔令焦，復植於土，以石壓之，令勿生傍根，其核自小。里人謂不然，此果形狀變態百出，不可以理求。或似龍牙，或類鳳爪，釵頭紅之可簪，緑珠子之旁綴，是豈人力所能加哉？初方氏有樹，結實數千顆，欲重其名，以二百顆送蔡忠惠公，給以常歲所産止此。公爲目之曰方家紅，著之於譜，印證其妄。自後華實雖極繁茂，逮至成熟，所存者未嘗越二百，遂成語讖。此段已載《遯齋閒覽》中，郡士黄處權復志其詳如此。

元　王禎《農書》卷九《荔枝》　荔枝，一名丹荔。《嶺南記》云：此木以荔枝爲名者，以其結實時，枝弱而蔕牢，不可摘取，以刀斧劙去其枝，故以爲名。生嶺南巴中，泉、福、漳、興、嘉、蜀、渝、涪及二廣州郡皆有之。其品閩爲最，蜀川次之，嶺南爲下。樹形團團如帷蓋，葉如冬青，華如橘，朵如蒲萄，核如枇杷，殼如紅繒，膜如紫綃，肉白如肪。

明　楊慎《丹鉛總録》卷四《側生》　左思《蜀都賦》：旁挺龍目，側生荔枝。故張九齡賦荔支云：雖觀上國之光，而被側生之誚。杜子美絶句云：側生野岸及江蒲，不熟丹宫滿玉壺。諱荔支爲側生，雖本之左思、張九齡，然以時事不欲直道也。黄山谷《題楊妃病齒》云：多食則生，損其左車。則特好奇爾。

明　李時珍《本草綱目》卷三一　荔枝宋《開寶》　釋名：離枝、《綱目》丹荔。頌曰：按朱應《扶南記》云：此木結實時，枝弱而蔕牢，不可摘取，必以刀斧劙取其枝，故以爲名。劙，音利，與劦同。時珍曰：司馬相如《上林賦》作離支。按白居易云：若離本枝，一日色變，三日味變。則離支之名，又或取此義也。集解：頌曰：荔枝生嶺南及巴中。今閩之泉、福、漳州、興化軍，蜀之嘉、蜀、渝、涪州，及二廣州郡皆有之。其品以閩中爲第一，蜀川次之，嶺南爲下。其木高二三丈，自徑尺至于合抱，類桂木、冬青之屬。緑葉蓬蓬然，四時榮茂不雕。其木性至堅勁，土人取其根，作阮咸槽及彈棋局。其花青白，狀若冠之蕤綏。其子喜雙實，狀如初生松球。殼有皺紋如羅，初青漸紅。肉色淡白如肪玉，味甘而多汁。夏至將中，則子翕然俱赤，乃可食也。大樹下子至百斛，五六月盛熟時，彼方皆燕會其下以賞之，極量取啖，雖多亦不傷人，少過則飲蜜漿便解。荔枝始傳于漢世，初惟出嶺南，後出蜀中。故左思《蜀都賦》云：旁挺龍目，側生荔枝。唐白居易《圖序》論之詳矣。今閩中四郡所出特奇，蔡襄譜其種類至三十餘品，肌肉甚厚，甘香瑩白，非廣、蜀之比也。福唐歲貢白曝荔枝、蜜煎荔枝肉，俱爲上方珍果。白曝須嘉實乃堪，其市貨者，多用雜色荔枝入鹽、梅曝成，皮色深紅，味亦少酸，殊失本真。經曝則可經歲，商販流佈，遍及華夏，味猶不歇，百果之盛，皆不及此。又有焦核荔枝，核如鷄舌香，味更甜美。或云是木生背陽，結實不完就者。又有緑色、蠟色，皆其品之奇者，本土亦自難得。其蜀、嶺荔枝，初生小酢，肉薄核大，不堪白曝。花及根亦入藥。藏器曰：顧微《廣州記》云：荔枝冬夏常青，其實大如鷄卵，殼朱肉白，核黄黑色，似半熟蓮子，精者核如鷄舌香，甘美多汁，極益人也。時珍曰：荔枝炎方之果，性最畏寒，易種而根浮。其木甚耐久，有經數百年猶結實者。其實生時肉白，乾時肉紅。日曬火烘，鹵浸蜜煎，皆可致遠。成朵曬乾者謂之荔錦。按白居易《荔枝圖序》云：荔枝生巴、峽間。樹形團團如帷蓋，葉如冬青。花如橘而春榮，實如丹而夏熟。朵如蒲桃，核如枇杷。殼如紅繒，膜如紫綃。瓤肉潔白如冰雪，漿液甘酸如醴酪。大略如彼，其實過之。若離本枝，一日而色變，二日而香變，三日而味變，四五日外，色香味盡去矣。又蔡襄《荔枝譜》云：廣、蜀所出，早熟而肉薄，味甘酸，不及閩中下等者。閩中惟四郡有之，福州最多，興化最奇，泉、漳次之。福州延亘原野，一家甚至萬株。興化上品，大徑寸餘，香氣清遠，色紫殼薄，瓤厚膜紅，核如丁香母。剥之如水精，食之如絳雪。荔枝以甘爲味，雖百千樹莫有同者，過甘與淡，皆失于中。若夫厚皮尖刺，肌理黄色，附核而赤，食之有渣，食已而澀，雖無酢味，亦自下等矣。最忌麝香，觸之花、實盡落也。又洪邁《夷堅志》云：莆田荔枝名品，皆出天成，雖以其核種之，亦失本體，形狀百出，不可以理求也。沈括《筆談》謂焦核荔枝，乃土人去其大根，燔焦種成者，大不然也。珣曰：荔枝樹似青木香。熟時人未採，則百蟲不敢近。人才採之，烏鳥、蝙蝠之類，無不傷殘之也。故採荔枝者，必日中而衆採之。一日色變，二日味變，三日色味俱變。故古詩云，色味不逾三日變也。

又　龍荔《綱目》　釋名：見下。集解：時珍曰：按范成大《桂海志》云：龍荔出嶺南。狀如小荔枝，而肉味如龍眼，其木之身、葉亦似二果，故名曰龍荔。三月開小白花，與荔枝同時熟，不可生啖，但可蒸食。

明　慎懋官《華夷花木鳥獸珍玩考》卷二《荔枝譜》　荔枝，樹高五六丈，大如桂樹，緑葉蓬蓬，冬夏榮茂。青華朱實，大如雞子。核黄黑，似熟蓮子。肉白如肪，甘而多汁，似安石榴。有酸甜者，至日將中，翕然俱赤，則可食也。樹下子數斛，性熱，人日啖千顆，未嘗作疾。即少熱，以蜜漿解之。民間以鹽梅鹵浸佛桑花爲紅漿拶荔枝淡乾曝之，色紅而甘酸，可三四年不蛀。南人多以核之細者爲珍，謂之焦核。然此樹最忌射香，或遇之，花實落盡也。荔枝子，閩中爲上，川蜀次之，嶺南又次之。味甘，無毒。宋端明著《荔枝譜》，通論興、福、漳、泉四郡。其名家不過十有二品，其下三十二品不論也。有名桂林，皮麄大如雞子，味甜。一名中冠，皮光而薄，味清甘。一名金鍾，皮署麄，色青黄，味佳。大類桂林，皆六月熟。一名火山，核大，味甘酸，四月先熟。一名早紅，類火山，五月熟。又有狀元紅一種，形圓，味甚佳仙，惟楓亭爲多，時獨重之。

明　穆希文《説原》卷一二　荔枝，樹高五六尺，緑葉蓬蓬，冬夏榮茂，青華朱實，甘而多汁，有酸甜者赤則可食。其性熱，日啖千顆必致疾，以蜜漿解之。遇麝香則花實盡落。一日色變，二日香變，三日味變，四五日色香味盡變。故摘下即當食之。閩中有江家緑、十八娘、狀元紅、將軍紅，廣東有脱玉、皺玉、水晶圓之類。

明　謝肇淛《五雜俎》卷一一《物部三》　荔支之味無論，即濃緑枝頭，錦丸纍垂頳射朝霞，固已麗矣。而奇香撲人，出入懷袖，即殘紅委地，遺芬不散，此豈百果所敢望哉！荔支以楓亭爲最，核小而香多也；長樂之勝畫次之，肌豐而味勝也；中觀又次之，色味俱醇而繁多不絶也。三者之外，人間常見尚有二十餘種，如桂林、金鍾、火山之類，品中稱劣矣。然猶足爲扶餘天子也。有鵲卵荔支，小僅如鵲卵而味甚甘，核如粟大，間有無核者。又有雞引子，一大者居中，而小者十餘環向之，熟則俱熟，味無差别。黄香色黄，白蜜色白，江家緑色緑，雙髻生皆並蒂，七夕紅必以七夕方熟，此皆市上所不恒有者也。

明　張萱《疑耀》卷三《雲南荔枝》　荔枝，閩、廣、四川有之，他處未聞。元李京《雲南志》：土獠蠻以採荔枝販賣爲業。當是荔之枝，非龍眼、荔枝之荔枝也。

明　徐光啓《農政全書》卷三〇　荔枝，《上林賦》曰離枝，《蜀都賦》曰荔枝。一名丹荔，一名飣坐眞人。其類有三四十種，以狀元香爲最。然不如長樂勝，肉厚而味甘，爲種中第一，第乾之不能如狀元香風味。《南記》曰：此木以荔枝爲名者，以其結實時枝弱而蔕牢不可摘，取以刀斧劙去其枝，故以爲名。生嶺南、巴中，泉、福、漳、興化，蜀、渝、涪，二廣州郡皆有之。其品閩爲最，蜀川次之，嶺南爲下。樹形團圓如帷蓋，葉如冬青，華如橘，朵如蒲萄，核如枇杷，殼如紅繒，膜如紫綃，肉白如肪。花於二三月，實於五六月。

明　陳正學《灌園草木識》卷二《果之屬・荔支六種》　狀元紅，種自楓亭來者佳。顆小核小，肉甜韻遠，色殼透紅，卓爲上品。其熟最晚，此種熟則荔支之美者盡矣。黑葉，顆紅黑色，形圓，味甜，肉厚而脆，允爲第二品。同安野種，皮甚紅，香甚透，味甚甜，肉可熬膏，又可潰涵，其釀法見後。第未盡善者，以其多汁，且近核之肉太硬耳。十八娘，種自廣東來。顆紅可愛，肩微側似美人。熟時肉脆而甜。緑羅包，本地多有之。皮黄緑色，多肉，小核圓如毬子，微帶酸意。袢粟，肉不滿，殼如粟之秕，小核，早熟，微酸乏韻。蔡君謨《荔支譜》漳亦有許多種，當以黑葉爲勝。狀元紅出莆之楓亭，近好事者始植之遠，令莆中獨擅耳。凡荔支宜培以鳥鹽，灌以糞水，惟溺不宜。樹雖大灌之以溺，立斃。

明　方以智《物理小識》卷九《草木類》　荔枝　楓亭驛荔枝甲天下，長樂縣次之。廣以黑葉爲美，多食作熱，鹽蜜解之。蔡忠惠公譜荔枝，徐𤊹廣之曰：荔枝，蘆生者也。焦核者，去中根燒而種之，故核小，猶扇畜則肉肥也。有虎皮、駞蹄、金櫻、江家緑、一品紅，而火山最下。林崇壁曰：陳紫、宋香爲尤。暄曰：興化狀元紅實小而肉滿，今佩亭無一株矣。

清　屈大均《廣東新語》卷二五《木語・荔枝》　荔字從艹從劦，不從刕。刕音離，割也。劦音協，同力也。荔字固當從劦，《本草》謂荔枝木堅，子熟時須刀割乃下。今瓊州人當荔枝熟，率以刀連枝斫取，使明歲嫩枝復生，其實益美。故漢時皆以爲離支，言離其樹之支，子離其枝，枝復離其支也。南方離火之所出，荔枝得離火多，故一名離支，亦曰丽支。丽，離也。丽文從兩日，天地之數，水一而火二，故丽從兩日。日爲五行之華，月爲六氣之精。日丽乎支，猶之乎日出於扶桑也。丽支乃震木之大者，震木以扶桑爲宗子，而丽支其支子，故曰丽支也。日出於離，離盡午中，故丽支以夏至熟。離爲坤之中，其色黄，故曰黄離。丽支之核，外赤而内黄，則黄離之美也。坤之中，其味甘，故曰甘節。丽支之肉，少酸而多甘，則甘節之吉也。又荔枝核之小者名節核。荔支以臘而蕚，以春而華，夏至而翕然子赤，生於木而成於火也。皮紅肉白而核復純丹，火包其外，復孕其中也。肉白爲金，金爲内外火所煉，故味醇和而甘。其液乃金水之精，甘又屬土，備五行之粹美，而以火爲主者也。粤以火德王，凡花多朱色皆火花，實多朱實皆火實，太陽烈氣之所結。火實之屬凡百種，而荔枝爲長。火爲母，荔支則火之長子也。荔支以增城、沙貝所産爲最，土黄潤多沙，潮味不到，故荔支絶美。自挂緑以下數十種，色、香、味迥異他縣。好事者當未熟時，先以兼金購之，乃得。其狀元紅等，賤如菽粟，歲收數千萬斛，販於他方，非所急矣。自挂緑至狀元紅，皆山枝，火山之屬也。火山善變，滋味百出，隨其土爲高下。然遲熟，熟必在水枝之後。水枝以黑葉爲上，黑葉又以番禺古埧所産爲上。順德之三貴次之。龍眼以順德之陳村北滘爲上，番禺之韋涌次之。龍眼必經博接乃子，花頭十汰七八，子乃甜大而多。荔枝花頭不可汰。語曰：荔枝惜花，龍眼惜子。又曰：荔枝十花一子，龍眼一花十子。荔枝又貴以沃土厚培，使根深不拔，膏澤上行，沙水下滲。然後枝條鬱茂，實不裹刺，上廣下尖，樽肩壺腹而成嘉種。語曰：荔枝宜肥，龍眼宜確。又荔支屬火，宜使向陽。龍眼屬水，宜向陰。荔枝之陽子甜，龍眼之陰子甜。語曰：當日荔枝，背日龍眼。予詩：龍眼獨從陰處長，荔枝先向日邊紅。其甜曰上糖，酸曰上水。三月熟者曰三月青，四月熟者曰犀角子，七夕曰七夕紅，而大熟於小至。以蟬鳴爲候應，此時熟者曰金釵子，實大核小，昔人解金釵而得其種，或謂即黑葉也。荔支葉青緑，此獨黑，故曰黑葉。廣人爲荔脯者多黑葉，次曰進奉，曰大造，曰塘塋，是皆水枝之貴者也。當摘時，宿之井中，沃以寒泉，火氣既去，金液斯純，以正陽精蕊，而配以正陰津液，水火既濟，斯爲神仙之食。予詩云：露井寒泉百尺深，摘來經宿井中沈。日精化作月華冷，多食令人補太陰。火則寒之，水則熱之，此食荔枝之法也。水枝食罷，乃食山枝。山枝之美者，多無核，近蒂一點檀暈，微作核痕，又多雙實，實皆寬膊尖腰。一種大如胟指，長而不圓，狀若玉蘭之蕾，味香以脆，觸其殼即爆開成兩，亦無核，即有亦甚微小，名馬口鈴，出番禺平山。又一種大如龍眼，亦無核，絶香，名曰香荔，出新興。然皆不如挂緑之美。挂緑者，紅中有緑，或在於肩，或在於腹，緑十之四，紅十之六，以陽精深固，至秋而熟，生秪數十百株，易地即變，爽脆如梨，漿液不見，去殼懷之，三日不變。其曰凝冰子者，以日照之，内外洞徹，微核在中，半明半滅，又絶異。予詩：照人最是凝冰子，五月光生一片寒。未啓朱苞光已出，可憐更在水精盤。其曰水浮子者，重而不沈，以置水中，隨波下上。又有如素馨香者，如露花，如丁香者。丁香有大、小之分，與小華山、緑羅衣、交几環三種皆絶美，是皆火山之屬。湛文簡公昔從楓亭懷核以歸，所謂尚書懷者也。又有名公領孫者，每一大者有十餘小者環之，其色紅緑各半，味亦美，大者微有核。有曰丫髻，形最小，生皆並蒂，故曰丫髻。多無核，即有亦小，名曰焦核。有曰將軍荔，最大，核亦大，然肉多不覺。是皆山枝之貴者也。東粤故多荔枝，問園亭之美，則舉荔枝以對。家有荔枝千株，其人與萬户侯等。故凡近水則種水枝，近山則種山枝。有荔支之家，是謂大室。當熟時，東家詫三月之青，西家矜四月之紅，各以其先熟及美種爲尚。主人餉客，聽客自摘，或一客而分一株，或一株而分十客，各以其量大小，受荔枝之補益。莫不枕藉丹膚，沐浴瓊液，既飽復含，未饑先擘，或辟穀者經旬，或卻葷者連日。其有開荔社之家，則人人競赴，以食多者爲勝。勝稱荔枝狀頭，少者有罰，罰飲荔枝酒數大白。蓋荔枝多食未嘗傷人，飲蜜一杯即解。或以青鹽調白火酒飲，或飲荔枝酒過醉，則以荔支殼浸水飲。又荔支多露，有過食者，味爽就樹間先吸其露，次噍其香，使氤氲若醉，五内清涼，則可以消肺氣，滋眞陰，卻老還童，作荔支之仙。白沙云：我是荔支仙，得此法也。廣州凡磯圍堤岸，皆種荔支、龍眼。或有棄稻田以種者，田每畝荔支可二十餘本，龍眼倍之，以淤泥爲墩，高二尺許，使潦水不及，以蒭草蓋覆，使烈日不及。而龍眼之幹，欲其皮中之水上昇，以稻稈束之。欲其實多而大，以鹽瘞之。生蟲則以鐵綫濡藥刺之，否則樹盡蠹。凡龍眼用接，荔支用博。博之法，當花發時，以其枝削去青皮寸許，傅之以土，子結後枝即生根，乃落之爲栽。接之法，以核漏出萌芽，長至三四月爲栽，乃以龍眼之枝屈而接之。其栽之枝葉盡脱，乃以樹上之枝葉爲栽之枝葉。其法與閩中異。閩之龍眼樹，三接者爲頂圓，核種十五年始實，實小不可食，則鋸木之半，以大實之幼枝接之。至四五年，又鋸其半接如前。如此者三數次，其實滿溢，倍於常種。若一二接即止者，形小味薄，不足尚也。三接者曰鋮樹，未接者曰野篴。廣之龍眼，大率野篴多，故不及閩。廣荔枝種之，四年即實，龍眼必至五年。荔支歲初而蕾，二月而花發，發時多雹，則花落實小，多雨則花腐，少雨則花液相膠而不實。估計者，視其花以知其實多少而判之，是曰買焙，其人名曰焙家。龍眼亦然。順德多龍眼，南海、東莞多荔枝，多水枝，增城多山枝。每歲估人鬻者，水枝七之，山枝三四之，載以栲箱，束以黄白藤，與諸瑰貨向臺關而北，臘嶺而西北者，舟船弗絶也。然率以荔支、龍眼爲正貨，挾諸瑰貨，必挾荔枝、龍眼，正爲表而奇爲裏，奇者曰細貨，不欲居其名，所謂深藏若虛也。廣人多衣食荔枝、龍眼，其爲栲箱者打包者各數百家，舟子車夫皆以荔枝、龍眼贍口。而予家在扶胥南岸，每當荔枝熟時，舟自扶胥歷東西二洲至于沙貝，一路龍丸鳳卵，若丘阜堆積，估人多向彼中買賣，而予亦嘗爲荔枝小販。自酸而食至甜，自青黄而食至紅，自水枝食至山枝，自家園食至諸縣，月無虛日，日無虛晷，凡四閱月而後已。比鄰有大石村，荔枝尤盛，以予不及往，則以荔枝爲酒相餉。而予又得藏荔枝法，就樹摘完好者，留蔕寸許蠟封之，乃剪去蔕，復以蠟封剪口，以蜜水滿浸，經數月味色不變，是予終歲皆有鮮荔支之飽，雖因之辟穀可矣。伊尹言：丹山之南，有鳳丸。沃民所食鳳丸，必荔支也。所謂仙人之美禄非耶。

清 曹溶《倦圃蒔植記》卷下《瓜果・荔枝》 荔枝，一種出自閩粤，尉佗以之充貢，於是始通中國。天寶間，妃子尤愛嗜，遂與梅花並命驅致。但性極畏寒，吾地無種。吴儂所憾，不與淵材而六耶。聊存。

清 高士奇《北墅抱甕録・荔枝》 平湖去海僅三十里。偶有閩客攜鮮荔枝泛海來者，值風利，兩日夜達此，色味俱未變。白香山云『殼如紅繒，膜如紫綃，瓤肉潔白如冰雪，漿液酸甘如醴酪』，非妄語也。私幸殊方珍果，得嘗所未經。因取其核，埋著土中，發苗一莖，葉似楊柳，初生淡白，數日色漸紅黄，又數日始成緑色。每兩葉相對而發，月餘後已高尺許，雖未必能花實，園中萬卉雜陳，正不可少此異品耳。

清 魏茂林《駢雅訓纂》卷六 離支，荔枝也。又同上：答遝離支。注：晉灼曰：離支，大如雞子。皮麁，剥去皮，肌如雞子，中黄，味甘，多酢少離。

清 張逸少《佩文齋廣羣芳譜》卷六〇《果譜・荔枝》 荔支，一名丹荔，一名離支，見《上林賦》。《扶南記》云：此木結實時，枝弱而蔕牢，不可摘取，必以刀斧劚取其枝，故以爲名。一名飣坐眞人。樹高數丈，自徑尺至於合抱，形團圞如帷蓋，葉如冬青，緑色蓬蓬，四時常茂。花青白，開於二三月，狀如橘，又若冠之蕤緌。五六月結實喜雙，狀如初生松毬，核如熟蓮子，殼有皺紋如羅，生青熟紅，肉淡白如肪玉，味甘多汁。夏至將中，翕然俱赤，大樹每下子百斛。五六月盛熟時，彼地皆燕會其下，雖多食亦不傷。人覺熱，以蜜漿解之，或以殼浸水飲，亦佳。初出嶺南及巴中，今閩之泉、福、漳、興，蜀之嘉、蜀、渝、涪及二廣州郡皆有之。以閩中爲第一，蜀次之，嶺南爲下。其類有陳紫、出著作郎陳琦家，品爲第一。《譜》云：其樹晚熟，其實廣上而圓下，大可徑寸，有五分，香氣清遠，色澤鮮紫，殼薄而平，瓤厚而瑩，膜如桃花紅，核如丁香母。剥之凝如水晶，食之消如絳雪。其味之至，不可得而名狀也。荔支以甘爲味，雖百千樹莫有同者。過甘與淡，失味之中。惟陳紫之於色、味、香自拔其類，此所以爲天下第一。凡荔支皮、膜、形、色一有類陳紫，則已爲中品。若夫厚皮尖刺，肌理黄色，附核而赤，食之有查，食已而澀，雖無酢味，自亦下等矣。大紫、種似陳紫，實大過之。小陳紫、實比陳紫差小，又時有穤核者，因而得名。方紅、徑可二寸，色味俱美，歲生一二百顆而已。出興化屯田郎中方臻家。宋公荔支、實如陳紫而小，甘美亦如之。周家紅、初爲第一，及陳紫方紅出而此爲次。龍牙、長可三四寸，彎曲如爪牙，無核，然不常有。游家紫、種出陳紫，實大過之。水荔支、漿多而淡。以上俱出興化軍。藍家紅、泉州第一，出都官員外藍承家。法石白、出法石院，色白，其大次於藍紅。江緑、類陳紫，差大，獨香薄而味少酸。以上出泉州。一品紅、於荔支爲極品，生在福州堂前。大丁香、殼厚色紫，味微澀，出天慶觀。緑核、頗類江緑，色丹而小，荔支核紫，而此核獨緑。將軍荔支、五代時有此官種之，因以得名。朱柿、色朱如柿而大。虎皮、色紅，絶大，繞腹有青紋類虎皮。牛心、以狀名之，長二寸餘，皮厚肉澀。玳瑁紅、色紅，有黑點，類玳瑁，出城東。硫黃、以色類硫黃，故名。以上出福州。何家紅、出漳州何氏。圓丁香、丁香荔支皆旁蔕大而尖鋭，此獨圓而香味尤勝。十八娘、色深紅而細長。閩王有女行十八，好食此，因得名。或云：物之美少者爲十八娘。蕙團、每朵數十並蔕雙垂。釵頭顆、顆紅而小，可施頭髻。珍珠荔支、團白如珠，無核荔支之最小者。粉紅荔支、荔支紅，此以色爲異。丁香荔支、核小如丁香，亦謂之櫮核。蜜荔支、以甘爲名，然過於甘。火山荔支、本出南越，四月熟，味甘酸肉薄，閩中近年僅有。秋元紅、實時最晚，因以得名。蚶殼、殼爲深渠如瓦屋焉，以狀得名。蒲桃荔支。一穗至二三百顆。以上見蔡襄《荔支譜》。鄭熊廣中《荔支譜》：玉英子、燋核、沉香、丁香、紅羅、透骨、牂牱、僧耆頭、水母子、蒺藜、大將軍、小將軍、大蠟、小蠟、松子、蛇皮、青荔支、銀荔支、不意子、火山、野山、五色荔支。徐𤊹《荔支譜》：一品紅、福州産之極品者，故名。生在州堂前。狀元紅、顆極大，味清甘。福州産爲第一，種在報國寺。馳蹄、長大甘柔。金櫻、上鋭下方，色深黄。粟玉、似金櫻而圓，味差勝。洞中紅、出宿猿洞，故名。星毬紅、枝條生葉，葉比他種差厚，色紅而不絳，遍者如橘，圓者如雞子，核皆如丁香，亦有無核者，食之甘脆有韻。饅頭、皮麤厚，味甘，大如饅頭。磨盤、皮麤厚，味甘，大如雞子，近蔕處甚平。金綫、實圓刺尖，有金綫界其中。鳳池超、實圓，味甘。中冠、亦呼中觀，體圓，核小，皮光，味清，熟時香聞數里。桂林、皮麤厚，味甘。金鐘、形如鐘，皮畧麤厚，色如硃砂，味甘。勝畫、皮厚，刺尖，味甘，肉豊，七月熟。鑛玉、皮麤厚，味甘濃，實似金鐘。綠珠、一名結綠，俗呼綠荔支。實如山榛，無核，味最清。熟時實與葉無辨。紅繡鞋、實小而尖，形如角黍，核如丁香，味極甘美。龍牙、色紅，長二寸許，上下俱方。蔡譜所載，與此稍異。雞引子、一朵數十枚，大小錯出。其大者核小，小者無核。七月熟。天柱、樹極高大。山中冠、實大而圓，餘荔將盡，此荔始熟，味微酸澀。馬先白、實類海山，其熟最早，味不甚甘。山金鐘、實大微長。中秋綠、色綠，味微酸，熟最後，故名中秋。松栢蕾、皮厚而麤，味澀，大如松子。勝江萍、以味甘得名。皮光，或呼爲勝江陳、淨江瓶。滿林香、實絶類桂林，皮微黄，味甘，其香倍於衆品。鵝卵、皮光無刺，色紅。蜜丸、味甘肉厚，俗呼肉丸。鵲卵、皮薄實圓斑如鵲卵，味微酸。白蜜皮粉紅，甘如蜜。醋甕、色微黄，味酸。將軍帽、實如松蕾，皮厚肉澀。雞肝、實扁，味甘，色紅，無核。牛膽、顆極大，一握僅三四枚。皺玉、郎官紅、游丁香、紫璚、百步蘭壽香、西紫、黄香、瑞堂紅、松紅、麝囊紅、黄玉、玉堂紅、延壽紅、實比狀元紅差大，肉厚核小。綠紗、一名綠羅袍，味甘。青甜、霞墩荔支、實類狀元紅，出霞墩。蔡宅紅、出蔡君謨故居。水溜、宋家香、核小甘，傳自宋公者，因名。黄石紅、出榖城山，樹高三十餘大，大可十二圍，其蔭十畒，傳云即君謨譜中宋公樹也。星垂、皮紅，實如鴨卵，荔支之最大者，俗呼秤錘。七夕紅、馬家綠、鱉卵、皮紅，大如鱉卵，核如米粒。綠衣郎、皮綠如瓜皮，實如鴨卵，味甘澀。黑葉、皮紅，比狀元紅稍大，味甘。麻餅、實如黑葉，味甘酸。椰鐘、顆極大，類興化枰錘。進貢子、其熟最先，實如黑葉，味甘。半中、南海、陳紅、冰團、大綠、小綠、余家綠。

又卷六三《果譜·龍荔》 龍荔，狀如小荔支，而肉味似龍眼，木之身葉亦似二果，故名。三月開小白花，與荔支同熟，但可蒸食，不可生啖。令人發癇見鬼物。出嶺南。

清 王棠《燕在閣知新録》卷二九《荔支》 荔支自漢時長安已有。《黄圖》：上林有荔宫，以荔支得名。元昇六年破南越，自交趾移種百株，獨一株稍活，誅數十人，遂不復蒔。其實歲貢焉，郵傳者疲於道路，不獨唐明皇時爲然也。漢安帝時，交趾太守唐羌極陳其弊，乃始罷貢。案：此即相如賦所謂『遝答離支』者是也。離支之實既至長安而繁夥遝答，或是夸言也。棠按：今世閩中荔枝入貢，連根郵致京師，則所謂繁夥遝答，非異事矣。按：唐記有《荔枝香曲》。

清 吴應逵《嶺南荔枝譜》卷四《品類》 三月紅出香山。相傳宋端宗幸馬侍郎南寶宅時，值三月，荔支尚青，帝甚羡之，曰：惜未熟，不能啖也。越日盡紅，至今三月上市，故名。《嶺海樓雜記》白花洲在香山縣港外，其地皆漁人、佃人所居，多種玉荷包。其熟在三月紅之後，黑葉之前，時各荔未熟，飛鼠每夜來聚食，必以罟網，其樹方不殘毁。《學海堂集詩》注犀角子，熟于玉荷包之後。本豊而末鋭，似犀角之倒垂。其核亦然。宛然一小犀角也。雖萬顆無稍異者。《古香齋褉記》陳村荔支，實大核小，其味甘香，名曰金釵子。昔人解金釵而得其種，即俗呼黑葉者也。葉春及《順德縣志》興化十八娘，增城黑葉，皆核小，肉滿如水晶而香，成都所無也。方以智《通雅》水枝以黑葉爲上。黑葉又以番禺古壩所産爲上。順德之三貴次之。荔支葉青綠，此獨黑，故曰黑葉。《廣語》黑葉，蔕間有側生子，以夏至熟。得時令之正，故多食不病。其餘各種雖佳品，多食喉間，終有火氣也。崔弼《白雲山志》荔支産于瓊山者曰進奉，子核小而肉厚，味甚嘉。土人摘食，必以淡鹽湯浸一宿，則脂不黏手。

《海槎餘録》徐𤊹《荔支譜》云：進貢子其熟最先，實如黑葉，味甘。林鐵崖《荔支話》云：進貢子其瓢不溼，蓋即進奉子也。奉與貢聲近，實似黑葉但粒子大，而疎肉稍鬆，味亦畧淡。熟在黑葉之後，云最先者誤也。到處有之，不獨瓊山、新會，而産瓊山者爲最佳。凡日爔焙乾者俱用進奉。蓋黑葉肉厚難乾，久之易壞，進奉則不然，故昔之入貢者皆此種。其得名以此。塘埜最香，稍遜黑葉，而爽脆可口。《高要縣志》荔支出新會者名進奉，絶佳。有以小甕載販陽江者，到即競報。《徐文長詩注》凝冰子，以日照之，内外洞徹，微核在中，半明半滅。《廣語》水浮子，重而不沈，以置水中，隨波下上。《廣語》增城自白岡沙一帶二十餘里，無非荔支，謂之尚書懷。崔弼《荔支詞注》尚書懷，可植盆盎中結實。《高要縣志》大丁香，殼厚色紫，味微澀。《廣東通志》露頭花，草名，最香，婦女採以曬油，爲膏沐之飾。荔支一種香似之，故名露花。《學海堂集詩注》

清　謝堃《花木小志・荔支》　樹形如蓋，葉似冬青，小白花，結子多雙實，殼有縐紋如羅，肉如肪玉，味甘多汁。其名百種，紅色居多。然以味論，緑色爲佳。譜以閩荔爲上，蜀次之，嶺南又次之。余在嶺南食之，已堪絶孅。後在閩所食，竟不能分其伯仲。

清　吴其濬《植物名實圖考》卷三一《荔支》　荔支，《開寶本草》始著録。以閩産者佳。江西贛州所屬，定南等處與粤接界亦有之。其核入藥。

紀事

唐　李肇《唐國史補》卷上　楊貴妃生於蜀，好食荔枝。南海所生尤勝蜀者，故每歲飛馳以進。然方暑而熟，經宿則敗。後人皆不知之。

宋　李石《續博物志》卷六　漢孝和時，南海獻龍眼、荔枝，十里一置，五里一候。《交州記》曰：龍眼高五六丈，似荔枝而圓小。謝承書曰：唐羌，字伯游。上書諫以龍眼、荔枝及生鮮獻之驛馬，晝夜傳送，至有死者。二物昇殿，未必延年益壽。帝從之。

明　謝肇淛《五雜俎》卷一一《物部三》　楊貴妃生於蜀，故好啖荔支。今蜀中不過重慶數樹，其實色味俱劣，不堪與閩中作奴。不知驪山下一騎紅塵者，的從何處來也。滇中沐國府中亦有一樹，每實時，以金柈盛三五顆，餉藩臬大吏，受之者，以白鏹一兩，售其從者。鄧汝高學憲在滇日沐亦致焉，酢甚，不能下咽，歸語妻孥，一笑而已。

白樂天在忠州時，所言荔支之狀，至於朶如蒲桃，漿液甘酸，可知蜀中荔支形味。閩中生者豈但如蒲桃，又何嘗有些酸味耶？

著録

唐　白居易《白氏長慶集》卷四五《荔枝圖序》　荔枝生巴峽間。樹形團團如帷蓋，葉如桂冬青，華如橘春榮，實如丹夏熟，紫如蒲萄，核如枇杷，殼如紅繒，膜如紫綃，瓤肉瑩白如冰雪，漿液甘酸如醴酪。大畧如彼，其實過之。若離本枝，一日而色變，二日而香變，三日而味變，四五日外色香味盡去矣。元和十五年夏，南賓守樂天命工史圖而書之，蓋爲不識者與識而不及一二三日者云。

宋　歐陽修《文忠集》卷七三《荔枝譜後》　善爲物理之論者曰：天地任物之自然，物生有常理，斯之謂至神。圓方刻畫，不以智造而力給，然千狀萬態，各極其巧，以成其形，可謂任之自然矣。二十七字一作「千態萬狀，雖不以智造而功給，一任之自然，故能各極其妙」。而其一無此字。醜好精麤，壽夭多少，皆有常分，不有尸之，孰爲之限數？由是言之，又若有爲之者。一無此十字。是皆不可詰於有無之間，故謂之神也。牡丹花之絶而無甘實，荔枝果之絶而非名花。昔樂天二字一作人。有感於二物矣，是孰尸其賦予邪？然斯二者惟一一無此字。不兼萬一無此字。物之美，故各得一作得各。極其精，此於造化不可知，而推之至理，宜如此也。余少遊洛陽，花之盛處也，因爲牡丹作記。君謨，閩人也，故能識荔枝而譜之。因念昔人嘗有感於二物，而吾二人者適各得其一之詳，故聊書其所以然，而以附君謨譜之末。嘉祐八年七月十九日，廬陵歐陽修題。

宋　鄭樵《通志》卷六六　《荔枝新譜》一卷。蔡襄撰。又一卷。《莆田荔枝譜》一卷。徐師閔撰。《增城荔枝譜》一卷。張宗閔撰。

宋　陳振孫《直齋書録解題》卷一〇　《荔枝譜》一卷。端明殿學士莆田蔡襄君謨撰，且書而刻之，與《牡丹記》並行。閩無佳石，以板刊，歲久，地又濕，皆蠹朽，至今猶藏其家，而字多不完，可惜也。

《荔枝故事》一卷。無名氏。案晁公武《讀書志》亦作蔡襄撰。

《增城荔枝譜》一卷。亦無名氏。其序言福唐人熙寧九年承乏增城，多植荔枝，蓋非嶠南之火山，實類吾鄉之晚熟。搜境内所出，得百餘種，其初亦得閩中佳種植之，故爲是譜。

元　脱脱《宋史》卷二〇六《藝文志》　蔡襄《荔枝譜》一卷。

元　馬端臨《文獻通考》卷二一八　《荔枝譜》一卷。《荔枝故事》一卷。鼂氏曰：皇朝蔡襄記建安荔枝味之品第，凡三十餘種，古今故事。陳氏曰：君謨爲此書且書而刻之，與《牡丹記》並行。閩無佳石，以板刊，歲久，地又温，皆蠹朽，至今猶藏其家，而字多不完，可惜也。

《增城荔枝譜》一卷。陳氏曰：無名氏。其序言福唐人，熙寧九年承乏增城，多植荔枝，蓋非嶠南之大山，實類吾鄉之晚熟。搜境内所出，得百餘種，其初亦得閩中佳種植之，故爲是譜。

清　黄虞稷《千頃堂書目》卷九　屠本畯《閩中荔枝譜》八卷。徐𤊹《荔枝通譜》十六卷。鄧慶宗補。宋珏《荔枝譜》一卷。曹蕃《荔枝乘》一卷。

清　永瑢《四庫全書總目》卷一一五　《荔枝譜》一卷。浙江鮑士恭家藏本。宋蔡襄撰。是編爲閩中荔枝而作。凡七篇，其一原本始，其二標尤異，其三誌貢鬻，其四明服食，其五慎護養，其六時法制，其七別種類。嘗手寫刻之，今尚有墨版傳於世。亦載所著《端明集》中。末有『嘉祐四年歲次己亥秋八月二十日莆陽蔡某述』十九字，而此本無之。案其年月，蓋自福州移知泉州時也。荔枝之有譜自襄始，敘述特詳，詞亦雅潔。而王世貞《四部稾》乃謂白樂天、蘇子瞻爲荔枝傳神，君謨不及。是未知詩歌可極意形容，譜録則惟求記實。文章有體，詞賦與譜録殊也。襄詩篇中屢詠及荔枝。劉克莊《後村詩話》謂《四月池上》一首『荔枝纔似小青梅』句，即譜中之火山。《七月二十四日食荔枝》一首『絳衣仙子過中元』句，即譜中之中元紅。《謝宋評事》一首『兵鋒却後知神物』句，即譜中之宋公荔枝。蓋劉亦閩人，故能解其所指，知其體物之工。洪邁《容齋隨筆》又謂方氏有樹結實數千顆，欲重其名，以二百顆送蔡忠惠，紿以常歲所産止此。蔡爲目之曰方家紅，著之於譜。自後華實雖極繁茂，逮至成熟，所存未嘗越二百，遂成語讖云云。其事太誕，不近理。殆好事者謬造斯言。然亦足見當時貴重此譜，故有此附會矣。

清　嵇璜《續通志》卷一六八　《荔枝譜》蔡襄撰并書。正書蒲田。

藝　文

漢　王逸《荔支賦》（引自《藝文類聚》卷八七）　曖若朝雲之興，森如横天之彗，湛若大厦之容，欝如峻嶽之勢。修幹紛錯，緑葉蓁蓁。灼灼若朝霞之映日，離離如繁星之着天。皮似丹罽，膚若明璫。潤侔和璧，奇喻五黄。仰歎麗表，俯嘗嘉味。口含甘液，心受芳氣。兼五滋而無常主，不知百和之所出。卓絶類而無儔，超衆菓而獨貴。

南朝梁　劉霽《詠荔支》（引自《藝文類聚》卷八七）　叔師貴其珍，武仲稱斯美。良由自遠致，含滋不留齒。

唐　張九齡《曲江集》卷一《荔枝賦并序》　南海郡出荔枝焉，每至季夏，其實乃熟，狀甚瓌詭，味特甘滋，百果之中，無一可比。余往在西掖，嘗盛稱之，諸公莫之知，而固未之信。唯舍人彭城劉侯，弱年累遷，經屆南海，一聞斯談，倍復喜歎，以爲甘旨之極也。又謂龍眼凡果，而與荔枝齊名，魏文帝方引蒲桃及龍眼相比。是時二方不通，傳聞之大謬也。每相顧閒議，欲爲賦述，而世務卒卒，此志莫就。及理郡暇日，追叙往心，夫物以不知而輕，味以無比而疑，遠不可驗，終然永屈。況士有未效之用，而身在無譽之間，苟無深知，與彼亦何以異也。因道揚其實，遂作此賦。果之美者，厥有荔枝。雖受氣於震方，實稟精於火離。乃作酸於南裔，爰負陽以從宜。蒙休和之所播，涉寒暑而匪虧。下合圍以擢本，傍蔭畝而抱規。紫紋紺理，黛葉緗枝。蓊鬱而靃霩，環合而棼纚。如蓋之張，如帷之垂，雲煙沃若，孔翠于斯。靈根所盤，不高不卑。陋下澤之沮洳，惡層崖之嶮巇。彼前志之或妄，何側生之見疵。爾其勾芒在辰，凱風入律，肇允含滋，芬敷謐溢，緑穗靡靡，青英苾苾，不豐其華，但甘其實。如有意乎敦本，故微文而妙質。蔕蘂房而攢萃，皮龍鱗以駢比，膚玉英而含津，色江萍以吐日。朱苞剖，明璫出，冏然數寸，猶不可四。未玉齒而殆銷，雖瓊漿而可軼。彼衆味之有五，此甘滋之不一。伊醇淑之無算，非精言之能悉。聞者歡而竦企，見者訝而驚仡。心恚可以蠲忿，口爽可以忘疾。且欲神於醴露，何比數於甘橘。援蒲桃以見擬，亦古人之深疾。若乃華軒洞開，嘉賓四會，時當燠煜，客或煩憒。而斯果在焉，莫不心侈而體怢。信雕盤之仙液，實玳筵之綺繢。有終食於纍百，愈益氣而治内。故無厭於所甘，雖不貪而必愛。沉美李而莫取，浮甘瓜而自退。豈一座之所榮，冠四時之爲最。夫其貴可以薦宗廟，其珍可以羞王公。亭十里而莫致，門九重兮曷通。山五嶠兮白雲，江千里兮清楓。何斯美之獨遠，嗟爾命之不逢。每被銷於凡口，罕獲知於貴躬。柿何稱乎梁侯，梨何幸乎張公。亦因人之所遇，孰能辯乎其中哉！

唐　鄭谷《雲臺編》卷上《荔枝》　平昔誰相愛，驪山遇貴妃。枉教生處遠，愁見摘來稀。晚奪紅霞色，晴欺瘴日威。南荒何所戀，爲爾即忘歸。

又卷中《荔枝樹》　二京曾見畫圖中，數本芳菲色不同。孤棹今來巴徼外，一枝煙雨思無窮。夜郎城近含香瘴，杜宇巢低起暝風。腸斷渝瀘霜霰薄，不教葉似灞陵紅。

唐　徐寅《徐正字詩賦》卷二《荔枝》　朱彈星丸燦日光，緑瓊枝散小香囊。龍綃殼綻紅紋粟，魚目珠涵白膜漿。梅熟已過南嶺雨，橘酸空待洞庭霜。蠻山蹋曉和煙摘，拜捧金盤獻越王。

其二：日日薰風捲瘴煙，南園珍果荔枝先。靈鴉啄破瓊津滴，寶器盛來蚌腹圓。錦里只聞消醉客，蘂宫惟合贈神仙。何人刺出猩猩血，深染羅紋遍殼鮮。

唐　韓偓《韓内翰别集·荔枝三首》　丙寅年秋到福州，自此後並福州作。遐方不許貢珍奇，密詔唯教進荔枝。漢武碧桃爭比得，枉令方朔號偷兒。

封開玉籠雞冠濕，一作澁葉襯金盤鶴頂鮮。想得佳人微啓齒，翠釵先取一雙一作枝。懸。

巧裁霞片裹神漿，崕蜜天然有異香。應是仙人金掌露，結成冰入舊一作蒨。羅裳。一作囊。

宋　宋祁《景文集》卷四七《隈支贊》　挺幹既脩，結蘤茲白。戟外澤中，甘可以食。生邛州山谷中，樹高丈餘，枝脩弱花，白實，外荔支，内黄柑，甘味可食，大若爵卵。

宋　陶弼《邕州小集·荔枝》　五月南游渴，欣逢荔子丹。殼匀仙鶴頂，肉露水晶丸。色映離爲火，甘殊木作酸。枝繁恐相染，樹重欲成團。赤蚌遺珠顆，紅犀露角端。爽能消内熱，潤可濯中乾。一簇冰蠶繭，千苞火鳳冠。隔瓤銀葉嫩，透膜玉漿寒。桂嶺無霜處，梅天暴雨殘。

宋　陳襄《古靈集》卷二二《荔枝歌》　番禺地僻嵐煙鏁，萬樹纍纍産嘉果。漢宫墜落金莖露，秦城散起驪山火。炎炎六月朱明天，映日仙枝紅欲燃。自古清芬不能遏，留得嘉名爲椹仙。上皇西去楊妃死，蠻海迢迢千萬里。華清宫闕閴無人，南來不見紅塵起。至今榮植徧閩州，離離朱實繁星稠。一日爲君空變色，千里憑誰速置郵。可憐錦幄神仙侣，爲飲凝漿滌煩暑。綺筵不惜十千錢，酩酊秦樓桂花醑。秦樓女子繡羅裳，鳳簫嗚咽流宫商。醉歌一曲荔枝香，席上少年皆斷腸。

宋　曾鞏《元豐類藳》卷八《荔枝四首》　剖見隋珠醉眼開，丹砂緣手落塵埃。誰能有力如黄犢，摘盡繁星始下來。

玉潤冰清不受塵，仙衣裁翦絳紗新。千門萬户誰曾得，只有昭陽第一人。

絳縠囊收白露團，未曾封植向長安。昭陽殿裏才聞得，已道佳人不奈寒。

金釵雙捧玉纖纖，星宿光芒動寶奩。解笑詩人誇博物，祇知紅顆味酸甜。白樂天《詠荔枝》詩云：津液甘酸如醴酪。杜工部詩云：紅顆酸甜祇自知。此皆巴蜀荔枝而已，不知閩越荔枝酸也。

宋　韋驤《錢塘集》卷六《謝公永惠荔枝》　筠籠遠致色猶鮮，咀嚼瓊英眞味全。多謝仁人憐病渴，故將靈腋爽心痟。

又《荔子》　閩地高材最傑然，結成丹荔冒炎天。堆盤火齊光芒轉，溜齒瓊漿氣味全。玉井蓮房空賦咏，秀江萍實謾流傳。更咍蜀品煩馳傳，闈向紅塵動笑妍。

宋　蘇軾《東坡全集》卷二五《廉州龍眼質味殊絶可敵荔支》　龍眼與

荔支，異出同父祖。端如柑與橘，未易相可否。異哉西海濱，琪樹羅玄圃。纍纍似桃李，一一流膏乳。坐疑星隕空，又恐珠還浦。圖經未嘗説，玉食遠莫數。獨使皴皮生，弄色映琱俎。蠻荒非汝辱，幸免妃子污。

宋　黃庭堅《山谷集》卷六《次韻任道食荔支有感三首》　一錢不直程衛尉，萬事稱好司馬公。白髮永無懷橘日，六年怊悵荔支紅。

今年荔支熟南風，莫愁留滯太史公。五月照江鴨頭緑，六月連山柘枝紅。

舞女荔支熟雖晚，臨江照影自惱公。天與蹙羅裝寶髻，更挼猩血染殷紅。

宋　曹勳《松隱集》卷一五《和人荔子》　冥冥細雨不霑梅，喜熟筠籠荔子來。滿眼驪山當日意，十年閩嶺此時杯。色香豈謂撩禪悦，甘旨喻知並老萊。伏讀佳章輒賡唱，敢將瓦礫擬瓊瑰。

宋　范成大《石湖詩集》卷二一《新荔枝四絶》　荔浦園林瘴霧中，戎州沽酒擘輕紅。五年食指無占處，何意相逢萬壑東。

海北天西兩鬢蓬，閩山猶欠一枝筇。鄞船荔子如新摘，行脚何須更雪峰。

甘露凝成一顆冰，露穠冰厚更芳馨。夜涼將到星河下，擬共嫦娥鬥月明。

趠泊飛來不作難，紅塵一騎笑長安。孫郎皺玉無消息，先破潘郎玳瑁盤。

宋　劉子翬《屏山集》卷一六《荔子》　挺秀窮荒嘆未遭，昔人吟賞著風騷。縱班盧橘材非偶，不近長安價愈高。煙雨萬株遥若畫，塵埃一騎笑徒勞。雕盤此日無遺選，品格妍媸敢自逃。

宋　楊萬里《誠齋集》卷一八《荔枝歌》　粵犬吠雪非差事，粵人語冰夏蟲似。北人冰雪作生涯，冰雪一窖活一家。帝城六月日卓午，市人如炊汗如雨。賣冰一聲隔水來，行人未喫心眼開。甘霜甜雪如壓蔗，年年窨子南山下。去年藏冰減工夫，山鬼失守嬉鹵湖。北風一夜動地惡，盡吹北冰作南雹。飛來嶺外荔枝梢，絳衣朱裳紅錦包。三危露珠凍寒沘，火傘燒林不成水。北人藏冰天奪之，却與南人銷暑氣。

明　岳正《類博稿》卷二《荔枝》　水蒼火齊逗精光，一道平溪兩岸芳。競富石家紅錦障，賭碁康樂紫羅囊。摘來魂礧砂初結，嚼罷冷瀼露已霜。却念天庖供御府，孤臣無路薦甘香。

明　王恭《草澤狂歌》卷三《詠荔枝》　憶昔開元日，繁華御裏看。玉環天上去，無復到長安。香沁瓊漿冷，紅垂火齊團。九重思玉食，馳貢未應難。

明　楊慎《升庵集》卷二六《詠荔枝》　萍實楚江浮赤白，桃花秦洞粲紅霞。試將海内芳蕤數，敢並江陽荔子誇。雲液留香凝重錦，冰丸映肉捲輕紗。美人釵股雙雙綴，肯擲潘郎滿鈿車。

明　宋珏《讀金陵俞仲髦荔枝詞戲作五十四韻》（引自《十五國風高言集》卷四）　俞公晚好事，垂涎及荔支。願貶楓亭驛，甘作驛丞卑。妄意荔熟日，端坐飽噉之。事有謬不然，傾耳聽我詞。楓亭閩孔道，迎送無停時。漳泉貴宦多，暑行喜夜馳。東迎接不及，南送已嫌遲。炎天夫馬缺，每被豪奴笞。此亦丞常分，受辱其所宜。及至荔支熟，苦情公不知。驛庭只四樹，樹老半枯枝。每歲貢上官，皆派丞往齎。歲有熟不熟，上官循舊規。十萬獻撫按，百萬分三司。四郡大鄉官，例亦有餽遺。張家賒數擔，李家復那移。封緘青籠内，渡江敢辭危。伺候烈日中，暍死敢言疲。門吏急使用，乃得進丹墀。不然香氣變，色味復差池。小則受箠楚，大則冠袍褫。上官幸色喜，歸見妻孥悲。張三昨索價，李四又忙追。門前遞駡呼，簪珥典償伊。衣衫準子錢，反言伊受虧。妻孥交口詈，驛丞兩耳垂。荔支有此苦，誰説甘如飴。公思噉尤物，一事頗燥脾。莆多荔支園，園丁儘可爲。五月六月交，朱實已纍纍。販子未採摘，園丁不蹔離。中搭四柱樓，夜以防偷兒。園丁卧樓中，兩手如懸槌。珊瑚爲我幄，碧玉爲我帷。園林悄無人，惟有涼月窺。伸手即可摘，摘食復奚疑。口吮荔支汁，指剥荔支皮。皮核卸樓下，堆積如城陴。飽即捫復卧，恬若陳希彝。既不費銀錢，又無人把持。清福如此享，神仙亦妬其。家家各有園，宋香品最奇。崔亭與邕山，霞墩及東陂。陳紫比毛嬙，江緑匹西施。年年皆遍嘗，題咏壁淋漓。自署荔仙人，不羡加太師。無端客鍾陵，十載滯歸期。荔熟必入夢，醒來空嗟咨。無罪坐自囚，無官反自羈。言梅寧止渴，説餅豈療飢。清福不得享，作計無乃癡。昨爲人寫生，費墨及胭脂。今復弄紙筆，揮汗作此詩。詩以嘲俞公，因之以自嗤。

清 冷士嵋《江泠閣詩集》卷一二《荔枝》 飫雪流香雋可誇，緑蕤緗挺鬱靈華。離離火德垂朱夏，灼灼丹苞揆彩霞。

清 屈大均《翁山詩外》卷七《五言律·荔枝》 鵲向離枝喜，紛紛子熟時。銜愁雙玉重，啄恐一珠遲。蝙蝠香先得，鴛鴦影不離。殼紅浮水滿，持作落花嬉。

蟬聲催盡熟，黑葉影離離。買恨穿錢少，餐嫌辟穀遲。美先留小核，寒更浴香肌。掛緑無多子，盤中但水枝。

又卷八《香荔》 新州香荔好，得種自楓亭。細小如龍眼，芬芳似素馨。熟看嫌太赤，生食恨多青。兒女簪雲髻，輕輕出畫屏。

又卷一二《荔支》 荔支猶未熟，稚子望秋蟬。白雨朝來落，千株紅欲然。童謡云：秋蟬鳴，荔支熟。熟時嘗有白雨。

又卷一三《廣州荔支詞》 后皇嘉樹産番禺，朱實離離間葉濃。珠玉爲心君不見，但將顔色比芙蓉。

蓬萊一島海浮來，上有離支下有梅。五色仙禽餐不盡，紛紛銜過越王臺。蓬萊三島，浮山其一。相傳堯時，洪水汎溢，一島浮來，羅山與匹。是多珍禽，五采衣衿。絳翎爲長，飛必中心。啄餘荔子，咬咬其音。

緑葉青華似桂叢，歲寒攀折與誰同。南州炎德鍾花木，鬱鬱冬榮雨雪中。

六月增城百品佳，居人只販尚書懷。玉欄金井殊無價，換盡蠻娘翡翠釵。嶺南荔支，以增城沙貝鄉所産爲最。其曰尚書懷者，因湛文簡公從閩之楓亭懷核以歸種沙貝，故曰尚書懷。

端陽是處子離離，火齊如山入市時。一樹增城名掛緑，冰融雪沃少人知。掛緑最珍，出乎其族，通體茜紅，微拖片緑，脆似沙梨，芬如金粟。生秖數株，采不盈掬。優鉢曇花，非世所矚。

照人最是凝冰子，五月光生一片寒。未啓朱苞光已出，可憐更在水精盤。一種凝冰，水精所結，日光射之，内外瑩徹，微核在中，半明半滅。

翡翠墟邊種更佳，客來仙核不須懷。葡萄此日應歸漢，橘柚繇來不踰淮。

東洲煙水接西洲，載出離支萬斛舟。自夏徂秋皆辟穀，不知人世有通侯。東西洲與沙貝相連，所産皆晚熟。

扶胥江口祝融宫，積水茫茫吐日紅。十里緗枝連黛葉，朝來一望海霞同。扶胥之東，有南海宫。其樹波羅，其神祝融。荔支的皪，與日爭紅。亭名浴日，亢立江中。

未曾夏至難齊熟，最喜蟬聲日日催。笑口但令香玉滿，愁心盡與絳囊開。童謡云：秋蟬喊，荔支紅。

風裏氛氳雜芰荷，聞香不覺玉顔酡。蘭膏倘得長滋潤，白髮如絲奈我何。

小至清甜盡上糖，宋香陳紫最先嘗。夜來坐對青天月，心似雲英化水光。甜曰上糖，以比蔗漿。

龍眼獨從陰處長，荔支先向日邊紅。仙人肌體如冰雪，玉液丹成大火中。諺曰：當日荔支，背日龍眼。

兩月山中煙火寒，春衣典盡爲瑯玕。仙人服食如無汝，那得紅顔生羽翰。

何來香似素馨花，生長花田越女家。漢使當年推第一，兼攜抹麗向京華。香如素馨，名素馨子。價重十瓊，越娘所喜。

愁來急瀉青絲籠，歡至頻開翠羽簾。中酒更須含絳雪，如花不用進紅鹽。過食青鹽，白水解之。

日夕林中坐紫苔，一杯一顆荔支開。天將汝作仙人禄，好斷人間煙火來。

朱樓初日上窗紗，鏡裏粧成陰麗華。不用臙脂邊地草，但調南國露頭花。蔞涌之上，花曰露頭。花中有粉，傅面光流。采花曝日，香落蘭油。持爲膏沐，髮美而柔。荔子一種，芳氣同儔。亦名露花，珍果之尤。

羅衣乍解汗如珠，燭下光生白玉膚。更愛昭儀膏滑甚，蘭房出浴不曾濡。

羅浮蝴蝶大如雲，舊是麻姑五色裙。火齊競餐仙樹上，化爲威鳳影繽紛。羅浮蛺蝶，大如車輪。餐花茹實，文采斕斒。

滿山紅翠教飛時，荔子低低拂水湄。紅翠愛雛毛羽好，爲巢不敢在高枝。翠鳥高棲，生子愛之。毛羽既成，乃巢卑枝。恐子墜地，損厥襁褓。

蝙蝠千年白雪同，一餐扶荔羽全紅。雙飛雙宿芭蕉樹，服可成仙似葛洪。千歲蝙蝠白如雪，雌雄巢在芭蕉葉。亦有深紅似茜花，服之成仙誇口訣。

霧縠輕衣著未曾，明珠新出玉壺冰。君看不是鮫人淚，日月精華一片凝。沃以寒泉，厭味逾鮮。

繫馬高樓日欲斜，笑攀瓊樹美人家。冰盤共載同心藕，翠袖兼攜並蒂花。

水上園亭向曉開，主人嘗後鳥羣來。多情不忍和枝折，留取芳陰在綠苔。荔子熟時，主人未嘗，百鳥徘徊，不敢銜將。

甘酸二味總宜人，髓滑蘭香玅入神。烈日正中看盡熟，紅如血珀媚卿唇。

絳雪含滋不留齒，十分膏潤可生津。朝來被酒清狂甚，一顆能成獨醒人。荔支可解宿酒。

神農本草未曾知，絕代容華過嶺遲。一自漢宮扶荔築，盡驚南海有瓊枝。

辭漢金人去不回，帝思甘露萬年杯。炎方幸有三珠樹，剖出天漿進御來。

枝枝交蔭釣魚磯，翠鳥啾嘈食盡肥。兩槳溪邊隨意摘，露華偏濕美人衣。

七月株株是火山，抛書往摘不曾閒。小華山子尤多汁，紅繡鞋兒亦自彎。火山、小華、山紅、繡鞋，俱荔名。

一本分來花嶺頭，年年留得殿清秋。天雞未唤扶桑日，已有霞光照海樓。花嶺頭最遲熟，名曰夜光。

蒲桃宮錦九天來，皇帝恩暉滿越臺。歸漢自緣南海尉，至今春色上林開。尉佗嘗獻鮫魚荔支，漢高祖報以蒲桃錦四疋。

正月花開香更清，釀爲仙酒得長生。世人只解求丹實，眞子先教采素英。其花釀酒尤美。

絕似含消御宿梨，冰鮮玉脆更多肌。丹心一點成焦核，抛擲泥中君不知。小核曰焦核。

漁父酒船香復香，春酥賣罷更瓊漿。我持蘭棹過前浦，醉向榕陰納晚涼。春酥瓊漿，荔酒之娘。

美人天上憶瑯玕，生長南荒絕羽翰。路入白雲迷子午，心隨紅日到長安。唐時涪州貢荔支，從子午谷入。

甘溪水接菖蒲澗，南漢君王舊泛杯。歲歲紅雲張御宴，美人歌奏火珠來。南漢主劉鋹荔支熟時，張紅雲宴，唱火珠詞，與羣臣及女侍中黃瓊芝、盧瓊仙等歡樂。

一株高出少微家，膏葉當年覆翠華。一自端皇親摘後，至今香烈勝羣葩。宋端宗幸沙涌，處士馬南寶家荔支方熟，帝摘一枝後，經摘處風味獨殊，人以爲異。厓門變後，南寶賦詩云：衆星耿耿滄溟底，恨不同歸一少微。

初開芳汗濕微微，白白紅紅不染衣。委質玉盤思見食，蒲萄石蜜似君稀。荔子初開，芳汗滴瀝，濺手皆紅，沾衣無迹。

檻外已多鮮荔子，瓶中復有佛桑花。仙人好色無過此，兩兩朱顏伴鬢華。

一隊紅粧娘子軍，英雄多在石榴裙。花田百里爲湯沐，香國千年駐彩雲。咏將軍荔也。

五色穿將續命絲，珠娘笑擲與珠兒。蘭橈相並沉香浦，好是龍舟競渡時。

錦苞初擘露華紅，掌上寒光映月空。玉女之漿不忍嘸，當年太華事相同。予遊太華，曾飲玉漿。手攜秦女，蓮蕋中央。天生玉井，戲我鴛鴦。

江南黑葉已稱珍，玄墓楊梅敢與倫。塞外葡萄宜釀酒，燕中蘋果莫沾唇。黑葉一種，既多且旨。餐餘作脯，貨於萬里。

五年不見水晶丸，今日酸時已飽餐。四月先紅犀角子，故人分惠一冰盤。犀角子，荔名，最早熟。

枝枝雙結絳雲陰，近蒂檀痕一點深。玉芝愛爾柔無骨，蓮子憐他苦有心。火山中有無核者，近蒂一點檀暈，微作核痕，多結雙實玉脂芝如水精。得而末之，以無心草汁和之，須臾成水。服一升，可得千歲。

露井寒泉百尺深，摘來經宿井中沉。日精化作月華冷，多食令人補太陰。

三月桃花五月油，面脂香澤爲誰求。荔支亦可嬌顏色，無那佳人去鳳樓。

雞鳴若木海先紅，一片離支夜火同。露濕紫房晞不得，摘來天酒滿杯中。

木蘭不用充朝飲，零露瀼瀼滿荔支。可惜騷人曾不見，流甘委素美如飴。

日領花籃摘數千，高堂眞是荔支仙。兒孫一一皆丫髻，緑核喧爭滿膝前。丫髻、緑核，皆荔名。

侍女笑斟玄碧酒，高堂注以荔支漿。令予醉後一噓噏，水露化作酥酣香。

誰愛三閭橘頌辭，更將騷思寫離支。曾含甘液方能賦，漢代風流有叔師。

又卷一六《詞·沁園春·荔子》 夏至初丹，喜有蟬催，響遍桂洲。正丁香大小，爭銜紅翠，明珠的皪，半擘浮丘。膏滑難濡，綃輕尚汗，一一先教雙掌留。妃唇囓，笑玉漿四注，甘入心流。　擎來蚤已蠲愁，更掛緑離離堆滿篝。愛肉芝成水，無勞草汁，露華可醉，不用花芻。留齒何曾，含消絶似，解渴須從焦核求。酸還好，自清明過後，餐到深秋。掛緑乃荔枝第一種。

清 彭孫遹《松桂堂全集》卷四二《荔支行》 南中嘉樹好顔色，物産時時凌上國。丹華紫纈何陸離，踏遍村南與村北。中有仙人十八娘，紅雲覆體紅綃裳。水晶膚骨玉脂凝，天然風味誰相當。尚書園中名第一，黑葉金鐘亦迥出。佳種由來最晚熟，六月衝炎始摘實。緗枝入手喝氣通，春泉忽漱元膺宫。芳甘柔滑不留齒，冰雪立化香融融。黄柑霜柚甘一唾，盧橘楊梅俱下風。越人日噉過三百，欲以清腴傲吴客。標題不肯讓閩川，圖譜猶能爭品格。此物寧堪走傳車，天南民力未全舒。只今萬里却貢使，何必唐羌更上書。

清 孫元衡《赤嵌集》卷一《乙酉·詠荔枝二首》 頗怪繁星謫軟塵，筠籠將出故鮮新。味含仙意空南國，姿近天然是美人。丹闕潛胎珠玓瓅，脂膚滿綻玉精神。一時喚起狂奴興，萬事灰心渡海身。

不受鹽欺與蜜侵，騷人新摘自沈吟。輕紅照肉白凝齒，芳氣襲魂寒沁心。笑後左車生小愊，山谷題楊妃病齒圖多食，側生損，其左車。望中飛騎更相尋。南楊鸁醜北盧拙，迴避頳珠出寶林。

清 錢維喬《竹初詩鈔》卷一二《荔支歌》 昔聞荔支品第一，嘉果不啻天邊懸。香山圖序君謨譜，三復口角恒生涎。明州濱海接閩嶠，四月舶趠來相連。堆盤磊磊燦火齊，紅鹽水漬侔新鮮。絳綃中剖玉膚出，清甘沁齒漿流咽。方紅陳紫不可辨，色香味在猶能全。譬如傾城自遠嫁，雖稍過時風骨妍。減餐日擬啖百顆，欲補舊渴償前緣。未旬内熱左車動，通神益氣何有焉。人生口腹有分定，瓦盆脱粟皆由天。貝邱葡萄張掖柰，遠致萬里徒愁悁。乃知尤物戒久戀，斷棄嗜好斯能仙。

清 劉秉恬《公餘集》卷一《荔支》 丹荔生閩海，滇南味亦嘉。中含凝白玉，外見護瓊紗。剖殻香饒鼻，嘗甘美在牙。遥思攀折處，碧樹滿紅霞。

清 葉觀國《緑筠書屋詩鈔》卷一一《咏荔枝三首》 盧橘先驅差自稱，去聲蒲桃比類太相輕。若非色味眞殊絶，海角誰能把汝名。

紅雲筵上鬭先登，徐興公作噉荔，曾名紅雲社。絳雪晶丸遠客矜。却被閩人偷眼笑，朱香陳紫夢何曾。

蜜漬鹽封漫識名，飛騰無翅向都城。校量不及閒梨栗，生隔盧溝三兩程。易州栗，眞定梨，皆有名。

清 陳恭尹《獨漉堂文集》卷一《荔枝賦》 五色仙羊，雙星牛女。離火正文明之位，海水即鵾鵬之所。乃若璇房丹穴，香林瓊渚。魚孕玉而長鳴，鼊弄珠而延佇。象簟則盛夏含凍，鮫綃則日中無暑。島客以蛤蜊爲月，漢宫以珊瑚作炬。百寶所生，不可勝舉。若夫衆果之貴，有荔枝焉。類桂樹而葉翠，象車蓋而頂圓。高則樗櫟十仞，老則松栢千年。下無草而可坐，上似榻而堪眠。乃有遮道臨湍，維舟結轍。出石欹嶇，垂崖屈折。根柢龍蟠，皮膚龜裂。蜂負蘗而築房，蟻封泥而作垤。枝理雙交，瘦紋百結。横度水而成橋，内傷心而抱穴。莫不後歲雕零，先春牙蘖。方其實則地爲之泮冰，當其花則天爲之不雪。至於五日盛陽，一陰徂夏。蔕弱子肥，紅多緑寡。黼繡交映，龍鱗相亞。熒熒遠燒之秋，熠熠流螢之夜。依山則朝霞競起，飲澗則長虹不化。秋實而春華比色，一本而千金售價。於是曠士高人，嘯侣命賓，俱垂玉勒，並坐香裀。果下之馬雙脊，山中之車一輪。肆長筵於緑野，選美蔭于清津。乃命兒童，鼓其筐篋。周周交銜，元猿相接。遠揚者取以斧斯，密邇者得之眉睫。激電流柯，飛霜捲葉。似奔星而晝隕，非赤羽而横集。盈百斛于一株，積高山於平隰。然後進舞袖，顧行厨，曼絲竹，騰觴壺。擘朱苞之丹罽，抗明月之神珠。其始也，劃然如佳人，慷慨解羅襦。其繼也，皎然如迴身，綽約呈玉膚。其豐媚也，盈盈然如清鏡，含光當綺疏。其莊麗也，晃晃然如金缸，銜璧環帝居。捧者五内震駭，聞者下風徐趨。言者流涎溢咽，過者扼腕捋鬚。倚以朱唇，薦之玉齒。輕脆融液，醇和香美。朗乎冰雪之入懷，澹乎幽蘭之薄體。涣乎石髓之未凝，皭乎丹泉之不滓。祛煩釋結，洞表達裏。美色駐顏，伐毛洗髓。飽食無憂，却粒不死。與五滋而莫當，横九有而無比。龍瓜施於冰谷，雞菱出於翠水。東海之棗一枚，西母之桃千紀。不並驅乎中原，固未知其彼此。石蜜甘而不清，蒲萄清而不旨。信哉曲江之言，謬矣當塗之子。至若漢帝頻栽，楊妃大嚼。一騎塵飛，千夫命落。守吏爲之誅死，中原爲之蕭索。地異則葉脱枝乾，途長則色衰味薄。蓋其不變者類志士之用心，而可傳者乃聖人之糟粕。

清 劉墉《劉文清公遺集》卷一〇《荔枝和曾茶山韻即效其體》 裝裹南中紫殼斑，似人相見便開顏。含咀疑是雪霜化，比凝恰應珠玉間。蜀道驛來愁劒閣，越吟人對想刀環。莫論格韻傾凡果，香色從知未易攀。

清 永瑆《詒晉齋集》卷五《和東墅先生草荔支》 王逸賦所遺，嵇含狀失記。劉崇圖輟贈，袁郊曲誰識。琲瓃廣插釵，躑躅倒加蔕。封胦螉房肥，移馥蜂蹠細。紅塵遠騎非，野果故宫類。釋名側生同，充飢餡草異。瀉盤始飲愁，隨刀詎改味。興化陳家紫，綉嶺唐宫翠，神農殊不知，援筆補廣志。採摘莫過時，霜落楓林醉。

清 沈欽韓《幼學堂詩稿》卷九《長句答蔡明經追憶荔枝》 蔡侯粵裝一舸歸，鹿蕉鴻雪皆堪思。茗乳鑪熏坐長日，可知荔社開山枝。略似海棠甲西蜀，寂寞追想方成詩。喃喃欲説已流沫，增城掛緑尤道奇。官園嘗新珍自昔，行厨每致二千石。忠州白守忘遷謫，一幅新圖詫朝客。憶君抱鉛遊跡多，烏絲醉草珠孃歌。猩紅已飫櫻桃頰，鴨緑還傾鸚鵡螺。嶺表一夢寧空墮，手揀果箱三百顆。絳綃玉膚粲瓠犀，瘴雨蠻煙無不可。從來尤物皆荒陬，欲歸更作三年留。不知當年扶荔館，馬鈴犀角如此不。滄桑遺事楓人憶，黄袍青蓋曾攀摘。草木何知亦破顏，至今色味稱殊絶。剩水殘山失御園，木棉花染啼鵑血。承平事事皆足夸，紅塵一騎傳五家。端明之後稱家癖，只惜未造頭綱茶。我甘橡栗偃蓬户，有舌雖存澀如杜。他時若訪上林簿，不忘唐羌一諫疏。

清 方濬頤《二知軒詩鈔》卷一一《詠果·荔枝》 山枝雄掛緑，水枝尊黑葉。名園埒侯封，美禄注仙牒。海隅此尤物，風骨孰跨躐。江珧妙比擬，梁谿徒喋喋。見李綱賦。

圖表

明 李時珍《本草綱目·圖卷》

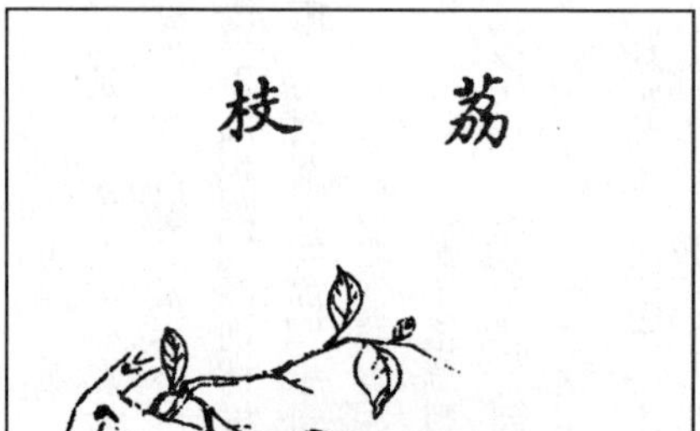

荔枝

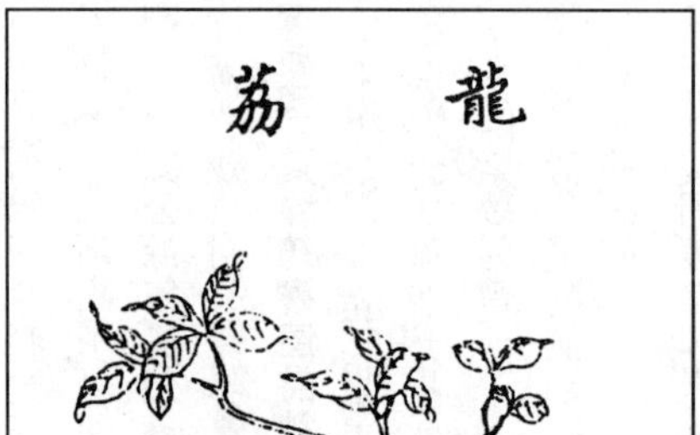

龍荔

清　吴其濬《植物名實圖考》卷三一《荔支》

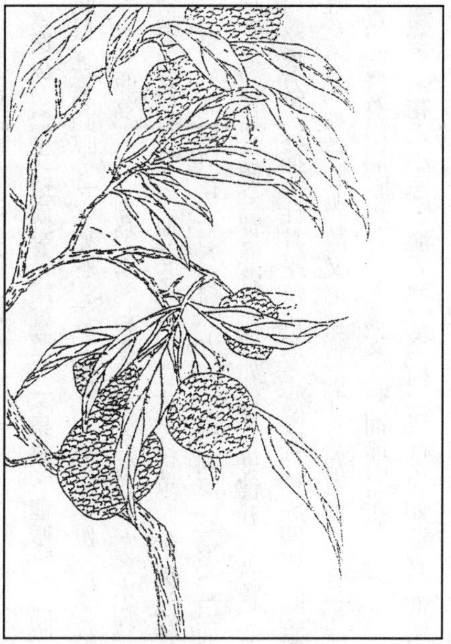

龍眼

綜　述

晉　嵇含《南方草木狀》卷下　龍眼樹如荔枝，但枝葉稍小，殻青黄色，形圓如彈丸，核如木槵子而不堅，肉白而帶漿，其甘如蜜，一朵五六十顆，作穗如葡萄。然荔枝過即龍眼熟，故謂之荔枝奴，言常隨其後也。《東觀漢記》曰：單于來明楊橙橘龍眼荔枝。魏文帝詔羣臣曰：南方果之珍異者，有龍眼、荔枝，令歲貢焉。出九眞交趾。

晉　郭義恭《廣志》（引自《説郛》卷六一）　龍眼樹葉似荔枝，蔓延緣木生，子大如酸棗色黒，純甜無酸。

唐　劉恂《嶺表録異》卷中　龍眼之樹如荔枝，葉小，殻青黄色，形圓如彈丸大，核如木槵子而不堅，肉白帶漿，其甘如蜜，一朵恒三二十顆。荔枝方過，龍眼即熟，南人謂之荔枝奴。以其常隨後也。

宋　鄭樵《通志》卷七六　龍眼，曰益智，曰龍目，曰亞荔枝，曰荔枝奴，其味清甜。荔枝才過，即食龍眼。

宋　范成大《桂海虞衡志·志果》　龍眼，南州悉有之。極大者出邕州，圍如當二錢，但肉薄，不能遠過常品爲可恨。

元　王禎《農書》卷九《龍眼》　龍眼，花與荔枝同開，樹亦如荔枝，但枝葉稍小，殻青黄色，形如彈丸，核如木梡子而不堅，肉白而帶漿，其甘如蜜。熟於八月，白露後方可採摘，一朵五六十顆，作一穗。荔枝過，即龍眼熟，故謂荔枝奴。福州興化、泉州有之，比荔枝特罕。木性畏寒，北方亦無此種。今充歲貢焉。曬龍眼法：採下用梅鹵浸一宿，取出曬乾，用火焙之，以核乾硬爲度，如荔枝法收藏之，成朵乾者名龍眼錦。東坡詩云：龍眼與荔枝，異出同父祖。端如柑與橘，未易相可否。夫龍眼與荔枝齊名，味亦甚美。登盤俎而充歲貢，稱於魏文之詔，詠於左思之賦，又豈凡果之可比哉！故附穀譜荔枝之後。

明　李時珍《本草綱目》卷三一　龍眼《本經》中品　校正：自木部移入此。宗奭曰：龍眼專爲果，未見入藥。《本草》編入木部，非矣。釋名：龍目、吴普圓眼、俗名益智、《本經》亞荔枝、《開寶》荔枝奴、驪珠、燕卵、蜜脾、鮫淚、川彈子。《南方草木狀》　時珍曰：龍眼、龍目，象形也。《吴普本草》謂之龍目，又曰比目。曹憲《博雅》謂之益智。弘景曰：廣州有龍眼，非益智也，恐彼人別名耳。志曰：甘味歸脾，能益人智，故名益智，非今之益智子也。頌曰：荔枝纔過，龍眼即熟，故南人目爲荔枝奴。又名木彈。曬乾寄遠，北人以爲佳果，目爲亞荔枝。集解：《別録》曰：龍眼生南海山谷。一名益智。其大者似檳榔。恭曰：龍眼樹似荔枝，葉若林檎，花白色。子如檳榔，有鱗甲，大如雀卵。頌曰：今閩、廣、蜀道出荔枝處皆有之。嵇含《南方草木狀》云：木高一二丈，似荔枝而枝葉微小，淩冬不凋。春末夏初，開細白花。七月實熟，殻青黄色，文作鱗甲，形圓，大如彈丸，核若木梡子而不堅，肉薄于荔枝，白而有漿，其甘如蜜。實極繁，每枝三二十顆，作穗如蒲桃。漢時南海常貢之，大爲民害。臨武長唐羌上書言狀，和帝感其言，下詔止之。時珍曰：龍眼正圓，《別録》、蘇恭比之檳榔，殊不類也。其木性畏寒，白露後方可採摘，曬焙令乾，成朵乾者名龍眼錦。按范成大《桂海志》有山龍眼，出廣中，色青，肉如龍眼，夏月實熟可啖，此亦龍眼之野生者歟？

明　慎懋官《華夷花木鳥獸珍玩考》卷二《龍眼》　一名龍目，一名比目。樹如荔枝，但枝葉稍小，殼青黃色，肉白而帶漿，其甘如蜜，一朵動五六十顆，作一穗，如蒲萄然。荔枝過，即龍眼熟，故號曰荔枝奴。有一種最大者曰虎眼，肉厚味甘，食之益人。

明　陳懋仁《**庶物異名疏**》**卷一九**《**比目**》《吴氏本草》云：龍眼一名比目。《廣雅》云：益智，龍眼也。

明　陳正學《**灌園草木識**》**卷二**《**果之屬・龍眼**》　謂之荔奴者，以其熟隨荔支之後也。《東觀漢記》云：單于來朝賜橙、橘、龍眼、荔支。園有四種。有早熟者，有晚熟者。有顆大而肉薄者，曰柴龍眼。有一簇兩三顆，大數十顆，小而無核者，曰雞母抱雛，佳種也。

明　徐光啓《**農政全書**》**卷三〇**　龍眼，附山龍眼龍荔。《廣雅》曰：益智，龍眼也。一名驪珠，一名龍目，一名比目，一名圓眼，一名蜜脾，一名燕卵，一名繡水團，一名海珠藂，一名川彈子，一名亞荔枝，一名荔枝奴。龍眼花與荔枝同開，樹亦如荔枝，但枝葉稍小，殼青黃色，形如彈丸，核如木梡子而不堅，肉白而帶漿，其甘如蜜。熟於八月，白露後方可採摘，一朵五六十顆，作一穗。荔枝過，即龍眼熟，故謂之荔枝奴。福州興化、泉州有之，比荔枝特罕。木性畏寒，北方亦無此種。今充歲貢焉。玄扈先生曰：乾龍眼肉勝荔枝，且能補心氣，大益人。鮮食之，大不如荔，真堪作奴。【略】附：山龍眼。出廣中。夏月熟，可啖。此亦龍眼之野生者。

清　張逸少《**佩文齋廣羣芳譜**》**卷六三**《**果譜・龍眼**》　龍眼，一名益智，一名比目，一名圓眼，一名蜜脾，一名燕卵，一名繡水團，一名海珠叢，一名川彈子，一名亞荔支，一名荔支奴。《本草》一名鮫淚，一名木彈。【略】閩廣蜀道出荔支處皆有之。樹似荔支，高一二丈。枝葉微小，葉似林檎，凌冬不凋。春末夏初，開細白花，七月實熟，大如彈丸，肉薄於荔支，白而有漿，甘如蜜質，味殊絶，純甜無酸。實極繁，作穗如葡萄，每穗五六十顆，殼青黃色。性畏寒，白露後方可採摘。性甘平無毒，安志健脾，補虚開胃，除蠱毒，去三蟲，久服輕身不老，裨益聰明，故又名益智。非今醫家所用之益智子。食品以荔支爲貴，而資益則龍眼爲良。蓋荔支性熱而龍眼平和也。

清　謝堃《**花木小志・龍眼**》　枝、柯、花、葉宛如荔支，惟結子若穗，一穗百餘子，少亦五六十子，子肉薄而有漿，以此稍異。余時入廣州，時在梧州得嘗斯味，已覺冠頂醍醐，後食荔支，差堪作匹。然荔支性熱，不逮龍眼遠矣。

清　吴其濬《**植物名實圖考**》**卷三二**《**龍眼**》　龍眼，《本經》中品，歸脾湯用之，今以爲補心脾。

藝文

宋　劉子翬《**屏山集**》**卷一六**《**龍眼**》　幽株旁挺緑婆娑，啄咂雖微奈美何。香剖蜜脾知韻勝，價輕魚目爲生多。左思賦咏名初出，玉局揄揚論豈頗。地極海南秋更暑，登盤猶足洗沉痾。

宋　王十朋《**梅溪後集**》**卷一八**《**龍眼**》　絶品輕紅掃地無，紛紛萬木以龍呼。實如益智本非藥，味比荔支真是奴。

明　王象晉《**龍眼**》（**引自**《**佩文齋廣羣芳譜**》**卷六三**）　來從炎徼登雕俎，滿案芳馨總莫逾。崖蜜縱甘終帶酢，江瑶雖美未全瑜。騷人賦就芳名遠，漢帝移來貝葉敷。較烈側生應不忝，何緣唤作荔支奴。

何緣唤作荔支奴，艷冶豐滋百果無。琬液醇和羞沆瀣，金丸的皪賽璣珠。好將姑射仙人產，供作瑶池王母需。應共荔丹稱伯仲，況兼益智策勳殊。

清　陸奎勳《**陸堂詩集**》**卷二**《**龍眼**》　林外抛金彈，盤中薦水珠。華清慳一笑，長與荔爲奴。

清　屈大均《**翁山詩外**》**卷八**《**五言律・龍眼**》　炎方龍眼實，端不讓離支。益智秋初熟，蠲愁晚更宜。家家爲焙日，處處結圓時。絶似韓嫣出，金丸逐不遲。

七月孤圓熟，村村作果箱。味能爭黑葉，色更染黄薑。逐利先三楚，乘秋出五羊。年年珠子樹，未富勝蠶桑。

圖表

明 李時珍《本草綱目・圖卷》

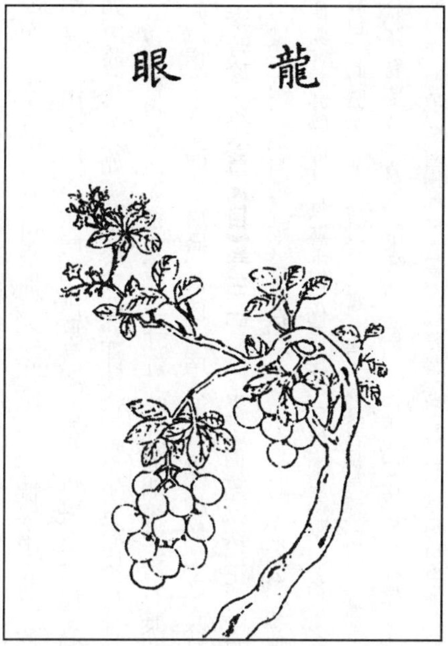

清 吳其濬《植物名實圖考》卷三二《龍眼》

椰

綜述

晉 嵇含《南方草木狀》卷下 椰樹，葉如栟櫚，高六七丈，無枝條。其實大如寒瓜，外有粗皮，次有殼圓而且堅，剖之有白膚，厚半寸，味似胡桃，而極肥美，有漿飲之得醉，俗謂之越王頭。云昔林邑王與越王有故怨，遣俠客刺得其首，懸之於樹，俄化爲椰子，林邑王憤之，命剖以爲飲器。南人至今效之。當刺時，越王大醉，故其漿猶如酒云。

唐 劉恂《嶺表録異》卷中 椰子樹亦類海梭，結椰子大如甌盃，外有粗皮如大腹，次有硬殼圓而且堅，厚二三分。有圓如卵者，即截開一頭，砂石摩之，去其皴皮，其斕斑錦文，以白金塗之，以爲水罐子，珍奇可愛。殼中有液數合如乳，亦可飲之，冷而動氣。

宋 寇宗奭《本草衍義》卷一五 椰子開之，有汁如乳，極甘香，自别是一種氣味。中又有一塊瓤，形如瓜，蔞上有細壠起，亦白色，但微虛紋，若婦人裙褶，其味亦如其汁。又着殼一重白肉，剮取之，皆可與瓤糖煎爲果汁，色如白酒，其味如瓤然。明之酒者好事者當日强名之，取其殼爲酒器。如酒中有毒，則酒沸起。今人皆漆其裏，則全失用椰子之意。

宋 江少虞《事實類苑》卷六二《椰子木》 椰子木生安南及海外諸國。木如椶櫚，大者高百餘尺，花葉白如千葉芙蓉。一本花不過數十，實不過三五顆，其大如斗，至乾熟差小，外有黄毛軟皮，中有殼，正類桄榔。故有人戲爲詩曰：百果之中爾最尊，桄榔應是汝雲孫。沈佺期有題《椰子》詩曰：叢生雕胡首，圓實桄榔身。殼上有二穴，芽出穴中，殼内類蘿菔，皮味苦而肉極甘脆，蠻人甚珍之。中有汁大者一二升，蠻人謂之椰子酒，飲之得醉，《交州記》以爲漿者是也。並《澠水燕談》

宋 周去非《嶺外代答》卷八《花木門・椰子木》 椰木身葉悉類棕

櫚、桄榔之屬。子生葉間，一穗數枚，枚大如五升器。果之大者，惟此與波羅蜜耳。初採皮甚青嫩，已而變黄，久則枯乾。皮中子殼可爲器，子中穰白如玉，味美如牛乳，穰中酒新者極清芳，久則渾濁不堪飲。

宋　羅願《爾雅翼》卷一二《椰》　椰木似檳榔，無枝條，高十餘尋，葉在其末如束蒲，實大如瓠，繫在樹頭。實外有皮如胡桃核，裏有膚白如雪，厚半寸如猪膏，味美如胡桃。膚裏有汁升餘，清如水，美如蜜，飲之可以愈渴，核作飲器。

宋　趙汝适《諸蕃志》卷下《椰子》　椰子木身葉悉類棕櫚、檳榔之屬。子生葉間，一穗數枚，大如五升器。菓之大者，惟此與波羅蜜耳。初採皮甚青嫩，已而變黄，久則枯乾。皮中子殼可爲器，子中穰白如玉，味美如牛乳。穰中酒新者極清芳，久則渾濁不堪飲。南毗諸國取其樹花汁，用蜜糖和之爲酒。

明　牛衷《增修埤雅廣要》卷二五《卉物門・釋木類・椰子》　椰子如棕櫚，子榦至斗大方結實，殼可爲器。《交州記》曰：椰子中有漿，飲之得醉。《圖經》曰：椰子出交南，今嶺南州郡皆有之。木似桄榔，無枝條，高數丈，葉在木末，如束蒲。實大如瓠，垂於枝間，如桂物。實小有麄皮，如棕包。次有殼圓而且堅，裏有膚至白如豬肪，厚半寸許，味亦似胡桃。膚有漿四五合如乳，飲之而氣醺。人多取殼爲器，甚佳。南人取其肉，糖飴漬之，味甚佳也。

明　李時珍《本草綱目》卷三一　椰子宋《開寶》　校正：自木部移入此。釋名：越王頭、《綱目》胥餘。時珍曰：按稽含《南方草木狀》云：相傳林邑王與越王有怨，使刺客乘其醉，取其首，懸于樹，化爲椰子，其核猶有兩眼，故俗謂之越王頭，而其漿猶如酒也。此説雖謬，而俗傳以爲口實。南人稱其君長爲爺，則椰名蓋取于爺義也。相如《上林賦》作胥餘，或作胥耶。集解：志曰：椰子生安南，樹如棕櫚，子中有漿，飲之得醉。頌曰：椰子，嶺南州郡皆有之。郭義恭《廣志》云：木似桄榔無枝條，高數丈。葉在木末如束蒲。其實大如瓠，垂于枝間，如挂物然。實外有粗皮，如棕包。皮内有堅殼，圓而微長。殼内有膚，白如豬肪，厚半寸許，味如胡桃。膚内裹漿四五合如乳，飲之冷而動氣醺人。殼可爲器。肉可糖煎寄遠，作果甚佳。珣曰：按劉欣期《交州記》云：椰樹狀若海棕，實大如碗，外有粗皮如大腹子、荳蔻之類。内有漿似酒，飲之不醉。生雲南者亦好。宗奭曰：椰子開之，有汁白色如乳，如酒極香，別是一種氣味，强名爲酒。中有白瓤，形圓如栝樓，上起細壠，亦白色而微虚，其紋若婦人裙褶，味亦如汁。與着殼一重白肉，皆可糖煎爲果。其殼可爲酒器，如酒中有毒，則酒沸起或裂破。今人漆其裏，即失用椰子之意。時珍曰：椰子乃果中之大者。其樹初栽時，用鹽置根下則易發。木至斗大方結實，大者三四圍，高五六丈，木似桄榔、檳榔之屬，通身無枝。其葉在木頂，長四五尺，直聳指天，狀如棕櫚，勢如鳳尾。二月着花成穗，出于葉間，長二三尺，大如五斗器。仍連着實，一穗數枚，小者如栝樓，大者如寒瓜，長七八寸，徑四五寸，懸着樹端。六七月熟，有粗皮包之。皮内有核，圓而黑潤，甚堅硬，厚二三分。殼内有白肉瓤如凝雪，味甘美如牛乳。瓤肉空處，有漿數合，鑽蒂傾出，清美如酒。若久者，則混濁不佳矣。其殼磨光，有斑纈點紋，横破之可作壺爵，縱破之可作瓢杓也。又《唐史》言番人以其花造酒，飲之亦醉也。《類書》有青田核、樹頭酒、嚴樹酒，皆椰酒、椰花之類，並附于左。附録：青田核，崔豹《古今注》云：烏孫國有青田核，狀如桃核，不知其樹。核大如數斗，剖之盛水，則變酒味，甚醇美。飲盡隨即注水，隨盡隨成。但不可久，久則苦澀爾。謂之青田酒，漢末蜀王劉璋曾得之。樹頭酒，《一統志》云：緬甸在滇南，有樹類棕，高五六丈，結實如椰子。土人以罐盛麴，懸于實下，劃其實，汁流于罐中以成酒，名樹頭酒。或不用麴，惟取汁熬爲白糖。其樹則貝樹也，緬人取其葉寫書。嚴樹酒，《一統志》云：瓊州有嚴樹，搗其皮葉，浸以清水，和以粳釀，或入石榴花葉，數日成酒，能醉人。又《梁書》云：頓遜國有酒樹，似安石榴，取花汁貯杯中，數日成酒。蓋此類也。又有文章草，可以成酒。

明　穆希文《説原》卷一二　椰木似梹榔，實大如瓠，繫在樹頭。實外有皮如胡桃核，裏有膚白如雪，厚半寸，如豬膏，味美如胡桃，汁清如水。樹甜核可作飲器。

明　陳懋仁《庶物異名疏》卷一九《胥耶》　胥耶見《上林賦》，或作胥餘，即椰子也。《南方草木狀》云：相傳林邑王與越王有怨，使刺客乘其醉取其首，懸於樹，化爲椰子，其核猶有兩眼，故俗謂之越王頭，而其漿猶如酒也。

清　屈大均《廣東新語》卷二五《木語・椰》　椰産瓊州。栽時以鹽置根下則易發，樹高六七丈，直竦無枝，至木末乃有葉如束蒲，長二三尺。花如千葉芙蓉，白色，終歲不絶。葉間生實如瓠繫，房房連纍，一房二十七八實，或三十實，大者如斗，有皮厚苞之，曰椰衣。皮中有核甚堅，與膚肉皆緊著。皮厚可半寸，白如雪，味脆而甘。膚中空虚，又有清漿升許，味美於蜜，微有酒氣，曰椰酒。蘇軾詩：美酒生林不待儀。言椰子中有自然之酒，不待儀狄而作也。瓊人每以檳榔代茶，椰代酒，以欵賓客，謂椰酒久服可以烏鬚云。予詩：瓊南無酒家，酒向椰中取。椰子有一心，出酒如娘乳。又云：椰心在酒中,大似銀桃子。浸以玉漿寒,食之甘且旨。椰心色白而甘,在酒中大小不一,宜以檳榔兼嚼之。雷、瓊婦女多鬻檳榔于市,以浮留葉結疊鴛鴦相餉,潛點椰心其中。予有竹枝詞云:數錢爭出手纖纖,葉結鴛鴦滿翠奩。莫道檳榔甘液好,買儂椰子更心甜。凡揀椰子,以手搖之,聽其中水聲清亮,則其心大而甜,其肉厚,其殼亦堅,水聲濁則否。蓋椰心以水而養,椰無水則無心,往往而是。瓊州歌有云:不買椰衣只買心。

清 張岱《夜航船》卷一六《植物部・草木》 椰樹,如栟櫚,高五六丈,無枝條。其實大如寒瓜,外有粗皮,皮次有殼,圓而且堅。剖之,有白膚厚半寸,味似胡桃而極肥美,有漿飲之作酒氣。俗人呼之越王頭。其殼可鑲杯壺,可作瓢。

清 吳其濬《植物名實圖考》卷三一《椰子》 椰子,《開寶本草》始著録。瓊州有之,羊城夏飲其汁,云能解暑。度嶺則汁漸乾,味變矣。

藝文

唐 沈佺期《題椰子樹》(引自《全唐詩》卷九六) 日南椰子樹,香裊出風塵。叢生調木首,圓實檳榔身。玉房九霄露,碧葉四時春。不及塗林果,移根隨漢臣。

清 葉之淇《椰子》(引自《洛如詩鈔》卷六) 交南多椰實,中有甘汁漿。飲之輒醺人,碎手凝冰霜。製爲顔子瓢,用舍吾席傍。

清 張培源《椰子》(引自《洛如詩鈔》卷六) 海外珍椰樹,性本辟百毒。人巧製杯杓,天然其醽醁。恨不瓜蔓生,使我飽所欲。

清 陸王孫《椰子》(引自《洛如詩鈔》卷六) 草木狀南荒,椰漿供客醉。壺柑非匹儔,檳榔可兒視。耽酒喪其元,越哉化飲器。

清 惠衛《椰子》(引自《洛如詩鈔》卷六) 千尺森束蒲,透空蜑雨響。剖實溢甘漿,葡萄安可倣。持贈野客顛,髮根薦秋爽。

清 翁方綱《復初齋詩集》卷七《藥洲集六・椰子》 束葉孤莖結實勻,厚膚圓殼墮餘津。已教釀酒仍爲榼,多事成冠又漉巾。竹屋古時聽雨地,蠻歌春月採花人。黎田邨接灣沙港,麪熟桄榔及取陳。

清 錢楷《綠天書舍存草》卷五《椰子》 南海産嘉實,過嶺不數數。創見莫能名,博物愧卓犖。嗟爾本混成,深藏最堅確。白茅束亂皺,黃粟色斑駁。伐毛始去皮,摩頂乃見角。圓光方熒熒,文理自濯濯。中虚却外侮,蟲鳥窮蝕噣。將爲楚萍剖,似須郢匠斲。天瓢貯霞漿,沆瀣方猶渥。四邊凝截昉,寸膚麗負殼。吸甘還嚼腴,風味美于酪。纍若子含珠,牟尼手一握。瓠落更何須,取材入雕琢。茶瓶供餽遺,見山谷詩。唾壺亦紛作。方其結實時,渾如玉太璞。物貴守不材,戒在示人樸。重剛而不中,理悟碩果剥。作詩備采風,且用自儆覺。

圖表

明 李時珍《本草綱目・圖卷》

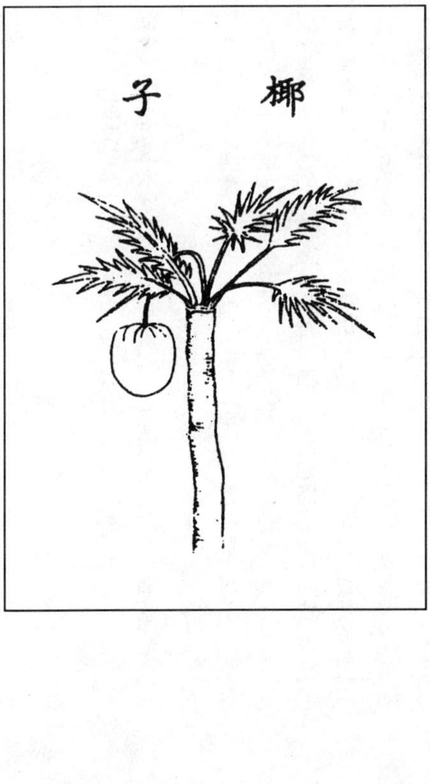

清　吳其濬《植物名實圖考》卷三一《椰子》

蕉

論說

明　何三畏《新刻何氏類鎔》卷三〇《芭蕉》　芭蕉生于交趾赤巖，或生于建安嶺外，而南方土煖，不經霜凍，往往多種植之。其色有紅有白，有粉有黃。其名爲卯爲麻，爲鹽爲酒。亦有羊角牛乳，亦有魚枕苞苴。擢本兼圍，垂陰盈丈。啖之如芋而可以爲食，煮之如絲而可以爲衣。灑灑而披林中，亭亭而立宇下。蕭騷暮雨，狼籍晚霜。傾欹大葉不勝肥，朝颼少怯畢竟空。心何所有，夕露虛含。勿云憔悴之姿，持扇而障夏日；恃有風流之度，伏枕而作秋聲。原無芬馥之香，亦乏柯條之任。蓋闞葵藿傾陽之識，非同松栢後凋之心。此則質異蓬蒿，才慙杞梓，而浸淫雲露，荏苒歲時，固亦君子之風，而幽人之趣也。蘇端明已飲三蕉酒，量頗能勝；路德延方咏一蕉詩，名隨遠播。僧懷素之無紙種蕉也，葉上之書，揮毫而供染翰。王摩詰之有筆畫蕉也，雪中之景，應手而就繪圖。有聽雨滴蕉者遂以成吟，有斃鹿覆蕉者因而入夢。昔人詠蕉者曰：不枝惟葉茂，無幹信中虛。又曰：心似倒抽書，葉如斜架紙。斯眞善詠者哉！

綜述

漢　許慎《說文》卷一　蕉，生枲也。从草，焦聲。即消切。

晉　嵇含《南方草木狀》卷上　甘蕉，望之如樹株，大者一圍餘，葉長一丈，或七八尺，廣一尺許。花大如酒杯，形色如芙蓉，著莖末百餘。子大名爲房，相連纍，甜美，亦可蜜藏。根如芋魁，大者如車轂。實隨華，每華一闔，各有六子，先後相次，子不俱生，花不俱落。一名芭蕉，或曰巴苴。剥其子，上皮色黃白，味似蒲萄，甜而脆，亦療饑。此有三種，子大如拇指，長而鋭，有類羊角，名羊角蕉，味最甘好。一種子大如雞卵，有類牛乳，名牛乳蕉，微減羊角。一種大如藕子，長六七寸，形正方，少甘，最下也。其莖解散如絲，以灰練之，可紡績爲絺綌，謂之蕉葛。雖脆而好，黃白不如葛赤色也。交廣俱有之。《三輔黃圖》曰：漢武帝元鼎六年，破南越，建扶荔宫以植所得奇草異木，有甘蕉二本。

宋　周去非《嶺外代答》卷八《花木門·蕉子》　芭蕉極大者，凌冬不凋，中抽一幹，節節有花如菡萏，花謝有實，一穗數枚如肥皂，長數寸，去皮取肉，軟爛如綠柹，極甘冷，四季實。以梅汁漬，暴乾按扁，所云芭蕉乾是也。鷄蕉則甚小，亦四季實。芽蕉小如鷄蕉，尤香嫩甘美，南人珍之，非他蕉比，秋初方實。

宋　范成大《桂海虞衡志·志果》　蕉子，芭蕉極大者凌冬不凋，中抽一幹，長數尺，節節有花，花褪葉根有實，去皮取肉，軟爛如綠柹，極甘冷，四季實。土人或以飼小兒，云性涼去客熱。以梅汁漬，暴乾按令匾，味甘酸有微霜，世所謂芭蕉乾者是也。又名牛蕉子。鷄蕉子，小如牛蕉，亦四季實。芽蕉子，小如鷄蕉，尤香嫩甘美，秋初實。

宋　吳仁傑《離騷草木疏》卷二《芭》　傳芭兮代舞。王逸注：芭，香草名也。洪慶善曰：巴且草，一名芭蕉。仁傑按：《集韻》芭字云：芭蕉，草名。《本草》有甘草蕉。陶隱居云：本出廣州，今東間並有。根葉無異，惟子不堪食耳。《蜀本圖經》云：俗呼芭蕉名，生江南，葉長丈許，闊一尺餘，莖虛軟。《嘉祐圖經》云：今出二廣、閩中、川蜀者有花，閩廣者實極美，可噉。他處雖多而作花者亦少。近歲都下往往種之甚盛，皆芭蕉也。蕉類亦多，甘蕉乃是有子者，葉大抵與芭蕉相類，但其卷心抽幹作花，初生大萼如倒垂菡萏，有十數層，層皆作瓣，漸大則花出瓣中，極繁盛。紅者如火炬，謂之紅蕉。白者如蠟色，謂之水蕉。其花大類象牙，故謂之牙蕉。其實亦有青黄之別，可曝乾寄遠，北土得之以爲珍果。閩人灰埋其皮，令錫滑，績以爲布。

明　屠本畯《離騷草木疏補》卷二《芭》　芭，巴蕉，一名巴且，多生江南。葉長丈許，濶二尺餘，莖虚軟。出二廣、閩中、川蜀者有花，閩廣者實極美可噉，他處雖多而作花者亦少。蕉類亦多有子名甘蕉，其葉大抵與芭蕉相類，但其卷心抽幹作花，初生大萼如倒垂菡萏，有十數層，層皆作瓣，漸大則花出瓣中，極繁盛。紅者如火炬，謂之紅蕉。白者如蠟色，謂之水蕉。其花大類象牙，故謂之牙蕉。其實亦有青黄之別，暴乾可以寄遠，北土得之以爲珍果。閩廣人灰埋其皮，令錫滑，以爲布。

明　李時珍《本草綱目》卷一五　甘蕉《别録》下品　釋名：芭蕉、《衍義》天苴、《史記注》芭苴。時珍曰：按陸佃《埤雅》云，蕉不落葉，一葉舒則一葉焦，故謂之蕉。俗謂乾物爲巴，巴亦蕉意也。《稽聖賦》云：竹布實而根苦，蕉舒花而株槁。芭苴乃蕉之音轉也。蜀人謂之天苴。曹叔雅《異物志》云：芭蕉結實，其皮赤如火，其肉甜如蜜，四五枚可飽人，而滋味常在牙齒間，故名甘蕉。集解：弘景曰：甘蕉本出廣州。今江東並有，根葉無異，惟子不堪食耳。恭曰：甘蕉出嶺南者，子大味甘；北間者，但有花無實。頌曰：今二廣、閩中、川蜀皆有，而閩廣者實極甘美可啖，他處雖多，而作花者亦少，近時中州種之甚盛，皆芭蕉也。其類亦多。有子者名甘蕉，卷心中抽幹作花。初生大萼，似倒垂菡萏，有十數層，層皆作瓣，漸大則花出瓣中，極繁盛。紅者如火炬，謂之紅蕉。白者如蠟色，謂之水蕉。其花大類象牙，故謂之牙蕉。其實亦有青黄之別，品類亦多，最甘美，曝乾可寄遠，北土得之以爲珍果。其莖解散如絲，閩人以灰湯練治，紡績爲布，謂之蕉葛。宗奭曰：芭蕉三年以上即有花，自心中抽出，一莖止一花，全如蓮花，瓣亦相似，但色微黄緑，中心無蕊，悉是花葉也。花頭常下垂，每一朵自中夏開，直至中秋後方盡，凡三葉開則三葉脱落也。時珍曰：按萬震《南州異物志》云：甘蕉即芭蕉，乃草類也。望之如樹株，大者一圍餘。葉長丈許，廣尺餘至二尺。其莖虚軟如芋，皆重皮相裹。根如芋魁，青色，大者如車轂。花着莖末，大如酒杯，形色如蓮花。子各爲房，實隨花長，每花一闔，各有六子，先後相次，子不俱生，花不俱落也。蕉子凡三種，未熟時皆苦澀，熟時皆甜而脆，味如葡萄，可以療飢。一種子大如拇指，長六七寸，鋭似羊角，兩兩相抱者，名羊角蕉，剥其皮黄白色，味最甘美。一種子大如雞卵，有類牛乳者，名牛乳蕉，味微減。一種子大如蓮子，長四五寸，形正方者，味最弱也。并可蜜藏爲果。又顧玠《海槎録》云：海南芭蕉常年開花結實，有二種：板蕉大而味淡，佛手蕉小而味甜。通呼爲蕉子。不似江南者，花而不實。又范成大《虞衡志》云：南中芭蕉有數種：極大者凌冬不彫，中抽一幹，長數尺，節節有花，花褪葉根有實，去皮取肉，軟爛如緑柹，味極甘冷，四季恒實。土人以飼小兒，云性涼，去客熱，謂之蕉子，又名牛蕉子。以梅汁漬，曝乾壓扁，味甘酸有微霜，名芭蕉乾。一種雞蕉子，小于牛蕉，亦四季實。一種芽蕉子，小于雞蕉，尤香嫩甘美，惟秋初結子。一種紅蕉花，葉瘦，類蘆箬，花色正紅，如榴花，日拆一兩葉，其端各有一點鮮緑尤可愛，春開至秋盡猶芳，俗名美人蕉。一種膽瓶蕉，根出土處特肥飽，狀如膽瓶也。又費信《星槎勝覽》云：南番阿魯諸國無米穀，惟種芭蕉、椰子，取實代糧也。

明　陳正學《灌園草木識》卷二《果之屬·蕉》　蕉有五種，一名牙蕉，産漳浦者，最佳。一莖壯者，吐二百餘子，作鴛爪形，熟而皮青，甘香，可曬作乾。曬法，蒸而曬之易乾，不煩火焙。一種黄芽蕉，産南靖，雖香不甘。一種大者，子稍方，名柴蕉，味酸，市人以焙乾，亦不甚佳。一種産山谷者，人績其絲爲布，取其心作羹，不能結菓也。一種花紅者，名美人蕉，與石相傍，亦名石蕉。具花部函史令五種爲一，蓋傳聞之誤也。

清　魏茂林《駢雅訓纂》卷六　猼且，芭蕉也。《史記·司馬相如列傳》：諸蔗，猼且。《索隱》：猼音普各反，且音子餘反。《漢書》作巴且，文穎云：巴蕉也。

清　曹溶《倦圃蒔植記》卷二《芭蕉》　芭蕉，花實，閩廣極多。我地無之，遂爲奇貨。夜郎王安知漢大也。或又因《袁安卧雪圖》有雪中芭蕉，更謂蕉能踰寒，不知王維畫不拘四時，往往以桃李、蓮菊同畫。安得以膠柱求耶？種法，冬間去梗，以稻草覆之，俟其發芽，分取小根，用油簪脚横刺二眼，終不長大，可作盆玩。又有椶櫚一種，二月撒種，尺許移栽，長至四尺，便可剥用。塵尾蒲團，此實任之矣。

清　張逸少《佩文齋廣羣芳譜》卷八九《卉譜·芭蕉》　蕉，一名甘蕉，一名芭苴，一名天苴，一名緑天，一名扇仙，草類也。葉，青色，最長，大首，尾稍尖。菊不落花，蕉不落葉。一葉生，一葉焦，故謂之芭蕉。其莖軟重，皮相裹外微青裏白。三年以上，即著花。自心中抽出一莖，初生大萼似倒垂菡菂，有十數層，層皆作瓣，漸大則花出瓣中，極繁盛。大者一圍餘，葉長丈許，廣一尺至二尺，望之如樹。生中土者，花苞中積水如蜜，名甘露。侵晨取食，甚香甘，止渴延齡。不結實。生閩廣者，結蕉子。凡三種，未熟時，苦澀；熟時，皆甜而脆。一種大如指者，長六七寸，鋭似羊角，兩兩相抱，剥其皮，黄白色，味最甘，名羊角蕉，性涼去熱。一種大如雞卵，類牛乳，名牛乳蕉，味微減。一種大如蓮子，長四五寸，形正方，味最劣。《建安草木狀》云：芭樹子房相連，味甘美，可蜜藏。根堪作脯，發時分其勾萌，可別植。小者以油簪橫穿其根二眼，則不長。大可作盆景，書窻左右，不可無此君。此物搗汁治火魚毒，甚驗。性畏寒，冬間删去葉，以柔穰苴之，納地窖中，勿著霜雪冰凍。

【略】美人蕉，自東粵來者，其花開若蓮，而色紅若丹。產福建福州府者，其花四時皆開，深紅照眼，經月不謝。中心一朵，曉生甘露，其甜如蜜，即常芭蕉，亦開黄花，至曉瓣中甘露如飴，食之止渴。產廣西者，樹不甚高，花瓣尖大，紅色如蓮，甚美。又有一種，葉與他蕉同，中出紅葉一片，亦名美人蕉。一種，葉瘦類蘆箬，花正紅如榴花，日拆一兩葉，其端一點鮮緑可愛，春開至秋盡猶芳，亦名美人蕉。膽瓶蕉、根出土時，肥飽狀如膽瓶。朱蕉、黄蕉、牙蕉、皆花也。色葉似芭蕉而微小，花如蓮而繁，日放一瓣，放後即蕤而結子，名蕉黄，味甘，可良。《霏雪録》云：蕉黄如柹，味香美勝瓜，冬收嚴密，春分勾萌，一如芭蕉。鳳尾蕉、一名番蕉，能辟火患。此蕉產於鐵山，如少萎，以鐵燒紅穿之，即活。平常以鐵屑和泥壅之，則茂而生子，分種易活。江西塗州有之。水蕉。白花，不結實。取其莖以灰練之，解散如絲，績以爲布，謂之蕉葛。出交趾。

清 趙學敏《本草綱目拾遺》卷五《草部下・香蕉》 《皇華紀聞》：粵地濕熱，人多染麻瘋。所居室，人不敢處，必種香蕉木本結實者於院中。一二年後，其毒盡入樹中，乃敢居。《兩廣雜志》：蕉種甚多，子皆甘美，以香牙蕉爲第一。名龍奶奶者，乳也。言若龍之乳，不可多得。然食之寒氣沁心，頗有邪甜之目。其葉有硃砂斑點，植必以木夾之，否則結實時，風必吹折，故又名折腰娘。凡蕉葉必三，三開則三落，落不至地，但懸挂莖間，乾之可以作書。花出於心，每一心輒抽一莖作花，聞雷而坼。坼者如倒垂菡萏，層層作卷瓣，瓣中無蕊，悉是瓣。漸大則花出瓣中，每一花開，必三四月乃闔，一花闔成十餘子，十花閤成百餘子，小大各爲房，隨花而長，長至五六寸許，先後相次，兩兩相抱。其子不俱生，花不俱落，終年花實相代謝，雖歷歲寒不凋。子經三四月始熟。粵人嬰兒乳少，輙熟蕉子飼之。又以浸酒，味甚美。其蕉心嫩白，可爲葅。《綱目》芭蕉條下所載各類，於香蕉獨未明晰，今依《粵志》補之。

藝文

南朝宋 謝靈運《芭蕉贊》（引自《藝文類聚》卷八七） 生分本多端，芭蕉知不一。合萼不結核，敷華何由實。至人善取譬，無宰誰能律。莫昵緣合時，當視分散日。

南朝宋 卞敬宗《甘蕉贊》（引自《藝文類聚》卷八七） 扶疏似樹，質則非木。高舒垂蔭，異秀延矚。厥實惟甘，味之無足。

南朝梁 沈約《詠甘蕉》（引自《藝文類聚》卷八七） 抽葉固盈丈，擢本信兼圍。流甘揜椰實，弱縷冠絺衣。

宋 陶穀《清異録》卷上《蕉迷》 南漢貴璫趙純節，性惟喜芭蕉，凡軒窗館宇咸種之，時稱純節爲蕉迷。

宋 韓琦《安陽集》卷六《芭蕉》 邊俗稀曾識此科，南方地暖北寒多。孤芳莫念違天性，無奈深恩愛育何。

宋 張載《張子全書》卷一三《芭蕉》 芭蕉心盡展新枝，新卷新心暗已隨。願學新心養新德，旋隨新葉起新知。

宋 王洋《東牟集》卷五《和陳長卿賦芭蕉》 落落虚懷好自珍，一番舒展一番新。摇風捲起窗鋪月，滴雨驚回夢愴神。荔子丹時陪獻豆，丁香結處共愁塵。本無顏色爭韶艷，野老由來不怨春。

宋 王之道《相山集》卷一三《芭蕉》 一幅青天世外珍，詩人得句共清新。書生几上側理紙，巫女廟中巴峽神。世間荷葉并蕉葉，不與紅芳競佔春。長恐天寒憑日暮，不將翠袖染緇塵。

宋 朱熹《晦庵集》卷一《丘子野表兄郊園五詠・芭蕉》 秋風鳴玉雨踈踈，嫩緑臨牕半卷舒。似是相知慰牢落，朝來肯寄一緘書。

宋 朱熹 芭蕉植秋檻，勿云憔悴姿。與君障夏日，羽扇寧復持。

宋 王十朋《梅溪前集》卷六《芭蕉》 草木一般雨，芭蕉聲獨多。主人栽未足，其奈客愁何。

宋　曾協《雲莊集》卷二《芭蕉》　炎蒸誰解换清涼，扇影摇摇上竹牕。準擬小軒添睡美，夢成風雨夜翻江。

宋　楊萬里《誠齋集》卷一四《芭蕉》　骨相玲瓏透入窻，花頭倒掛紫荷香。繞身無數青羅扇，風不來時也不涼。

瀟瀟灑灑復婷婷，一半風流一半清。不爲暑窻添午蔭，却來愁枕作秋聲。簷牙窻額兩三株，只欠王維畫雪圖。開卷不題元字脚，碧窻團蠟有如無。

元　黄庚《月屋漫稿·芭蕉》　翠葉離披傍竹林，幾年雨露受恩深。緑章封事今無用，空對西風抱赤心。

明　薛瑄《河汾詩集》卷三《芭蕉》　新植亭亭立，新枝旋旋開。自能承雨露，元不混塵埃。蕊艷抽紅錦，陰長落翠苔。新詩題滿葉，秋意莫先來。

明　閔珪《閔莊懿集》卷一《題芭蕉》　芭蕉葉展緑陰濃，也逐羣芳畏北風。莫道虚心易凋歇，來春猶發去年叢。

明　吴寬《家藏集》卷三《芭蕉》　老卉呈嬌紅，破葉留故緑。正當零落時，對此殊不俗。我思石田生，秋色填滿腹。腹中抑鬱無奈何，信手寫之忽盈幅。滚滚白露初爲霜，苔花冷蝕山骨蒼。眼昏錯道逢僊子，緑絲步障紅綃裳。

清　朱彝尊《曝書亭集》卷六《疎影芭蕉》　是誰種汝，把緑天一片，簷牙遮住。欲折翻連，乍卷還抽，有得愁心如許。秋來慣與羈人伴，惹多少，冷風淒雨。那更堪，一點疎燈，繞砌暗蟲交訴。　待把蛛絲拭却，試今朝，留與個人題句。小院誰來依舊，黄昏明月，暫飛還去。羅衾夢斷，三更後，又一葉一聲低語。拚今番，盡翦秋陰，移種櫻桃花樹。

清　查慎行《敬業堂詩集》卷五〇《疎影同魏水村賦寓庭芭蕉》　新桐墻角，愛碧茸茸下，孤莖秀擢。一片纔開，一片旋抽，次第展將旬朔。天生百竅玲瓏樹，慣只做，小庭葉幄。儘放教，障日捎雲，經多少雨淋露濯。　漸入淒涼時候，緊西風，攪得愁人夢覺。幾度裁箋，幾遍題詩，饒半憐他脃薄。自從没骨圖成後，可還怕，霜花剪却。時禹尚基作寫生小幅好護持，宛轉柔心，莫被玉纖偷剥。

清　劉嗣綰《尚絅堂集·詞集》卷一《筆船詞·於中好·芭蕉》　扇仙風骨玲瓏玉，誰移近小屏山曲。一封書好無人讀，鎮日裏秋心束。　風風雨雨聽應足，怪低語夜窗相續，緑章奏了天都緑。莫也是，彈脩竹。

清　焦和生《連雲書屋存稿》卷二《蕉子》　瓊南芭蕉多結子，由葉心出，似手指形。至成時如木梳，皮黄，肉白，味香，脆如黄瓜。種蕉聽雨看青葱，獨有南荒迥不同。幾見垂房還結子，豈緣人力只天工。玲瓏長就瓊梳樣，賓祭頻登木果中。鮮荔椰皮均列宴，始知海外異華風。民間以此果送禮者，每書蕉子幾梳，祭品亦用之。其蕉結子後即枯，伐其幹，旁出芽如故。

清　陳恭尹《獨漉堂詩集》卷一四《咏物集·香蕉》　嶺北芭蕉樹，雖多不著花。嶺南花且實，香者在龍牙。瘦似篁初笋，纖如月一彎。青皮開白肉，香在齒牙間。衆香多以氣，鼻聞口不知。香蕉香在味，入酒也相宜。

清　方濬頤《二知軒詩鈔》卷一一《古今體詩·詠果·蕉子》　緑天冬不凋，花實相代謝。異哉折腰娘，舒卷奪造化。香牙若皂莢，梳齒勻排仁。用以哺嬰兒，龍乳罕匹亞。

清　沙琛《點蒼山人詩鈔》卷一《芭蕉果》　緑雲山閣翠涵淹，蕉果穠香得味厭。半褪花房蓮片片，密排蘭實玉纖纖。露華披折金雙掌，素質清虚雪一奩。草木南方誰續狀，天生與滌瘴鄉炎。

圖表

明　李時珍《本草綱目·圖卷》

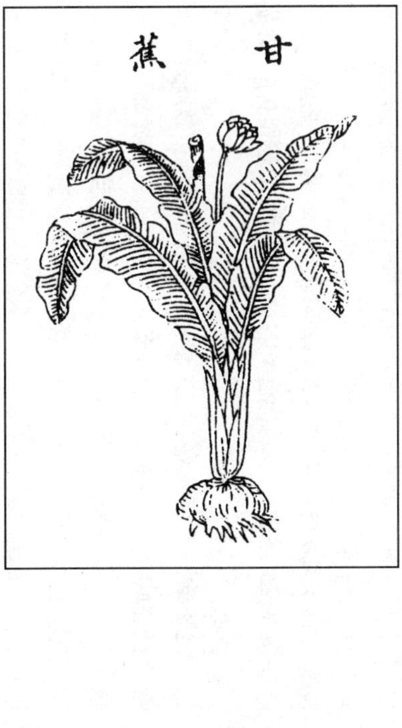

檳榔

綜述

漢 東方朔《林邑記》（引自《説郛》卷六一） 檳榔樹大，圍丈餘，高十餘丈，皮似青銅，節如斑竹，下本不大，上末不小。遠近爲林，千萬若一，森秀無柯。端頂有葉，其葉芾，條派開破，仰望沙沙如彈藂蕉於竹杪，風至獨動，似舉羽扇之掃天。葉下繫數房，房綴十數子。家有數百樹，雲疎如墜繩也。

晉 郭義恭《廣志》（引自《説郛》卷六一） 木實曰檳榔，樹無枝，略如桂。其顛生穟而秀，生棘針重疊其下。彼方珍之以爲口實，亦出交趾。

晉 嵇含《南方草木狀》卷下 檳榔，樹高十餘丈，皮似青桐，節如桂竹，下本不大，上枝不小，調直亭亭，千萬若一，森秀無柯。端頂有葉，葉似甘蕉，條派開破，仰望眇眇如插叢蕉於竹杪，風至獨動，似舉羽扇之掃天。葉下繫數房，房綴數十實，實大如桃李，天生棘重纍其下，所以禦衛其實也。味苦澀，剖其皮，鬻其膚，熟如貫之，堅如乾棗，以扶留藤、古賁灰并食則滑美，下氣消穀。出林邑。彼人以爲貴，婚族客必先進。若邂逅不設，用相嫌恨。一名賓門藥餞。

宋 周去非《嶺外代答》卷八《花木門·檳榔》 檳榔生海南黎峒，亦産交阯。木如棕櫚，結子葉間如柳條，顆顆叢綴其上。春取之爲軟檳榔，極可口。夏秋採而乾之爲米檳榔，漬之以鹽为鹽檳榔。小而尖者爲雞心檳榔，大而匾者爲大腹子，悉下氣藥也。海商販之，瓊管收其征，歲計居什之伍。廣州税務收檳榔税，歲數萬緡。推是，則諸處所收與人之所取，不可勝計矣。

宋 戴侗《六書故》卷三一 檳 檳，卑民切。桄郎、檳郎皆生交廣。《本草》曰：桄郎木似栟櫚，而堅硬，斫其間，有麪，大者至數石。皮可紉爲綆，葉下有鬚如馬尾。檳郎如桄郎，而高五七丈，正直無枝，皮似青桐，節如桂竹，葉生木顛，大如楯頭，又似甘蕉葉。實作房，從葉中出。一房數百，狀似雞心。嶺表以當果核食之，下氣。郎又作榔

宋 趙汝适《諸蕃志》卷下《檳榔》 檳榔産諸蕃國及海南四州，交趾亦有之。木如棕櫚，結子葉間如柳條，顆顆叢綴其上。春取之爲軟檳榔，俗號檳榔，鮮極可口。夏秋採而乾之爲米檳榔，漬之以鹽爲鹽檳榔。小而尖者爲雞心檳榔，大而匾者爲大腹子，食之可以下氣。三佛齊取其汁爲酒，商舶興販，泉、廣税務歲收數萬緡。惟海南最多鮮檳榔，鹽檳榔皆出海南，雞心、大腹子多出麻逸。

明 李時珍《本草綱目》卷三一 檳榔《別録》中品 校正：自木部移入此。

釋名：賓門、李當之《藥對》仁頻、音賓。洗瘴丹。時珍曰：賓與郎皆貴客之稱。稽含《南方草木狀》言：交廣人凡貴勝族客，必先呈此果。若邂逅不設，用相嫌恨。則檳榔名義，蓋取于此。雷斆《炮炙論》謂尖者爲檳，圓者爲榔，亦似强説。又顔師古注《上林賦》云：仁頻即檳榔也。詵曰：閩中呼爲橄欖子。集解：《別録》曰：檳榔生南海。弘景曰：此有三四種。出交州者，形小味甘。廣州以南者，形大味澀。又有大者名豬檳榔。皆可作藥。小者名蒳子，俗呼爲檳榔孫，亦可食。恭曰：生交州、愛州及昆侖。頌曰：今嶺外州郡皆有之。木大如桄榔，而高五七丈，正直無枝，皮似青桐，節似桂枝。葉生木顛，大如盾頭，又似芭蕉葉。其實作房，從葉中出，旁有刺若棘針，重疊其下。一房數百實，如鷄子狀，皆有皮殼。其實春生，至夏乃熟，肉滿殼中，色正白。蘇恭言其肉極易爛，不經數日。今入北者，皆先以灰煮熟，焙熏令乾，始可留久也。小而味甘者，名山檳榔。大而味澀核亦大者，名豬檳榔。最小者名蒳子。雷氏言尖長而有紫文者名檳，圓大而矮者名榔，榔力大而檳力小。今醫家亦不細分，但以作鷄心狀、正穩心不虛、破之作錦文者爲佳爾。嶺南人啖之以當果食，言南方地濕，不食此無以祛瘴癘也。生食其味苦澀，得扶留藤與瓦屋子灰同咀嚼之，則柔滑甘美也。劉恂《嶺表録異》云：眞檳榔來自舶上，今交廣生者皆大腹子也，彼中悉呼爲檳榔。或云：檳榔難得眞者，今賈人所貨者，皆是大腹檳榔也，與檳榔相似，但莖、葉、幹小異爾，連皮收之。時珍曰：檳榔樹初生若笋竿積硬，引莖直上。莖幹頗似桄榔、椰子而有節，旁無枝柯，條從心生。端頂有葉如甘蕉，條派開破，風至則如羽扇掃天之狀。三月葉中腫起一房，因自拆裂，出穗凡數百顆，大如桃李。又生刺重累于下，以護衛其實。五月成熟，剥去其皮，煮其肉而乾之。皮皆筋絲，與大腹皮同也。按漢喻益期與韓康伯箋云：檳榔，子既非常，木亦特異。大者三圍，高者九丈。葉聚樹端，房構葉下。華秀房中，子結房外。其擢穗似禾，其綴實似穀。其皮似桐而厚，其節似竹而穊。其內空，其外勁。其屈如伏虹，其申如縋繩。本不大，末不小。上不傾，下不斜。調直亭亭，千百如一。步其林則寥朗，庇其陰則蕭條。信可長吟遠想。但性不耐霜，不得北植。必當遐樹海南，遼然萬里。弗遇長者之目，令人恨深也。又竺法眞《羅山疏》云：山檳榔一名蒳子，生日南，樹似栟櫚而小，與檳榔同狀。一叢

十餘幹，一幹十餘房，一房數百子。子長寸餘，五月採之，味近苦甘。觀此，則山檳榔即蒳子，豬檳榔即大腹子也。蘇頌以味甘者爲山檳榔，澀者爲豬檳榔，似欠分明。

又 大腹子宋《開寶》 校正：自木部移入此。 釋名：大腹檳榔、《圖經》豬檳榔。 時珍曰：大腹以形名，所以别鷄心檳榔也。 集解：志曰：大腹生南海諸國，所出與檳榔相似，莖、葉、根、幹小異耳。弘景曰：向陽者爲檳榔，向陰者爲大腹。 時珍曰：大腹子出嶺表、滇南，即檳榔中一種腹大形扁而味澀者，不似檳榔尖長味良耳，所謂豬檳榔者是矣。 蓋亦土産之異，今人不甚分别。陶氏分陰陽之説，亦是臆見。 按劉恂《嶺表録異》云：交廣生者，非舶上檳榔，皆大腹子也，彼中悉呼爲檳榔。 自嫩及老，采實啖之。以扶留藤、瓦屋灰同食之，以祛瘴癘。 收其皮入藥，皮外黑色，皮内皆筋絲如椰子皮。 又《雲南記》云：大腹檳榔每枝有三二百顆，青時剖之，以一片蔞葉及蛤粉捲和食之，即減澀味。 觀此二説，則大腹子與檳榔皆可通用，但力比檳榔稍劣耳。

又 馬檳榔《會編》 釋名：馬金囊、《雲南志》馬金南、《記事珠》紫檳榔。《綱目》 集解：時珍曰：馬檳榔生滇南金齒、沅江諸夷地，蔓生。 結實大如葡萄，紫色味甘。 内有核，頗似大風子而殼稍薄，團長斜扁不等。 核内有仁，亦甜。

明 慎懋官《華夷花木鳥獸珍玩考》卷二《檳榔》 俞益期與韓康伯牋曰：檳榔信南遊之可觀，子既非常，木亦特奇。 大者三圍，高者九丈。 葉聚樹端房葉下，華秀房中。 子結房外。 其擢穗似黍，其綴實似穀。 其皮似桐而厚，其節似竹而穊。 其内空，其外勁。 其屈如覆虹，其申如縆繩。 本不大，末不小。 上不傾，下不斜。 稠直亭亭，千百若一。 步其林則寥朗，庇其蔭則蕭條。 信可以長吟，可以遠想矣。 性不耐霜，不得北植。 必當遐樹海南，遼然萬里。 弗遇長者之目，自令人恨深。 嶺南人以檳榔代茶，且謂可以禦瘴，余始至不能食，久之亦能稍稍，居歲餘，則不可一日無此君矣。 故嘗謂檳榔之功有四：一曰醒能使之醉，蓋美食之，則熏然頰赤若飲酒然，東坡所謂『紅潮登頰醉檳榔』者是也。 二曰醉能使之醒，蓋酒後嚼之，則寬氣下疾，餘醒頓解。 三曰饑能使之飽，蓋饑而食之，則充然氣盛若有飽意。 四曰飽能使之饑，蓋食後食之，則飲食消化不至停積。 嘗舉似於西堂先生范旂叟曰：子可謂檳榔舉主矣，然子知其功，未知其德，檳榔賦性疏通而不洩氣，禀味嚴正而有餘甘，有是德，故有是功也。 劉穆之小時家貧，誕節不持檢操，常往妻江氏家乞食，多見侵辱，不以爲耻，一日食畢求檳榔，江氏兄弟戲之曰檳榔消食，君乃常饑，何忽須此。 及穆之爲丹陽尹，召江氏兄弟，令厨人以金拌貯檳榔一斛進之。

明 吴之俊《獅山掌録》卷一八《檳榔樹》 檳榔樹高十餘丈，森秀無柯，頂端有葉，葉似甘蔗，條派開破，仰望眇眇，如插叢蕉於竹杪，風至獨動，似舉羽扇之掃天。 葉下繫數房，房綴數十子，無華而實，天生棘刺，重纍其下。

明 姚旅《露書》卷一〇 滇人謂檳榔花仙人喜採食之，故花開時即以狗血厭之，厭所不到，則一樹無復一實。

清 魏茂林《駢雅訓纂》卷六 仁頻，檳榔也。《文選·上林賦》：仁頻，并閭。注：孟康曰：仁頻，椶也。善曰：《仙藥録》曰：檳榔，一名椶。然仁頻即檳榔也。

清 屈大均《廣東新語》卷二五《木語·檳榔》 檳榔，産瓊州，以會同爲上，樂會次之，儋、崖、萬、文昌、澄邁、定安、臨高、陵水又次之，若瓊山則未熟而先採矣。 會同田腴瘠相半，多種檳榔以資輸納，諸州縣亦皆以檳榔爲業，歲售於東西兩粵者十之三，于交趾、扶南十之七，以白心者爲貴。 暹羅所産曰番檳榔，大至徑寸，紋粗味澁，弗尚也。 三四月花開絶香，一穗有數千百朵，色白味甜，雜扶留葉、椰井食之，亦醉人。 實未熟者曰檳榔青，青，皮殼也，以檳榔肉兼食之，味厚而芳，瓊人最嗜之。 熟者曰檳榔肉，亦曰玉子，則廉、欽、新會及西粵、交趾人嗜之。 熟而乾焦連殼者曰棗子檳榔，則高、雷、陽江、陽春人嗜之。 以鹽漬者曰檳榔鹹，則廣州、肇慶人嗜之。 日暴既乾心小如香附者曰乾檳榔，則惠、潮、東莞、順德人嗜之。 當食時，鹹者直削成瓣，乾者横剪爲錢，包以扶櫐，結爲方勝，或如芙蕖之叢跗，或效蛺蜨之交翾。 内置烏爹泥石灰或古賁粉，盛之巾盤，出於懷袖，以相醻獻。 入口則甘漿洋溢，香氣薰蒸，在寒而暖，方醉而醒。 既紅潮以暈頰，亦珠汗而微滋。 眞可以洗炎天之煙瘴，除遠道之渴饑，雖有朱櫻、紫梨，皆無以尚之矣。 若夫灰少則澁，葉多則辣，故貴酌其中。 大嚼則味不回，細嚥則甘乃永，故貴得其節。 善食者以爲口實，一息不離。 不善食者汁少而渣青，大唾之矣。 予嘗有《竹枝詞》云：日食檳榔口不空，南人口讓北人紅。 灰多葉少如相等，管取臙脂個個同。 謂此。 粤人最重檳榔，以爲禮果，欵客必先擎進，聘婦者施金染絳以充筐實，女子既受檳榔，則終身弗貳。 而瓊俗嫁娶，尤以檳榔之多寡爲辭。 有鬬者，甲獻檳榔則乙怒大解，至持以享鬼神，陳於二伏波將軍之前以爲敬。 按《本草》以小而味甘者爲山檳榔，大而味澁者爲豬檳榔，最小者曰蒳子，又名公檳榔，圓大者名母檳榔。 雷氏言：尖長有紫文者名檳，圓大而矮者名榔。榔力大，檳力小，今醫家亦不細分，但以狀作雞心，穩正不虛，内有錦文者爲佳。予謂賓與郎皆貴客之稱，嵇含言交廣人客至，必先呈此果。若邂逅不設，用相嫌恨，檳榔之義，蓋取諸此。越謡云：一檳一榔，無蔞亦香。扶留似妾，賓門如郎。賓門，即檳榔也。又云：檳榔爲命賴扶留。

清　陳淏子**《秘傳花鏡》卷三《花木類考・檳榔》**　檳榔，一名馬金南，生南海，今嶺外皆有。木大如桄榔，高五七丈。初生若竹竿，積硬引莖直上，有節而無旁枝，柯條從心生端頂，有葉似芭蕉，條脉開破，風至則如羽扇。三月葉中腫起一房，口自折裂出穗，凡數百實，其大如李，皆有皮殼。又生刺重纍於下，以護其實。五月成熟，剥去其皮，煮肉曝乾。交廣人邂逅，設此代茶食，必以扶留藤、牡礪灰同咀嚼之，吐出紅水一口，則柔滑甘美不澀。又大腹子，即豬檳榔，形扁而味澀，必須蔞葉與蛤粉捲和而食。

又卷四《藤蔓類考・馬檳榔》　馬檳榔，産自滇南，金齒沅江延蔓而生。結實大如葡萄，色紫而味甘，内有核，頗似大楓子。但殼稍薄，其形圓長，斜扁不等。核内有仁亦甜。

清　嵇璜**《續通志》卷一七七**　檳榔，一名賓門。尖長有紫文者爲檳，圓而矮者爲榔。又名螺果，一名仁頻。高十餘丈，皮似青桐，節如桂竹，葉似甘蕉，實大如桃李，以扶留藤、古賁灰并食則滑美。

清　吴其濬**《植物名實圖考》卷三一《檳榔》**　檳榔，《别録》中品；大腹子，《開寶本草》始著録。皆一類，而大腹皮入藥。又山檳榔，一名蒳子，瓊州有之，葉可績爲布，亦可爲席。

清　趙學敏**《本草綱目拾遺・正誤》**　大腹子乃大腹檳榔，與檳榔形似而性異。《逢原》云：大腹子偏入氣分，體豐濕盛者宜之。檳榔偏主血分，腹滿多火者宜之。《綱目》：大腹子主治云與檳榔同功，何味於分别乃爾。至今日藥肆中所用檳榔，半多以大腹子代用，率由瀕湖一言之誤也。

藝文

宋　李綱**《梁谿集》卷二四《檳榔》**　疎林蒼海上，結實已纍纍。煙濕頳虬卵，風摇翠羽旗。飛翔金鸑鷟，掩映擘龍兒。濩落哈椰子，勻圓訝荔支。當茶鎖瘴速，如酒醉人遲。蔞葉偏相稱，蠃灰亦謾爲。乍餐顔愧渥，頻嚼齒愁疲。飲啄隨風土，端憂化島夷。

宋　朱熹**《晦庵集》卷三《檳榔》**　憶昔南遊日，初嘗面發紅。藥囊知有用，茗盌詎能同。蠲疾收殊效，修真録異功。三彭如不避，糜爛七非中。《本草》云：檳榔殺三蟲。柳子《罵尸蟲》云：擊汝酆郊，糜爛縱横。七非，見《眞誥》。酆都者，六天之一也。

明　吴寬**《家藏集》卷一九《馬檳榔》**　有樹吾不識，人云馬檳榔。檳榔産南海，結實因瘴鄉。平生冒其名，豈亦如丁香。白花細而密，實甘翻可嘗。其葉與麻同，沃若澤且光。麻馬音或譌，欲問郭駝亡。

明　黎遂球**《檳榔賦有序》（引自《歷代賦彙》卷一二七）**　檳榔生於海外，予粤人，喜雜蔞葉蜆灰嚼之，婚姻之約以表結言。客粤者每不諳食，且資嘲笑。然考食檳榔不惟予粤人也，晉劉穆之微時嘗造妻家，已食畢，求檳榔。妻兄弟曰：君嘗苦饑，何用此物？及任丹陽尹，召妻兄弟以金盤貯檳榔一斛贈之。然則往故吴俗所貴，何以云然？予讀書之暇，作賦爭之。美嘉實之貞烈，含文采於炎方。榦亭亭而直上，枝扶舉而疎張。涉南海以流望，見團蓋之彷徉。摘鮫人之明珠，猶什襲而錦裝。牽異卉而薦葉，朋翡翠於越裳。準削瓜以成瓣，或如錢而擲筐。疑獺髓與玉屑，並資嚼而得漿。擬漱石而礪齒，勝含脂以爲容。於是，集良耦，邀上賓，進鯉尾，獻猩脣。調甘選脆，嘉澹雪醇。龍華代燭，雞人遲更。觴羽倦而既醉，德味飽乎大烹。却易牙而不顧，視杜康以逡巡。並牽裾與捧袂，見微誠於華巾。結方勝以象物，翅則蜨而首螓。香儼含乎雞舌，液半飲而霞蒸。酌腑臟之損益，導元氣以降昇。是以靡俗不珍，無時不宜。托吉士以爲友，比白茅而包之；指摽梅以興感，佇斯焉之相遺。陳瓜果以穿鍼，懸艾虎而續絲。匪一端以調笑，即懷袖以寄怡。在凝寒而擁背，或立月而露滋。忽温靄而如醺，惟丹丸之馥頤。彼嚙脣與唼舌，樂並枕於低帷。暢同心之蘭言，相吞吐而氣佳。笑貞士之苦，節采松實而緣阿。分藜藿之我安，適晚食而婆娑。詠素餐以不怍，歌無酒而可酡。從樂饑於衡門，亦回味以旨多。況鼎養之羅列，侑退食而委蛇。

清　屈大均**《翁山詩外》卷一七《錦帳春・檳榔》**　花發房中，子生房外。一顆顆、來從瓊海。帶花餐，連葉嚼，喜顔紅十倍，臙脂能代。　大把鹹分，小將乾配。儘兒女、長盈繡袋。汁須吞，渣莫吐，添香灰至再，餘甘還愛。

清　方登嶧《依園詩畧・嶺南詠物四首・檳榔》　錦紋新剖碧蓮胎，座上爭持獻客來。拂案翠衣春色滿，唾壺紅雨醉顔開。希仙妄説能飡葉，滌胃何人善飲灰。贏得口脂交贈好，不須恩賜出蘭臺。

清　張五典《荷塘詩集》卷一二《檳榔》　何止宜人瘴癘鄉，借爲冰檗戰膏粱。胸中磈磊銷孤悶，味外酸鹹別衆香。似乞丹砂向勾漏，笑將紺唾比昭陽。藥籠果盒都隨分，拈取憑君自在嘗。

清　翁方綱《復初齋詩集》卷七《藥洲集六・檳榔》　嚴冷空將面目譏，膏粱藜藿兩忘機。未知儋耳舊居士，何似丹徒一布衣。比景陰餘新月上，無柯林際晚風微。柳文薛志誰分別，説與黄家笑忍饑。

清　項廷紀《憶雲詞》丙稾《踏莎行・檳榔》　雀舌斑明，麝臍香輭，并刀薄碾夫容片。扶留蜃炭共金盤，唾絨紅暈燕支淺。　味外酸鹹，閒中茗荈，苦寒忍把春酣换。如今藥裹自關心，不加餐也無人管。

圖表

明　李時珍《本草綱目・圖卷》

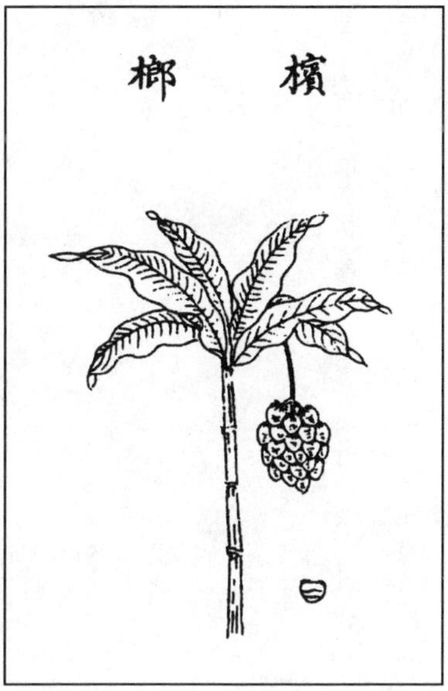

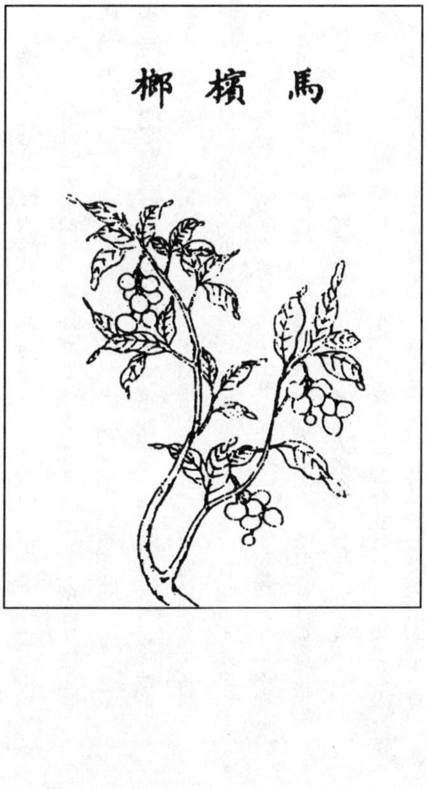

清　吳其濬《植物名實圖考》卷三一《檳榔》

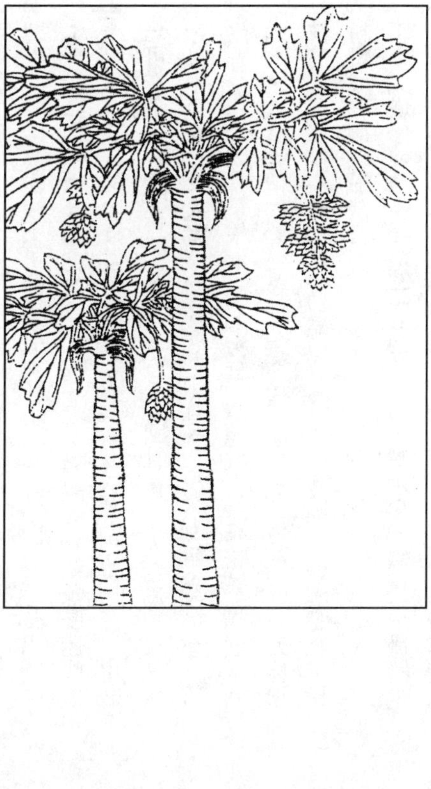

橄欖

綜述

晉　嵇含《南方草木狀》卷下　橄欖樹身聳枝，皆高數丈，其子深秋方熟，味雖苦澀，咀之芬馥，勝含鷄舌香。吴时，歲貢以賜近侍。本朝自泰康後亦如之。

唐　段成式《酉陽雜俎續集》卷一〇　橄欖子，獨根樹，東向枝曰木威，南向枝曰橄欖。

唐　段公路《北户録》卷三《橄欖子》　橄欖子，八九月熟，其大如棗。《廣志》云：有大如鷄子者。南人重其真味，一説香口絶勝鷄舌香。《詩義疏》：梅亦可合而香口。又廣州廉薑亦可香口。亦堪煮飲，飲之能消酒。煎法：剉去兩頭，煨温煮之，甚香美。其樹聳拔，其柯不喬。有野生者，高不可梯。但刻其根方數寸許，内鹽於中，一夕，子皆落矣。今高涼有銀坑橄欖子，生於銀坑之側，相傳是馮盎之家，昔掘地遇於此。細長多味，美於諸郡産者，其價亦貴於常者數倍也。愚按《南越志》：博羅縣有合成樹，樹去地二丈，爲三衢：《山海經》云四衢。東向一衢爲木威，南向一衢爲橄欖，西向一衢爲玉文。顧微《廣州記》曰：木威高大，子如橄欖而堅，削去皮以爲粽。《廣志》書此『橄欖』字。《南州異物志》作此『橄榴』字。陳藏器云：其木主鯸魚毒，此木作檝，撥着鯸魚，皆浮出。其畏如此。人中鯸魚肝子毒者必死也。

宋　吴曾《能改齋漫録》卷一五《橄欖有五種》　橄欖，嶺外有五種：一曰丁香橄欖，此以其形；二曰故橄欖；三曰蠻橄欖，此以其所出呼之；四曰新婦出橄欖，以其短矮而小；五曰絲橄欖，此以其子緊小，唯出桂府陽朔縣。土人食之必去兩頭，云有大熱。

宋　周去非《嶺外代答》卷八《花木門·烏欖》　烏欖如橄欖，青黑色，肉爛而甘，亦可作蔬茹。核差長，其中仁味鬆美，薦酒泛茶皆珍。相餽遺者獨以核致遠。微暴乾，椎取仁。方欖亦橄欖類，三角或四角，出兩江州峒。

宋　戴侗《六書故》卷二一　橄欖，橄，古覽切。欖，盧敢切。橄欖果實味苦澀，咀久回甘。生南中。

元　王禎《農書》卷九《橄欖餘甘子附》　橄欖生嶺南及閩廣州郡，性畏寒，江浙難種。樹大數圍，實長寸許，形如訶子而無稜瓣。其子先生者向下，後生者漸高。有野生者，樹峻不可梯緣，但刻其根方寸許，内鹽於其中，一夕子皆自落。蜜藏極甜，生噉及煮食之，並消酒解諸毒，誤食鯸鮐魚肝迷悶欲死者，飲其汁立解。以其木作楫，撥著魚皆浮出，物之相畏有如此者。此果南人尤重之，可作茶果，其味苦酸而澁，食久味方回甘，故昔人名爲諫果。然消酒解毒，亦果中之有益於人者。餘甘惟泉州有之，乃深山窮谷自生之物，非人家所種。其樹稍高，其子梭形，又如梅實，兩頭鋭。始嚼味酸澁，飲水乃甘。九月採，比之橄欖酷相似，以蜜藏之，亦佳。劉彦冲詩云：『炎方橄欖佳，餘甘豈苗裔。風姿雖小殊，氣韻乃酷似。騂顔澁吻餘，孝鬄清甘至。侯門收寸長，粉骨成珍劑。』誠哉言也。

明　牛衷《增修埤雅廣要》卷二五《卉物門·釋木類·橄欖》　橄欖生山野中，子繁而樹峻不可梯緣，但刻根下方寸，許内鹽於中，一夕子皆落。木亦無損，或云以鹽擦木身則其實自落，故東坡有『紛紛紅紫落青鹽』之句。今取銀杏以竹篾箍其木，擊蔑自落，與此相類狀。兩頭尖，青色，煮食能解酒毒，置茶内生噉之味甚酢，良久餘甘回於齒頰，香勝鷄舌，乃果中之忠臣也。其枝節間有脂膏如桃膠，南人採得并其皮葉煎之如黑餳，謂之欖糖。用膠船，漬水益結，牢於膠漆，以其木作楫，魚皆浮出，物之相畏有如此。

明　李時珍《本草綱目》卷三一　橄欖宋《開寶》　釋名：青果、《梅聖俞集》忠果、《記事珠》諫果。出《農書》　時珍曰：橄欖名義未詳。此果雖熟，其色亦青，故俗呼青果。其有色黄者不堪，病物也。王禎云：其味苦澀，久之方回甘味。王元之作詩，比之忠言逆耳，世亂乃思之，故人名爲諫果。集解：志曰：橄欖生嶺南。樹似木槵子樹而高，端直可愛。結子形如生訶子，無稜瓣，八月、九月采之。又有一種波斯橄欖，生邕州。色類相似，但核作兩瓣，蜜漬食之。詵曰：其樹大數圍。實長寸許，先生者向下，後生者漸高。熟時生食味酢，蜜漬極甜。珣曰：按《南州異物志》云：閩、廣諸郡及緣海浦嶼間皆有之。樹高丈餘，葉似櫸柳。二月開花，八月成實，狀如長棗，兩頭尖，青色。核亦兩頭尖而有稜，核内有三竅，竅中有仁，可食。頌曰：按劉恂《嶺表録異》云：橄欖樹枝皆高聳。其子深秋方熟，南人重之，生咀嚼之，味雖苦澀，而芬香勝于含鷄舌香也。有野生者，子繁而樹峻不可梯緣，但刻根下方寸許，納鹽入内，一夕子皆自落，木亦無損。其枝節間有脂膏如桃膠，南人采取和皮、葉煎汁，熬如黑餳，謂之欖糖，用泥船隙，牢如膠漆，着水益乾也。時珍曰：橄欖樹高，將熟時以木釘釘之，或納鹽少許于皮内，其實一夕自落，亦物理之妙也。其子生食甚佳，蜜漬、鹽藏皆可致遠。其木脂狀如黑膠者，土人采取，爇之清烈，謂之欖香。雜以牛皮膠者，即不佳矣。又有緑欖，色緑。烏欖，色青黑，肉爛而甘。取肉搥碎乾放，自有霜如白鹽，謂之欖醬。青欖核内仁乾小。惟烏欖仁最肥大，有文層疊如海螺蛸狀而味甘美，謂之欖仁。又有一種方欖，出廣西兩江峒中，似橄欖而有三角或四角，即是波斯橄欖之類也。

又 木威子《拾遺》 釋名：未詳。集解：藏器曰：木威生嶺南山谷。樹高丈餘，葉似楝葉。子如橄欖而堅，亦似棗，削去皮可爲糉食。時珍曰：木威子，橄欖之類也。陳氏説出顧微《廣州記》中。而梁元帝《金樓子》云：橄欖樹之南向者爲橄欖，東向者爲木威。此亦傳聞謬説也。

明 慎懋官 《華夷花木鳥獸珍玩考》卷二《木威》 洞南有喬木似栟櫚。熟，視葉間有實樾生似橄欖，問從者，蓋木威也。木威，《本草經》無有，宜州諸城砦多有之，風俗取豚膽合之爲鱔，盤中珍膳也。佃夫曰：廣東蓋號爲烏欖，猶邕、貴間謂波斯橄欖云。木威之葉，廣東西人用作雨衣，柔韌密緻，勝青笠也。宋黄庭堅《游龍水城南記》

又《橄欖》 橄欖生嶺南，今閩廣諸郡皆有之。木似木槵而高，且端直可愛。二月有花，生至八月乃熟。其子先生者向下，後生者漸高。味苦酸而澁，食久味方回甘。昔人名爲諫果，南人尤重之。人誤食鯸鮐肝至迷悶者，飲其汁立差。山野中生者，子繁而木峻，不可梯緣。但刻其根下方寸許，内鹽於中，一夕子皆落，木亦無損。二云以鹽擦木身，則其實自落。故東坡有『紛紛紅紫落青鹽』之句。今取銀杏，以竹篾箍其本，擊篾自落，殆不可曉。其枝節間有脂膏如桃膠，南人採得并其皮葉煎之如黑餳，謂之欖糖。用膠船，著水益乾，牢於膠漆。以其木作楫，撥着魚皆浮出，物之相畏有如此者。邕州又有一種波斯橄欖，與此無異，但其核作三瓣，可蜜漬食之。味諫軒在府治北，宋岳珂《桯史》云：戎州有蔡次律者，家于近郭。黄庭堅嘗過之，延飲小軒檻外，植餘甘子數株，因乞名，題曰味諫軒。後王子予以橄欖遺之，庭堅詩云：方懷味諫堂中果，忽見金盤橄欖來。想共餘甘有瓜葛，苦中眞味晚方回。

明 徐光啓 《農政全書》卷三〇 橄欖，附餘甘。橄欖，一名青果，一名忠果，一名諫果。生嶺南及閩廣州郡，性畏寒，江浙難種。樹大數圍，實長寸許，形如訶子而無稜瓣。其子先生者居下，後生者漸高。有野生者。波斯橄欖生邕州，色類相似，但核作兩瓣，蜜漬食之。緑欖色青緑，核内無仁，有亦乾小。烏欖色青黑，肉爛而甘，取肉槌碎乾，自有霜如白鹽，謂之欖醬。仁最肥大，有紋叢疊如海螵蛸，色白，外有黑皮，最甘嫩。方欖出廣西、兩江洞中，似橄欖，有三角或四角。

清 屈大均 《廣東新語》卷二五《木語・橄欖》 橄欖，有青、烏二種，閩人以白者爲青果，粤中止名白欖，不曰青果也。白欖利微，人少種，種者多是烏欖，下番禺諸鄉爲多。種至兩歲，烏欖秧長八九尺，必扦之乃子，扦至三年而子小收，十年而大收矣。其樹本高而端直，多獨幹，至頂乃布枝柯。有雌有雄，雌子而雄花，雄者俗曰欖公。欖公不實，以雌者扦之，使雌雄相合乃實。雄爲主，雌爲客，猶婦之歸於夫也。子如棗大，長寸許，光無稜瓣，先生者下向，後生者上向，八九月熟。梯之擊以長竿，或刻其幹東寸許，納以紅鹽，則其幹東子落，刻其幹西或南北寸許亦然，古詩所謂『紛紛青子落紅鹽』也。白欖以白露後食不病瘧，其性熱，食時須去兩端，初嚼苦澀，久乃回味而甘，故一名味諫。粤人有欲效其友忠告者，輒先贈是果。其色白，可以行氣，雖有憤戾，食之潛消。以沸湯點之，色淡碧，芬如蘭臭，可以香口，絶勝鷄舌香。烏欖子大肉厚，其性温，故味濇甘，以温水泡軟，俟紫脂浮溢乃可食。水冷則澀生膠，熱則肌膚反實，故必温水之和乃醇，其性亦有婉諫之道焉。白者亦曰雄，烏者亦曰雌，白陽而烏陰，陽故色白而行氣，陰故色紅而補血，陰故烏者有仁可食，陽故仁小而不成，此其別也。《酉陽雜俎》以枝南向者爲橄欖，東向者爲木威，高、雷間則以烏者爲木威。予詩：山果木威香。有龍蓯果者，木幹中空，高二三丈，亦有雌雄，雄者不實，雌不花，雄之花即雌之實，雄不自爲實，雌亦不自爲花也。雄雌叢植始實，實如王瓜，一枝環繞數十枚，煮之味類瓠，特出惠州，亦橄欖之類。

清 揆叙 《隙光亭雜識》卷四 橄欖，廣南人云有二種，曰白欖，曰烏欖。白者爲雄，烏者爲雌。

清 張宗法《三農紀》卷一〇《果屬・橄欖》 橄欖，《圖經》云：樹似木槵，高大端直，枝皆高聳，葉如櫸柳。二月開青白花，結子狀如長棗，青色，兩頭尖，先生者居下，後生者漸高，深秋方熟。其核兩頭尖而有稜，内開三竅，亦有三角、四角、兩瓣核者，蜜漬鹽醃，可久藏。《廣志》云青果，《南方草木狀》云忠果，《芳譜》云諫果，乃方果也。産百越沿海浦島温燠處。木作檝，撥皆得魚，魚遇若死，便不能動，故『四兩杖可伏千斤流魚』。

清 吴其濬《植物名實圖考》卷三一《橄欖》 橄欖，《開寶本草》始著録。湖南及江西建昌府亦間有之，有尖圓各種。

又卷三一《烏欖》 烏欖，嶺南種之。其核中仁長寸許，味如松子，亦多油。過嶺以鹽餹炒，食甚香。《嶺南雜記》以爲即木威子，從之。《廣東志》：粤中多種烏欖，其利多；白欖種者少，號曰青子。番禺婦女多以斲烏欖核爲務，核以炊，仁以油，及爲禮果。

紀事

宋 陶穀《清異録》卷上《竹青棗》 唐末羣方負，固物産不通。東漢有商歸自閩越，以橄欖獻於霸君。明日分賜大臣，禁帥郝惟慶曰：此公狀類吾鄉竹青棗，加之一時久方得薄味，官家何用賜，臣所喜者金稜畧綽盤耳。

藝文

宋 王禹偁《小畜集》卷六《橄欖》 江東多果實，橄欖稱珍奇。北人將就酒，食之先顰眉。皮核苦且澁，歷口後棄遺。良久有回味，始覺甘如飴。我今何所喻，喻彼忠臣辭。直道逆居耳，斥逐投天涯。世亂思其言，噬臍焉能追。寄語采詩者，無輕橄欖詞。

宋 歐陽修《文忠集》卷四《橄欖》 五行居四時，維火盛南訛。炎焦陵木氣，橄欖得之多。酸苦不相入，初爭久方和。霜苞入中州，萬里來江波。幸登君子席，得與衆果羅。中州衆果佳，珠圓玉光瑳。媿兹微陋質，以遠不見訶。錫飴兒女甜，遺味久則那。良藥不甘口，厥功見沉痾。忠言初厭之，事至悔若何。世已無採詩，詩成爲君哦。

宋 蘇軾《東坡全集》卷一三《橄欖》 紛紛青子落紅鹽，正味森森苦且嚴。待得微甘回齒頰，已輸崖蜜十分甜。

元 郝經《陵川集》卷四《橄欖南人謂之格覽。》 南果足韻勝，北人罕爲奇。銀盤獻青子，愛玩驚見之。蓮房飽出螃，棗滑生下枝。翠粉苔垺新，清烈凝松脂。齒牙噴艱澀，苦硬不可持。氣韻久始來，靈根瀹天池。灑然凌清颸，甘露濡仙芝。有如宿瘤妻，苦節眞可期。亦如相韓休，朕瘠天下肥。危辭遽逆耳，終自爲良規。先難阻欲速，後得卒莫違。默默心語口，此樂夫誰知。始覺衆果俗，橘奴復梨兒。海嶺瘴天黑，異味翻荼飴。雨露存天眞，颸霧不可滋。島嶼出乳泉，造化亦若兹。元氣舌本甜，酸苦歸涕洟。本來甘受和，衆味相假移。居然復其源，僞妄焉能欺。何當謝世網，兀坐忘奔追。深山石室空，煮石療調飢。破鼎煎春芽，嚼此吟湘纍。翛然沃肺肝，看山坐支頤。物表有眞味，載歌采薇詩。

又卷一五《橄欖》 半青來子味難誇，宜著山僧點蠟茶。若是黨家金帳底，只將金橘送流霞。

清 宗元鼎《芙蓉集》卷六《橄欖》 生長從閩廣，森森百丈身。木威形自別，雞舌味偏新。薦異登君子，回甘念諫臣。此中含正直，殷士比三仁。瑗度曰：羅曰褧《雅餘》云：木威形似橄欖，《廣志》又名南威，《臨海異物志》云：餘甘亦似橄欖，同物異名耳。昔人呼爲諫果，《嶺表録》云，咀橄欖勝含雞舌香。宋人詠橄欖詩云：霜苞入中州，萬里來江波。幸登君子席，得與多果羅。橄欖核内三仁，置茶中尤佳。

清 陳維崧《迦陵詞全集》卷一四《水調歌頭・橄欖》 造物有本性，此味最高嚴，清芬却帶酸澁，品格壓黄柑。多少橘官輭美，無數荔奴甘滑，側目看新參。諫議爾之職，羶毳我何堪。 析煩熱，開結嗇，滌塵凡。頗聞人語，輸與崖蜜十分甜。長揖水晶人退，不詣内黄侯謝，徑自返漳南。獨醒頗相憶，搖落在江潭。蝦名水晶人蟹名内黄侯

清　朱彝尊《**曝書亭集**》**卷二九**《**洞仙歌橄欖**》　南枝青子，架唐梯難翦。試灑紅鹽褪都徧。笑燕姬、就酒歷口漿酸。眉峯聚，又早芳津頻嚥。河豚春正美，荻筍蔞蒿，和就香羹儘人勸。更憶夜闌時，配取茗柯，消殘醉，滿傾壇盞。看懷核、兒童眞嬌癡，愛插向蘭膏，燭花齊颭。

清　屈大均《**翁山詩外**》**卷八**《**烏欖**》　樹樹雌雄實，純烏是木威。紅鹽乘夜落，玉豉得霜肥。青讓回甘早，香憐滿袖歸。上林人未識，羹和似君稀。

清　董説《**豐草庵詩集**》**卷一一**《**鬭韻牌編·詠橄欖限匹謚慄覓四韻**》　功推藥石儔，色許琅玕匹。滑異東方生，高參皇甫謚。雋句報眉攢，登峰償股慄。從來晚節香，多向蘙危覓。

清　彭孫遹《**松桂堂全集**》**卷二三**《**橄欖**》　兩頭青出玉纖纖，一析朝酲意自恢。苦口何如甘滑好，輸他風味太清嚴。

清　徐元文《**含經堂集**》**卷一一**《**橄欖**》　曾從高樹落，貯向竹筐輕。不忿圓爲質，惟看碧有情。餘甘留味久，細嚼迸香清。衆果知徒爾，應輸諫得名。

清　陳玉璂《**學文堂集·咏橄欖**》　傳聞多異種，古幹自亭亭。似棗形還鋭，如螺色更青。轉旋千里外，甘苦一生經。諫果名原重，紅鹽落未停。

清　陸奎勳《**陸堂詩集**》**卷二**《**橄欖**》　不假紅鹽落，芳洲拾滿籃。君王如納諫，此果易回甘。

清　朱綱《**蒼雪山房稿·橄欖**》　盛着金盤看幾回，紅鹽落子亦佳哉。苦香清澁原都好，惜帶儒酸一併來。

又　餘甘齒頰生芬馥，食久方知味可思。記得微含春睡後，對籠紅袖語低時。匡鼎解人頤。

清　謝道承《**小蘭陔詩**》**卷三**《**橄欖**》　吾閩重荔枝，橄欖亦同稱。酸鹹滋味外，嚴苦相欺凌。初噉攢眉宇，閒然若不勝。頓回有餘味，刻蜜冬初凝。古人比清高，忠言多見憎。事後甘如飴，咀嚼愈服膺。吾譬諸作者，孟韓句崚嶒。險語苦齟齬，艱澀茹寒冰。舌本木强後，彌覺至味增。願君勿唾棄，視同哀梨蒸。

清　郭雍《**集虛堂餘草**》**卷三三**《**橄欖**》　果中有青子，厥味微險頗。孤嚴發奇氣，無乃非沖和。昔云遜崖蜜，斯言疑少苛。鄙哉世味甜，清苦獨汝多。艱難足深咀，塵垢休摩抄。試擬於陵子，風品當如何。

清　葉觀國《**緑筠書屋詩鈔**》**卷一六**《**賦得橄欖**》　纍纍青子玉盤堆，方物新從嶺嶠來。性比桂薑嘗乍澀，味同芳蔗美徐回。清香合許浮茶盞，雋永偏宜佐酒杯。崖蜜縱甜徒悦口，衹堪諫果作輿儓。

清　趙文哲《**天香·橄欖**》（**引自**《**國朝詞綜**》**卷三九**）　漢苑移初，蠻祠賽後，包來品重甘橘。中酒心情，試茶時候，看取玉盤初設。從誇啖蔗，算佳境，未如清絶。味諫軒中客去，紛紛競含雞舌。　薑芽幾回鏤切。漉新漿、碧瓷停雪。第一配河豚好，軟脣輕齧。笑我酸鹹嗜別。拚苦口、相將歲寒節。消息南枝，嵇含共説。

清　吴錫麒《**有正味齋詞集**》**卷五**《**解語花·咏橄欖花**》　將煙曳瓣，借餤分花，重疊抽無數。託根蘭炷，前身换、朵朵並頭嬌嫵，餘愁怎訴。只半晌，燈唇如語。拚攬殘、香膩銅盤，蠟淚如紅雨。　宿醉憑伊解取。記青青子好，羅袖偷貯。玉漿消去，颭深宵、閃閃熱中無主。殘煤寸許，料幽谷、無人吟賦。纔省知、回味都無，問此心灰否。

清　永瑆《**詒晉齋集**》**卷一**《**詠橄欖**》　青青諫果玉盤堆，搓弄清香日幾回。臭味須諳餘苦盡，齒牙多分有甘來。大官豈獨供都蔗，庶士應教佐摽梅。聞得閩中詩叟道，千尋直抵豫章材。

清　方濬頤《**二知軒詩鈔**》**卷一〇**《**詠果·橄欖**》　欖公難自雄，端須配新婦。《本草》有新婦欖。白者憤暗消，烏者婉易受。味諫著木威，忠告儼良友。獨稟東方色，梅杏未曾有。

圖表

明 李時珍《本草綱目·圖卷》

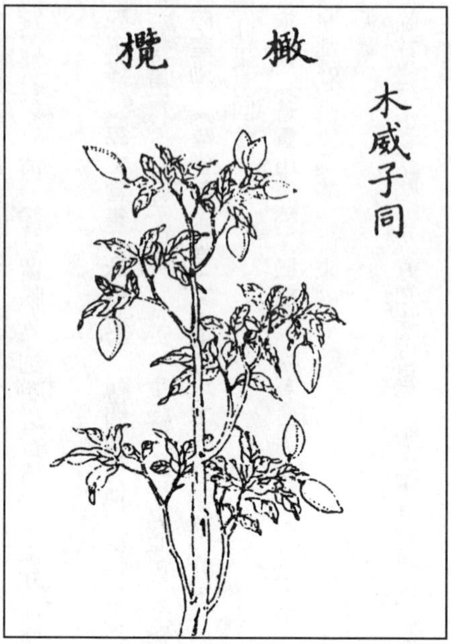

清 吴其濬《植物名實圖考》卷三一《橄欖》

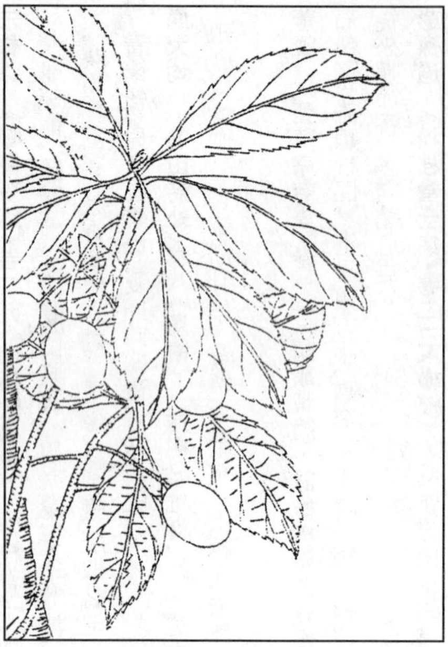

又《烏欖》

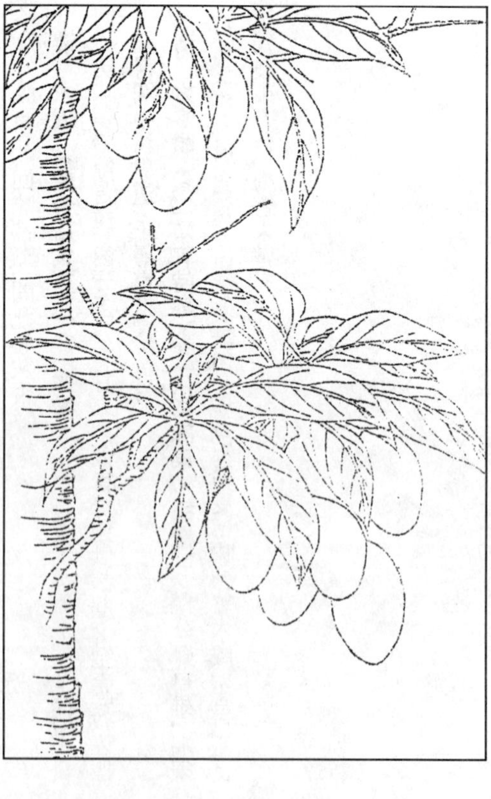

枇杷

綜述

漢 許慎《説文》卷六 枇，枇杷，木也。从木，比聲。房脂切。

唐 楊曄《膳夫經手録》 枇杷出於江南。楊雄曰：『盧橘夏熟』是也。

宋 孔平仲《談苑》卷一 枇杷，須接乃爲佳果，一接核小如丁香、荔枝，再接遂無核也。

宋 戴侗《六書故》卷二一 枇 [illegible]，頻脂切。枇杷果也。四月熟。

明 李時珍《本草綱目》卷三〇 枇杷《別録》中品 釋名：宗奭曰：其

葉形似琵琶，故名。集解：頌曰：枇杷舊不著所出州土，今襄、漢、吴、蜀、閩、嶺、江西南、湖南北皆有之。木高丈餘，肥枝長葉，大如驢耳，背有黄毛，陰密婆娑可愛，四時不凋。盛冬開白花，至三四月成實作梂，生大如彈丸，熟時色如黄杏，微有毛，皮肉甚薄，核大如茅栗，黄褐色。四月采葉，暴乾用。時珍曰：案郭義恭《廣志》云：枇杷易種，葉微似栗，冬花春實。其子簇結有毛，四月熟，大者如鷄子，小者如龍眼，白者爲上，黄者次之。無核者名焦子，出廣州。又楊萬里詩云：大葉聳長耳，一枝堪滿盤。荔支分與核，金橘却無酸。頗盡其狀。注《文選》者以枇杷爲盧橘，誤矣。詳金橘。

明　慎懋官《華夷花木鳥獸珍玩考》卷二《蘆橘》　今廣東呼枇杷爲蘆橘，知府龐公振卿言之。

明　王世懋《學圃雜疏・果疏》　枇杷出東洞庭大，自種者小，然卻有風味。獨核者佳。蓋它果須接乃生，獨此果直種之亦能生也。

明　周文華《汝南圃史》卷四《木果部・枇杷》　枇杷葉似琵琶，故名。一名盧橘。唐子西云：枇杷、盧橘一也。而《上林賦》曰：盧橘夏熟。又曰：枇杷燃柹。則顯然二物。吴曾引張勃《吴録》云：建安郡中有橘，冬月於樹上覆裹之，至明年春夏色變青黑，味尤絶美。《魏王花木志》云：蜀土有給客橙，亦名盧橘。乃知枇杷不當冒盧橘之名矣。唯廣人呼盧橘爲枇杷，遂以枇杷爲盧橘。《圖經本草》曰：枇杷木高丈餘，葉作驢耳，形背有毛，其本陰密，枝葉婆娑，四時不凋。盛冬開白花，至三四月成實，故謝瞻賦云：稟金秋之青條，抱東陽之和氣。肇寒葩於結霜，成炎果乎纖露。其作實毬如黄梅，皮肉甚薄，中核如小栗。四月採葉暴乾，治肺氣，止渴疾。《漳州志》云：春果已過，夏果未成，此果適熟，故諺有『枇杷黄，果子荒』之説。《蘇州志》云：枇杷肉厚味甘，或有核者小如椒，故名椒子。

明　徐光啓《農政全書》卷三〇　枇杷，《上林賦》曰盧橘。枇杷易種，葉微似栗。冬夏不凋，冬花，春實，夏熟。大者如雞子，小者如龍眼。白者爲上，黄者次之。無核者名焦子，出廣州。李時珍曰：枇杷非盧橘也。

明　方以智《物理小識》卷九　枇杷　以葉長而名。接則核少，不接者壽。壅宜水淋淡草灰，不宜糞穢。向以爲盧橘。按：相如賦盧橘與枇杷並稱，則非一物矣。肇慶優曇鉢似枇杷，無花而實。粵、閩黄彈則似枇杷而無核。枇杷核能去霉垢，故能化痰。

清　曹溶《倦圃蒔植記・總論》卷上《論果》　枇杷，甘果也。而負雪之花尤可重。又本能柰久濃蔭可庇，其子有深黄而味淡者，有淡黄而味甘者，惟嫌於多核，故一種獨核者爲奇。

又卷下《瓜果・枇杷》　司馬相如《上林賦》云：盧橘夏熟。復云：枇杷燃柹。而建安有橘。至夏始熟，色變青黑謂之盧橘。則盧橘之與枇杷亦必有分矣。或者因廣人以盧橘名枇杷，遂以枇杷爲盧橘。然則揚州人呼白楊梅爲聖僧，亦將以楊梅爲人乎？

清　高士奇《北墅抱甕録・枇杷》　園中枇杷樹皆數拱，貫霜雪而愈茂。秋萌冬花，春實夏熟，備四時之氣。果色正黄，昔人稱爲蠟兄。廣州産無核者，名曰焦一作椒子。其花今多目爲欵冬，非也。按《本草圖經》『欵冬』乃《爾雅》所謂『菟奚』，顆生冰雪中，枝莖不大。欵冬、枇杷，皆凌冬而花，故訛爲一耳。

清　張逸少《佩文齋廣羣芳譜》卷五六《果譜・枇杷》　枇杷，樹高丈餘，易種，肥枝長葉，微似栗，大如驢耳，背有黄毛，形似琵琶，故名。陰密婆娑可愛，四時不凋。冬開白花，三四月成實簇結有毛。大者如雞子，小者如龍眼，味甜而酢。白者爲上，黄者次之。皮肉薄，核大如茅栗。相傳枇杷秋萌冬花，春實夏熟，備四時之氣，他物無與類者。《清異録》云：建業野人種枇杷者誇其色曰蝺兄，襄、漢、吴、蜀、淮、揚、閩、嶺、江西、湖南北皆有。《廣志》云：無核者名焦子，出廣州。

清　嵇璜《續通志》卷一七七　枇杷，樹高丈餘，肥枝長葉，大如驢耳，形似琵琶，故名。秋萌冬花，春實夏熟。大者如雞子，小者如龍眼，味甘而酢。白者爲上，黄者次之。相如《上林賦》：枇杷燃柹。《周禮》：場人樹果蓏珍異之物。注云：珍異，葡萄、枇杷之屬。

清　吴其濬《植物名實圖考》卷三二《枇杷》　枇杷，《别録》中品，葉爲嗽藥。浙江産者，實大核少。

藝　文

南朝宋　周祗《枇杷賦》（引自《藝文類聚》卷八七）　昔魯季孫有嘉

樹，韓宣子賦譽之。屈原《離騷》，亦著《橘賦》。至枇杷樹，寒暑無變，負雪揚華，余植庭圃，遂賦之云：名同音器，質貞松竹。四序一采，素華冬馥。霏雪潤其緑蕤，商風理其勁條。望之冥濛，即之踈寥。

唐　白居易《**白氏長慶集**》**卷一四**《**山枇杷花二首**》　萬重青嶂蜀門口，一樹紅花山頂頭。春盡憶家歸未得，低紅如解替君愁。

葉如裙色碧紗淺，花似芙蓉紅粉輕。若使此花兼解語，推囚御史定違程。

又卷一七《**山枇杷**》　深山老去惜年華，況對東溪野枇杷。火樹風來翻絳焰，瓊枝日出曬紅紗。回看桃李都無色，映得芙蓉不是花。爭奈結根深石底，無因移得到人家。

唐　元稹《**元氏長慶集**》**卷二六**《**山枇杷**》　山枇杷，花似牡丹殷潑血。往年乘傳過青山，正值山花好時節。壓枝凝豔已全開，映葉香苞纔半裂。緊搏紅袖欲支頤，慢解絳囊初破結。金線叢飄繁蕊亂，珊瑚朵重纖莖折。因風旋落裙片飛，帶日斜看目精熱。亞水依岩半傾倒，籠雲隱霧多愁絶。緑珠語盡身欲投，漢武眼穿神漸滅。穠姿秀色人皆愛，怨態羞容我偏別。説向閒人人不聽，曾向樂天時一説。昨來谷口先相問，及到山前已消歇。左降通州十日遲，又與幽花一年別。山枇杷，爾託深山何太拙，天高萬里看不清。帝在九重聲不徹，園中杏樹良人醉，陌上柳枝年少折。因爾幽芳喻昔賢，磻溪冷坐權門咽。

宋　宋祁《**景文集**》**卷五**《**枇杷**》　有果産西裔，作花凌蚤寒。樹繁碧玉葉，柯疊黄金丸。上都不可寄，咀味獨長歎。

宋　楊萬里《**誠齋集**》**卷二二**《**枇杷**》　大葉聳長耳，一梢堪滿盤。荔支分與核，金橘却無酸。雨壓低枝重，漿流冰齒寒。長卿今尚在，莫遣作園官。

宋　鄧深《**大隱居士詩集**》**卷下**《**枇杷六言**》　大似明珠徑寸，黄如香蠟成丸。落處韓嫣遺彈，可憐不救飢寒。

宋　高似孫《**剡録**》**卷一〇**《**草木禽魚下・枇杷**》　謝靈運《七濟》曰：朝夕食既畢，摘果堂陰。春惟枇杷密林禽。春安得有枇杷也。始寧塹多植，此剡坑吴莊最多。宋謝瞻《枇杷賦》曰：肇寒葩於結霜，成炎果乎纖露。則熟乎夏矣。宋周祇《枇杷賦》曰「四序一采，素華冬馥」，八字瓌妙。

明　葉盛《**菉竹堂稿**》**卷二**《**杷枇**》　名同音器不須誇，顆顆攢金味更喜。薦入冰盤消溽暑，令人追想雪中花。

明　王世貞《**弇州四部稿**》**卷四四**《**枇杷**》　叢黄的皪散青森，五月珍苞出上林。初似金丸能辟鳥，復如崖蜜有來禽。夏熟共傳司馬賦，秋風還記栢樑吟。祇應祠廟登新日，不分含桃寵獨深。

清　董説《**寶雲詩集**》**卷四**《**積雨編・枇杷樹**》　白雪耀孤豔，衆花寒未醒。吹香幸能永，短晷若爲停。絶壁射餘翠，甘蕉媿舊青。秖愁濃葉影，夜蓋一潭星。

清　田雯《**古歡堂集**》**卷一五**《**枇杷**》　楊梅未熟何堪摘，杏子初青未可嘗。最是枇杷解人意，櫻桃紅後十分黄。

清　許虬《**萬山樓詩集**》**卷二二**《**枇杷**》　冬花獨冒雪霜開，瓊液珍苞閬苑材。莫被關西楊震笑，滿林金色爲誰來。

清　愛新覺羅・弘曆《**清高宗詩二集**》**卷三三**《**枇杷**》　盧橘非秦樹，黄金本蜀珍。文園早消渴，郭氏未爲貧。熨齒生涼乍，堆盤帶露新。仲長曾有論，緬想見斯人。

又卷三八《**枇杷**》　誰因結實憶開花，綴樹金丸未揀沙。爲想詩人高季廸，東邱蘭若見枇杷。

又《**清高宗詩五集**》**卷三一**《**枇杷**》　琥珀爲珠蜜作漿，綴柯顆顆色裳裳。南幾幾度聞佳品，錯迕嫌他未一嘗。

清　張五典《**荷塘詩集**》**卷九**《**枇杷**》　枇杷尚未熟，入市帶枝繁。生計無餘産，時鮮蚤下園。佳蔬偏掩抑，老葉備盤飧。楚俗終堪怪，思同達者論。

清　孫原湘《**天眞閣集**》**卷一三**《**枇杷**》　輕黄一舸洞庭東，穩翦湖梢舶趠風。脱手彈丸探自出，關心私札貯當中。扇摇南院憂先解，酒載西園摘易空。喜是箇人新病起，額邊顔色與伊同。

料無青鳥可銜殘，連理情深萬顆攢。不信蠟還甜似蜜，果然金已化爲丹。輕呼盧橘猶沿誤，冷笑黄楳未脱酸。纖手自搓圓當藥，教人猜是粤東丸。

阿誰花裏閉門居，節物驚心四月餘。欲補右軍求果帖，曾抄伊尹釋山書。剥膚先要除銀甲，潤肺何勞借玉魚。不讀嶺南新語熟，慢將詞賦笑相如。

桃李同盤莫妒他，犯寒迎暑氣中和。兒非恃色情先勝，客縱疑讒味卻多。晚節曾陪松翠蓋，淺痕宜濺杏黄羅。風前誤聽街頭唤，欲索梅卿爲按歌。

圖表

明 李時珍《本草綱目·圖卷》

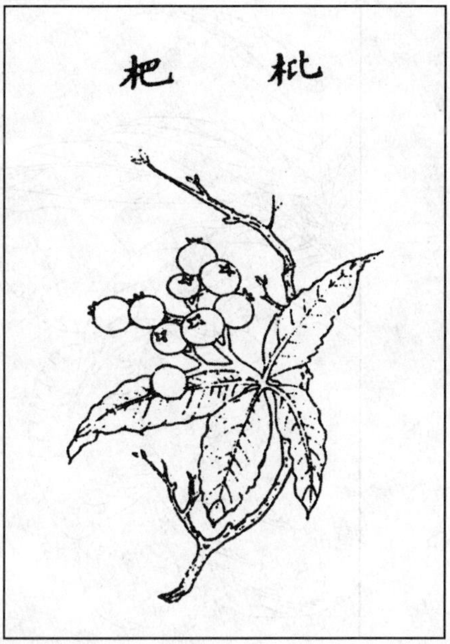

清 吴其濬《植物名實圖考》卷三二《枇杷》

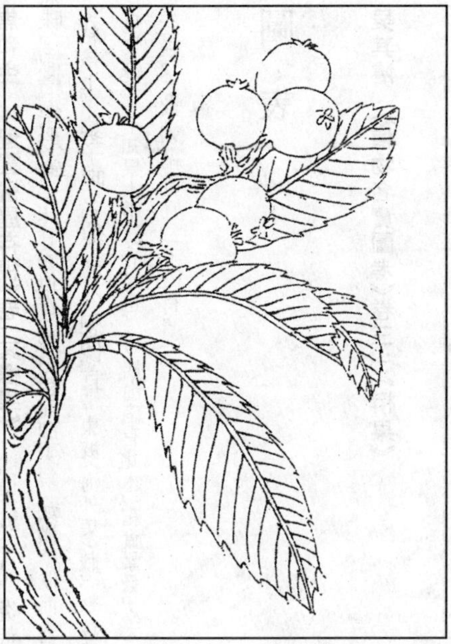

芒果

綜述

明 謝肇淛《滇畧》卷三 抹猛，果也。形如小豬，夷語果曰抹，豬曰猛，又謂之抹母。樹高大，葉長如掌，實與芭蕉相類而差短，夏月熟，味甘酸。《滇程記》曰：色類櫻桃，形如橄欖。

清 吴其濬《植物名實圖考》卷三一《檨果》 檨果生廣東，與蜜羅同，而皮有黑斑，不光潤。此果花多實少，方言謂誑爲檨，言少實也。猶北地謂瓜花之不結實者曰謊花耳。核最大。五月熟，色黄，味亦甜。

清 趙學敏《本草綱目拾遺》卷八《蜜望》 《粤志》：其子五月色黄，味甜酸。飃洋者兼金購之。有天桃與相類，六七月熟，大如木瓜，味甜酢，以羹魚尤善。凡渡海者食之，不嘔浪。《肇慶志》：蜜望子，一名莽果，樹高數丈，花開極繁，蜜蜂望之而喜，故名。《交廣録》：蜜望二月開花，五月子熟，色黄。一名望果，其類有天桃，正月開花，六七月子熟。年歲荒則結實愈多。粤謡云：米價高，食天桃。故廣人貴望果而賤天桃，貴之故望之。蜂望其花，人望其果也。

清 俞樾《茶香室叢鈔》續鈔卷二五《檨》 國朝林謙光《臺灣紀畧》云：果之美者，檨爲最。狀如豬腎，味甘冽，可敵荔支。越宿即爛，故不能到遠地。

藝文

清 孫元衡《赤嵌集》卷四《羡子俗稱番蒜，或作檨。其種云自佛國傳來》

千章夏木布濃陰，望裏纍纍羡子林。莫當黄柑持抵鵲，來時佛國重如金。

清 焦和生《連雲書屋存稿》卷二《檬果》 檬果誠珍品，炎荒産特奇。杏梅同氣味，橄欖作形姿。味甘酸似杏，形中粗而頭尖鋭，如橄欖狀而大長二三寸，核絶大，肉多粘核上。黎子呼名似，坡公想像宜。東坡《海外集》載：黎錞爲人質木，劉貢父戲之爲黎檬子，不知果木中眞有是也。今居海南有此木，霜實纍纍，坐念故友之風味，豈可復見云云。纍纍霜實好，千古有遺思。

圖表

清 吴其濬《植物名實圖考》卷三一《檬果》

蘋婆

綜述

唐 段公路《北户録》卷二 頻郁婆果生樹後，大如八石甕，味甚甘，食之便醉，九日而蘇。見《會最》也。

宋 周去非《嶺外代答》卷八《花木門》 頻婆果，極鮮紅可愛，佛書所謂『唇色赤好如頻婆果』是也。

明 慎懋官《華夷花木鳥獸珍玩考》卷二《蘋婆》 大如柑橘，色青，山東多有之。出青州者獨佳，亦曰平坡。見《藏經》。

又卷一〇《頻婆子》 頻婆子實紅色，大如肥皂，核如栗，煨熟味與栗無異。本韶州月華寺種。舊傳三藏法師在西域携至，在在有之。頻一作貧，梵語謂之叢林，以其葉盛成叢故也。

明 焦周《焦氏説楛》卷二 頻婆果，《經》云：美好如頻婆果。《釋》云：端正也。《翻譯名義》云：相思也。二説不同。

清 吴其濬《植物名實圖考》卷三一《蘋婆》 蘋婆，詳《嶺外代答》。如皂莢子，皮黑肉白，味如栗，俗呼鳳眼果。

藝文

明 徐渭《徐文長文集》卷六《頻婆》 石密偷將結，他雞伏不成。千林黄鵠卵，一市楚江萍。旨奪秋厨腊，鮮專夏盌冰。上元燈火節，一顆百錢青。

明 陳泰來《玉團兒・頻婆果》（引自《國朝詞綜補》卷三二） 酒邊試倩，柔荑擘休，認做黄橙緑橘。幾度摩挲，團團玉貌，脂暈微赤。　佳人北地眞難得。況説是，婆心欲結。那不相思。扶頭慵起，人正消渴。

清　吴偉業《**梅村集**》**卷九**《**蘋婆**》　漢苑收名果，如君滿玉盤。幾年沙海使，移入上林看。對酒花仍艷，經霜實未殘。茂陵消渴甚，飽食勝加餐。

清　陸培《**暗香・蘋婆果**》（**引自**《**國朝詞綜**》**卷二三**）　籠盛筥襯，認小車載到，霜風初緊。不着點沙，顆顆圓匀禁街趁。壓倒橙黄柚緑，論甘脆，鼇峰還遜。算只有、雪樣哀梨，堪與較風韻。　肌嫩，細紋隱。喜剖自綺窗，手香留潤。勸嘗暗忖，珍品鄉園見來僅。生怕封題味减，渾嬾疊、頳鱗書信。向客裏，堆玉椀，好消碧醞。

清　畢沅《**靈巖山人詩集**》**卷六**《**蘋婆果**》　誰摘煙林月，秋來味倍腴。涼探青鳥卵，緑墮草蛇珠。名可儕香祖，珍堪匹木奴。幾時新被酒，紅暈透芳膚。

清　胡敬《**崇雅堂詩鈔**》**卷八**《**頻婆果**》　漫詡聯珠與冷金，嫣然風趣勝來禽。聯珠、冷金皆林檎别名。頻婆與素柰、林檎同類而異種。柔條祇合頻伽宿，異馥須從薝蔔尋。冀北到秋爭入市，江南移種漸添陰。斜紅抹處猜霜早，淡白浮來訝月臨。林檎一名月臨花。易擘玉肌鬆且脆，難描脂暈淺還深。胸酥靚女涼愁沁，頣嫩嬰兒熱怕禁。茗椀點看清韻散，枕函儲覺妙香侵。似梨甘美膚偏薄，如李匀圓性不沉。齒頰潤同餐瑞柰，頭銜卑肯署文林。林檎一名文林郎果。證成空色仙留果，解得相思佛印心。頻婆菓言相思，又曰顔色。枯祝回生傳馬珏，墮羞爭拾慕楊愔。殘年甜俗憎桃李，高潔惟伊愜素襟。

清　胡天游《**石笥山房集・詩集**》**卷五**《**蘋婆果三首和韻**》　美實來齊苑，嘉名憶楚江。清宜兼柰貴，甘定得樝降。照眼明深淺，如拳翠一雙。林禽三百字，試爲寫幽窗。

其二：不爲資消渴，含來齒未津。繫磁留碾滑，祕色帶生匀。破暑憐冰脆，經秋壓酒新。傳香到山枕，應買贈佳人。

其三：往在齊東郡，蘋婆竟日看。香苞餘輭翠，頳璧駮青丹。轉欲驚時序，猶聞重歲寒。無端羈客意，展轉向雕盤。

清　葉昌熾《**奇觚廎詩集**》**卷中**《**心葵餉鮮果兩種五疊前韻奉謝・蘋婆果**》　亦如花富貴，梨几水晶盤。崔嫂沙哥眷，家丞庶子官。帝鄉西域種，堉水北堂餐。略似冰梨脆，哀家骨相寒。

圖表

清　吴其濬《**植物名實圖考**》**卷三一**《**蘋婆**》

菴羅果

綜　述

宋　寇宗奭《**本草衍義**》**卷一八**　菴羅果，西洛甚多，亦梨之類也。其狀亦梨，先諸梨熟。七夕前後已堪啗，色黄如鵝梨，纔熟便鬆軟，入藥絶稀用。

宋　鄭樵《**通志**》**卷七六**　菴羅果，若林檎而極大，佛書多言之。

明　李時珍《**本草綱目**》**卷三〇**　菴羅果宋《開寶》　釋名：菴摩羅

迦果、出佛書。香蓋。時珍曰：菴羅，梵音二合者也。菴摩羅，梵音三合者也。華言清淨是也。集解：志曰：菴羅果樹生，若林檎而極大。宗奭曰：西洛甚多，梨之類也。其狀亦梨，先諸梨熟，七夕前後已堪啖。色黃如鵝梨，纔熟便鬆軟，入藥亦希。時珍曰：按《一統志》云：菴羅果俗名香蓋，乃果中極品。種出西域，亦柰類也。葉似茶葉。實似北梨，五六月熟，多食亦無害。今安南諸地亦有之。

明　慎懋官《華夷花木鳥獸珍玩考》卷二《菴羅果》　俗云香蓋，乃果中極品，或謂種出西域。實似北梨，四五月間熟，多食無害。

明　陳懋仁《庶物異名疏》卷一九《菴羅》　《翻譯名義集》曰：菴羅園。《闡義》云：菴羅是果樹之名。其果似桃，或云似柰。此樹開華，華生一女，國人嘆異，以園封之，園既屬女，女人守護，故名菴羅樹園。

清　魏茂林《駢雅訓纂》卷六　庵羅之子如李。《隋書·南蠻眞臘國傳》：菴羅樹，花、葉似棗，實似李。庵一作菴，同。

清　丁其譽《壽世秘典》卷三《菴羅果》　俗名香蓋。西洛甚多，其狀如梨，先諸梨熟，纔熟便鬆軟。氣味甘，微寒，無毒。主止渴，多食，動風疾，患黃病。

清　吴其濬《植物名實圖考》卷三一《菴羅果》　菴羅果，《開寶本草》始著録。蓋即今之沙果。梨色黃，如梨味，如蘋果而酥，爲果中佳品。亦不能久留。殆以沙果與梨樹相接而成。雩婁農曰：菴羅果，昔人皆謂産西洛，而李時珍獨引梵語爲證，夫西方當天地之遒斂，少雨多風，故果碩而味雋。漢都長安，距玉門近，多致異域種。今則北達幽薊，南抵宛洛，數千里移植幾徧。蓋江淮以北，地脈同也。

圖表

明　李時珍《本草綱目・圖卷》

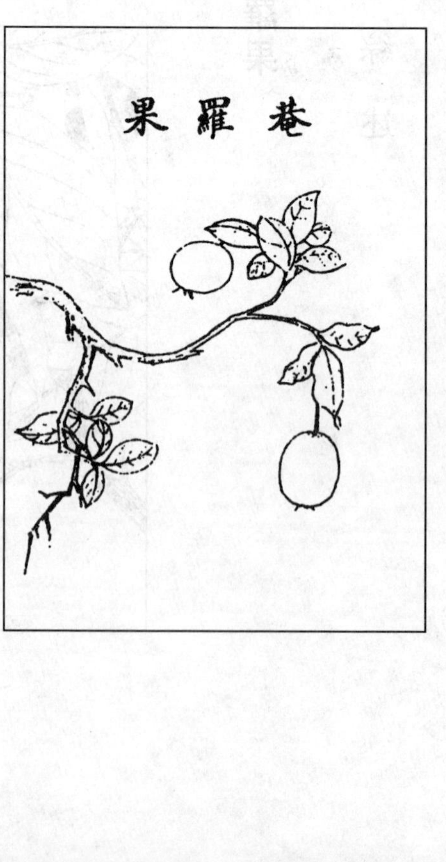

清　吴其濬《植物名實圖考》卷三一《菴羅果》

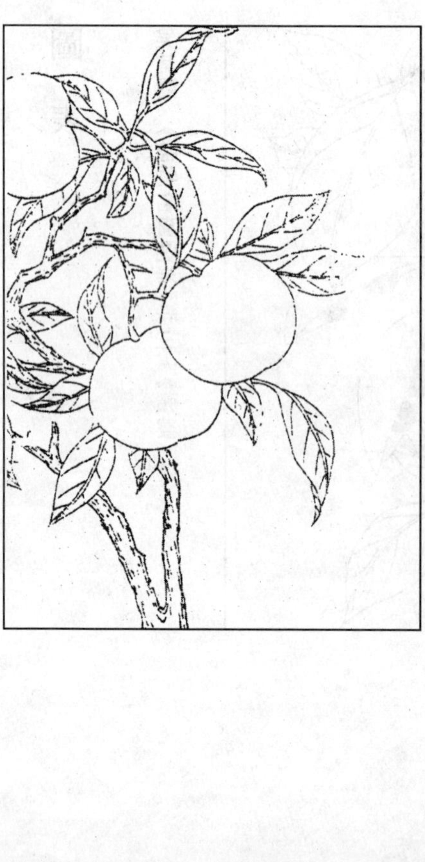

波羅蜜

綜　述

唐　樊綽《蠻書》卷七　麗水城又出波羅蜜果，大者若漢城甜瓜，引蔓如蘿蔔。十一月、十二月熟，皮如蓮房，子處割之，色微紅，似甜瓜香，可食。或云此即思難也。南蠻以此果爲珍。好祿早江左右亦有波羅蜜果，樹高數十丈，大數圍，生子味極酸。蒙舍、永昌亦有此果，大如甜瓜，小者似橙柚，割食不酸，即無香味，土俗或呼爲長傍果，或呼爲思漏果，亦呼思難果。其次有雄黃，蒙舍川所出。

宋　范成大《桂海虞衡志·志果》　波羅蜜，大如冬瓜，外膚礧砢如佛髻。削其皮食之，味極甘。子瓤悉如冬瓜，生大木上，秋熟。

宋　趙汝适《諸蕃志》卷下《波羅蜜》　波羅蜜大如冬瓜，外膚礧砢如佛髻，生青熟黃。削其膚食之，味極甘。其樹如榕，其花叢生，花褪結子，惟一成實，餘各蘸死。出蘇吉丹，廣州、南海廟亦有之。

明　田藝蘅《留青日札》卷三四《波羅蜜》　波羅蜜出波羅國，其形如東瓜，其味如蜜。見《一統志》。又出廣州，大如冬瓜，皮有軟刺，五六月熟，味甜，其香滿室，核可煮食，能飽人。一名曩伽結。

明　李時珍《本草綱目》卷三一　波羅蜜《綱目》　釋名：曩伽結。時珍曰：波羅蜜，梵語也。因此果味甘，故借名之。安南人名曩伽結，波斯人名婆那娑，拂林人名阿薩嚲，皆一物也。集解：時珍曰：波羅蜜生交趾、南番諸國，今嶺南、滇南亦有之。樹高五六丈，樹類冬青而黑潤倍之。葉極光淨，冬夏不凋。樹至斗大方結實，不花而實，出于枝間，多者十數枚，少者五六枚，大如冬瓜，外有厚皮裹之，若栗球，上有軟刺礧砢。五六月熟時，顆重五六斤，剥去外皮殼，內肉層疊如橘囊，食之味至甜美如蜜，香氣滿室。一實凡數百核，核大如棗。其中仁如栗黃，煮炒食之甚佳。果中之大者，惟此與椰子而已。

明　慎懋官《華夷花木鳥獸珍玩考》卷二《波羅蜜樹》　類冬青而黑潤倍之，榦至斗大方結實，多者十數，少者五六顆，皆生于根榦之上，狀似冬瓜，外結厚皮，若栗蓬，多棘刺。方熟時可重五六觔，去外殼內肉層疊如橘囊，以其甘如蜜故云。《君子堂日詢手鏡》

明　王同軌《耳談類增》卷二二《脞志草木篇·波羅蜜樹》　波羅蜜，《四夷傳》：百濟有波羅婆樹，其實如甕。又波斯國亦出。佛林國呼爲阿菩嚲。樹長五六丈，皮色青緑，葉光浄，冬夏不凋。無花結實，從樹莖出，有殼裹之，殼上有刺，核大如棗，一殼中具數百枚，核中仁如粟，食甚美。古中國未有也。國初始產臨高邑，邑父老曾未之識，歷五六十年始多有之，南海亦間有。宣德季年內使歲取充貢，臨高甚苦之。正統改元，太皇太后下詔禁止，民得蘇息。

明　姚旅《露書》卷一〇　波羅蜜生海南，樹生實大如冬瓜，有刺，不可食。食其子。近漳浦趙甫調廣文云其邑有之矣。剖開，子如芭蕉，味如皂角，衆皆棄去。其嫂嗜之，徐興公謂不宜生食，煮食甚香。

明　謝肇淛《滇畧》卷三　波羅蜜，形如瓜，短瓣，攢生如梡。其味黄者甘，赤者酢。潞江及虧容夷地所產。

明　陳繼儒《古今韻史》卷一二《波羅蜜》　廣東瓊州府土產，大如斗，剖之如蜜，其香異常。

清　陳淏子《秘傳花鏡》卷四《藤蔓類考·波羅蜜》　波羅蜜，產自海南。樹如荔枝差大，皮厚葉圓有橫紋，小枝附樹本而生，一枝含數實。花落實出，其大如斗。皮亦似荔枝，有刺類佛首螺髻之狀。肉若蜂房，近子處可食，與熟瓜無異，而丰韻過之。子如肥皂核大，亦可熓音炒食，味似豆。春生秋熟。粵人珍之，其甘如蜜。

清　嵇璜《續通志》卷一七七　波羅蜜，生交趾諸國，今嶺南、滇南亦有之。樹類冬青而黑潤倍之，冬夏不凋。不花而實，出於枝間，大如冬瓜，外有厚皮裹之若栗殼，內肉層疊如橘囊。食之味甘美如蜜，果中之大者。

清　吳其濬《植物名實圖考》卷三一《波羅蜜》　波羅蜜，詳《桂海虞衡志》。《本草綱目》始收入果部。不花而實，兩廣皆有之。核中仁如栗，亦可炒食。滇南元江州產之，三五日即腐，昆明僅得食其仁。其餘多同名異物。《粵志》謂無花結果，或生一花，花甚難得，即優鉢曇花。可備一說。

藝文

清 孫元衡《赤嵌集》卷四《波羅蜜》 波羅門下樹亭亭，香蜜成房子更馨。解是西來眞善果，十方供奉佛頭青。

清 張五典《荷塘詩集》卷三《波羅蜜》 一花五葉後，託根到震旦。聖果原有因，慧劍故用斷。味甘無中邊，何止啖一半。我本自西來，還與登彼岸。

清 焦和生《連雲書屋存稿》卷二《波羅蜜果》 樹高大，枝疎，葉長而尖。其果由老榦出蒂，二三寸許，下垂，不靠枝葉，如牛肚形。成時去皮，子肉皆可食。果曰波羅蜜，嘉名錫佛經。樹生無寄託，蒂出亦零丁。望去疑牛肚，熟時皮微黃，有刺，其大小形色全似牛肚。嘗宜酌酒瓶。去外皮，食其瓤，味似甜瓜，形似柚芽而暗黃，如熟栗肉然。每肉瓣中有一子，煮食如栗，可充饑。子瓤皆適口，咀嚼有餘馨。

圖表

明 李時珍《本草綱目·圖卷》

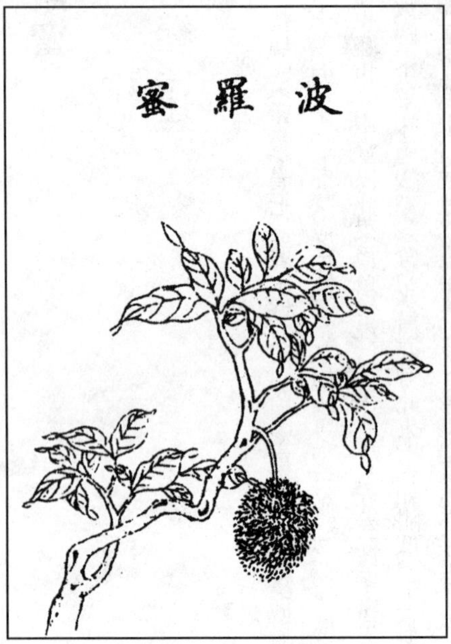

清 吳其濬《植物名實圖考》卷三一《波羅蜜》

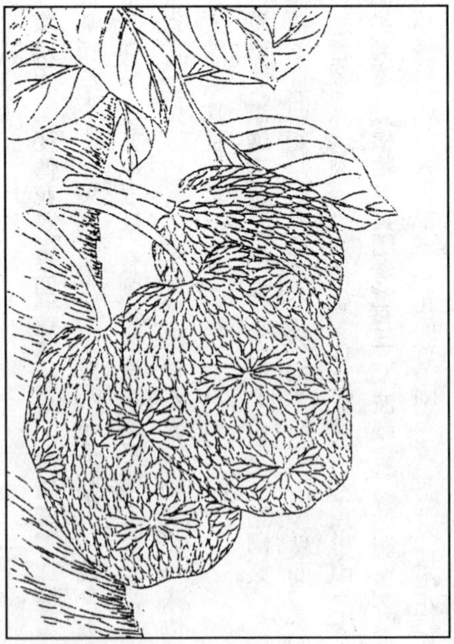

訶梨勒

綜述

晉 嵇含《南方草木狀》卷中 訶梨勒，樹似木梡，花白，子形如橄欖，六路，皮肉相著，可作飲，變白髭髮令黑。出九眞。

宋 鄭樵《通志》卷七六 訶梨勒，如橄欖。其未熟之子隨風飄墮者，名隨風子。

元 黎崱《安南志畧》卷一五《訶黎勒》 中州載出交、愛，花白，子似梔，皮肉相著，味無毒，主治氣腹脹滿。

明 李中立《本草原始》卷四 訶梨勒，始生交、愛州。今嶺南皆有，而廣州最勝。株似木梡，花白，子似梔子，青黃色。皮肉相着，八月采實，六路者佳。梵言天主持來也，俗呼訶子。

明 劉侗《名物通》卷八 訶梨勒，生交、愛州，廣州亦盛。枝似木梡，花白，子似梔子，青黄色。皮肉相着，七八月熟。廣州法性寺有古井水，根蘸水，水味不鹹。每子熟時有佳客至，僧煎茶以延之。其法用新摘訶子五枚，甘草一寸，皆碎，汲木下井水同煎，色如新茶。

清 吴其濬《植物名實圖考》卷三〇《訶梨勒》 訶梨勒，《唐本草》始著録。生嶺南，以六路者佳。

圖表

明 李時珍《本草綱目·圖卷》

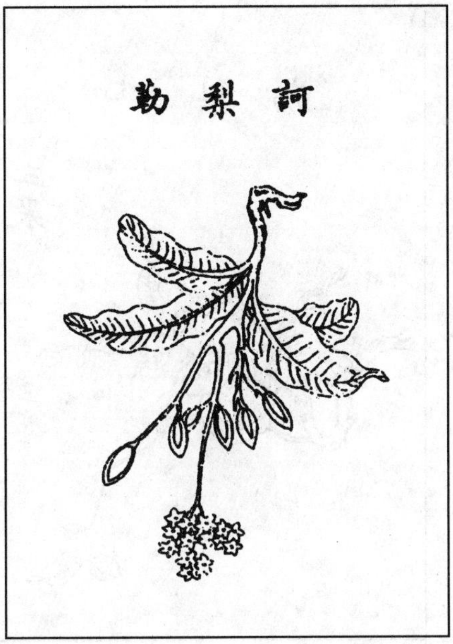

清 吴其濬《植物名實圖考》卷三〇《訶梨勒》

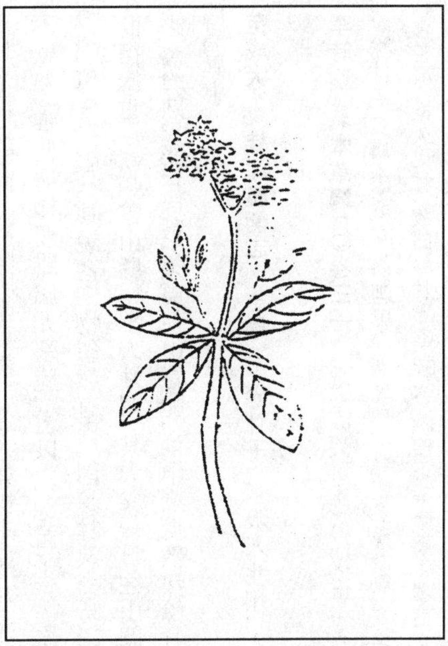

毗梨勒

綜述

明 李時珍《本草綱目》卷三一 毗梨勒《唐本草》 校正：自木部移入此。釋名：三果。珣曰：木似訶梨勒，而子亦相似，但圓而毗，故以名之。毗即臍也。集解：恭曰：毗梨勒出西域及南海諸國、嶺南交、愛等州，戎人謂之三果。樹似胡桃，子形亦似胡桃。核似訶梨勒，而圓短無稜，用亦同法。番人以此作漿甚熱。

圖表

明 李時珍《本草綱目・圖卷》

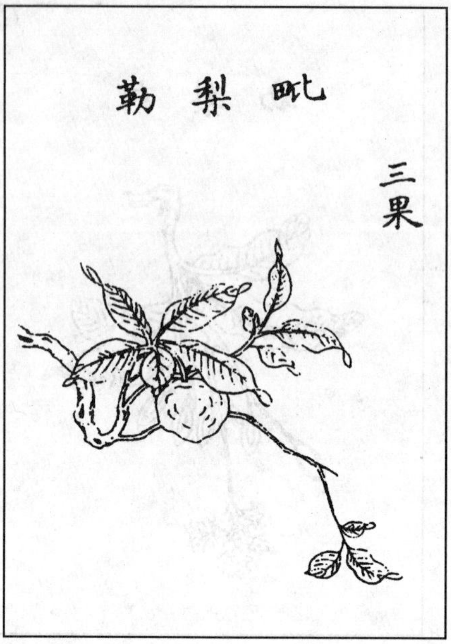

阿月渾

綜述

唐 段成式《酉陽雜俎續集》卷一〇　胡榛子，阿月生西園。蕃人言與胡榛子同樹，一年榛子，二年阿月。

明 李時珍《本草綱目》卷三〇　阿月渾子《拾遺》　校正：自木部移入此，並入《海藥》無名木皮。釋名：胡榛子、《拾遺》無名子。《海藥》集解：藏器曰：阿月渾子生西國諸番，與胡榛子同樹，一歲胡榛子，二歲阿月渾子也。珣曰：按徐

表《南州記》云：無名木生嶺南山谷，其實狀若榛子，號無名子，波斯家呼爲阿月渾子也。

清 嵇璜《續通志》卷一七七　無名子，生嶺南山谷。其實狀如榛子，波斯呼爲阿月渾子。

餘甘子

綜述

晉 嵇含《南方草木狀》卷下　菴摩勒樹葉細似合昏，花黃，實似李，青黃色，核圓作六七稜，食之先苦後甘。術士以變白鬚髮有驗。出九眞。

宋 周去非《嶺外代答》卷八《花木門・餘甘子》　南方餘甘子風味過於橄欖，多販入北州。方實時，零落藉地，如槐子榆莢。土人乾以合湯，意味極佳。其木可以製器，欽陽所産爲最。蓋大如桃李，清芬尤甚也。世間百果無不軟熟，唯此與橄欖雖腐尤堅脆，可以比德君子。南人有言曰『餘甘一時熟，獐一日肥』，其說蓋二物忽然有異，則餘甘熟一時頃而復生，獐肥一日而復瘦也。欽州靈山縣一士人姓甯，其大父一日往山間，忽見餘甘遍山如來禽紛熟，飽餐快甚，須與便復青脆，袖中猶携數熟餘甘，歸以示閭里，至傳爲異事。

宋 范成大《桂海虞衡志・志果》　餘甘子，多販入北州，人皆識之。其木可以製器。

明 李時珍《本草綱目》卷三一　菴摩勒《唐本》　校正：自木部移入此。釋名：餘甘子、《唐本》菴摩落迦果。藏器曰：梵書名菴摩勒，又名摩勒落迦果。其味初食苦澀，良久更甘，故曰餘甘。集解：恭曰：菴摩勒生嶺南交、廣、愛等州。樹葉細似合昏。其花黃。實似李、柰，青黃色，核圓有稜，或六或七，其中仁亦入藥用。珣曰：生西國者，大小如枳橘子狀。頌曰：餘甘子，今二廣諸郡及西川、戎、瀘、蠻

界山谷皆有之。木高一二丈，枝條甚軟。葉青細密，朝開暮斂如夜合，而葉微小，春生冬雕。三月有花，着條而生，如粟粒，微黃。隨即結實作莛，每條三兩子，至冬而熟，如李子狀，青白色，連核作五六瓣，乾即并核皆裂，俗作果子啖之。時珍曰：餘甘，泉州山中亦有之。狀如川楝子，味類橄欖，亦可蜜漬、鹽藏。其木可製器物。按陳祈暢《異物志》云：餘甘樹葉如夜合及槐葉，其枝如柘，有花黃。其子圓，大如彈丸，色微黃，有文理如定陶瓜，核有五六稜，初入口苦澀，良久飲水更甘，鹽而蒸之尤美。其説與兩蘇所言相合。而《臨海異物志》云：餘甘子如梭形，大如梅子，其核兩頭鋭，與橄欖一物異名也。然橄欖形長尖，餘甘形圓，稍有不同，葉形亦異，蓋二物也。又蘇恭言其仁可入藥，而未見主治何病，豈亦與果同功耶？

明　慎懋官《華夷花木鳥獸珍玩考》卷二《餘甘》　餘甘，惟泉州有之，乃深山窮谷自生之物，非人家所種。其樹稍高，其子梭形，又如梅實，兩頭鋭有刺，始嚼味酸澁，飲水乃甘。九月採，比之橄欖酷相似，以蜜藏之亦佳。

明　王世貞《弇州四部稿》卷一五六　餘甘子，《臨海異物志》云：如梭形，與橄欖同一果耳。陳祚暢《異物志》云：大小如彈丸大，視之理如定陶，瓜片初入口如苦，忽咽中乃更甜，鹽藏尤美。然則色狀少異橄欖，味正同耳。今天下饒橄欖而絶無餘甘。

明　謝肇淛《五雜俎》卷一一《物部三》　餘甘與橄欖味相似，而實二物也。《臨海異物志》謂餘甘即橄欖，誤矣。餘甘形大小如彈丸，理如瓜瓣，初入口苦澀，末爲甘香。閩漳、泉亦有之，但餘甘少，而橄欖多。世人因東坡有『餘甘回齒頰』之語，乃混而一之可乎。

明　鮑山《野菜博録》卷四　菴摩勒，一名餘耳，生山谷中。其樹高大，枝條甚軟，葉青細蜜，朝開暮合，花著條而生如粟粒大，味苦，性寒無毒。

明　徐光啓《農政全書》卷三〇　餘甘，惟泉州有之，乃深山窮谷自生之物，非人家所種。其樹稍高，其子梭形，又如梅實，兩頭鋭。始嚼味酸澀，飲水乃甘。九月採。比之橄欖酷相似，以蜜藏之亦佳。

明　陳正學《灌園草木識》卷二《果之屬・餘甘》　一名菴摩勒，葉如合歡，子如念珠。食之先澁後甘。《草木狀》云：方士以變白鬚髮。

清　魏茂林《駢雅訓纂》卷六　餘甘之子如彈丸，其核五稜，東枝爲木威，南枝爲橄欖。《御覽》九百七十三《果部》：吴録《地理志》曰：高涼安寧縣有餘甘，初食之味苦，後口中更甘。《臨海異物志》曰：餘甘子出晉安侯官界中。餘甘，橄欖，同一果耳。又《雲南記》曰：瀘水南岸有餘甘子樹，子如彈丸許，色微黃，味酸苦，核有五稜。其樹枝如柘枝，葉如小夜合葉。《酉陽雜俎續集》卷九：橄欖子，獨根，樹東向枝曰木威。

清　嵇璜《續通志》卷一七七　餘甘子，二廣諸郡、閩之泉州及西川戎、瀘蠻界山谷皆有之。《南方草木狀》云：花黃，實似李，青黃色，核圓作六七稜，食之先苦後甘。梵書謂之菴摩勒。晉左思《吴都賦》：其實則丹橘餘甘。

清　吴其濬《植物名實圖考》卷三一《菴摩勒》　菴摩勒，《唐本》附，即餘甘子，生閩粤及四川。

藝文

宋　宋祁《景文集》卷四七《餘甘子贊》　黄葩翠葉，圓實而澤，咀久而甘，或號菴勒。注原本闕　案《益部方物畧記》：餘甘子生戎、瀘等州山，樹大，葉細似槐，實若李而小，咀之前苦後甜，甜有味，故號爲餘甘。

宋　劉子翬《屏山集》卷一二《餘柑》　炎方橄欖佳，餘柑豈苗裔。風姿雖小殊，氣韻乃酷似。騂顔澁吻餘，髣髴清甘至。侯門收寸長，粉骨成珍劑。猶聞雜蜜草，少轉森嚴味。奇才用不專，雖用何殊棄。端如效苦言，逆耳多嫌忌。棄果事可傷，違言德之累。悦口易逢知，感兹發長喟。

圖表

明　李時珍《本草綱目・圖卷》

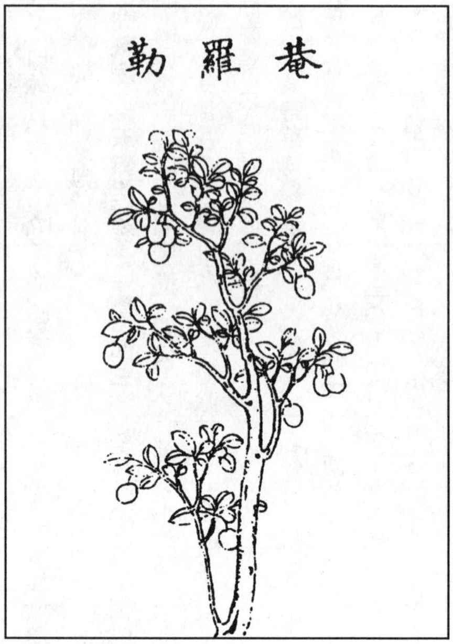

明　鮑山《野菜博録》卷四

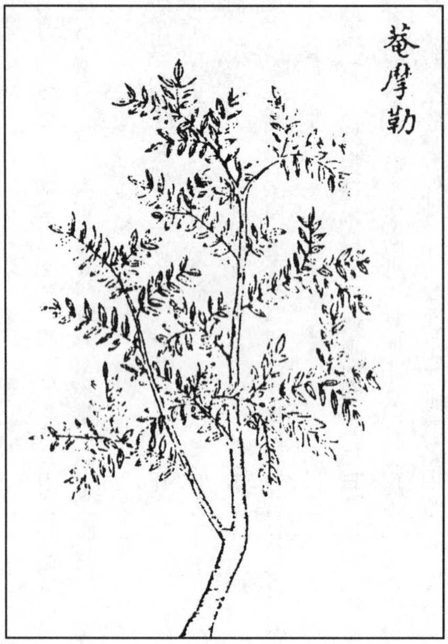

清　吳其濬《植物名實圖考》卷三二《菴摩勒》

羊矢子

綜述

宋　周去非《嶺外代答》卷八《花木門》　羊矢子，色狀全似羊矢，味亦不佳，中有小核。

宋　范成大《桂海虞衡志・志果》　羊矢子，色狀全似羊矢，味亦不佳。

清　吳其濬《植物名實圖考》卷三一《羊矢果》　羊矢果，生廣東山野間。味微酸，人鮮食之，唯以飼羊，故名。按《桂海虞衡志》，羊矢子，色狀全似羊矢，味亦不佳，形不甚肖，或乾時黑如羊矢耶。又《南越筆記》：羊齒子，一曰羊矢，如石蓮而小，色青味甘。當即此。

藝文

清 趙良霨《肖巖詩鈔》卷八《羊棗》 安邑千樹棗，物産記遷史。我行燕齊間，照眼垂紅紫。土人秋落實，小艇泛成市。日長暫療飢，味美比沉李。稱名垂《爾雅》，篤嗜懷狂士。想見風浴時，分甘及童子。

圖表

清 吴其濬《植物名實圖考》卷三一《羊矢果》

胡頽子

綜述

明 李時珍《本草綱目》卷三六 胡頽子《拾遺》 釋名：蒲頽子、《綱目》盧都子、《綱目》雀兒酥、《炮炙》半含春、《綱目》黄婆奶。時珍曰：陶弘景注山茱萸及櫻桃，皆言似胡頽子，凌冬不凋，亦應益人。陳藏器又于山茱萸下詳著之，别無識者。今考訪之，即雷斅《炮炙論》所謂雀兒酥也，雀兒喜食之。越人呼爲蒲頽子。南人呼爲盧都子。吴人呼爲半含春，言早熟也。襄漢人呼爲黄婆奶，象乳頭也。劉績《霏雪録》言安南有小果，紅色，名盧都子，則盧都乃蠻語也。集解：藏器曰：胡頽子生平林間，樹高丈餘，冬不凋，葉陰白，冬花，春熟最早，小兒食之當果。又有一種大相似，冬凋春實夏熟，人呼爲木半夏，無别功效。時珍曰：胡頽即盧都子也。其樹高六七尺，其枝柔軟如蔓。其葉微似棠梨，長狹而尖，面青背白，俱有細點如星，老則星起如麩，經冬不凋。春前生花朵如丁香，蒂極細，倒垂，正月乃敷白花。結實小長，儼如山茱萸，上亦有細星斑點，生青熟紅，立夏前采食，酸澀。核亦如山茱萸，但有八稜，軟而不堅。核内白綿如絲，中有小仁。其木半夏，樹、葉、花、實及星斑氣味，并與盧都同；其枝强硬，葉微團而有尖，其實圓如櫻桃而不長爲異耳。立夏後始熟，故吴楚人呼爲四月子，亦曰野櫻桃。其核亦八稜，大抵是一類二種也。

圖表

明　李時珍《本草綱目・圖卷》

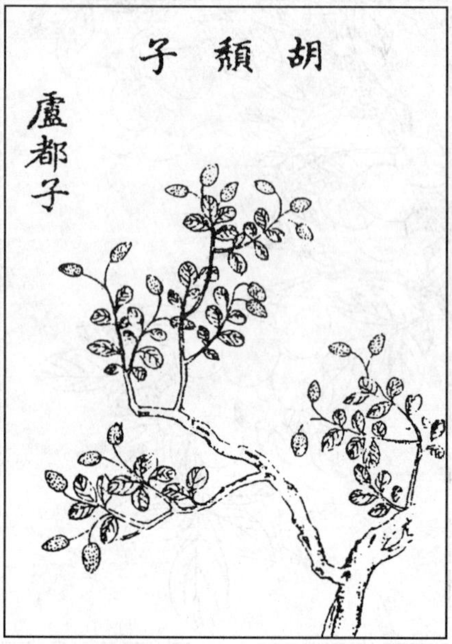

人面子

綜述

晉　嵇含《南方草木狀》卷下　人面子樹似含桃，結子如桃實，無味，其核正如人面，故以爲名。以蜜漬之，稍可食。以其核可玩於席間，飣餖禦客。出南海。

宋　周去非《嶺外代答》卷八《花木門》　人面子，如大梅李，生青熟黃。核如人面，兩目、鼻、口皆具。肉甘酸，宜蜜餞。鏤爲細瓣，去核按匾煎之，微有橘柚芳氣，南果之珍也。

宋　范成大《桂海虞衡志・志果》　人面子，如大梅李，核如人面，兩目、鼻、口皆具，肉甘酸，宜蜜煎。

宋　高似孫《緯略》卷九《人面子》　嵇含《南方草木狀》曰：人面子樹似含桃，結子如桃實，無味。核正如人面，故以爲名。以蜜漬之，稍可食。其核可玩也。

明　曹昭《新增格古要論》卷八《人面木》　人面木出鬱林州，春花，夏實，秋熟，兩邊似人面，故以名之。

明　李時珍《本草綱目》卷三三　人面子　又曰：《草木狀》云：出南海，樹似含桃，子如桃實，無味，以蜜漬可食。其核正如人面，可玩。祝穆《方輿勝覽》云：出廣中，大如梅李，春花，夏實，秋熟，蜜煎甘酸可食。其核兩邊似人面，口、目、鼻皆具。

明　慎懋官《華夷花木鳥獸珍玩考》卷一〇《人面子》　《南方草木狀》：人面子樹似含，結子如桃實，無味。其核正如人面，故以爲名。以蜜漬之稍可食。以其核可玩於席間，飣餖禦客。出南海。見《廣州志》

又卷二《人面子》　春華，夏實，秋熟，甘酸可食，兩邊似人面。出鬱林州。

清　陳淏子《秘傳花鏡》卷四《藤蔓類考・人面子》　人面子，出自粵中。樹似梅李，春花秋熟，子如桃實而少味，須蜜漬可食。其核兩邊如人面，耳、目、口、鼻無不具足。人皆取以爲玩。

清　吳其濬《植物名實圖考》卷三一《人面子》　人面子，見《南方草木狀》，紀載亦多及之。葉濃，果出枝頭，形如李大，凸凹不正，生青熟黃，味酸。一瓜五六枚，七八枚不等。核如人面，故名。內有仁三粒，必經鹽醋浸過，其仁方甘可食。又其核生則白，熟則色微黑，點茶如梅花片，光澤可愛。此樹最宜沙土，數歲即婆娑偃地。

藝文

宋　楊萬里《誠齋集》卷一四《人面子》　喜時能笑醉能歌，眉映青山眼映波。舊日美如潘騎省，只今瘦似病維摩。

清　戴熙《習苦齋詩集》卷八《人面子樹》　古樹大百圍，涼陰滿階下。

夜來風雨多，墮子落簷瓦。

圖表

清 吳其濬《植物名實圖考》卷三二《人面子》

金櫻子

論說

清 孫之騄《枝語》卷下《金櫻子》 古有同名，而鷩座者有同名，而投杼者有同名，而稱以地者有同名，而別以冠者。《傳》曰：名失則愆。《公羊》曰：二名非禮。金櫻子，形如黃罌，訛曰金櫻。一名曰刺梨子，二名曰山石榴，三名曰山雞頭子。詢其名，不知其爲山雞也、石榴也、梨也、櫻也，豈變名而隱者與？不然，羊質而虎文者，與儒名而墨行者與？

綜述

宋 寇宗奭《本草衍義》卷一二 金櫻子，經九月、十月熟時採，不爾，復令人利。

明 李時珍《本草綱目》卷三六 金櫻子《蜀本草》 釋名：刺梨子、《開寶》山石榴、《綱目》山鷄頭子。時珍曰：金櫻當作金罌，謂其子形如黃罌也。石榴、鷄頭皆象形。又杜鵑花、小檗並名山石榴，非一物也。斅曰：林檎，向裏子亦曰金櫻子，與此同名而異物。集解：韓保昇曰：金櫻子在處有之。花白。子形似榅桲而小，色黃有刺。方術多用之。頌曰：今南中州郡多有，而以江西、劍南、嶺外者爲勝。叢生郊野中，大類薔薇，有刺。四月開白花。夏秋結實，亦有刺，黃赤色，形似小石榴，十一月、十二月采。江南、蜀中人熬作煎，酒服，云補治有殊效。宜州所供，云《本草》謂之營實。今校之，與營實殊別也。時珍曰：山林間甚多。花最白膩。其實大如指頭，狀如石榴而長。其核細碎而有白毛，如營實之核而味甚澀。

明 鮑山《野菜博録》卷四 金櫻子，處處有之。葉枝叢生，似薔薇，有刺，開白花，夏結實，實上亦有小刺，黃赤色似小石榴形，味酸澀，性平無毒。

清 田雯《古歡堂集》卷三九《刺梨》 埜生，夏葩，秋實，榦如蒺藜，多芒刺，葩如荼蘼，實如安石榴而較小，味甘而微酸，食之可以已悶，亦可消滯漬。其汁煎之以蜜，可作膏，正不減於梨楂也。然亦有貴賤。瓣之單者，土人以之插籬而代槿。胎之重者，名爲送春歸，春深味豔，大於菊，密萼繁英，紅紫相間而成色，實尤美。黔之四封悉產，移之他境，則不生。豈亦畫疆之雉，過淮之橘耶？又普定烏撒梨，不下建陽、宣城。亦有梨膏佳者，不下河間。

清 嵇璜《續通志》卷一七六 金櫻子，一名刺梨子，一名山石榴，一名山雞頭子。

清 趙學敏《本草綱目拾遺》卷八《刺梨》 《宦遊筆記》：刺梨形如棠

梨，多芒刺，不可觸，味甘而酸澀。漬其汁同蜜煎之可作膏，正不減於楂梨也。花於夏，實於秋，花有單瓣、重疊之别，名爲送春歸，密萼繁英，紅紫相間，植之園林，可供玩賞，獨黔中有之，移於他境則不生。殆亦類優曇花之獨見於南滇耶。

藝文

宋 王質《紹陶録》卷下《金櫻子》 花白，葉青，實黄，如山梔而多刺。夏殼韜瀋，可食，深秋尤美。冬入藥，甚力。又號刺梨。

薔薇花，榲桲實，多噂嗦，津浥浥。椰子亦成酒，縮沙亦成蜜。金櫻子，金櫻子，速挽菖蒲出溪水，仍招茯苓并遠志。

圖表

明 李時珍《本草綱目·圖卷》

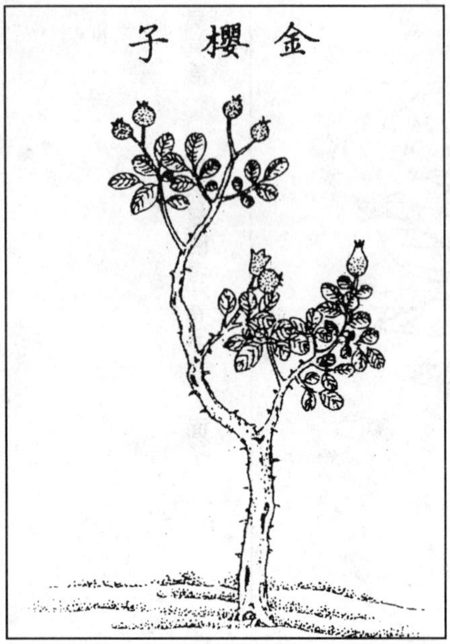

明 鮑山《野菜博録》卷四

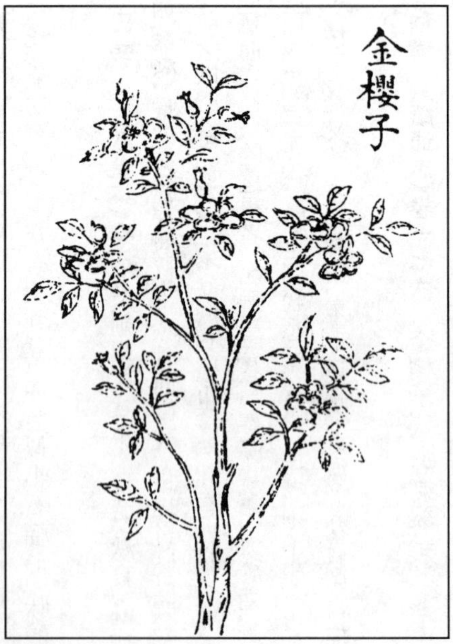

都念子

綜述

唐 劉恂《嶺表録異》卷中 倒捻子，窠叢不大，葉如苦李，花似蜀葵，小而深紫，南中婦女得以染色。有子如軟柿，頭上有四葉如柿蒂，食者必捻其蒂，故謂之倒捻子。或呼謂都捻子，蓋語訛也。其子外紫内赤，無核。食之，甜軟，甚暖腹，兼益肌肉。

宋 朱翌《猗覺寮雜記》卷下 嶺外有果名撚子，三月開花如芍藥，七八月成實可食。結腸胃，小兒食多則大便難。東坡改名海漆，言搗其葉可代柿漆用。《嶺表録異》云：倒捻子，窠叢生，葉如苦李，花似蜀葵，小而深紫，南方婦女多以染色。子如軟柿，上有四葉如柿蒂，食其心其蒂，故謂倒捻子。或呼爲都念子，語訛也。其子外紫内赤，無核。食之，甜美，暖臟，益肌肉。

古訛捻爲念，今又訛念爲撚。《大業拾遺記》：南海送都念子樹一百株，付西苑十六院種。即此花也。

宋　朱弁《曲洧舊聞》卷五　東坡至儋耳，見野花夾道如芍藥而小，紅鮮可愛，樸樕叢生，土人云倒黏子花也。結子如馬乳，爛紫可食，殊甘美。中有細核，并嚼之，瑟瑟有聲，亦頗澁。童兒食之，或大便難。

明　李時珍《本草綱目》卷三一　都念子《拾遺》　釋名：倒捻子。詳下文。集解：藏器曰：杜寶《拾遺録》云：都念子生嶺南。隋煬帝時進百株，植于西苑。樹高丈餘，葉如白楊，枝柯長細。花心金色，花赤如蜀葵而大。子如小棗，蜜漬食之，甘美益人。時珍曰：按劉恂《嶺表録異》云：倒捻子窠叢不大，葉如苦李。花似蜀葵，小而深紫，南中婦女多用染色。子如軟柿，外紫内赤，無核，頭上有四葉如柿蒂。食之必捻其蒂，故謂之倒捻子，訛而爲都念子也。味甚甘軟。

明　慎懋官《華夷花木鳥獸珍玩考》卷二《石都念子》　石都念子味酸，生嶺南，樹高丈餘，葉如白楊，花如蜀葵正赤，子如小棗，蜜漬爲粉，甘美益人。隋朝植於西苑也。

明　劉侗《名物通》卷八　石都念子，生嶺南，樹高丈餘，葉如白楊花，如蜀葵正赤，子如小棗，蜜漬爲粉，甘美益人。

清　趙學敏《本草綱目拾遺》卷八《倒捻子》　《綱目》：都念子，即倒捻子，僅言其治痰嗽、噦氣，暖腹臟，益肌肉而已。時珍曰：食之必倒捻其蒂，故謂之倒捻子，訛爲都念子也。味甚甘軟，粵語都念子。樸樕叢生，花如芍藥而小，春時開有紅、白二種。子如軟柿，外紫内赤，亦小有四葉承之。子汁可染若胭脂，花可爲酒，葉可麴皮，漬之，得膠以代柿。蘇子瞻名爲海漆，非漆而曰漆，以其得乙木之液凝而爲血，可補人之血，與漆同功，功逾青黏，故名。以其爲用甚衆，食治皆需，故名都念。産羅浮者，高丈許，子尤美。嶺南酒有以花爲釀而雜以諸果者，花則以檳榔花爲最，果則以倒捻子爲最。倒捻子又名黏子，花於暮春，實於盛夏。諺曰：六月六，黏子熟。熟以爲酒，色紅，味甘，人與猿猴爭食之，所在皆然。《東坡雜記》：吾謫居南海，以五月出陸，至滕州。自滕至儋，野花夾道，如芍藥而小，紅鮮可愛，樸樕叢生，土人云倒黏子花也。至儋則已結子，爛紫可食，殊甘美，中有細核，嚼之瑟瑟有聲，亦頗苦沁。

清　吴其濬《植物名實圖考》卷三二《石都念子》　石都念子，《本草拾遺》始著録，即倒捻子。東坡名爲海漆，亦名胭脂子。

圖表

明　李時珍《本草綱目・圖卷》

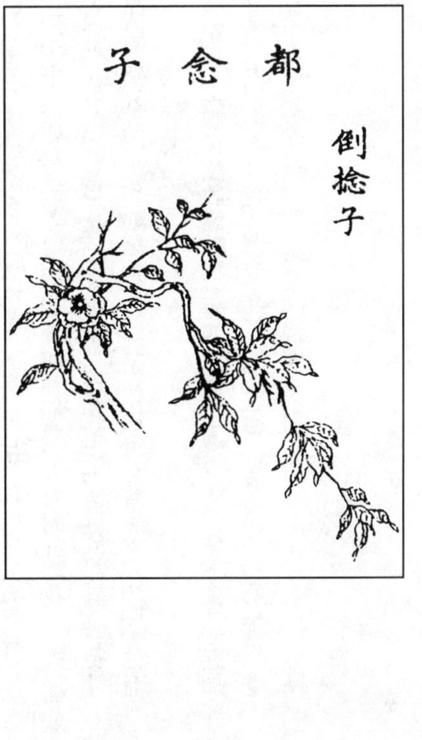

清　吴其濬《植物名實圖考》卷三二《石都念子》

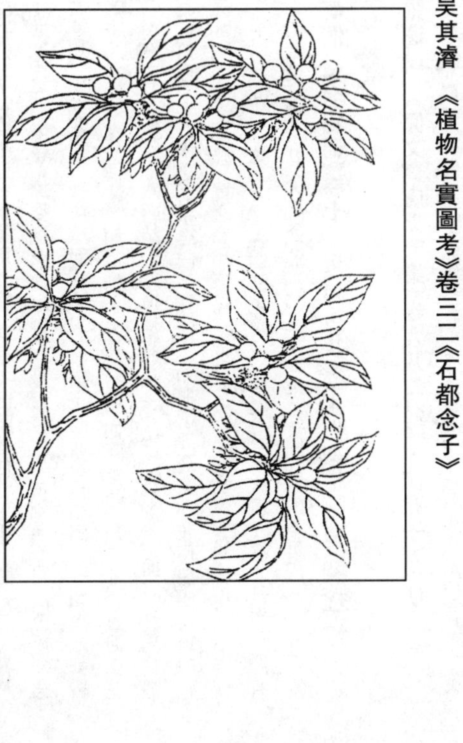

都咸子

綜　述

北魏　賈思勰《齊民要術》卷一〇《都咸》　《南方草木狀》曰：都咸樹，野生，如手指大，長三寸，其色正黑。三月生花，色仍連著實，七八月熟。里民噉子，及柯皮乾作飲，芳香。出日南。

明　李時珍《本草綱目》卷三一　都咸子《拾遺》　校正：自木部移入此。集解：藏器曰：都咸子生廣南山谷。按徐表《南州記》云：其樹如李，子大如指。取子及皮、葉曝乾，作飲極香美也。時珍曰：按稽含《南方草木狀》云：都咸樹出日南。三月生花，仍連着實，大如指，長三寸，七八月熟，其色正黑。

使君子

綜　述

晉　嵇含《南方草木狀》卷上　留求子，形如梔子，稜瓣深而兩頭尖，似訶梨勒而輕。及半黄已熟，中有肉白色，甘如棗。核大，治嬰孺之疾。南海、交趾俱有之。

宋　寇宗奭《本草衍義》卷一〇　使君子，紫黑色，四稜高，瓣深。今經中謂之稜瓣深，似令人難解。秋末冬初，人將入鼎、澧。其(人)[仁]味如椰子肉。經不言用人，爲復用皮。今按文味甘，即是用肉，然難得仁，蓋絶小。今醫家或兼用殼。

明　李時珍《本草綱目》卷一八　使君子宋《開寶》　釋名：留求子。志曰：俗傳潘州郭使君療小兒多是獨用此物，後醫家因號爲使君子也。時珍曰：按嵇含《南方草木狀》謂之留求子，療嬰孺之疾。則自魏、晉已用，但名異耳。集解：志曰：生交、廣等州。形如巵子，稜瓣深而兩頭尖，似訶梨勒而輕。頌曰：今嶺南州郡皆有之，生山野中及水岸。其莖作藤，如手指大。其葉青，如兩指頭，長二寸。三月生花淡紅色，久乃深紅，有五瓣。七八月結子如拇指大，長一寸許，大類巵子而有五稜，其殼青黑色，内有仁白色，七月采之。宗奭曰：其仁味如椰子。醫家亦兼用殼。時珍曰：原出海南、交趾。今閩之邵武，蜀之眉州，皆栽種之，亦易生。其藤如葛，繞樹而上。葉青如五加葉。五月開花，一簇一二十葩，紅色輕盈如海棠。其實長寸許，五瓣合成，有稜。先時半黄，老則紫黑。其中仁長如榧仁，色味如栗。久則油黑，不可用。

明　劉侗《名物通》卷七　史君子花，蔓生作架植之，夏開，一簇一二十葩，輕盈似海棠。

清　張逸少《佩文齋廣羣芳譜》卷九八《藥譜·使君子》　使君子，一名留求子，《開寶本草》云：俗傳潘州郭使君療小兒多是獨用此物，故號爲使君子。《本草綱目》云：按《南方草木狀》謂之留求子，療嬰孺之疾，則自魏、晉已用，但名異耳。其莖作藤生，如手指大，如葛繞樹而上。葉青如五加葉，五月開五瓣花，一簇一二十葩，初淡紅，久乃深紅色，輕盈如海棠。作架植之，蔓延若錦。實長寸許，五瓣合成有稜，初時半黄，熟則紫黑。其中仁白上有薄黑皮，如榧子仁而嫩，味如栗。

清　陳憲舜《課民植牧講義稿》卷四《使君子》　籐繞樹上，葉如五加皮，每生五葉。五月開花紅色，結實長約一寸，五瓣合成有稜，初熟半黄，老則黑色。實中有仁如榧，色味如栗，乘時摘賣，久則油黑。

圖表

明 李時珍《本草綱目·圖卷》

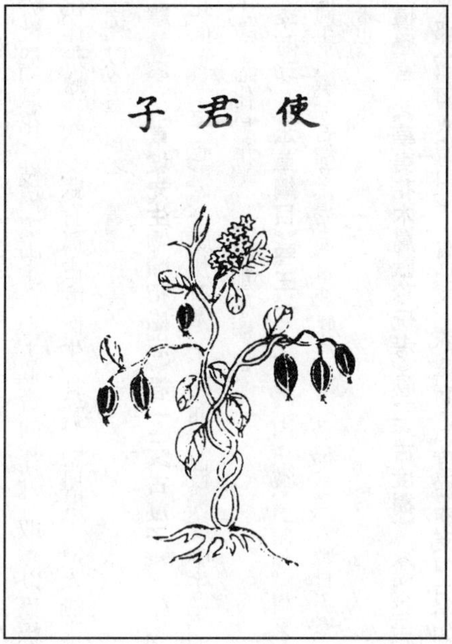

黃皮子

綜述

宋 周去非《嶺外代答》卷八《花木門》 黃皮子，如小棗，甘酸，佳味稍耐久，可致遠。

宋 范成大《桂海虞衡志·志果》 黃皮子，如小棗。

明 慎懋官《華夷花木鳥獸珍玩考》卷一〇《黃皮子》 黃皮子，大如彈丸，黃如蠟珠，味酸甜。有白蠟子其味尤勝，汪廣洋詩：春意亭涼酒滿栝，昔人遺刻尚崔嵬。亭前幾樹黃皮熟，日日鶯啼數百回。見《廣州志》。

明 陳正學《灌園草木識》卷二《果之屬·黃彈子》 木葉如橄欖，甚香。結子如彈丸，黃金色。肉甘酸，有核。

清 吳其濬《植物名實圖考》卷三一《黃皮果》 黃皮果，詳《嶺外代答》。能消食，桂林以爲醬，其漿酸甘似葡萄。食荔支厭飫，以此解之。諺曰：饑食荔支，飽食黃皮。又有白蠟與相似，諺曰：黃皮白蠟，酸甘相雜。

藝文

清 方濬頤《二知軒詩鈔》卷一一《古今體詩·詠果·黃皮》 炎炎火繖下，鑄出金彈丸。食之飽轉饑，諺曰：饑食荔枝，飽食黃皮。味乃甘兼酸。能消虬珠熱，不殊龍眼團。儕以白蠟子，亦果名，與黃皮相似。暑天清肺肝。

圖表

清 吳其濬《植物名實圖考》卷三一《黃皮果》

古度子

綜述

晉　劉欣期《交州記》（引自《説郛》卷六一）　古度樹，不花而實，實從皮中出，大如安石榴，色赤可食。其實中如有蒲梨者，取之爲粽，數日不煮，皆化成蟲，如蟻有翼，穿皮飛出，著屋正黑。

北魏　賈思勰《齊民要術》卷一〇《古度》　《交州記》曰：古度樹，不花而實，實從皮中出，大如安石榴，色赤，可食。其實中如有蒲棃者，取之數日不煮，皆化成蟲，如蟻有翼，穿皮飛出。顧微《廣州記》曰：古度樹，葉如栗，而大於枇杷，無花。枝柯皮中生子，子似杏而味酢。取煮以爲粽，取之數日不煮，化作飛蟻。熙安縣有孤古度樹生，其號曰古度。俗人無子，於祠炙其乳則生男，以金帛報之。著屋正黑。

宋　釋贊寧《東坡先生物類相感志》卷一三《古度子》　生嶺南，子著木皮，無花而實。《吳志》云：廣州有木，不花而實，枝柯皮中生子，取煮之爲粽，數日不煮，盡化爲飛螘。一名那子樹也。

明　李時珍《本草綱目》卷三一　古度子，出交、廣諸州。樹葉如栗，不花而實，枝柯間生子，大如石榴及樝子而色赤，味醋，煮以爲粽食之，若數日不煮，則化作飛蟻，穿皮飛去也。

明　愼懋官《華夷花木鳥獸珍玩考》卷三《古度樹》　《南越志》云：古度樹，一呼郁子，南人號曰柁。日亞反。不華而實，實從木皮中出，如綴珠璫。其實大如櫻桃，黄即可食，過則實中化蛾飛出，亦有爲蚊子者。

明　謝肇淛《滇略》卷三　古度，臨安賓川山中俱有之。《記》云：不花而實，實從皮中出，大如安石榴，色赤，可食。實中有如蒲梨者，取之爲粽，數日不煮，皆化成蟲，如蟻有翼，穿皮飛出。俗謂之無花果，然閩亦有無花果，與《記》所載殊異。楊愼《古度賦》曰：有木詭容，在句之東。脩梯盤壤，巨榦撑空。闒華青帝，垂實玄工。蓐收傳紺，屏翳敷紅。子穿皮出，房殊卉叢。膚無纖蠹，腹育飛蟲。又曰：烜比景灌菌露，果星燭葉雲布。楠榴相思爲黨鄰，平仲君遷爲朋故。君子識之，是曰古度。

明　劉侗《名物通》卷八《古度》　一呼郁子，不花而實，實從木皮中出，如綴珠璫，大如櫻桃，黄即可食。過則實中化蛾飛出，亦有爲蚊子者。

清　張逸少《佩文齋廣羣芳譜》卷六七《果譜・古度子》　古度子，樹葉如栗，不花而實，從枝中出，大如石榴與樝子，色赤，味酸，煮爲粽食。若數日不煮，化作飛蟻，穿皮飛去。出交、廣諸州。

清　嵇璜《續通志》卷一七七　古度子，出交、廣諸州。樹葉如栗，不花而實，枝間生子，（如）［大］如石榴及樝子而色赤，味酢，煮以爲粽食。

藝文

明　楊愼《升庵集》卷一《古度賦》　有木詭容，在勾之東。脩梯盤壤，巨榦撑空。闒華青帝，垂實玄工。蓐收傳紺，屏翳尃紅。子穿皮茁，房殊卉叢。膚無纖蠹，腹育飛蟲。有夫不名，占諸義弓。曰碩果不食，在剥之坤宫。荒經所漏，而鼂仙未弘者歟？炎皇未嘗，而左賦始崇者與？烜比景灌菌露，果星燭葉雲布。楠榴相思爲黨鄰，平仲君遷爲朋故。君子識之，是曰古度。

都桷子

綜述

北魏　賈思勰《齊民要術》卷一〇《都桷》　《南方草物狀》曰：都桷

樹，野生。二月花色，仍連著實，八九月熟，一如雞卵，里民取食。

明　李時珍《本草綱目》卷三一　都桷子《拾遺》　釋名：構子。時珍曰：桷音角。《太平御覽》作桶子，音同上聲，蓋傳寫之訛也。亦與楮構之構，名同實異。陳祈暢《異物志贊》云：構子之樹，枝葉四布。名同種異，實味甜酢。果而無核，裏面如素。析酒止酲，更爲遺賂。集解：珣曰：按徐表《南州記》云：都桷子生廣南山谷。樹高丈餘，二月開花，連着實，大如鷄卵，七月熟。時珍曰：按《魏王花木志》云：都桷樹出九眞、交趾，野生。二三月開花，赤色。子似木瓜，八九月熟，里民取食之，味酢，以鹽、酸漚食，或蜜藏皆可。一云狀如青梅。

清　吳其濬《植物名實圖考》卷三二《都角子》　都角子，《本草拾遺》始著録，似木瓜，味酢。

圖表

清　吳其濬《植物名實圖考》卷三二《都角子》

無患子

綜述

明　李時珍《本草綱目》卷三五　無患子宋《開寶》　釋名：桓、《拾遺》木患子、《綱目》噤婁、《拾遺》肥珠子、《綱目》油珠子、《綱目》菩提子、《綱目》鬼見愁。藏器曰：桓、患字聲訛也。崔豹《古今注》云：昔有神巫曰瑶眊，能符劾百鬼，得鬼則以此木爲棒，棒殺之。世人相傳，以此木爲器，用以厭鬼魅，故號曰無患人，又訛爲木患也。時珍曰：俗名爲鬼見愁，道家禳解方中用之，緣此義也。釋家取爲數珠，故謂之菩提子，與薏苡同名。《纂文》言其木名盧鬼木。山人呼爲肥珠子、油珠子，因其實如肥油而子圓如珠也。集解：藏器曰：無患子，高山大樹也，子黑如漆珠。《博物志》云：桓葉似欅柳葉，核堅正黑如瑿，可作香纓及浣垢。宗奭曰：今釋子取爲念珠，以紫紅色、小者佳。入藥亦少。西洛亦有之。時珍曰：生高山中。樹甚高大，枝葉皆如椿，特其葉對生。五六月開白花，結實大如彈丸，狀如銀杏及苦楝子，生青熟黃，老則文皺。黃時肥如油煠之形，味辛氣膻且硬。其蒂下有二小子，相粘承之。實中一核，堅黑似肥皂莢之核，而正圓如珠。殻中有仁如榛子，仁亦辛膻，可炒食。十月采實，煮熟去核，搗和麥麪或豆麪，作澡藥去垢，同于肥皂，用洗眞珠甚妙。《山海經》云：秩周之山，其木多桓。郭璞注云：葉似柳，皮黃不錯，子似楝，着酒中飲之辟惡氣，浣之去垢，核堅正黑。即此也。今武當山中所出鬼見愁，亦是樹莢之子。其形正如刀豆子而色褐，彼人亦以穿數珠。別又是一物，非無患也。

明　劉侗《名物通》卷八　無患，用以厭鬼，木實可去垢。

清　魏茂林《駢雅訓纂》卷六　無患，拾櫨也。《古今注問答釋義第八》：程雅問拾櫨木，一名無患者，昔有神巫名曰寶眊，能符劾百鬼，得鬼則以此爲棒殺之。世人相傳，以此木爲衆鬼所畏，競取爲器，用以郤厭邪鬼，故號曰無患也。櫨音盧。

清　陳淏子《秘傳花鏡》卷四《藤蔓類考・菩提子》　菩提子，一名無患子。產自南海，今武當山亦有之。花如冠蕤，葉似冬青而稍尖長。實似枇杷稍長大，味甘，色青而香。核堅黑，可煼食，亦可作念珠。俗名鬼見愁，以其能辟邪惡也。前朝皇太后，曾種二株於内宫。

藝文

清　彭蘊章《松風閣詩鈔》卷九《硯北集・古今體詩五十六首・有木十六章》　有木名無患，密葉相對生。作器能辟惡，焚之香氣清。神巫裁作棒，殺鬼驅六丁。鍾馗能啖鬼，其神久不靈。揶揄敢作祟，嘯梁多怪聲。人煙滿城邑，忽見燐火青。我欲祓不祥，持棒中宵行。

圖表

明　李時珍《本草綱目・圖卷》

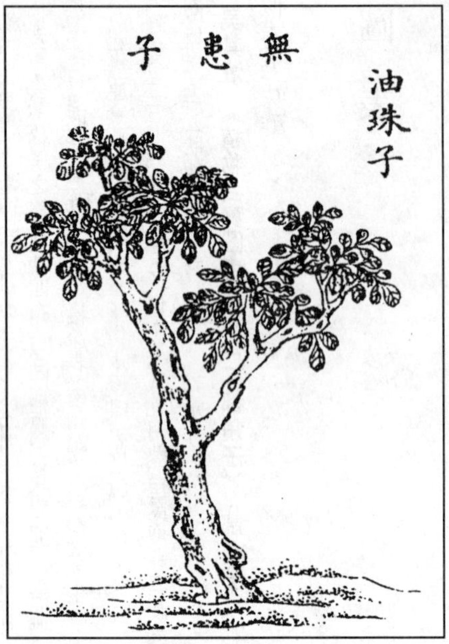

無漏子

綜述

晉　嵇含《南方草木狀》卷下　海棗樹身無閑枝，直聳三四十丈，樹頂四面共生十餘枝，葉如栟櫚，五年一實，實甚大如杯盌，核兩頭不尖，雙捲而圓，其味極甘美，安邑御棗無以加也。泰康五年林邑獻百枚。昔李少君謂漢武帝曰『臣嘗遊海上，見安期生食臣棗大如瓜』，非誕説也。

唐　劉恂《嶺表録異》卷中　波斯棗，廣州郭内見其樹，樹身無閑枝，直聳三四十尺，及樹頂四向共生十餘枝，葉如海椶，廣州所種者或三五年一番結子，亦似北中青棗，但小耳，自青及黄葉已盡，朵朵着子，每朵約三二十顆。劉恂曾於番酋家食本國將來者，色類沙糖，皮肉軟爛，餌之乃火爍水蒸之味也。其核與北中棗殊異，兩頭不尖，雙捲而圓，如小塊紫礦。恂亦收而種之，久無萌芽。是蒸熟也。魏文帝詔羣臣曰：南方龍眼、荔枝，寧比西國葡萄石蜜乎？酢且不如中國凡棗味。莫言安邑御棗也。

明　牛衷《增修埤雅廣要》卷三〇《卉物門・異植類・海椶》　蜀錦城之南有海椶焉，榦猶龍鱗，枝猶鳳尾，高百餘尺，相傳由李唐來，閲千稔矣。國朝徙其株于金陵，莖葉披萎，畧無生意，杖還蜀植于彤垣之西，護以赤欄，甃以紋石，其株仍前峻拔秀薄雲漢，自若曾不知其徙也。邇年其在城南者，榦古顛仆，命中貴吴敏政視之，惜其材，初未諳他用，既而斵爲五十餘琴以進，異音清發，雖爨下之桐未可擬也。今秘内帑士之嗜音者，恒企慕焉。

明　李時珍《本草綱目》卷三一　無漏子《拾遺》　釋名：千年棗、《開寶》萬年棗、《一統志》海棗、《草木狀》波斯棗、《拾遺》番棗、《嶺表録異》金果、《輟耕録》木名海棕、《嶺表録異》鳳尾蕉。時珍曰：無漏名義未詳。千年、萬年，言其樹性耐久也。曰海，曰波斯，曰番，言其種自外國來也。金果，貴之也。曰椶、曰蕉，象其幹、葉之形也。番人名其木曰窟莽，名其實曰苦魯麻棗。苦麻、窟莽，皆番音相近也。集解：藏器曰：無漏子即波斯棗，生波斯國，狀如棗。珣曰：樹若栗木。其實若橡子，有三角。頌曰：按劉恂《嶺表録異》云：廣州有一種波斯棗，木無旁枝，直聳三四丈，至巔四向，共生十餘枝，葉如棕櫚，彼土人呼爲海棕木。三五年一着子，每朵約三二十顆，都類北方青棗，但小爾。舶商亦有携本國者至中國，色類沙糖，皮肉軟爛，味極甘，似北地天蒸棗，而其核全別，兩頭不尖，雙捲而圓，如小塊紫礦，種之不生，蓋蒸熟者也。時珍曰：千年棗雖有棗名，別是一物，南番諸國皆有之，即杜甫所賦海棕也。按段成式《酉陽雜俎》云：波斯棗生波斯國，彼人呼爲窟莽。樹長三四丈，圍五六尺。葉似土藤，不凋。二月生花，狀如蕉花。有兩甲，漸漸開罅，中有十餘房。子長二寸，黄白色，狀如楝子，有核。六七月熟則紫黑，狀類乾棗，食之味甘如飴也。又陶九成《輟耕録》云：四川成都有金果樹六株，相傳漢時物也。高五六十丈，圍三四尋，挺直如矢，木無枝柯。頂上有葉如棕櫚，皮如龍鱗，葉如鳳尾，實如棗而大。每歲仲冬，有司具祭收采，令醫工以刀剥去青皮，石灰湯瀹過，入冷熟蜜浸換四次，瓶封進獻。不如此法，則生澀不可食。番人名爲苦魯麻棗，蓋鳳尾蕉也。一名萬歲棗，泉州有萬年棗，即此物也。又稽含《草木狀》云，海棗大如杯碗，以比安期海上如瓜之棗，似未得其詳也。巴旦杏亦名忽鹿麻，另是一物也。

清 嵇璜《續通志》卷一七七 波斯棗，一名無漏子，一名海棗，一名金果，一名海椶，一名鳳尾蕉，生波斯國。狀如棗樹若栗，其實若橡子，有三角。

清 吴其濬《植物名實圖考》卷三一《無漏子》 無漏子，《本草拾遺》始著録，即海棗也，廣中有之。

藝文

唐 杜甫《海棕行》（引自《全唐詩》卷二二〇） 左綿公館清江濆，海棕一株高入雲。龍鱗犀甲相錯落，蒼稜白皮十抱文。自是衆木亂紛紛，海棕焉知身出羣。移栽北辰不可得，時有西域胡僧識。

宋 宋祁《景文集》卷四七《海椶贊》 椶皆褫皮，此獨自幹。攢葉于顛，毒首披散。秋華而實，其殖則罕。大抵椶類也。然不皮而幹，葉叢于杪，至秋乃實，似楝子。今益州城中有四樹，杜子美有《左綿海椶行》。今東川無之。理緻幹堅，風雨不能摧云。

清 宋長白《柳亭詩話》卷三《海棕當作椶》 老杜《海棕行》：左綿公館清江濆，海棕一株高入雲。陶九成《輟耕録》云：成都有金果樹，葉如椶櫚，皮如龍鱗，質如棗。番人呼爲苦魯麻，一名萬年棗。李時珍曰：即海棕也。劉恂《嶺表録》云：番船携至中國，名波斯棗。然則結句所云『時有西域胡人識』，正謂此耳。唐子《西遊治平院》詩：江邊勝事畧尋徧，不見海棕高入雲。是宋時已無矣。

圖表

明 李時珍《本草綱目·圖卷》

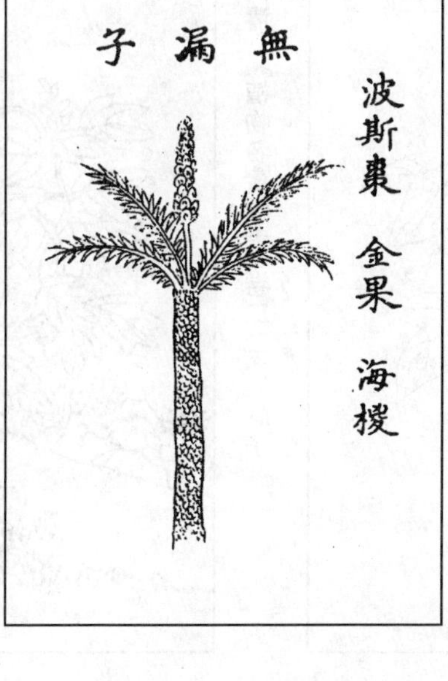

清 吴其濬《植物名實圖考》卷三一《無漏子》

五味子

綜述

《爾雅・釋草》 菋，荎藸。注：五味也。蔓生，子叢在莖頭。音義：菋，音味，又亡戒反。荎，直其反。藸，音除。疏：藥草也。一名菋，一名荎藸。郭云：五味也。蔓生，子叢生莖頭。案《本草》五味子，一名會及，一名玄及。《唐本注》云：五味，皮肉甘酸，核中辛苦，都有鹹味。此則五味具也。其葉似杏而大，蔓生木上。子作房如落葵，大如蘡子。

漢 許慎 《說文》卷一 菋，荎藸也。从艸，味聲。無沸切。 荎，荎藸草也。从艸，至聲。直尼切。

明 盧之頤 《本草乘雅半偈》卷三 〔五味子〕生齊山山谷，青州、冀州、陝西、代郡諸處。高麗者最勝，河中府者歲貢，杭越間亦有之，俱不及高麗、河中之肥大膏潤耳。春時蔓生，木上長六七尺，葉尖圓似杏。三月作花，黃白似蓮，七月成實，叢生莖端，如豌豆，生青熟紫，五味俱全。

清 吴其濬 《植物名實圖考》卷二二《五味子》 五味子，《本經》上品。《爾雅》：味，荎藸。注：五味也。《唐本草注》：以皮肉核五味具，故名。以北產者良。雩婁農曰：五味子具五味。《爾雅》名之曰菋，蓋農皇之所錫矣。草木兩釋，殆重之歟？ 然味雖具五而性專於斂。

圖表

晉 郭璞 《爾雅音圖・釋草》

清 吴其濬 《植物名實圖考》卷二二《五味子》

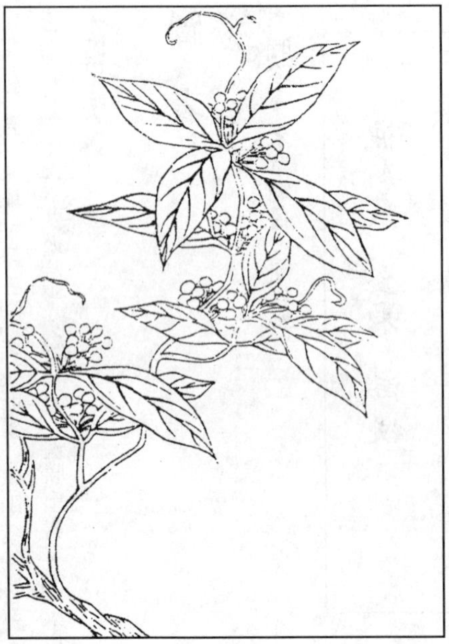

羅望子

綜　述

宋　周去非《嶺外代答》卷八《花木門》　羅晃子，殼長數寸如肥皂，内有二三實如皂子，亦如橄欖皮有七重，煨食甘美類熟栗，亦曰羅望子。

宋　范成大《桂海虞衡志·志果》　羅望子，殼長數寸如肥皂，又如刀豆，色正丹，内有二三實，煨食甘美。

明　李時珍《本草綱目》卷三一　羅望子　時珍曰：按《桂海志》云：出廣西。殼長數寸，如肥皂及刀豆，色正丹，内有二三子，煨食甘美。

明　陳懋仁《庶物異名疏》卷一九《羅晃》　羅晃，子如橄欖，其皮七重。

明　陳正學《灌園草木識》卷二《果之屬·肥皂莢》　《虞衡志》名羅望子，外皮正丹，内子如肥皂，煨食之似栗稍遜。莆人呼爲肥皂莢，漳呼爲枇杷莢，以其子似枇杷核也。

五斂子

綜　述

晉　嵇含《南方草木狀》卷下　五斂子，大如木瓜，黄色皮肉脆軟，味極酸。上有五稜如刻出，南人呼『稜』爲『斂』，故以爲名。以蜜漬之，甘酢而美。出南海。

宋　周去非《嶺外代答·花木門》　五稜子，按范成大《桂海虞衡志》作五棱子，以義考之，當從稜。形甚詭異，瓣五出，如田家碌碡狀，皮黄甚薄，味酸，久則微甘。朴切之，或以蜜漬，始可食。閩中亦有之，謂之羊桃。

宋　范成大《桂海虞衡志·志果》　五稜子，形甚詭異，瓣五出，如田家碌碡狀，味酸，久則微甘，閩中謂之羊桃。

明　李時珍《本草綱目》卷三一　五斂子《綱目》　釋名：五稜子、《桂海志》陽桃。時珍曰：按稽含《草木狀》云：南人呼稜爲斂，故以爲名。集解：時珍曰：五斂子出嶺南及閩中，閩人呼爲陽桃。其大如拳，其色青黄潤緑，形甚詭異，狀如田家碌碡。上有五稜如刻起，作劍脊形。皮肉脆軟，其味初酸久甘，其核如柰。五月熟，一樹可得數石，十月再熟。以蜜漬之，甘酢而美，俗亦曬乾以充果食。又有三廉子，蓋亦此類也。陳祈暢《異物志》云：三廉出熙安諸郡。南人呼稜爲廉，雖名三廉，或有五六稜者。食之多汁，味甘且酸，尤宜與衆果參食。

明　陳懋仁《庶物異名疏》卷一九《三廉》　《臨海異物志》：三廉大實。不但三，雖名三廉，或有四五六枝。食之多汁味酸且甘，藏之尤好，與衆果相參。

清　嵇璜《續通志》卷一七七　五斂子，大如木瓜，皮黄，肉脆輭，味極酸。上有五稜如刻出，南人呼稜爲斂，故以爲名。以蜜漬之，甘酢而美。出南海。見稽含《南方本草狀》。

清　吴其濬《植物名實圖考》卷三一《五斂子》　五斂子，即楊桃。詳《草木狀》。《本草綱目》始收入果部，能消豬肉毒。其味酸淡，或謂以糯米澆之則甜，又可以蜜漬之，蘇長公詩『恣傾白蜜收五稜』也。廣人以爲蔬，能辟嵐瘴，其汁能吐蠱毒。

清　金武祥《粟香隨筆》卷四　《廣東新語》云：羊桃其種自大洋來，一曰洋桃，樹高五六丈，大者數圍，花紅色，一蔕數子，七八月熟，色如蠟。一名三斂子，亦曰山斂，斂，稜也，俗語訛稜爲斂也，亦以其味酸，能斂顔色也。有五稜者，名五斂，以糯米水澆則甜，名糯羊桃。廣人以爲蔬，能解嵐瘴之毒，中蠱者搗自然汁飲，毒即吐出。或脯之，或白蜜漬之，持至他方，不能水土與瘧者，皆可治。東坡詩『恣傾白蜜收五稜』謂此也。或乃指廣南以田爲稜，收五稜則所種洒稻，白蜜以言酒，皆誤。

圖表

明 李時珍《本草綱目・圖卷》

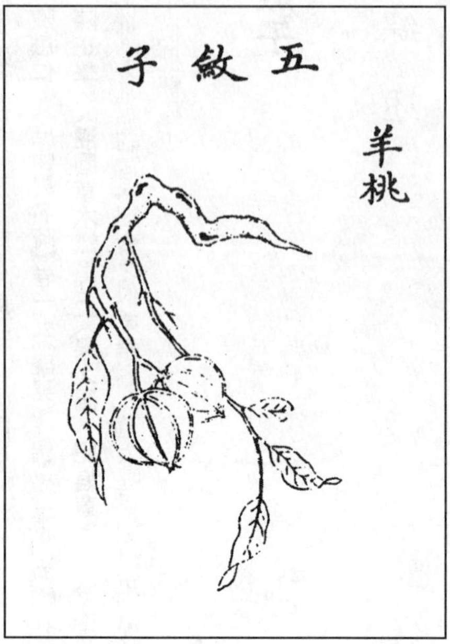

清 吳其濬《植物名實圖考》卷三一《五斂子》

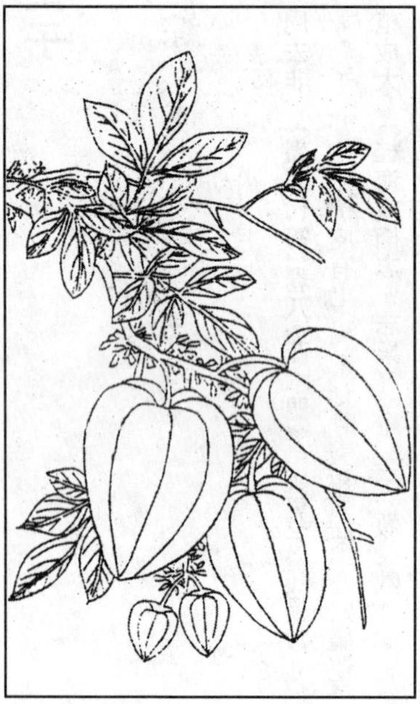

君遷子

綜述

漢 許慎《說文》卷六 梬，棗也，似柹。从木，甹聲。以整切。

宋 羅願《爾雅翼》卷一〇《梬》 梬，今之梗棗也。結實似柹而極小，其蔕四出，枝、葉、皮、核皆似柹。秋晚而紅，乾之則紫黑如葡萄，其大小亦然。今人謂之丁香柹，又謂之牛乳柹，《子虛賦》所謂『樝梨梬栗』者也。《上林賦》：梬棗楊梅。《南都賦》：梬棗若留。《蜀都賦》：橙柹梬楟。《說文》曰：梬棗也，似柹而小。崔豹《古今注》亦曰：梗棗，葉如柹，實似柹而小，味亦甘美。《釋木》云：遵，羊棗。郭氏曰：實小而員，紫黑色，今俗呼之爲羊矢棗。引《孟子》曰：曾晳嗜羊棗。按曾晳嗜羊棗，而曾子不忍食羊棗。若文王昌歜，屈到嗜芰之類，則宜爲果屬。然公孫丑稱膾炙與羊棗孰美，又似是封羊爲飲食之名，未知其審。《齊民要術》云：梗棗宜陰地種之，陽中則少實。足霜色殷，然後乃收。早收則澁，不任食。《內則》人君燕食，所加庶羞有芝、栭、蔆、椇、棗、栗、榛、柹、瓜、桃、李、梅、杏、樝梨等。庾蔚云：無華葉而生者曰芝栭。盧氏云：芝，木芝也。王肅云：無華而實者名栭，皆芝屬。賀氏則云：芝木椹，栭軟棗。蓋鄭氏言三十一物，先儒以爲合芝、栭數之，乃當三十一之數，故皆不用賀氏之說。然栭既甘果，亦安可廢？

宋 戴侗《六書故》卷二一 梬 𣘯，以整切《說文》曰：棗也，似柹。顏師古曰：今栭棗也。

明 楊慎《升庵集》卷八〇《檽棗》 檽棗，俗作軟棗，一名牛嬭柹，一名丁香柹。《文選・蜀都賦》所謂梬也。蜀中製扇以此果榨油染紙爲之。《北夢瑣言》：石晉趙瑩家有檽棗樹，婆娑異常，四遠俱見。有望氣者云合有登臺輔者，後瑩出將入相。

又《君遷樹》 《文選・蜀都賦》平仲、君遷皆木名。注缺。按司馬温公《名苑》云：君遷子如馬嬭，俗云牛嬭柹是也。今之造扇用此柹油。可補《文選注》。

明　李時珍　《本草綱目》卷三〇　君遷子《拾遺》　釋名：梬棗、《千金》作軟棗。楔棗、《廣志》音逞。牛奶柹、《名苑》丁香柹、《日用》紅藍棗。《齊民要術》　時珍曰：君遷之名，始見于左思《吴都賦》，而著其狀于劉欣期《交州記》，名義莫詳。梬棗，其形似棗而軟也。司馬光《名苑》云：君遷子似馬奶，即今牛奶柹也，以形得名。崔豹《古今注》云：牛奶柹即梬棗，葉如柹，子亦如柹而小。唐宋諸家，不知君遷、梬棗、牛奶柹皆一物，故詳證之。集解：藏器曰：君遷子生海南。樹高丈餘。子中有汁，如乳汁甜美。《吴都賦》『平仲君遷』是也。時珍曰：君遷即梬棗，其木類柹而葉長。但結實小而長，狀如牛奶，乾熟則紫黑色。一種小圓如指頂大者，如丁香柹，味尤美。《救荒本草》以爲羊矢棗，誤矣。其樹接大柹最佳。《廣志》云：梬棗，小柹也。肌細而厚，少核，可以供御。即此。

明　慎懋官　《華夷花木鳥獸珍玩考》卷二《君遷子》　君遷子生海南，樹高丈餘，其實中有乳汁，甜美香好。

明　陳懋仁　《庶物異名疏》卷二三《君遷》　《魏王花木志》：君遷，樹細似甘蕉，子如馬乳。一曰子如瓠形，即古度樹也。不花而實，子從皮出，大如安石榴，正赤，初時可煮食。司馬温公《名苑》云：君遷子如馬嬭，俗云牛嬭柹，是今之造扇用此柹油。可補《文選》注。

明　鮑山　《野菜博録》卷四　軟棗，一名丁香柹，又名牛乳柹，又呼羊矢棗，《爾雅》謂之梬。其樹枝葉皆類柹，結實甚小，乾熟則紫黑，色味甘，性温無毒，多食動風發冷風咳嗽。

清　張逸少　《佩文齋廣羣芳譜》卷五八《果譜·軟柹》　軟柹，一名梬棗。《本草》云：《千金方》作軟棗。其形似棗而軟也。《廣志》云：梬棗，小柹也。肌細而厚，少核，可以供御。

清　嵇璜　《續通志》卷一七七　輭柹，一名梬棗，一名梬音逞棗，一名牛嬭女蟹切，乳也。柹，一名丁香柹，一名紅藍棗，一名君遷子。生海南，樹高丈餘，子中有汁如乳，甘美。《吴都賦》：平仲君遷。

清　吴其濬　《植物名實圖考》卷三二《軟棗》　軟棗，即牛奶柹，《救荒本草》以爲即羊矢棗，段玉裁《説文解》從之。《名苑》云即君遷子，《本草綱目》從之，引《本草拾遺》云：生海南，今嶺南有羊矢棗。《南越筆記》述之甚詳。蓋同名異物也。《禮記·内則》『芝栭蔆椇』，疏引賀氏説，以栭爲軟棗。《爾雅注》以栭爲栭栗，釋經者多以郭説爲長。郭注『遵，羊棗』云：實小而圓，紫黑色，俗呼羊矢棗。狀與軟

棗符。

圖表

明　李時珍　《本草綱目·圖卷》

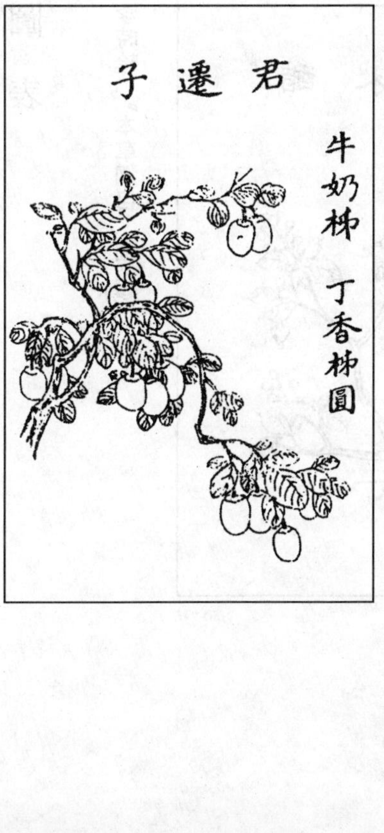

明　鮑山　《野菜博録》卷四

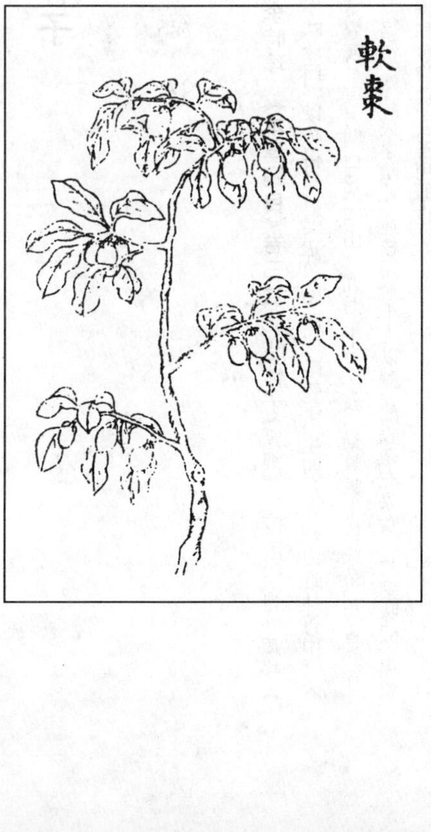

清 吴其濬《植物名實圖考》卷三二《軟棗》

日頭子

綜述

宋 周去非《嶺外代答》卷八《花木門》 日頭子，狀如櫻桃，色如蒲桃，穗生，味極甘，賓州尤多。

宋 范成大《桂海虞衡志·志果》 日豆子，狀如櫻桃，色如葡萄，穗生。

明 陳懋仁《庶物異名疏》卷一九《日頭》 日頭子，狀如櫻桃，色如蒲桃穗。

醋林子

綜述

明 李時珍《本草綱目》卷三二 醋林子《圖經》 校正：自外類移入此。釋名：時珍曰：以味得名。集解：頌曰：醋林子，生四川邛州山野林箐中。木高丈餘，枝葉繁茂。三月開白花，四出。九月、十月子熟，纍纍數十枚成朵，生青熟赤，略類櫻桃而蒂短。熟時采之陰乾，連核用。土人以鹽、醋收藏充果食。其葉味酸，夷獠人采得，入鹽和魚膾食，云勝用醋也。

圖表

明 李時珍《本草綱目·圖卷》

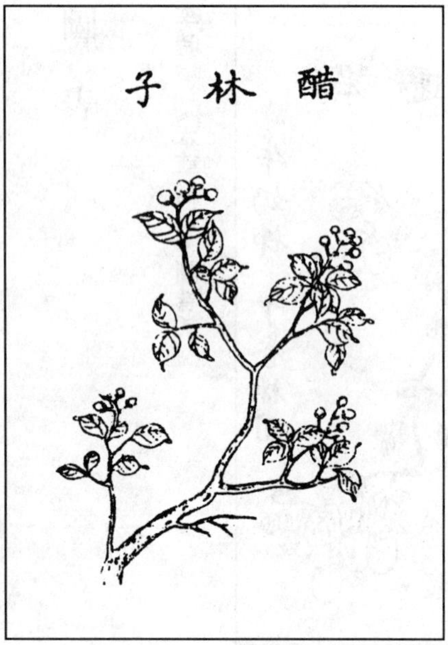

懸鈎子

綜述

《爾雅·釋草》 葥，山莓。注：今之木莓也。實似藨莓而大，亦可食。音義：薛，彼麥反。牡，亡后反。藚，子旦反。葥，子賤反。莓，音每，又音梅，後注同。藨，皮苗反，又皮表反。疏：山莓一名葥。郭云：今之木莓也。實似藨莓而大，亦可食。藨莓説在下。

漢 許慎 《説文》卷一 葥，山莓也。从草，歬聲。

宋 戴侗 《六書故》卷二四 莓 [illegible]，芒救切。莓種不一，或枝或蔓，皆有毛朿，春莫實丹，狀類覆盆，甘酸可食，故又名覆盆。《爾雅》：藨，藨。茥，缺盆。葥，山莓。郭氏曰：藨，莓也。江東謂之藨莓，子似覆盆而大。茥，覆盆也，實似莓而小。葥，木莓也，實似藨而大。《本草》：蓬虆子，一名覆盆，一名陵虆。按今江東呼爲藨與袍，音同藨，蓋莓之轉。

明 李時珍 《本草綱目》卷一八 懸鈎子《拾遺》 校正：自果部移入此。釋名：沿鈎子、《日用》葥、《爾雅》。音箭。山莓、《爾雅》木莓郭璞樹莓。《日華》 藏器曰：莖上有刺如懸鈎，故名。集解：藏器曰：生江淮林澤間。莖上有刺。其子如梅子酸美，人多食之。璣曰：樹莓枝梗柔軟有刺，頗類金櫻。四五月結實如覆盆子，采之擘蒂而中實，味酸；覆盆則蒂脱而中虚，味甘，爲異。時珍曰：懸鈎樹生，高四五尺。其莖白色，有倒刺。其葉有細齒，青色無毛，背後淡青，頗似櫻桃葉而狹長，又似地棠花、葉。四月開小白花。結實色紅，今人亦通呼爲藨子。《爾雅》云：葥，山莓也。郭璞注云：今之木莓也。實似藨莓而大，可食。孟詵、大明并以此爲覆盆，誤矣。

清 愛新覺羅·玄燁 《清聖祖文第四集》卷三〇《普盤》 普盤即木莓，一名懸鈎子，《爾雅》所謂葥也。按《本草》云：懸鈎樹生高四五尺，其莖白色，有倒刺，其葉有細齒，頗似櫻桃，葉而狹長，又似地棠花、葉。四月開小白花，結實色紅，味酸，美人可多食之。有以爲即覆盆，誤也。蓋莓有三種，藤生緣樹而起者大麥莓，乃入藥之覆盆也。樹本挺而叢生者木莓，一名山莓，即普盤也。草本委地而生者地莓，亦名蛇莓，不可食，今江南人謂之蛇盤也。

圖表

晉 郭璞 《爾雅音圖·釋草》

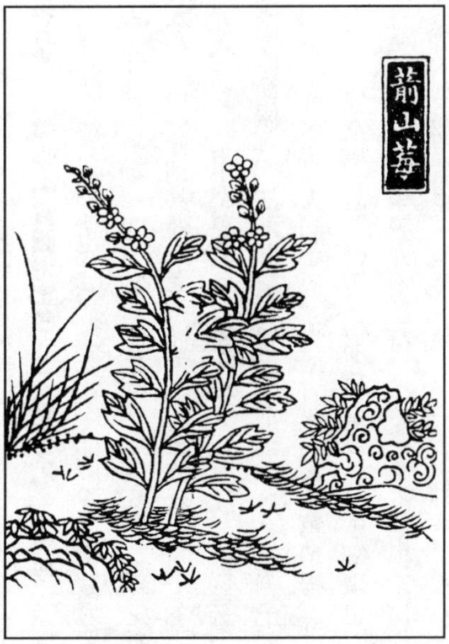

明 李時珍 《本草綱目·圖卷》

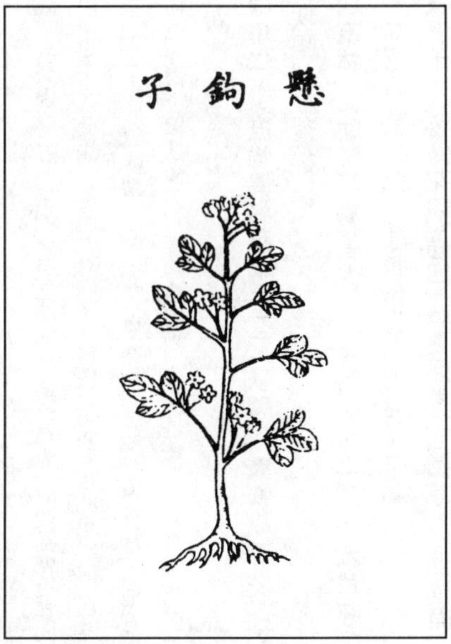

覆盆子

綜　述

《爾雅・釋草》　茥，葐葐。注：覆葐也。實似莓而小，亦可食。音義：茥，苦圭反。葐，去悦反。葐，步昆反。覆，芳服反。疏：茥，一名葐葐。郭云：覆葐也。實似莓而小，亦可食。案《本草》：蓬蘽，一名覆葐，一名陵蘽，一名陰蘽，其實名覆盆子。今注云蓬蘽，是覆盆之苗也。覆盆乃蓬蘽之子也。《唐本注》云：然生處不同，沃地則子大而甘，瘠地則子細而酸者是也。

明　楊慎《升庵集》卷七九《蘇蜜那花》　佛經謂柳曰尼俱律陀木，覆盆子花曰蘇蜜那花。余題大理三塔寺佛會，云尼俱律枝洒淨，蘇蜜那花點燈，用此二事也。

明　田藝蘅《留青日札》卷三二《蓬蘽》　蓬蘽，曰覆盆、曰陵蘽，今人謂之莓。有蔓生、叢生、樹生。惟叢生者大而可愛，謂之蓬蘽。其樹生者，謂之覆盆子，亦謂之西國草，亦謂之畢楞枷。《爾雅》云：茥，葐盆。其鋪地蔓生者，曰地莓，又云藨。《老子》曰不得其時則蓬蘽而行。此西國草之所由名與？

明　李時珍《本草綱目》卷一八　覆盆子《別録》上品　校正：自果部移入此。釋名：茥、《爾雅》。音奎。葐葐、《爾雅》西國草、《圖經》畢楞伽、《圖經》大麥莓、音母插田藨、音苞烏藨子。《綱目》　當之曰：子似覆盆之形，故名之。宗奭曰：益腎臟，縮小便，服之當覆其溺器，如此取名也。時珍曰：五月子熟，其色烏赤，故俗名烏藨、大麥莓、插田藨，亦曰栽秧藨。甄權《本草》一名馬瘻，一名陸荆，殊無義意。集解：《別録》曰：五月采。藏器曰：佛説蘇密那花點燈，正言此花也。其類有三種，以四月熟，狀如覆盆子，味甘美者爲是，餘不堪入藥。今人取茅莓當覆盆，誤矣。宗奭曰：處處有之，秦州、永興、華州尤多。長條，四五月紅熟，山中人及時采來賣。其味酸甘，外如荔枝，大如櫻桃，軟紅可愛。失時則就枝生蛆，食之多熱。收時五六分熟便可采，烈日曝乾。今人取汁作煎爲果。采時著水，則不堪煎。時珍曰：蓬蘽子以八九月熟，故謂之割田藨。覆盆以四五月熟，故謂之插田藨，正與《別録》五月采相合。二藨熟時色皆烏赤，故能補腎。其四五月熟而色紅者，乃薅田藨也，不入藥用。陳氏所謂以茅莓當覆盆者，蓋指此也。正誤：詵曰：覆盆江東名懸鈎子，大小形狀氣味功力同。北土無懸鈎，南地無覆盆，是土地有前後生，非兩種物也。時珍曰：南土覆盆極多。懸鈎是樹生，覆盆是藤生，子狀雖同，而覆盆色烏赤，懸鈎色紅赤，功亦不同，今正之。

明　陳懋仁《庶物異名疏》卷二一《秋膠　義物錫》　石蘗，《爾雅》覆盆子，一名秋膠，一名義物錫。

清　魏茂林《駢雅訓纂》卷六　蓬虆，覆盆也。又《本草經》上：蓬蘽，一名覆盆。【略】陶宏景云：蓬蘽是根名，覆盆是實名。

清　陳淏子《秘傳花鏡》卷四《藤蔓類考・西國草》　西國草，一名茥，音奎。一名覆盆子。隨處有之，秦地尤多。三月開白花，四五月實熟，狀如荔枝，大如櫻桃，軟紅可愛，味頗甘美。失時則就枝生蛆。土人在六七分熟即采取矣。

清　吳其濬《植物名實圖考》卷二二《覆盆子》　覆盆子，《別録》上品。《爾雅》：茥，缺盆。注：覆盆也。疏據《本草》注，以蓬蘽爲覆盆之苗，覆盆爲蓬蘽之子。誤合爲一物。四月實熟，色赤。《本草綱目》謂之插田藨。覆盆、蓬蘽，《本草綱目》分別甚晰。考東坡《尺牘》：覆盆子，土人謂之插秧莓，三四月花，五六月熟。市人賣者，乃是花鴉莓，九月熟。則蓬蘽，即花鴉莓矣。然此謂中原節候耳。江湘間，覆盆三四月即熟，蓬蘽七月已熟。自長沙以西南山中，莓子既多，又大同小異。滇南有黑瑣梅、黄瑣梅、紅瑣梅、白瑣梅，皆三四月熟。兒童摘食以爲果。梅即莓，瑣者，其子細瑣也。志書多以黑瑣梅爲覆盆。按：形與李説亦不甚符。《滇本草》以黄瑣梅根爲鑽地風，用治風頗廣。又別出覆盆也。

清　陳憲舜《課民植牧講義稿》卷四《覆盆子》　計有三類，一樹高四五尺，莖多倒刺，其葉有齒無毛，四月開小白花，五月即熟，味甘美如荔枝、櫻桃，軟紅可愛，惟不耐寒。日本種以爲果，則於冬月將樹嚴密蓋護，或將所生新枝，盡令彎曲，下垂至地。蓋以肥土二寸，使嚴冬不至凍壞。常種於最劣之地，沃地反不相宜。一種外人名非臺來非矮，一名愛倫。此二種不畏霜雪，植之較易。外洋視爲時果，中國以爲藥物，所以未經留意也。

圖表

晉 郭璞《爾雅音圖·釋草》

明 李時珍《本草綱目·圖卷》

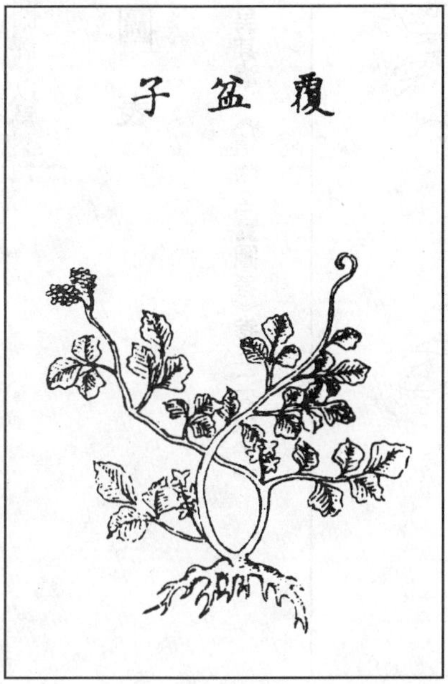

清 吴其濬《植物名實圖考》卷二二《覆盆子》

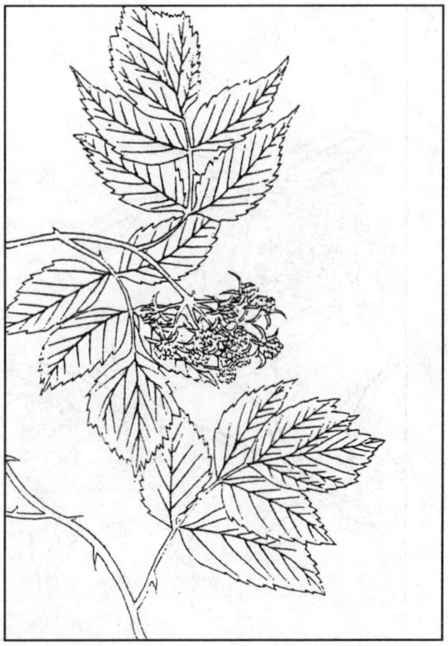

棎子

綜述

宋 羅願《爾雅翼》卷一二《棎》 棎子木生山中，實似梨，冬熟，味酸。薛瑩《異物志》云：丹陽諸郡皆有之。《吴都賦》：棎榴禦霜。

明 李時珍《本草綱目》卷三一 棎子音蟾。《拾遺》 集解：藏器曰：棎子似梨，生江南，左思《吴都賦》『棎留禦霜』是也。時珍曰：棎、留，二果名。按薛瑩荆陽以南《異物志》云：棎子樹，南越、丹陽諸郡山中皆有之。其實如梨，冬熟，味酢。劉子樹生交廣、武平、興古諸郡山中。三月着花，結實如梨，七八月熟，色黄，味甘、酢，而核甚堅。

清 嵇璜《續通志》卷一七七 棎子，南越、丹陽諸郡山中皆有之。其實如栗，冬熟，味酢。見荆揚《異物志》。左思《吴都賦》『棎榴禦霜』是也。

清　吳其濬《植物名實圖考》卷三二《梂子》　梂子，《本草拾遺》始著録，《甕牖閑評》以爲梨類。

圖表

清　吳其濬《植物名實圖考》卷三二《梂子》

韶子

綜述

宋　周去非《嶺外代答》卷八《花木門》　山韶子，色紅，有刺，肉如荔枝。

宋　范成大《桂海虞衡志·志果》　山韶子，色紅，肉如荔枝。

明　李時珍《本草綱目》卷三一　韶子《拾遺》　集解：藏器曰：韶子生嶺南。按裴淵《廣州記》云：韶葉如栗，赤色。子大如栗，有棘刺。破其皮，内有肉如豬肪，着核不離，味甘、酢，核如荔枝。時珍曰：按范成大《虞衡志》云：廣南有山韶子，夏熟，色紅，肉如荔枝。又有藤韶子，秋熟，大如鳧卵柿也。

清　陳淏子《秘傳花鏡》卷四《藤蔓類考·韶子》　韶子，生嶺南。葉如栗，赤色，子亦如栗，苞有棘刺。破其苞，内有肉如豬肪。着核不離，味甘而酢。核如荔枝。又有山韶子，夏熟，色正紅，肉如荔枝。一種藤韶子，至秋方熟，其大如鳧卵。

清　吳其濬《植物名實圖考》卷三二《韶子》　韶子，《本草拾遺》始著録。《虞衡志》謂之山韶子，俗呼毛荔支，謂荔支子變種，味酸。

圖表

清　吳其濬《植物名實圖考》卷三二《韶子》

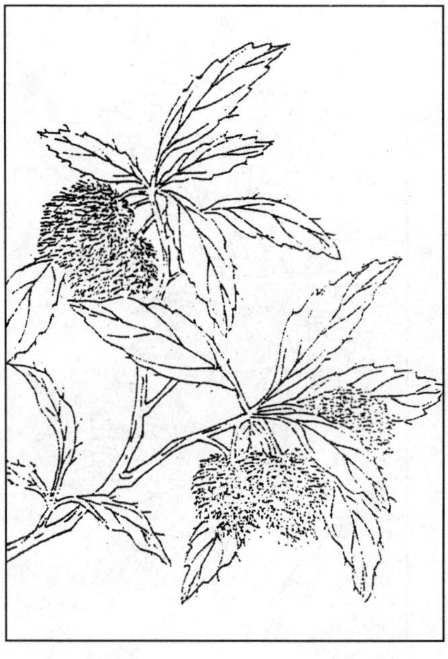

草部

阿魏

綜　述

明　李時珍　《本草綱目》卷三四　阿魏《唐本草》　校正：自草部移入此。釋名：阿虞、《綱目》熏渠、《唐本》哈昔泥。時珍曰：夷人自稱曰阿，此物極臭，阿之所畏也。波斯國呼爲阿虞，天竺國呼爲形虞，《涅槃經》謂之央匱。蒙古人謂之哈昔泥，元時食用以和料。其根名穩展，云淹羊肉甚香美，功同阿魏。見《飲膳正要》。集解：恭曰：阿魏生西番及崑崙。苗葉根莖酷似白芷。擣根汁，日、煎作餅者爲上。截根穿暴乾者爲次。體性極臭而能止臭，亦爲奇物也。又婆羅門云：熏渠即是阿魏，取根汁暴之如膠，或截根日乾，並極臭。西國持咒人禁食之。常食用之，云去臭氣。戎人重此，猶俗中貴胡椒，巴人重負蠜也。珣曰：按《廣志》云：生崑崙國。是木津液，如桃膠狀。其色黑者不堪，其狀黄散者爲上。雲南長河中亦有，與舶上來者滋味相似一般，祗無黄色。頌曰：今惟廣州有之，云是木膏液滴釀結成，與蘇恭所説不同。按段成式《酉陽雜俎》云：阿魏木，生波斯國及伽闍那國，即北天竺也。木長八九尺，皮色青黄。三月生葉，似鼠耳。無花實。斷其枝，汁出如飴，久乃堅凝，名阿魏。摩伽陀僧言：取其汁，和米、豆屑合釀而成。其説與廣州所生者相近。承曰：阿魏合在木部。今二浙人家亦種之，枝葉香氣皆同而差澹薄，但無汁膏爾。時珍曰：阿魏有草、木二種。草者出西域，可曬可煎，蘇恭所説是也。木者出南番，取其脂汁，李珣、蘇頌、陳承所説是也。按《一統志》所載有此二種。云出火州及沙鹿、海牙國者，草高尺許，根株獨立，枝葉如蓋，臭氣逼人，生取其汁熬作膏，名阿魏。出三佛齊及暹邏國者，樹不甚高，土人納竹筒於樹内，脂滿其中，冬月破筒取之。或云其脂最毒，人不敢近。每採時，以羊繫於樹下，自遠射之。脂之毒着羊，羊斃即爲阿魏。觀此，則其有二種明矣。蓋其樹低小如枸杞、牡荆之類，西南風土不同，故或如草如木也。繫羊射脂之説，俗亦相傳，但無實據。諺云：黄芩無假，阿魏無真。以其多僞也。劉純詩云：阿魏無真卻有真，臭而止臭乃爲珍。炳曰：人多言煎蒜白爲假者。斆曰：驗法有三：第一，以半銖安熟銅器中一宿，至明沾阿魏處白如銀汞，無赤色；第二，將一銖置於五斗草自然汁中一夜，至明如鮮血色；第三，將一銖安於柚樹上，樹立乾，便是真者。凡用，乳鉢研細，熱酒器上裛過，入藥。

明　慎懋官　《華夷花木鳥獸珍玩考》卷一《阿魏》　《三佛齊志》：阿魏樹，不甚高，土人納竹筒於樹稍，脂蒲其中。冬月破筒取脂，即阿魏也。或曰其脂最毒，人不敢近。每採時，繫羊樹下，自遠射之，脂之毒着於羊，羊斃即爲魏。《唐本注》云：苗葉根莖酷似白芷，擣根汁，曰煎作餅者爲上。截根穿暴乾者爲次。體性極臭而能止臭，亦爲奇物也。蕭炳云：今人曰煎蒜白爲假者。拂林國僧戀彎所説，同摩伽陀僧提婆言，取其汁，和米、豆屑合成阿魏。雷公云：凡使多有訛僞，其有三驗：第一驗，將半銖安於熟銅器中一宿，至明霑阿魏處白如銀汞，無赤色；第二驗，將一銖置於五㪷草自然汁中一夜，至明如鮮血色；第三驗，將一銖安於柚樹上，樹立乾，便是真。

明　謝肇淛　《五雜俎》卷一〇《物部二》　俗云黄金無假，阿魏無真。阿魏生西域中，一名合昔泥，其樹有汁沾物即化。人多牽羊豕之類繫樹下，遥以物撼其樹，汁落則羊豕皆成阿魏矣。樹上之汁終不可得，故云無真也。其味辛平無毒，殺諸蟲，破癥瘕、下惡，除邪，解蠱毒，且其氣極臭而能止臭，彼中以淹羊肉甚美。中國止入藥物而已。又有馬思答吉者，似椒而香酷烈，以當椒用。有回回豆狀如椿子，磨入麵中極香，兼去麵毒。

清　張岱　《夜航船》卷一〇六《植物部・草木》　阿魏樹，出三佛齊國。其樹有瘻出滋最毒，着人身即糜爛，人不敢近。每採時，繫羊於樹下，騎快馬自遠射之，脂着於羊，羊即爛，故曰飛鳥取阿魏。

清　程岱葊　《野語》卷八《語屑・阿魏》　阿魏，中國絶少，多以蒜膏僞之。諾皋載波斯國阿虞長八九丈，皮色青黄，三月生，葉如鼠耳，斷其枝，汁出如飴，久而堅凝，名阿魏。《本草》從之。近有客自滇中來，乃言彼处蜂形甚巨，結窩多在絶壁，垂如雨。蓋滇人於其下掘一深坎，置肥羊於内，令善射者飛騎發矢，落其窩，急以物覆坎，則蜂與羊共相刺撲，二者合併而化，久之

取出杵用，是名阿魏。《明史》：撒馬兒罕西去五百餘里，有沙鹿海牙國，地生臭草，高尺餘，葉如蓋，煮其葉成膏，爲真阿魏。

清　吴其濬《植物名實圖考》卷三五《阿魏》　阿魏，《唐本草》始著録。《酉陽雜俎》作阿虞。波斯樹，汁凝成。《觚賸》云：滇中蜂形甚巨，結窩多在絶壁，垂如雨蓋。人於其下，掘一深坎，置肥羊於内，令善射者飛騎發矢，落其窩急覆其坎，二物合化，是名阿魏。按巖蜂在九龍外螌人至夔，則此物亦非内地所産。

圖表

明　李時珍《本草綱目・圖卷》

清　吴其濬《植物名實圖考》卷三五《阿魏》

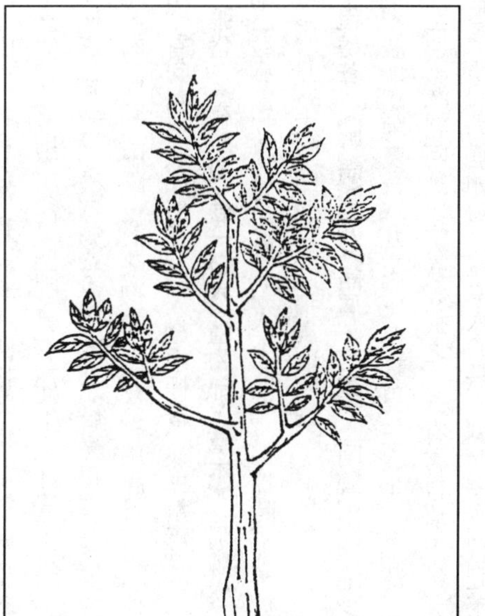

艾

綜述

《爾雅・釋草》　艾，冰臺。注，今艾蒿。音義：艾，五蓋反。冰，彼升反。疏：艾，一名冰臺，即今艾蒿也。《詩・王風》云『彼采艾兮』是也。

漢　許慎《説文》卷一　艾，[illegible]，冰臺也。从艸，乂聲。五蓋切。

宋　釋贊寧《東坡先生物類相感志》卷一二《白艾》　《衡山記》云：測以五月五日未鷄鳴時，采艾，若見似人形時，攬而採之，灸疾，極驗也。

宋　吴仁傑《離騷草木疏》卷四《艾》　户服艾以盈要兮，謂幽蘭其不可佩。王逸注：艾，白蒿也。言楚國户服白蒿以爲芬芳，反謂幽蘭臭惡不可佩，以言君愛昵讒佞，憎遠忠直而不肯進也。仁傑按：《王度記》大夫鬯酒以蘭芝，庶人以艾，則蘭艾之分尚矣。《爾雅》：艾，一名冰臺。郭璞

注：即今蒿艾也，逸以艾爲白蒿。按：艾蒿與白蒿不同。白蒿，《詩》所謂蘩也。《詩》有采蘩，有采艾。《本草》有白蒿條，又别出艾葉條。《嘉祐圖經》云：艾初春布地生，苗莖類蒿而葉皆白。又云：白蒿葉上有白毛，從初生至枯，白於衆蒿，頗似細艾。按：蒿與白蒿相似耳，便以艾爲白蒿則誤矣。

宋　戴侗《六書故》卷二四　艾，五蓋切。艾葉厚而毛緜白，茸茸擣挼，用以灸者也。

明　屠本畯《離騷草木疏補》卷四《艾》　艾，艾蒿也，一名冰臺。初春布地生，苗莖類蒿而葉背白。荆楚之俗，五月五日鷄未鳴時采之，用灸百疾，故又名醫草。

明　李時珍《本草綱目》卷一五　艾《别録》中品　釋名：冰臺、《爾雅》醫草、《别録》黄草、《埤雅》艾蒿。時珍曰：王安石《字説》云：艾可乂疾，久而彌善，故字從乂。陸佃《埤雅》云：《博物志》言削冰令圓，舉而向日，以艾承其影則得火。則艾名冰臺，其以此乎？醫家用灸百病，故曰灸草。一灼謂之一壯，以壯人爲法也。集解：《别録》曰：艾葉生田野，三月三日採，暴乾。頌曰：處處有之，以複道及四明者爲佳，云此種灸百病尤勝。初春布地生苗，莖類蒿，葉背白，以苗短者爲良。三月三日，五月五日，採葉暴乾，陳久方可用。時珍曰：艾葉《本草》不著土産，但云生田野。宋時以湯陰複道者爲佳，四明者圖形。近代惟湯陰者謂之北艾，四明者謂之海艾。自成化以來，則以蘄州者爲勝，用充方物，天下重之，謂之蘄艾。相傳他處艾灸酒壇不能透，蘄艾一灸則直透徹，爲異也。此草多生山原。二月宿根生苗成叢，其莖直生，白色，高四五尺。其葉四布，狀如蒿，分爲五尖，椏上復有小尖，面青背白，有茸而柔厚。七八月葉間出穗如車前穗，細花，結實纍纍盈枝，中有細子，霜後始枯。皆以五月五日連莖刈取，暴乾收葉。先君月池子諱言聞，嘗著《蘄艾傳》一卷。有贊云：産於山陽，採以端午。治病灸疾，功非小補。又宗懍《荆楚歲時記》云：五月五日鷄未鳴時，採艾似人形者攬而取之，收以灸病甚驗。是日採艾爲人，懸於户上，可禳毒氣。其莖乾之，染麻油引火點灸炷，滋潤灸瘡，至愈不疼。亦可代蓍策，及作燭心。

明　慎懋官《華夷花木鳥獸珍玩考》卷五《艾》　艾可攻百病，今以蘄州者爲勝。蘄葉厚而綿多，本地所有者葉薄而綿少。

明　吴雨《毛詩鳥獸草木考》卷一二《艾》　艾，艾蒿也。似蒿，一名冰臺，一名灸草。春初布地生苗，莖類蓍而葉背白。荆楚之俗，五月五日雞未鳴時採之，用灸百病，故名醫草。或曰見似人者攬而取之，用灸有驗。歲或多病則艾多生，亦天預備以救人也。《博物志》曰：削冰令圓，舉以向日，以艾承其影，則得火。艾曰冰臺，其以此乎？崔寔《四民月令》曰：三月可採艾。

明　李中立《本草原始》卷二　艾處處有之。初春布地生苗，莖類蒿而葉背白，以複道者爲佳。三月三日、五月五日採葉暴乾。按：王安石《字説》云：艾可乂疾，久而彌善，故字從乂。醫家用灸百病，故一名灸草。《别録》名醫草。

明　盧之頤《本草乘雅伴偈》卷八　〔艾〕生山谷田野間。【略】春時宿根再發布地，生苗如蒿，作叢莖直上，高四五尺。葉四布，具五尖、九尖者勝。椏上復有小尖，面青背白。八月葉間復出穗，細花，結實纍纍盈枝。中有細子，霜後始枯，蓍草類也。

清　高士奇《北墅抱甕録·艾》　艾雖見斥於《楚騷》，然亦香草之一種。與蕭不同，隙地自生。懶加剪薙，森森林立，風過頗香。

清　孫之騄《枝語》卷上《千年艾長樂花》　自身以上至於荒芒爾，遠矣。自死而天地無窮爾，滔矣。以數雜之壽，而憂千年之艾，未可得，人必笑之矣。雜，匝也，從子至亥爲一匝。蓋艾可蓄而久，而人非千年之人，此憂其不必憂者也。夫不憂則不病病，不病病所以長樂也。蜀有紫華草，長虞所賦，長樂花也。蘇頲謂以短長之形，度其長則至美；以哀樂之類，同其樂則至喜。夫不憂，世之不必憂而長也，樂也，可與言道矣。

清　牟應震《毛詩物名考》卷六　艾，《爾雅》：艾，冰臺。似白蒿而大，莖直葉厚，去其膚末，茸細如綿，曰艾絨。其性□，故取以灸疾。

圖表

晉 郭璞《爾雅音圖・釋草》

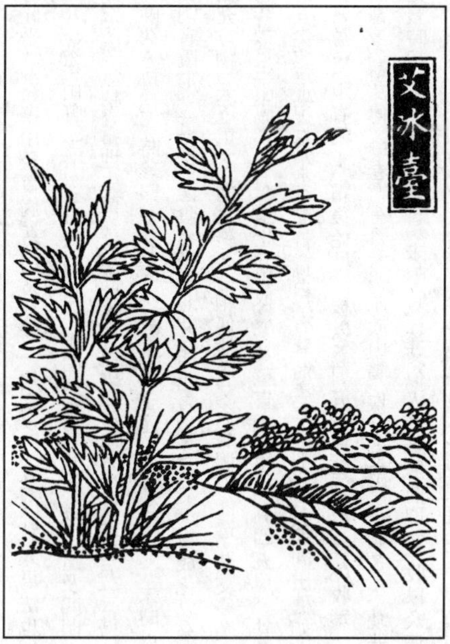

明 李時珍《本草綱目・圖卷》

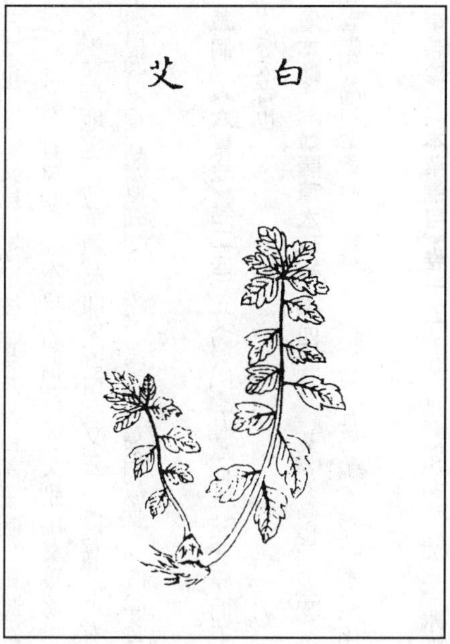

白附子

綜述

明 李時珍《本草綱目》卷一七 白附子《別録》下品 釋名：【略】 集解：《別録》曰：白附子生蜀郡。三月採。弘景曰：此物久絶，無復真者。恭曰：本出高麗，今出涼州以西，蜀郡不復有。生砂磧下濕地，獨莖似鼠尾草，細葉周匝，生於穗間，根形似天雄。珣曰：徐表《南州異物記》云：生東海、新羅國及遼東。苗與附子相似。時珍曰：根正如草烏頭之小者，長寸許，乾者皺文有節。 發明： 時珍曰：白附子乃陽明經藥，因與附子相似，故得此名，實非附子類也。按《楚國先賢傳》云：孔休傷頰有瘢。王莽賜玉屑白附子香，與之消瘢。

清 嵇璜《續通志》卷一七四 白附子，因與附子相類，故得此名，實非附子類也。《楚國先賢傳》云：孔休傷頰有瘢，王莽賜玉屑白附子香，與之消瘢。即此。

圖表

明 李時珍《本草綱目・圖卷》

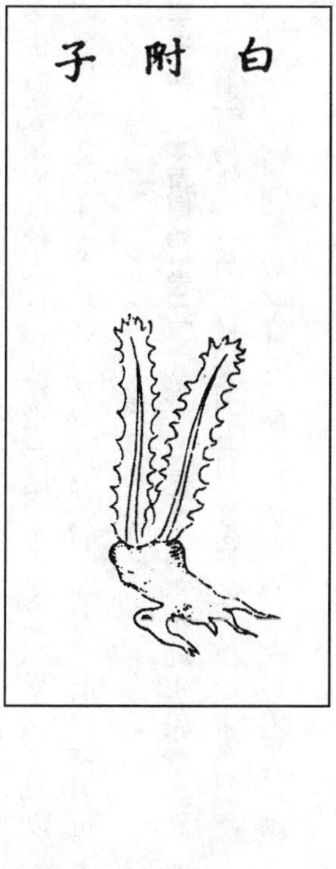

白及

綜述

宋 鄭樵《通志》卷七五 白芨，曰甘根，曰連及。葉如初生栟櫚，根如菱米。

明 李時珍《本草綱目》卷一二 白及《本經》下品 校正：並入《別録》白給。

釋名：連及草、《本經》甘根、《本經》白給。時珍曰：其根白色，連及而生，故曰白及。其味苦，而曰甘根，反言也。《吳普》作白根，其根有白，亦通。《金光明經》謂之罔達羅喝悉多。又《別録》有名未用白給，即白及也，性味功用皆同，係重出，今並爲一。

集解：《別録》曰：白及生北山川谷及冤句及越山。又曰：白給生山谷，葉如藜蘆，根白相連，九月採。普曰：莖葉如生姜、藜蘆，十月花，直上，紫赤色，根白連，二月、八月、九月採。弘景曰：近道處處有之。葉似杜若，根形似菱米，節間有毛。方用亦稀，可以作糊。保昇曰：今出申州。葉似初生棕苗葉及藜蘆。三四月抽出一苔，開紫花。七月實熟，黄黑色。冬凋。根似菱，有三角，白色，角頭生芽。八月採根用。頌曰：今江淮、河、陝、漢、黔諸州皆有之，生石山上。春生苗，長一尺許。葉似栟櫚，兩指大，青色。夏開紫花。二月七月採根。時珍曰：韓保昇所説形狀正是，但一科止抽一莖。開花長寸許，紅紫色，中心如舌。其根如菱米，有臍，如鳧茈之臍，又如扁扁螺旋紋。性難乾。

清 吳其濬《植物名實圖考》卷八《白及》 白及，《本經》下品。山石上多有之。開紫花，長瓣微似甌蘭，其根即用以研朱者。凡瓷器缺損，研汁黏之不脱，雞毛拂之，即時離解。雩婁農曰：黄元治《黔中雜記》謂白芨根，苗婦取以浣衣，甚潔白。其花似蘭，色紅不香，比之箐雞羽毛，徒有文采，不適於用。噫！黄氏之言，其以有用爲無用，以無用爲有用耶？白及爲補肺要藥，磨以膠瓷，堅不可坼，研朱點易，功並雌黄，既以供濯取潔，又以奇艷爲容，陰崖小草，用亦宏矣。

圖表

明 李時珍《本草綱目・圖卷》

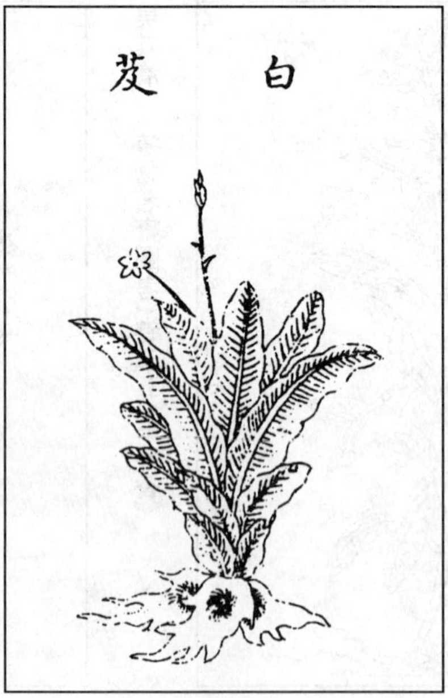

清 吳其濬《植物名實圖考》卷八《白及》

白斂

綜述

宋　鄭樵《通志》卷七五　白斂，曰菟核，曰白草，曰白根，曰崑崙，藤生，葉如小桑，根如雞卵。

明　李時珍《本草綱目》卷一八　白斂《本經》下品　釋名：白草《本經》白根、《別録》兔核、《本經》猫兒卵、《綱目》崑崙。《別録》。宗奭曰：白斂，服餌方少用，惟斂瘡方多用之，故名白斂。時珍曰：兔核、猫兒卵，皆象形也。崑崙，言其皮黑也。

集解：《別録》曰：白斂生衡山山谷。二月、八月採根，曝乾。弘景曰：近道處處有之。作藤生，根如白芷，破片竹穿，日乾。恭曰：根似天門冬，一株下有十許根，皮赤黑，肉白，如芍藥，不似白芷。保昇曰：蔓生，枝端有五葉，所在有之。頌曰：今江淮及荆、襄、懷、孟、商、齊諸州皆有之。二月生苗，多在林中作蔓，赤莖，葉如小桑。五月開花，七月結實。根如雞鴨卵而長，三五枚同一窠，皮黑肉白。一種赤斂，花實功用皆同，但表裏俱赤爾。

白茅香

綜述

明　李時珍《本草綱目》卷一四　白茅香《拾遺》　集解：藏器曰：白茅香生安南，如茅根，道家用作浴湯。珣曰：《廣志》云：生廣南山谷，合諸名香甚奇妙，尤勝舶上來者。時珍曰：此乃南海白茅香，亦今排香之類，非近道之白茅及北土茅香花也。

清　吴其濬《植物名實圖考》卷二五《白茅香》　白茅香，《本草拾遺》始著録，但云如茅根，是未見其莖、葉也。今湖南有一種小茅香，俚醫用之，根亦如茅，疑即其類，附以俟考。

圖表

明　李時珍《本草綱目・圖卷》

清　吴其濬《植物名實圖考》卷二五《白茅香》

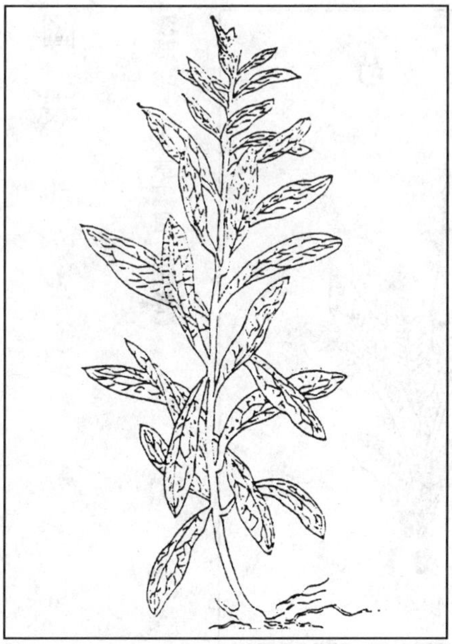

白前

綜述

明　李時珍《本草綱目》卷一三　白前《别録》中品　釋名：石藍、《唐本》嗽藥。同上。時珍曰：名義未詳。集解：弘景曰：白前出近道，根似細辛而大，色白不柔易折，氣嗽方多用之。恭曰：苗高尺許，其葉似柳，或似芫花，根長於細辛，白色。生州渚沙磧之上，不生近道。俗名石藍，又名嗽藥。今用蔓生者味苦，非真也。志曰：根似白微、牛膝輩，二月、八月採，陰乾用。嘉謨曰：似牛膝，粗長堅直易斷者，白前也。似牛膝，短小柔軟能彎者，白微也。近道俱有，形色頗同，以此别之，不致差誤。

明　田藝蘅《留青日札》卷三二《白前》　白前葉如柳，或似芫花，苗高尺許，生洲渚沙磧之上，似細辛而大，色白，易折，根白長於細辛，味甘，俗以酒漬服，名石藍，又名嗽藥，圖見《本草》。

清　嵇璜《續通志》卷一七四　白前，一名石藍，一名嗽藥，與白薇相似。

清　吴其濬《植物名實圖考》卷八《白前》　白前，《别録》中品。陶隱居云：根似細辛而大，色白，不柔，易折。《唐本草注》：葉似柳，或似芫花，生沙磧之上，俗名嗽藥，今用蔓生者，味苦非真。核其形狀，蔓生者即湖南所謂白龍鬚，已入蔓草草藥，其似柳者，即此。滇南名瓦草。又蔓生一種。

又卷一〇《滇白前》　白前，《别録》已載，諸家皆以根似細辛而粗直，葉如柳，如芫花。陶隱居以用蔓生者爲非是，然按圖仍不得其形。滇産根如沙參輩，初生直立，漸長莖柔如蔓，對葉，亦微似柳，莖、葉俱緑，葉亦輭。秋開花作長蒂，似萬壽菊，蒂端開五瓣銀褐花，細碎如翦。又有一層小瓣，内吐長鬚數縷，枝繁花濃，鋪地如綺。《滇本草》：瓦草，一名白前，味苦辛，性寒，開關竅，清肺熱，利小便，治熱淋，主治亦相類。

圖表

明　李時珍《本草綱目・圖卷》

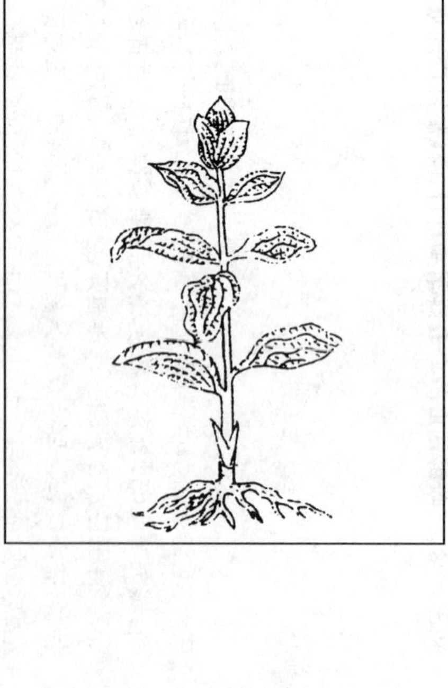

清　吴其濬《植物名實圖考》卷八《白前》

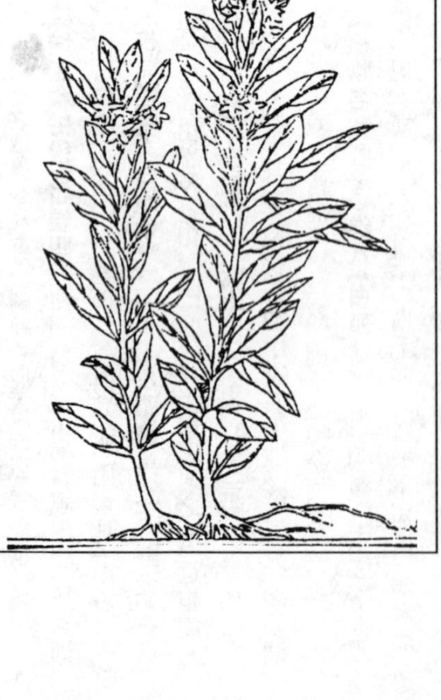

又卷一〇《滇白前》

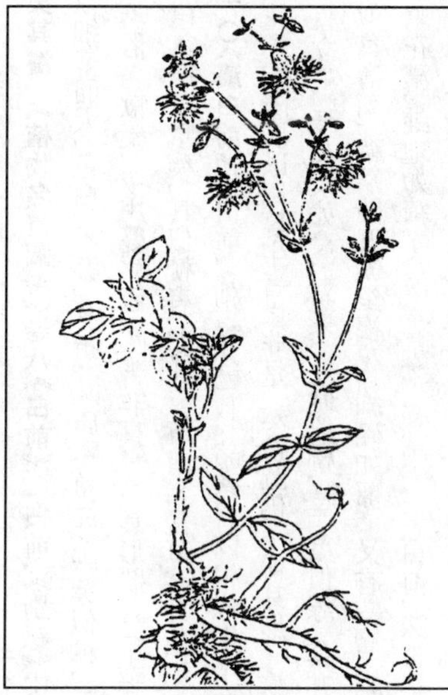

白頭翁

綜述

明　李時珍《本草綱目》卷一二　白頭翁《本經》下品　釋名：野丈人、《本經》胡王使者、《本經》奈何草。《別録》　弘景曰：處處有之。近根處有白茸，狀似白頭老翁，故以爲名。時珍曰：丈人、胡使、奈何，皆狀老翁之意。集解：《別録》曰：白頭翁生高山谷及田野，四月採。恭曰：其葉似芍藥而大，抽一莖。莖頭一花，紫色，似木槿花。實大者如鷄子，白毛寸餘，皆披下，似纛頭，正似白頭老翁，故名焉。陶言近根有白茸，似不識也。太常所貯蔓生者，乃是女萎。其白頭翁根，似續斷而扁。保昇曰：所在有之。有細毛，不滑澤，花蕊黄。二月採花，四月採實，八月採根，皆日乾。頌曰：處處有之。正月生苗，作叢生，狀似白薇而柔細稍長。葉生莖頭，如杏葉，上有細白毛而不滑澤。近根有白茸。根紫色，深如蔓菁。其苗有風則靜，無風而摇，與赤箭、獨活同也。陶注未述莖葉，蘇注言葉似芍藥，實如鷄子，白毛寸餘者，皆誤矣。宗奭曰：白頭翁生河南洛陽界，其新安山野中屢嘗見之，正如蘇恭所説。至今本處山中人賣白頭翁丸，言服之壽考，又失古人命名之義。陶氏所説，失於不審，宜其排叱也。機曰：寇宗奭以蘇恭爲是，蘇頌以陶説爲是。大抵此物用根，命名取象，當準蘇頌《圖經》，而恭説恐别是一物也。

明　張存紳《增定雅俗稽言》卷四　白頭翁　艸也，有風則靜，無風則摇。近根處有白茸，似人白頭，故名。温庭筠云：白頭翁，用蒼耳子作對。

清　孫之騄《枝語》卷下《白頭翁》　《本草》白頭翁草，一名野犬，一名胡王使者，一名奈何草，生高山谷及野田。陶隱居云：處處有之，以近根處有白茸，狀似人白頭，故以爲名。李白詩曰：醉入田家去，行過荒野中。如何青草裏，亦有白頭翁。《太平御覽》：翁源縣靈池中有石人，或藏或見，鬚眉浩白，自稱曰老翁。人居此源者，率皆壽考。信然，則不必唤奈何矣。

清　吴其濬《植物名實圖考》卷八《白頭翁》　白頭翁，《本經》下品。《唐本草注》謂花紫色，似木槿，實大如雞子，白毛寸餘皆披下，似白頭老翁，與《圖經》不同。今《寧都州志》云産白頭翁，採得亦不甚相類，姑圖其形狀以備考。陶、蘇兩説，既大乖異，《圖經》宗陶説而加詳，然原圖殊不相肖。李青蓮有《見野草中有白頭翁者》詩云：如何青草裏，亦有白頭翁。元張昱詩：疎蔓短於蓬，卑棲怯晚風。衹緣頭早白，無處入芳叢。詩人寓意有作，必非目所未見，而醫家乃至聚訟。《本草衍義》以蘇恭所述河南新安山中屢見之，太白往來東京，或即指此，惜非詠物詩體，不復揣侔。然有『折取對明鏡，宛將衰鬢同』之句，則非根上白茸矣。滇南有小一枝箭，亦名白頭翁，花老作茸，久不飛落，真如種種白髮也。

藝文

唐　李白《李太白文集》卷二二《見野草中有名白頭翁者》　醉入田家去，行歌荒野中。如何青草裡，亦有白頭翁。折取對明鏡，宛將衰鬢同。微芳似相誚，流恨向東風。

明　張昱《可閒老人集》卷一《白頭翁》　疎蔓短於蓬，卑栖怯晚風。衹緣頭白早，無處入芳叢。

圖表

明　李時珍《本草綱目・圖卷》

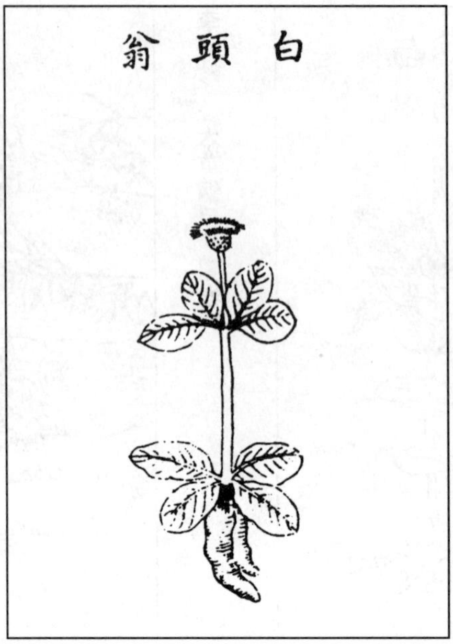

清　吳其濬《植物名實圖考》卷八《白頭翁》

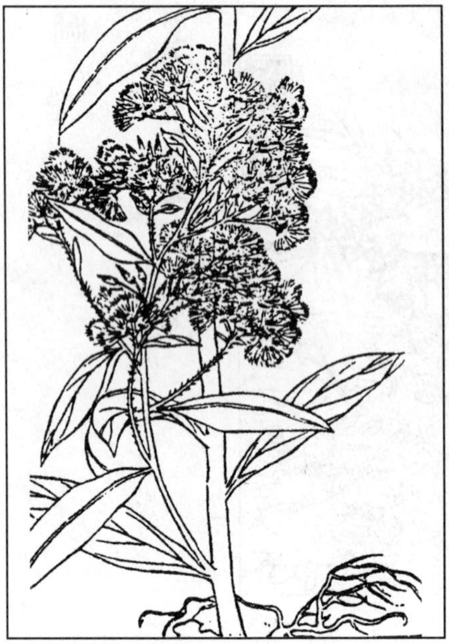

白薇

綜述

《爾雅・釋草》　薇，垂水。注：生於水邊。音義：薇，音微，又音眉。顧云：水濱生，故曰垂水。疏：草生於水濱而枝葉垂於水者曰薇。故注云『生於水邊』也。

宋　陸佃　《埤雅》卷一八《薇》　《爾雅》曰：薇，垂水。好生水邊，故曰垂水，似藿菜之微者也，故《禮》芼豕以薇。《記》曰：『鉶芼牛藿羊苦豕薇』是也。

明　李時珍　《本草綱目》卷一三　白薇《本經》中品　釋名：薇草、《別録》白幕、《別録》春草、《別録》葞、音尾。骨美。時珍曰：微，細也。其根細而白也。按《爾雅》：葞，春草也。微、葞音相近，則白微又葞音之轉也。《別録》以葞爲莽草之名，誤矣。集解：《別録》曰：白微生平原川谷，三月三日採根限乾。弘景曰：近道處處有之。頌曰：今陝西諸郡及舒、滁、潤、遼州亦有之。莖葉俱青，頗類柳葉。六七月開紅花，八月結實。其根黃白色，類牛膝而短小，今人八月採之。

圖表

晉 郭璞《爾雅音圖·釋草》

明 李時珍《本草綱目·圖卷》

白鮮

綜述

明 李時珍《本草綱目》卷一三 白鮮音仙。《本經》中品 釋名：白膻、弘景白羊鮮、弘景地羊鮮、《圖經》金雀兒椒。《日華》 弘景曰：俗呼爲白羊鮮。氣息正似羊膻，故又名白膻。時珍曰：鮮者，羊之氣也。此草根白色，作羊膻氣，其子纍纍如椒，故有諸名。集解：《別録》曰：白鮮皮生上谷川谷及冤句，四月、五月採根陰乾。弘景曰：近道處處有，以蜀中者爲良。恭曰：其葉似茱萸，苗高尺餘，根皮白而心實，花紫白色。根宜二月採，若四月、五月採，便虛惡矣。頌曰：今河中、江寧府、滁州、潤州皆有之。苗高尺餘，莖青，葉稍白，如槐亦似茱萸。四月開花淡紫色，似小蜀葵花。根似小蔓菁，皮黃白而心實。山人採嫩苗爲菜茹。

清 嵇璜《續通志》卷一七四 白鮮，一名白羶，一名白羊鮮，一名地羊鮮，一名金雀兒椒。葉似茱萸，高尺餘。根白色，作羊羶氣。花紫白色，其子纍纍如椒。

目俗人呼爲白草子，是矣。又曰白英方藥不復用。此有斛菜，生水中，可蒸食，非是此類。有白草，作羹飲，甚療勞，而不用根花。益州乃有苦菜，土人專食之，充健無病，疑或是此。恭曰：白英，鬼目草也。蔓生，葉似王瓜，小長而五椏。實圓，若龍葵子，生青，熟紫黑。東人謂之白草。陶云白草，似識之，而不的辨。藏器曰：白英，鬼目菜也。蔓生，三月延長。爾雅名苻。郭璞云：似葛，葉有毛，子赤色如耳璫珠。若云子熟黑，誤矣。江東夏月取其莖葉，煮粥食，極解熱毒。時珍曰：此俗名排風子是也。正月生苗，白色，可食。秋開小白花。子如龍葵子，熟時紫赤色。《吳志》云：孫皓時有鬼目菜，緣棗樹，長丈餘，葉廣四寸，厚三分，人皆異之。即此物也。又羊蹄草一名鬼目。嶺南有木果亦名鬼目，葉似楮，子大如鴨子，七八月熟，黃色，味酸可食。皆與此同名異物也。

明 曹學佺《蜀中廣記》卷六四 《本草》：縠菜，一名白英，味甘寒，生益州山谷。治寒熱，久服輕身，延年。縠音谷。

清 吳其濬《植物名實圖考》卷二二《白英》 白英，《本經》上品，《爾雅》「苻，鬼目」，即此。一名排風子。《吳志》曰：鬼目菜。《齊民要術》誤以爲嶺南鬼目果，湖南謂之望冬紅。俚醫以爲治腰痛要藥。其嫩葉味酸，可作茹。老根生者，葉大有五椏，凌冬不枯，春時就根生葉。《吳志》所云緣樹長丈餘，葉廣四寸，厚三分，不足異也。雩婁農曰：白英有毛而酸，貧者食之。滇人呼爲酸尖菜。

圖表

明 李時珍《本草綱目·圖卷》

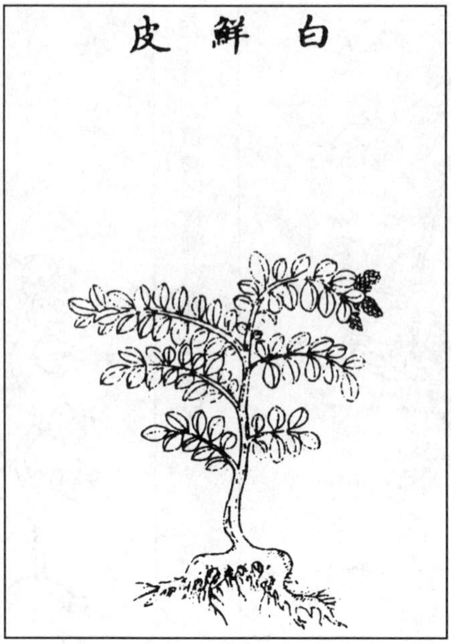

白英

綜述

明 李時珍《本草綱目》卷一八 白英《本經》上品 校正：並入《別録》鬼目。釋名：縠菜、《本經》白草、《別録》白幕、《拾遺》排風，同上子名鬼目。時珍曰：白英謂其花色，縠菜象其葉文，排風言其功用，鬼目象其子形。《別録》有名未用，復出鬼目，雖苗子不同，實一物也。故並之。集解：《別録》曰：白英生益州山谷。春採葉，夏採莖，秋採花，冬採根。又曰：鬼目一名來甘。實赤如五味，十月採。弘景曰：鬼

圖表

明 李時珍《本草綱目・圖卷》

清 吳其濬《植物名實圖考》卷二二《白英》

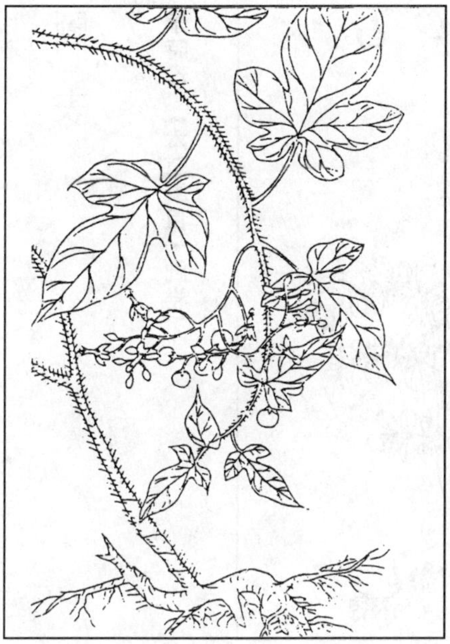

白芷

綜述

《爾雅・釋草》 莞，苻蘺。其上蒚。注：今西方人呼蒲爲莞蒲。蒚謂其頭臺首也。今江東謂之苻蘺，西方亦名蒲中莖爲蒚，用之爲席。音義：莞，本或作萖，謝音官，郭音桓，《字林》音緩，俗音關。蘺，力知反，本或作離。蒚，郭音翮，又音歷。疏：某氏曰：《本草》云白蒲，一名苻蘺，楚謂之莞蒲，其上臺別名蒚。郭義具注。《詩・小雅・斯干》云：下莞上簟。鄭《箋》云『莞，小蒲』也者，以莞、蒲一草之名。而《司几筵》有莞筵、蒲筵，則有大小之異。爲席有精有粗，故得爲兩種席也。

漢 許慎《說文》卷一 茝，虈也。从艸，臣聲。【略】虈，楚謂之蘺，晉謂之虈，齊謂之茝。从艸，嚻聲。許嬌切。

宋 羅願《爾雅翼》卷二《茝》 《楚辭》以芳草比君子，而言茝者最多。蓋茝，今香白芷也。一物而多名，茝也，芷也，芳也，葯也，虈也。《說文》曰：楚謂之蘺，晉謂之虈，齊謂之茝。故《離騷》有辟芷，有芳芷，有白芷，有白茝，有芬香，有葯，有芳。

宋 吳仁傑《離騷草木疏》卷一《芷芳》 扈江離與辟芷兮。王逸注：扈，被也。言已修潔乃取江離辟芷以爲衣被，採衆善以自約也。【略】仁傑按：《本草》白芷名芳香，又名澤芬。陶隱居云：東閣甚多，道家以此香浴，又用合香也。《嘉祐圖經》云：今所在多有之，吴地尤多。根長尺餘，白色，枝幹去地五寸以上。春生枝葉，婆娑紫色，闊三指許。花白，微黃，入伏後結子，立秋後苗枯。

明 李時珍《本草綱目》卷一四 白芷《本經》中品。 釋名：白茝、音止，又昌海切。芳香、《本經》澤芬、《别録》苻蘺、《别録》虈、許驕切。莞，音官。葉名蒚麻音力。葯。音約。時珍曰：徐鍇云，初生根幹爲芷，則白芷之義取乎此也。王安石《字說》云：茝香可以養鼻，又可養體，故茝字從臣。臣音怡，養也。許慎《說文》云：晉謂

之臣，齊謂之茝，楚謂之蘺，又謂之藥。生於下澤，芬芳與蘭同德，故騷人以蘭茝爲咏，而《本草》有芳香、澤芬之名，古人謂之香白芷云。集解：《别録》曰：白芷生河東川谷下澤，二月、八月採根暴乾。弘景曰：今處處有之，東間甚多。葉可合香。頌曰：所在有之，吴地尤多。根長尺餘，粗細不等，白色。枝幹去地五寸以上。春生葉，相對婆娑，紫色，闊三指許。花白微黄。入伏後結子，立秋後苗枯。二月、八月採根暴乾。以黄澤者爲佳。斅曰：凡採勿用四條一處生者，名喪公藤。又勿用馬蘭根。

清　魏茂林　《駢雅訓纂》卷六　苻離，澤芬，蒚麻，白芷也。《爾雅・釋草》：莞，苻離，其上蒚。注：今西方人呼蒲爲莞，蒲蒚謂其頭臺首也。今江東謂之苻離，西方亦名蒲中莖爲蒚，用之爲席。《正義》：《本草》白芷，一名莞，一名苻離。王逸《楚詞注》：莞，夫離也。與郭異。蒚，音羽翩之翩。《神農本草經》中：白茝，《名醫》曰：一名苻離，一名澤芬葉，一名蒚麻。

清　陳淏子　《秘傳花鏡》卷五《花草類考・白芷》　白芷，一名茝，一名莞，一名澤芬，香草也。處處有之，吴地尤多。枝幹不盈尺，根長尺餘，粗細不等。春生下濕處，其葉相對，婆娑紫色，闊三指許。花白而微黄，入伏後結子。立秋後苗枯，採根入藥。含香白芷，葉可合香，煎湯沐浴，謂之蘭湯。

清　張宗法　《三農紀》卷一八《藥屬・白芷》　白芷，《本草》云：葉粗，對生婆娑，紫色，闊三指許。花白微黄。入秋結實，薄小。秋後苗枯，根長尺餘，小大不等。白色枝幹，去地五寸，一處四條。生者爲喪公藤，採者勿用。《臞仙神隱書》云：白芷可避蛇。《楚辭》云茝，《字説》云茝，香可以養鼻，可以養體。徐錯云：草初生根幹爲芷，義取乎此也。《説文》云：晉謂之虈，齊謂之茝，楚謂之蘺，秦謂之藥。又有蒚麻，《淮南子》云：秋蔣被風，其色白，象乎乾也。其氣辛，味乎肺也。凡芳香之氣，好發揚而快爽，無表不到。故令清浄而遠穢濁，召祥氣以辟凶咎。詩人以蘭茝咏，時人以芳芬稱，故得有香之名也。有德者，必有香。香者，乃白操之氣也。能知止，則香可充矣。

清　吴其濬　《植物名實圖考》卷二五《白芷》　白芷，《本經》上品。滇南生者，肥莖緑縷，頗似茴香。抱莖生枝，長尺有咫。對葉密擠，鋸齒槎枒，齟齬翹起，澀紋深刻。梢開五瓣白花，黄蕊外湧，千百爲族，間以緑苞。根肥白，如大拇指，香味尤窟。

圖表

晉　郭璞　《爾雅音圖・釋草》

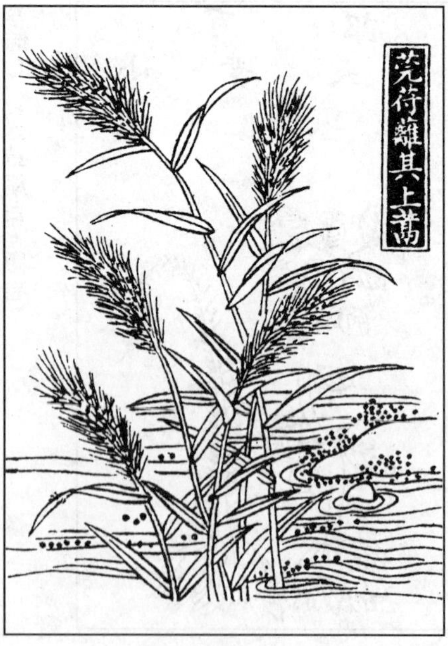

清　蕭雲從　《補繪蕭雲從離騷全圖》卷下

右芷。白芷也。或謂之茝，《禮記》所稱茝蘭是也。其葉婆娑，佩之可以辟惡。

清　吴其濬《植物名實圖考》卷二五《白芷》

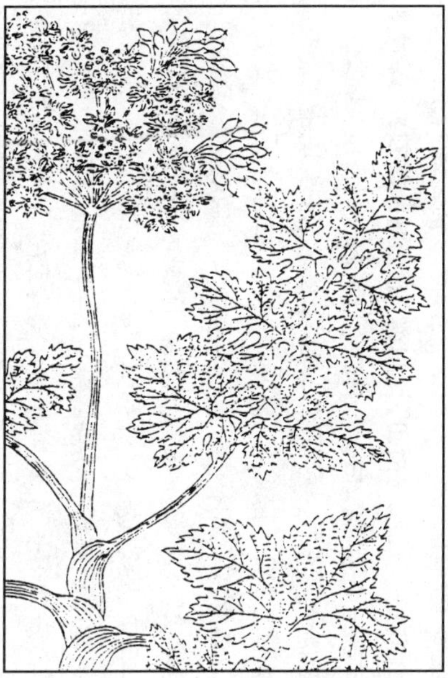

百部

綜述

宋　鄭樵《通志》卷七五　百部，曰婆婦草，能去諸蟲，可以殺蠅蠓。其葉似薯蕷，根似天門冬，故天門冬亦有百部之名，二物足以相紊。

明　李時珍《本草綱目》卷一八　百部《别録》中品　釋名：婆婦草、《日華》野天門冬、《綱目》　時珍曰：其根多者百十連屬，如部伍然，故以名之。集解：弘景曰：山野處處有之。其根數十相連，似天門冬而苦强，但苗異爾。《博物志》云：九真一種草似百部，但長大爾。懸火上令乾，夜取四五寸切短，含咽汁，主暴嗽甚良，名爲嗽藥。疑此即百部也。其土肥潤，是以長大也。藏器曰：天門冬根有十餘莖，根圓短，實潤味甘；百部多者五六十莖，根長尖內虛，味苦不同，苗蔓亦别。今人以門冬當百部，説不明也。頌曰：今江、湖、淮、陜、齊、魯州郡皆有之。春生苗，作藤蔓。葉大而尖長，頗似竹葉，面青色而光。根下一撮十五六枚，黄白色，二、三、八月採，曝乾用。時珍曰：百部亦有細葉如茴香者，其莖青，肥嫩時亦可煮食。其根長者近尺，新時亦肥實，但乾則虛瘦無脂潤爾。生時擘開去心曝之。鄭樵《通志》言葉如薯蕷者，謬矣。

清　張逸少《佩文齋廣羣芳譜》卷九八《藥譜·百部》　百部，一名野天門冬，一名婆婦草，山野處處有之。春生苗作藤蔓，葉大而尖長，頗似竹，葉面青而光，亦有細葉如茴香者。莖青，微嫩時亦可煮食。莖多者五六十，長尖內虛。根數十相連，似天門冬而苦，根長者近尺，黄白色，鮮時亦肥。實乾則虛瘦無脂潤，性甘微温無毒。

圖表

明　李時珍《本草綱目·圖卷》

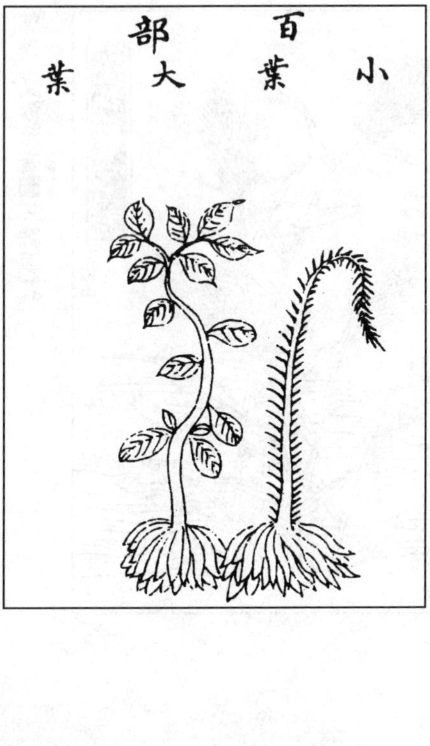

敗醬

綜述

漢 許慎《説文》卷一 芺，艸也。味苦，江南食以下气。从艸，夭聲。烏皓切。

宋 鄭樵《通志》卷七五 敗醬，曰鹿腸，曰鹿首，曰馬草，曰澤敗，曰鹿醬。葉似豨薟，根似柴胡，作敗醬氣，故以得名。

明 李時珍《本草綱目》卷一六 敗醬《本經》中品 釋名：苦菜、《綱目》苦蘵、《綱目》澤敗、《别録》鹿腸、《本經》鹿首、《别録》馬草。《别録》 弘景曰：根作陳敗豆醬氣，故以爲名。 時珍曰：南人採嫩者，暴蒸作菜食，味微苦而有陳醬氣，故又名苦菜，與苦蕒、龍葵同名。亦名苦蘵，與酸漿同名，苗形則不同也。 集解：《别録》曰：敗醬生江夏川谷，八月採根，暴乾。 弘景曰：出近道。葉似豨薟，根形如柴胡。 恭曰：此藥不出近道，多生岡嶺間。葉似水莨及薇銜，叢生，花黄根紫，作陳醬色，其葉殊不似豨薟也。 頌曰：江東亦有之，狀如蘇恭所説。 時珍曰：處處原野有之，俗名苦菜，野人食之，江東人每採收儲焉。春初生苗，深冬始凋。初時葉布地生，似菘菜葉而狹長，有鋸齒，緑色，面深背淺。夏秋莖高二三尺而柔弱，數寸一節。節間生葉，四散如傘。顛頂開白花成簇，如芹花、蛇床子花狀。結小實成簇。其根白紫，頗似柴胡。吴普言其根似桔梗，陳自明言其根似蛇莓根者，皆不然。

圖表

明 李時珍《本草綱目·圖卷》

半邊蓮

綜述

明 李時珍《本草綱目》卷一六 半邊蓮《綱目》 集解：時珍曰：半邊蓮，小草也。生陰濕塍塹邊。就地細梗引蔓，節節而生細葉。秋開小花，淡紅紫色，止有半邊，如蓮花狀，故名。又呼急解索。

圖表

明　李時珍《本草綱目・圖卷》

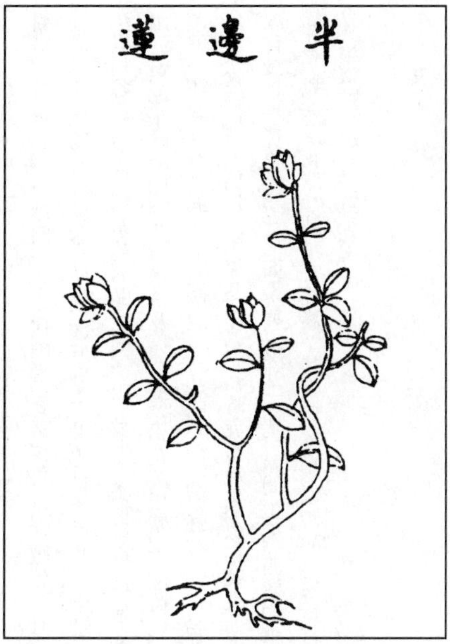

半夏

綜述

明　李時珍《本草綱目》卷一七　半夏《本經》下品　釋名：守田、《別錄》水玉、《本經》地文、《本經》和姑。吴普　時珍曰：《禮記・月令》：五月半夏生。蓋當夏之半也，故名。守田會意，水玉因形。集解：《別錄》曰：半夏生槐裏川谷。五月、八月採根，暴乾。普曰：生微丘或生野中，二月始生葉，三三相偶。白花圓上。弘景曰：槐裏屬扶風。今第一出青州，吴中亦有，以肉白者爲佳，不厭陳久。恭曰：所在皆有。生平澤中者，名羊眼半夏，圓白爲勝。然江南者大乃徑寸，南人特重之。頃來互用，功狀殊異。其苗似是由跋，誤以爲半夏也。頌曰：在處有之，以齊州者爲佳。二月生苗一莖，莖端三葉，淺緑色，頗似竹葉，而生江南者似芍藥葉。根下相重，上大下小，皮黄肉白。五月、八月採根，以灰裹二日，湯洗暴乾。《蜀圖經》云：五月採則虚小，八月採乃實大。其平澤生者甚小，名羊眼半夏。由跋絶類半夏，而苗不同。斅曰：白傍蕟子真似半夏，祇是咬着微酸，不入藥用。

明　陳懋仁《庶物異名疏》卷二一《地文》　《急就注》：半夏，五月苗始生，居夏之半，故爲名也。一名地文。

清　魏茂林《駢雅訓纂》卷六　地文，半夏也。《神農本草經》下：半夏，一名地文。

清　高士奇《北墅抱甕録・半夏》　半夏苗，一莖一花，葉與茨菰似，但極小。每本不過六七寸，膝籬之下，生發茸茸，初未嘗下種也。園中藥卉，自生者極多。頗有未識其名者，亦不能盡録之也。

清　張逸少《佩文齋廣羣芳譜》卷九七《藥譜・半夏》　半夏，一名水玉，一名守田，一名地文，《本草綱目》云：《禮記・月令》：五月半夏生。蓋當夏之半也，故名。守田會意，水玉象形也。一名和姑。在處有之，齊州者爲良。二月生苗，一莖，莖端三葉，淺緑色，頗似竹葉，三三相偶。而生江南者，似芍藥，白花圓上。生平澤者，甚小，名羊眼半夏，圓白爲勝。五月採則虚小，八月乃實大，陳久更佳。

清　吴其濬《植物名實圖考》卷二四《半夏》　半夏，《本經》下品。所在皆有，有長葉、圓葉二種，同生一處。夏亦開花如南星而小，其梢上翹似蝎尾，固始呼爲蝎子草。【略】半夏一莖三葉，諸書無異詞。而原圖一莖一葉，前尖後歧，乃似茨菰葉。余曾遣人繪川貝母圖，正與此合。豈互相舛誤耶？抑俗方祇此一物而兩用耶？二者皆與圖説不相應，非書不備，則別一物。雩婁農曰：半夏處處有之，乃以鵲山爲佳。

圖表

明 李時珍《本草綱目·圖卷》

清 吳其濬《植物名實圖考》卷二四《半夏》

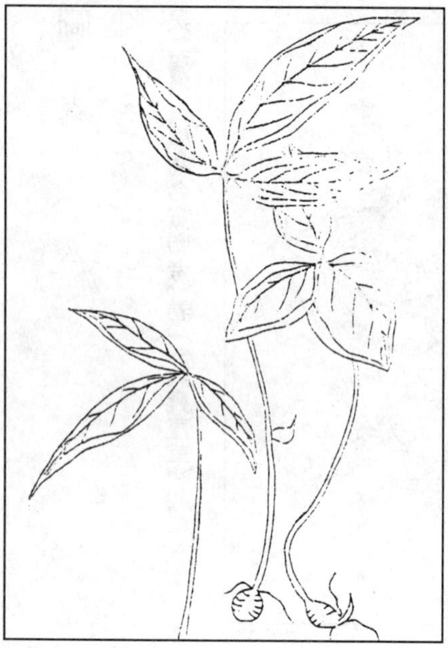

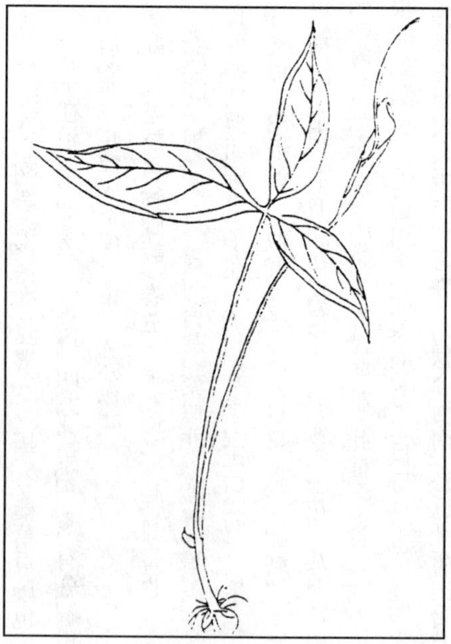

寶蓋草

綜述

清 吳其濬《植物名實圖考》卷一三《寶蓋草》 寶蓋草，生江西南昌陰濕地。一名珍珠蓮。春初即生，方莖色紫，葉如婆婆納葉微大，對生抱莖，圓齒深紋，逐層生長。就葉中，團團開小粉紫花。土人採取煎酒，養筋活血，止遍身疼痛。

圖表

清　吳其濬《植物名實圖考》卷一三《寶蓋草》

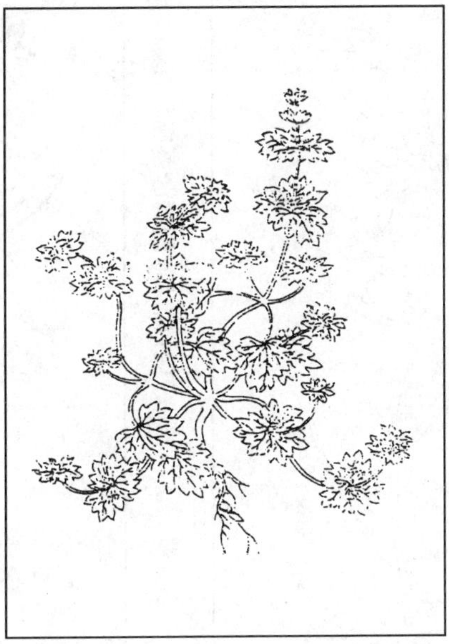

貝母

綜　述

《爾雅·釋草》　莔，貝母。注：根如小貝，圓而白華，葉似韭。音義：䔰，居肇反，本亦作䔰字。莔，音伐，本又作罰。莔，亡庚反，《詩》作蝱同。《本草》云：貝母，一名空草，一名藥實，一名苦華，一名苦菜，一名商草，一名勤母。疏：藥草貝母，一名莔。郭云：根如小貝，圓而白華，葉似韭。《詩·鄘風·載馳》云：陟彼阿丘，言采其蝱。陸璣云：蝱，今藥草貝母也。其葉如栝樓而細小。其子在根下，如芋子，正白，四方連累相著，有分解也。《本草》一名空草。陶注云：出近道，『形似聚貝子，故云貝母』是也。

漢　許慎《說文》卷一　莔，莔，貝母也。从艸，明省聲。武庚切。

三國吳　陸璣《毛詩草木鳥獸蟲魚疏》卷上《言采其蝱》　蝱，今藥草貝母也。其葉如栝樓而細小。其子在根下如芋子，正白，四方連累相著，有分解也。

宋　張載《張子全書》卷一三《貝母》　貝母階前蔓百尋，雙桐盤遶葉森森。剛强顧我蹉跎甚，時欲低柔警寸心。

明　李時珍《本草綱目》卷一三　貝母《本經》中品　釋名：莔、《爾雅》音萌。勤母、《別録》苦菜、《別録》苦花、《別録》空草、《本經》藥實。弘景曰：形似聚貝子，故名貝母。時珍曰：《詩》云『言采其莔』，即此。一作宝，謂根狀如宝也。苦菜、藥實，與野苦蕒、黄藥子同名。集解：《別録》曰：貝母生晉地，十月採根暴乾。恭曰：其葉似大蒜。四月蒜熟時，採之良。若十月，苗枯根亦不佳也。出潤州、荆州、襄州者最佳，江南諸州亦有。頌曰：今河中、江陵府、郢、壽、隨、鄭、蔡、潤、滁州皆有之。二月生苗，莖細，青色。葉亦青，似蕎麥葉，隨苗出。七月開花，碧緑色，形如鼓子花。八月採根，根有瓣子，黄白色，如聚貝子。此有數種。陸璣《詩疏》云：莔，貝母也。葉如栝樓而細小。其子在根下，如芋子，正白，四方連累相着，有分解。今近道出者正類此。郭璞注《爾雅》言白花葉似韭，此種罕復見之。斅曰：貝母中有獨顆團不作兩片無皺者，號曰丹龍精，不入藥用。誤服令人筋脈永不收，惟以黄精、小藍汁服之，立解。

明　吴雨《毛詩鳥獸草木考》卷一二《蝱》　蝱，藥草也，一名貝母，一名空草，一名苦花，一名商草，一名勤母。根有辦，子黄白色，如聚貝子，故名貝母。二月生苗，莖細青色，葉亦青，似蕎麥葉，隨苗出。七月開花，碧緑色，形如鼓子花。性能散心胸鬱結之疾。陸璣云：蝱，今藥草貝母也。其葉如括樓而細小，其子在根下，如芋，子正白，四方連累相著，有分解也。郭璞云：白花，葉似韭。此種今不復見也。字亦作莔。

清　徐鼎《毛詩名物圖說》卷五　毛《傳》：蝱，貝母也。《爾雅》：莔，貝母。郭璞注：根如小貝，員而白華，葉似韭。陸璣《疏》：蝱，今藥草貝母也。其葉如栝樓而細小，子在根下，如芋子，正白，四方連累相著，有分解是也。邢昺疏：出近道，形似聚貝子，故云貝母也。《圖經》：二月生苗，莖細，青色，葉隨苗出。七月開花，碧緑色，形如鼓子花。八月採根，曬乾。此有數種，陸璣所說，今近道出者；郭璞所說，此種罕復見之。愚按：莔，一作蝱，根狀如蝱也。近道出者，即今醫方土貝母是也。惟用地者良。《詩·載馳》爲許穆夫人所作。古許國，隸今河南，亦近地所出者。《本草》

云：能散心胸鬱結之氣。蓋採之，欲療其疾也。

清　王念孫《廣雅疏證》卷一〇　貝父，藥實也。貝父，即貝母也。《爾雅》：莔，貝母。郭注云：根如小貝，圓而白華，葉似韭。《鄘風·載馳》篇言「采其蝱」，《傳》云：蝱，貝母也。采其蝱者，將以療疾。蝱與莔同。《正義》引《義疏》云：蝱，今藥草貝母也。其葉如栝樓而細小，其子在根下如芋子，正白，四方連累相著，有分解。《神農本草》云：貝母，一名空草。《名醫別録》云：一名藥實，一名商草。商字即莔字之誤也。陶注云：形似聚貝子，故名貝母。蘇頌《圖經》云：二月生苗，莖細，青色，葉亦青，似蕎麥葉，隨苗出。七月開花，碧綠色，如鼓子花。陸機云：貝母，葉如栝樓。今近道出者正類此。郭璞云：白華，葉似韭。此種罕復見之。

清　吴其濬《植物名實圖考》卷七《貝母》　貝母，《本經》中品。《爾雅》：莔，貝母。注：根如小貝，圓而白華，葉似韭。陸璣《詩疏》：葉如栝樓而細小，子在根下如芋子，正白。《圖經》云：此有數種，韭葉者，罕復見之。今有川貝、浙貝兩種。按陸《疏》以爲似栝樓葉而細小，郭注以爲似韭葉，宋《圖經》以爲似蕎麥葉。各説既不同，原圖數種，亦不甚符。今川中圖者，一葉一莖，葉頗似蕎葉。大理府點蒼山生者，葉微似韭而開藍花，正類馬蘭花，其根則無甚異，果同性耶？張子詩：貝母階前蔓百尋，雙桐盤繞葉森森。剛强顧我蹉跎甚，時欲低柔警寸心。則又有蔓生者矣。

清　趙學敏《本草綱目拾遺》卷四《草部下·土貝母》　按：貝母有甜、苦之分，有川、象之别。《百草鏡》云：出川者曰川貝，出象山者名象貝，絶大者名土貝。川産者味甘，間有微苦，總不似他産之一味苦而不甘者也。入藥能補氣利痰而不寒，虚人宜之。象貝一味苦寒，能化堅痰，性利可知。若土貝，功專化膿，解癰毒，性燥而不潤。以象貝皆小，土貝獨大，於川産者亦異，《綱目》不分，著功用，或其時尚未有此種耳。又《用藥識微》云：川貝中，一種出巴東者，獨大，番人名紫草貝母，大不道地。出陝西者，名西貝，又號大貝。張石頑云：貝母，川産味甘，最佳。西産味薄，次之。象山者，微苦，又次之。一種大而苦者，僅能解毒，並去心用。今川中亦産一種，大如錢者，土人以之擣粉作漿，刷川綢用，不知入藥。然則土貝川中亦産，不特浙江也。憶庚子春，有友自川中歸，貽予貝母，大如錢，皮細白而帶黄斑，味甘。云此種出龍安，乃川貝中第一，不可多得。信是，則川中之甜貝母亦有大者，不特金川子獨甜也。並附以俟考。

圖表

晉　郭璞《爾雅音圖·釋草》

明　李時珍《本草綱目·圖卷》

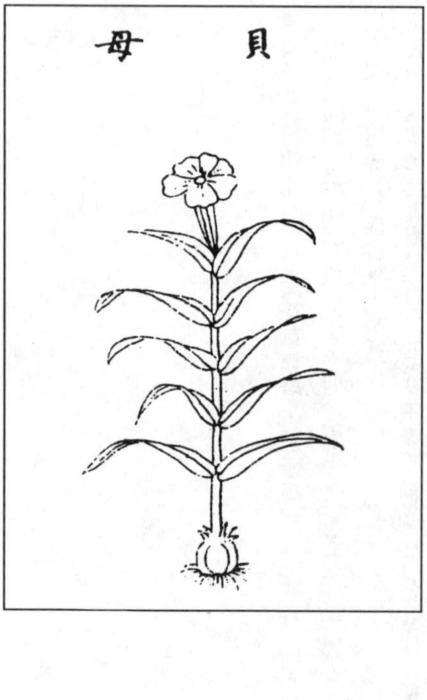

清 徐鼎《毛詩名物圖說》卷五

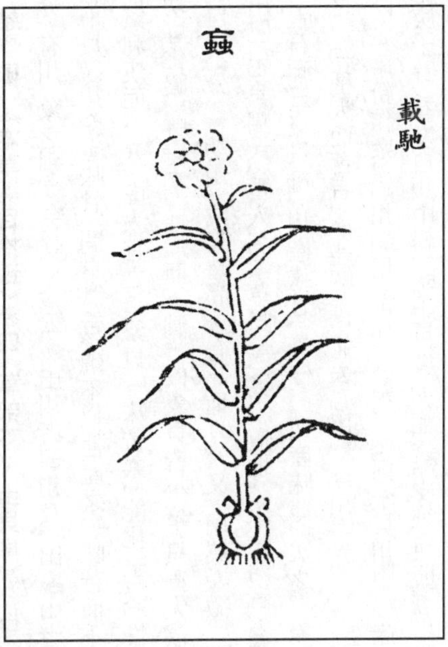

清 吳其濬《植物名實圖考》卷七《貝母》

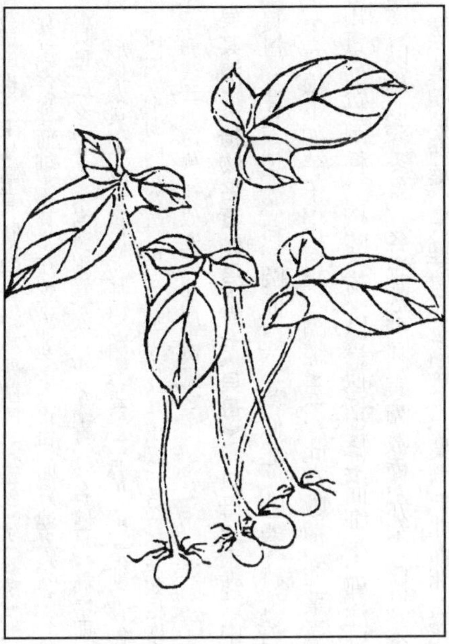

辟汗草

綜述

清 陳淏子《秘傳花鏡》卷五《花草類考・醒頭香》 醒頭香，亦名辟汗草，出自江浙。開細小黃花，有似魚子蘭而香劣不及。夏月汗氣，婦女取置髮中，則次日香燥可梳，且能助枕上幽香。

清 吳其濬《植物名實圖考》卷二五《辟汗草》 辟汗草，處處有之，叢生，高尺餘。一枝三葉，如小豆葉。夏開小黃花，如水桂花。人多摘置髮中，辟汗氣。按《夢溪筆談》：芸香葉類豌豆，秋間葉上微白如粉污。《說文》：芸似苜蓿。或謂即此草，形狀極肖，可備一說。

圖表

清 吳其濬《植物名實圖考》卷二五《辟汗草》

辟虺雷

綜述

明　李時珍《本草綱目》卷一三　辟虺雷《唐本草》釋名：辟蛇雷。《唐本》。時珍曰：此物辟蛇虺有威，故以雷名之。集解：恭曰：辟虺雷狀如粗塊蒼术，節中有眼。時珍曰：今川中峨眉、鶴鳴諸山皆有之。根狀如蒼术，大者若拳。彼人以充方物，苗狀當俟訪問。

圖表

明　李時珍《本草綱目·圖卷》

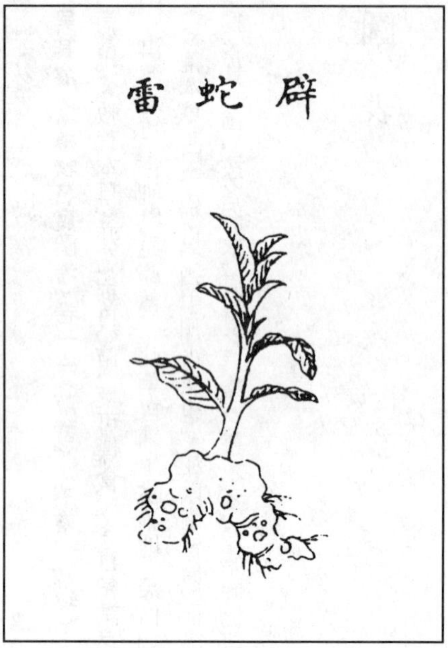

萹蓄

綜述

《爾雅·釋草》　竹，萹蓄。注：似小藜，赤莖節，好生道傍，可食，又殺蟲。音義：蒟，求於反。艼，天頂反，又天丁反。熒，音迥，又音螢。竹，本又作築，張六反。萹，匹善反。顧，補殄、匹緜二反。蓄，勑六反。陶弘景云：萹蓄，亦呼爲萹竹。好，呼報反。蟲，直中反。疏：李巡曰：一物二名也。孫炎：某氏引《詩·衛風》云『菉竹猗猗』。郭云：似小藜，赤莖節，好生道傍，可食，又殺蟲。案：陶隱居《本草》注云：『處處有，布地而生，節間白，華葉細緑，人謂之萹竹。煑汁與小兒飲，療蚘蟲』是也。

漢　許慎《説文》卷一　萹萹，萹茿也。从艸，扁聲。　茿茿，萹茿也。从艸筑省聲。

宋　鄭樵《通志》卷七五　萹蓄，《詩》云『緑竹猗猗』，即此是也。今人謂之萹竹，葉似竹而細薄。荆襄人煑以染黄，極鮮麗。故《草經》云：可染黄作金色。

宋　戴侗《六書故》卷二四　萹萹，比兖切。《楚辭》曰：解萹薄與襍菜兮，備以爲交佩。《爾雅》曰：竹，萹蓄。郭氏曰：似小藜，赤莖節，好生道旁，可食，殺蟲。《本草》曰：春中布地生苗，似瞿麥。葉細緑如竹，赤莖如釵股。節間生華，甚細，青黄色。根如蒿根赤，呼爲萹竹。《衛詩》『緑竹猗猗』，説者曰：緑，王芻也。竹，萹竹也。《説文》：萹，茿也。茿，萹也。按：緑竹如簀，正謂竹耳，初非兩物，萹竹正以似竹得名。茿，《字贅》又作薀。

明　李時珍《本草綱目》卷一六　萹蓄音編畜。《本經》下品　釋名：扁竹、弘景扁辨、吴普扁蔓、吴普粉節草、《綱目》道生草。時珍曰：許慎《説文》作扁筑，與竹同音。節間有粉，多生道旁，故方士呼爲粉節草、道生草。集解：《别録》曰：萹蓄生東萊山谷，五月採，陰乾。弘景曰：處處有之，布地而生，花節間白，葉細緑，人呼爲扁竹。頌曰：春中布地生道旁，苗似瞿麥，葉細緑如竹，赤莖如釵股，節間花出甚細，微青黄色，根如蒿根，四五月採苗陰乾。《蜀圖經》云：二月、八月採苗日乾。郭璞注《爾雅》云

『似小藜赤莖節，好生道旁，可食又殺蟲』是也。或云：《爾雅》王刍即此也。時珍曰：其葉似落帚葉而不尖，弱莖引蔓，促節。三月開細紅花，如蓼藍花，結細子，爐火家燒灰煉霜用。一種水扁築，名薵，音督，出《説文》。

清　吴其濬《植物名實圖考》卷一一《萹蓄》　萹蓄，《本經》下品。《爾雅》：竹，萹蓄。《救荒本草》亦名扁竹，苗、葉可煠食。今直隸謂之竹葉菜。雩婁農曰：淇澳之竹，古訓以爲萹蓄。此草喜鋪生陰濕地，美白如簀，誠善體物矣。《救荒本草》曰：扁竹，猶中州古語也。江以南皆饒，而識者蓋寡。《滇本草》獨著其功用，按名而求，果得之。滇之草木名，多始於楊慎，此語或有所承。

圖表

晉　郭璞《爾雅音圖・釋草》

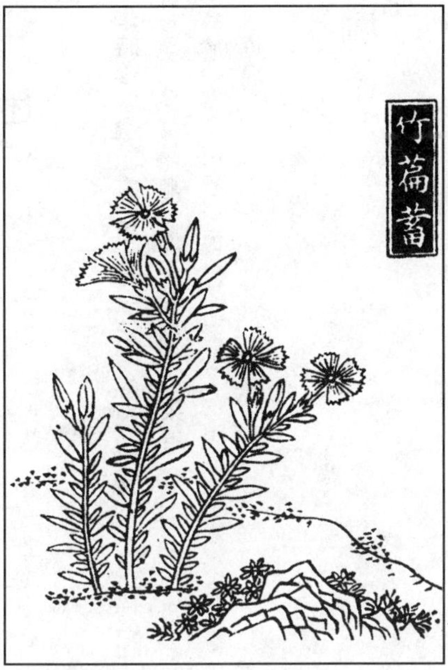

明　李時珍《本草綱目・圖卷》

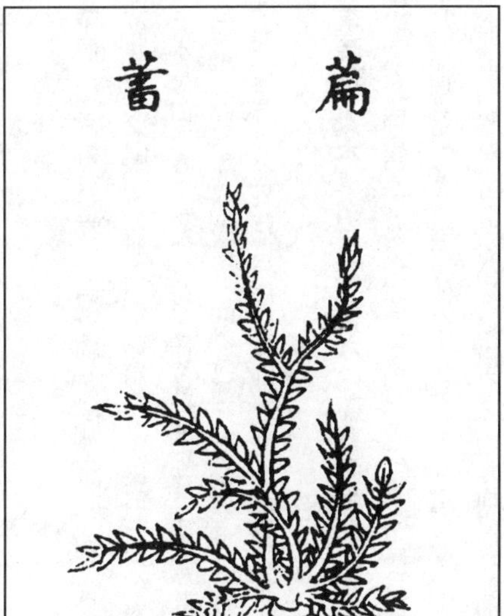

清　吴其濬《植物名實圖考》卷一一《萹蓄》

薄荷

綜述

明　朱橚《救荒本草》卷八　薄荷，一名雞蘇。舊不著所出州土，今處處有之。莖方，葉似荏子葉小頗細長，又似香菜葉而大。開細碎黲白花。其根經冬不死，至春發苗。味辛苦，性温，無毒；一云性平。東平龍腦崗者尤佳。又有胡薄荷，與此相類，但味少甘爲別，生江浙間，彼人多作茶飲，俗呼爲新羅薄荷。又有南薄荷，其葉微小。

明　李時珍《本草綱目》卷一四　薄荷《唐本草》　校正：自菜部移入此。

釋名：菝蔄、音跋活。蕃荷菜、蕃音鄱。吴菝、蔄《食性》南薄荷、《衍義》金錢薄荷。時珍曰：薄荷，俗稱也。陳士良《食性本草》作菝蔄，楊雄《甘泉賦》作茇葀，吕忱《字林》作茇苦，則薄荷之爲訛稱可知矣。孫思邈《千金方》作蕃荷，又方音之訛也。今人藥用，多以蘇州者爲勝，故陳士良謂之吴菝蔄，以別胡菝蔄也。　宗奭曰：世稱此爲南薄荷，爲有一種龍腦薄荷，所以別之。　機曰：小兒方多用金錢薄荷，謂其葉小頗圓如錢也，書作金銀誤矣。　集解：頌曰：薄荷處處有之。莖葉似荏而尖長，經冬根不死，夏秋採莖葉曝乾。古方稀用，或與薤作齑食，近世治風寒爲要藥，故人家多蒔之。又有胡薄荷，與此相類，但味少甘爲別。生江浙間，彼人多以作茶飲之，俗呼新羅薄荷。近汴洛僧寺或植一二本者，《天寶單方》所謂連錢草者是也。又有石薄荷，生江南山石間，葉微小，至冬紫色，不聞有別功用。　恭曰：薄荷，人家種之，亦堪生食。一種蔓生者，功用相似。　時珍曰：薄荷，人多栽蒔。二月宿根生苗，清明前後分之。方莖赤色，其葉對生，初時形長而頭圓，及長則尖。吴、越、川、湖人多以代茶。蘇州所蒔者，莖小而氣芳，江西者稍粗，川蜀者更粗，入藥以蘇産爲勝。《物類相感志》云：凡收薄荷，須隔夜以糞水澆之，雨後乃可刈收，則性涼，不爾不涼也。野生者，莖葉氣味都相似。

明　陳懋仁《庶物異名疏》卷二二《蘷蔄》　蘷蔄，薄荷也。見《參同契注》。

清　曹溶《倦圃蒔植記·總論》卷下《論蔬》　薄荷，吴郡府學前出者最爲道地。食中、藥中，用俱佳。

清　高士奇《北墅抱甕録·薄荷》　薄荷與紫蘇，同形而異色，香亦相等。聞川湖之俗，以薄荷代茶荈。余喜其辛涼之味，夏月輒煮而啜之。

清　王棠《燕在閣知新録》卷二九《雞蘇》　雞蘇，《本草》云：龍腦薄荷也。東吴林下人，夏月以此飲客。

清　錢維喬《鄞縣志》卷二八　薄荷，莖葉似荏而尖長，根經冬不死，又有蔓生者，春採莖葉，人家庭院多蒔。《至正續志》

清　吴其濬《植物名實圖考》卷二五《薄荷》　薄荷，《唐本草》始著録，或謂即菝蔄，茇、葀之訛。中州亦蒔以爲蔬。有二種，形狀同而氣味異，俗亦謂之臭薄荷。蓋野生者，氣烈近臭，移蒔則氣味薄而清，可噉，亦可入藥也。吴中種之，謂之龍腦薄荷，因地得名，非有異也。肆中以糖煎之爲飴。又薄荷醉猫，猫咬以汁塗之。

又《大葉薄荷》　薄荷葉背皆青，江西有一種葉背甚白，呼爲大葉薄荷，亦有呼爲茵陳者。燒以去瘟氣，辛烈。蓋即江南所謂茵陳者。

又《小葉薄荷》　小葉薄荷，生建昌，細莖，小葉，葉如枸杞葉而圓，數葉攢生一處，梢開小黄花如粟。俚醫用以散寒發表，勝於薄荷。

圖表

明 朱橚《救荒本草》卷八

明 李時珍《本草綱目·圖卷》

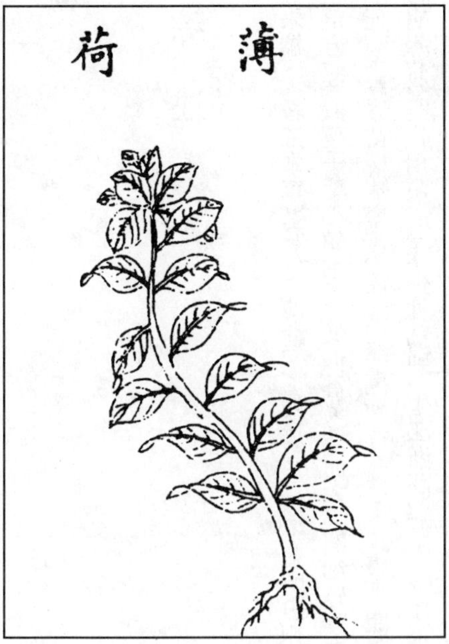

清 吳其濬《植物名實圖考》卷二五《薄荷》

又《大葉薄荷》

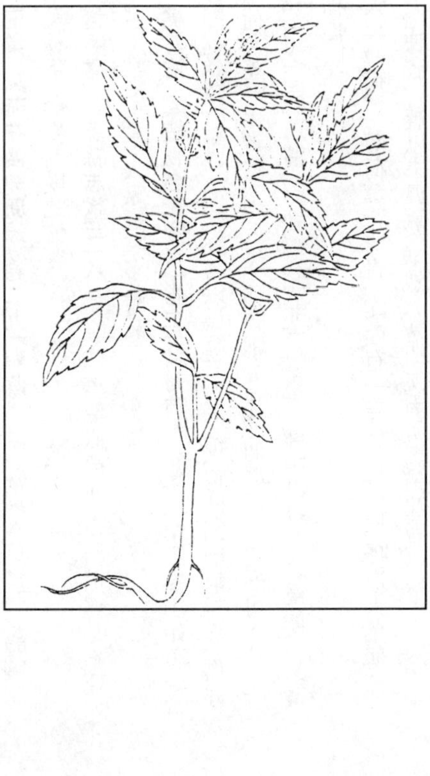

又《小葉薄荷》

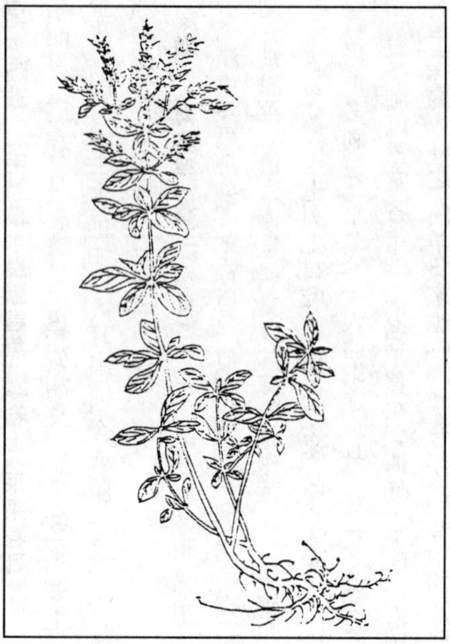

補骨脂

綜述

明 李時珍《本草綱目》卷一四 補骨脂宋《開寶》 釋名：破故紙《開寶》婆固脂、《藥性論》。胡韭子。《日華》。時珍曰：補骨脂言其功也。胡人呼爲婆固脂，而俗訛爲破故紙也。胡韭子，因其子之狀相似，非胡地之韭子也。集解：志曰：補骨脂生嶺南諸州及波斯國。頌曰：今嶺外山坂間多有之，四川合州亦有，皆不及番舶者佳。莖高三四尺，葉小似薄荷，花微紫色，實如麻子，圓扁而黑，九月採。大明曰：徐表《南州記》云，是胡韭子也。南番者色赤，廣南者色緑，入藥，微炒用。

吴其濬《植物名實圖考》卷二五《補骨脂》 補骨脂，《開寶本草》始著録，即破故紙。形狀具《圖經》。今醫者多以代柱。

圖表

明 李時珍《本草綱目·圖卷》

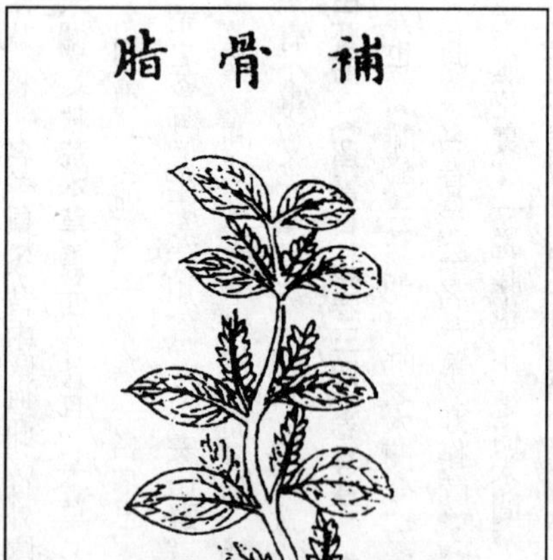

吴其濬《植物名實圖考》卷二五《補骨脂》

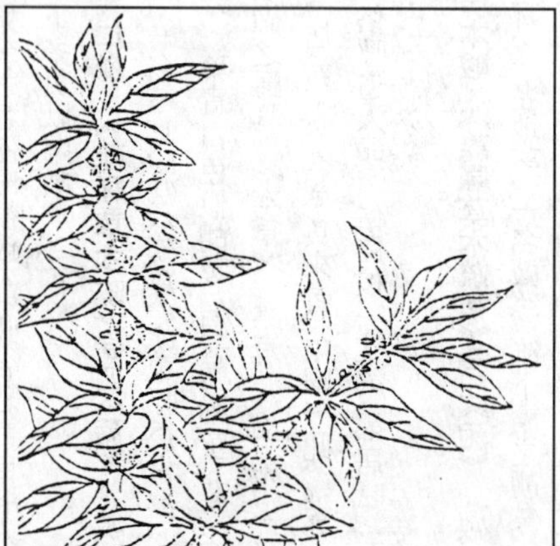

蒼耳

綜　述

《爾雅·釋草》　菤耳，苓耳。注：《廣雅》云：枲耳也。亦云胡枲，江東呼爲常枲，或曰苓耳。形似鼠耳，叢生如盤。音義：菤，謝作卷，九轉反。耳，《詩》卷耳是也。《本草》作枲耳。云一名胡枲，一名地葵，一名葹，一名常思。陶注云：一名羊負來。昔中國無此物，言從外國逐羊毛中來也。《廣雅》云：苓耳，蒼耳。葹，常枲、胡枲之類耳。苓，音零。枲，音死。疏：菤耳，一名苓耳。郭云：《廣雅》云：枲耳也。亦云胡枲，江東呼爲常枲，或曰苓耳。形似鼠耳，叢生如盤。《詩·周南》云：采采卷耳。陸璣《疏》云：葉青白色，似胡荽，白華，細莖，蔓生。可煮爲茹，滑而少味。四月中生子，如婦人耳璫。幽州謂之爵耳是也。

漢　許慎《説文》卷一　蓩，卷耳也。从艸，務聲。亡考切。　苓，卷耳也。从艸，令聲。郎丁切。

三国吴　陸璣《毛詩草木鳥獸蟲魚疏》卷上《采采卷耳》　卷耳，一名枲耳，一名胡枲，一名苓耳。葉青白色，似胡荽，白華，細莖，蔓生。可煮爲茹，滑而少味。四月中生子，正如婦人耳中璫，今或謂之耳璫草。鄭康成謂是白胡荽，幽州人呼爲爵耳。

宋　羅願《爾雅翼》卷三《卷耳》　卷耳，菜名也。幽冀謂之襢菜，雒下謂之胡枲，江東呼爲常枲。葉青白色，似胡荽，白華細莖，可煮爲茹，滑而少味，又謂之常思菜。傖人皆食之，又以其葉覆麴作黄衣。崔寔《四民月令》曰：伏後二十日爲麴，至七月七日乾之，覆以胡枲，故古人采之。【略】其實如鼠耳而蒼色，上多刺，好着人衣，今人通謂之蒼耳。其一名葹，《離騷》以譬小人，所謂『薋菉葹以盈室』是也。一名羊負來，《博物志》曰：洛中有人入蜀，胡枲着羊毛，蜀人種之，曰羊負來也。陶隱居乃云：昔中國無此，言從外國逐羊毛中來。據此物既稱胡枲，必是胡物。但《國風》、《爾雅》所載則其來已久，而羊負來之名僅出後代，則此名恐言自洛入蜀者得之，亦卷耳野中所多，日夕羊下多負以歸爾。

宋　吴仁傑《離騷草木疏》卷四《葹》　葹，王逸注：枲耳也。按《爾雅》：卷耳，一名苓耳，亦云胡枲，江東呼爲常枲。形似鼠耳，叢生如盤。陸璣《詩疏》云：葉青白色似胡荽，白華，細莖，蔓生。四月中生子，如婦人耳璫，幽州人謂之爵耳。《本草》：枲耳，一名葹，一名地葵，一名蒼耳，一名常思菜。陶隱居云：一名羊負來者，中國無此，從外國羊毛中來。《圖經》云：其實多刺，俗呼道人頭。仁傑按：沈約《郊居賦》云『陸卉則紫鼈緑葹』是也。《永嘉志》：一名兼絲。

明　屠本畯《離騷草木疏補》卷四《葹》　葹，卷耳也，一名苓耳，一名枲耳，一名蒼耳，一名地葵，一名薕絲。雒下謂之胡枲，江東呼常枲。其形似鼠耳，叢生如盤，葉青白色似胡荽，白華，細莖，蔓生。可煮爲茹，滑而少味，又謂之常思菜。四月中生子，如婦人耳中當，或謂之耳璫，幽州人謂之爵耳。其實多刺，葉可覆麵作黄衣。一名羊負來，昔中國無此，從外國羊毛中來。

明　朱橚《救荒本草》卷四　蒼耳，《本草》名枲耳，俗名道人頭，又名喝起草，一名胡葈，一名地葵，一名葹，一名常思，一名羊負來。《詩》謂之卷耳，《爾雅》謂之苓耳。生安陸川谷，及六安田野。今處處有之。葉青白，類粘糊菜葉。莖葉秋間結實，比桑椹短小而多刺。其實味苦甘，性温。葉味苦辛，性微寒，有小毒，又云無毒。

明　田藝蘅《留青日札》卷三四《卷耳草　卷葹草》　卷耳草，拔其心而不死，宿莽也。《離騷》云：朝搴阰之木蘭兮，夕攬洲之宿莽。莽，茂草，可以毒魚，一名葞，一名春草，一名芒草，亦作菵。《爾雅》故稱藥草。或曰木若石楠，葉稀，無花實。一説藤也，生繞樹木間。此今之雷公藤也，是有二種。《爾雅》又曰：莽似竹，而中實促節。陸機詩『安轡遵平莽』，蓋草也。又芫花，一名毒魚，即黄大戟。其根曰蜀桑，根又必栗香，葉如椿，擣碎置上流，魚悉暴鰓。一名化木香，即詹香也。用爲書軸，白魚不損書。《周禮》煎氏掌除毒物，以菵草熏之，則死。《離騷》『資卷葹以盈室』，郭璞注：宿莽也。《爾雅翼》：蒼，枲耳，實如鼠耳，蒼色，上多刺，好着人衣。《詩》：贈君卷葹草，腸斷不須言。《本草》：一名地葵，一

名常思。

明　李時珍　《本草綱目》卷一五　枲耳《本經》中品　釋名：胡枲、《本經》常思、弘景蒼耳、《爾雅》卷耳、《詩經》爵耳、《詩疏》猪耳、《綱目》耳璫、《詩疏》地葵、《本經》葹、音施羊負來、弘景道人頭、《圖經》進賢菜、《記事珠》喝起草、《綱目》野茄、《綱目》緓絲草。頌曰：詩人謂之卷耳，《爾雅》謂之蒼耳，《廣雅》謂之枲耳，皆以實得名也。陸璣《詩疏》云：其實正如婦人耳璫，今或謂之耳璫草。鄭康成謂是白胡荽，幽州人呼爲爵耳。《博物志》云：洛中有人驅羊入蜀，胡枲子多刺，粘綴羊毛，遂至中土，故名羊負來。俗呼爲道人頭。弘景曰：傖人皆食之，謂之常思菜。以葉覆麥作黄衣者，方用甚稀。時珍曰：其葉形如枲麻，又如茄，故有枲耳及野茄諸名。其味滑如葵，故名地葵，與地膚同名。詩人思夫賦卷耳之章，故名常思菜。张揖《廣雅》作常枲，亦通。集解：《别録》曰：枲耳生安陸川谷及六安田野，實熟時採。頌曰：今處處有之。陸氏《詩疏》云：其葉青白似胡荽，白華細莖，蔓生，可煮爲茹，滑而少味。四月中生子，正如婦人耳璫。郭璞云：形如鼠耳，叢生如盤。今之所有皆類此，但不作蔓生。時珍曰：按周定王《救荒本草》云：蒼耳葉青白，類粘糊菜葉。秋間結實，比桑椹短小而多刺。嫩苗炸熟，冰浸淘拌食，可救饑。其子炒去皮，研爲面，可作燒餅食，亦可熬油點燈。

明　吴雨　《毛詩鳥獸草木考》卷一一《卷耳》　《周南》曰：采采卷耳。《傳》：卷耳，苓耳也。卷耳，葹也，一名苓耳，一名枲耳，一名地葵，一名薕絲，幽冀謂之檀菜，雒下謂之胡枲，江東呼爲常枲。叢生如盤，葉如連錢，其實如鼠耳，蒼色多刺，易黏人衣，即今之蒼菜，俗謂之常思菜。吕氏以爲蒼耳，非也。陸璣云：葉青白色似胡荽，白花，細莖，蔓生，可鬻爲茹，滑而少味。四月中生子，如婦人耳璫，或謂之耳璫草，幽州謂之爵耳。《荆楚歲時记》云：卷耳，一名璫草。今人以葉覆麯作黄衣。又一名羊負來。《萬物志》云：洛中有人入蜀，胡枲著羊毛，蜀人種之，曰羊負來也。陶隱居云：昔中國無此物，言從外國羊毛中來。據此物《國風》、《爾雅》所載，其來已久，而羊負之名僅出後代。今野中所多，日夕牛羊多負以歸耳，故名，非外國中來也。

明　徐光啓　《農政全書》卷四九《胡蒼耳》　胡蒼耳，又名回回蒼耳，生田野中。葉似皂莢葉微長大，又似望江南葉而小，頗硬，色微淡緑。莖有線楞，結實如蒼耳實，但長艄，味微苦。

清　王夫之　《詩經稗疏》卷一　卷耳，《爾雅》：卷耳，苓耳。毛《傳》用之。郭璞云：形似鼠耳，叢生如盤。《博雅》云：苓耳，葹，常枲，枲耳，胡枲。而陸佃《埤雅》引《荆楚記》曰：卷耳，一名璫草，亦曰蒼耳。殊爲差誤。蒼耳一名耳璫草，言其實如耳璫。一名羊負來，以其實黏羊毛上。一名野茄，葉似茄也。湖湘人謂之羊矢草，實形似羊矢也。其草拔地而生，高者三尺許，獨莖多枝，初不叢生，葉全不似鼠耳。蘇頌《本草》據陸璣《疏》，言其蔓生可煮爲茹，又與郭璞叢生之説異。一蒼耳且不能定，况可引釋卷耳？卷耳有枲耳、胡枲之名，必有與枲相類者，葉如鼠耳則小而圓長，葉上有細毛，柔毳可知。今野蔌有名鼠耳者，《本草》謂之茸母。宋徽宗詩『茸母初生罷禁煙』，乃北狩時詩，蓋南北通有之。王鴻漸《野蔌譜》謂之猫耳，秃葉，青白色，與陸璣之説合。湖湘人謂之爲青，清明前采之，舂以和米粉作餈，有青白瓤如枲麻，味甘性温，葉上有茸毛，正如鼠耳。準二《雅》及郭氏之言，必此爲卷耳，而非璫草，明矣。此草可和粉食，而采之頗費尋求，故云不盈傾筐。若璫草，枝葉繁而隨地多有，且苦臭，不中食，何事采之，而患其不盈乎？

清　徐鼎　《毛詩名物圖説》卷五　《爾雅》：卷耳，苓耳。郭璞注：《廣雅》枲耳，亦云胡枲，江東呼常枲。或曰苓耳，形如鼠耳，叢生如盤。陸璣《疏》：葉青白色，似胡荽，白花，細莖，蔓生，可煮爲茹，滑而少味。四月中生子，如婦人耳中璫，或謂之耳璫，幽州人謂之爵耳。張華《博物志》：洛中人驅羊入蜀，胡枲子多刺，粘綴羊毛，遂至中國，故名羊負來。《雅翼》：幽冀謂之檀菜，其實如鼠耳而蒼色，上多刺，着人衣，一名葹。《離騷》以喻小人，所謂『薋菉葹以盈室』是也。朱子《集傳》云：據《本草》即今蒼耳，俗呼其子爲蒼耳子。愚按：陶隱居謂常思菜，蓋以《詩》因懷人賦《卷耳》，故得此名。

清　王念孫　《廣雅疏證》卷一〇　苓耳，蒼耳。葹，常枲，胡枲，枲耳也。《爾雅》云：卷耳，苓耳。郭璞注云：《廣雅》云枲耳也。亦云胡枲，江東呼爲常枲，或曰苓耳。形似鼠耳，叢生如盤。《釋文》引《廣雅》云：苓耳，蒼耳，葹，常枲，胡枲，枲耳也。《列子·楊朱篇》釋文引《倉頡篇》云：枲，葈耳也。一名蒼耳。各本俱脱蒼耳二字，今據補。《楚詞·離騷》云：薋菉葹以盈室兮。王逸注云：葹，枲耳也。常枲，一作常思。思、枲古聲相近。胡枲，一作胡葸。葸與枲同音。《神農本草》云：葈耳，一名胡葈，一名地葵。《名醫别録》云：一名葹，一名常思。陶注云：此是常思菜，傖人皆食之，以菜覆

麥作黄衣者。一名羊負來，昔中國無此，言從外國逐羊毛中來。《御覽》引《博物志》云：洛中人有驅羊如蜀者，胡葸子箸羊毛，蜀人取種之，因名羊負來。案：負來疊韻字，無煩曲説。草名取於牛、馬、羊、豕、雞、狗者，不必皆有實事。況采采卷耳，《周南》所詠，又不得言中國無此草也。《淮南・覽冥訓》云：夫瞽師庶女，位賤尚葈。高誘注云：尚，主也。葈，葈耳，菜名也。幽冀謂之檀菜，洛下謂之胡葈。主是官者，至微賤也。案主枲耳之官，書傳未聞。尚葈，蓋即《周官》典枲下士二人者。典亦主也，言典枲本賤官，瞽師庶女，則又賤於典枲。葈謂麻枲，非謂枲耳也。《齊民要術》引崔寔《四民月令》云：五月五日採葸耳。即枲耳也。《玉篇》：葹，且已切，枲耳也。葹當为蒴字之誤，蒴蓋從艸囟聲，蒴從囟聲而讀如枲，猶恖從囟聲而讀如司。《廣韻》、《集韻》胡枲竝作胡葈，葈即葸字，筆畫小異耳。《列子》釋文引《倉頡篇》枲耳之枲作葈，亦蒴之誤。枲耳，别名葹。《説文》云：葹，卷耳也。又名璫草，又名爵耳。《詩・卷耳》正義引陸璣《疏》云：卷耳，葉青白，色似胡荽，白華，細莖，蔓生，可煮爲茹，滑而少味。四月中生子，如婦人耳中璫。今或謂之璫草，幽州謂之爵耳。

清 張澍 《蜀典》卷九《動植類・羊負來》 《博物志》：昔洛中有人驅羊入蜀，而胡枲子多刺，粘綴於羊毛之中，蜀人得其種植之，名曰羊負來，俗呼爲道人頭。按，陶宏景注《本草》云：一名羊負來，昔中國無此物，言從外國逐羊毛中來也。據張華説，蜀中無此，自中國至彼來。據隱居説，中國無之，自外國來。差互如此，蓋即《詩》之卷耳，《爾雅》之蒼耳，《廣雅》之苓耳，陸璣《疏》之耳璫草，《本草》之枲耳，一名胡枲，一名地葵，一名葹。鄭康成謂幽州人呼鵪耳，陶宏景謂之常思菜，崔實《四民月令》作葸耳，即枲耳也。

清 吴其濬 《植物名實圖考》卷一二《胡蒼耳》 《救荒本草》：胡蒼耳，又名回回蒼耳。生田野中，葉似皂莢葉微長大，又似望江南葉而小，頗硬，色微淡緑，莖有線楞，結實如蒼耳實但長艄。味微苦。採嫩苗葉煠熟，水浸去苦味，淘淨，油鹽調食。今人傳説治諸般瘡，採葉用好酒熬，喫消腫。

圖表

晉 郭璞《爾雅音圖・釋草》

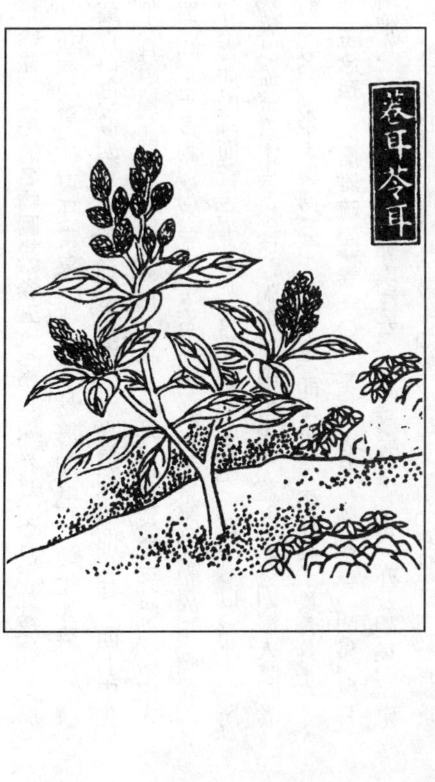

明 李時珍《本草綱目・圖卷》

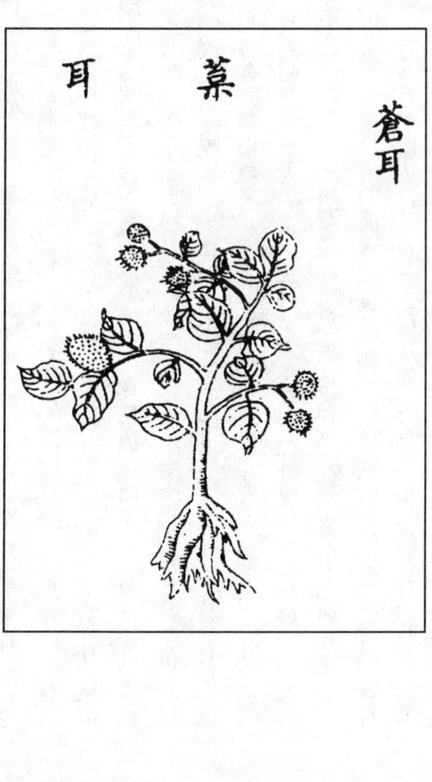

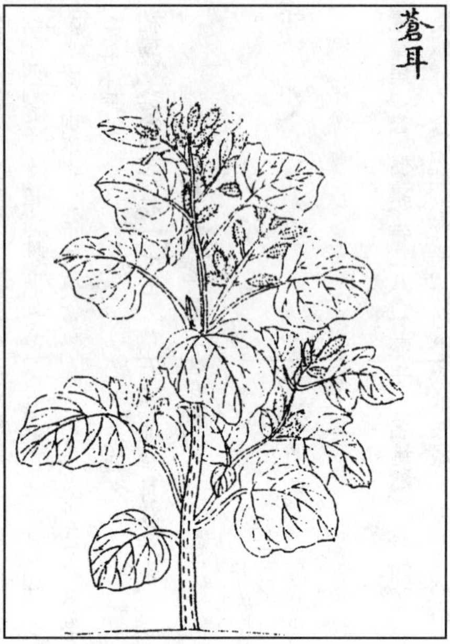

明　朱橚《救荒本草》卷四

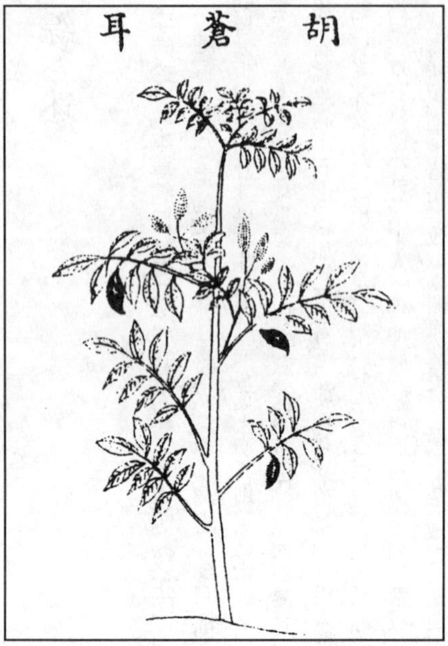

明　徐光啓《農政全書》卷四九《胡蒼耳》

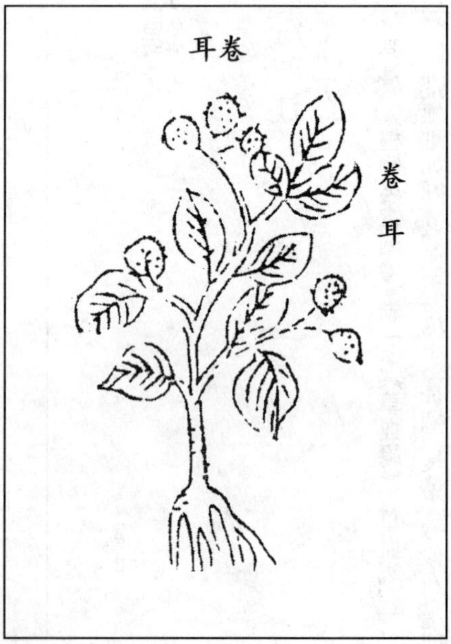

清　徐鼎《毛詩名物圖説》卷五

清　吳其濬《植物名實圖考》卷一二《胡蒼耳》

草石蠶

綜述

明　李時珍《本草綱目》卷二七　草石蠶《拾遺》　校正：自草部移入此。釋名：地蠶、《日用》土蛹、《余冬録》甘露子、《食物》滴露、《綱目》地瓜兒。時珍曰：蠶蛹皆以根形而名，甘露以根味而名。或言葉上滴露則生，珍常蒔之，無此説也。其根長大者，《救荒本草》謂之地瓜兒。集解：藏器曰：陶氏注蟲部石蠶云：今俗用草根黑色。按草石蠶生高山石上，根如簪，上有毛，節如蠶，葉似卷柏。山人取食之。頌曰：草根之似蠶者，亦名石蠶。出福州及信州山石上，四時常有。其苗青，亦有節。三月採根用。機曰：草石蠶徽州甚多，土人呼爲地蠶。肥白而促節，大如三眠蠶。生下濕地及沙磧間。秋時耕犁，遍地皆是。收取以醋淹作菹食。冬月亦掘取之。穎曰：地蠶生郊野麥地中。葉如薄荷，少狹而尖，文微皺，欠光澤。根白色，狀如蠶。四月採根，水瀹和鹽爲菜茹之。時珍曰：草石蠶即今甘露子也。荆湘、江淮以南野中有之，人亦栽蒔。二月生苗，長者近尺，方莖對節，狹葉有齒，並如鷄蘇，但葉皺有毛耳。四月開小花成穗，一如紫蘇花穗。結子如荆芥子。其根連珠，狀如老蠶。五月掘根蒸煮食之，味如百合。或以蘿卜鹵及鹽菹水收之，則不黑。亦可醬漬、蜜藏。既可爲菜，又可充果。陳藏器言石蠶葉似卷柏者，若與此不同也。

清　嵇璜《續通志》卷一七五　草石蠶，即今甘露子也。一名地蠶，一名土蛹，一名滴露。其根長大者，謂之地瓜兒。

藝文

宋　楊萬里《誠齋集》卷二八《甘露子一名地蠶》　甘露子，甘露子，喚作地蠶亦良似。不食柘葉不食桑，何須走入地底藏。不能作繭不上簇，如何也蒙賜湯沐。呼我果謂之果，呼我蔌謂之蔌。唐林晁錯莫逢他，高陽酒徒咀爾不搖牙。

圖表

明　李時珍《本草綱目・圖卷》

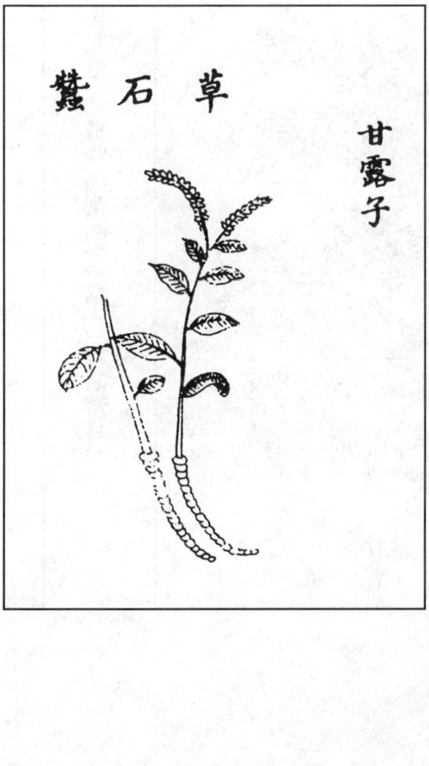

草血竭

綜述

清　吳其濬《植物名實圖考》卷一七《草血竭》　草血竭，一名回頭草，生雲南山石間，亂根細如團髮，色黑，横生，長柄，長葉，微似石韋而柔，面緑背淡，柄微紫。春發葶開花成穗，如小白蓼花。

圖 表

清 吴其濬《植物名實圖考》卷一七《草血竭》

釵子股

綜 述

明 李時珍《本草綱目》卷一三 釵子股《海藥》 校正：並入《拾遺》金釵股。釋名：金釵股。時珍曰：石斛名金釵花，此草狀似之，故名。集解：藏器曰：金釵股生嶺南及南海山谷，根如細辛，每莖三四十根。珣曰：忠州、萬州者亦佳，彼人以草莖功力相似。緑嶺南多毒，家家貯之。時珍曰：按《嶺表録》云：廣中多蠱毒，彼人以草藥金釵股治之，十救八九，其狀如石斛也。又忍冬藤解毒，亦號金釵股，與此同名云。

清 嵇璜《續通志》卷一七四 釵子股，一名金釵股，生嶺南及南海山谷。根如細辛，每莖三四十根。《嶺表録異》云：廣中多蠱毒，彼人以草藥金釵股治十救八七。其狀如石斛也。

赤車使者

綜 述

明 李時珍《本草綱目》卷一四 赤車使者《唐本草》 釋名：小錦枝。《炮炙論》。集解：恭曰：赤車使者，苗似香葇、蘭香，葉莖赤，根紫赤色，八月、九月採根，日乾。保昇曰：生荆州、襄州，根紫如茜根，二月、八月採。時珍曰：此與爵床相類，但以根色紫赤爲别爾。

清 嵇璜《續通志》卷一七四 赤車使者，一名小錦枝，與爵牀相類，但以根色紫赤爲别爾。

圖 表

明 李時珍《本草綱目・圖卷》

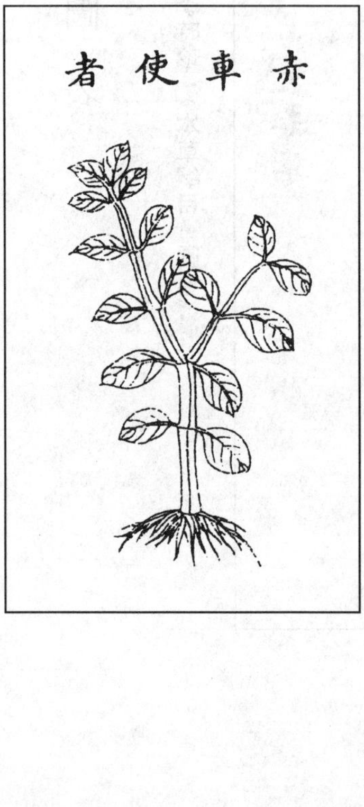

赤地利

綜述

明 李時珍《本草綱目》卷一八 赤地利《唐本草》 校正：並入《拾遺》五毒草。 釋名：赤薜荔、《綱目》五毒草、《拾遺》五蕺、《拾遺》蛇罔、《拾遺》山蕎麥。《圖經》時珍曰：並未詳。集解：恭曰：所在山谷有之。蔓生，葉似蘿摩。根皮赤黑，肉黄赤。二月、八月採根，日乾。頌曰：云所在皆有，今惟華山有之。春夏生苗，作蔓繞草木上，莖赤。葉青，似蕎麥葉。七月開白花，亦如蕎麥。結子青色。根若菝葜，皮紫赤，肉黄赤，八月採根，曬乾收。藏器曰：五毒草生江東平地。花葉並如蕎麥。根緊硬似狗脊。亦名蛇罔，名同物異。時珍曰：五毒草即赤地利，今並爲一。

清 嵇璜《續通志》卷一七四 赤地利，一名赤薜荔，一名五毒草，一名五蕺，一名蛇罔，一名山蕎麥。

清 吴其濬《植物名實圖考》卷二二《赤地利》 赤地利，《唐本草》始著録。李時珍以爲即《本草拾遺》之五毒草。江西、湖南通呼爲天蕎麥，亦曰金蕎麥。莖柔披靡，不纏繞，莖赤葉青，花葉俱如蕎麥，長根赭硬。與《唐本草》説符，爲治跌打要藥。竊賊多蓄之，故俚醫呼賊骨頭。

圖表

明 李時珍《本草綱目·圖卷》

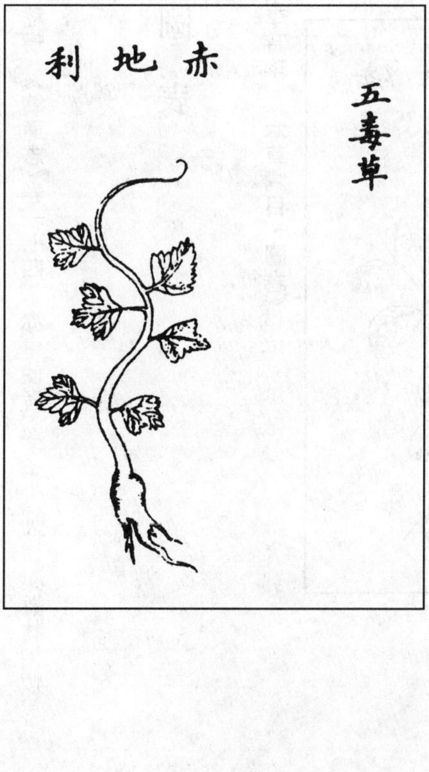

清 吴其濬《植物名實圖考》卷二二《赤地利》

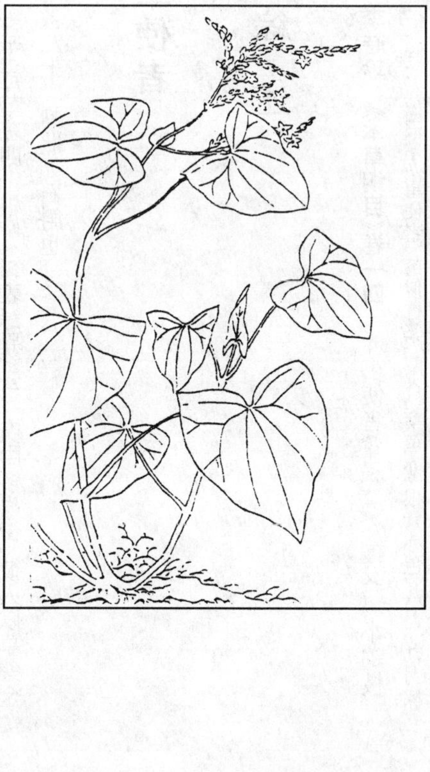

赤箭

綜述

晉 葛洪《**抱朴子内篇·僊藥**》 草芝有獨摇芝，無風自動，其莖大如手指，赤如丹，素葉似莧。其根有大魁如斗，有細者如雞子十二枚，周繞大根之四方，如十二辰也，相去丈許，皆有細根如白髮以相連。生高山深谷之上，其所生左右無草。

唐 段成式《**酉陽雜俎**》**卷一九** 合離，根如芋魁，有游子十二環之。相須而生，而實不連，以氣相屬。一名獨摇，一名離母。言若士人所食者，合呼爲赤箭。

宋 沈括《**夢溪筆談**》**卷二六** 赤箭，即今之天麻也。後人既誤出天麻一條，遂指赤箭别爲一物。既無此物，不得已，又取天麻苗爲之。兹爲不然，《本草》明稱採根陰乾，安得以苗爲之。草藥上品，除五芝之外，赤箭爲第一，此神仙補理養生上藥。世人惑於天麻之説，遂止用之治風良，可惜哉！以謂其莖如箭，既言赤箭，疑當用莖，此尤不然。至如鳶尾、牛膝之類，皆謂莖葉有所似，則用根耳，何足疑哉？

宋 寇宗奭《**本草衍義**》**卷七** 赤箭，天麻苗也。然與天麻治療不同，故後人分之爲二。經中言八月採根，曝乾，故知此即苗也。

宋 鄭樵《**通志**》**卷七五** 赤箭，曰離母，曰鬼督郵，曰合離，曰獨摇，曰定風。有風不動，無風自摇。

明 李時珍《**本草綱目**》**卷一二** 赤箭《本經》上品 天麻、宋《開寶》 校正：天麻係宋本重出，今並爲一。 釋名：赤箭芝、《藥性》獨摇芝、《抱朴子》定風草、《藥性》離母、《本經》合離草、《抱朴子》神草、吴普鬼督郵。《本經》 弘景曰：赤箭亦是芝類。其莖如箭杆，赤色，葉生其端。根如人足，又云如芋，有十二子爲衛。有風不動，無風自摇。如此，亦非俗所見。而徐長卿亦名鬼督郵。又有鬼箭，莖有羽，其主療並相似，而益大乖異，並非此赤箭也。頌曰：按《抱朴子》云：仙方有合離草，一名獨摇芝，一名離母。所以謂之合離、離母者，此草下根如芋魁，有游子十二枚周環之，以仿十二辰也。去大魁數尺，皆有細根如白髮，雖相須而實不相連，但以氣相屬爾。如菟絲之草，下有伏菟之根。無此則絲不得上，亦不相屬也。然則赤箭之異，陶隱居已云非俗所見；菟絲之下有伏菟，亦不聞有見者，殆其種類時有神異者而如此爾。時珍曰：赤箭以狀而名，獨摇、定風以性異而名，離母、合離以根異而名，神草、鬼督郵以功而名。天麻即赤箭之根，《開寶本草》重出一條，詳後集解下。 集解：《别録》曰：赤箭生陳倉川谷、雍州及太山少室，三月、四月、八月採根暴乾。弘景曰：陳倉今屬雍州扶風郡。志曰：天麻生鄆州、利州、太山、勞山諸處，五月採根暴乾。葉如芍藥而小，當中抽一莖，直上如箭杆。莖端結實，狀若續隨子。至葉枯時，子黄熟。其根連一二十枚，猶如天門冬之類。形如黄瓜，亦如蘆菔，大小不定。彼人多生啖，或蒸煮食之。今多用鄆州者佳。恭曰：赤箭是芝類。莖似箭杆，赤色。端有花，葉赤色，遠看如箭有羽。四月開花，結實似苦楝子，核作五六稜，中有肉如面，日暴則枯萎。其根皮肉汁，大類天門冬，惟無心脈爾。去根五六寸，有十餘子衛之，似芋，可生啖之，無乾服之法。頌曰：赤箭今江湖間亦有之，然不中藥用。其苗如蘇恭所説，但《本經》云三月、四月、八月採根，不言用苗。而今方家乃三月、四月採苗，七月、八月、九月採根，與《本經》參差不同，難以兼著，故但從今法。又曰：天麻今汴京東西、湖南、淮南州郡皆有之。春生苗，初出若芍藥，獨抽一莖直上，高三四尺，如箭杆狀，青赤色，故名赤箭芝。莖中空，依半以上，貼莖微有尖小葉。梢頭生成穗，開花結子，如豆粒大。其子至夏不落，却透虚入莖中，潛生土内。其根形如黄瓜，連生一二十枚，大者至重半斤，或五六兩。其皮黄白色，名曰龍皮。肉名天麻，二月、三月、五月、八月内採。初得乘潤刮去皮，沸湯略煮過，暴乾收之。嵩山、衡山人，或取生者蜜煎作果食，甚珍之。宗奭曰：赤箭，天麻苗也。與天麻治療不同，故後人分爲二條。承曰：今醫家見用天麻，即是赤箭根。《開寶本草》又於中品出天麻一條，云出鄆州。今之赤箭根苗，皆自齊鄆而來者爲上。蘇頌《圖經》所載天麻之狀，即赤箭苗之未長大者也。赤箭用苗，有自表入裏之功；天麻用根，有自内達外之理。根則抽苗徑直而上，苗則結子成熟而落，返從杆中而下，至土而生，此粗可識其外内主治之理。今翰林沈括最爲博識，嘗云：古方用天麻不用赤箭，用赤箭不用天麻，則天麻、赤箭本爲一物明矣。機曰：赤箭、天麻一物也，經分爲二，以根與苗主治不同也。産不同地者，各有所宜也。時珍曰：《本經》止有赤箭，後人稱爲天麻。甄權《藥性論》云：赤箭芝一名天麻，本自明白。宋人馬志重修《本草》，重出天麻，遂致分辯如此。沈括《筆談》云：《神農本草》明言赤箭採根。後人謂其莖如箭，疑當用莖，蓋不然也。譬如鳶尾、牛膝，皆因莖葉相似，其用則根，何足疑哉？上品五芝之外，補益上藥，赤箭爲第一。世

人惑於天麻之説，遂止用之治風，良可惜哉！沈公此説雖是，但根莖並皆可用。天麻子從莖中落下，俗名還筒子。其根暴乾，肉色堅白，如羊角色，呼羊角天麻；蒸過黄皺如乾瓜者，俗呼醬瓜天麻，皆可用者。一種形尖而空，薄如玄參狀者，不堪用。《抱朴子》云：獨摇芝生高山深谷之處，所生左右無草。其莖大如手指，赤如丹素。葉似小莧。根有大魁如斗，細者如鷄子十二枚繞之。人得大者，服之延年。按此乃天麻中一種神異者，如人參中之神參也。斅曰：凡使天麻勿用御風草，二物相似，祇是葉莖不同。御風草根莖斑，葉背白有青點。使御風草即勿使天麻。若同用，令人有腸結之患。

正誤：藏器曰：天麻生平澤，似馬鞭草，節節生紫花。花中有子，如青葙子，子性寒，作飲去熱氣。莖葉擣傅癰腫。承曰：藏器所説，與赤箭不相乾，乃别一物也。時珍曰：陳氏所説，乃一種天麻草，是益母草之類是也。《嘉祐本草》誤引入天麻下耳。今正其誤。

清 吴其濬《植物名實圖考》卷七《赤箭》 赤箭，《本經》上品。陶隱居未能決識。《夢溪筆談》謂即天麻，止用治風爲可惜。《本草綱目》謂即還筒子。考柳公權有《求赤箭帖》，以爲扶老之用。則宋以前尚爲服食要藥。

圖表

明 李時珍《本草綱目·圖卷》

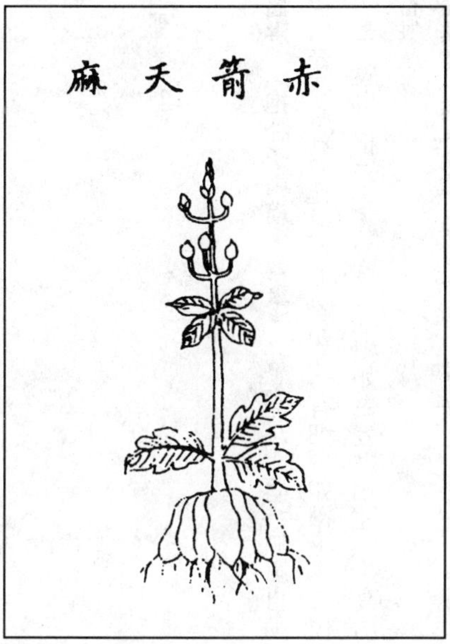

清 吴其濬《植物名實圖考》卷七《赤箭》

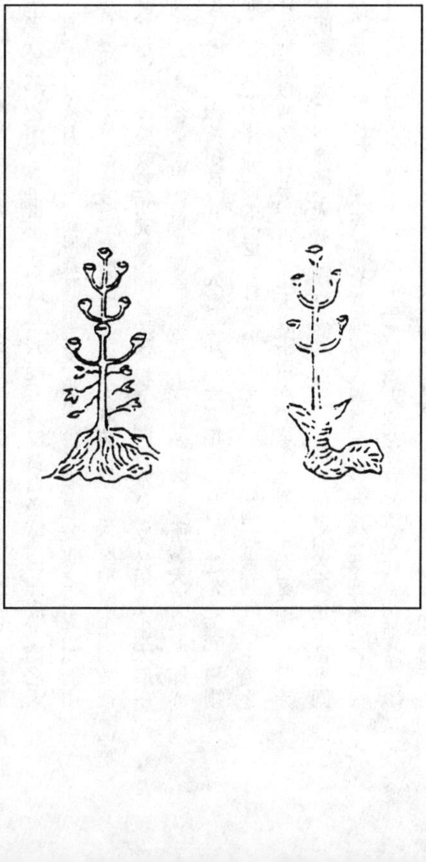

搥胡根

綜述

明 李時珍《本草綱目》卷一六 搥胡根《拾遺》 集解：藏器曰：生江南川谷蔭地，苗如萱草，其根似天門冬。凡用抽去心。

圖表

明 李時珍《本草綱目·圖卷》

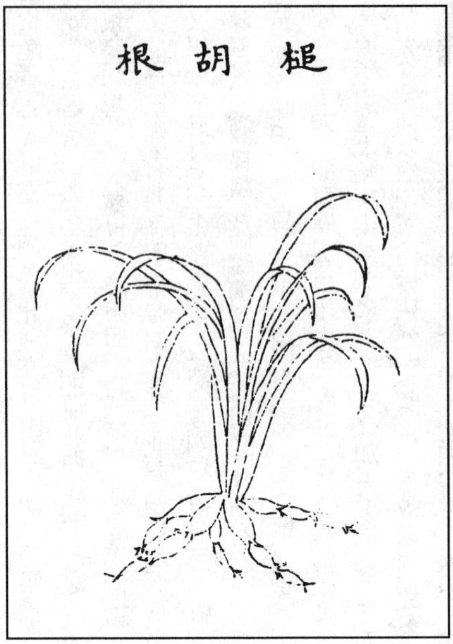

茈胡

綜述

明 朱橚《救荒本草》卷一 柴胡，一名地熏，一名山菜，一名茹草葉，一名芸蒿。生弘農川谷及冤句、壽州、淄州、關陝、江湖間皆有，銀州者爲勝。今鈞州密縣山谷間亦有。苗甚辛香。莖青紫堅硬，微有細線楞。葉似竹葉而小，開小黄花。根淡赤色。味苦，性平，微寒，無毒。半夏爲之使，惡皂莢，畏女菀、藜蘆。又有苗似斜蒿，亦有似麥門冬苗而短者，開黄花，生丹州，結青子，與他處者不類。

明 李時珍《本草綱目》卷一三 茈胡《本經》上品 釋名：地熏、《本經》芸蒿、《别録》山菜、吴普茹草。吴普 恭曰：茈是古柴字。《上林賦》云茈姜，及《爾雅》云茈草，並作此茈字。此草根紫色，今太常用茈胡是也。又以木代系，相承呼爲柴胡。且檢諸《本草》無名此者。時珍曰：茈字有柴、紫二音，茈姜、茈草之茈皆音紫，茈胡之茈音柴。茈胡生山中，嫩則可茹，老則採而爲柴，故苗有芸蒿、山菜、茹草之名，而根名柴胡也。蘇恭之説殊欠明。古本張仲景《傷寒論》，尚作茈字也。集解：《别録》曰：茈胡葉名芸蒿，辛香可食，生弘農川谷及冤句，二月、八月採根暴乾。弘景曰：今出近道，狀如前胡而强。《博物志》云：芸蒿葉似邪蒿，春秋有白蒻，長四五寸，香美可食，長安及河内並有之。恭曰：傷寒大小柴胡湯，爲痰氣之要。若以芸蒿根爲之，大謬矣。頌曰：今關陝、江湖間近道皆有之，以銀州者爲勝。二月生苗甚香。莖青紫堅硬，微有細綫。葉似竹葉而稍緊小，亦有似斜蒿者，亦有似麥門冬葉而短者。七月開黄花。根淡赤色，似前胡而强。生丹州者結青子，與他處者不類。其根似蘆頭，有赤毛如鼠尾，獨窠長者好。斆曰：茈胡出在平州平縣，即今銀州銀縣也。西畔生處，多有白鶴、緑鶴於此飛翔，是茈胡香直上雲間，若有過往聞者，皆氣爽也。承曰：柴胡以銀、夏者最良，根如鼠尾，長一二尺，香味甚佳。今《圖經》所載，俗不識其真，市人以同、華者代之。然亦勝於他處者，蓋銀、夏地方多沙，同、華亦沙苑所出也。機曰：解散用北柴胡，虚熱用海陽軟柴胡爲食。時珍曰：銀州即今延安府神木縣，五原城是其廢迹。所産柴胡長尺餘而微白且軟，不易得也。北地所産者，亦如前胡而軟，今人謂之北柴胡是也，入藥亦良。南土所産者，不似前胡，正如蒿根，强硬不堪使用。其苗有如韭葉者，竹葉者，以竹葉者爲勝。其如邪蒿者最下也。按《夏小正·月令》云：仲春芸始生。《倉頡解詁》云：芸，蒿也。似邪蒿，可食。亦柴胡之類，入藥不甚良，故蘇恭以爲非柴胡云。近時有一種，根似桔梗、沙參，白色而大，市人以僞充銀柴胡，殊無氣味，不可不辨。

明 盧之頤《本草乘雅半偈》卷五 〔茈胡〕出弘農川谷及冤句，今關陝、江湖近道皆有，以銀州者爲勝。銀州，今寧夏衛也。十一月，根生白蒻，香美可食。二月苗長，莖青紫，微有白線，頗堅硬。葉似竹葉而稍緊小，亦有似邪蒿者，亦有似麥門冬葉而短者。七月開黄花，根淡紫色，似前胡而强。唯丹州者結青子，與他不同。其根似蘆，頭有赤毛如鼠尾，獨窠而長者佳。銀州者，根長尺許，微白而軟。

清 吴其濬《植物名實圖考》卷一〇《滇銀柴胡》 滇銀柴胡，緑莖疎葉，葉如初生小竹葉，開碎黄花，根大如指，赭黑色，有微馨。蓋即《本草》所謂竹葉者。前人謂銀柴胡，以銀州得名，滇以韭葉者爲猴柴胡，竹葉者爲銀柴胡。相承如此，亦未可遽斥其妄。

清 趙學敏《本草綱目拾遺》卷三《草部・銀柴胡》 《經疏》云：俗用柴胡有二種。一種色白黃而大者，名銀柴胡，專用治勞熱骨蒸。色微黑而細者，用以解表發散。《本經》並無二種之説，功用亦無分別。但云銀州者爲最，則知其優於發散，而非治虚熱之藥明矣。《本草匯》：柴胡産銀夏者，色微白而軟，爲銀柴胡，用以治勞弱骨蒸。以黄牯牛溺浸一宿，曬乾治勞熱，試驗。《本經逢原》云：銀柴胡，銀州者良。今延安府五原城所産者，長尺餘，肥白而軟。北地産者，如前胡而軟，今人謂之北柴胡。勿令犯火，犯火則不効。《百草鏡》云：出陝西寧夏鎮，二月採葉，名芸蒿，長尺餘，微白，力弱於柴胡。《藥辨》云：銀柴胡出寧夏鎮，形如黄芪，内有甘草串，不可混用。翁有良云：銀柴胡，産銀州者佳。有二種，但辨形如鼠尾，與前胡相等。查前胡與柴胡相類，皆以西北出産者爲勝。形既相同，當以湖廣古城柴胡爲準。今銀柴胡粗細不等，大如拇指，長數尺，形不類鼠尾，又不似前胡。較《本草》不對，治病難分兩用，究非的確，用者詳之。金御乘云：銀州柴胡，軟而白。北産亦有白色者，今人以充白頭翁，此種亦可謂銀柴胡。蓋銀指色言，不指地言，猶金銀花白色者曰銀花是也。然入藥以西産者勝。銀柴胡原有西産、北産之分，不必定以銀夏者爲銀柴胡也。按《綱目》注銀柴胡以銀夏出者爲勝，不知今人所用柴胡有北柴胡、南柴胡之分。北産如前胡而軟，南産强硬不堪用。又銀柴胡雖發表，不似柴胡之峻烈。《綱目》俱混而未析。

清 陳憲舜《課民植牧講義稿》卷三《柴胡》 其種有二：一竹葉柴胡，每二月生苗，採食味香，葉質青紫堅硬，微有細線，如竹葉而稍緊小，匹匹向上，七月開黄花，子如前胡面硬，其根淡赤色，有毛，長尺許，斜如鼠尾。一韭葉柴胡，先出兩莖，由莖上端生出如韭之葉，左右交加，根之下端，亦如鼠尾，以軟爲貴，硬則次之。向以銀州所産爲佳，然一處所生，不敷世用，故多向彼採寄子實，種於藥圃，三數年後，掘而售之。又一種名前胡，春生白芽，漸成青苗，長三四寸，味香而美，即芸蒿也。七月開白花，與葱花同，八月結子，與柴胡相似，挖出之根，形狀亦難分別，惟柴胡赤色而質脆，前胡黄色而柔軟之不同耳。

圖表

明 朱橚《救荒本草》卷一

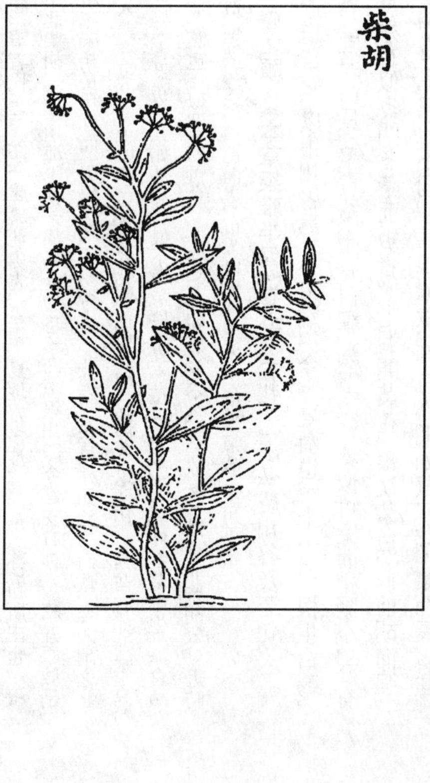

明 李時珍《本草綱目・圖卷》

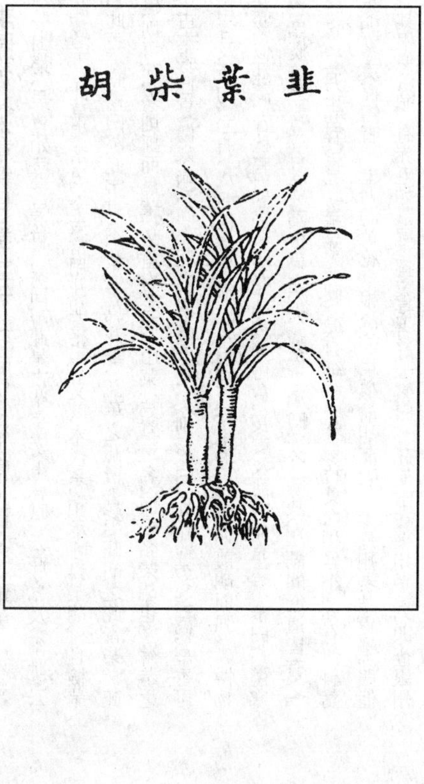

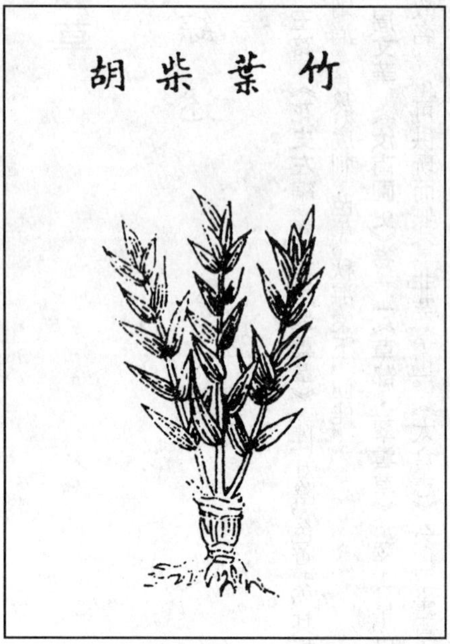

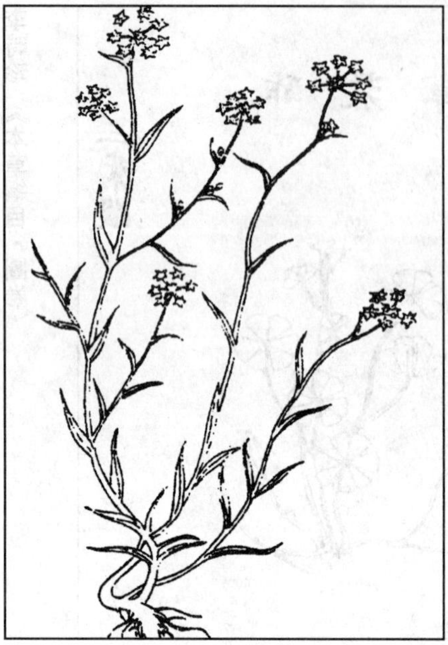

清 吳其濬《植物名實圖考》卷一〇《滇銀柴胡》

酢漿草

綜 述

宋 鄭樵《通志》卷七五 酢漿草，曰醋母草，曰鳩酸草，曰小酸茅，南人曰孫施，去銅鍮垢。

明 李時珍《本草綱目》卷二〇 酢漿草《唐本草》 校正：並入《圖經》赤孫施。 釋名：酸漿、《圖經》三葉酸、《綱目》三角酸、《綱目》酸母、《綱目》醋母、蘇恭酸箕李當之鳩酸、蘇恭雀兒酸、《綱目》雀林草、《綱目》小酸茅、蘇恭赤孫施。《圖經》 時珍曰：此小草三葉酸也，其味如醋。與燈籠草之酸漿，名同物異。唐慎微《本草》以此草之方收入彼下，誤矣。閩人鄭樵《通志》言，福人謂之孫施。則蘇頌《圖經》赤孫施生福州，葉如浮萍者，即此也。孫施亦酸箕之訛耳。今並爲一。

集解：恭曰：酢漿生道旁陰濕處，叢生。莖頭有三葉，葉如細萍。四月、五月採，陰乾。保昇曰：葉似水萍，兩葉並大葉同枝，黃花黑實。頌曰：南中下濕地及人家園圃中多有之，北地亦或有生者。初生嫩時，小兒喜食之。南人用揩鍮石器，令白如銀。時珍曰：苗高一二寸，叢生布地，極易繁衍。一枝三葉，一葉兩片，至晚自合帖，整整如一。四月開小黃花，結小角，長一二分，內有細子。冬亦不凋。方士採製砂、汞、硇、礬、砒石。

圖表

明　李時珍《本草綱目·圖卷》

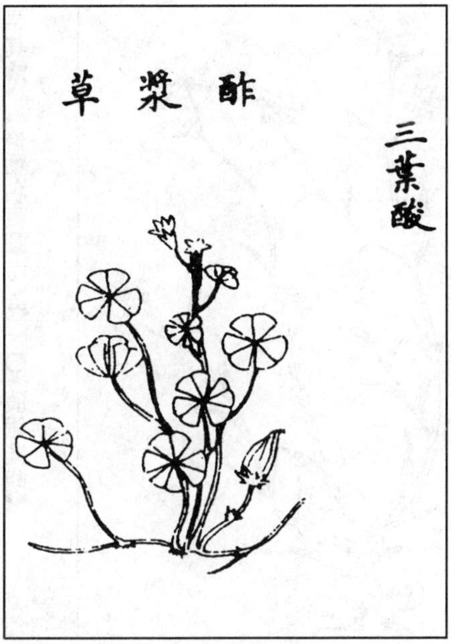

翠雲草

綜述

明　王路《花史左編》卷二三《翠雲草》　性好陰，色蒼翠，其根遇土便生，見日則消。栽於虎刺、芭蕉、秋海棠下，極佳。

明　周文華《汝南圃史》卷一一《草部·翠雲草》　翠雲草，以其葉青翠似雲，故名。止可供玩而無香，非芸草也。《太倉志》云：翠雲草，生陰濕處。滿砌如連錢，青翠可愛，即此。種法：用舊草鞋浸糞坑，透濕撈起曬乾，再浸再曬，凡數次。將石壓平，安放草側。待其蔓上生根，移栽別處方盛。

清　曹溶《倦圃蒔植記·總論》卷下《論草》　翠筠草，易生。然亦多忌，好潔喜陰，年久彌鬱葱。

清　陳淏子《秘傳花鏡》卷四《藤蔓類考·翠雲草》　翠雲草，無直梗，宜倒懸及平鋪在地。因其葉青緑蒼翠，重重碎蹙，王若翠鈿雲翘，故得。但有色而無花香，非芸也。其根遇土即下，極有雅趣。種法：用舊草鞋浸糞之一日夜，取起曬乾，再浸再曬，凡數次，將石壓平，安放翠雲草之側，待其蔓自上生根，移栽別地，無有不活者。

清　張逸少《佩文齋廣羣芳譜》卷八八《卉譜·翠雲草》　翠雲草，性喜陰，色蒼翠可愛。細葉，柔莖，重重碎蹙，儼若翠鈿。其根遇土便生，見日則消。栽於虎刺、芭蕉、秋海棠下極佳。

清　吴其濬《植物名實圖考》卷一七《翠雲草》　翠雲草，生山石間。緑莖小葉，青翠可愛。《羣芳譜》録之。人多種於石供及陰濕地爲玩。江西土醫謂之龍鬚，滇南謂之劍柏，皆云能舒筋絡。

清　趙學敏《本草綱目拾遺》卷四《草部·翠羽草》　一名翠雲草、孔雀花、神錦花、鶴翎草、鳳尾草。其草獨莖成瓣，細葉攢簇，葉上有翠斑。《花鏡》：翠雲草，無直梗，宜倒懸，及平鋪在地。因其葉青緑蒼翠，重重碎蹙，儼若翠鈿雲翘，故名。但有色而無花香，非芸也。其根遇土即生，見日則萎，性最喜陰濕。《粤志》：孔雀花，可以辟暑。

圖表

清　吳其濬《植物名實圖考》卷一七《翠雲草》

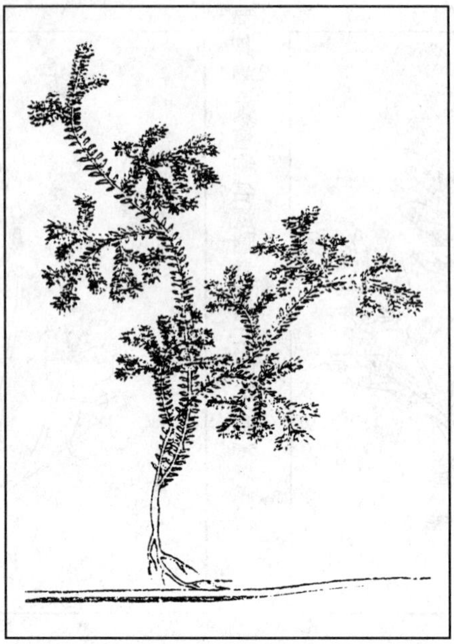

大黃

綜　述

宋　鄭樵《通志》卷七五　大黃，曰黃良。

明　李時珍《本草綱目》卷一七　大黃《本經》下品　釋名：黃良、《本經》將軍、當之火參、吳普膚如。吳普弘景曰：大黃，其色也。將軍之號，當取其駿快也。杲曰：推陳致新，如戡定禍亂，以致太平，所以有將軍之號。集解：《別録》曰：大黃生河西山谷及隴西。二月、八月採根，火乾。普曰：生蜀郡北部或隴西。二月卷生黃赤，其葉四四相當，莖高三尺許。三月花黃，五月實黑，八月採根。根有黃汁，切片陰乾。弘景曰：今採益州北部汶山及西山者，雖非河西、隴西，好者猶作紫地錦色，味甚苦澀，色至濃黑。西川陰乾者勝。北部日乾，亦有火乾者，皮小焦不如，而耐蛀堪久。此藥至勁利，粗者便不中服。恭曰：葉、子、莖並似羊蹄，但莖高六七尺而脆，味酸堪生啖，葉粗長而厚。根細者亦似宿羊蹄，大者乃如碗，長二尺。其性濕潤而易蛀壞，火乾乃佳。作時燒石使熱，橫寸截着石上煿之，一日微燥，以繩穿晾乾。今出宕州、涼州、西羌、蜀地者皆佳。幽並以北者漸細，氣力不及蜀中者。陶言蜀地不及隴西，誤矣。藏器曰：凡用當分別之。若取和厚深沉、能攻病者，可用蜀中似牛舌片緊硬者；若取瀉泄駿快、推陳去熱者，當取河西錦文者。頌曰：今蜀川、河東、陝西州郡皆有之，以蜀川錦文者佳。其次秦隴來者，謂之土番大黃。正月內生青葉，似蓖麻，大者如扇。根如芋，大者如碗，長一二尺。其細根如牛蒡，小者亦如芋。四月開黃花，亦有青紅似蕎麥花者。莖青紫色，形如竹。二、八月採根，去黑皮，切作橫片，火乾。蜀大黃乃作竪片如牛舌形，謂之牛舌大黃。二者功用相等。江淮出者曰土大黃，二月開花，結細實。時珍曰：宋祁《益州方物圖》，言蜀大山中多有之，赤莖大葉，根巨若碗，藥市以大者爲枕，紫地錦文也。今人以莊浪出者爲最，莊浪即古涇原隴西地，與《別録》相合。正誤：頌曰：鼎州出一種羊蹄大黃，治疥瘙甚效。初生苗葉如羊蹄，累年長大，即葉似商陸而狹尖。四月內抽條出穗，五七莖相合，花葉同色。結實如蕎麥而輕小，五月熟即黃色，呼爲金蕎麥。三月採苗，五月採實，陰乾。九月採根，破之亦有錦文。亦呼爲土大黃。時珍曰：蘇説即老羊蹄根也。因其似大黃，故謂之羊蹄大黃，實非一類。又一種酸模，乃山大黃也。狀似羊蹄而生山上，所謂土大黃或指此，非羊蹄也。俱見本條。

明　慎懋官《華夷花木鳥獸珍玩考》卷五《大黃》　《圖經》曰：以蜀川錦紋者佳，其次秦隴來者，謂之土蕃大黃。江淮出者，曰土大黃。又鼎州出一種羊蹄大黃，亦呼爲金蕎麥。破之亦有錦紋，日乾之，亦呼爲土大黃。《元史》弼違云，蒙古滅夏，諸將争掠子女財帛，耶律楚材獨取書數部，大黃兩駞。後軍士疫，楚材用大黃療萬人。

清　王念孫《廣雅疏證》卷一〇　黃良，大黃也。《神農本草》云：大黃生河西。《御覽》引《吳普本草》云：大黃，一名黃良，一名火參，一名膚如。或生蜀郡北部，或隴西。二月生黃赤葉，四四相當，黃莖，高三尺許。三月華黃，五月實黑。《唐本草注》云：葉、子、莖竝似羊蹄，但麤大而厚。其根細者，亦似宿羊蹄。大者乃如椀，長二尺。《水經・瀿水注》引《魏土地記》云：到刺山有佳大黃。

清　吳其濬《植物名實圖考》卷二四《大黃》　大黃，《本經》下品，《別

録》謂之將軍。今以産四川者良。西南、西北諸國，皆恃此爲盪滌要藥，市販甚廣。北地亦多有之，春時佩之，以避時疫。

圖表

明 李時珍《本草綱目・圖卷》

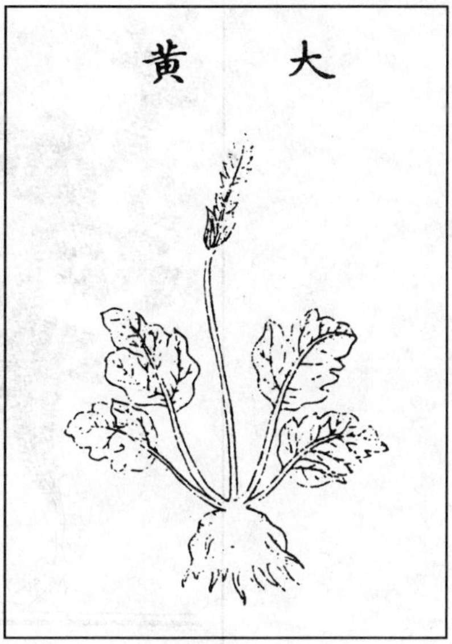

清 吳其濬《植物名實圖考》卷二四《大黄》

大戟

綜述

《爾雅・釋草》 蕎，邛鉅。注：今藥草大戟也，《本草》云。音義：蕎，居喬反，又音喬。卬，巨恭反。鉅，音巨。案《本草》云：大戟，一名卬鉅，今近道處處有。戟，九逆反。疏：蕎，一名卬鉅。郭云『今藥草大戟也，《本草》云』者，案《本草》大戟，一名卬鉅，苗名澤漆。陶注云：今近道處處有。生時摘葉有白汁，故名澤漆也。

明 李時珍《本草綱目》卷一七 大戟《本經》下品 釋名：邛巨、《爾雅》下馬仙。《綱目》時珍曰：其根辛苦，戟人咽喉，故名。今俚人呼爲下馬仙，言利人甚速也。郭璞注《爾雅》云：蕎，邛巨，即大戟也。集解：《别録》曰：大戟生常山。十二月採根，陰乾。保昇曰：苗似甘遂而高大，葉有白汁，花黄。根似細苦參，皮黄黑，肉黄白。五月採苗，二月、八月採根用。頌曰：近道多有之。春生紅芽，漸長作叢，高一尺以來。葉似初生楊柳小團。三月、四月開黄紫花，團圓似杏花，又似蕪荑。根似細苦參，秋冬採根陰乾。淮甸出者莖圓，高三四尺，花黄，葉至心亦如百合苗。江南生者葉似芍藥。時珍曰：大戟生平澤甚多。直莖高二三尺，中空，折之有白漿。葉長狹如柳葉而不團，其梢葉密攢而上。杭州紫大戟爲上，江南土大戟次之。北方綿大戟色白，其根皮柔韌如綿，甚峻利，能傷人。弱者服之，或至吐血，不可不知。

清 陳淏子《秘傳花鏡》卷四《藤蔓類考・大戟》 大戟，俗名下馬仙，春生紅芽，長作叢，高一二尺。葉似初生楊柳小團，又似芍藥。夏開黄紫花，團圓似杏花，又類蕪荑。根似苦參，多戟人咽喉。

圖表

晉 郭璞《爾雅音圖・釋草》

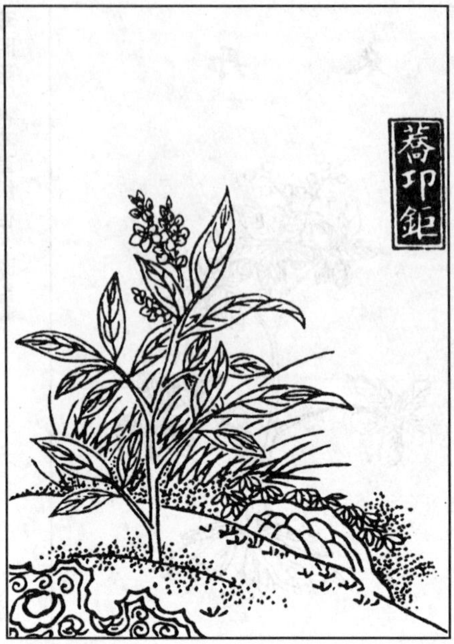

明 李時珍《本草綱目・圖卷》

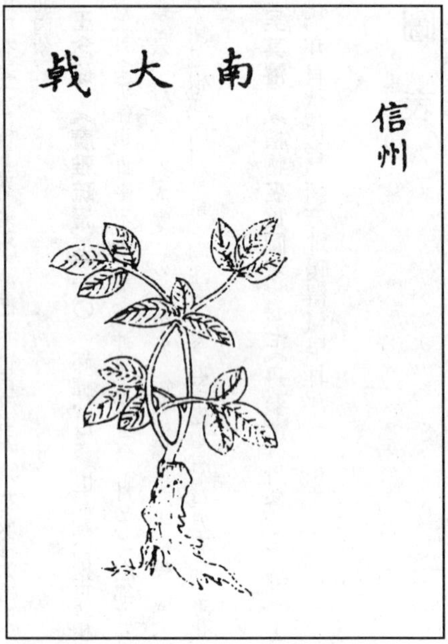

丹參

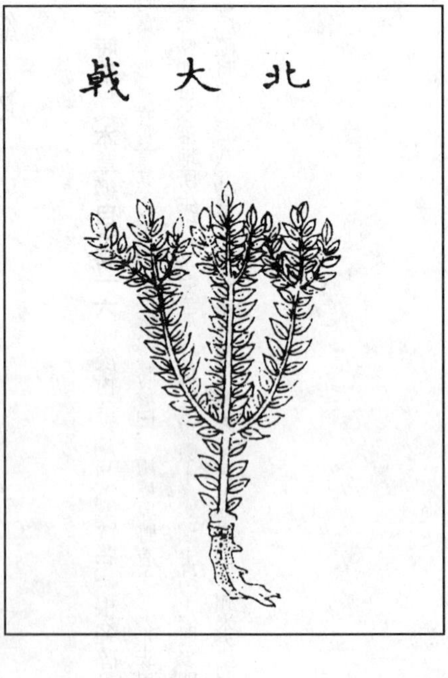

綜述

明 李時珍《本草綱目》卷一二 丹參《本經》上品 釋名：赤參、《別録》山參、《日華》郗蟬草、《本經》木羊乳、吳普逐馬、弘景奔馬草。時珍曰：五參五色配五臟。故人參入脾曰黄參，沙參入肺曰白參，玄參入腎曰黑參，牡蒙入肝曰紫參，丹參入心曰赤參，其苦參則右腎命門之藥也。古人舍紫參而稱苦參，未達此義爾。炳曰：丹參治風軟脚，可逐奔馬，故名奔馬草，曾用實有效。集解：《別録》曰：丹參生桐柏山川谷及太山，五月採根暴乾。弘景曰：此桐柏山在義陽，是淮水發源之山，非江東臨海之桐柏也。今近道處處有之。莖方有毛，紫花，時大呼爲逐馬。普曰：莖葉小房如荏有毛，根赤色，四月開紫花，二月、五月採根陰乾。頌曰：今陝西、河東州郡及隨州皆有之。二月生苗，高一尺許。莖方有棱，青色。葉相對，如薄荷而有毛。三月至九月開花成穗，紅紫色，似蘇花。根赤色，大者如指，長尺餘，一苗數根。恭曰：冬採者良，夏採者虚惡。時珍

曰：處處山中有之。一枝五葉，葉如野蘇而尖，青色皺毛。小花成穗如蛾形，中有細子。其根皮丹而肉紫。

清 王念孫《廣雅疏證》卷一〇 郝蟬，丹蔘也。郝、郤古聲相近，郝蟬即郤蟬也。各本丹字譌作也，唯影宋本不譌。《神農本草》云：丹參，一名郤蟬草。《御覽》引《吴普本草》云：丹參，一名赤參，一名木羊乳，一名郤蟬草。生桐柏，或太山山陵陰。莖葉小方如荏，毛根赤，四月華紫。陶注云：今近道處處有，莖方有毛，紫花，時人呼爲逐馬。

清 吴其濬《植物名實圖考》卷七《丹參》 丹參，《本經》上品。處處有之，春花，亦有秋花者，南方地暖得氣早耳。

圖表

明 李時珍《本草綱目・圖卷》

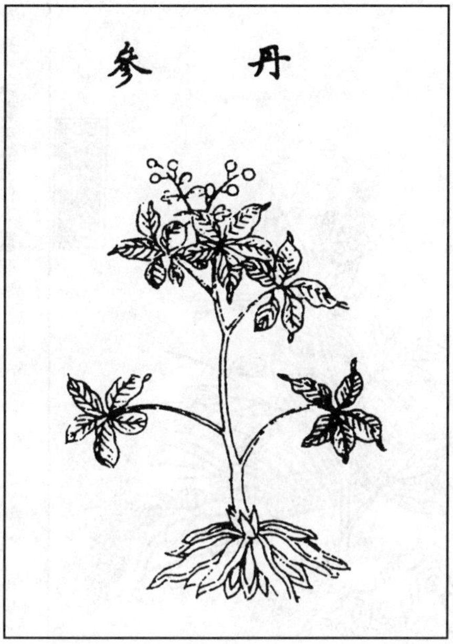

清 吴其濬《植物名實圖考》卷七《丹參》

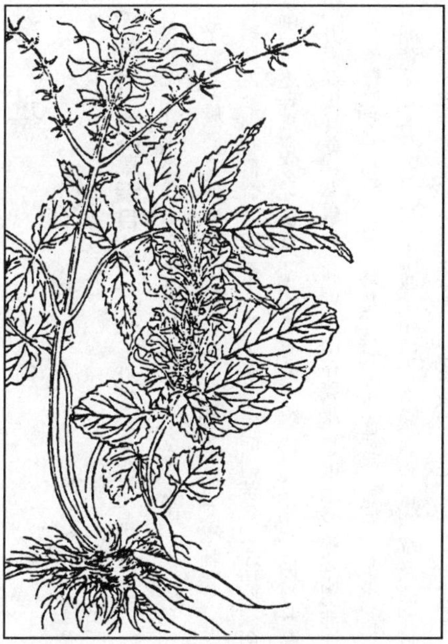

淡竹葉

綜述

明 李時珍《本草綱目》卷一六 淡竹葉《綱目》 釋名：根名碎骨子。時珍曰：竹葉象形。碎骨言其下胎也。集解：時珍曰：處處原野有之。春生苗，高數寸，細莖緑葉，儼如竹米落地所生細竹之莖葉。其根一窠數十鬚，鬚上結子，與麥門冬一樣，但堅硬爾，隨時採之。八九月抽莖，結小長穗。俚人採其根苗，搗汁和米作酒麴，甚芳烈。

圖表

明　李時珍《本草綱目·圖卷》

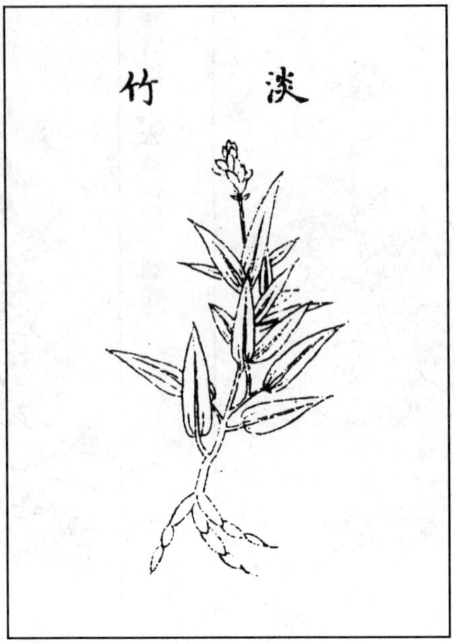

當歸

綜述

《爾雅·釋草》　薜，山蘄。注：《廣雅》曰：山蘄，當歸。當歸，今似蘄而粗大。音義：薜，方奭反，郭布革反。蘄，古芹字，巨斤反。疏：《説文》云：蘄，草也。生山中者，一名薜，一名山蘄，色白者名白蘄，下文『薜，白蘄』是也。生平地即名蘄。案：《廣雅》，張揖撰，以廣《爾雅》之闕漏也。曰『山蘄，當歸』者，言即今藥草當歸。案《本草》當歸不言名薜及山蘄，是即以時驗而言也。故郭云『今似蘄而粗大』，言似平地蘄而差粗大耳。

明　李時珍《本草綱目》卷一四　當歸《本經》中品　釋名：乾歸、《本經》山蘄、《爾雅》白蘄、《爾雅》文無。《綱目》　頌曰：按《爾雅》：薜，山蘄。又云：薜，白蘄。薜音百。蘄即古芹字。郭璞注云：當歸也。似芹而粗大。許慎《説文》云：生山中者名薜，一名山蘄。然則當歸，芹類也。在平地者名芹，生山中粗大者名當歸也。宗奭曰：今川蜀皆以畦種，尤肥好多脂，不以平地、山中爲等差也。時珍曰：當歸本非芹類，特以花葉似芹，故得芹名。古人娶妻爲嗣續也，當歸調血爲女人要藥，有思夫之意，故有當歸之名，正與唐詩『胡麻好種無人種，正是歸時又不歸』之旨相同。崔豹《古今注》云：古人相贈以芍藥，相招以文無。文無一名當歸，芍藥一名將離故也。承曰：當歸治妊婦産後惡血上冲，倉卒取效。氣血昏亂者，服之即定。能使氣血各有所歸，恐當歸之名必因此出也。集解：《別録》曰：當歸生隴西川谷，二月、八月採根陰乾。　弘景曰：今隴西四陽黑水歸當，多肉少枝，氣香，名馬尾當歸。西川北部當歸，多根枝而細。歷陽所出者，色白而氣味薄，不相似，呼爲草當歸，缺少時亦用之。恭曰：今出當州、宕州、翼州、松州，以宕州者最勝。有二種：一種似大葉芎藭者，名馬尾當歸，今人多用；一種似細葉芎藭者，名蠶頭當歸，即陶稱歷陽者，不堪用，莖葉並卑下於芎藭。頌曰：今川蜀、陝西諸郡及江寧府、滁州皆有之，以蜀中者爲勝。春生苗，緑葉有三瓣。七八月開花似蒔蘿，淺紫色。根黑黄色，以肉厚而不枯者爲勝。時珍曰：今陝、蜀、泰州、汶州諸處人多栽蒔爲貨。以秦歸頭圓尾多色紫氣香肥潤者，名馬尾歸，最勝他處；頭大尾粗色白堅枯者，爲鑱頭歸，止宜入髮散藥爾。韓柔言川産者力剛而善攻，秦産者力柔而善補，是矣。

清　王念孫《廣雅疏證》卷一〇　山蘄，當歸也。《爾雅》云：薜，山蘄。郭注云：《廣雅》云：山蘄，當歸。當歸，今似蘄而麤大。又云：薜，白蘄。注云：即上山蘄。《釋文》云：蘄，古芹字。《神農本草》云：當歸，一名乾歸，生隴西。陶注云：今隴西四陽黑水當歸，多肉少枝，氣香，名馬尾當歸，稍難得。西川北部當歸，多根枝而細。歷陽所出，色白而氣味薄，不相似，呼爲草當歸。《唐本注》云：當歸苗有二種，一種似大葉芎藭，一種似細葉芎藭，細葉者名蠶頭當歸，大葉者名馬尾當歸。陶稱歷陽者，蠶頭當歸也。《御覽》引《范子計然》云：當歸出隴西，無枯者善。《古今注》云：相招召贈之以文無。文無，一名當歸也。

清　吴其濬《植物名實圖考》卷二五《當歸》　當歸，《本經》中品。《唐本草注》：有大葉、細葉二種。宋《圖經》云：開花似蒔蘿，淺紫色。李時珍謂花似蛇床，今時所用者皆白花。其紫花者葉大，俗呼土當歸。考《爾雅》：薜，山蘄。又：薜，白蘄。是當歸本有紫、白二種，今以土當歸附於後，大約藥肆皆通用也。

圖表

晉　郭璞《爾雅音圖・釋草》

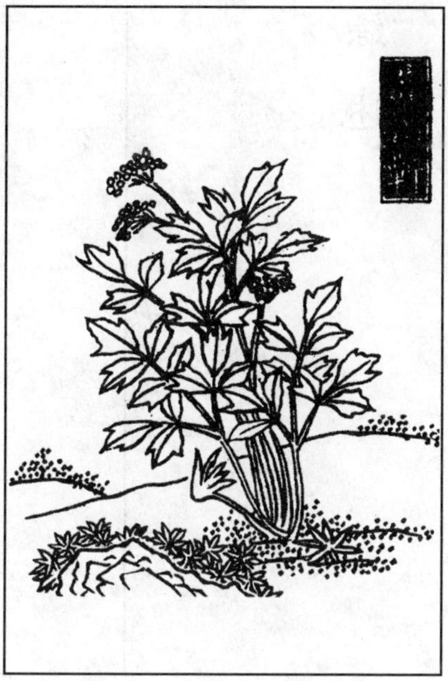

明　李時珍《本草綱目・圖卷》

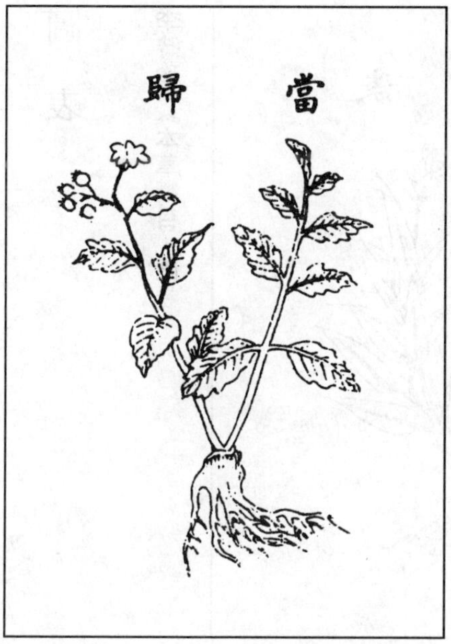

清　吳其濬《植物名實圖考》卷二五《當歸》

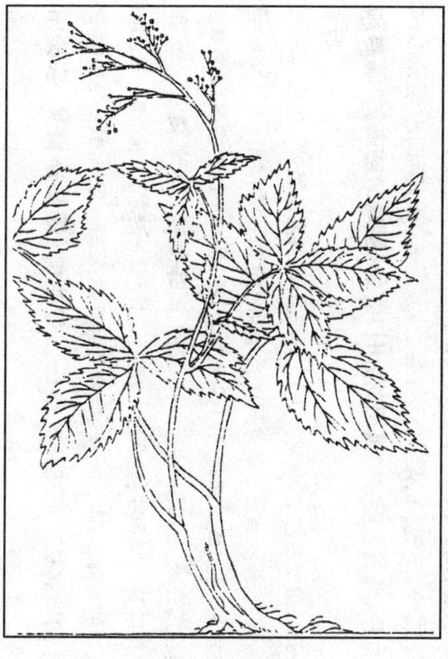

燈心草

綜述

漢　許慎《說文》卷一　蔺，莞屬。从艸，閵聲。

明　李時珍《本草綱目》卷一五　燈心草宋《開寶》　釋名：虎鬚草、《綱目》碧玉草、《綱目》　集解：志曰：燈心草生江南澤地，叢生，莖圓細而長直，人將爲席。宗奭曰：陝西亦有之。蒸熟待乾，折取中心白穰燃燈者，是謂熟草。又有不蒸者，但生乾剥取爲生草。入藥宜用生草。時珍曰：此即龍鬚之類，但龍鬚緊小而瓤實，此草稍粗而瓤虚白。吳人栽蒔之，取瓤爲燈炷，以草織席及蓑。他處野生者不多。外丹家以之伏硫、砂。《雷公炮炙論序》云：硇遇赤鬚，永留金鼎。注云：赤鬚亦呼虎鬚草，煮硇能住火。不知即此虎鬚否也？

清　張宗法《三農紀》卷一七《草屬・燈心草》　燈草，《圖經》云：叢

生，莖青，圓細長直，無枝。至稍半，開細白花，結子。初秋收莖，剖皮取瓤，虚白若綫狀，可作燈焰，可裹燭信，故名燈心草。《爾雅》云：虎鬚草，織蓆甚煖。《草木狀》云：碧玉艸，丹家採根葉，伏硫、砂，白瓤可盪目鏡，乃澤生草也。

清　吴其濬　《植物名實圖考》卷一四《燈心草》　燈心草，《開寶本草》始著録。草以爲席，瓤以爲燈炷。江西澤畔極多。細莖緑潤，夏從莖傍開花如穗，長不及寸，微似莎草花。俚醫謂之水燈心，蓋野生者，性尤清涼。

圖表

明　李時珍　《本草綱目·圖卷》

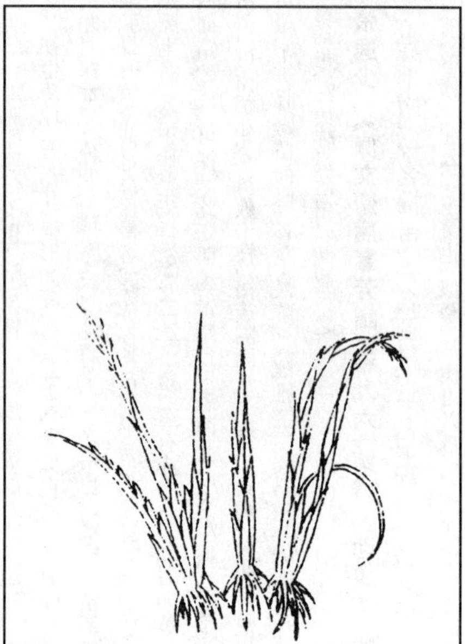

清　吴其濬　《植物名實圖考》卷一四《燈心草》

地膚

綜述

《爾雅·釋草》　葥，王蔧。注：王帚也，似藜，其樹可以爲掃蔧。江東呼之曰落帚。音義：葥，音箭，一音子淺反，《説文》作湔同。蔧，息遂、囚鋭二反。掃，素報反，下同。帚，之有反。疏：此即藜之科，大爲樹，可以作掃蔧者，一名葥，一名王蔧，一名王帚，江東呼落帚。

宋　鄭樵　《通志》卷七五　地膚，曰地葵，曰地麥，曰益明，曰落帚子，曰鴨舌，即獨掃也，亦曰地掃。《爾雅》云：荓，馬帚。即此也。今人亦用爲篲。

明　李時珍　《本草綱目》卷一六　地膚《本經》上品　釋名：地葵、《本經》地麥、《别録》落帚、《日華》獨帚、《圖經》王蔧、《爾雅》王帚、郭璞掃帚、弘景益

明、《藥性》涎衣草、《唐本》白地草、《綱目》鴨舌草、《圖經》千心妓女。《土宿本草》

時珍曰：地膚、地麥，因其子形似也。地葵，因其苗味似也。鴨舌，因其形似也。妓女，因其枝繁而頭多也。益明，因其子功能明目也。子落則老，莖可爲帚，故有帚、彗諸名。

集解：《別録》曰：地膚子生荆州平澤及田野，八月、十月採實，陰乾。弘景曰：今田野間亦多，皆取莖苗爲掃帚。其子微細，入補藥丸散用，《仙經》不甚用。恭曰：田野人名爲地麥草，北人名涎衣草。葉細莖赤，出熟田中。苗極弱，不能勝舉。今云堪爲掃帚，恐未之識也。大明曰：地膚即落帚子也。子色青，似一眠起蠶沙之狀。頌曰：今蜀川、關中近地皆有之。初生薄地，五六寸，根形如蒿，莖赤葉青，大似荆芥。三月開黄白花，結子青白色，八月、九月採實。《神仙七精散》云：地膚子，星之精也。或曰其苗即獨帚也，一名鴨舌草。陶弘景所謂莖苗可爲掃帚者，蘇恭言其苗弱不勝舉，二説不同，而今醫家皆以爲獨帚。密州圖上者，云根作叢生，每窠有二三十莖，莖有赤有黄，七月開黄花，其實地膚也。至八月而䕸乾成，可採。此正與獨帚相合。恐西北出者短弱，故蘇説云耳。時珍曰：地膚嫩苗，可作蔬茹，一科數十枝，攢簇團團直上，性最柔弱，故將老時可爲帚，耐用。蘇恭云不可帚，止言其嫩苗而已。其子最繁。《爾雅》云：葥，王蔧。郭璞注云：王帚也。似藜，可以爲掃帚，江東呼爲落帚。此説得之。

清　張逸少《佩文齋廣羣芳譜》卷九六《藥譜・地膚》　原譜誤作藜，今從《本草》訂正地膚，一名掃帚，一名獨帚，一名王蔧，一名落帚，一名王帚。《爾雅》云：葥，王蔧。注云：王帚也，似藜，其樹可以爲掃帚，江東呼之曰落帚。一名地麥，一名地葵，一名白地草，一名涎衣草，一名鴨舌草，一名千頭子，一名千心妓女，一名益明。《本草綱目》云：地膚、地麥，因其子形似也。地葵，因其苗味似也。鴨舌，因其葉形似也。妓女，因其枝繁而頭多也。益明，因其子功能明目也。春間可種，處處有之，一本叢生，每窠約二三十莖，團團直上，有赤有黄。七月開黄花，子色青，似一眠起蠶沙之狀。最繁嫩苗可作蔬茹，至八月而䕸幹成，可採，子落則老。八月以草束其腰，九月刈以石壓扁可爲帚。性苦寒，無毒。

圖表

明　李時珍《本草綱目・圖卷》

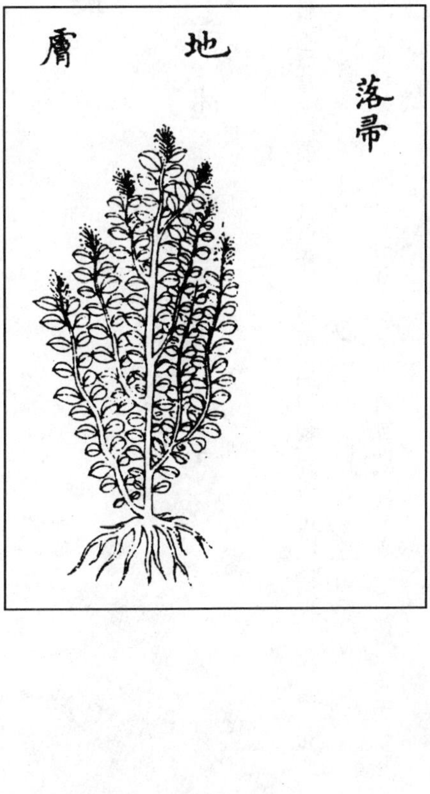

地黄

綜述

《爾雅・釋草》　苄，地黄。注：一名地髓，江東呼苄。音義：莖，謝户耕反，施、郭於耕反。涂，音徒。苄，音户。《本草》：地黄，一名地髓，一名苄，一名芑。髓，素累反。疏：藥草也。郭云：一名地髓，江東人呼苄。案《本草》地黄，一名地髓，一名苄，一名芑。陶注云：生渭城者乃有子實，實如小麥。

漢　許慎《説文》卷一　苄，地黄也。从艸，下聲。《禮》曰：鈃毛：牛

藿、羊芐、豕薇。是。侯士切。

宋　寇宗奭《本草衍義》卷七　地黄，葉如甘露子，花如脂麻花，但有細斑點，北人謂之牛妳子花，莖有微細短白毛。經只言乾、生二種，不言熟者。

明　李時珍《本草綱目》卷一六　地黄《本經》上品　釋名：芐、音户。芑、音起。地髓。《本經》大明曰：生者以水浸驗之。浮者名天黄，半浮半沉者名人黄，沉者名地黄。入藥沉者爲佳，半沉者次之，浮者不堪。時珍曰：《爾雅》云：芐，地黄。郭璞云：江東呼爲芐。羅願云：芐以沉下者爲貴，故字從下。集解：《别録》曰：地黄生咸陽川澤黄土地者佳，二月、八月採根陰乾。弘景曰：咸陽即長安也。生渭城者乃有子實如小麥。今以彭城乾地黄最好，次歷陽，近用江寧板橋者爲勝。作乾者有法，搗汁和蒸，殊用工意，而此云陰乾，恐以蒸作爲失乎？人亦以牛膝、萎蕤作之，人不能別。頌曰：今處處有之，以同州者爲上。二月生葉，布地便出似車前，葉上有皺文而不光。高者及尺餘，低者三四寸。其花似油麻花而紅紫色，亦有黄花者。其實作房如連翹，中子甚細而沙褐色。根如人手指，通黄色，粗細長短不常。種之甚易，根入土即生。一説：古稱種地黄宜黄土。今不然，大宜肥壤虚地，則根大而多汁。其法以葦席圍編如車輪，徑丈餘，以壤土實葦席中爲壇。壇上又以葦席實土爲一級，比下壇徑減一尺。如此數級，如浮屠。乃以地黄根節多者寸斷之，蒔壇上，層層令滿，逐日水灌，令茂盛。至春秋分時，自上層取之，根皆長大而不斷折，不被斸傷故也。得根暴乾。出同州者光潤甘美。宗奭曰：地黄葉如甘露子，花如脂麻花，但有細斑點，北人謂之牛奶子花，莖有微細短白毛。時珍曰：今人惟以懷慶地黄爲上，亦各處隨時興廢不同爾。其苗初生塌地，葉如山白菜而毛澀，葉面深青色，又似小芥葉而頗厚，不叉椏。葉中攛莖，上有細毛。莖梢開小筒子花，紅黄色。結實如小麥粒。根長四五寸，細如手指，皮赤黄色，如羊蹄根及胡蘿卜根，曝乾乃黑，生食作土氣。俗呼其苗爲婆婆奶。古人種子，今惟種根。王旻《山居録》云：地黄嫩苗，摘其旁葉作菜，甚益人。《本草》以二月、八月採根，殊未窮物性。八月殘葉猶在，葉中精氣，未盡歸根。二月新苗已生，根中精氣已滋於葉。不如正月、九月採者殊好，又與蒸曝相宜。《禮記》云：羊芐、豕薇。則自古已食之矣。嘉謨曰：江浙壤地種者，受南方陽氣，質雖光潤而力微；懷慶山産者，禀北方純陰，皮有疙瘩而力大。

明　徐光啓《農政全書》卷五三　地黄苗，俗名婆婆妳，一名地髓，一名芐，音户一名芑。音杞。生咸陽川澤，今處處有之。苗初搨地生。葉如山白菜葉而毛澀，葉面深青色；又似芥菜葉而不花叉，比芥菜葉頗厚。葉中攛莖，上有細毛。莖梢開筒子花，紅黄色，北人謂之牛妳子花。結實如小麥粒，根長四五寸，細如手指，皮赤黄色，味甘苦，性寒無毒。惡貝母，畏蕪荑，得麥門冬、清酒良。忌鐵器。

清　張宗法《三農紀》卷一八《藥屬・地黄》　地黄，《本草》云：春生苗，莖有細茸，葉鋪地，深青而厚，上有皺紋，毛濇不光，高者尺餘。葉可作蔬，宜露散後採，勿損中心。收花曬乾，可充冬食。花開如芝麻花，而斑點紫紅色，亦有黄者。作房若連翹，實如小麥形，褐色者黄蘿蔔狀，粗細長短不一。至秋回苗。《圖經》名地髓，《爾雅翼》名芐。郭璞云：江東呼芐者，以沉水爲佳。故艸從下。浮水名天黄，沉水名地黄，半浮半沉者爲人黄。字取趨下之義也。地者，坤也。坤乃陰，陰屬血。黄者，土之色也。土臟胃，胃統血。生用則從其類，入陰分領血歸源。若熟則化黑，黑乃坎色。坎主腎，腎乃生血之母，爲先天。胃乃統血之宗，爲後天。將後天化質，以生先天真一之水。真水足而元火定矣。言人深得其旨，假草木而木草失真，則工巧之術咸歸茫茫，亦猶談道而道喪，著經而經亡也。嗚呼！

清　王念孫《廣雅疏證》卷一〇　地髓，地黄也。《爾雅》：芐，地黄。郭注云：一名地髓，江東呼芐。《淮南・覽冥訓》云：地黄主屬骨，而甘草主生肉之藥也。《神農本草》云：地黄，一名地髓。《名醫别録》云：一名芐，一名芑，生咸陽川澤黄土地者佳。陶注云：生渭城者，乃有子實，實如小麥。蘇頌《圖經》云：二月生，葉似車前葉，上有皺文而不光。高者及尺餘，低者三四寸。其華似油麻花而紅紫色，亦有黄花者。其實作房如連翹，子甚細而沙褐色。根如人手指，通黄色。《公食大夫禮》：鉶芼：牛藿、羊苦、豕薇。注云：苦，苦荼也。今文苦爲芐。《説文》云：芐，地黄也。引《禮》曰：鈃芼：牛藿、羊芐、豕薇。案：古人飲食，無用地黄者。芐乃苦之假借也。

清　吴其濬《植物名實圖考》卷一一《地黄》　地黄，《本經》上品。《爾雅》謂之芐。羊芐、豕薇，古以爲茹。今産懷慶，以沃土植之，根肥大多汁。野生者根細如指，味極苦。《救荒本草》：俗名婆婆嬭，北地謂之狗嬭子，葉味苦回甘，如枸杞芽。今懷慶以爲羹臛。

藝文

宋 蘇軾《東坡全集》卷二三《地黃》 地黃飼老馬，可使光鑒人。吾聞樂天語，喻馬施之身。我衰正伏櫪，垂耳氣不振。移栽附沃壤，蕃茂争新春。沈水得稺根，重湯養陳薪。投以東阿清，和以北海醇。崖蜜助甘冷，山薑發芳辛。融爲寒食餳，嚥作瑞露珍。丹田自宿火，渴肺還生津。願餉内熱子，一洗胸中塵。

宋 高似孫《剡録》卷一〇《草木禽魚下・地黃》 《山居賦》曰：採石上之地黃。剡地種之。白樂天《採地黃》詩：採之將何用，持以易糇糧。

圖表

晉 郭璞《爾雅音圖・釋草》

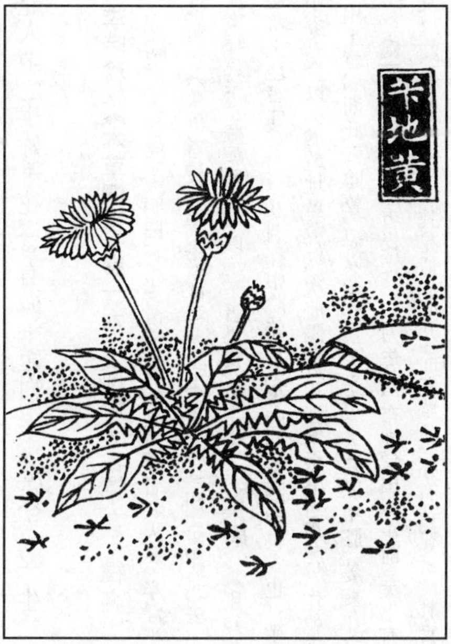

明 李時珍《本草綱目・圖卷》

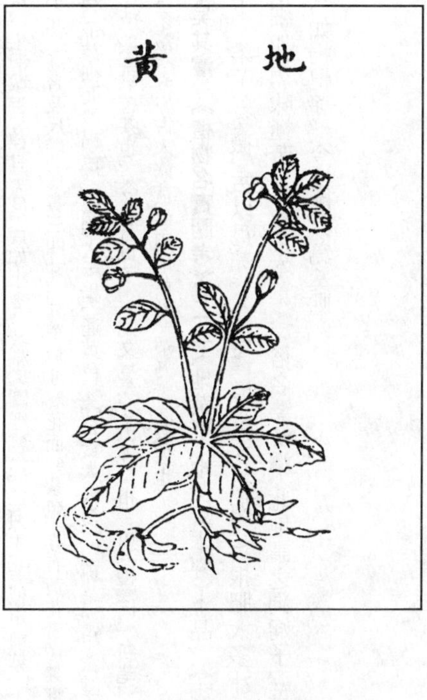

明 徐光啓《農政全書》卷五三

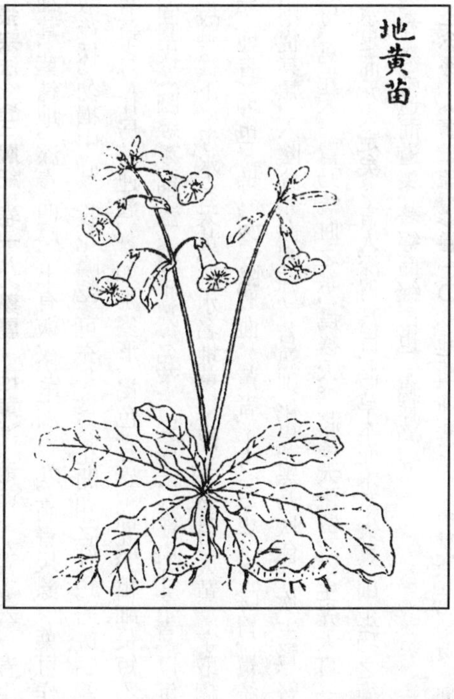

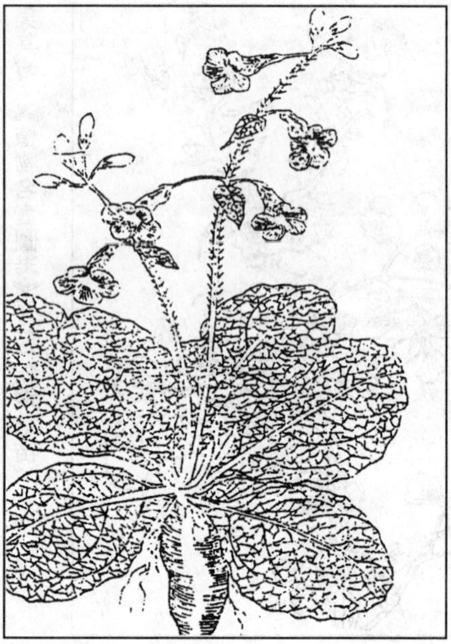

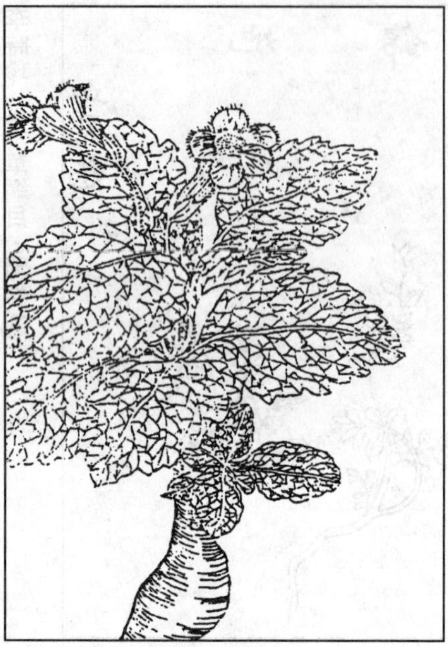

清 吳其濬《植物名實圖考》卷一二《地黄》

地錦

綜述

明 李時珍《本草綱目》卷二〇 地錦宋《嘉祐》 校正：並入有名未用《別録》地朕。釋名：地朕、吳普地噤、《拾遺》夜光、吳普承夜、吳普草血竭、《綱目》血見愁、《綱目》血風草、《綱目》馬蟻草、《綱目》雀兒臥單、《綱目》醬瓣草、《玉册》猢猻頭草。《別録》曰：地朕，三月採之。藏器曰：地朕一名地錦，一名地噤。蔓延着地，葉光淨，露下有光。時珍曰：赤莖布地，故曰地錦。專治血病，故俗稱爲血竭、血見愁。馬蟻、雀兒喜聚之，故有馬蟻、雀單之名。醬瓣、猢猻頭，象花葉形也。集解：禹錫曰：地錦草生近道田野，出滁州者尤良。莖葉細弱，蔓延於地。莖赤，葉青紫色，夏中茂盛。六月開紅花，結細實。取苗子用之。絡石注有地錦，是藤蔓之類，與此同名異物。時珍曰：田野寺院及階砌間皆有之小草也。就地而生，赤莖黄花黑實，狀如蒺藜之朵，斷莖有汁。方士秋月採，煮雌雄、丹砂、硫黄。

清 嵇璜《續通志》卷一七四 地錦，小草也。一名地噤，一名夜光，一名承夜，一名草血竭，一名血見愁，一名血風草，一名馬螘草，一名雀兒臥單，一名醬瓣草，一名猢猻頭草。

清 吳其濬《植物名實圖考》卷一二《地錦苗》 地錦苗，江西園圃平野多有。春初發生莖葉似胡荽，而葉末稍圓，梢杈開紫花如小魚形，參差偃仰，跗當花中，尾尖首碩，有兩小瓣，開合如唇，花罷結角，入夏漸枯。按《救荒本草》：地錦苗生田野中，小科苗高五七寸，莖葉似園荽，葉間開紫花，結小角豆兒。苗葉味苦，煠熟浸淨，油鹽調食。即此。

又卷一三《地錦》 地錦，陰濕處有之。紫莖塌地生，葉如初生菊葉而短，深齒有光，開小粉紫花，大如粟，結實作毬。味微辛。湖南亦呼爲半邊蓮，可治跌損。疑陳藏器所謂露下有光者，是此草。

圖表

明 李時珍《本草綱目・圖卷》

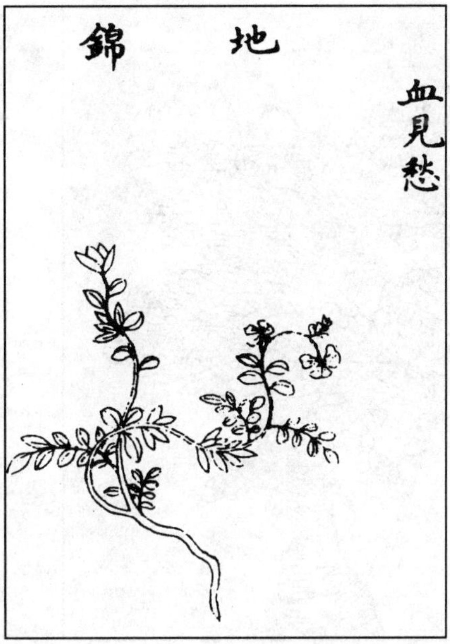

清 吳其濬《植物名實圖考》卷一二《地錦苗》

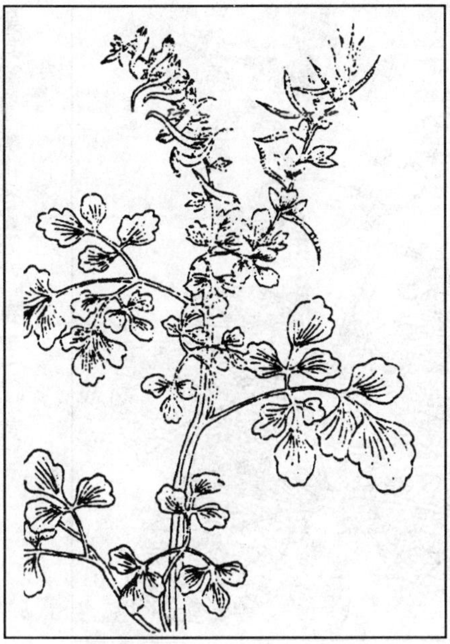

又卷一三《地錦》

地筍

綜述

清 吳其濬《植物名實圖考》卷二三《地筍》 地筍生雲南山阜。根有橫紋如蠶，傍多細鬚，緑莖紅節，長葉深齒。

圖表

清　吴其濬《植物名實圖考》卷二三《地笋》

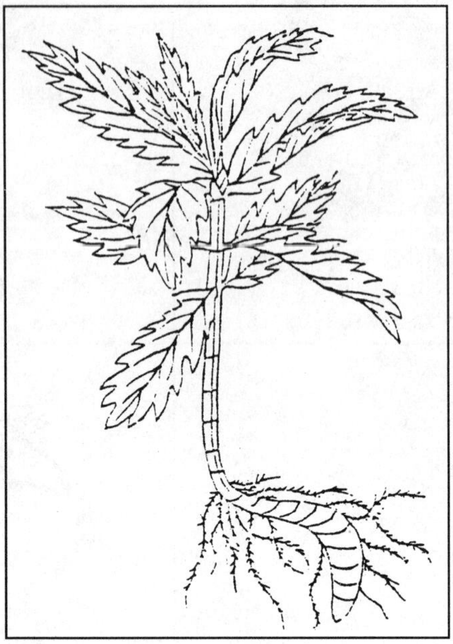

地蜈蚣草

綜述

明　李時珍《本草綱目》卷一六　地蜈蚣草《綱目》　集解：時珍曰：生村落塍野間，左蔓延右，右蔓延左，其葉密而對生，如蜈蚣形，其穗亦長，俗呼過路蜈蚣。其延上樹者，呼飛天蜈蚣。根苗皆可用。

清　翟灝《爾雅補郭》卷下　蘵，百足。今所呼地蜈蚣草也。生塍野卑濕處，葉密而對，有如蜈蚣足形。左蔓延右，右蔓延左，俗謂之過路蜈蚣。其延上樹者，謂之飛天蜈蚣。古以馬蚿爲百足，今以百足號蜈蚣。借名有今古之殊，所名物不殊也。蘵則當以喜地滋濈立稱。

圖表

明　李時珍《本草綱目·圖卷》

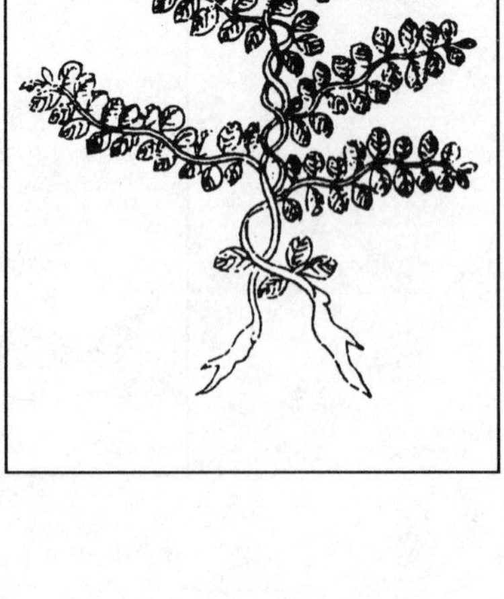

地楊梅

綜述

明　李時珍《本草綱目》卷一六　地楊梅《拾遺》　集解：藏器曰：生江東濕地，苗如莎草，四五月有子，似楊梅也。

圖表

明 李時珍《本草綱目·圖卷》

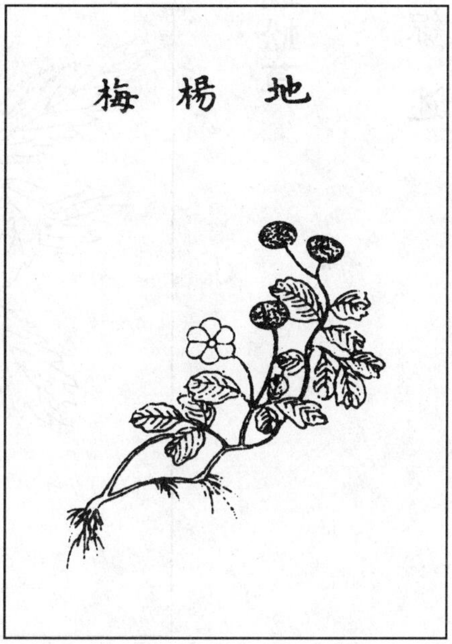

地衣

綜述

明 李時珍《本草綱目》卷二一 地衣草《日華》 校正：並入《拾遺》土部仰天皮。 釋名：仰天皮、《拾遺》掬天皮。《拾遺》 集解：大明曰：此乃陰濕地被日曬起苔蘚也。藏器曰：取濕地上苔衣如草狀者耳。

圖表

明 李時珍《本草綱目·圖卷》

地榆

綜述

明 朱橚《救荒本草》卷一 地榆，生桐柏山，及冤句山谷，今處處有之，密縣山野中亦有此。多宿根。其苗初生布地，後攛葶，直高三四尺，對分生葉。葉似榆葉而狹細，頗長，作鋸齒狀，青色。開花如椹子，紫黑色。又類豉，故名玉豉。其根外黑裏紅，似柳根。亦入釀酒藥。燒作灰，能爛石。味苦甘酸，性微寒。一云沉寒無毒。得髮良，惡麥門冬。

明　李時珍《本草綱目》卷一二　地榆《本經》中品　校正：並入《別録》有名未用酸赭。釋名：玉豉、酸赭。弘景曰：其葉似榆而長，初生布地，故名。其花子紫黑色如豉，故又名玉豉。時珍曰：按《外丹方》言地榆一名酸赭，其味酸、其色赭故也。今蘄州俚人呼地榆爲酸赭，又訛赭爲棗，則地榆、酸赭爲一物甚明，其主治之功亦同，因並《別録》有名未用酸赭爲一云。集解：《別録》曰：地榆生桐柏及冤句山谷，二月、八月採根暴乾。又曰：酸赭生昌陽山，採無時。頌曰：今處處平原川澤皆有之。宿根三月内生苗，初生布地，獨莖直上，高三四尺，對分出葉。葉似榆葉而稍狹，細長，作鋸齒狀，青色。七月開花如椹子，紫黑色。根外黑裏紅，似柳根。弘景曰：其根亦入釀酒。道方燒作灰，能爛石，故煮石方用之。其葉山人乏茗時，採作飲亦好，又可煠茹。

清　張逸少《佩文齋廣羣芳譜》卷九四《藥譜·地榆》　地榆，一名玉豉，《本草注》云：其葉似榆，初生布地，故名。其子紫黑色如豉，故又名玉豉。一名玉札，一名酸赭。蘄州呼爲酸棗。《綱目》云：《外丹方》地榆，一名酸赭，以其味酸，其色赭故也。俗又訛赭爲棗。處處平原川澤皆有之。宿根三月内生苗，初生布地，獨莖直上，高三四尺，對分出葉，葉似榆葉而稍狹，細長，似鋸齒狀，青色。七月開花如椹子，紫黑色。根外黑裏紅，似柳根，味苦微寒無毒，消酒止渴，補腦明目，止膿血，除惡肉，療金瘡。此草霧而不濡，太陽氣盛也。燒作灰能鑠金爛石，故道家煮石方用之。炙其根作飲若茗，取其汁釀酒治風痺，採其葉作飲亦好，又可煠食。

清　嵇璜《續通志》卷一七四　地榆，一名玉札，葉似榆而長，初生布地，故名。其花子紫黑色如豉，故又名玉豉。《外丹方》又名酸赭，以其味酸而色赭也。

圖表

明　朱橚《救荒本草》卷一

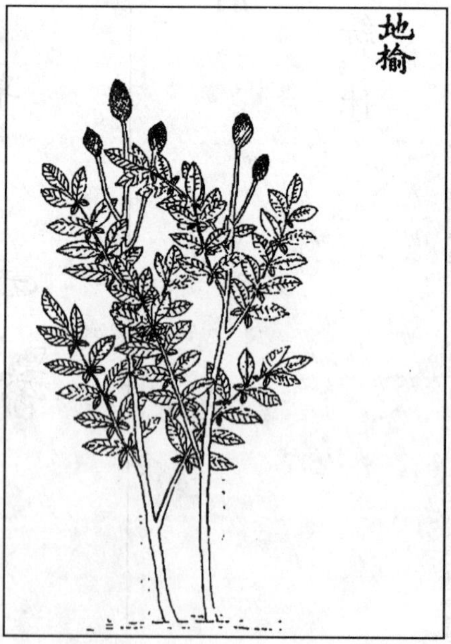

明　李時珍《本草綱目·圖卷》

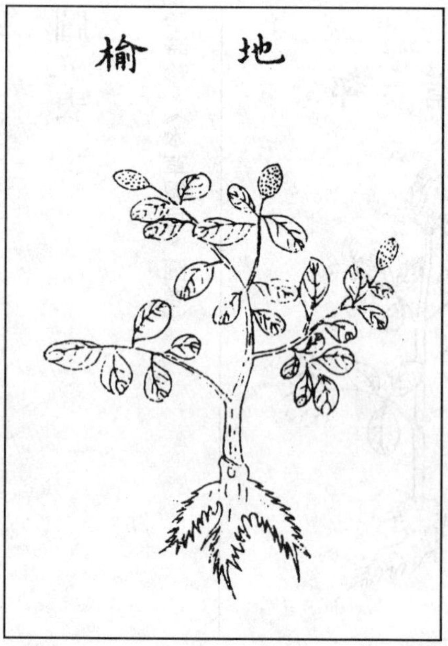

都管草

綜述

宋 周去非《嶺外代答》卷八《花木門·都管草》 都管草，一莖六葉，置室中，辟蜈蚣，蛇不敢入。

宋 范成大《桂海虞衡志·志草木》 都管草，一莖六葉，辟蜈蚣蛇。

明 李時珍《本草綱目》卷一三 都管草宋《圖經》 集解：頌曰：都管草生宜州田野，根似羌活頭，歲長一節，苗高一尺許，葉似土當歸，有重臺，二月、八月採根陰乾。施州生者作蔓，又名香毬，蔓長丈餘，赤色，秋結紅實，四時皆有，採其根枝，淋洗風毒瘡腫。時珍曰：按范成大《桂海志》云：廣西出之，一莖六葉。

明 王圻《稗史彙編》卷一四九《都管草》 都管草，一莖六葉，辟蜈蚣虵。

明 朱國禎《湧幢小品》卷二七 廣西有都管草，一莖六葉，能辟蜈蚣。又有蛆草，能辟蚊蠅。

清 嵇璜《續通志》卷一七四 都管草，作管者誤。生宜州田野。根似羌活，頭歲長一節，苗高一尺許，葉似土當歸。有重臺施州生者作蔓，又名香球蔓，長丈餘，赤色，秋結紅實。范成大《桂海志》云：廣西出之，一莖六葉。

圖表

明 李時珍《本草綱目·圖卷》

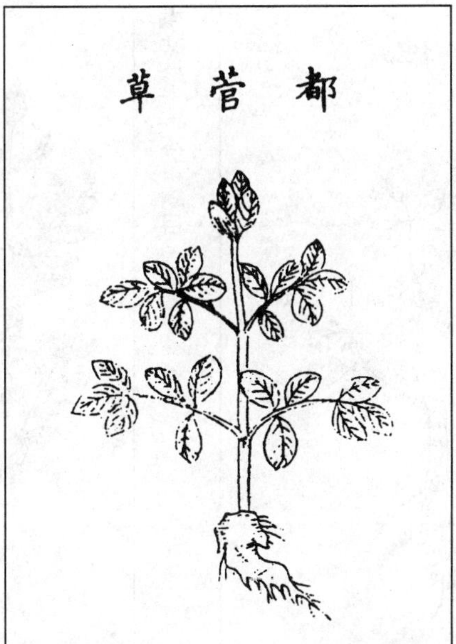

獨活

綜述

明 李時珍《本草綱目》卷一三 獨活《本經》上品 釋名：羌活、《本經》羌青、《本經》獨摇草、《別録》護羌使者、《本經》胡王使者、吴普長生草。弘景曰：一莖直上，不爲風摇，故曰獨活。《別録》曰：此草得風不摇，無風自動，故名獨摇草。《大明》曰：獨活，是羌活母也。時珍曰：獨活以羌中來者爲良，故有羌活、胡王使者諸名，乃一物二種也。正如川芎、撫芎、白朮、蒼朮之義，入用微有不同，後人以爲二物者非矣。集解：《別録》曰：獨活生雍州川谷，或隴西南安，二月、八月採根暴乾。弘景曰：此州郡縣並是羌地。

羌活形細而多節軟潤，氣息極猛烈。出益州北都西川者爲獨活，色微白，形虚大，爲用亦相似而小不如。至易蛀，宜密器藏之。頌曰：獨活、羌活今出蜀漢者佳。春生苗葉如青麻。六月開花作叢，或黄或紫。結實時葉黄者，是夾石上所生；葉青者，是土脈中所生。《本經》云二物同一類。今人以紫色而節密者爲羌活，黄色而作塊者爲獨活。而陶隱居言獨活色微白，形虚大，用與羌活相似。今蜀中乃有大獨活，類桔梗而大，氣味亦不與羌活相類，用之微寒而少效。今又有獨活，亦自蜀中來，類羌活，微黄而極大，收時寸解乾之，氣味亦芳烈，小類羌活，又有槐葉氣者，今京下多用之，極效驗，意此爲真者。而市人或擇羌活之大者爲獨活，殊未爲當。大抵此物有兩種：西蜀者，黄色，香如蜜；隴西者，紫色，秦隴人呼爲山前獨活。古方但用獨活，今方既用獨活而又用羌活，兹爲謬矣。機曰：《本經》獨活一名羌活，本非二物。後人見其形色氣味不同，故爲異論。然物多不齊，一種之中自有不同。仲景治少陰所用獨活，必緊實者；東垣治太陽所用羌活，必輕虚者。正如黄芩取枯飄者名片芩治太陰，條實者名子芩治陽明之義同也。況古方但用獨活無羌活，今方俱用，不知病宜兩用耶？抑未之考耶？時珍曰：獨活、羌活乃一類二種，以他地者爲獨活，西羌者爲羌活，蘇頌所説頗明。按王貺《全生指迷方》云：羌活須用紫色有蠶頭鞭節者。獨活是極大羌活有白如鬼眼者，尋常皆以老宿前胡爲獨活者，非矣。近時江淮山中出一種土當歸，長近尺許，白肉黑皮，氣亦芬香，如白芷氣，人亦謂之水白芷，用充獨活，解散亦或用之，不可不辨。

明　焦周《焦氏説楛》卷四　獨活，有風不動，無風自摇。赤箭亦爾。又鬼督郵，一名獨摇草。又有無風獨摇草，佩之令夫妻相愛，生嶺南，頭如彈子，尾若烏尾，兩片開合，見人自動，故名。又有桃朱術，取子帶之，婦人爲夫所愛。《南方草木狀》：媚草上有蟲，老蜕爲蝶，女子藏之，爲夫所憐。《洞冥記》亦云：服簡草者，媚於人。服細鳥之皮者，爲男子所媚。

清　孫之騄《枝語》卷上《獨活及己》　崔子弑齊君，晏嬰枕屍而哭。興，三踊而出。獨活也乎哉？爲社稷也。靈公污，事之以潔。莊公怯，事之以勇。景公侈，事之以儉。一莖直上，不爲風摇者與？後晏子活，齊國治。不爲風摇，而可以治風。管仲與召忽共事公子糾，不知害之將及己也。語曰：獐耳有毒，入口噴血。子糾死，桓公請管台於魯。將用之，管仲謂召忽曰：子懼乎？召忽曰：何懼，殺吾君而用吾身，是再辱我也。遂自刎死。人謂管仲之生也獨活，召忽之死也長生。獨活，一名長生草。

圖表

明　李時珍《本草綱目·圖卷》

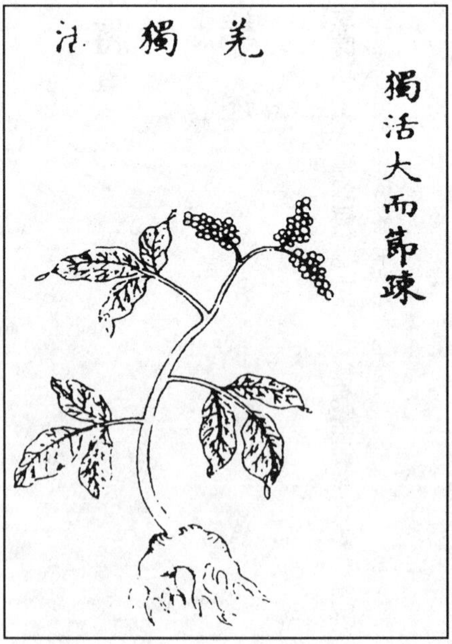

獨牛

綜　述

清　吳其濬《植物名實圖考》卷一七《獨牛》　獨牛，生雲南山石間。初生一葉，似秋海棠葉而光滑無鋸齒，淡緑厚脆，疎紋數道，面有紫暈如指印痕。莖高三四寸，從莖上發苞開花，花亦似海棠，只二瓣，黄心一簇。盆石間植之，有別趣，且耐久。

圖表

清　吳其濬《植物名實圖考》卷一七《獨牛》

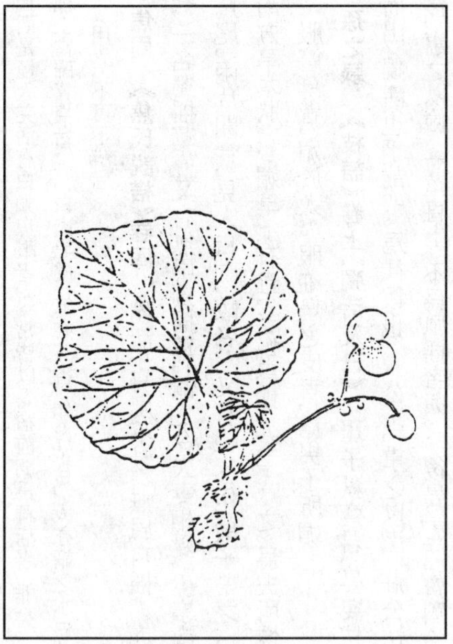

獨搖草

綜述

宋　釋贊寧《東坡先生物類相感志》卷一二《獨搖草》　其草生嶺南，形若鳥毛，長多許。聞見人則自動，故號曰無風動搖草，帶之令人相愛。

明　牛衷《增修埤雅廣要》卷三〇《卉物門・異植類・獨搖草》　頭如彈子，尾若鳥尾，兩片開合，見人自動，佩之令人夫婦相愛。

明　李時珍《本草綱目》卷二一　無風獨搖草《拾遺》　珣曰：生大秦國及嶺南。五月五日採諸山野，亦往往有之。頭若彈子，尾若鳥尾，兩片開合，見人自動，故曰獨搖。性溫平無毒，主頭骨遊風、遍身癢，煮汁淋洗。藏器曰：帶之令夫相愛。時珍曰：羌活、天麻、鬼臼、蘼御四者皆名無風獨搖草，而物不同也。段成式《酉陽雜俎》言：雅州出舞草，三葉，如決明，一葉在莖端，兩葉居莖之半相對，人近之歌謳，及抵掌，則葉動如舞。按此即虞美人草，亦無風獨搖之類也。又按《山海經》云：姑媱之山，帝女死焉，化爲䔄，其葉相重，花黃，實如兔絲，服之媚人。郭璞注云：一名荒夫草。此說與陳藏器「佩之相愛」之語相似，豈即一物與？

明　劉侗《名物通》卷一〇　獨搖草，頭如彈子，尾如鳥尾，兩片開合，見人自動，即羌活也，男女帶之相媚。生嶺南。又移楊，亦無風自動。

清　陳淏子《秘傳花鏡》卷四《藤蔓類考・獨搖草》　獨搖草，一名獨活，多生於嶺南及蜀漢川谷中。春生苗葉，夏開小黃花。一莖直上，有風不動，無風自搖。其頭如彈子，尾若鳥尾，而兩片閧合開。每見人□自動搖，俗傳佩之者，能令夫婦相愛。雖非異卉，亦自有一種風致。可取根入藥用。

獨用將軍

綜述

明　李時珍《本草綱目》卷一六　獨用將軍《唐本草》　集解：恭曰：生林野中，節節穿葉心生苗，其葉似楠，不時採根、葉用。

杜衡

綜述

《爾雅·釋草》 杜，土鹵。注：杜衡也，似葵而香。音義：杜，郭云：杜衡也，似葵而香。案《本草》云：杜衡味辛香人衣體。陶注云：根葉都似細辛，唯氣小異耳。《本草經》又有杜若，一名杜衡。陶注云：葉似薑，根亦似高良薑而細，氣味辛香，又絶似旋覆根，殆欲相亂。如陶之言，二種竝不似葵，或恐郭誤耳。土，他覩反。鹵，音魯。衡字或作蘅，音行。疏：香草也。一名杜，一名土鹵。郭云：杜衡也，似葵而香。《本草唐本注》云：杜衡葉似葵，形如馬蹄，故俗云馬蹄香。生山之陰水澤下濕地。根似細辛、白前等。《山海經》云：『天帝山有草，其狀如葵，其臭如麋蕪，名曰杜衡。可以走馬，食之已癭』是也。

宋 羅願 《爾雅翼》卷二《杜衡》 《西山經》曰：天帝之山有草焉，狀如葵，其臭如蘼蕪，名曰杜衡。可以走馬，食之已癭。郭氏曰：帶之令人便馬，或曰馬得之而健走。《山海經》雖載異物，其實皆世所有。今杜衡，生山之陰，水澤下濕地。根、葉都似細辛，惟氣小異。俗以其似馬蹄，名曰馬蹄香。能香人衣體，道家服之。《九歌·山鬼》章曰：被石蘭兮帶杜衡。杜衡之帶，亦以其便馬，不特香人衣體而已。又其名謂之衡，古者天子大輅側載睪芷，所以養鼻。明車上亦有香草，此衡既便於馬，或當亦載之衡歟？又杜若亦有杜衡之名，草木所以難言者，以其名實相亂，每每如此。杜衡或只名杜，《釋草》一名土鹵，又謂之杜衡葵，今俗以及已代之。及已，獨莖，莖端四葉，葉間白花，有毒而無芳氣。

宋 吴仁傑 《離騷草木疏》卷一《杜蘅》 雜杜衡與芳芷。王逸注言：已積累衆善以自飾，復植杜蘅，雜以芳芷，芬香益暢也。【略】仁傑按：《山海經》：天帝之山有草，狀似葵，臭如蘼蕪，名曰杜蘅。《爾雅》：杜，一名土鹵。郭璞云：杜蘅也。《本草》：杜蘅香人衣體，三月發根。陶隱居云：根葉都似細辛，惟氣小異耳。《唐本注》云：葉似葵，形如馬蹄，故俗云馬蹄香。生山之陰，水澤下濕地。根似細辛、白芷等，今俗以及已代之。及已，獨莖，莖端四葉。開白花，殊無芳氣，有毒，不可亂杜蘅也。《圖經》云，杜若，一名杜蘅，或疑是杜若。據郭注云似葵而香，故知是此杜蘅也。江淮間皆有之，今人用作浴湯及衣香甚佳。根𪋻，黄白色，春初於宿根上生苗蒿，二三寸。莖如麥藁粗細，窠每上有五七葉或八九葉，別無枝蔓。又如葉莖間罅内蘆頭上貼地生紫花，結實如豆大，窠内有碎子。苗葉俱青。沈存中云：東方、南方所用細辛，皆杜蘅也。黄白拳局而脆，乾則作團，非細辛也。細辛出華山，極細而直，深紫色，味極辛，嚼之習習如椒，其辛更甚於椒。《本草》云：細辛水漬令直，是以杜蘅僞爲之也。

明 李時珍 《本草綱目》卷一三 杜衡《別録》中品 釋名：杜葵、《綱目》馬蹄香、《唐本》土鹵、《爾雅》土細辛。《綱目》 恭曰：杜衡葉似葵，形似馬蹄，故俗名馬蹄香。頌曰：《爾雅》杜又名土鹵，然杜若亦名杜衡，或疑是杜若，而郭璞注云，似葵，當是杜衡也。集解：《別録》曰：杜衡生山谷，三月三日採根，熟洗暴乾。弘景曰：根葉都似細辛，惟氣小異爾。處處有之。方藥少用，惟道家服之。令人身衣香。恭曰：生山之陰，水澤下濕地。葉似葵，形如馬蹄。根似細辛、白前等。今俗以及已代之，謬矣。及已獨莖，莖端四葉，葉間白花，殊無芳氣。有毒，服之令人吐，惟療瘡疥，不可亂杜衡也。頌曰：今江淮間皆有之。春初於宿根上生苗，葉似馬蹄下狀，高二三寸，莖如麥藁粗細，每窠上有五七葉，或八九葉，別無枝蔓。又於莖葉間罅内蘆頭上貼地生紫花，其花似見不見，暗結實如豆大，窠内有碎子，似天仙子。苗葉俱青，經霜即枯，其根成空，有似飯帚密鬧，細長四五寸，粗於細辛，微黄白色，味辛，江淮俗呼爲馬蹄香。謹按《山海經》云：天帝之山有草焉，其狀如葵，其臭如蘼蕪，名曰杜衡。可以走馬，食之已癭。郭璞注云：帶之可以走馬。或曰：馬得之而健走也。宗奭曰：杜衡用根，似細辛，但根色白，葉如馬蹄之下。市人往往以亂細辛，將二物相對，便見真僞。況細辛惟出華州者良。杜衡色黄，拳局而脆，乾則作團。詳細辛下。時珍曰：按《土宿本草》云：杜細辛，葉圓如馬蹄，紫背者良，江南、荆、湖、川、陝、閩、廣俱有之。取自然汁，可伏硫、砒，製汞。

清 王念孫 《廣雅疏證》卷一〇 楚蘅，杜蘅也。《爾雅》：杜，土鹵。郭注云：杜衡也，似葵而香。衡與蘅同。《楚詞·離騷》云：畦留夷與揭車兮，雜杜衡與芳芷。王注云：杜衡、芳芷，皆香草也。《西山經》云：天帝之山有草焉，其狀如葵，其臭如蘼蕪，名曰杜衡。可以走馬，倉之已癭。《名醫別録》云：杜衡，香人衣體。陶注云：根葉都似細辛，惟氣小異爾。《唐本注》云：葉似槐，形如馬蹄，故俗云馬蹄香。《史記·司馬相如傳》索隱引《博物志》云：杜衡，一名土杏。其根一似細辛，葉似葵。案，杜衡與土杏，

古同聲。杜衡之杜爲土，猶《毛詩》自土沮漆，《齊詩》作杜也。衡從行聲而通作杏，猶《詩》荇菜字從行聲，而《爾雅》、《説文》作莕也。又《神農本草》别有杜若，一名杜衡。陶注謂根似高良薑，與此同名而異實。《廣韻》云：杜衡，香草。大者曰杜若。司馬相如《子虚賦》亦以衡蘭芷若竝言，則杜若之外，别有名杜衡者，所謂楚衡是也。《御覽》引《范子計然》云：楚衡出楚國。又引云：杜若出南郡漢中，大者善。明楚衡不與杜若同物也。蘇頌《本草圖經》謂杜若即《廣雅》楚衡，非是。

清 吴其濬《植物名實圖考》卷八《杜衡》 杜衡，《别録》中品。《山海經》有之。《爾雅》：杜，土鹵。注：杜衡也，似葵而香。《圖經》所述纂詳，惟不釋細辛形狀。陶隱居云：杜衡根葉都似細辛，則俚醫以葉圓、長分别二種，不爲無據。

圖表

晉 郭璞《爾雅音圖·釋草》

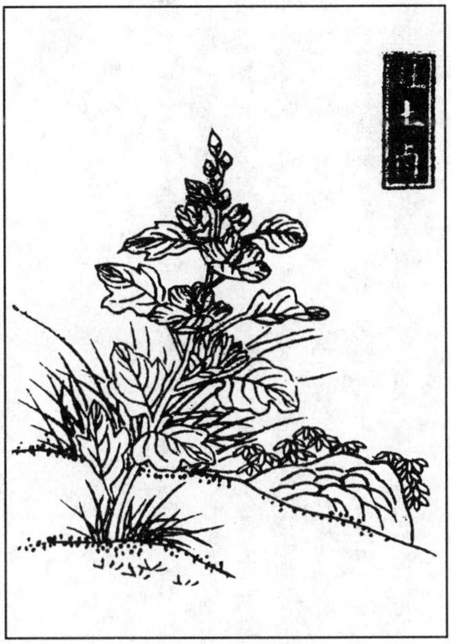

明 李時珍《本草綱目·圖卷》

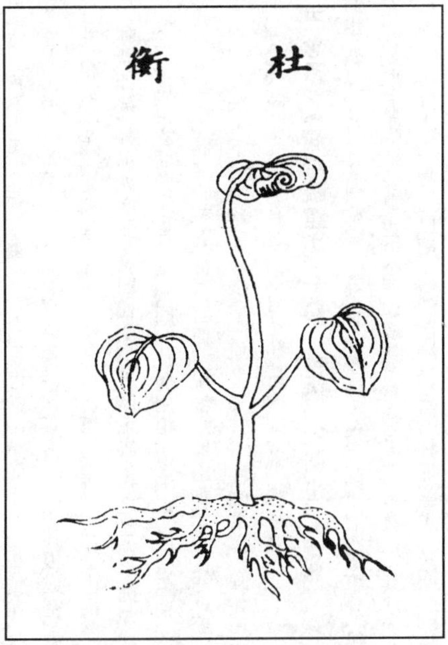

清 蕭雲從《補繪蕭雲從離騷全圖》卷下

右杜衡。《爾雅》謂之土鹵，《廣雅》謂之楚衡，根類馬蹄，又呼爲馬蹄者。

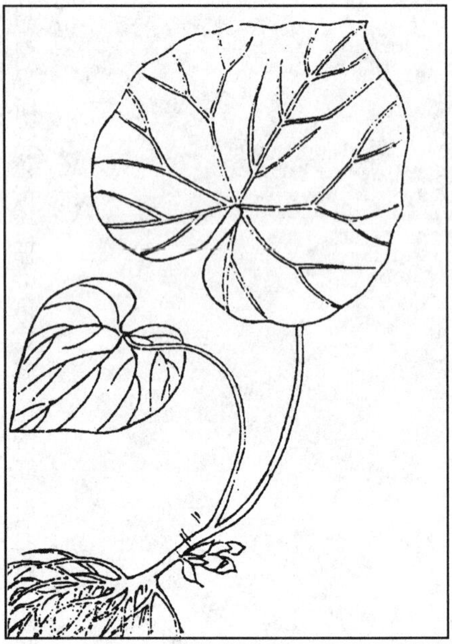

清 吴其濬《植物名實圖考》卷八《杜蘅》

杜若

綜述

宋 沈括《補筆談》卷下 杜若，即今之高良姜，後人不識，又别出高良薑條。如赤箭，再出天麻條。天名精，再出地菘條。燈籠艸，再出苦躭條。如此之類極多，或因主療不同。蓋古人所書，主療皆多未盡，後人用久，漸見其功，主療寖廣。諸藥例皆如此，豈獨杜若也？後人又取高良姜中小者爲杜若，正如用天麻、蘆頭爲赤箭也。又有用北地山姜爲杜若者。杜若古人以爲香艸，北地山姜何嘗有香？高良姜花或穗芳華可愛，土人用鹽梅汁淹以爲葅。南人亦謂之山姜花，又曰荳蔻花。《本艸圖經》云，杜若苗似山姜，花黄赤，子赤色，大如棘子，中似荳蔻，出峽山嶺南北。正是高良姜，其子乃紅蔻也。騷人比之蘭芷。然藥品中，名實錯亂者至多，人人自主一説，亦莫能堅決。不患多記，以廣異同。

宋 鄭樵《通志》卷七五 杜若，曰杜衡，曰杜連，曰白蓮，曰白苓，曰若芝，曰楚衡。根葉似山薑，花似荳蔻。騷人多取喻焉。故《楚詞》云：山中人兮芳杜若。《九歌》云：採芳洲兮杜若。又《離騷》云：雜杜衡與芳芷。唐貞觀中，勑下度支求杜若。省郎以謝元暉詩云：芳洲採杜若。乃責坊州貢之，當時以爲嗤笑。

宋 羅願《爾雅翼》卷二《杜若》 杜若苗似山薑，花黄赤，子赤色，大如棘子，中似豆蔻，有杜連、白連、白苓、若芝之名，亦一名杜衡。《九歌・湘君》曰：採芳洲兮杜若，將以遺兮下女。《湘夫人》云：搴汀洲兮杜若，將以遺兮遠者。其用物同而所贈異，學者莫能説。

宋 吴仁傑《離騷草木疏》卷一《杜若》 《本草》：杜若，一名杜蘅，一名杜連，一名白連，一名白苓，一名若芝。陶隱居云：今處處有之。葉似薑而有文理，根似高良薑而細，味辛香。又絶似旋葍根，殆欲相亂，葉小異耳。《唐本注》云：苗似廉薑，生陰地。根似高良薑，全少辛味。陶所注旋復根，即真杜若也。《蜀本圖經》云：苗似山薑，花黄赤，子赤色，大如麻子，中似豆蔻。

明 屠本畯《離騷草木疏補》卷一《杜若》 杜若，楚蘅也，生陰地。苗似山姜，花黄赤，子赤色，大如棘子，中似荳蔻。又辛香絶似旋覆根，殆欲相亂，但葉小異耳。

明 李時珍《本草綱目》卷一四 杜若《本經》上品 校正：並入《圖經》外類山姜。釋名：杜衡、《本經》杜蓮、《别録》若芝、《别録》楚衡、《廣雅》獛子薑、獛音爪。《藥性論》山薑。《别録》云：一名白蓮，一名白芩。頌曰：此草一名杜衡，而草部中品自有杜衡條，即《爾雅》所謂土鹵者也。杜若，即《廣雅》所謂楚衡者也。其類自别，古人多相雜引用。故《九歌》云：採芳洲兮杜若。《離騷》云：雜杜衡與芳芷。王逸輩皆不分别，但云香草，故二名相混。古方或用，今人罕使，故少有識者。集解：《别録》曰：杜若生武陵川澤及冤句，二月、八月採根曝乾。弘景曰：今處處有之。葉似薑而有文理，根似高良薑而細，味辛香。又絶似旋覆根，殆欲相亂，葉小異爾。《楚辭》云「山中人兮芳杜若」是矣。恭曰：今江湖多有之，生陰地，苗似廉薑，根似高良薑，全少辛味。陶云，似旋覆根者，即真杜若也。保昇曰：苗似山薑，花

黄赤，子赤，大如棘子，中似豆蔻。今出嶺南、硤州者甚好。《范子計然》云：杜衡、杜若出南郡、漢中，大者大善。頌曰：衛州一種山薑，莖葉如薑，開紫花，不結子，八月採根入藥。時珍曰：杜若人無識者，今楚地山中時有之。山人亦呼爲良薑，根似薑，味亦辛。甄權注豆蔻所謂獛子薑，蘇頌《圖經》外類所謂山薑，皆此物也。或又以大者爲高良薑，細者爲杜若。唐時峽州貢之。

清 吴其濬《植物名實圖考》卷二五《杜若》 杜若，《本經》上品。按芳洲杜若，《九歌》疊詠，而醫書以爲少有識者。考郭璞有贊，謝朓有賦，江淹有頌，沈約有詩，豈皆未覩其物而空託採擷耶？韓保昇云：苗似山薑，花黄子赤，大如棘子，中似豆蔻。細審其説，乃即滇中豆蔻耳。蘇恭以爲似高良薑，全少辛味。陶云似旋葍根者，即真杜若。李時珍以爲楚山中時有之，山人亦呼爲良薑。甄權所云獛子薑，《圖經》所云山薑，皆是物也。沈存中以爲即高良薑，以生高良而名。余於廣信山中採得之，俗名連環薑，以其根瘦細有節，故名。有土醫云：即良薑也。根少味，不入藥用，其花出籜中，纍纍下垂，色紅嬌可愛，與前人所謂豆蔻花同，與良薑花微異。殆即《圖經》所云山薑也。余取以入杜若，以符大者爲良薑，小者爲杜若之説。但深山中似此者，尚不知幾許，姑以備考云爾。若劉圻父《采杜若》詩：素英緑葉紛可喜。又云：餐花嚼蕊有真樂。則亦韓保昇所云花黄一種。草豆蔻，花帶紅、白二色，非同良薑花紅紫灼灼也。

圖表

明 李時珍《本草綱目・圖卷》

清 蕭雲從《補繪蕭雲從離騷全圖》卷下

右杜若。葉似薑而有文理，亦名良薑，即今之高良薑。

清 吴其濬《植物名實圖考》卷二五《杜若》

對葉草

綜　述

清 吴其濬《植物名實圖考》卷一七《對葉草》 對葉草，生雲南山石上。根如麥門冬，纍綴成簇，下有短鬚甚硬。根上生葉如指甲，雙雙對生。冬開小白花四瓣，作穗長二三分，與瓜子金相類，而花異，性亦應同石斛。

圖　表

清 吴其濬《植物名實圖考》卷一七《對葉草》

鵝抱

綜　述

明 李時珍《本草綱目》卷一八 鵝抱宋《圖經》 集解：頌曰：生宜州山林中。附石而生，作蔓，葉似大豆。其根形似萊菔，大者如三升器，小者如拳。二月、八月採根，切片陰乾用。

圖表

明　李時珍《本草綱目・圖卷》

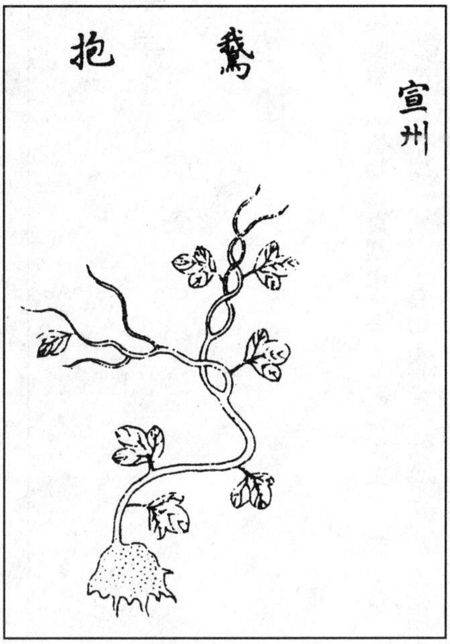

防風

綜述

明　朱橚《救荒本草》卷一　防風，一名銅芸，一名茴草，一名百枝，一名屏風，一名蕳根，一名百蜚。生同州沙苑川澤，邯鄲、琅邪、上蔡、陝西、山東，處處皆有。今中牟田野中亦有之。根上黄色，與蜀葵根相類，梢細短。莖葉俱青緑色，莖深而葉淡。葉似青蒿葉而闊大，又似米蒿葉而稀疎。莖似茴香。開細白花。結實似胡荽子而大。味甘辛，性温無毒。殺附子毒。惡乾薑、藜蘆、白斂、芫花。又有石防風，亦療頭風眩痛。又有叉頭者，令人發狂。又尾者，發瘤疾。

明　李時珍《本草綱目》卷一三　防風《本經》上品　釋名：銅芸、《本經》茴芸、吴普茴草、《别録》屏風、《别録》蕳根、《别録》百枝、《别録》百蜚。吴普　時珍曰：防者，御也。其功療風最要，故名。屏風者，防風隱語也。曰芸、曰茴、曰蕳者，其花如茴香，其氣如芸蒿、蕳蘭也。集解：《别録》曰：防風生沙苑川澤及邯鄲、琅琊、上蔡，二月、十月採根暴乾。普曰：正月生葉細圓，青黑黄白。五月黄花。六月結實黑色。弘景曰：郡縣無名沙苑。今第一出彭城蘭陵，即近琅琊者。鬱州百市亦有之。次出襄陽、義陽縣界，亦可用。惟以實而脂潤，頭節堅如蚯蚓頭者爲好。恭曰：今出齊州龍山最善，淄州、兖州、青州者亦佳。葉似牡蒿、附子苗等。沙苑在同州南，亦出防風，輕虚不如東道者，陶云無沙苑誤矣。頌曰：今汴東、淮浙州郡皆有之。莖葉俱青緑色，莖深而葉淡，似青蒿而短小。春初時嫩紫紅色，江東宋亳人採作菜茹，極爽口。五月開細白花，中心攢聚作大房，似蒔蘿花。實似胡荽子而大。根土黄色，與蜀葵根相類，二月、十月採之。關中生者，三月、六月採之，然輕虚不及齊州者良。又有石防風，出河中府，根如蒿根而黄，葉青花白，五月開花，六月採根暴乾，亦療頭風眩痛。時珍曰：江淮所産多是石防風，生於山石之間。二月採嫩苗作菜，辛甘而香，呼爲珊瑚菜。其根粗醜，其子亦可種。吴綬云：凡使以黄色而潤者爲佳，白者多沙條，不堪。

清　魏茂林《駢雅訓纂》卷六　銅芸，百蜚，防風也。又《本草經》上：防風，一名銅芸。《名醫》曰：一名百蜚。蜚音斐，又音非。

清　張逸少《佩文齋廣羣芳譜》卷九四《藥譜・防風》　防風，一名屏風，一名回芸，一名回草，一名銅芸，一名蕳根，一名百枝，一名百蜚。《本草綱目》云：防者，禦也。其功療風最要，故名。屏風者，防風隱語也。曰芸，曰茴，曰蕳者，其花如茴香，其氣如芸蒿、蕳蘭也。出齊州龍山最善，淄、青、兖者亦佳，今汴東、淮浙皆有之。莖葉俱青緑色，莖深而葉淡，似青蒿而短小。春初嫩時，紫紅色，採作菜茹極爽口。五月開細白花，中心攢聚作大房，似蒔蘿花。實似胡荽子而大。根土黄色，與蜀葵根相類，二月、十月採。關中生者三月、六月採，然輕虚不及齊州者良。氣温，味辛而甘。【略】出河中府。根如蒿根而黄，葉青花白。五月開花，六月採根，曝乾，亦療頭風。

圖表

明 朱橚《救荒本草》卷一

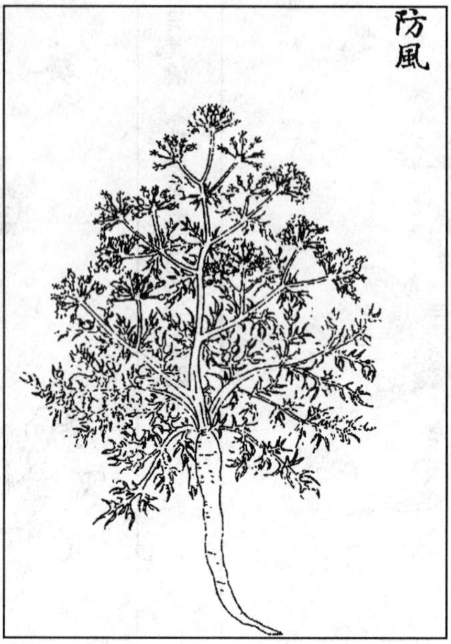

明 李時珍《本草綱目·圖卷》

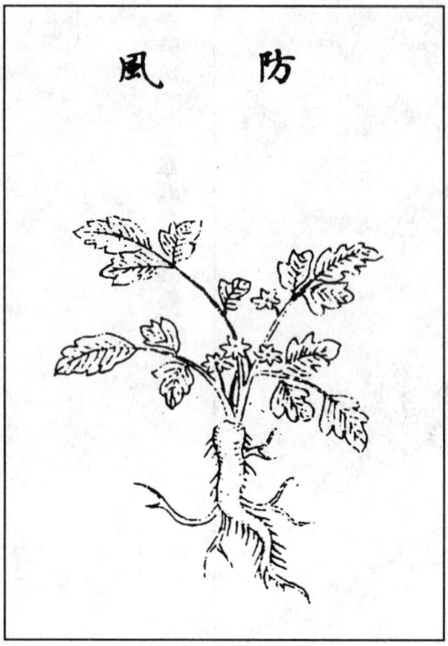

防葵

綜述

宋 鄭樵《通志》卷七五 防葵，曰梨蓋，曰旁慈，曰爵離，曰農果，曰利茹，曰方蓋，而狼毒能亂其真。

明 李時珍《本草綱目》卷一七 防葵《本經》上品 釋名：房苑、吳普梨蓋、《本經》利茹。《别録》又名爵離、方蓋、農果。 恭曰：根葉似葵花子根，香味似防風，故名防葵。 集解：《别録》曰：防葵生臨淄川谷，及嵩高、太山、少室。三月三日採根，暴乾。 普曰：莖葉如葵，上黑黄。二月生根，根大如桔梗根，中紅白。六月花白，七月、八月實白。三月採根。 恭曰：此物亦稀有，襄陽、望楚、山東及興州西方有之。興州者乃勝南者，爲鄰蜀地也。 頌曰：今惟出襄陽地，他郡不聞也。其葉似葵，每莖三葉，一本十數莖，中發一干，其端開花，如葱花、景天輩而色白，六月開花即結實。根似防風，香味亦如之，依時採者乃沉水。今乃用枯朽狼毒當之，極爲謬矣。 時珍曰：唐時隴西成州貢之。蘇頌所説，詳明可據。 正誤：弘景曰：防葵今用建平者。本與狼毒同根，猶如三建，其形亦相似，但置水中不沉爾。而狼毒陳久者，亦不能沉矣。 斅曰：凡使防葵，勿誤用狼毒，緣真相似，而驗之有異，效又不同，切須審之，恐誤人疾。其防葵在蔡州沙土中生，採得二十日便生蟲，用之惟輕爲妙。 恭曰：狼毒與防葵都不同類，生處亦别。 藏器曰：二物一是上品，一是下品，善惡不同，形質又别。陶氏以浮沉爲别，後人因而用之，將以防葵破堅積爲下品之物，與狼毒同功。今古因循，遂無甄别，殊爲謬誤。

清 吳其濬《植物名實圖考》卷七《防葵》 防葵，《本經》上品。宋《圖經》云：惟出襄陽。葉似葵，花如葱花及景天，根香如防風。陶隱居誤以爲與狼毒同根，以浮沉爲别。《别録》云：中火者不可服，令人恍惚見鬼。與《本經》戾，《唐本草》及《本草拾遺》皆辨之。《本草綱目》仍與狼毒同入毒草，今移入山草。

圖表

明　李時珍　《本草綱目・圖卷》

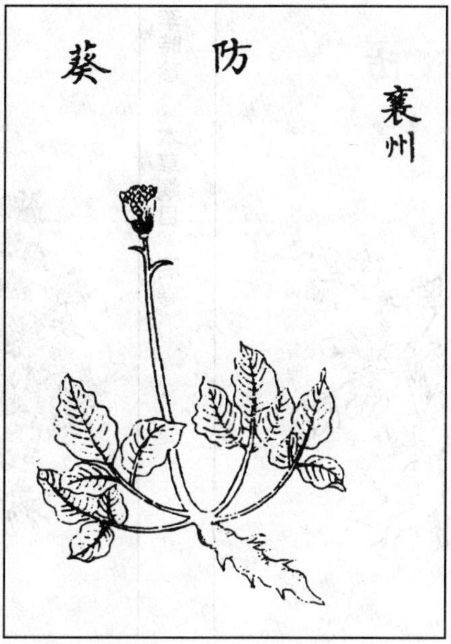

清　吳其濬　《植物名實圖考》卷七《防葵》

飛廉

綜述

明　李時珍　《本草綱目》卷一五　飛廉《本經》上品　釋名：漏盧、《别録》木禾、《别録》飛雉、同上飛輕、《本經》伏兔、《别録》伏猪、同天薺。同時珍曰：飛廉，神禽之名也。其狀鹿身豹文，雀頭蛇尾，有角，能致風氣。此草附莖有皮如箭羽，復療風邪，故有飛廉、飛雉、飛輕諸名。集解：《别録》曰：飛廉生河内川澤，正月採根，七月、八月採花，陰乾。弘景曰：處處有之。極似苦芙，惟葉多刻缺，葉下附莖，輕有皮起似箭羽，其花紫色。俗方殆無用，而道家服其枝莖，可得長生，又入神枕方。今既别有漏盧，則此漏盧乃别名爾。恭曰：此有兩種：一種生平澤中，是陶氏所説者。一種生山岡上者，葉頗相似，而無刻缺，且多毛，其莖亦無羽，其根直下，更無旁枝，生則肉白皮黑，中有黑脈，日乾則黑如玄參。用莖葉及根，療疳蝕殺蟲，與平澤者俱有驗。今俗以馬薊似苦芙者爲漏盧，並非是也。保昇曰：葉似苦芙，莖似軟羽，花紫色，子毛白。所在平澤皆有，五月、六月採，日乾。斅曰：凡使勿用赤脂蔓，與飛廉形狀相似，只赤脂蔓見酒則色便如血，以此可表識之。頌曰：今秦州所圖漏盧，花似單葉寒菊，紫色，五七枝同一榦。海州所圖漏盧，花紫碧色，如單葉蓮花，花萼下及根旁有白茸裹之，根黑色，如蔓菁而細，又類葱本，與陶、蘇所説飛廉相近，然彼但謂之漏盧。今醫家罕有用飛廉者，不能的識。時珍曰：飛廉亦蒿類也。蘇頌《圖經》疑海州所圖之漏盧是飛廉。沈存中《筆談》亦言飛廉根如牛蒡而綿頭。古方漏盧散下云，用有白茸者。則是有白茸者乃飛廉無疑矣。今考二物氣味、功用俱不相遠，似可通用，豈或一類有數種，而古今名稱各處不同乎？

清　王念孫　《廣雅疏證》卷一〇　飛廉，屚蘆，伏豬，木禾也。各本蘆下衍「也」字，今删。《名醫别録》云：飛廉，一名漏蘆，一名伏豬，一名木禾，生河内川澤。陶注云：處處有，極似苦芙，惟葉下附莖，輕有皮起似箭羽，葉又多刻缺，花紫色。今既别有漏蘆，則非此别名爾。案《神農本草》漏蘆、飛廉分見，竝云：久服輕身益氣。漏蘆主疽痔濕痹，下乳汁。《名醫别録》所言飛廉，功用亦同。《唐本注》云：飛廉有兩種，一是證陶生平澤中者，其生山岡上者，葉頗相似而無疏缺，且多毛，莖亦無羽，根直下，更無旁枝。蘇

頌《圖經》云：此所説與秦州、海州所謂漏蘆者，花葉及根頗相近。然則飛廉即漏蘆之類，故得同名也。漏與屚通。陸羽《茶經》引《凡將》篇云：漏盧、飛廉。猶《神農本草》之分爲二也。《廣雅》云：飛廉，屚蘆，伏豬，木禾也。猶《名醫别録》之合爲一也。或主辨異，或主統同耳。《神農本草》云：飛廉，一名輕飛。陶注亦云：飛廉莖輕，則飛廉之名殆取義於輕與？陶注《本草》蜚蠊云：形似䗪蟲，而輕小能飛。亦其義也。

清　吴其濬　《植物名實圖考》卷一一《飛廉》　飛廉，《本經》上品。《夢溪筆談》以爲方家所用，漏蘆即飛廉。《本草綱目》以《圖經》漏蘆花萼下及根旁有白茸爲飛廉，二物蓋一種云。雩婁農曰：今醫家罕用飛廉者，不能的識。宋《圖經》已云然。然則後之醫者，並其名而不知宜矣。余至滇，見土人習用治寒熱毒瘡，以臭靈丹爲要藥，園圃中多有之，就而審視，乃飛廉也。陶隱居云：極似苦芺，多刻缺，葉下附莖，輕有皮起似箭羽，其花紫色。《蜀本草》：葉似苦芺，莖似軟羽，花紫，子毛白，所在皆有。今滇中所産，獨莖高三四尺，葉似商陸輩，粗糙多齒，齒長如針，莖旁生羽，宛如古方鼎稜角所鑄翅羽形。飛廉獸有羽善走，鑄鼎多肖其形。此草有輭羽，刻缺齟齬，似飛廉，故名。梢端葉際開花，正如小薊，色深紫而柔，刺不甚放展。按之陶、韓諸説，無不畢肖。即《圖經》謂秦州漏蘆，花似單葉寒菊，紫色，五七枝同一榦，亦彷彿似之。其蘇恭云，生山岡者，葉相似而無缺，多毛，莖赤無羽，自又一種。若《圖經》海州漏蘆如單葉蓮花，紫碧色，殆即《救荒本草》所圖漏蘆。滇《本草》雖别名臭靈丹，而主治與《本草》、《别録》同而加詳。又别出漏蘆一物，大理、昆明皆産，主治與《本草》亦相表裏，而形狀與《圖經》各種微異，亦别圖之。

圖表

明　李時珍《本草綱目·圖卷》

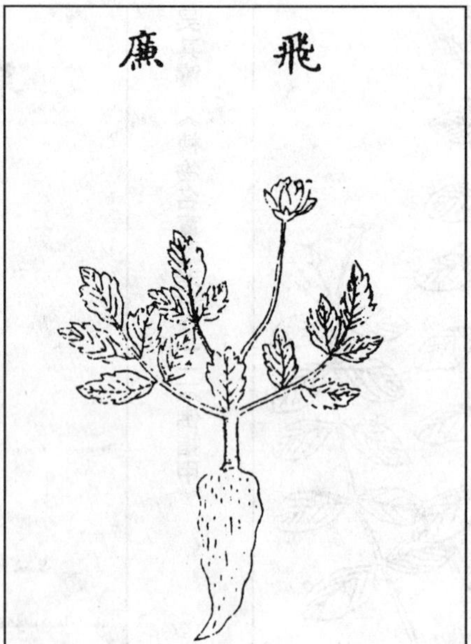

清　吴其濬《植物名實圖考》卷一一《飛廉》

佛甲草

綜述

明 李時珍《本草綱目》卷二〇 佛甲草宋《圖經》 集解：頌曰：佛甲草生筠州。多附石向陽而生，似馬齒莧而細小且長，有花黄色，不結實，四季皆有。時珍曰：二月生苗成叢，高四五寸，脆莖細葉，柔澤如馬齒莧，尖長而小。夏開黄花，經霜則枯。人多栽於石山瓦墻上，呼爲佛指甲。《救荒本草》言高一二尺，葉甚大者，乃景天，非此也。

清 孫之騄《枝語》卷下《佛甲草》 凡草之芽者爲甲，言從茲而萌芽。甲，析也。草以甲名，繫之佛何哉？或曰：日星之氣散於萬物，各有所主。是草也，固佛之精氣所散與？或曰：得佛形之一指甲，名是。皆不可解也。世傳佛生於周莊王十年，涅槃於匡王四年。涅槃譯言，滅度滅生，滅而求寂。滅歸無物矣，尚安爪指留世間哉？佛之徒曰：佛有牙，廣半寸。佛有頂骨，方圓四寸，似仰蜂窠。佛有髑髏，蓋如荷葉盤。佛有眼，圓睛狀如柰。佛有髮，旋曲如螺。又有佛爪，長一寸，闊寸許，光飛五色。嗚呼！世有佛骨、佛牙、佛髮、佛眼、佛髑髏、佛指爪，宜地上有佛甲草哉？是以昌黎《諫佛骨》，歐陽子著《本論》。

清 吴其濬《植物名實圖考》卷一二《佛指甲》 《救荒本草》：佛指甲科苗高一二尺，莖微帶赤黄色，其葉淡緑背，皆微帶白色，葉如長匙頭樣，似黑豆葉而微寬，又似鵝兒腸葉甚大，皆兩葉對生，開黄花，結實形如連翹微小，中有黑子如小粟粒。其葉甜可食。按《本草綱目》誤以爲即景天，其花、實絶不相類。

清 趙學敏《本草綱目拾遺》卷五《草部・鼠牙半支》 生高山石壁上，立夏後發苗，葉細如米粒，蔓延絡石，其根嵌石罅内，白如鼠牙。《百草鏡》載各種半支，有七十二種，此爲第一。《百草鏡》：鼠牙半支，二月發苗，莖白，其葉三瓣一聚，層積蔓生，花後即枯。四月開花，黄色如瓦松。

圖表

明 李時珍《本草綱目・圖卷》

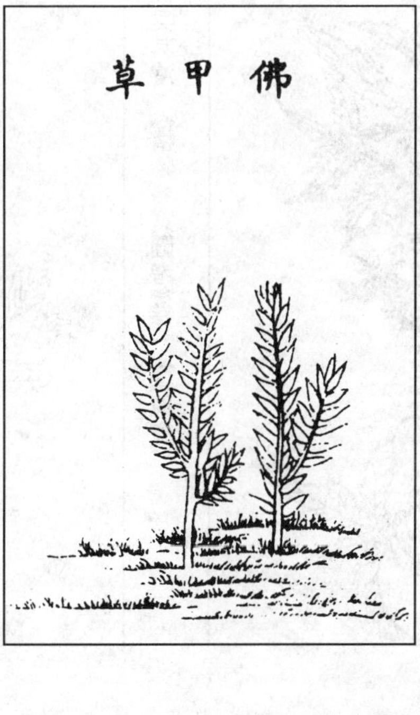

清 吴其濬《植物名實圖考》卷一二《佛指甲》

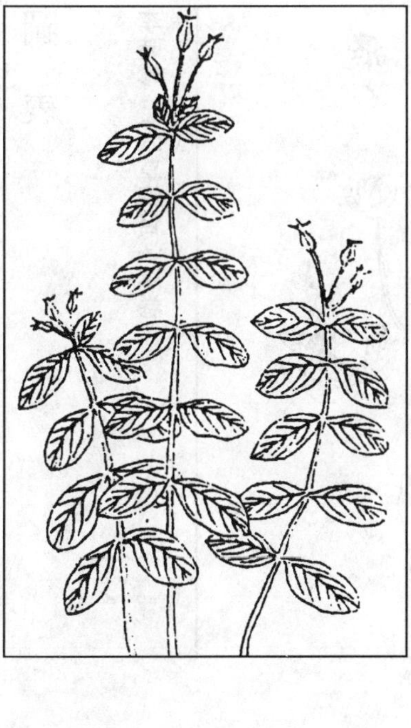

甘草

綜　述

《爾雅·釋草》 蘦，大苦。注：今甘草也。蔓延生，葉似荷，青黄，莖赤有節，節有枝相當。或云蘦似地黄。音義：蘦，《詩》作苓，力丁反。蔓，音萬。延，餘見反。疏：藥草也。蘦，一名大苦。郭云：今甘草也。蔓延生，葉似荷，青黄，莖亦有節，節有枝相當。或云蘦似地黄。《詩·唐風》云『采苓采苓，首陽之巔』是也。蘦與苓，字雖異，音義同。

漢　許慎　《説文》卷一 苷，甘艸也。从艸从甘。【略】苦，大苦苓也。从艸，古聲。【略】蘦，大苦也。從艸，霝聲。郎丁切。

唐　李匡乂　《資暇集》卷下 甘草，所言甘草，非國老之藥者，乃南方藤名也。其叢似薔薇而無刺，其葉似夜合而黄細，其花淺紫而蕊黄，其實亦居甲中，以枝葉俱甜，故謂之甘草藤，土人異呼爲草而已。出在潮陽，而南漳亦有，故備載之。

宋　陸佃　《埤雅》卷一八《苓》 《爾雅》曰：蘦，大苦。今之甘草是也。《本草》云：一名國老，解百藥毒。安和七十二種石，一千二百種草，故號國老之名。國老者，賓師之稱。蓋藥有一君、二臣、三佐、四使，苓者，又其賓師也。故藥罕不用者，雖非其君而君實宗焉。蔓生，葉狀似荷少黄，莖赤有節，節間有枝相當。喜生下濕，《詩》曰『隰有苓』是也。

宋　羅願　《爾雅翼》卷七《蘦》 蘦，大苦，今之甘草，味甘而無毒，能安和七十二種石、千二百種草。考故於人譬之國老，不入君臣、佐使之列。雖非君而爲君所宗，以其能燮和故也。《詩》稱『山有榛，隰有蘦』，以況西方之美人。又采蘦首陽之顛，以刺獻公之信讒。蓋一章采蘦，二章采苦，三章采葑。蘦，甘而苦，若讒者之入人，必先甘而後苦。而葑則甘苦相半，所謂采葑采菲，毋以下體，下體惡而上體美者也。則讒人之所以嘗試其君者，無所不用矣。此草蔓生，葉似荷，青黄，莖赤有節，節有枝相當。然不惟葉似荷，古之蓮字亦通於蘦。故《龜策列傳》稱，龜千歲乃游蓮葉之上。徐廣曰：蓮，一作苓，聲相近，借字也。將以龜老而神，故形小，而陸游以爲奇。若水中之蓮，凡龜皆可游，不足言矣。又《詩·采苓》以首陽之顛葉之，豈蘦亦有蓮音耶？然蘦甘而名大苦者，猶牽牛有三黑點而名爲三白點。此蓋秦俗所沿，見《禮記》『或素或青』注。

宋　吴仁傑　《離騷草木疏》卷一《蘦》 微霜降而下淪矣，悼芳草之先蘦。王逸作零，云：古本作蘦。揚子雲《反離騷》云：慜吾纍之衆芬兮，颺爗爗之芳苓。遭季夏之凝霜兮，慶夭顇而喪榮。顔師古曰：苓，香草名。仁傑曰：以《反騷》文意考之，古本作蘦，爲是。『悼芳草之先蘦』，言微霜之降，未及惡草，而芳草中，先及蘦也。《反騷》字作苓者，《詩·采苓》毛公：苓，大苦也。《爾雅》：苓，一名大苦。郭璞注作：甘草也。蔓延生，葉似荷，青黄，莖赤有節，節有枝相當。或云似地黄。邢昺疏引《詩》云『采苓采苓，首陽之顛』是也。蘦與苓，字雖異，而音義同。《本草》有甘草條，謂爲國老，云一名蜜甘，一名美草，一名蜜草，一名蕗草，生河西川谷。陶隱居云：今出蜀漢諸夷中，赤皮斷理，看之堅實者是。又有紫甘草，細而實。國老即帝師之稱，雖非君爲君所宗。《嘉祐圖經》云：春生青苗，高一二尺，葉如槐葉，七月開紫花似柰，冬結實角子如畢豆。根長者三四尺，麤細不定。榦下有横梁，梁下皆細根也。首陽山在河東蒲坂縣，乃今甘草所生處。而先儒所説苗、葉與今全别，豈種類有不同者乎？沈存中云：《本草注》引《爾雅》『蘦，大苦』，甘草也。蔓生，葉似荷，青赤。此乃黄藥也，其味極苦，故謂之大苦，非甘草也。甘草枝葉悉如槐，高五六尺，但葉端微大而糙澁，似有白毛，實如相思角，四五角作一本生，熟則角拆，子如小扁豆，極堅，齒嚼不破。按《本草》：黄藥根味苦，藤生，高三四尺，根及莖似小桑。

明　屠本畯　《離騷草木疏補》卷二《蘦》 蘦，甘草也。一名大苦，一名美草，一名蜜草，一名露草。蔓延生下濕處，枝葉悉如槐，青黄色，高五六尺，莖赤有節，節間有枝相當，葉端微大而糙澁，似有白毛，實如相思子角，四五角作一本生，熟則角折，子如小扁豆，極堅，嚙不破。或云似地黄。紫甘草細而實，春生青苗，高一二尺，葉如槐葉。七月開紫

花似柰，冬結實作角子，如華豆。根長者三四尺，麤細不定。［皮］赤，上有横梁，梁下皆細根也。

明 李時珍《本草綱目》卷一二 甘草《本經》上品 釋名：蜜甘、《别録》蜜草、《别録》美草、《别録》蕗草、《别録》靈通、《記事珠》國老。《别録》弘景曰：此草最爲衆藥之主，經方少有不用者，猶如香中有沉香也。國老即帝師之稱，雖非君而爲君所宗，是以能安和草石而解諸毒也。甄權曰：諸藥中甘草爲君，治七十二種乳石毒，解一千二百般草木毒，調和衆藥有功，故有國老之號。 集解：《别録》曰：甘草生河西川谷積沙山及上郡。二月、八月除日採根，暴乾，十日成。陶弘景曰：河西上郡今不復通市。今出蜀漢中，悉從汶山諸地中來。赤皮斷理，看之堅實者，是抱罕草，最佳。抱罕乃西羌地名。亦有火炙乾者，理多虚疏。又有如鯉魚腸者，被刀破，不復好。青州間有而不如。又有紫甘草，細而實，乏時亦可用。蘇頌曰：今陝西、河東州郡皆有之。春生青苗，高一二尺，葉如槐葉，七月開紫花似柰，冬結實作角子如畢豆。根長者三四尺，粗細不定。皮赤色，上有横梁，梁下皆細根也。採得去蘆頭及赤皮，陰乾用。今甘草有數種，以堅實斷理者爲佳。其輕虚縱理及細韌者不堪，惟貨湯家用之。謹按《爾雅》云：蘦，大苦。郭璞：蘦似地黄。又《詩・唐風》云『采苓采苓，首陽之巔』是也。蘦與苓通用。首陽之山在河東蒲坂縣，乃今甘草所生處相近，而先儒所説苗葉與今全别，豈種類有不同者乎？李時珍曰：按沈括《筆談》云：《本草注》引《爾雅》『蘦，大苦』之注爲甘草者，非矣。郭璞之注，乃黄藥也，其味極苦，故謂之大苦，非甘草也。甘草枝葉悉如槐，高五六尺，但葉端微尖而糙澀，似有白毛，結角如相思角，作一本生，至熟時角拆，子扁如小荳，極堅，齒嚙不破，今出河東西界。寇氏《衍義》亦取此説，而不言大苦非甘草也。以理度之，郭説形狀殊不相類，沈説近之。今人惟以大徑寸而結緊斷紋者爲佳，謂之粉草。其輕虚細小者，皆不及之。劉績《霏雪録》，言安南甘草大者如柱，土人以架屋，不識果然否也？

明 吴雨《毛詩鳥獸草木考》卷一一《苓》 苓，藥草也，一名甘草，一名大苦，一名美草，一名蜜草，一名露草。蔓延生下濕地，枝葉悉如槐，青黄色，高五六尺，莖赤有節，節間有枝相當，葉端微尖而麤澀，似有白毛，實作角生如相思角，作一本生，熟則角折，子如小扁豆，極堅，嚙不破。或云蘦似地黄。《本草》云：一名國老，解百藥毒，安和七十二種石，一千二百種草，故號國老之名。苓亦作蘦。又有一種紫甘草，細而實。春生青苗，高一二尺，葉如荷葉，七月開紫花似奈，冬結實作角子如華豆。根長者三四尺，麄細不定。皮赤，上有横梁，梁下皆細根也。

明 焦周《焦氏説楛》卷二一 藥有甘草，茶亦名甘草，《清異録》謂陸羽爲甘草癖是也。藤亦有甘草，出潮陽及南漳。《資暇録》謂叢似薔薇，葉似夜合，花淺紫而蘂黄，枝葉俱甜，故亦名甘草。

清 徐鼎《毛詩名物圖説》卷五 毛《傳》：苓，大苦。《正義》曰：《釋草》云：蘦，大苦。孫炎曰：《本草》云蘦，今甘草是也。蔓延生，葉似荷，青黄，其莖赤有節，節有枝相當。或云蘦似地黄。《圖經》：甘草，河西川谷積沙山及上郡，今陝西、河東州郡皆有之。春生青苗，高一二尺，葉如槐葉，七月開紫花，冬結實作角子如畢豆。《詩》『采苓首陽』，首陽山在河東蒲坂縣，今甘草所生處相近，而先儒説苗蘗與今全别，豈種類有不同者乎？ 愚按：《爾雅》、毛《傳》皆謂大苦，疑是味苦者。故沈括以大苦爲黄藥，然《本草》諸説並指甘草，朱子《集傳》亦從之。蓋古人語倒，蘦甘草而云大苦，猶之堇葵味甘而《釋草》乃謂之苦堇也。

清 王念孫《廣雅疏證》卷一〇 美丹，甘草也。《爾雅》所謂『蘦，大苦』也。《邶風・簡兮》篇：隰有苓。苓與蘦同。《傳》云：苓，大苦。《正義》引孫炎《爾雅注》云：《本草》云蘦，今甘草是也。蔓延生，葉似荷，青黄，其莖赤有節，節有枝相當。或云蘦似地黄。郭璞注同。案：大苦者，大苄也。《爾雅》云：苄，地黄。苄、苦，古字通。《公食大夫禮》羊苦，今文苦爲苄是也。蘦似地黄，故一名大苦。沈括《筆談》云：郭璞注乃黄藥也，其味極苦，故謂之大苦，非甘草也。甘草枝葉悉如槐。案宋《本草圖經》謂甘草葉如槐，與古相違，殊不足信。苦乃苄之假借，非以其味之苦也。據《圖經》黄藥葉似蕎麥，而大苦葉乃似荷，似地黄，形狀亦不同，不審括何以知爲黄藥？《淮南・覽冥訓》云：甘草主生肉之藥。《神農本草》亦云：甘草味甘，主長肌肉。一名蜜甘，一名美草。美草與美丹同意，殆取其味之甘美與。孫炎據《本草》以蘦爲甘草，今《本草》無復蘦名，蓋傳者失之。《名醫别録》云：一名蜜草，一名蕗草，生河西川谷積沙山及上郡。又云：木甘草生木閒，三月生大葉如蛇牀，四四相值。然則木甘草亦是枝葉相當，孫炎謂甘草枝相當，得其實矣。

清 吴其濬《植物名實圖考》卷七《甘草》 甘草，《本經》上品。《爾雅》：蘦，大苦。郭注：今甘草。《夢溪筆談》謂甘草如槐而尖，形狀極確。《詩經》：采苓采苓，首陽之巔。首陽在今蒲州府。晉俗摘其嫩芽，溲麪蒸食，其味如飴。疑采苓亦以供茹也。雩夢農曰：甘草，藥之國老，婦稚皆能味之。郭景純博物，注《爾雅》『蘦，大苦』曰：今甘草也。

蔓延生，葉似荷。或云蘦似地黄。甘草殊不蔓生，亦不類荷，蓋傳聞異，或傳寫訛，與地黄尤非類，或之者疑之也。陶隱居亦云：河西上郡，今不復通市。今從蜀漢中來，堅實者是枹罕草，最佳。晉之東遷，西埵隔絶，江左諸儒，不復目驗。宋《圖經》謂河東蒲坂，甘草所生。先儒注首陽采苓，苗葉與今全别，豈種類不同云云。殆以舊説流傳，不敢顯斥。沈存中乃刱謂郭《注》蔓延似荷者爲黄藥。今之黄藥，何曾似荷？《爾雅翼》云：不惟葉似荷，古之蓮字亦通於蘦。則直以音聲相通，不復顧形實迥别矣。《廣雅疏證》斥沈説之非，而以《圖經》諸説爲皆不足信，經生家言，墨守故訓，固與辨色嘗味、起痾肉骨者，道不同不相謀也。余以五月按兵塞外，道傍轍中，皆甘草也。誦葉玩蘤，郄車載之。聞甘、涼諸郡尤肥壯，或有以爲杖者。蓋其地沙浮土鬆，根荄直下可數尺，年久則巨耳。梅聖俞有《司馬君實遺甘草杖》詩，可徵於古。余嘗見他處所生，亦與《圖經》相肖，嘗之味甘，人無識者，隱居所謂青州亦有而不好者，殆其類也。

清　劉玉麐《爾雅校議》卷下　蘦，大苦。《本艸圖經》引郭注末云：《詩》曰『采苓采苓，首陽之巔』是也。又《説文繫傳》引郭注『今甘艸也』作『即甘艸也』，『有節』下云『枝枝相值，葉葉相當』，今本蓋有脱誤。

圖表

晉　郭璞《爾雅音圖・釋草》

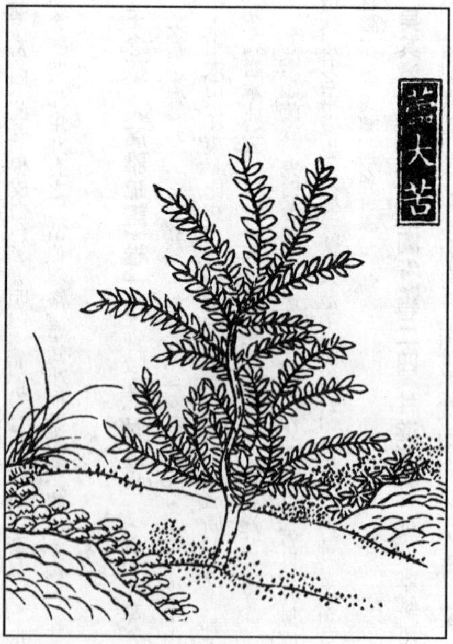

明　李時珍《本草綱目・圖卷》

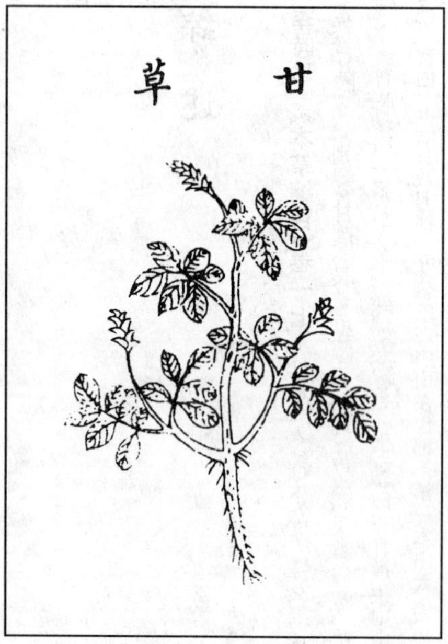

清　徐鼎《毛詩名物圖説》卷五

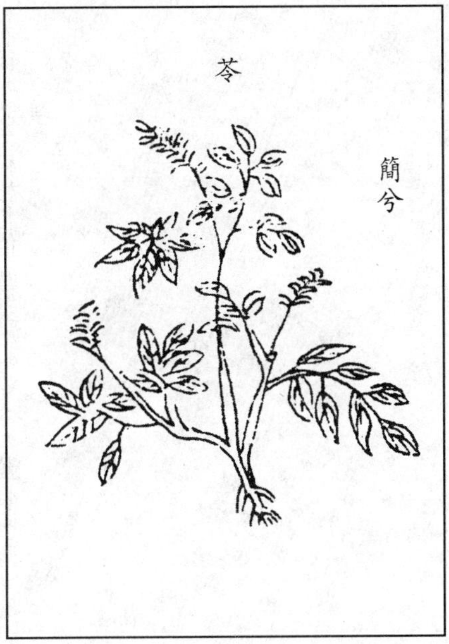

清　吳其濬《植物名實圖考》卷七《甘草》

甘遂

綜述

明　李時珍《本草綱目》卷一七　甘遂《本經》下品　釋名：甘藁、《別録》陵藁、《吳普》陵澤、《別録》甘澤、吳普重澤、《別録》苦澤、吳普白澤、吳普主田、《本經》鬼醜。吳普時珍曰：諸名義多未詳。集解：《別録》曰：甘遂生中山川谷。二月採根，陰乾。普曰：二月、八月採。弘景曰：中山在代郡。第一本出太山、江東。比來用京口者，大不相似。赤皮者勝，白皮者都下亦有，名草甘遂，殊惡，蓋贋僞者也。恭曰：甘遂苗似澤漆，其根皮赤肉白，作連珠實重者良。草甘遂乃是蚤休，療體全别，苗亦不同，俗名重臺，葉似鬼臼、蓖麻，根皮白色。大明曰：西京者上，汴、滄、吳者次之，形似和皮甘草。頌曰：今陝西、江東亦有之。苗似澤漆，莖短小而葉有汁，根皮赤肉白，作連珠，大如指頭。

清　王念孫《廣雅疏證》卷一〇　陵澤，甘遂也。《神農本草》云：甘遂，一名主田。《名醫別録》云：一名甘藁，一名陵藁，一名陵澤，一名重澤，生中山川谷。陶注云：第一本出太山、江東。比來用京口者，大不相似。赤皮者勝，白皮者都下亦有，名草甘遂，殊惡。《唐本注》云：草甘遂乃蚤休也，療體全别。真甘遂苗如澤漆。草甘遂苗一莖，莖端六七葉，如蓖麻、鬼臼葉。真甘遂皮赤肉白，作連珠實重者良，亦無皮白者。皮白者乃是蚤休，俗名重臺也。《御覽》引《范子計然》云：甘遂出三輔。又引《吳普本草》云：一名甘澤，一名鬼醜，一名苦澤。

清　吳其濬《植物名實圖考》卷二四《甘遂》　甘遂，《本經》下品。宋《圖經》云：苗似大戟，莖短小而有汁，根皮赤，肉白，作連珠。又一種草甘遂，即蚤休也。俗多呼爲芫花，山西交城産者黄紅花，根甚細。雩婁農曰：方以類聚，物以群分。君子小人不并立，固矣。凡物之生，有粹有駁。《荀子》云：粹而王，駁而霸。神農嘗百草而收毒藥以除痼疾。然唐虞命百工而投四凶以禦魑魅，天不能有粹而無駁，世不能有王而無霸。醫者用毒草也，曰以毒攻毒。聖人之用惡人也，亦曰以惡攻惡而已。惡人者，能生災患者也，而古之

禦災捍患者，亦多出於惡人。惡人竭其力以去惡，惡去而惡人之狠傲强固之氣，亦潛消於無形，而後賢人君子得以從容敷治而無所難。稷、契、皐、夔處於廟堂，而四裔之獸蹄鳥跡，雖窮奇渾敦，亦有勞焉。參苓朮草，用以滋培，而無名之癰疽毒腫，雖烏頭、鉤吻亦著效焉。顧惡人得其用而世治，惡人不能得其用則大亂生。公孫述不遇新室，漢之良吏也。曹瞞不丁炎季，漢之能臣也。石勒自謂逢漢高祖當北面臣之。吾嘗謂聖賢能用惡人，必不肯輕言去惡人，若欲去惡人，則必假惡人之手而後可。石守道作《聖德詩》，范公拊股謂韓公曰：爲此怪鬼輩壞了。韓公曰：天下事不可如此，如此必壞。韓、范皆能用惡人者也，惡人希其用，則將自奮其所長。石守道但知去惡人者也。惡人畏其去，則將大肆其所短。黨錮東林，亦石守道之褊見耳。醫者以甘遂、甘草並用，以去留飲、脚氣、腫毒，皆有奇效。釋之者云：二物相反而立成功，夫既相反矣，何成功之有？共工、驩兜與岳牧同官堯舜，能治天下乎？良醫之用甘遂也，逐其病也。其用甘草也，化其病也。故甘遂敷於外，而甘草服於内。此黔、彭斬搴於邊陲，而蕭、張燮和於廷陸也。黔、彭、蕭、張各用其長，豈云相反哉？嗚呼！以善人而去惡人，其力常不能敵。唯以惡去惡，而以善人繼其後，此世之所以治也。以惡去惡，而仍以惡人繼其後，此世之所以亂也。隗囂、更始，皆有除莽賊之功，而建武中興，遂致承平。董卓、郭傕亦有去漢賊之力，而當塗接踵，卒覆劉祚。觀於兩漢之興亡，非前轍哉！世之醫者，專於攻擊與專於調和者，熟覩古今，亦可微會矣。善乎王彦霖之言曰：君子在内，小人在外，爲泰。小人在内，君子在外，爲否。君子、小人競進，則危亂之機也。明乎此，則傾險忠良，無調停參用之説；温補寒瀉，無和同並進之理。

圖表

明 李時珍《本草綱目・圖卷》

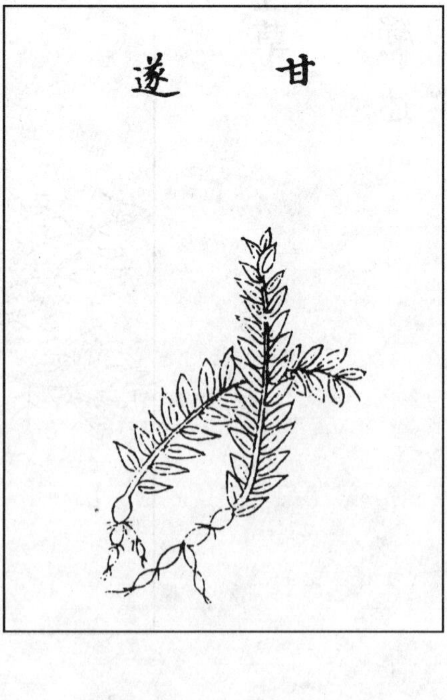

清 吴其濬《植物名實圖考》卷二四《甘遂》

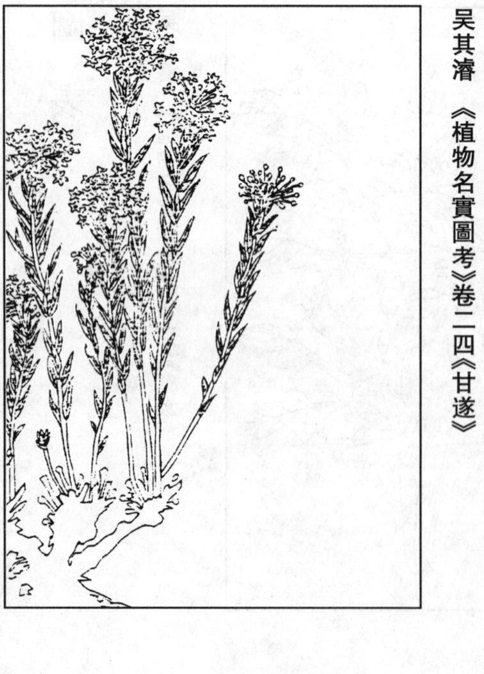

藁本

綜述

宋 鄭樵《通志》卷七五 藁本，曰鬼卿，曰地新，曰微莖。

明 李時珍《本草綱目》卷一四 藁本《本經》中品 釋名：藁茇、《綱目》鬼卿、《本經》地新、《本經》微莖。《别録》 恭曰：根上苗下似禾藁，故名藁本。本，根也。時珍曰：古人香料用之，呼爲藁本香。《山海經》名藁茇。集解：《别録》曰：藁本生崇山山谷，正月、二月採根暴乾，三十日成。弘景曰：俗中皆用芎藭根鬚，其形氣乃相類。而《桐君藥録》説芎藭苗似藁本，論説花實皆不同，所生處又異。今東山别有藁本，形氣甚相似，惟長大耳。恭曰：藁本莖葉根味與芎藭小别。今出宕州者佳。頌曰：今西川、河東州郡及兖州、杭州皆有之。葉似白芷香，又似芎藭，但芎藭似水芹而大，藁本葉細爾。五月有白花，七八月結子。根紫色。時珍曰：江南深山中皆有之。根似芎藭而輕虚，味麻，不堪作飲也。

清 吴其濬《植物名實圖考》卷二五《藁本》 《本經》中品。宋《圖經》：似芎藭而葉細。《救荒本草》謂之山園荽，苗可煠食。

圖表

清 吴其濬《植物名實圖考》卷二五《藁本》

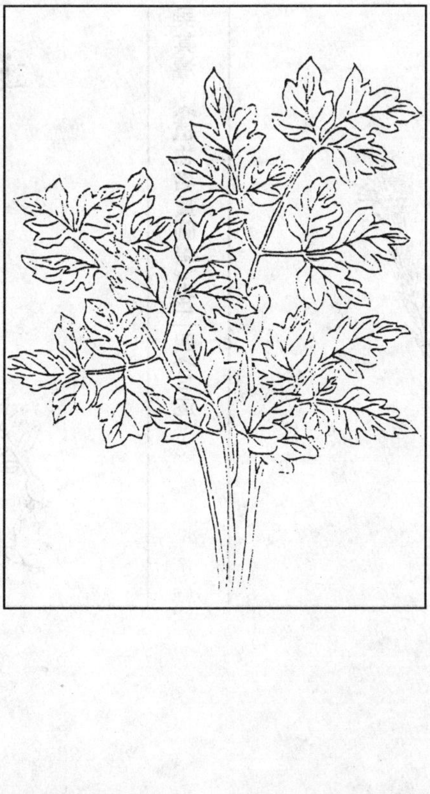

格注草

綜述

明 李時珍《本草綱目》卷一七 格注草《唐本草》 集解：恭曰：出齊魯山澤間。葉似蕨。根紫色，若紫草根，一株有二寸許。二月、八月採根，五月、六月採苗，日乾用。

圖表

明　李時珍《本草綱目·圖卷》

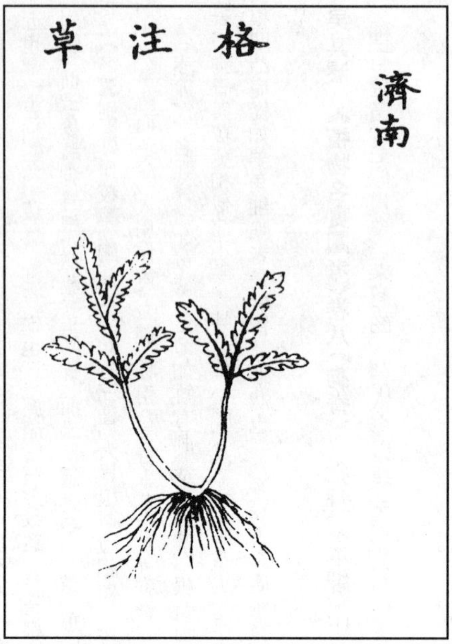

隔山香

綜述

清　吳其濬《植物名實圖考》卷二五《隔山香》　隔山香，生衡山，白根潤脆，枝莖挺疎，長葉光緑，三五匀秀，花如當歸、白芷，竟體皆芳，與風俱發，湘沅香草，宗生族茂。箋《騷》注《經》，不能縷贍，遂致遇物難名，倚席不講。萋萋嘉卉，見賞俚醫，幸乎不幸？

圖表

清　吳其濬《植物名實圖考》卷二五《隔山香》

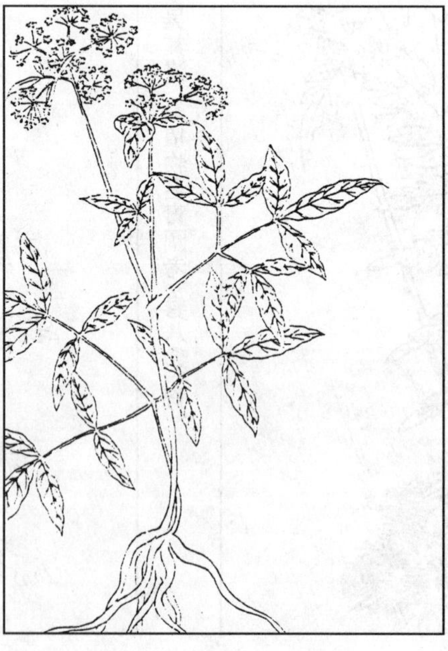

狗脊

綜述

明　李時珍《本草綱目》卷一二　狗脊《本經》中品　釋名：强膂、《别録》扶筋、《别録》百枝、《本經》狗青。吳普　恭曰：此藥苗似貫衆，根長多歧，狀如狗之脊骨，而肉作青緑色，故以名之。時珍曰：强膂、扶筋，以功名也。《别録》又名扶蓋，乃扶筋之誤。《本經》狗脊一名百枝，《别録》萆薢一名赤節，而《吳普本草》謂百枝爲萆薢，赤節爲狗脊，皆似誤也。集解：《别録》曰：狗脊生常山川谷，二月、八月採根暴乾。普曰：狗脊如萆薢，莖節如竹有刺，葉圓赤，根黄白，亦如竹根，毛有刺。《岐伯經》云：莖無節，

葉端圓青赤，皮白有赤脈。弘景曰：今山野處處有之，與菝葜相似而小異。其莖葉小肥，其節疏，其莖大直，上有刺，葉圓有赤脈，根凸凹巃嵸如羊角强細者是。頌曰：今太行山、淄、温、眉州亦有之。苗尖細碎青色，高一尺以來，無花。其莖葉似貫衆而細。其根黑色，長三四寸，多歧，似狗之脊骨，大有兩指許。其肉青緑色。春秋採根暴乾。今方亦有用金毛者。陶氏所説乃有刺萆薢，非狗脊也，今江左俗猶用之。斅曰：凡使狗脊，勿用透山藤根，形狀一般，祇是入頂苦，不可餌也。時珍曰：狗脊有二種，一種根黑色，如狗脊骨；一種有金黄毛，如狗形，皆可入藥。其莖細而葉花兩兩對生，正似大葉蕨，比貫衆葉有齒，面背皆光。其根大如拇指，有硬黑鬚簇之。吴普、陶弘景所説根苗，皆是菝葜；蘇恭、蘇頌所説，即真狗脊也。按張揖《廣雅》云：菝葜，狗脊也。張華《博物志》云：菝葜與萆薢相亂，一名狗脊。觀此則昔人以菝葜爲狗脊，相承之誤久矣。然菝葜、萆薢、狗脊三者，形狀雖殊，而功用亦不甚相遠。

清　王念孫《廣雅疏證》卷一〇　菝挈，狗脊也。《御覽》引《春秋運斗樞》云：機星散爲拔葜。拔葜與菝挈同。《博物志》作拔揳，云：拔揳與萆薢相亂，一名狗脊。《御覽》引《吴普本草》云：狗脊如萆薢。是菝挈即狗脊也。亦名菝葀，挈、葀聲相近也。《玉篇》云：菝葀，狗脊根也。《廣韻》云：菝葀，狗脊根，可作飲。菝葀、狗脊同物，而云菝葀狗脊根，猶藥、芷同物，而云葉謂之藥；薰、蕙同物，而云根謂之薰也。《名醫别録》作菝葜，陶注云：此有三種，大略根苗竝相類。菝葜莖紫短小，多細刺，小減萆薢而色深，人用作飲。《御覽》引《吴普本草》云：狗脊，一名狗青，一名萆薢，一名赤節，一名强膂。如萆薢，莖節如竹有刺，葉員青赤，根黄白。《本草》狗脊，陶注云：狗脊與菝葜相似而小異。其莖葉小肥，其節疏，其莖大，直上有刺，葉圓有赤脈，根凹凸巃嵸如羊角細强者是。皆其形狀也。《御覽》引《廣雅》菝作葀，鄭注《月令》作萆。

清　吴其濬《植物名實圖考》卷八《狗脊》　狗脊，《本經》中品。一種根黑色，一種有金黄，毛似貫衆，葉有齒。昔人多以菝葜爲狗脊。

圖表

明　李時珍《本草綱目・圖卷》

清　吴其濬《植物名實圖考》卷八《狗脊》

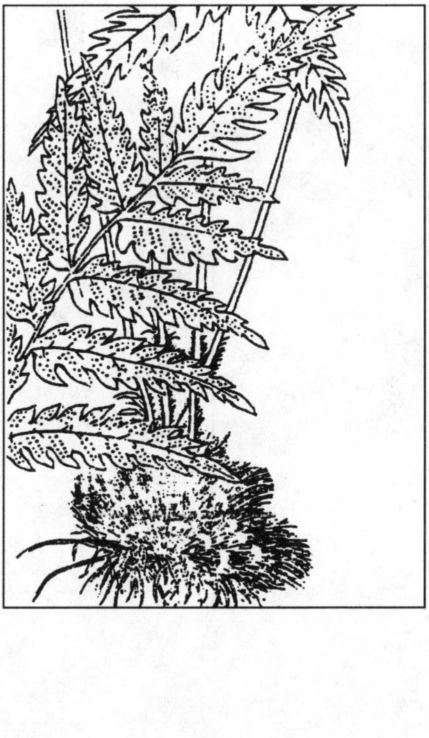

狗尾草

綜述

漢　許慎《説文》卷一　葽，葽，艸也。从艸，要聲。《詩》曰：四月秀葽。劉向説此味苦，苦葽也。於消切。

宋　戴侗《六書故》卷二四　莠　[illegible]，與久切。狗尾草也。初生絶與粱粟苗相類，但其葉微弱而多毛，其穗類粟而絶細，既穗而後與粟殊。孔子曰：惡莠，恐其亂苗也。《説文》曰：禾粟下生莠。按：孔子稱惡莠亂苗，明與禾粟非一物，莠乃狗尾草。

明　李時珍《本草綱目》卷一六　狗尾草《綱目》　釋名：莠、音酉光明草、《綱目》阿羅漢草。　時珍曰：莠草秀而不實，故字從秀。穗形象狗尾，故俗名狗尾。其莖治目痛，故方士稱爲光明草、阿羅漢草。　集解：時珍曰：原野垣墻多生之。苗葉似粟而小，其穗亦似粟，黄白色而無實。採莖筒盛，以治目病。惡莠之亂苗，即此也。

清　吴其濬《植物名實圖考》卷一二《莠》　莠，俗呼狗尾草。《救荒本草》收之。今北地饑年，亦碾其實作飯充腹，亦呼曰莠草子。其莖可去贅瘤，具《本草綱目》。按《説文繫傳》：葽，草也。臣鍇按《字書》云：狗尾草也。又莠，禾粟下揚生莠。臣鍇曰：粟下揚，謂禾粟實下播揚而生，出於粟秕。以葽爲狗尾草，不審出何字書，其説莠乃與稂皇同類，則非似苗之草矣。

圖表

明　李時珍《本草綱目・圖卷》

清　吴其濬《植物名實圖考》卷一二《莠》

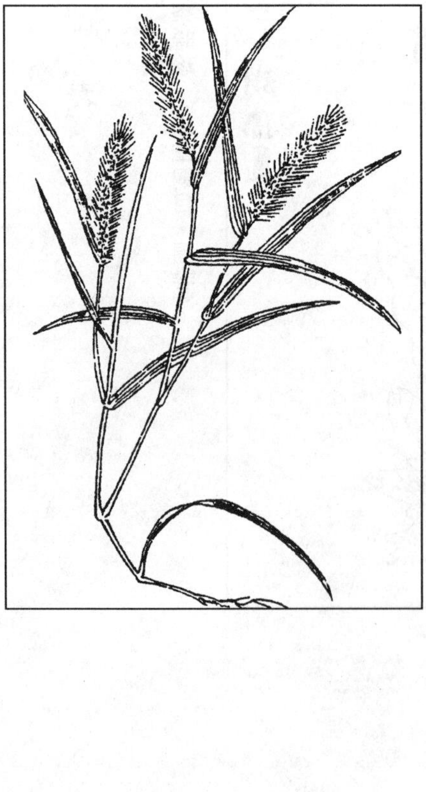

骨碎補

綜述

明 李時珍《本草綱目》卷二〇 骨碎補宋《開寶》 釋名：猴薑、《拾遺》胡孫薑、《志》石毛薑、蘇頌石庵蕳。 藏器曰：骨碎補本名猴薑。開元皇帝以其主傷折，補骨碎，故命此名。或作骨碎布，訛矣。江西人呼爲胡孫薑，象形也。時珍曰：庵蕳主折傷破血。此物功同，故有庵蕳之名。 集解：志曰：骨碎補生江南。根寄樹石上，有毛。葉如庵蕳。藏器曰：嶺南虔、吉州亦有之。葉似石韋而一根，餘葉生於木。大明曰：是樹上寄生草，根似薑而細長。頌曰：今淮、浙、陝西、夔路州郡皆有之。生木或石上。多在背陰處，引根成條，上有黄赤毛及短葉附之。又抽大葉成枝。葉面青绿色，有青黄點；背青白色，有赤紫點。春生葉，至冬乾黄。無花實。採根入藥。宗奭曰：此苗不似薑，亦不似庵蕳。每一大葉兩旁，小葉叉牙，兩兩相對，葉長有尖瓣也。時珍曰：其根扁長，略似薑形。其葉有椏缺，頗似貫衆葉。謂葉如庵蕳者，殊謬；如石韋者，亦差。

清 吴其濬《植物名實圖考》卷一七《骨碎補》 骨碎補，與猴薑一類。惟猴薑扁闊，骨碎補圓長。滇之採藥者别之。

圖表

明 李時珍《本草綱目・圖卷》

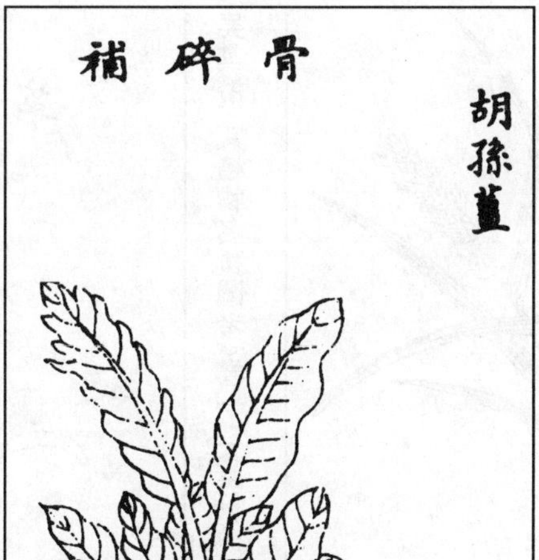

清 吴其濬《植物名實圖考》卷一七《骨碎補》

穀精草

綜述

明　李時珍《本草綱目》卷一六　穀精草宋《開寶》　釋名：戴星草、《開寶》文星草、《綱目》流星草。時珍曰：穀田餘氣所生，故曰穀精。志曰：白花似星，故有戴星諸名。集解：頌曰：處處有之。春生於穀田中，葉莖俱青，根花並白色。二月、三月採花用，花白小圓似星。可餧馬令肥，主蟲顙毛焦病。又有一種，莖梗長有節，根微赤，出秦隴間。時珍曰：此草收穀後，荒田中生之，江湖南北多有。一科叢生，葉似嫩穀身。抽細莖，高四五寸。莖頭有小白花，點點如亂星。九月採花，陰乾。云二三月採者，誤也。

圖表

明　李時珍《本草綱目·圖卷》

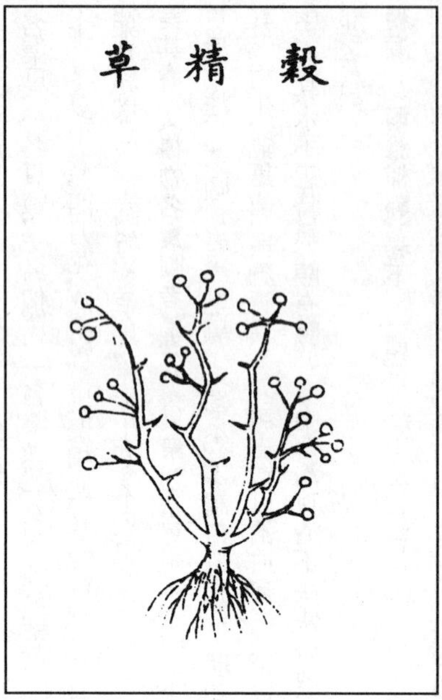

貫衆

綜述

《爾雅·釋草》　濼，貫衆。注：葉圓鋭，莖毛黑，布地，冬不死，一名貫渠，《廣雅》云貫節。音義：萹，匹緜反。濼，郭舒若反，孫餘若反。貫，古亂反。衆，音終。《本草》云：貫衆，一名貫節，一名貫渠，一名百頭，一名虎卷，一名萹苻，一名伯萍，一名藥藻，所謂草鴟頭也。《爾雅》：萹，苻止。郭云：未詳。《本草》乃是貫衆。疏：藥草名也。一名濼，一名貫衆。《本草》云：一名貫節，一名貫渠，一名百頭，一名虎卷，一名萹苻，一名伯萍，一名藥藻，此謂鴟頭。陶注云：葉如太蕨，形色毛芒，全似老鴟頭，因名之。郭氏云：葉圓鋭，莖毛黑，布地，冬不死，一名貫渠，《廣雅》名貫節。

明　李時珍《本草綱目》卷一二　貫衆《本經》下品　釋名：貫節、《本經》貫渠、《本經》百頭、《本經》又名虎卷、扁苻。草鴟頭、《別録》黑狗脊、《綱目》鳳尾草、《圖經》　時珍曰：此草葉莖如鳳尾，其根一本而衆枝貫之，故草名鳳尾，根名貫衆、貫節、貫渠。渠者，魁也。《吳普本草》作貫中，俗作貫仲、管仲者，皆謬稱也。《別録》一名伯萍，一名藥藻，皆字訛也。金星草一名鳳尾草，與此同名，宜互考之。集解：《別録》曰：貫衆生玄山山谷及冤句少室山，二月、八月採根陰乾。普曰：葉青黄色，兩兩相對。莖有黑毛叢生，冬夏不死。四月花白，七月實黑，聚相連卷旁生。三月、八月採根，五月採葉。保昇曰：苗似狗脊，狀如雉尾，根直多枝，皮黑肉赤，曲者名草鴟頭，所在山谷陰處則有之。頌曰：今陝西、河東州郡及荊、襄間多有之，而少有花者。春生苗，赤。葉大如蕨。莖乾三棱。葉緑色似鷄翎，又名鳳尾草。其根紫黑色，形如大爪，下有黑鬚毛，又似老鴟。郭璞注《爾雅》云，葉圓鋭，莖毛黑，布地，冬不死，《廣雅》謂之貫節是矣。時珍曰：多生山陰近水處。數根叢生，一根數莖，莖大如箸，其涎滑。其葉兩兩對生，如狗脊之葉而無鋸齒，青黄色，面深背淺。其根曲而有尖嘴，黑鬚叢族，亦似狗脊根而大，狀如伏鴟。

明　陳懋仁《庶物異名疏》卷二一《貫衆名十有三，異者居半》　《爾雅》：濼，貫衆。《廣雅》：名貫節。《本草經》：貫衆，一名百頭，一名貫渠，一名虎卷，

一名扁苻，味苦寒，治腹中邪氣諸毒，殺三蟲。《吴氏本草》：貫衆，一名貫來，一名貫中，一名渠母，一名貫鍾，一名伯芹，一名藥藻，一名黄鍾。葉黄，兩兩相對。莖黑，毛聚生。冬夏不老，四月花，八月實，黑聚相連，卷旁行生。三月、八月採根，五月採葉。郭璞云：葉圓鋭，莖毛黑，布地生，冬不死也。

清　吴其濬《植物名實圖考》卷八《貫衆》　貫衆，《本經》下品。《爾雅》：濼，貫衆。注：葉圓，鋭莖，毛黑。《蜀本草》謂苗似狗脊，狀如雉尾，形容最切。其葉對生，無鋸齒，與狗脊異耳。諸書皆以治血症，而俗以祛疫，浸之井與缸中，飲其水不患時氣，頗有驗。方中有治豆瘡不快快斑散，用之，蓋亦和血去邪之意。

清　翟灝《爾雅補郭》卷下　『萹苻止』下云『濼貫衆』。疏引《本草》：貫衆，一名萹苻。則止字應合下濼爲一名，萹苻也，止濼也，貫衆也，一物而三稱也。陸德明已云『萹苻，止』，據《本草》乃是貫衆。疏既知之不言，其特慎於違郭也夫？

圖表

晉　郭璞《爾雅音圖・釋草》

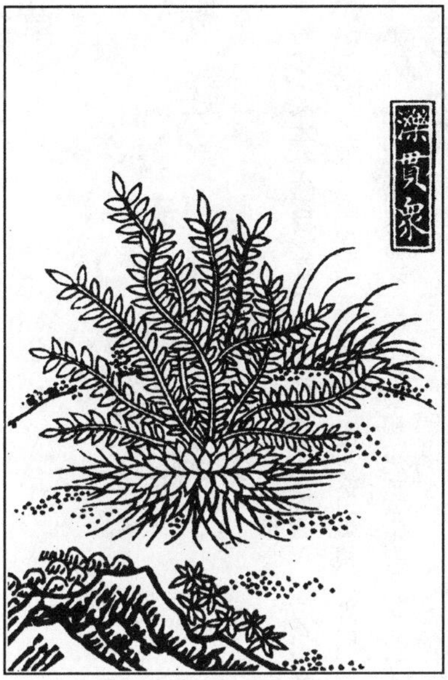

明　李時珍《本草綱目・圖卷》

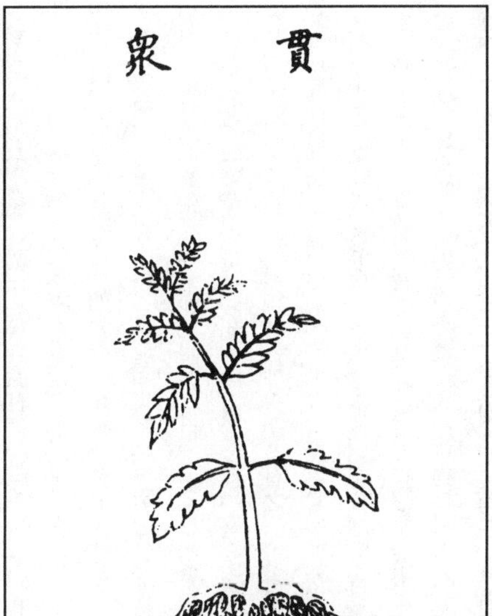

清　吴其濬《植物名實圖考》卷八《貫衆》

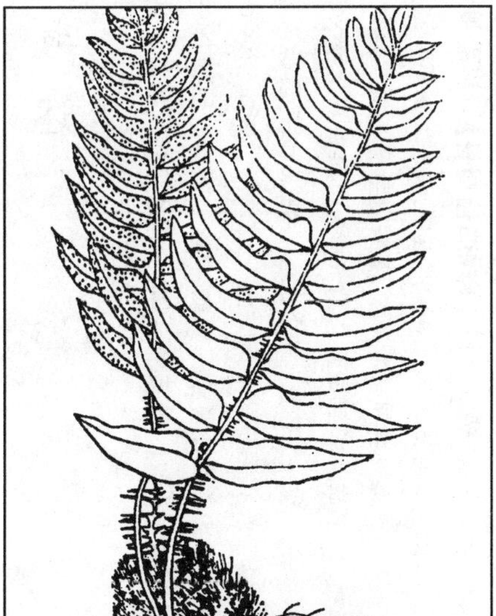

鬼督郵

綜述

明 李時珍《本草綱目》卷一三 鬼督郵《唐本草》 釋名：獨搖草。《唐本》 時珍曰：此草獨莖而葉攢其端，無風自動，故曰鬼獨搖草，後人訛爲鬼督郵爾。因其專主鬼病，猶司鬼之督郵也。古者傳舍有督郵之官主之。徐長卿、赤箭皆治鬼病，故並有鬼督郵之名，名同而物異。 集解：恭曰：鬼督郵所在有之。有必叢生，苗惟一莖，莖端生葉若傘狀，根如牛膝而細黑。今人以徐長卿代之，非也。 保昇曰：莖似細箭杆，高二尺以下。 葉生莖端，狀如傘。 花生葉心，黄白色。 根横生而無鬚，二月、八月採根。 徐長卿、赤箭並有鬼督郵之名，而主治不同，宜審用之。 時珍曰：鬼督郵與及己同類，根苗皆相似。 但以根如細辛而色黑者，爲及己；根如細辛而色黄白者，爲鬼督郵。

清 吴其濬《植物名實圖考》卷八《鬼督郵》 鬼都郵，《唐本草》始著録。徐長卿、赤箭皆名鬼都郵，《唐本草注》：苗惟一莖，莖端生葉若傘狀，根如牛膝而細黑，與徐長卿别。《蜀本草》云：根横生無鬚，花生葉心，黄白色。此種山草形狀亦多有之，而莫能決識。

圖表

明 李時珍《本草綱目·圖卷》

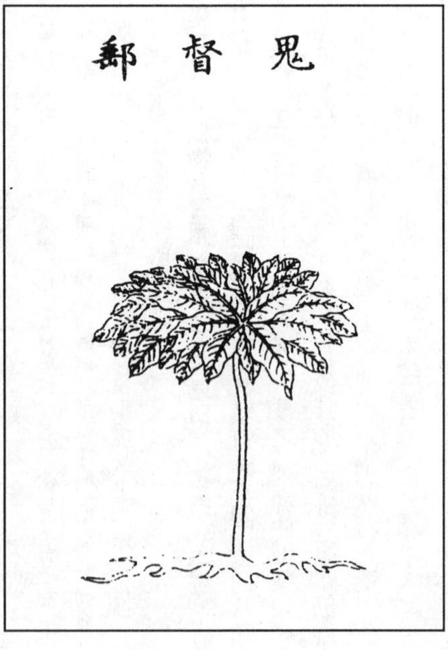

清 吴其濬《植物名實圖考》卷八《鬼督郵》

鬼臼

綜述

宋 宋祁《景文集》卷四七《羞寒花贊》 冒寒而茂，莖脩葉廣。附莖作花，葉蔽其上。以其自蔽，若有羞狀。蜀地處處有之，不爲人所愛，依莖綴花，蔽葉如隱，俗曰羞花，予易爲羞寒花。

宋 鄭樵《通志》卷七五 鬼臼，曰雀犀，曰馬目毒公，曰九臼，曰天臼，曰解毒。葉如荷葉，形似鳥掌，年長一莖，莖枯則根爲一臼。服食家用之，以九臼相連者爲佳。亦名八角盤，以其葉然也。

明 李時珍《本草綱目》卷一七 鬼臼《本經》下品 校正：並入《圖經》瓊田草。釋名：九臼、《本經》天臼、《别録》鬼藥、《藥目》解毒、《别録》爵犀、《本經》馬目毒公、《本經》害母草、《圖經》羞天花、《綱目》術律草、《綱目》瓊田草、《綱目》獨脚蓮、《土宿本草》獨荷草、土宿山荷葉、《綱目》旱荷、《綱目》八角盤、《綱目》唐婆鏡。弘景曰：鬼臼根如射乾，白而味甘，九臼相連，有毛者良，故名。時珍曰：此物有毒，而臼如馬眼，故名馬目毒公。殺蠱解毒，故有犀名。其葉如鏡、如盤、如荷，而新苗生則舊苗死，故有鏡、盤、荷、蓮、害母諸名。蘇東坡詩集云『瓊田草俗號唐婆鏡』，即本草鬼臼也。歲生一臼，如黄精根而堅瘦，可以辟穀。宋祁《劍南方物贊》云：羞天花，蜀地處處有之。依莖綴花，蔽葉自隱，俗名羞天，予改爲羞寒花，即本草鬼臼也。贊云：冒寒而茂，莖修葉廣。附莖作花，葉蔽其上。以其自蔽，若有羞狀。别有羞天草與此不同，即海芋也。集解：《别録》曰：鬼臼生九真山谷及冤句。二月、八月採根。弘景曰：鬼臼生山谷中。八月採，陰乾。似射乾、術輩，又似鈎吻。有兩種：出錢塘、近道者，味甘，上有叢毛，最勝；出會稽、吴興者，大而味苦，無叢毛，力劣。今馬目毒公狀如黄精根，其臼處似馬眼而柔潤。今方家多用鬼臼而少用毒公，不知此那復乖越如此？恭曰：鬼臼生深山岩石之陰。葉如蓖麻、重樓輩。生一莖，莖端一葉，亦有兩歧者。年長一莖，莖枯則爲一臼。假令生來二十年，則有二十臼，豈惟九臼耶？根肉皮鬚並似射干，今俗用多是射干。而江南别送一物，非真者。今荆州當陽縣、硤州遠安縣、襄州荆山縣山中並貢之，亦極難得。頌曰：今江寧府、滁、舒、商、齊、杭、襄、峽州、荆門軍亦有之，並如蘇恭所説。花生莖間，赤色，三月開後結實。又一説：鬼臼生深山陰地，葉六出或五出，如雁掌。莖端一葉如傘，旦時東向，及暮則西傾，蓋隨日出没也。花紅紫如荔枝，正在葉下，常爲葉所蔽，未常見日。一年生一莖，既枯則爲一臼，及八九年則八九臼矣。然一年一臼生而一臼腐，蓋陳新相易也，故俗名害母草。如芋魁、烏頭輩亦然，新苗生則舊苗死，前年之魁腐矣。而《本草注》謂全似射干，今射干體狀雖相似，然臼形淺薄，與鬼臼大異。鬼臼如八九個南星側比相叠，而色理正如射干。用者當使人求苗採之，市中不復有也。時珍曰：鬼臼根如天南星相叠之狀，故市人通謂小者爲南星，大者爲鬼臼，殊爲謬誤。按《黄山谷集》云：唐婆鏡葉底開花，俗名羞天花，即鬼臼也。歲生一臼，滿十二歲，則可爲藥。今方家乃以鬼燈檠爲鬼臼，誤矣。又鄭樵《通志》云：鬼臼葉如小荷，形如鳥掌，年長一莖，莖枯則根爲一臼，亦名八角盤，以其葉似之也。據此二説，則似是今人所謂獨脚蓮者也。又名山荷葉、獨荷草、旱荷葉、八角鏡。南方處處深山陰密處有之，北方惟龍門山、王屋山有之。一莖獨上，莖生葉心而中空。一莖七葉，圓如初生小荷葉，面青背紫，揉其葉作瓜李香。開花在葉下，亦有無花者。其根全似蒼朮、紫河車。丹爐家採根製三黄、砂、汞。或云其葉八角者更靈。或云其根與紫河車一様，但以白色者爲河車，赤色者爲鬼臼，恐亦不然。而《庚辛玉册》謂蚤休陽草，旱荷陰草，亦有分别。陶弘景以馬目毒公與鬼臼爲二物，殊不知正是一物而有二種也。又唐獨孤滔《丹房鏡源》云：術律草有二種，根皆似南星，赤莖直上，莖端生葉。一種葉凡七瓣，一種葉作數層。葉似蓖麻，面青背紫而有細毛。葉下附莖開一花，狀如鈴鐸倒垂，青白色，黄蕊中空，結黄子。風吹不動，無風自摇。可製砂汞。按：此即鬼臼之二種也。其説形狀甚明。

清 吴其濬《植物名實圖考》卷二四《鬼臼》 鬼臼，《本經》下品。江西、湖南山中多有，人家亦種之，通呼爲獨脚蓮。其葉有角不圓，或曰八角蓮。高至四五尺，就莖開花，紅紫嬌嫩，下垂成簇，外科蓄之。鄭漁仲謂葉如荷葉，形如鳥掌，年長一莖，莖枯則爲一臼，亦名八角盤。其形容極確。原圖仍爲鬼燈檠，宜山谷《詩注》之斥排也。但此物辟穀，未見他説。子瞻以詩記瓊田芝，山谷亦有《瓊芝仙》詩云：但吉渠是唐婆鏡。與《本經》有毒、《别録》不入湯者異矣。下死胎，治射工中人，其力猛峻可知。此草生深山中，北人見者甚少。江西雖植之圃中爲玩。大者不易得。余於途中，適遇山民擔以入市，花葉高大，遂亟圖之。此草一莖一葉，李時珍云一莖七葉，或别一種，余未之見。

圖表

明 李時珍《本草綱目·圖卷》

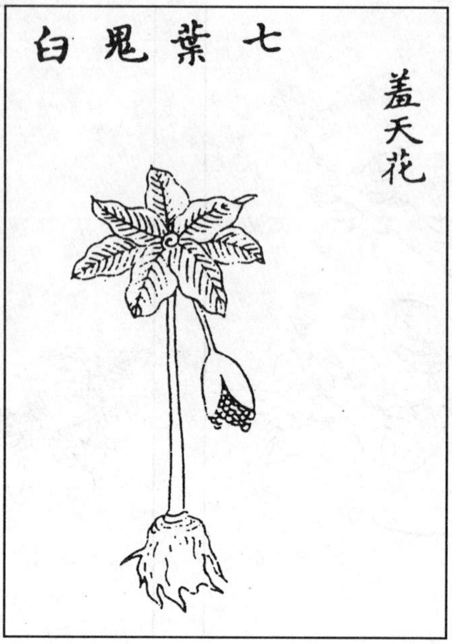

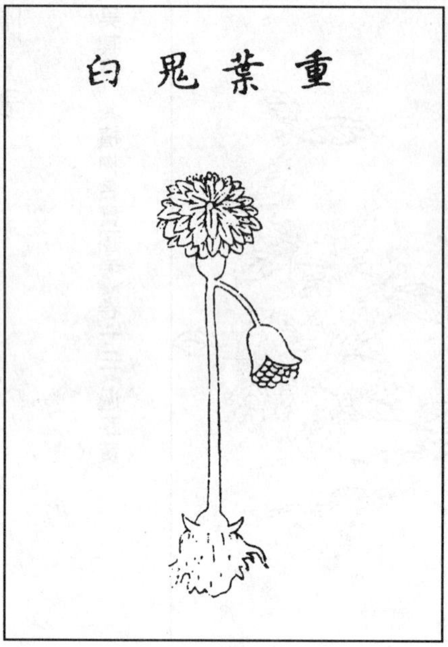

清 吴其濬《植物名實圖考》毒草卷二四《鬼臼》

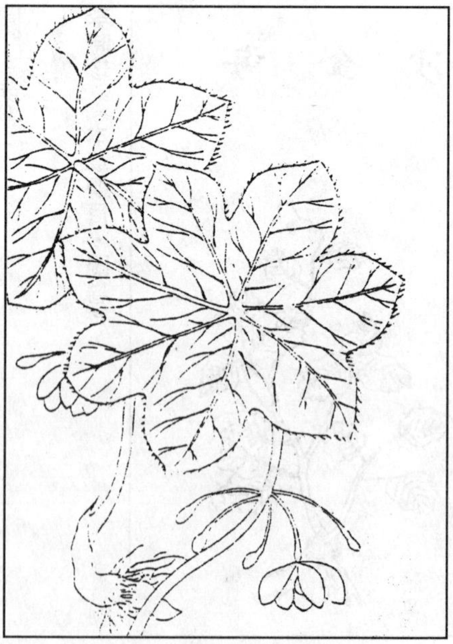

過路黄

綜述

清 吴其濬《植物名實圖考》卷一三《過路黄》 過路黄，處處有之，生陰濕墻砌下。拖蔓鋪地，細莖，葉似薄荷，大如指頂，二葉對生。花生葉際，淡紅，亦似薄荷而小，逐節開放，歷夏踰秋，蔓長幾二尺餘，與石香葇、爵牀相雜，殊無氣味。又一種過路黄，江西坡陲多有之。鋪地拖蔓，葉如豆葉，對生附莖。葉間春開五尖瓣黄花，緑跗尖長，與葉並茁。

圖表

清 吳其濬《植物名實圖考》卷一三《過路黃》

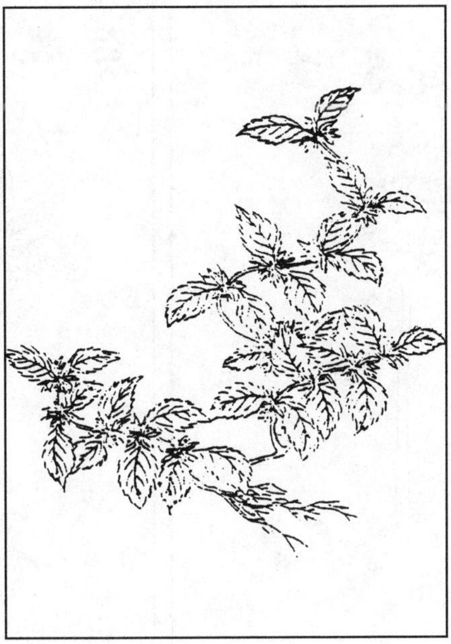

海金沙

綜述

明 李時珍《本草綱目》卷一六 海金沙宋《嘉祐》 釋名：竹園荽。時珍曰：其色黄如細沙也。謂之海者，神異之也。俗名竹園荽，象葉形也。集解：禹錫曰：出黔中郡，湖南亦有。生作小株，高一二尺。七月收其全科，於日中暴之，小乾，以紙襯承，以杖擊之，有細沙落紙上，且暴且擊，以盡爲度。時珍曰：江浙、湖湘、川陜皆有之，生山林下。莖細如綫，引於竹木上，高尺許。其葉細如園荽葉而甚薄，背面皆青，上多皺文。皺處有沙子，狀如蒲黄粉，黄赤色。不開花，細根堅强。其沙及草皆可入藥。方士採其草取汁，煮砂、縮賀。

清 嵇璜《續通志》卷一七四 海金沙，一名竹園荽。

圖表

明 李時珍《本草綱目·圖卷》

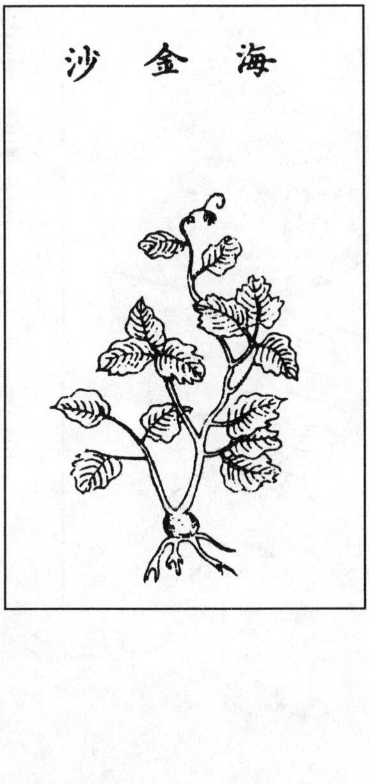

海芋

綜　述

宋　宋祁《益部方物畧記》　木榦芋葉，擁踵盤戾。農經弗載，不用治厲。

右海芋。生不高四五尺，葉似芋而有榦，根皮不可食。方家號隔河仙，云可用變金，或云能止瘧。

明　李時珍《本草綱目》卷一七　海芋《綱目》　釋名：觀音蓮、《綱目》羞天草、《玉冊》天荷、《綱目》隔河仙。見下。　集解：時珍曰：海芋生蜀中，今亦處處有之。春生苗，高四五尺。大葉如芋葉而有乾。夏秋間，抽莖開花，如一瓣蓮花，碧色。花中有蕊，長作穗，如觀音像在圓光之狀，故俗呼爲觀音蓮。方士號爲隔河仙，云可變金。其根似芋魁，大者如升碗，長六七寸，蓋野芋之類也。《庚辛玉冊》云：羞天草，陰草也。生江廣深谷澗邊。其葉極大，可以御雨，葉背紫色。花如蓮花。根葉皆有大毒，可煅粉霜、朱砂。小者名野芋。宋祁《海芋贊》云：木乾芋葉，擁腫盤戾。農經弗載，可以治癘。

圖　表

明　李時珍《本草綱目·圖卷》

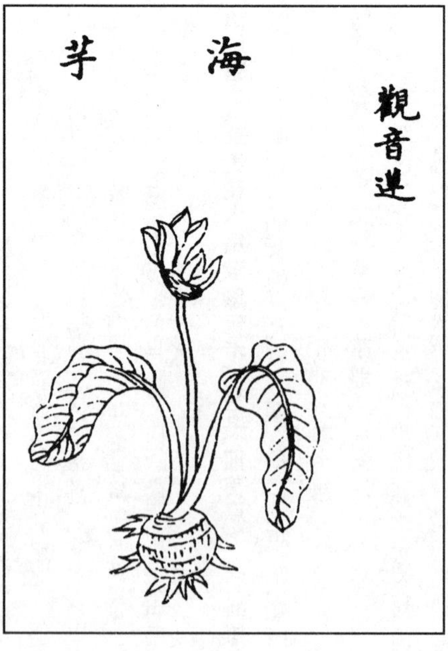

何首烏

綜　述

明　朱橚《救荒本草》卷四　何首烏，一名野苗，一名交藤，一名夜合，一名地精，一名陳知白，又名桃柳藤，亦名九真藤。出順州南河縣，其嶺外、江南、許州及度州皆有，以西洛、嵩山、歸德柘城縣者爲勝，今鈞州密縣山谷中亦有之。蔓延而生，莖蔓紫色，葉似山藥葉而不光。嫩葉間開黃白花，似葛勒花。結子有稜，似蕎麥而極細小，如粟粒大。根大者如拳，各有五楞瓣，

狀似甜瓜樣，中有花紋，形如鳥獸、山嶽之狀者極珍。有赤、白二種，赤者雄，白者雌。又云：雄者苗葉黄白，雌者赤黄色。一云雄苗赤，生必相對，遠不過三四尺，夜則苗蔓相交，或隱化不見。凡修合藥，須雌雄相合服有驗。宜偶日服，二、四、六、八日是也。其藥本無名，因何首烏見藤夜交，採服有功，因以採人爲名耳。又云：其爲仙草，五十年者如拳大，號山奴，服之一年，髭髮烏黑。一百年如碗大，號山哥，服之一年，顔色紅悦。百五十年如盆大，號山伯，服之一年，齒落重生。二百年如斗栲栳大，號山翁，服之一年，顔如童子，行及奔馬。三百年如三斗栲栳大，號山精，服之一年，延齡純陽之體，久服成地仙。又云：其頭九數者，服之乃仙。味苦澀，性微温，無毒。一云味甘。

明　張聯元《天臺山全志》卷四　何首烏，赤者雄，白者雌，本名交藤，服之髮白更黑。或云：雄淡白，雌微赤。唐李遠云：此仙草也。五十年者大如拳，餌之一年，鬚髮返黑。百年者大如椀，餌之一年，齒落更生。二百年者大如斗，餌之返老還童，追及奔馬。三百年者大如栲栳，中有鳥獸、山嶽之紋，號爲山精，純陽之體，久服且成地仙。

明　李時珍《本草綱目》卷一八　何首烏宋《開寶》　釋名：交藤、本傳夜合、本傳地精、本傳陳知白、《開寶》馬肝石、《綱目》桃柳藤、《日華》九真藤、《綱目》赤葛、《斗門》瘡帚、《綱目》紅内消。大明曰：其藥《本草》無名，因何首烏見藤夜交，便即採食有功，因以採人爲名爾。時珍曰：漢武時，有馬肝石能烏人髮，故後人隱此名，亦曰馬肝石。赤者能消腫毒，外科呼爲瘡帚、紅内消。《斗門方》云：取根若獲九數者，服之乃仙。故名九真藤。集解：頌曰：何首烏本出順州南河縣，今在處有之，嶺外、江南諸州皆有，以西洛、嵩山及河南柘城縣者爲勝。春生苗，蔓延竹木墻壁間，莖紫色。葉葉相對如薯蕷，而不光澤。夏秋開黄白花，如葛勒花。結子有棱，似蕎麥而細小，纔如粟大。秋冬取根，大者如拳，各有五棱瓣，似小甜瓜。有赤、白二種，赤者雄，白者雌。一云：春採根，秋採花。九蒸九曝，乃可服。此藥本名交藤，因何首烏服而得名也。唐元和七年，僧文象遇茅山老人，遂傳此事。李翱乃著《何首烏傳》云：何首烏者，順州南河縣人。祖名能嗣，父名延秀。能嗣本名田兒，生而閹弱，年五十八，無妻子，常慕道術，隨師在山。一日醉卧山野，忽見有藤二株，相去三尺餘，苗蔓相交，久而方解，解了又交。田兒驚訝其異，至旦遂掘其根歸。問諸人，無識者。後有山老忽來。示之。答曰：子既無嗣，其藤乃異，此恐是神仙之藥，何不服之？遂杵爲末，空心酒服一錢。七日而思人道，數月似强健，因此常服，又加至二錢。經年舊疾皆痊，髮烏容少。十年之内，即生數男，乃改名能嗣。又與其子延秀服，皆壽百六十歲。延秀生首烏。首烏服藥，亦生數子，年百三十歲，髮猶黑。有李安期者，與首烏鄉里親善，竊得方服，其壽亦長，遂叙其事傳之云。何首烏，味甘性温無毒，茯苓爲使。治五痔腰膝之病，冷氣心痛，積年勞瘦痰癖，風虚敗劣，長筋力，益精髓，壯氣駐顔，黑髮延年，婦人惡血痿黄，産後諸疾，赤白帶下，毒氣入腹，久痢不止，其功不可具述。一名野苗，二名交藤，三名夜合，四名地精，五名何首烏。本出虔州，江南諸道皆有。苗如木藁，葉有光澤，形如桃柳，其背偏，皆單生不相對。有雌雄：雄者苗色黄白，雌者黄赤。根遠不過三尺，夜則苗蔓相交，或隱化不見。春末、夏中、秋初三時，候晴明日兼雌雄採之。乘潤以布帛拭去泥土，勿損皮，烈日曝乾，密器貯之，每月再曝。用時去皮爲末，酒下最良。遇有疾，即用茯苓湯下爲使。凡服用偶日二、四、六、八日，服訖，以衣覆汗出，導引尤良。忌猪肉血、羊血、無鱗魚，觸藥無力。其根形大如拳連珠，其有形如鳥獸、山嶽之狀者，珍也。掘得去皮生吃，得味甘甜，可休糧。贊曰：神效助道，著在仙書。雌雄相交，夜合晝疏。服之去穀，日居月諸。返老還少，變安病軀。有緣者遇，最爾自如。明州刺史李遠《附録》云：何首烏以出南河縣及嶺南恩州、韶州、潮州、賀州、廣州四會縣、潘州者爲上，邕州晉興縣、桂州、康州、春州、高州、勤州、循州出者次之，真仙草也。五十年者如拳大，號山奴，服之一年，髭鬚青黑。一百年者，如碗大，號山哥，服之一年，顔色紅悦。一百五十年者，如盆大，號山伯，服之一年，齒落更生。二百年者，如斗栲栳大，號山翁，服之一年，顔如童子，行及奔馬。三百年者，如三斗栲栳大，號山精，純陽之體，久服成地仙也。時珍曰：凡諸名山、深山産者，即大而佳也。

明　慎懋官《華夷花木鳥獸珍玩考》卷五《何首烏》　有雌雄二種，對長苗成，藤夜交合相聯，晝分開各植。凡資入藥，秋後採根。大類山甜瓜，外有五棱瓣。雌者淡白，雄者淺紅。雌雄相兼，功驗方獲。

明　傅梅《嵩書》卷二《物華篇・草部》　何首烏，《神農本草》無名，自宋開寶時，始入方書。《圖經》曰：在處有之，以西洛、嵩山爲勝。此藥本名交藤，因何首烏服而得名也。唐李翱有《何首烏傳》，文多不能盡載。統括其効，有五焉：壯血氣，黑髭髮，悦顔色，健筋骨，益精髓。按蘇頌《圖經》云：根大者如拳，各有五棱瓣，似小甜瓜。而李翱《本傳》則云：形大如拳，連珠有如鳥獸、山嶽之形者，珍也。味甘，可休糧。二説不同。予命山民採取，果有五瓣如甜瓜者。亦有連珠如鳥獸、山嶽形者。然氣味迥別。自是二種，不知何者爲是，殊可疑也。且二種俱苦澀，全無甜意。李翱□説味甘，豈未審耶？又明州刺史李遠云：何首烏，五十年者如拳大，年愈久，形愈大。有至如三斗栲栳者，服之得仙。今嵩山亦有大如盆盎者，而頌與翱俱云如拳。全非定論矣，特詳著之，以俟知者。

明　盧之頤《本草乘雅半偈》卷一〇〔何首烏〕本生順州南河縣，今在處有之，嶺外江南諸州都有，以西雒、嵩山、河南柏城縣者爲勝。春生苗，蔓延竹木墻壁間，如木藁狀。雌雄共生。其地雄者，莖色黄白。雌者，莖色黄赤。苗蔓時交結，或隱化不見也。葉似薯蕷葉而不光澤，夜合晝疎。又似合歡葉之晝開夜合也。夏秋開黄白色花，似葛勒花。結子有稜，似蕎麥，雜小如粟粒。根有五稜，瓣似甜瓜，形似連珠，色分赤白，白雌赤雄也。

清　張逸少《佩文齋廣羣芳譜》卷九八《藥譜·何首烏》　何首烏，一名交藤，一名交莖，一名夜合，一名地精，一名赤葛，一名瘡帚，一名紅内消，一名九真藤，一名桃柳藤，一名馬肝石，一名陳知白，一名野苗。處處有之，以西洛、嵩山及栢城縣者爲勝，有形如鳥獸、山川者尤佳。春生苗，蔓延竹木墻壁間，莖紫色，葉葉相對如薯蕷而不光澤，夏秋開黄白花如葛勒花。結子有稜似蕎麥而雜小纔如粟，秋冬取根大者如拳連珠。有赤、白二種，赤者雄，黄色黄白；白者雌，黄色黄赤。根遠不過三尺，夜則苗蔓相交，或隱化不見。性苦濇，微温無毒。

清　陳憲舜《課民植牧講義稿》卷四《何首烏》　俗名雞屎籐，或蔓於樹，或延於地。其葉對生，夜必交合。夏開黄花，結子如蕎麥，三角。根分赤、白二色。

藝　文

唐　李翺《李文公集》卷一八《何首烏録》　僧文象好養生術。元和七年三月十八日朝茅山，遇老人於華陽洞口。告僧曰：汝有仙相，吾授汝秘方。有何首烏者，順州南河縣人，祖能嗣，本名田兒，天生閹，嗜酒。年五十八，因醉夜歸卧野中。及醒，見田中有藤兩本，相遠三尺，苗蔓相交，久乃解，解合三四。心異之，遂掘根，持問村野人，無能名。曝而乾之，有鄉人麦良戲而曰：汝閹也，汝老無子，此藤異而後以合，其神藥，汝盍餌之。田兒乃篩末酒服，經七宿，忽思人道，累旬力輕健，慾不制，遂娶寡婦曾氏。田兒因常餌之，加凔兩錢。七百餘日，舊疾皆愈，反有少容，遂生男，鄉人異之。十年生數男，俱號爲藥。告田兒曰：此交藤也。服之可壽百六十歲，而古方《本草》不載。吾傳於師，亦得之於南河。吾服之，遂有子。吾本好静，以此藥害於静，因絶不服。女偶餌之，乃天幸。因爲田兒盡記其功，而改田兒名能嗣焉。嗣年百六十歲乃卒，男女一十九人。子庭服，亦年百六十歲，男女三十人。子首烏服之，年百三十歲，男女二十一人。安期《叙交藤》云：交藤味甘温，無毒，主五痔腰腹中宿疾冷氣，長筋益精，令人多子能食，益氣力，長膚延年。一名野苗，一名交莖，一名夜合，一名地精，一名桃柳藤。生順州南河縣田中，嶺南諸州往往有之。其苗大如木藁，光澤，形如桃柳葉，其背偏獨單，皆生不相對。有雌雄，雄者苗色黄白，雌者黄赤。其生相遠，夜則苗蔓交，或隱化不見。春末、夏中、初秋三時，候晴明日，兼雌雄採之，烈日曝乾，散服酒下良。採時，盡其根，勿洗，乘潤以布帛拭去泥土，勿損皮，密器貯之，每月再曝。凡服，偶日二、四、六、八日是。服訖，以衣覆汗出導引，尤忌猪、羊肉、血。老人言訖，遂别去，其行如疾風。浙東知院殿中孟侍御識何首烏，嘗餌其藥，言其功如所傳。出賓州牛頭山，苗如萆薢蔓生，根如杯拳，削去側皮，生啖之。南人因呼爲何首烏焉。元和八年八月録習之。

清　祁寯藻《饅䬣亭集》卷二〇《詠何首烏》　昔我居淀園，不喜蔓生花。謂其工夤緣，屈曲如蚪蛇。秋雨壞籬落，春風亂槎枒。依人致高危，失勢委泥沙。揭來卧田舍，褊心時自撾。勁草實難得，何必求疵瑕。宛宛交柯藤，抽根如赬霞。云是何首烏，能令髮不華。服者爲地仙，餘力祛風邪。惜哉枝幹弱，敧倒花闌斜。呼僮縛枯葦，引之過檐牙。盛固非爾能，飄零吾所嗟。當爲濟時藥，勿媿蓬生麻。歐陽文忠《送襄陵令李君》詩云：緑髮襄陵新長官，面顔雖老渥如丹。自注：君服何首烏，鬚髮皆黑，顔如少時。

圖表

明 **朱橚《救荒本草》卷四**

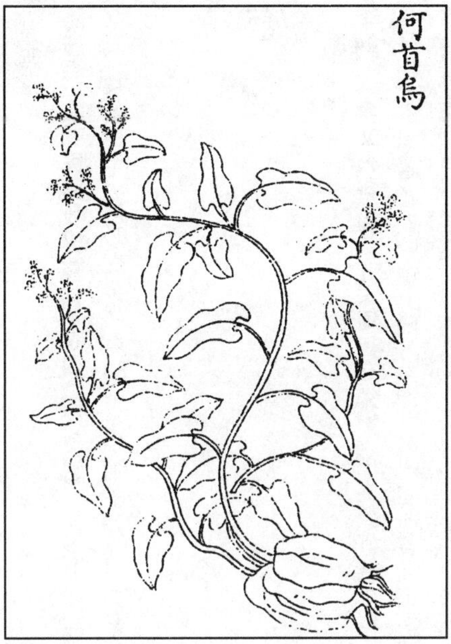

明 **李時珍《本草綱目·圖卷》**

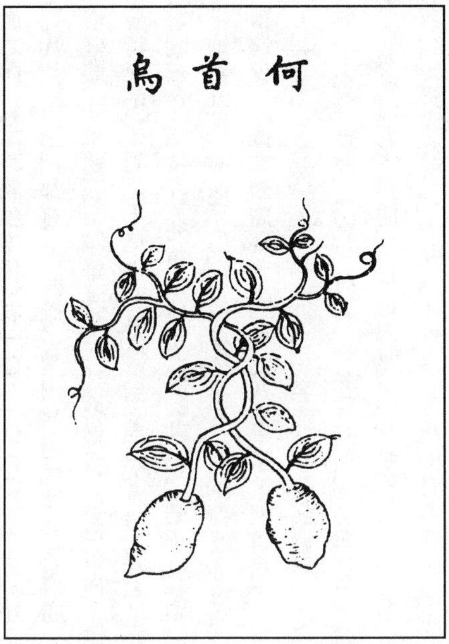

胡黃連

綜述

宋 鄭樵《通志》卷七五 胡黃連，似黃連而心黑，一名割孤露澤。

明 李時珍《本草綱目》卷一三 胡黃連宋《開寶》 **釋名**：割孤露澤。時珍曰：其性味功用似黃連，故名割孤露澤。胡語也。 **集解**：恭曰：胡黃連出波斯國，生海畔、陸地。苗若夏枯草根，頭似烏嘴，折之，内似鸜鵒眼者良。八月上旬採之。頌曰：今南海及秦隴間亦有之。初生似蘆，乾則似楊柳枯枝，心黑外黃。不拘時月收採折之。塵出如煙者，乃爲真也。

圖表

明 **李時珍《本草綱目·圖卷》**

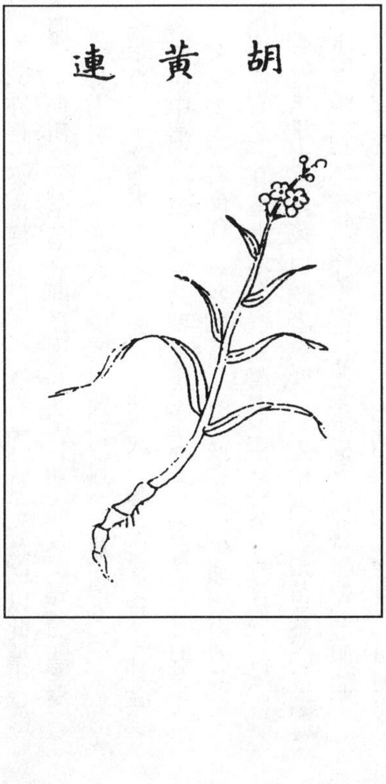

胡盧巴

綜述

明　李時珍《本草綱目》卷一五　胡盧巴宋《嘉祐》　釋名：苦豆。集解：禹錫曰：胡盧巴出廣州並黔州。春生苗，夏結子，子作細莢，至秋採。今人多用嶺南者。或云是番蘿卜子，未審的否？頌曰：今出廣州。或云種出海南諸番，蓋其地蘆菔子也。舶客將種蒔於嶺外亦生，然不及番中來者真好。今醫家治元臟虛冷爲要藥，而唐已前方不見用，《本草》不著，蓋是近出。

圖表

明　李時珍《本草綱目・圖卷》

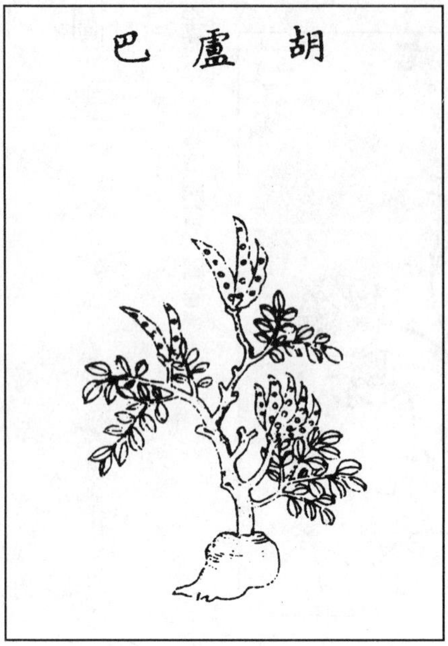

虎耳草

綜述

明　李時珍《本草綱目》卷二〇　虎耳草《綱目》　釋名：石荷葉見下。

集解：時珍曰：虎耳生陰濕處，人亦栽於石山上。莖高五六寸，有細毛，一莖一葉，如荷蓋狀。人呼爲石荷葉。葉大如錢，狀似初生小葵葉，及虎之耳形。夏開小花，淡紅色。

清　陳淏子《秘傳花鏡》卷四《藤蔓類考・虎耳草》　虎耳，一名石荷葉，俗名金絲草。其葉類荷錢，而有紅白絲繚繞其上。三、四月間開小白花。春初栽於花砌石罅，背陰高處，常用河水澆之，則有紅絲延蔓遍地。絲末生苗，最易繁茂。但見日失水，便無生理矣。以糞坑邊瓦礫，敲碎堆壅其側，則易長。小兒耳病，取汁滴入，即愈。

清　孫之騄《枝語》卷上《虎耳》　《方言》：江淮南楚間呼虎曰李耳。注：虎食物值耳而止，故名。《物類志》：虎食人則耳上缺。草名虎耳，或葉形如虎耳缺也。毛西河云：施愚山官湖西蘄棘獲虎，其耳三缺。愚山愀然曰：孽畜傷三人矣。

清　吳其濬《植物名實圖考》卷一六《虎耳草》　虎耳草，《本草綱目》始著録。栽種者多白紋，自生山石間者，淡綠色，有白毛，卻少細紋。治聤耳。過用或成聾閉、喉閉、無音。用以代茶，亦治吐血。《簡易草藥》名爲系葉。

藝文

清　愛新覺羅・弘曆《清高宗詩四集》卷一三《虎耳草又名金絲荷葉》

詎是不成效季良，團垂雙耳正何妨。金絲設復名荷葉，亦豈云宜在水鄉。

又卷一五《虎耳草人名金絲荷葉》　貼地錢如貼水錢，挺捎細藹亦鮮妍。

別名祇以稱虎耳，小犬金鈴見悚然。

圖表

明　李時珍《本草綱目・圖卷》

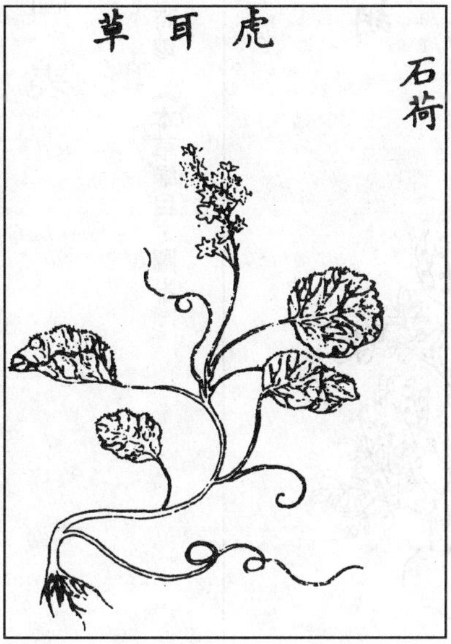

清　吳其濬《植物名實圖考》卷一六《虎耳草》

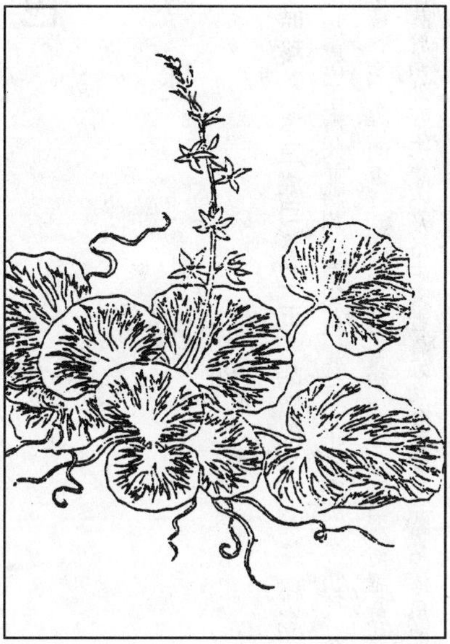

虎掌

綜述

明　李時珍《本草綱目》卷一七　虎掌《本經》下品天南星宋《開寶》　釋名：虎膏、《綱目》鬼蒟蒻。《日華》　恭曰：其根四畔有圓牙，看如虎掌，故有此名。頌曰：天南星即《本草》虎掌也，小者名由跋。古方多用虎掌，不言天南星。南星近出唐人中風痰毒方中用之，乃後人採用，別立此名爾。時珍曰：虎掌因葉形似之，非根也。南星因根圓白，形如老人星狀，故名南星，即虎掌也。蘇頌説甚明白。宋《開寶》不當重出南星條，今並入。　集解：《别録》曰：虎掌生漢中山谷及冤句。二月、八月採，陰乾。　弘景曰：近道亦有。形似半夏，但大而四邊有子如虎掌。今用多破作三四片。方藥不甚用也。　恭曰：此是由跋宿根。其苗一莖，莖頭一葉，枝丫挾莖。根大者如拳，小者如鷄卵，都似扁柿。四畔有圓牙，看如虎掌。由跋是新根，大如半夏二三倍，四畔無子牙。陶説似半夏，乃由跋也。保昇曰：莖頭有八九葉，花生莖間。　藏器曰：天南星生安東山谷，葉如荷，獨莖，用根。　頌曰：虎掌今河北州郡有之。初生根如豆大，漸長大似半夏而扁，年久者根圓及寸，大者如鷄卵。周匝生圓牙三四枚或五六枚。三四月生苗，高尺餘。獨莖上有葉如爪，五六出分布，尖而圓。一窠生七八莖，時出一莖作穗，直上如鼠尾。中生一葉如匙，裹莖作房，旁開一口，上下尖。中有花，微青褐色。結實如麻子大，熟即白色，自落布地，一子生一窠。九月苗殘取根。　今冀州人菜圃中種之，呼爲天南星。又曰：天南星，處處平澤有之。二月生苗，似荷梗，其莖高一尺以來。葉如蒟蒻，兩枝相抱。五月開花似蛇頭，黄色。七月結子作穗似石榴子，紅色。二月、八月採根，似芋而圓扁，與蒟蒻相類，人多誤採，了不可辨。但蒟蒻莖斑花紫，南星根小，柔膩肌細，炮之易裂，爲可辨爾。　南星即《本經》虎掌也。大者四邊皆有牙子，採時削去之。江州一種草，葉大如掌，面青背紫，四畔有牙如虎掌，生三四葉爲一本，冬青，不結花實，治心疼寒熱積氣，亦與虎掌同名，故附見之。　時珍曰：大者爲虎掌，南星，小者爲由跋，乃一種也。今俗又言大者爲鬼臼，小者爲南星，殊爲謬誤。

清　吳其濬《植物名實圖考》卷二七《虎掌花》　虎掌花，襄陽山中有之。草本，綠莖，葉如牡丹葉，紫花，似千瓣萱花而瓣稍短，中吐粗紫心一莖。他處尠見。

圖表

明 李時珍《本草綱目·圖卷》

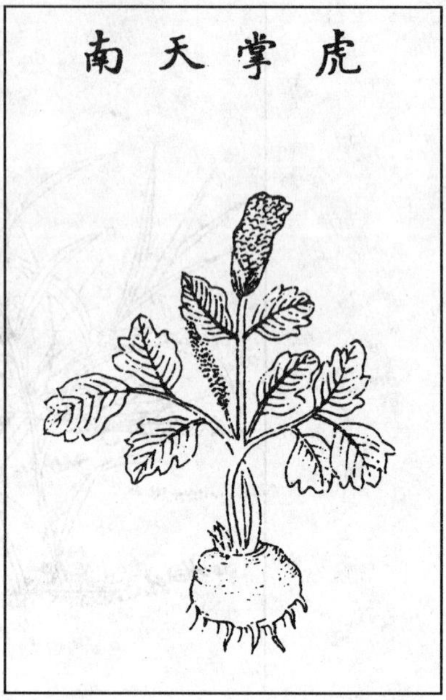

清 吳其濬《植物名實圖考》卷二七《虎掌花》

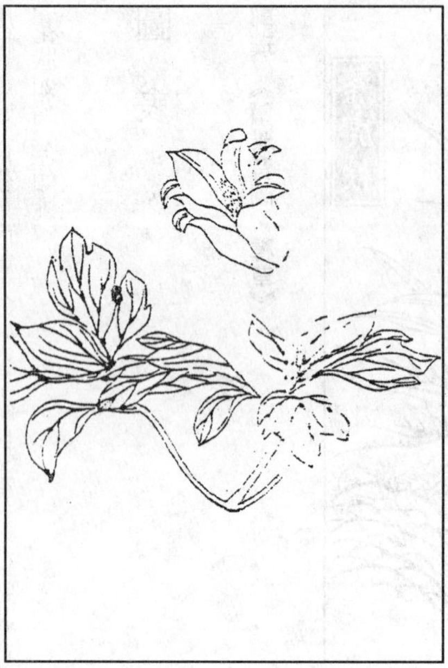

虎杖

綜述

《爾雅·釋草》 蒤，虎杖。注：似紅草而麄大，有細刺，可以染赤。音義：蒤，大奴反。刺，七賜反。下同。疏：蒤，一名虎杖。注云：似紅草而粗大，有細刺，可以染赤。陶注《本草》云：田野甚多，狀如大馬蓼，莖斑而葉圓是也。

宋 鄭樵 《通志》卷七五 虎杖，曰枯杖，曰苦杖，曰大蟲杖，曰酸杖，曰斑杖，曰蒤。故《爾雅》曰：蒤，虎杖。莖葉斑赤，似馬蓼而無毛。

明 李時珍 《本草綱目》卷一六 虎杖《別録》中品 釋名：苦杖、《拾遺》大蟲杖、《藥性》斑杖、《日華》酸杖。時珍曰：杖言其莖，虎言其斑也。或云一名杜牛膝者，非也。一種斑杖似蒻頭者，與此同名異物。集解：弘景曰：田野甚多，狀如大馬蓼，莖斑而葉圓。保昇曰：所在有之。生下濕地，作樹高丈餘，其莖赤根黄。二月、八月採根，日乾。頌曰：今出汾州、越州、滁州，處處有之。三月生苗，莖如竹笋狀，上有赤斑點，初生便分枝丫。葉似小杏葉。七月開花，九月結實。南中出者，無花。根皮黑色，破開即黄，似柳根。亦有高丈餘者。《爾雅》云：蒤，虎杖。郭璞注云：『似荭草而粗大，有細刺，可以染赤』是也。宗奭曰：此草藥也。《蜀本》言作木高丈餘者，非矣。大率皆似寒菊，然花葉莖蕊差大爲異。仍莖葉有淡黑斑。六七月旋旋開花，至九月中方已，花片四出，其色如桃花，差大而外微深。陝西山麓水次甚多。斅曰：凡使勿誤用天藍及斑袖根，二味根形味皆相似也。機曰：諸注或云似荭、似杏、似寒菊，各不相侔，豈所産有不同耶？ 時珍曰：其莖似荭蓼，其葉圓似杏，其枝黄似柳，其花狀似菊，色似桃花。合而觀之，未嘗不同也。

清 陳淏子 《秘傳花鏡》卷四《藤蔓類考·虎杖》 虎杖，生下濕地，隨在有之。春盡發苗，莖如紅蓼，葉圓如杏。夏末開花，四出如菊，色紅如桃，次第開落，至九月中方已。陝西山麓水湄甚廣，人於暑月取根和甘草同煎爲飲，色如琥珀，甘美可愛。瓶置井中，令冷如水，呼爲冷飲子，可以代茗，極能解暑。其汁染米粉作糕，更佳。

清 吴其濬《植物名實圖考》卷一一《虎杖》 虎杖，《别録》中品。《爾雅》：蒤，虎杖。注：似葒草而麄大。《本草綱目》云：莖似紅蓼，葉圓似杏，枝黄似柳，花狀如菊，色如桃。

圖表

晉 郭璞《爾雅音圖·釋草》

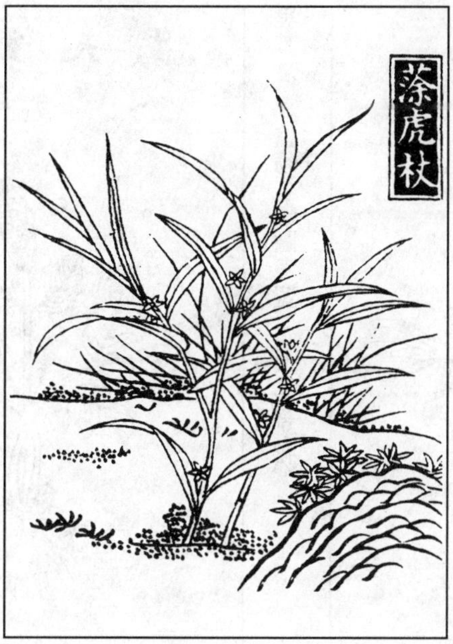

明 李時珍《本草綱目·圖卷》

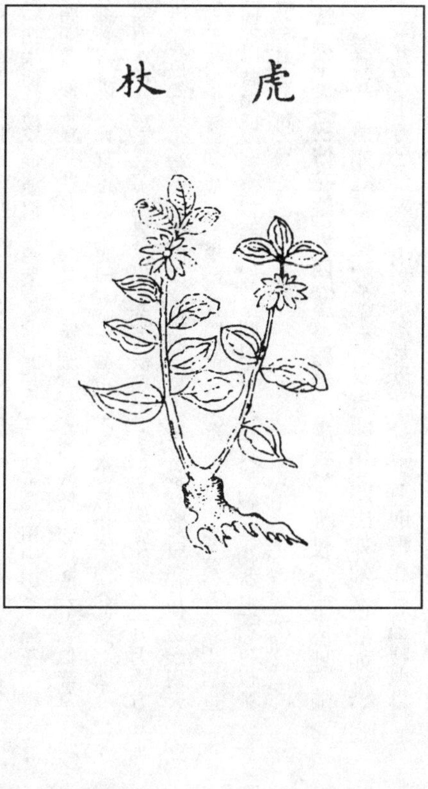

清 吴其濬《植物名實圖考》卷一一《虎杖》

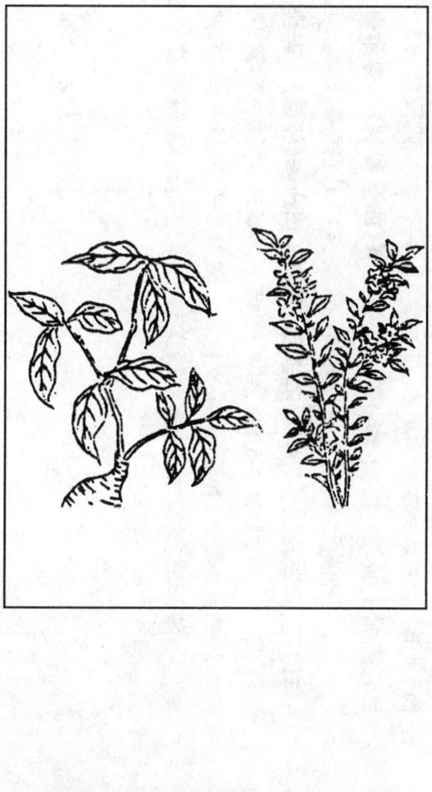

還陽草

綜述

清　吴其濬《植物名實圖考》卷一七《還陽草》　還陽草，大體類鳳尾草，細莖如漆，横根多毛，殆石長生之類。

圖表

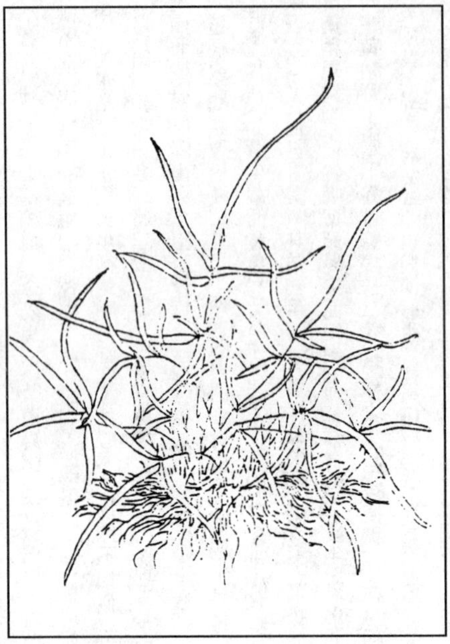

清　吴其濬《植物名實圖考》卷一七《還陽草》

黄精

綜述

明　朱橚《救荒本草》卷四　黄精苗，俗名筆管菜，一名重樓，一名菟竹，一名雞格，一名救窮，一名鹿竹，一名萎蕤，一名仙人餘糧，一名垂珠，一名馬箭，一名白及。生山谷，南北皆有之。嵩山、茅山者佳。根生肥地者大如拳，薄地者猶如拇指。葉似竹葉，或兩葉，或三葉，或四五葉，俱皆對節而生。味甘，性平，無毒。又云：莖光滑者，謂之太陽之草，名曰黄精，食之可以長生。其葉不對節，莖葉毛鈎子者，謂之太陰之草，名曰鈎吻，食之入口立死。又云：莖不紫、花不黄爲異。

明　王可大《國憲家猷》卷四四　嘗聞黄精中有物切肖，食之立死。疑以人必不可食矣，此妄言也。後讀《郁離子》云：陰谷有草，狀如黄精，背陽而生，入口口烈，入肉肉潰，名曰鈎吻。無求美弗得而爲形似所誤。又疑此草，固形如黄精，安得取精者特雜以害人耶？及遇取黄精者親言。

明　李時珍《本草綱目》卷一二　黄精《别録》上品　校正：並入《拾遺》救荒草。釋名：黄芝、《瑞草經》戊己芝、《五符經》菟竹、《别録》鹿竹、《别録》仙人餘糧、弘景救窮草、《别録》米鋪、《蒙筌》野生薑、蒙筌重樓、《别録》鷄格、《别録》龍銜、《廣雅》垂珠。頌曰：隋時羊公服黄精法云，黄精是芝草之精也，一名葳蕤，一名白及，一名仙人餘糧，一名苟格，一名馬箭，一名垂珠，一名菟竹。時珍曰：黄精爲服食要藥，故《别録》列於草部之首，仙家以爲芝草之類，以其得坤土之精粹，故謂之黄精。《五符經》云，黄精獲天地之淳精，故名爲戊己芝，是此義也。餘糧、救窮，以功名也。鹿竹、菟竹，因葉似竹，而鹿、兔食之也。垂珠，以子形也。陳氏《拾遺》救荒草即此也，今並爲一。嘉謨曰：根如嫩姜，俗名野生薑。九蒸九曝，可以代糧，又名米鋪。集解：《别録》曰：黄精生山谷，二月採根陰乾。弘景曰：今處處有之。二月始生，一枝多葉，葉狀似竹而短。根似萎蕤。萎蕤根如荻根及菖蒲，概節而平直；黄精根如鬼臼、黄連，大節而不平。雖

燥，並柔軟有脂潤。俗方無用此，而爲《仙經》所貴，根、葉、花、實皆可餌服，酒散隨宜，具在斷谷方中。其葉乃與鉤吻相似，惟莖不紫、花不黄爲異，而人多惑之。其類乃殊，遂致死生之反，亦爲奇事。斅曰：鉤吻真似黄精，只是葉頭尖有毛鉤子二個，若誤服之，害人。黄精葉似竹也。恭曰：黄精肥地生者，即大如拳；薄地生者，猶如拇指。萎蕤肥根，頗類其小者，肌理形色，大都相似。今以鬼臼、黄連爲比，殊無仿佛。黄精葉似柳及龍膽、徐長卿輩而堅。其鉤吻蔓生，葉如柿葉，殊非比類。藏器曰：黄精葉偏生不對者名偏精，功用不如正精。正精葉對生。鉤吻乃野葛之別名，二物殊不相似，不知陶公憑何説此？保昇曰：鉤吻一名野葛，陶説葉似黄精者當是。蘇説葉似柿者，當別是一物。頌曰：黄精南北皆有，以嵩山、茅山者爲佳。三月生苗，高一二尺以來。葉如竹葉而短，兩兩相對。莖梗柔脆，頗似桃枝，本黄末赤。四月開細青白花，狀如小豆花。結子白如黍粒，亦有無子者。根如嫩生薑而黄色，二月採根，蒸過暴乾用。今遇八月採，山中人九蒸九暴作果賣，黄黑色而甚甘美。其苗初生時，人多採爲菜茹，謂之筆菜，味極美。江南人説黄精苗葉稍類鉤吻，但鉤吻葉頭極尖而根細，而蘇恭言鉤吻蔓生，恐南北所産之異耳。時珍曰：黄精野生山中，亦可劈根長二寸，稀種之，一年後極稠，子亦可種。其葉似竹而不尖，或兩葉、三葉、四、五葉，俱對節而生。其根横竹，狀如萎蕤，俗採其苗煠熟，淘去苦味食之，名筆管菜。陈藏器《本草》言青粘是萎蕤，見萎蕤發明下。又黄精、鉤吻之説，陶弘景、雷斅、韓保昇皆言二物相似。蘇恭、陳藏器皆言不相似。蘇頌復設兩可之辭。今考《神農本草》、《吴普本草》，並言鉤吻是野葛，蔓生，其莖如箭，與蘇恭之説相合。張華《博物志》云：昔黄帝問天老曰：天地所生，有食之令人不死者乎？天老曰：太陽之草名黄精，食之可以長生；太陰之草名鉤吻，不可食之，入口立死。人信鉤吻殺之，不信黄精之益壽，不亦惑乎？按此但以黄精、鉤吻相對待而言，不言其相似也。陶氏因此遂謂二物相似，與神農所説鉤吻不合。恐當以蘇恭所説爲是，而陶、雷所説別一毒物，非鉤吻也。歷代《本草》惟陳藏器辨物最精審，尤當信之。餘見鉤吻條。

明 焦周《焦氏説楛》卷二 太陽之草曰黄精，餌之長生。太陰之草曰鉤吻，入口輒死。黄精，一名重樓，一名菟竹，一名鷄格，一名救窮，一名鹿竹。

明 盧之頤《本草乘雅半偈》卷八 〔黄精〕隋羊公云：黄精，芝草之精也。《五符經》云：黄精獲天地之純精，故一名戊己芝。南北皆有，以嵩山、茅山者佳。三月生苗，高一二尺。一根只一莖，莖梗柔脆，本黄末赤。葉如竹不尖而短，或兩葉、三葉、四、五、六葉，俱兩兩相對，若偏生不對者偏精也。四月開花青白，狀如小豆花。結子白色，如黍粒，即名垂珠，言象形也。根如嫩薑而色黄，亦如鬼臼、黄連輩。一年一節，節大不平大者如拳，小者如拇指。

清 魏茂林《駢雅訓纂》卷六 鹿竹，雞格，黄精也。《經史證類大全・本草・草部上品》：黄精，一名雞格，一名鹿竹。按此墨字乃《名醫別録》之文。

清 曹溶《倦圃蒔植記・總論》卷下《論草》 黄精，蔓生，畧似山藥，葉間子亦如之，其蒸曝，正復用根。

清 宋廣業《羅浮山志會編》卷七《品物志・草屬》 黄精，根如子薑，俗名野仙薑。九蒸曬，可服食，益人。靈通草，長三尺，小如箸而勁。頂開七葉，虛中兩頭實。聾者食之即通，此仙草也，求之難遇。

清 王念孫《廣雅疏證》卷一〇 黄精，龍銜也。《名醫別録》云：黄精，一名重樓，一名菟竹，一名雞格，一名救窮，一名鹿竹，生山谷。陶注云：今處處有，二月始生，一枝多葉，葉狀似竹而短，根似萎蕤。萎蕤根如荻根及菖蒲，槪節而平直。黄精根如鬼臼、黄連，大節而不平。《藝文類聚》引《漢武内傳》云下藥有巨勝黄精，《御覽》引《廣志》云黄精葉似小黄。

清 吳其濬《植物名實圖考》卷八《黄精》 黄精，《別録》上品。《救荒本草》謂其苗爲筆管菜，處處有之。《抱朴子》云：花實可服食。今醫方無用者，山西産與《救荒》圖同。雩婁農曰：黄精一名葳蕤，既與委萎同名。黄帝問天老，曰：太陽之草，可以長生。而《本經》乃只載委萎，至《別録》始出黄精，按圖列十種。丹州、相州細葉四五，同生一節，餘皆竹葉，寬肥對生。《救荒本草》亦云：二葉、三葉、四、五葉對節而生。而萎蕤葉似竹葉，闊短而肥厚，又似百合葉頗窄小，根似黄精而小異，然則二物有別耶、無別耶？宋《圖經》：黄精，苗高一二尺以來，葉如竹葉而短，兩兩相對。不言四五葉同生一處。萎蕤莖幹强直似竹，箭竿有節，葉狹而長，表白裏青，與《爾雅注》符。則寬葉爲黄精，細葉四五同生一節者爲萎蕤，如此分別，自爲瞭目。但藥肆所售玉竹，細白極黏，與黄精全不相似，或即《圖經》所謂多鬚者。余採得細視，有細葉而多白鬚，如藥肆所售者。亦有大根與黄精同者。土醫謂根如黄精者是萎蕤，多白鬚者乃別一種，用之甚無力。其説乃與古合。滇南山中尤多。黄精、萎葳，春初即開花，黄精高至五六尺，四面垂葉，花實層綴，根肥嫩

可烹肉，大至數斤重，其偏精及鈎吻皆以夏末秋初開花，偏精矮小，鈎吻有反鈎根，皆不肥。【略】又按：黄精原有對葉及數葉同作一層者，《圖經》雖列十種，大體不過兩端，今江湘皆對葉，滇南數葉一層，其根肥大無異。按與黄精相似者，除鈎吻、偏精外，湘中代以山薑，其根色極相類。又有一種觀音竹，滇中謂之淡竹，其莖紫葉柔，都不分别，惟梢端發枝生枝間，花微紫爲異，此十圖内，或不免有形似者耶。

又《黄精苗》《救荒本草》：黄精苗俗名筆管菜，一名重樓，一名菟竹，一名雞格，一名救窮，一名鹿竹，一名萎蕤，一名仙人餘糧，一名垂珠，一名馬箭，一名白及。生山谷，南北皆有之，嵩山、茅山者佳。根生肥地者大如拳，薄地者猶如拇指。葉似竹葉，或二葉，或三葉，或四五葉，俱皆對節而生。味甘，性平，無毒。又云：莖光滑者謂之太陽之草，名曰黄精，食之可以長生。其葉不對節，莖葉毛鈎子者謂之太陰之草，名曰鈎吻，食之入口立死。又云：莖不紫，花不黄爲異。按圖即《爾雅》委萎，滇南所産黄精頗似之，此正鈎吻相似者。

清 陳壽舜《課民植牧講義稿》卷三《黄精》 三月生苗，高一二尺。葉如竹葉而圓短，或二、三、四、五葉，皆兩兩相對。莖梗柔脆，頗似桃枝。開青白花。子如黍粒。

藝文

宋 王質《紹陶録》卷下《黄精》 花青白，子白葉青，春苗可食，甘腴，人呼筆菜，根尤美，生肥土或如柑，瘠土小亦如橘，多啖可飽。我取友兮得黄精，竹葉荳花交楚陰。人不圖仙只圖飽，鴉鵲窠雕龍爪零。白可擷，青可捋，所思兮何由掇，半岩斜陽孟溪潑。

宋 高似孫《剡録》卷一〇《草木禽魚下·黄精》 舊經曰：石鼓山多黄精。《博物志》曰：太陽之草名黄精。謝靈運《游名山志》曰：天室固多黄精。秦系《期王錬師》詩：黄精蒸罷洗瓊杯，林下從留石上苔。昨日圍碁未終局，多乘白鶴下山來。

清 顧景星《野菜讚·黄精》 三月生，苗高二三尺，柔莖竹葉，大約似薑，根生，食戟喉，葉對生者曰正精，偏生者曰偏精。苗煠作菜，根陰乾，九蒸九曬，忌鐵器，可充糧。含一枚嚥津不飢，蓋仙藥也。興國土人製而貨之，多襍蘿蔔。 戊己秉氣，太陽含精。充糧益臟，久服輕身。黄精悦性，茈薑健神品編食料，功載仙經。

圖表

明 朱橚《救荒本草》卷四

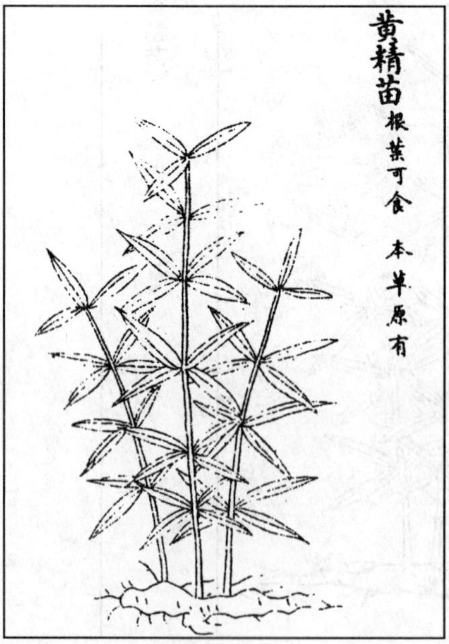

明 李時珍《本草綱目·圖卷》

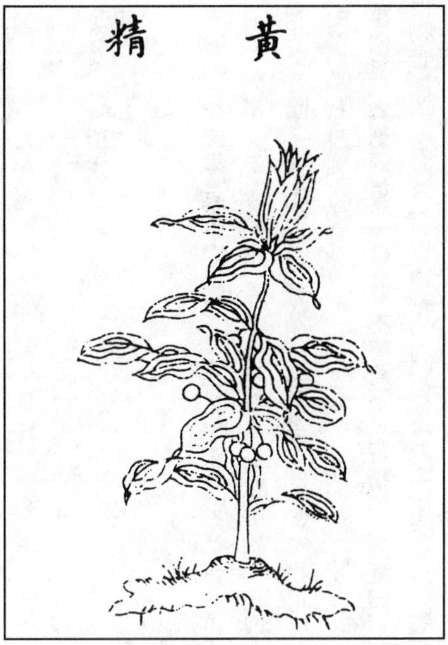

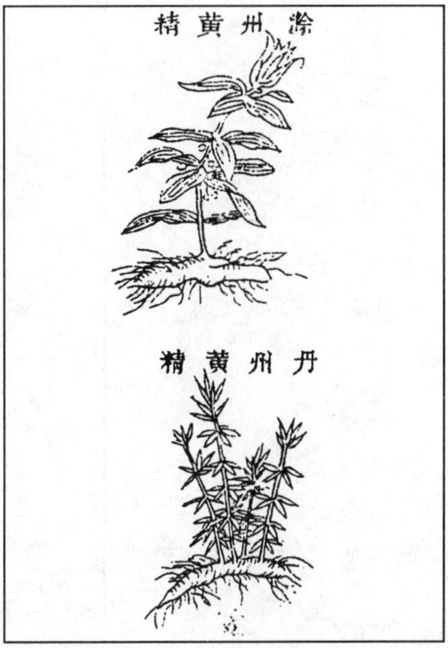

清 吳其濬《植物名實圖考》卷八《黃精》

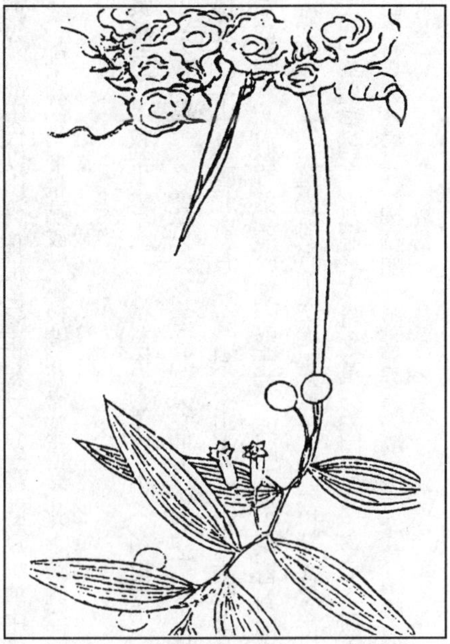

又《黃精苗》

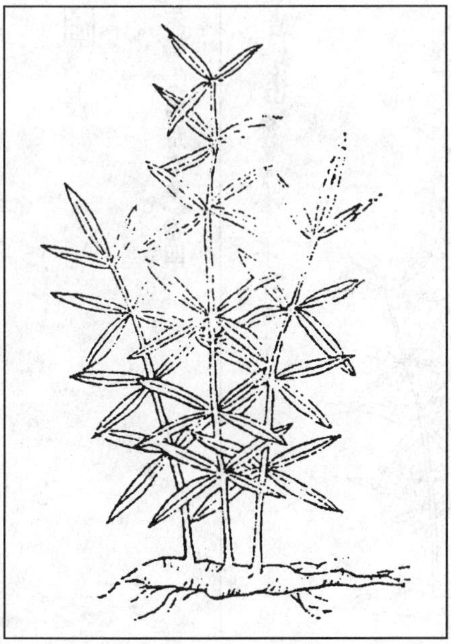

黃連

綜述

明　李時珍《本草綱目》卷一三　黃連《本經》上品　釋名：王連、《本經》支連。《藥性》　時珍曰：其根連珠而色黃，故名。集解：《别録》曰：黃連生巫陽川谷及蜀郡太山之陽，二月、八月採根。弘景曰：巫陽在建平。今西間者色淺而虚，不及東陽、新安諸縣最勝。臨海諸縣者不佳。用之當布裹挼去毛，令如連珠。保昇曰：苗似茶，叢生，一莖生三葉，高尺許，凌冬不凋，花黃色。江左者，節高若連珠。蜀都者，節下不連珠。今秦地及杭州、柳州者佳。頌曰：今江、湖、荆、夔州郡亦有，而以宣城九節堅重相擊有聲者爲勝，施、黔者次之，東陽、歙州、處州者又次之。苗高一尺以來，葉似甘菊，四月開花黃色，六月結實似芹子，色亦黃。江左者根若連珠，其苗經冬不凋，葉如小雉尾草，正月開花作細穗，淡白微黃色。六七月根緊，始堪採。恭曰：蜀道者粗大，味極濃苦，療渴爲最。江東者節如連珠，療痢大善。澧州者更勝。時珍曰：黃連，漢末李當之《本草》，惟取蜀郡黃肥而堅者爲善。唐時以澧州者爲勝。今雖吴、蜀皆有，惟以雅州、眉州者爲良。藥物之興廢不同如此。大抵有二種：一種根粗無毛有珠，如鷹鷄爪形而堅實，色深黑；一種無珠多毛而中虚，黃色稍淡。各有所宜。

明　盧之頤《本草乘雅半偈》卷三　（黃連）苗似茶叢，高尺許，一莖三葉，花黃色，凌冬不凋。有二種，一種根粗無毛，有連珠，形如鷹爪，質堅實，色深黃；一種無珠多毛，中虚，色淡黃。

清　高士奇《北墅抱甕録·黃連》　黃連高止尺許，其生作叢，一莖三葉。花實之色皆黃。江文通《黃連頌》云：黃連上草，丹砂之次。江南所産，不及蜀中爲良。然苦口之味，殆不可不備也。

清　王念孫《廣雅疏證》卷一〇　王連，黃連也。各本脱「黃連也」三字。《神農本草》云：黃連，一名王連。《御覽》引《廣雅》云：王連，黃連也。今據補。《齊民要術》引崔寔《四民月令》：五月五日，合止痢黃連圓。殆養生者所必用與？《藝文類聚》引江淹《黃連頌》云：黃連上草，丹沙之次。禦孽辟妖，長靈久視。其爲用重矣。《御覽》引《范子計然》云：黃連出蜀都，黃肥堅者善。《名醫别録》云：生巫陽川谷及蜀郡大山。《蜀本圖經》云：苗似茶，花黃叢生，一莖生三葉，高尺許，冬不凋。江左者節高若連珠，蜀都者節下不連珠。今秦地及杭州、柳州者佳。《藥性論》云：黃連，一名支連。

藝文

南朝梁　江淹《江文通集》卷三《黃連》　黃連上草，丹砂之次。禦孽辟妖，長靈久視。驂龍行天，馴鳳匝地。鴻飛以儀，順道則利。

明　吴寬《家藏集》卷一九《黃連》　花細山桂然，階下不堪嗅。野人斸其根，根長節應九。苦節不可貞，服食可資壽。其功利於病，有客嫌苦口。戒予勿種兹，味苦和難受。豈不見甘草，百藥無不有。

圖表

明　李時珍《本草綱目·圖卷》

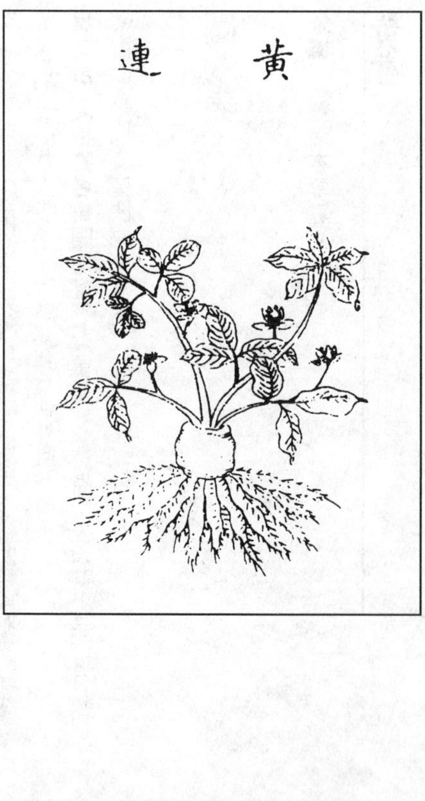

黄耆

綜述

宋 鄭樵《通志》卷七五 黄耆，有白水耆、赤水耆、木耆三種。其莖葉曰戴糝，曰戴椹，曰芰草，曰蜀脂，曰百本，曰王孫。

明 朱橚《救荒本草》卷一 黄耆，一名戴糝，一名戴椹，一名獨椹，一名芰草，一名蜀脂，一名百本，一名王孫。生蜀郡山谷及白水、漢中、河東、陝西，出綿上呼爲綿黄耆，今處處有之。根長二三尺，獨莖，叢生枝榦。其葉扶疎作羊齒狀，似槐葉微尖小，又似蒺藜葉闊大而青白色。開黄紫花，如槐花大。結小尖角，長寸許，味甘，性微温，無毒。一云：味苦，微寒。惡龜甲、白蘚皮。

明 李時珍《本草綱目》卷一二 黄耆《本經》上品 釋名：黄芪、《綱目》戴糝、《本經》戴椹。《别録》又名獨椹。芰草、《别録》又名蜀脂。百本、《别録》王孫。《藥性論》 時珍曰：耆，長也。黄耆色黄，爲補藥之長，故名。今俗通作黄芪。或作蓍者非矣，蓍乃蓍龜之蓍，音屍。王孫與牡蒙同名異物。 集解：《别録》曰：黄耆生蜀郡山谷、白水、漢中，二月、十月採，陰乾。弘景曰：第一出隴西洮陽，色黄白甜美，今亦難得。次用黑水宕昌者，色白肌理粗，新者亦甘而温補。又有蠶陵白水者，色理勝蜀中者而冷補。又有赤色者，可作膏貼。俗方多用，道家不須。恭曰：今出原州及華原者最良，蜀漢不復採用。宜州、寧州者亦佳。頌曰：今河東、陝西州郡多有之。根長二三尺以來。獨莖，或作叢生，枝榦去地二三寸。其葉扶疏作羊齒狀，又如蒺藜苗。七月中開黄紫花。其實作莢子，長寸許。八月中採根用。其皮折之如綿，謂之綿黄耆。然有數種，有白水耆、赤水耆、木耆，功用並同，而力不及白水者。木耆短而理横。今人多以苜蓿根假作黄耆，折皮亦似綿，頗能亂真。但苜蓿根堅而脆，黄耆至柔韌，皮微黄褐色，肉中白色，此爲異耳。承曰：黄耆本出綿上者爲良，故名綿黄耆，非謂其柔韌如綿也。今《圖經》所繪憲州者，地與綿上相鄰也。好古曰：綿上即山西沁州，白水在陝西同州。黄耆味甘，柔軟如綿，能令人肥；苜蓿根，味苦而堅脆，俗呼爲土黄耆，能令人瘦。用者宜審。嘉謨曰：綿上，沁州鄉名，今有巡檢司，白水、赤水二鄉，俱屬隴西。時珍曰：黄耆葉似槐葉而微尖小，又似蒺藜葉而微闊大，青白色。開黄紫花，大如槐花。結小尖角，長寸許。根長二三尺，以緊實如箭榦者爲良。嫩苗亦可煠淘茹食。其子收之，十月下種，如種菜法亦可。

清 吴其濬《植物名實圖考》卷七《黄耆》 黄耆，《本經》上品。有數種，山西、蒙古産者佳，滇産性瀉，不入用。

圖表

明 朱橚《救荒本草》卷一

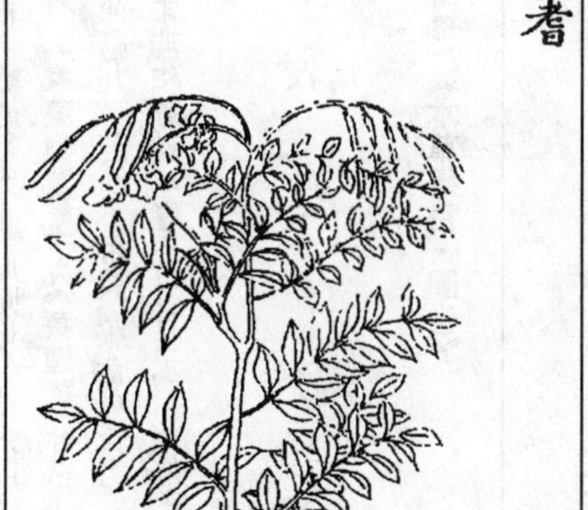

明 李時珍《本草綱目·圖卷》

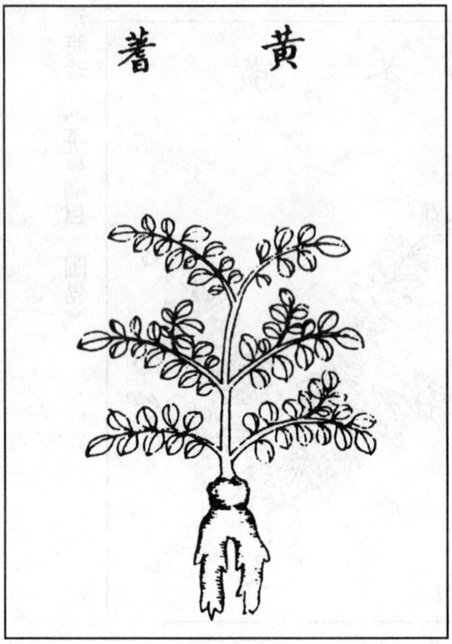

清 吴其濬《植物名實圖考》卷七《黄耆》

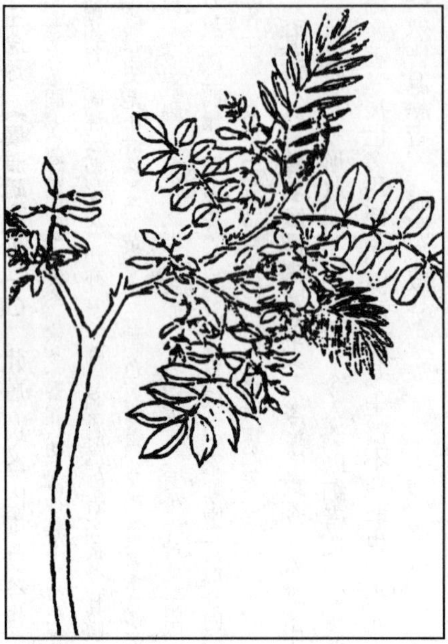

黄芩

綜述

漢 許慎《説文》卷一 芩，艸也。从艸，今聲。《詩》曰：食野之芩。巨今切。

宋 戴侗《六書故》卷二四 芩 芩，渠今切。《詩》云：呦呦鹿鳴，食野之芩。陸璣曰：莖如釵股，葉如竹，蔓生鹹澤，牛馬喜食之。《本草》：黄芩叢生，類紫草，亦有獨莖者，葉細長，兩兩相對。《説文》：芩，草也。荃，黄芩也。

明 李時珍《本草綱目》卷一三 黄芩《本經》中品 釋名：腐腸、《本經》空腸、《别録》内虚、《别録》妒婦、吴普經芩、《别録》黄文、《别録》印頭、吴普苦督郵、《記事》内實者名子芩、弘景條芩、《綱目》㹠尾芩、《唐本》鼠尾芩。弘景曰：圓者名子芩，破者名宿芩，其腹中皆爛，故名腐腸。時珍曰：芩，《説文》作荃，謂其色黄也。或云：芩者，黔也，黔乃黄黑之色也。宿芩乃舊根，多中空，外黄内黑，即今所謂片芩，故又有腐腸、妒婦諸名。妒婦心黯，故以比之。子芩乃新根，多内實，即今所謂條芩。或云西芩多中空而色黔，北芩多内實而深黄。集解：《别録》曰：黄芩生秭歸川谷及宛句，三月三日採根陰乾。弘景曰：秭歸屬建平郡。今第一出彭城，鬱州亦有之。惟深色堅實者好。俗方多用，道家不須。恭曰：今出宜州、鄜州、涇州者佳。兖州大實亦好，名㹠尾芩。頌曰：今川蜀、河東、陝西近郡皆有之。苗長尺餘，莖乾粗如箸，葉從地四面作叢生，類紫草，高一尺許，亦有獨莖者，葉細長青色，兩兩相對，六月開紫花，根如知母粗細，長四五寸，二月、八月採根暴乾。《吴普本草》云：二月生亦黄葉，兩兩四四相植。其莖空中，或方圓，高三四尺。四月花紫紅赤。五月實黑根黄。二月至九月採。與今所説有小異也。

明 盧之頤《本草乘雅半偈》卷五 〔黄芩〕出川蜀及河東、陝西，近道亦有。二月生苗，莖幹粗如筯子，中空外方。葉色黄赤，四四作叢而起。花色紫，實色黑，根色黄。一種獨莖者，其葉細長而青，兩兩相對，花、實、根色則一也。曰子芩，根圓；曰條芩，即小根之内實者；破者曰宿芩，曰片芩，即大根之内虚者。其腹皆爛，故有腐腸、妬婦諸名。

清 顧棟高《毛詩類釋》卷一四《芩》 《小雅》：呦呦鹿鳴，食野之芩。

疏：莖如釵股，葉如竹，蔓生澤中、下地鹹處，牛馬亦喜食之。

清　牟應震《毛詩物名考》卷六　芩，即今黄芩也。葉似地㹠而短小，色青黄，寸寸生葉。葉間生花，花色紫，根黄而苦，土人取其葉以當茶。

清　王念孫《廣雅疏證》卷一〇　⿱艹死葿，黄文，内虛，黄芩也。《説文》：菳，黄菳也。菳與芩同。《急就篇》云：黄芩、伏苓、礜、茈胡。《神農本草》云：黄芩，一名腐腸，生秭歸川谷。陶注云：彭城鬱州亦有之，圓者名子芩，破者名宿芩，其腹中皆爛，故名腐腸。《御覽》引《范子計然》云：黄芩出三輔，色黄者善。又引《吳普本草》云：一名黄文，一名妬婦，一名虹腸，一名經芩，一名印頭，一名内虛。二月生赤黄葉，兩兩四四相值。莖空中或方員，高三四尺。四月花紫紅赤，五月實黑根黄。案虹腸之虹與紅同，紅亦腐也。《名醫別録》作空腸。吳氏云：其莖空中，此内虛之名所由起矣。

清　吳其濬《植物名實圖考》卷七《黄芩》　黄芩，《本經》中品。《圖經》及《吳普本草》具載形狀，而大小微異。今入藥以細者良。雩婁農曰：黄芩，以秭歸產著。後世多用條芩，滇南多有，土醫不他取也。張元素謂黄芩之用有九，然皆濕熱者，一服清涼散耳。

圖表

明　李時珍《本草綱目・圖卷》

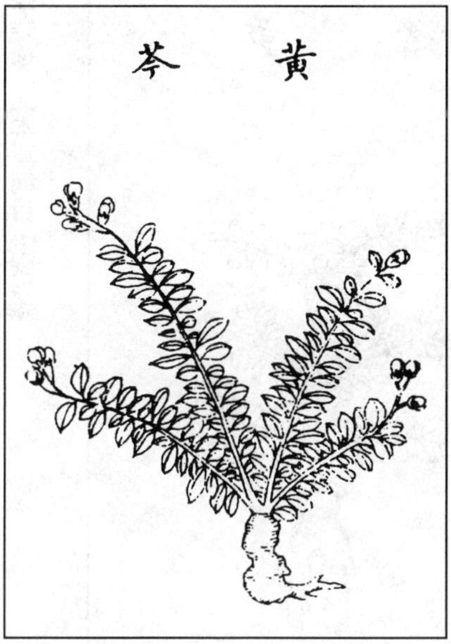

清　吳其濬《植物名實圖考》卷七《黄芩》

火炭母草

綜述

明　李時珍《本草綱目》卷一六　火炭母草宋《圖經》　集解：頌曰：生南恩州原野中。莖赤而柔，似細蓼。葉端尖，近梗形方。夏有白花。秋實如菽，青黑色，味甘可食。

圖表

明　李時珍《本草綱目·圖卷》

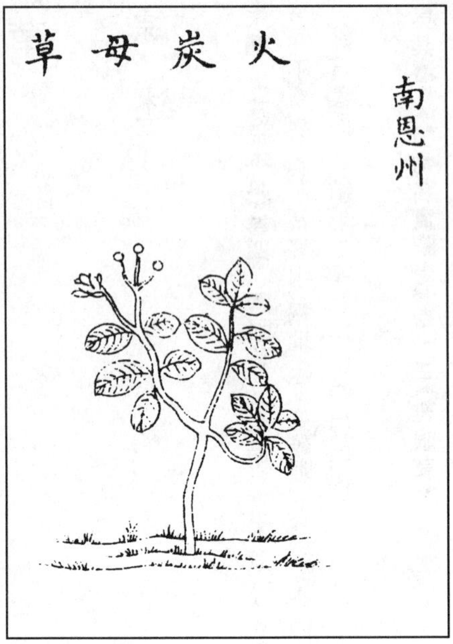

積雪草

綜述

明　李時珍《本草綱目》卷一四　積雪草《本經》中品　釋名：胡薄荷、《天寶方》地錢草、《唐本》連錢草、《藥圖》海蘇。弘景曰：積雪草方藥不用，想此草以寒涼得名耳。恭曰：此草葉圓如錢，荊楚人謂爲地錢草，徐儀《藥草圖》名連錢草，餘見下。

集解：《别録》曰：積雪草生荊州川谷。恭曰：此草葉圓大如錢，莖細而勁，蔓生溪澗側，生處亦稀。頌曰：今處處有之，八九月採苗葉，陰乾用。段成式《酉陽雜俎》云：地錢葉圓莖細，有蔓延地，一曰積雪草，一曰連錢草。謹按《天寶單行方》云：連錢草生咸陽下濕地，亦生臨淄郡、濟陽郡池澤中，甚香。俗間或云圓葉似薄荷，江東吴越丹陽郡極多，彼人常充生菜食之。河北柳城郡盡呼爲海蘇，好近水生，經冬不死，咸陽、洛陽亦有之。或名胡薄荷，所在皆有。單服療女子小腹疼。宗奭曰：積雪草南方多有，生陰濕地，不必荆楚。形如水荇而小，面亦光潔，微尖爲異。葉葉各生，今人謂之連錢草，蓋取象也。時珍曰：按蘇恭注薄荷云：一種蔓生，功用相似。蘇頌《圖經》云：胡薄荷與薄荷相類，但味少甘，生江浙間，彼人多以作茶飲，俗呼爲新羅薄荷，《天寶方》所用連錢草是也。據二説，則積雪草即胡薄荷，乃薄荷之蔓生者爾。又臞仙《庚辛玉册》云：地錢，陰草也。生荆、楚、江、淮、閩、浙間，多在宫院寺廟磚砌間，葉圓似錢，引蔓鋪地，香如細辛，不見開花也。

清　吴其濬《植物名實圖考》卷二五《積雪草》　積雪草，《本經》中品。《唐本草》注以爲即地錢草。今江西、湖南陰濕地極多，圓如五銖錢，引蔓鋪地，與《本草衍義》、《庚辛玉册》所述極肖。或謂以數枚煎水，清晨服之，能祛百病者。此蓋陽强氣壯，藉此清寒之品，以除浮熱，故有功效。虚寒者，恐不宜爾。又一種，相似而有鋸齒，名破銅錢，辛烈如胡荽，不可服。

圖表

明　李時珍《本草綱目·圖卷》

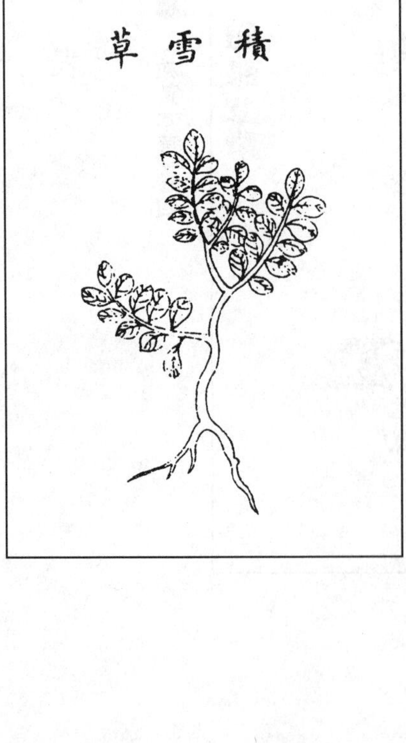

清 吴其濬《植物名實圖考》卷二五《積雪草》

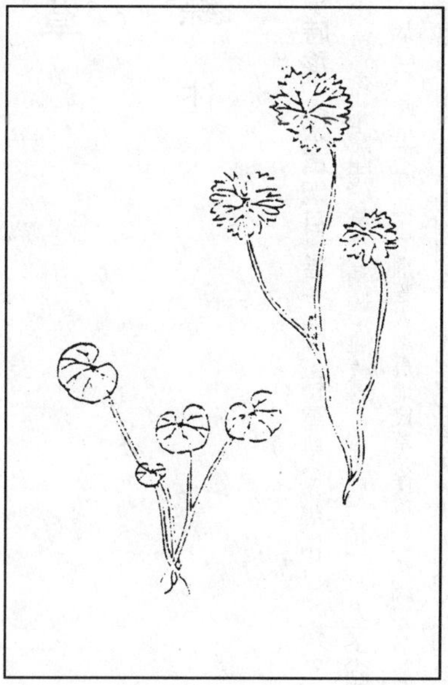

雞眼草

綜述

明 朱橚《救荒本草》卷四 雞眼草，又名掐音恰。不齊，以其葉用指甲掐之作劐音霍。不齊，故名。生荒野中，搨地生葉如雞眼，大似三葉酸漿葉而圓，又似小蟲兒臥草葉而大。結子小如粟粒，黑茶褐色，味微苦，氣味與槐相類，性溫。

清 吴其濬《植物名實圖考》卷一二《雞眼草》 《救荒本草》：雞眼草，又名掐不齊，以其葉用指甲掐之，作劐不齊，故名。生荒野中，搨地生。葉如雞眼大，似三葉酸漿葉而圓，又似小蟲兒臥單葉而大。結子小如粟粒，黑茶褐色。味微苦，氣與槐相類，性溫。採子擣取米，其米青色，先用冷水淘淨，卻以滚水泡三五次，去水下鍋，或煮粥，或作炊飯食之，或磨麪作餅食亦可。按江西田野中有之，土人呼爲公母草。其葉皆斜紋，掐之輒復相勾連。或云中暑，搗取汁，涼水飲之即愈。

圖表

明 朱橚《救荒本草》卷四

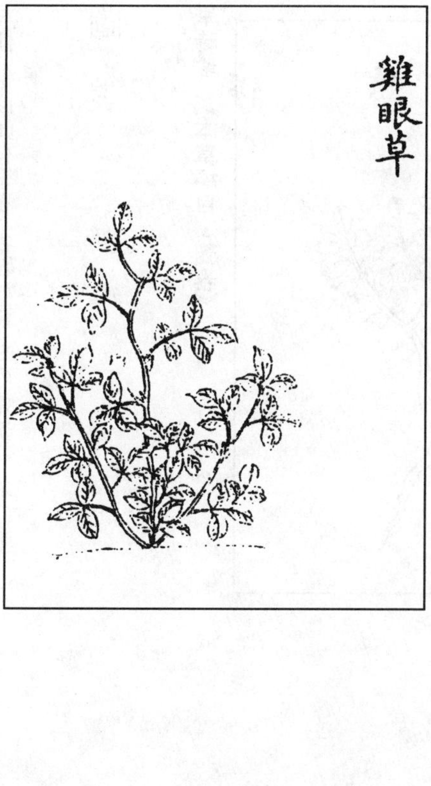

清 吴其濬《植物名實圖考》卷一二《雞眼草》

及己

綜述

明　李時珍《本草綱目》卷一三　及己《别録》下品　釋名：獐耳細辛。時珍曰：及己名義未詳。二月生苗，先開白花，後方生葉三片，狀如獐耳，根如細辛，故名獐耳細辛。集解：恭曰：及己生山谷陰虚軟地。其草一莖，莖頭四葉，隙着白花。根似細辛而黑，有毒。今人以當杜衡，非也。二月採根，日乾。

明　陳懋仁《庶物異名疏》卷二一《及己》　及己，蘇恭云：生山谷陰虚軟地。其草一莖，莖頭四葉，隙著白花，根似細辛而黑，有毒。今人以當杜衡，非。

圖表

明　李時珍《本草綱目·圖卷》

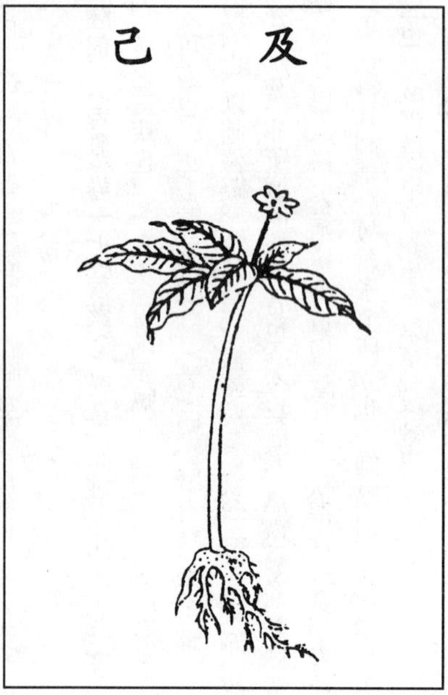

吉利草

綜述

晉　嵇含《南方草木狀》卷上　吉利草，其莖如金釵股，形類石斛，根類芎藭。交廣俚俗多蓄蠱毒，惟此草解之，極驗。吴黄武中，江夏李俁以罪徙合浦，始入境，遇毒。其奴吉利者，偶得是草，與俁服，遂解。吉利即遁去，不知所之。俁因此濟人，不知其數，遂以吉利爲名。豈李俁者徒非其罪，或俁自有隱德，神明啓吉利者救之耶？

明　李時珍《本草綱目》卷一三　吉利草《綱目》　集解：時珍曰：按嵇含《南方草木狀》云：此草生交廣，莖如金釵股，形類石斛，根類芎藭。吴黄武中，江夏李俁徙合浦遇毒，其奴吉利偶得此草與服，遂解，而吉利即遁去。俁以此濟人，不知其數也。又高涼郡産良耀草，枝葉如麻黄，花白似牛李，秋結子如小粟，煨食解毒，功亞於吉利草。始因梁耀得之，因以爲名，轉梁爲良耳。

蒺藜

綜述

《爾雅·釋草》　茨，蒺藜。注：布地蔓生，細葉，子有三角，刺人，見《詩》。音義：茨，徂咨反，或作薋同。蒺，音疾。藜，音梨。案《本草》：蒺蔾，一名旁通，一名屈人，一名止行，一名豺羽，一名升推，一名即梨，一名茨多。生道上，布地，子及葉竝有刺，狀如雞蔆。刺，七亦反。見，賢遍反。後放此。疏：茨，一名蒺藜。郭云『布地蔓生，細葉，子有三角，刺人，見《詩》』者，案《詩·小雅》云『楚楚者茨』是也。

漢　許慎《説文》卷一　藜，艸也。从艸，黎聲。郎奚切。【略】　薺

薺，蒺梨也。從艸，齊聲。《詩》曰：牆有薺。疾咨切，又徂礼切。【略】 葺

葺，茨也。从艸，咠聲。七入切。

宋 陸佃《埤雅》卷一七《蒺蔾》 蒺藜，布地蔓生，子有三角，刺人，狀如蔆而小。蒺之言疾也。一名茨，可以茨牆，故謂之茨。《牆有茨》序曰：國人疾之而不可道也。正言蒺藜以此。《詩》曰：牆有茨，不可埽也。言欲埽去之，反傷牆也，以刺穢礙。《易》曰：據於蒺藜。六三以柔乘剛，故曰『據於蒺藜』。據於蒺藜，非所據而據焉者也。今兵家乃鑄鐵爲之，以梗敵路，亦呼蒺藜。《韓詩外傳》以爲，春殖桃李，夏得陰其下，秋得食其實；春殖蒺藜，夏不得採其葉，秋得其刺焉。故君子慎所立也。師曠曰：歲欲苦，苦草先生。苦草，亭藶也。歲欲旱，旱草先生。旱草，蒺藜也。

宋 羅願《爾雅翼》卷七《茨》 茨，蒺藜也。布地蔓生，細葉，子有三角，狀如菱而小，刺人，生道上。長安最饒，人行多著木屐。故《易》以『據於蒺藜』，言所恃傷也。

元 梁益《詩傳旁通》卷九 茨，蒺藜。邢昺《爾雅疏》曰：茨，一曰蒺藜。郭璞《爾雅注》曰：蒺藜，布地蔓生，細葉，子有三角，刺人。陸農師曰：狀如菱而小，可以茨牆，故謂之茨。今兵家乃鑄鐵爲之，以梗敵路，謂之渠答。《漢書・晁錯傳》：布渠答。蘇林曰：渠答，鐵茨藜也。渠答，見兵書《尉繚子》。

明 朱橚《救荒本草》卷四 蒺藜子，《本草》：一名旁通，一名屈人，一名止行，一名豺音柴。羽，一名升推，一名即藜，一名茨。生馮翊平澤或道傍，今處處有之。布地蔓生。細葉，開小黄花，結子有三角刺人，是也。性苦辛，性温，微寒，無毒。烏頭爲之使。又有一種白蒺藜，出同州沙苑，開黄紫花，作莢子，結子狀如腰子樣，小如黍粒。補腎藥多用，味甘，有小毒。

明 李時珍《本草綱目》卷一六 蒺藜《本經》上品 釋名：茨、《爾雅》旁通、《本經》屈人、《本經》止行、《本經》豺羽、《本經》升推。弘景曰：多生道上及牆上，葉布地，子有刺，狀如菱而小。長安最饒，人行多着木履。今軍家乃鑄鐵作之，以布敵路，名鐵蒺藜。《易》云「據於蒺藜」，言其兇傷。《詩》云「墻有茨，不可掃也」，以刺梗穢。方用甚稀。時珍曰：蒺，疾也；藜，利也；茨，刺也。其刺傷人，甚疾而利也。屈人、止行，皆因其傷人也。集解：《别録》曰：蒺藜子生馮翊平澤或道旁，七月、八月採實，暴乾。頌曰：冬月亦採之，黄白色。郭璞注《爾雅》云：『布地蔓生，細葉，子有三角，刺人』是也。又一種白蒺藜，今生同州沙苑，牧馬草地最多，而近道亦有之。緑葉細蔓，綿布沙上。七月開花黄紫色，如豌豆花而小。九月結實作莢，子便可採。其實味甘而微腥，褐緑色，與蠶種子相類而差大。又與馬薸子酷相類，但馬薸子微大，不堪入藥，須細辨之。宗奭曰：蒺藜有二等：一等杜蒺藜，即今之道旁布地而生者。開小黄花，結芒刺。一種白蒺藜，出同州沙苑牧馬處。子如羊内腎，大如黍粒，補腎藥，今人多用。風家惟用刺蒺藜也。時珍曰：蒺藜葉如初生皂莢葉，整齊可愛。刺蒺藜狀如赤根菜子及細菱，三角四刺，實有仁。其白蒺藜結莢長寸許，内子大如脂麻，狀如羊腎而帶緑色，今人謂之沙苑蒺藜。以此分别。

明 吴雨《毛詩鳥獸草木考》卷一二《茨》 茨，蒺藜也，一名旁通，一名止行，一名豺羽，一名屈人。布地蔓生，細葉，花黄色而小。子有三角芒刺，狀如蔆而小。長安最饒多，生道傍或生墻上，人行多著木屐。可以茨墻，故謂之茨。今兵家乃鑄銕爲之，以梗敵路，亦呼蒺藜。一名旱草。師曠曰：歲欲苦，苦草先生。苦草，葶藶也。歲欲旱，旱草先生。旱草，蒺藜也。鄭康成謂趨以採薺，當爲楚齊之薺，慮後世誤也。《説文》曰：薺，蒺蔾也。而茨則以茅葺屋覆之名，然則當康成世字猶爲薺，其爲茨者，後人誤也。

清 顧棟高《毛詩類釋》卷一四《茨》 《小雅》：楚楚者茨。又《鄘風》：墻有茨。《爾雅》：茨，蒺藜。郭璞注：布地蔓生，細葉，子有三角，刺人。鄭樵曰：蒺藜，曰屈人，曰止行，曰茨。《爾雅》謂：茨，蒺藜。《詩》所謂『墻有茨』是也。其實有芒刺，行軍之家，以鐵象之，而布地焉。

清 張逸少《佩文齋廣羣芳譜》卷九六《藥譜・蒺藜》 蒺藜，一名茨，一名升推，一名旁通，一名休羽，一名屈人，一名止行。多生道旁及墻頭。葉四布，莖淡紅色，旁出，細莖。一莖五七葉，排兩旁如初生小皂莢葉，圓整可愛。開小黄花，結實每一朶蒺藜五六枚，團砌如扣。每一蒺藜子如赤根菜子及小菱，三角四刺，子有仁，味苦無毒。

又《沙苑蒺藜》 沙苑蒺藜，按：《本草》謂之白蒺藜。出陝西同州沙苑牧馬草地，近道亦有之。細蔓緑葉，綿布沙上。七月開花黄紫色，如豌豆花而小。九月結莢，長寸許，形扁，縫在腹背，與他莢異。中有子似羊内腎，大如黍粒，褐緑色。味甘温無毒，微腥，補腎。

清　徐鼎《毛詩名物圖説》卷五　《爾雅》：茨，蒺藜。郭璞注：布地蔓生，細葉，子有三角，刺人。《韓詩外傳》：春植蒺藜，夏不得採其葉，秋得其刺焉。陶隱居曰：多生道上，葉布地，子有刺如菱而小。長安最饒，人行多着木履。今軍家鑄鐵作之，以布敵路，名鐵蒺藜。《易》云「據於蒺藜」，言其兇傷。《詩》「墻有茨，不可埽」，以刺梗穢也。寇宗奭《衍義》：蒺藜有二種。一種杜蒺藜，即今道旁布地而生，或生墻上，開小黄花，結芒刺。一種白蒺藜，出同州沙苑牧馬處，黄紫色，作莢，結子如羊内腎，大如黍粒。愚按：茨生於墻，不可埽者，恐壞墻也。又《博雅》云：茨，積也，聚也。《詩》『曾孫之稼，如茨如梁』，訓積聚也。

圖表

晉　郭璞《爾雅音圖・釋草》

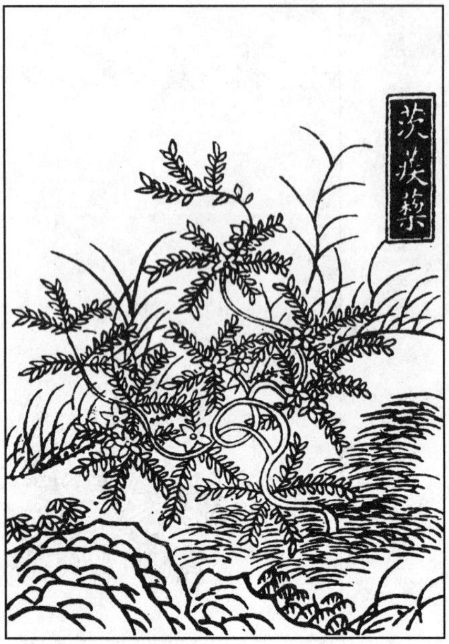

明　朱橚《救荒本草》卷四

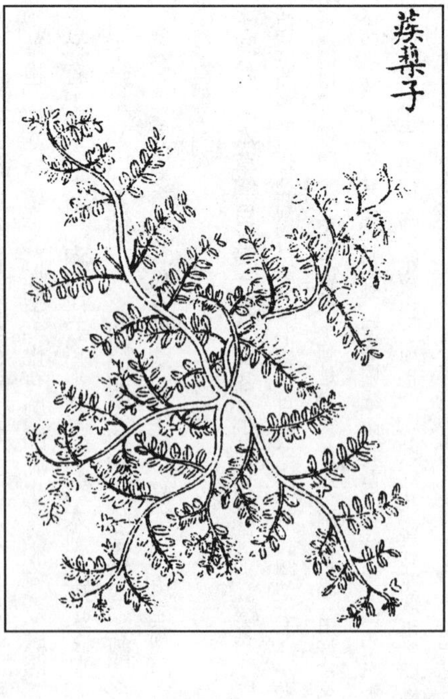

明　李時珍《本草綱目・圖卷》

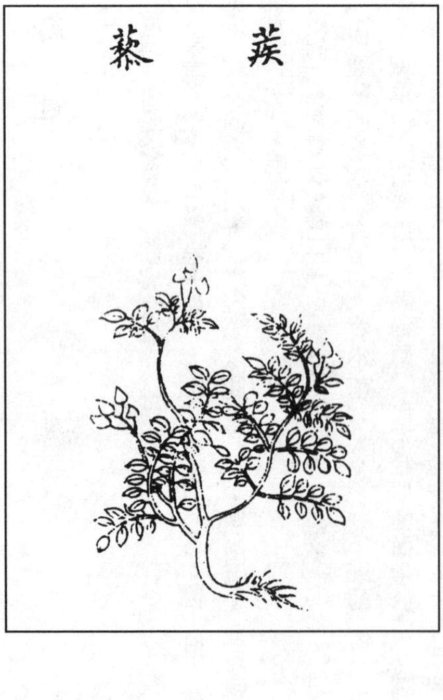

清 徐鼎《毛詩名物圖說》卷五

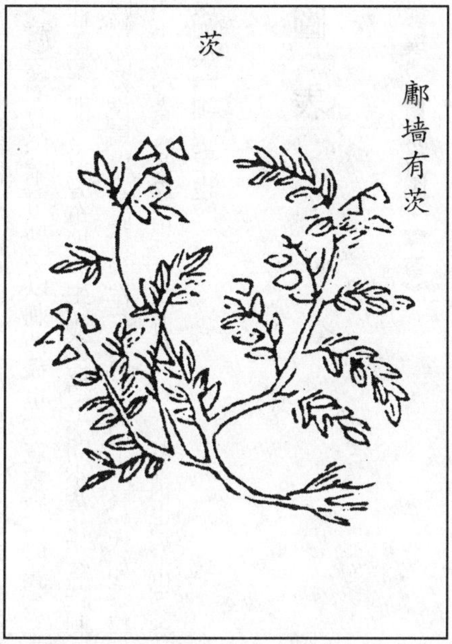

薊

綜述

漢 許慎《說文》卷一 薊，芙也。从艸，魝聲。

宋 寇宗奭《本草衍義》卷一〇 大小薊，皆相似，花如髻。但大薊高三二尺，葉皺；小薊高一尺許，葉不皺，以此爲異。小薊，山野人取爲蔬，甚適用。雖有微芒，亦不能害人。

宋 戴侗《六書故》卷二一 薊[illegible]，吉詣切。薊多朿，華跗與葉，皆森然，狀似紅藍而華紫。有大薊，有小薊。大薊，一名虎薊，俗名牛溺朿，北人呼千鍼草。小薊無朿，一名猫薊。白术雅似薊而生於山，故謂山薊。《爾雅》：芙薊，其實荂。术，山薊。楊，枹薊。釋曰：楊枹薊生平地，肥大於他薊，又謂馬薊。

明 楊慎《丹鉛總録》卷四《薊字解》 薊，草名，《復古篇》云：芙也。《字林》：葪，葦也。似芹。《説文》無薊字，止有葪，即薊也。《韻會》、《廣韻》亦無之。按，《本草》有小薊，有大薊。陶隱居云：小薊是猫薊，大薊似虎葉多刺，俗名青刺薊，又曰千針草，又曰老虎刺。地名薊門，即今薊州。陳藏器云：薊門多薊，故以名地。葉皺，芒有似罽布，故字從之作葪，隸作薊。蓋從罽，魚之罽而省也。又姓，《後漢書》有薊子訓。

明 李時珍《本草綱目》卷一五 大薊、小薊《別録》中品 釋名：虎薊、弘景馬薊、范汪猫薊、弘景刺薊、《日華》山牛蒡、《日華》鷄項草、《圖經》千針草、《圖經》野紅花。《綱目》弘景曰：大薊是虎薊，小薊是猫薊，葉並多刺，相似。田野甚多，方藥少用。時珍曰：薊猶髻也，其花如髻也。曰虎、曰猫，因其苗狀狰獰也。曰馬者，大也。牛蒡，因其根似牛蒡根也。鷄項，因其莖似鷄之項也。千針、紅花，皆其花狀也。鄭樵《通志》謂《爾雅》之蘩曰狗毒者即此，未知是否？藏器曰：薊門以多薊得名，當以北方者爲勝也。集解：《別録》曰：大小薊，五月採。恭曰：大小薊葉雖相似，功力有殊。大薊生山

谷，根療癰腫；小薊生平澤，不能消腫，而俱能破血。頌曰：小薊處處有之，俗名青刺薊。二月生苗，二三寸時，並根作菜，茹食甚美。四月高尺餘，多刺，心中出花，頭如紅藍花而青紫色，北人呼爲千針草。四月採苗，九月採根，並陰乾用。大薊苗根與此相似，但肥大爾。宗奭曰：大小薊皆相似，花如髻。但大薊高三四尺，葉皺；小薊高一尺許，葉不皺，以此爲異。作菜雖有微芒，不害人。

明　李中立《本草原始》卷二　大薊、小薊，處處有之，俗名青刺薊。二月生苗，二三寸時併根作菜茹，食甚美。四月高尺餘，多刺，心中出花頭如紅藍花而青紫色。北人呼爲千針草。四月採苗，九月採根，並陰乾用。大薊與此相似，但肥大爾。《本草綱目》曰：薊，猶髻也。其花如髻也。

明　盧之頤《本草乘雅半偈》卷九　【略】〔大薊〕生山谷，即虎薊也。二月生苗，高二三尺，葉皺，中心出花，其花如髻。〔小薊〕生平澤，處處有之，即猫薊也，俗名青刺薊。二月生苗，僅一二寸，作菜甚美。四月發高尺餘而多刺，中心出花如髻，亦如紅蘭花，色青紫。與大薊根苗相似，但不若大薊之肥大耳。

清　吴其濬《植物名實圖考》卷一一《大薊》　大薊，《別録》中品。性與小薊同，葉大多皺。《救荒本草》：葉可煠食，根有毒。醫書相承，多以續斷爲即大薊根。今江西、南贛産者根較肥，土醫呼爲土人參，或以欺人，其即鄭樵所云南續斷耶？雩婁農曰：薊以氏州，其山原皆薊也，刺森森，踐之則迷陽，觸之則蜂蠆。顧其嫩葉汋食之，甚美，老則揉爲茸以引火，夜行之車繩之，星星列於途也。性去濕，宜血劑。滇南生者，高出人上。瘵瘠者餌根比參耆焉。貌狰獰而質和淑，下堂執手，射雉始笑，不聆其言，覩其技，惡乎知之？

又《小薊》　小薊，《別録》中品。《救荒本草》謂之刺薊菜，北人謂之千鍼草，與紅藍花相類而青紫色，葉爲茹甚美。

圖表

明　李時珍《本草綱目·圖卷》

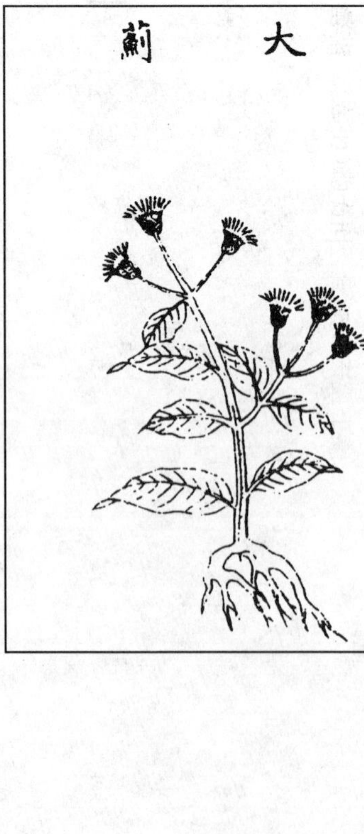

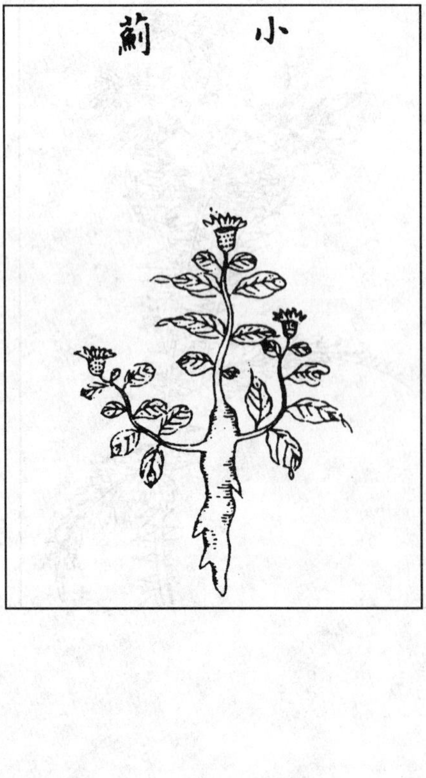

清 吴其濬《植物名實圖考》卷一一《大薊》

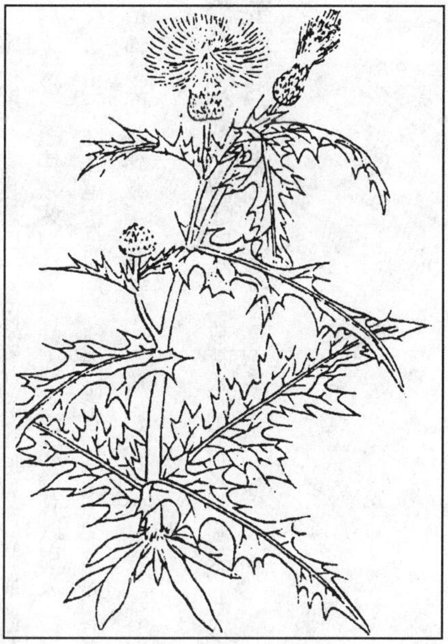

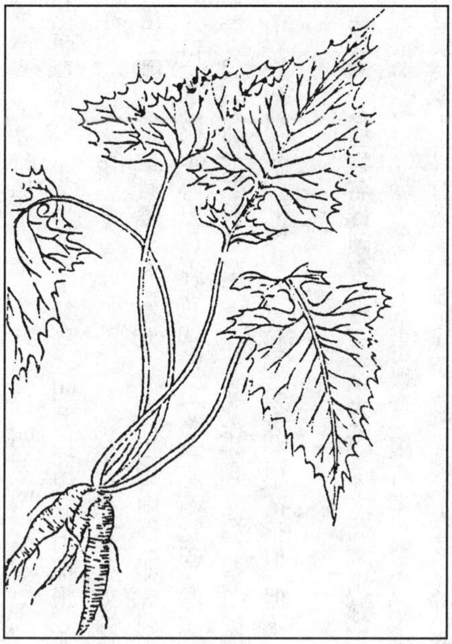

又《小薊》

剪草

綜述

宋 鄭樵《通志》卷七五 剪草之根曰白藥。

明 李時珍《本草綱目》卷一八 剪草《日華》 集解：藏器曰：剪草生山澤間，葉如茗而細，江東用之。頌曰：生潤州。二月、三月採，曝乾用。時珍曰：按許叔微《本事方》言：剪草狀如茜草，又如細辛。婺、臺二州皆有之，惟婺州者可用。其説殊詳，今遍詢訪無識者。或云即茜草也，未有的據。

見腫消

綜述

明　李時珍《本草綱目》卷一六　見腫消宋《圖經》　集解：頌曰：生筠州。春生苗葉，莖紫色，高一二尺，葉似桑而光，面青紫赤色，採無時。

圖表

明　李時珍《本草綱目·圖卷》

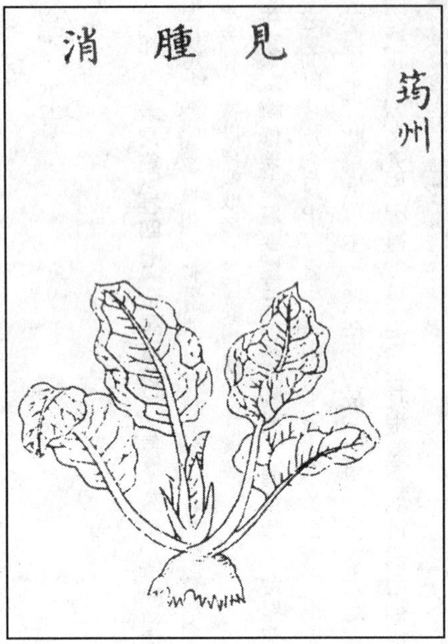

金線葫蘆

綜述

清　吴其濬《植物名實圖考》卷二三《金線壺盧》　金線弔壺盧，生滇南山中，蔓生細莖，葉似何首烏而瘦，根相連綴。大者如拳，小者如雀卵。皮黄肉白，以煮雞肉，味甘而清，美於山藊。滇中秋時粥於市，不知者或以爲芋。俗云性能滋補，故嗜之。

圖表

清　吴其濬《植物名實圖考》卷二三《金線壺盧》

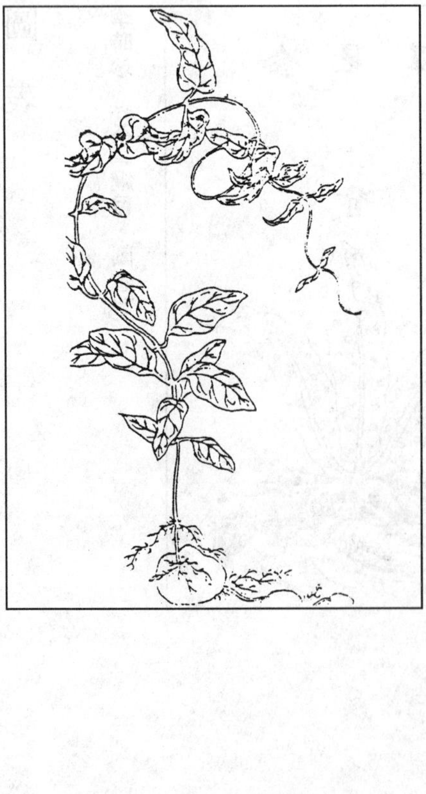

金星草

綜述

宋 宋祁《景文集》卷四七《金星草贊》 長葉叢生，皆點星布。高醫近識，傅疽可愈。生峨眉青城山，葉似萱草。其葉皆有點，雙行相偶，黄澤類金星，人號金星草，亦云金釧草，皆以肖似取之。今醫家用傅疽創甚良。

明 牛衷《增修埤雅廣要》卷三〇《卉物門·異植類·金星草》 西南州郡多有之，而以戎州者爲上。喜生陰中石上淨處，及竹箐中不見日處，或大木下，或古屋上。此草惟單生一葉，色青，長一二尺。至冬大寒，葉背生黄星點子，兩行相對，如金色，因得金星之名。其根盤屈如竹根而細，折之有筋如猪馬騣。凌冬不凋，無花實。

明 李時珍《本草綱目》卷二〇 金星草宋《嘉祐》 釋名：金釧草、《圖經》鳳尾草、《綱目》七星草。時珍曰：即石韋之有金星者。《圖經》重出七星草，並入。集解：禹錫曰：金星草，西南州郡多有之，以戎州者爲上。喜生背陰石上淨處，及竹箐中少日色處，或生大木下，及背陰古瓦屋上。初出深緑色，葉長一二尺，至深冬背生黄星點子，兩兩相對，色如金，因得金星之名。無花實，凌冬不雕。其根盤屈如竹根而細，折之有筋，如猪馬鬃。五月和根採之，風乾用。頌曰：七星草生江州山谷石上。葉如柳而長，作蔓延，長二三尺。其葉堅硬，背上有黄點如七星。採無時。

明 慎懋官《華夷花木鳥獸珍玩考》卷五《金星草》 金星草，生關陝、川蜀及潭婺諸州皆有之。背上生黄星黑子，兩兩相對，色如金，因以爲名。金星洞在介亭下，以洞中生金星草，故得此名。東坡有《銘》。

圖表

明 李時珍《本草綱目·圖卷》

金盞草

綜述

明 李時珍《本草綱目》卷一六 金盞草《救荒》 校正：並入宋《圖經》杏葉草。 釋名：杏葉草、《圖經》長春花。時珍曰：金盞，其花形也。長春，言耐久也。集解：頌曰：杏葉草，一名金盞草，生常州。蔓生籬下，葉葉相對。秋後有子如鷄頭實，其中變生一小蟲，脱而能行。中夏採花。周定王曰：金盞兒花，苗高四五寸。葉似初生萵苣葉，厚而狹，抱莖而生。莖柔脆。莖頭開花，大如指頭，金黄色，狀如盞子，四時不絶。其葉味酸，煠熟水浸過，油鹽拌食。時珍曰：夏月結實，在萼內，宛如尺蠖蟲數枚蟠屈

之狀，故蘇氏言其化蟲，實非蟲也。

清 嵇璜《續通志》卷一七四 金盞草，一名杏葉草，一名長春花。蘇頌曰：金盞草，秋後有子如雞頭實，其中變生一小蟲，脱而能行。李時珍曰：夏月結實，在萼內，宛如尺蠖蟲數枚蟠屈之狀，故蘇氏言其化蟲，實非蟲也。

清 吴其濬《植物名實圖考》卷二〇《杏葉草》《圖經》：杏葉草生常州。【略】一名金盞草，蔓生籬下，葉葉相對，秋後有子如雞頭實，其中變生一小蟲，子脱而能行。中夏採花用。按圖，非近時金盞花。

圖表

明 李時珍《本草綱目・圖卷》

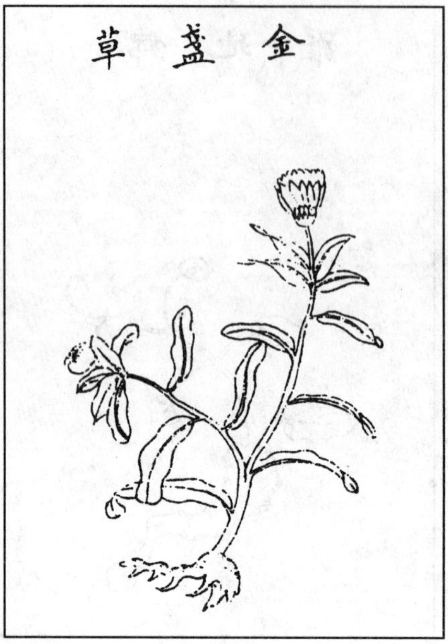

清 吴其濬《植物名實圖考》卷二〇《杏葉草》

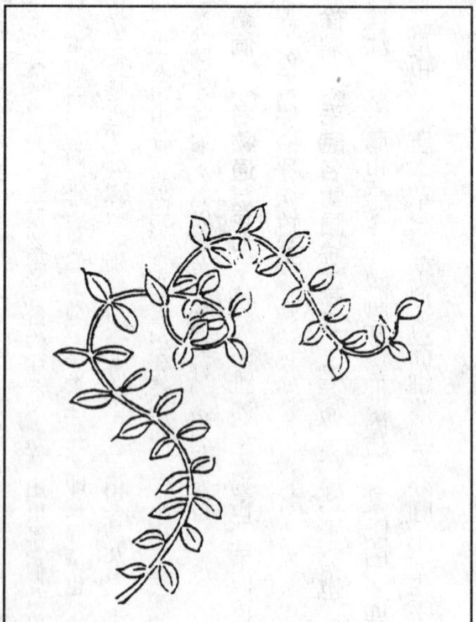

錦地羅

綜述

明 李時珍《本草綱目》卷一三 錦地羅《綱目》 集解：時珍曰：錦地羅出廣西慶遠山岩間，鎮安、歸順、柳州皆有之。根似萆薢及栝樓根狀。彼人頗重之，以充方物。

清 嵇璜《續通志》卷一七四 錦地羅，李時珍云：根似萆薢及栝樓根。

圖表

明　李時珍《本草綱目·圖卷》

錦地羅

藎草

綜述

《爾雅·釋草》　菉，王芻。注：菉，蓐也。今呼鴟脚莎。音義：菉，力辱反。芻，楚俱反，本又作蒭。蓐，音辱。鴟，尺之反。莎，素和反。疏：舍人云：菉，一名王芻。某氏云：菉，鹿蓐也。郭云：蓐也。今呼鴟脚莎。《詩·衛風》云『瞻彼淇澳，菉竹猗猗』是也。

漢　許慎《說文》卷一　藎，艸也。从艸，盡聲。【略】菉，王芻也。从艸，录聲。《詩》曰：菉竹猗猗。

三國吴　陸璣《毛詩草木鳥獸蟲魚疏》卷上《菉竹猗猗》　有草似竹，高五六尺，淇水側人謂之菉竹也。緑竹，一草名。其莖葉似竹，青緑色，高數尺。今淇澳傍生此，人謂此爲緑竹。

宋　吴仁傑《離騷草木疏》卷四《菉》　菉，王逸注：菉，王芻也。《爾雅》：菉，一名王芻。郭璞云：菉，蓐也。今呼鴟脚莎。《詩》：瞻彼淇澳，菉竹猗猗。仁傑按：《本草》以爲藎草，云葉似竹而細，葉薄，莖亦圓小，俗名菉蓐草。

宋　戴侗《六書故》卷二四　藎　藎，夕晉切。《本草》：藎草葉似竹而細薄，莖圜小，生平澤溪澗之側。荆襄人煮以染黄，俗名菉蓐。《爾雅》所謂『菉，王芻』者也。郭氏曰：今呼鴟脚莎。《詩》云：王之藎臣。毛氏曰：進也。

明　屠本畯《離騷草木疏補》卷四《菉》　菉，王芻也，一名藎草。葉似竹而細薄，莖亦圓小，俗呼鴟脚莎，即菉蓐草也。

明　李時珍《本草綱目》卷一六　藎草　音燼。《本經》下品　釋名：黄草、吴普緑竹、《唐本》緑蓐、《唐本》戾草、《綱目》盭草、音戾王芻、《爾雅》鴟脚莎。時珍曰：此草緑色，可染黄，故曰黄、曰緑也。戾、盭，乃北人呼緑字音轉也。古者貢草入染人，故謂之王芻，而進忠者謂之藎臣也。《詩》云：終朝採緑，不盈一掬。許慎《說文》云：戾草可以染黄。《漢書》云：諸侯盭綬。晉灼注云：盭草出琅琊，似艾可染，因以名綬。皆謂此草也。禹錫曰：《爾雅》：菉，王芻。孫炎注云：即菉蓐草也。今呼爲鴟脚莎。《詩》云『菉竹猗猗』是也。集解：《別録》曰：藎草生青衣川谷，九月、十月採，可以染作金色。普曰：生太山山谷。恭曰：青衣縣名，在益州西。今處處平澤溪澗側皆有。葉似竹而細薄，莖亦圓小。荆襄人煮以染黄，色極鮮好。俗名菉蓐草。

明　劉侗《名物通》卷七　菉，《爾雅》：王芻也，葉似竹而細薄，莖亦圓小。《本草》名藎，俗呼淡竹葉。

清　徐鼎《毛詩名物圖説》卷五　毛《傳》：緑，王芻也。《爾雅》：菉，王芻。郭璞注：菉，蓐也。今呼鴟脚莎。邢昺疏：某氏曰：鹿蓐也，《衛風》『菉竹猗猗』是也。《唐本草》：葉似竹而細薄，莖亦圓小，生平澤溪澗之側，一名藎草。

圖表

晉 郭璞《爾雅音圖·釋草》

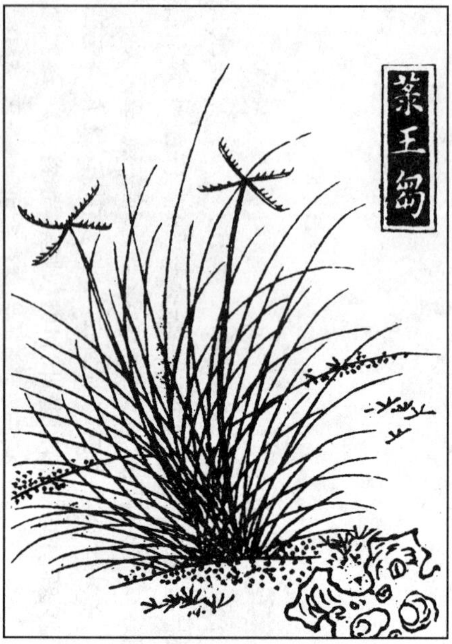

明 李時珍《本草綱目·圖卷》

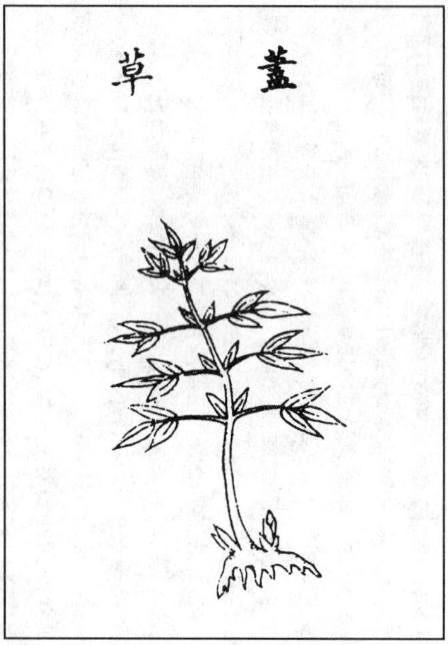

清 徐鼎《毛詩名物圖說》卷五

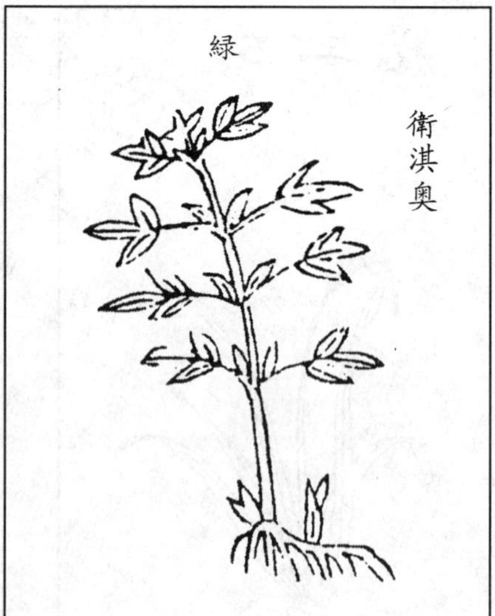

荊三棱

綜述

明 李時珍《本草綱目》卷一四 荊三棱宋《開寶》 校正：並入《開寶》草三棱。釋名：京三棱、《開寶》草三棱、《開寶》鷄爪三棱、《開寶》黑三棱、《圖經》石三棱。頌曰：三棱，葉有三棱也。生荊楚地，故名荊三棱以著其地，《開寶本草》作京者誤矣。又出草三棱條，云即鷄爪三棱，生蜀地，二月、八月採之。其實一類，隨形命名爾，故並見之。集解：藏器曰：三棱總有三四種。京三棱，黄色體重，狀若鯽魚而小。又有黑三棱，狀如烏梅而稍大，體輕有鬚，相連蔓延，作漆色，蜀人以織爲器，一名琴者是也。療體並同。頌曰：京三棱舊不著所出地土，今荊襄、江淮、濟南、河陝間皆有之。多生淺水旁及陂澤中。春生苗，高三四尺。葉似莎草，極長，又似茭蒲葉而有三棱。五六月抽莖，高四五尺，大如人指，有三棱如削成。莖端開花，大體皆如莎草而大，

黄紫色。苗下即魁，初生成塊如附子大，或有扁者。其旁有根横貫，一根則連數魁，魁上亦出苗。其魁皆扁長，如小鯽魚，體重者，三棱也。其根末將盡一魁，未發苗，小圓如烏梅者，黑三棱也。又根之端鈎曲如爪者，鷄爪三棱也。皆皮黑肌白而至輕。或云：不出苗只生細根者，謂之鷄爪三棱。又不生細根者，謂之黑三棱，大小不常，其色黑，去皮即白。三者本一種，但力有剛柔，各適其用。因其形爲名，如烏頭、烏喙、云母、云華之類，本非兩物也。今人乃妄以梟莍、香附子爲之。又河中府有石三棱，根黄白色，形如釵股，葉緑如蒲，苗高及尺，葉上亦有三棱，四月開花，白色如蓼葓花，五月採根，亦消積氣。今舉世所用三棱，皆淮南紅蒲根也，泰州尤多。其體至堅重，刻削魚形，葉扁莖圓，不復有三棱，不知何緣命名爲三棱也？雖太醫亦不以爲謬。流習既久，用根者不識其苗，採藥者莫究其用，因緣差失，不復辨别。今三棱皆獨旁引二根，無直下根，其形大體多如鯽魚。時珍曰：三棱多生荒廢陂池濕地。春時叢生，夏秋抽高莖，莖端復生數葉，開花六七枝，花皆細碎成穗，黄紫色，中有細子。其葉莖花實俱有三棱，並與香附苗葉花實一樣，但長大爾。其莖光滑三棱，如棕之葉莖。莖中有白穰，剖之織物，柔韌如藤。吕忱《字林》云：葧草生水中，根可緣器。即此草莖，非根也。《抱朴子》言葧根花鱓，亦是此草。其根多黄黑鬚，削去鬚皮，乃如鯽狀，非本根似鯽也。

清 吴其濬《植物名實圖考》卷二五《荆三棱》 荆三棱，《開寶本草》始著録。處處有之，雞爪三棱、黑三棱、石三棱皆一物而分大小。《救荒本草》：黑三棱葶味甜，根味苦，皆可食。今湖南至多，擇其小者以爲香附子。雩婁農曰：三棱，茅屬也。生於山澤者，苗肥而根碩，名之曰荆，非所謂江淮之間一茅三脊耶？

圖表

明 李時珍《本草綱目·圖卷》

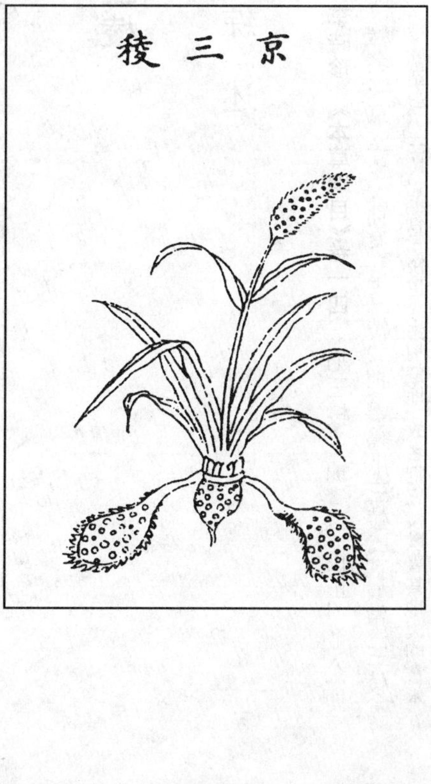

清　吴其濬《植物名實圖考》卷二五《荆三棱》

景天

綜　述

宋　江少虞《事實類苑》卷六一《慎火木》　《酉陽雜俎》云：廣州有慎火木，三四圍。慎火，《本草》一名景天，俗亦名護火。多以盆缶植之，置屋上。其花紅白，細錯如錦。予嘗兩至番禺，段成式所謂慎火，乃降火木耳，又名龍骨。其餘葉枯，慎火斷之，有白汁著人肌膚，遂成瘡痏。亦無花。蓋不識者，誤傳也。並《倦遊雜録》

明　李時珍《本草綱目》卷二〇　景天《本經》上品　釋名：慎火、《本經》戒火、同救火、《别録》據火、同護火、《綱目》辟火、同火母。《别録》　弘景曰：衆藥之名，景天爲麗。人皆盆盛，養於屋上，云可辟火，故曰慎火。方用亦希。　集解：《别録》曰：景天生太山川谷。四月四日、七月七日採，陰乾。頌曰：今南北皆有之。人家種於中庭，或盆置屋上。春生苗，葉似馬齒莧而大，作層而上，莖極脆弱。夏中開紅紫碎花，秋後枯死。亦有宿根者。苗、葉、花並可用。宗奭曰：極易種，折枝置土中，澆溉旬日便生也。時珍曰：景天，人多栽於石山上。二月生苗，脆莖，微帶赤黄色，高一二尺，折之有汁。葉淡緑色，光澤柔厚，狀似長匙頭及胡豆葉而不尖。夏開小白花，結實如連翹而小，中有黑子如粟粒。其葉味微甘苦，炸熟水淘可食。正誤：弘景曰：廣州城外有一樹，大三四圍，名慎火樹。志曰：嶺表人言，並無此説。蓋録書者篡入謬言，非陶氏語也。

藝　文

明　慎懋官《華夷花木鳥獸珍玩考》卷一《慎火》　《南越志》曰：廣州有樹，可以禦火。山北謂之慎火，或謂之戒火，多種屋上，以防火也。但南中無霜雪，故成樹。

南朝梁　范筠《詠慎火》（引自《藝文類聚》卷八一）　兹卉信叢叢，微榮未足奇。何期糅香草，遂得繞花池。忘憂雖無用，止啖或有施。早得建章立，幸爇柏梁垂。

圖　表

明　李時珍《本草綱目·圖卷》

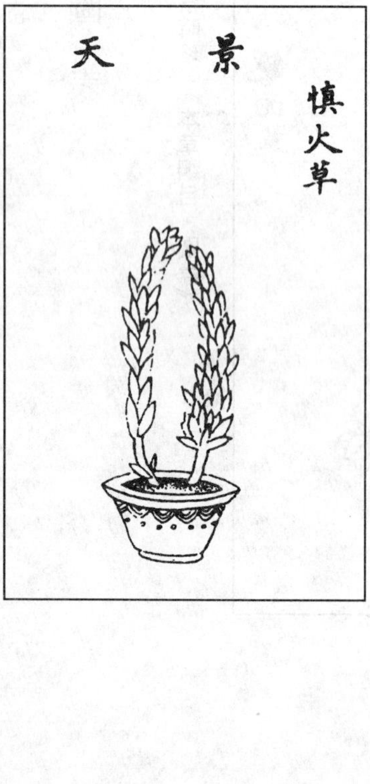

鏡面草

綜述

明 李時珍《本草綱目》卷二〇 螺厴草《拾遺》 釋名：鏡面草。時珍曰：皆象形也。集解：藏器曰：蔓生石上，葉狀似螺厴，微帶赤色，而光如鏡，背有少毛，小草也。

清 吳其濬《植物名實圖考》卷一七《鏡面草》 鏡面草，生雲南圃中。根莖黑糙，附莖附根發葉，葉極似蕁，光滑厚脆，故有鏡面之名。《雲南志》録之，云可治丹毒。此草性、形，大致同虎耳草。

清 趙學敏《本草綱目拾遺》卷五《草部・鏡面草》 《滇南志》：出滇中，能通血脈。按：此草今處處有之，多生階砌石畔。葉如指面大而圓，其邊微作碎齒，葉面光如鏡，深緑色。土人呼爲蟢兒草，又名地連錢。不見開花，止見葉而已。亦呼鏡面草。不知滇中所產即此類否？

圖表

明 李時珍《本草綱目・圖卷》

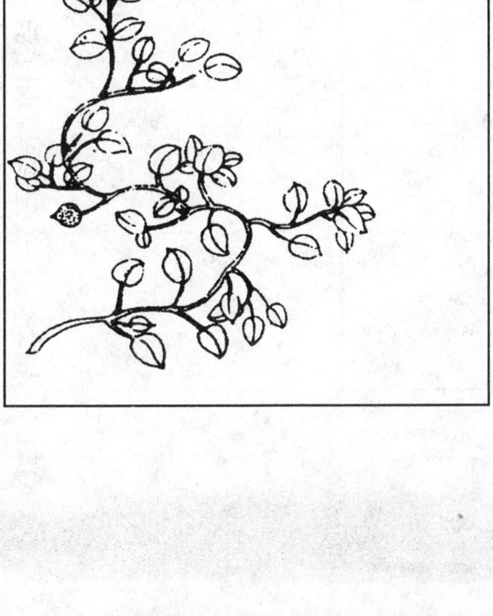

清 吳其濬《植物名實圖考》卷一七《鏡面草》

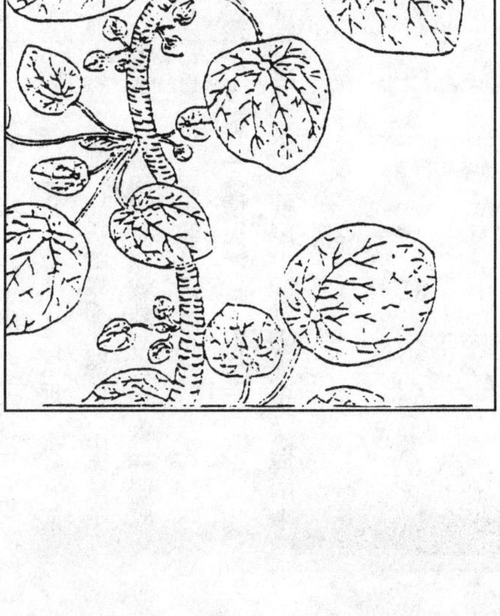

九牛草

綜述

明 李時珍《本草綱目》卷一五 九牛草宋《圖經》 集解：頌曰：生筠州山岡上。二月生苗，獨莖，高一尺。葉似艾葉，圓而長，背有白毛，面青。五月採苗用。時珍曰：陳嘉謨《本草蒙筌》以此爲蘄艾，謬矣。

圖表

明 李時珍《本草綱目·圖卷》

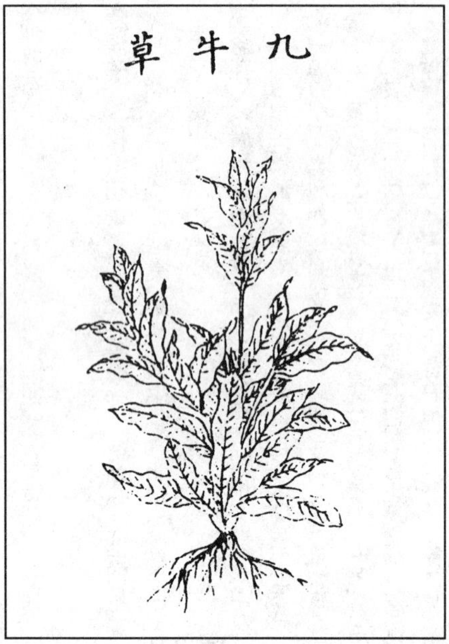

桔梗

綜述

漢 許慎《説文》卷六 桔，桔梗，藥名。从木，吉聲。一曰直木。古屑切。

宋 鄭樵《通志》卷七五 桔梗，曰利如，曰房圖，曰白藥，曰梗草，曰薺苨，以其能亂薺苨，故亦有其名。葉曰隱忍。

明 朱橚《救荒本草》卷一 桔梗，一名利如，一名房圖，一名白藥，一名梗草，一名薺苨。生嵩高山谷及冤句和州、解州，今鈞州密縣山野亦有之。根如手指大，黃白色。春生苗，莖高尺餘。葉似杏葉而長橢，四葉相對而生，嫩時亦可煮食。開花紫碧色，頗似牽牛花，秋後結子。葉名隱忍。其根有心，無心者乃薺苨也。根葉味辛苦，性微温，有小毒。一云味苦，性平無毒。節皮爲之使，得牡礪、遠志療恚怒，得硝石、石膏療傷寒。畏白芨、龍眼、龍膽。

明 李時珍《本草綱目》卷一二 桔梗《本經》下品 釋名：白藥、《别録》梗草、《别録》薺苨。《本經》 時珍曰：此草之根結實而梗直，故名。《吴普本草》一名利如，一名符扈，一名房圖，方書並無見，蓋亦庾辭爾。桔梗、薺苨乃一類，有甜、苦二種，故《本經》桔梗一名薺苨，而今俗呼薺苨爲甜桔梗也。至《别録》始出薺苨條，分爲二物，然其性味功用皆不同，當以《别録》爲是。集解：《别録》曰：桔梗生嵩高山谷及冤句，二、八月採根暴乾。普曰：葉如薺苨，莖如筆管，紫赤色，二月生苗。弘景曰：近道處處有，二三月生苗，可煮食之。桔梗療蠱毒甚驗，俗方用此，乃名薺苨。今别有薺苨，能解藥毒，可亂人參，葉甚相似。但薺苨葉下光明滑澤無毛爲異，葉生又不如人參相對耳。恭曰：薺苨、桔梗，葉有差互者，亦有葉三四對者，皆一莖直上，葉既相亂，惟以根有心爲别耳。頌曰：今在處有之。根如小指大，黃白色。春生苗，莖高尺餘。葉似杏葉而長橢，四葉相對而生，嫩時亦可煮食。夏開小花紫碧色，頗似牽牛花，秋後結子。八月採根，其根有心，若無心者爲薺苨。關中所出桔梗，根黃皮，似蜀葵根。莖細，青色。葉

小，青色，似菊葉也。

清　魏茂林《駢雅訓纂》卷六　利如，房圖，薺苨，桔梗也。《神農本草經》下：桔梗，一名利如。《廣雅·釋草》：犁如，桔梗也。《疏證》：利、犁，古字通。《神農本草經》下：《名醫》曰：桔梗，一名房圖，一名薺苨。苨，乃禮切，音禰。

清　陳淏子《秘傳花鏡》卷五《花草類考·桔梗》　桔梗生嵩山、冤句。春生苗，葉高尺餘，邊有齒，似棣棠，相對而生。夏開花，青紫色，有似牽牛。秋後結實，根可入藥用。

清　王念孫《廣雅疏證》卷一〇　犁如，桔梗也。《神農本草》：桔梗，一名利如，生山谷。利、犁，古字通，又名盧如、盧犁，聲之轉也。《御覽》引《吴普本草》云：桔梗，一名符扈，一名白藥，一名利如，一名梗草，一名盧如。葉如薺苨，莖如筆管紫赤。二月生。《本草》陶注云：葉名隱忍，可煮食之。《唐本草注》云：葉有差互者，亦有三四對者，皆一莖直上。案，《説文》云：桔，直木也。《爾雅》云：梗，直也。桔梗之名，或取義於直與？《管子·地員篇》云：五位之土，羣藥安生，薑與桔梗。《莊子·徐無鬼》篇云：藥也，其實堇也，桔梗也，雞廱也，豕零也，是時爲帝者也。司馬彪注云：桔梗治心腹血瘀瘕痺。《齊策》云：今求柴葫、桔梗於沮澤，則累世不得一焉。及之睾黍、梁父之陰，則郄車而載耳。高誘注云：桔梗，山生之草也。

清　吴其濬《植物名實圖考》卷八《桔梗》　桔梗，《本經》下品。處處有之。三四葉攢生一處，花未開時如僧帽，開時有尖瓣，不純似牽牛花。

圖表

明　朱橚《救荒本草》卷一

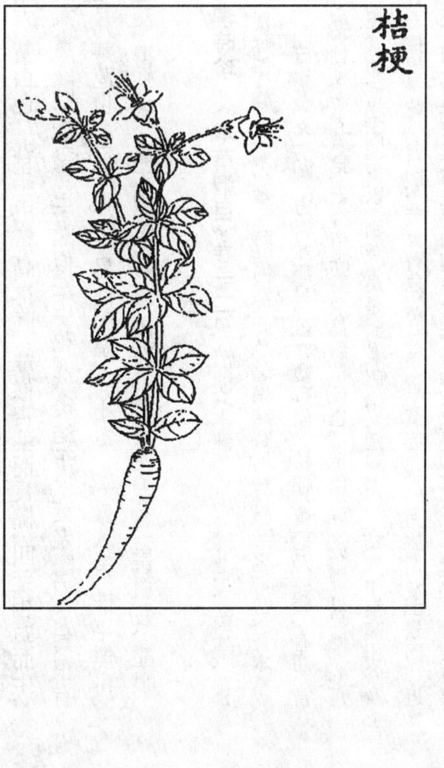

明　李時珍《本草綱目·圖卷》

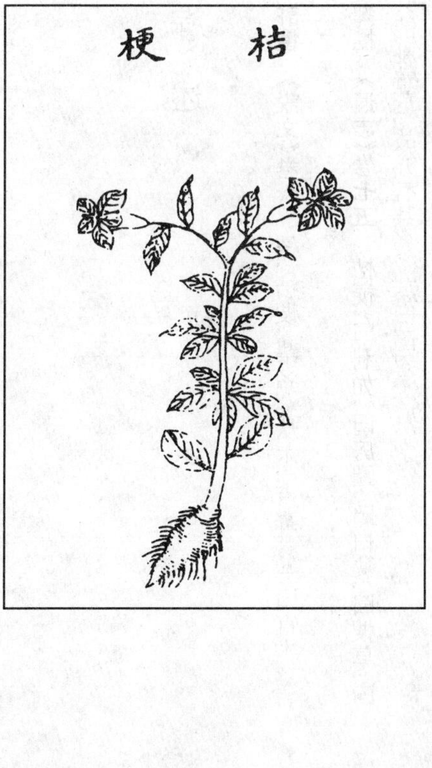

清 吳其濬《植物名實圖考》卷八《桔梗》

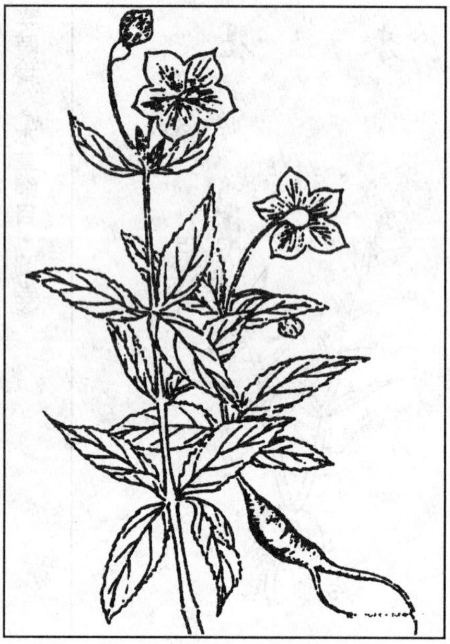

瞿麥

綜述

《爾雅·釋草》 大菊，蘧麥。注：一名麥句薑，即瞿麥。音義：菊，居六反。蘧，音渠，或音劬，字或作𧾷遽，音同。麥，字亦作麥。郭云：蘧麥，一名麥句薑，即瞿麥。《廣雅》云：茈萎，麥句薑，蘧麥。《本草》：瞿麥，一名巨句麥，一名大匊，一名大蘭。陶注云：一莖生細葉，華紅紫赤可愛。瞿，求於反。疏：大菊，一名蘧麥，藥草也。郭云：一名麥句薑，即瞿麥。《廣雅》云：茈萎，麥句薑，瞿麥。案《本草》云：瞿麥，一名巨句麥，一名大菊，一名大蘭。陶注云：今出近道。一莖生細葉，花紅紫赤可愛，子頗似麥，故名瞿麥。

漢 許慎《說文》卷一 蘧，蘧麥也。从艸，遽聲。

宋 戴侗《六書故》卷二四 蘧 𧆛，彊魚切。《說文》曰：蘧麥也。徐鍇曰：今謂之瞿麥，其小而華色深者爲石竹。

明 李時珍《本草綱目》卷一六 瞿麥瞿音劬。《本經》中品 釋名：蘧麥、《爾雅》巨句麥、《本經》大菊、《爾雅》大蘭、《別録》石竹、《日華》南天竺草。《綱目》 弘景曰：子頗似麥，故名瞿麥。 時珍曰：按陸佃解《韓詩外傳》云：生於兩旁謂之瞿。此麥之穗旁生故也。《爾雅》作蘧。有渠、衢二音。《日華本草》云，一名燕麥，一名杜姥草者，誤矣。燕麥即雀麥，雀、瞿二字相近，傳寫之訛爾。 集解：《別録》曰：瞿麥生太山山谷，立秋採實陰乾。弘景曰：今出近道。一莖生細葉，花紅紫赤色可愛，合子葉刈取之，子頗似麥子。有兩種，一種微大，花邊有叉椏，未知何者是也？今市人皆用小者。復一種，葉廣相似而有毛，花晚而甚赤。按經云採實，其中子細，燥熱便脱盡矣。 頌曰：今處處有之。苗高一尺以來，葉尖小青色，根紫黑色，形如細蔓菁。花紅紫赤色，亦似映山紅，二月至五月開。七月結實作穗，子頗似麥。河陽河中府出者，苗可用。淮甸出者根細，村民取作刷帚。《爾雅》謂之大菊，《廣雅》謂之茈萎是也。 時珍曰：石竹葉似地膚葉而尖小，又似初生小竹葉而細窄，其莖纖細有節，高尺餘，梢間開花。田野生者，花大如錢，紅紫色。人家栽者，花稍小而嫵媚，有紅白粉紅紫赤斑爛數色，俗呼爲洛陽花。結實如燕麥，内有小黑子。其嫩苗炸熟水淘過，可食。

清 薩英額《吉林外記》卷七 瞿麥，莖纖細有節，高尺餘，一莖生細葉，有尖，花開紫赤色者居多。子頗似麥。《爾雅》謂之大菊，俗呼爲落陽花。

清 吳其濬《植物名實圖考》卷一一《瞿麥》 瞿麥，《本經》中品。《爾雅》：大菊，蘧麥。注謂爲麥句薑。釋《本草》者皆以爲即瞿麥。《救荒本草》謂之石竹子，苗葉可食。今南北多呼洛陽花。

圖表

晉　郭璞《爾雅音圖・釋草》

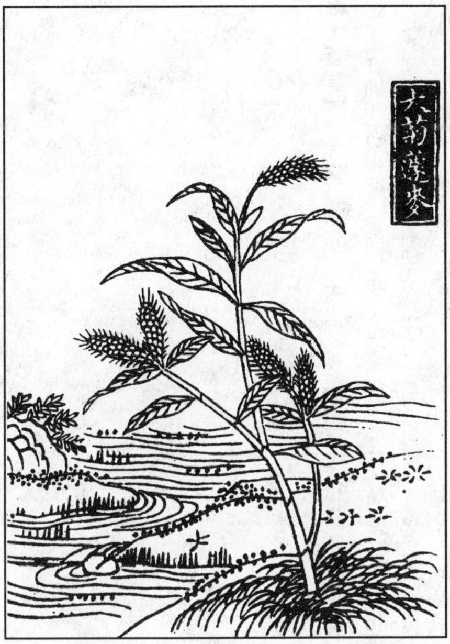

明　李時珍《本草綱目・圖卷》

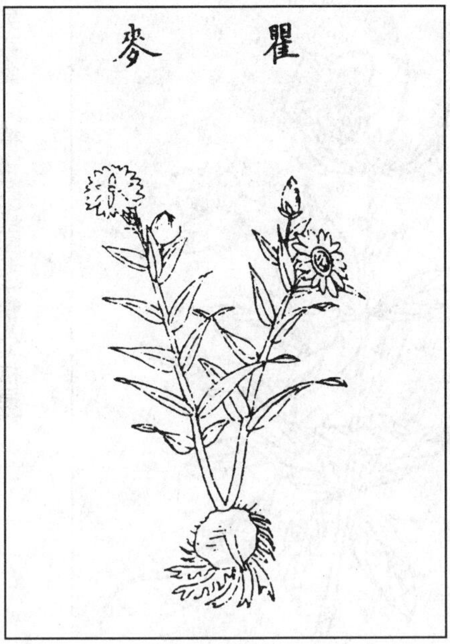

清　吳其濬《植物名實圖考》卷一一《瞿麥》

卷柏

綜述

宋　鄭樵《通志》卷七五　卷栢，曰萬歲，曰豹足，曰求股，曰交時。葉如栢，狀如雞足，生於陰崖。

明　李時珍《本草綱目》卷二一　卷柏《本經》上品　釋名：萬歲、《本經》長生不死草、《綱目》豹足、吴普求股、《別録》交時。《別録》　時珍曰：卷柏、豹足，象形也。萬歲、長生，言其耐久也。集解：《別録》曰：卷柏生常山山谷石間。五月、七月採，陰乾。弘景曰：今出近道。叢生石土上，細葉似柏，屈藏如鷄足，青黃色。用之，去下近沙石處。禹錫曰：出建康。《范子計然》曰：出三輔。頌曰：今關陝及浙、兖諸州亦有之。宿根紫色多鬚。春生苗，似柏葉而細，拳攣如鷄足，高三五寸。無花、子，多生石上。

明　盧之頤《本草乘雅半偈》卷三　〔卷栢〕出常山山谷，關陝、沂、兖

亦有之。叢生石上，春分宿根再發，高三五寸，細葉似側栢，屈藏如鷄足，根紫赤多鬚。

清　吴其濬《植物名實圖考》卷一六《卷柏》　卷柏，《本經》上品。詳宋《圖經》。今山石間多有之。

圖表

明　李時珍《本草綱目·圖卷》

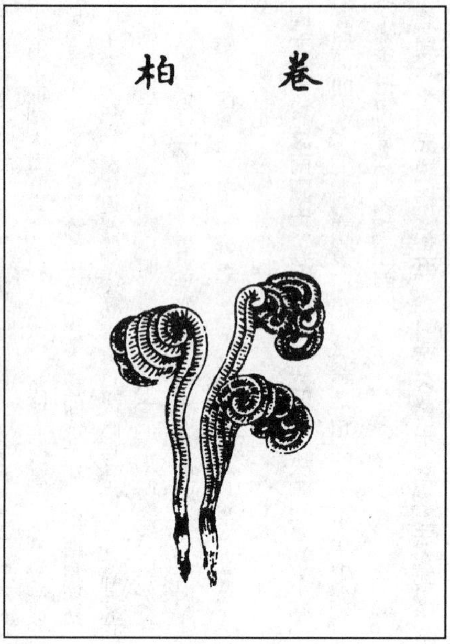

清　吴其濬《植物名實圖考》卷一六《卷柏》

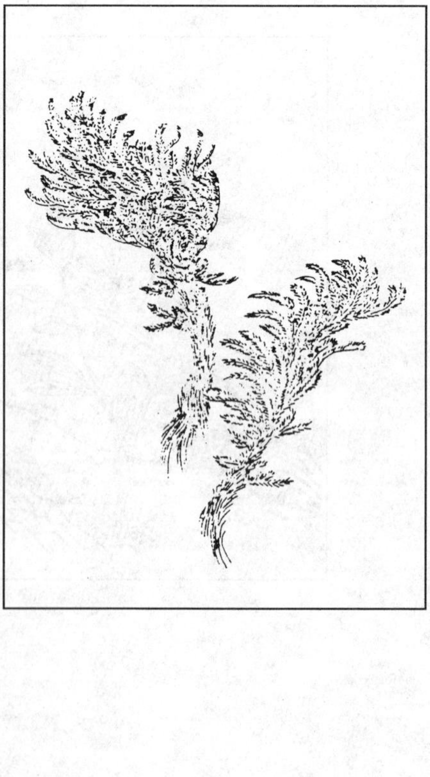

決明

綜述

《爾雅·釋草》　薢茩，芵茪。注：芵明也。葉黄鋭，赤華，實如山茱萸。或曰陵也。關西謂之薢茩。音義：薢，郭音皆，一音古買反。茩，古口反。秦人名蔆曰薢茩。《廣雅》云：蔆芰，薢茩。芵，古穴反，本亦作決。茪，古黄反。茱，常朱反。萸，羊朱反。蔆，字又作菱，音陵。疏：藥草芵明也。一名芵光，一名芵明。郭云：葉黄鋭，赤華，實如山茱萸。陶注《本草》云：葉如茳芒，子形似馬蹄，呼爲馬蹄決明。《廣雅》謂之羊躑躅也。或曰者，案《説文》云蔆楚，曰芰秦，曰薢茩是也。

宋　寇宗奭《本草衍義》卷八　決明子，苗高四五尺，春亦爲蔬，秋深結角，其子生角中，如羊腎。《蜀本圖經》言，葉似苜蓿而闊大，甚爲允當。

宋　鄭樵《通志》卷七五　決明，曰芵茪，曰蔆，關西曰薢茩。故《爾雅》云：薢茩，芵茪。共有三種：其一則山決明也，相似而不可食。其二曰

馬蹄決明，實似馬蹄，尤良。

明 李時珍《本草綱目》卷一六 決明《本經》上品 釋名：時珍曰：此馬蹄決明也，以明目之功而名。又有草決明、石決明，皆同功者。草決明即青葙子，陶氏所謂萋蒿是也。集解：《別録》曰：決明子生龍門川澤，十月十日採，陰乾百日。弘景曰：龍門在長安北。今處處有之。葉如茳芒。子形似馬蹄，呼爲馬蹄決明，用之當擣碎。又別有草決明，是萋蒿子，在下品中。頌曰：今處處人家園圃所蒔。夏初生苗，高三四尺許。根帶紫色。葉似苜蓿而大。七月開黄花，結角。其子如青緑豆而鋭，十月採之。按《爾雅》：薢茩，決光。郭璞釋云：藥草決明也。葉黄鋭，赤華，實如山茱萸。或曰陵也。關西謂之薢茩，音皆苟。其説與此種頗不類。又有一種馬蹄決明，葉如江豆，子形似馬蹄。宗奭曰：決明，苗高四五尺，春亦爲蔬。秋深結角，其子生角中如羊腎。今湖南北人家所種甚多，或在村野成段。《蜀本圖經》言葉似苜蓿而闊大者，甚爲允當。時珍曰：決明有二種：一種馬蹄決明，莖高三四尺，葉大於苜蓿，而本小末奓，晝開夜合，兩兩相帖。秋開淡黄花五出，結角如初生細豇豆，長五六寸。角中子數十粒，參差相連，狀如馬蹄，青緑色，入眼目藥最良。一種茳芒決明，《救荒本草》所謂山扁豆是也。苗莖似馬蹄決明，但葉之本小末尖，正似槐葉，夜亦不合。秋開深黄花五出，結角大如小指，長二寸許。角中子成數列，狀如黄葵子而扁，其色褐，味甘滑。二種苗葉皆可作酒麴，俗呼爲獨占缸。但茳芒嫩苗及花與角子，皆可瀹茹及點茶食；而馬蹄決明苗角皆韌苦，不可食也。蘇頌言薢茩即決明，殊不類，恐別一物也。

明 周文華《汝南圃史》卷一〇《決明》 決明，夏初下種，生苗高四五尺，葉似苜蓿而大，六七月開黄白花，秋深結角，其子生角中如羊腎。初出苗及嫩蘂、嫩莢皆可食，俗名望江南。

明 焦周《焦氏説楛》卷五 石⿰舌去，《荀子》名紫⿰舌去，郭璞謂之石⿰舌去，《本草》謂之決明。春則生華，一名紫蘢，一名紫結。謝客詩：紫蘢曄春流。王維詩：去問珠官俗，來經石⿰舌去春。

清 高士奇《北墅抱甕録・決明》 決明本小末尖，似槐葉，秋開深黄花，結角如小指，長二寸。尤喜其苗葉，可作酒麴，餔糟歠醨，與衆同醉，計之最得者也。京師名爲望江南。

清 王念孫《廣雅疏證》卷一〇 ⿱艹決明，羊角也。郭璞注《爾雅》芵光云：芵明也。葉鋭，黄赤華，實如山茱萸。芵與⿱艹決同，亦作決。《神農本草》決明子，陶隱居注云：葉如茳芒，子形似馬蹄，呼爲馬蹄決明。又別有草決明，是萋蒿子。《蜀本圖經》云：葉似苜蓿而闊大，夏花，秋生子作角，皆其形狀也。《御覽》引《吳普本草》云：決明子，一名草決明，一名羊角。羊明當依此作羊角，因上兩明字而誤也。陶隱居謂草決明別是一種，吳普則謂決明子，一名草決明。蓋同類者亦得通稱。

藝文

宋 吳則禮《北湖集》卷三《出城道傍決明甚開可喜》 籬落秋逾晚，雞豚地更偏。何時有蓬户，無處著金錢。芒屨林邊石，茶鐺澗底泉。心知鴻鴈到，老子愛江天。

明 吳寬《家藏集》卷一九《決明》 黄花隱緑葉，雨過仍離披。不爲杜老歎，未是涼風時。服食治目眚，吾將採掇之。不須更買藥，園丁是醫師。

圖表

晉 郭璞《爾雅音圖・釋草》

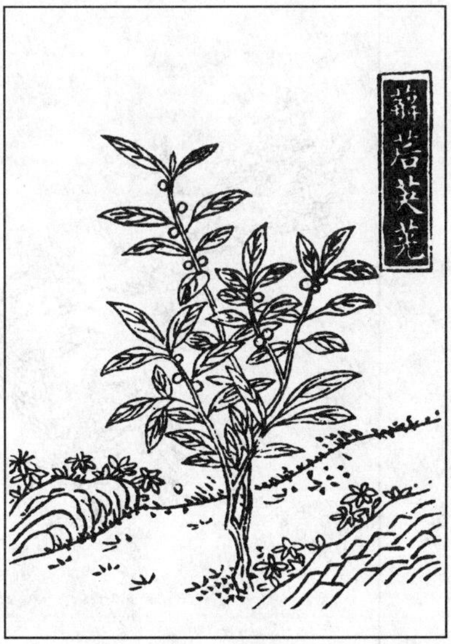

明 李時珍《本草綱目·圖卷》

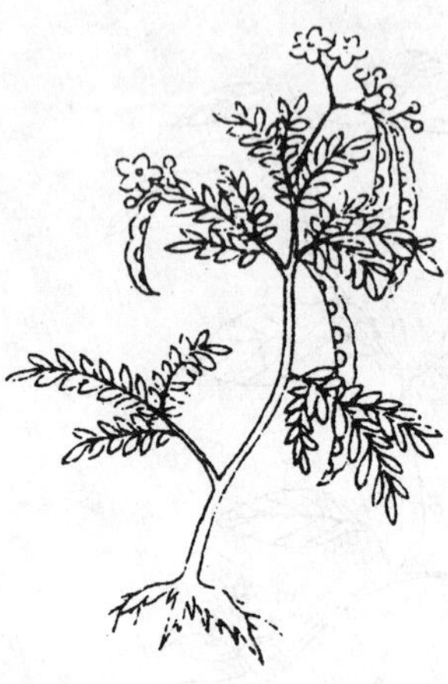

馬蹄決明

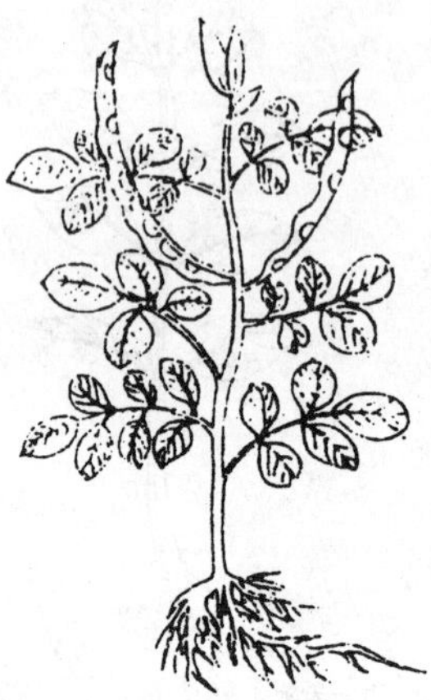

茳芒決明

爵床

綜述

明 李時珍《本草綱目》卷一四 爵床《本草》中品 釋名：爵麻、吴普香蘇、《别録》赤眼老母草。《唐本》 時珍曰：爵床不可解。按《吴氏本草》作爵麻，甚通。集解：《别録》曰：爵床生漢中川谷及田野。恭曰：此草生平澤熟田近道旁，似香菜，葉長而大，或如荏且細，俗名赤眼老母草。時珍曰：原野甚多。方莖對節，與大葉香薷一樣。但香薷搓之氣香，而爵床搓之不香微臭，以此爲别。

明 陳懋仁《庶物異名疏》卷二一《爵牀》 《本草别録》：爵牀生漢中。蘇恭云：此草似香茅，葉長而大，或如荏且細，俗云赤眼老母草。李時珍云：方莖對節，與大葉香薷一樣。但香薷搓之氣香，而爵牀搓之微臭，以此爲别。

清 吴其濬《植物名實圖考》卷二五《爵床》 爵牀，《本經》中品。《唐本草注》謂之赤眼老母草。南方陰濕處極多，似香薷而不香。又《唐本草》有赤車使者，莖赤根紫如蒨，一類二種。

圖表

明　李時珍《本草綱目・圖卷》

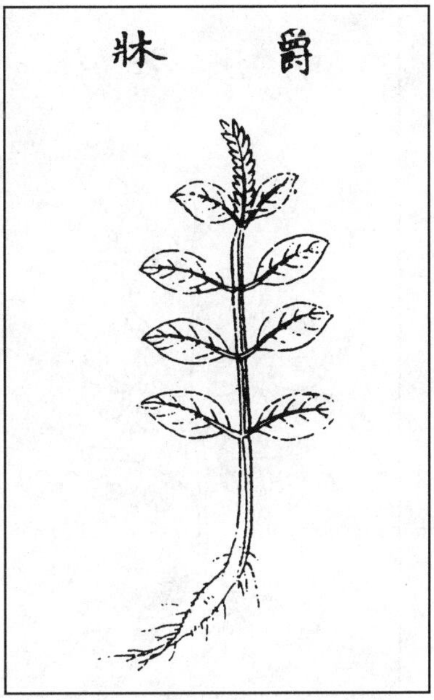

清　吳其濬《植物名實圖考》卷二五《爵床》

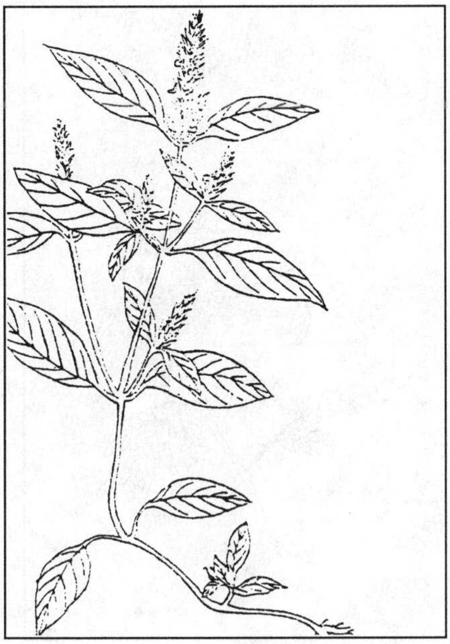

苦芙

綜述

《爾雅・釋草》　鉤，芙。注：大如拇指，中空，莖頭有臺似薊。初生可食。音義：鉤，古侯反。芙，於表反，又於老反。拇，音母。薊，音計。疏：薊類也。一名鉤，一名芙。郭云：大如拇指，中空，莖頭有臺似薊。初生可食。《説文》云『味苦，江南食以下氣』是也。

明　李時珍《本草綱目》卷一五　苦芙音襖。《别録》下品　釋名：鉤、芙、《爾雅》苦板。時珍曰：凡物穉曰芙，此物嫩時可食，故以名之。集解：弘景曰：苦芙處處有之，傖人取莖生食之。保昇曰：所在下濕地有之，莖圓無刺，可生噉，子若猫薊。五月五日採苗，暴乾。恭曰：今人以爲漏蘆，非也。時珍曰：《爾雅》『鉤，芙』，即此苦芙也。芙大如拇指，中空，莖頭有苔似薊，初生可食。許慎《説文》言江南人食之下氣。今浙東人清明節採其嫩苗食之，云一年不生瘡疥。亦搗汁和米爲食，其色清，久留不敗。《造化指南》云：苦芙大者名苦藉，葉如地黃，味苦，初生有白毛，入夏抽莖有毛，開白花甚繁，結細實。其無花實者，名地膽草，汁苦如膽也。處處濕地有之。入爐火家用。

圖表

晉 郭璞《爾雅音圖·釋草》

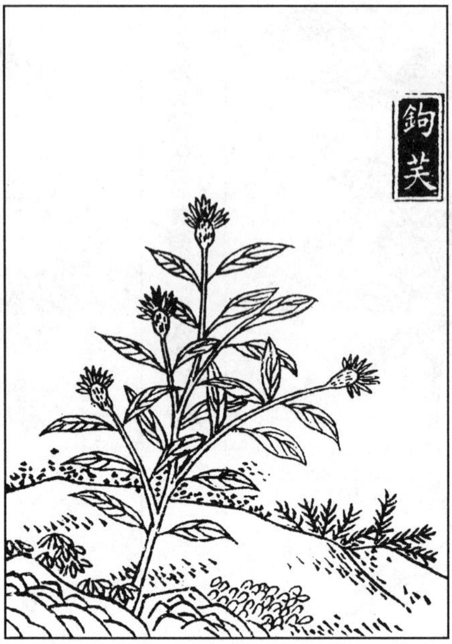

明 李時珍《本草綱目·圖卷》

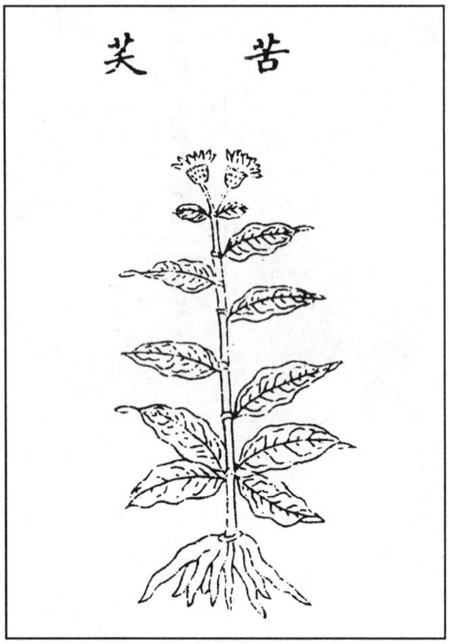

苦參

綜述

宋 鄭樵《通志》卷七五 苦參，曰水槐，曰苦蘵，曰地槐，曰菟槐，曰驕槐，曰白莖，曰虎麻，曰岑莖，曰禄白，曰陵郎。

明 李時珍《本草綱目》卷一三 苦參《本經》中品 釋名：苦蘵、《本經》苦骨、《綱目》地槐、《别録》水槐、《本經》菟槐、《别録》驕槐、《别録》野槐、《綱目》白莖。《别録》又名芩莖、禄白、陵郎、虎麻。時珍曰：苦以味名，參以功名，槐以葉形名也。苦蘵與菜部苦蘵同名異物。集解：《别録》曰：苦參生汝南山谷及田野，三月、八月、十月採根暴乾。弘景曰：近道處處有之。葉極似槐葉，花黄色，子作莢，根味至苦惡。頌曰：其根黄色，長五七寸許，兩指粗細。三五莖並生，苗高三四尺以來。葉碎青色，極似槐葉，春生冬凋。其花黄白色，七月結實如小豆子。河北生者無花子。五月、六月、八月、十月採根暴乾。時珍曰：七八月結角如蘿蔔子，角内有子二三粒，如小豆而堅。

明 盧之頤《本草乘雅半偈》卷六 〔苦參〕生汝南山谷及田野間，近道處處有之。苗高三四尺，葉青色細碎，極似槐葉，春生冬凋。花色黄白。七月結角如萊菔，莢内有細子二三粒，如小豆而堅。根三五料並生，長五七寸，兩指許大。色黄褐，味極苦。生河北者無花無子，苗、莖、根、葉，皆相若也。

清 吴其濬《植物名實圖考》卷八《苦參》 苦參，《本經》中品。處處有之。開花結角，俱似小豆，醫牛馬熱，多用之。苦參至易得，而方用頗少。《史記》著漱齲齒之效，後人常以指齒，遂至病腰。此亦食古不化之害事也。

圖表

明 李時珍《本草綱目·圖卷》

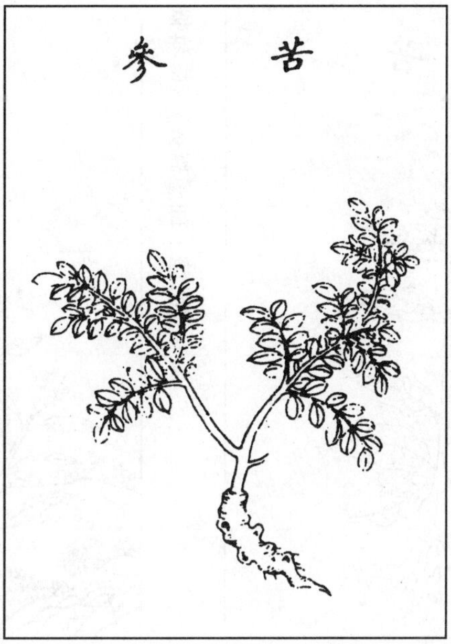

清 吳其濬《植物名實圖考》卷八《苦參》

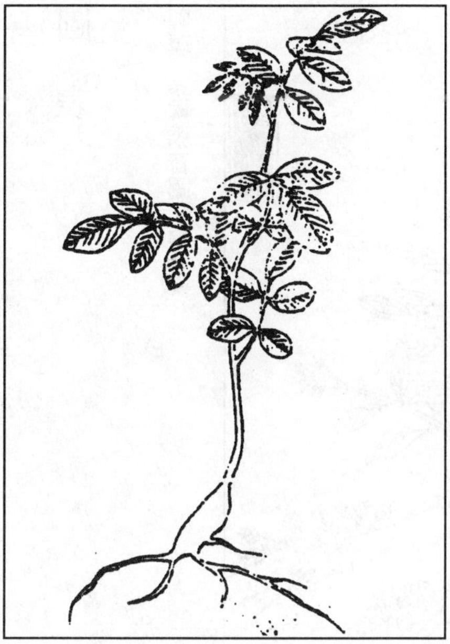

款冬

綜述

《爾雅·釋草》 蔝，蕧。注：未聞。赤，枹薊。注：即上枹薊。菟奚，顆凍。注：款冬也，紫赤華，生水中。音義：蔝，音米。蕧，樊本作蔝蕧。麥，音五刀反。枹音包，又音浮。薊音計。顆，苦果反，或音款。凍，謝音東，施都弄反，讀者亦音冬。郭云：款凍也，生水中。案《本草》云：款冬，一名橐吾，一名顆凍，一名虎鬚，一名菟奚，一名氐冬。陶注云：其冬月在冰下生，則應是冬，恐承音作字異耳。疏：藥草也。一名菟奚，一名顆凍。郭云：款凍也，紫赤莖，生水中。案《本草》款冬，一名橐吾，一名顆凍，一名虎鬚，一名菟奚。陶注云：形如宿蓴未舒者，其腹裏有絲，其花乃似大菊花。《唐本注》云：『葉似葵而大，叢生，花出根下』是也。

宋 寇宗奭《本草衍義》卷一〇 款冬花，百草中惟此不顧冰雪，最先春也。世又謂之鑽凍，雖在冰雪之下，至時亦生芽。春時人或採以代蔬。入藥，須微見花者良，如已芬芳則都無力也。今人又多使如筯頭者，恐未有花爾。

宋 羅願《爾雅翼》卷三《款冬》 菟奚，顆凍。郭氏曰：款凍也，紫赤華，生水中。蓋款凍葉似葵而大，叢生。花出根下，十一、十二月雪中出花。《述征記》曰：洛水至歲末凝厲，則款冬茂悅曾冰之中。蓋至陰之物能反至陽，故玉札畏款冬也。《楚辭》曰：款冬而生兮，凋彼葉柯。萬物麗於土而款冬獨生於冰下，百草榮於春而款冬獨榮於雪中，以況附陰背陽爲小人之類。至傅咸作《款冬賦》，稱其『華豔春暉，既麗且殊。以堅冰爲膏壤，吸霜雪以自濡』，則又賞其稟精淳粹不變於寒暑爲可貴，所取義各異也。

明 朱橚《救荒本草》卷一 款冬花，一名橐音托。石，一名顆凍，一名虎鬚，一名菟奚，一名氐冬。生常山山谷及上黨水傍，關中、蜀北宕

音蕩。昌、秦州、雄州皆有，今鈞州密縣山谷間亦有之。莖青，微帶紫色。葉似葵葉，甚大而叢生，又似石葫蘆葉頗團。開黄花。根紫色。《圖經》云：葉如荷而斗直。大者容一升，小者容數合。俗呼爲蜂斗葉，又名水斗葉。此物不避冰雪，最先春前生，雪中出花，世謂之鑽凍。又云：有葉似萆薢。開黄花，青紫萼，去土一二寸。初出如菊花萼，通直而肥實無子。陶隱居所謂出高麗百濟者，近此類也。其葉味苦，花味辛甘，性温無毒。杏仁爲之使，得紫菀良，惡皂莢、硝石、(元)〔玄〕參，畏貝母、辛夷、麻黄、黄芩、黄連、青葙。

明　楊慎《丹鉛餘録》卷一四　款冬花，即《爾雅》所稱『菟奚，顆凍』者，紫赤華，生水中，十二月雪中出花。郭緣生《述征記》云：洛水至冬凝厲，則款冬茂悦曾冰之中。傅咸《款冬賦序》曰：余曾逐禽，登於此山，於時仲冬，冰凌盈谷，積雪被崖，顧見款冬蔫然始敷。佛經云：朱炎鑠石不靡蕭丘之木，凝冰慘慄不凋款冬之花。乃知唐詩『僧房逢著款冬花』，正『十二街頭春雪』時也。詩人之興，於時物如此。

明　李時珍《本草綱目》卷一六　款冬花《本經》中品　釋名：款凍、郭璞顆凍、《爾雅》氏冬、《别録》鑽凍、《衍義》菟奚、《爾雅》橐吾、《本經》虎鬚。《本經》時珍曰：按《述征記》云：洛水至歲末凝厲時，款冬生於草冰之中。則顆凍之，名以此而得。後人訛爲款冬，乃款凍爾。款者至也，至冬而花也。宗奭曰：百草中，惟此不顧冰雪，最先春也，故世謂之鑽凍。雖在冰雪之下，至時亦生芽，春時人採以代蔬。入藥須微見花者良。如已芬芳，則都無氣力。今人多使如箸頭者，恐未有花也。集解：《别録》曰：款冬生常山山谷及上黨水旁，十一月採花陰乾。弘景曰：第一出河北，其形如宿蓴未舒者佳，其腹裏有絲。次出高麗百濟，其花乃似大菊花。次亦出蜀北部宕昌，而並不如。其冬月在冰下生，十二月、正月旦取之。恭曰：今出雍州南山溪水，及華州山谷澗間。葉似葵而大，叢生，花出根下。頌曰：今關中亦有之。根紫色，葉似萆薢，十二月開黄花，青紫萼，去土一二寸，初出如菊花萼，通直而肥實無子。則陶氏所謂出高麗百濟者，近此類也。又有紅花者，葉如荷而斗直，大者容一升，小者容數合，俗呼爲蜂斗，又名水斗。則蘇氏所謂大如葵而叢生者是也。傅咸《款冬賦序》云：『予曾逐禽，登於北山，於時仲冬之月，冰凌盈谷，積雪被厓，顧見款冬煒然，始敷華豔』是也。

明　陳懋仁《庶物異名疏》卷二一《菟奚　顆東　鑽冬》　《急就》注：款冬，亦曰款凍。東以其凌寒叩冰而生，故爲此名。生水中，花紫赤色。一名菟奚，亦名顆東，《爾雅》名顆凍，寇宗奭名鑽冬。《述異記》：洛水至冬凝厲，則款冬茂悦曾冰之中。傅咸《款冬賦》：冰凌盈谷，積雪被崖，顧見款冬，曄然始敷。

清　魏茂林《駢雅訓纂》卷六　橐吾，菟奚，顆凍，鑽凍，款冬也。《神農本草經中》：款冬花，一名橐吾，一名顆凍，一名菟奚。按此據孫氏本《證類本草·九·草部中品》白字本，兔作菟。又按《急就章》云：款東貝母薑狼牙，半夏皂莢艾橐吾。則是款東、橐吾爲二物，與《本草》異也。《爾雅·釋草》：菟奚，顆凍。注：款凍也，紫赤華，生水中。《釋文》：顆，苦果反，或音款。凍，謝音東，施都弄反，讀者亦音冬。按《本草》云：款冬，一名氐冬。陶注云：其冬月在冰下生。則應是冬，恐承音作字異爾。《廣雅·釋草》：苦萃，款凍也。《疏證》：款或作款，凍或作凍。《經史證類大全·本草·草部中品》：《衍義》曰：款冬花，百草中惟此不顧冰雪，最先春也，世又謂之鑽凍。

藝　文

晉　傅咸《款冬花賦有序》(引自《漢魏六朝百三家集》卷四六)　余曾逐禽，登於北山，於時仲冬之月也，冰凌盈谷，積雪被崖，顧見款冬，煒然始敷。賦曰：惟兹奇卉，款冬而生。原厥物之載育，稟淳粹之至精。用能託體固陰，利此堅貞。惡朱紫之相奪，患居衆之易傾。在萬物之並作，故韜華而弗逞。逮皆死以枯槁，獨保質而全形。

晉　郭璞《款冬贊》(引自《藝文類聚》卷八一)　吹萬不同，陽煦陰蒸。款冬之生，擢頴堅冰。物體所安，焉知涣凝。

圖表

晉 郭璞《爾雅音圖·釋草》

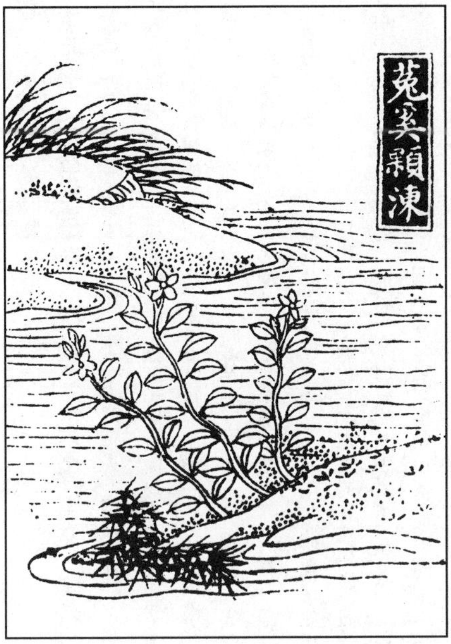

明 朱橚《救荒本草》卷一

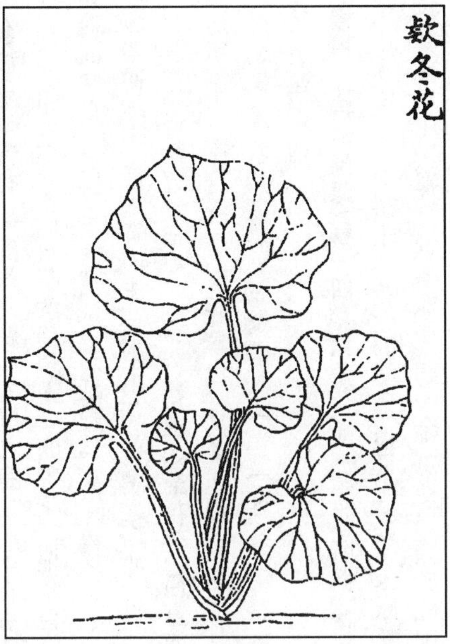

明 李時珍《本草綱目·圖卷》

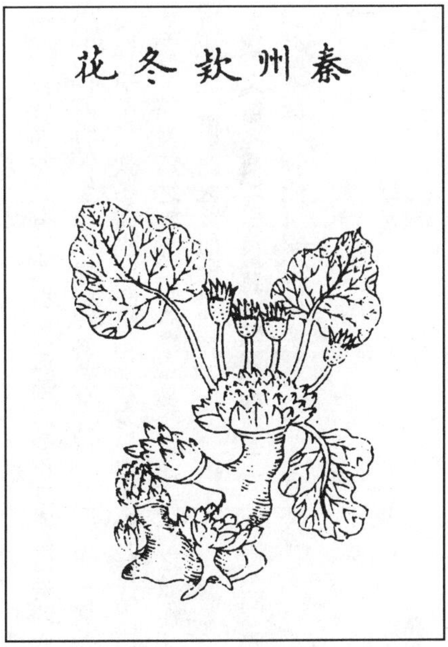

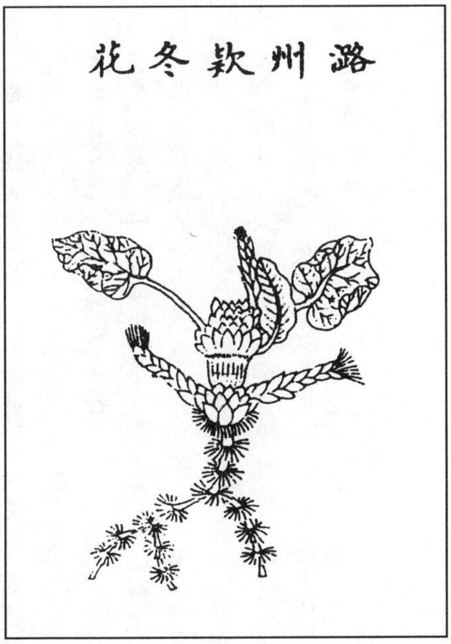

狼把草

綜述

《爾雅·釋草》 困，衱袶。注：未詳。欔，烏階。注：即烏杷也。子連相著，狀如杷齒，可以染皂。音義：衱，居業反。袶，施音絳，孫蒲空反。欔，沈居縛反。杷，白麻反，字從木，下同。著，直畧反。皂，音造。疏：欔，一名烏階。郭云：即爲杷也。子連相著，狀如杷齒，可以染皂。今俗謂之狼杷是也。

明 李時珍 《本草綱目》卷一六 狼把草宋《開寶》 校正：並入《拾遺》郎耶草。 釋名：郎耶草。 時珍曰：此即陳藏器《本草》郎耶草也。閩人呼爺爲郎罷，則狼把當作郎罷乃通。又方士言此草即鼠尾草，功用亦近之，但無的據耳。 集解：藏器曰：狼把草生山道旁，與秋穗子並可染皂。又曰：郎耶草生山澤間，高三四尺，葉作雁齒，如鬼針苗。鬼針，即鬼釵也。其葉有椏，如釵脚狀。禹錫曰：狼把草出近世，古方未見用者，惟陳藏器言之而不詳。太宗皇帝御書記其主療血痢，甚爲精至。謹用書於《本草圖經》外類篇首。

明 陳懋仁 《庶物異名疏》類二二《烏階》 《爾雅》：欔，烏階。郭璞云：即烏杷也。子相連著，狀如杷齒，可以染皂。

清 吴其濬 《植物名實圖考》卷一四《狼杷草》 狼杷草，宋《開寶》始著録，療血痢至精。《爾雅》：欔，烏階。注：烏杷也。子連著，狀如杷，可以染皂。疏：今俗謂之狼杷是也。李時珍併入《拾遺》郎耶亦可，但欔杷注釋甚晰，改杷爲罷，出於臆斷，亦近輕侮。

圖表

晋 郭璞 《爾雅音圖·釋草》

明 李時珍 《本草綱目·圖卷》

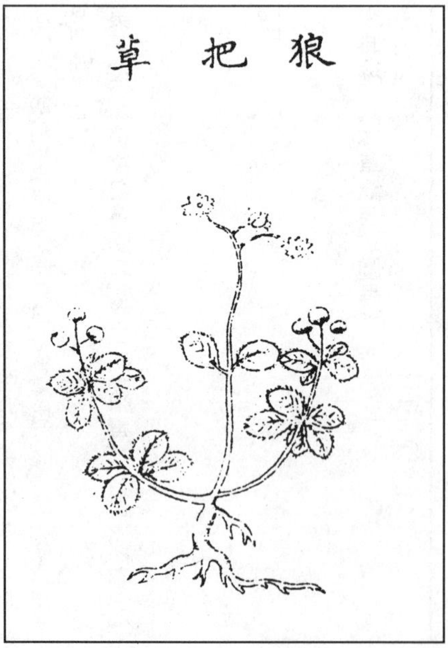

清　吴其濬《植物名實圖考》卷一四《狼杷草》

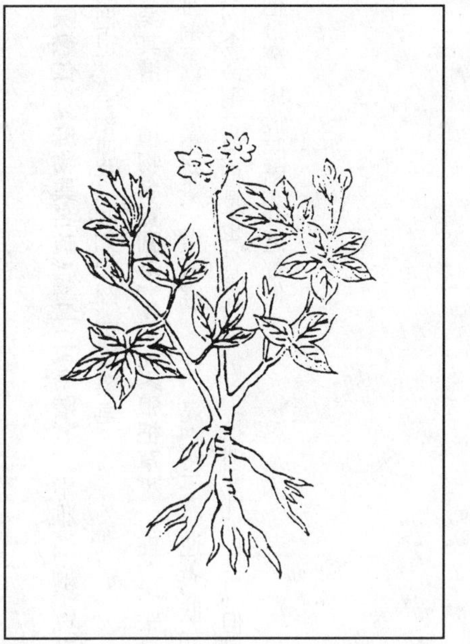

狼毒

綜述

明　李時珍《本草綱目》卷一七　狼毒《本經》下品　**釋名**：時珍曰：觀其名，知其毒矣。**集解**：《别録》曰：狼毒生秦亭山谷及奉高。二月、八月採根，陰乾。陳而沉水者良。弘景曰：宕昌亦出之。乃言止有數畝地生，蝮蛇食其根，故爲難得。亦用太山者。今用出漢中及建平。云與防葵同根，但置水中沉者是狼毒，浮者是防葵。俗用亦稀，爲療腹内要藥耳。恭曰：今出秦州、成州，秦亭原在二州之界。秦隴地寒，元無蝮蛇。此物與防葵都不同類，生處又别，太山、漢中亦不聞有，陶説謬矣。志曰：狼毒葉似商陸及大黄，莖葉上有毛，根皮黄，肉白。以實重者爲良，輕者爲力劣。秦亭在隴西，奉高是太山下縣。陶云，沉者是狼毒，浮者是防葵，此不足爲信。假使防葵秋冬採者堅實，得水皆沉；狼毒春夏採者輕虚，得水皆浮。且二物全别，不可比類。此與麻黄、橘皮、半夏、枳實、吴茱萸爲六陳也。保昇曰：根似玄參，惟浮虚者爲劣也。頌曰：今陜西州郡及遼、石州亦有之。狀如馬志所説。時珍曰：狼毒出秦、晉地。今人往往以草藺茹爲之，誤矣。見藺茹下也。

清　吴其濬《植物名實圖考》卷二四《狼毒》　狼毒，《本經》下品，形狀詳宋《圖經》。今俗以紫莖南星根充之。

圖表

明　李時珍《本草綱目・圖卷》

清　吴其濬《植物名實圖考》卷二四《狼毒》

狼尾草

綜　述

《爾雅·釋草》　孟，狼尾。注：似茅，今人亦以覆屋。音義：狼，音郎。茅，亡交反。覆，音副。疏：草似茅者，一名孟，一名狼尾。今人亦以覆屋。

明　李時珍《本草綱目》卷一三　狼尾草《拾遺》　釋名：稂音郎。董蓈、《爾雅》作童粱。狼茅、《爾雅》孟、《爾雅》宿田翁、《詩疏》守田。《詩疏》時珍曰：狼尾，其穗象形也。秀而不成，嶷然在田，故有宿田、守田之稱。集解：藏器曰：狼尾生澤地，似茅作穗。《廣志》云：子可作黍食。《爾雅》云：孟，狼尾。似茅，可以覆屋是也。時珍曰：狼尾莖、葉、穗、粒並如粟，而穗色紫黄，有毛。荒年亦可採食。許慎《説文》云：禾粟之穗，生而不成者，謂之董蓈。其秀而不實者，名狗尾草。見草部。

清　吴其濬《植物名實圖考》卷一三《狼尾草》　狼尾草，《爾雅》：孟，狼尾。《本草拾遺》始著録。葉如茅而莖紫，穗如黍而極細長，柔紛披粒芒亦紫。湖南謂之細絲茅，河南亦謂之岗草。葉可覆屋，其粒極細。《救荒本草》所不載。《拾遺》云：作飯食之，令人不饑。未敢深信。

圖　表

晋　郭璞《爾雅音圖·釋草》

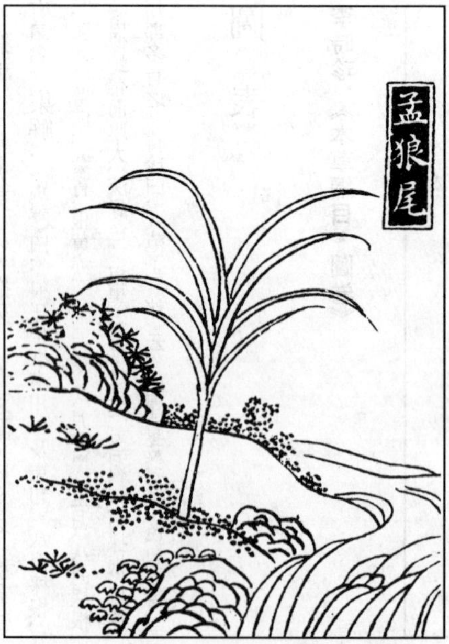

明　李時珍《本草綱目・圖卷》

清　吴其濬《植物名實圖考》卷一三《狼尾草》

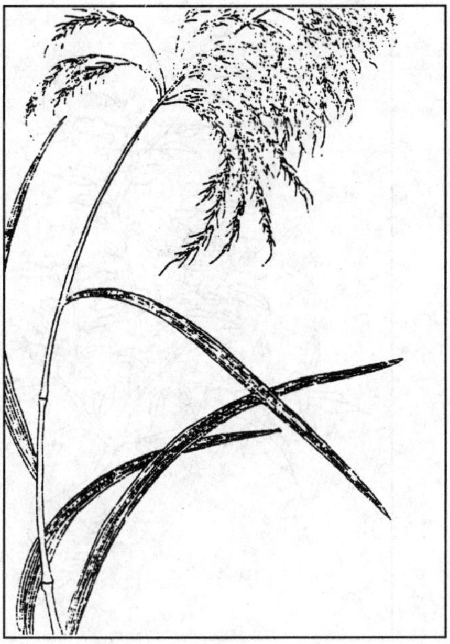

狼牙

綜述

明　李時珍《本草綱目》卷一七　狼牙《本經》下品　釋名：牙子、《本經》狼齒、《別録》狼子、《別録》犬牙、吴普抱牙、吴普支蘭。李當之　弘景曰：其牙似獸之齒牙，故有諸名。集解：《別録》曰：狼牙生淮南川谷及冤句。八月採根，暴乾。中濕腐爛生衣者，殺人。普曰：葉青，根黄赤，六七月華，八月實黑，正月、八月採根。保昇曰：所在有之。苗似蛇莓而厚大，深緑色。根黑，若獸之牙。三月、八月採根，日乾。頌曰：今江東、汴東州郡多有之。時珍曰：《范子計然》云：出建康及三輔，色白者善。

圖表

明　李時珍《本草綱目・圖卷》

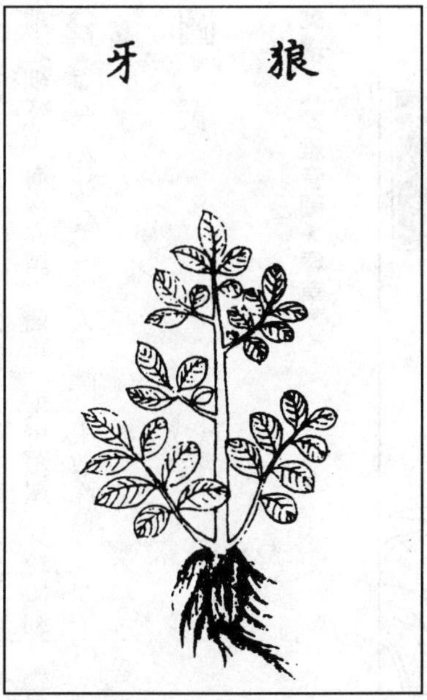

莨菪

綜述

宋 鄭樵《通志》卷七五 莨菪，曰横塘，曰行塘。其實作小甖子，謂之天仙子。

明 李時珍《本草綱目》卷一七 莨菪音浪蕩。《本經》下品 釋名：天仙子、《圖經》横唐、《本經》行唐。《别録》 時珍曰：莨菪一作䕨碭。其子服之，令人狂狼放宕，故名。集解：《别録》曰：莨菪子生海濱川谷及雍州。五月採子。弘景曰：今處處有之。子形頗似五味核而極小。保昇曰：所在皆有之。葉似菘藍，莖葉皆有細毛。花白色。子殼作罌狀，結實扁細，若粟米大，青黄色。六月、七月採子，日乾。頌曰：處處有之。苗莖高二三尺。葉似地黄、王不留行、紅藍等，而闊如三指。四月開花，紫色。莖莢有白毛。五月結實，有殼作罌子狀，如小石榴。房中子至細，青白色，如粟米粒。斅曰：凡使勿用蒼蓂子，其形相似，只是微赤，服之無效，時人多以雜之。時珍曰：張仲景《金匱要略》，言菜中有水莨菪，葉圓而光，有毒，誤食令人狂亂，狀如中風，或吐血，以甘草汁解之。

清 吴其濬《植物名實圖考》卷二四《莨菪》 莨菪，《本經》下品，一名天仙子。《圖經》著其形狀功用，且引《史記》淳于意以莨菪酒飲王夫人事。别説謂功未見如所説，而其毒有甚。蓋見鬼拾針性近邪魔，而古方以治癲狂，豈不癲狂者服之而狂，癲狂者服之而止，亦從治之義耶？舊時白蓮教以藥飲所掠民，使之殺人爲快，與李時珍所紀妖僧迷人事相類，疑即雜用此藥。【略】《山西通志》：莨菪子始生海濱、川谷及雍州，今寧武多有之。莖高二三尺，葉似地黄、王不留行、紅藍等。花紫色，莖有白毛。結實如小石榴。最有毒，服之令人狂浪，故名莨菪。按太原山中亦多産。其莖挺勁，對葉密排，花生葉隙，重疊直上如地黄。花色紫白，多赭縷，花罷即結實，其子味甜，小兒誤食輒瘋，俗亦不甚怪，經一兩月藥性解，則瘋已如平人云。

圖表

明 李時珍《本草綱目·圖卷》

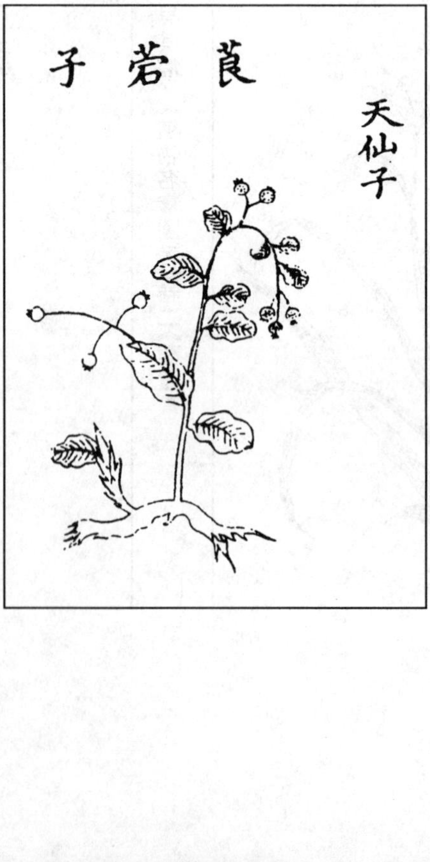

清 吴其濬《植物名實圖考》卷二四《莨菪》

藜蘆

綜述

漢　許慎《説文》卷一　茖，艸也。从艸，各聲。

明　李時珍《本草綱目》卷一七　藜蘆《本經》下品　釋名：山葱、《別録》葱苒、《本經》葱菼。音毯。《別録》葱葵、普豐蘆、普憨葱、《綱目》鹿葱。時珍曰：黑色曰黎，其蘆有黑皮裹之，故名。根際似葱，俗名葱管藜蘆是矣。北人謂之憨葱，南人謂之鹿葱。集解：《別録》曰：藜蘆生太山山谷。三月採根，陰乾。普曰：大葉，小根相連。弘景曰：近道處處有之。根下極似葱而多毛。用之止剔取根，微炙之。保昇曰：所在山谷皆有。葉似鬱金、秦艽、蘘荷等，根若龍膽，莖下多毛。夏生冬凋，八月採根。頌曰：今陝西、山南東西州郡皆有之，遼州、均州、解州者尤佳。三月生苗。葉青，似初出椶心，又似車前。莖似葱白，青紫色，高五六寸。上有黑皮裹莖，似椶皮。有花肉紅色。根似馬腸根，長四五寸許，黄白色。二月、三月採根陰乾。此有二種：一種水藜蘆，莖葉大同，只是生在近水溪澗石上，根鬚百餘莖，不中藥用。今用者名葱白藜蘆，根鬚甚少，只是三二十莖，生高山者爲佳，均州土俗亦呼爲鹿葱。《范子計然》云：出河東，黄白者善。

清　吴其濬《植物名實圖考》卷二《藜蘆》　藜蘆，《本經》下品。宋《圖經》云：葉如初生椶，莖似葱白，有黑皮裹之，如椶皮。其花肉紅色。有山生、溪生二種。溪生者，不入藥，均州謂之鹿葱。

圖表

明　李時珍《本草綱目·圖卷》

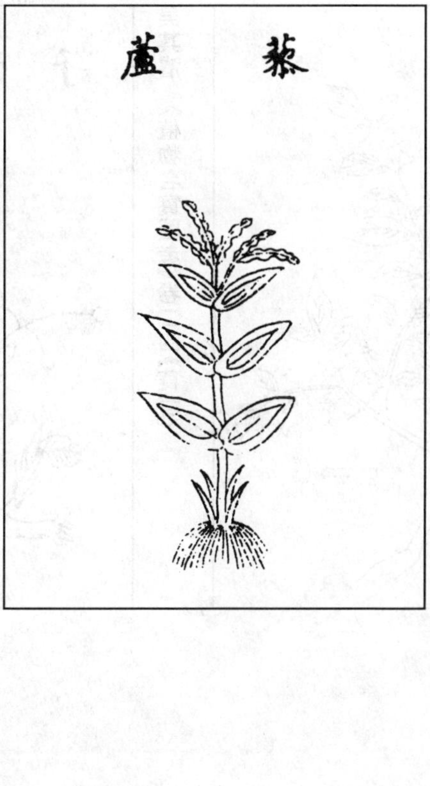

清　吴其濬《植物名實圖考》卷二《藜蘆》

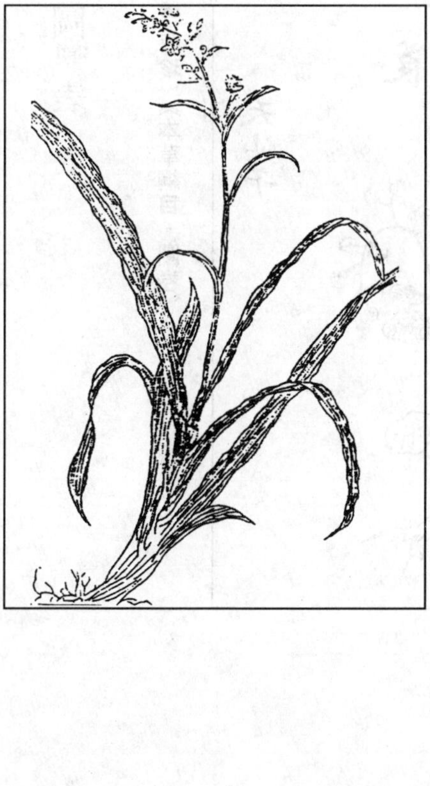

鱧腸

綜述

宋　鄭樵《通志》卷七五　鱧腸，曰蓮子草，曰旱蓮子，曰金陵草。生園圃，葉似柳，莖似馬齒莧。其蓮翹亦曰旱蓮，植於庭院。其花可愛，非鱧腸也。

明　李時珍《本草綱目》卷一六　鱧腸《唐本草》　釋名：蓮子草、《唐本》旱蓮草、《圖經》金陵草、《圖經》墨烟草、《綱目》墨頭草、《綱目》墨菜、《綱目》猢孫頭、《必用》猪牙草。時珍曰：鱧，烏魚也，其腸亦烏。此草柔莖，斷之有墨汁出，故名，俗呼墨菜是也。細實頗如蓮房狀，故得蓮名。集解：恭曰：鱧腸生下濕地，所在坑渠間多有。苗似旋覆。二月、八月採，陰乾。頌曰：處處有之，南方尤多。此有二種：一種葉似柳而光澤，莖似馬齒莧，高一二尺，開花細而白，其實若小蓮房，蘇恭謂似旋覆者是也；一種苗梗枯瘦，頗似蓮花而黄色，實亦作房而圓，南人謂之連翹者。二種折其苗皆有汁出，須臾而黑，俗謂之旱蓮子，亦謂之金陵草。時珍曰：旱蓮有二種，一種苗似旋覆而花白細者，是鱧腸；一種花黄紫而結房如蓮房者，乃是小蓮翹也，爐火家亦用之，見連翹條。

清　吴其濬《植物名實圖考》卷一四《鱧腸》　鱧腸，《唐本草》始著録，即旱蓮草。李時珍謂有兩種，白花者爲鱧腸，黄紫花而結房如蓮房者爲小連翹。《救荒本草》：蓮子草結實如蓮房。即此。

圖表

明　李時珍《本草綱目・圖卷》

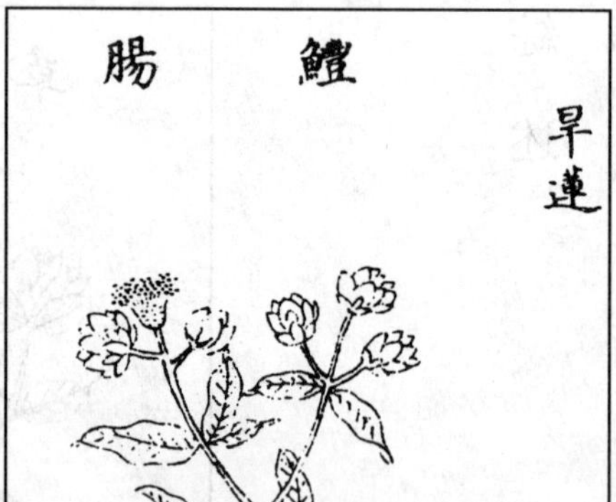

清　吴其濬《植物名實圖考》卷一四《鱧腸》

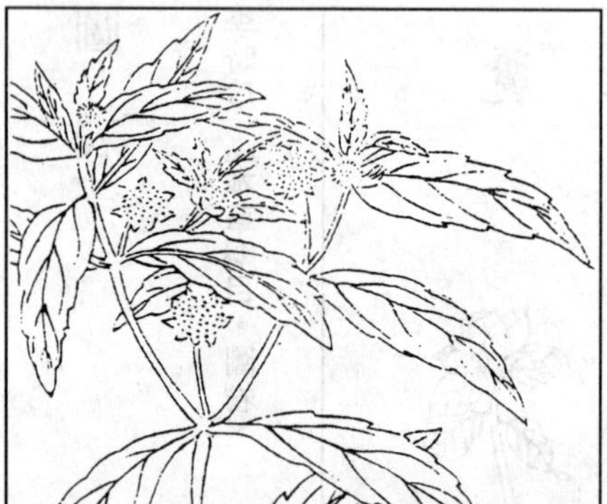

麗春草

綜述

明 李時珍《本草綱目》卷一五 麗春草宋《圖經》 釋名：仙女蒿、《圖經》定參草。頌曰：麗春草生檀嵎山川谷，檀嵎山在高密界。河南淮陽郡、潁川及譙郡、汝南郡等，並呼爲龍芊草。河北近山、鄴郡、汲郡，併名叢蘭艾。上黨紫團山亦有，名定參草，又名仙女蒿。今所在有之。甚療癃黄，人莫能知。時珍曰：此草有殊功，而不著其形狀。今罌粟亦名麗春草，九仙子亦名仙女嬌，與此同名，恐非一物也。當俟博訪。

明 周文華《汝南圃史》卷一〇《麗春》 麗春，叢生，莖、葉、實皆如罌粟而莖稍細。莖有毛，折之則出黄汁。用糞澆則花朵豐腴，有大紅、粉紅、紫白諸色。一本而數十花，嬌嫩可愛，且耐久，又名蝴蝶滿園春。本自雲南來，鎮江呼爲百般嬌，吴俗呼爲虞美人，蓋罌粟之别種也。

圖表

明 李時珍《本草綱目・圖卷》

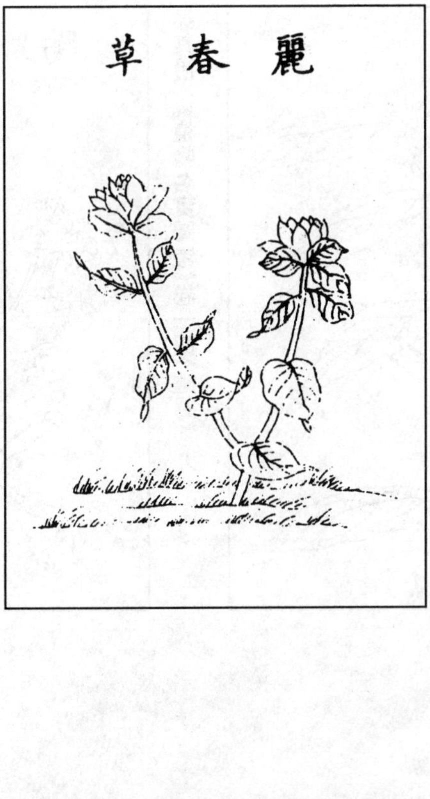

廉薑

綜述

北魏 賈思勰《齊民要術》卷一〇《廉薑》 《廣雅》曰：蔟葰，相遺反。廉薑也。《吴録》曰：始安多廉薑。《食經》曰：藏薑法：蜜煮烏梅，去滓，以漬廉薑，再三宿，色黄赤如琥珀，多年不壞。

宋 鄭樵《通志》卷七五 廉薑，似山薑而根大，一名葰。

明 李時珍《本草綱目》卷一四 廉薑《拾遺》 釋名：薑匯、《綱目》蔟

葰。音族綏。集解：弘景曰：杜若苗似廉薑。藏器曰：廉薑似薑，生嶺南、劍南，人多食之。時珍曰：按《異物志》云：生沙石中，似薑，大如螺，氣猛近於臭。南人以爲齏，其法削皮，以黑梅及鹽汁漬之，乃成也。又鄭樵云：廉薑，似山薑而根大。

清　吴其濬《植物名實圖考》卷二五《廉薑》　廉薑，《齊民要術》引據甚詳，《本草拾遺》始著録，南贛多有之。似山薑而高大，土人不甚食，以治胃痛，甚效云。

圖表

明　李時珍《本草綱目·圖卷》

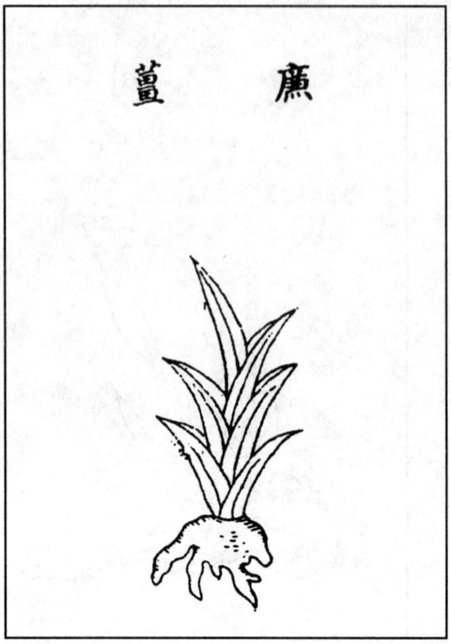

清　吴其濬《植物名實圖考》卷二五《廉薑》

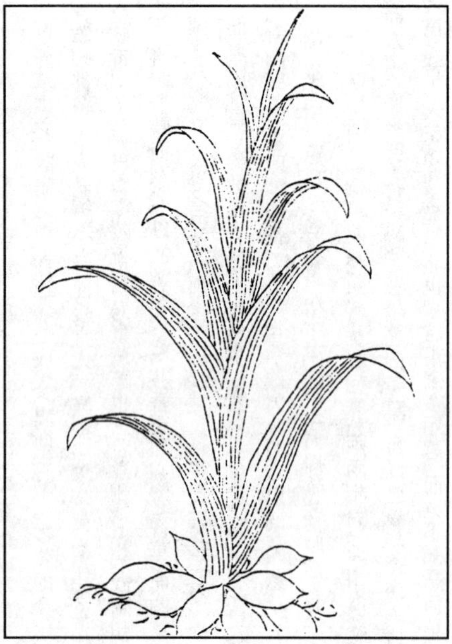

列當

綜述

明　李時珍《本草綱目》卷一二　列當宋《開寶》　釋名：栗當、《開寶》草蓯蓉、《開寶》花蓯蓉。《日華》集解：志曰：列當生山南岩石上，如藕根，初生掘取陰乾。保昇曰：原州、秦州、渭州、靈州皆有之。暮春抽苗，四月中旬採取，長五、六寸至一尺以來，莖圓紫色，採取壓扁日乾。頌曰：草蓯蓉根與肉蓯蓉極相類，刮去花壓扁以代肉者，功力殊劣。即列當也。

圖表

明　李時珍《本草綱目・圖卷》

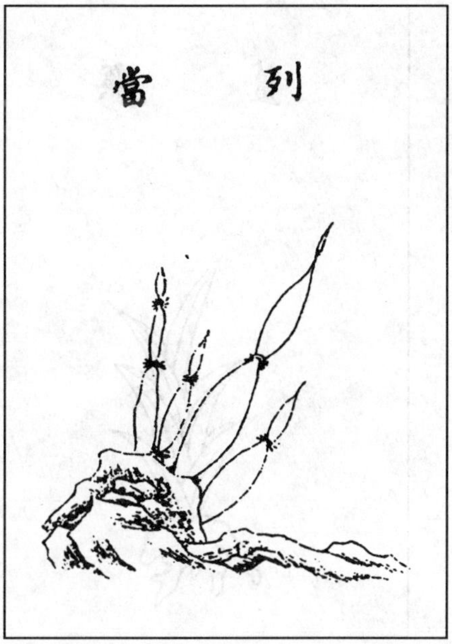

零陵香

綜述

宋　釋贊寧《東坡先生物類相感志》卷一二《薰草》　俗呼爲燕草，狀如茅而香。一説葉如麻，兩兩相對。《山海經》云：薰草，麻葉方莖，赤花而黑實，氣如靡蕪，可以止厲。又《方言》中云：蘇，桂荏也。一云公蕡，一云害。害，野蘇也，其小者謂之□菜。注：薰柔亦蘇種，今呼柔也。

宋　羅願《爾雅翼》卷二《薰草》　諸家説蕙乃蕙草，蓋即薰草，今之零陵香，南越名燕草者。《西山經》曰：浮山有草，名曰薰草，麻葉而方莖，赤華而黑實，臭如蘼蕪，可以已厲。蓋能去惡臭，令身香。故古之祓除，以此草熏之，因謂之薰草。齊得管仲三釁三浴之釁，或爲薰是也。古稱薰、蕕，不同器而藏。又曰：一薰一蕕，十年尚猶有臭。以薰香而蕕臭，慮爲臭所奪故也，未始以爲蕙。至王逸《章句》始云：菌，薰也。葉曰蕙，根曰薰。陳藏器亦云：薰草，一名蕙草。薰草爲蕙，蓋始於此。古今稱蕙草晚，莫知其説。《博物志》乃云：君子國多薰華之草，薰華朝生而夕死。然則蕙草之晚，蓋亦謂薰。又《七諫》曰：飲菌若之朝露。言此草既朝生而夕死，則飲其露者，尤不可遲也。《莊子》所謂朝菌，豈亦謂此耶？然司馬云大芝，支遁云舜華，許慎云朝生暮死之蟲。其説各異，故不可得而一。

宋　陳敬《陳氏香譜》卷一《零陵香》　《南越志》云：一名燕草，又名薰草，生零陵山谷，葉如羅勒。《山海經》云：薰草，麻葉而方莖，赤花而黑實，氣如蘼蕪，可以止癘。即零陵香。《本草》云：味苦無毒，主惡氣注心，腹痛下氣，令體和諸香。或作湯丸，用得酒良。

明　李時珍《本草綱目》卷一四　薰草、《別録》中品零陵香、宋《開寶》

釋名：蕙草、《別録》香草、《開寶》燕草、《綱目》黄零草。《玉册》　時珍曰：古者燒香草以降神，故曰薰，曰蕙。薰者，熏也。蕙者，和也。《漢書》云『薰以香自燒』是矣。或云古人祓除，以此草熏之，故謂之薰，亦通。范成大《虞衡志》言，零陵即今永州，不出此香。惟蝸、宜等州甚多，土人以編席薦，性暖宜人。謹按：零陵舊治在今全州。全乃湘水之源，多生此香，今人呼爲廣零陵香者，乃真薰草也。若永州、道州、武岡州，皆零陵屬地也。今鎮江、丹陽皆蒔而刈之，以酒灑製貨之，芬香更烈，謂之香草，與蘭草同稱。《楚辭》云『既滋蘭之九畹，又樹蕙之百苗』，則古人皆栽之矣。張揖《廣雅》云：鹵，薰也。其葉謂之蕙。而黄山谷言一幹數花者爲蕙。蓋因不識蘭草、蕙草，强以蘭花爲分別也。鄭樵修《本草》，言蘭即蕙，蕙即零陵香，亦是臆見，殊欠分明。但蘭草、蕙草，乃一類二種耳。　集解：《別録》曰：薰草一名蕙草，生下濕地，三月採陰乾，脱節者良。又曰：蕙實，生魯山平澤。弘景曰：《桐君藥録》：薰草葉如麻，兩兩相對。《山海經》云：浮山有草，麻葉而方莖，赤華而黑實，氣如靡蕪，名曰薰草，可以已癘。今俗人皆呼燕草狀如茅而香者爲薰草，人家頗種之者，非也。詩書家多用蕙，而竟不知是何草，尚其名而迷其實，皆此類也。藏器曰：薰草即是零陵香，薰乃蕙草根也。志曰：零陵香生零陵山谷，葉如羅勒。《南越志》云：土人名燕草，又名薰草，即香草也。《山海經》薰草即

是此。頌曰：零陵香今湖、嶺諸州皆有之，多生下濕地，葉如麻，兩兩相對，莖方，常以七月中旬開花至香，古云薰草是也。嶺南人皆作窑竈，以火炭焙乾，令黄色乃佳。江、淮亦有土生者，亦可作香，但不及湖、嶺者，至枯槁香尤芬熏耳。古方但用薰草，不用零陵香。今合香家及面脂、澡豆諸法皆用之，都下市肆貨之甚便。時珍曰：今惟吴人栽造，貨之亦廣。

明　慎懋官　《華夷花木鳥獸珍玩考》卷五《薰》　《博物志》云：東方君子國薰草，朝朝生華也。《山海經》云，薰草，麻葉而方莖，赤花黑實，可以已癘。一云：伏如茅，而香者爲薰。

明　徐光啓　《農政全書》卷四八　草零陵香，又名芫香，人家園圃中多種之。葉似苜蓿葉而長大，微尖。莖葉間開小淡粉紫花，作小短穗。其子如粟粒。苗、葉味苦，性平。

清　陳淏子　《秘傳花鏡》卷五《花草類考·零陵香》　零陵香，一名薰草，産於全州。江、淮亦有，不及湖、嶺者佳。多生下濕地，麻葉而方莖，赤花而黑質，其臭如蘼蕪。七月中旬開花，香盛。因花倒懸枝間如小鈴，俗名鈴鈴香。其莖葉曝乾作香，其實黑。《左傳》云：一薰一蕕，十年尚猶有臭。即此草也。土人以編席焉，性暖且香，最宜於人。

清　王念孫　《廣雅疏證》卷一〇　菌，薰也，其葉謂之蕙。上文云：薰草，蕙草也。則薰即是蕙，此又以葉爲蕙者，從《離騷》注也。《離騷》云：雜申椒與菌桂兮。王逸注云：菌，薰也。葉曰蕙，根曰薰。洪興祖《補注》云：下文别言蕙茝，又云矯菌桂以紉蕙，則菌桂自是一物。《本草》有菌桂，花白蘂黄，正圓如竹。菌，一作箘。其字從竹，五臣以爲香木是矣。案，洪説是也。申椒與菌桂對文，菌桂之不分爲二，猶申椒也。左思《蜀都賦》云：菌桂臨崖。劉逵注云：《神農本草經》曰：菌桂出交趾，員如竹，爲衆藥通使。一曰：菌，薰也。葉曰蕙，根曰薰。劉氏引《本草》菌桂是也。其以菌爲薰，亦仍王逸之誤。《西山經》云：嶓冢之山有草焉，其葉如蕙。郭注云：蕙，香草，蘭屬也。或以蕙爲薰葉，失之。則薰葉爲蕙，郭氏又已駁正也。

清　吴其濬　《植物名實圖考》卷二五《零陵香》　零陵香，《嘉祐本草》始著録，即《别録》之薰草也。宋《圖經》：零陵，湖、嶺諸州皆有之。余至湖南，遍訪無知有零陵香者。以狀求之，則即醒頭香，京師呼爲矮糠，亦名香草，摘其尖梢置髮中者也。《補筆談》：買零陵香，擇有鈴子者，乃其花也。此草葉莖無香，其尖乃花所聚。今之以尖爲貴，即擇有鈴子之意。《嶺外代答》謂可爲褥薦，未知即此否？贛南十月中，山坡尚有開花者，高至四五尺。宋《圖經》謂十月中旬開花，當即指此。實則秋開，至冬未枯。李時珍以醒頭香屬蘭草，不知南方凡可以置髮中辟穢氣，皆呼爲醒頭，無專屬也。

圖表

明　李時珍　《本草綱目·圖卷》

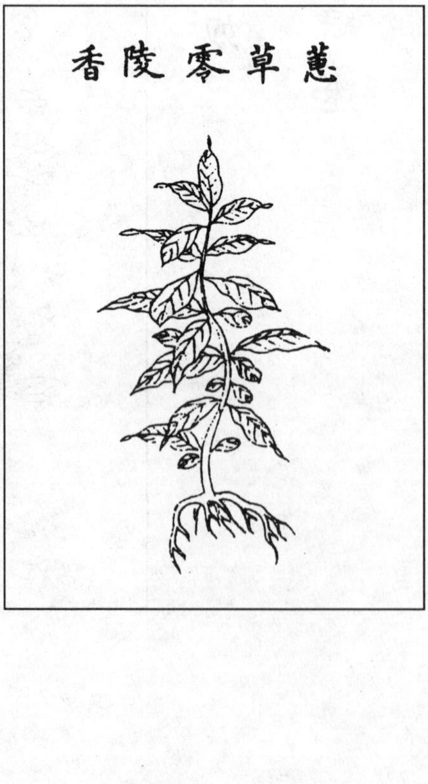

明　徐光啓《農政全書》卷四八

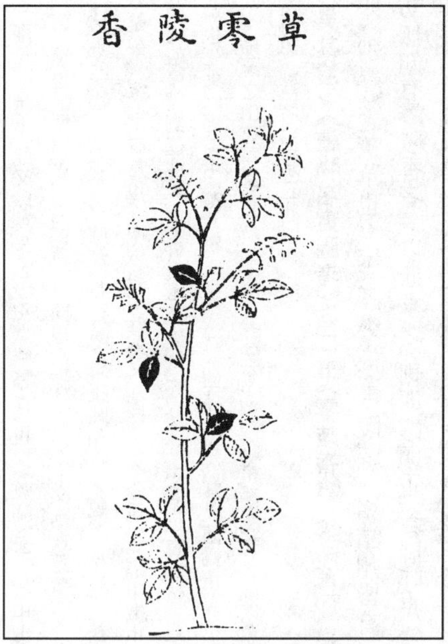

清　蕭雲從《補繪蕭雲從離騷全圖》卷下

右蕙。零陵香也。《春秋傳》謂之薰。《莊子》『薰然慈仁謂之君子』，亦取此義。

清　吳其濬《植物名實圖考》卷二五《零陵香》

劉寄奴

綜述

宋　鄭樵《通志》卷七五　劉寄奴，曰金寄奴，即烏藤菜，故江東人云烏藤菜。劉寄奴，因宋武帝而得名。宋微時，伐荻薪洲，遇大蛇，射之。明日往見羣兒擣藥，問之，乃曰：我王爲劉寄奴所射，今擣此藥傅之。帝叱之，羣兒忽不見，遂收其藥還以傅金瘡，無不愈者。帝姓劉，小名寄奴。江南人姓劉者或呼爲金，是以又有金寄奴之名。

明　朱橚《救荒本草》卷一　野生薑，《本草》名劉寄奴，生江南，其越州、滁州皆有之，今中牟、南沙崗間亦有之。莖似艾蒿，長二三尺餘。葉似菊葉而瘦細，又似野艾蒿葉亦瘦細。開花白色，結實黄白色，作細筒子蒴兒。蓋蒿之類也。其子似稗而細。苗葉味苦，性温無毒。

明　李時珍《本草綱目》卷一五　劉寄奴草《唐本草》　釋名：金寄奴、大

明烏藤菜。《綱目》 時珍曰：按李延壽《南史》云：宋高祖劉裕，小字寄奴。微時伐荻新洲，遇一大蛇，射之。明日往，聞杵臼聲。尋之，見童子數人皆青衣，於榛林中搗藥。問其故。答曰：我主爲劉寄奴所射，今合藥傅之。裕曰：神何不殺之？曰：寄奴王者，不可殺也。裕叱之，童子皆散，乃收藥而反。每遇金瘡，傅之即愈。人因稱此草爲劉寄奴草。鄭樵《通志》云：江南人因漢時謂劉爲卯金刀，乃呼劉爲金。是以又有金寄奴之名。江東人謂之烏藤菜云。集解：恭曰：劉寄奴草生江南。莖似艾蒿，長三四尺，葉似山蘭草而尖長，一莖直上有穗，葉互生，其子似稗而細。保昇曰：今出越州，蒿之類也。高四五尺，葉似菊，其花白色，其實黄白色作穗，夏月收苗日乾之。頌曰：今河中府、孟州、漢中、滁州亦有之。春生苗，莖似艾蒿，上有四棱，高二三尺以來。葉青似柳，四月開碎小黄白花，形如瓦松，七月結實似黍而細，根淡紫色似萵苣。六月、七月採苗及花子通用。時珍曰：劉寄奴一莖直上。葉似蒼朮，尖長糙澀，面深背淡。九月莖端分開數枝，一枝攢簇十朵小花，白瓣黄蕊，如小菊花狀。花罷有白絮，如苦蕒花之絮。其子細長，亦如苦蕒子。所云實如黍稗者，似與此不同，其葉亦非蒿類。

清 吴其濬《植物名實圖考》卷一四《劉寄奴》 劉寄奴，即野生薑。《蜀本草》以爲劉寄奴。葉如菊，排生，莖花俱如蒿而花色白，結黄白小蒴，俗呼菊葉蒿。

紀事

南朝宋 劉敬叔《異苑》卷四 宋武帝裕，字德輿，小字寄奴。微時伐荻新洲，見大蛇長數丈，射之，傷。明日復至洲裏，聞有杵臼聲。往視之，見童子數人，皆青衣擣藥。問其故，答曰：我王爲劉寄奴所射，合散傅之。帝曰：王神何不殺之？ 答曰：劉寄奴王者，不死，不可殺。帝叱之，皆散。仍收藥而返。

南朝梁 任昉《述異記》卷上 宋武帝微時伐荻於新洲，見一大虵長數丈，遂射之，傷。明日復往觀之，聞杵臼聲，覘見數青衣童子搗藥。問其故，答曰：我王爲劉寄奴所射，今合藥傅之。帝曰：何神也？ 童子不答。帝叱之，皆散，收得藥。人因名此草爲劉寄奴。

清 張岱《夜航船》卷十六《植物部・草木》 劉寄奴草，劉裕微時伐荻新洲，有大蛇數丈，裕射之。明日至此，見數童擣葉，裕問故，答曰：我王爲劉寄奴所傷，今合藥敷之。裕曰：何不殺之？ 曰：劉寄奴王者，不死。裕叱之，皆散走。裕得藥，敷金創，立效。遂呼其草爲劉寄奴，裕之乳名也。

藝文

宋 謝翺《晞髮集》卷三《劉寄奴草詞》 榛中小草夏蔚薈，葉如牡艾花如毳。少年防塞得命生，出鏃肉中無粟起。向來神姦見白晝，溼竹煙青聞杵臼。英雄奪臂徵此時，唾落虛空散林藪。漢家白蛇入本紀，況是天王舊支子。豈知苗裔在民伍，蛇鬼猶呼帝小字。

圖表

明 朱橚《救荒本草》卷一

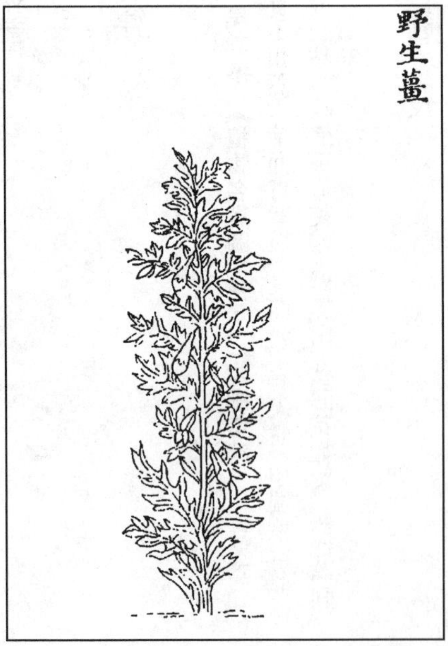

明　李時珍《本草綱目·圖卷》

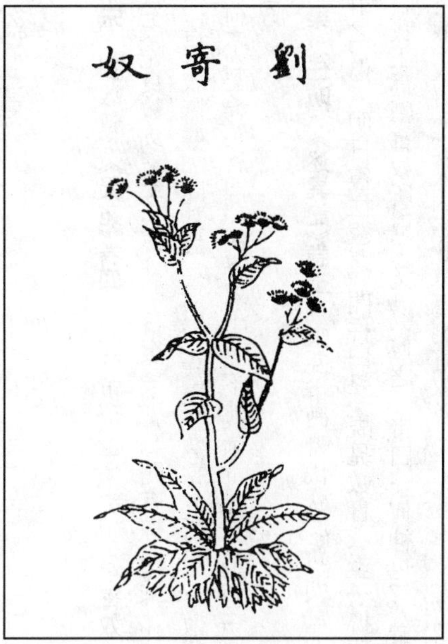

清　吳其濬《植物名實圖考》卷一四《劉寄奴》

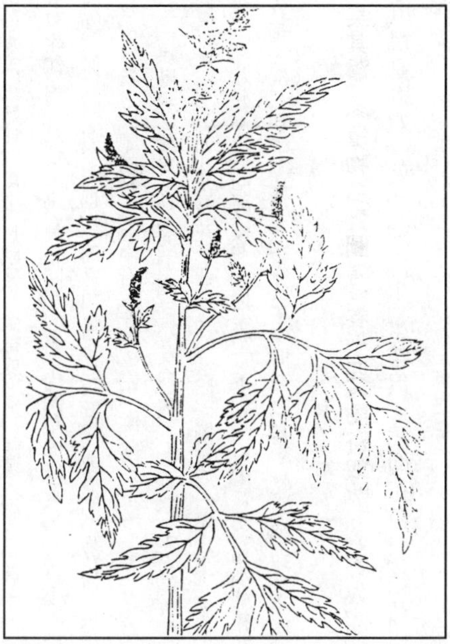

柳葉蒿

綜述

清　吳其濬《植物名實圖考》卷一二《柳葉蒿》　柳葉蒿，莖長二尺許，色青，心實不類蒿。葉面青背白，長而狹，有尖齒，頂端葉單似柳，以下葉漸分三歧，或四歧。味清香似艾，生嶽麓山，秋開花如粟，與他蒿同。

圖表

清　吳其濬《植物名實圖考》卷一二《柳葉蒿》

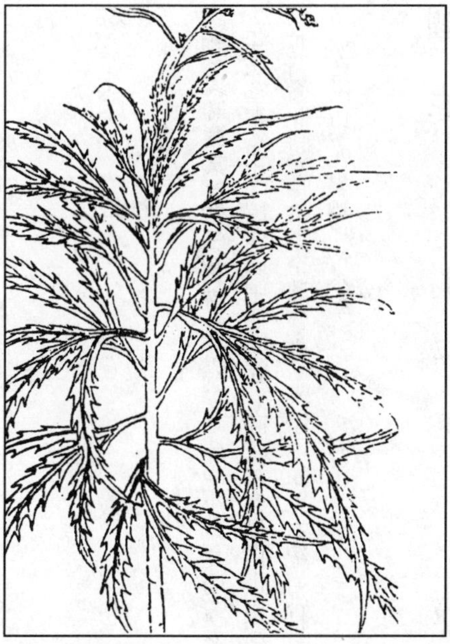

龍常草

綜述

明　李時珍《本草綱目》卷一五　龍常草《別録》有名未用　釋名：粽心草。時珍曰：俚俗五月採，繫角黍之心，呼爲粽心草是也。集解：《別録》曰：生河水旁，狀如龍芻，冬夏生。時珍曰：按《爾雅》云：薕，鼠莞也。鄭樵解爲龍芻。郭璞云：纖細似龍鬚，可爲席，蜀中出者好。恐即此龍常也。蓋是龍鬚之小者爾。故其功用亦相近云。

圖表

明　李時珍《本草綱目·圖卷》

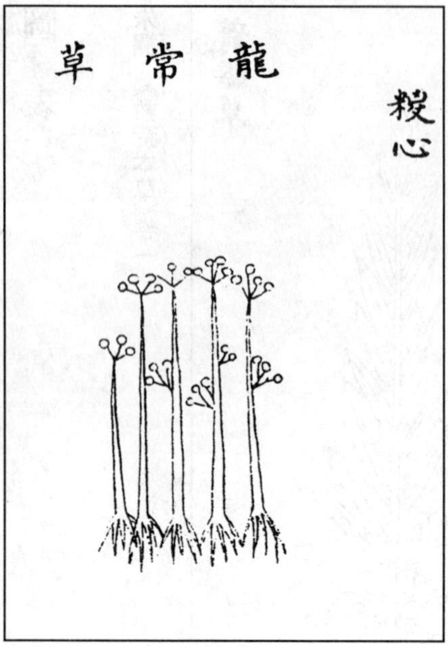

龍膽草

綜述

明　朱橚《救荒本草》卷一　龍膽草，一名龍膽，一名陵游，俗呼草龍膽。生齊朐山谷及冤句，襄州、吳興皆有之。今鈞州新鄭山崗間亦有。根類牛膝，而根一本十餘莖，黄白色，宿根。苗高尺餘。葉似柳葉而細短，又似小竹。開花如牽牛花，青碧色，似小鈴形樣。陶隱居注云：狀似龍葵，味苦如膽，因以爲名。味苦性寒，大寒無毒。貫衆、小豆爲之使，惡防葵、地黄。又云：浙中又有山龍膽草，味苦澀。此同類而別種也。

明　李時珍《本草綱目》卷一三　龍膽《本經》上品　釋名：陵游。《本經》志曰：葉如龍葵，味苦如膽，因以爲名。集解：《別録》曰：龍膽生齊朐山谷及冤句，二月、八月、十一月、十二月採根陰乾。弘景曰：今出近道，以吳興者爲勝。根狀似牛膝，其味甚苦。頌曰：宿根黄白色，下抽根十餘條，類牛膝而短。直上生苗，高尺餘。四月生葉如嫩蒜，細莖如小竹枝。七月開花，如牽牛花，作鈴鐸狀，青碧色。冬後結子，苗便枯。俗呼草龍膽。又有山龍膽，味苦澀，其葉經霜雪不凋。山人用治四肢疼痛，與此同類而別種也。採無時。

清　陳淏子《秘傳花鏡》卷四《藤蔓類考·龍膽草》　龍膽草，一名陵游，産齊朐及南浙。葉如龍葵，味苦如膽，直上生苗，高尺餘。秋間花如牽牛，青碧色。

清　王念孫《廣雅疏證》卷一〇　陵遊，龍膽也。《神農本草》云：龍膽味苦澀，一名陵游，生齊朐山谷。陶注云：今出近道，吳興爲勝。狀似牛膝，味甚苦，故以膽爲名。蘇頌《圖經》云：宿根，黄白色，下抽根，十餘本，大類牛膝，直上生苗高尺餘。四月生葉而細，莖如小竹枝。七月開花，如牽牛花，作鈴鐸形，青碧色。冬後結子，苗便枯。俗呼草龍膽。浙中又有山龍膽，味苦澀。《抱朴子·黄白篇》云：俗人見方用龍膽、虎掌，皆謂之血氣之物也。

圖表

明 朱橚《救荒本草》卷一

明 李時珍《本草綱目・圖卷》

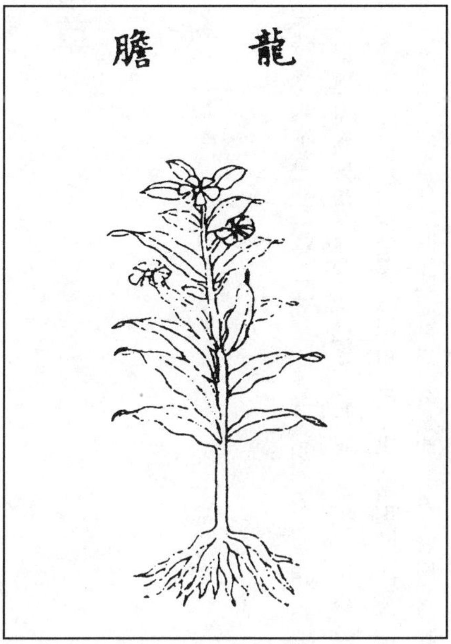

龍葵

綜述

明 李時珍《本草綱目》卷一六 龍葵《唐本草》 校正：並入《圖經》老鴉眼睛草。釋名：苦葵、《圖經》苦菜、《唐本》天茄子、《圖經》水茄、《綱目》天泡草、《綱目》老鴉酸漿草、《綱目》老鴉眼睛草。《圖經》 時珍曰：龍葵，言其性滑如葵也。苦以菜味名，茄以葉形名，天泡、老鴉眼睛皆以子形名也。與酸漿相類，故加老鴉以別之。五爪龍亦名老鴉眼睛草，敗醬、苦苣並名苦菜，名同物異也。集解：弘景曰：益州有苦菜，乃是苦蘵。恭曰：苦蘵即龍葵也，俗亦名苦菜，非荼也。龍葵所在有之，關河間謂之苦菜，葉圓花白，子若牛李子，生青熟黑，但堪煮食，不任生噉。頌曰：龍葵近處亦稀，惟北方有之，北人謂之苦葵。葉圓似排風而無毛，花白色，子亦似排風子，生青熟黑，其赤者名赤珠，亦可入藥。又曰：老鴉眼睛草，生江湖間。葉如茄子葉，故名天茄子。或云，即漆姑草也。漆姑即蜀羊泉，已見《本經》草部。人亦不能決識之。時珍曰：龍葵、龍珠，一類二種也，皆處處有之。四月生苗，嫩時可食，柔滑。漸高二三尺，莖大如箸，似燈籠草而無毛。葉似茄葉而小。五月以後，開小白花，五出黄蕊。結子正圓，大如五味子，上有小蒂，數顆同綴，其味酸。中有細子，亦如茄子之子。但生青熟黑者爲龍葵，生青熟赤者爲龍珠，功用亦相仿佛，不甚遼遠。蘇頌《圖經》菜部既注龍葵，復於外類重出老鴉眼睛草，蓋不知其即一物也。又謂老鴉眼睛是蜀羊泉，誤矣。蜀羊泉葉似菊，開紫花，子類枸杞，詳見草部本條。楊慎《丹鉛録》，謂龍葵即吴葵，反指《本草》爲誤，引《素問》、《千金》四月吴葵華爲證。蓋不知《千金方》言吴葵即蜀葵，已自明白矣。今並正之。

清 吴其濬《植物名實圖考》卷一四《龍葵》 龍葵，《唐本草》始著録。李時珍以爲《圖經》老鴉眼睛草，俚醫亦曰天泡果。其赤者爲龍珠，處處有之。

圖表

明　李時珍　《本草綱目·圖卷》

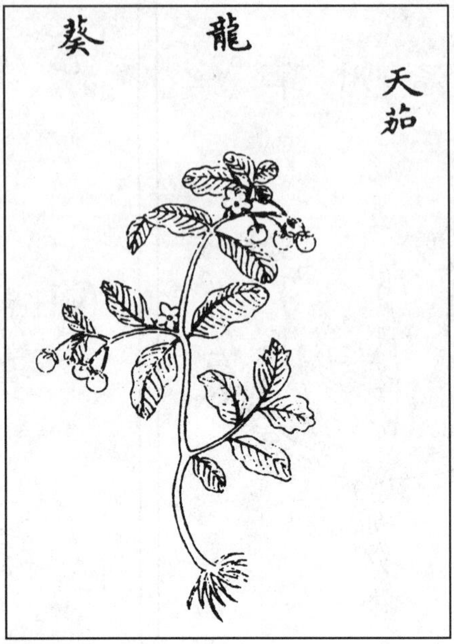

清　吳其濬　《植物名實圖考》卷一四《龍葵》

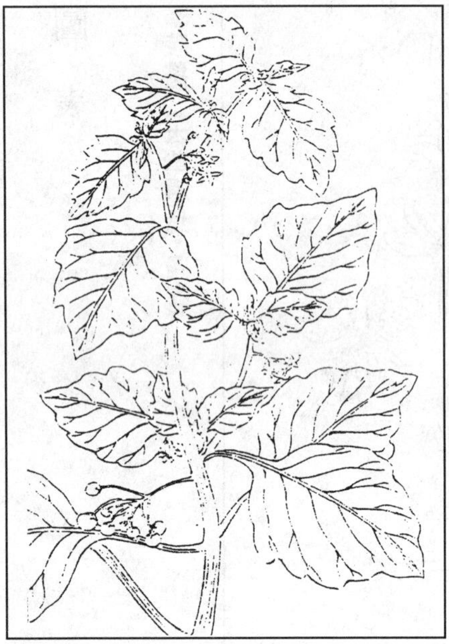

漏蘆

綜述

明　李時珍　《本草綱目》卷一五　漏盧《本經》上品　釋名：野蘭、《本經》莢蒿、蘇恭鬼油麻。《日華》　時珍曰：屋之西北黑處謂之漏。凡物黑色謂之盧。此草秋後即黑，異於衆草，故有漏盧之稱。《唐韵》作蘆。其莢如麻，故俗呼爲鬼油麻雲集解：《别録》曰：漏盧生喬山山谷，八月採根，陰乾。弘景曰：喬山應是黄帝所葬處，乃在上郡。今出近道。市人取苗用之。俗中取根名鹿驪根，苦酒摩以療瘡疥。恭曰：此藥俗名莢蒿，莖葉似白蒿，花黄，生莢，長似細麻之莢，大如箸許，有四五瓣，七八月後皆黑，異於衆草，蒿之類也。常用其莖葉及子，未見用根。其鹿驪，山南謂之木黎蘆，有毒，非漏盧也。今人以馬薊似苦芙者爲漏盧，亦非也。志曰：别本注言漏盧莖大如箸，高四五尺，子房似油麻房而小。江東人取其苗用，勝於根。江寧及上黨者佳。陶云鹿驪，蘇云木黎蘆，皆非也。漏盧自别。藏器曰：南人用苗，北土用根，乃樹生，如茱萸樹，高二三尺，有毒殺蟲，山人以洗瘡疥。保昇曰：葉似角蒿，今曹、兖州下濕處最多。六月、七月採莖，日乾，黑於衆草。大明曰：花苗並可用。形並氣味似乾牛蒡，頭上有白花子。頌曰：今汴東州郡及秦、海州皆有之。舊説莖葉似白蒿，花黄有莢，莖若箸大，房類油麻而小。今諸郡所圖上，惟單州者差相類。沂州者花葉頗似牡丹。秦州者花似單葉寒菊，紫色，五七枝同一幹。海州者花紫碧，如單葉蓮花，花萼下及根旁有白茸裹之，根如蔓菁而細，又類葱本，黑色，淮甸人呼爲老翁花。三州所生花雖别，而葉頗相類，但秦、海州者葉更作鋸齒狀。一物而殊類如此，醫家何所適從？當依舊説，以單州出者爲勝。又《本草》飛廉一名漏盧，云與苦芙相類，其根生則肉白皮黑，乾則黑如玄參，七八月採花陰乾用。所説與秦州、海州所圖漏盧花葉及根頗相近，然彼人但名漏盧，不曰飛廉也。斆曰：一種真似漏盧，只是味苦酸，誤服令人吐不止。時珍曰：按沈存中《筆談》云：今方家所用漏盧乃飛廉也。飛廉一名漏盧，苗似苦芙，根如牛蒡綿頭者是也。採時用根。今閩中所謂漏盧，莖如油麻，高六七寸，秋深枯黑如漆，採時用苗，乃真漏盧也。餘見飛廉下。

清　吳其濬　《植物名實圖考》卷一一《漏蘆》　漏蘆，《本經》上品。宋《圖經》有數種，今從《救荒本草》。

圖表

明　李時珍《本草綱目・圖卷》

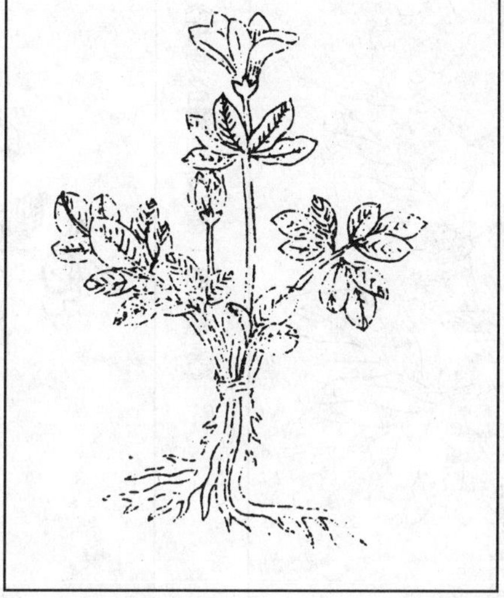

沂州漏蘆

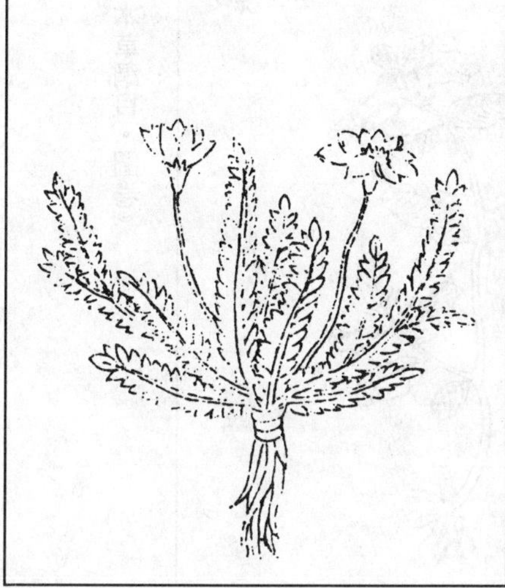

單州漏蘆

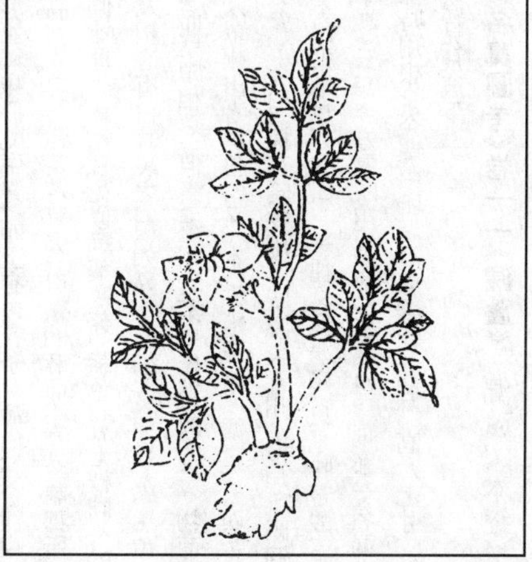

海州漏蘆

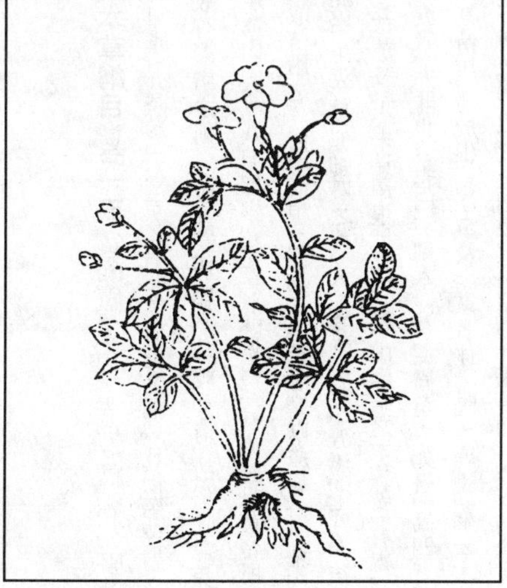

秦州漏蘆

清　吴其濬《植物名實圖考》卷一一《漏蘆》

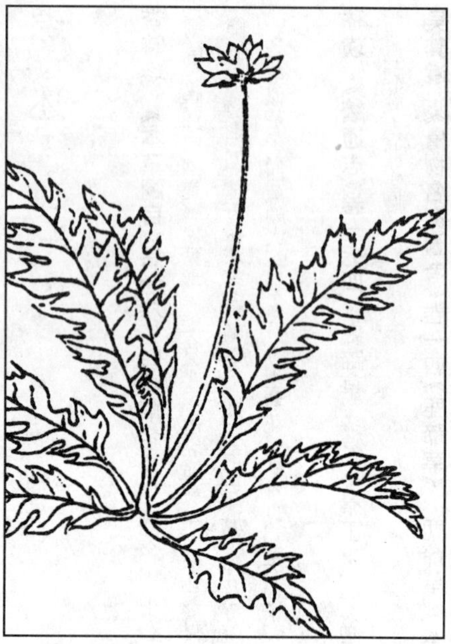

陸英

綜述

明　李時珍《本草綱目》卷一六　蒴藋音朔弔。《别録》下品　釋名：堇草、《别録》芨、《别録》接骨草。　集解：《别録》曰：蒴藋生田野。春夏採葉，秋冬採莖根。弘景曰：田野墟村甚多。恭曰：此陸英也，剩出此條。《爾雅》云：芨，堇草。郭璞注云：烏頭苗也。檢三堇别名亦無此者。《别録》言此一名堇草，不知所出處。宗奭曰：蒴藋花白，子初青如緑荳顆，每朵如盞面大，又平生，有一二百子，十月方熟紅。時珍曰：每枝五葉。說見陸英下。

又　陸英《本經》下品　釋名：解見下文。　集解：《别録》曰：陸英生熊耳川谷及冤句，立秋採。恭曰：此即蒴藋也。古方無蒴藋，惟言陸英。後人不識，浪出蒴藋條。此葉似芹及接骨花，三物亦同一類。故芹名水英，此名陸英，接骨樹名木英，此三英也，花葉並相似。志曰：蘇恭以陸英、蒴藋爲一物。今詳陸英味苦寒無毒，蒴藋味酸温有毒，既此不同，難謂一種，蓋其類爾。宗奭曰：蒴藋與陸英性味及出産皆不同，治療又别，自是二物，斷無疑矣。頌曰：本草陸英生熊耳川谷及冤句。蒴藋不載所出州土，但云生田野，今所在有之。春抽苗，莖有節，節間生枝，葉大似水芹。春夏採葉，秋冬採根莖。陶、蘇皆以爲一物。馬志以性味不同，疑非一種，亦不能細别。但《爾雅》：木謂之華，草謂之榮，不榮而實謂之秀，榮而不實謂之英。此物既有英名，當是其花。故《本經》云，立秋採，正是其花時也。時珍曰：陶、蘇《本草》、甄權《藥性論》，皆言陸英即蒴藋，必有所據。馬志、寇宗奭雖破其說，而無的據。仍當是一物，分根莖花葉用，如蘇頌所云也。

清　吴其濬《植物名實圖考》卷一一《陸英》　陸英，《本經》下品。《别録》謂之蒴藋，以爲即《爾雅》『芨，堇草』，與郭注烏頭苗異。詳考各說，蓋即今之接骨草，俚醫以爲治跌傷要藥，謂之排風草。固始謂之珊瑚花，象其實；亦曰珍珠花，象其花也。俗名甚夥，不可殫舉。《唐本草》注及《圖經》皆以陸英爲蒴藋，而《本草衍義》所述形狀尤詳，今從之。

圖表

明　李時珍《本草綱目・圖卷》

清　吴其濬《植物名實圖考》卷一一《陸英》

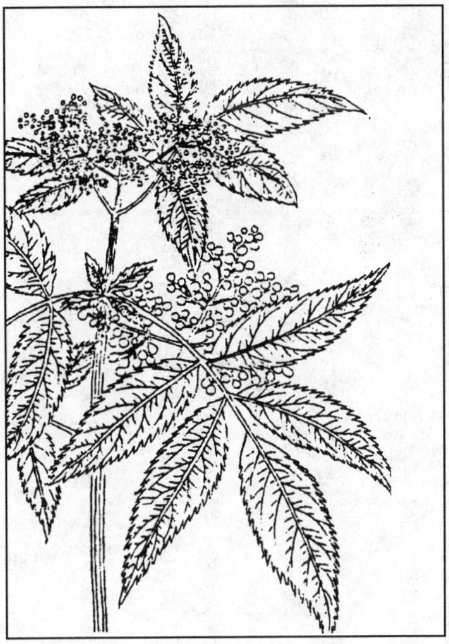

鹿蹄草

綜述

明　李時珍《本草綱目》卷一六　鹿蹄草《綱目》　釋名：小秦王草、《綱目》秦王試劍草。時珍曰：鹿蹄象葉形。能合金瘡，故名試劍草。又山慈姑亦名鹿蹄，與此不同。集解：時珍曰：按軒轅述《寶藏論》云：鹿蹄多生江廣平陸及寺院荒處，淮北絶少，川陝亦有。苗似堇菜，而葉頗大，背紫色。春生紫花。結青實，如天茄子。可製雌黄、丹砂。

清　嵇璜《續通志》卷一七四　鹿蹄草，一名小秦王草，一名秦王試劍草。山慈姑一名鹿蹄，與此不同。

清　吴其濬《植物名實圖考》卷一四《鹿蹄草》　鹿蹄草，《本草綱目》本軒轅述《寳藏論》收入隰草，闕氣味，蓋亦未經嘗也。主治金瘡、蛇犬咬毒，有圖存之。

圖表

明　李時珍《本草綱目・圖卷》

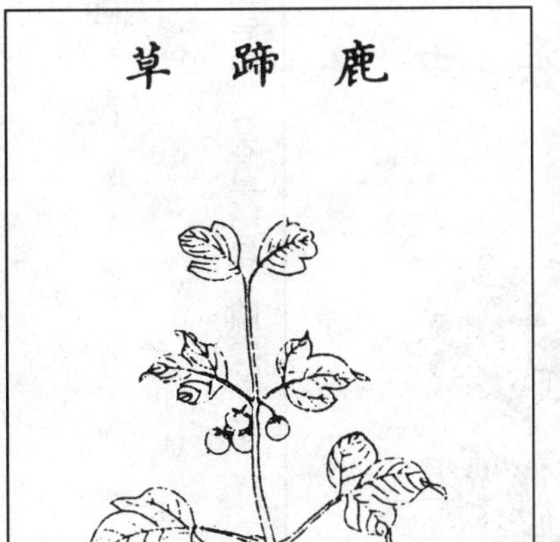

清　吴其濬《植物名實圖考》卷一四《鹿蹄草》

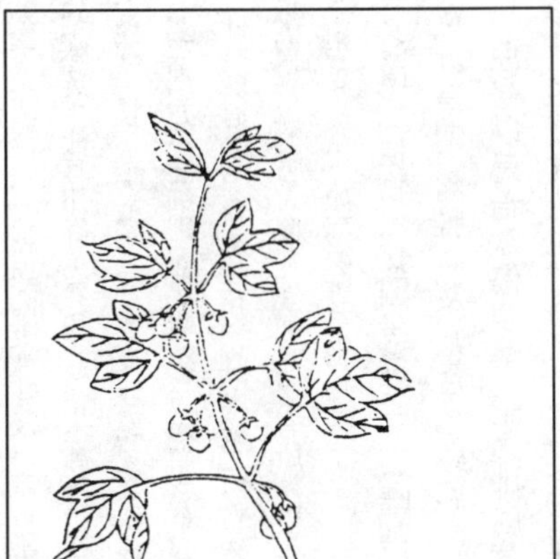

葎草

綜述

漢　許慎《説文》卷一　葎，葎，艸也。从艸，律聲。吕戌切。

明　朱橚《救荒本草》卷一　葛勒子秧，《本草》名葎草，亦名葛勒蔓，一名葛葎蔓，又名澁蘿蔓。南人呼爲攬藤，舊不著所出州土，今田野道傍處處有之。其苗延蔓而生，藤長丈餘，莖多細澁刺。葉似萆麻葉而小，亦薄。莖葉極澁，能抓挽人。莖葉間開黄白花。結子類山絲子。其葉味甘苦，性寒無毒。

明　李時珍《本草綱目》卷一八　葎草《唐本草》　校正：並入有名未用勒草。釋名：勒草、《别録》葛勒蔓、《蜀圖經》來莓草。別本　時珍曰：此草莖有細刺，善勒人膚，故名勒草。訛爲葎草，又訛爲來莓，皆方音也。《别録》勒草即此，今並爲一。集解：恭曰：葎草生故墟道旁。葉似蓖蔴而小且薄，蔓生，有細刺。亦名葛葎蔓。古方亦時用之。保昇曰：野處多有之。葉似大蔴，花黄白色，子若大麻子。俗名葛勒蔓。夏採莖葉，曝乾用。《别録》曰：勒草生山谷，如栝樓。時珍曰：二月生苗，莖有細刺。葉對節生，一葉五尖，微似蓖蔴而有細齒。八九月開細紫花成簇。結子狀如黄麻子。

清　吴其濬《植物名實圖考》卷二二《葎草》　葎草，《唐本草》始著録，處處有之。《救荒本草》謂之葛勒子秧，苗葉可煠食。《本草綱目》併入《别録》有名未用勒草。南方呼刺皆曰勒，未可以葎、勒音轉，定爲一物。雩婁農曰：湘中葎草極繁，廢圃中往往茀不可行，迷陽傷足，罥挈竊衣，其流輩也。調以酸鹹，乃不戟喉。花芥刺薊，又其亞矣。

圖表

明　朱橚《救荒本草》卷一

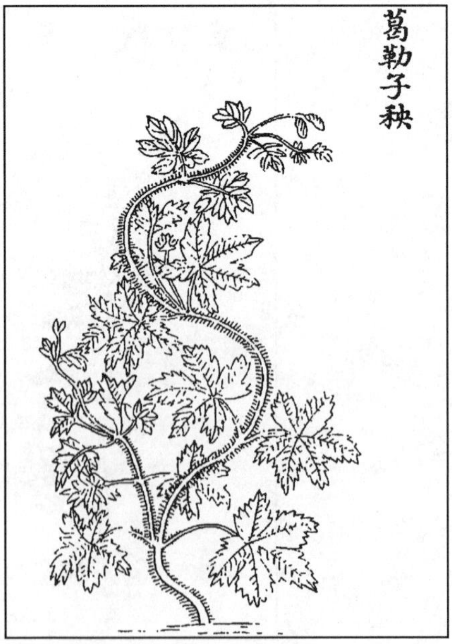

明　李時珍《本草綱目・圖卷》

清　吴其濬《植物名實圖考》卷二二《葎草》

馬鞭草

綜　述

明　李時珍《本草綱目》卷一六　馬鞭草《别録》下品　校正：並入《圖經》龍牙草。釋名：龍牙草、《圖經》鳳頸草。恭曰：穗類鞭鞘，故名馬鞭。藏器曰：此説未近，乃其節生紫花如馬鞭節耳。時珍曰：龍牙鳳頸，皆因穗取名。蘇頌《圖經》外類重出龍牙，今並爲一。又今方士謬立諸草爲各色龍牙之名，甚爲淆亂，不足憑信。集解：弘景曰：村墟陌甚多。莖似細辛，花紫色，叶微似蓬蒿也。恭曰：苗似狼牙及茺蔚，抽三四穗，紫花，似車前，穗類鞭鞘，都不似蓬蒿也。保昇曰：花白色，七月、八月採苗葉，日乾用。頌曰：今衡山、廬山、江淮州郡皆有之。苗類益母而莖圓，高二三尺。又曰：龍牙草生施州，高二尺以來。春夏有苗葉，至秋冬而枯。採根洗淨用。時珍曰：馬鞭下地甚多。春月生苗，方莖，葉似益母，對生，夏秋開細紫花，作穗如車前穗，其子如蓬蒿子而細，根白而小。陶言葉似蓬蒿，韓言花色白，蘇言莖圓，皆誤矣。

清　吴其濬《植物名實圖考》卷一四《馬鞭草》　馬鞭草，《别録》下品。李時珍以爲即《圖經》龍牙草，處處有之。人皆知煎水以洗瘡毒。

圖　表

明　李時珍《本草綱目・圖卷》

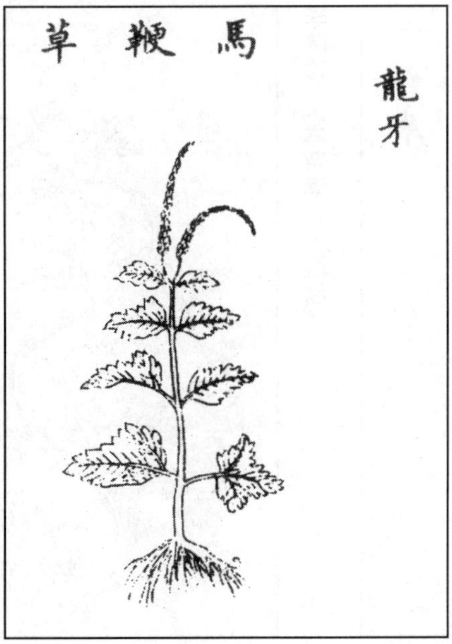

清　吳其濬《植物名實圖考》卷一四《馬鞭草》

馬兜鈴

綜述

明　李時珍《本草綱目》卷一八　馬兜鈴宋《開寶》　校正：並入《唐本草》獨行根。釋名：都淋藤、《肘後》獨行根、《唐本》土青木香、《唐本》云南根、《綱目》三百兩銀藥。宗奭曰：蔓生附木而上，葉脱時其實尚垂，狀如馬項之鈴，故得名也。時珍曰：其根吐利人，微有香氣，故有獨行、木香之名。嶺南人用治蠱，隱其名爲三百兩銀藥。《肘後》方作都淋，蓋誤傳也。集解：志曰：獨行根生古堤城旁，所在平澤叢林中皆有之。山南名爲土青木香，一名兜鈴根。蔓生，葉似蘿藦而圓且澀，花青白色。其子大如桃李而長，十月以後枯，則頭開四系若囊，其中實薄扁似榆莢。其根扁而長尺許，作葛根氣，亦似漢防己。二月、八月採根。頌曰：馬兜鈴今關中、河東、河北、江、淮、夔、浙州郡皆有之。春生苗，作蔓繞樹而生。葉如山蕷葉而厚大，背白。六月開黄紫花，頗類枸杞花。七月結實如棗大，狀似鈴，作四五瓣。其根名云南根，微似木香，大如小指，赤黄色。七八月採實，暴乾。

清　陳淏子《秘傳花鏡》卷四《藤蔓類考·馬兜鈴》　馬兜鈴，一名青木香，春生苗，作蔓附木而上。葉如山蕷而厚大，背白。六月開黄紫花，似枸杞。結實如大棗，作四五瓣，葉脱後其實尚垂，狀如馬項之鈴。

清　吳其濬《植物名實圖考》卷二一《土青木香》　土青木香，長沙山坡間有之。蔓生，細莖，葉實皆與馬兜鈴同。根黄瘦，亦有香氣。俚醫以清火毒，通滯氣。唯開花作筩子形，本小末大，彎如牛角，尖梢上翹，紫黑頗濃，中露黄蕊，與馬兜鈴開花如枸杞者迥别。

清　陳憲舜《課民植牧講義稿》卷四《馬兜鈴》　春生苗籐，繞於樹上。其葉如芋而厚大，背白。六月開黄紫花，每十二朶。七月結實如鈴，作四五瓣。葉盡落時，子垂梢上，如馬項之鈴。根扁而長尺許，即青木香。

圖表

明　李時珍《本草綱目·圖卷》

清　吴其濬《植物名實圖考》卷二一《土青木香》

麥門冬

綜　述

明　李時珍《本草綱目》卷一六　麥門冬《本經》上品　釋名：虋冬、音門秦名羊韭，齊名愛韭，楚名馬韭，越名羊耆。並《别録》。禹韭、吴普禹餘糧、《别録》忍冬、吴普忍凌、吴普不死藥、吴普階前草。弘景曰：根似穬麥，故謂之麥門冬。時珍曰：麥須曰虋，此草根似麥而有須，其葉如韭，凌冬不凋，故謂之麥虋冬，及有諸韭、忍冬諸名。俗作門冬，便於字也。可以服食斷穀，故又有餘糧、不死之稱。《吴普本草》：一名僕壘，一名隨脂。集解：《别録》曰：麥門冬葉如韭，冬夏長生。生函谷川谷及堤坂肥土石間久廢處。二月、三月、八月、十月採根，陰乾。普曰：生山谷肥地，叢生，葉如韭，實青黄。採無時。弘景曰：函谷即秦關。處處有之，冬月作實如青珠，以四月採根，肥大者爲好。藏器曰：出江寧者小潤，出新安者大白。其苗大者如鹿葱，小者如韭葉，大小有三四種，功用相似，其子圓碧。頌曰：所在有之。葉青似莎草，長及尺餘，四季不凋。根黄白色有須，根如連珠形。四月開淡紅花，如紅蓼花。實碧而圓如珠。江南出者葉大，或云吴地者尤勝。時珍曰：古人惟用野生者。後世所用多是種蒔而成。其法：四月初採根，於黑壤肥沙地栽之。每年六月、九月、十一月三次上糞及耘灌。夏至前一日取根，洗曬收之。其子亦可種，但成遲爾。浙中來者甚良，其葉似韭而多縱文且堅韌爲異。

清　魏茂林《駢雅訓纂》卷六　禹葭，忍陵，僕壘，隨脂，羊耆，馬韭，虋冬也。《神農本草經上》：麥門冬，《名醫》曰：秦名羊韭，齊名愛韭，楚名馬韭，越名羊蓍，一名禹葭。《經史證類大全·本草草部上品》：麥門冬，吴氏云：一名馬韭，一名虋冬，一名忍陵，一名僕壘，一名隨脂。虋音門，耆與蓍通。

清　張逸少《佩文齋廣羣芳譜》卷九六《藥譜·麥門冬》　麥門冬，《本草注》云：根似穬麥，故謂之麥門冬。一名虋冬，一名忍冬，一名忍凌，一名禹韭。齊名愛韭，秦名烏韭，楚名馬韭，越名羊韭。一名禹葭，一名禹餘糧，《述異記》云：今藥中有禹餘糧者，世傳昔禹治水，棄其所餘糧於江中，生爲藥也。一名不死草，《本草綱目》云：麥鬚曰虋，此草根似麥而有鬚，其葉如韭，凌冬不凋，故謂麥虋冬，及有禹韭、忍冬諸名。可以服食，斷穀，故又有餘糧不死之稱。一名階前草，一名僕壘，一名隨脂。所在有之，葉大小有三四種，功用相似。其色青，長及尺餘，大者如鹿葱，小者如韭，四季不凋。浙中者良多，縱紋且堅韌，根黄白色，有鬚在根如連珠。四月開淡紅花，如紅蓼花，實碧而圓如珠，吴地者勝。性甘平無毒。

清　吴其濬《植物名實圖考》卷一一《麥門冬》　麥門冬，《本經》上品，處處有之，蜀中種以爲業。《本草拾遺》云大小三四種，今所用有大小二種，其餘似麥冬者尚有數種，醫書不具其狀，皆入草藥。

圖表

明 李時珍《本草綱目·圖卷》

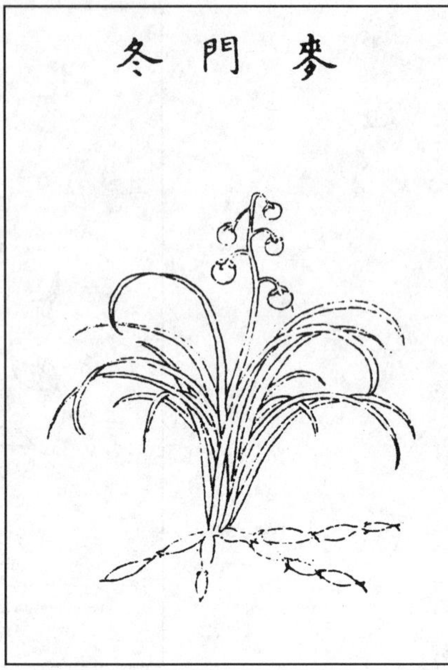

清 吴其濬《植物名實圖考》卷一一《麥門冬》

曼陀羅

綜述

明 李時珍《本草綱目》卷一七 曼陀羅花《綱目》 釋名：風茄兒、《綱目》山茄子。時珍曰：《法華經》言佛説法時，天雨曼陀羅花。又道家北斗有陀羅星使者，手執此花。故後人因以名花。曼陀羅，梵言雜色也。茄乃因葉形爾。姚伯聲《花品》呼爲惡客。集解：時珍曰：曼陀羅生北土，人家亦栽之。春生夏長，獨莖直上，高四五尺，生不旁引，緑莖碧葉，葉如茄葉。八月開白花，凡六瓣，狀如牽牛花而大。攢花中坼，駢葉外包，而朝開夜合。結實圓而有丁拐，中有小子。八月採花，九月採實。

明 徐應秋《玉芝堂談薈》卷二九《曼陀羅草》 何子元《餘冬録》：曼陀羅草，其葉如伽葉，花有大毒，末之置飲食中，令人皆醉。取一枝掛酒庫内，飲其酒者易醉。

清 嵇璜《續通志》卷一七四 曼陀羅花，一名風茄兒，一名山茄子。《法華經》言佛説法時，天雨曼陀羅花。又道家北斗有羅陀星使者，手執此花。故後人因以名花。曼陀羅，梵言雜色也。茄乃因葉形爾。李時珍曰：相傳此花笑，採釀酒飲，令人笑舞。採釀酒飲，令人舞，予嘗試之。飲酒半酣，更令一人或笑或舞，飲之乃驗也。

圖表

明　李時珍《本草綱目·圖卷》

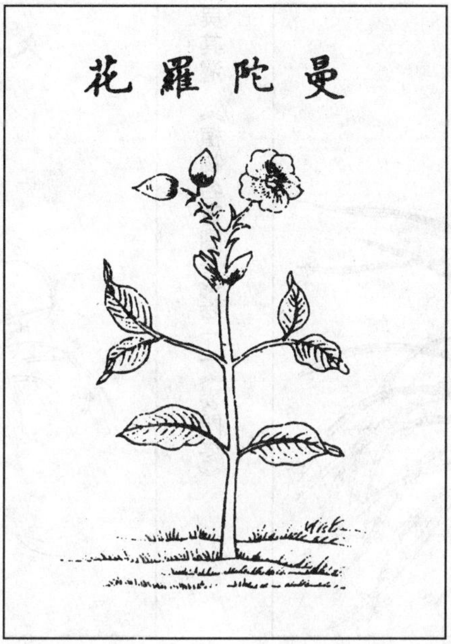

芒

綜述

《爾雅·釋草》　繁，由胡。注：未詳。莣，杜榮。注：今芒草，似茅，皮可以爲繩索、履屩也。音義：繁，音煩。莣，音亡，字亦作芒。杜，徒土反，舍人作牡。屩，大屩反。疏：芒草，一名杜榮，郭云『今芒草，似茅，皮可以爲繩索、履屩也』者。屩，草履也。

漢　許慎《說文》卷一　莣，杜榮也。从艸，忘聲。武方切。

明　李時珍《本草綱目》卷一三　芒《拾遺》　校正：並入《拾遺》石芒、敗芒箔。釋名：杜榮、《爾雅》笆芒、《寰宇志》笆茅。時珍曰：芒，《爾雅》作莣。今俗謂之笆茅，可以爲籬笆故也。集解：藏器曰：《爾雅》：莣，杜榮。郭璞注云：草似茅，皮可爲繩索履屩也。今東人多以爲箔。又曰：石芒生高山，如芒而節短，江西呼爲折草，六七月生穗如荻。時珍曰：芒有二種，皆叢生，葉皆如茅而大，長四五尺，甚快利，傷人如鋒刃。七月抽長莖，開白花成穗，如蘆葦花者，芒也；五月抽短莖，開花如芒者，石芒也。並於花將放時剥其籜皮，可爲繩箔草履諸物，其莖穗可爲掃帚也。

清　張宗法《三農紀》卷一七《草屬·芒草》　芒，茅屬也。根若荻而纂，春生葉若劍有鋒，似盧而頗小。秋深葉内抽莖，莖生節而中實。開花淡紅色，如樹纓狀。收叶可造履，古人謂若鞋者，此製之也。《左傳》云：雖有絲麻，無棄菅蒯。日華爲苜，黄華爲蒯，皆芒也。《莊子》云：芒乎？芴乎？葉飼牛馬健壯。霜後芟莖可爲籬，葉爲薪，易炊。村居環種爲藩，可御盜人。

清　吴其濬《植物名實圖考》卷八《芒》　芒，《爾雅》：芒，杜榮。《本草拾遺》始著録。今人以爲薦，多生池堰邊，秋深開花，遥望如荻，有紅、白二種。生山者瘦短爲石芒，湖南通呼爲芭茅。

圖表

晉　郭璞《爾雅音圖·釋草》

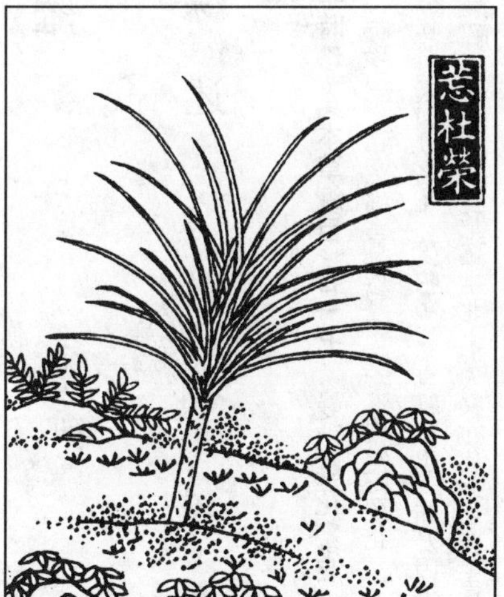

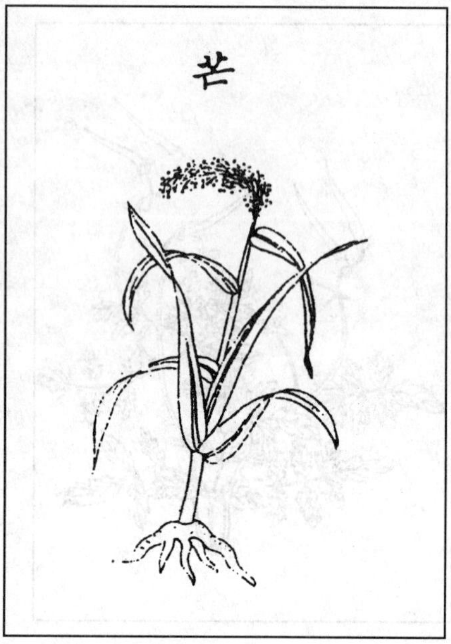

明 李時珍《本草綱目·圖卷》

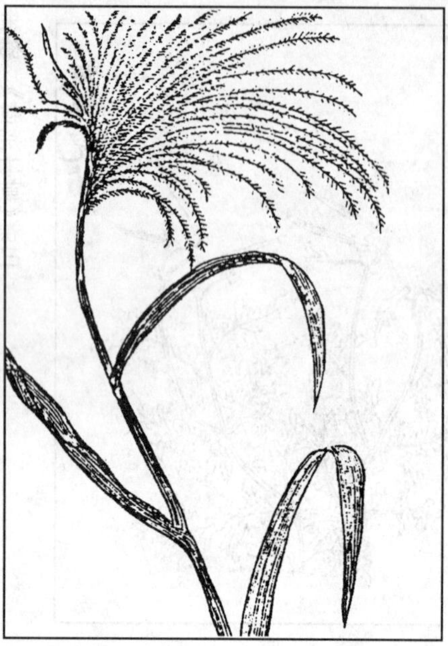

清 吳其濬《植物名實圖考》卷八《芒》

牻牛兒苗

綜述

明 朱橚《救荒本草》卷三 牻牛兒苗，音龎。又名鬭牛兒苗，生田野中，就地拖秧而生，莖蔓細弱。其莖紅紫色。葉似園荽葉，瘦細而稀疎。開五瓣小紫花，結青蓇葖音骨突。兒，上有一嘴，即委切。甚尖銳，音芮。如細錐子狀。小兒取以爲鬭戲。葉味微苦。

清 吳其濬《植物名實圖考》卷一二《牻牛兒苗》 《救荒本草》：牻牛兒苗，又名鬭牛兒苗，生田野中，就地拖秧而生，莖蔓細弱。其莖紅紫色，葉似蒝荽葉，瘦細而稀疎。開五瓣小紫花，結青蓇葖兒，上有一嘴，甚尖銳，如細錐子狀。小兒取以爲鬭戲。葉味微苦。採葉煠熟，水浸去苦味，淘淨，油鹽調食。按汜水俗呼牽巴巴。牽巴巴者，俗謂啄木鳥也。其角極似鳥嘴，因以名焉。直隸謂之瀼瀼青，言其葉焯以水則逾青云。山西圃中極多，與苦菜、苣蕒同秀，葉味不甚苦，微澀。

圖表

明 朱橚《救荒本草》卷三

清 吴其濬《植物名實圖考》卷一二《牻牛兒苗》

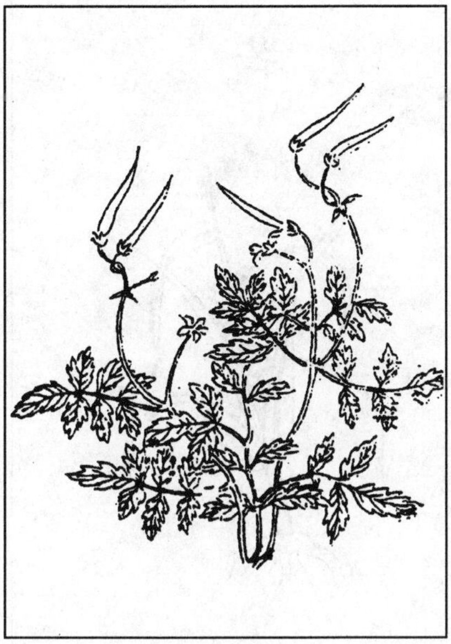

毛茛

綜述

明 李时珍《本草綱目》卷一七 毛茛音良。《拾遺》 校正：並入毛建草。釋名：毛建草、《拾遺》水茛、《綱目》毛堇、音芹。天灸、《衍義》自灸、《綱目》猴蒜。時珍曰：茛乃草烏頭之苗，此草形狀及毒皆似之，故名。《肘後方》謂之水茛。又名毛建，亦茛字音訛也。俗名毛堇，似水堇而有毛也。山人截瘧，採葉挼貼寸口，一夜作泡如火燎，故呼爲天灸、自灸。集解：藏器曰：陶注鈎吻云：或是毛茛。蘇恭云：毛茛是有毛石龍芮也。有毒，與鈎吻無干。葛洪《百一方》云：菜中有水茛，葉圓而光，生水旁，有毒，蟹多食之。人誤食之，狂亂如中風狀，或吐血，以甘草汁解之。又曰：毛建草，生江東地，田野澤畔。葉如芥而大，上有毛。花黄色，子如蒺藜。時珍曰：毛建、毛茛即今毛堇也，下濕處即多。春生苗，高者尺餘，一枝三葉，葉有三尖及細缺。與石龍芮莖葉一樣，但有細毛爲别。四五月開小黄花，五出，甚光艷。結實狀如欲綻青桑椹，如有尖峭，與石龍芮子不同。人以爲鵝不食草者，大誤也。方士取汁煮砂伏硫。沈存中《筆談》所謂石龍芮有兩種：水生者葉光而末圓，陸生者葉毛而末鋭。此即葉毛者，宜辨之。

清 嵇璜《續通志》卷一七四 毛茛，一名毛建草，一名水茛，一名毛堇，一名天灸，一名自灸，一名猴蒜。

圖表

明 **李時珍《本草綱目・圖卷》**

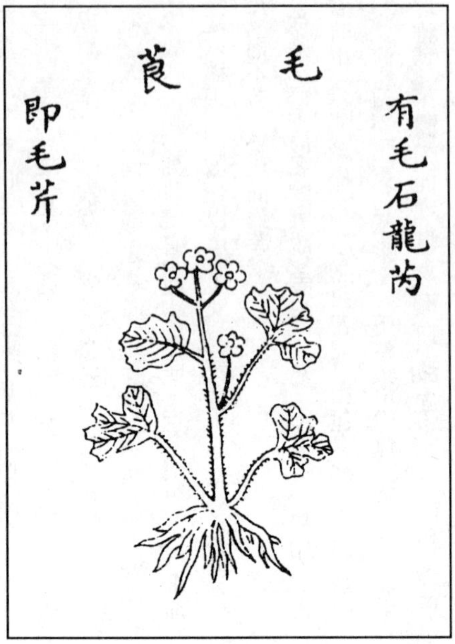

茅

綜述

《爾雅・釋草》 藗，牡茅。注：白茅屬。音義：藗，音速。牡，木後反。茅，亡交反。疏：茅之不實者也。一名藗，一名牡茅。郭云：白茅屬。

漢 許慎《說文》卷一 茅，菅也。从艸，矛聲。【略】藗，牡茅也。從艸，遬聲。

晉 嵇含《南方草木狀》卷上 芒茅枯時，瘴疫大作。交、廣皆爾也。土人呼曰黃茅瘴，又曰黃芒瘴。

宋 吴仁傑《離騷草木疏》卷四《茅》 蘭芷變而不芳兮，荃蕙化而爲茅。五臣云：茅，惡草。以喻讒臣。仁傑按：《說文》：茅，菅也。《爾雅》：藗，一名壯茅。郭璞云：白茅屬。邢昺云：茅之不實者也。《本草》茅根條云：一名蘭根，一名茹根，一名地菅，一名地筋，一名兼杜。陶隱居云：此即今白茅。《詩》云：露彼菅茅。其根如渣芹，甜美。《嘉祐圖經》云：春生芽布地如針，俗間謂之茅針，亦可啖。夏生白花茸茸然，至秋而枯。其根玉潔白。又有菅，亦茅類也。陸璣《草木疏》云：菅似茅而滑無毛，根下五寸中有白粉者，柔韌宜爲索，漚之尤善。其未漚者名野菅。《詩》：白茅束兮。

明 屠本畯《離騷草木疏補》卷四《茅》 茅，杜茅也，一名藗，白茅之屬。茅，一名蘭根，一名茹根，一名地菅，一名地筋，一名兼杜。春生布地如針，俗謂之茅針，亦可啖。夏生白华茸茸然，至秋而枯，其根至潔白。

明 李時珍《本草綱目》卷一三 白茅《本經》中品 釋名：根名茹根、《本經》蘭根、《本經》地筋。《別録》。時珍曰：茅葉如矛，故謂之茅。其根牽連，故謂之茹。《易》曰『拔茅連茹』是也。有數種：夏花者爲茅，秋花者爲菅。二物功用相近，而名謂不同。《詩》云『白華菅兮，白茅束兮』是也。《別録》不分茅菅乃二種，謂茅根一名地菅，一名地筋，而有名未用又出地筋，一名菅根。蓋二物之根狀皆如筋，可通名地筋，不可並名菅也，正之。集解：《別録》曰：茅根生楚地山谷田野，六月採根。弘景曰：此即今白茅菅。《詩》云『露彼菅茅』是也。其根如渣芹，甜美。頌曰：處處有之。春生芽，布地如針，俗謂之茅針，亦可啖，甚益小兒。夏生白花茸茸然，至秋而枯。其根至潔白，六月採之。又有菅，亦茅類也。陸璣《草木疏》云：菅似茅而滑無毛，根下五寸中有白粉者，柔韌宜爲索，漚之尤善。其未漚者名野菅，入藥與茅功等。時珍曰：茅有白茅、菅茅、黃茅、香茅、芭茅數種，葉皆相似。白茅短小，三四月開白花成穗，結細實。其根甚長，白軟如筋而有節，味甘，俗呼絲茅，可以苫蓋，及供祭祀苞苴之用，《本經》所用茅根是也。其根乾之，夜視有光，故腐則變爲螢火。菅茅只生山上，似白茅而長，入秋抽莖，開花成穗如荻花，結實尖黑，長分許，粘衣刺人。其根短硬如細竹根，無節而微甘，亦可入藥，功不及白茅，《爾雅》所謂『白華，野菅』是也。黃茅似菅茅，而莖上開葉，莖下有白粉，根頭有黃毛，根亦短而細硬無節，秋深開花穗如菅，可爲索綯，古名黃菅，《別録》所用菅根是也。香茅一名菁茅，一名瓊茅，生湖南及江淮間，葉有三脊，其氣香芬，可以包藉及縮酒，《禹貢》所謂『荊州苞匭菁茅』是也。芭茅叢生，葉大如蒲，長六七尺，有二種，即芒也。見後芒下。

明 李中立《本草原始》卷二 茅根始生楚地山谷田野，今處處有之。春生苗，布地如針，俗謂之茅針。夏開白茸花。《易》曰『借用白茅』，即此也。根有節如菅，故《本經》名地菅。《詩》云『白華菅兮，白茅束兮』是也。《醫學入門》曰：茅，冒也，毛也，冒然而生，爲地之毛也。

明 劉侗《名物通》卷七 茅，《爾雅》曰：蘱，牡茅也。江淮間菁茅，一莖三脊。零陵出日香茅。古貢之縮酒。郴州有青茅，可染青，其始生曰蒹菅，似茅而滑，俗名白芒。黄花者名黄茅，即蒯也。《詩》：雖有絲麻，無弃菅蒯。

清 魏茂林《駢雅訓纂》卷六 蒹杜，地菅，茅根也。又《本草經中》：茅根，《名醫》曰：一名地菅，一名兼杜。蒹與兼通。

清 張宗法《三農紀》卷一七《草屬・茅草》 茅，《圖經》云：漫生坪坡，葉若莽而細，根小如蘆而有節。春生苗，長者二三尺餘。三月結苞，開花亦如莽花而形小，有紫、白二色，若掎矛狀，故加艸以茅名。初出土曰茅針，花曰茅秀，葉曰茅管。故《易・大過》：藉用白茅。葉嫩時，芟作繩索。是以《詩》云：晝爾于茅，宵爾索陶。《爾雅翼》云：蔱根名茹。《易》云：收茅连茹。方書取之入藥，祝由家取之鎮魔。嫩葉可織履，飼牛馬甚壯。葉老苫屋，經風雨，故號苫艸，爲薪燒窑，煅磁堪佳，是云司窑艸，形細而長，名絲毛艸。湯取之以禱雨，周取之以承祭。《離騷》云：時續兮其變易兮，又何以淹流。蘭芷變而不芳兮，化而爲茅。

清 徐鼎《毛詩名物圖説》卷五 《易・大過》：藉用白茅。毛《傳》：白茅，取潔清也。陸璣《疏》：茅之白者，有用包裹禮物以充祭祀縮酒用之。《正義》曰：《傳》曰：尔貢包茅不入，王祭不供，無以縮酒。以供祭祀，明其潔清。《埤雅》：茅體柔而理直，又潔白，故先王用之以藉，亦以縮酒。《圖經》：處處有之，春生茅，布地如針，俗謂之茅針。夏生白華，其根潔白。又有菅，亦茅類。愚按：取潔白之茅，以包束之，猶可以爲禮。又茅之始生者曰荑，《静女》云『自牧歸荑』是也。

清 吳其濬《植物名實圖考》卷八《白茅》 白茅，《本經》中品，古以縮酒。其芽曰茅針，白嫩可啖，小兒嗜之。河南謂之茅荑，湖南通呼爲絲茅，其根爲血症要藥。雩婁農曰：《説文》：菘，茅秀也。從草，私聲。《繫傳》云：此即今茅華未放者也。今人食之，謂之茅揠。音軋。《詩》所謂『手如柔荑』。荑，秀也。汝南兒語，本古訓矣。紫茹未拆，銀線初含，苞解綿綻，沁鼻生津。物之潔，味之甘，洵無倫比。

晉 郭璞《爾雅音圖・釋草》

明 李時珍《本草綱目・圖卷》

清 徐鼎《毛詩名物圖說》卷五

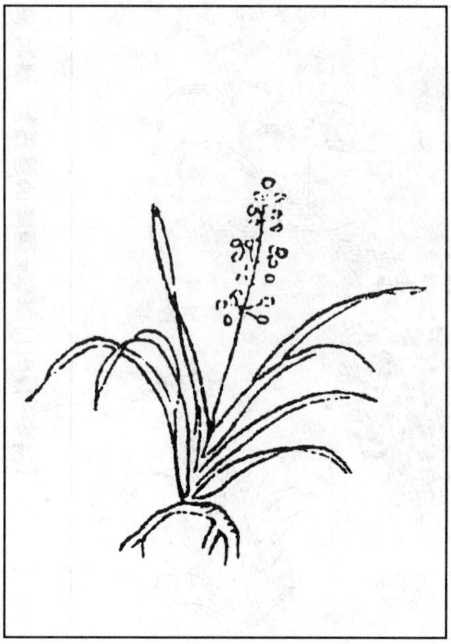

清 吳其濬《植物名實圖考》卷八《白茅》

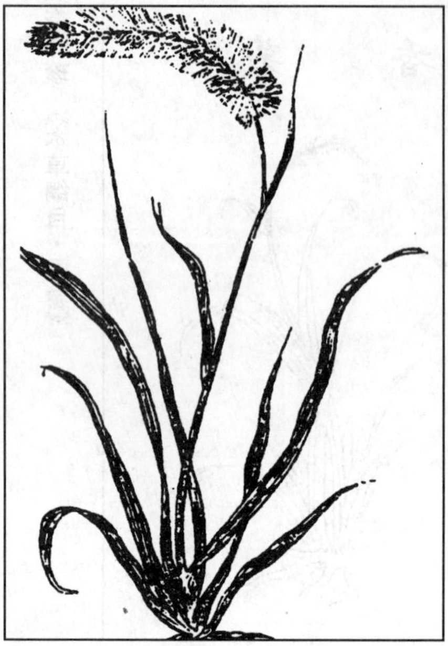

茅香

綜述

明 李時珍《本草綱目》卷一四 茅香宋《開寶》 校正：並入宋《圖經》香麻。釋名：嗢尸羅、《金光明經》香麻。時珍曰：蘇頌《圖經》復出香麻一條，云出福州，煎湯浴風甚良，此即香茅也，閩人呼茅如麻故爾。今並爲一。集解：志曰：茅香生劍南道諸州，其莖葉黑褐色，花白色，即非白茅香也。頌曰：今陝西、河東、汴東州郡亦有之，遼、澤州充貢。三月生苗，似大麥。五月開白花，亦有黃花者。有結實者，有無實者。並正月、二月採根，五月採花，八月採苗。宗奭曰：茅香根如茅，但明潔而長。可作浴湯，同藁本尤佳。仍入印香中，合香附子用。時珍曰：茅香凡有二：此是一種香茅也；其白茅香，别是南番一種香草。唐慎微《本草》不知此義，乃以白茅花及白茅香諸注引入茅香之下，今並提歸各條。

清 吳其濬《植物名實圖考》卷二五《茅香花》 茅香花，《嘉祐本草》始著録。宋《圖經》：苗似大麥，五月開白花，亦有黃花，生劒南。《海藥本草》云：生廣南山谷。

圖表

明 李時珍《本草綱目·圖卷》

清 吳其濬《植物名實圖考》卷二五《茅香花》

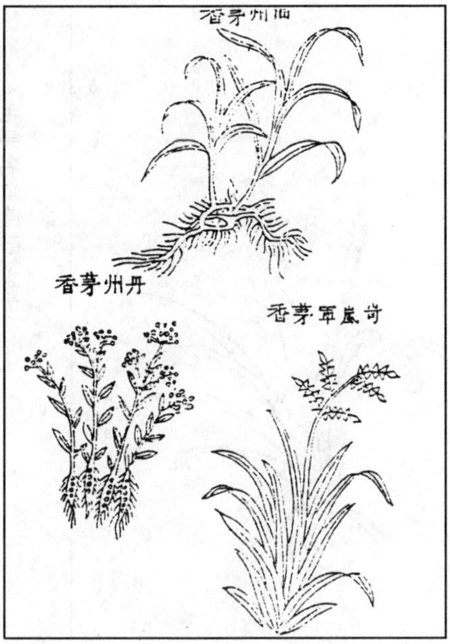

木香

綜述

明 李時珍《本草綱目》卷一四 木香《本經》上品 釋名：蜜香、《別録》青木香、弘景五木香、《圖經》南木香。《綱目》 時珍曰：木香，草類也。本名蜜香，因其香氣如蜜也。緣沉香中有蜜香，遂訛此爲木香爾。昔人謂之青木香。後人因呼馬兜鈴根爲青木香，乃呼此爲南木香、廣木香以別之。今人又呼一種薔薇爲木香，愈乱真矣。《三洞珠囊》云：五香者，即青木香也。一株五根，一莖五枝，一枝五葉，葉間五節，故名五香，燒之能上徹九天也。古方治痈疽有五香連翹湯，内用青木香。古樂府云『氊毹毾㲪五木香』，皆指此也。頌曰：《修養書》云：正月一日取五木香湯以浴，令人至老鬚髮黑。徐鍇注云：道家謂青木香爲五香，亦云五木，多以爲浴是矣。《金光明經》謂之矩琵佗香。集解：《別録》曰：木香生永昌山谷。弘景曰：此即青木香也。永昌不復貢，今多從外國舶上來，乃云出大秦國。今皆以合香，不入藥用。恭曰：此有二種，當以崑崙來者爲佳，西胡來者不善。葉似羊蹄而長大，花如菊花，結實黃黑，所在亦有之，功用極多。陶云不入藥用，非也。權曰：《南州異物志》云：青木香出天竺，是草根，狀如甘草也。頌曰：今惟廣州舶上來，他無所出。根窠大類茄子，葉似羊蹄而長大，亦有葉如山藥而根大開紫花者。不拘時月，採根芽爲藥。以其形如枯骨，味苦黏牙者爲良。江淮間亦有此種，名土青木香，不堪藥用。《蜀本草》言孟昶苑中亦嘗種之，云苗高三四尺，葉長八九寸，皺軟而有毛，開黃花，恐亦是土木香種也。斅曰：其香是蘆蔓根條，左盤旋。採得二十九日，方硬如朽骨。其有蘆頭丁蓋子色青者，是木香神也。宗奭曰：常自岷州出塞，得青木香，持歸西洛。葉如牛蒡，但狹長，莖高二三尺，花黃一如金錢，其根即香也。生嚼極辛香，尤行气。承曰：木香今多從外國來，陶説爲是。蘇頌《圖經》所載廣州者，乃是木類。又載滁州、海州者，乃是馬兜鈴根。治療冷熱，殊不相似，皆誤圖耳。時珍曰：木香，南方諸地皆有。《一統志》云：葉類絲瓜，冬月取根，晒乾。

藝文

宋 徐積《節孝集》卷二一《詠慎郎中園木香》 仙子霓裳曳紺霞，瓊姬仍坐碧云車。誰言十日春歸去，猶有春風在慎家。

清 沙琛《點蒼山人詩鈔》卷五《木香花》 雪蘂玲瓏簇素霞，濃香漠漠繞籬斜。長安好事珍投贈，林野誰知是禁花。

木賊

綜述

明 李時珍《本草綱目》卷一五 木賊宋《嘉祐》 釋名：時珍曰：此草有節，面糙澀。治木骨者，用之磋擦則光淨，猶云木之賊也。集解：禹錫曰：木賊出秦、隴、華、成諸郡近水地。苗長尺許，叢生。每根一幹，無花葉，寸寸有節，色青，凌冬不雕。四月採之。頌曰：所在近水地有之，採無時，今用甚多。時珍曰：叢叢直上，長者二三尺，狀似鳧茈苗及粽心草，而中空有節，又似麻黄莖而稍粗，無枝葉。

清 嵇璜《續通志》卷一七四 木賊，苗長尺許，叢生，每根一幹，無花葉，寸寸有節，色青。治木骨者用之。又有問荆苗如木賊，節節相接，一名接續草。

清 吴其濬《植物名實圖考》卷一四《木賊》 木賊，《嘉祐本草》始著録。今惟治目醫用之。《物類相感志》：木賊軟牙，蓋治木角之工所恃以爲光滑者。通呼爲節節草，亦肖其形。

圖表

明 李時珍《本草綱目·圖卷》

清 吴其濬《植物名實圖考》卷一四《木賊》

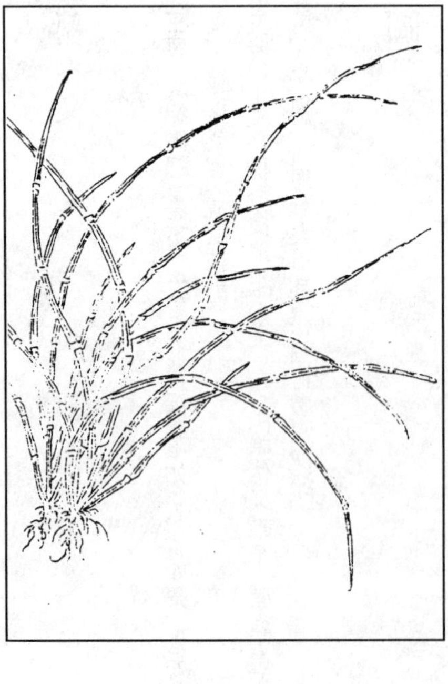

牛蒡

綜述

明　朱橚《救荒本草》卷四　牛旁子，《本草》名惡實，未去萼名鼠粘子，俗名夜叉頭，根謂之牛菜。生魯山平澤，今處處有之。苗高二三尺，葉如芋葉，長大而澁，花淡紫色。實似葡萄而褐色，外殼如栗梂而小，多刺，鼠過之，則綴惹不可脱，故名。殼中有子如半麥粒而匾小。根長尺餘，麄如拇指。其色灰黪，味辛，性平。一云味甘，無毒。

明　李時珍《本草綱目》卷一五　惡實《别録》中品　釋名：鼠黏、《别録》牛蒡、《别録》大力子、《綱目》蒡翁菜、《綱目》便牽牛、《綱目》蝙蝠刺。時珍曰：其實狀惡而多刺鉤，故名。其根葉皆可食，人呼爲牛菜，術人隱之，呼爲大力也。俚人謂之便牽牛。河南人呼爲夜叉頭。頌曰：實殼多刺，鼠過之則綴惹不可脱，故謂之鼠粘子，亦如羊負來之比。集解：《别録》曰：惡實生魯山平澤。恭曰：魯山在鄧州東北。此草葉大如芋，子殼似栗狀，實細長如茺蔚子。頌曰：惡實即牛蒡子也，處處有之。葉大如芋葉而長。實似葡萄核而褐色，外殼似栗梂，而小如指頭，多刺。根有極大者，作菜茹益人。秋後採子入藥。時珍曰：牛蒡古人種子，以肥壤栽之。剪苗汋淘爲蔬，取根煮曝爲脯，云甚益人，今人亦罕食之。三四生苗，起莖高者三四尺。四月開花成叢，淡紫色。結實如楓梂而小，萼上細刺百十攢簇之，一梂有子數十顆。其根大者如臂，長者近尺，其色灰黪。七月採子，十月採根。

清　吴其濬《植物名實圖考》卷一一《惡實》　惡實，《别録》中品，即牛蒡子。《救荒本草》謂之牛菜，俗呼夜叉頭。根葉皆可煮食，今爲斑疹要藥，蓋除風傷之功。雩婁農曰：牛蒡子多刺，而獨以惡名，何也？初生葉大如芋，形固可駭，莖尤肥，宜能果腹。醫者蓄其實爲良藥，竟體皆有功於人，而蒙不韙之名，名顧可憑乎？牛之名誠不得與騶虞、騏驥伍，而爲用亦大矣。劉表帳下牛重八百斤，殺而享士，無異常牛，麄其形而枵其實，爲人所輕，得名亦倖矣哉！

藝文

宋　王質《紹陶録》卷下《牛蒡》　花褐，莖如芋，殼如栗，實如葡萄。苗莖皆可食，人呼牛菜，又號鼠黏子。

我取友兮得牛蒡，稠叢捷鼠走不上。深山誰伏又誰牽，唇麄舌皺滕頭壯。實雖惡，食不惡，所思兮奚可却，松岡竹墩隔沙礫。

圖表

明　朱橚《救荒本草》卷四

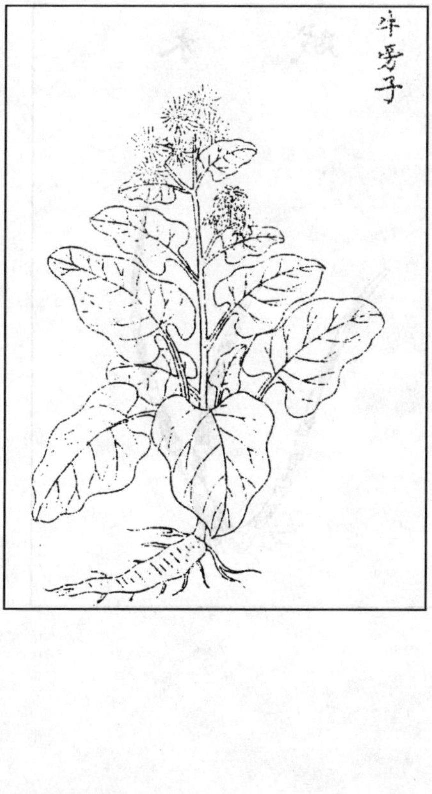

明 李時珍《本草綱目·圖卷》

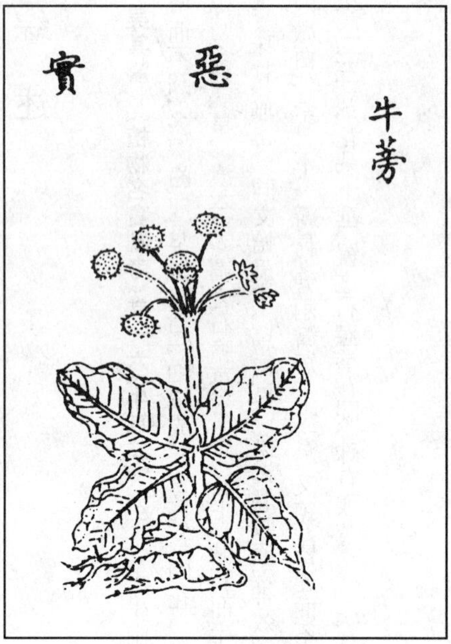

清 吳其濬《植物名實圖考》卷一一《惡實》

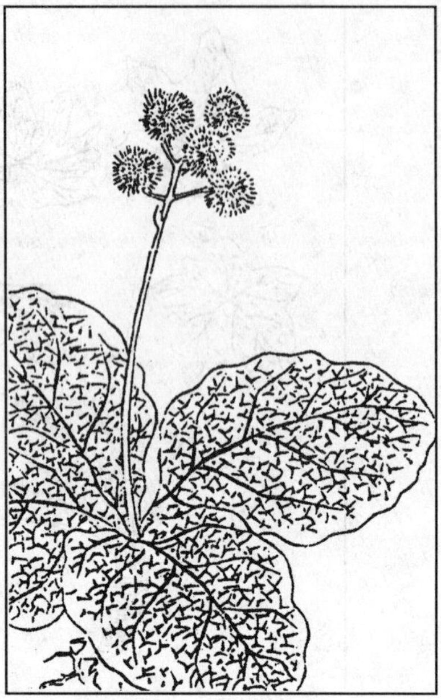

牛扁

綜述

明 李時珍《本草綱目》卷一七 牛扁《本經》下品 釋名：扁特、《唐本》扁毒。《唐本》 集解：《别録》曰：牛扁生桂陽川谷。弘景曰：今人不復識此。恭曰：此藥似堇草、石龍芮輩，根如秦艽而細，生平澤下濕地。田野人名爲牛扁，療牛虱甚效。太常名扁特，或名扁毒。保昇曰：今出寧州。葉似石龍芮、附子等。二月、八月採根，日乾。頌曰：今潞州一種名便特。六月有花，八月結實。採其根苗，搗末油調，殺蟣虱。主療大都相似，疑即扁特也，但聲近而字訛耳。

清 嵇璜《續通志》卷一七四 牛扁，一名扁特，一名扁毒。

清 吳其濬《植物名實圖考》卷二四《牛扁》 牛扁，《本經》下品。陶隱居云：今人不復識此。《唐本草》、宋《圖經》俱載其形狀、功用。

圖表

明 李時珍《本草綱目·圖卷》

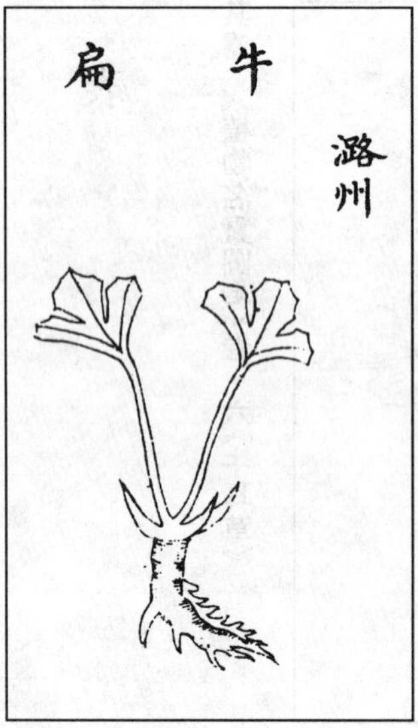

清　吴其濬《植物名實圖考》卷二四《牛扁》

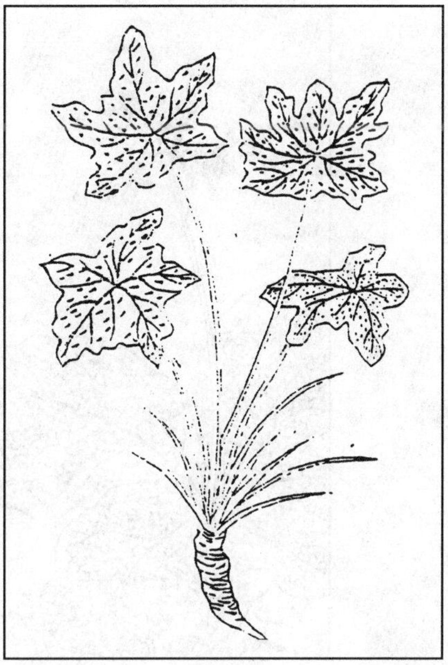

牛耳草

綜述

清　吴其濬《植物名實圖考》卷一六《牛耳草》　牛耳草，生山石間，鋪生，葉如葵而不圓，多深齒而有直紋隆起，細根成簇，夏抽葶開花。治跌打損傷。湖南謂之翻魂草，《滇本草》謂之石膽草。云生石上，貼石而生，開花形似車前草。味甘，無毒。同文蛤爲末，烏須良。葉搗爛敷瘡，神效。按此花作筩子，内微白外紫。下一瓣長，旁兩瓣短，上一瓣又短，皆連而不坼，如翦缺然。葶高二三寸，花朵下垂，置之石盎拳石間，殊有致。

圖表

清　吴其濬《植物名實圖考》卷一六《牛耳草》

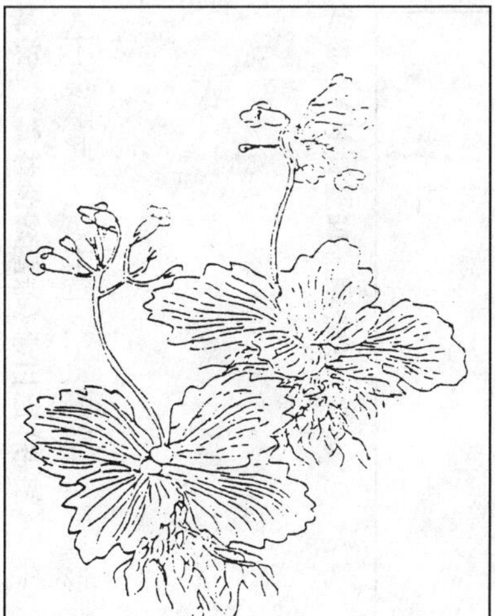

牛耳朵

綜述

明　朱橚《救荒本草》卷八　牛耳朵菜，一名野芥菜，生田野中。苗高一二尺，苗莖似萵苣色，葉似牛耳朵形而小，葉間分攛葶叉。開白花，結子如粟粒大。葉味微苦辣。

清　吴其濬《植物名實圖考》卷一二《牛耳朵》　《救荒本草》：牛耳朵，一名野芥菜，生田野中。苗高一二尺，苗莖似萵苣，葉似牛耳朵形而小，葉間分攛葶叉，開白花，結子如棗粒大。葉味微苦辣。採苗葉淘洗淨煠熟，油鹽調食。

圖表

明 朱橚《救荒本草》卷八

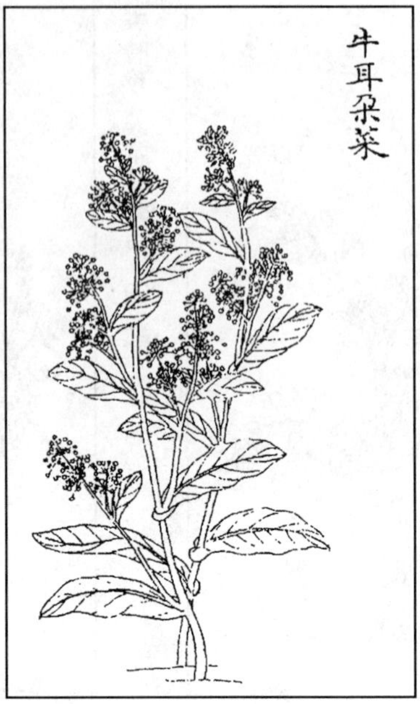

清 吳其濬《植物名實圖考》卷一二《牛耳朵》

牛膝

綜述

明 朱橚《救荒本草》卷一 山莧菜，《本草》名牛膝，一名百倍，俗名脚斯蹬，又名對節菜。生河内川谷，及臨朐、江淮、閩粵、關中、蘇州皆有之，然皆不及懷州者爲真，蔡州者最長大柔潤，今鈞州山野中亦有之。苗高二尺已來，莖方，青紫色。其莖有節如鶴膝，又如牛膝狀，以此名之。葉似莧菜葉而長，頗尖艄，音哨。葉皆對生。開花作穗。根味苦酸，性平無毒。葉味甘微酸。惡螢火、陸英、龜甲，畏白前。

明 李時珍《本草綱目》卷一六 牛膝《本經》上品 釋名：牛莖、《廣雅》百倍、《本經》山莧菜、《救荒》對節菜。弘景曰：其莖有節，似牛膝，故以爲名。時珍曰：《本經》又名百倍，隱語也，言其滋補之功，如牛之多力也。其葉似莧，其節對生，故俗有山莧、對節之稱。集解：《別録》曰：牛膝生河内川谷及臨朐，二月、八月、十月採根，陰乾。普曰：葉如夏藍，莖本赤。弘景曰：今出近道蔡州者，最長大柔潤。其莖有節，莖紫節大者爲雄，青細者爲雌，以雄爲勝。大明曰：懷州者長白，蘇州者色紫。頌曰：今江淮、閩粵、關中亦有之，然不及懷州者爲真。春生苗，莖高二三尺，青紫色，有節如鶴膝及牛膝狀。葉尖圓如匙，兩兩相對。於節上生花作穗，秋結實甚細。以根極長大至三尺而柔潤者爲佳。莖葉亦可單用。時珍曰：牛膝處處有之，謂之土牛膝，不堪服食。惟北土及川中人家栽蒔者爲良。秋間收子，至春種之。其苗方莖暴節，葉皆對生，頗似莧葉而長且尖艄。秋月開花，作穗結子，狀如小鼠負蟲，有澀毛，皆貼莖倒生。九月採取根，水中浸兩宿，挼去皮，裹扎暴乾，雖白直可貴，而挼去白汁入藥，不如留皮者力大也。嫩苗可作菜茹。

圖表

明 朱橚《救荒本草》卷一

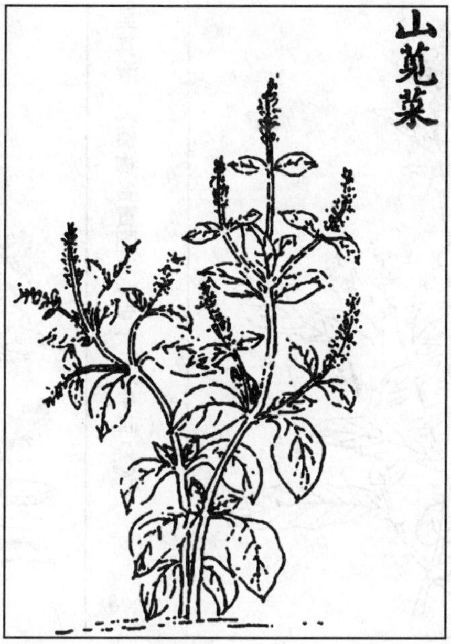

明 李時珍《本草綱目·圖卷》

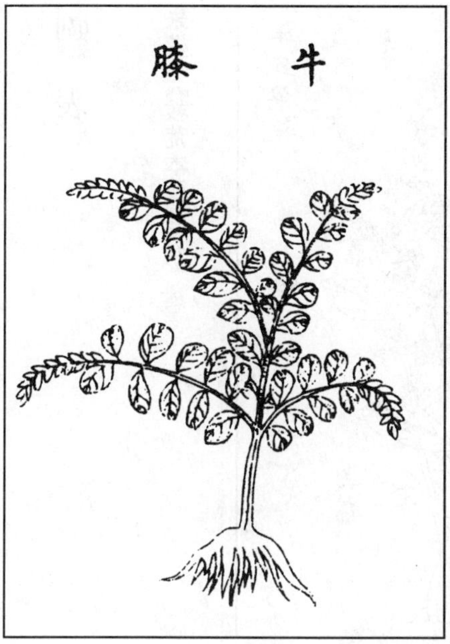

女菀

綜述

宋 寇宗奭《本草衍義》卷一〇 女菀，一名白菀，或者謂爲二物，非也。唐删去白菀之條，甚合宜。

明 李時珍《本草綱目》卷一六 女菀《本經》中品 釋名：白菀、《别録》織女菀、《别録》女復、《廣雅》茆。音柳。時珍曰：其根似女體柔婉，故名。集解：《别録》曰：女菀生漢中山谷或山陽。正月、二月採，陰乾。弘景曰：比來醫方無復用之。復有白菀似紫菀，恐非此也。恭曰：白菀即女菀，有名未用重出一條，故陶説疑之。功與紫菀相似。宗奭曰：女菀即白菀，非二物也。唐修《本草》删去白菀，甚合宜。時珍曰：白菀，即紫菀之色白者也。雷斅言，紫菀白如練色者，名羊鬚草，恐即此物也。

清 王念孫《廣雅疏證》卷一 女腸，女菀也。紫菀之白者，名女菀。《急就篇》云：牡蒙甘草菀藜蘆。顔師古注云：菀，謂紫菀，女菀之屬也。《神農本草》云：女菀，味辛温。生漢中川谷。《御覽》引《吴普本草》云：女菀，一名白菀，一名織女菀。《雷公炮炙論》云：紫菀有白如練色者，號曰羊須草。陶注《本草》『紫菀』云：紫菀，白者名白菀。《唐本注》云：白菀，即女菀也。

清 吴其濬《植物名實圖考》卷一一《女菀》 女菀，《本經》中品。《唐本草》注以爲即白菀，功用與紫菀相似。今湖南嶽麓多有之。

圖表

明 李時珍《本草綱目・圖卷》

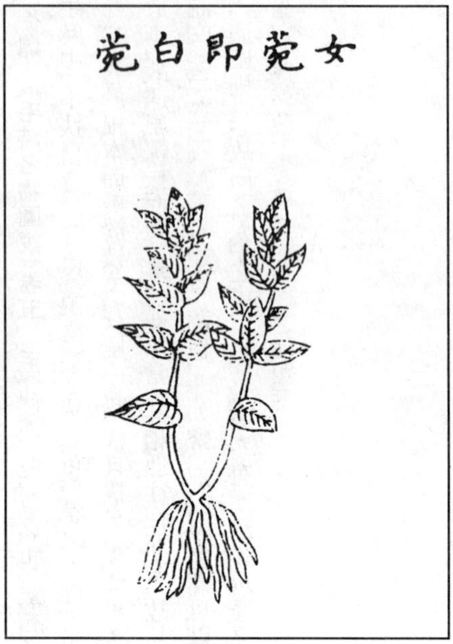

清 吳其濬《植物名實圖考》卷一一《女菀》

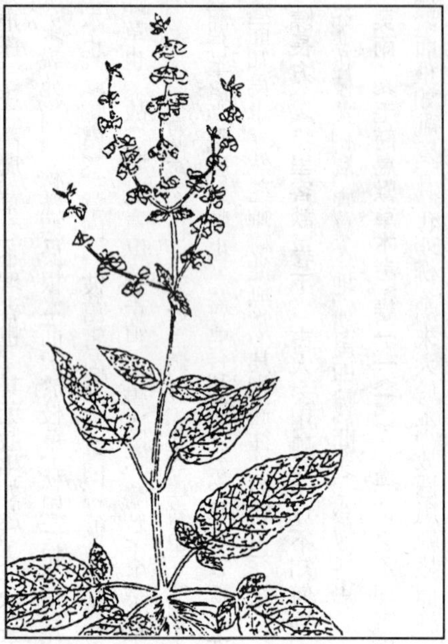

攀倒甑

綜述

明 李時珍《本草綱目》卷一六 攀倒甑《圖經》 集解：頌曰：生宜州郊野，莖葉如薄荷。一名斑杖，一名接骨。時珍曰：斑杖名同虎杖，接骨名同蒴藋，不知是一類否？

清 嵇璜《續通志》卷一七四 攀倒甑，莖葉如薄荷，一名斑杖，一名接骨。

蓬

綜述

《爾雅・釋草》 齧，彫蓬；薦，黍蓬。注：別蓬種類。音義：齧，魚結反。彫，一遼反。蓬，步公反。薦，作見反，孫李本作蘮，沈平兆反。黍，音著。種，之勇反。疏：此別蓬種類也。《説文》云：蓬，蒿也。草之不理者也。種類非一，故有齧、彫蓬、薦、黍蓬。《詩・召南・騶虞》云：彼茁者蓬。《月令》云：『藜莠蓬蒿竝興』是也。

《商君書・禁使》 今夫飛蓬遇飄風而行千里，乘風之勢也。

漢 劉向《説苑・敬慎》 秋蓬惡於根本而美於枝葉，秋風一起，根且拔矣。

漢 許慎《説文》卷一 蓬，蒿也。从艸，逢聲。薄紅切。

宋 陸佃《埤雅》卷一五《蓬》 《釋草》云：齧，彫蓬。薦，黍蓬。《詩》

曰：首如飛蓬。蓬，蒿屬，草之不理者也。其葉散生如蓬，末大於本，故遇風輒拔而旋。《説苑》曰：秋蓬惡於根本而美於枝葉，秋風一起，根且拔矣。是以君子務本也。《騶虞》一章曰：彼茁者葭。二章曰：彼茁者蓬。葭，澤草也。蓬，陸草也。故《詩》以言庶類蕃殖。《書》曰：疇若予上下草木鳥獸。《莊子》曰：夫子猶有蓬之心也。夫蓬善轉旋，非直達者也。《商子》曰：飛蓬遇飄風而行千里，乘風之勢也。蓋蓬有利轉之象，故古者觀浮木而知爲舟，觀轉蓬而知爲車。然蓬雖轉徙無常，其相遇往往而有也。

宋　陳長方《步里客談》卷下　古人多用轉蓬，竟不知何物。外祖林公使遼，見蓬花枝葉相屬，團欒在地，遇風即轉，問之，云轉蓬也。

明　吴雨《毛詩鳥獸草木考》卷一一《蓬》　蓬，草之不理者也，蒿屬。其葉如蓬聚而飛如亂髮，其花如柳絮，末大於本，故遇風輒拔而旋。《月令》『藜莠蓬蒿並興』是也。《説苑》曰：秋蓬惡於根本而美於枝葉，秋風一起，根且拔矣。有二種，一名『齧，彫蓬』，一名『薦，黍蓬』。

清　徐鼎《毛詩名物圖説》卷五　毛《傳》：蓬，草名也。《荀子·勸學篇》：蓬生麻中，不扶自直。許慎《説文》：蓬，蒿也，草之不理者也。劉向《説苑》：秋蓬惡於根本而美於枝葉，秋風一起，根且拔矣。《埤雅》：其葉散生，末大於本，故遇風輒拔而旋，雖轉徙無常，其相遇往往而有，故其字從逢。愚按：《説文》云『蓬，蒿』，蓋言蓬者，蒿也，非如繁，邢氏謂蓬蒿可以爲菹者。此草亂生，遇風則飛，故曰『自伯之東，首如飛蓬』，有髮亂如飛蓬之喻。《釋草》云：齧，彫蓬；薦，黍蓬。此別蓬之種類耳。

圖表

清　徐鼎《毛詩名物圖説》卷五

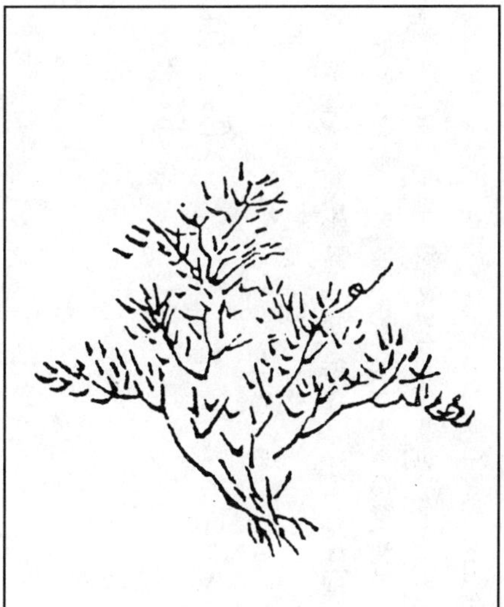

婆婆納

綜述

明　朱橚《救荒本草》卷二　婆婆納，生田野中，苗搨地生。葉最小，如小面花黶音掩。兒，狀類初生菊花芽葉，又團邊微花，如雲頭樣。味甜。

清　吴其濬《植物名實圖考》卷一二《婆婆納》　《救荒本草》：婆婆納，生田野中，苗搨地生，葉最小，如小面花黶兒，狀類初生菊花芽葉，又團邊微花，如云頭樣。味甜。採苗葉煠熟，水浸淘淨，油鹽調食。

圖表

明 朱橚《救荒本草》卷二

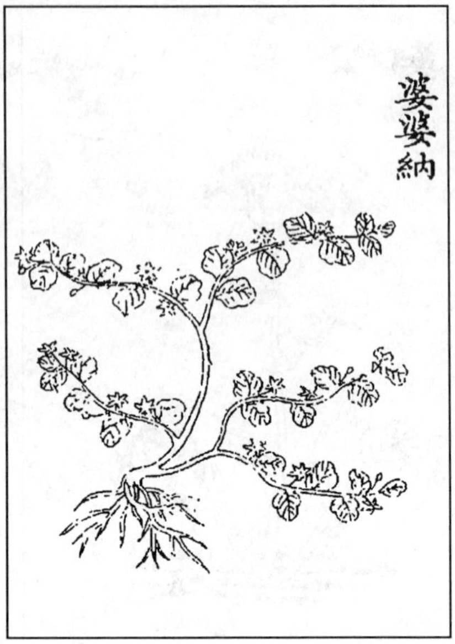

清 吳其濬《植物名實圖考》卷一二《婆婆納》

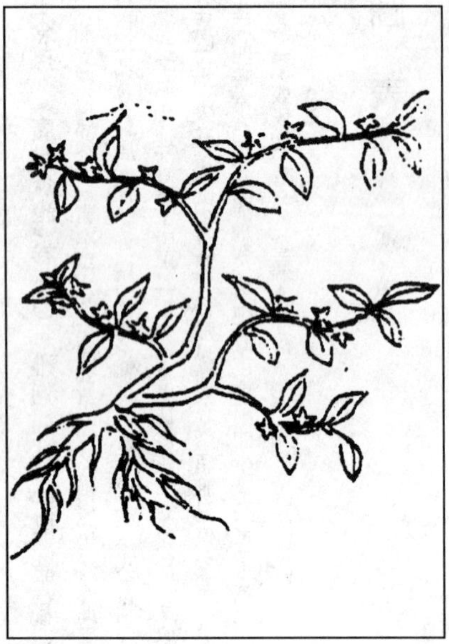

蒲公英

綜述

宋 寇宗奭《本草衍義》卷一二 蒲公草，今地丁也。四時常有花，花罷飛絮，絮中有子，落處即生。所以庭院間亦有者，蓋因風而來也。

明 李時珍《本草綱目》卷二七 蒲公英《唐本草》 校正：自草部移入此。釋名：耩耨草、音搆糯。金簪草、《綱目》黄花地丁。時珍曰：名義未詳。孫思邈《千金方》作鳧公英，蘇頌《圖經》作僕公罌，《庚辛玉册》作鵓鴣英。俗呼蒲公丁，又呼黄花地丁。淮人謂之白鼓釘，蜀人謂之耳瘢草，關中謂之狗乳草。按《土宿本草》云：金簪草一名地丁，花如金簪頭，獨脚如丁，故以名之。集解：保昇曰：蒲公英草生平澤田園中。莖、葉似苦苣，斷之有白汁。堪生啖。花如單菊而大。四月、五月採之。頌曰：處處有之。春初生苗，葉如苦苣，有細刺。中心抽一莖，莖端出一花，色黄如金錢。俗訛爲僕公罌是也。宗奭曰：即今地丁也。四時常有花，花罷飛絮，絮中有子，落處即生。所以庭院間皆有者，因風而來。時珍曰：地丁江之南北頗多，他處亦有之，嶺南絶無。小科布地，四散而生，莖、葉、花、絮並似苦苣，但小耳。嫩苗可食。《庚辛玉册》云：地丁葉似小萵苣，花似大旋蕾，一莖聳上三四寸，斷之有白汁。二月採花，三月採根。可製汞，伏三黄。有紫花者，名大丁草，出太行、王屋諸山。陳州亦有，名燒金草。能煅朱砂。一種相類而無花者，名地膽草，亦可伏三黄、砒霜。

清 高士奇《北墅抱甕録・蒲公英》 蒲公英，小科布地，四散而生。莖端發黄花，若野菊花殘成綿。風飄着土即生，新苗嫩時可食。

清 孫之騄《枝語》卷下《蒲公英》 蒲公英，淮南人謂之白鼓釘，釘猶丁也。游食之民謂之白丁。昔玉川子賦：添丁欲爲國家出賦役也。

清 嵇璜《續通志》卷一七五 蒲公英，一名耩耨草，蜀人謂之耳瘢草，關中謂之狗乳草，《土宿本草》謂之金簪草，又名黄花地丁。寇宗奭曰：四時常有花，花罷飛絮，絮中有子，落處即生。所以庭院間皆有者，因風而來。又一種相類而無花者，名地膽草。蒲公英，孫思邈《千金方》作鳧公英，

蘇頌《圖經》作僕公罌，《庚辛玉册》作鵓鴣英，野菜諸作白鼓丁，俗呼蒲公丁，皆音之轉也。

清 王念孫《廣雅疏證》卷一〇 雞狗獳，哺公也。諸書無言哺公草者。《古今注》云：燕支花似蒲公。《唐本草》云：蒲公草，一名耩耨草。獳，曹憲音奴侯反。耩，《集韻》音古項切，又音居侯切。狗獳，耩耨，聲正相近。哺公，蒲公，聲亦相近。其是與？但雞狗獳三字不相連，疑雞下脱去一字。《唐本草》注云：蒲公草，葉似苦苣，花黄，斷有白汁，人皆啖之。宋蘇頌《圖經》云：俗呼爲蒲公英，語訛爲僕公罌。寇宗奭《衍義》云：今地丁也。四時常有花，花罷飛絮，絮中有子，落處即生。又案《玉篇》：薷，乃侯切，草也。《集韻》：薷，奴侯切，草名。蓋獳或作薷。

圖表

明 李時珍《本草綱目・圖卷》

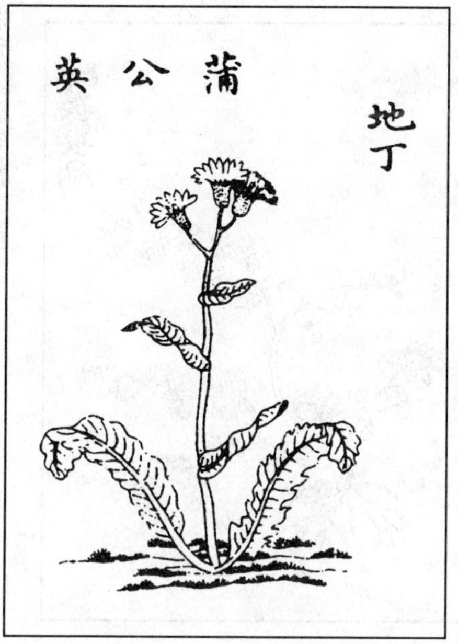

薺苨

綜述

《爾雅・釋草》 苨，菧苨。注：薺苨。音義：苨，奴禮反。菧，丁禮反。

疏：苨，一名菧苨。郭云「薺苨」也。《本草》「薺苨」，陶注云：根莖都似人參，而葉小異，根味甜。又別本注云「根似桔梗，以無心爲異者」是也。

明 李時珍《本草綱目》卷一二 薺苨音齊尼，並上聲。《別録》中品 校正：並入《圖經》杏參。釋名：杏參、《圖經》杏葉沙參、《救荒》菧苨。菧音底。《爾雅》甜桔梗、《綱目》白面根、《救荒》苗名隱忍。時珍曰：薺苨多汁，有濟苨之狀，故以名之。濟苨，濃露也。其根如沙參而葉如杏，故河南人呼爲杏葉沙參。蘇頌《圖經》杏參，即此也。俗謂之甜桔梗。《爾雅》云：苨，菧苨也。郭璞云：即薺苨也。隱忍，説見下文。集解：弘景曰：薺苨根莖都似人參，而葉小異，根味甜絶，能殺毒。以其與毒藥共處，毒皆自然歇，不正入方家用也。又曰：魏文帝言薺苨亂人參，即此也。薺苨葉甚似桔梗，但葉下光明滑澤無毛爲異，又不如人參相對耳。恭曰：人參苗似五加而闊短，莖圓有三四椏，椏頭有五葉。陶引薺苨亂人參，誤矣。且薺苨、桔梗又有葉差互者，亦有葉三四對者，皆一莖直上，葉既相亂，惟以根有心爲別爾。頌曰：今川蜀、江浙皆有之。春生苗莖，都似人參，而葉小異，根似桔梗，但無心爲異。潤州、陝州尤多。人家收以爲果，或作脯啖，味甚甘美，兼可寄遠，二月、八月採根暴乾。承曰：今人多以蒸過壓扁亂人參，但味淡爾。宗奭曰：陶以根言，故云薺苨亂人參；蘇以苗言，故以陶爲誤也。機曰：薺苨苗莖與桔梗相似，其根與人參相亂。今言苗莖都似人參，近於誤也。當以人參、薺苨、桔梗三注參看自明矣。時珍曰：薺苨苗似桔梗，根似沙參，故姦商往往以沙參、薺苨通亂人參。蘇頌《圖經》所謂杏參，周定王《救荒本草》所謂杏葉沙參，皆此薺苨也。《圖經》云：杏參生淄州田野，根如小菜根。土人五月採苗葉，治咳嗽上氣。《救荒本草》云：杏葉沙參，一名白面根。苗高一二尺，莖色青白。葉似杏葉而小，微尖而背白，邊有叉牙。杪間開五瓣白碗子花。根形如野胡蘿卜，頗肥，皮色灰黲，中間白色，味甜微寒。亦有開碧花者。嫩苗煠熟水淘，油鹽拌食。根換水煮，亦可食，人以蜜煎充果。又陶弘景注桔梗，言其葉名隱忍，可煮食之，治蠱毒。謹按《爾雅》云：蒡，隱忍也。郭璞注云：似蘇，有毛。江東人藏以爲

葅，亦可瀹食。葛洪《肘後方》云：隱忍草，苗似桔梗，人皆食之。擣汁飲，治蠱毒。據此則隱忍並桔梗，乃薺苨苗也。薺苨苗甘可食，桔梗苗苦不可食，尤爲可證。《神農本經》無薺苨，止有桔梗一名薺苨，至《别録》始出薺苨。蓋薺苨、桔梗乃一類，有甜、苦二種，則其苗亦可呼爲隱忍也。」

清 吴其濬《植物名實圖考》卷八《薺苨》 薺苨，《爾雅》：苨，菧苨。注：薺苨。《别録》中品。《本草綱目》謂杏葉沙參，即此。根肥而無心，山中多有之。

圖表

晉 郭璞《爾雅音圖·釋草》

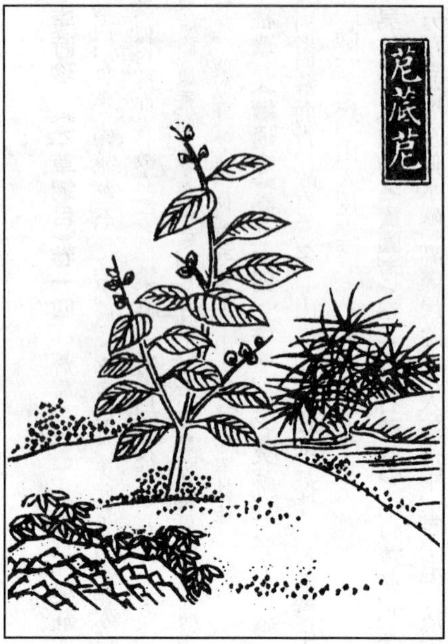

明 李時珍《本草綱目·圖卷》

清 吴其濬《植物名實圖考》卷八《薺苨》

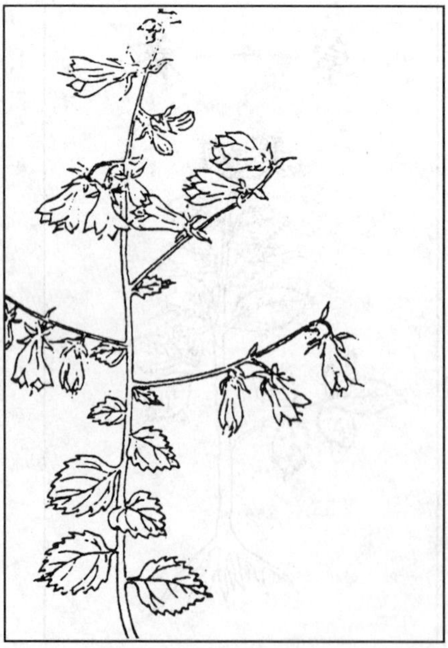

薺薴

綜述

明　李時珍《本草綱目》卷一四　薺薴《拾遺》　釋名：臭蘇、《日華》青白蘇。時珍曰：日華子釋水蘇云，一名臭蘇，一名青白蘇，正此草也，誤作水蘇爾。其形似水蘇而臭，似白蘇而青，故有二名。集解：藏器曰：按蘇恭言，江左名水蘇爲薺薴。按水蘇葉有雁齒，氣香而辛。薺薴葉稍長，其上有毛，氣臭，亦可爲生菜。時珍曰：薺薴處處平地有之。葉似野蘇而稍長，有毛氣臭。山人茹之，味不甚佳。

清　嵇璜《續通志》卷一七四　薺薴，一名臭蘇，一名青白蘇。其形似水蘇而臭，似白蘇而青，故有二名。山人茹之，味不甚佳。石薺薴生山石間，細葉紫花，高一二尺，山人用之。

清　吳其濬《植物名實圖考》卷二五《石薺薴》　石薺薴，《本草拾遺》始著録。方莖對節，正似水蘇，高僅尺餘，葉大如指甲，有小毛。滇南呼爲小魚仙草，或以其似蘇而小，因蘇字從魚，而爲隱語耶？

圖表

明　李時珍《本草綱目·圖卷》

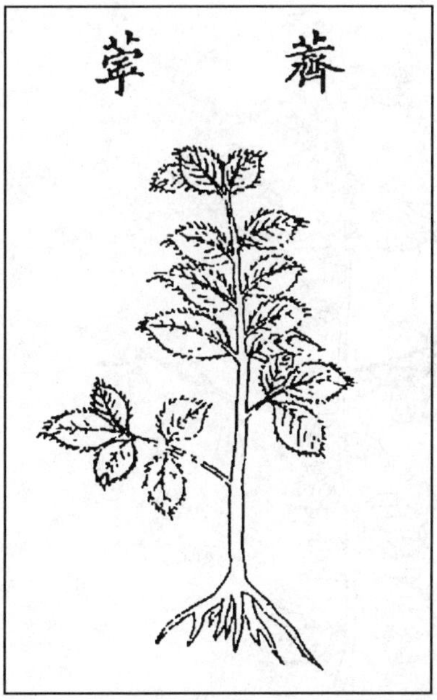

清　吳其濬《植物名實圖考》卷二五《石薺薴》

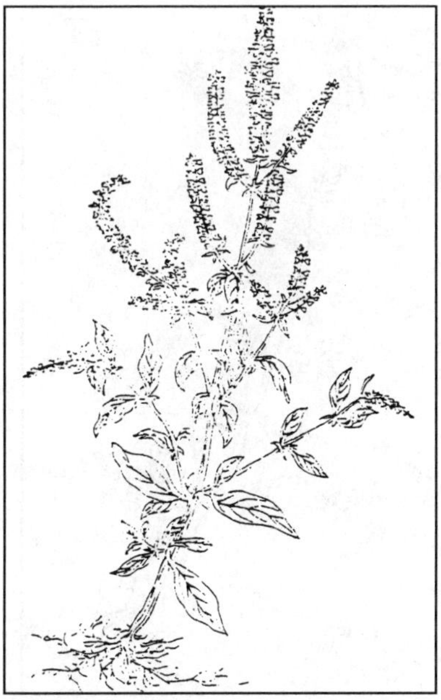

牽牛子

綜述

明 李時珍 《本草綱目》卷一八 牽牛子《别録》下品 釋名：黑丑、《綱目》草金鈴、《炮炙論》盆甑草、《綱目》狗耳草。《救荒》 弘景曰：此藥始出田野人牽牛謝藥，故以名之。時珍曰：近人隱其名爲黑丑，白者爲白丑，蓋以丑屬牛也。金鈴象子形，盆甑、狗耳象葉形。段成式《酉陽雜俎》云，盆甑草蔓如薯蕷，結實後斷之，狀如盆甑是矣。集解：弘景曰：牽牛作藤生花，狀如扁豆，黄色。子作小房，實黑色，形如梂子核。恭曰：此花似旋花，作碧色，不黄，亦不似扁豆。頌曰：處處有之。二月種子，三月生苗，作藤蔓繞籬墻，高者或二三丈。其葉青，有三尖角。七月生花，微紅帶碧色，似鼓子花而大。八月結實，外有白皮裹作毬。每毬内有子四五枚，大如蕎麥，有三棱，有黑、白二種，九月後收之。宗奭曰：花朵如鼓子花，但碧色，日出開，日西萎。其核如木猴梨子而色黑，謂子似蕎麥非也。時珍曰：牽牛有黑、白二種：黑者處處野生尤多。其蔓有白毛，斷之有白汁。葉有三尖，如楓葉。花不作瓣，如旋花而大。其實有蒂裹之，生青枯白。其核與棠梂子核一樣，但色深黑爾。白者人多種之。其蔓微紅，無毛有柔刺，斷之有濃汁。葉團有斜尖，並如山藥莖葉。其花小於黑牽牛花，淺碧帶紅色。其實蒂長寸許，生青枯白。其核白色，稍粗。人亦採嫩實蜜煎爲果食，呼爲天茄，因其蒂似茄也。

明 張存紳 《增定雅俗稽言》卷四〇 牽牛，一名鼓子。陶弘景云：此花始生野中，有黑、白二種，形如牛角，故名。舊對：有風吹不響鈴兒艸，雨打無聲鼓子花。

清 曹溶 《倦圃蒔植記·總論》卷下《論草》 牽牛，亦一藥也。其花碧色，秋容入畫。

清 陳淏子 《秘傳花鏡》卷四《藤蔓類考·牽牛花》 牽牛，一名草金鈴，一名天茄兒，有黑、白二種。三月生苗，即成藤蔓。或繞籬墻，或附木上，長二三丈許。葉有三尖，如楓葉。七月生花，不作瓣，白者紫花，黑者碧色花。結實處有白皮，裹作毬。有子四五粒，狀若茄子差小，色青，長寸許。採嫩實，鹽焯或蜜浸，可供茶食。近又有異種一本，上開二色者，俗因名之曰黑白江南花。

清 張逸少 《佩文齋廣羣芳譜》卷九八《藥譜·牽牛》 牽牛，一名盆甑草，一名黑丑白丑，一名草金鈴，一名狗耳草，處處有之。有黑、白二種，黑者野生尤多，二月種子，三月生苗，作藤蔓繞籬墻，高者或二三丈，蔓有白毛斷之有白汁，其葉青有三尖如楓葉，花不作瓣如旋花而大碧色。其實有蒂裹之，生青枯白核，與棠梂子核相似，但深黑耳。白者蔓微紅無毛有柔刺，斷之有濃汁，葉團有斜尖並如山藥，莖葉花淺碧蒂紅色，核白色稍麤。其嫩實蜜煎爲果，名天茄，氣味苦寒，有毒，治水氣在肺，喘滿腫脹，下焦鬱遏，腰背脹腫，大腸氣秘、風秘，卓有奇功。但病在血分及脾胃虚弱而痞滿者，則不可取快一時，及常服致傷元氣。

清 張宗法 《三農紀》卷一八《藥屬·牽牛子》 牽牛子，《本草》云：苗長作蔓生，有白茸，斷之有乳。葉青，三尖，秋中開花，不作瓣，如蕹花狀，碧色，有蒂裹之，生青枯白，其中子深黑，如紅花子而大。一種蔓生，柔刺，微紅，無茸，葉圓，有斜尖，花深碧帶紅，核外有白殼，殼内有子，二三四粒，稍粗而色白。《草木狀》云：金鈴艸、盆甑艸、狗耳艸，以其形象名者也。《藥性》云：白丑、黑丑，以其色性名者也。聞嘗考牽牛子之性，能達右腎命門，走精道。其精道在兩腎間，此竅若阻，百脈俱閉，諸病作焉。此竅若通，百脈俱爽，神氣暢和焉。李瀕湖云：衝動陰蹻，則百脈皆陽。煉家在此安爐定鼎，接命亦是此，殞命亦是此。大抵其功用，若牽牛星然，能回轉氣運而万義於其中，欲人之致其知以格物也。

清 吴其濬 《植物名實圖考》卷二二《牽牛子》 牽牛子，《别録》下品。今園圃中植之。《酉陽雜俎》謂之盆甑草。自河以北，謂之黑丑、白丑，又謂之勤娘子。其花色藍，以漬薑，色如丹，南方以作紅薑，故又名薑花。又一種，子可蜜煎，俗謂之天茄。《救荒本草》謂之丁香茄，李時珍以爲即牽牛子之白者，花葉固無異也。

藝文

宋 姜夔《白石道人詩集》卷下《武康丞宅同樸翁詠牽牛》 青花緑葉上疎籬，別有長條竹尾垂。老覺淡妝差有味，滿身秋露立多時。

清 陸奎勳《陸堂詩集》卷一〇《牽牛》 藤枝肆繞葉三尖，白丑花開破赫炎。須女含芒姿淡淡，銀河倒影翠湉湉。秋風拂地簪齊墮，卯酒烘人靨欲添。曉起看伊增太息，長年絕色古難兼。

圖表

明 李時珍《本草綱目·圖卷》

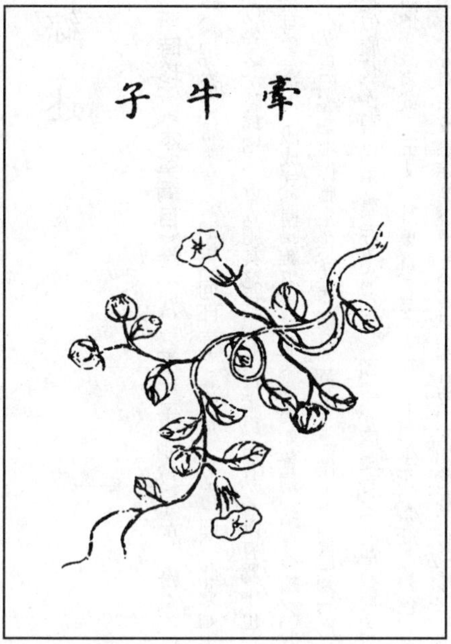

清 吳其濬《植物名實圖考》卷二二《牽牛子》

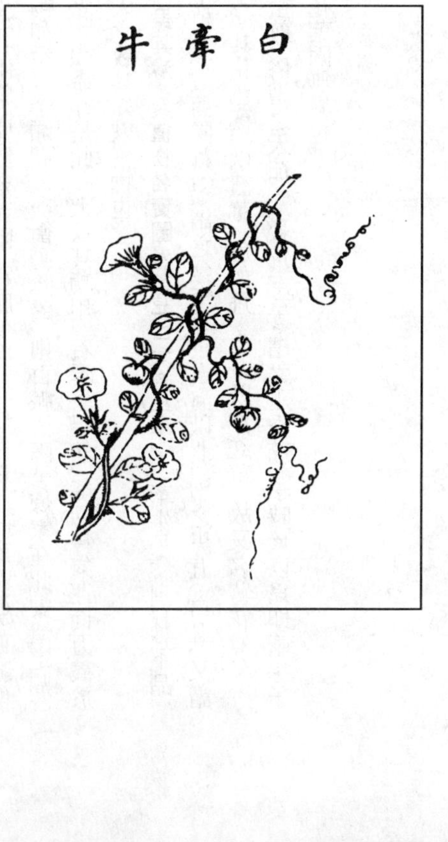

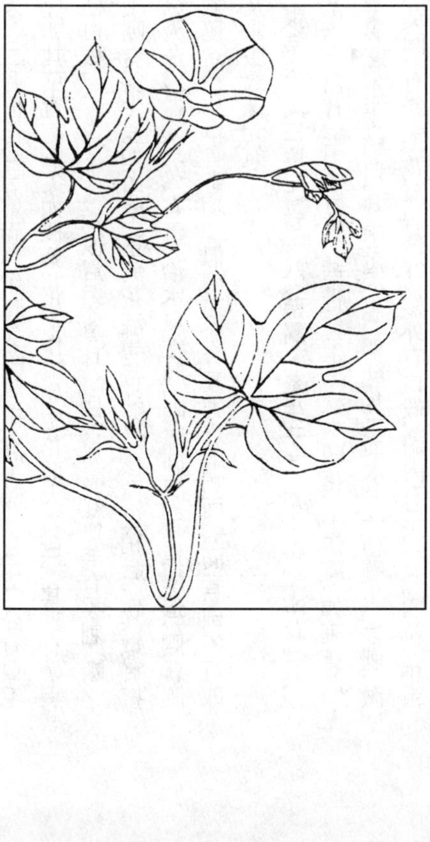

前胡

綜述

明　李時珍《本草綱目》卷一三　前胡《别録》中品　釋名：時珍曰：按孫愐《唐韵》作湔胡，名義未解。集解：《别録》曰：前胡二月、八月採根暴乾。弘景曰：近道皆有，生下濕地，出吴興者爲勝。根似柴胡而柔軟，爲療殆欲同，而《本經》上品有茈胡而無此，晚來醫乃用之。大明曰：越、衢、婺、睦等處者皆好，七八月採之，外黑裏白。頌曰：今陝西、梁漢、江淮、荆襄州郡及相州、孟州皆有之。春生苗，青白色，似斜蒿。初出時有白茅，長三四寸，味甚香美，又似芸蒿。七月内開白花，與葱花相類。八月結實。根青紫色。今鄜延將來者，大與柴胡相似。但柴胡赤色而脆，前胡黄而柔軟，爲不同爾。一説：今諸方所用前胡皆不同。汴京北地者，色黄白，枯脆絶無氣味。江東乃有三四種：一種類當歸，皮斑黑，肌黄而脂潤，氣味濃烈。一種色理黄白，似人參而細短，香味都微。一種如草烏頭，膚赤而堅，有兩三歧爲一本，食之亦戟人咽喉，中破以薑汁漬搗服之，甚下膈解痰實。然皆非真前胡也，今最上者出吴中。又壽春生者，皆類柴胡而大，氣芳烈，味亦濃苦，療痰下氣，最勝諸道者。斅曰：凡使勿用野蒿根，緣真似前胡，只是味粗酸。若誤用之，令人反胃不受食。若是前胡，味甘微苦也。時珍曰：前胡有數種，惟以苗高一二尺，色似斜蒿，葉如野菊而細瘦，嫩時可食，秋月開黪白花，類蛇床子花，其根皮黑肉白，有香氣爲真。大抵北地者爲勝，故方書稱北前胡云。

清　嵇璜《續通志》卷一七四　前胡，苗高一二尺，色似斜蒿，葉如野菊而細瘦，嫩時可食。秋月開黪花，花類蛇床子花。其根皮黑，肉白，有香氣。大抵北地者爲勝，故方書稱北前胡云。

圖表

明　李時珍《本草綱目·圖卷》

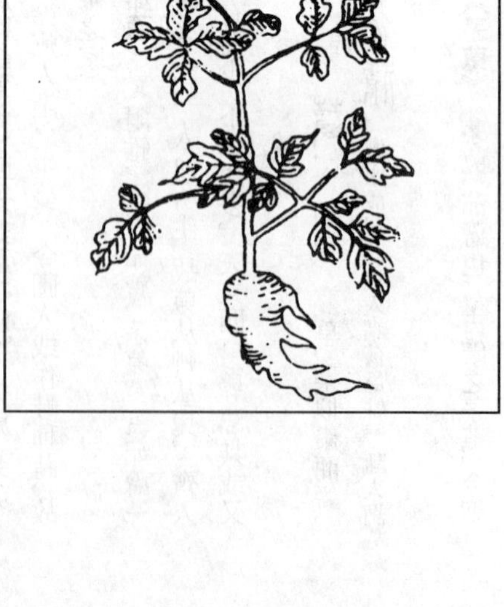

蕁麻

綜述

漢　許慎《説文》卷一　蕁，芜藩也。从艸，尋聲。徒含切。𦼮　蕁，或从爻。

明　李時珍《本草綱目》卷一七　蕁麻蕁音尋。宋《圖經》　釋名：毛藜。時珍曰：蕁字本作藜。杜子美有《除藜草》詩是也。集解：頌曰：蕁麻生江寧府山野中。時珍曰：川黔諸處甚多。其莖有刺，高二三尺。葉似花桑，或青或紫，背紫者入

藥。上有毛芒可畏，觸人如蜂蠆螫蠚，以人溺濯之即解。有花無實，冒冬不凋。挼投水中，能毒魚。

清　趙學敏《本草綱目拾遺》卷五《草部・藜草》《宦遊筆記》：南人呼爲藜麻，北人呼爲蝎子草。黔境遍地有之。葉類麻，多毛刺，觸之螫人腫痛，不可忍。此毒甚於蜂蠆蝎蝮。《墨莊漫録》：川陝間，有一種惡草，羅生於野。其枝葉拂入肌肉，即成瘡疱，浸淫潰爛，久不能愈。即藜麻也。白香山詩：颶風千里黑，藜草四時青。此草有花無實，雪下猶青故也。《人海記》：塞山有毒草，中人肌膚，毒甚蜂蠆。自唐山營，踰汗鐵木嶺外，遍地有之。俗名蝎子草。蘆高四五尺，葉如麻，嫩時可供馬秣。經霜則辛螫，不可觸。《綱目》蕁麻條，止載其塗蛇毒，點風疹，他皆未及，悉補之。

圖表

明　李時珍《本草綱目・圖卷》

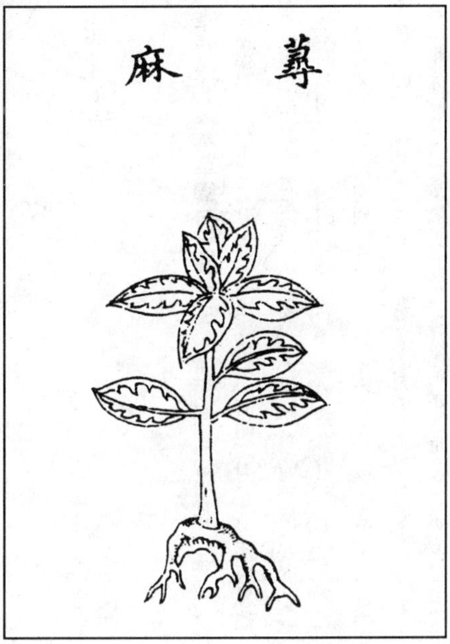

茜草

綜述

《爾雅・釋草》　茹藘，茅蒐。注：今之蒨也。可以染絳。音義：茹，音如，字亦作蕠。藘，力居反。蒐，色留反。蒨，本或作茜，七見反。疏：今染絳蒨也。一名茹藘，一名茅蒐。《詩・鄭風》云：茹藘在阪。陸璣云：一名地血，齊人謂之茜，徐州人謂之牛蔓。即今之蒨草是也。

漢　許慎《説文》卷一　茜，茅蒐也。从艸，西聲。倉見切。

三國吴　陸璣《毛詩草木鳥獸蟲魚疏》卷上《茹藘在阪》　茹藘，茅蒐，蒨草也。一名地血，齊人謂之茜，徐州人謂之牛蔓。今圃人或作畦種蒔，故《貨殖傳》云：巵茜千石，亦比千乘之家。

宋　陸佃《埤雅》卷一七《茹藘》　《爾雅》曰：茹藘，茅蒐。蓋茹藘一名茅蒐，其葉似棘，可以染絳。《説文》曰：人血所生，故蒐从艸从鬼。齊人謂之茜。陶隱居以爲東方諸處乃有而少，不如西多。夫文西草爲茜，其或又以此乎？

宋　戴侗《六書故》卷二四　茜，倉甸切。蔓草，葉似棗而鋭，對生節間。根紫色，可染絳。通亦作蒨。鄭康成曰：齊人謂蒨爲韎。甌人謂鰯口束，蔓有束也。又爲草盛蒼蒨貌。

元　梁益《詩傳旁通》卷九《茅蒐》　茅蒐，茹藘也。古謂之茅蒐，今謂之茜草。茜亦作蒨，一名地血，一名牛蔓，染絳之草也。葉似棗葉，頭尖下闊。莖葉俱澀，四五葉對生節間，蔓延草木上。根紫赤色，八月採根以染。《説文》曰：茅蒐，染草。一入爲韎，《詩》所謂『韎韐有奭』，《左傳》所謂『韎韋之跗』，注皆茅蒐所染之皮爲之。凡皮，生者爲革，熟者爲韋。韎，赤色茹。藘，音閭。蒐，音搜。茜，千之切。

明　朱橚《救荒本草》卷四　土茜苗，《本草》根名茜根，一名地血，一

名茹藘，音閭。一名茅蒐，音搜。一名蒨。與茜同。生喬山川谷，徐州人謂之牛蔓，西土出者佳，今北土處處有之，名土茜根，可以染紅。葉似棗葉形，頭尖下闊，紋脈竪直莖方，莖葉俱澀，四五葉對生節間，莖蔓延附草木。開五瓣淡銀褐花，結子小如菉豆粒，生青熟紅。根紫赤色，味苦，性寒，無毒。一云味甘，一云味酸，畏鼠姑葉，味微酸。

明　李時珍《本草綱目》卷一八　茜草《本經》上品　校正：並入有名未用《別録》苗根。釋名：蒨、音茜。茅蒐、音搜。茹藘、音如閭。地血、《別録》染緋草、《蜀本》血見愁、土宿風車草、土宿過山龍。《補遺》牛蔓。時珍曰：按陸佃云：許氏《説文》言蒐乃人血所化，則草鬼爲蒐以此也。陶隱居《本草》言東方有而少，不如西方多，則西草爲茜，又以此也。陸璣云：齊人謂之茜，徐人謂之牛蔓。又草之盛者爲蒨，牽引爲茹，連覆爲藘，則蒨、茹藘之名，又取此義也。人血所化之説，恐亦俗傳耳。《土宿真君本草》云：四補草，其根茜草也。一名西天王草，一名四岳近陽草，一名鐵塔草、風車兒草。藏器曰：有名未用，苗根，即茜根也。茜、茵二字相似，傳寫之誤爾。宜並之。集解：《別録》曰：茜根生喬山川谷。二月、三月採根曝乾。又曰：苗根生山陰谷中。蔓草木上，莖有刺，實如椒。弘景曰：此即今染絳茜草也。東間諸處乃有而少，不如西多。《詩》云『茹藘在阪』者是也。保昇曰：染緋草，葉似棗葉，頭尖下闊，莖葉俱澀，四五葉對生節間，蔓延草木上。根紫赤色，所在皆有，八月採。頌曰：今圃人亦作畦種蒔。故《史記》云『千畝巵、茜，其人與千户侯等』，言其利厚也。時珍曰：茜草十二月生苗，蔓延數尺。方莖中空有筋，外有細刺，數寸一節。每節五葉，葉如烏藥葉而糙澀，面青背緑。七八月開花，結實如小椒大，中有細子。

明　吴雨《毛詩鳥獸草木考》卷一二《茹藘韎軨》　《鄭風》曰：茹藘在坂。《傳》：茹藘，茅蒐也。《小雅》曰：韎軨有奭。《傳》：韎軨者，茅蒐，染草也。《箋》：韎軨者，茅蒐染也。茅蒐者，韎軨聲也。茹藘，染緋草也，一名茅蒐，一名蒨，一名韎，一名地血。葉似棗，頭尖下濶，莖葉俱澀，三五對生節間，延蔓草木上。根紫赤色，八月採根，可以染絳。舊云人血所生，故名地血。性亦能治血，今人通謂之蒨，蒨或作茜。《漢書》『千畝巵茜』，即此也。今人染蒨乃假蘇木，非古所用。陸璣云：茹藘，茅蒐，蒨草也。齊人謂之茜，徐州人謂之牛蔓。然則今之蒨草是也。《傳》言：韎軨，茅蒐染。《箋》云：茅蒐，韎軨聲也。言古人之道茅蒐，其聲如韎軨，故名此衣爲韎軨也。《士冠禮》注云：韎軨者，缊韍而黝珩，合韋爲之。士染以茅蒐，因以名焉。今齊人名蒨爲韎軨。又《駮異義》云：韎軨，草名。齊魯之間言韎軨聲如茅蒐，字當作韎，陳留人謂之蒨。是古人謂蒨爲茅蒐是也。

清　陳淏子《秘傳花鏡》卷四《藤蔓類考・茜草》　茜，一作蒨。又名茅蒐、茹藘。多生乔山上，染絳之草。葉青背緑，頭尖下濶，似棗。其莖方葉澀，四五葉對生節間，蔓延於木上。至秋间花結實如小椒，中有細子，根亦紫赤色。今所在有之。《説文》云：人血所在，故俗名地血。齊人謂之蒨草。《貨殖傳》曰：千畝巵茜，其人皆與千户侯等。則誠嘉草也。

清　牟應震《毛詩物名考》卷六　茹藘，《爾雅》：茹藘，茅蒐。注：蒨也。方莖中空，莖有細刺，三四寸作節。節生八葉，匀排如風車，俗名風車草。根色赤，可染絳也。

清　王念孫《廣雅疏證》卷一〇　地血，茹藘，蒨也。藘，各本譌作蘆，今訂正。《爾雅》：茹藘，茅蒐。郭注云：今之蒨也，可以染絳。《説文》云：茅蒐，茹藘，人血所生，可以染絳。又云：茜，茅蒐也。茜與蒨同。《鄭風・東門之墠》篇：茹藘在阪。《正義》引《義疏》云：一名地血，齊人謂之茜，徐州人謂之牛蔓。《中山經》云：釐山其陰多蒐。郭注云：茅蒐，今之蒨草也。《史記・貨殖傳》云：千畝巵茜。徐廣云：茜，一名紅藍，其花染繒赤黄也。《御覽》引《范子計然》云：蒨根出北地，赤色者善。《蜀本草圖經》云：染緋草也。葉似棗葉，頭鋭下闊，莖葉俱澀，四五葉對生節間，蔓延草木上，根紫赤色。《周官》掌染草，鄭注云：染草，藍蒨象斗之屬，古衣服旌旗多用其色者。《鄭風・出其東門》篇：縞衣茹藘。《傳》云：茹藘，茅蒐之染女服也。《箋》云：茅蒐，染巾也。《小雅・瞻彼洛矣》篇：韎軨有奭。《傳》云：韎軨者，茅蒐染草也。一曰韎軨，所以代韠也。《箋》云：韎軨，茅蒐染也。茅蒐，韎軨聲也。韎軨，祭服之韠合韋爲之。《正義》引鄭駁《五經異義》云：韎，草名，齊魯之間言茅蒐，聲如韎軨，陳留人謂之蒨。《士冠禮》韎軨注云：士染以茅蒐，因以名焉。今齊人名蒨爲韎軨。《晉語》韎韋之跗注，韋昭注云：茅蒐，今絳草也。急疾呼茅蒐成韎也。《説文》云：綪，赤繒也，以茜染，故謂之綪。定四年《左傳》精旆旃旌，杜注云：綪茷大赤，取染草名也。《述異記》云：洛陽有巵茜園。《漢官儀》云：染園出巵茜，供染御服。是其處也。

清　吴其濬《植物名實圖考》卷二二《茜草》　茜草，《本經》上品。《爾雅》：茹藘，茅蒐。注：今之蒨也。俗呼爲血見愁，亦曰風車草。《説文》以爲人血所化。《救荒本草》：土茜苗，葉可煠食，子紅熟可食。湖南謂之鋸子草。又一種，葉圓稍大，謂之金線草。南安謂之紅絲線。二種通用。今甘肅

用以染象牙，色極鮮，謂之茜牙。陶隱居謂東方有而少，不如西方多。蓋謂此。

清　趙學敏《本草綱目拾遺》卷三《草部・土茜草》　一名地蘇木、過山龍、風車草。此南方所产蒨草也。葉四五瓣成一叢，攢莖節而生，方梗柔蔓，皮糙澀，棘人指。獨莖直上一二尺，乃有分歧處。葉如箭鏃，風吹能環轉如車輪，故名。又名八仙草，以其葉相對，攢簇枝葉間生也。其根黄赤色，不可染。又名活血丹。《百草鏡》云：此草秋時結實，小如梧桐子，實後枯，立夏後發苗。

圖表

晉　郭璞《爾雅音圖・釋草》

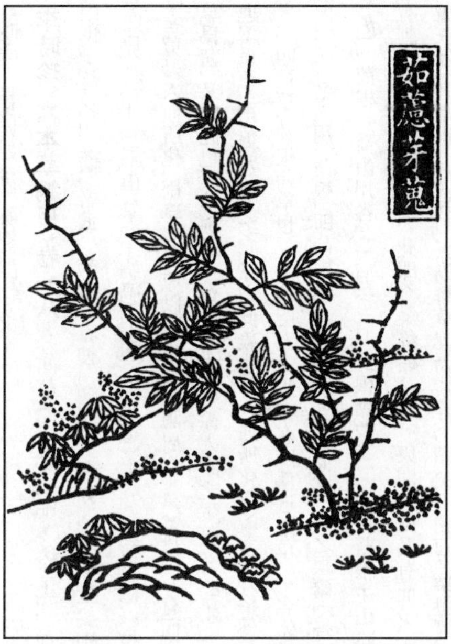

明　朱橚《救荒本草》卷四

明　李時珍《本草綱目・圖卷》

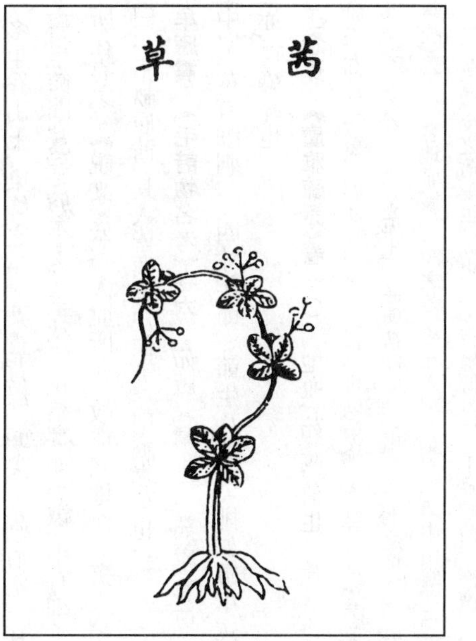

清　吴其濬《植物名實圖考》卷二二《茜草》

秦艽

綜述

明　李時珍《本草綱目》卷一三　秦艽音交。《本經》中品　釋名：秦糺、《唐本》秦爪。蕭炳　恭曰：秦艽俗作秦膠，本名秦糺，與糾同。時珍曰：秦艽出秦中，以根作羅紋交糾者佳，故名秦艽、秦糺。集解：《别録》曰：秦艽生飛烏山谷，二月八月採根暴乾。弘景曰：今出甘松、龍洞、蠶陵，以根作羅紋相交長大黄白色者爲佳。中多衡土，用宜破去。恭曰：今出涇州、鄜州、岐州者良。頌曰：今河陝州郡多有之。其根土黄色而相交糾，長一尺以來，粗細不等。枝幹高五六寸。葉婆娑，連莖梗俱青色，如萵苣葉。六月中開花紫色，似葛花，當月結子。每於春秋採根陰乾。

清　嵇璜《續通志》卷一七四　秦艽，本名秦糺，出秦中，以根作羅紋交糾者佳，故名。蕭炳謂之秦爪。

圖表

明　李時珍《本草綱目・圖卷》

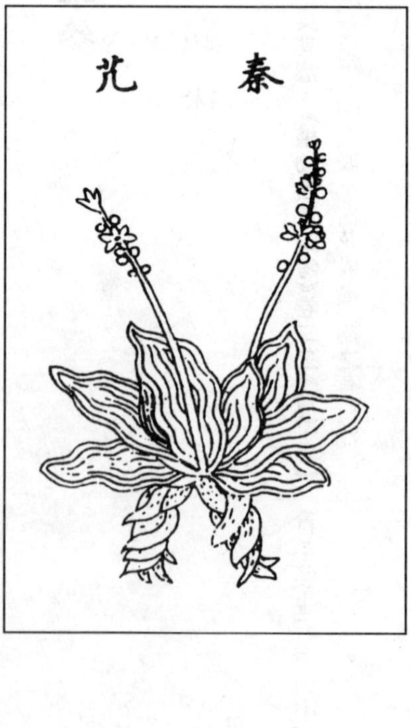

青葙

綜述

宋　鄭樵《通志》卷七五　青葙，曰草蒿，曰萋蒿，曰草蘘，花似後庭花，實如莨菪子，俗呼牛尾蒿。其主療與決明子同，故亦有草決明之名。

宋　戴侗《六書故》卷二四　葙葙，息良切。《本草》：青葙子似蒿莢，生子黑而光，殺蟲。

明　李時珍《本草綱目》卷一五　青葙《本經》下品　釋名：草蒿、《本經》萋蒿、《本經》崑崙草、《唐本》野鷄冠、《綱目》鷄冠莧、《綱目》子名草決明。

《本經》時珍曰：青葙名義未詳。故麻葉亦名青蘘，此草又多生於胡麻地中，與之同名，豈以其相似而然耶？青蒿亦名草蒿，其功相似，而名亦相同，何哉？其子明目，與決明子同功，故有草決明之名。其花葉似鷄冠，嫩苗似莧，故謂之鷄冠莧。鄭樵《通志》言俗名牛尾蒿者，誤矣。集解：《别録》曰：青葙生平谷道旁。三月採莖葉，陰乾。五月六月採子。弘景曰：處處有之。似麥栅花，其子甚細。别有草蒿，或作草藁，主療殊相類，形名又相似可疑，而實兩種也。恭曰：此草苗高尺餘，葉細軟，花紫白色，實作角，子黑而扁光，似莧實而大，生下濕地，四月、五月採，荆襄人名爲崑崙草。頌曰：今江淮州郡近道亦有之。二月生青苗，長三四尺。葉闊似柳而軟。莖似蒿，青紅色。六月、七月内生花，上紅下白。子黑光而扁，似莨菪。根亦似蒿根而白，直下獨莖生根。六月、八月採子。時珍曰：青葙生田野間，嫩苗似莧可食，長則高三四尺。苗葉花實與鷄冠花一樣無别。但鷄冠花穗或有大而扁或團者。此則梢間出花穗，尖長四五寸，狀如兔尾，水紅色，亦有黄白色者。子在穗中，與鷄冠子及莧子一樣難辨。蘇恭言其結角，誤矣。蕭炳言黄花者名陶珠術，與陳藏器所説不同。又有天靈草，亦此類也。

清 吴其濬《植物名實圖考》卷一一《青葙子》 青葙子，《本經》下品。即野雞冠，有赤、白各種。葉可作茹，勝於家雞冠葉。一名草決明，鄉人皆知以治目疾。

圖表

明 李時珍《本草綱目·圖卷》

清 吴其濬《植物名實圖考》卷一一《青葙子》

青羊參

綜述

清 吴其濬《植物名實圖考》卷二三《青羊參》 青羊參生云南山中，似何首烏，長根。開五瓣小白花成攢，摘之有白汁。

圖表

清 吴其濬《植物名實圖考》卷二三《青羊參》

曲節草

綜述

明 李時珍《本草綱目》卷一五 曲節草宋《圖經》 釋名：六月凌、音令。《圖經》六月霜、《綱目》緑豆青、《圖經》蛇藍。時珍曰：此草性寒，故有淩、霜、緑豆之名。 集解：頌曰：曲節草生筠州。四月生苗，莖方色青有節，葉似劉寄奴而青軟，七八月着花似薄荷，結子無用。五月、六月採莖葉，陰乾。

清 嵇璜《續通志》卷一七四 曲節草，一名六月凌，一名六月霜，一名緑豆青，一名蛇藍。莖方，色青，有節，葉似劉寄奴而青軟，花似薄荷。

圖表

明 李時珍《本草綱目·圖卷》

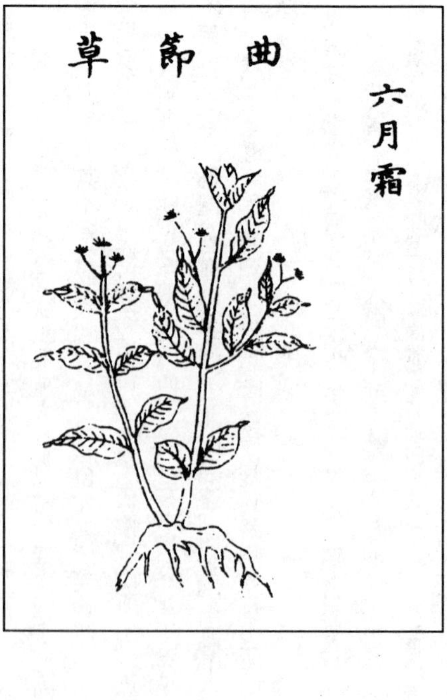

拳參

綜述

明 李時珍《本草綱目》卷一三 拳參宋《圖經》 集解：頌曰：生淄州田野，葉如羊蹄，根似海蝦，黑色，土人五月採之。

圖表

明 李時珍《本草綱目・圖卷》

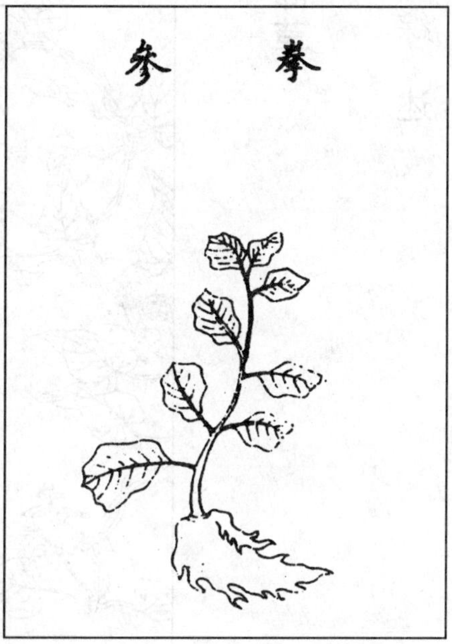

人參

綜述

漢 許慎《說文》卷一 蓡，人蓡，藥艸，出上黨。从艸，浸聲。

南朝宋 劉敬叔《異苑》卷二 人參，一名土精。生上黨者佳，人形皆具，能作兒啼。昔有人掘之，始下鏵，便聞土中呻吟聲，尋音而取，果得人參。

宋 姚寬《西溪叢語》卷下 人參，許氏《說文》人葠字與參同。扁鵲云：有毒。或生邯鄲。三月生葉，小花，核黑，莖有毛，九月採根，有頭足手，面目如人。《春秋運斗樞》云：搖光星散爲人參。廢江淮山瀆之利，則搖光不明，人參不生。《禮斗威儀》云：君乘木而王，有人參生。《廣雅》云：參，地精，人參也。《梁書》：阮孝緒母疾，須人葠。舊傳鍾山所出，有鹿引之，鹿滅，得此草。《異苑》與《廣五行記》皆云：土下有呼聲，掘之，得人參，如人形，四體備具，聲遂絶。

宋 羅願《爾雅翼》卷七《參》 《春秋運斗樞》曰：搖光星散爲人參。廢江淮川瀆之利，則搖光不明，人參不生。《禮斗威儀》曰：君乘木而王，有人參生。《說文》云：人蓡出上黨。蓡，即參也。所以名爲人參者，《本草》云：如人形者有神。《范蠡計然》亦曰：狀類人者善。說者曰：出新羅國，所貢有手脚，狀如人形，長尺餘。或云：生邯鄲者，根有頭足手，面目如人。或曰：生上黨者，人形皆具，能作兒啼。說益侈則益誕。大率生深山中，近椵漆下濕潤處。根似桐而多蔭，故人參生其下。高麗人作《人參贊》曰：三椏五葉，背阳向陰。欲來求我，椵木相尋。欲試上黨人參者，當使二人同走，一與人參含之，度走三五里許，其不含者必大喘，含者氣息自如。《潛夫論》曰：治疾當得真人參，反得蘿菔。梁阮孝緒母疾，須得生人參。舊傳鍾山所出，孝緒躬歷幽險，見鹿前引，就鹿滅處視之，得此草。傅子曰：先王之製，九州異賦。天不生，地不養，君子不以爲禮。若河内諸縣，去北山絶遠，而各調出御上黨真人參，上者十斤，下者五十斤。所調非所生，民以爲患。其潞州太行山所出者，謂之紫團參。

明 李時珍《本草綱目》卷一二 人參《本經》上品 釋名：人蓡音參。或省作蓡。 黄參、《吳普》血參、《别録》人銜、《本經》鬼蓋、《本經》神草、《别録》土精、《别録》地精、《廣雅》海腴 皺面還丹。《廣雅》 時珍曰：人蓡年深，浸漸長成者，根如人形，有神，故謂之人蓡、神草。蓡字從蓡，亦浸漸之義。蓡即浸字，後世因字文繁，遂以參星之字代之，從簡便爾。然承誤日久，亦不能變矣，惟張仲景《傷寒論》尚作蓡字。《别録》一名人微，微乃蓡字之訛也。其成有階級，故曰人銜。其草背陽向陰，故曰鬼蓋。其在五參，色黄屬土，而補脾胃，生陰血，故有黄參、血參之名。得地之精靈，故有土精、地精之名。《廣五行記》云：隋文帝時，上黨有人宅後每夜聞人呼聲，求之不得。去宅一里許，見人參枝葉異常，掘之入地五尺，得人參，一如人體，四肢畢備，呼聲遂絶。觀此，則土精之名，尤可證也。《禮斗威儀》云：下有人參，上有紫氣。《春秋運斗樞》云：搖光星散而爲人參。人君廢山瀆之利，則搖光不明，人參不生。觀此，則神草之名，又可證矣。集

解：《別録》曰：人參生上黨山谷及遼东，二月、四月、八月上旬採根，竹刀刮暴乾，無令見風。根如人形者有神。普曰：或生邯鄲，三月生葉小鋭，枝黑莖有毛，三月、九月採根，根有手足，面目如人者神。弘景曰：上黨在冀州西南，今來者形長而黄，狀如防風，多潤實而甘。俗乃重百濟者，形細而堅白，氣味薄於上黨者。次用高麗者，高麗地近遼东，形大而虚軟，不及百濟，並不及上黨者。其草一莖直上，四五葉相對生，花紫色。高麗人作《人參贊》云：三椏五葉，背陽向陰。欲來求我，椵樹相尋。椵音賈，樹似桐，甚大，陰廣則多生，採作甚有法。今近山亦有，但作之不好。恭曰：人參見用多是高麗百濟者，潞州太行紫團山所出者，謂之紫團參。保昇曰：今沁州、遼州、澤州、箕州、平州、易州、檀州、幽州、嬀州、并州並出人參，蓋其山皆與太行連亘相接故也。珣曰：新羅國所产者，有手足，狀如人形，長尺餘，以杉木夾定，紅絲纏飾之。又沙州參，短小不堪用。頌曰：今河東諸州及泰山皆有之，又有河北榷場及閩中來者名新羅人參，俱不及上黨者佳。春生苗，多於深山背陰，近椵漆下濕潤處。初生小者三四寸許，一椏五葉；四五年後生兩椏五葉，未有花莖；至十年後生三椏；年深者生四椏，各五葉。中心生一莖，俗名百尺杵。三月、四月有花，細小如粟，蕊如絲，紫白色。秋後結子，或七八枚，如大豆，生青熟紅，自落。根如人形者神。泰山出者，葉榦青，根白，殊別。江淮間出一種土人參，苗長一二尺，葉如匙而小，與桔梗相似，相對生，生五、七節。根亦如桔梗而柔，味極甘美。秋生紫花，又帶青色。春秋採根，土人或用之。相傳欲試上黨參，但使二人同走，一含人參，一空口，度走三五里許，其不含人參者必大喘，含者氣息自如，其人參乃真也。宗奭曰：上黨者根頗纖長，根下垂，有及一尺餘者，或十歧者，其價與銀等，稍爲難得。土人得一窠，則置板上，以新彩絨飾之。嘉謨曰：紫團參，紫大稍扁。百濟參，白堅且圓，名曰條參，俗名羊角參。遼東參，黄潤纖長有須，俗名黄參，獨勝。高麗參，近紫體虚。新羅參，亞黄味薄。肖人形者神，其類鷄腿者力洪。時珍曰：上黨，今潞州也。民以人參爲地方害，不復採取。今所用者皆是遼參。其高麗、百濟、新羅三國，今皆屬於朝鮮矣。其參猶來中國互市。亦可收子，於十月下種，如種菜法。秋冬採者堅實，春夏採者虚軟，非地产有虚實也。遼參連皮者黄潤色如防風，去皮者堅白如粉，僞者皆以沙參、薺苨、桔梗採根造作亂之。沙參體虚無心而味淡，薺苨體虚無心，桔梗體堅有心而味苦。人參體實有心而味甘，微帶苦，自有餘味，俗名金井玉闌也。其似人形者，謂之孩兒參，尤多贋僞。宋蘇頌《圖經本草》所繪潞州者，三椏五葉，真人參也。其滁州者，乃沙參之苗葉。沁州、兖州者，皆薺苨之苗葉。其所云江淮土人參者，亦薺苨也。並失之詳審。今潞州者尚不可得，則他處者尤不足信矣。近又有薄夫以人參先浸取汁自啜，乃晒乾復售，謂之湯參，全不任用，不可不察。考月池翁諱言聞，字子鬱，銜太醫吏目。嘗著《人參傳》上下卷甚詳，不能備録，亦略節要語於下條云耳。

明　張存紳《增定雅俗稽言》卷四〇　人參　參出遼東上黨者，色黄最佳，和細辛收之。高麗人作贊曰：三椏五葉，背陽向陰。以其樹多生於陰也。參一作葠。

清　陳淏子《秘傳花鏡》卷四《藤蔓類考・土參》　土參，一名神草，一名土精，一名血參，产於南浙。四月開花，細小如粟，蕋如絲，白色。秋後結實，生青，熟紅。性最喜燥，春間分種。

清　王棠《燕在閣知新録》卷二九《人參》　人參，許氏《説文》作人葠。扁鵲云：有毒，根有頭、足形，面目如人，产上黨紫團山者佳。唐宋以來，皆貴黨參。今世産遼東者貴。上黨參每斤兩許，而遼東參每兩佳者，不異赤金之價。《春秋運斗樞》曰：摇光星散爲人參。廢江淮山澤之利，摇光不明，人參不生。《禮斗威儀》云：君乘木而王，有人參生。棠按，《世説》注云：石勒生於上黨，國中生人參，葩葉甚盛。豈亦乘木而王之驗耶？夫人參之生盛與不盛，何關於人？此皆好事者爲之詞也。近世富貴之家，最好服人參。而扁鵲云有毒，世亦莫之顧。此亦風氣使然。東坡云：貶所有瘴疾病人。北方何嘗不病，是病皆死。得人，何必瘴氣，但若無醫藥，京師國醫手裏死，漢尤多。予謂，富貴死於名醫固多，而死於名醫之好用人參者尤多。王介甫云：平生無紫團參，亦活到今日。此言真可破千古之疑。東坡以紫團參寄王定國，有詩。又《小圃五詠》有《人參》一詩，皮陸亦有唱和詩。校書劉某亦有詩，周繇、段成式皆有詩。黄蓮坡云：《古夫于亭雜録》人參詩，内有錢起《紫參歌竝序》。按陶弘景曰：人參、沙參、丹參、玄參、苦參，五參之外有紫參，乃牡蒙也。《本草綱目》云：紫參一名牡蒙，又名五鳥花。李時珍引錢起《歌序》云：紫參幽芳也，五葩連萼，狀如飛禽羽舉，俗名五鳥花。是紫參，雖有參名，非人參也。棠謂，《古夫于亭雜録》之誤，此由紫團參有紫字，故誤以紫參詩入人參内也。

清　王念孫《廣雅疏證》卷一〇　葠，地精，人蓡也。各本俱作『地精，人葠也』。《御覽》引《廣雅》作『葠，地精，人蓡也』。蓋葠即蓡字，後人病其重複而删改之耳。案，古人詁訓之體，不嫌重複。如崇、高字，或作嵩。而《爾雅》云：嵩，崇，高也。篤、厚字，《説文》作竺，而《爾雅》云：篤，竺，厚也。【略】鹿腸，元蓡也。葠，地精，人蓡也。苦心，沙蓡也。三蓡字正同一例，不得獨改此條蓡字爲葠。今據《御覽》訂正。《説文》葠作蓡，云：人蓡，藥艸，出上黨。《神農本草》云：人參味甘，一名人銜，一名鬼蓋，生上黨山

谷。《御覽》引《范子計然》云：人參出上黨，狀類人者善。又引《吳普本草》云：人參，一名土精，一名神草，一名黃參，一名血參，一名人微，一名玉精。或生邯鄲。三月生，葉小鋭，核黑，莖有毛，根有頭足手，面目如人。是人參以形得名。土精，猶地精也。色黃，故又名黃參。陶注《本草》云：上黨人參，形長而黃，狀如防風，多潤實而甘。百濟者形細而堅白，高麗者形大而虛軟，並不及上黨者。人參生一莖直上，四五相對生，花紫色。高麗人作讚曰：三椏五葉，背陽向陰。欲來求我，椵樹相尋。椵樹蔭廣，則多生陰地也。人參之名，始著於緯書。《御覽》引《春秋運斗樞》云：摇光星散爲人參。廢江淮山瀆之利，則摇光不明，人參不至。又引《禮斗威儀》云：乘木而王，有人參至。則西漢時已貴重之。《潛夫論・思賢篇》云：治疾當真人參，反得支羅服。當麥門冬，反得蒸穬麥。人參、麥門冬，皆《本草》上品也。

清　梁章鉅《浪迹叢談》卷八《人參》　人參隨王氣轉移，而東方尤爲生氣所託始，故歷代人參多產於東南、東北，而西方無聞焉。《梁書・阮孝緒傳》云：母王氏有疾，合藥須得生人葠。舊傳鍾山所出，孝緒躬歷幽險，累日不值。忽見一鹿前行，孝緒感而隨後。至一所遂滅，就視，果獲此草。母得服之，遂愈。當時金陵有龍蟠虎踞之兆，故鍾山之葠爲上品。而上黨爲天下之春，亦王氣所鍾，故前朝所用人參皆即今之黨參。古方中用參，率以兩計，以斤計，若非今之黨參，安得有許多人參乎？惟唐人林寬《送人歸日東》詩云：門外人葠徑，到時花幾開。日東即今遼東，則在唐時已爲產參之區。迨入我朝，而東參遂甲天下，王氣所鍾，非一朝一夕之故矣。

又《高麗參》　高麗參即人參，同是長白山所產。在山之陽爲人參，在山之陰爲高麗參。高麗在山陰，其被陽光之氣自不及山陽之盛，故所出之參性亦稍寒。嘉慶初，其價大貴，至近時而大減，相去不啻倍蓰，不知何故。有選大枝者，合糯米、薑汁屢蒸而屢曬之，其功亦不在人參下也。

清　吳其濬《植物名實圖考》卷七《人參》　人參，《本經》上品。昔時以遼東、新羅所產，皆不及上黨。今以遼東吉林爲貴，新羅次之。其三姓、甯古塔，亦試採，不甚多。以苗移植者爲秧參，種子者爲子參，力皆薄黨參。今係蔓生，頗似沙參苗，而根長至尺餘，俗以代人參，殊欠考覈。

清　俞樾《茶香室叢鈔》卷二一《人參貴紅賤白》　國朝吳振臣《甯古塔紀略》云：人參多如吾鄉之桃李，草本，方梗，對節生葉，葉似秋海棠。六七月間開小白花，八月結子，似天竹子。生於深山草藂中，較他草高尺許，以八九月間者爲最佳。生者色白，蒸熟輒帶紅色。紅而明亮者，其精神足爲第一等。今之醫家，以白色者爲貴，謂其土不同，故有此二種，大謬。凡掘參之人，一日所得，至晚便蒸，次日曬於日中。曬干後，有大有小，有紅有白，並非地之不同，總因精神之足不足也。故土人貴紅而賤白。按，高麗參亦然。余親家翁彭雪琴尚書言：有人贈以高麗參，大幾如小兒臂。一種紅，一種白。白者賤，而紅者貴。尚書不受，未知其功效如何也。

清　趙學敏《本草綱目拾遺》卷三《草部上・羅浮參》　《羅浮山志》：羅浮所產人參，殊與《本草》人參不類，狀如山茅，葉細莖圓，有紫花。三葉一花者，爲仙茅。一葉一花者，爲人參。根如人字，色如珂玉。煮汁食之，味與參無別，但微有膠漿耳。味甘帶苦，生津養胃，補虛羸潤肺。

又《上黨參防黨附》　《本經逢原》云：產山西太行山者，名上黨人參。雖無甘溫峻補之功，郤有甘平清肺之力。不似沙參之性寒，專泄肺氣也。《百草鏡》云：黨參，一名黃參，黃潤者良。出山西潞安、太原等處。有白色者，總以淨軟、壯實、味甜者佳。嫩而小枝者，名上黨參。老而大者，名防黨參。味甘性平，治肺虛，能益肺氣。防風黨參，《從新》云：古《本草》云，參須上黨者佳。今真黨參，久已難得。肆中所市黨參，種類甚多，皆不堪用。惟防黨，性味和平，足貴。根有獅子盤頭者真，硬紋者僞也。白黨，即將此參煮曬以成，原汁已出，不堪用。翁有良《辨誤》云：黨參，功用可代人參，皮色黃而橫紋，有類乎防風，故名防黨。江南徽州等處呼爲獅頭參，因蘆頭大而圓凸也。古名上黨人參，產於山西太行山、潞安州等處爲勝，陝西者次之。味甚甜美，勝如棗肉。近今有川黨，蓋陝西毗連移種栽植，皮白味淡，類乎桔梗，無獅頭，較山西者迥別。入藥亦殊劣，不可用。

紀事

唐　房玄齡《晉書》卷一〇四《石勒載記》　【石勒】所居武鄉北原山下，草木皆有鐵騎之象。家園中生人參，花葉甚茂，悉成人狀。父老及相者皆曰：此胡狀貌奇異，志度非常，其終不可量也。

唐　魏徵《隋書》卷二三《五行志》　高祖時，上黨有人宅後每夜有人呼聲，求之不得。去宅一里所，但見人參一本，枝葉峻茂。因掘去之，其根五尺餘，具體人狀，呼聲遂絶。

明　陳繼儒《太平清話》卷二　上黨有人宅後，每夜有人呼聲，求之不得。去宅一里所，但見人參一本，枝葉峻茂。因掘去之，其根五尺餘，具體人狀，呼聲遽絶。而客有言，李如松家人參一本，重十六觔，形如小兒。

藝文

宋　蘇軾《東坡全集》卷二三《人參》　上黨天下脊，遼東真井底。玄泉傾海腴，白露灑天醴。靈苗此孕毓，肩肢或具體。移根到羅浮，越水灌清泚。地殊風雨隔，臭味終祖禰。青椏綴紫萼，圓實墮紅米。窮年生意足，黄土手自啓。上藥無炮炙，齕齧盡根柢。開心定魂魄，憂恚何足洗。糜身輔吾生，既食首重稽。

明　焦竑《焦氏筆乘》卷一《人參贊》　高麗人作《人參贊》曰：三椏五葉，背陽向陰。故韓翃詩云：應是人參五葉齊。《典術》曰：堯時天降精於庭爲韭，感百陰爲菖蒲。《吕氏春秋》：菖蒲亦名堯韭。唐詩：澗有堯時韭，山餘禹日糧。用此事。

圖表

明　李時珍《本草綱目·圖卷》

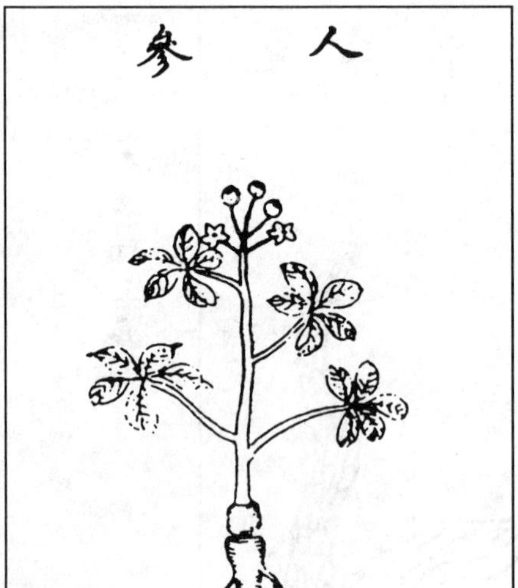

清　吴其濬《植物名實圖考》卷七《人參》

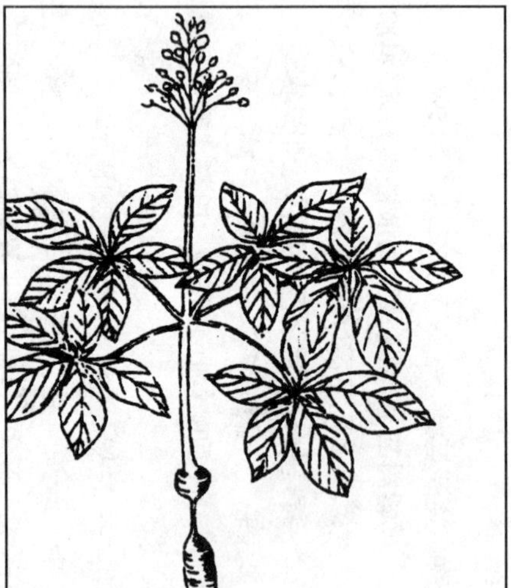

肉蓯蓉

綜述

宋　李昉《太平御覽》卷九八九《肉蓯蓉》　《本草經》曰：肉蓯蓉，味甘，微温，生山谷，治五勞七傷，補中。除莖中寒熱，養五藏，强陰益精氣，多子，婦人癥瘕久服輕身。生河西。《吳氏本草》曰：肉蓯蓉，一名草蓯蓉，神農、黄帝鹹，雷公酸，李氏小温。生河東山陰地，長三四寸，藂生，或代郡雁門，二月八日採，陰乾用之。

宋　鄭樵《通志》卷七五　肉蓯蓉，曰肉松容。舊曰馬精化爲蓯蓉，人血化爲茹蘆，故蓯蓉生於沙中，在西方多馬處，然亦有生於大木間及土塹上者。

明　李時珍《本草綱目》卷一二　肉蓯蓉《本經》上品　釋名：肉松容、吴普黑司命。吴普。　時珍曰：此物補而不峻，故有從容之號。從容，和緩之貌。　集解：《别録》曰：肉蓯蓉生河西山谷及代郡雁門，五月五日採，陰乾。普曰：生河西山陰地，叢生，二月至八月採。弘景曰：代郡雁門屬并州，多馬處便有之，言是野馬精落地所生。生時似肉，以作羊肉羹補虚乏極佳，亦可生啖。河南間至多。今第一出隴西，形扁廣，柔潤多花而味甘。次出北地者，形短而少花。巴東建平間亦有，而不嘉也。恭曰：此乃論草蓯蓉也，陶未見肉者。今人所用亦草蓯蓉刮去花，代肉蓯蓉，功力稍劣。保昇曰：出肅州福禄縣沙中。三月、四月掘根，長尺餘，切取中央好者三四寸，繩穿陰乾，八月始好，皮有松子鱗甲。其草蓯蓉四月中旬採，長五、六寸至一尺以來，莖圓紫色。大明曰：生教落樹下，並土塹上，此即非馬交之處，陶説誤爾。又有花蓯蓉，即暮春抽苗者，力較微爾。頌曰：今陝西州郡多有之，然不及西羌界中來者，肉厚而力緊。舊説是野馬遺瀝所生，今西人云大木間及土塹垣中多生，乃知自有種類爾。或疑其初生於馬瀝，後乃滋殖，如茜根生於人血之類是也。五月採取，恐老不堪，故多三月採之。震亨曰：河西混一之後，今方識其真形，何嘗有所謂鱗甲者？蓋蓯蓉罕得，人多以金蓮根用鹽盆製而爲之，又以草蓯蓉充之，用者宜審。嘉謨曰：今人以嫩松梢鹽潤僞之。

明　盧之頤《本草乘雅半偈》卷二　〔肉蓯蓉〕出河西山谷，及代郡鴈門，陝西州郡多有之。叢生教落樹下，並土塹上。春時抽苗，似肉色而紅，有鱗甲第一。出隴西者，形扁，紅黄，柔潤，多花，味甘且肥也。次出北國者，形短，花少。巴東、建平間，亦有。

清　覺羅石鱗　雍正《山西通志》卷四七《物産》　肉蓯蓉，一名黑司命。《别録》：肉蓯蓉生河西山谷及代郡雁門。李時珍曰：此物補而不峻，故號從容。陶弘景曰：代郡雁門屬并州，多馬處便有之。言是野馬精落地所生，生時似肉。作羊肉羹，補虚乏極佳。

清　吴其濬《植物名實圖考》卷七《肉蓯蓉》　肉蓯蓉，《本經》上品。《圖經》云：人多取草蓯蓉以代肉者。今藥肆所售皆鹹製，有鱗甲，形扁，色黑柔軟。

圖表

明　李時珍《本草綱目・圖卷》

清　吴其濬《植物名實圖考》卷七《肉蓯蓉》

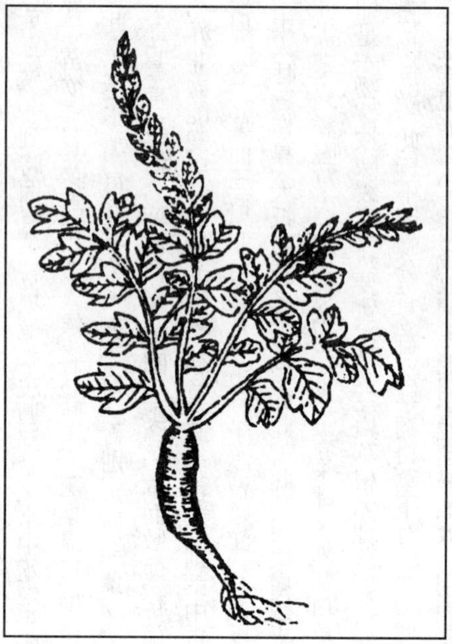

乳漿草

綜述

清　吴其濬《植物名實圖考》卷一四《乳漿草》　乳漿草，江湘山坡間多有之。以莖有白汁，故名。土醫以治乳癰。按：大戟有紫綿數種，此其類也。

圖表

清　吴其濬《植物名實圖考》卷一四《乳漿草》

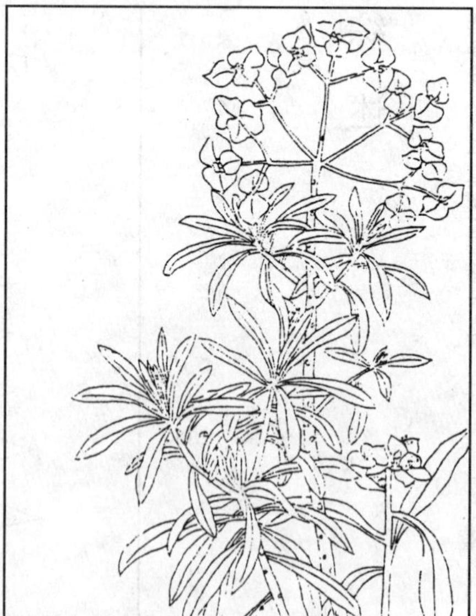

三白草

綜述

明　李時珍《本草綱目》卷一六　三白草《唐本草》　釋名：弘景曰：葉上有三白點，俗因以名。又見下。集解：恭曰：三白草生池澤畔，高尺許。葉似水葒，亦似蕺，又似菝葜。葉上有三黑點，非白也。古人秘之，隱黑爲白爾。根如芹根，黄白色而粗大。藏器曰：此草初生無白，入夏葉端半白如粉。農人候之蒔田，三葉白則草便秀，故謂之三白。若云三黑點，蘇未識矣。其葉如薯蕷，亦不似水葒。保昇曰：今出襄州，二月、八月採根用。時珍曰：三白草生田澤畔，三月生苗，高二三尺。莖如蓼，葉如章陸及

青葙。四月其顛三葉面上，三次變作白色，餘葉仍青不變。俗云：一葉白，食小麥；二葉白，食梅杏；三葉白，食黍子。五月開花成穗，如蓼花狀，而色白微香。結細實。根長白虛軟，有節須，狀如泥菖蒲根。《造化指南》云：五月採花及根，可製雄黃。蘇恭言似水荭，有三黑點者，乃馬蓼，非三白也。藏器所説雖是，但葉亦不似薯蕷。

明　慎懋官《華夷花木鳥獸珍玩考》卷五《三白草》　三白草初生不白，入夏葉端方白，農人候之蒔田。三葉白，草畢秀矣。其葉似署預。

清　趙學敏《本草綱目拾遺・正誤》　三白草，俗呼水木通，《綱目》釋名無一條別名，或未博訪耶？又瀕湖以爲此草，八月生苗，四月其巔三葉面白，三青變，三白變，餘則仍青而不變也。故葉初白，食小麥；再白，食梅杏；三白，食黍子。此則未親見三白形色者也。按盧之頤《乘雅》云：家植此草於庭前二十餘載，每見三月生苗，葉如薯蕷葉而對生。小暑後，莖端發葉，純白如粉，背面一如，初小漸大，大則葉根先青，延至葉尖，則盡青矣。如是發葉者三，不再葉而三秀，花穗亦白，根須亦白，爲三白也。設草未秀而削除之，或六七月，或八九月，重生苗葉，亦必待時而葉始白。《月令》小暑後，逢三庚三伏，所以避火形，以全容平之金德。三白草，不三伏而三顯白，轉以火金相襲之際，化炎敲爲清肅，此即點火成金，不煩另覓種子者是也。故主夏傷於暑而出機未盡，秋傷於濕而降令過急者，兩相安耳。據此言，則此草應時而生白葉三瓣，非到時而青葉轉白，與李説迥異。又常中丞《筆記》：鏡湖産三葉白草，苗欲秀，其葉漸白，農人候之以蒔田。三葉盡白，則苗畢秀矣。餘姚亦多此草，生水濱，每春夏水足，葉齊白。否則，止白一葉，或二葉。占之甚驗。今訪草長二三尺，葉似白楊，下圓上尖，一本而數節，每節皆生葉，數不止三，亦非盡能變白。惟最上數葉，初時近蒂先白，次則葉中再白，末則至葉尖通白。蓋一葉而三白，非白葉有三也。予渡曹娥江，親摘以視之，因得其詳。土人呼三白草，大抵志載之不實類如此。此其説與盧説異，因并存之。瀕湖草部十六卷隰草内載三白草，二十七卷菜部又列翻白草，以爲二種，不知即是一物。按陳綬《眼科要覽》云：三白草根名地藕，翻白草根名天藕。斷是一物無疑，此皆不應强分者。無怪乎翻白草下有釋名，而三白草下無釋名矣。且其根能治小兒痘後眼閉不能開，並起星最效。用酒漿同擣，鋪棉帛上，托於眉心，候一晝夜即開，重者二服，無不驗者。而瀕湖三白、翻白下兩處附方，皆不載，猶欠細核耳。

圖表

明　李時珍《本草綱目・圖卷》

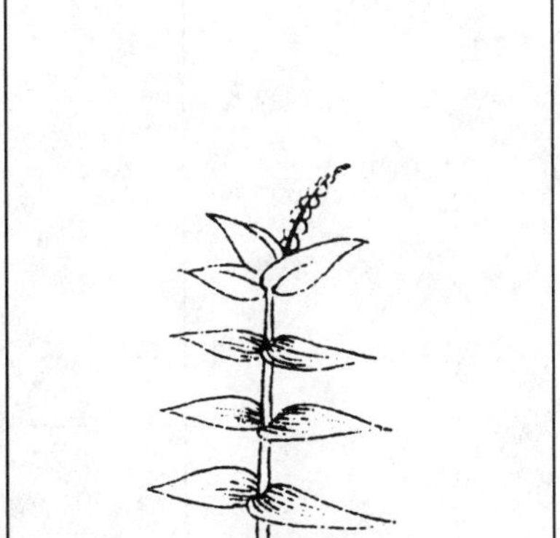

三白草

三七

綜述

明　李時珍《本草綱目》卷一二　三七《綱目》　釋名：山漆、《綱目》金不換。時珍曰：彼人言其葉左三右四，故名三七，蓋恐不然。或云本名山漆，謂其能合金瘡，如漆粘物也，此説近之。金不換，貴重之稱也。集解：時珍曰：生廣西南丹諸州番峒深山中，採根暴乾，黄黑色。團結者，狀略似白及；長者如老乾地黄，有節。味微甘而苦，頗似人參之味。或云：試法，以末糝猪血中，血化爲水者乃真。近傳一種草，春生苗，夏高三四尺。葉似菊艾而勁厚，有歧尖。莖有赤稜。夏秋開黄花，蕊如金絲，盤紐可愛，而氣不香，花乾

則吐絮如苦蕒絮。根葉味甘，治金瘡折傷出血，及上下血病甚效。云是三七，而根大如牛蒡根，與南中來者不類，恐是劉寄奴之屬，甚易繁衍。

清　趙學敏《本草綱目拾遺》卷三《草部上・昭參》　《金沙江志》：即人參三七，産昭通府，肉厚而明潤，頗勝粤産。形如人參中油熟一種。王子元官於滇，曾以此遺外舅稼村先生，予親見之。狀較參紅潤，大小亦不等，味微苦甜，皮上間有帶竹節紋者。劉仲旭少府云：昭通出一種，名蘇家三七，儼如人參，明潤紅熟。壯少者服之，作脹。惟六十以外人服，則不腹脹。其功大補血，亦不行血。彼土人患虚弱者，以之蒸雞服。取大母雞，用蘇三七煎湯。將雞煮少時，又將三七渣搗爛入雞腹，用線縫好，隔湯蒸至雞爛，去三七，食雞，可以醫勞弱諸虚百損之病。據所言，即昭參也。《宦遊筆記》：三七生廣西南丹諸州番峒中，每莖上生七葉，下生三根，故名三七。土人入山，採根暴乾，色微黄，形似白芨，長而有節者，其味微甘而苦，頗類人參。人參補氣第一，三七補血第一。味同而功亦等，故人並稱曰人參三七，爲藥品中之最珍貴者。此常中丞筆記所言：人參三七，以形圓而味甘、如人參者爲真。其長形者，乃昭參水三七之屬，尚欠分晰也。《識藥辨微》云：人參三七，外皮青黄，内肉青黑色，名銅皮鐵骨。此種堅重，味甘中帶苦，出右江土司，最爲上品。大如拳者，治打傷，有起死回生之功。價與黄金等。沈學士云：竹節三七即昭參，解醒第一，有中酒者，嚼少許立時即解。又近時人參三七中，有名佛手山漆者，形長儼如佛手，上有指，出廣西。藥客販至，其價在圓山漆之上。此名荸薺山漆，即所稱銅皮鐵骨參三七是也。壬戌，有客自打箭爐來，帶有藏三七，名佛手參，儼如乾麥冬而堅實，形小不大，作三叉指形，玲瓏如手，故名。王聖俞曾嘗其味，淡而微辛涼，云能治肺血勞損。此亦白芨、三七之屬也。浙産臺温山中，出一種竹節三七，色白如僵蠶，每條上有凹痕如臼，云此種血症良藥。庚申，予於晉齋處見瓊州山漆，圓如芋，皮光，色黄白，肉黄如金。云瓊人珍之，名野山漆，勝右江所出者。又一種，出田州土司，如佛手形，名佛手三七。云此種係野生，入藥更勝。《百草鏡》云：人參三七，味微甘，頗似人參，入口生津。切開内瀝青色，外皮細而緑。一種廣西山峒來者，形似白芨，長者如老乾地黄，有節，味甘如人參，亦名人參三七。又名竹節三七。此外又有旱三七，名蘿蔔三七，色白味苦。有小三七，色黑，出湖南寶慶府，亦名紅三七。有羊腸三七，即水三七之類，形如羊腸細曲。又一種出云南昭通者，能亂人參，色味無異，且油熟明透，但少蘆耳，然回味太甜。金御乘云：近時市品三七之外，有水三七，有白芷三七，有竹節三七，其形狀功效，皆未見其有考核者。【略】按：人參三七，出右江土司邊境，形如荸薺，尖圓不等，色青黄，有皮，味甘苦，絶類人參，故名。彼土人市入中國，輒以顆之大小定價，每顆重一兩者最貴，云百年之物，價與遼參等。餘則每顆以分計、錢計者，價不過一二換而已。昭參無皮，形如手指，絶無圓小者，間有短扁形者，亦頗類白芨樣。《金沙江志》所載，以爲即人參三七，恐未確。故附存劉説以備考。

圖表

明　李時珍《本草綱目・圖卷》

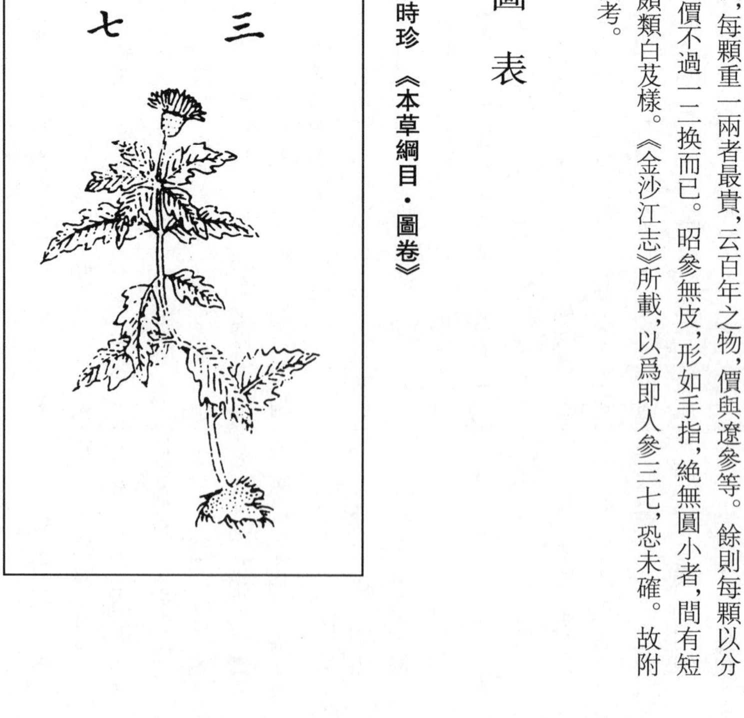

沙參

綜述

明 朱橚《救荒本草》卷三 沙參，一名知母，一名苦心，一名志取，一名虎須，一名白參，一名識美，一名文希。生河内川谷，及宛句般陽續山，并淄齊潞隨歸州，而江、淮、荆、湖州郡皆有，今輝縣太行山邊亦有之。苗長一二尺，叢生崖坡間。葉似枸杞葉，微長，而有叉牙鋸齒。開紫花。根如葵根，赤黄色，中正白實者佳。味微苦，性微寒，無毒。惡防己，反藜蘆。又有杏葉沙參，及細葉沙參，氣味與此相類，但《圖經》内不曾該載此二種葉苗形容，未敢並入本條。今皆另條開載。

明 李時珍《本草綱目》卷一二 沙參《本經》上品 校正：並入《别録》有名未用部羊乳。釋名：白參、吴普知母、《别録》羊乳、《别録》羊婆奶、《綱目》鈴兒草、《别録》虎須、《别録》苦心。《别録》又名文希，一名識美，一名志取。弘景曰：此與人參、玄參、丹參、苦參是爲五參，其形不盡相類，而主療頗同，故皆有參名。又有紫參，乃牡蒙也。時珍曰：沙參白色，宜於沙地，故名。其根多白汁，俚人呼爲羊婆奶，《别録》有名未用羊乳，即此也。此物無心味淡，而《别録》一名苦心，又與知母同名，不知所謂也。鈴兒草，象花形也。集解：《别録》曰：沙參生河内川谷及宛句般陽續山，二月、八月採根暴乾。又曰：羊乳一名地黄，三月採，立夏後母死。恭曰：出華山者爲善。普曰：二月生苗，如葵，葉青色，根白，實如芥，根大如蕪菁，三月採。弘景曰：今出近道，叢生，葉似枸杞，根白實者佳。保昇曰：其根若葵根，其花白色。頌曰：今淄、齊、潞、隨、江、淮、荆、湖州郡皆有之。苗長一二尺以來，叢生厓壁間，葉似枸杞而有叉椏，七月開紫花，根如葵根，大如指許，赤黄色，中正白實者佳，二月、八月採根。南土生者葉有細有大，花白，瓣上仍有白粘，此爲小異。藏器曰：羊乳根如薺苨而圓，大小如拳，上有角節，折之有白汁，人取根當薺苨。苗作蔓，折之有白汁。時珍曰：沙參處處山原有之。二月生苗，葉如初生小葵葉，而團扁不光。八九月抽莖，高一二尺。莖上之葉，則尖長如枸杞葉，而小有細齒。秋月葉間開小紫花，長二三分，狀如鈴鐸，五出，白蕊，亦有白花者。並結實，大如冬青實，中有細子。霜後苗枯。其根生沙地者長尺餘，大一虎口，黄土地者則短而小。根莖皆有白汁。八九月採者，白而實；春月採者，微黄而虚。小人亦往往繁蒸壓實以亂人參，但體輕松，味淡而短耳。

明 陳懋仁《庶物異名疏》卷二一《識美 志取》 《吴普本草》：白沙參，一名苦心，一名識美，一名虎須，一名志取，一名文虎。二月生，苗如葵，葉青色，根白，實如芥，根大如蕪菁。

清 王念孫《廣雅疏證》卷一〇 苦心，沙蔘也。《神農本草》云：沙參，一名知母。味苦，此苦心之所以名也。《御覽》引《吴普本草》云：沙參，一名苦心，一名識美，一名虎須，一名白參，一名志取，一名文希。生河内川谷，或般陽續山。三月生如葵，葉青，實白如芥，根大白如蕪菁。又引《范子計然》云：沙參出雒陽，白者善。案，沙之言斯白也。《詩·小雅·瓠葉》箋云：斯，白也。今俗語斯白字作鮮，齊魯之間聲近斯。斯、沙，古音相近。實與根皆白，故謂之白參。又謂之沙參。《周官》：内饔鳥皫色而沙鳴。鄭注云：沙，嘶也。斯之爲沙，猶嘶之爲沙矣。

清 吴其濬《植物名實圖考》卷二三《昆明沙參》 金鐵鎖，生昆明山中，柔蔓拖地，對葉如指厚脆，僅露直紋一縷。夏開小淡紅花，五瓣極細，獨根横紋，頗似沙參，狀大或如蘿蔔，亦有數根攢生者。

清 趙學敏《本草綱目拾遺》卷三《草部上·南沙參》 《藥性考》：南沙參，形粗似黨參而硬，味苦，性涼，清胃，瀉火解毒，止嗽甯肺。《從新》云：南沙參，色稍黄，形稍瘦小而短。近有一種味帶辣者，不可用。張璐《本經逢原》云：沙參有南北二種，北者質堅性寒，南者體虚力微。功同北沙參，而力稍遜。按：參類不一，有竊參名者，如苦參、沙參是也。有竊參形者，如薺苨、三七是也。凡參，皆隨地運爲昇降，故各地皆産參，而性亦各異，功用總不及遼參。今擇可入藥，爲《綱目》未及載者，悉附識於此，以廣知焉。張覲齊云：珠兒參者，其形獨蒜似之，去皮煮熟，色如紅熟人參，因圓大而如珠，故名。其味苦而微帶辛，不知何根子所造。價每觔五錢，治牙痛有驗。大署苦者性寒，而辛者必散。是火鬱發散之意，未必全在補功也。至於紅黨參，即紅蘿葡草所造。白黨參，未考。此皆蘇地好奇者所製，好奇之醫因而用之。走方者所以惑鄉人稱太子參者，乃參中之全枝而小者，是參客巧取之名

也。洋參，清氣同參，味苦必寒，疑産陰山，補功雖不及人參，較之珠兒紅白黨等遠矣。土人參，俗名觀音山貨，形與人參無二，亦有糙熟之分，出處不一，中有白絲心而味淡，親見臺温處州及新昌嵊縣人有貨此參者，價每兩兩許，未考其性，亦未用過，如南沙參誤用者甚多。南沙參，産於浙地者，鮮時如蘿蔔，土人去皮煮熟如熟山藥，曬乾如天花粉而無粉性，本名粉沙參。功專散毒、消腫、排膿，非南沙參也。其南沙參，形如桔梗而中空松，味淡微甘。桔梗帶辛，而南沙參不辛，産於亳門者最佳，俗名雄桔梗。藥肆中，即於桔梗包中揀出，水潤打扁切片，確類銀柴胡片。此則入肺而理嗽，功如北沙參而兼理氣。蓋中空之義也。台州亦出桔梗，而條幹帶硬。亦有雄桔梗，如南沙參，但色不如亳産白。蓋參類本不一，近日價日昂貴，而各種僞品雜出，人亦日搜奇於窮巖荒壑中，覓相似草根以代混。倘誤用之，爲禍非淺。王繹堂云：時下盛行一種福建長樂參，廣西南陔參，二物頗似，儼與臺參油熟無別，味亦苦中帶甜，蒸湯亦極濃厚。然皆性熱，不似人參之平和滋益也。即臺參中，近日人頗有入白糖及滷水製透，取其重也。凡參八分，可製重二分作一錢以圖利。店中有此參者，每日必蒸焙，否則潮潤難售。故市參者須加意焉。

圖表

明 朱橚《救荒本草》卷三

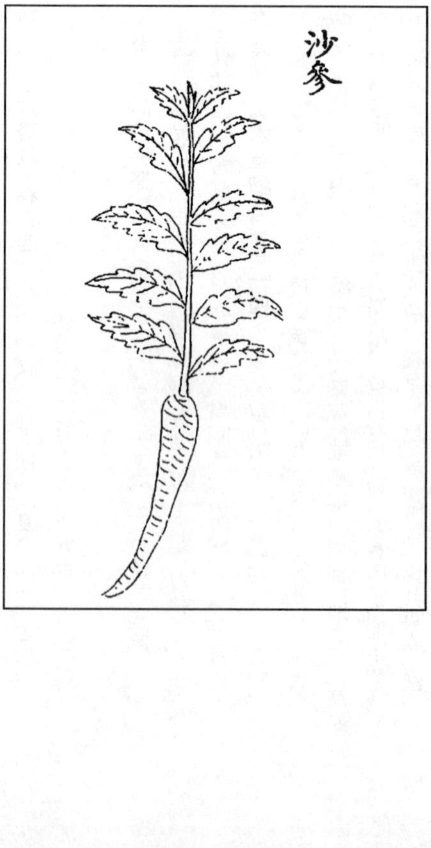

明 李時珍《本草綱目・圖卷》

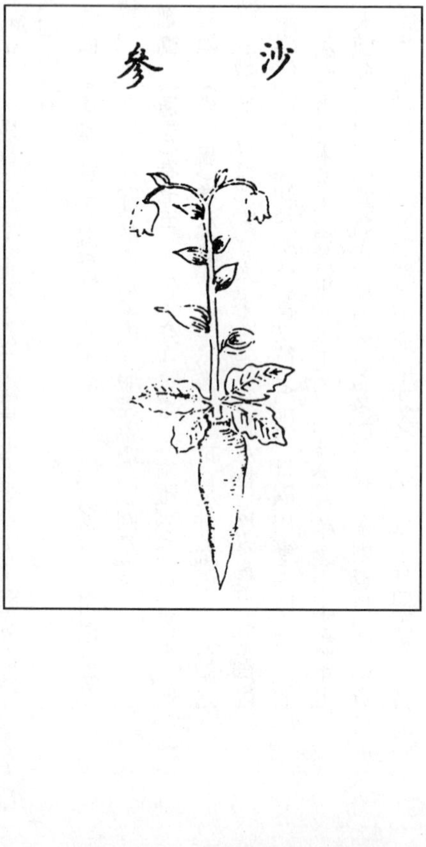

清　吴其濬《植物名實圖考》卷二三《昆明沙參》

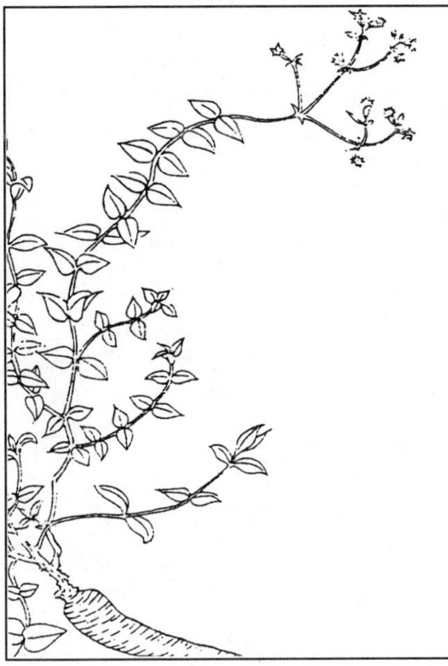

莎草

綜　述

《爾雅・釋草》　薃侯，莎。其實媞。注：《夏小正》曰：薃也者，莎蒴。媞者其實。音義：薃，胡老反。莎，先禾反。媞，尼兮反。夏，音下，正之盈反。蒴，弋乘、徂規二反。《廣雅》云：蔍也。又云：地毛，莎蒴也。本或作蓨，他狄反。疏：薃即莎别名。侯，維也，猶語辭也。其實别名媞。注『《夏小正》』者，《大戴禮》之篇名，本夏后氏著十二月之候也。漢九江太守戴德記之，謂之《大戴禮記》。其正月云：媞薃。薃也者，莎蒴也。媞也者，其實也。先言媞而後言薃何也？媞先見者也。何以謂之？《小正》以著名也。案《廣雅》云：地毛，莎蒴也。是蒴即莎也，故云『莎蒴』。

漢　許慎《説文》卷一　莎，鎬侯也。从艸，沙聲。蘇禾切。

三國吴　陸璣《毛詩草木鳥獸蟲魚疏》卷上《南山有臺》　臺，夫須，舊説夫須，莎草也。可爲簑笠，都人士云臺笠。緇撮或云臺草，有皮堅細滑致，可爲簦笠，南山多有。

宋　陸佃《埤雅》卷一七《臺》　臺，夫須。夫須，莎草也。可以爲笠，又可以爲蓑。疏而無温，故莎从沙，與《内司服》所謂『沙』同意。

宋　鄭樵《通志》卷七五　芸臺，亦作雲臺。《爾雅》云：臺，夫須。

宋　羅願《爾雅翼》卷八《臺》　臺者，莎草。可爲衣以御雨，今人謂之蓑衣。《詩・雅》言得賢爲邦家立太平之基。凡言八物，以臺爲首。蓋御雨之具，雖至微，然非平日預知其所在，蓄以待乏，則一旦欲用索之而不得。故特宜先備，亦猶賢者之不可不預蓄也。越王勾踐，棲於會稽之上，求謀士退吴者。大夫種進對曰：臣聞賈人，夏則資皮，冬則資絺，旱則資舟，水則資車，以待乏也。夫雖無四方之憂，然謀臣與爪牙之士，不可不養而擇也。譬如蓑笠，時雨既至，必求之。今君王既棲於會稽之上，然後乃求謀臣，無乃後乎是？古者蓄蓑笠以備患，比之賢者之待難矣。

宋　戴侗《六書故》卷二四　莎，穌禾切。《夏小正》曰：薃也者，莎蒴。媞者，其實。《爾雅》曰：薃侯，莎。其實媞。釋曰：侯维也，語辭也。《説文》曰：莎，鎬侯。《本草》曰：葉如三稜，根名香附子。

元　梁益《詩傳旁通》卷六《臺》　臺，一名夫須。夫音扶。陸璣云：夫須，莎草也。可以爲蓑笠，禹治水，稱畚築，賦蓑蘧，程土石。夏時已有之。《春秋外傳・齊語》曰：首戴茅蒲，身衣襏襫。韋昭注：襏襫，蓑。薜音百。

明　李時珍《本草綱目》卷一四　莎草、香附子《别録》中品　釋名：雀頭香《唐本》草附子、《圖經》水香稜、《圖經》水巴戟、《圖經》水莎、《圖經》侯莎、《爾雅》莎結、《圖經》夫須、《别録》續根草、《圖經》地藾根、《圖經》地毛。《廣雅》　時珍曰：《别録》止云莎草，不言用苗用根。後世皆用其根，名香附子，而不知莎草之名也。其草可爲笠及雨衣，疏而不沾，故字從草從沙。亦作蓑字，因其爲衣垂緌，如孝子衰衣之狀，故又從衰也。《爾雅》云『薃（音浩）侯，莎。其實緹』是也。又云『苔，夫須也』。苔乃笠名，賤夫所須也。其根相附連續而生，可以合香，故謂之香附子。上古謂之雀頭香。按《江表傳》云，魏文帝遣使於吴求雀頭香，即此。其葉似三稜及巴戟，而生下濕地，故有水三稜、水巴戟之名。俗人呼爲雷公頭。《金光明經》謂之月萃哆。《記事珠》謂之抱靈居士。集解：《别録》曰：莎草生田野，二月、八月採。弘景曰：方藥不復用，古人爲詩多用之，而無識者。乃有鼠蓑，療體異此。恭曰：此草根名香附

子，一名雀頭香，所在有之，莖葉都似三稜，合和香用之。頌曰：今處處有之。苗葉如薤而瘦，根如箸頭大。謹按唐玄宗《天寶單方圖》載水香稜，功狀與此相類。云水香稜原生博平郡池澤中，苗名香稜，根名莎結，亦名草附子。河南及淮南下濕地即有，名水莎。隴西謂之地藾根。蜀郡名續根草，亦名水巴戟。今涪都最饒，名三稜草。用莖作鞋履，所在皆有。採苗及花與根療病。宗奭曰：香附子今人多用。雖生於莎草根，然根上或有或無。有薄皽皮，紫黑色，非多毛也。刮去皮則色白。若便以根爲之，則誤矣。時珍曰：莎葉如老韭葉而硬，光澤有劍脊稜。五六月中抽一莖，三稜中空，莖端復出數葉。開青花成穗如黍，中有細子。其根有須，須下結子一二枚，轉相延生，子上有細黑毛，大者如羊棗而兩頭尖。採得燎去毛，暴乾貨之。此乃近時日用要藥，而陶氏不識，諸注亦略，乃知古今藥物興廢不同。如此則本草諸藥，亦不可以今之不識，便廢棄不收，安知異時不爲要藥如香附者乎？

明　劉侗《名物通》卷一〇　莎，《爾雅》曰：其根爲香附子，葉即爲莎衣者，《詩·南山有臺》是也，亦曰薛。

明　盧之頤《本草乘雅半偈》卷八　〔莎草〕生田野下濕地，所在都有，惟隴西、涪都、兩浙最饒。苗似草蘭而柔，又似細萱而勁。葉心有脊，似劍，又似菖蒲、吉祥草輩，光澤亦同，嫩綠蕭疎小別異耳。五六月中抽一莖三稜中空，莖端復出數葉。開青色花，成穗似黍，中有細子似葶藶、車前子狀。根多白須，須下另結子一二枚，轉相延生，外裹細黑茸毛，大者似羊棗，兩頭尖，耐水旱，雖分劈亦不知死。【略】莎品凡三：臺，薠薃也。《爾雅》載薃，《埤雅》載臺，《子虛賦》載薠，《爾雅翼》載臺薃而兼言薠，《本草》混臺、薠、薃爲一物。由辨之，當早辨也。薠即青薠，一名大莎。《說文》以爲青薠似薃，但大小有異，生江湖，爲鴈所食。臺即夫須，一名莎草，《子虛賦》所爲薛，《漢書音義》所謂『藾可以爲衣，疎而無温』，編之若甲狀，毶毶而垂，使雨順流而下，匹夫所須也。薃即鎬侯，一名侯莎，《爾雅翼》所謂莎，《廣成頌》所謂綠莎，顏師古所謂青莎。晏元獻公有《庭莎記》，言此草耐水旱，樂延蔓，雖枝心隕，葉亦弗之絶，莖葉都似三稜。《圖經》所謂水香稜，又名水莎、水巴戟，《廣雅》所謂地毛，《記事珠》所謂抱靈居士，此皆指薃苗莖葉爲名也。根若附子，相附連續，周匝有毛，大者如羊棗乃子也。另有細根如白髮根，上結子二三枚，或有或無。有則轉相延蔓者爲牝。《別録》所謂香附子，《圖經》所謂草附子，又名莎，結續草根。《金光明經》所謂日萃哆，《唐本》所謂雀頭香。魏文帝於吳求雀頭香，即薃根香附子也。

清　吳其濬《植物名實圖考》卷二五《莎草》　莎草，《別録》中品。《爾雅》『薃侯，莎。其實媞』，即香附子也。《唐本草》始著其形狀功用。今爲要藥，與三棱極相類。唯淮南北產者，子小而堅，俗謂之香附米者佳。

藝　文

唐　釋齊己《白蓮集》卷五《病起見庭莎》　病起見庭莎，緣階傍竹多。繞行猶未得，静聽復如何。蟋蟀幽中響，蟪蛄深處歌。不緣田地窄，剩種任婆娑。

唐　蕭穎士《庭莎賦》（引自《文苑英華》卷一四六）　天寶十載，集作十有二載。予以史臣推擇，待詔闕下，僻直多忤，連歲不偶，未選叙，《集》作未以選叙。求參河南府軍事。府尹裴公以予浮名，枉顧遇焉。而尹之外姻，或綰紀綱之局，怙勢矜權，求府僚降禮於己。予清慎自守，不能附會，爰逝我陳，《詩》『胡逝我陳』注，陳堂塗也。《集》作隟，非。嫌怒遂構。又同官多貴游右戚，酒食之會，絲竹之娛，無間旬朔。予人集作受。質鄙野，雅不之好，常願鷗鳥爲儔，江海是處。往歲久游剡集作吳。中，將遂終焉。朝旨迫召，故不獲展，著《白鷴賦》以寄斯意。至是鬱悒，彌用增想。廳堦之下，溪集作爰。有莎草，故叅軍宋之問徙於伊川而植焉。結根五紀，綿羃庭際，廣累萬步，高樹十餘，間以雜果，陰蔽其上，俗吏往來必凌踐之。嘆其稟山野之姿，而託非其所，以就窘迫，因而賦曰：《集》作云。厭公門之窘束，玩纖草於兹亭。奚卑弱之斯極，豈雨露之衍靈？尚含和以順時，隨春夏之凄清。集作而凄清。軒房洞啓，廣階脩直。槐楊蔽虧，桃李集作珍果。對植。橫層陰之冥密，綴繁英之翕赩。既高低以異姿，亦濃淡而殊色。胥徒牒訴，雜沓乎其側。遊塵浮煙，蒙翳而不息。雖蕭颯以自得，亦喧卑集作闐。而見逼。宜夫坐莽集作漭。浪之野，帶江湖之涘。托集作結。根山阿，搖款緑水。芊綿靃靡，連亘乎十數集作百字。里。何推遷而連會，繆產蒔於庭隅。憂好尚之傾奪，見芟夷於難集作及。除。既無心於寵辱，又奚議於集作夫。親疎。

承滴集作骬。瀝之甘潤，蔽衣衿之曳婁。雖爲幸於斯日，諒稟性之云殊。闡哲王之布澤，迨蕭葦而霑鋪。苟一類而集作其。失所，猶納隍之在予。矧皇穹之播氣，陶庶彙於靈樞。曷茲卉之攸託，慘終年而莫舒。吾將徵宰物之至理，聿歸問於玄虛者焉。

圖表

晉　郭璞《爾雅音圖・釋草》

明　李時珍《本草綱目・圖卷》

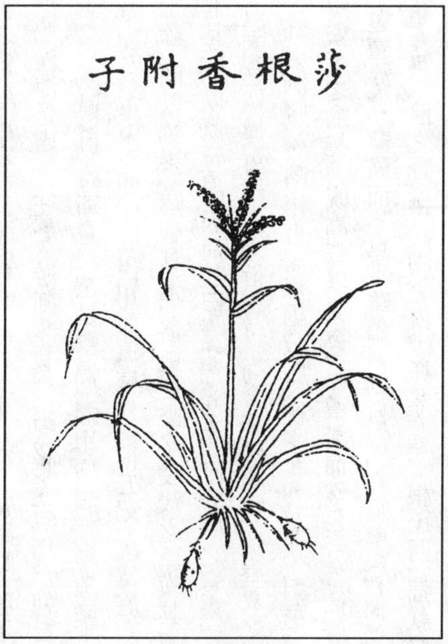

清　吳其濬《植物名實圖考》卷二五《莎草》

山慈姑

綜述

明　李時珍《本草綱目》卷一三　山慈姑宋《嘉祐》　釋名：金燈、《拾遺》鬼燈檠、《綱目》朱姑、《綱目》鹿蹄草、《綱目》無義草。時珍曰：根狀如水慈姑，花狀如燈籠而朱色，故有諸名。段成式《酉陽雜俎》云：金燈之花與葉不相見，人惡種之，謂之無義草。又有試劍草，亦名鹿蹄草，與此同名，見後草之五。集解：藏器曰：山慈姑生山中濕地，葉似車前，根如慈姑。大明曰：零陵間有一種團慈姑，根如小蒜，所主略同。時珍曰：山慈姑處處有之。冬月生葉，如水仙花之葉而狹。二月中抽莖，如箭杆，高尺許。莖端開花白色，亦有紅色、黄色者，上有黑點，其花乃衆花簇成一朵，如絲紐成，可愛。三月結子，有三棱。四月初苗枯，即掘取其根，狀如慈姑及小蒜，遲則苗腐難尋矣。根苗與老鴉蒜極相類，但老鴉根無毛，慈姑有毛殼包裹爲異爾。用之，去毛殼。

清　嵇璜《續通志》卷一七四　山慈姑，一名金燈，一名鬼燈檠，一名朱姑，一名鹿蹄草。根如水慈姑，花如燈籠而朱色，故有諸名。段成式《酉陽雜俎》云：金燈之花與葉不相見，人謂之無義草。

清　吴其濬《植物名實圖考》卷一九《山慈姑》　山慈姑，江西、湖南皆有之。非花葉不相見者，蔓生，緑莖，葉如蛾眉豆葉而圓大，深紋多皺。根大如拳，黑褐色，四圍有白須，長寸餘，蓬茸如蝟。建昌土醫呼爲金線弔蝦蟆，微有其形。以爲敗毒、通氣、散痰之藥。余曾求坐拏草於永豐，令以此草應命，殆未必確。

清　趙學敏《本草綱目拾遺·正誤》　山慈姑，處州人以白花者良，形狀絶似石蒜。瀕湖於山慈姑集解下注云：冬月生葉，二月枯，即抽莖開花，有紅、黄、白三色。於石蒜集解下注：春初生葉，七月苗枯，抽莖開花，紅色。又一種，四五月抽莖，開花黄白色。予昔館平湖仙塘寺，沈道人從遂安帶有慈姑花一盆來，親見之，其花白色，儼如石蒜花。據云，彼土人言無紅黄花者，其花開於三月。而張石頑《本經逢原》慈姑下注云：開花於九月。則是以石蒜爲慈姑矣。瀕湖於慈姑條下附方，引孫天仁《集效方》，用紅燈籠草，此乃紅姑娘草，專治咽喉口齒，瀕湖所收酸漿草是也。乃不列彼而列此，豈以慈姑又名鬼燈檠而誤之耶？夫慈姑，雖解毒，不入咽喉口齒，何得混入？又引《奇效方》吐風痰，用金燈花根。不知石蒜亦名金燈花。山慈姑根食之不吐，石蒜食之令人吐。則《奇效方》所用，乃石蒜，非慈姑也。瀕湖且兩誤矣。

圖表

明　李時珍《本草綱目·圖卷》

清　吳其濬《植物名實圖考》卷一九《山慈姑》

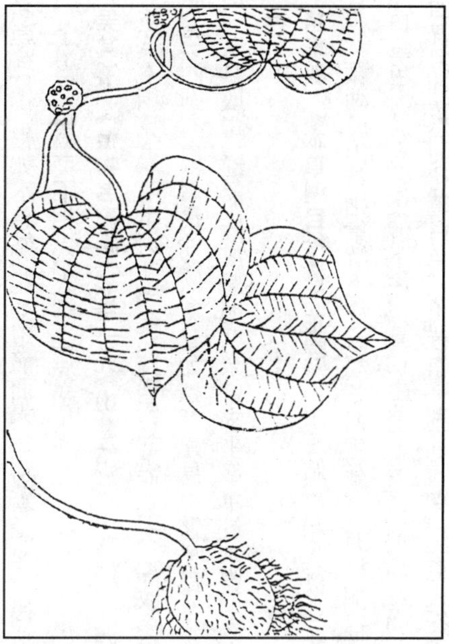

山薑

綜述

晉　嵇含《南方草木狀》卷上　山薑花，莖葉即薑也。根不堪食。於葉間吐花，作穗如麥，粒軟，紅色。煎服之，治冷氣甚效。出九真、交趾。

明　李時珍《本草綱目》卷一四　山薑拾遺　釋名：美草。弘景曰：東人呼爲山薑，南人呼爲美草。時珍曰：與杜若之山薑，名同物異也。集解：藏器曰：山薑根及苗，並如薑而大，作樟木臭，南人食之。又有獛子薑，黄色而緊，辛辣，破血氣殊强於此薑。頌曰：山薑出九真交趾，今閩廣皆有之。劉恂《嶺表録異》云：莖葉皆薑也，但根不堪食。亦與荳蔻花相似，而微小爾。花生葉間，作穗如麥粒，嫩紅色。南人取其未大開者，謂之含胎花，以鹽水淹藏，入甜糟中，經冬如琥珀色，辛香可愛，用爲鱠，無以加矣。又以鹽殺治暴乾者，煎湯服之，極除冷氣，甚佳。時珍曰：山薑生南方，葉似薑，花赤色甚辛，子似草荳蔻，根如杜若及高良薑。今人以其子僞充草荳蔻，然其氣甚猛烈。

清　嵇璜《續通志》卷一七四　山薑，一名美草。《嶺表録異》云：莖葉皆薑也，但根不堪食。亦與荳蔻花相似，而微小爾。花生葉間，作穗如麥粒，嫩紅色。南人取其未大開者，謂之含胎花，以鹽水淹藏，入甜糟中，經冬如琥珀色，辛香可愛，用爲鱠。

清　吳其濬《植物名實圖考》芳草卷二五《山薑》　山薑，《本草拾遺》始著録，江西、湖南山中多有之。與陽藿、茈薑無別，惟根如嫩薑，而味不甚辛，頗似黄精。衡山所售黄精，多以此僞爲之。宋《圖經》：山薑乃是高良薑。李時珍謂子似草荳蔻，甚猛烈，良是。而謂花赤色，則未確，乃子赤色耳。

圖表

明　李時珍《本草綱目·圖卷》

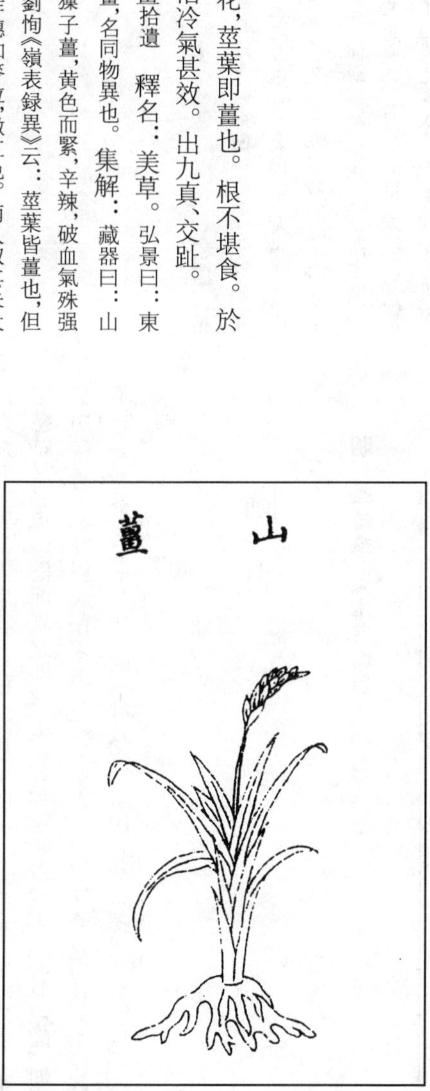

清　吴其濬《植物名實圖考》芳草卷二五《山薑》

商陸

綜述

《爾雅·釋草》 蓫薚，馬尾。注：《廣雅》曰：馬尾，蔏陸。《本草》云，別名薚。今關西亦呼爲薚，江東爲當陸。音義：蓫，他六反。薚，吕、郭他羊反，謝他唐反。《廣雅》云：馬尾，蔏陸也。郭云：江東呼爲當陸。一名薚根，一名夜呼。如人形者有神。蔏，音商，本亦作商。疏：藥草蔏陸也。一名蓫薚，一名馬尾。郭云：《廣雅》曰：馬尾，薚陸。《本草》云，別名薚。今關西呼爲薚，江東爲當陸。案《本草》，蔏陸，一名薚根，一名夜呼。不同者，所見本異也。今注云：一名白昌，一名當陸是也。

宋　鄭樵《通志》卷七五 商陸，曰蓫薚，曰募根，曰夜呼，曰馬尾，曰莧陸，曰章陸，曰章柳根，曰蓄，曰葍。《詩》云：言採其葍。《爾雅》云『葍，蓄』，又云『蓫薚，馬尾』，皆此也。或言《爾雅》『拜，商藋』亦爲此耳。根如人形者有神，道家以爲脯，謂之鹿脯。有赤、白二種，白者服食所須，赤者《爾雅》謂之蔓茅。

宋　羅願《爾雅翼》卷七《薚》 蓫薚，馬尾。郭璞曰：《廣雅》云：馬尾，蔏陸。《本草》別名薚，今關西亦呼爲薚，江東呼爲當陸。生人家園圃中，高三四尺，葉青，如牛舌而長，莖青赤，至柔脆。夏秋開紅紫花，作朵。根如蘆菔，而長如人形者，有神。案，人參亦言如人形者，有神。而采艾見若似人處攬而取之，用灸有驗。物理乃不可勝窮。《易》曰：莧陸夬。夬莧與陸，皆陰類也。或曰此一物，即名莧陸，今俗名章柳根，又一名夜呼，莫知其義。據《荆楚歲時記》：三月三日，杜鵑初鳴，田家候之。此鳥鳴晝夜，口赤上天乞恩，至章陸子熟，乃止。然則章陸子未熟以前，爲杜鵑鳴之候，故稱夜呼。

宋　戴侗《六書故》卷二四 募　𦵔，諸良、餘章二切。《本草》：商陸，一名募，江東呼當陸，俗名章蔞。苗高三四尺，葉如牛舌而長，莖青赤至柔毳。夏秋開紅紫華，實紫黑，根如蘆菔而長。又作薚。

明　李時珍《本草綱目》卷一七 商陸《本經》下品　釋名：蓫募、音逐湯。當陸、《開寶》章柳、《圖經》白昌、《開寶》馬尾、《廣雅》夜呼。《本經》　時珍曰：此物能逐蕩水氣，故曰蓫募。訛爲商陸，又訛爲當陸，北音訛爲章柳。或云枝枝相值，葉葉相當，故曰當陸。或云多當陸路而生也。集解：《別録》曰：商陸生咸陽川谷。如人形者有神。恭曰：此有赤、白二種，白者入藥用，赤者見鬼神，甚有毒。保昇曰：所在有之。葉大如牛舌而厚脆，赤花者根赤，白花者根白。二月、八月採根，日乾。頌曰：俗名章柳根，多生於人家園圃中。春生苗，高三四尺，青葉如牛舌而長。莖青赤，至柔脆。夏秋開紅紫花，作朵。根如蘿蔔而長，八九月採之。《爾雅》謂之蓫募，《廣雅》謂之馬尾，《易經》謂之莧陸。斆曰：一種赤昌，苗葉絶相類，不可服之，有傷筋骨消腎之毒。惟章陸花白年多者，仙人採之作脯，可下酒也。時珍曰：商陸昔人亦種之爲蔬，取白根及紫色者擘破，作畦栽之，亦可種子。根苗莖並可洗蒸食，或用灰汁煮過亦良，服丹砂、乳石人食之尤利。其赤與黄色者有毒，不可食。按周定王《救荒本草》云：章柳干粗似雞冠花幹，微有線楞，色微紫赤，極易生植。

清　張逸少《佩文齋廣羣芳譜》卷九七《藥譜·商陸》 商陸，一名蓫薚，音逐湯。一名馬尾，一名當陸，《爾雅》云：蓫募，馬尾。注云：《廣雅》曰：馬尾，商陸。《本草》云：別名薚，今關西亦呼爲薚，江東爲當陸。一名章柳，《本草綱目》云：商陸，北音訛爲章柳。《兼明書》云：一名章陸，一名烏椹，一名六甲父母。一名白昌，一名夜呼。所在有之，人家園圃亦種爲蔬。春生苗高三四尺，青葉如牛舌而長，莖青赤至柔脆。夏秋開紅紫花作朵，根如蘿蔔而長。八九月採。氣味辛平，有毒。

清　王念孫《廣雅疏證》卷一〇 常蓼，馬尾，蔏薩也。《爾雅》：蓫薚，馬尾。郭注云：《廣雅》曰：馬尾，蔏陸。《本草》云：別名薚，今關西亦呼爲薚，江東爲當陸。薚

與蕕，蓫與薚，聲相近。常蓼、蕕薚、當陸，聲亦相近也。《玉篇》云：蓳柳，當陸別名。又云：蔞，章薚也。蓳、蕕古同聲。柳、蔞、陸三字，古亦同聲也。《神農本草》云：商陸，一名募根，一名夜呼。生咸陽川谷。《蜀本圖經》云：葉大如牛舌而厚脆，有赤花者根赤，白花者根白。今所在有之。《齊民要术》引《詩義疏》云：藡，或謂之荻，至秋堅成即刈，謂之藋。三月生，初生其心挺出，其下本大如箸，上鋭而細，有黄黑勃，箸之汙人手，把取正白，噉之甜脆。一名蓫薚，揚州謂之馬尾。故《爾雅》云：蓫薚，馬尾也。幽州謂之旨苹。案『藡，荻藋』，不與『蓫薚，馬尾』同物。乃以所見之馬尾，與『藡，謂之荻，堅成謂之藋』者，合爲一類，誤矣。《夬》九五『莧陸夬夬』，《子夏傳》云：莧陸木根草莖剛下柔上也。馬融、鄭元、王肅皆云：莧陸，一名商陸。宋衷云：莧，莧菜也。陸，商陸也。荀爽云：莧者，葉柔，根堅且赤。陸，亦取葉柔根堅也。去陰遠，故言陸。言差堅於莧，莧根小，陸根大，三體乾剛在下根深，故謂之陸也。

圖表

晉　郭璞《爾雅音圖·釋草》

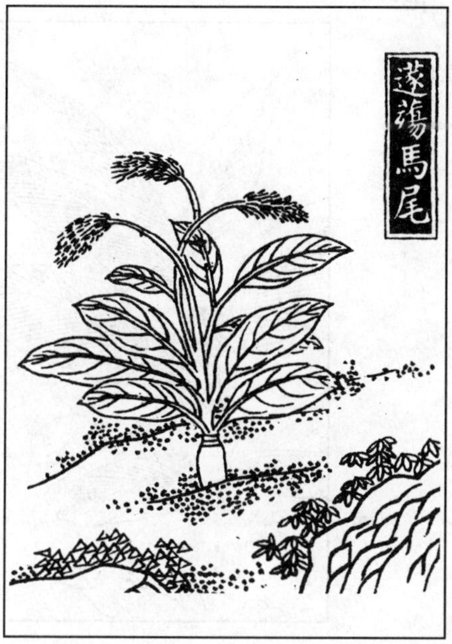

明　李時珍《本草綱目·圖卷》

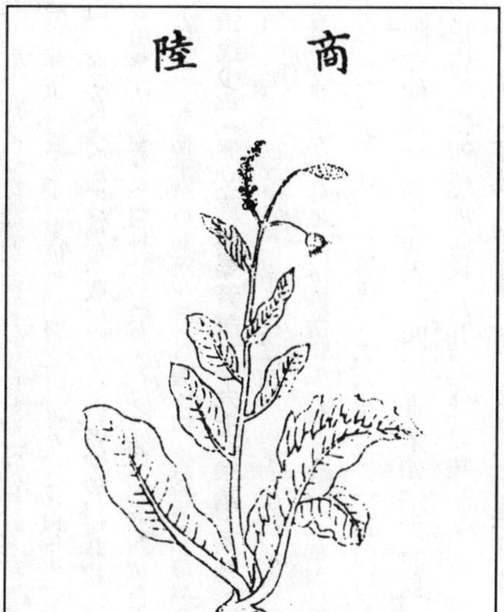

蛇床

綜述

《爾雅·釋草》　盱，虺牀。注：蛇牀也。一名馬牀，《廣雅》云。音義：盱，香於反，又音於。虺，虛鬼反。郭云：蛇牀也。《廣雅》云：一名馬牀。《本草》云：蛇牀子，一名蛇粟，一名蛇米，一名虺牀，一名思益，一名繩毒，一名棗棘，一名墻蘼。陶注云：華葉正似蘼蕪。疏：盱，一名虺牀。郭云：蛇牀也。一名馬牀，《廣雅》云。案《本草》：蛇牀，一名蛇米，一名虺牀，一名思益，一名繩毒，一名棗棘，一名牆蘼。陶注云：近道田野墟落間甚多，花葉正似蘼蕪。

宋　吴仁傑《離騷草木疏》卷二《繩》　索胡繩之纚纚。王逸云：繩，香草，而不能名其物。仁傑按：繩者，繩毒也。《爾雅》：盱，一名虺床。郭璞注：蛇床，一名馬床，《廣雅》云。一名繩毒，一名思益，一名棗棘，一名牆蘼。《本草》一名蛇粟。陶隱居云：蛇床子，近道田野間甚多，花葉正似蘼

蕪。《嘉祐圖經》云：似小葉芎藭，花白，子如黍粒，黄白色。三月生苗，高二三尺。葉青碎作叢，似蒿枝。每枝上有花頭百餘，結同一窠，似馬芹類。四五月開花，又似散水。

明　李時珍《本草綱目》卷一四　蛇床《本經》上品　釋名：蛇粟、《本經》蛇米、《本經》虺床、《爾雅》馬床、《廣雅》牆蘼。《别録》又名思益、繩毒、棗棘。時珍曰：蛇虺喜卧於下食其子，故有蛇床、蛇粟諸名。其葉似蘼蕪，故曰牆蘼。《爾雅》云：盱，虺床也。集解：《别録》曰：蛇床生臨淄川谷及田野，五月採實陰乾。弘景曰：田野墟落甚多，花葉正似蘼蕪。保昇曰：葉似小葉芎藭，花白，子如黍粒，黄白色。生下濕地，所在皆有，以楊州、襄州者爲良。頌曰：三月生苗，高三二尺，葉青碎，作叢似蒿枝。每枝上有花頭百餘，結同一窠，似馬芹類。四五月乃開白花，又似傘狀。子黄褐色，如黍米，至輕虚。時珍曰：其花如碎米攢簇。其子兩片合成，似蒔蘿子而細，亦有細棱。凡花實似蛇床者，當歸、芎藭、水芹、藁本、胡蘿蔔是也。

明　徐光啓《農政全書》卷四六　蛇床子，一名蛇粟，一名蛇米，一名虺床，一名思益，一名繩毒，一名棗棘，一名牆蘼。《爾雅》一名盱。生臨淄川谷田野，今處處有之。苗高一二尺，青碎作叢似蒿枝。葉似黄蒿葉，又似小葉蘼蕪，又似藁本葉。每枝上有花頭百餘，結同一窠，開白花如傘蓋狀。結子半黍大，黄褐色。味苦，性甘，無毒，性平。一云有小毒。惡牡丹、巴豆、貝母。

清　王念孫《廣雅疏證》卷一〇　虵㮚，馬牀，虵牀也。《爾雅》：盱，虺牀。郭注云：蛇牀也。一名馬牀，見《廣雅》。《淮南·氾論訓》云：夫亂人者，芎藭之與藁本也，蛇牀之與麋蕪也。此皆相似。《説林訓》云：蛇牀似麋蕪而不能芳。《神農本草》云：蛇牀子，一名蛇米，生臨淄川谷。《御覽》引《吴普本草》云：一名蛇珠。《名醫别録》云：一名蛇㮚，一名虺牀，一名思益，一名繩毒，一名棗棘，一名牆蘼。陶注云：近道田野墟落間甚多，花葉正似蘼蕪。《蜀本圖經》云：似小葉芎藭，花白，子如黍粒，黄白色，生下濕地。蛇牀子如黍粒，故謂之虵米，又謂之虵㮚。謝靈運《山居賦》『五华九實』，自注以蛇牀實爲九實之一，即虵㮚也。㮚，各本譌作桌，今據《名醫别録》訂正。牀，俗書作床字，與麻相近，故馬牀之牀各本譌作麻，今訂正。

清　吴其濬《植物名實圖考》卷二五《蛇床子》　蛇床子，《本經》上品。《爾雅》：盱，虺床。注：蛇床也。《救荒本草》：葉可煠食。

圖表

晉　郭璞《爾雅音圖·釋草》

明　李時珍《本草綱目·圖卷》

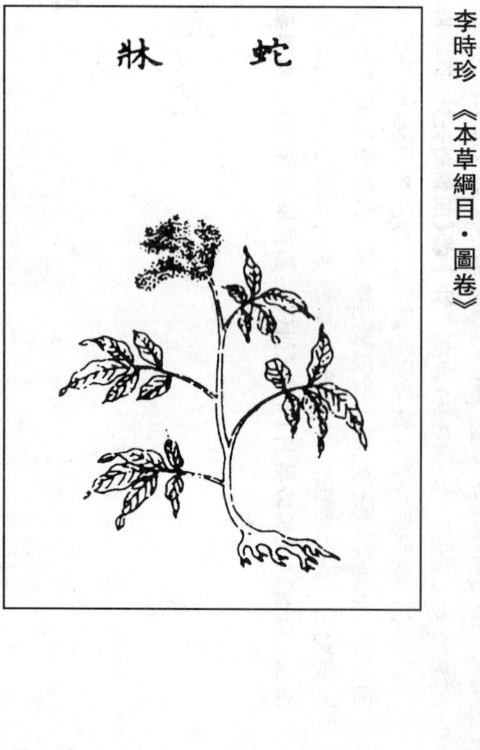

明　徐光啓《農政全書》卷四六

清　吴其濬《植物名實圖考》卷二五《蛇床子》

蛇含

綜述

宋　釋贊寧《東坡先生物類相感志》卷一二《蛇含草》　《異苑》嘗有曰：父方耕，見一傷蛇，復見一蛇，啣草著瘡上，經日傷蛇乃去。田父取其草，以理瘡，皆驗，因以蛇爲名。又青州劉憣射一鹿，剖腹以草塞之，蹷然而起走。劉怪而拔之乃倒，如此者三焉，取此以理瘡。一名鹿活草。

明　李時珍《本草綱目》卷一六　蛇含《本經》下品　校正：並入《圖經》紫背龍牙。釋名：蛇銜、《本經》威蛇、大明小龍牙、《綱目》紫背龍牙。恭曰：陶氏《本草》作蛇合，合乃含字之誤也。含銜義同。見古《本草》。時珍曰：按劉敬叔《異苑》云：有田父見一蛇被傷，一蛇銜一草着瘡上，經日傷蛇乃去。田父因取草治蛇瘡皆驗，遂名曰蛇銜草也。其葉似龍牙而小，背紫色，故俗名小龍牙，又名紫背龍牙。蘇頌《圖經》重出紫背龍牙，今並爲一。集解：《別録》曰：蛇含出益州山谷，八月採，陰乾。弘景曰：蛇銜處處有之。有兩種，並生石上，亦生黄土地。當用細葉有黄花者。頌曰：出益州，今近處亦有。生土石上，或下濕地。蜀中人家亦種之，辟蛇。一莖五葉或七葉。有兩種。八月採根陰乾。日華子云，莖葉俱用。五月採之。又曰：紫背龍牙，生蜀中，春夏生葉，採無時。時珍曰：此二種：細葉者名蛇銜，大葉者名龍銜。龍銜亦入瘡膏用。斆曰：蛇銜只用葉曬乾，勿犯火。根莖不用。勿誤用有蘖尖葉者，號竟命草，其味酸澀。誤服令人吐血不止，速服知時子解。

清　吴其濬《植物名實圖考》卷一一《蛇含》　蛇含，《本經》下品，李時珍以爲即紫背龍牙。又女青，《本經》下品，《別録》以爲即蛇含根，《唐本草》非之。宋《圖經》：蛇含，一莖或五葉，或七葉，有兩種當用。細葉黄花者，似即《救荒本草》之龍牙草，未能決定。

圖表

明 李時珍《本草綱目·圖卷》

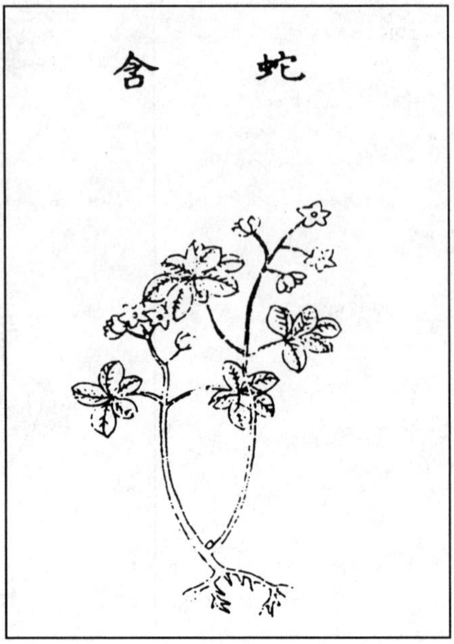

清 吴其濬《植物名實圖考》卷一一《蛇含》

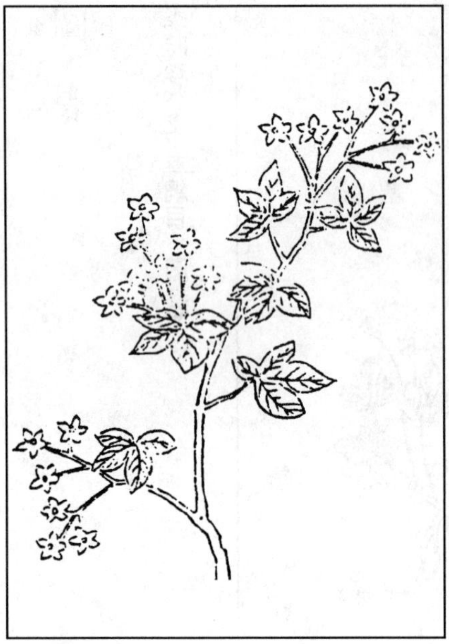

蛇莓

綜述

明 李時珍《本草綱目》卷一八 蛇莓《别録》下品 釋名：蛇藨、音苞。地莓、《會編》蠶莓。機曰：近地而生，故曰地莓。瑞曰：蠶老時熟紅於地，其中空者爲蠶莓；中實極紅者爲蛇殘莓，人不啖之，恐有蛇殘也。集解：弘景曰：蛇莓園野多有之。子赤色極似莓子，而不堪啖，亦無以此爲藥者。保昇曰：所在有之，生下濕地。莖頭三葉，花黄子赤，儼若覆盆子，根似敗醬。四月、五月採子，二月、八月採根。宗奭曰：田野道旁處處有之。附地生葉，如覆盆子，但光潔而小，微有皺紋。花黄，比蒺藜花差大。春末夏初，結紅子如荔枝色。機曰：蛇莓莖長不盈尺，莖端惟結實一顆，小而光潔，誤食脹人；非若覆盆，苗長大而結實數顆，微有黑毛也。時珍曰：此物就地引細蔓，節節生根。每枝三葉，葉有齒刻。四五月開小黄花，五出。結實鮮紅，狀似覆盆，而面與蒂則不同也。其根甚細，《本草》用汁，當是取其莖葉並根也。仇遠《稗史》訛作蛇繆草，言有五葉、七葉者。又言俗傳食之能殺人，亦不然，止發冷涎耳。

圖表

明 李時珍《本草綱目・圖卷》

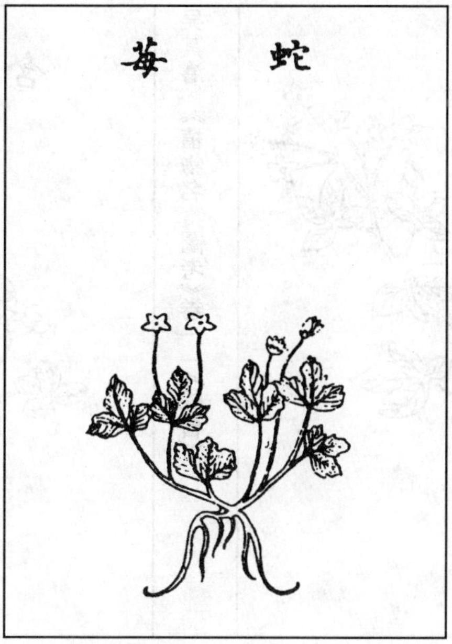

升麻

綜述

明 李時珍《本草綱目》卷一三 升麻《别録》上品 釋名：周麻。時珍曰：其葉似麻，其性上升，故名。按張揖《廣雅》及《吴普本草》並云，升麻一名周升麻。則周或指周地，如今人呼川升麻之義。今《别録》作周麻，非省文，即脱誤也。集解：《别録》曰：升麻生益州山谷，二月、八月採根日乾。弘景曰：舊出寧州者第一，形細而黑，極堅實。今惟出益州，好者細削，皮青緑色，謂之鷄骨升麻。北部亦有，而形虚大，黄色。建平亦有，而形大味薄，不堪用。人言是落新婦根，不然也。其形相似，氣色非也。落新婦亦解毒，取葉挼作小兒浴湯，主驚忤。藏器曰：落新婦今人多呼爲小升麻，功用同於升麻，亦大小有殊也。志曰：升麻，今嵩高出者色青，功用不如蜀者。頌曰：今蜀漢、陝西、淮南州郡皆有之，以蜀川者爲勝。春生苗，高三尺以來。葉似麻葉，並青色。四月、五月着花，似粟穗，白色。六月以後結實，黑色。根如蒿根，紫黑色，多鬚。

圖表

明 李時珍《本草綱目・圖卷》

蓍草

綜述

漢 許慎《説文》卷一 蓍，蒿屬，生千歲百莖，《易》以爲數。天子蓍九尺，諸侯七尺，大夫五尺，士三尺。从艸，耆聲。式脂切。

宋 戴侗《六書故》卷二四 蓍[篆]，式脂切。草叢生圜直，可用筮。《詩》云：洌彼下泉，浸彼苞蓍。《説文》曰：蒿屬。《本草》曰：蓍如蒿，叢生條直，高五六尺，秋後華出支端，紅紫如菊。

明 李時珍《本草綱目》卷一五 蓍音屍。《本經》上品 釋名：時珍曰：按班固《白虎通》載孔子云：蓍之爲言耆也。老人歷年多，更事久，事能盡知也。陸佃《埤雅》云：草之多壽者，故字從耆。《博物志》言：蓍千歲而三百莖，其本已老，故知吉凶。集解：《别録》曰：蓍實生少室山谷，八月、九月採實，日乾。恭曰：此草所在有之，其莖可爲筮。陶氏誤以楮實爲之。楮實味甘，此味苦，今正之。頌曰：今蔡州上蔡縣白龜祠旁，其生如蒿作叢，高五六尺，一本一二十莖，至多者五十莖，生便條直，所以異於衆蒿也。秋後有花，出於枝端，紅紫色，形如菊花，結實如艾實。《史記·龜策傳》云：龜千歲及游於蓮葉之上。蓍百莖共一根。所生之處，獸無虎狼，蟲無毒螫。徐廣注云：劉向言龜千歲而靈，蓍百年而一本生百莖也。褚先生云：蓍滿百莖，其下必有神龜守之，其上常有青雲覆之。傳云：天下和平，王道得而蓍莖長丈，其叢生滿百莖。方今取蓍者，八十莖已上，長八尺者，即已難得。但得滿六十莖以上，長六尺者，即可用矣。今蔡州所上，皆不言如此。則此類亦神物，故不常有也。時珍曰：蓍乃蒿屬，神草也。故《易》曰：蓍之德，圓而神。天子蓍長九尺，諸侯七尺，大夫五尺，士三尺。張華《博物志》言：以末大於本者爲主，次蒿，次荆，皆以月望浴之。然則無蓍揲卦，亦可以荆、蒿代之矣。

明 吴雨《毛詩鳥獸草木考》卷一三《蓍》 蓍，筮草也，蒿屬。似藾蕭，青色，科生，高五六尺，一本一二十莖，多者三五十莖，生便條直，異於衆蒿。秋後有花出枝端，紅紫色，形如菊。用其莖爲筮以問鬼神，知吉凶，故聖人贊之，謂之神物。蓍實服之，亦聰惠先知。其所生處，獸無虎狼，蟲無毒螫。

明 張存紳《增定雅俗稽言》卷四〇 蓍艸，劉向云：龜千歲而靈，蓍百年而一本百莖。又褚先生云：蓍生百莖者，其下必有靈龜守之。

清 張岱《夜航船》卷一六《植物部·草木》 蓍草，千歲則一本莖，其下必有神龜守之，用以揲蓍，多生於伏羲陵與文王陵上。

清 顧棟高《毛詩類釋》卷一四《蓍》 《曹風》：浸彼苞蓍。《傳》：蓍，筮草也。陸璣曰：似藾蕭，青色，科生。《埤雅》曰：蓍，蒿屬也。字從耆，草之壽者也。《博物志》曰：以老故知吉凶，生千歲，三百莖同本。其上常有黄雲覆之。鄭樵曰：蓍如蒿，華如菊。一叢之幹二三十，或四五十，高五六尺。褚先生云：蓍滿百莖者，其下有神龜守之，上有青雲覆之。《傳》曰：天下和平，王道得，蓍莖長丈，叢滿百。

清 王念孫《讀書雜志》卷六《滿百莖》 《傳》曰：天下和平，王道得，而蓍莖長丈，其叢生，滿百莖。念孫案：「滿百莖」，本作「百莖共根」。今本有「滿」字，無「共根」二字者，後人依上下文改之也。不知上下文言「滿百莖」，皆褚先生之語。此言「百莖共根」，乃褚引古傳之文，不與上下同也。《藝文類聚·草部》、《太平御覽·百卉部》引此，竝作「其叢生，百莖共根」，無「滿」字。上文「蓍百莖，共一根」，徐廣曰：劉向云：蓍百年而一本生百莖。此《洪範·五行》傳語，見《藝文類聚》。《春秋繁露·奉本篇》曰：蓍百莖而共一本。皆其證也。邢昺《爾雅·釋魚》疏引《史記》作「滿百莖」，則所見本已誤。

清 吴其濬《植物名實圖考》卷一一《蓍》 蓍，《本經》上品。《白虎通》謂天子蓍，長九尺。《史記》謂長丈者，百莖不可得。得六尺者，六十莖用之。此神物也。八尺以上之蓍，誠不可得。而《家語》有婦人刈蓍薪而亡蓍者。《老子》以蓍艾爲席。《下泉》之詩，浸蓍與蕭根同，則蓍亦非奇卉矣。《唐本草注》亦云：處處有之。宋《圖經》始云出上蔡。明楊塡《蓍草臺記》：臺畔二十頃皆産蓍。洪武中，禁民樵採，厥後臺荒地侵，汝太守重修之。《上蔡縣志》：舊時生蓍草臺廟圈，圈廢，今生曠野，唯《陳州志·物産》：蓍，羲陵者佳。

藝文

清 周惟正《蓍草》（引自《七十二峰足徵集》卷三二） 靈蓍五十莖，變化天地小。茍不得吾心，莖莖是蒿草。

圖表

明 李時珍《本草綱目·圖卷》

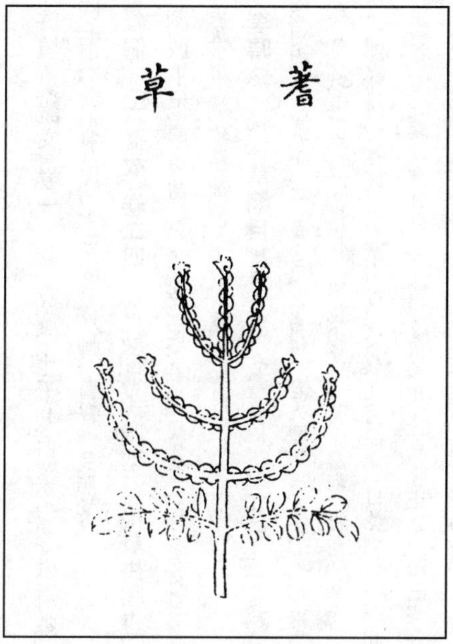

清 吴其濬《植物名實圖考》卷一一《蓍》

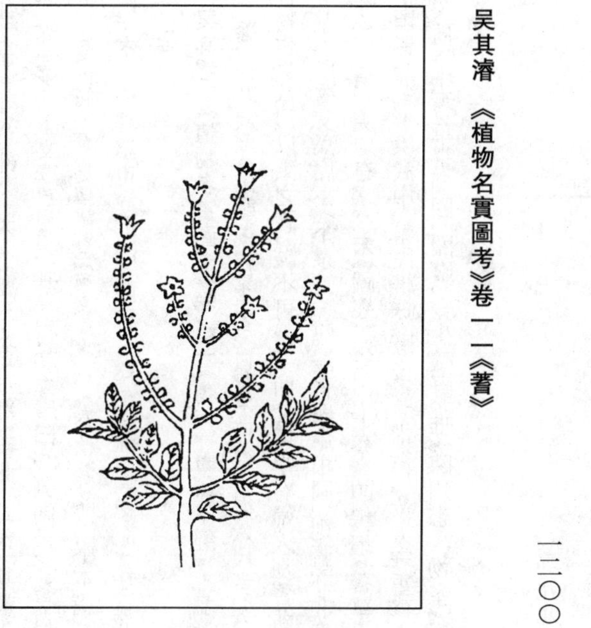

石長生

綜述

宋 宋祁《益部方物略記》 色與栢類，苒苒其莖。冬不甚黄，故謂長生。

石長生草。山陰蕨地多有之。修莖茸葉，色似檜栢而澤，經冬不凋損，故號長生。

明 李時珍《本草綱目》卷二〇 石長生《本經》下品 釋名：丹草、《本經》丹沙草。時珍曰：四時不雕，故曰長生。集解：《别録》曰：石長生，生咸陽山谷。弘景曰：俗中時有採者，方藥不復用。近道亦有，是細細草葉，花紫色。南中多生石岩下，葉似蕨，而細如龍鬚，黑如光漆，高尺餘，不與餘草雜也。恭曰：苗高尺許，五六月採莖葉用。今市人用齡筋草爲之，葉似青葙，莖細勁紫色，今太常用者是也。時珍曰：宋祁《益部方物略記》：長生草生山陰蕨地，脩莖茸葉，色似檜而澤，經冬不雕。

清 陳淏子《秘傳花鏡》卷四《藤蔓類考・長生草》 長生草，一名豹足，一名萬年松，究竟即卷伯也。産自常山之陰，今出近道。其宿根紫黑色而多鬚，春時生苗似柏葉而細碎，拳攣如雞爪，色備青、黄、緑，高三四寸，無花實。多生石上，雖極枯槁，得水則蒼翠如故。或懸於梁，不用滋培，彌歲長青。或藏之巾笥中，復取砂水植之，不數日即活。可爲盆玩。

清 嵇璜《續通志》卷一七四 石長生，一名丹草，一名丹沙草。宋祁《益部方物畧》云：長生草生山陰蕨地，脩莖茸葉，色似檜而澤，經冬不凋。即此。又紅茂草一名地没藥，一名長生草，通泉草一名長生草，皆石長生類也。

清 鄭光祖《醒世一斑録》卷三 不死草産山石陰處，取而乾之，雖歷久，置陰溼之地，又活。若其由漸自死，則不能活矣。

藝文

宋 樓鑰《攻媿集》卷五《長生草》 我方髫齔時，已復見兹草。仲舅尉江陽，奉親顔色好。牕門掛經冬，珠絲罩輕縞。意爲霜雪殘，白花乃明杲。世間三友外，此有歲寒操。年至十七八，童心如木槁。隨時到柯山，逢人細訪考。買之野人手，何須訪蓬島。嘗爲伯氏壽，作詩頌難老。經今五十年，得自江南道。老我日就衰，歲月豈長保。一笑哦子詩，猶將伴梨棗。

又卷一〇《長生草》 玻璃擢葉玉蟠根，千里提携寄海濱。雨澤不霑仍自潤，土膏無著自長春。歲寒秀色鎮衣舊，日暖素英能一新。我欲餌之求久視，恐君靈已不靈人。

圖表

明 李時珍《本草綱目・圖卷》

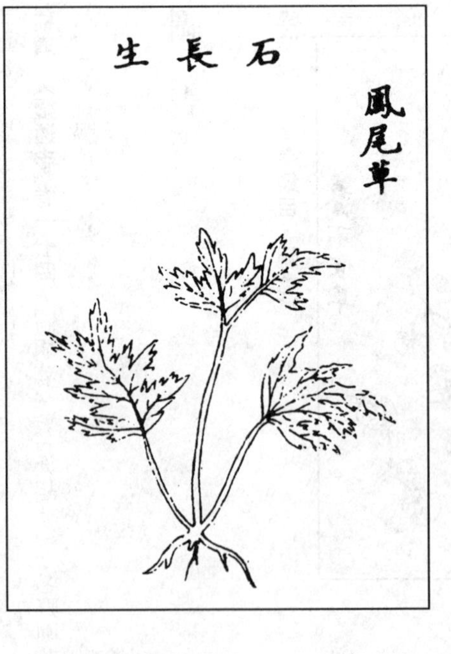

石耳

綜述

宋 高似孫《剡録》卷一〇《草木禽魚下・石耳》 生四明山絶壁，絶甘滑。

清 嵇璜《續通志》卷一七五 石耳，一名靈芝，生天臺、四明、黄山、廬山、巴西邊徼諸山石崖上，遠望如烟。

清 阿桂 乾隆《盛京通志》卷一〇六 石耳，生山石上，味勝木耳。《一

統志》：一名靈芝，諸山中有之。

藝文

宋 王質《紹陶録》卷下《石耳》 色面黑背紫，柔薄，生深岩危壁。餘木耳、地耳，皆珍。

我取友兮得石耳，石壁峻嶒下無底。非脾非腎非肝腸，馬齒馬牙銜不起。耳無是，耳無非，所思兮何可萎，石笋石花滋石脂。

圖表

明 李時珍《本草綱目・圖卷》

石胡荽

綜述

明 李時珍《本草綱目》卷二〇 石胡荽四聲本草 校正：自菜部移入此。釋名：天胡荽、《綱目》野園荽、同鵝不食草、《食性》鷄腸草。詳見下名。集解：時珍曰：石胡荽，生石縫及陰濕處小草也。高二三寸，冬月生苗，細莖小葉，形狀宛如嫩胡荽。其氣辛熏不堪食，鵝亦不食之。夏開細花，黄色，結細子。極易繁衍，僻地則鋪滿也。案孫思邈《千金方》云：一種小草，生近水渠中濕處，狀類胡荽，名天胡荽，亦名鷄腸草。即此草也。與繁縷之鷄腸，名同物異。

清 嵇璜《續通志》卷一七四 石胡荽，一名天胡荽，一名野園荽，一名鵞不食草，一名雞腸草。

圖表

明 李時珍《本草綱目・圖卷》

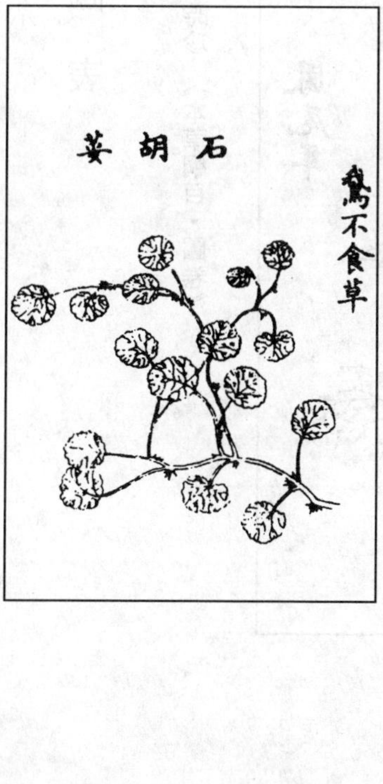

石斛

綜述

明 李時珍《本草綱目》卷二〇 石斛《本經》上品 釋名：石蓫、《别録》金釵、《綱目》禁生、《别録》林蘭、《本經》杜蘭。《别録》 時珍曰：石斛名義未詳。其莖狀如金釵之股，故古有金釵石斛之稱。今蜀人栽之，呼爲金釵花。盛弘之《荆州記》云：耒陽龍石山多石斛，精好如金釵，是矣。林蘭、杜蘭，與木部木蘭同名，恐誤。集解：《别録》曰：石斛生六安山谷水旁石上。七月、八月採莖，陰乾。弘景曰：今用石斛，出始興。生石上，細實，以桑灰湯沃之，色如金，形如蚱蜢髀者佳。近道亦有，次於宣城者。其生櫟木上者，名木斛。其莖至虚，長大而色淺。不入丸散，惟可爲酒漬煮之用。俗方最以補虚，療脚膝。恭曰：今荆襄及漢中、江左又有二種：一種似大麥，纍纍相連，頭生一葉，而性冷，名麥斛；一種莖大如雀髀，葉在莖頭，名雀髀斛。其他斛如竹，而節間生葉也。作乾石斛法：以酒洗蒸暴成，不用灰湯。或言生者漬酒，勝於乾者。頌曰：今荆州、光州、壽州、廬州、江州、温州、台州亦有之，以廣南者爲佳。多在山谷中。五月生苗，莖似小竹節，節間出碎葉。七月開花，十月結實。其根細長，黄色。惟生石上者爲勝。宗奭曰：石斛細若小草，長三四寸，柔韌，折之如肉而實。今人多以木斛混之，亦不能明。木斛中虚如禾草，長尺餘，但色深黄光澤耳。時珍曰：石斛叢生石上。其根糾結甚繁，乾則白軟。其莖葉生皆青色，乾則黄色。開紅花。節上自生根須。人亦折下，以砂石栽之，或以物盛掛屋下，頻澆以水，經年不死，俗稱爲千年潤。石斛短而中實，木斛長而中虚，甚易分别。處處有之，以蜀中者爲勝。

清 吴其濬《植物名實圖考》卷一七《金蘭》 金蘭，即石斛之一種。花如蘭而瓣肥短，色金黄，有光灼灼，開足則扁闊，口哆中露紅紋，尤艷。凡斛花，皆就莖生柄。此花從梢端發杈生枝，一枝多至六七朵，與他斛異。滇南植之屋瓦上，極繁。且賣其花以插鬢。滇有五色石斛，此其一也。

清 趙學敏《本草綱目拾遺》卷三《草部·霍石斛》 出江南霍山，形較釵斛細小，色黄而形曲不直，有成球者。彼土人以代茶茗，云極解暑，醒脾，止渴，利水，益人氣力。或取熬膏餉客，初未有行之者。近年，江南北盛行之，有不給。市賈率以風蘭根僞充，但風蘭形直不縮，色青黯，嚼之不黏齒，味微辛。霍石斛嚼之微有漿，黏齒，味甘微鹹，形縮者真。《百草鏡》：石斛，近時有一種，形短只寸許，細如燈心，色青黄，咀之味甘，微有滑涎，係出六安州及潁州府霍山縣，名霍山石斛，最佳。咀之無涎者，係生木上，不可用。其功長於清胃熱，惟胃腎有虚熱者宜之。虚而無火者忌用。年希堯《集驗良方》：長生丹用甜石斛，即霍石斛也。范瑶初云：霍山屬六安州，其地所産石斛，名米心石斛。以其形如累米，多節，類竹鞭，乾之成團。他産者不能米心，亦不成團也。

清 陳憲舜《課民植牧講義稿》卷四《石斛》 高四五寸，五月生苗，莖細如小竹，每節間生葉，長二三寸。七八月開，十月結實。根細長黄色，生石山左右。前在含洸，見土人入山採此。

圖表

明 李時珍《本草綱目·圖卷》

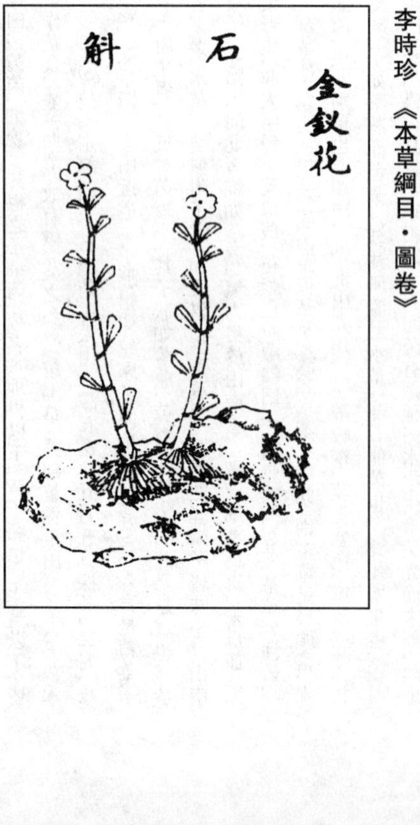

清 吳其濬 《植物名實圖考》卷一七《金蘭》

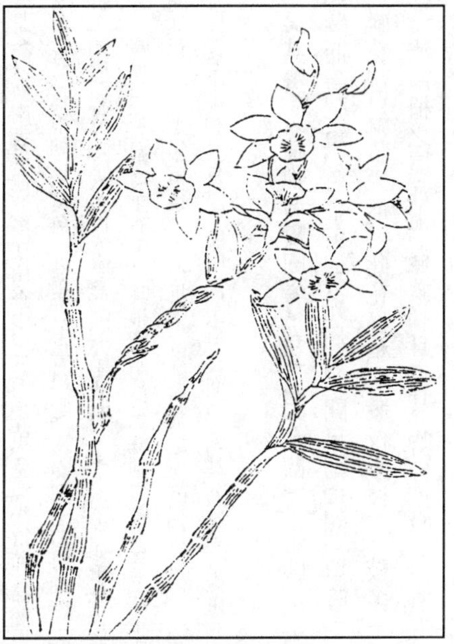

石龍芮

綜述

《爾雅·釋草》 齧，苦堇。注：今堇葵也。葉似柳，子如米，汋食之滑。音義：齧，五結反。堇，音謹。汋，以灼反。疏：齧，一名苦堇，可食之菜也，郭云：「今堇葵也。葉似柳，子如米，汋食之滑」者。《本草唐本注》云：此菜野生，非人所種，俗謂之堇菜。葉似蕺，花紫色者。《内則》云「堇、荁、枌、榆」是也。《本草》云「味甘」，此云「苦」者，古人語倒，猶甘草謂之大苦也。

明 李時珍 《本草綱目》卷一七 石龍芮《本經》中品 校正：並入菜部水堇。 釋名：地椹、《本經》天豆、《别録》石能、《别録》魯果能、《本經》水堇、吴普。音謹，又音芹。 苦堇、《爾雅》堇葵、郭璞胡椒菜、《救荒》彭根。《别録》 弘景曰：生於石上，其葉芮芮短小，故名。恭曰：實如桑椹，故名地椹。禹錫曰：《爾雅》云：齧，苦堇也。郭璞云：即堇葵也。《本草》言味甘，而此云苦者，古人語倒，猶甘草謂之大苦也。時珍曰：芮芮，細貌。其椹之子細芮，故名。地椹以下，皆子名也。水堇以下，皆苗名也。苗作蔬食，味辛而滑，故有椒、葵之名。《唐本草》菜部堇係重出，今依《吴普本草》合並爲一。集解：《别録》曰：石龍芮生太山川澤石邊。五月五日採子，二月、八月採皮，陰乾。 弘景曰：今出近道。子形粗似蛇床子而扁，非真好者，人言是蓄菜子也。東山石上所生者，其葉芮芮短小，其子狀如葶藶，黄色而味小辛，此乃是真也。恭曰：今用者，俗名水堇。苗似附子，實如桑椹，生下濕地，五月熟，葉、子皆味辛。山南者粒大如葵子。關中、河北者細如葶藶，氣力劣於山南者。陶以細者爲真，未爲通論。又曰：堇菜野生，非人所種。葉似蕺，花紫色。藏器曰：《爾雅》云：芨，堇草。注云：烏頭苗也。蘇恭注天雄亦云：石龍芮葉似堇草，故名水堇。據此，則堇草是烏頭苗，水堇定是石龍芮，更非别草也。頌曰：今惟出兖州。一叢數莖，莖青紫色，每莖三葉，其葉短小多刻缺，子如葶藶而色黄。蘇恭所説乃水堇，非石龍芮也。兖州所生者，正與《本經》及陶氏説合，爲得其真。宗奭曰：石龍芮有兩種：水中生者葉光而末圓，陸地生者葉毛而末鋭。入藥須水生者。陸生者又謂之天灸，而補陰不足，莖冷失精。時珍曰：蘇恭言水堇即石龍芮，蘇頌非之，非矣。按魏《吴普本草》石龍芮一名水堇，其説甚明。《唐本草》菜部所出水堇，言其苗也。《本經》石龍芮，言其子也。寇宗奭所言陸生者，乃是毛堇，有大毒，不可食。水堇即俗稱胡椒菜者，處處有之，多生近水下濕地。高者尺許，其根如薺。二月生苗，叢生。圓莖分枝，一枝三葉。葉青而光滑，有三尖，多細缺。江淮人三四月採苗，瀹過，曬蒸黑色爲蔬。四五月開細黄花，結小實，大如豆，狀如初生桑椹，青緑色。搓散則子甚細，如葶藶子，即石龍芮也。宜半老時採之。《范子計然》云：石龍芮出三辅，色黄者善。

清 吳其濬 《植物名實圖考》卷二四《石龍芮》 石龍芮，《本經》中品。今處處有之。形狀正如水堇，生水邊者肥大，平原者瘦小。其實亦能炙瘧，固始呼爲鬼見愁。

圖表

晉 郭璞《爾雅音圖·釋草》

明 李時珍《本草綱目·圖卷》

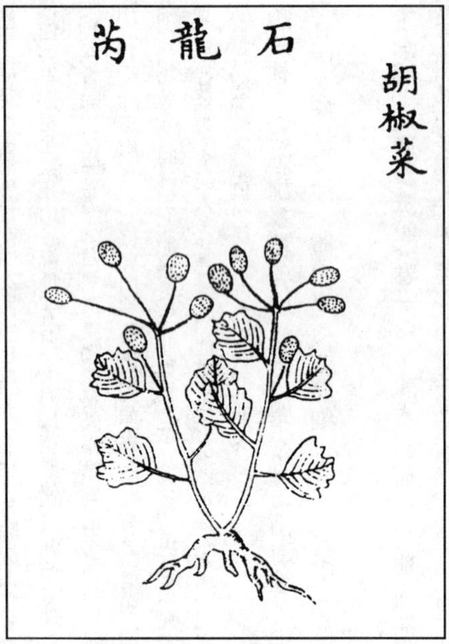

清 吴其濬《植物名實圖考》卷二四《石龍芮》

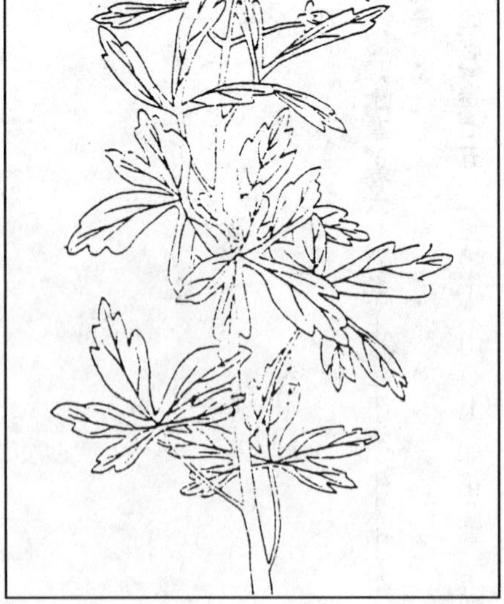

石龍芻

綜述

《爾雅·釋草》 ⿱艹庳，鼠莞。注：亦莞屬也，纖細似龍須，可以爲席。蜀中出好者。音義：⿱艹庳，方寐反，又方弭反。莞，謝音官，施音丸。疏：莞屬也。《説文》云：莞，草，可以爲席。此⿱艹庳一名鼠莞。纖細似龍須，亦可以爲席。蜀中出好者。

明 李時珍《本草綱目》卷一五 石龍芻《本經》上品 釋名：龍鬚、《本經》龍修、《山海經》龍華、《别録》龍珠、《本經》懸莞、《别録》草續斷、《本經》縉雲草、《綱目》方賓、《别録》西王母簪。時珍曰：刈草包束曰芻。此草生水石之處，可以刈束養馬，故謂之龍芻。《述異記》周穆王東海島中養八駿處，有草名龍芻，是矣。故古語云：一束龍芻，化爲龍駒。亦《孟子》芻豢之義。龍鬚、王母簪，因形也。縉雲，縣名，屬今處州，仙都山産此草，因以名之。崔豹《古今注》云，世言黄帝乘龍上天，羣臣攀龍鬚墜地生

草，名曰龍鬚者，謬也。江東以草織席，名西王母席，亦豈西王母騎虎而墮其鬚乎？集解：《別録》曰：石龍芻生梁州山谷濕地，五月、七月採莖暴乾，以九節多珠者良。弘景曰：莖青細相連，實赤，今出近道水石處，似東陽龍鬚以作席者，但多節爾。藏器曰：今出汾州、沁州、石州，亦處處有之。保昇曰：叢生，莖如綖，所在有之，俗名龍鬚草，可爲席，八月、九月採根暴乾。時珍曰：龍鬚叢生，狀如粽心草及鳧茈，苗直上，夏月莖端開小穗花，結細實，並無枝葉。今吳人多栽蒔織席，他處自生者不多也。《本經》明言龍芻一名龍鬚，而陶弘景言龍芻似龍鬚但多節，似以爲二物者，非矣。

清　魏茂林《駢雅訓纂》卷六　龍修，龍須也。《山海經・中山經》：賈超之山，其中多龍修。注：龍須也，似莞而細，生山石穴中，莖倒垂，可以爲席。

清　王念孫《廣雅疏證》卷一〇　龍木，龍須也。龍須，莞屬。《中山經》云：賈超之山，其中多龍脩。郭注云：龍須也，似莞而細，生山石穴中。莖倒垂，可以爲席。龍脩、龍須，聲之轉也。須，一作鬚。《神農本草》云：石龍芻，一名龍鬚，一名草續斷，一名龍珠。《御覽》引《吳普本草》云：龍芻，一名龍鬚，一名龍木，一名草毒，一名龍華，一名懸莞。生梁州，龍須似莞，斯有懸莞之稱矣。《名醫別録》云：石龍芻，九節多味者良。陶注云：莖青細相連，實赤。今出近道水石處，似東陽龍鬚以作席者，但多節爾。《蜀本圖經》云：莖如綖，叢生，俗名龍鬚草。今人以爲席者，所在有之。別一種名鼠莞。《爾雅》云：莞，鼠莞。郭注云：亦莞屬也。纖細似龍須，可以爲席是也。崔豹《古今注》云：龍鬚草，一名縉云草。《水經・河水注》云：自洮彊南北三百里中地，草徧是龍須。

雜録

晉　崔豹《古今注》卷下　孫興公問曰：世稱黃帝煉丹於鑿硯山，乃得仙，乘龍上天。羣臣援龍鬚，須墜而生草，曰龍鬚。有之乎？答曰：無也。有龍鬚草，一名縉雲草，故世人爲之妄傳。至如今有虎鬚草，江東亦織以爲席，號曰西王母席。可復是西王母乘虎而墮其鬚也？

圖表

晉　郭璞《爾雅音圖・釋草》

石蕊

綜述

宋　唐慎微《證類本草》卷六　石蘂主長年不饑，生太山石上如花蘂，爲丸散服之。今時無復有。

宋　鄭樵《通志》卷七五　石蘂生太山石上，如花蘂。王隱《晉書》云：庚袞入林慮山，餌石蘂，得長年。

明　李時珍《本草綱目》二一　石蕊《拾遺》　校正：並入有名未用《別

録》石濡。釋名：石濡、《別録》石芥、同雲茶、《綱目》蒙頂茶。時珍曰：其狀如花蕊，其味如茶，故名。石芥乃茶字之誤。集解：藏器曰：石蕊生太山石上，如花蕊，爲丸散服之。今時無復有此也。王隱《晉書》：庾褒入林慮山，食木實，餌石蕊，遂得長年。即此也。又曰：石濡生石之陰，如屋游、垣衣之類，得雨即展，故名石濡。早春青翠，端開四葉。山人名石芥。時珍曰：《別録》石濡，具其功用，不言形狀。陳藏器言是屋游之類，復出石蕊一條，功同石濡。蓋不知其即一物也。此物惟諸高山石上者爲良。今人謂之蒙頂茶，生兗州蒙山石上，乃烟霧熏染，日久結成，蓋苔衣類也。彼人春初刮取曝乾餽人，謂之雲茶。其狀白色輕薄如花蕊，其氣香如蕈，其味甘澀如茗。不可煎飲，止宜咀嚼及浸湯啜，清涼有味。庾褒入山餌此，以代茗而已。長年之道，未必盡緣此物也。

石松

綜述

明　李時珍《本草綱目》卷二一　石松《拾遺》　集解：藏器曰：生天臺山石上。似松，高一二尺。山人取根莖用。時珍曰：此即玉柏之長者也。名山皆有之。

清　嵇璜《續通志》卷一七四　石松，生名山石上，似松，高一二尺。其小者名玉栢，一名玉遂。人皆採置盆中，養數年不死，呼爲千年栢、萬年松。

清　吴其濬《植物名實圖考》卷一七《石松》　石松，生云南山石間，矮草大根，長葉攢簇，似羅漢松葉，葉脱剩莖，粗痕如錯。

圖表

明　李時珍《本草綱目·圖卷》

清　吴其濬《植物名實圖考》卷一七《石松》

石韋

綜述

宋 鄭樵《通志》卷七五 石韋，曰石韉，曰石皮，生於石崖，其生瓦上者曰瓦韋，皆感陰濕而生。每莖抽一葉，背有毛而斑點，其狀如皮，故得韋名。

明 李時珍《本草綱目》卷二〇 石韋《本經》中品 釋名：石韉、音蔗 石皮、《别録》石蘭。弘景曰：蔓延石上，生葉如皮，故名石韋。時珍曰：柔皮曰韋，韉亦皮也。 集解：《别録》曰：石韋生華陰山谷石上，不聞水聲及人聲者良。二月採葉，陰乾。弘景曰：處處有之。出建平者，葉長大而厚。恭曰：此物叢生石旁陰處，亦不作蔓。其生古瓦屋上者名瓦韋，療淋亦好。頌曰：今晉、絳、滁、海、福州、江寧皆有之。叢生石上，葉如柳，背有毛，而斑點如皮。福州别有一種石皮，三月有花，採葉作浴湯，治風。時珍曰：多生陰崖險罅處。其葉長者近尺，闊寸餘，柔韌如皮，背有黄毛。亦有金星者，名金星草。葉凌冬不雕。又一種如杏葉者，亦生石上，其性相同。

圖表

明 李時珍《本草綱目・圖卷》

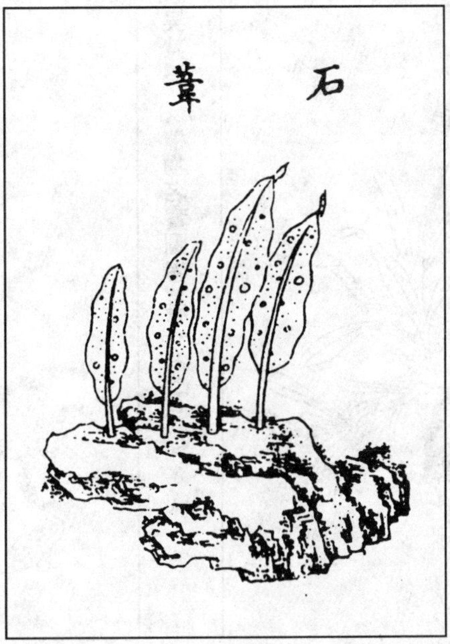

綬草

綜述

《爾雅・釋草》 虉，綬。注：小草，有雜色，似綬。音義：虉，又作鷊，五歷反，郭音五革反。綬，音受。疏：虉者，雜色如綬文之草也。《詩・陳風》云：邛有旨虉。陸璣《疏》云『虉，五色作綬，故曰綬草』是也。

三國吴 陸璣《毛詩草木鳥獸蟲魚疏》卷上《邛有旨鷊》 鷊，五色，作綬文，故曰綬草。

宋 陸佃《埤雅》卷一七《虉》 小草，五色，似綬，故名綬草。《詩》曰：

卭有旨鷊。言欲有文采具備以成條理之臣如虉者，不戕賊之而後得焉。

明　吴雨《毛詩鳥獸草木考》卷一三《鷊》　鷊，小草也。一名錦竹，似竹而有斑文。《釋草》云：鷊，綬。郭璞曰：小草，有雜色，似綬也。鷊舊作虉。陸璣云：鷊有五色，作綬文，故曰綬草。鷊本鳥名，此云草，豈因似鷊乎？

明　陳懋仁《庶物異名疏》卷二一《鷊》　《詩》：卭有旨鷊。逆郭璞云：鷊，小草，有雜色，如綬也。鷊本鳥名，亦名吐綬鳥，咽下囊如小綬，具五色。小草之色似之，故謂之鷊草。陸璣曰：鷊，五色，作綬文，故曰綬草。

清　顧棟高《毛詩類釋》卷一四《鷊音逆》　《陳風》：卭有旨鷊。《傳》：綬草也。《爾雅》：鷊，綬。郭璞注：小草，有雜色，似綬。陸璣《疏》云：鷊，五色，作綬文，故曰綬草。劉氏瑾曰：案《埤雅》鷊本鳥名，亦名綬鳥。咽下有囊如小綬，具五色。此《傳》所釋鷊草之名，豈因其似鷊鳥而取義乎？

圖表

晉　郭璞《爾雅音圖・釋草》

書帶草

綜述

明　牛衷《增修埤雅廣要》卷三〇《卉物門・異植類・書帶草》　《三齊記》：不其城東，有鄭玄教授山，其下生草，如薤葉。土人名康成書帶草。故坡詩云：庭下已生書帶草，使君疑是鄭康成。

清　張逸少《佩文齋廣羣芳譜》卷八八《卉譜・書帶草》　書帶草，叢生，葉如韭而更細，性柔紉，色翠緑鮮妍。出山東淄川縣城北黌山鄭康成讀書處，名康成書帶草。藝之盆中，蓬蓬四垂，頗堪清賞。

清　佚名《名花譜・書帶草》　出黌山，葉似薤，四時青翠。昔鄭玄注書，叢生此草。

藝文

唐　陸龜蒙《甫里集》卷一五《書帶草賦》　彼碧者草，云書帶名。先儒既没，後代還生。有味非甘，莫共三山芝校。無香可媚，難將九畹蘭争。叨詞林畔種，在经苑中榮。翠影臨波，恐被芙蓉見鄙。貞姿傍砌，愁爲芍藥相輕。發葉抽英，因天受性。紛稚圭池上之宅，拂仲蔚門前之徑。不省教施異術，安得返魂。未嘗輒入明庭，何當指佞。幾臨寒日，幸到青春。莎蒀未傳於漁父，蒲茸竊詠於詩人。霜亦曾霑，潘令偏知白薤。風常遍起，宋生惟道青蘋。栽培祇倚於賢憐，搴擷長憂乎稚戲。出慙無用，舒還有異。當琴操，發伯牙山水之情。值儒編，動鑿齒陽秋之思。敢曰求友，寧忘慕義。吴娃楫上，空羡苔滋。魏主帷中，惟通蒠氣。或乃蘭榮越徼，薰茂周原。幽搜莫及，興詠徒存。此則對仲舉蕭疎之室，處子山摇落之園。不識深宫，豈是曾爲帝女。非侵遠

道，誰言能憶王孫。徒愛其斂疎煙，披曉露。弱可攬結，勻能布濩。蕭蕭而不計榮枯，漠漠而何干好惡。金燈照灼，尚驚秦帝之焚。粉蝶留連，真謂羽陵之蠹。爾乃高推籬菊，瑞許階蓂。我則惟親志士，每聚流螢。豈便離蒿萊於隙地，希杜若於遥汀。倘遇翰林主人之一顧，庶長保於青青。

鼠麴

綜述

明 李時珍《本草綱目》卷一六 鼠麴草《日華》 校正：並入有名未用鼠耳，及東垣《藥類法象》佛耳草。釋名：米麴、《綱目》鼠耳、《别録》佛耳草、《法象》無心草、《别録》香茅、《拾遺》黄蒿、《會編》茸母。時珍曰：麴言其花黄如曲色，又可和米粉食也。鼠耳言其葉形如鼠耳，又有白毛蒙茸似之，故北人呼爲茸母。佛耳，則鼠耳之訛也。今淮人呼爲毛耳朵，則香茅之茅，似當作毛。按段成式《雜俎》云：蚍蜉酒草，鼠耳也，一名無心草。豈蚍蜉食此，故有是名耶？ 集解：《别録》曰：鼠耳一名無心，生田中下地，厚葉肥莖。藏器曰：鼠麴草，生平崗熟地，高尺餘，葉有白毛，黄花。《荆楚歲時記》云：三月三日，取鼠麴汁，蜜和爲粉，謂之龍舌粄，以壓時氣。粄音板，米餅也。山南人呼爲香茅。取花雜櫸皮染褐，至破猶鮮。江西人呼爲鼠耳草也。汪機曰：佛耳草，徽人謂之黄蒿。二三月苗長尺許，葉似馬齒莧而細，有微白毛，花黄。土人採莖葉和米粉，搗作粑果食。時珍曰：《日華本草》鼠麴，即《别録》鼠耳也。唐宋諸家不知，乃退鼠耳入有名未用中。李杲《藥尖法象》用佛耳草，亦不知其即鼠耳也。原野間甚多。二月生苗，莖葉柔軟。葉長寸許，白茸如鼠耳之毛。開小黄花成穗，結細子。楚人呼爲米麴，北人呼爲茸母。故邵桂子《甕天語》云：北方寒食，採茸母草和粉食。宋徽宗詩『茸母初生認禁煙者』是也。

清 嵇璜《續通志》卷一七四 鼠麴草，一名米麴，一名鼠耳，一名佛耳草，一名無心草，一名香茅，一名黄蒿，一名茸母。《荆楚歲時記》云：三月三日，取鼠麴汁，蜜和爲粉，謂之龍舌粄，以壓時氣。邵桂子《甕天語》云：北方寒食，採茸母草和粉食。

圖表

明 李時珍《本草綱目・圖卷》

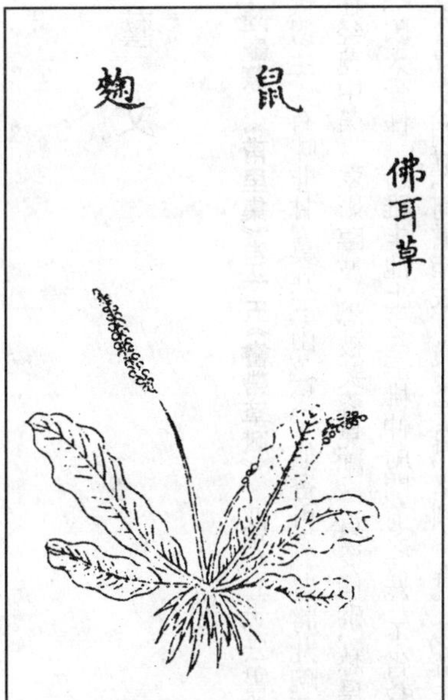

鼠尾草

綜述

《爾雅・釋草》 葝，鼠尾。注：可以染皂。音義：葝，巨盈反。皂，音造。疏：可以染皂草也。一名葝，一名鼠尾。《本草》有白華者，有赤華者，又一名陵翹。陶注云『田野甚多，人採作滋染皂草』是也。

明 朱橚《救荒本草》卷一 鼠菊，《本草》名鼠尾草，一名葝，音勍。一名陵翹。出黔州及所在平澤有之，今鈞州新鄭崗野間亦有之。苗高一二尺，葉似菊花葉微小而肥厚，又似野艾蒿葉而脆，色淡緑。莖端作四五穗，穗似車前子穗而極疎細。開五瓣淡粉紫花，又有赤、白二色花者。黔中者，苗

如蒿。《爾雅》謂『葝，鼠尾』，可以染皂。味苦，性微寒，無毒。

明　李時珍《本草綱目》卷一六　鼠尾草《別録》下品　釋名：葝音勍。山陵翹、吴普烏草、《拾遺》水青。《拾遺》　時珍曰：鼠尾以穗形命名。《爾雅》云：葝，鼠尾也。可以染皂，故名烏草，又曰水青。蘇頌《圖經》謂鼠尾一名陵時者，乃陵翹之誤也。集解：《別録》曰：鼠尾生平澤中，四月採葉，七月採花，陰乾。弘景曰：田野甚多，人採作滋染皂。保昇曰：所在下濕地有之，惟黔中人採爲藥。葉如蒿，莖端夏生四五穗，穗若車前，花有赤、白二種。藏器曰：紫花，莖葉俱可染皂用。

清　吴其濬《植物名實圖考》卷一四《鼠尾草》　鼠尾草，《別録》下品。《爾雅》：葝，鼠尾。注：可以染皂草也。《救荒本草》謂之鼠菊，葉可煠食，細核，所繪形狀與馬鞭草相彷彿。

圖表

晉　郭璞《爾雅音圖・釋草》

明　朱橚《救荒本草》卷一

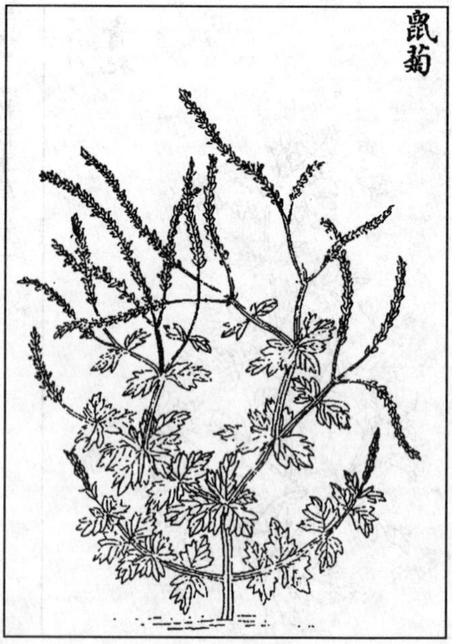

明　李時珍《本草綱目・圖卷》

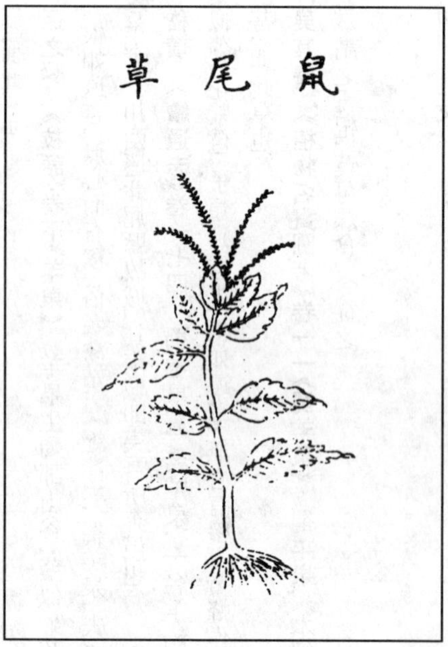

清 吴其濬《植物名實圖考》卷一四《鼠尾草》

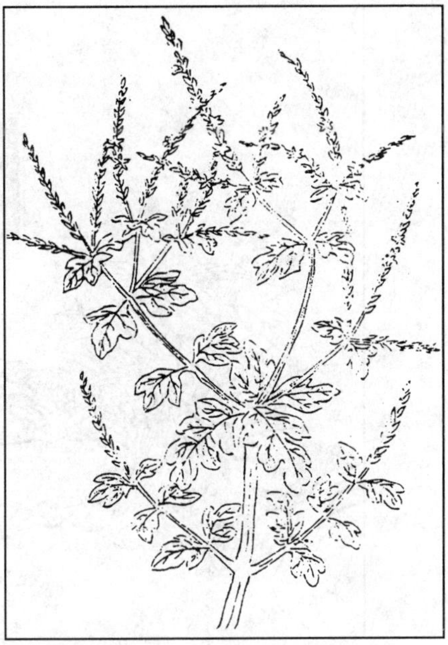

蜀羊泉

綜述

明 朱橚《救荒本草》卷一 青杞，《本草》名蜀羊泉，一名羊飴，俗名漆姑。生蜀郡山谷，及所在平澤皆有之，今祥符縣西田野中亦有。苗高二尺餘，葉似菊葉稍長。花開紫色，子類枸杞子，生青熟紅。根似遠志，無心有糝，疎錦切。味苦，性微寒，無毒。

明 李時珍《本草綱目》卷一六 蜀羊泉《本經》中品 釋名：羊泉、《別録》羊飴、《別録》漆姑草。時珍曰：諸名莫解。能治漆瘡，故曰漆姑。集解：《別録》曰：蜀羊泉生蜀郡山谷。弘景曰：方不復用，人無識者。恭曰：此草俗名漆姑，葉似菊，花紫色，子類枸杞子，根如遠志，無心有糝。所在平澤有之，生陰濕地，三月、四月採苗葉陰乾。藏器曰：陶注杉材云：漆姑葉細細，多生石邊，能療漆瘡。蘇云漆姑是羊泉。按羊泉乃大草。漆姑草如鼠迹大，生階墀間陰處，氣辛烈，挼傅漆瘡，亦主溪毒，乃同名也。頌曰：或言老鴉眼睛草即漆姑草，漆姑乃蜀羊泉，人不能決識。時珍曰：漆姑有二種：蘇恭所説是羊泉，陶、陳所説是小草。蘇頌所説老鴉眼睛草，乃龍葵也。又黄蜂作窠，銜漆姑草汁爲蒂，即此草也。

清 孫之騄《枝語》卷下《羊泉》 羊泉生蜀郡山谷，葉似菊花，紫色。子類枸杞，根如遠志，無心而有糝，俗名漆姑。《經》曰：蜀羊泉，夫水所出爲泉水，亦有羊求。川西逕北屈縣故城，其南城即夷吾所奔邑也。

清 嵇璜《續通志》卷一七四 蜀羊泉，一名羊泉，一名羊飴，一名漆姑草。葉似菊，花紫色，子類狗杞子，根如遠志，無心有糝。黄蜂作窠，銜漆姑草汁爲蒂，即此草也。

清 吴其濬《植物名實圖考》卷一一《蜀羊泉》 蜀羊泉，《本經》中品。《救荒本草》謂之青杞，葉可煠食，今從之。

圖表

明 朱橚《救荒本草》卷一

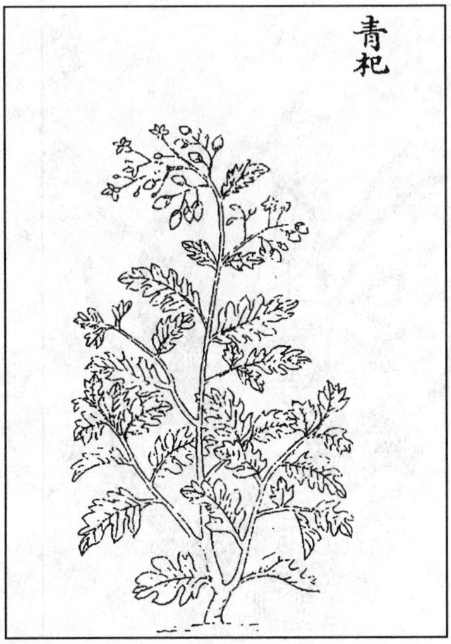

明　李時珍《本草綱目・圖卷》

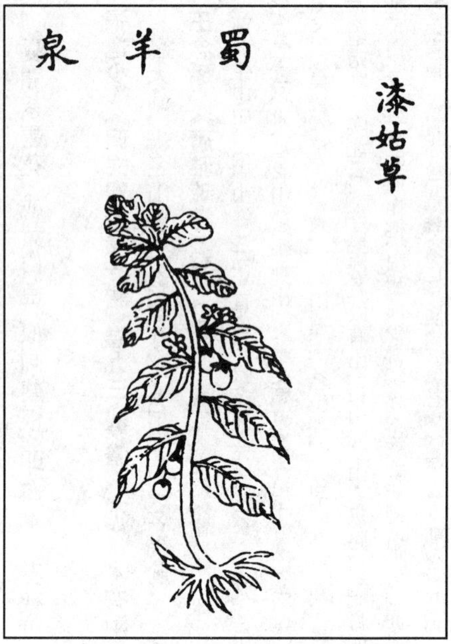

清　吳其濬《植物名實圖考》卷一一《蜀羊泉》

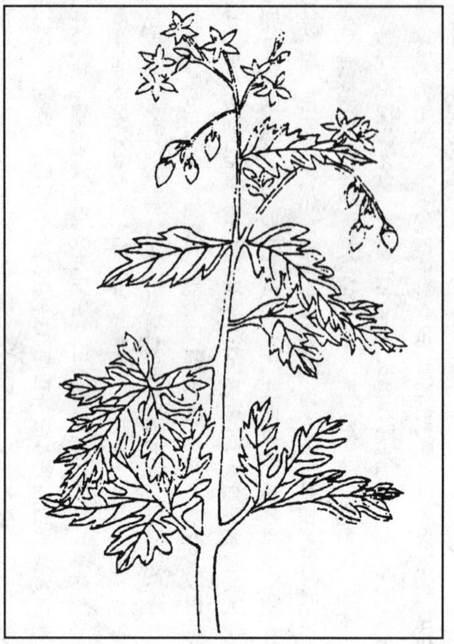

术

綜述

《爾雅・釋草》术，山薊。注：《本草》云：术，一名山薊。今术似薊而生山中。楊，枹薊。注：似薊而肥大，今呼之馬薊。音義：术，徒律反，本或作茱。薊，古帝反，下同。案《本草》：术，一名山薊，一名山連，一名山薑。《廣雅》云：术，薑也。枹，沈音孚，又音浮，又音包。疏：此辨薊生山中及平地者名也。生平地者即名薊，生山中者一名术。《本草》云：一名山薊，一名山薑，一名山連。陶注云：『有兩種：白术葉大有毛，甜而少膏；赤术葉細小，苦而多膏』是也。其生平地而肥大於衆者，名楊枹薊，今呼之馬薊。

漢　許慎《説文》卷一　茱，山薊也。从艸，术聲。直律切。

宋　高似孫《剡録》卷一〇《草木禽魚・术》　剡山有术。《爾雅》曰：术，山薊也。庾肩吾《术煎啓》曰：緑葉抽條，生於首峯之側。紫花標色，出自鄭崑之下。楊侃詩：結茅野客前溪住，採术幽人絶頂行。方干詩：雲迷妝术路，雪隔出溪時。秦系詩：霓裳云氣潤，石徑术苗春。

明　李時珍《本草綱目》卷一二　术直律切。《本經》上品　釋名：山薊、《本經》楊枹，音孚。枹薊、《爾雅》馬薊、《綱目》山薑、《別録》山連、《別録》吃力伽。《日華》　時珍曰：按《六書本義》，术字篆文，象其根幹枝葉之形。《吳普本草》一名山芥，一名天薊。因其葉似薊，而味似薑、芥也。西域謂之吃力伽，故《外臺秘要》有吃力伽散。揚州之域多種白术，其狀如枹，故有楊枹及枹薊之名，今人謂之吳术是也。枹乃鼓槌之名。古方二术通用，後人始有蒼、白之分，詳見下。集解：《別録》曰：术生鄭山山谷、漢中、南鄭，二月、三月、八月、九月採根暴乾。弘景曰：鄭山，即南鄭也。今處處有，以蔣山、白山、茅山者爲勝。十一月、十二月採者好，多脂膏而甘。其苗可作飲，甚香美。术有兩種：白术葉大有毛而作椏，根甜而少膏，可作丸散用；亦术葉細無椏，根小苦而多膏，可作煎用。東境术大而無氣烈，不任用。今市人賣者，皆以米粉涂令白，非自然矣，用時宜刮去之。頌曰：术今處處有之，以茅山、嵩山者爲佳。春生苗，青色無椏。

莖作蒿干狀，青赤色，長三二尺以來。夏開花，紫碧色，亦似刺薊花，或有黄白色者。入伏後結子，至秋而苗枯。根似薑而旁有細根，皮黑，心黄白色，中有膏液紫色。其根乾濕並通用。陶隱居言术有二種，則《爾雅》所謂枹薊，即白术也。今白术生杭、越、舒、宣州高山崗上，葉葉相對，上有毛，方莖，莖端生花，淡紫碧紅數色，根作椏生。二月、三月、八月、九月採暴乾用，以大塊紫花爲勝。古方所用术者，皆白术也。宗奭曰：蒼术長如大拇指，肥實，皮色褐，其氣味辛烈，須米泔浸洗去皮用。白术粗促，色微褐，其氣亦微辛苦而不烈。古方及《本經》止言术，不分蒼、白二種，亦宜兩審。時珍曰：蒼术，山薊也，處處山中有之。苗高二三尺，其葉抱莖而生，梢間葉似棠梨葉，其脚下葉有三五叉，皆有鋸齒小刺。根如老薑之狀，蒼黑色，肉白有油膏。白术，枹薊也，吴越有之。人多取根栽蒔，一年即稠。嫩苗可茹，葉梢大而有毛。根如指大，狀如鼓槌，亦有大如拳者。彼人剖開暴乾，謂之削术，亦曰片术。陳自良言白而肥者，是浙术；瘦而黄者，是幕阜山所出，其力劣。昔人用术不分赤、白。自宋以來，始言蒼术苦辛氣烈，白术苦甘氣和，各自施用，亦頗有理。並以秋採者佳，春採者虚軟易壞。嵇含《南方草木狀》云：藥有吃力伽，即术也。瀕海所産，一根有至數斤者，採餌尤良。嘉謨曰：浙术俗名云頭术，種平壤，頗肥大，由糞力也，易潤油。歙术俗名狗頭术，雖瘦小，得土氣充也，甚燥白，勝於浙术。寧國、昌化、池州者，並同歙术，境相鄰也。

清　陳淏子《秘傳花鏡》卷五《花草類考·山薊》　山薊，一名白术，生鄭山、漢中、南歙、浙杭山谷。春抽苗，青色無椏，莖竹蒿幹，狀青赤色，長二三尺。夏開紫碧花，或黄白色，似刺薊根，即白术。春秋可採，暴乾入藥。

清　張逸少《佩文齋廣羣芳譜》卷九三《藥譜·术》　术有兩種，白术，枹薊也。一名天薊，一名山薑，一名山芥，一名山連，一名馬薊。

清　王念孫《廣雅疏證》卷一〇　山薑，茱也。《爾雅》：术，山薊。郭注云：今术似薊而生山中。《中山經》云：首山其陰多茱芫。又云：女几之山其草多菊茱。《神農本草》云：术，一名山薊，生鄭山。《藝文類聚》引《范子計然》云：术出三輔，黄白色者善。又引《吴普本草》云：术，一名山連，一名山芥，一名天蘇，一名山薑。《名醫别録》云：生漢中南鄭。陶注云：今處處有，以蔣山、白山、茅山者爲勝，多脂膏而甘，去水。术乃有兩種。白术葉大有毛而作椏，根甜而少膏。赤术葉細無椏，根小苦而多膏。蘇頌《圖經》云：苗青色，榦青赤色，華紫碧色。庾肩吾《荅陶隱居賚术煎啓》云『緑葉抽條，生於首峯之側；紫華標色，出自鄭巖之下』是也。《圖經》又云：葉似薊，根似薑。然則山薊以葉得名，山薑以根得名也。《抱朴子·僊藥篇》云：术，一名山精。故《神藥經》云：必欲長生，常服山精。此方術家語耳。然《藝文類聚》引崔寔《四民月令》云：一月採术。則古人多有服食之者。

清　趙學敏《本草綱目拾遺》卷三《草部上·於术》　即野术之産於潛者，出縣治後鶴山者爲第一。今難得，價論八换。其形有鶴頸、鶴頭，羽翼足俱全，皮細帶黄，切開有硃砂點。其次出北鄉，皮色帶黑，不黄。茅翼云：産徽州者，皆種术，俗稱糞术，乃糞力澆灌大者，肥而無鶴頸。野生者，名天生术，形小，有鶴頸甚長，内有硃砂點。术上有鬚者尤佳，以得土氣厚也。於术亦野生，出於潛産縣治龍脈土上者，其内點真似硃砂，猩紅如灑血，鶴頸肉蘆乾之清香，産他處，内或無點純白，或有黄點，總不及龍脈上産者爲上品。冬月採取，形味方全。一種江西术，其形甚小，與野术相似。雖有鶴頸而甚短，其體堅實，其味苦劣，不可用。萬曆《杭州府志》：白术以産於潛者佳，稱於术。《清異録》：潛山産善术，以其盤結丑怪，有獸之形，因號爲獅子术。《西吴里語》：孝豐天目山，有仙丈峯，産吴术，名雞腿术，入藥最佳。《百草鏡》云：白术，一莖直上，高不過尺。其葉長尖，傍有針刺紋，花如小薊。冬採者名冬术。汁歸本根，滋潤而不枯燥，郤易油，不能止瀉。春採、夏採者，藏久雖不易油，郤枯燥不潤，肉亦不飽滿。凡收术，須陰乾，勿曬，曬則爛。野术形小，蘆梗細硬，皮細若蘆，軟而粗，即種术矣。又有象术，係臺术中揀出如野术者，但切開有暈紋。臺术雖種而不用糞，故不肥大，服之不脹。倘野术難得，此爲穩。安徽宣城歙縣亦有野生术，名狗頭术，亦佳。又一種，係取野术種，灌以糞，形雖大，皮郤細緊，出樟村，較徽省種术稍好。今人論野术云黑土者真，不知土色各處不同，不可執一而論。又云小者真，然老山貨，年久亦有大者。又云有朱砂斑者真，不知於术亦有無朱砂斑者。據土人言，産縣後山脈，及黄塘至遼東橋一帶，西流水四十里地之术，方有朱砂點，他處則無。但野术入口，甜味雖重，氣極清香，自不同也。總以白爲佳，以潤爲妙。葉天士《本草》云：浸刮飯鍋上蒸曬如棗黑，黄土炒，爲中宫和氣補脾之藥。《本經逢原》云：雲术，肥大氣壅，臺术條細力薄，甯國狗頭术皮赤稍大，然皆栽灌而成，故其氣濁，不若於潛野生者氣清，無壅滯之患。入風痺痰濕利水破血藥，俱生

用。然非於潛產者，不可生用也。張觀齋云：今有一種野朮，深山處必有，形如於朮，切開有朱砂斑，香而不甜，細考其味，親見其苗，乃天生之蒼朮也。因久無人採，故大而宛如於朮。大凡朮，以火焙乾者，味必苦。生曬者，味必甜。臺朮以及各處種朮，皆於朮所種而變者。功雖不如於朮，服亦有驗。今於朮絶少，市中皆以仙居所產野朮充於朮，功亦相等。辛亥五月，有客自青田縣來，帶有天生朮，大小如一，約重兩許，俱生者，未經日曬乾焙。若乾之，可三錢許。其朮形儼如仙鶴，翅足皆具，亦有長頸，頸皆左顧，一一相似，無作磊塊形者。詢之，云：此朮不生於土。所生之地，係青田邊境，有一山，山有石壁，壁上每年生此朮二三十觔，不能多有。吾杭西北山近留下小和山一帶地方，及南高峯翁家山等處，皆產野朮。氣味香甜，生啖一二枚，終日不饑。生津溢齒，解渴醒脾，功力最捷。切開無朱砂點，膚理膩細，而白如雪色，名曰玉朮，又呼雪朮。亦不易得，入藥功效與於朮等，較他產野朮尤力倍也。

又卷三《北雲朮》《邊塞志》：產遼東口外五國城等處。此朮初生土中，並無枝葉，生於暗地者多，城北最盛，天氣晴和，則掘地求之可得。色如枯楊柳，大小如筯，蔓延數十步，屈曲而生。此地病人無藥物，凡有疾者，煎此朮湯服之，自愈。又可占病人之吉凶，若煎沸數次藥浮者，病即愈。半浮半沉者，病久不愈。土人以此驗之。治風寒傷食一切病。

圖表

晉　郭璞《爾雅音圖·釋草》

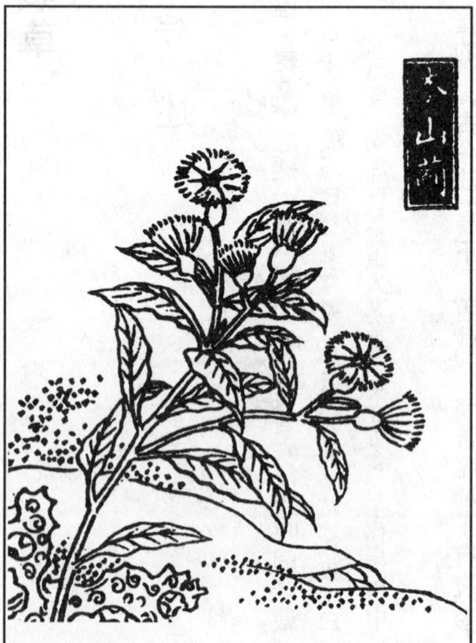

又

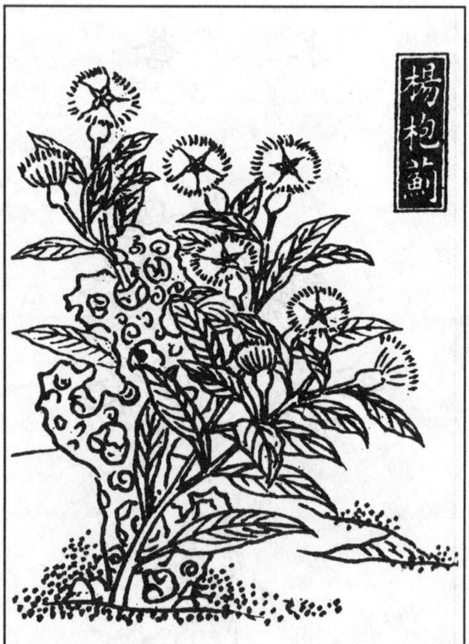

又

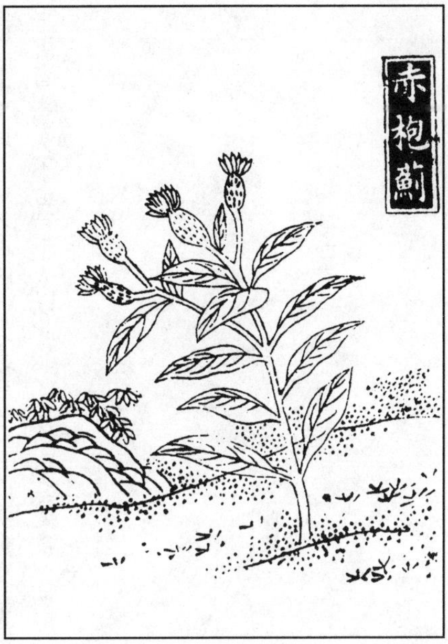

明 李時珍《本草綱目·圖卷》

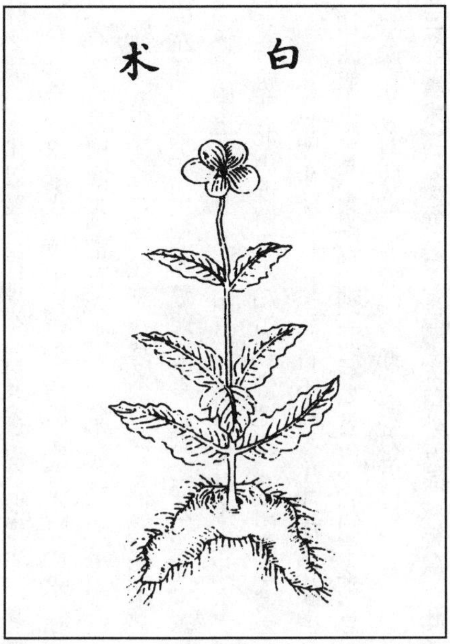

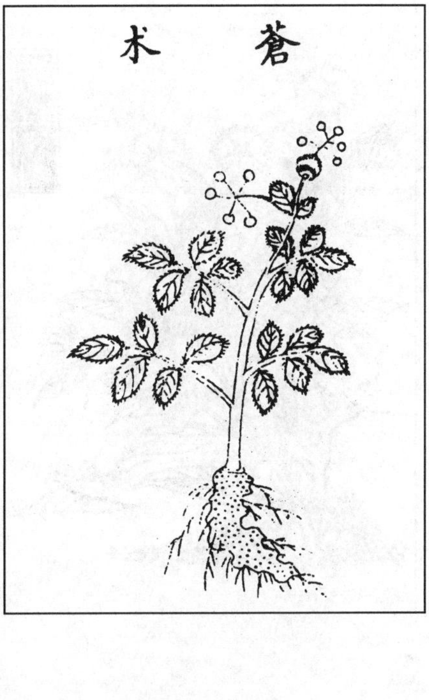

酸漿草

綜述

《爾雅·釋草》 葴，寒漿。注：今酸漿草，江東呼曰苦葴。音義：葴，之金反。寒，何干反。疏：葴，一名寒漿。郭云：今酸漿草，江東呼曰苦葴。案，《本草》：酸漿，一名醋漿。陶注云：處處人家多有，葉亦可食。子作房，房中有子如梅李大，皆黃赤色。

晉 崔豹《古今注》卷下 苦葴，一名苦蘵。子有裹，形如皮弁。始生青，熟則赤。裹有實，正圓如珠，亦隨裹青赤。長安兒童謂爲洛神珠，一曰王母珠，一曰皮弁草。

唐 蘇鶚《蘇氏演義》卷下 苦葴，一名苦蘵。子有裹，形如皮弁。始生青，熟則赤。裹有實，正圓如珠，子亦隨裹青赤。長安兒童名洛神珠，亦曰王母珠，亦曰皮弁草。

明　李時珍《本草綱目》卷一六　酸漿《本經》中品　校正：菜部苦耽，草部酸漿、燈籠草，俱並爲一。釋名：醋漿、《本經》苦葴、音針苦耽、《嘉祐》燈籠草、《唐本》皮弁草、《食療》天泡草、《綱目》王母珠、《嘉祐》洛神珠。同上小者名苦蘵。藏器曰：《爾雅》云：葴，寒漿也。郭璞注云：即今酸漿，江東人呼爲苦葴。小者爲苦蘵，亦呼爲小苦耽。崔豹《古今注》云：蘵，一名蘵子，實形如皮弁，其子圓如珠。時珍曰：酸漿，以子之味名也。苦葴、苦耽，以苗之味名也。燈籠、皮弁，以角之形名也。王母、洛神珠，以子之形名也。按楊慎《卮言》云：《本草》燈籠草、苦耽、酸漿，皆一物也。修《本草》者非一時一人，故重復耳。燕京野果名紅姑娘，外垂絳囊，中含赤子如珠，酸甘可食，盈盈繞砌，與翠草同芳，亦自可愛。蓋姑娘乃瓜囊之訛，古者瓜、姑同音，娘、囊之音亦相近耳。此説得之，故今以《本經》酸漿，《唐本草》燈籠草，宋《嘉祐本草》苦耽，俱並爲一焉。集解：《別録》曰：酸漿生荊楚川澤及人家田園中，五月採，陰乾。弘景曰：酸漿處處多有，苗似水茄而小，葉亦可食。子作房，房中有子如梅李大，皆黄赤色，小兒食之。保昇曰：酸漿即苦葴也，根如菹芹，白色絶苦。禹錫曰：苦耽生故墟垣塹間，高二三尺，子作角，如撮口袋，中有子如珠，熟則赤色。關中人謂之洛神珠，一名王母珠，一名皮弁草。一種小者名苦蘵。《爾雅》謂之黄蒢。恭曰：燈籠草所在有之，枝幹高三四尺，有紅花狀若燈籠，内有紅子可愛，根、莖、花、實並入藥用。宗奭曰：酸漿即苦耽也，《嘉祐》重出苦耽條。天下有之，苗如天茄子，開小白花，結青殼，熟則深紅，殼中子大如櫻，亦紅色，櫻中復有細子，如落蘇之子，食之有青草氣也。時珍曰：龍葵、酸漿，一類二種也。酸漿、苦蘵，一種二物也。但大者爲酸漿，小者爲苦蘵，以此爲别。敗醬亦名苦蘵，與此不同。其龍葵、酸漿苗葉一樣。但龍葵莖光無毛，五月入秋開小白花，五出黄蕊，結子無殼，纍纍數顆同枝，子有蒂蓋，生青熟紫黑。其酸漿同時開小花黄白色，紫心白蕊，其花如杯狀，無瓣，但有五尖，結一鈴殼，凡五棱，一枝一顆，下懸如燈籠之狀，殼中一子，狀如龍葵子，生青熟赤。以此分别，便自明白。按《庚辛玉册》云：燈籠草四方皆有，惟川陝者最大。葉似龍葵，嫩時可食。四五月開花結實，有四葉盛之如燈籠，河北呼爲酸漿。據此及楊慎之説，則燈籠、酸漿之爲一物，尤可證矣。唐慎微以三葉酸草附於酸漿之後，蓋不知其名同物異也。

明　徐光啓《農政全書》卷四六《酸漿草》　酸漿草，《本草》名酢漿草，一名醋母草，一名鳩酸草，俗爲小酸茅。舊不著所出州土，今處處有之。生道傍下濕地，葉如初生小水萍，每莖端皆叢生三葉。開黄花，結黑子。南人用苗揩鍮石器，今白如銀色光艶。味酸，性寒，無毒。

清　吴其濬《植物名實圖考》卷一一《酸漿》　酸漿，《本經》中品。《爾雅》：葴，寒漿。注：今之酸漿草。《夢溪筆談》以爲即苦耽，今之燈籠草也。北地謂之紅姑孃。《救荒本草》謂之姑孃菜，菜子可食。此草有王母珠、皮弁草諸名，皆象其實。元内庭亦植之。《夢溪筆談》：河西番界中有盈丈者。《庚辛玉册》云：川陝燈籠草最大，葉似龍葵，嫩時可食。滇产高不及丈，而葉肥緑有圭棱，異於北地。俗呼九古牛，亦紅姑娘之訛也。又有一種，微小，即苦耽。其根横長蔓延，數十莖叢茁，花如琖而五角，色白。與《蜀本草》王不留行同，但彼經秋子緑不紅，以此爲别。

圖　表

晉　郭璞《爾雅音圖·釋草》

明 李時珍《本草綱目・圖卷》

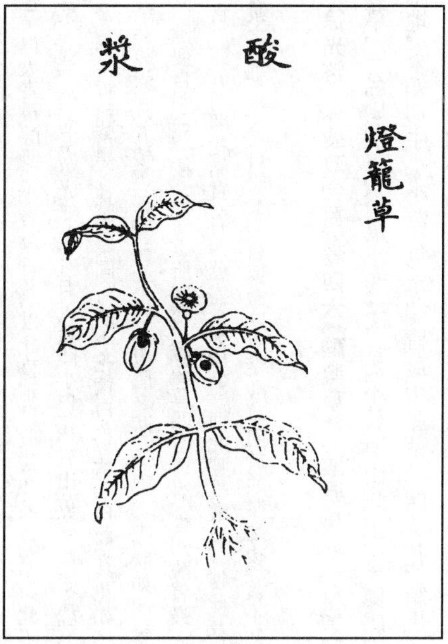

明 徐光啓《農政全書》卷四六《酸漿草》

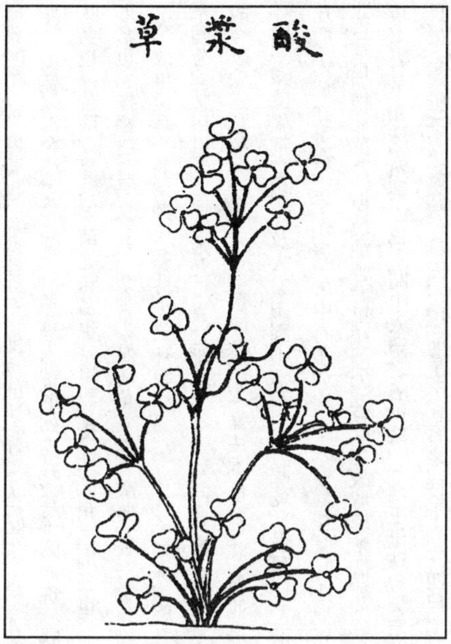

清 吳其濬《植物名實圖考》卷一一《酸漿》

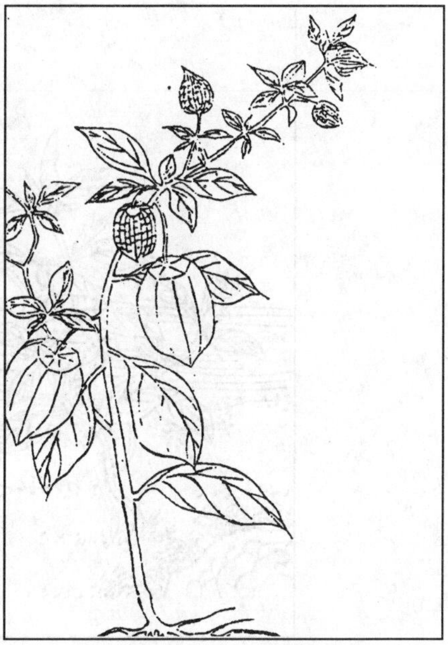

酸模

綜述

《爾雅・釋草》須，蕵蕪。注：蕵蕪，似羊蹄，葉細，味酢，可食。音義：蕵，音孫。酢，七故反。疏：案《詩・谷風》云：采葑采菲。毛《傳》云：葑，須也。先儒即以『須，葑蓯』當之。孫炎云：須，一名葑蓯。今郭注上『葑蓯』云『未詳』，注此云：蕵蕪，似羊蹄，葉細，味酢，可食。則郭意以毛云『葑，須』者謂此蕵蕪也。《坊記》注云：葑，蔓菁也。陳、宋之間謂之葑。陸璣云：葑，蕪菁。幽州人或謂之芥。《方言》云：蘴、蕘，蕪菁也。陳、楚謂之蘴，齊、魯謂之蕘，關西謂之蕪菁，趙、魏之郊謂之大芥。蘴與葑，字雖異，音實同。則葑也，須也，蕪菁也，蔓菁也，蕵蕪也，蕘也，芥也，七者一物也。

明 李時珍《本草綱目》卷一九 酸模《日華》 釋名：山羊蹄、《綱目》山大黄、《拾遺》蕵蕪、《爾雅》酸母、《綱目》蓚、同當藥。時珍曰：蕵蕪乃酸模之音轉，

酸模又酸母之轉，皆以味而名，與三葉酸母草同名。掌禹錫以蕵蕪爲蔓菁菜，誤矣。集解：弘景曰：一種極似羊蹄而味酸，呼爲酸模，根亦療疥也。大明曰：所在有之，生山岡上。狀似羊蹄葉而小黄。莖葉俱細。節間生子，若茺蔚子。藏器曰：即是山大黄，一名當藥。其葉酸美，人亦採食其英。《爾雅》：須，蕵蕪。郭璞注云：似羊蹄而葉細，味酸，可食。一名蓚也。時珍曰：平地亦有。根葉花形並同羊蹄，但葉小味酸爲異。其根赤黄色。連根葉取汁煉霜，可製雄、汞。

圖表

晉 郭璞《爾雅音圖・釋草》

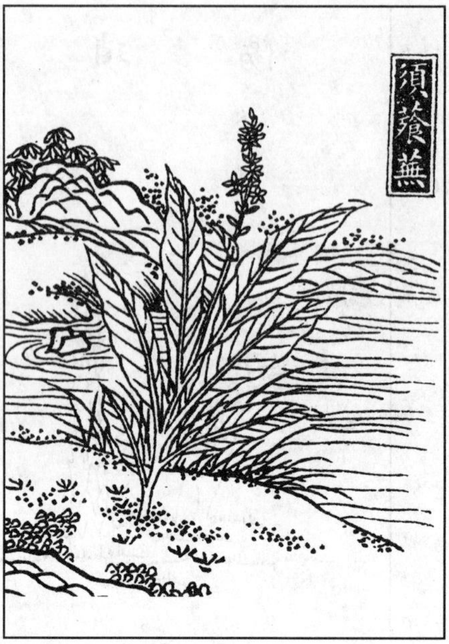

明 李時珍《本草綱目・圖卷》

瑣陽

綜述

明 李時珍《本草綱目》卷一二 鎖陽《補遺》 集解：時珍曰：鎖陽出肅州。按陶九成《輟耕録》云：鎖陽生韃靼田地，野馬或與蛟龍遺精入地，久之發起如笋，上豐下儉，鱗甲櫛比，筋脈連絡，絶類男陽，即肉蓯蓉之類。或謂里之淫婦，就而合之，一得陰氣，勃然怒長。土人掘取洗滌，去皮薄切曬乾，以充藥貨，功力百倍於蓯蓉也。時珍疑此自有種類，如肉蓯蓉、列當，亦未必盡是遺精所生也。

圖表

明 李時珍《本草綱目·圖卷》

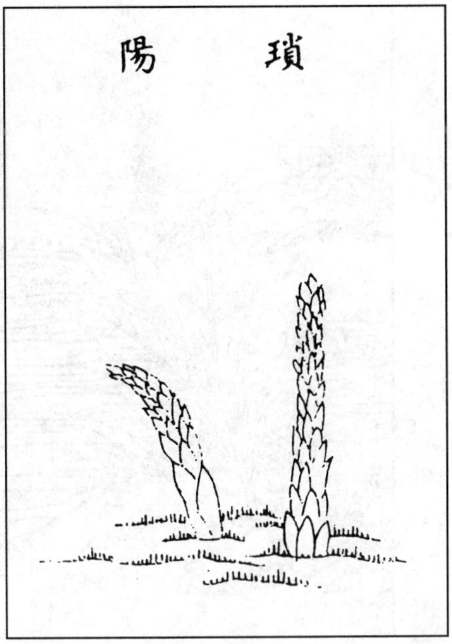

天葵

綜述

明 劉侗《名物通》卷一〇 天葵，《爾雅》曰：沭臺，菟葵。《雷公炮炙》所用，葉如錢而厚嫩，背微紫，生於崖石。凡丹石之類，得此而後能神。

清 魏茂林《駢雅訓纂》卷六 繁露，天葵也。《經史證類大全本草·菜部下品》：落葵，一名天葵，一名繁露。陶隱居云：又名承露。按《爾雅·釋草》：蔠葵，蘩露。注：承露也。繁與蘩通。

清 吴其濬《植物名實圖考》卷一三《天葵》 天葵，一名夏無蹤。初生一莖一葉，大如錢，頗似三葉酸，微大，面緑背紫。莖細如絲，根似半夏而小。春時抽生分枝極柔，一枝三葉，一葉三叉，翩反下垂。梢間開小白花，立夏即枯。按《南城縣志》：夏無蹤子名天葵，此草江西撫州、九江近山處有之，即鄭樵所謂菟葵，即紫背天葵者。春時抽莖開花，立夏即枯，質既柔弱，根亦微細，尋覓極難，秋時復茁，淩冬不萎。土醫皆呼爲天葵。南城與閩接壤，故漁仲稔知之。此草既小不盈尺，又生於石罅砌陰下，安能與燕麥動摇春風耶？建昌俚醫以敷乳毒，極效。

又卷二三《紫背天葵》 紫背天葵，《滇本草》：味辛有毒，形似蒲公英，緑葉紫背，爲末敷大惡瘡神效。人悞服，汗出不止，速飲緑豆、甘草即解。按，此草昆明寺院亦間植之。横根叢莖，長葉深齒，正似鳳仙花。葉面緑背紫，與初生蒲公英微肖耳。夏開黃花，細如金線，與土三七花同，蓋一類也。

圖表

清 吴其濬《植物名實圖考》卷一三《天葵》

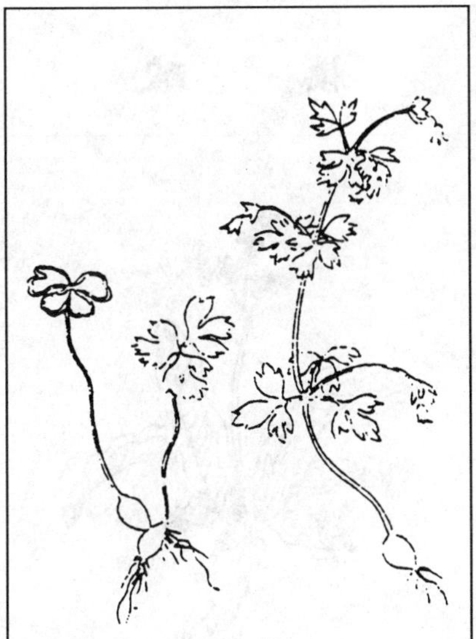

又卷二三《紫背天葵》

天門冬

綜述

《爾雅·釋草》 髦，顛蕀。注：細葉，有刺，蔓生，一名商棘。《廣雅》云：女木也。音義：髦，音毛。顛，都年反。蕀，古力反。疏：髦，一名顛蕀，一名商蕀。《廣雅》云：女木也。郭云：細葉，有刺，蔓生。蘠蘼，虋冬。注：門冬，一名滿冬，《本草》云。音義：蘠，音牆。蘼，亡彼反，又作靡同。虋，音門，本皆作門。郭云：門，俗字亦作蘴字。《山海經》云：條谷山其草多芍藥、虋冬。郭云，《本草》一名滿冬。案《本草》：天門冬，一名顛勒。麥門冬，秦名。羊韭，齊名。愛韭，楚名。馬韭，越名。羊蓍，一名禹葭，一名禹餘糧。葉如韭，冬夏生，無名滿冬者。疏：藥草也。一名蘠蘼，一名虋冬。案《山海經》云：條谷山其草多芍藥、虋冬。郭注亦云《本草》一名滿冬。今檢《本草》有天門冬，一名顛勒、麥門冬，秦名羊韭，齊名愛韭，楚名馬韭，越名羊蓍，一名禹葭，一名禹餘糧，無名滿冬者，蓋所見本異也。虋、門字異音同耳。

漢 許慎 《說文》卷一 蘠，蘠蘼，虋冬也。从艸，牆聲。賤羊切。

宋 羅願 《爾雅翼》卷七《門冬》 蘠蘼，虋冬。郭璞曰：今門冬也，一名滿冬。按：虋冬有二，其一則天門冬，一名顛棘，《釋草》所謂『髦，顛棘』也。故郭璞注顛棘云：細葉，有刺，蔓生。其一則麥門冬，生山谷肥地，葉如韭，四季不凋，根有鬚，作連珠，形似穬麥顆，故名麥門冬。四月開花，淡紅如紅蓼花，實圓碧如珠。秦名羊韭，齊名愛韭，楚名馬韭，越名羊蓍。謝靈運《山居賦》曰：二冬並稱而殊性。《潛夫論》曰：夫理世不得真賢，譬猶治疾不得真藥也。治疾當得麥門冬，反得蒸穬麥。已不識真，合而飲之，疾以寖劇，而不知爲人所欺也。《山海經》曰：條谷之山，其草多芍藥、虋冬。

又《顛蕀》 髦，顛蕀。《釋》曰：一名商棘。《廣雅》云：女木也。考郭云：細葉，有棘，蔓生。按《本草》：天門冬，一名顛勒。道家方云，天門冬一名顛棘，在東嶽名淫羊藿，在中嶽名天門冬，在西嶽名菅松，在北嶽名無不愈，在南嶽名百部，在京陸山阜名顛勒。雖處處皆有，其名各異，其實一也。張華《博物志》云：莖間有刺而葉滑者，名曰郄休，一名顛棘。根以浣縑素白，越人名爲浣草，似天門冬而非也。几服此，先試浣衣，如法者，便非天門冬。按，此說則顛棘刺而滑，可浣衣，與天門冬異。而《圖經》曰：天門冬，春生藤蔓，大如釵股，高至丈餘，葉如茴香，極尖細而踈滑，有逆刺，亦有濇而無刺者。其葉如絲杉而細散，皆名天門冬。是滑而有刺者，亦門冬也。蓋兩者皆門冬，而有刺者別名顛棘耳。棘即刺也。《列仙傳》：赤松子食天門冬，齒落更生，細發復出。甘始服之，在人間三百餘年。杜紫微服之，御妾多子，日行三百里。

明 楊慎 《丹鉛餘録》卷八《顛冬》 《山海經》：小陘之山，有草名蔄，赤莖白華，如顛冬也。顛冬，天門冬也。

明 李時珍 《本草綱目》卷一八 天門冬《本經》上品 釋名：虋冬、音門。顛勒、《本經》顛棘、《爾雅》天棘、《綱目》萬歲藤。禹錫曰：按《爾雅》云：蘠蘼，虋冬。注云：門冬也，一名滿冬。《抱朴子》云：一名顛棘，或名地門冬，或名莚門冬。在東嶽名淫羊藿，在中嶽名天門冬，在西嶽名管松，在北嶽名無不愈，在南嶽名百部，在京陸山阜名顛棘，在越人名浣草。雖處處有之，其名不同，其實一也。別有百部草，其根有百許如一，而苗小異，其苗似菝葜，惟可治咳，不中服食，須分別之。時珍曰：草之茂者爲

虋，俗作門。此草蔓茂，而功同麥門冬，故曰天門冬，或曰天棘。《爾雅》云：髦，顛棘也。因其細葉如髦，有細棘也。顛、天，音相近也。按《救荒本草》云：俗名萬歲藤，又名娑蘿樹。其形與治肺之功頗同百部，故亦名百部也。薔蘼用營實苗，而《爾雅》指爲虋冬，蓋古書錯簡也。集解：《別録》曰：天門冬生奉高山谷。二月、三月、七月、八月採根，曝乾。弘景曰：奉高，泰山下縣名也。今處處有之，以高地大根味甘者爲好。《桐君藥録》云：蔓生，葉有刺，五月花白，十月實黑，根連數十枚。張華《博物志》云：天門冬莖間有逆刺。若葉滑者，名絺體，一名顛棘。挼根入湯，可以浣縑，素白如絨，紵類也。今越人名爲浣草，勝於用灰。此非門冬，用相似爾。按此説與桐君之説相亂。今人所採皆是有刺者，本名顛勒，亦粗相似，用此浣衣則淨，不復更有門冬。恐門冬自一種，或即是浣草耶？又有百部，根亦相類，但苗異爾。恭曰：此有二種，一種苗有刺而澀，一種無刺而滑，皆是門冬。俗云顛棘、浣草者，形貌諮之。雖作數名，終是一物。二根浣垢俱淨，門冬、浣草，互名也。諮音命，目之也。頌曰：處處有之。春生藤蔓，大如釵股，高至丈餘。葉如茴香，極尖細而疏滑，有逆刺；亦有澀而無刺者，其葉如絲杉而細散，皆名天門冬。夏生細白花，亦有黄色及紫色者。秋結黑子，在其根枝旁。入伏後無花，暗結子。其根白或黄紫色，大如手指，圓實而長二三寸，大者爲勝，一科一二十枚同撮，頗與百部根相類。洛中出者，大葉粗幹，殊不相類。嶺南者無花，餘無他異。禹錫曰：《抱朴子》言：生高地，根短味甜氣香者爲上；生水側下地，葉細似蘊而微黄，根長而味多苦氣臭者次之，若以服食，令人下氣，爲益又遲也。入山便可蒸煮，啖之斷谷。或爲散，仍取汁作酒以服散尤佳。時珍曰：生苗時，亦可以沃地栽種。子亦堪種，但晚成。

清 魏茂林《駢雅訓纂》卷六 絺體，顛勒，顛棘也。《經史證類大全·本草草部上品》：天門冬，陶隱居云：張華《博物志》云：天門冬逆捋有逆刺，若葉滑者名絺休，一名顛棘，金城人名爲浣草，此非門冬相似爾。按：今本《博物志》無此文，唯卷四載魏文帝所記諸物相似亂者，有『敵休亂門冬』五字，絺作敵，體作休。《御覽》九百八十九《藥部六》引《博物志》又作郄休，疑體字俗訛作体，休、体字混，傳写之誤爾。《神農本草經》上：天門冬，一名顛勒。《廣雅·釋草》：顛棘，女木也。《疏證》：《本草》云：天門冬，一名顛勒。勒、棘古同聲。顛棘之作顛勒，若《小雅·斯干》『如矢斯棘』，《韓詩》棘作朸矣。

清 曹溶《倦圃蒔植記·總論》 天門冬，一名天棘。蔓生，青翠，或以架承之，亦佳。堦前草，或曰即麥門冬，未知是否。

清 張逸少《佩文齋廣群芳譜》卷九八《藥譜·天門冬》 天門冬一名虋冬，一名滿冬，一名天棘，一名顛棘，一名地門冬，一名筵門冬，一名萬歲藤。処処有之。春生藤蔓大如釵股，高至丈餘，葉如茴香，極尖細而疎滑。莖間有逆刺，亦有澀而無刺者。其葉如絲杉而細散，夏生細白花，亦有黄色紫色者。秋結黑子在其根枝旁。入伏後無花，暗結子。其根一科數十枚，大如手指，圓實而長，黄紫色，肉白，以大者爲佳。中有心如麥冬心而稍巤。性苦平無毒。

清 張宗法《三農紀》卷一八《藥屬·天冬》 天冬，《本草》云：春生苗，如筋大，長三四尺，不發葉，紫色，稍有倒刺。近夏莖開成蔓，有逆刺。葉如蓬松，長丈餘。夏開細白花，亦有黄紫者。秋結黑子，如豌豆大，在枝傍。亦有伏後無花暗結子者，其根數十條一攢，大如拇指，圓實而長，膚黄紫，肉白，以蜜煎，可作果。《圖經》名顛棘，名顛勒，名天刺，名其形莖有刺也。名萬歲藤，名婆羅树，名浣衣草，名其蔓之形也。《博物志》：葉滑，莖生逆刺者，名絺體。綏根入湯，可浣縑素白。《服食方》有一窠八十條者，名仙苗。餌之，可千歲。天門者，乾位也。冬者，北之合也。乃金水相生，北一西四之道，是以服食者多壽。吾聞之，知《易》者通神，知醫者入妙。凡天下之物，莫不是《易》之理。凡天下之艸，莫不是藥之用。不爲二豎所浸，六賊所虐。所謂从乎本艸，則用人，正所以用天也。故曰：立天之道，以定人。

清 王念孫《廣雅疏證》卷一〇 顛棘，女木也。《爾雅》云：髦，顛蕀。郭注云：細葉，有刺，蔓生，一名商棘。《廣雅》云：女木也。《御覽》引孫炎注云：一名白棘。《神農本草》云：天門冬，一名顛勒。勒、棘，古同聲。顛棘之作顛勒，若《小雅·斯干》『如矢斯棘』，《韓詩》棘作朸矣。《名醫別録》云：營實，一名牛勒，一名山棘。亦與此同也。陶注引《博物志》云：天門冬，逆捋有逆刺。若葉滑者，名絺休。一名顛棘，可以浣縑素白如絨，金城人名爲浣草。擘其根温湯中挼之，以浣衣，勝灰。此非門冬，但相似爾。又引《桐君藥録》云：葉有刺，蔓生，五月花白，十月實黑，根連數十枚。然則顛棘以刺得名，棘亦刺也。故陶注云，俗人呼苗爲棘刺。又云，有百部根相類。此則《博物志》云，百部似門冬者也。蘇頌《圖經》云：春生，藤蔓，大如釵股，高至丈餘。葉滑，有逆刺。亦有澀而無刺者。夏生白花，亦有黄色者。秋結黑子，伏後無花，其根白，或黄紫色，大如手指。

清 陳憲舜《課民植牧講義稿》卷四《天門冬》 春生籐蔓，大如釵股，高至丈餘。葉尖而細，疏滑有刺，亦有澀而無刺者。根名天門冬，夏開白花，

或黄紫色花。秋來結子根旁，其色黑。二年之後，其根大如手指。

藝文

宋　朱熹《晦庵集》卷一《雜記草木九首・天門冬》　高蘿引蔓長，插楥垂碧絲。西窗夜來雨，無人領幽姿。

圖表

晉　郭璞《爾雅音圖・釋草》

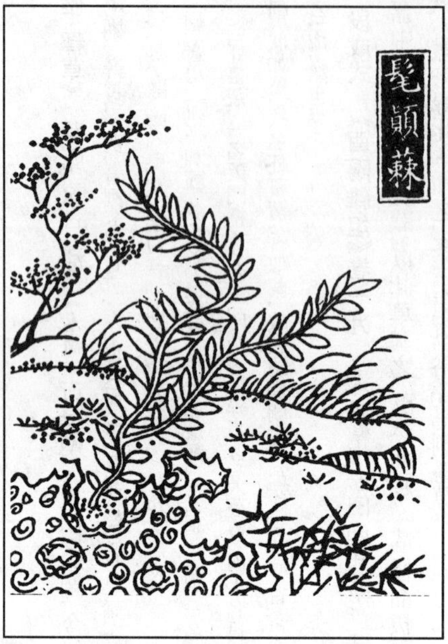

明　李時珍《本草綱目・圖卷》

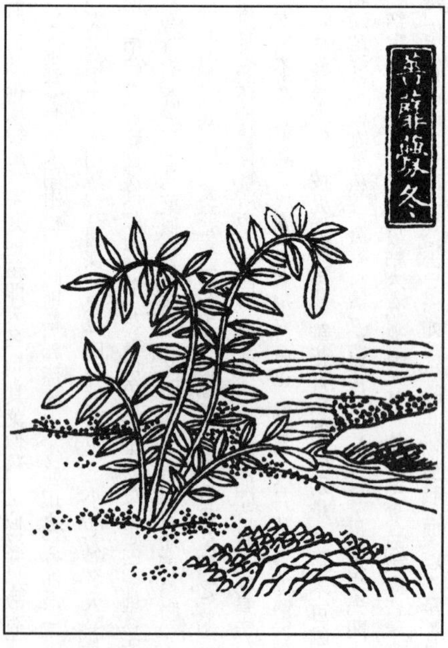

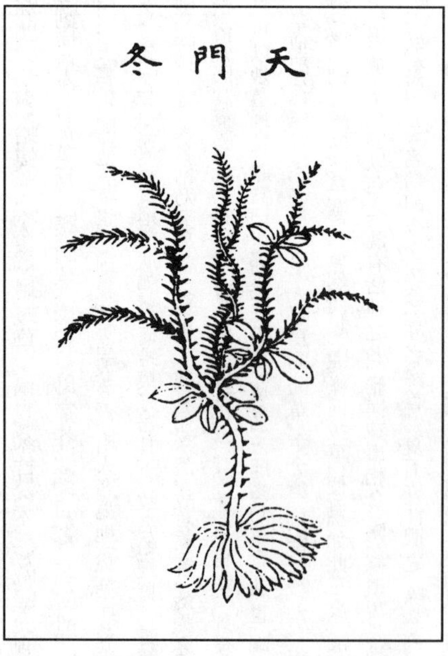

天名精

綜述

《爾雅·釋草》 菊藪，豕首。注：《本草》古毚䴌，一名蟾蜍蘭，今江東呼豨首，可以熓蛹。音義：菊，音列。藪，音真。豕，傷氏反。毚，音滯。蟾，音占。豨，虛豈反。熓，字或作𤇫、𤊸、炒、䰗、𪗋、聚，七字竝音初卯反。《三蒼》云：熬也。《説文》云：火乾物也。𧍐，雜南反。蛹，音勇。疏：菊藪，藥草名，一名豕首，一名毚䴌，一名蟾蜍蘭，一名天名精，一名麥句薑，一名虾蟇藍，一名天門精，一名玉門精。《别録》一名天蔓菁，南人名爲地菘，味甘辛，故有薑稱。狀如藍，故名虾蟇藍。香似蘭，故名蟾蜍蘭。郭云『江東呼豨首。可以熓蚕蛹』者，《三蒼》云『熓，熬也』。

唐 段成式 《酉陽雜俎》卷一九 天名精，一曰鹿活草。昔青州劉㦒，宋元嘉中，射一鹿，剖五藏，以此草塞之，蹶然而起。㦒怪而拔草，復倒，如此三度。㦒密録此草種之，多主傷折，俗呼爲劉盡草。

宋 釋贊寧 《東坡先生物類相感志》卷一二《鹿活草》 即地松，是臭氣辛，狀若蔓青，有毛，覆地生。《異苑》云：青州劉㦒，宋元嘉中射得一鹿，剖五脏，偶以此草塞之，鹿蹷然而起。㦒怪，拔之便倒，如此一過。㦒密種此草，主療傷折多愈。因以名利㦒草，既能活鹿，又得名焉。

宋 沈括 《夢溪筆談》卷二六 地菘，即天名精也。世人既不識天名精，又妄認地菘爲火蘝，《本草》又出鶴虱一條，都成紛亂。今按，地菘即天名精，蓋其葉似菘，又似名精，名精即蔓精也。故有二名。鶴虱即其實也。世間有單服火蘝法，乃是服地菘耳，不當服火蘝。火蘝，《本草》名㹠火蘝，即是猪膏苗。後人不識，亦重復出之。

明 楊慎 《丹鉛續録》卷三《豨首》 《爾雅》：菊藪，豕首。《吕氏春秋》云：豨首，生而麥，無葉。《神農本草經》云：夏至之日，豕首、茱萸先生。豕首，《圖經》、《藥録》謂之天名精，一名天蔓菁。名精即蔓精，轉語也。又名蟾蜍蘭，今俗名豨薟是也。又蝨實亦名豕首，即《月令》所謂荔挺也。以冬至生，與此同名異物。

明 李時珍 《本草綱目》卷一五 天名精《本經》上品 校正：時珍曰：據蘇、沈二説，並入《唐本》鶴虱，《開寶》地菘，《别録》有名未用埊松。釋名：天蔓菁、《别録》天門精、《别録》地菘、《唐本》埊松《别録》。埊與地同。玉門精、《别録》麥句薑、《本經》蟾蜍蘭、《别録》蛤蟆藍、《本經》蚵蚾草、《綱目》豕首、《本經》毚䴌、《别録》活鹿草、《异苑》劉㦒草㦒音胡革反。皺面草、《綱目》母猪芥、《綱目》實名鶴虱。根名杜牛膝。恭曰：天名精，即活鹿草也。《别録》一名天蔓菁，南人名爲地菘，葉與蔓菁、菘菜相類，故有此名。其味甘辛，故有薑稱。狀如藍，而蛤蟆好居其下，故名蛤蟆藍。香氣似蘭，故又名蟾蜍蘭。時珍曰：天名精乃天蔓菁之訛也。其氣如豕毚，故有豕首、毚䴌之名。昔人謂之活鹿草，俗人因其氣臊，訛爲狐狸臊者是也。《爾雅》云：菊藪，豕首也。郭璞注云：江東呼爲豨首，可以炒蠶蛹食。藏器曰：郭璞注《爾雅》蘧麥，云即麥句薑者，非也。陶公注釣樟條云：有一草似狼牙，氣辛臭，名爲地菘，人呼爲劉㦒草，主金瘡。按《異苑》云：宋元嘉中，青州劉㦒射一獐，剖五臟以此草塞之，蹶然而起。㦒怪而拔草，便倒，如此三度。㦒因密録此草種之，主折傷，愈多人，因以名之。既有活鹿之名，雅與獐事相合。陶、蘇俱説是地菘，定非二物。正誤：弘景曰：天名精即今之豨薟，亦名豨首。夏月杵汁服之，除熱病。味至苦而云甘，或非是也。恭曰：豨首苦而臭，名精辛而香，全不相類也。禹錫曰：蘇恭云：天名精南人名地菘。陳藏器《本草解紛》，亦言天名精爲地菘。《開寶本草》不當重出地菘條，例宜刊削。時珍曰：按沈括《筆談》云：世人既不識天名精，又妄認地菘爲火枕，《本草》又出鶴虱一條，都成紛亂。不知地菘即天名精，其葉似菘，又似蔓菁，故有二名，鶴虱即其實也。又《别録》有名未用埊松，即此地菘，亦係誤出，今並正之，合而爲一。集解：《别録》曰：天名精生平原川澤，五月採。保昇曰：地菘也。《小品方》名天蔓菁，又名天蕪菁。葉似山南菘菜，夏秋抽條，頗似薄荷，花紫白色，味辛而香。志曰：地菘所在皆有，生人家及路旁陰處，高二三寸，葉似菘葉而小。又曰：鶴虱，出波斯者爲勝。今上黨亦有，力勢薄於波斯者。恭曰：鶴虱生西戎，子似蓬蒿子而細，合莖葉用之。頌曰：天名精，江湖間皆有之，狀如韓保昇所説。又曰：鶴虱，江、淮、衡、湘皆有之。春生苗，葉皺似紫蘇，大而尖長，不光。莖高二尺許。七月生黄白花，似菊。八月結實，子極尖細，干即黄黑色。南人呼其葉爲火杴。按火杴即豨薟，雖花實相類，而别是一物，不可雜用。時珍曰：天名精嫩苗緑色，似皺葉菘芥，微有狐氣。淘淨炸之，亦可食。長則起莖，開小黄花，如小野菊花。結實如同蒿，子亦相似，最粘人衣，狐氣尤甚。炒熟則香，故諸家皆云辛而香，亦巴人食負蠜，南人食山柰之意爾。其根白色，如短牛膝，此物最賤，而《唐本草》言鶴虱出西

戎，宋《本草》言出波斯者，何哉？蓋當時人不知用之，惟西戎、波斯始知入藥，且土産所宜故爾。亦苜蓿云出西域，而不知中土飼馬者即是也。

明 慎懋官《華夷花木鳥獸珍玩考》卷五《劉㦤草》 天名精，一曰鹿活草。昔青州劉㦤，宋元嘉中射一鹿，剖五藏，以此草塞之，蹶然而起。㦤怪而拔草，復倒，如此三度。㦤密録此草種之，多主傷折，俗呼爲劉㦤草。

清 吴其濬《植物名實圖考》卷一一《天名精》 天名精，《本經》上品。《異苑》載劉㦤活鹿事，故有活鹿草、劉㦤草諸名。《爾雅》：蘧，麥。注：麥句薑。《本草拾遺》非之。又：列薽，豕首。注：《本草》曰彘顱。陶隱居以爲即豨薟。《夢溪筆談》以鶴蝨、地菘皆天名精，而《蜀本草》云地菘抽條如薄荷，與宋《圖經》鶴蝨小異。今天名精形狀俱如宋《圖經》所述。雩婁農曰：天名精子極臭，而刺人衣，南方冬不落盡而新荄生矣，園丁惡之。諸家皆云子名鶴蝨。湘中土醫有用鶴蝨者，余取視之，乃野胡蘿蔔子，蓋其花白如鶴羽而子如蝨，故有是名。天名精子名此，則所未解。《救荒本草》僅以野胡蘿蔔根可救饑，而湘南以入藥裹，然則即以鶴蝨名之亦宜。

圖表

晉 郭璞《爾雅音圖·釋草》

明 李時珍《本草綱目·圖卷》

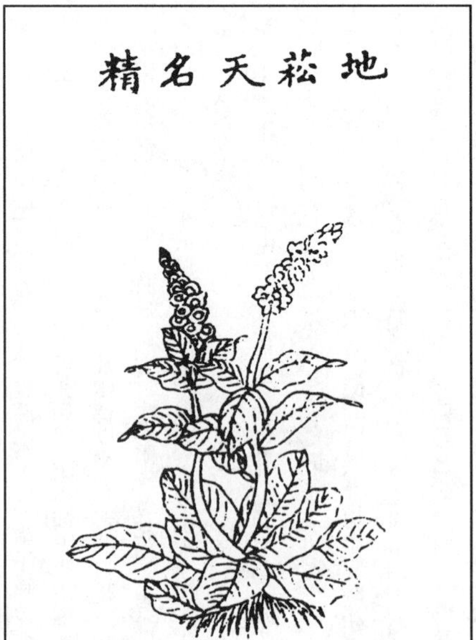

清 吴其濬《植物名實圖考》卷一一《天名精》

天雄 烏頭 附子

綜述

《爾雅·釋草》 芨，堇草。注：即烏頭也。江東呼爲堇。音義：芨，居及反，又起及反。堇，音謹，下注同。郭音靳，居覲反，即烏頭也。案《本草》：蒴藋，一名堇草，一名芨，非烏頭也。疏：芨，一名堇草。郭云：即烏頭也。江東呼爲堇。音靳。案《詩·大雅》云：堇荼如飴。又《晉語》驪姬將譖申生，『寘鴆於酒，寘堇於肉』。賈逵曰：堇，烏頭也。然則，堇者，其烏頭乎？嫌讀爲堇草之堇，故音之。

晉 張華 《博物志》卷四 烏頭、天雄、附子一物，春秋冬夏，採各異也。

宋 朱翌 《猗覺寮雜記》卷下 附子、烏頭、天雄，一種也。蜀人以小者爲烏頭，中者爲附子，大者爲天雄。按《廣雅》云：附子一歲曰側子，二歲曰烏喙，三歲曰附子，四歲曰烏頭，五歲曰天雄。則是烏頭比附子加一歲矣，不得爲小也。見《廣韻》。

宋 戴侗 《六書故》卷二四 堇𦺇，居隱切。《詩》云：堇荼如飴。通作堇。《説文》曰：根如薺，葉如細柳，烝食之甘。按堇荼、荼蓼並稱，必皆苦辛之草。朱子曰：烏喙也。《晉語》曰：麗姬置堇於肉。韋昭曰：烏頭也。

元 梁益 《詩傳旁通》卷九 堇，烏頭。苦堇。堇有二，有芨堇之堇，有苦堇之堇。芨音急，一音及。《爾雅》曰：芨，堇草。郭景純曰：即烏頭也。鄭漁仲曰：堇草，初種之，母如芋魁，而首似烏鳥之首，故名烏頭。兩岐如烏張口者，名烏喙，皆取其似烏頭。傍生者，爲附子。附子傍生者，爲側子。烏頭不生附子者，爲天雄。天雄長大，至三寸以上。《本草》云：春採爲烏頭，冬採爲附子。《廣雅》云：一歲爲側子，二歲爲烏喙，三歲爲附子，四歲爲烏頭，五歲爲天雄。今皆不然，魏人張楫作《廣雅》。但一歲下種，即有此五物。以冬至種，以八月採。出於蜀中綿州彰明縣尤多。世以烏頭、附子、天雄爲三建，以此三物舊皆出於建平故也。謝靈運《郊居賦》：三建異形而同出。附子爲百藥之長，一名奚毒。

明 李時珍 《本草綱目》卷一七 天雄《本經》下品 釋名：白幕。《本經》時珍曰：天雄乃種附子而生出或變出，其形長而不生子，故曰天雄。其長而尖者，謂之天錐，象形也。集解：《别録》曰：天雄生少室山谷。二月採根，陰乾。弘景曰：今采用八月中旬。天雄似附子細而長，乃至三四寸許。此與烏頭、附子三種，本出建平，故謂之三建。今宜都佷山者最好，謂爲西建。錢塘間者謂爲東建，氣力小弱，不相似，故曰西冰猶勝東白也。其用灰殺之，時有冰强者，不佳。恭曰：天雄、附子、烏頭，並以蜀道綿州、龍州出者佳。餘處縱有，力弱不相似。陶以三物俱出建平故名之者，非也。烏頭苗名堇，音靳。《爾雅》云『芨，堇草』是也。今訛堇爲建，遂以建平釋之矣。承曰：天雄諸説悉備。但始種而不生附子、側子，經年獨長大者是也。蜀人種之，尤忌生此，以爲不利，如養蠶而成白僵之意。時珍曰：天雄有二種：一種是蜀人種附子而生出長者，或種附子而盡變成长者，即如種芋形狀不一之類；一種是他處草烏頭之類，自生成者，故《别録》注烏喙云『長三寸已上者爲天雄』是也。入藥須用蜀産曾經釀制者。或云須重一兩半有象眼者乃佳。餘見附子下。

又 側子《别録》下品 釋名：莭子。時珍曰：生於附子之側，故名。許慎《説文》作莭子。集解：弘景曰：此附子邊角之大者，削取之。昔時不用，比來醫家以療脚氣多驗。恭曰：側子、附子，皆是烏頭下旁出者。以小者爲側子，大者爲附子。今以附子角爲側子，理必不然。若當陽以下、江左、山南、嵩高、齊魯間，附子時復有角如大豆許。夔州以上劍南所出者，附子之角，但如黍粟，豈可充用？比來都下皆用細附子有效，未嘗取角也。保昇曰：今附子邊，果有角如大棗核及檳榔以來者，形狀自是一顆，且不小。乃烏頭旁出附子，附子旁出側子，甚明。時珍曰：側子乃附子旁粘連小者爾，故吴普、陶弘景皆指爲附子角之大者。其又小於側子者，即漏籃子矣。故楊氏《附子記》言，側子、漏籃，園人皆不重之，以乞役夫。

又 烏頭《本經》下品 校正：並入《拾遺》獨白草。釋名：烏喙《本經》。即兩頭尖。草烏頭、《綱目》土附子、《日華》奚毒、《本經》耿子、吴普毒公。吴普，又名帝秋金鴉、《綱目》苗名莨、音艮芨、音及堇、音近獨白草、《拾遺》鴛鴦菊、《綱目》汁煎名射罔。普曰：烏頭，形如烏之頭也。有兩岐相合如烏之喙者，名曰烏喙。喙即烏之口也。恭曰：烏喙，即烏頭异名也。此有三岐者，然兩岐者少。若烏頭兩岐名烏喙，則天雄、附子之兩岐者，復何以名之？時珍曰：此即烏頭之野生於他處者，俗謂之草烏頭，亦曰竹節烏頭，出江北者曰淮烏頭，日華子所謂土附子者是也。烏喙即偶生兩岐者，今俗呼爲

兩頭尖，因形而名，其實乃一物也。附子、天雄之偶生兩歧者，亦謂之烏喙，功亦同於天雄，非此烏頭也。蘇恭不知此義，故反疑之。草烏頭取汁，曬爲毒藥，射禽獸，故有射罔之稱。《後魏書》言遼東塞外秋收烏頭爲毒藥射禽獸，陳藏器所引《後漢・五行志》，言西國生獨白草，煎爲藥，敷箭射人即死者，皆此烏頭，非川烏頭也。《菊譜》云鴛鴦菊，即烏喙苗也。**集解**：《别録》曰：烏頭、烏喙生朗陵山谷。正月、二月採，陰乾。長三寸以上者爲天雄。普曰：正月始生，葉厚，莖方中空，葉四四相當，與蒿相似。弘景曰：今采用四月，亦以八月採。擣笮莖汁，日煎爲射罔。獵人以傅箭，射禽獸十步即倒，中人亦死，宜速解之。朗陵屬汝南郡。大明曰：土附子生去皮擣，濾汁澄清，旋添曬乾取膏，名爲射罔，以作毒箭。時珍曰：處處有之，根苗花實並與川烏頭相同；但此係野生，又無釀造之法，其根外黑内白，皺而枯燥爲異爾，然毒則甚焉。段成式《酉陽雜俎》言：雀芋狀如雀頭，置乾地反濕，濕地反乾，飛鳥觸之墮，走獸遇之僵。似亦草烏之類，而毒更甚也。又言：建寧郡烏勾山有牧靡草，烏鵲誤食烏喙中毒，必急食此草以解之。牧靡不知何藥也？

又 附子《本經》下品 **釋名**：其母名烏頭。時珍曰：初種爲烏頭，象烏之頭也。附烏頭而生者爲附子，如子附母也。烏頭如芋魁，附子如芋子，蓋一物也。别有草烏頭、白附子，故俗呼此爲黑附子、川烏頭以别之。諸家不分烏頭有川、草兩種，皆混雜注解，今悉正之。**集解**：别録曰：附子生犍爲山谷及廣漢。冬月採爲附子，春月採爲烏頭。弘景曰：烏頭與附子同根。附子八月採，八角者良。烏頭四月採。春時莖初生有腦頭，如烏鳥之頭，故謂之烏頭。有兩歧共蒂，狀如牛角者，名烏喙。取汁煎爲射罔。天雄似附子，細而長，乃至三四寸。側子即附子邊角之大者。並是同根，而《本經》附子出犍爲，天雄出少室，烏頭出朗陵，分生三處，當各有所宜也，今則無别矣。恭曰：天雄、附子、烏頭，並以蜀道綿州、龍州者佳，俱以八月採造。餘處雖有造得者，力弱，都不相似。江南來者，全不堪用。大明曰：天雄大而長，少角刺而虚；附子大而短，有角平穩而實。烏喙似天雄，烏頭次於附子，側子小於烏頭，連聚生者名爲虎掌，并是天雄一裔，子母之類，氣力乃有殊等，即宿根與嫩者爾。斅曰：烏頭少有莖苗，身長而烏黑，少有旁尖。烏喙皮上蒼色，有尖頭，大者孕八九個，周圍底陷，黑如烏鐵。天雄身全矮，無尖，周匝四面有附子，孕十一個，皮蒼色。側子只是附子旁，有小顆如棗核者。木鱉子是喙、附、烏、雄、側中毗患者，不入藥用。保昇曰：正者爲烏頭，兩歧者爲烏喙，細長三四寸者爲天雄，根旁如芋散生者爲附子，旁連生者爲側子，五物同出而異名。苗高二尺許，葉似石龍芮及艾。宗奭曰：五者皆一物，但依大小長短以象而名之爾。頌曰：五者今並出蜀土，都是一種所産，其種出於龍州。冬至前，先將附田耕五七遍，以猪糞糞之，然後布種，逐月耘耔，至次年八月後方成。其苗高三四尺，莖作四棱，葉如艾，其花紫碧色作穗，其實細小如桑椹狀，黑色。本只種附子一物，至成熟後乃有四物。以長二三寸者爲天雄，割削附子旁尖角爲側子，附子之絶小者亦名側子，元種者爲烏頭。其餘大小者皆爲附子，以八角者爲上。綿州彰明縣多種之，惟赤水一鄉者最佳。然收採時月與《本草》不同。謹按《本草》冬採爲附子，春採爲烏頭。《博物志》言：附子、烏頭、天雄一物也，春秋冬夏採之各异。而《廣雅》云：奚毒，附子也。一歲爲側子，二年爲烏喙，三年爲附子，四年爲烏頭，五年爲天雄。今一年種之，便有此五物。豈今人種蒔之法，用力倍至，故爾繁盛乎？時珍曰：烏頭有兩種：出彰明者即附子之母，今人謂之川烏頭是也。春末生子，故曰春採爲烏頭。冬則生子已成，故曰冬採爲附子。其天雄、烏喙、側子，皆是生子多者，因象命名；若生子少及獨頭者，即無此數物也。其産江左、山南等處者，乃《本經》所列烏頭，今人謂之草烏頭者是也。故曰其汁煎爲射罔。陶弘景不知烏頭有二，以附子之烏頭、注射罔之烏頭，遂致諸家疑貳，而雷斅之説尤不近理。宋人楊天惠著《附子記》甚悉，今撮其要，讀之可不辯而明矣。其説云：綿州乃故廣漢地，領縣八，惟彰明出附子。彰明領鄉二十，惟赤水、廉水、昌明、會昌四鄉産附子，而赤水爲多。每歲以上田熟耕作壟。取種於龍安、龍州、齊歸、木門、青堆、小坪諸處。十一月播種，春月生苗。其莖類野艾而澤，其葉類地麻而厚。其花紫瓣黄蕤，長苞而圓。七月採者，謂之旱水，拳縮而小，蓋未長成也。九月採者乃佳。其品凡七，本同而末異。其初種之小者爲烏頭，附烏頭而旁生者爲附子，又左右附而偶生者爲鬲子，附而長者爲天雄，附而尖者爲天錐，附而上出者爲側子，附而散生者爲漏籃子，皆脈絡連貫，如子附母，而附子以貴，故專附名也。凡種一而子六七以上，則皆小；種一而子二三，則稍大；種一而子特生，則特大。附子之形，以蹲坐正節角少者爲上，有節多鼠乳者次之，形不正而傷缺風皺者爲下。《本草》言附子八角者爲良，其角爲側子之説，甚謬矣。附子之色，以花白者爲上，鐵色者次之，青緑者爲下。天雄、烏頭、天錐，皆以豐實盈握者爲勝。漏籃、側子，則園人以乞役夫，不足數也。謹按此記所載漏籃，即雷斅所謂木鱉子，大明所謂虎掌者也。其鬲子，即烏喙也。天錐即天雄之類，醫方亦無此名，功用當相同爾。

清 張宗法《三農紀》卷一八《藥屬・烏頭》

烏頭，《本草》云：其莖四稜，類野艾而澤。其葉分岐，類地麻而厚。其花綻紫，尖瓣黄蕤，長苞而圓。其實細小，黑色如桑椹子狀。《五行志》云：西國生獨白艸，敷箭射人即死。陶弘景云：山野生者，夷人五日採，煮汁塗矢，射人物十步即死，名射罔。《酉陽雜記》：雀芋置乾土反黑，濕土反乾。烏頭者，象烏鳥作頭，皮黑也。用烏者，名其産地也。《爾雅》云：堇芨。名其苗葉也。根生二岐者，名烏喙，又名鬲子。始生岷山，採植之美者，作莳種，不肖者爲烏頭。得釀制之法，去毒可入藥，療病。烏者，月中烏也，爲天禽。烏爲靈禽，能報吉凶，欲

人之知所趨避也。

清 吴其濬《植物名實圖考》卷二三《小黑牛》 小黑牛，生大理府，莖葉俱同草烏頭，根黑糙微異。俚醫云：味苦寒，有大毒，治跌打損傷，擦敷用。殆即烏頭一類。

又《月下參》 月下參，生云南山中，細莖柔緑，葉花又似蓬蒿、蔞蒿輩，又似益母草而小。發細葶，擎膏葖，宛如飛鳥，昂首翹尾，登枝欲鳴。開五瓣藍花，上三匀排，下二尖並。內又有五茄紫瓣藏於花腹，上一下四，微吐黄蕊，一柄翻翹，色亦藍紫，蓋即《菊譜》雙鸞菊烏頭類。滇人以根圓白多、細須爲月下參。

又《小草烏》 小草烏，生之南山中，與月下參同。無大根，有毒，外科用之。

又卷二四《附子》 附子，《本經》下品。有烏頭、烏喙、天雄、側子、漏藍子諸名。詳《本草綱目》所引《附子記》。今時所用，皆種生者。【略】其花色碧，殊嬌纖，名鴛鴦菊。《花鏡》謂之雙鸞菊，朵頭如比邱帽，帽拆內露雙鸞並首，形似無二。外分二翼一尾。凡花詭異者，多有毒。甚美甚惡，物亦有然。雩婁農曰：楊天惠著《附子記》綦詳。且謂盡信書，則不如無書。目覩手記，蓋實録矣。但古人所用，皆野生。川中所產，皆種生。野生者，得天全。種生者，假人力栽培滋灌，久之與果蔬同，性移而形亦變矣。泮林桑黮，鴞鳥革音；禿發之後爲劉，拓跋之後爲元。唐之蕃將，多賜姓李。謂重瞳之苗裔，皆重瞳。豈有是哉！土沃者花重，地墝者根瘦，東人不信西方有容狐之瓜，北人不信南粵有扛輿之蒿。然謂天下之瓜皆可容狐，天下之蒿皆可扛輿，則著述者實誑汝矣。近時山居泉寒，餌附子以兩計，其毒箭以射禽者，則取野生射罔用之，大者無毒，而小者毒烈，是豈物之本性哉！黄山谷嘗畫大壺盧，人問之，則曰：有背大壺盧者，賣其子種之，仍小壺盧。不知種大壺盧自有法，非别種也。附子一物，而有天雄、烏頭、側子、漏藍諸形，則肥磽、雨露、人事不同所致歟？彼一歲、二歲、三歲之説，其亦未可盡廢也。

藝文

宋 宋祁《景文集》卷四七《附子贊》 附堇而生，翠莖紫蕤。生蜀者良，三建則非。生綿州彰明縣者最良，有一子重及太府官稱一兩者，花色紫。《本草》言附子無正種，附烏頭而生。然則與烏頭、天雄、側子共一物耳。陶宏景以天雄、烏頭、附子，皆出建平，謂之三建。唐人非之，以綿、龍二州所生爲良。今則惟彰明者佳。

圖表

晉 郭璞《爾雅音圖·釋草》

明　李時珍《本草綱目·圖卷》

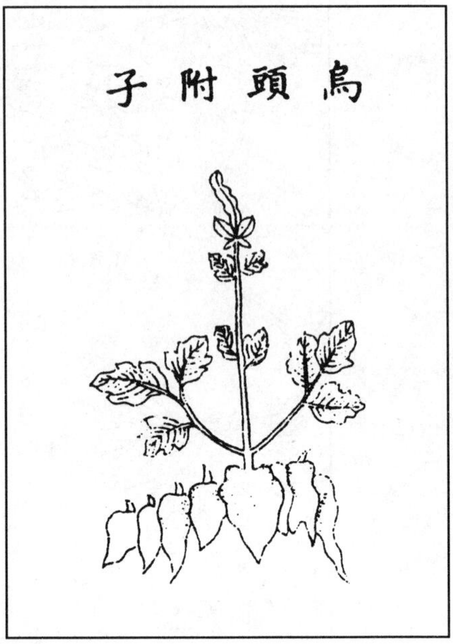

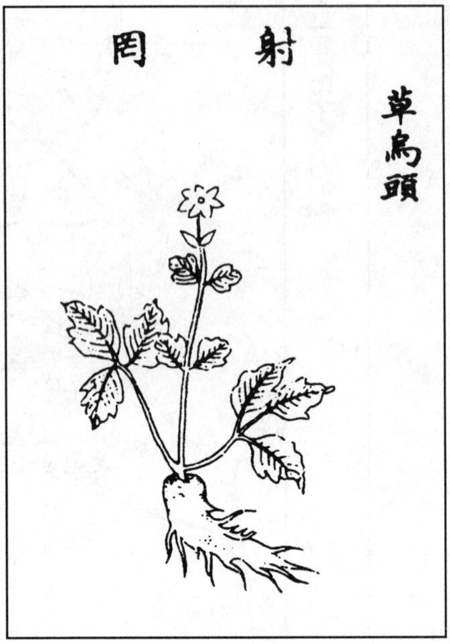

清　吴其濬《植物名實圖考》卷二三《小黑牛》

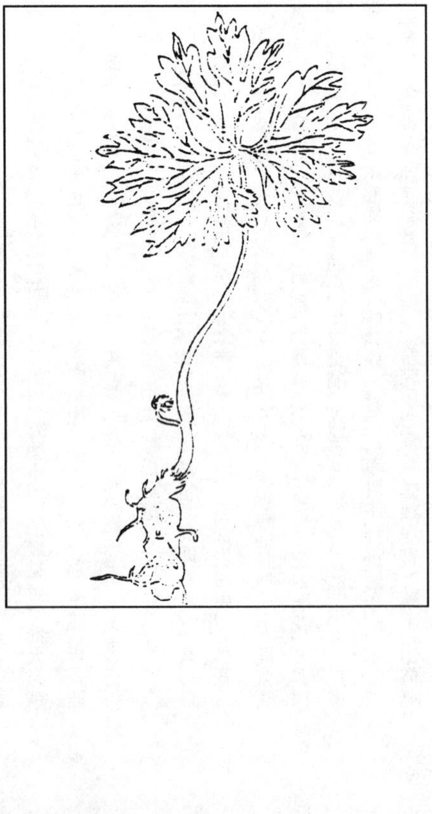

又《月下參》

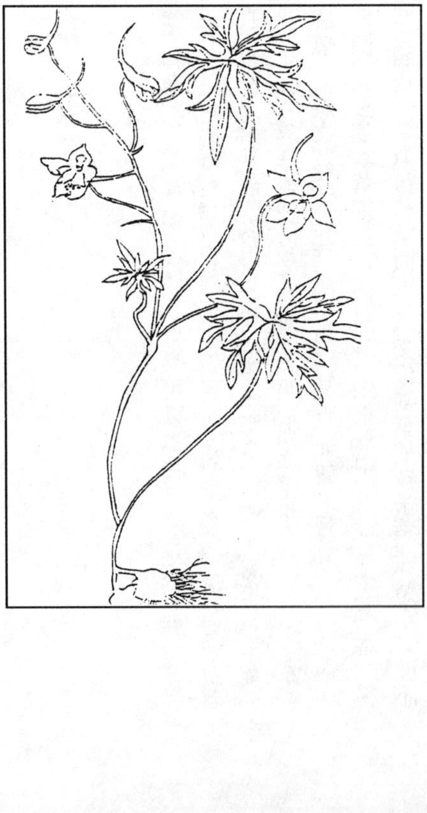

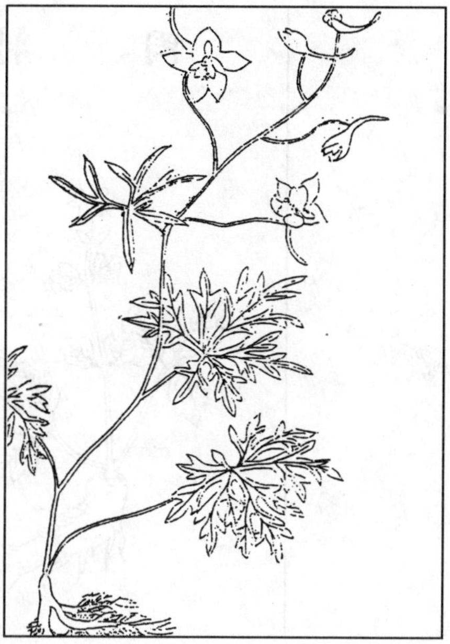

又《小草烏》

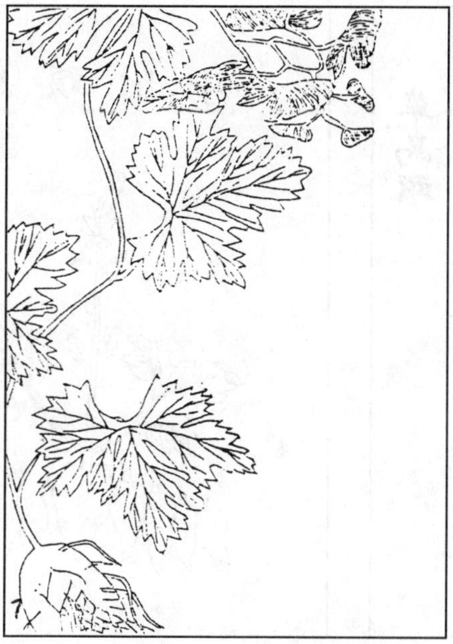

又卷二四《附子》

鐵掃箒

綜　述

《爾雅・釋草》　荓，馬帚。注：似蓍，可以爲掃彗。音義：荓，音瓶。帚，之酉反。蓍，音屍，《説文》云：蒿屬也。生千歲三百莖。埽，蘇早反。疏：荓草似蓍者，今俗謂蓍荓，可以爲掃彗，故一名馬帚。注，似蓍，《説文》云：蓍，蒿屬也。生千歲三百莖，可以爲卜策。《白虎通》云『此天地之間壽考物也，故問之』是也。

漢　許慎　《説文》卷一　荓，馬帚也。从艸，並聲。薄經切。

明　朱橚　《救荒本草》卷三　鐵掃箒，生荒野中，就地叢生，一本二三十莖，苗高三四尺。葉似苜蓿葉而細長，又似細葉胡枝子葉，亦短小。開小白花。其葉味苦。

明　李時珍　《本草綱目》卷一五　蠡實《本經》中品　釋名：荔實、《别録》馬藺子、《唐本》馬楝子、《圖經》馬薤、《禮記》注馬帚、《爾雅》鐵掃帚、《救荒》劇草、《本經》旱蒲、《禮記》豕首、《本經》三堅。弘景曰：方藥不用，俗無識者。惟天名精亦名豕首。恭曰：此即馬藺子也。《月令》：仲冬荔挺出。鄭玄注云：荔，馬薤也。《通俗文》云：一名馬藺。《本草》謂之荔實。頌曰：馬藺子，北人訛爲馬楝子。《廣雅》云：馬薤，荔也。高誘云：荔挺出，荔草挺出也。講禮者不識，呼爲荔挺，又作馬莧，並誤矣。馬莧亦名豚耳，即馬齒也。時珍曰：《爾雅》云：荓，音瓶，馬帚也。此即荔草，謂其可爲馬刷，故名。今河南北人呼爲鐵掃帚，是矣。集解：《别録》曰：蠡實生河東川谷，五月採實，陰乾。頌曰：今陝西諸郡及鼎、澧州亦有之，近汴尤多。葉似薤而長厚，三月開紫碧花，五月結實作角子，如麻大而赤色有棱，根細長，通黄色，人取以爲刷。三月開花，五月採實，並陰乾用。許慎《説文》云：荔似蒲而小，根可爲刷。高誘云：河北平澤率生之。江東頗多，種於階庭，但呼爲旱蒲，不知即馬薤也。時珍曰：蠡草生荒野中，就地叢生，一本二三十莖，苗高三四尺，葉中抽莖，開花結實。正誤：宗奭曰：蠡實，陶隱居言方藥不用，俗無識者。《本草》諸家所注不相應。若果是馬藺，則《日華子本草》不當更言可爲蔬菜。蓋馬藺葉出土已硬，又無味，馬牛皆不食，豈堪人食？今不敢以蠡實爲馬藺，更俟博識。時珍

曰：《別録》蠡實亦名荔實，則蠡乃荔字之訛也。張揖《廣雅》云，荔又名馬藺，其説已明。又按周定王《救荒本草》言其嫩苗味苦，炸熟換水浸去苦味，油鹽調食，則馬藺亦可作菜矣。寇氏但據陶説疑之，欠考矣。陶氏不識之藥多矣。今正其誤。

清　吴其濬《植物名實圖考》卷一二《鐵掃篲》　《救荒本草》：鐵掃篲，生荒野中，就地叢生。一本二三十莖，苗高三四尺。葉似苜蓿葉而細長，又似細葉胡枝子葉亦短小，開小白花。其葉味苦。採嫩苗葉煠熟，換水浸去苦味，油鹽調食。《爾雅正義》：荓，馬帚。注：似蓍，可以爲掃彗。《正義》：荓，一名馬帚。《夏小正》云：七月荓秀，荓也者，馬帚也。《廣雅》云：馬帚，屈馬第也。《管子·地員》篇云：蔞下於荓。注：似蓍，至掃彗。《正義》、《説文》云：蓍，蒿屬。生千歲，三百莖。按荓草似蓍，則亦蒿屬也。李時珍云：此即蒿草，謂其可爲馬刷，故名馬帚。今河南人謂之鐵掃帚。

又卷二一《鐵掃帚》　鐵掃帚，產建昌山中，蔓生緑莖，柔細糾結，葉長幾寸，後圓有缺，末尖，相距稀闊，細根硬須，赭色稠密。俚醫以爲行血通骨節之藥，用根煎酒服。

圖表

晉　郭璞《爾雅音圖·釋草》

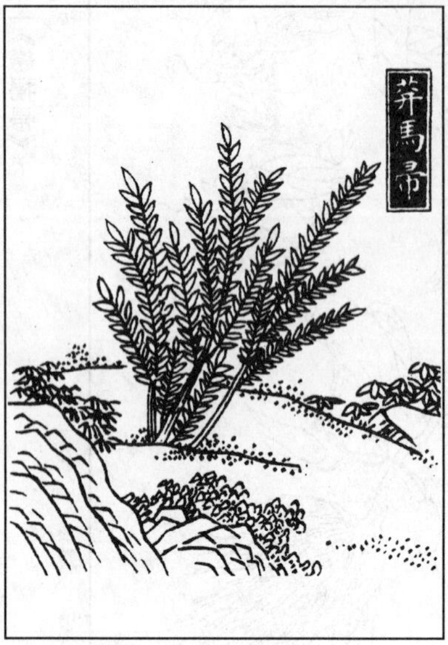

明　朱橚《救荒本草》卷三

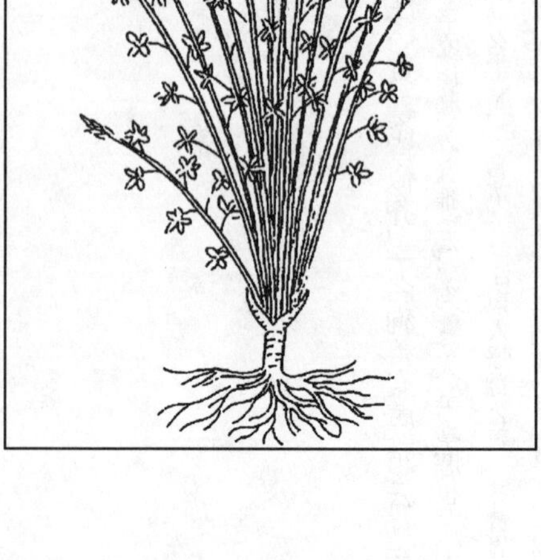

清　吴其濬《植物名實圖考》卷一二《鐵掃篲》

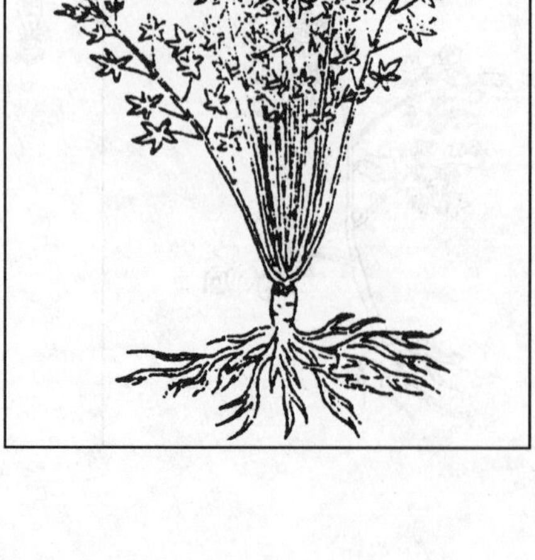

又卷二一《鐵掃帚》

鐵線草

綜述

明 李時珍《本草綱目》卷一三 鐵綫草宋《圖經》 集解：頌曰：生饒州，三月採根陰乾。時珍曰：今俗呼扁蓄爲鐵綫草，蓋同名耳。

圖表

明 李時珍《本草綱目·圖卷》

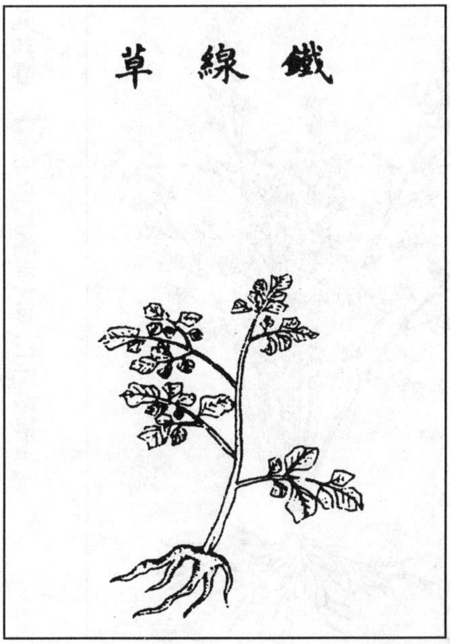

葶藶

綜述

《爾雅·釋草》 蕇，亭歷。注：實、葉皆似芥，一名狗薺，《廣雅》云。音義：蕇，音典。亭，字或作葶，同。歷，字或作藶。《廣雅》云：狗薺，大室，亭歷也。《本草》云：一名大室，一名大適，丁歷反。一名丁歷，一名蕇。今江東人呼爲公薺。芥音界。狗音苟。疏：蕇，一名亭歷。郭云：實、葉皆似芥。《廣雅》又名狗薺。《本草》一名丁歷，一名大室，一名大適。陶注云：『今近道亦有。母則狗薺，子細黄，至苦』是也。

明　李時珍《本草綱目》卷一六　葶藶《本經》下品　釋名：丁歷、《别録》蕇蒿、蕇音典。大室、《本經》大適、《本經》狗薺。郭璞　時珍曰：名義不可强解。

集解：《别録》曰：葶藶生藁城平澤及田野，立夏後採實，陰乾。弘景曰：出彭城者最勝，今近道亦有。母即公薺也。子細黄至苦，用之當熬。頌曰：今汴東、陝西、河北州郡皆有之，曹州者尤佳。初春生苗葉，高六七寸，似薺。根白色，枝莖俱青。三月開花，微黄。結角，子扁小如黍粒微長，黄色。《月令》：孟夏之月，靡草死。許慎、鄭玄注皆云靡草，薺、葶藶之屬是也。一説葶藶單莖向上，葉端出角，粗且短。又有一種狗芥草，葉近根下作歧，生角細長。取時必須分别此二種也。斆曰：凡使勿用赤鬚子，真相似，只是味微甘苦耳。葶藶子之苦，入頂也。時珍曰：按《爾雅》云：蕇，葶藶也。郭璞注云：實、葉皆似芥，一名狗薺。然則狗芥即是葶藶矣。蓋葶藶有甜、苦二種。狗芥味微甘，即甜葶藶也。或云甜葶藶是菥蓂子，考其功用亦似不然。

清　翟灝《爾雅補郭》卷下　葋芋，熒。《禮·月令》：季夏之月，腐草爲熒。季夏庶草多未腐。其爲熒者，蓋最先死之草。孟夏靡草死，亦《月令》所紀。鄭氏引舊説，謂薺苨、葶歷屬也。邢氏『蕇，亭歷』疏引《本草》一名丁歷，芋與丁字小變也。葋，《集韻》、《類篇》皆又作葝，苦之義也。亭歷有二種，一種葉近根生，角細長，俗謂之狗芥，其味微甜；一種單莖向上，葉端出角，觕且短，其味至苦。後文『蕇，亭歷』，郭云：實、葉似芥，一名狗薺。乃甜亭歷也。此則爲苦亭歷。方以智疑芋熒是苧縈之訛，改經就己，今所不取。

清　劉玉麐《爾雅校議》卷下　蕇，亭歷。《西京雜記》：亭歷死於盛夏。玉案《月令》：四月蘼草死。注：舊説云，蘼艸，葶歷之屬。是亭歷即蘼草也。《月令》疏云：葶藶以其葉靡細，故曰靡草。玉又案《玉篇》云：熊耳山有細艸名曰葶薾。葶藶也。是葶藶爲靡細之艸，故又爲靡草也。《淮南子·謬稱訓》云：亭歷去脹。高誘以爲藥名。玉案《三國志·華陀傳》注云：飲以亭歷犬血散立愈。是亭歷爲藥名也。

圖表

晉　郭璞《爾雅音圖·釋草》

明　李時珍《本草綱目·圖卷》

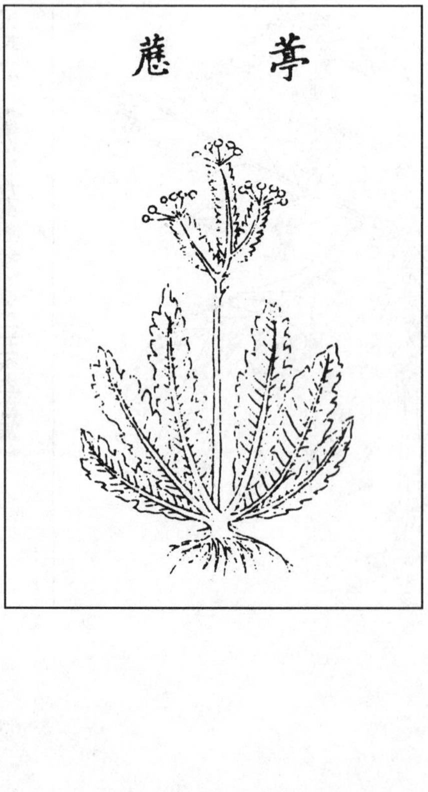

土當歸

綜述

清 嵇璜《續通志》卷一七四 土當歸，一名水白芷，長近尺許，白肉黑皮，氣亦芬香如白芷，故名。

清 吴其濬《植物名實圖考》卷二五《土當歸》 土當歸，江西、湖南山中多有之。形狀詳《救荒本草》。惟江、湖産者，花紫。李時珍以入山草，未述厥狀。但於獨活下，謂之水白芷，亦以充獨活。今江西土醫，猶以爲獨活用之。

圖表

明 李時珍《本草綱目·圖卷》

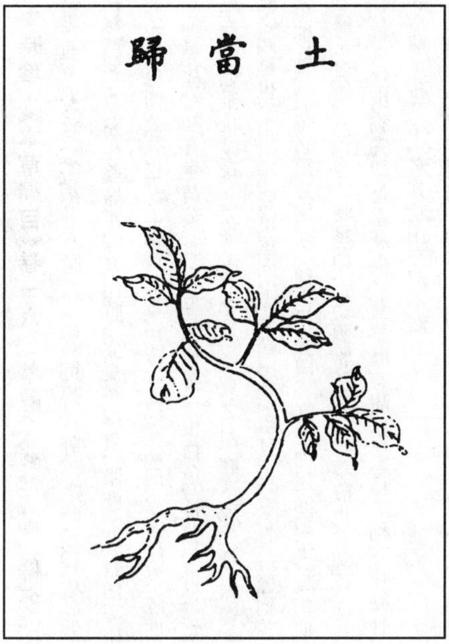

清 吴其濬《植物名實圖考》卷二五《土當歸》

土黨参

綜述

清 吴其濬《植物名實圖考》卷二三《土黨参》 土黨参，生云南，根如参，色紫，花蔓生，葉莖有白汁，花似奶樹花而白，蓋一類。

圖表

清 吳其濬《植物名實圖考》卷二三《土黨參》

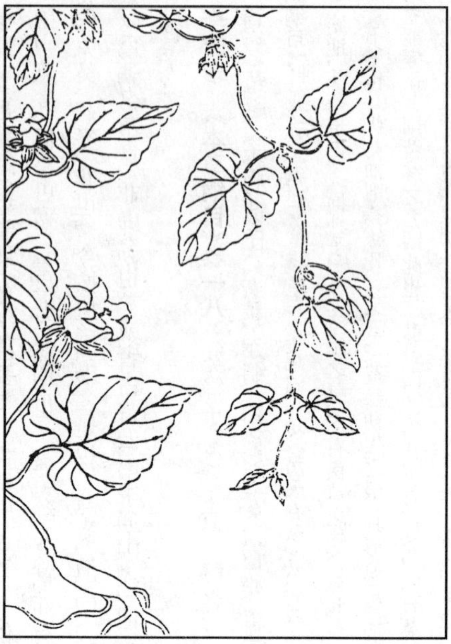

菟絲 女羅

綜述

《爾雅·釋草》 唐，蒙，女蘿。女蘿，菟絲。注：別四名。《詩》云：爰采唐矣。音義：蘿，音羅。別，彼列反。疏：孫炎曰：別三名。郭云：別四名。則唐與蒙，或並或別，故三、四異也。《詩經》直言唐，而傳云『唐，蒙也』，是以蒙解唐也，則四名爲得。下云：蒙，玉女。郭云：即唐也。是又名玉女。然則唐也，蒙也，女蘿也，菟絲也，玉女也，凡五名。《詩·頍弁》云：蔦與女蘿。毛《傳》云：女蘿，菟絲。陸璣云：『今菟絲，蔓連草上生，黃赤如金，今合藥菟絲子』是也。注『《詩》云：爰采唐矣』，《鄘風·桑中》篇文也。【略】蒙，玉女。注：蒙即唐也，女蘿別名。拔，蘢葛。注：似葛，蔓生，有節。江東呼爲龍尾，亦謂之虎葛，細葉赤莖。音義：拔，步八反。蘢，力恭反。疏：拔，一名蘢葛，葛類也。郭云：似葛，蔓生，有節。江東呼爲龍尾，亦謂之虎葛，細葉赤莖。

漢 許慎《說文》卷一 蒙，玉女也。从艸，蒙聲。莫紅切。

三國吳 陸璣《毛詩草木鳥獸蟲魚疏》卷上《蔦與女蘿》 蔦，一名寄生，葉似當盧，子如覆盆子，赤黑，甜美。女蘿，今兔絲。蔓連草上生，黃赤如金，今合藥兔絲子是也。非松蘿，松蘿自蔓松上生，枝正青，與兔絲殊異。

晉 張華《博物志》卷四 地黃藍首斷心，分根復種皆生。女蘿寄生兔絲，兔絲寄生木上生，根不着地。

宋 陸佃《埤雅》卷一八《菟絲》 在木爲女蘿，在草爲菟絲。舊說上有菟絲，下必有伏菟之根。無比菟在下，則絲不得生乎上。然其實不屬也。《淮南子》曰：下有茯苓，上有菟絲。《詩》曰：蔦與女蘿，施於松栢。言蔦之爲物寄生，而女蘿浮蔓，尚得施於松栢，可以人而不如乎？且姓同本而生，族同支而出，則與寄生浮蔓者異矣。故《詩》以此駁王。菟絲一名唐，一名蒙，一名玉女。《爾雅》曰：唐蒙，女蘿。女蘿，菟絲。又曰『唐，玉女』是也。

宋 羅願《爾雅翼》卷二《女蘿》 女蘿、兔絲，其實二物也，然皆附木上。《釋草》云：唐、蒙，女蘿。女蘿，兔絲。郭曰：別四名。則是謂一物矣。《廣雅》云：女蘿，松蘿也。菟丘，菟絲也。則是兩物。陸璣亦云：今兔絲蔓連草上，正黃赤如金，藥中兔絲子是也，非松蘿。松蘿自蔓松上生枝，正青，與菟絲殊異。以予考之，誠然。今女蘿正青而細長，無雜蔓，故《山鬼》章云：被薜荔兮帶女蘿。蘿青而長如帶也，何與兔絲事？然兩者皆附木，或當有時相蔓。

宋 戴侗《六書故》卷二四 蘿，魯禾切。藤蔓羅絡也。《詩》云：蔦與女蘿，施於松柏。《爾雅》曰：唐蒙，女蘿。女蘿，兔絲。說者曰：在木爲女蘿，在草爲兔絲。

宋 吳仁傑《離騷草木疏》卷二《女蘿》 被薜荔而帶女蘿。王逸注：女蘿，菟絲也。《爾雅》：唐蒙，女蘿。女蘿，菟絲。又：蒙，王女。邢昺疏：

唐也，蒙也，女蘿也，菟絲也，玉女也，一物五名。《詩》：蔦與女蘿，施於松栢。毛《傳》云：女蘿、菟絲，松蘿也。《本草》：松蘿，一名女蘿。陶隱居云：東山甚多，生雜木上，而以松上者爲真。此外又出兔絲子條云：一名兔蘆，一名唐蒙，一名玉女，一名赤網，一名兔纍，蔓延草木上。陶隱居云：田野墟落中甚多，皆浮生草苧麻蒿上。舊言下有茯苓，上有兔絲，今不必爾。《抱朴》所云『兔絲初生根形如兔』，又云『兔絲之草，下有伏兔之根，無此根則絲不得生於上，然實不屬也』。日華子云：菟絲苗莖似黄麻線，多附田中，草被纏死。或生一叢如席草。開花結子不分明，如碎黍米粘。顔師古《急就章》注云：黄而細者爲兔絲，麤而色淺者爲兔蘆。

明 屠本畯《離騷草木疏補》卷二《女罗》 女蘿，松羅也。一名唐，一名蒙。正青而細，其長如帶，根不著地，蔓延松上，與兔絲絶異。然女蘿有寄生兔絲上者。

明 楊慎《丹鉛總録》卷四《兔絲燕麥》 《古樂府》云：道傍兔絲，何嘗可絡。田中燕麥，何嘗可獲。言虚名無用也。蓋兔絲非絲，而有絲之名。劉禹錫文作兔葵、燕麥，非也。今按兔絲，虚名是也。燕麥，滇南霑益一路有之。土人以爲朝夕常食，非虚名也。或者古昔云南未通中國，但有燕麥之名，未見其實乎？

明 李時珍《本草綱目》卷一八 菟絲子《本經》上品 釋名：菟縷《别録》菟累、《别録》菟蘆、《本經》菟丘、《廣雅》赤網、《别録》玉女、《爾雅》唐蒙、《爾雅》火焰草、《綱目》野狐絲、《綱目》金綫草。禹錫曰：按《吕氏春秋》云：或謂菟絲無根也。其根不屬地，茯苓是也。《抱朴子》云：菟絲之草，下有伏菟之根。無此菟，則絲不得生於上，然實不屬也。伏菟抽則菟絲死。又云：菟絲初生之根，其形似兔。掘取割其血以和丹服，立能變化。則菟絲之名因此也。弘景曰：舊言下有茯苓，上有菟絲，不必爾也。頌曰：《抱朴》所説今未見，豈别一類乎？孫炎釋《爾雅》云：唐也，蒙也，女蘿也，菟絲也，一物四名，而《本草》唐蒙爲一名。《詩》云：蔦與女蘿。毛萇云：女蘿，菟絲也。而《本草》菟絲無女蘿之名，惟松蘿一名女蘿。豈二物皆是寄生同名，而《本草》脱漏乎？震亨曰：菟絲未嘗與茯苓共類，女蘿附松而生，不相關涉，皆承訛而言也。時珍曰：《毛詩注》女蘿即菟絲。《吴普本草》：菟絲一名松蘿。陸佃言在木爲女蘿，在草爲菟絲，二物殊别，皆由《爾雅》釋詩誤以爲一物故也。張揖《廣雅》云：菟丘，菟絲也。女蘿，松蘿也。陸璣《詩疏》言菟絲蔓草上，黄赤如金；松蘿蔓松上，生枝正青，無雜蔓者，皆得之。詳見木部松蘿下。又菟絲茯苓説，見茯苓下。集解：《别録》曰：菟絲子生朝鮮川澤田野，蔓延草木之上。九月採實，暴乾。色黄而細者爲赤網，色淺而大者爲菟纍。功用並同。弘景曰：田野墟落中甚多，皆浮生藍、紵、麻、蒿上。其實仙經俗方並以爲補藥，須酒浸一宿用，宜丸不宜煮。大明曰：苗莖似黄絲，無根株，多附田中，草被纏死，或生一叢如席闊。開花結子不分明，子如碎黍米粒，八月、九月以前採之。頌曰：今近道亦有之，以寃句者爲勝。夏生苗，初如細絲，遍地不能自起。得他草梗則纏繞而生，其根漸絶於地而寄空中。或云無根，假氣而生，信然。時珍曰：按寧獻王《庚辛玉册》云：火焰草即菟絲子，陽草也。多生荒園古道。其子入地，初生有根，及長延草物，其根自斷。無葉有花，白色微紅，香亦襲人。結實如秕豆而細，色黄，生於梗上尤佳，惟懷孟林中多有之，入藥更良。

明 穆希文《説原》卷一二 菟絲雖無根，下必有伏菟之根。若下無菟，則絲不得上生。蓋下有茯苓，上有菟絲。在木者曰女羅，在草者曰菟絲。

清 魏茂林《駢雅訓纂》卷六 唐蒙，赤網，菟櫐，女蘿也。《爾雅·釋草》：唐、蒙，女蘿。女蘿，菟絲。《正義》、《詩疏》引舍人云：唐蒙，一名女蘿。女蘿，一名菟絲。《神農本草經》上：兔絲子，《名醫》曰：一名菟縷，一名唐蒙，一名玉女，一名赤網，一名兔櫐。《離騷草木疏》二：《本草》兔絲子一名赤網。按：網、綱二稱必有一誤。《駢雅》作網，自應以《草木疏》所引爲據，櫐與纍通。見上山櫐下蓬纍。注又菟櫐作兔纍，猶菟絲作兔絲也。

清 陳淏子《秘傳花鏡》卷四《藤蔓類考·藤蘿》 藤蘿，一名女蘿，在木上者。一名兔絲，在草上者。但其枝蔓軟弱，必須附物而長。其花黄赤如金，結實細而繁，冬則萎落。

清 張逸少《佩文齋廣群芳譜》卷九八《藥譜·兔絲》 兔絲，一名兔縷，一名兔纍，一名兔蘆，一名兔丘，一名女蘿，一名赤網，一名玉女，一名火燄草，一名野狐絲，一名金線草。蔓生，處處有之。以寃句者爲勝，生懷孟林中，及黑豆上者入藥更良。夏生苗，色紅黄如金，細絲遍地，不能自起，得草梗則纏繞而生，其子入地，初生有根，及長延草物，其根自斷，無葉有花，白色微紅亦襲人，結實如粃豆而細，色黄，生於梗上，味辛甘平，無毒。

清 徐鼎《毛詩名物圖説》卷五 毛《傳》：唐、蒙，菜名。《正義》曰：《釋草》云：唐蒙，女蘿。女蘿，菟絲。舍人曰：唐蒙名女蘿，女蘿又名菟絲。孫炎曰：别三名。郭璞曰：别四名。則唐與蒙，或並或别，故三、四異也。以經直言唐，而傳言唐蒙也。《頍弁》傳曰：女蘿，菟絲，松蘿也。則又名松

蘿矣。《釋草》又云：蒙，玉女。孫炎曰：蒙，唐也。一名菟絲，一名玉女。則通松蘿、玉女，爲六名。《圖經》：《本草》菟絲無女蘿之名，惟松蘿一名女蘿。愚按：女蘿、菟絲是二物，唐乃菟絲，非女蘿也。《埤雅》云：在草爲菟絲，在木爲女蘿。二物殊别，皆由《釋草》誤爲一物故也。又據《古樂府》云：南山羃羃菟絲花，北陵青青女蘿樹。由來花葉同一心，今日枝條分兩處。蓋蔓延樹上，故曰女蘿樹也。李白《樂府》云：菟絲故無情，隨風任顛倒。誰使女蘿枝，而來强縈抱。則明足二物無疑。或菟絲蔓延，上施於木，故有同心縈抱之説。互詳女蘿注。

清　吴其濬《植物名實圖考》卷二二《兔絲子》　兔絲，《本經》上品。北地至多，尤喜生園圃，菜豆被其糾縛，輒卷曲就瘁。浮波羃歷，萬縷金衣。既無根可尋，亦寸斷復蘇。初開白花，作包，細瓣反卷，如石榴狀。旋即結子，梂聚纍纍。人亦取其嫩蔓，油鹽調食。《詩》云采唐，或即以此。江以南，罕復見之。雩婁農曰：唐蒙，女蘿。女蘿，兔絲。又蒙，玉女。一物而五名。《本草》：兔絲，草上品。松蘿，木中品。又云：一名女蘿。《廣雅》：女蘿，松蘿。兔絲，兔邱。雖分二物，而松蘿復冒女蘿之名。陸璣《詩疏》：菟絲，蔓連草上生，色黄赤如金，非松蘿。松蘿正青，與菟絲異。辨别甚晰。《詩》：蔦與女蘿。《傳》云：女蘿，兔絲，松蘿。則兔絲又可稱松蘿，不止五名矣。《詩》釋文則云：在木曰松蘿，在草曰兔絲。直以爲一物，而二種。考《本草》雖載松蘿性味，而《圖經》以爲近世不復入藥，亦無采者。則即陸氏所云色正青者，亦不知其爲何物。今人以施於松上，緑蔓赤花，俗名蔦蘿松者，爲松蘿。未敢定爲《本經》之松蘿也。《廣雅疏證》據《吕氏春秋》、《淮南子》茯苓、菟絲之説，謂兔絲亦生於松上。據《漢書》：豐草葽，女蘿施。女蘿亦生於草上。今生兔絲之處，不盡有松。而産茯苓之深山僻藪，尤無從稔其有兔絲與否。古書傳疑，莫能確定。大抵草木同名，無妨兼通，而形狀不具，則從蓋闕。若古詩菟絲附女蘿，則但言無根之物，依附難久，以意逆志，無取刻舟。若謂兔絲又復寄生松蘿，則直糾纏無了時矣。

又《菟絲子》　菟絲子，《本經》上品。《爾雅》：唐蒙，女蘿。女蘿，菟絲。今北地荒野中多有之，藥肆以其子爲餅，制法具《本草綱目》。雩婁農曰：《爾雅》：唐蒙，女蘿。女蘿，兔絲。又曰：蒙，玉女。釋者以爲五名一物。陸元恪謂女蘿非松蘿，松蘿自蔓延松上，枝正青，與兔絲異。《詩》有唐蒙、女蘿，無菟絲。故《爾雅》以菟絲釋之，其義明顯矣。菟絲入藥，人皆知之。蔓細如絲，而色黄。松蘿蔓松上，必不能如菟絲之細，而色正青。二物自異。《本草》以松蘿入木，已有區别。特經傳無松蘿之名，而醫方亦不甚用，故知之者少。《楚詞》：被薜荔兮帶女蘿。《本草》：松蘿，一名女蘿。草木同名，相沿至多。古詩菟絲附女蘿，此女蘿自是松蘿，非菟絲之一名女蘿也。蔦與女蘿，毛《傳》以菟絲、松蘿爲一，所見與陸《疏》異。陸云非松蘿，正駁毛義耳。古詩菟絲花、女蘿樹，而云同一根者，蓋皆寄生浮蔓，一附於草，一附於木，同爲無根，而所附異耳。詩人之言，未可膠滯。若謂女蘿有寄生菟絲上者，故《爾雅》以爲一物，此則糾纏無了時矣。

又卷二三《滇兔絲子》　滇兔絲，細莖，極柔，對葉如落花生葉，微團，莖端開紫筩子花，雙朵並頭，旋結細子。

藝文

南朝齊　謝朓《謝宣城集》卷五《詠兔絲》　輕絲既難理，細縷竟無織。爛漫已萬條，連綿復一色。安根不可知，縈心終不測。所貴能卷舒，伊用蓬生直。

唐　元稹《元氏長慶集》卷一〇《兔絲》　人生莫依倚，依倚事不成。君看兔絲蔓，依倚榛與荆。荆榛易蒙密，百鳥撩亂鳴。下有狐兔穴，奔走亦縱横。樵童斫將去，柔蔓與之並。醫蓄生可恥，束縛死無名。桂樹月中出，珊瑚石上生。俊鶻度海食，應龍升天行。靈物本特達，不復相纏縈。纏縈竟何者，荆棘與飛莖。

圖表

晉 郭璞《爾雅音圖・釋草》

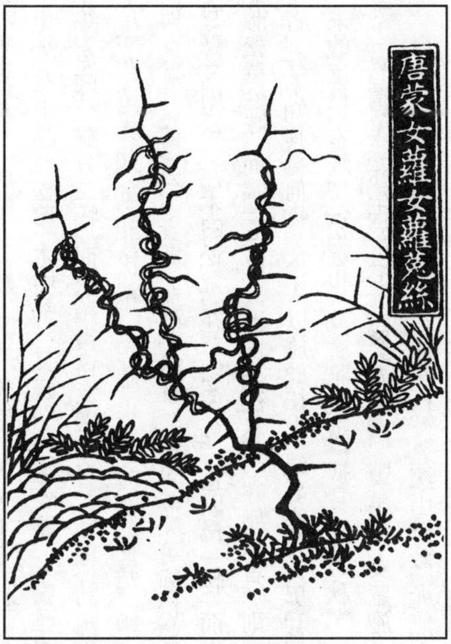

明 李時珍《本草綱目・圖卷》

清 徐鼎《毛詩名物圖說》卷五

清　吴其濬《植物名實圖考》卷二二《兔絲子》

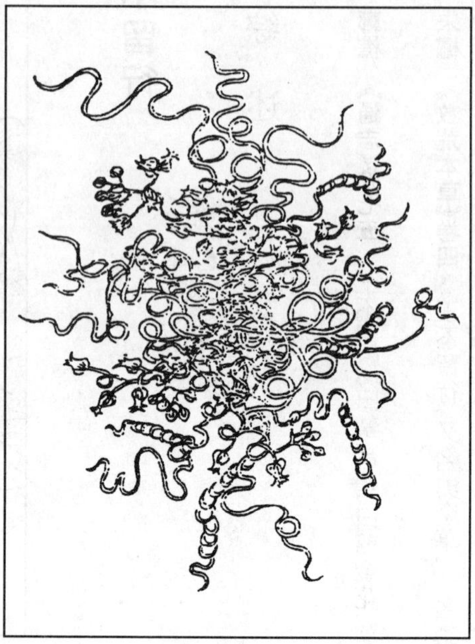

又《菟絲子》

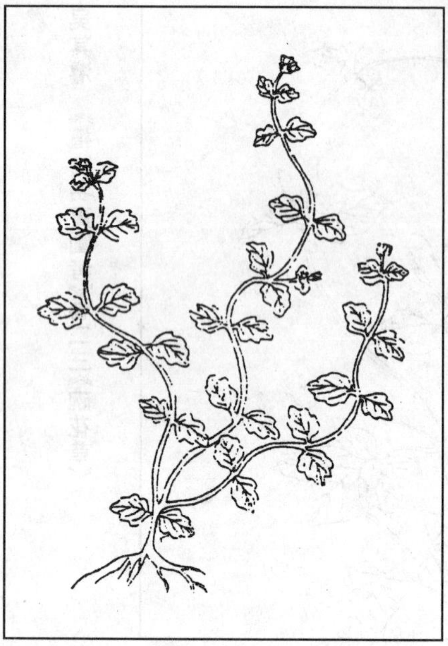

又卷二三《滇兔絲子》

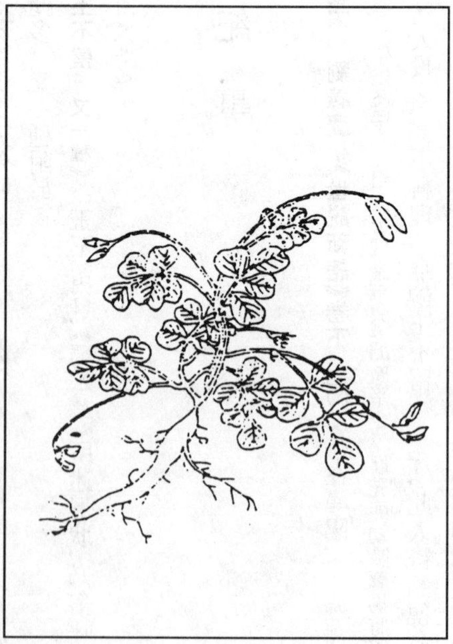

碗花草

綜　述

清　吴其濬《植物名實圖考》卷二三《碗花草》　碗花草，生云南，蔓生如旋花，葉似鬼目草，葉無毛。花出苞中，色白，五瓣作筩子形，無心。臨安土醫云：治九子癢，以根泡酒敷，自消。昆明謂之鐵貫藤。

圖表

清 吳其濬《植物名實圖考》卷二三《碗花草》

王不留行

綜述

宋 鄭樵《通志》卷七五 王不留行，曰禁宮花，曰翦金花，葉似槐，實作房。

明 朱橚《救荒本草》卷四 王不留行，又名剪金草，一名禁宮花，一名剪金花。生太山山谷，今祥符沙堈間亦有之。苗高一尺餘。其莖對節生叉。葉似石竹子葉而寬短，抪莖對生，脚葉似槐葉而狹長。開粉紅花。結蒴如松子大，似罌粟殼樣極小。有子如葶藶子，大而黑色。味苦甘，性平，無毒。

明 李時珍《本草綱目》卷一六 王不留行《本經》上品 釋名：禁宮花、《日華》剪金花、《日華》金盞銀臺。時珍曰：此物性走而不住，雖有王命不能留其行，故名。《吳普本草》作一名王不流行，蓋誤也。集解：《别録》曰：王不留行生太山山谷，二月、八月採。弘景曰：今處處有之。葉似酸漿，子似菘子。人言是蓼子，不爾。多入癰瘻方用。保昇曰：所在有之。葉似菘藍。其花紅白色。子殼似酸漿，其中實圓黑似菘子，大如黍粟。三月收苗，五月收子。根苗花子並通用。頌曰：今江浙及並河近處皆有之。苗莖俱青，高七八寸已來。根黄色如薺根。葉尖如小匙頭，亦有似槐葉者。四月開花，黄紫色，隨莖而生，如菘子狀，又似猪藍花。五月採苗莖，曬乾用。俗謂之剪金草。河北生者，葉圓花紅，與此小別。時珍曰：多生麥地中。苗高者一二尺。三四月開小花，如鐸鈴狀，紅白色。結實如燈籠草子，殼有五棱，殼內包一實，大如豆。實內細子，大如菘子，生白熟黑，正圓如細珠可愛。陶氏言葉似酸漿，蘇氏言花如菘子狀者，皆欠詳審，以子爲花葉狀也。燈籠草即酸漿也。苗、子皆入藥。

清 吳其濬《植物名實圖考》卷一一《王不留行》 王不留行，《别録》上品。宋《圖經》謂之翦金花。《救荒本草》：葉可煠食，子可爲麵食。今從之。《蜀本草》所述，乃俗呼天泡果，又名燈籠科。囊似酸漿而短，實青白不紅，南方極多。又一種附於後。

又《王不留行又一種》 王不留行，《蜀本草》所述形狀，乃俗呼天泡果，《本草綱目》從之。

紀事

南朝宋 劉義慶《世説新語》卷下 衛江州在尋陽，《永嘉流人名》曰：衛展，字道舒，河東安邑人。祖列彭城護軍，父韶廣平令。展光熙初除鷹揚將軍，江州刺史。有知舊人投之，都不料理。唯餉王不留行一斤，此人得餉便命駕。《本草》曰：王不留行，生太山，治金瘡，除風，久服之輕身。李弘範聞之曰：家舅刻薄，乃復驅使草木。

圖表

明 朱橚《救荒本草》卷四

明 李時珍《本草綱目·圖卷》

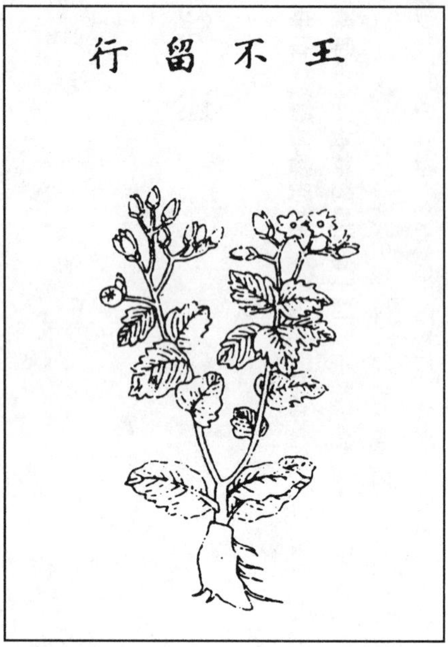

清 吳其濬《植物名實圖考》卷一一《王不留行》

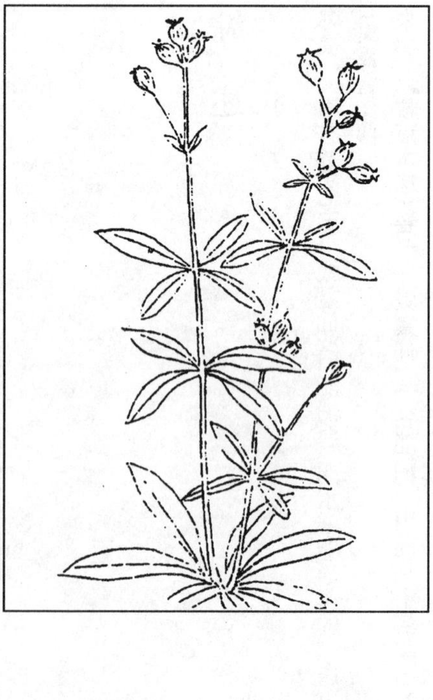

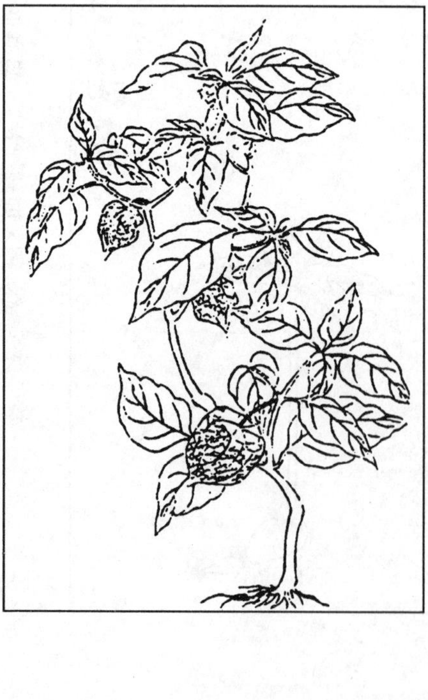

王孫

綜述

宋 李石《續博物志》卷八 王孫，一名黄孫，一名黄昏。

明 李時珍《本草綱目》卷一二 王孫《本經》中品 校正：並入《拾遺》旱藕。 釋名：牡蒙、弘景黄孫、《别録》黄昏、《别録》旱藕。普曰：楚名王孫。齊名長孫，又名海孫。吴名白功草，又名蔓延。時珍曰：紫參一名牡蒙，木部合歡一名黄昏，皆與此名同物異。 集解：《别録》曰：王孫生海西川谷，及汝南城郭垣下。普曰：蔓延赤文，莖葉相當。 弘景曰：今方家皆呼爲黄昏，云牡蒙，市人少識者。恭曰：按陳延之《小品方》述《本草》牡蒙一名王孫。徐之才《藥對》有牡蒙無王孫。此則一物明矣。牡蒙葉似及已而大，根長尺餘，皮肉皆紫色。 藏器曰：旱藕生太行山中，狀如藕。 時珍曰：王孫葉生顛頂，似紫河車葉。按《神農》及《吴普本草》，紫參一名牡蒙。陶弘景亦曰，今方家呼紫參爲牡蒙。其王孫並無牡蒙之名，而陶氏於王孫下乃云，又名牡蒙，且無形狀。唐蘇恭始以紫參、牡蒙爲二物，謂紫參葉似羊蹄，王孫葉似及已。但古方所用牡蒙，皆爲紫參；後人所用牡蒙，乃王孫，非紫參也。不可不辨。唐玄宗時隱民薑撫上言：終南山有旱藕，餌之延年，狀類葛粉。帝取作湯餅，賜大臣。右驍騎將軍甘守誠曰：旱藕者，牡蒙也，方家久不用，撫易名以神之爾。據此牡蒙乃王孫也。蓋紫參止治血證積聚瘧痢，而王孫主五臟邪氣痹痛療百病之文，自可推也。蘇恭引《小品方》牡蒙所主之證，乃紫參，非王孫，故今移附紫參之下。

圖表

明 李時珍《本草綱目・圖卷》

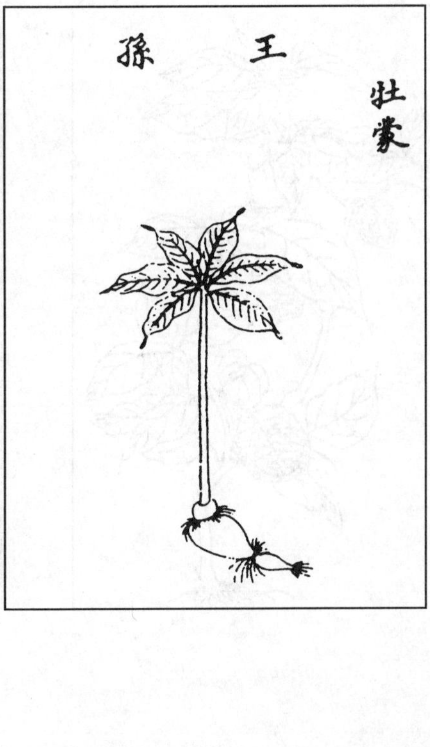

威靈仙

綜述

宋 鄭樵《通志》卷七五 威靈仙，曰能消惡，聞水聲能治痿弱。唐貞元中，周君巢爲之作傳。

明 朱橚《救荒本草》卷一 威靈仙，一名能消。出商州上洛華山並平澤，及陝西、河東、河北、河南、河湖、石州、寧化等州郡。不聞水聲者良。今密縣梁家冲山野中亦有之。苗高一二尺。莖方如釵股，四稜。莖多細茸

白毛。葉似柳葉而闊，邊有鋸齒，又似旋覆花葉。其葉作層生，每層六七葉相對排，如車輪樣，有六層至七層者。花淺紫色，或碧白色。作穗似蒲臺子，亦有似菊花頭者。結實青色。根稠密多須。味苦，性温，無毒。惡茶及麵湯。以甘草、梔子代飲可也。

明　李時珍　《本草綱目》卷一八　威靈仙宋《開寶》　釋名：時珍曰：威，言其性猛也。靈仙，言其功神也。集解：志曰：出商州上洛山及華山並平澤，以不聞水聲者良。生先於衆草，方莖，數葉相對。冬月丙丁戊己日採根用。保昇曰：九月末至十二月，採根陰乾。餘月並不堪採。頌曰：今陝西及河東、河北、汴東、江湖州郡皆有之。初生作蔓，莖如釵股，四棱。葉似柳葉，作層，每層六七葉，如車輪，有六層至七層者。七月内生花六出，淺紫或碧白色。作穗似莆臺子，亦有似菊花頭者。實青色。根稠密多須似谷，每年朽敗，九月採根。時珍曰：其根每年旁引，年深轉茂。一根叢須數百條，長者二尺許。初時黄黑色，乾則深黑，俗稱鐵脚威靈仙以此。别有數種，根須一樣，但色或黄或白，皆不可用。

明　慎懋官　《華夷花木鳥獸珍玩考》卷五《葳靈仙》　葳靈仙，難得真者。俗醫所用，多藁本之細者爾。其驗以味極苦，而色紫墨，如胡黄連狀。且脆而不韌，折之有細塵起。向明視之，斷處有黑白暈。俗謂之有鴝鵒眼。此數者備，然後爲真。服之有奇驗。腫痛、拘攣皆可已，久乃有走及奔馬之効。二物當等分，或視臟氣虚實。

圖　表

明　朱橚　《救荒本草》卷一

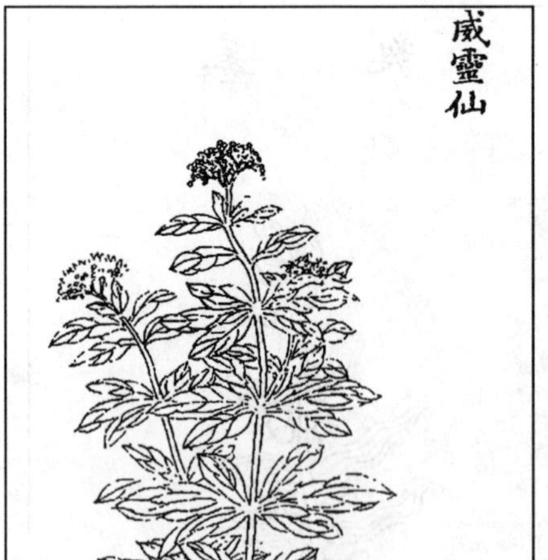

葳蕤

綜　述

南朝梁　任昉　《述異記》卷下　葳𦮿草，一名麗草，又呼爲女草。江浙中呼娃草，美女曰娃，故以爲名。

明　李時珍　《本草綱目》卷一二　萎蕤音威緌。《本經》上品　釋名：女萎、《本經》葳蕤、吴普萎移音威移。委萎、《爾雅》萎香、《綱目》熒《爾雅》。音行。玉竹、《别録》地節。《别録》時珍曰：按黄公紹《古今韵會》云：葳蕤，草木葉垂之貌。此

草根長多鬚，如冠纓下垂之緌而有威儀，故以名之。凡羽蓋旌旗之纓緌，皆象葳蕤是矣。張氏《瑞應圖》云：王者禮備，則葳蕤生於殿前。一名萎香。則威儀之義，於此可見。《别録》作萎蕤，省文也。《説文》作萎荾，音相近也。《爾雅》作委萎，字相近也。其葉光瑩而象竹，其根多節，故有熒及玉竹、地節諸名。《吴普本草》又有烏女、蟲蟬之名。宋本一名馬熏，即烏萎之訛音也。正誤：弘景曰：《本經》有女萎無萎蕤，《别録》無女萎有萎蕤，而功用正同，疑女萎即萎蕤，惟名異爾。恭曰：女萎功用及苗蔓與萎蕤全别。今《本經》朱書是女萎功效，故《别録》墨書乃萎蕤功效也。藏器曰：本草女萎、萎蕤同傳。陶云是一物。蘇云二物不同，於中品别出女萎一條。然其主霍亂泄痢腸鳴，正與上品女萎相合，則是更非二物矣。頌曰：觀古方書所用，胡洽治時氣洞下有女萎丸，治傷寒冷下結腸丸中用女萎，治虚勞下痢小黄耆酒中加女萎，詳此數方所用，乃似中品女萎，緣其性温主霍亂泄痢故也。又治賊風、手足枯痹、四肢拘攣，茵蕷酒中用女萎。《古今録驗》治身體瘺瘍斑駁有女萎膏，乃似上品《本經》朱書女萎，緣其主中風不能動摇及去皯好色故也。又治傷寒七、八日不解續命鱉甲湯，及治脚弱鱉甲湯，並用萎蕤，及延年方治風熱項急痛四肢骨肉煩熱有萎蕤飲，又主虚風熱發即頭熱有萎蕤丸，乃似上品《别録》墨書萎蕤，緣其主虚熱濕毒腰痛故也。三者既别，則非一物明矣。且萎蕤甘平，女萎辛温，安得爲一物？時珍曰：《本經》女萎，乃《爾雅》委萎二字，即《别録》萎蕤也，上古鈔寫訛爲女萎爾。古方治傷寒風虚用女萎者，即萎蕤也，皆承《本草》之訛而稱之。諸家不察，因中品有女萎名字相同，遂致費辯如此。今正其誤，只依《别録》書萎蕤爲綱，以便尋檢。其治泄痢女萎，乃蔓草也，見本條。集解：《别録》曰：萎蕤生太山山谷及丘陵，立春後採，陰乾。普曰：葉青黄色，相值如薑葉，二月、七月採。弘景曰：今處處有之。根似黄精，小異。服食家亦用之。頌曰：今滁州、舒州及漢中、均州皆有之。莖幹强直，似竹箭杆，有節。葉狹而長，表白裏青，亦類黄精。根黄而多須，大如指，長一二尺。或云可啖。三月開青花，結圓實。時珍曰：處處山中有之。其根横生似黄精，差小，黄白色，性柔多須，最難燥。其葉如竹，兩兩相值。亦可採根種之，極易繁也。嫩葉及根，並可煮淘食茹。

清　陳淏子《秘傳花鏡》卷四《藤蔓類考・萎蕤》　萎蕤，處處山山皆有，其根横生，莖幹强直，似竹箭幹而有節。葉狹而長，表白裏青，亦類黄精而多須。大如指，長一二尺。三月中，開青花，結圓實。亦可分根種，極易繁衍者。

清　翟灝《爾雅補郭》卷下　垂，比葉。謂萎蕤也。《説文》曰：蕤，草木華垂貌。此草根多長鬚，如冠緌之下垂，因有垂及萎蕤之稱。《本草》言萎蕤，葉俱兩兩相竝，因又謂之比葉。

清　吴其濬《植物名實圖考》卷七《葳蕤》　萎蕤，即《本經》女蕤，上品。《爾雅》：熒，委萎。蓋《本經》亦是委萎，脱去委字上半，遂訛爲女萎。《救荒本草》云其根似黄精而小異。今細核有二種，一葉薄如竹葉而寬，根如黄精多鬚長白，即萎蕤也；一葉厚如黄精葉圓短，無大根亦多鬚，俚醫以爲别種。李衎《竹譜》亦俱載之。【略】按近時所用萎葳，通呼玉竹，以其根長白有節如竹也。與黄精絶不類，其莖細瘦、有斑圓緑，叢生，葉光滑深緑，有三勒道，背淡緑凸文。滇南經冬不隕，逐葉開花，結青紫實，與《爾雅》異。

圖表

明　李時珍《本草綱目・圖卷》

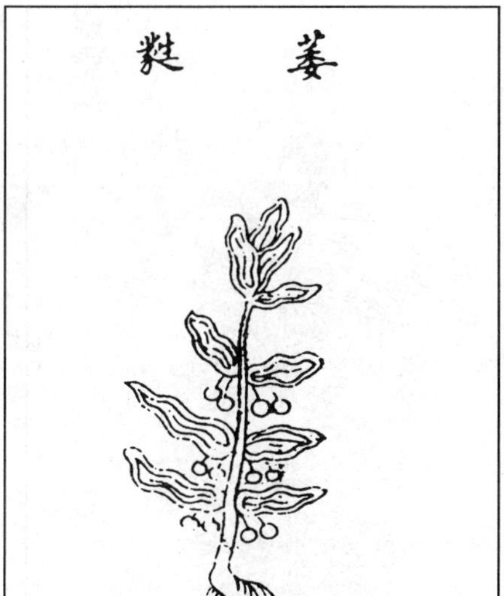

清 吴其濬《植物名實圖考》卷七《葳蕤》

薇銜

綜述

宋 鄭樵《通志》卷七五 薇銜，曰承膏，曰承肌，曰無心，曰無顛，曰鹿銜，曰吴風草，葉似芫蔚，叢生，有毛。

明 李時珍《本草綱目》卷一五 薇銜薇音眉。《本經》上品 釋名：蘼銜、《本經》鹿銜、《唐本》吴風草、《唐本》無心、吴普無顛、吴普承膏、《别録》承肌。吴普 恭曰：南人謂之吴風草。一名鹿銜草，言鹿有疾，銜此草即瘥也。時珍曰：據蘇説，則薇銜、蘼銜當作麋銜也。鹿、麋一類也。按酈道元《水經注》云：魏興錫山多生薇銜草，有風不偃，無風獨摇。則吴風亦當作無風，乃通。藏器曰：一名無心草，非草之無心者，方藥少用。集解：《别録》曰：薇銜生漢中川澤及冤句、邯鄲。七月採莖葉，陰乾。恭曰：此草叢生，似芫蔚及白頭翁，其葉有毛，赤莖。又有大小二種：楚人謂大者爲大吴風草，小者爲小吴風草。保昇曰：葉似芫蔚，叢生有毛，其花黄色，其根赤黑色。

圖表

明 李時珍《本草綱目·圖卷》

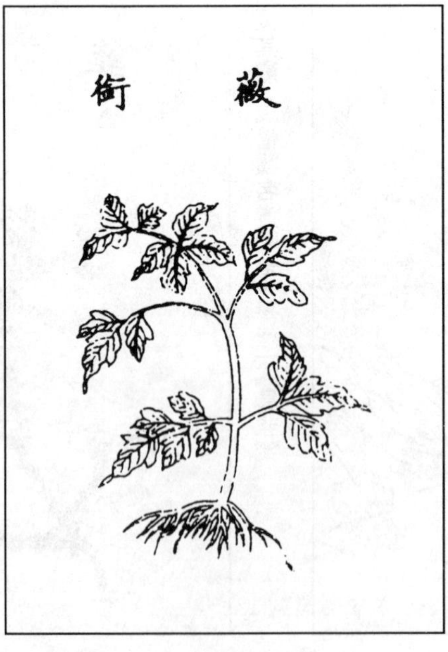

烏韭

綜述

明 李時珍《本草綱目》卷二一 烏韭《本經》下品 校正：移入有名未用《别録》鬼罡。釋名：石發、《唐本》石衣、《日華》石苔、《唐本》石花、《綱目》石馬騣、《綱目》鬼罡與麗同。弘景曰：垣衣亦名烏韭，而爲療異，非此種類也。時珍曰：《别

録》主療之證，與垣衣相同，則其爲一類，通名烏韭，亦無害也。但石發與陟厘同名，則有水陸之性，稍有不同耳。集解：《别録》曰：烏韭生山谷石上。又曰：鬼麗，生石上。挼之日柔，爲沐。恭曰：石苔也。又名石發。生岩石之陰，不見日處，與卷柏相類。藏器曰：生大石及木間陰處，青翠茸茸者，似苔而非苔也。大明曰：此即石衣也。長者可四五寸。

明　王世貞《弇州四部稿》卷一五六　昔邪草，曰烏韭，曰垣嬴，曰天韭，曰鼠韭。生於屋上，曰屋游。生於屋陰，曰垣衣。在石上，謂之烏韭。在地上，謂之地衣。在井中，謂之井苔。在牆上抽起茸茸然者，謂之土馬騣。生於水中，謂之陟釐。生於石上，謂之石花。生於海中石上，謂之紫英。松上之衣，謂之艾納。以和香燒，則煙直上。元人錢某號艾納，本此。

清　魏茂林《駢雅訓纂》卷六　烏韭，垣嬴，昔邪，垣衣也。《爾雅・釋草》：昔邪，烏韭也。在屋曰昔邪，在牆曰垣衣。《疏證》：皆苔屬也。《西山經》云：小華之山其草有萆荔，狀如烏韭。郭注云：烏韭，在屋者曰昔邪，在牆者曰垣衣。本此以釋之也。《經史證類大全・本草草部中品》：垣衣，一名昔邪，一名烏韭，一名垣嬴。

清　吴其濬《植物名實圖考》卷一六《烏韭》　烏韭，《本經》下品。又名石發。生石上及木間陰處，青翠茸茸，似苔而非苔也。

圖表

明　李時珍《本草綱目・圖卷》

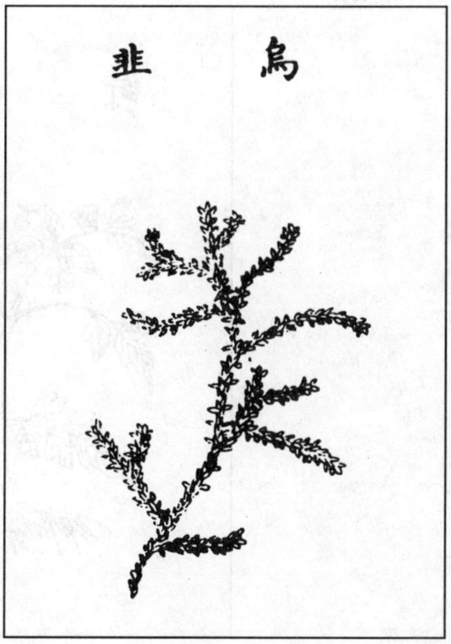

清　吴其濬《植物名實圖考》卷一六《烏韭》

蜈蚣草

綜述

清　趙學敏《本草綱目拾遺》卷五《草部・神仙對坐草》　一名蜈蚣草，山中道旁皆有之。蔓生，兩葉相對，青圓似佛耳草，夏開小黄花，每節間有二朵，故名。按《外科全生》云：此草梗葉長青，經冬不衰。殊不知春生秋死，不衰之説謬矣。《百草鏡》云：此草清明時發苗，高尺許，生山隰陰處，葉似鵝腸草，對節。立夏時，開小花。三月採，過時無。王安《采藥方》：一名地蜈蚣。

清　吴其濬《植物名實圖考》卷一七《蜈蚣草》　蜈蚣草，生云南山石間，赭根糾互，硬枝横鋪，密葉如鋸，背有金星，其性應與石韋相類。

圖表

清　吴其濬《植物名實圖考》卷一七《蜈蚣草》

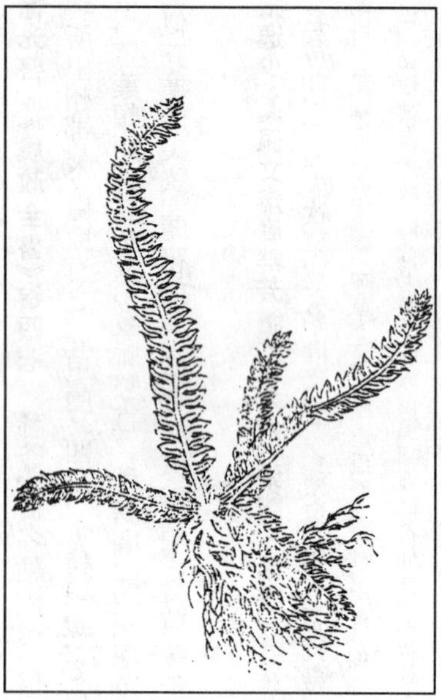

豨薟

綜述

明　李時珍《本草綱目》卷一五　豨薟音喜杴。《唐本》　校正：並入《唐本》猪膏莓。釋名：希仙、《綱目》火杴草、《唐本》猪膏莓、《唐本》虎膏、《唐本》狗膏、《唐本》粘糊菜。《救荒》　時珍曰：《韵書》：楚人呼猪爲豨，呼草之氣味辛毒爲薟。此草氣臭如猪而味薟螫，故謂之豨薟。猪膏、虎膏、狗膏，皆因其氣，以及治虎狗傷也。火杴當作虎薟，俗音訛爾，近人復訛豨薟爲希仙矣。《救荒本草》言其嫩苗煠熟，浸去苦味，油鹽調食，故俗謂之粘糊菜。集解：恭曰：豨薟，田野皆識之，一名火杴。葉似酸漿而狹長，花黄白色。三月、四月採苗葉暴乾。又曰：猪膏莓，生平澤下濕地，所在皆有。一名虎膏，一名狗膏。葉似蒼耳，莖圓有毛。頌曰：豨薟處處有之。春生苗，葉似芥葉而狹長，文粗。莖高二三尺。秋初有花如菊。秋末結實，頗似鶴虱。夏採葉，暴乾用。藏器曰：猪膏草，葉似荏有毛。保昇曰：猪膏葉似蒼耳，兩枝相對，莖葉俱有毛，黄白色，五月、六月採苗，日乾。時珍曰：按蘇恭《唐本草》謂豨薟似酸漿，猪膏莓似蒼耳，列爲二種。而成訥《進豨薟丸表》，言此藥與《本草》所述相異，多生沃壤，高三尺許，節葉相對。張咏《豨薟丸表》，言此草金棱銀線，素莖紫荄，對節而生，蜀號火杴，莖葉頗同蒼耳。又按沈括《筆談》云：世人妄認地菘爲火杴。有單服火杴法者，乃是地菘，不當用火杴。火杴乃《本草》名猪膏莓者，後人不識，重復出條也。按此數説各異，而今人風痹多用豨薟丸，將何適從耶？時珍嘗聚諸草訂視，則猪膏草素莖有直棱，兼有斑點，葉似蒼耳而微長，似地菘而稍薄，對節而生，莖葉皆有細毛。肥壤一株分枝數十。八九月開小花，深黄色，中有長子如同蒿子，外萼有細刺粘人。地菘則青莖，圓而無棱，無斑無毛，葉皺似菘芥，亦不對節。觀此則似與成張二氏所説相合。今河南陳州採豨薟充方物，其狀亦是猪膏草，則沈氏謂豨薟即猪膏莓者，其説無疑矣。蘇恭所謂似酸漿者，乃龍葵，非豨薟，蓋誤認爾。但沈氏言世間單服火杴，乃是地菘，不當用猪膏莓，似與成張之説相反。今按豨薟、猪膏莓條，並無治風之説。惟《本經》地菘條，有去痹除熱，久服輕身耐老之語，則治風似當用地菘。然成張進御之方，必無虚謬之理。或者二草皆有治風之功乎？而今服猪膏莓之豨薟者，復往往有效。其地菘不見有服之者。則豨薟之爲猪膏，尤不必疑矣。

明 徐光啓《農政全書》卷四七 稀薟，俗名粘糊菜，俗又呼火杴草。舊不著所出州郡，今處處有之。苗高三四尺，金稜銀線，素根紫稭，莖叉對節而生，莖葉頗類蒼耳莖葉，絞脈竪直。稍葉間，開花深黄色。又有一種，苗葉似芥葉而尖狹，開花如菊，結實頗似鶴蝨。科苗味苦，性寒，有小毒。

清 張逸少《佩文齋廣群芳譜》卷九六《藥譜·豨薟》 豨薟，豨音喜，薟音杴。一名希仙，一名火杴草，一名虎膏，一名豬膏母，一名狗膏，一名黏糊菜。《本草綱目》云：楚人呼豬爲豨，呼草之氣味辛毒爲薟，豬膏、虎膏、狗膏皆因其氣似及治虎狗傷也。火杴當作火薟，俗音譌爾。近人復譌豨薟爲希仙矣。《救荒本草》言其嫩苗煠熟，油鹽調食，故俗謂之黏糊菜。素莖有直稜，兼有斑點，葉似蒼耳微長，似地菘而稍薄，對節生莖，葉皆有細毛。肥壤一株分枝數十八九。月開深黄小花，子如同蒿子，外萼有細刺黏人。氣味苦寒，有小毒。

清 吳其濬《植物名實圖考》卷一一《豨薟》 豨薟，陶隱居釋天名精，以爲即豨薟，《唐本草》始著録。成訥、張詠皆有《進豨薟表》。《救荒本草》謂之『粘糊菜』，葉可煠食。李時珍辨别二種極細，今取以對校，良是。蓋一類二種，皆長於去濕，今俗醫亦不甚别，故陶隱居合爲一也。雩婁農曰：李時珍以豨薟、天名精互校，可謂詳矣。但二物形狀都不甚類。豨薟花時，莖跗有膩黏人手，故有豬膏母之名。《救荒本草》謂之「粘糊菜」，亦以此。氣亦不如天名精之臭。金稜銀線，素根紫荄，極力形繪。山谷有一夕風雨，花藥都盡，惟有豨薟一叢，濯濯得意，戲題殆種之，以備煮藥、掘根也。成、張二表，此藥始著。然宋以來言服食者，不多及之，豈信者尠歟？

圖表

明 李時珍《本草綱目·圖卷》

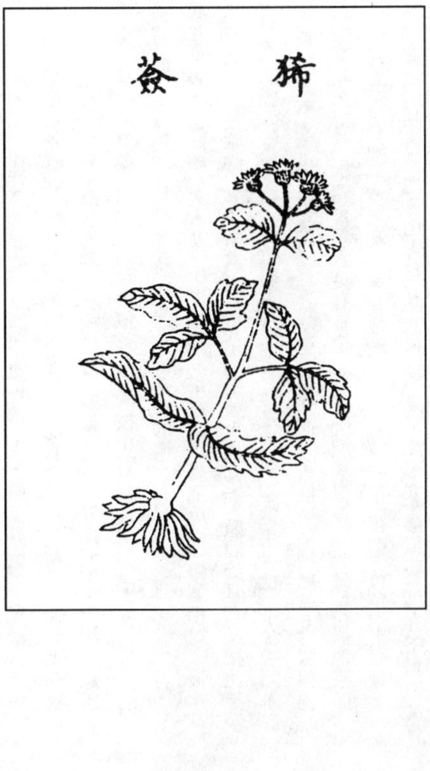

明 徐光啓《農政全書》卷四七

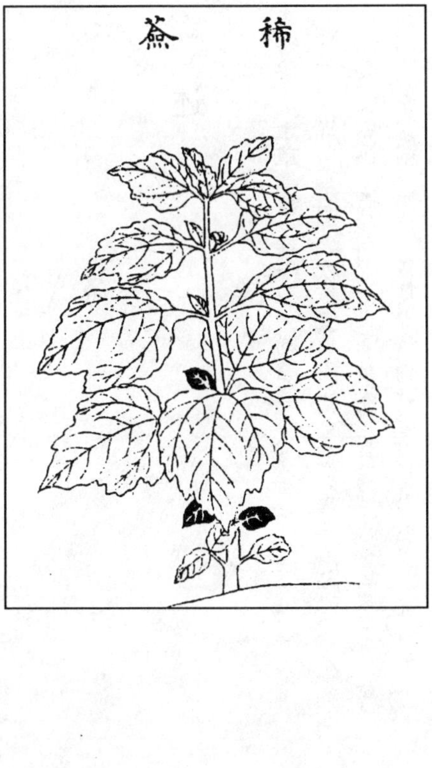

清　吴其濬《植物名實圖考》卷一一《豨薟》

細辛

綜述

明　田藝蘅《留青日札》卷三二《細辛》　細辛，根極細，葉如葵，赤黑，一根一葉相對。今人多以杜衡當之，《本草》有信州、華州、岢嵐軍三種，一名小辛。云東陽臨海者，形狀好，辛烈不及華陰、高麗者，色白佳。華州，柔韌極細，深紫色，味極辛，嚼之習習如椒。又襄陽一種，極細直，色黄白，廼鬼督郵也。圖見《本草》。

明　李時珍《本草綱目》卷一三　細辛《本經》上品　釋名：小辛、《本經》少辛。頌曰：華州真細辛，根細而味極辛，故名之曰細辛。時珍曰：小辛、少辛，皆此義也。按《山海經》云，浮戲之山多少辛，《管子》云『五沃之土，群藥生少辛』是矣。集解：《别録》曰：細辛生華陰山谷，二月、八月採根陰乾。弘景曰：今用東陽臨海者，形段乃好，而辛烈不及華陰、高麗者。用之去其頭節。當之曰：細辛如葵赤黑，一根一葉相連。頌曰：今處處有之，皆不及華陰者爲真，其根細而極辛。今人多以杜衡爲之。杜衡根似飯帚密鬧，細長四五寸，微黄白色，江淮呼爲馬蹄香，不可誤用。宗奭曰：細辛葉如葵，赤黑色，非此則杜衡也。杜衡葉如馬蹄之下，故俗名馬蹄香。蓋根似白前，又似細辛。按沈括《夢溪筆談》云：細辛出華山，極細而直，柔韌，深紫色，味極辛，嚼之習習如椒而更甚於椒。《本草》云，細辛水漬令直，是以杜衡僞爲之也。東南所用細辛，皆杜衡也。杜衡黄白色，拳曲而脆，乾則作團，又謂之馬蹄。襄漢間又有一種細辛，極細而直，色黄白，乃是鬼督郵，亦非細辛也。時珍曰：《博物志》言杜衡亂細辛，自古已然矣。沈氏所説甚詳。大抵能亂細辛者，不止杜衡，皆當以根苗色味細辨之。葉似小葵，柔莖細根，直而色紫，味極辛者，細辛也。葉似馬蹄，莖微粗，根曲而黄白色，味亦辛者，杜衡也。一莖直上，莖端生葉如傘，根似細辛，微粗直而黄白色，味辛微苦者，鬼督郵也。似鬼督郵而色黑者，及己也。葉似小桑，根似細辛，微粗長而黄色，味辛而有臊氣者，徐長卿也。葉似柳而根似細辛，粗長黄白色而味苦者，白微也。似白微而白直味甘者，白前也。

清　趙學敏《本草綱目拾遺・正誤》　吾杭西湖岳墳後山，生一種草，高三四寸，一莖直上，頂生四葉，隙著白花，與細辛無二，土人呼爲四葉蓮。按，此即《綱目》所載獐耳細辛，乃及己也。瀕湖於『及己』條下，載其形狀云『先開白花，後方生葉，止三片』，皆誤。

圖表

明　李時珍《本草綱目・圖卷》

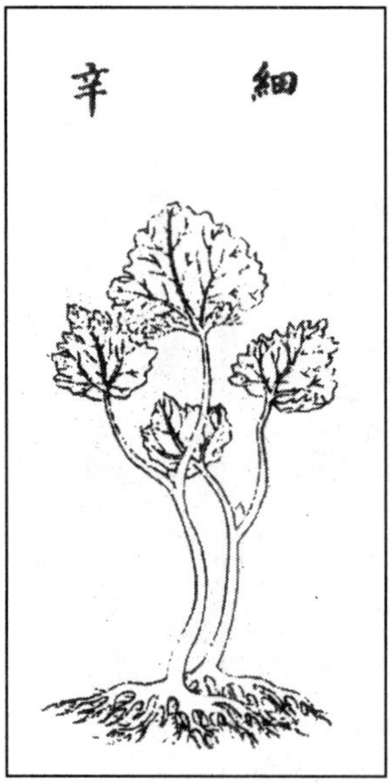

夏枯草

綜述

明 李時珍《本草綱目》卷一五 夏枯草《本經》下品 釋名：夕句、《本經》乃東、《本經》燕面、《別録》鐵色草。震亨曰：此草夏至後即枯。蓋稟純陽之氣，得陰氣則枯，故有是名。 集解：《別録》曰：夏枯草生蜀郡川谷，四月採。恭曰：處處有之，生平澤。頌曰：冬至後生，葉似旋覆。三月、四月開花，作穗紫白色，似丹參花，結子亦作穗。五月便枯，四月採之。時珍曰：原野間甚多，苗高一二尺許，其莖微方。葉對節生，似旋覆葉而長大，有細齒，背白多紋。莖端作穗，長一二寸，穗中開淡紫小花，一穗有細子四粒。丹溪云無子，亦欠察矣。嫩苗瀹過，浸去苦味，油鹽拌之可食。 正誤：宗奭曰：今謂之鬱臭。自秋便生，經冬不悴，春開白花，夏結子。震亨曰：鬱臭草有臭味，即茺蔚是也；夏枯草無臭味，明是兩物。俱生於春，夏枯先枯而無子，鬱臭後枯而結子。

明 徐光啓《農政全書》卷四六 夏枯草，《本草》一名夕句，一名乃東，一名燕面。生蜀郡川谷，及河、淮、浙、滁平澤，今祥符西田野中亦有之。苗高二三尺。其葉對節生，葉似旋覆葉而極長大，邊有細鋸齒，背白，上多氣脈紋路。葉端開花，作穗長二三寸許。其花紫白，似丹參花。葉味苦，微辛，性寒，無毒。土瓜爲之使。俗又謂之鬱臭苗，非是。

明 曹學佺《蜀中廣記》卷六四 《本草》：夏枯草生蜀郡川谷，冬至後始葉，似旋覆。三四月開花作穗紫白色，似丹參花。結子亦作穗，五月便枯。今蜀人用以煎水，盥面不皺。

清 吴其濬《植物名實圖考》卷一一《夏枯草》 夏枯草，《本經》下品。《救荒本草》：葉可煠食，今鄉人皆識之。

清 趙學敏《本草綱目拾遺》卷三《草部・白毛夏枯草》 産丹陽縣者佳。葉梗同夏枯草，惟葉上有白毛。今杭城西湖鳳凰山甚多。性寒味苦，專清肝火。

圖表

明 李時珍《本草綱目・圖卷》

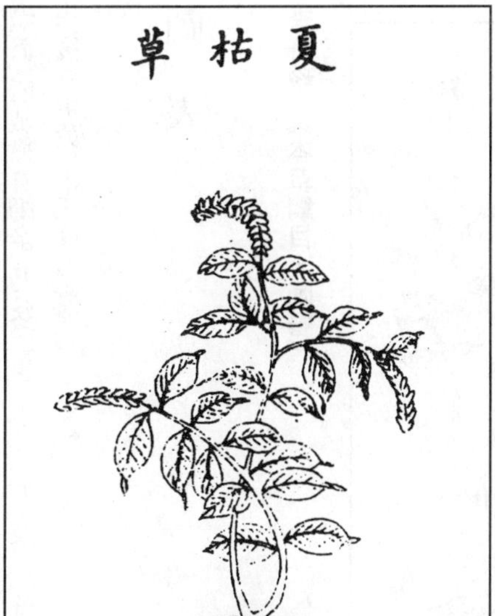

明 徐光啓《農政全書》卷四六

清 吴其濬《植物名實圖考》卷一一《夏枯草》

仙茅

綜述

宋 鄭樵《通志》卷七五 仙茅，曰獨茅根，曰茅瓜子，曰婆羅門參。傳云十斤石乳，不及一斤仙茅。

宋 高似孫《剡録》卷一〇《草木禽魚下·仙茅》 《齊唐集》曰：少微山有仙茅。詩曰：仙方上品誇靈種，忽怪靈芝拆紫苞。玉澤返嬰看驗術，少微山是小三茅。李商老《詩聞説》：仙茅勝鍾乳，移根遠自西山阿，剡亦有焉，人少採耳。

明 李時珍《本草綱目》卷一二 仙茅《開寶》 釋名：獨茅、《開寶》茅爪子、《開寶》婆羅門參。珣曰：其葉似茅，久服輕身，故名仙茅。梵音呼爲阿輸乾陀。頌曰：其根獨生。始因西域婆羅門僧獻方於唐玄宗，故今江南呼爲婆羅門參，言其功補如人參也。集解：珣曰：仙茅生西域。葉似茅。其根粗細有筋，或如筆管，有節文理。其花黄色多涎。自武城來，蜀中諸州亦皆有之。頌曰：今大庾嶺、蜀川、江湖、兩浙諸州亦有之。葉青如茅而軟，且略闊，面有縱文。又似初生椶櫚秧，高尺許。至冬盡枯，春初乃生。三月有花如巵子花，黄色，不結實。其根獨莖而直，大如小指，下有短細肉根相附，外皮稍粗褐色，内肉黄白色。二月、八月採根暴乾用。衡山出者花碧，五月結黑子。時珍曰：蘇頌所説詳盡得之。但四、五月中抽莖四、五寸，開小花深黄色六出，不似巵子。處處大山中有之，人惟取梅嶺者用，而《會典》：成都歲貢仙茅二十一斤。

圖表

明 李時珍《本草綱目·圖卷》

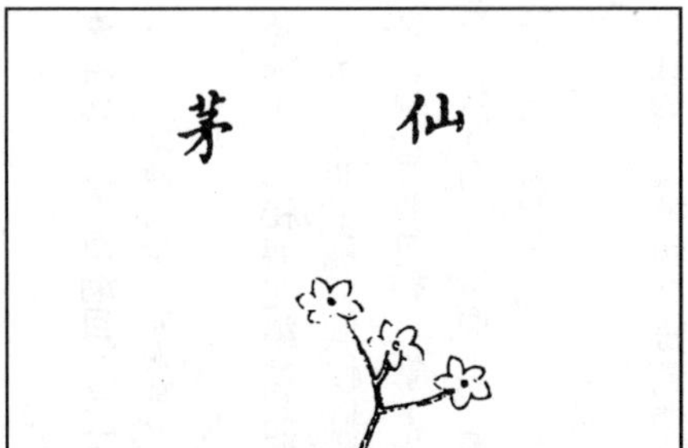

仙人草

綜述

南朝宋　謝惠連　《仙人草贊》（引自《藝文類聚》卷八一）　余之中園，有仙人草焉。春穎其苗，夏秀其英，秋有真實，冬無彫色，可謂貫四時而不改者也。既嘉其名，而美其質。染筆作詠，庶以攄述云：園有嘉草，名曰仙人。暐暐煒煒，莫莫臻臻。穎發炎暑，苗秀和春。寄爾靈質，乃植中鄰。

明　李時珍　《本草綱目》卷二〇《草部》　仙人草《拾遺》　集解：藏器曰：生階庭間，高二三寸，葉細有雁齒，似離鬲草。北地不生。

圖表

明　李時珍　《本草綱目・圖卷》

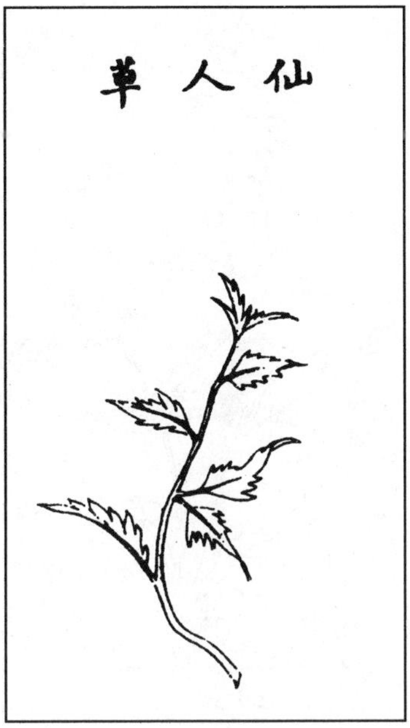

仙人掌

綜述

明　李時珍　《本草綱目》卷二〇　仙人掌草宋《圖經》　集解：頌曰：生合州、筠州，多於石上貼壁而生。如人掌形，故以名之。葉細而長，春生，至冬猶有。四時採之。

清　陳淏子　《秘傳花鏡》卷四《藤蔓類考・仙人掌》　仙人掌，出自閩粤。非草非木，亦非果蔬。無枝無葉，又並無花。土中突發一片，與手掌無異。其膚色青緑，光潤可觀。掌上生米色細點。每年只生一葉於頂，今歲長在左，來歲則長在右，層累而上。植之家中，可鎮火災。如欲傳種，取其一片，切作三四塊，以肥土植之，自生全掌矣。近今南浙亦間或有之。録此以見草木之異云爾。

清　吴其濬　《植物名實圖考》卷一五《仙人掌》　《嶺南雜記》：仙人掌，人家種於田畔，以止牛踐。種於牆頭，亦辟火災。無葉，枝青嫩而扁厚有刺，每層有數枝杈枒而生，絶無可觀。其汁入目，使人失明。《南安府志》、《三國志》載孫皓時，有菜生工人吴平家，高四尺，厚三分，如枇杷形，上廣尺八寸，下莖廣三寸，兩邊生緑葉，東觀案圖作平慮草。按，此即今仙人掌，人呼爲老鴉舌。郡中有高至八九尺及丈許者。《桂平縣志》：龍舌，青色，皮厚有脂，婦人取以澤髮。種土牆上，可以辟火。《通志》附仙人掌下，當是潯州土名。《南越筆記》：瓊州有仙人掌，自下而上，一枝一掌，無花葉，可以辟火。臣謹按：《南安志》據《吴志》以仙人掌爲即平露，足稱該洽。《南越筆記》云廣州種以辟火，殆即昔所謂慎火樹者。臣前在京師，曾見之，生葉成簇，新緑深齒，綴於掌邊。道光乙未，供奉内廷。上命内侍出此草示臣，勅臣詳考，以補《羣芳譜》所未備。惜彼時未檢及《吴志》，深慙疎陋。又據内侍口述，此草頃在禁御，忽開花，色如芙蓉，大若月季，禁中皆稱仙人掌上玉芙蓉

云。向陽花木，雨露曲承，舒葩獻媚，物理常然，固不足言異徵也。越八年，臣備員湘撫，繪草木圖，敬述斯事，以見無知之物。偶經宸顧，尚能効靈。忝竊槐棘，有慙葵藿，亦恐草木笑人。又三年，臣移撫云南，檢《滇志》云：仙人掌，肥厚多刺，相接成枝，花名玉英，色紅黄，實如小瓜，可食。節署頗多，大者高及人肩，春末夏初開花結實。俱如《志》所述，因俾畫手補繪。迴憶持節嶺嶠，依光禁御，皆目覩斯卉。萬里昆明，與奇葩異萼，晨夕染濡，蓋是夙緣。獨怪嶺南紀載，殊不周詳。豈秉筆者未及審核，抑滇産異於他處耶？臣謹識。

藝文

明　黄佐《仙人掌賦》（引自《佩文齋廣羣芳譜》卷九二）　仙人掌者，奇草也。多貼石壁而生，惟羅浮黄龍金沙洞有之。葉勁而長，若齟齬狀。發苞時外類芋魁，内攢瓣如翠毬，各擎子珠如掌然。青赤轉黄而有重殼，剖之，厚者在外如小椰，可爲匕勺。薄者在裏如銀杏衣而裏圓肉，煨食之味兼芡栗，可補諸虚。久服輕身延年，俗呼爲千歲子云。移植惟宜沙土，粵州書院精舍中庭後圃皆有之。予以其奇賦焉，其詞曰：有仙人之瑶草，惟龍洞之嘉生。毓金沙於后土，承日景於朱明。植深根而擢穎，謝修幹以敷榮。展青鸞之羽葉，攢威鳳之毬英。爾乃玄覽，啓其前圃，叢陰映乎松篁。沾騫林之瑞露，翕神霄之寶光。子珠擎於翠掌，青赤綦乎中黄。傲冬雪而奮起，迎凱風以翱翔。諒抗時而耀質，遥作對乎男貞。補桐君之遺録，起葛令之丹經。盍朋簪而萃止，盈傾筐以胥慶。同服食以霞舉，集瑤池而濯纓。

圖表

明　李時珍《本草綱目·圖卷》

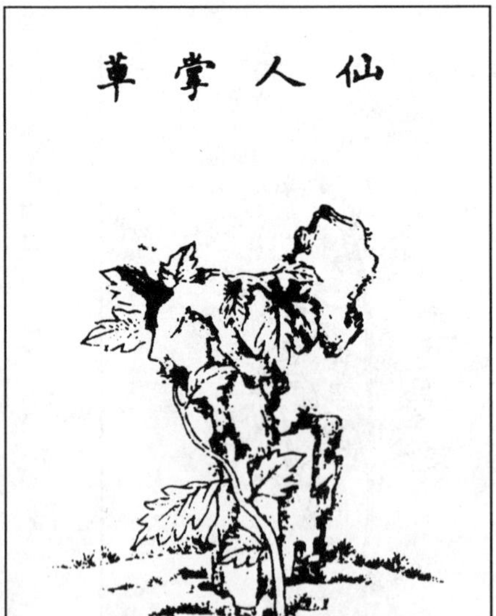

清　吴其濬《植物名實圖考》卷一五《仙人掌》

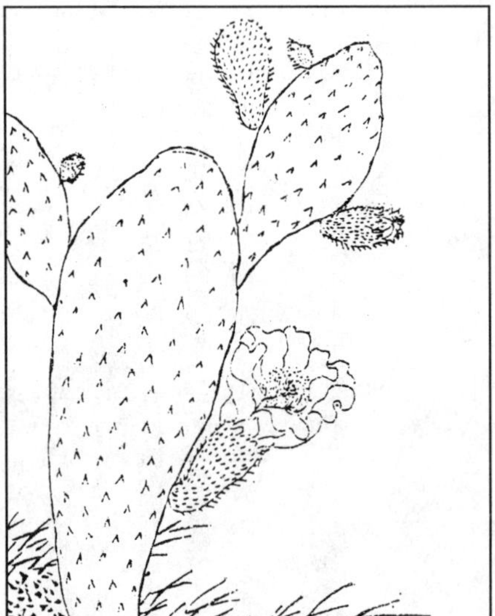

香薷

綜述

明　李時珍《本草綱目》卷一四　香薷音柔。《别録》中品　校正：自菜部移入此。釋名：香菜、《食療》香茸、同上香菜、《千金》蜜蜂草。《綱目》　時珍曰：薷，本作菜。《玉篇》云「菜，菜蘇之類」是也。其氣香，其葉柔，故以名之。草初生曰茸，孟詵《食療》作香戎者，非是。俗呼蜜蜂草，象其花房也。集解：弘景曰：家家有此，作菜生食，十月中取乾之。頌曰：所在皆種，但北土差少，似白蘇而葉更細，壽春及新安皆有之。彼間又有一種石香菜，生石上，莖葉更細，色黄而辛香彌甚，用之尤佳。吴人以爲茵陳用之。宗奭曰：香薷生山野間，荆湖南北，二川皆有之，汴洛作圃種之，暑月亦作蔬菜。葉如茵陳，花茸紫，連邊成穗，凡四五十房爲一穗，如荆芥穗，别是一種香氣。時珍曰：香薷有野生，有家蒔。中州人三月種之，呼爲香菜，以充蔬品。丹溪朱氏惟取大葉者爲良，而細葉者香烈更甚，今人多用之，方莖，尖葉有刻缺，頗似黄荆葉而小，九月開紫花成穗。有細子細葉者，僅高數寸，葉如落帚葉，即石香薷也。

又　石香菜宋《開寶》附　釋名：石蘇。集解：志曰：石香菜生蜀郡陵、榮、資、簡州，及南中諸處，生山岩石縫中，二月、八月採，苗莖花實俱可用。宗奭曰：處處有之，但山中臨水附厓處或有之，不必山岩石縫也。九月、十月尚有花。時珍曰：香薷、石香薷，一物也，但隨所生而名爾。生平地者葉大，厓石者葉細，可通用之。

明　李中立《本草原始》卷二　香需，所在皆種，但北土差少，似白蘇而葉更細，壽春及新安皆有之。《綱目》曰：薷本作菜。《玉篇》云：菜，菜蘇之類是也。其氣香，其葉柔，故名香薷。《食療本草》名香菜。又有一種生石上，莖葉更細，色黄而辛香彌甚，用之尤佳。宋《開寶》名石香菜。

清　孫之騄《枝語》卷上《蜜蜂》　蜜蜂草者，香菜也。其氣香，其葉柔。紫花成穗，穗有細子。凡四五十房爲一穗，象蜂房也。有野生者，如野蜂也。有家蒔者，如家蜂也。有石生者，莖葉更細，色黄而香烈彌甚，如蜂在山巖高峻處作房者，爲石蜂也。夫蜜蜂有六德焉。蜂王無毒，君仁也。營巢如臺，建邦土也。子復爲王，分定故也。擁王而行，衛主也。王所不螫，遵法守也。王失則潰，守臣節也。香葉亦偹兹德否與？植生蠕動，難以究昭，非所知矣。《拾遺記》周武王東伐紂，夜濟河，有大蜂狀如丹鳥，集王舟，因以鳥畫其旗。魯哀公二年，鄭人擊趙，簡子得其蜂旗，則其類也。

清　吴其濬《植物名實圖考》卷二五《大葉香薷》　大葉香薷，生湖南園圃，叶有圆齿，開花逐層如節，花極小，氣味芳沁，蓋香草之族，而軼其真名。

又《石香薷》　石香薷，《開寶本草》始附入。今湖南陰濕處即有，不必山厓。葉尤細瘦，氣更芳香。

圖表

明　李時珍《本草綱目·圖卷》

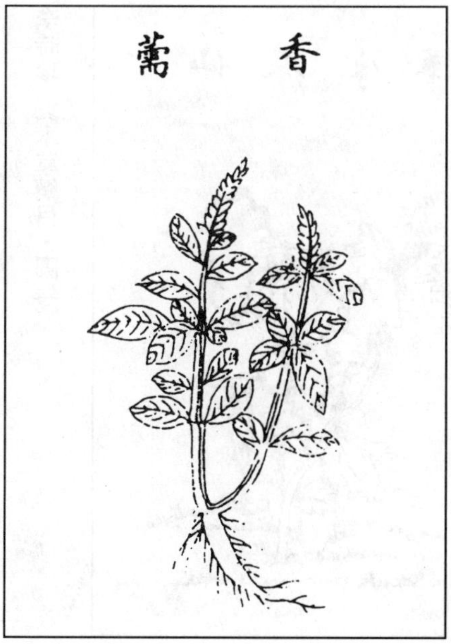

清 吴其濬《植物名實圖考》卷二五《大葉香薷》

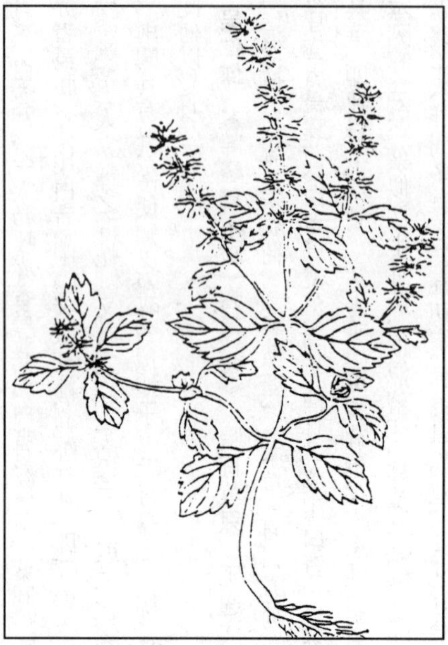

又《石香薷》

蘘荷

綜述

漢 許慎《説文》卷一 蘘，蘘荷也。一名葍蒩。从艸，襄聲。汝羊切。

晋 崔豹《古今注》卷下 蘘荷，似蒩苴而白，蒩苴色紫。花生根中，花未散時可食，久置則銷爛不爲實矣。葉似薑。宜陰翳地種之，常依陰而生。

宋 鄭樵《通志》卷七五 蘘荷有白、赤二種。陶弘景云：今人赤者爲蘘荷，白者爲覆蒩，食用赤者，藥用白者。其性好陰，在木下者尤美，故潘岳《閒居賦》云『蘘荷依陰，時藿向陽』也。《搜神記》云：蔣士先得疾下血，言中蠱，家人密以蘘荷置其席下，忽大笑曰，蠱我者張小也，乃收小。故以此爲治蠱之最。《周禮》庶氏掌陰蠱毒，以嘉草攻之。宗懔謂嘉草即

此也。

宋　羅願《爾雅翼》卷七《蘘荷》　蘘荷，宜在林木陰下種之。故古人云，蘘荷依陰，時藿向陽，言各有所宜也。葉似初生甘蔗，根似薑牙。其葉冬枯，其根爲葅，亦可醬中藏。古之爲味者，雜用膾炙，切蘘荷以爲香，是爲珍味。《大招》曰：醢豚苦狗，膾苴蓴只。苴蓴，即蘘荷也。蘘荷有白，有赤。《神農經書》：白蘘荷，今人乃呼赤者爲蘘荷，白者爲覆葅。葉同一種爾。於人食之，赤者爲勝。藥用白者，中蠱者服其汁，並卧其葉，即呼蠱主姓名。亦主諸溪毒沙蝨輩，人家種之辟蛇。又有《預知子傳》云：取二枚綴衣領上，遇蠱毒物，則聞其有聲，當便知之，故名預知子。若行蠱毒之鄉，食飲不可知，非仗此何以愛身？

宋　吴仁傑《離騷草木疏》卷二《苴》　膾苴蓴只。王逸注：蓴苴，蘘荷也。仁傑按：《説文》蘘荷，一名葍蒩。《本草》有白蘘荷。陶隱居云：今人呼赤者爲蘘荷，白者爲覆葅，同一種耳。藥用白者。蠱中者服其汁，並卧其葉，即呼蠱主姓名。亦主諸溪毒沙蝨輩。人家種白者，亦云辟蚰。《蜀本圖經》云：葉似初生甘蕉，根似薑牙，其葉冬枯。《嘉祐圖經》云：今荆、襄、江、淮間多有之。春初生，其根堪爲葅。其性好陰，在木下者尤美。藩岳《閒居賦》云『蘘荷依陰，時藿向陽』是也。史游《急就篇》云：蘘荷冬日藏。《荆楚歲時記》亦云：仲冬蓋藏蘘以備冬儲。干寶《搜神記》云：蔣士先中蠱，家人密以蘘荷置席下，忽笑曰：蠱我者張小也。乃收小，自此解蠱藥多用之。《周禮》庶氏以嘉草除蠱。宗懔謂嘉草即蘘是也。赤者堪噉及作梅果用之。蘇鶚《演義》云：蘘荷似藟苴而白，藟苴色紫，花生根中。花未散時可食，久置則銷爛不爲實矣。賈思勰曰：蘘荷宜在樹陰下，二月種之。一種永生，不須鉏，微加糞以土覆其上。八月初踏其苗令死，不爾根不茂。

明　楊慎《升菴集》卷八〇《蘘荷子》　丘文莊公《羣書抄方》載，中蠱毒，用白蘘荷，引柳子厚詩云云。且曰：子厚在柳州種之，其地必有此種。仕於兹土者，其物色之，蓋亦不知爲何物也。餘謂丘公之博洽而不識，世之識者亦罕矣。按，《松江志》引《急就章注》曰：白蘘荷，即今甘露。考之《本草》，其形性正同。

明　李時珍《本草綱目》卷一五　蘘荷《别録》中品　校正：自菜部移入此，並入有名未用蘘草爲一。釋名：覆葅、《别録》蘘草、《别録》猼苴、音博。葍苴、《説文》嘉草。弘景曰：《本草》白蘘荷，而今人呼赤者爲蘘荷，白者爲覆葅。蓋食以赤者爲勝，入藥以白者爲良，葉同一種爾。時珍曰：覆葅，許氏《説文》作葍苴，司馬相如《上林賦》作猼且，與芭蕉音相近。《離騷・大招》云：醢豚若狗膾苴蓴。王逸注云：苴蓴，音博，蘘荷也。見《本草》。而今之《本草》無之，則脱漏亦多矣。集解：《别録》曰：蘘草生淮南山谷。頌曰：蘘荷，荆、襄、江、湖間多種之，北地亦有。春初生，葉似甘蕉，根似薑芽而肥，其葉冬枯，根堪爲葅。其性好陰，在木下生者尤美。潘岳《閒居賦》云『蘘荷依陰，時藿向陽』是也。宗懔《荆楚歲時記》云：仲冬以鹽藏蘘荷，用備冬儲，又以防蟲。史游《急就篇》云，蘘荷冬日藏，其來遠矣。然有赤、白二種：白者入藥，赤者堪噉，及作梅果多用之。宗奭曰：蘘荷，八九月間腌貯，以備冬月作蔬果。治病止用白者。時珍曰：蘇頌《圖經》言荆、襄、江、湖多種，今訪之無復識者。惟楊慎《丹鉛録》云：《急就章》注：蘘荷即今甘露。考之《本草》形性相同。甘露即芭蕉也。崔豹《古今注》云：蘘荷似芭蕉而白色，其子花生根中，花未敗時可食，久則消爛矣。根似薑。宜陰翳地，依蔭而生。又按王旻《山居録》云：蘘荷宜樹陰下，二月種之。一種永生，不須鋤耘，但加糞耳。八月初踏其苗令死，則根滋茂。九月初取其傍生根爲葅，亦可醬藏。十月中以糠覆其根下，則過冬不凍死也。

清　趙學敏《本草綱目拾遺・正誤》　蘘荷，東壁謂即上林猼且，而不知猼且乃芭蕉之轉聲也。方以智《物理小識》：蘘荷似蕉而小，又似蘆稷，三月開紅花，夏結緑刺，房内有黑子，其根似薑可葅，蛇不喜此，故又治蠱。

圖表

明 李時珍《本草綱目·圖卷》

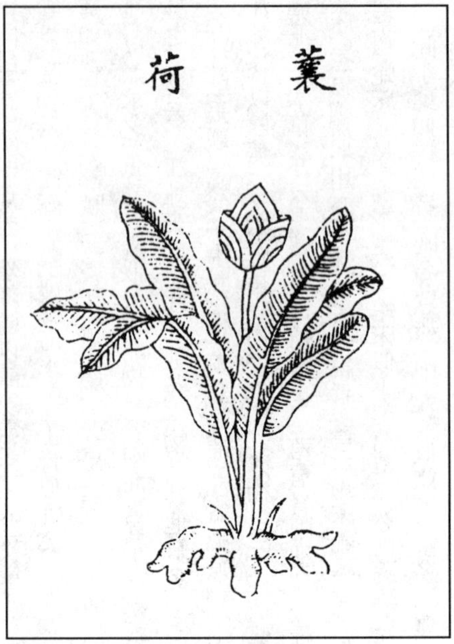

象頭花

綜述

清 吳其濬《植物名實圖考》卷二三《象頭花》 象頭花，生云南，紫根長須，根傍生枝，一枝三葉，如半夏而大，厚而澀。一枝一花，花似南星，其包下垂長尖，幾二寸餘，宛如屈腕，又似象垂頭伸鼻。其色紫黑，白筋凸起，條縷明勻，極似夷錦。南星、蒟蒻花狀已奇，此殆其族而尤詭異。土人以藥畜之，主治同天南星，即由跋之別種。亦有綠花者，結實亦如南星而色殷紅。

圖表

清 吳其濬《植物名實圖考》卷二三《象頭花》

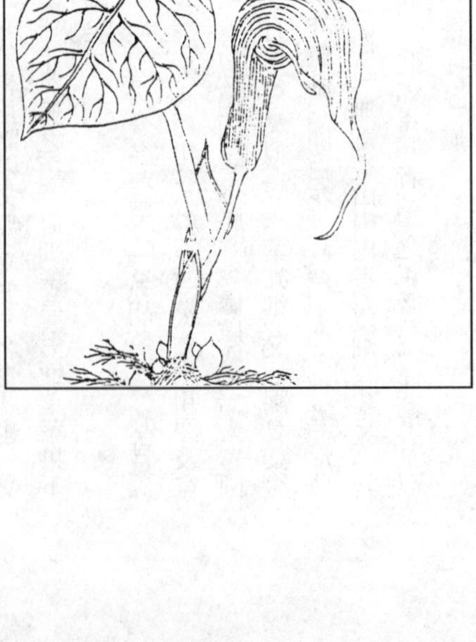

芎藭 蘼蕪

綜述

《爾雅·釋草》 蘄茝，蘪蕪。注：香草，葉小如萎狀。《淮南子》云：似蛇牀。《山海經》曰：臭如蘪蕪。音義：蘄，巨斤反。茝，昌改、昌敗二反。《本草》云：白芷，一名白茝。蘪，忘悲反。蕪，亡符反。《本草》：蘪蕪，一名薇蕪，一名江蘺，芎藭苗也。陶注云：葉似蛇牀而香。萎，於危反，《字林》於僞反。臭，昌又反。疏：芎藭苗也。一名蘄茝，一名蘪蕪。《本草》一名薇蕪，一名江蘺。陶注云：似蛇牀而香。郭云

『香草，葉小如萎狀』者，言如萎蕤之狀也。注『《淮南子》云：似蛇牀』者，案《淮南子·氾論篇》云：夫物之相類者，世主之所亂惑也。嫌疑肖像者，衆人所眩耀也。故狠者類知而非知也，愚者類君子而非君子也，戇者類勇而非勇也。使人相去也，若玉之與石也，葵之與莧也，則論人易矣。夫亂人者，若芎藭之與藁本，蛇牀之與蘪蕪者。許慎云此四者，藥草臭味之相似，惟治病則力不同是也。云『《山海經》曰：臭如蘪芜』者，案《西山經》『浮山有草曰薰草，麻葉而方莖，赤華而黑實，臭如蘪蕪，可以止癘』，又『天帝山有草，其狀如葵，其臭如蘪蕪，曰杜衡，可以走馬，食之已癭』是也。臭，香也。言其香氣如蘪蕪也。

漢　許慎　《説文》卷一　營，營藭，香艸也。从艸，宮聲。司馬相如説營或從弓。【略】藭，營藭也。从艸，藭聲。渠弓切。【略】蘪，蘪蕪也。从艸，麋聲。蘺，江蘺，蘼蕪。从艸，離聲。呂之切。

晋　張華　《博物志》卷四　芎藭，苗曰江蘺，根曰芎藭。

宋　李石　《續博物志》卷一〇　芎藭不可久服，令人暴死。

宋　羅願　《爾雅翼》卷二《江離》　江離之草，屈原幼時所先采。蓋自其初度，則固已扈江離辟芷矣。然顔監以諸家義説之，亦不能了。郭璞曰：江離似水薺。張勃云：江離出臨海縣海水中，正青似亂發。郭義恭曰：江離赤葉，莫如孰是。《吴都賦》云：江離之屬，海苔之類。亦生臨海水中，正青似亂發。以類求之，張勃之言似矣。然物有名同而實異者，《楚辭》之於江離，畦而種之。又云：江離棄於窮巷。則非水物。其他解者，多以《本草》『蘪蕪，一名江離』爲説。然《子虛賦》稱『藭藭菖蒲，江離蘪蕪』，《上林賦》又云『被以江離，揉以蘼蕪』，又不應是一物。予按，《博物志》云：芎藭，苗曰江離，根曰蘪蕪。《本草》亦云：蘪蕪，芎藭苗也。芎藭有兩種。一種似芹葉，一種如蛇床，香氣相似，用亦不殊。古今説者，皆云蛇床亂蘪蕪。陶隱居亦云：蘪蕪葉似蛇床。又《蜀本》云：蛇床似小葉芎藭。然則蘪蕪、江離，既皆芎藭之苗。此小葉如蛇床者，既名蘪蕪。則大葉似芹者，當名江離爾。蘪蕪一名江離，而《子虛》、《上林》説異，故推而别之。

宋　吴仁傑　《離騷草木疏》卷一《蘼蕪》　秋蘭兮蘼蕪。五臣云：皆喻懷忠潔也。洪慶善引《爾雅》『蘄茝，蘼蕪』，郭璞云：香葉小如萎蒍狀。《管子》：五沃之土生蘼蕪。仁傑按：《山海經》：洞庭之山，其草多蘼蕪。號山其草多芎藭。《本草》：芎藭一名胡藭，一名香果。其葉名蘼蕪，似蛇牀而香。騷人藉以爲譬。又『蘼蕪』條云：一名薇蕪，一名江離，芎藭苗也。陶隱居云：今出歷陽，節大莖細，狀如馬銜，謂之馬銜芎蕪。蜀中亦有而細苗，名蘼蕪。《蜀本圖經》云：苗似芹胡荽輩。吴氏云：葉香，細青黑文，赤如藁本。冬夏叢生，五月華赤，七月實。黑莖，短兩葉。《唐本注》云：此有二種：一如芹葉，一如蛇床，香氣相似。《嘉祐圖經》云：其苗四五月間生，其葉倍薌，或蒔於園庭，則芬馨滿徑。七八月開白花。關中出者俗呼爲京芎，惟形塊重實作雀腦狀者佳，謂之雀腦芎。

明　屠本畯　《離騷草木疏補》卷一《江離》　江離，芎藭苗也。四五月間生大葉，似芹而香。或蒔於園庭，則芬香滿逕。

又卷二《蘼蕪》　蘼蕪，芎藭葉也。一名胡芎，一名香果。似虵床而香，節大莖細，狀如馬銜，故謂之馬銜。芎藭，苗似芹。胡荽草香，細青黑文，赤如藁本。冬夏叢生，五月花赤，七月實黑。莖端有兩葉，惟形塊重實作雀腦者，名腦芎。人家蒔於園庭，則氣香滿徑，又可藏衣中。羅碩曰：按《古今注》將離贈以芍藥，芍藥一名可離，亦猶相招贈以文無，文無一名當歸也。文無蓋即蘼蕪。然今之當歸自是一種，非蘼蕪之類。似細葉芎藭，惟莖葉果下於芎藭也，然則古亦以蘼蕪爲當歸矣。

明　朱橚　《救荒本草》卷一　川芎，一名芎藭，一名胡藭，一名香果。其苗葉名蘼蕪，一名薇蕪，一名茳蘺。生武功川谷、斜谷西嶺、雍州川澤及寃句。其關陝、蜀川、江東山中，亦多有，以蜀川者爲勝。今處處有之，人家園圃多種。苗葉似芹而葉微細窄，却有花叉，又似白芷，葉亦細，又如園荽葉微壯。又有一種，葉似蛇床子葉，而亦麄壯。開白花。其芎，人家種者，形塊大，重實多脂潤，其裏色白，味辛甘，性温，無毒。山中出者，瘦細，味苦辛，其節大，莖細，狀如馬銜，謂之馬銜芎。狀如雀腦者，謂之雀腦芎。此最有力。白芷爲之使，畏黄連。其蘼蕪味辛香，性温，無毒。

明　李時珍　《本草綱目》卷一四　芎藭音窮穹。《本經》上品。　釋名：胡藭、《别録》川芎、《綱目》香果、《别録》山鞠窮。《綱目》　時珍曰：芎本作營，名義未詳。或云：人頭穹窿窮高，天之象也。此藥上行，專治頭腦諸疾，故有芎藭之名。以胡戎者爲佳，故曰胡藭。古人因其根節狀如馬銜，謂之馬銜芎藭。後世因其狀如雀腦，謂之雀腦芎。其出關中者，呼爲京芎，亦曰西芎；出蜀中者，爲川芎；出天臺者，爲臺芎；出江南者，爲撫芎，皆因地而名也。《左傳》：楚人謂蕭人曰：有麥麯乎？有山鞠窮乎？河魚腹疾柰何？二物皆

御濕，故以諭之。丹溪朱氏治六鬱越鞠丸中用越桃、鞠窮，故以命名。《金光明經》謂之闍莫迦。集解：《别録》曰：芎藭葉名蘼蕪，生武功川谷、斜谷西嶺，三月、四月採根暴乾。普曰：芎藭或生胡無桃山陰，或泰山。葉細香，青黑文，赤如藁本，冬夏叢生，五月花赤，七月實黑，附端兩葉。三月採根，有節如馬銜。弘景曰：武功、斜谷西嶺，俱近長安。今出歷陽，處處亦有，人家多種之。葉似蛇床而香，節大莖細，狀如馬銜，謂之馬銜芎藭。蜀中亦有而細。恭曰：今出秦州，其歷陽出者不復用。其人間種者，形塊大，重實多脂。山中採者，瘦細，味苦、辛。以九月、十月採之爲佳，若三月、四月虛惡非時也。頌曰：關陝、川蜀、江東山中多有之，而以蜀川者爲勝。四五月生葉，似水芹、胡荽、蛇床輩，作叢而莖細。其葉倍香，江東、蜀人採葉作飲。七八月開碎白花，如蛇床子花。根堅瘦，黃黑色。關中出者形塊重實，作雀腦狀者爲雀腦芎，最有力。時珍曰：蜀地少寒，人多栽蒔，深秋莖葉亦不萎也。清明後宿根生苗，分其枝橫埋之，則節節生根。八月根下始結芎藭，乃可掘取，蒸暴貨之。《救荒本草》云：葉似芹而微細窄，有丫叉，又似白芷，葉亦細，又似胡荽葉而微壯，一種似蛇床葉而亦粗。嫩葉可炸食。宗奭曰：凡用，以川中大塊，裏色白，不油，嚼之微辛甘者佳。他種不入藥，止可爲末，煎湯沐浴而已。

又 蘼蕪《本經》上品 釋名：薇蕪、《本經》蘄茝、《爾雅》江蘺。《别録》頌曰：蘄茝，古芹芷字也。時珍曰：蘼蕪一作蘪蕪，其莖葉靡弱而繁蕪，故以名之。當歸名蘄，白芷名蘺。其葉似當歸，其香似白芷，故有蘄茝、江蘺之名。王逸云，蘺草生江中，故曰江蘺是也。餘見下。集解：《别録》曰：芎藭葉名蘼蕪。又曰：蘼蕪，一名江蘺，芎藭苗也。生雍州川澤及冤句，四月、五月採葉暴乾。弘景曰：今出歷陽，處處人家多種之。葉似蛇床而香，騷人借以爲譬，方藥稀用。恭曰：此有二種：一種似芹葉，一種似蛇床。香氣相似，用亦不殊。時珍曰：《别録》言，蘼蕪一名江蘺，芎藭苗也。而司馬相如《子虛賦》稱『芎藭菖蒲，江蘺蘼蕪』，《上林賦》云『被以江蘺，揉以蘼蕪』，似非一物，何耶？蓋嫩苗未結根時，則爲蘼蕪；既結根後，乃爲芎藭。大葉似芹者爲江蘺，細葉似蛇床者爲蘼蕪。如此分别，自明白矣。《淮南子》云：亂人者，若芎藭之與藁本，蛇床之與蘼蕪。亦指細葉者言也。《廣志》云：蘼蕪香草，可藏衣中。《管子》云：五沃之土生蘼蕪。郭璞贊云：蘼蕪香草，亂之蛇床。不損其真，自烈以芳。又海中苔發，亦名江蘺，與此同名耳。

清 陳淏子《秘傳花鏡》卷五《花草類考・蘼蕪》 蘼蕪，一名江蘺，即芎藭。苗乃香草也。葉如蛇床而香，七八月開白花，其根堅瘦，黃黑，結塊如雀腦者，名芎藭。以川中産者，入藥爲良。江浙亦有之。

清 張宗法《三農紀》卷一八《藥屬・藭芎》 藭芎，《本草》云：葉香若芹而微狹有子，又若胡荽葉而微壯，叢生細莖。秋開碎白花，如蛇床。根下結果如瘿纍鼓丁狀，瘦黑黃色。大者指圍，小者如栗。《圖經》：香果，名其形氣也。故藭，名其産地也。《光明經》謂之闍莫迦。朱丹溪謂之鞠藭。名馬啣者，名雀腦者，以形名也。産關中者，謂西芎，謂京芎。産江南者，爲撫芎。産關中者，爲州芎。産天臺者，爲臺芎。《字説》云：小如蛇床者爲蘼蕪，葉如芹者爲江籬。考窮，乃古國名，是此艸初産之地，上加草以别之。月者華未登萬然形象也，故加草從之。其味辛，氣温，性秉乎陽，愛動而不愛静。動得其聖，則營爽衛暢，百脈以和，可以濟静。不知自然之道，若只徒其動，動則搏本，本煩，勢必生怒逞威，以起無名之火。火生于木，禍發必克。

清 牟應震《毛詩物名考》卷六 蘺，《詩》作蘪，作虋。虋，靡轉音，通明此義者，須知配合主輔，可以建功立業，有濟于用也，益大矣。蘼蕪，香草也。狀類蛇床，生下濕地。《楚辭》：秋蘭兮蘼蕪。用取其香，以造酒也。

清 吳其濬《植物名實圖考》卷二三《滇芎》 滇芎野生，全如芹，土人亦呼爲山芹。根長大粗糙，頗香。《滇本草》：味辛，性温，發散癰疽，治濕熱，止頭痛，食之發病。

又卷二五《芎藭》 芎藭，《本經》上品。《左氏傳》山鞠藭即此。《益部方物記》謂葉落時，可用作羹。《救荒本草》：葉可調食煮飲。今江西種之爲蔬，曰藭菜。廣西謂之坎菜。其葉謂之江蘺，亦曰蘼蕪。李時珍謂大葉者爲茳蘺，細葉者爲蘼蕪。説亦辨。

藝　文

晉 郭璞《蘼蕪贊》(引自《藝文類聚》卷八一) 蘼蕪善草，亂之蛇床。不隕其實，自别以芳。佞人似智，巧言如簧。

圖表

晉　郭璞《爾雅音圖・釋草》

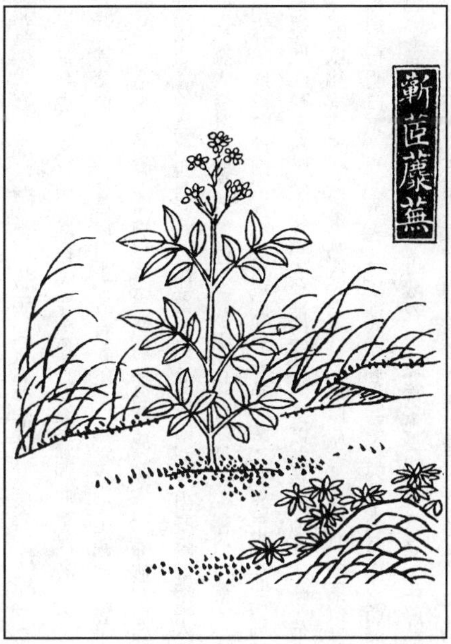

明　朱橚《救荒本草》卷一

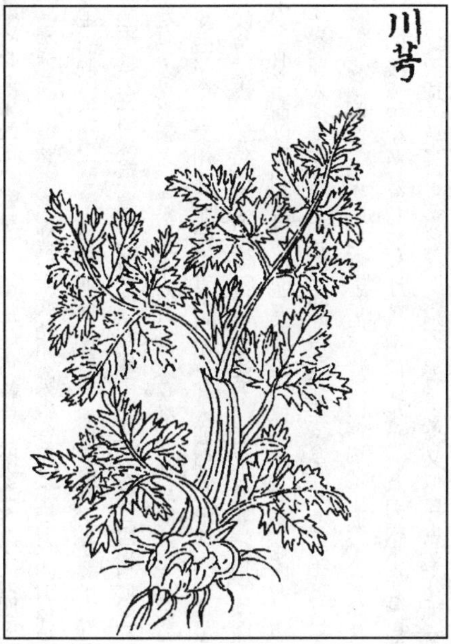

明　李時珍《本草綱目・圖卷》

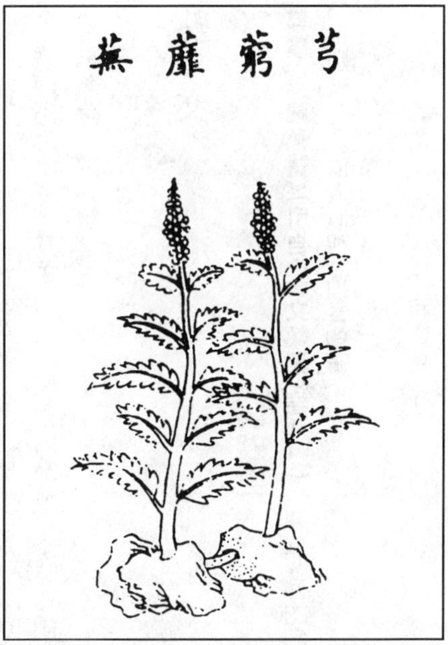

清　蕭雲從《補繪蕭雲從離騷全圖》卷下

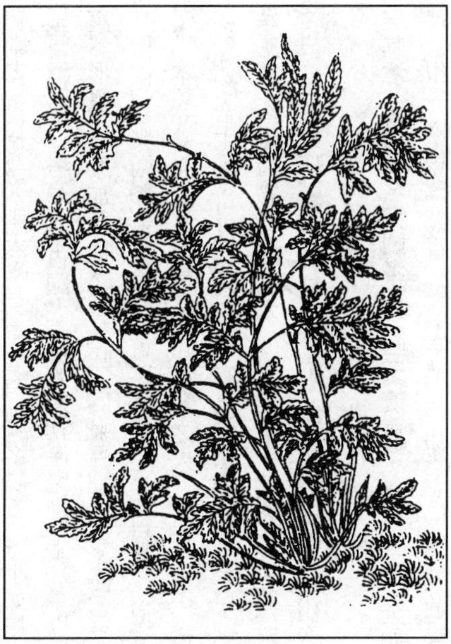

右江離。大葉芎藭也，清芬似芹，性能御濕。

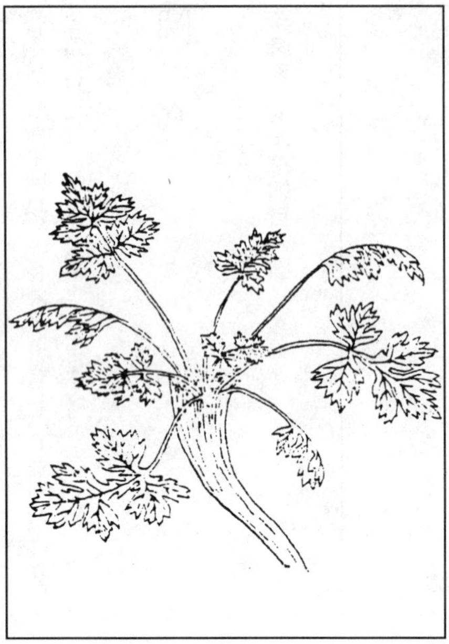

右蘪蕪。芎藭苗也。生於五沃之土，其葉小於江離。

清 吴其濬《植物名實圖考》卷二三《滇芎》

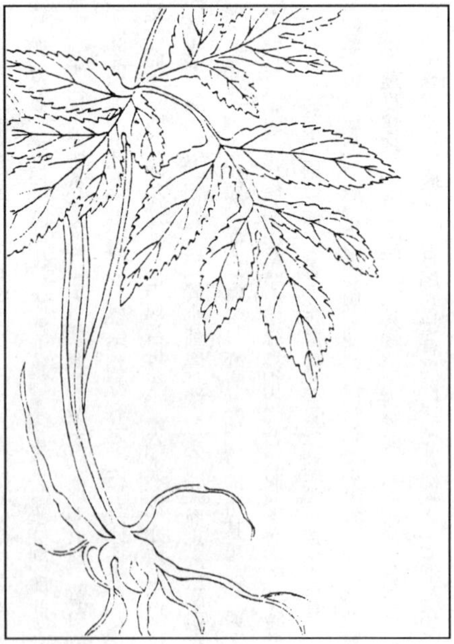

又卷二五《芎藭》

徐長卿

綜述

明 李時珍《本草綱目》卷一三 徐長卿《本經》上品。校正：今據吴氏《本草》，並入石下長卿。釋名：鬼督郵、《本經》別仙踪。苏頌 時珍曰：徐長卿，人名也，常以此藥治邪病，人遂以名之。《名醫別録》於有名未用復出石下長卿條，云一名徐長卿。陶弘景注云：此是誤爾。方家無用，亦不復識。今考二條功療相似。按《吴普本草》云：徐長卿一名石下長卿。其爲一物甚明，但石間生者爲良。前人欠審，故爾差舛。弘景曰：鬼督郵之名甚多。今俗用徐長卿者，其根正如細辛，小短扁扁小，氣亦相似。今狗脊散用鬼督郵者，取其强悍宜腰脚，故知是徐長卿，而非鬼箭、赤箭。集解：《別録》曰：徐長卿生泰山山谷及隴西，三月採。又曰。石下長卿生隴西山谷池澤，三月採。恭曰：所在川澤有之。葉似柳，兩葉相當，有光澤。根如細辛，微粗長，黄色而有臊

氣。今俗以代鬼督郵，非也。鬼督郵自有本條。保昇曰：生下濕川澤之間。苗似小桑，兩葉相對。三月苗青，七月、八月着子，似蘿藦子而小。九月苗黃，十月凋，八月採根，日乾。頌曰：今淄、齊、淮、泗間皆有之，三月、四月採，謂之別仙蹤。時珍曰：鬼督郵、及己之亂杜衡，其功不同，苗亦不同也。徐長卿之亂鬼督郵，其苗不同，其功同也。杜衡之亂細辛，則根苗功用皆仿佛，乃彌近而大亂也。不可不審。

圖表

明　李時珍《本草綱目・圖卷》

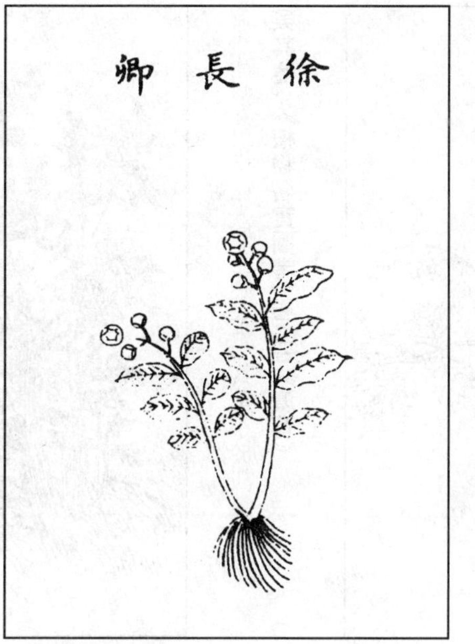

續斷

綜述

宋　鄭樵《通志》卷七五　續斷，曰龍豆，曰屬折，曰接骨，曰南草，曰槐，曰大薊，曰馬薊。《蜀本圖經》云：莖方，葉似苧，花似益母，根如大薊。此北續斷也。范汪云：即馬薊也，與小薊相似，葉如蒡翁菜，兩邊有刺，花紫，會稽者正爾。此南續斷也。

明　李時珍《本草綱目》卷一五　續斷《本經》上品　釋名：屬折、《本經》接骨、《別録》龍豆、《本經》南草。《別録》　時珍曰：續斷、屬折、接骨，皆以功命名也。集解：《別録》曰：續斷生常山山谷，七月、八月採，陰乾。普曰：出梁州，七月七日採。弘景曰：按《桐君藥録》云：續斷生蔓延，葉細莖如荏，大根本，黃白有汁，七月、八月採根。今皆用莖葉節節斷，皮黃皺，狀如鷄脚者，又呼爲桑上寄生。時人又有接骨樹，高丈餘許，葉似蒴藋，皮主金瘡。廣州又有續斷藤，一名諸藤，斷其莖，以器承取汁飲，療虛損絶傷。用沐頭，長髮。折枝插地即生。恐皆非真。李當之云是虎薊，與此大乖，但虎薊亦療血。恭曰：所在山谷皆有。今俗用者，葉似苧而莖方，根如大薊，黃白色。陶說非也。頌曰：今陝西、河中、興元、舒、越、晉、絳諸州亦有之。三月以後生苗，榦四稜，似苧麻，葉兩兩相對而生。四月開花，紅白色，似益母花。根如大薊，赤黃色。謹按《范汪方》云：續斷即是馬薊，與小薊葉相似，但大於小薊爾。葉似旁翁菜而小厚，兩邊有刺，刺人，其花紫色，與今越州所圖者相類。而市之貨者，亦有數種，少能辨其粗良。醫人但以節節斷、皮黃皺者爲真。斅曰：凡使勿用草茅根，緣真相似，若誤服令人筋軟。時珍曰：續斷之說不一。桐君言是蔓生，葉似荏。李當之、范汪並言是虎薊。日華子言是大薊，一名山牛蒡。蘇恭、蘇頌皆言葉似苧麻，根似大薊，而《名醫別録》復出大小薊條，頗難依據。但自漢以來，皆以大薊爲續斷，相承久矣。究其實，則二蘇所云，似與桐君相符，當以爲正。今人所用，以川中來，色赤而瘦，折之有烟塵起者爲良焉。鄭樵《通志》謂范汪所說者乃南續斷，不知何據？蓋以別川續斷耳。

清　王念孫《廣雅疏證》卷一〇　裹，續斷也。《急就篇》云：遠志續斷參

土瓜。顔師古注云：續斷，一名接骨，即今所呼續骨木也。又有草續斷，其葉細而紫色，根亦入藥用。《神農本草》云：續斷主傷折跌，續筋骨，一名龍豆，一名屬折。《名醫别録》云：一名接骨，一名南草，一名槐，生常山山谷。槐與裹同。陶注云：《桐君藥録》云：續斷生蔓延，叶莖如荏，大根本，黄白有汁，七月、八月採根。今皆用莖葉節節斷，皮黄皺，狀如鷄脚者，又呼爲桑上寄生。恐皆非真。時人又有接骨樹，高丈餘許，葉似蒴藋，皮主療金瘡。有此接骨名，疑或是。而廣州又有一藤名續斷，一名諾藤，斷其莖，器承其汁飲之，療虚損絶傷。用沐頭，又長發。折枝插地即生。恐此又相類。李云是虎薊，與此大乖。而虎薊亦自療血爾。《唐本注》云：葉似苧而莖方，根如大薊，黄白色。《御覽》引《范子計然》云：續斷出三輔。又引《范汪方》云：續斷即是馬薊，與小薊葉相似，但大於小薊耳。葉似旁翁菜，但小厚，兩邊有刺，刺人，其華紫色。

圖表

明 李時珍《本草綱目·圖卷》

續隨子

綜述

明 李時珍《本草綱目》卷一七 續隨子宋《開寶》 釋名：千金子、《開寶》千兩金、《日華》菩薩豆、《日華》拒冬、《開寶》聯步。頌曰：葉中出莖，數數相續而生，故名。冬月始長，故又名拒冬。集解：志曰：續隨子生蜀郡，處處亦有之。苗如大戟。頌曰：今南中多有，北土産少。苗如大戟，初生一莖，莖端生葉，葉中復出數茎相續。花亦類大戟，自葉中抽幹而生，實青有殼。人家園亭中多種以爲飾。秋種冬長，春秀夏實。時珍曰：莖中亦有白汁，可結水銀。

明 盧之頤《本草乘雅半偈》卷一〇 續隨，即千金子，拒冬，聯步，菩薩豆也。所在俱有，南中尤多。【略】苗如大戟，初生一莖，葉在莖端，葉復生莖，莖復生葉，轉展叠加，宛如十字。作花亦類大戟，但從葉中抽幹並結實耳。

清 趙學敏《本草綱目拾遺·正誤》 續隨子，《綱目》集解下載形狀，所引蘇頌《圖經》，亦不甚明晰。竊疑葉中抽幹之草甚多，究難的别。辛亥閲盧之頤《乘雅》，始知其狀。云南中尤多，入藥，以南産者爲勝。苗如大戟，初生一莖，葉在莖端，葉復生莖，莖復生葉，轉輾叠加，宛如十字。作花亦類大戟，但從葉中抽幹並結實耳。盧不遠云：嘗見半枝蓮，葉上生葉，儼如十字，春分葉中抽莖，莖必三之，葉如蓮瓣，裹莖而上，入夏開花作實，實必三稜，子必三粒，外肉青軟，子殼則堅，上半黑褐，下半黄白，內仁如玉，温潤如脂。土人稱半枝蓮，用治蛇虺蠍螫之毒，立有奇驗。讀宋《開寶》，始知即續隨子也。如此寫其形狀方明切，故急爲補録。

萱草

論説

宋 陸佃《埤雅》卷一八《諼草》 草之可以忘憂者，故曰諼草。諼，忘也。《詩》曰：馬得諼草，言樹之背。言以憂思不能自遣，故欲以此華樹之背也。董子曰：欲忘人之憂，則贈之以丹棘。丹棘，一名忘憂。欲蠲人之忿，則贈之以青堂。青堂，一名合歡。《養生論》以爲『合歡蠲忿，萱草忘憂』，即此是也。亦或謂之鹿葱，蓋鹿食此草，故以名云。《壺子》所謂『鹿性警烈，多別良草，常食九物』。餌藥之人不可食鹿，以鹿常食解毒之草，是故能制散諸藥。《内則》辨物之不可食者，一曰鹿胃，胃其受食之府也，則尤不可食矣。九草者，葛葉華、鹿葱、鹿藥、白蒿、水芹、甘草、齊頭、蒿山蒼耳、薺苊是也。《本草》亦曰：萱草，一名鹿葱，華名宜男。《風土記》云：懷妊婦人佩其華生男也。

宋 羅願《爾雅翼》卷三《萱》 《詩》曰：馬得諼草，言樹之背。諼，忘也。衛之君子行役，爲王前驅，過時不反。其婦人思之，則心痗首疾，思欲暫忘之而不可得。故願得善忘之草而植之，庶幾漠然而無所思。然世豈有此物也哉？蓋亦極言其情。説者因萱音之與諼同也，遂命萱以爲忘憂之草。蓋以萱合其音，以忘合其義耳。然忘草可也，而所謂忘憂，憂之一字何從出哉？此亦諸儒傳會之語也。《説文》曰：藼，令人忘憂草也。引《詩》『安得藼草』，又作蕿及萱。而嵇叔夜《養生論》云：合歡蠲忿，萱草忘憂。《博物志》因以爲中藥之例。崔豹云：欲忘人之憂，則贈以丹棘。丹棘，一名忘憂，皆因解詩者之言而廣之爾。又名宜男草。周處《風土記》以爲，其花宜懷姙婦人，佩之必生男。傅玄賦云：充后妃之盛飾兮，登紫微之内庭。則古之婦人蓋佩之矣。苟以當《詩》之忘草，則服而佩之，適所以增怨曠之思爾。

宋 袁文《甕牖閑評》卷七 嵇康《養生論》並《博物志》云：合歡蠲忿，萱草忘憂。自古以爲二花。今沈存中《忘懷録》『種合歡法』下注云：萱草也。謂合歡即萱草。存中之言，誤矣。存中不獨於此誤，其於蕙乃云今俗謂之鈴鈴香，亦非也。蕙別是一種花。黄太史謂一幹而六七花者，余鄉有之。豈是鈴鈴香也？沈存中《忘懷録》：蕙，今俗謂之鈴鈴香。余謂不然，前已嘗論之矣。後觀《廣志》云：蕙草，緑葉紫花。陳藏器云此即是零陵者，生零陵山谷，乃用此零陵二字。意謂蕙實生零陵。存中初不之知，誤認零陵以爲鈴鈴也。而《忘懷録》又注云：呼零陵者非。則是存中真以鈴鈴爲是，然蕙本非鈴鈴，而鈴鈴香者自別有一種草耳。

明 陳師《禪寄筆談》卷七 按萱，草名也。《詩》曰：焉得諼草，言樹之背。諼與萱同音，諼之義爲忘，故草名萱，亦取其忘憂。北堂謂之背婦洗在北堂，見於《婚禮》之文。而萱草忘憂，出於嵇叔夜之論。後世相承，以北堂謂母，而又有萱堂之稱。蓋不知其何所據。若唐人堂階萱草之詩，乃謂母思其子，有憂而無歡，雖有忘憂之草，如不見焉。非以萱比母也。又按醫書，萱草一名宜男，以萱喻母意，或本此。

清 朱亦棟《群書札記》卷六《水葱花》 《本草》萱草，亦名宜男。周處《風土記》云：婦姙佩此花則生男子。《格物叢話》：萱草花，一名宜男，一名忘憂。跗六出，葉四垂。春末夏初着花，有紅、黄、紫三種。又一種名鳳頭，或曰一名鹿葱，誤矣。芹按稽含《南方草木狀》：水葱花，花葉皆如鹿葱，花色有紅、黄、紫三種，出始興。婦人懷孕佩其花生男者，即此花，非鹿蔥也。交廣人佩之極驗。然其土多男，不厭女子，故不常佩。據此則宜男乃水蔥花，非鹿葱也。

綜述

漢 許慎《説文》卷一 藼，令人忘憂艸也。从艸，憲聲。《詩》曰：安得藼艸。況表切。蕿，或从煖。萱，或从宣。

南朝梁 任昉《述異記》卷下 萱草，一名紫萱，又呼爲忘憂草，吳中書生呼爲療愁花，嵇中散《養生論》云『萱草忘憂』。

宋 釋贊寧《東坡先生物類相感志》卷一二《萱草》 一名忘憂草，江東呼爲鹿葱，葱花黃赤，又名異南。《風土記》云：姙者佩之必生男也。可繞砌而種之，令人生男也。

宋 李石《續博物志》卷六 藼草，一名鹿葱，花名宜男。《風土記》云：姙婦佩其花生男也。

明 李時珍《本草綱目》卷一六 萱草宋《嘉祐》 釋名：忘憂、《說文》療愁、《綱目》丹棘、《古今注》鹿葱、《嘉祐》鹿劍、《土宿》妓女、吳普宜男。時珍曰：萱本作諼。諼，忘也。《詩》云：焉得諼草，言樹之背。謂憂思不能自遣，故欲樹此草，玩味以忘憂也。吳人謂之療愁。董子云：欲忘人之憂，則贈之丹棘，一名忘憂故也。其苗烹食，氣味如葱，而鹿食九種解毒之草，萱乃其一，故又名鹿葱。周處《風土記》云：懷妊婦人佩其花，則生男。故名宜男。李九華《延壽書》云：嫩苗爲蔬，食之動風，令人昏然如醉，因名忘憂。此亦一說也。嵇康《養生論》：《神農經》言中藥養性，故合歡蠲忿，萱草忘憂。亦謂食之也。鄭樵《通志》乃言萱草一名合歡者，誤矣。合歡見木部。集解：頌曰：萱草處處田野有之，俗名鹿葱。五月採花，八月採根。今人多採其嫩苗及花跗作葅食。時珍曰：萱宜下濕地，冬月叢生。葉如蒲、蒜輩而柔弱，新舊相代，四時青翠。五月抽莖開花，六出四垂，朝開暮蔫，至秋深乃盡，其花有紅、黃、紫三色。結實三角，內有子大如梧子，黑而光澤。其根與麥門冬相似，最易繁衍。《南方草木狀》言，廣中一種水葱，狀如鹿葱，其花或紫或黃，蓋亦此類也。或言鹿葱花有斑文，與萱花不同時者，謬也。肥土所生，則花厚色深，有斑文，起重臺，開有數月；瘠土所生，則花薄而色淡，開亦不久。嵇含《宜男花序》亦云，荊楚之士號爲鹿葱，可以薦葅，尤可憑據。今東人採其花跗幹而貨之，名爲黃花菜。

明 吳雨《毛詩鳥獸草木考》卷一二《諼》 《衛風》曰：焉得諼草。《傳》：諼草，令人忘憂。諼草，忘憂草也，一名紫藼，一名療愁。有莢長二尺許，內有薄片似紙大小，如蟬翼，其葉四垂，其花六出，枝葉繁弱，互相交結，每遇風吹，輒自相解，不相牽綴。《風土記》曰：『花名宜男，娠婦佩之必生男。俗云玩之忘憂』是也。荊楚謂之鹿葱，蓋鹿食此草，故名。可薦於俎，世人多女求男，服之則驗。《神農經》云：中藥養性，謂合歡蠲忿，萱草忘憂。董子曰：欲忘人之憂，則贈之以丹棘。丹棘，一名忘憂。欲蠲人之忿，則贈之以青堂。青堂，一名合歡。《本草》木部：合歡，味甘平，主利心志，令人歡樂無憂。五月花發，紅白色，即名夜合。又草部：萱草，一名鹿葱，花名宜男，根凉無毒。治沙淋，下主酒疸黃色通身者，搗汁服之，亦服嫩苗煮食之。按此，萱並無忘憂之說。毛氏不從萱者，必有是矣。孔氏曰：諼訓忘，非草名。後人詩賦皆以諼爲萱，恐一唱百和，相傳之訛也。《釋文》諼本又作萱，《說文》作藼，云令人忘憂也。或作蕿，《韓詩》作『焉得萱艸』。

明 周文華《汝南圃史》卷一〇《萱草》 萱草春生苗，其花黃色，微帶紅暈。有二種，一種千葉，夏開花，其枝柔，不結子；一種單葉，秋開花，其枝勁，結子，子圓而黑，俗名石蘭；別有一種名金萱，五月初開花，花小而香，鵞黃色，即麝香萱也。《吳郡志》云：麝香萱，吳中有之。其花淡黃，比常萱差瘦弱。其香全類茉莉，爲可貴也。亦有粗、細二種，以葉之粗細爲別。而花與子極相類，但細葉者差小先開，居家必用。《風土記》以爲其花宜懷娠，婦人佩之必生男，故名宜男草。然《南方草木狀》又云：水葱花、莖、葉皆如鹿葱，而開亦同時，花有紅、黃、紫三種，出始興。婦人懷娠佩其花生男者，即此花，非鹿葱也。《爾雅翼》云：《詩》：焉得諠草，言樹之背。諠，忘也。衛之君子行役，爲王前驅，過時不返，其婦人思之則心痗首疾，思欲暫忘而不可得。故願得善忘之草而植之，庶幾漠然無所思。然世豈有此物哉？說者因萱音之與諠同也，遂命萱爲忘憂之草。蓋以萱合其音以忘合其義耳。然忘草可也，而所謂忘憂，憂之一字從何出哉？此亦諸儒傳會之語也。按，《古今注》引董子云：欲蠲人之憂，則贈以丹棘，一名忘憂；欲蠲人之忿，則贈以青裳，一名合歡。故稽康書曰：合歡蠲忿，萱草忘憂。據此則合歡、忘憂自是二物。而合歡且是木類，居家必用。《便民圖纂》遂以萱草爲合歡，其謬甚矣。後見《草木略》亦云：萱草一名合歡草，一名無憂草。以夾漈之博洽，猶有此失，況其下者乎？夫因諠作萱而以爲忘憂草，因宜男而後世遂以母爲萱，皆承訛踵謬，可發一笑。

明 徐光啓《農政全書》卷四六 萱草花，俗名川草花，《本草》一名鹿蔥，謂生山野，花名宜男。《風土記》云：懷姙婦人佩其花，生男故也。人家園圃中多種。其葉就地叢生，兩邊分垂，葉似菖蒲葉而柔弱，又似粉條兒菜葉而肥大。葉間攛葶，開金黃花，味甘無毒。根凉，亦無毒。葉味甘。

清 顧棟高《毛詩類釋》卷一四《諼草》 《疏》：諼訓爲忘，非草名。《詩緝》曰：毛氏云：諼草令人忘憂。是實有其物矣。按，《本草》有萱草，

云：令人好歡樂無憂。嵇叔夜《養生論》：合歡蠲忿，萱草忘憂。諼，本又作萱。《説文》則藼或作蘐，皆從草，則爲草名，無疑。陳卧子曰：《本草》云萱草，一名鹿葱，花名宜男。蔡氏卞曰：載馳之思在外，故欲行以遣其思。其詩曰：陟彼阿丘。言採其蝱有所向而趨明也。伯兮之憂在内，故欲止以忘其憂。其詩曰：焉得諼草。言樹之背有所背而趨暗也。二詩之取興，所以不同也。

清　吴其濬《植物名實圖考》卷二七《蜜萱》　蜜萱，萱之蜜色者。花葉俱細弱，不易植。

藝文

宋　陳師道《後山集》卷八《萱草》　唤作忘憂草，相看萬事休。若教花有語，却解使人愁。

明　鄭文康《平橋藁》卷一《愛萱歌》　萱葉何青青，萱花何盈盈。花繁識土沃，葉盛由根萌。霜臺有客雙瞳清，愛花惟恐花飄零。花前歌舞花下行，繡衣光與花争明。我對花忘憂，花向我欲語。我心見花即歡樂，花亦相迎共相與。白日遲遲行，流年遲遲過。春歸花若老，我心將奈何。但願此花長在目，老不遷官心亦足。

明　朱誠詠《小鳴稿》卷三《對萱花有感》　誰向北堂培寸草，四月花開生意好。何事南風太不情，等閑斷送成衰老。人言咀嚼解忘憂，我對此花雙淚流。乾坤有限恨何極，犬馬私情難與酬。我思柔順萃吾親，關雎風化行西秦。内治遠同周太姒，敢云公子皆麒麟。七齡愧我尚蚩蚩，機杼參丸勞母慈。一朝奄忽棄我去，鸞車杳杳焉能追。只今已嗣親藩爵，玉食衮衣非所樂。悲吟鎮日對兹萱，忍見花開又花落。花落明年又復開，鸞車一去何當回。滄溟可枯石可爛，抱泣北堂能已哉。哀詞難盡付長歌，淚筆淋漓寫蓼莪。吁嗟有國不逮養，傷心其奈萱花何。

明　藍田《藍侍御集》卷二《萱》　天際北堂遠，湖山萬里游。春風到萱草，見爾更添憂。

明　文嘉《和州詩集·萱》（引自《文氏五家集》卷九）　愛爾北堂花，秋來色逾好。我有懷親憂，無由爲予掃。

清　陸奎勳《陸堂詩集》卷一〇《萱》　剗地緣堦尺五抽，嫩黄遥帶夕陽流。詩嘲兒女情何淺，譜續先生韻最幽。莊蝶形神真欲化，羅蘭臭味淡相求。北堂夢斷無消息，道是忠憂重有憂。

圖表

明　李時珍《本草綱目·圖卷》

明　徐光啓《農政全書》卷四六

清　吴其濬《植物名實圖考》卷二七《蜜萱》

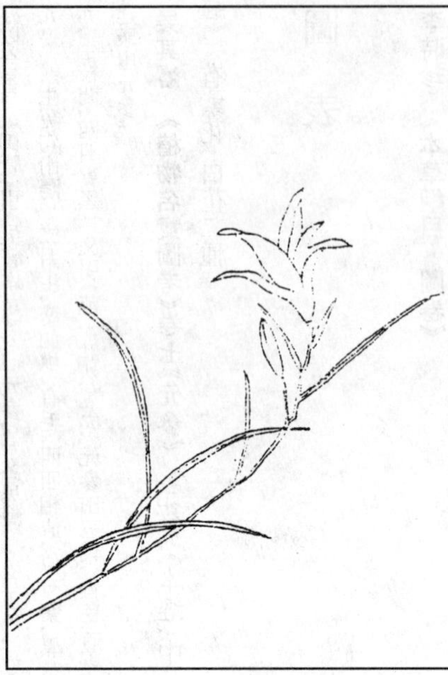

玄参

綜　述

宋　鄭樵《通志》卷七五　元参，曰重臺，曰元臺，曰鹿腸，曰正馬，曰咸，曰端，曰逐馬，曰馥草。

明　李時珍《本草綱目》卷一二　玄参《本經》中品。　釋名：黑参、《綱目》玄臺、吴普重臺、《本經》鹿腸、吴普正馬、《雖録》逐馬、《藥性》馥草、《開宝》野脂麻、《綱目》鬼藏。吴普　時珍曰：玄，黑色也。《别録》一名端，一名咸，多未詳。弘景曰：其莖微似人参，故得参名。志曰：合香家用之，故俗呼馥草。集解：《别録》曰：玄参生河間川谷及冤句，三月、四月採根暴乾。普曰：生冤句山陽。三月生苗。其葉有毛，四四相值，似芍藥。黑莖，莖方，高四五尺。葉亦生枝間。四月實黑。弘景曰：今出近道，處處有之。莖似人参而長大。根甚黑，亦微香，道家時用，亦以合香。恭曰：玄参根苗並臭，莖亦不似人参，未見合香。志曰：其莖方大，高四五尺，紫赤色而有細毛。葉如掌大而尖長。根生青白，幹即紫黑，新者潤膩。陶云莖似人参，蘇言根苗並臭，似未深識。頌曰：二月生苗。葉似脂麻對生，又如槐柳而尖長有鋸齒。細莖青紫色。七月開花青碧色。八月結子黑色。又有白花者，莖方大，紫赤色而有細毛，有節若竹者，高五六尺。其根一根五、七枚，三月、八月採暴乾。或云蒸過日乾。時珍曰：今用玄参，正如蘇頌所説。其根有腥氣，故蘇恭以爲臭也。宿根多地蠶食之，故其中空。花有紫、白二種。

明　盧之頤《本草乘雅半偈》卷四　〔玄参〕生河間川谷，及冤句山陽近道亦有之。二月生苗，高四五尺，莖方而大，作節若竹。色紫赤，有細毛，葉生枝間，四四相值，形似芍藥。七月開花，白色，或茄花色。形似大薊，花端叢刺，刺端有鈎，最堅且利。八月結子，黑色。一種莖方而細，色青紫，葉似脂麻對生，又似槐柳尖長，邊有鋸齒。七月開花青碧，八月結子黑褐。根都科生，一根五七枚。生時青白，乾即紫黑。

清　魏茂林《駢雅訓纂》卷六　元臺，正馬，鹿腸，元参也。《神農本草經中》：元参，《名醫》曰：一名元臺，一名鹿腸，一名正馬。《廣雅・釋草》：

鹿腸，元參也。

清 王念孫《廣雅疏證》卷一〇 鹿腸，元蔘也。蔘，與參同。《神農本草》云：元參味苦，一名重臺。生河間川谷。陶注云：莖似人參而長大，根甚黑，外微香，道家時用，亦以合香。《御覽》引《吳普本草》云：元參一名鬼藏，一名正馬，一名鹿腸，一名端，一名元臺，或生冤句山陽。二月生，葉如梅，有毛，四四相值，似芍藥，黑莖，莖方，高四五尺，華赤，生枝間，四月實黑。又引《范子計然》云：元參出三輔，青色者善。又引《建康記》云：建康出元參。

清 吳其濬《植物名實圖考》卷七《元參》 元參，《本經》中品。形狀詳宋《圖經》。有紫花、白花二種。

圖表

明 李時珍《本草綱目・圖卷》

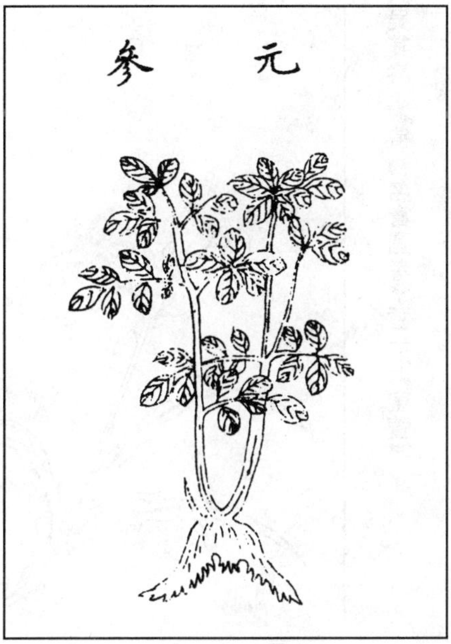

清 吳其濬《植物名實圖考》卷七《元參》

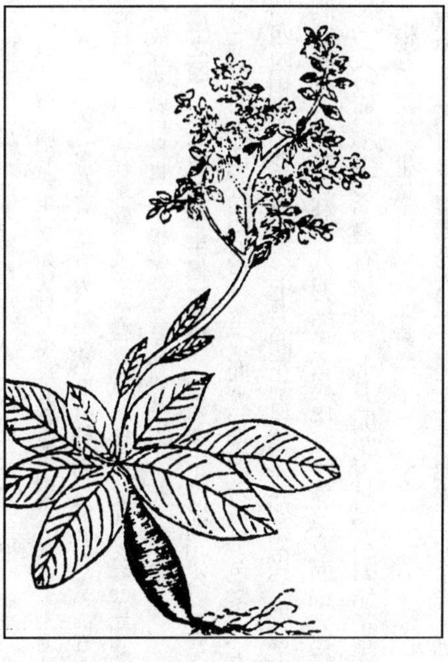

旋覆花

綜述

《爾雅・釋草》 垂，比葉。注：未詳。蕧，盜庚。注：旋蕧，似菊。音義：蕧，郭音服。施，孚服反。郭云：旋蕧也。《本草》云：一名金沸草，一名盛椹，一名戴椹。陶注云：花似菊花而大。庚，本又作羹同，古衛反。疏：蕧，一名盜庚。郭云：旋蕧，似菊。《本草》：旋蕧，一名戴椹，一名金沸草，一名盛椹。陶注云『出近道下濕地，似菊花而大』是也。

漢 許慎《説文》卷一 蕧，盜庚也。从艸，復聲。

宋 李石《續博物志》卷六 李衛公云：金錢花損眼。

明 李時珍《本草綱目》卷一五 旋覆花《本經》下品 釋名：金沸草、《本經》金錢花、《綱目》滴滴金、《綱目》盜庚、《爾雅》夏菊、《綱目》戴椹。《別録》 宗奭曰：花緣繁茂，圓而覆下，故曰旋覆。時珍曰：諸名皆因花狀而命也。《爾

雅》云：蕧，盗庚也。蓋庚者金也，謂其夏開黄花，盗竊金氣也。《酉陽雜俎》云：金錢花一名毘尸沙，自梁武帝時始進入中國。集解：《别録》曰：旋覆生平澤川谷。五月採花，日乾，二十日成。弘景曰：出近道下濕地，似菊花而大。别有旋葍根，出河南，北國亦有，形似芎藭，惟合旋葍膏用之，餘無所用，非此旋覆花根也。保昇曰：葉似水蘇，花黄如菊，六月至九月採花。頌曰：今所在皆有。二月以後生苗，多近水旁，大似紅藍而無刺，長一二尺以來，葉如柳，莖細。六月開花如菊花，小銅錢大，深黄色。上黨田野人呼爲金錢花，七八月採花。今近道人家園圃所蒔金錢花，花葉並同，極易繁盛，恐即旋覆也。宗奭曰：旋覆葉如大菊，又如艾蒿。秋開花大如梧桐子，花淡黄色，其香過於菊。别有旋花，乃鼓子花，非此花也。見本條。時珍曰：花狀如金錢菊。水澤邊生者，花小瓣單；人家栽者，花大蕊簇，蓋壤瘠使然。其根細白。俗傳露水滴下即生，故易繁，蓋亦不然。

明 張存紳《增定雅俗稽言》卷四〇 金錢花，《酉陽雜俎》：金錢花，俗云剪金花。皮日休詩：莫向人前逞顔色，不知還解濟貧無。又曰：采采若堪沽酒飲，世間添幾種花人。

清 陳淏子《秘傳花鏡》卷五《花草類考・滴滴金》 滴滴金，一名旋覆花，一名金沸草，莖青而香，葉尖長而無椏，高僅二三尺。花色金黄，千瓣最細，凡二三層，明黄色，心乃深黄，中有一點微緑者，花小如錢，亦有大如折二錢者。是所産之地，肥瘠不同也。自六月開至八月，因花稍頭露滴入土即生新根，故有滴滴金之名。乃賤品也。

清 吴其濬《植物名實圖考》卷一一《旋覆花》 旋覆花，《本經》下品。《爾雅》：蕧，盗庚。注：旋覆似菊。《救荒本草》：葉可煠食，俗呼滴滴金。雩婁農曰：『蕧，盗庚』，釋者以爲未秋有黄華，爲盗金氣。

圖表

晋 郭璞《爾雅音圖・釋草》

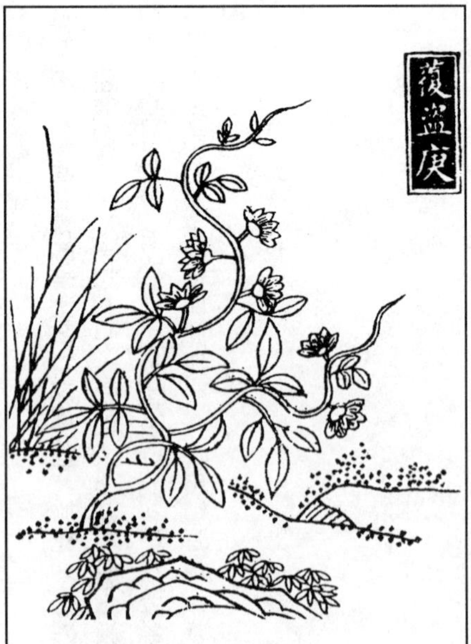

明 李時珍《本草綱目・圖卷》

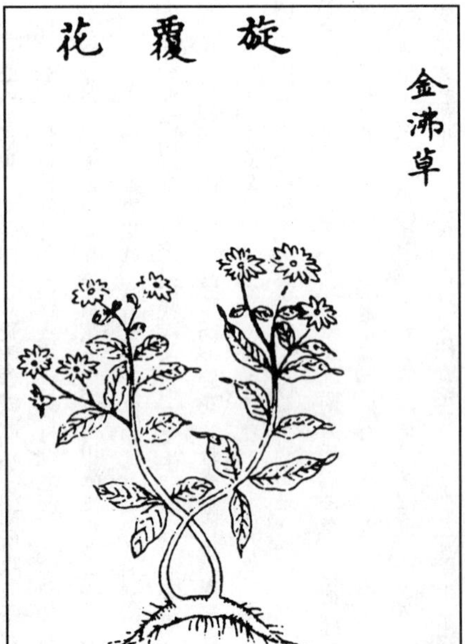

清　吳其濬《植物名實圖考》卷一一《旋覆花》

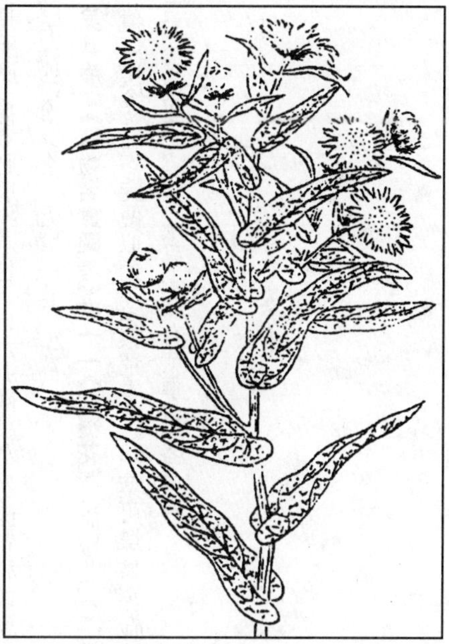

旋花

綜述

宋　鄭樵《通志》卷七五　旋花，曰鼓子花，曰筋根花，曰金沸，曰美草，曰肫腸草。蔓生，花不作瓣，故謂之旋也。此草一名金沸，而旋覆花亦名金沸。旋花正謂之葍旋，旋覆正謂之旋復，易相紊也。然方家所用者，葍旋用根，旋復用花。

明　李時珍《本草綱目》卷一八　旋花《本經》上品　釋名：旋葍、蘇恭筋根、《本經》續筋根、《圖經》鼓子花、《圖經》豚腸草、《圖經》美草、《別録》天劍草、《綱目》纏枝牡丹。恭曰：旋花即平澤旋葍也。其根似筋，故一名筋根。炳曰：旋葍當作葍旋，音福鏇，用根入藥。別有旋覆，音旋伏，用花入藥。今云旋葍，誤矣。頌曰：《別録》言其根主續筋，故南人呼爲續筋根。一名豚腸草，象形也。宗奭曰：世俗謂之鼓子花，言其花形肖也。時珍曰：其花不作瓣狀，如軍中所吹鼓子，故有旋花、鼓子之名。一種千葉者，色似粉紅牡丹，俗呼爲纏枝牡丹。集解：《別録》曰：旋花生豫州平澤。五月採，陰乾。保昇曰：此旋葍花也。所在川澤皆有。蔓生，葉似薯蕷而狹長，花紅白色。根無毛節，蒸煮堪啖，味甘美，名筋根。二月、八月採根，日乾。宗奭曰：今河北、汴西、關陝田野中甚多，最難鋤艾，治之又生。四五月開花。其根寸截，置土灌溉，涉旬苗生。韓保昇説是矣。時珍曰：旋花田野塍塹皆生，逐節延蔓。葉如波菜葉而小。至秋開花，如白牽牛花，粉紅色，亦有千葉者。其根白色，大如筋。不結子。頌曰：黔南施州出一種旋花，粗莖大葉無花，不作蔓，恐別是一物也。正誤：《本經》曰：花一名金沸。弘景曰：旋花東人呼爲山薑，南人呼爲美草。根似杜若，亦似高良薑。腹中冷痛，煮服甚效。作丸散服，辟穀止饑。近有人從江南還，用此術與人，斷穀，皆得半年百日不饑不瘦。但志淺嗜深，不能久服爾。其葉似薑，花赤色，味辛美，子狀如豆蔻，此旋花即其花也。今山東甚多。又注旋覆花曰：別有旋葍根，出河南，來北國亦有，形似芎藭，惟合旋葍膏用之，餘無所入。恭曰：旋花乃旋葍花也，陶説乃山薑爾。山薑味辛，都非此類。又因旋覆花名金沸，遂作此花別名，皆誤矣。又云從北國來者根似芎藭，芎藭與高良薑全無仿佛，亦誤也。

清　吳其濬《植物名實圖考》卷二二《旋花》　旋花，《本經》上品。《爾雅》：葍，蒚。陸璣《詩疏》：幽州人謂之燕葍。今北地俗語猶爾。《救荒本草》謂之葍子根，根可煮食。有赤、白二種，赤者以飼豬，亦曰鼓子。花千葉者，曰纏枝牡丹。今南方蕹菜花葉與此無小異，唯根短耳。

圖表

明　李時珍《本草綱目・圖卷》

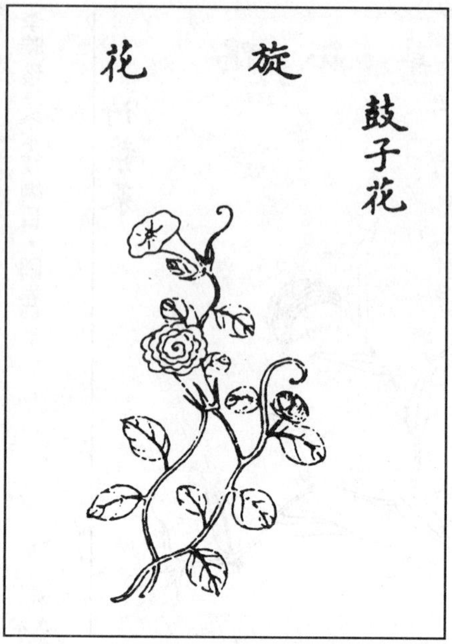

清　吴其濬《植物名實圖考》卷二二《旋花》

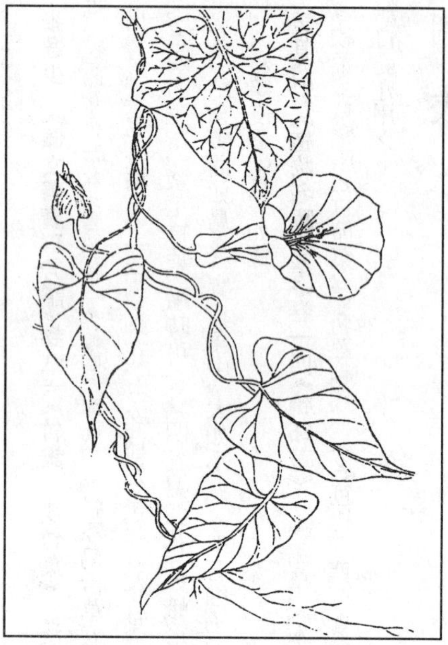

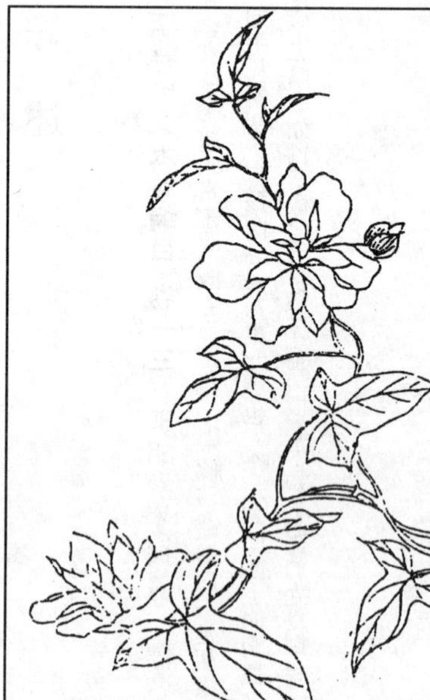

鴨跖草

綜述

明　李時珍《本草綱目》卷一六　鴨跖草跖音只。宋《嘉祐》補　釋名：鷄舌草、《拾遺》碧竹子、同上竹鷄草、《綱目》竹葉菜、同上淡竹葉、同上耳環草、同上碧蟬花、同上藍姑草。藏器曰：鴨跖生江東、淮南平地。葉如竹，高一二尺，花深碧，好爲色，有角如鳥嘴。時珍曰：竹葉菜處處平地有之。三四月生苗，紫莖竹葉，嫩時可食。四五月開花，如蛾形，兩葉如翅，碧色可愛。結角尖曲如鳥喙，實在角中，大如小豆。豆中有細子，灰黑而皺，狀如蠶屎。巧匠採其花，取汁作畫色及彩羊皮燈，青碧如黛也。

清　陳淏子《秘傳花鏡》卷四《藤蔓類考・淡竹葉》　淡竹葉，一名小青，一名鴨跖草，多生南浙，隨在有之。三月生苗，高數寸，蔓延於地，紫莖竹葉，其花儼似蛾形，只二瓣，下有緑萼承之。色最青翠可愛，土人用綿收其青汁，貨作畫燈，夜色更青，畫家用以破緑等用。秋末抽莖，結小長穗，如麥冬

而更堅硬。性喜陰。

清　张逸少　《佩文齋廣群芳譜》卷八六《竹譜・淡竹葉》　淡竹葉，一名鴨跖草。《洛陽花木記》云：碧鳳花，一名鴨脚。即此。一名芩鷄舌草，一名碧竹子，一名竹鷄草，一名耳環草，一名碧蟬花，一名藍姑草，一名竹葉菜。處處平地有之，三四月生苗，紫莖竹葉，嫩時可食。四五月開花，如蛾形，兩葉如翅，碧色可愛。結角尖曲如鳥喙，實在角中，大如小豆。中有細子。採花取汁作畫色，及彩羊皮燈，青碧如黛。

清　吴其濬　《植物名實圖考》卷一四《鴨跖草》　鴨跖草，《本草拾遺》始著録。《救荒本草》謂之竹節菜，一名翠蝴蝶，又名笪竹。葉可食。今皆呼爲淡竹，無竹處亦用之。

圖表

明　李時珍　《本草綱目・圖卷》

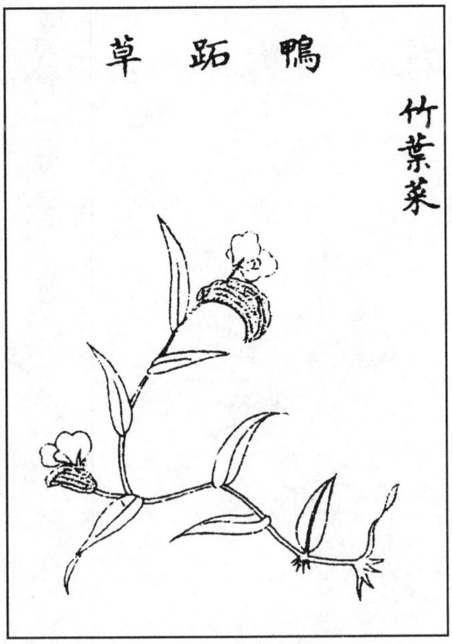

清　吴其濬　《植物名實圖考》卷一四《鴨跖草》

延胡索

綜述

明　李時珍　《本草綱目》卷一三　延胡索宋《開寶》　釋名：玄胡索。好古曰：本名玄胡索，避宋真宗諱，改玄爲延也。集解：藏器曰：延胡索生於奚，從安東道來，根如半夏，色黄。時珍曰：奚乃東北夷也。今二茅山西上龍洞種之。每年寒露後栽，立春後生苗，葉如竹葉様，三月長三寸高，根叢生如芋卵様，立夏掘起。

圖表

明 李時珍《本草綱目·圖卷》

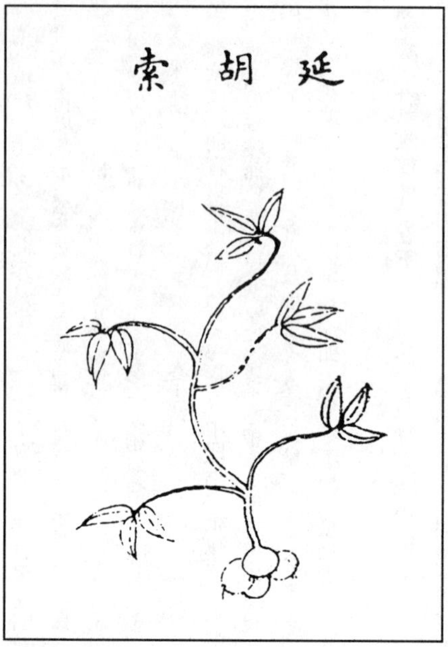

羊肝狼頭草

綜述

清 吳其濬《植物名實圖考》卷二三《羊肝狼頭草》 羊肝狼頭草，生雲南太華山。細根，獨莖，如拇指粗，淡黃色，有莖筋。每節四枝，節如牛膝而大，有深窩，枝生膝上，四杈平分，莖如穿心而出，就枝生葉，如蒿而細，平勻如齒。花生窩中，左右各一如豆花，黃色，上矗，草中具奇詭者。《本草》狼毒以性如狼，故名。滇中毒草，亦多與以狼名。觀其名與形，知非佳草矣。

圖表

清 吳其濬《植物名實圖考》卷二三《羊肝狼頭草》

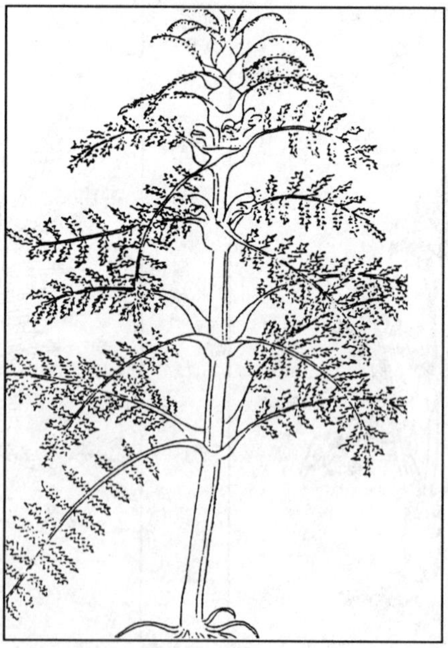

羊蹄

綜述

《爾雅·釋草》 蕢，牛蘈。注：今江東呼草爲牛蘈者，高尺餘許。方莖，葉長而鋭，有穗。穗間有華，華紫縹色，可淋以爲飲。音義：蕢，吐回反。蘈，大回反。穗，音遂。《説文》作采，云禾成秀人所收也。穗，俗字。《廣雅》云：采褁采也。縹，匹眇反，又匹妙反。《字林》云：青白色。淋，音林。《字林》云：以水沃也。疏：蕢，一名牛蘈。《詩·小雅》云：言採其蓫。鄭箋云：蓫，牛蘈。郭云『今江東呼草爲牛蘈者，高尺餘許。方莖，葉長而鋭，有穗。穗間有華，華紫縹色，可淋以爲飲』者，《字林》云：縹，青白色；

淋，以水沃也。

三國吴　陸璣《毛詩草木鳥獸蟲魚疏》卷上《言採其蓫》　蓫，牛蘈，揚州人謂之羊蹄，似蘆服而莖赤。可瀹爲茹，滑而美也，多啖令人下氣。幽州人謂之蓫。

宋　鄭樵《通志》卷七五　羊蹄，曰東方宿，曰連蟲陸，曰牛蘈，曰蓫。《詩》曰：言採其蓫。《爾雅》曰：菲，蒠菜。又曰：蕢，牛蘈。今人呼爲秃菜。蓫、秃音訛。

宋　戴侗《六書故》卷二四　蓫蓫，敕六切。《詩》云：言採其蓫。鄭氏曰：牛蘈也。《爾雅》：蕢，牛蘈。陸璣曰：蓫，今人謂之羊蹄，似盧蔔而莖赤，幽州謂之蓫，或作蓄。按：今羊蹄菜謂之秃唐，即此物也。秃、蓫、蓄，一聲之轉。郭氏曰：高尺許，方莖，葉長而鋭，有穗，穗間有華，紫縹色。《爾雅》又曰：蓫，薚，馬尾。

明　李時珍《本草綱目》卷一九　羊蹄《本經》下品　釋名：蓄、《别録》秃菜、弘景敗毒菜、《綱目》牛舌菜、同羊蹄大黄、《庚辛玉册》鬼目、《本經》東方宿、同連蟲陸、同水黄芹，俗子名金蕎麥。弘景曰：今人呼爲秃菜，即蓄字音訛也。時珍曰：羊蹄以根名，牛舌以葉形，名秃菜以治秃瘡名也。《詩·小雅》云：言採其蓫。陸璣注云：蓫即蓄字，今之羊蹄也。幽州人謂之蓫。根似長蘆菔而莖赤。亦可瀹爲茹，滑美。鄭樵《通志》指蓫爲《爾雅》之菲及蕢者，誤矣。金蕎麥以相似名。集解：《别録》曰：羊蹄生陳留川澤。保昇曰：所在有之，生下濕地。春生苗，高者三四尺。葉狹長，頗似萵苣而色深。莖節間紫赤。開青白花成穗，結子三棱，夏中即枯。根似牛蒡而堅實。宗奭曰：葉如菜中波棱，但無歧而色差青白，葉厚，花與子亦相似。葉可潔擦鍮石。子名金蕎麥，燒煉家用制鉛、汞。時珍曰：近水及地極多。葉長尺餘，似牛舌之形，不似波棱。入夏起苔，開花結子，花葉一色。夏至即枯，秋深即生，凌冬不死。根長近尺，赤黄色，如大黄胡蘿蔔形。

清　翟灝《爾雅補郭》卷下　苗，蓨。苗從由與從田字不同。郭氏讀他六、徒的二反。《説文》苗訓蓨，蓨轉訓苗。《管子·地員》篇：黑埴宜稻麥，其草宜苹蓨。房玄齡注，但曰苹蓨皆草名。惟《類篇》謂苗爲羊蹄草，《本草拾遺》謂山羊蹄，二名乃互相備。按，《本草經》稱羊蹄爲蓄，《詩·小雅》：言採其蓫。陸璣《疏》曰：蓫即蓄，揚州人謂之羊蹄。然則苗當定讀爲他六反，乃即蓄字變文耳。《玉篇》以苗爲蓧，意與上蓧蓨合爲一草。竊恐未然。

圖表

晋　郭璞《爾雅音圖·釋草》

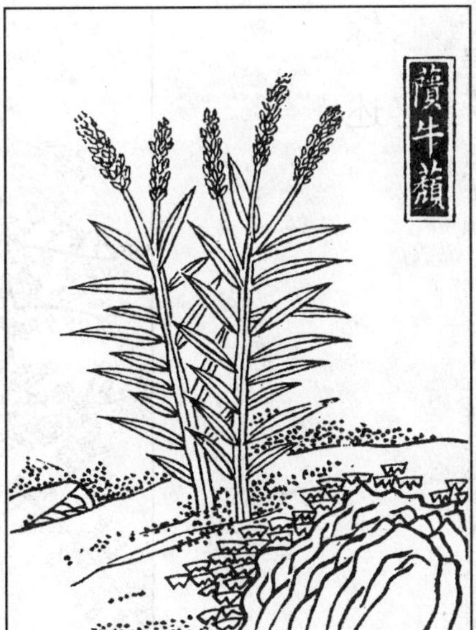

明　李時珍《本草綱目·圖卷》

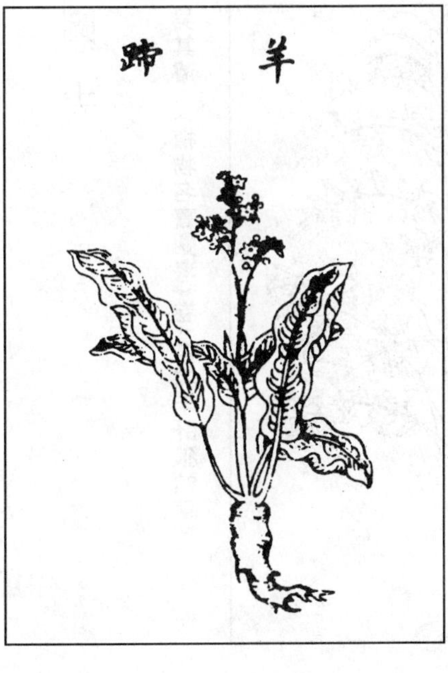

野菅

綜述

《爾雅・釋草》 白華，野菅。注：菅，茅屬。《詩》曰：白華菅兮。音義：菅，古顔反。疏：舍人云：白華，一名野菅。陸璣云：菅，似茅而滑澤無毛，根下五寸中有白粉者，柔韌宜爲索，漚乃尤善矣。郭云：菅，茅屬。此白華亦是茅之類也。漚之柔韌，異其名謂之爲菅。因謂在野未漚者爲野菅耳。《詩・小雅》云「白華菅兮」是也。

漢 許慎《説文》卷一 菅，茅也。从艸，官聲。

三國吴 陸璣《毛詩草木鳥獸蟲魚疏》卷上《白華菅兮》 菅，似茅而滑澤無毛，根下五寸中有白粉者，柔韌宜爲索，漚及曝尤善也。

宋 陸佃《埤雅》卷一八《白華》 《爾雅》曰：白華，野菅。《傳》曰：已漚爲菅，未需人功，故謂之野菅。菅，茅屬也。而其華白，故一曰白華。《詩序》曰：白華，孝子之潔白也。南陔，孝子相戒以養也。陔，戒也。故曰：相戒以養。《詩》曰：白華菅兮，白茅束兮。【略】夫白華不菅則脆薄，白茅不束則散亂。故《詩》以譬夫婦。菅兮與漚麻、漚紵、漚菅同義矣，束兮與束薪、束芻、束楚同義矣。逸詩曰：雖有姬薑，無棄憔悴。雖有絲枲，無棄菅蒯。菅蒯，猶所謂糟糠也。

明 屠本畯《離騷草木疏補》卷四《菅》 菅似茅而滑，無毛，其根如渣芹而甜。根下五寸中有白粉者，柔紉宜爲索，漚之尤善，其未漚者名野菅。

明 吴雨《毛詩鳥獸草木考》卷三《菅白華》 菅，一名白華，茅屬。高丈餘，可以飼牛。《釋草》：白華，野菅。舍人云：白華亦是茅之類，漚之柔韌，異其名，謂之爲菅，因謂在野未漚者爲野菅。陸璣云：菅，似茅而滑澤無毛，根下五寸中有白粉者，柔韌宜爲索，漚乃尤善。《異物志》：香菅似茅，葉長大於茅。凡蒸享必得此菅包裹，助調五味，益芬菲。逸詩曰：雖有絲枲，無棄菅蒯。菅與蒯，皆謂茅也。黄華者，俗名黄芒，即蒯也。白華者，俗名白芒，即菅也。

清 牟應震《毛詩物名考》卷六 菅，《爾雅》：白華野菅，芽出地如錐，俗名地針。葉如蘆，色紅，秋放白，英如茅而大，莖堅硬如蘆，漚之則柔也。今無用者。

清 吴其濬《植物名實圖考》卷八《菅》 菅，《爾雅》：白華，野菅。葉莖如茅，而莖長似細蘆秋。開青白花，如荻而硬。結實尖黑，長分許，粘人衣，河南通呼爲苓草。《本草綱目》：根可入藥，不及白茅。

圖表

晉 郭璞《爾雅音圖・釋草》

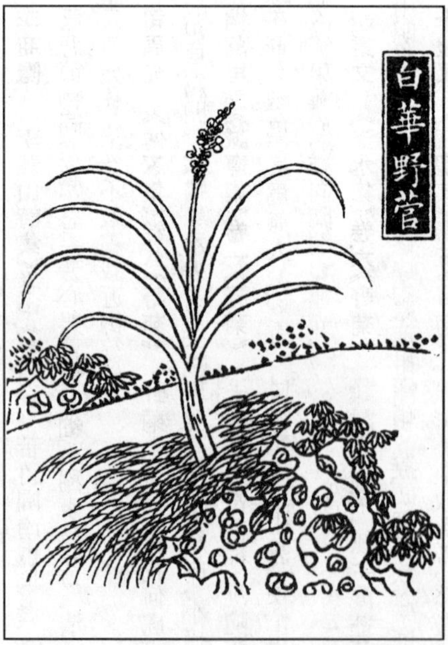

清　吳其濬　**《植物名實圖考》卷八《菅》**

野菊

綜述

明　李時珍　**《本草綱目》卷一五**　野菊《拾遺》　釋名：苦薏。時珍曰：薏乃蓮子之心，此物味苦似之，故與之同名。集解：藏器曰：苦薏生澤畔，莖如馬蘭，花如菊。菊甘而薏苦，語曰『苦如薏』是也。時珍曰：苦薏處處原野極多，與菊無異，但味薄小而多尖，花小而蕊多，如蜂窠狀，氣味苦辛慘烈。

清　嵇璜　**《續通志》卷一七四**　野菊，一名苦薏，生澤畔。莖如馬蘭，花如菊。菊甘而薏苦，語曰『苦如薏』是也。景煥《牧竪閒談》云：真菊延齡，野菊泄人。

藝文

唐　王建　**《王司馬集》卷七《野菊》**　晚艷出荒籬，冷香著秋水。憶向山中見，伴蛩石壁裏。

唐　李商隱　**《李義山詩集》卷中《野菊》**　苦竹園南椒塢邊，微香冉冉淚涓涓。已悲節物同寒鴈，忍委芳心與暮蟬。細路獨來當此夕，清樽相伴省他年。紫云新苑移花處，不取霜栽近御筵。

宋　司馬光　**《傳家集》卷八《野菊》**　野菊未嘗種，秋花何處來。羞隨衆草沒，故犯早霜開。寒蝶舞不去，夜蛩吟更哀。幽人自移席，小摘泛青杯。

宋　楊萬里　**《誠齋集》卷一《野菊》**　未與騷人當糗糧，況隨流俗作重陽。政緣在野有幽色，肯爲無人減妙香。已晚相逢半山碧，便忙也折一枝黃。花應冷笑東籬族，猶向陶翁覓寵光。

金　趙秉文　**《滏水集》卷六《野菊》**　離離崑下菊，無主混蓬茅。路斷秋光隔，山明水影交。荒叢鳴蟋蟀，寒葉掛蠨蛸。擬訪陶廬飲，柴扉何處敲。

金　李俊民　**《莊靖集》卷五《野菊》**　風露叢中取次芳，愁邊過却幾重陽。秋光到處多無主，不是閑花不肯香。

元　郝經　**《陵川集》卷三《野菊》**　乾坤入消數，萬物呈晚節。秋晏菊始華，荒叢翳林樾。野迥幽姿清，岡斷寒艷接。絲蟲罥青苞，啼螿抱枯葉。瀼露積玉華，層層擁金屑。我欲摘以杯，飲之濯中熱。霜栽鬱高標，胡與荒穢列。嗟爾夷惠儔，玉質難變滅。不謂無人看，便使幽香歇。安得老瓦盆，坐對澆古月。

元　釋善住　**《谷響集》卷一《野菊》**　野菊隱寒草，秋來花自芳。凄涼逢莫雨，浩蕩憶重陽。五柳辭榮久，三閭別恨長。東籬無夢到，珍重付啼螿。

元　鄭玉　**《師山遺文》卷五《野菊》**　巖壑無人採落英，西風時爲送芳馨。只緣落寞空山里，却是黃花真性情。

明　宋登春　**《宋布衣集》卷二《野菊》**　野菊多幽姿，含香待誰發。落英我欲湌，芳心無遽歇。

清　愛新覺羅・弘曆《**清高宗詩初集**》**卷七**《**野菊**》　野菊小於鈴，依依傍砌庭。知時舒晚豔，爲客發幽馨。洗濯曾經雨，參差似列星。詩情兼畫意，緣此暫留停。

又《**清高宗詩四集**》**卷三〇**《**野菊**》　權輿只記有黄華，紫繖紅毬流漸差。野菊却能留本色，東籬翻勝屬陶家。

圖表

明　李時珍《**本草綱目・圖卷**》

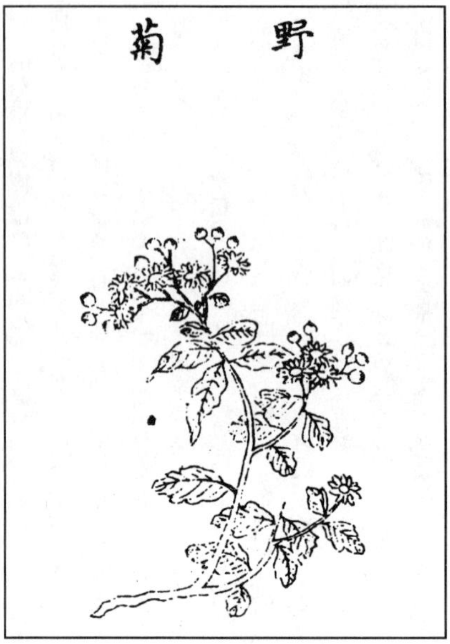

益母

綜述

《爾雅・釋草》　萑，蓷。注：今茺蔚也。葉似荏，方莖，白華，華生節間，又名益母，《廣雅》云。音義：萑，音隹。蓷，他回反，或音推。郭云：茺蔚也。《本草》：茺蔚子，一名益母，一名大札，一名益明，一名貞蔚。陶弘景云：處處生，葉如荏，方莖，子細長，三楞，白華，華生節間。茺，音充。蔚，音尉。荏，而甚反。疏：萑，一名蓷。李巡曰『臭穢草也』，郭云『今茺蔚也』，《廣雅》名益母。葉似荏，方莖，白華，華生節間。《詩・王風》云：中谷有蓷。陸璣云：舊説及魏博士濟陰周元明皆云庵蕳是也。《韓詩》及《三蒼説》悉云益母。故曾子見益母而感。案《本草》茺蔚，一名益母。故劉歆曰『蓷，臭穢』，即茺蔚也。

漢　許慎《**説文**》**卷一**　蓷，萑也。从艸，推聲。《詩》曰：中谷有蓷。

三國吴　陸璣《**毛詩草木鳥獸蟲魚疏**》**卷上**《**中谷有蓷**》　蓷，似萑，方莖，白華，華生節間。舊説及魏博士濟陰周元明皆云菴蕳是也。《韓詩》及《三蒼説》悉云蓷，益母也。故劉歆曰『蓷臭穢』，即茺蔚也。

宋　陸佃《**埤雅**》**卷一五**《**萑**》　《爾雅》曰：萑，蓷。茺蔚也。葉形似荏，方莖，白華，華生節間如雞冠。子黑色，細長，三稜。一名蔚臭，劉歆云『萑，臭穢』是也。一名益母，故曾子見益母而悲也。一名蓷。《詩》曰：中谷有蓷，叹其乾矣。旱乾曰：暵蓷者，能暵之草。今曰『暵其乾矣』，則非一日之亢也。故《序》以爲凶年饑饉，室家相棄爾。

元　梁益《**詩傳旁通**》**卷三益母草**　蓷，一名益母，一名茺蔚。《爾雅》：萑，蓷。萑，音追。疏釋曰：萑，一名蓷。郭璞注曰：今茺蔚也。茺，音充。蔚，音尉。葉似荏，方莖白華，華生節間，全似杜天麻而不生横枝。天麻則方莖紫華，子黑色，細長，三稜。一名蔚臭。劉歆云：萑，臭穢。一名益母，故昔者曾子見益母而悲也。荏似紫蘇，而高大。音稔。

明　朱橚《**救荒本草**》**卷一**　鬱臭苗，《本草》茺蔚子是也。一名益母，一名益明，一名大札，一名貞蔚。皆云：蓷，音推益母也。亦謂：蓷，臭穢。生海濱池澤，今田野處處有之。葉似荏子葉，又似艾葉而薄小，色青。莖方，節節開小白花。結子黑茶褐色，三稜，細長。味辛甘，微温；一云微寒，無毒。

明　李時珍《**本草綱目**》**卷一五**　茺蔚《本經》上品　釋名：益母、《本經》益明、《本經》貞蔚、《別録》蓷、《爾雅》。音推野天麻、《會編》猪麻、《綱目》火枕、《本經》鬱臭草、《圖經》苦低草、《圖經》夏枯草、《外臺》土質汗。《外臺》　時珍曰：

此草及子皆充盛密蔚，故名茺蔚。其功宜於婦人及明目益精，故有益母、益明之稱。其莖方類麻，故謂之野天麻。俗呼爲猪麻，猪喜食之也。夏至後即枯，故亦有夏枯之名。近效方謂之土質汗。林億云：質汗出西番，乃熱血合諸藥煎成，治金瘡折傷。益母亦可作煎，治折傷，故名爲土質汗也。禹錫曰：《爾雅》：萑，蓷。注云：今茺蔚也。又名益母。劉歆云：蓷，臭穢也。臭穢，即茺蔚也。陸璣云：蓷，益母也。故曾子見之感思。集解：《別録》曰：茺蔚生海濱池澤，五月採。弘景曰：今處處有之。味如荏，方莖，子形細長，有三棱。方用亦稀。頌曰：今園圃及田野極多。郭璞注《爾雅》云：葉似荏，方莖，白華，華生節間。節節生花，實似鷄冠子，黑色，莖作四方棱，五月採。又云九月採實，醫方稀有用實者。宗奭曰：茺蔚初春生時，亦可浸洗，淘去苦水，煮作菜食。凌冬不凋悴也。時珍曰：茺蔚近水濕處甚繁。春初生苗如嫩蒿，入夏長三四尺，莖方如黄麻莖。其葉如艾葉而背青，一梗三葉，葉有尖歧。寸許一節，節節生穗，叢簇抱莖。四五月間，穗内開小花，紅紫色，亦有微白色者。每萼内有細子四粒，粒大如同蒿子，有三棱，褐色，藥肆往往以作巨勝子貨之。其草生時有臭氣，夏至後即枯，其根白色。蘇頌《圖經》謂其葉似荏，其子黑色，似鷄冠子，九月採實，寇宗奭《衍義》謂其凌冬不凋者，皆誤傳也。此草有白花、紫花二種，莖葉子穗皆一樣。但白者能入氣分，紅者能入血分，別而用之可也。按《閨閣事宜》云：白花者爲益母，紫花者爲野天麻。《返魂丹》注云：紫花者爲益母，白花者不是。陳藏器《本草》云：茺蔚生田野間，人呼爲鬱臭草。天麻生平澤，似馬鞭草，節節生紫花，花中有子，如青葙子。孫思邈《千金方》云：天麻草，莖如火麻，冬生苗，夏着赤花，如鼠尾花。此皆似以茺蔚、天麻爲二物，蓋不知其是一物二種。凡物花皆有赤白，如牡丹、芍藥、菊花之類是矣。又按郭璞《爾雅注》云：蓷，音推，即茺蔚，又名益母。葉似荏，白華，華生節間。又云：蘈，音推，方莖，葉長而鋭，有穗，穗間有花紫縹色，可以爲飲，江東呼爲牛蘈。據此則是蓷、蘈名本相同，但以花色分別之，其爲一物無疑矣。宋人重修《本草》，以天麻草誤注天麻，尤爲謬失。陳藏器《本草》又有鏨菜，云生江南陰地，似益母，方莖對節白花，主産後血病。此即茺蔚之白花者，故其功主血病亦相同。

明 慎懋官《華夷花木鳥獸珍玩考》卷五《益母草》 益母草，即茺蔚也。《爾雅》謂之萑蓷。《詩》曰『中谷有蓷』是也。此草治産之功多，故名益母。曾子見而思母，蓋感此也。又唐武後鍊益母草以澤面。今所在皆有之，出鹿邑者佳。

明 吴雨《毛詩鳥獸草木考》卷一二《蓷》 蓷，藥草也，一名萑，一名茺蔚，一名益明，一名貞蔚，一名夏枯，一名欝臭草。生海濱池澤中，葉似荏，初生可食，凌冬不彫，方莖白花，花生節間如雞冠，全似杜天麻而不生横枝，子黑色細長，三稜狀，如菥蓂子而稍麄大，即今之益母草。陸璣云：舊説及魏博士濟陰周元明皆云菴蕳是也。《韓詩》及《三蒼説》悉云蓷，益母也。故曾子見之而感。按《本草》云茺蔚也。一名益母。故劉歆曰：蓷，臭穢。臭穢，即茺蔚也。

清 吴其濬《植物名實圖考》卷一一《茺蔚》 茺蔚，《本經》上品。《詩經》：中谷有蓷。陸《疏》：益母也。有白花、紅花。李時珍考辨甚晰。今南方濕地，春時生一種野脂麻，其葉與紅花益母葉如艾葉有杈歧者不類，俗名謂之白益母草。殆即《爾雅》注所謂『葉如荏，白華，華生節間』，《本草拾遺》『鏨菜，生陰地，似益母』者耶？雩婁農曰：益母草，鄉人皆識之，而諸耆乃多異同。紫花、白花，陸生、澤生，夏枯、夏花，彼此是非，各執其説。按『中谷有蓷』，舊説以爲菴閭。陸元恪宗劉歆説，以爲茺蔚，郭注《爾雅》主之，但『萑，蓷』注云：白華。注『蘈，牛蘈』云：華紫縹色。李時珍即以此爲益母紫花者，不知《詩》言『採其蓫』，鄭注以爲即牛蘈，陸《疏》以爲羊蹄，殊無茺蔚之説。然則以白華爲益母者，其來久矣。紫花者爲野天麻，固非有本之言。而《返魂丹》以紫花爲益母，其方實出近世。余至滇南，時已歲暮，滿圃星星，則白花益母也。土人皆呼爲夏枯草，其別一種，夏枯草則曰麥穗夏枯。然白花益母高僅尺餘，莖葉俱瘦，至夏果枯，其紫花者高大，葉肥。湘中夏花，滇南則冬亦不枯。二物形狀雖近，然枯榮肥瘠迥不相同，前人各執其説，未可全非。《本草》以爲生池澤，毛《傳》云陸草，生谷中。余所見陸澤皆饒，未可執《本草》以駮毛《傳》。此草雖生池澤，然不生於水，傷水之説，乃格物之至者也。故知鬱臭、夏枯諸名，洵非誤載。近時益母膏以京師天壇爲著，其神妙活人，蓋時有之。而羊城之益母丸，救危婦而肉白骨者，功亦大矣。北方生者，紫花尤壯，亦有横枝。《救荒本草》：葉似荏，又似艾葉而薄小，開小白花。乃舊説之益母也。

圖表

晉 郭璞《爾雅音圖・釋草》

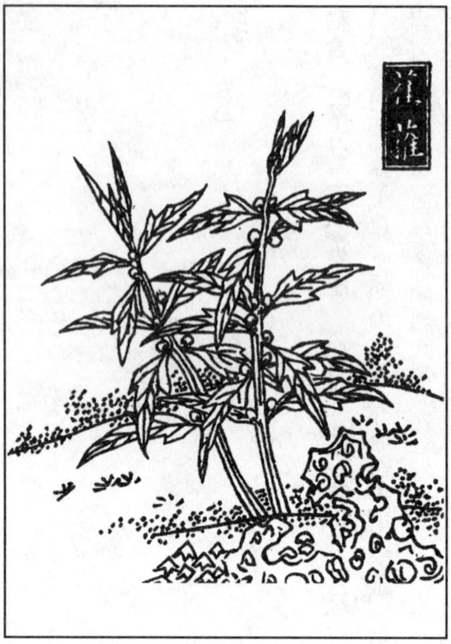

明 朱橚《救荒本草》卷一

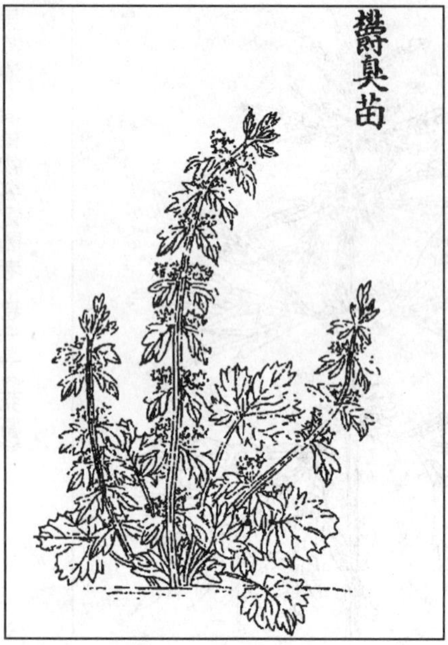

明 李時珍《本草綱目・圖卷》

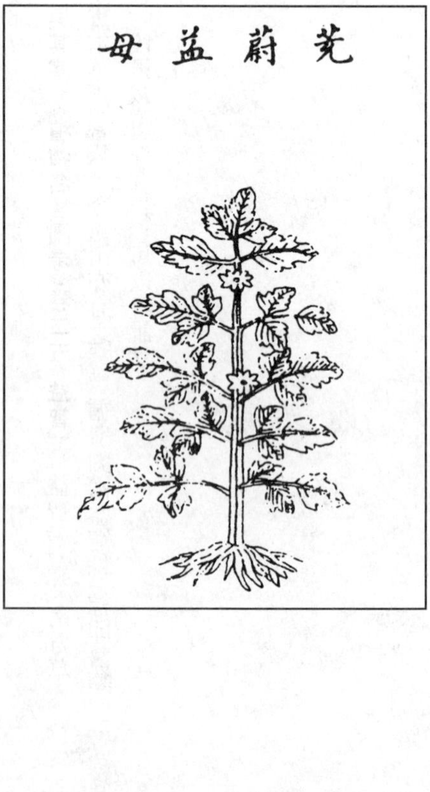

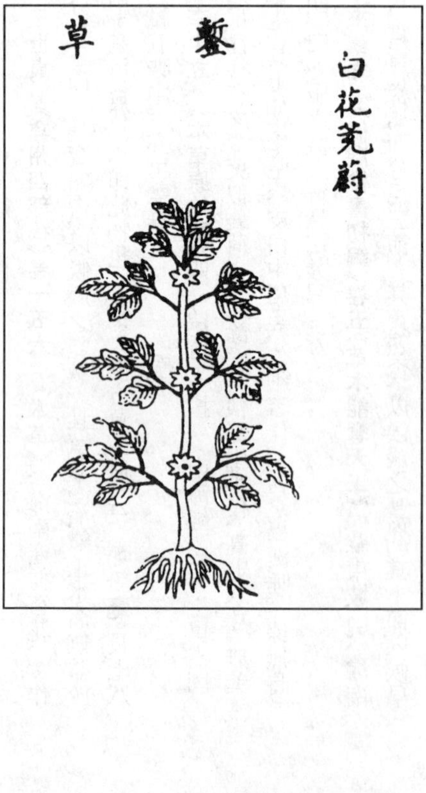

清 吳其濬《植物名實圖考》卷一一《茺蔚》

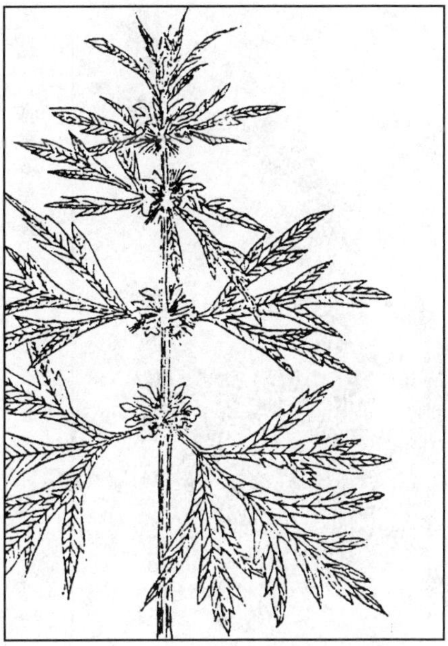

益智

綜述

晉 嵇含《南方草木狀》卷中 益智子如筆，毫長七八分，二月花，色若蓮，著實，五六月熟，味辛，雜五味，中芬芳，亦可鹽曝，出交趾、合浦、建安。八年，交州刺史張津嘗以益智子粽餉魏武帝。

明 李時珍《本草綱目》卷一四 益智子宋《開寶》 釋名：時珍曰：脾主智，此物能益脾胃故也，與龍眼名益智義同。按蘇軾記云：海南産益智，花實皆長穗，而分爲三節。觀其上中下節，以候早中晚禾之豐兇。大豐則皆實，大兇皆不實，罕有三節並熟者。其爲藥只治水，而無益於智，其得此名，豈以其知歲耶？此亦一説也，終近穿鑿。 集解：藏器曰：益智出崑崙及交趾國，今嶺南州郡往往有之。顧微《廣州記》云：其葉似蘘荷，長丈餘。其根上有小枝，高八九寸，無華萼。莖如竹箭，子從心出。一枝有十子叢生，大如小棗。其中核黑而皮白，核小者佳，含之攝涎穢。或四破去核，取外皮蜜煮爲粽食，味辛。晉盧循遺劉裕益智粽，是此也。恭曰：益智子似連翹子頭未開者，苗葉花根與豆無别，惟子小爾。時珍曰：按嵇含《南方草木狀》云：益智二月花，連着實，五六月熟。其子如筆頭而兩頭尖，長七八分，雜五味中，飲酒芬芳，亦可鹽曝及作粽食。觀此則顧微言其無華者，誤矣。今之益智子形如棗核，而皮及仁，皆似草豆蔻云。

明 王世貞《弇州四部稿》卷一五六 《本草》：海南産益智花，實作長穗，而分爲三節。其實熟否，以候歲之豐歉。其爲藥，治氣止水而無益於智。盧循寄劉裕益智粽，即此物也。嵇含《南方草木狀》云：如筆毫，長七八分，味辛，雜五味中。亦可鹽曝。

明 李中立《本草原始》卷四 益智子，按：《山海經》云：生崑崙國。今嶺南州郡往往有之。葉似蘘荷，長丈餘。其根傍生小枝，高七八寸，無葉。花萼作穗生，其上如棗許大，皮白中仁黑，仁細者佳。含之攝涎唾。採無時。《醫學入門》曰：服之益人智慧，故名。

清 來集之《倘湖樵書初編》卷五《草木能奪天工》 蘇東坡曰：海南産益智花，實皆長穗，而分爲三節。其實熟否，以候歲之豐兇，其下節以候早禾，其上中亦然。大豐則實，凶歲則不實，罕有三節並熟者。其得益智之名，豈以知歲耶？

清 吳其濬《植物名實圖考》卷二五《益智》 益智子，詳《南方草木狀》。《開寶本草》始著録。今廬山亦有之。盧循遺劉裕益智粽，粽即醬類，非角黍也。段玉裁辨之極精核，可以訂訛。

圖表

明 李時珍《本草綱目·圖卷》

清 吳其濬《植物名實圖考》芳草卷二五《益智》

陰地厥

綜述

明 李時珍《本草綱目》卷一五 陰地厥宋《圖經》 集解：頌曰：生鄧州順陽縣内鄉山谷。葉似青蒿，莖青紫色，花作小穗，微黄，根似細辛。七月採根苗用。時珍曰：江浙亦有之。外家採製丹砂、硫黄。

圖表

明 李時珍《本草綱目·圖卷》

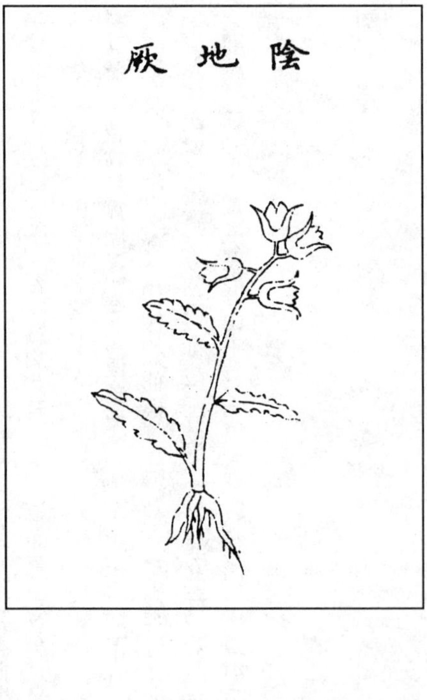

淫羊藿

綜述

宋 李石《續博物志》卷七 淫羊藿，一名仙靈脾。淫羊一日百遍，食藿所致。

明 朱橚《救荒本草》卷一 仙靈脾，《本草》名淫羊藿，一名剛前，俗名黄德祖、千兩金、乾雞筋、放杖草、棄杖草，俗又呼三枝九葉草。生上郡陽山山谷，及江東、陝西、泰山、漢中、湖湘、汾州等郡，並永康軍，皆有之。今密县山野中亦有。苗高二尺許，莖似小豆莖，極細緊。葉似杏葉，頗長。近蔕皆有一缺。又似菉豆葉，亦長而光。梢間開花，白色，亦有紫色花。作碎小獨頭子，根紫色有鬚，形類黄連狀。味辛性寒。一云性温無毒。生處不聞水聲者良。薯蕷、紫芝爲之使。

明 李時珍《本草綱目》卷一二 淫羊藿《本經》中品 釋名：仙靈脾、《唐本》放杖草、《日華》棄杖草、《日華》千兩金、《日華》乾鷄筋、《日華》黄連祖、《日華》三枝九葉草、《圖經》剛前。《本經》 弘景曰：服之使人好爲陰陽。西川北部有淫羊，一日百遍合，蓋食此藿所致，故名淫羊藿。 時珍曰：豆汁曰藿，此葉似之，故亦名藿。仙靈脾、千兩金、放杖、剛前，皆言其功力也。鷄筋、黄連祖，皆因其根形也。柳子厚文作仙靈毗，入臍曰毗，此物補下，於理尤通。 集解：《别録》曰：淫羊藿生上郡陽山山谷。 恭曰：所在皆有。葉形似小豆而圓薄，莖細亦堅，俗名仙靈脾是也。 頌曰：江東、陝西、泰山、漢中、湖湘間皆有之。莖如粟稈。葉青似杏，葉上有刺。根紫色有須。四月開白花，亦有紫花者。碎小獨頭子。五月採葉曬乾。湖湘出者，葉如小豆，枝莖紫細，經冬不凋，根似黄連。關中呼爲三枝九葉草，苗高一二尺許，根葉俱堪用。《蜀本草》言生處不聞水聲者良。 時珍曰：生大山中。一根數莖，莖粗如線，高一二尺。一莖三椏，一椏三葉。葉長二三寸，如杏葉及豆藿，面光背淡，甚薄而細齒，有微刺。

明 盧之頤《本草乘雅半偈》卷六 〔淫羊藿〕出上郡陽山山谷，江東、陝西、泰山、漢中、湖湘間皆有。一根數莖，莖細頗堅，高二三尺。一莖三椏，一椏三葉，長二三寸，如豆藿。葉如杏葉，面光背淡，邊有細齒，薄而有刺。四月開花，白色，亦有紫色者，碎小獨頭，經冬不凋。根似黄連，色紫多鬚，即仙靈脾也。景曰：西川北部有獸曰淫羊，與山羊無異，日羣百遍，蓋食此藿所致也。羊食之而淫，故曰淫羊。若以爲川北有淫羊，似乎曲爲之解矣。又名仙靈脾，當是取其益氣力强志而名之耳。

清 吴其濬《植物名實圖考》卷八《淫羊藿》 淫羊藿，《本經》中品。《救荒本草》詳列各名。葉可煠食。柳柳州《仙靈脾》詩，乃言有靈藥，近在湘西原，服之不盈旬，蹩躠皆騰騫。又云：神哉輔吾足，幸及兒女奔。蓋此草爲治腰膝之要藥。《救荒本草》云密縣山中有之，滇大理府亦産，不止漢中諸郡，郄車而載。

圖表

明 朱橚《救荒本草》卷一

仙靈脾

明　李時珍《本草綱目·圖卷》

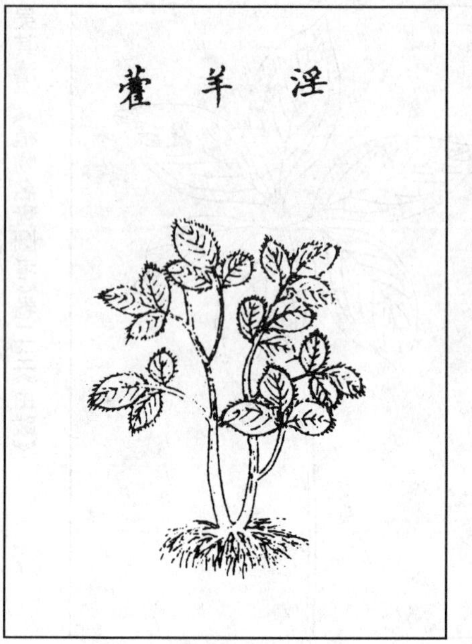

清　吳其濬《植物名實圖考》卷八《淫羊藿》

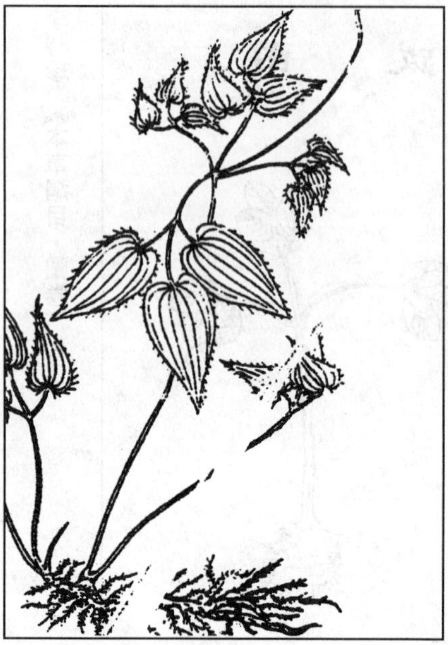

由跋

綜述

明　李時珍《本草綱目》卷一七　由跋《別録》下品　集解：恭曰：由跋是虎掌新根，大於半夏一二倍，四畔未有子牙，其宿根即虎掌也。藏器曰：由跋生林下，苗高一二尺，似蒟蒻，根如鷄卵。保昇曰：春抽一莖，莖端有八九葉，根圓扁而肉白。時珍曰：此即天南星之小者，其氣未足，不堪服食，故醫方罕用；惟重八九錢至一兩餘者，氣足乃佳。正如附子之側子，不如附子之義也。正誤：弘景曰：由跋本出始興，今人亦種之。狀如烏翣而布地，花紫色，根似附子，苦酒磨塗腫，亦效。恭曰：陶氏所説，乃鳶尾根，即鳶頭也。又言虎掌似半夏，是以鳶尾爲由跋，以由跋爲半夏，非惟不識半夏，亦不識鳶尾與由跋也。今南人猶以由跋爲半夏。時珍曰：陳延之《小品方》，亦以東海鳶頭爲由跋，則其訛誤久矣。

清　吳其濬《植物名實圖考》卷二三《由跋》　由跋，《本经》下品。《蜀本草》：一莖八九葉，最晰。俗皆呼小南星，別是一種，非南星之新根也。陳藏器所述不誤。

圖表

明 李時珍《本草綱目・圖卷》

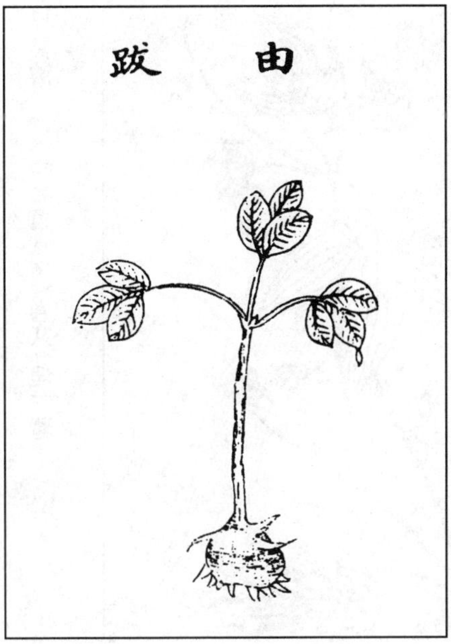

清 吳其濬《植物名實圖考》卷二三《由跋》

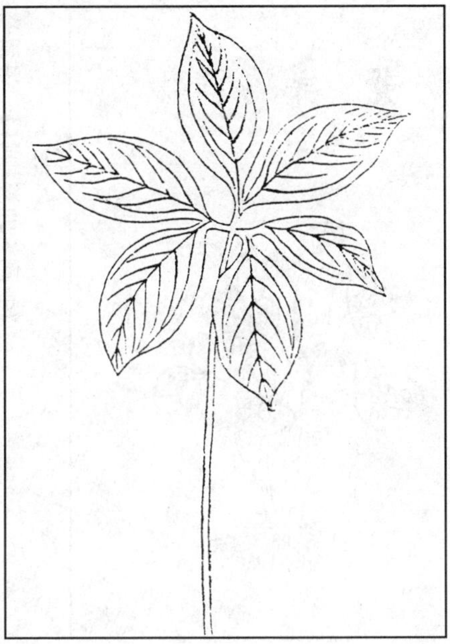

蕕

綜述

《爾雅・釋草》 莤，蔓于。注：多生水中，一名軒于，江東呼莤。音義：莤，郭音由，又音酉。蔓，或作曼，通音萬。疏：莤，水草也，一名蔓于。郭云：一名軒于，江東呼莤。

漢 許慎《説文》卷一 蕕，水邊艸也。从艸，猶聲。

宋 寇宗奭《本草衍義》卷一二 蕕草，《爾雅》曰：莤，蔓于。《左傳》亦曰『一薰一蕕，十年尚猶有臭』者，是此草。

明 李時珍《本草綱目》卷一六 蕕《拾遺》 校正：並入有名未用《別録》馬唐。釋名：馬唐、《別録》馬飯、《別録》羊麻、《別録》羊粟、《別録》蔓于、《爾雅》軒于。藏器曰：馬食之如糖如飯，故名馬唐、馬飯。時珍曰：羊亦食之，故曰羊麻、羊粟。其氣瘖臭，故謂之蕕。蕕者瘖也，朽木臭也。此草莖頗似蕙而臭。故《左傳》云『一熏一蕕，十年尚猶有臭』是也。孫升《談圃》以爲香薷者，誤矣。即《別録》馬唐也，今並爲一。集解：《別録》曰：馬唐生下濕地，莖有節生根，五月採。藏器曰：生南方廢稻田中，節節有根，着土如結縷草，堪飼馬。又曰：蕕生水田中，狀如結縷草而葉長，馬食之。

圖表

晉 郭璞《爾雅音圖·釋草》

明 李時珍《本草綱目·圖卷》

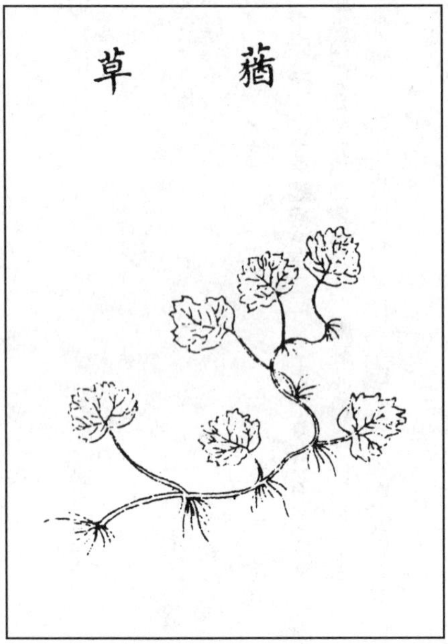

魚腥草

綜述

清 吳其濬《植物名實圖考》卷一三《魚腥草》 魚腥草，生陰濕地，細莖短葉，秋作細穗如綫三叉。天陰則氣腥，馬不食之。實極小，歉歲則茂。北地謂之熱草，亦採以充飢。

圖表

清 吳其濬《植物名實圖考》卷一三《魚腥草》

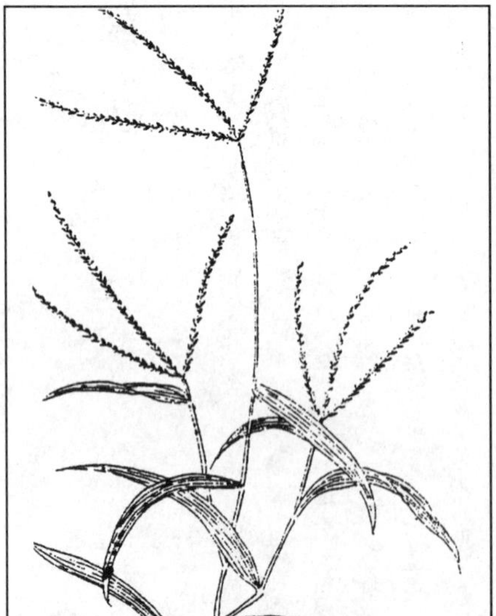

玉柏

綜述

明　李時珍《本草綱目》卷二一　玉柏《别録》有名未用　釋名：玉遂。《别録》藏器曰：舊作玉伯，乃傳寫之誤。集解：《别録》曰：生石上，如松，高五六寸，紫花，用莖葉。時珍曰：此即石松之小者也。人皆採置盆中養，數年不死，呼爲千年柏、萬年松。

圖表

明　李時珍《本草綱目·圖卷》

遠志

綜述

《爾雅·釋草》　葽繞，蕀蒬。注：今遠志也。似麻黄，赤華，葉鋭而黄，其上謂之小草，《廣雅》云。音義：葽，烏了反。蕀，居力反。蒬，於袁反，又於阮反。《廣雅》云：蕀蒬，遠志也。其上謂之小草。案《本草》：遠志，一名蕀蒬，一名葽繞，一名細草。遠志，字又作薳䓣，非。疏：藥草也。葽繞，一名蕀蒬。郭云『今遠志也。似麻黄，赤華，葉鋭而黄，其上謂之小草，《廣雅》云』者，案《本草》：遠志，一名細草，其葉名小草。陶注云：小草狀如麻黄而青。今注云遠志，莖葉似大青而小。《廣雅》云：『蕀蒬，遠志也。其上謂之小草』是也。

漢　許慎《説文》卷一　蒬，蕀蒬也。从艸，宛聲。於元切。

晉　張華《博物志》卷四　遠志苗曰小草，根曰遠志。

宋　戴侗《六書故》卷二四　葽 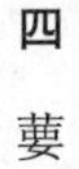，於宵切。《詩》云：四月秀葽。《爾雅》曰：葽繞，蕀蒬。《廣雅》曰：蕀蒬，遠志也。似麻黄，亦有似大青者。按《本草圖經》曰：三月花。與《詩》異。劉向説此味苦，苦葽也。一説狗尾草也。

元　梁益《詩傳旁通》卷五《葽》　毛氏《傳》曰：葽，草也。鄭氏《箋》曰：《夏小正》：四月王萯秀。葽其是乎？孔子疏曰《夏小正》者，《大戴禮》之篇名。葽之爲草，書傳無文。言『葽其是乎』，爲疑之辭也。曹氏曰：葽，遠志也。劉向説葽，味苦，謂之苦葽。《本草》：遠志，一名蕀菀，一名澆葽，一作葽繞，一名細草，一名小草。四月采根，陰乾。嚴坦叔曰：葽，毛《傳》不指爲何草，鄭《箋》疑爲王萯，陸璣亦無明説，惟曹氏以爲遠志，證據甚明。

明　李時珍《本草綱目》卷一二　遠志《本經》上品　釋名：苗名小草、《本經》細草、《本經》蕀菀、《本經》葽繞。《本經》　時珍曰：此草服之能益智强志，故有遠志之稱。《世説》載郝隆譏謝安云：處則爲遠志，出則爲小草。《記事珠》謂之醒心杖。

集解：《別録》曰：遠志生太山及冤句川谷，四月採根葉陰乾。弘景曰：冤句屬兖州濟陰郡，今此藥猶從彭城北蘭陵來。用之去心取皮，一斤止得三兩尔。亦入仙方用。小草狀似麻黄而青。志曰：莖葉似大青而小。比之麻黄，陶不識也。禹錫曰：按《爾雅》云：葽繞，棘蒬。郭璞注云：今遠志也。似麻黄，赤華，葉鋭而黄。其上謂之小草。頌曰：今河、陝、洛西州郡亦有之。根形如蒿根，黄色。苗似麻黄而青，又如畢豆。葉亦有似大青而小者。三月開白花。根長及一尺。泗州出者花紅，根葉俱大於他處。商州出者根乃黑色。俗傳夷門出者最佳。四月採根曬乾。古方通用遠志、小草。今醫但用遠志，稀用小草。時珍曰：遠志有大葉、小葉二種，陶弘景所説者小葉也，馬志所説者大葉也，大葉者花紅。

明　吴雨《毛詩鳥獸草木考》卷一三《葽》　葽，藥草也，一名葽繞，一名棘蒬，一名細草。其葉小，名小草，似麻黄，赤華，葉鋭而黄，今遠志是也。《本草注》云：莖葉似大青而小。《廣雅》曰：棘蒬，遠志也，其上謂之小草。劉向説此味苦，謂之苦葽也。孔氏曰：葽之爲草，書傳無文。四月巳秀，物之鮮矣，故疑王萯正與葽爲一。言葽其是乎？爲疑之辭也。《月令》：孟夏王瓜生。注云：今曰『王萯生』，《夏小正》云『王萯秀』，未聞孰是。鄭以四月生者，自是王瓜。今《月令》與《夏小正》皆作王萯，而生、秀字異，必有誤者，故云『未知孰是』。《本草》云：萯生田中，葉青，刺人，有實，七月採陰乾。云七月采之，又非四月巳秀，是葽與否，未能審之。物之成熟，莫先葽草，故云物成自秀葽始。微見言月之意，由有物成故也。

明　徐光啓《農政全書》卷四　遠志，一名棘菀，一名葽音腰。繞，一名細草。生太山及冤句川谷，河、陝、商、齊、泗州亦有。俗傳夷門遠志最佳，今密縣梁家冲山谷間多有之。苗名小草，葉似石竹子葉，又極細。開小紫花，亦有開紅白花者。根黄色，形如蒿根，長及一尺許，亦有根黑色者。根葉俱味苦，性温，無毒。

清　魏茂林《駢雅訓纂》卷六　棘菀，葽繞，遠志也。《神農本草經上》：遠志，一名棘菀，一名葽繞。《爾雅・釋草》：葽繞，蕀蒬。注：今遠志也。《廣雅・釋草》：蕀苑，遠志也。按：棘與蕀，菀與蒬、苑字竝通。葽，烏了反。蒬，音冤。

清　牟應震《毛詩物名考》卷六　葽，《爾雅》：葽繞，蕀菀。是葽，一名繞，一名蕀冤也。根交錯若□，故曰繞。鋒如針，故曰蕀。盤結土中，故曰蒬。冤者，曲不伸也。苗高三四寸，以四只秀。子黑而滑，土人名曰地皮芽，又曰盤地龍。《廣雅》以爲遠志。遠志，逐葉，生花不可言秀，其花亦五六月始開也。

清　王念孫《廣雅疏證》卷一〇　蕀苑，遠志也，其上謂之小草。《爾雅》：葽繞，蕀蒬。郭注云：今遠志也。似麻黄，赤華，葉鋭而黄，其上謂之小草。見《廣雅》。蒬與苑通。上謂臺也。《爾雅》：莞，苻蘺，其上蒚。郭注云『謂其頭臺首也』是也。《急就篇》云：遠志續斷參土瓜。《神農本草》云：遠志葉名小草，一名蕀蒬，一名葽繞，一名細草。《名醫別録》云：生太山及冤句川谷。陶注云：小草狀似麻黄而青。《博物志》云：苗曰小草，根曰遠志。《世説・排調》篇：郝隆譏謝安云：處則爲遠志，出則爲小草。又《御覽》引魏氏《春秋同異》云：但有遠志，不見當歸。蓋昔人多假借遠志之名以爲喻，然命名之本義或未必然也。

清　吴其濬《植物名實圖考》卷七《遠志》　遠志，《本經》上品。《爾雅》：葽繞，棘蒬。注：今遠志也。似麻黄，赤華，葉鋭而黄。語約而形容畢肖。《説文》：蒬，棘蒬。《繫傳》即遠志，又葽草也。四月秀葽，劉向説此味苦，苦葽。則葽與葽繞異物。釋《詩》者或即以葽爲遠志。《圖經》載數種，所謂似大青而小，三月開花白色者，不知何處所産。今太原産者，與《救荒本草》圖同。原圖解州遠志不應與太原産迥異。李時珍謂有大葉、小葉二種。滇南甜遠志，葉大花黄，土人亦不以入劑，蓋習用之品。藥肆所採，較當時州郡圖上者，爲可信也。

圖表

晉 郭璞《爾雅音圖・釋草》

明 李時珍《本草綱目・圖卷》

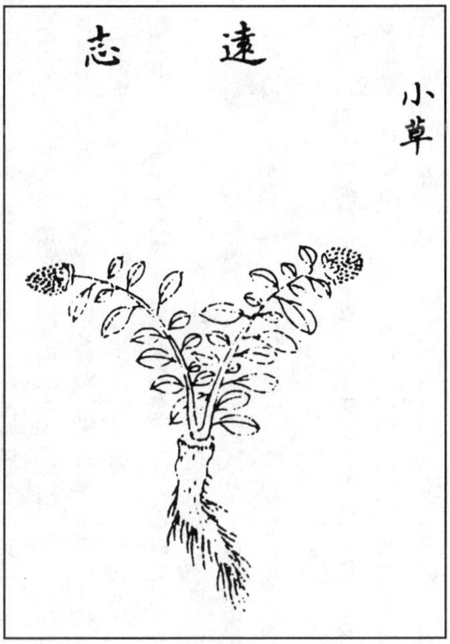

明 徐光啓《農政全書》卷四《遠志》

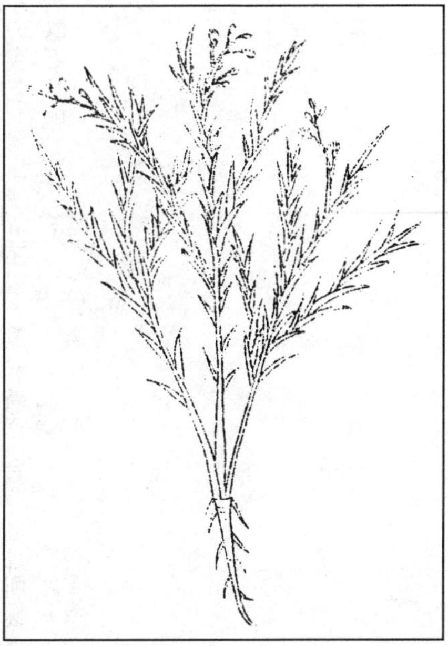

清 吳其濬《植物名實圖考》卷七《遠志》

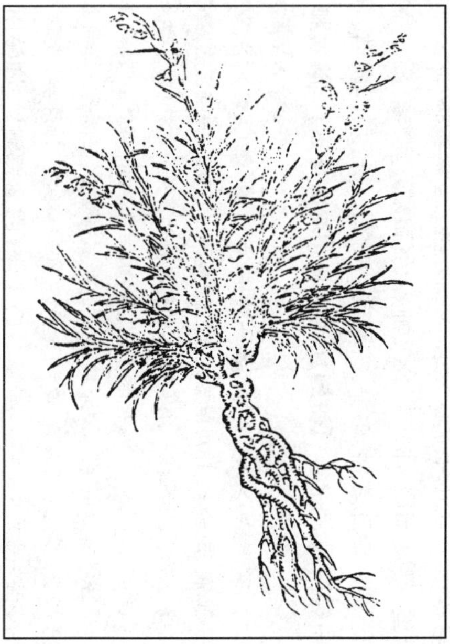

蚤休

綜述

宋　鄭樵　《通志》卷七五　蚤休，曰蚩休，曰螫休，曰重樓金線，曰重臺，曰草甘遂。今人謂之紫河車，服食家所用，而莖葉亦可愛，多植庭院間。

明　李時珍　《本草綱目》卷一七　蚤休《本經》下品　釋名：蚩休、《本經》螫休、《日華》紫河車、《圖經》重臺、《唐本》重樓金線、《圖經》三層草、《綱目》七葉一枝花、《蒙筌》甘草遂、《唐本》白甘遂。時珍曰：蟲蛇之毒，得此治之即休，故有蚤休、螫休諸名。重臺、三層，因其葉狀也。金線重樓，因其花狀也。甘遂，因其根狀也。紫河車，因其功用也。集解：《别録》曰：蚤休生山陽川谷及冤句。恭曰：今謂重樓者是也。一名重臺，南人名草甘遂。一莖六七葉，似王孫、鬼臼、蓖麻輩，葉有二三層。根如肥大菖蒲，細肌脆白。保昇曰：葉似鬼臼、牡蒙，年久者二三重。根如紫參，皮黄肉白。五月採根，日乾。大明曰：根如尺二蜈蚣，又如肥紫菖蒲。頌曰：即紫河車也。今河中、河陽、華、凤、文州及江淮間亦有之。葉似王孫、鬼臼等，作二三層。六月開黄紫花，蕊赤黄色，上有金絲垂下。秋結紅子。根似肥薑，皮赤肉白。四月、五月採之。宗奭曰：蚤休無旁枝，止一莖挺生，高尺餘，顛有四五葉。葉有歧，似苦杖。中心又起莖，亦如是生葉。惟根入藥用。時珍曰：重樓金線處處有之，生於深山陰濕之地。一莖獨上，莖當葉心。葉緑色似芍藥，凡二三層，每一層七葉。莖頭夏月開花，一花七瓣，有金絲蕊，長三四寸。王屋山産者至五七層。根如鬼臼、蒼术狀，外紫中白，有粳、糯二種。外丹家採製三黄、砂、汞。入藥洗切焙用。俗諺云：七葉一枝花，深山是我家。癰疽如遇者，一似手拈拿。是也。

清　孫之騄　《枝語》卷上《蚤休》　心如死灰，寂滅也。心如宿火，寂感也。餘無所緣合於世，復何所感哉！歐公曰：收取玉堂揮翰手，卻尋南畝把鋤犂。蓋蚤休之謂也。諺云：七葉一枝花，深山是我家。

清　吴其濬　《植物名實圖考》卷二四《蚤休》　蚤休，《本經》下品。江西、湖南山中多有，人家亦種之，通呼爲草河車，亦曰七葉一枝花。爲外科要藥。滇南謂之重樓、一枝箭，以其根老，横紋粗皺如蟲形，乃作蟲蔞字。亦有一層六葉者，花僅數縷，不甚可觀，名逾其實，子色殷紅。

藝文

宋　范成大　《石湖詩集》卷一六《紫荷車峽山此藥甚多》　緑英吐弱線，翠葉抱修莖。矗如青旄節，草中立亭亭。根有却老藥，鱗皺友松苓。長生不暇學，聊冀病身輕。

圖表

明 李時珍《本草綱目・圖卷》

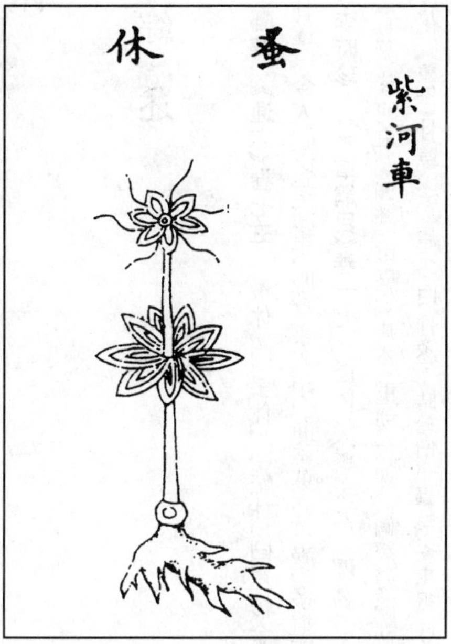

清 吳其濬《植物名實圖考》卷二四《蚤休》

澤漆

綜述

明 李時珍《本草綱目》卷一七 澤漆《本經》下品 釋名：漆莖、《別録》猫兒眼睛草、《綱目》緑葉緑花草、《綱目》五鳳草。弘景曰：是大戟苗。生時摘葉有白汁，故名澤漆，亦嚙人肉。餘見下。集解：《別録》曰：澤漆，大戟苗也。生太山川澤。三月三日、七月七日，採莖葉陰乾。大明曰：此即大戟花也。川澤中有。莖梗小，花黄色，葉似嫩菜，四五月採之。頌曰：今冀州、鼎州、明州及近道皆有之。時珍曰：《別録》、陶氏皆言澤漆是大戟苗，日華子又言是大戟花，其苗可食。然大戟苗泄人，不可爲菜。今考《土宿本草》及《寶藏論》諸書，並云澤漆是猫兒眼睛草，一名緑葉緑花草，一名五鳳草。江湖原澤平陸多有之。春生苗，一科分枝成叢，柔莖如馬齒莧，緑葉如苜蓿葉，葉圓而黄緑，頗似猫睛，故名猫兒眼。莖頭凡五葉中分，中抽小莖五枝，每枝開細花青緑色，復有小葉承之，齊整如一，故又名五鳳草、緑葉緑花草。掐莖有白汁粘人，其根白色有硬骨。或以此爲大戟苗者，誤也。五月採汁，煮雄黄，伏鍾乳，結草砂。據此，則澤漆是猫兒眼睛草，非大戟苗也。今方家用治水蠱、脚氣有效，尤與《神農》本文相合。自漢人集《別録》，誤以爲大戟苗，故諸家襲之爾。用者宜審。

明 徐光啓《農政全書》卷四六 澤漆，《本草》一名漆莖，大戟苗也。生太山川澤，及冀州、鼎州、明州，今處處有之。苗高二三尺，科叉生。莖紫赤色。葉似柳葉，微細短。開黄紫花，狀似杏花而瓣頗長。生時摘葉，有白汁出，亦能嚙刺人，故以爲名。味苦，辛性，微寒，無毒。一云有小毒，一云性冷微毒。小豆爲之使，惡薯蕷。今嘗葉味澀苦，食過回味甜。

清 吳其濬《植物名實圖考》卷二四《澤漆》 澤漆，《本經》下品。相承以爲大戟苗，李時珍訂以爲即猫兒眼睛草。今處處有之，北地謂之打碗科。只取一種，煎熬爲膏，傳無名腫毒，極效。雩婁農曰：澤漆、大戟，漢以來皆以爲一物。李時珍據《土宿本草》以爲即猫兒眼睛草。

圖表

明 李時珍《本草綱目・圖卷》

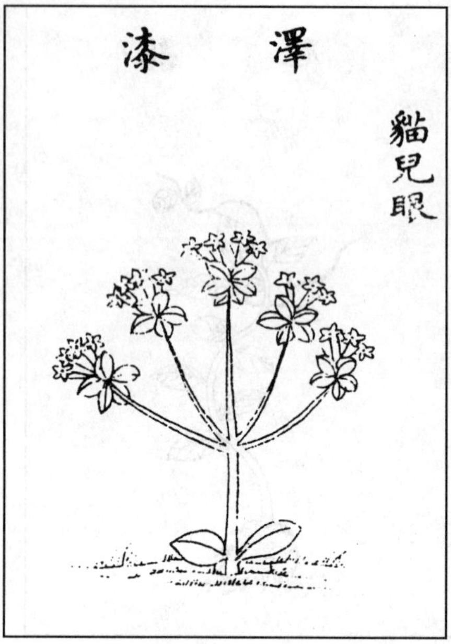

明 徐光啓《農政全書》卷四六

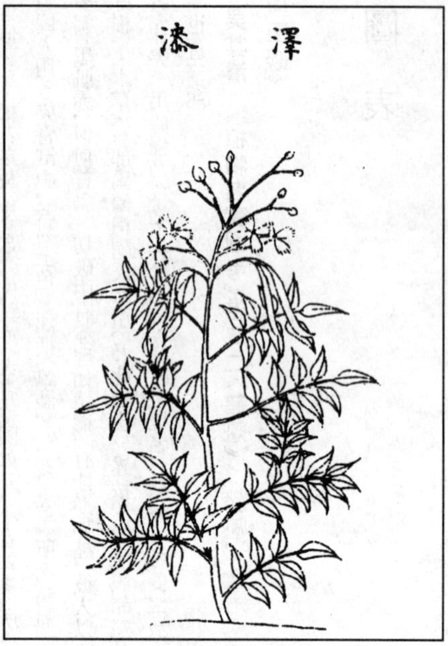

清 吳其濬《植物名實圖考》卷二四《澤漆》

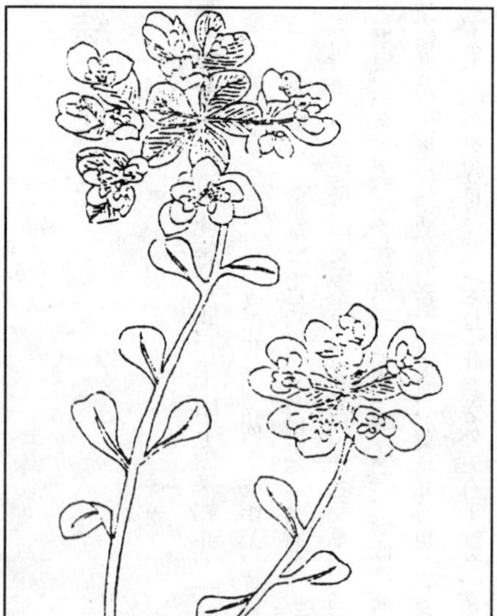

赭魁

綜述

宋 沈括《夢溪筆談》卷二六 《本草》所論赭魁，皆未詳審。今赭魁南中極多，膚黑肌赤，似何首烏。切破其中，赤白理如檳榔，有汁赤如赭，南人以染皮制韡。閩嶺人謂之餘糧，《本草》禹餘糧注中所引，乃此物。

宋 鄭樵《通志》卷七五 赭魁，俗呼禹餘糧，葉如薯蕷，根如何首烏，儉歲人採之以療飢。陳藏器謂禹會諸侯，棄糧於地，化爲此草。

明 李時珍《本草綱目》卷一八 赭魁《别録》下品 釋名：時珍曰：其根如魁，有汁如赭，故名。魁乃酒器名。集解：《别録》曰：生山谷中。二月採。弘景曰：狀如小芋，肉白皮黄，近道亦有。恭曰：赭魁大者如斗，小者如升。蔓生草木上，葉似杜衡。陶所説乃土卵也。土卵不堪藥用，梁漢人蒸食之，名黄獨，非赭魁也。保昇曰：

苗蔓延生，葉似蘿藦，根若菝葜，皮紫黑，肉黃赤，大者輪囷如升，小者如拳，所在有之。時珍曰：赭魁閩人用入染青缸中，云易上色。沈括《筆談》云：《本草》所謂赭魁，皆未詳審。今南中極多，膚黑肌赤，似何首烏。切破中有赤理如檳榔，有汁赤如赭，彼人以染皮制靴。閩人謂之餘糧。《本草》石部禹餘糧陶氏所引，乃此物也。謹按沈氏所説赭魁甚明，但謂是禹餘糧者，非矣。禹餘糧乃今之土茯苓，可食，故得糧名；赭魁不可食，豈得稱糧耶？土卵即土芋也，見菜部。

清　吴其濬《植物名實圖考》卷二二《赭魁》　赭魁，《本經》下品。根形詳沈括《筆談》。

圖表

明　李時珍《本草綱目·圖卷》

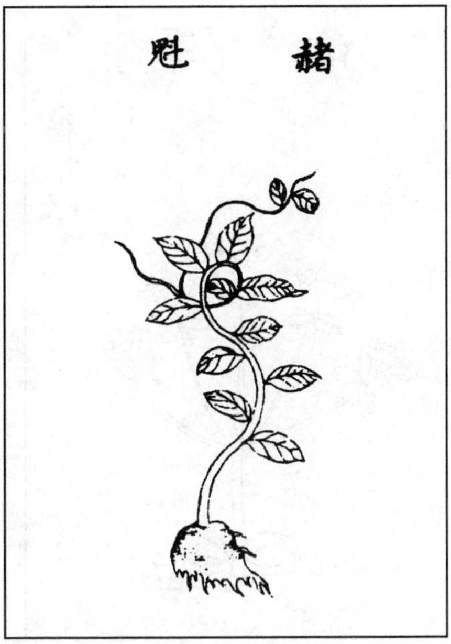

清　吴其濬《植物名實圖考》卷二二《赭魁》

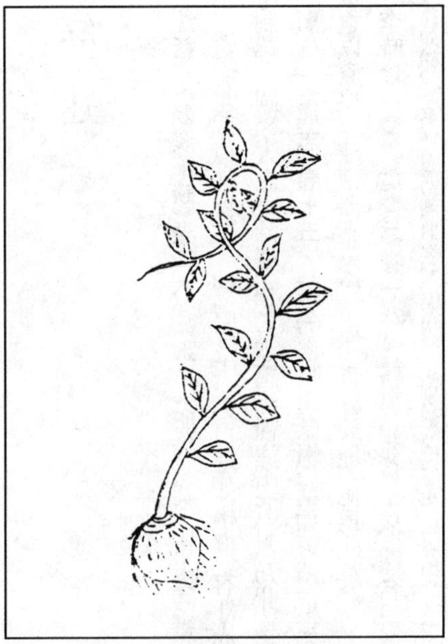

知母

綜述

《爾雅·釋草》　蕁，莐藩。注：生山上，葉如韭，一曰蝭母。音義：蕁，孫云古藫字，徒南反。《説文》云：或作蕁字。莐，字或作芜，音直林反。藩，甫煩反，又音煩。郭云：一名蝭母。《本草》謂之知母，一名蚳母，一名連母，一名野蓼，一名地參，一名水參，一名貨母，一名蝭母，一名女雷，一名女理，一名兒草，一名鹿列，一名韭逢，一名兒踵，一名東根，一名水須，一名莐藩，一名蕁。陶注云：形似菖蒲而柔潤，葉至難死，掘出隨生，須枯燥乃止，堪治熱病，亦主瘧疾。疏：藥草知母也。一名蕁，一名莐藩。郭云：生山上，葉似韭，一名蝭母。案，《本草》此名之外更有十餘名，文多不載。陶注云：形似菖蒲而柔潤，葉至難死，掘出隨生，須枯燥乃止也。

漢　許慎《説文》卷一　芪，芪母也。从艸氏聲。常之切。

明　李時珍《本草綱目》卷一二《草部》　知母《本經》中品。　釋名：蚳母《本經》。音遲。《説文》作芪。連母、《本經》蝭母、蝭音匙，又音提，或作莫。貨母、《本經》地參、《本經》水參、又名水須、水浚。薚、《爾雅》。音覃。莐藩、音沉煩。苦心、《别録》兒草。《别録》　又名兒踵草、女雷、女理、鹿列、韭逢、東根、野蓼、昌支。時珍曰：宿根之旁，初生子根，狀如蚳蝱之狀，故謂之蚳母，訛爲知母、蝭母也。餘多未詳。　集解：《别録》曰：知母生河内川谷，二月、八月採根暴乾。弘景曰：今出彭城。形似菖蒲而柔潤，葉至難死，掘出隨生，須枯燥乃止。禹錫曰：按范子云：提母出三輔，黄白者善。郭璞釋《爾雅》云：薚，蝭母也。生山上，葉如韭。頌曰：今瀕河懷、衛、彰德諸郡及解州、滁州亦有之。四月開青花如韭花，八月結實。

明　盧之頤《本草乘雅半偈》卷六　〔知母〕出瀕河懷、衛、彰德、解州、滁州、彭城諸處，二月宿根再發，四月開花，色青如韭。八月結實，根至難死，掘出隨生。

清　王念孫《廣雅疏證》卷一〇　芪母，兒踵，東根也。《説文》云：芪，芪母也。《玉篇》云：莫母草，即知母也。《爾雅》：薚，莐藩。郭注云：生山上，葉如韭，一曰蝭母。《神農本草》云：知母，一名蚳母，一名蝭母。《名醫别録》云：一名兒踵草，一名東根，一名沈燔，一名薚。生河内川谷。陶注云：今出彭城，形似菖蒲而柔潤，葉至難死，掘出隨生，須枯燥乃止。《御覽》引《范子計然》云：提母出三輔，黄白者善。芪、莫、知、蝭、蚳、提，古聲竝相近也。

清　吴其濬《植物名實圖考》卷七《知母》　知母，《本經》中品。《爾雅》：薚，莐藩。注：一曰蝭母。今藥肆所售，根外黄，肉白，長數寸，原圖三種，蓋其韭葉者。

圖表

晉　郭璞《爾雅音圖·釋草》

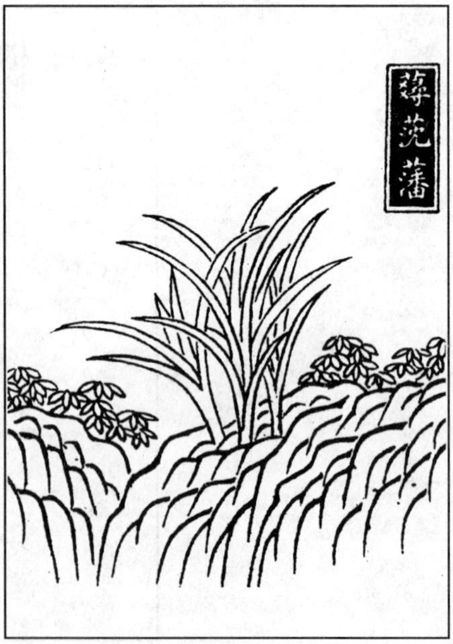

明　李時珍《本草綱目·圖卷》

清 吴其濬《植物名實圖考》卷七《知母》

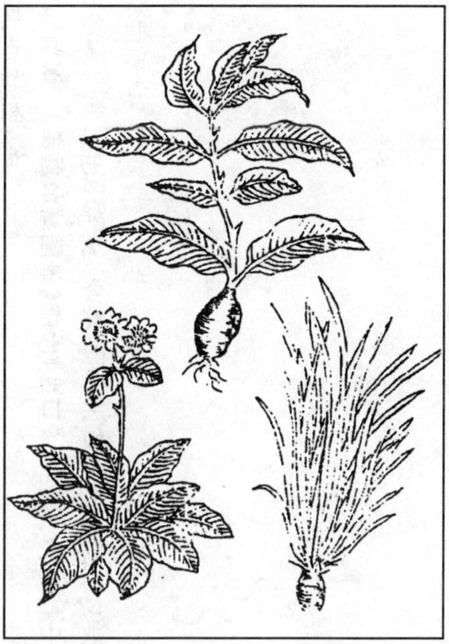

朱砂根

綜述

明 李時珍《本草綱目》卷一三 朱砂根《綱目》 集解：時珍曰：朱砂根生深山中，今惟太和山人採之。苗高尺許，葉似冬青葉，背甚赤，夏月長茂。根大如箸，赤色，此與百兩金仿佛。

圖表

明 李時珍《本草綱目·圖卷》

珠參

綜述

清 趙學敏《本草綱目拾遺》卷三《草部上·珠參》 《金沙江志》：産東川者，味似參，較苦。《本草從新》云：出閩中，以大而明透者佳。須多去皮，滚水泡過，然後可用。因其苦劣之味，皆在外邊，近中心則苦減而稍甘。《書影叢説》：云南姚安府亦産人參，其形匾而圓，謂之珠兒參。《藥性考》：珠兒參，根與薺苨同。

圖表

清 吴其濬《植物名實圖考》卷二三《珠子參》

竹葉吉祥草

綜述

清 吴其濬《植物名實圖考》卷二三《竹葉吉祥草》 竹葉吉祥草，生雲南山中，緑蔓，竹葉垂條。開花如吉祥草，六瓣，紅白相間。長根色微紅。土醫謂之竹葉紅參，主補益。

圖表

清 吴其濬《植物名實圖考》卷二三《竹葉吉祥草》

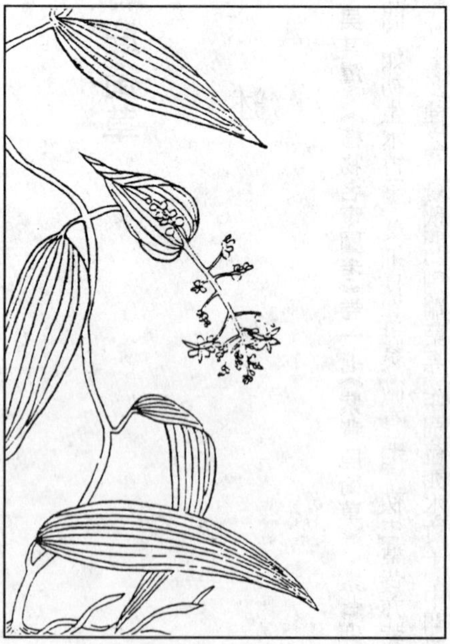

紫背金盤

綜述

明 李時珍《本草綱目》卷二〇 紫背金盤草宋《圖經》 集解：頌曰：生施州。苗高一尺以來，葉背紫，無花。土人採根用。時珍曰：湖湘水石處皆有之，名金盤藤。似醋筒草而葉小，背微紫。軟莖引蔓似黄絲，搓之即斷，無汁可見。方土用以制汞。他處少有。醋筒草，葉似木芙蓉而偏，莖空而脆，味酸，開白花。廣人以鹽醋淹食之。

清 嵇璜《續通志》卷一七四 紫背金盤，一名金盤藤。

清 吴其濬《植物名實圖考》卷一六《紫背金盤》 宋《圖經》：紫背金盤生施州。苗高一尺以來，葉背紫，無花。李時珍謂湖湘水石處有之。今湖南所産，引紫蔓長尺餘，葉背紫，面緑有圓齒。土名破血丹。與《圖經》主治婦人血氣痛，能消胎氣相符。李時珍所云蔓似黄絲，恐非此種。

圖表

明 李時珍《本草綱目·圖卷》

清 吴其濬《植物名實圖考》卷一六《紫背金盤》

紫背鹿銜草

綜述

清 吴其濬《植物名實圖考》卷一七《紫背鹿銜草》 紫背鹿銜草，生昆明山石間，如初生水竹子，葉細長，莖紫，微有毛。初生葉背亦紫，得濕即活，人家屋瓦上多種之。夏秋間，稍端葉際，作扁苞如水竹子，中開三圓瓣碧藍花。絨心一簇，長三四分，正如翦繪綃爲之，上綴黄點，耐久不斂。蘚花苔繡，長伴階除。秋雨蕭條，稍堪拈笑。

圖表

清 吴其濬《植物名實圖考》卷一七《紫背鹿銜草》

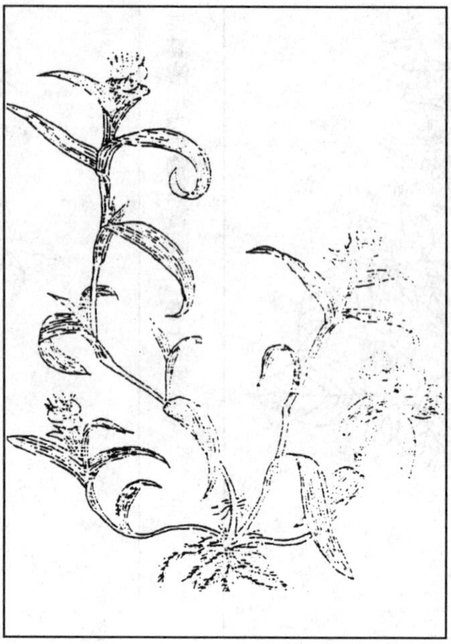

紫參

綜述

明 李時珍《本草綱目》卷一二 紫參《本經》中品 釋名：牡蒙、《本經》童腸、《别録》馬行、《别録》衆戎《别録》五鳥花。《綱目》 時珍曰：紫參、王孫，並有牡蒙之名。古方所用牡蒙，多是紫參也。按《錢起詩集》云：紫參，幽芳也。五葩連萼，狀如飛禽羽舉。故俗名五鳥花。 集解：《别録》曰：紫參生河西及冤句山谷，三月採根，火炙使紫色。 普曰：紫參一名牡蒙，生河西或商山。圓聚生根，黄赤有文，皮黑中紫，五月花紫赤，實黑大如豆。 弘景曰：今方家皆呼爲牡蒙，用之亦少。 恭曰：紫參葉似羊蹄，紫花青穗。其根皮紫黑，肉紅白，肉淺皮深。所在有之。長安見用者，出蒲州。牡蒙乃王孫也，葉似及已而大，根長尺餘，皮肉亦紫色，根苗不相似。 頌曰：今河中、晋、解、齊及淮、蜀州郡皆有之。苗長一二尺，莖青而細。其葉青似槐葉，亦有似羊蹄者。五月開花白色，似葱花，亦有紅紫而似水葒者。根淡紫，根皮紫黑色，如地黄狀，肉紅白色，肉淺而皮深。三月采根，火炙紫色。又云：六月采，曬乾用。 時珍曰：紫參根幹紫黑色，肉帶紅白，狀如小紫草。《范子計然》云：紫參出三輔，有三色，以青赤色爲善。

清 魏茂林《駢雅訓纂》卷六 牡蒙，衆戎，紫參也。《神農本草經中》：紫參，一名牡蒙。《名醫》曰：一名衆戎。

清 吴其濬《植物名實圖考》卷七《紫參》 紫參，《本經》中品。一名牡蒙。《唐本草注》：紫參，葉似羊蹄，牡蒙葉似及已，乃王孫也。《圖經》又謂：莖青細葉似槐葉，亦有似羊蹄者。五月花，白色似葱花，亦有紅如水葒者，蓋有數種。滇南山中多有之，與《圖經》同。其如水葒者，蓋作穗色粉紅相似，花仍類丹參輩。如葱花者，梢端開細碎白花成簇，實似水芹、蛇床等，葉比槐葉尖長，莖葉同緑，根鮮時不甚紫。近時方書少用。《滇本草》：通行十二經絡，治風寒、濕痺、手足麻木、筋骨疼痛、半身不遂、活絡强筋，功效甚多，宜温酒服。

藝文

唐 錢起《錢仲文集》卷一《紫參歌並序》 紫參，幽芳也。五葩連萼，狀飛禽羽舉，俗名之五鳥花。起故山道人蘭若尤豐此藥，校書劉公詠歌之，俾予繼組：遠公林下滿青苔，春蘂偏宜間石開。往往幽人尋水見，時時仙蝶隔云來。陰陽雕刻花如鳥，對鳳連鷄一何小。春風宛轉虎溪傍，紫翼紅翹翻霽光。貝葉經前無住色，蓮花會裏暫留香。蓬山才子憐幽性，白雪陽春動新詠。應知仙卉老云霞，莫賞天桃滿蹊逕。

圖表

明 李時珍《本草綱目・圖卷》

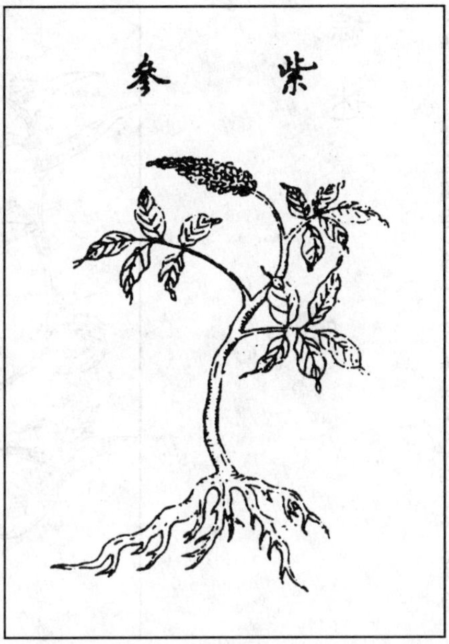

清 吳其濬《植物名實圖考》卷七《紫參》

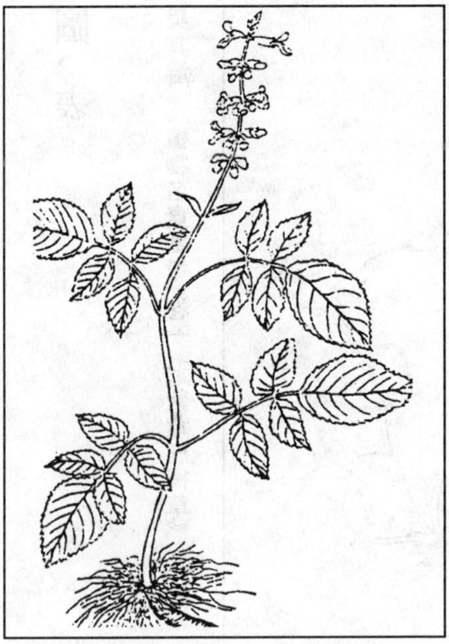

紫草

綜述

《爾雅・釋草》 藐，茈草。注：可以染紫，一名茈莀，《廣雅》云。音義：藐，亡角反，又亡校反。茈，子爾反。莀，力計反。疏：藐，一名茈草，根可以染紫之草。《廣雅》一名茈莀，《本草》一名紫丹。《唐本注》云：苗似蘭香，莖赤節青，花紫白色，而實白也。

漢 許慎《説文》卷一 藐，茈艸也。从艸，䫉聲。莫覺切。

茈，茈艸也。从艸，此聲。將此切。

宋 羅願《爾雅翼》卷四《茈草》 《釋草》云：藐，茈草。郭氏曰：可以染紫，一名茈莀。《説文》亦曰：茈，藐，紫草。蓋茈，即紫也。以其可染紫，故名茈。《上林賦》有茈薑，司馬彪亦云紫色之薑，則茈之與紫，古字通爾。列仙之傳，商客能致紫草，賣與染家。《本草説》云其利勝藍。按，種藍一畝，已敵穀田一頃矣。而此復勝焉，有以見後世末作之盛。夫紫，間色奪朱者也。《韓子》曰：齊桓公好服紫，一國盡服紫。五素不得一紫，公患之。用管仲言，謂左右曰：吾惡紫臭。三日，境内莫有衣紫。蘇代遺燕王書曰：齊紫，敗素也，而賈十倍。然則由春秋戰國以來，重之矣。漢相國、丞相，皆秦官，金印紫綬。高帝相國緑綬。徐廣曰：金印緑綟綬。綟，草名也。以染似緑，又云似紫。紫綬名緺，綬音瓜，其色青紫。綟與盭同，公加殊禮，特服之。何承天云：緺音媧，青紫色。綬綟，紫色也。《字説》曰：綟，紫也。綟以莀染，故系在左。紫或染或不，故係在下。綟人，染也。其爲此也，有戾焉。或不，則無戾也，此而已。莀可染紫，謂之茈。莀則茈，言本紫。莀言所染，所染戾彼而此者也。

宋 吳仁傑《離騷草木疏》卷二《紫》 蓀壁兮紫壇。王逸注：紫貝爲室壇。仁傑按：《山海經》：闞澤多茈蠃。注：紫色螺也。固可用紫貝解。

然與上下文所云『荷室椒堂』、『桂棟蘭橑』、『藥房蕙櫋』不類。《九歌》：魚鱗屋兮龍堂，紫貝闕兮珠宮。於此用紫貝，則宜紫壇之紫。蓋紫草也。《山海經》：勞山多茈草。注云：一名茈戾，中染紫。《爾雅》：藐，一名茈草，根可以染紫。《説文》：茈草也。將此切。《本草》『紫草』條云：一名紫丹，一名紫芺。苗似蘭香，莖赤節青。二月有花紫白色，秋實白，生碭山及楚地。『紫石花條』云：紫一作茈，古紫、茈通。《文苑》作『紫貝闕兮珠宮』，今本作朱。王逸云：朱丹其宮，恐當以珠字爲正。賈思勰云：種紫宜軟、良之地，沙地亦善。性耐水，必須高田。三月種，九月刈。

元　王禎《農書》卷一〇《種紫草》　紫草，《爾雅》謂之『藐』，《廣雅》謂之『茈莀』，苗似蘭香，節青。

元　黎崱《安南志略》卷一五《紫草》　中州載麒麟紫草，乃蟻之所造，如蜂作蜜。紫草色赤面黃，似松枝。《交州志》：紫草與血竭，俱出於交。而非一物明矣。《本草》云：二物主五臟邪氣，止痛破血，愈金瘡。

明　屠本畯《離騷草木疏補》卷一《紫》　紫，茈草也。一名藐，一名茈戾，一名紫丹，一名紫芺。其苗似蘭香，莖赤節青。二月有花，紫白色，秋實白。其根可以染紫。

明　李時珍《本草綱目》卷一二　紫草《本經》中品　釋名：紫丹、《別録》紫芺、音襖。茈莀、《廣雅》。音紫戾。藐、《爾雅》。音邈。地血、吳普鴉銜草。時珍曰：此草花紫根紫，可以染紫，故名。《爾雅》作茈草。瑶、侗人呼爲鴉銜草。集解：《別録》曰：紫草生碭山山谷及楚地，三月採根陰乾。弘景曰：今出襄陽，多從南陽新野來，彼人種之，即是今染紫者，方藥都不復用。《博物志》云：平氏陽山紫草特好。魏國者染色殊黑。比年東山亦種之，色小淺於北者。恭曰：所在皆有，人家或種之。苗似蘭香，莖赤節青，二月開花紫白色，結實白色，秋月熟。時珍曰：種紫草，三月逐壟下子，九月子熟時刈草，春社前後採根陰乾，其根頭有白毛如茸。未花時採，則根色鮮明；花過時採，則根色黯惡。採時以石壓扁曝乾。收時忌人溺及驢馬糞並煙氣，皆令草黃色。

明　盧之頤《本草乘雅半偈》卷六　〔紫草〕出碭山山谷及楚地，今出襄陽，多從南陽新野來。二月逐壟下子，苗似蘭香，赤莖青節，紫花白實。其實秋月乃熟也。

清　陳淏子《秘傳花鏡》卷五《花草類考·紫艸》　紫艸，一名紫丹，又名茈莀。生陽山、南陽新野及楚地。其苗似蘭香，莖赤節青。三月開花，紫白色，結實赤白，惟根色紫，可以染紫。三月内種，宜軟沙高地，性不喜木。鋤種悉如治稻法，其利倍於藍。收時忌人溺及驢馬糞並煙氣，能令色黯。

清　吳其濬《植物名實圖考》卷七《紫草》　紫草，《本經》中品。《爾雅》：藐，茈草。《圖經》：苗似蘭，莖赤節青，二月花，紫白色，秋實白。今醫者治痘疹破血多用紫草茸。《齊民要術》有種紫草法，近世紅藍，利贏十倍，而種紫草者鮮矣。《圖經》諸書，皆未詳的。湘中傜峒及黔滇山中，野生甚繁，根長粗，紫黑，初生鋪地，葉尖長濃密，白毛長分許，漸抽圓莖，獨立亭亭，高及人肩，四面生葉，葉亦有毛。夏開紅筩子花，無瓣，亦不舒放。茸跗半含，柔枝盈幹，層蘤四垂，宛如瓔珞。《遵義府志》：葉似胡麻，幹圓，結子如蘇麻子。秋後葉落幹枯，其根如紅。較諸書敘述，簡而能類。按《説文》：莀，草也，可以染流黃。臣錯按《爾雅》：藐，紫草。注：一名茈莀。臣以爲史儀制多言緑綟綬，即此草所染也。又按五方之間色，有留黃，其色紫赤黃之間，蓋玄冠紫緌萌於魯桓，漢魏綰綸，遂同褻服，貴紅藍而賤紫茢，鄭注：掌染草謂之紫茢。尚循夺朱之恶歟？

圖表

晉 郭璞《爾雅音圖·釋草》

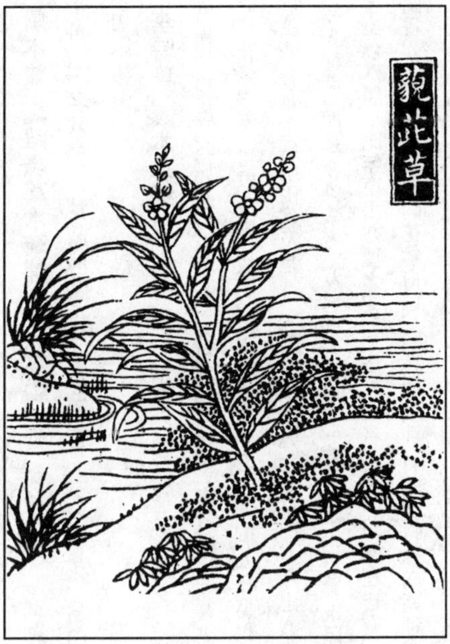

明 李時珍《本草綱目·圖卷》

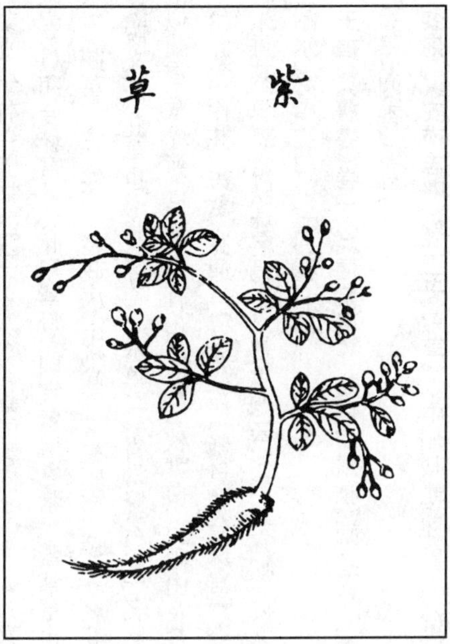

清 吴其濬《植物名實圖考》卷七《紫草》

紫地榆

清 吴其濬《植物名實圖考》卷二三《紫地榆》 紫地榆，生云南山中，非地榆類也。圓根，横紋，赭褐色。細蔓繚繞，一莖一葉。葉如五葉草，而杈歧不匀，多鋸齒。蔓梢開五瓣粉白花，微紅，本尖末齊，緑萼五出，長於花瓣，托襯瓣隙。結角長寸許，甚細而彎如牛角。考《滇本草》，有赤地榆，與《本草》治症同。又有白地榆，味苦澀，性温，與地榆頗異。此又一種。

圖表

清　吴其濬《植物名實圖考》卷二三《紫地榆》

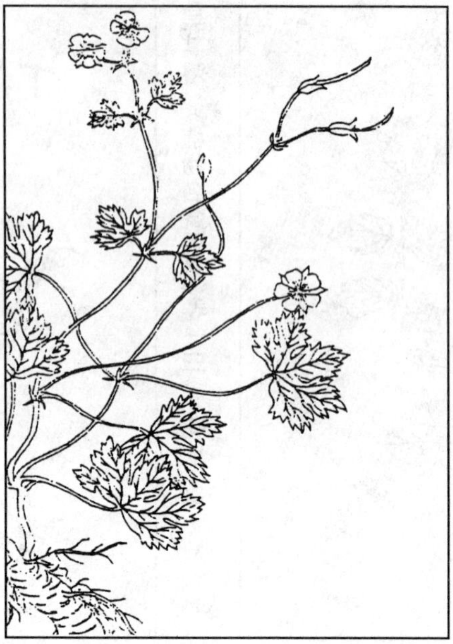

紫花地丁

綜述

明　李時珍《本草綱目》卷一六　紫花地丁《綱目》　釋名：箭頭草、《綱目》獨行虎、《綱目》羊角子、《秘韞》米布袋。集解：時珍曰：處處有之。其葉似柳而微細，夏開紫花結角。平地生者起莖，溝壑邊生者起蔓。《普濟方》云：鄉村籬落生者，夏秋開小白花，如鈴兒倒垂，葉微似木香花之葉。此與紫花者相戾，恐別一種也。

清　陳淏子《秘傳花鏡》卷四《藤蔓類考・紫花地丁》　紫花地丁，一名独行虎，隨在有之。葉青而肥，根直如釘。仲夏開紫色花，結細角。平地生者起莖，可以不扶。溝壑邊生者起蔓，必待竿扶。又一種白花者，不入藥用。

清　嵇璜《續通志》卷一七四　紫花地丁，一名箭頭草，一名獨行虎，一名羊角子，一名米布袋。

清　吴其濬《植物名實圖考》卷一三《紫花地丁》　紫花地丁，生田塍中。赭莖，對葉。葉似薄荷而圓，梢開長紫花，微似丹參花，而色紫不白，與《本草綱目》地丁異。

又卷一四《紫花地丁》　《本草綱目》：紫花地丁，處處有之。其葉似柳而微細，夏開紫花，結角。平地生者起莖，溝壑邊生者起蔓。《普濟方》云：鄉村籬落生者，夏秋開小白花，如鈴兒倒垂，葉微似木香花之葉。此與紫花者相戾，恐別一種也。氣味苦辛寒無毒。主治一切癰疽發背，疔腫瘰癧、無名腫毒、惡瘡。

清　趙學敏《本草綱目拾遺》卷八《刺兒菜》　《西北遊記》：即內地之紫花地丁，俗呼刺兒菜。葉如柳，有刺毛，夏開紫花。生平地者起莖，生溝壑者起蔓。內地在在有之。生口外沙漠者，花開於夏至後，大如蒜頭，色紫可愛，人多采食之。暮春萌芽之際，挖其根，狀如大枝人參，色較微白，巨者如蘆菔。

圖表

明 李時珍《本草綱目·圖卷》

清 吴其濬《植物名實圖考》卷一三《紫花地丁》

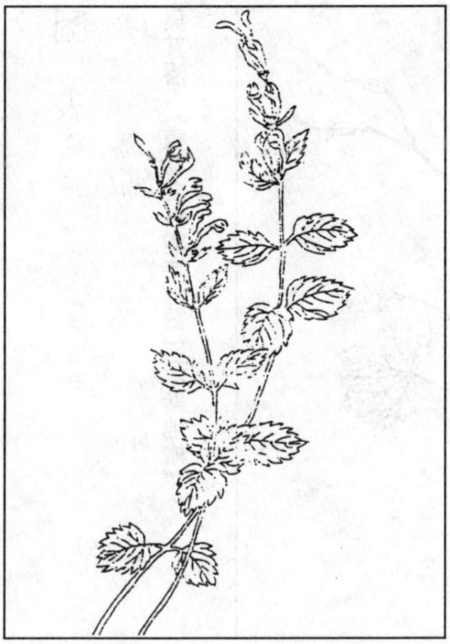

又卷一四《紫花地丁》

紫菀

綜述

明 李時珍《本草綱目》卷一六 紫菀《本經》中品 釋名：青菀、《別録》紫蒨、《別録》返魂草、《綱目》夜牽牛。時珍曰：其根色紫而柔宛，故名。許慎《説文》作此菀。《斗門方》謂之返魂草。集解：《別録》：紫菀生漢中、房陵山谷及真定、邯鄲。二月、三月采根，陰乾。弘景曰：近道處處有之。其生布地，花紫色，本有白毛，根甚柔細。有白者名白菀，不復用。大明曰：形似重臺，根作節，紫色潤軟者佳。頌曰：今耀、成、泗、壽、台、孟諸州、興國軍皆有之。三月內布地生苗，其葉二四相連，五月、六月內開黄白紫花，結黑子。餘如陶説。恭曰：白菀，即女菀也。療體與紫菀相同，無紫菀時亦用之。穎曰：紫菀連根葉採之，醋浸，入少鹽收藏，作菜辛香，號名仙菜。鹽不宜多，多則腐也。時珍曰：按陳自明云：紫菀以牢山所出根如北細辛者爲良，沂、兖以東皆有之。

今人多以車前、旋復根赤土染過僞之。紫菀肺病要藥，肺本自亡津液，又服走津液藥，爲害滋甚，不可不慎。

明　盧之頤《本草乘雅半偈》卷五　〔紫菀〕出漢中、房陵山谷及真定、邯鄲，近道亦有。三四月布地生苗，其葉二四相連。五六月開黄白紫花，根極柔潤，色紫作節，宛若貏纓之下垂也。白色者，即女菀，一名白菀。

圖表

明　李時珍《本草綱目·圖卷》

紫菀

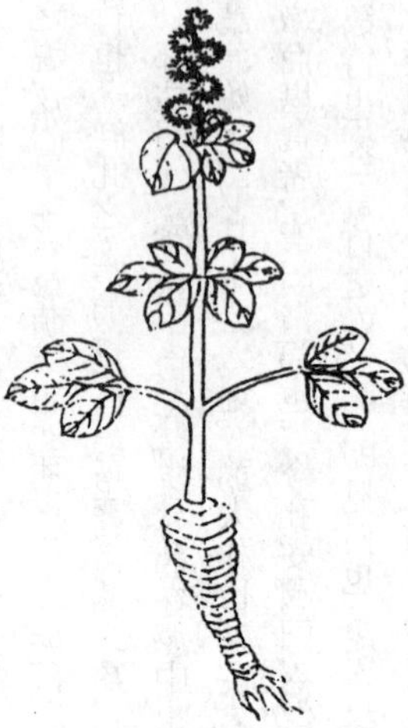

竹部

題解

漢　許慎《説文》卷五上　竹，冬生艸也，象形。下垂者，箁箬也。凡竹之屬皆从竹。【略】

筱，箭屬，小竹也。从竹，攸聲。

簜，大竹也，从竹，湯聲。《夏書》曰：瑶琨筱簜。簜可爲幹，筱可爲矢。

䉲，竹也，从竹，微聲。【略】

筍，竹胎也，从竹，旬聲。

箈，竹萌也，从竹，怠聲。

晋　戴凱之《竹譜》　植類之中，有物曰竹，不剛不柔，非草非木。《山海經》、《爾雅》皆言以竹爲草，事經聖賢，未有改易。然竟稱草，良有難安。竹形類既自乖殊，且經中文説又自背訛。經云其草多族，復云其竹多篃，又云雲山有桂竹。若謂竹是草，不應稱竹。今既稱竹，則非草可知矣。竹是一族之總名，一形之偏稱也。植物之中有草、木、竹，猶動品之中有魚、鳥、獸也。年月久遠，傳寫謬誤，今日之疑或非古賢之過也。而比之學者謂事經前賢，不敢辨正。何異匈奴惡郅都之名，而畏木偶之質耶？小異空實，大同節目。夫竹之大體多空中，而時有實，十或一耳，故曰小異。然雖有空實之異，而未有竹之無節者，故曰大同。或茂沙水，或挺巖陸。桃枝篔簹，多植水渚，篁篠之屬，必生高燥。條暢紛敷，青翠森肅。質雖冬蒨，性忌殊寒。九河鮮育，五嶺實繁。九河，即徒駭、太史、馬頰、覆釜、胡蘇、簡、絜、鉤盤、鬲津，禹所導也。在平原郡。五嶺之説，互有異同。余往交州，行路所見，兼訪舊老，考諸古志，則今南康、始安、臨賀爲北嶺，臨漳、寧浦爲南嶺，五都界内，各有一嶺，以隔南北之水，倶通南越之地。南康、臨賀、始安三郡通廣州。寧浦、臨漳二郡，在廣州西南，通交州，或趙佗所通，或馬援所併，厥跡在焉。故陸

機請伐鼓五嶺表，道九真也。徐廣《雜記》以剡、松、陽、建安、康樂爲五嶺，其謬遠矣。俞益期與韓康伯，以晉興所統南移、大營、九岡爲五嶺之數，又其謬也。九河鮮育，忌隆寒也。五嶺實繁，好殊温也。萌筍、苞籜，夏多春鮮。根幹將枯，花復乃縣。竹生花實，其年便枯死。復，竹實也。復，音福。

宋 釋贊寧《筍譜》 筍者，竹之萌也。竹根曰鞭，鞭節之間乳贅而生者。竹屬兼草而木，偕少陽之氣歟。故初種根食土，而下求乎母也。母，水也，而潤下得水而生也。及擢筍，冒土而上，愛乎子也。子，火也，而炎上，鑽竹而生火也。皆自然之性也。竹盛高平之地，黄白息壤，即是所宜也。得山阜，良。下田傷水，則死矣。

又 《釋草》云：筍，竹萌。郭璞注：竹初生也。孫炎云：竹初生曰萌，生謂之筍。詳孫之説，始冒土者爲萌。萌，芽也，生長挺挺然爲筍也。《尚書》孔傳：筍，蒻竹也。詳孔之説，蒻竹，白蒻也。白蒻之類，越多。《爾雅》説，芙蕖莖下本蔤。郭注曰：蔤，莖下白，亦可食，蒻在泥中也。《周禮》説，蒲菹亦蒲之蒻也，謂蒲始生，取其中心入地。蒻大如匕柄，正白，噉之甘脆也。凡草木有白蒻嫩而堪食者，皆曰白蒻也。今孔安國曰，蒻竹，爲筍已過，爲竹未勁，故謂爲蒻竹也，合言竹之蒻。蒻，即見白也。所言蒻者，幼弱也。加草者，簡濫也。篙，箭萌。郭注：萌，筍也。《周禮》：篙菹鴈醢。篙菹，即以箭筍監藏爲菹，實於籩豆中也。虇，蘆筍也。《爾雅》：炎亂其萌虇。郭注：江東呼蘆筍爲蘆虇。然則萑葦之類，其初生者皆名虇也。如是者只有多名也。一名筍，生成謂之筍。一名萌，初生謂之萌，言絶蒻也。一名蒻竹，土内皮中謂之蒻也。一名篙，箭，竹萌，即會稽箭筍也。一名虇，蘆葦之初生，總名虇萌。今沙岸潮濤汩漱，蘆葦、芡亂根露白皙，然濯而食之，味甜且脆。詳虇名芽也，今江東人言虇牙之事是也。一名竹胎，出《説文》。然筍芽之時，卷葉左右重重。然旋露節而實，終露外際籜包裹而生，堅勁爲竹，故謂之竹胎也。一名竹牙，即牙目之牙也。一名茁，謂竹萌初生茁茁然，故殊方音訓之名也。一名初篁，初，始也。篁，竹也。見《梁簡文帝集》。一名竹子，張華《神異經》注：子，筍也。前之諸名別同異，分少長也。厥狀可尋而識也。字體《説文》云：凡竹屬，皆從竹。今笱二形，下聲，或作筍、笋，悉通，蓋匃、尹聲相濫耳。

論説

唐 李匡乂《資暇集》卷上 緑竹猗猗。《詩·衛·淇澳》篇云：緑竹猗猗。按陸璣《草木疏》稱，郭璞云：緑竹，王芻也，今呼爲白脚蘋，或云即鹿蓐草。又云：萹竹，似小藜，赤莖節。《韓詩》作薄，音篤。亦云薄。萹竹，則明知非笋竹矣。今爲辭賦皆引『猗猗』入竹事，大誤也。當時謝莊《竹贊》云：瞻彼中唐，緑竹猗猗。便襲其謬。

宋 釋贊寧《筍譜》 竹之與筍，蓋草木中之殊名，親屬一物，則其根葉密而堅，其莖心空而直，其枝背戾而裊，其葉玲瓏而繁，貞而不剛，柔而不屈，居天下之大端，貫四時而不易。葉，蓋得氣之本也，是故君子愛之。壯者謂之竹，弱者謂之筍，厥譬母子焉，少慕長焉，言其濟人之利博矣。

宋 沈括《夢溪筆談》卷二二 東南之美，有會稽之竹箭。竹爲竹，箭爲箭，蓋二物也。今採箭以爲矢，而通謂矢爲箭者，因其箭名之也。至於用木爲笴而謂之箭，則謬矣。

宋 魏泰《臨漢隱居詩話》 竹有黑點，謂之斑竹，非也。湘中斑竹，方生時每點上有苔錢，封之甚固。土人斫竹浸水中，用草壤洗出苔錢，則紫暈爛斑可愛，此真斑竹也。韓愈曰『剥苔弔斑林，角飯餌沉冢』是也。

宋 蘇軾《重編東坡先生外集》卷六一《記嶺南竹》 嶺南人，當有愧於竹，食者竹筍，庇者竹瓦，載者竹筏，爨者竹薪，衣者竹皮，書者竹紙，履者竹鞋，真可謂一日不可無此君也耶！

又《記竹雌雄》 竹有雌雄，雌者多筍，故種竹當種雌。自根而上，至生稍上一節二發者爲雌。物無逃於陰陽，可不信哉！

宋 鄭剛中《北山集》卷二五《人面竹説》 嶺南以人面竹爲拄杖，蓋竹之奇也。其節疏密不齊，密則節相去不以寸。前平後擁，擁處傴僂下向，類人之背；平處上方下鋭，類人之面，竹由是而得名。予始見之，謂如顧凱之所謂齒隋者，是必中實。偶有折杖，剖視之，其心洞洞然也。嗟乎！竹類人之面，而人不類竹之心也。人心不同如面，謂面之生不一，而人心隨之。

今竹之面如一，其心之虚亦如一，過人遠矣。夫具耳目口鼻之用者，必謂之人，而其心或非也。人面而人心者，固稱矣。人面而心不然者，果人也歟？竹無耳目口鼻之用，偶以體似，故人面目之，曾不知，中虚且直，心與面如一。彼非特人面，而心亦人矣。世必有人其面竹其心者，吾謂之君子。

宋　洪邁《容齋隨筆》卷六《緑竹青青》　毛公解《衛詩·淇奥》分緑竹爲二物，曰：緑，王芻也。竹，萹竹也。《韓詩》竹字作薄，音徒沃反，亦以爲萹筑。郭璞云：王芻，今呼白脚莎，即菉蓐豆也。萹竹，似小藜，赤莖節，好生道旁，可食。又云：有草似竹，高五六尺，淇水側人謂之菉竹。按：此諸説皆北人不見竹之語耳。《漢書》：下淇園之竹以爲楗。寇恂爲河内太守，伐淇園竹爲矢百餘萬。《衛詩》又有『籊籊竹竿，以釣於淇』之句，所謂緑竹，豈不明甚？若白脚莎、菉豆，安得云『猗猗』、『青青』哉？

宋　羅願《爾雅翼》卷二《菉》　《毛詩》『菉竹』作『緑竹』。先儒皆以緑爲王芻，竹爲萹竹。《説文》亦曰：菉，王芻也。引《詩》曰：菉竹猗猗。則『緑』與『菉』同。《本草》名藎草，俗亦呼淡竹葉。所謂『終朝采緑，不盈一匊』者。《上林賦》稱香草，云『揜以緑蕙，被以江離』。張揖亦以緑爲此王芻，又一名鹿蓐，今呼鴟脚莎。《衛風》引以爲首，蓋必其義有可取者，不以物薄也。説者以爲，菉之與竹所以美盛者，由得淇水浸潤之，以況武公道學自修之効，則菉與竹嘉草也。而《離騷》云：薋菉葹以盈室兮，判獨離而不服。以菉及蒺藜、枲耳，三者皆惡草，喻讒佞盈滿於側。又《九章》曰：擥大薄之芳茝兮，搴長洲之宿莽。惜吾不及古之人兮，吾誰與玩此芳草。解萹薄與雜菜兮，備以爲交佩。王逸曰：言己解折萹蓄，雜以香菜，合而佩之，修飾彌盛也。然萹蓄、雜菜皆非芳草，逸義非是。蓋言解去萹蓄與雜菜，而備芳茝、宿莽爲交佩爾。然則菉與竹又皆惡物，與《衛風》相反，《詩》、《騷》所取，各有義耳。

又《竹》　竹，萹蓄，似小藜，赤莖節，好生道旁，可食，又謂之萹竹。《蜀本圖經》云：葉如竹，莖有節，細如釵股，生下濕地。其微既似竹，則宜謂之竹爾。《衛風》：緑竹猗猗。竹，蓄謂此。陸璣《草木疏》云：緑竹，一草名，其莖葉似竹，青緑色，高數尺。今淇隩旁生此，色青，言爲緑竹。按璣所説，則又合緑與竹爲一草，未知其審。然古今説者皆言淇水旁自生竹箭，故古人言伐竹淇衛。又曰『淇衛之箭』，又曰『下淇園之竹以爲楗』，『伐淇園之竹以爲矢』，如此多矣。蓋淇水宜竹箭，自古以然。又《詩》卒章曰：緑竹如簀。簀，牀第，以竹爲之，其大堪爲簀，則非草也。然《説文》引《詩》作『菉竹』，《韓詩》作『緑薄』。菉既非色，而薄又非竹，不可合爲緑色之竹箭。故析而解之云：菉，王芻；薄，萹築也。又《韓詩》『如簀』，乃作『如簀』。簀，積也。薛君云：簀，緑蓄盛如積也。《西京賦》『芳草如積』，亦祖此義。然則淇澳自出竹箭，不妨兼有菉、竹二草耶？

明　黎温《歷代道學統宗淵源問對》卷八　緑竹者，緑色之竹也。菉竹者，竹葉之草也。猶花而名曰石竹，其草葉如竹。蓋此草生於淇澳之傍，土人號爲菉竹。莖葉似竹而有青緑之色，故《詩》作緑字，音相類，而致誤之處。此草其性澀礪，可以洗鱿笏，利於刃錯，而有切磋琢磨之功，故曰如其名，義以此取之。

明　焦竑《焦氏筆乘》卷一《緑竹》　《詩》：瞻彼淇澳，緑竹猗猗。毛注云：澳，隈也。箓，王芻也。竹，萹竹也。又陸璣云：淇澳，二水名。箓竹，一草名，其莖葉似竹，青緑色，高數尺。詞賦皆引猗猗入竹事，誤也。按：《傳》曰『淇衛箘簬』，又曰『淇衛之箭』，又『下淇園之竹以爲楗』，又『伐淇園之竹以爲矢』，是淇之産竹自古而然。《詩》曰『緑竹猗猗』，言竹之初生，其色緑也。長則緑轉而青矣，故曰『緑竹青青』。卒章又曰『如簀』，『如簀』言其盛也。故謝莊《竹贊》亦曰：瞻彼中堂，緑竹猗猗。毛、陸之説未可從。

明　何三畏《新刻何氏類鎔》卷三一《竹》　竹有雌有雄，以雙枝獨枝而别。竹有笲有苦，以細葉大葉而分。有青有紫，有紅有緑，有赤有黑，有斑皮紺族，有素筍彤竿，有龍種鷄腔，有函人雲母，有文無文籜，有合莖合款，有檀欒、嶰谷、臨賀、山陽，有鄠杜、龜山、雷州、南岳。或長十尋，而其大如甕；或高一丈，而其直如松。或徑至三四圍，且至數十圍；或節懸六七尺，且懸十數尺。河源竹可以爲杖，南越竹可以爲籌，棘竹可以爲城，篻簩竹可以爲甲，會稽竹、淇園竹可以爲箭，舜林竹、衛丘竹可以爲船，鄒山竹、華山竹可以爲笙、爲簫，金門竹、沙門竹可以爲管、爲筋，柯亭竹可以爲笛，永昌竹可以爲盤，冷龔竹可以爲屋梁，少室竹可以爲釜甑，文成竹佩之可以辟患，不卧竹覆之可以活人。鄘延凌雲竹剖之而仙翁出其中，蓬山浮筠竹拂之而青鸞集其上，吴郡桐廬遺竹伐之而蛇與雉變幻其間，則異矣。有湘妃竹

者，因湘江之濱二女倚竹而灑淚，其竹遂以成班。有王祠竹者，因遁水之上一女剖竹而得兒，其竹遂以爲姓。補陀落伽山有佛座後旃檀竹，削之有光，老叟遂易蕈珠之寶。江寧慈母山有江水邊簫管竹，按之有韻，土人遂加鼓吹之名。白虎殿之竹，新舊叢生，帝詔羣臣皆作《孝竹頌》，此則情憐子母，而美以孝竹之稱。太液池之竹，根芽交結，帝語諸王毋懷離間心，此則意切，弟昆而褒以義竹之號。王猷寄居空宅，而便令種竹者，一日惟恐其無。庾詵被火臨池，而第令護竹者，一時惟恐其損。袁尹不通主人，而直造竹，所惟知嘯咏爲佳。蘇公不貴肉食，而惟營竹居，但欲瀟疎不俗。蓬萊之竹，幹莖紫，葉青，輒集彩鸞之羽。東陽之竹林，葉叢節密，忽生連理之枝。山陽城畔，嵇中散之竹址猶存。雷州道中，寇萊公之竹叢如故。齊景公樹竹，而守吏犯罪，即聽晏大夫之諫，而釋斬竹之囚。宋高宗採竹，而中使虐民，卒納蘇長史之疏，而下棄竹之令。褚瑶致政，惟從船上抽竹一竿贈人，所以爲廉吏。張薦隱居第，於屋邊種竹數頃順志，所以爲高人。北都寺有日報竹一窠，纔長數尺，以報每日之平安。嘉定州有月生竹一叢，常發數枝，以供每月之肴脯。若王子罕之爲親祈禱，以竹爲燈纘，而此竹忽發柯條，人以爲孝而母病旋瘳。郭仲産之營建齋居，以竹爲窓櫺，而此竹遂生枝葉，自以爲祥而禍機隨及。即此兩人者，幸則爲王，不幸則爲郭。所謂禍福無門，惟人所召者，非耶？

清　朱虛《古今疏》卷一五《竹》　說者以爲竹圓效天，桐方法地。又曰：竹者，蹙也；桐者，痛也。竹外節，桐内節。喪禮以壓於父，故爲母朞，則其節有不得建於外矣。且桐削杖，亦以爲明其眚禮。夫父不可亢也，然母亦其可畧哉！故齊衰杖桐削之，使勿亢而已。蓋竹从倒草，竹，草也，而冬不死。一曰竹倒種，故从草。其萌曰筍，从勹从日，勹之日爲筍，解之日爲竹。一曰从旬，旬内爲筍，旬外爲竹。今俗呼竹爲茹母草，言筍旬有六日而齊母。

清　陳啓源《毛詩稽古編》卷四《鄘·淇澳》　緑竹猗猗。緑爲王芻，竹爲萹竹。《爾雅》作萹蓄。《韓詩》及《說文》皆作萹竹。《詩》、《雅》注疏皆同，乃二草也。惟陸疏以爲一草，言其莖葉似竹，青緑色，高數尺。孔《疏》駁其非，引《小雅·采緑》證之，謂緑與竹定是別草，得之矣。自《集傳》改爲緑色之竹，後儒不敢有異義，而前說俱廢。夫武帝斬淇園之竹，寇恂伐竹淇川，漢史誠有之。然唐以前諸儒豈皆未見《漢書》者哉？又《水經注》亦引漢武寇恂故事，而辨之，目今通望淇川並無此物，惟王芻、萹竹，注作編竹。不異。毛於此蓋嘗得於目驗，當不誤矣。

綜述

《爾雅·釋草》　筍，竹萌。注：初生者音義[略]。疏：孫炎曰：竹初萌生謂之筍。凡草木初生謂之萌，筍則竹之初生者。故曰：筍，竹萌也，可以爲菜殽。《詩·大雅·韓奕》云：『其蔌維何？維筍及蒲。』蔌則菜殽也。簜，竹。注：竹別名。《儀禮》曰：簜在建鼓之間。謂簫管之屬。音義[略]疏：簜則竹之別名。李巡曰：竹節相去一丈曰簜。孫炎曰：竹闊節者曰簜。《禹貢》：篠簜既敷。孔安國云：簜，大竹。郭氏云：竹別名。無大小之異，故引《禮經》爲證也。注『《儀禮》曰』者，《大射禮》文也。案，彼云：樂人宿縣，西階之西，頌磬東面，其南鐘，皆南陳。一建鼓在其南，東鼓，朔鼙在其北。一建鼓在西階之東南面。簜在建鼓之間。鄭注云：簜，竹也，謂笙簫之屬倚於堂。以笙簫之屬，固非大竹，故郭氏引之也。鄭又云：建猶樹也。以木貫而載之，樹之，跗也。故謂之建鼓。云『謂簫管之屬』者，郭用鄭玄之說也。【略】莽，數節。注：竹類也，節間促。桃枝，四寸有節。注：今桃枝節間相去多四寸。鄰，堅中。注：竹類也，其中實。簢，筡中。注：言其中空，竹類。仲，無笐。注：亦竹類，未詳。箈，箭萌。注：萌，筍屬也。《周禮》曰：箈菹鴈醢。篠，箭。注：別二名。音義[略]疏：此辨竹節希數及中空實萌篠之異名也。凡竹節間促數者名莽，相去四寸有節者名桃枝竹，其中堅實者名鄰，其中空者名簢。筡，空中。仲，無笐。注『未詳』。箈，一名箭萌，即筍也。篠，一名箭。《書》曰：篠簜既敷。《釋地》云『會稽之竹箭』是也。郭云『今桃枝節間相去多四寸』者，郭以時驗而言也。《尚書·顧命》云：敷重篾席。孔安國云：篾，桃枝竹。《周禮·春官·司几筵》云：加次席黼純。鄭注云：次席，桃枝席，有次列成文是也。注『《周禮》曰：箈菹鴈醢』者，《天官·醢人》職文也。彼文作箈。鄭玄注云：箈，箭萌。字雖異，音義同。

三國吳　陸璣《毛詩草木鳥獸蟲魚疏》卷上《維筍及蒲》　筍，竹萌也。皆四月生。唯巴竹筍八月、九月生。始出地，長數寸。鬻以苦酒豉汁浸之，可以就酒及食。

晉 戴凱之《竹譜》 葤必六十，復亦六年。竹六十年一易根，易根輒結實而枯死。其實落土復生，六年遂成町竹。謂死爲葤。葤音紂。籦龍之美，爰自崑崙。籦龍，竹名。黄帝使伶倫伐之於崑崙之墟，吹以應律聲。《譜》云：籦龍，大竹。此言非大小之稱。《笛賦》云籦龍，非也，自一竹之名耳。所生若是大竹，豈中律管與笛？員丘帝竹，一節爲船，巨細已聞，形名未傳。員丘帝俊竹，一節爲船。郭注云：一節爲船，未詳其義，俊即舜字假借也。桂實一族，同稱異源。桂竹，高四五丈，大者二尺圍，闊節大葉，狀如甘竹而皮赤，南康以南所饒也。《山海經》云：靈原桂竹，傷人則死。是桂竹有二種，名同實異，其形未詳。䉙尤勁薄，博矢之賢。䉙，細竹也。出《蜀志》。薄肌而勁中，三續射博箭。䉙，音衛，見《三倉》。篁任篙笛，體特堅圓。篁竹，堅而促節，體圓而質堅，皮白如霜粉。大者宜行船，細者爲笛。篁音皇，見《三倉》。棘竹駢深，一叢爲林。根如推輪，節若束針。亦曰笆竹，城固是任。篾筍既食，鬢髮則侵。棘竹，生交州諸郡。叢生有數十莖，大者二尺圍，肉至厚，實中。土人破以爲弓，枝節皆有刺。彼人種以爲城，卒不可攻。萬震《異物志》所種爲藩落，阻過層墉者也。或卒崩根出，大如十石物，縱横相承如繅車。一名笆竹。見《三倉》。筍味落人鬚髮。單體虚長，各有所育。單竹，大者如腓，虚細長爽。嶺南土人取其筍未及竹者灰煑，績以爲布，其精者如縠焉。苦實稱名，甘亦無目。苦竹，有白有紫而味苦。甘竹似篁而茂葉，下節味甘，合湯用之。此處處亦有。弓竹如藤，其節郄曲。生多卧土，立則依木。長幾百尋，狀若相續。質雖含文，須膏乃縟。弓竹，出東垂諸山中。長數十丈，每節輒曲，既長且軟，不能自立，若遇木乃倚。質有文章，然要須膏塗火灼，然後出之。篾，卧竹上出也。厥族之中，蘇麻特奇，修幹平節，大葉繁枝，凌羣獨秀，蓊茸紛披。蘇麻竹，長數丈，大者尺餘圍，概節多枝，叢生四枝，葉大如履，竹中可愛者也。此五嶺左右徧有之。篔簹、射筒，箖箊、桃枝，長爽纖葉，清肌薄皮，千百相亂，洪細有差。數竹皮葉相似。篔簹最大，大者中甑，笋亦中。射筒，薄肌而最長，節中貯箭，因以爲名。箖箊，葉薄而廣，越女試劒竹是也。桃枝，是其中最細者。並見《方志賦》。桃枝皮赤，編之滑勁，可以爲席，《顧命》篇所謂篾席者也。《爾雅·釋草》云：四寸一節爲桃枝。郭注云：竹四寸一節爲桃枝。余之所見桃枝竹，節短者不兼寸，長者或踰尺，豫章徧有之，其驗不遠也。恐《爾雅》所載草族，自別有桃枝，不必是竹。郭注加竹字取之，謬也。《山海經》云：其木有桃枝、劒端。又《廣志·層木篇》云：桃枝出朱提郡，曹爽所用者也。詳察其形，寧近於木也，但未詳《爾雅》所云，復是何桃枝耳。《經》、《雅》所説二族，決非作席者矣。《廣志》以藻爲竹，是誤。後生學者往往有爲所誤者爾。相繇既戮，厥土維腥。三堙斯沮，尋竹乃生。物尤世遠，略狀傳名。禹殺共工、相繇二臣，膏流爲水，其處腥臊，不植五穀。禹三堙皆沮，尋竹生焉。在崑崙之北有嶽之山。見《大荒北經》中。般腸實中，與笆相類。於用寡宜，爲筍殊味。般腸竹，生東郡緣海諸山中。其筍最美。云與笆竹相似，出閩中。並見《沈志》。其形未詳。筋竹爲矛，稱利海表。槿仍其幹，刃即其杪。生於日南，别名爲簝。筋竹，長二尺許，圍數寸，至堅利。南土以爲矛。其筍未成竹時，堪爲弩弦。見徐忠《南中奏》。劉淵林云：土人以史葉竹爲矛。余之所聞即是筋竹，豈非一物而二名者也？百葉參差，生自南垂。傷人則死，醫莫能治。亦曰篣竹，厥毒若斯。彼之同異，余所未知。百葉竹，生南垂界，甚有毒，傷人必死。一枝百葉，因以爲名。《沈志》劉淵林云：篣竹有毒，土人以刺虎豹，中之輒死。或有一物二名，未詳其同異。簹與由衙，厥體俱洪。圍或累尺，簹實衙空。南越之居，梁柱是供。簹實厚肥，孔小，幾於實中。二竹皆大竹也，土人用爲梁柱。簹竹，安成以南有之，其味苦，俗號簹。由衙竹，[生]交州。《廣志》云：亦有生於永昌郡，爲物叢生。《吴郡賦》所謂由衙者篁。簹音雹。性柔弱。見《三倉》。竹之堪杖，莫尚於笻。磥砢不凡，狀若人功。豈必蜀壤，亦産余邦。一曰扶老，名實縣同。笻竹，高節實中，狀若人刻，爲杖之極。《廣志》云：出南廣邛都縣。然則邛是地名，猶高梁堇。《張騫傳》云：於大夏見之，出身毒國。始感邛杖，終開越雟。越雟則古身毒也。張孟陽云：邛竹出興古盤江縣。《山海經》謂之扶竹，生尋伏山，去洞庭西北一千一百二十里。《黄圖》云：華林園有扶老三株。如此則非一處，賦者不得專爲蜀地之生也。《禮記》曰『五十杖於家，六十杖於鄉』者，扶老之器也。此竹實既固杖，又名扶老，故曰名實縣同也。䈂簟二族，亦甚相似。杞髮苦竹，促節薄齒。束物體柔，殆同麻枲。䈂、簟二種，至似苦竹而細軟肌薄。䈂筍亦無味，江漢間謂之苦䈂。見《沈志》。䈂，音聊。簟，音禮。齒有文理也。

蓋竹所生，大抵江東，上密防露，下疎來風，連畝接町，竦散崗潭。蓋竹，亦大薄，肌白色。生江南深谷山中，不聞人家植之。其族類動有頃畝。《典録·賀齊傳》云：討建安賊洪明於蓋竹。蓋竹以名地，猶酸棗之邑，豫章之名邦者類是也。鷄脛似篁，高而笱脆。稀葉梢杪，類記黄細。鷄脛，篁竹之類，纖細，大者不過如指。踈葉黄皮，彊肌，無所堪施。笱美，青班色緑，沿江山岡所饒也。狗竹有毛，出諸東裔。物類衆詭，於何不計。狗竹，生臨海山中，節間有毛。見《沈志》。有竹象蘆，因以爲名。東甌諸郡，緣海所生。肌理匀淨，筠色潤貞。凡今之箎，匪兹不鳴。此竹膚似蘆，出揚州東垂諸郡。浙江以東爲甌越，故曰東甌。蘇成公始作篪，似於今篪，故曰凡今之篪。會稽之箭，東南之美。古人嘉之，因以命矢。箭竹，高者不過一丈，節間三尺，堅勁中矢。江南諸山皆有之，會稽所生最精好。故《爾雅》云：東南之美者，有會稽之竹箭焉。非總言矣。大抵中矢者雖多，此箭爲最，古人美之以首。其目見《方言》。是以楚俗闞伯細箭五十，跪加莊王之背，明非矢也。箘簬載籍，貢名荆鄙。箘、簬二竹，亦皆中矢。皆出雲夢之澤。《禹貢》篇出荆州。《書》云：底貢厥名。言其有美名，故貢之也。大較故是會稽箭類耳，皮特黑澁，以此爲異。《吕氏春秋》云：駱越之箘。然則南越亦産，不但荆也。篃亦箘徒，概節而短。江漢之間，謂之竹⿱竹敝。《山海經》云：其竹名篃，生非一處，江南山谷所饒也。故是箭竹類。一尺數節，葉大如履。可以作篷，亦中作矢。其笱冬生。《廣志》云：魏時，漢中太守王圖每冬獻笱。俗謂之⿱竹敝笱。⿱竹敝，苦怪反。根深耐寒，茂彼淇苑。北土寒冰，至冬地凍，竹根類淺，故不能植。唯⿱竹敝根深，故能晚生。淇園，衛地，殷紂竹箭園也。見班彪《志》。《淮南子》曰：烏號之弓，貫淇衛之箭也。《毛詩》所謂『瞻彼淇澳，緑竹猗猗』是也。簩篠蒼蒼，接町連篁。性不卑植，必也崇崗。踰矢稱大，出尋爲長。物各有用，掃之最良。簩篠，中掃箒細竹也，特異他篠。見《廣志》。至大者不過如箭，長者不出一丈。根杪條等下節生，惟高陰動有町畝，廬山所饒也。掃箒之選，尋陽人往往取下都貨焉。又有族類，爰挺嶧陽。懸根百仞，竦幹風生。簫笙之選，有聲四方。質清氣亮，衆管莫伉。魯郡鄒山有篠，形色不殊，質特堅潤，宜爲笙管，諸方莫及也。《笙賦》云，所謂『鄒山大竹，嶧陽孤桐』。此山竹特能貞絶也。亦有海篠，生於島岑。節大盈尺，幹不滿尋。形枯若箶，色如黄金。徒爲一異，罔知所任。海中之山曰島山，有此篠，大者如箶，内實外堅，拔之不曲。生既危埇，海又多風，枝葉稀少，狀若枯箶。質雖小異，無所堪施，交州海石林中偏饒是也。赤白二竹，還取其色，白薄而曲，赤厚而直。沅澧所豐，余邦頗植。頗，少也。俗曰白鹿竹，亦可作簞，潯陽郡人呼爲白木竹，燥時皮肉皆赤，武陵溪中是所豐足也。肅肅簥簥，叟叟攢植。擢笱於秋，冬乃成竹。無大無小，千萬修直。簟幕内冪，繡文外艶。簥竹，大如脚指，堅厚修直，腹中白膜闌隔，狀如濕麵生衣，將成竹而笱皮未落，輒有細蟲齧之。隕籜之後，蟲齧處往往成赤文，頗似繡畫可愛。南康所生，見《沈志》也。箛箂誕節，内實外澤。作貢漢陽，以供輅策。箛箂竹，生於漢陽，時獻以爲輅馬策。見《南都賦》。浮竹亞節，虚軟厚肉。臨溪覆潦，栖雲蔭木。洪笱滋肥，可爲旨蓄。浮竹，長者六十尺，肉厚而虚軟，節闊而亞，生水次。彭蠡以南，大嶺以北偏有之。其笱未出時，掘取以甜糟藏之，極甘脆，南人所重。旨蓄，謂草菜甘美者，可蓄藏之以候冬。《詩》曰：我有旨蓄，可以禦冬。厥性異宜，各有所育。篾植於宛，茶生於蜀。篾竹，見《南都賦》。茶竹，見《蜀都賦》。細篠大簜。《書》云：篠簜既敷。鄭玄云：篠，箭。簜，大竹也。竹之通目，玄名統體。譬牛與犢，人之所知，事生軌躅。車迹曰軌，馬迹曰躅。

晋 嵇含《南方草木狀》卷下

雲丘竹，一節爲船，出扶南。然今交廣有竹，節長二丈，其圍一二丈者，往往有之。⿱竹悤簩竹，皮薄而空多，大者徑不過二寸，皮麤澀，以鎊犀象，利勝於鐵，出大秦。石林竹，似桂竹，勁而利，削爲刀，割象皮如切芋，出九真交趾。思摩竹，如竹大而笱生其節，笱既成竹，至春，節復生笋焉。交廣所在有之。簞竹，葉疎而大，一節相去六七尺，出九真。彼人取嫩者碓浸，紡績爲布，謂之竹疎布。越王竹，根生石上，若細荻，高尺餘，南海有之。南人愛其青色，用爲酒籌，云越王棄餘筭而生竹。

北魏 賈思勰《齊民要術》卷一〇《竹》

《山海經》曰：嶓冢之山，多桃枝、鉤端竹。雲山有桂竹，甚毒，傷人必死。今始興郡出筀竹，大者圍二尺，長四丈。交阯有篥竹，寔中，勁强，有毒，鋭似刺虎，中之則死，亦此類。龜山多扶竹。扶竹，筇竹也。《漢書》：竹大者，一節受一斛，小者數斗，以爲押音匣。榼。邛都高節竹，可爲杖，所謂邛竹。《尚書》曰：揚州，厥貢篠、簜；荆州，厥貢箘、

篛。注云：篠，竹篃。簜，大竹。篃、篛，皆美竹，出雲夢之澤。《禮斗威儀》曰：君乘土而王，其政太平，蔓竹、紫脱常生。其注曰：紫脱，北方物。《南方草木狀》曰：由梧竹，吏民家種之，長三四丈，圍一尺八九寸，作屋柱，出交阯。《魏志》曰：倭國，竹有篠、幹。《神異經》曰：南方荒中有沛竹，長百丈，圍三丈五六尺，厚八九寸，可爲大船。其子美，食之可以已瘡癘。張茂先注曰：子，笋也。《外國圖》曰：高揚氏有同産而爲夫婦者，帝怒，放之，於是相抱而死。有神鳥以不死竹覆之。七年，男女皆活。同頸異頭，共身四足。是爲蒙雙民。《廣州記》曰：石麻之竹，勁而利，削以爲刀，切象皮如切芋。《博物志》曰：洞庭之山，堯帝之二女常泣，以其涕揮竹，竹盡成斑。下雋縣有竹，皮不斑，即刮去皮，乃見。《華陽國志》曰：有竹王者，興於豚水。有一女浣於水濱，有三節大竹，流入女足間，推之不去。聞有兒聲，持歸，破竹，得男。長養，有武才，遂雄夷狄，氏竹爲姓。所破竹，於野成林，今王祠竹林是也。《風土記》曰：陽羨縣有袁君家壇，邊有數林大竹，並高二三丈。枝皆兩披，下掃壇上，常潔淨也。盛宏之《荆州記》曰：臨賀謝休縣東山有大竹，數十圍，長數丈。有小竹生旁，皆四五尺圍。下有盤石，徑四五丈，極高，方正青滑，如彈棊局。兩竹屈垂，拂掃其上，初無塵穢。未至數十里，聞風吹此竹，如簫管之音。《異物志》曰：有竹曰簹，其大數圍，節間相去局促，中實滿堅强，以爲柱榱。《南方異物志》曰：棘竹，有刺，長七八丈，大如甕。曹毗《湘中賦》曰：竹則篔簹、白、烏，實中、紺族。濱榮幽渚，繁宗隈曲，萋蒨陵丘，薆逮重谷。王彪之《閩中賦》曰：竹則苞甜、赤(若)[苦]，縹箭、斑弓。度世推節，征合實中。篔簹函人，桃枝育蟲。緗箬素笋，彤竿緑筒。篔簹竹，節中有物，長數寸，正似世人形，俗説相傳云竹人，時有得者。育蟲，謂竹鼦，竹中皆有耳。因説桃枝，可得寄言。《神仙傳》曰：壺公欲與費長房俱去，長房畏家人覺。公乃書一青竹，戒曰：卿可歸家稱病，以此竹置卿卧處，默然便來還。房如言。家人見此竹是房屍，哭泣行喪。《南越志》云：羅浮山生竹，皆七八寸圍，節長一二丈，謂之龍鍾竹。《孝經河圖》曰：少室之山，有爨器竹，堪爲釜甑。安思縣多苦竹，竹之醜有四：有青苦者、白苦者、紫苦者、黄苦者。竺法真《登羅浮山疏》曰：又有筋竹，色如黄金。《晋起居注》曰：惠帝二年，巴西郡竹生紫色花，結實如麥，皮青，中米白，味甜。《吴録》曰：日南有篥竹，勁利，削爲矛。《臨海異物志》曰：狗竹，毛在節間。《字林》曰：茸竹，頭有父文。篻音模竹，黑皮，竹浮有文。籲音感。竹，有毛。篺力卬反。竹，實中。

唐　段成式《酉陽雜俎前集》卷一八《廣動植之三》　竹，竹花曰覆，一曰覆，死曰箹，六十年一易根，則結實枯死。筎墮竹，大如脚指，腹中白幕攔隔，狀如濕麪。將成竹而筒皮未落，輒有細蟲齧之，隕籜後，蟲齧處成赤跡，似綉畫可愛。棘竹，一名笆竹，節皆有刺，數十莖爲叢，南夷種以爲城，卒不可攻。或自崩根出，大如酒甕，縱横相承，狀如繅車，食之落人齒。齒，一作髮。筋竹，南方以爲矛，筍未成時，堪爲弩絃。百葉竹，一枝百葉，有毒。《竹譜》：竹類有三十九。慈竹，夏月經雨，滴汁下地，生蓐似鹿角，色白，食之已痢也。

唐　劉恂《嶺表録異》卷下　筝摩筍，桂廣皆殖，大若茶椀，竹厚而空小。一夫止擎一竿，堪爲茆屋椽梁柱。其種者，釤其竿，每截二尺許，打入土，不踰月而生根葉。明年，長芽筍，不數歲成林。其筍南人亦藏之爲筯笴。箣竹筍，其竹枝上刺，南人呼爲刺勒。自根横生，枝條展轉如織，雖野火焚燒，只燎細枝嫩條。其筍叢生，轉復牢密。邕州舊以爲城，蠻蜒來侵，竟不能入。

唐　段公路《北户録》卷二《斑皮竹筍》　湘源縣，十二月食斑皮竹笋，滋味與北中七八月笋牙小類，但甜脆過之，諸笋無以及之。《吴録》云：馬援至荔浦，見冬笋，名曰苞笋，其味美於春夏笋也。即鷄脛竹笋。《博物志》曰：斑皮竹，洞庭之山堯帝之二女以涕揮竹，竹盡斑也。《爾雅》曰：笋，竹之萌。《説文》曰：笋，竹胎。《詩義疏》：笋，皆四月生也。巴竹笋，八月生。篃，音媚。竹笋，冬夏生。《永嘉記》：含墮竹笋，六月生篃。《竹譜》：棘竹，落人鬚髮。愚按：《山海經》：竹生花，其年便枯。六十年一易根，必結實而枯死。實落土，復生，六年還成町也。《竹譜》曰：竹，不剛不柔，非草非木。箹必六十，復亦六年是也。凡種竹，正二月斸取西南根，東北角種之，竹性向西南引也。《齊民要術》曰：諺云『東家種竹，西家治地』故也。南中有以竹爲刀錯子者，錯子即篦篣竹皮爲之，錯指甲利勝於鐵機巧。李衙推昉云：如小鈍，復以漿水洗之如初。刀子竹，裴淵《廣州記》云：石林竹勁利，削爲刀，切截象皮如截芋也。公路襄州宜城縣木香村有莊，咸通初，忽生異

竹，第一年生九竿，第二年生七竿，爾來歲歲有也。作深梔黄色，每節及枝上並抹緑，鮮澄，其笋甚美。按：顧凱之譜中亦無説處。《異苑》曰：東陽留道德元嘉四年，筋竹林忽生連理，野人無知，謂爲禍祟，伐煞之。公路乾符初經過夏口時，有人獻合歡笋於韋公尚書者。自一本分爲兩岐，長二尺餘，乃笋之瑞也。公命公路爲七字句歌之，詞繁不載。愚傳聞，貞元五年秋，番禺有海户犯鹽禁者，避罪於羅浮山，深入至第十三嶺，山有十五嶺，四百三十二峰，九百八十三飛泉洞府也。遇巨竹百千萬竿，連亘巖谷，竹圍二十一尺，有三十九節，節長二丈，即由梧類也。海户因破之爲篾。會罷吏捕逐，遂挈而歸。時有軍人，獲一篾，以爲奇者，後獻於刺史李復。復命陸子羽圖而記之，亦資耳目之一事也。《舊記》云：李公顧謂門生廣州桑苧翁曰：夫視聽之外，經籍未録，不合有而有者，不知其極。況茲竹載在圖記，不足奇也。漢太尉許慎《説文》有長節竹，謂之笟，音鐘，本作籦。得非羅浮山龍鍾之義耶？

又卷三《越王竹》 嚴州産越王竹，根於石上，狀若荻，枝高尺餘。土人加其色，用代酒籌。次有沙筋，産於海島間，狀如蕁菜。春吐黄花，其心若骨，可爲籌筋。凡欲採者，須輕步拔之。不爾，聞人行聲，則縮入沙中，了不可取。陳藏器云：越王餘笲，味鹹，生南海，笲子長尺許。《異苑》云：晉安有越王餘笲菜，白者似骨，黑者似角。古云越王行海中，作籌有餘，棄之於水，遂生焉。《臨海水土志》曰：越王笲，如笲大，正白，長尺餘。生海邊沙中，見便取之即可得，心中存來取，則入土中。又遠飛云：東海中筋洲，洲上故筋無極，連船取之不盡。世中好失筋，言天下筋悉歸於此。乃驚耳之説也。

宋　陶穀　《清異録》卷上《平頭筍》 海南島中一類筍，極腴厚而甚短，島人號平頭筍。

又《天親竹》 秦維言雙竹自是一種，有成林者，因出三拄，杖兩岐。後問浙人，云此是天親竹，有時出一番雙筍，故例皆分岐，亦非年年有之。

又《通天筍》 衡州人家竹林中，生五筍，徹梢無節目，觀者神之，名通天筍。

又《蚱蜢竹》 江湖間有一種野竹，其葉糾結如蟲狀，山民曰此蚱蜢竹也。

宋　釋贊寧　《筍譜》 《周易》震主蒼筤竹，所生蒼筤筍，若然者，既得

木少陽之氣而弱，亦負陰而就陽，爲草，則勁而彊耳。《周禮》揚州之利竹箭，亦有篙萌之别名矣。舉成數，實物也。惟筍，竹萌也，皆四月生也。此據洛陽土中，嵩少之間，四月方生，及秦隴、終南皆四月生也。笆竹筍，八月生，盡九月。成都蜀地有别受氣類。一云笆竹，而竹與筍俱有刺芒也。鄘竹筍，長節而深根，筍冬夏皆生。鄉人掘土取筍。《廣志》作簹竹，可作屋椽。《山海經》同也。箭筍，十二月生。會稽以來諸山絶多。或叢生，或蔓延，可如筯大，長三四寸。菡蓨筍，自甌越以南，七月生，至八月盡。鷰筍，錢唐多生，其色紫苞。當其鷰至時生，故俗謂鷰筍。天目筍，五月生，盡六月。其筍色黄，出天目山。端午後方採鬻。旱歲則無。竹王林筍，漢武世，一女浣於勝水，見竹節隨流近，女子推去。又來，聞有音聲，持歸。破之，得小兒，男也。及長，以竹爲姓，立以爲王。其竹棄之於野，化生成林。其筍密密冒土。南地熱，其筍多冬生。桃竹筍，涪陵相思崖生此竹。昔有童子在崖下吹竹，神女見，悦之，投以桃竹釵，童子報之以簏。今桃枝與竹皆生崖畔，其筍生亦柔弱有異，因號崖爲相思也。孤竹筍，襄陽薤山下有孤竹，三年方生一筍，及筍成竹，竹母已死矣，代謝如春秋焉。又《周官》曰：孤竹之管，孫竹之管，陰竹之管。鄭注曰：孤竹特生者，孫竹根之末生者，陰竹，生山北者。今詳孤竹，特生獨生筍者，即子母不相同。孫竹根鞭生筍者。陰竹，山北引鞭，晚生筍者也。旋味筍，一名苦蒲筍。福州南一日程，多生苦竹，春則生筍，鄉人煑食，甚苦而且澁。及停久，則味還，可食，故曰旋味筍。簗竹筍，出交趾。其爲竹也，實中，勁彊，有毒。彼土人鋭以刺虎，中之則死。筍亦内實。桂竹筍，《山海經》云：桂竹甚毒，傷人必死。戴凱之《竹譜》云同《山海經》。今未詳桂竹狀貌，筍亦難識。今恐簗筍異名實也。疑簩，堅不同此例。然簩與簗信譜而録，即應今可食者，早晚桂筍，所以不同也。篔竹筍，生海畔山，而竹與筍悉有毛，傷人則死。泊船海嶼，慎勿取毛筍食。又有箬筍，同此毒。《廣志》云：篔竹堪作笛，既有毒，豈可作笛？此同名而殊實也。簩竹筍，竹本根長千丈，斷節爲大船，生海畔山。其竹萌可數丈，猶爲筍也。篣竹筍，其竹皮薄而空多，大者徑不過二寸，皮上有麤澁文，可爲錯鑢物並爪甲，利於鐵作者。若用久，鈍則漿水洗，還復快利。其筍無肉。今詳微疑多毛，猶或殺人，豈況麤鑢，筍皮亦澁理而可食乎？一云：篣竹，一枝百葉，有毒。篠

簜筍，《尚書》曰：揚州厥貢篠簜。孔注云：篠，竹箭。簜，大竹。《禹貢》：揚州任土。或曰：今揚州絶少。篠簜，竹箭中爲矢者，臨川會稽爲良。非也。曾不知，夏禹時，揚州土疆南極交廣，皆不分墟。近代分撫越也。篠箭易識。簜，筍名。詁訓，故未詳。笙筍，七月生至十月間，縉雲以南多出，然味苦而節踈，筍可大於箭筍少許。山人採剥，以灰汁熟煑之，都爲金色，然後可食，苦味減而甘食，甚佳也。篌筍，出温處建以來，竹如苦竹，長節而薄，可作屋椽。筍則春生，可食。釣絲竹筍，南越多之。竹本大如鼓形，上節漸小，高三四丈者，若釣絲然，筍下廣上鋭，味甘可食，發病。木竹筍，今靈隱山中亦出。中堅，亦通小脉節内，若通草中也。筍堅，可食，今人採竹作杖，可愛。或與䈽同類耳。卭竹筍，出蜀中臨卭，故曰卭竹，其筍春生。《羅浮山記》曰：卭竹本出卭山。張騫西至大宛所得歸，而此山左右時有之，鄉老多以爲杖。今羅浮山有筍，生又早時，候與蜀不同。其竹節横出中間，練杵形，爲杖如木刻。竹筍中實，食美。《山海經》云：龜山扶竹。注：筇也。節高實中。扶也，名之扶老行也。與扶竹並節者不同。赤竹筍，出閩中。大者如椽，堪作彈織箔扇。筍不毒。衛丘竹筍，《山海經》云：衛於山丘南，帝俊譜音舜字。竹林在焉，大可爲舟。郭注云：舜林中，竹一節可以爲船。筍可知矣。盧竹筍，其爲竹也，葉闊而利，可用割物，實箬類也。筍苦，亦可食。出廬州。對青竹筍，竹則一邊青一畔紫，二色相映，可愛。筍萌可食，出成都。近孟昶據蜀，作對青竹亭焉。慈母山筍，《丹陽記》：江寧縣南，慈母山竹可以爲簫管。王褒《洞簫賦》所稱即此也。其筍圓緻，異於餘處。自伶倫採竹嶰谷，其後惟此篠見珍。俗呼鼓吹山，常禁伐者。筍則三月生，可食。鍾龍竹筍，戴凱之《竹譜》云：此竹伶倫所伐也。其筍生可食。漢竹筍，《譜》云：大者一節受一斛，小者受数斗，可爲樽榼。其筍一節可受二三斗，味雖甘而澁。利竹筍，其竹蔓生，若藤蔓屬。實中而堅韌。筍隨竹蔓而生，亦實韌也。簢筍，《爾雅》云：簢，筡中。郭注：其中空。今詳竹皆空中，或白根至梢空中，則無節竹也。疑簢竹一名筡中。一云：其中㶳曰筡，可以爲席。如此者，則其竹内隔㶳，與常竹不同，故云筡中，爲筍嫩而節㶳薄也。鄰竹筍，《爾雅》郭注：堅中謂貞實。與平常竹不同。筍味同木竹筍。雲母筍，郭義恭《廣志》云：雲母，大竹也。其筍亦相稱。箘筍、簬筍，伊二本竹生荆楚間。《尚書》：荆州厥貢箘簬。孔注：箘簬，美竹也，出雲夢之澤，三國常致貢焉。天下稱美，蓋堪爲矢。大者爲筆。本母既曰美竹，厥萌可曰美筍也。篣筍，《廣志》：篣竹皮青，肉白如雪，軟韌可爲索。字或從草從竹，不定。其筍皮青，而筍肉皙白。王子年《拾遺記》有『篣竹作簫』。少室竹筍，《河圖》曰：少室之山大竹，堪爲甑器。其筍長偉，堪食。渭川筍，《史記》曰：渭川千畝竹，其人與千户侯等。今詳：《史記》舉其本而不言筍。筍利利人，厥富可儕等王侯也。筍晚，四月方盛。鄠杜竹筍，《漢書》曰：秦地有鄠杜竹林，南山檀柘號陸海也。鄠杜多竹而勁小，西夏結乾筍，豈不是乎？鏞竹筍，出廣州。此本竹絶大，内空，容得三升許米。交廣以來，人將此作升子量出納。其内出黄，可療風癇疾，名天竹黄。案：竹黄名天竹，言此竹天也，亦猶天麻、天蓼言天。大如云雀、麥鼠、莧，言小也。或曰天竺之竺，非也。詳其竹亦療風，筍功可見也。一説竹黄是南海邊竹内塵沙加於竹，凝結成致。竹兼筍，皆療風疾。相迷竹筍，生廣州已來。竹狀與鏞竹少異，其洪長，亦同内空，生黄，堪作丸。筍減鏞筍少分。桃枝竹筍，其竹勁直柔弱，可爲篾爲席，《尚書・顧命》竹席是也。其筍叢生，其皮生毛，聚蟲蟻而不可食。人觀此竹是處有之。王彪之《閩中賦》亦見矣。新婦竹筍，出武林山陰。其竹圓、直、韌，可爲篾。筍三月而生，可食。筀竹筍，《竹譜》曰：筀竹似桂而概節，其筍可食。簟竹筍，沈懷遠《南粤志》曰：博羅縣東，蒼州足簟竹，既大薄且空中，節直二丈，其直如松。詳：其竹直二丈，猶爲筍，而可食。雞頭竹筍，《竹譜》曰：雞頭竹似篁而細，筍亦可食，堪茹。斑竹筍，《博物志》云：舜死，二妃淚下，染竹成斑。妃死爲湘水神，故曰湘妃竹。詳：其筍脱其殼乃爲篛，竹方生斑，筍不可食。箾筍，《竹譜》云：箾竹，江漢間謂之竿篏。一赤數葉，葉大如履，可以作篷。今詳：葉如履，即王彪之《閩中賦》云湘箬也。其筍亦不大，止是箬葉異諸竹耳。又此竹與鄜竹同也。篔簹筍，曹毗《湘中賦》云：其竹則篔簹。今詳：其筍亦洪大，竹節長四尺。沛竹筍，《神異經》云：南方荒中有沛竹，其長百丈，圍二丈五六尺，厚八九寸，可以爲大船。其子美，煑而食之。白烏筍，湘中有此竹生是筍，見魏曹毗賦。又有實中竹，即有實中筍，䈽屬也。魚腸竹筍，梁簡文《脩竹賦》中見魚腸、雲母之名，曰映花靡等。今詳：魚腸爲名，必像實而作，其竹細而屈，筍亦可以識矣。篁筍，八

月生筍，止十一月。竹，閩温已來，多節疎。鄉人候抽長成，竹梢弱，正月時便斷之，以火燎之，逐重起之，可爲條而柔韌，謂之竹麻。泉州已去，路傍多生，彼土人取逐節，可八九尺，堅。捺之青皮，才爆，内白肉，便爲麻，即不見火，謂之麻竹。南中轉高，長節疎。其筍皮黑紫色，其心實，人取細切，監漬少頃，以漿水漬，再宿瀝乾，瓶藏泥封，謂之筍笴，此亦古之筍菹也。笴義未詳。筀摩筍，《嶺表録》云：桂廣皆殖，大若茶椀，竹厚而空小。一夫止擎一竿，堪爲茆屋椽梁柱。其種者，飲具竿，每截二尺許，打入土，不踰月而生根葉。明年長芽筍，不數歲成林。其筍，南人亦藏之爲筍笴。簕竹筍，《嶺表録》云：其竹枝上刺，南人呼爲簕。自根横生枝條，展轉如織，雖野火焚燒，只燎細枝嫩條。其筍叢生，轉復牢密。邕州舊以爲城，蠻蜒來侵，竟不能入。羅浮筍，羅浮山。貞元中，有人遊第十三嶺，見巨竹，有三十九節，二丈餘圍。筍甚臚直。雲丘帝筍，《竹譜》云：帝陵上所生竹，一節可以爲船。筍大如本。匾竹筍，匡廬山中多。其筍初冒土，便匾薄，及成竹，匾而長。今諸山中，是處皆有之。箖箊筍，左思《吴都賦》曰：竹則篔簹箖箊。今詳：其筍可食。射筒筍，見《吴都賦》，吴越有之，筍可食。篙篔竹筍，竹節疎，而筍可食也。篻竹筍，其竹實中，篺屬，見《吴都賦》中，筍堅大可食。篻出韶州，徑五六寸，中爲弓弩。筍堪食，自秋生至於冬末，春即不生矣。篛竹筍，《天台圖經》云：五縣皆有。言其竹韌也。日南、九真炙生可作彈弓絃也。服傷筍，竹大者，五六寸圍，長二丈。其中實滿，筍至四月已後方出，味甚美。狗竹筍，寧海已來多，三寸圍，節間有毛，筍三月生，可食，諸邑皆有之。筀竹筍，今春二月，已去，吴越多生。扶竹筍，今武林山西，舊謂雙竹院中所産，脩篁嫩篠，皆對抽並胤，相傳云：兹竹自永泰已來有之。馮翊嚴諸爲其記。王子敬《竹譜》云：會稽箭竹、錢塘扶竹，蓋此雙竹即扶竹也。譬猶東之地産桑，兩兩並生，謂之扶桑矣。今詳：是竹爲筍，便有合歡貌，並出。愚曾著《扶竹賦》。慈竹筍，四月生，江南人多以灰煮食之。其爲竹也，内實而節疎，性弱，而可代藤用，其形緊而細。又蘄黄生叢竹，一叢數竿，筍不外迸，只向裏生。如多，只可删科内。五六月長筍，明年方成竹，其筍不堪食。玳瑁竹筍，薛翊《異物志》曰：弓竹似簕藤，斑駮如玳瑁。其筍脱殼而微有斑文也。龍牙竹筍，出永嘉大羅山。其竹長四五尺，稀節。人取必有大風雨雷電，人下山則止。近故節惠公令取種，遇風而止。其筍則春二月生也。棘竹筍，《竹譜》曰：其筍味肥，食之落人鬢髮。笻竹筍，《齊民要術》云：筍無味。雞脛竹筍，食之肥美。檳榔竹筍，見杜臺卿《淮賦》。毛竹筍，出武陵洞口，人斫竹，隨生。土俗云：仙人入洞，故生此竹，以隔浮世也。篁竹筍，疑其狀類，字或是笙，竹、筍皆無味。由梧竹筍，《南方草木狀》云：由梧竹，民間種之，長百尺，徑一尺八九寸，交趾人作屋柱。筍澁，不可食。方竹筍，出澧州西游川鐵冶辰山之陽。其筍莖方二寸。已來，彼封人多爲臺卓衣架等。其筍硬不堪食。其竹節平，其性堅，其心實。丹竹筍，出道州瀧中峭壁之上。竹每節可一丈或八尺，徑不大，裊裊摇空，粉節上似有丹色，心空肉薄，舟人多劈爲百丈繂。毛斑竹筍，出蘄州。初伐竹即無斑，以灰汁洗之，即斑見。彼人多作簾席，或笛管。筍絶不堪食，與二妃祠者不同矣。沙麻竹筍，《南粤志》中，此竹人削爲弓，弓似弩也。或曰蘇麻竹，或云麤麻竹，此疑與斯摩同耳。若斯摩筍，一人只可擔兩莖耳，亦堪爲筍笴。白竹筍，連州抱腹山，多生此竹，莖徑白節，心少許緑。彼土人出筍之後，落籜撒梢時，採此竹以灰煮水浸，作竹布鞋，或搥一節作箒，謂曰竹拂。若貢布，一疋只重數兩也。匾竹筍，出廬山。《莖匾傳》云：釋惠遠使鬼神號辟蛇行者，捻此竹爲匾竹。筍出皆匾，堪食之。拂雲箒竹筍，出廬山。莖大如指，竹杪細，葉密翠如箒。彼人採爲方物贈人，謂之拂雲。箒作纖長也。雙梢竹筍，出九疑山第二重麓臺側。筍長獨莖，及生枝葉，即分爲兩梢，葉密而細，亦謂爲合歡竹，與象扶桑者少同。箖竹筍，出襄州卧龍山諸葛亮祠中。筍堪食，甚美。漸長，長百尺，只梢上有葉。土人作幡竿承落。木竹筍，韶州多生，成竹一莖如萬歲藤，一節長四尺，無花而實，實如草荳蔻，土人鹽之爲果實。筍初生時，磊磈然不堪食。與今吴會間木竹筍，雖如筍，食美而甘。味不同。水竹筍，出黔南管内或巖下潭水中，生其筍隨水深淺以成節，若深一丈，則筍出水面爲一節，蠻蜒采取以爲食。古散竹筍，節似馬鞭，葉似桐樹而小，皮似栟櫚，柔韌。筍亦堪食。秋蘆竹筍，其竹似蘆身，如荻蔗，冬天不凋，插枝如生。筍可食也。鶴膝竹筍，竹狀節下大小似苦竹，而關中土人呼爲搥竹，亦堪作柱杖。詳：此同笻竹也。筍可食。石遼竹筍，一名簟簩，生關中，竹似石而小，《吴都賦》曰簟簩。有叢筍，可食也。合歡竹筍，出南嶽下諸州山溪間，郴州最多。其筍

初生，合歡形勢。及成竹也，或三莖合，或兩莖合，斷其間，有竅。竹皮或斑點文，僧斷作針筒用也。紫竹筍，成都府人家庭心多苞叢而生，其色沈紫可愛。抽筍且稀，心實，筍不宜食。月竹筍，竹狀輕短，叢生。每月抽筍，謂之月竹筍，如箭竹萌，人不食也。三稜竹筍，其狀若椶櫚，葉莖柄三脊然。筍細。初抽，川中人家竹林中忽有，云吉兆也。

宋　釋贊寧《東坡先生物類相感志》卷一四《桃竹》　涪陵相思崖産此竹。昔有童子在岩吹竹，神女悦之，投以桃竹釵，童子報之以簏。今桃枝與竹俱生岩畔，故號云相思岩矣。

又《孤竹》　新舊之竹交生而不相見，謂之竹。今襄陽薤山下有孤竹。其爲竹也，三年方生笋，及笋成竹，竹母死矣，代謝如春秋焉。

又《簗竹》　出交趾國，而實中、勁强、有毒。彼土人鋭以刺虎，中之則死。亦同《山海經》中桂竹，甚毒，傷人必死也。

又《踈節竹》　出南方水中，笋萌时，隨水高低成節也。又秦大國有竹一節。

宋　陸佃《埤雅》卷一五《竹》　竹，物之有筋節者也。故蒼史制字，筋節皆从竹。《爾雅》曰：東南之美者，有會稽之竹箭焉。今竹性亦喜東南引生，故古之種法云：劚取東南，引根於園角西北種之，久之自當滿園。語曰：西家種竹，東家治地。言其滋引而生來也。《易》曰：方以類聚。竹引東南，則以卦推之，巽爲竹矣。震，東方也，故震爲蒼筤竹而已。蒼筤，幼竹也。今人穿沐叢竹，芟其繁亂，不使分其勢，然後枝榦茂擢，俗謂之洗。洗竹第如洗華例，非用水也。《傳》曰『淇衛箘簬』，又曰『淇衛之箭』，又曰『下淇園之竹以爲楗』，又曰『伐淇園之竹以爲矢』。蓋淇之産竹，土地所宜，故風人以此美武公之德也。《詩》曰：瞻彼淇奧，緑竹猗猗。瞻彼淇奧，緑竹青青。竹之初生，其色緑，長則緑轉而青矣。故是詩如此。然其卒章又曰『如簀』，如簀，言盛也。且曰『如簀』，則又以明其爲竹矣。蓋《禮器》曰：禮器是故大備。大備，盛德也。其在人也，如竹箭之有筠。蓋曰：如切如瑳，如琢如磨。則禮至於器矣，禮器是故大備。大備，盛德也。故《詩》曰：有匪君子，終不可諼兮。道盛德至，善民之不能忘也。《國語》曰：及其没也，謂之睿聖武公。然則武公其殆聖矣乎？《爾雅》曰：如竹箭曰苞，如松柏曰茂。苞言其本，茂言其末。竹性叢生，行鞭深遠，故曰苞。《詩》曰：秩秩斯干，幽幽南山。如竹苞矣，如松茂矣。干，言原流之長也。山，言基址之固也。竹，言根本叢緻。松，言枝葉繁衍。蓋不如是，雖有室，豈足樂哉？故考室之詩，首章如此。《竹譜》曰：北方寒冰，至冬地凍，竹根類淺，故不能植。爲是故也。《爾雅》又曰：莽，數節；桃枝，四寸有節；粼，堅中；簢，筡中。凡此皆竹之類，一疏一數，一虛一實。《爾雅》又曰：簜，竹。孫炎以爲闊節爲簜。按《儀禮》：簜在建鼓之間。簜，蓋簫屬，明非數節者也。舊説竹率六十年根輙一易，即華實而枯死。實落於土復生，六年成曈。《稽聖賦》曰：竹布實而根枯，蕉舒花而株槁。《禮》：斬衰杖竹，齊衰杖桐。説者以爲竹圓效天，桐方法地。又曰：竹者，蹙也。桐者，痛也。竹外節，桐内節，喪禮以壓於父，故爲母朞，則其節有不得達於外矣。且桐削杖，亦以明其眚。《禮》：夫父不可亢也，然母亦豈可略哉？故齊衰杖桐，削之使勿充而已。《檀弓》曰：竹不成用，瓦不成味，木不成斲。竹言用，瓦言味，木言斲，相備也。竹曰不成用，主其質言也。木曰不成斲，主其文言之。其曰瓦不成味，則言以受飲食，又不足以成味也。《荀子》曰：木器不成斲，陶器不成物，薄器不成内。變味言物，變用言内，其義一也。《説文》云：竹，冬生艸也，象形，下垂者箁箬也。蓋竹从倒艸。竹，艸也，而冬不死，故從倒艸。一曰：竹倒種，故從倒艸。其萌曰筍，筍從勹從日，勹之日爲筍，解之日爲竹。一曰：從旬，旬内爲筍，旬外爲竹。今俗呼竹爲妬母草，言筍旬有六日而齊母。

宋　宋祁《益部方物略記》　竹生三歲，色乃變紫。伐榦以用，西南之美。

右紫竹。蜀諸山中尤多，園池亦種爲玩。然生二年色乃變，三年而紫。

又　根不它引，是得慈名。中實外堅，筍不時萌。末或下垂，苒弱緑縈。

右慈竹。性叢産，根不外引，其密間不容筍。筍生夏秋，閲歲，枝葉乃茂。别有數種，節間容八九寸者曰籠竹，一尺者曰苦竹，弱稍垂地者曰钓丝竹。或取節修膚致者，用爲簟笠。

又　竹箇皆圓，此獨方形。厚倍於竅，緗節稜稜。

右方竹。圓衆方寡，取貴方者差小。

宋 朱翌《猗覺寮雜記》 嶺表有竹，俗謂司馬竹，又曰私麻竹。《南越志》曰：河麻竹，可爲弓，似弩，謂之溪子弩。或曰蕉麻竹。今記爲司馬竹。《嶺表録異》云：河麻大如茶盌，厚而空小，一人擎一莖，堪爲椽梁。正此竹也。又有勒竹者，棘之訛也。《竹譜》曰：棘竹，生交州諸郡，藂生，竹厚實。夷人以爲弓。枝節有棘。《異物志》云：種爲藩落，卒倒根出，大如十石物，縱横相承，狀如繅車，一名笆竹。筍味落人鬚髮。《録異》云：南土有刺竹，南人呼刺爲勒，自根横生，枝條展轉如織，野火止能燒其細枝嫩葉，春色轉密。邕州以爲墻，蠻蜑不能入。

宋 鄭樵《通志》卷七六 竹之類不一。《爾雅》云『桃枝，四寸有節』，今桃枝竹也。唐人有《桃竹杖》詩，以其宜爲杖也。又云『鄰，堅中』，此竹類而中實者，今人謂之木竹也。又云『簢，筡中』，此竹類而中虚薄者。又云『仲，無笐』，今之篔簹竹也。又云『箞，箭萌』，此箭筍。凡筍類惟箭筍爲美，故會稽竹箭有聞焉。又云『篠，箭』，今箭竹小而希節者。然竹之良者惟有筆竹。謝靈運所游之澗，今在鴈蕩，其自死筍則謂之仙人杖。

宋 范成大《桂海虞衡志·志草木》 簜竹，葉大且密，畧如蘆葦。澁竹，膚巖澁，如木工所用砂紙，可以錯磨爪甲。人面竹，節密而凸，宛如人面，人採爲拄杖。釣丝竹，類簜竹，枝極柔弱。斑竹，中有疊暈，江浙間斑竹直一淚痕，無暈也。猫頭竹，質性類筋竹。桃枝竹，多生石上，葉如小椶櫚，人以大者爲杖。竻竹，棘竹也，芒棘森然。箭竹，山中悉有。

宋 羅願《爾雅翼》卷一二《竹》 《説文》：冬生艸也，象形，下垂者箁箬也。《竹譜》：别類有六十一。《山海經》：岳山，尋竹生焉。衛丘山南，帝俊竹林在焉，大可爲舟。

又《箭》 箭，篠也。東南之美者，有會稽之竹箭焉。《禹貢》：揚州，篠簜既敷。《職方氏》：揚州，其利竹箭。箭，一名篠，是竹之小者，可爲箭幹。箭萌謂之箈。一作箞。《月令》：日短至則取竹箭。《説文》：簜可爲幹，筱可爲矢。筱，箭屬，小竹也。《異物志》：箭竹細小勁實，可爲箭，通竿無節。《竹譜》云：節間三尺，堅勁中爲矢。箘簬亦堪爲矢，箭大者爲筆。《書》：垂之竹矢。《淮南》云：淇衛箘簬。寇恂伐淇園之竹爲矢。《考工記》：妢胡之笴謂箭稾。矢，人相笴，欲生而搏。

宋 周去非《嶺外代答》卷八《花木門·竹》 嶺南竹品多矣。傑異者數種，因録於後。斑竹，本出全之清湘、桂林，屬縣皆有之。初生時，但點點淡青，靨如苔痕。久則青退而紫，斑漸明，中有疊暈。江浙間斑竹直一沁痕，而無暈也。澀竹，一名思勞竹，每一節上半猶是常竹，其半筠膚粗澀，視之似生細毛。可以錯磨爪甲，人取其澀處，削成錯子，黑漆其裏，以相贈遺。用久刓滑，醋浸少頃，火炙乾，復澀矣。老者彌澀，然亦奇物。邕州兩江多有之。簜竹，葉大且密，略如蘆葉，秾阴鬱然，它竹不逮。節上出小筍，擗破成枝。春深，根旁大筍才出，經冬不已。極易種。竻竹，其上生刺，南人謂刺爲竻。種之極易密，久則堅甚。新州素無城，以此竹環植，號曰竹城。交阯外城亦種此竹。人面竹，節密而凸，横斜相間，每凸處突出，長圓宛如人面。近根之處幾百節，密密相聚。人亦採爲拄杖。釣絲竹，身葉皆類簜竹，枝極柔弱，垂下摇曳數尺，如釣絲可愛。筍瘦而白，於食品最佳。箭竹，山中悉有之。諸郡治兵器，各自足用，不求之嶺北。桂林十二枝箭爲錢二百，則其幹賤可知矣。

宋 高似孫《剡録》卷九《竹》 許敬宗《竹賦》曰：篔谷著美，稽山見知。衛稱淇澳，梁賦夾池。吴筠《竹賦》曰：渭川千畝，山陽數林。會稽潤玉，羅浮色金。竹在會稽，尚矣。剡左右沙村，最宜竹。

又《箭竹》 《左傳》曰：東南之美，有會稽之竹箭。剡謝巖五龍山尤多。靈運《山居賦》曰：二箭殊葉。注曰：苦箭大葉，笄箭細葉。戴凱之《竹譜》曰：會稽箭最精，節間三尺，堅勁中矢。《字統》曰：箭，竹之别形，小身大葉曰箭竹。原父《箭竹》詩：冉冉東南美，托根那在兹。黄太史《箭筍》詩：會稽竹箭天下聞，青嶺霜笴摇紫雲。巽中詩：適越長懷冬箭美，遊吴未數蓴絲滑。

又《毛竹》 金庭曰：毛竹，洞天有毛竹。李清叟詩：雲藏毛竹深深洞，煙起香爐裊裊風。

又《斑竹》 《博物志》曰：洞庭二女以涕揮竹，盡斑，唐蔣防湘妃泣。《竹賦》曰：帝舜兮南巡不回，二妃兮心傷已摧。淚浪浪而墮睫，竹冉冉而凝苔。李端詩：雲去低斑竹，風來動白蘋。

又《燕竹》 燕來時作筍，取其早也。王梅溪在剡有詩：問訊東墻竹，佳

名始得知。龍孫初迸處，燕子正來時。

又《苦竹》《山居賦》曰：竹則四苦齊味。謂黄苦、青苦、白苦、紫苦也。越又有烏末苦、頓地苦、掉尾苦、湘簟苦、油苦、石斑苦。苦筍，以黄苞擢第一，謂之黄鶯苦。剡亦有之。孟浩然詩：歲月青松老，風霜苦竹餘。

又《水竹》《山居賦》曰：水石别谷。注曰：水竹依水而生，甚細密。

又《石竹》《山居賦》注曰：石竹，别叢大，以充屋。其巨者，竿挺之屬。細者，箖箊之流。《閩中記》曰：竻竹似石竹。

又《慈竹》任昉《述異記》曰：南中生子母竹，慈竹是也。《酉陽雜俎》曰：慈竹，夏雨滴汁入地而生。王勃《慈竹賦》曰：如母子之鉤帶，似閨門之悌友。喬林《慈竹賦》曰：類宗族之親比，同朋友之造膝。宋景文公《慈竹贊》曰：根不他引，是得慈名。注曰：竹性土産，根不外引，密不容笴，生夏秋也。

又《桃枝竹》《書》曰：篾席紛純。孔安國曰：篾，桃枝竹也。《爾雅》曰：桃枝竹，四寸有節。又有梁簡文帝《竹賦》曰：玉潤桃枝之麗，魚腸雲母之名。梁元帝詩：柯亭臨絶澗，桃枝夾細流。皮日休詩：鼓子花明白石岸，桃枝竹引翠嵐溪。

又《筀竹》《字書》曰：筀，竹名也。有早竹、晚竹、棉竹。梅聖俞詩：侵天筀竹溪西東。

又《筋竹》《羅浮山疏》曰：筋竹堅利，南土以爲矛。筍未竹時，堪爲弩絃。皮日休詩：烏紗任岸穿筋竹，白袷從披趂肉芝。

又《閃竹》越閃竹，即宋景文、黄太史所謂「對青竹」。宋公贊曰：翠溝如畫。太史賦曰：金碧其相。

又《紫竹》剡山谷間往往有之。宋景文《紫竹贊》曰：竹生三歲色乃紫。

又《方竹》玉岑山所植。贊寧《筍譜》曰：辰山有方竹，其方二寸。《桂苑叢談》曰：李德裕遊甘露寺，贈僧方笻竹杖。後數年，至寺，僧圓之矣。陸龜蒙《筍賦》曰：洪罏靡定，方圓不均。注曰：南方有方竹。宋景文《方竹贊》曰：竹箇皆圓，此獨方形。張忠定公《方竹》詩：筍從初茁已方堅，峻節凌霜更可憐。王平父《方竹》詩：方竹同吾操，端然直物間。

又《人面竹》剡山有之。竹徑幾寸，近本逮二尺，節極促，四面參差。《竹書》曰：如魚身而凸，頗類人面。

又《淡竹》《本草》曰「竹類不一」，而《農經》所載，惟筀竹、苦竹、淡竹耳。

宋　戴侗　《六書故》卷二三　竹，【略】象形，兩之象其族生也，與艸同。竹之指事。

又　箘　【略】《類篇》曰：又作箬箟。

又　箟簵　【略】《禹貢》：荆州之貢，惟箘簵楛。《楚辭》曰：箟簵褋於巌烝兮，機蓬矢以射革。又曰：箟蔽象棊有六博。《戰國策》曰：發宫室之垣，荻蒿苦楚，試以爲矢，箘簵之勁不能過也。孔氏曰：箘簵，美竹。舅氏曰：小曰箘，大曰簵。按：箘、簵、楛，皆矢才也。故《類篇》合箘與箟爲一，簵亦作簬。

又　筱簜　【略】《禹貢》：震澤底定，篠簜既敷。孔安國曰：篠，竹箭。簜，大竹。孫炎曰：竹節闊者爲簜。《説文》曰：篠，小竹，箭屬。簜，大竹。《大射儀》：簜在建鼓之間。鄭氏曰：謂笙簫之屬。按：小竹爲篠。笙簫雖非大竹，亦竹之脩節者。孫炎之説近之。簜别作簜。

又　筀　【略】竹名，薄笴而美筍，其種不一，有早筀、晚筀、紫筀、班筀。

又　篔簹　【略】篔簹，竹名。王彪之《閩中賦》：篔簹函人。言竹之大。

又　筤　【略】《説卦》曰：震爲蒼筤竹。别本作琅。《説文》：筤，籃也。

又　笪　【略】竹之叢生而大者，竹笪虚中，木笪實中，其筍亦美。

又　篁　【略】《説文》曰：竹田也。《淮南王書》曰：谿谷篁竹之中。張衡賦：篠簜敷衍，編町成篁。竹林也。

又　箳　【略】小竹，疏節而直者可爲矢，故矢亦謂之箭。

又　筍　【略】竹萌也。《周書》曰：敷重筍席。蓋析子竹以爲席也。馬氏曰：筍，箬也。徐氏曰：竹子爲席，别作笋淨。因之爲筍，簴之筍，取其摶直而鋭入也。《考工記》曰：小首而長，摶身而鴻，若是者謂之鱗屬，以爲筍。

又　箈　【略】《爾雅》曰：箈萌也。《周官》：箈菹雁醢。康成曰：箈，箭萌。筍，竹萌。

宋　吴自牧《夢粱録》卷一八《竹之品》　竹，碧玉間黄金、筀、淡、紫、斑、金、苦、方竹、鶴膝、猫頭竹。筍有數名，曰南、路白、象牙、哺雞、猫兒頭、

黄鷲、晚篁，皆即凉筍，和靖有『煙崖早筍肥』之句，又有紫筍、邊筍。

宋　趙溍《養疴漫筆》（引自《古今説海》卷一二六）　竹之異品頗多。《成都古今記》云：對青竹，黄而溝青，故每節若間出，云此竹今浙中亦有之，惟會稽頗多。彼人呼爲黄金間碧玉。辰州有一種小竹，曰龍絲竹，生山谷間，高不盈尺，細僅如針。前輩詩有『小竹如針能具體』，即此也。武陵桃源山有方竹，四面平整如削，堅勁可以爲杖。予頃在湖湘間，見有以竹爲桶者，其徑幾二尺。《羅浮山記》云：第三峯有竹，大徑七尺圍，節長丈二，葉若芭蕉，謂之龍公竹。《松窻雜録》有異竹，篾長二百餘尺。《玉篇》云：䈙竹可爲舟。但未親見耳，云實有之。

宋　吴曾《能改齋漫録》卷一五《慈竹》　國初，樂史子正作《慈竹》詩數十韻。首云：蜀中何物靈，有竹慈爲名。一叢闊數步，森森數十莖。高低相倚賴，渾如長幼情。云云。予按任昉《述異記》云：南中生子母竹，今之慈竹也。乃知慈竹不特蜀中有也。

宋　李石《續博物志》卷一〇　《河圖》曰：少室山大竹堪爲甑器。《山海經》：舜林中大竹一節可以爲船。漢竹，大者一節受一斛，小者數升爲椑榼。《廣志》曰：雲母竹，大竹也。樠竹，細而多刺也。篙竹，堪作笛。篃竹，宜爲屋椽。䈽竹，皮青，内白如雪，軟韌可爲索。

宋　吴仁傑《離騷草木疏》卷四《篁》　余處幽篁兮終不見天，路險難兮獨後來。五臣云：篁，竹叢。言己不得見君，讒邪蔽塞也。洪慶善引《漢書》篁竹之中注云：竹叢也，竹田曰篁。《西都賦》云：篠簜敷衍，編町成篁。注：篁，竹墟名。仁傑按：《爾雅》竹有簜、有莽、有桃枝、有粼、有䉉、有篠、有箭。戴凱之《竹譜》有筀、有棘、有箘簬、有鐘籠、有篔簹、有篃、有雞脛。《廣志》有擿竹、篙竹、䈽竹、雲母竹、溪竹、利竹。《永嘉譜》有慈竹、石竹、綿筀竹、茅竹、菡䈞竹、雙竹、亶竹、慈孝竹、粘翠竹、苦油竹、蘆栖竹、大箴竹，一曰月竹、公孫竹、方竹、紫竹、江南竹、斑竹、湘江竹。《本草》有篁竹、扁竹、苦竹、甘竹，而篁竹在衆竹中最其下，故見斥於《離騷》，比之讒邪，正以其叢薄幽昧蔽塞而已。唐劉寬夫有《竹記》，其略曰：有竹叢生，日光不透，陰氣來凝，一庭常昏，忘時失序。病其蔽翳，因命斤斧。有質微而葉笨篿者芟之，聚而曲者去之，其獨立自持者保之，去其邪者，存其正者。其説蓋相《離騷》之遺意云。

元　劉美之《續竹譜》（引自《説郛》卷一〇五）　蜀土有狀若垂釣，俗名釣絲竹也。毛竹，生武夷山，李義山詩云：安得流霞酒一杯，空中簫鼓當時回。武夷洞裏毛生竹，老盡玄孫不更來。方竹，生嶺外，大者如巾筒，小者如界方。瑞竹，合歡，發地尺餘，分爲兩竿。沙摩竹，生桂嶺，一人止可擎一竿，欲種則鉛其苗，截二尺許，釘入土，不踰月而生根葉。期年長芽筍，不三載而爲林。簞竹，葉疎而大，一節相去五六尺，南人取嫩竹細破搥漫之，織而爲布。篙竹，皮上有文，可爲錯子錯甲，利勝於鐵。若鈍，以漿洗之，還復快利。《北户録》云：貞元年間有鹽户犯禁，逃於羅浮山，深入第十三嶺，《南越志》云：本即有羅山，忽海外有山浮來，相合，是曰浮山，有五嶺、三十峯、九百六十瀑泉，域中無出其右也。見巨竹千萬竿，圍皆二丈餘，有三十九節，節長二尺許。逃者遂伐一竿，破以爲篾。會赦，遂挈以出。有人得一篾，奇之，獻之太守李復，乃圖而記之。今海南以竹爲甑者，屢見之矣，皆羅浮之竹也。斑竹，世傳二妃將沈湘水，望蒼梧而泣，灑淚染竹成斑。黄竹，穆天子作詩三章以哀民，謂之《黄竹之歌》。紫竹，其莖如染，出青城蛾眉山，可作笙竽簫管。椶竹，蜀中多有之，皮葉皆似椶，亦謂之桃竹。猫兒竹，長沙有之，下豐上細。其笋甚甘美，大者重十餘斤。斑竹，出峽州宜都州縣飛魚口，大者不過寸，鮮美可愛。顧凱之《竹譜》云：南嶺實煩，有毛竹、簹竹、青皮竹、木竹、釣魚竹、桃竹、越王竹。越根生石上，細荻，高丈餘。以其青色者用爲竹籌，越王棄餘算而生焉。簕竹，即節上有刺，南人呼刺爲簕。邕州舊以爲城，蠻蜑來侵，竟不能入，即簕竹也。

元　李衎《竹譜》卷三《竹態譜》　竹根二種：凡散生之竹類，先一年行根而敷生，次年出筍而成竹。叢生之類，不待行根而頻年出筍成竿，然須至次年方生枝葉也。一散生之竹，根皆如此。如筀竹、淡竹、甜竹、猫頭竹、白竹、葔竹、水竹、簕竹、箹竹、莳竹、浮竹、江南竹、雙葉竹、鳳尾竹、龍鬚竹、寸金竹、雪竹、葆竹、蕇竹、篻竹、廣竹之類是也。一叢生之竹，根皆如此。如苦竹、慈竹、簣竹、桃枝竹、簜竹、刺竹、由衛竹、篔竹、釣絲竹之類是也。

又　卷四《竹品譜·全德品》　筀竹，出江浙，河南北、湘漢兩江之間俱有之。凡六種，有黄筀、綿筀、早筀、晚筀、石筀、操筀。節葉枝榦皆同，但筍

出時無斑花者名黃筆，劈開柔韌者名綿筆，筍出早者名早筆，筍出晚者名晚筆。早筍出三月，晚筍出五月。都城北墐城山中者筍出四五月，河南亦有筍出三月者。石筆，竹筍出時斑花一同晚筆，但其節促密，竹性甚柔韌，雜用又勝於晚筆，以其有石地中偏宜栽植，故名。操筆，筍出四月，其竹性操烈，不堪劈篾，全用甚堅。《山海經》云：丙山多筆竹。南陽人名爲季竹，取茹入藥，其皮曝乾可照夜。《新安志》云：竹有甜筆、苦筆，凡竹之雄者，體質不堅，不堪爲篾，於筆爲尤多。《會稽續志》云：筆竹，越中剡爲多，有早竹、晚竹、綿竹。三月竹，生衡陽山中，比筆竹差細瘦。三月出筍，甘脆異常。或云此名瘦筆竹。淡竹，處處有之。凡三種。南方者高二丈許，大槩與筆竹相類，但節密皮薄，節下粉白甚多，葉差小，筍籜上有細紋理，無斑花。北方者止高丈許，葉入藥爲良，筍食亦佳，醫方用竹瀝，惟出此竹者最妙。筍出土正墨色者名爲烏花淡。沈内翰存中《筆談》云：淡竹對苦竹爲文。除苦竹外，悉謂之淡竹，不應別有一品謂之淡竹。後人不曉，於《本草》内別疏淡竹爲一物。今南人食筍，有苦筍、淡筍兩色。淡筍即淡竹也。以今考之，亦恐未盡然也。竹品雖多，各有名色。淡竹自有此三種，豈有一槩云爾？竹嫩時可造紙也。清宴竹，枝葉大似筆竹，竿節如淡竹，筍極早出，味尤珍美。江浙之間多有之。大者亦中雜用。蓋筆竹之下品者。簟音斤，又音謹。竹，處處有之。大似淡竹，堅而促節，體圓而質勁，節下粉白如霜。大者最宜爲船篙，細者亦中雜用。或云用作簟，不潮汗鹵。鄭樵《通志略》云：竹之良者惟有簟竹。《新安志》云：簟竹，古之笏，爲用甚佳。其筍類紫筍，不可食。硬殼竹，生浙東山間或村落，處處有之。大槩如簟竹，但節稍密，堅硬，不堪劈篾。惟大者宜爲屋椽。筍硬無味，不堪食。苦竹，處處有之。其種凡二十有二。北方有二種：一種節稀而堅厚，枝短葉長；一種與淡竹無異，但筍味差苦。江西及谿洞中出者本極大，筍味甚苦，不可食。浙西出者筍微苦，可食。廣西山中一種散生，每節間生枝，葉長如筆竹，色深緑，瑩淨婆娑，極可人意。筍味苦，病積熱者煮食之，甚良。或云亦可生食。黃休復云：蜀川滕昌祐家有苦竹，葉濃多陰，筍高之時，粉香籜翠。《孝經河圖注》曰：安思縣多苦竹。竹之醜有四：有青苦者，白苦者，素苦者，黃苦者。謝靈運《山居賦》曰：竹則四苦齊味。注與上同。黃苦，土人亦曰金竹，又曰蠟竹。筍大而短，狀似馬蹄，又以黃苞爲第一，故謂之黃鶯舌。又有拜苦竹。《新安志》云：本大末銳，與釣絲竹相似，而钓絲筍味甘。今越州亦有此四種。又有頓地苦，堅中，可以爲矛。又掉穎苦，節頗踈。又湘潭苦，節踈，宜爲簟。又油苦、石斑苦、烏末苦、山苦。又有高苦竹，名曰青蛇枝，各有用處。然嘗見越人多煮烏末苦爲紙，但堪作寓錢，不堪印書寫字。婺州山中有長筒苦，一節有數尺者，人多取爲輦竿，輦竿即轎扛也。又塞苦，竹長實勁韌，可爲鎗榦。僰道苦竹，出僰侯國，在馬湖江古叙州也。竹無用，筍甚美。山谷賦云『僰道苦筍，冠冤兩州』者是也。廬山苦竹，《江州圖經》云：陸静修所植，筍苦而甘。陳舜俞記云：春筍初出，其味甘美。相傳詩云：簡寂觀中甜苦筍。《海物記》云：越人以苦毒竹爲槍，中虎即斃。右已上種類，品格尤高，宜圖畫，南北俱有之。但北方筆竹、苦竹二種差少，故文湖州多畫筆竹，王黃華多畫淡竹，習慣也。甜竹，生河内，衛輝、孟津皆有之。葉類淡竹，亦繁密。大者徑三四寸，小者中筆管，尤細者可作掃箒。筍味極甘美。以司竹監禁制，故人罕得而食。又名笤竹。戴凱之云：下節味甘，宜入湯劑。筆管竹，出廣右山中，節長圓正，一如苦竹。大者止中筆管，作火砲者取爲焫火之筒。壽竹，出湘全衡永間。大槩一似筆竹，但竿色差白，不甚光淨。節稍密，而葉差短。筍味甘，又且堅實。《寰宇記》曰：昭州多産壽竹。白眼竹，出廣州山中。大槩類淡竹。大者徑二三寸，節密且高，榦圓而瘦，中作椽柱。性脆不可作篾，枝葉婆娑可愛。綿竹，生漢州之綿竹縣。今延平後山及永州、全州山中皆有之。叢生，節稀圓正，有長三尺六寸者。道家漁鼓，惟此有聲。葉小，一如淡竹，作篾甚良，又爲櫛篾之最。客旅往往販至江上，作船掣纜，收束絞縛，極箣韌。刼竹，出浙東。類淡竹，節差遠。越人煮以爲紙，多此竹也。篌竹，江南兩浙有之。節稀，枝葉短少，生道邊水次。一叢止三五竿，或一二竿，筍與常竹不同。箣竹，江浙閩廣之間，處處有之。凡二種，大槩與葔竹相類，差匀細，皮薄，深緑色，但可作篾用，甚堅韌，他無所宜。筍末與篌竹不同，安南呼爲小竹。生浙東山中者，肉厚，竅中可爲弩，《說文》云『物之多箣』者也。婺州蘭溪山中有一種，長二三丈，身如筆竹，筍如猫頭竹，色不甚緑，斑花隱然，不甚明，劈篾織篋筥皆可，亦名箣竹。竺法真《登羅山疏》云：嶺南道無箣竹，惟羅山有之，其大尺圍，細者色如黃金，堅貞踈節。或云箣竹長二丈許，圍數

寸，至堅利，南土以爲矛，其筍未成竹時可錘作弩絃，故名篛竹。又云夷人名爲史葉竹，戴凱之以爲即日南簟竹也。張得之云：賀州俚人削爲箭，以葉羽之，名曰筆黎，筍能止渴。僕謂此二説皆簟竹，非今之所謂篛竹者也。瀟湘竹，凡二種，出七閩山中。一種圓而長，大可爲傘柄，小爲笛材。一種高止數尺，人家移植盆檻中，芃芃可愛。水竹，凡二種。一種出黔南管内，或生巖下潭水中，其筍隨水深淺以成節。若水深一丈，則筍出水面爲一節，蠻蜑採以爲食。一種江廣處處有之，多生水邊及道傍下濕處，形狀與篛竹相同，人取劈篾雜用皆可。謝靈運《山居賦》注云：水竹依水而生，甚細密，吴中亦有。《新安志》云：水竹柔韌，可爲篾。還音旋。味竹，生福州以南，大類水竹，春生筍，人煮食甚苦澁，停久則味還甘，可食，故名。一名苦伏竹，一名苦蒲竹。四季竹，出浙東慶元山中，浙西亦或有之。高不過八九尺，節如苦竹，筍如笄箭，枝生節間。叢密，小擘亦隨生節間，不脱落。葉長細而柔媚，甚宜圖畫。又名四時竹，以四時生筍，故冬春筍大，夏秋筍小。秋竹，生七閩山中，大者不過胟指許，枝榦柔弱，葉長細，大槩如四季竹。興化軍尤多，析爲篾，耐濕而遲腐。笷音卯。竹，生天臺、鴈蕩、樂清諸山中，形狀類水竹，但葉梢尖，似桃李。作篾柔韌，雜用亦佳，俗名笆籬竹。陀笣竹，生安南山中，春出筍，味苦，亦可煮食，節高而密，類淡竹，葉稍長，中屋椽，雜用亦佳。陀嬰竹，生安南乍音只。陵山中，比苦竹差薄，可開作簫笛。陀買竹，生安南山中，平陸亦有之。竿如筆竹，葉如簜竹，可雜用，筍味甘美。慈竹，又名義竹，又名孝竹。兩浙江廣處處有之。高者至二丈許，叢生。一叢多至數十百竿，根窠盤結，不引去聲。他處，四時出筍，經歲始成竹，子孫齊榮，前抱後引，故得此名。漢章帝三年，子母竹生白虎殿前，謂之孝竹，羣臣作《孝竹頌》。唐明皇後苑有竹，叢密，筍不外出，顧諸王曰：父子兄弟相親當如此竹。因號義竹。《天寶遺事》：太液池岸有竹數十叢，芽筍未嘗相離，帝與諸王閒步於竹間，曰：人世父子兄弟尚有離心離德，此竹宗本未嘗相疎。人有懷二心、生離間之意者，覩此可以爲鑑勗也。帝因呼爲義竹。又名紫雲蓋。任昉《述異記》云：南中生子母竹，慈竹是也。《酉陽雜俎》云：慈竹，夏月經雨，滴汁下地，生蓐似鹿角，色白，食之已痢。王勃《慈竹賦》曰：如母子之鈎帶。喬琳《慈竹賦》曰：類宗族之親比。《晋安海物記》云：義竹亦曰兄弟竹，秋叢生曰秋竹。注云：其筍叢生，俗謂之兄弟竹，筍味不中食也。《新安志》云：慈竹叢生，不離母，四時有筍，裊裊如釣竿，一名四季竹。今秋竹、四季竹別見。【略】順竹，生宜春，與慈竹大同而小異，薄脆無所用。簧竹，出江淮間，叢生，與慈竹大同，但比慈竹差稀踈，節頗長，枝葉少，可作笙簧，故名。大者亦可開作長笛。《廣志》云：任作笛。簹篾竹，一名蘆栖竹，出揚州東垂諸郡及江浙間，大同簧竹，可以爲筦。處州青田縣盧栖溪有洞，廣數丈，唐時道士姓盧者栖其中，洞旁多筍，鄉人以爲佳味，亦號盧栖筍。事見《圖志》，未審異同。《廣韻》注：蘆栖竹出會稽。《會稽續志》云：蘆栖竹，嵊縣嵎山有蘆栖灣。宋景文公《蘆仙竹贊》曰：弱竿近節，擘與蘆類，緑葉纖長，蓴蓴而概。注云：生山澗中，大抵若篠。蘆仙字音與蘆栖稍近，附見於此，以俟考證。笻竹，出廣右安南，大槩類慈竹。性甚易活，雖六月盛暑，移植不瘁。篁竹，又名麻竹，出兩廣兩江。枝葉一如笻竹，節長可作細篾織笠，筍甘可食。僧贊寧謂篁竹生浙東，節稀，八月生筍，待來年正月成竹，稍弱時便斷取以火燎之，每重起之爲條而柔韌，謂之竹麻。泉州以往路旁多有之，每節可八九尺，堅捺之青皮纔爆，内白肉便爲麻，即不見火，謂之麻竹。南中轉高長，節疎，其筍皮黑紫色，其心實。《文選注》：竹叢生曰篁。鷄頸竹，又名鷄脛竹，篁之類。大者不過指許，踈葉黄皮，强脆無所堪施。筍美，有青斑，色緑，沿江山崗之所饒也。按：原本無「沿」字，今從戴凱之《竹譜》增入。贊寧謂鷄脛竹。《博文録》云：狀似蛇雉。皮日休詩：鷄頭竹上開危徑，鴨脚花中擿廢泉。雞頭竹未詳。簝竹，亦名篩竹。出江廣兩浙，齊魯之間亦有之。大者止如箭榦許，小者中描筆，高不過五七尺，葉長尺許，濶一二寸，促節體柔。筍無味，人亦不食。【略】箭竹，又名筱竹，即《書》所謂箘簬也。浙閩及兩廣皆有之，凡二種。一種葉小如四季竹，每節長二三尺餘，秋筍香脆可食者，名笄箭竹。一種葉大如簝竹，節亦許長，亦有黑紫色者，名箬箭竹。二種皆細小而勁實，通榦無節，可作箭用，故名。謝靈運《山居賦》云：二箭殊葉。注曰「若箭，大葉；笄箭，細葉」者是也。《周禮·夏官·職方氏》：東南曰揚州，其利金錫竹箭。鄭氏云：箭，篠也。《山海經》：竹山，其陽多竹箭。《爾雅》：東南之美者有會稽之竹箭。郭氏注云：箭，篠也。又《爾雅釋草》：篠，箭。《疏》云：篠，一名箭。《尚書·禹貢》：篠簜既敷。孔氏云：篠，竹箭。今考篠與箭，若同而異。篠

竹別見後。燕竹，與箭竹同類，但此竹以燕來時作筍，因以爲名。嘉興在處生。一種與篛竹相同，亦以燕來時作筍而名，其苞紫。王梅溪詩云『龍孫初迸日，燕子却來時』者是也。䉩音禮。竹，大槩與簝竹相同，但節葉差密耳。戴凱之《竹譜》曰：篩、䉩二族，亦甚相似。肥象苦竹，按：《竹譜》原本『肥象』作『把髮』。促節薄齒。束物柔韌，殆同麻枲。《番禺志》：南海煎鹽，以䉩竹編爲鼎，韌而耐久，他竹莫敵。篃竹，或作郿，或作䉋，又名䉂苦怪切。竹。枝葉與簝竹同，但每節止長五七寸，根深耐寒，夏秋出筍，可食。節長者名篃竹。戴凱之《竹譜》曰：篃亦箘徒，概節而短。江漢之間謂之䉂竹。《太平御覽》云：䉂音蒯。恐即篛字之訛。《韻書》：篛，竹箭也。《山海經》：英山其陽多箭䉋。牡山其下多竹䉋。暴山其木多竹箭䉋箘。郭氏云：今漢中郡出䉋竹，厚裏而長節，根深，筍冬生地中，人掘取食之。《廣志》曰：篃竹可以爲屋椽。恐非一種。然余未之見，俟別考。石龕竹，出同慶府，宜爲箭。杜詩云：『伐竹者誰子，悲歌上雲梯。爲官采美箭，五歲供梁齊。皆云直幹盡，無以充提携』是也。箬竹，又名篛竹。出江浙及閩廣，處處有之。葉類簝竹，但多生旁枝。幹如箭竹，高者不過五七尺。江西人專用其葉爲茶罨，云不生邪氣，以此爲寶。福州西鄉安樂林有箬竹一種，葉大，長三尺，廣六寸餘。《新安志》云：箬竹羅生，葉大，可以苴裹。《書·顧命》：敷重筍席。鄭氏云：筍，篛竹。《正義》謂取筍竹之皮爲席，則又非此篛竹也。簹竹，生廬州，形狀亦如箬竹，葉稠而利，可用割物，筍苦。桃枝竹，一名蒲葵竹，一名赤玉脂。出江浙兩淮，處處有之。叢生，形如慈竹，節長二尺許，差薄。《魏志》云：倭國有桃枝竹。《山海經》謂：嶓冢之山，囂水之上多桃枝。今蘄人批取標皮作簟，清淨可人。《禮》所謂『冬虎皮，夏桃枝』者是也。《書·顧命》：篾席黼純。孔安國云：篾，桃枝竹。《周禮·春官·司几筵》：畫純次席。鄭氏云：次席，桃枝竹，有次列成文。《爾雅》云：桃枝，四寸有節。張得之云：桃枝竹，葉如椶櫚，節四寸，皮黃滑，可爲簟。柳子厚謂之桃笙。《唐志》：合州土貢桃枝竹箸。石虎造桃枝竹扇。筍叢生，皮毛聚蟲蟻，不可食。或云桃枝竹出海南番中，如椶櫚，其皮作簟如竹，又紅紫色，如桃枝皮，故云。今作簟者，非也。兩浙謂之桃絲竹，衡湘謂之桃笙竹。《方言》曰：簟謂之笙。戴凱之云：桃枝竹，皮滑而黃，可以爲席，即今之蘄竹也。廣中一種，好生石上，葉如椶櫚，膚色黃紫，大者可爲杖，留其根，削作螭虬帶角之狀。小者可爲馬箠，損折處刺有毒，破人手則難療。東坡云：葉如椶，身如竹，密節而實中，犀理瘦骨。蓋天成拄杖也。嶺外人多種此而不知其爲桃竹，流傳四方，視其端有眼者，蓋自東坡出也。今蜀中亦以此爲桃枝竹，北人謂之紫籐，並記於此，以待知者。笙竹，出會稽卧龍山。云樂部中取此竹作笙爲最貴，今無之。觀音竹，江浙兩淮俱有之。一種與淡竹無異，但葉差細瘦，彷彿楊柳，高止五六尺，婆娑可喜，亦有紫色者。永州祁陽有一種止高五七寸，人家多植於水石之上，數年不凋瘁，彼人亦名觀音竹。張得之云：近道有一斛之中至有盈萬竿者，灑灑可愛，宜植拳石之上，筍必倒垂而下吸水氣，及其長也，根鈎而幹直。即此竹也。哺雞竹，又名雞䈰竹。出蘇湖山中，人家庭院亦或植之，不甚高大，凡八種，大槩相似。節葉差異，筍出亦有早晚，食之極甘脆。嘉禾人以莽竹之筍爲哺雞筍。湯與權云：春雞哺出時此筍出，故名。非也。《吳郡志》：哺雞竹，葉大多濃陰，雖園徑，難得極大者，而至易種，其筍蔓延滿地，若雞之生子衆多，故名。吳人謂雞鶩伏卵爲哺。《番禺志》云雞䈰竹。雞窠竹，江南處處有之，爲篾柔韌，秋生筍，每一竿有十數筍，繞之如雞抱子。窈竹，生全永山中，道傍水傍皆有之。高不過一丈二三尺，葉細而長，四月出筍，極柔嫩而甘脆。寶慶生者筍出初春。雷竹，生浙東山中，人家園圃亦有之。大槩與常竹不異，始聞春雷即發筍，故名。䈹竹，生衡陽山中，高有二三丈者，節平而又勻長，皮膚滑淨，劈篾爲椽，編箱織籠，無不宜。枝葉稀踈，筍味甘美。油䈹竹，出湘潭山中，高二三丈，葉與䈹竹少異，節差高，堅厚端直，宜作弩箭，筍亦甘脆。朱簾竹，生湖州山中，與常竹不異。但枝葉細長垂下，摇摇如垂簾之狀。又節間頗長，條析之，柔韌不折，尤宜織簾，故名。篠竹，凡四種。一出江浙間，喜生山岡之上，連延數十畝，高不過七八尺，大不踰指，枝繁勁細，爲掃箒最良。戴凱之《竹譜》曰：篲篠蒼蒼，接町連篁。性不卑植，必也巖岡。《廣志》曰：篲篠中掃箒，細竹也。一出魯郡鄒縣嶧陽，形色與他篠不殊，質特堅潤，宜爲笙管，諸方莫及。戴凱之《竹譜》曰：又有族類，爰挺嶧陽，懸根百仞，竦幹風生，簫笙之選，有聲四方。一出海島上，內實外堅，拔之不曲，枝葉稀少，狀若苦篛，名爲海篠。戴凱之《竹譜》曰：亦有海篠，生於島岑，節大盈尺，榦不滿尋，狀不曲生，色如黃金。注

云：交州海石林中偏饒此竹。一出姑蘇靈巖山中，極短，高者不過二尺。一枝三葉，冗細可玩，土人呼爲趁篠。《山海經》云：中次四經：釐山之首，又西三百里曰牡山，其上多文石，其下多竹箭、竹䉋。又云：求山多䉋。注云：篠屬。又云：暴山多竹箭、䉋箘。注：箘亦篠類，中箭。篌竹，出温處建寧諸郡，叢生如苦竹。長節而薄，可作屋椽。春生筍，可食。《後漢・哀牢夷傳》云：其竹節相去一丈，名曰濮竹。見《華陽國志》。支竹，《水經注》：定陽縣夾岸緑溪悉生支竹。定陽，今衢州常山。新婦竹，出武林山陰，圓直且韌，可爲篾，以柔韌易使，故名。三月出筍，可食。秀竹，出上黨，叢生，人家庭院植之，葉如淡竹，差細小，莖如箭竹。笪竹，生浙東，縉雲以南多有之。自七月生筍至十月，味苦而節踈，筍大於箭筍，土人採剥以灰汁熟煮之，都爲金色，然後苦味減而甘味出，食之甚美。竹亦中雜用。晋竹，《吴越春秋》：吴王聞越王盡心自守，賜之以書，增之以封。越王乃使大夫種索葛布十萬，狐皮五雙，晋竹十廋，以答封禮。種龍竹，《廣志》曰：任作笛。戴凱之《竹譜》曰：籦籠之美，爰自崑崙。吴良輔《竹書》曰：籦籠，竹名。黄帝使伶倫伐之崑崙之陰，吹以應律。按：籦、籠，字與音皆相似，疑即一物，但後又有種龍竹，未詳。桂竹，《山海經》云：中次十二經：洞庭山之首，又東南五十里曰雲山，有桂竹，甚毒，傷人必死。郭璞注：今始興郡桂陽縣出筀竹，大者圍二尺，長四丈。戴凱之《竹譜》曰：桂實一族，按：原本「一」作「三」，今從戴凱之《竹譜》改正。同稱異源。注云：桂竹高四五丈，大者二圍，濶節大葉，狀若甘竹而皮赤，南康以南所饒也。《渚宫故事》曰：竹林堂，宋臨川王義慶所作，庭前有竹，名桂竹。中母竹，出處未詳。孟詵云：中母筍雖美，而能發痼疾。素竹，出五嶺。王彪之云：閩中素筍苦無多。篚竹，戴凱之《竹譜》云：篚植於宛。筮竹，戴凱之《竹譜》云：筮一本作『筮』。竹似桂而概節，其筍可食。箣竹，《齊民要術》云：筍無味。檳榔竹，生南海，見杜臺卿《淮賦》云：賓郎之筍，盛冬所育。籠葱竹，生羅浮山，因名羅浮竹。《茅君内傳》云：洞曰朱明，耀真天山，有洞房七十二所，有巨竹，皆十圍。杜詩謂之籠竹。《惠陽志》：籠葱竹産於羅浮，有鸞鳳棲宿其上，山東有溪曰羅陽。偶溪漲，有竹葉流出如芭蕉大，長及一丈，蓋籠葱竹也。《番禺志》：籠葱竹葉大如手，徑二三尺，兩節相去丈餘，産羅浮山。採藥者深入諸嶺時或見之。予嘗遇一羅浮道士爲予言中閣寺南廊下有小井，彼僧以此竹一節爲欄，僅六七尺，厚二三寸，人呼爲籠葱竹。初甚不信，後有僧至，試問之，一如道士之説。箹竹，見《南都賦》，又見《洞簫賦》。《文選》注云：箹，小竹也。睢園竹，出江州大孤山及柴桑里。見晁補之《九江志》。砂竹，生處州山溪傍砂土，高不過三二尺，彼人移入盆檻中，置几案上爲雅玩。天目竹，出於潛天目山，五月筍色黄，旱歲則無。陰江竹，出峽郡。《峽程記》云：瀘、合、遂、蜀四州，皆峽之郡，凡江會於此前者非一，如大江、中江、北江之水，又自峽下荆州。北江，即陰江也。其竹凌雲而葉婆娑，影氣寒冷，故杜子美移種萬竿於浣花草堂，詩云：我有陰江竹，能令朱夏寒。陰通積水内，高映浮雲端。嘉竹，出建寧天柱峯南一隅，檀欒可愛，故曰嘉竹。篔山竹，出黎州前篔山、後篔山。竹無用，春筍甚美。港竹，出益陽縣廣法寺莊，正月出筍。柔竹，《祥符圖經》所載，未詳。籦七忍切。竹，僧神珙云：小竹也。

又卷五《竹品譜・異形品上》 方竹，兩浙江廣處處有之。枝葉與苦竹相同，但節莖方正如益母草狀，深秋出筍，經歲成竹。高者二丈許，無甚大者，爲拄杖最佳。《番禺志》云：竹方而實心，編織不及他竹，止以方爲異矣。《武陵圖經》云：方竹出桃源山，四方而不觚，其材中杖。《會稽續志》云：方竹中堅而外方，玉岑山所植。贊寧云：澧州辰山方竹，其方二寸，出天臺玉霄峯者最妙。或云人家忌種，指爲不祥，筍亦不中食。常德節推廳植之，韓魏公作記。六稜竹，出都梁山，一如方竹而六稜，高六七尺，節密有刺，甚瀟灑。【略】浄瓶竹，江浙閩廣俱有之，枝葉與澹竹不異，但去地一二節便臃腫，有項有腹，宛如一瓶。此上幹節仍如常竹，其質極堅，人取爲拄杖實竹，枝葉節莖出處，一如淨瓶竹，但無腹項，心不空虚，枝葉差少，今人好斷取作馬箠，幹甚堅韌。石竹，出興化路瀨溪，生宜近石，故名石竹。其高大長短與筀竹無異，但節頗長，色頗淡，葉扶踈，質堅韌，無施不宜。土人伐之，浮海以貨江浙，筍可食。今兩浙傍海諸山亦有之，但不柔韌。謝靈運《山居賦》注云：石竹，本科叢大，以充屋榱。當是别種也。石簝竹，一名簟簩竹，生閩中，似石竹而小，筍中食。《會稽續志》云：石竹，小而密，人家植之以爲籬援。《吴都賦》云：簟簩有叢。劉淵林注以簟、簩爲二種，已别見後。篃築竹，亦石竹之類，生漢陽山谷之間，比石竹節差稀，舊任土貢爲輅馬之策。戴凱之《竹

譜》曰：箛簩誕節，内實外澤。作貢漢陽，以供輅策。鶴膝竹，又名木槵竹，生杭州西湖靈隱山中。節密而内實，畧如天壇藤，間有突起如鶴膝，人亦取爲拄杖。生於閩嶠者，俗名鼓槌竹。節葯臃腫而莖管削，宛如鶴膝，筍可食。葉世程《閩中記》云：鶴膝竹出古田縣，似靈壽杖，不須治削，人多取以扶老。高續古似孫有《次韻陳校書送鶴竹筍》詩，云：竹如鶴脚瘦交加，驚識英英玉露沙。一見已知仙骨健，高於越箭更無差。般腸竹，生東郡緣海山中，其筍最美。或云出閩中，與笆竹相似，其竹中實，但聞其説而未之见也。戴凱之《竹譜》曰：般腸實中，與笆相類。於用寡宜，惟筍殊味。《晏公筆鈔》：般腸竹出東海。銀鋌竹，又名高節竹，色如金，其節隆起，莖旋彎削，節密處宛如銀鋌之狀，非鶴膝人面之類，别爲一種，筍可食。七閩處處有之。石大頭竹，生餘杭山中，狀與常竹不異。四五月間出筍，上細下大，其籜淡黄色，無斑花，唯上截甘美可食，下截木硬，但可煮汁，以此得名。木竹，閩浙山中處處有之，葉生，堅實，中間亦通小脈，節内如通草，其筍堅，可食。福建生者心實筍硬，不可食，土人呼爲紫竹。又一種生於韶州，山中最多，莖如萬歲藤，中實如木，可爲杖。《海物異名記》云：靈壽木，其節竹。《漢書》賜三老靈壽杖者，此也。無花而實，如草荳蔻，味酸。人面竹，又名鬼面竹，又名佛面竹，又名佛眼竹。兩浙江廣俱有之。去地上一二節皆左右邪正兩節相對，中間突起長圓，宛如人面。或多至十數節之上始平正如常竹，筍亦可食，人多採以爲拄杖。福建人呼爲佛眼竹，東坡送與羅浮長老者，即此竹也。或云天竺國所産者，形似尤奇。薑竹，生兩浙山中，園丁植盆檻中爲人清玩。亦人面竹之類，但竿下尺許節密如此。多般竹，亦人面竹之類。去土一二節之上生節，短長斜正不等。或如人面，或如鶴膝，或如鱗甲，或如蠐螬，或如縮頸之鼈，或如藏六之龜，五七十節後方如常竹，故名。東陽金華山中尤多。龍鱗竹，江東西及湘潭之間俱有之，亦人面之類。徑三五寸，兩節曲屈相對，中間突起如龍鱗狀，三十餘節之上即如常竹矣。象牙竹，出會稽山中，大槩與常竹不異。但筍出肥壯，微彎屈且純白，狀如象牙，故名。筍味甚佳，嘉禾境内亦時或有之。菩薩竹，生西蜀峨嵋山中，結花於節外之枝，茸密如毬。周侍郎《端朝峨嵋山行記》云：菩薩竹者，亦常竹。以綴蘚，故節有一靨似佛面，取而炙熨之以爲杖。箖竹，出襄州卧龍山諸葛孔明祠中，長百尺，只梢上有葉，土人多取作幡竿、承落，筍甚美。江南竹，江浙閩廣間皆有之，大槩與淡竹相同，但一面出三小枝，葉頗繁盛，安南生者枝葉頗長大，筍亦可食，然每歲必於初種之月生筍，味甚美，葉色嫩緑，水不染塵也。雙葉竹，江浙兩廣俱有之，枝榦一如常竹，節差高，但他竹一枝杪生五七葉，此竹只生兩葉，故名。今俗工所畫，率皆類此。其筍亦可食。苞籜生作兩段，與他竹不同。台竹，一名剛竹，一名鬼角竹，生江南蘇湖，往往有之，大者尺圍，小者如拇指，色黲褐，性至堅硬，俗呼銅鐵頭竹。每節間生四五枝，圓直條暢，葉稀疎而薄小，形類苦竹，作棚棧最佳。若作篾條，則脆不堪用。可爲弓材。其筍中食。初出土時色紅紫而有斑花，如鬼角，故又名鬼角竹。拂雲箒竹，出廬山，莖大如指，竹杪細，葉翠密如箒，彼人採爲方物以相遺贈。張得之云：名篲篠竹，根杪條等特異他篠，中爲掃箒。百葉竹，生南蠻界，有毒，傷人必死。蠻人以刺虎豹，中之輒死。一枝百葉，因以爲名。筍不可食。劉淵林云：篣竹有毒，蠻人以爲觚，刺獸，中之必死。是或一類耶？戴凱之《竹譜》云：百葉參差，生自南垂。傷人則死，醫莫能治。亦曰篣竹，厥毒若斯。蘆竹，出閩越山中，沿海諸郡皆有之，形如蘆，故名。戴凱之《竹譜》云：有竹象蘆，因以爲名。東甌諸郡，緣海所生。肌體匀净，筠色潤貞。凡今之篪，匪兹不鳴。今作簫篪之類，聲最清亮。又堪爲矛戟之榦，又堪爲筆管，但葉闊而利，筍苦而可食。秋蘆竹，其竹似蘆，身如荻蔗，冬月不凋，插之如生。駢竹，一根數節之上分爲兩竿，冬生枝葉，别無種類，特常竹之變，猶連理木、並蒂蓮之屬，故亦罕有。揚州焦太易招討家一株，纔高數尺。玉泉山樸翁和尚贈予一拄杖，甚妙，後轉贈廉庭臣都運。今姑蘇東季博提舉家園怡老堂有一株，高五尺餘。吕端明園中亦有一株，是薑竹之駢生者，高約七八尺，園丁屈折作葫蘆形，枝葉茸細可愛。予官嘉禾，後圃亦得一株，兩節之上分爲三榦，枝葉敷榮，是筆竹之變者，尤奇特。合歡竹，出南嶽下諸州山溪間，郴州尤多。其筍初生便有合歡形勢，及成竹時，或三莖合，或兩莖合，斷其間有竅，竹皮或斑點紋，彼中僧人斷取作針筒。雙梢竹，出九疑山第二重麓臺側，筍長獨莖，及生枝葉，即分爲兩梢，葉密而細。匾竹，處處有之，廬山尤多。筍出土時即匾薄，及成竹，匾而長。傳云釋惠遠住此，鬼神號，避辟蛇，行者捻此竹爲匾也。扶竹，出武林山中，與他竹無異。但生筍時皆對抽並立，有合歡之意。司馬温公

云：杭州廣嚴寺有之，相比而生，舉林皆然。故有『龍騰雙角立，鯨噴兩鬚長』之句。僧惠律詩云：饑殘夷叔風姿瘦，泣盡娥英粉淚乾。贊寧云：武林山西雙竹寺中所産，自永泰以來有之，馮翊嚴諸爲之記。王子敬譜云：會稽箭竹、錢塘扶竹，猶東方之扶桑，兩兩並之而生，謂之扶竹。《山海經》注又以扶竹爲筇竹，未詳。服傷竹，江南諸郡往往有之，大者五六寸圍，長二丈許，其中實，四月以後出筍，味甚美，枝葉與他竹亦類。服傷之義未聞。贊寧云：大者五六寸圍，長二丈，中實，古人用以削弩箭，四月筍美。扶南竹，見《番禺志》。簜竹，《書·禹貢》：篠簜既敷。孔安國云：簜，大竹。《爾雅·釋草》：簜，竹。郭璞注：竹别名。《儀禮》曰：簜在建鼓之間，謂簫管之屬。《爾雅疏》：李巡曰：竹節相去一丈曰簜。孫炎曰：竹闊節者曰簜。笙簫之屬，固非大竹，今此竹不同。生嶺南，江廣之間皆有之，叢生，極高，葉大且密，一叢有生至十八九葉者。節上每茁小筍三，擇破成枝，中間一枝彷彿與本身等，傍二枝亦麄大，皆横出，尤易植。至秋根旁出，大筍綿綿不絶，隔年成竹。或云擘下節間筍植之亦活，江西人呼爲横枝竹。筍色甚白，味甚佳，名玉版筍。過母梢極細長，彎曲垂下如柳絲摇曳。東坡自注其詩云：海南勒竹，每節生枝如竹竿大，蓋竹孫也。今後卷有澁勒竹别見。他里竹，生安南，節如筆竹，節間茁筍，又如簜竹，葉差細薄。鏞竹，出廣南，絶大内空，節可容三升，交廣人持此以量出納。中有水，甚清徹，溪洞四月後水皆有毒，惟此無毒，土人陸行多飲用之。至深冬則凝結如玉，即天竹黄也，療風癇疾。按：竹黄名天竹者，言其大也，亦猶天麻、天蓼，如兔葵、燕麥，言其小也。今人或寫作天竺之竺，非也。相迷竹，生廣州，狀與鏞竹大同小異。中亦有黄，堪作丸治病，力減於鏞竹。竻竹，一名棘竹，一名答黎竹，一名攡竹，一名筥竹。出廣右兩江，安南尤多，即刺竹也。南方呼刺爲竻。大者二尺圍，肉厚幾實中。人破爲弓材。枝葉下垂，自根至梢每枝節間對生二刺，尖杪，彎曲若鈎，人家環植爲垣墻。初植數莖作一叢，三五年後枝蔓，自相糺纏，多鈎刺，雖雞犬羔豚不能徑入。戴凱之《竹譜》曰：棘竹駢深，一叢爲林，根如推輪，節若束針。亦曰笆竹，城固是任。篾筍既食，鬌髮則侵。《南方異物志》曰：棘竹有刺，長七八丈，大如甕。《酉陽雜俎》：棘竹，一名笆竹，節有刺，數十莖爲叢，南夷種以爲城，卒不可攻。或自崩根出，大如酒甕，縱横相承，狀如繅車，筍食之落人齒。按：此棘竹即竻竹、刺竹是也。《廣志》名攡竹。《嶺表録異》云：刺竹，枝上有刺，南人呼爲刺勒。自根横生枝，展轉如織，野火焚燒，只燎細枝嫩葉，至春復生，轉復牢密。邕州舊以刺竹爲墻，蠻蜑來侵，不能入。又新州舊無城，紹興間黄濟來爲守，以竻竹環植之，號竹城。由衙竹，又名籬竹，又名笆竹，又名梧竹，生安南，一如猫頭竹。葉小如澹竹，筍夏生，可食。每節間生三枝，皆圓長堅厚。初年上半散枝生，亦自婆娑可喜。漸漸年深，近下生横枝，皆作刺，老則至梢皆有之，齷齪可惡。亦有小者，徑寸許，竹與筍俱有刺，可種爲笆籬，故名。八九月筍生，淡澁不可食。《南方草木狀》曰：由梧竹，吏民家種之，長三四丈，圍一尺八九寸，作屋柱，出交趾。按：此或即由衙竹也。左思《吴都賦》曰：柚梧有篁。柚音由。注云：由梧竹出交趾、九真。䈏音雹，又音福。竹，與由衙一種，但實厚體小，爲梁柱佳。筍味苦，不可食。《異物志》云：䈏竹，其大數圍，節間相去局促，中實滿堅强，以爲柱榱，斷截以爲棟梁，不加斤斧也。答竹，出安南，節榦如苦竹，堅厚圓正，歲久則變黄色。生枝處亦不凹窳，小枝圓長，葉如淡竹，有刺，筍味苦，不堪食。青皮竹，一如答竹，但差輕薄，老亦有刺，筍味苦，不堪食。釣絲竹，二種。生廣右、兩江、安南者，《祥符圖經》謂之箕竹，大槩亦如簜竹，但節間横枝細弱柔和，垂下數尺，飄然摇曳，宛如釣絲，故名。又名摇枝竹，又名摇絲，按此句原本脱去，今從别本增入。亦深秋出筍，隔年成竹。筍過母時，梢極細弱，彎曲垂下。葉世程《閩中記》云『箕竹初生未抽葉，其梢垂下，狀如釣絲』是也。《山海經》所謂『囂水之北多鈎端竹』者，疑即此種。成都簡州謂之垂絲竹，筍有毒，不可食。生浙東者，節葉一如桃枝竹，但梢極細弱，作篾編織，一如番藤，愈細愈妙，温州最多。《嶺外代答》云：釣絲竹，筍瘦而白，於食品最佳。或云無毒，但能發痼疾。黄休復云：蜀川滕昌祐家有釣絲竹，以其弱杪低而垂至地也。亦可爲釣竿。篔簹竹，出廣西，兩江安南亦有之。形狀與簜竹同，但無大横枝，葉差小。鎚破少肉多筋，細如麻枲，可索繩織履。篻竹，出廣西，兩江、安南俱有之，亦與簜竹大同。枝葉細小，其質堅厚，堪爲弓材及鎗榦。左思《吴都賦》云：篻簩有叢。劉淵林注云：篻竹大如戟槿，中實勁强，交趾人鋭之爲矛，甚利。《吴録》曰：日南有篻竹，勁利堪爲矛。《山海經注》：篻竹，實中勁彊，有毒，鋭以刺虎，中之則死。篻

此作篻，未詳。吴良輔《竹書》：篻，讀若摽，有梅之摽。《方言》以爲篴竹。或又云即筋竹，一物而二名者也。戴凱之《竹譜》曰：筋竹爲矛，稱利海表。槿乃其幹，刃即其杪。生於日南，別名惟篻。已互見前筋竹，下亦畧著其同異矣。滿心竹，生廣西陽朔山中，枝葉一如篻竹，但幹實無心，故名。湖湘之間亦有之。筍味佳。《雲南記》曰：雲南有實心竹，文采斑駁，可爲器用。唐僧清晝有《實心竹杖》詩。按：此或即滿心竹是也。篔竹，出處形狀與簜竹同，但横枝差小，葉大陰密，略如萑葦。最堅，大可爲屋柱。筍味甘，可食。篔簩竹，出廣右、安南。又名澀竹，節長二尺餘。每節上半截麄澁，如世所用沙紙，人或削成錯子，可磨爪甲。用久刓滑，以好醋浸少頃，火炙乾復澁矣。其半即常竹，江船篷篞多用之，老者彌澁。《廣志》云：篔竹任作笛，筍味苦，無肉，不中食。亦有止如筆管大者。初成竹時亦可鎚作麻用。嵇含云：出大秦國。《桂海虞衡志》云：兩江有此類，名思簩竹。皮日休詩：退公衹傍蘇簩竹，移宴多隨末利花。蘇簩，或音訛也。劉淵林云：簩竹有毒，夷人以刺獸者。同異未詳。《廣韻》：簩竹，一枝百葉，有毒。今百葉竹已別見。崔德符有《澁竹》詩。烏計竹，生安南，形狀頗同篔簩竹，但不澁。節差短，質堅而脆，大者以充屋材，止可爲柱，老者亦生刺。沙麻竹，又名蘇麻竹，又名麄麻竹，又名沙摩竹，又名篔簩竹，桂廣之間在在有之。大者圍六七寸，甚堅厚，可作屋梁柱，亦可爲弓材。種者釤其竿，每截二尺許，釘入土，不逾月即生根，明年長芽筍，不三五年即成林。或但斫節間茁筍植之，亦生。《南粤志》曰：沙麻竹可爲弓作弩，謂之溪子弩。戴凱之《竹譜》曰：厥族之中，蘇麻特奇，修幹平節，大葉繁枝。注云：蘇麻竹長數丈，大者尺餘圍，概節多枝，叢生，葉大。《嶺表録異》云：沙摩竹大如茶椀，厚而空小，一人擎一莖，可爲屋椽，正此竹也。土人又訛爲司馬竹。嵇含《南方草木狀》曰：思摩竹，大筍生其節，筍既成竹，春而筍復成節，交廣有之。按：思摩與沙摩稍近，特其品異同未詳。長枝竹，出漳州山中，叢生，葉長，絲之可爲器皿。浮竹，生湘全山中，大者圍約五六寸，一節約長五尺許，圓厚而虛軟。土人斷取淨淘米裝入，以木塞之，加於火上以蒸，米熟爲飯，甚香美。筍未出土時掘取，以糟藏之，可餉遠，極甘脆。戴凱之《竹譜》曰：浮竹亞節，虛軟厚肉。臨溪覆潦，栖雲蔭木。洪筍滋肥，可爲旨蓄。注云：長者六十尺，肉厚而軟，節闊而亞，生於水次，五嶺以北彭蠡以南有之，筍甘脆。顧夷《義訓》曰：箊竹有文。篃竹，一名絃竹，出湘全間，其大與浮竹等，節密而厚，堅壯可作屋椽柱，八月採者不蛀，亦微有斑花。張得之云：韻竹中有自然絲絃，扣之則應，促節聲短，闊節聲長，猶篁之韻。猫頭竹，一名猫彈竹，處處有之。江淮之間生者高一二丈，徑五六寸，衡湘之間者徑二尺許。其節下極密，上漸稀，枝葉繁細，筍充庖饌，絶佳。此筍出時，若近地堅硬或礙磚石，則無間遠近，但遇可出處即穿土而出，猶狸首鑽隙，無不通透，故寓此名。亦有高丈許者，下半特無枝葉，庭院栽植，枝葉扶踈，清陰滿地，殊可愛悦。然竹身下麄上細，竿大葉小，不宜圖畫。廣中出者筍味不佳。江西及衡湘間人入冬視地縫裂處掘之，謂之冬筍，甚美。留不取，至春亦腐朽，別生春筍爲竹。福州人訛爲麻頭竹。靈竹，生蜀中大面山，竹根如龍首，耳角眉目天然而成。見《輿地紀勝》。

又卷六《異形品下》　龍鬚竹，生兩浙山谷間，與猫頭竹無異。根下節不甚密，析爲篾，平細柔韌。筍籜微紅色，斑點差少，味甚美，但筋滓頗多，日乾可致遠也。龍孫竹，亦名龍鬚竹，生辰陽山谷間，高不盈尺，細僅如針，凡所以爲竹者無不具。張得之《譜》云：予頃過一朋舊家，見盆池崑石上有小竹一竿，長六寸許，枝葉蒼翠，根旁別生二白鬚，盤屈水中，伸則長於幹五倍。龍鬚之稱疑出於此。張南軒亦嘗移寘石斛中，暮春生筍，森然可喜，因賦詩云『小竹如針能具體，方春茁筍又堪憐』者是也。茅竹，一名鬼竹，在處有之，似茅而小，概節分明，宜與菖蒲并植於水石間。沉竹，生延平山谷，質重易沉，削爲小弩箭投水亦沉。遇風不爲欹側，射者取焉。鳳尾竹，生江西，一如笙竹，但下邊枝葉稀少，至梢則繁茂，摇摇如鳳尾，故得此名。【略】笻竹，又名扶竹，又名扶老竹，又名慈悲竹。凡二種，出西蜀。《廣志》云：出廣南邛都縣，近地一兩節多屈折如狗脚狀，節極大而莖細瘦，高節實中，狀若人(剖)[剡]俗謂之扶老竹。《山海經》：龜山多扶竹。注云：邛竹也。高節實中，名扶老竹。南中僧人取作拄杖，甚佳。然不可擊捂，擊則隨節斷折，故此亦謂之慈竹。枝葉與常竹無異。昔張騫西至大夏所見者也。峨嵋山中一種，細如箭幹，人呼爲佛拄杖竹。遊人攜歸，置於佛所。《蜀都賦》爲筇音邛。竹，又作笒音乃葉反。竹。《硯譜》云：

西域以此竹節爲硯。龍尾竹，出雲南，每節止長二三寸，枝短葉密，觀之狀如龍尾，故名。筰竹，出筰都，今黎州是也。其高參天，常起嵐霧。卭筰人穴山數十丈，用此竹去節，牝牡相銜爲井，謂之卓筒。牝者爲筧，牡者名篊，以取鹹泉煮鹽。張得之《譜》云『別出篊竹』者，恐非是。毬竹，每於杭州街市人家見之，植盆檻中，高不過一二尺，下獨竿，上叢密，别無種類。人力爲之，以筍初解籜時折去上梢，則竿杪雜出小枝無數，三二年後枝葉轉密，盤鬱團圓，如毬之狀，繁細可愛，故名。寸金竹，生鬱林等處山中，枝葉一如淡竹，但節節匀密，相去二寸許，從根至梢圓正衡直，作釣竿、黏竿最妙。胡孫竹，生江西吉贛，在處有之，與常竹同，但節稍平，中無隔礙，兒童戲取作角吹之，嗚嗚有聲，空通故也。羅漢杖竹，生紹熙府，即古榮州也。東有榮黎山，山中産此，屈曲如龍蛇之狀。弔根竹，又名扶根竹，出温州沿海山中。蓋取釣絲竹根上有小枝葉者漸漸出土移入盆檻中，以竹杖扶持懸起，爲几案之玩，非别有種也。曲竹，叢生，每箇必存曲勢，無有直者。朱丞相勝非《閒居録》云：太學感化齋堂後，貯廊東西各有叢竹，勢無不曲。自是一種也。郭仲産《湘中記》云：昭州平樂縣縈山多曲竹。《臨安志》云：安隱院在桐扣地有曲竹，竹根有數節曲處，僧多取以爲杖。林公麟詩云：直節稜稜是此君，耳孫却以曲爲名。首陽山下知難種，亦可斜封向管城。雪竹，生江西，枝葉如筀竹而稀疎。每節長二尺許，其薄比江蘆，差堅厚，筍絶純白，故名。或云孟宗冬月哭而生筍者，即此竹也。張得之《譜》云：出清源，深冬生筍冒雪。一云即江南竹筍之早出者。嫣竹，生賓州遷江縣山中，湖湘間亦有之。大如筆管，高不過五七尺，節平色黄如籐。梢杪枝葉叢生，葉短如桃，劈篾織簟，極細滑，不減籐簟。土人亦甚貴重。細篾亦可織笠。篻竹，生廣西、安南，邕州崑崙關中尤多。張得之《譜》云：篻竹，黑皮有文，每節生三枝，葉秀媚，婆娑可愛，一如苦竹。大者可爲柱，小者亦堪雜用。簍竹，生廣西山中，大槩如篻竹，其用亦與之同。篠竹，生安南山中，亦如篻竹，但枝葉圓長，緑浄可喜。簞竹，生賓象山中及浙東諸郡。枝葉如常竹，每節長四五尺，或倍之，圍至一尺許。出博羅縣者，節及二丈，作篾最韌，且色白，人取織笠。五月出筍，甘可食。未成竹時亦可鎚作麻。《西京雜記》曰『會稽竹簞號曰流黄簞』，即此竹也。箟竹，廣州平鄉縣有此竹，土人煮以爲布。《吴都賦》云：箟筍抽節。簞竹，出交趾、九真。葉疎而大，每節相去六七尺，土人取嫩者鎚浸紡績爲布，名竹疎布。或云彼中亦名簞竹。戴凱之《竹譜》云：單體虚長。注云：單竹大如腓，虚細長爽。嶺南夷人取其筍未及竹者灰煮，績以爲布，精者如縠。《番禺志》云：簞竹，每天旱，竹上有蟲蛀眼子，即死矣，中有物，青白相雜如骨灰狀，是謂天竹黄。按：天竹黄本出於鏞竹，雖相迷竹亦有黄，作丸力減，則知此竹所出當亦不及鏞竹也。翁孫竹，生江西，正紫色，一莖下節復生三五竿，芃芃而起，比中莖差細，土人取以爲扇柄。生浙間者高不盈尺，爲几案之玩。張得之《譜》云：翁孫竹在處有之，初種時因地肥磽而長，以次生者不敢高過於祖。廣竹，又名利竹，生永州祁陽山中，莖類苦竹，葉類筀竹，梢細長，每節長二尺許，作笛材甚佳，亦可破篾織笠，篾尤快利，削成刀子即可裂紙。《廣志》云『利竹出西南』者是。春生筍，微苦，須用清灰水煮熟可食。僧贊寧《筍譜》謂『利竹蔓生若藤，實中而堅韌，隨竹蔓而生』，恐非此竹類也。張得之引《周禮》謂揚州之利竹箭者，亦恐誤。石麻竹，出廣州，九真、交趾皆有之。其勁利他竹莫及。人削爲刀，切象皮如截芋。或云即利竹也。姑兩存之，以待别考。嵇含云石林竹也。篻竹，出安南，叢生，如篻竹，實中勁强，有毒，土人鋭以刺虎，中之必死。筍内實，不中食。漢竹，出交趾、九真，廣中亦有之。大者一節受一斛，小者受數斗，可爲尊榼。其筍一節亦可受二三升，味甘而澁。《廣志》云：永昌有漢竹，圍三尺餘。越王竹，出海南。《嶺表録異》曰：根生石上，如細藤，高尺餘，南中愛其青色，用爲酒籌菜筯，云是越王棄餘籌生此竹。《番禺志》云：越王筯竹，細如箭幹，每一節可爲一筯，故呼越王筯竹。《藝苑》云：越王行海作籌有餘，棄於水中而生。毛竹，出閩廣間，浙東諸郡亦或有之。《四明洞天記》云：毛竹叢生澗邊。《剡中金庭記》曰：毛竹，洞天有毛竹，又名銀筍竹，以筍白，故名。建寧武夷山有毛竹洞，去山百餘里，徧生此種，每節出一簳，其鉅細與根等，枝弱而毛髯，人以爲蜕登仙。李義山詩云：只得流霞送一杯，空中簫鼓當時回。武夷洞裏生毛竹，老盡曾孫更不來。武夷君自秦漢始列祀典，後仙人結宇山上，與鄰俗往來，悉呼村人爲曾孫，少年慢之。一日，山中忽生毛竹如刺，中者成疾，衆莫敢犯。武夷洞人每斫竹隨即生，土俗云：仙人入洞生此竹，以隔浮世也。少室竹，本名爨器竹。《孝經河圖》曰：生少室山中，其大者堪爲釜甑，筍可

食。羅浮竹，大竹也。貞元中，有鹽户犯禁逃羅浮山，至第十三嶺，見巨竹千萬，連亘巖谷。竹圍皆二丈餘，有三十九節，節二丈許，逃者伐一竿爲蔑。會赦，遂挈以歸。人奇之，獻於太守李復，乃圖而紀之。鍾龍竹，《南越志》曰：羅浮山生竹，皆七八寸圍，節長一二丈，謂之龍鍾竹。馬融《笛賦》：惟籦籠之奇生兮，於終南之陰崖。張衡《南都賦》：其竹則籦籠篁篾。江總《横吹曲》曰：簫聲鳳臺曲，洞吹龍鍾管。陳子昂《修竹篇》：鍾龍生南嶽，孤翠鬱亭亭。未詳此與羅浮所産異同。右上二竹，類書中有記之者，疑即一種，未敢削去，姑存之以待别考。沛竹，又名涕竹。東方朔《神異經》曰：南荒中有沛竹，長百丈，圍二丈五六尺，厚八九寸，可以爲船。其子美，食之可以已瘡癘。張茂先注曰：子，筍也。篔簹竹，一名箪竹，生湘中，蜀廣間亦有之。每節可長四五尺。《廣州記》云：節長一丈。今曲江縣及蜀中俱有此竹，圍尺五六寸，節相去六七尺，夷人煮以爲布，始興以南尤多。王彪之《閩中賦》曰：篔簹，函人異苑曰篔簹竹，節中有物，長數寸許，政似世人形，俗説相傳云竹人，時有得者。癭竹，東洛勝境有張文規莊，近溪竹一竿有癭，其大如李。見《酉陽雜俎》。麻知幾有《竹癭冠賦》。射筒竹，《吴都賦》云：其竹射筒。弋人以修竿，通其節，箭安其内，從本吹之，古人所謂箻筒，以射鳥者也。筍可食。謂此竹可作箭房者，非。吹筒之法始於武后，置馬射、步射、手射、筒射，今番舶上多用射人，取中其面，非以箭力能傷人，蓋有射筒，毒於箭鏃。南方此竹，其直如繩，以法去節，令中通，長二丈餘，箭則以輕竹削成，幾三尺，以鳥翎纏遶其上，欲以受氣，人猛吹之，則著物最易。吴地之筒竹差劣也。劉淵林云：出交趾、九真。簩竹，生濱海山中，本根千丈，斷一節可爲船，竹萌數丈猶是筍。《山海經》：大荒之中，有山名曰成都。在崑崙之北，有嶽之山，尋竹生焉。注云：尋，大竹名。箎竹，《字林》云：大高百丈，狀類簩竹。莽竹，生浙右諸郡，嘉禾境内尤多。形葉與淡竹無異，但竿色稍白，近根一二節須有裂璺。土人云：昔王莽死，魂魄無所歸，竄入此竹，撑裂其下，故名。《爾雅》云：莽，數節。疏云：凡竹節間促數者名莽。《爾雅》已有其名，知土人之説妄也。其筍味極珍美。竹性硬，肉薄，作篾不成，屈折即斷。大者可作椽，小者可作藥欄、衣竿而已。亦呼哺雞竹。婆娑羅竹，昔人自外國移植於廣州猊山，在增城東二十里多有此竹。其大圍三四尺，至堅，里人取以爲弓。篤竹，生海畔山中，其筍與竹悉有毛，傷人即死，故舶商不敢取毛筍食，恐中其毒也。衛邱竹，《山海經》曰：東北海之外，大荒之中，衛於山邱南，帝俊竹林在焉，大可爲舟。郭氏云：言舜林中一節則可以爲船。九疑山有九邱，員邱、雲邱、衛邱之類。嵇含《草木狀》云：衛邱即雲邱，竹一節可以爲船，出扶南。戴《譜》云：員邱帝竹，一節爲船。注云：員邱，帝陵。《晋安海物記》曰：番禺有舜林之竹曰天竹。注云：其節大，中汲桶。然今交廣中竹節長二丈，圍一二丈者徃徃有之，即此竹也。狗竹，出臨海郡，圍三寸，節間有毛，三月筍可食，大同篤竹，但無毒也。戴凱之《竹譜》曰：狗竹有毛，出諸東裔。《筍譜》曰：寧海巴東狗竹生筍有毛。簕竹，勁而薄，可以爲博矢，即今之投壺箭也。《蜀志》曰：簕，細竹。戴凱之《竹譜》曰：簕尤勁薄，博矢之賢。《招魂》曰：箟蔽象棊有六博。朱文公注曰：箟，竹名也。蔽，行博箸也。投六箸，行六棊，故爲六博。象牙爲棊，箟簵爲箸。此楚人用之。如晋制，則以犀角爲棊，箸則用簕，不用箟也。或云堪爲博局行棊之箸也。弓竹，蜀中人謂之倒生竹，舟師取之以爲百丈。戴凱之《竹譜》曰：弓竹如籐，其節郄曲。生多卧土，立則依木。長幾百尋，狀若相續。質雖有文，按：《竹譜》原本有作含。須膏乃縟。注云：弓竹生東垂諸山，長數十丈，每節輒曲，既長且軟。按：原本脱『既』字，今從《竹譜》添入。不能自立，若遇木乃倚。質有文章，然要須膏塗火灼，然後出之。澀勒竹，出嶺南，中心堅實。坡詩云『倦看澀勒暗蠻村，亂棘孤籐束瘴根』者，即此竹也。古散竹，節似馬鞭，葉似桐樹而小，皮似栟櫚而柔韌，筍亦可食。建人呼慈竹爲古散者，非。菜竹，新安多有，長不過三四尺，四月出筍，至秋乃已。常爲菜茹，故名。土人云：種時不宜根密。孟灘竹，出雲南長滂，其節長三尺，柔細可爲索，人亦取其皮爲麻。見唐樊綽《雲南志》。篔竹，生温州，瑞安平陽俱有之。或野生，或栽種，叢生。至秋出筍，經年始成竹，大者徑二三寸，節長肉薄。劈篾最良，土人細縷之，編織箱篋。甚柔韌，尤宜作枕，一如番藤也。木篔竹，温州諸縣俱有之，亦叢生，極高大，有徑三寸一尺圍者，肉厚，土人取爲彈弓材最妙。五月出筍，味微苦，性凉，可食，煮熟時色淡黄，至秋筍絶。丹山竹，出夷陵。《括地圖》曰：丹山之竹長千仞，而鳳食其實。丹山在峽州遠安縣，時有赤氣，鳳之居也。麻竹，在處有之，皮嫩質厚，葉廣而薄，六月筍可爲笥。《晋

安海物記》云：麻竹夏晚而生，可鍛爲麻者曰麻竹。注曰：其筍可爲笥。謂麻者，取其瓤煆灰治經緯爲布，曰華練。陳宣明殿學士姚察嘗有送華練一匹，今呼曰竹練布。《閩中記》云：麻竹筍夏生，可作鹹筍。交隸竹，在處有之，體韌不甚直，止可爲笮麻之圈。鐵峽竹，出秦州、三峽。《九域志》言上峽、下峽、鐵峽也。其中多竹，小而長，地寒常雪，竹至堅。子美詩云『修纖無限竹，嵌空太始雪』者，謂此也。泣珠竹，生密州咸通縣。唐神龍元年，哥汝擇移密州刺史，多植此竹，後人伐之，其節中有漿如雪。忠節竹，出象郡，節環隱隱而闊，稍遠視之，若無節然。簹散竹，《博雅》云：簹籔，桃枝竹。或云簹有節，此竹形色似之，因以爲名。撫州舊歲貢簹竹箭。顧夷《義訓》有簹竹、籔竹，或即一種也。仲竹，《爾雅》云：仲，無笐。注云：亦竹類。僧神珙云：笐似琴，有絃。實未詳其說。箖箊竹，戴凱之《竹譜》注云：葉薄而廣，越女試劍者也。鄰音憐。竹，《爾雅》曰：鄰，堅中。郭璞注曰：其中實者名鄰。謂貞實與常竹不同，與木竹筍味無異。顧夷《義訓》：粦竹，實中。粦音磷。疑即鄰竹也。簢竹，《爾雅》曰：簢，筡中。郭璞注曰：其中空者名筡。贊寧云：其竹内隔爽，與常竹不同，故云筡中。筍嫩而節爽薄。百丈滑竹，見《番禺志》。高節竹，出瓊管黎母山，大而節闊丈餘，節又高也。《齊民要術》引《漢書》乃云：邛都高節竹可爲杖。與此不同。多枝竹。大頭竹。已上二者見《廣南志》。倭竹，《魏志》云：倭國竹有條幹，見《齊民要術》。今《魏志》云：其竹篠幹、桃枝。與此不同。篃竹，見謝靈運《山居賦》，曰：石竹細者，箖篃之流。《廣韻》：篃，青竹。䈥竹，僧神珙云：一名檀纂竹。䈽竹，《清源志》云：番船上嘗有䈽篾來貨。笒竹，僧神珙云：笒，長節。篌先果切。竹，出漢篌人縣，屬太原郡。䉲竹，有毛，見張得之《譜》。《齊民要術》引《字林》：䉲音感。籣竹，生海邊。篓竹。簇竹。《玉篇》云：並小竹。鹿頭竹，見范旻《邕管記》。篁竹，戴凱之《竹譜》曰：篁任篙笛，按：《竹譜》原本『篁』作『篁』。體特堅圓。《埤蒼》曰：篁竹堅而促節，體圓而質堅，皮白如霜粉，大者宜作船，細者爲笛。巢竹，《寰宇記》云：臨賀縣有巢竹，叢生，大如戟，堅中，俚人以爲矛。苦伏竹，《閩中記》云：苦伏竹，筍冬生，人採食之，味尤珍。簫管竹，《丹陽記》曰：江寧縣慈姥山生簫管竹。王褒賦云『於江南之邱墟』，即此處也。自伶倫採竹嶰谷後見此奇，故歷代常給樂府，俗呼鼓吹山。按：慈姥山今在太平州當塗縣。鉤端竹，《山海經》曰：嶓冢之山，其上多桃枝、鉤端。郭氏云：鉤端，桃枝屬。篆簣竹、白夾竹，《青城山記》云：青城山有篆簣、白夾之竹。䉔音匯。竹、箴竹，《寰宇記》云：昭州龍平縣齕鼠山多䉔竹、箴竹，池澤中多鼠齕食之。簴音與。竹。元竹，實中。太極竹，長百丈。箹竹。筂竹。笗竹。簡竹。胥竹。觀系竹。鄯竹。籛籋音彌。竹。《玉篇》：籋，竹籛也。《廣韻》：箽，籛竹。籛䈲音般。竹，《篇》、《韻》並云：䈲，籛也。《集韻》：䈲籛，竹名。又云：䈲筡，竹筤。筡音書。竹，高氏《竹畧》云：自簴以下，並出顧夷《義訓》。莩竹，出常德桃源莩竹村。笛竹，《蘄春地志》云：笛竹生羅田縣山中，蘄竹亦生於此，用以爲簞。按謝靈運《山居賦》注云：崑山之竹任爲笛。黃帝時伶倫斬其厚均者吹之，爲黃鍾之宫。今蘄春所産固後出也。龍公竹，羅浮山第三峯有竹，大徑七尺，圍長丈二，謂之龍公竹，常有鸞鳳棲宿。《圖志》云。

又卷七《異色品》　紫竹，出江浙兩淮，今處處有之，如筀竹、澹竹、苦竹。或大或小，但色有淺深，通名紫竹。有初緑而漸紫者，有筍出即紫者，世謂之真紫竹。用之織柄、拄杖，甚佳，亦有制簫笛者，根亦紫色，節節勻停，於馬箠尤宜。《新安志》曰：紫竹，斫之益繁。諺云：一年青，二年紫，三年不斫四年死。行省掾蘇善卿云：静江義寧縣猺洞中有一種，懸崖而生，每節有一白距，大者可作杖，小者中馬箠。生至下端却有三葉，今湖湘間吹笛者取紫竹膜貼之，聲最清亮。越上人家紫方竹拄杖尤奇特。宋景文公《益部方物贊》曰：竹生三歲色乃變紫伐榦以用，西南之美。蘇子由詩『紫竹暗生岷岫筍』，此指蜀産而言。周益公《紫竹詩》云：曾到蓬山驗異聞，浮筠翻動雪披紛。紫莖緑葉騷人句，不在秋蘭在竹君。王子年《拾遺記》：蓬萊山有浮筠之簳，葉緑莖紫，下有砂礪，細如粉風。至葉條翻起，拂細砂如雪霰。益公自注用其事也。穿竹，出七閩山中，漳州尤多。形如澹竹，正黑色。大者爲織柄，爲杖，小者爲扇柄絶佳。其根能穿遠，故名。角竹，出越州諸山，亦紫竹之類，但色淡如牛角，故名。其質堅硬。篤竹，一如紫竹，但色正黑耳。暈竹，出湘全間，嶺南、安南皆有之。竿類苦竹，節長，大小不等。初竹青，上生白苔花，漸漸著竹上成斑。及洗去苔蘚，紫褐斑暈，層層間錯，殊可人意。筍不入食

品。若他斑竹止一沁痕，無疊暈也。全州西猺洞中及鬱林山中出者，竹色正白，斑花尤分明，最爲上品。《桂海虞衡志》謂之斑竹，云桂林屬縣皆有之，所記略同。赤錢竹。真珠竹。雨點竹。雲竹。清白竹。龜紋竹。右已上六種，皆暈竹之類，彼人但以斑花之似者輙取以名耳。旲竹，出旲國中，一節長二三尺，大者如雞鵝卵，黄白二色，天性圓直，不待矯揉，生枝處亦不凹窳。斑花紫褐色，疊暈重重，中又有白暈。彼人取爲標鎗，勁捷無比。小者中爲拄杖。梁貢甫尚書奉使回，嘗將出三五莖，予親見之。斑竹，處處有之，其類最蕃，凡生斑花者皆是。然斑花或大或小，或匀或細，皆不等，或重暈，或單暈，色或深淺，各隨出産風土變易。今越人以斑竹作牀椅及他器用，頗雅，士大夫多喜愛之。舍利王斑竹，榦有虵文。《六帖》云：昔西域舍利王獻樂，有大小匏琴，皆以虵文斑竹爲之，而取聲於匏以合律。道州斑竹，生高巖，小於箭，文如螺旋不雜。顧家斑竹，《述異記》云：姑蘇之境有陸家白蓮、顧家斑竹。亦猶花有魏紫姚黄之稱。雹斑竹，出雷州。《地理志》云『雷州貢雹斑竹』，即此物也。箊竹，出湖州，亦斑竹也。斑花不等，極有佳者。苔竹，《寰宇記》云：信州貴溪水南流上源數十里生苔竹，苔痕點暈，狀如瑑玉，榦直可爲杖。黄竹，叢生，與慈竹一類，但成竿即黄色，故名。越州蕭山縣東三十里有黄竹山，上有林竹，色微黄，狀如刀削，《志》云是范蠡遺鞭於此山，生筍爲林，即此竹也。《晉安海物記》云：黄竹節紫而色黄，筍可爲葅。緑竹，叢生，浙東及七閩多有之。極高大，其色深緑，竹不堪用，筍味極甘美，日乾，餉遠人，亦貴重之。今漳州建寧浦城作緑筍乾，漳州者最佳。青竹，與緑竹無異，但色深青。古譜名紅鵲尾，因筍得名。樊宗師《園記》云：一曰青士，一曰紅鵲尾。《東宫舊事》云：皇太子初拜，供青竹、簟竹扇各有差。白竹，生江東西，兩廣、安南俱有之。枝葉與澹竹同，但筍出時籜葉純白，無赤色及斑花，根甚長，節又匀密，作馬箠尤韌。濟源一種與淡竹同，破作篾條，色正白，堪織笠，亦名白竹。《晉安海物記》曰：白竹節白。戴凱之《竹譜》曰：赤白二竹，還取其色，白薄而曲，赤厚而直，沅澧所豐，餘邦鮮植。注：尋陽人呼爲白木竹，俗曰白鹿竹。今白鹿竹别見。赤竹，出沅澧間，大同白竹，但以其厚而堅，筍籜正赤色，故名。或云即白木竹也，燥時皮肉皆赤，故名。《晉安海物記》曰：赤竹節直，其本徑尺。紅竹，赤竹之類，色差淡紅耳。烏竹，生慶元等處山中，大者五七寸圍，形狀與龍鬚竹大同，但筍出時烏紫色，日乾致遠味珍，他筍不可及也。烏箹竹，大同筀竹，性不柔韌，筍出時正黝色，肉薄味美，可食。黄侯竹，即水竹之類，無甚大者，色淡黄，中作篾，筍可食。烟竹，出江廣間，形狀一如水竹，亦有如淡竹者。但節高而葉密，竿色淡緑，成竹時節葉間便生黑煤苔，若烟氣薰灼然，故名。或亦名黑竹。濟源一種無黑煤色，但破竹篾，色雜青黄，不純白，故亦名烟竹。雜用，佳筍可食。金竹，生江浙間，一如淡竹，高者不過一二丈，其枝榦黄浄，如真金竹，故名。竺法真《羅浮山疏》曰：羅浮山有竹，色如黄金。金絲竹，生湘潭間，一名白絲竹，一名刷絲竹，本筭竹之類，以其易活，人多植於盆檻中，至久不瘁，竿上細黄數道，如刷絲然，故名。志書：撫州歲貢金絲竹布。黄金間碧玉竹，一與金竹同，但枝節間凹處一道深緑。越産以是名者，又異。詳見後對青竹。碧玉間黄金竹，亦同上。但竿色全緑，枝節間凹處一道黄。對青竹，出西蜀，今處處有之。其竹節間青紫各半，二色相映，甚可愛。昔蜀主孟昶作對青竹亭於蜀。今嘉興崇德縣寺中亦有之，僧呼爲二色竹。黄休復云：蜀川滕昌祐家有對青竹，身黄色，有一脉青，節節相對，故謂之對青也。《會稽續志》云：對青竹，每節青黄，左右相間，越俗呼爲黄金間碧玉，又曰閃竹，又曰間竹。或云越閃竹，即宋景文、黄太史所謂對青竹。宋公贊曰：翠溝如畫。太史賦曰：金碧其相。間青竹，生江浙二廣間，處處有之，歷陽尤多。竹不甚大，青黄節節間色，故名。露青竹，生蜀中，節榦修直，色正青。顧况有《露青竹杖歌》云：亭亭筆直無皺節，摩捋形骸一條鐵。斑鱖竹，建安有之，其斑花如鱖魚之狀，春夏之交出筍，美可食。白鱖竹，建安城北沙洲所産，夏筍甚美；竹色微白，以對斑鱖竹，故得此名。青長枝竹，七閩在處有之，色青，裊裊成叢，爲篾丈餘，必假火氣則韌如藤，濕則易腐。黄長枝竹，亦出七閩。實中而叢卑，箬香可飲，茹可入藥，功與淡竹葉同。黄陶竹，見《廣南志》。文竹，生邵陵高平縣，色正緑，扶疎，常隨風委拂石床。絲竹，生蜀川，滕昌祐家有之。葉細而青，莖瘦而紫，亦謂之墨竹。蔓竹，生江廣間，皮青，肉白如雪，軟韌可爲索。筍赤，皮青，肉白，嘉禾人呼爲蔓芽竹。王子年《拾遺记》云：岑華山在西海之西，有蔓竹，可爲簫管，吹若鳳鳴。《禮斗威儀》曰：君乘木而王，其政太平，蔓紫脱爲長生。紫脱，筍名也。大竹，生浯溪山中，形葉即與壽竹

同，但成竹時竿變焦黃色，性剛利，可削作刀子用。《汲冢周書》曰：成王時路人獻大竹。《孝經河圖》曰：少室山大竹堪爲甑釜。此云大者，或以形質而言，非必浯溪所産同也。丹竹，出海南道州瀧中峭壁之上，每節長可一丈，或八九尺，徑不甚大，裊裊摇空，粉節土似有丹色，心空肉薄，舟人劈爲百丈繂。毛斑竹，出蘄州，初伐時無斑花，以灰汁漬之，即見。土人織爲簟箔，或笛管。筍不堪食。白鹿竹，亦名白竹，又名遺竹，出連州，抱腹山爲多。莖色白，節間微有緑，土人待出筍後隕籜放梢乃採之，以灰煑水浸作竹布鞋。或搥一節作箒，謂之竹拂。成布一疋纔重數兩。小白竹，全似秋竹，而色差白，篾不如之。韓丕詩云：風韻曉生泉細細，月華宵泛王差差。玳瑁竹，出湖州諸山中。薛翊《異物志》曰：竹似筋籐，斑駁如玳瑁。箘簬竹，戴凱之《竹譜》曰：肅肅箘簬，颼颼横植，擢秀初秋，冬乃成竹。今浙東沿海山中處處有之，大如足指，堅厚修直，腹中白膜，闌隔狀如濕麵生衣。初生時正紫色，漸漸變紅，年老則色白也。枝葉一如四季竹，亦四季生筍，可食。生南康者，未解籜時輒有細蟲食其筍，籜脱之後蟲食處成赤紋類繡畫者。漸東人家多取爲籬，匀整可愛，七閩山中尤多。或名鹹竹，恐聲訛也。《閩中記》曰：簩築竹圓如指大，可編藩籬。簩築即箘簬也。簹竹，戴凱之《竹譜》曰：簹竹所生，大域江南。上密防露，下疏來風。連陰接町，竦散崗潭。今産江浙山谷間，肌薄而色白，去地七八尺，枝葉婆娑如蓋，故名。此竹動連頃畮，人家庭院罕植之者。白翁竹，在處有之，莖小於箸，葉如掌大而長。紫翁竹，亦同，但莖色黑紫耳。實心竹，生雲南。《記》云：實心竹斑駁殊好，可爲器用，土人取以爲槍榦、胡牀。永泰生者，精於玳瑁，可飾器物。錦竹，生蜀中，顔色錯雜如錦。杜工部《卜居濯錦江就韋續覓錦竹》有『錦竹亭亭出縣高』之句，即此竹也。其修竦可見矣。箽竹，在處敷紛，頭有父文。《字林》云：箽竹頭有父文。父文，猶花文也。蒸竹，《竹記》云：箽之醜也，其文焕然。白烏竹，亦有實心者，蓋簩之屬。見《湘中賦》。間道竹，生兩浙山中，人家庭院亦有植之者。竿如水竹，節差密，葉如毛頭竹，頗瘦長，葉上有淡黃間緑細勒道五七行，每叢或生至十四五葉。吴興周公謹知縣，其別業在杭，一叢數本，沈竹真家亦有之。魚腸竹，贊寧云：今詳魚腸爲名，必象實而作，其竹細而屈，筍亦可食。梁簡文《竹賦》有魚腸、雲母之名，謂竹色如雲母者名雲母竹，色如魚腸者曰魚腸竹。昔歐冶子鑄劒，其四曰魚腸，蓋精鍊之鐵，闇白而微青，故以魚腸之色比之。贊寧以象竹之細屈，恐非立名本旨也。雲母竹，簜竹之巨者也。《濠梁圖經》云：出鍾離南四十里雲母山，山有雲母石，竹皮之色似之，因以爲名。《廣志》云：大竹也，生於交廣。梁簡文《竹賦》有魚腸、雲母之名。浮筠竹，王子年《拾遺記》曰：生蓬萊山，葉青莖紫，風折之如鐘磬之音。

又卷八《神異品》 怪力亂神，孔子所不語；神道設教，聖人亦不廢。考之竹類，蓋有變幻非常、奇奇怪怪、不可以理喻者，故作神異品。化龍竹，後漢費長房隨壺公入山，以竹杖與騎，至家，長房以杖投葛陂中，顧見化爲龍。萊公竹，宋寇萊公準貶於雷州，死，詔還葬洛陽，過公安縣，民皆迎祭，哭其喪，斬竹插地，以掛紙錢焚之，竹遂不根而生，尋復成林，邦人神之，號曰相公竹。因立其廟，奉祀甚嚴，劉貢父、王樂道嘗爲刻石以紀其事。《倦遊録》所載與此略同。《東軒筆録》云：公赴雷州，道出公安，剪竹插於神祠之前而祝之曰：準之心若有負朝廷，此竹必不生；若不負朝廷，此枯竹當再生。其竹果生。予謂萊公，宋賢相，非罪而貶死，百姓哀之，喪還迎祭，折竹懸紙，忽爾生成，人以爲忠貞之感，故異而祠之，如《筆録》所載，凡人之稍有知者亦必不爲，況萊公乎？今不取。李承之有詩云：已枯斷竹再成林，按：三字，原本缺，今從別本補入。既殁賢公帝念深。按：此句見別本作『天爲忠賢眷獨深』。僕木偃禾如不起，至今誰識大忠心！冬生竹，宋朱道誠，字信中，幼喪父，事母俞氏至孝。俞多病，道誠截髮求醫。俞卒，葬於湘山景德寺之左，結庵守墳側，忽冬生瑞竹，以蓋其墳。父老以狀聞於州，州聞於朝。景祐四年，有旨賜道誠絹十疋，米一斛，仍令本州存恤。瑞竹，生洛陽，司馬温公獨樂園中竹。一本去地二尺分爲二榦，並生六節，節間容綫，復合爲一。無骨箸，出餘杭洞霄宫。漢武帝元封三年創宫壇於大滌洞前，爲投龍祈福之所。唐高宗時遷於前谷，爲天柱觀。光化二年，錢王更建。大中祥符五年賜洞霄宫額。峰之下多生紺箸。昔許先生邁將上昇，語弟子曰：吾有金丹，藏無骨箸下，他日有緣者遇耳。樵人間有得箸者，及尋採，則不復見。掃階竹，唐僧全真，姓周氏，郴縣人，元和中居湘源之覆釜山修道。山頂極高，處寂後，生掃階竹。高不過五七尺，

枝葉繁密，柔軟芬芳，游山之人折去，留數月，葉不脱落，特異於常竹。神翁竹，神翁姓徐，名守素，宋宣和間在泰州萬壽觀備灑掃之役，常持竹箒游市肆間，言人吉凶頗驗。死後墓園竹出，每竿節間芃芃生細枝無數，惟一根，窠束之即成掃箒，相傳爲神翁之箒爲種而生。或言懸於室中能辟塵，然常試之無驗。今泰州城内外亦或産此，土人以充方物饋送。墨竹，傳給事崧卿《題越州戒珠寺竹堂詩》有云：色帶墨痕迷舊沼，響隨鐘韻下層樓。注云：山中有墨竹，下有墨池，父老相傳皆云逸少遺迹。今寺在蕺山，即王右軍故宅。雖有墨池，而堂已廢，墨竹亦未之見也。墨點竹，生茅山墨池上，葉生黑斑，或一二點，或三五點，如灑墨之狀，池石亦然。岐竹，生慶元曾豐所居。出土纔一節，别爲霜暈，連旋而上者四，復爲節者三，圍爲寸者九，蓋一苞也。忽岐爲二，長苞成竹。曾自作銘。點砂竹，生大聖關南山中，竹細如匕筯，高不過五六尺，葉大而踈，上有朱砂細點如麻豆許。彼人云：杜天師書符筆灑之，遂有此種。星竹，生太平當塗縣青山李太白塚上，枝榦一如常竹，但葉上有細黄白點，狀如天星。説者謂太白長庚之精，故墓上之竹如此之狀。與點砂竹無異，但其點止黄、白二色，無朱紅色者。淚竹，生全湘九疑山中。《博物志》云：舜南巡狩不返，葬於蒼梧之野。堯二女娥皇、女英追之不及，至洞庭之山，淚下染竹成斑。妃死爲湘水神。《述異記》云：舜南巡，葬於蒼梧。堯二女娥皇、女英淚下沾竹，文悉爲之斑。亦名湘妃竹。奯音豁。公竹，生福州雪峰山中别山上。人説云：五代巖頭禪師名奯，一日來訪雪峰義存禪師，憫其山中無菜，而此竹散生多筍，其味又美，特爲栽之。迨今連延百十里間皆此種。大者過三寸圍，枝葉與江南竹不異，其節長勻，可作簫笛，俗音訛爲發竹。蟲竹，生七閩山中，叢生如蘆，每節生一蟲，如新蟬之未翼者，外無竅隙，隨竹而生。竹將老，乃穴其旁而出。今婺州東陽山中亦有之。魚尾竹，西蜀邛州西十里許白鶴山白鶴觀，古昔仙人四目老翁得道之所。其山生細竹，葉上每一梢末有細籜，左右相對，一二寸許，二籜亦對生如魚尾狀，視之宛如細魚。人傳四目老翁釣魚其下，折竹貫之，遂成此種。又名穿魚竹。篛竹，《永嘉郡記》云：陽嶼去安固江口六十五里，有仙石山，頂上有平石壁，方丈餘，名爲仙壇，壇陬有一篛竹，凡有風來動，音自成宫商。又東陽劉道先，元嘉四年，篛竹林忽生連理，野人無知，謂爲禍祟，斫殺之。長生竹，出南嶽後洞，高尺許，和根取而枯之，經久見水復生。香竹，生洞庭君山，一名洞庭君主竹。高五六尺，遇風雨則清香襲人，静夜或聞陣香如水腦之臭，移過湖則槁。夜合竹，出涪陵，高二三尺，日間葉開，夜則卷如針。桃竹，涪陵相思崖生此竹。昔有童子在崖下吹竹，神女悦之，投以桃竹釵，童子報之以簞。今桃枝與竹皆生崖畔，即梓潼使君章彝贈杜工部雙杖者。杜詩云：江心磻石生桃竹，蒼波噴浸尺度足，新根削皮如紫玉。孤竹，襄陽薤山下有孤竹，三年而生一筍，及成竹，母已死矣，代謝如春秋焉。任昉《述異記》云：東海畔孤竹生焉，斬而復生，中爲管。周武王時，孤竹人獻筍一株。《文選·笙賦》云：有汶陽之孤篠。《竹譜》：汶篠生筍，欲存其母，即折之。如筍成竹，即母竹枯死。龍牙竹，出永嘉大羅山，其竹長四五尺，稀節，人取必有大風雨雷電之異，人下山即止。二月筍。月竹，叢生，狀輕短，每月抽筍，故謂之月竹。筍如箭竹，不堪食。宋景文公贊曰：玆筍可嘉，歲十二萌。三稜竹，狀若椶櫚，葉莖柄若三脊。然筍初抽，川中人家竹林中忽有之，吉兆也。符竹，廣中惠州羅浮山中生，葉長七八寸，闊一寸許，每一葉上有白道，如蟲行迹，屈曲如篆文。土人云：昔天師爲雨暘愆期，嘗臨海岸作法，書符於竹間，故有此種。今茅山亦有此種，云是三茅君書符於此，故生。尋竹，《山海經》云：禹湮洪水，殺共工臣相繇，其血腥臭，不可生穀，其地多水，不可居也。禹湮之，三仞三沮，乃以爲池。羣帝是因以爲臺，在崑崙之北有岳之山，尋竹生焉。注云：尋，大竹名。戴凱之《譜》云：相繇既戮，厥土惟腥，三堙斯沮，尋竹乃生。按：尋竹已見《異形品》下卷，此處複見。射的竹，小竹也。輕直勁利，世罕逢之，仙人取爲箭。《會稽記》曰：射的山南有白鶴山，漢太尉鄭宏常採薪得一箭，奇之，頃有白鶴神至，取箭，問何所欲。宏曰：常患若耶溪載薪爲難，願旦南風暮北風。後果然。不死竹，《齊民要術》云：外國圖云：高陽氏有夫婦相抱而死，神鳥以不死竹覆之，七年男女皆活。注云：不死人國在海極東，其人不死，居圓邱上，有不死竹木，亦猶《楚辭》所謂木蘭宿莽之不死也。雲夢竹，《甘澤謡》云：許雲封言，雲夢之南鑒在柯亭之下，其竹可爲笛。以今年七月望前生，明年七月望前伐。過期不伐則其音塞，未期而伐則其音浮。初秋生筍。鸞竹，生開封之進德里。昔孔希葵縱雙鸞其上，後鸞去而孔亦歸真。每

疾風起，竹常作鸞鳴。連理竹，梁《天監起居注》曰：十六年，連理竹生。《異苑》曰：東陽劉道先筋竹林忽有連理。木竹，唐萬敬儒父母亡，廬墓五年。嘗插柳枝於墓左，倐變爲竹，木心竹表，今尚有之，在廬州合肥縣西北三十里公成鄉西公村。爆竹，出袁州仰山爆竹巖，節踈鬆脆。除夕人家率取然之，爆響異於他竹。駢筍，永州學正劉學海，名洄洙，云：昔居眉山，淳祐乙巳，家園忽産駢筍，識者以爲祥。未幾，其父果登甲辰進士第。石筍，宋政和間，延州永寧開大河，岸崩入地數十尺，下得筍一林，凡數百莖，根榦相連，悉化爲石。沈存中云：延郡素無竹，此竹乃在數十尺土下，不知其何代物。無乃曠古以前地氣卑濕而宜竹耶？

石竹，未詳所出。近李容齋總管至宣城，與江東廉訪丁太初、盧踈齋訪鼇峰宫録嵇秋山，當軒石上盛栽菖蒲，其間乃有二竹並生，高二尺許，枝葉下垂，視之石也。云得之山中背陰處。附見於此，以廣異聞。

明 楊慎《升庵集》卷八〇《錦竹》 杜子美有《從韋明府續處覓錦竹兩三叢》詩。黄鶴注云：考《竹譜》、《竹紀》無錦竹，意以其文如錦名之。《竹紀》有蒸竹、篙墮竹，其皮類繡，豈即此乎？余觀錦竹，他無見，惟杜詩有之。劉會孟批杜《錦樹行》云：題曰錦樹，使人刮目。錦竹亦新，惜無拈出者耳。近閲《梅宛陵集·錦竹》詩：『雖作湘竹紋，還非楚筠質。化龍徒有期，待鳳曾無實。本與凡草俱，偶親君子室。』又注其下云：此草也，似竹而斑。始知黄鶴有金注之昏耳。

又卷八〇《扶竹》 武林山西，舊有雙竹院中，所産脩篁嫩篠，皆對抽並胤。王子敬《竹譜》所謂扶竹，譬猶海上之桑，兩兩相比，謂之扶桑也。扶竹之笋，名曰合歡。按《律書》注：伶倫取嶰谷之竹，陽律六，取雄竹吹之；陰律六，取雌竹吹之。蜀涪州有相思崖。昔有童子丱女相説，交贈。今竹有桃釵之形，笋亦有柔麗之異。崖名相思崖，竹曰相思竹。孟郊詩曰：竹嬋娟，籠曉煙。指此竹也。又有苦竹，黄苦、青苦、白苦、紫苦。孟浩然詩：歲月青松老，風霜苦竹餘。

又《丹鉛總録》卷四《竹實》 《竹譜》：根幹枯朽，花覆乃懸。陸龜蒙詩：青篗未束孤鳳饑。唐詩：老屋茅生菌，饑年竹有花。李畋《該聞集》云：舊稱竹實爲鸞鳳所食，今近道竹間時見花開如棗，結實如麥，江淮號爲竹米，以爲荒年之兆。其竹即死，信非鸞鳳之食也。近有餘干人來，言彼有竹實大如鷄子，竹葉層層包裹，味甘勝蜜，食之令人心肺清涼。生深竹茂林密處，頃因得之。雖日久枯乾，而味尚存。乃知鸞鳳所食，必非常物也。

明 李時珍《本草綱目》卷一五 箬《綱目》 釋名。篛、與箬同。萘葉。時珍曰：箬，若竹而弱，故名。其生踈遼，故又謂之遼。集解。時珍曰：箬，生南方平澤，其根與莖皆似小竹，其節籜與葉皆似蘆荻，而葉之面青背淡，柔而韌，新舊相代，四時常青。南人取葉作笠，及裹茶鹽，包米粽。女人以襯鞵底。

又卷二七 竹筍《蜀本草》 校正：併入木部拾遺桃竹筍。釋名：竹萌、《爾雅》竹芽、《筍譜》竹胎、《説文》竹子。《神異經》 時珍曰：筍，從竹，旬，諧聲也。陸佃云：旬内爲筍，旬外爲竹，故字從旬。今謂竹爲妬母草，謂筍生旬有六日而齊母也。僧贊寧《筍譜》云：筍，一名萌，一名篛，一名蘿，一名茁，一名初篁，皆會意也。俗作笋者，非。集解：弘景曰：竹類甚多，筍以實中竹篁竹者爲佳，於藥無用。頌曰：竹筍，諸家惟以苦竹筍爲最貴。然苦竹有二種。一種出江西者，本極粗大，筍味殊苦，不可啖。一種出江浙及近道者，肉厚而葉長潤，筍味微苦，俗呼甜苦筍。食品所宜，亦不聞入藥用也。時珍曰：晋武昌戴凱之、宋僧贊寧皆著《竹譜》，凡六十餘種，其所産之地，發筍之時，各各不同。詳見木部竹下。其筍亦有可食、不可食者。大抵北土鮮竹，惟秦、蜀、吴、楚以南則多有之。竹有雌雄，但看根上第一枝，雙生者必雌也，乃有筍。土人於竹根行鞭時掘取嫩者，謂之鞭筍。江南、湖南人冬月掘大竹根下未出土者，爲冬筍。《東觀漢記》謂之苞筍，並可鮮食，爲珍品。其他則南人淡乾者爲玉版筍、明筍、火筍，鹽曝者爲鹽筍，並可爲蔬食也。按贊寧云：凡食筍者，譬如治藥，得法則益人，反是則有損。採之宜避風日，見風則本堅，入水則肉硬，脱殼煮則失味，生着刃則失柔。煮之宜久，生必損人。苦筍宜久煮，乾筍宜取汁爲羹茹，蒸之最美，煨之亦佳。味薟者戟人咽，先以灰湯煮過，再煮乃良，或以薄荷數片同煮，亦去薟味。《詩》云：其蔌伊何，惟筍及蒲。《禮》云：加豆之實，筍菹魚醢。則筍之爲蔬，尚之久矣。

又 苦竹筍 【略】發明：時珍曰：四川叙州宜賓、長寧所出苦筍，彼人重之。宋黄山谷有《苦筍賦》云：僰道苦筍，冠冕兩川。甘脆愜當，小苦而成味。温潤縝密，多啖而不痛。食肴以之啓迪，酒客爲之流涎。蓋許之也如此。

又卷三七 竹《本经》中品 釋名：時珍曰：竹字象形。許慎《説文》云：竹，冬生艸也。故字從倒艸。戴凱之《竹譜》云：植物之中，有名曰竹，不剛不柔，非草非木，小異實虚，大同節目。集解：弘景曰：竹類甚多，入藥用篁竹，次用淡苦竹。又一種薄殼者，名甘竹，葉最勝。又有實中竹、篁竹，並以筍爲佳，於藥無用。頌曰：竹處處有之，其

類甚多，而入藥惟用篁竹、淡竹、苦竹三種，人多不能盡別。按《竹譜》：篁竹堅而促節，體圓而質勁，皮白如霜。大者宜刺船，細者可爲笛。苦竹有白，有紫。甘竹似篁而茂，即淡竹也。然今之刺船者多用桂竹，作笛自有一種，亦不名篁竹。苦竹亦有二種，一出江西、閩中，本極粗大，笋味殊苦，不可噉。一出江浙，肉厚而葉長濶，笋微有苦味，俗呼甜苦笋是也。今南人入藥燒瀝，惟用淡竹一品，肉薄，節間有粉者。時珍曰：竹惟江河之南甚多，故曰『九河鮮有，五嶺寔繁』。大抵皆土中苞笋，各以時而出，旬日落籜而成竹也。莖有節，節有枝，枝有節，節有葉，葉必三之，枝必兩之，根下之枝，一爲雄，二爲雌，雌者生笋。其根鞭喜行東南而宜死猫，畏皂刺、油麻。以五月十三日爲醉日，六十年一花，花結實，其竹則枯。竹枯曰箹，竹實曰𥭉，小曰篠，大曰簜，其中皆虛。而有實心竹，出滇廣，其外皆圓。而有方竹，出川蜀。其節或暴，或無，或促，或踈。暴節竹，出蜀中，高節磥砢，即笻竹也。無節竹，出溱州，空心，直上，即通竹也。篃竹，一尺數節，出荆南。笛竹，一節尺餘，出吳楚。篔簹竹，一節近丈，出南廣。其幹或長或短，或巨或細。交廣由吾竹，長三四丈，其肉薄，可作屋柱。簹竹，大至數圍，其肉厚，可爲梁棟。永昌漢竹可爲桶斛。簩竹可爲舟船。嚴州楚王竹高止尺餘。辰州龍絲竹細僅如鍼，高不盈尺。其葉或細或大。鳳尾竹，葉細三分。龍公竹，葉若芭蕉。百葉竹，一枝百葉，其性或柔或勁，或滑或濇。濇者可以錯甲，謂之箟簩。滑者可以爲席，謂之桃枝。勁者可以爲戈刀箭矢，謂之矛竹。箭竹、筋竹、石麻，柔者可爲繩索，謂之蔓竹。弓竹、苦竹、把髮，其色有青有黃，有白有赤，有烏有紫，有斑斑者，駮文點染，紫者黯色黝然，烏者黑而害母，赤者厚而直，白者薄而曲，黃者如金，青者如玉。其別種有棘竹，一名竻竹，芒棘森然，大者圍二尺，可禦盜賊。椶竹，一名實竹，其叶似椶，可爲拄杖。慈竹，一名義竹，叢生不散，人栽爲玩，廣人以筋竹絲爲竹布，甚脆。

又 竹黃宋《开寶》 釋名：竹膏。志曰：天竺黃生天竺國，今諸竹內往往得之。人多燒諸骨及葛粉等雜之。大明曰：此是南海邊竹內塵沙結成者。宗奭曰：此是竹內所生如黃土着竹成片者。時珍曰：按吳僧贊寧云：竹黃生南海鏞竹中，此竹極大，又名天竹，其內有黃可以療疾。《本草》作天竺者，非矣。簩竹亦有黃。此説得之。

明 王世懋《學圃雜疏・竹疏》 竹類最繁，其載在《竹譜》者今不可盡憑矣。姑就耳目所覩記者述之。竹其名而種絶不類者，曰椶竹，曰桃絲竹。產於交廣，質美色斑，可爲扇管者，曰麋緑竹，曰湘妃竹。產於沅湘間，名高而實不稱，色亞二竹者，曰雲根竹。產於西蜀，雜篁叢生，而筍味絶美，可上供者，曰笋尖竹。產於武當山，大可爲椽爲器者，曰猫竹。小而心實，可編籬，曰籬竹。最小，而美可爲箭者，曰箭竹。皆產於諸山。吾地海濱無山，種不可致，其餘則吾圃中無所不備矣。竹之小而美者，曰紫竹，曰金竹。而金竹中尤美者，曰黃金間碧玉，色澤殊常，中界一道緑，尤可愛。有一種大者曰碧玉間黃金，稍不逮，然與黃金竹相對，廢一不可。余圃中俱不乏。斑竹笋不中食，大而鮮澤者，色用可亞湘妃，亦佳竹也。土竹之大者無如筀竹。筀有二種，一曰護鷄筀，大可視猫竹，而笋味佳，然絶無用，園林中供玩而已；次曰綿筀，小於護鷄，而筍味尤佳。諸笋皆初夏所生，而獨嘉定之燕來筍既早而味絶佳，與新茶鬬勝。吾地尚堪種，郡城不可得，遠貽之以爲殊味。竹之僅可爲𥴬者曰𥴬竹。慈孝竹，叢生，笋以冬生皆在叢外，若護其母，故曰慈孝。江閩間皆以編籬，閩種尤極長大，閩竹無他佳者，大都此種也。竹之最小者曰鳳尾，曰瀟湘，其最小而可置几案間者曰水竹。以上皆余圃中所有。

明 謝肇淛《五雜俎》卷一〇《物部》 《竹譜》曰：竹之類六十有一。余在江南目之所見者，已不下三十種矣。毛竹最鉅。支提、武夷中有大如斗者。太姥、玉壺庵，竹生深坑中，乃與崖上松栝齊稍，計高二十餘丈。其最奇者，有人面竹，其節紋一覆一仰，如畫人面然。又有黃金間碧玉竹，其節一黃一碧，正直如界然。有箴竹，見《雪峰語録》。今雪峰有之，其它不可殫紀也。【略】廣南多巨竹，剖其半，一俯一仰，可以代瓦。《桂海虞衡志》載猺人以大竹爲釜，物熟而竹不灼。少室山竹堪爲甑。《山海經》：舜林中竹，一節可爲船。蓋不獨爲椽已也。高潘州有踈節之竹，六尺而一節。黎母山有丈節之竹。臨賀有十抱之竹。南荒有芇竹，其長百丈。雲母竹，一節可爲船。永昌有漢竹，一節受一斛。羅浮巨竹，圍二十尺，有三十九節，節長二丈。此君巨麗之觀，一至於此。篃竹，細竹也，長數尺許。其筍冬夏生，可食。近日黃白仲詩有『篃竹爲椽』之語，誤矣。東南之美，有會稽之竹箭焉。竹自竹，箭自箭，乃二物也。《異物志》：箭竹細小勁實，可爲箭，故名之。而竹之用多，又不獨爲箭已也。【略】竹名妬母，後筍之生必高前筍。竹初出土時，極難長，累旬不盈尺，逮至五六尺時，潛記其處，夜輒尺許矣。

明 慎懋官《華夷花木鳥獸珍玩考》卷五《竹》 《竹譜》曰：竹之則類六十有一。《志林》云：竹有雌雄。雌者多笋。故種竹，半擇雌者，物不逊於陰陽。可不信歟？凡欲識雌雄，當自根上第一枝觀之，雙枝是雌，即出笋。

若獨枝者是雄。冬至前後各半月不可種植。蓋天地閉塞而成冬，種之必死。若遇火日及西南風則不可，花木亦然。種竹處，當積土令稍高於傍地二三尺，則雨潦不侵損。錢塘人謂之竹脚。竹有醉日，即五月十三日也。《齊民要術》謂之竹醉日。《岳州風土記》謂之龍生日。種竹以五月十三日爲上，是日遇雨尤佳。一云用辰日，山谷所謂『根須辰日斸，笋看上番成』。又一云宜用臘日，杜少陵詩『東林竹影薄，臘月更宜栽』。予觀諺云：栽竹無時，雨過便移。多留宿土，切記南枝。則三説皆拘也。又法三：兩竿作一本移。蓋其根自相持，則尤易活也。種竹以竹斫去本，止留二三寸，填土，硫黄在管内，覆轉根反居上，用土覆，當年生笋。竹與菊根皆長向上。添泥覆之爲佳。竹留三去四。蓋三年留，四年者伐去。竹以五月前，血忌日，三伏内及臘月斫者，不蛀。竹之滋澤，春發於枝葉，夏藏於幹，冬歸於根。如冬伐竹，經日一裂，自首至尾不得全盛。夏伐之最佳，但鞭皆爛。然要好竹，非盛夏伐之不可。七八月尚可。自此滋澤歸根，而不中用矣。《説文》：竹節曰約。渭川千畝竹，其人與千户侯等。《史記》。竹得風，其體夭屈，謂之竹笑。筍，陸佃云：字從旬從日。包之日爲筍，解之日爲竹。又曰：字從竹從旬，旬内爲筍，旬外爲竹也。上番下番，竹之有上番下番，即今言大番小番也。番，去聲，謂大年生笋多，小年生笋少也。杜詩：會須上番看成竹。蔡夢弼注：不知此義。乃云上番音上筤，蜀名竹叢曰林筤。誤之甚矣。既不識竹，又不識詩，真瞎子也。何以注爲？非萬玉主人不知此妙。竹復死曰䔢。《山海經》曰：竹生花，其年便枯。竹六十年易根，易根必花結實而枯死。實落復生，六年而成町，子作穗似小麥。其治法：於初米時，擇一竿稍大者，截去近根三尺許，通其節以糞之，則止。帝竹，員丘帝竹，一節爲船。沛竹，《神異經》曰：南方荒中有沛竹，長百丈，圍三丈五六尺，厚八九寸，可爲大船，其子美，食之可以已瘡癘。龍公竹，羅浮山第三峯有竹，大徑七尺圍，節長丈二，謂龍公竹。常有鳳棲宿。貞元五年，番禺有海户犯鹽禁，避罪羅浮山，入至第十三嶺，遇巨竹百丈，海内户因破之爲篦。會罷吏捕逐，遂挈而歸。時有軍人獲一篦以爲奇貨，後獻于刺史李復，復命陸子羽圖而記之。許氏《説文》有長節竹，謂之笻，黎母山有竹，節長丈許。得非羅浮山龍鍾之義乎？羅浮山東有溪曰羅陽，永泰中暑雨漲，有竹葉若芭蕉葉大，隨水出源。盛弘之《荆州記》曰：臨賀冬山中有大竹，數十圍，高亦數十丈。有小竹生其旁，皆四五圍。下有盤石，徑四五丈，极方正，青如彈棊局，兩竹屈垂拂埽石上，初無塵穢。未數十里間，風吹此竹，如簫管之音。桃竹，桃竹江心蟠石上出，可爲杖。《竹譜》云：竹性中皆空。此竹獨實如木。桃枝竹，桃枝竹多生石上，葉如小椶櫚，人以大者爲杖。《竹譜》曰：桃枝竹皮滑而黄，可以爲席。方竹，澄州産方竹，體如削成，勁挺，堪爲杖，亦不讓張騫筇竹杖也。其隔州亦出大者數丈。踈節竹，高潘州出千歲蕨、柱杖之類具多。更有踈節竹，五六尺一節，僧道多以爲杖。按：最云溱州通竹，直上無節，空心也。人面竹，人面竹，節密而凸，宛如人面，人採爲柱杖。蘄竹，蘄竹，黄州府蘄州山，以色瑩者爲簟節，踈者爲笛，帶鬚者爲杖。唐韓愈詩：蘄州笛竹天下知，鄭君所寶尤環奇。携來當晝不得卧，一府争看黄琉璃。萬波息笛，新羅神文王時，東海中有小山浮水，隨波往來。王異之，泛海入其山，上有一竿竹，命作笛。吹此笛，則兵退病愈；旱，雨雨；晴，風定波平。號萬波息笛。今亡。由梧竹，《南方草物狀》曰：由梧竹，吏民家種之，長三四丈，圍一尺八九寸，作屋柱，出交阯。紫竹，紫竹小而色紫，宜傘柄，簫笛用。蔓竹，嶺華山在西海之西，有蔓竹，爲簫管吹之，若羣鳳之鳴。斑竹，斑竹甚佳，即吳地稱湘妃竹者，其斑如淚痕，杭産者不如。亦有二種，出古辣者佳，出陶虚山中者次之。土人裁爲筯，甚妙。余携數竿回，乃陶虚者，故不甚佳。越王竹，嚴州産越王竹，根於石上，狀若荻枝，高尺餘，土人用代酒籌。次有沙筯，産於海島間，其心若骨，可籌筯。凡欲採者，須輕步從之。不爾，聞人行聲，則縮入沙中，不可取。陳藏器云：越王餘算，味鹹，生南海，長尺許。《廣州記》曰：石麻之竹勁而利，削以爲刀，切象皮如切芋。綿竹，綿竹篾柔軟可爲諸般器物，竹中之最美者。白竹頗類綿竹，笋堪食，篾薄脆不堪用。猫竹，猫竹大者徑七八寸，高而堅實。笋生於冬者曰冬笋，不出土味佳。生於春者乃成竹，可破篾爲筐筥及織壁用。笋長將開葉，砍浸作竹絲造紙，民利之。叢竹，叢竹夏月始笋，不可食，叢生茂密，鄉民多種之以代藩籬，亦可制筆。箭竹，篠幹小，節長，葉大，堪作箭，俗呼曰箭竹。澁竹，澁竹膚麤澁如木工所用砂紙，可以錯磨爪甲。簩竹，簩竹有毒，夷人以爲觚刺，兽中之則必死。緑竹，緑竹夏笋可食，土人重之。《詩·衛·淇澳》篇云：緑竹猗猗。按：陸璣《草木疏》稱郭璞

云：緑竹，王芻也。今呼爲白脚蘋。成云：即鹿蓐草。又云：萹竹似小藜，赤莖節。《韓詩》作薄音篤。亦云：薄，萹竹。則明知非笋竹矣。今爲辭賦皆引猗猗入竹事，大誤也。當時謝莊《竹贊》云：瞻彼中唐，緑竹猗猗。便襲其謬，殊垂爾。按：謝贊若佳，何不預《文選》？所以爲昭明之棄也，故盡引陸、郭之注疏云。觀音竹，占城觀音竹，如藤，長丈八尺許，色黑如鐵，每節長二三寸。公孫竹，高不盈尺，可爲几案之玩。見《會稽縣志》。慈孝竹，其笋一年兩出，冬則外生，夏則内生。似有子母相顧之意，故名。孤竹，薤山在穀城縣西南六十里，山有孤竹三莖，三年生一笋，笋就竹死，代謝不已。護居竹，一名哺雞，言其笋如雞卵之多。見《無錫縣志》雜竹，《字林》曰：茸竹頭有父文。《臨海異物志》曰：狗竹毛在節間。竺法真《羅山疏》曰：領南道無篛竹，惟此山有之。其大尺圍，細者色如黃金，堅貞疎節。金猫竹其節有金色。黃金間碧玉竹。見《無錫縣志》雷州上貢雹斑竹。垂絲竹，枝葉軟弱下垂。出雲南百夷。釣絲竹類蕩竹，枝極柔弱。百葉竹，一枝百葉，有毒。黃蠟竹，堅實堪用，笋味尤佳。篔簹竹，節中有物，長數寸，正似世人形，俗説相傳云竹人時有得者。巴州俗以竹根爲酒注，爲時所珍。出段氏《蜀記》。聖筍，嶺南諸山谷茅地中生笋，甚大，擇皆竹而根乃茅也。土人食之名聖筍。見《陳相愚集》。竹簟生叢篠中，柔白如菌。人食之，先以灰煑，其汁如血。去汁再煑，味殊佳。宋陳仁《玉菌譜》云：生竹根味極甘，嘗與筍通譜而菌爲北阮矣。

又卷九《勒竹》 《宋志》云：《林譖記》中心堅塞，枝榦相交。《嶺表録異記》：枝上有刺，苗人呼刺勒竹。東坡云：倦看澀勒暗蠻村。是此竹又名澁勒。見《興化府志》

又《天親竹》 秦維言：雙竹自是一種，有成林者因出三拄杖兩岐。後問浙人，云此是天親竹。有時出一番雙筍。故例皆分岐，亦非年年有之。

又《通天筍》 衡州人家竹林中，生五筍，徹梢無節，目觀者神之，名通天筍。

又《蚱蜢竹》 江湖間有一種野竹，其葉糾結如蟲狀，山民曰：此蚱蜢竹也。

又《丁香竹》 荆南判官劉彧棄官，游秦隴閩粵，篋中收大竹拾餘顆。每有客，則斫取少許煎飲，其辛香如雞舌湯，人堅叩其名，曰謂之丁香竹，非中國所産也。

又卷一一《慈竹》 秋笋，高數丈。尾甚柔細，如釣絲，又名釣絲竹。歷冬及春始開葉，其葉左右並列如鳥翎狀，初歲極嫩，土人破爲篾，裂以成麻，可爲履，號竹麻履。李畋《該聞集》云：舊稱竹實爲鸞鳳所食，今近道竹間，時見開花如棗，結實如麥，江淮號爲竹米，以爲荒年之兆，其竹即死，信非鸞鳳之食也。近有餘干人來言，彼有竹實，大如雞子。竹葉層層包裹，味甘勝蜜，食之令人心肺清凉。生深竹林茂密處，頃因得之，雖日久枯乾而味尚存。乃知鸞鳳所食必非常物也。楊用脩

明 李中立《本草原始》卷四《木部・苞木部》 竹處處有之，其類甚多。入藥者惟三種，人多不能别。謹按《竹譜》：篁竹堅而節促，體圓而質勁，皮白如霜，即水白竹也。淡竹似篁而茂，即甘竹也。苦竹有白有紫。李時珍《綱目》云：竹字象形。許慎《説文》云：竹，冬生草也。故字從倒草。

明 姚旅《露書》卷一〇 廣州龍竹大如桶，可爲甑。葉長七八尺，濶尺有半。朱圖南異之，云：可題詩二三首。閩中竹品甚多。莆中業有二十四種：曰椶竹、湘妃竹、木竹、筀竹、苦竹、淡竹、猫竹、箭竹、赤竹、緑竹、慈竹、紫竹、釣竹、含篨竹、方竹、桃竹、石竹、鳳竹、佛眼竹、箬葉竹、桃枝竹、斑竹、桃枝竹、篔簹竹。王敬美謂：閩中大都有慈孝竹，無他佳者，亦耳視矣。

明 王象晉《群芳譜・竹譜》 竹，植物也。非草非木，耐濕耐寒，貫四時而不改柯易葉，其操與松柏等第。雖喜濕惡燥，亦不宜水淹其根。根之發生，喜向上行，其性又與菊等。宜添河泥覆之，每至冬月，須厚加土爲佳。每長至四年者即伐去，庶不碍新笋而林亦茂盛。戴凱之《竹紀》云：竹之品類六十有一。黃魯直以爲竹類至多，《竹紀》所類皆不詳，欲作《竹史》，不果成。有方竹，産澄州，體如削成，勁挺，堪爲杖。桃源山亦有方竹，隔州亦出，大者數丈。《寧波志》云：蒼仙翁煉丹于定海靈峰，植竹，筯化爲竹而方。斑竹，甚佳，即吳地稱湘妃竹者，其斑如淚痕，杭産者不如。亦有二種，出古辣者佳，出陶虛山者次之。土人裁爲筯，甚妙，亦有大如甌者。棕竹，有三種：上曰筋頭，梗短葉垂，堪置書几；次曰短柄，可列庭階；次曰樸竹，節稀葉硬，全欠温雅，但可作扇骨料耳。性喜陰，畏寒風，冬月藏不通風處，三月方可見天，原不見日，秋分後可分，須出盆。

視其根鬚不甚牢固處，劈開栽盆，欲變化多盆，則盆大更旺，灌用浸豆水極肥，舍此俱不堪用。他如猫竹、一作茅竹，又作毛竹，幹大而厚，異於衆竹，人取以爲舟。《四明洞天記》：毛竹叢生澗邊，又金庭山洞天皆有。雙竹、篠篁嫩篠，對抽並胤。王子敬謂之扶竹，猶海上之扶桑也。扶竹之筍，名合驩，武林山西院中產。蘄竹、出黄州府蘄州，以色瑩者爲簟，節疎者爲笛，帶鬚者爲杖。唐韓愈詩：蘄州笛竹天下知，鄭君所寶猶瓌奇。携來當晝不得卧，一府争看黄琉璃。慈孝竹、生作大叢，長幹中聳，群篠外護，向陽則茂，宜種高臺。柯亭竹、生雲夢之南，以七月望前伐，過期伐則音滯，未期伐則音浮。觀音竹、每節二三寸，產占城國。黄金間碧玉、產成都，青黄相間。龍公竹、其大徑七尺，一節長丈二尺，葉若焦，出羅浮山。龍孫竹、生辰州山谷間，高不盈尺，細僅如針。徑尺竹、可爲甑，出湖湘。四季竹、節長面圓，中管籥，生山石者音清亮。月竹、每月抽笋，狀輕短，叢生如箭筍，不堪食，產嘉定州。十二時竹、產蘄州，其竹繞節凸生子丑寅卯等十二字。安福周俊叔得此，植之家庭，十餘年筍而竹者十之三。思簩竹、出思簩園，可礪指甲。新州有此種，制成琴樣，爲礪甲之具。用久微滑，以酸漿漬之，過宿快利如初。亦可作箭。李商隱所謂『思簩箭磨青石』是也。大夫竹、凌雲，圍三尺。《幽怪録》云：鄜延一人伐此竹，見內二仙翁相謂平生勁節，惜爲主人所伐，遂騰空去。鳳尾竹、高二三尺，纖小猗那，植盆中可作書室清玩。龜文竹、崇陽縣寶陀岩產，僅一本，制扇甚奇。聞今亦絶種矣。人面竹、出剡山。竹徑幾寸，近本逮二尺，節極促，四面參差，竹皮如魚鱗，面凸頗類人面。黑竹、如藤，長丈八尺，色理如鐵。思摩竹、筍自節生，筍既成竹，至春，節中復生筍，出交廣。無節竹、出瓜州。大節竹、一節一丈，出黎母山。疎節竹、六尺一節。通竹、直上，無節面空洞。出溱州。扁竹、出濡。藤竹、出占城。舩竹、出員丘。弓竹、長百尋，却曲如藤，得木乃倚，出東方。質有文章，須膏塗火灼乃見。沛竹、長百丈，出南荒。丹青竹、葉黄，碧丹相間，出熊耳山。十抱竹、出臨賀。慈竹、內實而節疎，性弱，形緊而細，可代藤。桂竹、高四五丈，圍二尺，狀如甘草而皮赤，出南康以南。《山海經》：靈源桂竹，傷人即死。桃竹、葉如椶，身如竹，密節而實中，厚理瘦骨，蓋天成柱杖也。出巴渝間。出豫者細文，一節四尺，北人呼爲桃絲竹。相思竹。出廣東，雨雨生笋。八月爲竹小春。竹之萌曰筍，竹之節曰約，竹之叢曰筤，竹之得風而體天屈曰笑，竹死曰葤。竹實。陽山所生竹實大如雞子，竹葉層層包裹，味甘勝密，食之令人心膈清涼。生山林深茂處，日久汁枯而味尚存，此鸞鳳之所嗜也。

明　吴楚材《疆識略》卷三〇　竹　揚州貢篠簜。荆州貢箘簵楛。淇澳，渭川，會稽竹箭，鄠社陸海。《周官》：有孤竹之管。孤竹，竹特生者也。籦龍之美，戴凱之有《竹譜》：九河鮮育，五嶺實繁。葤必六十，復亦六年。籦龍之美，爰自崑崙。員丘帝竹，一節爲船。竹之别類，有六十一焉。桂、箭、篁、筯、笷、狗、欟、思、笣、箘、苦、篃、莽、䈝、簡、仲、簩、漢、利、晋、沛、棘、篔、弓、簜、筍、篛。又林於、盧思、鷄鵶、沙麻、石麻、射同、班皮、由梧、雲母、桃枝、鈎端。又籦龍竹，伶倫所伐也。王徽之不可一日無此君。梁孝王兔園多植竹。漢章帝三年，子母竹生白虎殿前，謂之孝竹，群臣作頌，今慈竹是也。笋，一名籜龍，一名竹胎，一名初篁，一名玉版。竹葉一名升斤。竹花一名草華。《羅浮山記》：印竹，本出印山。張騫西至大夏所見也，而此山左右時有之，鄉老多以爲杖。僧贊寧《笋譜》：謂筍滑利，無益於脾，俗名刮腸。篞竹有雌雄，二節發者爲雌，種竹當辨。又其性好西南種之，東北角自然延生。又唐人呼稚爲筍，太液池竹筍叢生，帝呼爲竹義。

明　焦周《焦氏説楛》卷一　海南有桃竹，江西有夾竹桃。唐順之詩：桃竹舊聞生碧海，竹桃今見壓朱欄。

又卷二　竹萌，一名竹胎，一名籜龍，東坡詩：斤斧何曾赦籜龍。一名玉版。和尚暹羅迦島名佛影蔬。龍鍾竹，竹名，枝葉垂委，不能自扶，故老敝曰龍鍾。《資暇録謬》謂：鐘即涔龍致雨，上下所踐之鐘，淋清濺漑。此成何語耶？

又卷三　扶竹，即雙竹，又名相思竹。笋名合歡，伶倫取雄竹吹六律，陰竹吹六吕。出蜀中。筀竹，名防露，傷人則死。庾開府詩『含風摇古度，防露動林於』，石介詩『斷霞半赭燕脂木，零露偏留筀竹叢』是也。亦出蜀中。澁勒竹，即思簩，可礪指甲。崔鶠詩『時一出輕芒，皚皚落微雪』，李商隱詩『思簩箭磨青石，繡額蠻渠三虎力』，東坡詩『倦看澁勒暗蠻村』是也。今廣中新州有之。《異物志》云：產思牢國，防露可對拒霜。

又卷四　劉或棄官，游秦隴閩蜀。篋中收大竹十餘顆。客至，斫少許煎飲，辛香如鷄舌，謂之丁香竹。秦維言雙竹自是一種，名天親竹。有時出一番雙笋，亦非年年有之。江湖間有一種野竹，葉糾結如蟲，山民曰此『蚱蜢竹』也。

又卷五　月竹，嘉定州産，每月生筍。湘中斑竹，方生時，每點上有苔錢，封之甚固。土人斫竹浸水中，草穗洗去苔錢，則紫暈斑斑可愛。退之詩『剥苔吊斑竹，角黍餌沉冢』是也。

又卷七　筍，一名萌，一名篛竹，一名篙，一名蘿，一名竹胎，一名竹牙，一名茁，一名初篁，一名竹子。《吴録》云：馬援至荔浦，見冬笋，名曰苞笋。襄陽薤山下有孤竹，三年方生一筍。及筍成竹，竹母已死矣，代謝如春秋焉。《周官》曰『孤竹之管』，即此。籌竹，根長千丈，斷節爲大船，生海畔山。其竹萌可數丈，猶爲筍也。又《山海經》：衛于山丘南，帝俊竹林在焉，大可爲船。《神異經》：南方荒中有沛竹，其長百丈，圍二丈五六尺，厚八九寸，可以爲大船。

明　曹學佺《蜀中廣記》卷六三《竹》　揚雄《蜀都賦》：其竹則鍾龍、筡篁、野篠、棼邑，宗生族攢，俊茂豐美，夾江緣山，尋卒而起。若此者，方乎數十百里。左思賦云『邛竹緣嶺』，又云『邛杖傳節於大夏之邑』，《山海經》云『邛峽山，出邛竹杖』，又云『邛都高節竹可爲杖』，所謂邛竹也。【略】《巴國志》：竹木之璜，則有靈壽、桃枝。桃枝，竹屬也。《竹譜》云：桃枝竹，皮滑而黄，可以爲席。今渝、瀘、合三州有桃竹簟，即此物。【略】《益州方物略》云：慈竹，性叢産，根不外引，其密間不容笴。笋生夏秋，閱歲枝葉乃茂。別有數種：節間容八九寸者，曰籠竹；一尺者，曰苦竹；篛稍垂地者，曰鈞絲竹。或取節修膚致緻者，用爲簟笠。贊曰：根不他引，是得慈名。中實外堅，筍不時萌。末或下垂，苒弱緣縈。【略】吴筠《慈竹賦》云：廣漢山谷，有竹名慈。生必向内，示不離本。修莖巨葉，攢根沓柢。叢之大者，或至百千株，而縈結踰乎咫步。好事君子徙爲階庭之玩焉。【略】《益州方物略》云：方竹者，圓衆方寡，而方者最貴，差少。贊曰：竹箇皆圓，此獨方形。厚倍於竅，緗節稜稜。又云：紫竹，蜀諸山中尤多，園池亦種爲玩。然生二年，色乃變，三年而紫。贊曰：竹生三歲，色乃變紫。伐榦以用，西蜀之美。《梁天監起居注》云：十六年，連理竹生益州郫縣王家園外，連理並榦。《涪州志》：黄葛峽有相思崖。昔有童子丱女相悦交贈。今竹有桃釵之形，笋有柔麗之異，崖曰相思崖，竹曰相思竹。《嘉州志》：崖月竹，月生笋，故名。淳熙十一年十二月，夔州帥永嘉劉公猶子，某夜夢庭生瑞竹，旦起，見問道堂之東十節而上，岐然雙榦，與夢合符。公因爲之賦，勸農事。陳季習爲記。又作《巴曲》九章以歌之。此皆竹之異也。《詩義疏》云：筍皆四月生，惟巴竹笋八月生，盡九月。成都有之。篃，冬夏生，始數寸，可煮，以苦酒浸之，可下酒及食，又可採藏及乾，以待冬月也。《本草》：四川叙州、宜賓、長寧所出苦笋，彼人重之。

明　彭儼《鐫五侯鯖》卷五《竹》　篠，竹箭。蕩，大竹。菌簬，美竹。雲母，大竹，出廣。竹曰青士。電斑，雷州貢此竹。瀟碧、玉潤、澁勒、玉槊。桂竹，毒，傷人不可救。箭竹，節間三尺，堅勁，中爲矢。龍鍾竹，伶倫所伐，出羅浮山，葉似芭蕉。䈡竹，堪作笛，竹笋皆有毛。篃竹，宜爲屋椽。蔓竹，皮青，内雪白，軟韌可爲索。籌竹，可爲舟。衛丘山舜林竹亦可爲舟，一節一舟。漢竹，大者一節受一斛，小者可爲椑榼。衡州竹林，生筍五徹，梢無節目，人神之，名通天筍。簗竹，出交趾，勁而有毒，刺虎即死。龍牙竹，出永嘉，人取之必有雷電，下山即止。龍公竹，出羅浮山第三十一峯，有三十九節，葉若芭蕉。天帚，出天門山，角上各一竹，倒垂拂拭，故名。合歡竹，出九疑山，笋長獨莖，及生枝葉分爲兩梢，故名。僕竹，出牢夷，其節相去一丈。篗音復。竹，結子，每六年一結，花不爲妖。笰竹，長百丈，出南荒，圍三丈餘，可爲舟。對青竹，半邊青半邊紫，二色相應可愛，出成都。百葉竹，一枝百葉，毒傷人，又名篣竹。桃竹，産錦江心繙石上，竹實如木，可爲杖。拂雲箒，莖如指，竹杪葉細翠如帚，出廬山。少室竹，大可爲釜甑。垂絲竹，出雲南，枝柔軟下垂。

明　吴之俊《獅山掌録》卷二三《箘簻竹》　箘簻竹，大如脚指，蟲食其笋，皮類繡可愛。

又《漢竹》　漢竹，大者一節受一斛，小者數升，可爲椑榼。

又《龍鍾竹》　龍鍾竹，名年老者如竹，枝葉曳摇，不自禁持。

又《澁勒竹》　澁勒竹，名膚，有芒，可以銼瓜。故東坡詩曰：倦看澁勒暗蠻村。《竹譜》作『䈡簩』。

又《代謝竹》　穀城薤山上有孤竹三莖。三年生一笋，笋就竹枯，代謝不已。

又《龍葱竹》　羅浮山嶺半是巨竹，大七八圍，節長丈二，葉似芭蕉，謂之

龍葱竹。

又《扶老竹》 邛竹高節實中，狀如人刻，俗謂之扶老竹。

又《紅竹》 紅竹，出峽州飛魚口，大者不過寸許，鮮明若霞。

又《篔簹竹》 建安有篔簹竹，節中有物，長數寸，正似人形。

又《月竹》 蜀嘉定産月竹，每月則生一笋。

又《桂竹》 桂竹出桂陽縣，來風防露，上合下踈，每日出若羅紈，金翠春光。秋月隔林而望，儼似花開。

又《匾竹》 匾竹出廬山，傳是惠遠使鬼搜群蛇，因捻匾者，笋出皆匾，堪食。

又《合歡竹》 合歡竹出南嶽山溪間。其筍初生，合歡不離，及成竹也，或三莖合，或兩莖合。斷其間有竅。

又《三稜竹》 三稜竹狀若椶櫚，莖柄三脊，忽生人家竹林中，多有吉兆。

明 周文華《汝南圃史》卷一一《竹木部·竹》 竹幹凌青雲而直上，枝葉瀟疎，開色青翠，風來有聲。東坡居士曰：可使食無肉，不可居無竹。無肉令人瘦，無竹令人俗。人瘦尚可肥，士俗不可醫。傍人笑此言，似高還似癡，若對此君成大嚼，世間那有楊州鶴。《竹譜》所載竹類甚詳。今止就吴地所種者而次之。一曰毛竹，遍身毛刺。其本堅厚，需用最多。其葉大，即青箬，取作笠及舟蓋諸用。笋冬初即生，名潭笋，味最鮮，出荆溪、苕溪、剡溪一帶山中。過玉山入江右，東粤所産則味苦，以石灰醃過方食，其味失矣。此竹非種山土不活。一曰護基竹，本高大而葉粗，種易盛，宜於圍宅，故名護基。四月生笋，肥而甘。一曰燕竹，三月初燕來生笋，故以燕名。其本青細，笋味鮮，喜潮鹵地，故嘉定、上海獨盛。一名貴竹，五月生笋，又名五月貴，即淡竹，又名五月淡。可劈篾，又名篾竹，亦易茂，笋苦不可食。一曰紫竹，高可丈餘，大僅手握。相傳紹興中有商泛海，阻風山下，見一僧背後有竹，斬之作杖，隨刃有光，倏忽即是落伽山觀音座後旃檀林。紫竹，又名觀音竹，可作簫笛。一曰斑竹，《博物志》云：洞庭之山，帝二女揮涕於竹，竹盡生斑，又名斑皮竹。長短大小不等，可作扇邊，又與紫竹並取充文房諸具之用。一名金竹，幹色純黄似金。一名黄金間碧玉，幹青黄色，間節或一節半青半黄。一曰方竹，本方，可徑寸而長，似紫竹。種出天臺，近有移至吴中亦活。一曰慈竹，《述異記》曰：漢章帝三年，子母竹笋生白虎殿前，時謂之孝竹，群臣作《孝行頌》。李太白《姑孰十詠》有慈姥，《行海録》曰紫雲，蓋慈竹也。其本叢生，其色與形俱與他竹迥别。冬夏俱出笋，冬繞於母竹之外，夏生於母竹之内。人取其慈孝名義多植之，種極易生。一曰鳳尾竹，高五六尺，本細葉多，形如鳳尾，庭砌可種。一曰水竹，作盆中清玩，喜瘦不喜肥，宜澆水及冷茶。《委齋百卉志》曰：竹有雌雄，雌者多笋。凡物慾辨雌雄，當自根上第一枝觀之，雙枝者爲雌，獨枝者爲雄。《酉陽雜俎》曰：竹六十年易根，則結實枯死。沙門贊寧《竹譜》曰：竹根曰鞭，以鞭行時，八月爲春，二三月爲秋。凡百穀皆以始生爲春，成熟爲秋也。

明 高濂《遵生八牋》卷一六《竹譜》 《竹譜》曰：竹之品類，六十有一。述其常品記之。《志林》云：竹有雌雄，雌者多笋。

又《蘄竹》 蘄竹，黄州府蘄州出。以色瑩者爲簟，節踈者爲笛，帶鬚者爲杖。唐韓愈詩：蘄州笛竹天下知，鄭君所寶尤瓌奇。携來當晝不得卧，一府爭看黄琉璃。

又《斑竹湘妃竹》 斑竹甚佳，即吴地稱湘妃竹者。其斑如淚痕，杭産者不如。亦有二種：出古辣者佳，出陶虚山中者次之。土人裁爲筯，甚妙。余携數竿回，乃陶虚者，故不甚佳。

又《方竹》 澄州産方竹，杭州亦有之。體如削成，勁挺，可堪爲杖，亦不讓張騫筇竹杖也。其隔州亦出，大竹數丈。

又《孝竹》 杭産孝竹。冬則筍生，叢外以衛母寒。夏則筍生，叢内以涼母熱。其竹榦可作釣竿，叢生可愛。

又《黄金間碧玉竹》 杭産。竹身金黄，每節直嵌翠緑一條，不假人爲，出自天巧也。

又《碧玉間黄金》 杭産。竹身全緑，每節直嵌金黄一條，亦天成也。二竹絶妙。

又《雪竹》 廣西産者斑大而色紅，如血有暈。

又《鈸竹》 西蜀所産，下有尺許，花文可愛，即邛竹也。

又《椶竹》 廣之東西咸産之。葉如椶櫚，畏寒，不宜於南。

又《桃竹俗名桃絲竹也》 古姚有之，似椶竹而花紋粗，質鬆，色淡於椶竹。

又《紫竹》 杭産。色紫黑，可作笙簫笛管，諸用俱可。故雅尚者多畜之。

又《異竹一十一種》 涕竹，南荒有涕竹，長數百丈，圍三丈六七尺，厚八九寸，可以爲船，其笋甚美，可療瘡癘。棘竹，一名笆竹。節皆有棘，數十種爲叢。南夷種以爲城，堅不可攻，或自崩根出，大如酒甕，縱横相承，狀如繰車，食之，人髮盡落。䈡篣竹，䈡竹皮薄而空，徑不餘二寸，皮上有粗可爲銼子，銼甲利勝於鐵，若鈍，以漿水澆之，如舊快利。箘䉤竹，箘大如脚指，腹中白幕攔隔，狀如濕麪將成，而筒皮未落，輒有細蟲齧處成赤跡，似繡畫可愛。慈竹，夏月經雨滴汁下地生蓐，似鹿角，色白，食之止痢。筋竹，南方以爲茅刃，笋未成竹，堪爲弩弦。百葉竹，一枝百葉，有毒。桃枝竹，東宮有蕪地，西接大海，有長洲，多桃枝竹，緣岸而生。癭竹，東洛近溪忽有竹生，癭大如李。羅浮竹，羅浮有巨竹，萬千竿連至岩谷，圍二丈有餘，有三十九節，節二丈許。南方以竹爲甑類見之矣。童子寺竹，唐李衛公言，北都童子寺有竹二窠，纔長數尺。相傳其寺綱，每日報竹平安。

明 劉仲達 《劉氏鴻書》卷八七《花木部》 高潘有疎節之竹，六尺而一節。黎母山有丈節之竹。溱州有通節之竹。羅浮有龍公之竹。臨賀有十抱之竹。澄州有方竹。占城有藤竹。員丘有船竹。東方有弓竹焉，却曲如藤，得木乃倚。南荒有沛竹焉，其長百尺。

明 吴雨 《毛詩鳥獸草木考》卷一六《竹》 竹，物之有筋節者也。性喜東南引生，故古之種法云：斸取東南，引根於園角西北種之，久之自當滿園。語曰『西家種竹，東家治地』，言其滋引而生來也。舊説：竹率六十年根輒一易，即花實而枯死。實落於土復生，六年成疃。今俗呼竹爲妬母草，言筍有六日即齊母也。其種不一。有桂竹，傷人以死。箭竹可爲矢。桃枝竹可爲席。篁竹似桂而概節。筋竹長二尺，圍數尺。鈎端竹、笻竹高節實中。種龍竹可作笛。雲母竹、攡竹細而多刺。䈡竹、構竹節間有毛。篃竹一尺數節。由梧竹堪爲梁柱。斑竹、篔簹竹大可竹甑。苦竹、射筒竹、沙摩竹、石麻竹爲刀，切象皮如脂。笣竹堪爲布。雞頸竹、箘竹、莽竹、箣竹、簢竹、仲竹、篡竹、漢竹、利竹、林於竹、晉竹、沛竹、棘竹、簹竹、弓竹、簜竹。

明 陳懋仁 《庶物異名疏》卷二一 《説文》：竹，冬生草也。戴凱之《竹譜》云：簹與由衙，厥體俱洪，圍或累尺，簹實衙空。南楚之居，梁柱是供。由衙，竹也。又林於，竹名。亦見《譜》。庾新野詩：防露動林於。東坡詩：倦看澁勒暗蠻村。澁勒，嶺南竹也。《草木子》：竹葉，一名升斤。《輟耕録》：竹瀝，名火泉。

明 徐應秋 《玉芝堂談薈》卷三六《竹不止六十一種》 晉戴凱之《竹譜》：竹之類六十有一。今略考之。曰籦龍竹，黄帝使伶倫伐之於崑崙之墟，吹以應律者。曰員丘帝俊竹，一節爲船。曰䉔竹，薄肌而勁。曰篁竹，堅而促節。曰棘竹，生交州諸郡，叢生有十數莖，大者二尺圍，肉至厚，實中。夷人破以爲弓，其笋食之，落人鬚髮，一名笆竹。曰簞竹，大者如腓，虚細長爽，南人取其筍未及竹者，灰煮，績以爲布。曰弓竹，出東垂諸山中，長數十丈，既長且軟，不能自立。薛翊《異物志》云：斑駁如玳瑁。曰蘇麻竹，一名沙麻竹，長數丈，葉大如履，竹中可愛者，可以爲弓，五嶺左右徧有之。曰箖箊竹，葉薄而廣。《吴都賦》所謂竹，則篔簹、箖箊，即越女試劍竹是也。桃枝是其中最細者。曰篡竹，生崑崙之北，南岳之山，長千丈，斷節爲大船。曰般腸竹，生東郡緣海諸山中，其形未詳。曰服傷竹，大者五六寸，其中實滿。曰拳摩竹，桂廣皆植，大若茶盌，竹厚而空小，一人止擎一竿。見《嶺表録》。曰筋竹，長三丈許，圍數寸，至堅利，土人以爲矛，可作彈弓弦。其筍未成竹時堪爲缺糾，又名史葉竹，又名篻竹。曰百葉竹，生南垂界，甚有毒，傷人必死，一枝百葉，因爲名，一名篣竹。曰䉙䉔竹，爲物叢生。見《吴都賦》。曰鄉竹，一豐二種，至似苦竹，而細軟肌薄。曰蓋竹，亦大肌薄，色白，生江南深谷山。曰簡篔竹，竹節疎，而笋可食。曰射筒竹，見《吴都賦》，笋可食。曰雞脛竹，似量，大者不過如指，疎葉黄皮。曰籚竹，似蘆，出揚州東郵，肌理匀淨，可以爲篾。曰箭竹，高者不過一丈，節間三尺，堅勁中矢。箘、簬二竹，亦皆中矢。篃竹，一尺數節，葉大如扇，俗謂之篛笥，可以作篷，亦可作矢。篲篠竹，中掃灑。細竹，若箭竹，可作箭。莽竹，疎節。鄰竹，堅中。簢竹，中空。仲竹，無笐。俱見《爾雅》。種龍竹、欐竹見《廣志》。桃枝竹，皮滑而黄，可以爲席。簹竹，實厚脆，孔小，幾於實中，安成以南有之。又桃竹，紅心，蟠石上出，可爲杖。《竹譜》云：竹皆中空，此竹獨實如木。利竹，蔓生若藤，實中而堅韌。漢竹，大者一節受一斛，小者受數斗。箘䉤竹，大如脚指，

筍皮未落，往往有細蟲齧之，籜隕成赤，文似綉畫，可愛。木竹，出靈隱山，中堅，亦通節脉。菰簗竹，生于海南，內實外澤。晋竹，吴王賜越，見《吴越春秋》。永嘉大羅山有龍牙竹，其竹長四五尺，稀節，人取必有大風雨雷電，人下山則止。《齊民要術》：篺竹，笋無味。杜臺卿《淮賦》有梹榔竹。身毒國出笻竹，可爲杖，一名狹竹。張騫西至大宛所得，見《漢書》，一名芀竹。《廣志》：新州石城陝隘，宋紹興中，州守黄濟植芀竹，圍繞之，竹有刺芒、棘華然，一豚不能入。澁勒竹，有芒，可以銼瓜，見《老學庵筆記》。谿梧竹，長三四丈，圍一尺八九寸，可作屋柱，出交趾，見《南方草木狀》。葺竹，頭有父文，見《字林》。狗竹，毛在竹間，見《臨海異物志》。無筋竹，色如黄金，堅貞疎節，出嶺南，見竺法真《羅山疏》。石麻竹，勁利，可爲刀，見裴淵《廣州記》。苞竹，堪作布，見顧微《廣州記》。實心竹，文彩斑駁，可爲器物。又垂絲竹，枝弱下垂，見《雲南記》。咸都有對青竹，黄而溝青，浙亦有之，惟會稽頗多，呼爲黄金間碧玉竹，見《養疴漫志》。護居竹，見《無錫縣志》。[illegible]竹，如苦竹，長節而薄，可作屋椽。蔓竹，青皮，肉白如雪，軟韌可爲索。三棱竹，狀若椶櫚，葉莖柄三脊。射竹，爲箭。峽州玉泉鬼谷子洞前竹，竹葉有文成符，葉葉不同，佩之可以辟患，見宋陳日華《瑣碎録》。有匾竹，出廬山，釋惠遠使鬼神，號辟蛇行者，捻此竹爲匾竹，筍出便匾。建安篔簹竹，一名簞竹，節中有人，長尺許，頭足皆具，大者中甑，笋亦中射个，見《異苑》。雷州有電斑竹，見《地理志》。相迷竹，內空生黄，堪作丸。鏞竹，內空容三升米，亦生黄，俱出廣州。新婦竹，出武林，竹圓直，可作篦。高潘州有疎節竹，五六尺一節。《通志》：竹之良者，有篁竹。又溱州通竹，直上、無節、空心，見《北户録》。桂陽縣出筀竹，大者圍二尺。又交趾有[illegible]竹，實中，有毒，以刺虎，中之則死，見《山海經注》。辰州有龍絲竹，高盈尺，細如針。江湖間一種野竹，其葉糾結如蟲狀，名蚱蜢竹，見《語異録》。當塗縣慈姥山有簫管竹，圓緻異於他處，篁堅而促節，皮白如霜粉，蜀嘉定産。月竹，每月生笋。漢陽出[illegible]箤竹。《南方草木狀》：扶南有雲母竹，一節爲船。《山海經》：舜林竹，一節可爲船。羅陽竹，若芭蕉。黎母竹，每丈一節。臨賀竹，其大十抱。人面竹，有節，一覆一仰如畫人面，廣西出。雪竹，斑極大，紅而有暈。蜀涪州有相思竹，對抽並胤。[illegible]簩竹，《異物志》：南方思牢國所産，可礪指甲。李商隱《射魚曲》：[illegible]簩弩箭磨青石，綉額蠻渠三虎力。字又作澁勒。東坡詩：倦看澁勒暗蠻村。合歡竹，出南岳下渚州。安思縣多苦竹，有青、白、紫、黄四色。浙中有天親竹，末皆兩岐。成都府彭縣大隋山生竹，若龍頭，俗呼龍頭竹。九嶷山有雙稍竹，初生枝葉即分兩稍，亦名合歡竹。荻蘆竹，冬天不凋，其竹似蘆荻。鶴膝竹，節下大小似苦竹，閩中人呼爲槌竹。石[illegible]竹，生閩中，竹似石竹而小。古散竹，節似馬鞭，葉似桐樹而小，皮似栟櫚。箖竹，出襄州卧龍山諸葛亮祠中，長百尺，只梢上有葉。《雪峰語録》：雪峰爲刹，與經蔣諸山相甲乙，岡巒百里間皆[illegible]竹。玄倭國有條幹竹。少室山有爨器竹。又谿《廣志》，永昌有漢竹，圍三尺餘，大者一節受一斛。《神異經》：南方荒中有笫竹，長百丈，圍二丈五六尺，厚八九寸，可以爲船。有節竹，一名太極竹，可以爲船。占城國出觀音竹，如藤，長丈八尺，其色黑如鐵。會稽縣有公孫竹，高不盈尺。越州産越王竹，狀若荻枝，可代酒籌。次有沙筋竹，欲採者輕步從之，聞人聲則縮入沙中。羅浮山有龍公竹，大徑七尺，常有鳳皇棲宿。[illegible]城縣倪山産娑羅竹，圍三四尺，性堅，中爲弓。蓬山有浮筠竹，葉青。梧竹，可作屋柱。奉化新嶺中生竹，高僅五寸，葉皆白色。清江縣瑞筠山有竹，色如爛銀。《齊民要術》：蕪竹、黑皮竹，汗有文，莖紫，子如大珠。郭璞云：怪竹出始興小桂縣，上合防露，下疎來風，每日出羅紈金翠，望若花開。《山經》：雲山有桂竹，甚毒，傷人必死。一曰狀如甘竹，而皮赤。方竹，見《寧波志》，葛仙植於定海靈峰者。《益部方物志》有方竹。贊《筍譜》：方竹出澧州西游川鐵冶辰山之陽。《北户録》：澄州産方竹，體如削成，勁挺，堪爲杖。隔州亦出，大者數丈。又黑竹，出西山，長二尺許，如指大，純墨色，葉玄碧，見文太史《墨竹銘》。蘄水縣鳳棲山下有王羲之洗筆池，崖邊小竹俱成墨色。《筍譜》：道州瀧中多月竹，每節一丈或八尺，莖不大，裊裊摇空，粉節上似有丹色。《竹譜》：宜都縣飛魚口有紅竹，大者不過寸許，鮮明可愛。黔陽縣赤竹岡，岡壠糾盤，叢生赤竹。《雲窗襍志》云：波竹，出區吴山，紫枝緑葉，花如石榴，實如蓮子，服之體輕，趙飛燕舞於掌上，服此實也。《暘谷漫録》：張堂云：同邑安福西鄉周俊叔家，有十二時竹，繞節凸生子丑寅卯十二辰字，點畫可數。《清異録》：荆南判官劉彧棄官秦隴，篋中收大竹十餘顆，每飲客，則斫取少許煎飲，其辛香如雞舌，人堅扣其名，謂之丁香竹，非中國所産

也。《睽車志》：紹興中，四明有巨商泛海，阻風抵一山下，因攀躡而登絶頂，有梵宫焉。窗外竹數個，枝葉如丹，商堅求一二竿，截之爲杖。每以刀鍥削，輒隨刃有光，心異之。至一國有老叟曰：君親至補陀落伽山，此觀音坐後旃檀林紫竹也。商驚悔，取削棄餘札，寶藏之。有久病無藥可愈者，煎湯飲之即愈。蓋不止六十一種也。

明 鄭仲夔《玉麈新譚·偶記》卷一《天親竹》 天親竹，一根兩岐，當春每發雙笋。又衡州人家有笋，徹梢無節目，名通天笋。又有一種野竹，其葉糾結如蟲狀，鄉人呼爲蚱蜢竹。

又卷三《古度林於》 林於，竹名。戴慶豫《竹譜》云：越女試劒竹也。

明 馬嘉松《十可篇》卷七《竹》 澄州産方竹，如削成，可用爲杖。溱州産通竹，直上無節而空洞。成都有竹，青黄相間，謂之黄金間碧玉。蘄州常産十二時竹，其竹繞節凸生子丑寅卯等十二字。猫竹爲上，空山緑雪，永日忘歸。

又卷九《月竹》 月竹，嘉定州之産，每月生笋。州人何幸，時食鮮笋。

明 毛晋《陸氏詩疏廣要》卷上之上《菉竹猗猗》 菉，《爾雅》云：菉，王芻。郭云：菉，蓐也，今呼鴟脚莎。某氏云：鹿，蓐也。鄭云：藎草亦名菉蓐。《本草唐注》云：藎草葉似竹而細薄，莖亦圓小，生平澤溪澗之側，荆襄人鬻以染黄色，極鮮好，洗瘡有效。《爾雅》所謂王芻。《爾雅翼》云：《説文》曰：菉，王芻也。引《詩》曰：菉竹猗猗。則『緑』與『菉』同。《本草》名藎草，俗亦呼淡竹葉，所謂終朝采緑，不盈一匊者。《上林賦》稱香草，云『揜以緑蕙，被以江蘺』。張揖亦以緑爲王芻。《衛風》引以爲首，蓋必嘉草也。而《離騷》云：資菉葹以盈室兮，判獨離而不服。以三者皆惡草，與《衛風》相反，《詩》、《騷》所取，各有義耳。竹，《爾雅》云：竹，萹蓄。郭注：似小藜，赤莖節，好生道傍，可食，又殺蟲。李巡曰：一物二名也。孫炎、某氏引《詩·衛風》云：菉竹猗猗。案：陶隱居《本草注》云：處處有，布地而生，節間白，華葉細線，人謂之萹竹。鬻汁與小兒飲，療蚘蟲。鄭注：即萹竹也。《韓詩》：緑藩猗猗。藩，萹筑也。陸德明曰：藩，萹竹也。《石經》：同萹竹，亦作扁竹。《蜀本草》云：葉如竹，莖有節，細如釵股，生下濕地。《圖經》云：春中布地生道旁，苗似瞿麥，葉細緑如竹，赤莖如釵股，節間花出甚細，微青黄色，根如蒿根。《爾雅翼》云：《九章》曰：擥大薄之芳茝兮，搴長洲之宿莽。惜吾不及古之上兮，吾誰與玩此芳草。解萹蓄與雜菜兮，備以爲交佩。王逸曰：言己解折萹蓄，雜以香菜，合而佩之，脩飾彌盛也。然萹蓄，雜菜皆非芳草，逸義非是。蓋言解去萹蓄與雜菜，而佩芳茝、宿莽爲交佩爾。然則竹又惡物，與《衛風》相反耶！又云萹蓄既似竹，則宜謂之竹爾。按璣所説，則又合緑與竹爲一草，未知其審。然古今説者，皆言淇水旁自生竹箭，故古人言伐竹淇衛。又曰『淇衛之箭』，如此多矣。蓋淇水宜竹箭，自古已然。然《説文》引《詩》作菉竹，《韓詩》作緑藩，菉既非色，而藩又非竹，不可合爲緑色之竹箭。故析而解之云：菉，王芻；藩，萹筑也。然則淇澳自出竹箭，不妨兼有菉、竹二草耶！緑竹，朱《傳》云：緑色也。淇上多竹，漢世猶然，所謂淇園之竹是也。《竹譜》云：淇園，衛地，殷紂竹箭園也。《淮南子》曰『烏號之弓貫淇衛之箭』，《毛詩》云『緑竹猗猗』是也。又云：植物之中，有物曰竹，不剛不柔，非草非木。或茂沙水，或挺巖陸。又云：竹之別類六十有一。又云：竹六十年一易根，輒結實而枯死。其實落地復生，六年遂成曈。《埤雅》云：竹，物之有筋節者也，故蒼史制字，筋節皆從竹。《爾雅》曰：東南之美者，有會稽之竹箭焉。今竹性亦喜東南引生。故古之種法云：劚取東南引根，於園角西北種之，久之自當滿園。語曰：西家種竹，東家治地。言其滋引而生來也。《易》曰『方以類聚』，竹引東南，則以卦推之，巽爲竹矣。震，東方也。故震爲蒼筤竹而已。蒼筤，幼竹也。《傳》曰：淇衛箘簬。又曰：淇衛之箭。又曰：下淇園之竹以爲楗，伐淇園之竹以爲矢。蓋淇之産竹，土地所宜，故風人以此美武公之德也。《詩》云：『瞻彼淇澳，緑竹猗猗。瞻彼淇澳，緑竹青青。』竹之初生，其色緑，長則緑轉而青矣。卒章又曰『如簀』，言盛也。則又明其爲竹矣。《説文》：竹，冬生草也，圓質虚中，深根勁節，其種大小不一。字從倒艸，竹，艸也，而冬不死，故從倒艸。按：緑一作菉，王芻也。竹一作藩，萹蓄也。毛、韓説皆同。而《竹譜》、朱《傳》皆以爲即《漢書》淇園之竹。酈道元云：淇川無竹，惟王芻、萹草，不異毛興。劉執中云：淇水之旁至今多美竹，豈淇園之竹在後魏無復遺種，而至宋更滋茂乎？然據兩《漢書》，淇澳有竹，據《水經注》有王芻、萹草。毛、韓、朱三家各自可通。陸璣又以緑竹爲一草名，古今並無從其説者。今木賊艸，醫方通

用木工以治器，但無華葉，寸寸有節，與陸説有葉者稍殊，未知即一物否也。《爾雅》釋蕩荞等在草中，然實非草類。王元美所云『竹于草木，如魚於鳥獸』是也。其類至多，《山海經》帝俊竹、共谷竹、鉤端竹、尋竹，《禮斗威儀》蔓竹，《吴越春秋》晋竹，《述異記》斑竹、孤竹、孝竹，《吕覽》嶰谷竹，《南都賦》鐘籠、篁篾、篠簳、箛箠，《吴都賦》篔簹、林箊、桂箭、射筒、柚梧、篻簩。《竹譜》單名者，衛、篁、棘、單、苦、甘、弓、筋、笻、簹、蓋、狗、蘆、箵之屬；雙名者，蘇麻、般腸、百葉、雞脛、彗篠之屬。《廣志》有雲母、欐篾、漢利之屬。《酉陽雜俎》有簭篟之屬。《筍譜》至八十五種竹筍。及諸方志有疎節、人面、鯀、猫、叢澀、碧玉、黿斑之屬，難以具載。然多出交廣荒外，非詩人所盡見也。竹田曰篁，竹胎曰筍，竹膚曰筤，竹皮曰筠，竹裏曰笨，竹枚曰箇，竹約曰節，剖竹未去節曰簃，竹死曰箹。竹有雌雄，雌者多筍。五月十三日，謂之竹醉日，栽竹多茂盛。其性惡寒好温，故曰『九河鮮育，五嶺實繁』。然處處有之，不似萹蓄，但盛於淇川也。上文皆馮嗣宗辨證，可謂詳明博雅矣。但遍搜陸疏刻本，並未載木賊，惟馮本多『其草澀礪，可以洗欖笏，及盤枕，利於刀錯，俗呼爲木賊』數語。因多『木賊草』一辨。然木賊産於秦隴間，不聞産於淇衛，未知昔人何以云然。

又《維筍及蒲》 《爾雅》云：筍，竹萌。邢疏云：孫炎曰竹初萌生謂之筍。凡草木初生謂之萌。筍則竹之初生者，可以爲菜殽。《詩·大雅·韓奕》云『其蔌維何，維筍及蒲』是也。《爾雅》又云：簢，箭萌。郭注云：萌，筍屬也。鄭注云：箭竹筍也。《通志》云：凡筍類，惟箭筍爲美。故會稽竹箭有聞焉。《周禮·天官·醢人》云：箈菹雁醢，筍菹魚醢。《吕覽》云：和之美者，越酪之菌。注：越酪，山名。菌，竹筍也。《筍譜》云：竹初種，根食土而下，求乎母也。及擢筍，冒土而上，愛乎子也。筍大約不過青緑色。《本草》：木性甲乙氣。蘇子瞻云：竹之始生，一寸之萌耳。陸農師云：其萌曰筍，筍從勹從日，勹之日爲筍，解之日爲竹。一曰從旬，旬内爲筍，旬外爲竹。今俗呼竹爲妒母草。言筍旬有六日而齊母，其自死筍謂之仙人杖。

明　馮復京《六家詩名物疏》卷一六《竹》 緑，一作菉，王芻也。竹，一作薄，萹蓄也。毛、韓説皆同。而《竹譜》、朱《傳》皆以爲即《漢書》淇園之竹。酈道元云：淇川無竹，惟王芻、萹草，不異毛興。劉執中云：淇水之旁至今多美竹，豈淇園之竹在後魏無復遺種，而至宋更滋茂乎？然據兩《漢書》，淇奥有竹，據《水經注》有王芻、萹艸。毛、韓、朱三家各自可通。陸《疏》又以緑竹爲一草名，古今並無從其説者。今木賊草，醫方通用，木工以治器，但無華葉，寸寸有節，與陸説有葉者稍殊，未知即一物否也。《爾雅》釋蕩、荞等在草中，然實非草類。王元美所云『竹於草木，如魚於鳥獸』是也。其類至多，《山海經》帝俊竹、共谷竹、鉤端竹、尋竹，《禮斗威儀》曼竹，《吴越春秋》晋竹，《述異記》班竹、孤竹、孝竹，《吕覽》嶰谷竹，《南都賦》鐘籠、篁篾、篠簳、箛箠，《吴都賦》篔簹、林箊、桂箭、射筒、柚梧、篻簩。《竹譜》單名者，衛、篁、棘、單、苦、甘、弓、筋、笻、簹、篩、簟、蓋、狗、蘆、箵之屬；雙名者，蘇麻、般腸、百葉、鷄脛、彗篠之屬。《廣志》有雲母、欐篾、漢利之屬。《酉陽雜俎》有簭篟之屬。《筍譜》至有八十五種竹筍。及諸方志有疎節、人面、鯀、猫、叢澀、碧玉、黿班之屬，難以具載。然多出交廣荒外，非詩人所盡見也。竹田曰篁，竹胎曰筍，竹膚曰筤，竹皮曰筠，竹裏曰笨，竹枚曰箇，竹約曰節，剖竹未去節曰簃，竹死曰葤。竹有雌雄，雄者多筍。五月十三日，謂之竹醉日，栽竹多茂盛。其性惡寒好温，故曰『九河鮮育，五嶺實繁』。然處處有之，不似萹蓄，但盛於淇川也。

明　方以智《通雅》卷四二《竹葦》 員丘，即路人竹。由衙、太極、雲母、濮竹、沙摩，皆大竹也。無節曰通竹，長節曰篔簹。晋武昌戴凱之《竹譜》：凡六十一，大者員丘。帝竹，即《山海經》衛丘俊林竹。郭注：舜林者也。岳山，尋竹生焉。簹與由衙，土人用爲梁柱。《神異經》曰：竹名太極，長百丈，南方以爲船。嵇含曰『雲丘竹，一節爲船，出扶南』，即此。負丘當作員丘。《王會》曰：路人，大竹。注以潞爲赤狄，恐在北方無此大竹也。《河圖》曰：少室山，大竹堪爲甑器。《廣志》：雲母竹最大。李石言：漢竹，大者一節受一斛。晋常璩《南中志》言：寧州有濮竹，節相去一丈，受一斛許。即李石所謂矣。元劉美之云：桂嶺，竹之花出者曰沙摩竹。東璧曰：有無節竹，出溱州，空心直上，即通竹也。《竹譜》：篔簹但云多植水渚。智按：羅浮山竹，節中過丈，此東璧所稱篔簹也。其曰龍公竹，葉若芭蕉。其龍鍾大竹之説乎？兩廣今多刺竹，竹生卷曲煩猥。《竹譜》名爲笆竹，李石名爲欐竹，可作籬笆也。嵇云：九真、交趾出石林竹，可切象皮，又出簟竹。大

秦出篦篣，以鎊犀象，利於鐵。東壁謂：澁者以錯甲，謂之篦篣。簟竹，凱之作單。今梧州有單竹、泥竹之稱。單竹可爲篋。慈孝竹則叢竹，四時筍。江南竹則葉肥幹薄，不可爲篋。箬葉大可裹粽、夾蓬者也。竹小者曰鳳尾竹、瀟湘竹。《草木狀》言：越王竹，高尺餘。東壁言：辰州龍絲竹，細僅如絲，高不盈尺。今廬山有千里竹，高亦數寸，而葉不甚小，又一種也。鄧潛谷載：觀音竹種之於盆，可玩。《廣志》：有觀音竹、瓔珞竹、析尾竹。方竹，出君山，閩、浙詹同以方竹獻，取其四稜廉隅。《益部方物記》贊方竹中實，但小耳，此未見。《北户録》：澄州之大方竹也，紫竹、斑竹，皆有大者。又有極小如瀟湘竹者。廣西仙迴深山有之。條竹實心，笘竹、刺竹及簩竹皆實心，瑶星曰：渼蕺。《暘谷漫録》載：安福西鄉周俊叔者，嘗得十二時竹一根，植於家。十年餘，笋而竹者纔得三枝，繞節凸生十二字，點畫可數。智以此近妖異，如柳葉蟲文耳。如顧遁園所記，華嚴寺佛面竹作筒，即人面竹之大者。僧侈其名，遂信之邪？《襍俎》言：䈄墮如綉畫，百藥爲一枝，五色線引。梁簡文《修竹賦》有玉潤、桃枝、魚腸、金母之名，此不足異也。魚腸，筋竹。金母，謂黄淡竹也。筍，亦曰箘。箭，簸苛，《禹貢》之篠，《爾雅·禮器》之箭竹也。《吕覽》：越駱之箘。注：竹筍也。《考工》疏：箘竹，聆風，或竹箬篦，箭竹也。湛若曰：俗謂之簸苛。簸，苦怪反。智按：冬獻筍，即冬筍也。箭竹叢生，小而疎節，節或長二尺，山澗旁生，南方作矢，白下取爲箸。《譜》曰：箭亦箘徒，謂之簸竹，可蓬可矢。荆州貢箘、簵、楛，皆可爲矢。陸璣曰：楛似荆，赤莖，似蓍。上黨人爲牛筥。智按：楛木爲矢，非箭竹也。箘、簵，堅竹。篠，箭竹。簜，大竹。桃枝，非一種。范成大言：桃枝似小稯。劉美之亦曰：椶竹，皮葉皆似椶，亦謂之桃竹。則與《爾雅》『桃枝，四寸有節』者又殊。今南都扇肆中，假充椶竹者，名桃絲竹，或即桃竹。贊寧《筍譜》有三棱竹筍狀若椶，闊莖，柄有三脊。東坡曰：子厚詩『桃笙葵扇安可常』，偶閲《方言》『簟謂之笙』，乃悟桃笙以桃竹爲簟也。梁簡文曰：五離九折，出桃枝之翠笋。桃竹出巴渝間。杜子美有《桃竹杖引》。智考：桃竹，觔竹、蔓竹之類也，最細，然大於篠箭。《肇慶志》有桃竹。東壁曰：滑者爲席，曰桃枝。凱之曰：《方志賦》桃枝皮赤，編之滑勁，《顧命》篇所謂篾席也。郭璞注：《爾雅》加竹字，人言桃竹短節，余見節長踰尺，豫章有之。《山海經》：木有桃枝。又《廣志》：桃枝出朱提郡，曹爽所用者也。則草族木類自别有桃枝耳。智見今有夾竹桃，枝葉如竹，而花如桃花。《太平廣記》：俱那衛，葉如竹，三莖一層，莖端分條，如顏桐，花小類木槲，出桂州。《羅浮山記》云：那衛，外國樹，英花紅粉。此亦夾竹桃之類也。《山海經》有桃枝、鉤端、箭簵。郭注曰：鉤端，桃枝類。漢中出簵竹，厚裡而長節。東壁且以鳳仙爲夾竹桃。扶竹，即邛竹。《山海經》：龜山多扶竹。郭注：邛竹也，名扶老竹。陶潛『策扶老』。又見《蔡順傳》注。今所謂桂竹，古之筆竹也。盱江曰：筆竹可絲以制器，又可刺船，江楚常用之。《本草》以爲桂。《竹譜》之桂竹云：二尺圍，而皮赤，潮州出，赤竹是也。《山海經》曰：靈原桂竹，傷人則死。是桂竹又有二種矣。矛竹，非苗竹也，鄧潛谷以爲猫竹。《竹譜》有矛竹。劉淵林云：外國有以史葉竹爲矛，余所聞是簩竹。智按：即廣之利竹，實中堅韌者也。《綱目》以爲矛竹。又載苗竹云：一節尺餘，出吴楚。潛谷曰：筍如猫頭，故名。劉美之載：猫兒竹，筍重十餘斤。又載：毛竹出武夷，此竹江楚賴之。凡事可用，嫩者造紙。《譜》無此名，倘即所謂蕩竹、蓋竹乎？猫竹不生於北方，北方竹皆筆也。朱子改王芻、箓竹爲今竹。鄧潛谷是之。然北方大都竹少。《水經注》：美溝水東南注淇水，《博物志》謂之奥水，流入於淇。漢武塞決河用淇園之竹。寇恂守河内伐竹淇川，治矢。今無復此物。惟王芻、萹草矣。澁勒，竻竹也。無功言：庚新野詩『防露動林於』，見《竹譜》。智按：今《譜》作箊字。王洙《筆録》有書箖箊亭額。東坡詩：倦看澀勒暗蠻村。澁勒，嶺南竹也。《草木子》：竹葉，一名斤斤。《輟耕録》：竹瀝名火泉。智按：《肇慶府志》有竻竹，即李石所言之欟竹也。有刺而堅，村村以爲籓落。土人呼爲勒竹，或云棘勒。東坡所謂澁勒，應是海南一帶鄉語耳。《本草綱目》有竻竹。今韻書無竻者。孫愐收竻字，音勒，以爲竹根。《綱目》之竻，正竻字之訛。升庵以篦篣即澁勒。笋，一作箰、萑、筍。許慎訓爲竹胎，一曰龍孫。馬援以《禹貢》之包即筍也。宋人小説曰，老杜詩曰：竹根稚子無人見，沙上鳧雛並母眠。唐人《食筍》詩曰：稚子脱錦绷，駢頭玉香滑。因竹孫名稚子也。贊寧曰：竹根大鼠，名竹豚，亦名稚子。按：是《玉篇》鼬也。《莊子》『羊奚比乎不箰』，即筍字，又作萑、栒、箕。《爾雅》：筍，竹萌，以旬而成竹也。周密以竹萌出《周禮注》，何不直

引《爾雅》。程泰之言：老杜稚子爲雉雛。唐人《食筍》詩未可據也。《筍譜》曰：馬援見冬苞筍。上言《禹貢》『厥包橘柚』之包，即此。冬苞筍，猫竹筍也。《廣志》：魏漢中守王圖，每冬獻筍。越中糞地，斷竹種根，土坼十字，即鍬其筍，拭而蒸之焙之，妙甚。天目青筍，廬山拳筍，皆小竹也。南岳擣爲筍膏。閩筍如木，下矣。

清　陳鼎《竹譜》　回春竹，產嶰谷中，作笛吹之，能回寒谷。陽春節長而葉大，青葱如碧玉，擲地有金聲，然易碎，墜地無不破者。嗟乎！物之美者固易於摧折耶？今嶰谷久已絕種，安得復生於萬箇，作笛千萬枝？今知音者吹之，俾大地無日不陽春也。孝子竹，江南北俱產，但種不多。歲兩產，筍夏則生母竹中，不欲蔽母竹涼風也。冬則產母竹外，恐寒風攻母竹也。土名孝順竹。嗟乎！物無情者也，有冬溫夏青之意，可以人而不如竹乎？忠臣竹，產荊州公安縣寇萊公祠前，又呼爲萊公竹。相傳寇萊公謫雷州，卒，歸葬西京，道出公安，邑人祭而哭之。插竹地上以掛楮幣，逾月枯竹盡活，歲餘筍成林，人以爲忠貞之感，故名。君子竹，產渭川，每千竿必有一竿高出羣竹之上，迥然獨立如雞羣鶴焉，以異於衆竹，故名君子。嗟乎！渭川千畝竹，不知其幾千萬竿也，然每千竿必有一君子。今天下大矣，兆庶如林，竟無一君子，何哉？豈人而不如草木耶？悲夫！聖人吾不得而見之，得見君子者斯可矣。對斯竹也，能無君子之思乎？筍甘香如桂馥。王侯竹，產江浙，色如黃玉，節高而葉細，質最堅，筍甘。此竹植衆竹中，衆竹即不茂。衆竹植此竹中，亦即不活。有王侯獨尊之象焉。方竹，產山東登州，堅勁，可作杖。天臺山中亦產，然堅勁不如登州，而青翠過之。湖廣岳州君山亦產，則皆柔軟而長者矣。此竹實多虛少。碧天霞，產廣東儋州，節長三尺，大不過錢圍，葉亦長三尺，其色如雨過天青。鳳尾竹，產海南厓州，竹梢如鳳尾，葉類鳳毛，故邱瓊山有『月落斜穿金鳳毛』之句。羅浮竹，產羅浮山，長十餘丈，每節長丈餘，大徑尺，有五色蝴蝶，大如箕，育子於葉。符篆竹，亦產羅浮，竹小而葉大，有文如篆，若蟲蝕然，土人謂之竹葉符。玳瑁竹，產廣西近交趾地，幹色如玳瑁，明亮直透於內，筍味甘，籜亦斑斑可愛。太史竹，產將樂縣，土人搗以作紙，極潔，號曰玉版筍，味苦不堪食，以其可作紙，故名太史。展誥竹，閩粵俱有此竹，其形如展誥軸狀，又若手卷從兩頭卷合者，然背圓而面凹。大者可作筆桶，置之案頭極文雅。龍頭竹，產山左登萊山中，華山巴蜀亦有之。根狀龍頭，腹實止通一線，堅勁可作杖。高蓋竹，產貴州貴築土司中，長三丈，下無枝葉，及頂，方生枝葉，亭亭如蓋。燕來竹，吳下極多。此種筍最早，燕子來時即生矣。味甘脆可餐，與護基竹性相近。此二竹最易盛，每植一二株，三年成林。龍尾竹，產瓊州五指山中，高十餘丈，大如棋。土人鋸節作水桶及盛酒之用，其梢枝葉不散，狀如龍尾，故邱瓊山有『雨餘倒拔蒼龍尾』之句。香沙竹，產臺灣雞浪山中，最長大，葉黃而幹赤，土人採以作屑爲香，焚之臭如栢子。合歡竹，兩竹並生，節節相對，無毫未參差。伐其一，則其一必槁，土人呼爲鴛鴦竹。廣西潯州山中最多。桃笙竹，產四川保寧郡萬山中，節高而皮軟，殺其青可作簟，暑月寢之無汗。故人呼簟爲桃笙，以竹名也。篔簹竹，產川廣之交茅隆山中，青圓堅潔，風來相戛，聲如鳴玉，開紫花，結實如菽，即鳳鳥以爲餱糧者也。嗟乎！鳳鳥久不至矣，此竹結實何爲？美人竹，產中州伊洛之間，幹扁而色青，筍亦甘香可啖，葉如柳葉，狀美人之眉，故以美人呼之。植之曲檻，月下風前，楚楚可愛。當秋宵春晝，焚香獨對，如擁十二金釵，呼之欲應。錦竹，產鄖陽竹山縣山中，房山山中亦有之。幹文如錦，陸離可愛，葉長尺許，可爲笠。湘妃竹，相傳舜崩蒼梧，二妃追至，哭帝極哀，淚染於竹，故斑斑然如清淚痕也。有數種最佳者，其文如螺旋，而色紫不文處則碧如玉。永州最多，湖南諸郡俱有，又名瀟湘竹。昭君竹，產歸州昭君故居。凡竹至秋冬，雖不凋，然老葉必黃落。惟此竹之葉，如不生新，即不脫，故經年如是。嗟乎！豈與塞外塚草青青同一勁耶？綿竹，產貴州鎮遠山中，堅圓勁直，狀如陽羨牙竹，然曲之可爲栝棬束縛，經歲縱之，挺然復直。嗟乎！此竹不當以綿稱，合以剛字之斯可矣。箭竹，細如箭桿，堅勁而直，可爲箭，蓋竹材之最良者也。貴州鎮遠山中頗多，雲南楚雄麗江諸郡亦產。江右撫州靈谷產者更佳，附以利鏃能洞甲。龜脚竹，產朝鮮國山中。其葉如龜脚，幹上之紋亦然。其色蒼黑而微綠。珊瑚竹，產安南國三江府天琹山中，無葉有枝如鹿角，色赤如珊瑚，至冬則色黑，立春又赤，苗人以之紀歲。九曲竹，產占城國不勞山中。其幹九曲，枝亦然，葉叢生亦九，備五色。歌畢陀，歌畢陀真臘國竹也。長數丈，大如斗，葉長七尺，闊五尺，厚寸許。國人採葉作舟以涉水。天耳竹，即黃斑竹，產滇中蒙化府天耳山，

故名。相傳郡城人凡有計度語言，雖甚秘，山中即有人傳，以山有此竹故也。截一管附耳，可聞十里外蒼蠅聲。芭蕉竹，本如芭蕉，下大上小，葉亦如之，色亦然。笋甘香可啖。出緬甸國，土人取其竹作釜，实米於中，煨之以火，竹焦而飯熟，清香可餐。其葉亦可作紙，苗人以之書僰文。釣絲竹，産廣西潯州府山中。其枝若素絲，下垂葉綴於巔，如魴魚吞餌，蓋葉白而尾赤也。筋竹，産粤西平樂府華蓋山中。恭城、富川、永安、昭平，處處有之。其小如筯，堅潔如象牙，作筯甚佳。布竹，産粤東韶州府仁化縣，節長數尺，土人採以揉碎，漬軟取絲爲布，暑月可代絺綌，但不耐久。燈絲竹，産温州。削爲絲柔如線，可織燈，故名。笋生三年始成竹，又名千日竹。玉版竹，産江右吉安府白鷺洲。皮潔如玉，而笋味甘，香亦如玉版，成竹青青可愛。實心竹，贛州南安兩郡萬山中俱産，内堅實不虚，可作戈戟，桿勁直有力，不撓不屈。紅斑竹，亦産江廣之間，閩服亦有。其斑處色如丹砂，質如黄玉，笋味辛，食之令人木强。夫人竹，産漢陽桃花洞息夫人祠側。伐竹忌男子持斤，男子持斤伐之，則竹寸寸裂。女子伐之，則完。君子曰：竹之貞者也。恒以夫人呼之。蘄竹，産黄州府，各屬俱有，而蘄州者爲第一。有三絶之稱，色瑩者爲簟，節疎者爲笛，帶鬚者爲杖。羅漢竹，産天全六番打尖罏地方，大如斗。一本而上分數幹，凡竹無旁幹，惟此竹如樹。桃絲竹，産兩廣交趾地。其竹本大如斗，色如墨，葉亦然。與棕竹相類，但有大小之殊耳，可爲盤，爲罩持，爲筆筒，爲酒注，爲茶甌，爲刀劍握。紫斑竹，産長河箵筤谷及秦人三洞。其斑紫，其質白。可爲笛，聲異凡竹。細腰竹，産岳州華容平江澧州。其節處大如本，如麗人細腰狀，豈楚王宫中諸姬魂魄所化耶？鍛其青爲簟，卧之，奪夏月暑。龍鬚竹，龍鬚竹産衡岳岣嶁峰。枝上生細絲如鬚，長七八尺，狀如龍髯下垂。淚痕竹，即湘妃竹也。道州斑竹巖産者，勝於他産。斑處紋細如髮，作螺旋形。或曰道州斑竹巖，笋鬆脆甘香，迥出尋常。酒注竹，産四川保寧郡巴州境。竹根大如甕，而本細如指，取其根作酒注，如兕觥然，飲之有清芬氣。笻竹，産四川叙州、烏蒙、黎州、眉州、雅州、邛州，箵筤、邛筰諸山俱有。皆可爲杖，以其堅潔也。桃竹，桃竹，狀如桃枝，幹、皮、葉皆類桃，但有節中空，産潼川州江心蟠石者佳，可爲杖。黑斑竹，黑斑竹其斑處如黑漆，有光可鑑人，葉大如掌，色藍質色微黄。遵義府碧雲峰中極多。白斑竹，白斑竹斑處如羊脂素玉，其質則如丹砂，葉細類松針。産眉州怠臺崌崍諸山。月月竹，月月竹月一生笋，歲十二次。逢朔則笋生，晦日則籜脱盡，而葉舒矣。産嘉定州，有堯階蓂莢之義。刺竹，刺竹枝幹葉俱有刺，如荆棘然。産四川烏撒土司中，苗人取置倉廩及牀頭，鼠遭刺即斃，故鼠聞其氣即不敢來，又名鼠見畏，又名猫子竹。苦竹，苦竹閩、廣、黔、滇、楚、蜀諸山俱有之。質甚青葱，而笋味苦，不可口，然土人煮去苦水和肉炙之，可祛暑清火。蜀之永寧者最苦，竹梢露滴處百草不生，苦亦甚矣。其葉煎湯治火症，與淡竹葉、竹瀝同功。緑斑竹，産四川平茶洞土司中。其斑處色緑，其質如墨，葉亦黑如漆，儼然文與可管夫人畫竹也。長枝竹，閩中通省産竹無他異也。惟是枝長於幹，下覆於地，不見本。取其本，鍛爲絲可作器。朱竹，葉赤質亦然，笋味甘香。瓊州頗多。東甌雁蕩山中者，色如渥丹，每曉霞相射，紅映數里。萬王竹，産湖廣柳州桂東縣萬王城中。萬王不知何代人，相傳曾寓此城，階砌尚存，砌旁修竹數竿，至今鬱然。每早自仆掃其地而復立，故土人呼爲萬王竹。

清　高士奇《北墅抱翁録・竹》　竹於草木之外，別爲一類，植物之仙品，方塘曲徑，到處植之。宜月，宜風，宜晴日，宜晚雨，宜殘雪，至於伏暑方炎，石牀蒲几，坐卧密林中，冷翠襲衣，爽籟盈耳，正未知羲皇上人視此若何。

又《鳳尾竹》　巖畊堂外，小院數弓，有白石繞墻下，堆叠有法，上植鳳尾竹一叢。長不盈丈，纖枝婀娜，翠葉森發，晚晴風過，灑然絶塵。

又《慈竹》　慈竹心實而節疎，灌生上挺，鞭不旁行。其笋於八月間發。窗前陰閒，不宜樹木之處，即種之。其下培蒔秋海棠、鳳仙諸卉，甚覺相宜。

又《毛竹》　毛竹，大者圍徑二尺許，刳其根爲筆、牀、酒盞等器，諸用畢給。林中多野雉、鳴鴝之聲，極其清越，與竹籟相應。昔人謂園居者須是三分水、二分竹、一分屋，庶幾近之矣。

又《斑竹》　斑竹碧榦紫紋，娟淨莫比，修篁塢中，皆植此種。新梢乍放，殘粉未消，對之令人神遠。

又《筍》　春日發者爲園筍，新苞初迸，嫩美罕匹，真勝於芻牛之腴，焙之作脯，經年可用。夏月竹鞭四行，其穿土而出者爲鞭筍，作羹特佳。竹忌狂鞭，截去之，則次年竹更茂。冬日生者爲團筍，伏蟄地中，短而節密，所謂『蝸

蝮蛇蚹』者是也。京師惟團筍可以攜致，然亦珍貴，不能飽啖，不若此間之不論錢也。年來千畝在胸，不減饞太守矣。

清　陳淏子《秘傳花鏡》卷四《藤蔓類考・竹》　天壤間，似木非木，似草非草者，竹與芝是也。茲特冠竹、芝於藤蔓之首者，因其秀雅靈奇而尊之也。至若遐方異品，亦間附於後志怪也。竹乃植物也，隨在有之。但質與草木異，其形色大小不同。竹根曰菊，旁引曰鞭，鞭上挺生者名筍，筍外包者名擇，過母則擇解名竿，竿之節名箹，初發梢葉名篁，梢葉開盡名篗，竿上之膚名筠。古人取義獨詳。按：竹之始虛心密節，性體堅剛，值霜雪而不凋，歷四時而常茂，頗無夭艷，雅俗共賞。故戴凱之有《竹紀》六十一品，今復詳載於後。其性喜向東南，移種須向西北角，方能滿林。語云：種竹無時，遇南便移。多留宿土，記取南棱。又五月十三日爲竹醉日，是日種者易活。移時必須連根鞭埋下，覆土後勿以脚踏，只用搥擊數下，壅以馬糞礱糠，次年便可出筍。竹初出時，看根下第一節，生單枝者是雄竹，宜去。生雙枝者是雌竹，善生筍。最忌火日移栽，每至冬月，當以田泥或河泥壅根，若瘞以死猫，能引他人之竹過墻。如不欲其過墻，須掘一溝便止。長至四五年者，即宜伐去，庶不碍新笋。如笋生花結實似稗，謂之竹米，不久滿林皆枯。治法：在初花時，擇一二大竿截去，止留下三尺，打通其節，以糞填實之，則花自止，竹亦不敗矣。種竹有四字訣，疎密淺深，則盡之矣。疎者，謂三四尺方種一顆，欲其土虛，易於行鞭也。密者，次其根盤，每顆須三四竿一堆，使其根密，自相維持也。淺者，入土不甚深也。深者種時雖淺，每用河泥厚壅之，則深也。又移須多帶宿土，勿踏以足，則易活。一云：八月初八及每月二十若遇雨皆可移。又竹滿六十年一易根，必結實枯死。其實落地復生，六年遂成畦矣。江南餘干有竹實，大若雞卵，葉包裹，味甘。附竹釋名，共三十九種。諸異竹：十二時竹，產勒州。繞節凸生子丑寅卯等十二字，安福周俊叔家得此種，亦造物之奇也。篣竹，出新州。一枝百葉，皮利可爲礪甲。用久微滑，以酸漿漬，過宿復快利如初，多作弩箭。人面竹，出郯山。竹徑幾寸，近本逮二尺，極促，四面叅差，竹皮有如魚鱗，面凸頗似人之面。棕竹，有三種。上曰筋頭，徑篘葉垂，可以書几。次曰短柄，可列庭堦。再次樸竹，節稀葉梗，但可削作扇骨細微之用，其□似竹非竹。黑色有皮，心實，肉內有白鬃紋。桃絲竹，葉如棕，身如竹，密節而實心，厚理瘦骨，天然拄杖。出巴渝閬產豫者，細紋，一節四尺。四季竹，四季生節，幹節長而圓，取爲樂器，聲中管籥。若生山石者，音更清亮可人。湘妃竹，產於古辣，其幹光潤，上有黃黑斑點，紋旋轉而細，如淚痕狀，竹之最貴重者。金鑲碧嵌竹，產自成都，近日浙杭亦有。與常竹無異，但幹上每節兩青兩黃相間。孝順竹，幹細而長，作大叢。夏則筍從中發，凉讓母竹，冬則筍從外護，母竹內包，故稱慈孝。方竹，產於澄州、桃源、杭州，今江南俱有。體方有如削成，而勁挺，堪爲柱杖，亦異品也。鳳尾竹，紫幹，高不過二三尺，葉細小而猗那，類鳳毛，盆種可作清玩。猫竹，一作毛竹，浙閩最多。幹大而厚，葉細而小，異於他竹。人取編牌作舟或造屋皆可。蘄竹，出楚郡蘄州。王人取其色之瑩潤者爲簟，節疎者爲簫笛。雙竹，生浙之武林西山，其妙在篠篁嫩篠，對抽並胤，色最可愛。龍公竹，產自羅浮山。其徑六七尺許，節長丈二，葉若芭蕉。紫竹，出南海普陀山。長榦細而色深紫，段之可爲簫管。今浙中皆有。弓竹，產於東方。本長百尋，其曲如藤狀，必得大木乃倚而上，質有文理。柯亭竹，產在雲夢之南。其幹俊，期年之後伐爲樂器，音最清亮。桂竹，出自南康府。幹高四五丈，圍約二尺許，狀似甘草皮而赤色。思摩竹，奇在筍自節生。竹成竿之後，其節中復又生筍。出海外。月竹，產於江南嘉定。每月抽節，其形輕短而叢生，有如箭桿。梅綠竹，其幹似湘妃，而細波無旋紋，色亦闇而大不如。人多取爲扇骨。斑竹，產於吳越嵓山。其斑紋雖不及古辣湘妃，然作器具所用最廣。墨竹，其狀如古藤，長有一丈八九尺，而色理之黑如鐵。大夫竹，以其修長幹直凌雲，圍有三尺，故得是名。出鄜延。龍鬚竹，生辰州，及浙之山谷間。高不盈尺，而枝幹細僅如針，可作盆玩。但遇冬不可見霜雪。臨賀竹，其幹之大至有十抱，較之龍公竹更奇，出臨賀。慈竹，其幹內實而節疏，性弱而形緊，其細勒可代籐用。龜文竹，產於寶陀岩。昔年僅一本，以之制扇甚奇。今不可得矣。相思竹，出自廣東。似雙竹而差大，皆兩兩相對而生。疎節竹，其幹最高，每一節差一寸許。出自黎母山陽。丹青竹，出自熊耳山。其葉有三色，黃青丹相間而生。通節竹，產於溱州。其幹直上無節，而中心空洞無隔，亦異種也。沛竹，昔傳是竹長百丈，出自南荒之域。凝波竹，其枝葉皆似常竹，但有紅花開，似安石榴，亦奇種也。附此以誌異耳。扁竹，其幹極扁，出匡廬山。船竹，出員丘，其大如澡盆。邛竹，漢武帝遣人開泝河，致邛竹。徑寸竹，產湖湘，可爲甑用。觀音竹。出占城國。

清　張逸少《佩文齋廣羣芳譜》卷八二《竹譜・竹》　竹，植物也，非草非木。《說文》云：竹，冬生草也。《竹譜》云：竹是一族之總名，一形之偏稱也。植物之中有草木竹，猶動品之中有魚鳥獸也。耐濕耐寒，貫四時而不改柯易葉，其操與

松柏等第。雖喜濕惡燥，亦不宜水淹其根。根之發生喜向上行。《本草》云：其根鞭喜行東南。其性又與菊等，宜添河泥覆之，每至冬月須厚加土爲佳。每長至四年者，即伐去，庶不礙新笋，而林亦茂盛。《格物總論》：竹，中虛白膜，外皮青緑色、或黄或紫、或斑駁文，或小、或大、或長、或短，種族最多。大抵皆自根而莖，莖皆有節，莖間節處生枝，枝每兩之，枝亦有節，枝間節處生葉，葉每三之。初出地爲笋，笋節有籜包之，及成莖抽之，而籜遂漸次脱落，脱落處有粉，歲久而茂，茂則成林。【略】戴凱之《竹譜》云：竹之品類六十有一。黄魯直以爲竹類至多，《竹譜》所載皆不詳，欲作《竹史》，不果成。今按其種，有方竹、産澄州。體如削成，勁挺，堪爲杖。隔州亦出，大者數丈。《東齋記事》云：武陵桃源山有方竹，四面平整如削，堅勁可以爲杖。《寧波志》云：葛仙翁煉丹於定海靈峰，植竹筯化爲竹而方。《續竹譜》云：方竹生嶺外，大者如巾筒，小者如界方。《益部方物略記》云：圓衆方寡，故貴方者差小。斑竹、即吴地稱湘妃竹者，其斑如淚痕。《續竹譜》云：世傳二妃將沉湘水，望蒼梧而泣，灑淚染成斑。出峽州宜都縣飛魚口，大者不過寸，鮮美可愛。杭産者不如，亦有二種。出古辣者佳，出陶虛山者次之。土人裁爲筯甚妙。亦有大如甌者。按：《荀譜》又有一種毛斑竹，出蘄州。初伐竹即無斑，以灰汁洗之即斑見，彼人多作蘆蓆，或笛管，與二妃祠者不同。棕竹、棕本作椶，有三種。上曰筋頭梗，短葉垂，堪置書几。次曰短柄，可列庭階。次曰禮竹，節稀，葉硬，全欠温雅，但可作扇骨料耳。性喜陰，畏寒風，冬月藏不通風處，三月方可見天，原不見日。秋分後可分，須出盆，視其根鬚不甚牢固處，劈開栽盆。欲變化多盆，則盆大更旺，灌用浸豆水極肥，舍此俱不堪用。猫竹、一作茅竹，又作毛竹。榦大而厚，異於衆竹，人取以爲舟。《四明洞天記》云：毛竹叢生澗邊。又：金庭山洞天皆有。《續竹譜》云：毛竹生武夷山。李義山詩『武夷洞裏生毛竹』是也。《筍譜》云：出武陵洞口，人斫竹隨生。土俗云：仙人入洞，故生此竹，以隔浮生也。雙竹、修篁嫩篠對抽，並胤，王子敬謂之扶竹，猶海上之扶桑也。武陵山西雙竹院中産。按《續竹譜》云：瑞竹，合歡，發地尺餘，分爲兩竿。《筍譜》云：合歡竹出南嶽下諸州山溪間，彬州最多。其筍初生合歡形勢，及成竹也，或三莖合，或兩莖合，斷其間有竅，竹皮或有斑點文。雙梢竹出九疑山第二重麓臺側，筍長獨莖，及生枝葉，即分爲兩梢。葉密而細，亦謂爲合歡竹。與象扶桑者少同，蓋一類而數種也。蘄竹、出黄州府蘄州，以色瑩者爲簟，節疎者爲笛，帶鬚者爲杖。唐韓愈詩『蘄州笛竹天下知，鄭君所寶尤環奇。携來當晝不得卧，一府傳看黄琉璃』是也。慈孝竹、生作大叢，長榦中聳，羣篠外護，向陽則茂，宜種高臺。柯亭竹、生雲夢之南，可爲管。以七月望前生，明年七月望前伐。過期伐則音滯，未期伐則音浮。觀音竹、每節二三寸，産占城國。《全州志》云：大覆釜山産掃堦竹，僅尺許，葉密而枝小，名觀音竹。黄金間碧玉、《成都古今記》云：對青竹，竹黄而溝青，節若間出，浙中亦有之，會稽甚多。彼人呼黄金間碧玉。按《筍譜》云：竹則一邊青一畔紫，其色又與此小異。龍公竹、其大徑七尺一節，長丈二尺，葉若芭蕉，出浮羅山。龍孫竹、生辰州山谷間，高不盈尺，細僅如針。徑尺竹、可爲甑，出湖湘。四季竹、節長而圓，中管籥，生山石者音清亮。月竹、每月抽笋，狀輕短，叢生如箭，筍不堪食，産嘉定州。十二時竹、産蘄州，其竹繞節凸生子丑寅卯等十二字。安福周俊叔得此，植之家庭，十餘年筍而竹者十之三。篔簩竹、《異物志》云：篔簩國出竹可礪指甲，新州有此種。製成琴樣爲礪甲之具，用久微滑，以酸漿漬之，過宿快利如初。亦可作箭。李商隱所謂『篔簩弩箭磨青石』是也。按：《續竹譜》有篔竹，皮上有文，可爲錯子錯甲，利勝於鐵，即此。大夫竹、其高淩雲，圍三尺。《幽怪録》云：鄘延一人伐此竹，見内二仙翁，相謂平生勁節，惜爲主人所伐，遂騰空去。鳳尾竹、高二三尺，纖小猗那，植盆中，可作書室清玩。龜文竹、崇陽縣寶陀巖産，僅一本，製扇甚奇。聞今亦絶種矣。人面竹、出剡山，竹徑幾寸，近本逮二尺，節極促，四面參差。竹皮如魚鱗，面凸頗類人面。黑竹、如藤，長丈八尺，色理如鐵。思摩竹、筍自節生，筍既成竹，至春節中復生筍，出交廣。無節竹、出瓜州。大節竹、一節一丈，出黎母山。疎節竹、六尺一節。通竹、直上無節而空洞，出溱州。匾竹、《筍譜》云：匡廬山中多有之，其竹匾而長。傳云釋慧遠捻此竹爲匾，竹筍出皆匾。藤竹、出占城。船竹、出員丘，其竹一節可爲船。弓竹、《竹譜》云：出東嶽諸山中，長數十丈，每節輒曲。既長且軟，不能自立。若遇木乃倚，質有文章，然要須膏塗火灼，然後見之。《異物志》云：弓竹，筋籐斑駁如玳瑁，名玳瑁竹。涕竹、《神異經》云：南方荒中有涕竹，長數百丈，圍三丈六尺，厚八九寸，可以爲船。其笋甚美，食之，可以止瘡癘。丹青竹、葉黄碧丹相間，出熊耳山。十抱竹、出臨賀。慈竹、内實而節疎，性弱形緊而細，可代藤。一名義竹。《述異記》謂之子母竹。《益部方物畧記》云：慈竹，性叢生，根不外引，其密間不容笴筍。生夏秋，閲歲，枝葉乃茂，别有數種。節間八九寸者曰籠竹，一尺者曰苦竹，弱梢垂地者曰釣絲竹。桂竹、《竹譜》云：高四五丈者，二尺圍，狀如甘竹而皮赤，南康以南所饒也。《山海經》云：雲山桂竹傷人必死。是桂竹有二種，名同實異，其形未詳。桃竹、葉如棕，身如竹，密節而實中，犀理瘦骨，蓋天成拄杖也，出巴渝間。出豫者細文，一節四尺，北人呼爲桃絲竹。《續竹譜》以爲即椶竹。按：椶竹紋細，桃竹紋粗，一類而二種也。相思竹、出廣東，兩兩生笋。戴凱之《竹譜》：鐘龍竹、黄帝使伶倫伐之於崑崙之墟，吹以應律。《聲譜》云：鐘龍，大竹。此言

非大小之謂。《笛賦》云：籦龍非也，自一竹之名耳。所生若是大竹，豈中律管與笛？衛竹、細竹也，出《蜀志》。薄肌而勁。衛，音衛。篁竹、堅而促節，體圓而質堅，皮白如霜粉。大者宜作船，細者爲笛。棘竹、生交州諸郡，叢生，有數十莖，大者二尺圍，肉至厚，實中，破以爲弓。枝節皆有刺，彼人種以爲城，卒不可攻。萬震《異物志》所謂『種爲藩落，阻遇層墉』者也。或卒崩根出，大如十石物，縱横相承，如繅車。一名笆竹。筍味落人鬚髮。按：《續竹譜》有簕竹，即此。《貴州志》云：簕竹，即竻竹，又名澁勒。單竹、大者如腓，虚細長爽。嶺南人取其筍未及竹者灰煑績以爲布，其精者如縠焉。按：《續竹譜》一作簞竹。苦竹、有白有紫，而味苦。《齊民要術》云：竹之醜有四，有青苦者、白苦者、紫苦者、黄苦者。甘竹、似篁而茂，葉下節味甘，合湯用之。此處處亦有。按《圖經本草》云：即淡竹也。《夢溪筆談》云：淡竹對苦竹爲文，除苦竹悉謂之淡竹。後人不曉，於《本草》内别疏淡竹爲一物，非也。蘇麻竹、長數丈，大者尺餘圍，概節多枝，叢生，四枝葉大如履。此五嶺左右徧有之。篔簹竹、最大大者中甑，笋亦中射筒，薄肌而最長，節中貯箭，因以爲名。篻箹竹、葉薄而廣，越女試劒竹是也。尋竹、禹殺共工、相繇二臣，膏流爲水，其處腥臊，不植五穀。禹三堙皆沮，尋竹生焉。在崑崙之北，南岳之山。見《大荒北經》中。按：《玉篇》云『䈽竹可爲舟』，即此。般腸竹、生東郡緣海諸山中。其筍最美，云與笆竹相似。出閩中，其形未詳。筋竹、長二丈許，圍數寸，至堅利，南土以爲矛，其笋未成竹時堪爲弩絃。見徐忠《南中奏》。劉淵林云：夷人以史葉竹爲矛，即是筋竹，一物而二名者也。百葉竹、生南垂界。甚有毒，傷人必死。一枝百葉，因以爲名。《沈志》劉淵林云：篣竹有毒，以刺虎豹，中之輒死。或一物二名，未詳其同異。簹竹、實厚肥，孔小，幾於實中。安成以南有之。其味苦。簹，音雹。性柔弱。由衙竹、二竹皆大竹也。土人用爲梁柱。交州《廣志》云：亦有生於永昌郡者，爲物叢生。《吴郡賦》所謂由衙者篁也。笻竹、高節實中，狀若人剖。《廣志》云：出南廣邛都縣。張孟陽云：出興古盤江縣。《山海經》謂之扶竹。郭璞注謂之扶老竹。按《筍譜》云：此與扶竹並節者不同。䈴竹、筍無味，江漢間謂之苦䈴。䈴，音聊。䉩竹、二種至似苦竹而細軟肌薄。䉩，音禮，齒有文理也。蓋竹、亦大，肌薄色白，生江南深谷山中，不聞人家植之。其族類動有頃畝。《典録・賀齊傳》云：討建安賊洪明於蓋竹。蓋竹以名地，猶酸棗之名邑，豫章之名邦者類是也。雞脛竹、篁竹之類。纖細大者不過如指，疎葉黄皮彊肌，無所堪施，笋美，青斑色緑，沿江山崗所饒也。按：此一作雞頭竹。狗竹、生臨海山中。節間有毛。蘆竹、此竹膚是蘆，出揚州東垂諸郡。箭竹、高者不過一丈，節間三尺，堅勁中矢。江南諸山皆有之，會稽所生最精好。故《爾雅》云：東南之美者，有會稽之竹箭焉。箘竹、簵竹、二竹亦皆中矢，皆出雲夢之澤。大較是會稽箭類耳。皮特黑澀，以此爲異。《呂氏春秋》云『駱越之箘』，然則南越亦産，不但荆也。篃竹、《山海經》云：其竹名篃，生非一處。江南山谷所饒也。故是箭竹類。一尺數節，葉大如履，可以作篷，亦中作矢。其筍冬生。《廣志》云：魏時漢中太守王圖，每冬獻笋，謂之蔽笱。蔽，苦怪反。按：此亦名蔽竹。篠竹、簩篠，竹中掃箒，細竹也。特異他篠。見《廣志》。至大者不過如箭，長者不出一丈，根杪條等下節生，惟高陰動有町畝，廬山所饒也。掃箒之選，潯陽人往往取下都貨焉。又：魯郡鄒山有篠，形色不殊，質特堅潤，宜爲笙管，諸方莫及，《笙賦》所謂鄒山大竹也。又：海島有篠，大者如筯，内實外堅，拔之不曲，枝葉稀少，狀若枯筯。赤竹、以色名。按《筍譜》云：赤竹出閩中，大者如椽，堪作彈織箔扇也。白竹、俗曰白鹿竹，亦可作簞。潯陽呼爲白木竹，燥時皮肉皆赤。武陵溪中是所豐足也。按《筍譜》云：連州抱腹山多生白竹，莖徑白節，心少許緑，彼土人出筍後，落籜撒梢時，採此竹，以灰煑、水浸，作竹布鞋，或揎一節作箒，謂曰竹拂。若貢布，一疋只重數兩也。笒篟竹、大如脚指，堅厚修直，腹中白幕闌隔，狀如濕麫，生衣將成竹而笋皮未落，輒有細蟲嚙之。隕籜之後，蟲嚙處往往成赤文，頗似繡畫。南康所出。按《梧潯雜佩》云：滇之新化州山中生細竹，長者十餘丈，本粗而末細，其上有蟲蝕处，去之則斑痕如湘竹，斷以爲箸甚雅，當是此竹一類也。箛篥竹、生於漢陽，時獻以爲輅馬策。見《南郡賦》。浮竹、長者六十尺，肉厚而虚軟，節濶而亞生水次。彭蠡以南，大嶺以北徧有之。其笋未出時，掘取以甜糟藏之，極甘脆，南人所重。篭竹、見《南郡賦》。筡竹。見《蜀都賦》。僧贊寧《筍譜》：孤竹、襄陽薤山下有孤竹，三年方生一笋，及筍成竹，母已死矣，代謝如春秋焉。篌竹、出温處建以來，竹如苦竹，長節而薄，可作屋椽。木竹、今靈隱山出。中堅亦通小脈，節内若通草中也。又韶州有木竹，成竹一莖如萬歲藤，一節長四尺，無花而實，實如草荳蔻。土人鹽之爲果實。按：此當别一種也。利竹、其竹蔓生若藤蔓屬，實中而堅韌。雲母竹、《廣志》云：大竹也。蔓竹、《廣志》云：皮青肉白如雪，軟韌可爲索。《述異記》云：岑華山在西海之西，有蔓竹，爲簫管吹之，若羣鳳之鳴。鏞竹、出廣州。此竹絶大，内空，容三升許米。交廣以來人將此作升子，量出入。其出黄可療風疾，名天竹黄。按：黄名天竹，言此竹大也。相迷竹、生廣州以來，竹狀與鏞竹少異，其洪長亦同，内空，生黄堪作丸。新婦竹、出武林山陰，其竹圓直，韌可爲篾。白烏竹、湘中有此竹，見魏曹毗賦。魚腸竹、其竹細而屈。篛筒、見《吴都賦》。吴越有之。簡篟竹、竹節疎。篻竹、其竹實中，䉥屬。出韶州。莖五六寸，中爲弓弩。服傷竹、大者五六寸圍，長二丈，其中實滿。筀竹、吴越多生。龍牙竹、出永嘉大羅山，其竹長四五尺，稀節。人取必有大風雨雷電，人下山則止。

檳榔竹、見杜臺卿《淮賦》。丹竹、出道州瀧中峭壁之上。竹每節可一丈，或八尺，莖不大，裊裊摇空，粉節上似有丹色。拂雲箒竹、出廬山。莖大如指，竹杪細葉，密翠如箒。彼人採爲方物贈人，謂之拂雲箒。篠竹、出襄州卧龍山諸葛亮祠中。長百尺，只梢上有葉，土人作幡竿承落。水竹、出黔南管内，或巖下潭水中生。古散竹、節似馬鞭，葉似桐樹而小，皮似栟櫚，柔韌。鶴膝竹、竹狀，節下大上小，似苦竹。閩中土人呼爲槌竹，堪作拄杖。按：此即《雲南志》所謂雞腿竹，蓋卭竹類也。石𥴧竹、一名簟簩，生閩中。竹似石笋而小。三稜竹。其狀若椶櫚，葉莖柄若三脊然。劉美之《續竹譜》：沙摩竹、生桂嶺。一人止可擎一竿，欲種則鈆其苗，截二尺許，釘入土，不踰月而生根。葉期年長芽，筍不三載而爲林。紫竹、其莖如染，出青城峨眉山，可作笙竽簫管。《益部方物畧記》云：蜀諸山中尤多，園池亦種爲玩。然生二年色乃變，三年而紫。猫兒竹。長沙有之。下豐上細，其笋甚甘美。大者重十餘斤。按：毛竹一名猫竹，與此各別。《華陽國志》：濮竹、出永昌郡。大竹節相去一丈，受一斛許。《筍譜》、《本草》作漢竹，疑濮字之訛。《本草》：篁竹。堅而促節，體圓質勁，皮白如霜。大者宜刺船，細者可爲笛。取瀝並根葉皆入藥。《峩眉山志》：龍竹、根有二角，高節，實中，可爲杖。遊山者多採之。千歲竹。生山南絶壁間。盛以竹籃，培以砂石，懸之檐前，即暢茂。夏三月著花，壅土則枯死。《廣東志》：電斑竹、雷州土貢電斑竹。婆娑羅竹。增城縣東南二十三里，曰猊山，産婆娑羅竹。《雲南志》：黑竹、出浪穹。色黑，可爲簫管。按：此與原譜黑竹異。麻竹、其質綿軟，爲繩、爲屨。臣竹。出易門深谷，節高數尺。

清　顧棟高《毛詩類釋》卷一四《緑》《小雅》：終朝采緑。《爾雅》：菉，王芻。郭璞注：即菉蓐草也。邢昺疏：今呼鴟脚莎。《衛風》『瞻彼淇澳，緑竹猗猗』是也。陸璣曰：莖葉似竹，青緑色，高數尺。今淇澳旁生如草，瀝礪可以洗攪笏及盤枕，利於刀錯，俗呼爲木賊草，彼土人謂爲緑竹。鄭樵曰：《爾雅》曰：菉，王芻。又曰：竹，萹蓄。《詩》云『緑竹猗猗』，即此。今人謂之萹竹，葉似竹而細薄，荆襄人煑以染黄，極鮮麗，故《草經》云可染黄作金。臣謹案：《衛風》之緑竹是竹色之緑。朱子謂淇上多竹，漢世猶然，『武帝下淇園之竹以爲楗』是也。如何以爲草名？謂與《小雅》之緑同一物乎？且次章言『菁菁』，三章言『如簀』，明是筍之長大所成，與『終朝采緑，不盈一匊』，物之巨細殊不相類。毛、孔與陸璣及邢昺、鄭樵俱誤。

清　盧文弨《鍾山札記》卷三《晋竹》《吴越春秋》：句踐歸國，外傳遣使送吴王有晋竹十庾。晋竹，即箭竹也。《周禮・夏官・職方氏》：揚州，其利金、錫、竹箭。鄭注：箭，篠也。故《書》箭爲晋。此可證晋之即箭矣。蓋古人讀箭皆如晋，如搢與薦亦同音。《爾雅・釋地》：東南之美者，有會稽之竹箭焉。然則越之所産貴於天下，故以獻吴王也。

清　杭世駿《訂訛類編續補》卷下《植物訛・竹筍》《本草》：旬若爲竹，旬肉爲筍。故從竹從旬，作笋，非。

清　魏茂林《駢雅訓纂》卷六　林於、篔當、由梧、蘇麻，大竹也。《御覽》九百六十三《竹部》：《竹譜》曰：林於，竹薄而廣。按：今本《竹譜》作箖箊，葉薄而廣，越女試箭竹是也。又顧微《廣州記》曰：篔竹，一名員當，節長一丈。按：員當，一作篔簹。《竹譜》：篔簹最大，大者中甑。《御覽》引中甑作中作甑。《齊民要術十・竹》：《南方草木狀》曰：由梧竹，吏民家種之，長三四丈，圍一尺八九寸。作屋柱，出交阯。按：今本《南方草木狀》無此文。《御覽・竹部二》引左思《吴都賦》曰：由梧有篁。今本『由』作『柚』。亦與所引異，見下射筒注。《竹譜》：蘇麻竹，長數丈，葉大如履。

又　箘䈝、射筒、箛篥、扶老、篙簩，小竹也。《初學記・果木部・竹第十八》：戴凱之《竹譜》曰：吕，竹大如脚指，蟲食其筍，皮類繡，甚可愛。按：今本《竹譜》譌脱過甚，如射箇、箛笼之類，皆不足引據也。《集韻》：含朶二音。□，一作答。《文選・吴都賦》：其竹則篔簹、箖箊、桂箭、射筒。柚梧有篁，篻簩有叢。劉淵林注：射筒竹，細小通長，長丈餘，亦無節，可以爲射筒。《集韻・上聲六》：箛篥，竹名，生南陽。漢時獻爲馬策。箛音孤，篥徒果、陟瓜二切。《山海經・中山經》：龜山其下多扶竹。注：卭竹也，高節實中，中杖也，名之扶老竹。《竹譜》：笻竹，《山海經》謂之扶竹，又名扶老。《南方草木狀》卷下《竹類》：篙簩竹，大者徑不過二寸。篙音思，簩音勞，或省。

清　錢大昭《廣雅疏義》卷一九　竺，竹也。其表曰筤，民忍反。其裏曰笨。步木反。竺與篤古通用，竺、竹一聲之轉，故竺一名竹。《説文》：竹，冬生草也，象形。下垂者筤，竹膚也。笨，竹裏也。《玉篇》：筤，竹表。笨，竹裏。本此。

又　簜簸，素但反，篘音鉤。篟，桃支也。《爾雅》：桃支四寸有節。郭

注：今桃枝節間相去多四寸。《春官·司几筵》云：加次席，黼純。鄭注：次席，桃枝席。有次列成文。《西山經》：嶓冢之山，其上多桃枝鉤端。郭注：鉤端，桃枝屬。又贊云：嶓冢美竹，厥號桃枝。叢薄幽藹，從容鬱猗。簟以安寢，杖以扶危。案：桃枝可爲簟，謂之桃笙。《吳都賦》注：桃枝，桃枝簟也，又可作杖。《魏都賦》注：桃枝作屬可爲枝。《蜀都賦》：靈壽桃枝。劉逵注：桃枝，竹屬也，出墊江縣。戴凱之《竹譜》：桃枝，皮滑而黃，可爲席。盧學士曰：《元和郡縣志》：合州銅梁山出桃枝竹。《玉篇》：篙篏，桃枝竹。篅，丁丸切，竹名。笱篅，桃枝，竹屬。笱，鉤。篅，端。支，枝。字異義同。

又 箭篃，媚音。𥳑至音。也。《西山經》：英山其陽多箭篃。郭注：今漢中郡出篃竹。厚裏而長節，根深。筍冬生地中，人掘取食之。又《中山經》：暴山其木多箭篃箘。《玉篇》：篃，美秘切。似缺之。《竹譜》云：箭竹高有一丈，節間三尺，堅勁中爲矢。䉋竹謂之箭竿，一尺數節，葉大如扇，可以衣篷。江漢之間謂之𥫱。《廣志》：䉋竹可爲屋椽。篃、䉋同。𥳑字，《玉篇》、《廣韻》俱無，未審所出。盧學士曰：《爾雅》：東南之美者，有會稽之竹箭焉。《夏官·職方氏》：揚州其利金錫竹箭。鄭注：箭，篠也。故書箭爲晉。案《吳越春秋》：句踐歸國，外傳晉竹十廋以復封禮。晉竹，亦箭竹也，謂可以爲箭者，故名箭。

清 王念孫《廣雅疏證》卷一〇 箭，篃𥳑也。《爾雅》云：篠箭。《説文》云：箭，矢竹也。《御覽》引《字統》云：箭者，竹之別，大身小葉曰竹，小身大葉曰箭。箭竹主爲矢，因謂矢爲箭。《竹譜》云：箭竹，高者不過一丈，節間三尺，堅勁中矢，江南諸山皆有之，會稽所生最精好。故《爾雅》云：東南之美者，有會稽之竹箭也。劉逵《吳都賦》注云：箭竹細小而勁，實可以爲箭，通竿無節，江東諸郡皆有之。據此，則箭竹有二種：一種節間三尺，一種通竿無節也。《西山經》云：英山其陽多箭篃。郭注云：今漢中郡出篃竹，厚裏而長節，根淡，筍冬生地中，人掘取食之。《中山經》云：求山多篃。郭注云：篠屬。《竹譜》引《山經》，篃作䉋，云：䉋亦箘徒，概節而短，江漢之間謂之𥫱竻。又云：䉋生非一處，江南山谷所饒也。故是箭，竹類，一尺數節，葉大如履，可以作篷，亦中作矢，其筍冬生。《廣志》云：魏時漢中太守王圖每冬獻筍，俗謂之𥫱竻。據此則篃亦有二種：一種長節，一種概節而短也。《初學記》引《廣志》云：䉋竹互爲屋椽。此於二種中未知屬何種𥳑，各本譌作𥳑，字書、韻書無𥳑字。《集韻》、《類篇》并引《廣雅》：箭篃，𥳑也。今據以訂正。

又 竺，竹也。《説文》：竺從竹聲。《玉篇》：丁沃切，又音竹。則竺、竹同聲字。《方言》有重輕，故又謂竹爲竺也。《爾雅》所釋萑葦、菖菖、篠蓨、藨藨、莢刺、蒹之屬，諸聲並同，音讀相近，是其例也。《廣韻》云：竺姓出東莞。後漢擬陽侯竺晏，本姓竹，報怨有仇，以胄始名賢，不改其族，乃加二字以存夷齊，則即借竺爲竹之證。竺本《説文》篤厚字，竺之爲竹，猶篤之爲竹也。《漢書·地理志》沛郡竹，莽曰篤亭竹。今所在有之，南方尤盛。《説文》云：竹，冬生艸也。象形。下垂者箬箬也。又云：竹，物之多筋者也。《初學記》引戴凱之《竹譜》云：竹之別類有六十一焉。

又 其裏曰笨。竹内白皮也。《説文》云：笨，竹裏也。《徐鍇傳》云：竹白也。戴凱之《竹譜》云：竹之大體多空中，而時有實十或一耳。笨，影宋本、皇甫本、畢本譌作苯，吴本以下又譌作本。今訂正。

又 其表曰笢。竹外青皮也。《説文》：笢，竹膚也。《徐鍇傳》云：竹青也。笢之轉聲爲篾。《衆經音義》卷十引《埤倉》云：篾，析竹膚也。《顧命》：敷重篾席。鄭注云：蔑，析竹之次青者。今順天人呼竹篾爲竹笢，聲如泯，又轉而爲簢，音彌。《説文》：簢，筡也。筡，析竹笢也。《衆經音義》卷十引《聲類》云：簢篾也。又云：今蜀土及關中皆呼竹篾爲簢，又名筠。《禮器》云：如竹箭之有筠也。《正義》云：筠是竹，外青皮。《顧命》云：敷重筍席。鄭云：筍，析竹青皮也。引《禮記》曰：如竹箭之有筠。筠通作䋎。鄭衆注《考工記》梓人云：䋎，讀爲竹中皮之䋎，又名篣。《士喪禮》下篇注云：笠，竹篣蓋也。疏云：篣，竹之青皮。《集韻》音敷，聲與膚相近。即《説文》所云：笢，竹膚也。又名竹茹，名醫。《別録》云：竹皮茹微寒。

清 郝懿行《爾雅義疏》卷下之一 莽，数節。竹類也，節間促。桃枝，四寸有節。今桃枝節間，相去多四寸。粼，堅中。竹類也，其中實。簢，筡中。言其中空，竹類。仲，無笐。亦竹類，未詳。簄，箭萌。萌，筍屬也。《周禮》曰：簄沮鴈醢。篠。箭。別二名。節，竹約也。數節，促節也。莽，竹節短，蓋如今馬鞭竹。《齊民要術》引《異物志》曰：有竹曰簹，其大數圍，節間相去局促。《初學記》引戴凱之《竹譜》云：笹竹似桂而概節。又云：篁竹堅而促節，皮白如霜。是皆莽之類也。桃枝者，《春官·司幾筵》云：加次席黼純。鄭注：次席，桃枝席，有次列成文。《竹譜》云：桃枝皮赤，編之滑勁，可以爲席。《顧命篇》所謂篾席者也。《吳都賦》云：桃笙象簟。劉逵注：桃笙，桃枝簟也，又可爲杖。《蜀都賦》云：『靈壽桃枝』是也。其類又有鉤端。《西山經》嶓冢之山，《中山經》驕山、高梁之山、龍山，並云多桃枝鉤端。郭注：鉤端，桃枝屬也。粼者，《釋文》云：又作𥶄。《齊民要術》引《字林》曰：𥶄，竹實中。《吳都賦》注：簟竹大如

戟穫，實中勁强，交趾人鋭以爲矛，甚利。《初學記》引《廣志》曰：利竹，蔓生，實中，堅韌。《中山經》云：雲山有桂竹。郭注：交阯有䈽竹，實中勁强，有毒，鋭以刺虎，中之則卧。亦此類。又云：龜山多扶竹。郭注：邛竹，高節實中，中杖也，名之扶老竹。《廣韻》云：笻，竹名，實中。《宋書・孝義傳》云：十天生，乃取實中若竹，剡其端使利。是皆粼之類也。篢者，《釋文》云：或作簳。箊者，《説文》云：析竹筤也。筤，竹膚也。《方言》云：箊，析也。析竹謂之箊。然則箊、筤皆析竹之名。筤、篢字異音同，聲轉爲𥰡。《説文》𥰡，箊也。又轉爲篾。《顧命》云：敷重篾席。鄭注：篾，析竹之次青者。是篢、箊皆析竹。析竹必須中空者，因以爲竹名焉。贊寧《筍譜》云：篢筍婉而節夾薄，信乎？篢中空矣。《初學記》引沈懷遠《南越志》云：博羅縣東蒼州足簞竹銘曰：簞竹既大，薄且空中，節長一丈，其直如松。是簞竹即篢屬之大者也。仲者，郭未詳。牟廷相曰：鄭樵謂仲爲篔簹竹，篔簹於竹中爲最大。今以《釋樂篇》文參之，籥中謂之仲，《釋文》仲或爲䈂，則仲當爲中，竹非大竹也。云無笐者，《説文》：笐，竹列也。養大竹欲得成列，中竹以下任其延布而已。箈者，《説文》云：竹萌也。上文云『筍，竹萌』，是筍爲總名，箭爲小竹，箈爲箭竹之筍名也。《周禮・醢人》：加豆之實，箈菹、鴈醢、筍菹、魚醢。鄭注：箈，箭萌。筍，竹萌。《釋文》箈，《爾雅》作箈，同。篠者，《説文》作筱，云：箭屬，小竹也。蓋篠可爲箭，因名爲箭。《西山經》云：竹山其陽多竹箭。郭注：箭，篠也。《中山經》云：暴山其木多竹箭䉋箘。求山其木多䉋。郭注：箘亦篠類，中箭䉋，篠屬。然則惟箘簵楛荆邦致貢厥名，故王彪之《閩中賦》云『竹則粉苞赤箬，縹箭班弓』，是其證也。《竹譜》云：箭竹高者不過一丈，節間三尺，堅勁中矢。江南諸山皆有之，會稽所生最精好。

清　張宗法　《三農紀》卷一七《草屬・竹》　植物之有竹，非艸非木，不剛不柔，小異虚實，大同節目。《竹記》云：竹之品類六十一種。黄魯直以爲竹數甚繁，所類恐不切詳，欲作《竹史》，不果。《説文》云：竹，乃冬生艸也。故字得倒艸書，貫四時不改柯易葉，其操與松柏相第等。竹之萌曰笋，竹之節曰約，竹之叢曰筤，竹之得風體夭曰笑。小曰篠，大曰簜，實曰箯，枯曰箹。《廣志》云：廣人以竹絲爲布，甚柔美。蜀人以竹製麻，織履，可判篾編笆，爲籬藩，斷材爲柱，爲棟，爲舟楫，爲桶斛，爲弓矢，爲筥匣盒盃，爲箔席枕几，爲笙簧樂器。實可服食，汁可療病，筍可作蔬，箬可封瓶，嫩竹可造紙，根可製器，葉可爲薪。其用恒多，莫可枚舉。離婁服十得長生，詩人吟題能發懷。參詳《竹譜》云：實竹産滇廣，即無心竹也。高節竹産蜀中，即䙚砢竹也。無節竹空心直上，名通竹。簷竹一丈四節。篔竹一節近丈。箬竹高半百尺，肉薄，可作柱。簹竹大至數圍，肌厚，可作棟。𥳕竹可爲桶斛。簩竹可爲舟楫。篁竹可作簫笛。越竹高千尺。絲竹細若針。鳳尾竹葉若鳳尾。龍頭竹根如龍頭。公竹葉同芭蕉。龜竹身紋刻畫。思摩竹笋自節生。扁竹、方竹、滕竹、舩竹、弓竹、月竹、季竹、雙竹、孤竹、桂竹、桃竹、棕竹、丈夫竹、慈孝竹、茅竹、毛竹、□竹、苦竹、甜竹、水竹、葱竹、簻竹、籠竹、人面竹、相思竹、柯亭竹、白甲竹。濇者可以錯甲，謂之篋簩竹。滑者可以織席爲柔竹。勁者可以弋矢，謂之箭竹。柔者可爲繩，南謂之蔓竹。黄者若金，碧者若玉，紫者若硃，黑者若墨，赤者厚而直，白者薄而曲，斑者有蛀形，點者有篆紋。笻竹，節有芒刺。簽竹箬生毫毛。竹類甚繁，産地不同，呼名各異，畧舉一二以言其目。《圖考》：竹者，著也。古者削竹記事，刻竹書言，乃至重之物也。竹種雖多，不過二種以兼之，曰鞭生，曰叢生。鞭生者，根有節，節生笋，笋生成竿，竿旋落箬，旋生枝。枝有節，節有葉，葉必三三，枝必兩兩。六十年生花結實枯死，實落土復生，六年又成竿。叢生者，笋生竹旁，依母而發笋，生高過竹，方落擇生枝，枝生葉，不華不實，四時青茂。鞭竹多生笋於春，叢竹多生笋於秋，二種最喜上行，惡卑濕。《淮南子》云：竹以水生，不可得水也。

清　趙學敏　《本草綱目拾遺・正誤》　天竹黄，《綱目》於木條下，止載釋名而無集解。瀕湖於釋名下附注，取贊寧《草譜》所説，云：鏞竹，一名天竹，内有黄，可療疾。簩竹亦有黄云，而出産采取，一切形狀蓋未之及。按沈存中《筆談補》云：嶺南深山中有大竹，有水甚清澈，溪澗中水皆有毒，惟此水無毒，土人陸行多飲之，至深冬則凝結如玉，乃天竹黄也。王彦祖知雷州日，盛夏之官，山溪澗水皆不可飲，唯剖竹取水，烹飪飲啜皆用竹水。次年被召赴闕，冬行求竹水，不可復得。問土人，乃知至冬則凝結，不復成水。遇夜野火燒林，木爲煨燼而竹黄不灰，如火燒獸骨而輕。土人多於火後采拾，以供藥品，不若生得者爲善。此説正可補瀕湖之所未備。

清　陸廷燦　《南村隨筆》卷一《綿竹》　貴州關索嶺關帝廟在高臺之上，臺下有竹絶奇，名曰綿竹，俗號旛竿竹。圍大如青松，六七月方抽笋，至來年春二月方布葉。《滇行紀程》云。

清　謝啓昆　嘉庆　《廣西通志》卷九一《輿地略・物産》　大竹，交廣有竹，節長二丈。其圍一二丈者，往往有之。《南方草木狀》盛宏之《荆州記》

云：臨賀山中有二竹，大十數圍，有盤石徑四五丈，方正清滑如彈碁局。兩竹屈垂拂掃石上，絶無塵穢。未至數十里，聞風吹如笙簫之音。《寰宇記》大竹出賀縣東山，其節大者受一斛，小者數升。《金志》

清　袁棟《書隱叢説》卷一五《朱竹》　畫中有作朱竹者，古無所本。起自東坡《閩小紀》云『劍津西山數頃，琅玕丹如火齊』，乃知真有此種竹也。又道州瀧中有丹竹，宜都飛魚口有紅竹，黔陽有赤岡竹。

清　謝堃《花木小志·竹》　竹之種類不一，大者如椽，小者似草。《譜》載六十一種，可謂詳備。然友人從遼東來，遺余一種名脆竹，長尺餘，節葉蕭疎。長養於繫水石上，置石於盆，盆貯淨水供於案頭。每當清風徐來之際，颯颯然有天外真人之想。

清　俞樾《茶香室叢鈔》卷二二《東坡竹》　國朝宋長白《柳亭詩話》云：富川有東坡竹，相傳大蘇過此，嘗以題壁餘墨灑叢竹間，其新篁枝葉俱帶墨痕。自注云：見《九江志》。按：此可與湘妃淚竹並傳矣。

又《夫人竹》　國朝陳鼎《竹譜》云：夫人竹産漢陽桃花洞息夫人祠側。伐竹忌男子持斤，男子伐之竹寸寸裂，女子伐之則完。君子曰：竹之貞者也，宜以夫人呼之。按：自來詠息夫人者，止言桃花，無言竹者。據劉向《列女傳》，夫人固烈女子也。千載之下猶有此竹，以表貞姜，足爲桃花夫人一洗之矣。

又《奯竹》　國朝王漁洋《香祖筆記》云：雪峰百里間多奯竹，筍味甚美。考戴凱之作記無奯竹，奯音豁，《字書》云：空大也。

又《月月竹》　國朝陳鼎《竹譜》云：月月竹，月生一筍，歲十二次。逢朔則筍生，晦日則籜脱盡而葉舒矣。産嘉定州。按：此竹人亦罕知者，惜未言其遇閏何如也。

又《茶香室續鈔》卷一二《竹苞》　國朝惲敬《大雲山房雜記》云：《酉陽雜俎》：棘竹一名芭竹，節皆有刺，數十莖爲一叢，或自崩根出，大如酒甕，縱横相承，大如繅車。今江西多有之，《斯干》詩言『如竹苞』，以此。

又卷二五《佛面竹》　國朝施可齋《閩襍記》云：佛面竹，長一二丈，粗及把，節甚疏。每節有一佛面，眉目口鼻皆具，可以爲杖。出籠巖及永定武平等山中，俗爲定光佛杖。東坡送佛杖與羅浮長老詩：十方三界世尊面，都在東坡掌握中。查初白注未詳，舊注亦皆不及。蓋此種竹從前未見記載也。

又《竻竹城》　宋王象之《輿地碑記》：目新州有竻竹城。《記》注云：紹興二十年，郡守黄濟遣人取竻竹，以爲城，環袤一千二百八十丈。胡寅爲《記》。按：晉戴凱之《竹譜》云：棘竹駢深，一叢爲林。根如椎輪，節若束鍼。亦曰芭竹，城固是任。注云：棘竹生交州諸郡，叢生，有數十莖，大者二尺圍，肉至厚實，中夷人破以爲弓。枝節皆有刺，狄人種以爲城，卒不可攻。按：竻竹當即此種也。

清　吴其濬《植物名實圖考》卷三五《竹花》　竹花，湖南圃中細竹。秋時矮筍不能成竹，梢頭葉卷成長苞，層層密抱，從葉隙出一長須，端有黄點，大如粟米而長，纍纍下垂，每歲爲常。乃知開花之竹自有一種，非盡老瘁。昔人議竹華實，所見皆殊。別爲《竹實考》，雜緝各説焉。

紀事

《左傳·襄公十八年》　十二月戊戌，及秦周伐雍門之萩。范鞅門於雍門，其御追喜以戈殺犬於門中。孟莊子斬其楢以爲公琴。己亥，焚雍門及西郭、南郭。劉難、士弱率諸侯之師焚申池之竹木。

漢　司馬遷《史記》卷二九《河渠書》　自河決瓠子後二十餘歲，歲因以數不登，而梁楚之地尤甚。天子既封禪巡祭山川，其明年，旱，乾封少雨。天子乃使汲仁、郭昌發卒數萬人塞瓠子決。於是天子已用事萬里沙，則還自臨決河，沈白馬玉璧於河，令羣臣從官自將軍已下皆負薪寘決河。是時東郡燒草，以故薪柴少，而下淇園之竹以爲楗。

又卷一一六《西南夷列傳》　及元狩元年，博望侯張騫使大夏來，言居大夏時見蜀布、邛竹杖，使問所從來，曰：從東南身毒國，可數千里，得蜀賈人市。

晋　常璩《華陽國志》卷四《南中志》　有竹王者，興於遯水。有一女子浣於水濱。有三節大竹流入女子足間，推之不肯去，聞有兒聲，取持歸。破之，得一男兒。長養有才武，遂雄夷狄，氏以竹爲姓，捐所破竹於野，成竹

林，今竹王祠竹林是也。

南朝宋　范曄《後漢書》卷一六《寇恂傳》　恂移書屬縣，講兵肄射，伐淇園之竹，爲矢百餘萬，養馬二千匹，收租四百萬斛，轉以給軍。

南朝宋　劉敬叔《異苑》卷二　晉惠帝元康二年，巴西郡界竹生花，紫色，結實如麥，外皮青，中赤白，味甚甘。

又　元嘉四年，東陽流一作留。道先家中，筋竹林忽生連理。野人無知，謂之禍祟，欲斫殺之。

南朝宋　鄭緝之《永嘉郡記·竹中高士》（引自《説郛》卷六一下）　樂城張薦者，隱居頤志。家有苦竹數十頃，在竹中爲屋，常居其中。王右軍聞而造之，薦逃避竹中，不與相見。郡號爲竹中高士。

唐　房玄齡《晉書》卷二八《五行志》　惠帝元康二年春，巴西郡界竹生花，紫色，結實如麥，外皮青，中赤白，味甘。【略】安帝元興三年，荆、江二州界竹生實，如麥。

又卷八〇《王徽之傳》　徽之字子猷。性卓犖不羈，爲大司馬桓温參軍，蓬首散帶，不綜府事。【略】時吴中一士大夫家有好竹，欲觀之，便出坐輿造竹下，諷嘯良久。主人灑掃請坐，徽之不顧。將出，主人乃閉門，徽之便以此賞之，盡歡而去。嘗寄居空宅中，便令種竹。或問其故，徽之但嘯詠，指竹曰：何可一日無此君邪！

唐　李延壽《南史》卷二六《袁湛傳》　粲負才尚氣，愛好虚遠，雖位任隆重，不以事務經懷。獨步園林，詩酒自適。家居負郭，每杖策逍遥，當其意得，悠然忘反。郡南一家頗有竹石，粲率爾步往，亦不通主人，直造竹所，嘯詠自得。主人出，語笑款然。俄而車騎羽儀併至門，方知是袁尹。

唐　劉恂《嶺表録異》卷下　唐貞元中，有鹽戸犯禁逃於羅浮山，深入第十三嶺。《南越志》云：本只羅山，忽海上有山浮来相合，是謂羅浮山。有十五嶺，二十二峯，九百八十瀑泉，洞穴諸山無出其右也。曾有詩曰：四百餘崖海上排，根連蓬島蔭天臺。百靈若爲移中土，嵩華都爲一小堆。遇巨竹萬千竿，連亘巖谷竹園，皆二丈餘，有三十九節，長二丈許。逃者遂取竹一竿，破以爲筏。會赦宥，遂挈以歸。有人得一筏，奇之，獻於太守李復，乃圖而紀之。予嘗覽《竹譜》曰：雲邱帝竹，帝陵上所生竹。一節爲船，又何偉哉！南海以竹爲甑者，類見之矣，皆羅浮之竹也。

唐　佚名《大唐傳載》　開元中，進士第唱於尚書省，其策試者並集於都堂，唱其第於尚書省。有落去者，兩兩三三戴帽子，日暮但候吟一聲，長安竹帛皆枯死。

五代　王仁裕《開元天寶遺事》卷四《竹義》　太液池岸有竹數十叢，牙笋未嘗相離，密密如栽也。帝因與諸王閒步於竹間。帝謂諸王曰：人世父子兄弟，尚有離心離意。此竹宗本不相疎，人有生貳心，懷離間之意，覩此可以爲鑑。諸親王皆唯唯，帝呼爲竹義。

宋　歐陽修、宋祁《新唐書》卷三四《五行志》　〔景龍〕四年，京畿藍田山竹實如麥。占曰：大饑。開元二年，終南山竹有華，實如麥，嶺南亦然，竹並枯死，是歲大饑，民采食之。占曰：國中竹、柏枯，不出三年有喪。十七年，睦州竹實。

宋　釋贊寧《筍譜》　潘岳爲河陽懷令，頻宰三邑，勤於政績，爲尚書郎廷尉評，免官，作《閒居賦》云：青筍紫薑。按：筍不過縹緑，《賦》言青筍，今是處竹萌多作青緑色，非青碧色也。

宋　劉辰翁《須溪集》卷二《竹坡記》　自歐公記相錦以來，鄉郡雖宰執侍從罕至，而開慶己未，吾鄉平林蕭公以王人起家，兼江閫，豈惟一時家國異數，兹亦宇宙不多見也。於是飛渡迫矣，環城清野，合村墟鎮市，生聚可數十萬，悍將之烽火一起，惟公以家口保之。今蜂房蟻丘四望煙綿，孰非公之遺愛？而公之孫元永復以至元貳卿興，歷帥海瓊，是家喬木將葉葉焉其如初。繇是南北之人稱公之孫竹坡如平林，迺竹坡自叙慊然曰：斯竹也，吾祖之林之一也。不殖且落，何以示子孫？予曰：物之爲林者衆矣，雖受命如松栢，亦當身而止。惟竹也，乃以孫特聞，非以遠且多耶？是坡坦迤，三徑蒼然，試游目乎區中，其西則金谷之園，盛時花木連堤接壤，避車蓋者無路，今荒苔斷礎容有存焉者乎？稍東爲烏衣，又東緑野青陰，華屋塵空，燕徒不論，幸而存者，館墟而廄飾，幽遷蓬集，入污出奴，過者奈何也。蓋夫昔之爲林也，芳者、葩者、蔓者、條者、翠而葱者，風霜一旦凄兮摇落，亦其遺後者早已。就植物而論，東南之美，惟此君獨高，而况是坡是竹，愈厚德以培之，勤學問以溉之，中虚外直，確然當以其節

顯，庇其宇者猶慨然如有立，灑然如執熱而濯也。玆非淇澳之猗猗者耶？何其閲世暑寒，復其初，過其祖，以及其子也？則夫竹之爲孫也，有不爲當世用者耶？而又可勝慨耶？且吾嘗笑夫晋人之高興也，子敬、子猷皆以愛竹欸門，而或爲人所閉，或不爲人所禮。孰如家有清風，逍遥其下，披襟永日，嘯歌命客，而俗物亦莫能至焉。樂哉！歲寒市而隱以此。雖然，又有去而爲相，而憂其竹之不平安者，竹豈有不平安者哉？毋亦饞者甘其萌，削者剔其根，子孫不賢者則又引以山王以爲重，植千户以自封。又不然者，爲郫筒湑之，肆大嚼恩之，雖非戕賊，而有一於此，則愀然日有不安者矣。君起家用世，其疎潤恐不免。予爲記此，以是傳之子子孫孫，即或出或處，雖千萬里外，其平安如一日。君起而謝曰：噫，子孫之幸也，先祖有焉。

元　脱脱《宋史》卷六三《五行志》　太平興國二年八月，青城縣民家竹一本，上分雙莖。【略】五年五月，眉山縣竹一莖十四節，上分二枝，長丈四尺。【略】十月，龍水縣華嚴寺舊截竹爲筒引水，忽生枝葉，長二丈許，知州姜宣以聞。六年三月，廣州獻黄芝一本九莖。七月，新津縣趙豐村竹一莖十二節，上分兩岐，知州崔憲以聞。【略】十月，雄州實信院竹叢生芝草，僧致仁採之復生，悉以上獻。【略】十月乙酉，蜀州獻瑞竹一本十六節，上分兩枝。端拱【略】二年七月，彭山縣民家生異竹。淳化二年二月，射洪縣安國寺竹二莖同本。六月，舒州竹連理，知州樂史以聞。十一月，陵州民趙崇家慈竹二莖，長六尺許，其上别有根柢，莖分十枝，長丈餘，又一本三莖並聳。三年十月，朗州異竹生。至道元年十一月，潭州監軍廨生竹一本，長二尺許，枝葉萬餘，尤爲殊異。咸平元年十二月，宣化縣保聖山瑞竹生一本二枝。二年閏三月，宣、池、歙、杭、越、睦、衢、婺諸州箭竹生米如稻。［大中祥符］四月，京師竹有華，占云：歲不豐。天禧元年【略】四月，邵陽等縣竹生穗如米，民饑食之。又浮梁縣竹生穗如米。七月，漢陽軍太平興國寺異竹一本，生二莖，節皆相對。

又《金史》卷二三《五行志》　至寧元年，宣宗彰德故園竹開白花，如鷺鷥藤。

元　陳芬《芸窻私志》（引自《説郛》卷三一）　凝波竹實，服之肌滑體輕。趙飛燕舞於手掌上，服此實也。出區吴山，紫枝，緑葉，堅滑如玉，風吹有聲如環珮。成帝種於臨池觀，更名曰環珮竹。花如海榴，實如蓮子而小。近謝芬蘭庭中忽生此竹，人以爲瑞，而不知爲何物，其夫讀《海外志》始知之，弟無花實。明年出笋如常竹，前種亦漸不然，人以爲玄善所致。

明　王同軌《耳談類增》卷二二《脞志草木篇・竹梅松異》　洞庭君山産方竹，不宜移植，故惟君山有之。仲兄嘉甫游君山，童子掘得一本，而根半露，因棄之舟尾，受曝最久。歸植庭際，本出無意而獨活。次年抽笋，極方，第傷弱小。久之，新竹可杖，乃漸不方。今滿林，與他竹埒矣。非必湘夫人吝此一枝，猶橘柚之性過江化枳也。

明　朱國禎《湧幢小品》卷二七《竹》　蘄州嘗産十二時竹，其竹繞節凸生子丑寅卯等十二字。安福周俊叔得此，植之家庭，十餘年，筍而竹者十之三。

明　李日華《六研齋筆記》卷一　元楊瑀，字元誠，爲江浙行省掾屬，氣豪而有清尚，一時諸公皆與往還，晚棲峯泖間，植竹千竿，自號竹西居士。趙仲穆圖，楊廉夫作記。元誠自題句云：翠玉蕭蕭在屋東，主人歸作竹西翁。品題莫作揚州夢，好畫雲間入卷中。仲穆詩云：籬外涓涓澗水流，竹西花草弄春柔。茅簷相對坐終日，一鳥不鳴山更幽。張伯雨詩云：問訊揚雄宅，深居在竹西。風林宜月影，春日聽鶯啼。東老應同樂，南隣憶舊題。東風又花草，相與及幽棲。馬文璧詩云：揚子宅前好修竹，因看萬箇碧交加。薰風滿簟吹蒼雪，春雨充庖盡玉芽。茶臼或聞來北牖，籜龍未許過東家。時時仿像揚州去，拄杖尋君又日斜。錢惟善詩曰：爲竹移家亦苦辛，我如東道竹如賓。石頭路滑機鋒峻，峴首碑沉感慨新。淡月半窗金弄影，清風一徑玉傳神。明當拄杖敲門去，愛汝草玄亭上人。陶宗儀詩云：谿上人家多種竹，林西清意屬詩翁。湘靈鼓瑟風來巽，鳳鳥銜圖月在東。一室蕭閒淇澳似，此君貞節歲寒同。何當徑造談玄處，静日敲茶試小童。

明　鄭仲夔《耳新》卷五《竹杖發枝》　鄉民李姓者，葬父而以其哭泣，竹杖偶插墳土。踰年遂發枝葉，至今緑竹青青矣。

明　姚旅《露書》卷一〇　丁巳歲，寧洋縣石寮地方生白竹二株。竹幹、葉盡白。父老云：嘉靖丁巳，邑亦生兩白竹。先是數歲連荒，後遂有蘇

阿普之變。

清　張廷玉《明史》卷二八《五行志》　景泰五年正月，江南諸府大雪連四旬，蘇、常凍餓死者無算。是春，羅山大寒，竹樹魚蚌皆死。

又卷二九《五行志》　弘治八年二月，枯竹開花，實如麥米。苦蕒開蓮花。

又卷二九八《隱逸傳》　時有陳洄者，義烏人。幼治經，長通百家言。初欲以功名顯，既而隱居，戴青霞冠，披白鹿裘，不復與塵事接。所居近大溪，多修竹，自號竹溪逸民。常乘小艇，吹短簫，吹已，叩舷而歌，悠然自適。宋濂俱爲之傳。

清　唐之鳳《天香閣文集》卷六《瑞竹記》　晋王徽之性愛竹，嘗借居空室中，便令栽竹。或問之，徽之但嘯咏指竹曰：何可一日無此君耶？浙中村落間，家家栽竹，水邊林下，鬱然可觀。緑竹猗猗，緑竹青青，特未有異者耳。以予聞見之所及，異者亦甚多矣。嶺南羅浮山竹皆大七八圍，節長一二丈，謂之鍾龍竹。臨安之石竹，長止數寸，幹細如針，種之盆盎間，置於几上，最悦人目。他如粤西之棕竹，洞庭之湘妃，天台之方竹，不可謂之非異也。然皆五方之物産，生其地者，見以爲常，亦何異之有焉。唯錢塘雲棲寺之瑞竹，真曠古今而絶無者也。寺負山而面江，擅林泉之勝，竹林甚茂，不過凡竹耳。年來忽生雙筍，大如巨針，同根而各體，至發枝葉處即分兩岐，高三丈有餘，青葱可愛。癸未之春，適逢聖帝南巡，臨幸□寺，大加贊賞，撫摩久之。夫並蒂之蓮，連理之木，載之書册，以爲祥瑞。今竹生於禪林名勝之地而爲聖天子之嘉嘆，非千歲之奇遇也歟？謂之瑞竹，咸曰其然。嘗讀《清異録》載秦維所藏竹拄杖有三，出視之皆兩岐，言天親竹，自是一種。王右丞『無著天親弟與兄』之句也。又《志》載九疑山第二重麓臺側笋生，獨莖，及生枝葉，即分爲兩稍。葉密而細，謂之合歡竹。此各有種類。烏得謂之瑞乎？若雲棲寺所栽之竹，即吾浙叢林古寺山村水舍共栽之竹也。一旦而發如許之異，非地氣之所獨鍾山靈之所呈瑞，而能若是哉？是不可以不記。爲之歌曰：浙西山水兮，洞府神仙。雲棲名刹兮，獨占林泉。異竹駢生兮，似並蒂蓮。其高數丈兮，青翠增妍。乘輿莅止兮，竹實有緣。登之簡册兮，芳譽流傳。□不虚生兮，有道之天。呈兹靈異兮，祝天子億萬斯年。

清　劉坤一　光緒《江西通志》卷九八　明正德三年秋七月，瑞州竹生花，結實如米。

又　明正德十五年春，吉水南山悟空寺生竹，一本五幹。

著録

唐　魏徵《隋書》卷三三《經籍志》　《竹譜》一卷。

五代　劉昫《舊唐書》卷四七《經籍志》　《竹譜》一卷。戴凱之撰。

宋　歐陽修、宋祁《新唐書》卷五九《藝文志》　戴凱之《竹譜》一卷。

宋　王象之《輿地碑記目》卷三《新州碑記》　《笏竹城記》。紹興二十年，郡守黄濟遣人取笏竹以爲城，環袤一千二百八十丈。胡寅爲記。見《新昌集》。

宋　釋文瑩《玉壺野史》卷一　錢昱，忠獻懿王長子也。讀書强記。昱在故國與贊寧僧録迭舉竹數束，得一事，抽一條。昱得百餘條，寧倍之。昱著《竹譜》三卷，寧著《笋譜》十卷。

宋　趙希弁《郡齋讀書後志》卷二　《竹譜》一卷。

右戴凱之撰。凱之字慶預，武昌人。裒輯竹事，四字一讀，有韻，類賦頌。李邯鄲云：未詳何代人。

《筍譜》三卷。

右皇朝僧惠崇撰。

宋　陳振孫《直齋書録解題》卷一〇　《竹譜》一卷。案《宋史・藝文志》作三卷。武昌戴凱之慶預撰。皆四字語。《筍譜》一卷。僧贊寧撰。案：晁公武《讀書志》作僧惠崇撰。

宋　鄭樵《通志》卷六六　《竹譜》一卷。戴凱之撰。見《隋志》。《竹記》一卷。《筍譜》一卷。宋朝僧贊寧撰。

元　脱脱《宋史》卷二〇五《藝文志》　戴凱之《竹譜》三卷。僧贊寧《筍譜》一卷。吴良輔《竹譜》二卷。

又卷四八〇《錢昱傳》　昱好學，多聚書，喜吟詠，多與中朝卿大夫唱酬。嘗與沙門贊寧談竹事，迭録所記，昱得百餘條，因集爲《竹譜》三卷。

元　馬端臨《文獻通考》卷二一八《經籍考》　《竹譜》一卷。鼂氏曰：戴凱之撰。凱之字慶預，武昌人。哀輯竹事，四字一讀，有韻，類賦頌。李邯鄲云：未詳何代人。《筍譜》二卷。鼂氏曰：皇朝僧惠崇撰。陳氏曰：僧贊寧撰。

元　李衎《竹譜原序》　黄太史有言，竹雖有譜記之者，然畧而不精，吾欲作《竹史》，未暇也。太史歿且二百年，於兹豈無嗜好似古人者？而其事果屬之誰？將由竹之爲物自足以名世，有不待乎人之發揮，抑愛惡之不齊而知竹者希然？虞周之際，取象於《易》，作貢於《書》，比德於《詩》、《論》，紀録之盛，信於史也。奚疑使後世從而史之，亦孰以爲非予性淡泊，獨草木臭味未能忘情，而自謂於竹粗有知？蓋少壯以來，王事驅馳，登會稽，涉雲夢，汎三湘，觀九疑，南踰交廣，北經渭淇，彼竹之族屬支庶不一而足，咸得徧窺。於是益欲成太史之志，而不敢以臆説私(則)[測]，爲上稽六籍，旁訂子史，下暨山經地志、百家衆技、稗官小説、竺乾龍漢之文，以至耳目所可及，是諏是咨，序事繪圖，條析類推。俾封植長養、灌溉採伐者識其時，製作器用、銓量才品者審其宜，模寫形容、設色染墨者究其微，繇古逮今，博載事辭，積累成編，雅俗兼資，庶幾備方來之傳，補往昔之遺。猶恨學疎而才劣，非畧於鹵莽，則弊於支離，故題曰《竹譜詳録》，而惡可名史以取譏？他日，好事者爲此君執南董之筆，或有考於斯。大德三年歲在乙亥端陽日，薊邱李衎仲賓父序。

明　邵寶《容春堂前集》卷一三《翠筠軒詩序》　節枝莖葉皆竹之有也，而筠之在竹，見稱獨多，或遂以名竹。蓋竹以筠爲體，凡節枝莖之間通謂之筠。至其用也，則席於宗廟，筐篚於朝廷，簡牘於天下後世，又皆筠寔爲之，而節枝莖葉不能加焉。故《傳》曰：如竹之有筠也。此之謂歟？然筠之爲色，唯翠者爲多，自籜解後更歷萬變，翠未嘗易，易則變，變則雖有節枝莖葉，摧則繼之，而竹之用於是乎窮。故論竹者率以筠，稱筠者率以翠，此又物理然也。吴君斯敏，歙故家子，游江湖間，而以翠筠名軒，其知竹者乎？竹之爲德多矣，而君獨有取於是者，蓋即一以求其全。則凡截然爲節，翹然而爲枝，挺然斐然爲莖葉，各色其色，而竹之全德不外是矣。況其爲席，爲筐篚，爲簡牘，又未可量哉！詩凡若干首，作者皆時之君子，而寶爲之序。

明　慎懋官《華夷花木鳥獸珍玩考》卷五　《竹譜》一卷。晁氏曰：戴凱之撰。《筍譜》二卷。晁氏曰：皇朝僧惠崇撰。陳氏曰：僧贊寧撰。

明　焦周《焦氏説楛》卷七　段文昌曰：《竹譜》類有三十九。贊寧曰：戴凱之《竹譜》類有六十一。《筍譜》類有九十四。

清　陳鼎《竹譜·張潮題竹譜題辭》　儕于植物之中，而超乎草木藤蘿之外者，聿惟竹。古人用以此君子焉。其爲物也，雖在童稚，翛然有凌霄之姿，是以一歲即與母齊，能屈能伸，而不改其節。晋王子猷謂不可一日無此君。每到一處，即令種竹，則甚矣。竹之可貴也，顧其爲類也繁。世人耳目囿於一方，少所見，遂不免多所怪，與之談異物，輒相與目笑之。不知天下之大何所不有，安得以一人之識，遂謂世無斯物耶？今天子性愛修竹，御製《竹賦》一篇，裔裔皇皇，非臣下所能仿佛。蓋不獨愛其形，兼愛其德也。陳子定九所著《竹譜》考其名目，約五六十種，無論今古，凡竹之異者，悉載焉。予受而讀之，如數頃琅玕，森然在目，如渭川千畝，坐亭侯封。使我得遇此君數輩，便當把臂入林矣。定九具文武才，竹亦具文武才。以之削簡，其文也；以之作箭，其武也。然則定九之譜斯竹也，其殆自爲寫照也夫。歙縣張潮題。

清　姚之駰《元明事類鈔》卷三六《材木門》　深入竹鄉，《元史類編》：孝息齋善寫竹，後使交趾，深入竹鄉，於竹之形色情狀，辨析精到，作《畫竹》、《墨竹》二譜。

清　嵇璜《續文獻通考》卷一八八《經籍考》　元李衎《竹譜》十卷。衎字仲賓，號息齋道人，薊邱人。起家將仕郎，皇慶中爲吏部尚書，集賢殿大學士，謚文簡。趙孟頫曰：吾友仲賓爲此君寫真，冥搜極討，蓋欲得畫竹之情狀。二百年來以畫竹稱者，皆未必能精深如仲賓也。

清　愛新覺羅·弘曆《清朝通志》卷一一四《圖譜略二》　陳鼎《竹譜》。謹按：是編記竹之異者凡六十條。

清　永瑢《四庫全書總目》卷一一二　《竹譜》十卷。《永樂大典》本。元李衎撰。衎字仲賓，號息齋，薊邱人。皇慶元年爲吏部尚書，拜集賢殿大學士，謚文簡。蘇天爵《滋溪集》有衎墓志，稱其翰墨餘暇，善圖古木竹石，有王維、文同之高致。《續宏簡録》曰：李衎少時見人畫竹，從旁窺其筆

法，始若可喜，旋覺不類，輒嘆息舍去。後從黄華子澹遊學。案：黄華老人，金王庭筠之別號。澹游，庭筠子曼慶之別號。《畫史會要録》稱庭筠善古木竹石，曼慶亦工墨竹。已觀黄華所畫墨竹，又迥然不同，乃復棄去。至元初來錢塘，得文同一幅，欣然願慰。自後一意師之，兼善畫竹法，加青緑設色。後使交趾，深入竹鄉，於竹之形色情狀，辨析精到，作《畫竹》、《墨竹》二譜。凡黏幀礬絹之法悉備。又鄧文原《履素齋集》有哭衎詩二首，詩末注曰：仲賓近刊《竹譜》二十卷，其書世罕傳本。浙江鮑氏所傳鈔者僅有一卷，疎略殊甚。惟《永樂大典》載其完書，實分四門，曰《畫竹譜》、《墨竹譜》，與《宏簡録》所言合。又有《竹態譜》、《竹品譜》。其《竹品譜》中又分《全德品》、《異形品》、《異色品》、《神異品》、《似是而非竹品》、《有名而非竹品》六子目，共爲十卷，卷各有圖。蓋每二卷併一卷矣。其書廣引繁徵，頗稱淹雅。録而存之，非惟遊藝之一端，抑亦博物之一助矣。中有説而無圖者，自序謂與常竹者，則不復圖，非闕佚也。

又卷一一四 《竹譜詳録》一卷。浙江鮑士恭家藏本。舊本題元李衎撰。衎《竹譜》十卷，已於《永樂大典》中采輯著録。此鈔其百分之一，乃改題曰《詳録》，傎亦甚矣。

又卷一一五 《竹譜》一卷。内府藏本。舊本題晋戴凱之撰。晁公武《郡齋讀書志》云：凱之字慶預，武昌人。又引李淑《邯鄲圖書志》云：謂不知何代人。案：《隋書·經籍志》譜系類中有《竹譜》一卷，不著名氏。《舊唐書·經籍志》載入農家，始題戴凱之之名，然不著時代。左圭《百川學海》題曰晋人，而其字則曰慶豫。預、豫字近，未詳孰是。其曰『晋人』，亦不知其何所本。然觀其以崙韻年船，以邦韻同功，猶存古讀。注中音訓，皆引《三蒼》。他所援引如虞豫《會稽典録》、常寬《蜀志》、徐廣《雜記》、沈瑩《臨海水土異物志》、郭璞《山海經注》、《爾雅注》，亦皆晋人之書。而《尚書》『篠簜既敷』，猶用鄭康成『篠，箭竹；簜，大竹』之注，似在孔傳未盛行以前。雖題爲晋人，別無顯證，而李善注馬融《長笛賦》已引其籠鐘一條，段公路《北户録》引其『箣必六十復亦六年』一條，足證爲唐以前書。惟《酉陽雜俎》稱《竹譜》竹類三十九，今本乃七十餘種，稍爲不符，疑《酉陽雜俎》傳寫誤也。其書以四言韻語記竹之種類，而自爲之注，文皆古雅。所引《黄圖》一條，今本無之。與徐廣注《史記》所引《黄圖》均爲今本不載者，其事相類，亦足證作是書時，《黄圖》舊本猶未改修矣。舊本傳刻頗多譌脱。如『蓋竹所生，大抵江東。上密防露，下疎來風。連畝接町，竦散岡潭』六句，潭字於韻不協。雖風字據《詩·衛風》有孚金切一讀，於古音可以協潭，而東字則萬無協理。似乎『潭岡散竦』四字誤倒其文。以竦韻東風，猶劉琨詩之以叟韻璆，潘岳詩之以荷韻歌也。然諸本並同，難以臆改。凡斯之類，皆姑仍其舊焉。

又 《筍譜》一卷。内府藏本。不著撰人名氏。晁公武《讀書志》作僧惠崇撰。陳振孫《書録解題》作僧贊寧撰。案：惠崇爲宋初九僧之一，工於吟詠，有《句圖》一卷。又工於畫，《黄庭堅集》有題其所作《蘆雁圖》詩。然不聞曾作是書。考《宋史·藝文志》亦作贊寧，則振孫説是也。贊寧，德清高氏子，出家杭州龍興寺。吴越王錢鏐署爲兩浙僧統。宋太宗嘗召對於滋福殿，詔修《高僧傳》。咸平中，加右街僧録。至道二年卒，謚曰圓明大師。所著《物類相感志》，歲久散佚。世所傳者皆贋本，惟此書猶其原帙。書分五類，曰：一之名，二之出，三之食，四之事，五之説。其標題蓋仿陸羽《茶經》。援據奥博，所引古書多今世所不傳，深有資於考證。三之食以前，皆有注，似所自作。然『筍汁煮羹』一條，注乃駁正其説，以爲羹不如蒸，又似後人之所附。蓋不可考矣。王得臣《麈史》曰：僧贊寧爲《筍譜》甚詳，掎摭古人詩詠，自梁元帝至唐楊師道，皆詩中言及筍者。惟孟蜀時學士徐光溥等二人絶句，案：此數句似有脱文，今姑仍其舊。亦可謂勤篤，然未盡也。如退之和侯協律詠筍二十六韻不收，何耶？豈寧忿其排釋氏而私懷去取耶？抑文公集當時未出乎？不可知也云云。今檢譜中，果佚是作。然以二人之耳目而采摭歷代之詩歌一二未周，藝所必有，不足爲是書病也。

又卷一一六 《竹譜》一卷。兩江總督採進本。國朝陳鼎撰。鼎有《東林列傳》，已著録。此書記竹之異者凡六十條。

藝文

晋　江逌《竹賦》（引自《歷代賦彙》卷一一八） 有嘉生之美竹，挺純

姿於自然，含虚中以象道，體圓質以儀天。托宗爽塏，列族圃田，緣崇嶺，帶迴川，薄循隰，行平原，故能淩驚風，茂寒鄉，藉堅冰，負雪霜，振葳蕤，扇芬芳。翕幽液以潤本，承清露以擢莖，拂景雲以容與，拊惠風而迴縈。

晋 謝莊《竹贊》（引自《宋文紀》卷一四） 瞻彼中唐，緑竹猗猗。貞而不介，弱而不虧。杳裊人圃，蕭瑟雲崖。推名楚潭，美質梁池。

南朝齊 虞羲《見江邊竹》（引自《古詩紀》卷一〇一） 挺此貞堅性，來樹朝夕池。秋波漱下趾，冬雪封上枝。葳蕤防曉露，葱蒨集羈雌。含風自颯颯，負雪亦猗猗。金明無異狀，玉洞良在斯。但恨非嶰谷，伶倫未見知。

南朝齊 王儉《靈丘竹賦》（引自《歷代賦彙》卷一一八） 靈丘深沈，蔓竹凝陰。神根合拱，楨榦百尋。振芳條乎崑岳，敷緑采於高岑。浴淮海而蔚映，帶沮漳而蕭森。志東南而擅美，在淇衛而流音。方靈壽而均茂，儀菌桂而成林。若乃青春受謝，九野舒榮，緑蘋齊葉，白芷抽萌。榦抽蕙而特秀，篠擢穎而垂英。霜皦鏡於原隰，木衰疎於郊阡。翠葉與飛雪争采，貞柯與曾冰競鮮。

南朝梁 沈約《簷前竹》（引自《古詩紀》卷八四） 萌開籜已垂，結葉始成枝。繁陰上蓊茸，促節下離離。風動露滴瀝，月照影參差。得生君户牖，不願夾華池。

南朝梁 吴均《緑竹》（引自《古詩紀》卷九一） 嬋娟鄣綺殿，繞弱拂春漪。何當逢采拾，爲君笙與篪。

南朝梁 江淹《江文通文集》卷一《靈丘竹賦》 登崎嶇之碧巘，入朱宫之瓏玲。臨曲江之迴遠，望南山之葱青。鬱春華於石岸，艷夏彩於沙汀。遠亘紫林祕野，近匝玉苑禁坰。於是緑筠繞岫，翠篁綿嶺，參差黛色，陸離紺影。上謐謐而留閒，下微微而停靖。蒙朱霞之丹氣，暖白日之素景。故非英非蕊，非香非馥，而珍跨仙草，寶踰靈木，夾池水而檀欒，繞園塘而樠矗。既閑霜而無彫，亦中暑而增肅。每冠名於華戎，將擅奇於水陸。況有朝雲之館，行雨之宫，窸崢嶸而緑色，户踟躕而臨空。綺疏蔽而停日，朱簾開而留風。被箘簵之窈蔚，結篠簜之溟濛。或産鵕鸐之右，或居露寒之東，此皆金輿之所出入，瑶輦之所周通。

南朝梁 蕭繹《竹》（引自《文苑英華》卷三二五） 嶰谷管新抽，淇園節復脩。作龍還葛水，爲馬向并州。柯亭臨絶澗，桃枝夾細流。冠學芙蓉様，花堪威鳳遊。邛王若有獻，張騫應拜侯。

南朝梁 劉孝先《竹》（引自《文苑英華》卷三二五） 竹生荒野外，捎雲起類集作聳。百尋。無人重高節，徒自抱貞心。恥染湘妃淚，羞入上宫琴。誰能制長笛，當爲作龍吟。

南朝梁 蕭綱《修竹賦》（引自《歷代賦彙》卷一一八） 有嬛娟之茂篠，寄江上而叢生，玉潤桃枝之麗，魚腸雲母之名。日映花靡，風動枝輕，陳王歡舊，小堂佇軸，今餞故人，亦賦脩竹。伊嘉賓之獨劭，顧余躬而自恧。

南朝陳 陳暄《侍宴賦得夾池竹詩》（引自《文苑英華》卷三二五） 夾池一叢竹，青翠不驚寒。葉醖宜城酒，及裁薛縣冠。湘川染别淚，衡嶺拂山壇。欲見葳蕤色，當來兔苑看。

南朝陳 張正見《賦得山中翠竹》（引自《文苑英華》卷三二五） 脩竹映巖隈，乘風異夾池。復澗藏高節，重林隱勁枝。雲生龍未上，花落鳳將移。莫言棲嶰谷，伶倫不復吹。

又《賦得風生翠竹裏應教》（引自《文苑英華》卷一五六） 金風起燕觀，翠竹夾梁池。翻花疑鳳下，颺水似龍移。帶露依深葉，飄寒入勁枝。聊因萬籟響，詎待伶倫吹。

南朝陳 賀脩《賦得夾池竹》（引自《文苑英華》卷三二五） 緑竹影參差，嬋娟帶曲池。逢秋葉不落，經寒色詎移。來風韵晚逕，集鳳動春枝。所欣高節《類聚》作蹈。客，來待伶倫吹。

南朝陳 顧野王《拂崖篠賦》（引自《歷代賦彙》卷一一八） 《詩》詠淇水，《騷》美江干。崖憐拂石，神貴掃壇。既來儀於鳴鳳，亦攸集於翔鸞。入翠壁之宵月，映沅澧之驚湍。滯金風之爽朗，雜玉潤之檀欒。陪嘉宴於秋夕，等貞節之歲寒。

北齊 蕭放《咏竹》（引自《文苑英華》卷三二五） 懷風枝轉弱，防露影逾濃。既來丹穴鳳，還作葛陂龍。

隋 蕭大圜《竹花賦》（引自《歷代賦彙》卷一一八） 嗟春色之澄明，映陽流之澈清。花繞樹而競笑，鳥徧野而俱鳴。殘陂萍合，斜蹊草榮；喧條絮滿，煖路絲横。遊蜂集而銜蕊，戲蝶飛而帶英，鵑欲啼而莖歇，鴈始去而蘆

生。别有葳蕤繡蕩，婕娟緑筒，縹枝承露，緗箬來風，漢律依節，月桂臨叢。乍影翻於樂沼，時名留於瑞宫。學應龍於葛水，宿鷗鳳於芳桐。洛下七賢，湘濱二女，傾翠蓋之踟躕，汎蓮舟之容與。倜儻傲人，便嬛笑語，拊嫩筍以含啼，顧貞筠而命酹。

唐 虞世南《賦得臨池竹》（引自《文苑英華》卷三二五） 葱翠梢雲質，垂彩映清池。波泛含風影，流摇防露枝。龍鱗漾嶰谷，鳳翅拂漣漪。欲識淩冬性，唯有歲寒知。

唐 王績《東皐子集》卷中《古意六首》 竹生大夏溪，蒼蒼負奇質。霜霰封其柯，鵷鸞食其實。寧知軒轅後，更有伶倫出。刀斧俄見尋，根株坐相失。裁爲十二管，吹作雄雌律。有用雖自傷，無心復招疾。不如山下草，離離保終吉。

唐 許敬宗《竹賦》（引自《歷代賦彙》卷一一八） 惟脩竹之勁節，偉聖賢之留賞，覽山經而逖聽，詠周詩而遐想，掩寰中而獨秀，非庶物之所仰。若夫嶰谷著美，稽山見知，衛國之稱淇澳，梁園之賦夾池，山陽之翻密葉，江潭之竦喬枝。雖有聞於在昔，諒無得而標奇，乃徒植於廣庭，爰移根於禁苑，亘蓂草而界列，繞醴泉而右轉。脩幹横於松徑，低枝拂於蘭畹，樹紫殿之初旭，臨丹樓而向晚，望威鳳而來儀，佇化龍之爲遠。爾乃春光變色，夏景開松，枝藏戲鳥，葉間殘虹，上便娟而防露，下檀欒而來風，散歸雲之掩翳，引落日之玲瓏。雖復嚴霜曉結，驚飈夕扇，雪覆層臺，寒生復殿，惟貞心與勁節，隨春冬而不變，考衆卉而爲言，常最高於歷選。

唐 李嶠《竹》（引自《全唐詩》卷六） 高簳楚江濆，嬋娟含曙氛。白花摇鳳影，青節動龍文。葉掃東南日，枝梢西北雲。誰知湘水上，流淚獨思君。

唐 王勃《王子安集》卷二《慈竹賦並序》 廣漢山谷，有竹名慈，生必向内，示不離本，修莖巨葉，攢根沓柢。叢之大者，或至百千株焉，而縈結踰乎咫尺，好事君子，徙爲堦庭之玩焉。吁嗟非此土所有，乃有厭流俗之譏。動鄉關之思者，蓋撫高節而興歎，覽嘉名而思歸。遂爲賦曰：有竹猗猗，生於高陂。左連瑶帶，右雜瓊枝。恨幽客之方賞，嗟君侯之不知。徙蔚丹谷，遷榮緑池。氣凜凜而猶在，色蒼蒼而未離。屈巖壑之容貌，充堦庭之羽儀。爾其劃疆分域，駢陰抗趾，疊幹龍迴，攢根鳳峙。防碧露於霄末，翳紅光於暈始。崇柯振而雲靄生，繁葉動而風飈起。擁涼砌之晨肅，屏炎扃之晝滓。至若白藏載謝，玄英肇切，塞北河堅，關南地裂。觀衆茂之咸悴，驗貞輝之獨潔，抽勁緑以垂霜，總嚴青而負雪。蓋同類之常禀，非殊方之異節。若乃宗生族茂，天長地久，萬柢争盤，千株競糾，如母子之鉤帶，似閨門之悌友，恐孤秀而成危，每羣居而自守。付美名之天屬，而和氣之冥受？嗟乎！道之存矣，物亦自有。一作有之。不背仁而貪地，不藏節以遁時。故其貞不自炫，用不見疑。保夷險之無易，哂榮枯之有期。俄蓬轉於岷徼，遂萍流於江汜。分兄弟於兩鄉，隔晨昏於萬里。撫貞容而骨愧，伏嘉號而心死。庶因感而長懷，將策情而勵己。

唐 張説《張燕公集》卷七《荅李伯魚桐竹》 結廬桐竹下，室邇人相深。接垣分竹逕，隔户共桐陰。落花朝滿岸，明月夜披林。竹有龍鳴管，桐留鳳舞琴。奇聲與高節，非君誰賞心。

又 李伯魚《桐竹》 北竹青桐北，南家緑竹南。竹林君早愛，桐樹我初貪。鳳棲桐不媿，鳳食竹何慙。棲食更如此，餘非鳳所堪。

唐 李頎《籬笋》（引自《文苑英華》卷三二五） 東園長新笋，映石復穿籬。近出依青嶂，攢生伴緑池。密因林向背，行逐地高卑。但恐春將老，青青獨爾爲。

唐 王維《沈十四拾遺新竹生讀經處同諸公作》（引自《文苑英華》卷三二五） 閒居日清静，修竹復檀欒。嫩節留餘籜，新叢出舊欄。細枝風響亂，疎影月光寒。樂府裁龍笛，漁家伐釣竿。何如道門裏，青翠拂山壇。

唐 李白《李太白文集》卷一九《慈姥竹》 野竹攢石生，含煙映江島。翠色落波深，虚聲帶寒草。龍吟曾未聽，鳳曲吹應好。不學蒲柳凋，貞心常自保。

唐 杜甫《集千家注杜工部詩集》卷五《苦竹》 青冥亦自守，軟弱强扶持。味苦夏蟲避，叢卑春鳥疑。軒墀曾不重，翦伐欲無辭。幸近幽人屋，霜根結在兹。

又卷八《從韋二明府續處覓綿竹三數叢》 華軒藹藹他年到，綿竹亭亭出縣高。江上舍前無此物，幸分蒼翠拂波濤。

又卷一一《嚴鄭公宅同詠竹得香字》 綠竹半含籜，新梢纔出墻。色侵書帙晚，陰過酒罇涼。雨洗娟娟淨，風吹細細香。但令無翦伐，會見拂雲長。

唐 吳筠 《宗玄集》卷上《竹賦》 惟坤靈之播育，何備物之實繁。偉茲竹之標挺，得造化之清源。契道含靈，表貞示節，葉森散以翠錯，莖鮮脩而瓊潔。爾其和風流暢，萬彙昭陳，揚葩曄其密苑，荑柳藹於通津。不郁馥以啓曜，但葳蕤而有筠，亦未知爲異也。至如殺氣凌厲，凝霜蕭瑟，覽平楚之蒼茫，窺衆林其如失，冒冰霜之涸沍，逾青熒以鬱密，則殊可重焉。故《詩》曰『如苞』，《書》稱『厥貢』，猗茲淇園，美彼雲夢。昔在軒後，肇官陰陽，俾伶倫於嶰谷，伐脩竹之珍篁，裁六律以協氣，調八風而順常。然後成竽籥以備樂，其聲濫而彌長，笙鏞以間，鳥獸蹌蹌，諒自然之純粹，曷羣材之可芳。若乃渭川千畝，山陽數林，會稽方潤於碧玉，羅浮比色於黃金，上點點以雲翳，下泠泠而鳳吟，袪赫曦之燠景，納凄涼之清陰，王子所以嘯詠，稽生爲之幽尋，召嘉賓及令友，暢綠醖與鳴琴，美遊盤之逸趣，清寂寞之遠心。若乃夾滄江，倚丹嶠，蓄水霧之沈沈，搖巖煙之漠漠。湘妃有揮涕之感，楚謠興防露之作，或挺鼓吹之嶔崟，或垂天門之旁薄，皆鸞鳳之所翔集，孔翠之所棲托，豈獨嬋娟於廣漢之壤，亦有璀璨於蓬萊之峯。結實珠粒，敷花紫茸，拂皓絮以飛雪，摧紺莖以韻鐘，故列仙之攸玩，匪吾人之所從也。亦有化雉吳國，成龍葛陂，容人箕箒，育蟲桃枝，一笋明其胤嗣，三節獲乎嬰兒，榮燈纂以感孝，茂騩檽以表奇，筭家壇以塵滅，環石牀以陰滋，皆靈變之譎怪，良難得而備知。爾其衆彙非一，則有簹簩笻䈼，射筒篻箊，猶箬箛篂之肅矗，龍鍾雲母之扶疎，箬箭浮色以縹㶇，箘簵綷文而繡攄，方志所遺載，山經之所闕書，安可得而詳矣。靡不勁堅其性，葱蒨厥色，不規而圓，不操而直。故高皇製冠以守位，孝文剖符以表職，博望侯傳於大夏之外，穆天子樹於玄池之側，推此類以彌廣，匪斯文之可極也。

唐 釋皎然 《杼山集》卷六《寒竹》 裊裊孤生竹，獨立山中雪。蒼翠搖勁風，嬋娟帶寒月。狂花不相似，還共凌冬發。

唐 喬琳 《慈竹賦》(引自《歷代賦彙》卷一一八) 維竹稱慈，幾乎有知，九族敦叙，孝友威儀，是竹必滋。五服相殘，骨肉携離，是竹必衰。苟自家而刑國，亦觸類而增思。苯蓴固護，檀欒櫛比。如束之稠，如插之密，勁節中聳，攢根內實。聲唯戛風，影不透日，類宗族之親比，同朋友之造膝。至若暮歲窮律，霜凝雪霏，陶鈞無發生之理，松柏有後彫之期。是竹也，叢篁劈開，芽筍怒長，紫籜連披，青筠紛上。有偕老之情，感饋親之養。如受制於籬界，不旁侵於土壤。雨露之澤，謝爾衆芳。細葉未吐，貞心已長，恥高標而迴出，斯裹曲而不揚。匪趨時於律候，寧隨韻於笙簧？保無用而以道自將，愧不才而與物俱昌。苟成陰於隙地，作盛景之清涼。重曰：夫綿綿瓜瓞兮知有子母，邕邕鴻鴈兮如次弟兄。於家則疏附禦侮，於國則盤石維城。田氏不分庭之荊，陳家則應天之星。莫不鬱映棠棣，急難鶺鴒。斯竹也，共根連茹，一本千莖。年深轉密，歲晚彌榮。一可以厚骨肉，一可以敦友生。於靈臺而莫非信性，彰慈孝而感通神靈。

唐 戴叔倫 《竹》(引自《文苑英華》卷三二五) 卷籜正離披，新枝復蒙密。脩脩月下聞，裛裛林際出。豈獨對芳菲，終年色如一。

唐 朱放 《竹》(引自《文苑英華》卷三二五) 青林何森然，沉沉獨曙前。出墻同淅瀝，開户滿嬋娟。籜卷初呈粉，苔侵亂工錢。疎中思水過，深處若山連。疊夜常栖露，清朝乍有蟬。砌陰迎緩策，簷翠對歌眠。迸筍雙分箭，繁梢一向偏。月過驚散雪，風動極聞泉。幽谷添詩譜，高人欲制篇。蕭蕭意何限，不獨住湘川。

唐 楊巨源 《池上竹》(引自《文苑英華》卷三二五) 一叢嬋娟色，四面清泠波。氣潤晚煙重，光閑秋露多。翠筠入疎柳，清影拂圓荷。歲晏琅玕實，心期有鳳過。

又 《和令狐舍人酬峰上人題山欄孤竹》(引自《文苑英華》卷三二五) 滿院冰姿粉籜殘，一莖青翠近簾端。離叢自欲親香火，抱節何妨共歲寒。能讓繁聲任真籟，解將孤影對芳蘭。范雲許訪西林寺，枝葉須和彩鳳看。

唐 李程 《竹箭有筠賦》(引自《歷代賦彙》卷一一八) 喻人守禮，如竹有筠，俾脩己以自守，同固本而相因。操持彰於歲暮，勤德貴乎日新。所以取彼後彫之色，戒夫行道之人。將以御冬，且見檀欒而守節；比於藏器，詎可須臾而去身？若乃清霜翻，玄律改，彼衆卉之具落，同受氣於真宰。何蓊茸而自異，乃㛹娟而有待。苟常其性，寒竹何患於時移。不易其心，志士當懷於道在。豈不以和澤自潤，表裏相質。竹無筠不能固有節，人舍禮曷以

法於時。伊先哲之善喻，作後代之元龜。企於禮者，勤而行之。苞本之時，已包周身之防；疎莖之勢，更葉淩雲之期；當其冒霰停霜，雪披風靡，諒青青而斯在，何冉冉而居彼。是知禮之於己，如我有徒；筠之於竹，如我有膚。理無特立，義必相須。堅剛自持，雖貫四時而莫改。賞玩不足，奚可一日而或無。嗟乎！皮之不存，何以具其體。心之不固，何以謹其禮。所以大戴之記足征，相鼠之詩爰啓。君子之道，斯其象諸？示外以固，執中而虛，閱寒暑之不變，齊榮辱之所如。天損不侵，地利空積，包緑籜而未改，交翠葉而不易。君子察於此者，可學禮而受益。

唐　蔣涣《奉和徐侍郎中書叢篠》（引自《文苑英華》卷三二五）　中禁夕沉沉，幽篁別作林。色連鷄樹近，影落鳳池深。爲重淩霜節，能虛爽一作應。物心。年年承雨露，長對紫庭陰。

唐　薛濤《薛濤詩集·酬人雨後玩竹》　南天春雨時，那鑒雪霜姿。衆類亦云茂，虛心寧自持。多留晋賢酬，早伴舜妃悲。晚歲復能賞，蒼蒼劲節奇。

唐　韓愈《新竹》（引自《古今事文類聚》卷二四）　筍添南階竹，日日成清閟。縹節已儲霜，黄苞猶掩翠。出欄抽五六，當户羅三四。高標陵秋嚴，貞色奪春媚。稀生巧補林，並出疑争地。縱横乍依行，爛漫忽無次。風枝未飄吹，露粉先涵淚。何人可携玩，清景空瞪視。

唐　劉禹錫《劉賓客外集》卷三《令狐相公見示贈竹二十韻仍命繼和》　高人必愛竹，寄與良有以。峻節可臨戎，虛心宜得士。衆芳信妍媚，威鳳難棲止。遂於鼙鼓間，移植東南美。封以梁國土，澆之浚泉水。得地色不移，淩空勢方起。新青排故葉，餘粉籠疎理。猶復隔墻藩，何因出塵滓。兹辰去前蔽，永日勞瞪視。槭槭林已成，熒熒玉相似。親摹起心匠，洗滌在頤指。曲直既瞭然，孤高何卓爾。垂梢覆内屏，迸笋侵前戺。妓席拂雲鬟，賓階蔭珠履。抱琴恣閒玩，執卷堪斜倚。露下懸明璫，風來韻清征。堅貞貫四候，標格殊百卉。歲晚當自知，繁華豈云比。古詩無贈竹，高唱從此始。一聽清瑶音，峥然長在耳。

又卷五《訓元九侍御贈璧竹鞭長句》　碧玉孤根生在林，美人相贈比雙金。初開郢客緘封後，想見巴山冰雪深。多節本懷端直性，露青猶有歲寒心。何時策馬同歸去，關樹扶疎敲鐙吟。

又卷二五《庭竹》　露滌鉛粉節，風摇青玉枝。依依似君子，無地不相宜。

唐　李紳《追昔游集》卷中《南庭竹》　東南舊美淩霜操，五月凝陰入坐寒。煙惹翠梢含玉露，粉開春籜聳琅玕。莫令戲馬兒童見，試引爲龍道士看。知爾結根香實在，鳳凰終擬下雲端。

唐　白居易《白香山詩集》卷一《溢浦竹》　潯陽十月天，天氣仍温燠。有霜不殺艸，有風不落木。玄冥氣力薄，艸木冬猶緑。誰肯溢浦頭，迴眼看修竹。其有顧盼者，持刀斬且束。剖劈青琅玕，家家蓋墻屋。吾聞汾晋間，竹少重如玉。胡爲取輕賤，生此西江曲。

又卷一一《東樓竹》　瀟灑城東樓，繞樓多修竹。森然一萬竿，白粉封青玉。卷簾睡初覺，歌枕看未足。影轉色入樓，牀席生浮緑。空城絶賓客，向夕彌幽獨。樓上夜不歸，此君留我宿。

又卷一三《題李次雲窗竹》　不用裁爲鳴鳳管，不須截作釣魚竿。千花百草凋零後，留向紛紛雪裏看。

又卷四〇《韋式郎中賦竹》　竹，臨池，似玉。裛露静，和煙緑。抱節寧改，貞心自束。渭曲種偏多，王家看不足。仙杖正驚龍化，美實當從鳳熟。唯愁吹作別離聲，回首駕驂舞陣速。

唐　元稹《元氏長慶集》卷七《和東川李相公慈竹十二韻》　慈竹不外長，密比青瑶華。矛欑有森束，玉粒無蹉跎。纖粉妍膩質，細瓊交翠柯。亭亭霄漢近，靄靄雨露多。冰碧寒夜聳，簫韶風晝羅。煙含朧朧影，月泛鮮鮮波。鸞鳳一已顧，燕雀永不過。幽姿媚庭實，顥氣爽天涯。峻節高轉露，貞筠寒更佳。托身仙壇上，靈物神所呵。時與天籟合，日聞陽春歌。應憐孤生者，摧折成病痾。

又卷八《郵竹》　庭有蕭蕭竹，門有闐闐騎。囂静本殊途，因依偶同寄。亭亭乍干雲，嫋嫋亦垂地。人有異我心，我無異人意。

又卷一四《新竹》　新篁纔解籜，寒色已青葱。冉冉偏凝粉，蕭蕭漸引風。扶疎多透日，寥落未成叢。惟有團團節，堅貞大小同。

又《山竹枝》　深院虎溪竹，遠公身自栽。多慙折君節，扶我出山來。貴

宅安危步，難將混俗材。還投輞川水，從作老龍回。

又《**斑竹**》（**引自**《**才調集**》**卷五**） 一枝斑竹渡湘沅，萬里行人感别魂。知是娥皇廟前物，遠隨風雨送啼痕。

唐 姚合 《**姚少監詩集**》**卷七**《**垣竹**》 種竹愛庭際，亦以資玩賞。窮秋雨蕭條，但見墻垣長。宣尼高數仞，固應非土壤。

又《**渚上竹**》 葉葉新春筠，下復清淺流。微風屢此來，決決復脩脩。詩人月下吟，月墮吟不休。

唐 蔣防 《**湘妃泣竹賦**》（**引自**《**文苑英華**》**卷一四六**） 昔帝舜之南巡不迴，緊二妃兮心傷已摧。對三湘之遥兮積水無際，望九疑之作兮愁雲不開。鬱丹誠而飲恨，攀緑篠以興哀。淚浪浪而千重墮睫，竹冉冉而萬點凝苔。斂蛾之怨盈臆，如狸之班變色。落紅臉而珠影争圓，染碧纖兮纈文交織。夭紹嬋娟，嗚咽潸然。瀝青簡兮丹書粲粲，灑緑枝兮白露漣漣。所謂精神達而理歸其著，悲哀集而物謝其堅。想夫萬里迎秋，重江向夕，引蒼翠以歔欷，忽闌干而委積。杖卷然之手，兩點垂絲。揮密爾之叢，衆痕凝碧。是知至哀必感，有怨必通。竹無情而發外，淚有感而從中。慷慨成行，乍洗龍吟之管。斕斒繞節，如交鳳食之叢。寧類夫聲伯，再懷其夢想，楊朱徒歎其西東。豈無芳菲，渝其霜霰。豈無浩淼，忘其顧盼。是以委檀欒，寄葱蒨。來非鼓瑟，玉箸之滴瀝雙流；去乃望夫，粉籜之淋漓一變。懿乎巖巒滿目，今古含情。事雖遷於歲月，理不昧於堅貞。或翦脩竿，對潭中而錦落。或成長簞，施堂上而霞騰。豈不以拂水捎雲，逾千越萬。庶夫知我者謂我點點而成文，不知我者徒曰青青而懷怨。

唐 方干 《**玄英集**》**卷七**《**越州使院竹**》 莫見凌風飄粉籜，須知礙石作盤根。細看枝上蟬吟處，猶是筍時蟲蝕痕。月送緑陰斜上砌，露含寒色濕遮門。列仙終日逍遥地，鳥雀前來不敢喧。

又《**題新竹**》（**引自**《**文苑英華**》**卷三二五**） 青苔壍破植貞堅，細碧竿排鬱眼鮮。小鳳皇聲吹嫩葉，知蛟龍尾裹輕煙。節環膩色端匀粉，根拔秋光暗長鞭。怪得入門肌骨冷，綴風粘月滿庭前。

唐 薛能 《**竹逕**》（**引自**《**文苑英華**》**卷三二五**） 盤逕入依依，旅驚幽鳥飛。尋多苔色古，踏碎籜聲微。鞭節横妨户，枝梢動拂衣。前溪聞到處，應接釣魚磯。

又《**新竹**》（**引自**《**文苑英華**》**卷三二五**） 柳營茆土倦粗材，因向山家乞翠栽。清露便從終夜滴，好風疑自故園來。欄邊匠去朱猶濕，培後蟲浮穴暗開。他日會應威鳳至，莫辭公府受塵埃。

唐 皮日休 《**聞開元寺開筍園寄章上人**》（**引自**《**松陵集**》**卷六**） 園鏁開聲駭鹿羣，滿林鮮籜水犀文。森森競泫林梢雨，嶁嶁争穿石上雲。並出亦如鵝管合，各生還似犬牙分。折煙束露如相遺，何胤明朝不茹葷。

唐 陸龜蒙 《**甫里集**》**卷二**《**新竹**》 别塢破苔蘚，嚴城樹軒楹。恭聞稟璇璣，化質離青冥。竹，璇璣玉精，受氣於玄軒之宿。色可定雞頸，實堪招鳳翎。立窺五嶺秀，坐對三都屏。晴月窈窕入，暗煙霏微生。昔者尚借宅，况來處賓庭。金罍縱傾倒，碧露還鮮醒。若非抱苦節，何以偶惟馨。徐觀稺龍出，更賦錦苞零。

唐 陳陶 《**竹五首**》（**引自**《**文苑英華**》**卷三二五**） 不厭東溪碧玉君，天壇雙鳳有時聞。一峰曉似朝仙處，青節森森倚絳雲。

二： 萬枝朝露學瀟湘，杳靄孤亭白石涼。誰道垂龍不行雨，春雨入地馬鞭狂。

三： 嘯入新篁一里行，萬竿如甕鑽龍泓。驚巢翡翠無尋處，閑倚雲根刻姓名。

四： 青風箒疑亞思吾祖，緑潤偏多憶蔡邕。長聽南園風雨夜，恐生鱗甲盡爲龍。

五： 迸玉閒抽上釣磯，翠苗番次脱霞衣。山童泥乞青驄馬，騎過青泉掣手飛。

唐 李群玉 《**李群玉詩後集**》**卷五**《**題竹**》 一頃含秋緑，森風十萬竿。氣吹朱夏轉，聲掃碧霄寒。

唐 羅隱 《**羅昭諫集**》**卷四**《**竹**》 籬外清陰接藥欄，曉風交戛碧琅玕。子猷没後知音少，粉節霜筠漫歲寒。

唐 羅鄴 《**竹**》（**引自**《**文苑英華**》**卷三二五**） 翠葉纔分細細枝，清陰猶未上堦墀。蕙蘭雖許相依日，桃李還應笑後時。抱節不爲霜霰改，成林終與鳳凰期。渭濱若更徵賢相，好作漁竿繫釣絲。

栽。遊絲掛處漁竿去，緑水夾時龍影來。風觸有聲含六律，露沾如洗絶浮埃。王猷舊宅無人到，抱却清陰蓋緑苔。

又《釣絲竹》 籊籊拂清流，堪維舴艋舟。野蟲懸作餌，溪月曲爲鈎。雨潤摇堦長，風吹繞指柔。若將諸樹比，還使緑楊羞。鸞婦非堯女，漁人是子猷。湖邊舊栽處，長映讀書樓。

唐 鄭谷《雲臺編》卷中《竹》 宜煙宜雨又宜風，拂水藏村復間松。移得蕭騷從遠寺，洗來疎淨見前峰。幽堦蘚拆春芽迸，繞徑莎微夏蔭濃。無賴杏花多意緒，數枝穿翠好相容。

唐 張蠙《新竹》（引自《文苑英華》卷三二五） 新鞭暗入庭，初長兩三莖。不是他山少，無如此地生。垂梢叢上出，柔葉攤間成。何用高唐峽，風枝掃月明。

唐 釋齊己《白蓮集》卷五《病起見庭竹》 病起見庭竹，君應悲我情。何妨其消瘦，却稱苦修行。每謝侵床影，時迴傍枕聲。秋來漸平復，吟繞骨毛輕。

唐 崔涯《竹》（引自《文苑英華》卷三二五） 領得溪風不放迴，傍窗緣砌遍庭栽。須招野客爲隣住，看引山禽入郭來。幽院獨驚秋氣早，小門深向緑陰開。誰憐翠色兼寒影，静落茶甌與酒杯。

唐 韓溉《竹》（引自《文苑英華》卷三二五） 緑色連雲萬葉開，王孫不厭滿庭栽。凌霜盡節無人見，終日虚心待鳳來。誰許風流添興詠，自憐瀟灑出塵埃。朱門處處多閒地，正好移陰覆翠苔。

唐 張南史《竹》（引自《文苑英華》卷三二五） 竹，竹。被山，連谷。出東南，殊草木。葉細枝勁，霜停露宿。成林處處雲，抽笋年年玉。天風乍起爭韵，池水相涵更緑。却尋庾信小園中，閑對數竿心自足。

唐 許晝《江南竹》（引自《文苑英華》卷三二五） 江南瀟灑地，本自與君宜。固節還同我，虚心欲待誰。澗泉傍借響，山木共含滋。粉膩蟲難篆，叢疎鳥易窺。盡應逢野渡，中忽見村祠。葉掃秋空静，根横古塹危。影迷寒靄裏，聲出夜風時。客棹深深過，人家遠遠移。遊邊曾結念，到此數題詩。莫恨成龍晚，成龍會有期。

唐 秦韜玉《竹》（引自《文苑英華》卷三二五） 削玉森森幽思深，一作清。阮家高興尚分明。卷簾陰薄漏山色，欹枕韵寒宜雨聲。斜對酒缸偏覺好，静籠碁局最多情。却驚九陌輪蹄外，獨有溪煙數十莖。

唐 高無際《大明西垣竹賦》（引自《歷代賦彙》卷一一八） 嶰谷脩篁，移植仙堂，左聯温室之樹，前對鳳池之芳。一生孤貞，四時青蒨。不爭麗於夏色，不改貞於秋霰。保此歲寒之容，得蔭宰衡之院。露幕歷以珠綴，風清泠而響繁。雜金絲於北掖，對雲高於西垣。曉視含煙，朝歸捧日。挺八柱以獨秀，與三槐而交密。若夫制爲用也，則笙可以下鳳皇，笛可以奏宫商，筆可以播文章，管可以調陰陽。信無施而不可，若有待而韜光。亂曰：托根勝地兮擢榦捎雲，抱貞節兮葱鬱氤氲。若賞七賢之清曠，不可一日無此君也。

唐 佚名《竹賦》（引自《歷代賦彙》卷一一八） 總羣籟以擇音，歷衆材而簡質，惟兹竹之珍勁，獨懷貞而守一。若洗文濃露，濯影華池，離離嘉實，冉冉纖枝。含夕氣而拖翠，照晨旭以舒猗，凌積霜而莫改，因虚心而不虧。上横桂暉，下拂松蓋，抗脩莖於雲表，脱輕花於霞外。千仞未極其高，十圍寧申其大。既絶羣以標傑，亦冠叢而稱最。連星影而類珠，晚虹掛而猶帶。蒙密柔柯，布濩繁葉，白日朝映，素輪夜接。色淨潭深，影沈攢疊。洎乎層陰結，長飈起，清征奏，鳴弦理。金疊溢而未傾，玉山儼而猶峙。詆訶六籍，咀嚼三史。窮玄熙之根柢，極天地之終始。此乃至人勝集，七子碌碌，則安齒。故語其用也，則五離十折，絲剖毫分，縈九華於紈扇，結雙雉於簟文。乍摇紈袖，時拂湘裙，掩疑鈆之豔逸，籠流麝之氤氲。若夫取象制儀，激商流雅，圓征有素，清亮非假。信鳳鳴之可習，實龍吟而可寫，乃曲絶而和微，非韻高而調下。豈知分光綺殿，散影華軒，淡雲霞之遠色，霑雨露之餘恩。嘉庭樹之躅忿，跂桃李之無言，庶歲寒而無易，常耀節於梁園。

唐 佚名《孤竹賦》（引自《歷代賦彙》卷一一八） 有斐君子兮將以自怡，藝孤篠於前墀；玩以時，愜所思。且面陸則陽，笑猗猗而處渭。向砌則燠，祕青青之在淇。問君何事生乎兹？嬋娟抱節而無詞。借而東南之美，會稽千里，阻江阻河，所貴則那？至乃柯葉不二，嗟吁此地，彼其之子，賤目貴耳。豈知孤者取稀，物莫之依。含混元之休氣，吸太陽之清暉；長則尺準，大可寸圍。有美遊兮忘其歸，更憶朝霞露未晞。懸明月而影短，帶疎雨

而聲微。觀乎裹娜容與，風生其處。應知默定洪鐘律，幾日能令童子悟？實方就而孤鳳食來，枝或成而一龍飛去。天造自然，含虚佩堅，堅以保名，虚以戒盈。瞻彼標兮人之程，萬類則改，千竿森在。其在伊何，增冰峨峨。瞻彼磷兮不可磨，則知天籟奇兮由我起，道生一兮得我始。得之者非取，玩物而已。

宋　林逋《林和靖集》卷四《竹林》　寺籬斜夾千梢翠，山磴深穿萬擇乾。却憶貴家廳館裏，粉墻時畫數莖看。

宋　蔣堂《春卿遺稿・詠金竹》　百鎰光寒一逕深，潛疑造化鑄成林。貪夫或有凭闌者，不見修篁但見金。

宋　趙抃《清獻集》卷一《雙竹》　余家有故園，園中可圖録。天然一派根，一根生兩竹。一長復一短，比之如手足。長者似乃兄，短者弟相逐。我見人弟兄，少有相和睦。竹分長幼情，人豈無尊宿？將竹比人心，人殆類禽畜。常記五六歲，不見還嘑哭。及至長大時，妻孥相親族。咫尺不相見，相踈何太速。不顧父母生，同胞又同腹。旦夕慕歌歡，幾能思骨肉。枉具人鬚眉，而食天五穀。靜思若斯人，争及園中竹。

宋　李覯《盱江集》卷三六《詠竹》　外邊雖節目，内裏卻空虚。從來汗流浹，只爲寫經書。

宋　金君卿《金氏文集》卷上《慈竹》　欲知慈姥心，看此磯上竹。四時無改易，一節念幽獨。蟠根石罅牢，倒影潭心緑。直恐霜雪姿，化爲水蒼玉。

宋　蔡襄《端明集》卷三二《慈竹賦》　種植至多，强名萬彙，物拔其萃，兹乃當天地之正氣。有美竹兮，特禀夫慈名而榮被。豈有懷於本根兮，何千千蓊然而環侍。若夫吴君名園，王家新第，遠閣斜欄，横塘静水，或薰風晝來，或秋露宵墜。日遲留兮簷外陰移，人悽悄兮屏間籟起，方且濯峭格而清舉，足團欒之生意。或翹而舉者，若堂有高年兮，勤素風而講議。或亞而側者，若家有令子兮，聞話言而沈思。伥如出門而事遠游兮，滋宿雨之清淚。雍如奉卮而介眉壽兮，羃春煙而怡醉。紫芽蟠聯，馨兒季穉，去者奔追，迎者嬉戲，疎者如招，並者如倚。雖復貫千狀於巧筆，曾莫形其放悲。借如秋晚霜重兮，萬木林林而僵悴。隴榆盡兮塞月高，堤楓丹兮楚江紫。此君也，束藍田之苗玉，刻炎州之稍翠。固節虚心兮，雖大鈞不能奪其志。於是揖三荆於堂下，結蔓藟於河涘，襲氣同根之豆，交驩承萼之棣，顧威鳳之時下，亦孝烏之來寄。設有用於律篇，天聲發兮大和備。覩此芳物，悲哉遠人。昔我從軍兮，南之海濱；今我辭家兮，西游洛塵。暢然於舊國舊都，感莊生之論。恭止乎維桑與梓，諷周傅之陳。指白雲兮天遠，採幽蘭而露新，嗟碧鮮之得地，乃叢茆莫保反。而相親。吾議爾德，豈止乎千畝之渭濱，當訂萬石之封君者也。

宋　劉敞《公是集》卷六《庭前箭竹》　冉冉東南美，托根那在兹。鳳凰不可待，歲月方屢移。非復山林意，空餘霜霰姿。清風有時至，獨與幽人期。

又卷二七《瑞竹》　聳節偶相並，雪霜終不迷。應將古人比，孤竹有夷齊。

宋　司馬光《傳家集》卷六《雙竹》　草木類同而種殊者，竹爲多。杭州廣巖寺有雙竹，相比而生，舉林皆然。其尤異者，生枯樹腹中，自其頂出，森然駢竦。樹如龍蛇相縈，矯首矸然，予見而賦之：雙幹標枯腹，青青凡幾霜。龍騰雙用直，鯨噴兩須長。但欲尋支遁，安能問辟疆。屢來非别意，未與此君忘。

宋　蘇頌《蘇魏公文集》卷二《與諸同僚偶會賦八題・華藏竹》　竹性本孤潔，况在祇園中。經年蔭華宇，永日吟清風。心虚大道合，乾直賢人同。雪霜任摧挫，寒姿獨青葱。

宋　王安石《臨川文集》卷二二《與舍弟華藏院此君亭詠竹》　一逕森然四座涼，殘陰餘韻去何長。人憐直節生來瘦，自許高材老更剛。曾與蒿藜同雨露，終隨松栢到冰霜。煩君惜取根株在，欲乞伶倫學鳳凰。

宋　鄭獬《鄖溪集》卷二八《竹》　經時不到紫雲淡，新筍斕斑青玉枝。生怪南山惡風雨，夜來長得碧龍兒。

冰骨清踈緑玉君，連環高節粉花紋。截來好作仙翁筭，獨倚扶桑掃白雲。

鸞節朝元昨日歸，玲瓏玉珮解雲衣。幾多碧玉鳳凰尾，鬬向秋煙不肯飛。

宋　韋驤《錢塘集》卷五《賦新笋》　竹裏行厨洗玉盤，旋抽新笋正檀欒。柔鞭乍斷泥猶濕，嫩籜初苞蘚未乾。象箸偶存遺樣短，瓊林纔拆冷光寒。如何且緩雕觴薦，留作青林虎豹看。退之詩云：看皮虎豹存。

宋　黄希旦《詠竹》（引自《石倉歷代詩選》卷二二五）　生涯何所有，滿砌植琳琅。瘦影碎秋月，健梢横曉霜。且從喧鳥雀，終待集鸞皇。吟繞都忘却，誰知此興長。

宋　孔武仲《清江三孔集》卷九《惜竹並引》　東齋有竹數竿，翠蔚可喜。其旁衆筍附生，寖益深茂，最後出者，尤若奇特。無不應意，解籜未盡，而爲老兵手折之。悲夫！以干雲蔽日之勢，而摧於寇户之下；以凌霜冒雪之姿，而失於俄頃之間。環步往來，凄愴良久，不能忘情。既而自譬解以爲陰陽之化育，天地所覆載，孰非假妄。自四肢百骸外至耳目所接，諸物若器皿，若室屋，親愛之。聚輿馬之隨，孰能固守而終全之。其會合出於暫然，至於離散壞熄，此理終在，何獨一竹可傷，而介然於懷乎？乃頗能自遣而宥役兵之罪。然復一到其下，則初心還起，不能平也。余真大惑者歟，抑物之難得，而可愛當然者也。始置其説，寓之以詩。

老蘚墻陰夕照間，何人折我翠琅玕。即兹緑葉隨塵化，猶有低枝帶露殘。不放雲梢侵霰雪，因嗟世故足波瀾。故園未乏篔簹品，十頃繁陰六月寒。

宋　黄庭堅《山谷集》卷一《對青竹賦有序》　余楚産也，閲東南之竹多矣，未嘗聞對青竹者也。嘉州僧從之包封見貽，蓺之而成，乃初識之。惟範圍之内，有知之物一無窮，無知之物一無窮，一耳一目，不能遍攬也，況六合之外者乎？感而賦之。竹之美於東南以節，不以文也。其在楚之西，鬱鬱葱葱，連山繚雲也。會稽之奇，材任矢石；蘄春之澤，夏簟簫笛。沅湘淚血，邛來高節，慈竹相守，孝竹冬苗。慈姥嶰谷，笙竽笆篁。長石之山，一節可航。猶未及其瑰怪不常也。故吴楚無竹工，非無竹工，婦能織緝之器，兒能雞鶩之籠也。今夫筥筐籯笲，榱櫺翰藩，巴船百丈，下漢爲笪。貴之則律吕汗簡，賤之則箕箒蒸薪。惟所逢遭，盡於斧斤。美哉斯竹，黄質墨章，如出杼軸，織文自當。解甲税枯，金碧其相，歲寒在躬，又免斮烹。彼其文章之種，性不可致，詰刳心而求之不可得，劚根而求之不可得。匪人匪天，有物有則，惟其與蓬蒿共盡而無憾，余亦不知白駒之過隙。

又《苦笋賦》　僰道苦笋，冠冕兩川。甘脆惬當，小苦而反成味。温潤縝密，多啖而不疾人。蓋苦而有味，如忠諫之可活國。多而不害，如舉士而皆得賢。是其鍾江山之秀氣，故能深雨露而避風烟。食肴以之開道，酒客爲之流涎。彼桂斑之夢汞，又安得與之同年。蜀人曰：苦笋不可食，食之動痼疾，令人萎而瘠。予亦未嘗與之言，蓋上士不談而喻。中士進則若信，退若眩焉。下士信耳，而不信目，其頑不可鐫。李太白曰：但得醉中趣，勿爲醒者傳。

又卷六《次韵謝斌老送墨竹十二韵》　古今作生竹，能者未十輩。吴生勒枝葉，筌寀遠不逮。江南鐵鉤鎖，最許誠懸會。燕公灑墨成，落落與時背。譬如刳心松，中有歲寒在。湖州三百年，筆與前哲配。規摹轉銀鉤，幽賞非俗愛。披圖風雨入，咫尺莽蒼外。吾子學湖州，師逸功已倍。有來竹四幅，冬夏生變態。預知更入神，後出遂無對。吾詩被壓倒，物固不可大。世傳江南李正作竹，自根至梢極小者，一一鉤勒成，謂之鐵鉤鎖。自云：惟柳公權有此筆法。

宋　李復《潏水集》卷一三《竹》　園竹三年種，今春緑始稠。未知能却暑，但愛不悲秋。影補頹垣缺，枝多暮翼留。近因開小徑，時有客相投。

又卷一五《和人筍詩》　葛陂龍去已千年，每見遺孫出是間。未遇嚴霜懷節久，因生平地立身難。長崖氣潤雲藏角，暗谷叢深霧養斑。春晚向空重籜盡，却驚高意不能攀。

宋　謝薖《竹友集》卷八《古賦論辯序記·竹夫人賦》　淇園之下，渭水之濱，有物森然，其色青青。刻畫以檀欒嬋娟之狀，俎豆以碧鮮玉潤之名。有匠若睨而嘆曰：是物也，非松非柱，非梗非梓，孤潔似介，一何高士，温潤似德，一何君子，是必良材者也。於是伐以斯棘之斧，運以斵泥之斤，製而爲器，强名曰夫人。竹友居士得之而喜曰：夫蒢局璇室，朱宫玉闕，延羅幌之清風，掃象牀之秋月，神女詑其雲雨，姑射逞其冰雪。有談夫人之高致，誦夫人之貞節。雖欲奉敝帚以享金，無乃獻璞玉而遭刖。則吾方遊息於瀛洲方丈之上，結廬於銅陵碧澗之下，以蛾眉曼緑而伐性，以錦衾角枕爲階禍。或偃息於風欞，或裴回於凉榭。炎曦鑠石之晨，璧月澄空之夜，與夫人其同夢，感莊周之物化。俄而商氣聿興，凉飈四起。葉翻翻而墮地，蟲啾啾其入

耳。掛蒲葵於墻壁，委纖絺於篋笥。童子造予而請曰：今茲秋兮，歲其將換，禦冬須狐白之温，曝背幸朝陽之暖。唯斯之無所取材，願以給厨人之爨。居士曰：噫！子獨不聞，夫伐著而哭亡簪者耶？子亦不見夫采葑而遺下體者耶？物或故則不忘，材有用則不廢。豈眷顧乎姬姜，乃棄捐乎憔悴。自古亦莫不然，吾又何增乎歔欷。雖然，吾方念此，欲以甜膝而休臂。童子出，居士乃據竹而歌曰：鵓鴣南北兮雨蕭蕭，匡牀之上兮吾與汝其逍遥。

宋　鄒浩《道鄉集》卷五《詠竹》　竹，竹。瀕江，繞屋。聲泠泠，影矗矗。霜雪難侵，塵埃莫瀆。梢雲齊老松，帶日映寒菊。籜置頂上高冠，葉成樽中美禄。行看威鳳飽相從，不但子猷情最熟。

又卷一一《佛前筍》　基構於今政十年，不容山竹暗行鞭。森然五筍自何出，盛矣文邦相與傳。

和氣潛通無間斷，佛光回照有因緣。恩書不遠歸期近，已覺斑衣色倍鮮。

宋　釋覺範《石門文字禪》卷三《浙竹》　龍孫初長浙江曲，踈影蕭蕭濯寒玉。平生知愛足風流，只有山陰王子猷。而今流落蒼崖頂，暗換年光鄉路永。冰敲雪壓未應衰，鸞鳳不棲空故枝。堅幹猶堪製長笛，最合宫商勝金石。爲君吹動鏡湖秋，驚起雙龍翼小舟。

宋　黄彦平《三餘集》卷一《五峰竹》　此君抱節懷霜露，裁以廣寒修月斧。區區拔穎陋管城，落落中繩宜册府。潛心幾絶西門佩，隸古親傳伏生語。後來頡頏追時好，客卿子墨先生楮。慈恩柿葉剡谿藤，俗嗜紛紛那足數。何人喜事翻新製，林下風流微近古。宣心寫面却緘囊，百草千葩增媚嫵。青奴小忍供筆硯，晴窻示爾梅花賦。

宋　郭印《雲溪集》卷五《洗竹》　林茂竹太繁，汙穢在眼底。枯筠與弱幹，兹辰爲一洗。萬竿何足惜，惡盡意乃已。其餘擢青青，玉立比君子。姿色秀可飡，莫道膏粱美。我來不忍去，日日對園綺。

宋　鄭剛中《北山集》卷二《對竹》　勞生分素定，大患天所辱。時於塵埃中，許我對修竹。此君風味高，瘦骨不生肉。煙梢墮新籜，當面變蒼玉。風邀嘉月過，衆葉亂相觸。寒光下照之，到地影猶緑。誰能相從飲，莫聽人間曲。細響侑孤斟，洗却一生俗。

又卷一〇《感雪竹賦》　鄭子夜半聞風過庭竹，細響淅瀝，寒入茵被，光在牕壁，晨興啓户，四顧晧然，乃堦除之雪積也。竹有高出林表，受雪既多，壓而低者，竿拳曲以屬地，葉離披而附枝，心固虚而自若，根亦牢而不移。然不畏其寒而畏其重，頗見高標困厄之可悲。余乃呼童兮，假長鑱之巨柄。使盡力兮，擊修篁之凍壓。觀負荷兮，類積羽之將沉。忽奪起兮，信泥塗之可拔。色娟娟其復淨，節落落以難合。寒梢一伸，所謂此君之風流自不可奪也。蓋其與蒲柳異類，松栢同條。遭玄冥之强梁兮，雖抑遏而謾屈。分嶰谷之餘煖兮，終橚矗而不凋。故積累之勢暫可枉其直，復還舊觀則又吟風而飄摇也。其在人也，初如蔽欺之隔君子，權勢之折忠臣。其窘迫而寒冷，則夫子之被圍，原憲之居貧也。終則如浸潤決去，朋黨遽消。其氣舒而體閑，則二疏之高引，淵明之不復折其腰也。雖然，雲兮正同，雪兮未止，勿抉漉漉之勢，孰見猗猗之美？在物猶然，人奚不爾？亦有窮卧偃蹇於環堵之間者，誰其引之使幡然而起？

又卷二一《偶題》　軒前有修竹，穿紙入牕檽。清風動摇之，壁間影縱横。軒後有修竹，山花依以生。幽芳吐孤艷，不與翠色爭。愚翁生其間，萬慮蠢不萌。不識動與静，但覺懷抱清。千古愧張籍，眼明心已盲。

宋　陳與義《簡齋集》卷一五《竹》　高枝已約風爲友，密葉能留雪作花。昨夜常娥更瀟灑，又攜踈影過牕紗。

宋　張九成《横浦集》卷四《竹》　簾外誰家竹，涼風日日生。凌霜驚節老，帶月出雲明。色映樽罍緑，聲傳鐘磬清。葛陂看變化，甘雨滿寰瀛。

宋　李知微《松竹林賦》（引自《歷代賦彙》卷一一八）　步東園之清曉，倚藜杖而踐霜。感萬木之凋瘁，倒枯荷於野塘。披胃徑之荒榛，得瞰隰之平岡。唤起山林之夢理，幽思之茫茫，乃課園丁，翦穢鋤荒，叢篠蕭蕭，野菊煌煌。古柳欲偃，寒藤未僵，百尋丹楓，屹峙其旁。靡靡之山四圍，油油之雲相望。竹岩嶤之一亭，聊逍遥而徜徉。爾乃訟庭電掃，華筵綺張。屏金石之轟豗，延鄒枚而翱翔。補豐樂之嘉頌，賡飛蓋之名章。起雄辯於座間，快鯨飲而吞江。導東征之明月，送西盡之夕陽。由平易而造理，貴清淨之老莊。返樸素於自然，除繳繞於申商。因人情之所欲，順天道而布常。無立的以招敵，納斯民於凱康。蔭松竹而讀書，期無愧於茲邦。

宋 朱松《**韋齋集**》**卷六**《**篁竹筍**》 梅雨冥冥稻已齊，連雲篁竹暗蠻谿。短萌解籜登雕俎，錯落黄金騕褭蹄。

宋 洪适《**盤洲文集**》**卷五**《**憶隆庭竹**》 聞道隆庭竹滿園，許分蒼翠長兒孫。看看冬盡無消息，始信莊周是寓言。

又卷六《**隆庭竹至四絶句**》 憶昨分抄種樹書，三荆今古美同株。閒將草木供詩戲，待把漁樵足畫圖。

竹裹巧傳幽鳥語，月臺高視客星移。鄉園何幸立分鼎，鳴鼓鏗鐘樂聖時。

斑籜遠移湘岸種，猫頭亦是渭川孫。百金得諾今無恨，千畝封侯不在言。

裴景松篁渾可喜，忘機鷗鷺不相猜。南牕情話有時盡，唤取青州從事來。

又卷八《**斑竹**》 帝子登湘岸，臨風粉淚彈。梨花多少雨，點點透琅玕。

又《**紫竹**》 拾青客色混，著紫寵光偏。幽逕留風月，行多履易穿。

又《**方竹**》 體方如就矩，幹直匪從繩。杖有削圜厄，提携先摸稜。

又《**人面竹**》 怪奇存相法，妍醜出天真。此君無二貌，正是葛天民。

又《**猫頭竹**》 穹枝迴鳳尾，健筍迸猫頭。安得真致此，勿爲羣鼠羞。

又《**慈竹**》 義居傳九世，瑞物記三荆。何似同根竹，春風一死生。

又《**笛竹**》 蘄産名天下，含颸别樣青。中郎如一見，應不數柯亭。

又《**箭竹**》 美箭東南出，成林地不慳。安邊如有將，寄與定天山。

又卷九《**木竹**》 竹葉木枝柯，葱青光可鑑。桃竹最名浮，自知蕭灑欠。

宋 洪邁《**野處類槁**》**卷一**《**冉冉孤生竹**》 冉冉孤生竹，成陰幽谷中。聿來君子室，葛藟施喬松。喬松千百尋，攀附猶可窮。思君江水深，褰裳往難從。同心而偏棲，愧彼摩霄鴻。灼灼芙蓉花，凌波媚芳風。非不努力愛，秋至無歸鴻。昔盟倘不寒，誰歎久西東。

宋 姜特立《**梅山續藁**》**卷一四**《**竹翠**》 竹翠凉虚寢，爐薰養道情。日長無一事，燕坐有餘清。

宋 陸游《**劍南詩稾**》**卷五**《**東湖新竹**》 插棘編籬謹護持，養成寒碧映淪漪。清風掠地秋先到，赤日行天午不知。解籜時聞聲簌簌，放梢初見葉離離。官閒我欲頻來此，枕簟仍教到處隨。

宋 楊萬里《**誠齋集**》**卷一三**《**新竹**》 東風巧弄補殘山，一夜吹添玉數竿。半脱錦衣猶半著，籜龍未信没春寒。

宋 朱熹《**晦庵集**》**卷三**《**新筍**》 翛翛江上林，白日暗風雨。下有萬玉虯，三冬卧寒土。

宋 陳造《**江湖長翁集**》**卷九**《**愛筍**》 犀非犀，玉非玉，拂拂輕霜浮脆緑。披籜含梢欲成竹，娟娟褭褭森可束。稀間只稱佳月照，勁處差耐清風觸。少忍充庖得補林，主人爲目不爲腹。論材似也子勝人，終竟鼻祖與膏馥。官閑盡日據胡床，樂與此君同避俗。冷笑京華癡少年，枉費千金買花木。

宋 王炎《**雙溪類稾**》**卷一**《**竹賦並序**》 小人之情，得意則頡頏自高；少不得意，則摧折不能自守。君子反是。竹之操甚有似夫君子者，感之作賦以自箴。其詞曰：晦叔讀書南齋之上，門巷僻左，交遊日稀，環以桑麻之場，帶以瓜芋之區。路折西南，萬竹蒼然，下緣乎曲澗之湄。其清可以延風月，其高可以攫雲霓。珊珊乎鳴蒼玉之佩，摇摇乎舒翠鳳之旗，森森乎甲胄之褋峙，而切切乎矛戟之參差。其偃蹇挫折者，如忠臣節士赴患難而不辭；其嬋娟蕭爽者，如慈孫孝子侍父祖而不違；其挺拔雄勁者，氣毅色嚴，又如俠客與勇夫；其孤高介特者，格清貌古，又如騷人與臞儒。予雖朝夕吟嘯於其下，曾無以名其美而狀其奇。然泛觀宇宙之中，萬物均函育於一氣，而有剛柔堅脆之不齊。榮者必悴，盛者必衰，實繁者易剥，色麗者早萎。惟松柏之有心，及竹箭之有筠，足以閲寒暑而貫四時。春日載陽，山川含滋，零露兮宵潤，惠風兮曉披。或萼或條，或茁或荑，含英吐華，夭夭怡怡。竹於是時，清而不腴。冬日祁寒，天地積威，雪慘兮冰堅，風號兮日凄。川原千里，木脱草枯，香盡芳歇，掃迹無遺。竹於是時，秀而不癯。今而後見其含德之有常，特操之不移。此吾所以無羡渭川之千畝，有取淇奥之猗猗，願定交於金石，邀歲寒以爲期。否泰兮消長，剥復兮乘除，秉吾心之堅一，視此君乎庶幾。

宋 袁説友《**東堂集**》**卷三**《**水竹**》 拳石環清泚，龍鬚細屈蟠。兩峯低崪崒，一簇小琅玕。密葉風前影，疎枝水底寒。相從此君爾，著意問平安。

宋　曾丰《緣督集》卷一《墨竹賦》　我家江南，種竹繞屋。兹僑於京，無竹而俗。欣見員郎，吐墨爲竹。不根而萌，不笋而莖。盤礴之頃，天生地成。不籜而節，不苞而葉。逡巡之間，神造鬼設。謂春滋邪，外萎其形。謂冬凋邪，中益其精。瀟瀟瑟瑟，蒙曚溟溟。未霧露兮如濕，無風雨兮若聲。顧壁間數竿之可意，與渭上千畝而争清。拔我汩汩，納諸泠泠。府寺之跡，既浣而復。潔利名之骨，久醉而忽醒。惟竹太孤，孰同保社。鳳馴棲而思凝，鶴矯立而神化。有固可嘉，無奚足訝。所少七賢，坐於其下。七賢面目，今莫識者。視我形骸，隨意而寫。置之竹間，以伴瀟灑。毋謂今人之不古，安知真相之非假。

又卷四《岐竹并序》　慶元三年，季春之月，猫竹擢萌於所居之乾維，出土甫一節，别爲霜暈連旋而斜上者四，復爲節者三，韋爲寸者九。蓋一苞也，忽岐爲二，日夜長苞税而成竹。小大不能殊以分卑，高不能殊以尺觀者，噩然類曰瑞，或曰妖。予非博物士莫别也。姑從其實，目以岐竹，既爲之銘並賦以詩。

漢闕之茅茅之英，豐城之劍劍之精。雙茅雙劍龍變化，一陰一陽數生成。我家穉竹老龍殼，中而岐之相犄角。玉爪蚪爲天矯枝，金鱗蜕作斕斑籜。豈無他處生乾宫，震象爲竹乾爲龍。震吾知是乾之變，竹誰謂非龍所鍾。瀟瀟聲韻蒼蒼色，余褒二主殘精魄。不受冰摧直養剛，無容塵入虚生白。夷齊坐看萬物流，不負知音王子猷。半夜葛陂雷雨作，二疏欲去終難留。君不見，震爲龍，又爲竹，竹又爲龍。幾翻覆學人，笑問玉版師，孰是本來真面目？

宋　袁燮《絜齋集》卷二三《咏竹二首》　去年種蒼玉，今歲抽華簪。初萌節已具，欲奮力未任。雷風驅急雨，滂沱三日霖。籜龍不許蟄，倏起騰深林。繞徑初戢戢，穿籬俄森森。吾觀植物性，浙長歲月深。此君獨超軼，生來氣騣騣。偉哉歲寒種，有此特達心。大勇久不作，進尺退復尋。對此發幽興，作詩因自箴。

野性與俗違，澹然都無營。牕前水蒼玉，未能獨忘情。對之三伏中，爽氣高秋横。數竿亦已好，況此繁陰成。中虚洞無物，節勁老更清。霜雪自凌厲，柯葉長敷榮。物意有相合，人心原自明。僻居寡朋儕，命汝爲友生。雖無切磋語，而有清越聲。入耳久亦佳，此意不可名。

又卷二四《咏竹》　此君林下静無塵，苗裔生來便逸羣。頭角嶄然圓玉峙，養成直節要淩雲。

宋　劉學箕《方是閒居士小稿》卷上《次劉伯益三詠韻・方竹》　煙梢修矗畫簷低，春曉叢踈緑玉枝。節立孤高虚静處，身持敬義直方時。清風戛玉聲搖佩，明月篩金影散墀。寄語幽人勤愛護，莫教斵削俗晃知。世云：削圓方竹，松間喝道，花上曬裩。皆殺風景之甚者。俗晃事見李衛公《雜説》。

宋　張鎡《南湖集》卷九《得巨笱三尺圍送王叔興》　猫頭名字出長沙，别號犀株豈過誇。好對竹尊招二子，藕如船大棗如瓜。

宋　孫應時《燭湖集》卷一八《王子中使君家東澗脩竹》　一逕脩篁百畝深，倚天喬木更陰陰。紅塵萬事不到眼，好景四時長會心。穩著亭臺添遠趣，透開風月自清音。使君晋宋家人物，消得閒中此醉吟。

宋　葛天民《葛無懷小集・竹》（引自《兩宋名賢小集》卷二八五）　此君别後稍添丁，留得清風鎮户庭。老鬢不禁霜點綴，舊隣多似樹凋零。一竿帶雪寒垂釣，數畝連苔晝掩扃。此話有誰堪委似，幾回無語向青青。

宋　岳珂《玉楮集》卷六《豫庵三瑞詩》　環豫庵皆竹也。嘉熙庚子三月，忽呈三瑞，皆前所未覩。或者嘉祥有待而出耶？護以朱欄，表以名扁。因物有感，復係以詩。

鵷竹：雷雨新頭角，煙霄舊羽翰。聯根方拔象，接翼更停鸞。紫錦雙翻籜，青銅並倚竿。摩穹端有待，聊復護雕闌。

右雙竹，抽幹幾尺，始分兩岐，嶷然競秀，其瑞特異，名以鵷竹。

蟬竹：氣並陰陽正，仁無雨露偏。闔開知有地，奇耦自潛天。雖焕雙紋異，仍存一節堅。薰風動蟬腹，槐緑又鳴絃。

右四竹，當竹之半有二節，蔚然前合而一，後分而兩，得奇耦之正，猶蟬腹然，名以蟬竹。

龍竹：夭矯青池近，騰拏碧漢遥。微風鳴嶰管，輕霧映鮫綃。舞翠槐齊秀，蟠青松後凋。終須還直道，勁節自干霄。

右一竹，當竹之頂，盤舞詰曲，夭矯自然，有拏雲騰霄之態，名以龍竹。

宋　俞桂《漁溪詩藁・新竹》（引自《兩宋名賢小集》卷三〇）　傍墻穿

過鄰家竹，愛護新篁數十竿。剪伐莫令僮僕輩，老夫日日要來看。

宋　裘萬頃《竹齋詩集》卷二《松花開竹笋茂喜而詠之》　繁花密笋暮春時，妝點園林一段奇。金粉生香風細細，斑衣留潤露乖乖。品高宜入神仙藥，節勁終全冰雪姿。笑彼杏桃兒女態，漫爭豔冶媚山歧。

又卷三《次洪内相雙竹韻三首》　延平兩龍幾年卧，欻爾化作寒枝雙。春檜長松皆敵國，會須因壘二時降。

嬋娟兩枝翠可掬，絶勝白壁南金雙。留與先生作椽筆，詩壇八面受人降。

管鮑交情真耐久，夷齊義氣更無雙。虚花滿眼風號怒，一節青青終不降。

宋　嚴粲《華谷集・新竹》（引自《兩宋名賢小集》卷三二九）　樹頭不動天無風，六月還當日正中。唯有滿林新長竹，別生涼意襲簾櫳。

宋　黄大受《露香拾藁・竹》（引自《兩宋名賢小集》卷二六六）　虚心懷明月，勁節挺玉立。豈是外春風，春風無處入。

宋　李綱《梁谿集》卷六《仙竹》　陰崖翠竹自檀欒，瘦節疎枝特地寒。雖未化龍歸洞府，正宜和月掃天壇。

宋　衛宗武《秋聲集》卷一《賦南墅竹》　物得氣之清，鍾秀莫如竹。是謂東南美，羣植可奴僕。虚心而獨立，勁節不回曲。傍屋著數挺，能洗塵萬斛。截之作鳳鳴，雌雄相配六。殺以爲汗青，奚啻十年讀。有體兼有用，迥異凡草木。騷人互題品，國風嘗紀録。子有步仞丘，殆類篔簹谷。老筠依雲根，錯出勝千陸。矯虔相長雄，高下森立玉。霏霏霧滴翠，灩灩浪翻緑。蟠根龍蛇走，密葉鸞鳳蹙。林飈振微響，環佩聲戛觸。瑣碎流金輝，霽曉弄清旭。熙陽發菁華，婀娜舞桂纛。滋萌長雲仍，一一錦棚束。火輪行長空，炎歊暑方酷。枕簟入幽深，灑若寒露沃。秋月映嬋娟，清影夜相屬。歲寒交勝友，南枝花倚伏。四序景無涯，風月任追逐。人謂小渭川，我忝共淇澳。邀朋對此君，豈惜醉醽醁。七賢迹已遠，遺響猶可續。冰雪生襟袖，雲烟散毫牘。秖欠與可儔，寫入鵝溪幅。

又《賦西軒竹》　種竹纔一畝，便有千畝勢。苟能會其趣，何拘尋丈地。其氣偉丈夫，其德象君子。瑩哉冰雪如，潤與珪璋比。中虚而有容，外直而不倚。迥非凡植儔，惟與喬松齒。攬以入吟篇，引以近書几。好之而樂之，雅致要相似。物清我亦清，相對乃無愧。翛然静秀姿，舉世所同嗜。志趣有不侔，肝膽楚越異。將以洗凡俗，凡俗烏可洗。緑猗喻武公，金璧侈歸美。蕭瑟悦宣尼，食肉至忘味。有之而似之，氣類由默契。此君如有知，噲伍亦所恥。苟或冰炭然，雖多亦奚以。

又卷二《賦竹深處》　淇園既往不足論，渭川徒多未足貴。森然玉立闢幽深，彌望恢恢有餘地。何異東亭手親植，遂使南陽日清閟。緑雲障日間弗容，翠濤翻空杳無涘。冥冥韓林静而秀，窈窈蔣逕深且邃。洗清袢暑迴莫留，截斷俗塵飛不至。何須層冰置几案，自然涼氣生衣袂。吟弄風月騷人徒，伯季松梅歲寒味。於斯二仲可論交，誰爲六逸宜邀致。何時徒步許直造，著我其間同一醉。祇恐君疑庾亮來，角巾豈免還私第。

又《新暑賦西軒竹》　此君與我同襟期，延致屋宅西南維。涵濡雨露歲未半，柯葉深茂華而滋。恍疑神士萃庭宇，旌幢羽蓋紛交馳。非筝非竽發天籟，不湍不瀨含風漪。緑光到眼冰雪潑，頓令六月無炎威。何須挹爽置象簟，不假去熱施龍皮。挺然直節異凡植，四時不改琳瑯姿。翛然雅致滌萬慮，一塵不染珊瑚枝。明蟾寫真銀散彩，騰烏弄影金流輝。千林剥落氣愈勁，更好雪壓並霜欺。無山無水自幽勝，雨天霽景俱相宜。方嗟此地翳草莽，幻出臭腐爲神奇。恨無與可圖作幛，消得坡老模成詩。中虚而静有隱德，妙氣獨有予心知。年今七十諸妄屏，久壓花本芳菲菲。締交惟汝與松栢，嘯風吟月相追隨。願言棲鳳同作伴，慎勿化龍隨所之。武公勳業我所媿，猶覬老壽幾耆頤。

宋　華鎮《雲溪居士集》卷一三《會稽覽古・燕竹》　越人以其燕來時出筍，因以爲名。

竹箭黄芽欲老時，杏梁日煖燕初歸。他林未聳千竿翠，此地先抽一握肥。

宋　謝枋得《竹》（引自《宋元詩會》卷五一）　新篁娟娟如緑玉，瀟然出塵淡無欲。清風明月誰主張，留得此君在空谷。

金　譚處端《孤竹》（引自《全金詩增補中州集》卷六一）　一竿碧玉出芳叢，直節虚心衆莫同。耐雪欺霜堅歲月，自然時復有清風。

金　郭長倩　《義師院叢竹》（引自《宋元詩會》卷六四）　南軒移種自西壇，瘦玉亭亭十數竿。得法未應輸老柏，植根兼得近幽蘭。雖無穠艷包春色，自許貞心老歲寒。百草千花盡零落，請君來向此中看。

金　李俊民　《莊靖集》卷三《竹》　瀟灑能醫俗，檀欒看上番。我寧負此腹，忍使籜龍冤。

又卷四《德老瑞竹》　主人本望鳳來棲，遂把孤根特地移。不念平安猶未報，誰教節外又生枝。

籜龍日日斧斤間，可惜孤根託處難。待得上番成竹後，一枝還作兩枝看。

宋　陳普　《石堂先生遺集》卷一六《筍》　書窓媚幽獨，萬竹真我儀。冰霜茂摧挫，生意自有時。斐亹弄月陰，挺拔出風姿。鳳吟逐神虈，春笋效珍奇。山林足膏雨，土脉潤以肥。震雷摇蟄虺，千根同發機。迸芽帶珠露，裂地拆伏黽。開牕見羅列，繭栗出扶蔡。艱難或避石，奮逸或攢籬。森森麐鹿角，重重虎豹□。地方既莫御，天工亦不遲。志氣凌青雲，風節比伯夷。詎容薦清酒，但可供清詩。呼童竊取小，不敢言饞饑。含殼全其真，活火湯瀹之。知心三兩人，一樽留晚曦。錦棚去什襲，玉版叅吾師。似爲傷惻隱，直是慰肝脾。幾爲造化盗，何必隣童窺。竹橋周曲意，蕢簣又何癡。惟應厚墻壁，高插數丈籬。護成碧琅玕，長似冰玉兒。吾聞北人説，洛下價不低。千金買一束，掉頭更還疑。南方信多此，吾黨苦不知。入山三尺童，俄頃滿檐歸。作羹厚於菜，入市賤如泥。敢爲此暴殄，只爲不思惟。昔在燧人前，真風猶未漓。人間珠抵鵲，天下鳳爲雞。南方即此寶，南人獨爾迷。朝吟淵明菊，夜誦首陽薇。悠悠今古人，無復知德希。

又　造化運可見，渾天何用儀。日月轉兩轂，陰陽分四時。化育出萬形，加之成氣姿。倚笻看生意，莫測其神奇。和風隨土至，膏雨着物肥。千紅咸競晨，萬玉亦乘機。深深起蟄龍，一一破伏黽。險不畏巋峗，難不避石藜。啓荆披瓦礫，撑屋觸藩籬。頭頭出兕角，身身水犀皮。大方欺小弱，尖先後止遲。不知水先煩，遊客戴鴟夷。六經無此物，昉見韓奕詩。韓侯富貴人，何況貧儒飢。詠形兼咀味，東坡韓退之。長饞君莫訝，容我踏朝曦。內戒擣蠆婦，外征老圃師。留先鳳凰止，勿積蜜釋脾。味既不可極，斑亦勿再窺。待爾林下友，一洗胸中痴。清風翠陰動，羽扇日接籬。此時林下客，何以並其兒。作未争長日，滕高陵薛低。一旦並夷齊，兄弟無相疑。庭前聳矛戟，栖鴉猶不知。斜陽繞三匝，疑事不能歸。豈徒固吾圉，且不染塵泥。此兒真世寶，何必他謀惟。古來貴高上，盛德惡澆漓。寧令烹不鳴，勿殺全德鷄。莫言一林竹，此路終不迷。何必趁青瑣，亦勝對紫薇。携琴對此君，三嘆鍾期希。

元　劉秉忠　《藏春集》卷二《竹》　幾竿蒼翠抵千金，對皷焦桐意更深。雙淚灑時勻作點，七賢居處密成陰。飛霜著葉不改色，流水漱根還有音。我似此君君似我，枝枝節節本無心。

又《竹筍》　亭亭瘦玉倚疎籬，日夕摩抄恐長遲。立節未能森似束，出頭休若鋭如錐。共言愛物終成癖，不道忘情卻近癡。料得此君霜雪後，虚心定有子猷知。

元　張宏範　《淮陽集・墨竹》　麝墨雲香小本叢，淡煙横月翠玲瓏。小屏春鎖緑窓夢，也勝江湖烟雨中。

元　趙孟頫　《松雪齋集》卷一《脩竹賦》　猗猗脩竹，不卉不蔓，非草非木。操挺特以高世，姿蕭灑以拔俗。葉深翠羽，榦森碧玉。孤生太山之阿，千畝渭川之曲。來清飈於遠岑，娱佳人於空谷。觀夫臨曲檻，俯清池，色侵雲漢，影動漣漪。蒼雲夏集，緑霧朝霏。蕭蕭雨沐，裊裊風披。露鶴長嘯，秋蟬獨嘶。金石間作，笙竽雜吹。若乃良夜明月，窮冬積雪，掃石上之陰，聽林間之折。意參太古，聲沈寥泬。耳目爲之開滌，神情以之怡悦。蓋其媲秀碧梧，托友青松。蒲柳慚弱，桃李羞容。歌籊籊於衛女，詠淇澳於國風。故子猷吟嘯於其下，仲宣息宴乎其中。七賢同調，六逸齊蹤，良有以也。又況嶰谷之鳳，化葛陂之龍者哉！至於虚其心，實其節，貫四時而不改柯易葉，則吾以是觀君子之德。

元　許謙　《白雲集》卷一《對竹》　主人樹脩竹，近在桃李塲。賦性雖不同，相友庸何傷。陽春被桃李，紅白争低昂。無言自成蹊，相媚色與香。何心伴幽獨，徒引蝶蜂忙。此君心本虚，寧逐春風狂。咄嗟桃與李，開落那能常。

元　歐陽玄　《圭齋文集》卷三《墨竹》　疎枝淡淡與濃濃，垂葉應無霾靡容。玉立滿身都是雨，何人能識葛陂龍。

元 貢師泰《**玩齋集**》**卷一**《**小篔簹賦**》 謂木非喬，謂草非繇。不蔓而夭，不葩而條。閑庭翳翳，密室脩脩。名小篔簹，有扁之昭。或曰：子真以篔簹爲小耶？則僊標出塵，直榦凌霄，聲諧鳴鳳，影挾翔蛟。灑清風之葉葉，弄明月之梢梢。雖並户而當軒，實拂雲而騰霄。子以植數少爲小耶？則兩窻三四，一逕五六，緗實漂黄，錦苞凝緑。或開樽而射金，或援琴而擊玉。雖無千頃之多，聊可數竿而足。然則小篔簹果何在乎？主人曰：肩高於墻，斗大於室，門可旋履，居僅容膝。脩及尋丈，廣袤咫尺。以溉以種，充我餘隙，匪谷斯盈，匪川斯溢。減晋林之七賢，少唐溪之六逸。異蔣詡之三徑，慕子猷之一日。況城西幽迥，堂北愉悦，平安之報，維昕與晚。遺形尚存，先德不遠。則又此心之所以思慕而憂情也。篔簹雖小，其義實大，謹葺謹培，式萌孝愛。或曰：唯唯子誠，是在虚心有容，直節無懈，庶其茂之，勿翦勿敗。

元 蕭𣂏《**勤齋集**》**卷八**《**謝竹**》 荒齋觸目但蓬蒿，能致此君非俗交。合著新詩答清貺，一軒晴日看風梢。

元 郝經《**陵川集**》**卷三**《**荒竹**》 荒竹繞廢宅，高下隨女蘿。新梢入林莽，迸葉楊條柯。玉骨清且癯，埋没還奄阿。病緑煙慘凄，枯黄雨滂沱。劍斷戟復折，壯士空悲歌。伊昔主家安，森森氣相摩。籜龍起雲雷，平地煙霄過。幽香澹庭除，静陰延綺羅。一自兵塵生，人去斤斧多。寂莫秋不實，饑鳳將奈何。

元 謝徽《**雲林竹**》（**引自**《**清閟閣集**》**卷一二**） 風葉響秋林，煙稍帶夕陰。美人離思遠，湘水夜來深。

明 朱元璋《**明太祖文集**》**卷二〇**《**咏雪竹**》 雪壓竹枝低，雖低不着泥。明朝紅日出，依舊與雲齊。

明 李昌祺《**運甓漫稿**》**卷六**《**題竹**》 兩竿蕭灑墨淋漓，師法東淮顧定之。却憶紫薇堂後坐，翠陰摇曳午晴時。

解籜新梢緑未全，一枝斜出更娟娟。錢塘太史春風筆，移得瀟湘到几前。

明 薛瑄《**敬軒文集**》**卷一**《**新筍**》 方池錦萍滿，花草被四阿。生意一何盛，新筍池上多。緑苔已穿透，粉籜方包羅。鋭若毛遂穎，森如羽林戈。朝玩夕逾峻，蒨竹時復過。相期保堅節，歲寒心靡他。

又卷四《**竹**》 三年烏府長琅玕，粉籜新梢次第看。今日成林足風雨，坐聽清響徹雲端。

又卷六《**錦城館雜題十三首·竹**》 誰種庭前竹，蕭森數十竿。高簷晴落翠，虚室晝生寒。韵喜風前聽，陰宜月下看。莫言家在遠，長得報平安。

又《**筍**》 爲是根延蔓，因知筍易生。破苔錐快利，穿砌角峥嶸。籜解龍蛇蜕，梢翻翡翠翎。漸應爲勁節，行復上青冥。

又《**竹下四首**》 翠擁如雲竹，門開一逕深。成林常少日，接葉自多陰。山鳥時聞囀，風蟬忽聽吟。把書閑讀處，凉籟覺心清。

愛此竹林僻，千竿翠葉交。濕衣清露重，到面好風飄。旋解龍鱗籜，新抽鳳尾梢。逕幽仍宛轉，聊此慰逍遥。

夜雨朝來霽，閒從竹下行。尚餘零露濕，倍有好風生。凌亂陰還厚，飄蕭韻自清。獨高君子節，長結歲寒盟。

積雨苔長潤，生風竹自凉。誰開延客逕，借作讀書堂。魚躍盆池水，花傳瓮牖香。清心時宴坐，遠意到羲皇。

又卷九《**詠新竹**》 知是乾坤一氣催，滿林新筍迸蒼苔。抽梢漸欲侵雲漢，解籜時應傍憲臺。已覺清風連座起，更摇踈雨到牕來。相看盡日添新興，白筆新詩爲爾裁。

明 謝晋《**蘭庭集**》**卷下**《**題竹**》 夢醒虚堂月半斜，毵毵凉影拂窓紗。恍疑人曳青鸞尾，來向閒庭掃落花。

又《**題竹**》 吟邊相見忽驚秋，節粉凝香宿雨收。簾捲客堂清似水，凉聲只在翠梢頭。

舟泊黄陵古廟前，湘雲籠月浄娟娟。酒醒孤坐蓬窓底，聽徹龍吟未就眠。

明 倪謙《**倪文僖集**》**卷八**《**題竹**》 金壺素楮墨淋漓，寫出扶踈帶雨枝。湘浦啼痕秋作點，淇園翠色晚含滋。窗前把酒閒吟處，蓬底停橈獨聽時。滄海新波添幾尺，長竿欲擊釣鰲絲。

又卷一〇《**竹**》 懸崖見一枝，露葉青可數。宛轉逗回風，翩翩翠鸞舞。

又《**題竹**》 露葉凝香翠欲流，月華凉浸一庭秋。恍疑阿母停鸞馭，玉節玄旌散不收。

又《題竹》　誰剪脩篁百尺梢，獨餘翠篠半含苞。不妨紫鳳飛來晚，認得煙葭有舊巢。

一夜涼颸轉素商，鳳毛月下影回翔。玉枝瘦損知誰似，却憶夷齊在首陽。

又卷一一《題懸崖竹》　晚移孤棹過湘川，翡翠晴摇兩岸煙。吟倚斷崖清不寐，一枝涼影月中懸。

又《題竹二首》　扶疎林外幾枝存，猶有清陰落酒尊。莫惜煙梢半摧折，春風争看長龍孫。

蕭森緑玉楚江潯，積翠凝煙自滿林。試看歲寒冰雪裏，青青方見一生心。

又卷一四《瑞竹庵記》　廣東左布政使臨海侯公仲勳，其先君子樂庵先生之没也，葬於城東白竹山之原，宰木已拱矣。景泰己亥春，墓林之中有竹焉，忽發一筍，挺然秀出，初不知其爲奇也。及夫枯籜乍解，嫩葉始敷，數節之後，則岐爲二枝，偕榮並奮，干霄直上，見者驚訝。於是咸以爲異焉。曰：此侯氏之瑞也。因名其墓庵曰『瑞竹之庵』。頃者方伯丁艱，起復來朝京師，乃以是征言爲記。予聞之，記曰：嗜慾將至，有開必先。天降時雨，山川出雲。是則祥瑞之來，未有有其兆而無其應者也。侯氏之瑞，不生於他所，而生於其親托體之墟，非其世澤所積之厚，而靈秀之發自不能已歟？不鍾於他卉，而鍾於歲寒之節，非其子孫之生既盛且賢，而物之同德者感是氣而先兆歟？是竹也，不著乎他異而著乎兩岐之美，非其家兄弟友恭，夫婦好合，無乖戾之風，而象之有見於物歟？信佳瑞也。夫德者，無形之理，藴於中而難見者也。理既盡，則雖不求天知而天自知之，必假夫有形之物，出奇效異以彰顯之，而使之易見焉。故韓昌黎作董召南之詩，謂其孝慈之行，惟有天知而爲之生祥下瑞焉，此之謂也。方伯以明經登第爲名進士，拜刑科給事中爲良侍從，擢參廣藩，再擢今秩爲賢。方伯德之修於身，刑於家而施於民者，已無不盡，以故上天生祥下瑞，假其墓林之竹以彰顯之，而又昌其後於無窮也。夫豈偶然之故哉？由是，厥應不爽，將見方伯之名位壽考固同是竹之堅貞，而子孫之森然傑立，抑同是竹之騈茂者矣。遂不辭而記之。

明　岳正《類博稿》卷一《瑞竹詩》　嘉定道士插竹籓花，其末在地，忽有生意。蘇人異之，稱爲瑞竹，求余賦之。

花容嫵媚竹幽獨，道人愛花不愛竹。斫竹障花倒插地，逆施已分無生意。誰料天公爲斡旋，花容不久竹反妍。道人一見稱爲瑞，昔者賤之今日貴。世間此事紛如麻，豈獨區區竹與花。爲君短歌不成調，落日掀髯空自嗟。

又卷七《竹庭記》　吴淞之西曰上洋。上洋宜竹，不種而生，不殖而茂。大者可椽，小者可管，細者可簳，叢者可箒，而編之可籓。縱之長養，而剪伐柔躒之不加，雖不盈歲歷年，而蓊乎成林不難矣。用是其居人皆易而賤之。有蔣定以寧者，獨異其俗，築館處，環以萬竿，號曰『竹庭』。方其意與竹會，則危坐命酒，悠然獨酌，泊然成醺，叩竹而歌曰：竹兮，竹兮，我依我侣，富貴非我期，抱爾以終始。其友夏芳遠者，造而問之曰：子之所好，上洋人之所易而賤之者也。顧吾淞據吴越之交，水陸之珎，溢乎層出而品具焉，將無以充子之欲，而獨於是者抑有辭乎？以寧喟然作曰：廣陵瓊花，長安牡丹，非不少且貴也。昔人好之，卒以亡其身而敗失其家國。有如吾竹者，虚中之謙，圓外之和，可食之養，可器用之才，四時而不易其色之節；不灌不壞，隨地而生之易；淬之則堅，熨之則曲之時；自江以南無地無之之有，恒可謂全德者矣。至如松雖清也，而或汙爵於秦。梅雖潔也，而或濫名於殷。尚不足以肩吾竹。竹，吾愛之非過也。芳遠不能難。間以告予，予曰：是欲逃名者。是方飄飄然，洗耳濯足以爲高者，詎可以口舌争邪。待吾以公事過吴淞，爲之走上洋，徑造竹所，試以三機觀之，兹則未可也。姑書此爲記。

明　張弼《竹詠》（引自《石倉歷代詩選》卷四百八）　擊節歌離騷，湘靈招不得。開門看明月，幽篁倚蒼石。春風千萬花，花落春無迹。此君冷淡姿，常有好顔色。

明　文洪《涞水詩集・友人陳君竹圃》（引自《文氏五家集》卷一）　主人自種千頭竹，手洗長竿結爲屋。層層蒼翠作深幃，瑟瑟清風響寒玉。湘雲一片蔽晴空，卓午猶疑未晨旭。炎炎赤日燒空時，涼陰四布無纖燠。也知高興比王猷，終日臨軒面晴緑。閉户常令俗駕回，掃榻時延清隱宿。豈惟至貴等封侯，得此兼令人不俗。世塵不到意殊清，肯厭常貧食無肉。

明　文徵明《太史詩集・聽竹》（引自《文氏五家集》卷三）　虚齋坐深寂，涼聲送清美。雜佩摇天風，孤琴瀉流水。尋聲自何來，蒼竿在庭圯。泠

然如有應，聲耳相諾唯。竹聲良已佳，吾耳亦清矣。誰云聽在竹，要識聽由己。人清比脩竹，竹瘦比君子。聲入心自通，一物聊彼此。傍人漫求聲，己在無聲裏。不然吾自吾，竹亦自竹爾。雖日與竹居，終然邈千里。請看太始音，豈入箏琶耳？

明　文彭　《博士詩集·夢中題朱竹》（引自《文氏五家集》卷七）　淇園一雨洗塵埃，忽變朱顔破緑苔。春夜珊瑚映燈火，丹山赤鳳下瑶臺。

又　《和姚太史雪中竹》（引自《文氏五家集》卷八）　飛雪灑蒼筠，分明白鳳翎。風迴翻舞袖，映月淡疎欞。掃去茶初熟，看來酒易醒。更憐人似玉，清氣滿虚亭。

九月十七日，與肇兒夜過吕公祠，浦溆縈迴，菰蒲掩映，月色如晝，真一片江南也。適張氏兄弟携琴阮，至酒酣，鳴琴撥阮，命童子奏笙簫以和之，恍然如在世外，三酌而起，朗詠成篇。

明　倪嶽　《清溪漫稿》卷九《題竹二首》　湘雲流盡水痕乾，玉骨傷秋露氣寒。饑鳳夜深飛不去，也隨羣鳥宿江干。

閼穩楚江秋，靈瑟聲寒泪不收。明月莫隨流水去，好應長照夢中遊。

明　林俊　《竹》（引自《石倉歷代詩選》卷四一五）　斷靄横天外，青山落水中。林稀行野鶴，笋熟過溪翁。索莫無諸事，蕭疎又一風。炎歊移處薄，披寫此君同。

明　朱誠泳　《小鳴稿》卷一《竹枝詞》　嫋嫋萬竿秋影，點點二女淚痕。試聽鷓鴣聲裏，滿川風雨黄昏。

又卷三《雨竹》　鳳毛褷褷灑寒雨，緑玉團雲飛不起。窓涵翠滴潤圖書，涼氣滿天秋若洗。湘江曾夢泊孤舟，一片瀟瀟落篷底。夜深驚起倚闌干，却憶美人隔秋水。

又卷六《古意》　裊裊竹成竿，纍纍花結子。永懷不寐人，空閨愁欲死。

又卷七《過墻竹》　擗龍初卸錦棚香，頭角峥嶸過粉墻。翻訝吹簫秦美玉，月明騎鳳度瀟湘。

又《堦前竹》　箇箇篔簹手自栽，緑陰密密護蒼苔。小軒不獨添佳致，還有丹山彩鳳來。

又《新笋出林爲風所折》　擗龍驚蟄出墻東，一夜寒聲滿地空。造化未應偏妬物，錦襉初脱不禁風。

明　祝允明　《懷星堂集》卷八《竹》　淇園一枝春雨足，渭川千畝秋風高。先生青眼對君子，撚落吟鬚如鳳毛。

明　顧璘　《憑几集》卷三《新竹》　犢角初穿地，龍稍倏過墻。孫枝高勝母，野色翠侵堂。林許清風入，人將俗抱忘。難逢嵇阮輩，終日弄壺觴。

明　藍田　《藍侍御集》卷二《竹》　蕭蕭幾箇竹，歲晚是知心。憑君截作管，吹出古韶音。

明　薛蕙　《考功集》卷四《題竹》　使君擁千騎，蹋雪向長安。雪中芳草盡零落，贈此青錦金琅玕。江南邱墟繞江水，中有琅玕拂雲起。應龍夜穿崖石裂，江妃朝遊春雨歇。風梳露洗助嬋娟，沙崩水濺映潺湲。坐看彩筆題苔蘚，想見翠葆摇風烟。只今四海歌太平，昔露晝降黄河清。願言植此玉墀側，會聽丹山鳳鳥鳴。

明　許天錫　《次喬選郎宇詠新竹韻》（引自《石倉歷代詩選》卷四四六）　秋山暮雨收銀竹，白巖軒前月可掬。開軒見月弄清影，輒有新詩續淇澳。翠筠縹節想停雲，金蕤銀枝知奪目。此君擇地托寸根，雪擁霜培漸蕃育。去年崛起纔二三，今歲旋添餘五六。不隨凡卉竟滋蔓，似識衰榮相倚伏。憶我江頭坐嘯時，風雨瀟瀟拂茅屋。别來幾度長兒孫，回首光陰一何速。春城滿眼桃李顔，如對宋朝親衛祝。渴心愛濯君子風，幸接高林不須卜。

明　趙時春　《趙浚谷詩集·鳳尾竹》　曾韻清風儀舜韶，會看曳尾傍青霄。肯隨桃李争春艷，自與松柏押後凋。

明　任環　《山海漫談》卷三《泣竹》　冬行孝，孝尤異，長哭一聲動天地。須臾玉笋生滿林，歸來作羹慰親心。沉疴脱體灑然愈，芳聲千載重南金。嗚呼孝哉兮我知愧，親卧高堂思遠味。如何不將寸草心，却持老竹班班淚。

明　趙完璧　《海壑吟稿》卷五《竹韻》　幽響蕭蕭隔座迴，秋聲遥送楚湘來。驚風滿院清如許，度靄閑窻静可猜。瓊佩人歸明月下，緑琴調合碧雲限。高齋剩有銜杯趣，七子襟懷曠古開。

明　王世貞　《弇州四部稿》卷四四《竹筍》　大陸千林紫氣間，野人零露荷鑱還。春盤玉並佳人指，曉殿星分侍從班。鳳尾擘雲迴白日，龍鱗過雨

坼青山。亦知饞口渾無厭，剛道淇園秀可删。

明　王越《竹》（引自《石倉歷代詩選》卷三八六）　湘妃分翠滿蒼梧，管領春風叫鷓鴣。我欲放舟閑載酒，紫簫吹過洞庭湖。

明　董仲昭《未軒文集》卷一《墨竹二首爲林信傳賦》　誰種琅玕傍碧溪，森森高節與雲齊。春風養就林間實，留待丹山彩鳳棲。

籠葱翠玉擅風標，白石清泉伴寂寥。安得伶倫裁鳳管，五雲深處和簫韶。

明　方維則《題竹》（引自《宋金元明四朝詩・明詩》卷六七）　小院何空寂，相依獨此君。雪深愁易折，風急不堪聞。白石移花影，青苔擁籀文。樓頭明月上，空翠落紛紛。

明　魏允中《詠竹》（引自《御選宋金元明四朝詩・明詩》卷九八）　借問數根竹，幾時能長成？憑將截作管，吹出鳳凰聲。

明　杜瓊《竹》（引自《御選宋金元明四朝詩・明詩》卷一〇四）　露葉風梢接水鄉，幾回相對憶瀟湘。寒雲流水斜陽暮，一曲清歌斷客腸。

明　張時徹《詠竹》（引自《御選宋金元明四朝詩・明詩》卷一〇八）　山陰誰種碧琳琅，日日春風繞畫堂。海上月明吹玉笛，令人錯認是瀟湘。

明　萬爆《修竹》（引自《御選宋金元明四朝詩・明詩》卷一一一）　琅玕千畝拂雲齊，日影參差亂渭溪。但恐玉簫風過弄，夜來驚散鳳凰棲。

清　施閏章《學餘堂詩集》卷四七《見斑竹》　碧玉森森緑水灣，風鳴環珮滿湘山。遊人自灑離愁淚，不是當年舊淚斑。

清　梅清《瞿山詩略》卷一一《蘆笋》　蘆苗出水也稱强，誰似江東美更香。却憶故園籬下笋，齊抽泥籜長新篁。

清　許虬《萬山樓詩集》卷二二《竹》　瀟湘水色映千竿，拂破青雲傍日看。莫厭荒山頻手植，天家終待碧琅玕。

清　孫奭《客庵辛卯集・竹瀵》　雪竇居四明之中，竹徑縱横各十里，窈窕清遠，若渭川焉。雪竇最幽倩，四山總修竹。僧鉢仰此君，相視爲荒熟。卷雪亞迴岡，逸鞭走重麓。夏日不到地，秋雲自歸宿。葱龍嘯且舞，旋風頓空谷。逕穿肌骨清，翠濕衣裘緑。塵網幾時破，燈香老僧屋。抱竹背楞嚴，倚醉調蒼鹿。

清　熊賜履《經義齋集》卷一七《園林雜咏・竹》　葱蒨千竿竹，葳蕤百尺莖。凌雲總勁節，掃石亦菁英。杖委疑龍化，風翻作鳳鳴。十尋終不屈，颯颯表堅貞。

清　鄭日奎《鄭静庵先生詩集》卷五《竹》　王猷逸興未全闌，繞徑猶存玉數竿。晋魏人應塵外住，瀟湘秋向座中看。清惟自信虚而直，高亦何妨瘦與寒。寂寞山齋無一事，課童分日報平安。

清　查慎行《敬業堂詩集》卷三八《槐簃集下・新竹次院長韵》

青瑶流影照明玕，陶詩：亭亭明玕照。盡放梢梢出屋寬。粉澤未乾宜露濯，錦棚初脱奈風寒。輕陰拂地應加密，秀色迎人尚可餐。附入戴家新譜内，釋名稱草恐難安。《爾雅・釋草》篇：笋，竹萌。《山海經》：其草多族，厥族多簻。皆以竹爲草類，故戴凱之《竹譜》云：事經聖賢未有改易，然稱草良有難安。

清　愛新覺羅・玄燁《清聖祖文集》卷三〇《竹賦並序》　江南修竹成林，森如緑玉，見輒愛之。昔人所以歌君子也，舟行閑暇偶作賦曰：攬嘉生之植物，美修竹之㛹娟。振葳蕤以擢地，結蒼翠而參天。吐碧鮮於原隰，含玉潤於山川。拂丹霄以焕採，濯晨露以增妍。爾其體本貞堅，性惟高孑。欻欻虚中，亭亭秀越。居遠俗以無塵，生自然而有列。游必集於鵷鸞，色不渝於霜雪。抱君子之德生，豈凡姿之可埒。至於汗青爲簡，截管成聲，文章彬鬱，律吕和鳴。流雨間之元化，開萬古之菁英。亦有蕩材敷布，箭括叢生，鏃礪作器，規矩中程。或垂美於九府，或呈能於五兵。斯其爲致用之廣遠，尤不可以一得名也。至若淇澳見稱於衛國，夾池作賦於梁園，詠千畝於渭上，想一葉於湘潭，罔不絶羣標傑，意殊態嚴。況爾閞北秋高，江南地潔，見衆茂之咸凋，知孤貞之自結。巨幹凌風，修莖映月。豈徒覽夫清陰，實興感乎勁節。何當植根綺殿，布影彤庭，彩鸞下集，丹風載鳴。將曉餐夫珠實，亦暮托於紺莖。迺其峭蒨之容，檀欒之美，繁條綴青，芳筠孕紫。散夏景於瑶林，蔭春華於仙沚。戛素籟以風疎，被青暉而雲委。影入户而窺簷，聲含宫而嚼徵。亦足以怡情適性，娱目賞心，徘徊晨夕，抒寫高吟。響蕭蕭而隱几，颸颯颯以開襟。披十重之緗帙，鼓五絃之雅琴。聊濡毫以成賦，寄予思於遥深。

清　愛新覺羅・胤禛《清世宗文集》卷二五《竹》　緑染竿竿潤，青籠個個陰。節高寒愈勁，氣潔暑難侵。密雨驚龍起，清風引鳳吟。幸邀君子

號，爲爾解虚心。

清　李霨《心遠堂詩集》卷一《竹》　去年僦竹居，今年抽新筍。翛翛數十竿，青翠自相引。對之終日閒，頗使幽興盡。無爲愁西風，不隨秋霜隕。

清　黄之雋《痦堂集》卷四《竹》　乍喜見修篁，檀欒翠作行。停車一以過，心地灑然涼。京邑三年夢，家園百箇長。翻從遠行役，趨走此君旁。

清　程夢星《今有堂詩後集·漪南集·數筍》　花鬚纔數後，指點竹初萌。个个分行出，離離上番生。入林尋欲遍，繞徑記還清。莫待殘春過，千竿漸養成。

清　章汝爲《新竹》(引自《皇清詩選》卷一五)　雷雨初晴後，修然透上林。放稍將有陰，勁節本無心。欲待清風賞，看成皓月吟。干霄千尺勢，一寄鳳凰音。

清　高之騱《强恕堂詩集》卷七《竹》　聽竹偏宜誦楚騷，香生瑞露滿庭皋。啼殘細雨鳴寒玉，擊碎西風漲怒濤。洗耳秋香塵意浄，澄心清影月輪高。幽人昨夜絃中曲，譜出龍吟鳳尾槽。

清　愛新覺羅·弘曆《清高宗詩初集》卷一三《竹》　翛竹自成林，森然圍户庭。玉色潤琅玕，清蘋戛竽笙。當春布始和，萬卉欣向榮。柔紅枝頭綻，嫩緑坡間萌。植生無妍媸，紛紛競形形。惟竹於此時，葆光而韜英。窣窣葉欲乾，瑟瑟枝逐青。豔輪桃李華，態謝棠梨輕。緑叢染淡黄，似失凌霜勁。卓彼歲寒姿，凋萎豈其情。況借青陽力，發生詎不能。徘徊倚玉竿，妙理入吟評。譬之君子德，不與衆相爭。

又卷四〇《新筍》　渭南梢已緑，冀北苞方紫。因憶忘年交，不妨皆君子。宿雨潤蘭谿，怒生一日齊。試看方寸際，便爾異雲泥。爲愛干雲意，寧爲清夏供。長松將古鶴，早與結高踪。戢戢龍新角，依依鳥重枝。栽培生意在，造物本無私。

又《清高宗詩二集》卷三三《筍》　刺土才盈寸，凌雲勢不紆。峥嶸氣早直，森蒨翠相扶。怒長應期夏，叢生獨盛吴。韜光山徑畔，記取帶煙鋤。

又《清高宗詩三集》卷一七《賦得賞翛竹》　淑清勝以竹，題額昞堯年。個個琳琅列，聲聲角徵懸。四時皆入賞，千畝只虚傳。護徑數竿足，晝窓一幨便。古今常有契，風月總無邊。元凱如堪擬，吾方意渴賢。

清　童槐《今白華堂詩録補》卷八《沁園春·詠冬筍》　鄉味如何，折竹寒窗，夢回曉衾。想廉泉長老，綿裝玉版，渭川饞守，雪洗瑶簪。解箨燒爐，攢芽媵爵，抵得春纖捧笑斟。渾無著，是盤餐京洛，饋歲光陰。　登筵驚喜何任，自離了櫻厨杏莫尋。問秋鸞尾羽，蔭他幾番，蒼龍頭角，埋到如今。選盡仙班，抽殘卷束，還膹孤寒一寸心。詩腸裏，怪霜蔬得氣，攬作清吟。

雜録

《穆天子傳》卷二　庚戌，天子西征至於玄池，天子三日休於玄池之上，乃奏廣樂，三日而終，是曰樂池。因改名爲廣樂池，猶漢武改祠鄉爲聞喜之類。天子乃樹之竹，種竹池邊。是曰竹林。竹林盛者爲林。

晋　王嘉《拾遺記》卷一〇　[含明]國郊有浮筠之幹，葉青莖紫，子大如珠，有青鸞集其上。下有沙礰細如粉，柔風至，葉條翻起，拂細沙如雲霧。仙者來觀而戲焉，吹風，竹葉聲如鐘磬之音。

晋　張華《博物志》卷三　止些山多竹，長千仞。鳳食其實，去九疑萬八千里。

南朝宋　劉敬叔《異苑》卷二　建安有篔簹竹，節中有人，長尺許，頭足皆具。

南朝梁　任昉《述異記》卷上　東海畔有孤竹焉，斬而復生，中有筍。周武王時，孤竹之國獻瑞筍一株。【略】湘水去岸三十里許，有相思宫、望帝臺。昔舜南巡而葬於蒼梧之野，堯之二女娥皇、女英追之不及，相與慟哭，淚下沾竹，竹文上爲之班班然。

宋　洪邁《夷堅支志·丁》卷三《海山異竹》　温州巨商張願，世爲海賈，往來數十年，未嘗失時。紹興七年，涉大洋，遭風漂其船，不知所届。經五六日，得一山，修竹戛雲，彌望極目。乃登岸，伐十竿，擬爲稿棹之用。方畢事，見白衣翁云：『此是何世界，非汝所當留，宜急回，不可緩也。』船人拱首白曰：『某輩已迷失路，將葬魚腹。仙翁幸教如何可達鄉閭？』翁指東南

方，果得善還。十竹已雜用其九。臨抵岸，有倭客及崑崙奴，望桅檣拊膺大叫『可惜』者不絕口。既泊纜，衆凝睇船内，見一竹存，争欲輟呂本作『求』。買，曰：『吾不論價。』顧度其意必欲得，試需二千緡，衆齊聲答曰：『好。』即就近取錢以償。顧曰：『此至寶也，我適相戲耳。非五千緡勿復議。』崑崙尤喜，如其數，輦錢授之，而後立約。約定，顧問之曰：『此竹既成交易，不可翻悔。然我實不識爲是何寶物，而汝曹競欲售如此。盍爲我言之？』對曰：『此乃寶伽山聚寶竹，每立竹於巨浸中，則諸寶不採而聚。吾畢世舶游，視鯨波拍天如平地。然但知竹名，未嘗獲睹也。雖累千萬價，亦所不惜。』顧始嗟嘆而付之。予謂温州未必有倭舶到岸，而蕃客安得見仙，當以詢彼人也。『見仙』，呂本作『見錢』。

宋 釋普濟《五燈會元》卷四《南泉願禪師法嗣》 鄂州茱萸山和尚，初住隨州護國，上堂擎起一橛竹，曰：還有人虚空裏，釘得橛麽？時有靈虚上座出衆曰：虚空是橛。師擲下竹，便下座。

宋 釋贊寧《筍譜》 木玄虚著《四明山記》云：雪竇山北嵓，生石乳，其峯非人可升，有毛竹銀筍。詳其毛竹自生，毛筍若銀筍，即銀鑛如筍。然如池洲山穴，曾有懸囚人下窺，至百餘尋，後見洞明焕，遂手搴之，得三數莖。疑是此耶？或云：毛竹，筍白如銀。未詳。【略】或問：筍有五色章采否？對曰：江東黄筆《閒居賦》有青筍，《閩中賦》有素筍、赤筍，錢塘多紫桂筍。自餘班狸細縹不可勝言，大約不過青緑色。

清 陸廷燦《南村隨筆》卷五《異竹》 凡竹皆中空，而廣藤竹中實。王新城夫子《隴蜀餘聞》云：嘉州有月竹，每月輒生笋。周亮工《閩小記》云：劍津西山有朱竹，丹如火齊，但余三過延平，留意覓之，竟未得見。溱州産通竹，直上無節而空洞。蘄州嘗産十二時竹，其竹繞節，凸生子丑寅卯等十二字，尤足異也。

清 余保純 道光《直隸南雄州志》卷二四《名勝》 牛山異竹，在縣東南三十里，高數十丈。周圍數畝，其勢昂然。山腰有龍池，池上有石壇異竹，相傳有白牛出其間，時見異竹掃拂巖前。

圖表

晉 郭璞《爾雅音圖·釋草》

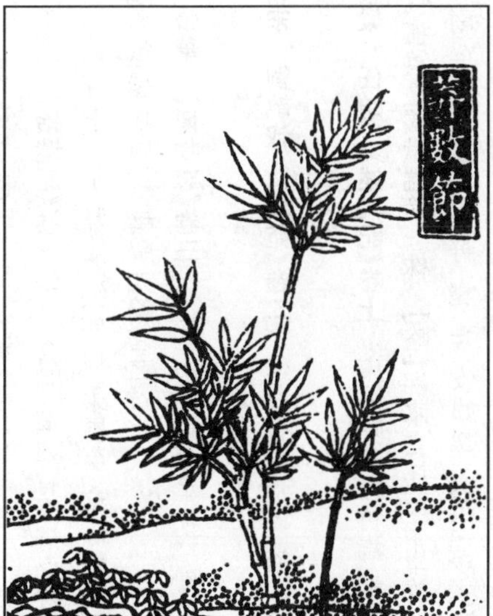

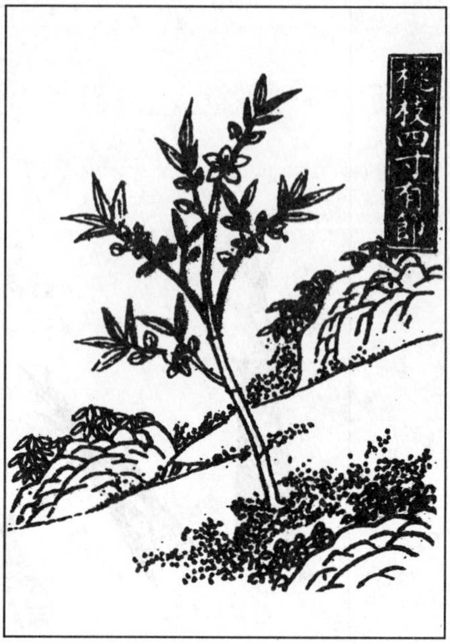

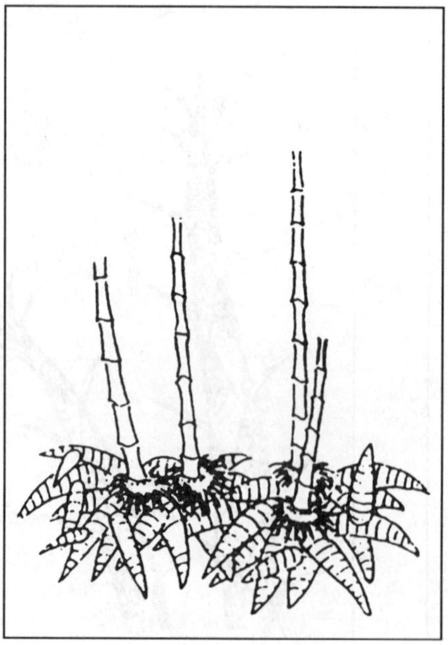

元　李衍《竹譜》卷三《竹態譜》

筍出土

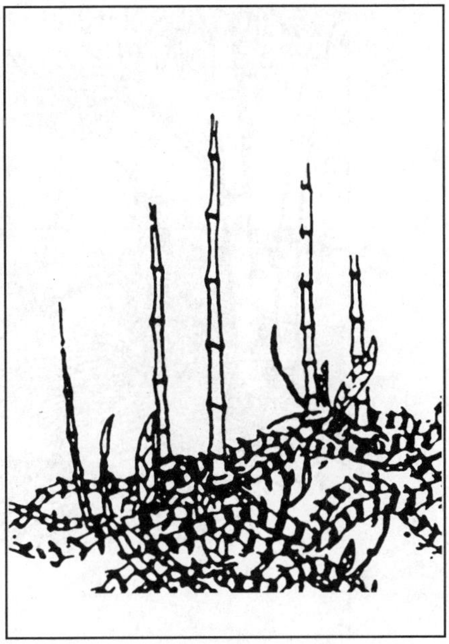

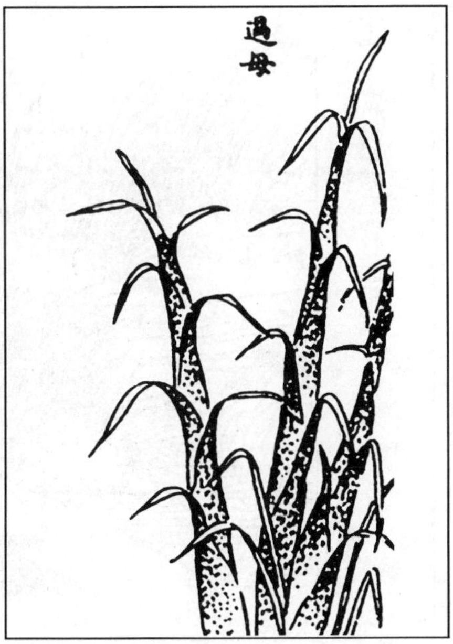
過母

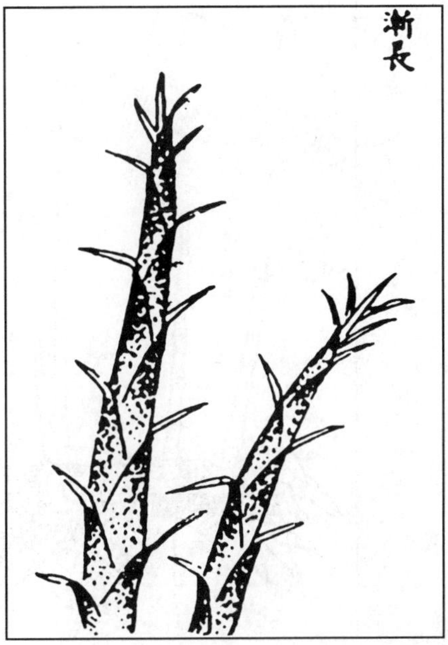
漸長

邊筍或作鞭筍
地生

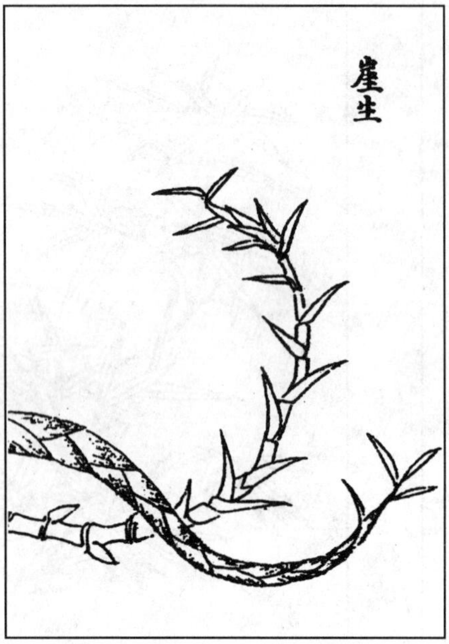
崖生

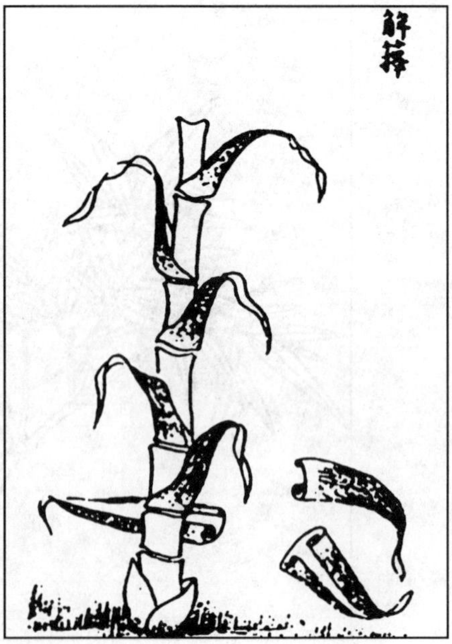
解籜

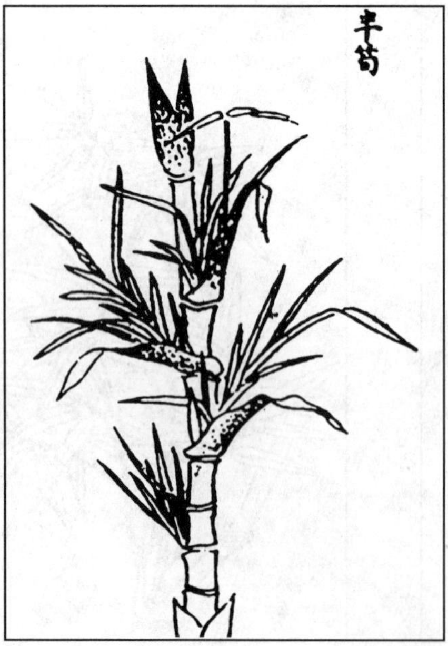
半筍

一年

成竹

三年

二年

弃

四年

微風

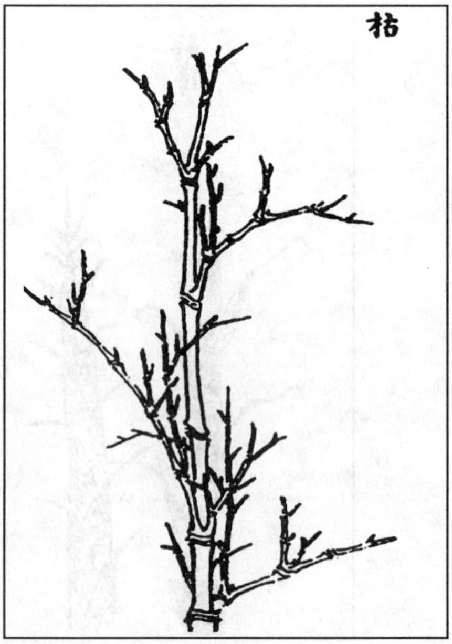
枯

疾風

乍雨

久雨

墨竹態
筍
觧籜

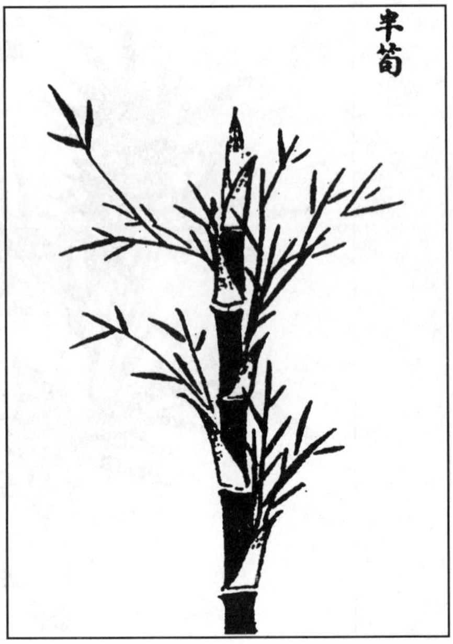
半筍

成竹

一年

二年

三年

四年

弃

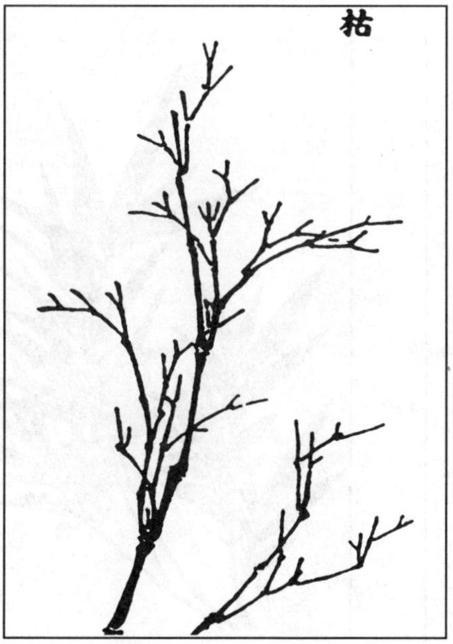
枯

疾風

微風

久雨

乍雨

又卷四《全德品・筀竹》

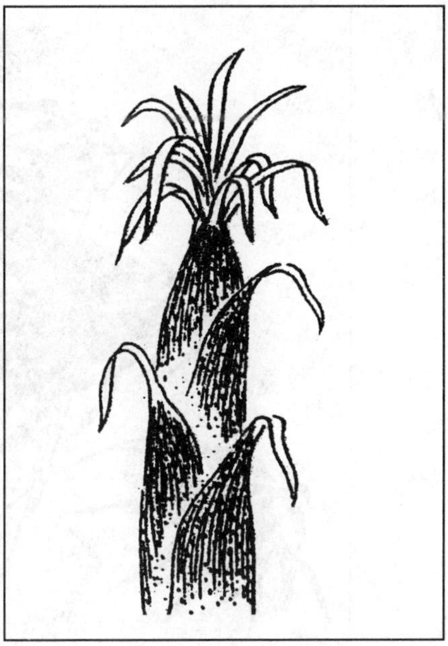

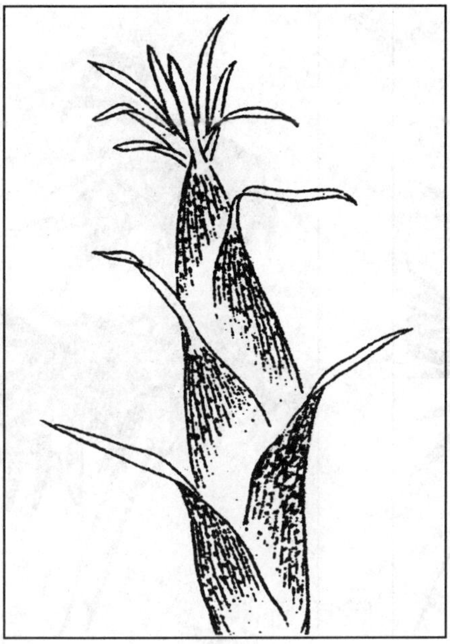

又《淡竹》

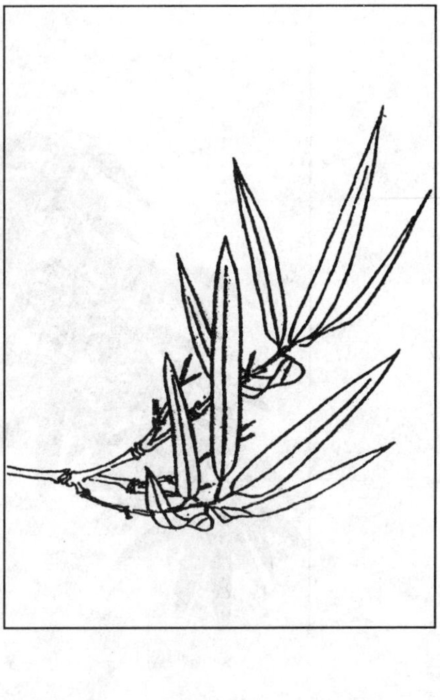

又《苦竹》

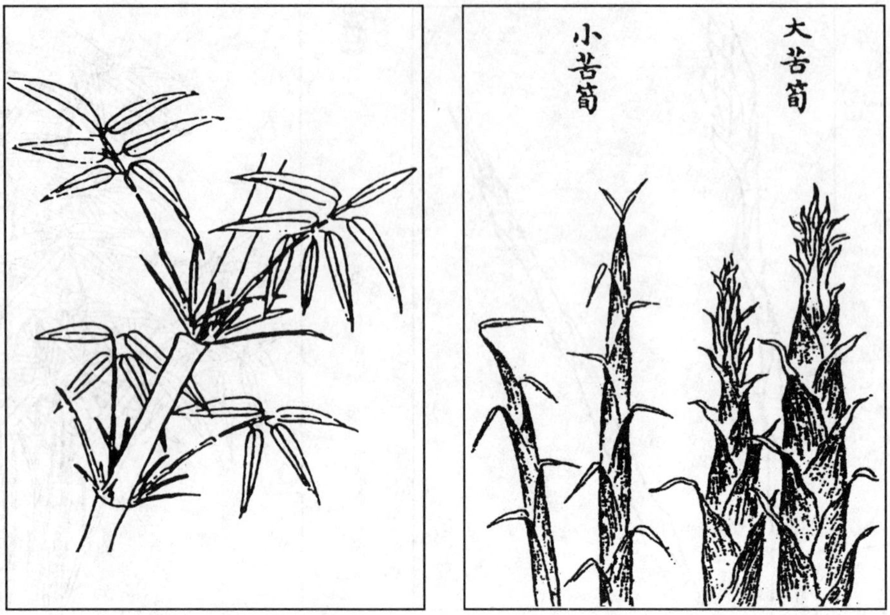

又《篌竹》

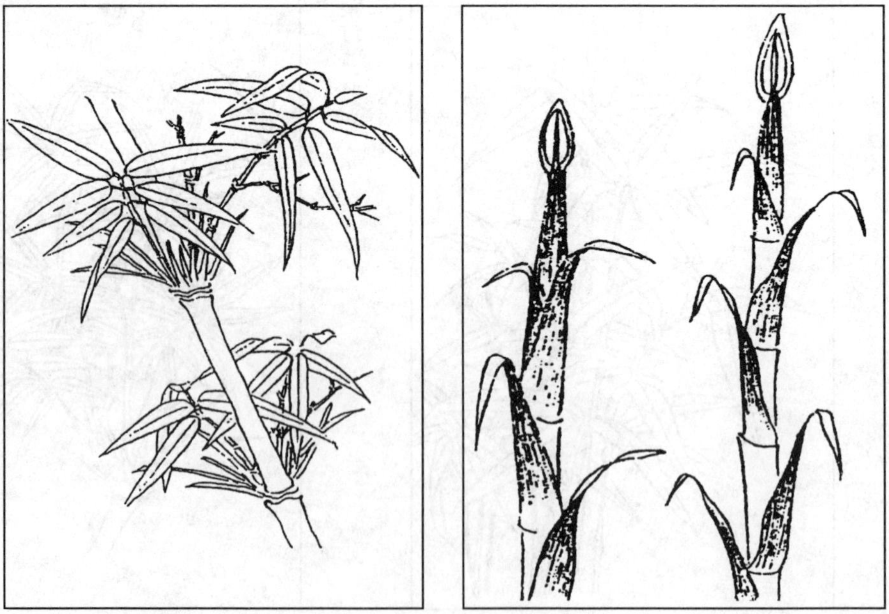

又《瀟湘竹》

又《順竹》

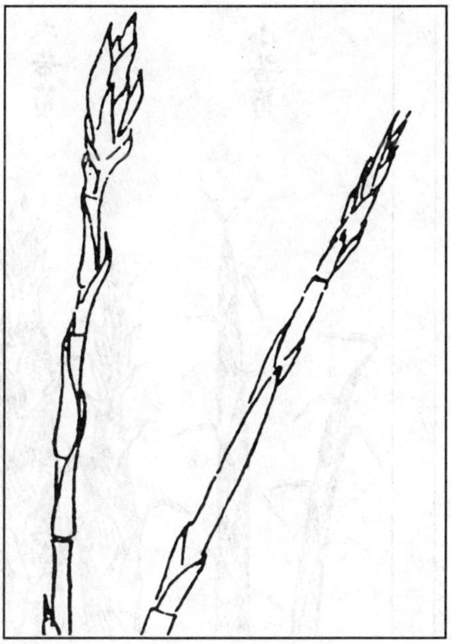

又《慈竹》

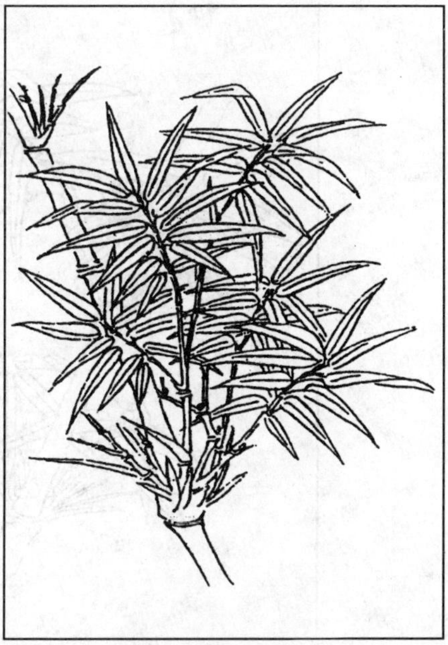

又《簾竹》

又卷五《異形品上・浄瓶竹》

又《實竹》

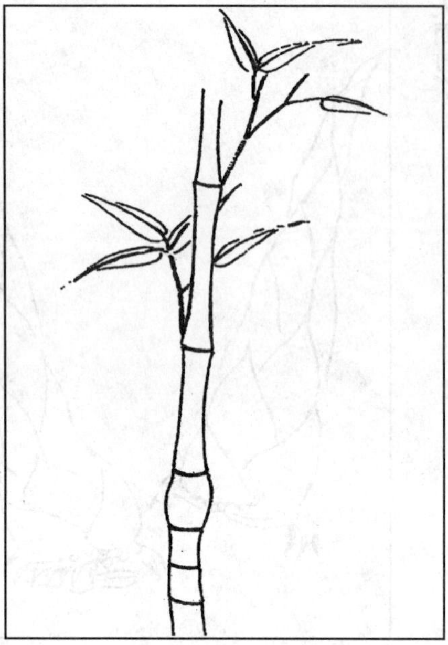

又《石竹》

又《鶴膝竹》

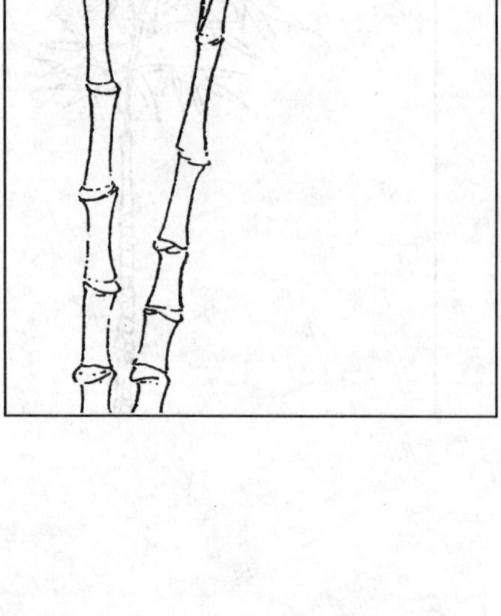

又《石大頭竹》

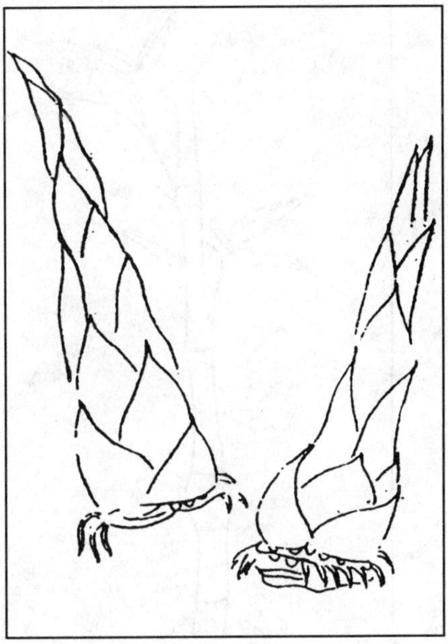

又《人面竹》

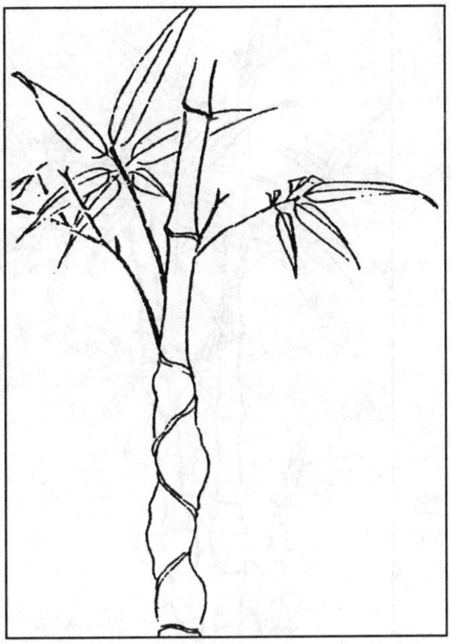

又《薑竹》

又《多般竹》

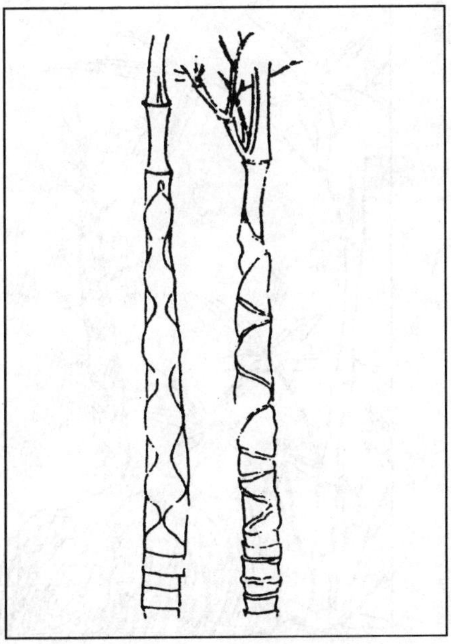

又《龍鱗竹》

又《雙葉竹》

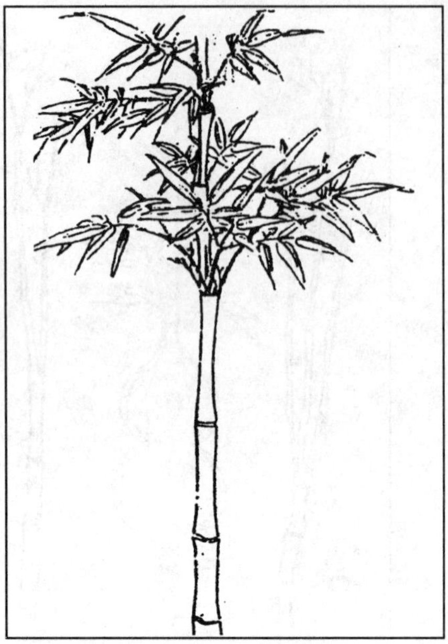

又《臺竹》

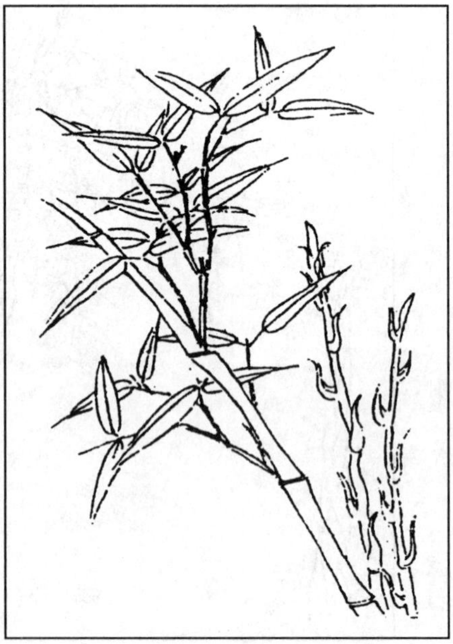

又《拂雲篁竹》

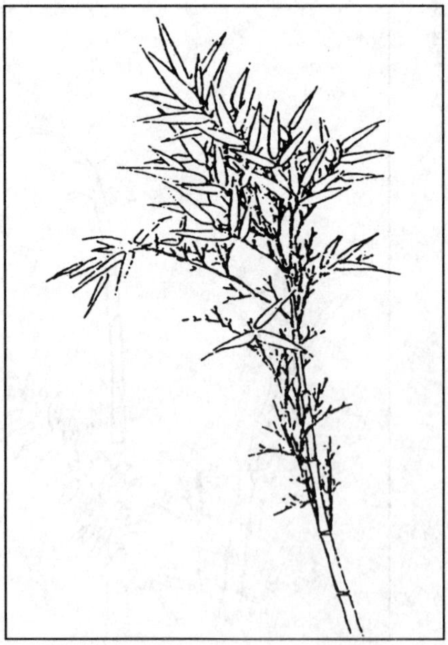

又《駢竹》

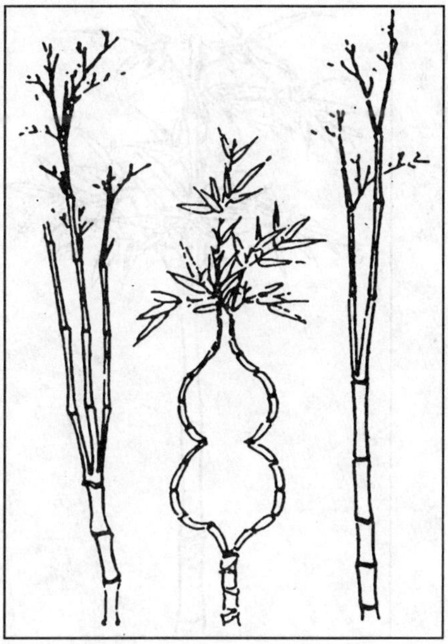

又《雙梢竹》

又《簜竹》

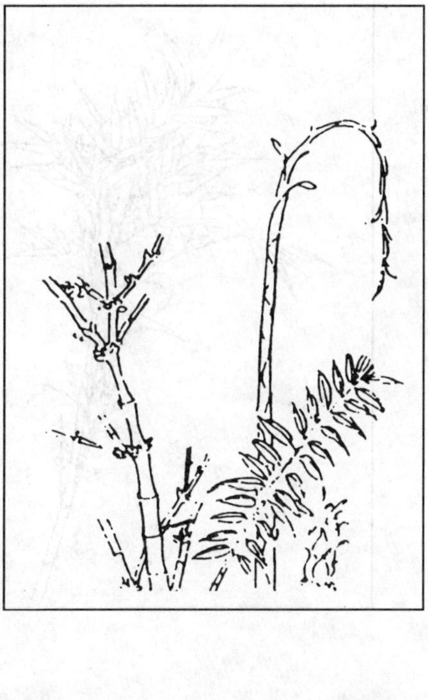

又《雜俎棘竹》

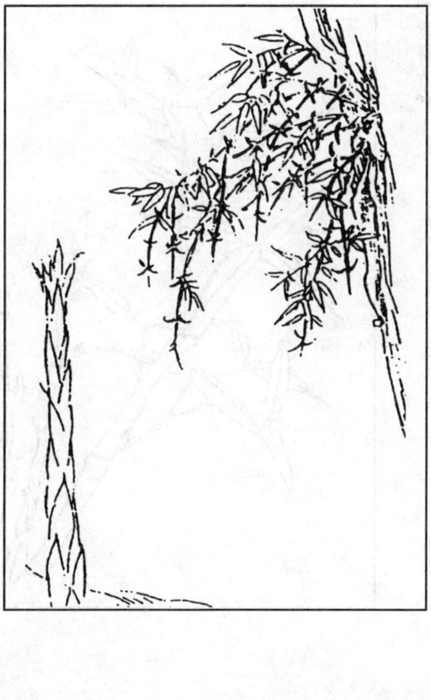

又《釣絲竹》

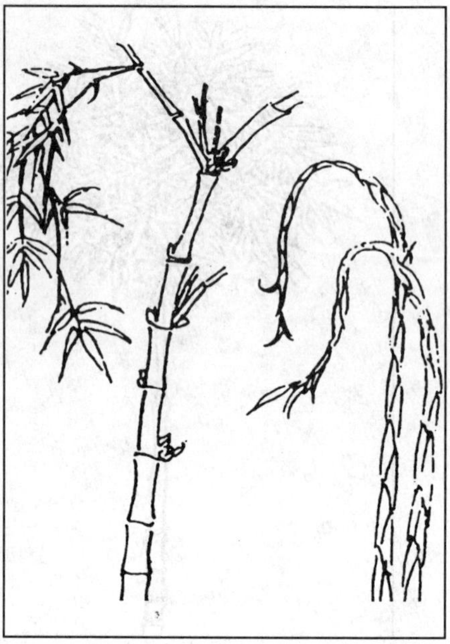

又《蕩竹》

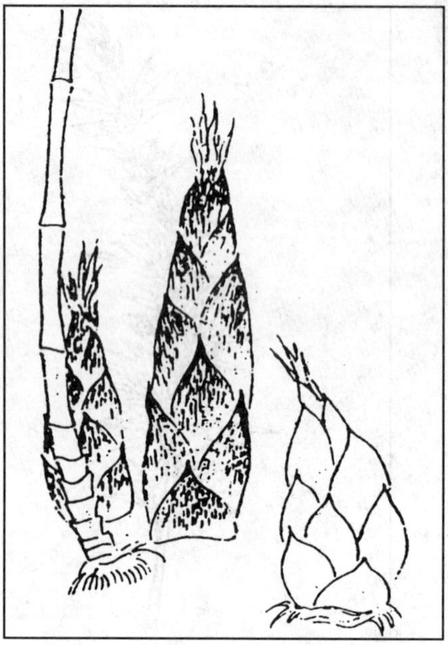

又卷六《異形品下·鳳尾竹》

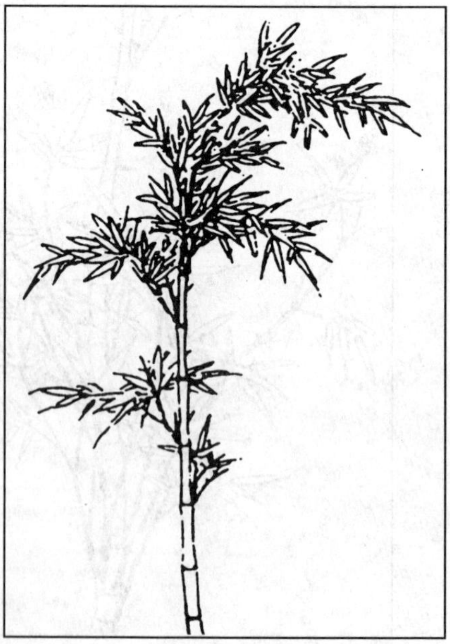

又《笻竹》

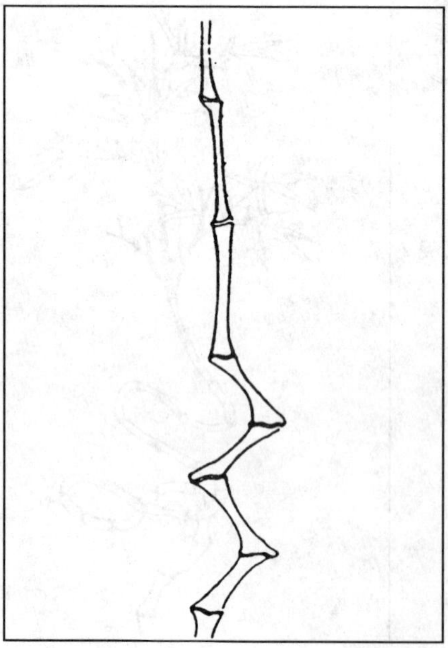

又《龍尾竹》

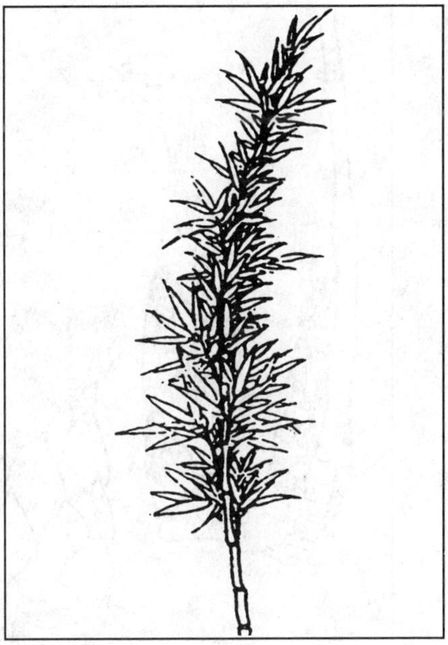

又《毬竹》

又《羅漢杖竹》

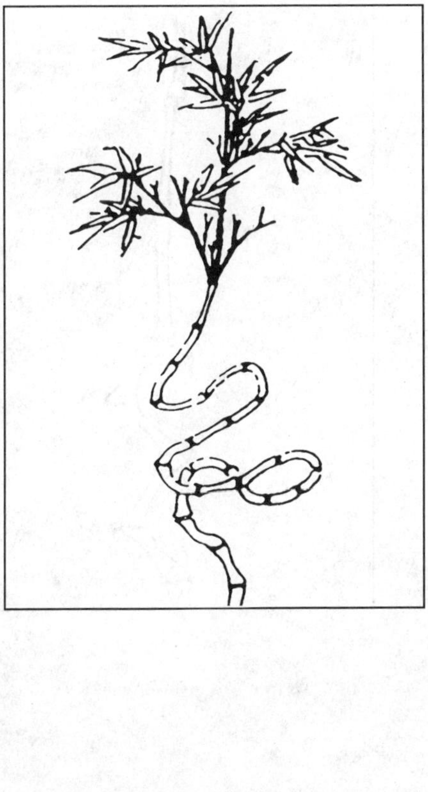

又《翁孫竹》

又《莽竹》

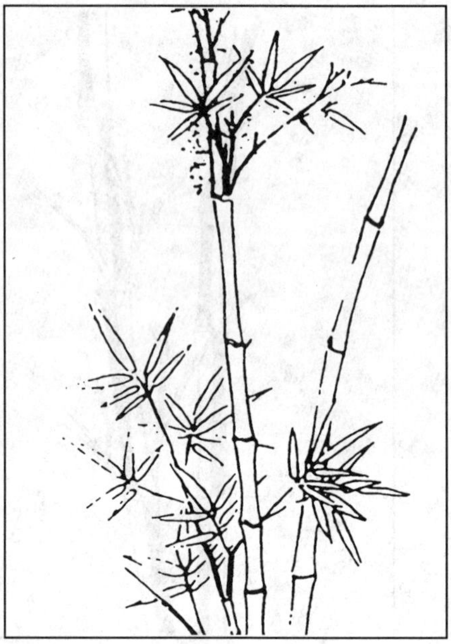

又卷七《異色品·暈竹》

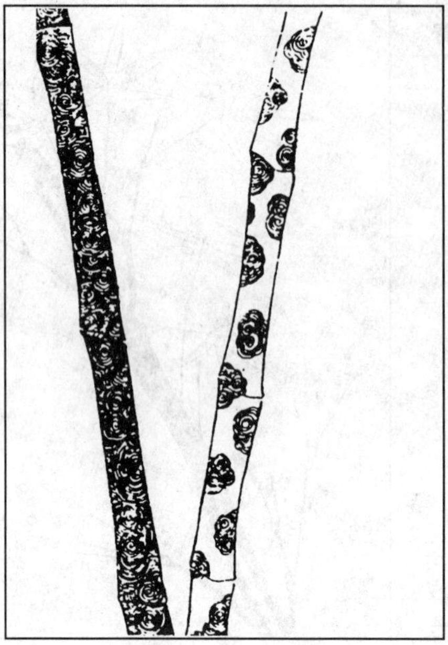

又《金絲竹》

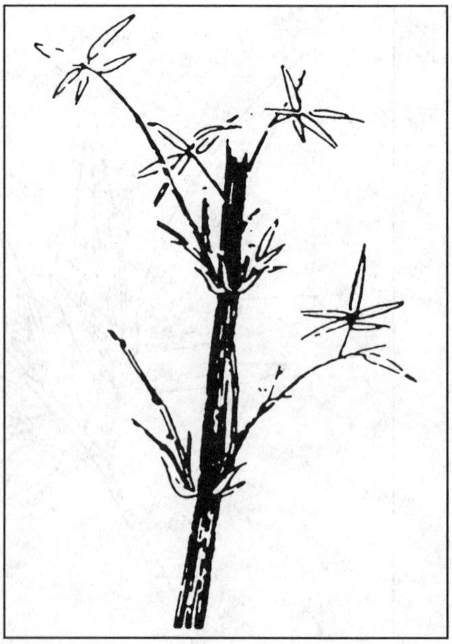

又《黃金間碧玉竹》

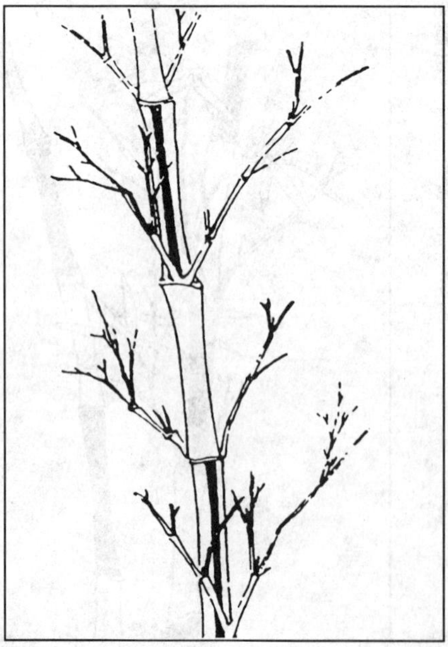

又《碧玉間黃金竹》

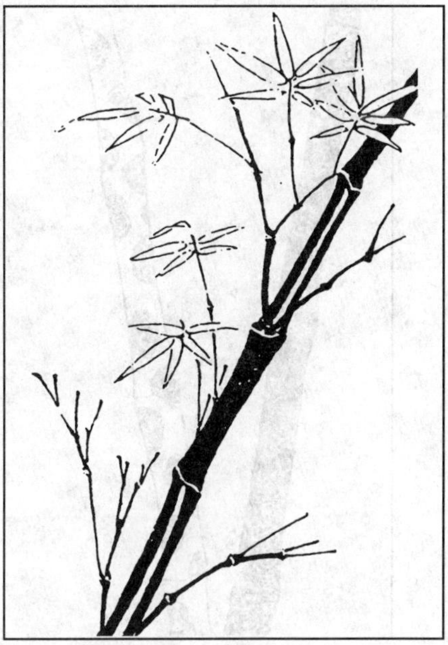

又《對青竹》

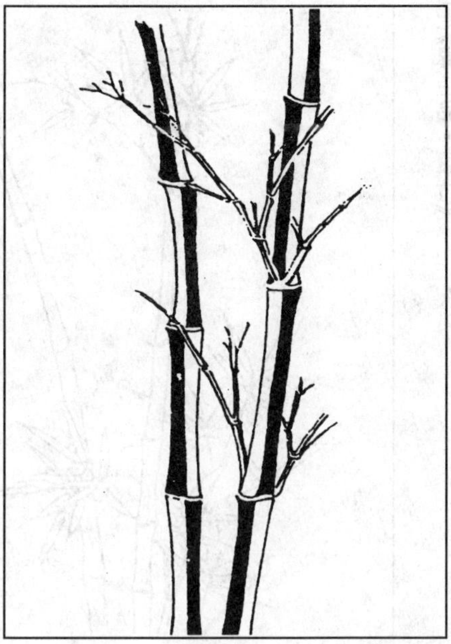

又《間青竹》

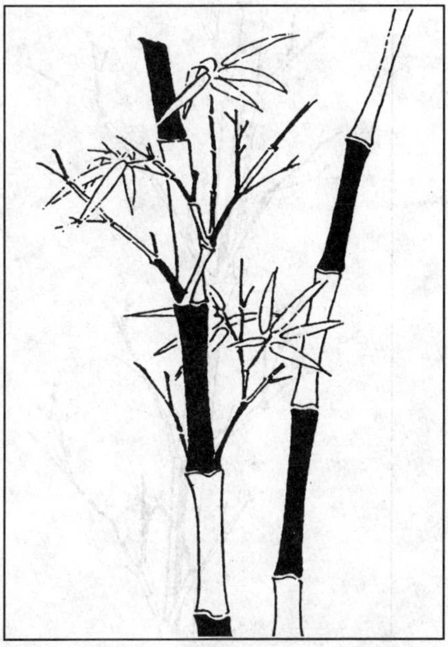

又《間道竹》

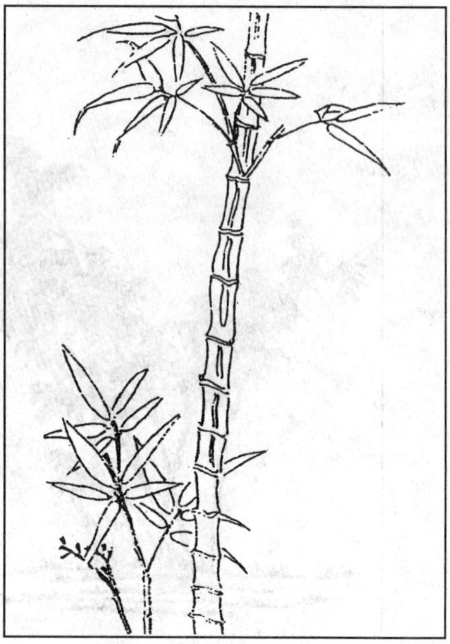

又卷八《神異品・瑞竹》

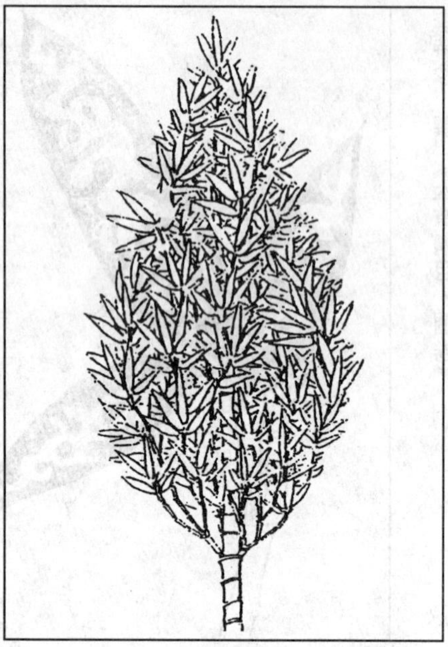

又《神翁竹》

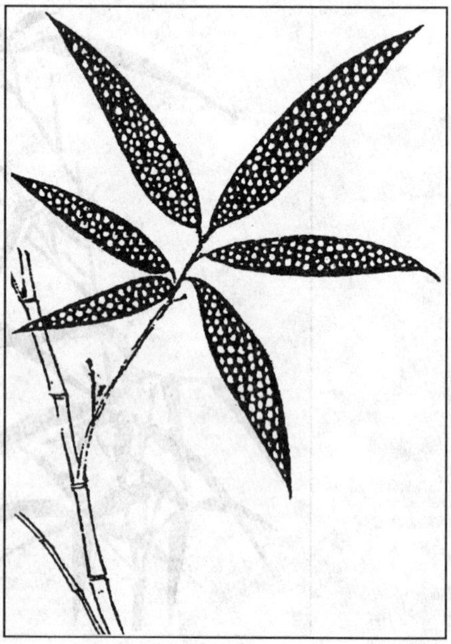

又《點砂竹》

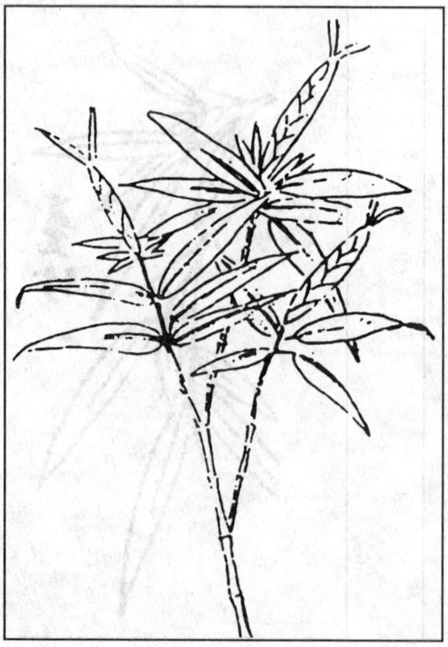

又《魚尾竹》

又《符竹》

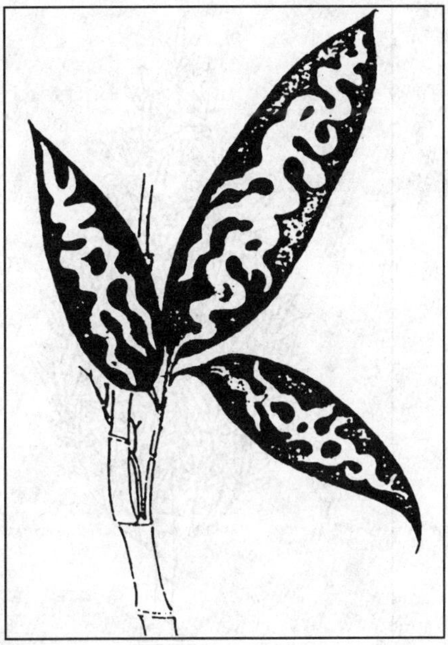

明 李時珍 撰《本草綱目・圖卷》

明 李中立《本草原始》卷四《木部・苞木部》

清 吴其濬《植物名實圖考》卷三五《竹花》

菌部

題解

漢 許慎《説文》卷一 屮，菌屮，地蕈，叢生田中。从屮，六聲。力竹切。，籀文，屮从三屮。【略】菌，地蕈也。从艸，囷聲。渠殞切。

蕈，桑葽。从艸，覃聲。慈衽切。

葽，木耳也。从艸，耎聲，一曰萮茈。而兖切。【略】

芝，神艸也。从艸，从之。止而切。

論説

清 吴林《吴蕈譜》 按巢氏云：凡園圃所種之菜，本無毒，但蕈、菌等物皆是草木變化所生，出於樹者爲蕈，生於地者爲菌，並是鬱蒸濕氣變化所生，故或有毒者。人食，遇此毒，多致死，甚疾速。其不死者，猶能令煩悶吐利，良久始醒。陳藏器曰：菌冬春無毒，夏秋有毒，有蛇蟲從下過也。夜中有光者，欲爛無蟲者，煮之不熟者，煮訖照人無影者，上有毛下無紋者，仰捲赤色者，並有毒殺人。中其毒者，地漿及糞清解之。《博物志》及陶隱居、孫真人俱言飲土漿、屎汁愈。汪穎曰：凡煮菌，投以薑屑、飯粒，黑色者殺人，否則無毒。陳仁玉云：凡中其毒者，必笑不止。解以苦茗、白礬，勺新汲水並咽之，無不立愈。葉夢得《乙卯避暑録話》：治菌毒法亦治楓樹蕈，食之即令人笑不止。造地漿以治之，掘地作坑，以新汲水投坑中，攪令濁，少待其澄清，取飲即活，亦解諸毒。東南山谷間多產菌，然種類不一，食之間有中毒，往往至殺人者，蓋蛇虺毒物所燻蒸也。此方乃一僧所傳，出《本草》隱居注，居山者不可不知。又黄休復《茅亭客話》亦載此方。邱瓊山《羣書鈔方》録其法。

臞仙《壽域神方》：菰菌毒兼河豚毒，用陳壁土湯泡，澄清冷飲，嚼橄欖三五枚解之。又食菌遇毒，絞人屎汁，飲一盞即活。服諸吐利丸亦佳。芝園主人《急救良方》：食野菌毒，用甘草，不拘多少，以麻油一盞煎數沸，冷服，其毒自解。《夷堅志》云：崇寧間，蘇州天平山白雲寺五僧，行山間，得蕈一叢甚大，摘而食之，至夜發吐，三人急採鴛鴦草生啖，遂愈。二人不甚肯食，吐至死。此草藤蔓而生，對開黄白花，傍水依山處皆有之，所謂金銀花者是也。又甯源《食鑑本草》：黑豆煮汁飲之，妙。其菌之遇毒者，怪異者，不可勝數。如段成式《酉陽雜俎》：嶺南毒菌化爲巨蜂，修行里私第書齋，紫荆枯根上大菌。郭彖《睽車志》：瓷甕菌生光潤燦然。彭乘《墨客揮犀》言：菌不可妄食。建寧縣巖間忽生一菌，大如車蓋，鄉民異之，取以爲饌，食者輒死。《夷堅志》又載：簡坊大蕈及金溪田僕食蕈，一家嘔血，隕命六人。邱岑幸以痛飲而免。蓋酒能解毒故耳。田汝成《西湖覽志餘》云：宋乾道初，靈隱寺後生一菌，菌徑三尺，紅潤可愛，寺主驚喜，以爲珍品，不敢食，獻於楊郡王，王亦奇之，是當爲玉食奏進於孝宗，詔以美味宜供佛，復賜靈隱寺。蓋朝廷初不知其出於寺也，復持至寺，盛之以盤，經日頗有汁液沽濡，兩犬争舐之，一時狂死，寺主大驚，曰：苟入天厨，必遭殊戮。亟瘞之地。蓋萬乘所御，必有神護。而楊王大貴人，寺主不私口腹，皆免意外之禍。此雖非吾鄉之事，而菌毒大抵皆然，故録以爲戒。

清　王念孫《讀書雜志·史記》卷六《松根》　伏靈者，今作茯苓。千歲松根也。念孫案：松根本作松脂，後人以上文言茯苓在地中，故改爲松根，不知茯苓乃松脂所化，非松根也。《淮南·説山篇》：下有茯苓，上有兔絲。高注曰：茯苓，千歲松脂也。《博物志》引《神仙傳》曰：松脂入地千年化爲茯苓。《藝文類聚·木部》引《元中記》曰：松脂淪入地中，千歲爲茯苓。《太平御覽·藥部》引《典術》曰：松脂入地，千歲爲茯苓。又《御覽》及《爾雅翼》竝引《龜策傳》曰：茯苓者，千歲松脂也。皆其明證矣。又案《吕氏春秋·精通篇》曰：人或謂兔絲無根。兔絲非無根也，其根不屬也，伏苓是。然則松脂入地爲茯苓，茯苓之氣上爲兔絲，謂茯苓爲兔絲之根則可，謂爲松根則不可。

綜　述

《爾雅·釋草》　淔，灌。注：未詳。苬，芝。注：芝，一歲三華，瑞草。音義：淔，恥力反。《聲類》云：淔灌，苬芝也。苬，沈、顧音祥由反，謝音由。芝音之，瑞草也。疏：瑞草名也，一歲三華，一名苬，一名芝。《論衡》云：芝生於土，土氣和，故芝草生瑞命。《禮》曰：『王者仁慈，則芝草生』是也。【略】中馗，菌。注：地蕈也，似蓋，今江東名爲土菌，亦曰馗厨，可啖之。小者菌。注：大小異名。音義：馗，求龜反，郭音仇，字則當作頄，舍人本作中鳩。云菟奚名顆東，顆東名中鳩。菌，郭巨隕反，孫去貧反。蕈，亂荏反。案：今人呼菌爲蕈。葛洪字苑同，云世作椹、蕈二字，非也。《字林》式甚反，或云桑萸也。沈，徒感反。萸，人莬反。疏：此辨菌大小之異名也。大者名中馗，小者即名菌。郭云『地蕈也，似蓋，今江東人名爲土菌，亦曰馗厨，可啖之』者，《説文》云：蕈，桑萸也。謂菌生木上也。今云地蕈，即俗呼地菌者是也。

宋　釋贊寧《東坡先生物類相感志》卷一《芝草》　《瑞應圖》云：芝草常以六月生，其色如春則青，夏則紫，秋白冬黑，此蓋草之精也。王者有聖人之德，無不通，則生之應□□也。

又《參成芝》　其芝赤色，有光，叩之金石之音，折之即續之如故。

又《瑷田芝》　凡有多名，採得芝，服除邪氣而辟穀應，皆名山出也，其如人參。

又《熒火芝》　《酉陽雜俎》云：良常山有熒火芝，其實似草木，如豆紫花，夜視有光，食一枚，心中一孔明，食至七枚，心竅洞然，可以夜視書。

又《獨揺芝》　其爲物也，無風自動。其莖大如手指，亦如丹葉，似莧菜。其根大魁如鷄子十二枚，周繞大根之四方，如十二辰也。相去丈許皆有根，細若白髮以相連。生高山深谷之内，其所生左右元草得其魁而懷之，則隱形，欲見則左轉而出之也。

又《五德芝》　《抱朴子》云：此芝狀樓，莖方，五葉五色各具而不雜，止如偃蓋，中則常有甘露，紫氣起數文也，采者則知□是芝。

又《中馗菌》　孫炎云：聞雷即生。俗呼地菌。白如脂，可食，亦名地

蕈，比丁馗厨，江東人今呼上菌，可食者。

宋 鄭樵《通志》卷七五 芝，曰菌，其類有五色，加以紫，是爲六芝。青曰龍芝，赤曰丹芝，黄曰金芝，白曰玉芝，黑曰元芝，紫曰木芝。瑞草也，生則有雲氣及禽獸之異。【略】宜男草，《廣州記》云：小男女佩之臂上，辟惡止驚。生廣南，朝至暮落，花生糞穢處，頭如筆，紫色，朝生暮謝。小兒呼爲狗溺臺，又名鬼筆，菌類也，非槿。

又卷七六 伏苓，曰茯菟，其抱根者曰茯神。《典術》云：松脂入地千年爲茯苓。今詳：茯苓乃松脂所化，而云千年未必耳。《龜策傳》云：茯苓在菟絲之下。今詳：茯苓生山林，而菟絲生人間叢薄，自清濁異趣，非同類相感者。【略】猪苓，曰猳屎，曰豖橐，曰地烏桃。【略】五木耳，曰檽。蘇恭云：楮、槐、榆、柳、桑之耳也。其桑耳曰桑菌，曰木麥，曰桑巨，曰桑黄。雷丸，曰雷矢，曰雷實。

宋 羅願《爾雅翼》卷三《芝》 芝，瑞草，一歲三華，故《楚辭》謂之三秀。無根而生，故其字從之。《説文》之字曰：出也，象草，枝莖益大，有所之。一者，地也。芝生於土，故宜從焉。言芝者多異説，唯《論衡》云：芝生於土，土氣和，故芝草生。最爲簡要。古以爲香草，大夫之摯芝蘭。又曰：與善人居，如入芝蘭之室，久而不聞其芳，則與之化矣。今芝不香，未知何故。芝乃多種，故方術家有六芝。其五芝備五色、五味，分生五嶽，惟紫芝最多。昔四老人避秦入商洛山，采芝食之，作歌曰『曄曄紫芝，可以療飢』是也。古稱上藥養命，中藥養性，下藥治病。養命則五石之鍊形，六芝之延年。養性則合歡蠲忿，萱草忘憂。治病則大黄除實，當歸止痛。芝之品，其略有六。至葛稚川則云：芝有石芝，有木芝，有草芝，有肉芝，有菌芝，各百許種。則芝類非特六矣。《孝經援神契》曰：威喜辟兵。威喜亦木芝之一也。松柏之脂入地，千歲化茯苓。茯苓萬歲，上生小木，如蓮華，名曰木威喜。芝夜視有光，持之甚滑，燒之不然，帶之辟兵。又建木實生都廣，皮如纓蛇，實如鸞鳥者，亦謂之芝，則無所不備。然大抵紫芝最多爾。陶隱居獨怪今俗所用紫芝，乃是朽木株上所生，狀如木檽者。然古人言芝，蓋只如此。《内則》人君燕食所加庶羞有芝栭、蔆椇之屬。庾蔚云：無華葉而生者曰芝栭。盧氏云：芝，木芝也。王肅云：無華而實者名栭，皆芝屬。芝栭，春夏生於木，可用爲菹。其有白者，不堪食。賀氏亦云：芝，木椹。獨别謂栭，爲軟棗，則多一物，不合鄭氏三十一物之數。然則檽椹類揔名芝矣。《莊子》『朝菌』，司馬亦云：大芝也，天陰生糞上，見日則死。崔云：糞上芝，朝生暮死。簡文云：欻生之芝也。是菌皆得芝名。《太玄》曰：黄菌不誕，俟於慶雲。靈芝也。《漢·藝文志》有《黄帝雜子芝菌》十八卷。

宋 吴仁傑《離騷草木疏》卷一《芝》 採三秀兮於山間。王逸注：三秀，謂芝草也。《爾雅》：茵，芝。邢昺曰：瑞草名也，一歲三華，一名茵，一名芝。《論衡》云：芝生於土，土氣和，故芝草生。《思玄賦》：冀一年之三秀。近時，王令逢原作《藏芝賦序》云：《離騷·九歌》自詩人所紀之外，地所常産，所同識之草盡矣，而芝後獨遺。説者遂以《九歌》之三秀爲芝，予以其不明。又其辭曰：適山而採之，芝非獨山草。蓋未足據也。洪慶善曰：本芝引《五芝經》云：皆以五色生於五嶽。又《淮南》云：紫芝生於山，而不能生於盤石之上。則芝正生於山間耳。逢原之説豈然乎？仁傑按：《禮記》『芝栭』，庾蔚云：無華葉而生者曰芝栭。盧氏云：芝，木也。王肅云：無華而實者名栭，皆芝屬也。庾又云：芝栭應是一物。今春夏生於木，可用爲菹。賀氏以爲二物，云：栭，軟栗芝，木椹也。孔穎達以賀氏爲非。按《爾雅》：栵，一名栭。郭璞云：子如細栗，江東呼栭栗。則芝自芝，栭自栭也。《本草》五芝之外别出紫芝云。《唐本注》云：多黄白，稀有黑青者，諸方所獻，白芝未必華山，黑芝又非常岳，然紫芝最多，非五芝類。陶隱居云：芝皆似草，俗所稀見，其族種甚多，形色瓌異，並載芝草圖中。今狀所用紫芝，是朽木株上所生，狀如木檽。《抱朴子》云：赤者如珊瑚，白者如截肪，黑者如澤漆，青者如翠羽，黄者如紫金，而皆光明洞徹如堅冰也。又云：木芝者，松栢脂淪地，千歲化爲茯苓，萬歲其上生小木，狀如蓮花，名曰木歲喜芝，夜視有光，持之甚滑，爇之不焦。《本草》：赤芝生霍山。陶隱居云：南岳本是衡山，漢武帝始以小霍山代之，非正也，此則應生衡山。按：《尚書大傳》、《爾雅》諸書皆以霍爲南岳，仁傑嘗於《兩漢刊誤》辨正其事。

又卷二《菌》 雜申椒與菌桂。王逸注：菌，蕙也。葉曰蕙，根曰薰。洪慶善曰：《博雅》云：菌，薰也，其葉謂之蕙。則菌與蕙一種也。下文別言蕙茝。又云：矯菌桂以紉蕙。則菌桂自是一物。《本草》有菌桂，正圓如竹。菌一作箘，其字從竹。仁傑按：《山海經》有桂山、榣山。郭璞注：山多桂及榣木，因名云爾。又有衡山、菌山、桂山。郭云：菌，音芝菌之菌。又云：衡

山有菌桂，桂圓似竹，見《本草》。按：菌與桂爲兩物，如桂與榣也。《山海經》：孟子之山，其草多菌蒲。蓋桂之似竹者曰菌桂，其字從竹，菌蒲之菌其字從草，渠可强牽合而一哉。陳藏器云：《本草》菌桂字本作筒，故方有筒桂，後人誤書爲菌。《九嘆》云：菀蘼蕪與菌若。《九懷》云：菌閣兮蕙樓。皆以菌蕙爲一物。《七諫》云：飲菌若之朝露兮，結桂木而爲室。又以菌與桂上下句分使，逸以爲薰草良是，然不當以葉爲蕙。郭璞注《山海經》『菁蓉葉如蕙』云：蕙，香草，蘭屬，或以蕙爲薰葉，失之。蓋謂是也。《山海經》：薰浮山有草曰薰草，麻葉而方莖，赤華而黑實，其臭如蘼蕪。今按《本草》：薰草，一名蕙草。陶隱居云：俗呼燕草，狀如茅，而香者爲薰草。陳藏器云：蕙即蕙根，一名燕草。又香蒲條，陶隱居云是薰草，又云是燕麥，然香蒲不作麻葉。《唐本》云：薰草不載爲藥。《録》云：薰草葉如麻，兩兩相對。按《本草》別出零陵香條云：生零陵山谷，葉如羅勒。《南越志》名燕草，又名薰草，引《山海經》薰草云，即零陵香也。《圖經》云：生下濕地，常以七月中旬開花，至香。古方但用薰草而不用零陵香。蓋《山海經》所謂菌與薰草，《離騷經》所謂菌，皆此物也。雖一名蕙草，諸家或以根或以葉爲之，其實不然，《本草》別有蕙，實正如杜若，一名杜衡，而別有杜衡，不相似也。《本草》當合薰草、零陵草爲一條，而蕙實自爲一條可也。沈存中云：蕙即零陵香，蓋循陳藏器之誤耳。《王度記》云：諸侯鬯酒以薰，大夫以蘭芝。則薰草之貴在蘭之上。

宋 陳仁玉《菌譜》 合蕈，邑極西韋羌山，高夐秀異，寒極雪收，林木堅瘦，春氣微欲動，土松芽活，此菌候也。菌質外褐色，肌理玉潔，芳薌韻味發釜鬲，聞百步外。蓋菌多種，例柔美，皆無香。獨合蕈香與味稱，雖靈芝、天花無是也。非全德耶？宜特尊之以冠諸菌。合蕈始名，舊傳昔嘗上進，標以台蕈。上遥見誤讀，因承誤云。數十年來，既充苞貢，山獠得善價。率曝乾以售，罕獲生致。邑孟溪山中亦同時産，惟蕈柄高，無香氣，土人以是別於韋羌焉。稠膏蕈，邑西北孟谿山，窅邃深莫測，秋中山氣重，霏雨零露浸釀，山膏木腴，蓓爲菌花，戢戢多生山絶頂高樹杪。初如藥珠，圓瑩類輕酥，滴乳淺黄白色，味尤甘勝。已乃傘張大幾掌，味頓渝矣。春時亦間生，不能多。稠膏得名，土人謂稠木膏液所生耳。合蕈他邦猶或有之，此菌獨此邑此山所産，故尤可貴。鬻法當徐下鼎瀋，伺湆沸灑起，謹勿匕撓，撓則涎腥，不可食。性參和衆味而特全於酒，烹齊既調，温厚滑甘，雉尾蓴不足道也。或欲致遠，則復湯蒸熟貯之瓶罌，然其味去出山遠矣。栗殼蕈，寒氣至，稠膏將盡，栗殼蕈者，則其續也，尚有典刑焉。松蕈，生松蔭，採無時。凡物松出，無不可愛，松葉與脂、伏靈、琥珀皆松裔也。昔之遁山服食求長年者，舍松焉依，人有病，溲濁不禁者，偶掇松下菌，病良已，此其效也。竹蕈，生竹根，味極甘，當與筍通譜，而菌爲北阮矣。麥蕈，多生溪邊沙壤鬆土中，俗名麥丹蕈，未詳。味殊美絶，類北方蘑菇，蕈品最優。玉蕈，生山中，初寒時，色潔皙可愛，故謚爲玉。然作羹微韌，俗名寒蒲蕈。黄蕈，叢生山中，梔鬱黄色，俗名黄纘蕈。又有名黄㹠者，殊峭硬有味。紫蕈，赬紫色，亦山中産，俗名紫富蕈，品爲下。四季蕈，生林木中，味甘而肌理麄峭，不入品。鵝膏蕈，生高山，狀類鵝子，久乃繖開。味殊甘滑，不謝稠膏，然與杜蕈相亂。杜蕈者，生土中，俗言毒螫氣所成，食之殺人。甚美，有惡，宜在所黜。食肉不食馬肝，未爲不知味也。凡中其毒者，必笑解之。宜以苦茗雜白礬，勺新水並咽之，無不立愈。因著之，俾山居者享其美而遠其害，此譜外意也。

明 牛衷《增修埤雅廣要》卷三〇《卉物門・異植類・芝草》 《説文》：神草也。服之神仙，故曰神草，又曰靈芝。《本草》有青、赤、黄、白、黑、紫六色，今所見，惟玄、紫二色。或如鹿角，或如繖蓋，皆堅實芳香，叩之有聲。陶隱居曰：恠今俗所用芝，乃朽木株上生，狀木檽者，非所謂靈芝也。夫漢商顔所茹燁燁者，紫芝也。元康中，有一本九莖，産函德殿銅池者，金芝也。東坡所寄胡道士瓊田草者，玉芝也。山中有小人，乘車馬，長七八寸者，肉芝也，服之即仙。昔蕭静之掘得一物，類人手，肥潤，烹食之，逾月齒髮再生，方士云肉芝也。此又芝之瑞靈，生産之異，人感遇而僅見者也。餘見仙佛書甚衆。

明 屠本畯《離騷草木疏補》卷一《菌》 菌，薰草也。一名燕草，一名蕙草。生下濕地，葉如麻，兩兩相對，方莖，赤花，黑實，氣如蘼蕪。七月中旬開花，即零陵也。

又卷二《芝》 芝，菌也，一歲三華，無根而秀，無實而生，形色瓌異，一名木甚。五芝五色，生於五嶽，赤如珊瑚，白如截肪，黑如澤漆，青如翠羽，黄如

紫金，而皆光明，洞徹如堅冰也。松栢之臘，淪地千歲，化爲茯苓。其上生小木，狀如蓮花，名木威喜芝，夜視有光，持之甚滑，爇之不焦，佩之辟兵，可用爲菹。又有石芝、肉芝、草芝、糞上芝，天陰生糞上，見日則死，一名朝菌。

明　李時珍《本草綱目》卷二八

芝《本經》上品　校正：並入《本經》青、赤、黃、白、黑、紫六芝。釋名：茵。音囚。時珍曰：芝本作之，篆文象草生地上之形。後人借之字爲語辭，遂加草以別之也。《爾雅》云：茵，芝也。注云：一歲三華，瑞草。或曰生於剛處曰菌，生於柔處曰芝。昔四皓采芝，群仙服食，則芝亦菌屬可食者，故移入菜部。集解：《別録》曰：青芝生泰山，赤芝生霍山，黃芝生嵩山，白芝生華山，黑芝生常山，紫芝生高夏山谷。六芝皆六月、八月採。弘景曰：南岳本是衡山，漢武帝始以小霍山代之，此赤芝當生衡山也。郡縣無高夏名，恐是山名也。此六芝皆仙草之類，俗所稀見，族類甚多，形色環异，並載芝草圖中。今俗所用紫芝，乃是朽木株上所生，狀如木檽，名爲紫芝，止療痔，不宜合諸補丸藥也。凡得芝草，便正爾食之，無餘節度，故皆不云服法也。恭曰：《五芝經》云：皆以五色生於五嶽。諸方所獻，白芝未必華山，黑芝又非常嶽。且多黃、白，稀有黑、青者。然紫芝最多，非五芝類。但芝自難得，縱獲一二，豈得終久服耶？　禹錫曰：王充《論衡》云：芝生於土，土氣和，故芝草生。《瑞命記》云『王者仁慈，則芝草生』是也。時珍曰：芝類甚多，亦有花實者。《本草》惟以六芝標名，然其種屬不可不識。《神農經》云：山川雲雨、四時五行、陰陽晝夜之精，以生五色神芝，爲聖王休祥。《瑞應圖》云：芝草常以六月生，春青夏紫，秋白冬黑。葛洪《抱朴子》云：芝有石芝、木芝、草芝、肉芝、菌芝，凡數百種也。石芝石象，生於海隅石山島嶼之涯。肉芝狀如肉，附於大石，頭尾具有，乃生物也。赤者如珊瑚，白者如截肪，黑者如澤漆，青者如翠羽，黃者如紫金，皆光明洞徹如堅冰也。大者十餘斤，小者三四斤。凡求芝草，入名山，必以三月、九月，乃山開出神藥之月。必以天輔時，出三奇吉門。到山須六陰之日，明堂之時。帶靈寶符，牽白犬，抱白鷄，包白鹽一斗，及開山符檄，着大石上。執吴唐草一把入山，山神喜，必得見芝。須禹步往採。以王相專和、支干相生之日，刻以骨刀，陰乾爲末服，乃有功效。若人不至精久齋，行穢德薄，又不曉入山之術，雖得其圖，鬼神不以與，人終不可得見也。曰菌芝，生深山之中，大木之下，泉水之側。其狀或如宮室，如龍虎，如車馬，如飛鳥，五色無常。凡百二十種，自有圖也。曰木威喜芝，乃松脂淪地，千年化爲茯苓，萬歲其上生小木，狀似蓮花，夜視有光，持之甚滑，燒之不焦，帶之辟兵，服之神仙。曰飛節芝，三千歲老松上，皮中有脂，狀如龍形，服之長生。曰木渠芝，寄生大木上，狀如蓮花，九莖一叢，味甘而辛。曰黃檗芝，生於千歲黃檗根下，有細根如縷，服之地仙。曰建木芝，生於都廣，其皮如纓蛇，其實如鸞鳥。曰參成芝，赤色有光，扣其枝葉，如金石之音。曰樊桃芝，其木如昇龍，其花葉如丹蘿，其實如翠鳥，並可服食。曰千歲芝，生枯木下，根如坐人，刻之有血，血塗二足，可行水隱形，又可治病。已上皆木芝也。曰獨搖芝，無風自動，其莖大如手指，葉似莧，根有大魁如斗，周繞有細子十二枚繞之，相去丈許，生高山深谷，服之神仙。曰牛角芝，生虎壽山及吴陵上，狀似葱而特出如牛角，長三四尺，青色。曰龍仙芝，似昇龍相負之形。曰紫珠芝，莖黃葉赤，實如李而紫色。曰白符芝，似梅，大雪而花，季冬而實。曰朱草芝，九曲三葉，葉有實也。其莖如針。曰五德芝，狀似樓殿，五色各具，方莖紫氣。已上皆草芝也，有百二十種，人得服之神仙。曰玉脂芝，生於有玉之山，狀似鳥獸，色無常彩，多似山水蒼玉，亦如鮮明水晶。曰七明九光芝，生於臨水石崖之間，狀如盤碗，有莖蒂連綴之，此芝有七孔者名七明，九孔者名九光，夜見其光，食至七枚，七孔洞徹，一名螢火芝。曰石蜜芝，生少室石户中石上，終難得。曰石桂芝，生石穴中，似桂樹，乃石也，光明味辛。曰石腦芝、石中黃，皆石芝類也。千歲燕、千歲蝙蝠、千歲龜、萬歲蟾蜍、山中見小人，皆肉芝類也，凡百二十種。又按《采芝圖》云：鳳凰芝，生名山金玉間，肥食一年，與鳳凰俱也。曰燕胎芝，形如葵，紫色，有燕象。曰黑云芝，生山谷之陰，黑蓋赤理黑莖，味鹹苦。又有五色龍芝、五芳芝、天芝、地芝、人芝、山芝、土芝、石芝、金芝、水芝、火芝、雷芝、甘露芝、青雲芝、雲氣芝、白虎芝、車馬芝、太一芝等，名狀不一。張華《博物志》云：名山生神芝不死之草。上芝爲車馬，中芝人形，下芝六畜形。又按段成式《酉陽雜俎》云：屋柱無故生芝者，白主喪，赤主血，黑主賊，黃主喜；形如人面者亡財，如牛馬者遠役，如龜蛇者蠶耗。時珍嘗疑：芝乃腐朽餘氣所生，正如人生瘤贅，而古今皆以爲瑞草，又云服食可仙，誠爲迂謬。近讀成式之言，始知先得我所欲言，其揆一也。又方士以木積濕處，用藥傅之，即生五色芝。嘉靖中王金嘗生以獻世宗。此昔人所未言者，不可不知。

又　木耳《本經》中品　校正：自桑根白皮條分出。釋名：木檽而、軟二音。木菌窘、卷二音。𡊄音縱。樹鷄韓文木蛾。時珍曰：木耳生於朽木之上，無枝葉，乃濕熱餘氣所生。曰耳曰蛾，象形也。曰檽，以軟濕者佳也。曰鷄曰𡊄，因味似也。南楚人謂鷄爲𡊄。曰菌，猶蜠也，亦象形也。蜠乃貝子之名。或曰：地生爲菌，木生爲蛾。北人曰蛾，南人曰蕈。集解：《別録》曰：五木耳生犍爲山谷。六月多雨時採，即暴乾。弘景曰：此云五木耳，而不顯言是何木。惟老桑樹生桑耳，有青、黃、赤、白者，軟濕者，人採以作菹，無復藥用。恭曰：桑、槐、楮、榆、柳，此爲五木耳。軟者並堪啖。楮耳人常食，槐耳療痔。煮漿粥安諸木上，以草覆之，即生蕈爾。時珍曰：木耳各木皆生，其良毒亦必隨木性，不可不審。然今貨者，亦多雜木，惟桑、柳、楮、榆之耳爲多云。

又　杉菌宋《圖經》　集解：頌曰：杉菌出宜州。生積年杉木上，狀若菌。採

無時。

又 皂莢蕈《綱目》 集解：時珍曰：生皂莢樹上木耳也。不可食。採得焙干備用。

又 香蕈《日用》 釋名：時珍曰：蕈從覃。覃，延也。蕈味雋永，有覃延之意。集解：瑞曰：蕈生桐、柳、枳椇木上。紫色者名香蕈，白色者名肉蕈，皆因濕氣燻蒸而成。生山僻處者，有毒殺人。穎曰：香蕈生深山爛楓木上。小於菌而薄，黄黑色，味甚香美，最爲佳品。時珍曰：蕈品不一。宋人陳仁玉著《菌譜》甚詳。今録其略於此云：芝、菌，皆氣茁也。自商山茹芝，而五臺天花，亦甲群匯。仙居介乎天臺、括蒼之間，叢山入天，仙靈所宮，爰産異菌。林居巖棲者，左右芼之，乃藜莧之至腴。近或以羞王公，登玉食矣。一曰合蕈，又名臺蕈，生臺之韋羌山。寒極雪收，春氣欲動，土松芽活，此菌候也。其質外褐色，肌理玉潔，芳香韵味，一發釜鬲，聞於百步。山人曝乾以售，香味減於生者。他山雖産，其柄高而香劣，不及矣。二曰稠膏蕈，生孟溪諸山。秋中雨零露浸釀，山膏木腴，發爲菌花，生絶頂樹杪。初如蕊珠，圓瑩類輕酥，滴乳淺黄白色，味尤甘。已乃張傘大若掌，味頓渝矣。春時亦生，而膏液少。食之之法，下鼎似沸，漉起參和衆味，而特全於酒。切勿攪動，則涎腥，不可食矣。亦可蒸熟致遠。三曰松蕈，生松陰，採無時。凡物松出，無不可愛者。四曰麥蕈，生溪邊沙壤中，味殊美，絶類蘑菰。五曰玉蕈，初寒時生，潔皙可愛。作羹微韌。俗名寒蒲蕈。六曰黄蕈，叢生山中。黄色，俗名黄纘蕈，又名黄犍。七曰紫蕈，赭紫色，産山中，爲下品。八曰四季蕈，生林木中，味甘而肌理粗峭。九曰鵝膏蕈，生高山中，狀類鵝子，久而傘開。味殊甘滑，不減稠膏。然與杜蕈相亂，不可不慎。杜蕈，土菌也。

又 葛花菜《綱目》 釋名：葛乳時珍曰：諸名山皆有之，惟太和山采取，云乃葛之精華也。秋霜浮空，如芝、菌涌生地上，其色赤脆，蓋蕈類也。

又 天花蕈《日用》釋名：天花菜。集解：瑞曰：天花菜出山西五臺山。形如松花而大，香氣如蕈，白色，食之甚美。時珍曰：五臺多蛇蕈，感其氣而生，故味美而無益，其價頗珍。段成式《酉陽雜俎》云：代北有樹鷄，如杯棬，俗呼胡孫眼。其此類歟？

又 蘑菰蕈《綱目》 釋名：肉蕈。集解：時珍曰：蘑菰出山東、淮北諸處。埋桑、楮諸木於土中，澆以米泔，待菰生採之。長二三寸，本小末大，白色柔軟，其中空虚，狀如未開玉簪花。俗名鷄腿蘑菰，謂其味如鷄也。一種狀如羊肚，有蜂窠眼者，名羊肚菜。

又 鷄㙚《綱目》 釋名：鷄菌。時珍曰：南人謂爲鷄㙚，皆言其味似之也。集解：時珍曰：鷄㙚出雲南，生沙地間丁蕈也。高脚傘頭。土人採烘寄遠，以充方物。點茶、烹肉皆宜。氣味皆似香蕈，而不及其風韵也。又廣西横州出雷菌，遇雷過即生，須疾採之，稍遲則腐或老，故名。作羹甚美，亦如鷄㙚之屬。此數種其價並珍。

又 土菌《拾遺》 校正：自草部移入此。釋名：杜蕈、《菌譜》地蕈、《拾遺》菰子、《食物》地鷄、《爾雅》獐頭。藏器曰：地生者爲菌，木生者爲檽。江東人呼爲蕈。《爾雅》云：中馗，菌也。孫炎注云：地蕈子也。或云地鷄，亦云獐頭。郭璞注云：地蕈似釘蓋，江東名爲土菌，可啖。凡菌從地中出者，皆主瘡疥，牛糞上黑菌尤佳。若燒灰地上經秋雨，生菌重臺者，名仙人帽，大主血病。時珍曰：中馗神名，又槌名也。此菌釘上若傘，其狀如槌及中馗之帽，故以名之。附録：鬼蓋，《别録》有名未用曰：味甘，平，無毒。主小兒寒熱癇。叢生垣墻下，赤色，旦生暮死。一名地蓋。弘景曰：一名朝生，即今鬼傘也。藏器曰：一名鬼屋。生陰濕處，如菌，其蓋黑而莖赤。和醋，傅腫毒、惡瘡、馬脊腫。杜正倫曰：鬼傘有小毒。夏日得雨，聚生糞堆，見日即消黑。時珍曰：此亦土菌之類，朝生夕死者。燒灰治疔腫，以針刺破四邊，納灰入内，經宿出根。地芩，《别録》曰：味苦，無毒。主小兒癇，除邪養胎，風痹洗洗寒熱，目中青翳，女子帶下。生腐木積草處。天雨生蓋，如朝生，黄白色。四月採之。時珍曰：此即鬼蓋之色黄白者，其功亦相近。鬼筆。《拾遺》藏器曰：鬼筆生糞穢處。頭如筆，紫色。朝生暮死，名朝生暮落花。小兒呼爲狗溺苔。主治瘡疽䘌疥痈瘻。並日乾研末，和油涂之。凡菌從地出者，皆主瘡疥，牛糞上黑菌尤佳。時珍曰：此亦鬼蓋之類而無傘者。紅紫松虚，如花之狀，故得花名。研末，傅下疳瘡。

又 竹蓐《食療》 校正：並入《拾遺》竹肉。釋名：竹肉、《拾遺》竹菰、《綱目》竹蕈。時珍曰：草更生曰蓐，得溽濕之氣而成也。陳藏器《本草》作竹肉，因其味也。集解：詵曰：慈竹林夏月逢雨，滴汁着地生蓐。似鹿角，白色，可食。藏器曰：竹肉生苦竹枝上。如鷄子，似肉臠，有大毒。以灰汁煮三度煉訖，然後依常菜茹食之。煉不熟者，戟人喉出血，手爪盡脱。應别有功，人未盡識之。時珍曰：此即竹菰也。生朽竹根節上，狀如木耳，紅色。段成式《酉陽雜俎》云：江淮有竹肉，大如彈丸，味如白樹鷄。即此物也。惟苦竹生者有毒耳。

又 雚菌音桓郡。《本經》下品 校正：自草部移入此。釋名：雚蘆。《本經》時珍曰：雚當作萑，乃蘆葦之屬，此菌生於其下，故名也。若雚音觀，乃鳥名，與萑蘆無關。集解：《别録》曰：雚菌生東海池澤及渤海章武。八月採，陰乾。弘景曰：出北來，此亦無有。形狀似菌，云鸛屎所化生，一名鸛菌。單末之，猪肉臛和食，可以遣蛔蟲。恭曰：雚菌今出渤海蘆葦澤中碱鹵地，自然有此菌爾，非鸛屎所化生也。其菌色白輕虚，表裏相似，與衆菌不同。療蛔有效。保昇曰：今出滄州。秋雨以時即有，天旱久霖即稀。日乾者良。

又卷三七 茯苓《本經》上品 釋名：伏靈、《綱目》伏菟、《本經》松腴、不死麪，《記事珠》抱根者名伏神。《别録》 宗奭曰：多年樵斫之松根之氣味，抑鬱未絶，

精英未淪。其精氣盛者，發泄於外，結爲茯苓，故不抱根，離其本體，有零之義也。津氣不盛，止能附結本根，既不離本，故曰伏神。時珍曰：茯苓，《史記・龜策傳》作伏靈。蓋松之神靈之氣，伏結而成，故謂之伏靈、伏神也。仙經言伏靈大如拳者，佩之令百鬼消滅，則神靈之氣，亦可徵矣。俗作苓者，傳寫之訛爾。下有伏靈，上有兔絲，故又名伏兔。或云「其形如兔故名」，亦通。集解：《別録》曰：茯苓、茯神生太山山谷大松下。二月、八月採，陰乾。弘景曰：今出鬱州。大者如三四升器，外皮黑而細皺，內堅白，形如鳥、獸、龜、鱉者良。虛赤者不佳。性無朽蛀，埋地中三十年，猶色理無異也。恭曰：今太山亦有茯苓，白實而塊小，不復采用。第一出華山，形極粗大。雍州南山亦有，不如華山。保昇曰：所在大松處皆有，惟華山最多。生枯松樹下，形塊無定，以似龜、鳥形者爲佳。禹錫曰：《范子計然》言：茯苓出嵩山及三輔。《淮南子》言：千年之松，下有茯苓，上有兔絲。《典術》言：松脂入地千歲爲茯苓，望松樹赤者下有之。《廣志》言：茯神乃松汁所作，勝於茯苓。或云即茯苓貫着松根者。生朱提、濮陽縣。頌曰：今太華、嵩山皆有之。出大松下，附根而生，無苗、葉、花、實，作塊如拳在土底，大者至數斤，有赤、白二種。或云松脂變成，或云假松氣而生。今東人見山中古松久爲人斬伐，其枯折槎枿，枝葉不復上生者，謂之茯苓撥。即於四面丈餘地內，以鐵頭錐刺地。如有茯苓，則錐固不可拔，乃掘取之。其撥大者，茯苓亦大。皆自作塊，不附着根。其包根而輕虛者爲茯神。則假氣生者，其説勝矣。《龜策傳》云：茯苓在兔絲之下，狀如飛鳥之形。新雨已霽，天静無風，以火夜燒兔絲去之，即篝燭此地罩之，火滅即記其處。明乃掘取，入地四尺或七尺得矣。此類今不聞有之。宗奭曰：上有兔絲之説，甚爲輕信。時珍曰：下有茯苓，則上有靈氣如絲之狀，山人亦時見之，非兔絲子之兔絲也。注《淮南子》者，以兔絲子及女蘿爲説，誤矣。茯苓有大如斗者，有堅如石者，絶勝。其輕虛者不佳，蓋年淺未堅故爾。劉宋王微《茯苓贊》云：皓苓下居，彤絲上薈。中狀鷄鳧，其容龜蔡。神侔少司，保延幼艾。終志不移，柔紅可佩。觀此彤絲，即兔絲之證矣。寇氏未解此義。

又　猪苓《本經》中品　釋名：豭猪屎、《本經》豕橐、《莊子》地烏桃。《圖經》

弘景曰：其塊黑似猪屎，故以名之。司馬彪注《莊子》云「豕橐一名苓，其根似猪矢」是也。時珍曰：馬屎曰通，猪屎曰零即苓字，其塊零落而下故也。集解：《別録》曰：猪苓生衡山山谷，及濟陰宛句。二月、八月有，陰乾。弘景曰：是楓樹苓，其皮黑色，肉白而實者佳，削去皮用。頌曰：今蜀州、眉州亦有之。生土底，不必楓根下始有也。時珍曰：猪苓亦是木之餘氣所結，如松之餘氣結茯苓之義。他木皆有，楓木爲多耳。

又　雷丸《本經》下品　釋名：雷實、《別録》雷矢、同上竹苓。時珍曰：雷斧、雷楔，皆霹靂擊物精氣所化。此物生土中，無苗葉而殺蟲逐邪，猶雷之丸也。竹之餘氣所結，故曰竹苓。苓亦屎也，古者屎、苓字通用。集解：《別録》曰：雷丸生石城山谷及漢中土中。八月採根，暴乾。弘景曰：今出建平、宜都間。纍纍相連如丸。恭曰：雷丸，竹之苓也。無有苗蔓，皆零，無相連者。今出房州、金州。時珍曰：雷丸大小如栗，狀如猪苓而圓，皮黑肉白，甚堅實。

明　慎懋官《華夷花木鳥獸珍玩考》卷五《木耳》　出魯山，《本草》云：木耳有五，桑、椿、槐、榆、柳之異。其色亦有黃、赤、黑、白之分。六月多雨，則生之。杜甫所謂「木頭生耳」是也。今惟桑木耳，可以入藥。

又《屋柱芝》　屋柱無故生芝者，白爲喪，赤爲血，黑爲賊，黃爲喜。其形如人面者亡財，如牛馬者遠役，如蛇龜之類者田蠶耗。

又《蒸芝》　柳宗元《貽蕭俛書》：使受天澤餘潤，雖朽枿敗腐，不能生植，猶足蒸出芝菌，以爲瑞物。

明　潘之恒《廣菌譜》　木菌，木菌即木耳，生於朽木之上，無枝葉，乃濕熱餘氣所生，亦名木檽、木㙡、樹雞、木蛾。曰耳，曰蛾，象形也。曰檽，以軟濕爲佳也。曰㙡，曰雞，因味似也。南楚人謂雞爲㙡口菌，亦象形於蜠，乃貝子之名。或云地生爲菌，木生爲蛾。北人曰蛾，南人曰蕈。五木耳，五木耳生犍爲山谷中。六月多雨時採之，暴乾，可烹食。陶弘景云：此五木耳，不顯言是何木。惟桑樹生桑耳，有青、黃、赤、白者，軟濕者人採以作葅，無復藥用。蘇恭云：桑、槐、楮、榆、柳，此爲五木耳。軟者並堪啖，楮耳人常食，槐耳療痔。桑耳，桑耳曰檽，曰蛾，曰雞，曰黃，曰臣，皆冠以桑，又呼爲桑上寄生。槐耳，槐耳亦名槐菌，名亦雞而稱檽、蛾如桑例。惟鬻漿粥安其上，以艸覆之，即生蕈耳。柳耳，柳耳主補胃理氣，治反胃吐痰，用五七箇煎湯服，即愈。杉菌，杉菌出宜州，生積年杉木上，狀若菌，採無時。皂角菌，皂角菌，生皂樹上木耳也，不可食。香蕈，香蕈，生桐、柳、枳椇木上，紫色者名香蕈。字從草，從覃。覃，延也。蕈味雋永，有覃延之意。天花蕈，天花蕈即天花葉，出五臺山，形如松花而大於斗，香氣如蕈，白色，食之甚美。麻菰蕈，麻菰蕈出東淮北山間。埋桑楮木於土中，澆以米泔，待菰生採之，長二三寸，本小末大，白色，葉軟，其中空虛，狀如未開玉簪花，俗名鷄足蘑菰，謂其味狀相似也。一種狀如羊肚，有蜂窠眼者，名羊肚菜。鷄㙡蕈，鷄㙡蕈出雲南，生沙地間丁蕈也。高脚繖頭，土人採烘寄遠，以充方物。氣味似香蕈，而不及其風韻。雷蕈，雷蕈出廣西橫州，過雷過即生。須疾採之，稍遲，則腐或老不

堪用矣。作羹甚美，亦如雞㙡之屬。其價並珍。舵菜，舵菜即海舶舵上所生菌也，亦不多得。鍾馗菌，鍾馗菌即土菌，地上經秋雨生重臺者，一名仙人帽。蓋鍾馗，神名也。此菌釘上若繖，其狀如鍾馗之帽，故以名之。亦名地鷄，亦名獐頭菌。鬼菌，鬼盖、鬼繖、鬼屋，皆菌種而異名。夏日得雨，聚生垣墻下，多赤色。或生糞堆上，見日即消黑。旦生而夕死。亦名地蓋、地苓。又名鬼筆者，生穢處，頭如筆，紫色，名朝生暮落花，小兒呼爲狗溺，即鬼盖之類而無繖者。□此類皆主瘡疥，曬乾研末，和油塗之。牛糞上黑菌尤佳。又馬勃，亦菌類也。竹蓐，竹蓐即竹菰也。草更生曰蓐，得溽濕之氣而成。《本草》作竹肉，因其味也。生慈竹林。夏月逢雨滴汁着地，涌出如鹿角，白色者可食。生苦竹枝上如鷄子，似肉臠者，有大毒。又曰竹菰，生朽竹根節上。狀如木耳，或紅白色。《酉陽雜俎》云：江淮有竹肉，大如彈丸，味如白樹雞。即此物也。惟苦竹生者有毒。萑菌，萑菌之萑，當作萑，乃蘆葦之屬，讀如桓，若音觀，乃鳥名。或以爲鸛屎所化，非也。今渤海蘆葦澤中鹹鹵地往往有之。其菌色白輕虛，表裏相似，與衆菌不同。療蚘蟲有效。出滄州。秋雨以時乃有之。若天旱久霖即稀。日乾者良。地耳，地耳即地踏菰，生丘陵，如碧石青也。亦石耳之屬，生於地中者爾。石耳，石耳亦名靈芝，生天台、四明、河南、宣州、黄山、巴西、邊徼諸石崖最高處，遠望如烟。山中人縋絙採之，必險絶處乃得。今廬山亦多，狀如地耳，寺僧採曝餽遠。先去沙土，作茹勝如木耳，佳品也。葛乳，葛乳諸名山皆有之，惟太和山采取，乃葛之精華。秋霜浮空如芝菌涌生地上，其色赤質脆。

明　李中立《本草原始》卷四　茯苓、茯神，生大松下。今以雲貴出者爲佳，形塊無定，以似人龜鳥獸形者爲良。有赤、白二種，乃假松氣而生者。二月八月採，陰乾。茯者，附也，伏松之下，有附之義也。苓者，零也，離松之體有零之義也。故名茯苓。茯神，附結本根，既不離本，故曰茯神。《史記·龜策傳》作伏靈，蓋松之神靈之氣，伏結而成，故謂之伏靈、伏神也。

明　盧之頤《本草乘雅半偈》卷二　〔茯苓〕出太山山谷，及華山、嵩山、鬱州、雍州諸處，生古松根下。下有茯苓，則松頂盤結如盖，時有彤絲上薈，非新雨初霽，澄徹無風，不易現也。此即古松靈氣，淪結成形。如得氣之全者，離其本體，故不抱根。如得氣之微者，止能附結本根，故中心抱木。小者如拳，大者如斗。外皮皺黑，内質堅白。【略】又一種，即百年大松爲人斬伐，枯折槎枿，雖枝葉不復上生，而精英之氣亦淪結成形，謂之茯苓。

清　魏茂林《駢雅訓纂》卷六　大麥，桑耳也。《經史證類大全·本草·木部·中品》：桑耳，一名桑菌，一名木麥。注：蜀本麥作浚，詮荀切。

清　曹溶《倦圃蒔植記·總論》卷下《論草》　芝草，山中少産，野人或取售之，殊易與耳。曾見有四五十莖者，甚奇。然未覺其香，或云，同米蒸飯，其香始升。瑞未敢必，姑爲雅玩。

清　張逸少《佩文齋廣群芳譜》卷八七《卉譜·芝》　芝，瑞草也。《爾雅》云：茵，芝。注云：芝，一歲三華，瑞草。一名三秀，王逸《楚辭》注云：三秀，芝草也。一名菌蠢。《神農經》所傳五芝云：赤者如珊瑚，白者如截肪，黑者如澤漆，青者如翠羽，黄者如紫金。氣和暢，王者慈仁，則芝草生，玉莖紫筍。又云：聖人休祥，有五色神芝，含秀而吐榮。《論衡》云：芝生於土，土氣和，故芝生土，食之令人眉壽。有青雲芝、生名山，青蓋三重，上有雲氣，食之壽千歲，能乘雲通天。龍仙芝、狀似升龍之類，葉爲鱗，其根如蟠龍，服一株則壽千歲。金蘭芝、生名山之陰，金石之間，上有水。蓋飲其水，壽千歲。九曲芝、朱草九曲，每曲三葉。火芝、葉赤，莖青，赤松子所服。月精芝、秋生山陽石上，莖青，土赤，味辛苦，盛以銅器，十月服，壽萬歲。夜光芝、生華陽洞山之陰，有五色浮其上。《酉陽雜俎》云：一株九實，實墜地如七寸鏡，視如牛目。螢火芝、生常良山。此物在地如螢火狀，葉似草，實如豆，紫華，夜視有光。食一枚心中一孔明，食七枚七孔明，可夜書。得食四十七枚，壽萬年。白雲芝、雲母芝、皆生名山陰白石上，白雲覆之，秋采食，令人身輕。商山紫芝、四皓避泰入藍田，採而食之，共入商洛，隱地肺山，又轉深入終南山。漢祖召之不出。九光芝、七明芝、皆瑞芝，實石也。狀如盤槎，有七孔者名七明，九孔者名九光，生臨水之高山。鳳腦芝、《仙經》言穿地六尺，以鐶實一枚種之，灌以黄水五合，以土堅築之，三年生苗如匏，實如桃，五色，名鳳腦芝。食其實，唾地爲鳳，乘升太極。五德芝、狀如車馬，莖方，其葉五色各具而不雜，上如偃蓋，中有甘露紫氣起數尺。萬年芝。令人不老，延年九千。《抱朴子》：芝有石芝、木芝、肉芝、菌芝，凡數百種。石芝、石象生於海隅及島嶼之涯。肉芝、狀如肉，附於大石，頭尾具有，乃生物也。光明洞澈如堅冰，大者十餘斤，小者三四斤。菌芝、或生深山之中，或生大木之下，或生泉水之側。其狀或如宫室，或如車馬，或如龍虎，或如人形，或如飛鳥。五色無常，凡百二十種。木芝、松脂淪入地，千歲

化爲茯苓。茯苓萬歲，其上生小木，狀如蓮葉，名曰木威，食之夜視有光，持之甚滑，燒之不焦。龍節芝、松樹枝三千歲者，其皮中有聚脂，狀如龍形，大者重十斤。木渠芝、寄生大木上，狀如蓮花，九莖一叢，其味甘而辛。黃蘗芝、黃蘗木下根有如三斛器者，去木株一二十餘丈，有細根相連，狀如縷。建木芝、生於廣都，其皮如纓，其實如鸞。樊桃芝、其木如昇龍，其花葉如丹羅，其實如翠鳥，高不過五尺，生於名山之陰，東流泉水之上。千歲芝、生枯木下，根如坐人，刻之有血。已上皆木芝。牛角芝、生虎壽山及吳坂上，狀如葱，特出如牛角，長三四尺，青色。麻女芝、似麻而莖赤色，花紫色。紫珠芝、莖黃葉赤，實如李而紫色，二十四枚輒相連而垂如貫珠。朱草芝、九曲，曲有三葉，葉有三實，其莖如鍼。龍御芝、常以仲春對生三節十二枝，下根如坐人几。此草芝有百二十種。玉脂芝、生於有玉之山，常居懸危之處，玉膏流出，萬年以上則凝而成芝，有似鳥獸之形，色無常彩，多似山水蒼玉，亦鮮明如水晶。石蜜芝、生少室山石户中。石桂英芝、生名山石穴中，似桂而實石也，高尺許，大徑尺，光明而味辛。石腦芝、生滑石中，初破之，其在石中五色，光明而自動。石硫黃芝、五嶽皆有，而箕山爲多。如此有百二十，皆石芝也。黃龍芝、生於神山之中，狀如黃龍，味辛甘。華芝、生於名山之陽，及出深山大谷源泉水中，赤蓋白莖，上有兩葉三實。金芝、生於金石之中，無蓋，青莖，味甘辛。黑芝、生於山之陰大谷中，白蓋，赤莖，味甘。月芝、生於名山之陰，崑崙之山大谷源泉金石之中。山芝、韓衆所食。人芝、生名山之陰，青蓋，白莖。鬼芝。青蓋長莖。《酉陽雜俎》：隱辰芝。狀如斗，以屋爲節，以莖爲剛。《采芝圖》：鳳凰芝、生名山金玉間。黑雲芝、生山谷之陰，黑蓋，赤理，黑莖，味苦。五色龍芝、五方芝、天芝、地芝、上芝、雷芝、甘露芝、雲氣芝、白虎芝、太乙芝。《茅君内傳》云：句曲山有五芝，求之者投金環一雙於石間，勿顧念必得，第一龍仙芝，似交龍之相負，食之爲太極之仙卿。第二參成芝，赤色，有光，其枝葉如金石之音，折而續之，即復如故，食之爲太極大夫。第三燕胎芝，其色紫，形如葵葉，上有燕象，光明洞徹，食之爲太清龍虎仙君。第四夜光洞鼻芝，其色青，其實正白如李，夜視其實如月，洞照一室，食之爲太清仙官。第五玉料芝。食之爲三官真御史。或云：芝黃色者爲善，黑色者爲惡。

清　陸廷燦《南村隨筆》卷五《竹肉》　江淮有竹肉，生竹節上，如彈丸，味如白雞，皆向北。

清　于敏中《日下舊聞考》卷一四九《物産》　松繖産盤山。土人目爲紫蘑菇。《盤山志》【略】菌，木生者如芝，草生者如蓋，土生者如釘。土人總名曰蘑菇。惟凍黃、天花、延壽、猴頭、雞腿、羊肚爲最。《畿輔通志》

清　吳林《吳蕈譜・上品》　雷驚蕈，一名戴沙，一名石蕈，二月間應驚蟄節候而産，故曰雷驚。時東風解凍，土鬆氣暖，菌花如蕊，迸沙而生，故又曰戴沙菌。質外淡褐色如赭，襉白如玉，瑩潔可愛，大則繖張，味甘美柔脆。一種色黑者曰烏雷驚，色正黑，襉帶紅，山中人謂紅襉烏蕈。此種最早，先諸蕈而出，味甘滑，初生者俗呼蕈子。色黃者曰黃雷驚，嫩黃如染色，似松花，故又名曰松花蕈，味殊勝。當蟄蟲未動，毒蕈未生，下筯勿疑，爲蘇郡之佳勝，以冠諸蕈。梅樹蕈，多産梅樹下，形小味殊，菌質淡白，略帶微青，襉作蓮肉色。陳仁錫《陽山志》曰：雷驚方長，惟梅根者貴，色白而肥，嚼作花氣。菜花蕈，質瘦小，外沉香色，襉白淨，菌口稍卷，不作繖張。二三月菜花將開時生，故名。穀樹蕈，形瘦而小，高脚薄口，不作繖張，質純黃如沉香色，味鮮，作羹微韌，二三月生。蘇子瞻《與參寥行智果園得黃耳蕈》詩云：老楮欻生黃耳蕈，故人兼致白芽薑。按：楮即谷樹也。陸佃《埤雅》作米穀之穀。許慎《説文》：楮，穀一種也。《古今韻會》從穀。俞宗本《種樹書》：取爛穀水種蕈，用泔水澆之，必以濕處，或天陰方生，故陸放翁《對食作》詩云：潦餘多稼猶中熟，種晚嘉蔬亦半收。黃耳蕈生殊自喜，白頭韭長復何求。言潦餘陰濕，蕈生韭長也。又《秋思》詩云：後園楮蕈已堪烹。其蕈於後園可種而得者也。茶棵蕈，黃黑如醬色，白襉大面，長脚，味勝，微韌。陽山西白龍祠左右茶樹下往往有之。山園茶棵下亦皆産，不及白龍者香美，祠僧云能清肺。憶先父嘗患肺熱面腫，偶啖此菌良已。更有竹窠蕈，亦黑色，長脚傘張，味鮮美，尋着蕩子，傾筐可得。桑樹蕈，紫色，亦有黃色者，形如香蕈，産桑園中，沿山園樹下，處處有之，光福諸山尤多，山中人語云：食之明目，俗諺云：眼亮。解毒。出土桑根上生菌有毒，勿採。按李時珍云：古《本草》言，桑根見地上者名馬額，有毒。旁行出土者名伏蛇，亦有毒。《本草别録》云：出土上者殺人。吳淑《事類賦》亦云：伏蛇、馬額殺人。陶宏景曰：不可輕信。鵞子蕈，俗云鵞卵蕈，狀類鵞子，形大，不作繖張，外有護膜，襉在膜内，久則裂開，方見有摺，味殊甘滑。白者曰粉鵞子，黃者曰黃鵞子，黑者曰灰鵞子，俱爲佳品。更有黃色小於鵞子者曰黃雞卵蕈，亦一類也。茅柴蕈，産貞山、玉遮山，叢生茅柴中，菌質上下涓潔，瑩白圓潤，初如蕊珠，大則繖張，摺作茜色，如桃花含露，稍久變淡紫色，一名紅襉蕈，味鮮美柔脆，春夏俱有。餹蕈，即松蕈也，於松樹茂密處，松花飄墜著土生菌，一名珠

玉蕈,赭紫色,俗所謂紫糖色是也。卷沿湙襉,味甘如餹,故名餹蕈。黄山、陽山皆有之,惟錦峰山昭明寺左右産之尤甚,最爲佳品。采久或手撓之作銅青色,湯爍火薰藏爲珍品,亦可致遠。四月産者名青草餹蕈,八月産者名西風餹蕈,有白色者曰白餹蕈,黄色者曰黄餹蕈,更有一種名乾餹蕈,形如奶汁蕈,其柄白色,味皆美。陳仁玉云:凡物松出,無不可愛。

又《中品》 紫面蕈,面微紫,襉潔白肥大,傘張,味美。黄山最産,春夏俱有。野雞斑蕈,外灰色,黑斑,白摺,黑沿口,高脚,有斑紋如雉,故名。黄山一路春夏俱産。楊樹蕈,純白色,味如雞肉絲而帶韌,微有羶氣。得其蕈蕩,論簇而生。山中人云味美異常,秖互自充庖供,何暇上市。惟羊山一路有之。奶汁蕈,赭黄色,卷口,損之有汁如乳,質硬而蟲不甚侵蝕。食之,木而味少。四時俱生,有長脚、矮脚之分,更有白奶汁,竝可食。青面子蕈,菌面青白雜斑繖張者曰青面子,白者曰白面子,紅者曰紅面子,更有赭面子,即俗謂之麄面子,味皆美,俱可食。佛手蕈,一名掃帚蕈,一名燈草蕈,一名葱管蕈,皆象形也。一根叢生,如荳芽菜而灰白色,味極柔滑鮮美。三月間多産支硎山及黄山、貞山、玉遮山,處處有之。此品爲鄉人所最尚者。其鬻法:用面餑方言音孛。着膩,多下薑屑,與杜園筍爲羹,真山居之上珍也。紫花蕈,面紫摺黄,味美,秋冬始生。薑黄蕈,色如薑黄,一名梔黄蕈,一名雞黄蕈,所謂雞㙡者是也。産黄山爲多,純黄色,不另生襉,即於背面縐紋如摺耳,口靨而不卷,亦不傘張,味極鮮美,四時俱生,山人所尚。燈臺蕈,一名雞脚蕈,質瘦高脚,黄黑色,傘張,頗似《西湖志餘》所謂丁蕈者,味亦佳。

又《下品》 癟婆子蕈,一名老婆,襉厥狀肥大而面縐,菌之最蠢者也。色黄白而帶黑暈,仰卷,摺如雞黄蕈。粉團蕈,一名玉蕈,純白如玉,質如乾粉。做成者不作繖張,味甘勝涓潔。橘皮蕈,紅如橘皮,氣亦帶辣,其質頗似猪血蕈。傘子蕈,色黄如奶汁蕈,繖張,出黄山。面脚蕈,色白而滑,味爲下。紫血蕈,外淡紫而襉紅色,味亦鮮美。紫富蕈,一名紫蕈,赬紫色,或淡黄色,味佳。猪血蕈,色正紅,鮮豔可愛,味亦鮮美,宿則色蔫。味渝而不堪食矣。有紅猪血蕈色紅,淡猪血蕈色淡,二種並可食。無錫東北三十里有膠山,古膠鬲隱居之地也。山上有南宋李忠定公丞相祠,下有竇乳泉,水味清洌,祠與泉之左右多産朱砂蕈,色紅,味鮮,艴然如火,一篕之中用一二莖,色便奪目,亦奇物也。余友吴六息天翼氏嘗讀書於此,因得過訪而知之,並附存焉。

紀事

晋 葛洪《神仙傳·肉芝》(引自《類説》卷三) 蕭静之掘地得人手,潤澤而白,烹食之,人問何物,曰肉芝也。

唐 張鷟《朝野僉載》卷一 嶺南風俗,多爲毒藥。令奴食冶葛死,埋之土中。蕈生正當腹上,食之立死。手足額上生者,當日死。旁自外者,數日死。漸遠者,或一月,或兩月。全遠者,一年、二年、三年亦即死。惟陳懷卿家藥能解之。或以塗馬鞭頭控上,拂著手即毒,拭著口即死。

五代 王仁裕《玉堂閒話·蛇菌》(引自《類説》卷五四) 湖南百姓郊外得一菌,甚大,獻於府主。有僧曰:此物甚毒,慎勿入口。乃於所獲之處掘之,有蟄蛇千餘條。

宋 蔡襄《端明集》卷三四《芝草述》 福州連江縣寧善鄉崇德里保福院産芝一本。四月八日癸未,令朱定得之詣府。質黑而堅,葉如側荷。其上又出一本,蘺爲六莖,枝柯聳密,中有連理,末如燕尾而朱藏之,高可尺許。世傳古篆芝字皆枝葉扶疎,豈古人象形而作乎?而漢齊房歌曰:九莖(蓮)[連]葉,玄氣之精。正謂玄芝而有九莖,與葉(蓮)[連]也。芝之爲物,在處有之,大較形類苗穤。音軟。近無是比,倘或有焉,而予未之見也,故特書之。樞密直學士、尚書禮部郎中、知軍州事蔡某題。

宋 朱勝非《紺珠集》卷八《樓闕芝》 東都生芝,狀如樓闕,又或有如赤子者。

宋 黄彦平《三餘集》卷四《紫芝庵記》 昭武游若無今居臨川,以其待次餘閒,廣園池,藝草木,與同時士大夫游,别館多矣,又作紫芝庵,以志其祖之所遇。自言祖遇左仙公,授之道術,齋室之北,嘗産紫芝。别數十年,而外物之期終合。人或異之,則又揭黄冕仲、上官彦行、蘇子由、葉端禮諸公詩文於壁間,以信其説。夫芝草,人知爲美瑞,或異之者,以其詳於仙方,而畧於經術也。然人力不可致,根本不可尋,要是天地間中和之氣所鍾也。氣有

發而生之者，亦有炎而取之者。楚山三年三秀，服之度世不老。發而生之者，天也。漢殿九莖連葉，乃獨爲創見，炎而取之者也。前人有所遇，後人不敢忘。理情性，致中和，始於閨庭，達於閭巷，著於邦域，則炎而取之，而對胡羯末之徒出焉。節義清芬，文章餘馥，靈秀並峙，與之扶疎，是足以仙矣。豈必耿然絶俗離也哉？亦理之常，無足甚異，因爲辨其所以然。

宋　張邦基《墨莊漫録》卷三　崇寧間，平江府天平山白雲寺有數僧行山間，得蕈一叢，共煮食之，至夜發吐。内三人急取鴛鴦草生啖，遂愈。其二人不啗者，吐至死。鴛鴦草藤蔓而生，黄白花對開，傍水依山，處處有之。治癰疽腫毒尤妙，或服或傅，皆可。蓋沈存中良方所載金銀花，又曰老翁須者，《本草》名忍冬。

宋　吴曾《能改齋漫録》卷一五《肉芝》　東坡《肉芝詩序》云：頃在京師，有鑿井得如小嬰兒手以獻者，臂指皆具，膚理如生。余聞之，隱者曰：此肉芝也，與子由烹而食之。予按《仙傳拾遺》載，進士蕭静之掘地得物，類人手，肥潤，色微紅，烹食之。後遇異人曰：嘗食仙藥。因告之曰：肉芝食之者壽。何東坡忘此耶？

宋　洪邁《夷堅志・支景》卷一〇《簡坊大蕈》　進賢縣簡坊市皆諸簡所居，田僕趙三每日入山采薪。慶元元年七月，久雨乍晴，持斧至山顛，見巨松下一大蕈，其徑一尺八寸，摘歸誇語鄰里，以爲平生所摘未見。酒肆王翁尤異之，謂曰：我與爾錢，爾以與我，將掛於店外以誇飲客，趙許而嫌所酧之薄，與妻言蕈如許大而王公只肯還五十錢，不如我一家自飽，傍人亦以贊。即分擘洗滌，和米加味作臛，哄妻子婦孫均食訖，乃就寢。未及交睫，皆覺痛雷鳴，競奏厠，到明盡死。獨一孫數歲以嘔吐得免。簡氏爲收育之。蕈之有毒，固多此禍，一何慘也。王翁家與酒客亦危矣哉！

明　郎瑛《七修類稿》卷四三《芝名》　偶讀雜書得芝數本，《羣玉》、《本草》所無也，記之於藁。水芝、東瓜亦曰荷也。玉芝、芋也。夜光芝、句曲山之木止一株九實，實墜地如七寸鏡有光，茅君所種。肉芝、世知如小兒手，肥閏而紅者。《抱朴子》及《昌宇記》又云萬年蟾蜍、千年蝙蝠、千年龜燕，皆謂之也。螢火芝、如豆大，夜視有光。食一本，開心一孔。食七本，可夜書也。五芝、神芝，祖州草名。如靈芝之名三秀草也。

明　田藝蘅《留青日札》卷三三《五色芝》　我皇上五色芝進自陜西王金。自後，曾遣御史巡行天下采芝。浙江總督胡公亦有所進，每本有高尺許者，云用芝以合仙藥。芝曰菌，五色加紫爲六芝，青曰龍芝，赤曰丹芝，黄曰金芝，白曰玉芝，黑曰玄芝，紫曰木芝。瑞草也，生則有雲氣及禽獸之異，蓋言其狀也。余庭中產王芝一，竹林中木芝二，其下皆有黄氣。

明　王世貞《弇州四部稿》卷一五六　吴歸命侯時，以吴平家鬼目菜爲芝草，拜平侍芝郎。然郭璞所注《爾雅》云：江東有鬼目草，莖似葛，葉圓而毛，如耳璫也，赤色，叢生。《廣志》曰：鬼目似梅，南人以飲酒。《南方草木狀》曰：鬼目樹，大者如木子，小者如鴨子，七月、八月熟，色黄，味酸，以蜜煮之，滋味柔嘉。交趾諸郡有之。然則鬼目之狀，或爲草，或爲木，或爲果，與芝大不類。而吴時所生，乃菌蕈之類耳，不必鬼目也。宋天禧宣政間，芝至數萬本，人以爲疑。余於世宗朝親見之，有五色絶佳者甚多。至其末年，姦人王金於崇文門外積巨木，置陰濕，所以藥傅之，即生芝，隨藥成五色，上進得官。此則前人所不解也。

明　朱國禎《湧幢小品》卷一《芝草》　世宗有詔采芝，宛平縣民得五本以上，御醫李果以玄岳鮮芝四十本進。三十六年九月，禮部類進千餘本。明年春，鄠縣民聚芝百八十一本，爲山以獻。内有徑一尺八寸者數本，號曰僊應萬年芝山。四川巡撫黄光昇進芝四十九本。十月，禮部類進一千八百六十四本。四十三年，御醫黄金進萬壽香山四座，聚芝三百六十本爲之。宋政和五年，蘄州產芝草，徧境計黄芝一萬一千六百枝。内一枝，色紫，九榦，尤奇。

又卷二九《肉芝》　孝豐南郊有宋姓者，治圃爲業。忽一日鋤韭畦，叢草中得物，如嬰孩掌。當腕截，鋤口尚有血痕。宋駭異，持歸以爲不祥氣，遂索然不振，家漸替。俗傳爲祟，殊不考此物名肉芝，食之可登僊。

清　謝堃《花木小志・芝》　著稱神草，芝爲瑞草，然所見圖畫而已。曩見骨董家有枯芝一枝，書之所載，似未可信。余賞舟泊君山，登岸數武，草色茸茸，矗然一石，傍生數芝，五色煥發，形狀大似骨董家所見。今年甜果樹木貼生三芝，椏生一芝，面皆紫茸色而有寶光，背金黄色，面背之色日凡數易，觀之者咸以爲瑞。

著録

宋　陳仁玉《菌譜》　芝、菌，皆氣出也。靈華三秀，稱瑞尚矣。朝菌晦朔，莊生訕之。至若倂其食品，古則未聞。自商山茹芝，而五臺天花亦甲羣彙。仙居介臺、括，叢山入天，仙靈所宫，爰産異菌。林居巖棲者，左右芼之。固黎莧之至腴，蓴葵之上瑞。比或以羞王公，登玉食。自有此山，即有此菌，未有此遇也。遇不遇無預菌事，緊欲盡菌之性而究其用，第其品作《菌譜》。淳祐乙巳秋九月山人陳仁玉序。

清　嵇璜《續通志》卷一五九　《菌譜》一卷。宋陳仁玉撰

清　黄虞稷《千頃堂書目》卷一五　《菌譜》。陳仁玉

清　永瑢《四庫全書總目》卷一一五　菌譜一卷。浙江鮑士恭家藏本。宋陳仁玉撰。仁玉字碧棲，台州仙居人。擢進士第。開慶中官禮部郎中，浙東提刑，入直敷文閣。嘉定中，重刊趙清獻集，其序即仁玉所作。其事蹟則無考矣。是編成於淳祐乙巳，前有自序。案：葉夢得《避暑録話》曰：四明温台山谷之閒多産菌。又周密《癸辛雜識》曰：天台所出桐蕈，味極珍，然致遠必漬以麻油，色味未免頓減。諸謝皆台人，尤嗜此品。乃並舁桐木以致之，旋摘以供饌。是南宋時，台州之菌爲食單所重。故仁玉此譜備述其土産之名品，曰合蕈，曰稠膏蕈，曰栗殼蕈，曰松蕈，曰竹蕈，曰麥蕈，曰玉蕈，曰黄蕈，曰紫蕈，曰四季蕈，曰鵞膏蕈，凡十一種。各詳所生之地，所採之時，與其形狀色味。然不及桐蕈，則未喻其故也。案《爾雅・釋草》曰：中馗，菌。郭璞注曰：地蕈也。《吕氏春秋》稱和之美者，越駱之菌。是菌自古人食品。然爲物頗微，類事者多不之及。陳景沂《全芳備祖》僅載二條。存此一編，亦博物之一端也。末附解毒之法，以苦茗、白礬(匀)[勺]新水咽之，與張華《博物志》、陶宏景《本草注》以地漿治之者，法又不同。可以互相參證，亦有裨於醫療焉。

清　吴林《吴蕈譜》　王鏊《姑蘇志》云：蕈即菌，多生西山松林下，二月生者名雷驚蕈，其色赤者名猪血蕈，味皆鮮美。又岳岱《陽山舊志》曰：蕈者，惟山中有之，蓋草木之脂入土兼得膏澤則生。驚蟄時生者，山人名曰雷驚，莖高白而斑者曰溪鶩，紫而青者曰青紫，小而實者曰麩筋，青赤色損之有汁者曰朱血，色黄而味甘者曰餹蕈，諸種竝佳。愚按：赤色而損之有汁者謂之奶汁蕈，非朱血也，朱恐猪字之訛。又牛若麟《吴縣志》曰：蕈各處皆生，山中獨多，鵞子蕈最佳，其他梅蕈、松蕈、茶蕈、桑蕈、菜心蕈皆可食。吾蘇郡坡之西諸山秀異，産蕈實繁，尤尚黄山者爲絶勝，何則？以其地邇而易於上市爲最新鮮也，他山者可就其地而食之，宜巖棲之士享厥美焉。當春氣初萌，雪融泥軟，雷欲發聲，蟄猶未動，其時産蕈所爲雷驚者也，一名戴沙，村人於石罅沙土中尋而拾之，故又名石蕈。東坡又名雪蕈，色黑者曰烏雷驚，色黄者曰黄雷驚，産於梅樹下者曰梅樹蕈，菜花時生者曰菜花蕈，生穀樹上者曰穀樹蕈，茶樹下生者曰茶棵蕈，桑園内産者曰桑樹蕈，其形如鵞卵者曰鵞子蕈，小於鵞子者曰黄雞卵蕈，叢生茅柴中者曰茅柴蕈，甘而紫䊪色者曰餹蕈，《肯綮録》云：人面色紫曰䊪。《丹鉛總録》曰：紫檀色訛爲紫棠色。斯時天氣未熟，無蛇虺之毒，洎蟲蝕之患，雜以薑芽和筍爲美，陳仁玉所謂羞王公登玉食者也。以上諸蕈皆與雷驚次第而出，故金昌豪右游山舭船，争買獻新，未見其失，食之勿疑，宜列爲上品。其次有面紫者曰紫面蕈，斑紋如雉者曰野雞斑蕈，楊樹下産者曰楊樹蕈，損之有汁者曰奶汁蕈，面青者曰青面子蕈。更有白面子，紅面子、赭面子、即俗所謂黵面子。梅氏：乙減切，音黶，青黑色。竝可食。形如手掌者曰佛手蕈，天氣初寒而生者曰紫花蕈，色如薑黄者曰薑黄蕈，質瘦而高脚者曰燈臺蕈。以上諸蕈味俱美，而時令已晏，稍久即有蟲豸侵蝕，難供染指，宜列爲中品。又次有面緆而黐者曰癟婆子蕈，白如玉者曰粉團蕈，紅如橘皮而辣者曰橘皮蕈，如繖張者曰傘子蕈，白而滑者曰面脚蕈，面紫襇出孫樓吴音奇字梅氏作襇。紅者曰紫血蕈，紫而或黄者曰紫富蕈，面鮮紅而襇白者曰猪血蕈。以上諸蕈雖皆可啖而味自劣於上中品者，或有與毒蕈疑似者，其列爲下品宜矣。然一交六月則雜蕈百出，如生於楝樹下者曰楝樹蕈，發於椿樹下面黄襇白論簇而生者曰椿樹蕈，生於某樹者即指其樹而名，但楝、椿二樹産蕈偶然非恒有之物，故不列品。其有形如餺飥，味如海蛇者曰餫飩《千金翼》餫飩面。蕈，長而小者曰烏雞鵞脚，即陽山所謂谿鵞蕈者是也。又有青紫粉

者，即青紫蕈也。麩筋蕈者，韌顔師古注《急就章》：檀，堅韌木也。如麩筋也。皆憑村老以鄉俗語象形立名，亦不必多贅。謹按：林所品諸蕈而食之足矣。其雜而莫識者可舍之而已，其不堪食者則有純白色而味苦者曰石灰蕈，李實《蜀語》有地芝曰菌，其面上如石灰者殺人。其純白色者爲毒蕈，是處皆然。黑色而質薄傘張者曰桴炭蕈，蒼白色者曰瓦屑蕈，一名灰子蕈。此三種俱塚墓間有，石灰露處便生，四時皆有之，雖未至害人，亦木而無味之物也。有灰黄色矮脚而粘滑無襇作細鍼空者曰黄饅頭，漸大如一升器，背面如羊肚，人又呼之曰牛屎蕈，此山中人共棄之物，雨後遍山皆是。更有苦而麻者曰苦麻蕈。𧺝皮蕈，一名土蕈。綿繭蕈，即綿薑頭，面白，有細紋如銀絲，碎之，其氣辡䡅，孫樓《吴音奇字》音撮捋，方言，味辣也。食之戟喉者曰生薑蕈，大毒，面紅，摺白，比猪血蕈倍大者曰沙枋出王佐《格古要論》。蕈。古墓間下有沙枋，往往生蕈，誤食殺人。余嘗見一人以沙枋木柹點火，吃煙立斃，厥毒可知矣。以上諸毒蕈略舉一二，宜在所黜。設有厥狀異於諸蕈，採者棄之而已。《瑣碎録》云：凡果異常，必根有毒蛇，忌食。竊謂凡菌異常，亦必其下有蛇虺居焉。《陽山舊志》又曰：凡白摺面紅者、純白與無摺者，採宜棄之。生楓樹者曰笑蕈，食之令人笑不止，飲以土漿則愈。又法：烹時以燈草數莖投釜中，燈草黑，有毒不可食。故山中人劚蕈，吴俗拾菌曰劚蕈。必認蕈蕩，如某山出何等蕈，某地出何等蕈，皆有舊蕩，不亂生者。凡菌一處略出幾莖者佳，如論簇而生，傾筐而得者，必蛇蕈也。蛇涎亦能成蕈。凡蕈有名色可認者採之，無名者棄之。此雖言一鄉之物，而四方賢達之士，宦遊流寓於吴山者，當知此譜而採之，勿輕食也。然林以醯雞之見，尚多闕漏，俟諸好事者廣識而續之，亦憫世之一功，此作譜之大意也。今將諸蕈可茹者謹陳如左。

藝文

南朝梁　庾肩吾　《芝草》（引自《漢魏六朝百三家集》卷九九）　踟蹰玩芝草，淹留攀桂叢。桂叢方偃蹇，芝葉正玲瓏。如龍復如馬，成闕復成宫。黄金九華髮，紫蓋六英通。隱士蒼山北，仙神海穴東。隨丹聊變水，獨搖不須風。

宋　鄒浩　《道鄉集》卷五《詠張公奭廬墓有芝三本》　錫山居士張公奭廬墓側，有芝三今生焉。繪以爲圖，見者咨嘆。此芝初無根，生自孝誠裡。孝哉本於誠，非緣利心起。無芝非所怍，有芝非所喜。不期芝有無，秀出乃如此。養志勤色難，送終極哀毀。既葬不忍歸，結廬獨留止。孺慕秋復春，淚接九泉水。比隣或未知，天已知之矣。因芝示邦人，邦人争贊美。會逢當路賢，薦此八行始。

宋　洪适　《盤洲文集》卷六《小隱芝草》　芝叢盈百見聞希，不數嘉禾連理枝。紫蓋堆雲光點漆，金莖蒙露色凝脂。一時競秀園林勝，十載深藏天地知。急辦軒楹尊瑞物，泥封詔墨有來期。

宋　周麟之　《海陵集》卷一《太廟觀芝草》　九廟寧神藹德馨，煌煌又見産芝英。香凝薦斝椒蘭潤，色映雕欒日月明。紹復祖宗全達孝，感通天地契精誠。試披瑞牒占休應，看取皇家萬葉榮。

曉開疏屏望榮光，仰見威靈燭下方。一本同楹真盛事，三年疊秀是殊祥。好圖瑞採增旗幟，二十五年太廟芝草生，是歲，郊祀臣乞依乾德中太祖親郊作三瑞旗故事，特製靈芝旗，有旨從之。更誦靈華續樂章。頃歲，臣寮嘗請以太廟瑞芝，播之樂章。拜舞共陳歸美頌，喜浮春殿九霞觴。

宋　朱熹　《晦庵集》卷三《紫蕈》　誰將紫芝苗，種此槎上土。便學商山翁，風餐謝肥羜。

又《木耳》　蔬腸久自安，異味非所誇。樹耳黑垂聃，登盤今亦乍。

又《日蕈》　聞説閬風苑，瓊田産玉芝。不收雲表露，烹瀹詎相宜。

宋　王質　《紹陶録》卷下《合蕈》　色黑爲楮蕈最珍。白蕈、紫蕈各隨樹而生。又茭蕈、竹蕈、梭蕈、蘆蕈，類甚多，産於壞濕地，亦多類。

我取友兮得合蕈，山深樹底風不進。彈子團欒敷未敷，飛傴騰猿毋口龕。藤花迷，豆花肥。所思兮馬可遺，溪山撩亂將安歸。

宋　許綸　《涉齋集》卷一四《芝徑》　辟谷幾經塵，如芝今有神。更開三益徑，似恐太無鄰。

宋　劉學箕　《方是閒居士小稿》卷下《紫芝頌並序》　辛未歲七月某日，予於故廬之前，見有執紫芝而過者，就觀焉，繼求其餘焉。人曰：此公祖

塋之所産者。盡以授予。予得之喜甚，即往省諸墳塋。山之上下皆芝也，一莖一葉者有之，一莖九葉、十葉而成房者有之。其莖若漆之瑩，其葉則紫而淨，槁而不枯，榮而不華，扣之而有聲。携之而歸，人之疑信者相半，予之自信則不疑也。然芝也，不種於人，不恒有於世。人雖遇之，孰知其爲芝乎？林者，吾知其爲木。葉者，吾知其爲竹。松栢蓬蒿蕭艾，吾知其爲松栢蓬蒿蕭艾。惟芝也，不可知。不可知，則其謂之非芝也，亦可矣。雖然，芝之生，必有禎祥昌其後，芝爲端。世物也，芝之果不爲禎祥也。夫世之疑者，不足恠也。恠其弗識也，識則無所疑矣。余感其事，故爲之頌。維芝雋潔兮，非眷之力兮。毓無種裔兮，是爲芝之德兮。維芝敷生兮，非人之耘兮。特見挺出兮，是爲芝之神兮。惟芝緐茂兮，靡候耕耨兮。抽蔚擢秀兮，是爲芝之壽兮。維芝突萌兮，固守其貞兮。槁而實腴兮，是爲芝之靈兮。適山而採之，雲根連野兮。拔不滯茹兮，伊人之取捨兮。採之盈筐兮，人莫知己兮。吾其與爾兮，自信而不恥兮。

宋　方夔《富山遺稿》卷四《茯苓》　老松踰百圍，名爲棟梁材。孤根雖故在，不復萌條枚。生意無處泄，浩浩還根荄。結爲千歲苓，膚色狀瓊瑰。洗曝不遺力，藥裹手自開。羊棗出河北，胡蔴來天台。蒸以白砂蜜，盛以紅瓷杯。一朝服食盡，玉色還嬰孩。

宋　高似孫《剡録》卷一〇《草木禽魚下・茯苓》　《山居賦》曰：茯苓千歲而方知。杜甫《茯苓》詩：翻動神仙窟，封題鳥獸形。李益《茯苓》詩：松膏爲茯苓，妙者是鶴形。章孝標詩：注餅雲母滑，漱齒茯苓香。剡山多喬松，松下多苓。《典術》曰：松脂入地，千歲爲茯苓。

元　許有壬《至正集》卷一三《沙菌》　牛羊膏潤足，物産借英華。帳脚駢遮地，此物喜生車帳卓歇之地，夏秋則環繞其迹而出。釘頭怒戴沙。齋厨供玉食，氈索出氊車。莫作垂涎想，家園有莫邪。

明　張佳胤《居來先生集》卷五《詠芝草》　野山空翠合，香潤長玄芝。夜月明春谷，晴雲護紫枝。蕨薤三秀色，窈窕六英垂。倘遇韓終侶，飡霞千歲期。

明　朱長春《朱太復乙集》卷三《采芝》　上山採玄芝，山高磵多石。采採不盈囊，燁燁有佳色。聊雲樂吾饑，何必黍與稷。道逢游少年，停車問何食。攬之不可茹，三嗅顧相擲。性樂有不同，至味期一適。資生天地間，吾須復何物。

清　周彝《研山十詠・石芝》　東坡石芝詩二首，所嘆詫爲希有者，乃肉芝。而石芝情狀，初不之及。予所獲，信爲石芝無疑。蓋厚一寸有奇，廣倍之，下有曲莖如蓋之厚，色正紫，又名石桂英云。仙家有大藥，玉芝變神水。生乏超凡骨，詎敢希不死。煌煌九光姿，摩娑儘足喜。

清　游紹安《涵有堂詩文集・瑞芝詩有記》　芝本蘭蕙族，無因不發祥。柯末而莖小，色紫雜深黄。清紋蔕托淺，六英秀煌煌。士氣當和暢，郊廟薦芝房。夏秋非所宜，山林蕴其光。東坡稱紫筍，寥落洞岩傍。九華見宣武，翠羽晨敷芳。兹地何爲者，非山非廟廊。燁燁當秋茂，映輝三鱣堂。閩緒誰繼起，墜緒正芒芒。會有偉人興，斯道振維綱。相助聖明理，國祚頌永昌。我今得見之，中藏何日忘。聊抒之詩歌，庶以志異常。

雜録

晋　張華《博物志》卷四　《神仙傳》云：松栢脂入地，千年化爲茯苓，茯苓化爲琥珀。琥珀一名江珠。今泰山出茯苓而無琥珀，益州永昌出琥珀而無茯苓。或云燒蜂巢所作。未詳此二説。

南朝宋　劉敬叔《異苑》卷二　交州諸菌，以菓塗人軀，便舉體菌生。生既遍，便就朽爛肌肉消腐。

南朝梁　蕭繹《金樓子》卷五　入名山，牽白犬，抱白鷄，山神大喜，芝草及寶玉等自出。案：《太平御覽》引《地鏡圖》曰：夫寶物在城郭、邱墻之中，樹木爲之變。視柯偏有折枯，是其候也。視折枯所向，實有其方。凡有金寶，常變作積虵，見此輩，便脱隻履若衣以擲之，溺之即得。凡藏寶，忘不知處，以大銅盤盛水，着所疑地行照之，見人影者物在下也。據此則凡有樹木之變，以下三段皆《地鏡經》之文，因其文互異，謹録以備考。

宋　陶穀《清異録》卷上《五鼎芝》　北方桑上生白耳，名桑鵝，貴有力者咸嗜之，呼五鼎芝。

圖表

晉　郭璞《爾雅音圖·釋草》

明　李時珍《本草綱目·圖卷》

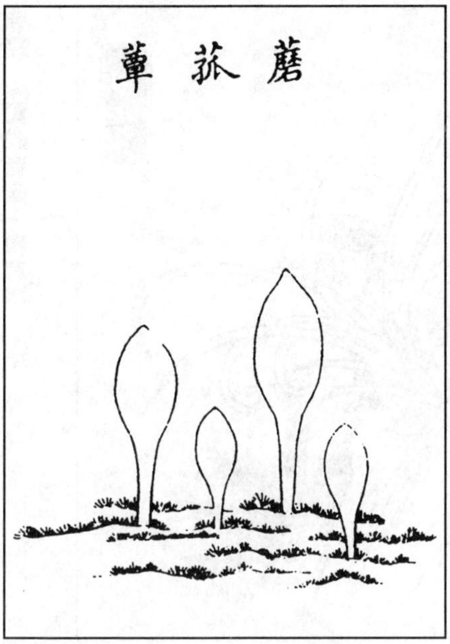
蘑菰蕈

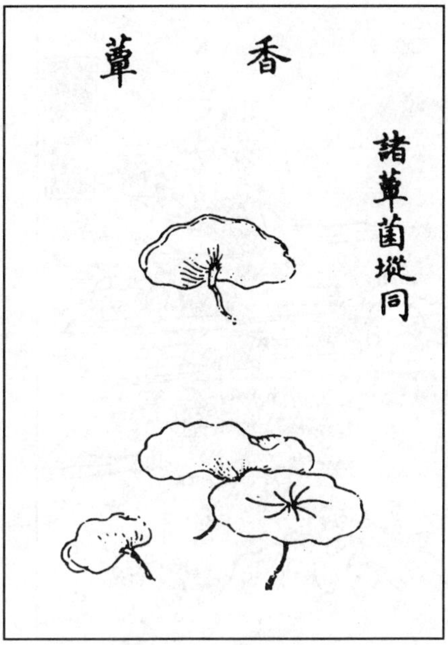
香蕈
諸蕈菌蹤同

茯苓

竹蓐
竹菰

雷丸

豬苓

森林動物總部

森林[illegible]

森林動物總部提要

《森林動物總部》按照《中華大典》及《林業典》的有關規定進行編纂，根據中國古代森林動物文獻資料的分類特點，共設森林動物總論部、禽部、獸部、蟲部和森林其他動物部。部之下分設條目，其中森林動物總論部直接按緯目編排資料，未設條目。

森林動物總論部主要收録有關森林動物總論性的資料，及多種動物合論的資料。禽部主要收録與山林有關的鳥類資料，包括猛禽、鳴禽、陸禽、攀禽、涉禽、游禽等。獸部主要收録與山林有關的哺乳動物資料，包括食肉目、有蹄目、嚙齒目、翼手目、食蟲目、靈長目等。蟲部主要收録森林昆蟲方面的資料，包括直翅目、同翅目、鞘翅目、鱗翅目、膜翅目、雙翅目、蜻蜓目、螳螂目、脈翅目、革翅目等。森林其他動物部收録未列在禽部、獸部和蟲部中的其他森林動物方面的資料，主要包括多足綱、爬行綱、兩棲綱等門類中的動物。

有關魚類等水生動物及海洋動物方面的資料，本總部未予收録。有關野生動物馴養及家畜飼養方面的資料，本總部亦未予收録。一些帶有神話傳説性質的動物，如鳳凰、麒麟、蛟龍等，本總部也未予收録。

中國古代動物名稱存在同名異物、同物異名的現象，因此在條目設置上，均以古代森林動物名稱爲基礎編列條目。爲了便於檢索，有些條目同時列出了幾個不同的動物名稱。中國古籍中，有些森林動物名稱，尚未考證出究竟是現代學科分類中的哪種動物，或者對其學科分類存在爭議。從保存史料的角度出發，本總部也酌情收録，以備檢索考證。

森林動物總部收録森林動物文獻史料，側重於森林動物形態描述和地理分佈方面的信息，有關其飼養、利用和欣賞等方面的資料，請參閲《林業典》的其他分典。

森林動物總論部

題解

《周禮·冬官考工記》 天下之大獸五：脂者，膏者，羸者，羽者，鱗者。注：脂，牛羊屬。膏，豕屬。羸者，謂虎、豹、貔貅爲獸淺毛者之屬。羽，鳥屬。鱗，龍虵之屬。音義羸，力果反，下同。貔，音毗。螭，勑知反。疏：釋曰：此文亦與下爲目，故下亦別列五者，所用不同也。注釋曰：知『脂是牛羊屬，膏豕屬』者，下云二者祭宗廟以爲牲，故知也。鄭注《内則》云：凝者曰脂，釋者曰膏。羸者謂虎、豹、貔貅淺毛者之屬者。按《月令·季夏》亦云：其蟲羸。注云：虎豹淺毛者。『鱗，龍虵之屬』者，《月令·春》云『其蟲鱗』，注云：龍虵之屬也。

《爾雅·釋蟲》 釋蟲【略】音義：蟲，本亦作虫。案：此篇是釋蟲，依字虫音許鬼反，蛇類也。並兩虫爲䖵，音古門反，蟲之總名也。三虫爲蟲，直忠反，有足者也。今人以虫爲蟲，相承假借用耳。《説文》云：虫，一名蝮，象其形物之微細，或行或飛，或毛或羸，或介或鱗，以虫爲象。案：此文云：有足謂之蟲，無足謂之豸。《月令》：鱗、毛、羽、介皆謂之蟲。《白虎通》以聖人爲倮蟲之長，自上聖下達蟭螟，通有蟲稱耳。疏：案《説文》：蟲者，蜾、毛、羽、鱗、介之總稱也。

又 有足謂之蟲，無足謂之豸。音義：豸，文爾反，無足者。《説文》云：獸，長脊，行豸。豸欲有所伺殺也。疏：此對文爾，散言則無足亦曰蟲。《月令》春(日)〔曰〕『其蟲鱗』，鄭注云：龍蛇之屬是也。

又《釋鳥》 釋鳥【略】音義：《説文》云：短尾羽，衆禽總名也。案：此文云：二足而羽謂之禽。禽即鳥也。疏：《説文》云：鳥者，羽禽之總名，象形字。《左傳》曰『少皥氏以鳥名官』之類。

漢 戴德《大戴禮記·曾子制言上》 毛蟲，毛而後生。羽蟲，羽而後生。毛、羽之蟲，陽氣之所生也。介蟲，介而後生。鱗蟲，鱗而後生。介、鱗之蟲，陰氣之所生也。

漢 許慎《説文》卷四 隹，鳥之短尾總名也，象形。凡隹之屬，皆从隹。職追切。【略】雔，雙鳥也。从二隹。凡雔之屬，皆从雔，讀若醻。市流切。【略】鳥，長尾禽總名也，象形。鳥之足似匕，从匕。凡鳥之屬皆从鳥。都了切。【略】雄，鳥父也。从隹，厷聲。羽弓切。雌，鳥母也。从隹，此聲。此移切。

又卷九 豸，獸長脊，行豸豸然，欲有所司殺形。凡豸之屬，皆从豸。

又卷一三 蟲，有足謂之蟲，無足謂之豸。从三虫。凡蟲之屬，皆从蟲。直弓切。

䖵，蟲之總名也。从二虫。凡䖵之屬，皆从䖵。讀若昆。古魂切。

明 李時珍《本草綱目》卷三九 李時珍曰：蟲乃生物之微者，其類甚繁，故字從三蟲會意。按《攷工記》云：外骨、内骨、却行、仄行、連行、紆行，以脰鳴、注味同鳴、旁鳴、翼鳴、腹鳴、胸鳴者，謂之小蟲之屬。其物雖微，不可與麟、鳳、龜、龍爲伍，然有羽、毛、鱗、介、倮之形，胎、卵、風、濕、化生之異，蠢動含靈，各具性氣。録其功，明其毒，故聖人辨之。況蜩、螢、蟻、蚔，可供饋食者，見於《禮記》。蜈、蠶、蟾、蠍可供匕劑，載在方書。《周官》有庶氏除毒蠱，剪氏除蠹物，蟈氏去鼃黽，赤友氏除墻壁貍蟲、蠼螋之屬，壺涿氏除水蟲、狐蜮之屬。則聖人之於微瑣，罔不致慎。學者可不究夫物理而察其良毒乎？於是集小蟲之有功、有害者爲蟲部，凡一百零六種，分爲三類，曰卵生，曰化生，曰濕生。

又卷四三 李時珍曰：鱗蟲有水、陸二種。鱗屬皆卵生，而蝮蛇胎産。水族皆不瞑，而河豚目眨。藍蛇之尾能解頭毒，沙魚之皮還消鱠積。非知者，孰能察之。唐宋《本草》蟲魚不分，今析爲鱗部九十四種，分四類，曰龍，曰蛇，曰魚，曰無鱗魚。

又卷四七 李時珍曰：嘗攷《禽經》：山禽巖棲，原鳥地處。林鳥朝嘲，水鳥夜啾。山禽咮短而尾修，水禽咮長而尾促。其交也，或以尾臎，或以睛睨，或以聲音，或合異類。雉、孔與蛇交之類。其生也，或以翼孚卵，或以同氣變，鷹化鳩之類。或以異類化，田鼠化鴽之類。或變入無情。雀入水爲蛤之類。噫，物理萬殊若此，學者其可不致知乎？五鳩、九扈，少皥取以名官。雄雉、鴟鴞，詩人得之觀感。厥旨微矣。不妖夭，不覆巢，不殈卵，而庖人供

六禽。翟音翅。氏攻猛鳥，硩蔟覆夭鳥之巢。聖人之於物也，用舍仁殺之意，夫豈徒然哉？《記》曰：天產作陽。羽類則陽中之陽，大抵多養陽。於是集其可供庖藥及毒惡當知者爲禽部，凡七十七種，分爲四類，曰水，曰原，曰林，曰山。

又卷五〇　李時珍曰：獸，地產也。豢者曰畜。周制：庖人供六畜、馬、牛、雞、羊、犬、豕。六獸。麋、鹿、狼、麕、兔、野豕也。辨其死生、鮮薨之物。獸人辨其名物。凡祭祀賓客，供其死獸、生獸。皮毛、筋骨，入于玉府。冥氏攻猛獸，穴氏攻蟄獸。嗚呼！聖人之于養生事死、辨物用物之道，可謂慎且備矣。後世如黃羊、黃鼠，今爲御供，犏尾、貂皮盛爲時用。山獺之異，狗寶之功，皆服食所須，而典籍失載。羵羊之問，宣父獨知。鼫鼠之對，終軍能究。地生之羊，彭侯之肉，非博雅君子，孰能別之。況物之性理萬殊，人之用舍宜慎。蓋不但多識其名而已也。於是集諸獸之可供膳食、藥物、服器者爲獸部，凡八十六種，分爲五類：曰畜，曰獸，曰鼠，曰寓。《爾雅·釋獸》有鼠屬、寓屬。邢昺注曰：猴類漸肖于人，寄寓山林，故曰寓屬。曰怪。舊本獸部三品，共五十八種，今併入五種，移一種入鱗部，一種入禽部，自蟲部移入三種。

論　說

《文子·上德》　日不並出，狐不二雄，神龍不匹，猛獸不羣，鷙鳥不雙。

《關尹子·三極篇》　曰：聖人師蜂立君臣，師蜘蛛立網罟，師拱鼠制禮，師戰蟻置兵。衆人師賢人，賢人師聖人，聖人師萬物。惟聖人同物，所以無我。

曰：蝍蛆食蛇，蛇食蛙，蛙食蝍蛆，互相食也。聖人之言，亦然。言有無之弊，又言非有非無之弊，又言去非有非無之弊。言之如引鋸然。惟善聖者，不留一言。

《列子·天瑞》　種有幾。若䵷爲鶉，得水爲㡭，得水土之際，則爲䵷蠙之衣。生於陵屯，則爲陵舄。陵舄得鬱棲，則爲烏足。烏足之根爲蠐螬，其葉爲胡蝶。胡蝶胥也，化而爲蟲，生竈下，其狀若脱，其名曰鴝掇。鴝掇千日化而爲鳥，其名曰乾餘骨。乾餘骨之沫爲斯彌，斯彌爲食醯頤輅。食醯頤輅生乎食醯黃軦，食醯黃軦生乎九猷，九猷生乎瞀芮，瞀芮生乎腐蠸。羊肝化爲地皋，馬血之爲轉鄰也，人血之爲野火也。鷂之爲鸇，鸇之爲布穀，布穀久復爲鷂也。燕之爲蛤也，田鼠之爲鶉也，朽瓜之爲魚也，老韭之爲莧也，老羭之爲猨也，魚卵之爲蟲。亶爰之獸自孕而生曰類，河澤之鳥視而生曰鶂。純雌其名大腰，純雄其名稺蜂。思士不妻而感，思女不夫而孕。后稷生乎巨跡，伊尹生乎空桑。厥昭生乎濕，醯雞生乎酒。羊奚比乎不筍，久竹生青寧，青寧生程，程生馬，馬生人。人久入於機。萬物皆出於機，皆入於機。

《莊子·至樂》　種有幾，得水則爲㡭，得水土之際，則爲鼃蠙之衣。生於陵屯，則爲陵舄。陵舄得鬱棲，則爲烏足。烏足之根爲蠐螬，其葉爲蝴蝶。蝴蝶胥也，化而爲蟲，生於竈下，其狀若脱，其名爲鴝掇。鴝掇千日爲鳥，其名爲乾餘骨。乾餘骨之沫爲斯彌，斯彌爲食醯。頤輅生乎食醯，黃軦生乎九猷，瞀芮生乎腐蠸。羊奚比乎不箰，久竹生青寧，青寧生程，程生馬，馬生人，人又反入於機。萬物皆出於機，皆入於機。

又《山木》　夫豐狐文豹棲於山林，伏於巖穴，靜也。夜行晝居，戒也。雖飢渴隱約，猶且胥疏於江湖之上，而求食焉，定也。然且不免於罔羅機辟之患，是何罪之有哉？其皮爲之災也。

《呂氏春秋·慎行論·察傳》　夫得言不可以不察，數傳而白爲黑，黑爲白。故狗似玃，玃似母猴，母猴似人，人之與狗則遠矣。此愚者之所以大過也。

漢　**劉安**　**《淮南子·墬形訓》**　食水者善游能寒，食土者無心而慧，食木者多力而㚇，食草者善走而愚，食葉者有絲而蛾，食肉者勇敢而悍，食氣者神明而壽，食穀者知慧而夭，不食者不死而神。凡人民禽獸萬物貞虫，各有以生，或奇或偶，或飛或走，莫知其情，唯知通道者，能原本之。天一地二人三，三三而九，九九八十一。一主日，日數十，日主人，人故十月而生。八九七十二，二主偶，偶以成奇，奇主辰，辰主月，月主馬，馬故十二月而生。七九六十三，三主斗，斗主犬，犬故三月而生。六九五十四，四主時，時主彘，彘故四月而生。五九四十五，五主音，音主猨，猨故五月而生。四九三

十六，六主律，律主麋鹿，麋鹿故六月而生。三九二十七，七主星，星主虎，虎故七月而生。二九十八，八主風，風主蟲，蟲故八月而化。鳥魚皆生於陰，陰屬於陽，故鳥魚皆卵生。魚游於水，鳥飛於雲，故立冬燕雀入海化爲蛤。萬物之生而各異類，蠶食而不飲，蟬飲而不食，蜉蝣不飲不食，介鱗者夏食而冬蟄，齕吞者八竅而卵生，嚼咽者九竅而胎生，四足者無羽翼，戴角者無上齒，無角者膏而無前，有角者指而無後，晝生者類父，夜生者似母，至陰生牝，至陽生牡。夫熊羆蟄藏，飛鳥時移。

又《氾論訓》 猩猩知往而不知來，乾鵠知來而不知往，此修短之分也。

又《説山訓》 介蟲之動以固，貞蟲之動以毒螫，熊羆之動以攫搏，兕牛之動以觝觸。物莫措其所修，而用其短也。

又《修務訓》 夫天之所覆，地之所載，包於六合之内，託於宇宙之間。陰陽之所生，血氣之精，含牙戴角，前爪後距，奮翼攫肆，蚑行蟯動之蟲，喜而合，怒而鬭，見利而就，避害而去，其情一也。雖所好惡，其與人無以異。然其爪牙雖利，筋骨雖彊，不免制於人者，知不能相通，才力不能相一也。各有其自然之勢，無稟受於外，故力竭功沮。夫雁順風，以愛氣力，銜蘆而翔，以備矰弋。螘知爲垤，貛貉爲曲穴，虎豹有茂草，野彘有艽莦，槎櫛堀虛，連比以像宫室，陰以防雨，景以蔽日。此亦鳥獸之所以知求合於其所利。

漢 戴德《大戴禮記·易本命》 子曰：夫易之生人、禽獸、萬物、昆蟲，各有以生。或奇或偶，或飛或行，而莫知其情，惟達道德者，能原本之矣。天一，地二，人三，三三而九，九九八十一，一主日，日數十，故人十月而生。八九七十二，偶以承奇，奇主辰，辰主月，月主馬，故馬十二月而生。七九六十三，三主斗，斗主狗，故狗三月而生。六九五十四，四知時，時主豕，故豕四月而生。五九四十五，五主音，音主猨，故猨五月而生。四九三十六，六主律，律主禽鹿，故禽鹿六月而生也。三九二十七，七主星，星主虎，故虎七月而生。二九十八，八主風，風主蟲，故蟲八日化也。其餘各以其類也。鳥魚皆生于陰，而屬于陽，故鳥魚皆卵。魚游于水，鳥飛于雲，故冬燕雀入于海，化而爲蚧。萬物之性各異類，故蠶食而不飲，蟬飲而不食，蜉蝣不飲不食，介鱗夏食冬蟄。齕吞者八竅而卵生，咀噍者九竅而胎生，四足者無羽翼，戴角者無上齒，無角者膏而無前齒，有角者脂而無後齒。晝生者類父，夜生者類母。凡地東西爲緯，南北爲經。山爲積德，川爲積刑，高者爲生，下者爲死。丘陵爲牡，谿谷爲牝。蚌蛤龜珠，與月盛虛。是故堅土之人肥，虛土之人大，沙土之人細，息土之人美，耗土之人醜。是故食水者善游能寒，食土者無心而不息，食木者多力而拂，食草者善走而愚，食桑者有絲而蛾，食肉者勇敢而悍，食穀者智惠而巧，食氣者神明而壽，不食者不死而神。故曰：有羽之蟲三百六十，而鳳凰爲之長。有毛之蟲三百六十，而麒麟爲之長。有甲之蟲三百六十，而神龜爲之長。有鱗之蟲三百六十，而蛟龍爲之長。倮之蟲三百六十，而聖人爲之長。此乾坤之美類，禽獸萬物之數也。故帝王好壞巢破卵，則鳳凰不翔焉。好竭水搏魚，則蛟龍不出焉。好刳胎殺夭，則麒麟不來焉。好填谿塞谷，則神龜不出焉。故王者動必以道，静必以理。動不以道，静不以理，則自夭而不壽，訞孽數起，神靈不見，風雨不時，暴風水旱並興，人民夭死，五穀不滋，六畜不蕃息。

漢 王充《論衡·物勢篇》 含血之蟲，相勝服，相齧噬，相啖食者，皆五行氣使之然也。曰：天生萬物，欲令相爲用，不得不相賊害也，則生虎狼蝮蛇及蜂蠆之蟲，皆賊害人，天又欲使人爲之用耶？且一人之身，含五行之氣，故一人之行，有五常之操。五常，五行之道也。五藏在内，五行氣俱。如論者之言，含血之蟲，懷五行之氣，輒相賊害。一人之身，胷懷五藏，自相賊也？一人之操，行義之心，自相害也？且五行之氣相賊害，含血之蟲相勝服，其驗何在？曰：寅，木也，其禽虎也。戌，土也，其禽犬也。丑、未，亦土也，丑禽牛，未禽羊也。木勝土，故犬與牛羊爲虎所服也。亥，水也，其禽豕也。巳，火也，其禽蛇也。子，亦水也，其禽鼠也。午，亦火也，其禽馬也。水勝火，故豕食蛇。火爲水所害，故馬食鼠屎而腹脹。曰：審如論者之言，含血之蟲，亦有不相勝之效。午，馬也。子，鼠也。酉，鷄也。卯，兔也。水勝火，鼠何不逐馬？金勝木，鷄何不啄兔？亥，豕也。未，羊也。丑，牛也。土勝水，牛羊何不殺豕？巳，蛇也。申，猴也。火勝金，蛇何不食獮猴？獮猴者，畏鼠也。嚙獮猴者，犬也。鼠，水。獮猴，金也。水不勝金，獮猴何故畏鼠也？戌，土也。申，猴也。土不勝金，猴何故畏犬？東方，木也，其星倉龍也。西方，金也，其星白虎也。南方，火也，其星朱鳥

也。北方，水也，其星玄武也。天有四星之精，降生四獸之體。含血之蟲，以四獸爲長。四獸含五行之氣最較著。案龍虎交不相賊，鳥龜會不相害。以四獸驗之，以十二辰之禽效之，五行之蟲以氣性相刻，則尤不相應。凡萬物相刻賊，含血之蟲則相服，至於相啖食者，自以齒牙頓利，筋力優劣，動作巧便，氣勢勇桀。【略】鷹之擊鳩雀，鴞之啄鵠鴈，未必鷹鴞生於南方，而鳩雀鵠鴈産於西方也，自是筋力勇怯相勝服也。【略】夫物之相勝，或以筋力，或以氣勢，或以巧便。小有氣勢，口足有便，則能以小而制大。大無骨力，角翼不勁，則以大而服小。鵲食蝟皮，博勞食虵，蝟、虵不便也。蚊虻之力，不如牛馬，牛馬困於蚊虻，蚊虻乃有勢也。鹿之角足以觸犬，獼猴之手足以搏鼠，然而鹿制於犬，獼猴服於鼠，角爪不利也。故十年之牛爲牧豎所驅，長仞之象爲越僮所鉤，無便故也。故夫得其便也，則以小能勝大。無其便也，則以彊服於羸也。

又《商蟲篇》 變復之家，謂蟲食穀者，部吏所致也。貪則侵漁，故蟲食穀。身黑頭赤則謂武官，頭黑身赤則謂文官。使加罰於蟲所象類之吏，則蟲滅息，不復見矣。夫頭赤則謂武吏，頭黑則謂文吏所致也，時或頭赤身白，頭黑身黄，或頭身皆黄，或頭身皆青，或皆白若魚肉之蟲，應何官吏？時或白布豪民、猾吏被刑乞貸者，威勝於官，取多於吏，其蟲形象何如狀哉？蟲之滅也，皆因風雨。案蟲滅之時，則吏未必伏罰也。陸田之中時有鼠，水田之中時有魚蝦蟹之類，皆爲穀害。或時希出而暫爲害，或常有而爲災，等類衆多，應何官吏？魯宣公履畝而税，應時而有蝝生者，或言若蝗。蝗時至，蔽天如雨，集地食物，不擇穀草。察其頭身，象類何吏？變復之家，謂蝗何應？建武三十一年，蝗起太山郡，西南過陳留、河南，遂入夷狄，所集鄉縣以千百數，當時鄉縣之吏，未皆履畝。蝗食穀草，連日老極，或蜚徙去，或止枯死，當時鄉縣之吏，未必皆伏罪也。夫蟲食穀，自有止期，猶蠶食桑，自有足時也。生出有日，死極有月，期盡變化，不常爲蟲。使人君不罪其吏，蟲猶自亡。夫蟲，風氣所生，蒼頡知之，故『凡』『虫』爲『風』之字，取氣於風，故八日而化。生春夏之物，或食五穀，或食衆草。食五穀，吏受錢穀也。其食他草，受人何物？倮蟲三百，人爲之長。由此言之，人亦蟲也。人食蟲所食，蟲亦食人所食，俱爲蟲而相食物，何爲怪之？設蟲有知，亦將非人曰：女食天之所生，吾亦食之，謂我爲變，不自謂爲災。凡含氣之類，所甘嗜者，口腹不異。人甘五穀，惡蟲之食。自生天地之間，惡蟲之出。設蟲能言，以此非人，亦無以詰也。夫蟲之在物間也，知者不怪，其食萬物也，不謂之災。甘香渥味之物，蟲生常多，故穀之多蟲者，粢也。稻時有蟲，麥與豆無蟲。必以有蟲責主者吏，是其粢鄉部吏常伏罪也。神農、后稷藏種之方，煮馬屎以汁漬種者，令禾不蟲。如或以馬屎漬種，其鄉部吏，鮑焦、陳仲子也。是故后稷、神農之術用，則其鄉吏何免爲姦。何則？蟲無從生，上無以察也。蟲食他草，平事不怪。食五穀葉，乃謂之災。桂有蠹，桑有蝎，桂中藥，而桑給蠶，其用亦急，與穀無異。蠹蝎不爲怪，獨謂蟲爲災，不通物類之實，闇於災變之情也。穀蟲曰蠱，蠱若蛾矣。粟米饐熱生蠱。夫蠱食粟米，不謂之災，蟲食苗葉，歸之於政。如説蟲之家，謂粟輕苗重也。蟲之種類，衆多非一。魚肉腐臭有蟲，醯醬不閉有蟲，飯温濕有蟲，書卷不舒有蟲，衣襞不懸有蟲，蝸疽蛉螻蠟蝦有蟲。或白或黑，或長或短，大小鴻殺，不相似類，皆風氣所生，并連以死。生不擇日，若生日短促，見而輒滅。變復之家，見其希出，出又食物，則謂之災。災出當有所罪，則依所似類之吏，順而説之。人腹中有三蟲，下地之澤，其蟲曰蛭，蛭食人足，三蟲食腸。順説之家，將謂三蟲何似類乎？凡天地之間，陰陽所生，蛟蟯之類，蜫蠕之屬，含氣而生，開口而食。食有甘不，同心等欲，彊大食細弱，知慧反頓愚。他物小大連相齧噬，不謂之災，獨謂蟲食穀物爲應政事，失道理之實，不達物氣之性也。然夫蟲之生也，必依温濕。温濕之氣，常在春夏。秋冬之氣，寒而乾燥，蟲未曾生。若以蟲生，罪鄉部吏，是則鄉部吏貪於春夏，廉於秋冬，雖盜跖之吏，以秋冬署，蒙伯夷之舉矣。夫春夏非一，而蟲時生者，温濕甚也，甚則陰陽不和。陰陽不和，政也，徒當歸於政治，而指謂部吏爲姦，失事實矣。何知蟲以温濕生也？以蠱蟲知之。穀乾燥者，蟲不生。温濕饐餲，蟲生不禁。藏宿麥之種，烈日乾暴，投於燥器，則蟲不生。如不乾暴，閘喋之蟲生如雲煙。以蟲閘喋，準況衆蟲，温濕所生，明矣。《詩》云：營營青蠅，止于藩。愷悌君子，無信讒言。讒言傷害，青蠅汚白，同一禍敗，《詩》以爲興。昌邑王夢西階下有積蠅矢，明日召問郎中龔遂。遂對曰：蠅者，讒人之象也。夫矢積於階下，王將用讒臣之言也。由此言之，蠅之爲蟲，應人

君用讒，何故不謂蠅爲災乎？如蠅可以爲災，夫蠅歲生，世間人君常用讒乎？案蟲害人者，莫如蚊虻，蚊虻歲生。如以蚊虻應災，世間常有害人之吏乎？必以食物乃爲災，人則物之最貴者也，蚊虻食人，尤當爲災。必以暴生害物乃爲災，夫歲生而食人，與時出而害物，災孰爲甚？人之病疥，亦希非常，疥蟲何故不爲災？且天將雨，螘出蚋蜚，爲與氣相應也。或時諸蟲之生，自與時氣相應，如何輒歸罪於部吏乎？天道自然，吉凶偶會，非常之蟲適生，貪吏遭署。人察貪吏之操，又見災蟲之生，則謂部吏之所爲致也。

又《言毒篇》 天下萬物，含太陽氣而生者，皆有毒螫。毒螫渥者，在蟲則爲蝮蛇、蜂蠆，在草則爲巴豆、冶一作野字。葛，在魚則爲鮭與鯵鮛，故人食鮭肝而死，爲鯵鮛螫有毒。魚與鳥同類，故鳥蜚魚亦蜚，鳥卵魚亦卵，蝮蛇、蜂蠆皆卵，同性類也。其在人也爲小人，故小人之口，爲禍天下。小人皆懷毒氣，陽地小人，毒尤酷烈。故南越之人，祝誓輒效。諺曰：衆口爍金。口者，火也。五行二曰火，五事二曰言。言與火直，故云爍金。道口舌之爍，不言拔木熖火，必云爍金，金制於火，火、口同類也。藥生非一地，太伯辭之吳。鑄多非一工，世稱楚棠溪。温氣天下有，路畏入南海。鴆鳥生於南，人飲鴆死。辰爲龍，巳爲蛇，辰、巳之位在東南。龍有毒，蛇有螫，故蝮有利牙，龍有逆鱗。木生火，火爲毒，故蒼龍之獸含火星。冶葛、巴豆皆有毒螫，故冶在東南，巴在西南。土地有燥濕，故毒物有多少。生出有處地，故毒有烈不烈。蝮蛇與魚比，故生於草澤。蜂蠆與鳥同，故産於屋樹。江北地燥，故多蜂蠆。江南地濕，故多蝮蛇。生高燥比陽，陽物懸垂，故蜂蠆以尾刺。生下濕比陰，陰物柔伸，故蝮蛇以口齰。毒或藏於首尾，故螫齰有毒；或藏於體膚，故食之輒懣；或附於脣吻，故舌鼓爲禍。毒螫之生，皆同一氣，發動雖異，内爲一類。

三國魏　王肅《孔子家語・執轡》 子夏問於孔子曰：商聞易之生人及萬物，鳥獸、昆蟲，各有奇偶，氣分不同。易主天地，以生萬物，言受氣各有分數，不齊同。而凡人莫知其情，唯達道德者能原其本焉。天一，地二，人三，三三如九，九九八十一。一主日，日數十，故人十月而生。一主日，日從一而生。日者陽，從奇數。日數十，從甲至癸也。八九七十二，偶以承奇，奇主辰，辰爲月，月主馬，故馬十二月而生。偶以承奇，陰以承陽，辰數十二，從子至亥也。七九六十三，三主斗，斗主狗，故狗三月而生。斗次日月，故三主斗。六九五十四，四主時，時主豕，故豕四月而生。時以次斗。五九四十五，五爲音，音主猨，故猨五月而生。音不過五，故五爲音。四九三十六，六爲律，律主鹿，故鹿六月而生。三九二十七，七主星，星主虎，故虎七月而生。星二十八宿爲四方，方有七，故七主星也。二九一十八，八主風，風爲蟲，故蟲八月而生。風之數盡於八。凡，蟲爲風，風爲主也。其餘各從其類矣。鳥魚生陰而屬於陽，故皆卵生。魚遊於水，鳥遊於雲，故立冬則鷰雀入海化爲蛤。蠶食而不飲，蟬飲而不食，蜉蝣不飲不食，萬物之所以不同。介鱗夏食而冬蟄。介，甲蟲也。齕吞者八竅而卵生，八竅，鳥屬。齟嚼者九竅而胎生。九竅，人及獸屬。四足者無羽翼，戴角者無上齒。無角無前齒者膏，有角無齒者脂。《淮南》取此義曰：無角者膏而無前，有角者脂而無後。膏豕屬而脂羊屬。無前後，皆謂鋭小也。晝生者類父，夜生者似母。是以至陰主牝，至陽主牡。敢問其然乎？孔子曰：然。吾昔聞諸老聃，亦如汝之言。子夏曰：商聞《山書》曰：地東西爲緯，南北爲經。山爲積德，川爲積刑。高者爲生，下者爲死。丘陵爲牡，谿谷爲牝。蚌蛤龜珠，與日月而盛虚。月盛則蚌蛤之屬滿，月虧則虚也。是故堅土之人剛，弱土之人柔，墟土之人大，沙土之人細，息土之人美，秏土之人醜。秏，耗字也。息土細緻，秏土麤疎者也。食水者善遊而耐寒，食土者無心而不息。螾屬不氣息也。食木者多力而不治，血氣不治。《淮南子》曰：多力而弗戾，亦不治之貌者也。食草者善走而愚，食桑者有緒而蛾，食肉者勇毅而捍，食氣者神明而壽，食穀者智惠而巧，不食者不死而神。故曰：羽蟲三百有六十，而鳳爲之長。毛蟲三百有六十，而麟爲之長。甲蟲三百有六十，而龜爲之長。鱗蟲三百有六十，而龍爲之長。倮蟲三百有六十，而人爲之長。此乾坤之美也。乾，天象也。殊形異類之數。王者動必以道，静必順理以奉天地之性，而不害其所主，謂之仁聖焉。子夏言終而出，子貢進曰：商之論也何如？孔子曰：汝謂何也？對曰：微則微矣，然則非治世之待也。孔子曰：然，各其所能。孔子曰然，子貢治世不待此事，此事之急然，亦各其所知能也。

晉　葛洪《抱朴子外篇・廣譬》 抱朴子曰：玄雲爲龍興，非虺蜓所能招也。颷風爲虎發，非狐貉之能致也。是以大人受命，則逸倫之士集。

玉帛幽求，則丘園之俊起。【略】抱朴子曰：焦螟之卑棲，不肯爲銜鼠之戾天。玄蟬之潔饑，不願爲蜣螂之穢飽。是以禦寇不納鄭陽之惠，曾參不美晉楚之寶。【略】抱朴子曰：熊羆不校捷於狐狸，金鶚不競擊於小鷄。是以張耳掩壯於抱關，朱亥竄勇於鼓刀。抱朴子曰：懸魚惑於芳餌，檻虎死於籠狐。不可以釣緡致者，必虬螭也。不可以機穽誘者，必麟虞也。抱朴子曰：夫雲翔者，不知泥居之洿。處貴者，尠恕羣下之勞。然根朽者，尋木不能保其千里之茂也。民怨者，堯舜不能恃其長世之慶也。抱朴子曰：凡木結根於靈山，而匠石爲之寢斤斧。小鮮寓身於龍池，而漁父爲之息網罟。蚊集鷹首，則鳶鵦不敢啄。鼠住虎側，則狸犬不敢議。抱朴子曰：靈蔡默然，而吉凶昭晳於無形。春蛙長譁，而醜音見患於聒耳。故聲希者響必巨，辭寡者信必著。【略】抱朴子曰：千羊不能扞獨虎，萬雀不能抵一鷹。庭燎攢舉不及羲和之末景，百鼓並伐未若震霆之餘聲。是以庸夫盈朝，不能使彝倫攸叙；英俊孤任，足以令庶事根長。

宋 蔡卞《毛詩名物解》卷一八《鳥獸總解附昆蟲》 飛鳥隱顯以得時而不苟於棲食，衆羽從之而不可以羣者，鳳也。音聲顔色之好，去就語默之時，能遷而擇所止者，黄鳥也。潔白高舉，鳴以時而遠聞者，鶴也。潔白以羣，上下有儀，飛而有容者，鷺也。知時以其匹來，知所孳乳而去者，燕也。鳴以警晨，而不以晦明而變者，雞也。摯而和，别而通，常於水中，於中洲者，關雎也。彊而别，勤於積累以成巢者，鵲也。鶉，微而强者也。鳲鳩，用心之一而養常均，而止於一者也。均，母道也。一，婦道也。關雎，一宿之鳥難致而難奪者也，難致賢者也，難任使者也。晨風，能擊而才鷙者也。雉，外文明而内耿介，守域而别者也。鷮，雉之微也。鳳，凰之耦也。鵻，鳩之大者也。倉庚，黄鳥之記時也。鷽斯，飛食必以羣而飛緩以樂者也。鶺鴒，愛其類，行摇必以顧，飛急必以鳴者。鷽斯，其孝天性也。鶺鴒，飛鳴相顧而欲君之始終自勤者也。鴟鴞，巧於綢繆其室，常繫於危者也。桃蟲，潛於微而拚然大以飛者也。鳧鷖，飛止僅於水，陸氏謂水鳥之愿者也。鴞，鳥之惡者也。鳩，微而飛宜下不宜高者也。鵜，沾滯得尤不以力者也。桑扈竊脂，猶終鶯然以文其外者也。隼鷙而卑，苟不可上則飛以揚者也。麟，信者也。騶虞，仁者也。麟，趾也，角也，麕微而鹿大者也。禮進也，豝蕃而豵盛者也，豣大而豵微者也。鹿，懇誠而鳴以相呼者也。虎，啀而不可暴者也。狼，跋跆尾而不失其貪也。牛，順而强者也。羔裘以豹飾則武者也，羔裘而豹褎暴者也。狐，疑而不果者也。狐裘，服以燕者也。狐裘服以朝，則不强於政治者也。狐裘蒙茸，則亂不果於亂難也。兔，物之狡者也。馬，臣道也。駜，馬之用可必者也。乘黄，色之純者也。乘牡，色之壯者也。乘騏，文之錯者也。白駒，潔其德而未用者也。乘馬也，乘駒也。夫馬異於前，而御彌善。故兩驂如舞，周旋而有節也。雁行而有序也，如手驂和而一體也。維駒也，維騏也，維駱也，維駰也，如絲組有文也。沃若非特如濡也，既均非特如絲也。駉馬之善，不在於牧，而在於思也。思而臧，舉而措之，於獸無不得其所者矣。考牧擾之以順其性，麾之以制其放者也，知牧人之道也。草蟲鳴而阜螽趯趯而從者，習而知和隨者也。螽斯不妬忌，則物之大也。不妬無忌，則人之聖也。蟋蟀，微而能鳴以時者也，而君有不能及時以樂者也。蜉蝣，無恃而生，而徒飾其羽者也。青蠅，飛則營，止則污，而糝黑白者也。蜩，微而鳴以時者也。莎雞，微而羽有聲者也。熠燿，微而宵有明者也。伊威生於室，蠨蛸生於户，此室家之望女也。蜩有情，柳無情，以有情附於無情，而恃以鳴。淵無知，葦無情，以無情寄於無知，而恃以生。何父之不如也，此《小弁》之怨也。螟蛉，非蜾蠃類也，蜾蠃負之化而類者也。人之於人類也，非易於感而化之者也。猱於木塗附性者也。人之於性，亦善也，則易於感而化之者也。

宋 邵雍《皇極經世書》卷一四《觀物外篇下》 在水者不瞑，在風者瞑。走之類上睫接下，飛之類下睫接上，類使之然也。在水而鱗鬣，飛之類也。龜獺之類，走之類也。飛之類喜風而敏于飛上，走之類喜土而利于走下。飛之走，鷄鳧之類是也。走之飛，龍馬之屬是也。馬牛皆陰類，細分之，則馬爲陽而牛爲陰。鷹鵰之類食生，而鷄鳧之類不專食生。虎豹之類食生，而猫犬之類食生又食穀。以類推之，從可知矣。虎豹之毛猶草也，鷹鸇之羽猶木也。草伏之獸毛如草之莖，林棲之鳥羽如林之葉，類使之然也。禽蟲之卵，果穀之類也。穀之類多子，蟲之類亦然。蠶之類，今歲蛾而子，來歲則子而蠶。

宋 車若水《脚氣集》 古云：虎狼知父子。只有母子，無父子也。

獸知母而不知父，父亦不能知子，但其母見從他身上出來，自惜。

明 王禕《王忠文集》卷一八《襍説二首》 蜈蚣與雞，不相類也，而其讐最甚。雞見蜈蚣，必殄而噬之。人被蜈蚣螫者，塗以雞涎，痛隨愈。然雞死，蜈蚣輒入其腹，囓之不置。蚊與鼈，不同羣也，而其怨尤深。鼈被蚊嘬，無不斃。而人欲辟蚊者，粉鼈甲骨爇之。蚊聞其臭，率皆避去，即不避，無能生存者。夫蠢蠢之物，有知而無識者也。蜈蚣見殄於雞，雞雖死矣，必復其讐於既死。鼈見斃於蚊，蚊固生也，猶報其怨，使不能生。物性之烈有如此。嗚呼！人有識矣。操害人之心而不顧人之讐怨於己，亦何其不善自恕也哉！

明 陳耀文《正楊》卷四《狐疑䶅預》 梁黄門侍郎明少遐曰：狐性多疑，䶅性多預。狐疑猶預，因此而傳耳，乃知猶即䶅也。此語惟見《酉陽雜俎》，輒以䶅爲猶，恐亦難據。郭璞曰：䶅似鼦，赤黄色，大尾，啖鼠，江東呼爲䶅。《爾雅》曰：猶如麂，善登木。此獸性多疑慮，常居山中。忽聞有聲，則恐人來害之。每預上樹，久久度無後，須臾又上，如此非一，故不決者稱猶。又《説文》：隴西稱犬子爲猶。俗謂犬子隨人行每預前，待人不得，又來迎候，故言猶豫也。《漢書》作猶與。

明 陳禹謨《説儲》卷一 竹鷄善鬬，取者激媒使鳴而致之。鷓鴣好潔，取者埽地布穀而獲之。麂行必循一逕，設繯者跡行處禽之。海魚吐黑水以蔽其身，漁者見黑水網之。他如唧蘆者自衛，共穴者備鋒，結陣者禦暴。捷稱韓氏盧，狡稱東郭鋔。寧智不足周身，總無奈人巧取何？故譚子云：直疑自古無君子。

又卷二 鼉鼉相顧，以氣交也。鶴鶴相唳，以聲交也。又鷺以目交，鵁鶄暗交，鸜鵒足交，騰蛇聽交。鵲傳枝，鴉過氣，孔雀、鸛交並接影，鴛鴦交頸，蝴蝶、絡緯、螅蟀皆以鬚爲鼻交，亦在鬚也。龍、鵁、莎鷄皆雄鳴上風，雌鳴下風，自然成孕。

又卷三 《越絶書》云：慧種生聖，癡種生狂，桂實生桂，桐實生桐。此論其恒理耳，要不必然。凡種梨，一梨十子，惟二子生梨，餘皆生杜。鶻生三子，一爲鵰。鸛生三子，一爲鶴。夏雀生鶉，楚鳩生鴞。鱓生子百數，爲鱓者才十二，餘或爲黿，爲鼈。此則得氣之雜者也。又如蛇化爲龜，雉化爲蜃，雀化爲蛤，此胡忽然忘曲屈而得蹣跚，彼胡倏然失飛鳴而得介甲。鷹爲鳩，變而之仁；鳩爲鷹，變而之不仁也。鼠化爲鴽，變而之善；鴽爲鼠，變而之不善也。老楓化爲羽人，朽麥化爲蝴蝶，自無情而之有情也。賢女化爲貞石，山蚯化爲百合，自有情而之無情也。又如帝辛時，雀生烏。宋康時，雀生鸇。魏黄初，未央鷰生鷹。漢綏和，平襄鷰生雀。周幽時，牛化爲虎，羊化爲狼。此皆得氣之盭者，又其甚也。馬或生人，秦孝公二十一年。狼或産男，阿史那子交狼生十男。人或化虎，牛哀嫗或化黿，楚嫗此皆得氣之異者。推此以往，未之或知也。

又卷五 欲知鳥之雌雄者，以翼辨之。翼右掩左，雄。左掩右，雌。

明 何三畏《新刻何氏類鎔》卷三三《鳥獸總 介蟲附》 天地間之物，卵生者爲禽，禽，吾知其能飛；胎生者爲獸，獸，吾知其能走。而有飛禽，如周周、鶼鶼、蠻蠻、唶唶之類；有走獸，如文文、朏朏、雙雙、㹀㹀之倫。《山海經》之所載，《異物志》之所收者，其名可舉，而其數可陳也。若乃鱗介昆蟲之族，以至蠕動而蜎飛，跂行而喘息，則又林林總總，紛紛綸綸，固未可以縷指計矣。有善聽，善視，善測泉之淺深。有知雨，知風，知聽冰之開合。或有禮，有義，有智，有信，有仁，而皆不失其性。或無口，無耳，無足，無鼻，無膽，而皆不昧其靈。或各以其時，則鳴春，鳴秋，鳴冬，鳴夏。或各以其種，則易皮，易骨，易角，易螯。有聲交，影交，氣交，神交者，乃雌雄中之隱隱躍躍。有形化，氣化，災化，術化者，乃宇宙内之怪怪奇奇。有以大制小，以雄求雌者，此亦物理之常。有以小制大，以雌求雄者，此又物理之變。若獸本胎生也，而囊狸又生于卵。禽本卵生也，而鶬鴰又生于胎。陸田之中時有鼷鼠，水田之内時有魚蝦。以至蟾蜍萬歲而額丹，禽鳥千歲而色彩。魚懷珠而鱗紫，鹿帶玉而角斑。月虧而蚌蛤消，露下而蚊喙折。鸜鵒踰嶺而白，斑鷄踰嶺而黑。物理之難窮難格，乃至此乎？

又卷三四《獸總》 凡獸之類不同，而獸之名亦不一。有仁獸、義獸、封獸、鷙獸、妖獸、猛獸之别，有青獸、素獸、怒獸、飛獸、雷獸、藥獸之分。或牛首狗聲而人身，或龍頭馬尾而虎爪，或狀如羊而人面，或狀如牛而蝟毛，或狀如虎而翼飛，或狀如狸而尾白，或形似獅而頭尾似虎豹，或足似鹿而毛色似熊羆。或聲若雷霆，或光若日月，或貌若美婦，或音若嬰兒，或嘶而馬鳴，

或言而人語，或笑而被格，或啼而就擒。或見而天下大禳，天下大疫，天下大風。或見而天下大兵，天下大旱，天下大水。或可以已瘻，已狂，已憂，已腊。或可以禦毒，禦火，禦兵，禦凶。或産于因墀、修彌、尾勒、伽陀、月氏、安息諸國，或生于羭次、泰戲、空桑、客几、甘棗、鉤吾諸山。或在北方、西方，或在南海、東海。如名狡，名狙，名蜚，名䶂，名麢，名𪊲，名類。如名䴢，名猼，名獺，名䝟，名猲，名驒，名貔。如名天鹿、天馬、神狗、神羊。如名領胡、娶胡、舉父、那父。如名檮杌、混沌、趹踢、猰貐。如名狍鴞、獙狪、婁更、朱厭。如名嗽月、嗅石、獨步、招賢、比肩、周印。如名蠱雕、𤛬犛、埜婆、龔姪、合窳、屏蓬。如名獙獙、精精、軨軨、軫軫、竦竦、從從、狪狪、羅羅。如名狒狒、蛩蛩、雙雙、狌狌、文文、嶲嶲、狘狘、朏朏。若水吞蛟龍之屬，陸食虎豹之屬者，則亦天下之惡獸。若口嚙忠信之人，捕餉奸邪之人者，則又天下之怪獸矣。總之，天地間極其奇形詭狀，不能勝窮，而載籍間，閲之野志山經，未易悉數，以俟博物之君子覽焉。

清 應撝謙《性理大中》卷一〇《人性》 子曰：天地之性，人爲貴。蓋以萬物皆有性，唯民受天地之中，是爲貴也。東方鱗蟲，龍爲長。南方羽蟲，鳳爲長。西方毛蟲，麟爲長。北方介蟲，龜爲長。中央倮蟲，聖人爲長。倮蟲，雖皆中氣，不如聖人之最靈。

清 魏象樞《庸言》 山雞自愛其羽，每臨水照影，甚至眩溺而死弗顧。孔雀亦自愛其尾，每棲必先擇置尾處。人取其尾者，挾刃匿叢篁中，伺其過，急斷之。少遲，雀一回視，則金光翠色盡殞矣。其靳惜之意，專致而通于神者如此。士君子自愛其名節，必有甚于羽與尾者，可以人而不如鳥乎？

清 陸次雲《析疑待正》卷三《雀入大水爲蛤，雉入大水爲蜃》《月令》：季秋，雀入大水爲蛤，雉入大水爲蜃。蓋季秋而陽已衰，孟冬而陽愈衰。故飛者爲潛，有情而化無情也。然雀，羽蟲也，化而爲蛤，則爲介矣。雉，華蟲也，化爲蜃，蜃，蛟龍之屬，吐氣能作樓臺。蓋飛而潛，潛者又能飛，此造物之變化神奇。即蟄而藏，藏而復蟄之機在是也。或云：雀自海外飛來，其初體輕，後食中土稻糧，肥，難越海，故入于水。此説非是。若雀因肥而入水，雉之入水亦豈因肥乎？蓋時之所至，自然而然者也。

清 袁棟《書隱叢説》卷五《物化》 物化亦陰陽變動之所爲。無情化有情，腐草化螢，麥化蛾，積灰化蠅，茯苓化龜，石化羊，樹化牛，葦化牛，葦化蛬，藜化黿，朽竹化蜻蜓，苧根化䱇，茅根化蠅化螢，竹根化蠲，飯化赤蜘蛛，木枝化蚓，古度子化蟻，草燼化蝦，人髪化鱓，荇莖化鱓，蒿化蠐螬，竹化蛇，縠化蠱蟲，稻化蛬，菌化蜂，蔬化蝶，朽木化蟬，朽瓜化魚，稷米化鯽，莧汁化鱉，壞裙化蝶，百合花化蝶，木葉化蝶，松樹化老人，枸杞化犬，楓化羽人。有情化無情，蟹化石，蜃化縠，蚯蚓化百合，羊肝化地皐，水蟲化石，蛇化石，蠶化石，蟬化花。有情化有情，孑孑爲蚊，水蟲化蜻蜓，蛇化鱉，科斗化蛙，雉化蜃，鼠化蝠，鼠化鶉，鼠化鯉，蛙化鱖，蜣螂化蟬，蝗化蜻，蝗化魚蝦，鷹化鵞，鱔化蛟，螃蜞化鼠，羊化鼠，蚯蚓化蛇，龍化蠲，桑蠶化蜾蠃，石首魚化梟，魚化龍，猿化玃，魚化蛟，小魚化蝗，蝨化青蟲，馬化狐，鯤化鵬，蛇化雉，鵨化猿，鳥化鼠，蠹化蝶，鱠化魚，蠁子化蠅，老羭化猿，燕化鴿，兔化鱉，蠐螬化復育，復育化蟬，蜈蚣化蛬，牛化虎，羊化狼，鼉黽化鶉，黄魚化鶉，諸蟲化蛬，魚化鼠，黽化鼠，海邊黄魚化鸚鵡，又化緑鳩，黄牙魚化黄鶯，海魚化黄雀，泡魚化爲豪豬，鯊魚化虎，沙魚之斑者化爲鹿，鹿入水化爲魚。無情化無情，馬血化燐，人血化野火，老韭化莧，虎目光化石，墜星化石，松化石，松脂化茯苓，梅化杏，橘化枳，絮化萍，松脂化琥珀，水化石，蕪菁化芥，千歲積冰化玻璃，鬼血化瑪瑙。輾轉相化，雀化鴿，鴿化雀；鳩化鷹，鷹化鳩；魚卵化蝗，蝗子化魚；鷂化鸇，鸇化布穀，布穀化鷂；蛹化蛾，蛾化蠶，蠶化蛹；鼠化鴽，鴽化鼠，鴽即鵪也。甚者馬化人，虎化人，狐化人，猿化人，玃化人，人化石，人化蛇，人化熊，人化狼，人化蛾，人化杜鵑，人化龍，人化虎，人化牛，人化馬，人化鱉，人化黿，人化魚，人化猿，人化鶴，人化沙蟲，人化豕，人化犬，人化鳥，人化猫。男化爲女，女化爲男，總不足於陰陽之氣耳。足於五行之氣者，將庸愚化爲賢哲，賢哲化爲聖神矣。

清 王懋竑《白田草堂存稿》卷三《鴻鴈麋鹿記疑》《孟子》：顧鴻鴈麋鹿。趙氏無注。《集注》：鴻，鴈之大者。麋，鹿之大者。蓋據毛《傳》：大曰鴻，小曰鴈。而麋鹿則又以例言之，以非大義所繫。故《集注》亦不復深考也。今按：毛《傳》『大曰鴻，小曰鴈』，孔《疏》云：鴻鴈俱是水鳥，故連言之。其形鴻大而鴈小，嫌其同鳥，雌雄之異，故《傳》辯之曰『大曰

鴻，小曰鴈』也。據此，鴻雖鴈屬，而非一類。其謂鴻爲鴈之大者，似非《傳》、《疏》之義。《史記·陳涉世家》：燕雀安知鴻鵠之志哉？《留侯世家》高帝歌：鴻鵠高飛，一舉千里。揚子《法言》：鴻飛冥冥，弋者何篡焉。則或以鴻鵠並言，或專言鴻而不及鴈也。《月令》：『鴻鴈來』，『鴻鴈來賓』。鄭注：今鴻皆爲候。至鴈北鄉，止云鴈。《夏小正》：二月，鴈北鄉。九月，遰鴻鴈。又並及鴻。《尚書》孔注：陽鳥，鴻鴈之屬。大抵鴻鴈同是水鳥，皆順陰陽往來，而非鴻即鴈也。《索隱史記》注曰：鴻鵠一鳥，若鳳皇然，非鴻鴈與黄鵠也。此解又别是。陳涉、高帝、揚子所云，皆非鴻鴈之鴻矣。陸璣曰：鴻，羽毛光澤純白，似鶴而大，長頸，肉美如鴈。又有小鴻，似鳧，亦白色，今人直謂之鴻。其説鴻形色自與鴈不類，而謂史多言白鴈，則鴈亦有白者，而非即鴻也。陸璣之云，見《正字通》所引，而於《詩疏》無考，疑出陸佃《埤雅》，似誤作璣也。凡此皆無確説，姑記於此，以俟考焉。

《月令》：仲夏，鹿角解。仲冬，麋角解。熊氏云：鹿，山獸，夏至得陰氣而角解。麋，澤獸，冬至得陽氣而角解。則鹿與麋雖一類，而非鹿即麋、麋即鹿也。《爾雅》：麋，牡麔，牝麎，其子麇。鹿，牡麚，牝麀，其子麛。固絶有别，與《月令》同也。詩多言鹿而無及麋。考《春秋》，多言麋而不及鹿。《春秋傳》或言鹿，如『鹿死不擇音』，譬如捕鹿。或言麋，如『射麋麗龜，逢澤有介麋』。而鹿與麋，注疏皆未有明言其異同也。其謂麋爲鹿之大者，恐是以鴻鴈之例言之爾。《夏小正》十一月隕麋角，而五月不言隕鹿角，當是脱文。

《説文》：鴻，鵠也。鴈，鳥也。其訓鴻與鴈絶不同。《鳥部》又有鴈字，鵝也。鹿，獸名。麋，鹿屬。亦不言麋即鹿也。《藝文類聚》、《白氏六帖》鴻與鴈各言之，而不詳其異同。《初學記》則有鴈而無鴻矣。《藝文類聚》、《初學記》皆有鹿而無麋，《白氏六帖》則有之。此以事類言，而於異同則不論矣。以今所見，則有鴈而無鴻，有鹿而無麋。而古今所説，亦皆無明據。今記於此，以俟博物者考而質之。

清 牟應震《毛詩物名考》卷一 物之化生，有可信，有不可盡信。可信者，自無而之有也。不可盡信者，以此而爲彼也。鷹鳩之化，不言所憑，易毛移翮，非旦暮可致，卒無耳目其蹤跡者，以此知古人之誤也。雀之入水，海上人有見者，千百爲羣，望洋而去，去而不反。以是知其入水也，然無由見其爲蛤也。聞之海上漁者，往往見泥團若毬者，破之，雀也。則雀之蟄水，或亦猶鶯之蟄水乎？而古人以爲爲蛤者，又安知非因見其入水不反，而蛤之文理有似鳥之羽者，而懸斷之也。田鼠陸處穴土化鴽事，或可信然。必於將化未全化之際，目驗其然，乃敢信其確也。雉化蜃，蝦蟇化鶉，田雞化鷃，有一見者，可以徵信矣。

又卷二 《方言》：人初生謂之首，獸初生謂之鼻。獸與人對舉，獸之臟腑與人近也。《爾雅》：二足而羽謂之禽，四足而走謂之獸。獸與禽對形，獸之生成與禽異也。禽之分以喙，喙鈎者肉食，直者穀食，直而長者腥食，直而鼻生豪者蟲食。獸之分以足，足蹄者草食，足爪者肉食，足如人掌者果食，足如犬足者或肉食，或穀食。蹄者性懦，爪者性暴。如掌者性淫，如犬足者性貪。蹄，無大用也。與之以角，所以衛也。無角者，與之牙，牙厲於角也。牙而濟之以爪，厲加甚矣。故山中之獸，以虎爲君。蹄曰踶，角曰觸，曰觝，牙曰噬，爪曰撲，掌曰緣，曰援，各用其長也。其成形也，額曰定，亦曰顛，脖曰項，胸曰膺，背骨直而穹者曰脊梁，肘後曰脇，脇後曰胳，兩股間曰胯，脛腨曰腓，足曰趾，趾上曲節曰踠，毛曰豪，豪秒曰末，毛極細者曰毧，立曰跕，踞曰蹲，以鼻摇物曰鼿，以舌舐物曰舔，舉尾走曰趧，跡曰迒。其取用於人也，或以皮革，或以筋骨，或以角齒，或以血肉。肉用以燕祭，肥曰腴，瘦曰瘠，凝者曰脂，釋者曰膏，腸間脂曰膋，口上肉曰臄，合毛火之曰炮，剥皮火之曰炙，貫而反覆炙之曰燔，加火曰烈，入鼎沃湯曰烹，雜以荇藻曰芼，爲醬曰醢，血醢曰醓，湆汁曰羹，薦體者曰俎，薦醢者曰豆，薦羹者曰登。

綜述

《禽經》 水鳥夜⿰口夜，山鳥巖棲。

山巖之鳥多不巢。

原鳥地處。

鴝鷁鳥之屬是。【略】

鷇將生，子呼母應。

鳥伏卵將成，子鳴于鷇，母應之。【略】

宵扈司夜，行扈主晝。雄翼掩左，雌羽掩右。

《爾雅》曰：鳥雌雄不可別者，以翼右掩左，雄；左掩右，雌。

物食長喙。

食物之生者，皆長喙，水鳥之屬也。

穀食短咮。

鳥食五穀者，喙皆短。

搏則利觜。

鳥善搏鬬者利觜。

鳴則引吭。

善啼鳴，頸長也。

毛協四時。

春則毛弱，夏則稀少而改易，秋則刷理，冬則更生細毛自温。

色合五方。

倉鷹之屬，以象东方，木行。朱鳥之屬，以象南方，火行。黄鳥之屬，應土行，以象季夏。白鷺之屬，以象西方，金行。玄鳥之屬，以象北方，水行。

羽物變化，轉於时令。

仲春之節，鷹化爲鳩。季春之節，田鼠化爲鴽。仲秋之節，鳩復化爲鷹。季秋之節，雀入大水化爲蛤。孟冬之節，雉入水化爲蜃。《淮南子》曰：鼈化为鶉，鶉化爲鸇，鸇化爲布穀，布穀復爲鷂，順節令以變形也。

乾道始終，以成物性。

生物者，乾之始；成物者，乾之終。隨時變化，成就萬物之性也。

《逸周書·時訓解》　立春之日，東風解凍。又五日，蟄蟲始振。又五日，魚上冰。風不解凍，號令不行。蟄蟲不振，陰姧陽。魚不上冰，甲冑私藏。雨水之日，獺祭魚。又五日，鴻鴈來。又五日，草木萌動。獺不祭魚，國多盜賊。鴻鴈不來，遠人不服。草木不萌動，果蔬不熟。驚蟄之日，桃始華。又五日，倉庚鳴。又五日，鷹化爲鳩。桃始不華，是謂陽否。倉庚不鳴，臣不〔從〕主。鷹不化鳩，寇戎數起。春分之日，玄鳥至。又五日，雷乃發聲。又五日，始電。玄鳥不至，婦人不〔娠〕。雷不發聲，諸侯闕民。不始電，君無威震。清明之日，桐始華。又五日，田鼠化爲鴽。又五日，虹始見。桐不華，歲有大寒。田鼠不化鴽，國多貪殘。虹不見，婦人苞亂。穀雨之日，萍始生。又五日，鳴鳩拂其羽。又五日，戴勝降于桑。萍不生，陰氣憤盈。鳴鳩不拂其羽，國不治兵。戴勝不降于桑，政教不中。立夏之日，螻蟈鳴。又五日，蚯蚓出。又五日，王瓜生。螻蟈不鳴，水潦淫漫。蚯蚓不出，嬖奪后。王瓜不生，困於百姓。小滿之日，苦菜秀。又五日，靡草死，又五日，小暑至。苦菜不秀，賢人潛伏。靡草不死，國縱盜賊。小暑不至，是謂陰慝。芒種之日，螳螂生。又五日，鵙始鳴。又五日，反舌無聲。螳螂不生，是謂陰息。鵙不始鳴，令姧壅偪。反舌有聲，佞人在側。夏至之日，鹿角解。又五日，蜩始鳴。又五日，半夏生。鹿角不解，兵戈不息。蜩不鳴，貴臣放逸。半夏不生，民多厲疾。小暑之日，温風至。又五日，蟋蟀居壁。又五日，鷹乃學習。温風不至，國無寬教。蟋蟀不居壁，急迫之暴。鷹不學習，不備戎盜。大暑之日，腐草化爲螢。又五日，土潤溽暑。又五日，大雨時行。腐草不化爲螢，穀實鮮落。土潤不溽暑，物不應罰。大雨不時行，國無恩澤。立秋之日，涼風至。又五日，白露降。又五日，寒蟬鳴。涼風不至，無嚴政。白露不降，民多邪病。寒蟬不鳴，人皆力爭。處暑之日，鷹乃祭鳥。又五日，天地始肅。又五日，禾乃登。鷹不祭鳥，師旅無功。天地不肅，君臣乃慢。農不登穀，暖氣爲灾。白露之日，鴻鴈來。又五日，玄鳥歸。又五日，羣鳥養羞。鴻鴈不來，遠人背畔。玄鳥不歸，室家離散。羣鳥不養羞，下臣驕慢。秋分之日，雷始收聲。又五日，蟄蟲培户。又五日，水始涸。雷不始收聲，諸侯淫佚。蟄蟲不培户，鬫靡有賴。水不始涸，甲蟲爲害。寒露之日，鴻鴈來賓。又五日，爵入大水化爲蛤。又五日，菊有黄華。鴻鴈不來，小民不服。爵不入大水，失時之極。菊無黄華，土不稼穡。霜降之日，豺乃祭獸。又五日，草木黄落。又五日，蟄蟲咸俯。豺不祭獸，爪牙不良。草木不黄落，是爲愆陽。蟄蟲不咸，俯民多流亡。立冬之日，水始冰。又五日，地始凍。又五日，雉入大水爲蜃。水不冰，是謂陰負。地不始凍，咎徵之咎。雉不入大水，國多淫婦。小雪之日，虹藏不見。又五日，天氣上騰，地氣下降。

又五日，閉塞而成冬。虹不藏，婦不專一。天氣不上騰，地氣不下降，君臣相嫉。不閉塞而成冬，母后淫佚。大雪之日，鶡鳥不鳴。又五日，虎始交。又五日，荔挺生。鶡鳥不鳴，国有訛言。虎不始交，將帥不和。荔挺不生，卿士專權。冬至之日，蚯蚓結。又五日，麋角解。又五日，水泉動。蚯蚓不結，君政不行。麋角不解，兵甲不藏。水泉不動，陰不承陽。小寒之日，鴈北向。又五日，鵲始巢。又五日，雉始雊。鴈不北向，民不懷主。鵲不始巢，國不寧。雉不始雊，國大水。大寒之日，雞始乳。又五日，鷙鳥厲疾。又五日，水澤腹堅。雞不始乳，淫女亂男。鷙鳥不厲，國不除兵。水澤不腹堅，言乃不從。

《爾雅・釋蟲》 翥醜罅，注：剖母背而生。螽醜奮，注：好奮迅作聲。强醜捋，注：以脚自摩捋。蠭醜螸，注：垂其腴。蠅醜扇，注：好搖翅。音義：翥，于據反。罅，呼暇反。剖，普口反。奮，甫問反。迅，音信，又音峻。强，其良反。捋，力活反。李、孫云：以口捋其翅。郭云：以脚自摩捋。蠭，李、孫、郭並闕讀，而謝孚逢反，施作螽，音終。案：上有「螽醜奮」，依謝爲得。螸，亦作蝓，羊朱反。《説文》云：垂，腴。腴，羊朱反。蠅，餘仍反。扇如字，《説文》作蝙，云「搖翼也」，音同。疏：此辨蟲屬所生及所好之狀不同者也。翥，飛也。醜，類也。蟲類能飛翥者謂蟬屬，皆剖坼母背以爲孔罅而生。螽蝗之類好奮迅作聲而飛，强蚚之類好以脚自摩捋，蠭類好垂其腴以伏息。《説文》云：螸，垂腴也。腴即腹下也。青蠅之類好搖翅自扇。

《吕氏春秋・孟春紀》 一曰：孟春之月，日在營室，昏參中，旦尾中。其日甲乙，其帝太皞，其神句芒，其蟲鱗，其音角，律中太簇，其數八，其味酸，其臭羶，其祀户，祭先脾。東風解凍，蟄蟲始振，魚上冰，獺祭魚，候雁北。

又《仲春紀》 一曰：仲春之月，日在奎，昏弧中，旦建星中。其日甲乙，其帝太皞，其神句芒，其蟲鱗，其音角，律中夾鐘，其數八，其味酸，其臭羶，其祀户，祭先脾。始雨水，桃李華，蒼庚鳴，鷹化爲鳩。

又《季春紀》 一曰：季春之月，日在胃，昏七星中，旦牽牛中。其日甲乙，其帝太皞，其神句芒，其蟲鱗，其音角，律中姑洗，其數八，其味酸，其臭羶，其祀户，祭先脾。桐始華，田鼠化爲鴽，虹始見，萍始生。

又《孟夏紀》 一曰：孟夏之月，日在畢，昏翼中，旦婺女中。其日丙丁，其帝炎帝，其神祝融，其蟲羽，其音徵，律中仲吕，其數七，其性禮，其事視，其味苦，其臭焦，其祀竈，祭先肺。螻蟈鳴，蚯蚓出。

又《仲夏紀》 一曰：仲夏之月，日在東井，昏亢中，旦危中。其日丙丁，其帝炎帝，其神祝融，其蟲羽，其音徵，律中蕤賓，其數七，其味苦，其臭焦，其祀竈，祭先肺。小暑至，螳蜋生，鶪始鳴，反舌無聲。

又《季夏紀》 一曰：季夏之月，日在柳，昏心中，旦奎中。其日丙丁，其帝炎帝，其神祝融，其蟲羽，其音徵，律中林鐘，其數七，其味苦，其臭焦，其祀竈，祭先肺。涼風始至，蟋蟀居宇，鷹乃學習，腐草化爲螢蚈。

又《孟秋紀》 一曰：孟秋之月，長日至四旬六日，日在翼，昏斗中，旦畢中，則立秋。其日庚辛，其帝少皞，其神蓐收，其蟲毛，其音商，律中夷，則其數九，其味辛，其臭腥，其祀門，祭先肝。涼風至，白露降，寒蟬鳴，鷹乃祭鳥，始用行戮。

又《仲秋紀》 一曰：仲秋之月，日在角，昏牽牛中，旦觜巂中。其日庚辛，其帝少皞，其神蓐收，其蟲毛，其音商，律中南吕，其數九，其味辛，其臭腥，其祀門，祭先肝。涼風生，候雁來，玄鳥歸，羣鳥養羞。

又《季秋紀》 一曰：季秋之月，日在房，昏虚中，旦柳中。其日庚辛，其帝少皞，其神蓐收，其蟲毛，其音商，律中無射，其數九，其味辛，其臭腥，其祀門，祭先肝。候雁來，賓爵入大水爲蛤，菊有黄華，豺則祭獸戮禽。

又《孟冬紀》 一曰：孟冬之月，日在尾，昏危中，旦七星中。其日壬癸，其帝顓頊，其神玄冥，其蟲介，其音羽，律中應鍾，其數六，其味鹹，其臭朽，其祀行，祭先腎。水始冰，地始凍，雉入大水爲蜃，虹藏不見。

又《仲冬紀》 一曰：仲冬之月，日在斗，昏東壁中，旦軫中。其日壬癸，其帝顓頊，其神玄冥，其蟲介，其音羽，律中黄鐘，其數六，其味鹹，其臭朽，其祀行，祭先腎。冰益壯，地始坼，鶡鴠不鳴，虎始交。

又《季冬紀》 一曰：季冬之月，日在婺女，昏婁中，旦氐中。其日壬癸，其帝顓頊，其神玄冥，其蟲介，其音羽，律中大吕，其數六，其味鹹，其臭朽，其祀行，祭先腎。雁北鄉，鵲始巢，乳雉雊。

漢　劉安《淮南子・時則訓》 孟春之月，【略】其蟲鱗。【略】東風解凍，蟄蟲始振蘇，魚上冰，獺祭魚，候鴈北。【略】仲春之月，【略】其蟲鱗。

【略】蒼庚鳴，鷹化爲鳩。【略】季春之月，【略】其蟲鱗。【略】田鼠化爲鴽，【略】鳴鳩奮其羽，戴鵀降於桑。【略】季夏之月，【略】其蟲羽。【略】其祀竈，祭先肺。螻蟈鳴，邱蚓出。仲夏之月，【略】其蟲羽。【略】小暑至，螳蜋生，鵙始鳴，反舌無聲。【略】鹿角解，蟬始鳴。【略】季夏之月，【略】其蟲贏。【略】涼風始至，蟋蟀居奥，鷹乃學習，腐草化爲蛢。【略】孟秋之月，【略】其蟲毛。【略】涼風至，白露降，寒蟬鳴，鷹乃祭鳥，用始行戮。【略】仲秋之月，【略】其蟲毛。【略】涼風至，候雁來，玄鳥歸，群鳥翔。【略】季秋之月，其蟲毛。【略】候鴈來賓，雀入大水爲蛤，菊有黄華，豺乃祭獸戮禽。【略】孟冬之月，【略】其蟲介。【略】水始冰，地始凍，雉入大水爲蜃，虹藏不見。【略】仲冬之月，【略】其蟲介。【略】冰益壯，地始坼。鴠鳴不鳴，虎始交。【略】季冬之月，【略】其蟲介。【略】鴈北鄉，鵲始巢，雉雊雞呼卵。

三國魏　張揖《廣雅》卷一〇《釋蟲》　蛣蛣，蟬也。闇蜩，蠦膺也。蟧遼蟈，緜馬蜩也。蛥，折蚗，穴蛰也。蟪蛄，蛉蛄，蟧帝蟧，蛁彫蟟也。蛾五何蛘，羊掌玄蚼，蝺螫，匹結蜉浮螘五綺也。蛢，鷄蛾也。地膽，蛇蛇要，青蠚，茅青蠵攜也。杜伯，蠚，七漬蠆丑介蠍歇也。景天，螢火，蠎力刃也。蛭質蛒，胡格蚕眷蠋，地蠶，雜含反，世人作蚕字如蠺，或蚕如此，並失之矣。蠹蛣蟦，浮沸，又肥。蟦疾資螬曹蝖腸蠦，力支蚒女支蛝，尼蚨鳧虷，紆蚰由蜒延也。蛛蝥，牟冈工，蠋燭蜈，臾蝳毒蜍餘也。蛺夾蜨，山頰蟞蛈替也。蜚，恭勇趗促織，蛀孫，蜻精蛚也。炙鼠，津姑，螻樓蜮，古麥蝺蛉，蛞螻，螻姑也。蛆子魚蝶，渠馬蟛，逐馬蚿弦也。蠓蒙螉，翁蜂也。蠮，一結螠意也。尺蠖，即蠖蠍酒六也。蚴幽蛻，悦土蜂，蠮烏結螉翁也。芊芊，齕痕没眩，蟷蜋也。蜱博蟭，焦鳥洟，他帝冒焦，螵婢消蛸消也。蟅柘蟒，猛蛍他則也。榏粟容蝑，胥，又思吕反。蠢春蚕黍也。蝍即蛆，子餘吴公也。馬蠲，土板蠽節蛆也。蜻蛉，蝍蛉，倉螘也。蛷求蛟，所留蝫霧蛷求也。蠶女陟螚，乃德瘍盲也。蟿，錫，又七亦。蟥，覓蛩肥也。朝蜏，秀孳慈母也。孑孒，蛸鳥泫也。蠡之戎反蝗，皇，又華孟蚯丘蚓，引蜿宛蟺，時涵引無也。負蠜，煩蟅之夜也。飛蟅，飛蠊廉也。虎王，蝟謂也。沙蝨，蝦便蜁旋也。天杜，蠓蜋也。白魚，蛃步幸魚也。土蛹，勇蠁許兩蟲也。螺鳩，螺鷄也。盤班蝥，茅旻青也。蝮扶福蛸，育蛻始悦，始芮。也。蟱無蝸，牛俱魚伯，青蚨付于也。蚲平音蠪，羊悖蠶古螣蜡，大螣蛘羊掌也。

又《釋鳥》　玄鳥，朱鳥，燕也。鶗弟，又啼。鴂，古惠，古二。鸜買鴿，古彼子鳺，規也。擊穀，鴶古八、居一反。鵯菊，布穀也。鵴圍鶦五各，鸗鷐鷙就，鵰彫也。肥鵂，休鵋鹵之鵂，恠鵋也。盧休，鶈茅鵋，鶀莫講鵰鬨鵋，老鵵免也。鳴加背竈，皂帔，藿雀也。鴹末鴾，迮鸗龍鳧，鶩畳於甲，亦有鴨字如此。也。鳴加鵞，倉鳴，鴈五諫。案：雁字亦如此，又鴈字。也。隹，鶨也。鴽如鵮烏含也。鶌郎鶇，高鳩也。鶻滑骨鵃，鵰，又竹交。鵅瓮鳩也。鵔役鳩，鵜葵鳩，鶹鶔，鶵浮鳩，鵴菊鳩也。鵜弟、啼二音。鶟，鷸述子，籠脱，鷚筵昭也。戴鵀，戴紝，鶝福鶝，不尤澤虞，鶦鶦，尸鳩，戴勝也。鷦焦鷯，弭沼鷯乃定鴂，決果贏，力果，桑飛，女鴎匠，工雀也。城旦，倒縣，鶡曷鴠旦，定甲，獨春，鵪苦汗鴠旦也。鵶石鳥，精刿，鷉邕濕，渠雅五莖也。慈鳥，烏也。鵹子幽子，鵹務鶴，苦侯雛也。稚鵠，古篤鵠也。野雞，鳩也。伏翼，飛鼠，仙鼠，蚮尸墨蠼音墨也。鷂留鳴，仲飛鸓力追也。鶅布獲反，又步覓。鷉，梯鵲鷉也。鳩沈，之去聲。鳥，其雄謂之運日，其雌謂之陰諧。鳳皇，雞頭燕頷，蛇頸鴻身，魚尾骿翼。五色，以文曰德，翼文曰順，背文曰義，腹文曰信，膺文曰仁。雄鳴曰即即，雌鳴曰足足，昏鳴曰固常，晨鳴曰發明，晝鳴曰保長，舉鳴曰上翔，集鳴曰歸昌。翳鳥，鸞鳥，鶽鶉，鸑鷟，鵠古活笛，動鴳鵜，廣昌，鶉明，鳳皇屬也。鵝妻鶦，鴂餘占反離，延居，頸雀，恠鳥屬也。鵧，禽也。車揺，隔鵧杔也。鷩敏音，人多作頊音，非也。鳥，鴞也。伯趙，鵙也。

又《釋獸》　於烏䖘，塗李耳，虎也。貔毗貍，貓也。豾，丕貍也。貒，湍貛歡也。猱狙，七餘彌猴也。貄，山吏狖也。臭決狭烏郎也。豨，狙，才胡貑，彘，豕也。豯，奚豝瞑豭屯也。狖，柚雌詸也。豰平谷豰，艾豭也。貘山甲貗，仕禹豕牝也。㺄，繒圈奇勉也。麇，麈也。麛，迷麛奴侯也。㲋五丸娩，匹萬䨲，仍侯兔子也。狦，所姦狼也。獱，頻獺勑轄又闥也。蹏，啼蹢，的蹢，鄒蹯，煩足也。驚，牡，犄，狄特，羝，豭，加牾，部雄也。牸，舍牸，牝，雌也。騬，酬陵、似陵二反。犗，羯，羠，鉢豶，墳猗，於宜剭，乂進攻，犓居吉也。麒麟，狼題，肉角，含仁懷義，音中鐘吕，步行中規，折還中榘，遊必擇土，翔必後處，不履生蟲，不折生草，不羣居，不旅行，不入穽陷，不羅罘罜，文彰彬也。

晉　張華《博物志》卷四　大腰無雄，龜鼉類也。無雄，與蛇通氣則孕。細腰無雌，蜂類也。無雌，則負別蟲於空木中，七日而化。蓋取桑蠶，

即阜螽子，呪而成子。《詩》云『螟蛉有子，蜾蠃負之』是也。《周官》云：貉不渡汶水，鸜鵒不渡濟水。魯國無鸜鵒來巢，記異也。

唐 馮贄《雲仙雜記》卷九《鵲巢獺穴》 鵲巢知風之所起，獺穴知水之高下。暉日知晏，鴆鳥也。陰諧知雨。鳩也。《淮南子》

宋 沈括《夢溪筆談》卷三 《莊子》云：程生馬。嘗觀文字注，秦人謂豹曰程。予至延州，人至今謂虎豹爲程，蓋言蟲也。方言如此，抑亦舊俗也。

宋 邵博《聞見後録》卷二九 鸂鶒能敕水，故水宿，物莫能害。鴆能巫步禁蛇，故食蛇。啄木穴樹巢其中，人或用木塞之，能以觜畫符，其塞自出。鵲知歲所在，又有隱巢木，故鷙鳥不可見。燕營巢，避戊已日，故不傾壞。鸛有長水石，故能巢中畜魚，水不涸。蓋不止于有知也。

宋 李石《續博物志》卷四 毛蟲之精曰麟，羽蟲之精曰鳳，介蟲之精曰龜，鱗蟲之精曰龍，裸蟲之精曰聖人。

又卷九 鳩食桑椹則醉，猫食薄荷則醉，虎食狗則醉。

又卷一〇 燕避戊己，蝙伏庚申。一歲三蠶，則桑弱馬耗。

宋 洪邁《容齋隨筆》卷一三《蟲鳥之智》 竹雞之性，遇其儔必鬭。捕之者掃落葉爲城，置媒其中，而隱身於後操罔焉。激媒使之鳴，聞者隨聲必至，閉目飛入城，直前欲鬭，而罔已起，無得脱者。蓋目既閉，則不復見人。鷓鴣性好潔，獵人於茂林間爭掃地，稍散穀於上。禽往來行遊，且步且啄，則以黐竿取之。麂行草莽中，畏人見其跡，但循一逕，無問遠近也。村民結繩爲繯，置其所行處，麂足一絓，則倒懸於枝上，乃生獲之。江南多土蜂，人不能識其穴，往往以長紙帶粘於肉，蜂見之必銜入穴，乃躡尋得之，熏取其子。蟲鳥之智，自謂周身矣，如人之不仁何。

宋 王應麟《通鑑地理通釋》卷五《鳥鼠同穴》 在渭州渭源縣西七十六里，今熙州渭源堡。俗呼爲青雀山。其同穴鳥如家雀，色小青。鼠如家鼠，色小黄。渭水出焉。《禹貢》：導渭自鳥鼠同穴。同穴，山名。鳥鼠山者，同穴之枝山也。孔氏曰：鳥鼠共爲雌雄，同穴而處。其説怪誕不經。《河圖》曰：鳥鼠同穴，地之幹也。上爲掩畢星。《山海經注》：鳥名曰鵌，鼠名曰鼵。鼵如人家鼠而短尾，鵌似燕而黄色，穿地入數尺。鼠在内，鳥在外，而共處。

明 王逵《蠡海集・庶物類・走獸》 走獸皆屬陰，故夜動而晝伏。然獨猿猴不分晝夜者，緣食果實而居林棲樹，兼乎陽也。牛、馬、猪、羊亦不分晝夜者，家畜故也。野者則否。蓋氣盛爲動，氣衰爲伏。動則健，伏則怠。

明 楊慎《丹鉛餘録》卷七 赤色者鳳，青色者鸞，黄色者鵷，紫色者鸑，白色者鵠。

又卷一一 《考工記》：以脰鳴者，以注鳴者，以旁鳴者，以翼鳴者，以股鳴者，以胷鳴者。鄭玄注：脰鳴，鼃黽之屬。注鳴，蜻列屬。旁鳴，蜩蟬屬。翼鳴，蟋蟀屬。股鳴，螽斯屬。胷鳴，榮原屬。許氏《許文》：蚼鼁、詹諸以短鳴者，虒以注鳴。又曰：榮蚖、蛇醫以注鳴者，蟬以旁鳴者，蠵蟦以翼鳴者，蚣蝑以股鳴者，蠵、大鼁以胷鳴者。蠵一作蟰。二家解不同，可以參考。

明 黄省曾《獸經》 遇畏則畏。獸各遇其所畏則畏，如貙畏虎，(虎)畏熊之類。

遇食則食。獸各遇其所食則食之，如豹食豺，豺食蝟之類。

有所制，有所醉。如蝟制虎，猫食薄苛則醉，虎食狗則醉之類。

有角者膏，無角者脂。肉食者悍，草食者愚。《酉陽雜俎》曰：食草者多力愚，如牛馬之屬。食肉者勇敢而悍，如虎狼之屬。

萃三曰羣，偶二曰友。《小雅・〔吉〕日》篇曰：或羣或友。《國語》曰：獸三爲羣。故二曰友，友親於羣，在數宜少。

生子曰産，齧草曰薦。《説文》曰：人及鳥生子曰乳，獸曰産。獸之何食草爲薦？(子)〔古〕者神人以薦獸遺黄帝，帝曰：何食？何處？曰：食薦。

土處曰穴，木處曰寓。穴處，如熊類。《爾雅・釋獸》以鼸洩以上爲寓屬。邢昺《爾雅疏》曰：寓，寄也。言此上獸屬，多寄寓木上，故題云寓屬。

色隨五行。蒼龍之屬木行，赤豹之屬火行，黄熊之屬土行，白虎之屬金行，黑豬之屬水行。

毛應四氣。春則毛盛，夏則毛希少而革易，秋則更生而整理，冬則生而毛細，毛以自温焉。

或變化，或各歷年歲。如熊五百歲能化爲狐狸，兔五百歲色變白，狼三百歲善變人形之類。

異種殊形，同歸地理。獸之種類不齊，形狀各殊，然獸皆行地之物同。《易》曰：牝馬地類。

明 盧翰《掌中宇宙》卷一三《禽獸部·禽獸自斷其尾者有三》 狨中矢，自斷其尾。犛牛被射，自斷其尾。雄雉見捕，自斷其尾。皆惡其爲己患也。

明 陳全之《蓬窗日録》卷五《事紀一》 《燕山録》曰：猿有手，可以捕鼠，而掣於鼠。鹿有角，可以觸犬，而掣於犬。鷄食蜈蚣，而蜈蚣食其肉。蚊嘬鱉目，而燻蚊以鱉骨。《陰符經》云：玄龜食蟒，飛鼠斷猿，狼蝨噬鶴，青腰食虎。此以小制大也。尹和靖云：濯綿以魚，攻玉以石，治金以鹽，浣布以灰。此以賤制貴也。《爾雅》：素鶴以聲交，鵲以意交，鵁鶄以睛交。《變化論》曰：鷺目成而受胎，鶴影接而懷卵，鴛鴦交頸，野鵲繞枝。《酉陽雜俎》言：釋氏書，孔雀因雷聲而應孕。

明 王世貞《弇州四部稿》卷一五六 兔絲無根而生，蛇無足而行，魚無耳而聽，蟬無口而鳴。龍聽以角，牛聽以鼻。石脾入水則乾，出水則濕。獨活有風不動，無風自摇。鵂鶹晝暗夜明，鼠晝伏夜動。南倭海灘蚌淚着色，晝隱夜顯。沃山石滴水着色，晝顯夜隱。睡蓮晝開，夜縮水底。夢草晝縮入地，夜即復出。蝸牛制即且，即且食巨蛇，巨蛇食象。鵲食猬，猬食駿蟻，駿蟻食豹，豹食駮，駮食虎。他如玄龜食蟒，飛鼠斷猿，狼虱囓鶴，青腰食虎，吼伏獅，鴞禦鷲。鳥皆以小制大，所謂禽之制在氣也。【略】東有魚比目曰鰈，南有鳥比翼曰鶼，西有獸比肩曰邛邛距虚。【略】獸而鳥名者，張平犬曰飛鶩，王鐸卑脚犬曰花鴨，宋犬曰鵲。又周處《風土記》云：犬則青鶻，白雀，秦皇馬曰銅雀，晨鳳，漢文馬曰紫鷰，豫章王蕭嶷馬曰飛鷰，尸子馬亦名紫鷰，黄子馬名黄鵠，曹洪馬曰白鵠。鳥而獸名者，鵜曰魚虎，杜宇曰謝豹。鴿，怪鴟也，曰訓狐，又曰訓猴。鴗曰天狗，又曰魚狗，疑即魚虎也。西域大鳥曰駞。齊庭一足鳥曰商羊。【略】陳所敏云：鸂鶒能勑水，故水宿之物莫能害。鴆能巫步禁蛇，故食蛇。啄木遇蠹穴，能以嘴畫字成符，蠹魚自出。鴉有隱巢，故鷙鳥莫能見。燕銜泥，常避戊己日，故巢不傾。鶴有長水石，能於巢中養魚而水不涸。燕惡艾，雀欲奪其巢，即銜艾置巢中，燕遂避去。此皆鳥之有智者也。巫步又曰禹步，蓋以禹爲百神所畏，而行步蹇跛，巫故效之，以令百神也。【略】天鷄之爲莎鷄也，蜚鴻之爲蛾蠓也，蒲盧之爲蜾蠃也，蛤之爲蝦蟇也，白魚之爲衣蟲也，王孫之爲猴也，白鳥之爲蚊也，赤鳥之爲螢也。皆以大名小者也。鼹鼠之爲牛也，以小名大者也。

明 穆希文《説原》卷一〇 鱗屬則獺，正月祭魚。羽屬則鷹，七月祭鳥。毛屬則豺，九月祭獸戮禽。蓋豺、獺自祭其先，不祭麒麟，亦非祭天也。有雌而無雄，名曰大腰，龜鱉是也。有雄而無雌，名曰小腰，蜂蠆是也。

禽雄則彩而文，猶人之女麗而豔也，唯獸則不甚相遠也。物之能害類者，皆以虎名之。如類雀而啖雀者，曰雀虎。翠羽而伺魚喙食者，曰魚虎。有蜘蛛别種能擒蠅者，曰蠅虎。有四腮，闊吻，專食蝦者，曰蝦虎。有狀似蜥蜴，四足而小，專啖蝎者，曰蝎虎。物之相類者，自爲牡牝。猶鹿與麇交，鱔與魚遊也。大凡鳥之類，雄鶩于雌；獸之類，牝猛于牡。故羆爲熊之牝而羆猛，狼爲貛之牝而狼名獨著也。東方之鰈，比目魚也。西方之蟨，比肩獸也。南方之鶼，比翼鳥也。

明 朱謀㙔《駢雅》卷七《釋蟲魚》 螗蜩，螗蛦，巨踦，蜋蜩，蟜蛣，蟬也。麥蛰，麥截，蛪蚼，小蟬也。蟧蟟，馬蜩，大蟬也。閤蜩，瘖蟬也。靡降，青蟬也。腹育，蟬蜕也。蛥蚗，螇鹿，蛉蛄，蛁蟟，蝭蟧，蜓蚞，蟂蟧，蟪蛄也。蒲錯，虰蟧，悉蟀，蟬雞，蜻蛪，趣織也。寒蜇，蟀母，蛩也。蟅蟒，蝗也。蠰谿，土螽也。蚣蝑，春黍，蚝蛨，蚣蜙，蚱蜢也。螇蚸，螌螽也。負勞，白宿，桑根，胡黎，赤卒，絳騶，螊蛜，江雞，蟌葸，蝍伶，青蛉，盯蛵，蜻蜓也。莫貈，蟷蠰，不過，巨斧，齕肬，研父，馬敫，螗蜋也。蟳蟭，蜱蛸，螵消，鳥洟，冒焦，螗蜋卵也。蛣蜣，天柱，弄丸，蜣蜋，黑甲蟲也。蜉蝣，渠略，天牛，長角甲蟲也。齧桑，齧髮，蠰也。蟥蛢，緑甲蟲也。輿父，守瓜，黄甲小蟲也。蛄𧎖，强蛘，米蠹也。飛廉，委黍，常羊，負盤，伊蝛，鼈兒也。秦渠，暉夜，丹良，丹鳥，景天，宵蠋，熠燿，螢也。天螻，杜狗，蛞螻，炙鼠，螻蛭，津姑，蟓蛉，螻蛄也。樗鳩，樗雞，莎雞也。果蠃，蚴蜕，蒲盧，蠮螉，土蜂也。蜚零，木蜂也。留師，竹蜂也。螽蠘，蜂房也。壺螽，蜜蜂也。魚伯，蟱蝸，蠍禹，蜩蠋，青蚨也。蠛蠓，服翼，鷽鼠，蝙蝠也。胡蠓，大蠅也。魂常，木宝也。白鳥，蚊

也。鳳車，大蜨蝶也。檀末，小蝶也。蟦螬，蜷蠾，蛸蟦，當齊，蝗蝃，蟦蝗，蛭蛒，資蝛，尺蠖，肥齊，蛣蝠，教蠐，地蠶也。步屈，螟蛉，桑蟲也。蛅蟖，蠽痢也。附引，蠙蠦，巨白，蚯蚓也。蝍蛆，吳公也。蚨虷，蚰蜑，螾衍，蜄蠣，蚰蚭，蛉窮，入耳也。商距，馬蠲，蛆渠，截蛆，馬蠸，百足，蚿也。大者謂之馬蚰，一曰馬陸。蠼螋，長足吳公也。蠦蠅，蜇蜴，祝蜓，蚵蠪，蠑螈，虢蛙，守宮，螔蝬，易蜴，蝘蜓，蛇醫也。大而能鳴者曰蛤解，江東謂之蛤蚖，汝潁謂之蛤蠏。鼅鼀，蚓鼀，鼓造，鼀鼁，瞻諸，螻蟈，去甫，苦蠪，詹蠩，蝦蟇也。活東，活師，懸鉤，玄魚，科斗，鼃黽子也。陵蠡，龜鼀，耿黽，蝙蟠，鼃也。蛞蝓，僕纍，蝸牛，螔蝓，瓜牛也。蜁蝸，小蠃也。縊女，蜆也。蝜布，毒蜆也。蛤梨，含漿，蚌也。復累，魁蛤也。蘇岸，馬刀，馬蛤也。瓦壠，海蛤也。魁陸，蚶也。餘貾，餘泉，文貝也。車螯，大蛤也。蠾蝓，蝳蜍，網上蛛蝥，社公，蝃蝥，鼅鼄也。蚰蟱，草木間小鼅鼄也。螲蟷，顛當，蛈蝪，土鼅蚌也。壁錢，壁蟏也。蠅豹，壁虎也。蟰蛸，喜母也。晏青，盤蝥，班蝥也。地膽，虵要，青蠵，芫菁也。蚼蟓，蛾蛘，蚍蜉也。蝡蜁，蓬活，地脾，沙蝨也。厥昭，虷蟹，孑孑，蜎蠉，蛣蟩，井中赤蟲也。至掌，水蛭也。杜伯，蟹蠍，蝎也。商何，蜉也。蛄詣，杜蛒也。焦冥，蟻也。復陶，蝝也。國貉，土蛹也。烏蠋，橘蠶也。【略】龜之屬，一神龜，二靈龜，三攝龜，四寶龜，五文龜，六筮龜，七山龜，八澤龜，九水龜，十火龜。肥遺，如蛇，六足。肥蟘，如蛇，兩身。蜛蝫，一首，數尾。鯈蠊，蛇身，魚翼。碌聽蠚人，如蜥易。璧鏡，五足。皆毒蟲也。陵舄之草爲鬱栖乾。餘骨之沫爲斯彌。疑即烏溲。食醯爲頤輅。疑即醯雞。久猷爲黃軦。久竹爲青寧。疑即青蛉。腐蠸爲瞀芮。疑即蚊蚋。過街，蠦也。慕光，飛蛾也。以蠦爲雌。

又《釋鳥》 長離，瑞鷗，鸑鷟，鳳也。鷫鷞，鵃箭，鵕鷬，廣昌，鷦明，德牧，鳳屬也。鳳晨鳴曰發明，晝鳴曰保長，舉鳴曰上翔，集鳴曰歸昌，昏鳴曰固常，雄鳴曰即即，雌鳴曰足足。《論緯》云：鳳行鳴曰歸嬉，止鳴曰提扶，夜鳴曰善哉，晨鳴曰賀世，飛鳴曰郎都。雞趣，鸞也。首翼赤曰丹鳳，青曰羽翔，白曰化翼，玄曰陰翥，黃曰土符。撥穀，擊穀，結誥，鴶鵴，鵖鷜，郭公，布穀也。戴任，戴南，鴡鵀，鵀鵀，澤虞，戴鵀，鶝鶔，尸鳩也。鳺鴀，鶌鳩，嗶啁，楚鳩，鵶鳩，佳也。鶌鳩，鶻鵃，斑鳩也。冠雉，泆泆，鵧鳩也。獨春，定甲，城旦，倒懸，鶪鳭，盍旦，求晨鳥也。倉庚，鶩黃，楚雀，商庚，搏黍，黃栗留也。譽居，鵯鶋，鷽斯，反哺烏也。鶓鶊，白頭烏也。伯勞，鵙也。鴂鳩，鵃鴿，烏鵙也。鷦鷯，鸋鴂，果贏，桑飛，女鴎，巧婦，桃雀，過贏，工爵，韈雀，桃蟲也。蘆虎，剖葦，鳭鷯也。鷾鴯，玄鳥，燕也。嘉賓，雀也。牟母，鴽也。瑦鶮，神女，鵲也。反舌，百舌也。寒皐，鴝鵒也。鸋鴂，鷤鴂，子鴂，鶗鴂，杜鵑，謝豹，杜宇也。懷南，逐隱，鷓鴣也。蟓蛺，山雞也。斲水，鴛也。歸飛，比翼也。秩秩，海雉也。避株，吐綬鳥也。桑扈，竊脂也。棘扈，竊丹也。晨風，鸇也。青骹，鷹也。鷲鷘，雕也。題肩，鶆肩，擊征，負雀，籠脫，鷂也。王雎，鶚也。楊鳥，白鷺也。扶老，禿鶖也。負釜，鸛也。絲鷞，慈老也。洿澤，鵜鶘，淘河也。鵁鶄，鳽也。鸕鷀，鷧也。獨豹，鴇也。倉鴚，鴈也。鵱鷜，野鵝也。鶻蹏，石檄，開零，野晁也。鸍渠，錢母，連錢，鶺鴒也。水鴞，鷗也。煩鶩，䳾鴨，鴨也。須蠃，鸊鷉也。魚鵁，鵃也。鴛鴦，鸂鶒，匹鳥也。鶶鹿，鴾捋，麋鴰，錯落，鶬也。箴疵，水札，屬玉，皆水鳥也。雜縣，乘風，爰居，海鳥也。鵂鶹，鵋鶀，鴝鴿，舊留，鴟久，鴟舊，雞鵂，角鴟也。鵂鶹，盧休，老鵂，茅鴟，萑也。流離，梟也。鵊瞿，怪鳥也。鉤星，隱飛，姑獲也。蒼鷐，鬼車，九頭鳥也。鶹離，延居，鸛雀，皆怪鳥也。䴕魂，鵩鳥也。運日，陰諧，鴆也。欽原，蠚鳥也。畢方，兆火鳥也。如鶴，一足。蠻蠻，如鳧，一翼。勝遇，如翟而赤。兆水鳥也。商羊，一足。䳲鶩，長喙。兆雨鳥也。絜鉤，如鳧而鼠尾。跂踵，如鴞一足。兆疫鳥也。鬿雀，如雞虎爪。食人鳥也。彙呰，一足。瞿如，三足。鵸䳜，如烏。鳧徯，如雞。人面鳥也。青耕，肥遺，禦瘽鳥也。䳡餘，禦火鳥也。竦斯，當扈，白䳋，象蛇，皆雉屬也。鶺鴒，鸓鸓，鴣鸐，精衛，皆烏屬也。䴌渠，鴒鸚，山雞屬也。除貉，賓師，鵁鴒屬也。灌灌，鳩屬也。昆雞，鶴屬也。獨姑，隼屬也。嬰勺，鵲屬也。螢鼠，雞屬也。鵸鵂六足，鶺鴒三首，酸與三足，周周大首。鴛鴻，數斯，皆人足。庸渠，帝渠也。澤特，皋雞也。端琦，諫珂也。鶡鵄，嘍羿，鸛鸛也。吉了，鸚鵡也。䴈鸋，長喙也。重精，世樂，皆靈鳥也。善芳，奇幹鳥也。希有，大鳥也。鷂烥，苦姑，意怠，皆海鳥也。靈雀，蜜母也。蝨母，吐蚊鳥也。夷由，飛生，鼯鼠也。澤虞，媢澤也。文鶾，天雞也。蜜肌，英雞也。皆竈，皂帔，藿雀也。鸐鶹，飛鸓也。車搗，鶄杙也。鶡老，癡鳥也。鋪豉，鶘也。早秋，白

唐，鶉也。斥鴳，鷃蟬也。瞿鷜，鶻嘲也。黄褐侯，緑鳩也。秋侯子，雞雛也。爥夜翰，音雞也。山菌子，田雞也。鷂宇，顧影鳥也。海鷂，搏蛟鳥也。魚狗，鷸也。石肝，鼠法，蝙蝠矢也。蜀水花，鸕鷀矢也。大鶖，少鶖，青鳥，西王母之三鳥也。于闐謂金翅鳥爲砧鱗。

又《釋獸》 麟牡鳴曰游聖，牝鳴曰歸和。夏鳴曰扶幼，秋鳴曰養綏。一角爲天鹿，兩角爲辟邪，無角爲符拔，亦謂之挑拔。閭麋，大鹿也。四角爲玃如，四角而白爲夫諸，兩頭謂之荼首，鹿頭龍身謂之飛遽，麋而魚目爲婴胡，麋角前出爲麢狼，豕頭而牙爲無損。於菟，於檡，伯都，李父，山君，虎也。毛淺者謂之虦猫，有角者謂之委虒，大而長尾曰酋耳，長尾而五采曰騶吾，九尾而人形曰開明，虎而翼曰窮奇，虎而人面曰馬復，青虎謂之羅羅。郭椒，丁櫟，駃牛也。州宿，周留，水牛也。日及，月氏牛也。纨牛，每牛，小牛也。郭犂，無角牛也。似牛而白尾曰邦父，赤尾曰領胡，馬尾曰精精，牛而虎文曰軨軨，大而食鐵曰齧鐵。牛四角人目曰諸懷，人面而馬足曰窫窳，四角而白曰獓猢，音如嬰兒曰犀渠，蝟毛謂之窮奇，是皆食人獸也。狌狌，人走。長右，四耳。舉父，文臂。嬇婾，文身。足訾，馬蹏有鬣。皆禺屬也。朱厭，白首赤足。雍和，黄身赤喙。騰遠，獑猢，風母，前兒，皆猿屬也。梁渠，白首虎爪。朏朏，白尾有鬣。蒙頌，捕鼠，皆貍屬也。狏狼，白尾長耳。獙獙，鳥翼。朱獳，魚翼。乘黄，背上有角。狐屬也。孟極，文題。諸犍，長尾人首。豹屬也。崮狗，兔屬也。騰黄，吉光，騕褭，翠黄，飛黄，訾黄，神馬也。吉量，吉皇，文馬也。遺風，啟服，肅爽，飛兔，要褭，齧膝，乘旦，紫燕，緑蛇，騏驎，昆蹏，驒騱，昆駼，驡騋，皆良馬也。宜乘，減陽，茀方，閎廣，皆旋毛馬也。玄駒，褭駱，果下，欵段，皆小馬也。騀驪，野馬也。駭韓，叱撥，胡馬也。雖馬，驩疏，一角馬也。兹白，鋸牙馬也。鹿蜀，虎文馬也。馬而人面鳥翼曰孰湖。四角牛尾曰峳峳。白而一角謂之駮馬。赤驥，盗驪，白義，踰輪，山子，渠黄，華騮，緑耳，周穆王之八駿也。騚騮，華騮也。赤龐，赤驥也。白俄，白義也。朱駮，金喙，走狐，駃騠，飛鴻，野麋，腹丹，駣騄，汗血，巨虚，皆駿馬也。漠驪，驢也。驓騡，驘也。馬父驢母曰騰驁，驢父牛母曰馲駱，似驢而文謂之福禄。韓盧，宋浞，鵠倉，修毫，螯睫，青曹，白望，狼狐，狂獖，如黄，皆良狗也。露犬，飛犬也。蝸斗，食火犬也。山貚，人面犬也。從從，六足犬也。吴羊，白羊也。夏羊，黑羊也。羺羖，煇羖，胡羊也。㹁耳，小羊也。羊四角爲土螻，九尾而四耳曰猼訑，人面腋目曰狍鴞，一角謂之辣辣，赤鬣謂之蔥聾，一角而神謂之觟觽。伽那，象也。執夷，貔也。狭狭，狢也。狻麑，獅子也。猲狚，巨狼也。荒鹿，麈也。子豨，熊也。阿紫，狐也。龍雀，飛廉也。仲能，神鼠也。射干，飛狐也。猰㺄，窫窳也。蒙貴，蒙頌也。狒狒，吐螻，梟羊，山都也。白澤，角端，能言獸也。歸終，知來獸也。山膏善詈，贑巨善笑，蒲牢善鳴，山㺐善語。隨兕，兕獸也，見者不出三月。破鏡，貙屬也，反噬其父。墠微，虔已，黄要也，長逐其母。猛猲，火獸也。磎鼠，冰獸也。蟃蜒，長獸也。狸刀，距豚也。狪狪，珠豚也。蠪蚳，角彘也。闒貄，黄彘也。當康，牙豚也。鼈封，兩首彘也。跊踼，屏蓬，皆兩首獸也。流沙之東有三獸相并曰雙雙。皮樹，在子，闒非，合窳，皆人面獸也。灌灌，九尾狐也。蠪姪，九首狐也。皆食人。蠱雕如雕而戴角，文文如蜂而反舌，豸多即如膜，犰狳鳥喙，獨浴如虎而馬尾，猾褢如人而彘鬣，礫磃獸身而羊首。豯邊如狗，孟槐如貆，石毂如狢，活褥地如鼠。威夷長脊而劣，果然愛其類。皋比，虎皮也。

明 焦周《焦氏説楛》卷四 鷟似鳳，鄗似梟，鶬似雉，鵁似梟，蝟似蝦，蜮似鼈，蝟似鼠，獨似猨，貙似貍，贙音鉉。似犬，犀似豕，貔似虎，豻似狐，貘如羊，兕如牛，猛氏如熊，貉邊如狗，桃拔如鹿，靈猫如麝，蜪犬如犬，崮音崮狗如兔，鷃鷄如鶴，鷚鷄如雉，鶡鷄如鷄，鸐鶓如鶻，工役白鷹如鷹，屬玉如梟，思歸如鳩，木客如鵲，岢嵐如烏，蛄蜥如鼈。猶如麂，善登木。騉如馬，善陞甗。

又卷五 鳥獸飛者以翼，而聆鼠以尾訑。鳥以足，獵以鬚。鳴者以口，而蟬以翼。行者以足，而蠐螬以背，砂挼子以身倒行。聽者以耳，而龍以角，牛以鼻。取者以臂，而象以鼻。視者以目，而水母以蝦。走者以股，而駏驉以蛩蛩，狽以狼。蝟，毛順者雄，逆者雌。啄木，羽斑者雄，褐者雌。梬鷄，五色具者雄，青黑質白斑者雌。又蜥蜴，亦五色具者雄，不備者雌。牡蠣，左顧者雄，右顧者雌。蜻蛉，身緑色雄，腰間一遭碧色雌。鼠，糞頭尖者雄，兩頭圓者雌。雀，糞尖者雄，圓者雌。又右翼掩左者雄，左掩右者雌。燒毛内水中，沉者雄，浮者雌。鱟，雄小，雌大，水中浮者雄，沉者雌。

明 朱國楨《湧幢小品》卷三一 凡獸自虎豺而外，久馳則血耗，而肉不佳，鹿爲尤甚。

又 蜀中山谷間，有一種百舌鳥，毛采翠碧，蜀人多蓄之。一名翠碧鳥，善效他禽語，凡數十種，非東方所謂百舌也，往往矜鬬，至死不解。桂林有烏鳳，如鵲而紺碧髮，頭有冠，尾垂二弱骨，各長一尺四五寸。其末始有毛羽，大略如鳳，鳴聲清越，又能爲百蟲之音，生左右江谿洞中。澤州產石英處有鷄如雉，體熱無毛，腹下毛赤，飛翔不遠，常食碎石英。

明 陳繼儒《虎薈》六卷卷五 禽蟲之善搏生者多稱虎，如虢曰蠅虎，鵁曰魚虎，守宮曰蠍虎，土附曰蝦虎，鳭鷯剖葦食蟲曰蘆虎，皆以其善食是物而有是名。

明 王圻《稗史彙編》卷一五五《五官不全》 魚無耳而能聽，蟬無口而能鳴，蛇無足而能行，蚓無筋而能縮，菟絲無根而活，皆自然天成也。

龍無耳，魚亦無耳。柔魚無骨。馬無胃，蛤蜃無臟。獐無膽，鼠亦無膽，或曰：鼠膽在首。鯸鮧魚亦無膽，又無顋。猴無脾，兔亦無脾，又無腎。蠏無腸，蝦蟆亦無腸。烏無肺。鴾無舌，又無後指。蛇無足，或云：蛇皆有足。五月五日取燒地，令熱，以酒沃之，置中，足出。又云：蛇以桑薪燒之，則足出見。豕無筋，蚓亦無筋，又無心。蝦蛤無血。飛者無胃，走者無翼。麞有牙，不能噬。鹿有角，不能觸。鶩有翼，不能飛。陳藏器《本草》引《尸子》云：家鴨爲鶩，不能飛翔，如庶人守耕稼而已。無足而飛者，惟騰蛇。又云：蛣蜣無鼻，水母無目，鼈無胃，魚鱉無耳，蛇眼聽。

明 劉侗《名物通》卷一〇 熊有館，麝有溷，麇有畯，鹿有場，蠭有衙，蟻有臺，蠣有房，范有冠，蟬有緌，鷊有綬，鱟有帆，鸂鶒有柁，烏鰂有纜，蚊有尾，環雀有脂餅。鵌與鼵同居，糖牛與蛇同穴。蛇求于黿，則產黿。蛇求于雉，則產蜃。鼈伏于淵，卵剖于陵。果蠃祝于外，蜂產于內。夏雀生鶉，楚鳩生鴞。鴿亦產鳩，鶻亦產鴟，鸛亦產鶴，鷹亦產狗，鮎亦產鰻，鳶亦產蚊，牛亦產麟。麞喜山，麋喜澤，鹿喜林。鵠善步，梟善趨，鷹善立，雀善躍，鼉善踊，隼善翔，鷗善浮，鳧善沉。鸛以怨望，鴟以貪顧，雞以嗔睨，鴨以怒嗔，雀以猜懼，燕以狂昕，鶯以喜囀，鳥以悲啼，鳶以饑鳴，鶴以潔唳，梟以兇叫，鴟以愁嘯。熊畏鹽，獺畏酒，蚺畏葛，鼈畏蒽，燕畏艾，魚畏橄欖，蜘蛛畏蕪菁。驢馬之駒畏爐灰，雞雛畏柳薪，黿畏桑薪，刀鱭畏掀，河豚畏荍灰，龍畏鐵。狐畏鵲頭，蚊畏鰻骨，海馬畏糟粕，風生之獸畏菖蒲，魚畏芭蕉，羊畏躑躅。

明 吳之俊《獅山掌録》卷二四《郤行紆行》 郤行，蚓屬。紆行，蛇屬。往鳴，蜻蛚屬。旁鳴，蜩屬。翼鳴，發皇。股鳴，蚣蝑。胃鳴，榮原。

明 張存紳《增定雅俗稽言》卷三七 白鳥。白鳥有以名蚊者，見《夏小正》『丹鳥羞白鳥』注。白鷺，見杜詩『黃鳥時兼白鳥飛』注。觀江山黃借庵作《驅蚊賦》謂：虎可德驅，鱷可文驅。蚊最不靈，爲肉喪軀。其托以垂戒，亦正論也。乃楊慈湖簡作《夜蚊》詩，反其意而譽蚊，謂傍耳皆雅奏，觸目皆深機。勝于人之耳提面命，而頑錮莫曉者。是以蚊爲靈于人也。異哉其見乎。蓋緣慈湖主張象山之禪學，一時從其説者猶少，故憤而發此一偏之論耳。寧可訓乎？白鷺別名，一春鋤，一屬玉，一碧繼翁。其交也以目，羣居，小不踰大，飛有次第，故《詩》以振鷺象百僚之雍容。又唐御史以鷺羽飾車，取鷺見水中魚，能察隱微之義。《禽經》：鷺啄則絲偃，雁捕則角彌，藏殺機也。

明 徐應秋《玉芝堂談薈》卷三五《含毒》 含毒者，蚊蚋之屬。江嶺間有之，郴連界尤甚。中者慎勿以手搔之，搔則愈癢愈毒。但布鹽於上，以物封裹半日間，毒則解矣。湘衡北間有之，其毒稍可。峽江至蜀有蟆子，色黑，亦能咬人，但毒不甚。春間生於樹葉，葉卷成窠，大如桃李，名爲五倍子，治一切瘡毒。收者曬而殺之，不然必竅穴而出，飛爲蟆子矣。黔南界有微塵，色白，甚小，視之不見，能晝夜害人。雖密帷亦不可斷，以粗茶燒烟如焚香狀即絕。出《録異記》。《墨客揮犀》：惡颯，形如小蟬而扁，好隱屋壁及書策中。前有兩長足如蟹螯，觸後則旁行，觸前則却行。或爲所螫，不治，殺人。《酉陽雜俎》：抱搶，水蟲也，如蛣蜣稍大，腹下有刺，以槍刺人，有毒。《字林》：睩聽，似蜥蜴，居樹上，下即齧人。上樹垂頭，聞哭聲乃去。

明 鄭仲夔《玉麈新譚·偶記》卷八《鳥獸》 鳥有四千五百種，獸有二千四百種。

明 方以智《通雅》卷四六 鳥獸之身多名，各以意稱之，或方言也。鳥觜曰咮，曰喙。爪曰距。尾曰翠，一作臎，一名尾罌，《內則》『舒雁翠』。

膍脛曰奥，《禮》『不食鴇奥』。隴爲亢，爲員官。粻爲嗉翅，爲翮翎。《春秋傳》『害鳥帑』，注：鳥尾曰帑。疑是鳥雛。鳥腳短者多伏，腳長者多立。腳近翠者好步，腳近臆者好躑。翼右掩左者雄，左掩右者雌。又糞尖者雄，圓者雌。山禽咮短而鋭，水禽咮短而圓。山禽尾多修，水禽尾多促。陸鳥曰棲，水鳥曰宿。獨鳥曰止，衆鳥曰集。朝鳴曰嘲，夜鳴曰咳。鷄白蠹肥脂，雌鷄之生腸也，雄鷄矢乃有白。按：《神農本經》作白臺，謂鷄子白之凝者，一名父公臺。藏器以爲橐，時珍以爲蠹。鴨有肫衣雁頸曰殊。《禮樂志》：赤雁集，六分員，殊翁襍，五采文。孟康曰：殊，雁頸也。此解未必當，或當時有此語。蝙蝠矢曰夜明砂，《神農本經》曰鼠法。鶡子兩翅各有複翎，左名撩風，右名掠草。凡走獸及牛馬諸畜肝膽之間有肉囊，累累多至升許，大者如鷄子，曰鮓荅。陶九成《輟耕録》言之。《京房易占》曰：兵强主武，則牛腹生石。生于癩犬腹中則爲狗寶。熊太古《冀越集》曰：馬有墨在腎，牛有黄在膽，狗有寶，鹿有玉，鵲亦有玉。丑寶，牛黄也。牛項乘曰胡，蹄肉曰衛，百葉曰膍，又曰析。見《周禮》。角胎曰腮。《玉篇》曰：牛拳音卷。曰欘，腹草未化曰聖虀，矢曰洞。《説文》：胘，牛百葉也。服虔曰：有角曰胘，無角曰肚。一曰胃之厚肉。俗曰肚。胘音弦。凡畜之外腎曰石子。豕兩腎間似脂非脂曰脏，音夷。豕卵曰顛。畜之草積曰胲，馬矢曰通，猪矢曰零。《吕覽》曰：肉之美者，旄象之約。蓋約通小便處也。『述蕩之掔』，高誘曰：掔，蹈也。當是挐。《唐本草》有底野迦，西鄢以猪膽作之爲丸，赤黑色。熊膽曰白，掌曰蹯。虎有乙骨，目光入土如白石曰虎魄。狼脂曰臅。蟲之峻曰螢，言垂腴狀之也。凡類曰醜，鼈竅亦曰醜。海狗之腎曰膃肭臍。今南方有鹿鞭，鹿外腎也。凡魚腦骨曰骫，音枕，曰丁尾，曰魩，音抹，曰鯛，曰乙骨，曰鯁，曰刺脬，曰鰾白，又曰細飄。見成式。翅曰鰭，曰鬣子，曰鮇，曰鱶。《臞仙肘後經》曰：騸馬，宦牛，羯羊，閹猪，鐓鷄，善狗，淨貓。

清 張綱孫《獸經》 麟，仁獸，麒似麟而無角，牡鳴曰游聖，牝鳴曰歸和，夏鳴曰扶幼，秋鳴曰養綏，毛蟲之長也。騶虞，一曰白虎，白質黑文。獬，觸邪獸也，亦曰神羊。鹿，陽獸也，牡鹿曰麚，牝鹿曰麀，亦曰麎，曰麌，其子曰麑，一歲曰麂，二歲曰麆，三歲曰麈。麋多慾善迷，麝懷香賈害，麞有牙不噬，麈大尾能揮。麖，大麃也，三足曰靈麖。麐，大麕也，亦曰麃。麢，大羊也，亦曰羚羊。兩頭麋，神鹿也，亦曰蔡苴機。獸之登木者曰猿，援也。善嘯，猴，候也，喜躍，亦曰狙，亦曰王孫，亦曰獼猴。猱，揉也，嗜睡。玃，攫也，好顧，千歲變蟾蜍。頰有髮曰猓猻，亦曰狖，亦曰蜼。首有髮曰騰豻，亦曰騰豽。熊羆直眼，猦狦叩頭，角端一角，獨一鳴，夔一足。猩猩音如小兒，東夸曰生生。狒狒見人則笑，亦曰梟羊，北方曰土螻。虎，西方獸也，宋魏曰李父，江淮曰李耳，南楚曰於䖘，亦曰伯郭。白者曰甝，黑者曰虪，亦曰虪。虪小而猛者曰彪，有角曰虒。食虎豹者曰狻猊，亦曰白澤，條支曰獅子。貘糞切玉，猛豕殺人。食父爲獍，類馬曰駁。豹無前足，貙生五指。酋耳尾長三尺，猰貐身長百尋。人面虎足者曰檮杌，人面龍首者曰猰貐，人面虎身者曰馬腸，人面彘身者曰合窳。縠之黄腰，豸之白喙。朱獳魚鬣，蠪蛭虎爪，犰狳鴟目，猙獰狐尾。豹以霧隱，猈以風見。膃肭水居而好浮，狤猸火燒而不死。麢以林而掛角，䍺以草而塞尻。貊膏貯器而透，猔皮禦瘴而消。蒙貴小而能捕，羠羊大而甚健。蟲雕一目，似豹也。螮一目，亦似豹。犪四角，如牛也。㹯四角，亦如牛。昆邪，山也，獸亦曰昆邪。天狗，星也，獸亦曰天狗。類有髮，似熊也。猎無髮，亦似熊。獜黄尾，似彘也。彘白尾，亦如彘。馬，月精也，一歲曰駭，二歲曰駒，三歲曰駣，八歲曰馴。前足皆白曰騱，後足皆白曰狗。前右足白曰啓服，後右足白曰驤。後左足白曰馬，四蹢白曰踏雪。黑鬣曰駱，黑脣曰駩。黑喙曰騧，白顛曰的顙，亦曰的盧。旋色曰的吻，色深黑曰驪，赤黑曰鐵，白腹曰騵，白跨曰驈，白尾曰騴。面顙曰駹，黄騂曰黄。青驪曰駽，連錢曰驄。繁鬣曰騤，逆毛曰駹。黄白曰駓，陰白曰駰，亦曰泥驄。蒼白曰鴇，蒼黑曰騅。彤白曰騢，青黑曰騏，駵白曰駮。七尺曰騋，八尺曰駥。行三百曰飛菟，行萬里曰飛黄，行一萬五千里曰騕褭。蹄趼善登曰騉駼，白首虎文曰驨驅，亦曰騶駘。足有四節曰旄。馬有角曰騅疎，角如鹿茸曰驨，四角曰驛。足前高後低曰駏驉。出北海曰騊駼。驢善旋而負物，騾多力而駕車。兕皮厚而堅，牛性遲而順。海犀之角重八斤，橐駝之蹄行千里。象垂鼻而吸水，狐擊尾而出火。豺狸知搏，貓貉知患。狗知警，豻知守。豺霜降而祀，兔月缺而生。狼入卜野，獺祭入川。豪豬射人，良犬咋獸。懶婦食禾而避，風貍棲木而羞。豕趨下而汙，羊内柔而狠。狽足短而附行，猫睛細而暗視。猶以猶豫名，能以賢能著。性

馴者晝出，氣戾者夜出。肉食者爪利，草食者足疾。類同則鳴，羣合則游。或處巖穴，或散林丘。毛色變化，强弱狡獪。所貴聖人，並育不害。

清　陸次雲　**《事文標異》卷五《鳥鼠同穴》**　鳥鼠同穴之山，《山海經》之所載也。《爾雅》云：其鳥爲鵌，其鼠爲鼵。郭璞注曰：其穴入地三尺，鼠在外，鳥在内也。《尚書傳》曰：其爲雌雄。張氏曰：不爲牝牡。山在隴西首陽縣之西，今之渭源縣是也。蔡氏曰：同穴山之名也。鳥鼠者，同穴之枝山。蓋二山也。蓋鳥鼠之或爲雌雄，或不爲牝牡，不可得而知也。故景純兩存其説。然同穴而處，明是一山，分之爲二，殆不然也。

清　來集之　**《倘湖樵書》卷七《禽獸之蟄》**　龍蛇蟲豸，皆有所蟄。若羽毛之族則不然，至冬則各生細毛以自温。故《尚書》云：鳥獸氄毛。顧乃有不盡爾者。

清　揆敘　**《隙光亭雜識》卷二**　鸞，一曰雞趣。《禽虫述》隼，又曰擊征，或曰題肩。鸛，一名負釜，一名背竈，一名皂君。鵂鶹，一名桑飛，一名工雀，或曰過嬴，或謂女鴎，或曰懱爵。鶡鴠，一曰定甲，或曰獨春，或曰城旦，或曰倒懸。鶺鴒，謂之連錢。《毛詩義疏》鷓鴣，一名内史，一名花豸。《採蘭雜志》鳩，一名雲白，一名曇鳥，亦曰同力。《寰宇記》鬼車，名姑獲。《荆楚歲時記》。象，一名伽那，《北户録》又曰大客。《天中記》獬豸，曰貐䝟，又曰觟䚦。《穆天子傳》羊，一窮奇，名神狗。《宛委編》緑耳，又作騄耳。渠黄，又名訾黄。《述異記》狸，一名不來。《封禪書》注北海有大鳥，名曰天雞，一名鷟勒。《神異經》升蕖鴨，赤色，每止於芙蕖上，咈葉上垂露，又名垂露鴨，一名丹毛鳧。《洞冥記》遠飛雞，又名翻明雞，翼下有目，亦曰目羽雞。《述異記》勒畢國貢細鳥，國人常以此鳥候時，亦名曰候日蟲。《洞冥記》堯時，有秖支之國獻重明之鳥，一名雙睛。《拾遺記》崑崙西有獸，名曰渾沌，一名無耳，一名無心。西方荒中獸如虎，一名倒壽。檮杌，一名難訓。《神異經》蜀中西南高山之上有物，與猴相類，名曰猳國，一名馬化。《搜神記》龍魚，一曰鰕，音遐一曰鱉魚。《山海經》瀛洲，一名魂州，亦曰環州。《拾遺記》章舉，一名章魚，一名章拒，一名章鋸，以其足似鋸也。《蟫史》彈塗，一名闌胡。《寧波志》蟛蜞，一名稗龍。《採蘭雜志》擁劍，一名桀步，蓋蟹之類。《臨海志》天下呼蟛蜞爲長卿，卓文君一生不食蟛蜞。《成都舊事》數丸，形似蟛蜞，一曰沙丸。《雜俎》飛蛾善拂燈，一名火光，一名慕光。《古今注》蛺蝶，大者曰鳳子，一名鳳車，《古今注》又名春駒。《採蘭雜志》蜻蜓，一名桑根，《説文》一名白宿。《吕覽》注蜘蛛，長股者俗謂之喜母，又名絡新婦。《海録》南方有虫，名蠍蝎，一名蜩蠾，又名青蚨。《搜神記》蠅虎，蠅狐也，一名蠅蝗，一名蠅豹。《古今注》【略】乾罫，一名鸜鵒。《萬畢術》鸜鵒，有名武遊郎者，有名武仙郎者，有名阿蘇兒者，有名自在先生者，有名踏蓮露者，有名鳳花臺者，有名戴蟬兒者，有名多花子者。《幽怪録》潮鳴雞者，潮至則鳴，一名林雞。《輿地志》神馬，名騰黄，一名乘黄，一名飛黄，或作生黄，或曰翠黄。《初學記》大月氏有牛，名曰日及。《玄中記》猨，一名粲軍。《古今注》軒渠國有九色鳥，亦名九尾鳥，亦名錦鳳。青多紅少者曰繡鸞。《拾遺記》鴉舅，似鴉而小，一名鴉競。一種似鷹者，名鷹舅，亦名鷹競。《雜俎》鼉，一名土龍。

又卷四　禽之屬：有幺鳳，一名倒挂子。孔雀，一名孔雉。戴勝，雄名丁髻郎，雌名丁髻娘，或曰釘髻。鸕，或謂之冠髻。官雃，一名山判官。鷊，一名綬鳥。秦吉了，一名了哥，亦曰剔哥，亦曰剔剔。羅浮五色雀，亦曰小鳳，又謂之木客鳥，一名子弟雀，又名五姊妹。山鵰，一名山烏，一名珊瑚。青翡翠，一名魚翠。鵂鶹，一名巧婦鳥，又曰相思仔。比翼鳥，一名蠻蠻。蘆鵻，一名橄欖鵻。碧雞，一名越王山雞。鷓雞，一名雨落母，亦曰麥雞。石雞，亦曰潮雞。鸏鸇，一名越王鳥，一名象鵰。潮鳧，亦曰信鳧。淘鵝，亦曰逃河，一名水流鵝。獸之屬：果下馬，一曰果騮。狒狒，一名山笑。罵罵，亦曰山都。騰豺，一名騰犴。乳羊，一名茅羊。水獺，一名猵狚。山獺，一名插翹。豪豬，亦曰蒿豬。山豬，一名懶婦。香貍，亦名果貍。竹䶉，一名竹豚。鱗之屬：鰣，亦曰三鯬。貼沙，一名版魚，亦曰左魪。鱘魚，一名鱘龍魚。鱠魚，一名鏡魚。鯊，一名潮鯉。鱲魚，一名狼藉。章魚，一名章舉。鳳尾魚，一名馬鱭。鰐魚，一名忽雷。介之屬：蠔，一名蠣。房蚶，一名花蠕。璅蛣，一名共命。蠃，又曰月蛄，又名沙蠃。海鏡，一名石鏡。指甲蠃，一名石蜐，一名紫蜐。流蠃，一名甲香。蠃蛤蜊，一名赤口蠃。車螯，一名沙蛤蟲之屬：水母，一名海蛇。金花蟲，一名緑金蟬。蝦姑，一名海馬，亦曰水馬。蛤蚧，一名吉慶蛇。

清　王士禛　**《池北偶談》卷二三《獸種》**　《家語》曰：馬十二月而生，

狗三月而生，豕四月而生，猿五月而生，鹿六月而生，虎七月而生，蟲八月而生。《淮南子》本此。《魏畧》云：黄牛羌種，孕身六月生。《廣志》云：獠民皆七月生。《蜀郡記》云：諸獠娠七月生。　蓋獸種也。

清　戴鎣《爾雅郭注補正》卷九　二足而羽謂之禽，四足而毛謂之獸。補正：邢《疏》通而爲説，鳥亦可曰獸，獸亦可曰禽。故《曲禮》鸚鵡不曰獸，而猩猩通曰禽也。《易》云：王用三驅，失前禽。則驅走者，亦曰禽也。又《周禮》司馬職云：大獸公之，小禽私之。以此而言，則禽未必皆鳥也。又鄭玄注《周禮》云：凡鳥獸未孕曰禽。《周禮》又云：禽作六贄，卿羔，大夫雁。《白虎通》云：禽者，鳥獸之總名。以其小獸可擒，故得通名禽也。

清　趙翼《陔餘叢考》卷二一《禽獸草木互名》　《爾雅》：二足而羽謂之禽，四足而毛謂之獸。然獸亦有名禽者。《易》：王用三驅，失前禽。孔穎達云：驅者，亦曰禽。《白虎通》亦謂：禽者，鳥獸總名也。曹植詩：左挽因右射，一縱兩禽連。王充《論衡》有云：子之禽鼠，丑之禽牛。東坡《却鼠刀銘》：夫猫鷙禽，晝巡夜視。皆以獸爲禽。故吴師道《答吴草廬》亦謂禽即獸，而引《禮記》『猩猩能言，不離禽獸』証之也。惟禽而名獸，則不多見。《尚書》：百獸率舞。焦竑謂，非專指走獸也。因推論云：《後漢書·華陀傳》有五禽之術，曰虎，曰熊，曰鹿，曰猿，曰鳥。是獸可名禽也。《考工記》：天下大獸五，脂者，羸者，膏者，羽者，鱗者。是禽可名獸也。然則兩足者，亦得謂之獸矣。至鄭康成《周禮》注：凡鳥獸未孕曰禽。此别是一義。又飛曰雌雄，走曰牝牡，亦有可通用者。《詩》：爾牧來思，以薪以蒸，以雌以雄。《左傳》：獲其雄狐。《焦氏易林》：雄犬夜鳴。《木蘭詩》：雄兔脚撲朔，雌兔眼迷離。此以走而稱雌雄者也。《書》：牝雞司晨。《山海經》：帶山有鳥，名曰鵸鵌，自爲牝牡。是以飛而稱牝牡者也。又鄭瑗《井觀瑣言》謂，五行有木而無草，則草亦可謂之木。《洪範》言庶草蕃廡，而不及木，則木亦可謂之草。又《爾雅·釋草》篇：筍，竹萌。《山海經》：其草多族，厥族多箘。皆以竹爲草類，是竹本亦謂之草也。

紀事

漢　劉歆《西京雜記》卷二　元封二年，大寒，雪深五尺。野鳥獸皆死，牛馬皆踡跼如蝟。三輔人民凍死者十有二三。

晉　郭璞《穆天子傳注》卷一　天子之馬走千里，勝人猛獸。言炁勢傑駭也。天子之狗走百里，執虎豹。言勈力壯猛也。伯天曰：征鳥使翼，曰闕烏鳶，音緣鵄也。鶤雞飛八百里。即鶤雞，鵠屬也。名獸使足闕走千里，狻猊闕野馬走五百里，狻猊，獅子，亦食虎豹。野馬，亦如馬而小。狻音酸。猊音倪。邛邛距虚走百里，亦馬屬。《尸子》曰：距虚不擇地而走。《山海經》云蛩蛩距虚，並言之耳。麋闕二十里。自麋以上，似次第獸能走里數遠近。曰：伯天皆致河典。典，禮也。自此以上，事物皆《河圖》數載。河伯以爲禮，禮穆王也。乃乘渠黄之乘，爲天子先，先驅導路也。以極西土。極，竟。

宋　李石《續博物志》卷一〇　武王既勝紂，登邠之阜以望商邑，曰：自發未生六十年，麋鹿在牧，蜚鴻滿野。徐廣乃引内史邊之言曰：夷羊在牧。張華以爲，文王之詞曰：水潦東流，飛鴻滿野。又曰：自發未生之十年。與前志小異。

宋　陳師道《後山談叢》卷四　廬州有坐化猫，峽中有坐化胡孫，李公擇家有坐化蛇，唐有鸚鵡舍利。

宋　莊綽《雞肋編》卷下　紹興九年，歲在己未，秋冬之間，湖北牛馬皆疫，牛死者十八九，而鄂州界麞鹿、野猪、虎狼皆死，至於虵虺亦僵於路傍。此傳記所未嘗載者。若以惡獸毒螫之物自斃爲可喜，而牛馬亦被其灾，是未可解也。

宋　彭乘《墨客揮犀》卷五　蟲之類能入耳者，不獨蚰蜒，如壁虱、螢火、叩頭蟲、皂莢蟲，皆能入耳爲害。余有外親曾爲蟲入耳，自謂必死，乃極其家所有恣情耗蕩，凡數年家業遂破，蟲出，疾愈，驗之，乃叩頭蟲也。又余從祖多患腹痛，類爲蟲所食，或教之以桃葉爲枕，一夕蟲自鼻出，形如鷹觜，人莫識其名者。有人爲蚰蜒入耳，遇其極時，不覺以頭撞柱，至血流不知，

云癢甚不可忍。蚰蜒入耳，往往食髓，至冬又能滋生。凡蟲入耳者，惟用生油灌之爲妙。

明 陸容《菽園雜記》卷五 聞都御史朱公英云：廣東海鯊變虎，近海處人多掘岸爲坡，候其生前二足緣坡而上，則襲取食之。若四足俱上坡，則能食人，而不可制矣。又聞按察使孔公鏞云：廣西蚺蛇，其大者皮甲鱗皴，雜生苔蘚，與山石無辯。獐鹿誤從摩癢，則掉尾絞而吞之。土人取其膽，則轉腹令取，畧不傷嚙。後復遇人取膽，仍轉腹以瘢示之。人知其然，亦不復害也。

明 馮夢龍《古今譚槩》卷二五《牝牡雄雌》 周丞相與客閒步園中，翫羣鶴，問曰：此牝鶴耶，牡鶴耶？客從旁曰：獸稱牝牡，禽爲雌雄。丞相曰：雄狐綏綏，狐非獸乎？牝雞之晨，雞非禽乎？客不能對。

一從牛，一從隹，自是禽獸之别。雄狐、牝雞，文人之巧言耳。《考工記》曰『天下大獸五』，則禽亦謂之獸。《禮記》曰『猩猩能語，不離禽獸』，則獸亦可謂之禽。五行有木而無草，則草亦可謂之木。《洪范》言庶草蕃蕪而不及木，則木亦可謂之草。

清 陸廷燦《南村隨筆》卷二《小鶴小猴》 《居易録》：粵東洋舶，有攜小鶴來自海外者，高三寸，長二寸許，素羽丹頂，喙脛皆緑，與鶴無異。貯以匣中，置玉盌盌中，貯清水，水中浸珍珠二枚，鶴立盌中，竟日不食。時含珠於喙，旋吐於水，開匣則振引吭，而鳴聲極清越。長山李予之親見之。粵西某山産小猴，如墨色，僅長二寸許，每千百相貫如懸絙，下飲江水。人伺其飲，以鳥銃擊斷，墜江中，取之，無一二生得者。蜀石泉猴，羅江犬子，亦皆以小得名。荷蘭小牛，大如犬，白質黑文，項有肉峯如駝。予官禮部，親見之。

著録

唐 段成式《酉陽雜俎》卷一六《廣動植之一 并序》 成式以天地間造化所産，突而旋成形者樊然矣，故《山海經》、《爾雅》所不能究。因拾前儒所著，有草木、禽魚未列經史，或經史已載事未悉者，或接諸耳目，簡編所無者，作《廣動植》，冀掊土培丘陵之學也。昔曹丕著論於火布，滕循獻疑於蝦鬚，蔡謨不識蟛蜞，劉絛誤呼荔挺，至今可笑，學者豈容略乎？

總叙 羽嘉生飛龍，飛龍生鳳，鳳生鸞，鸞生庶鳥。應龍生建鳥，建鳥生騏驎，騏驎生庶獸。分鱗生蛟龍，蛟龍生鯤鯁，鯤鯁生建邪，建邪生庶魚。日馮生玄陽閼，玄陽閼生鱗胎，鱗胎生幹木，幹木生庶木。招摇生程君，一曰若。程君生玄玉，玄玉生醴泉，醴泉生應黄，應黄生黄華，黄華生庶草。海閭生屈龍，屈一曰尾，龍生容華，容華生蔈，蔈生藻，藻生浮草。甲蟲影伏，羽蟲體伏。食草者多力而愚，食肉者勇敢而悍。齕吞者八竅而卵生，咀嚼者九竅而胎生。無角者膏而先前，有角者脂而先後。食葉者有絲，食土者不息，食而不飲者蠶，飲而不食者蟬，不飲不食者蜉蝣。蜊一曰蚓。屬卻行，蛇屬紆行，蜻蛚屬注鳴，蜩屬旁鳴，發皇翼鳴，蚣蝑股鳴，蠑螈胃鳴。蜩三十日而死。鱣魚三月上官於孟津。鶡鴠向日飛。鯿與鱉魚，車螯與移角並相似。鳳雄鳴節節，雌鳴足足，行鳴曰歸嬉，止鳴曰提扶。麒麟牡鳴曰逝一曰遊。聖，牝鳴曰歸和，春鳴曰扶助，夏鳴曰養綏。鼈無耳爲守神。虎五指爲貙。魚滿三百六十年則爲蛟龍，引飛去水。魚二千斤爲蛟。武陽小魚，一斤千頭。東海大魚，瞳子大如三斗盎。桃支竹以四寸爲一節，木瓜一尺一百二十一節。木蘭去皮不死，荊木心方。蛇有水、草、木、土四種。孔雀尾端一寸名珠毛。鶴左右脚裏第一指名兵爪。蜀郡無兔、鴿。江南一曰未。無狼、馬。朱提以南無鳩、鵲。鳥有四千五百種，獸有二千四百種。鴞楚鳩所生。騾不滋乳。蔡中郎以反舌爲蝦蟆，《淮南子》以蛩爲蟣蠓，《詩義》以蝨爲螻蛄，高誘以乾鵲爲蟋蟀。兔吐子，鸕鷀吐鶵。瓜瓠子曰犀，胡桃人曰蝦蟆。蝦蟆無腸。鼉腸一曰黿。屬於頭。蝌蚪尾脱則足生。鳥未孕者爲禽，鳥養子曰乳。蛇蟠向王，鵲巢背太歲，燕伏戊巳，虎奮衝破，乾鵲知來，猩猩知往。鸛影抱，蝦蟆聲抱。蟬化齊后，鳥生杜宇。椰子爲越王頭，壺棲爲杜宇項。鶡鴠鳴曰向南不北，逃閭鳴懸壺盧繫項。一曰頸。豆以二七爲族，粟累十二爲寸。

宋 鄭樵《通志》卷六六 《禽經》一卷。師曠撰。

宋 龔頤正《野客叢書》卷二八《禽經》 章茂深嘗得其婦翁石林所

書《賀新郎》詞，首曰『睡起啼鶯語』。章疑其誤，頗詰之。石林曰：老夫嘗考之矣。『流鶯不解語，啼鶯解語』，見《禽經》。僕因求之。《禽經》止一卷，不載所著人名。自漢《七略》、隋《經籍志》、唐《藝文志》、本朝《崇文書目》，皆不載。觀其洞究物理，殆非常人所爲。觀《埤雅》及諸書述《禽經》所載，而今《禽經》無之，尚數十條，如『鶴以怨望，鴟以貪顧，雞以嗔視，鴨以怒睨，雀以猜瞿，燕以狂盱，鶯以喜囀，烏以悲啼，鳶以饑鳴，鴿以潔唳，梟以兇叫，鴟以愁嘯』，『鵝飛則蜮沉，鵙鳴則蚓結。鵲俯鳴則陰，仰鳴則晴』，『陸生之鳥味多鋭而善啄，水生之鳥味多圓而善唼』，『短脚者多伏，長脚者多立』。凡此在今書皆所不聞。疑《禽經》非全本，此語得之鮑夷白。僕又觀之，如『鷺目成而受胎，鶴影接而懷卵，鴛鴦交頸，野鵲傳枝』，此見《變化論》。『鶴以聲交，鵲以意交，鵁鶄以睛交而孕』，此見《爾雅疏》。『魚瞰雞睨，烏無肺胃，蜃無臟』，見《崇有論》。此類甚多，皆《禽經》所當收者。鮑夷白謂《禽經》非後人作。僕考古今羣書類目，並無《禽經》。又觀《三國志》，陳長文引《牛經》、《馬經》、《鷹經》及諸《相印》、《相笏》等經，謂皆出於漢世，獨不聞《禽經》之説。今《崇文書目》載《馬經》、《鶴經》、《駝經》、《鷹經》、《黿經》，亦無《禽經》。疑後人所作，《埤雅》謂師曠作。

明　鄧伯羔　《藝彀》卷上《禽經》　《禽經》不經見，傳是師曠作。有曰：鴻鵠愛力，遇風迅舉。孔雀愛毛，遇雨高止。有曰：鵻上無尋，鷚上無常。雉上有文，鶡上有赤。有曰：風翔則風，雨舞則雨。霜飛則霜，露翥則露。有曰：陸鳥曰棲，水鳥曰宿。獨鳥曰止，衆鳥曰雧。有曰：鳶以饑鳴，鴟以愁嘯。有曰：鵰以周之，鷲以就之。有曰：水鳥夜㖡，林鳥朝嘲。有曰：烏向啼背栖，燕背飛向宿。皆名言也。風，鳶類。露，鶴也。霜，鷫鸘。雨，商羊。鵠即鴈字，赤即尺字，雧即集字。

明　楊萬里　《蟲天志序》　逞不佞與二三兄弟結社暘閣，人各自詣，而新異獨標，名理殊勝者，必沈公路氏也。乃偃蹇名場，近復善病，壯心俠骨，每托之撰述，以寫其牢騷不平之氣。兹出一編，屬余爲引，命曰《蟲天志》。余受而讀之，上極典墳，旁及裨官野史，凡夫蜎飛蠕動之屬，説非濊於荒唐，言可資真風雅者，靡不綜而輯之。且爲原始叙事，侈之以詩賦，亂之以微言，渢渢乎富矣，美矣，卓且詭矣。真天壤間一種奇書，而《爾雅》、《博物》不得專稱於前矣。抑余猶有説焉，真泰古睢于之世人而天也，降而道術相尚，意智相矜，狙詐巧力，相淩相兢，天之牖人，人之不能違天也。唯至人者不以人物利害相攖，侗然往來而休乎天鈞。故曰工乎天而佷乎人。公路是編殆從静觀後參透斯旨，而爲是寓言也耶？雖然，出世入世，總一靈關。彼烹鮮解牛之説，至今爲理者拱璧奉之。特河上漆園，非其時耳。方今聖明在上，羅網畢張，起烟霞之疾而遭遘風雲，自有旂常行帛在，公路將無涊然汗出，霍然病已，而攘袂以從事乎？則余言聊當七發矣。

明　錢希言　《蟲天志序》　《蟲天志》何繇而作也？余友暻城沈君公路採摭古今鳥獸蟲魚事以纂組成書，不得志於時而作也。獨稱蟲者何？人與鳥獸蟲魚共游於大化中，一烝而已。人且爲倮蟲長矣，則凡鳥獸蟲魚皆可謂之蟲也。何以稱蟲天，一切蠢動含靈之屬，有生則有性焉，有性則有慧焉，性即天也，慧則能天也。故曰：惟蟲能蟲，惟蟲能天。蓋竊取夫漆園之書之義也。何以稱志？志者，史之流也。志與史雖小大詳略之不倫，要其義悉祖於經焉。何也？史不過掌記時事，志則無所不備録也。然古者鳥獸蟲魚之書率稱經，不必稱史，故相鶴有經，辨馬有經，養魚有經，禽有經，牛、駝、雞、鴨有經。其書皆能以人之天，絫羽毛鱗介之天，而其人各各用技能立名天下，太史公所謂高世絶人者也。今志蟲天者，則合衆家，該諸子，兼總條貫，臚列品分，不取於諸經而自爲書者也，微直爾也。《詩》之始《關雎》也，《易》之首《潛龍》也，《山海經》之昉狌狌也，莊生之權輿鵬鷃也，率是道也。然則志之於蟲天也何？居而鬬，而舞，而能言，而傳書，而識字，而奏技，其爲部有六莫非志也。乃所取必畜於家而恒見於天下者，其他舍旃懼夫世之人，少所見多所怪也。是以鷄徵賜錦，馬紀登床，凡善鬬舞者志矣，而鄭門蛇鬬、鎬京兔舞之説見爲詭而弗載也。唐宮雪衣、平原黄耳，凡能言與傳書者志矣，而黿山青鳥、扈閣鳳皇之説見謂誣而弗收也。雀有知更，蟲能叩頭，凡識字與奏技者志矣，而啄木寫苻、蜈蚣列翠之説見謂麗而弗録也。首之以原始者何？居次之以叙事者何？居芟夷藴崇，無非窮諸源而探厥委也。又綴之以詩賦而繫夫贊者何？居詠歌之不足則贊美之義專屬，事格難盡，合宋元而下，繁積兼收，無非舍其舊而新是謀也。則又何以名曰非磊落氏也，注《爾雅》蟲魚非磊落人有感於韓子之言而命以自嘲

也。甚哉乎，公路之愛奇也，公路少好爲詩，詩多清婉秀逸有所菀結，一託之詩以自見。而中年善病，病且苦，猶不能忘著書。及《蟲天志》成，問序於錢子，錢子讀而歎曰：若沈君可謂善言蟲天者歟！其原始草創之也，其敘事討論之也，其綴詩賦與贊則潤色之也。一志而三善具焉，其誰曰弗古若也。即毋敢名經，庶幾象史。奚啻其志之哉！奚啻其志之哉！是編出鳥獸之名，燦然大備。多識君子，將盡爭之。予言直管窺耳，豈勝蟲天脛翼而令走且飛。姑述所聞爲叙。

明 林有麟《蟲天志小序》 余於素園草堂藏書數百，函花午香，晴鍵關静，讀朱黄，比讎綜，討殆徧然。自經史外，佐以僊滕梵筴，而於嫏嬛稗野，幽諧志豔之奇不能盡搜，即搜之不能盡雅。而吾友沈公路先生以《蟲天志》示予，予讀之則排纘精玄，頌讚綺遠，以緗囊錦帙襲而秘之，可謂幽通之殊致，麈座之瑋觀矣。公路少挺淵姿，長蜚鴻藻，以叔寶清神，兼休文之茂彩，歷落嶔崎。弱冠已名如尊宿，盟交四方材儁，多識異人，見異書。所探咀上自墳汲，下逮 朝家掌故及百家二氏之微，皆貫穿井畫洞見顛杪爲制舉。若詩歌古文詞澄汰空靈，並垂不朽，兹志其副史之一班爾。然而庀材富故比類弘，剪鍊工故部置雅，風雅備故托興深，以是藏名山而班於碎金耀玉之林，亦足以傳矣。余嘗謂蠕喙之耑，感草木之芽茁，其恒者如雲霞現前，谷響相答。耳目慣經，不復著瞥。而其微者可以測緯象之精，識陰陽之變，故聖神鑄鼎，述《爾雅》，作《山經》、《地志》。若簫成之儀舞，載在典謨，即其他喆人之所唫賦，神仙佛慧之所度脱，皆逯逯譜牒，非駕虚鏤影也。或疑其語言伎解，似有夙因，事出意表。夫畫睛之龍，悟經之石，飛木之梟，精誠所動，墻壁瓦礫，具有靈知，而況血氣之倫乎？昔子瞻讀史，謂當次第作數通，可得其事物條貫。而吾鄉先達著述，其志記馴雅無踰陸文裕子淵。今公路觸隱連類，搴薈亡遺，深得端明讀史之法。而撰造之精，幾與文裕雁行。雖使孝標徵事，柯古注豪，無以過矣。余懶不復事蒐獮弟手，是編當日進處宗之玄而悟白公之勦哉！

清 袁棟《書隱叢説》卷一三《解鳥獸語》 鳥獸之語不與人通，然古來往往有解之者，未知何術。解馬語者陽翁偉、李南，解牛語者介葛盧、詹何，解鳥語者公冶長、侯瑾、魏尚、秦仲、鮑宣、管輅、孫守、榮成、武丁、張子信、楊宣、元廷堅、賈昌、麥宗，解鳥獸語者漢公昉、唐僧隆多羅、白龜年、沈僧照、安清，解蟻言者太原王氏，解蛇語者遼神速姑。和菟有《解鳥語經》一卷，記其事並不言其術也。王喬有《解鳥語》一卷，未見。白龜年得李太白遺書，曰讀之可辨九天禽語、九地獸言，其信然耶！昔人云：洪荒之世，鳥獸之語與人通，後因人心機巧百出，鳥獸遠避，與人日遠，故言語不通耳。其信然耶。《周禮》夷隸掌役牧人養牛馬與鳥言，則古當有其術矣。

清 永瑢《四庫全書總目》卷一一六 《蟲天志》十卷。安徽巡撫採進本。明沈宏正撰。宏正，嘉定人。是書集鳥獸蟲魚異事，分爲六部。《莊子》云：惟蟲能蟲，惟蟲能天。書之命名，蓋取於此。

又 《禽蟲述》一卷。浙江巡撫採進本。舊本題閩中袁達德撰。徐𤊹《筆精》云，《山居雜卷》中《禽蟲述》一卷，乃閩中袁達撰。達字德修。程榮署曰袁達德。傳之後世，誰能辨其姓名乎？案：《千頃堂書目》載此書，亦云袁達字德修，閩縣人，正德癸酉舉人，官貴溪縣知縣，降補湖廣都司經歷，與𤊹語相合。然則此書實出袁達，刊本誤衍德字也。其書述禽蟲名義典故，兼仿《禽經》、《埤雅》之體，聯絡成文，亦或閒以排偶，但有章段，不分門目，亦無注釋，不免爲餖飣之學。

禽部

鷹

論説

宋 蔡卞《毛詩名物解》卷八《鷹》 鷹，鷙鳥也，一名鶆鳩。《左傳》曰：鶆鳩氏，司寇。蓋鷹鷙，故爲司寇。一曰：一歲爲黄鷹，二歲爲鴘鷹，三歲爲鶬鷹。鴘，次赤也。《埤倉》音披免切。鷹、鴘，二年之色也。蓋頂有

毛，角微起，今通謂之角鷹。《詩》曰：維師尚父，時維鷹揚。言其武之鷹揚如此，《樂記》所謂『發揚蹈厲，太公之志』也。舊説凡鷙鳥，雛生而有慧，出殼之後，即於巢外放條，大鷹恐其墜及爲日所曝，熱暍致損，乃取帶葉枝插其巢畔，防其外墮及作陰凉也。欲驗雛之大小，以所插枝葉爲候。若一日、二日，其葉微萎，尚帶青色。至六日、七日，其葉草微黄。十日後枯瘁，此時雛大可取。《説文》曰：癰從瘖省。蓋癰從疾省，佳之疾捷者，故從疾省也。隨人所指蹤，故從人。《禽經》曰：鷹不擊伏，鶻不擊妊。蓋其義性如此。《裴氏新書》曰：虎豹無事，行步之時，若將不勝其軀。鷹處衆鳥之閒，若睡寐然，積怒而全剛生焉。越之報吴，用此道也。

宋　陸佃《埤雅》卷六《鷹》　陶弘景曰：虎聞聲而深伏，鷹見形而高飛。鷹，鷙鳥也，一名鷞鳩。《左傳》曰：鷞鳩氏，司寇。蓋鷹鷙，故爲司寇。鷹、鷂，二年之色也。頂有毛，角微起，今通謂之角鷹。《詩》曰：維師尚父，時維鷹揚。言其武之奮揚如此，《樂記》所謂『發揚蹈厲，太公之志』也。舊説凡鷙鳥，雛生而有慧。出殼之後，即於巢外放條，大鷙恐其墜及爲日所曝，熱暍致損，乃取帶葉枝插其巢畔，防其外墜及作陰凉也。欲驗雛之大小，以所插枝葉爲候。若一日、二日，其葉雖萎，尚帶青色。至六日、七日，其葉微黄。十日後枯悴，此時雛大可取。《説文》曰：痽从瘖省。蓋痽从疾省，隹之疾捷者，故从疾省也。隨人所指蹤，故从人。《禽經》曰：鷹不擊伏，鶻不擊妊。蓋其義性如此。《裴氏新書》曰：虎豹無事行步者，若將不勝其軀。鷹在衆鳥之間，若睡寐然，故積怒而後全剛生焉。然則越之所以滅吴，用此道也。蔡邕《月令》云：鷹化爲鳩。鷹，鳩屬也。鳩，凡五種。鷹爲鷞鳩，應陽而變，則喙柔仁而不鷙。《夏小正》曰：鷹者，其殺之時也。鳩者，非其殺之時也，善其變而之仁也。中秋鳩化爲鷹，變而之不仁，故不記也。《字説》曰：應从心从痽。心之應物，不疾而速，不行而至；痽之應物，人或使之能疾而已，不行不至。今三館書有《味味，音竹麥反。漱》三卷，皆養鷹鸇及醫療之術。

宋　孫奕《示兒編》卷四《鷹化爲鳩》　《月令》於仲春言鷹化爲鳩，蓋喜其能變不仁之心也。如《王制》言鳩化爲鷹，然後設罻羅。《周禮·司裘》注亦云：仲秋鳩化爲鷹。而《月令》於仲秋當言而不言者，嫌其變而之不仁，故不記也。

明　何三畏《新刻何氏類鎔》卷三三《鷹》　鷹稟星精，乃瑶光所散而孕。鷹順天氣，以秋日始擊而揚。或謂之青翅、青冥，或謂之金距、金脚。北齊有凌霄君之號，高麗有決雲兒之名。或貢于肅慎扶餘，或出于晉陽鍾岱。産同州而進五色，登靈洞而見一禽。爾其頂平，頭圓，頸長，臆濶，羽勁，翅厚，肉緩，髀寬。身重若金，爪剛似鐵，觜同利劍，脚等枯荆。右視如傾，左視如側。巢于木者則常立，生于窟者則好藏。雙骸長者則起遲，六翮短者則飛急。其爲雄者則形小，其爲雌者則體肥。時而遇犬則驚猜，時而得人則馴擾，時而野羅則多巧，時而馳逐則高騫。背碣石以西游，經馬嶺而南逝。截鳴鴈于河渚，擒狡兔于平原。騁精悍以摧强，因昇降以畢力。遥憐厲吻過宫樹而猶驚乍，遂翻空出君門而不返。是鳥也，當風霜之候，其羽毛必且騰驤。當擊搏之時，其形影必先伏匿。真所謂奇姿特異，逸氣横生，顧盼餘雄，指麾應捷者矣。楚王之養鷹也，俄而雲際有一物，便竦翮而升，隨擊大鳥墮下。劉表之愛鷹也，嘗於水南築一臺，輙順風而唤，時有野鷹飛來。要離之刺慶忌也，蒼鷹擊于殿上。虞潭之破沈充也，野鷹集于屋梁。李丞相之不臂東門蒼鷹也，乃於繫獄之日而與子自嘆以興嗟。源京兆之偶失仗内白鷹也，乃於紶野之時而爲吏自劾以免罪。夏州李仁福獻白鷹，吕重誨奏帝却之，遂不收，而帝且他日遣人取鷹而進，猶恐誨之聞知也。梁州李大亮有名鷹，臺使諷亮獻之，輙不聽，而亮且密表使者求鷹而來，猶恐帝之詔取也。郅都之爲都尉，而人號蒼鷹也，則以其酷烈而行法。盧杲之爲侍中，而人號餓鷹也，則以其貪殘而縱人。

清　陳啓源《毛詩稽古編》卷二八　鷹、鸇、鶚、鵰、隼，皆鷙鳥，而皆見於《詩》。《周南》之雎鳩，鶚也，即《爾雅》之王雎。《秦風》之晨風鸇也。《爾雅》亦云：晨風，鸇。《注》以爲鷂屬。陸《疏》亦以爲鸇似鷂，青黄色。是鸇、鷂别鳥也。《原始》合鸇、鷂爲一，《蓺文類聚》又合鸇、隼、鷂爲一，引《詩義問》云『晨風，今之鷂』，又引《詩義疏》云『隼，鷂也』。非是。《四月》之鶉鵰也，《説文》鶉作鷻，云：鵰也，從鳥敦聲。與鶚同類而别，鳥似鷹而大，長尾短翅，土黄色。其皂者即鷲也，《采芑》之隼隼也。《爾雅》：鷹隼醜，其飛也翚。陸《疏》以爲鷂屬，又名擊征，又名題肩，《廣雅》作鵳鶥。又名雀鷹。性健

黠，以中之爲俊，故猗嗟射侯之正，取斯鳥名矣。《大明》之鷹鷹也，《爾雅》謂之鶆鳩，與鳩同氣，故亦名鳩。頭有毛角，亦名角鷹。五者皆鷙鳥也。《詩》以鷙喻后妃，以鸇喻賢者，而隼以喻將士，鷹以喻尚父，惟鵰爲貪殘之喻，取興豈有定乎？《説文》又以鳶爲鷙鳥，然《爾雅》云『鳶烏醜』，《旱麓》箋云『鳶，鴟類』，《莊子》亦言其銜腐鼠而嚇鵷鶵，此正茂先所謂不善搏擊貪於攫肉者。《四月》詩雖與鶉並舉，要非其倫。

清 張必剛《濬元》卷三《鷹化爲鳩》驚蟄末候 鳩、鷹性有相去霄壤之分，然性雖相去，又形相同，又互相變，故同一目也。而鷹陷鳩平，同一喙也。而鷹鉤鳩鈍，同一爪也。鷹長以銛，鳩柔以縮，同一翼也。鷹厲以疾，鳩緩以飛，善不善，其由我變不變乎。凡物之所以樂於爲不善者，以其如決江河之易也。凡物之所以不樂於爲善者，以其如升泰山之難也。今觀於鷹，目陷也忽平，喙鉤也忽鈍，爪長以銛，忽柔以縮，翼厲以疾，忽緩以飛。頃刻間，不善之物，忽變而善。不見其有登泰山之難，但見其如決江河、轉户樞、反覆手之易。爲善本不難而易，而人顧畏其難，不覺其易，其爲自暴棄，孰甚也。夫君子之觀人善不善也，猶鏡之照人形也。人之形，有妍有醜，鏡照之，照其妍醜也，非竟滯其形也。如其形變醜而妍，則鏡亦忘其醜矣。鏡即人之妍，尚忘其醜，況君子於人昔日之過，父祖之過乎？夫追議人父祖者，不仁之人也。即人今日之善，追言其不善者，不成人美者也。其或自怠於善，耻過而作非，與不蓋前愆，抑又在鷹下矣。系曰：王伯於治術中，判然分兩途。伯功之上爲王道，下爲虐政。請言王道，古者天子躬聖誠明，德運廣密，敷布流衍，内而公卿大夫庶尹，外而侯伯子男，莫不協恭助理，祗肅奉承，和氣所蒸。六合之内，四海之中，鼓舞洋溢放之乎無垠。民於是時曠然大變，不德之躬，勉爲有德，蹈義循禮，無慝不良，靡頑弗淑，取之物象，鷹化爲鳩。何謂伯功？道匪躬行，理靡心得，月吉布令，賞戮予奪，粲然條理，俾民曉然於福善禍淫。趨避殊路，毋乖爾常，乖即有辟。毋違我令，違即有誅。誘勸昭於前，創懲驅於後。民於是時，巧趨詭避，怵於不敢，未嘗不欲，悚於不能，未嘗不忍，取之物象，鳩狀鷹心。何謂虐政？禮樂刑罰，不興不中，專務武健酷烈，殘民以逞，操下如束濕薪，擊物如縱鷙隼，元氣國脉，斵喪無餘。民於是時，惡未必刑，善未必免，手足莫措，倉皇赴湯蹈火，靡所不至，取之物象，鳩化爲鷹。治術不同，效分霄壤。雲無定態，因風所嘘。川無定波，因水所激。金無定體，因鑪所鎔。谷無定響，因聲所傳。君民上下，登高之呼，順於偃草，何弗抑伯崇王，力爲其純，毋取其僞。天地之化，高廣深厚，神速弗停，春陽爲德，秋陰爲刑，德布以舒，鷹化爲鳩。刑用斯歛，鳩化爲鷹。王者承乾乘坤，比應春温，矯拂秋肅，煦煦熙熙，即有義摩，莫非仁漸，故民生其間，沐浴清化，淪浹肌髓，一洗舊污，重新面目，如隔世人。攷之易圖，鷹化爲鳩，實應小人革面之卦。蓋德協於天，澤洽於物，自生民以來，三代而外，未之或覯也。説易者曰，小人革面，寓不革心之意。此大不然。純王之政，心與面同，不若雜伯之爲，心與面異。内外表裏，同誠異僞。僞故僞徵，誠故誠應，冰炭薰蕕，不可假借。今以誠至之應，與包羞詭隨，相提並論，儗殊非倫。且人革其面，不革其心，則君子之變，豈真豹皮羊質？引義援例，此又不通者也。法戒之際，昭昭乎不可背已。洞觀往古，察其源流，辨其名實，惡化生殃，善化生福，純王之道，豈竟負人哉！豈竟負人哉！贊曰：蕭艾倏芳草，形性誰揉矯。造化一轉移，善事及飛鳥。審幾復審幾，舜蹠辨於早。

清 姚瑩《東溟文集·外集》卷一《説鷹》 鷹，鷙鳥也。爪拳而喙利，迴翔千仞之上，下擊狐兔，莫之能避。毛血沾灑，漫野被臯，羣爵啁啾，遇之無噍類甚矣，鷹之鷙也。然是鳥也，搏擊有時，其鷙在秋，憑天地肅殺之氣，鳥之司刑者也。及乎仲春，陽和大布，萬物有遂生之心，是鳥則化而爲鳩，嚮之拳者，舒以柔矣，利者短以椎矣。其飛不過瓴脊，土棲而木食，音徵雨暘，羣鳥皆得與狎。舉世莫不以爲拙，而王者尊之，刻形杖端以事三老五更於明堂。夫後先一物也，其不同如此，是知物貴能化，而天道尚仁。使鷹負其搏擊之能，鷙戾不化，其不與鴟梟鵂鶹長見惡於人者幾希。然天運不能春而無秋，則何能使是鳥不復爲鷹也。悲夫！

綜述

《禽經》 鳽曰䳅。鷹色蒼黄，謂之鳽。《廣雅》曰：鳽鷹，二歲色也。

鷹生二歲始擊也。

《爾雅・釋鳥》 鷹，鶆鳩。注：鶆，當爲鷞字之誤耳。《左傳》作『鷞鳩』是也。音義：鶆，郭讀作爽，所丈反。衆家並依字。樊云：耒鳩，鶆鳩也。《字林》作鶆，音來，云鶆鳩鷹也。疏：樊光曰：鶆鳩，鶆鳩也。《春秋》曰：鶆鳩氏司寇。鷹鷙故爲司寇。郭云：鶆當爲鷞字之誤耳。《左傳》曰『鷞鳩』是也。案昭十七年《左傳》郯子曰：少皞氏以鳥名官。鷞鳩氏，司寇也。杜注云：『鷞鳩，鷹也。鷙，故爲司寇，主盜賊』是也。【略】鷹隼醜，其飛也翬。注：鼓翅翬翬然疾。音義：鷹，字或作應。隼，西尹反，本或作鵻。案：隹即鳥也，無勢更加。疏：舍人曰：謂隼鷂之屬也。翬翬，其飛疾羽聲也。郭云：鼓翅翬翬然疾。是急疾之鳥也。《説文》云：隼，鷙鳥也。陸璣云：隼，鷂屬也。齊人謂之擊征，或謂之題肩，或謂之雀鷹，春化爲布穀者是也。

晉 郭義恭《廣志》（引自《説郛》卷六二） 有雉鷹，有菟鷹。一歲爲黄鷹，二歲撫鷹，三歲青鷹。撫鷹獲麞。

宋 釋贊寧《東坡先生物類相感志》卷七《楚鷹》 楚文王好田獵，有獻鷹者，俄而雲際有物，鷹奮擊，羽墮血洒，大鳥死殯。其翅廣數十里，喙邊有廣。時博物君子目此『大鵬雛』也。始飛焉，故嘗被鷹制。文王厚賞獻者也。昔要離刺慶忌，蒼鷹擊於殿。

宋 江少虞《事實類苑》卷六〇《養鷹鸇法謂之呹漱》 養鷹鸇者，其類相語，謂之呹漱。呹，音以麥反。三館書有《呹漱》三卷，皆養鷹鸇法度及醫療之術。

宋 戴侗《六書故》卷一九 鷹𤸬，於陵切，鷙鳥也。飛翔下眂，搏擊以食。《説文》曰：痽省，聲或从人，亦作鷹。

明 王可大《國憲家猷》卷一二 鷹，乃祭鳥。鷹，義禽也。秋令屬金，五行爲義，金氣肅殺，鷹感其氣，始捕擊諸鳥，然必先祭之，猶人飲食祭先代爲之者也。不擊有胎之禽，故謂之義。

明 李時珍《本草綱目》卷四九 鷹《本經》中品 釋名：角鷹、《綱目》鷞鳩。時珍曰：鷹以膺擊，故謂之鷹。其頂有毛角，故曰角鷹。其性爽猛，故曰鷞鳩。昔少皞氏以鳥官名，有祝鳩、鳲鳩、鶻鳩、雎鳩、鷞鳩五氏。蓋鷹與鳩同氣禪化，故得稱鳩也。《禽經》云：小而鷙者皆曰隼，大而鷙者皆曰鳩。是矣。《爾雅翼》云：在北爲鷹，在南爲鷂。一云大爲鷹，小爲鷂。《梵書》謂之嘶那夜。集解：時珍曰：鷹出遼海者上，北地及東北胡者次之。北人多取雛養之，南人八九月以媒取之，乃鳥之疏暴者。有雉鷹、兔鷹，其類以季夏之月習擊，孟秋之月祭鳥。隋魏彦深《鷹賦》頗詳，其畧云：資金方之猛氣，擅火德之炎精。指重十字，尾貴合盧。嘴同鈎利，脚等荆枯。或白如散花，或黑如點漆。大文若錦，細斑似纈。身重若金，爪剛如鐵。毛衣屢改，厥色無常。寅生酉就，總號爲黄。二周作鷂，三歲成蒼。雌則體大，雄則形小。察之爲易，調之實難。薑以取熱，酒以排寒。生于窟者好眠，巢于木者常立。雙骹長者起遲，六翮短者飛急。

明 慎懋官《華夷花木鳥獸珍玩考》卷一一《大都養鷹》 古人釋鷹化鳩，但以搏擊者爲鷹，不搏擊者爲鳩。鳩者，鳥之總名也。余嘗問司鷹之職者寶赤，言鷹之類甚衆，唯角鷹黄者以鷹名。然角鷹有二種：一種兩脚有毛，一種兩脚無毛，名『鷺鷥』、『角鷹鶻』。有二種海東青，名『白鶻』，一種玉爪，一種黑爪。有鴉鶻，有金眼鴉。鶻有兔鶻。海東青與金眼鴉、鶻，皆能以小擊大，食天鵞、鶖鴰之屬。鵰鷹、角鷹食獐鹿等獸。鴉鶻食鴻鴈、鵲鴉、鷗鷺之屬。兔鶻食狸、兔等獸。黄鷹食水鴨、雉雞之屬。鷂子食斑鳩、鴿鴿、鶉雀之屬。各隨其力以相吞啖。其雄者小，雌者大，雛者易視他禽倉者量力求食，故養鷹者喜雛與雌也。

明 穆希文《説原》卷一〇 鷹，鷙鳥也。雄大雌小，春則化爲鳩，秋則鳩復化爲鷹。一歲爲黄，二歲爲撫，三歲爲青。生于窟者好眠，巢于木者常立。隼，亦鷙鳥也。古者取以爲旟，以其鷙耳。

明 吴雨《毛詩鳥獸草木考》卷三《鷹》 鷹，鷙鳥也。雄大雌小。一名鷞鳩，故少皞氏以名司寇之官。頭似鵰，而圓頸、長脛、赤睛。其毛色屢變無常，一歲曰黄鷹，二歲曰鵃鷹，三歲曰鶬鷹。頂有毛角微起，今通謂之角鷹，不擊有胎之鳥，亦名義鷹。《月令》：二月鷹化爲鳩，秋則鳩化爲鷹。故鷹通有鳩名。季夏之月，秋節將至，鷹自習摯曰『學習』。孟秋之月，鷹始擒鳥於大澤之中，四面陳之，世謂之祭鳥。古語曰：在北爲鷹，在南爲鷂。鷹生於窟好眠，巢於木者常立。雙骹長起遲，六翮飛急。今三館書有《呹漱》三卷，皆養鷹鸇及醫療之術。

明 陳懋仁《庶物異名疏》卷二五《莪子》 《酉陽雜俎》：鷹巢一名莪。鄒鷹呼莪子者，雛鷹也。

又《决雪兒》 《國史補》：唐申王有高麗赤鷹，岐王有北山黄鶻，皆俊健無敵。每上出獵，則擎在駕前，明皇賜號决雪兒。

明　劉侗《名物通》卷九　鷹，鷙鳥也。一名題肩，一名征鳥。《爾雅》曰：鶆鳩，一歲黄，二歲蒼。潤臆者美。驚蟄鷹變爲鳩，七月鳩化爲鷹，處暑後鷹乃祭鳥。然性不擊伏，養鷹鸇者謂之味漱。味，以麥反。司鷹者曰：鷹類甚衆，惟角鵰真鷹也。角鵰有二種：一種兩脚有毛，一種無毛，能食獐鹿。鷹産井陘。翨，音翅，《周禮》掌攻猛鳥者。足取曰攫，羽取曰搏。

清　陳淏子《秘傳花鏡》卷六《養禽鳥法·鷹》　鷹，一名隼，一名題肩，一名角鷹。因其頂有毛角微起，又有虎鷹、雉鷹、兔鷹之稱。北齊人呼爲凌霄君，高麗人呼爲決雲兒。大概出遼東者爲上，内地者次之。其性剛厲，不與衆鳥同羣。北人多取雛養之，每日調練有法，先將雛餓一二日，使之饑腸欲絶。然後兩人離丈許對立，一以韝臂擎鷹，一持肉引之，口作聲呼之，引其飛來食肉，久則馴熟，聞呼即至，使攫鳥兽甚捷。日以牛豕肉少許飼之，如欲出獵則不與之食。南人八九月以媒取之。其鳥以季夏月習擊，孟秋月祭鳥。雄者身小，雌者體大。二年曰鷂鷹，三年曰蒼鷹。相鷹之法，在乎頂平頭圓，頸長臆濶，羽勁翅厚，肉緩髀寬，身重若金，指重十字，尾貴合盧，嘴利似鈎，爪剛如鐵，脚等枯荆，右視如傾，左視如側。生於窟者好眠，巢於木者常立。雙骹長者起遲，六翮短者飛急。至若虎鷹，翼廣丈許，能搏猛虎，然其鷙悍若此，而反畏燕子，又有所不解也。

清　陸廷燦《南村隨筆》卷五《刺毛鷹》　刺毛鷹，似鷹而小，爲吴中名産。喜食花果樹上毛蟲，即截也。至秋而肥，不能高飛，人因捕得，其美勝於披綿黄雀。一云即催耕鳥。

清　鄭績《夢幻居畫學簡明》卷四　鷹有白色，有黑色，有麻色。嘴若鈎，爪如鐵，毛起斑紋，大紋若錦，小斑似纈。頭短，頸短，脚短。鸜鵒、鸜哥同爲一類，但鸜哥有緑有紅，以此分别耳。

清　佚名《鳥譜》卷五《刺毛鷹》　刺毛鷹，黑睛黄眶黑觜，咮根微黄，頭項背膊俱黑。每毛有暗白邊，黑翅尾白尖赤黄點，逐節相比。尾毛中白點與兩邊赤黄點相對，頷下黑白雜色，臆腹白質帶黑横紋，有似鷹胸，短黄白足，前後各兩趾，鳩類也，常棲止松林。春三月時，松尖花落葉生，有一種黑毛蟲食其新葉，此鳥專食此蟲，故有刺毛鷹之稱。其肉肥脆而有松香，江南人以爲珍味。又有一種觜勾如鷹者，亦食此蟲，人亦捕食之也。

又卷一一《籠黄鷹》　籠黄鷹，黑睛黄暈，黑瞼黑勾喙，觜根粉緑色。蒼頂蒼頰，雜以白毛，背膊翅翮俱青黑，膊上間有白毛，青黑尾大黑斑白尖，臆腹白質，蒼紋相次，近尾純白，黄白足黑爪。

又《新黄鷹》　新黄鷹，黑睛黄暈黑勾喙，頭項背翅尾俱淺黑，質帶土白邊暈，翅尾有黑横斑，白頷，臆腹白帶黄毛，末有蒼斑，淺黄足黑爪。

又《風鷹》一名角鷹　風鷹，黄睛黑勾喙，目下有翠青毛一片，頂後冠毛雙起。自頂項至翅翮皆白質淺赭邊暈，頷腹純白色，潤白尾有淺蒼横紋相對，粉緑足黑爪，亦曰角鷹。其翎可爲箭羽，有蒼、白二種，鵰屬也。《酉陽雜俎》云：角鷹，四月一日停放，五月上旬上籠。《本草·釋名》云：鷹頂有毛角者曰角鷹。杜甫《王兵馬使二角鷹》詩云：二鷹猛腦絛徐墜。言腦上毛角猛出，如絛之墜也。又姜楚公《畫角鷹歌》云：楚公畫鷹鷹戴角。趙次公注云：頂有角毛勁起如鋒，今人謂之角鷹。《畫譜·宋徽宗角鷹圖》一軸，故李東陽《題林良角鷹詩》云：我聞宋徽宗，亦善貌此鷹。

又《鶚鷹》　鶚鷹，黑睛黑暈黄瞼，目旁有黑毛一片。黑勾喙，觜根微黄青白頂，項背膊翅翮俱蒼黑色。每毛尖皆有土黄暈，腹毛蒼黄色、蒼赭，尾帶黑斑，青足黑爪。

又《蝦蟆鷹》　蝦蟆鷹，黑睛黄暈，黑黄勾喙，蒼黑頭項深蒼斑，蒼黑背膊白暈，蒼翅尾黑横紋，頷腹米白蒼斑，黄足黑爪。土人云：此亦鷹屬，不能擒鳥雀，唯食蝦蟆。其狀猥瑣，與鷹不類，更無有養。

清　徐鼎《毛詩名物圖説》卷一　《月令》：仲春，鷹化爲鳩。季夏，鷹乃學習。孟秋，鷹乃祭鳥。《王制》：鳩化爲鷹，然後設罻羅。陳氏曰：仲秋也。《爾雅》：鷹，鶆鳩。樊光注：鶆鳩，鷞鳩也。《春秋》曰：鷞鳩氏司寇。鷹鷙，故爲司寇。郭璞注：鶆當爲鷞字之誤耳。《左傳》作鷞鳩是也。《左傳》：郯子曰：少皞氏鳥師而鳥名。爽鳩氏，司寇也。杜預注：爽鳩，鷹，鷙鳥也，故爲司寇，主盗賊。《禽經》：鷹不擊伏，鶻不擊妊。《雅翼》：在北爲鷹，在南爲鷂。一云大爲鷹，小爲鷂。《埤雅》：頂有毛角微起，今通謂之角鷹。《詩》曰：維師尚父，時維鷹揚。言其武之奮揚如此。愚按：性勇猛，頂有毛，《本草》謂之角鷹，今俗呼『毛頭鷹』者，即此也。

紀事

宋　陶穀《清異録》卷上《痴伯子》　葛從周養一皂鷹，甚鷙，忽突籠飛去，從周惜責掌事，討捕良急。從周方食，小僕報桐樹上鷹見棲泊，望之，乃一鵰也。怒罵曰：不解事奴，此痴伯子，得萬箇何所用。促尋黑漫天。黑漫天，所失鷹名也。

清　鄭光祖《醒世一斑録·雜述》卷六《朱墳白鳥》　羽族鷹之屬，其類頗多。最大者曰鵰，曰海東青，關東回疆有之，豢養能捕一切野獸。最小者曰鷂，衹能捕雀。其中者曰鷹，能捕雉兔。野者曰老鷹，在山食鳥雀及松鼠、小猴。人居在山，小雞、小貓、小豬、羊或被攫去。余昔在滇，見摩天者自深山出，恒以千計，鳥雀宜無餘賸，而當地鳥雀又甚蕃也。余鄉近海濱，更有馴養鴻鶻者，大與鷹等，另一種也，云來自紫型山。未馴者，夜不使寐，經月漸馴，用以捕靈雞，掘鱔，淘鶩諸大鳥或不迨，以捕青鶾、黄鶾、白鷺，其長技也。當春二三月，諸鳥羣飛過天，放鴻鶻擒之，飄飖下墮，游於江湖者，調於鼎鼐矣。然此等野鳥多不過十數成羣耳。乃今於辛丑、壬寅兩歲堌身路氿市東一里朱家大墳，方中秋前後五六十日，每日將暮，白鷺必四集而棲，不可計數。墳樹固茂密而高挺，長松千尺，如萬樹白玉蘭花盛開，真奇觀也。閒有自相爭鬬墮而爲人得者，衆以爲神，不敢力捕。觀者四集，亦不畏避。至天明四散，莫知所止矣。是鳥長喙，長頸，長脚，似鶴而無朱頂，似鷺鷥較大而首無拖翎。嘗至焦山，見有巢於層巖樹上者，不謂偶然翔集，其多若斯。

著録

宋　王堯臣《崇文總目》卷六　《東川白氏鷹經》一卷。《鷹鷂五藏病源》一卷。闕

宋　鄭樵《通志》卷六六　《鷙擊録》二十卷。堯須跋撰。《東川白鷹經》一卷。《鷹經》一卷。《鷹鶻病候》一卷。齊諸葛穎撰。《鷹鷂五藏病源》一卷。

藝文

晉　傅玄《鷹賦》（引自《漢魏六朝百三家集》卷三九）　含炎離之猛氣兮，受金剛之純精。獨飛跱於林野兮，復迴翔於天庭。左看若側，右視如傾。勁翮二六，機連體輕。鈎爪懸芒，足如枯荆。觜利吴戟，目潁星明。雄姿邈世，逸氣横生。

又　奮翅不得起，撫翼無所翔。飾五采之華絆，結璇璣之金鐶。雖逍遥於廣厦，思擊厲於中原。

晉　孫楚《鷹賦有序》（引自《漢魏六朝百三家集》卷四一）　郭延考與余厚，其從者韝二鷹以侍側。郭，邊人也，好弋獵顧盼，心欲自娱樂，請余爲賦，曰：有金剛之俊鳥，生井陘之巖阻。超萬仞之崇嶺，蔭青松以静處。體勁悍之自然，振肅肅之輕羽。擒狡兔於平原，截鴻鴈於河渚。且其爲相也，疏尾潤臆，高鬐禿顱，深目蛾眉，狀似愁胡。曲觜短頸，足若雙枯。麾則應機，招則易呼。背碣石以西遊，經馬嶺而南徂。于時商秋既邁，歲在玄冥，風霜激厲，羽毛振驚。爾乃策良驥，服羔裘，韝青骹，戲田疇，縈深谷，繞山丘，定心意，審精眸。獸馳厥足，鳥矯其翼。下赴幽谿，上翔辰極。隨指授以騰踴，因升降以畢力。紛連薄以攫竄，遂陷首以摧臆。

隋　楊廣《詠鷹》（引自《文苑英華》卷三二八）　遷朔欲之衡，忽投罻羅裏。既以羈華絆，仍持獻君子。青骹固絶儔，素羽誠難擬。深目表兹稱，潤臆斯爲美。驚獸不及奔，猜禽無暇起。雖蒙韝上榮，無復陵雲志。

唐　鄭繇《白鷹》（引自《文苑英華》卷三二六）　白錦文章亂，丹霄羽翮齊。雲間呼暫下，雪裏放還迷。梁苑驚池鶩，陳倉拂野鷄。不知寥廓外，何處是一作别依棲。

唐　高適《蒼鷹賦》（引自《全唐文》卷三五七）　坤靈繁毓，萬象周

流。綜羣物之衆夥，懿羽族之齊侔。俱含識與哺啄，終愧容於爽鳩。散以瑶光之彩，來自鍾巖之邱。周官以司寇比德，漢氏以將軍作儔。鉤成利觜，電轉奇眸。蒼姿疊色，元距聯耩。至於長楊大獵，雲夢時蒐。寒光送曉，霜氣横秋。頓平原而亘弋，截洞壑以張罘。野霧初霽，朝陽尚早。於是排空漢，飛絶島，奮之鼓之，載擊載討。凌紫氣而蔽日，下平皋而覆草。歸鴻失四飛之路，狡兔亡三窟之道。大品彙之功，用之非器。至於表德，頗亦丰致。仙莫過龍，駿莫過驥。鵬垂天以圖南，劍斷甲以稱利。夫其庶類之呈能，未若兹禽之爲鷙。固得緗牒再演，史臣攸記。逐彼鳥雀，然明之對國僑。擊於殿上，要離之譬慶忌。且般樂之遊，君子未適。禽荒是戒，哲王盛績。太康洛汭之表，已驚不還。李斯上蔡之門，情何更溺？覽二君之喪道，每觀事其如惕。幸免射於高墉，願搏風而上擊。

唐　張祜《張承吉集》卷七《鷹》　毛羽斒斕白野裁，馬前擎出不擎猜。輕抛一點入雲去，喝殺三聲驚地來。緑玉觜啗鷄腦破，玄金爪擘兔心開。都緣解搦生靈物，所以人人道俊裁。

唐　章孝標《鷹》（引自《全唐詩》卷五六）　星眸未放瞥秋毫，頻掣金鈴試雪毛。會使老拳供口腹，莫辭親手啖腥臊。穿雲自怪身如電，煞兔誰知吻勝刀。可惜忍飢寒日暮，向人鵮苦咸切，一作爪。斷碧絲縧。

唐　羅隱《羅昭諫集》卷二《鷹》　越海霜天暮，辭韜野草乾。俊通司隸職，嚴奉武夫官。眼惡藏鋒在，心粗逐物殫。近來脂膩足，驅遣不妨難。

唐　徐寅《徐正字詩賦》卷二《鷹》　害物傷生性豈馴，且宜籠罩待知人。惟擒燕雀啗腥血，却笑鸞凰啄翠筠。狡兔穴多非爾識，鳴鳩脰短妒君身。豪門不讀詩書者，走馬平原放玩頻。

宋　蘇軾《東坡全集》卷三〇《野鷹來》　野鷹來，萬山下，荒山無食鷹苦饑，飛來爲爾繫綵絲。北原有兔老且白，年年養子秋食菽。我欲擊之不可得，年深兔老鷹力弱。野鷹來，城東有臺高崔嵬。臺中公子著皮袖，東望萬里心悠哉。鷹何在！嗟爾公子歸無勞，使鷹可呼亦凡曹，天陰月黑狐夜嗥。

明　張甯《方洲集》卷一〇《鷹》　自是飛颺器，寧論擊搏功。秋風起雙翮，誰是渭川翁。

明　葉盛《菉竹堂稿》卷一《鷹》　解絛易容下韝難，莫作尋常鳥雀看。能事底須誇擊搏，要從天上別梟鸞。

明　徐渭《徐文長文集》卷四《五言古詩·鷹》　味嗽識奇才，千金買遼海。鐵翮睒秋空，駕鶩百廻敗。雲中作戰場，韓彭鼓天外。

明　王世貞《弇州四部稿》卷四四《鷹》　獨立高秋逈不同，金眸青骹氣殊雄。衡飛大陸千林偃，側瞬中天萬羽空。乍可羈栖閒白日，寧因飽去憶秋風。君看萬里封侯相，此日真成出塞功。

明　田藝蘅《香宇集》卷六《絛鷹賦》　若夫散質瑶星，紹形綵架，斂羽翼而多傷，望雲霄而長謝。惟神俊之英禽，奚飲啄于人下。方其鍾山乍出，火德初颺。既學習于朱夏，復祭鳥于金方。眸電掣而睥睨，翅風勁而翱翔。喙如屈鐵，爪似鈎鋌。截鳶鷲于層漢，攫狐兔于崇岡。毛血灑而矯恣，飛走震而潛藏。豈燕雀之能伍，又何有于鸕鷀。及其誤入虞羅，重膺韝索。勵此悲鳴，戢兹猛翮。辭鵰鶚于青雲，狎鸚鵡于繡閣。吊孤影而自憐，束雄心而誰惜。嘶朗月于清秋，盻白日于碧落。平楚斷思，叢林絶跡。逝隼牽兔，啼鵑奪魄。怨鵾蹲于寒繩，耻猿立于虚格。雖依人而鶴馴，時懷侣而雀躍。至如爰命司寇，頒爽鳩之名。維師尚父，著鷹揚之聲。摶鵬聞賞于楚澤，遂獸著美于廣成。使韓盧而郤步，豈齊鶻之敢爭。縱斯伏役，羈則徒生。媿肌豐而神損，空書調而夜擎。徒娛細玩，孰察深情。郊原遠別，絲柱久縈。若能解絛而振羽，當齊鴻鵠于雲程。

清　侯方域《四憶堂詩集》卷一《蒼鷹》　斜日催寒樹，蒼鷹獨野征。飛揚愁歲暮，遲頓爲毛輕。自具風霜氣，終非燕雀情。去來須任意，湖海尚孤清。

清　徐昂發《乙未亭詩集》卷三《赤鷹》　盲風攬野日遏暉，頑雲結塊天無威。叢祠幽黑狐狸語，鬼車接翼盤天飛。引怪徵妖聲格磔，嘻嘻出出收人魄。寡妻夜哭連舍空，莽楛茫茫燐火碧。瞥然捕逐來赤鷹，金眸眩轉如流星。六合清泚霾霧掃，蒼鸞神雀賓王庭。誰知覆手生禍胎，翦鴞囚送空山哀。赤鷹銜淚鸞鳳吊，訓狐地下遊魂笑。

清　吴兆騫《秋笳集》卷七《詠鷹》　玉爪凝殘雪，金眸暎落暉。可憐沙塞翮，欲傍翠華飛。

清　商盤《質園詩集》卷二《林良鷹》　塞草全枯一望開，西風獵獵晾鷹臺。太平林藪無妖鳥，閒煞金眸玉爪材。

清　夢麟《大谷山堂集》卷二《上方角鷹歌》　上方角鷹胡錦毛，星眸閃爍光如刀。緑韝絡臂黄絁操，陰崖激日翻秋飇。尉羽戢翼勢飛動，勁氣掣斷黄金絛。盤空曾踏天山雪，決雲驟起飛影滅。劍翎朝斷鶻鵝花，奮拳夜擣狐狸穴。忽倏騰身入霄漢，雨灑層空亂毛血。花裙胡兒不敢放，氈廬遠獻千秋節。嚴郊底貢馳青驄，鷹師衹侯長楊宫。壯士臂歸動霹靂，英標玉立凝清雄。厲吻空櫺眺寥泬，大翮疑落花門東。坊開近在銅龍側，永日嚴威動八極。鈴掣虚簷烏鵲馳，影翻昏晝鵂鶹匿。陰庭轉瞬爍流電，羣精潛喘夜惶惑。是時大冬風怒號，天清海國盤霜雕。水枯草短豺狼嗥，豽貆貒貗接脽尻。棘枝凍雀啑寒皋，鴟鴞鳩鵬相呼呶。跂喙翔走紛繹騷，雕戈雪練迴幢旄。鳴弦厲鏃揮孟勞，淩空一逝不可招。高陵大谷追懸猱，疾過鼇睫馳修毫。河陆山櫓窮搜牢，毛羣羽族紛騰逃。孤飛擇肉披羶臊，霜晴不動寒穹高，下眎鷙鳥非吾曹。

清　王士禛《帶經堂集》卷三七《海洋續詩十五·白鷹》　白鷹生塞北，秋向代川飛。氣飽風霜勁，眼空狐兔稀。商飇動原野，朔雪亂毛衣。恥較韓盧疾，雲霄萬里歸。

又卷六二《蠶尾續詩卷八·鷹》　角鷹何颯爽，寒至氣飛揚。捎兔低枯草，隨雲没大荒。長風吹背雪，落日慘眸黄。弱肉眞强食，秋高正變鶬。

清　愛新覺羅·弘曆《清高宗詩初集》卷一六《鷹》　白露爲霜秋氣冷，蒼鷹祭鳥雙眸炯。錦韝玉絡忽在臂，回思故處失林嶺。飢飽由人不由己，目窮碧落常懷騁。鷹師養鷹識鷹性，惟以飲食司其柄。不使過飽力有餘，翩雲一去無回影。過飢復難任擊搏，追逐雉兔弗鷙猛。發縱指使固如是，爲叢驅爵尤堪省。

清　吴文溥《蒼鷹》（引自《兩浙輶軒録》卷三八）　白日走蒼氣，一飛無九垓。傑毛搏雪下，凡血灑風來。神速天無劃，憑陵石欲開。驅除因此物，饑附莫相猜。必得英雄士，方資猛利材。平生笑劉表，秋草没荆臺。

清　劉墉《劉文清公遺集》卷一三《咏白鷹》　材成搏擊原無染，質毓秋金自有真。皓鶴衹能同色相，怒猊應與鬬精神。畫憑素練飛晴雪，放透青冥破暗塵。絛鏇不須防遠颺，軒楹玉立鷙還馴。

清　改琦《玉壺山房詞選》卷下《臺城路·鷹》　西風颯爽吹薆棘，平皋影搏秋霽。奔電驚迴，截雲忽斷，一擊鵬雛而起。烟霄萬里。漸辣翮須臾，雪毛飄墜。饑亦投人，錦韝羞踏健兒臂。　原頭相逐走狗。伴五陵遊俠，驄馬聯轡。倦羽初還，雄心未老，聊復毰毸春睡。宣和畫裏。對勁氣英姿，子虔能繪。守帳然香，鏇花看更細。

清　百齡《守意龕詩集·附南陔遺草·鷹》　軒軒立臂鷹，勇氣森朔幽。知是不凡材，顧盼雙金眸。攫身猶未出，鳥雀驚啁啾。念汝有一擊，莫輕下錦韝。

清　歐陽輅《鷹》（引自《沅湘耆舊集》卷一三一）　眩眼斑斑碎錦紋，細看鐵骨纏霜筋。雄心怒挾三秋氣，老翮横盤萬里雲。天上璇瑶原有種，人間狐兔敢論羣。時艱思爾殊尤器，好爲饑鳴一策勳。

清　汪仲洋《心知堂詩稿》卷一二《萍梗集·鷹》　勁翮思秋甚，涼颸厲羽來。脱韝應萬里，雲路九天開。奮擊將無敵，飢依且自哀。支公愛神駿，絛鏇日低徊。

清　文良策《韝上鷹》（引自《沅湘耆舊集》卷一四六）　獵騎出秋原，長風動寥廓。瑚弓明月彎，駿馬金絲絡。健兒好身手，錦韝力揮霍。何物俊若神，卓立森毛角。翅未淩雲煙，勢已鬱拏攫。當其摩空時，萬里愁鵰鶚。側身瞥向下，雉兔恣剽掠。荒荒塞草枯，毛血粉斑剥。日暮不更圍，功成自引卻。俯就碧絲絛，還望青油幕。嗟爾鷹神俊，海東青豈若。鶬緣飢附人，誰令寵逾鶴。徘徊主人恩，周旋事擊搏。夜夜戟門霜，膽向天邊落。

清　張際亮《思伯子堂詩集》卷一一《鷹》　凡鳥肯騰擊，妖狐怒嘯羣。冰霜厲羽翮，關塞斷風雲。氣得高秋爽，心追落。日殷。茫茫白草地，箴策竟無聞。

清　謝元淮《養默山房詩稾》卷五《詠物雜詩·鷹》　淩霄斗上一千尋，瞥下平蕪掠遠林。多少鴟梟渾不顧，卻來叢薄嚇猜禽。

清　林壽圖《黄鵠山人詩初鈔》卷一三《隴州詠物詩四首·鷹》　隴山紛燕雀，稀見海東青。天地向空濶，煙雲抉杳冥。平蕪一睥睨，凡鳥幾羶腥。不羨金絛寵，飛騰繪爾形。

清　許瑶光《雪門詩草》卷三《蒼鷹詠》　鵲巢擇疏木，鴉棲投密林。蒼鷹爾何意，瀟灑萬里臨。霄漢縱顧盼，一呼衆鳥噤。非無忍饑日，不生爭

啄心。願借晨風翼，追之碧雲深。

又卷八《蒼鷹》 蒼鷹司搏擊，身已致青雲。何事容狐輩，翻然攫鷺羣。驅除秋肅殺，報復事殷勤。猛自饞心出，鴟鸞總不分。

清 陶方琦《湘麋閣遺詩》卷一《鷹》 目極高天隘，浮雲最上層。脱韝還灑落，枯草與淩兢。意蚤無凡鳥，予將結友朋。卅年存骨相，讓爾試殊能。

又卷三《詠物四首・鷹》 斗奮摩天勢，重霄隔幾層。臂韝今脱落，軒翥愈精能。平野驅凡獸，垂雲讓大鵬。胡氛猶未靖，側目爾休矜。

清 郭嵩燾《養知書屋詩集》卷八《鷹》 朔鷹呼雲下雲端，刮食雞兔無留餐。收絛著韝意有俟，主人養鷹如養士。幓幓毛血灑平蕪，庖厨三時一物無。尉羅虛張谿壑滿，金眸銕爪誰相伴。鷹乎自獵毛骨奇，何不反顧爲鳩時。

清 文廷式《文道希先生遺詩・鷹》 鬱鬱翀霄漢，吾知顧盼豪。風雲長在足，搏擊未辭絛。此去翔寥郭，何時見爾曹。向來飛動意，平蹴九天高。

圖表

晉 郭璞《爾雅音圖・釋鳥》

明 李時珍《本草綱目・圖卷》

清　徐鼎　《毛詩名物圖說》卷一

雕』，一名『鷙』。其飛上薄雲漢。《詩》曰：『匪鶉匪鳶，翰飛戾天。匪鱣匪鮪，潛逃于淵。』言人民飛揚竄伏，不安如此，此《序》所謂亂也。昔之相雕者，以爲雕首欲長而額狹，頂平，領大，項後毛磔，主勁疾；目睛大滿，瞼長，眸子小而近前，主明慧；爪近肉麤圓，其末纖細，主多力；蹠平潤，主巧捷不夭；鼻大，主長飛不乏。膝骨大如蒺藜實者，上相；骨小無圭角者，下也。指節大，肉少，分成十字者，上相；骨節細平者，下也。鈍金色青潤者，上相；淺黑者，下也。叢林色静白者，上相，黑膩者，下也。封厚而管纛者，上相；細薄者，下也。背偃而溝深者，上相；隆起者，下也。臆圓肤爲上相，側狹爲下相。尾狹厚爲上相，濶軟爲下相。鶻相同雕，唯頭欲小，頂臆欲圓，旋毛欲深，味欲側薄，而短小爲異。鷹相亦與雕同，而鷹又欲其尾長翅短。《爾雅》：『象謂之鵠，玉謂之雕。』蓋鵠之義出於鴻鵠之鵠，雕之義出於雕鶚之雕，鵠性勁利，雕性刻制故也。今大鵬翱翔水上，扇魚令出沸波，攫而食之，一名『沸河』。《淮南子》所謂『鳥有沸波者』，即此是也。《禽經》曰：『淘河在岸則魚没，沸河在岸則魚涌。』《相感志》云：『其毛能食。諸鳥羽如羣錯，草中有雕毛，必衆鳥毛羽自落地。』顔氏云：『雕一名鷲，其翮可用爲箭羽。』蓋雕隼六翮，皆乘風輕勁，故堪以爲箭羽。《禽經》曰：『雕以周之，鷲以就之。』

雕

論説

宋　蔡卞　《毛詩名物解》卷八《雕》　雕狀似鷹而大，黑色，俗呼『皂雕』，一名『鷙』，其飛上薄雲漢。《詩》曰：『匪鶉匪鳶，翰飛戾天。匪鱣匪鮪，潛逃于淵。』言民人飛揚竄伏，如此所謂亂也。決起而飛曰『翰』。料起者，《詩》曰：『如飛如翰。』蓋飛象料飛之形而翰，從翰。飛翰，言以翼自翰而上也。今鴻鵠雕鳶之類，皆言翰。《爾雅》曰：『象謂之鵠，玉謂之雕。』蓋鵠之義出於鴻鵠之鵠，雕之義出於雕鶚之雕，鵠性勁利，雕性刻制故也。今大鵬翱翔水上扇魚，令出沸波攫而食之，一名『沸河』。《淮南子》曰：『鳥有沸波者，即此是也。』《禽經》曰：『淘河在岸則魚没，沸河在岸則魚出。』

宋　陸佃　《埤雅》卷六《雕》　雕能食草，似鷹而大，黑色，俗呼『皂

綜述

《禽經》　竊玄曰鵰。色淺黑而大者，其羽能落鳥毛也。

漢　許慎　《説文》卷四　雕，鷻也。从隹，周聲。都僚切。鵰，籀文雕，从鳥。

又　鷻鷻，雕也。从鳥，敦聲。《詩》曰：匪鷻匪鳶。度官切。

宋　釋贊寧　《東坡先生物類相感志》卷七《鵰》　鶚類，土黄色，健飛擊，沙漠空中盤旋，然目視無細不都覩。其毛能食。諸鳥羽如群錯，草有鵰毛，必衆毛自落也。

宋　戴侗　《六書故》卷一九　鶉鶉，度官切。《詩》云：匪鶉匪鳶，翰

飛戾天。毛氏曰：鵰也，鵰鳶，貪殘之鳥。《説文》亦曰：鵰也。詳見鵰下。按：《詩》作鶉鶉，乃鶬鶉，此當作鷻。

又 鷻，疾僦切。《説文》曰：鳥黑色多子。《漢書》：匈奴生奇才木，就羽單作就。顔師古曰：大鵰也，黄頭赤目，羽可爲箭笴。詳見鵰下。

又 雕，都僚切。《説文》曰：雕也。亦作鵰。《埤雅》曰：雕能食草，似鷹而大，色黑，故呼皂雕。翺水上，扇水令沸出魚，矍食之。一名沸河，一名鷲。服虔曰：大鷲鳥也。一名鷲，黑色，名子，其羽可爲矢羽。借爲雕琢之雕，爲雕落之雕。别作彫、琱、錭、凋。

明 李時珍《本草綱目》卷四九 鵰音凋。《綱目》 釋名：鷲、音就。《山海經》鷻。《説文》音團。時珍曰：《禽經》云：鷹以膺之，鶻以猾之，隼以尹之，鵰以周之，鷲以就之，鷻以摶之。皆言其擊搏之異也。《梵書》謂之揭羅闍。集解：時珍曰：鵰似鷹而大，尾長翅短，土黄色，鷙悍多力，盤旋空中，無細不覩。皂鵰即鷲也，出北地，色皂。青鵰出遼東，最俊者謂之海東青。羌鷲出西南夷，黄頭赤目，五色皆備。鵰類能搏鴻鵠、獐鹿、犬豕。又有虎鷹，翼廣丈餘，能搏虎也。鷹、鵰雖鷙而畏燕子，物無大小也。其翮可爲箭羽。劉郁《西域記》云：皂鵰一産三卵者，内有一卵化犬。短毛灰色，與犬無異，但尾背有羽毛數莖耳。隨母影而走，所逐無不獲者，謂之鷹背狗。

明 吴雨《毛詩鳥獸草木考》卷三《鶉》 《小雅》曰：匪鶉匪鳶，翰飛戾天。《傳》：鶉，鵰也。鵰鳶，貪殘之鳥也。鶉，一名雕，一名角鵰。似鷹而大，黄頭赤目，五色皆備。黑者俗呼爲皂鵰。兩脚有毛，亦有無毛者。能食草，健飛擊，上薄雲漢。沙漠空中盤旋，無細不覩。亦翺翔水上，扇魚令出沸波，攫而食之，一名沸河，《淮南子》曰『鳥有沸波』是也。《相感志》云：其毛能食，諸鳥羽如羣錯草中，有鵰毛必衆鳥。毛羽自落地，亦能食麞鹿之屬。《穆天子傳》：青鵰執犬羊，食豕鹿。鵰之大者，又名鶚。孟康《漢書音義》曰：鶚，大鵰也。《説文》：鶉，鵰也。从鳥，敦聲。字異於鶉也。《釋文》：字或作鷲。李氏曰：若以爲鶉鵲之鶉，則無戾天之理也。

明 屠隆《鴻蒼》卷一九 鵰，即鷲也。黄頭赤目，其羽可用爲箭，即鶚屬。《西域諸國記》曰：耆崛山在王舍城北四里，山有兩崖，鷲鳥常群居其巔上，人號爲靈山。故今稱鷲嶺。

明 劉侗《名物通》卷九 鵰，金喙鳥也。似鷹而大，土黄色。能巫步禁蛇。亦名鷲。翮可爲箭羽。《詩》：匪鶉(音團)匪鳶。鵰，即鶉也。短尾，人射之，啣矢射人。

明 朱國禎《湧幢小品》卷三一 皂雕，一産三卵，内有一卵爲犬子，灰色，短尾，隨母景而走。所逐之禽，無不獲者。陶九成云：北方凡皂雕作巢處，官司必窮探之。如一巢而三卵者，其一必狗也。取以飼養進之于朝，但尾上多毛羽數莖而已。田獵之際，雕則戾天，狗則走陸，所逐同至，名曰鷹背。

明 陳懋仁《庶物異名疏》卷二四《沸河》 《埤雅》云：雕能食草，似鷹而大，黑色，俗呼皂鵰。其飛上薄雲漢。性刻制。今大鵰翺翔水上，扇魚令出沸波，攫而食之，一名沸河。《爾雅翼》云：鵰者，鶚之類。土黄色，健飛擊。沙漠中空中盤旋，無細不睹，亦食麞鹿之屬。可謂鷙有力矣。鷲亦大鵰。

清 陳淏子《秘傳花鏡》卷六《養禽鳥法·鵰》 鵰，一名鷲。似鷹而大，亦能食草。尾長翅短，觜曲目深，羽毛土黄色，可作箭翎。出北地者色皂，故名皂鵰，鷙悍多力，六翮乘風輕捷，眼最明亮，盤旋空中，無微不覩。又有青鵰，産於遼東，最俊者謂之海東青。産於西南夷者謂之羌鷲，黄頭赤目，其羽五色俱備。凡鵰若養馴，遇禽能搏鵝、鵠、鶏、鶩，遇獸能擊獐、鹿、犬、豕。遇水能扇魚令出沸波，攫而食之，又名『沸河』。田獵者每多畜之。又云鷹産三卵，一鷹，一鵰，一狗。遼有鷹背狗，短毛灰色，與犬無異，但尾脊有羽毛數莖耳，隨母影而走，所逐無不獲者。以禽乳獸，亦異聞也。

清 毛奇齡《續詩傳鳥名卷》卷三 《四月》匪鶉匪鳶。鶉，鵰也。鳶，亦鷙鳥也。以鶉爲雕，本襲舊注，然不著所自，則直誤注耳，豈可爲訓。按：鶉有三音，分作三鳥。一音淳，如陳切，則鶬鶉也。一音筍，思允切，則隼也。一音團，徒官切，則鵰也。故以鶉作鵰，當云鶉。本作鷻，音徒官切，與鳶一類。其飛皆能戾天者，特鶉與鷻通字，故《詩》亦作鶉。

清 嵇璜《續通志》卷一八〇 鵰，一名鷲，一名鷻，音團。似鷹而大，尾長翅短，土黄色。其飛上薄雲漢，其六翮乘風輕勁，鷙悍多力。皂鵰即鷲也。鵰出遼東。鷲出西南夷，黄頭赤目，五色皆備。其翮可用爲箭。梵書謂之揭羅闍。

清 徐鼎《毛詩名物圖説》卷一 《禽經》：鷹以膺之，鶻以猾之，隼以尹之，雕以周之，鷲以就之，鷻以摶之。《説文》：鷻，鵰也，从鳥，敦聲。《埤雅》：鵰能食草，似鷹而大，黑色。俗呼皂鵰，一名鷲。其飛上薄雲漢。《詩》

曰：匪鶉匪鳶，翰飛戾天。今大鵰翺翔水上，扇魚令出沸波，攫而食之，一名沸河，《淮南子》所謂『鳥有沸波』者，即此是也。《禽經》云：淘河在岸則魚没，沸河在岸則魚涌。愚按：鶉，尾長翅短，土黄色，六翮乘風輕勁，其翮堪爲箭羽。空中盤旋，無微不見，亦捉鳥兔食之。鶉，音團，鵰類也，與上『鶉之奔奔』之鶉異。

清 牟應震《毛詩物名考》卷一 鵰，似鷹而大，色皁黑，故名皁鵰。以其翮爲矢良，聞有大者，翅横畝，未見也。《説文》：鷲，鵰也。按《禽經》：鵰以周之。又曰：鷲以摶之。知鷲與鵰非一鳥矣。《埤雅》：大鵰翔水上，扇魚令出，攫而食之。亦臆説，鵰不食魚也。

清 鄭光祖《醒世一斑録》卷三 鵰鳥之最大者，生回地，色黑。立則高如駝象，飛則翼似垂雲。所過人避屋中，牛馬或爲攫去。養而馴之，獵取狼、狐、麞、鹿甚鷙。

清 佚名《鳥譜》卷一一《老皁鵰》 太宗文皇帝時，物養畜内苑已八十餘年，前此又不知幾何年，大約百歲以外矣。身大于諸皁鵰，觜根皮甚厚，頭頂毛秃，間有茸毛，背毛皆傑起，翅翮甚大，爪長一寸，餘紋轉如藤，其左足已脱一爪，目光炬爍，雄氣尚盛，真壽鳥也。康熙六十一年謹録。

又《狗頭鵰》 狗頭鵰，黑睛，紅白重暈，青黑勾喙，目上黑毛如眉，觜上下細黑毛茸生。白頂，白頰，頰有蒼黑斑點。赭白項，頷腹俱淺赭黄色。背膊黑毛中白紋，上細末粗，如垂珠懸露。青黑翅翮，赭黑尾，俱有白莖縹。青足黑爪，脛有赭白毛。其身與皁鵰相等。

又《白鵰》 白鵰，黑睛，縹白暈，黄瞼，黑勾喙，觜根黄黑色，黑頰。通身白質，帶暗黑斑點。黄足黑爪，脛有白毛。鵰類如皁鵰、芝麻鵰、狗頭鵰易得，白者間有之。《唐書·地理志》：代州雁門郡貢白鵰羽。《穆天子傳》云：春山爰有白鶚、青鵰，食鹿、豕。《本草集解》云：青白鵰出遼東。

又《虎斑鵰》 虎斑鵰，黑睛蒼暈，黑勾喙，觜根淺黄，頭項背膊黑赭色。翮翅毛皆白，根黑尖翅，有横紋，如虎斑。淺蒼尾，上半白色，亦有横斑。頷腹俱黑，根毛帶白，黄足黑爪。

又《接白鵰》 接白鵰，黑睛，赤黑暈，黑勾喙，觜根淺黄，頭項肩膊蒼赭色。蒼黑背，蒼赤翮翅，尾皆深蒼帶赭，毛根接以白色。頷腹至脛俱蒼黑，濶毛近尾處蒼白色，黄足黑爪。

又《接白鵰》 接白鵰，黑睛，蒼赤暈，黑勾喙，淺黄根。頭項毛深蒼赭色淺黑，背膊淺黑，翅尾毛根白色帶花黑，翮臆至脛皆粗黑毛，黄足黑爪。此二年之鵰也。故白根有花，年久則花漸多，老則爲虎斑鵰矣。

又《芝麻鵰》 芝麻鵰，黑睛，黄暈，黑勾喙。頂後有毛傑出，頭項至背蒼黄花色淺黑。肩膊翅毛帶黑横斑，根露白毛，黑翮米白。頷腹尾上白下黑，黄足黑爪，脛有黄白毛。此種小于皁鵰。

又《團鵰》 團鵰，黑睛赤暈，青黑勾喙。自鼻以上深黄色，蒼赤頭，頸黑赭，肩背膊上短毛赭土色，翅毛上節黄黑色，土黄尖中兩翎有白横斑。黑翮、黑尾、白尖，腹至脛皆赭土色茸毛。黄足青黑爪。

又《花白鵰》 花白鵰，黑睛蒼暈，黑勾喙。自鼻以上黄色，頭項蒼赭白三色相暈，頷至臆腹蒼黑色，背膊翮翅俱黑。膊下短翎蒼赭色，間露白毛。尾上白下青黑色。黄足黑爪。

又《倒插鵰》 倒插鵰，黑睛黄暈，黑勾喙。頭項淺蒼色，背膊翅翮俱蒼黑，翅上間有白點，腹毛微白帶蒼，白尾黑花斑。黄足黑爪。

藝文

清 孫士毅《百一山房詩集》卷一〇《古今體詩·白雕》 本色偏神俊，飛騰不可當。摟身星絶漢，側翅劍含鋩。暮合天山雪，秋凝瀚海霜。平蕪笑凡鳥，空自抱文章。

清 成書《多歲堂詩集》卷三《乙醜下·雕》 肅羽秋風急，盤空塞日清。溟鵰仍却避，梁燕不須驚。慣識雲霄路，休貪搏擊名。深山養毛羽，與世本無爭。雕穴在萬山中，極不易致。

圖表

明 李時珍《本草綱目・圖卷》

清 徐鼎撰《毛詩名物圖說》卷一

隼

論説

宋 蔡卞《毛詩名物解》卷六《隼》 隼之擊物而必中者也，必至謂之隼。物而迕謂之鷹，必至者，或有所過取。故作《詩》者以隼喻不制之諸侯，而司寇之官則以鶻鳩名之。

宋 陸佃《埤雅》卷八《隼》 《禽經》曰：鷹好跱，隼好翔，鳧好没，鷗好浮。隼，鷂屬也，一名雀鷹，蓋迅疾之鳥。《詩》曰：鴥彼飛隼，載飛載止。言隼於可飛則飛，於可止則止。又曰：鴥彼飛隼，載飛載揚。言隼無所定止也。又曰：鴥彼飛隼，率彼中陵。言中陵安静中正，此隼之所以率也。蓋宣王無海之道，故諸侯有沔水之流縱；宣王無陵之德，故諸侯有隼之散揚、虎之搏噬。擬隼之搏噬準，故準於文从水从隼。今鷹之搏噬不能無失，獨隼爲有準，故其每發必中，而古之制字者以此。《法言》曰：麟之儀儀，鳳之師師，其至矣乎？螭虎桓桓，鷹隼䎃䎃，未至也。言若鷹隼攫撮急疾，則是右武而已，非所以語至也。《司常》曰：鳥隼爲旟。蓋鳥，鳳也，畫鳳以象其德，畫隼以象其威。《化書》曰：烏反哺，仁也；隼憫胎，義也。蓋隼之擊物，遇懷胎者輒釋，不戮也。或曰：隼，鷙鳥也。即今所呼爲鶻者是。《字説》云：鳶，𢍁上；鴟，氏取；隼，致一；鸒，與也；鴿，合也；雃，黑白錯；鷳，黑白間。《禽經》曰：鷹以膺之，鶻以搰之，隼以尹之。

明 何三畏《新刻何氏類鎔》卷三三《隼》 隼者，一曰鷂，一曰鶻，亦曰鶉子，亦曰祝鳩，或謂之雀鷹、晨風、擊征、題肩，或謂之從風、孤飛。鸇善提雀，其變化三。春則時爲布穀。其胎生三子，則一爲鴟梟。其始擊也，順天氣而成嚴霜之誅。其出獵也，帶雨翎則獲前禽之利。有隼積於陳侯之庭，楛矢貫之，陳侯持隼而遣問仲尼，始知此矢爲肅慎之矢。有鳩入於公子之案，飛鷂殺之，公子捕鷂而按劍籠上，始知此鷂爲獲罪之鷂。太宗之臂

鶡，雖爱其神俊，衹以魏鄭公之白事而死于懷中。宦官之放鶡，至傷其田禾，竟以萬年令之厲威而斃于杖下。白鶡縱之殿上，東都之書信計日可還，遂標名于唐帝。海鶡投之水中，南陂之蛟螭常年無患，故見珍于夷人。鶻于冬天取一鴿，煖其足，曉即放之者，在滄州寶觀寺中。鶻于冬月取小禽，煖其爪，旦即縱之者，在長安薦福寺内。人有偶亡奴僕，而就杜生卜易，乃竟以市鶡得奴。人有往謁遷官，而怒主人出迎，云欲以死鶡畏雀。若齊賢禔，身方正，上知其非。捕鶡官人季藹應舉精勤，時稱其爲束翅鶡子。魯連之細兒滑稽，有似黄鶡子。穆曜之爲人朴魯，遂號木鶡。生亦可謂擬人必於其倫者矣。

綜述

三國吴　陸璣　**《毛詩草木鳥獸蟲魚疏》卷下《鴥彼飛隼》**　隼，鷂屬也，齊人謂之擊征，擊，一作鷙。或謂之題肩，肩，一作眉。或謂之雀鷹，春化爲布穀者是也。此屬數種，皆爲隼。

宋　羅願　**《爾雅翼》卷一四《鴭鳩》**　鴭鳩者，隼也。

明　吴雨　**《毛詩鳥獸草木考》卷二《隼》**　《小雅》曰：鴥彼飛隼，其飛戾天。《箋》：隼，急疾之鳥也，飛乃至天。隼，鷙鳥也，鷂屬。鼓翅翬翬，急疾以搏燕雀而食之。陸璣云：隼，齊人謂之擊征，或謂之題肩，或謂之雀鷹，春分化爲布谷。嚴粲云：陸璣説隼曰擊征、題肩，粲説鳲鳩同，則隼即鳲鳩矣。然説鳲鳩不言是隼，説隼不言是鳲鳩，蓋誤矣。隼非鳲鳩也。《化書》曰：烏反哺，仁也；隼憫胎，義也。蓋隼之擊物，遇懷胎者，輒釋而不戮也。或曰：隼，鷙鳥也。即今所呼爲鶻者是也。

明　張存紳　**《增定雅俗稽言》卷三七**　隼音筍，擊物遇懷胎者釋之，《化書》曰『隼憫胎』是也。

明　劉侗　**《名物通》卷九**　隼，又名鶚，即鶻之小而鷙者。隼擊物，遇懷胎者釋之。《化書》曰：隼憫胎。有爪芒，好翔。

明　毛晉　**《陸氏詩疏廣要》卷下之上《鴥彼飛隼》**　《爾雅》云：鷹隼醜，其飛也翬。郭注云：鼓翅翬翬然疾。鄭注云：翬，猶揮也，謂鼓翅揮疾。韋昭云：隼，今之鶚。李善云：鷙擊之鳥，通呼曰隼。《禽經》云：鷹好峙，隼好翔，鳧好没，鷗好浮。又云：鳥之小而鷙者，皆曰隼。大而鷙者，皆曰鳩。又云：鷹以膺之，鶻以搰之，隼以尹之。《埤雅》云：鷹之搏噬，不能無失，獨隼爲有準，故于文從水從隼。《司常》曰：鳥隼爲旟。蓋鳥，鳳也，畫鳳以象其德，畫隼以象其威。《化書》曰：烏反哺，仁也；隼憫胎，義也。蓋隼之擊物，遇懷胎者輒釋，不戮也。《考異郵》云：陰陽氣貪，故題肩擊。宋均云：題肩有爪芒，爲陰中陽，故擊殺之。按《月令》：仲春之節，鷹化爲鳩。仲秋之節，鳩復化爲鷹。《列子》云：鷂之爲鸇，鸇之爲布穀，布穀久復爲鷂。《淮南子》曰：鶉化爲鸇，鸇化爲布穀，布穀復爲鷂。據此，疏又云：隼化爲布穀。可見鷹、隼、鶉、鸇、鳩、鷂、布穀、晨風諸鳥總順節令以變形，故《爾雅》曰屬曰醜。

清　毛奇齡　**《續詩傳鳥名卷》卷二**　《采芑》鴥彼飛隼。隼者，鷂屬，急疾之鳥也。隼，鷙鳥也，即鷹之小者。陸佃云：鷹搏噬不能無失，獨隼爲有準，每發必中，故準字從隼。齊人謂之擊征，或謂之題肩。餘見『翩翩者鵻』詩。

清　嵇璜　**《續通志》卷一八〇**　隼，鷙擊之鳥也。《詩疏》云：鷂屬，齊人謂之擊征，或謂之題肩，或謂之雀鷹。春化爲布穀。《方言》曰：齊魯間謂題肩爲鳿鳥。鳿，一作征。《月令》：季冬，征鳥厲疾。謹按，《禽經》云：鷹以膺之，鶻以搰之，隼以尹之，鵰以周之。言其搏擊之異，則是各爲類而未有分晰。伏讀御製《七十二候詩》案語，云：《禽經》於鷹、鷂、鵰、鶻之屬，名類糾紛，强爲牽附，且以小而鷙者爲隼，大而鷙者爲鳩，殊失實矣。《爾雅翼》又云：在北曰鷹，在南曰鷂。尤支離無據。試以鷹鷂各種言之，鷹則用以取雉者也。鷂小於鷹，止能捕鶴鶉。鶻較鷹爲大，善捕兔。鶻又有一種捕野鴨者，謂之鴨鶻。惟鵰之大數倍於鷹、鶻，故麀與麞皆可攫而致之。隼則今無其名，然曰小而鷙，則於海東青爲近，其飛最高，故能擒天鵝，第産於黑龍江。故注《禽經》者未之知耳。

清　牟應震　**《毛詩物名考》卷一**　隼，鵻鳩也。《禽經》曰奪，曰鵻，今人呼爲奪子是也。似鶻而小，飛最疾，擊鳥雀如奪，故一名擊征。嚮風

摇翅如扇，故又名題肩。題肩者，提肩也。《月令》『征鳥厲疾』，謂此。《爾雅注》：題肩或名曰鷹，春化爲鳩。郭知鳩爲鳲鳩，而不知題肩非鷹也。題肩與鷂鷹爲類迥别。題肩，鸇也。鸇、隼古通音，故《左傳》以鷹、鸇並稱。古人見其擊雀，因亦誤呼爲鷹耳。題肩形同鳲鳩，春日題肩北而鳲鳩來，所見皆鳲鳩，故曰『鷹化爲鳩』。秋日鳲鳩南而題肩來，所見皆題肩，故曰『鳩化爲鷹』。化鳩、化鷹之説，原係古人誤會，留意驗之知，非謬也。

清 方旭《蟲薈》卷一《羽蟲・隼》《草木蟲魚疏》：隼，鷂屬，齊人謂之擊征，或謂之題肩，或謂之雀鷹，春化布穀。旭按：隼即正鵠之正也，《左傳》名鶻鳩，《楚詞》名雄鳩，《莊子》名鷽鳩，《爾雅》名鶌鳩、鶻鵃，《酉陽雜俎》名阿鷂，《本草》名鶻嘲，《正字通》名[illegible]鷜，北人又名鸜鷜。其狀似鷂，頭有青毛冠，短尾，黄黑色，好高飛，鳴則聲連屬如相貫。《埤雅》：鷹之搏噬，不能無失，獨隼爲有準。《化書》：隼憫胎。注：擊物遇胎則釋之。

紀事

漢 司馬遷《史記》卷四七《孔子世家》 有隼集于陳廷而死，楛矢貫之，石砮，矢長尺有咫。集解：韋昭曰：隼，鷙鳥，今之鶚也。楛，木名。砮，鏃也，以石爲之。八寸曰咫。楛矢貫之，墜而死。正義：隼音筍。《毛詩義疏》：鷂，齊人謂之擊征，或謂之題肩，或曰省鷹，春化爲布穀。此屬數種皆爲隼。陳湣公使使問仲尼。仲尼曰：『隼來遠矣，此肅慎之矢也。昔武王克商，通道九夷百蠻，使名以其方賄來貢，使無忘職業。於是肅慎貢楛矢石砮，長尺有咫。先王欲昭其令德，以肅慎矢分大姬，配虞胡公而封諸陳。分同姓以珍玉，展親；分異姓以遠方職，使無忘服。故分陳以肅慎矢。』試求之故府，果得之。

圖表

清 徐鼎《毛詩名物圖説》卷一

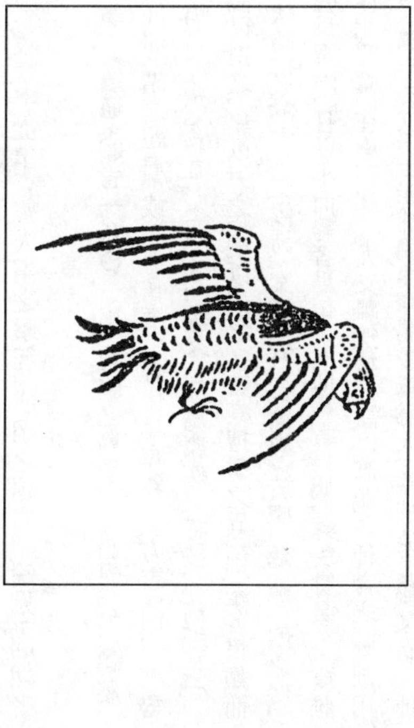

鶻

綜述

《禽經》 骨曰鶻，瞭曰鷂。能遠視也。瞭，目明白，音了。

漢 許慎《説文》卷四 鶻，鶻鵃也。从鳥，骨聲。古忽切。

鵃，鶻鵃也。从鳥，舟聲。張流切。

宋 陸佃《埤雅》卷八《鶻》 鶻拳堅處大如彈丸，俯擊鳩鴿食之。鳩鴿中其拳，隨空中，即側身自下承之，捷於鷹隼。《傳》云：擊鳥先高，搏鷙之勢也。舊言鶻有義性，杜甫所賦《義鶻行》是也。冬撮鳥之盈握者，夜以

燠其爪掌，左右易之，旦即縱之令去。其往東矣，則是日也不東嚮搏物，南北亦然。蓋其義性有擒有縱如此，李邕《鶻賦》所謂『朁全鳩以自煖，乃詰朝而見釋』是也。段氏云：鶻生三子，一爲鴟。《禽經》曰：鸛生三子，一爲鶴；鳩生三子，一爲鶚。《造化權輿》曰：鷹鶚之子或爲鵰鷹，夏雀生鶉，楚鳩生鶚。由是觀之，以瞽瞍爲父而有舜，以舜爲兄而有象，豈足異哉！

宋　周去非　《嶺外代答》卷九《禽獸門・靈鶻》　邕州有禽曰靈鶻，狀如啄木而差大。巢于木穴，生子其中。人以木窒其穴，鶻至無所歸，乃至地禹步，俄而所窒躍去，乃得入穴。其後以灰布地而窒其穴，欲觀其步而效之，鶻既步，急以爪畫步而入穴，人欲效之無由。

宋　戴侗　《六書故》卷一九　鶻　，胡忽切，鷙類也。《爾雅》曰：鶥鳩，鶻鵃。《說文》：鶻，鶻鵃也。鳩，鶻鵃也。孫氏古忽切。鶥，鶥鳩也。孫氏九勿切。郭璞曰：鶻鵃似山鵲而小，短尾，青黑色，多聲。徐鉉曰：鶥鳩似山鵲而小，短尾，多聲，鶻、鶥聲相近，殆一物也。按：鶻以鷙稱，古今所共，鶻鵃縱有其物，乃合二字以爲名，不得爲正義。

明　慎懋官　《華夷花木鳥獸珍玩考》卷七《鶻隼》　鶻、隼，皆鷙鳥也，而有義焉。鶻冬取小禽燠爪掌，旦則縱之。視其所適之方，則是日不於其方擊搏，杜甫作《義鶻行》是也。隼擊物遇懷胎者，釋之，《化書》曰『隼憫胎』是也。可以人而不如乎？天地之間有吐而生子者，鸕、鶂、兔，凡三物。

清　稽璜　《續通志》卷一八〇　鶻有二種，一玉爪，一黑爪。又有鴉鶻、金眼鴉鶻、兔鶻之別。《埤雅》云：鶻拳堅處，大如彈丸，俯擊鳩鴿食之。鳩鴿中其拳，墜空中，即側身自下承之，捷於鷹隼。

清　牟應震　《毛詩物名考》卷一　鶻，鶻，鳩也。一名鶻鵃，鵃、鳩通音，與鷹爲別類。員首黑睛，鴨胸紫章，翅長及尾，短股長爪，掌心有肉墊如丸，取兔以掌擊之，故曰『兔鶻』。其雄者小搏野鴨，曰『鴨鶻』。

清　佚名　《鳥譜》卷一一《狠鶻》　狠鶻，頭面如貍，兩目甚大，黑睛黄暈，黑勾喙。頭有雙耳，茸毛蔽之，耳上起蒼毛，角矗如兔耳。兩頰土色細蒼斑，短頸，項蒼黑雜毛。背膊翅尾赭黄白三色相暈，縱横蒼黑斑，雜以細點。臆毛赭黄質蒼大斑，腹毛土黄質黑斑赭紋，土白毛脛足黑爪。日中盲，無所見，聞響奔撲。蒙茸羽翮時，嗑其觜，作合聲。夜則燭見毫髮。鴟類也。《禽經》云：鴟以貪顧。《酉陽雜俎》云：鴟不飲泉及井水，惟遇雨濡翮，方得水飲。《春秋繁露》云：鴟梟目不視日，而其羽可去眛。

紀　事

唐　張鷟　《朝野僉載》卷五　太宗養一白鶻，號曰『將軍』。取鳥常驅至於殿前，然後擊殺，故名『落鴈殿』。上恒令送書，從京至東都與魏王，仍取報，日往反數迴。亦陸機黄耳之徒歟！

五代　王仁裕　《開元天寶遺事》卷四《決雲兒》　申王有高麗赤鷹，岐王有北山黄鶻，上甚愛之。每弋獵，必置之於駕前，帝目之爲決雲兒。

藝　文

唐　李邕　《李北海集》卷一《鶻賦》　伊鷙鳥之雄毅，有俊體之超特，意凝緩而無營，體閒整而自得，陰沉其情，一作精。慘淡其色，固未足以異於衆禽也。夫一指一呼，一擊一搏，爲主之用，騁人之樂，凛然神動，翕然氣作。殞三窟之狡兔，斃五里之仙鶴。騰霄漢而風卷，透原野而星落。萬乘爲之顧盼，六軍爲之揮霍。歡聲動於天地，逸氣靄於林薄。至若逐鳥殊類，射隼殊名。獲不相讓，遊不同征。何至德而肯疑制，每協義而不爭。偶坐推食，雙飛和鳴，殺敵齊力，登樓比形。夫其嚴冬沍寒，烈風迅激，或上棘林，或依危壁。身既禀於喬木，骨將斷於貞石。朁全鳩以自暖，罔害命以招益。信終夜而懷仁，仍詰旦而見釋。矧乃戀主不去，徇食猶止，豈貪利而永言？則將効誠而必死。甘閉於籠，分從於使，寧竭力之利人，曷戢翼以存己？則知負力干勢，爭啄奪肉，始飛聲而遠引，忽側翅而横蹙。遇之者夭，當之者覆。壯士感之驚歎，行子羡之回矚。故能連擊縱便，臨事莫違。一超雲以高舉，一隨物以低飛。馳逐妙於人智，促節合於兵機。禽雖小而不陋，獸雖捷而無依。或則九霄擊下，萬里一作文。接來，風行電轉，月上雲開。乍差池而不中，終棄置而不回。彼俊異之英决，豈凝滯於嫌猜？觀夫愛子防

巖，惜巢忌物。吻一作聲。戛戛而雄厲，翅翩翩而勁逸。觜距者先中而命處，錦疑作綿。鑾者異狀而同疾。苟精別而棲條，同賞心而無失。

唐　高適《高常侍集》卷九《鶻賦并序》　天寶初，有自滑臺奉太守李公《鶻賦》以垂示。適越在草野，一作澤。才無能爲，尚懷知音，遂作《鶻賦》。其詞曰：夫何鶻之爲用，置之則已，縱之無匹。懷果斷之沉潛，任情性之敏疾。頭小而鋭，氣雄而逸。邈耿介以凌霜，目精明而點漆。想像遼遠，孤貞深密。將必取而乃回，若受詞而無失。當白帝之用事，下青霄一作入青雲。而委質。乃順一作徇。節而一作以。勃然，因指蹤而挺出。嚴冬欲雪，蔓草初焚。野莽蕩而風緊，天崢嶸而日曛。忿頑一作顧。兔之狡伏，耻高鳥之成羣。始滅没而畧地，忽昇騰而篲一作參。雲。翻決裂以電繫，一作擊。皆披靡而星分。奔走者折脇而絶脰，鳴噪者血灑而毛紛。雖百中而一作之。自我，終一呼而在君。夫其左右更進，縱横發跡。掃窟穴之凌兢，振荆榛之折歷。一作折瀝。翕六翮以直上，交雙指以迅擊。合連弩之應機，類鳴髇之破的。豁爾瞀臆，伊何凌厲以爽朗。曾莫蔕芥，豈虞夷險之三字亦作險難而。怵惕。觀其獲多不三字亦作所獲多。有，得用非媒。歷閶闔以肅穆，翊鈎陳以一作而。環回。幸耀一作輝。光於蒐狩，承剪拂於樓臺。望鳳沼而輕舉，紛羽族以驚猜。路杳杳而何尚，一作向。雲茫茫而不開。鶯出谷而一作兮。徒爾，鶴乘軒而何哉。彼懷毅勇，轗軻而棄置，胡不效其間，闕而徘徊。爾乃顧恩有地，戀主多情。念層空而不去，一作起。託虚室而一作以。無驚。雅節表於能讓，義心激於效誠。勢愈一作逾。高而下急，體彌重而飛輕。戢羽翼以受命，一作知。若肝膽之必呈。嗟日月之云邁，猶羈縻而見嬰。别有横大海而徑度，順長風而一寫。投足眇於巖巔，脱身逸一作冥。於弋者。冰落落以凝閉，雪皚皚而飄灑。諒堅鋭之時一作持。然，寧苦寒以一作之。求捨。匪聚食以祈滿，聊擊羣一作鮮。以自假。比玄豹之潛形，同幽人之在野。矧其升巢絶壁，獨立危一作霜。條。心倏忽於萬里，思超遥於九霄。豈外物二字一作别物。之能慕，曷凡禽之見邀。一有則字。未知鴛鷺之所以，一作適。孰與夫鵬鷃之二作兮。逍遥云爾哉。

明　葉盛《菉竹堂稿》卷二《鶻》　梳翎礪爪炯双眸，猛氣英英万里秋。我有絛鏇猶在手，草間狐兔莫深愁。

海東青

綜述

明　葉子奇《草木子》卷四　海東青，鶻之至俊者也。出於女真。在遼國已極重之，因是起變，而契丹以亡。其物善擒天鵝，飛放時，旋風羊角而上，直入雲際。能得頭鵞者，元朝官裹賞鈔五十錠。

清　愛新覺羅・弘曆《清朝通志》卷一二六《禽类》　海東青，鷹屬，形較小，能飛入雲擒天鵞。寧古塔黑龍江所出。向以小而鷙者爲隼，今無其名。

清　佚名《鳥譜》卷一一《白海青一名海東青》　白海青似鷹而大，黑睛紅暈黄眶，黑勾喙，觜根黄，兩頰及頷下蒼毛帶白，頂項腹背通作粉白色，背色略帶蒼，每毛中節有蒼尖斑相對，腹毛斑細，背毛斑大，下翅蒼黑色，白尖白尾，間以蒼節，淺黄足，黑爪。云自遼東海外來，故一名海東青。擊物最捷，俊于鷹鶻。亦有黑者。《異物記》云：登州海有鳥如鶻，自高麗飛渡海岸，名海東青。擊物最捷，善擒天鵞，飛時旋風直上雲際，亦謂之海青鳥。《明一統志》云：海東青，爪白者尤異，五國城東出。

紀事

宋　江少虞《事實類苑》卷二《祖宗聖訓》　登州海岸林中常有鷹，自高麗一夕飛渡海岸，未明至者絶俊，號曰『海東青』。淳化中，夏帥趙保忠得獻上。上歎曰：『朕久罷畋游，盡放鷹犬，無所事此。今即以賜卿，當領之也。』並楊文公《談苑》。

明　朱瞻基《五倫書》　太宗時，登州海岸林中嘗有鶻，自高麗一夕飛至，絶俊，號曰『海東青』。

藝文

元 袁易《靜春堂詩集》卷二《白海青》 尚方有賜江浙省臣白海青者，杭州人士美以歌詩，徵余同賦。

渺渺東溟刷羽翰，乍隨天馬萬人觀。孤飛雪點青雲破，一擊秋生玉宇寬。賜予豈將追雁鶩，馳驅直欲辨梟鸞。江南明月雖同色，夢想瑶階白露漙。

明 梵琦《海東青行》（引自《檇李詩繫》卷三一） 海東青，高麗獻之天子庭。萬人却立不敢睨，玉爪金眸鐵作翎。心在寒空鞲在手，一生自獵知無偶。孤飛直出大鵬前，猛志豈落駕鵝後。是日霜風何栗冽，長楊樹羽看騰瞥。奔雲突霧入紫霄，狡兔妖蟇灑丹血。束身歸來如木雞，衆鶻欲並功難齊。爾輩無材空碌碌，不應但費官厨肉。

清 愛新覺羅·弘曆《清高宗詩二集》卷三九《白海青行》 海東青，育卵海之東。旋風絶雲，不辨故國踪。戢羽少憩叢林中，乃遭弋獲囚樊籠。海東青，育卵海之東。故爲人得者，皆已成禽。其雛羅網曾不逢，青其正色白其瑞，千百之中一覯致。何來雪羽炯硃睛，奇毛詎止少爲貴。海東青，鷙鳥類，其性稜稜多秉義。毰毸玉立獨馴良，不與羣匹爭擊摯。鷙鳥類，海東青，《禽經》何事初無名，無名亦何害，有名亦何榮。不見蒼鶻，取鴿爲暖足。或稱寶觀，或稱薦福，翻使淆訛增。究之其事，要屬乾闥城。翰林子墨，有無悠謬奚足徵。

又《清高宗詩四集》卷五四《海東青》 羽族之最鷙者，有黑龍江之海東青焉。身小而健，其飛極高，能擒天鵝，搏兔亦俊於鷹鶻。

鷙鳥從來有窟窠，海東青窟鮮逢他。鷹雕皆有窠，巢多緣峭壁爲之，人不能上，惟海東青從未見其窠也。徒傳飛至滄瀛左，亦自投於叢樾羅。鶻骨雕周早輸健，蠅營狗苟底須多。禽中虎也却愁燕，演雅名言可會麽。《輟耕録》載《演雅》言海青羽中虎也，燕能制之，羣集緣撲即墜云云。以小制大，物性往往如此，亦猶腰黄啖虎之類也。

白翎雀

綜述

清 佚名《鳥譜》卷四《白翎》 白翎，黑睛白眶，淡黄觜，蒼頭白眉，翅有白毛，黑翅尖，背有蒼黑點，後趾爪極長。《決録》云：白翎生沙際草中，不登木。頭背蒼黄色，背有白點如鶉，黑臆白腹。性不畏寒，喜沙籠中，常以沙養之。兩翅有白毛數根，故名，即陶九成《輟耕録》所謂白翎雀也。

清 沈濤《瑟榭叢談》卷上 白翎雀，形如鸜鵒而小，翅有白翎，産今獨石口外，所謂『烏桓城下白翎雀』也。楊廉夫稱其能制猛獸，尤善擒駕鵞。王士熙又有『小小白翎能念詩』之句。今此雀但能學百鳥之聲，並無解爲人言者，且亦不聞其能制猛獸，豈古今物産之異歟？元以前未入中國，《宋史·吴在木傳》：鳥有白翎雀，獸有青尾鹿。乃謂雀之白色者，非此。

清 方旭《蟲薈》卷一《羽蟲·白翎雀》 《天禄識餘》：朔漠之地有白翎雀，雖窮冬沍寒，不易其處。

藝文

元 虞集《道園學古録》卷二《白翎雀歌》 烏桓城下白翎雀，雌雄相呼以爲樂。平沙無樹託營巢，八月雪深黄草薄。君不見，舊時飛燕在昭陽，沈沈宫殿鎖鴛鴦。芙蓉露冷秋宵永，芍藥風暄春晝長。

元 楊維楨《鐵崖古樂府》卷七《白翎鵲辭》 按《國史》脱必禪曰：世皇畋於柳林，聞婦哭甚哀。明日，白翎鵲飛集幹朶上，其聲類哭婦。上感之，因名侍臣製《白翎鵲詞》。鵲能制猛獸，尤善禽駕鵞者也。舊詞未古，爲作《白翎鵲詞》二章，以補我朝樂府。

白翎鵲，西極來。叶黎。金爲冠，玉爲衣。百鳥見之不敢飛，雄狐猛虎愁神機。先帝親手韝，重爾西方奇。海東之青汝何爲？下攫草間雉兔肥，奈何猛虎雄狐狸。

又 白翎鵲，來西極。地從翼旋山目側，邊風朔氣勁折膠。材官猛箭與之敵，黄狼紫兔不餘力。須臾白雪輕，一舉千仞直，駕鵞洒血當空擲。金頭玉頸高千尺，千秋萬歲逢玉食。

元 薩都拉《雁門集》卷四《白翎雀》 凄凄幽雀雙白翎，飛飛只傍烏桓城。平沙無樹巢弗營，雌雄爲樂相和鳴。君不見，舊日輕盈舞紫燕，鴛鴦鎖老昭陽殿。風暄芍藥春可憐，露冷芙蓉秋莫怨。

明 王褘《王忠文集》卷三《白翎雀圖》 白翎雀，雪作翎，群呼旅食啁哳鳴。何人翻作弦上聲，傳與江南士女聽。南人聽聲未識形，畫師更與圖丹青。圖丹青，一何似，知爾之生何處是。秋高口子草如雲，風勁腦兒沙似水。

明 張昱《可閒老人集》卷一《白鴿雀歌》 烏桓城下白鴿雀，雄鳴雌隨求飲啄。有時决起天上飛，告訴生來毛羽弱。西河伶人火倪赤，能以絲聲代禽臆。象牙指撥十三絃，宛轉繁音哀且急。玉真處子舞進觴，團衫鞶帶分兩傍。玉纖羅袖柘枝體，要與雀聲相頡頏。朝彈暮彈白鴿雀，貴人聽之以爲樂。變化春光指顧間，萬蕊千花動絃索。只今蕭條河水邊，宫庭毁盡沙依然。傷哉不聞白鴿雀，但見落日生寒烟。

清 陳文述《頤道堂詩外集》卷二《古今體詩・白雀》 白翎雀生於烏桓朔漠之地，雌雄和鳴，自得其樂。元世祖命伶人碩德閭製曲以名之，元楊允孚《灤京雜詩》所謂「白翎隨馬叫晴空」是也。

白翎明似雪，翔翥薄層霄。結偶聯鶼翼，和鳴協鳳簫。尋詩隨去馬，製曲憶前朝。丹陛陳仙樂，還容和九韶。

清 謝元淮《養默山房詩藁》卷五《詠物雜詩・白翎》 平沙萬里絶山青，枯草黄雲叫白翎。有客當年曾出塞，四條絃裏不堪聽。

鶬鴰

論説

宋 羅願《爾雅翼》卷一七《鶬》 鶬，鴰也。關西呼爲鴰鹿，山東通謂之鶬，鄙俗名爲錯落。錯落者，亦言鶬聲之急耳。又謂之鴰捋。鴰鹿、鴰捋，皆象其鳴聲也。《子虚賦》以弋下雙鶬爲游獵之盛，而《楚辭》以煎鴻鶬爲異味。解《楚辭》者曰：鶬，鶴也。然則鶬蓋鶴之類，豈以其色蒼，遂謂之鶬耶？《淮南子》：鳳皇曾逝萬里之上，鴻鵠蒼鶴，莫不憚焉。則蒼鶴之爲鶬必矣。玄鶬長足羣飛，天之將霜，先知之而鳴，不過旬日而下霜矣。《物類相感志》然則鶬之警霜，猶鶴之警露也。裴瑜注《爾雅》言鶬，麋鴰，是九頭鳥，今謂之鬼車鳥。秦中天陰，有時作聲，聲如力車鳴。或言是水雞過。説者曰，此鳥昔有十頭，能收人魂氣，爲天狗齧去其一，至今滴血不止。遇其夜過，或滴汙物上者，以爲不祥，人家皆滅燭呼犬以去之。然按夫子與子夏所見，稱奇鶬九首，當是今九頭鳥。但九首者既稱奇鶬，則非常鶬可知也，不當以解麋鴰。劉騊駼《玄根賦》：一足之夔，九頭之鶬。

綜述

《爾雅・释鳥》 鶬，麋鴰。注：今呼鶬鴰。音義：鶬，音倉。《字林》：七羊反。麋，音眉。《字林》作鶥，音同鴰，古活反。《説文》音刮。疏：一名麋鴰。郭云：今呼鶬鴰。

漢 許慎《説文》卷四 鶬，麋鴰也。从鳥，倉聲。七岡切。䳓，鶬，或从隹。鴰，麋鴰也。从鳥，昏聲。古活切。

宋 鄭樵《通志》卷七六 鶬，《爾雅》曰麋鴰，即鶬鴰也。

明　楊慎《**丹鉛餘録**》**卷六**《**鶬鴰**》《左傳》：青鳥氏，司分者也。杜預云：青鳥、鶬鴳，立春鳴，立夏止。《疏》作鶬鷃。《易通卦驗》：立春，楊柳津，鶬鴰鳴。與《左傳》合。然未知此鳥今名爲何鳥也。

明　李時珍《**本草綱目**》**卷四七**　鶬鷄《食物》　釋名：鶬鴰、《爾雅》麋鴰、《爾雅》鴰鹿、《爾雅翼》麥鷄。時珍曰：按羅願云：鶬麋，其色蒼，如麋也。鴰鹿，其聲也。關西呼曰鴰鹿，山東呼曰鶬鴰，訛爲錯落，南人呼爲鶬鷄，江人呼爲麥鷄。集解：穎曰：鶬鷄，狀如鶴大而頂無丹，兩頰紅。時珍曰：鶬，水鳥也，食于田澤洲渚之間。大如鶴，青蒼色，亦有灰色者。長頸高脚，羣飛，可以候霜。或以爲即古之鷫鸘，其皮可爲裘，與鳳同名者也。附録：鷫鸘。時珍曰：按羅願《爾雅翼》云：鷫鸘水鳥，雁屬也。似雁而長頸，緑色皮可爲裘。霜時乃來就暖。故《禽經》云：鸘飛則霜，鷊飛則雨。鷊即商羊也。又西方之鳳，亦名鷫鸘。

明　陳懋仁《**庶物異名疏**》**卷二五**《**錯落**》《唐韻》注：鶬鴰，一身九頭九尾，逆毛。一名錯落。

明　劉侗《**名物通**》**卷九**　鶬，即鬼車，奇鶬，九頭。《夷堅志》載其身圓如箕，一頭各生兩翅。當飛時，十八翼霍霍然而動。一呼爲渠逸。

清　劉玉麐《**爾雅校議**》**卷下**　鶬，麋鴰。鶬，水鳥也。食于田澤洲渚之間，大如鶴。《韓詩外傳》載鶬鴰鳥毛逆九尾。其鳥長頸高脚，羣飛，可以候霜。或以爲即古之鷫鸘，其皮可爲裘也。《禽經》云『鸘飛則霜，鷊飛則雨』，即商羊也。

清　方旭《**蟲薈**》**卷一**《**羽蟲・鶬**》《正字通》：鶬大如鶴，青蒼色，亦有灰色者。長頸高脚，頂無丹，兩頰紅。關西呼鴰鹿，又呼鴰捋，山東呼鶬鴰，又呼錯落，南人呼鶬鷄，江人呼麥雞。旭按：此即《爾雅》之麋鴰也。《正義》云：似雁而黑，好高飛。

藝文

清　黄爵滋《**仙屏書屋初集**》**詩録卷一〇**《**蒼鴰**》　五鳳樓前蒼鴰飛，陰森翠柏自相依。廟堂不爽江湖志，二月來巢八月歸。

圖表

晉　郭璞《**爾雅音圖・釋鳥**》

鬼車

論説

宋　周密《**齊東野語**》**卷一九**《**鬼車鳥**》　鬼車，俗稱九頭鳥，陸長源《辨疑志》又名渠逸鳥。世傳此鳥昔有十首，爲犬噬其一，至今血滴人家，能爲灾咎。故聞之者，必叱犬滅燈，以速其過。澤國風雨之夕，往往聞之。六一翁有詩，曲盡其悲哀之聲，然鮮有覩其形者。淳熙間，李壽翁守長沙日，嘗募人捕得之。身圓如箕，十脰環簇，其九有頭，其一獨無而鮮血點滴，如世所傳。每脰各生兩翅，當飛時，十八翼霍霍競進，不相爲用，至有爭拗折

傷者。景定間，周漢國公主下降，賜第嘉會門之左，飛樓複道，近接禁籞。貴主嘗得疾，一日正晝，忽有九頭鳥踞主第，擣衣石上，其狀大抵類野鳧而大如箕，哀鳴啾啾，略不見憚。命弓射之，不中而去。是夕，主薨。信乎，其爲不祥也。此余親聞之副騑云。

明　楊慎《升菴集》卷八一《鬼車》　鬼車，九頭鳥也。《白澤圖》謂之蒼鸆。《帝鵠書》謂之逆鶬。夫子子夏見而歌之。裴瑜注《爾雅》言：鶬，麋鴰，是九頭鳥也。《小說》：周公居東周，惡聞此鳥，命庭氏射之，血其一首，餘猶九首。按：夫子《鶬歌》曰：逆毛鶬兮，一身九尾長兮。只言九尾，不言九頭。

綜述

明　李時珍《本草綱目》卷四九　姑獲鳥《拾遺》　釋名：乳母鳥、《玄中記》夜行遊女、同天帝少女、同無辜鳥、同隱飛、《玄中記》鬼鳥、《拾遺》譩譆、杜預《左傳》注鈎星。《歲時記》　時珍曰：昔人言此鳥産婦所化，陰慝爲妖，故有諸名。　集解：藏器曰：姑獲能收人魂魄。《玄中記》云：姑獲鳥，鬼神類也。衣毛爲飛鳥，脱毛爲女人。云是産婦死後化作，故胸前有兩乳。喜取人子養爲己子，凡有小兒家，不可夜露衣物。此鳥夜飛，以血點之爲志，兒輒病驚癇及疳疾，謂之無辜疳也。荆州多有之。亦謂之鬼鳥。《周禮》庭氏「以救日之弓、救月之矢射矢鳥」，即此也。時珍曰：此鳥純雌無雄，七八月夜飛，害人尤毒。

又　鬼車鳥《拾遺》　釋名：鬼鳥、《拾遺》九頭鳥、同上蒼鸆、《白澤圖》奇鶬。時珍曰：鬼車，妖鳥也，取《周易》載鬼一車之義。似鶬而異，故曰奇鶬。　集解：藏器曰：鬼車，晦瞑則飛鳴，能入人家，收人魂氣。相傳此鳥昔有十首，犬嚙其一，猶餘九首。其一常滴血，血着人家則兇。荆楚人夜聞其飛鳴，但滅燈、打門、捩狗耳以厭之，言其畏狗也。《白澤圖》蒼鸆有九首，及孔子與子夏見奇鶬九首，皆此物也。《荆楚歲時記》以爲姑獲者，非矣。二鳥相似，故同名鬼鳥。時珍曰：鬼車狀如鵂鶹，而大者翼廣丈許，晝盲夜瞭，見火光輒墮。按劉恂《嶺表録》云：鬼車出秦中，而嶺外尤多。春夏之交，稍遇陰晦，則飛鳴而過，聲如力車鳴。愛入人家，鑠人魂氣。血滴之家，必有兇咎。《便民圖[纂]》云：冬月鬼車夜飛，鳴聲自北而南，謂之出巢，主雨。自南而北，謂之歸巢，主晴。周密《齊東野語》云：宋・李壽翁守長沙，曾捕得此鳥。狀類野鳧，赤色，身圓如箕。十頸環簇，有九頭，其一獨無而滴鮮血。每頸兩翼，飛則霍霍並進。又周漢公主病，此鳥飛至砧石即薨。嗚呼！怪氣所鍾，妖異如此，不可不知。

明　穆希文《説原》卷一〇　鬼車鳥，十頭，其一爲犬所噬，能收人魂。天將雨，鳴如力車。鵩，不祥之鳥。夜爲惡聲。小如雉，體有文采。行不出域，若有疆服者，故名鵩。

明　屠隆《鴻苞》卷一九　鬼車，俗名九頭鳥，又名姑獲，又名鵂鶹，又名鶬。古賦：奇鶬九頭。又名天帝少女。夜陰晦，則飛鳴而過。無子，喜取人子女養之。有九首，曾爲犬齧下一首，常滴血，血滴之家即有凶咎。

明　張存紳《增定雅俗稽言》卷三七　鬼車　俗名九頭鳥。相傳産婦所化，胸前有二乳。《玄中記》：一名天帝少女，一名夜行遊女。好取小兒養之，今時小兒衣不敢夜露，爲此。

清　丁晏《易林釋文》卷二　蒙　衆鳥所翔中，有大怪，九身無頭，魂驚魄去。《文選》郭璞《江賦》：奇鶬九首。《爾雅・釋鳥》：鶬，麋鴰。郭注：今呼鶬鴰。《太平御覽・羽族部》引《三國典略》云：齊園有九頭鳥見，赤色，似鴨，九頭皆鳴。又引《嶺表録異》云：鬼車入人家，鑠人魂氣。或云：九首曾爲犬齧下一首，常滴血，血滴之家即有凶咎。《酉陽雜俎》云：鬼車鳥，相傳此鳥昔有十首，能收人魂，一首爲犬所噬。秦中天陰，有聲如力車鳴。《白澤圖》謂之蒼鸆，《帝嚳書》謂之逆鶬。裴瑜注《爾雅》云：是九頭鳥也。《繹史》引《衝波傳》有鳥九尾，人以問孔子，曰：鶬也。《河上之歌》曰：鶬兮鶬兮，逆毛衰兮，一身九尾長兮。《廣韻》引《韓詩》同。鳥有九頭，如《楚辭》雄虺九首之類，故爲大怪。

藝文

宋　王質《紹陶録》卷下《蘄州鬼》　身黑，觜足俱白，聲清急，別一聲不類蘄州鬼，如云奚啾觜。

蘄州鬼，蘄州鬼，江南淮北隔江水。淮山巉巉深又深，鬼哭浪頭險無

比。你且鳴，我且睡，花草薰人令人醉。鳴呼！此友兮願相逢，谷烟溪霧深重重。

雜録

晉 郭璞《玄中記・女雀》 姑獲鳥，夜飛晝藏，蓋鬼車類，衣毛爲飛鳥，脱毛爲女人，名爲天帝少女，一名夜行遊女，一名鉤星，一名隱飛。鳥無子，喜取人子養爲子。人養小兒不可露其衣，此鳥度卽取兒也，以血點其衣爲驗。故世人名爲鬼鳥，荆州爲多。昔豫章男子見田中有六七女人，不知是鳥，匍匐往，先得其所解毛衣藏之，卽往就諸鳥。諸鳥各走就毛衣，衣之飛去。一鳥獨不得去，男子取以爲婦，生三女。其母後令女問父，知衣在積稻下，得衣飛去。後以衣迎三女，三女得衣亦飛去。《御覽》八百八十三　九百二十七《荆楚歲時記》引《元中記》。

魚鷹　雎鳩　鶚

論説

唐 丘光庭《兼明書》卷二《雎鳩》 顔氏《匡謬》云：雎鳩，白鷢。明曰：按《左傳》云：雎鳩氏，司馬也。《爾雅》云：雎鳩，王雎。郭璞曰：今江東呼爲鶚。毛萇云：雎鳩摯而有别。然則雎鳩之爲鶚不可易也。《爾雅》又『揚鳥，白鷢』，是白鷢一名揚鳥，則雎鳩非白鷢明矣。

宋 蔡卞《毛詩名物解》卷六《雎鳩》 雎鳩，或謂之鶚，或謂之王雎。凡鳩，皆陽鳥也。剛而能制者，真若乎陽，故鳩訓聚而有别者也。和而不同，則有是意，故謂之雎鳩。然有不可犯之道也，故又謂之鶚。王，大也，於鳲鳩則爲大矣，故又謂之王雎。勒以法度，足以一衆者，莫如雎鳩，故雎鳩氏爲司馬。夫有可歸之德，又有可歸之位者，后妃也。故《關雎》又爲王者之風，而不爲諸侯之風。能聚，所以喻后妃之求淑女。能别，所以喻后妃不失禮義也。

宋 陸佃《埤雅》卷七《雎鳩》 雎鳩，鵰類，江東呼之爲鶚。鷙而有别。《陰陽自然變化論》曰『雎鳩不再匹』，蓋言是也。《詩》曰：關關雎鳩，在河之洲。蓋關雎和而摯，别而通習水，又善捕魚，故《詩》以爲后妃之比。鳲鳩則一宿均養，又居鵲之成巢，故爲夫人之德而已。徐鉉《草木蟲魚圖》云：雎鳩常在河洲之上爲儔偶，更不移處。蓋鶚性好跱，故每立，更不移處，所謂『鶚立』，義取諸此。郯子曰：少皞氏以鳥名官，鳳鳥氏，歷正也；玄鳥氏，司分；伯趙氏，司至；青鳥氏，司啓；丹鳥氏，司閉；祝鳩氏，司徒；雎鳩氏，司馬；鳲鳩氏，司空；鶆鳩氏，司寇；鶻鳩氏，司事。五鳩，鳩民者也。鳳知天時，故以名歷正之官。玄鳥，燕也，以春分來秋分去，故司分。伯趙，鵙也，以夏至鳴冬至止，故司至。青鳥，鶬鴳也，以立春鳴立夏止，故司啓。丹鳥，鷩雉也，以立秋來立冬去，故司閉。雎鳩，鷙而有别，故爲司馬，主法制。鳲鳩平均，故爲司空，平水土。鵻鳩孝，故爲司徒，主教民藉。《虞槐賦》曰『春棲教農之鳥』，卽鵻是也。俗云雎鳩交則雙翔，别則立而異處，是謂鷙而有别，《傳》曰『鷙鳥不雙』是也。

宋 羅願《爾雅翼》卷一四《雎鳩》 雎鳩，鵰類，今江東呼之爲鶚。好在江渚山邊食魚，故《詩》云『關關雎鳩，在河之洲』也。鶚，鳥之摯者，故曰『鷙鳥累百，不如一鶚』。《淮南子》曰：狐不二雄，神龍不匹，猛獸不羣，鷙鳥不雙。姜后稱雎鳩之鳥，猶未嘗見其乘居而匹遊，故先儒稱『摯而有别』。少皞氏以爲司馬，主法制。揚雄《羽獵賦》云：玄鸞孔雀，翡翠垂榮。王雎關關，鴻鴈嚶嚶。羣娛乎其中，噍噍昆鳴。張衡《思玄賦》云：天地烟熅，百卉含葩。鳴鶴交頸，雎鳩相和。處子懷春，精魂回移。其《歸田賦》云：仲春令月，時和氣清。原隰鬱茂，百草滋榮。王雎鼓翼，倉庚哀鳴。交頸頡頏，關關嚶嚶。以相和而交頸言之，則蓋嘗乘居而匹遊矣。烏在論其有别耶？且后妃之意，方將樂得淑女，與其君子相與，如雎之相爲顧。豈暇言其别。《淮南子》曰：關雎興於鳥，而君子美之，爲其雌雄之不乖也。鹿鳴興於獸，

君子大之，取其見食而相呼也。則古之説《詩》者與此異矣。然則何以言《關雎》樂而不淫？曰：后妃之意，樂得賢女以配君子，則不淫之義自顯矣。陸璣《疏》：雎鳩，大小如鴟，深目，目上骨露，幽州人謂之鷲。揚子雲、許叔重皆曰：白鷢，似鷹，尾上白。

明 陸容《菽園雜記》卷九 雎鳩，揚雄、許慎以爲白鷢，郭璞以江東人謂之鶚，陸（機）〔璣〕以幽州人謂之鷲。黄公紹譏其皆以意求之，斷以爲即今之杜鵑，云：自蜀人作《華陽國志》，妄稱望帝所化，遂有杜鵑、杜宇之名，而雎鳩、王雎，世反不識。此正以五十步笑百步者也。惟朱子《詩傳》云『狀類鳧鷖』，最爲得之。今吴音譌呼雎爲竪。婚禮，好事者必求鴛鴦、王雎，以備名件。蓋非尚珍異，鴛鴦，取其匹而有恩；王雎，以其摯而有别也。

綜　述

《禽經》 鷲鳥之善搏者，曰鶚。鶚大，人見而悚愕也。王鴡，鴡鳩，魚鷹也。《毛詩》曰：王鴡，鷙而有别，多子，江表人呼以爲魚鷹。雌雄相愛，不同居處，《詩》之《國風》始《關雎》也。

亦曰白鷺。鷺之色白者。

亦曰白鷢。狀如鷹，尾上白也。

《爾雅·釋鳥》 鴡鳩，王鴡。注：鵰類。今江東呼之爲鶚，好在江渚山邊食魚。《毛詩傳》曰：鳥摯而有别。音義：鴡，本又作雎，七徐反。鵰音彫。鶚，五各反。好，呼報反。下皆同。摯，音至。别，彼列反。疏：李巡曰：王鴡，一名鴡鳩。郭云：鵰類。今江東呼之爲鶚，好在江渚山邊食魚。《詩·周南》云：關關鴡鳩。陸璣《疏》云：鴡鳩，大小如鴟，深目，目上骨露，幽州謂之鷲。而揚雄、許慎皆曰：白鷢似鷹，尾上白。注『《毛傳》曰：鳥鷙而有别』，此即《關雎》傳文也。鷙，至也。謂鳥中雌雄，情意至厚，而猶能有别，故以興后妃説樂君子，情深猶能不淫其色。

漢 許慎《説文》卷四 鴡，王鴡也。从鳥，且聲。七余切。

三國吴 陸璣《毛詩草木鳥獸蟲魚疏》卷下《關關雎鳩》 雎鳩，大小如鳩，深目，目上骨露出，幽州人謂之鷲。

宋 鄭樵《通志》卷七六 鴡鳩，《爾雅》曰『王鴡』，鳧類，多在水邊。尾有一點白，故揚雄云白鷢。舊説鵰類，誤矣。鴡，七徐反。

宋 戴侗《六書故》卷一九 鶚，五各切。鷙鳥之大者也。漢鄒陽曰：鷙鳥纍百，不如一鶚。孟康曰：大鵰也。顔師古曰：鶚乃大鵰之鷙者，非鵰也。《説文》無鶚而有䳂，鷙鳥也。孫氏與專切。徐鉉曰：咢非聲，疑从萑省。俗作鳶，非。按：屰非與專之聲比，即鶚字。孫音誤也。【略】

雎，七余切。《説文》：从鳥，王雎也。又曰：白鷢，王雎也。《詩云》：關關雎鳩。毛氏曰：王雎也，摯而有别。郭璞曰：雕類。江東呼爲鶚，好在江渚山邊食魚。陸璣曰：大小如鴟，深目，目上骨露，幽州謂之鷲。揚雄、許叔重皆曰白鷢。崔豹《古今注》曰：似雁，尾上白。《禽經》曰：雎鳩，魚雁也。舅氏曰：朱文公謂雎鳩生有定耦而不亂，耦常竝游而不狎。引《列女傳》未嘗見其椉居而匹處，蓋因《詩》而生意也。徐鉉《草木圖》至謂雎鳩在河洲上爲儔耦，未嘗移處，是又傅『會在河之洲』一辭，遂以爲雎鳩之定居也。王性之又謂嘗至田野，見有鳥同巢而異室，野人謂之關雎，此尤傅會。《詩》謂鴡鳩之聲關關，後人合關雎以爲詩名爾，安得遂爲鳥名乎？

明 李時珍《本草綱目》卷四九 鶚《綱目》 釋名：魚鷹、《禽經》鵰鷄、《詩疏》雎雄、《周詩》王雎、音疽沸波、《淮南子》下窟烏。時珍曰：鶚狀可愕，故謂之鶚。其視雎健，故謂之雎。能入穴取食，故謂之下窟烏。翱翔水上，扇魚令出，故曰沸波。《禽經》云：王雎，魚鷹也，尾上白者曰白鷢。集解：時珍曰：鶚，鵰類也。似鷹而土黄色，深目好峙。雄雌相得，鷙而有别，交則雙翔，别則異處。能翱翔水上捕魚食，江表人呼爲食魚鷹。亦啖蛇。《詩》云：關關雎鳩，在河之洲。即此。其肉腥惡，不可食。陸（機）〔璣〕以爲鷲，揚雄以爲白鷢，黄氏以爲杜鵑，皆誤矣。《禽經》云：鳩生三子，一爲鶚鳩。尸鳩也。杜預以王雎爲尸鳩，或以此也。

明 吴雨《毛詩鳥獸草木考》卷一《雎鳩》 《周南》曰：關關雎鳩，在河之洲。《傳》：關關，和聲也。雎鳩，王雎也。鳥摯而有别。雎鳩，水鳥也。一名王雎，似鳧鷖而差長，羽毛黄色，翼有黑翎一二。常在河洲之上，爲儔侶更不移處。《陰陽自然》：不求再匹，而通習水，又善捕魚。江表呼爲魚鷹。俗云雎鳩交則雙翔，别則立而異處，是謂摯而有别也。郭璞曰：鵰類。今江東呼之爲鶚，好在江渚山邊食魚。陸璣《疏》曰：雎鳩，大小如鴟，深目，目上露角，幽州人謂之鷲。而揚雄、許慎皆曰：白鷢似鷹，尾上

白。《風土記》曰：説《詩》義者或云雎鳩爲白鷹，白鷹，鸛屬，於義無取。蓋蒼鷃如白鷹而色蒼，其鳴戛和順，又遊于水而息于洲，常雙不隻。《列女傳》曰：妾聞男女之別，國之大節，故以雎鳩起興。夫雎鳩之鳥，人猶未嘗見其乘居而匹處也。朱子曰：嘗見淮人説淮上有之，狀如鳩差小而長，常是雌雄兩兩相隨不相失，然亦不曾相近，立處須隔丈來地，所謂『摯而有別』是也。按：此數説不同，惟《風土記》爲得。《左傳》郯子五鳩，備見於《詩》。雎鳩，氏司馬，此雎鳩是也。祝鳩，氏司徒，鵻鳩也，《四牡》、《嘉魚》之鵻是也。鳲鳩氏，司空，布穀也，《曹風》之鳲鳩是也。爽鳩氏，司寇，《大明》之鷹是也。鶻鳩氏，司事，鷽鳩也，即小斑鳩，《小宛》之鳴鳩與《氓》食桑葚之鳩是也。《左傳》雎作鴡。杜預云：摯而有別，故爲司馬，主法制也。

明　毛晉《陸氏詩疏廣要》卷下之上《關關雎鳩》　《禽經》云：王雎，雎鳩，魚鷹也。亦曰白鷢，亦曰白鷹。張華注云：《毛詩》曰：王雎摯而有別，多子，江表人呼以爲魚鷹。雌雄相愛，不同居處，《詩》之《國風》始《關雎》也。《爾雅》云：雎鳩，王雎。郭璞注曰：鵰類。今江東呼之爲鶚，好在江渚山邊食魚。《韓詩説》：雎雄貞潔慎匹，以聲相求，隱蔽乎無人之處。徐鉉《蟲魚圖》云：雎鳩常在河洲之上，爲儔偶更不移處。俗云雎鳩交則雙翔，別則立而異處。朱子《語録》：狀如鳩差小而長，常是雌雄兩兩相隨不相失，然亦不曾相近，須隔丈來地。《陰陽自然變化論》：雎鳩不再匹。《淮南子》：《關雎》興于鳥，君子美之，爲其雌雄之不乖居也。《鹿鳴》興于獸，君子大之，取其見食而相呼也。《埤雅》云：通習水，又善捕魚。《風土記》云：或説雎鳩爲白鷹，白鷹，鸛屬，于義無取。蓋蒼鷃大如白鷹而色蒼，其鳴戛和順，又游于水而息于洲，常隻不雙。鄭漁仲云：雎鳩，王雎，梟類。多在水邊，尾有一點白，故揚雄云白鷹。舊説鵰類，誤矣。嚴華谷云：《左傳》郯子五鳩，備見《詩經》。雎鳩氏，司馬，此詩是也。祝鳩氏，司徒，鵻鳩也，《四牡》、《嘉魚》之鵻是也。鳲鳩氏，司空，布穀也，《曹風》之鳲鳩是也。爽鳩氏，司寇，《大明》之鷹是也。鶻鳩氏，司事，鷽鳩也，非斑鳩，《小宛》之鳴鳩與《氓》食桑葚之鳩是也。按《爾雅·釋鳥》又云：揚鳥，白鷹。是與雎鳩同類而異種者也。不知揚雄、許慎何皆曰白鷹。范、鄭諸家辨之甚詳。或謂王雎、雎鳩是二鳥，則與經傳相乖，余未敢遽信。

清　顧棟高《毛詩類釋續編》卷一六《雎鳩》　《爾雅》：雎鳩，王雎。七徐反。郭注：鵰類。今江東呼之爲鶚，好在江渚食魚。《毛詩傳》曰：鳥摯而有別。邢疏：王雎，一名雎鳩。《周南》云：關關雎鳩。陸璣《疏》：雎鳩，大小如鴟，深目，目上骨露，幽州謂之鷲。『鷙而有別』，此即《關雎》傳文。鷙，至也，謂鳥中雌雄，情意至厚，而猶能有別，故以興后妃。

清　嵇璜《續通志》卷一八〇　鶚，一名魚鷹，一名鵰雞，鵰類也。似鷹而土黃色，深目，好峙。雌雄相得，鷙而有別，交則雙翔，別則異處。《禽經》云：鷙鳥之善搏者，曰鶚。

清　徐鼎《毛詩名物圖説》卷一　《爾雅·釋鳥》：雎鳩，王雎。郭璞注：鵰類。今江東呼之爲鶚，好在江渚山邊食魚。師曠《禽經》：魚鷹也，亦曰白鷢，亦名白鷹。陸璣《草木蟲魚疏》：雎鳩，大小如鴟，深目，目上骨露，幽州人謂之鷲。揚雄、許慎皆曰白鷹，似鷹，尾上白。徐鉉曰：雎鳩，常在河洲之上，爲儔偶更不移處。嚴粲《詩緝》：《左傳》郯子五鳩，備見《詩經》。祝鳩氏，司徒，鵻鳩也，《四牡》、《嘉魚》之鵻是也。雎鳩氏，司馬，《關雎》之鳩是也。鳲鳩氏，司空，布穀也，《曹風》之鳲鳩是也。爽鳩氏，司寇，《大明》之鷹是也。鶻鳩氏，司事，鷽鳩也，非斑鳩，《小宛》之鳴鳩、《氓》食桑葚之鳩是也。杜預《左傳注》：雎鳩摯而有別，故爲司馬，主法則。愚按：《毛傳》：摯而有別。《列女傳》云：未見乘居而匹處。蓋生有定偶，交則雙翔，別則異處，好在洲渚。其色黃，其目深。云鵰類如鴟似鷹者，皆謂摯鳥。摯鳥之性不滛，取以方淑女之德。又據《通志》云：梟類，多在水邊，尾有一點白，故揚雄謂白鷹。但白鷹似鷹而非梟。《釋鳥》『雎鳩，王雎』、『楊鳥，白鷹』各一種。朱《傳》亦云水鳥，狀類梟鷺。若錢氏《詩詁》謂杜鵑，或謂似鴛鴦者，並謬。

清　戴鎣《爾雅郭注補正》卷九《鴡鳩王鴡》　注：鵰類。今江東呼之爲鶚，好在江邊渚中食魚。今本訛作『江渚山邊食魚』。右據《詩疏》改正。《毛詩傳》曰：鳥摯而有別。補正：邢《疏》陸璣云：鴡鳩大小如鴟，深目，目上骨露，幽州謂之鷲。而揚雄、許慎皆曰：白鷹似鷹，尾上白。臣鎣按《禽經》云：王鴡，鴡鳩，魚鷹也。亦曰白鷢，亦曰白鷹。蓋實鷙鳥，或者謂《詩》稱關關和諧，不當以鷙鳥爲喻，故鄭康成訓摯之言至，不知詩人狀物，取其一

端。鄭子曰：鵙鳩氏，司馬也。鵙鳩摯而有別，故爲司馬，主法制。舊説：鵙鳩交則雙翔，別則異處。《淮南子》曰：鷙鳥不雙。故曰摯而有別矣。蔡元度《毛詩名物解》云：凡鳩，皆陽鳥也。剛而能制者，真若乎陽。和而不同，則有是意，故謂之鵙鳩。然有不可犯之道，故又謂之鶚。王，大也，於鳲鳩則爲大矣，故又謂之王雎。

清　牟應震《毛詩物名考》卷一　雎鳩，魚鷹也，一名鷵鷀。鵰首梟頸，鷺尾鴨掌，鉤喙深目，色黑如烏。李時珍曰：盧茲皆黑色，此鳥深黑，故名。漁人養十數，載小舟，用以捕魚。鷙鳥也。鷙鳥不羣，此獨羣，故《詩》取以爲興。今解者以爲梟類。梟，凡鳥，非鷙鳥也。《説文》以爲鷹。鷹，山禽，非水禽也。《爾雅注》以爲鶚。鶚，鵰類，山禽之尤大者，好在江邊食魚。尤屬臆説。山禽無食腥者，惟《禽經》以爲魚鷹者得之。

藝　文

唐　李華《李遐叔文集》卷三《鶚執狐記》　某嘗目異鳥擊豊狐于中堂，雙睛燿宿，六翮垂雲，迅猶電馳，厲若霜殺，吻決肝腦，爪剞腎腸，昂藏自雄，倏歘而遊。問名於耕者，對曰：此黃金鶚也。其何快哉！因識之曰：仁人秉心，哀矜不暇，何樂之有？曰：是狐也，爲患大矣。震驚我姻族，撓亂我閭里，喜逃徐子之盧，不畏申孫之矢，皇祇或者其惡貫盈，而以鶚誅之。予非斯禽之快也而誰爲？悲夫！高位疾債，厚味腊毒，遵道致盛，或罹諸殃。況假威爲孽，能不速禍？在位者，當洒濯其心，拔除兇慝，惡是務去，福其大來。不然，則有甚于狐之害人，庸忸于鶚之能爾。

唐　楊弘真《一鶚賦》（引自《文苑英華》卷一三六）　禽之鷙者，鶚兮挺生。不翻翻以羣萃，自耿介以孤貞。羽族之中，雖彼衆而我寡；雲路之上，如特立而獨行。固將殺敵無匹，擊鮮莫京。豈惟拂之於平野，翫之於太清哉。卓彼雄姿，凛乎壯觀。或危石以礪吻，或高柯而整翰。搏鳩之隼，不敢飛揚；逐鷰之鸇，望而伏竄。及夫當殺節，乘勁秋。雙眸電擊，六翮雲浮。仰之彌高，方一舉而千里；翔而後集，恥乘居而匹遊。既而變金風，驚商律。不類聚以頡頏，自孤飛而厲疾。介然直下，固不可以同羣。邈矣獨翔，諒有殊於喪匹。磨疑作摩。碧落而上騰，與紫氣而相凌。自樂其絶侶，無求於得朋。鷹揚者迎之而不逮，鵰悍者攀之而不能。莽蒼天高，悠揚日霽。自暇自逸，倏來倏逝。何剛者而不懼，何勍者而不制。風毛雨血，見張衡《西京賦》。在嫉惡而無遺；草伏木棲，咸畏威而若厲。明心不測，利用則殊。以少爲貴，匪繁有徒。想像乎八紘之間，視遠如邇；隱映乎九霄之際，出有入無。諒搏擊而不競，豈蒐狩而弗圖。是知禽之凡者，雖累百而何補。士之傑者，將無雙而必取。亦猶務利觜，刷迅羽。雖多亦奚以爲，固非一鶚之爲伍。

宋　楊傑《無爲集》卷一《一鶚賦雄鷙之物，無有儔偶**》**　鶚也惟一，物之至雄。絶倫類於凡羽，鋭擊搏於秋風。一飛則沖，得路昊穹之表；獨立不懼，肯羣燕雀之中？在氣稟金，於德爲義。力捕潛伏，性鍾猛鷙。由耿介以寡合，非沽激而自異。雖曰鵜如其狀，孰并翱翔？未嘗烏合其羣，曲從黨比。其或木落萬壑，雲沉四陲。我則助天地嚴凝之氣，乘風霜肅殺之時，鼓雙翼以直上，摩九蒼而俯窺。兔縱狡以難遁，狐雖妖而盡追。義可去者，力皆擊之。此天下以無雙，少而尤貴；彼鷙鳥之累百，多亦胡爲？目瑩星攢，爪剛鉤屈。飛騰而雄壓鷹隼，擒獵而功高網罻。宜乎孔融爲表，薦禰衡以興辭；鄒陽上書，諫吴王而託物。大抵物之常者易其侶，禽之異者難其儔。故我不苟以合，不旅而遊。孤飛得以奮其勇，離羣不足爲之憂。惟我獨清，屈大夫之在楚；出乎其類，孔宣父之生周。非不知生而飛鳴，樂乎儔偶；奈何彼不我類，我匪其醜。與其羣以無益，孰若介然自守？又何必頻頻若鸒斯之黨，止賊夫糧；嚶嚶爲黃鳥之鳴，過求其友？勿謂毛羽爾盛，朋儕我無；殊不知丹鳳巢於阿閣，大鵬迷於天隅。子可類聚，孰云德孤？衆莫希蹤，鄙翩翩之六鷁；舉難接翼，小泛泛之雙鳧。噫！得其時則架於軒楹，失其遇則巢於林藪。將伸勇毅之志，願假英雄之手。如欲禽異類而肅四郊，於一鶚乎何有？

宋　曾鞏《元豐類藁》卷一《一鶚》　北風萬里開蓬蒿，山木洶洶鳴波濤。嘗聞一鶚今始見，眼駿骨緊精神豪。天昏雪密飛轉疾，暮略東海朝臨洮。社中神狐倏閃内，腦尾分磔垂弓櫜。巧兔獰雞失草木，勇鷙一下崩其

毛。窟穴呦呦哭九子，帳前活送雙青猱。啁啾燕雀誰爾數，駭散亦自亡其曹。勢疑空山竭九澤，殺氣已應太白高。歸來磔嵬載俎豆，快飲百瓮行春醪。酒酣始聞壯士歎，丈夫試用何時遭。

宋 王質《紹陶録》卷下《魚鷹》 身全黑，觜足皆黄，如鶏而小。空中視波間甚的，捷于他禽。聲清烈。

魚鷹，魚鷹，江空谷空同一音。風浪衝磯磯擦過，波沸安能遮眼明。忽飛上，忽飛下，碎玉横斜口中挂。嗚呼！此友兮不厭多，看看桑田生白波。

宋 高似孫《剡録》卷一〇《草木禽魚下·魚鷹》 舟過嵊江，一禽如雪，擒魚健於隼。問之，漁人曰：魚鷹也。温公魚鷹詩：翩然下林表，不憚風湍惡。

圖表

晉 郭璞《爾雅音圖·釋鳥》

明 李時珍《本草綱目·圖卷》

清 徐鼎《毛詩名物圖説》卷一

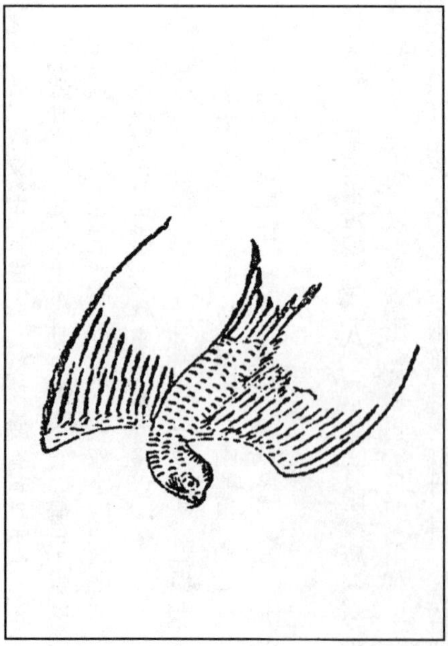

桑扈

論説

唐 丘光庭 《兼明書》卷三《桑扈竊脂》 《釋鳥》云：桑扈，竊脂。郭璞云：俗謂之青雀，觜曲，食肉，好盜脂膏食之，因以爲名也。明曰：非也。按下文云：夏扈，竊玄。秋扈，竊藍。冬扈，竊黄。棘扈，竊丹。豈諸扈皆善爲盜，而偷竊玄、黄、丹、藍者乎？蓋竊之言淺也。竊玄者，淺黑色也。竊藍者，淺青色也。竊黄者，淺黄色也。竊丹者，淺赤色也。竊脂者，淺白色也。今三四月間，採桑之時，有小鳥，灰色，眼下正白，俗呼『白鴆鳥』是也。以其採桑時來，故謂之桑扈。而郭注謂『竊脂』爲『盜脂肉』，一何謬哉！

宋 蔡卞 《毛詩名物解》卷六《桑扈》 桑扈，竊脂也，性好集桑，故因以桑則九扈之名也。户所以閉邑，所以守，故謂之扈。羽領之間，皆有文而又善自閉守，故名爲扈，而作詩者所以喻君子之禮文。少昊氏以九扈爲九農正，亦曰扈民無淫者也。

宋 陸佃 《埤雅》卷九《桑扈》 《淮南子》曰：馬不食脂，桑扈不啄粟，非廉也。桑扈，蓋一名而二種，若魯有兩曾參也。《釋鳥》云『桑扈，竊脂。鳭鷯，剖葦』，此桑扈之一種也。『桑扈，竊脂。棘扈，竊丹』，此桑扈之一種也。蓋對剖葦言之，則竊脂者所謂『青質，觜曲，食肉，好盜脂膏』者是也。對竊丹者言之，則竊脂者所謂『素質，其翅與領皆鶯然而有文章』者是也。《左傳》曰：九扈爲九農正，扈民無淫者也。賈逵、樊光以爲春扈趣民耕種，夏扈趣民耘耔，秋扈趣民收斂，冬扈趣民蓋藏，棘扈爲果驅鳥，桑扈爲蠶驅雀。行扈，唶唶，晝爲民驅鳥；宵扈，嘖嘖，夜爲農驅獸；老扈，鷃鷃，則趣民刈黍，令起不得晏者也。説者非之，以爲入林爲果驅鳥，入室爲蠶驅雀，晝驅鳥，夜驅獸，窮日通宵，常在田野，非先王所以建官之意，則亦以誤矣。蓋九扈，農桑候鳥，扈民無淫者也。故先王名官以主農桑之事，取其意云爾，非謂依此諸扈使之動作也。蓋如棘扈則主園事爾，桑扈則主蠶事爾，驅鳥、驅雀非所以爲難也。然則所謂『交交桑扈，率場啄粟』者，正以其性之竊脂者言之也，故以啄粟爲失其性。『交交桑扈，有鶯其羽』者，正以其色之竊脂者言之也，故其序曰：君臣上下，動無禮文焉。蓋君子素以爲質，而文之者，禮也。《釋獸》曰：虎竊毛，謂之虥貓。虥如小熊，竊毛而黄。竊毛，皆謂淺毛。則『夏扈竊玄』言淺黑，『秋扈竊藍』言淺青，『冬扈竊黄』言淺黄，『棘扈竊丹』言淺赤，『桑扈竊脂』言淺白，固其理也。且《爾雅》主《詩》言之，而《小雅·桑扈》所取者，有兩竊脂，故《爾雅》亦兩解也，猶之《無羊》云『九十其犉』，《良耜》云『殺時犉牡』，《爾雅》有『黑脣，犉』，又有『牛七尺爲犉』是也。

清 陳啓源 《毛詩稽古編》卷二八 《小雅》有兩桑扈，《爾雅》亦兩釋之。《埤雅》謂啄粟之桑扈，以性之竊脂盜竊脂肉。言，即《爾雅》之對剖葦者是。鶯羽之桑扈，以色之竊脂言，即《爾雅》之對竊丹者是。此解與郭注合於義久矣。陸《疏》解『竊脂』爲『竊取脂肉』，正指《小宛》桑扈言也。李時珍非之，誤矣。李又謂桑扈，毛蒼褐色而有黄點，其淺黄、淺白、淺青、淺黑、淺玄、淺丹，皆喙色，非毛色也。當必有據。

綜述

《爾雅·釋鳥》 桑鳸，竊脂。注：俗謂之青雀，觜曲，食肉，好盜脂膏，因名云。音義：竊，音切。脂，音之。疏：桑鳸，一名竊脂。郭云：俗謂之青雀，觜曲，食肉，好盜脂膏，因名云。鄭玄《詩箋》云：竊脂，肉食。陸璣《毛詩疏》云：竊脂，青雀也。好竊人脯肉脂及筩中膏，故以名竊脂也。諸儒説竊脂，皆謂盜脂膏，即如下云『竊玄』、『竊黄』者，豈復盜竊玄黄乎？案：下篇《釋獸》云：虎竊毛，謂之虥貓。虥如小熊，竊毛而黄。竊毛，皆謂淺毛。竊即古之淺字。但此鳥其色不純，竊玄，淺黑也；竊藍，青也；竊黄，淺黄色；竊丹，淺赤也。四色皆具，則竊脂爲淺白也。而諸儒必爲盜竊脂膏者，以此經下别云桑鳸與竊玄、竊黄等并列，則爲淺白者也，《春秋》『九扈』是也。此自别

一種青雀，好竊脂肉，目驗而然。《詩·小雅》『交交桑扈』是也。且鄭玄、郭璞、陸璣皆當世名儒，無容不知竊爲淺義，脂爲白色，而待後人駮正也。後人不達此旨，妄説異端，非也。【略】春鳸，鳻鶞。夏鳸，竊玄。秋鳸，竊藍。冬鳸，竊黄。桑鳸，竊脂。棘鳸，竊丹。行鳸，唶唶。宵鳸，嘖嘖。注：諸鳸皆因其毛色、音聲以爲名。竊藍，青色。音义【略】疏：李巡云：諸鳸别春夏秋冬四時之名。唶唶、嘖嘖，鳥聲貌也。郭云：諸鳸皆因其毛色、音聲以爲名。竊藍，青色。案，昭十七年《左傳》云：九扈爲九農正。以此八鳸并上『鳸，鴳』爲九。賈逵注云：春鳸，鳻鶞，相五土之宜，趣民耕種者也。夏鳸，竊玄，趣民耕苗者也。秋鳸，竊藍，趣民收斂者也。冬鳸，竊黄，趣民蓋藏者也。棘鳸，竊丹，爲果驅鳥者也。行鳸，唶唶，晝爲民驅鳥者也。宵鳸，嘖嘖，夜爲農驅獸者也。桑鳸，竊脂，爲蠶驅雀者也。老鳸，鷃鷃，趣民收麥，令不得晏起者也。舍人、樊光注《爾雅》，其言亦與賈同。其意皆謂以鳸爲官，還令依此諸鳸而動作也。然則趣民耕耘及收斂、蓋藏其事，可得召民使聚而總號令之。其爲果驅鳥、爲蠶驅雀，豈得多置官，方使之就果樹、入蠶室爲民驅之哉？又晝驅鳥，夜驅獸，不可竟日通宵常在田野，溥天之下，何以可周？且其言不經，難可據信也。故郭氏及杜預皆不從也。

三國吴 陸璣《毛詩草木鳥獸蟲魚疏》卷下《交交桑扈》 桑扈，青雀也。好竊人脯肉脂及膏，故曰竊脂。

宋 戴侗《六書故》卷一九 雇，侯古切，鳥也。古通作扈。《詩》云：交交桑扈，率場啄粟。《傳》曰：九扈爲九農正。《爾雅》曰：鳸，鴳。杜氏曰：九雇，春扈鳻鶞（勑倫切），夏扈竊玄，秋扈竊藍，冬扈竊黄，棘扈竊丹，行扈唶唶，宵扈嘖嘖，桑扈竊脂，老扈鷃鷃。鄭氏曰：竊脂肉食，無肉而啄粟，失其本性。郭璞曰：桑扈俗呼青雀，觜曲，食肉，喜盗脂膏，因以名之。按：竊，淺色也。竊脂，蓋淺白色，猶竊丹、竊黄也。鄭、郭誤仞以爲喜盗脂膏食肉而不食粟，彼安得肉而食諸？且竊丹、竊藍亦爲盗丹與藍者乎？又作𪆂鳸。借爲庸雇之雇。庸，予直也，古慕切。

明 李時珍《本草綱目》卷四九 桑扈《食物》 釋名：竊脂、《爾雅》青雀、郭璞蠟觜雀。時珍曰：鳸，意同扈，止也。《左傳》：少皞氏以鳥名官，九鳸爲九農正，所以止民無淫也。桑鳸乃鳸之在桑間者，其觜或淡白如脂，或凝黄如蠟，故古名竊脂，俗名蠟觜。淺色曰竊。陸(機)[璣]謂其好盗食脂肉，殆不然也。集解：時珍曰：鳸鳥處處山林有之。大如鴝鵒，蒼褐色，有黄斑點，好食粟稻。《詩》云『交交桑鳸，有鶯其羽』是矣。其觜喙微曲，而厚壯光瑩，或淺黄淺白，或淺青淺黑，或淺玄淺丹。鳸類有九種，皆以喙色故聲音别之，非謂毛色也。《爾雅》云『春鳸鳻鶞，夏鳸竊玄，秋鳸竊藍，冬鳸竊黄，桑鳸竊脂，棘鳸竊丹，行鳸唶唶，宵鳸嘖嘖，老扈鷃鷃』是矣。今俗多畜其雛，教作戲舞。

明 愼懋官《華夷花木鳥獸珍玩考》卷七《桑扈》 怨鳥，麥熟候鳴，不分晝夜。

明 吴雨《毛詩鳥獸草木考》卷三《桑扈》 《小雅》曰：交交桑扈，率場啄粟。《傳》：桑扈，竊脂也。《箋》：竊脂，食肉。桑扈，一名竊脂，俗謂之青雀。觜曲，食肉，好盗脂膏食之，因以名云。陸璣云：竊脂，青雀也。喜竊人脯肉脂及筩中膏，故以名竊脂也。《淮南子》曰：馬不食脂，桑扈不啄粟，非廉也。《山海經》曰：崌山有鳥焉，如鴞，赤身白首，其名竊脂。此自别一種青雀，好竊脂肉，目驗而然。此與下竊脂不同，此盗竊之竊。下竊，淺之竊也。《説文》『扈』作『雇』。

又 《小雅》曰：交交桑扈，有鶯其羽。《傳》：鶯然有文章。《箋》：桑扈，竊脂也。桑扈，竊脂也。即《春秋》之『九鳸』是也。《詩義疏》曰：或説『有鶯其羽』言雖小鳥，其鶯然有文章。《爾雅》云：夏扈竊玄，秋扈竊藍，冬扈竊黄，桑扈竊脂，棘扈竊丹。又云：虎竊毛，謂虦貓。魋如小熊，竊毛而黄。竊毛，皆謂淺毛。則『夏扈竊玄』言淺黑，『秋扈竊藍』言淺青，『冬扈竊黄』言淺黄，『桑扈竊脂』言淺白，『棘扈竊丹』言淺赤。竊，即古淺字。但此鳥其色不純白，故謂之淺白也。陸司農曰：桑扈，蓋一名有兩種，若魯有兩曾參也。《釋鳥》云『桑扈，竊脂。鳭鷯，剖葦』，此桑扈之一種也。『桑扈，竊脂。棘扈、竊丹』，此桑扈之一種也。蓋對剖葦言之，則竊脂者所謂『青質，觜曲，食肉，好盗脂膏』者是也。對竊丹言之，則竊脂者所謂『素質，其翅與領皆鶯然而有文章』者是也。然則『交交桑扈，率場啄粟』，正以其性之竊脂者言之也。『交交桑扈，有鶯其羽』，正以其色之竊脂者言之也。且《爾雅》主《詩》言之，而《小雅》有兩桑扈，所取有兩竊脂，故《爾雅》亦兩解也。

明 陳懋仁《庶物異名疏》卷二四《竊脂》 竊脂出崌山，如鴞而赤身白首，可以御火。郭璞云：今呼青雀曲嘴食肉喜盗脂膏食之者爲竊脂。疑非此也。《爾雅疏》云：諸儒説竊脂爲盗脂膏，則竊玄、竊黄等豈復盗竊玄黄乎？按：竊，古淺字，此鳥其色不純，竊玄，淺黑也。竊藍，淺青也。竊黄，淺黄也。竊丹，淺赤也。則竊脂，淺白也。《劉氏音義》亦云：盗驪，竊

驪也。竊，淺青色。驪，純黑色。詳見《獸部》。

明 劉侗《名物通》卷九 桑扈，嘴曲，食肉，今名臘嘴。色淺白，又曰竊脂。竊，古淺字。怨鳥也。麥熟候鳴，不分晝夜。《詩》：交交桑扈。《左傳》：九扈爲九農正。春扈，鳻鶥。夏扈，竊玄。秋扈，竊藍。冬扈，竊黃。桑扈，竊脂。棘扈，竊丹。行扈，唶唶。宵扈，嘖嘖。諸扈皆因其名色、音聲以爲名。

明 馮復京《六家詩名物疏》卷三九《桑扈》 《爾雅》云：鳸，鴳。又云：桑鳸，竊脂。郭云：俗謂之青雀，觜曲，食肉，好盜脂膏，因名云。又云：春鳸，鳻鶥。夏鳸，竊玄。秋鳸，竊藍。冬鳸，竊黃。桑鳸，竊脂。棘鳸，竊丹。行鳸，唶唶。宵鳸，嘖嘖。注：諸鳸皆因其名色、音聲以爲名。《疏》云：《釋獸》云：虎竊毛，謂之虦貓。魋如小熊，竊毛而黃。竊，即古淺字。竊脂，爲淺白也。而諸儒必爲盜竊脂膏者，以此經下别云桑扈與竊黃等並列，則爲淺白者也，《春秋》『九扈』是也。此自别一種青雀，好竊脂肉，目驗而然，《詩》『交交桑扈』是也。《左傳》云：九扈爲九農正。賈逵注云：桑扈竊脂，爲蠶驅雀者也。《山海經》云：崌有鳥焉如鴞，赤身白首，其名竊脂。注云：今呼青雀爲竊脂，疑非此也。《淮南子》云：馬不食脂，桑扈不食粟，非廉也。《通志》云：桑扈，今名蠟觜，性慧可教，多在桑木，故名。《埤雅》云：桑扈，一名而二種。《詩》所謂『率場啄粟』者，以性之竊脂膏者言，故以啄粟爲失其性。所謂『有鶯其羽』者，以色之淺白者言，故其《序》曰：君臣上下，動無禮文焉。《爾雅》主詩言之，《小雅·桑扈》所取有兩，故亦兩解。《補傳》曰：或指其色，或指其性，實一物耳。

明 毛晉《陸氏詩疏廣要》卷下之上《交交桑扈》 《爾雅》：桑鳸，竊脂。邢疏：桑鳸，一名竊脂。郭注云：俗謂之青雀，觜曲，食肉，好盜脂膏，因名云。鄭玄《詩箋》云：竊脂肉食。陸璣：諸儒説竊脂，皆謂盜脂膏，即如下云『竊玄』、『竊黃』者，豈復盜竊玄黃乎？按：下篇《釋獸》云：虎竊毛，謂之虦貓。魋如小熊，竊毛而黃。竊毛，皆謂淺毛。竊，即古之淺字。但此鳥其色不純，竊玄，淺黑也。竊藍，淺青也。竊黃，淺黃也。竊丹，淺赤也。四色皆具，則竊脂爲淺白也。而諸儒必謂盜竊脂膏者，以此經下别云桑鳸與竊玄、竊黃等竝列，則爲淺白者也，《春秋》『九鳸』是也。此是别一種青雀，好竊脂肉，目驗而然，《詩·小雅》『交交桑扈』是也。且鄭玄、郭璞、陸璣皆當世名儒，無容不知竊爲淺義，脂爲白色，而待後人駮正也。後人不達此旨，妄説異端，非也。鄭注云：按此鳥今謂之蠟觜，性甚慧，可教，色微緑，其觜似蠟，言淺有脂色，此所謂其觜之色也。《爾雅》又云：老鳸，鴳。春鳸，鳻鶥。夏鳸，竊玄。秋鳸，竊藍。冬鳸，竊黃。桑鳸，竊脂。棘鳸，竊丹。行鳸，唶唶。宵鳸，嘖嘖。郭注云：老鳸，今鴳雀。諸鳸皆因其毛色、音聲以爲名。邢《疏》李巡云：諸鳸别春夏秋冬四時之名，唶唶、嘖嘖鳥聲也。按：昭十七年《左傳》云：九鳸爲九農正。以此八鳸并上『老鳸，鴳』爲九。賈逵注云：春鳸，鳻鶥，相五土之宜，趣民耕種者也。夏鳸，竊玄，趣民耘苗者也。秋鳸，竊藍，趣民收斂者也。冬鳸，竊黃，趣民蓋藏者也。棘鳸，竊丹，爲果驅鳥者也。行鳸，唶唶，晝爲民驅鳥者也。宵鳸，嘖嘖，夜爲農驅獸者也。桑鳸，竊脂，爲蠶驅雀者也。老鳸，鴳，趣民收麥，令不得晏起者也。舍人、樊光注《爾雅》，其言亦與賈同。其意皆謂以鳸爲官，還令依此諸鳸而動作也。然則趣民耕耘及收斂、蓋藏其事，可得召民使聚而總號令之。其爲果驅鳥、爲蠶驅雀，豈得多置官，方使之就果樹、入蠶室爲民驅之哉？又晝驅鳥，夜驅獸，不可竟日通宵常在田野，溥天之下，何以可周？且其言不經，難可據信也。故郭氏及杜預皆不從也。《埤雅》：《淮南子》曰：馬不食脂，桑鳸不啄粟，非廉也。桑扈，蓋一名而二種。《釋鳥》云『桑扈，竊脂。鳭鷯，剖葦』，此桑扈之一種也。蓋對剖葦者言之，則竊脂者所謂『青質，嘴曲，食肉，好盜脂膏』，以其性言也。蓋對竊丹者言之，則竊脂者所謂『素質，其翅與領皆鶯然而有文章』，以其色言也。《左傳》曰：九扈爲九農正。賈逵、樊光云云，説者非之，以爲入林爲果驅鳥，入室爲蠶驅雀，晝驅鳥，夜驅獸，窮日通宵，常在田野，非先王所以建官之意，則亦以誤矣。蓋『九鳸』農桑候鳥，故先王名官以主農桑之事，取其意云耳，非謂依此諸扈使之動作也。竊脂言淺白，固其理也。且《爾雅》主《詩》言之，而《小雅·桑扈》所取者，有兩竊脂，故《爾雅》亦兩解也，猶之《無羊》云『九十其犉』，《良耜》云『殺時犉牡』，《爾雅》有『黑脣，犉』，又有『牛七尺爲犉』是也。《詩紀》歐陽氏曰：彼桑扈，食肉之鳥，今無肉以食，則相與羣飛，雜亂循場而爭粟，有如國人失其常業，而至於窮寡，

乃相與爭訟，而入于岸獄。丘氏曰：桑扈，肉食者，今循人之穀場而食粟，喻肉食之貪也。按：鳥獸異類而同名者甚多，拘儒泥而相駮，殊爲可笑。如夏扈曰竊玄。《禽經》云：竊玄曰鵬。乃是搏擊之鳥。又《山海經》云：崌有鳥焉如鶚，赤身白首，其名竊脂。絶不相類。邢氏謂竊脂爲淺白，如竊玄、竊黄之例，頗快人意。但郭氏、陸氏俱云青雀，亦必因其毛色而名，得毋與竊藍之秋扈相混耶？若鳭鷯一名剖葦，江東人呼爲蘆虎，農師亦認爲扈類，誤矣。

清　毛奇齡《續詩傳鳥名卷》卷三　《小宛》交交桑扈，率塲啄粟。桑扈，竊脂也。俗呼青觜，食肉，不食粟。桑扈，雀名，一名竊脂。按：《春秋傳》『農正九扈』，其第八扈名桑扈，亦名竊脂。但此桑扈有兩鳥，即竊脂亦有兩義。此竊脂是盜竊之竊脂者，肥也。舊注謂此鳥青色，又名青雀，好竊人脯肉及筩中膏，故以名。《淮南子》所云『桑扈不食粟』者，此一竊脂也。若後《桑扈》篇則又一竊脂。少皞『九扈』有夏扈竊玄，秋扈竊藍，冬扈竊黄，棘扈竊丹，與桑扈竊脂同作農正，則此『竊』字讀作『淺』，猶《釋獸》『虎竊毛名虦』，是虎之淺毛者。故竊玄、竊黄謂淺玄色、淺黄色，其云脂者以脂色正白，竊脂者淺白色也。若又云『有鶯其羽』，以身雖淺白，而翅與項領又别有文章，故曰鶯，言猶鶯之明絢然也。此又一竊脂也。此則農正之第八扈也，青雀非是也。夫以青雀之好食肉，而循塲以啄粟，失其宜矣。舊注：竊脂，俗謂之青雀，觜曲，食肉。而他注引之，或失『雀』字，竟以觜曲之『觜』字連上，曰『青觜』，亦誤。

清　姚炳《詩識名解》卷三《桑扈》　桑扈，《小雅·小宛》篇《釋鳥》兩列桑扈，古今聚訟。然物殊類而同名者頗多，若《山海經》所稱『崌有鳥焉如鶚，赤身白首，其名竊脂』，又與《釋鳥》所列兩者絶異，無容執此以泥彼耳。但青雀青質，非淺白嘴曲，食肉，好盜脂膏，與扈不倫，何以亦名桑扈？若因其毛色而名，又恐與竊藍之秋扈混，此則難以臆斷者也。謂《釋鳥》有兩桑扈則可，謂《詩》有兩桑扈則不可。蓋以竊脂對剖葦言之則爲青雀，以竊脂對竊丹言之則爲淺白，此有可據之文也。若必以《詩》之詠鶯羽者屬淺白之竊脂，而以詠啄粟者爲盜竊脂膏之雀，則泥且鑿矣。陸農師云《小雅·桑扈》所取者有兩竊脂，故《爾雅》亦兩解，此强説也。無肉而循塲啄粟，失其天性，不能以自活，理或有之，故《淮南子》亦有『桑扈不食粟』之説。然按『交交』詞義，羣飛往來，頗類自適情況，且安知此詩所詠非淺白之竊脂，而必以盜肉之青雀就啄粟解耶？愚疑引喻顛寡岸獄，或亦人不如鳥，意不必定作困境也。杜預注扈有九種，以九扈爲九農之號，各隨其宜以教民事。必取《釋鳥》諸扈配合爲九，鑿矣。若桑扈分爲二種，不且有十扈乎？況《爾雅》『鶨鶀老扈鴳』之文，李巡、孫炎、郭璞皆以『老』上屬，『扈』下屬爲解。惟樊光定『鶨鶀』爲句，以『老』下屬。今重文曰：老扈，鴳鴳。是明以九扈無證，强造《釋鳥》文作配耳。吾誰欺耶？《小雅·桑扈》篇舊以此桑扈爲淺白之竊脂，然竊脂既是淺白，其色淡然，不應有文章。即謂其翅領與身異色，亦未必遂文采之絢爛也。若盜脂之扈，青質蒼翠，又頗與鶯羽近似，故吾謂兩詩不得各主一桑扈耳。

清　佚名《鳥譜》卷一二《灰兒》一名竊脂，一名桑鳸　灰兒，形小于梧桐，觜作淺白色，頭作褐色，頂毛灰色，黑黄背，淺白腹，翅尾黑色，膊及尾尖皆有白毛，粉紅足。《爾雅》所謂『桑鳸，竊脂』是也。《本草綱目》李時珍曰：其觜淡白如脂，故名竊脂。竊，淺色也。

清　徐鼎《毛詩名物圖説》卷一　《爾雅》：桑扈，竊脂。郭璞注：俗呼青雀，嘴曲，食肉，喜盗脂膏食之，因以名云。陸璣《疏》：青雀也。好竊人脯肉脂及膏，故曰竊脂也。桑扈，食肉之鳥，而啄粟求活不可得，以喻上爲亂政而求下治不可得也。《淮南子》：馬不食脂，桑扈不食粟。《名物解》：性好集桑，故名。户所以閉，邑所以守，此鳥善自閉守，故名爲扈。愚按：《釋鳥》云：春鳸，鳻鶞。夏鳸，竊玄。秋鳸，竊藍。冬鳸，竊黄。桑鳸，竊脂。棘鳸，竊丹。行鳸，唶唶。宵鳸，嘖嘖。郭璞云：皆因其毛色、音聲以爲名。竊藍，青色。而舊説竊，古淺字。則竊玄，淺黑也。竊藍，淺青也。竊黄，淺黄也。竊丹，淺赤也。四色皆具，則竊脂爲淺白也。以竊爲淺，與郭氏『盗脂膏爲竊』者異。然案《爾雅·釋獸》云：虎竊毛，謂之虦貓。郭注：竊，淺也。則景純亦以竊爲淺者。又據《本草》稱，蠟嘴雀，其嘴或淡白如脂，或凝黄如蠟，故古名竊脂，今名蠟嘴。

清　牟應震《毛詩物名考》卷一　桑鳸，班鴿也，似鴿而微小，其鳴三字，聲

曰瑞穀穀，領毛邊際有采色，曰耀之燦燦然，故曰有鶯。其領色淺白，故曰竊脂。食粟鳥也，故曰率場啄粟。《淮南子》「桑扈不食粟」，因竊脂二字而訛也。《爾雅》「桑扈，竊脂」句，本係複出，解者又因「不食粟」之説，以爲青雀，喜竊脂膏，是一誤再誤也。今人轉音，又訛鴿爲鳩，呼爲斑鳩，並失。

清 方旭《蟲薈》卷一《羽蟲・桑扈》 《爾雅》：桑扈，竊脂 注：俗呼青雀，嘴曲，食肉，好盜脂膏，因名云。旭按：即蠟嘴也。小於畫眉，毛蒼褐，有斑點，嘴曲而厚，淡黃色，亦有白色者。往歲游白下，曾畜兩頭，以黃豆擲空中，雖高三四丈，令飛而啄之，百無一失焉。又一種洋蠟嘴，狀亦相似，但畧小而嘴色紅。《詩經彙纂》：桑扈有二種，青質者，嘴曲，食肉，好盜脂膏；素質者，其翅與領皆有文章。

圖表

晉 郭璞《爾雅音圖・釋鳥》

明 李時珍《本草綱目・圖卷》

清 徐鼎《毛詩名物圖說》卷一

鶖

綜述

《禽經》 扶老强力。《古今注》云：扶老，秃鶖也。狀如鶴，大者高七八尺。善與人鬭，好啗蛇。脯羞一作炙。食之，益人氣力，走及奔馬也。

晉 崔豹《古今注》卷中 扶老，秃秋也。狀如鶴而大，大者頭高八尺。善與人鬭，好啖蛇。

五代 馬縞《中華古今注》卷下《扶老》 秃鶖也。狀如鶴而大，大者高八尺。善與人鬭，好啖蛇。

宋 陸佃《埤雅》卷八《鶖》 梟鴈醜翁，鶖鶴醜鷔。鶖性貪惡，今俗呼秃鶖，一名扶老。狀如鶴而大，長頸赤目，其毛辟水毒，頭高八尺。善與人鬭，好啗蛇。《詩》曰：有鶖在梁，有鶴在林。言鶖宜在梁，鶴宜在林，各有所宜也。劉楨《魯都賦》曰：緑鷁葱鶖。鶖色，蓋青也。

宋 羅願《爾雅翼》卷一七《鶖》 鶖，秃鳺也。狀如鶴而大，長頸赤目，其毛辟水毒。丹陽、鄱陽皆有之。《詩·白華》曰：有鶖在梁，有鶴在林。鶖，貪戀之鳥也，故進造于梁。鶴，高絜之鳥也，故退棲於林。以喻褒姒申后之進退云爾。《北史》後魏明帝時，考獲鶖鳥於宫内，遂養之，崔光以爲此《詩》所謂『有鶖在梁』者。魏黄初中，鵜鶘集而去，猶以爲戒，况饕餮之禽，必資魚肉、菽麥、稻粱之養，豈可留意於醜形惡聲哉？鶖尤好啗蛇，大者頭高八尺，善與人鬭，一名扶老。

明 李時珍《本草綱目》卷四七 鵚鶖《食物》 釋名：扶老、《古今注》鴜鷔。俗作鵚鷔。時珍曰：凡鳥至秋毛脱秃。此鳥頭秃如秋毨，又如老人頭童及扶杖之狀，故得諸名。《説文》作秃鳺。集解：時珍曰：秃鶖，水鳥之大者也。出南方有大湖泊處。其狀如鶴而大，青蒼色，張翼廣五六尺，舉頭高六七尺，長頸赤目，頭項皆無毛。其頂皮方二寸許，紅色如鶴頂。其喙深黄色而扁直，長尺餘。其嗉下亦有胡袋，如鵜鶘狀。其足爪如雞，黑色。性極貪惡，能與人鬭，好啖魚、蛇及鳥雛。《詩》云『有鶖在梁』，即此。自元入我朝，常賦猶有鴜鷔之供獻。案《飲膳正要》云：鴜鷔有三種：有白者，黑者，花者名爲胡鴜鷔，其肉色亦不同也。又案景焕《閒談》云：海鳥鶢鶋，即今之秃鶖。其説與環氏《吴紀》所謂『鳥之大者秃鶖，小者鶢鶋』相合。今潦年鶖或飛來近市，人或怪駭，此又同魯人怪鶢鶋之意，皆由不常見耳。

明 王世貞《異物彙苑》卷二《扶老》 扶老，秃鶖也。狀如鶴，大者高七八尺。善與人鬭，好啗蛇。脯炙而食之，益人氣力，走及奔馬。

明 陳懋仁《庶物異名疏》卷二五《扶老》 《禽經》：扶老强力。張華注：扶老，秃鶖也。大者高六七尺，善與人鬭，好啖蛇。脯羞一作炙。食之，益人氣力，走及奔馬。《埤雅》：鶖狀如鶴，性貪惡，長頸赤目，毛辟水毒。

明 吴雨《毛詩鳥獸草木考》卷三《鶖》 《小雅》曰：有鶖在梁。《傳》：鶖，秃鶖也。鶖，一名秃鶖，一名扶老。狀如鶴而大，青色，長頸赤目，其毛辟水毒，頭高八尺。善與人鬪，好啗蛇。人以此鳥形刻之杖頭，取其辟蛇也。俗云：脯羞而食之，益人氣力，走及奔馬。今丹陽鄱陽皆有之。景焕云：鶢鶋，海鳥。今俗名秃鶖。

明 朱國禎《湧幢小品》卷三一《鳥之屬》 秃鶖，似鶴而大，高八尺。善與人鬭，尤好啖蛇。萬曆壬辰春，武寧山中有大鳥，高七八尺，似鶴而蒼，頂秃無毛，其喙有觚，稜七八痕。所在之處，無物不啖，魚鳥爲之一空。蓋秃鶖也。

明 劉侗《名物通》卷九 鶖，秃鶖，狀如鶴而大者，高八尺。善與人鬭，好啖蛇。

清 毛奇齡《續詩傳鳥名卷》卷三 《白華》有鶖在梁，有鶴在林。鶖，秃鶖也。鶖、鶴皆以魚爲食，然鶴之與鶖，清濁則有間矣。今鶖在梁，鶴在林。鶖則飽，而鶴則饑矣。鶖，水鳥，長頸赤目，身青黑色。《魯都賦》以葱鶖名之，但頭頸無毛，故又名秃鶖。若又名鵚，則舊字書凡鳥部單名概加以鳥傍，此無足怪者。獨其與鶴較，則靈頑懸絶，何止清濁有間，衹二鳥同好食魚，而鶴廉鶖貪，亦且乖反如此，此可嘆耳。北魏崔光指鶖爲饕餮之禽。

清 姚炳《詩識名解》卷三《鶖》 鶖，《小雅·白華》篇秃鶖，水鳥，一名扶老，一名舍利。形似鵜鶘，長頸赤目，爪如雞，頭項無毛，形頗陋惡。崔豹謂其似鶴而大，蓋髩鬝間耳。若樊光以爲似鳳皇，景焕又謂爰居即秃鶖，皆

擬非其倫。《北史》魏明帝獲鶖於宮中，養之。崔光諫云：貪惡之鳥，埜澤所有。黃初中，鵜暫集而去，猶以爲戒，况饕餮之禽必費魚肉、菽麥、稻粱之食，豈可留意於醜形惡聲哉？此可以知其狀矣。鶖禿似老人頭童，故名扶老，非禿鶖別名鵚也。鵚乃俗字，李時珍因禿作鶖，誤鶖爲鵚，以鵚同老，因謂禿鶖，一名鵞鵚，引元朝常賦有鵞鵚之供飲膳，要是謬證，未可據耳。

清　劉堅《修潔齋閑筆》卷三《扶老》　《歸去來詞》：策扶老以流憩。扶老，藤名，以爲杖也。有鳥亦名扶老，《古今注》云禿鶖也。

清　嵇璜《續通志》卷一八〇　禿鶖，一名扶老，一名鵞鵚。出南方有大湖泊處。狀如鶴而大，青蒼色，張翼廣五六尺，舉頭高六七尺，長頸赤目，頭項皆無毛。其頂皮方二寸許，紅色如鶴頂。其喙深黃色而扁直，長尺餘。其嗉下亦有胡袋，如鵜鶘狀。其足爪如雞，黑色。性極貪惡，能與人鬭，好啗魚、蛇及鳥鶵。《禽經》云：扶老强力。《古今注》云：扶老，禿鶖也。明李時珍曰：凡鳥至秋毛脱禿。此鳥頭禿如秋毨，又如老人頭童及扶杖之狀，故名。説文作禿鳺。脯羞食之，益人氣力，走及奔馬也。

清　徐鼎《毛詩名物圖説》卷一　毛《傳》：鶖，禿鶖也。《古今注》：扶老，禿秋也。狀如鶴而大，大者高八尺。善與人鬭，好啖蛇。《埤雅》：鳧雁醜翁，鶖鶴醜鶩。鶖性貪惡，俗呼禿鶖。長頸赤目，其毛辟水毒。曰：有鶖在梁，有鶴在林。各有所宜也。劉楨《魯都賦》曰：緑鷁葱鶖。鶖色蓋青也。愚按：《書曰》：鳥獸毛毨。此鳥至秋頭禿，故名鶖鶖。如老人頭童及扶老之杖，故又名扶老。鶖貪殘之性以喻褒姒，鶴性高潔以喻申后。

清　牟應震《毛詩物名考》卷一　鶖，禿鶖也。《説文》作鵚。一名鵞，老狀如鶴而大，蒼黑色，長頸赤目，頂無毛而赤如鶴頂，喙長尺餘。

清　方旭《蟲薈》卷一《羽蟲・鶖鶖》　《本草綱目》：鶖鶖，一名鵞鵚，一名扶老，水鳥也。出南方。狀如鶴，青蒼色，張翼廣五六尺，舉頭高六七尺，長頸赤目，頭項皆無毛。頂上二尺許，紅色如鶴頂。喙黃而扁，長尺餘。嗉下有胡袋。爪似雞，黑色。性極惡，能與人鬭，好啖蛇及鳥雛。食其肉，令人健走及奔馬。《飲膳正要》：鶖鶖有黑者，白者，又有花者名胡鵞鵚。《正字通》：鶖鶖，樊光言似鳳凰，景煥言即鷄鶋，並非。

紀　事

唐　魏徵《隋書》卷二三《五行志》　周大象二年二月，有禿鶖集洛陽宮太極殿。其年帝崩，後宮常虚。

宋　洪邁《夷堅志・支甲》卷一《護國大將軍》　紹興二十六年，淮、宋之地將秋收，粟稼如雲，而蝗蟲大起，翾飛蔽天，所過田畝，一掃而盡。未幾，有水鳥名曰鶖，形如野鶖而高且大，胵有長嗉，可貯數斗物，千百爲羣，更相呼應，共啄蝗，盈其嗉，不食而吐之，既吐復啄。連城數十邑皆若是。才旬日，蝗無孑遺，歲以大熟。徐、泗上其事於虜廷，下制封鶖爲護國大將軍。

宋　佚名《江南餘載》卷上　開寶中，嘗一夕，有禿鶖自西北來，成群翳天，自初更至中夜方盡。

圖　表

明　李時珍《本草綱目・圖卷》

清　徐鼎《毛詩名物圖說》卷一

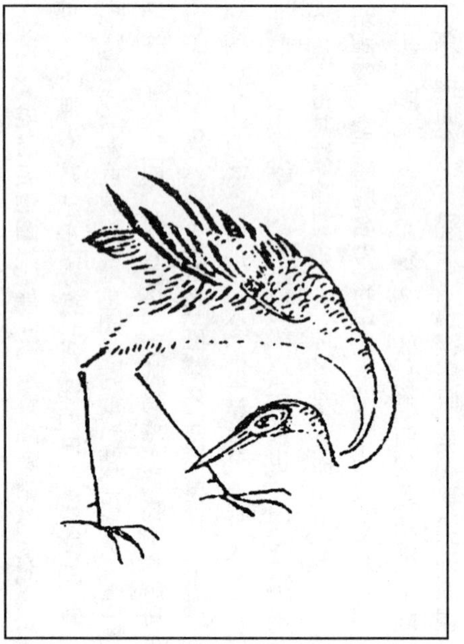

鳶

綜述

《禽經》鳶不擊而食。鳶，鴟也，不善搏擊，貪於攫肉也。《詩》曰：鳶飛戾天。鮑照曰：寒鴟嚇雛。

風翔則風。風禽，鳶類，越人謂之風伯，飛翔則天大風。

《爾雅·釋鳥》鳶烏醜，其飛也翔。注：布翅翺翔。音義：鳶，悦專反，字亦作戴。疏：鳶，鴟也，鴟烏之類，其飛也布翅翺翔。

宋　陸佃《埤雅》卷六《鳶》《釋鳥》云：鳶烏醜，其飛也翔。高飛曰翱，布翼不動曰翔。鳶，鴟也。摩風回翔，故其飛也翔。《曲禮》曰：前有塵埃，則載鳴鳶。鳶鳴則將風故也。《禽經》曰：暮鳩鳴即小雨，朝鳶鳴即大風。《詩》曰：鳶飛戾天，魚躍于淵。鳶，鈍者也，而乘風，以風作之則高飛；魚，潛者也，而乘氣，以氣作之則深躍。故《詩》以況君子作人之盛。昔墨子作木鳶，飛三日不集，《列子》所謂『班輸之雲梯，墨翟之飛鳶』是也。今人乘風放紙鳶，鳶輒引絲而上，令小兒張口望視，以洩内熱，蓋放於此。舊説觀魚翼而創櫓，視鴟尾而制柂，言古之人仰觀俯察，取材於物，以成舟楫之利如此。《庚桑子》曰：人實鴟義而有其國。鴟，貪殘之鳥，善抄盜人。《詩》曰：爲梟爲鴟。《説文》曰：鳶从屰。干上爲屰，鳶飛戾天，故从屰也。《易》曰：飛鳥遺之音，不宜上。宜下，大吉。上逆而下順也。

宋　李石《續博物志》卷二　朝鳶鳴即大風。

宋　戴侗《六書故》卷一九　鳶，與專切，鷙鳥也。《説文》無此字。凡鷹、鸇、鵰、鳶、隼、鶚、鷂、鶻皆搏擊之鳥。鷹、鸇、鵰、隼則盤空下瞰，鷂、鶻則沈匿側伺。《爾雅》曰：鳶烏醜，其飛也翔。《埤雅》曰：鳶，鴟也。

明　穆希文《蟫史集》卷三《鳶》《釋鳥》云：鳶烏醜，其飛也翔。《埤雅》曰：凡鳥高飛曰翱，布翼不動曰翔。一名鴟。《曲禮》云：前有塵埃，則載飛鳶。鳶鳴則將風故也。《禽經》云：暮鳩鳴則小雨，朝鳶鳴則大風。鳶，純鳥也，故必藉風而高飛。《列子》所謂『班輪之雲梯，墨翟之飛鳶』是也。今人乘風裁紙鳶，引絲而上者倣此。舊説觀魚翼而制櫓，視鴟尾而制柁。《詩》云：鳶飛戾天。又曰：匪鶉匪鳶。《説文》曰：鳶，鷙鳥也。徐鉉曰：鴟，鷂也，一名鳶。《爾雅》所謂『茅鴟怪鴟』。茅鴟，鳶也。怪鴟，鵂鶹也。郭璞曰：茅鴟，今鳩鴟也，似鷹而白。陶隱居曰：鳶，鴟也，飛騰江湖間，捕魚食之。

明　吴雨《毛詩鳥獸草木考》卷三《鳶》鳶，鷙鳥也，鴟鳥之類，似鶴。摩風回翔，布翼不動。朝鳴則大風。性不善搏擊，貪於攫肉。飛騰江湖間捕魚，亦擊小鳥食之，即俗人呼爲老鴉是也。與鴞、鶚並相似而大。《釋鳥》云：鳶烏醜，其飛也翔。其飛布翅翺翔。《蒼語解詁》以爲鳶即鴟也。

明　張存紳《增定雅俗稽言》卷三七　鳶　鳶似鴟，善飛騰，故曰：鳶飛戾天。劉禹錫《鳶操》：鷹隼儀形螻蟻心，雖能戾天何足貴。此有激之言也。

清　毛奇齡《續詩傳鳥名卷》卷三　鳶，《爾雅》烏屬，鄭氏謂鴟類，

《倉頡字詁》謂鳶即是鴟，實則鳶、鴟本一類，而鳶較鴟小。每搏擊，衆鳥必翱翔審視而後下之，故常見其戾天舒翼相羊，不搖挨而乘風以行。《爾雅》曰：其飛也翔。《抱朴子》謂，鳶在下無力，及至乎上，則聳身直翅飛。《鳶操》所云『六翮不動凝飛烟』皆是也。

清 姚炳 《詩識名解》卷三《鴟》 鳶《小雅·四月》篇鄭氏謂鳶爲鴟類，《蒼頡解詁》以爲即鴟，陸璣、陸農師皆從《蒼》說，嚴華谷是之，而別於《瞻卬》詩解云：鴟有二，鳶飛戾天者，鷹類也。亦單名鴟，惡聲之鳥者，怪鴟也。此配梟言者，愚以嚴氏後說爲當。蓋惟惡聲之鳥專有鴟名，鳶特從其類耳。今以《釋鳥》茅鴟推之，《廣雅》別名爲老鵰者，疑即指此。陶隱居云：俗人呼爲老鴉者，與鵰鶚並相似而大，極善飛騰江淮間捕魚食之，今人呼爲餓鴟。則鄭氏鴟類之說不誣矣。鳶亦鷙鳥一種，其異於衆鷙者在不擊，惟乘風直上，摩天回翔而已，故以爲風之候，越人呼爲風伯。《抱朴子》云：鳶之在下無力，及至乎上聳身直翅而已。此《釋鳥》鳶烏醜其飛翔之謂也。

清 嵇璜 《續通志》卷一八〇 鳶，鴟也，見《禽經》注。此別一鴟，《禽經》所謂『鴟以貪顧』是也，非《爾雅》梟鴟之鴟。《爾雅》：鳶烏醜，其飛也翔。布翅翱翔也。《禽經》云：鳶不擊而貪。注云：不善搏擊，貪於攫肉。《禽經》又云：風翔則風。注云：風禽，鳶類，飛翔則天大風。

清 徐鼎 《毛詩名物圖說》卷一 《倉頡解詁》：鳶，鴟也。《抱朴子》：鳶飛，在下無力，及至乎上，聳身直翅而已。《說文》：鳶，鷙鳥也。《埤雅》：《釋鳥》云：鳶烏醜，其飛也翔。高飛曰翱，布翼不動曰翔。鳶，鴟也，摩風回翔。《曲禮》曰：前有塵埃，則載鳴鳶。鳶鳴則將風故也。昔墨子作木鳶，飛三日不集，《列子》所謂『班輸之雲梯，墨翟之飛鳶』是也。愚按：鳶性高翔，故《四月》云『翰飛戾天』，《旱麓》云『鳶飛戾天』，其性然也。曰『匪鶉匪鳶，翰飛戾天』者，喻君子遭禍，無所逃也。曰『鳶飛戾天，魚躍于淵』者，以鳶魚之得其性，喻君子作人，俾之各得其所也。

清 牟應震 《毛詩物名考》卷一 鳶，鴟也，《說文》作蔦，屰與弋通音。《夏小正》：鳴弋。弋，鳶之省文。狀如鷂而小，喜翔飛，下覷鶵禽及人所棄腐臭之物，攫而食之。《莊子》『鴟得腐鼠，見鵷雛過，仰而視之曰嚇』，即此鳥。

藝文

唐 劉禹錫 《劉賓客文集》卷二一《飛鳶操》 鳶飛杳杳青雲裏，鳶鳴蕭蕭風四起。旗尾飄揚勢漸高，箭頭砉劃聲相似。長空悠悠霽日懸，六翮不動凝風煙。遊鵾翔雁出其下，慶雲清景相回旋。忽聞飢烏一噪聚，瞥下雲中爭腐鼠。騰音礪吻相喧呼，仰天大嚇疑鵷雛。畏人避犬投高處，俛吻無聲猶屢顧。青鳥自愛玉山禾，仙禽徒貴華山露。撲棘危巢向暮時，毰毸飽腹蹲枯枝。遊童挾彈一揮弣，臆碎羽分人不悲。天生衆禽各有類，威鳳文章在仁義。鷹隼儀形螻蟻心，雖能戾天何足貴。

唐 韋應物 《韋蘇州集》卷九《鳶奪巢》 野鵲野鵲巢林梢，鴟鳶恃力奪鵲巢。吞鵲之肝啄鵲腦，竊食偷居還自保。鳳凰五色百鳥尊，知鳶爲害何不言。霜鸇野鶻得殘肉，同啄羶腥不肯逐。可憐百鳥紛縱橫，雖有深林何處宿。

圖表

清 徐鼎 《毛詩名物圖說》卷一

鴆

綜述

漢　許慎《説文》卷四　鴆，毒鳥也。从鳥，冘聲。一名運日。直禁切。

宋　釋贊寧《東坡先生物類相感志》卷七《鴆鳥》　許慎云：毒鳥也，雄曰運［日］，雌曰陰諧。《廣志》云：似鷹，大如鴞，毛紫黑色，有毒，食之殺人。喙長七尺寸，黄赤如銅，食蛇及橡栗。蛇入口則爛，屎尿著石，石爛如泥。一説屎石則變爲雌黄，爲生金雌黄，皆同一類，但變化爲貴賤耳。其鳥有法，知巨石、大樹間有蛇虺，即步進退，俯仰有度。或獨爲，或結群逡巡，石樹爲之崩倒，蛇虺一皆喙食。《晉書》云：其鳥石蝮，以羽翮瀝酒中殺人。有人入山，見其步法，還學向其婦，婦正織而機復倒矣。

又《雲日鳥》　一名曇鳥，亦曰周力鳥，千歲則化爲鴆。善禁蛇，起巨石。形如雉，尾如雀，有絳文，背上連錢文武，足三距。雄者其鳴先顧，多出番禺矣。此鳥與犀一物相伏，（令）［今］有犀處必有（雄）［鴆］，［鴆］生處必有犀，不然則有毒氣傷物類，故天資之含育萬物。

又《同力鳥》　嶺表生此鳥，老即化爲鴆。取蛇虺時，呼同力數十聲，石起蛇出，食之。凡飲水處，百蟲吸之皆死。或得犀牛蘸角，水即無毒矣。

宋　周去非《嶺外代答》卷九《禽獸門・鴆》　邕州溪峒深山有鴆鳥，形如鵶而差大，黑身紅目，音如羯鼓，唯食毒蛇。鴆禹步遇蛇，其聲邦邦然。蛇入石穴，鴆於穴外禹步。有頃，石碎，吞之。凡有鴆山，草木悉枯。鴆集于石，其石必裂。或云鴆秋冬脱羽，人以銀作爪勾取，致之銀瓶，否則手爛。欲加鴆于人，以一羽致酒即死。

宋　戴侗《六書故》卷一九　鴆 ，直禁切，毒鳥也。以其尾畫酒殺人。徐鍇曰：狀如鴞，紫黑色，食蝮，一名運目，又曰運日。鴆酒別作酖酒。

明　郎瑛《七修類稿》卷四六《鴆鳥》　鴆，毒鳥也，鵶形，大如鴞，毛紫緑色，頭長七八寸。雄名運日，雌名陰諧。范成大曰：聞邕州朝天鋪及山深處有之，亦曰如鵶大，黑身赤目，音如羯皷，惟食毒蛇并豫實，遇蛇則鳴聲邦邦然。蛇入石穴，則於穴外禹步作法，有頃石碎，啄蛇食。山有鴆，草木不生。秋冬之間脱羽，人以銀爪拾取，著銀瓶中，否則手爛墮。以之瀝酒，飲人即死也。所謂鴆酒，今以爲鶴頂紅毛，非也。矢集于石，石亦裂。《爾雅翼》曰：矢石即變爲雄黄。今諸書云雄黄治蛇毒，有由然也。

明　田藝蘅《留青日札》卷三一《雲白鳥》　鴆，一名雲白鳥。《吴都賦》：白雉落，黑鴆零。黑色，長頸，赤喙，能食蝮蛇。體有毒，故曰鴆毒。江南大山中皆有之。以象牙諸骨試之，一時碎裂，黑色。其羽最毒也。

明　李時珍《本草綱目》卷四九　鴆音沈，去聲。《别録》下品　校正：自外類移于此。釋名：鵋日，與運日同。《别録》同力鳥。陶宏景　集解：《别録》曰：鴆生南海。弘景曰：鴆與鵋日是兩種。鴆鳥狀如孔雀，五色雜斑，高大，黑頸赤喙，出廣之深山中。鵋日狀如黑傖鷄，作聲似云同力，故江東人呼爲同力鳥。並啖蛇，人誤食其肉立死，並療蛇毒。昔人用鴆毛爲毒酒，故名鴆酒，頃不復爾。又海中有物赤色，狀如龍，名海薑，亦有大毒，甚于鴆羽。恭曰：鴆鳥出商州以南江嶺間大有，人皆諳識，其肉腥有毒不堪啖。云羽畫酒殺人，亦是浪證。郭璞云：鴆大如鵰，長頸赤喙，食蛇。《説文》、《廣雅》、《淮南子》皆以鴆爲鵋日。交廣人亦云鵋日即鴆，一名同力鳥，更無如孔雀者。陶爲人所誑也。時珍曰：按《爾雅翼》云：鴆似鷹而大，狀如鴞，紫黑色，赤喙黑目，頸長七八寸。雄名運日，雌名陰諧。運日鳴則晴，陰諧鳴則雨。食蛇及橡實。知木石有蛇，即爲禹步以禁之，須臾木倒石崩而蛇出也。蛇入口即爛，其屎溺着石，石皆黄爛。飲水處，百蟲吸之皆死。惟得犀角即解其毒。又楊廉夫《鐵厓集》云：鴆出蘄州黄梅山中，狀類訓狐，聲如擊腰鼓。巢于大木之顛，巢下數十步皆草不生也。

明　穆希文《説原》卷一〇　鴆，毒鳥也。雄名運日，雌名陰諧。天晴無雲則運日先鳴，天將陰則陰諧鳴之。食蝮蛇。知巨石大木間有蛇虺，即爲禹步以禁之。石裂樹倒，蛇虺無有脱者。其屎石變爲雄黄及生金。以其羽翮瀝酒能殺人，唯犀牛蘸角于水飲之則解毒。其雄鴆拙，不能巢，雨則

逐其四，晴則返之。

明　陳懋仁《庶物異名疏》卷二五《運日　陰諧　同力》《説文》：鴆一名運日。《廣雅》：鴆雄曰運日，雌曰陰諧。《淮南子》曰：運日知晏，陰諧知雨。《寰宇記》：鴆，一名同力。劉子曰：天將雨也，纖塵不動而䲹日鳴。狀如雞，高三尺，好食蛇。《埤雅》云：鴆似鷹而紫黑，喙長七、八寸，作銅聲。食蝮蛇，蛇入口即爛，屎溺着木亦爛，惟犀角可解其毒，故有鴆處必有犀也。

明　木增《雲薖淡墨》卷四《運日知晴　陰諧知雨》　鴆之雄曰運日，天無雲，運日鳴。鴆之雌曰陰諧，天將雨，陰諧鳴。鴆既毒物而有好晴、好雨之殊，其同居異志如此。

清　張岱《夜航船》卷一七《四靈部・飛禽》　鴆毒　《左傳》：宴安鴆毒，不可懷也。鴆，毒鳥也，黑身赤目，食蝮蛇，以其毛歷飲食則殺人。

清　吴綺《嶺南風物記》　雲白鳥出肇慶府，能辟蛇。

清　嵇璜《續通志》卷一八〇　鴆，一名䲹，一名同力鳥，生南海，有毒，食之殺人。《爾雅翼》云：似鷹而大，狀如鴞，紫黑色，赤喙黑目，頸長七、八寸。雄名運日，雌名陰諧，食蛇及橡實。

藝文

晉　郭璞《鴆鳥》（引自《漢魏六朝百三家集》卷五七）　蝮維毒魁，鴆鳥是噉。拂翼鳴林，草瘁木慘。羽行隱戮，厥罰難犯。

圖表

明　李時珍《本草綱目・圖卷》

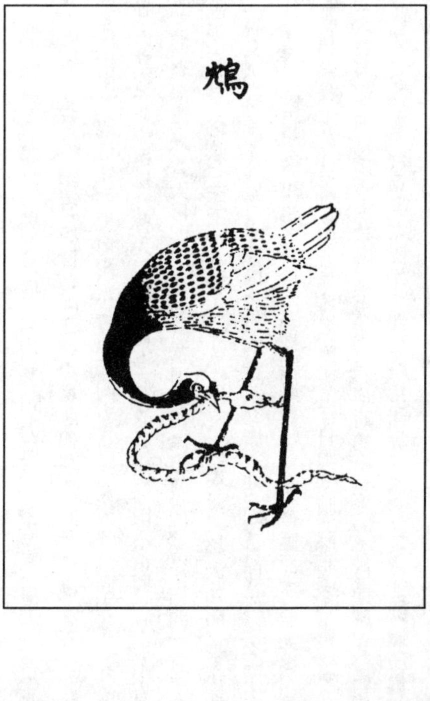

鷢

综述

《爾雅・釋鳥》　楊鳥，白鷢。注：似鷹，尾上白。音義：鸉，音楊。鷢，巨月反。《説文》云：白鷢，王雎也。《字林》同。鷹，於陵反。疏：楊鳥，一名白鷢。郭云：似鷹，尾上白。

漢　許慎《説文》卷四　鷢，白鷢，王鵙也。从鳥，厥聲。居月切。

晉　崔豹《古今注》卷中　楊，白鷢也。似鷹，尾上白。

五代 馬縞《中華古今注》卷下《楊烏》 白鷢，似鷹而尾上白。

宋 鄭樵《通志》卷七六 鸉，《爾雅》曰白鷢。鸉鷢，音楊厥。郭云：似鷹，尾上白。

明 穆希文《蟫史集》卷三《鷢》 《爾雅》云：楊烏，白鷢。注云：鷢似鷹，尾白，善能捕鼠。《造化權輿》曰：鷹鶚之子或爲鵰鷢。

鷂

綜述

漢 許慎《說文》卷四 鷂，鷙鳥也。从鳥，䍃聲。弋笑切。

唐 段成式《酉陽雜俎續集》卷八 鷂子兩翅各有複翎，左名撩風，右名掠草。帶兩翎出獵，必多獲。

明 劉侗《名物通》卷九 鷂，擊鳩、鴿、燕、雀食之，狀類雞，鷂化鸇，鸇化布穀，布穀復化鸇。鷹、鷂皆雄者小，雌者大，庶鳥則否。

清 陳淏子《秘傳花鏡》卷六《養禽鳥法·鷂》 鷂，一名鳶，一名隼，狀似鷹而差小。羽青黑色，其尾如舵，飛則轉折最捷。人之造船用舵，實訪鷂尾而爲之也。性極喜高翔，專捉雞雀而食，義不擊胎。《莊子》云：鷂爲鸇，鸇爲布穀，布穀復爲鷂。皆指此屬之變也。是鳥□□冷，每取一鴿，或盈握小鳥等，煖其足，至曉即縱之而去。

清 徐文靖《管城碩記》卷二二《正字通二》 鷂，注云：音耀，小於鷹。《爾雅》：鷂雉青質五采。《莊子》：鷂爲鸇，爲布穀，久復爲鷂。舊注又音姚，雉名，分《莊子》之鷂與《爾雅》之鷂爲二，非。按：《爾雅》鷂雉注音遙。邢昺曰：鷂雉，王后之服以爲飾。《周禮》『揄狄』，鄭注：揄狄，畫搖者是也。搖與鷂音義同云。《爾雅》『鷣負雀』，注：鷣，鷂也，善捉雀。鷂，音耀。《列仙傳》『魏公子無忌縱鳩令出，鷂逐而殺之』者也。《爾雅》之鷂已分爲二，安在與《莊子》之鷂不當分爲二乎？

清 佚名《鳥譜》卷一一《花頭鷂鷹》 花頭鷂鷹，黑睛黄白暈，黑勾喙，頰頷米黄色，頂項黄白質蒼赤斑，頸至腹蒼赤質黄白紋，背膊翮尾蒼黑色黄暈，蒼白足，黑爪，身比黄鷂鷹差小。

又《鷂鷹》 鷂鷹，黑睛黄暈，青白瞼，黑勾喙，觜根粉青色。蒼白頂，項黑頰深蒼，背膊每毛皆有黑莖，毛尖俱白暈，黑翮，背翅深蒼帶黑白斑紋，腹毛白質蒼邊，黑莖蒼赭尾帶黑斑，粉青足，黑爪。

藝文

唐 元稹《元氏長慶集》卷二五《有鳥二十章》 有鳥有鳥名鷂雛，鈴子眼睛蒼錦襦。貴人腕軟憐易臂，奮肘一揮前後呼。俊鶻無由拳狡兔，金雕不得擒魅狐。文王長在苑中獵，何日非熊休賣屠。

明 謝肇淛《小草齋集》卷一《鷂雀賦有序》 余自吴興徙治博州，暇中讀子建《鷂雀賦》，悲其意而戲効之。博州治鄄，鄄故子建采邑。云：翩翩黄雀，來自海南。文采未備，毰翅毿毵。跳擲蓬艾，飲啄不貪。卒與鷂遇，便欲相甘。雀雀言微，毛稀骨小。竊命大造，暫寄林沼。陋體腥臊，不堪一飽。君如見搏，徒污牙爪。鷂得雀言，昂頭瞪視。何物麽麽，直不解事。度江無食，困頓幾死。蛇鼠藏蟄，思齧乾胏。爾當吾前，寧復舍爾。雀得鷂言，憂愁局蹐。自恨卑微，不生六翮。仰天呼譽，毛如蝟磔。君無取我，恐防繳弋。鷂得雀言，意殊不移。距如倒戟，觜如交鈹。而不服死，焉用言爲。矯首喚鶻，助吾取之。雀得鷂言，大啼恐怖。時無鳳凰，誰堪告愬。不見玄豹，南山隱霧。入林不深，自遭殘蠹。鷂乃擘翅，紛拏决鬭。雀急自投，毛鎩肉皺。大喚不止，聲若嬰幼。行人聞之，莫不往救。鷂乃高飛，雀亦東徙。梁父之陽，漳河之涘。搆葦卑棲，呼妻喚子。幸逃膏俎，苟活忍恥。痛念驚魂，前哭後笑。羣鳥聞之，皆來相吊。皇天降鑒，日月迴照。自今以往，勿復遇鷂。

明 湯顯祖《玉茗堂全集·詩集》卷二《五言古詩·京鷂》 凋哉天地籠，壯矣京城鷂。擇肉人手中，翻騰掣光耀。積貫始成常，兒童好驚叫。

風穴鳥王深，安知夜吟嘯。

清 佟世思《與梅堂遺集》卷三《鷂子》 海東鷂子聲如哭，羽毛楚楚顛頂禿。枵腹可憐縛在拳，此物雖微能食肉。小奚性命甘相依，彼蓋自謀充口腹。安能長保不遠颺，而况好殺不可畜。煦煦惠風和暢天，終當放汝白雲邊。欲放不放汝勿恚，少刻小奚垂頭睡。

鷣

綜述

《爾雅・釋鳥》 鷣，負雀。注：鷣鷂也。江東呼之爲鷣，善捉雀，因名焉。音義：鷣，音淫。負字或作鴭同，房九反。鷂，以照反。《字林》云：鷙鳥。下同。

疏：鷣，一名負雀。

宋 鄭樵《通志》卷七六 鷣，《爾雅》曰：負雀。鷣，音淫。郭云：鷣鷂也。江南人呼之爲鷣，善捉雀，因名云。按：此即今之小鷂也。蓋鶻類，南方無鷹，唯呼此爲鷹。

圖表

晉 郭璞《爾雅音圖・釋鳥》

鸇

論說

宋 蔡卞《毛詩名物解》卷八《鸇》 《釋鳥》曰：晨風，鸇。《草木疏》云：似鷂，黃色，燕頷，勾喙，向風搖翅，乃因風飛急疾，擊鳩、鴿、燕、雀食之。《列子》曰：鷂之爲鸇，鸇之爲布穀，久復爲鷂也。《孟子》所謂『爲叢毆雀者，鸇』即此是也。《詩》曰：鴥彼晨風，鬱彼北林。言穆公能芘其所賴，而賢者赴之如此。《曾子》曰：國有道，則突若入焉。此之謂也。且《黃鳥》

仁，《晨風》義，而秦之良士以仁死，賢臣以義生，故《黄鳥》曰哀三良，而《晨風》以刺棄其賢臣。《禽經》曰：颷好風，鶾惡雨。然則謂之晨風可知矣。又曰：鵰之智不如鸇，鸇之智不如鴈。今鸇亦去來有時，然其制字從鸇，又可知矣。

宋 陸佃《埤雅》卷六《鸇》 《釋鳥》曰：晨風，鸇。《草木疏》云：似鷂，黄色，燕頷，嚮風摇翅，乃因風飛急疾，擊鳩、鴿、燕、雀食之。《列子》曰：鷂之爲鸇，鸇之爲布穀，布穀久復爲鷂也。《孟子》所謂『爲叢敺爵者，鸇』即此是也。《詩》曰：鴥彼晨風，鬱彼北林。言穆公能芘其所賴，而賢者赴之如此。《曾子》曰：邦有道，則突若入焉。此之謂也。且《黄鳥》仁，《晨風》義，而秦之良士以仁死，賢臣以義生，故《黄鳥》曰哀三良也，而《晨風》以刺棄其賢臣。《禽經》曰：颷好風，鶾惡雨。然則謂之晨風可知也已。又曰：鸇鸇之信不如鴈，周周之智不如鴻。今鸇亦去來有時，然則制字从亶，又可知矣。

綜 述

《禽經》 颷曰鸇。晨風也，向風摇翅，其回迅疾。狀類雞，色青，搏燕、雀食之。《左傳》云：若鷹鸇之逐鳥雀。

《爾雅・釋鳥》 晨風，鸇。注：鷂屬。《詩》曰：鴥彼晨風。音義：晨如字，本或作鷐。鸇，之然反，《説文》上仙反，《字林》已仙反。鷂，羊召反。鴥，户橘反。《字林》云：鸇飛貌。疏：舍人曰：晨風，一名鸇，摯鳥也。郭云：鷂屬。陸璣云：鸇，似鷂，黄色，燕鴿勾喙，嚮風摇翮，乃因風飛急疾，擊鳩、鴿、燕、雀食之。注：『鴥彼晨風』，《詩・秦風・晨風》篇文也。

漢 許慎《説文》卷四 鸇，鷐風也。从鳥，亶聲。諸延切。籀文鸇从廛。

鷐，鷐風也。从鳥，晨聲。植鄰切。【略】

鴥，鸇飛皃。从鳥，穴聲。《詩》曰：鴥彼晨風。余律切。

三國吳 陸璣《毛詩草木鳥獸蟲魚疏》卷下《鴥彼晨風》 晨風，一名鸇，似鷂，青黄色，燕頷鉤喙，嚮風摇翅，乃因風飛急疾，擊鳩、鴿、燕、雀食之。

宋 鄭樵《通志》卷七六 晨風，《爾雅》曰鸇，似鷂而小，青黄色，燕頷。

宋 戴侗《六書故》卷一九 鸇，諸延切，鷙鳥也。《傳》曰：鷹鸇之逐鳥雀。《孟子》曰：爲叢敺爵者，鸇也。陸璣曰：似鷂，青黄色，燕頷句喙，鄉風摇翅，因風疾擊鳩、鴿、燕、雀食之。《説文》曰：晨風也。按《詩》云：鴥彼晨風，鬱彼北林。晨風，朝風也。猶言朝雲夜雨。鴥，言風之迅也，風迅而林木披靡，故曰鬱。自《爾雅》誤認鴥爲鳥飛，因以晨風爲鸇，彼北林若晨風爲鸇，則當集彼北林，不得言鬱。俗遂制鷐字，繆矣。鸇別作鸇鴉。

明 毛晉《陸氏詩疏廣要》卷下之上《鴥彼晨風》 《爾雅》云：晨風，鸇。邢《疏》云：舍人曰：晨風，一名鸇，摯鳥也。郭云：鷂屬。鄭云：似鷂而小。《禽經》云：颷曰鸇。張《注》云：晨風也，向風摇翅，其回迅疾。狀類雞，色青，搏燕、雀食之。《左傳》云：若鷹、鸇之逐鳥雀。《列子》曰：鷂之爲鸇，鸇之爲布穀，布穀久復爲鷂也。《孟子》所謂『爲叢敺爵者鸇』。《禽經》曰：颷好風，鶾惡雨。然則謂之晨風，可知也已。又曰：鸇鸇之信不如雁，周周之智不如鴻。今鸇亦去來有時，字从亶，又可知矣。

明 陳懋仁《庶物異名疏》卷二五《題肩 擊征》 《詩》：鴥彼晨風。陸璣《疏》：晨風，鸇也，似鷂，青黄色，燕頷勾喙，向風摇翅，乃因風急疾，擊鳩、鴿、燕、雀食之。又云：隼，鷂屬，齊人謂之擊征，或謂之題肩。《考畢郵》謂：陰陽氣貪，故題肩擊。宋均曰：題肩有爪，芒爲陰中陽，故擊殺也。《急就》注曰：鄭康成以擊征爲鷹，失之矣。一曰：隼遇懷胎之鳥即勿擊，故隼憫胎，義也。

清 周廣業《過夏雜録》卷六《鸇隼》 《詩疏》：晨風，一名鸇，似鷂，青黄色，燕頷鉤喙，向風摇翅，乃因風飛急疾，擊鳩、鴿、燕、雀食之。郭璞《爾雅注》以爲鷂屬，北人亦多畜之。隼亦鷂類，一名擊征，一名題肩，鼓翅迅疾。韋昭以爲鶚。李善云：奮擊之鳥通呼曰隼。《禽經》曰：鳥之小而鷙者皆曰隼。

清 徐鼎《毛詩名物圖説》卷一 《爾雅》：晨風，鸇。陸璣《疏》：似

鷂，黄色，燕頷勾喙，向風摇翅，乃因風飛急，疾擊鳩、鴿、燕、雀食之。《列子》：鷂之爲鸇，鸇之爲布穀，布穀久復爲鷂也。《禽經》：鶻曰鸇。注：晨風也，狀類雞。《埤雅》：《孟子》所謂『爲叢敺爵者鸇』即此是也。《詩》曰：鴥彼晨風，鬱彼北林。言穆公能芘其所賴，而賢者赴之如此。且《黄鳥》仁，《晨風》義，而秦之良士以仁死，賢臣以義生，故《黄鳥》曰哀三良也，而《晨風》以刺棄其賢臣。

清 牟應震《毛詩物名考》卷一 晨風，祝鳩也，形似鷹而尾上白，故一名白鷹。其飛稍遲，乘風力，循村落溝塍，捕鷄鴨小鳥雀食之，俗名風鷂，亦曰鷄鷂。

清 方旭《蟲薈》卷一《羽蟲・鸇》 《草木蟲魚疏》：鸇似鷂，青黄色，燕頷鈎喙，向風摇翅，乃因風擊鳩鴿燕雀食之。旭按：鸇即晨風也，有生於土窟者，名土鸇。

圖表

晉 郭璞《爾雅音圖・釋鳥》

清 徐鼎《毛詩名物圖說》卷一

鴟鴞 鵂鶹 梟

論說

唐 丘光庭《兼明書》卷二《鴟鴞》 《豳風・鴟鴞序》云：周公救亂也。《經》曰：鴟鴞鴟鴞，既取我子，無毁我室。毛萇云：鴟鴞，鸋鴂也。孔穎達曰：鴟鴞，巧婦，似黄雀而小，其喙尖如錐。明曰：穎達之妄也。按：郭璞注《爾雅》云：鸋鴂，鴟之類也。《魯頌》曰：翩彼飛鴞，集于泮林。毛萇《傳》曰：鴞，惡聲鳥也。又賈誼《鵩鳥賦序》云：鵩，似鴞，不祥鳥也。又《弔屈賦》曰：鸞鳳伏竄兮，鴟鴞翱翔。顔師古注曰：鴟，鵂鶹，怪鳥也。鴞，惡聲鳥也。據毛萇、郭璞、顔師古諸儒之説，則鴟鴞土梟之類，非巧婦矣。無毁我室，我，巧婦也。然則此詩之内有鴟鴞毁室之言，蓋周公之意，以鴟鴞比管、蔡，巧婦比己，言管叔、蔡叔流言致成王疑我罪我，屬黨不可更

奪其土地，故云『既取我子，無毁我室』。如此則當是鴟鴞欲毁巧婦之室，巧婦哀鳴于鴟鴞，而康成、潁達直以鴟鴞爲巧婦，非也。

宋　蔡卞　《毛詩名物解》卷六《鴞》　鴞無爪牙羽翼之才，而以口向物，物所惡而已，亦以物惡，故常集於幽荒蒙蔽之土也。『墓門有棘，有鴞萃止』是已。《泮水》曰：『翩彼飛鴞，集于泮林。』鴞，可惡之鳥。泮水，可欲之地。且鴞之惡，非翩然而集于木者，惟僖公有仁厚之德，故雖所惡之鳥，能集可欲之地，不庭之虜，猶之鴞去幽荒而集于泮林也。其來雖不足以爲善，惟其不害於物，故能翩然集之，而不爲物逐也。

又《鴟鴞》　鴟鴞，性陰伏而好淩物者也。陰伏以時發者，必有以定之；内畜志以淩物也，必有以决乎外，故謂之鴟鴞。然其害物也，能竊伏而不著鷹隼之勢，故鴟鴞以喻管蔡之暴亂。

又《梟》　梟類鴟，而尤好陵物者也。有陵物之意，故當求之端，待發氣果敢而發必中，聲當曉者以其如此，非若强茅之陰伏也。

又《鴟》　鴟，猛而不剛，勇而無才，塞而不通，故謂之强茅。從大而不能有爲，故謂之鴟。哲婦之主乎内也，其爲物若梟，其陰伏若鴟，故曰：『懿厥哲婦，爲梟爲鴟。』

宋　陸佃　《埤雅》卷七《鴟鵂》　《釋鳥》所云『怪鴟』是也。其鳴即雨，爲鷂可以聚諸鳥。一名隻狐。晝無所見，夜即飛噉蚊蝱，鴞服、鬼車之類，《莊子》所謂『鴟鵂夜撮蚤，察豪末，晝出瞋目而不見邱山』者。舊説雀目夕昏，人有至夕昏不見物者，謂之『雀瞀』，即此類也。焦贛《易林》曰：雀目燕頟，畏昏無光。顔之推曰：雀奚夕瞽，鴟奚晝盲。一曰鵂鶹拾人之爪，相其凶吉。此妄説也。

又《鴟鴞》　先儒以爲鴟鴞即今巧婦，郭注《爾雅》獨云鴟類，則璞與先儒異意。以《詩》與《爾雅》考之，宜如璞義。蓋《爾雅》言『鴟鴞，鸋鴂』，繼云『狂，茅鴟。怪鴟。梟，鴟』，則鴟鴞宜亦鴟類，賈誼所謂『鸞鳳伏竄，鴟鴞翺翔』是也。《詩》曰：『鴟鴞鴟鴞，既取我子，無毁我室。』則其語似戒鴟鴞之詞，正如宣王《黄鳥》之詩，即非鴟鴞自道也。昔賢云鴟鴞恤功，愛子及室，誤矣。其二章曰：『迨天之未陰雨，徹彼桑土，綢繆牖户。』『迨天之未陰雨』，及其閒暇之譬也。『徹彼桑土，綢繆牖户』，明其政刑之譬也。孔子曰：『爲此詩者，其知道乎？』及其國家閒暇，明其政刑，孰敢侮之？爲是故也。蓋窘生於陰雨而户牖所以取明，故是詩託況如此。《文子》曰：百星之明，不如一月之光。十牖畢開，不如一户之明。

又卷九《梟》　梟食母。《説文》云：不孝鳥也。故日至捕梟磔之，字从鳥頭在木上。古者天子以春解祠黄帝，用一梟、破獍。説者以爲梟名食母，破獍食父。破獍，如貙者而虎眼，一曰獍，如虎豹而小，始生還食其母，故曰梟獍。黄帝欲絶其類，使百司用之，故後世於歲始祓除凶災，取以解祠黄帝。漢使東郡送梟，五月五日作羹，以賜百官，此遺象也。舊説梟性食母始飛。《北山録》曰：烏反哺，梟反噬，蓋順逆之習也。《聽聲考詳篇》云：鶴聲宜學仙，雉聲宜習武，烏聲宜習醫，鴈聲宜習卜筮，鵲聲宜習工巧，梟聲宜習符呪。《釋鳥》曰：梟鴟，土梟也。《西方之書》曰：如土梟等附塊爲兒。名之曰土梟，蓋取諸此。《傳》曰：甑瓦可以令梟寂。又曰：梟避星名，鵲違歲子。

又《鴞》　鴞，大如斑鳩，緑色，所鳴其民有禍證。俗云：鴞，禍鳥也。今謂之晝鳥，蓋聲之誤也。《草木疏》曰：惡聲之鳥也。入人家，凶，賈誼所賦『鵩鳥』是也。其肉甚美，可爲羹臛，又可爲炙，故《莊子》曰『見卵而求時夜，見彈而求鴞炙』也。《詩》曰：『翩彼飛鴞，集于泮林。食我桑黮，懷我好音。』言鴞食桑黮，則變而美其色，好其音，以況德義能革小人之非如此。及其食梅，則不足以革其容色，變其聲音，故《詩》曰：『墓門有梅，有鴞萃止。』以刺陳佗無良師傅也。《北山録》曰：黄鸝亦食桑黮而音美。一曰：鵩似鴞。則鴞又非鵩矣。《異物志》曰：鳥如小雞，體有文色，異俗謂之鵩，不能遠飛，行不出域。賈公彦曰：鴞、鵩二鳥，夜爲惡鳴者也。《傳》曰：夏雀生鶉，楚鳩生鴞。《廣志》曰：鴞，楚鳩所生，如驢巨虚，種類不孳乳也。《玉堂閑話》云：驢、馬駒隨母行，有在前者，有與母並者，有隨後者。此由生時爾。月初生者在前，月半生者處中，月末生者居後。嘗驗問數輩，亦不謬爾，始知含靈之類皆禀四時五行之氣也。今科斗月大盡先生前兩足，小盡先生後兩足。

明　何三畏　《新刻何氏類鎔》卷三三《梟》　梟者，一名鸋鴂，一名流離。羽翼未成，百日依母而飼；羽翼方長，一朝食母而飛。蓋鳳性仁而梟

性凶，烏反哺而梟反噬，此所謂不孝之鳥，亦所謂不祥之鳥也。故軒后之祠，每用梟以破鏡；帝堯之世，不捕梟而遠迯。國僑聽鄭政之時，梟不至其境；曾子居曲阜之邑，梟不入其城。齊景公之爲露臺聞梟也，輙惡其鳴，乃修禳白茅而死于當陛。漢天子之於東郡送梟也，欲絶其類，乃作羹午日以賜之百官。有梟集於人手者，未幾而罹公府殺戮之災。有梟升于后帳者，無何而遭北宫幽死之變。若此禽者，即閉口不鳴而亦知其非瑞鳥，雖歛翼東徙而亦訝其爲惡聲矣。苐聞張重華之禦石季龍，出兵之日，梟鳴于牙中，將士謂爲邀擊可勝，而時即進戰，大破敵軍，乃知梟亦師貞之兆。路敬潛之爲遂安令，莅任之辰，梟嘯于屏上，左右皆爲擁杖疾呼，而久之改官，晋爲中舍，乃知梟亦遷位之徵。梟飛來而鳴于庭樹，張率更反以爲祥，而亟灑掃以待賓客之臨，誰云禍福興亡之有定？梟入舍而止于坐隅，賈大傅不以爲怪，而亟揮毫以作鵩鳥之賦，始信死生榮辱之可齊。故曰：鴉鳴非凶，鵲噪非吉。

清　王夫之《詩經稗疏》卷一　鴞，毛《傳》：鴞，惡聲之鳥。《集傳》乃云：鴟鴞，惡聲之鳥。不知何據而加鴟字。鴟鴞之爲鷦鷯，非惡鳥也，明甚。況鴟自鴟，鴞自鴞，鴟鴞自鴟鴞，尤無容混而爲一。《集傳》則宜以爲鵂鶹，更無攷據。唯《禽經》注『怪鵩塞耳』，云是鵂鶹，當緣此淆譌。陸璣《疏》曰：鴞，大如斑鳩，緑色。《埤雅》引俗證言鴞禍鳥，俗謂之畫烏，皆足證鴞之別爲一類，而非鴟鴞，尤非鵂鶹。《異物志》曰：鴞如小雞，體有文色，異俗謂之鵩，不能遠飛，行不出域。陸璣又曰：賈誼所賦鵩鳥是也。其肉可爲羹臛，又可爲炙。《莊子》曰：見弾而求鴞炙。按：比形實，蓋今之所謂竹雞，俗呼爲泥滑滑者是已。故曰：有鴞萃止。萃，聚也。此鳥聚羣于叢棘之中，若鵂鶹，則孤飛而不萃，且賈誼賦言容止甚都，鵂鶹醜惡盲昧，固不得贊爲都雅。但後世不以爲惡鳥，與毛《傳》異。乃古今避忌、俗尚不同，與鵲烏吉凶同理，未可執以爲疑。【略】

　鴟鴞，《爾雅》：鴟鴞，鸋鴂。《説文》亦同。陸璣《疏》云：似黄雀而小，其喙尖如錐，取茅莠爲巢，以麻紩之，縣著樹枝是已。《方言》謂之桑飛，一曰工雀，一曰果鸁，一曰女匠，一曰蠛雀。《廣雅》曰：鷦鷯，鸋鴂，果鸁，桑飛，女匠，工雀也。要其實，則《莊子》所謂鷦鷯者也。故趙歧《孟子注》曰：鴟鴞，小鳥。陳琳《檄吴文》云：鸋鴂之鳥，巢于葦苕。以《詩》言之，鷦鷯之爲巢也堅固，故曰『綢繆牖户』。其托巢也，卑人易侮焉，故曰『今女下民，或敢侮予』。繫于弱枝，易于飄動，故又曰『風雨所漂摇』。然則此爲鴟鴞之自言，而非告鴟鴞之詞審矣。自郭璞以鴟鴞爲鴟類，《禽經》注又誤以爲伯勞，已爲淆亂，而《集傳》乃曰：鴟鴞，鵂鶹，惡鳥，因不以我爲鴟鴞之自我，使詩意怨誹而傷，失忠厚温柔之旨。按：鳥名有相近而實相遠者，如燕燕非燕，雎鳩非鳩，其類不一。鴟自鴟鷂也，鴞自鴞鵩也，鵂鶹自爲鵂鶹，土梟音澆，不音枵。也，《爾雅》謂之梟鴟。名異類殊，何容以彼易此。且周公奉王以誅二叔，義也。若斥之以食母之鳥，詠歌而流傳之，是不仁也。故《大誥》、《多士》、《多方》一未言及二叔之罪。《蔡仲之命》以王命臨之，亦止曰『毋若爾考之違王命』而已。公于此固有不忍盡言者，故《孟子》曰：管叔，兄也，周公之過不亦宜乎？而何忍以至不仁之妖鳥比其兄哉？鄭氏以鴟鴞比周世臣之子孫以黨屬周公而得罪者，于義極順。《集傳》以一鳥名之誤，廢舊説而陷周公于詛怨天倫之愆，且以鳥巢比王室，鳥子比成王，殊失君臣之禮。王室而曰我室，王而曰我子，又以恩勤自誇，尤爲驕駔，自當從鄭《箋》亡疑。

清　陳啓源《毛詩稽古編》卷二八　《爾雅》紀天鳥之名凡七。一曰：鵅，音格。鵋鶀。音忌欺。注云：今江東呼鵂鶹爲鵋鶀，亦謂之鵅鵅。一曰：鴟鴞，鸋音寧鴂。注云：鴟類。一曰：狂，茅鴟。注云：今鸗，莽、庬二音。鴟也，似鷹而白。一曰：怪鴟。注云：即鴟鵂也，見《廣雅》。案《廣雅》云：肥鵂，鴟鵂，怪鴟也。一曰：梟鴟。注云：今土梟。一曰：萑，音丸。老鵵。屠、兔二音。注云：木兔也，似鴟鵂而小，兔頭有角，毛脚，夜飛好食雞。一曰：鳥少美長醜爲鶹鷅。注云：鶹鷅猶流離，《詩》所謂『流離之子』。此七者析之有十一名，併注則十八焉。案：《本草拾遺》以鵋鶀、怪鴟、老鵵三者爲一鳥，而分大小鴟鴞，大如鴟鷹、鵂鶹，微小如鵅鵅也。合之郭注，則大者怪鴟，而小者乃鵅與鶹矣。又以梟鴟、鶹鷅爲一鳥。觀郭注以梟鴟爲土梟，鶹鷅即《詩》之流離，則藏器之説信矣。但謂鴞即梟，恐未必然。鴞、梟字異物亦異。《説文》鴞以号胡到切。得聲，梟從鳥頭在木上，是字異也。鴞云鴟鴞、鸋鴂，梟云不孝鳥，是物異也。其在《詩》，則梟者，《旄邱》之流離

也。所謂少美長醜、食母而飛者也。鴞者，《墓門》之鴞也，所謂惡聲之鳥，如斑鳩緑色者也。《爾雅》之鶨鴂，郭注既不從巧婦之説，而以爲鴟類，當即此禽矣。豈與流離爲一鳥乎？李氏《本草注》謂詢諸野人，鴞、梟果是一鳥，此惡可信也。今據《爾雅》以合之《詩》，則《旄邱》之流離、《瞻卬》之梟，即《爾雅》之梟鴟、鶹鷅也，《墓門》之鴞、《豳風》之鴟鴞、《瞻卬》之鴟、《泮水》之飛鴞，即《爾雅》之鶨鴂也。若茅鴟，則僅存於逸詩篇名，其鵅、萑、怪鴟則《詩》不及焉。又案：梟，堅堯切，當讀如徼。鴞，于嬌切，當讀如遥。音各不同。《荀子·非十二子》篇：梟亂天下。楊倞注云：梟與鴞同。不知楊之意以爲音同乎？義同乎？恐誤。又案：鴞，于嬌切，見《詩釋文》及《説文》、《玉篇》、《廣韻》皆同，獨《正韻》吁嬌切，豈因于、吁字形相類，致此誤耶？今遂與囂同，音併。梟字亦作囂，音幾，欲溷梟、鴞爲一字矣。觀《荀子注》，則兩字之誤讀，殆始於唐世藏器，唐人宜其合梟、鴞爲一鳥也。鴟，《説文》云：鵻是爲切。也。徐云：俗呼爲鷂，一曰鳶也。是鴟，乃貪殘之鳥，非怪鳥也，然怪鳥多取名焉。《爾雅》鴟鴞、茅鴟、怪鴟、梟鴟皆是，郭注鵂鴟、鴟鵂亦然。

清 羅汝懷《緑漪草堂文集》卷三《説鴟鴞》

《爾雅》：鴟鴞，鶨鴂。《説文》同。《爾雅疏》：舍人云：鴟鴞，一名鶨鴂。引陸璣《詩疏》云：鴟鴞，似黄雀而小，其喙尖如錐，取茅莠爲窠，以麻紩之，如刺韈然，謂之韈雀。先儒皆以爲今之巧歸。郭注此云『鴟類』，是與先儒意異也。案：郭璞之以爲鴟者，乃誤以鴟鴞爲梟也。舍人據陸璣《詩疏》議之是矣。

『狂，茅鴟』、『怪鴟』、『梟鴟』，《爾雅》列此三種。注：茅鴟似鷹而白。怪鴟即鴟鵂也，見《廣雅》，江東呼此屬爲怪鳥。梟鴟爲土梟。《疏》云：茅鴟，一名狂梟，一名鴟。郭云：土梟。《説文》云：梟，食母，不孝之鳥，故冬至捕梟磔之，字从鳥首在木上。《詩·陳風》毛《傳》云：惡聲之鳥也，一名鵩，一名梟，一名鴟。案：怪鴟即鴟鵂，江東呼爲怪鳥者即梟鴟，郭注『土梟』者也。觀《莊子·秋水篇》：鴟鵂夜撮蚤，察見豪末，晝出瞑目而不見邱山。非即今之梟乎？梟頭似貓而作惡聲，故人呼爲怪鳥，與土梟非二物也。又案《爾雅》：鳥少美長醜爲鶹鷅。注：鶹鷅猶留離，《詩》所謂『留離之子』。《疏》引陸璣《詩疏》云：流離，梟也。自關而西謂梟爲流離。張奐云：鶹鷅食母。許愼云『梟，不孝鳥』是也。流與留同。是則鴟鵂也，鶹鷅也，鵩也，皆梟也，而非鴟鴞也。

梟與鴞判然二物。《爾雅》、《説文》皆分列甚明，其互混則經傳中之借鴞爲梟也，如《毛詩》中惟《瞻卬》之『爲梟爲鴟』，以喻褒姒之言。毛訓爲惡聲之鳥者，尚用本字。若《陳風》之『有鴞萃止』、《豳風》之『鴟鴞鴟鴞』、《魯頌》之『翩彼飛鴞』，皆是惡聲之梟，非韈雀之鴟鴞也。然《陳風》、《魯頌》字雖作鴞，而毛《傳》皆訓惡聲之鳥，是毛所見本作梟非作鴞也。惟《豳風》之鴟號，毛以爲鶨鴂，告語取子之鳥，則是自呼其名，與下句語意不貫，故《集傳》以爲此鳥之呼鴟鴞，於文爲順，則此詩之鴟鴞亦是梟鴟，非鶨鴂小雀也。

《莊子》『見彈而求鴞炙』，亦當作梟，古人重梟羹，以午日賜百官。陸璣《詩疏》：其肉甚美，可爲羹臛，又可爲炙。漢供御物，各隨其時，惟梟（原文作鴞）冬夏常施之，以其美故也。

《漢書·賈誼傳》：有鴞飛入賈生舍，止於坐隅。楚人命鴞曰服，誼作《鵩鳥賦》，叙云：有鵩鳥飛入誼舍，止於坐隅。鵩似鴞，不祥鳥也。案：諸鴞字皆梟之借，楚人命鴞曰服。《正字通》謂，夜爲惡聲，不能遠飛，若有彊服然，故名。蒙謂服猶伏也，謂其晝伏不出也。義爲伏而字爲服，亦屬同音之借，而後人乃就服加鳥作鵩。鄭注《周禮·秋官》云：夭鳥，惡聲之鳥，若鴞鵩。是鄭時已有加鳥之鵩矣。

凡曰鴟，曰鴞，亦如雇鳩烏雀，爲鳥之通稱。《説文》鴟爲雖之籀文，雖爲鷹鷂之屬，乃鷙鳥也。而《爾雅》茅鴟、怪鴟、梟鴟，各自爲物，而皆以鴟名。鴞之本義則爲鴟鴞，一名鶨鴂，乃以茅莠爲窠之小雀。而鷗亦稱水鴞。然鴟、梟爲二物，《大雅》之『爲梟爲鴟』是也。鴟鴞則爲一物，《豳風》之鴟鴞當作鴟梟，或作梟鴟，方是取子毀巢之鷙鳥，而毛公所見本作鴟鴞，故本《爾雅》釋之，以爲鶨鴂爾。此由本經轉寫之差，遂至訓釋亦不免隨文生義。經傳中似此者，蓋不少矣。

梟、鴞之混爲一，殆自《爾雅》郭注始。唐陳藏器《本草》謂鴞卽梟。邱光庭《兼明書》云：孔穎达謂鴟鴞巧婦，似黄雀而小，喙尖如錐，此穎達之妄也。郭璞注《爾雅》云：鶨鴂，鴟之類也。《魯頌》：翩彼飛鴞。毛萇《傳》曰：鴞，惡聲鳥也。賈誼《鵩鳥賦叙》曰：鵩似鴞，不祥鳥也。又《弔屈原

賦》曰：鸞鳳伏竄兮，鴟鴞翱翔。顔師古注曰：鴟，鵂鶹，怪鳥也。鴞，惡聲鳥也。據毛《傳》、郭璞、顔師古諸儒之説，則鴟鴞土梟之類，非巧婦矣。案：邱氏所引諸説，孔穎达以鴟鴞爲巧婦，此本《爾雅》、《説文》，非妄也。郭璞以鸋鴂爲鴟類，舍人卽已辨之。毛萇謂鴞爲惡聲之鳥，乃毛所見本作梟，而後人移寫作鴞，經字譌而傳非誤也。賈誼云『鵩似鴞』及『鴟鴞翱翔』，亦鴞字譌也。顔師古以鴟爲鵂鶹怪鳥不誤，而以鴞爲惡聲之鳥則誤。其誤在不辨本文鴞字之誤，又不辨怪鳥卽惡聲之鳥，不得分爲二也。

《詩·邶風》：瑣兮尾兮，流離之子。毛《傳》：瑣尾，少好之皃；流離，鳥也。少好長醜，始而愉樂，終以微弱。鄭《箋》：衛之臣子，初有小善，終無成功，似流離也。《爾雅》：鳥少美長醜爲鶹鷅。郭注：鶹鷅，猶留離，《詩》所謂『留離之子』。《疏》引陸璣《詩疏》：流離，梟也。自關而西謂梟爲流離。案：毛、鄭意以流離之少好長醜，比衛臣之待黎矦，不甚切當，且既目爲流離，又呼爲叔伯，於文義亦不穩順。《集傳》以瑣爲細，尾爲末，流離爲漂杕，此二句爲黎人自訴囏苦之辭，義良勝也。又案：《説文》有鶹無鷅鶹。下曰：鳥少美長醜爲鶹離。然則鷅乃後起字，鳥名自是留離，與《邶風》之流離或不相涉，自毛、鄭説《詩》以爲鳥名，故郭注《爾雅》援之也。

又卷一一《訓狐辨》 昌黎《射訓狐》詩王注《唐·五行志》：鵂鶹，一名訓狐，或曰訓狐，其聲也，因以名之。結語云：咨余往射豈得已，候女兩眼張睢盱。梟驚墮梁蛇走竄，一夫斬頸羣雛枯。『一夫』，館本作『一矢』。方崧卿云：或問矢何以能斬頸也？鮑明遠詩：蒿間潛彀盧矢直，礿繡頸，碎錦翼。詩人之語，顧隨所用耳。朱子云：方説雖有理，然以詩攷之，似只是公親往射，而梟驚墮梁，故佐之者得以刃斬其頸耳，不必改字强説也。此朱子意謂當作『一夫』。今詳詩意，實以『一矢』爲長，無論鵂鶹之頸，矢固能斬。斬頸，亦斷其頭之謂也。矢字正承上文往射來。若『一夫』指从人説，反嫌添設而少味矣。又梟與蛇皆比擬之辭，謂訓狐見人而驚，墮如梟，又覓竄而入蛇耳。若謂梟卽指訓狐，則蛇又嫌添設。案《詩·大雅》：爲梟爲鴟。《説文》：梟，不孝鳥也。鴟䳲也，籀文鴟，从鳥。鴞，鴟鴞，甯鴂也。《爾雅》、《豳風》毛《傳》同。段氏：鴟，䳲也。下注曰：今江蘇俗呼鷂鷹，盤旋空中，攫鷄子食之。莊周云『鴟得腐鼠』是也。《爾雅》有鴟鴞、怪鴟、茅鴟，皆與單言鴟者各物。鴞，鴟鴞，甯鴂也。下注曰：鴟鴞則爲甯鴂，鴟舊則爲舊留，案《山海經》：南海蒼梧山，有鴟久。注：即鴟舊。不得舉一鴟字謂爲同物。又不得因鴞與梟音近，謂爲一物。又不得因鴟鴞與鴟鵂音近，謂爲一物也。鴟舊不可單言鴟，鴟鴞不可單言鴞。凡物以兩字爲名者，不可因一字與他物同謂爲一物。陸璣曰：鴟鴞似黄雀而小，取茅秀爲窠，以麻紩之如刺襪然。或謂之襪巖。以上段注《説文》。又案：《廣雅》曰：肥鵂，鴟鵂，怪鴟也。《埤雅》曰：怪鴟，一名隻狐，晝無所見，夜卽飛噉蚊蟲。《莊子·秋水篇》所謂『鴟鵂夜撮蚤，察見豪末，晝出瞑目而不見山邱』是也。然則訓狐係鴟鵂，似即今得旹而長鳴。其面似貓，俗謂之哭鳥者，豈得謂之爲梟邪？

綜述

《禽經》 佐鵬塞耳。一名休鶹。《廣雅》曰：江東呼爲怪鳥，聞之多禍，人惡之，掩塞耳矣。

梟鴟害母。梟在巢，母哺之。羽翼成，啄母目，翔去也。

《爾雅·釋鳥》 鵅，鵋鵙。注：今江东呼爲鵂鶹爲鵋鵙，亦謂之鴝鵅。音義：鵅，古客反，注同。鵋，巨記反，本亦作忌。鵙，去其反，本亦作欺，下鵙老同。鵂音休，鶹音留。鴝，古侯反。疏：鵅，一名鵋鵙。郭云：今江東呼鵂鶹爲鵋鵙，亦謂之鴝鵅。【略】鴟鴞，鸋鴂。注：鴟類。音義：鴟，尺之反，或作鵄。鴞，于驕反。鸋，音寧，又音甯。鴂，音決。鸋鴂，今之巧婦鳥。疏：舍人云：鴟鴞，一名鸋鴂。郭云：鴟類。《詩·豳風》云：鴟鴞。毛《傳》云：鴟鴞，鸋鴂。陸璣《疏》云：鴟鴞，似黄雀而小，其喙尖如錐，取茅莠爲窠，以麻紩之，如刺韈然，縣著樹枝，或一房，或二房。幽州人或謂之鸋鴂，或曰巧婦，或曰女鴎。關東謂之過贏。關西謂之桑飛，或謂之韈雀，或曰巧女。先儒皆以爲今之巧婦。郭注此云：鴟類。又注《方言》云：鸋鴂，鴟鴞，鴟屬，非此小雀明矣。是與先儒意異也。今《爾雅》以郭氏爲宗，且依郭氏。狂，茅鴟。注：今䲹鴟也，似鷹而白。怪鴟。注：即鴟鵂也，見《廣雅》。今江東通呼此屬爲怪鳥。梟鴟。注：土梟。音義：狂，如字，本或作鵟。茅，本或作鶜。䲹字又作甝，亡項反，又亡江反。《字林》云：鴟也，亡董反。《廣雅》云：茅鴟，䲹也。鷹，於陵反。怪，古

拜反。梟，古堯反。疏：此别鴟類也。茅鴟，一名狂。《廣雅》：茅鴟，鷵也。郭云：今鷵鴟也，似鷹而白。怪鴟，《廣雅》謂之『鴟鵂』。郭云：今江東通呼此屬爲怪鳥。梟，一名鴟。郭云：土梟。《説文》云：梟，食母，不孝之鳥，故冬至捕梟磔之。字從鳥，首在木上。《詩·陳風》云：墓門有梅，有鴞萃止。毛《傳》云：惡聲之鳥也。一名鵩，一名梟，一名鴟。《大雅·瞻卬》云：爲梟爲鴟。陸璣云：鴞，大如斑鳩，緑色，惡聲之鳥也，入人家，兇，賈誼所賦鵩鳥是也。其肉甚美，可爲羹臛，又可爲炙。漢供御物，各隨其時，鴞冬夏常施之，以其美故也。【略】萑，老鵵。注：木兔也，似鴟鵂而小，兔頭有角，毛脚，夜飛，好食雞。音義：萑，音桓。兔，本又作菟，音兔。疏：老鵵，一名萑。郭云：木兔也，似鴟鵂而小，兔頭，有角，毛脚，夜飛，好食雞。

漢　許慎《説文》卷四　雒，鵋鵙也。从隹，各聲。盧各切。【略】

萑，鴟屬，从隹从𦫳。有毛角，所鳴其民有祸。凡萑之屬，皆从萑。讀若和。胡官切。【略】

鴞，鴟鴞，寧鴂也。从鳥，號聲。于嬌切。【略】

鷳，鴟也。从鳥，閒聲。户閒切。

又卷六　梟，不孝鳥也，日至捕梟磔之。从鳥，頭在木上。古堯切。

三國吴　陸璣《毛詩草木鳥獸蟲魚疏》卷下《鴟鴞》　鴟鴞，似黄雀而小，其喙尖如錐，取茅莠爲巢，以麻紩之，如刺襪然，縣著樹枝，或一房，或二房。幽州人謂之鸋鴂，或曰巧婦，或曰女匠。關東謂之工雀，或謂之過羸。關西謂之桑飛，或謂之襪雀，或曰巧女。

又《翩彼飛鴞》　鴞，大如斑鳩，緑色，惡聲之鳥也，入人家，兇，賈誼所賦鵩鳥是也。其肉甚美，可爲羹臛，又可爲炙。漢供御物，各隨其時，唯鴞冬夏常施之，以其美故也。

又《流離之子》　流離，梟也。自關而西謂梟而爲流離。其子適長大還食其母，故張奂云：鶹鷅食母。許慎云：梟，不孝鳥是也。

唐　劉恂《嶺表録異》卷中　北方梟，人家以爲怪，共惡之。南中晝夜飛鳴，與烏鵲無異。桂林人羅取生鬻之家，家養使捕鼠，以爲勝狸。

又卷下　鵂鶹，即鴟也。爲閫由可以聚諸鳥。鵂鶹晝日目無所見，夜則飛撮蚊蝱。鵂鶹乃鬼車之屬也，皆夜飛晝藏。或好食人爪甲，則知吉凶。兇者輒鳴于屋上，其將有咎耳。故人除指甲，埋之户内，蓋忌此也。亦名夜行游女，與嬰兒作祟，故嬰孩之衣不可置星露下，畏其祟耳。又名鬼車，春夏之間，稍遇陰晦則飛鳴而過，嶺外尤多，愛入人家，爍人魂氣。或云九首，曾爲犬嚙其一，常滴血，血滴之家則有凶咎。《荆楚歲時記》云：聞之當唤犬耳。又曰：鴞大如鳩，惡聲，飛入人家不祥。其肉美，堪爲炙。故《莊子》云：見彈思鴞炙。又云：古人重鴞炙，尚肥美也。《説文》：梟，不孝鳥，食母而後能飛。《漢書》曰：五月五日，作梟羹以賜百官，以其惡鳥，故以五日食之。古者重鴞炙及梟羹，蓋欲滅其族類也。

宋　莊綽《雞肋編》卷上　南方多梟，而比西北絶少。龍泉人亦捕食，云可以治勞疾。漢重五日，以梟羹賜群臣，可驗其無毒，然醫方不云有治病之功也。

宋　鄭樵《通志》卷七六　鵅，《爾雅》曰鵋鵙。鵅，音格。鵋鵙，音忌欺。郭云：今江東呼鵂鶹爲鵋鵙，亦謂之鴝鵅。【略】鴟鴞，《爾雅》曰鸋鴂，陸(機)[璣]諸儒皆謂爲巧婦，誤看《詩》文也。今按郭氏説此及《方言》皆謂是鴟類，據下言『茅鴟，怪鴟』，則此應是鴟，無緣得是巧婦。鴞，鸋鴂，音遥寧決。狂，《爾雅》曰『茅鴟』。郭云：今鷵鴟也，似鷹而白。白鴟，《爾雅》曰怪鴟，《廣雅》謂之鴟鵂。郭云：今關東呼此屬爲怪鳥。梟，《爾雅》曰鴟，即訓狐，日瞑而夜作，賈誼所賦鵩鳥是也。其肉甚美，可爲羹臛，又可爲炙，漢供御物。《説文》云：梟，食母，不孝之鳥，故冬至捕梟磔之。字從鳥，首在木上。或説即今伯勞也，食母。【略】萑，《爾雅》曰老鵵。郭云：木兔也，似鴟鵂而小，兔頭，有角，毛脚，夜飛，好食雞。臣疑此即訓狐，以其首似兔，故有此等名。鵵，音兔。

宋　戴侗《六書故》卷一九　梟 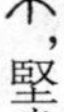，堅堯切。磔鳥也。又爲惡鳥名。《説文》曰：不孝鳥也，日至捕梟磔之。从鳥，首在木上。舅氏曰：梟，博勞也。羽衣褐色間白，頭兩旁黄生，而能自食，則食其母。漢使東郡送梟，五月五日作粥以賜百官。《聽聲考祥經》曰：梟聲宜習符祝。《傳》曰：甑瓦可以令梟寂。皆以其聲可惡也。梟、鴞一物。按：野人謂伯勞似畫眉而短尾。或謂博勞探食他巢之卵而卵其中，他鳥不知而(字)[子]之，比長則啖其(字)[子]，已者故得食母之名。或云伯勞卵於郭公之巢，梟鏡皆以斥名，博勞殆是梟也。然《爾雅》又以伯勞爲鶪。康成曰：伯勞，五月鳴。《傳》曰：伯趙氏，司至者也。杜氏曰：伯勞以夏至鳴，冬至止。然則七月鳴者，非伯勞也。

又　鴟，處脂切，舊留也，又名鴟鵂。莊周曰：鴟鵂夜撮蚤，察毫末，晝出瞋目而不見丘山。《淮南子》曰：鴟夜撮蚤蚊，察分秋毫。今人謂之竹萑。毛角貍首睅目，夜則飛鳴，其聲若鴟，其和聲骨鹿云，故又名骨鹿鴟。聲狀惡而夜出飛鳴，故又謂怪鴟。《詩》云：爲梟爲鴟。《說文》作雖鵴，是僞切也。雖，鴟也，或作鵄。《詩》云：鴟鴞鴟鴞，既取我子，無毀我室。《爾雅》曰：寧鳺也。《方言》曰：自關以東謂桑飛爲寧鳺。陸璣曰：鴟鴞似黄雀而小，其喙如錐，取茅秀爲巢，以麻紩之，如刺韈。豳人謂之寧鳺，或曰巧婦，或曰女匠，或曰過贏。關西謂之桑飛，或謂之韈雀，或曰巧女。按《鴟鴞》之詩，乃爲鳥言。呼鴟鴞而語之曰：汝既取我子矣，無又毀我室。說《詩》者誤以終篇皆爲鴟言，又因『綢繆牖户』之說，故傅會以爲桑飛、巧婦，蓋讀《詩》之誤也。鴟鴞，搏食之鳥也。疑即所謂鵂留，留、鴞聲相近也。賈誼賦曰：鸞鳳伏竄兮，鴟鴞翱翔。鴞或作梟。顏師古曰：鴟鵂，怪鳥。鴞，惡聲之鳥也。賈誼賦觀之，則鴟鴞與鸞鳳各爲二物。然以《詩》意觀之，則鴟鴞殆非二物。賈賦作梟者，是與《詩》所謂爲梟之爲鴟者同，非鴟鴞也。《漢志》：㦸焚其巢。顏師古曰：鴟也，音緣哉，非緣聲，疑即鴟字。

又　鴞，于驕切，又堅蕭切。青鳩也。《詩》云：墓門有梅，有鴞萃止。毛氏曰：惡聲之鳥也。又曰：翩彼飛鴞，集于泮林。食我桑黮，懷我好音。鄭氏曰：鴞常惡聲，食桑黮而改鳴。陸璣曰：鴞，大如班鳩，緑色，惡聲之鳥也。入人家凶，賈誼所賦鵩是也。肉甚美，可爲粥臛及炙。漢供御物，各隨其時，惟鴞冬夏常供之，以其美故也。《埤雅》曰：鴞，禍鳥也。今謂之晝鳥。按：陸氏所謂『大如班鳩，緑色』，即前所謂『青鳩好食桑黮，其聲亦不惡』，未嘗入人家爲妖，故《詩》謂好音，非因食桑黮而改音也，禍晝乃因其鳴聲而命之。不察者但見其與鴟梟互稱，又以禍爲名，故謂之不祥，其實非也。《莊子》曰：鳩鴞之在籠。鳩鴞皆籠畜，蓋人所膳。司馬彪亦曰：鴞，小鳩可炙者。

又　萑，胡官切。《說文》曰：鴟屬。象其毛角。《說文》曰：讀若和。《爾雅》曰：萑，老鵵。郭氏曰：木兔，似鴟鵂而小，兔頭，有角，毛脚，夜飛，好食雞。按：今人謂鵂留爲竹萑。又作，吅聲。《說文》曰：小爵也。引《詩》：萑鳴于垤。孫氏工奂切。《詩》之所永，乃鸛，鸛非小爵。且小爵安得毛角？此特萑字爾，觀、歡讙、權，皆以雚爲聲。

明　劉文泰《本草品匯精要》卷二八　鉤鵅音革。入城城空，入宅宅空，怪鳥也。常在一處則無，若聞其聲如笑者，宜速去之。鳥似鵅，有角，夜飛晝伏。《爾雅》云：鵅，鵋欺。注云：江東人呼謂之鉤鵅。北土有訓胡，二物相似，抑亦有其類。訓胡聲呼其名，兩目如猫兒，大於鴝鵒，乃云作笑聲當有人死。又有鵂鶹，亦是其類，微小而黄，夜能入人家，拾人手爪，知人吉凶。張司空云：鵂鶹夜鳴，人煎爪棄露地，鳥拾之，知吉凶，鳴則有殃。《五行書》云：除手爪埋之户内，恐此鳥得之也。《爾雅》云：鵅，鵋欺。人獲之者，於嗉中猶有爪甲。《莊子》云：鵄鴞夜撮蚤，察毫釐，晝則瞋目不見丘山。言殊性也。鴞目無毒，吞之，令人夜中見物，又食其肉，主鼠瘻。古人重其炙，固當肥美。《内則》云：鵲鴞胖。其一名梟，一名鵂，吴人呼爲魆魂，惡聲鳥也。賈誼云鵩似鴞，其實一物。入室，主人當去。此鳥盛午不見物，夜則飛行，常入人家捕鼠。《周禮》硩蔟氏掌覆妖鳥之巢。注云：惡鳴之鳥，若鴞鵂也。

明　楊慎《升菴集》卷八一《流離》　《尹子》曰：詩詠流離，史書梟獍。流離，鳥名，少好長醜。蓋毛、鄭舊説也。

明　李時珍《本草綱目》卷四九　鴟《別録》下品　釋名：雀鷹、《詩疏》鳶、《詩經》鷣、音淫。隼、本作鵻。音筍。鷂。時珍曰：鴟、鳶二字，篆文象形。一云：鴟，其聲也。鳶，攫物如射也。隼，擊物隼也。鷂，目擊遥也。《詩疏》云：隼有數種，通稱爲鷂。雀鷹，春化布穀，《爾雅》謂之茅鴟，齊人謂之擊正，或謂之題肩。《爾雅》云：鷣，負雀也。梵書謂之阿黎耶。集解：弘景曰：鴟，即俗呼老鴟者。又有雕、鶚，並相似而大。時珍曰：鴟似鷹而稍小，其尾如舵，極善高翔，專捉鷄、雀。鴟類有數種。按《禽經》云：善搏者曰鷂，竊玄者曰鵰，骨曰鶻，瞭曰鷂，展曰鸇，奪曰鵟。又云：鶻生三子，一爲鴟。鶻小于鴟而最猛捷，能擊鳩鴿，亦名鷸子，一名籠脱。鸇，色青，向風展翅迅摇，搏捕鳥雀，鳴則大風，一名晨風。鵟，小于鸇，其脰上下，亦取鳥雀如攘掇，一名鷸子。又《月令》：二月鷹化爲鳩，七月鳩化爲鷹。《莊子》云：鷂爲鸇，鸇爲布穀，布穀復爲鷂。皆指此屬也。隼鶻雖鷙而有義，故曰鷹不擊伏，隼不擊胎。鶻握鳩而自暖，乃至旦而見釋，此皆殺中有仁也。

又　鴟鵂《拾遺》　釋名：角鴟、《說文》怪鴟、《爾雅》雚，音丸。老兔、《爾雅》鉤鵅、音格。鵋鶀、音忌欺。轂轆鷹、蜀人所呼。呼哼鷹、楚人所呼。夜食鷹。吴人所呼。時珍曰：其狀似鴟而有毛角，故曰鴟，曰角，曰雚。雚字象鳥頭目有角形也。老兔，象頭目形。鵂、怪，皆不祥也。鉤鵅、轂轆、呼哼，皆其聲似也。蜀人又訛鉤格爲鬼各哥。集解：藏器曰：鉤鵅，即《爾雅》鵋鶀也，江東呼爲鉤鵅，其狀似鴟有角，怪鳥也。

夜飛晝伏，入城城空，入室室空。常在一處則無害。若聞其聲如笑者，宜速去之。北土有訓狐，二物相似，各有其類。訓狐聲呼其名，兩目如猫兒，大如鴝鵒，作笑聲，當有人死。又有鵂鶹，亦是其類，微小而黄，夜能入人家，拾人手爪，知人吉凶。有人獲之，嗉中猶有爪甲，故除爪甲者埋之户内，爲此也。時珍曰：此物有二種，鴟鵂大如鴟鷹，黄黑斑色，頭目如猫，有毛角兩耳，晝伏夜出，鳴則雌雄相唤。其聲如老人，初若呼，後若笑，所至多不祥。《莊子》云：鴟鵂夜拾蚤，察毫末，晝出而不見丘山。何承天《纂文》云：鴟鵂白日不見人，夜能拾蚤虱。俗訛蚤爲人爪，妄矣。一種鵂鶹，大如鴝鵒，毛色如鷂，頭目亦如猫。鳴則後竅應之，其聲連囀，如云休留休留，故名曰鵂鶹。江東呼爲車載板，楚人呼爲快扛鳥，蜀人呼爲春哥兒，皆言其鳴主有人死也，試之亦驗。《説文》謂之雈，音爵，言其小也。藏器所謂訓狐者，乃鴞也；所謂鵂鶹者，乃鴟鵂之小者也。並誤矣。《周禮》硩蔟氏掌覆夭鳥之巢，以方書十日之號，十二支之號，十二辰之號，十二歲之號，二十有八宿之號，懸其巢則去。《續博物志》云：鵂鶹、鸛、鵲，其抱以聒。

又 鴞《拾遺》 釋名：梟鴟、音嬌。土梟、《爾雅》山鴞、晉灼鵩鴞、《十六國史》鵩、《漢書》訓狐、《拾遺》流離、《詩經》魑魂。時珍曰：鴞、梟、訓狐，其聲也。鵩，其色如服色也。俚人訛訓狐爲幸胡者，是也。鴟與鴞，二物也。周公合而詠之，後人遂以鴟鴞爲一鳥，誤矣。魑字《韻書》無攷，當作匈擁切。魑魂、流離，言其不祥也。吴球方作逐魂。梟長則食母，故名人夏至磔之，而其字從鳥首在木上。集解：藏器曰：鴞即梟也，一名鵩。吴人呼爲魑魂，惡聲鳥也。賈誼云：鵩似鴞，其實一物也，入室主人當去。此鳥盛午不見物，夜則飛行，常入人家捕鼠食。《周禮》硩蔟氏掌覆夭鳥之巢。注云：惡鳴之鳥，若鴞、鵩、鬼卓之屬。時珍曰：鴞、鵩、鵂鶹、梟，皆惡鳥也，説者往往混注。賈誼謂鵩似鴞，藏器謂鴞與訓狐爲二物，許慎、張華謂鴞鵩、鵂鶹爲一物，王逸謂鵩即訓狐，陳正敏謂梟爲伯勞，宗懍謂土梟爲鴝鵒，各執一説。今通攷據，并諮詢野人，則鴞、梟、鵩、訓狐，一物也。鵂鶹，一物也。藏器所謂訓狐之狀者，鵂鶹也。鴞，即今俗所呼幸胡者是也，處處山林時有之。少美好而長醜惡，狀如母鷄，有斑文，頭如鴝鵒，目如猫目，其名自呼，好食桑椹。古人多食之，故《禮》云：不食鴞胖，謂脅側薄弱也。《莊子》云：見彈而求鴞炙。《前涼録》云：張天錫言，北方美物，桑椹甘香，鷄鴞革饗。皆指此物也。按《巴蜀異物志》云：鵩如小鷄，體有文色，土俗因名之。不能遠飛，行不出域。盛宏之《荆州記》云：巫縣有鳥如雌鷄，其名爲鴞，楚人謂之鵩。陸(機)[璣]《詩疏》云：鴞大如鳩，緑色，入人家兇，賈誼所賦鵩是也。其肉甚美，可爲羹臛、炙食。劉恂《嶺表録》云：北方梟鳴，人以爲怪。南中晝夜飛鳴，與烏、鵲無異。桂林人家家羅取，使捕鼠，以爲勝狸也。合諸説觀之，則鴞、鵩、訓狐之爲一物明矣。又按郭義恭《廣志》云：鴞，楚鳩所生也，不能孳乳，如騾、駏驉馬。然梟長則食母，是自能孳乳矣，抑所食者即鴆耶？《淮南子》云：甑瓦投之，能止梟鳴，性相勝也。

明 慎懋官《華夷花木鳥獸珍玩考》卷七《鵩》 《賈誼傳》：有鵩飛入誼舍。晉灼曰：《異物志》曰：有鳥，小鷄，體有文，色土，俗因形名之曰鵩。不能遠飛，行不出域也。

明 穆希文《説原》卷一〇 梟，不孝鳥也。傴伏其子，百日而長，羽翼成，食母而飛，與破獍食父之獸同惡。

明 吴雨《毛詩鳥獸草木考》卷一《流離》 流離，鳥也。一名栗留，一名不孝鳥，長而食其母。一名掛首，冬至斬其首，掛木上，故名。又名夜行遊女，謂日中不見丘山，夜入人家捕鼠，食蚤虱。吴人呼爲魑魂。《釋鳥》云：鳥少美長醜爲鶹鷅。陸璣云：流離，梟也。自關而西謂梟爲流離。其子長大還食其母。故張奂云：鶹鷅食母。許慎云：梟，不孝鳥是也。『流』與『鶹』，蓋古今之字。《爾雅》『離』或作『栗』。

又卷二《鴞》 鴞，楚鳩之子，大如斑鳩，緑色，狀類鸚䳇，聲如小兒吹竽。一名黄禍，侯所鳴，其民有禍證。俗云：鴞，禍鳥也。今謂之晝烏，蓋聲之誤也。陸璣云：惡聲之鳥也，入人家，凶，賈誼所賦鵩鳥是也。其肉甚美，可爲羹臛，又可爲炙。漢供御物，各隨其時，唯鴞冬夏常施之，以其肉美故也。《漢書》云：霍山家鴞數鳴。《楚辭注》：鴟、鴞二物。又云：鵩似鴞，則鴞又非鵩矣。《異物志》曰：鳥如小雞，體有文彩，異俗謂之鵩，不能遠飛，行不出域。賈公彦曰：鴞、鵩二鳥，夜爲惡鳴者也。按：此數説各不同，恐相似而難别耳。如璣以鴞卽鵩，誤也。俗説以爲鴞卽土梟，亦非也。《魏志》曰：夫鴞，天下賤鳥也，及其在林食椹，則懷我好音。《北山録》曰：黄鸝亦食椹而音美。

又《鴟鴞》 鴟鴞，鸋鴂也。郭璞云：鴟類。陸璣云：鴟鴞，似黄雀而小，其喙尖如錐，取茅莠爲巢，以麻紩之，如刺韈然，懸著樹枝，或一房，或二房。幽州人謂之鸋鴂，或曰巧婦，或曰女匠。關東謂之工雀，或謂之過羸。關西謂之桑飛，或謂之韈雀，或曰巧女。陸佃曰：先儒以爲鴟鴞，即今巧婦。郭注《爾雅》獨云『鴟類』，則璞與先儒異意。以《詩》與《爾雅》攷之，宜如璞義。蓋《爾雅》言『鴟鴞，鸋鴂』，繼云『狂，茅鴟。怪鴟。梟鴟』，則鸋鴂亦鴟之類也。吕藍田曰：鴟鴞，惡聲之鷙鳥也。《詩》『有鴞萃止』，又『翩彼

飛鴞』，又『爲梟爲鴟』，蓋梟之類。歐陽氏曰：鳥之愛巢者，呼鴟鴞而告之。呂東萊曰：鸋鴂，鴟鴞之别名。郭景純、陸農師所解皆得之。《方言》云：自關而東謂桑飛，曰鸋鴂。此乃陸《璣》疏所謂巧婦，似黄雀而小，其名偶與鴟鴞之别名同，與《爾雅》所載實兩物也。毛、鄭誤指以解《詩》，歐陽氏雖知其失，乃並與《爾雅》非之，蓋未攷郭景純之注耳。朱子曰：鴟鴞，鵂鶹，惡鳥，攫鳥子而食者也。

又卷三《梟》 梟，惡聲之鳥，一名土梟，傴伏其子，百日而長，羽翼卽成，食其母而始飛。故日至捕梟磔之。字从鳥，首在木上。古者天子以春解祠黄帝，用一梟、破獍。梟食母，破獍食父，黄帝欲絶其類，使百司用之。後世於歲始祓除凶災，取以祠黄帝。漢使東郡送梟，五月五日作梟羹以賜百官，此遺象也。或謂與鵩相似，或謂其實一物，非也。周人設官覆妖鳥之巢，以方書十日之號，十二辰之號，二十八宿之號，懸其巢上，則去之。梟之類極多，此與流離異種，故《爾雅》亦兩釋之。

又《鴟》 鴟，怪鳥也，一名鴟鵂，鴞鵩、鬼車之類。目大而圓，其鳴卽雨，爲鬬可以聚諸鳥，亦名隻狐，晝無所見，夜卽飛啖蚊蝱。取其腦塗雞目，卽伏不能起。今江東通呼此屬爲怪鳥。又有一種茅鴟，一名狂，今鵂鴟也，似鷹而白。《春秋運斗樞》曰：玉衡星散爲鴟。《莊子》云：鴟，嗜鼠之鳥也。

明 鄺露《赤雅》卷三《訓胡》 訓胡，惡鳥也，鳴則後竅應之。

明 朱國禎《湧幢小品》卷三一 成都、福州、貴陽省下多梟，各府亦如之，無一夕不聞梟聲。成都學道署，栢樹參天，上有梟巢。好事者伐其巢，得九子。福州下令，獻一梟賞三十文，無日無獻者。貴陽用鳥銃驚之，其聲稍遠，然銃聲昔昔不絶。宦其地者，初至其惡之，竟亦未必爲殃，蓋多則不足恠也。

明 王圻《稗史彙編》卷一五九《禳鬼鳥》 《荆楚歲時記》：正月夜多鬼鳥，度家家槌床打户，捩狗耳，滅燈燭以禳之。《玄中記》云：此鳥名姑獲，一名天帝女，一名隱飛鳥，一名夜遊鬼。好取人女子養之。有小兒之家，即以血點其衣以爲志。故世人號鬼鳥。荆湖彌多。

明 張存紳《增定雅俗稽言》卷三七 梟 梟鳥食母目睛乃能飛，或曰卽鵩也。漢午日賜羣臣梟羹，惡其害母也。又夏至捕梟磔之，以頭挂木，故梟首取義示衆。

明 陳懋仁《庶物異名疏》卷二四《狂》 《爾雅》鴟有三種。茅鴟，一名狂。注：今鵂鴟也，似鷹而白。

又卷二五《流離 破鏡》 流離，陸璣云：梟也，自關而西謂梟爲流離。其子適長大，還食其母。《説文》：梟，不孝鳥也。日至捕梟磔之，以頭挂木上。今以挂首爲梟。《漢儀》：夏至賜百官梟羹，欲絶其類也。梟附土塊爲兒，破鏡抱毒樹果爲子，子成，父母皆遭其食。生理怪誕，見諸《楞嚴經》。然則梟與鏡始未嘗食父母，蓋土塊、毒樹果蒙其氣化而食梟鏡耳。厲哉，梟鏡之氣也。

明 馮復京《六家詩名物疏》卷二七《鴞》 《爾雅》：梟鴟。即此惡聲之鴞也。梟、鴞音相近，故孔仲達云：鴞一名梟。古書多稱梟鳴，指此，非土梟也。土梟，《爾雅》自謂之鷑鷝。郭注『梟鴟』，云土梟，誤矣。《本草》云：鴞目吞之，令人夜中見物。《博物志》云：鵂鶹，一名鵋鵂，夜目至明。今云吞鴞目而夜中見物，似説鴟鵂，非鴞矣。鴟鵂即《爾雅》之怪鴟，又云『鴒，䳤鵙』者也。《本草》又云：賈誼云鵩似鴞，其實一物。考之《異物志》，有鳥如小雞，體有文色，土俗因形名之曰服，不能遠飛，行不出域。《周禮》注云：夭鳥，惡鳴之鳥，若鴞鵩。賈公彦曰：鴞之與鵩二鳥，倶夜爲惡鳴者。是二鳥不可合爲一也。

又卷三〇《鴟鴞》 鴟鴞，名鸋鴂、巧婦，亦名鸋鴂。故先儒多誤以鴟鴞爲巧婦，其實鴟鴞是鴞類耳。《衛風》『流離之子』，此土梟也。《陳風》『有鴞萃止』，此《爾雅》之梟鴟也，並非此鴟鴞。朱《傳》以爲鵂鶹，則又誤。鵂鶹，《爾雅》謂之『鴒，䳤鵙』，又云『怪鴟』，不得爲鴟鴞也。若巧婦，乃《周頌》之桃蟲耳。據《本草》，則䳤鵙、鵂鶹又是二物。及鄭氏云鷦鷯生題肩與鴞，亦無所出，難以管見定其然否。《韓詩説》云：鴟鴞，鸋鴂，鳥名也。鴟鴞所以愛養其子者，適以病之。愛憐養其子者，謂堅固其窠巢。病之者，謂不知託於大樹茂枝，反敷之葦蔄。風至蔄折，有子則死，有卵則破，是其病也。與《荀子》所説蒙鳩同。楊倞《荀子》注云：蒙鳩，鷦鷯也。是韓嬰亦以鴟鴞爲巧婦也。

明　劉侗《名物通》卷九　鴟鴞，如雌雞，體有文采，行不出域，飛不及遠。《毛詩·陳風》『有鴞萃止』是也。一曰訓狐，一曰鵋云，卽鵩鳥，與梟音近物殊。梟食母眼睛乃能飛，此土梟，《詩·衛風》『流離之子』是也，形似大黃雀。《莊子》曰青鷀，又云卽鴞。

明　毛晉《陸氏詩疏廣要》卷下之上《流離之子》　《爾雅》：鳥少美長醜爲鶹鷅。邢《疏》：鳥之少爲子者美，長食母而醜，其名爲鶹鷅。郭云：鶹鷅，猶留離，謂之子者。按：《詩·邶風》云『瑣兮尾兮，流離之子』是也。流與鶹同。《詩攷》亦作『留離之子』。鄭《注》云：鶹鷅猶流離也。《禽經》：梟鴟害母。張注：梟在巢，母哺之，羽翼成，啄母自翔去也。毛《傳》：流離，鳥也，少好長醜。《正義》曰：流與鶹，蓋古今之字。《爾雅》『離』或作『栗』。《埤雅》：《北山録》曰：烏反哺，梟反噬，蓋逆順之習也。《聽聲考詳篇》云：鶴聲宜學仙，雉聲宜習武，烏聲宜習醫，雁聲宜習卜筮，鵲聲宜習工巧，梟聲宜習符呪。《西方之書》曰：如土梟等附塊爲兒。名之曰土梟，蓋取諸此。《傳》曰：甑瓦可以令梟寂。又曰：梟避星名，鵲違歲子。《爾雅翼》：《劉子》曰：炎州有鳥，其名曰梟。傴伏其子，百日而長羽，翼既成，食母而飛。蓋稍長從母索食，母無以應，於是而死。古者天子常以春解祠，祠黃帝用梟、破獍。梟，不孝之鳥。破獍，食父之獸。黃帝欲絕其類，使百吏祠皆用之。至漢武時，亦令祠官領之如其方，而漢使東郡送梟。五月五日，作梟羹以賜百官。《淮南子》：鼓造辟兵壽，盡五月之望。許叔重曰：鼓造蓋謂梟，一曰蝦蟆，今世人五月作梟羹，亦作蝦蟆羹，是食梟之驗也。博之采有梟者，博兼行惡道，故以梟爲采。亦梟得之儁，故猛將謂之梟將也。土梟穴土以居，故曰土梟。而《荆楚歲時記》稱鴝鵒爲土梟，說者乃因謂『鸜鵒來巢』者又云『鸜鵒穴居』，誤矣。梟，今人養以致鳥。《後漢·五行志》稱：衆鳥之性，見非常斑駁，好聚觀之，至於小爵希見梟者，暴見尤聚。

又《鴟鴞鴟鴞》　《爾雅》：鴟鴞，鸋鴂。邢《疏》：舍人曰：鴟鴞，一名鸋鴂。郭云：鴟類。《詩·豳風》云：鴟鴞。毛《傳》云：鴟鴞，鸋鴂。先儒皆以爲今之巧婦。郭注此云：鴟類。又注《方言》云：鸋鴂，鴟鴞，鴟屬，非此小雀明矣。是與先儒意異也。今《爾雅》以郭氏爲宗，且依郭氏。《埤雅》：先儒以爲鴟鴞即今巧婦，郭注《爾雅》獨云鴟類，則璞與先儒異意。以《詩》與《爾雅》考之，宜如璞義。蓋《爾雅》言『鴟鴞，鸋鴂』，繼云『狂，茅鴟，怪鴟。梟鴟』，則鴟鴞宜亦鴟類，賈誼所謂『鸞鳳伏竄，鴟鴞翱翔』是也。《詩》曰：鴟鴞鴟鴞，既取我子，無毁我室。則其語似戒鴟鴞之詞，正如《黃鳥》之詩，非鴟鴞自道也。昔賢云鴟鴞惜功，愛子及室，誤矣。其二章曰：迨天之未陰雨，徹彼桑土，綢繆牖户。『迨天之未陰雨』，及其閒暇之譬也。『徹彼桑土，綢繆牖户』，明其政刑之譬也。孔子曰：爲此詩者，其知道乎？及其國家閒暇，明其政刑，孰敢侮之？爲是故也。東萊吕氏曰：鸋鴂，鴟鴞之別名。郭景純、陸農師所解皆得之。《方言》云『自關而東謂桑飛，曰鸋鴂』，此乃陸璣《疏》所謂巧婦，似黃雀而小，其名偶與鴟鴞之別名同，與《爾雅》之所載實兩物也。毛、鄭誤指以解《詩》。歐陽氏雖知其失，乃並與《爾雅》非之，蓋未攷郭景純之注耳。朱《注》云：鴟鴞，鵂鶹，惡鳥，攫鳥子而食者也。藍田吕氏曰：惡聲之鷙鳥也。『有鴞萃止』、『翩彼飛鴞』、『爲梟爲鴟』，蓋梟之類也。華谷嚴氏曰：鴟鴞，喜破鳥巢而食其子。山陰陸氏曰：鴟鵂，一名隻狐，鴞服、鬼車之類。《爾雅》又云：鵅，鵋鵙。注：今江東呼爲鵂鶹，爲鵋欺，亦謂之鴝鵒。又云：怪鴟。注：即鴟鵂也，見《廣雅》。今江東通呼此屬爲怪鳥。《莊子》云：鵂鶹夜撮蚤，察毫末，晝出瞑目不見丘山。言殊性也。《博物志》云：鵂鶹，一名鵋鵂，晝日無見，夜則目至明。人截爪甲棄露地，此鳥夜至人家，拾取爪視之，則知吉凶，輒便鳴，其家有殃。《本草》云：鉤鵅入城城空，入宅宅空，怪鳥也。又有鵂鶹，亦是其類，微小而黃，夜能食人手爪，知人吉凶。《纂文》曰：鵂鶹夜能食蚤蝨。蚤、爪音相近，俗人云拾人棄爪相吉凶，妄說也。《淮南萬畢術》曰：鵋鵂致鳥。取鵋鵂，折其大羽，絆其兩足以爲媒，張羅其傍，則鳥聚矣。歐陽氏云：今鴞多攫鳥子而食。《名物疏》云：鴟鴞名鸋鴂，巧婦亦名鸋鴂，故先儒多誤以鴟鴞爲巧婦。其實鴟鴞是鴞類耳。《衛風》『流離之子』，此土梟也。《陳風》『有鴞萃止』，此《爾雅》之梟鴟也，竝非此鴟鴞。朱《傳》以爲鵂鶹，則又誤。鵂鶹，《爾雅》謂之『鵅，鵋鵙』，又云『怪鴟』，不得爲鴟鴞也。若巧婦，乃《周頌》之桃蟲耳。據《本草》，則鵋鵙、鵂鶹又是二物。及鄭氏云鷦鷯生題肩與鴞，亦無所出，難以管見定其然否。《韓詩說》云：鴟鴞，鸋鴂，鳥名也。鴟

鴞所以愛養其子者，適以病之。愛憐養其子者，謂堅固其窠巢。病之者，謂不知託於大樹茂枝，反敷之葦蔄。風至蔄折，有子則死，有卵則破，是其病也。與《荀子》所説蒙鳩同。楊倞《荀子注》云：蒙鳩，鷦鷯也。是韓嬰亦以鴟鴞爲巧婦也。按：《經》云『既取我子，無毁我室』，雖云比擬之詞，其爲惡鳥無疑矣。嚴華谷云：喜破鳥巢而食其子。朱晦菴云：攫鳥子而食。極合風人之旨。陸元恪認爲巧婦，釋文全非。大凡説《詩》者，鳥獸草木之名固應詳覈，亦必得顧母法，方解人頤。若夫『流離之子』，顯然借惡鳥以斥衛人。朱子云：流離，漂散也。謂之何哉？

又《翩彼飛鴞》 《爾雅》：梟鴟。郭注：土梟。鄭注：訓狐也，日瞑而夜作，賈誼所賦鵩鳥是也。其肉甚美，可爲羹臛，又可爲炙，漢供御物。《説文》云：梟食母，不孝之鳥，故冬至捕梟磔之。字從鳥，首在木上。或説即今伯勞也，食母。《酉陽雜俎》云：訓胡，惡鳥也。鳴則後竅應之。《禽經》：怪鵩塞耳。張注：一名休鶹。《廣雅》云：江東呼爲怪鳥，聞之多禍，人惡之，掩塞耳矣。《埤雅》：鴞，大如斑鳩，緑色，所鳴其民有禍證。俗云：鴞，禍鳥也。今謂之畫鳥，蓋聲之誤也。肉可爲炙，故《莊子》曰『見彈而求鴞炙』也。《詩》云：翩彼飛鴞，集於泮林。食我桑黮，懷我好音。言鴞食桑黮，則變而美其色，好其音。《北山録》曰：黄鸝亦食桑黮而音美。曹氏曰：《傳》云：桑椹甘甜，鴟鴞革響。《廣志》曰：鴞，楚鳩所生，如驢巨虚，種類不孳乳也。舊説鶻生三子，一爲鴞。《博雅》：鷩鳥，鴞也。《爾雅翼》：鵩似鴞，不祥鳥，夜爲惡聲者也。賈誼之遷長沙，嘗集其舍，自以壽不長，作賦自廣，然終以不免。按：《周官》哲蔟氏，掌覆天鳥之巢。以方書十日、十有二辰、十有二月、十有二歲、二十有八星之號，縣其巢上，則去之。先儒以爲天鳥，惡鳴之鳥，若鴞鵩。日謂從甲至癸，辰謂從子至亥，月謂從陬至涂，歲謂從攝提格至赤奮若，星謂從角至軫。蓋梟鳴鳥噪則嘻嘻出出，類皆驚動人，爲國怪祥。故設官驅之，不使惑聽。書十日以下，則未曉其理，豈歲、月、日、星、辰五紀者，天鳥所畏避耶？《荆州記》曰：楚人謂之服。濮氏曰：《漢書》云：霍山家鴞數鳴。《楚辭注》：鴟鴞二物，又鴟似鴞。《本草》云：其實一耳。孔氏曰：鴞，一名梟，一名鴟。《瞻卬》云：爲梟爲鴟。俗説以爲鴞即土鴞，非也。《詩緝》：鴞，怪鴟也，鵩也，鵂鶹也，即《瞻卬》之『爲鴟』也。《内則》云：鵠鴞胖。古人尚之。胖音判。注云：謂脅側薄肉也。肅宗張皇后專權，每進酒，常寘鴟腦酒。鴟腦酒，令人久醉健忘。《嶺表録異》云：北方梟，人家以爲怪。南中晝夜飛鳴，與烏鵲無異。桂林人羅取生鬻之，家家養使捕鼠，以爲勝狸。《酉陽雜俎》云：鴟不飲泉及井水，唯遇雨濡翮，方得水飲。《名物疏》云：《爾雅》梟鴟即此惡聲之鳥也。梟、鴞音相近，故孔仲達云：鴞一名梟。古書多稱梟鳴，指此，非土梟也。土梟，《爾雅》自稱之鶹鷅。郭注『梟鴟』云土梟，誤矣。《本草》：鴞目吞之令人夜中見物。《博物志》云：鵂鶹，一名鵋鵂，夜目至明。今云吞鴞目而夜中見物，似説鴟鴞，非鴞矣。鴟鵂，即《爾雅》之怪鴟，又云『鵅，鵋鵙』者也。《本草》又云：賈誼云鵩似鴞，其實一物。考之《異物志》，有鳥如小雉，體有文色，土俗因形名之曰服，不能遠飛，行不出域。賈公彦曰：鴞之與鵩二鳥，俱夜爲惡鳴者。是二鳥不可合爲一也。

清 毛奇齡《續詩傳鳥名卷》卷二 《墓門》有鴞萃止。鴟鴞，惡聲之鳥也。鴞，即鴟鴞，舊作梟，又作山鴞，即土梟，俱非。其鳥狀如母雞，猫首而凫趾。一名鴟鵂。鵂、鴞聲轉。其又名鵂鶹，則又以聲似休留稱之。但一名禍鳥，每至人家多不祥。

《鴟鴞》鴟鴞鴟鴞，既取我子，無毁我室。鴟鴞、鵂鶹，惡鳥，攫鳥子而食者也。鴟鴞見前，一名怪鴟，晝常伏處，至夜每出，攫他鳥子以爲食，《莊子》所謂『晝則瞑目，夜能撮蚤，察毫末』者，以其警敏，故《楚詞》稱鷙鳥是也。

又卷三 《瞻卬》爲梟爲鴟。梟鴟，惡聲之鳥也。梟，惡鳥，又名不孝鳥。舊稱梟生子以百日，及子長生羽翼，則食母而飛，故古以春祠用梟，祀黄帝。遇至日則磔梟，懸首于木。《説文》謂古制梟字，即以鳥頭絓木上爲義，懲其惡也，則此哲婦爲梟，是惡鳥，非惡聲之鳥。惡聲鳥是鴞，即鴟鴞，不是梟，鴞與梟兩物。【略】鴟，似鷹稍小，尾如舟舵，善高翔。陸佃云：古人觀魚翼創櫓，視鴟尾制舵。每呼嘯能致雨，并聚衆鳥。故《禽經》曰：鴟以貪顧，以愁嘯。其嘯聲則每以丁字始，而連作倏倏聲以終之，亦惡鳥也。但梟與鴟本一類，同惡，故連言之，如《楚詞》『斥逐鴻鵠，近習鴟梟』、賈誼賦『鸞鳳竄伏，鴟梟翱翔』類，然實是二物。唐光啓二年，慈州梟與鴟鬭相殺。則其爲二物，公然可知。

清 姚炳《詩識名解》卷二《鴞》 鴞，《陳風·墓門》篇鴞一名鷩鳥，見《廣雅》。或引《天問》『繁鳥萃棘』，謂繁即鷩之誤，未可據也。陸璣謂大如斑鳩，緑色，即賈誼所賦鵩鳥。《正義》謂一名鵩，梟一名鴟，以《瞻卬》『爲梟爲鴟』當之，俗説即土梟，非。陸農師謂梟非鵩，嚴華谷則合鴞與怪鴟、鵩、鵂鶹四者爲一，而以爲即《瞻卬》之鴟。諸説互異。愚按：《廣志》謂鴞爲楚鳩所生，如驢巨虛，不孳乳，或別是一種。若鵩乃是鴟，非鴞也。《漢·賈誼傳》云鵩似鴞，賈公彦云鴞之與鵩二鳥俱夜爲惡鳴者，明是兩物。且以陸璣羹臛之説斷之，《莊子》『見彈而求鴞炙』，《禮·内則》『鵠鴞胖』，未聞鵩可爲羹炙也。何氏辨之審矣。何元子云：如邢、陸説，則梟、鴞、鵩乃一物，而羅瑞良別鵩與鴞爲二，以爲鵩似鴞，小如雉，體有文采，行不出域，有疆服者，故名鵩。則鵩之非鴞明矣。然鴞亦非梟。《廣雅》謂之鷩鳥，未詳其狀若何。其名梟者，乃《爾雅》之梟鴟耳。亦謂之土梟，故《瞻卬》篇云『爲梟爲鴟』。舊説相傳，皆謂梟者土梟，鴟者怪鴟，與鴞無涉，不可不辨。《列女傳》易鴞作鶚，不足據。然所載陳辨女事，與《詩》頗相似，亦善於傅會者也。

又卷三《鴟鴞》 鴟鴞，《豳風·鴟鴞》篇鴟鴞，鸋鴂。《釋鳥》文，郭璞以爲鴟類，邢昺疑之，謂與先儒意異。愚謂此誤鴟鴞爲惡鳥之始，前此毛、鄭皆依《釋鳥》文，以鴟鴞爲小雀，與《詩》義極合。自璞目爲鴟類，而後儒宗之，以小易大，匪特名物失真，而《詩》義亦晦。始作俑者，於郭氏乎奚辭。陸璣云：鴟鴞，似黄雀而小，其喙尖如錐，取茅莠爲巢，以麻紩之，如刺襪然，懸著樹枝，或一房，或二房，幽州人謂之鸋鴂。按：此正《詩》所云鴟鴞，《釋鳥》謂之鸋鴂者。其茅莠麻紩，即《詩》之桑土綢繆也。其一房二房，即《詩》之牖户室家也。爲物小，故有拮据卒瘏之况。著枝危，故有漂摇風雨之憂。核之《詩》義，情狀脗合，確然無可疑者。陸農師謂《爾雅》言『鴟鴞，鸋鴂』，繼以『狂，茅鴟。怪鴟。梟鴟』，則鴟鴞亦鴟類，賈誼所謂『鸞鳳伏竄，鴟鴞翱翔』是也。此見最泥，如鳳爲羽族長，而《釋鳥》列於『桃蟲』之，下『鶌鳩』之上，古人所作，其不拘類此。若賈誼所云，乃以鴟鴞况鵩鳥耳。且其曰鴟鴞者，非鴟鴞也。鴟與鴞也，猶夫鸞鳳之爲鸞與鳳也。鳥類無兩鸋鴂名。吕東萊據《方言》云『自關而東呼桑飛爲鸋鴂』，謂此乃陸璣所謂巧婦者，其名偶與鴟鴞之別名同，與《爾雅》所載實兩物，則更誤矣。鵂鶹亦名鴟鵂，頭目似猫，即《釋鳥》所謂怪鴟者，《莊子》『鴟鵂夜撮蚤』是也。舊傳其入城城空，入室室空，以爲不祥之物，不聞其善搏擊，其於毁巢取子事更無驗，則是禍鳥，非惡鳥。若謂鴟鴞爲鵂鶹，而并以惡鳥目之，匪特誣鴟鴞，并誣鵂鶹矣。何元子云《爾雅》明別鴟鴞與怪鴟爲二物，無容混而爲一，得之。嚴華谷謂鴟乃惡聲之鳥，今鴟鴞爲鴟類，則亦惡聲之鳥。此所謂想當然耳。今有延二客於一堂者，其一人自北方來，詰其姓名曰某某也，其一人自南方來，詰之其姓同，其名亦近同，則將以二人者之爲一人，與抑美厲各殊而語言大異也。鴟惡則鴟鴞亦惡之説，何以異於是。鴟鴞非鴟，亦非鴞。何元子謂單言之即鴞，尤誤。若單言即鴞，又何不云單言即鴟耶？且物名固有半同異者，不可偏舉，如蝸牛、莎雞之類是也。從何氏之説，則蝸牛即牛，莎雞即雞矣。然則鴞乃惡聲，鴟鴞固未嘗惡聲也。以爲比流言者，非穿鑿而何？

又《梟》 梟，《大雅·瞻卬》篇此鳥之最惡者，與鴞絶異。鴞但能爲聲禍民，無食母之惡。惟土梟傴伏其子，百日而長，羽翼既成，食母而飛。蓋稍長，從母索食，母無以應，於是而死。古者以春解祠，用梟祠黄帝。又漢使東郡送梟作羹賜百官，皆惡其惡也。梟亦有鴟名。《釋鳥》云『梟鴟』，郭璞以爲土梟是也。然在《瞻卬》詩，明以二者對舉，如『爲鬼爲蜮』，各爲一物。鄭氏似混而爲一，不可不辨。且梟乃惡鳥，非惡聲之鳥。鄭氏此言乃爲下長舌寫照，使後人以鴞同梟未必非，其説誤之也。此但以鳥之惡者詆人之惡者，更無他義。舊謂梟、鴟皆能聚致衆鳥，以比幽王鍾愛褒姒，則羣小並集，恐詩人念不及此矣。

附流離，《邶風·旄丘》篇《傳》以流離爲鳥，《正義》引《釋鳥》文謂流與鶹蓋古今之字，離或作鷅，以通其説。此真所謂讀《爾雅》不熟者也。試以文義按之，上云『鳥之雌雄不可別者，以翼右掩左雄，左掩右雌』，下云『二足而羽謂之禽，四足而毛謂之獸』，皆統論鳥獸情狀，故謂凡鳥之少美長醜者俱呼爲鶹鷅耳。况上既釋梟鴟，此不當復贅明甚。後人因黄鳥有栗留、離留之通，强以《詩》流離比例，且飾爲食母則醜之説，何其冤也。若以流離爲梟，則梟長大食母，兇惡莫甚，安得如《傳》以爲微弱之喻？蘇子瞻謂以狄之微而不忌，如流離之養其子不知將爲己害。其説似矣。然玩篇中語氣，皆自傷其失國飄零，而未嘗及狄之强暴。不如依《集傳》漂散之説爲淺合耳。璅

細也，尾末也。此不易之解。今人稱微末事爲瑣屑是矣。毛公誤讀《釋鳥》鶹鷅之文，强解瑣尾爲少好，全無取義，而《正義》傅會其説，以瑣屬少，以尾屬好，尤不可解。夫考之名物，按其詞旨，舉無足通其説者，則流離之非鶹鷅，與鶹鷅之并非土梟，不辨自明矣。

又《鴟》 鴟，《大雅·瞻卬》篇此《釋鳥》所謂怪鴟，郭璞以爲即鴟鵂是也。然惟此專有鴟名。舊説大如鴟鷹，黄黑斑色，頭目如猫，有毛角，兩耳，晝伏夜出，鳴則雌雄相唤，聲如老人，初若呼後若笑，所至多不祥。蜀人呼轂轆鳥，亦呼春哥兒。楚人名呼咵鷹，亦名快扛鳥。吴人謂夜食鷹，江東又謂之車載板。里俗忌聞其聲，蓋與鴞同惡而實不族者也。今人譌鴟爲鴞，又以鴞爲梟，并以鴟鴞爲鴟梟，紛紜舛錯。如其説，則鴟當即鴞，鴞又即梟。《瞻卬》詩人何爲叠床架屋乃爾乎？李時珍分鴟鵂、鵂鶹爲二，《通雅》合之。按《本草》亦謂鵂鶹大如鴝鵒，毛色似鷂，頭目似猫，鳴則後竅應之，其聲連轉如休留休留，故名。《正字通》云：此鳥初聲若呼若笑，轉而若休留，非呼笑爲鴟鵂之聲，休留爲鵂鶹之聲，則仍是一物也。《莊子》『鴟鵂夜撮蚤』，蚤乃蚤虱，後人譌蚤爲爪，謂夜能入人家，拾人指爪，知人吉凶。有人獲之，嗉中猶有爪甲，故除爪甲者埋之户内爲此。此齊東埜語耳。

清 江昱《瀟湘聽雨録》卷八 鴟鴞，湘中多有，人不甚以爲怪，特如諱忌鴉鳴而已。且有云官署有之爲陞遷兆者，是知賈傳之鵩集於舍，亦傷悼所積及於戾爾，非野鳥入室真能爲不祥也。

清 王鳴盛《蛾術編》卷六二《説物二·鴟鴞》 《詩毛傳》：鴟鴞，鸋鴂也。此《釋鳥》文，彼舍人注云：鴟鴞，一名鸋鴂。揚雄《方言》：桑飛自關而東謂之鸋鴂，自關而西謂之桑飛，或謂之韈雀。陸璣《詩疏》：鴟鴞似黄雀而小，其喙尖如錐，取茅莠爲窠，以麻紩之如刺韈然，縣著樹枝，或一房，或二房。幽州人謂之鸋鴂，或曰巧婦，或曰女匠。關東謂之工雀，或謂之過羸。關西謂之桑飛，或謂之韈雀，或曰巧女。觀此諸説，鴟鴞乃小鳥之善爲巢者，故周公託以爲言。此鳥名鴟鴞，與單名鴟、單名鴞者，皆非一類。《釋鳥》于鴟鴞之下，繼以茅鴟、怪鴟、梟鴟。茅鴟似鷹而白，怪鴟卽鴟鵂，梟鴟卽土梟。郭璞因鴟鴞與此三種，其文相連，其名偶近。注云：鴟類。其實則非類。故邢昺于彼疏辨之云：鴟鴞，鸋鴂，先儒皆以爲今之巧婦。郭云：鴟類。又注《方言》云：鴟鴞，鴟屬。則非小雀矣。與先儒異也。此疏頗能正郭之失。《小毖》云：肇允彼桃蟲，拚飛維鳥。《傳》云：桃蟲，鷦也。鳥之始小終大者。《箋》云：鷦之所爲鳥，題肩也。或曰：鴞惡聲之鳥。《釋鳥》云：桃蟲，鷦。郭璞云：桃雀也，俗名巧婦。陸璣《疏》云：今鷦鷯是也，微小于黄雀，其雛化而爲鵰。題肩是鷹，乃鵰類，此鳥所化。故《箋》云：鷦之所爲鳥，題肩也。此鳥本非鴞。《箋》或曰鴞云云，聊附異聞。鄭本不以此爲正解，至鴟鴞、鸋鴂則與此更無涉。祇因此鳥與鸋鴂皆别名巧婦，《詩疏》遂妄牽《方言》『桑飛韈雀』等文，此穎達之誤也。若朱子《詩傳》云：鴟鴞，惡鳥，以其破巢毁卵，比武庚之敗管蔡及王室。此則其謬，不可勝言矣。鵂鶹卽單名鴞者。《墓門》云：有鴞萃止。《泮水》云：翩彼飛鴞。《傳》、《箋》皆云惡聲之鳥，不云惡鳥。陸璣云：鴞大如斑鳩，緑色，惡聲之鳥，入人家凶，賈誼所賦鵩鳥。是此二詩所詠，皆取聲惡，非性惡，即《釋鳥》所謂怪鴞者。惟梟鴟一名土梟者，乃食母之鳥，此爲最惡，又别爲一類。然則鴞與土梟已自不同，故羅願《爾雅翼》亦以鴟、鵩爲二，至于破巢毁卵，攫鳥子而食之惡鳥，加之桃蟲所化之鷹雕，及食母之土梟，皆可也。若以目怪鴞，已覺誣矣。今鴟鴞則不過小鳥之善爲巢者，既非性惡，并非聲惡，乃横題以惡鳥之名，强坐以破巢毁卵之罪，得毋冤甚。本詩篇首重言鴟鴞，《箋》云：將述其意之所欲言，丁寧之也。此詩人語，而朱子、蔡、沈通以爲鳥言，『既取我子』以下本代鴟鴞言，而朱、蔡反以爲他鳥斥鴟鴞之惡，其擅更訓詁文義，違反至此。鶴壽案：鴟鴞是一種，桃蟲又是一種。《爾雅》既分釋之，陸璣又分《疏》之，本兩不相涉。鴟鴞有寧鴂、桑飛、工爵、過羸、女匠、懱爵、巧婦、巧女諸名。《荀子·勸學篇》：南方有鳥焉，名曰蒙鳩，以羽爲巢，而編之以發，繫之葦苕，風至苕折，卵破子死。巢非不完也，所繫者然也。此段與陸璣『取茅莠爲窠』説相似，則鴟鴞又名蒙鳩。鴟鴞雖有十名，而非桃蟲也。桃蟲卽桃雀，一名鷦，亦曰鷦䳌，又作鷦鷯，其鴜名艾，而非鴟鴞也。自郭璞注《爾雅》云『桃蟲俗名巧婦』，注《方言》云『桑飛卽鷦鷯也，今亦名爲巧婦』，于是《廣雅》云：鷦鷯，寧鴂，果羸，桑飛，女鴎，工雀也。遂并二種爲一種矣。又《詩·周頌》疏云：《箋》言鷦之所爲鳥，題肩也。或曰鴞，皆惡聲之鳥。案《月令》：季冬征鳥厲。注云：征鳥，題肩，齊人謂之擊征，或曰鷹。然則題肩是鷹之别名，與鴞不類。鴞，是惡聲之鳥。鷹，非惡聲，不得云『皆惡聲之鳥』也。阮氏《毛詩注疏校勘記》云：鴞當作鶚，鶚與鷹一類。《詩箋》與《月

令》注正同。蓋有鶚誤爲鴞之本，而淺人乃妄增『皆惡聲之鳥』五字耳。今案：朱子以鴟鴞爲鵂鶹，其誤蓋亦因此。但鵂鶹單名鴞，又名鵋鶀。《周禮·硩蔟氏》注云：天鳥鵂鵩。《廣雅》云：肥鵂，鴟鵂，怪鴟也。

清 徐鼎《毛詩名物圖説》卷一 毛《傳》：瑣尾，少好之貌。流離，鳥也，少好長醜。《爾雅》：鳥少美長醜爲鶹鷅。郭璞注：鶹鷅猶流離，《詩》所謂『流離之子』。陸璣《疏》：流離，梟也。自關而西謂梟爲流離，其子適長大，還食其母，故張奂云：鶹鷅食母。許慎云：梟，不孝鳥是也。《埤雅》：梟食母，破獍食父，故日至捕梟磔之，字從鳥頭在木上。《北山録》曰：鳥反哺，梟反噬。愚按：朱子《集傳》云：流離，漂散也。流離瑣尾，若此可憐，以況黎君臣久寓於衛之苦。而漢唐諸儒皆訓流離爲鳥名。《正義》曰：流與鶹蓋古今之字，《爾雅》離或作栗。又云：少而美好，長卽醜惡，以興衛之諸臣，始而愉樂，終以微弱。蓋説《詩》者多宗毛《傳》，似有確據，不得以朱《傳》而少之。

又 《毛傳》：鴞，惡聲之鳥也。陸璣《疏》：鴞，大如斑鳩，緑色，入人家兇。賈誼所賦鵩鳥是也。其肉甚美，可爲羹臛，又可爲炙。漢供御物，各隨其時，唯鴞冬夏常施之，以其美故也。郭義恭《廣志》：鴞，楚鳩所生。《埤雅》：《詩》曰：翩彼飛鴞，集于泮林。食我桑葚，懷我好音。言鴞食桑黮，則變而美其色，好其音，以況德義能草小人之非如此。及其食梅，則不足以革其容色，變其聲音，故『墓門有梅，有鴞萃止』，以刺陳陀無良師傅也。愚按：鴞，惡聲之鳥。《爾雅》曰『梟鴟』，卽此鴞也。梟與鴞音相近。《正義》曰：一名梟，一名鴟。《瞻卬》云『爲梟爲鴟』是也。俗説以爲鴞卽土梟，非也。蓋土梟，《爾雅》自謂之鶹鷅，卽《詩》『流離之子』也。考《異物志》：有鳥如小鷄，體有文色，名之曰服，不能遠飛，行不出域。賈公彦曰：鴞、鵩二鳥，夜爲惡鳴者也。然則梟也，鴞也，鴟也，一物也。陸《疏》以鴞爲鵩者，非。

又 《爾雅》：鴟鴞，鸋鴂。郭璞注：鴟類。《埤雅》：先儒以爲鴟鴞卽今巧婦，郭注獨云『鴟類』，則璞與先儒異意。以《詩》與《爾雅》考之，宜如璞義。蓋《爾雅》言『鴟鴞，鸋鴂』，繼云『狂，茅鴟』、『怪鴟』、『梟鴞』，則鴟鴞宜亦鴟類。賈誼所謂『鸞鳳伏竄，鴟鴞翱翔』是也。曰『鴟鴞鴟鴞，既取我子，無毁我室』，則其語似戒鴟鴞之詞。正如宣王《黄鳥》之詩，卽非鴟鴞自道也。昔賢云鴟鴞恤功，愛子及室，誤矣。朱《傳》：鴟鴞，鵂鶹，惡鳥，攫鳥子而食者也。愚按：鴟鴞，一名鸋鴂。巧婦亦名鸋鴂。《方言》云：幽州以巧婦爲鸋鴂。故先儒誤以鴟鴞爲巧婦也。其實巧婦卽《周頌》桃蟲。若鴟鴞是鴟類，據《本草》『鴟鴞與梟鴞同』，非也。梟卽『流離之子』，《爾雅》所謂土梟也。『有鴞萃止』之鴞，《爾雅》所謂梟鴟也。朱《傳》云『鵂鶹』，《爾雅》『鵅，鵋鶀』，郭云『鵂鶹』，則鵂鶹又是一種，非卽鴟鴞也。

清 翟灝《爾雅補郭》卷下 鶹鵵軌 《釋文》曰：鵵，本亦作兔。後文『萑，老鵵』，郭注云：似鵂鶹而兔頭。此鳥則其類之毛足似兔者，故云兔軌。軌，跡也。鶹，从畱，省音，宜子來反，因其不祥名之，猶今人謂禍鳥也。後東方之雉亦名鶹，其音側其反，與此不同。

清 牟應震《毛詩物名考》卷一 鴞，青鴞也，似乾鵲而小，黑首褐胸，翅尾色淺藍，故曰『竊藍』，其音喳喳，至秋則合羣而噪，故擬爲秋鳸。

又 鴟、鴞，二鳥也，鴟卽鳶，鴞當作梟。鴟爲害於晝，梟爲害於夜，故《瞻卬》曰『爲梟爲鴟』，而《豳風》亦鴟、鴞並舉也。按：鴞與梟本二鳥，其形狀各别，以其通音，故傳寫或淆。陸疏以鴟鴞爲韈雀，以鴞爲鵩，皆非。

又 梟，《説文》：不孝鳥也。古人磔於木上以示警，故字从木首。圓如猫，有毛角，故又名角鴟。圓目，黄睛，其黑珠隨時圓扁如猫，俗呼爲猫頭鳥。晝矇夜出，集人房屋。其三字聲曰呱呱猫，又時格格作笑聲。《爾雅》『狂，茅鴟』謂此。

又 流離，一作鶹鷅，梟之别名也。陸璣曰：自關而西謂梟爲流離。《爾雅》注：此鳥少美長醜，故《詩》曰『流離之子』。

清 劉玉麐《爾雅校議》卷下 狂，茅鴟。注：今鵵鴟也。汪改鵵爲鵂。鴟與鴞，二物也。此所謂梟鴟卽鴞也，鵩也，訓狐也，皆是物也。晝夜飛鳴，頭如鴝鵒，目如猫，其肉美。《禮記》『不食鴞胖』，《莊子》『見彈而求鴞炙』，皆謂此。至鴟有二種：怪鴟大如鴟鷹，黄黑斑色，頭目如猫，有毛角兩耳。晝伏夜鳴，鳴則雌雄相唤，其聲如老人。初如呼，後如笑，所至不祥。一種卽鵂鶹，本書所『謂鵅，鵋鶀』者是也。大如鴝鵒，毛色如鷂，頭目亦如猫，鳴則後竅應之，其聲連轉如云休留休留，此據李時珍《綱目》與《爾雅》本文多不合。然後『萑，老兔』與此所云怪鴟卽鴟鵂者，形狀相類，姑識之于

此，以待博古多識者攷証云。

清　佚名《鳥譜》卷一二《樹猫兒》　樹猫兒，黑睛深黃暈，日中不能見物，黑勾喙，蒼白頰，蒼斑頭，眼如猫眼，旁有耳，短項，蒼黑花紋，背膊翅尾俱蒼赤，質黑，橫斑，頷腹及脛毛蒼土色，黑爪。此鳥棲止樹林，故俗有樹猫之稱，即《爾雅》之土梟也。

又《夜猫兒》　夜猫兒，黑睛黃暈，日中不能見物，黑黃勾喙，灰白頰帶蒼紋，頭眼如猫，雙耳隱于毛中，短項，頂至頷黑斑旋繞，雜以赤白毛，背膊蒼赤，質細，蒼紋點，大白斑，翅尾蒼質，每節有蒼白斑暈，臆腹蒼白相間，淺蒼毛脛足，黑爪。此種生長山中，身有文采，梟之一種也，《異物志》謂之鵩。《異物志》云：《巴蜀記》曰：有鳥身如雞，頭如猫，不能遠飛，行不出境，體有文采，土俗因形名之曰鵩。即今夜猫鷹也。

又《木兔一名額尔奔爪拉**》**　木兔，黑睛深黃暈，頂有兩毛角如兔耳，頰旁白帶淺赭紋，頂項碎蒼紋露赭白色，背膊蒼黑花紋，淡赭暈，間有白斑，翮翅淡蒼赭色，蒼橫斑相次，蒼斑尾，赭白臆，腹帶蒼斑紋毛，脛細，黑爪。《爾雅》：萑，老鵵。注云：木兔也。兔頭有角，毛脚，夜飛。《彙雅》云：老兔，一名萑，蜀人呼爲轂轆鷹，楚人呼爲呼哼鷹，吴人呼爲夜食鷹。

紀事

漢　司馬遷《史記》卷八四《屈原賈生列傳》　賈生爲長沙王太傅三年，有鴞飛入賈生舍，止于坐隅。楚人命鴞曰『服』。集解：晉灼曰：《異物志》有山鴞，體有文色，土俗因形名之曰服。不能遠飛，行不出域。索隱案：鄧展云：似鵲而大。晉灼云：《巴蜀異物志》有鳥〔如〕小雞，體有文色，土俗因形名之曰服。不能遠飛，行不出域。《荆州記》云：巫縣有鳥如雌雞，其名爲鴞，楚人謂之服。《吴録》云：服，黑色，鳴自呼。

唐　李延壽《南史》卷八〇《侯景傳》　景性猜忍，好殺戮，恒以手刃爲戲。【略】所居殿屋，常有鵂鶹鳥鳴呼，景惡之，每使人窮山野捕鳥。

唐　魏徵《隋書》卷二三《五行志》　武成胡后，生後主初，有梟升后帳而鳴。梟不孝之鳥，不祥之應也。後主嗣位，胡后淫亂事彰，遂幽后於北宫焉。開皇初，梁主蕭琮新起後，有鵂鳥集其帳隅。未幾，琮入朝，被留於長安。梁國遂廢。

明　戴冠《濯纓亭筆記》卷九　鉤鵅，《爾雅》云：鵅，鵋鵙。郭景純云：江東呼鵂鶹爲鵋鵙，今俗呼猫頭鷹。相傳云：作笑聲，主有人死。予在紹興時，與山陰、會稽二邑校官五更陪祀文廟，此鳥忽從空中笑而過，後三日山陰賴教諭暴卒於南鎮齋廬中，信其爲不祥鳥也。

藝文

漢　孔鮒《孔叢子》卷下《鴞賦》　季夏庚子，思道静居。爰有飛鴞，集我屋隅。異物之來，吉凶之符。觀之歡然，覽考經書。在德爲常，棄常爲妖。尋氣而應，天道不踰。昔在賈生，有志之士。忌兹鵩鳥，卒用喪已。咨我令考，信道秉真。變怪生家，謂之天神。修德滅邪，化及其鄰。禍福無門，惟人所求。聽天任命，慎厥所修。栖遲養志，老氏之疇。爵禄之求，秖增我憂。時去不索，時來不逆。庶幾中庸，仁義之宅。何思何慮，自令勤劇。

晉　郭璞《盤鶥》（引自《漢魏六朝百三家集》卷五七）　禦暍之鳥，厥名盤鶥。昏明是互，晝隱夜覿。物貴應用，安事鸞鵠。

唐　元稹《元氏長慶集》卷二五《有鳥二十章》　有鳥有鳥名老鴟，鴟張貪很老不衰。似鷹指爪唯攫肉，戾天羽翮徒翰飛。朝偷暮竊恣昏飽，後顧前瞻高樹枝。珠丸彈射死不去，意在護巢兼護兒。

有鳥有鳥名爲鴞，深藏孔穴難動揺。鷹鸇繞樹探不得，隨珠彈盡聲轉嬌。主人煩惑罷擒取，許占神林爲物妖。當時幸有燎原火，何不鼓風連夜燒。

宋　王安石《臨川文集》卷三四《鴟》　依倚秋風氣象豪，似欺黄雀在蓬蒿。不知羽翼青冥上，腐鼠相隨勢亦高。

明　汪坦《石盂集》卷四《樂府・鴟鴞篇》　翩彼飛鴞，爰止於門。嗷嗷其鳴，翕翕其群。有鶩在梁，有鵩止隅。或以其疷，或以其吁。黄龍負舟，白蛇當道。視之蝘蜓，竚而號咷。維音曉曉，維室翹翹。我心塞淵，曷云其忉。

清　朱亦棟《群書札記》卷四《鴞賦》　孔臧《鴞賦》：季夏庚子，思道静居。爰有飛鴞，集我屋隅。賈誼《鵩鳥賦》：單閼之歲兮四月孟夏，庚子日斜兮鵩集余舍。序曰：鵩，似鴞，不祥鳥也。荀灼注：《巴蜀異物志》曰：有鳥如小雞，體有文色，土俗因形名之曰鵩，不能遠飛，行不出域。芹按：《序》云鵩似鴞，則鴞非鵩也。陸璣《詩疏》：鴞，大如班鳩，緑色，惡聲之鳥也，入人家，凶，賈誼所賦鵩鳥是也。其肉甚美，可爲羹臛，又可爲炙。漢供御物，各隨其時，惟鴞冬夏常施之，以其美故也。案：鴞，卽今之猫頭鳥，一名鵋鶀，一名禍鳥，一名畫鳥，皆聲之轉也。陸璣以爲卽鵩鳥者，非。

清　劉大紳《寄庵詩文鈔·詩鈔續附》卷七《鴞》　作客思猿鶴，歸來但見鴞。往時同社鼠，此際勝山魈。小集人家避，高盤佛殿驕。一聞驚已甚，同類況相招。

圖表

晉　郭璞《爾雅音圖·釋鳥》

明 李時珍《本草綱目·圖卷》

清　徐鼎《毛詩名物圖說》卷一

突厥雀

綜述

《禽經》　奪曰鵽。如鸇而小者，其脰上下，亦取鳥雀，如攘奪也。

《爾雅・釋鳥》　鵽鳩，寇雉。注：鵽大如鴿，似雌雉，鼠脚，無後指，岐尾。爲鳥憨急，羣飛，出北方沙漠地。音義：鵽，貞刮、直活二反。寇，苦候反。鴿，古合反。岐，音祁。憨，呼濫反。《字書》云：愚也。漠音莫。疏：寇雉，一名鵽鳩。郭云：鵽大如鴿，似雌雉，鼠脚，無後指，岐尾。爲鳥憨急，羣飛，出北方沙漠地。又謂之泆泆，下云寇雉，泆泆是也。【略】寇雉，泆泆。注：即鵽鳩也。音義：泆，音逸。

漢　許慎　《説文》卷四　鵽　鵽，鵽鳩也。从鳥，叕聲。丁刮切。

宋　鄭樵　《通志》卷七六　鵽鳩，《爾雅》曰寇雉。郭云：鵽大如鴿，似雌雉，鼠脚，無後指，岐尾。爲鳥憨急，羣飛，出北方沙漠地。

明　李時珍　《本草綱目》卷四八　突厥雀《拾遺》　釋名：鵽鳩、音奪。寇雉。藏器曰：雀從北來，當有賊下，邊人候之，故名。時珍曰：案《唐書》云：高宗時，突厥犯塞。有鳴鵽羣飛入塞。邊人驚曰：此鳥一名突厥雀，南飛則突厥必入寇。已而果然。案：此即《爾雅》『鵽鳩，寇雉』也。然則奪寇之義，亦由此矣。集解：藏器曰：突厥雀，生塞北，狀如雀而身赤。時珍曰：案郭璞云：鵽鳩生北方沙漠池。大如鴿，形似雌雉，鼠脚無後趾，岐尾。爲鳥憨急，羣飛。張華云：鵽生關西，飛則雌前雄後，隨其行止。莊周云：青鵽，愛其子而忘其母。

明　慎懋官　《華夷花木鳥獸珍玩考》卷九《鵽鳩》　鵽鳩，《爾雅》曰寇雉。郭云：鵽大如鴿，似雌雉，鼠脚，無後指，岐尾。爲鳥憨急，群飛，出北方沙漠地。見《通志・昆蟲略》

明　方以智　《通雅》卷四五　鵽鳩，突厥雀也。《唐書》：高宗時，有鳴鵽羣飛入塞邊，人驚曰：此突厥雀，南飛則必入寇。已而果然。按：此即《爾雅》之『鵽鳩，寇雉』也。郭璞曰：鵽鳩，生北方沙漠地，大如鴿，毛似雌雉，鼠腳，無後趾，岐尾。爲〔鳥〕性憨急，羣飛。孫愐收鵽于十五轄內。《莊子》注：『青鵽愛其子忘其母』是也。《禽經》曰『奪曰鵽』，正謂此也。《物異考》載此曰蕃雀。

清　陳廷燦　《南村隨筆》卷四《半翅》　《居易録》：半翅卽沙鷄，大如鴿，形似雉，鼠脚，無後指，岐尾。出北方沙漠，盤山亦有之。味甚肥美。《日下舊聞》云卽突厥雀也，一名鵽鳩。《戒菴漫筆》又名半痴。好視紅物，飛不遠，輒下歇。人着紅裙襖以誘之，則近身凝視。

紀事

唐　張鷟　《朝野僉載》卷一　調露之後，有鳥大如鳩，色如烏鵲，飛若風聲，千萬爲隊，時人謂之『鵽雀』，亦名『突厥雀』。若來，突厥必至，後至無差。

元　脱脱　《宋史》卷六四《五行志》　至道元年九月，京師自旦至酉，羣鳥百餘萬，飛翔有聲，識者云『突厥雀』。

藝文

明　陳子壯　《沙雞賦》（引自《明文海》卷四二）　沙雞，西北邊鳥也。邊境數擾，沙雞無止。冬月薄暮，羣飛過都，如風斯陣，後飛至江北食禾稼。鳳陽守臣以異鳥聞。夫物疇微而無徵，性奚遷而弗革。名《禽經》之罕詳，形迅駃而難索。度野馬於塵埃，息相吹其逍遥。初無疑於衆羽，歘比屋以飄飄。跨陽鳥之遞征，泥鶏鶋於魯郊。彼六鷁之退飛，或鸜鵒之來巢。聖惟芒而必剔，蠢以亂而益牒。秦吉了曰：我今者曾不彼入，胡爾今者乃我之逃。鶻回紇兮鵽突厥，阿得脂兮甥博勞。從連雞而自并，觸穹廬以爲高。幕有烏而四起，城千雉兮將翺。轟逐肉以頓盡，味長尺其猶饕。韓盧反猘，虎倀晝號。沙蟲祝化，猿鶴周遭。是以閨閣饑思於空倉，纓冠膽弱於乘軒。

迫天蓬蓬颯發，望望星奔。日意黫愶，脱葉慼喧。亘重障其閃爍，有隔脰而摧魂。若乃揔銍欠出，艚艎在屯。沙烟柳雪，眢井窒門。石馬間嘶，餘殨連墩。雌雄既割，弟不識昆。梟音何徙，鷹眼耐存。搶天窟地，爲魗滋繁。越陌踰阡，穲稏秋翻。刑蠙蝁使鶡啞，執蚌蛂而并吞。若有人兮共蜡主，帝使益兮縶其羽。系曰：倉庚於飛九扈忙，坎坎伐鼓築我場。抨我弓兮相舉柴，橐我矢兮烏三至。蟲拚飛兮肆無害，失前驅兮邑不誡。

圖表

晉　郭璞《爾雅音圖·釋鳥》

伯勞

論說

宋　蔡卞《毛詩名物解》卷六《鵙》　鵙見於萬物開闔之時，夏至而鳴，冬至而止。天地不勞，萬物以生，萬物以死。夏至則生者，勞物。冬至則死者，定物。鵙鳴同萬物而勞者也，故謂之百勞。鳴於二至之間，故伯趙爲司至。七月以鵙爲將績之候，觀天時而終人事，所以順萬物而作者也。

宋　陸佃《埤雅》卷九《鵙》　鵙，伯勞也。陳思王《惡鳥論》曰：伯勞以五月鳴，應陰氣之動。陽氣爲仁義，陰氣爲殘賊。伯勞，賊害之鳥也。其聲鵙鵙，故其音名云。《月令·仲夏》曰『鵙始鳴』是也。《釋鳥》云：鶪鵙醜，其飛也猣。言其飛不能翺翔，竦翅上下而已。許慎《說文》以爲：猣，斂足也。今鶪鵙醜飛亦皆斂足腹下。《詩》曰：七月鳴鵙，八月載績。蓋倉庚知分，鳴鵙知至。故陽氣分而倉庚鳴，可蠶之候也。陰氣至而鵙鳴，可績之

候也。舊云鶪善制蛇，鳴則蛇結。《類從》曰：鶪鳴在上，蛇盤不動。鵲鳴在上，蝟反不行。或曰：金得伯勞之血則昏，鐵得鸊鷉之膏則瑩，石得鵲髓則化，銀得雉糞則枯。

宋　羅願　《爾雅翼》卷一四《鶪》　鶪，似鶷鶡而大，一名伯趙，又名伯勞。《易通卦驗》云：博勞性好單棲，其飛翪，其聲嗅嗅。夏至應陰而鳴，冬至而止，故帝少皞以爲司至之官。而《夏小正》『五月鴂則鳴』，《月令》『仲夏有鶪始鳴』，《豳詩》則云『七月鳴鶪』，蓋豳地寒晚，物從其氣，其鳴爲將寒之候，故八月載績，常候此也。《時訓》云：鶪不始鳴，號令壅偪。高誘以爲，夏至後應陰而殺蛇，乃磔之棘上而始鳴。今俗云鶪在林間鳴，蛇於其下蟠結不動，飛去則伸其所踏枝，可鞭兒令速語。以其當萬物不鳴時而能鳴，故以類求之。又能療繼病。繼病者，母有娠而乳子，使子得疾如痁。《淮南鴻烈》曰：男子植蘭，美而不芳。繼子得食，肥而不澤。情不相與往來也。蓋情在腹中之子，故於所乳之子，爲情不往來，所以病而不澤也。世博伯奇化爲鶪，豈亦母所不愛爲此耶？然少皞已有伯趙氏，豈待伯奇而後有？姑廣異聞爾。

綜述

《禽經》　鶗鴂鳴而草衰。《爾雅》謂之鶪鶪，伯勞也，狀似鶷鶡而大。《左傳》謂之伯趙，《方言》曰孤雞。鳴則草衰。

《爾雅·釋鳥》　鶪，伯勞也。注：似鶷鶡而大，《左傳》曰『伯趙氏』。音義：鶷，音鍇。鶡，工鍇反，又午鍇反。《字林》云：鶷鶡，似伯勞而小。疏：李巡云：伯勞，一名鶪。樊光曰：《春秋傳》曰：少皞氏以鳥名官。伯趙氏司至。伯趙，鶪也。以夏至來，冬至去。郭云：似鶷鶡而大。陳思王《惡鳥論》曰：伯勞以五月鳴，應陰氣之動。陽爲生仁養，陰爲殺殘賊。伯勞，蓋賊害之鳥也。其聲鶪鶪，故以其音名云。《月令》仲夏之月『鶪始鳴』是也。郭云『似鶷鶡而大』者，《字林》云：鶷鶡似伯勞而小故也。注『《左傳》伯趙氏』者，案昭十七年云：伯趙氏，司至者也。杜注云：『伯趙，伯勞也。以夏至鳴，冬至止』是也。

漢　許慎　《説文》卷四　鶪，伯勞也。从鳥，狊聲。古闃切。鶪或从隹。

唐　段成式　《酉陽雜俎》卷一六　百勞，博勞也，相傳伯奇所化。取其所踏枝鞭小兒，能令速語。南人母繼有娠乳兒，病如瘧，唯鶪毛治之。

明　楊慎　《升菴集》卷八一《鶪》　《月令》：鶪始鳴。鶪，即博勞也。《左傳》謂之伯趙，《樂府》謂之百勞，今不識爲何鳥。按《禽經》注云：伯勞，飛不能翱翔，直刺而已，形似鸜鵒。但鸜鵒喙黄，伯勞喙黑，以此別之。《易林》曰：鶪必單棲，鴛必匹飛。此鳥好雙飛，未嘗雙棲，亦能擊搏鷹，集於林則盤旋鳴聒，俟鷹飛輒擊之，俗呼爲鳳皇。皂隸言百鳥畏之也。蜀中名駕鴛，滇中名鐵鸚哥，又名榨油郎。五更輒鳴不止，至曙乃息。

明　王可大　《國憲家猷》卷一二　鶪音局。始鳴。鶪，百勞也。《本草》作博勞。朱子《孟注》曰：博勞，惡聲之鳥。蓋梟類也。曹子建《惡鳥論》：百勞以五月鳴，其聲鶪鶪然。故以之立名，似俗稱濁温。故《埤雅》、《禽經注》云：伯勞不能翱翔，直飛而已。《毛詩》曰：七月鳴鶪。蓋周七月，夏五月也。

明　田藝蘅　《留青日札》卷三一《伯劳東去燕西飛》　伯劳，鶪也。楊子雲賦『鷤鴂』，蘇林音殄絹，師古音弟桂。《字書》云：伯劳也。伯劳五更鳴不止，至曙乃息，燕晝語夜息。伯勞夏至來冬至去，燕春分來秋分去。伯劳聲惡，燕語善。伯劳單飛獨棲，燕匹棲雙飛。每每相反而不相合，故《樂府》云『伯劳東去燕西飛』，喻離別也。

明　周祈　《名義考》卷一〇《鶪鶷鶡》　《爾雅》：鶪，伯勞也。郭璞曰：似鶷鶡而大。《左傳》：鶪，伯趙氏。《説文》：鶪，博勞也。曰鶪，曰伯勞，曰伯趙，曰博勞，不省爲何物？服虔曰：鵜鳺，一名鶪。《博雅》：鶗鳺，子規也。知子規，而鶪與伯勞、伯趙、博勞皆可知矣。第服虔所謂鵜鳺，《博雅》所謂鶗鳺，皆謁也。子規本作𪀔鳺。𪀔，从𠂔，音子。从弟，乃鵜鶘之鵜。从是，乃鶗鴂之鶗。鳺，从夫，音規。从夬，乃鸋鴂之鴂。鵜鶘爲淘河，鸋鴂爲巧婦，二鳥與子規迥別。鶗鴂爲鶪，又子規所化者焉。有一鳥而借三鳥以爲名也。《曆書》子作秭，《集韻》規作雉，意自可見。《離騷》『恐鵜鴂之先鳴兮』，亦當作『恐𪀔鳺之先鳴兮』爲是，非屈子之誤，乃傳寫謁耳。蓋鶪一名𪀔鳺，𪀔鳺亦作子巂，又作鷤鳺，通借作子規，猶鼳鼶之借作臂係

也。鴂䳏即郯子所謂鵙鳩，一名杜宇，又名杜鵑。（莫）〔暮〕春始鳴，夜啼達旦，血漬草木，至秋化爲鶚，仲春復化爲鴂䳏。春鳴百草芳，秋鳴百草死。先鳴，恐其未秋即化而鳴也。其曰『賊害之鳥』與『應陰氣之動』者，皆謂化爲鶚時也。《詩》：七月鳴鵙。七月已化爲鶚，復曰鵙者，本始言之也。《字林》云：鶷鷎似伯勞而小。即今八哥鳥，或呼八八者。鶷，胡八切。鷎，牙八切。因切音，而曰八八也。或呼八葛者，鷎从葛，上以切，音下，以所从也。葛又轉而爲哥，由不識二字故也。鶷鷎，一名鸜鵒。陸佃云：鸜鵒似鵙而有幘。今鸜鵒黑而有幘，子規黑而無幘，鸜鵒視子規而小，子規視鸜鵒而大，二鳥始辨矣。《韻會》并鶷鷎字，亦不載，非以其不知而畧乎？據字義而言博，鮮不誤矣。

明　吳雨　《毛詩鳥獸草木考》卷二《鵙》　《豳風》曰：七月鳴鵙。《傳》：鵙，伯勞也。鵙，賊害鳥也。一名伯勞，一名伯趙，一名鶪鳩。似鶷鷎而大，性好單棲，毛羽灰色，黑眉，鷹嘴，能捕燕雀，直飛上下，不能盤旋翺翔。少皡氏以鳥名官，伯趙氏司至。伯趙，鵙也，以夏至來，冬至去，五月鳴，應陰氣之動。陽氣爲仁義，陰氣爲殘賊。伯勞，殘賊之鳥也。其聲鵙鵙，故其音名云。《月令·仲夏》『鵙始鳴』是也。舊云鵙善制蛇，在林間鳴，蛇於其下蟠結不動，所踏之枝可鞭小兒，令其速語。能療繼病。繼病者，母有娠而乳子，使子得疾也。世傳伯奇化爲鵙。

明　李時珍　《本草綱目》卷四九　伯勞宋《嘉祐》　釋名：伯鷯、《夏小正》注博勞、《詩疏》伯趙、《左傳》鵙、《豳詩》音臭。鴂。《孟子》音決。時珍曰：按曹植《惡鳥論》云：鵙聲嗅嗅，故以名之。感陰氣而動，殘害之鳥也。謂其爲惡聲者，愚人信之，通士畧之。世傳尹吉甫信后妻之讒，殺子伯奇，後化爲此鳥。故所鳴之家以爲兇者，好事傅會之言也。伯勞，象其聲也。伯趙，其色皂也。趙乃皂訛。集解：時珍曰：伯勞，即鶪也。夏鳴冬止，乃月令候時之鳥。《本草》不著形狀，而後人無識之者。郭璞注《爾雅》云：鵙似鶷鷎而大。服虔云：鶷鷎，音轄乾，白項鴉也。張華注《禽經》云：伯勞形似鴝鵒。鴝鵒喙黃，伯勞喙黑。許慎《說文》云：鴝鵒似鵙而有幘。顏師古注《漢書》，謂鴂爲子規。王逸注《楚詞》，謂鴂爲巧婦。揚雄《方言》，謂鵙爲鶪鵙。陳正敏《遯齋閒覽》，謂鵙爲梟。李肇《國史補》，謂鴂爲布穀。楊慎《丹鉛録》，謂鵙爲駕犁。九說各異。竊謂鵙既可以候時，必非希見之鳥。今通攷其得失：王說已謬，不必致辯。據郭說，則似今苦鳥。據張、許二說，則似今之百舌，似鴝鵒而有幘者。然鵙好單棲，鳴則蛇結；而百舌不能制蛇，爲不同也。據顏說，則子規名鸐鴂，音弟桂，伯勞名鴂，音決。且《月令》起于北方，子規非北鳥也。據楊說，鶪鵙乃寒號蟲，惟晉地有之。據陳說，則謂其目擊，斷然以爲梟矣，而不具其形似，與陳藏器鴞即梟之說不合。而《爾雅》鴟鴞一名鸋鴂，與此不同。據李說，則布穀一名鴶鵴，字音相近，又與《月令》鳴鳩拂其羽相犯。據楊說，則駕犁乃鵖鳩，小如鴝鵒，三月即鳴，與《禮記》五月鵙始鳴、《豳風》七月鳴鵙之義不合。八說不同如此，要之當以郭說爲準。案《爾雅》謂：鵲、鵙之醜，其飛也翪，斂足竦翅也。既以鵲、鵙並稱，而今之苦鳥，大如鳩，黑色，以四月鳴，其鳴曰苦苦，又名姑惡，人多惡之。俗以爲婦被其姑苦死所化，頗與伯奇之說相近，但不知其能制蛇否？《淮南子》云：伯勞之血塗金，人不敢取。

明　吳楚材　《彊識略》卷三一　伯勞　即鵙，見《月令》、《豳風》、《左傳》，伯趙氏司至者也。郭璞云：夏至來，冬至去。以陰氣動而鳴，以陽氣伏而止。曹植《惡鳥論》辨尹吉甫知此鳥爲伯奇，射殺後妻，寓言也。

明　曹學佺　《蜀中廣記》卷五九　揚雄賦有『鸐鴂』，注云：伯勞也。蜀童謠有『陽雀叫，鸐鴂笑』之語。一名鵙，音鴂。蜀中名駕鴐，滇中名醉油郎。好掠人冠巾，衆鳥畏之，俗又名鳳凰皂隸，性好獨。《易緯》『鵙必單棲』，《樂府》『東飛伯勞』，皆一物。曹植《惡鳥論》云：昔尹吉甫用後妻譖，殺其子伯奇，後悟，悲傷，出遊于田，有鳥鳴于桑，聲嗷然，吉甫動心曰：伯勞乎？是吾子，棲吾輿。伯勞尋聲而棲于蓋。吉甫乃射殺後妻以謝之。故俗惡伯勞鳴，言所鳴之家必有尸也。

明　劉侗　《名物通》卷九　鵙，伯勞也。形似鸜鵒，鸜鵒喙黃，鵙喙黑，似鶷鷎而大。五月鳴，性好單棲。應陰而殺蛇，在上鳴，蛇不敢動。五更鳴不止，至曙乃息。能擊搏鷹。

明　陳懋仁　《庶物異名疏》卷二五《伯趙　博勞》　《詩》：七月鳴鵙。《易林》云：鵙必單棲。毛《傳》：鵙，伯勞。《左傳》謂之伯趙。飛不翺翔，直刺而已，形如鸜鵒而喙黑，一名博勞。《論衡》云：博勞食蛇。升庵云：亦能搏擊鷹隼於林。陳思王《惡鳥論》：百勞五月鳴，應陰氣之動。陽氣爲仁義，陰氣爲殘賊。或曰血可昏金，其聲鵙鵙，故以音名。《古今諺》、鄭《志》、《道諭俗編》云：伯勞食母，代代相成。然則食母不止梟矣。

清　陸次雲　《事文標異》卷五《鵙始鳴》　《月令》仲夏之月，鵙始鳴，卽伯勞也。《左傳》謂之伯趙，《樂府》謂之伯勞。《禽經注》云：伯勞飛不翺

翔，直刺而已，形似鸚鵡。《易林》曰：鵙必單棲，鵟必匹飛，亦能搏擊，百鳥畏之。蜀中名鴐鵟，亦乘火令而生。詩曰：伯勞飛燕各東西。言單棲與匹處之異也。曹植《〔恶〕鳥論》以伯勞爲伯奇所化，想當然耳。

清　姚炳《詩識名解》卷二《鵙》　鵙，《豳風·七月》篇《釋鳥》云：鵙，伯勞也。郭璞以爲似鶷鶡而大。《左傳》謂之伯趙氏。陳思王《惡鳥論》云：伯趙以五月鳴，應陰氣之動。其聲鵙鵙，故以其音名。餘書論鵙狀不一。《禽經注》謂形似鴝鴿。鴝鴿喙黃，伯勞喙黑。顔師古《漢書注》謂爲子規，《方言》謂爲鶪鵙，《遯齋閒覽》謂爲梟，《國史補》謂爲布穀，《丹鉛録》謂爲架犁，《通雅》謂爲苦鳥，衆説紛紜，皆未可據。其云子規、布穀、惡梟者，尤誤。《釋鳥》文，鳥飛有翪，有翔，有翬，皆專狀其飛勢，不應言足，且翪字從羽，當如邢昺竦翅之説。陸農師本《說文》訓斂足爲翪，謂鵙飛斂足腹下，恐未然。鵙與鴂同，《夏小正》鵙作鴂，《孟子注》以鴂爲鵙是也。《禽經》：鶗鴂鳴而艸衰。注本服虔説，以鵙當之。又《楚詞》：恐鶗鴂之先鳴，使百艸爲之不芳。蓋五月一陰始生，艸木凋零之根已基於此，鵙又賊害之鳥，感陰肅殺而鳴，故爲艸衰不芳之驗，此《詩》『麻熟載績』是矣。何元子乃謂鴂名鷤鴂，與鵙無涉，殆泥王逸《楚詞注》以鶗鴂名巧婦者爲鵙別名，故力辨其誣。要之，單言鴂者，即鵙也。《臨海異物志》謂鶗鴂一名杜鵑，至三月鳴，晝夜不止。按：此名秭鴂，不名鶗鴂。《史記·曆書》：秭鴂先滜。《索隱》云：『子鴂鳥春氣發動，先出埜澤而鳴』是也。未嘗以七月始鳴，《志》説誤。陸農師云：或言鶗鴂春分鳴則衆芳生，秋分鳴則衆芳歇。此是謬語。《大戴禮》：五月鵙則鳴。《逸周書》：芒種之日螳螂生，又五日鵙始鳴。《吕覽注》謂，仲夏陰作於下，陽發於上，伯勞夏至後應陰而殺蛇磔之於棘而鳴於上。合諸説觀，可知五月以前鵙未嘗鳴也。如或所言，仍以鵙爲杜鵑耳。羅瑞良謂伯勞以仲夏時鳴，不當復有芳艸。引《離騷》『鵜搗先鳴』，以爲鵜即秭之譌，搗即鴂字，《曆書》所謂『秭鴂先滜』者也，或轉而爲南蠻鴃舌之鴃，則宜其以爲伯勞耳。此非也。按《曆書》云：昔自在古曆，建正於孟春。於時冰泮發蟄，百艸奮興。則秭鴂之鳴，正百艸始生時。不當一云『艸衰』，一云『不芳』。是《離騷》之鵜搗斷當爲鶗鴂，非秭鴂也。且羅氏認芳艸，亦太泥『芳』對『衰』言。《離騷》謂之『不芳』者，即《禽經》所云『艸衰』耳。蓋一陰始生，爲彫零之基也。否則仲夏艸正壯茂，何云『無芳』耶？若夫『梨菊萎折』之説，恐亦有未盡然者。天地之氣，南燠北寒，此一定者。豳土在岐山北，乃西北之域，其寒應早，鄭氏獨以爲晚寒，故五月之鳴鵙至此始應之，祗爲『七月』二字强解耳。《補傳》謂鵙仲夏始鳴，至七月則鳴之極而將去。嚴華谷亦云七月猶鳴，蓋三陰之候而寒將至也。兩説得之。蔡元度謂，夏至則生者勞物，鵙鳴同萬物而勞者也，故謂之百勞。此亦鑿説。伯勞名頗不一。《左傳》作伯趙，舊注：趙者，疾也。《夏小正》作伯鷯，《通卦驗》又作博勞。或云趙、勞之轉，鷯、勞之譌，博、百之近。

清　嵇璜《續通志》卷一八〇　伯勞，一名伯鷯，一名博勞，一名伯趙，一名鶪，一名鴂。形似鴝鴿，鴝鴿喙黃，伯勞喙黑，《月令》候時之鳥。《淮南子》云：伯勞之血塗金，人不敢取。謹案《爾雅》：鶪，伯勞也。《漢書》以鶪爲子規，《方言》謂鶪爲鶪鵙，李肇《國史補》謂鶪爲布穀者，皆非。鄭《志》梟或説即今伯勞，夫梟乃惡鳥，豈可以指伯勞？其説亦誤。

清　徐鼎《毛詩名物圖説》卷一　《月令》：仲夏之月，鵙始鳴。《爾雅》：鵙，伯勞也。樊光注：《左傳》：少皞氏以鳥名官，伯趙氏司至。伯趙，鵙也，夏至來，冬至去。郭璞注：似鶷鶡而大。鄭《箋》：伯勞鳴，將寒之候也。五月則鳴，豳地晚寒，鳥物之候從其氣焉。《正義》曰：陳思王《惡鳥論》云：伯勞以五月鳴，應陰氣之動。陽爲生仁養，陰爲殺殘賊。伯勞，殘賊鳥也。其聲鵙鵙，故以其音名云。范處義《詩補傳》：鵙仲夏始鳴，至七月則鳴之極而將去矣。《埤雅》：《釋鳥》云：鵲鵙醜，其飛也翪。許慎《說文》以爲：翪，斂足也。今鵲鵙醜飛，亦皆斂足腹下。曰『七月鳴鵙，八月載績』，蓋倉庚知分，鳴鵙知至。故陽氣分而倉庚鳴，可蠶之候也。陰氣至而鵙鳴，可績之候也。愚按：《夏小正》謂伯鷯，《詩》謂鵙，《春秋傳》謂伯趙，《詩疏》謂博勞，《釋鳥》謂伯勞，《孟子》謂鴂，皆指此鳥。今吴中呼爲伯勞。

清　牟應震《毛詩物名考》卷一　鵙，當作鶪。今經書所見多作鵙，蓋傳寫之訛。伯勞也，一曰伯趙，以夏至鳴，冬至止。《傳》曰：伯趙氏，司至者也。

清　劉玉麐《爾雅校議》卷下　鵙，伯勞。此卽今之苦鳥也。大如鳩，

黑色，以四月鳴。鳴曰苦苦，又名姑惡，人多惡之，俗以爲婦被姑苦死所化也。

藝文

南朝陳　陸瑜《東飛伯勞歌》（引自《古詩紀》卷一一一）　西王青鳥秦女鸞，姮娥婺女慣相看。誰家玉顏窺上路，粉色衣香褵風度。九重樓檻芙蓉華，四隣照鏡菱茭花。新妝年幾纔三五，隱幔藏羞臨網户。然香氣歇不飛烟，空留可憐年一年。

宋　高似孫《剡録》卷一〇《草木禽魚下·伯勞》　出舊經。《周書·時訓》曰：五月鵙始鳴。蔡邕《章句》曰：鵙，伯勞也。李嘉祐詩：映花雙節駐，臨水伯勞飛。

圖表

明　李時珍《本草綱目·圖卷》

清　徐鼎《毛詩名物圖説》卷一

倒挂鳥　桐花鳳

綜述

宋　李昉《太平廣記》卷四六三《禽鳥四·桐花鳥》　劍南彭蜀間，有鳥大如指，五色畢具，有冠似鳳，食桐花。每桐結花即來，桐花落即去。不知何之，俗謂之桐花鳥。極馴善，止於婦人釵，上客終席不飛，人愛之無所害也。出《朝野僉載》

明　田藝蘅《留青日札》卷三一《么鳳》　么鳳，小鳥名也。產于廣西，世人不知，故書中亦呼曰鳥鳳。形如喜鵲，二尾毛獨長，能唱小樂府，如笙簫之音。故曹組《夜歸曲》云：何處荒榛挂么鳳。蘇子瞻《梅花辭》云：倒挂緑毛么鳳。今土人亦名倒挂鳥。蜀桐花鳥似鳳而小，名曰倒挂子，即此。

明 王路《花史左編》卷二三《桐花鳳》 成都小鳥，紅翠碧色相間。生桐花中，花落遂死。

明 李詡《戒菴老人漫筆》卷一 倒掛鳥，大如雀，緑色，宿則倒掛，常置籠中以好香薰之，則展毛羽受香，畢而飲。客至，置几案間，仍以香引之如前，展羽，一室芬馥。

明 劉侗《名物通》卷九 倒掛鳥，卽緑毛么鳳，又名探花使，又名收香。性極馴，好集美人釵上，宴客終夕不去。惟飲桐花汁，不食他物。身形如雀，而羽五色。日間聞好香則收藏尾翼間，夜則張尾翼以放香。出成都。

清 周亮工《閩小紀》卷二《收香鳥》 《朝野僉載》：劍南彭蜀間，有鳥大如指，五色畢具，有冠似鳳，食桐花，謂之桐花鳳。李德裕有《桐花鳳扇賦序》。劉績《霏雪録》云：東坡有『倒掛緑毛么鳳』之詞。唐僧隱巒詩：五色毛衣比鳳雛，深春花裡只如無。美人買得偏憐愛，移向金釵重幾銖。《益部方物略記》：桐花鳳，二月桃花始開，是鳥翱翔其間，丹碧成文，鐵嘴長尾，仰露以飲，至花落輒去。李之儀云：此鳥以十二月來，日間焚好香則收而藏之羽翼間，夜則張尾翼而倒掛以放香。一名收香倒掛，又名探花使。性極馴，好集美人釵上，宴客終席不去。余在閩，黄將軍以一雙倒掛鳥來，遍體嫩緑，楚楚憐人，腹背之毳則雜五色，注距皆赤，曲肖鸚鵡，但小僅如雀。尾輕而長，不似鸚鵡之垂直耳。兒子皆以小鸚鵡哥呼之。日夜倒掛，不習其性，越數日死，死也猶足高于首，掛弗釋。予悲以詩，有『籠中閙緑猶虚掛，腋裡名香不更收』之句。此鳥之大，何止如指，重又何止幾銖。權十分黍之重曰銖，二十四銖爲兩。抑豈能移向金釵絶無冠，安得似鳳，乃知收香倒掛，與桐花鳳自另兩種。坡仙之咏，亦以桐花鳳形容之，後人緣此詞遂訛爲一耳。然閉籠無幾，憾未試其收香也。

清 嵇璜《續通志》卷一八〇 桐花鳥，一名么鳳，劍南彭蜀間有之。大如指，五色畢具，有冠似鳳。春暮集桐花，極馴善。

清 佚名《鳥譜》卷二《倒掛鳥》一名緑毛么鳳，一名羅浮鳳 倒掛鳥有二種，一種紅觜者，白睛，紅勾喙，頭項臆腹俱作嫩緑色，背膊稍深，翅尾碧帶淺黑暈，近尾背毛殷紅，尾毛之裏縹青色，米黄足，其趾前後各兩，如鸚鵡趾。一種黑觜者，其雄黑睛，黑勾喙，頂上有翠毛一片，頭項背翅尾俱作深緑色，近尾背毛嬌黄鮮紅，兩節層次，頷腹淺緑，臆前鮮紅毛一節，黄白足，趾亦前後各兩。雌者，通身與雄者相似，唯頂上翠色稀踈，有紅點，臆前無紅節爲異耳。此鳥集于樹枝，屈體如環，東西相穿，旋轉不已。夜則倒掛而宿，在籠亦然，故名倒掛子。人因蘇軾詞有『倒掛緑毛么鳳』之句，亦名緑毛么鳳。《粵志》云：么鳳緑衣黄裏，羅浮梅花村多有之。倒掛梅花枝上，故東坡《梅花》詩云：蓬萊宫中花鳥使，緑衣倒掛扶幸暾。《惠州志》稱：梅花上珍禽多倒掛子，似緑毛鳳而小。歐陽元謂之羅浮鳳，有《羅浮鳳賦》。蘇軾詩注：嶺南珍禽有倒掛子，緑衣紅喙，如鸚鵡而極小，自海東來，非塵埃中物也。

清 方旭《蟲薈》卷一《羽蟲・桐花鳳》 王漁洋《精華録》注：桐花鳳，日間聞好香則收藏羽翼間，夜則張而放之。故一名收香倒挂，又名探花使。性極馴，好集美人釵上。旭按：或説桐花鳳卽倒挂，然倒挂與桐花鳳不同者五：桐花鳳小，而倒挂大，一也；桐花鳳有冠，倒挂無冠，二也；桐花鳳五彩，倒挂遍體緑毛，三也；桐花鳳能收香，倒挂不能，四也；桐花鳳桐花時有之，倒挂四時皆有，五也。而説者指爲一物，蓋因桐花鳳一名收香倒挂，倒挂一名緑毛么鳳，由此而誤耳。周氏《閩小記》卽明其爲兩物，而又以收香倒挂爲倒挂，亦誤。《廣輿記》：桐花鳳，産四川成都府。小鳥也，色紅碧，生桐花中，花落卽死。

又《羽蟲・倒挂》 《閩小記》：倒掛，閩中呼倒垂蓮。《廣輿記》：倒掛，産廣西及外譁百花等處。好倒掛。旭按：此鳥大如桑鳸，紅嘴緑毛，頗類鸚鵡，能鳴。一種小而有斑，如真珠者，名真珠鳥。

紀事

宋 朱彧《萍州可談》卷二 漢以神雀改元，書傳不言其狀。廣南人説神雀或紅或白，一羣必備五色，飛集極高，樹自十丈以下皆不肯棲，食露吸風，網罟不能及。余在曹溪寺屢見之，忽來倏去，嘲哳似雀噪，色鮮明。詢諸彼人，自來未嘗有捕得者。海南諸國有倒掛雀，尾羽備五色，狀似鸚

鵡，形小如雀，夜則倒懸其身，畜之者食以蜜漬、粟米、甘蔗，不耐寒，至中州輒以寒死，尋常誤食其糞亦死。元符中，始有携至都城者，一雀售錢五十萬。東坡梅詞云『倒掛緑毛么鳳』，蓋此鳥也。

藝　文

唐　李德裕《李衛公別集》卷一《畫桐花鳳扇賦並序》　成都夾岷江，磯岸多植紫桐。每至暮春，有靈禽五色，小於玄鳥，來集桐花，以飲朝露。及華落，則煙飛雨散，不知其所往。有名工繪於素扇，以償稚子，余因作小賦書於扇上。桐始華兮緑江曙，粲鮮葩兮泫朝露。樹韡韡兮霞舒，鳥爛爛兮星布。彼嘉桐兮貞且猗，當暮春兮發英蕤。豈鵷雛之珍族，又棲託乎瓊枝。彼零露兮甘且白，涵晚月兮灑鮮澤。豈青鳥之靈儔，常飲吮乎玉液。有嘉穀而不喙，有喬松而不適。獨美露而愛桐，非人間之羽翮。逮花落而春歸，忽雨散而川寂。悵丹穴之何遠，想瑶池而已隔。爰有妙工，圖其麗容。宛宛兮若飧珠於芳蘂，飄飄兮疑振羽於光風。感班姬之素扇，空皎潔兮如霜。亦有美人，增華點絢。雀伺蟬而輕鶩，女乘鸞而微眄。未若繪斯禽於珍箑，動凉風於羅薦。非欲發長袂之清香，掩高歌之孤囀。庶玉女之提携，列昆墟之瑶宴。乃爲歌曰：青春晚兮芳節闌，敷紫華兮蔭碧湍。美斯鳥兮類鵷鸞，具體微兮容色丹。彼飛翔于霄漢，此藻繪于冰紈。雖清秋而已至，常愛玩而忘飡。

宋　李龏《唐僧弘秀集》卷九《桐花鳥》　五色毛衣比鳳雛，花深叢裏衹如無。美人買得偏憐惜，移向金釵重幾銖。

宋　宋祁《益部方物略記》　金花之露，俗曰鳳類。緑羽纖爪，藻背翠尾。花落則隱，以是見貴。

右桐花鳳。二月桐花始開，是鳥翺翔其間，丹碧成文，纖觜長尾，仰露以飲，至花落輒去。蜀人珍之，故號爲鳳。或爲人捕置樊間，飲以蜜漿，哺以炊粟，可以閲歲。蜀士以繪扇，唐李衛公嘗爲賦。

清　屈大均《翁山詩外》卷一二《五言絶句・倒掛鳥》　已食沉水烟，復藏雙翅内。時放烟氤氲，幃中香久在。

黑潤與黄沉，持薰倒掛鳥。不教雙翅間，收得香烟少。

黄鸝

論　説

宋　蔡卞《毛詩名物解》卷六《黄鳥》　黄鳥之爲物，中和而得時者也。有中美之性，故謂之黄鳥。其鳴以春爲期，其去以秋爲度，倉庚所以鳴其時也，故凡記時者皆言倉庚。形色皆有中和之美，黄鳥所以命其德也，故哀三良刺宣王，皆言黄鳥。仲夏黍登而聲伏，故謂之摶黍。

宋　陸佃《埤雅》卷八《黄鳥》　黄栗留也，一名倉庚，一名皇，齊人謂之摶黍，亦或謂之黄袍。常葚熟時來，在桑間，故里語曰：『黄栗留，看我麥黄葚熟。』亦是應節趨時之鳥也。凡《詩》言黄鳥者，興也。言倉庚者，賦也。《詩》曰：『倉庚于飛，熠燿其羽。』此賦男女之得以及時而已。蓋倉庚鳴於仲春，其羽之鮮明在夏，則其鳴喈喈者，昏姻之時也，熠燿其羽，非昏姻之時矣，以言得及男女之時而已，故其《序》曰：四章樂男女之得及時也。《詩》曰：『綿蠻黄鳥，止于丘阿。道之云遠，我勞如何！』『綿蠻黄鳥，止于丘隅。豈敢憚行？畏不能趨。』『綿蠻黄鳥，止于丘側。豈敢憚行？畏不能極。』『我勞如何』，即所謂不忘微賤。『畏不能趨』、『畏不能極』，則又以言其不遺微賤也。黄鳥亦名黎黄，其色黎黑而黄也，鳴則蠶生。《詩》曰：『春日載陽，有鳴倉庚。女執懿筐，遵彼微行，爰求柔桑。』蓋爲是也。《韓子》曰：『以鳥鳴春，以蟲鳴秋。』以鳥鳴春，若黄鳥之類，其善鳴者也。陰陽運祚推移，時至氣動，不得不爾，故先王以候節令，倉庚鳴是也。蓋立春之節，初五日，東風解凍，次五日，蟄蟲始振，後五日，魚上冰。次雨水氣，初五日，獺祭魚，次五日，鴻鴈來，後五日，草木萌動。次仲春驚蟄之節，初五日，小桃華，次五日，倉庚鳴，後五日，鷹化爲鳩。次春分氣，初五日，玄鳥至，次五日，雷

乃發聲，芍藥榮，後五日，始電。次季春清明之節，初五日，桐始華，次五日，田鼠化爲鴽，牡丹華，後五日，虹始見。次穀雨氣，初五日，萍始生，次五日，鳴鳩拂其羽，後五日，戴勝降于桑。凡此六氣一十八候，皆春陽布發生之令。立夏之節，初五日，螻蟈鳴，次五日，蚯蚓出，後五日，赤箭生。次小滿氣，初五日，吴葵華，次五日，靡草死，後五日，小暑至。次仲夏芒種之節，初五日，螗螂生，次五日，鶪始鳴，後五日，反舌無聲。次夏至氣，初五日，鹿角解，次五日，蜩始鳴，後五日，半夏生。次季夏小暑之節，初五日，温風至，次五日，蟋蟀居壁，後五日，鷹乃學習。次大暑氣，初五日，腐草爲螢，次五日，土潤溽暑，後五日，大雨時行。凡此六氣一十八候，皆夏氣揚蕃秀之令。立秋之節，初五日，涼風至，次五日，白露降，後五日，寒蟬鳴。次處暑氣，初五日，鷹乃祭鳥，次五日，天地始肅，後五日，禾乃登。次仲秋白露之節，初五日，鴻鴈來，次五日，玄鳥歸，後五日，羣鳥養羞。次秋分氣，初五日，雷乃收聲，次五日，蟄蟲坯户，景天華，後五日，水始涸。次季秋寒露之節，初五日，鴻鴈來賓，次五日，雀入大水爲蛤，後五日，菊有黄華。次霜降氣，初五日，豺乃祭獸，次五日，草木黄落，後五日，蟄蟲咸俯。凡此六氣一十八候，皆秋氣正收斂之令。立冬之節，初五日，水始冰，次五日，地始凍，後五日，雉入大水爲蜃。次小雪氣，初五日，虹藏不見，次五日，大氣騰，地氣降，後五日，閉塞而成冬。次仲冬大雪之節，初五日，鶡鴠不鳴，次五日，虎始交，後五日，荔挺出。次冬至氣，初五日，蚯蚓結，次五日，麋角解，後五日，水泉動。次季冬小寒之節，初五日，鴈北鄉，次五日，鵲始巢，後五日，雉始雊。次大寒氣，初五日，雞始乳，欵冬華，次五日，鷙鳥厲疾，後五日，水澤腹堅，凡此六氣一十八候，皆冬氣正養藏之令。

宋　羅願《爾雅翼》卷一四《倉庚》　倉庚，黄鳥而黑章，齊人謂之摶黍，秦人謂之黄栗流，幽冀謂之黄鳥。一名黄鸝留，或謂之黄栗留。一名黄鸎，而《爾雅》有『皇，黄鳥』、『倉庚，商庚』、『鵹黄，楚雀』之名。二月而鳴。《夏小正》云：二月有鳴倉庚。鶊者，績之候。倉庚者，蠶之候。故《詩》稱：倉庚喈喈，采蘩祁祁。又稱：伐木丁丁，鳥鳴嚶嚶。出自幽谷，遷于喬木。嚶其鳴矣，求其友聲。按《禽經》稱『鸎鳴嚶嚶』，則《詩》所言鳥殆謂此，故後人皆以鸎名之。此鳥之性好雙飛，故鸝字从麗。又曰『鸝必匹飛，鶊必單棲』，而《東山》之末章，以比『之子于歸』者也。出谷、遷喬之事，未見其驗。今荆州每至冬月，於田畝中得土堅圓如卵者，輒取以賣，破之則鸎在其中，無復毛羽。蓋以土自裹伏，而土堅勁，候春始生羽，破土而出。然則出谷、遷喬之事，恐當似此矣。《說文》：離黄，倉庚也。鳴則蠶生。

明　何三畏《新刻何氏類鎔》卷三三《鶯》　鶯者，冬月則遂歛于田内，裹土而藏；春月則始生于土中，破裹而出。或謂之黄鶯、黄鳥，或謂之倉庚、商庚，或謂之黄粟、鸝鶹，或謂之楚雀、摶黍。有熠燿之羽，有睍睆之音，有黄袍之稱，有金衣之號。集于灌木，止于丘隅。其鳴蠶生，其來葚熟。其儔侶接翼而棲，固整翰厲觜之禽，而應節趋時之鳥也。遷喬木而懷抱雙子，挂弱枝而經營寸茅。葉底流聲，恰恰好音。還自在樹頭饒舌，啞啞新語太叮嚀。乍去乍來，忽似上林翻下苑；時遠時近，纔聞南陌又東城。花間婉轉萬家春，簷下悲鳴千户曉。深閨嬾婦瑣驚殘夢之魂，逆旅愁人旋憶故園之景。蓋百勞戴勝，不如朝朝暮暮之嬌啼；羌笛秦箏，未及綿綿蠻蠻之巧弄。烹之可以止嫉妬，懷之可以求友生。而携酒聽之，可以鼓吹詩腸，砭針俗耳矣。彼有取鸎雛養之籠中，其雌雄飛至，曉夜更相哺之，而一日格于人不得哺，遂至繚繞哀鳴，皆投水觸籠而死，乃剖腹視之，其腸寸斷也。鶯雖小物，亦復愛護其雛爾，爾人亦何苦而戕物之生也哉。

清　陳啓源《毛詩稽古編》卷二八　黄鳥四見《爾雅》。一黄鳥，二倉庚、商庚，三鵹黄、楚雀，四倉庚、黧黄也，爲名凡六焉。其名又曰黄鸝留，曰黄栗留，曰黄鸎，鶯同曰長股，曰摶黍，曰黄袍，見《夏小正》、《毛詩傳》、陸璣《詩疏》諸書。其咏於《詩》，止黄鳥、倉庚兩名。《埤雅》云名黄鳥者皆興，名倉庚者皆賦，此特鄭説耳。《東山》之倉庚，毛不以爲賦也。至鶯字，雖見《詩》而非鳥名。其《伐木》之鳥鳴，先儒説《詩》莫著爲何鳥。宋羅願以鶯當之，引《禽經》『鶯鳴嚶嚶』爲證，謂名鶯以此。又言鶯是蟄鳥，冬以泥自裹，至春破土而出，此正出谷、遷喬之事。案《禽經》後人僞撰之書，其言不足據信，惟出谷之解於理可通，良不謬也。又案《玉篇》云鶯有友鳥，殆指《詩》求友語，則以《伐木》之鳥爲鶯，其來古矣。

綜述

《禽經》倉鶊，鵹黃，黃鳥也。今謂之黃鶯、黃鸝是也。野民曰黃栗留，語聲轉耳。其色鵹黑而黃，故名鵹黃。《詩》云黃鳥，以色呼也。亦曰楚雀，北人呼爲楚雀。亦曰商庚，夏蠶候也。云此鳥鳴時，蠶事方興，蠶婦以爲候，對上文也。

《爾雅·釋鳥》 皇，黃鳥。注：俗呼黃離留，亦名搏黍。音義：搏，徒端反。黍，音暑。疏：舍人曰：皇，名黃鳥。郭云：俗呼黃離留，亦名搏黍。《詩·周南》云：黃鳥于飛。陸璣《疏》云：黃鳥，黃鸝留也，或謂之黃栗留。幽州人謂之黃鸎。一名倉庚，一名商庚，一名鵹黃，一名楚雀。齊人謂之搏黍。常葚熟時來，在桑間，故里語曰：黃栗留看我，麥黃葚熟。亦是應節趨時之鳥也。自此以下，諸言倉庚、商庚、鵹黃、楚雀、倉庚、鵹黃之文，與此一也。【略】鵹黃，楚雀。注：即倉庚也。音義：鵹，《詩傳》作離，阮謝同，力知反，施音黎。《說文》作黧，云其色黎黑而黃也。《文釋》云：離黃，倉庚也，鳴則蠶生。《字林》作鵹，力兮反。《毛詩草木疏》云：黃麗留也，或謂之黃栗留也。幽州人謂之黃鸎。一名倉庚，一名商庚，一名鵹黃，一名楚雀。齊人謂之搏黍，關西謂之黃鳥。《方言》云：自關而東謂之倉庚，關西謂之黃鸝留也。【略】倉庚，商庚。注：即鵹黃也。音義：倉庚，商庚，本或作皆加鳥。鵹音離。倉庚，鵹黃也。注：其色鵹黑而黃，因以名云。音義：鵹，力兮反，又力知反。疏：即上鵹黃也。郭云：其色鵹黑而黃，因以名云。

漢 許慎 《說文》卷四 鶯，鳥也。从鳥，榮省聲。《詩》曰：有鶯其羽。烏莖切。離，黃倉庚也。鳴則蠶生。从隹，离聲。呂支切。⿱黎隹，⿱黎隹黃也。从隹，黎聲。一曰楚雀也。其色黎黑而黃。郎兮切。

三国吴 陸璣 《毛詩草木鳥獸蟲魚疏》卷下《黃鳥于飛》 黃鳥，黃鸝鶹也，或謂之黃栗留。幽州人謂之黃鸎，或謂之黃鳥。一名倉庚，一名商庚，一名鵹黃，一名楚雀。齊人謂之搏黍，關西謂之黃鳥。當葚熟時來，在桑間，故里語曰：黃栗留，看我麥黃葚熟。亦是應節趨時之鳥。或謂之黃袍。

宋 鄭樵 《通志》卷七六 皇，《爾雅》曰黃鳥，即黃鸎也。一名倉庚，一名商庚，一名鵹黃，一名楚雀，一名搏黍，一名黃離留。陸璣云：常以椹熟時來。故里語曰：黃栗留，看我麥黃椹熟不。故又名黃栗留。

宋 施宿 《會稽志》卷一七 黃鳥，黃栗留也。一名倉庚，一名皇。齊人謂之搏黍，亦或謂之黃袍。常葚熟時來，啄桑間。亦應節趨時之鳥也。凡《詩》言黃鳥者興也，言倉庚者賦也。

宋 戴侗 《六書故》卷一九 鶯 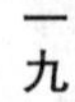，烏莖切。黃栗留也。又作 ，又名離留、離黃。鶯與栗留、離留皆因其聲而命之。黃言其色也。又名倉庚。《詩》云：倉庚于飛，熠耀其羽。又名商庚。陸璣曰：幽人謂之黃鸎。一名楚雀。齊人謂之搏黍。孔氏曰：倉庚即黃鳥也。舅駟曰：毛公釋黃鳥爲搏黍，倉庚爲離黃，明爲二物。《詩》云：『交交黃鳥，止于棘』『止于楚』。又云：『無啄我粟』『無啄粱黍』。明非離黃。色之明耀者，亦因謂鶯。《詩》云：『交交桑扈，有鶯其羽』，『有鶯其領』。毛氏曰：鶯然有文章。

明 李時珍 《本草綱目》卷四九 鸎《食物》 釋名：黃鳥、《詩經》黃鸝、《說文》鵹黃、《爾雅》倉庚、《月令》《爾雅》作商庚。青鳥、《左傳》黃伯勞。時珍曰：《禽經》云『鸎鳴嚶嚶』，故名。或云鸎項有文，故從賏。賏，項飾也。或作鶯，鳥羽有文也。《詩》云『有鶯其羽』是矣。其色黃而帶鵹，故有黃鸝諸名。陸(機)[璣]云：齊人謂之搏黍，周人謂之楚雀，幽州謂之黃鸎，秦人謂之黃鸝鶹，淮人謂之黃伯勞。唐玄宗呼爲金衣公子，或謂之黃袍。集解：時珍曰：鸎處處有之。大于鸜鵒，雌雄雙飛，體毛黃色，羽及尾有黑色相間，黑眉尖觜，青脚。立春後即鳴，麥黃椹熟時尤甚，其音圓滑如織機聲，乃應節趨時之鳥也。《月令》云：仲春倉庚鳴。《說文》云：倉庚鳴則蠶生。冬月則藏蟄，入田塘中，以泥自裹如卵，至春始出。

明 穆希文 《說原》卷一〇 倉庚，黃鸝也。黃而黑章，性好雙飛，名金衣公子。鳴即蠶生。鶻鵃小于野雉，常自呼其名。每向日而飛，畏霜露，早晚稀出，有事夜飛，則以本葉自覆其背，雖東南囬翔，然開翅之始，必先南翥，亦胡馬嘶北之義也。

明 周祈 《名義考》卷一〇《黃鸝》 黃鸝之『鸝』本作『離』，猶烏鴉之『鴉』本作『雅』，後人以『離』爲『離別』，別作『鸝』字，猶以『雅』爲『雅頌』，別作『鴉』字。《說文》：離，黃倉庚也。以是鳥鵹黑而黃，因名離黃。庚，金黃也。倉與蒼同，亦鵹黑也，猶鵹首謂之蒼生，故曰離黃、倉庚也，俗呼黃離

留，或謂之黄栗留。栗，離之訛也。一名商庚。商，倉之訛也。或又謂之鵹黄，一名楚雀，一名摶黍，今所謂黄鶯也。

明 吴雨《毛詩鳥獸草木考》卷一《黄鳥倉庚》 黄鳥，黄鸝留也。一名倉庚，一名商庚，一名鵹黄，一名皇，一名楚雀，或謂之黄栗留，幽州人謂之黄鶯，齊人謂之摶黍，秦人謂之黄留離，自關而東謂之創鶊，自關而西謂之驪黄，或謂之黄鳥，亦或謂之黄袍。黑眉，紅嘴，青脚，遍身黧黑而黄。性好雙飛，鳴則蠶疾，去春三十六日而鳴，《月令》『倉庚鳴』是也。聲音圓滑，常葚熟時來，在桑間。故里語云：黄栗留，看我麥黄葚熟否。是應節趨時之鳥也。今荆州每冬月，於田畝中得土堅圓如卵者，輒取以賣之。破則鸎在其中，無復毛羽。蓋以土自裹伏，而土堅勁，候春始生羽，破土而出。然則幽谷、遷喬，正此鳥也。

明 焦周《焦氏説楛》卷四 倉庚，一名黄鸝，一名黎黄，一名鸝鶹，一名黄栗留，一名黄鳥，一名黄袍，一名商庚，一名楚雀，一名金衣公子。

明 劉侗《名物通》卷九 黄鳥，一名黄鸝，一名倉庚，一名黄裒，一名黄栗留，一名鵹黄，一名楚雀，一名摶黍。黑尾，尖嘴，青脚，身純色杏黄。初則黧黑，羽甚鮮明。鳴于仲春，應節趨時之鳥也。流鶯不解語，啼鶯解語，每聲連呼起字。水中黄刺魚能變黄鶯。荆州人每冬月，于田中得土堅圓如卵者，破之則鶯在其中，無復毛羽，蓋以土自裹伏。

明 陳懋仁《庶物異名疏》卷二五《黄栗留》 《詩傳》：黄鳥，摶黍也。郭璞云：俗呼爲黄離留。陸璣云：或謂之黄栗留。幽州謂之黄鸎。一名倉庚，一名商庚，一名黎黄，一名楚雀。當葚熟時來，在桑間，故里語云：黄栗留，看我麥黄葚熟。亦是應節趨時之鳥也。《格物總論》曰：鸎，黑尾，嘴紅，脚青，遍身甘草黄色，羽及尾有黑毛相間。三四月鳴，音聲圓滑。東坡謂之黄公。《類考》云：今荆州每冬月，于田中得土堅圓如卵者，破之則鸎在其中，無復毛羽。蓋以土自裹伏，候春始破土而出。出谷、遷喬，恐似此矣。

明 毛晉《陸氏詩疏廣要》卷下之上《黄鳥于飛》 《爾雅》：皇，黄鳥。又云：倉庚，商庚。又云：鵹黄，楚雀。又云：倉庚，鵹黄也。郭注云：俗呼黄離留，亦名摶黍。其色鵹黑而黄，因以名云。鄭注云：黄鸎也，一名倉庚，一名商庚，一名鵹黄，一名楚雀，一名摶黍，一名黄離留。陸璣云：常以葚熟時來，故里語曰：黄栗留，看我麥黄椹熟不。故又名黄栗留。《禽經》：倉鶊，黧黄，黄鳥也，亦曰楚雀，亦曰商庚，夏蠶候也。張注：今謂之黄鶯，黄鸝是也。野民曰黄栗留，語聲轉耳。其色黧黑而黄，故名黧黄。《詩》云黄鳥，以色呼也。北人呼爲楚雀。此鳥鳴時，蠶事方興，蠶婦以爲候。《説文》：離黄，倉庚也，鳴則蠶生。《禮記》曰：仲春之月，倉庚鳴。《格物總論》云：鸎，黑尾，嘴尖紅，脚青，遍身甘草黄色，羽及尾有黑毛相間。三四月鳴，聲音圓滑。《埤雅》：倉庚鳴于仲春，其羽之鮮明在夏。《韓子》曰：以鳥鳴春，以蟲鳴秋。以鳥鳴春，若黄鳥之類，其善鳴者也。《爾雅翼》：倉庚，黄鳥而黑章，齊人謂之摶黍，秦人謂之黄流離，幽冀謂之黄鳥。一名黄鸝留，或謂之黄栗流。一名黄鸎，二月而鳴。《夏小正》云：二月有鳴倉庚。鶪者，績之候。倉庚者，蠶之候。《詩》：鳥鳴嚶嚶。按《禽經》稱『鸎鳴嚶嚶』，則《詩》所言鳥殆謂此，故後人皆以鸎名之。此鳥之性好雙飛，故鸝字從麗。又曰：鸝必匹飛，鶪必單棲。出谷、遷喬之事，未見其驗。今荆州每至冬月，於田畝中得土堅圓如卵者，輒取以賣，破之則鸎在其中，無復毛羽。蓋以土自裹伏，而土堅勁，候春始生羽，破土而出。然則出谷、遷喬之事，恐當似此矣。

清 毛奇齡《續詩傳鳥名卷》卷一 《葛覃》黄鳥于飛。黄鳥，鸝也。黄鳥，黄鸝也，原作黧黄，以鳥本黄色而間以黑色爲緣飾，因兩舉其色而統名之曰黧黄，舊注所云『黧黄以色名』是也。乃作《字書》者，每遇鳥部必加以鳥文，因之有鵹黄、鴷黄諸名，而古字通見，《説文》遂通作離黄，《文選·東京賦》又通作麗黄。乃麗又加鳥則直作鸝字。顧野王《玉篇》始出鸝字，注鸝黄而俗亦呼之曰黄鸝，則是鸝者，其色黄，鸝兼兩色，安得單以鸝字稱之？且《字書》無兩文，故出一字，黄鸝非一字鳥也，《集注》非也。

清 顧棟高《毛詩類釋》卷一六《黄鳥 倉庚》 《爾雅》：皇，黄鳥。郭注：俗呼黄離留，亦名摶黍。邢疏：皇，名黄鳥。《周南》云：黄鳥於飛。陸璣《疏》：黄鳥，黄鸝留也。常以椹熟時來，故里語曰：黄栗留，看我麥黄椹熟否。故又名黄栗留，一名倉庚。《七月》詩：倉庚于飛，熠熠其羽。蓋正當仲春嫁娶之時。

清 姚炳《詩識名解》卷一《黄鳥》 黄鳥，《周南·葛覃》篇黄鳥有摶黍、離留、栗留、黄鸝、黄鸝諸名。愚謂栗、離聲之轉也，離、鸝字之訛也，黄鸝取其聲也，黄鳥從其色也，摶黍因其時也。若倉庚、商庚、鶩黄、楚雀，恐别一族，否則《爾雅》不應複列，如『馬陵，車前』、『車前，芣苢』諸條，皆連類相釋。此何不類舉而釋以黄鳥耶？其謂黄鳥即倉庚者，以《釋鳥》文又有『倉庚，鵹黄』之語，訛鵹作鶩，遂以倉庚爲鶩黄，因以鶩黄爲黄鳥，一誤再誤不可復，辨識者審之。

又卷二《倉庚》 倉庚，《豳風·七月》篇《釋鳥》云：倉庚，商庚。郭璞謂即鶩黄也。《釋鳥》又云：倉庚，鵹黄色。郭璞謂其鵹黑而黄，因以名。此郭注之誤，辨見《黄鳥》，不贅，但並列其文以俟覽者而誤自見。然其誤已自毛公始之。《傳》云：倉庚，離黄也。以鵹同離，有毫釐千里之别。不知《釋鳥》鵹黄之文紀其色，非紀其名。倉庚鵹黑而黄，豈名鶩黄之楚雀？又安得謬爲名離黄之黄鳥乎？羅瑞良云『倉庚，黄鳥而黑章』，而《爾雅》有『皇，黄鳥』、『倉庚，商庚』、『鶩黄，楚雀』之名，觀其詞旨，彼固已心疑之矣。舊謂關西呼倉庚爲黄鳥。按：豳土屬雍州，爲關中之域，與關西接壤。而此詩及《東山》、《出車》何以皆不言黄鳥而言倉庚，則當爲兩物明矣。蔡元度謂倉庚所以鳴其時也，故凡紀時者皆言倉庚。黄鳥所以命其德也，故哀三良刺宣王皆言黄鳥。此亦陸農師强分興賦之説，不知謂黄鳥爲命德而《葛覃》偏取紀時，謂倉庚爲紀時而《東山》頗似命德，可見本是兩物，不容强合耳。《山海經》説黄鳥狀如梟而白首，食之不妬，此黄鳥并非黄鸝，後人亦即謁爲倉庚，尤可哂。楊夔《止妬論》云：梁武帝郗氏性妬，或言倉庚爲膳療忌，遂令治之，妬果減半。總是詞章傅會之説。今安得如梟白首之黄鳥，更安得如梟白首之倉庚耶？《月令》：仲春之月，倉庚鳴。《説文》：鳴則蠶生。其時蓋在春分之後，則感春陽頗遲。《龜經》訓倉爲清，訓庚爲新，謂感春陽清新之氣而出，故名。亦强解耳。今以《釋鳥》周庚考之，商爲秋令，庚更也，謂其春鳴至秋而更變也。倉、商則一音之謁耳。

清 徐鼎《毛詩名物圖説》卷一 《爾雅》：皇，黄鳥。倉庚，商庚。鵹黄，楚雀。倉庚，鵹黄也。陸璣《詩疏》：黄鳥，黄鸝留也，或謂之黄栗留，幽州人謂之黄鸝，或謂之黄鳥，一名倉庚，一名商庚，一名鶩黄，一名楚雀。《太平御覽》：簡簡黄鳥，載好其音。《格物總論》：鸝，黑尾，嘴尖紅，腳青，遍身甘草黄色，羽及尾有黑毛相間，三、四月鳴，聲音圓滑。愚按：黄鳥不一名，五方異語耳。《月令》：仲春之月，倉庚鳴。里語：黄栗留，看我麥黄葚熟。是應節趨時之鳥。黍登而聲伏，故名摶黍。又性好雙飛，故羅願云：鸝字從麗，鸝必匹飛，而《東山》詩所以興之子于歸焉。《伐木》『鳥鳴嚶嚶』，《禽經》作『鸎鳴嚶嚶』，其聲嚶嚶，故名。然則《豳風》倉庚、《伐木》鳥嚶，即是黄鳥，不復圖説，下凡仿此。

清 牟應震《毛詩物名考》卷一 黄鳥，鶩黄也，形如瓦雀，色黄而黎，故名。春北秋南，數十成羣，故曰交交。鳴必和，故曰喈喈。聲宛轉可聽，故曰綿蠻。又曰睍睆，睍睆與綿蠻通音，非倉庚也。倉庚喬棲，此鳥不擇木，故曰楚雀。而《詩》亦云『止楚』、『止棘』、『止邱』，隅邱側也。倉庚蟲食，此鳥谷食，故曰摶黍。而《詩》亦云『啄粱』、『啄粟』、『啄黍』也。自陸璣訛注，而二鳥混爲一矣。倉庚，一名商庚，一名黄鸝，一名鶩，形如斑鴿，尖喙青腳，毛色金黄，眉翅黑色。立春後鳴，聲溜亮可聽，冬蟄田塘，以泥自裹如卵，至春復出。

清 佚名《鳥譜》卷四《黄鸝》 一名鶯，一名黄鶯，一名黄鳥，一名倉庚，一名鵹黄，一名摶黍，一名楚雀，一名黄離留，亦作黄栗留。黄鸝，黑睛，粉紅觜，杏黄頂，兩目旁各有黑毛一道，如眉環連至頂，頸項至背杏黄色，黑黄膊黑翅，翅尖黄黑白相間，甘黄腹淡黑斑，尾上狹下開，上黑下黄，青足爪。其雛米紅觜，頂頷臆腹俱薑黄色，無斑，尾短而下狹，黑色帶黄，老則下節變黄矣。《爾雅》分『皇，黄鳥』、『倉庚，商庚』、『鵹黄，楚雀』爲四，其實一物也。《禽經》：倉鶊，鵹黄，黄鳥也。注云：今謂之黄鶯、黄鸝是也。野民曰黄栗留，語聲轉耳。《詩》云黄鳥，以色呼也。陸璣《詩疏》云：黄鳥，黄鸝留也，或謂之黄栗留。幽州人謂之黄鸝，或謂之黄鳥。一名倉庚，一名商庚，一名鵹黄，一名楚雀。齊人謂之摶黍，關西謂之黄鳥，一作鸝黄。當葚熟時來，在桑間，故里語曰：黄栗留，看我麥黄葚熟不。亦是應節趨時之鳥也。或謂之黄袍。《格物摠論》云：鸝，黑尾，尖紅觜，青脚，遍身甘草黄色，羽及尾有黑毛相間。三四月鳴，聲音圓滑。《毛詩名物解》云：黄鳥之爲物，中和而得時者也。有中美之性，故謂之黄鳥。其鳴以春爲期，其去以秋爲度。倉庚所以鳴其時也，故凡記時者，皆言倉庚。仲夏黍登而聲伏，故謂之摶黍。《本

草綱目》云：鸎處處有之。雌雄雙飛。立春後即鳴，麥黄椹熟時尤甚，其聲圓滑如織機聲。《禽經》云「鸎鳴嚶嚶」，故名。其色黄而帶黧，故有黄鸝諸名。淮人謂之黄伯勞。

紀事

唐　劉肅《唐新語》卷五　崔希喬，以仁孝友悌，丁母憂，哀毁過禮。爲鄴縣丞，芝草生所居堂，一宿而葩，盖盈尺，州以聞，遷監察御史，轉并州兵曹、馮翊令。貧乏之徒荷其仁恤。時有雲氣如盖，當其廳事，須臾五色錯雜，遍於州郭。以狀聞，勑編入史。其在并州，廳前蓁葦，有小鳥如鴝鵒來巢，孕卵五色，且如雞子。數日鷇毁鶵見，已大於母。月餘，五色成文，大如鶯，馴擾閒暇。頃之飛翔，時歸舊所。人到于今，號爲『兵曹鳥』。

五代　王仁裕《開元天寶遺事》卷二《金衣公子》　明皇每於禁苑中見黄鶯，常呼之爲金衣公子。

明　慎懋官《華夷花木鳥獸珍玩考》卷七《鶯》　章茂深嘗得其婦翁石林所書《賀新郎詞》。首曰：睦起啼鶯語。章疑其誤，頗詰之。石林曰：老夫嘗考之矣。流鶯不解語，啼鶯解語，見《禽經》。

明　鄭仲夔《玉塵新譚・耳新》卷八《物表》　李子田太史曾於秋冬之交見黄鶯就水，次以泥自裹，旋蟄水底，明年春又自浮出，剖泥飛去，始解出自幽谷之義。某王孫亦見春鳥投泥中，又飛就日，如此數次，泥漸厚，飛漸低，乃沉水。

藝文

唐　李嶠《李嶠雜咏》卷上《靈禽部十首・鶯》　芳樹雜花紅，羣鶯亂曉空。吟分折柳吹，韻嬌落梅風。寫囀清歌裏，含啼妙管中。遷喬苦可冀，幽谷響還通。

唐　韋應物《韋蘇州集》卷一〇《聽鸎曲》　東方欲曙花冥冥，啼鶯相喚亦可聽。乍去乍來時近遠，纔聞南陌又東城。忽似上林翻下苑，綿綿蠻蠻如有情。欲轉不轉意自嬌，羌兒弄笛曲未調。前聲後聲不相及，秦女學箏指猶澀。須臾風暖朝日暾，流鶯變作百鳥喧。誰家懶婦驚殘夢，何處愁人憶故園。伯勞飛過聲跼促，戴勝下時桑田緑。不及流鸎日日啼花間，能使萬家春意閑。有時斷續聽不了，飛去花枝猶裊裊。還棲碧樹鏁千門，春漏方殘一聲曉。

唐　僧靈徹《聽鸎歌》（引自《文苑英華》卷三四五）　新鸎傍簷曉更悲，孤音清冷囀素枝。口邊血出語未盡，豈是怨恨人不知。不食枯桑椹，不銜苦李花。偶然弄樞機，婉轉陵烟霞。衆雛飛鳴何跼促，自覘遊鱗啄枯木。玄猿何事朝夜啼，白鷺長在汀洲宿。黑鵰黄鶴豈不高，金籠玉鈎傷羽毛。三江七澤去不得，風煙日暮生波濤。飛去來，莫上高城頭，莫下空園裏。城頭鴟鳥拾羶腥，空園鸐雀争泥滓。願當結舌含白雲，五月六月一聲不可聞。

唐　孫處《詠黄鶯》（引自《佩文齋詠物詩選》卷四三七）　睍睆度花紅，間關亂曉空。乍離幽谷日，先轉上林風。翔集春臺側，低昂錦帳中。聲詩辯摶黍，比興思無窮。

唐　李中《鶯》（引自《全唐詩》卷七四八）　羽毛特異諸禽，出谷堪聽好音。薄暮欲棲何處，雨昏楊柳深深。

宋　田錫《咸平集》卷九《曉鸎賦》　以「芳天曉景，悦聽清音」爲韻。　煙樹蒼蒼，春深景芳。聽黄鸝之巧語，帶殘月之餘光。金衭菊衣，新製乎遷喬羽翼；歌喉辯舌，翾成乎一片宫商。嘗以清漢云斜，東方欲曉。華堂静兮寂寂，珠箔深兮悄悄。新聲可畫，初歷落於花間。餘囀彌清，旋間關於樹杪。宛轉堪聽，纏綿有情。伊寶柱之清瑟，與銀簧之暖笙。雖用交奏，而咸艷聲。未若我朧月澹煙之際，鸎舌輕清。聽者躊躇，聞之怡悦。若清露之玉珮，觸仙衣之寶玦。隨步諧音，成文中節。未若我曉花曙柳之間，鸎聲清切。美夫藻井霞鮮，金盤露圓。語因繁兮作默，韻將絶兮重連。窗背紅燭，星稀碧天。楚襄王春夢覺來，還應默爾。陳皇后香魂斷處，寧不依然。有時楊柳迴塘，梧桐深井。聲煙裊兮忽斷，意春牽兮自永。新篁宿寒，芳杏朝景。關關枝上，帶花露之清香；喋喋風傳，入月簾之静影。樓閣輕陰，房廊悄深。引萬重之芳意，成百態之餘吟。緑窗夢斷玉鑪殘，堪憐俊品；寶帳酒醒宫漏淺，彌稱清音。余以爲春帝之命，敷宣詞令，鄙桃李之無言，嫌百舌之多佞。知仙翰兮善歌，

可司花於香徑。巧絡非一，辭端靡定。其聲也纍纍然端若貫珠，悦春朝之采聽。

又卷一八《曉鶯》 春宵已闌更點急，烟柳濛濛露花濕。畫堂深邃樓閣寒，碧紗窗中月華入。蚤鶯百囀催朝陽，簧言綺語何鏗鏘。雲飛雨散夢初破，時聞滿枕梨花香。聲宛轉，十三絃高指撥軟。宫喉徵舌多改變，圓於珠，細於線。韻玲瓏，湘妃調瑟烟靄中。珠纓寶玦遞相觸，東風細響修篁叢。或纖柔兮同彩縷，繡得輕烟織微雨。或輕麗兮如彩毫，畫成曉景描春朝。間關歷落意不盡，花中似索鸞皇鐃。逡巡曙色浮林際，菊花毛衣金作袂。一片蘇張俊辯心，長與春皇巧游説。

宋 梅堯臣《宛陵集》卷三七《黄鶯二首》 内家初上翠微宫，樹裏窺人在半空。笑語漸高無約束，侍臣偷望向雲中。

西鄰少年今出遊，東家女兒未識羞。門前烏臼葉已暗，日暮問誰墻上頭。

宋 王安石《臨川文集》卷三三《黄鸝》 野花吹盡竹娟娟，尚有黄鸝最可憐。婭姹不知緣底事，背人飛過北山前。

宋 王質《紹陶録》卷下《黄栗留》 身黄而光鮮，觜紅而眉黑，聲清圓，喜啄細青蟲，如云動便不喫你。

黄栗留，黄栗留，寂寂寞寞傳聲幽。桃花吹墮杏花起，重叠春岡春樹稠。耳聞之心蕭然，花飛花落溪潺湲。嗚呼！此友兮真忘言，空山無人春亦寒。

宋 高似孫《剡録》卷一〇《草木禽魚下·鶯》 出舊經。《詩義疏》曰：黄鳥，鵹鶹也，或曰黄栗留，或曰黄鳥，一名倉庚。謝靈運《酬惠連詩》：嚶鳴已悦豫，幽居猶鬱陶。

宋 武衍《適安藏拙餘藁·鶯》 柳外飛來恰弄聲，瞥然流去一梭輕。分明啼斷春愁處，風不驚花午院晴。

明 唐肅《丹崖集》卷四《秋鶯》 柳上一黄鸝，枝枝影不迷。無言更多意，人苦愛春啼。曾和簫韶曲，春風上苑中。秋聲不須發，讓與北來鴻。

明 葉盛《菉竹堂稿》卷二八《鶯》 拂樹穿花何處尋，海棠枝上緑楊陰。金丸只打鴛鴦瓦，好是君王愛物心。

明 李承芳《東嶠先生集》卷六《秋鶯》 一點深黄奪桂英，數聲恋恋故人情。酒杯聽樂休輕别，待到春風似隔生。

明 聶豹《雙江聶先生文集》卷之一二《黄鳥賦》 翳嘉木之葱蔚兮，鳴黄鳥之嚶嚶。坐緑陰之金羽兮，協笙簧於咸英。余聽之而愜吾之心兮，忘憂患之怔忪。盍嘗和爾求友之聲兮，杳魚鴈之沉冥。慨管鮑之不可作兮，痛趙孤之臼嬰。彼丘隅之可棲以止兮，腕羅尉之無因。可以人而不如鳥兮，行將尋霞丘之鹿伴，復雲渚之鷗盟也。

明 文彭《博士詩集·新鶯》（引自《文氏五家集》卷七） 霏霏拂地柳千條，烟鎖紅欄十二橋。最愛新鶯初出谷，緑絲叢裏一聲嬌。

明 王世貞《弇州四部稿》卷四四《黄鸝》 緑陰春淨繡簾空，媚眼金衣調轉工。睍睆坐應過白日，間關疑復訴東風。遷喬出谷聊相慰，止棘翻花故一叢。莫道君王渾厭聽，上林新有鼓簧宫。

明 張重華《滄漚集》卷八《春鶯二首》 香風十里杏花天，柳外鶯聲亂紫烟。唤省王孫不歸去，輕車拚醉緑溪邊。

聲聲歌管出新畦，腸斷深閨草色萋。啼落桃花心一片，幾年魂夢度遼西。

清 錢澄之《田間詩集》卷六《江上集·黄鶯》 碧柳千條覆大堤，鶯吭初滑聽難齊。風前酒醒偏聞囀，夢裏人驚直怪啼。似曲慢調深緑内，如花流過短墻西。知君自愛聲音甚，定選陰陰好樹栖。

清 孫枝蔚《溉堂詩集》前集卷六《園鶯》 鶯知憐竹色，啼夏似啼春。寺古園偏大，禽多語倍新。得林應自喜，作客莫相嗔。舊宅歸難定，今看酒盞親。

蟬噪蛙鳴外，悠然返照間。暑誰携酒聽，窻伴讀書閒。兵氣銷禪院，歌聲認故山。隋堤往時柳，興廢不相關。

清 魏荔彤《懷舫詩集》卷一《鶯》 門前芳樹緑雲稠，睍睆清歌繞畫樓。常近烟村摇酒幔，偶來江岸送離舟。驚回萬里關山夢，唤起三春兒女愁。豪客五陵挾彈過，玉鞭驚起柳枝柔。

清 陳玉璂《學文堂集·黄鸝》 深樹黄鸝覺，啼殘一院春。乍聞如解語，屢轉欲傷神。花密藏身穩，枝高掠羽新。相看邀逸興，攜酒漫逡巡。

清 僧如乾《憨休和尚敲空遺響》卷一二《鶯》 金色佳公子，枝頭送好音。掠郊穿樹密，修羽落花深。到處唯求友，他時卻在林。上方風日静，塵世莫相侵。

清　程晉芳《勉行堂詩集》卷一《籬東集・早鶯》　正月行將盡，芳林喚一聲。柳添眉際翠，花欲樹頭明。弱弱音偏遠，風敧調不成。文憁有思婦，鴛枕夢先驚。

清　葉之溶《新鶯》（引自《兩浙輶軒録》卷一九）　客睡何曾到五更，江南處處早聞鶯。陰晴天氣將三月，楊柳東風第一聲。無力交飛剛出谷，多情小立正含櫻。攜尊未許幽人聽，贏得遼西遠夢驚。

清　愛新覺羅・弘曆《清高宗詩三集》卷三二《黄鸝》　候較清和一月遲，山中今日囀黄鸝。此聲太古自如此，寧待戴顒來聽之。

清　阮玉堂《秋鶯和韻》（引自《淮海英靈集》戊集卷四）　既愛春光復愛秋，依然坐柳囀歌喉。聲聲晛睆撩人思，鼓吹針砭正未休。

清　金兆燕《棕亭詩鈔》卷一二《和程東冶詠物詩四首即以奉贈・流鶯》　已切惜春念，更兼求友心。如何聲嚦嚦，猶隔影沈沈。三載且幽谷，一飛應上林。金衣相對處，斗酒試同斟。

清　舒位《缾水齋詩集》卷二《鶯》　玉梭珠串太丁寧，夢斷遼西未忍聽。一夜櫻桃簾外雨，阿誰收卻護花鈴。

清　永瑆《詒晉齋集》卷三《鸎》　建章春樹紅，百囀韻遥空。梭疾此遲日，簧温無冷風。草薰香陌上，人静繡閨中。聞道銜珠處，滄洲信可通。

清　查奕照《賣花聲・鶯》（引自《國朝詞綜續編》卷七）　緑到柳絲間。便已綿蠻。猜來話有幾多般。似説流光飛電逝，轉眼春殘。何不日憑闌。儘著追歡。雨偏容易日偏難。儂與林花同命薄，只遇春寒。

清　吴振棫《無腔村笛》卷上《齊天樂・秋鶯》　幾家喬木風煙黯，蕭然樹猶如此。縷縷金消，梭梭翠減，寂寞當時公子。虚闌倦倚，問何處歌雲，暖簧猶膩。夢破遼西，一聲愁滿夕陽裏。　瀛洲芳草緑後，那回聽宛轉，宫苑迢遞。萬柳搓煙，雙柑款月，往事都隨流水。芳韶盡矣。把一點流黄，織成憔悴。惱亂詩腸，故將商調理。

清　方濬頤《二知軒詩鈔》卷一《鶯》　春至鶯聲巧，新簧百囀成。柳陰棲最穩，幽谷思難明。望遠非無翼，遷喬獨有情。建章堪一舉，燕雀恥爭鳴。

圖表

晉　郭璞《爾雅音圖・釋鳥》

明 李時珍《本草綱目·圖卷》

清 徐鼎《毛詩名物圖說》卷一

鳭鷯

綜述

《爾雅·釋鳥》 鳭鷯，剖葦。注：好剖葦皮，食其中蟲，因名云。江東呼蘆虎。似雀，青斑，長尾。音義：鳭，丁堯反。鷯，力小反。剖，普口反。疏：鳭鷯，一名剖葦。郭云：好剖葦皮，食其中蟲，因名云。江東呼蘆虎。似雀，青斑，長尾。

漢 許慎 《說文》卷四 鷯，刀鷯，剖葦，食其中蟲。从鳥，尞聲。洛簫切。

宋 鄭樵 《通志》卷七六 鳭鷯，《爾雅》曰剖葦。注云：好剖葦皮，食其中蟲，因名云。江東呼蘆虎。似雀，青斑，長尾。鷯音遼。

明 陳懋仁 《庶物異名疏》卷二五《剖葦》 《爾雅》：鳭鷶鷯，剖葦。郭璞云：好剖葦皮，食其中蟲。江東呼爲蘆虎。似雀。《埤雅》云：剖葦，

青斑長尾。

清　佚名　《鳥譜》卷一〇《蘆葦鳥》　一名桃雀，一名鷦鷯，一名巧婦，一名桑飛。蘆葦鳥，黄睛黄觜，雄者目旁有黑毛一片，如眉而下向，頭項臆腹藕灰色，背膊翅尾黄褐色，膊翅俱有黑白毛相間，青黑足爪。《爾雅》以此爲鷦鷯，水喳子爲鴟鷯，《詩疏》合爲一，二鳥本是一類，以其有大小之别，毛羽亦不同，故《爾雅》分而爲二。《爾雅》：桃蟲，鷦，其雌鴱。注云：鷦鸄，桃雀也。俗呼爲巧婦。《方言》云：桑飛，鷦鷯也，又名鷦鸎。自關而東謂之工爵，或謂之過贏，或謂之女鴎。自關而西謂之桑飛，或謂之褸爵。《本草綱目》云：桑飛處處有之，灰色有斑，聲如吹噓，取茅葦毛毳爲窠，大如雞卵，而繫之以麻髮，至爲精密。

圖表

晉　郭璞　《爾雅音圖·釋鳥》

鷦鷯

綜述

《禽經》　鷦巧而危。鷦䳟，桃雀也。狀類黄雀而小，燕人謂之巧婦，亦謂之女鴎。江東人呼爲蘆虎。喙尖，取茅秀爲巢，刺以綠麻，若紡績爲巢，或一房，或二房，懸于蒲葦之上，枝折巢敗，巧而不知所託。

《莊子·逍遥游》　鷦鷯巢於深林，不過一枝。

《爾雅·釋鳥》　桃蟲，鷦。其雌鴱。注：鷦䳟，桃雀也，俗呼爲巧婦。音義：鷦，子遥反。雌字或作嶋，同，七移反。鴱本又作鳰，謝五蓋反，吕郭音乂。鸄，亡小、亡消二反，《字林》云澤雀。疏：舍人曰：桃蟲名鷦，其雌名鴱。郭云：鷦鸄，桃雀也，俗呼爲巧婦。此鷦䳟小鳥而生鵰鶚者也。《詩·周頌》云：肇允彼桃蟲，拚飛維鳥。毛《傳》云：桃蟲，鷦也，鳥之始小終大者。陸璣《疏》云：今鷦鷯是也。微小於黄雀，其雛化而爲雕，故俗語鷦鷯生雕。鄭《詩箋》云：鷦之所爲鳥題肩也，或曰鶚，皆惡聲之鳥。其義未詳。《方言》説巧婦之名，『自關而東謂之工爵，或謂之過贏，或謂之女鴎，或謂之鸋鴂。自關而西謂之桑飛，或謂之韈雀』是也。

漢　許慎　《説文》卷四　鷦鷦，鷦𪀚，桃蟲也。从鳥，焦聲。即消切。

三國吴　陸璣　《毛詩草木鳥獸蟲魚疏》卷下《肇允彼桃蟲》　桃蟲，今鷦鷯是也。微小于黄雀，其雛化而爲鵰，故俗語鷦鷯生鵰。

宋　陸佃　《埤雅》卷八《桃蟲》　《釋鳥》云：桃蟲，鷦。其雌鴱。陸璣曰：今鷦鷯是也。似黄雀而小，化而爲雕，故俗語曰鷦鷯生雕。《説苑》曰：鷦鷯巢於葦苕，繫之以髪。鳩性拙，鷦性巧，故鷦俗呼巧婦，一名工雀，一名女匠。其喙尖利如錐，取茅秀爲巢，巢至精密，以麻紩之，如刺韈然，故又一名韈雀。其化輒爲雕鶚，蓋鳥之始小終大者。《詩》曰：肇允彼桃蟲，拚飛維鳥。言成王懲管蔡之亂，於是始信小物之能成大，不敢不毖也。

宋 鄭樵 《通志》卷七六 桃蟲，《爾雅》曰鷦，其雌鴱，音艾，似黄雀而小，一名鷦鷯，一名鷦鸎，一名桃雀，俗呼巧婦。

宋 戴侗 《六書故》卷一九 鷦鷯 鷦，即消切。鷯，力幺切。小鳥也。《莊子》曰：鷦鷯巢於深林，不過一枝。《爾雅》曰：桃蟲，鷦。其雌鳥鴱，其雄鷦。又曰：鴟鴞，刮葦。《説文》曰：鷦䳂，桃蟲也。鴞，刀鴞，剖葦食其中蟲。《説苑》曰：鷦鷯巢於葦苕，著之以發。取茅秀爲巢，至精密，以麻紩之，如刺韈，故俗呼韈雀，又曰工雀、巧婦、女匠也。《方言》曰：幽州謂之寧鴂，或曰巧婦。自關以東謂之工雀，或謂之過嬴，或謂之女匠。自關以西謂之桑飛，或謂之韈雀。陸璣曰：鷦鷯，微小於黄雀。其雛化爲雕，故俗云鷦生雕。郭璞曰：鴟鴞，江東呼爲蘆虎。似雀，青班長尾。鷦鸎，桃雀也，俗呼巧婦，小而生鵰鶚者也。按：鷦鷯、鷦鸎、鴟鴞，皆一聲之轉，不過一物爾。以莊子及諸人所言參之，小鳥也。小鳥之巧於爲巢者，有桑飛，俗謂桑錢，又不若黄頭繡眼之巧，黄頭又不如茅雀之巧也。桃蟲之説，乃説《詩》之傅會也。《小毖》之詩曰：肇允彼桃蟲，拚飛維鳥。毛公始謂桃蟲爲鷦鳥之始小終大者。鄭氏則曰：鷦之所爲鳥，題肩也，或曰鴞也。毛、鄭皆謂鷦化爲大鳥，而陸璣則謂鷦生雕，其説又轉謬矣。要之，無始小終大之理，亦無以小生大之理，二説皆不可信，而分鷦鷯爲二物，則尤誤也。

元 許謙 《詩集傳名物鈔》卷八 《爾雅》：桃蟲，鷦鸎。注：鷦鸎，桃雀也，俗呼爲巧婦。鷦鸎，小鳥而生鵰鶚者也。陸璣：今鷦鷯也，微小於黄雀，其雛化而爲鵰，故俗語云鷦鷯生鵰。《埤雅》：《説苑》云：鷦鷯巢於葦苕，繫之以髮。鳩性拙，鷦性巧，故鷦俗呼巧婦，一名工爵，一名女匠。其啄尖利如錐，取茅莠爲巢，巢至精密，以麻紩之，如刺韈然，故一名韈雀。其化輒爲鵰鶚。鷦鸎，音焦苗。鷯，力幺反。紩音秩，縫也。《詩記》一説猶言初爲鼠，後爲虎，不必謂桃蟲化爲鵰。

元 梁益 《詩傳旁通》卷一三 鷦鷯生鵰。桃蟲，鷦也，今鷦鷯也，一名鷦鸎。亡消切，音苗。許慎曰：鷦鸎，桃蟲也。陸璣曰：微小於黄雀，其雛化而爲雕，故俗語云鷦鷯生雕。郭璞曰：鷦鸎，桃雀也。俗呼爲巧婦。鷦鷯，小鳥而生鵰鶚者也。愚益謂鷦鷯生鵰之説，物之變化容有此理。世有鳥名鵻，禮者俗謂之鴉舅。鵻音隹，朱惟切。郭璞注《爾雅》所謂鳥鵖者是也。《爾雅·釋鳥》謂之鵖鴔。鵖音及。此鳥鵖巢中或時産鷹。蓋其生乳衆雛亦或爲鷹，然亦理之不可詰者也。

明 李時珍 《本草綱目》卷四八 巧婦鳥《拾遺》 釋名：鷦鷯、《詩疏》桃蟲、《詩經》蒙鳩、《荀子》女匠、《方言》黄脰草。俗 時珍曰：按《爾雅》云：桃蟲，鷦。其雌曰鴱。揚雄《方言》云：自關而東謂之巧雀，或謂之女匠。自關而西謂之韤雀，或謂之巧女。燕人謂之巧婦。江東謂之桃雀，亦曰有呼。鳩性拙，鷦性巧，故得諸名。集解：藏器曰：巧婦小於雀，在林藪間爲窠，窠如小袋。時珍曰：鷦鷯處處有之，生蒿木之間，居藩籬之上，狀似黄雀而小，灰色有斑，聲如吹嘘，喙如利錐。取茅葦毛毳爲窠，大如雞卵，而係之以麻髮，至爲精密。懸於樹上，或一房、二房。故曰巢林不過一枝，每食不過數粒。小人畜馴，教其作戲也。又一種(鷦)〔鴟〕鴞，《爾雅》謂之剖葦，似雀而青灰斑色，長尾，好食葦蠹，亦鷦類也。

明 吴雨 《毛詩鳥獸草木考》卷三《桃蟲》 桃蟲，桃雀也，一名鷦，其雌名鴱，似黄雀而小，巢於葦苕深林之中，或樹葉之上，以髮爲經，以麻紩之爲緯，至精密，如刺韈然，故名韈雀。其喙尖利如錐，俗呼爲巧婦。自關而東謂之工雀，或謂之過嬴，或謂之女匠。自關而西謂之桑飛，江東呼爲布母。俗謂婦人吞其卵，并取其巢燒以熛手令人巧。陸璣云：今之鷦鷯，微小於黄雀，其鶵化而爲鵰，故俗云鷦鷯生鵰是也。或云布谷生子，鷯鷦養之，與鵖鴞同名，非一物也。若鄭《箋》所言，其義未詳。

明 劉侗 《名物通》卷九 鷦鷯，《爾雅》曰：桃蟲，其雌鴱。俗名巧婦，好剥葦皮，食其蟲，青斑長尾，其雛化爲(蜩)〔雕〕，云卽小黄雀。

明 毛晉 《陸氏詩疏廣要》卷下之上《肇允彼桃蟲》 《爾雅》云：桃蟲，鷦。其雌鴱。邢疏：舍人曰：桃蟲名鷦，其雌名鴱。郭云：鷦鸎，桃雀也。俗呼爲巧婦。此鷦鸎小鳥而生鵰鶚者也。《詩·周頌》云：肇允彼桃蟲。鄭注云：鴱，一名鷦鷯，一名鷦鸎，一名桃雀，俗呼巧婦。《禽經》云：鷦巧而危。張注：鷦鸎，桃雀也。狀類黄雀而小。燕人謂之巧婦，亦謂之女鴎。關東人呼曰巧雀，亦謂之巧女。喙尖，取茅莠爲巢，刺以縑麻，若紡績爲巢，或一房，或二房，懸於蒲葦之上，枝折巢敗，巧而不知所託。孔《疏》云：毛《傳》：桃蟲，鷦也，鳥之始小終大者。《箋》又言：鷦之所爲鳥題肩，或曰鴞，皆惡聲之鳥。定本、《集注》皆云：或曰鴟，惡鳥也。按《月令·季冬》云：征鳥厲。注云：征鳥，題肩，齊人謂之擊征，或曰鷹。然則題肩是鷹之别名，與鴞不類。鴞自惡聲之鳥，鷹非惡聲，不得云『皆惡聲之鳥』也。《説文》云：鷦鸎，桃蟲

也。郭璞云：桃蟲，巧婦也。《方言》説杇婦之名：自關而東謂之桑飛，或謂之工雀，或謂之過鸁，或謂之女匠。自關而西謂之桑飛，或謂之韈雀。郭璞注云：即鷦鴜是也。諸儒皆以鷦爲巧婦，與題肩又不類也。今《箋》以鷦與題肩及鴞三者爲一，其義未詳，且言鷦之爲鳥題肩事亦不知所出。《博雅》：鷦鴜，鶉鳩，果鸁，桑飛，女鴎，工雀也。《埤雅》：《説苑》曰：鷦鷯巢於葦苕，繫之以髮。張華《鷦鷯賦》云：翳薈蒙籠，是焉游集。飛不飄揚，翔不翕習。巢林不過一枝，每食不過數粒。按：陸《疏》鴟鴞一條，與鷦鷯甚合，故先儒援引多及之。馮氏《名物疏》已詳辨矣。

清 屈大均《廣東新語》卷二〇《禽語・鷦鷯》 鷦鷯，《詩》所謂桃蟲也。因桃蟲而變，故其形小。性絶精巧，以茅葦羽毳爲房，或一或二，若鷄卵大，以麻髮懸繫樹枝，雖大風雨不斷。一名巧婦鳥。久畜之，可使爲戲及占卦，名和鵲卦。其身小，又曰相思，亦曰相思仔。仔者，小也。相思者，身紅黑相間如紅豆。紅豆者，相思也。予有《楊柳枝詞》云：山禽最小是相思，隱花枝，釵頭偷立已多時，未曾知。郎處不須紅豆子，殷勤寄，雙雙取得繫紅絲，到天涯。

清 陳淏子《秘傳花鏡》卷六《養禽鳥法・巧婦鳥》 巧婦鳥，一名鷦鷯，一名桃蟲，或謂之巧匠。隨在有之，小於黄雀，有林藪間爲窠，其巢如小袋，取茅葦毛毳爲之，再繫以麻，或人亂髮，至爲精密，或一房二房。其形色青灰，有斑，長尾，利喙，聲如吹噓，好食葦蠹。兒童每畜而使之性馴，教以作戲以取樂。陸(機)[璣]謂：鷦鷯，微小于黄雀，其雛能化爲鵰。不知何據。

清 毛奇齡《續詩傳鳥名卷》卷三 《小毖》肇允彼桃蟲，拚飛惟鳥。桃蟲，鷦鷯，小鳥也。拚，飛貌。鳥，大鳥也。鷦鷯之雛化而爲雕，故古語曰鷦鷯生雕。言始小而終大也。桃蟲，一名桃雀，即鷦鷯，又作鷦鴜，俗呼黄脰鳥，鳥中之最小者。《爾雅》鳭鷯、桃蟲、鶉鳩，皆即此物。其或稱鷦一字者，以《字書》不兼出，遂成單名。猶鶬鴒稱鴒，鶗鴂稱鴂也。第此鳥工于爲巢，《莊子》所云『鷦鷯巢于一枝』。《説苑》謂：鷦鷯巢葦苕間，繫之以髮，取茅秀爲窩，以麻紩之，如刺襪然，故又名襪雀。郭璞謂之巧婦，祇其所棲、所食俱不在桃，而名桃蟲者，以喙鋭如錐，專剖葦中蟲食之，謂之掏蟲。掏、桃通字耳。

清 姚炳《詩識名解》卷三《桃蟲》 桃蟲，《周頌・小毖》篇《釋鳥》以桃蟲爲鷦，且云『其雌鴱』，則但有鷦名而非鷦鷯明矣。郭璞謂之鷦鴜，陸璣直以爲今鷦鷯，誤也。璣又引俗『鷦鷯生雕』之語，尤不可信。鄭氏亦謂鷦之所爲鳥題肩，或云鴞，大抵因《傳》始小終大之説傅會耳。愚謂《爾雅》列桃蟲於《鳥部》，則固是鳥無疑。但以其亦有蟲稱，故借以爲説。猶云問其名若爲蟲，覩其飛則維鳥，不可因其名而忽之。如武庚本爲孤雛，乃能挾奄徐諸國以叛，事理之難測如此也。《廣雅》釋鷦鴜爲鶉鳩。按：鶉鳩自是鴟鴞別名，無容混入。若從其説，則是桃蟲即鷦鷯，鷦鷯又即巧婦，輾轉相誣，不可復辨。且使後人因此反易鴟鴞爲惡鳥，則誤中又誤也。或以《釋鳥》『桃蟲，鷦』，又『鶉鶉』，又『鳭鷯』爲一物，誤甚。桃蟲但有鷦名，鶉鶉但有鶉名，李巡謂鶉一名鷯。鳭鷯、鷦鷯則音近而已，不可易鳭爲鷦也。且鳭鷯之鷯，叶力周切，義尤難合。名物之失真，皆自謬爲相通始之。拚與翻同，不必爲手拊之義。蓋泥桃蟲之名，以爲不在羽族，未必能飛者，孰知其竟飛而乃爲鳥也。如此説，則鳥字上便可不添大字矣。余首源世父善張氏向爲鼠後爲虎之喻，斷桃蟲非鳥名。故《通論》云：鷦鷯雖小鳥，亦鳥也，安得以蟲名？且《莊子》謂其所棲不過一枝，不云桃枝也。《爾雅》之説已自難信，而郭璞復實之以『鷦鷯生雕』之説，幾曾見鷦鷯生子爲鵰鴞來？其傅會更何疑。若鷦鷯生子爲雕鴞，不知鷦鷯又何物所生乎？且詩第云鳥，不云大鳥也。今爲彼説以桃蟲爲小鳥，勢必以鳥爲大鳥，增添語字以就已説可乎？總之，若使桃蟲爲鳥，《詩》決不又云『拚飛維鳥』矣。蓋謂蟲之小物忽變而爲飛鳥，以喻武庚其始甚微，而臣服後乃鴟張也。此又一説。

清 王棠《燕在閣知新録》卷三一《襪雀》 鷦鷯，一名桃虫，又名桃雀，又名女王，又名女匠，又名巧婦。取茅爲巢，至精如刺襪然，故又呼爲襪雀。

清 徐鼎《毛詩名物圖説》卷一 《爾雅》：桃蟲，鷦。其雌鴱。郭璞注：桃雀也，俗呼爲巧婦。陸璣《疏》：今鷦鷯是也。《廣雅》：鷦鷯，鶉鳩。《埤雅》：《説苑》曰：鷦鷯巢於葦苕，繫之以髮。鳩性拙，鷦性巧，故俗呼巧婦。一名工雀，一名女匠。其喙尖利如錐，取茅秀爲巢，巢至精密，以麻紩之，如刺韈然，故又名韈雀。其化輒爲鵰鶚，蓋鳥之始小終大者。《詩》曰：肇允彼桃蟲，拚飛維鳥。言成王懲管蔡之亂，于是始信小物之能成大，不敢不毖也。愚按：張茂先《鷦鷯賦》曰：小鳥也，巢林不過一枝，每食不過數粒。有以桃蟲

即指爲鴟鴞者，是因鶗鴂亦有鷤鴂之名。又二詩皆指管蔡而言，故混爲一也，其實大小各不相類。云『拚飛維鳥』者，言其始小久大，非即小即大也。

清 牟應震《毛詩物名考》卷一 巧婦，鳥之至小者，色如初柳，細小如葉，俗名柳葉。巢如卵殼，以馬尾繫樹枝，故曰『巧目』。上白眉如畫眉，故曰『巧婦』。性喜動，穿樹，啄飛蟲，無停刻也。

又 韈雀，今名葦雞也，如巧婦而大，以樹根縛三葦中間爲巢，如韈形，故曰『韈雀』。其聲喳喳，土人又名曰葦喳韈雀也，巧婦也，鷦鷯也。本三鳥今混呼爲一矣。

清 佚名《鳥譜》卷四《金絲麻鷯》 一名麻料，一名金絲料。金絲麻鷯，赤睛黄眶，黑灰觜，土黄頂，黄頰黄頷，黑眉黑項黑黄膊，背有細白毛，黑黄翅，尾白邊黄，胷臆白腹，有蒼斑，黑足爪。《彙雅》云：麻料，小鳥也。淺黄色，有黑斑，善鳴。高郵人家喜畜之，美其名曰金絲。

又《靠山紅》 一名映山紅，一名紅料，一名紅麻鷯。靠山紅，黑睛白眶，米色觜，紅頂紅頷紅臆，眼後蒼赤毛連背，背毛紅質黑章，近尾處紅色，甚鮮紅，黑膊，紅黑翅，尾灰紅，腹米色，足黑爪。一名映山紅，羽色光彩，聲亦可聽。江南人謂之紅麻鷯，亦曰紅料。

清 方旭《蟲薈》卷一《羽蟲·鷦䳄》 《說文》：鷦䳄，桃蟲也。一名鷦鷯，俗呼黄脰雀，喙鋭如錐。《駢雅》：鷦鷯，鷤鳩，果贏，桑飛，女匠，巧婦，桃雀，過贏，工爵，襪雀，桃蟲也。旭按：此即《荀子》之蒙鳩，《大戴禮》之蛈鳩也，又名巧雀，又名巧女，又名布母。好鬬，其狀似黄雀而小，尖喙修尾，毛灰赤色。其聲如吹噓，其巢大如雞卵，以麻織成，至爲精密。古人言其卵能化鵰鶚，然不敢信。

藝文

晉 張華《鷦鷯賦有序》（引自《漢魏六朝百三家集》卷四〇） 鷦鷯，小鳥也，生於蒿萊之間，長於藩籬之下，翔集尋常之内，而生生之理足矣。色淺體陋，不爲人用，形微處卑，物莫之害，繁滋族類，乘居匹遊，翩翩然有以自樂也。彼鷲鶚鵾鴻，孔雀翡翠，或陵赤霄之際，或託絶垠之外，翰舉足以冲天，觜距足以自衛，然皆負矰嬰繳，羽毛入貢。何者？有用於人也。夫言有淺而可以託深，類有微而可以喻大，故賦之云爾。何造化之多端兮，播羣形於萬類。惟鷦鷯之微禽兮，亦攝生而受氣。育翩翾之陋體兮，無玄黄以自貴。毛弗施於器用兮，肉不登乎俎味。鷹鸇過猶俄翼兮，尚何懼於罿罻。翳薈蒙蘢，是焉遊集。飛不飄颺，翔不翕習。其居易容，其求易給。巢林不過一枝，每食不過數粒。棲無所滯，遊無所盤。匪陋荆棘，匪榮茝蘭。動翼而逸，投足而安。委命順理，與物無患。伊兹禽之無知兮，何處身之似智。不懷寶以賈害兮，不飾表以招累。静守約而不矜，動因循以簡易。任自然以爲資，無誘慕於世僞。鵰鶡介其觜距，鵠鷺軼於雲際。鵾雞竄於幽險，孔翠生於遐裔。彼晨鳧與歸鴈，又矯翼而增逝。咸美羽而豐肌，故無辠而皆斃。徒銜蘆以避繳，終爲戮於此世。蒼鷹鷙而受紲，鸚鵡慧而入籠。屈猛志以服養，塊幽縶於九重。變音聲以順旨，思摧翮而爲庸。戀鍾岱之林埜，慕隴坻之高松。雖蒙幸於今日，未若疇昔之從容。海鳥爰居，避風而至。條枝巨雀，踰嶺自致。提挈萬里，飄颻逼畏。夫唯體大妨物，而形瓌足瑋也。陰陽陶蒸，萬品一區。巨細舛錯，種繁類殊。鷦螟巢於蚊睫，大鵬彌乎天隅。將以上方不足，下比有餘。普天壤而遐觀，吾又安知其大小之所如？

晉 郭璞《鵕鳥》（引自《漢魏六朝百三家集》卷五七） 毛如雌雉，朋翔羣下。飛則籠日，集則蔽野。肉驗鍼石，不勞補寫。

宋 梅堯臣《宛陵集》卷四《巧婦》 巧婦口流血，辛勤非一朝。莠茶時補紩，風雨畏漂摇，所託樹枝弱，而嗟巢室翹。周公誠自感，聊復賦鴟鴞。

宋 高似孫《剡録》卷一〇《草木禽魚下·巧婦鳥》 出舊經。鷦性巧，巢至精，若刺韈，又名韈雀。張祐詩：舊巢飛巧婦，新葉長宜男。梅聖俞《巧婦鳥》詩：巧婦口流血，辛勤非一朝。莠茶時補綻，風雨畏漂摇。

清 文廷式《文道希先生遺詩·鷦鷯》 鷦鷯飛下最高枝，萬里風雲與護持。淮海微禽寧速化，江湖魏闕有餘思。薄寒捐扇驚秋早，細雨聞鐘覓夢遲。負手逍遥桑落下，澹看窗格罥蛛絲。

圖表

晉 郭璞《爾雅音圖・釋鳥》

明 李時珍《本草綱目・圖卷》

清 徐鼎《毛詩名物圖說》卷一

鶺鴒

論說

宋 蔡卞《毛詩名物解》卷六《鶺鴒》 鶺鴒者，有所就有所招者也。彼可即而即之，則無不親。彼可令而令之，則無不從，如鶺鴒之尾應首也。親則有雝雝之能和，從則有渠渠之能容，故謂之雝渠。作《詩》者以喻兄弟之無不親，無不和也。兄弟之道，天性也。動其鶺脅而首尾應者，雖有强誠，亦自然而已，故字或以爲鶺鴒。

宋 陸佃《埤雅》卷九《脊令》 《釋鳥》云：䳭鴒，雝渠。蓋雀之屬，飛則鳴，行則搖。大如鷃，長脚，尾腹下白，頸下黑如連錢，故杜陽人謂之連錢。《詩》曰：脊令在原，兄弟急難。脊令，水鳥，首尾相應，和之至也。今反在原，則失其所矣，故以取況兄弟急難。其首尾相應如此。《義訓》曰：䳭鴒，錢

母，其頸如錢文。《詩》曰：題彼脊令，載飛載鳴。説者以爲脊令不能自舍，君子有取節爾。其鳴自呼。或曰：首尾相應，飛且鳴者，故謂之雝渠。渠之言勤也。《物類相感志》曰：俗呼雪姑，其色蒼白似雪，鳴則天當大雪，極爲驗矣。

綜述

《禽經》　䳭鴒友悌。雀屬也。《爾雅》曰：䳭鴒，雝渠。《毛詩》曰：水鳥也，大雀，高尺，尖尾，長喙，頸黑青灰色，腹下正白。飛則鳴，行則摇。又曰脊令。《詩》曰：脊令在原，兄弟急難。鶺鴒共母者，飛鳴不相離，詩人取以喻兄弟相友之道也。

《爾雅·釋鳥》　䳭鴒，雝渠。注：雀屬也。飛則鳴，行則摇。音義：䳭，《詩》作脊，同精益反。鴒，《詩》作令，同力丁反。雝，於恭反。渠字或作鸈。疏：䳭鴒，一名雝渠，水鳥也。郭云：雀屬也。飛則鳴，行則摇。《詩·小雅》云：脊令在原。陸璣《疏》云：『大如鷃雀，長脚，長尾，尖喙，背上青赤色，腹下白，頸下黑如連錢，故杜陽人謂之連錢』是也。

三国吴　陸璣《毛詩草木鳥獸蟲魚疏》卷下《脊令在原》　脊令，大如鷃雀，長脚，長尾，尖喙，背上青灰色，腹下白，頸下黑如連錢，故杜陽人謂之連錢。

宋　鄭樵《通志》卷七六　䳭鴒，《爾雅》曰雝渠，雀屬也。長尾，背上青赤色，腹下白，頸下黑，飛則鳴，行則摇。

宋　施宿《會稽志》卷一七　脊令，《釋鳥》曰：䳭鴒，雝渠。蓋雀之屬，飛則鳴，行則摇。大如鴳，長脚，尾腹下白，頸下黑如連錢，故杜陽人謂之連錢。會稽人呼爲雪姑。其色蒼白似雪，鳴則天當大雪，極驗。

明　王可大《國憲家猷》卷二二　鶺鴒，雀屬也。《爾雅》曰：鶺鴒，雝渠。《毛詩》曰：水鳥也，大雀，高尺，小尾長喙，頟黑青灰色，腹下正白。飛則鳴，行則摇。又曰：鶺鴒在原，兄弟急難。鶺鴒共母者，飛鳴不相離。

明　穆希文《説原》卷一〇　鶺鴒，水鳥，長脚，長尾，尖喙，腹下白，頸下黑如連錢。飛則鳴，行則摇，不能自捨，有兄弟之義。

明　吴雨《毛詩鳥獸草木考》卷二《脊令》　《小雅》曰：脊令在原。《傳》：脊令，雝渠也，飛則鳴，行則摇，不能自舍耳。鶺鴒，水鳥也。一名雝渠，雀屬。飛則鳴，行則摇。大如鷃雀，長脚，長尾，尖喙，背上青灰色，腹下白，頸下黑如連錢，杜陽人謂之連錢。其名自呼。或曰：首尾相應，飛且鳴者，故謂之雝渠。渠之言勤也。《詩義訓》曰：鶺鴒，錢母，其頸如錢文是也。《物類相感志》曰：鶺鴒，俗呼雪姑，其色蒼白似雪，鳴則天當大雪，極爲驗矣。《集注》作鶺鴒，《爾雅》作䳭鴒，《左氏》與《爾雅》同。

明　陳懋仁《庶物異名疏》卷二五《渠梁　列精》　《毛詩疏義》：鶺鴒，水鳥，一名渠梁。大如鷃雀，長毛尖喙，背上青灰色，腹下白，頸下黑如連錢，故桂陽謂之連錢。《詩輯》名雪姑，《類考》一名列精，一名錢母。《禽經》云：鶺鴒共母者，飛鳴不相離，詩人取以喻兄弟相友之道也。

明　劉侗《名物通》卷九　鶺鴒，雀屬，長脚，長尾，尖喙，背上青灰色，腹下白，頸下黑如連錢，鳴則天當大雪。《爾雅》曰酈鸈，無巢無雛，不知棲息。孳孕之所，隼不能搏，彈不能射，網罟不能取。朝夕常在人間，竟不知此鳥所自來。

明　曹學佺《蜀中廣記》卷五九　蜀人呼鶺鴒爲連點七。五代時，有問洪杲禪師曰：如何是連點七？師云：屈指數不及，地上無蹤迹。

明　毛晉《陸氏詩疏廣要》卷下之上《脊令在原》　《禽經》曰：䳭鴒友悌。張注：雀屬也。《爾雅》曰：䳭鴒，雝渠。《毛詩》曰：水鳥也，大雀，高尺，尖尾，長喙，頸黑青灰色，腹下正白。飛則鳴，行則摇。又曰：鶺鴒在原，兄弟急難。鶺鴒共母者，飛鳴不相離，詩人取以喻兄弟相友之道也。《博雅》：鷛鸈，鳽音形也。《埤雅》云：《義訓》曰：䳭鴒，錢母，其頸如錢文，其鳴自呼。或曰：首尾相應飛且鳴者，故謂之雝渠。渠之言勤也。《物類相感志》曰：俗呼雪姑，其色蒼白似雪，鳴則天當大雪，極爲驗矣。《爾雅翼》：鶺鴒，水鳥。唐明皇時，有鶺鴒數十集麟德殿廷木，翔棲浹日，魏光乘作頌以爲天子友悌之祥。《詩緝》云：脊令，飛則鳴，行則摇。在原者是其行時也，非在原不見其行。故以在原言之，脊令行而在原則摇。其身首尾相應，如兄弟急難相救也。世以手足喻兄弟，亦謂如左右手之相救，一體同

氣，天性自然，至親至切之喻也。《小宛》取義在於飛則鳴，故曰『題彼脊令，載飛載鳴』。此《詩》取義，在於行則摇，故曰『鶺鴒在原』。程子以爲脊令首尾相應是也，鄭氏以爲水鳥宜在水中，在原則失其常處，故飛鳴以求其類，非也。今雪姑非水中之鳥，若失其常處而飛鳴以求其類，凡鳥皆然，何獨脊令哉？按《詩攷》作『䳭鴒在原』，惟《石經》作『脊令』。今江南洲渚間多有之。其狀小如雀，輕俊可愛。張茂先云『高尺』，恐誤。

清 顧棟高《毛詩類釋》卷一六《脊令》 《爾雅》：䳭令，雝渠。郭注：雀屬也。飛則鳴，行則摇。邢疏：䳭令，一名雝渠，水鳥。《小雅》云：脊令在原。陸璣《疏》：大如燕雀，長脚，長尾，尖喙，背上青灰色，腹下白，頸下黑如連錢。陸佃曰：俗呼雪姑，其色蒼白如雪。

清 姚炳《詩識名解》卷三《脊令》 脊令，小雅・常棣篇《釋鳥》以䳭鴒爲雝渠，而《廣雅》别作鶺鴒，一名雃。按：雃從隹，音牽。《説文》：石鳥，一名雝渠，一名精列。又爲鵁鶄之别名。《上林賦》云『煩鶩庸渠』，雝亦作庸。乃水鳥也。《廣雅》所釋，蓋指此，與《詩》脊令名同物異。先儒專謂雝渠爲脊令别名，此誤脊令爲水鳥之由矣。脊令大如鷃雀，長脚，長尾，尖喙，背上青灰色，腹下白，頸下黑。其别名有四，雝渠見《爾雅》，錢母見《義訓》，連錢見《詩疏》，雪姑見《物類相感志》。然雪姑之名，不過取其白似雪耳。若云鳴則大雪，豈無雪時長不鳴耶？陸農師以爲極驗，恐不可信。《詩》意取興脊令，以脊令本有兄弟之誼。舊謂其共母者，飛鳴不相離。又唐明皇時，有脊令數十集麟德殿廷木，翔棲浹日，魏光乘作頌以爲天子友悌之祥。蓋其天性然也。若徒以飛鳴、行摇取急難意，恐令烏鵲頗亦然耳。嚴華谷云：鄭氏以爲水鳥，宜在水中，在原則失其常處，故飛鳴以求其類，非也。今雪姑非水中之鳥，若失其常處而飛鳴以求其類，凡鳥皆然，何獨脊令哉？按：此最有識解。惟其『凡鳥皆知求類，故飛鳴行摇』，不足爲脊令之取况也。鄭氏因誤認雝渠，便多如許穿鑿，不知即是水鳥，亦何妨在原，幾見近洲渚者，便不翔山林耶？飛鳴、行摇二語，《傳》因急難態狀想出，嚴華谷乃謂《小宛》取義在於飛則鳴，《常棣》取義在於行則摇，則益鑿矣。即以《常棣》言之，《詩》但謂在原而已，不知其在原飛，在原行也。且鳥性無常，未有行而不飛，飛而不行者。若必鑿分二章，亦失物情真趣矣，遑言詩義乎？

清 徐鼎《毛詩名物圖説》卷一 《爾雅》：䳭鴒，雝渠。郭璞注：雀屬也。飛則鳴，行則摇。陸璣《疏》：大如鷃雀，長脚，長尾，尖喙，背上青灰色，腹下白，頸下黑如連錢，故杜陽人謂之連錢。《禽經》：鶺鴒友悌。張華注：鶺鴒共母者，飛鳴不相離，詩人取以喻兄弟相友之道。《廣雅》：鶺鴒，雃也。《埤雅》：脊令，其鳴自呼。或曰：首尾相應，飛且鳴者，謂之雝渠。渠之言勤也。蔡元度《名物解》：鶺鴒，有所就有所招。彼可即而即之，則無不親。彼可令而令之，則無不從，如卽令之尾應首也。以喻兄弟之無不親，無不和也。

清 牟應震《毛詩物名考》卷一 鶺鴒，《詩》省作脊令，小水鳥也。一名雝渠，形似小雞，色黯黑，項下黑毛如連錢。短尾高足，奔行如流，俗名沙石流。伏育沙灘，卵必四。見人環飛哀鳴，其聲迫急，故《詩》取以喻急難也。行近卵處，寂然無聲，亦黠鳥也。

清 佚名《鳥譜》卷一〇《鶺鴒》 一名雝渠，一名點尾。鶺鴒，如雀而大，黑喙，白頭，頷紅，眼黑，睛黑，頰長如眉，黑頦紫胸，白腹，青灰色背，青黑翅，翅有兩白毛，青灰足爪，高脛長尾，尾有白點，故亦呼點尾，水鳥也。其雌者頷黑。《爾雅》云：鶺鴒，雝渠。《禽經注》云：鶺鴒，雀屬也。尖尾，長喙，頸黑青灰色，腹下正白。飛則鳴，行則摇。《埤雅》云：䳭鴒，其鳴自呼。或曰：首尾相應，飛且鳴者，故謂之雝渠。渠之言勤也。案：䳭鴒有四種，一種眼有黑眉，紫臀，尾有白點者，名點尾，《爾雅》所謂雝渠也。一種白頭頷，白腹，白翅臀，有黑白文如錢，今俗謂之蘿蔔花，即《詩疏》所謂連錢，《物類相感志》所謂雪姑也。一種黄頭、腹青灰、背翅有白邊者，今俗謂之黄蘿蔔花，多棲止于水渚茭蘆間，尖喙，翹尾，行則首動尾應，亦其屬也。一種青黑毛多者，俗名青蘿蔔花，《粤志》所謂青鶺鴒也。

又《蘿蔔花》 一名連錢，一名雪姑，一名錢母，一名白䳭鴒。蘿蔔花，大如鴳雀，黑睛，黑觜，白頰，白頷，背尾青灰色，翅毛白黑相間，腹前黑毛一片，有如連錢，腹純白，黑足爪。雌者黑頷。《詩疏》云：鶺鴒，長脚，尖喙，頸下黑如連錢，杜陽人謂之連錢。《物類相感志》云：鶺鴒，俗呼雪姑，其色蒼白如雪，鳴則天當大雪。《埤雅》云：鶺鴒，一名錢母，其頸如錢文。

又《黄蘿蔔花》 一名黄䳭鴒。黄蘿蔔花，狀與蘿蔔花同，赤黑眼，黑觜，

頂頷至臆腹俱薑黄色，背毛慘藕色，黑翅白邊，翮毛蒼赤，黑尾，藕色足。雌者頂不純黄，帶蒼色，眼旁深黄毛一道如眉。

又《青蘿蔔花》 一名青鶺鴒。青蘿蔔花，黑睛，黑觜，觜根目上皆有白毛，頭頸至背膊黑暈，淺深相雜，膊下白毛一節，黑翅，尾白裏，白腹，黑足爪。

清 方旭《蟲薈》卷一《羽蟲·鶺鴒》 《物類相感志》：鶺鴒食雪，一名雪姑。《庶物異名疏》：鶺鴒，一名精列。《正字通》：鶺鴒，背上青灰色，腹下色白，雞脚，長尾，尖喙，頷下黑如錢文，杜陽人名連錢，又名錢母。旭按：此鳥大小類燕，毛有黑白文，飛則鳴，行則摇，吾鄉名石灰鳥。《爾雅》名雝渠，或曰雝渠，即庸渠，非鶺鴒。郭氏以爲一物，誤。又一種似鶺鴒而大，毛亦有黑白文，鳴則自竪其尾者，人呼四喜鳥。又呼知風鳥，因其向風而鳴也。好食糞蛆，俗説取其肉，並骨炙酥飼小兒，能健脾。又一種似四喜鳥而大，黑身白頭者，名白頭翁。

藝文

唐 喬琳《鶺鴒賦》（引自《文苑英華》卷一三七） 鶺鴒，雝渠也。《詩》取其鳴行摇尾相應，以興兄弟急難之義而已。然無巢無鷇，不知棲息孳孕之所。人之見者，更無大小之殊。隼不能搏，彈不能射，網罟不能取。朝之與夕，常在人間，竟不知此鳥之所自來也。何鶺鴒之小鳥，與羽族而特殊。鷊鴘郭璞《江賦》：鼓翅鷊鴘。飛鳴，肖翹畢逋。金睛玉爪，紺尾青顱。電瞥機駭，火馳風趨。來何從而去何適，似出有而入無。噫！形氣有生之類，非卵則胎，不巢則穴，罕知爾棲泊之所，乳伏之節。吾自見爾，翩翾一狀，小大無别。莫測雛孕之源，以出陶鈞之轍。亦稱王母之使，豈在神仙之列？咮啄鋒鋩，毛衣霜雪。惟若驚之近道，思數顧以周防。苟彈射之莫中，匪網罟而奚張。齊姜所以遺重耳，范蠡所以逃越王。慮宴安之有毒，斯儆戒以爲良。務相時而達變，豈膠柱而守常？偶來池館，非意稻粱。吾將注目，而悠然以逝。四字一作『倏以閒遊』。色斯舉矣，而物莫之傷。既忘情於進取，遂遊仞以翱翔。乘輿於人間之世，全身於自遠之塲。苟日新於運用，能獨善於行藏。

宋 高似孫《剡録》卷一〇《草木禽魚下·脊令》 出《越經》。杜公所謂『沙晚脊令寒』者，越人曰雪姑，贊寧《物類志》亦曰雪姑，《爾雅》則曰鵖渠，脊令也。飛則鳴，行則摇。又有坑鵲殊小。

宋 方岳《秋崖集》卷一《脊令》 水落寒塘初冷，霜倒枯荷半傾。莫倚尾能涎涎，踏沈一片秋聲。

明 張甯《方洲集》卷一〇《枯株鶺鴒》 凍雪滿林梢，孤飛不敢高。雖無儔侶顧，還自惜翎毛。

明 葉盛《菉竹堂稿》卷二《鶺鴒》 尝向人家問弟兄，燃萁舂粟恨難平。多情誰似秋原鳥，不宜離群独自行。

清 俞蚡《鶺鴒篇》（引自《兩浙輶軒續録》卷六） 流水東西，源於一瀆。南北槎枒，敷於一木。厥脈之通，不殊骨肉。縠哺既成，各分爾形。念彼在卵，實同所生。物不盡蠢，人匪獨靈。謂予不信，視彼鶺鴒。

圖表

晉 郭璞《爾雅音圖·釋鳥》

清　徐鼎《毛詩名物圖說》卷一

鸜鵒

論説

宋　羅願《爾雅翼》卷一四《鸜鵒》　鸜鵒，似鵙而有幘，飛輒成羣多聲，《字書》謂之哵哵鳥。一作雊雉。或曰身首皆黑，惟兩翼皆有白點，飛則見，如《字書》之八云。性好淫，其行欲，則以足相勾，往往墮者相連而下，故从勾从欲。《字説》云：『尾而足勾焉』是也。《山海經》：衡山鳥多鸜鵒。而性又不踰濟，故《春秋》有『鸜鵒來巢』，書以爲異。劉向以爲鸜鵒，夷狄穴藏之禽，來至中國，不穴而巢，陰居陽位。鸜鵒白羽，旱之祥也。穴居而好水，黑色爲主，急之應也。説者以爲鸜鵒，今中國皆有，然但在濟西，不踰濟耳。《春秋》以爲魯所常無，故異而書之，而劉向以爲夷狄禽，未喻其意。又此鳥本亦巢居，不皆穴處。書巢者，著其居木孚乳，不即去也。此説甚長。荆楚之俗，五月鸜鵒子毛羽新成，取養之，以教其語，五月五日剪舌。俗謂之花鵒。今有一種灰色，好穿屋瓦下以居，號瓦鵒。

清　陸次雲《析疑待正》卷三《鸜鵒來巢》　《傳》謂『鸜鵒來巢』，書所無也。《春秋正解》謂非也，鸜鵒不踰濟，濟水在魯，非絶無者，蓋鸜鵒性不能巢，每居于穴，去穴而巢，有非所踞而踞之象矣。愚謂余南方多鸜鵒鳥，皆巢居，無穴處者，《正解》之言亦未確矣。當以『書所無』者爲是。書曰『來』者，殆卽康節先生慨歎天津橋杜鵑之意乎？未可以鑿言之也。

綜述

《禽經》　鴝鵒剔舌而語。《山海經》謂之鸐鵒。今人育其雛，以竹刀剔舌本，教之言語。謝尚能作鴝鵒舞。

漢　許慎《説文》卷四　鴝，鴝鵒也。从鳥，句聲。其俱切。鵒，鴝鵒也。从鳥，谷聲。古者鴝鵒不踰泲。余蜀切。鵒或从隹从臾。

晉　崔豹《古今注》卷中　鴝鵒，一名鴶鵴。

唐　段成式《酉陽雜俎續集》卷八　勾足鸜鵒，交時以足相勾，促鳴鼓翼如鬭狀，往往墜地，俗取其勾足爲媚藥。

五代　馬縞《中華古今注》卷下《鴝鵒》　一名鴶鵴，一名鵠鴝，今之布穀也，江東呼爲穫穀也。

宋　黄朝英《靖康緗素雜記》卷八《鴝鵒》　《字説》：鴝从勾，鵒从欲。解云：鴝鵒多欲，尾而足勾焉。余少時讀《字説》而不解其義，後因看段成式《酉陽雜俎》，云鴝鵒交時，以足相勾，促鳴如鼓翼相鬭狀，往往墮地，人或就將掩之，取其勾足爲魅藥。今觀鴝鵒羣集木上，其間或有雙墮地者，以是驗成式之言果不妄，而舒王于百家小説之書無所不取也。唐耜注《字説》，但云鳥名，引《考工記》曰『鸜鵒不踰濟』而已，其它無義，蓋唐公亦未見段成式之説。

宋　戴侗《六書故》卷一九　鴝鵒䳓，其俱切。亦作鸜。鵒，余蜀切。亦作雓。鴝鵒，小鳥，剥其舌而教之，則能言。《考工記》曰：鴝鵒不踰

濟。鸜鵒來巢於魯，《春秋》記其異。俗亦謂步鴿。

明　牛衷《增修埤雅廣要》卷二〇《品物門・羽族類・鸜鵒》　鸜鵒，似鵬而有幘，色純黑，金眼，穴居。一名寒皋，燕鳥也，斷舌可使言。鸜亦作鴝，其翔不踰濟。昭公二十五年書『鸜鵒來巢』，志魯所無也。晉司空桓豁之在荆也，有參軍五月五日剪其舌教學語。司徒大會賓佐，令效四座語，無不絶似。有齆鼻者，語難學，因納頭甕中，遂語不異。秘書少監崔行功，忽有鴝鵒啣魚袋鈎玦入其室，不數日，加大夫。或曰取其目精人乳，研滴眼中，能見雲霄外物。故硯之具斯眼者，必取其圓活爲貴，擬諸此也。

明　田藝蘅《留青日札》卷三一《鸜》　今人但知鸜爲鸜鵒。《左傳》『鸜鵒來巢』，《考工記》『鸜鵒不踰濟』，《莊子》『鸜鵲子』，卽今八哥兒也。鳥短尾，其形類鵙。殊不知鸜自是一種大鳥。《晉・韓友傳》：將有大鸜鳥來集廳事上。至日，果有大鸜垂尾九尺。《説文》、《韻書》皆失收。又作鵝鴝、鴝雊字。

明　李時珍《本草綱目》卷四九　鸜鵒音劬欲。《唐本草》　釋名：鴝鵒、《周禮》哵哵鳥、《廣韻》八哥、俗名寒皋。《萬畢術》時珍曰：此鳥好浴水，其睛瞿瞿然，故名。王氏《字説》以爲其行欲也，尾而足勾，故曰鴝鵒，從勾，從欲省，亦通。哵哵，其聲也。天寒欲雪，則羣飛如告，故曰寒皋。皋者，告也。集解：恭曰：鸜鵒，似鵙而有幘者是也。藏器曰：五月五日取雛，剪去舌端，卽能效人言，又可使取火也。時珍曰：鸜鵒巢于鵲巢、樹穴及人家屋脊中，身首俱黑，兩翼下各有白點。其舌如人舌，剪剔能作人言。嫩則口黃，老則口白。頭上有幘者，亦有無幘者。《周禮》『鴝鵒不踰濟』，地氣使然也。

明　穆希文《説原》卷一〇　鸜鵒，身首皆黑，而兩翼各有白點。性好淫，不喻济。五月五日，取其子養之，教其語。

明　劉侗《名物通》卷九　鸜鵒，卽八哥，舊言可使取火，又云卽今牛家鵲。有孔子歌。一名寒皋。

清　陳淏子《秘傳花鏡》卷六《養禽鳥法・鴝鵒》　鴝鵒，一名哵哵鳥，俗名八哥，身首俱黑，兩翼下各有白點，飛則是。其眼與舌亦如人，但舌微尖。若欲教以人語，必須五月五日或白露日，取雛閉之甕中，竟夕屈天中，用小剪修去舌尖使圓，如是者三次。每日天將曉時，如教鸚鵡法教之，良久自能作人語矣。此鳥不善營巢，多處於鵲窠或樹穴，及人家屋脊中。初生口黃，老則口白。頭上有幘者易養，無幘者多不能久活。取雛愛養，切勿養猫。無猫，雖無籠罩，任其飛走，亦不遠去，又可使取火。北方無此鳥，江浙人喜畜之。每日飼以生荳腐及半熟飯，惟忌八月十三大煞日，須密藏不露，方免其死。昔有禪僧堂下畜一八哥，每夜隨僧念阿彌陀佛。老死後，僧憐而埋之，蓮花出自鳥口，因作贊曰：有一飛禽哵哵哥，夜隨僧口念彌陀。死埋平地蓮花發，我輩爲人不及他。

清　嵇璜《續通志》卷一八〇　鸜鵒，一名鴝鵒，一名哵哵鳥，一名八哥，一名寒皋。李時珍曰：此鳥好浴水，其睛瞿瞿然，故名哵哵，其聲也。天寒欲雲，則羣飛如告，故曰寒皋。皋者，告也。似鵙而有幘，色純黑，金眼，穴居。《周禮》云『鴝鵒不踰濟』，《春秋》書『鸜鵒來巢』，卽此。《淮南萬畢術》云『寒皋斷舌使語』，《禽經》云『鸜鵒剪其舌而語』是也。《酉陽雜俎》又云：可使取火。謹案：鸜鵒，非鳩類，鄭《志》以爲鷗鳩者，非。

清　王棠《燕在閣知新録》卷三一《八哥》　八哥卽鴝鵒也。《負暄雜録》云：南唐李主諱煜，改鴝鵒爲八哥。王虚中《勸孝文》亦曰八八兒。《爾雅翼》云：此鳥身背皆黑，惟兩翼有白點，飛則見白，如八字，故謂之八哥云。又永叔夢爲鸜鵒，飛在樹上，意甚快悦，聞榆莢香特異。永叔常自言上有一兄，未晬而卒，母哭之慟，夢神人别以一子授之，白毫滿身，母卽娠。永叔生白毫無數，後漸退落。

清　佚名《鳥譜》卷一《白八哥》　白八哥，黑睛，黃暈，赤眶，粉緑觜，通身如雪，米黃足，米色長爪。《宋書・符瑞志》云：太始三年，白鴝鵒見京兆。《庶物志》曰：白鸜鵒出嶺南。故《錦繡萬花谷》曰：鴝鵒踰嶺而白。按南北所産鸜鵒大都通身純黑，然亦間有白者，非定出嶺南也。

又《香色八哥》　一名蒼鵒。香色八哥二種：一種黑睛，黃暈，粉緑觜，有幘雙開如花，通身毛純作沉香色，尾有白尖，粉緑足，米色爪。一種黑睛，赤黃暈，粉緑觜，有幘，通體紅黑色，翅有白毛，白尾尖，牙色足，米色長爪，出閩中，土人亦名蒼鵒。

又《花八哥》　一名多花子。花八哥，黑睛，黃頰，黃觜，無幘，自頂至背腹純白，翅上黑毛或多或少不一。其狀黑，尾白尖，黃足，身較黑白鸜鵒差小，

云自海外來，故名番鸜鵒，亦名多花子。

又《燕八哥》 一名山鸜鵒。 燕八哥，黑身，短尾，黃觜，兩頰有白花毛，項帶蒼白點，臆淺黑色，腹灰色黑背翅，背上近尾處有白毛一節，翮有白莖尖，黑尾白邊，黃足，以其身有似燕觜，足黃色似鸜鵒，故有燕八哥之稱，亦名山鸜鵒。

又《山八哥》 山八哥，黑睛，黃暈，灰瞼，黑觜，頂前及頷下有黑茸毛，頭頂臆腹俱灰色，背毛醬紅色，近尾灰白色，黑肩膊，黑翅，淺黑翮，根露白毛，黑尾，尾根裏毛深赭色，黑足爪。

又《海八哥》 海八哥，黑睛，黑暈，目後有白毛尖出，黑觜，頂前近觜處白毛連頷，頭項至背俱淺蒼色，近尾左右间以白色，蒼黑翅，毛根露白，淺蒼短尾，白臆白腹，黑足爪，無後趾。出福建連江縣山溪邊海之地。

又《番八哥》 番八哥，黑睛，赤黑暈，黃白巨觜，喙尖帶縹，青黑頭，項帶細白紋，背至翅尾俱作茶綠色，緣膊翅毛深綠色，蒼翮粉綠腹，近尾毛殷紅，黃足青黑爪。出福建連江縣。

紀事

漢 司馬遷《史記》卷三三《魯周公世家》 ［魯昭公］二十五年春，鸜鵒來巢。集解：《周禮》曰：鸜鵒不踰濟。《公羊傳》曰：非中國之禽也，宜穴而巢。《穀梁傳》曰：來者，來中國也。師己曰：文成之世童謡曰『鸜鵒來巢，公在乾侯。鸜鵒入處，公在外野』。

宋 歐陽修《新五代史》卷一〇《漢本紀·劉承祐》 秋七月戊申朔，彰德軍節度使王繼弘殺其判官張易。鸜鵒食蝗。丙辰，禁捕鸜鵒。庚申，郭威同中書門下平章事。癸亥，契丹鄭州刺史王彦徽來奔。庚午，殺成德軍副使張鵬。

元 王惲《秋澗集》卷四四《鸜鵒食蝗》 秋七月，螟生牧野南。無幾有鸜鵒自西北踰山來，方六七里間，林木皆滿，遂下啄螟，食且盡，乃作陣飛去。予考《漢·五行志》，貪人尸禄猶螟害穀，故感而生蝗。夫鸜鵒，北方之鳥也。其嘴距有搏啄之利，又數多如是。意在位者不肖，將有因貪抵法而敗者，不然何食之既邪？紀之驗他日之異，時至元五年歲戊辰也。

藝文

唐 劉長卿《劉隨州集》卷一〇《山鸜鵒歌》 山鸜鵒，長在此山吟古木。嘲哳相呼響空谷，哀鳴萬變如成曲。江南逐臣悲放逐，倚樹聽之心斷續。巴人峽裏自聞猿，燕客水頭空擊筑。山鸜鵒，一生不及雙黃鵠。朝去秋田啄殘粟，暮入寒林嘯群族。鳴相逐，啄殘粟，食不足。青雲杳杳無力飛，白露蒼蒼抱枝宿。不知何事守空山，萬壑千峰自愁獨。

明 葉盛《菉竹堂稿》卷二一《雊鵒》 語言曾累晉司徒，進入唐家困道途。争似一枝斜立處，暖風晴日自相呼。

明 張甯《方洲集》卷一一《鴝鵒》 微微初日轉花梢，流麗聲隨雨露高。見説羣飛不踰濟，魯經何事紀來巢。

明 王世貞《弇州四部稿》卷四四《八哥》 屈戍春寒楊柳烟，雕籠愁閉自年年。曾教府掾吳兒舞，好聽參軍蜀國絃。欲語畏人還刺促，多才翻更恨芊綿。烟霞極目空惆悵，笑殺韓生感遇篇。

又卷四九《八哥》 偶聽春聲墻外枝，雕籠惆悵立多時。分明細語傳鸚鵡，摠爲聰明欲怨誰。

清 愛新覺羅·弘曆《清高宗詩二集》卷三三《鸜鵒》 寒皐不踰濟，飛集限淮南。屋脊尋常見，巢頭風日諳。能言白鸚勝，入夢緑陰酣。莫報新荷裏，司空善理談。

清 劉嗣綰《尚絅堂集·詞集》卷一《筆船詞·沁園春·鴝鵒》 瞑色池塘，翦翦輕寒，鴝之鵒之。正教他吳語，開籠喚早；爲誰楚舞，脱幘來遲。聞説歐陽，緑陰滿院，榆莢香中立幾時。雕闌近，伴東鄰鸚鵡，饒舌如斯。 晴皋刷羽參差，聽小字爭呼八八兒。訝似曾相識，風前柳絮；不如歸去，雨後桑枝。攜向齋頭，一泓硯水，青眼相看知不知。閒偎著，對煙波浴罷，半晌尋思。

清 張問陶《船山詩草》卷一四《奇零集・鸜鵒》 羈棲有鳥别山樊，無力高飛想故園。身媿鳳皇聊目舞，舌非鸚鵡亦能言。黑衣擬附盤雕起，黄口應憐語燕喧。兵馬東川方校獵，空林何處任翩翻。

清 周篆《草亭先生集・詩集》卷四《八哥》 伯仲君家有幾多，本支行次未宜訛。爲通七子鳲鳩譜，舉族從教唤八哥。

清 臧吉康《鸜鵒》（引自《兩浙輶軒續録》卷二二） 瞿瞿八八兒，翦舌作人話。莫便學山膏，逢人只好罵。

清 劉光第《衷聖齋詩集》卷上《八哥》 來巢止寄迹，向使魯無鴝。所惡覆家國，何當掉舌頭。弄姿雖自巧，教語亦人偷。卻怪寒蟬噤，西風無限愁。

圖表

明 李時珍《本草綱目・圖卷》

秦吉了

綜述

唐 劉恂《嶺表録異》卷中 容、管、廉、白州産秦吉了，大約似鸚鵡，嘴脚皆紅，兩眼後夾腦有黄肉冠。善效人言，語音雄大，分明於鸚鵡。以熟雞子和飯如棗飼之。或云容州有純白色者，俱未見也。

宋 周去非《嶺外代答》卷九《禽獸門・秦吉了》 秦吉了，如鴝鵒，紺黑色，丹咮黄距，目下連頂，有深黄文，頂毛有縫，如人分髮。能人言及咳嗽謳吟，聞百蟲音，隨輒效學，比鸚鵡尤慧。大抵鸚鵡聲如兒女，秦吉了聲則如丈夫。出邕州溪峒中。《唐書》：林邑出結遼鳥。林邑，今占城，去邕、欽州但隔交阯，疑即吉了也。白樂天『諷諫』又自有《秦吉了》詩。

宋 范成大《桂海虞衡志・志禽》 秦吉了，如鸜鵒，紺黑色，丹咮黄距，目上連頂，有深黄文，頂毛有縫，如人分髮。能人言，比鸚鵡尤慧。大抵鸚鵡聲如兒女，吉了聲則如丈夫。出邕州溪洞中。《唐書》：林邑出結遼鳥。林邑，今占城，去邕、欽州但隔交阯，疑即吉了也。

明 李時珍《本草綱目》卷四九 秦吉了 時珍曰：即了哥也。《唐書》作結遼鳥，番音也。出嶺南容、管、廉、邕諸州峒中。大如鸜鵒，紺黑色。夾腦有黄肉冠如人耳。丹咮黄距，人舌人目，目下連頸有深黄文，頂尾有分縫。能效人言，音頗雄重。用熟雞子和飯飼之。亦有白色者。

明 劉侗《名物通》卷九 秦吉了，如鸜鵒，紺黑色，丹咮黄距，目下連項有深黄文，項尾上有縫，如人分發。能人言，比鸚哥尤慧。大抵鸚哥聲如兒，吉了聲如丈夫。出萬州等處。一日有番人將錢五千鬻之，鳥曰：我漢禽也，不願入蠻。自投而死。

明 陳懋仁《庶物異名疏》卷二四《秦吉了》 《續文獻義物考》：瀘南人有蓄秦吉了，能作人言，夷莫欲以錢十萬緡買之。其人告以貧欲賣汝，

秦吉了曰：『我漢鳥也，不願入夷中。』遂不食死。仁戲謂此鳥非秦檜家禽，使檜具此肺腸，當不賣宋於夷，可以人而不如鳥乎？《仇池筆記》：此鳥似鸜鵒，動力或作軟。毛花頸絑耳，腦有文冠。《桂海虞衡志》：如鸜鴝，紺色，丹嘴黃距，目下連項，有深黃文，項毛有縫，如人分髮。能人言，比鸜鵒尤慧。大抵鸜聲如兒女，吉了聲如丈夫。

清　陳淏子　《秘傳花鏡》卷六《養禽鳥法·秦吉了》　秦吉了，一名了哥。《唐書》作結遼鳥者，番音也。出嶺南容、管、廉、邕諸州峒中。大於鸜鵒，身紺黑色，夾腦有黃肉冠如人耳，丹咮黃距，人舌人目，目下連頸有深黃紋，項尾有分縫。能效人言，笑音頗雄重。亦有白色者，人多誤稱爲白鸚哥。每日須用熟雞子黃和飲飼之。其性最怕烟，切勿置之薰烟處則耐久。亦可與鸜鵒竝畜，以供閒玩。

清　嵇璜　《續通志》卷一八〇　秦吉了，一名了哥。《唐書》作結遼鳥，番音也。出嶺南容、管、廣、邕諸州峒中。《桂海虞衡志》云：似鸜鵒，紺色，丹觜黃距，目下連項，有深黃文，項毛有縫，如人分髮。能人言，比鸜鵒尤慧。鸜聲如兒女，吉了聲如丈夫。

清　佚名　《鳥譜》卷一《了哥》　亦作料哥，一名秦吉了，一名結遼鳥。了哥，《桂海虞衡志》云：秦吉了，如鸜鴝，紺黑色，丹咮黃距，目下連項，有深黃文，項毛有縫，如人分髮。能人言，比鸜鵒尤慧。大抵鸜鵒聲如兒女，吉了聲則如丈夫。出邕州溪洞中。《嶺表録異》云：秦吉了，兩眼後夾腦有黃肉冠。善效人言語，音雄大，分明于鸜鵒。以熱雞子和飯與棗飼之。《本草綱目》云：吉了即了哥也。《唐書》作結遼鳥，番音也。大于鸜鴝，紺黑色，夾腦有黃肉冠如人耳。人舌人目，能效人言。亦有白色者。

紀事

唐　張鷟　《朝野僉載》卷四　天后時，左衛兵曹劉景陽使嶺南，得秦吉了鳥，雌雄各一隻，解人語，至都進之。留其雌者，雄者煩然不食，則天問曰：何無聊也？鳥爲言曰：其配爲使者所得，今頗思之。乃呼景陽曰：卿何故藏一鳥不進？景陽叩頭謝罪，乃進之，則天不罪也。

唐　段公路　《北户録》卷一《赤白吉了》　某年，普寧有廉州民獲赤、白吉了各一頭，獻於刺史者。其赤者尋卒，白者久而能言，凡笑語悉皆斆人，斯珍禽也。吉了身黑，觜赤，首戴黃冠，善斆人笑言，聲明切於鸜鵒，好食雞子飯也。愚按：雲物上瑞，鳥獸中瑞，草木下瑞。夫聖人至德所臨，則嘉祥必見，故前有引赤雀、白雀，赤烏、白烏，赤鷰、白鷰之流衆矣。《瑞應圖》曰：赤雀，瑞鳥也。云云。又孫氏曰：王者奉己儉約，尊事耆老，則見。秦繆公出狩，至于咸陽，日稷庚午，天震大雷，有火下，化爲白雀，銜緑丹書，集公車，公俯取其書，言『繆公之霸，訖胡亥秦家世』事。又《禮稽命徵》曰：得禮之制，澤谷之中，有赤烏焉。《孝經援神契》曰：德至鳥獸，則白烏下。又熊氏《瑞應圖》曰：王者八要。有序，經緯不差應時之性命，則赤鷰銜丹書而至。白鷰事略同也。愚又見顧野王，以遠方所貢赤白鸚鵡，編爲瑞者。今因録赤白吉了，亦請附焉。《宋記》曰：文帝元嘉中，湘州獻赤鸚鵡。臧榮緒《晉書》曰：義熙中，林邑獻白鸚鵡也。

宋　吴曾　《能改齋漫録》卷一五《吉了禽》　唐萬年縣尉段公路撰《北户録》，紀廉州民獲赤、白吉了者。赤者尋卒，白者久而能言，笑語效人，禽之珍者也。予考鄭熊所作《番禺記》云：秦吉了，出藤州風縣，身紺，觜丹，兩眼旁有眉，如臙脂抹彎環垂下，秀媚可愛，深類鴝鵒。注云：南中亦呼鴝鵒爲牛吉了。頭上微有冠，如雞然。舌辨而語清。所食惟魚肉。凡賓客奴僕，一過而皆知其名位。苟飼之或不如所欲，家有弊事，亦以告人。熊以爲秦吉了，段以爲吉了，而更分以赤、白兩種，何耶？白樂天亦有《秦吉了》詩。了音料。

藝文

唐　白居易　《白氏長慶集》卷四《秦吉了，哀冤民也》　秦吉了，出南中，彩毛青黑花頸紅。耳聰心慧舌端巧，鳥語人言無不通。昨日長爪鳶，今日大觜烏。鳶捎乳燕一窠覆，烏啄母雞雙眼枯。雞號墮地燕驚去，然後拾

卵攫其雛。豈無鵰與鶚，嗉中肉飽不肯搏。亦有鸞鶴羣，閒立颺高如不聞。秦吉了，人云爾是能言鳥，豈不見雞燕之寃苦。吾聞鳳凰百鳥主，爾竟不爲鳳凰之前致一言，安用噪噪閒言語。

雀

論說

宋　陸佃《埤雅》卷九《雀》《雀賦》曰：頭如顆蒜，目如擘椒。雀，物之淫者；鼠，物之貪竊者。故《詩》言『雀角鼠牙』，以譬彊暴。《西方之書》以爲『淫人受果，其報雀鴿鴛鴦』。雀，固物之淫者也。今鴿喜合，凡鳥皆雄乘雌，此鳥雌乘雄。又雀四時有子，鴿逐月有子。周蒙續崔豹《古今注》曰：九月雀入水，不則多淫泆。酒善使人淫泆，故一升曰爵。爵，所以戒也，亦取其鳴節足，所以戒荒淫之飲。舟以戒沈湎，爵以戒淫泆，其義一也。先儒圖禮以爲爵漆赤中，其下刻爲雀形。蓋爵之制，其上如斛，下爲雀形，故漢《律曆志》稱斛，以爲『其狀似爵，以縻爵禄』也。爵散之爵，出於爵；燕饗之燕，出於燕。一則以爲法，一則以爲戒。先王之禁勸有在於是，故孔子欲學者之多識也。或曰：爵狀似斛，不爲雀形。按《說文》解『爵』曰：禮器也，象爵之形，中有鬯酒，又持之也。則爵爲雀形明矣。《西方之書》曰：雀浴沙受卵。師曠《禽經》曰：雀交不一，雉交不再。又曰：雀以猜瞿。今雀俛而啄，仰而四顧，所謂『瞿』也。《說文》以爲鷹隼之視，誤矣。《太玄》曰：明珠彈肉，費不當也。言所用者重，所要者輕。《朝野僉載》曰：叱雀官倉，猶是向公，故書之。所貴者，意也。舊說鳥雀尾翠上有肉，高有穴者名脂餅，鳥雀每引觜取脂以塗翅，毛衣則悦澤，雨露不能濡。又云雀爭燕巢，銜艾置巢中，燕不復顧也。

宋　羅願《爾雅翼》卷一五《雀》　雀，小隹，依人以居。其小者黄口，貪食易捕。老者益黠難取，號爲賓雀。《淮南子》：季秋候鴈來，賓雀入大水爲蛤。許叔重釋之曰：賓雀者，老雀也。棲宿人家堂宇之間，如賓客也。崔豹《古今注》亦云：雀，一名嘉賓。其所入之水蓋淮水。故趙簡子云：雀入于淮爲蛤，雉入于淮爲蜃。蓋二物皆化於淮水中，故江以鴻止而鴻从之，淮以雀化而雀从焉，此雀所以爲隹也。或云雀入海爲蛤，性極多欲，至曛黑輒盲，人至其時用目力不止者，亦得雀盲之疾。性不能爲巢，穿屋居之，力能勝燕，或銜艾于燕巢中，燕棄去則居之。《召南》之詩曰：誰謂雀無角，何以穿我屋？誰謂鼠無牙，何以穿我墉？雀鼠善竊而好淫，以喻彊暴之男。屋與墉者，禮之界也。雀之穿屋，以咮不以角；鼠之穿墉，以爪不以牙。彊暴之男，所以侵陵貞女，亦不在家之有無也。彼其彊暴之人，既至于訟，必且從而自罔曰：我既有家矣，不應復爲此侵陵之事。故貞女從而詰之曰：吾誰問雀角之有無，但問吾屋之何以穿而已；誰問鼠牙之有無，但問吾墉之何以穴而已；誰問汝家之有無，但問何以速我訟於獄而已。蓋貞信之教興，則人辭簡而理盡，此召伯之所化也。雀之字通於爵，古作爵，飲器以爲名，象爵之形，中有鬯酒。又，持之也，所以飲器象爵者，取其鳴節節足足也。量亦取象焉，其法用銅，方尺而圜其外，旁有庣焉。其上爲斛，其下爲斗，左耳爲升，右耳爲合龠。其狀似爵，以縻爵禄。蓋雀者，啄粟之鳥，量起於黄鍾之龠，以子穀秬黍中者千有二百實其龠，故以比云。其冠服則爵弁者冕之次，廣八寸，長尺二寸，如爵形，前小後大，繒其上似爵頭色，其色赤而微黑，若雀頭然。或謂之緅，蓋纁而再染以黑者。王之喪車，漆車雀飾，亦是此色。《春秋運斗樞》曰：瑶光星散爲雀。《異苑》：魏肇初生，有雀飛入其手，占者以爲封爵之祥。

明　李夢陽《空同集》卷五九《蛤雀論》　舟見舉蛤者，形猶雀也，茸茸餘毛焉。李子曰：蛤知其雀乎？雀知其爲蛤乎？蛤奚弗雀也。且雀入水也，雀知之乎？水入雀，水知雀乎？雀未入水，知非水乎？入水知水乎？易翔爲潛，倏沕焉。絶林遊淵，剛柔異質，性情遷焉。靈同形殊，縠食波食，有喧無喧。截喙殼涎，寸肉内含，臻臻延延，飛沈漠焉。烏鵲其友，今魚鼈隣雀，不知其蛤，蛤不知其雀，孰究厥端。陰陽變化，玄之又玄。陰陽不自知，知之誰乎？闔闢修短，委厥時爾。故求固者，雀乎雀者也。

明　陳其力《芸心識餘》卷一《黄雀、玄鳥》　黄雀之爲物也，日遊於

庭，日親於人，而常畏人，而人常撓之。玄鳥之爲物也，時遊於户，時親於人，而不畏人，而人不撓之。彼行促促，此行洋洋。彼鳴啾啾，此鳴鏘鏘。彼視矍矍，此視汪汪。彼心戚戚，此心堂堂。是故疑人者爲人所疑，防人者爲人所防。君子之道仁與義，中與正，爾何憂何害？《譚子》

明　何三畏《新刻何氏類鎔》卷三三《雀》　雀之禀精也，爲瑶光之星，而其化蛤也。在季秋之日，謂之巧婦，亦謂之嘉賓，謂之桃蟲，亦謂之鷦母。其鳴啾唧，其羽翩翾。或仰天而鳴，或爭枝而墜，或下而竊脂，或飛而蔽空，此小鳥也。宣帝當元康時，神雀集於雍，翔于京師，是以作神雀之頌。董種爲不其令，赤雀飛于廳，乳于桑上，是以起赤雀之歌。裴耀卿有知更雀者，養之署内，而漏盡亟呼，輒聞之而勤於案牘之事。唐順宗有却火雀者投之燄中，而火光自散，輒愛之而盛於水晶之籠。崔信明誕生，而五色雀集于其庭，此爲文明之象。夏侯詳廬墓，而三足雀棲于其側，此爲孝感之徵。王祥奉母命，而忽有飛雀入其幕中，藉以供贍，亦以其有孝思也。陳弇學《尚書》，而常有飛雀隨其身畔，與之翺翔，則以其無機心也。兒寬以鴻漸之才，而雀困於未遇之日。翟公以廷尉之貴，而雀羅于方廢之時。齊景公反其弱而稱仁，公冶長解其語而免罪。張雎陽拒城而羅食，張九齡居廬而來巢。陳留魏尚繫獄而萬雀飛集其前，喜以爲復官之慶。任城魏肇初生而一雀飛入其手，占以爲封爵之祥。弘農楊寶於樹下見雀爲鴟梟所搏，取養之，而有黄衣童子以白環四枚贈，爲四世三公之兆，豈不異哉？噫！螳蜋之捕蟬，不知黄雀伺之者之在後，而黄雀之奮翼，又不知王孫彈之者之在傍，以此思危，危可知已。

綜述

漢　許慎《説文》卷四　雀，依人小鳥也。从小隹，讀與爵同。即略切。

晉　崔豹《古今注》卷中　雀，一名嘉賓。言常棲集人家，如賓客也。

唐　蘇鶚《蘇氏演義》卷下　雀，一名嘉賓，言常棲集人家，如賓客也。

五代　馬縞《中華古今注》卷下《雀》　一名佳賓，言常棲宿人家，如賓客也。《詩》云：誰謂雀無角，何以穿我屋？

宋　鄭樵《通志》卷七六　鳸之類多，皆雀屬也。《爾雅》曰：老鳸，鷃。鷃，音晏，雀也。又曰：春鳸，鳻鶞。夏鳸，竊元。秋鳸，竊藍。冬鳸，竊黄。桑鳸，竊脂。棘鳸，竊丹。行鳸，唶唶。宵鳸，嘖嘖。竊，古淺字，言其色之淺。唶唶音即，嘖嘖音責，皆其聲然也。或取其毛彩，或取其鳴聲以命名。鳸雖雀屬，皆以時見，亦猶鷃鳸。然農家須其鳴以候時，故又命以四時也。桑鳸，郭云俗謂青雀，今名臈觜，性慧可教。桑棘之鳸多在是木，故名。行鳸者多在籬落，如雞雉，然不飛去，故名。宵鳸者能傳衣，故名。鳻音汾。鶞，敕倫反。

宋　范成大《桂海虞衡志・志禽》　水雀，蒼色，似鸛鵒。飛集庭户，翾翾然，與燕雀爲伍。

明　李時珍《本草綱目》卷四八　雀《别録》中品　釋名：瓦雀、賓雀。時珍曰：雀，短尾小鳥也。故字從小，從隹。隹音錐，短尾也。棲宿簷瓦之間，馴近階除之際，如賓客然，故曰瓦雀、賓雀，又謂之嘉賓也。俗呼老而斑者爲麻雀，小而黄口者爲黄雀。集解：時珍曰：雀，處處有之。羽毛斑褐，頷觜皆黑，頭如顆蒜，目如擘椒，尾長二寸許，爪距黄白色，躍而不步。其視驚瞿，其目夜盲，其卵有斑，其性最淫。小者名黄雀，八九月羣飛田間。體純肥，背有脂如披綿。性味皆同，可以炙食，作鮓甚美。案《逸周書》云：季秋雀入大水爲蛤。雀不入水，國多淫泆。又《臨海異物志》云：南海有黄雀魚，常以六月化爲黄雀，十月入海爲魚。則所謂雀化蛤者蓋此類。若家雀則未常變化也。又有白雀，緯書以爲瑞應所感。

又　蒿雀《拾遺》集解：藏器曰：蒿雀似雀，青黑色，在蒿間，塞外彌多。食之，美於諸雀。

明　穆希文《説原》卷一〇　雀入淮海爲蛤，雉入海爲蜃。雀性多欲，至曛黑則盲，不善爲巢，力能勝燕，唧艾于燕巢，燕去則居之。

明　李詡《戒菴老人漫筆》卷五《黄雀多寡》　黄雀，霜降前後始多，候西風則來，西風亦去。打生人云：蘆瘟年則盛，張網時在黄昏五更，二次以錢置掌中試之，辯字則舉彈也，過早過晚皆不可彈。音談。以篾爲之，兩人共曳，黄雀宿蘆頭，軋而向前，則跳入于網，設網正中，十可得一，高下皆空，倘失，百不得一。此出余邑之青暘、南鄉、溥渚與無錫隣界，春間間或有

之，謂之回春黃雀。

明　吴雨　《毛詩鳥獸草木考》卷一《雀》　雀，小隹也，常依人以居。觜頷皆黑，通身毛羽褐色，尾長二寸許，爪趾黄色。四時有子，其種類不一，有神雀、蒿雀、突厥雀、瓦雀。斑者名麻雀。小者名黄口，貪食易捕。老者黠難取，號爲賓雀。一云棲宿人家堂宇之間如賓客，故名佳賓，體極肥。江夏竟陵常獻給大官。凡鳥皆雄求雌，惟此雌乘雄相感，必一俯一仰，性極多欲，至曛黑輒盲。力能勝燕，或啣艾於燕巢中，燕棄去則居之。南人謂之禾雀。《月令》：季秋雀入大水爲蛤。感陰氣之盛，摺翼成殼。入水化爲小蛤，至春復化爲雀。《異物志》云：黄雀魚，常以八月化爲黄雀，至十月復入海爲魚。舊説鳥雀尾翠上有肉，高有穴者名脂餅，鳥雀每引觜取脂以塗翅，毛衣則悦澤，雨露不能濡。

明　劉侗　《名物通》卷九　雀，嘴頷背黑，通身毛羽褐色，尾長二寸，指爪黄白，頭如顆蒜，目如擘椒。有五色雀、白翎雀、知更雀、却火雀。立夏，雀子飛，一名青鳸。白銅雀，生烏桓朔漠之也，雌雄和鳴，自得其樂。賓雀，性極多欲，至曛黑輒盲，不能爲巢，啣艾于燕巢中，燕飛去則止其巢。

清　屈大均　《廣東新語》卷二〇《禽語・四雀》　四雀：一曰吉吊雀，狀如鴝鵒而大，青首翠翮，其名自呼曰兜兜，一名兜兜雀，産東莞大奚山中，其出則風。一曰玄鈎雀，産高明粟砦山中，其鳴則雨。予詩：鳥鳴山雨至。一曰倒挂雀，産瓊州，有風則倒挂，無風則否。予詩：風來禽倒挂。一曰鈎割雀，四五月夜半向東飛鳴，如云『鈎割』則年豐，『鈎鈎割』則年必歉。

清　姚炳　《詩識名解》卷一《雀》　雀，《召南・行露》篇陸農師云：雀，固物之淫者也。凡鳥皆雄乘雌鳴，此鳥雌乘雄鳴，又四時有子，故《詩》以譬强暴。愚謂《詩》但以穿屋爲雀憎耳，何必言及其淫。説《詩》者多因《詩》起義而并以誣物，大率如此。《吕氏春秋》云：季秋候鴈來，賓雀入大水爲蛤。許叔重謂，賓雀者，老雀也。棲宿人家堂宇之間，如賓客然。《古今注》亦謂，一名嘉賓。按《禮記通論》云：賓、濱通。《王莽傳》『率土之賓』可證。以其時更寒，鴻鴈悉來南而宅於水濱也。則雀又恐無賓名。附識於此。

清　嵇璜　《續通志》卷一八〇　蒿雀，似雀，青黑色，在蒿間，塞外多有。

清　徐鼎　《毛詩名物圖説》卷一　許慎《説文》：雀，依人小鳥。崔豹《古今注》雀，一名嘉賓。言棲宿人家如賓客。《禽經》：雀交不一，雉交不再。《埤雅》：《雀賦》云：頭如顆蒜，目如擘椒。雀，物之淫者。鼠，物之貪竊者。故《詩》言雀角鼠牙以譬强暴。又《禽經》云：雀以猜瞿。今雀俛而啄，仰而四顧所謂瞿也。《雅翼》：雀，小隹。其小者黄口，貪食易捕。老者黠難取，號爲賓雀。性極多欲。字通於爵，飲器以爲名，象雀之形，取其鳴節節足足也。愚按：《本草》一名瓦雀，言其宿簷瓦間也。毛斑，嘴黑，尾長二寸許，爪距黄白色。跳躍不步，其視驚瞿，其目夜盲。俗呼老而斑者麻雀，小而黄口者黄雀。小鳥短尾，故字從小從隹。雀無角，故《箋》云：雀之穿屋，不以角，乃以咮。

清　牟應震　《毛詩名物考》卷一　雀，瓦雀也，今呼爲家雀，以其巢人簷宇也。首赤紫，褐背，黑斑。性最淫，交必十數。鷇口黄，俗曰黄口，老則全黑。冬間所見無老者，其兩嘴角猶黄可驗也，是知老則盡皆入水，而留者皆當年雛鳥也。

清　佚名　《鳥譜》卷三《白花雀》　一名葫蘆頭。白花雀，似嘉雀而大，雄者黑睛，黑觜，黑頭，黑頷，白項，其背翅黑黄色，間以白毛，腹毛灰白色有蒼斑，黄黑尾，土黄足。雌者赤黑睛黄眶，青黑觜，頭有土黄斑，白項，黑頷，青灰腹，俱雜以細白毛，蒼黄背翅，蒼黄尾，俱有黑斑，黑黄足。俗又名葫蘆頭，以其頭色獨異，且白毛若環，有似葫蘆腰約也。

又《山花雀》　一名魚鱗雀。山花雀，黑睛黄白眶，黑觜，頭上蒼黑，間以細白毛，背毛蒼質，白緣黑斑蒼翅尾，頷臆至腹下及近尾背毛俱黑白相間，如魚鱗連比，故亦名魚鱗雀，黄足黑爪。

又《金雀》　一名黄鵐。金雀，黑睛，青黑觜，眼旁有灰紅眉一道，頭項背毛俱蒼褐色，雜細白毛，膊下白毛一節，蒼黑翅尾，頷至腹純黄，臆前界以蒼紫一道，蒼赤足爪，其尾中分兩短岐，俗名黄鵐。京師近西山處極多。三四月間最肥美，可充庖饌。柯維楨《小丹丘客談》云：京師四月間，有一種田雀名曰黄胆，背有黄羽，與江鄉黄雀純色者别味，亦腴美，比之披綿朵頤者侈爲珍饌，而江南黄雀以秋而肥，北地黄胆以夏而肥，疑江南所食者稻，北

地所食者麥也。

又《太平雀二種》 一種名十二黄，一種名十二紅。太平雀，頂有角冠，黑睛，黑觜微勾，目旁有黑眉，目下細白眶如仰月形，黑頷，頷上有細白道，頭頸背腹淺褐色，背翅間以紅、黄、白三色，近尾背毛灰色，尾下細毛赭紅色，黑尾，尾尖杏黄，黑足爪，六翮毛極光澤，每翮上各有黄白毛一節，合左右有十二節，故名十二黄。又有一種，頭角眼觜與十二黄相同，背毛色略深，翮上各有紅白毛一節，尾尖色亦鮮紅，名十二紅，其雌者節毛無紅點。

又《黄雀》 黄雀，黑睛，縹青觜，黑頭，黑項，黄黑背膊，黑斑翅，毛黄黑相間，黑尾，尾根帶黄，臆至腹俱黄色，間有蒼斑，淺黄足。是處有之，八、九月間最多，以羣飛。張捕者可掩羣而獲，味最肥美，故蘇軾詩有『披綿黄雀謾多脂』之句。其毛色或黄多黑少，或黑多黄少，各不相同。善鳴，人家亦籠畜之，可久至數年，老則一歲數易其毛，觜喙脚脛漸細如線，性逾馴擾矣。《本草綱目》云：雀，小者名黄雀。八九月間羣飛田間。體絶肥，背有脂如披綿，可以炙食，作鮓甚美。案《逸周書》云：季秋雀入大水爲蛤。又《臨海異物志》云：南海有黄雀魚，常以六月化爲黄雀，十月入海爲魚。則所謂雀化蛤者，蓋此類。若家雀，則未嘗變化也。

又《山雀》 山雀，黑睛，赤黑觜，目上有淺赤眉帶白點，紅褐頭，項背上間以黑斑，近尾純赤褐色，黑翅土黄邊，黑尾，頷至腹灰白雜色，青灰足爪。此種多巢于深山崖空間，其毛色亦與嘉雀有異，故以山雀别之。

又《麻雀》 麻雀，雄者黑睛，黑觜，黑頂，黑頰，土黄眉，赤黄頷，臆有黑點，背毛黑質黄點，近尾處黄質白文，翅毛黑質黄白紋，腹毛土黄質，白邊黄尾，蓋以黑翎黄黑足黑爪。雌者黑睛黑觜，黑頂頰土紅眉，赤黄頷臆青黑，背翅俱有細白毛，黑尾，尾根黄黑色，青白腹有蒼斑，黄黑足黑爪。此鳥喜食稻子，及秋而肥，其肉香脆。

又《蜀黍雀》 蜀黍雀，黑睛白眶，白頰，蒼灰頭頂，淺黑觜，吻根微黄，白頷，白臆，白腹，臆旁脅下皆蒼灰色，蒼褐背，膊近翅灰白色，蒼黑翅，雜以土黄色，黄黑尾，淺黑足爪。此鳥秫熟時，羣棲于秫田間，吸秫粒食之，故名。

又《麻葉雀》 麻葉雀，黑睛，丹黄觜，兩頰白毛花簇，頭頸至臆俱黑，腹下黑毛，中微露白質，赤褐背，翅翮尾色稍深，翅邊間以白緣，近尾背毛亦白，赤黄足黑爪。

又《摇臀雀》 摇臀雀，淺黑睛，黑觜，目旁灰白毛，至眼後尖出如眉，頂項背膊茶褐色，膊下白毛一節，蒼褐翅，翅根毛黑白相間，蒼褐尾，頷腹皆白質黄紋，當臆黑毛一片，淺黄足白爪。其尾不甚長而時動摇，故俗以此名之。

紀事

南朝梁 沈約《宋書》卷二八《符瑞志》 赤雀，周文王時銜丹書來至。晉愍帝建興三年四月癸酉，赤雀見平州府舍。宋文帝元嘉二十年五月，赤雀集南平郡府，内史臧綽以聞。孝武帝孝建元年五月己亥，臨沂縣魯尚斯軍人於城上獲赤雀，太傅假黄鉞江夏王義恭以獻。

唐 段成式《酉陽雜俎》卷一六 雀，釋氏書言雀沙生，因浴沙塵受卵。蜀弔烏山，至雉雀來弔最悲，百姓夜燃火伺取之。無嗉不食，似持一曰特。悲者，以爲義，則不殺。

五代 王仁裕《開元天寶遺事》卷二《知更雀》 裴耀卿勤於王政，夜看案牘，晝決獄訟。常養一雀，每夜至初更時有聲，至五更則急鳴，耀卿呼爲知更雀。又于廳前有一大桐樹，至曉則有羣烏翔集，以此爲出廳之候，故呼爲報曉鳥。時人美焉。

宋 陶穀《清異録》卷上《青喜》 李正已被囚執，夢云：青雀噪，即報喜也。是日果有羣雀啁啾，色皆青蒼，至今李族居淄青者，呼雀爲青喜。

宋 張邦基《墨莊漫録》卷二 壽春村農，晚耕於野，每見青雀五枚，翔集桑上，毛羽紺翠。天明即見，心頗異之。一日，偶拈石擊之，正中其一，隕地。視之，乃青銅雀，已折矣。因於其下斸之，不數尺，得銅香爐，蓋上一雀二足而闕其一矣。後爲方會給事家所得，工製簡樸，亦無他異。

元 脱脱《宋史》卷六四《五行志》 大中祥符元年春，昇州見黄雀羣飛蔽日，有從空墜者，占主民有役事。是歲火。

明 田藝蘅《留青日札》卷三一《赤雀》 品嵓有一赤雀，如練雀，長尾，絳色。志曰：赤雀不見，則國無賢。白雀不降，則國無嗣。不知果何祥也？嘉靖間，曾貢白雀表賀者，以爲前星之應是也。

明 慎懋官《華夷花木鳥獸珍玩考》卷七《却火雀》 順宗卽位年，拘彌之國貢却火雀。一雌一雄，純黑，大小類燕，其聲清亮，不並尋常禽鳥，置于烈火中，而火自散止，嘉其異，遂盛于火精籠，懸于寢殿。夜則宫人并蠟炬燒之，終不能損其毛羽。

清 邱嘉穗《東山草堂文集》卷一六《閩之雀》 吾鄉山野間有雀尤小者，十百爲羣，冬春之交當集籬落，或穿亂竹叢中，飛鳴自得。一飲一啄，必共之。少時見兒童掩取者，得其一，置籠中爲囮，則什百皆就死不顧。或剪尾縱之去，少焉，輒復就籠如故。聽其聲啾唧亂人耳，觀其上下樹杪，憫憫然有急難意。余時不能禁，心竊憐而義之。嗟乎！今之爲市道交者，利相趨，勢相結，卒有患害，莫爲救，反陰擠之。否則偶出不意，蹈一死既脱，輒相戒，縮首不復出。其視斯雀之義，能無少媿耶？

清 陸廷燦《南村隨筆》卷五《白雀》 白鵲、白燕、白鳩等，世不恒有，偶一見之，必載之書傳，大約皆瑞徵也。惟白雀，吾鄉於數年中兩見之，白雀飛集處常雀數千，恒翼隨之，殊可異也。癸丑初秋，曾有白鳩棲集園中林木上，往來經月而去。

藝文

南朝梁 沈趍《詠雀》（引自《文苑英華》卷三二九） 體（《類詩》作肌。）薄少滋腴，色淺非丹翠。不懼越王羞，寧懷秦后珥。傍簷葺寒草，循場啄餘穗。且欣大厦成，焉須鴻鵠志。

唐 李嶠《李嶠雜咏》卷上《靈禽部十首・雀》 大厦將成日，嘉賓集杏梁。銜書表周瑞，入幕應王祥。暮宿空城裏，朝遊緪水傍。願齊鴻鶴志，希逐鳳凰翔。

唐 陳子昂《陳拾遺集》卷七《大周受命頌・右赤雀章》 翺翺赤鳥，朱火之光。含神之務，祕帝之祥。在昔甲子，降祚於昌。今則庚辰，翩翩來翔。來翔維何，作我聖皇。提提黃鳥，載飛載揚。從火之母，應土之王。體仁資孝，類我嗣皇。恭膺錫氏，稽首龍章，天授萬年，聖帝煌煌。

唐 元稹《元氏長慶集》卷二五《有鳥二十章》 有鳥有鳥羣雀兒，中庭啄粟籬上飛。秋鷹欺小嫌不食，鳳皇容衆從爾隨。大鵬忽起遮白日，餘風簸蕩山岳移。翩翾百萬徒驚噪，扶摇勢遠何由知。古來妄説銜花報，縱解銜花何所爲。可惜官倉無限粟，伯夷餓死黃口（一作烏）肥。

唐 張籍《張司業集》卷二《雀飛多》 雀飛多，觸網羅，網羅高樹巔。汝飛蓬蒿下，勿復投身網羅間。粟積倉，禾在田。巢之雛，望其母來還。

宋 宋祁《益部方物略記》 緇緑厠采，喜茬克膃。奮頸陪顋，矜健於味。里人裒貲，以佐其鬬。（右茬雀。每歲茬且熟，是則羣至，食其實。性好鬬，人捕之，裒錢使決勝負，閭里嘈觀，至一雀直數千錢。官司惡民贅聚，每下符禁叱之。）

宋 鄭獬《鄖溪集》卷二六《黃雀》 啾啾黃雀竹間飛，日晚復歸枝上棲。雪粒蓋地三寸玉，地膚凍裂不作泥。錦韝公子臂蒼鶻，快馬踏下黃雲低。馬前紫兔躍白草，老拳下批饑兒啼。啄鮮裂血飽腹去，可憐黃雀空死饑。

宋 蘇轍《欒城集》卷一〇《筠州二詠・黃雀》 秋風下，黃雀飛。禾田熟，黃雀肥。羣飛蔽空日色薄，逡巡百頃禾爲稀。翾翻巧鷙多且微。精丸妙繳舉輒違，乘時席勢不可揮。一朝風雨寒霏霏，肉多翅重天時非，農夫舉網驚合圍。懸頸繫足膚無衣，百箇同缶仍相依，頭顱萬里行不歸。北方居人厭羔豨，咀噍聊發一笑欷。

宋 楊萬里《誠齋集》卷一一《寒雀》 百千寒雀下空庭，小集梅梢話晚晴。特地作團喧殺我，忽然驚散寂無聲。

宋 高似孫《剡録》卷一〇《草木禽魚下・黃雀》 剡人候雀曰：白露來，霜降去。張芸叟詩所謂『黃雀知時節，清江足稻粱』是也。蘓子由亦曰：秋風下，黃雀飛。禾日熟，黃雀肥。其曰『百箇同缶仍相依』者，可醢也。

宋 趙崇鉘《鷗渚微吟・雀》（引自《兩宋名賢小集》卷二九二） 短

翅煸斕貝花紫，逐日飛行曉霜裏。秖知觜爪求自肥，肥甘累人心弗知。天寒日暮向何處，前路多山慎勿去。吴兒織網連素空，一落牢籠腥血紅。

明　葉盛　《菉竹堂稿》卷二《白頭雙雀》　辭却雙親賦遠遊，縈親有志未云酧。高堂雀髮垂垂老，忍對山禽稱白頭。

清　侯方域　《四憶堂詩集》卷二《野田黄雀行》自注：庚辰作。　莫生匪天，不遺黄雀。萬物同恩，雀言不樂。一解鷹鸇孔多，况有網羅。既有鷹鸇與網羅，避爾不得柰爾何。二解我生本細微，我生徒細微。饑食粒粟渴飲水，擇棲不過榆枋飛。三解瞻彼鴟梟，以翔以翱。顧令小爵，逝矣柔條。四解爲語雀何愚，雀愚雀語迂。奇語强大世所寶，弱者與禍俱。感懷各辛楚，不止爾跼蹐。五解大道周張，物各有王。疇善而殞，孰惡以臧。野田黄雀，當問鳳凰。六解

清　陸世儀　《桴亭先生詩集》卷一《哀黄雀》　哀黄雀，黄雀飛且鳴，飛鳴一何急。苦飢不得食，荒田草離離，秕穀無穅粞。汝不聞，東家之子千金軀，朝來自分埋溝渠，那有餘穀活汝爲。

清　愛新覺羅・弘曆　《清高宗詩初集》卷四《寒雀》　驅車涞水道，野曠風蕭蕭。日出嵐霧斂，村木森寒條。凍雀三五羣，依依棲霜朝。晚穗收穫盡，饑寒苦無聊。啾唧如鳴悲，春陽愁正遥。野鶴翔高空，清唳響雲韶。霜翎耐嚴冬，稻粱不可招。或時斂翮下，千尺長松梢。俯視衆寒雀，嗟哉爾徒勞。

又《清高宗詩二集》卷五八《雀》　巢常安晝梠，飛不離雕梁。饒有依人智，那無夢客祥。雙行書案上，率啄粟場傍。塞外曾稀見，屋成結隊翔。

又《清高宗詩三集》卷四二《瓦雀》　瓦雀信何謂，其性依屋居。有屋處有雀，無屋雀亦無。萬物具性靈，易簡成中孚。夢醒尚昧爽，啁啅窗前呼。始悟宿行宫，曉景非氊廬。

又《清高宗詩四集》卷七《金雀》　頭翅天然金鑄黄，宜垂匐葉鬢釵傍。贈他日暮脩竹倚，珠翠翻嫌時世裝。

又卷一三《金雀》　天然頭翅黄金色，小雀高飛力不勝。欲謝西都孟堅賦，幾曾有意上觚稜。

又《翠雀》　藍雀茱萸原一類，金眸翠翼態聯翩。右丞九日思鄉處，恨不飛來插鬢邊。

又卷一四《翠雀》　看若騫飛不離去聲柯，叢間葉裏自婆娑。設詢種始何時至，應是當年獻趙陀。

清　程晉芳　《勉行堂詩集》卷一〇《拜書亭後稾上・黄雀行》　黄雀啾啾何唧唧，四顧無人纔振翼。飛飛蒿下薄深叢，一點凝金漾沈碧。田中啗粒不滿口，復起騰身自藏匿。無多飲啄易果腹，猶自經營費心力。鳳皇不來蒼鶻衆，未免遭逢虞搏擊。富家貪多復嗜味，竊恐登盤雜丹鯽。託身雖小憂患重，如此行藏良可惜。安能爲爾告虞人，偃矢弢弓勿彈射。

又卷二四《南曹暇稿・寒天雜咏十二首・寒雀》　寒雀巢枯木，形危意頗安。也知求稻急，終覺處堂難。風逆未成陣，雪深俄作團。饑鷹憐眇小，不取備常餐。

清　彭元瑞　《恩餘堂輯稿》卷四《鐵雀》　半翅初成小一拳，揣稱侔色鐵同堅。屠墳秋鳥因時至，東海椒雞以地傳。額爛頭焦座上客，形銷骨化羽中仙。始知五首岐亭句，爲養仁心不是禪。

清　永瑆　《詒晉齋集》卷三《雀》　魏肇占封爵，羅含集屋梁。化書應是瑞，銜録自爲祥。啄向野田畔，飛從滄海旁。蝗螂與鴻鵠，天地共翱翔。

清　袁翼　《邃懷堂全集・詩集前編》卷四《詠物・翠雀》　憐渠僊骨本珊珊，一入樊籠未放還。金母阿環都老死，青衣流落在人間。

雜録

南朝梁　任昉　《述異記》卷上　淮水中黄雀至秋化爲蛤，春復爲黄雀，雀五百年化爲蜃蛤。

圖表

明　李時珍《本草綱目・圖卷》

清　徐鼎《毛詩名物圖説》卷一

鵲

論説

宋　蔡卞《毛詩名物解》卷七《鵲》　鵲構巢，取在木杪枝，不取墮地者，皆摶枝受卵，故一曰乾鵲，而《莊子》言『魚傅沫，烏鵲孺』，蓋鵲以傅而孕育，故曰孺也。《列子》曰：細腰純雄，其名稺蜂。與鵲言孺同意。《淮南子》曰：太陰所建，蟄蟲首穴而處，鵲巢向而爲户。又曰：蟄蟲、鵲巢，皆向天一。蓋鵲巢開户，向天一而背太歲，《博物志》云『鵲背太歲』也。先儒以爲鵲巢居而知風，蟻穴居而知雨。蓋鵲歲多風則去喬木，巢旁枝，故能高而不危也。然而强且不滛，知風之自而搆其巢，知歲所在而開其户者，鵲也。强而不滛，所以成德，故有行。知風之自而搆其巢，知歲所在而開其户，所以趨時，故有功。詩人以譬國君積行累功。《詩》曰：防有鵲巢，卬有旨苕。言不驚懼之，故『防有鵲巢』；言不殘賤之，故『卬有旨苕』。俗説鵲巢中必有梁，見鵲上梁者，必貴。蓋今二鵲共銜一木，置巢中，謂之上梁。《説文》作『舄』，象形，通於『舄履』。古之人履欲，行不欲如鵲，故其字借爲『舄履』之『舄』，所以爲行戒。其在《相法》有之，『鵲行蹌蹌，性行勿良』是也。亦言舄以木置履下，乾昔如鵲。崔豹《古今注》曰：乾昔不畏泥濕，故曰鵲也。象文作鵲，蓋從錯省。《淮南子》曰：如鵲之駮。一何從昔？昔言乾也。《考工記》曰：稺牛之角直而澤，老牛之角沴而昔。《周官》屨爲赤舄、黑舄、赤繶、黄繶、青絇。此言王及后服屨赤舄以赤爲繶，黑舄以黄爲繶，皆青絇也。鄭氏以爲王吉服有九，舄有三等，赤舄爲上，冕服之舄，下有白舄、黑舄。王后吉服六，維祭服有舄，玄舄爲上，褘衣之舄也，下有青舄、赤舄。今云赤繶、黄繶雜互言之，非是也。蓋王及后舄之名一而已。赤舄王，六冕之舄。黑舄后，三翟之舄。其他服則屨爾。《詩》曰：玄衮赤舄。又曰：赤舄几几。其《傳》曰：赤舄，人君之盛屨也。又曰：赤芾金舄，會同有繹。其

《傳》曰：金舄，達屨也。舄，蓋臣道也，所服之屨，故屨人無之而謂之達屨。謂之金舄，舄而金絇也。然則古者諸侯方其爲人君則赤舄，方其爲人臣則金舄。《氏子抄》曰：舄九寫而爲烏，虎三寫而爲帝。言書之轉易如此。《意林》曰：書三寫，魚成魯，帝成虎。亦是意也。

宋 陸佃《埤雅》卷六《鵲》 鵲知人，喜作巢，取在木杪枝，不取墮地者，皆傳枝受卵，故一曰乾鵲，而《莊子》云『烏鵲孺，魚傅沫』也。鵲以傳枝少欲，故曰孺也。《列子》所謂『純雄，其名穉蜂』者，與此同意。《淮南子》曰：太陰所建，蟄蟲首穴而處，鵲巢向而爲户。又曰：蟄蟲、鵲巢，皆向天一。蓋鵲巢開户，嚮天一而背歲，故《博物志》云『鵲背太歲』也。先儒以爲鵲巢居而知風，蟻穴居而知雨。鵲歲多風則去喬木，巢旁枝，故能高而不危也。然則彊而不淫，知風之自而作其巢，知歲之所在而開其户者，鵲也。彊而不滛，所以成德。成德，故有行。知風之自而作其巢，知歲之所在而開其户，所以趨時。趨時，故有功。故《詩》以譬國君積行累功。《詩》曰：防有鵲巢，邛有旨苕。言不驚懼之，故『防有鵲巢』；不殘賊之，故『邛有旨苕』也。俗説鵲巢中必有梁，見鵲上梁者，必貴。今二鵲共銜一木，置巢中，謂之上梁。《説文》作『舄』，象形，通爲『舄履』之『舄』。古之人居欲如燕，行不欲如鵲，故其字借爲『舄履』之『舄』，所以爲行戒也。其在《相法》有之，曰：鵲行蹌蹌，性行弗良。篆文作䧿，蓋从錯省。《淮南子》曰：如鵲之駮。一曰从昔，昔之言乾也。《考工記》曰：穉牛之角直而澤，老牛之角紾而昔。《殷氏子抄》曰：舄九寫而爲烏，焉三寫而爲帝。言書之轉易如此。《意林》曰：書三寫，魚成魯，帝成焉。亦是意也。《相感志》曰：野雞屬陰，先鳴而後鼓翼。家雞屬陽，先鼓翼而後鳴。《天玄主物簿》云：鵲啄槐實，結玉於腦，謂之鵲玉。此鵲終歲不復鳴噪，雖巢，無胎卵。

宋 洪邁《容齋續筆》卷三《烏鵲鳴》 北人以烏聲爲喜，鵲聲爲非。南人聞鵲噪則喜，聞烏聲則唾而逐之，至於弦弩挾彈，擊使遠去。《北齊書》：奚永洛與張子信對坐，有鵲正鳴於庭樹間。子信曰：鵲言不善，當有口舌事，今夜有唤，必不得往。子信去後，高儼使召之，且云勑唤，永洛詐稱墮馬，遂免於難。白樂天在江州《答元郎中、楊員外喜烏見寄》曰：南宫鴛鴦地，何忽烏來止？故人錦帳郎，聞烏笑相視。疑烏報消息，望我歸鄉里。我歸應待烏頭白，慙愧元郎誤歡喜。然則鵲言固不善，而烏亦能報喜也。又有和元微之《大觜烏》一篇云：老巫生姦計，與烏意潛通。云此非凡鳥，遥見起敬恭，千歲乃一出，喜賀主人翁。此烏所止家，家産日夜豐。上以致壽考，下可宜田農。按微之所賦云：巫言此烏至，財産日豐宜。主人一心惑，誘引不知疲。轉見烏來集，自言家轉孳。專聽烏喜怒，信受若長離。今之烏則然也。世有傳《陰陽局鵶經》，謂東方朔所著，大略言凡占烏之鳴，先數其聲，然後定其方位，假如甲日一聲，即是甲聲，第二聲爲乙聲，以十干數之，乃辨其急緩，以定吉凶，蓋不專於一説也。

宋 羅願《爾雅翼》卷一三《鵲》 鵲者，烏之屬，故《周禮》總謂之烏鳥，又以其色駁，名之爲駁烏。《淮南》曰：若魚之躍，若鵲之駮，此自然者，不可損益。古鵲之字作舄，蓋象形，篆文則作䧿。能知氣候疾徐，陰陽向背，風水高下。歲必一營巢，其孳生比它物最早，故自小寒五日而始巢，巢常背太歲而向天一。《淮南》曰：太陰所建，蟄蟲首穴而處，鵲巢嚮而爲户。又曰：夫蟄蟲鵲巢，皆嚮天乙者，至和在焉爾。又知歲之多風，則去高木而巢扶枝。或曰：水大則巢高，水小則巢卑，巢皆取木之枝梢，不取墜枝，巢中亦塗飾横梁其中，相傳見其上梁者貴云。於是傅枝而生子，春二月而有乳鵲矣。已則捨去，而他鳥居之，故《召南》稱『鳩居鵲巢』。《周書·時訓》曰：鵲不始巢，國不寧。則以巢比國，蓋舊説也。始則一鳩居之而已，尋則呼其偶併居焉，所謂方之者也。至其後，則生子盈之，家道成矣。今烏之類，亦逐鵲而居其巢。鵲能知人之吉凶，故自啄其足，則行人至。或曰：其聲接接，令接來者也。南人以其聲爲吉，以烏爲凶，北人反之。崑崙之下，以玉璞抵鵲，蓋惡之也。鵲雖能知來，及其避風而巢卑也，大人過之，則探其鷇，嬰兒過之，則挑其卵，故號知來而不知往。涉秋七日，首無故皆髡，相傳以爲是日，河鼓與織女會於漢東，役烏鵲爲梁以渡，故毛皆脱去。按：秋，鳥獸毛毨之時。又《山海經》羣鳥有解羽之所，此豈解羽類耶？其尾尤長，故漢世高祖所爲劉氏冠，民間謂之鵲尾冠。又熏鑪之有柄者，謂之鵲尾鑪。鵲能制蝟，鵲之所在，蝟必反腹而受啄焉，或在木上鳴，蝟伏不能行。《淮南》曰：鵲矢中蝟，此類之不推者也。

明 何三畏《新刻何氏類鎔》卷三三《鵲》 鵲知太歲之所在，而鵲巢

知風之所來。其爲鳥也，先物而動，先事而應，順風而立，凌風而起。此陽鳥也，亦靈鳥也。故飢餐苕華，渴飲清露。嘗抵璞於崑山之下，亦銜粟於員嶠之巔。天漢之烏鵲填河，一夕成橋而可渡織女。公輸之木鵲削竹，三日成飛而不下雲霄。燕坐未央前殿，而大鵲立于栢樹枝上者，時皆執戟在侍，方朔知其東向而鳴。會食學士玉堂，而靈鵲棲于海棠枝頭者，主有大詔傳宣，晁公詠其却聞而喜。鵲有化石而剖其文中之印，以此卜張氏之必侯。鵲有銜木而營爲巢中之梁，以此占崔公之必貴。黎景逸以被誣事居獄底，見鵲喜噪而馴，景逸以爲吉徵也，已而果有傳赦文至。奚永洛與張子信坐庭前，見鵲相鬬而墜，子信以爲凶兆也，俄而果有口舌事來。正觀之寢殿，有鵲巢于槐樹，合歡如鼓者，則毀之，而不受左右之賀。貞元之中書，有鵲集於梧桐，以泥爲巢者，則焚之，而用穰狐魅之妖。此其故可知也已。鵲或巢于高樹而狂風撼其巔，鵲或巢于下枝而童子探其卵。鵲能知來而不能知往，則有修短之分。鵲能爲巢而不能居巢，則有工拙之辨。

清　張必剛　**《濬元》卷三《鵲始巢**小寒中候**》**　鳥待風狂巢敗卵破㲉壓而後悔，構葺宇舍之不固而疎晚矣。夫風之勁悍，飄霾塵踔石，不帖帖敗物者，事之恒有也，而吾之禦之者，以巢之固且苞也。鵲巢之固，禦風之具也。如不固，風斯敗之矣。夫巢而或敗也，豈惟卵破㲉壓，吾子孫之不存，即吾身其奚存乎？物之欲爲身計，與子若孫計者，顧或不如鵲之固其宇焉，則何也？系曰：《周・召南》爲房中、鄉國、朝廷、諸侯、天子通用之詩歌。天子之詩歌宜用《清廟》、《時邁》，諸侯宜用《文王》、《大明》、《綿》，鄉國宜用《大田》、《甫田》、《良耜》。朝廷、鄉國與房中不同，其樂歌亦大異。《周・召南》之詩，吟咏夫婦性情事者十九，宜止用之房中，何以并用之朝廷、鄉國？夫朝廷、鄉國化所被及之地，非起化地也。房中爲起化地，起化者可順推之所化者，所化者不可逆施之起化，故《清廟》、《時邁》止可於天子用，《文王》、《大明》、《綿》，止可於諸侯用，《大田》、《甫田》、《良耜》止可於鄉國用，皆不可於房中用，而獨二南詩可於房中用，并可於朝廷上鄉國間用也。人五倫之次，未有父子、長幼、君臣、朋友，先有夫婦，至兄弟御家邦甚顯著，而刑寡妻甚隱以微，隱微中，狎昵於情慾甚易，而能和且敬甚難。自古之禮樂風教，未有不於房中醖釀出者。朱子曰：人之語言，有不可告之父兄者，而或以告其妻。夫語言僅可告其妻，不可告之父兄，則其發而爲詩歌，播爲樂，又安能告之鄉曲，告之邦國，告之朝廷，使通用無遺憾也。《關雎》，《周南》詩之首篇也，取其性不乘居以亂。《鵲巢》，《召南》詩之首篇也，取其性傳枝而不滛，以物性之別興人。夫婦之別，惟別則智，智統始終，故《關雎》之詩能爲詩首，又能爲樂終也。然則《小序》謂《麟趾》應《關雎》，《騶虞》應《鵲巢》何也？曰萬化以仁智，相交際爲機軸，麟不妄踐，不妄觝觸，騶虞不妄殺，蓋言仁也。貞下生元，而王之效以世，吾於二南得之。贊曰：廣厦被八荒，繩繩宜燕翼。二月鵲雛飛，瞿鴿來孳息。朔雪漫太空，凍鳥縮其首。爾獨何知來，隔冬葺户牖。

綜述

《禽經》　鵲以音感而孕。鵲，乾鵲也。上下飛鳴則孕。靈鵲兆喜。鵲噪則喜生。

《爾雅・釋鳥》　鵲鶪醜，其飛也翪。注：竦翅上下。音義：鶪，古闃反，《字林》工役反。翪，子工反，《字林》作翇，音子弄反。竦，思勇反。上，時掌反。疏：鶪，伯勞也。翪，竦也。醜，類也。鵲鶪之類，不能翱翔遠飛，但竦翅上下而已。【略】烏鵲醜，其掌縮。注：飛縮脚腹下。音義：縮，所六反。疏：掌，足也。烏鵲之類，飛時縮足於其腹下。

晉　張華　**《博物志》卷四**　鵲巢門户，背太歲，向太乙，智也。

晉　崔豹　**《古今注》卷中**　鵲，一名神女。

唐　段成式　**《酉陽雜俎續集》卷八**　鵲窠，鵲構窠取在樹杪枝，不取墮地者。又纏枝受卵。端午日午時焚其窠炙病者，疾立愈。

五代　馬縞　**《中華古今注》卷下《鵲》**　一名神女。俗云七月填河成橋。《詩》云：維鵲有巢，維鳩居之。言其鳩拙，假鵲而成巢也。

宋　釋贊寧　**《東坡先生物類相感志》卷七《鵲啄足》**　夫鵲自啄足，行人將至，至夜還城及營壘，此將帥必降。

又《烏鵲知歲》　《淮南子》云：烏鵲識歲之多風，去高木而巢枝收。

又《博物志》云：鵲巢開背太歲，皆預知風至。諺云：巢居知風。一名鳺鵲，傳枝而生卵也。

又《青耕鳥》 生童裏山，鳥狀如鵲，青身白啄，白目白尾，其鳴自㖃，得之可御時疫。

又《鶌零鵲》 一云鳺鵲。漢帝永寧中，友脩國來貢鳺鵲，亦形高七尺，解人語。其國太平，此鳥則現翔飛云。武帝有獻鵲。《淮南子》云：鵲知其喜。今之可驗也。

又《鳺鵲》 逆知其來，一名鳺鵲，噪則行人至。陸賈曰：干鵲噪，行人至則餧之。

又卷八《鵲巢》 《雜俎》云：唐雀圓相公夫人在家時，與弟妹戲，見一鵲共啣一大木，如筆管大，長尺許，置巢中，衆悉不見。俗云：見鵲上梁，必位至公王。

宋 施宿 《會稽志》卷一七《鳥部》 鵲，《淮南子》曰：太陰所建，蟄蟲首穴而處，鵲巢向而爲蘆。又曰：蟄蟲鵲巢，皆向天一。蓋鵲巢向天一而背歲也。先儒以爲鵲巢居而知風，蟻穴居而知雨。歲多風則去喬木巢旁枝，故能高而不危也。古謂七夕鵲上天河爲橋，雖未必然，今山陰七夕鵲絶少見。

明 李時珍 《本草綱目》卷四九 鵲《别録》下品 釋名：飛駁烏、陶弘景 喜鵲、《食經》乾鵲。《新語》 時珍曰：鵲篆文作舄，象形。鵲鳴唶唶，故謂之鵲。鵲色駁雜，故謂之駁。靈能報喜，故謂之喜。性最惡濕，故謂之乾。佛經謂之芻尼，小説謂之神女。 集解：時珍曰：鵲，烏屬也。大如雅而長尾，尖觜黑爪，緑背白腹，尾翮黑白駁雜。上下飛鳴，以音感而孕，以視而抱。季冬始巢開户，背太歲，向太乙。知來歲風多，巢必卑下。故曰：乾鵲知來，(往往)[猩猩]知往。段成式云：鵲有隱巢木如梁，令鷙鳥不見。人若見之，主富貴也。鵲至秋則毛毨頭秃。《淮南子》云『鵲矢中蝟』，蝟即反而受啄，火勝金也。

明 穆希文 《説原》卷一〇 鵲，烏屬，色駁，又名駁烏，能知氣候疾徐，陰陽向背，風水高下。歲必一營巢，巢常背太歲而向天一。歲多風，則去高水而巢扶枝。水大則巢高，水小則巢卑。且知吉凶。鵲能制蝟，鵲在木上鳴，則蝟伏不能行，必反腹而受啄。

明 吴雨 《毛詩鳥獸草木考》卷一《鵲》 鵲，智靈之鳥也，一名乾鵲，一名飛駁，一名神女。如鴉而小，尾長嘴尖，足爪黑，頸項與背深緑色，臆腹與脅皆白，翮與尾黑白相間，其腦能令人相思，尤畏熱，三伏之際拔毛以泄。一説小寒日始巢，巢常開口背太歲。知來歲之多風，則去高木而巢扶枝。水大則巢高，水小則巢卑。俗云巢中必有梁，見其上梁者必貴。皆傳枝受卵，二月乳雛。漸長則捨去，而鳩鳥居之，今烏之類亦能逐鵲而居。見人吉事徵則修修然，凶事徵則鳴啼。自啄其足，則行人至。或云其聲接接，令接來也。南人以其聲爲吉，以烏爲凶，北人反之。亦能制蝟，鵲之所在，蝟必反腹受啄。秋七日，首無故皆秃，相傳以爲是日，牛郎與織女會於河漢東，役烏鵲爲梁以渡，故毛皆脱去。按：秋，鳥獸毛毨之時。又《山海經》羣鳥有解羽之所，此豈解羽類耶？《天玄主物簿》云：鵲啄槐實，結玉於腦，謂之鵲玉。此鵲終歲不復鳴噪，雖巢，無胎卵。

明 陳懋仁 《庶物異名疏》卷二五《芻尼 飛駁》 《傳燈録》謂鵲爲芻尼。《博物志》：一名飛駁。《天玄主物簿》云：鵲啄槐實，結玉於腦，謂之鵲玉。此鵲終歲不復鳴噪，雖巢，無胎卵。戴玉之鵲巢於竹，與燕同羣，蓋能識寶故也。《雀賦》云：頭如蒜顆，眼若擘椒。衛象詩：鵲血調弓濕未乾。則鵲血可以調弓。《後山詩話》記人作七夕詩，押芻尼字，衆人竟和，無成詩者，後讀《藏經》，呼鵲爲芻尼，乃知讀書不厭多。仁按：梵書不止芻尼，又有伊尼，詳獸部。

清 姚炳 《詩識名解》卷一《鵲》 鵲，《召南·鵲巢》篇鵲大如雅而長尾，尖觜黑爪，緑背白腹，尾翮黑白駁雜，舊呼烏鵲，實不與烏類。羅瑞良以爲烏之屬，故《周禮》總謂之烏鳥，非也。其名亦不一，以性惡濕曰乾鵲，以知人喜曰靈鵲，以色駁雜曰飛駁，或稱神女，或稱芻尼，雜見《禽經》、釋藏諸書。《月令》鵲始巢，乃巢成而居之候。鄭氏必謂冬至架之，至春乃成。《正義》因以始巢爲季冬未成之驗，恐未然也。

清 嵇璜 《續通志》卷一八〇 鵲，一名飛駮鳥，一名喜鵲，一名乾鵲。李時珍曰：鵲，古文作舄，象形。鵲鳴唶昔，故謂之鵲鵲。色駮雜，故謂之駮。靈能報喜，故謂之喜。性最惡濕，故謂之乾。 大如鴉而長尾，尖喙黑爪，緑背白腹，尾翮黑白駮雜，上下飛鳴，以音感而孕，以視而抱。季冬始巢開户，背太歲，向

太乙，知來歲風多，巢必卑下。故曰：乾鵲知來，狌狌知往。《爾雅》云：鵲鵙醜，其飛也翪。音宗。言其不能翺翔，竦翅而已。許氏《説文》以爲，翪，斂足也。《爾雅》又云：烏鵲醜，其掌縮。飛縮脚腹下也。謹案：《禽經》云：雜鶯惡其類。又云：靈鵲兆喜。明是二物，且鶯丹觜，鵲黑觜，鄭《志》以鶯爲鵲者，誤。

清　徐鼎《毛詩名物圖説》卷一　《禮·月令》：季冬之月，鵲始巢。《周書》：小寒之日，雁北鄉。又五日，鵲始巢。《禽經》：鵲以音感而孕，又鵲鳴唶唶。《淮南子》：鵲識歲之多風，去喬木而巢扶枝。又云：太陰所建，鵲巢向而爲户。陸賈曰：乾鵲噪而行人至。羅願《爾雅翼》：鵲巢水大則高，水小則卑，傳枝而生子，春二月有乳鵲矣，已而舍去，他鳥居之，故《召南》稱鳩居鵲巢。今鳥之類亦逐鵲而居其巢。陸佃《埤雅》：鵲知人喜，作巢取在木杪枝，不取墮地者，皆傳枝受卵，故一曰乾鵲，《莊子》云『乾鵲孺』。以傳枝少欲，故曰孺也。《博物志》云：鵲背太歲也。先儒以爲鵲巢居而知風，蟻穴居而知雨。愚按：鵲巢背太歲，向太乙。北方喜鴉惡鵲，南方惡鴉喜鵲。不能高飛，故《爾雅》鵲：鵙醜，其飛也翪。注云：竦翅上下而已。

清　牟應震《毛詩物名考》卷一　鵲，行鳸也，似烏而小，尖喙長尾，兩肩及胯間白。巢户背太歲。其音唶唶，故名鵲。其行亦躍亦步，故擬爲行鳸。據樹爲巢，其他雄則爭，蓋一樹無兩雄也。《詩》曰：鵲之彊彊。强爭不已之意，爲雄鵲言之，以刺公子頑也。

清　佚名《鳥譜》卷一《喜鵲》　一名乾鵲，一名音干，一名靈鵲，一名烏鵲，一名芻泥，一名飛駁鳥。喜鵲，狀如鴉而差小，尾長黑，尖觜，足爪亦黑，頸臆與青黑色，內有暗白花文，腹脇皆白，膊上間短白毛，翅尾俱青黑色，翅旁黑白相間。《淮南子》注：人將有喜徵則鵲鳴。所謂靈鵲兆喜也，故呼喜鵲，亦名靈鵲，其別名曰音乾。歲多風則鵲巢卑。《毛詩名物解》云：鵲構巢取在木杪枝，不取墮地者，皆傳枝受卵，故一曰乾鵲。《博物志》謂：鵲背太歲。先儒以爲鵲巢居而知風。蓋鵲歲多風則去喬木巢旁枝，故能高而不危也。《禽經》云：鵲鳴唶唶，俯鳴則陰，仰鳴則晴，以音感而孕。《急就篇》注云：鵲者，因鳴聲以爲名也。《字説》曰：鵲黑白錯。《莊子》注：烏鵲交尾而化。《田家雜占》云：鵲巢低主水，高主旱。許彦周《詩話》云：藏經呼喜鵲爲芻尼。《本草·釋名》：鵲色駁雜，故謂之飛駁。《古今注》云：飛駁，言如馬駁色也。案：喜鵲有二種，一種大觜粗身濶尾，背上白毛少者，俗呼爲北喜鵲；一種尖觜身輕尾長而狹，背上白毛多者，俗呼爲南喜鵲。俗又以身大者爲烏鵲，身小者爲喜鵲。

又《白喜鵲》　白喜鵲，大如喜鵲而尾差短，黑觜黑睛，足細而黑，蒼首，頂上眼下白毛相間，項背膊翅尾皆瓦灰色，間以淺白。《古今注》云：白鵲，一名神女。以赤帝女成仙，化爲白鵲，故名。

又《山喜鵲》　山喜鵲，形似鵲而長尾，黑觜脚，黑頂，頂有白點，項下淺白，臆腹灰色，背膊皆細毳淺碧色，翅深藍色，翅翎白黑相間，尾毛不甚多，其兩長毛下垂，亦如練鵲，俱藍色白尖。《物類志》云：山喜鵲似鵲而小，青頭，紅灰色背膊，黑觜足，長尾。羣飛羣集，亦能爲巢。山林間多有之，城市絶少，與烏鵲之喜稠鬧異性矣。

清　鄭績《夢幻居畫學簡明》卷四　喜鵲，嘴尖尾長，小鳥，背黑而緑，胸黑腹白，肩膊亦白，翮黑尾黑，夾有肩腹之白，其色駁雜，故又名駁靈。

紀事

晉　王嘉《拾遺記》卷六　安帝永寧元年，條支國來貢異瑞，有鳥名鳷鵲，形高七尺，解人語。其國太平，則鳷鵲羣翔。昔漢武時四夷賓服，有獻馴鵲，若有喜樂事，則鼓翼翔鳴。按莊周云『雕陵之鵲』，蓋其類也。《淮南子》云：鵲知人喜。今之所記，大小雖殊，遠近爲異，故略舉焉。

唐　房玄齡《晉書》卷二八《五行志》　孝武帝太元十六年六月，鵲巢太極東頭鴟尾，又巢國子學堂西頭。十八年東宫始成，十九年正月鵲又巢其西門。此殆與魏景初同占。學堂，風教之所聚；西頭，又金行之祥。及帝崩後，安皇嗣位，桓玄遂篡，風教乃頹，金行不競之象也。

唐　魏徵《隋書》卷二三《五行志》　十三年十一月，烏鵲巢帝帳幄，驅不能止。帝尋逢弑。

唐　段成式《酉陽雜俎》卷一六　鵲巢中必有梁。崔圓相公妻在家

時，與姊妹戲於後園，見二鵲搆巢，共銜一木如筆管，長尺餘，安巢中，衆悉不見。俗言見鵲上梁必貴。大曆八年，乾陵上仙觀天尊殿，有雙鵲銜柴及泥，補葺隙壞一十五處。宰臣上表賀。貞元三年，中書省梧桐樹上有鵲以泥爲巢，焚其巢可禳狐魅。

唐　趙璘《因話録》卷六　河南孔尹温裕任補闕日，諫討党項事，貶郴州司馬。久之得堂兄尚書温業書，報云：憲府欲取爾作侍御史。日望勅下，忽又得書云：宰相以右史處之，皆無音耗。一日有鵲喜於庭，直若語狀，孩稚拜且祝云：願早得官。鵲既飛去，墜下方寸紙，有『補闕』二字，極異之，無幾，却除此官。

宋　歐陽修、宋祁《新唐書》卷三四《五行志》　天寶十三載，葉縣有鵲巢于車轍中。不巢木而巢地，失其所也。至德二載三月，安禄山將武令珣圍南陽，有鵲巢于城中砲機者三，雛成乃去。大曆八年九月，武功獲大鳥，肉翅狐首，四足有爪，長四尺餘，毛赤如蝙蝠，羣鳥隨而噪之。近羽蟲孽也。十三年五月，左羽林軍有鸜鵒乳鵲二。貞元四年三月，中書省梧桐樹有鵲以泥爲巢。鵲巢知歲次，於羽蟲爲有知，今以泥露巢，遇風雨壞矣。【略】開成【略】二年三月，真興門外鵲巢於古冢。鵲巢知避歲，而古占又以高下卜水旱，今不巢于木而穴于冢，不祥。【略】會昌元年，潞州長子有白頸烏與鵲鬭。【略】乾符四年春，廬江縣北鵲巢于地。六年夏，鴟、雉集于偃師南樓及縣署。劉向説：『野鳥入處，宫室將空。』【略】中和元年三月，陳留有烏變爲鵲。二年，有鵲變爲烏。古者以烏卜軍之勝負。烏變爲鵲，民從賊之象；鵲復變爲烏，賊復爲民之象。

元　脱脱《宋史》卷六四《五行志》　寶元二年，長舉縣有白鵲，觜脚紅，不類常鵲。治平四年五月，太子右贊善大夫陳世脩獻白烏。熙寧七年六月乙未，增城縣鳳凰見。元豐三年八月戊寅，平棘縣獲白鵲。宣和元年九月戊午，蔡京等表賀赤烏，又賀白鵲。

明　朱國禎《湧幢小品》卷三一《羣鵲招鸛》　某氏園亭中有古樹，鵲巢其上，伏卵將雛。一日，二鵲徊翔屋上，悲鳴不已。頃之，有數鵲相向鳴，漸益，近百首皆向巢，忽數鵲對喙鳴，若相語狀，颺去。少頃，一鸛横空來，閣閣有聲，鵲亦尾其後，羣鵲向而噪，若有所訴鸛，復作聲，若允所請，瞥而上，擣巢啣二赤蛇，呑之，羣鵲喧舞若慶且謝者。蓋鵲招鸛，搏蛇相救也。

藝文

《詩經·國風·召南·鵲巢》　維鵲有巢，維鳩居之。之子于歸，百兩御之。維鵲有巢，維鳩方之。之子于歸，百兩將之。維鵲有巢，維鳩盈之。之子于歸，百兩成之。

南朝梁　蕭紀《詠鵲》（引自《文苑英華》卷三二八）　欲避新枝滑，還向故巢飛。今朝數聲喜，家信必應歸。

唐　李嶠《李嶠雜咏》卷上《靈禽部十首·鵲》　不分荆山抵，甘從石印飛。危巢畏風急，遠樹覺星稀。嘉逐行人至，愁隨織女歸。儻遊明鏡裏，朝夕奉光暉。

唐　皮日休《文藪》卷一〇《喜鵲》　棄羶在庭際，雙鵲來摇尾。欲啄怕人驚，喜語晴光裏。何況佞倖人，微禽解如此。

唐　韓偓《韓内翰别集·鵲》　偏承雨露潤毛衣，黑白分明衆所知。高處營巢親鳳闕，静時閒語上龍墀。化爲金印新祥瑞，飛向銀河舊路岐。莫怪天涯棲不穩，託身須是萬年枝。

唐　徐寅《徐正字詩賦》卷二《鵲》　神化難原端正開，雕陵毛羽出塵埃。香閨報喜行人至，碧漢填河織女回。明月解隨烏繞樹，青銅寧愧雀爲臺。瓊枝翠葉庭前植，從待翩翩去又來。

唐　韓溉《鵲》（引自《文苑英華》卷七六八）　纔見離巢羽翼開，盡能輕颺出塵埃。人間樹好紛紛占，天上橋成草草回。幾度送風臨玉户，一時傳喜到妝臺。若教顔色如霜雪，應與清平作瑞來。

唐　陳仲師《鵲始巢賦》（引自《文苑英華》卷一三七）　霜天慘慘兮楓樹之杪，構彼層巢兮翩然宿鳥。眄喬柯以上下，慙弱羽之卑小。周匝經營，翻飛繚繞。履危而金彈不發，送喜而珠簾乍開。逐初心之眷戀，無利觜之嫌猜。架木末，居岩隈。容足之前，望一枝以棲息；翻身之際，歷衆木而

飛來。拂曙聲多，排空意遠。惜光陰於朝暮，迷飲啄之往返。於是攫腐草，銜飛蓬。重疊尺箠，迴環翠空。凌寒而且近朝日，構思而偏愁夜風。俯仰求容，冀資拾芥之力；縱横居止，顧就積薪之功。必使輕舉得便，羣飛會同。嬉遊遂憐疑作隣。於清籞，窘束長謝其雕籠。所謂摭實以來，憑虛相借。不然則六翮摧毀，三冬徂謝。飛鷽將出乎深谷，黄雀亦誇其大厦。故所以踰遠林，戾前除。仰窺肅爽，遠慕扶疎。當繞樹之時，暫隨烏會；在來巢之日，當畏鳩居。非微禽之敢競，幸嘉木之有餘。嗟乎！摇尾馴擾，斂容萃止。依於主人，來若處子。匪能言以呈慧，不善舞以招美。倘抵玉無虞，搏風資始。故巢林以何報，唯化印而後已。

宋 歐陽修《文忠集》卷一一《野鵲》 鮮鮮毛羽耀朝輝，紅粉墻頭緑樹枝。日暖風輕言語軟，應將喜報主人知。

宋 李覯《盱江集》卷三五《聞喜鵲》 翩翩者鵲何品流，羽毛黑白林之幽。生平智力可料度，有巢往往輸鳲鳩。天然却會報人喜，愚兒幼婦唯爾求。萬聲千噪幾曾驗，聞者終是軒眉頭。從來烏鳥愛反哺，孝慈情性誰可儔。其間於事最先見，告人凶禍令人憂。憂時不肯自修飾，禱請神鬼爭啾啾。告之愈驗愈見惡，共云災患鴟之由。彈丸瓦石相驅逐，名園佳樹難依投。忠言逆耳世罕用，屬鏤曾剖伍員喉。莫笑後來司馬公，事事稱好真良謀。

又卷三六《烏鵲》 烏鵲翩翩競羽毛，南飛無樹過良宵。就中管得他人事，秖與天孫倩作橋。

宋 蘇軾《東坡全集》卷一八《異鵲并叙》 昔我先君子，仁孝行於家。家有五畝園，么鳳集桐花。是時烏與鵲，巢鷇可俯拏。憶我與諸兒，飼食觀羣呀。里人驚瑞異，野老笑而嗟。云此方乳哺，甚畏鳶與蛇。手足之所及，二物不敢加。主人若可信，衆鳥不我遐。故知中孚化，可及魚與豭。柯侯古循吏，悃愊真無華。臨漳所全活，數等江干沙。仁心格異族，兩鵲棲其衙。但恨不能言，相對空喳喳。善惡似類應，古語良非夸。君看彼酷吏，所至號鬼車。

宋 唐庚《眉山詩集》卷三《鳴鵲行》 簷前羣鵲鳴相呼，法當有客或遠書。吾今何處得書尺，而況賓客乘軒車。平生眼中抹泥塗，泛愛了不分賢愚。卒爲所賣罪滿軀，放逐南越烹蟾蜍。百口寄食西南隅，三年莫知安穩無。家書已自不可必，更望故人雙鯉魚。故人頃來絶能疎，況復萬嶺千江湖。雞肋曾是安拳餘，至今畏客如於菟。豈惟避謗謝還往，此日誰肯窺吾廬。杜門却掃也不惡，何但忘客兼忘吾。喧喧鳴鵲汝過矣，曷不往噪權門朱。

元 吴景奎《藥房樵唱》卷一《鵲有媒》 長林蕭蕭兩乾鵲，牖户綢繆欣有託。雄飛望望杳不歸，飲啄應憐墮矰繳。孀雌哺鷇成孤棲，月明不復從南飛。迢迢織女隔銀浦，風多巢冷將疇依。花間雙鵲能占喜，來往殷勤道芳意。雄鳩佻巧鴆不媒，願得靈修幾同類。斯須衆鵲邀提壺，入林繞樹聲相呼。羣飛盡棄遺一鵲，同室定偶携諸孤。疆疆和鳴如有道，求牡深慚雉鳴鷕。踰墻鑽穴相窺從，重歎人而不如鳥。

明 葉盛《菉竹堂稿》卷二《梅花喜鵲》 寒花一樹雪中開，靈鵲喳喳去復來。不比尋常輕報喜，遠將金叩蔡州廻。

又《歲寒双鵲》 玉樹梢頭亞雪花，和鳴翠羽立交加。紛紛燕雀真堪笑，只恋春風王謝家。

又《雙喜》 人間何事喜連雙，送喜禀禽亦異常。好是天門金榜下，承恩歸去拜高堂。

明 倪謙《倪文僖集》卷一〇《喜鵲》 辭却星橋路已賒，飛鳴猶占海門槎。不知來報緣何喜，昨夜銀缸也著花。

明 李東陽《懷麓堂集》卷二一《鵲賦》 爰有靈鳥，集於中林。修尾長喙，玄衣素襟。皦皦奇質，冷冷警心。我有嘉辰，懷此好音。若夫飛甍峻閣，繡闥雕楹。旭日始照，纖飈不生。茂樹芳潔，繁陰翳清。忽促刺以雙透，欻狘狆而迅征。刷凝鮮之委羽，寫宛轉之幽情。紛衆啅以爭墜，屢馴飛而不驚。晴雪衝騰其下上，閒華匝地而縱横。爾其乍東乍西，忽近忽遠。棲初危而不定，去未極而終返。或周旋其却顧，或擎捷其將轉。方小佇於中庭，誤遲歸於別館。曳餘音於未絶，裊柔條之半綰。若乃玉闕遷客，金屋佳人。淹沈幽圄之士，褵遝高軒之賓。託春心於錦字，迓曙色於雕輪。聽泥金之小勅，擁織翠之重茵。曉枕驚夢，春山罷顰。莫不窮途拭淚，幽谷生春。或擎杯以酬地，或倒屣而迎門。嗤村鴟於牖户，怪野鵬於承塵。不利俗以投好，徒增疑而召嗔。試比物以引類，信兹禽之足珍。乃有上苑虞人，五陵年少，挾孤彈於懷中，探危巢於木杪。智藏乎其無形，禍

出其所不料。豈百金之足圖，曾不滿夫一笑。物固有所偏工，意固有所獨適。故知來歲之風，不能庇一卵於終日。報羅幃之喜，不能解雙顔於漆室。彼世態之無常，徒因之而太息。復有梁州金印，月浦銀橋。羨崔梁之窈窕，駭魯木之翔翱。信慌惚而莫究，徒夸浮而可嘲。吾將使茂先卷舌而却走，成式遁辭而先逃。見天機之流轉，知造物之非雕。坐觀物以自適，聊寄情乎《離騷》。

明　王世貞《弇州四部稿》卷四九《鵲》　早過長信報平安，晚向昭陽效合歡。天上只誇頻送喜，不知雙翅落金丸。

明　孫承宗《高陽集》卷四《隘園鵲》　雙雙書案下，高集孟城坳。鷸嚇深藏樹，鳩馴遠讓巢。引鶵花底散，結伴雨中啁。過堞車喧食，巡簷燕對抛。風翻和鐵鳳，日落裸笙箕。莫使歌無角，一穿杜屋茅。

清　永瑆《詒晉齋集》卷三《鵲》　巢能背歲結，翼解順風飛。方朔占何異，公輸技亦稀。上梁霜羽集，繞樹素襟歸。萬里崑山側，尋常孕玉輝。

清　祁寯藻《䙕觓亭後集》卷一《鵲巢》　中庭東南隅，門左有嘉樹。雙鵲來營巢，銜枝無朝暮。豈無舊巢在，苦被羣烏妒。鬥力既不勝，同流亦所惡。逝將避汝去，去去復回顧。遷喬不在遠，相望數十步。徘徊如有情，選擇亦有故。君家地幽僻，門少車馬駐。列炬夜不驚，彈丸晨不怖。樹頭多好枝，清蔭行堪護。何處無風雨，且願依君住。爾鵲何辛勤，綢繆向誰訴。梁柱覓新棲，金鍼感舊句。慙媿老浮家，鄉關渺歸路。幼時賦《鵲巢》詩云：自有金鍼作梁柱，不愁陰雨不愁風。曾蒙先君奬勵。

清　謝元淮《養默山房詩藁》卷五《詠物雜詩・鵲》　橋填星渡已多情，巢讓鳩居了不爭。誰似芻尼甘自苦，淩風終看起危城。

清　王先謙《虚受堂詩存》卷九《鵲》　本以營巢巧，兼之擇木高。爾如識趨避，人豈厭喧嘈。晴日矜聲調，青雲附羽毛。帝鄉多喜色，歎息不辭勞。

清　范當世《范伯子詩集》卷八《七月七日感靈鵲》　天上無婚媾，靈鵲空中啼。飛飛亦何事，來啄屋上泥。屋上有黄鵠，失路何淒淒。鵲向主人道，借巢烏林西。主人初不懌，鵲語真媞媞。言語縱爾巧，顔色固已低。良知鴉不惡，聒耳遭訶詆。明年多大風，自向低枝棲。低棲那弗智，徒侶相招攜。咄彼守雌者，還爲天下谿。

圖表

宋　唐慎微《證類本草》卷一九

明　李時珍《本草綱目・圖卷》

清　徐鼎《毛詩名物圖説》卷一

山鵲

綜述

《禽經》雞鷽惡烏路反。其類。鶪與山鵲惡其類，相值則相搏。鷽狀類鵲，長尾丹觜。

《爾雅·釋鳥》鷽，山鵲。注：似鵲而有文彩，長尾，觜脚赤。音義：鷽，郭音渥，又音學，又才五反，《字林》乙竺反。鵲，七約反。觜，子髓反。《廣雅》云：口也。疏：山鵲，一名鷽。《説文》云：知來事鳥也。

漢　許慎《説文》卷四　鷽，雗鷽，山鵲，知來事鳥也。从鳥，學省聲。胡角切。鷽或从隹。

宋　羅願《爾雅翼》卷一五《鷽》　鷽，山鵲也。似鵲而有文彩，長尾，觜脚赤，又謂之雗。《字説》曰：善鬭謂之雗，非不健也。然尾長，故飛不能遠，譬諸强學，務末勝本，則其出入亦不能遠。今人皆養之以鬭。其在籠中，亦能揚其米以誘雀，雀至，捕而食之。又能傚鷹鷂之聲，其字從學，未必不以此。《説文》：雗鷽，山鵲也，知未來事鳥也。孫愐《唐韻》云：雗鵲，鷽別名。又解鳱字云：鳱鵲，鳥名，知未來事。噪則行人至。鵲或作雗。鄭氏注《大射儀》云：鵠，鳥名，射之難中，以中爲雋，是以於侯取名。引《淮南子》：鳱鵠知來。所謂正者，亦鳥名，齊魯之間，名題肩爲正。正、鵠皆鳥之捷黠者。按，《淮南》稱『乾鵠知來而不知往，猩猩知往而不知來』，説者以爲巢避風爲知來，卵爲兒童所捕，則不知往也。猩猩能知捕者之名，則爲知往，竟遭網罟，則爲不知來。又《淮南》云：夫鵲先識歲之多風也，去高枝而巢扶枝，大人過之則探其鷇，嬰兒過之則挑其卵，知避遠難而忘近患。則是直謂鵲耳。然此山鵲亦云知來，又雗鵠名同於乾鵠，則似是山鵲爾。顧古人皆以鵲解之，未知其審。《釋器》云：象謂之鵠，角謂之觷，犀謂之剒，玉謂之雕。取四鳥之名，不知其故。今鳩似山鵲，謂之鷽鳩。《子虛賦》注：鵠，水鳥也，其鳴聲鵠鵠云。

宋　鄭樵《通志》卷七六　鷽，《爾雅》曰山鵲，今喜鵲也。郭氏謂，似鵲而有文形，長尾，觜脚赤。鷽，音握。

明　李時珍《本草綱目》卷四九　山鵲《食物》　釋名：鷽、渥、學二音。《爾雅》雗、音汗，同上。山鷓、俗名青嘴鳥。《西陽雜俎》　集解：時珍曰：山鵲，處處山林有之。狀如鵲而烏色，有文采，赤嘴赤足，尾長不能遠飛，亦能食雞、雀。諺云：朝鷽叫晴，暮鷽叫雨。《説文》以此爲知來事之鳥。《字説》云『能效鷹鸇之聲而性惡，其類相值則搏』者，皆指此也。鄭樵以爲喜鵲，誤矣。有文采如戴花勝，人名戴鵀、戴鵖。

藝文

唐　司空圖《山鵲》(引自《全唐詩》卷六三四)　多驚本爲好毛衣，只賴人憐始却歸。衆鳥自知顔色減，妬他偏向眼前飛。

明　文彭《博士詩集·海棠山鵲》(引自《文氏五家集》卷七)　萬里春光蕩冶情，海棠晴晝太憨生。捲簾不覺游絲墮，勿聽一聲山鳥鳴。

圖表

晉　郭璞《爾雅音圖・釋鳥》

明　李時珍《本草綱目・圖卷》

練鵲

綜述

明　李時珍《本草綱目》卷四九　練鵲宋《嘉祐》　集解：禹錫曰：練鵲似鴝鵒而小，黑褐色。食槐子者佳。冬春間采之。時珍曰：其尾(鵅)[有]長白毛如練帶者是也。《禽經》云：冠鳥性勇，纓鳥性樂，帶鳥性仁。張華云：帶鳥，練鵲之類是也。今俗呼爲拖白練。

清　嵇璜《續通志》卷一八〇　練鵲，一名帶鳥，一名拖白練。似山鵲而小，頭上披一帶，尾長，色白，雌者短尾，雄者長尾。《禽經》曰：冠鳥性勇，纓鳥性樂，帶鳥性仁。張華云：帶鳥，練鵲之類是也。

清　周廣業《過夏雜録》卷三《白練雀》　鳥有拖白練，南人呼練雀。四月始來，八月後不復見。余嘗賦詩。偶閱宋王質《林泉結契》，凡五卷，第一卷爲《山友辭》，首列拖白練。序云：身全白嘴微紅，尾長，尤鮮白，聲清簡。又有拖紅練，通體深紅。辭云：拖白練，拖白練，蒼翠陰中玉一片。翻枝倒葉露微茫，風動樹鳴忽不見。穿向北穿向南，山藤野蔓何能纏。嗚呼此友兮可解顔，溪山繚繞多林巒。此下又有青菜子、屈陸兒、蘄州兒、山樂官、雪錢子諸鳥。其《水友辭》有紅鶴、魚姑、魚燕子、水鶯子、魚烏子、寐卑子諸鳥，皆未經見。質字景文，號雪山，山東鄆州人，寓居興國軍，故其所叙之鳥，有吴中所無者，快讀一過，真覺好鳥枝頭亦朋友也。

清　佚名《鳥譜》卷一〇《紫練》　一名拖紅練，一名紅練，一名紅鸜。紫練，黑睛，目眶及觜天青色，頭頸深青黑色，背膊翅尾俱作紫紅色，翅尾毛皆有黑莖，翅邊亦黑，垂下二翎如紫帶，臆前微青，腹下較白，青足爪。《道藏書》云：鳥有拖紅練，以色名也。凡鳥舌皆或紅或黑，此鳥舌作蘭花色，與他禽異。陸游詩云『緑樹陰中紅練起，一團零亂濕胭脂』，即此。江南人呼

爲紅鸐，雌者無二長翎，俗亦呼拖紫練。

又《白練》 一名練鵲，一名拖白練，一名白鸐。白練，黑睛，目眶及觜俱天青色，頭頸青黑，背翅臆腹皆白，膊下毛及翅尖帶黑，白尾黑邊，垂下二翎極長如拖練，帶故名白練，黑足爪，雌者無二長翎。江南人呼爲白鸐。《本草集解》李時珍曰：練鵲其尾最長，白毛如練帶者是也。《禽經》云：冠鳥性勇，纓鳥性樂，帶鳥性仁。張華云：帶鳥，練鵲之類是也。今俗呼爲拖白練。

藝文

宋 王質《紹陶録》卷下《山友辭·拖白練》 身全白，觜微紅，尾長，尤鮮白，聲清簡。又有拖紅練，通體深紅

拖白練，拖白練，蒼翠陰中玉一片。翻枝倒葉露微茫，風動樹鳴忽不見。穿向北穿向南，山藤埜蔓何能纏。嗚呼！此友兮可解顔，溪山繚繞多林巒。

宋 高似孫《剡録》卷一〇《草木禽魚下·拖白練》 張九齡詩：山禽毛如白練帶，棲我庭前栗樹枝。張祐詩：紅蕉心半卷，白練尾長垂。文與可詩：磐石坐深林，不欲人求見。隔岸誰品絃，數聲拖白練。玉岑山最多，尤可玩愛。

圖表

明 李時珍《本草綱目·圖卷》

木客鳥

綜述

南朝梁 任昉《述異記》卷下 廬陵有木客鳥，大如鵲，千百爲羣，不與衆鳥相厠，俗云是古之木客化作。廬陵，即今吉州也。

宋 葉庭珪《海録碎事》卷二二《木客鳥》 《異物志》：廬陵有木客鳥，大如鵲，云是木客化作鳥。

明 李時珍《本草綱目》卷四九 木客鳥 時珍曰：按《異物志》云：木

客鳥，大如鵲，千百爲羣，飛集有度。俗呼黄白色有翼有綬，飛獨高者爲君長，居前正赤者爲五伯，正黑者爲鐸下，緗色雜赤者爲功曹，左脇有白帶者爲主簿，各有章色。廬陵郡東有之。

明 朱國禎《湧幢小品》卷三一 木客鳥，大如鵲，千百爲羣，飛集有度。俗呼其黄白色有翼有綬，飛獨高者爲君長，居前正赤者爲五伯，正黑者爲鈴下，緗色雜赤者爲功曹，左脇有白帶者爲主簿，各有章色。廬郡東多有之。

明 劉侗《名物通》卷九 木客鳥，木客所化，大如鵲，千百爲羣，飛不過百餘步，不與衆鳥相次，出吉安府。左翼後有文，飛特高者謂之五馬，前正黑翎下，霜色而赭者謂之功曹，右脇有毛狀貌似盤囊者謂之主簿。士人以五曹官局次第呼之。

清 嵇璜《續通志》卷一八〇 木客鳥，大如雀，數千百頭爲羣，飛集有度，不與衆鳥相厠。見廣陵《異物志》。

烏鴉

論説

漢 孔鮒《孔叢子》卷上《廣烏九》 去陰就陽者，謂之陽烏，鳩鴈是也。純黑而反哺者，謂之烏。小而腹下白，不反哺者，謂之鴉烏。白項而羣飛者，謂之燕烏，白脰烏也。鴉烏，鸒也。鸒斯也，亦曰鵯鶋。

宋 蔡卞《毛詩名物解》卷八《烏》 《説文》云：烏，孝鳥也，象形。林罕以謂全象鳥形，但不注其目睛。萬類目睛皆黑，烏體全黑，遠而不分別其睛也。烏一名鴉，其名自呼。《淮南子》：雅之啞啞，鵲之唶唶，豈爲寒暑燥濕變其聲哉？《詩》曰：莫赤匪狐，莫黑匪烏。蓋狐，羣者也。烏，合者也。《詩》以況衛之君臣並爲虐威，其惡如一。又曰：哀我人斯，于何從禄？瞻烏爰止，于誰之屋？言富人之屋，利之所在，故烏集焉。民之從禄，將如是矣，故大夫欲王瞻之也。抑曰：匪手攜之，言示之事。此之謂也。又曰：具曰予聖，誰知烏之雌雄？言幽王君臣俱自謂聖，如烏之黑，而雌雄無以相别也。《管子》曰：烏集之交，初雖相讙，後必相咄。詩人每以爲刺者，非特譏其爲惡如一，亦刺其初皆利合，不以道也。烏又爲歎辭者，蓋雅見虎則鳴，見異則噪，故以爲烏。烏虖，歎所異也。今人聞鵲噪則喜，聞烏則唾，以烏見異則噪，故輒唾其凶。《尚書大傳》曰：愛其人者，兼其屋上之烏。然則惡而知其善，愛而知其惡者，寡矣。《孫子》曰：烏起者，伏也；烏集者，虚也。言古善料者，觀烏起而知伏，視烏集而知遁。《傳》曰：烏樂空曠，鵲樂稠鬧。世云鴛交頸而感，烏傳涎而孕。《莊子》曰：烏鵲孺。蓋謂是歟？又曰：見烏飛翅重，知天將雨。蓋烏陽物也，感陰氣而翅重，故俗以此占其雨下。《淮南子》曰：騰蛇游霧而殆於蝍蛆，烏力勝日而服於鵻禮。陽物也。

宋 陸佃《埤雅》卷六《烏》 《説文》曰：烏，孝鳥也，象形。林罕以爲全象烏形，但不注其目睛。萬類目睛皆黑，烏體全黑，遠而不分别其睛也。烏一名鴉，其名自呼。《淮南子》曰：烏之啞啞，鵲之唶唶，豈爲寒暑燥濕變其聲哉？《詩》曰：莫赤匪狐，莫黑匪烏。蓋狐，羣者也。烏，合者也。故《詩》以況衛之君臣並爲威虐，其惡如一。又曰：哀我人斯，于何從禄？瞻烏爰止，于誰之屋？言富人之屋，利之所在，故烏集焉。民之從禄將如此矣，大夫欲王瞻之也。又曰：匪手攜之，言示之事。此之謂也。又曰：具曰予聖，誰知烏之雌雄？言幽王君臣俱自謂聖，如烏之黑，雌雄無以相别也。《管子》曰：烏集之交，初雖相驩，後必相咄。詩人每引以刺者，非特譏其爲惡如一，亦以刺其初皆利合，不以道也。烏又爲嘆詞者，雀見虎則鳴，烏見異則噪，故以爲烏霍。烏霍，嘆所異也。今人聞鵲噪則喜，聞烏噪則唾，以烏見異則噪，故輒唾其凶也。《尚書大傳》曰：愛人者，兼其屋上之烏。然則惡而知其善，愛而知其惡者，寡矣。《孫武子》曰：烏起者，伏也；烏集者，虚也。言古之善料兵者，觀烏起而知伏，視烏集而知遁。《傳》曰：烏樂空曠，鵲樂稠鬧。世云鴛交頸而感，烏傳涎而孕。《莊子》曰：烏鵲孺。蓋謂是歟？故語曰：鵲傳枝，鵶茹沫。又舊説烏性極壽，三鹿死後能倒一松，三松死後能倒一烏。《雜俎》曰：俗候烏飛翅重，知天將雨。烏陽物也，

感陰氣而翅重，故俗以此占其雨否。《淮南子》曰：塍蛇游霧而殆於蝍蛆，烏力勝日而服於鵻禮。烏，陽物也。

又卷八《鸒》《釋鳥》云：鸒斯，鵯鶋。郭璞曰：雅烏也。小而多羣，腹下白。《小爾雅》云：不反哺者，謂之雅烏。《詩》曰：弁彼鸒斯，歸飛提提。言鸒斯，烏之不能反哺者，尚能歸飛以從其類，而不失弁樂，今已曾反鸒之不如也。《法言》曰：頻頻之黨，甚於鸒斯，亦賊夫糧食而已矣。鸒斯賊夫糧食，以衆故也。《方言》曰：齊宋之間，凡物盛多謂之寇。郭注曰：今江東有小鳧，其多無數，俗謂之寇鳧。《東都賦》曰：鵯鶋秋棲，鶻鳩春鳴。今衆鳥秋分多羣集，非特烏也。然至春分，輒兩兩而翔，不復羣矣。里俗謂之『分羣』。《月令·仲秋》曰：羣鳥養羞。豈謂是乎？

又《燕烏》《釋鳥》曰：燕，白脰烏。《廣雅》云：純黑而反哺者，謂之烏。小而腹下白，不反哺者，謂之雅烏。白項而羣飛者，謂之燕烏。燕烏，白脰烏也。雅烏，鸒也。

宋 蘇軾《東坡養生集·烏説》 烏於人最黠，伺人音色有異，輒去不留。雖捷矢巧彈，不能得其便也。閩中民狃烏性，以爲物無不可以性取者。則之野，挈罌飯楮錢，陽哭塚間，若祭者然。哭竟，烈錢棄飯而去。烏則爭下啄，啄盡，哭者復立它塚，烈錢棄飯如初。烏不疑其紿也，益鳴爭，乃至三、四，皆飛從之。稍狎，迫於羅囝舉獲其烏焉。今夫世之人，自謂智足以周身，而不知禍藏於所伏者，幾何不見賣於哭者哉！其或不知周身之術，而以愚觸死，則其爲智，猶不如烏之始靈於彈。韓非作《説難》死於秦，天下哀其以智死。楚人不知《説難》而謂之沐猴，天下哀其以愚死。二人者，其爲愚智則異，其於取死則同矣。甯武子邦有道則智，邦無道則愚。觀時而動，禍可及哉？

明 何三畏《新刻何氏類鎔》卷三三《烏》 赤烏者，朱烏，即三足烏也。其數陽，其色赤，其聲魄。集于虞舜之庭，而流于武王之屋，萃于曾參之冠，而巢于吳順之門。既爲禎祥，亦屬孝感。故當漢章帝時，沛國有三足烏集，代郡有三足烏子生。而成帝和平所紀，烏集孝文廟，而黑烏相從；和帝元興所紀，烏見廬江，而其足皆赤。若戰國時燕太子丹所嘆與！元嘉時，陽羡民談合所送者，則皆白烏也。故九烏射而羽翼皆墮，織烏飛而往來如梭。晉侯伐齊之日，城上有烏，師曠以爲烏烏之聲樂也，而知齊師之必遁。武皇泰成之年，有烏來集，范賢以爲烏有反哺之義也，而知流民之必降。烏巢朱雀門上，而吴王以神書改元。烏巢便殿屋頭，而簡文以齋戒禳異。有御史烏者，集于朱博府中之列柏。有兵曹烏者，巢于并州廳事之叢葦。黄次公之遣吏也，道傍烏攫其肉，一言慰勞，而吏以爲驚。柳仲郢之居官也，每遷烏集其庭，五日散去，而人以爲瑞泰。山滎陽郡有烏飛鳴于乘輿前，王吉射焉，而烏復有辭上告，帝且賜錢，而命畫爲烏壁。海鹽何準家有烏群噪其第宅內，準女適生焉，而烏復他日夜啼，帝乃立后，而遂呼爲烏夜村。若老萊之孝而娛親也，弄烏兒戲於側，以奉其歡。顔烏之孝而葬親也，飛烏啣土於村，以成其墓。嗚呼！彼烏者而有反哺，况人也？而無孝心，可以愧死矣！

清 陳啓源《毛詩稽古編》卷二 烏有四種，而三見於《爾雅》。慈烏反哺，小而純黑，又謂之孝烏。俗作鴉鴟。鴉烏不反哺，巨喙，腹下白，《爾雅》『鸒斯，鵯鶋』音匹居。《毛傳》作卑居。是也。燕烏似鴉烏而大，白項，而羣飛，又名鶡鶷、曷二音。鶡，戛、葛二音。《爾雅》『燕，白脰烏』是也。山烏似鴉烏而小，赤嘴，穴乳，出西方，《爾雅》『鸀，音蜀。山烏』是也。惟不著慈烏。至云『烏雀類，其掌縮』，則四烏兼之矣。《詩·小弁》之鸒斯，鴉烏也。餘烏則未有以定之。

清 羅汝懷《綠漪草堂文集》卷三《説·説鵯鵊》 鵯鵊，歐陽永叔詩：綠窗鵯鵊催天明。注：鵯鵊，催明鳥，京師謂之夏雞。《字書》：鵯音匹，亦音卑，鵊音夾。《爾雅》：鸒斯，鵯鶋。郭注：鴉烏也。小而多羣，腹下白，江東亦呼爲鵯烏。鵯音匹。《説文·隹部》：雅，楚烏也，一名鸒，一名卑居，秦謂之雅。《烏部》：鵯，卑居也。郝氏《爾雅義疏》引犍爲舍人以爲壁居，卑當讀壁，不當讀匹。案：壁爲卑之入聲，古人或平或入，多通讀也。《説文》雅爲楚烏，段氏謂其名楚烏，非荆楚之楚。然其下曰秦謂之雅，則楚謂之烏矣。况重湖鴉陣往往千百爲羣，殆自昔而然也。而此鳥亦與鵯鵊無涉，不得因有鵯字而比傅之，而鵯鵊亦不得卽爲夏雞。觀永叔詩云：田家惟聽夏雞聲，夜夜壠頭耕曉月。故聞鵯鵊而動歸田之思。鵯鵊至天明而始一聲兩聲，豈似夏雞之夜夜耕月。意惟伯勞之類始以夜鳴，而又在夏，烏則四時有之，不得獨屬於

夏，而鵯鶋迄不能定爲何烏也。

綜述

《禽經》　慈烏反哺。慈烏曰孝烏，長則反哺其母，大觜烏否。白脰烏不祥。烏之白脰者，西南人謂之鬼雀，鳴則凶咎。巨喙烏善警。烏之巨觜者，善避矰弋彈射，曰善警。哀烏吟夜。烏之失雄，雌則夜啼。

《爾雅·釋鳥》　鸒斯，鵯鶋。注：鵶烏也。小而多羣，腹下白，江東亦呼爲鵯烏。音義：鸒，弋庶反。《毛詩傳》云：鸒，鵯鶋，雅烏也。《小爾雅》云：小而腹下白，不反哺者，謂之雅烏。《說文》、《字林》皆云：楚烏也。一名鸒，一名鵯鶋，秦云雅烏。斯，本多無此字。案：斯是詩人協句之言，後人因將添此字也，而俗本遂斯旁作鳥，謬甚。鵯音匹，鶋音居，本或作居。疏：鸒斯，一名鵯鶋。郭云：鵶烏也。小而多羣，腹下白，江東亦呼爲鵯烏。《詩·小雅》云：弁彼鸒斯。毛《傳》云：鸒，鵯鶋。然則此鳥名鸒，而云斯者，語辭，猶『蓼彼蕭斯』之類也。《小爾雅》云：小而腹下白，不反哺者，謂之鵶烏。《說文》、《字林》皆云『楚烏』是也。【略】燕，白脰烏。注：脰，頸。音義：燕，於見反，象形字，或加鳥者，非。脰，音豆。疏：脰，頸也。《小爾雅》云：白項而羣飛者，謂之燕烏。燕烏，白脰烏是也。【略】鷽，山烏。注：似烏而小，赤觜，穴乳，出西方。音義：鷽，濁、蜀二音。乳，如注反，下同。疏：山烏，名鷽。

漢　許慎《說文》卷四　烏，孝烏也。象形。孔子曰：烏盱呼也。取其助气，故以爲烏呼。凡烏之屬皆从烏。哀都切。臣鉉等曰：今俗作鳴，非是。，古文烏，象形。，象古文烏省。

又　雅，楚烏也。一名鸒，一名卑居，秦謂之雅。从隹，牙聲。臣鉉等曰：今俗別作鵶，非是。五下切，又烏加切。

晉　崔豹《古今注》卷中　烏，一名孝烏，一名玄烏。

五代　馬縞《中華古今注》卷下《烏》　一名孝烏，一名玄烏。燕，白脰烏也。脰烏子須食母，亦能自食其子也。

宋　鄭樵《通志》卷七六　鸒斯，《爾雅》曰鵯鶋，亦謂之雅烏。蓋雀類差小，多羣飛，食穀粟。俗呼必烏，鵯音匹，聲相近。【略】鷽，《爾雅》曰：山烏。郭云：似烏而小，赤觜，穴乳，出西方。

宋　施宿《會稽志》卷一七　烏，《說文》曰：烏，孝烏也，象形。《益都者舊傳》曰：張霸爲會稽太守，舉賢勸講，一郡慕化，道路但聞誦聲，野無遺寇。民語曰：城上烏鳴，哺父母府中。諸吏皆孝友。王子年《拾遺録》云：越王入國，有丹烏夾王而飛，故勾踐起望烏臺以紀其瑞。燕烏，《釋鳥》曰：燕，白脰烏。《廣雅》云：純黑而反哺者謂之烏，小而腹下白不反哺者謂之鴉烏。白項而羣飛者謂之燕烏，白脰烏也。雅烏鸒也。山陰又有一種，名寒鴉，比常鴉頗小。歲十月自西北來，其陣蔽天。及春中乃去。秦太虚《樂府》云：寒鴉萬點，流水繞孤村。不至越者，殆不知也。

明　李時珍《本草綱目》卷四九　慈烏宋《嘉祐》　釋名：慈鴉、《嘉祐》孝烏、《說文》寒鴉。時珍曰：烏字篆文，象形。鴉亦作鵶，《禽經》『鵶鳴啞啞』，故謂之鵶。此鳥初生，母哺六十日，長則反哺六十日，可謂慈孝矣。北人謂之寒鴉，冬月尤甚也。集解：禹錫曰：慈鴉北土極多，似烏鴉而小，多羣飛作鴉鴉聲，不羶臭可食。時珍曰：烏有四種：小而純黑，小觜反哺者，慈烏也。似慈烏而大觜，腹下白，不反哺者，鴉烏也。似鴉烏而大，白項者，燕烏也。似鴉烏而小，赤觜穴居者，山烏也。山烏，一名鸀，出西方。燕烏，一名白脰，一名鬼雀，一名鶷鵮，音轄軋。《禽經》云：慈烏反哺，白脰不祥，人觜善警，玄烏吟夜。又云：烏鳥背飛而向啼也。又蜀徼有火鴉，能銜火。【略】

又　烏鴉宋《嘉祐》　釋名：鴉烏、《小爾雅》老雅、雅與鴉同。鸒、音預。鵯鶋、音匹居。楚烏、《詩義問》大觜烏。《禽經》集解：時珍曰：烏鴉大觜而性貪鷙，好鳴，善避繒繳。古有《鴉經》以占吉凶。然北人喜鴉惡鵲，南人喜鵲惡鴉，惟師曠以白項者爲不祥，近之。

明　穆希文《說原》卷一〇　烏名曰鴉，小而多群，腹下白，慈烏也。又名孝烏，蓋長則反哺其母也。白頸嘴大者，性貪慵，非慈烏也。烏鳴地下無好声，人臨行烏鳴，而前引多喜。

明　吳雨《毛詩鳥獸草木考》卷一《烏》　烏，孝烏也。一名鵶，一名玄烏，比他烏微小，身目俱黑，遠不分別。其睛傳涎而孕。始生，母哺之六十日，至子稍長則母處，則子返哺其母，哺聲可聽，見異則噪。俗候烏飛翅重，知天將雨。烏，陽物也。感陰氣而重，故以此而占雨。性極壽，舊云：三鹿死後能倒一松，三松死後能倒一烏。雌雄難別，《雅》云：『誰知烏之雌雄』是也。白頭者俗謂之鶷鵮。又一種大喙白頸者，謂之燕烏，皆不能返

哺，然不謂之孝烏也。

又卷三《鸒》 鸒，雅烏也，一名鵯鶋。小而多群，腹下白。江東呼爲鵯烏。不反哺者，故謂之雅烏。《説文》、《字林》皆云『楚烏』是也。孔氏曰此烏名鸒，而云斯者誤辭，猶『蓼彼蕭斯』、『菀彼柳斯』。以劉孝標之博學，而《類苑·鳥部》立鸒斯之目，是不精也。董氏曰：《禽經》有鸒斯，非爲辭也。《爾雅》曰：鸒斯，鵯鶋。《楊子》曰：頻頻之黨，甚於鸒斯。按此數説，似亦有斯之名也。

明 周祈 《名義考》卷一〇《鸒》 錢氏曰：《詩》『弁彼鸒斯』，孔《疏》曰：此鳥名鸒，而云斯者語辭，猶『蓼彼蕭斯』、『菀彼柳斯』。以劉孝標之博學，而《類苑·鳥部》乃立鸒斯目，是不精也，此説是矣。《爾雅》：鸒斯，鵯鶋。不獨《類苑》也。《釋名》：鸒鶋，鵯鶋。則又以斯从鳥矣。若然，則螽斯之斯當从虫，鹿斯之斯當从鹿，寧有是理乎？

明 焦周 《焦氏説楛》卷二 去陰就陽謂之陽烏，鳩鴈是也。純黑而反哺者謂之烏，小而腹下白不反哺者謂之鴉烏，白項而羣飛者謂之燕烏，白脰烏也。鴉烏，鸒也，亦曰鵯鶋。日冬漸南，夏至漸北。鴈之南北與日進退，隨陽之鳥，故曰陽烏。日亦名陽烏，見《廣雅》。《蜀都賦》：陽烏廻翼於高標。王半山詩：鴻鴈無定棲，隨陽以南北。

明 馮復京 《六家詩名物疏》卷一三《烏》 《小爾雅》云：純黑而反哺者，謂之烏。小而腹下白，不反哺者，謂之雅烏。白項而羣飛者，謂之燕烏。燕烏，白脰烏。《禽經》云：慈烏反哺，白脰烏不祥，巨喙烏善警，哀烏吟夜。注云：烏之白脰者，西南人謂之鬼雀，鳴則凶咎。《埤雅》云：烏一名鴉，其名自呼。體全黑。今人聞鵲噪則喜，聞烏噪則唾，以烏見異則噪，故輒唾其凶也。《傳》云：烏樂空曠，鵲樂稠鬧。世云鴛交頸而感，烏傳涎而孕。《莊子》云：烏鵲孺。蓋謂是與？按《説文》：烏，孝烏也。其赤、白、蒼三種，或有三足者，《緯候》諸書皆以爲嘉瑞，非不祥烏也。『莫黑匪烏』以喻衛君臣皆惡，必不援孝烏爲喻矣。孔《疏》既不詳辨考，《爾雅注疏》但知有反哺、不反哺、白腹、白項之辨而已。陸農師《埤雅》則混孝烏與不祥之烏爲一。《本草·禽部》有二種：烏鴉、慈鴉。以吴地所産驗之，慈鴉即反哺者，其頸白，鳴聲啞啞，人亦不惡之。有一種純黑而惡聲者，謂之老鵶，俗亦聞其鳴則凶，則此《詩》之烏，即今老鴉矣。

又卷三九《鸒》 《爾雅》云：鸒斯，鵯鶋。郭云：雅烏也。小而多羣，腹下白，江東亦呼爲鵯烏。《小爾雅》云：小而腹下白，不反哺者，謂之雅烏。《説文》云：雅，楚烏也。一名鸒，一名鵯居，秦謂之雅。《法言》云：頻頻之黨，甚於鸒斯。亦賊夫糧食而已。《東都賦》云：鵯鶋秋棲。《通志》云：雀類差小，多羣飛，食穀。俗呼必烏，鵯音匹，聲相近。按：孔氏以斯爲語辭，而譏劉孝標《類苑》立鸒斯之目，然《爾雅》、《法言》俱名鸒斯，何以定斯之一字，必爲語辭乎？鄭夾漈《通志》亦曰鸒斯。

清 姚炳 《詩識名解》卷一《烏》 烏，《邶風·北風》篇烏似烏鴉而小，多羣飛，作啞啞聲，《淮南子》云『烏之啞啞』是也。有哺子之慈，故《廣雅》謂之慈烏。又有反哺之孝，故《説文》謂之孝烏。與凡烏迥別。《詩》凡單言烏者，皆屬此。《小爾雅》云：去陰就陽者，謂之陽烏，鳩雁是也。純黑而反哺者，謂之烏。小而腹下白，不反哺者，謂之鴉烏。白項而羣飛者，謂之燕烏，白脰烏也。按：此足盡烏類，然惟純黑而反哺者專有烏名。林罕謂烏字全象鳥形，但不注其目睛。萬類目睛皆黑，烏體全黑，遠而不分別其睛是也。今玩《北風》語意，當指純黑者言。若白腹、白脰、緇素斑然，安得云『莫黑匪烏』耶？【略】鸒斯，《小雅·小弁》篇鸒斯即鴉烏，有鵯鶋、鵯烏、壁屋、賈烏諸名。此烏自名鸒斯，不名鸒，以《釋鳥》已有明文也。《正義》謂斯爲語詞，取蕭斯、柳斯爲證似矣。然他書未有稱蕭柳爲蕭斯、柳斯者，惟鸒斯數見別本，自《釋鳥》文外，若《禽經》、《法言》、《類苑》、《小爾雅注》皆有斯字，則此斯當非語助之比，故或加鳥作鷉。六書統收正韻，傳多遵《爾雅》立説，舊本疑皆有斯字，非衍。孔氏專以定本爲據，余未敢信。鸒斯專有鴉名，以其亦是烏類，故謂之鴉烏，非名爲烏者即是鴉也。如《北風》舊解直指烏爲烏鴉，誤矣。烏鴉性貪鷙，善避矰繳，見異則噪。古有《鴉經》以占吉凶，即此。然昔人專以白脰者爲不祥，則鸒斯恐猶不受不祥之名耳。

清 嵇璜 《續通志》卷一八〇 慈烏，一名慈鴉，一名孝烏，一名寒鴉。烏字篆文象形，鴉亦作鵶。《禽經》云：鵶鳴啞啞，故謂之鵶。色純黑，小喙。初生，母哺六十日，長則反哺六十日。《廣雅》云：純黑而反哺者，謂之烏。小而腹下白，不反哺者，謂之雅烏。白項而羣飛者，謂之燕烏。燕

烏，白脰烏也。鴉烏，鸒也。《禽經》云：慈烏反哺。

清 徐鼎《毛詩名物圖說》卷一 《埤雅》：烏，體全黑，一名鴉，其名自呼。《淮南子》云：烏之啞啞，鵲之唶唶。《詩》曰『莫黑匪烏』，以況衛之君臣，其惡如一。曰『瞻烏爰止，于誰之屋』，言富人之屋，利之所在，故烏集焉，民之從祿將如此矣。曰『具曰予聖，誰知烏之雌雄』，言幽王君臣俱自謂聖，如烏之黑，雌雄無以別也。烏見異則噪，今人聞噪則唾其兇也。愚按：純黑者謂烏，卽『莫黑匪烏』是也。小而腹下白者謂雅烏，《爾雅》云『鸒斯，鵯鶋』，郭璞云『雅烏』，卽《小弁》之鸒斯是也。又有一種白脰烏，卽慈烏，是反哺孝烏也。以吳地所產驗之，有此三種烏，卽今呼謂老鴉也。

又 《爾雅》：鸒斯，鵯鶋。郭璞注：鴉烏也。小而多羣，腹下白，江東亦呼爲鵯烏。《說文》：雅，楚烏也。一名鸒，一名卑居，秦謂之雅。愚按：鸒斯，孔氏以『斯』字爲語辭，而譏劉孝標《類苑》立『鸒斯』，何以『斯』之一字定爲語辭耶？猶蟲類所謂螽斯也。

清 牟應震《毛詩物名考》卷一 烏，一名鸒，一名鵯居。鵯居切音作鸒也。一名雅，雅古讀若烏，色純黑，大嘴。其音厭聽，故今人以正屋爲不祥。其白脰、白腹者畧小，南人呼爲慈烏，能反哺者，謂此烏。

又 山烏，似烏而小，色黑而翠，赤喙赤脚，卵育石罅中。

清 佚名《鳥譜》卷二《松鴉》 一名伊思哈。松鴉，狀如鴉，黑觜，黑目，頭背及腹紅褐色，黑翅尾，膊有翠白毛相間，文彩可觀，米色足，棲息松間，故曰松鴉。其舌如鸚鵡，故亦能學人語。生于塞外山中，非內地所產，故《禽經》、《鳥譜》皆無可考。《清文鑑》名伊思哈，謂此鳥貪食如人之貪婪，故得此名。

又《白松鴉》 大小與松鴉相等，白項，項有蒼點，頷有黑毛，腹白，背尾皆青米色，黑翅，膊上亦有翠白文，蒼白足。此種塞外時一有之。

又《烏鴉》 亦作烏鵶，一名陽烏。烏鴉，黑睛，黑觜，通身毛純黑，有細白紋翅，尾間略帶青蒼色，黑足爪。此種多巢於村墟林木中，或棲于宮殿、官舍、廟宇屋上，晨則羣飛而出，夕則飛翔而歸，故有朝暮之稱，亦曰林鴉。《埤雅》：《說文》曰：烏，象形。林罕以爲全象鳥形，但不注其目睛。萬類目睛皆黑，烏體全黑，遠而不分別其睛也。烏一名鴉，其名自呼。《五雜俎》云：古人烏、鴉通用，未有分者。烏言其色，鴉象其聲也。《禽經》注云：鵶性樂空曠，傳涎而孕。《本草綱目》云：陽烏，一名陽鵶。

又《青鴉》 青鴉，黑睛紅暈，黑觜，觜不甚巨，通身作青紅色，黑尾有青暈，黑足爪。

又《白鴉》 白鴉，大如烏鴉而項長頭小，通身純白，綠瞳縹白目暈，觜、足淡紅色。

又《秃拉氣》 烏鴉多不可食，獨此種可充庖饌。滿洲名秃拉氣。黑睛，黑觜，觜根帶灰白色，身毛純黑帶青，黑足爪，形狀小於烏鴉。《本草綱目》云：北方有一種鴉，似烏鴉而小，其肉不膻臭，可食。即此。

又《寒鴉》 寒鴉，黑睛，黑觜，頂上、頷下黑毛帶深青紋，眼後近項處雜黑白色，項腹純白，背翅青黑色，黑尾，黑足爪。《本草綱目》云：鴉亦作鵶。《禽經》：鵶鳴啞啞，故謂之鵶，北人謂之寒鴉。案：寒鴉毛色不一，有黑頭、白項、白頷者，有花背者，有花白翅者，有通身黑白相間者，而其腹則皆純白，此其所以異於烏鴉也。此種多巢於山巖深洞石穴中，日則飛集於曠野，千百成羣，秦晉之地最多。

又《紅觜鴉》 一名鸀，一名赤觜烏，一名阿雛烏，一名鷀烏。紅觜鴉，狀似烏鴉而尖喙，長翅尾，通身深黑，黑睛，紅觜、足，黑爪。其性馴擾，作巢於人家屋簷上，不遠去也。《爾雅》：鸀，山烏。注云：赤觜烏。《疏》云：山烏名鸀。《水經注》云：火山出雛烏，形類雅烏，純黑而姣好，觜若丹砂，曰赤觜烏，亦曰阿雛烏。《酉陽雜俎》云：武州縣合火山上有鷀烏，形如烏而觜赤如丹，名赤觜烏。

清 高寶銓《元秘史李注補正》卷六《告天雀兒》 告天雀，卽雅也。似雀稍大，如烏，白項。《爾雅》：燕，白脰烏。疏：脰，項也。白項而羣飛者謂之燕烏是也。江東九十月後有之，故稱寒鴉遇風則羣噪戾天。百千成隊，謂之雅陣。温庭筠詩：寒雅寥落葉紅時。又曰：雅背夕陽多。元稹詩：雅兒噪荻叢。唐彥廉詩：暮雅零亂報秋寒。陸游詩：亂雅陣起霜天晚。又曰：寒雅盤陣起秦觀，詞斜陽外寒雅數點。皆是物也。春暖則絕不復見，蓋亦寒則南飛，暖則北向者。範昭逵《從西紀畧》曰：自歸化城抵大青山，有風自東南來，羣雅隨之。其體較中華者倍焉，聲甚怪，聒聒不已。蓋歸化城以北無百鳥，惟有此雅。方濬頤《夢園叢說》曰：叫天子棲海濱叢草之中，遇天中晴朗，飛鳴直上雲霄，連綿不已，翻身而下，終朝若是。《鎮江

志》言：告天力乏則投地。銓案：非力乏，乃下覓食耳。江東九十月後，粳稻既登，豆麥始播，或值旱乾，苗芽不速，輒爲雅所啄取。銓案：是鳥好高飛作噪，其聲聒聒，故曰告天，亦曰噪天，曰叫天矣。原注因《本紀》易告天雀爲鴻雁云云，遂謂告天雀蓋蒙古稱鴻雁語，非也。

紀事

唐 房玄齡《晉書》卷二八《五行志》 安帝義熙三年，龍驤將軍朱猗戍壽陽。婢炊飯，忽有羣烏集竈，競來啄噉，婢驅逐不去。有獵狗咋殺兩烏，餘烏因共啄殺狗，又噉其肉，唯餘骨存。此亦羽蟲之孽，又黑祥也。明年六月，猗死，此其應也。

唐 段成式《酉陽雜俎》卷一六 烏鳴地上無好聲。人臨行，烏鳴而前引，多喜，此舊占所不載。貞元十四年，鄭、汴二州群烏飛入田緒、李納境內，銜木爲城，高至二三尺，方十餘里，納、緒惡而命焚之，信宿如舊，烏口皆流血。

唐 孫光憲《北夢瑣言》卷一〇《京兆府鵶挽鈴》 唐温璋爲京兆尹，勇於殺戮，京邑憚之。時聞挽鈴聲，俾看架下，不見有人。凡三度挽掣，乃見鵶一隻。尹曰：是必有人探其雛而訴冤也。命吏隨鵶所在捕之。其鵶盤旋引吏至城外樹間，果有人探其雛，尚憩樹下。吏乃執之送府。以禽鳥訴冤，事異於常，乃斃捕雛者而報之。

宋 陶穀《清異録》卷上《黑鳳凰》 禮部郎康凝，畏妻甚有聲。妻嘗病，求烏鴉爲藥，而積雪未消，難以網捕。妻大怒，欲加捶楚，凝畏懼，涉泥出郊，用粒食引致之，僅獲一枚。同省劉尚賢戲之曰：聖人以鳳凰來儀爲瑞，君獲此免禍，可謂黑鳳凰矣。

宋 黄朝英《靖康緗素雜記》卷八《臺烏》 《漢書·朱博傳》云：御史府史舍百餘區，井水皆竭。又其府中列栢樹，常有野烏數千棲宿其上，晨去暮來，號朝夕烏。烏去不來者數月，長老異之。及觀《顔氏家訓》，乃云：《漢書》：御史府中列栢樹，常有野鳥數千，棲宿其上，晨去暮來，號朝夕鳥。而文士誤作烏鳶用之。余案《白氏六帖》與李濟翁《資暇集》，其餘簡編所載，及人所引用，皆以爲烏鳶，而獨《家訓》以爲不然，何哉？余所未喻。

藝文

晉 成公綏《烏賦有序》（引自《漢魏六朝百三家集》卷五二） 有孝烏集余之廬，乃喟爾而歎曰：余無仁惠之德，祥禽曷爲而至哉！夫烏之爲瑞久矣，以其反哺識養，故爲吉鳥，是以周書神其流變，詩人尋其所集，望富者瞻其爰止，愛屋者及其增歎，兹蓋古人所以爲稱。若乃三足德靈，國有道則見，國無道則隱，斯乃鳳鳥之悳，何以加焉？鵬惡鳥而賈生懼之，烏善禽而吾嘉焉，懼惡而作歌，嘉善而賦之，不亦可乎？惟玄烏之令鳥兮，性自然之有識。應炎陽之純精兮，體乾剛之至色。望仁里以迴翔兮，翩羣鳴以拊翼。差自託於君子兮，心雖邇而不逼。起彼高林，集此叢灌，棲息重陰，列巢布翰。繽紛霧會，徊徨塵亂。來若雨集，去如雲散。哀鳴日夕，鼓翼昧旦。噫啞相和，音聲可玩。嗟斯烏之克孝兮，心識養而知慕。同蓼莪之報悳兮，褒凱風之至素。雛既壯而能飛兮，乃銜食而反哺。遊朝霞而淩厲兮，飄輕翥於玄冥。有崑山之奇類兮，體殊形而玉趾。淩西極以翺翔兮，爲王母之所使。時應德而來儀兮，介帝王之繁祉。入中州而武興兮，集林木而軍起。能休祥於有周兮，矧貞明於吉士。嘉茲烏之淑良兮，永歡樂而靡已。

唐 李嶠《李嶠雜咏》卷上《靈禽部十首·烏》 日路朝飛急，霜臺夕影寒。聯翩依月樹，迢遞繞風竿。白首何年改，清琴此夜彈。靈臺如可託，千里向長安。

唐 儲光義《儲光義詩集》卷三《羣鴉詠》 新宫驪山陰，龍衮時出豫。朝陽照羽儀，清吹肅逵路。羣鴉隨天車，夜滿新豐樹。所思在腐餘，不復憂霜露。河低宫閣深，燈隱鼓鐘曙。繽紛起寒枝，矯翼時相顧。冢宰收琳瑯，侍臣進鵷鷺。高舉摩太清，永絶矰繳懼。茲禽亦翺翔，不以微小故。

唐 李子卿《紅嘴烏賦以新飛羽未調爲韻》（引自《文苑英華》卷一二七）

殊方之烏兮，丹觜黑身。異性特立兮，既孝且仁。勁毳非日黔而得黑，快吻豈研硃而益新。一作勁翮毳毛非日黔而得銛喙決吻乃研朱益新。不頡頏以干物，常

翩翻而狎人。非越鳥之思歸，羡海鷗之忘機。謂富屋之堪止，謂芳枝而可依。其來也，狀銜花未下；其去也，疑帶火初飛。何必將雛，聲已傳於緑綺；如能返哺，遊更狎於綵衣。嗷嗷其音，泄泄其羽。常飲啄於軒砌，每棲翔於牖户。凌美翼之鵷雛，掩能言之鸚鵡。朝食芳餌，全忘攫肉之心。夜宿雕籠，何有啼城之苦。顧弱質而誰貴，誠主人之厚意。非九子之是思，仰三足而多愧。鳴躍既安，一作「安在」。搏扶尚未。鶩何得疑作德。而遷喬，鶴何功而在位。稻粱已飽兮羽翼將調，霜臺可宿兮雲漢非遥。倘不使余尾之譙譙，余音之嘵嘵，爲君一舉凌丹霄。

唐　白居易《白氏長慶集》卷二《和大觜烏》　烏者種有二，名同性不同。觜小者慈孝，觜大者貪庸。觜大命又長，生來十餘冬。物老顔色變，頭毛白茸茸。飛來庭樹上，初但驚兒童。老巫生奸計，與烏意潛通。云是非凡鳥，遥見起敬恭。千歲乃一出，喜賀主人翁。祥瑞來白日，神靈占知風。陰作北斗使，能爲人吉凶。此鳥所止家，家産日夜豐。上以致壽考，下可宜田農。主人富家子，身老心童蒙。隨巫拜復祝，婦姑亦相從。殺雞薦其肉，敬若禋六宗。烏喜張大觜，飛接在虚空。烏既飽羶腥，巫亦饗甘濃。烏巫互相利，不復兩西東。日日營巢窟，稍稍近房櫳。雖生八九子，誰辨其雌雄。羣雛又長成，衆觜逞殘兇。探巢吞燕卵，入蔟啄蠶虫。豈無乘秋隼，羈紲委高墉。但食烏殘肉，無施搏擊功。亦有能言鸚，翅碧觜距紅。暫曾説烏罪，囚閉在深籠。青青窗前柳，鬱鬱井上桐。貪烏占棲息，慈烏獨不容。慈烏爾奚爲，來往何憧憧。曉去先晨鼓，暮歸後昏鐘。辛苦塵土間，飛啄禾黍叢。得食將母哺，饑腸不自充。主人憎慈烏，命子削彈弓。弦續會稽竹，九鑄荆山銅。慈烏求母食，飛下爾庭中。數粒未入口，一丸已中胸。仰天號一聲，似欲訴蒼穹。反哺日未足，非是惜微躬。誰能持此冤，一爲問化工。胡然大觜烏，竟得天年終。

唐　元稹《元氏長慶集》卷二五《有鳥二十章》　有鳥有鳥名老烏，貪癡突誇天下無。田中攫肉吞不足，偏入諸巢探衆雛。歸來仍占主人樹，腹飽巢高聲響麤。山鵶野鵲閑受肉，鳳皇不得聞罪辜。秋鷹掣斷架上索，利爪一揮毛血落。可憐鵶鵲慕腥羶，猶向巢邊競紛泊。

唐　杜牧《鴉》（引自《全唐詩》卷五二二）　擾擾復翻翻，黄昏颺冷煙。毛欺皇后髮，聲感楚姬弦。蔓壘盤風下，霜林接翅眠。秪如西旅樣，頭白豈無緣。

唐　崔明允《紅嘴烏賦》（引自《文苑英華》卷一三七）　伊空桐之靈烏兮，丹觜黑質；拂羽青霄兮，流形白日。與鴛鷺而爲伍，豈凡鳥之能匹？故其聲則合雅，動必依仁；受惠而狎，感恩而馴。既裔裔而翔漢，嘗啞啞而向人；不驚不怖，亦義而親。爾其升丹楹，入華堂；對上客之羅薦，拂佳人之聚裳。驚空帘之秋色，怨夕月之清光；悲信美而非吾土，傷幽棲而思故鄉。一作思故國而多傷。於是湘一作楚。妃援琴，相如爲歎。何不開金籠而使飛，永騫翥於雲漢。重曰：日宫難可躋，月樹復驚棲。未聽將雛曲，空聞怨夜啼。

宋　梅堯臣《宛陵集》卷三四《晨雅》　雲昏月黑雅不知，鼓聲鼕鼕雞報啼。睥睨未辨天東西，癡雛噪舞羣翅低。野桑葉捲風淒淒，濃霧不起寒雨迷，晨雅却歸巢上棲。

宋　文同《丹淵集》卷二《烏生八九子》　南山有烏烏，生子層崖巔。戢戢新羽成，相將弄晴烟。朝饑集壠上，暮渴來溪前。託居深林中，自足終爾年。胡爲去所依，無乃甘棄捐。却愛庭樹好，羣飛投碧圓。高枝踏未穩，身已隨潛弦。因知萬物理，主者默持權。凡云愛此命，生死期已然。出入既有定，何歎於後先。

宋　王質《紹陶録》卷下《山和尚》　身灰褐而長，腦觜俱黑，聲濁圓，間若誦牟尼號者，旋雜他聲。

山和尚，山和尚，低叢之下高林上。深飛撩動聲稍稍。穠翠參差不能障。不蘭若不招提，丁丁啼罷還棲棲。嗚呼！此友兮堪同栖，鮮枝潤葉漫蒼陂。

宋　張鎡《南湖集》卷二《鴉舅辭》　自從結廬依北城，入夏常聽鴉舅聲。五更欲盡日未上，繞樹往往偕鷄鳴。想欣緑草露光濕，漸喜茂陰晨輝清。道人披衣起危坐，睡思頓去毛骨輕。既免待旦赴朝集，秪欲和月隨農耕。人言外甥多似舅，爾甥天資太濁陋。固宜相見屢施拳，使瞻在前忽在後。衣裾峭整紫翠長，更學鷰鷰元爲裳。鵲并鸜鵒定通譜，名曰鵯鶋字未詳。我園聽鶯兼撫鶴，閒亭本是無心作。未能授館專爲君，萬竹千松且同樂。聽鶯、撫鶴二亭名。

宋　高似孫《剡録》卷一〇《草木禽魚下·鵯鶋》　盧天驥剡中詩：山杏枝頭鵯鶋兒，來傳春意語多時。歐陽詹詩：村店月西入，山枝鵯鶋聲。

鶋鶨，鵶舅也。張祜詩：落日啼烏舅，空林長寄生。胡文恭詩：二月辛夷猶未落，五更烏舅最先啼。此詩説盡鶋鶨啼最早也。

明　楊榮《文敏集》卷一《白烏》　慈烏復慈烏，姿態何瑰奇。由來能反哺，厥性仁且慈。既育亦既長，飛息相追隨。靈異匪凡匹，鳴止適所宜。況此鍾素質，皎潔純不緇。霜毛正璀璨，雪羽何陸離。馴狎出天性，迴翔動光儀。昨日産京兆，呈祥應明時。今復來南交，致身白玉墀。振翮發華彩，瑶臺皓同輝。瑞物不易致，嘉禎協昌期。聖皇有至德，大孝感穹祇。宗廟既昭格，於焉錫蕃禧。經始方在茲，都邑焕巍巍。奇祥日駢集，寶祚綿鴻基。百辟總歡抃，恩波洽華夷。治化超前古，端拱自無爲。願同鵲巢什，萬世歌雍熙。

明　葉盛《菉竹堂稿》卷二《鴉》　寒影常隨日影低，不憐朝暮逐東西。君王只解憐飛燕，莫向朝陽殿上棲。

明　王象春《山老鴉》（引自《明詩綜》卷六五）　山老鴉，朝東暮還西，過河拾杜梨。日晚腹飽不歸去，繒繳已伏河邊樹。爾腹已飽爾不知，飽人之腹良足悲。

明　俞安期《神鴉行》（引自《明詩綜》卷六八）　甘將軍廟富池口，廟前羣鴉何太馴。商艑經過浪索食，撲刺雙翅飛近人。上投餅餌或片臠，高拏低攫疾若神。競言此鴉莫彈射，將軍精靈所變化。中之不斃亦不傷，風波恐使神明咤。吁嗟乎！將軍氣槩籠古今，强吴捍魏人所欽。精靈縱化亦貔虎，安得瑣瑣爲微禽。神鴉神鴉，汝曹憑藉將軍力，不加彈射還投食。何殊僕隸在權門，安然請索無不得。

清　翟灝《無不宜齋未定稿》卷一《羣鴉行》　江南惡鴉江北否，得以安爾室家給爾口。索飽常分野鶴糧，就煖亦隨陽雁首。我居僦近城南偏，秋冬之際聽爾去復還朝來。體嬾尚堅卧飛過，但覺耳畔鳴風泉。日暮仍然接歸翼，仰面貪看數不得。漫天歷亂幾千羣，約畧每羣盈萬億。低勢還疑暝雲墮，頓使軒窻遮一黑。我聞石首秋化梟，蓋埜輒同暴雨驅。又聞闞西突厥雀，連羣結隊偏沙漠。由來百物各成類，居則連巢出連翅。保聚團欒族轉繁，同林義在不輕棄。嗚呼！我生豈無麋鹿儔，天涯地角兩處徒悠悠。

清　郭憲高《咏歸鴉》（引自《兩浙輶軒録》卷三一）　城頭日落烟滿村，歸鴉銜尾風翻翻。羣飛相逐相迴旋，前者忽後後者前。低者仆地高樹巔，村南村北樹相接。千點萬點如墨黑，烏烏啞啞入巢息。骨肉滿眼不相失，明朝日出飛覓食。

清　陳錦《補勤詩存》卷二一《鴉》　斜陽衰柳慣栖依，唼食江湖苦歲饑。看盡一年鶯燕侣，滿天霜雪尚飛飛。

清　許瑶光《雪門詩草》卷三《鴉》　驟聚真烏合，遥看竟作團。天寒依楚幕，雨急繞風竿。古戍飛騰亂，空林哺待難。至今懷亞子，鴉陣獨登壇。

清　謝元淮《養默山房詩藁》卷五《詠物雜詩・烏》　曾借一枝栖上林，府中城上夜深沈。世間不有梟難化，誰識慈烏反哺心。

清　金和《秋蟪吟館詩鈔》卷三《椒雨集下・甲寅元旦聞鴉》　村樹惟棲鴉，向曙鳴最早。鄉夢徒荒唐，累汝報春曉。俗耳無鍼砭，每爲惡聲惱。我謂汝能言，畢竟勝凡鳥。九閽夜沈時，啞鳳知多少。但有臨別辭，緘口世所寶。他日汝東行，慎哉好音好。

圖表

晉　郭璞《爾雅音圖・釋鳥》

宋 唐慎微《證類本草》卷一九

明 李時珍《本草綱目·圖卷》

清 徐鼎《毛詩名物圖說》卷一

燕

論說

宋 蔡卞《毛詩名物解》卷六《燕》 燕就陽而畏陰，南北往來，有生息之道，知天時而不違以自養。至南而勞，至北而息。勞而生也，息所歸也。玄鳥西北，乙鳥東南。自所歸而言，故謂之玄鳥。自所生而言，故謂之乙鳥。或就所生而言，或就所歸而言，何也？蓋官之親，就天道而司人事。歸以息者，天道。玄者，天之成象也，故司分爲玄鳥氏。玄者，氣之自然而正也，故以天道言之，則配以自成。天命玄鳥，降而生商，非人之所爲也。燕之生育於東北，蓋人所見也，故謂之乙。其來去有自安之道，故謂之燕。莊姜送歸妾而謂之『燕燕于飛』，雖以爲燕，而亦有自安之道歟？

宋 陸佃《埤雅》卷八《燕》 《九章筭術》曰：五雀六燕飛集于衡，衡迴平。一雀一燕飛而易處，則雀重而燕輕。今其疑此一字誤。書已己字上宜有

戊字。其日皆土，故燕之往來，避社而嗛土，不以戊巳。鷰口、布翅、枝尾，齊人呼鳦，蓋取其鳴自呼，故曰鳦也。一名玄鳥，蓋取其色之玄，故曰玄鳥也。一名鷾鴯，莊周所謂『鷾鴯』者也。鳥莫知於鷾鴯，目之所不宜處不給視，雖落其實，棄之而走。其畏人也，而襲諸人間，此燕安之道也，故其字又爲『燕安』之『燕』。《詩》曰：鳧鷖在涇，公尸來燕來寧。燕與鳧鷖皆有安樂之義，故其《序》以爲太平之君子能持盈守成，神祇、祖考安樂之也。《詩》曰：天命玄鳥，降而生商。言天命玄鳥，下而生商，故簡狄吞其卵而生契。《淮南子》曰：契生於卵。此之謂也。又曰：燕燕于飛，差池其羽。燕燕于飛，頡之頏之。燕燕于飛，下上其音。『差池其羽』，言其羽相與差池。『頡之頏之』，言其飛一上而一下。『下上其音』，言其鳴一下而一上。《禽經》曰：鳥向啼背棲，燕背飛向宿。背飛，頡頏是也。《述異記》曰：燕之千年生胡髯。《天玄主物簿》云：戴玉之鵲巢於竹，與燕同羣。蓋燕能識實。《元官太仙書》云：《夏小正》曰『玄鳥至』。至者，入人室屋也。一曰衡爲鵲，虛爲燕。

宋　羅願《爾雅翼》卷一五《燕》　燕有兩種，越燕小而多聲，頷下紫，巢於門楣上，謂之紫燕，亦謂之漢燕。胡燕比越燕而大，臆前白質黑章，其聲亦大，巢懸於大屋兩榱間。其長有容匹素者，謂之蛇燕。古皆謂之玄鳥。齊魯謂之乙，取其鳴自呼。其字乙卬首下曲，與甲乙之字少異而音不同。燕尾尤爲光澤，故《漢書》曰『燕燕尾涎涎』，美好之貌也。以春分來，秋分去，開生之候。其來主爲孚乳蕃滋，故古者以其至之日祠高禖以請子，契因是而生。故《詩》曰：天命玄鳥，降而生商。或曰契母簡翟吞乙卵而生契，故契號玄王，賜姓子氏。成湯紹其祖而字天乙，後代以子加乙爲孔氏。乙至得子，則名嘉而字子孔。又人及鳥生子謂之乳，亦从乙从孚。荆楚之俗，燕始來睇，《夏小正》：二月，燕乃睇。有入室者，以雙箸擲之，令人有子，皆燕乙爲生子之驗。然稱簡翟吞卵，似不其然。予按：帝少皞以玄鳥爲司分之官，或者簡翟之家，有娀氏之先，在少皞時嘗爲之。尊其先，故曰降。契以玄鳥氏之出，故『宅殷土芒芒』，廣大如《春秋傳》所謂爽鳩氏始有齊地云耳。何必吞乙卵而後爲命玄鳥也哉！秦之先，女脩織，玄鳥隕卵，女脩吞之，生大業。燕之居甚安，故古以爲燕居、燕享之燕。然安不可懷，故又有『燕安酖毒』之戒。至其去也，多藏深山大空木中，無毛羽，或蟄藏坻岸中。郗鑒避難嶧山，百姓饑饉，掘蟄燕食之。亦云入水爲蜃蛤，《淮南》云『燕之爲蛤』是也。今人言蜃是蛟類，吐氣爲樓台，伺燕栖集則食之。又言龍噬燒燕，水枯竭者，投之立漲。今人亦投以求雨。人食燕者，則不可以適河。然則燕與蛟龍、蜃蛤之氣相往來，蓋水類。《玄中記》曰：千歲之燕户北向。燕之來去皆避社，又戊巳日不取土，以戊巳字書其巢上，則去之。豈社主於土，戊巳又土位，土尅水，燕之所爲避歟？《說文》：燕作巢避戊己。《春秋運斗樞》曰：瑤光星散爲燕。

宋　朱翌《猗覺寮雜記》卷上　世謂燕子秋分即去之海上，海上有燕子國，如小說所謂烏衣國者。是大不然。往往入於深岩穴枯木中，向寒不復出，泥塗其身，毛羽皆脱，至春暖即生羽飛去。晉郗鑒爲兗州刺史，掘野鼠、蟄燕食之，終無叛者，此可見矣。元微之云：有鳥有鳥名燕子，口中未省無泥滓。春風吹送廊廡間，秋社吹將嵌孔裏。亦其據也。

明　楊慎《丹鉛續録》卷一　師曠《禽經》曰：鳥向飛背宿，燕向宿背飛。此物理也，故莊姜以爲送歸妾之比。

清　張必剛《濬元》卷四《玄鳥至春分初候**》**　歲員如規，而以玄鳥之至與歸剖分之，則各得半規。楊龜山《論易圖》以筆作圓圈，以墨塗其半，曰此易也。歲非以玄鳥、塗者，而其至、其歸何正得其半若是。昔之善易學者，多以玩圓圖爲弄丸之樂。丸渾淪無界劃，而縱而分之，則亦得子午。橫而分之，則亦得卯酉。陰陽本合爲一，而縱之爲二，至則陽居春，陰居秋，橫之爲二分，則陽居夏，陰居冬也。夫陽當爲陰主者，而觀其去來，則又爲陰客。故玄鳥於春分來謂之至，於秋分去謂之歸也，是亦一易道焉爾。系曰：燕與倉庚皆冬處谷穴之中，春倉庚遷喬木，而燕遷人家。其遷不一，其自幽谷而出而遷，則一而已。倉庚之在喬木，不雙不飛。鳴燕之在人家，不雙不棲息。雙則不可以孤，故燕無頃刻孤者，而雁則有終身之孤。燕頃刻間，或失偶而孤，則必又有一燕者爲之配，蓋爲生育重也。故奠雁而親迎者，取其貞且信也。侯燕至而祈嗣者，取其能生育也。木落歸根，春回則花茂矣。水窮歸壑，春回則泉流矣。蟲寒歸穴，春回則蟄振矣。春回而木無不茂，水無不流，蟲無不振，亦木茂、水流、蟲振而燕無不至，亦木茂、水流、蟲振、燕至而春無不回。春之回，即木與水與蟲與燕觀之，不

可也。離木與水與蟲與燕觀之，尤不可也。至者出而爲還也，歸者則去而爲入，而所入復有出，復出復有入。所去復有還，復還復有去，其爲循環也甚矣。其不常於喬木與人家明矣。惟倉庚不常於喬木，燕不常於人家，故倉庚與燕於喬木與人家，皆謂爲客也。然而人家客燕，不客倉庚也，故倉庚不言至也。在客得百千主人，不如得一賢主人。在主人得百千客，不如得一賢客。客至而如歸，所以徵主人之賢也。而方其至，惟恐其遽歸；方其歸，惟恐其不再至，則亦以徵客之賢。燕與雀皆客人家者，而人何以喜燕不喜雀也，客亦宜自審也。雁有南有北，而人家則無南無北。燕有至有歸，而人家則無至無歸。人家有定，而雁與燕皆無定也。夫人家虛其堂宇以寄燕之巢，燕之巢又虛其中以寄燕，惟其虛以寄也，故於其至不加多，於其歸不加少也。人之寄形天地間也，寧異是耶？贊曰：有鳥有鳥，言入吾室。兒童喧譁，舊曾相識。

綜述

《爾雅・釋鳥》 燕燕，鳦。注：《詩》云：燕燕于飛。一名玄鳥，齊人呼鳦。音義：鳦，音乙，本或作乙，或音軋。疏：燕燕，又名鳦。郭云：一名玄鳥，齊人呼鳦。此燕燕即今之燕，古人重言之。《詩》云：燕燕于飛。《漢書》童謡云『燕燕尾涎涎』是也。孫炎、舍人以巂周、燕燕、鳦鳥，一物三名，郭所不取也。注《詩》云『燕燕于飛』者，《詩・邶風》衛莊姜送歸妾之詩也。云『一名玄鳥』者，案《月令》仲春之月『玄鳥至』，以其色玄，故謂之玄鳥是也。云『齊人呼鳦』者，案《商本紀》云：簡狄『行浴，玄鳥墮其卵，取而吞之，因孕生契』。諸緯候皆言簡狄吞鳦卵而生契，是玄鳥又名鳦也。

唐 段成式《酉陽雜俎》卷一六 燕，凡狐白、貉、鼠之類，燕見之則毛脱。或言燕蟄於水一曰井。底，舊説燕不入室，是井之虛也。取桐爲男女各一投井中，燕必來。胸斑黑，聲大，名胡燕，其巢有容疋素者。

唐 蘇鶚《蘇氏演義》卷下 燕，一名天女，又名摯鳥。

五代 馬縞《中華古今注》卷下《鷰》 一名神女，一名天女，一名鷙鳥。《詩》云：燕燕于飛，差池其羽。齊人呼爲鳦也。

宋 釋贊寧《東坡先生物類相感志》卷七《燕》 舊云燕子不入人室作巢，是井之靈也。但取桐木刻爲男女形狀，各投井中，其鷰即來。

宋 鄭樵《通志》卷七五 燕，元鳥也。《爾雅》曰鳦。陸(機)[璣]云：齊人謂之乙。燕有二種。《爾雅》又曰：燕，白脰烏。則知此爲紫燕矣。

宋 施宿《會稽志》卷一七 鷰之往來，避社而嗛土，不以戊巳，籋口、布翄、歧尾，齊人呼鳦，蓋取其鳴自呼，故曰鳦也。一名玄鳥，蓋取其色之玄，故曰玄鳥也。一名鷾鴯，目之所不宜處不給視，雖落其實，棄之而走。其畏人也，而襲諸人間，此燕安之道也。舊説紫胷輕小者謂之越燕，胷斑黑聲大者謂之胡燕。胡燕，土人謂之社鷗，多巢村墟人家門外，其爲巢有極長者。山陰人家每候，燕多社前到，但不入人屋爾，必候玄鳥至之日，乃入而營巢。

宋 戴侗《六書故》卷一九 燕 𤎩 於甸切。玄鳥也。籋口、布翄、支尾，象其形。又曰乙，又曰意而。燕、乙、意而，皆因其聲而命之。玄則以其色也。燕以春至巢於人宇以生育，及秋分則去蟄竄木中。妄誕者有烏衣國之説。借爲燕樂、燕飲之燕，通作宴。別作醼。又借爲燕婉之燕，上聲，《詩》云『燕婉之來』。別作嬿。又借爲『燕代』之燕，平聲。

明 李時珍《本草綱目》卷四八 燕《別録》中品 釋名：乙鳥、《説文》玄鳥、《禮記》鷙鳥、《古今注》鷾鴯、《莊子》游波、《炮炙論》天女。《易占》 時珍曰：燕字篆文象形。乙者，其鳴自呼也。玄，其色也。鷹鷂食之則死，能制海東青鶻，故有鷙鳥之稱。能興波祈雨，故有游波之號，雷斅云『海竭江枯，投游波而立汛』是矣。京房云：人見白燕，主生貴女，故燕名天女。集解：《別録》曰：燕生高山平谷。弘景曰：燕有兩種，紫胸輕小者是越燕，不入藥用。有斑黑而聲大者是胡燕，可入藥用。胡燕作窠長，能容二疋絹者，令人家富也。若窠户北向而尾屈色白者，是數百歲燕，《仙經》謂之肉芝，食之延年。時珍曰：燕大如雀而身長，籋口豐頷，布翅歧尾，背飛向宿，營巢避戊巳日。春社來，秋社去。其來也，啣泥巢於屋宇之下。其去也，伏氣蟄於窟穴之中。或謂其波海者，謬談也。玄鳥至時祈高禖，可以求嗣。或以爲吞燕卵而生子者，怪説也。或云燕蟄於井底，燕不入屋，井虛也。燕巢有艾則不居。凡狐貉皮毛，見燕則毛脱，物理使然。

明 穆希文《説原》卷一〇 燕，玄鳥也，布翅岐尾，作巢避戊巳日。有二種，越燕小而胡燕大。以春分來，以秋分去。去則藏深山大空木中，或蟄藏坻岸。去來皆避戊巳日。人食其肉，入水爲蛟龍所吞。

明 陳懋仁《庶物異名疏》卷二四《嶲周 游波》 《詩疏》：嶲周，燕燕，鳦。孫炎曰：别三名。郭璞曰：一名玄鳥，齊人呼鳦。此燕卽今之燕也，古人重言之。《漢書》童謡云『燕燕尾涎涎』徒見反。是也。鳦，乙字異音同義。郭氏一音烏拔反。《炮炙論》：游波，燕也。

明 吴雨《毛詩鳥獸草木考》卷一《燕玄鳥》 《邶風》曰：燕燕于飛，差池其羽。《傳》：燕燕，鳦也。燕之于飛，必差池其羽。《商頌》曰：天命玄鳥，降而生商。《傳》：玄鳥，鳦也，春分玄鳥降。湯之先祖有娀氏簡狄配高辛氏帝，帝率與之祈于郊禖而生契，故本其天所命，以玄鳥至而生焉。燕燕，鳦也。一名玄鳥，盖取其色之玄，故曰玄鳥也。齊人謂之鳦，盖取其名自呼，故曰鳦也。一名鷾鴯，籋口、布翅、岐尾，作巢避戊巳日。今書『戊巳』字，置其巢，則棄去之。以春分來秋分去，《月令》『仲春玄鳥至』、『仲秋玄鳥歸』是也。古者以其至之日，以太牢祀于高禖，以謂子契因是而生也。有越燕、胡燕二種。越燕小而多聲，頷下紫，巢於門楣上，謂之紫燕，亦謂之漢燕。胡燕比越燕而大，臆前白質黑章，其聲亦大，巢懸於大屋兩榱間。其長有容匹素者，謂之蛇燕。通謂之玄鳥。按《商本紀》云：簡狄行浴，玄鳥墮其卵，取而吞之，因孕而生契。諸緯侯皆言簡狄吞乙卵而生契，故契號玄主，賜姓子氏。成湯紹其祖而字天乙。今荆楚之俗，燕始來睇，有入室者，以雙箸擲之，令人有子，皆燕爲生子之驗。然簡狄之吞卵，似之帝少皞以玄鳥爲司分之官。燕燕者，古人重言之，猶《漢書》童謡云『燕燕尾涎涎』是也。《釋鳥》云：嶲周，燕燕，鳦。孫炎曰：别三名。舍人曰：嶲周名燕燕，又名鳦。誤也，所以郭氏亦不取也。

明 劉侗《名物通》卷九 燕，《爾雅》曰鳦，《莊子》曰鷾鴯。啣泥避戊巳。燕惡艾，雀欲奪其巢，啣艾置其巢中，燕見之卽避去。

明 方以智《物理小識》卷一〇 燕 燕初銜泥，必四堆横一草。胸斑者胡燕，不多呢喃，巢作小口。胸赤者越燕，好鳴，其巢門向上。舊説燕畏烟火，戊日不歸。貞白曰：胡燕作窠長能容二尺絹者，令人家富。若窠北向，尾屈白者，是數百歲燕。《仙經》謂肉芝，食之延年。此不可信。周益公見吉江蟄燕。文崑山治橋，土中皆燕。朱翼引郗鑒爲兖州，掘野鼠、蟄燕食之。

清 毛奇齡《續詩傳鳥名卷》卷一 《燕燕》燕燕于飛。燕，鳦也，謂之燕燕者，重言之也。燕，一名而有兩鳥。一是今燕子，《説文》作『玄鳥』，《玉篇》作『乙』，《爾雅》作『鳦』，《埤雅》謂是『鷾鴯』，《莊子》所謂『鳥莫智于鷾鴯』者。雖復有漢燕、越燕、胡燕之分，然故燕也。若其一是白脰烏，《小爾雅》所云『燕烏』者，不知《爾雅》何故竟稱作『燕』，而顧野王作《玉篇》亦因之。曰『燕，乙也』，又『白脰烏也』，然遍考他書，自六經諸子史籍，凡有記述並無有稱『燕』作『白脰烏』者，則安有此矣。

清 顧棟高《毛詩類釋》卷一六《燕 玄鳥》 《爾雅》：燕燕，鳦。音乙。郭注：《詩》云：燕燕于飛。一名玄鳥，齊人呼鳦。邢疏：燕燕卽今之燕，古人重言之。《漢書》童謡云『燕燕尾涎涎』是也。其色黑，故又名玄鳥。《商頌》：天命玄鳥，降而生商。《本紀》：簡狄吞燕卵而生契。而諸緯侯皆言吞鳦卵，是玄鳥又名鳦也。鄭樵曰：陸璣云『燕有二種』，《爾雅》又曰『燕，白脰烏』，則知此爲紫燕矣。

清 姚炳《詩識名解》卷一《燕燕》 燕燕，《邶風·燕燕》篇鳦鳥本名燕燕，不名燕，以其雙飛往來，遂以雙聲名之，若周周、蛩蛩、猩猩、狒狒之類。最古之書凡三見，而語適合此詩，及《釋鳥》文『燕燕，鳦』，與《漢書》童謡『燕燕尾涎涎』是也。餘書省其文，多單言之，其後詞章家習用乳燕、海燕之類，不知單言燕者乃烏名。《釋鳥》云『燕，白脰烏』，《小爾雅》謂之燕烏，鑿然可據。則舊以燕燕爲兩燕及曲爲重言之説者，皆非也。《説文》訓嶲爲周燕，《通雅》駁之，謂失《爾雅》句讀，引《吕氏春秋》云『肉之美者有嶲燕之翠』，因以嶲周爲燕之一名。或又引『周周銜羽』之説，謂『嶲者，周也』，『燕燕者，鳦也』。三説互異。愚按：郭璞注『子嶲鳥出蜀中』，《禽經》亦云『鸐，嶲周，子規也』，則嶲之爲周與爲周燕，恐皆臆揣，不敢傅會。惟是燕燕之名，於斯益信耳。

清 徐鼎《毛詩名物圖説》卷一 《爾雅》：燕燕，鳦。郭璞注：一名玄鳥，齊人呼鳦。邢昺疏：燕卽今之燕，古人重言之，《詩》『燕燕于飛』，《漢

書》童謠『燕燕尾涎涎』是也。《月令》：仲春玄鳥至，仲秋玄鳥歸。《左傳》：少皞氏鳥師而鳥名，玄鳥氏司分者也。《禽經》：燕以狂眄。陶隱居《本草注》：燕有兩種，紫胸輕小者越燕，有斑黑而聲大者胡燕。胡燕作窠，長能容二疋絹者，令人家富。《埤雅》：燕，籥口、布翅、枝尾。曰『天命玄鳥，降而生商』，言簡秋吞其卵而生契也。曰『差池其羽』，言其羽相與差池。『頡之頏之』，言其飛一上而一下。『下上其音』，言其鳴一下而一上。《禽經》：鳥向飛背棲，燕背飛向宿。背飛，頡頏是也。愚按：燕字篆交象形。鳦，其鳴自呼也。玄，其色也。越燕營巢上向，胡燕營巢旁向。舊説來去皆避社，又戊己日不啣土。

清　佚名《鳥譜》卷五《越燕》　越燕，輕身，籥口、布翅，岐尾，青睛黑頭，白頷赭臆，白腹黑背，近尾處赭赤色，黑翅，黑尾，青黑足。紫燕與越燕相似而紫胸紅腹。《詩疏》合紫燕、越燕爲一，其實同類而殊種也。《爾雅》：燕燕，鳦。疏云：燕燕又名鳦。郭云：一名元鳥，齊人呼鳦，即今之燕，古人重言之。《禽經》：元鳥愛其類。注云：元鳥，鷙也，朝奇而暮偶，愛其類也。《本草綱目》：燕字篆文象形。乙者，其名自呼也。元，其色也。鷹鷂食之則死，故有鷙鳥之稱。能興波祈雨，故有游波之號。《埤雅》云：燕春社來秋社去，故謂社燕。有二種，其紫胸輕小者爲越燕。《酉陽雜俎》云：世説鷰泥爲窠，聲多稍小者爲漢燕。《詩名物疏》云：越燕小而多聲，頷下紫，巢于門楣上，謂之紫燕，亦謂之漢燕。其來主孚乳，其去也多藏深山大空木中，無羽毛，或蟄藏抵岸中，亦云入水爲蜃蛤，《淮南子》云『燕之爲蛤』是也。案《庶物解》云：燕就陽而畏陰，至南而勞，至北而息。元鳥西北自所歸而言，鳦鳥東南自所生而言，似燕之爲鳥，皆生于東南而歸于西北也，則西北春社後不當有燕矣。今西北方暨塞外三四月間，飛燕成羣，或巢于山巖，或巢于溪岸村墟廬室門楣梁棟之上，黏泥砌壘，孚乳其中，是知燕乃隨方而有，非春至南而秋至北也。所謂春社來秋社去，理則有之。蓋燕至秋九月時，即多藏蟄于深山大木之中。樵採者時于古木空穴見蟄燕無數，櫛比而伏。至明年春月，則相背分飛而去，各尋故壘。南方之燕多蟄于洲渚沙岸之內，人或得之，體無羽毛。海上人云：有人至海島間，見燕毛委地，知《詩疏》所云無毛羽者乃南方蟄燕也。春氣暖發，脱毛復長，至驚蟄後乘陽氣蒸騰而出，千百爲隊，飛翔剪掠，謂之舞燕，故或訛爲入水爲蛤，或傳爲海外飛來也。是知燕之去乃蟄也，其來乃出也，與鴈之春孳于北秋徂于南者異矣。至《埤雅》謂燕有二種，亦舉其大略而言。今即所見者，有越燕、紫燕、蛇燕、白燕，其他如沙燕、金絲之類，或以色分，或以形異，尚不一而足也。

又《蛇燕》　一名胡燕，一名夏侯。蛇燕大于越燕，長身，短觜，黑睛，黑頰，黑頭，臆腹白質蒼斑，赤黑項，青黑膊，背近尾處蒼赤色，黑翅，黑尾，青黑足。《名物疏》云：胡燕比越燕大，臆前白質黑章。其聲亦大，巢于大屋兩榱。其長有容匹素者，謂之蛇燕。其尾岐分光澤，故《漢書》『燕燕尾涎涎』，言美好之貌也。《埤雅》云：胸斑身大者是胡燕，俗呼爲夏侯。

紀事

漢　班固《漢書》卷二七《五行志》　成帝綏和二年三月，天水平襄有燕生爵，哺食至大，俱飛去。京房《易傳》曰：賊臣在國，厥咎燕生爵，諸侯銷。一曰，生非其類，子不嗣世。

五代　王仁裕《開元天寶遺事》卷三《傳書鷰》　長安豪民郭行先，有女子紹蘭。適巨商任宗，爲賈於湘中，數年不歸，復音書不達。紹蘭目覩堂中有雙鷰戲於梁間，蘭長吁而語於鷰曰：我聞鷰子自海東來，往復必徑由於湘中。我壻離家不歸數歲，蔑有音耗，生死存亡弗可知也，欲憑爾附書，投於我壻。言訖淚下。鷰子飛鳴上下，似有所諾。蘭復問曰：爾若相允，當泊我懷中。鷰遂飛於膝上。蘭遂吟詩一首云：我壻去重湖，臨窻泣血書。慇懃憑鷰翼，寄與薄情夫。蘭遂小書其字，繫於足上，鷰遂飛鳴而去。任宗時在荆州，忽見一鷰飛鳴於頭上。宗訝視之，鷰遂泊於肩上，見有一小封書繫在足上，宗解而視之，乃妻所寄之詩。宗感而泣下，鷰復飛鳴而去。宗次年歸首，出詩示蘭。後文士張説傳其事，而好事者寫之。

又《玉堂閒話・范質》（引自《太平廣記》卷四六〇）　漢户部侍郎范質言：嘗有燕巢於舍下，育數雛，已哺食矣。其雌者爲猫所搏食之，雄者啁啾

久之方去。即時又與一燕爲匹而至，哺雛如故。不數日諸雛相次墮地，宛轉而殪。兒童剖腹視之，則有蒺藜子在嗉中。蓋爲繼偶者所害。

明　周復俊《涇林雜紀》卷二　燕春來秋往，恒有定期，然亦有至秋社不歸者。吴人冬月伐枯樹，見其數十爲群，口皆啣泥蟄于隟間。

著録

清　陳邦彦《烏衣香牒序》　陸鴻漸之清雅閑著《茶經》，范石湖之蕭疎漫徵《梅譜》。蓋鬭儷花鳥，雖壯夫所羞稱，而箋釋蟲魚，亦大雅所不廢。鵬翼何能懸擬且説，微禽苞輝未易輕描聊題。凡鳥翩如意怠，巧哢若歌宛，爾游波輕身能舞。覩眼前之佳致，悟物外之化機。彦也廿載直廬，十年鄉井，社邊風景，曾度暖而諳凉。戊日心情覺倦，飛而向蟄，坐陶潛之陋室，臨庾信之紙窻，敘彼烏衣，製成香牒。夫紹蘭紅線，能通兩地。書郵田琢，蠟丸竟驗。十年詩讖，好事者託諸子虚之口，觀理者指爲烏有之談。不過拭詞客之青衫，佐騷人之紅豆。然而欲資嘲謔難廢叢殘，况乎智可知時，信能踐素。春來秋去，如尋息壤之盟，並宿雙飛，大有河洲之摯。珠簾繡閣，年年因眷舊重來。陋巷茅檐，歲歲不嫌貧拋去。彼雖小物，頗擅數端。我撮大凡，已堪三復。亟宜壽之梨棗，方將藉以縹緗。爰定八門，兼分三卷，如循環于文手，麗同掌上之人。倘藏弆于巾箱，珍比釵頭之玉。乾隆三年孟春榖旦匏廬道人陳邦彦書。

清　永瑢《四庫全書總目》卷一一六　《烏衣香牒》四卷。《春駒小譜》二卷。浙江巡撫採進本。國朝陳邦彦撰。邦彦字世南。此本題匏廬道人，其自號也。海寧人，康熙癸未進士，官至内閣學士兼禮部侍郎。《烏衣香牒》皆採摭燕事，凡分八門。前有乾隆戊午邦彦自序，云分爲三卷，而此多一卷，疑刊刻之時分四卷，以均頁數，而序則未及追改耳。《春駒小譜》皆採摭蝶事，分爲五門。蓋欲仿宋人《蟹録》之例，以爲談助。然蒐羅雖廣，而考核多疎。一時寄興之作，固不暇於精審也。

藝文

晉　傅玄《燕賦有序》（引自《漢魏六朝百三家集》卷四六）　有言燕今年巢在此，明歲故復來者。其將逝，翦爪識之，其後果至焉。燕燕于飛，差池其羽。何詩人之是興，信進止之有序。秋背陰以龍潛，春晞陽而鳳舉。隨時宜以行藏，似君子之出處。惡焚巢之兇醜，患林野之多阻。諒鳥獸之難羣，非斯人而誰與。惟里仁之爲美，託君子之堂寓。逮來春而復旋，意眷眷而懷舊。一委身乃無餘，豈改適而更赴。

晉　郭璞《燕讚》（引自《漢魏六朝百三家集》卷五七）　燕燕于飛，瑞娥以卵。玄玉爰發，聖敬日遠。商人是頌，詠之弦管。

南朝梁　吴均《詠鸎》（引自《文苑英華》卷三二九）　一鸎海上來，一鸎高堂息。一朝相逢遇，依然舊相識。問爾來何遲，山川幾紆直。答言海路長，風多飛無力。

南朝梁　蕭統《昭明太子集》卷一《詠新鸎》　新禽應節歸，俱向吹樓飛。入簾驚釧響，來窗礙舞衣。

南朝陳　蕭詮《啣泥雙燕》（引自《文苑英華》卷三二九）　啣泥金屋外，表瑞玉筐中。學飛疑漢妾，巢幕憚吴宫。爪截還猶短，窠成常不空。詎並零陵石，飛舞逐春風。

唐　李嶠《燕》（引自《文苑英華》卷三二九）　天女伺辰至，玄衣澹碧空。差池沐時雨，頡頏舞春風。相賀雕楹側，雙飛翠幕中。勿驚留爪去，猶冀識吴宫。

唐　張九齡《曲江集》卷五《詠燕》　海燕何微眇，乘春亦暫來。豈知泥滓賤，秖見玉堂開。繡户時雙入，華軒日幾迴。無心與物競，鷹隼莫相猜。

唐　樊晦《鷰巢賦以平入空極爲韻》（引自《文苑英華》卷一三八）　鳳凰集於梧桐，鵂鶹巢於枳棘。俱順時以適理，盡攝生以自得。豈如雕梁祺燕，葺高巢以安息。既開珧户，逐仙羽以長生。或在玉筵，疑作「玉筐」。《文選》安陸王碑文注：有娀氏取燕，覆以玉筐。馴主人而含識。質有禀於玄造，妙無方兮何極。頡頏金

屋，差池翠宮。銜泥繞棟，度勢巡空。憐綺窻之華影，愛羅幌之春風。得地相賀，分飛就功。廣狹殊軌，規模不同。散彩彬斑，攢文溱湑。疊輕蘂而矜暖，布重泥而訝濕。跡似連珠，形如聚粒。霽光分曉，出虚實以雙飛；微陰合暝，舞低簷而並入。我室既真，虚白自生，逼之不懼，撫之不驚。故烏鵲可循而窺也，龜麟協瑞於太平；余所以觸物而作興，唯鷰雀之一鳴。

唐　侯喜《秋鷰辭巢賦以秋冷去急爲韻》（引自《文苑英華》卷一三八）　漢落葉兮，火星西流；白露降兮，萬物知秋。嘉此鷰之有感，將辭巢兮命儔。命儔兮焉求，應節兮周遊。去此集彼，正爲良謀。經北户以一息，度南軒而久留。久留伊何，我翼新整。雖華屋之可戀，怯高巢之夜冷。得不上下其音，翩翻其影。射白日之淹留，候令辰之光景。乘秋而發，且有便於風高；養羽既成，亦可知其路永。況夫將適之所，必能安據。縱眷乎此巢可居，固難以久而不去。克有攸往，足觀來譽。殺氣澄秋，晴光滿曙。當是美景，此焉鶱翥。遂乃横絶堦墀，遠謀原隰。事必謀始，翔而不集。空長而矯翼彌高，日暮而連飛轉急。同發者或有不進，後來者莫能相及。巢兮徒有，思其所葺。

唐　元稹《元氏長慶集》卷二五《有鳥二十章》　有鳥有鳥名燕子，口中未省無泥滓。春風吹送廊廡間，秋社驅將嵌孔裏。雷驚雨灑一時蘇，雲壓霜摧半年死。驅去驅來長信風，暫託棟梁何用喜。

唐　鄭谷《雲臺編》卷中《燕》　年去年來來去忙，春寒煙暝度瀟湘。低飛緑岸和梅雨，亂入紅樓揀杏梁。閒几硯中窺水淺，落花徑裏得泥香。千言萬語無人會，又逐流鶯過短墻。

唐　羅隱《羅昭諫集》卷二《燕》　不必嫌漂露，何妨養羽毛。漢妃金屋遠，盧女杏梁高。野迥雙飛急，烟晴對語勞。猶勝黄雀在，棲息是蓬蒿。

唐　徐寅《徐正字詩賦》卷二《燕》　從待銜泥濺客衣，百禽靈性較他稀。何嫌何恨秋須去，無約無期春自歸。鶗鴂不容應自怪，棟梁堪庇願相依。吴王宫女嬌相襲，合整雙毛預奮飛。

唐　釋齊己《白蓮集》卷三《新燕》　燕燕知何事，年年應候來。却緣華屋在，長得好時催。花外銜泥去，空中接食廻。不同黄雀意，迷逐網羅媒。

唐　李中《燕》（引自《全唐詩》卷七四八）　豪家五色泥香，銜得營巢太忙。喧覺佳人晝夢，雙雙猶在雕梁。

宋　滕白《燕》（引自《宋藝圃集》卷一）　短羽新來別海陽，真珠高捲語雕樑。佳人未必全聽爾，正把金針繡鳳凰。

宋　李覯《盱江集》卷三六《燕雀二首》　燕子從來巧語聲，主人相愛是常情。黄頭老雀何能解，飽食官倉過一生。

繡户珠簾見最頻，暖來寒去但安身。翟公門下時飛入，全勝交情斗頓人。

宋　王安石《臨川文集》卷三三《燕》　處處定知秋後別，年年長向社前逢。行藏自欲追時節，豈是人間不見容。

宋　何夢桂《潛齋集》卷三《燕》　羽翮衝天勢轉危，啣泥莫笑爾身卑。風雕要避雲中箭，秖託梁間不用疑。

金　趙秉文《滏水集》卷八《燕》　宦遊憐我食官倉，嬴得青青雨鬢蒼。不會無情雙燕子，南來北去爲誰忙。

元　宋無《翠寒集・燕》　銜得香泥去，花間日午時。玉人方睡起，莫訝卷帘遲。

元　袁士元《書林外集》卷七《歸燕》　西風吹影過天涯，不憚迢迢去路賒。畫棟一身終是客，烏衣千里却爲家。

明　袁凱《海叟集》卷三《白燕》　故國飄零事已非，舊時王謝見應稀。月明湘水初無影，雪滿梁園尚未歸。柳絮池塘香入夢，梨花庭院冷侵衣。趙家姊妹多相忌，莫向昭陽殿裏飛。

明　葉盛《菉竹堂稿》卷二《巢燕》　一度啣泥一度春，茅簷華屋揔棲身。翟公門下重來客，不識何顔見主人。

明　顧璘《息園存稿詩》卷一《誚沙燕賦》　河朔之野，川厓壁起，有鳥曰沙燕，穴居鷇化，以陋見全，厥類日夥。人舟過驚，見飛噪憑怒。余與八厓子惡其驕也，並作賦誚焉。嗤彼沙燕，翾翾川湄。不巢而穴，託體何卑。族類冗瑣，毛羽襳褷。大不盈握，弱靡自持。象恧玉釵，棲惴華榱。祥乖玄卵，貴失烏衣。堁塊蓽户，鼠壤資饑。朗日弗照，清風鮮吹。童穉攸害，蹂轢横施。莫假矰繳，矧乎罔罝。嗚呼！是淫譟而雜處，惡濕而居下者邪？是獺以爲魚，鸇以爲鼠者邪？是泥啄而風舉者耶？是旅獖羊以

爲厲藪者耶？羽不飾旌旄，肉不登鼎俎。狡伏而惡寒，蹀動而附暑。譬之人倫穿窬是伍，請付之鬻釜。

明　文徵明《太史詩集·新燕篇》（引自《文氏五家集》卷四）　杏花飛飛春燕來，主人花下新堂開。花間相見驚相識，緑樹東風捲簾入。漠漠疎烟碧草齊，斑斑小雨春泥濕。城中甲第連雲起，畫棟朱甍春旖旎。故壘能無繡幕思，多情却向茅簷底。茅簷日暖繡幙寒，去來只作尋常看。乃知物性無新故，世人自爾分貧富。我家舊宅經幾遷，僅有此屋三年前。一朝差池忽在眼，便覺華焕生榱椽。不嫌香土污書帙，時有飛花落舞筵。人言禽鳥得氣先，主人貧病何當痊。人生未怕常貧賤，但願年年見新燕。

又《太史詩集·詠白燕》（引自《文氏五家集》卷六）　高下翩翩雪羽齊，江南社後絮飛時。夢回王謝烏衣盡，舞罷昭陽縞袖垂。簾外風輕銀剪剪，釵頭春冷玉差差。畫樓霜月傷心處，只許張家盼盼知。

明　文彭《博士詩集·詠白燕追次袁海叟韻》（引自《文氏五家集》卷七）　驚見玄禽故態非，雪翎玉首世應稀。越裳雉尾姬周化，瀚海烏頭漢使歸。誤入梨花惟聽語，輕沾柳絮似添衣。珠簾不隔涼州路，任爾差池上下飛。

明　文嘉《和州詩集·白燕》（引自《文氏五家集》卷九）　雙燕翩然下竹扉，曉簷霜羽弄輝輝。誰言白鳥非玄鳥，肯信烏衣是雪衣。小院風輕迷蝶去，滄江日暮伴鷗歸。也知自惜奇毛羽，不向朱門汗漫飛。

明　王格《少泉詩集》卷六《燕》　高棟欝嶙峋，年年一度春。堂前知幾主，來掃盡梁塵。

明　皇甫汸《皇甫司勳集》卷三三《題燕》　緑裊輕絲巷柳斜，朱顔依舊映桃花。雙雙慣向春風舞，愛得宮腰似趙家。

明　黎民表《瑶石山人稿》一一《和顧汝和玉河見白燕》　杏花桃葉盡芳菲，曲水春風半掩扉。玉羽乍窺池上影，霓裳如舞月中衣。畫梁多是無心繞，金屋誰同作伴飛。回首鳳笙雲路杳，雕籠爭道不如歸。

曾是烏衣國裏身，玉樓瓊樹换豐神。雙飛剪出機中素，獨立妝成掌上人。月下步摇花有態，水邊飄動襪生塵。梁園詞客難成賦，洛浦相逢總未真。

明　王世貞《弇州四部稿》卷四四《爲人賦白燕》　掠水穿花拂畫梁，此星方合字瑶光。珠簾不辨差池影，玉樹長銜旖旎香。明月張樓衣是素，昭陽趙殿粉爲粧。零陵一片無情石，巫女風多也學狂。

清　唐夢賚《志壑堂詩集》卷一〇《巢燕》　海樹雙棲又北歸，紅襟不與故山違。輕風簾幕花初艷，細雨林塘緑乍肥。萬里浮名占紫頷，五侯舊第認烏衣。明年更有新巢在，華屋將雛何處飛。

清　魏荔彤《懷舫詩集》卷八《白燕》　爲惜雕梁玉羽寒，依棲板屋頗相安。飛來不染新蕪色，舞處寧忘素扇團。梨苑啣春香自潔，瑶臺照影雪多殘。招招宜入投懷夢，尚覺清秋白袷寛。

尚書樓鎖雪霜姿，來值烏衣冷淡時。砌壘是花皆玉屑，結巢有館定瑶池。翅沾梅蕊香無迹，梁積芹泥涅不緇。蹴起天桃紛落瓣，雙雙素壁點臙脂。

清　譚瑩《樂志堂詩集》卷二《白燕和袁海叟》　不著纖埃亦復生，嬋娟誰許輒投懷。鬱金堂角霞侵幌，碎錦坊東月滿街。似此留仙真絶豔，有人繡佛竟長齋。漢宮舊事休牢記，聞道前生本玉釵。

清門偏汝不曾疎，賦洗巢詩特稱渠。粉署風埃乘月暫，銀塘煙水啄泥初。黄衫鬬草經春社，縞袂尋花認故居。鬢未作霜根觸易，魏公賓客石蒼舒。

鳳比桐花倍可憐，白衣至幸白衣還。鏡臺偶傍剛留月，釵股誰拋總化煙。雕玉珮飄原颯纚，爛銀袍著儘便嬛。石巢相浼春燈例，錯認紅閨拾素箋。

毛衣换却轉清華，齊捲珠簾見影斜。新寡宜逢王整姊，休祥偏稱馬樞家。啄泥屑唊銀苗菜，帶月留棲玉茗花。海島由來非族類，莫沿名字錯相加。

白鳳雛同玉有瑕，嫩紅應妒杏交花。社前相見單衫换，海外重來兩鬢華。月地雲階新主第，銀櫳珠閣美人家。生時不夢年時見，怪比燕公福命差。

雜録

南朝梁　任昉《述異記》卷上　鷰千年生胡髯。

唐　段成式《酉陽雜俎續集》卷八　千歲燕，齊魯之間謂燕爲乙，作巢避戊己。《玄中記》云：千歲之燕户北向。《述異要》云：五百歲燕生胡髯。

圖表

晉 郭璞《爾雅音圖・釋鳥》

明 李時珍《本草綱目・圖卷》

清 徐鼎《毛詩名物圖說》卷一

百舌

論説

宋 羅願《爾雅翼》卷一四《反舌》 反舌，春始鳴，至五月止。能變其舌，反易其聲以效百鳥之鳴，故名反舌，又名百舌。《淮南子》曰：人有多言者，猶百舌之聲。人有少言者，猶不脂之户。謂多言而不得其要，徒爲譊譊耳。不脂之户，則以難於啓閉故也。反舌所以五月無聲者，陽氣極於上，陰氣起於下，百舌無陰，故無聲，其有聲則爲異。《周書・時訓》曰：芒種之日，螳蜋生，又五日鵙始鳴，又五日反舌無聲。反舌有聲，佞人在側。《春秋保乾》曰：江充之害，其萌反舌鳥入殿。此其驗也。以月言之則如此，以歲言之則少陰少陽司天，子午寅申之歲，羽蟲則静。説者以爲諸黑色有羽翼者，胡越燕、百舌鳥之類。反舌，今人多畜養者，而《風土記》以祝鳩爲反舌，

則非其類。又蔡邕謂反舌，鼃也，今謂之蝦蟇，其舌本前著口側而末向內，故謂之反舌，引《易通卦驗》『博勞鳴，蝦蟇無聲』爲證。然蝦蟇五月中得水，適當聒人耳，何反無聲？或蝦蟇舌性自然，不必爲反舌也。故鄭氏不取。

綜述

明 李時珍《本草綱目》卷四九 百舌《拾遺》 釋名：反舌、鶷鷎。音轄軋。時珍曰：按《易通》云『能反復如百鳥之音』，故名。鶷鳥，亦象聲。今俗呼爲牛屎哵哥，爲其形似鸜鵒而氣臭也。梵書名舍羅。集解：藏器：肖百舌，今之鶯也。時珍曰：百舌處處有之，居樹孔、窟穴中。狀如鸜鵒而小，身畧長，灰黑色，微有斑點，喙亦尖黑，行則頭俯，好食蚯蚓。立春後則鳴囀不已，夏至後則無聲，十月後則藏蟄。人或畜之，冬月則死。《月令》『仲夏反舌無聲』即此。蔡邕以爲蝦蟇者，非矣。陳氏謂即鶯，服虔《通俗文》以鶷鷎爲白脰鳥者，亦非矣。音雖相似，而毛色不同。

明 慎懋官《華夷花木鳥獸珍玩考》卷七《喚起》 形不踰反舌，春曉則鳴，每聲則連呼起字，其聲圓滑如黄鸝，林薄叢密之處多棲息焉。韓退之『喚起窻前曙，催歸日未西』，喚起即此鳥也。見《九華山志》

明 穆希文《説原》卷一〇 百舌，反舌也。春始鳴，至五月止。能变其聲，以效百鳥之鳴。但不如画眉之甚巧耳。其所以五月無聲者，盖陽氣極于上，陰氣極于下，百舌無陰，故無聲。其有聲則爲異。

明 吴楚材《疆識略》卷三一 百舌 反舌無聲，見《月令》。二三月鳴，至五月無聲，亦候禽也。蒼毛尖觜，形小於鸜鵒，能反覆其舌，隨百鳥之音，故謂之百舌。顧況《早春》詩：一家千里外，百舌五更頭。

明 曹學佺《蜀中廣記》卷五九 又云百舌鳥，出蜀山谷間。毛采翠碧，蜀人多蓄之。一名翠碧鳥，善效他禽語，凡數十種，非東方所謂『反舌無聲』者。往往亦矜鬬，至死不解。然捕者告罕，故惜之不使極其擊云。贊曰：緑衣紺尾，一啼百囀；可樊而蓄，爲世嘉玩。《拾遺記》曰：吴黄龍元年，越巂之南獻背明鳥，止不向明，巢常對北，多肉少毛，聲音百變，聞鐘磬笙竽之聲則奮翅摇頭，時人以爲吉瑞。及遷都建業，吴人語訛呼背明爲背亡鳥。國中以爲大妖，不及百年當有喪亂滅亡之事，果如斯言。

明 劉侗《名物通》卷九 反舌，《風土記》曰祝鳩，仲夏月反舌無聲。又云能反覆其口，隨百鳥之音，大不踰鶯，飲春水而開口，飲秋水而閉口。

清 陳淏子《秘傳花鏡》卷六《養禽鳥法・百舌》 百舌，一名鶷[鷎]，一名題鴂，又名反舌。隨在有之，居樹孔及窟穴中。狀如鸜鵒而小，身稍長，羽色灰黑，微有幾斑點，喙亦黑而尖，行則頭俯，好食蚯蚓。立春後則鳴之不已，其聲多十二囀，且能作諸鳥之音，最悦人耳，此際衆芳生。夏至後則寂然無聲，而衆芳歇。至十月後，亦如黿蛇，皆藏蟄不見。人或取而畜之，過冬多死。必須善養者，以護持之。

清 嵇璜《續通志》卷一八〇 百舌，一名反舌，一名鶷鷎。音轄軋李時珍曰：按《易通》云『能反覆如百鳥之音』，故名鶷鷎，亦象聲也。狀如鸜鵒而小，蒼毛尖喙，好食蚯蚓，居樹孔窟穴中。立春後則鳴，夏至後則無聲，十月後則藏蟄。《月令》『仲夏反舌無聲』即此。

清 佚名《鳥譜》卷三《南百舌》 一名反舌，一名喚春，一名鶷鷎，一名舍羅，一名祝鳩。南百舌，赤黑睛黄眶，黄觜，通身純黑，赤黑足。《禮記・月令》：仲夏之月，反舌無聲。注云：反舌，百舌鳥也。疏云：反舌鳥，春始鳴，至五月稍止。其聲數轉，故名反舌。《易通卦驗》云：百舌者，反舌鳥也。形小於鸜鵒，二三月鳴，至五月無聲，亦候鳥也。一名望春，一名喚起，江南人謂之喚春鳥，聲圓轉如絡絲。《淮南子》注云：反舌能辨變，其舌反易其聲以效百鳥之鳴，故謂百舌。五月無聲者，陽氣極于上，微陰起于下，百舌無陰，故無聲也。《朝野僉載》云：百舌春囀夏止，唯食蚯蚓。正月後凍開蚓出而來，十月蚓藏而往，盖物之相感也。《本草綱目》云：百舌，一名鶷[鷎]。李時珍曰：鶷鷎亦象聲，今俗呼爲牛屎哵哥，爲其形如鸜鵒而氣臭也。梵書名舍羅。又云：百舌處處有之，居樹孔窟穴中。灰黑色，行則頭俯。立春後則鳴囀不已，夏至後則無聲，十月後則藏蟄。

又《北百舌》 北百舌，雄者身如鸜鵒，黑睛，淺黄眶紅觜，通身深黑色，膊下白毛一節，翅根亦間以白色，蒼紅足黑爪。雌者黑睛白眶紅觜，通身香色，背翅尾稍深，翅根微露白毛，蒼紅足爪。南方百舌，通身黑色，絶無紅觜者也。

藝文

南朝梁　沈約《反舌鳥賦》(引自《漢魏六朝百三家集》卷八七)　咨玄造之大德，播含靈於無小。有反舌之微禽，亦班名於庶鳥。乏佳客之可翫，因繁聲以自表。其聲也，驚詭噂噡，縈紆離亂，駢浮迴合，喦危瑣散。或發曲無漸，或收音去半。既含意於將曉，亦流妍於始旦。雜沓逶迤，嗷跳參差。攢嬌動葉，促囀縈枝。分宫析徵，萬矩千規。因風起哢，曳響生奇。對芳辰於此月，屬今余之遵暮。倦城守之諠疲，愛田郊之閒素。眷春物而懷之，聞好音於庭樹。

南朝梁　劉孝綽《詠百舌》(引自《文苑英華》卷三二九)　山人惜春暮，旭旦坐花林。復值懷春鳥，枝間弄好音。遷喬聲迥出，赴谷響幽深。乍聽長而短，時聞絶復尋。孤鳴若無對，百囀似羣吟。昔聞屢歎昔，今聽忽悲今。聞聽非殊異，遲暮獨傷心。

唐　劉禹錫《劉賓客文集》卷二一《百舌吟》　曉星寥落春雲低，初聞百舌間關啼。花樹滿空迷處所，摇動繁英墜紅雨。笙簧百囀音韻多，黄鸝吞聲燕無語。東方朝日遲遲升，迎風弄景如自矜。數聲不盡又飛去，何許相逢緑楊路。綿蠻宛轉似娱人，一心百舌何紛紛。酡顔俠少停歌聽，墜珥妖姬和睡聞。可憐光景何時盡，誰能低回避鷹隼。廷尉張羅自不關，潘郎挾彈無情損。天生羽族爾何微，舌端萬變乘春輝。南方朱鳥一朝見，索漠無言蒿下飛。

唐　張籍《張司業集》卷四《徐州試反舌無聲》　夏木多好鳥，偏知反舌名。林幽還共宿，時過即分聲。竹外天空曉，谿頭雨自晴。居人宜寂寞，深院益淒清。入露暗相失，當風閑易驚。來年上林苑，知爾最先鳴。

唐　元稹《元氏長慶集》卷二五《有鳥二十章》　有鳥有鳥皆百舌，舌端百囀聲咄嗟。先春盡學百鳥啼，真僞不分聽者悦。伶倫鳳律亂宫商，盤木天雞誤時節。朝朝暮暮主人耳，桃李無言管弦咽。五月炎光朱火盛，陽焱燒陰幽響絶。安知不是卷舌星，化作剛刀一時截。

唐　嚴郭《賦百舌鳥》(引自《全唐詩》卷七七〇)　此禽輕巧少同倫，我聽長疑舌滿身。星未没河先報曉，柳猶粘雪便迎春。頻嫌海燕巢難定，却訝林鶯語不真。莫倚清風更多事，玉樓還有晏眠人。

唐　无則《百舌鳥二首》(引自《全唐詩》卷八二五)　千愁萬恨過花時，似向春風怨别離。若使衆禽俱解語，一生懷抱有誰知。

長截隣雞叫五更，數般名字百般聲。饒伊摇舌先知曉，也待青天明即鳴。

宋　宋祁《景文集》卷四七《百舌鳥贊》　緑衣紺尾，一啼百轉，可樊而畜，爲世嘉玩。出邛蜀山谷間。毛彩翠碧，蜀人多畜之，亦云翠碧鳥。善效他禽語，凡數十種，非東方所謂『反舌無聲』者。性亦矜鬬死不解，然捕者告罕，故惜之不使極其鷙云。

宋　王質《紹陶録》卷下《百舌兒》　身黑，觜足皆黄，他禽善鳴者，輒效之，俄傾作數種，審聽知其皆此禽。

百舌兒，百舌兒，發口及時莫過時。柳色花香皆可掇，林光水光多足娱。花沾舌，柳沾舌，吟咏山風共山月。嗚呼此友兮相追隨，樹巔一聲春夢歸。

宋　釋文珦《潛山集》卷六《反舌》　毛羽誠無取，禽中號善鳴。能將一片舌，巧作百般聲。元是因風氣，曾非出性情。君看五月後，瘖默媿流鶯。

宋　邱葵《釣磯詩集》卷四《伯恭姪家書所見》　百舌在墻東，其子在墻西。縱有反哺日，那得如哺兒。其二：百舌在墻頭，其子在墻根。飛飛拾蟲蟻，哺之何殷勤。其三：百舌在墻廉，其子在墻陰。他年汝哺兒，方識父母心。

明　葉盛《菉竹堂稿》卷二《百舌》　從來君側怕讒人，此鳥多言恐未真。蚯蚓飽時飛去好，太平歡樂萬年春。

明　文肇祉《録事詩集・反舌》(引自《文氏五家集》卷一四)　年來月令也無憑，五月枝頭反舌鳴。萬語千言爲誰訴，攪余殘夢不分明。

明　王世貞《弇州四部稿》卷四九《百舌》　千週睍睆復罵丁，不向東風自一鳴。何以儂家卑脚鳥，此生長技自呼名。

清　釋讀徹《蒼雪和尚南來堂詩集》卷三《七言律・咏百舌》　春禽到爾絶能言，冷韻問情調弄繁。一夜吹殘紅杏雨，百般叫出緑楊村。飛來

毛羽猶堪認，聽罷聲名未可論。鸚鵡與君誰得似，不因巧舌被籠樊。

清 王道《江湖閒吟》卷四《百舌》 小園無樹堪棲鳥，恰有百鳥啼音巧。春夢沉沉醒未醒，芙蓉枕畔微微攪。但聞其聲不見身，張子兩耳目成眇。何事終朝屋角頻，多言或恐致鷹爪。汝本佞口巧如簧，前生當以倖佞老。大隄若遇冶遊郎，酷好巧佞愛少小。畢之羅之伺汝遭，一入樊籠莫懊惱。舉頭雲鶚是神仙，卽見城烏亦縹緲。何如鸚鵡喚琵琶，獨宿金閨親窈窕。

清 黃文暘《埽垢山房詩鈔》卷一二《百舌鳥》 百舌鳥，言何巧。爾言巧，人道好。我言拙，人所惱。吁嗟乎，我舌不敢爾。爾乃百舌任顛倒，是何言語不可曉。鉤輈格磔人愛聽，愛者頗亦不了了。

清 趙文楷《石柏山房詩存》卷一《礫存集·詠百舌》 桃花紅未了，百舌鬧春曉。能作百般聲，枝頭壓衆鳥。

圖表

明 李時珍《本草綱目·圖卷》

白頭翁

綜述

《爾雅·釋鳥》 鶟鶦鳥。注：似雉，青身，白頭。音義：鶟，徒忽反，本亦作突。鶦字或作胡。疏：鶟鶦，鳥名也。郭云：似雉，青身，白頭。

宋 鄭樵《通志》卷七六 鶟，《爾雅》曰：鶘鳥。鶟，音突。郭云：似雉，青身，白頭。

明 田藝蘅《留青日札》卷三一《白頭翁》 鳥之名白頭翁者二種。其一綠衣素襟而頂毛圓白如小錢者，愛往來于花樹間。其一純黑衣，紅足朱喙，惟首盡白，獨桑時群至。又獸亦有白頭翁，乃猿也，白頂黑身或黃體，廣西兩江中甚多。至于白額虎、白顛馬、白項烏，皆相類也。

明 董斯張《廣博物志》卷四八 鶟鶘鳥，似雉，青身，白首。

清 屈大均《廣東新語》卷二〇《禽語·白頭公》 白頭公者，似瓦雀而尾稍長，頭有白毛。五更鳴，啁哳可聽。予詩：春來催早起，最是白頭公。

清 嵇璜《續通志》卷一八〇 白頭翁，形似鶺鴒，其飛似燕之頡頏，頭上有白毛，身蒼色。

清 佚名《鳥譜》卷四《白頭翁》 白頭翁，黑睛，黑咮，黑頂，頂後白毛一片，眼旁至項環以黑毛，其頭上白毛中有一黑點，眼後黑毛中有一白點，白頷深灰臆，淺白腹，背膊蒼綠色，翅尾黑黃色，黑足爪。在處有之。《粵志》云：白頭翁者，似瓦雀而大，尾稍長。五更鳴，啁哳可聽。《江表傳》云：有白頭鳥集殿前，孫權問此何鳥？諸葛恪曰：白頭翁也。知此鳥之名舊矣。

又《白頭郎》 白頭郎，黑睛，黑觜，白頭項，黑頷，臆腹俱白，背膊深黑，翅毛黃黑，近尾背毛亦白，尾不甚長，深黑色，張尾則黑白毛相間，黑足爪。

藝文

宋 王質《紹陶録》卷下《白頭翁》 身閒皂，腦上一暈深黑團，一點鮮白。飛上下，不横斜。又號打線子。

白頭翁，白頭翁，咀嚼淺紫掐深紅。樹枝翻翻趒山狖，樹葉駁駁彫山蟲。不斜飛，不倒挂，一絲擲上一絲下。嗚呼！此友兮久相同，半銜蘿月半杉風。

宋 張鎡《南湖集》卷九《白頭翁鳥》 檜叢幽囀愜新晴，巧好春林百鳥聲。羽輩誤教推皓首，細聽多是少年情。

明 張昱《可閒老人集》卷一《白頭翁》 踈蔓短於蓬，卑棲怯晚風。祇緣頭白早，無處入芳叢。

明 張甯《方洲集》卷一〇《白頭公》 生來便唤白頭公，名物相依偶此同。滿地東風自春色，非關臨老入花叢。

明 文肇祉《録事詩集·白頭鳥争枝》（引自《文氏五家集》卷一四） 落日西風竹樹幽，閉門閒坐自悠悠。一雙小鳥争飛墜，老不相知媿白頭。

明 王世貞《弇州四部稿》卷四九《白頭翁》 嚴霜種種映顛毛，莫更嫌人賦老饕。處處珍苞渾欲盡，可辭羅網入蓬蒿。

清 愛新覺羅·弘曆《清高宗詩二集》卷三三《白頭翁》 頡頏常命侣，棲穩砌前枝。飲啄自如意，平生那解離。芳叢亦可入，妙繪若爲期。白髮嗟何限，稱翁爾正宜。

清 姚繼祖《詠白頭翁》（引自《兩浙輶軒續録》卷八） 鶴頂丹砂燕紫頷，纖禽何事獨皤然。唯予幾日能青鬢，憐爾一生無少年。花下微吟春欲暮，林閒投老骨難仙。吾生有恨終如此，爲憶莊周齊物篇。

清 臧吉康《白頭翁》（引自《兩浙輶軒續録》卷三二） 我老髮如雪，爾何亦白頭。樊籠不汝困，多事爲春愁。

清 謝元淮《養默山房詩藁》卷五《詠物雜詩·白頭翁》 緑鬢紅顔日漸非，何堪身世與心違。卻看小鳥渾無賴，頭白花閒未肯歸。

圖表

晉 郭璞《爾雅音圖·釋鳥》

畫眉

綜述

明 穆希文《説原》卷一〇 画眉，似鶯而小，黄黑色，其眉如画，故曰画眉。

清 愛新覺羅·弘曆《清朝通志》卷一二六 山畫眉，善鳴。塞外所産，與他處不殊，獨以卵珍，大僅如蓮子，緑如松石。亦有白色及斑褐文者。土人鎔蠟實其中，以爲簪珥之飾，鬻於關內。見《熱河志》。

清　嵇璜《續通志》卷一八〇　畫眉，似鶯而小，黄黑色，其眉如畫，巧作千聲如百舌。

清　佚名《鳥譜》卷三《畫眉》《閩書》：畫眉，白眉褐質，好鬬善鳴，清圓可聽。《粵志》：畫眉，黄褐色，有蒼點，其眉長如畫，巧作千聲如百舌。

又《石畫眉》石畫眉，身如雀，黑睛蒼觜，頰有細眉，頭背翅尾俱蒼緑色，頷至腹淺白，足微黄，聲極清轉可聽。

又《山畫眉》山畫眉，黑睛玉色觜，目上有淺黄毛一道如眉，頭頸背腹俱蒼褐色，淺黑翅，翅根有白毛，長黑尾，蒼足爪。生於塞外山中，跳躍不定，時低昂其尾。土人籠畜，鳴聲亦圓囀可聽，但不及南畫眉之綿婉耳。

清　方旭《蟲薈》卷一《羽蟲・畫眉》《廣輿記》：畫眉産四川。《潛確類書》：畫眉似鶯，黄黑色，其眉如畫，巧於作聲如百舌。旭按：畫眉吾鄉亦有之，又有色純白者。

紀事

宋　洪邁《夷堅支志・戊》卷六《黄主簿畫眉鳥》　黟縣黄祝紹先，爲鄱陽主簿。慶元二年四月，有偷兒入其室，收拾衣衾，分寘兩囊，臨欲去。黄氏育畫眉禽一，頗馴黠，解人語。是夜一家熟睡，禽忽躑躅籠中，鳴呼不輟。聞者以爲遭猫搏噬，遽起視之。盜望見驚懼，急走，出遺其一囊。黄亦覺，遣僕追躡，已失之矣。一禽之微，懷哺養之恩，而知所報如此，蓋有愧焉。

明　王圻《稗史彙編》卷一五九《沈鳥兒》　天順間，杭有沈姓者，畜一画眉，善叫能鬪。徽客許以十金購之，不與。一早，携至西湖，偶爾腹痛，坐卧于堤，不可歸。有相識箍桶匠過焉，沈即浼其歸報。家人至，則沈已無頭矣。視之，則箍桶刀殺之，血光顯然。遂執匠告於官，匠不勝拷掠，自誣服云：得鳥貨人，割頭棄之湖。然尋頭于湖，久不能得。獄不成，則官與沈俱懸賞以求。一日，有漁人兄弟持頭來受賞，水腐莫辨，因以成獄而匠秋决矣。數年後，有人見画眉籠于蘇州，驚疑而問其來歷。主人曰：此籠貨杭人某者。其人報沈家。沈氏子孫又疑而訪採某人，某欺罔不服，訟于官，一訊即服。問其頭，置湖畔枯楊腹中，取之果在焉。官以此獄既明，漁人之頭何來？因捕之加刑，則曰：吾父死，而弟兄欲得賞，故割頭以獻。三人遂皆棄市。嗚呼！一鳥而至人命有五。至今杭人以沈鳥兒爲禍根云。

著録

清　陳均《畫眉筆談・跋》　余嘗欲以鳥語作詩，因細聽畫眉音似云『如意如意』。嗟乎！苟能如意，余又何求乎余第。不知畫眉曰祝如意，果能如意否也。心齋張潮。

清　張潮《畫眉筆談題辭》　鳥之見畜于人者不一，大抵其類有四，或以羽，或以格，或以勇，或以音。然以羽則近于戲，以格則近于豪，以勇則近于博，惟以音則呢喃睍睆，清韻動人，真所謂俗耳鍼砭，詩腸鼓吹也。乃世人輒喜其能效人言，苟若是，則滔滔者天下皆是也，亦何必于黔喙之屬。求之乎鳥語之佳者，當以畫眉爲第一。余每過友人齋頭，聞其音輒低徊留之不能去。獨慮畜養乖方，徒滋歎惜，遂不復作樊籠。想余中表陳君康疇雅有此好，且能得其情性之所喜惡而時措之，以故雖難畜之鳥，竟能久而彌壽。因余酷愛其音，特著此帙以授余，將以余爲畫眉主人，不知余之手拮据而口卒瘏者，且盡于鴟鴞之侮。集枯，集菀，方自謀之不暇，而暇爲鳥謀乎？雖然，禽言有之，得過且過，不若提葫蘆，以博一醉。或者天道好還，鳩毒自斃，泥途滑滑，若輩行自遇之想行不得也。哥哥徒自歎于不如歸去而已。我且爲信天翁，雖不獲如鵬程之九萬，當亦不失爲雉之文明而耿介也。歙縣張潮題。

清　永瑢《四庫全書總目》卷一一六　《畫眉筆談》一卷。安徽巡撫採進本。國朝陳均撰。均字康疇，歙縣人。是書皆記豢養畫眉鳥之事，本不足道。然養鷹諸法，古人著録。姑存其目，以備博物之一端。

藝文

宋 歐陽修《**文忠集**》**卷一一**《**畫眉鳥**》 百囀千聲隨意移，山花紅紫樹高低。始知鎖向金籠聽，不及林間自在啼。

宋 文同《**丹淵集**》**卷八**《**畫眉禽**》 晝日閒窻坐好風，一聲初聽下高籠。公庭事簡人皆散，如在千巖萬壑中。

宋 王質《**紹陶録**》**卷下**《**畫眉兒**》 身褐，眉細長而烏觜白，形聲皆妍，類百舌能雜音，而此又能爲歌舞。

畫眉兒，畫眉兒，林下何須更畫眉。莽莽蘿蔓迷東西，聲高聲低聲總奇。非真畫，即真畫，棘刺藤梢時一掛。嗚呼！此友兮長相陪，樹杪聲來樹欲飛。

宋 高似孫《**剡録**》**卷一〇**《**草木禽魚下·畫眉**》 梅聖俞詩：山鳥本無名，兩眉如粉畫。文與可《畫眉詩》：百囀千聲隨意移，山花紅紫樹高低。始知鎖向金籠聽，不及林間自在啼。剡林谷雅多此也。

明 廣墩《**畫眉**》（**引自**《**古今禪藻集**》**卷二七**） 深谷虞羅不見尋，暖颸晴旭出喬林。雙眉不用長描畫，自在花枝美好音。

明 王世貞《**弇州四部稿**》**卷四四**《**畫眉**》 驕飛初傍上林春，百舌黄鸝鬬巧頻。白雪似侵風裏調，青山仍隱晝中顰。爭誇京兆雙彎嫵，别取成都十樣新。豪興未除吾計得，平陽歌舞不須人。

清 冒襄《**巢民詩集**》**卷三**《**畫眉**》 百轉千迴性，前身得妙因。十圖無此樣，數語便依人。緣愛防多妬，曾憐歎不辰。長林何日返，自在發清真。

清 丁澎《**扶荔詞·漁家傲·畫眉鳥**》（**引自**《**名家詞鈔**》） 消盡輕黄蛾暈小，一彎石葉啼粧巧。曾被阿環偷見了。傳書早，遠山猶帶霜痕皎。莫向昭陽争窈窕，十眉圖樣分多少。可惜謝娘秋漸老。慵臨照，錯將珠粉和愁掃。

清 李孚青《**野香亭集·戊寅稿·畫眉**》 千聲百囀最憐渠，歲月金絲舊侶疎。莫怪秋霜侵八字，前身天寶女尚書。

清 汪鶴孫《**咏畫眉**》（**引自**《**瑶華集**》**卷三**） 佳人爲愛名兒好，緊把雕籠盛了。未慣弄聲低悄，緑樹輕陰繞。黄鸝莫共伊爭巧，羽似素蛾輕掃。莫是有情京兆，再世留殘稿。

清 林開《**畫眉**》（**引自**《**淮海英靈集**》**戊集卷四**） 翩翩毛羽稱閒身，叫遍空山二月春。鎖向金籠伴鸚鵡，畫樓喚起曉粧人。

山呼

綜述

明 謝肇淛《**滇略**》**卷三**《**山呼**》 山呼似鸜鵒而差小，樊之易馴。宋蘇軾有咏山呼詩：終日鎖筠籠，回頭惜翠茸。誰知聲嘵嘵，亦自意重重。夜宿煙生浦，朝鳴日上峰。故巢何處是，鷹隼豈能容。

明 曹學佺《**蜀中廣記**》**卷五九** 黔中有山胡鳥，善鳴，一作『山呼』。東坡過涪州，得《山胡》詩云：終日鎖筠籠，回頭惜翠茸。誰知聲嘵嘵，亦自意重重。夜宿烟生浦，朝鳴日上峰。故巢何足戀，鷹隼豈能容。

清 吴綺《**嶺南風物記**》 山呼鳥，出廣州府，一名珊瑚，形似喜鵲，能爲百鳥之音，甚可聽。

清 屈大均《**廣東新語**》**卷二〇**《**禽語·山鶘畫眉**》 山鶘青紫，畫眉紅緑，形色小異而情性相同。畜之者雌雄必異其筊，異之則弄聲相唤，同則否。異之則其雄見雄，雌見雌，必隔筊而鬬，慮其雄其雌之爲所奪也，同則否。鳥之最妬，鬬以色者也，鵪鶉則鬬以食者也。山鶘一名山烏，其鐵脚者，眼赤而突者善鬬。臆間有黑毛一片，圓小而長者善鳴。雄者尾長，雌尾短。雄者音長，雌音短。畫眉則兩眉特白，其眉長而不亂者善鳴，胸毛短者善鬬。欲其善鳴，以生鷄子青調米飼之。欲其善鬬，以馬螳螂、蚱蜢兼嚼肉飯飼之。又必越兩日一浴，使毛衣光澤，身不生蝨，則其音流麗。二鳥皆

然。然畫眉喜棲山，自調其聲，與巖石相應以自娛。山鶘喜棲水，自調其聲，與流波相應以自娛。畫眉尤善轉聲，轉轉不窮，如百舌然。山鶘稍不及。畫眉嘴爪最利，其鬭至三四百合。勝者羽毛不動，曼聲長引，以鳴得意。敗則羽毛鬔鬆，伏而無響矣。晝離之，夜必合之，合之則四翼相交，屈首垂尾，團團然雌雄莫辯。獨寐則畏寒而苦憶，不能久活。二鳥者，蓋伉儷之敦篤者也。陽春、東安人喜鬭此鳥及黄頭，購以重金，致有以駿馬易之者。美食雕籠，視若嬌子。家家皆有之。畫眉性燥，山鶘性静，尤易畜。一名珊瑚，珍之也。予詩『人家盡養珊瑚鳥』是也。翁源有畫眉村，以多畫眉鳥，故名，亦貴之也。自化州至石城，一路深林邃谷，畫眉尤多。予嘗過之，有詩云：野花含笑滿，山鳥畫眉多。

清　嵇璜《續通志》卷一八〇　珊瑚鳥，大於畫眉，好鬭，出嶺南，巧聲之鳥也。見《山堂肆考》

清　佚名《鳥譜》卷二《珊瑚鳥》　亦作山鶘，一名山鳥。珊瑚鳥，形如百舌，赤目，黑睛，黑觜，尖喙，頂有幘，黑頰，頰旁有白毛一片，通身至尾純蒼色，足細而黑纖爪。《閩書》云：山鶘鳥大如鳩，蒼色，兩腮有圓點，黑白相映，翔跳不定，聲清調如鶯，人籠畜之。《粤志》云：山鶘，一名山烏，其鐵脚者，眼赤而突者，善鬭。臆間有黑毛一片，圓小而長者，善鳴。雄尾長，雌尾短。雄音長，雌音短。喜棲水，自調其聲，與流波相應。觜爪最利，東安人籠畜之，以鬭勝負。一名珊瑚，珍之也。

藝文

清　程晉芳《勉行堂詩集》卷四《刻楮集・珊瑚鳥》　廣南有鳥毛骨殊，翦尼較瘦鴝鵒腴。元裾長尾頰雪鋪，兩目爛赤如珊瑚。得名以此善自呼，吐音圓轉如流珠。羅致萬里來庭隅，一鳴春山百花發，再鳴秋山印秋月。嘈嘈雜雜千百鳴，紫鸞簫間雲和笙。忽如荒雞茅店小，又如犬吠深林表。木魚聲遠貝多新，欸乃歌微煙樹，渺。子規太悲鶯囀弱，鸜鵒徒將巧言託。柔聲宛宛慣依人，豈能無憶空山樂。珊瑚鳥爾獨不見，葳蕤紫鳳棲梧陰，輔以鸑鷟隨胎禽。百鳥頫覲紛羽襟，爾曷在側揚清音。輕噓徐吹静愔愔，高卑悉聽平其心。毋令反舌獻便佞，心貪乘時口求勝。鴟梟斂跡鵷鸇翔，調以中聲群物定。枋榆爾亦閑游衍，海氣連雲歸翼展。飲啄林泉養羽毛，桄榔葉暗紅蕉卷。

相思鳥

綜述

明　姚旅《露書》卷一〇　相思鳥，大如雀，紅嘴緑毛，文彩可愛。凡鳥睡皆相背，此鳥睡獨交頸。放其一，籠其一，旋自歸籠，驅之不去，若兩放則長逝矣，故曰相思。浦城最多。南都南州見畢鳷，其狀相似，不知卽相思否？

清　佚名《鳥譜》卷三《南相思鳥》　南相思鳥，黑睛白眶，赤觜，頰有黄眉，黄頷，赤黄臆，黑緑頂，項背色稍深，黑翅黄邊，黑尾，赤黄足。雌雄未當相離，閉一縱一，飛去輒歸，故有相思之號。《閩小紀》云：浦城得相思鳥，合雌雄一籠，閉一縱一，即遠去，久之必覓道歸，宛轉自求速入，居者于其初歸，亦鳴躍喜接，宿則以首互没翼中，距立若伉儷之重焉。明葉顯祖《相思鳥賦》序云：鳥大如爵，朱咮緑色。雌雄並棲，捕必雙得。如縱其一，百里尋赴。名曰相思，職是之故。

清　方旭《蟲薈》卷一《羽蟲・相思鳥》　《蓴鄉贅筆》：相思鳥產越中，飛必成雙，人得其一，則其一自至。旭按：卽十姊妹也，一名游香，其狀似雀，而毛有文采，能鳴。今人畜之，一籠數頭。

藝文

明　莫雲卿《相思鳥賦》（引自《明文海》卷三九）　惟鴻化之生生，埒

萬類而和均。溥醇精以繁育，亨品物其無垠。丹鳳産而徵聖，碧雞降而稱神。鸚䳇獻於遐裔，孔翠貢於罽賓。魯史書鴝鵒以紀變，姬公託鴟梟以自伸。鴛鸞啄實於梧竹，鸑鷟兆興於周郊。玄鵠矯征於千里，化鵬揭象於九旻。雀覽德而棲漢，隼表異而集陳。何斯禽之微瓅，亦靈慧而多仁。羽則飾而緑衿，的若染其朱唇。毳含金以雜紺，翅鈿碧而垂紳。體盈盈之媚態，舒咬咬之好音。偕伉儷而翔集，永顧利而同心。無蹇修以通辭，詎天作之良緣。每遨嬉於險峻，時升降於嶙峋。或相呼於岑蔚，亦招類於松筠。忽芳聲之遠揚，羨冶容之可珍。乃命騶乎陽子，遂較技於虞人。掩寰區而播弋，竟野曠而張罘。既珧珧而莫逝，乃浚浚而自投。雖罹難而不怖，惟返顧其匹儔。始翕翼以順命，終見畜而優游。於時置以雕籠，罩以黼裳，啗以珍果，處以蘭房。若夫六翮漸成，資德馴良。乃啓牖而縱往，復留配而相將。彼脱樊而翅奮，此離羣而倉皇。欲淩霄而不返，更惆悵而若狂。忽斂翰而來下，集故地而徬徨。流微睇而綿邈，渺容與而徜徉。恨拘肆之異途，情相向而悢悢。飛徐徐以踟躕，聲嗷嗷而淒其。闞輕枝而未至，纍顧步而棲遲。嘆孤鸞之久隻，似别鶴之遠離。曳清風以黯黮，帶鮮霞而差池。或往或來，乍驚乍疑。願同居以畢志，雖羈幽以無辭。發采緑之佳章，詠東山之麗句。效海鶼之比翼，悦朝雉之雙飛。愧鳲鳩之逐婦，羨鶬鶊之安棲。雖縣情於卷跼，終釋茲而在茲。往者懷來以降止，留者佇伺而存思。聞啾唧之呼，求見蹈躍而外窺。豈長門之多怨，乃尾生之有期。爾則闔其後扉，褰其前帷。輕舉飄飄，誘而入之。雄雌狎羣，嘈嘈道悲。交頸接足，誓無捐遺。笑朱婦之不德，薄秋胡之無知。肯中途而多適，託中天以恒隨。願擇林而甛止，將感愛而來儀。慕明慈之施惠，雖及物而務滋。歉荆榛之末質，陋壠坻之凡姿。感隆恩於既渥，乃日侍而相怡。竭衷誠以委命，豈終始之異思。

明　葉憲祖《相思鳥賦》（引自《明文海》卷三九）　鳥大如爵，朱咮褐色。雌雄並棲，捕必雙得。如縱其一，百里尋赴。名曰相思，職是之故。戊辰冬，集龍山殆以千數，偶有籠致一雙者，戲爲賦之。絪緼所化，類必有耦。血肉之物，雌雄牝牡。繄有合之爲歡，迨仳離則爲咎。茲羽族之么眇兮，固孕炁於玄黄。詎配靈於鸑鷟兮，並孅乎鴛鴦。亦胡比鸚䳇之能言兮，鷹鸇之摩秋蒼。賦形非饒，禀性則異。情惇仇匹，誼叶專摯。猶木連理，猶花並蒂。惟没世以追隨，無中道而捐棄。偶不免乎羅罻，或見閡於樊籠。一目可脱，百里必從。别有美而弗顧，甘幽縶之與同。余自去冬，始覩斯鳥。羽衣楚楚，亦既馴擾。晝共啄兮欣欣，夕交棲兮若抱。彼鷽雉與奔鶉，固不足以比數兮，即比翼之鶼鶼，亦遜茲之情好。名曰相思，於稱不虚。疇能似之，其伊人與指。皦日以爲誓兮，願同穴以安居。樂伉儷之相守兮，靡曠望乎居諸至。若嘉偶不諧，麗情中斷。音乖琴瑟，星暌河漢。侯門有陌路之傷，溝水有分流之嘆。洵薄劣之可嗤，顧斯禽而顔汗。嗚呼！情脈脈兮無詞，明月千里兮空期，搦素管兮長相思。

清　董俞《玉鳧詞・南鄉子・詠相思鳥》（引自《名家詞鈔》）　交頸落花前，結得雕籠伉儷緣。心似彩鴛形翡翠，纏綿。説到相思便可憐。何忍暫相捐，别鶴孤鸞各一天。人世鍾情誰似此，鶼鶼。乾貫風流蕭史仙。

清　宋琬《二鄉亭詞》卷二《中調・蝶戀花・相思鳥》　兩兩文禽長並宿。淺碧殷紅，毛羽如新沐。共命迦陵真眷屬。雕籠合用連枝木。　飛去啗花歸啄粟。雄往雌來，似戀黄金屋。畢竟斑鳩鷹眼毒。晴時相唤陰時逐。

鷚

綜述

《爾雅・釋鳥》　鷚，天鸙。注：大如鷃雀，色似鶉，好高飛作聲，今江東名之曰天鷚。音綢繆。音義：鷚字又作鷚，郭音繆，亡侯反，《説文》力幼反。孫音流，又丘虯反。鸙，予若反。《説文》作龠。鷃，音晏，又一練反。鶉音淳。綢音儔。疏：鷚，一名天鸙。郭云：大如鷃雀，色似鶉，好高飛作聲，今江東名之曰天鷚。音綢繆者，《詩・豳風》云：綢繆牖户。取其音同，故讀從之。

漢　許慎《説文》卷四　鷚，天龠也。从鳥，翏聲。力救切。

宋　鄭樵《通志》卷七六　鷚，《爾雅》曰：天鸙。郭云：大如鸙雀，色似鶉，好高飛作聲。江東名之曰天鷚。音綢繆之繆。按：此雀類似鶉而

尾小長，以其能鳴，故人多養之，俗呼告天，所在寒月多有之。鸙音藥。

清 戴鍌《爾雅郭注補正》卷九 鷚，天鸙。鷚音僇。鸙，予若反。注：大如鷃雀，色似鶉，好高飛作聲，今江東名之曰天鷚。音綢繆。補正：臣鍌按《字書》云：俗呼告天鳥，其鳴如龠，形醜善鳴，聲高多韻。

圖表

晉 郭璞《爾雅音圖・釋鳥》

阿濫堆

綜述

《爾雅・釋鳥》 鶩，鶶鷵。注：似烏，蒼白色。音義：鶩，郭古狄反，《字林》工了反。鶶，音唐。鷵，音徒。疏：鶩，一名鶶鷵。郭云：似烏，蒼白色。

唐 段成式《酉陽雜俎》卷二〇 鶡爛堆一曰雌，又曰雄。黄，一變之鴘，色如鶩氂，鴘轉之後乃至累變，横理轉細，臆前漸漸微白。

明 楊慎《丹鉛總録》卷五《阿濫堆》 張祜詩：紅樹蕭蕭閣半開，玉皇曾幸此宫來。至今風俗驪山下，村笛猶吹阿濫堆。宋賀方回曲子云：待月上潮平波灩，塞管孤吹新阿濫。《中朝故事》云：驪山多飛鳥，名阿濫堆。明皇採其聲爲曲子，又作鶡爛堆。《酉陽雜俎》云：鶡爛堆黄，一變之鴘，色如鶩鶩，鴘轉之後乃至累變，横理細，臆前漸漸微白。

明 戴冠《濯纓亭筆記》卷九 鶡濫堆，鳥名，即天鸙也，俗呼爲告天。此鳥且飛且鳴，直至雲表，力盡歛翼，復墮故處。正如水馬兒，終日行水上而不離其處。故蘇子瞻有《鶡濫堆》、《水馬兒》二詩，唐明皇以鶡濫堆吹爲曲調，似其聲之啁哳也。今人以銅角吹海東青擒天鵞類此。

明 陳懋仁《庶物異名疏》卷二五《阿濫堆》 阿濫堆，驪山鳥也，故明皇采其聲爲曲。段成式謂此鳥色黄，一變之鴘，色如鶩鶩，鴘轉之後乃至累變，臆前漸白云。

明 方以智《通雅》卷四五 唐屠，鶩，即阿濫堆也。阿濫堆，驪山鳥也。明皇采其聲爲曲。李白詩『羌笛横吹阿𩏌迴』，即阿濫堆也。《玉篇》：唐屠，鶩，音叫，似烏。《酉陽雜俎》曰：此鳥色黄，一變爲青鴘而帶灰色，鴘轉之後乃至累變，横理轉細，臆前微微漸白。又曰白唐。唐者，黑色也。謂斑上有黑色，一變爲青白鴘。升菴作鶡爛堆，《衍義》則以羅鶉至中秋後謂之白唐。

清 愛新覺羅・玄燁《清聖祖文第四集》卷三〇《阿濫》 阿濫之名，見《唐詩紀事》：驪山有小禽，名阿濫堆。《禽經》作[illegible]鳥。善鳴，明皇御玉笛，採其聲，翻新曲且名焉。張祜詩云：至今風俗驪山下，村笛猶吹阿濫堆。《通雅》云：鶩，驪山鳥也。一名阿濫堆。則古名鶩矣。《爾雅》：鶩，鶶鷵。疏云：鶩，一名鶶鷵。亦作鴳濫，鴳讀安，與阿音近。韋昭所謂鴳扈。蘇軾詩：不見阿濫堆，決起隨衝風。此鳥有二種：一種鳳頭者，高誘《呂覽注》所謂『鴳，一名冠雀』是也。一種無鳳頭者，《彙雅》所謂『阿蘭似百舌而無毛角』是也。江南人呼爲鴳鷗，或訛爲烏鷗。

清　佚名《鳥譜》卷四《阿蘭》　一名阿濫，亦作鴳鸕，一名鴳雀，一名鴳爛堆，一名鷃，一名鴳扈。阿蘭形狀如雀，牙黃，觜蒼，頭青，眼白，眶白，頷斑，臆白，腹背深褐有黑點，翅尾蒼黑色，黃距青爪。《急就篇》注云：鴳，謂鴳雀也。今俗呼爲『鴳爛堆』。《唐詩紀事》云：驪山有小禽，名阿濫堆。善鳴，明皇御玉笛採其聲，翻新曲且名焉。張祜詩云：至今風俗驪山下，村笛猶吹阿濫堆。《通雅》：鷃，驪山鳥也。一名阿濫堆，亦名阿鵯迴。李白詩『羌笛横吹阿鵯迴』，即此鳥也。《本草衍義》云：鴳不木處，可謂安寧自如矣，故名鴳。阿蘭者，音之合也。《禽經注》云：原鳥地處，阿蘭之屬。案：阿蘭有数種，一種淡黃，觜蒼，頭黃，赤眼，白眶，白頷，背翅有黑蒼點，無毛角，韋昭所謂『鴳，扈也』，南人呼爲『鴳鸕』，或訛爲『烏鸕』。一種有冠者，身畧大，頭有毛角，蒼觜短眉，背項深蒼色有黑點，尾有黑毛，足後趾爪極長，亦有冠甚小，無眉，淺蒼色，白毛相間者，高誘《吕氏春秋注》所謂『鶡，一名冠雀』是也。一種米色者，身與鳳頭相等，淺白觜，黑眼，頭背翅尾皆深米色，腹毛帶白，足後趾短，俗名『米湯澆』，此種特希有。

又《鳳頭花阿蘭》　鳳頭花阿蘭，黑緑睛，米白觜，頂有蒼斑角毛，頸、項、背、膊蒼灰，白黑間雜成斑。蒼翅尾，灰白腹，米紅足白爪。

又《米色阿蘭》　俗名『米湯澆』。米色阿蘭，身似鳳頭而脚長，淺白觜，黑眼白眶，眼上白毛如眉，頭、背、翅、尾皆深米黃色，無斑文，臆至腹淺黃帶白玉色，足青爪，後趾短。

又《鳳頭阿蘭》　一名冠雀。鳳頭阿蘭，頭有蒼斑毛冠，蒼觜，黑睛細白眶，目有白眉蒼斑色，頸項、背翅蒼黑相間，蒼尾，尾有黑毛，黃距青緑爪，後爪極長。

圖表

晉　郭璞《爾雅音圖・釋鳥》

五色鳥　五色雀

綜述

清　吴綺《嶺南風物記》　五色雀，出惠州羅浮山，貴人至則先翔舞。【略】五色鳥，出羅浮，形類鸜鴿，五色各異，黃、白、緑、黑、紅，稟五方正色，一毛不雜，别名五姊妹。每年飛遶博羅城隍廟樹，翔集一春，不窠不雛，去，他時亦不再至。

清　周廣業《過夏雜録》卷三《五色雀》　羅浮山有雀，各自爲一色，

棲于絶頂。每遇海風調順，曉日照耀，即逐色，以類相從，次第飛入雲中，莫知所集。俗傳此雀好樂聲，昔南海尉作樂于山上，翔集久之。宋金君卿有《五色雀詩》，見《金氏文集》。

紀事

南朝宋 范曄《後漢書》卷二《明帝紀》 是歲，甘露仍降，樹枝内附，芝草生殿前，神雀五色翔集京師。

清 宋長白《柳亭詩話》卷一五《五色鳥》 《禪寄筆談》曰：成化庚子八月初二日，杭人李東崖偕同輩晨入文廟，忽有五色鳥集于明倫堂，凡二日乃去。李賦詩曰：文彩翩翩世所稀，講堂飛止正相宜。祗因覽德來千仞，不爲希恩借一枝。羡爾能知鴻鵠志，催人同上鳳皇池。青錢入選尋常事，更向天衢作羽儀。是歲，李以《易經》發解甲辰廷試，遂魁天下。李名旻，歷官吏部侍郎。

藝文

宋 余靖《武溪集》卷二《五色雀》 羅浮有五色雀，各被方色，非時不見。若士大夫將遊是山，則先日羣翔，寺僧以是爲候。某庚辰歲謫官來遊，將至之夕，兹雀亦集，感之成詠云：五方純色儼衣冠，尤可愛者，朱藍正色，若朝服焉。應是山靈寄羽翰。多謝相逢殊俗眼，謫官猶作貴人看。

宋 蘇軾《東坡全集》卷二四《五色雀并引》 海南有五色雀，常以兩絳者爲長，進止必隨焉，俗謂之鳳皇，云久旱而見輒雨，潦則反是。吾卜居儋耳城南，嘗一至庭下，今日又見之進士黎子雲及其弟威家。既去，吾舉酒祝之曰：若爲吾來者，當再集也。已而果然，乃爲賦詩：粲粲五色羽，炎方鳳之徒。青黄縞玄服，翼衛兩紱朱。仁心知閔農，常告雨霽符。我窮惟四壁，破屋無瞻烏。惠然此粲者，來集竹與梧。鏘鳴如玉佩，意欲相嬉娱。寂寞兩黎生，食菜真臞儒。小圃散春物，野桃陳雪膚。舉杯得一笑，見此紅鸞雛。高情如飛仙，未易握粟呼。胡爲去復來，眷眷豈屬吾。回翔天壤間，何必懷此都。

宋 金君卿《金氏文集》卷上《五色雀》 羅浮山有雀，各自爲一色，棲于絶頂。每遇海風調順，曉日照曜，即逐色，以類相從，次第羣飛，入于雲中，莫知所集。俗傳此雀好樂聲，昔南粵尉作樂于山之上，翔集者久之。晨氛澄霽海風調，綵絢珍禽入絳霄。聞説舜庭方可樂，可容飛舞聽簫韶。

清 陳恭尹《獨漉堂詩集》卷一五《詩餘・五色鳥》 人間何處堪棲，託身自是蓬萊島。朱衣翠袖，嫩黄深碧，參差難考。初日林中，微風谷口，和鳴清好。看綿蠻鶯羽，呢喃燕剪聲並色，都輸了。 曾向山靈默禱，忽飛來後先羣繞。山僧謂我，異人游此，禽先曉。一事無成，千秋難企，白頭偏早。欲題書問取，時無青鳥，鶯鳩笑倒。

清 沈廷芳《隱拙齋集》卷二三《五色鳥》 海南五色雀，絳者常爲長。何似小鳳凰，斑璘飛兩兩。

鵖鳩

綜述

《爾雅・釋鳥》 鵖鳩，鵧鵖。注：小黑鳥，鳴自呼，江東名爲烏鵖。音義：鵖，呂、郭巨立反，施音及，下同。鵧，謝苻悲反，郭力買反，苻尸反，《字林》父佳反。疏：鵖鳩，一名鵧鵖。郭云：小黑鳥，鳴自呼，江東名爲烏鵖。

宋 鄭樵《通志》卷七六 鵖鳩，《爾雅》曰：鵧鵖。郭云：小黑鳥，鳴自呼，江東名爲烏鵖。按：此似鸜鵒，無冠而長尾，多在山寺厨檻間，今謂之烏鵖。鵖音及。按《玉篇》、《廣韻》無鵖字，惟有鴔字，音及。鵧，步丁反。

明 李時珍《本草綱目》卷四九 鵖鳩 時珍曰：鵖鳩，《爾雅》名鵧鵖，音批及。又曰鵖鴔，音匹汲。戴勝也。一曰鵯鵊，訛作批鵊鳥。羅願曰：即祝鳩也。江東謂之烏臼，音匊。又曰鴉鵖。小於烏，能逐烏。三月即鳴，今俗謂之駕犁，農人以爲候。

五更輒鳴，曰架格格，至曙乃止。故滇人呼爲榨油郎，亦曰鐵鸚鵡。能啄鷹鶻烏鵲，乃隼屬也。南人呼爲鳳凰皂隸，汴人呼爲夏雞。古有催明之鳥，名唤起者，蓋即此也。其鳥大如燕，黑色，長尾有岐，頭上戴勝。所巢之處，其類不得再巢，必相鬬不已。楊氏指此爲伯勞，乃謂批鵊爲鵧鷑，俱誤矣。《月令》：三月戴勝降于桑。

清　劉玉麐《爾雅校議》卷下　鵧鳩，鶝鵧。注：江東名爲烏鵙。汪改鵙作臼。云臼，監本作鴡。鵧鳩，三月即鳴，今俗謂架犁，農人以爲候。五更輒鳴，曰架格格，至曙乃止。能啄鷹鶻烏鵲，亦隼屬也。古有催明之鳥，名唤起，即此也。吾郡俗名近陽格。李時珍云：其鳥頭上戴勝，『戴勝降于桑』即此。非也。《爾雅》别出戴鵀鳥。

圖表

晉　郭璞《爾雅音圖·釋鳥》

鴇

論説

宋　陸佃《埤雅》卷九《鴇》　郭璞曰：鴇似鴈，無後指，毛有豹文。一名獨豹，遇鷙鳥能激糞禦之，著其毛，悉脱。《説文》曰：肉出尺胾。焦贛《易林》曰：文山鴻豹，肥腯多脂。蓋言此也。閩諺曰：鴇無舌，兔無脾。蓋鴇無舌，連蹄，性不木止。《詩》曰：肅肅鴇羽，集于苞栩。肅肅鴇翼，集于苞棘。肅肅鴇行，集于苞桑。言鴇無舌，性不木止，又其飛肅肅，勞苦然，其於苞栩、苞棘、苞桑也，尚得以其類集，聚衆羽而成翼，聚衆翼而成行。今君子無所於愬，下從征役，又不得養其父母，則鴇之不如也。《説文》曰：毕，相次也，从匕从十。蓋鴇性羣居如鴈，自然而有行列，故从毕。《詩》曰『鴇行』，以此故也。段氏云：鴇鴨亦齝。

宋　羅願《爾雅翼》卷一四《鴇》　鴇者，今之獨豹也，以鴇爲豹，聲之訛耳。鴇亦水鳥，似鴈而無後指。《上林賦》曰：『鴻鷫鵠鴇，駕鵝屬玉，交精旋目，煩鶩庸渠。箴疵鵁盧，羣浮乎其上』是也。《鴇羽》之詩，言君子下從征役，不得養其父母，以喻鴇之集于苞栩、苞棘、苞桑。蓋水鳥而木棲，既失其常，是又無後指，尤非所以自託於木者，可謂不得其所矣。段成式云：鴇遇鷙鳥，能激糞禦之，糞着毛，悉脱。今鵰之毛能落衆羽，然其鷙烈足以服羽族，此類之可推者。鴇乃水鳥，不以鷙稱，而鷙鳥爲之落羽，此類之不可推者。

綜述

漢　許慎《説文》卷四　鴇，鳥也。肉出尺胾。从鳥，毕聲。博好切。

鴇或从包。

三國吴　陸璣　《毛詩草木鳥獸蟲魚疏》卷下《肅肅鴇羽》　鴇鳥似雁而虎文，連蹄，性不樹止。樹止則爲苦，故以喻君子從征役爲危苦也。

宋　戴侗　《六書故》卷一九　鴇　鴇，博好切。《詩》云：肅肅鴇羽，集于苞栩。毛氏曰：鴇之性不樹止。《説文》曰：鳥也，肉出尺胾。徐鍇曰：鴇大於雁，虎文，無後趾，不樹止。顔師古曰：今呼爲豹，聲之譌也，别作鮑、鴇。

明　李時珍　《本草綱目》卷四七　鴇音保。《綱目》　釋名：獨豹。時珍曰：案羅願云：鴇有豹文，故名獨豹，而訛爲鴇也。陸佃云：鴇性羣居，如鴈有行列，故字從𠤏。𠤏，音保，相次也。《詩》云「鴇行」是矣。集解：時珍曰：鴇，水鳥也。似鴈而斑文，無後趾。性不木止，其飛也肅肅，其食也齝。肥腯多脂，肉粗味美。閩語曰：鴇無舌，兔無脾。或云：純雌無雄，與他鳥合。或云：鴇見鷙鳥，激糞射之，其毛自脱也。

明　穆希文　《蟫史集》卷三《鴇》　郭景純曰：鴇似鴈，無後指，毛有豹文，一名獨豹。遇鷙鳥能濺糞禦之，著其毛盡脱。或曰：鴇作鴇，又作鮑，又作鴇。鴇，一名鴻豹。《易林》曰：文山鴻豹，肥腯多脂。蓋言此也。

陸佃曰：鴇鳥性淫而無定匹，故今指老妓曰老鴇。閩諺曰：鴇無舌，兔無脾。蓋鴇無舌，連蹄，性不木止。鴇性群居，如雁自然而有行列。《詩》云：肅肅鴇羽，集于苞栩。肅肅鴇翼，集于苞棘。肅肅鴇行，集于苞桑。言君子從征，則鴇之不如也。

明　穆希文　《説原》卷一〇　鴇鳥，性淫而無定匹，故今指老妓曰老鴇。

明　陳懋仁　《庶物異名疏》卷二五《鴻豹》　鴻豹見《易林》。鴇一名鴻豹，謂鴇能食鴻也。郭璞云：鴇毛有豹文，一名獨豹。陸佃云：鴇性羣居，如鴈而有行列，連蹄，不喜樹止。性最淫，逢鳥則與之交。其字畫七十鳥爲鴇，爲其多鳥相交之故也。今俗呼娼母曰老鴇，曰鴇兒，取此。

明　劉侗　《名物通》卷九　鴇，羣居如雁，自然有行列，無後趾，有豹文。鴇遇鷙鳥，能激糞禦之，鷙鳥着糞，其毛悉落。無舌，性不木止。

明　馮復京　《六家詩名物疏》卷二四《鴇》　郭璞云：鴇似雁，無後趾，毛有豹文，一名獨豹。《疏》云：鴇鳥連蹄，性不樹止，樹止則爲苦。《釋文》云：似雁而大。《雜俎》云：鴇遇鷙鳥，能激糞禦之，糞著毛，悉脱。《禮》曰：鷄肝雁腎，鴇奥鹿胃。鄭玄云：奥，脾也。《埤雅》曰：《説文》曰『肉出尺胾』，焦貢《易林》曰『文山鴻豹，肥腯多脂』，蓋言此也。閩諺曰：鴇無舌，兔無脾。《説文》曰：𠤏，相次也，从匕从十。蓋鴇性羣居如雁，自然有行列，故从𠤏，《詩》故曰『鴇行』。

清　毛奇齡　《續詩傳鳥名卷》卷一　《鴇羽》肅肅鴇羽，集于苞栩。鴇，鳥名，似鴈而大，無後趾。鴇，水鳥，鴈屬。陸佃曰：以毛有虎文，故又曰鴻豹。《易要》『文山鴻豹』即此物。第，水鳥，原不棲木。孔穎達又曰：鴇性不樹止，今乃集𠤏苞栩，是爲失所。王事于役，君子所由呼蒼天也。《六書本義》：鴇字單作𠤏，謂象鳥立于樹槎上。此故杜撰，以翻舊人不樹止之説者。許氏《説文》、顧氏《玉篇》諸書皆别出𠤏字，鴇不是𠤏，且並無鳥立木上之訓。

清　姚炳　《詩識名解》卷二《鴇》　鴇，《唐風·鴇羽》篇郭璞謂鴇似雁，無後趾，毛有豹文，一名獨豹，此以文似豹而名。羅瑞良謂鴇、豹爲聲之譌，誤矣。鴇不與雁族而實相類，性近水如雁，託宿洲渚間，然亦非必竟爲水鳥。也。鴇既連蹄，當不棲木，故以集栩、集棘、集桑，喻征役之危苦，文義本順。陸農師以爲鴇之勞苦如此，尚得以其類集，則多一折矣。羅瑞良專謂水鳥不木棲，亦泥夫所以不木棲者以其連蹄耳。若近水之鳥，何嘗不翔止山林也。且鴇亦鷙鳥，詎水鳥耶？《六書本義》單作𠤏，象立於樹槎上。按：鴇性本不樹止，反以立於樹槎象形，豈制字意耶？今人以七十鳥爲鴇，尤鄙。《傳》訓行爲翮。《正義》爲鳥翮之毛有行列，故稱行。陸農師云：鴇性羣居如雁，自然而有行列，《詩》稱『鴇行』以此。愚按：陸説得之。今詞章家稱蜂行蝶隊，亦以其羣飛成行言也。肅肅，鴇羽聲，其義或取勞苦，或取急疾，或取振肅，不一其説。愚謂此當與鴻雁『肅肅其羽』同義，蓋羣鴇飛翔，其行列亦自整肅不亂，故曰『肅肅』耳。

清　嵇璜　《續通志》卷一八〇　鴇，一名獨豹，似鴈而虎文，連蹄，性不樹止，樹止則爲苦。其飛也肅肅，其食也齝。郭璞曰：鴇無後趾，毛有豹文。鴇性羣居，有行列，故從𠤏。𠤏，相次也。閩語曰：鴇無舌，兔無脾。《禮記》不食鴇奥奥膍音脾胵音鴟也，深奥之處也。

清　徐鼎《毛詩名物圖説》卷一　毛《傳》：鴇之性，不樹止。陸璣《疏》：鴇鳥連蹄，性不樹止。樹止則爲苦。郭璞曰：鴇似雁，無後趾。毛有豹紋，一名獨豹。《酉陽雜俎》：鴇遇鷙鳥，能激糞禦之，糞著毛，悉脱。《埤雅》：鴇無舌，連蹄，性不木止。《説文》曰：𠦄，相次也。从匕，从十。蓋鴇性羣居如雁，自然而有行列，故从𠦄。《詩》曰『鴇行』，以此故也。《正義》曰：鴇性不樹止，樹止則爲苦，以喻君子從征役爲危苦也。

清　牟應震《毛詩物名考》卷一　鴇，陸佃云：鴇羣居有行列，故字從𠦄。𠦄，相次也。形大於鴈而尖喙，長頸短尾，足無後趾，身有豹文，故一名独豹。喜集平田，尋啄遺粒。《詩》曰『集於苞栩』，謂集於苞羽之旁，安得其食？以反興己之不能力田以養親也，非集於苞栩之上也。苞者，萌蘖叢生，其力亦不能勝一鴇也。説者謂集木則苦，詩人不作此誑語。

清　方旭《蟲薈》卷一《羽蟲・鴇》　《正字通》：鴇毛有豹文，一名獨豹，又名鴻豹。狀似雁，足無後趾，性不木棲。《談薈》：鴇無舌。

藝文

宋　高似孫《剡録》卷一〇《草木禽魚下・鴇》　出《山居賦》。朱超詩：緑草閒遊蜂，青葭集輕鴇。謝朓詩：田鶴遠相叫，沙鴇忽争飛。郭璞《上林賦》注曰：鴇似雁，無後指。

清　顧春《天游閣集》卷一《鴇》　一名獨豹，俗呼地鴇。東山有獨豹，羣集大河濱。肥腯羊脂膩，花斑瑇瑁匀。嬌兒爭羽翮，野客飯奇珍。入饌空憐爾，文章不蔽身。

圖表

清　徐鼎《毛詩名物圖説》卷一

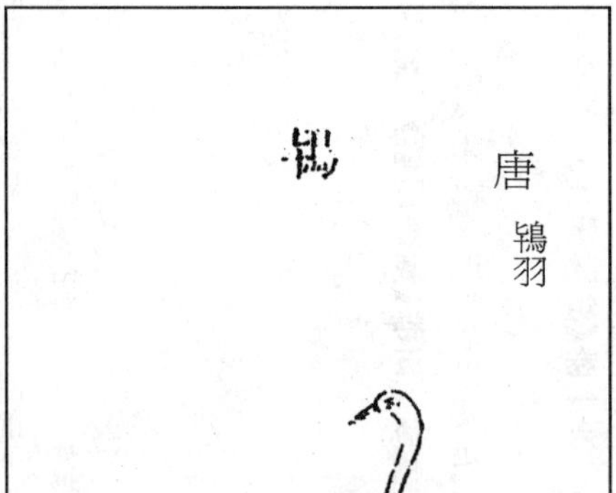

鴿

綜述

漢　許慎《説文》卷四　鴿，鳩屬。从鳥，合聲。古沓切。

宋　戴侗《六書故》卷一九　鴿　[illegible]，古沓切，鳩類也。人多畜之，十百爲羣，縱去復歸。

明　牛衷《增修埤雅廣要》卷二〇《品物門・羽族類・鴿》　《説

文》：鳩屬，從鳥，合聲。《禮》：庖人掌供六禽，鴈、鶉、鷃、雉、鳩、鴿。舶之發海路者必養鴿，舶沒，雖數千里亦能歸其家。唐明皇呼爲飛奴。

明　李時珍《本草綱目》卷四八　鴿宋《嘉祐》　釋名：鵓鴿、《食療》飛奴。時珍曰：鴿性淫而易合，故名。鵓者，其聲也。張九齡以鴿傳書，目爲飛奴。梵書名迦布德迦。集解：宗奭曰：鴿之毛色，於禽中品第最多，惟白鴿入藥。凡鳥皆雄乘雌，此獨雌乘雄，故其性最淫。時珍曰：處處人家畜之，亦有野鴿。名品雖多，大要毛羽不過青、白、皂、緑、鵲斑數色，眼目有大、小，黄、赤、緑色而已。亦與鳩爲匹偶。

清　屈大均《廣東新語》卷二〇《禽語·鴿》　鴿之高下在目。目有黑底天青者、黑底插黄者、黄油白氣者、焦油者，以此四種爲上。其睛清而深，有重暈，以日照之，精光四閃，暈邊復有血粒如石榴子，則極聰慧者矣。其頭宜小，尾宜短，翼宜與尾齊。翼與尾齊則飛高，飛高則可免鷹擊之患。故鴿之佳者，價之輕重與金等。翼凡大毛十二莖，每出鷇至二三月則調毛。四調、五調、六七調曰初王，則可用，調至十一、十二則老。調者何？脱其胎毛，更生新者，故曰調。廣人有放鴿之會。歲五六月，始放鴿。鴿人各以其鴿至，主者驗其鴿，爲調四、調五、調六七也，則以印半嵌於翼，半嵌於册以識之。凡六鴿爲一號，有一人而印一二號至十號百號者，有數人而合印百號者。每一鴿出金二錢，主者貯以爲賞。放之日，主者分其二，一在佛山曰内主者，一在會場曰外主者。於是内主者出教，以清遠之東林寺爲初場，飛來寺爲二場，英德之横石驛爲三場，期以自近而遠。鴿人則以其鴿往，既至場外，主者復印其翼，乃放鴿。一日自東林而歸者，内主者驗其翼印不謬，則書於册曰：某日某時某人鴿至。是爲初場中矣。一日自飛來而歸，一日自横石而歸，皆如前驗印，書於册，是爲二場。三場皆中，乃於三場皆中之中，内主者擇其最先歸者，以花紅纏繫鴿頸，而觴鴿人以大白，演伎樂相慶。越數日，分所貯金，某人當日歸鴿若干，則得金若干。有一人而歸鴿數十者，有十人千鴿而秖歸一二者。當日歸者甲之，次日歸者乙之，是爲放鴿會。鴿之大者曰地白，廣州人稱鴿皆曰白鴿，不曰鵓鴿。地白惟行地不能天飛，故曰地白。人家多喜畜之，以治白蟻，亦以其多子可嘗食。其子每四十日一乳，乳時雄者餐米至咽，米成漿液，乃吐出以餵其子。雌復受孕。性絶淫，雌嘗乘雄，故多乳。富者畜至數百頭，惟所指使，以穀令就掌飼之。予詩：家餘地白糧。又曰：地白有糧，多哺鷇鷇。方言曰鬭，一乳則爲一鬭。鬭者，鷇音之訛也。又鬭者，窠也。乳子一窠曰一鬭也，人卧處亦曰窠鬭也。又鬭，古作㱿。

清　嵇璜《續通志》卷一八〇　鴿，一名鵓鴿，一名飛奴，鳩類，性喜合。其頸若癭，其色有二十餘種。兩兩相匹，伏必二卵。釋法顯《佛國記》名「波羅越」。

清　佚名《鳥譜》卷一《灰色洋鴿》　灰色洋鴿，黑睛，灰紅重暈，青觜，頭頸至腹皆淺灰色，項有黑毛一節，背、膊蒼灰色，翅、尾稍深，粉紅足爪。

又《鸇鴿》　鸇鴿，黑睛，藕紅暈，淺黄瞼，粉紅觜，頂前有黑毛一小簇，通身俱白，帶微紅暈，藕紅足，白爪。

又《毛脚鴿》　毛脚鴿，黑睛，紅黄暈，白瞼，頭頂、項、臆黑質緑暈，頷下有白毛圓如彈丸，外界以青黑，至臆前而止。目下、項上深青暈三四處。白膊，白翅，肩背及尾毛皆黑色帶白紋。其脛上皆生粗白毛，離披盖趾。鮮紅趾，白爪。

紀事

唐　張鷟《朝野僉載》卷五　滄州東光縣寶觀寺，常有蒼鶻集重閣。每有鴿數千，鶻冬中每夕取一鴿以暖足，至曉放之而不殺。自餘鷹鶻不敢侮之。

唐　段成式《酉陽雜俎》卷一六　鴿，大理丞鄭復禮言，波斯舶上多養鴿，鴿能飛行數千里，輒放一隻至家，以爲平安信。

五代　王仁裕《開元天寶遺事》卷一《傳書鴿》　張九齡少年時家養羣鴿，每與親知書信往來，只以書繫鴿足上，依所寄之處飛往投之，九齡目之爲飛奴，時人無不愛説。

宋　鄭文寶《南唐近事》卷二　陳誨嗜鴿，馴養千餘隻。誨自南劍牧拜建州觀察使，去郡前一月，群鴿先之富沙，舊所無子遺矣。又嘗因旱禱，

有一鴿投誨之懷袖中，爲鷹鸇所擊故也，誨感之。自是不復食鴿矣。

宋 王讜《唐語林》卷八 蜀土舊無兔、鴿。隋開皇中，荀秀鎮益州，命左右賫兔、鴿而往。今蜀中鴿尚稀，而兔已衆。戴祚《西征記》云：開封縣東二佛寺，余至此始見鴿，大小如鳩，戲時兩兩相對祚。江東人昔未從劉裕西征，姚泓至開封縣始識鴿，江東舊亦無鴿。梁武時，侯景圍臺城，軍士熏鼠捕鴿而食，數月之後，殿屋鼠、鴿皆盡。然則江東有鴿，亦當自北賫往耳。

宋 朱彧《萍州可談》卷二 高麗人嘗在常州，買民間養鴿放之，鴿識家飛去。常人唯恐不售，使還。又託生辰買鴿放生，人家爭出名鴿。既售，即籠入舟中，去更數日，方生辰，遂載行，反以爲得計。

清 王士禎《居易録》卷三一 明永樂中，忽有玉鴿十二枚從南飛來，集天壽山。後于其地下長陵，至德陵凡十二陵而止。景帝別葬金山，思宗則渴葬田妃墓而已。

藝文

唐 徐寅《徐正字詩賦》卷二《白鴿》 舉翼凌空碧，依人到大邦。粉翎棲畫閣，雪影拂瓊窗。振鷺堪爲侶，鳴鳩好作雙。狎鷗歸未得，覩爾憶晴江。

宋 葉紹翁《四朝聞見録》卷三《鵓鴿詩》 東南之俗，以養鵓鴿爲樂，群數十百，望之如錦。灰褐色爲下，純黑者爲貴。內侍蓄之尤甚。粟之既，則寓金鈴於腰，飛而颺空，風力鈴振，鏗如雲間之佩，或起從鳳山。紹興中，有賦詩者曰：鐵勒金狨似錦鋪，暮收朝放費工夫。爭如養取南來鴈，沙漠能傳二帝書。

明 皇甫汸《皇甫司勳集》卷一《義鴿賦》 余客居陪京，嘗養鴿十餘，尋被流言，將圖歸計，乃命童子悉放之。一鴿夜去晨來，徘徊瞻顧，意將戀戀，因感而作賦焉。詞曰：何斯禽之靈哲兮，乃戀主而踟躕。若含意兮未展，猶弔影以相於。遶空梁以託宿兮，旣故棲之在除。方其馴擾晨軒，和鳴夕砌，飲啄閒暇，毛羽鮮麗。或命侶以將雛，奉清光以娱稚。顧以鳥而養鳥，胡覩仁而取義。逮其主人不樂，羣鴿已辭。翼將翔而復止，聲暫背而仍依。豈無匹而守獨舍，寥廓而安卑。似楚姬之怨別，類田客之相隨。痛雞鶩之鶱舞兮，俾鸞鳳爲之摧頹。乏冥鴻之遐舉兮，悼鸚鵡之罹灾。衆方嫉余之修能兮，鳥何意而憐才。若夫雀處堂而孔懼兮，鵬止舍而賈悲。翳鴿非野鳥兮，奚昭愿而示危。又若海鷗，不驚庭爵斯集。愧未盡乎塵機，亦何徵于報德。若其張仲之廬乍偃，翟公之門尚開。朱生絶謁以謝往，敬通却掃而杜來。世之喪道，人亦何心。昔時結駟，今日遺簪。請息交於良友，恐負誚於微禽。

明 王世貞《弇州四部稿》卷四四《鴿》 綺質霜毛種種殊，飛鳴元只戀庭除。籬邊尺鷃聊同適，鞲上饑鷹故不如。怖後長依阿育塔，馴來還寄曲江書。相看總是銜恩侶，翹首雲霄思有餘。

圖表

明 李時珍《本草綱目・圖卷》

雉

論說

宋 蔡卞《毛詩名物解》卷七《雉》 雉死耿介，妬龏護疆，善鬭，雖飛不越分域。一界之内，要以一雄爲長，餘者雖衆，莫敢鴝鳴，潘岳所謂『畫墳衍以分畿者』也。《周官》曰：士執雉。蓋士，死制，故執雉，所謂『二生一死，贄者也』。又其交有時，别有倫，而其羽文明，可用爲儀，故古者后服三翟。《詩》曰：有瀰濟盈，有鷕雉鳴。濟盈不濡軌，雉鳴求其牡。言雉宜交有時、别有倫，而今反以雌求雄；非特以雌求雄，又求牡焉。以雌求雄，滛也。以雌求牡焉，亂也。故曰：公與夫人並爲淫亂。又曰：雌雄于飛，泄泄其羽。言雉交有時、别有倫，而又性善鬭，雖今不犯域分。宣公滛亂，不恤國事，軍旅數起，則雉之不如也。《易》曰：離爲雉。蓋離，火。其體文明，其性復猋悍，故爲雉。雉雖非辰屬，而正是南方之物，陶氏所謂『丙午日不可食者，明王於火』也。《禮》云：雉曰疏趾。蓋鴈鴨醜趾間有幕，其足蹼；雞雉醜指閒無幕，其足疏，故曰『疏趾』也。《簡兮》之詩曰：左手執籥，右手秉翟。此大舞也。《宛丘》之詩曰：無冬無夏，值其鷺羽。此小舞也。蓋雉取文明，鷺則取其潔白之容而已。所謂大舞者，籥舞也；所謂小舞者，羽舞也。故《樂師》云：掌教國子，小舞，而一曰羽舞。或曰：雉性突前，其字從矢。或曰：虎豹之文來田，雉之文來射，故從矢也。《易》曰：射雉，一矢亡。雉，雞類也，不能遠飛，騰躍而上，高不踰丈，横不過三丈，故先儒云雉高一丈，長三丈也。蓋古者數數以萬，度度以雉。《書》曰：雉不再合，信也。《説文》曰：雷始動，雉鳴而鴝其頸。蔡邕《月令》以謂：雷在地中，雉性精剛，故獨知之，應而鳴也。

又《鷂雉》 《釋鳥》云：江淮之南，青質、五采皆備成章曰鷂雉。王后之服：一曰翬翟，畫以翠雉；二曰揄翟，畫以揄雉；三曰鷵翟，言刻繒爲之，鬭而不畫。鬭而不畫，則其制屈於三翟。

又卷八《鷸》 尾長而走且鳴，則其首尾鷸如也。

宋 陸佃《埤雅》卷六《雉》 雉死耿介，妒龏護疆，善鬭，雖飛不越分域。一界之内，要以一雄爲長，餘者雖衆，莫敢鳴雊，潘岳所謂『畫墳衍以分畿者』也。《周官》曰：士執雉。士，死制，故執雉，所謂『二生一死，摯者也』。又其交有時，别有倫，而其羽文明，可用爲儀，故古者后服三翟。《詩》曰：有瀰濟盈，有鷕雉鳴。濟盈不濡軌，雉鳴求其牡。言雉宜交有時、别有倫，今反以雌求雄；非特以雌求雄，而又求牡焉。以雌求雄者，淫也；非特以雌求雄，而又求牡焉者，亂也。故《序》曰：公與夫人並爲淫亂。又曰：雄雉于飛，泄泄其羽。言雉交有時、别有倫，而又性善鬭，雖飛不越分域。宣公淫亂，不恤國事軍旅數起，則雉之不如也。《易》曰：離爲雉。離，火也。其體文明，性復猋悍，故爲雉。亦雉雖非辰屬，而正是南方之物，陶氏所謂『丙午日不可食者，明王於火』也。又云：麞鹿非辰屬，八卦無主。故道家聽許爲脯。《禮》云：雉曰疏趾。鴨鴈醜指間有幕，其足蹼；雞雉醜指間無幕，其足疏，故曰『疏趾』也。《簡兮》之詩曰：左手執籥，右手秉翟。此大舞也。《宛丘》之詩曰：無冬無夏，值其鷺羽。此小舞也。雉取文明，鷺則取其有潔白之容。所謂大舞者，籥舞是也；所謂小舞者，羽舞是也。故《樂師》云：掌教國子，小舞，一曰羽舞。雉飛若矢，一徃而墮。雉，雞類也，不能遠飛，崇不過丈，脩不過三丈，故雉高一丈，長三丈也。古者數數以萬，度度以雉。《爾雅》雞、雉皆曰『絶有力，奮』。雞、雉皆不能遠飛，故名云。《化書》曰：雉不再合，信也。《説文》云：雷始動，雉鳴而雊其頸。蔡邕《月令》以爲：雷在地中，雉性精剛，故獨知之，應而鳴也。《禽經》曰：鵻上無尋，鷚上無常，雉上有丈，鷃上有赤。

又《鷂雉》 《釋鳥》云：江淮而南，青質、五采皆備成章曰鷂。王后六服：一曰翬翟，畫以翬雉；二曰揄翟，畫以揄雉；三曰鷵翟，言刻繒爲之，鷵而不畫。鷵而不畫，則其制屈於二翟，故一名屈狄也。《喪大記》曰：復夫人以屈狄，世婦以襢衣。襢亦信也。鷵狄一曰屈狄，展衣一曰襢衣，其義一也。翬素質，揄青質。青質，仁也；素質，義也；備五采焉，禮也。天地道尚義，故后妃之德，義以爲質而文之以禮。或曰：鷵翟飾以鷵雉。

子五門，一曰雉門，雉門畫雉，象闕也，屈狄以此雉飾之，故曰闕翟。《毛詩傳》曰：象服，尊者所以爲飾，蓋褘衣也。褘衣畫雉，故曰象服，又曰：揄狄、闕翟，羽飾衣也。而《説文》解『褘』亦曰『畫袍』，其釋『褕翟』又以謂『翟，羽飾衣』，則褘衣畫翟，褕翟、闕翟皆翟羽飾之矣。《周官》二翟曰『翟』，而褘衣變翟曰『衣』，以此故也。《葛覃》之詩曰：薄汙我私，薄澣我衣，曷澣曷否，歸寧父母。《詩》傳又以爲婦人有副褘盛飾以朝事舅姑，接見于宗廟，進見于君子，其餘則私也。私服宜澣，公服宜否，蓋公服謂『褘』而已，以畫故宜否，則二翟以羽飾之，雖澣，可也。且夫服衮冕則婦服副褘，而衮之制字从公从衣，則公服謂『褘』，理宜然也。然則『薄汙我私，薄澣我衣』相備而已，故或言私，或言衣也。

又卷八《翬雉》 《釋鳥》云：伊洛而南，素質、五采皆備成章曰翬。又云：鷹隼醜，其飛也翬。言其鼓翅翬翬然疾，故曰『翬』也。『翬雉』之『翬』生於翬，故《詩》曰『如鳥斯革』，以言其勢之騫揚；『如翬斯飛』，以言其文之奂散。一曰『革』宜讀如『希革』之『革』，言其覆之絜齊也。宫室之淛，自其四中視之，則如跂斯翼；自其四角視之，則如矢斯棘；自其上視之，則如鳥斯革；自其下視之，則如翬斯飛。《左傳》曰：五雉爲五工正。翬，其一也。翬蓋中央之雉，南方曰䍐，東方曰鶅，北方曰鵗，西方曰鷷。

又《鷮雉》 薛綜曰：雉之健者爲鷮，尾長六尺。《字説》曰：从喬，尾長而走且鳴，則其首尾喬如也。鷮走且鳴，行止不能自舍。女有取節爾，故《詩》以爲淑女之譬，而又與鷩冕之義異也。《詩》曰：依彼平林，有集維鷮。言王后無妬忌之行、險詖之心，能庇其所賴而淑女從焉，則如平林之集鷮雉也。夫雖等雉也，類有不同，則其取以擬象亦因以異，若王后翬衣，夫人揄翟，公之服自鷩冕而下是也。鷮又下鷩一等，故此取況衆妾。《傳》曰：四足之美有麃，兩足之美有鷮。《説文》以爲雉有十四種，字或从弟，以此故也。《禽經》曰：火爲鷮，亢爲鶴。

又卷九《鷩雉》 鷩似山雞而小，冠、背毛黄，項上緑色鮮明，胷腹洞赤，《西山經》所謂『赤鷩可以禦火』者也。賦性悍戾憨害，飛走如風之猋，故潘岳云『山鷩悍害，猋迅已甚』也。蓋其耿介甚於佗雉，故《周官》三公服鷩冕，與王后三翟之服異也。劉熙《釋名》云：鷩冕，鷩雉之憋惡者，山雞也。鷩，憋也，性急憋，不可生服，必自殺，故畫其形於衣，以象人執耿介之節。《博物志》曰：山雞有美毛采，自愛其色，終日映水，目炫則溺。翟雉長尾，雨雪降，惜其尾，棲樹杪，不敢下食，往往餓死，蓋文之溺物也如此。然則士之涉世，不能忘己之美，而至於以文滅質者，亦已惑矣。羽物之色，莫美於鷩，以其美斃焉；互物之味，莫美於鼈，以其美斃焉。是以物惡有其美也。《禽經》曰：霜傳彊枝，鳥以武生者少；雪封枯原，鳥以文死者多。

宋　羅願《爾雅翼》卷一三《雉》 雉有十四種。《春秋運斗樞》曰：璣星散爲雉。澤雉十步一啄，百步一飲，因地之墳衍以爲疆界，分而護之，不相侵越。一界之内，要以一雄爲主，餘者雖衆莫敢鳴。其雋者不特一雌。雉，耿介之禽，應義氣。十一月，雷在地中，雉先知而鳴。《説文》：雊，雄雌鳴也。雷始動，雉鳴而雊其頸。盖雊鵒以足相勾，雉以頸相勾，故雊鵒从句，雉鴝亦从句。高宗祭成湯，有飛雉升鼎耳而雊，非特鳴而已。然聞聲似雷者，亦從而應。齊景公作爲路寢之臺，族鑄大鐘，撞之庭下，郊雉皆呴。許氏曰：大鐘聲似雷震，雉應而呴鳴也。又天水冀南山有石鼓，長丈三尺，廣厚畧等。漢成帝時，有聲如雷，聞二百四十里，野雞皆鳴，盖以爲雷也。《夏小正》曰：正月雉震呴。雉以媒取。媒者，少養雉子，至長狎人，能招引野雉，因名曰媒，以翳隱身而射之。媒，江淮間謂之游，言可與游。按《説文》：囮，譯也。率鳥者，繫生鳥以來之，名曰囮，讀若譌。囮或从繇，爲繇，又音由。然則游乃繇也。至若《周官》翨氏攻猛鳥，各以其物爲媒而掎之，乃謂用其所食之物。世以鳩鴿置羂中，以媒鷹隼而掎其脚。其爲媒之名雖同而實則異。《禮》六摯，士執雉，取其守介而死不失節也。《漢・五行志》：雉者聽察，先聞雷聲，故《月令》以紀氣。

又《鷩》 鷩，似山雞而小，冠、背毛黄，腹下赤，項緑色鮮明。《山海經》曰：小華之山，其鳥多赤鷩，可以禦火。一謂之蛂蛂，又謂之鵔鸃。《説文》：鷩，赤雉也。鵔鸃，鷩也。昔者趙武靈王貝帶鵔鸃而朝，趙國化之。漢初閎孺籍孺以佞幸，故孝惠時侍中皆冠鵔鸃冠貝帶，傅脂粉，化閎籍之屬也。鵔鸃冠者，以此鳥羽飾冠。古有鷩冕，既同一物，豈亦類此耶？《周禮》：王之吉服，享先公饗射則鷩冕。而侯伯之服，自鷩冕而下，如公之服。説者但解衣之九章，以爲鷩者畫以雉，謂自次三華蟲以降。然既以冕爲名，

安知冠無此飾？不然，漢之駿鸃何所本哉？此鳥雅好高，故曰『蠍蛦山棲』，又曰『仰攀駿鸃』，然此但云『似山雞』，而《南越志》稱駿鸃即山雞，利距善鬭，人以家雞鬭之，則可（禽）〔擒〕，光色鮮明，五采眩耀。劉淵林解《吴都賦》，亦以山雞如雞而黑色，木棲晨鳴。今所謂山雞者，鷩蛦也，合浦有之。然則山雞自黑，絶不與此類，郭景純特以比其大小耳。至於凡言華采者，皆此鷩也。《博物志》曰：山雞有美毛，自愛其色，終日映水，目眩則溺死。翟雉長毛，雨雪惜其尾，棲高木杪，不敢下食，往往餓死。蓋雉輕死之物，故或眩以死，或餓以死，而其它又鬬以死，亦其性然也。番禺諸郡，往往取山雉爲筆，五色可愛。

又卷一七《昆雞》 昆雞似鶴，《説文》作鵾。黄白色，長頷，赤喙。《九辯》曰：鵾雞啁哳而悲鳴。公孫乘《月賦》：鵾雞舞於蘭渚。謝惠連雪賦：對庭鵾之雙舞。《淮南》曰：鉗且、大丙之御，過歸雁於碣石，軼鶤雞於姑餘。許叔重謂，鶤雞，鳳皇之别名。考《穆天子傳》：鶤雞飛八百里。郭璞曰：即鵾雞也。

明 何三畏《新刻何氏類鎔》卷三三《雉》 雉之象文明，雉之性耿介。步而啄，步而飲。本不期畜樊中，罹于羅，罹于罿，終不受羈野外。此士人相見所以有贄雉之儀，而男子四方所以有射雉之事也。故五雉者，少昊以爲官名；萬雉者，先王以爲城堞。殷高宗作雉尾之扇，晉武帝焚雉頭之裘，仲由着雉雞之冠，衛女操雉朝飛之曲。童之化爲雉也，逐其人於平林之外。蛇之化爲雉也，蜕其骨于武庫之中。雉之射而中者，賈大夫之妻見之而含笑。雉之過而馴者，魯中牟之客察之而稱仁。蕭望之勞心爲郡，時有群雉翔集，而繞車轍隨行，此以徵其善政。裴安祖雅意好生，嘗護死雉得甦，而夢繡衣拜謝，此以報其仁心。若魏太祖日射雉獲天十六頭，雖才力絶人，已不勝其馳騁。齊東昏嘗置射雉場二百餘處，與左右爭逐，抑又見其禽荒必如潘濬之諫。吴王射雉而曰射獵，破括絶絃，皆能爲害。沈懷文之諫宋武射雉，而曰聖躬櫛風沐雨，非止失容，可謂得諫諍之體矣。嘗攷周成王之世，白雉以重譯而來。魯昭公之時，白雉以啣環而入。孝武梁父之禪主，上以白雉、白鳥爲羞，而慶雲出於山上。平帝元始之朝，外夷以白雉、黑雉爲貢，而詔令薦於朝中。若王莽之圖篡君，風戎狄獻白雉以爲瑞。高歡之攻鄴郡，令吏民煮白雉以爲餐。斯不亦矯誣之甚也哉！

清 陳啓源《毛詩稽古編》卷二八 雉類甚多，《説文》載其名有十四：一盧諸雉；二喬雉；三鳪音卜雉，黄色鳴自呼；四鷩雉；五秩秩，海雉，色黑，在海中山上；六翟，山雉；七翰雉；八卓雉；九伊洛而南曰翬，五采備；十江淮而南曰摇；十一南方曰壽；十二東方曰甾；十三北方曰稀；十四西方曰蹲。此皆見《爾雅》而微不同。《爾雅》：盧作鸕，翟作鸐，音荻。翰作鶾，音汗。卓作鵫，丁罩反。摇作鷂，壽作𪄀，甾作鶅，音淄。稀作鵗，音希。蹲作鷷。音尊。又景純合鶾雉、鵫雉爲一鳥，云今白鵫也。江東呼白鶾，亦名白雉，則爲十三種矣。《左傳》五雉，杜注以翬及四方雉當之，惟南方則白翟，不曰壽。彼疏謂説本賈逵，但不知逵又何本？況以五雉配五工正，亦逵與樊光之説，杜何弗從也？其見於《詩》，曰『右手執翟』，曰『其之翟』，曰『翟茀以朝』，此翟雉也。曰『如翬斯飛』，此翬雉也。曰『有集維鷮』，此鷮雉也。别名止此三者，其餘言雉，皆其統名。《爾雅》又有寇雉，名鵽音掇。鳩，又名泆泆。注云：出北方沙漠。《本草拾遺》名突厥雀，斯非中國鳥，故《説文》十四雉弗與焉。十四雉，其三見《詩》，翬雉、翟雉、鷮雉是也。翬雉，素質、五色備，生伊洛之南，王后褘衣爲六服之首，刻繢其形，其雉類之貴者乎？《斯干》取其飛以比宫室，鄭以爲形貌之顯也。翟雉，《爾雅》謂之山雉，注云『長尾』者，故萬舞則右手秉之。后夫人以飾衣，又用爲車蔽，皆取其文采也。鷮雉，尾又長於翟，能走且鳴，性耿介，故詩人以興碩女。鷮、翟二雉，俗通呼爲翟矣。翟雉亦名山雞。然山雞有四種，鷮、翟外，鷩雉、錦雞是也，皆有采毛。鷩雉在首，錦雞在腹，錦雞小於鷩雉，文尤燦爛，《爾雅》『鶾，天雞』，乃此鳥矣。郭引《周書》文鶾證之。

清 張必剛《濬元》卷三《雉雊》 小寒末候。行東方而聞鷂雊，雊以丑也。行西方而聞鶾鳴，鳴以丑也。行南方而聞翯雊，行北方而聞鵗雊，皆如之。雉之雊，特偶一發聲耳。東西南北五雉，非必有徵發期會也，何以相符若是？前千百年之雉，猶是雊也，而不必先；後千百年之雉，猶是雊也，而不必後。前千百年與後千百年，雉與雉非必斤斤蹈襲不踰也，而何以相符若是？雉之近人而處於家者鷄也，鷄之遠人而處於野者雉也。近人而處者，以昏旦早暮爲期。遠人而處者，以寒暑爲候。以寒暑爲候者，雊以丑

月。以昏旦爲期者，雊以丑時。時與月非必故爲謀也，而何以相符若是？家中之豨之乳子也，子長者食巨乳，次者食次乳，又次者食又次之，末者食其細。豨於子非必有教誡也，而何以不爽若是？系曰：一鳥鳴，衆鳥莫不皆鳴。一雉鳴，餘雉莫敢或鳴。鳥有群，雉有長有屬。長不使其屬以鳴，屬亦未嘗偶一鳴。《詩》曰：燕燕于飛，下上其音。言燕與燕音相下上也。《詩》曰：雄雉于飛，下上其音。則一雉之音自爲下焉耳，自爲上焉耳。他鳥之鳴也，其首必昂，其吭必順以舒。雉不然，鳴則首俯，其引吭必句。物之聲，出於吭而吐於口。揚而吐之，莫之抑之。暢而出之，莫之鬱之。而雉之首，何以獨俯不昂，其吭何以獨句不舒也？其諸不得已而有聲者耶。志士無志，以徑遂爲志。勇士無勇，以激烈爲勇。溝壑可斃，而喪元不忘。孔子蓋爲死不應招之虞人言也。古之執贄，二生而一死。其士之所執者死也，即雉也。士之性一往而不回，雉之飛一直而不顧。不回不顧，則其爲志也如矢矣，其爲勇也如矢矣。他物患無文采可見，雉有文采可以見，顧有時守死不肯見，雖欲强之見，愈不可得見。其可以見而見者，時也。其不可以見而不見者，義也。士之不見諸侯，猶是也。雉喜鬭，以其剛介而生。雉護壟疆，以其喜鬭而致。雉之飛，可度爲城高廣之限，以其護壟疆而得山脊之分，則壟疆之所以護也。夫雉分山脊則雊，其護壟疆則雊。然山脊之分，分以春分，不分以小大寒，而遽於小大寒時雊焉。《易》曰：介於石，不終日，貞吉。微雉其孰當之。周之初，文王之囿，取兔又取雉。兔狡而雉介，其善否相懸霄壤也。雉固較兔爲可矜者，逮其後，兔羅設而雉罹之矣。三嘆而作，孰使之耶！孰使之耶！贊曰：細雨濕疎林，殘烟籠棲鳥。凍雷未有聲，雉獨迎其早。幽居驚歲除，朔風來悄悄。

又卷六《雉入大水爲蜃立冬末候》 繫曰：風淵水陸之飛與走分陰陽。風者、陸者爲陽，水者、淵者爲陰。飛利搏空虚爲陽，走利趨低下爲陰。風與水之羽者、鱗者爲飛，其毛者、介者爲走。夫天地之間，萬物之窟宅也。萬物共此一窟，宅而就其中。風之物，又以陸爲宅；水之物，又以淵爲宅。陸之物喜風，則宜飛不宜走，何以又有走？淵之物喜雨，則宜走不宜飛，何以又有飛？飛縱寄於水，水之飛宜小且少，何以偏大且多？走縱寄於陸，陸之走宜小且少，何以亦大且多？天地之化育也，有各藏其宅者，有互藏其宅者。陸有飛，水有走，此各藏其宅者也。陸有飛，又有走，而大且多者，顧不於飛於走。水有走，又有飛，而大且多者，顧不於走於飛，此互藏其宅者也。不各藏，不可以爲物；不互藏，不可以爲道。且非獨如此而已。陸之物本不水入，而亦有一二可以入水；水之物本不風出，而亦有一二可以出風。夫風之出焉，而游與水之入焉，而泳則交易以處之說也。而至於爵之入水爲蛤，雉之入水爲蜃，則爲變易之事，交易與變易理相互以濟。《易》曰：剛柔立本，而變通趨時。雉以入水爲蜃爲趨時，其入水以變者。雉其所以入水以變者，諒雉亦莫能有主也。時哉！時哉！弗可違也已。贊曰：形性自天分，顯晦從一氣。側身下虚無，沉沉魂魄毅。臨流姤影心，千古才人事。

綜述

《莊子・養生主》 澤雉十步一啄，百步一飲，不蘄畜乎樊中。

《禽經》 雉，介鳥也。善搏鬬也。

亦曰鳩。《爾雅》曰：雉絶有力，奮。

五采備曰翬。《爾雅》曰：伊洛而南，素質、五采皆備成章曰翬。江淮而南，青質、五采皆備成章曰鷂，言其毛色光輝也。《周禮》后六服，一曰翬衣，取其雉性介而守，以比后德也。

亦曰夏翟。《書》曰：羽畎夏翟。雉尾至夏，則光鮮也。

亦曰鷂雉。青質，五采。解見上注。

朱黄曰鷩雉。背毛黄，腹毛赤，頸毛緑而鮮明。《周禮》鷩冕取此。

白曰翰雉。江東呼曰白雉。

玄曰海雉。羽色純黑，亦善鬬，生海中山島上。

首有彩毛曰山雞。山雉，長尾，尤珍護之。林木之森鬱者，不入，恐觸其尾也。雨則避於巖石之下，恐濡濕也。久雨，亦不出而求食，死者甚衆。

【略】

腹有采文曰錦雞。狀如鳩鴿，膺前五色，如孔雀羽。出南詔越山中，歲

採捕之，爲王者冠服之飾。【略】

澤雉啼而麥齊。澤雉如商庚，春季之月始鳴。麥平隴也。

《爾雅・釋鳥》 鶾，天雞。注：鶾雞，赤羽。《逸周書》曰：文鶾，若彩雞，成王時蜀人獻之。音義：鶾，本又作榦，胡旦反。樊云：一名山雞。疏：鶾，一名天雞，赤羽之鳥也。注云『《逸周書》曰』者，雖是《周書》，不在《尚書》百篇內，故曰《逸周書》，今所謂《汲冢周書》也。云『文鶾，若彩雞』者，《王會》篇文也。案：彼云『蜀人以文鶾，文鶾者，若翬雉』。孔晁注云：『鳥有文彩』者是也。云『成王時蜀人獻之』者，案：彼孔晁注又云：王城既成，大會諸侯及四夷。故知當成王時蜀人獻之也。【略】鸕，諸雉。注：未詳。或云即今雉。音義：鸕，謝力吴反，施力魚反。【略】鷂雉。注：青質，五彩。鷮雉。注：即鷮雞也，長尾，走且鳴。鳪雉。注：黃色，鳴自呼。鷩雉，注：似山雞而小，冠、背毛黃，腹下赤，項緑色鮮明。秩秩，海雉。注：如雉而黑，在海中山上。鸐，山雉。注：長尾者。韓雉，鵫雉。注：今白鵫也。江東呼白韓，亦名白雉。雉絶有力，奮。注：最健鬬。伊洛而南，素質、五彩皆備成章曰翬。注：翬亦雉屬，言其毛色光鮮。江淮而南青質、五彩皆備成章曰鷂。注：即鷂雉也。南方曰𠷎，東方曰鶅，北方曰鵗，西方曰鷷。注：說四方雉之名。音義：鷂，郭音遥，下同。鷮音驕。鳪音卜，郭方木反，又方角反。鷩，謝必滅反，吕、郭方世反。秩秩，本又作失失，謝持乙反。施音逸。鸐音狄，又音濯。韓，户旦反，字又作翰。鵫，吕、郭音罩，陟孝反，又音卓。鬬，丁豆反，又丁候反。翬音暉。𠷎，本或作𪈼，直留反，郭徒留反，《字林》女知反。鶅，側其反。鵗音希。鷷，郭音尊，謝徂尊反。疏：別諸雉之名也。鷂雉者，郭云『青質五彩』，即下文『江淮而南』者是也。云『鷮雉』者，郭云：即鷮雞也，長尾，走且鳴。《說文》云：鷮，長尾雉，走鳴。乘輿以尾爲防釳著馬頭上。《詩・小雅》云：有集維鷮。陸璣《疏》云：『鷮，微小於鸐也。走而且鳴曰「鷮鷮」。其尾長，肉甚美。故林木山下人語曰：四足之美有麃，兩足之美有鷮。麃者，似鹿而小』是也。《山海經》文凡山『其鳥多白鷮』。云『鳪雉』者，雉之黃色，鳴自呼者名鳪。云『鷩雉』者，案《山海經》牝山之上『鳥多赤鷩』。郭注云：即鷩雉也。《尚書》謂之華蟲。《周禮・春官・司服》職云『鷩冕』，七章之服也，畫此鷩雉。郭云：似山雞而小，冠、背毛黃，腹下赤，項緑色鮮明。云『秩，海雉』者，海雉，一名秩秩。郭云：如雉而黑，在海中山上。云『鸐，山雉』者，山雉，一名鸐。郭云：尾長者。今俗呼山雞是也。云『韓雉，鵫雉』者，別二名也。郭云：今白鵫也。江東呼白韓，亦名白雉。云『雉絶有力，奮』者，謂雉之壯大有力能鬬者名奮。郭云：最健鬬。云『伊洛而南，素質、五彩皆備成章曰翬』者，李巡曰：素質、五彩備具，文章鮮明曰翬。孫炎曰：翬雉，白質，五色爲文也。郭云：翬亦雉屬，言其毛色光鮮，王后之服以爲飾。案《周禮・內司服》云：王后之六服，褘衣。鄭注云：『王后之服，刻繒爲之形而彩畫之，綴於衣以爲文章。褘衣，畫翬者』是也。云『江淮而南，青質、五彩皆備成章曰鷂』者，有雉，青質、五彩備具，而成文章，名曰鷂雉。郭云：即鷂雉也，亦王后之服以爲飾。《周禮》云『揄狄』，鄭注云『揄狄，畫摇者』是也。摇與鷂音義同。云『南方曰𠷎，東方曰鶅，北方曰鵗，西方曰鷷』者，郭云：說四方雉之名。《左傳》曰：五雉爲五工正。杜預取四方之雉，并上『翬雉』以爲五也。必取翬雉者，伊洛，土之中區，故與四方之雉爲五也。樊光、賈逵以此五雉分屬五土，無所憑據，不可采用。故略而不言。【略】雉之暮子爲鷚。注：晚生者，今呼少雞爲鷚。音義：鷚，力救反，又力求反。《說文》作雡，云：鳥，大雛也。一曰：雉之暮子也。《字林》力幼反。少，詩照反，下文同。疏：鷚是雉晚生者，今呼少雞爲鷚。

漢 許慎《說文》卷四 雉，有十四種，盧諸雉，喬雉，鳪雉，鷩雉，秩秩海雉，翟山雉，翰雉，卓雉，伊洛而南曰翬，江淮而南曰摇，南方曰𠷎，東方曰甾，北方曰稀，西方曰蹲。从隹，矢聲。直几切。古文雉从弟。【略】鶤，鶤鷄也。从鳥，軍聲。讀若運。古渾切。【略】鷩，赤雉也。从鳥，敝聲。《周禮》曰：孤服鷩冕。并列切。【略】鷮，走鳴，長尾雉也。乘輿以爲防釳，著馬頭上。从鳥，喬聲。巨嬌切。【略】鷕，雌雉鳴也。从鳥，唯聲。《詩》曰：有鷕雉鳴。以沼切。【略】鶾，雉肥鶾音者也。从鳥，倝聲。魯郊以丹雞，祝曰：以斯鶾音赤羽，去魯侯之咎。侯幹切。

三國吴 陸璣《毛詩草木鳥獸蟲魚疏》卷下《有集維鷮》 鷮，微小于翟也。走而且鳴曰『鷮鷮』。其尾長，肉甚美。故林慮山下人語曰：四足之美有麃，兩足之美有鷮。麃者，似鹿而小。

晉 張華《博物志》卷四 鸐雉，長毛，雨雪，惜其尾，棲高樹杪，不敢下食，往往餓死。聞魏景初中時人所說。【略】山鷄，有美毛，自愛其色，終日映水，目眩則溺死。

南朝梁 任昉《述異記》卷上 伺潮雞，潮水上則鳴。孫綽《望海賦》曰：『石雞清響而應潮』是也。

唐 樊綽《蠻書》卷七 大雞，永昌、雲南出，重十餘斤，觜距勁利，能取鶤、鶚、鳶、鵲、梟、鴿、鴝、鵒之類。

宋 陶穀《清異録》卷上《九苞奴》 《動植廣疏》云：錦雉，一名九苞

奴，謂其有文無德，真鳳凰之奴隸。

宋 釋贊寧 《東坡先生物類相感志》卷七《雉雷則雊》 《夏小正》曰：正必雷，雷不聞，雉聞之。故《淮南子》：撞鍾於延郊，雉皆雊。注：鍾聲似雷震。

又《媒翳》 翳者，雉媒也。少而養雉子，至長狎人，能招野雉也。雞屬陰，先鳴後鼓翼。家鷄屬陽，先鼓翼後鳴。

宋 高承 《事物紀原》卷一〇《野鷄》 即雉也。自漢吕后稱制，避其諱故也。《漢高后紀》注：后諱雉之字野鷄。顔師古曰：吕后名雉，字娥姁，故臣下諱雉。至唐高宗諱治，又帝小字雉奴，故相承避至今也。

宋 寇宗奭 《本草衍義》卷一六 雉，其飛若矢，一往而墮，故今人取其尾置船車上，意欲如此快速也。漢吕太后名雉，高祖字之曰野鷄，其實即鷄屬也。食之，所損多，所益少。

宋 鄭樵 《通志》卷七六 鶾，《爾雅》曰：天雞。鶾音汗。《逸周書》曰：蜀人獻文鶾。文鶾者若翬雉。按：今有吐錦雞，蓋雉類，惟蜀中有之，仰日吐錦，甚有文彩。【略】蜜肌，《爾雅》曰：繫英，英雞也。喙啖石英，故得名焉。【略】雉之類多。《爾雅》曰：鷂雉。鷮雉。鳪雉。鷩雉。秩秩，海雉。鸐，山雉。雗雉。鵫雉。雉絶有力，奮。伊洛而南，素質、五采皆備成章曰翬。江淮而南，青質、五采皆備成章曰鷂。南方曰𠷎，東方曰鶅，北方曰鵗，西方曰鷷。鷂音遥，鷂雉即鷂雉也，青質而有五采者。鷮音驕。鳪音卜，鳪雉即鷩雉也，朱冠緑臉，項背有文，腹下黄赤，大如雞。雄者有文彩，據文勢是如此。郭氏離此爲四物，誤矣。秩秩者，即海雉也。郭云：如雉而黑，在海中山上。鸐音狄，即山雉也。此與鷩雉是一種，小異，亦有文彩。郭云長尾者雗，音汗，即鵫雉也，今謂之白鷴。似鴿而大，白色，紅臉可愛。鳥之健勇者惟雉，雉之有力者曰奮。翬、鷂皆所産之異，𠷎、鶅、鵗、鷷皆所呼之異。𠷎音儔。鷷音遵。

宋 范成大 《桂海虞衡志・志禽》 錦鷄，又名金鷄，形如小雉，湖南、北亦有之。山鳳凰，狀如鵝雁，觜如鳳，巢兩江深林中。伏卵時，雄者以木枝雜桃膠，封其雌於巢，獨留一竅，雄飛求食以飼之。子成即發封，不成則窒竅以死之。此亦異物，然未之見也。翻毛鷄，翮翎皆翻生彎向外，尤馴狎，不散逸。二廣皆有之。長鳴鷄，高大過常鷄，鳴聲甚長，終日啼號不絶，生邕州溪洞中。

宋 周去非 《嶺外代荅》卷九《長鳴雞》 長鳴雞，自南詔諸蠻來，一雞直銀一兩，形矮而大，羽毛甚澤，音聲圓長，一鳴半刻。

又《潮雞》 廣州有潮雞，潮至則啼。身小足矮。昔余襄公靖詩云：『客聽潮雞迷早夜，人瞻颶母識陰晴』是也。

又《枕雞》 欽州有小禽一種，大如初生雞兒，毛翎純黑，項下有横白毛，向晨必啼，如雞聲而細。人置之枕間，以之司晨。亦名曰鶉子，余命曰枕雞。

又《翻毛雞》 雞翮翎皆翻生，彎彎向外，雌雄皆然。二廣皆有之。

宋 戴侗 《六書故》卷一九 鷩 鷩，必列切。《周官》：享先公饗射鷩冕。説文曰：亦雉也。郭氏曰：似山雞而小，冠、背毛黄，腹下赤，項緑色鮮明。顔師古曰：俗呼爲山雞，非也。

又 鵕鸃 鵕，私閏切。鸃，魚羈切。説文曰：鷩也。秦漢初，侍中冠鵕鸃。似山雞而小，或曰今錦雞也。

又 鷮 鷮，舉喬、巨嬌二切。《詩》云：依彼平林，有集維鷮。毛氏曰：雉也。《説文》曰：走鳴，長尾，雉也。桀輿以爲防釳。許訖切。蔡邕曰：釳方數寸，以插羽，著馬頭上。陸璣曰：微小於翟，長尾，走且鳴，肉甚美。故語曰：四足之美有麃，兩足之美有鷮。《埤雅》曰：雉之健者爲鷮，尾長六尺。按：雉鮮集于木，鷮恐非雉。

又 雉 雉，直几切。似雞而五采，雄者長尾，耿介，善鬥。《爾雅》：雉之種十四。鷂雉，《説文》作盧諸雉。鷮雉，《説文》作喬，亦作鷮。鳪雉。鷩雉。秩秩，海雉。翟，山雉。雗雉，《説文》作翰。鵫雉，《説文》作卓。雉絶有力，奮。伊洛而南，華質、五采皆備成章曰翬。江淮而南，青質、五采皆備成章曰鷂。《説文》作摇。南方壽。東方鶅，《説文》作甾。北方鵗，《説文》作希。西方鷷，《説文》作蹲，别作鷷。《左氏傳》少皥氏官有五雉，又名華蟲，借爲城築之雉。《傳》曰：都過百雉。杜預曰：方丈曰堵，三堵曰雉。雉之制，長三丈，高一丈。

宋 朱輔 《溪蠻叢笑》 金雞，羽族似雉者，金項火背，斑尾揚翹，志意揭驕，籠之不能馴。

元 戚輔之 《佩楚軒客談》（引自《説郛》卷二七） 安溪山多竹雞，山

中人云春食蘭花。

明　張瀚《松窗夢語》卷五《鳥獸紀》　雉有五采，爲文明之象。《莊子》：澤雉十步一啄，百步一飲。因地之墳衍以爲疆限，分而穫之，不相侵越。一界之内，以一雉爲主，餘者雖衆莫敢鳴。錦雞似雉而身備五彩，紅黄相間，色澤鮮明，遠勝于雉。關中有鬬雞，僅如兩月雛，團圝無尾，小喙短頸，羽青如翠，足紅如朱。雄雞有高大一二尺者，遇之喙囁而下之，遂辟易去。鳥中最警敏者，土人呼爲聒聒雞，以其聲之尖利也。

明　李時珍《本草綱目》卷四八　雉《別録》中品　釋名：野雞。宗奭曰：雉飛若矢，一往而墮，故字從夫。今人取其尾置舟車上，欲其快速也。漢呂太后名雉，高祖改雉爲野鷄。其實鷄類也。時珍曰：黄氏《韻會》云：雉，理也。雉有文理也。故《尚書》謂之華蟲，《曲禮》謂之疏趾。雉類甚多，亦各以形色爲辨耳。《禽經》云：雉，介鳥也。素質五采備曰翬雉，青質五采備曰鷂雉，朱黄曰鷩雉，白曰鵫雉（音罩），玄曰海雉。《爾雅》云：鸐雉，青質五采。鳪雉，黄色自呼。翟雉，山雉也，長尾。鷮雉，長尾，走且鳴。秩秩，海雉也。梵書謂雉曰迦頻闍羅。集解：時珍曰：雉，南北皆有之，形大如鷄，而斑色繡翼。雄者文采而尾長，雌者文暗而尾短。其性好鬬，其名曰鷕鷕（音杳），其交不再，其卵褐色。將卵時，雌避其雄而潛伏之，否則雄食其卵也。《月令》仲冬雉始雊，謂陽動則雉鳴而勾其頸也。孟冬，雉入大水爲蜃。蜃，大蛤也。陸佃《埤雅》云：蛇交雉則生蜃。蜃，蛟類也。《類書》云：蛇與雉交而生子，曰蟂。蟂，水蟲也。陸禋《續水經》云：蛇雉遺卵於地，千年而爲蛟龍之屬，似蛇四足，能害人。魯至剛《俊靈機要》云：正月蛇與雉交生卵，遇雷入土數丈爲蛇形，經二三百年成蛟飛騰。若卵不入土，仍爲雉耳。又任昉《述異記》云：江淮中有獸名能（音耐），乃蛇精所化也，冬則爲雉，春復爲蛇。晉時武庫有雉。張華曰：必蛇化也。視之果得蛇蜕。此皆異類同情，造化之變易，不可臆測者也。

又　鸐雉音狄。《食療》　釋名：鸐鷄、《禽經》山鷄、同上山雉。時珍曰：翟，美羽貌。雉居原野，鸐居山林，故得山名，大者爲鷮。集解：頌曰：伊洛、江淮間，一種雉小而尾長者，爲山鷄，人多畜之樊中，即《爾雅》所謂『鸐，山鷄』也。時珍曰：山鷄有四種，名同物異。似雉而尾長三四尺者，鸐雉也。似鸐而尾長五六尺，能走且鳴者，鷮雉也，俗通呼爲鸐矣。其二則鷩雉、錦鷄也。鷮、鸐皆勇健，自愛其尾，不入叢林，雨雪則岩伏木棲，不敢下食，往往餓死。故師曠云：雪封枯原，文禽多死。南方隸人，多插其尾於冠。其肉皆美于雉。《傳》云：四足之美有麃，兩足之美有鷮。

又　鷩雉敝、鼈二音。《拾遺》　釋名：山雞、《禽經》錦雞、同上金雞、《綱目》采雞、《周書》鵕鸃。音峻儀。時珍曰：鷩，性憋急耿介，故名。鵕鸃，儀容俊秀也。周有鷩冕，漢有鵕鸃冠，皆取其文明俊秀之義。鷩與鸐同名山鷄，鸐爲大而鷩小。鷩與鷊同名錦鷄，翮文在綬而鷩文在身，以此爲異，大抵皆雉屬也。按《禽經》云：首有采毛曰山鷄，腹有采色曰錦鷄，項有采囊曰避株。是山鷄、錦鷄又稍有分別，而俗通呼爲一矣。蓋是一類，不甚相遠也。集解：藏器曰：鷩似雉，五色。《山海經》云『小華之山多赤鷩，養之禳火災』是也。時珍曰：山鷄出南越諸山中，湖南、湖北亦有之。狀如小鷄，其冠亦小，背有黄赤文，緑項、紅腹、紅嘴。利距善鬬，以家鷄鬬之，即可獲。此乃《爾雅》所謂『鷩，山鷄』者也。《逸周書》謂之采鷄。錦鷄則小於鷩，而背文揚赤，膺前五色炫燿，如孔雀羽。此乃《爾雅》所謂『鶾，天鷄』者也。《逸周書》謂之大鶾（音汗）。二種大祇同類，而錦鷄文尤燦爛如錦。或云錦鷄乃其雄者，亦通。劉敬叔《異苑》云：山鷄愛其羽毛，照水即舞，目眩多死，照鏡亦然。與鸐鷄愛尾餓死，皆以文累其身者也。

又　竹雞《拾遺》　釋名：山菌子、藏器雞頭鶻、《蘓東坡集》泥滑滑。頴曰：山菌子即竹雞也。時珍曰：菌子，言味美如菌也。蜀人呼爲鷄頭鶻，南人呼爲泥滑滑，因其聲也。集解：藏器曰：山菌子生江東山林間。狀如小雞，無尾。時珍曰：竹雞生江南、川、廣處處有之，多居竹林。形比鷓鴣差小，褐色多斑，赤文。其性好啼，見其儔必鬬。捕者以媒誘其鬬，因而網之。諺云：家有竹雞啼，白蟻化爲泥。蓋好食蟻也，亦辟壁虱。【略】附録：杉雞。時珍曰：按《臨海異物志》云：閩越有杉雞，常居杉樹下。頭上有長黄毛，冠頰正青色，如垂縷。亦可食，如竹雞。

又　英雞《拾遺》　集解：藏器曰：英雞出澤州有石英處，常食碎石英。狀如雞而雉尾，體熱無毛，腹下毛赤，飛翔不遠，腸中常有石英。人食之，取英之功也。今人以石英末飼雞，取卵食，終不及此。

明　慎懋官《華夷花木鳥獸珍玩考》卷七《家雞、野雉》　家雞，先鼓翼者二而後鳴。雉雞，既鳴而後鼓翼者三。雉雞雄者有冠，煮熟仍紅。家雞雄者亦有冠，煮熟則不紅矣。

明　穆希文《説原》卷一〇　雉，五采皆備，耿介之禽也。故士相見，執以爲贄，取其守介不失節也。十一月，雷在地中，雉先知而鳴。十步一啄，百步一飲。因地分界，不相侵越。一界之内，要以一雄爲主。鷩，似山鷄而小，冠、背毛黄，腹下赤，項緑毛鮮明。山鷄有美毛，自愛其毛，終日映水，目眩而溺死。翟雉長毛，雨雪，則惜其尾，棲高木杪，往往餓死。盖雉本輕生，故或眩而死，或餓以死，或鬬以死，其性然也。雉，火畜也，感于陽而

後有聲。鶏，木畜也，麗于陽而後有形。大寒，鶏始乳。鶏不始乳，滛女亂男。故《月令》曰：季冬之月，雉鴝鶏乳。

明　周祈　《名義考》卷一〇《雉》　《爾雅》：鷂雉，青質五彩。鷮雉，長尾，走且鳴。鳪雉，黃色，鳴自呼。鷩雉，似山鶏而小，冠、背毛黃，腹下赤，項緑。鸐雉，長尾者。鵫雉，今白鵫也。鷂、鷮、鳪，其爲禽不可辨。鷩，即今錦鶏。鸐，即今野鶏。鵫，即今白鷴。鷩，《尚書》所謂『華蟲』。《廣韻》：鷩即今鵕鸃也。《南越志》：鵕鸃，山鶏也。今錦鶏冠、背黃，腹赤，項緑，爲山鶏無疑，曰似誤也。華蟲，唐虞以爲十二章。鷩，周以爲冕。鵕鸃，漢以爲侍中冠。錦鶏，今以爲一品服。是知錦鶏、山鶏、鵕鸃、華蟲、鷩一也。鸐，一名翬，王后之服以爲飾，《周禮》『禕衣畫翬』者是也。亦作翟，《書》：羽畎夏翟。又作狄，《周禮》：褕狄。又南方曰𠷎，東方曰鶅，北方曰鵗，西方曰鷷，皆翟也，因地異名。鷂、鷮、鳪，或亦皆翟也，色微不同耳。又《西京雜記》：南越王獻高帝白鷴、黑鷴各一隻。鷴疑即《爾雅》所謂『秩秩，如雉而黑，在海中山上』者。雉之種類實繁，要以羽毛見重，亦因色而異名，故古人服物多用之爲飾。鷂音搖。鷮音驕。鳪音撲。鷩音別。鸐音狄。鵫音汗。鵫音罩。鸃音倪。翬、禕俱音揮。𠷎音儔。鶅音緇。鵗音希。鷷音尊。

又《鵫鳺》鵫音罩鳺音秩　楊用脩曰：後周皇后服制受繭則服鷩衣，聽女教則服鵫衣，歸寧則服鳺衣。鵫、鳺字惟見此，蓋蘇綽所制也。用脩其亦未讀《爾雅》耶？《爾雅》：秩秩，海雉。鵫雉，鵫雉。郭璞云：秩秩，似雉而黑。鵫雉，今白鵫也。是鵫鳺已見《爾雅》，但鳺作秩，古字通用。《廣韻》鳺讀若益，鋪豉鳥未知即秩秩否？而云鵫鳺惟見此，已非。是又云蘇綽所制，尤非。

明　吴雨　《毛詩鳥獸草木考》卷一《雉》　《邶風》曰：雄雉于飛，泄泄其羽。《傳》：雄雉見雌雉飛，而鼓其翼泄泄然。雉，耿介鳥也，一名野雞，雞屬。首有彩毛，身有五色，雄者有冠、長尾，雌者素質、短尾。愛其毛，終日影水，目眩則溺，林木森欝者不入，雨則避於巖穴之下，久雨不出多餓死。善鬪，因地之墳衍以爲疆界，分而護之，不相侵越。一界之內，要以一雄爲長，餘者雖衆莫敢鳴。能向陽吐綬。其交有時，別有倫。今雞先鼓翼者二而後鳴，雉既鳴而後鼓翼者三。《月令》季冬雉雊，得二陽之氣而雊鳴也。

《尚書》曰『華蟲』。《禮記》曰『疏趾』。有十四種。鷂雉，青質、五彩，鷮雉、鳪雉，黃色，鳴自呼。鷩雉，似山雞而小，冠、背毛黃，腹下赤，項緑色鮮明。秩秩，海雉，如雉而黑，在海中山上。鸐，山雉。鵫雉，鵫雉，今白鵫也，江東呼白鵫，亦名白雉。伊洛而南，素質皆備成章曰翬。江淮而南，青質、五彩皆備成章曰鷂。南方曰𠷎，東方曰鶅，北方曰鵗，西方曰鷷。

又《翟》　《邶風》曰：右手秉翟。《傳》：翟，翟羽也。鸐，雉屬，一名山雉，長尾，雨雪降，惜其尾，棲樹杪，不敢下食，往往餓死，今俗呼之爲山雞，古者后服三翟是也。毛《傳》：翟，翟羽。謂雉之羽也。故《異義公羊説》：樂舞以鴻羽，取其勁輕，一舉千里。《詩毛説》：萬以翟羽。《韓詩説》：以夷狄大鳥羽。謹按《詩》云：右手秉翟。《爾雅説》：翟，鳥名，雉屬也。知翟，羽舞也。

又卷二《翬》　《小雅》曰：如翬斯飛。《箋》：伊洛而南素質，五色皆備成章，曰翬。翬，雉屬。其毛色光鮮白爲質，五彩爲文，備具成章。《釋鳥》云：伊洛而南，雉素質、五色皆備成章曰翬。又曰：鷹隼醜，其飛也。翬，言其鼓翅翬翬然，故曰翬也。古者王后之服以爲飾，則繢爲之形而彩畫之，綴于衣以爲文章，禕衣畫翬者是也。盖取其雉性介而守，比后德也。《左傳》曰：五雉爲五工正。翬其一也。翬盖中央之雉，南方曰繇，東方曰鶅，北方曰鵗，西方曰鷷。

又卷三《鷮》　鷮，雉屬，色如雌雉，尾如雉尾而長，頭上有肉冠，冠上豪毛長數寸，如雄雉尾角。陸璣云：鷮，微小於鸐也，走而且鳴，音鷮鷮然。尾長，肉甚美，故林麓山下人語曰：四足之美有麃，兩足之美有鷮。麃者，似鹿而小是也。薛綜曰：雉之健者爲鷮。《字説》曰：從鷮，尾長，走而且鳴，則其首尾鷮如也。《禽經》曰：火爲鷮，亢爲鶴。

明　謝肇淛　《滇略》卷三　百夷雞，産永昌諸蠻地。視家雞足短而善鳴，晝夜無時，音稺若鵰鴣，然雌者亦鳴。又夏秋之交，生秧田中者，曰秧雞。小而黠，不可捕，其五色俱備，日中吐綬者，曰錦雞。

明　馮復京　《六家詩名物疏》卷一〇《雉》　古多云雉有十四種，今以《爾雅》所釋計之：鷂雉，即江淮而南，青質五采者，王后揄狄刻繒爲其形，而采畫之以爲文章。鷮雉，即《詩》所云『有集維鷮』者。鳪雉，雉之黃色，鳴

自呼者。鷩雉，《釋名》云『鷩，雉之憋惡者』，其耿介甚于他雉，似山鷄而小，背上黄，腹下赤，項緑色鮮明。《禮》鷩冕七章之服畫之，盖取耿介，與王后三翟異也。秩秩，海雉，如雉而黑，在海中山上。鸐，山雉尾長者，俗呼山鷄。《禽經》云：首有采毛。鄭注《周禮》云：翟，雉名。然惟此雉稱鸐，則《簡兮》言『左手秉翟』者，此雉之羽也。雗雉，鵫雉。郭云：今白鵫也，亦名白雉。白雉古以爲瑞，周時越裳獻之。《抱朴子》云：白雉有種，南越尤多。則此雗即越裳所獻者也。翬，即《斯干》所謂『如翬斯飛』者。翯、鶅、鵗、鷷，四方雉名，除奮、鷚可通，諸雉但可得十二種耳。杜預注《左傳》以翟爲南方之雉，與《爾雅》異。予謂《左傳》五雉，未聞其名，畧而不説可也。

又卷一二《翟》 陳氏《樂書》其釋翟也，既以爲山雞。其釋羽舞也，又以爲翬鷂。一家之説，自相抵牾，然翬鷂皆有狄名，后之五路重翟、厭翟，安知不以青素質、五色成章者飾之？或翟是雉之通名。舞師注羽舞，析白羽、白雉爲瑞鳥，不易得，必是鍾氏之所染矣。

明 李中立《本草原始》卷一〇 雉，南北皆有之，形大如雞而斑色繡翼，雄者文彩而尾長，雌者文暗而尾短。其交不再，其卵褐色。將卵，雌避雄而潛伏之，否則雄食其卵也。《月令》仲冬雉始雊，謂陽動則雉鳴，而勾其頸也。孟冬雉入大水爲蜃，蜃，大蛤也。宗奭曰：雉飛若矢，一往而墮，故字從矢。今人取其尾置舟車上，欲其快速也。漢吕太后名雉，高祖改雉爲野雞，其實雞類也。黄氏《韻會》云：雉，理也，雉有文理也。故《尚書》謂之華蟲，《曲禮》謂之疏趾。雉類甚多，亦各以其形色爲辨正。《禽經》云：雉，介鳥也。素質、五采備曰翬雉，青質、五采備曰鷂雉，朱黄曰鷩雉，白曰鵫雉，玄曰海雉，梵書謂雉曰迦頻闍羅。

明 曹學佺《蜀中廣記》卷五九 《蜀都賦》：⿰虫州蛦山棲。注：鳥名也。如今之所謂山鷄，其雄色斑，雌色黑。出巴東郡。按《華陽國志》：孟獲激其屬反，曰：官欲⿰虫州腦三斗。即此物也。【略】《蜀都賦》：碧鷄儵忽而曜儀。《地理志》曰：碧鷄在越嶲青蛉縣禺同山。漢宣帝時，方士言益州有碧鷄神，可以醮祭而致也。使諫議大夫王褒持節往求之，褒道病，竟不能致。成都有碧鷄坊，蓋祠所也。老杜詩：時出碧鷄坊。其後西川校書薛濤營宅于碧鷄坊，老焉。

明 毛晉《陸氏詩疏廣要》卷下之上《有集維鷮》 《爾雅》云：鷮雉。邢《疏》云：鷮雉者。郭云：即鷮雞也。長尾，走且鳴。《説文》云：長尾雉，走鳴。乘轝以尾爲防釳，著馬頭上。《山海經》：女几山，其鳥多白鷮。《埤雅》云：薛綜曰：雉之健者爲鷮，尾長六尺。《字説》曰：從喬，尾長而走且鳴，則其首尾喬如也。《禽經》云：火爲鷩，亢爲鶴。鄭漁仲云：鷂雉，即鷮雉也，青質而有五采者。按：雉之類甚多，故《爾雅》列舉其名，但首列鷂雉、鷮雉、鳪雉、鷩雉。郭景純認爲四物，鄭漁仲認爲二物，大相矛盾。陸農師從郭氏之説，亦釋鷂，又釋鷮，然味下文『秩秩，海雉』、『鸐，山雉』，似當以鄭説爲正。又按：嚴氏《詩緝》引陸《疏》詳略不同，豈宋本與今本相傳之誤耶？因兩存以備參考。鷮是雉中之別名。陸璣曰：微小於翟，走而且鳴，音鷮鷮。然其色如雌雉，尾如雉尾而長，其頭上有肉冠，冠上藂毛長數寸，如雄雉尾角也。其肉甚美，故林慮山下人語曰：四足之美有麃，兩足之美有鷮。麃者，似鹿而小也。

明 方以智《通雅》卷四五 雉，文而介者也。《爾雅》列其名，《禽經》別其色，素備采曰翬，青備采曰鷂，朱黄曰鷩，白多曰鵫，黄多曰鳪，黑曰秩秩，尾長而健曰鸐。鷮大，鷩小，即鵕鸃也，鷫也。鶾，錦雞。鷊，綬雞也。鷊采在嗉，鶾采在身。外文內介，故士贄雉。《説文》：鷩，必列切。赤雉也。鵕鸃，音俊儀。鷩也。《左傳》：丹鳥司閉。杜注：鷩雉。《西山經》：鳥多赤鷩，可禦火。相如賦：射鵕鸃。顔注：鷩似山雞而小，冠、背黄，腹赤項緑。秦漢初，侍中冠鵕鸃，其倣周之孤服鷩冕乎？智按《淮南》：趙武靈王貝帶鵕鸃。注：即犀毗。按與貝帶複矣，安知非冠鵕鸃？安知不插雉尾乎？《爾雅》：南方曰⿰壽鳥。恤收尤韻雉也。顧野王曰：鵕鸃、鳳屬。未攷矣。《象類書》曰：翬从輝，鷂从瑶，鵫从逴，鳪从朴，⿰壽鳥从儔。鶾即翰，鵕鸃从俊儀，鷩以蔽身餘尾也。翟从隹羽，美會意，以好敵爲音，故司服揄狄闕狄通借也。吐綬鳥曰鷊。音鶃。《詩》：邛有旨鷊。綬草似鳥，故《爾雅》作虉綬。崔豹謂之錦囊，以反哺曰孝鳥，以愛嗉曰避株。凡雉別于鳩，以尾長而飛文也。華蟲，鄭玄説也。《王會篇》：蜀人以文翰若皋雞。注：鳥有文彩者。皋鷄似鳧，冀州謂之澤特。《爾雅》：鶾，天鷄。注：赤羽。《逸書》曰：文鶾若彩鷄。魯郊以丹鷄，祝曰以斯翰音赤羽，去魯侯之咎。其曰一

名鸓風者，誤也。王氏《博古辯》曰：古玉多刻天雞紋，其尾翅輪如鴛鴦。正錦雞也。一曰鶾雉。《王會》注以爲似鳧，正謂其尾翅輪耳。澤特，則正屬王雎鳩之類。秩秩，海雉，則鷊鳪、黑鵫之類。鷊亦黑雉類也。似雉黑黄，兩鷊鬪必至死，以爲武冠。其青色曰鳪。《説文》：鳪似鷊，出羌中。張敞舍鷊雀飛集丞相府。顔注：音芬，本作鳻。《爾雅》：春鳸，鳻鶞。此是訛，非可借音。白鷴，白鵫也。李昉命爲閑客。《爾雅》：鵫雉，鶾雉。注：白鶾也。鵫、鶾、翰一字，音寒，《本草》作鶾。南人呼閑如寒，則鷴即鵫音之轉也。《廣志》：南越獻白鷴、黑鷴。蓋雉亦有黑者，可徵『秩秩，海雉』之説。

清　陳淏子《秘傳花鏡》卷六《養禽鳥法·雉雞》　雉，一名錦雞，一名鷮雉，介鳥也。産於南越諸山中，湖南、湖北亦有之。狀似山雞而差小，色備五彩可觀，皆有黄赤文，緑頂紅腹，紅嘴利距，首上有兩毛，特起成角。先鳴而後鼓翼，性最勇健，善鬬，人以家雞引其鬬，即從而獲之，畜於樊中。其尾花長一二尺，不入叢林，恐傷其羽也。每自愛其羽毛，照水即舞，良久目眩，竟有死於水者。雌者文闇而尾長，雪深絶食，亦常餓死，或被人獲。《山海經》云：小華山多赤鷩，養之可禦火災。又一種遠飛雞，夕則還依人，曉則捷飛四海，嘗啣桂實歸於南土，亦仙禽也。每畜飼以米麥，如或被鷹打傷，以地黄葉點之，即愈。若將卵時，雌必避其雄，潛伏地所，否則雄啄其卵也。

又《養禽鳥法·竹雞》　竹雞，蜀名雞頭鶻，一名山菌子，俗呼泥滑滑。南浙川廣處處有之。喜居民叢中，形比鷓鴣小而無尾毛，羽褐色多斑，無文彩而性好啼。其聲最响，頭扁似蛇，喙尖眼突者，啼可百聲，見其儔類必鬪。捕者每以媒誘其鬪，因而以網獲之，能去壁虱白蟻之害。古諺云：家有竹雞啼，白蟻化爲泥。人故多畜之，非無益也。性不喜水，籠底多貯以砂，彼則衮卧其中以當浴，飼以小米，或少雜野蘇子於内，可經久無病。如出血管二毛，便不活矣。養熟，雖不閉籠，彼至晚自能歸籠宿也。好食蟻。

清　吴綺《嶺南風物記》　潮鷄，出廣州，似鷄而小，潮至則鳴。金錢鷄，出羅定府，較家鷄甚馴，毛羽皆灰色，遍身圓圈如太極圖，間紅黑色，爛然可觀。瓊南文昌縣亦有之。一名五福鳥，凡人家有吉慶事，則鼓翅翔舞。碧鷄，出高州，朱冠，黄喙，紅足，毛黑色而有翠光。

清　屈大均《廣東新語》卷二〇《禽語·諸鷄》　嶺南多珍鳥，予少時嘗喜畜養。有詩云：仙禽亦有白鸚䳇，頂上一花蓮倒垂。么鳳可憐毛太緑，畫眉亦自白雙眉。又云：花裏青鷄與錦鷄，青鸞亦共白鷴棲。青鷄頂上丹砂好，來自朱明洞以西。青鷄比秦吉了稍大，尾長，頭上一點如丹砂。錦鷄一曰鵕鸃，山鷄也。其冠甚小，背有黄赤文，緑頂紅腹，每照水卽舞，目眩而死，其照鏡亦然。有碧鷄，似孔雀而小，足重距，背連錢文，色碧，一名越王山鷄。《六帖》云：羅浮有碧鷄，羣飛絶巘，或獨鳴空林，曰『先顧先顧』。予嘗於浮山見之。每當日出，則碧鷄先鳴，山中人乃以爲天鷄云。凡鷄皆天鷄也，鷄爲積陽，南方之象，故陽出而鷄鳴，以類感也。陽爲天，故曰天鷄。謂日中有天鷄者，蓋日出於卯，卯之屬爲兔，而兔之宅在月中，月出於西，西之屬爲鷄。而鷄之宅在日中，蓋鷄以金爲質，以木爲氣，木中有火，則日之精也。金中有水，則月之精也。嶺南陽明之地，乃鷄之宅，故多錦鷄、青鷄之屬。其似雉而尾長三四尺者爲鸐鷄，似鸐而尾長五六尺，能走且鳴者爲鷮鷄。有金鷄，項鬃毛純黄，身紅黄雜有文采，目微色白。有金錢鷄，通身作金錢如孔雀尾，足四距。有氄毛鷄，翮翎皆氄生，彎彎向外，尤馴狎。有客鷄，狀如鷄而五采，出則歲穰。有真珠鷄，體有珠點文，能反哺，亦曰『孝鷊』。每春夏天晴氣爽，則鼓翅而舞，口中微出物如錦綺，長數寸，漸長覆胸，燦然眩目，頃之漸收入喉中，剖之無所有也。大如鸜鵒，頭頰似雉，有錦囊在臆前，大如斗許，具五色，一名錦帶功曹，一名吐綬，亦曰綬鷄。楊慎云：綬鷄曳綵而駢羅，能辟火災。有竹鷄，形如鷓鴣，褐色斑赤文，居竹林中，見儔必鬭，以囮誘其鬭，網之。性好啼，啼曰泥滑滑，白蟻畏之。諺曰：家有竹鷄啼，白蟻化爲泥。有鷊鷄，類雉而大，黄黑色，有毛角如冠。性愛其黨，有被侵者，直往赴鬭，雖死猶不置。食之令人勇健。有鶬鷄，食於田澤洲渚間，大者如鶴，青蒼色，長頸高脚，羣起飛鳴則有雨。一名雨落母，亦曰麥鷄。有蘆鷄，亦曰茅鷄，生陽江山谷中，狀如鵲而身微赤，晴呼則雨，雨呼則晴。有石鷄，特小，亦曰潮鷄，潮長則鳴，其聲長而清，有如吹角。李德裕詩：三更津吏報潮鷄。予詩：鷄聲若吹角，知是海潮來。又云：海氣夜成潮，潮鷄唱泬寥。有西洋鷄，短足昂首，毛片如鱗，與孔雀彷佛。有

鬱鷄，可療鬱病。有豁鷄，鷄頭而烏喙，色黄，腹毛純黑，尾長下垂，鳴聲豁豁。性嗜蛇，人捕食之，能治骨節折傷。其哺子時，取雛折其兩足，乃以蛇飼之，三日卽復，屢折屢復。有白臉鷄，卽春魂鳥也。有鴒鷄，似青鷄而高大，頂有兩角。有長鳴鷄，晝夜長鳴，鳴聲甚長。有英鷄，狀如鷄而雉尾，體熱無毛，腹下毛多赤，飛翔不遠，常食碎石英，秋時卽無之。有火鷄，大如鸛，多紫赤色，能食火，吐氣輒成烟燄，出滿剌加國，春夜先鷄而鳴，粤間有之。有駝鷄，高三尺許，花冠翠羽，背有雙峯，似駝，肉鞍可乘，能食鐵石，近有獻於京師者。或詠之曰：廣南異物進駝鷄，錦背雙峯一寸齊。只道紫駞來絶塞，鷄林元在大荒西。一名錦駝鷄。此皆鷄之族也。青鸞卽烏鳳，狀如喜鵲，色紺碧鬃，頭有冠，類雄鷄，尾垂二弱骨，各長一尺四五寸，及杪始有毛羽一簇，若垂旄而秉籊然。鳴聲清越，恍惚笙簫度曲，妙合宫商，又能爲百蟲音。

清　李彣　《金匱要略廣注》下卷《山鷄》　山鷄，卽鸐雞也。似雉，尾長三四尺，自愛其尾，不入叢林。雨雪，則巖伏木棲，不敢下食，往往餓死。雉居原野，鸐居山巖，故名山鷄。性食蟲蟻，而肉有毒，與鳥獸肉相反，故戒合食。

清　查慎行　《人海記》卷下《山雉》　獵場草深没馬腹，山雉最多而肥，驚人決起，高飛不能及遠，旋復入草中，從行者往往徒步取之，易如拾蚌蛤。每日暮回營，人人馬後必帶數尾，以供晚食。間有飛入帳房中，晏坐而獲者。重陽以後，瘦不中食，亦如鹿過秋分則羸，時候使然也。

清　徐文靖　《管城碩記》卷二四　鳵，注云：同雉。《廣雅》：野鷄，鳵也。舊注古鶻字，誤。《正韻》鶻亦作鳵，引《漢·五行志》隼卽今之鳵。鳵音胡骨反，因師古注而謁。按《隋·禮儀志》：諸公夫人九服，其翟衣雉皆九等，俱以褕雉爲褾領。自褕衣已下鷩衣、鳪衣、鵫衣、鳵衣，并朱衣、黄衣、素衣、玄衣而九。鳵又作翗。諸男夫人，自翗而下五，其翟衣雉皆五等，俱以翗雉爲褾領。鳵與褕、鵫、鷩、鳪皆雉名，非卽雉也。鳵旁從失，卽《爾雅》『秩秩，海雉』，郭云『如雉而黑，在海中山上』是也。其鳵旁從矢者，古鶻字，蓋後人因隼集於陳庭，楛矢貫之，故於鳥旁加矢爲鳵字。《漢書·五行志》注，師古曰：『隼，鷙鳥，卽今之鳵。鳵音胡骨反』是也。不折衷經史而臆斷之，其誤宜矣。

又卷二六　《吴都賦》：山雞歸飛而來棲。《纂注》云：山雞如雞而黑色，樹棲晨鳴，非鷩鶇也。合浦有之。按昭十七年《傳》：郯子曰：丹鳥氏，司閉者也。注云：丹鳥，鷩雉也。《爾雅翼》：鷩，一謂之鷩鶇，又謂之鵔鸃。《史記》：漢惠帝時，侍中皆冠鵔鸃。《漢書音義》曰：鵔鸃鳥似鳳也。司馬彪曰：鵔鸃，山雞也。《博物志》：山鷄有美毛，自愛其毛，終日映水。《南越志》：增城縣多鵔鸃，山雞也。毛色鮮明，五色眩耀，利嘴長距。世以家雞鬭之，則可擒也。陸機《與弟書》：天淵池養山雞，甚可嬉。温庭筠《咏山雞詩》：繡翎翻草去，紅嘴啄花歸。李義山《咏鸞鳳詩》：錦段落山雞。安得謂山雞黑色非鷩鶇也？蓋山雞卽《書》所謂華蟲，故又以鷩雉爲鷩鶇耳。《金史國語解》：山雞謂之阿蒲。

清　姚炳　《詩識名解》卷一《雉》　雉，《邶風·雄雉》篇《説文》謂雉有十四種，皆本《釋鳥》文，惟以鷂雉重出不列，别分韓雉、鵫雉爲二，以足十四之數，又易鸕爲盧，鷮爲喬，鸐爲翟，韓爲翰，鵫爲卓，鷂爲摇，鶅爲甾，鵗爲希，鷷爲蹲，頗失其本。愚疑鸕者雉之總名，卽下鷂雉、鷮雉之類，故謂之諸雉。其東西南北之名，特方言不同，非於上諸雉之外别有所指也。《傳》、《箋》援《序》刺淫之説，直拈雄字穿鑿，鄭説則更穢矣。陸農師云：雉死耿介，妬壟護疆。一界之内，要以一雄爲長，餘者雖衆，莫敢鳴雊，潘岳所謂『晝墳衍以分畿』者也。愚按：此卽《詩》稱雄雉之意，雄雉爲衆雉之長，猶君子爲一家之長，覩物懷人，因以爲詠，無他義爾。

又　翟，《邶風·簡兮》篇《傳》以翟爲翟羽。按《釋鳥》有『鸐，山雉』之文，郭璞以爲長尾者。此云『秉翟』，蓋持其尾羽而舞也。《周禮》羽舞惟用翟羽，取尾長而色備，《禹貢》『羽畎夏翟』是矣。《公羊説》萬舞以鴻羽，《韓詩説》以夷狄大羽，皆不經。

又　翬，《小雅·斯干》篇《説文》云：翬，大飛也。此翬飛猶《釋鳥》其飛也。翬之意，非翬雉也。《詩》取象在飛，不在采色。且雉飛不過尋丈，不可以擬騫舉之勢。鄭氏訛據『素質五采』文以爲奇異之鳥，陋矣。陸農師又謂翬雉從翬，而不悟此《詩》之翬非雉。意以矢、棘、鳥、革皆指物言之，則首句『如跂斯翼』，跂又當指爲何物耶？《小雅·小弁》篇鄭氏但訓雊爲雉鳴，《正

義》誤引《説文》，謂雊爲雄雉鳴，取配《衛風》之鷕，截分雌雄，恐未然。按：雊者，勾頸而鳴之謂。羅瑞良謂鴝鵒以足相勾，雉以頸相勾，故皆從勾，《商書》『雉勾鼎耳，不特鳴而已』是也。勾非一雉，則雊亦非一聲，是《説文》雄雌鳴之義，孔氏謁雌作雉，誣矣。《詩》中求雌之喻，亦爲幽王黜申后云，然非真以雊爲雄求雌聲也。且鷕、雊二者，古亦並用之。潘岳《射雉賦》云：麥漸漸以擢芒，雉鷕鷕而朝雊。《夏小正》『雉震呴』，注云：震，晨之謁也。蓋取雉求雌而雊以朝之義。按《説文》：雷始動，雉鳴而勾其頸。則震乃雷震耳，必牽合朝雊易字求解，誤矣。又《月令章句》云：『雷在地中，雉性精剛，知之應而鳴』是也。

又 鷮，《小雅·閒關》篇郭璞以鷮雉爲鷮雞，鄭漁仲以鴶雉爲鷮雉。愚按：上有『秩秩，海雉。鸐，山雉』之文，明以此名釋彼名。璞分鴶、鷮爲二，而漁仲合之，當非無據。但《山海經》謂女几之山多白鷮，則又與青質、五采之鴶異矣。要以尾長、走鳴爲驗可耳。陸璣云：『鷮微小於翟，走而且鳴，曰鷮鷮。其尾長』是也。《説文》謂鷮，長尾雉，走鳴，乘輿尾爲防釳，著馬頭上。按：張衡《東京賦》『方釳左纛』，李善注云：五寸鐵，中央低，兩頭高如山形，翟尾結著轅兩邊，防馬相突也。則尾又是翟，非鷮。抑如陸璣所云『微小於翟』者，故亦謂之翟與？《正義》云此鷮是雉中之別名，以雉有耿介之性與碩女有貞專之德，詩義止此。陸農師取翬衣揄翟鷩冕爲説，謂鷮又下鷩一等，故《詩》用以況衆妾，亦鑿甚矣。

清 嵇璜《續通志》卷一八〇 竹雞，一名山菌子，一名雞頭鶻，一名泥滑滑。李時珍曰：菌子，言味美如菌也。蜀人呼爲雞頭鶻，南人呼爲泥滑滑，因其聲也。生江南，川廣有之，多居竹林。形比鷓鴣差小，褐色多班，赤文。善啼，見其儔必鬬。捕者以媒誘其鬬，因而網之。又性好食蟻。諺曰：家有竹雞啼，白蟻化爲泥。杉雞，出閩越，常居杉樹下，頭有長黄毛，冠頰正青色，如垂縷。見《臨海異物志》。

清 佚名《鳥譜》卷五《錦雞》 一名文鷂，一名華蟲，一名鵕鸃，一名鷩雉，一名天雞，一名蝴蛦。 錦雞，雄者黑目黄眶，米黄觜，黄頰細紅點，頂有長纓，黄色極鮮，項毛赤黄黑邊。近背有翠緑毛一節，邊亦黑色，俱相次如銜玦領。臆脅腹俱赤紅色，背毛赤赭，接以杏黄膊毛，翠青翅翮，紅藕色尾。翎極長，蒼黑質蒼白圓點滿之，勻净如畫，背末有赤紅細毛十餘莖。蓋尾披離如綏黄，足有距。雌者黑睛黑眶，米色觜，無冠，蒼赤頰，頂項背膊俱蒼黑色，蒼翅白點隱見，蒼白臆腹，蒼尾有横白紋，尾比雄者稍短，青足爪，無距。《書·益稷謨》：山龍華蟲。疏云：鷩冕七章，華蟲爲首。華蟲，即鷩雉也。《爾雅》『鷩雉』，又『鶾，天雞』，注云：鷩似山雞而小，冠、背毛黄，腹下赤，項緑色鮮明。《逸周書》曰：文鶾若彩雞。成王時，蜀人獻之。疏云：文鶾若翬雉。孔晁注云：『鳥有文彩者』是也。鄭樵云：鶾，蓋雉類，秦蜀有之，甚有文彩。《本草綱目》云：錦雞有二種：一曰鷩，《書》所謂華蟲，亦名鵕鸃，儀容俊秀也，其文在身；一曰鶾，小於鷩，其文在背，青揚五色，煥耀如錦。此《爾雅》所謂『鶾，天雞』也，但雄者色五彩，雌者黑。《左傳》：丹鳥氏，司閉者也。注云：丹鳥，鷩雉也，以立秋采，立冬去。《爾雅翼》云『鷩』，《蜀都賦》謂之蝴蛦，即鵔鸃也。《禽經》云：腹有彩文曰錦雞。注云：出南詔越山中，歲採捕之，爲王者冠服之飾。《桂海虞衡志》云：南中有錦雞，形如小雞，頭頂髮毛金色，身紅黄相間，極有文彩，目微白。

又《田洞雞》 田洞雞，黑睛，淺赤暈，青蒼觜，頂皮黄色無毛，赭黄頰，頂毛蒼黄雜紋，背毛黑質赭黄緣，蒼黄膊，黑翮尾，土黄臆腹，蒼斑相次，蒼緑足爪，其脛趾俱極長。出福建侯官縣深山田澤之處，食魚蝦。

又《推吞》 一名花雞。 推吞，黑睛白眶，黑黄觜，頂項至背黄質，緑暈黑邊鱗次，膊毛黄黑相比，間以蒼暈，黄黑翅尾，頷臆腹白質黑斑，淺黄足，土人云佛鳥之一歲者也，亦名『花雞』。

又卷六《越雞》 一名九斤黄。 越雞，黑睛，紅黄暈，紅頰白耳，黄白觜，鮮紅冠，垂綏甚大。自頷至頸半色皆如血，赤黄項，赭黑背膊翅，毛帶土赤色黑暈。近尾背毛赭紅色，黑尾，赭土腹，黄足白爪，懸距脛骨甚粗。此種出江南太倉、上海諸處。越雞之最大者，其重有至九斤，俗亦名九斤黄。

又《穿草雞》 穿草雞，黑睛黄白眶，黑觜，味微勾，頭頂瓦灰質赤黄斑暈，項頷臆腹俱白，背膊蒼灰色，白邊鱗次，翅毛粉青，翮尾青黑，足細而長，淺黄色，無後趾，短黑爪。此鳥常隐没草際，肉不中食。其飛起時，兩翅轟轟作聲，尾亦摇動，故滿洲名『西沙里漢』。

又《樹雞》 樹雞，黑睛白眶，上瞼紅砂皮一片，黑觜，通身黑質，頂有細

黄點，頸項至背雜深青紋，膊上土黄紋如縠，近尾尤多。翅毛根白，末帶蒼暈，蒼黑翮，白莖腹毛，每片尖末有白紋一線，近尾純白。尾分兩岐，中坳如魚尾，白緣甚細，長脛毛，黑足爪。此種産于關東，肉甚鮮美，味帶微酸，常栖止樹上，故得斯稱。京師直北口外亦有之，味不中食，形亦畧小，毛羽則文彩可觀。黑睛，青黑暈，米白眶，上瞼紅皮一片，土黄頷頰，細蒼點，頷下黑毛三四處，青黑頂項，土黄頸襍黄黑斑。背近項處黑毛，中黄白横紋隱現，接以純黑毛，深翠緣，近尾處赭黑相暈，閃耀如金，膊毛黄黑暈襍黑白斑，翅毛中黑白根白尖，蒼黑翮，臆前黑質黄紋，腹下純黑，近尾純白，黑尾分兩岐，末緣白紋如線，短脛毛，青趾爪。

又《石雞》　石雞，黑睛赤黑暈，紅眶紅觜，白頰灰頷，觜根目上有黑毛一線，目後臆前亦有黑毛成片，短項，自頂至背翅尾俱紅褐色，胸色青褐，腹毛青灰質，黄黑相間成文，短紅足，蒼黑爪。《居山襍記》云：山中五六月間，有一種石雞，似雞而小，紅觜褐身，羽毛可玩，聲如雞而大，意即《本草》所謂鶡雞也。《本草》云：鶡雞，秧雞之類，雄者色褐，雌者色斑，其聲甚大，秋月即無。

又《金錢雞》　金錢雞，身如雞，尾如雌雉，白眼黑瞳，黄頰，青黑觜。頭頂細毳慘灰色，帶蒼紋，背翅皆作圓文天青色，白邊暈，似錢之有輪廓。自臆背至尾俱淺栗色，細白點滿之，青白足，四距上有懸爪，尾末每毛有一緑斑紋不甚圓。《粤志》云：有金錢雞，通身作金錢，如孔雀尾，足四距。案：金錢雞有二種：一種身高大，毛片如鱗，通作金錢，翠碧如孔雀尾眼者，云出自海中，廣東時有之。一種身如常雞而大，頂有茸毛，翅有圓文，白暈青裏，背臆皆有小白文者，出于閩中。

又《竹雞》　一名泥滑滑，一名山菌子。竹雞，青黑睛，黑觜，吻根至目上毛色縹青，蒼褐頂，頸毛稍深，俱有黑點，赤黄頷項，縹青臆，赤黄胸，紅褐背翅，背有白點，翅有白緣，赭黄腹，大黑斑紋，褐尾，青足爪。《遯齋閑覽》云：竹雞，南方山林中皆有之，自呼爲泥滑滑者是也。《本草綱目》云：竹雞，一名山菌子，言味美如菌也，狀如小雞。今江南川廣處處有之，多居竹林中。形比鷓鴣差小，褐色多斑，赤文。其性好啼，見其儔必鬬。捕者以媒誘其鬬，因而網之。蜀人呼爲雞頭鶻，南人呼爲泥滑滑，因其聲也。《物類相感志》云：竹雞叫，可去壁虱并白蟻。

又《山花雞》　山花雞，黑睛，青黑暈，紅瞼，蒼觜，白喙，尖黑頂，深紅頰頷，目後紅毛一道，與頂毛俱長出腦後。項上紅毛一片，中隐白斑，兩旁仍間以黑毛，背毛大小叢斑如珠璣叅錯，皆紅白相暈，緣以赤黑，肩毛紅黑色，翮翅黑質，赭黄斑暈，如洒紅白毛尖，尾赭、白二色，雜以黑花斑毛，末亦作紅、白色，臆腹淺赭色，腹下間紅黑毛，粉紅足爪。雉類也，出福建建寧府。

又《松雞》　松雞，黑睛赤黑暈，黄瞼黑觜，頭頷蒼赭，雜毛頰旁土白色，背毛黑斑上土黄色點如洒，間以黄白細毳。近翅處左右各兩翎黄邊黑花紋，淺黑膊翅，肩上有土黄點，翅根露白，尾不甚長，上節赭黄質黑横紋，下節蒼質白横紋，深赭黄尖，頸下黑横斑，蒼點間赭白暈，嗉臆白毛一節，胸下長毛赤、黑、灰三色，帶微白細點參差盖腹，近足以下皆蒼白細毳，黄足黑爪，後趾極短。出蒙古地方，樹雞類也。

清　徐鼎《毛詩名物圖説》卷一　《韓詩章句》：雉，耿介之鳥。郭璞注《爾雅》：『鷂雉』，青質，五彩。『鷮雉』，鷮雞也。長尾，走且鳴。『鳪雉』，黄色，鳴自呼。『鷩雉』，似山雞而小，冠、背毛黄，腹下赤，項緑色鮮明。『秩秩，海雉』，如雉而黑，在海中山上。『鸐，山雉』，長尾者。『翰雉，鵫雉』，今白鵫也。江東呼白翰，亦名白雉。『雉絶有力，奮』，最健鬥。『伊洛而南，素質、五彩皆備成章曰翬』，翬亦雉屬也，言其毛色光鮮。『江淮而南，青質、五采皆備成章曰鷂』，即鷂雉也。『南方曰𠷑，東方曰鶅，北方曰鵗，西方曰鷷』，説四方雉之名。《埤雅》：《易》曰：離爲雉。離，火也。其體文明，性復猋悍，故爲雉。亦雉雖非辰屬，而正是南方之物。陶氏所謂『丙午日不可食』者，明王於火也。宋齊邱《化書》：雉不再合，信也。愚按：雉俗呼爲野雞，其名昉于漢高，以吕太后名雉，故易名爲野雞。性好鬬，飛若矢，一往而墮，故字從矢。不能遠非，崇不過丈，修不過三丈，所謂『雉高一丈，長三丈也』。《斯干》云：如翬斯飛。翬，雉也。鄭《箋》云：伊洛而南，素質、五彩皆備成章曰翬。《尚書》謂之『華蟲』，《曲禮》謂之『疏趾』。

又　孔穎達《正義》：『雉鳴求其母』，則非雄雄，故知鷕，雌雉聲也。又《小弁》云：雉之朝雊，尚求其雌。則雄雉之鳴曰『雊』也。張華《博物志》：雉長尾，雨雪，惜其尾，棲高樹杪，不敢下食，餓死。愚按：上雉是雄，此雉

是雌。雄雉有冠，善鬥，文采而尾長。雌雉無冠，鷕鳴，文暗而尾短。其卵褐色，卵時雌避其雄而潛伏之，不則雄食其卵也。飛曰『雌雄』，走曰『牝牡』。求其雄，淫也；更求其牡，亂也。

又《爾雅》：鷮雉。郭璞注：即鷮雞也。長尾，走且鳴。陸璣《疏》：鷮微小于翟，走而且鳴，色如雄雉，尾如雉尾而長，其頭上有肉冠，冠上長毛曰數寸。肉甚美，故林慮山下人語曰：四足之美有麃，兩足之美有鷮。《説文》：鷮，走鳴長尾雉也。乘輿以爲防釳，著馬頭上。薛綜集：雉之健者爲鷮，尾長六尺。《正義》：以雉有耿介之性，喻碩女有貞專之德。

清　牟應震《毛詩物名考》卷一　雉，漢以吕后諱，改名野雞。雄者翠首白項長尾，身備五采，各據一山，遇雄則鬬。諺云：鵲分樹，雉分山。驗之信迭。其雌色黲褐，無文采，尾亦稍短。《爾雅》所載名色甚多，俱未詳。

又　鷮，未詳。《説文》：走鳴，長尾，雞也。陸《疏》：微小於翟，走而且鳴。

清　桂馥《札樸》卷一〇《滇游續筆・雉》　雉，白質五采者，滇人謂之箐雞；青質五采者，謂之翟雞。馥案：白質卽翬也，褘衣畫之。青質卽摇也，揄狄畫之。馴者蓄于庭，喜食花。

清　鄭光祖《醒世一斑録》卷三《物理》　野雞，川滇有三種。其一同他方。一名白安雞，卽箐雞，較大，白羽黑紋，紅喙紅足，藍面牡丹頭，深山數十爲羣。一名黄連雞，羽色紅黄，略似家雞而無冠，有雙肉角，色藍，長寸，軟痿不卓，治饌則同佳。雪雞，生長雪山，味甚鮮，肥而性燥。

清　鄭績《夢幻居畫學簡明》卷四　雉爲野雞，有數種：鸐雉、鷩雉，即山鷄、錦雞，皆同一類，形如鷄而毛備五采，尾長三四尺，赭黄之中黑點寸許一間，節節至尾，紅腹，紅嘴，緑項，首有采毛曰山鷄，腹有采毛曰錦鷄，同類中亦稍有别也。

紀　事

漢　劉歆《西京雜記》卷四　茂陵文固陽，本瑯琊人。善馴野雉爲媒，用以射雉。每以三春之月，爲茅障以自翳，用觟矢以射之，日連百數。茂陵輕薄者化之，皆以雜寶錯廁翳障，以青州蘆葦爲弩矢，輕騎妖服，追隨於道路，以爲歡娛也。陽死，其子亦善其事，董司馬好之，以爲上客。

漢　班固《漢書》卷二七《五行志》　鴻嘉二年三月，博士行大射禮，有飛雉集于庭，歷階登堂而雊。後雉又集太常、宗正、丞相、御史大夫、大司馬車騎將軍之府，又集未央宫承明殿屋上。

唐　房玄齡《晉書》卷二八《五行志》　海西初以興寧三年二月卽位，有野雉集于相風。此羽蟲之孽也。尋爲桓温所廢也。

宋　陶穀《清異録》卷上《啞瑞》　于頔、董天休俱爲鄜州從事，頔文辨，天休木訥而衣冠甚麗。一日有吏人獲錦雉來獻，頔笑曰：此物毛羽燦錯，但鳴不中律吕，亦啞瑞而已矣。天休覺其譏己，徐曰：若以聲語求之，蟬似可取，其如鬧，禪師座上，敲拄杖示衆，而望道遠矣。頔啣之，因兹日益參商，訟於有司，至於相罵辱。譏調之詩，悉著在史牘，若發誦之，可清歡竟日，目爲鳳凰案。

宋　薛居正《舊五代史》卷四六《末帝紀上》　冬十月辛未，有雉金色，止於中書政事堂。

宋　歐陽修、宋祁《新唐書》卷三二《天文志》　景龍二年二月癸未，有大星隕于西南，聲如雷，野雉皆雊。

又卷三四《五行志》　咸通十四年七月，宋州襄邑有獵者得雉，五足，三足出背上。足出于背者，下干上之象；五足者，衆也。

清　鄭光祖《醒世一斑録・雜述》卷五《雉食毒蛇》　毒蛇多生廣西，江南則已少矣。余鄉荒墳蔓草閒，偶或有禿虺爲至毒，其首紅藍，類野雞，身長只尺，腹匾闊，尾短甚，傷人立斃。然不恒有也。其次名緊七步，色藍，長僅數寸，又名七寸子，人被傷行不及七步卽倒也。余幼時於豆隴見其小者游行匿避甚捷，不知是蛇，徒手追撲，幸不得，未遭其嚙。又其次有地匾蛇，長不過二尺，（此蛇胎生，小蛇既生，尚能出入母腹。）色如塵土，打之則身忽匾，其眼不見物，口吐絲及尺，伺諸蟲觸而食之。有農佃戴某，夏月戽水赤足行車溝，覺足背如著冷水一滴，卽兩眼昏黑如深夜，一霎神定，見溝有是蛇，殺之。然足無所傷，苦行回家，不半里而足連股脹，已不能屈伸，急覓方，治數

日，得平復。曾有人於荒草中見野雞逐地匾蛇，是蛇鞠如張弓以打野雞，三打力竭，遂啄而食之。如是毒物飽於腹而不害，豈野雞之性能制毒蛇乎？有將佃婦爲地匾蛇齧脛見血，惶怖特甚，而竟絲毫無恙，後知其方食野雞臛故也。

藝文

漢　班固《白雉詩》（引自《藝文類聚》卷六一）　啓靈篇兮披瑞圖，獲白雉兮效素烏。嘉祥阜兮集皇都，發皓羽兮奮翹英。容潔朗兮於純精，彰皇德兮侔周成。永延長兮膺天慶。

晉　傅玄《雉賦》（引自《藝文類聚》卷九〇）　禀炎離之正氣，應朱火之禎祥。播五彩之繁縟，被華文而成章。冠列角之盛儀，翹從風而飄揚。履嚴距之武節，超鸞跱而鳳翔。感天和而貽瑞，進據鼎而祚商。樂周道之方隆，敷皓質於越裳。

又《山雞賦》（引自《藝文類聚》卷九一）　惟南州之令鳥，兼坤離而體珍。被黄中之正色，敷文象以飾身。翳景山之竹林，超遊集乎水濱。鑒中流以顧影，晞雲表之清塵。

晉　孫楚《雉賦》（引自《藝文類聚》卷九〇）　體沖和之淑質，飾羽儀於茂林。斑五色之文章，揚皦皦之清音。設密網於巖阿，飛輕繳之雲浮。上無逃而弗獲，下無隱而不搜。遂戢翼以就養，隨籠棲而言歸，恒逍遥於階庭，瞻朝陽之盛暉。

晉　傅純《雉賦》（引自《藝文類聚》卷九〇）　覽飛禽之可貴，偉翔雉之嘉形。應炎離之誕育，包造化之淳精。鮮光皎粲，麗采繁盈。首同暉於昊天，垂玄景之緑青。體等耀於方彩，敷五色之華英。

唐　李嶠《李嶠雜咏》卷上《靈禽部十首・雉》　白雉振朝聲，飛來表太平。楚郊疑鳳出，陳寶若雞鳴。童子懷仁至，中郎作賦成。幸君看飲啄，耿介獨含情。

唐　王建《王司馬集》卷二《雉將雛》　雉咿喔，雛出觳。毛斑斑，觜啄啄。學飛未得一尺高，還逐母行旋母脚。麥隴淺淺難蔽身，遠去戀雛低怕人。時時土中鼓兩翅，引雛拾蟲不相離。

唐　白居易《白氏長慶集》卷八《山雉》　五步一啄草，十步一飲水。適性遂其生，時哉山梁雉。梁上無罾繳，梁下無鷹鸇。雌雄與羣雛，皆得終天年。嗟嗟籠下雞，及彼池中雁。既有稻粱恩，必有犧牲患。

唐　元稹《元氏長慶集》卷一《雉媒》　雙雉在野時，可憐同嗜慾。毛衣前後成，一種文章足。一雉獨先飛，衝開芳草緑。網羅幽草中，暗被潛羈束。剪刀摧六翮，絲線縫雙目。啖養能幾時，依然已馴熟。都無舊性靈，返與他心腹。置在芳草中，翻令誘同族。前時相失者，思君意彌篤。朝朝舊處飛，往往巢邊哭。今朝樹上啼，哀音斷還續。遠見爾文章，知君草中伏。和鳴忽相召，鼓翅遥相矚。畏我未肯來，又啄翳前粟。斂翮遠投君，飛馳勢奔蹙。罥挂在君前，向君聲促促。信君決無疑，不道君相覆。自恨飛太高，疎羅偶然觸。看看架上鷹，擬食無罪肉。君意定何如，依舊雕籠宿。

又卷二五《有鳥二十章》　有鳥有鳥名野雞，天姿耿介行步齊。主人偏養憐整頓，玉粟充腸瑶樹棲。池塘潛狎不鳴雁，津梁暗引無用鵝。秋鷹迸逐霜鶻遠，鵰鳥護巢當晝啼。主人頻問遺妖術，力盡計窮音響悽。當時何不早量分，莫遣輝光深照泥。

唐　許渾《丁卯詩集》卷下《山鷄》　珍禽暫不扃，飛舞躍前庭。翠網摧金距，雕籠減繡翎。月圓疑望鏡，花暖似依屏。何必舊巢去，山山芳草青。

唐　温庭筠《詠山鷄》（引自《全唐詩》卷五八一）　萬壑動晴景，山禽凌翠微。繡翎翻草去，紅觜啄花歸。巢暖碧雲色，影孤清鏡輝。不知春樹畔，何處又分飛。

唐　薛能《又和留山鷄》（引自《全唐詩》卷五六一）　五色文勝百鳥王，相思兼絶寄芸香。由來不是池中物，雞樹歸時即取將。

唐　釋齊己《白蓮集》卷一《雉》　角角類鬬鬬，春晴錦羽乾。文呈五色異，瑞入九苞難。暮宿紅蘭暖，朝飛緑野寒。山梁從行者，錯解仲尼歎。

宋　梅堯臣《宛陵集》卷四《竹雞》　泥滑滑，苦竹岡。雨蕭蕭，馬上郎。馬蹄凌兢雨又急，此鳥爲君應斷腸。

又《鳴雉詞》　雄雉鳴桑林，雌雉雊麥隴。結愛誠有宜，别啄義亦竦。

哺雛深莽中，摧頹錦翅擁。辛勤何爾爲，應自念遺種。

宋 文同《丹淵集》卷九《錦鷄》 高原濯濯弄春暉，金碧冠纓綵繪衣。石溜瀉煙晴自照，巖枝横月夜相依。有時勃窣盤跚舞，忽地鈎輈格磔飛。寄語人間用矰繳，瑶臺鸞鶴好同歸。

又卷一五《泥滑滑》 春日正晴明，滿園花盛發。勸爾竹木雞，莫啼泥滑滑。

宋 林光朝《艾軒集》卷一《乞竹雞》 疏籬短短花枝闌，鳩婦不鳴天雨寒。鳩婦離家二百日，亦有姊妹依故山。黄粮不肯啄，欲去羽衣殘。主人一見一憐汝，抱取東家竹雞來戲聚。孤村落日不相識，各各哀鳴求其主。（雨）[兩]鳥勿驚遽，低頭聽我語。鳩婦入我家，必殺入我口。牀頭瓶罌無餘粒，養汝一到十日後。東堂數竹夾新蹊，兒童牢落惟愛一竹雞。堂心有眢井，飢則哺其泥。主人緑窻安净几，丹碧相依安用此竹雞。竹雞慎勿傍人飛，我屋三間沉白蟻。

宋 洪适《盤洲文集》卷九《錦雞》 冠距山雌比，誰來斷蜀機？斕斑兼衆采，似戲老萊衣。

宋 朱熹《晦菴集》卷八《五禽言和王仲衡尚書》 泥滑滑，泥滑滑，秦望雲荒鏡湖闊緑。秧刺水，水拍堤，牙旗畫舸凌風發。使君行樂三江頭，泥滑水深君莫憂。

宋 王質《紹陶録》卷下《泥滑滑》 身焦黄，雜黑斑點，如鷄而小，聲噍急，多鳴則有陰雨，在篁篠間，故又號『竹鷄』。

泥滑滑，泥滑滑，林雨林風交颯颯。蒼皮翠莢啄鮮香，樹外行人何時歇。山有果山有蔬楓，脂松膠香有餘。嗚呼！此友兮慰所須，埜草山花滿地鋪。

宋 王炎《雙溪類稾》卷一《雉賦并序**》** 之野外，見一雉爲野人所得，悼其輕敵不戒而斃焉，因作賦以自警。其詞曰：絳冠兮緑跗，翠衿兮錦衣。耿介兮自守，雄鳴兮雌隨。平原兮淺草，徐啄兮卑飛。何野人之機巧，乃以媒而致之。方氣驕而賈勇，敢直前而不疑。事常敗於輕敵，碎身首於須臾。肉不登於鼎俎，毛或用於旌旗。子玉無禮而殞命，趙括狂勇而喪軀，酆舒怙俊而遭殺，郤至稱伐而見尸。苟謀身之有累，皆災害之所罹。翠有羽而就羅，雞以尾而爲犧，鴈不鳴而先烹，鸚巧言而長羇。信涉世之孔艱，雖後悔而何追。惟羽族之至靈，獨丹穴之鵷雛。嗺嗺兮音聲，鏘鏘兮羽儀。摩千仞而高翔，豈矰繳之敢施。兹吉人之能事，於鄙夫兮何誅。

宋 蔡戡《定齋集》卷二〇《竹鷄》 積雨霖淫四月寒，春泥一尺未曾乾。勃姑猶自相呼唤，不念征人行路難。

宋 高似孫《剡録》卷一〇《草木禽魚下・雉》 《爾雅》：雉，鸐也。元稹詩：馴鷗眠淺瀨，驚雉入平蕪。齊唐詩：纖綸魚罥尾，鳴鏃雉摧班。晉王淑之《翟雉賦》曰：雉見質而不陋，翟表文而不華。晉孫楚《翟賦》曰：冉班五色之奇章，揚曒曒之清音。《爾雅》曰：鸐，山雉，尾長。温庭筠詩：冉冉山雞紅尾長，一聲樵斧驚飛起。江濤《剡中詩》：麥隴將雛馴乳雉，柳塘遺子漾游魚。

又《鷂》 出《山居賦》。陸璣《疏》曰：兩足之英有鷂。《爾雅》曰：鷂雉，長尾，走且鳴。《抱朴子》曰：雉有擅澤之鷂。

又《竹雞》 梅堯臣詩：恐傷爾心不敢泣，春岡細雨聞竹雞。林和靖詩：畫巖松鼠静，春塹竹雞深。王性之詩：慘慘風林呌竹雞，冥冥山路曉光微。又德操詩：山盡路迴人跡絶，竹雞時作兩三聲。陶岳《零陵記》曰：竹雞狀如鶉，尾少長。《北夢瑣言》曰：竹雞食半夏。

宋 何夢桂《潛齋集》卷三《四禽吟・山雞》 自分臯林飲啄宜，猶憐錦綬錦毛衣。文華恐被虞羅妬，莫向山前照水飛。

元 周權《此山詩集》卷三《錦雞》 巴山靈鳥初離羣，葳蕤麗組雲錦文。羽翎新刷爪距利，彩色勝似沙頭鴛。晴暾入户爛相射，嗉中有物垂紅碧。綬光若若花盤絛，出示山童有矜色。文章固足媒爾身，雕籠拘束還悲辛。區區啄飲豈不厚，情深野樹谿雲春。

明 楊基《眉菴集》卷三《湘中四詠・其四》 暖風晴日融春晝，閒看花陰雞吐綬。綺縠都將綵羽粧，紅絲不待金針綉。疊疊胭脂縷縷金，龍紋盤錯鳳紋深。憑誰剪作鴛鴦帶，雅稱佳人翡翠衿。右錦雞

明 楊榮《文敏集》卷一《白雉》 憶昔成周時，德化何昭彰。萬國悉賓貢，白雉來越裳。至今千載下，簡册尚流芳。我朝際昌運，至治躋虞唐。列聖啓鴻業，恩澤覃八荒。我皇御寶曆，繼統握乾綱。于時民物豐，和氣爲

禎祥。白雉出西陲，奇異非尋常。迢迢數千里，持以獻明堂。肌膚瑩凝雪，毛羽淨涵霜。皓鶴忽避彩，素鷳亦韜光。禀兹金氣純，上應聖德昌。百辟皆欣抃，拜舞簉鵷行。微臣忝朝列，詠歌遂成章。願效封人祝，聖壽同天長。

明　胡直《衡盧精舍藏稿》卷二《雉子斑》　雉子斑，文章一何陸離，性行何剛狷。十步一啄，百步一飲。朝飛不過林，夕息乃在野田稺麥間，安能逃彼蘇合丸。秦人張羅，巧若素空，爾非爰爰者兔，何能超其藩？雖有哀響，詎聞九天。象以齒自焚，麝以香自殘。鬼神好晦，惡用太妍。雉子何不剗爾繡裳，卸爾朱冠，遠從王子喬，棲息緱氏山，弋人長繳詎能攀？

明　劉春《東川劉文簡公集》卷二四《錦雉》　文彩鍾靈異，輝然見羽毛。群飛過麥隴，翹首五雲高。

明　王世貞《弇州四部稿》卷四《雉子斑》　雉子斑，離其母來遨游田間。田間多稻禾，人於其所復張羅。倏忽被縶，不能高飛。前有鳥乃是其母，羽毛摧披，大堪哀迫，欲救之已焉哉！相咎此稻禾，爲生復爲菑。曷不覩南溟垂天之鳥，千里萬里一徘徊。雖有矰繳，青天曷猜。

又《雉朝飛》　有雉朝雊兮呼其雌，角角粥粥兮光陸離。我欲呼兮應者誰，陽春被天兮蹇獨憯悽，西烏欲没兮余將安歸。

又《雉》　恥入雞羣莫見欺，春風麥隴錦灕澁。文明自古非無象，耿介由來不可移。萬里越裳開瑞貢，千秋陳寶有雄祠。離絃不作朝飛曲，要聽鐃歌第幾辭。

又卷四九《山鷄》　莫恠殷勤學鳳皇，祇因毛羽有文章。騶虞已自新頒朔，平虞于今復拜郎。

明　王士禛《帶經堂集》卷六一《蠶尾續詩卷七・山雞》　羽毛綷縩錦文齊，愛啄林花飲舊谿。不羨開元擅恩寵，紅羅纏項鬭回雞。

清　邵遠平《戒山詩存・粵行集・錦雞》　鷓鴣啼翠岫，鸚鵡立紅梁。不及天雞錦，生成五色裝。鬭時金距利，舞處綵衣長。但入雕籠養，無思碧漢翔。

清　汪師韓《文選理學權輿》卷四《雉鴝》　潘岳《射雉賦》云：雉鷕而朝鴝。注曰：《詩》云：雉之朝雊，尚求其雌。雌雉不得言鴝。顔延年以潘爲誤用也。案：《詩》有鷕雉鳴，則云求牡，及其朝雊，則云求雌。今云鷕鷕朝鴝者，互文以舉雄雌皆鳴也。

清　黃文暘《埽垢山房詩鈔》卷九《雉子班》　雉子班，氣凛凛，文章燦然如雲錦。十步一啄，百步一飲。山梁作止時自審，守正而死勵士品。安肯受樊籠，俛首糜餼廩。

清　彭元瑞《恩餘堂輯稿》卷四《野雞》　饋歲鄉風走小奚，家家公膳曰雙雞。罹罛終被媒相誤，舞鏡何曾物可齊。一箭仰看稱賀吏，三年博笑不言妻。誰知五色成文好，開闔光中扇影低。

清　顧宗泰《月滿樓詩集》卷一《滄浪集・雉子斑》　雉子斑，披藻翰，首約緑素戴朱冠。十步啄兮百步飲，性悦山梁擇所安。擇所安，雊曉寒，稟炎離而守耿介。旋驚猋悍，隨風搏焉。能歛翼，受馴畜，五采褵褷桑下宿。

清　永瑆《詒晉齋集》卷三《雉》　春雷未發聲，晨旭麥畿平。賈舶陰陽候，庭鐘遠近鳴。表符紀秦穆，彰德配周成。試撫瑤琴曲，能通有鷕情。

清　石韞玉《獨學廬五稿》詩卷一《燕居集一・野雞》　有鳥生中澤，嘉名附德禽。一飛矜健翮，三嗅發清音。豈以文明兆，遂忘耿介心。山梁色斯舉，先聖示良箴。

清　謝元淮《養默山房詩藁》卷五《詠物雜詩・山雞》　春暖風高漫遠翔，山棲亦自有文章。曾聞舞鏡誇毛羽，楚客偏來詐鳳凰。

清　汪士鐸《悔翁詩鈔》卷九《雉》　爾性殊多介，余心竊所傷。故儔正媒孽，幾輩愛文章。誤以朝飛曲，兼之遠送腸。山梁宜伏處，鼎俎待君香。

清　葉堦《山雉篇》（引自《兩浙輶軒續録》卷三二）　山雉惜毛羽，遯迹巢幽谷。光輝豈自耀，一飛炫人目。斷尾且未甘，俯首受羈縛。側眼窺鸚鵡，雕韝飽香粟。甘言苦相餌，勸雉勿踡跼。但能學巧舌，安用愁屈辱。錦美無雜絲，玉輝有堅璞。外視文采好，誰知内性樸。耿介守天賦，非故違流俗。微物不足愛，幸免玩物畜。

清　郭嵩燾《養知書屋詩集》卷九《雉》　舊聞相見禮，執雉慎周防。霑被三時薦，低摧百尺翔。山林愁易覓，毛羽或相妨。野味諳吾性，頻添陸賈裝。

雜録

南朝梁　蕭繹《金樓子》卷五　東南有桃都案：别卷引此作郁。山，山有大桃樹。上有天鷄，日初出照此桃，天鷄即鳴，天下之鷄感之而鳴。樹下有兩鬼，對樹持葦索，取不祥之鬼食之。今人正旦作兩桃人，以索中置雄鷄，法乎此也。

宋　釋贊寧《東坡先生物類相感志》卷七《天鷄》　天台有桃都山，山上有大桃樹。山上有天鷄，日初出桃樹，天鷄則鳴，人間鷄聞則鳴。

又《龍雞》　雞有四矩重翼者，龍也。若殺之，震死。

又《丹雞》　魏見建安中，肯圖國獻其雞也。如丹，大如燕，常在地中，應時而鳴，聲能遠徹其國。其國聞其鳴，乃殺牲以祠之。當聲處掘地，則得此雞。若天下太平，則翔飛鵠鴻，以爲加瑞，亦爲寶雞。其國無鷄犬，唯聽地中。雞以爲候晷。則道士云：昔仙人桐君摇石，入穴數，得丹鷄，舂以爲藥，服之令人有聲，後天死。

又《玉雞》　大荒東極，至鬼府山、臂沃焦山，脚巨洋海中，昇戴海日。蓋扶桑山有玉雞，玉雞鳴則金雞鳴，金雞鳴則石雞鳴，石鷄鳴則天下之雞鳴悉鳴，則潮水應之矣。

宋　高似孫《緯略》卷八《天雞》　《玄中記》曰：東南有桃都山，上有大樹，名曰『桃都』，枝相去三千里，上有天雞，日初出照此木，天雞即鳴，天下雞皆隨之。《物類相感志》曰：大荒東極至鬼府山，臂焦山，脚巨洋海中，昇載海日。蓋扶桑山有玉雞，玉雞鳴則金雞鳴，金雞鳴則石雞鳴，石雞鳴則天下之雞鳴，潮水應之。温庭筠詩：漏轉霞高滄海低，頗梨枕上聞天雞。用天雞也。陳陶詩：朝天半夜聞玉雞，星斗離離凝龍翼。用玉雞也。李白詩：半壁見海日，空中聞天雞。

圖表

晉　郭璞《爾雅音圖·釋鳥》

鳪雉

鷮雉

秩秩海雉

鷩雉

明 李時珍《本草綱目·圖卷》

鷩雉
錦雞

竹雞

雉
匏有苦葉

雉
雄雉

吐綬雞

綜述

《禽經》頸有彩囊曰避株。雉屬，出華嶽及盛山中。晴暘則頸出彩色作囊。遇樹木，則避之，故曰避株。任昉曰：亦名吐綬鳥。

晉　崔豹　《古今注》卷中　吐綬鳥，一名功曹。

南朝梁　任昉　《述異記》卷上　吐綬鳥，其身大如鸜，五色，出巴東山中。毛色可愛，若天晴淑景，即吐綬，長一尺，須臾還吞之，陰滯即不吐。

唐　段成式　《酉陽雜俎》卷一六　吐綬鳥，魚復縣南山有鳥大如鴝鵒，羽色一曰毛。多黑，雜以黃白，頭頰似雉，有時吐物長數寸，丹采彪炳，形色類綬，因名爲吐綬鳥。又食必蓄嗉，臆前大如斗，慮觸其嗉，行每遠草木，故一名避株鳥。

宋　張師正　《倦游録》（引自《詩話總龜後集》卷二七）　真珠雞生夔峽山中，畜之甚馴，以其羽毛有白圓點，故號『真珠雞』，又名『吐綬雞』。生而反哺，亦名『孝雉』。每至春夏之交，景氣和煖，頷下出綬，帶方尺餘，紅碧鮮然。頭有翠角雙，立良久，悉斂於嗉下，披其毛，不復見。或有死者，割其頸，臆間亦無所覩。《苕溪漁隱》曰：廣右閩中亦有吐綬雞，余在二處見人多養之，不獨巴峽中有也。王荆公有絶句云：樊籠寄食老低摧，組麗深藏有自媒。天日晴明聯一吐，兒童初見互驚猜。

明　楊慎　《升菴集》卷八一《金衣公子錦帶功曹》　吐綬鳥謂之錦帶功曹，即詩所謂『卭有旨鷊』也。虉，本草名，而紋似綬，故字从鷊从草。

明　李時珍　《本草綱目》卷四八　吐綬雞　時珍曰：出巴峽及閩廣山中，人多畜玩。大如家鷄，小者如鴝鵒。頭頰似雉，羽色多黑，雜以黃白圓點，如真珠斑。項有嗉囊，內藏肉綬，常時不見，每春夏晴明，則向日擺之。項上先出兩翠角，二寸許，乃徐舒其頷下之綬，長闊近尺，紅碧相間，采色煥爛，踰時悉斂不見。或剖而視之，一無所覩。此鳥生亦反哺。行則避草木，故《禽經》謂之避株。《食物本草》謂之吐錦鷄，《古今注》謂之錦囊，蔡氏《詩話》謂之真珠鷄，《倦游録》謂之孝鳥，《詩經》謂之鷊（音厄），『卭有旨鷊』是矣。

明　曹學佺　《蜀中廣記》卷五九　《禽經》云：吐綬鷄出巴峽山中，人多蓄玩。大如家鷄，小者如鴝鵒。頭頰似雉，羽色多黑，雜以黃白圓點，如真珠斑，項有嗉囊，內藏肉綬，常時不見，每春夏晴明，則向日擺之。頂上先出兩翠角，二寸許，乃徐舒其頷下之綬，長闊近尺，紅碧相間，采色煥爛，踰時悉斂不見。或剖而視之，一無所覩。此鳥生亦反哺。行則避草木，亦謂之避株鳥。按：《食物本草》謂之吐錦鷄，《古今注》謂之錦囊，蔡氏《詩話》謂之真珠鷄，《倦游録》謂之孝鳥，《詩經》謂之旨鷊，（巴）『卭有旨鷊』是矣。

明　馮復京　《六家詩名物疏》卷二七《鷊》　《爾雅》云：虉，綬。郭璞曰：小草，有雜色，似綬也。陸璣云：鷊，五色，作綬文，故曰綬草。劉公瑾云：鷊本鳥名，亦名綬鳥，咽下有囊如小綬，具五色。鷊草之名，豈因其似鷊鳥而取義乎？

明　劉侗　《名物通》卷九　吐綬鳥，出夔州，大如鴝鵒，羽毛多黑，雜以黃白，首似雉，丹采彪炳，色類綬，能吐方錦，尺餘，食必蓄嗉臆前，大如斗，慮觸其嗉，行每遠草木，一名避林鳥。

清 陳淏子《秘傳花鏡》卷六《養禽鳥法・吐綬鳥》 吐綬鳥，一名鸊，出巴峽及閩廣山中，人多蓄之，以爲玩好。其形大如家雞，小若鴝鵒。頭頰似雎，羽色多黑，雜有黄白圓點，如真珠斑。項有嗉囊，俗謂之『錦囊』，内藏肉綬，常時不見，鳴則囊見。每遇春夏間，天氣晴明，則此鳥向日擺之。頂上先出兩翠角，約三寸許，乃徐舒其頷下之綬，長濶近尺，紅碧相間，彩色焕然，踰時悉斂而不見矣。昔有好事者，剖而視之究竟，一無所覩。蓋其復處，生則能反哺，行則避草木，亦異鳥也。養之可禳火災。

清 揆叙《隙光亭雜識》卷四 官鵻，一名山判官。鸊，一名綬鳥。

清 佚名《鳥譜》卷五《吐綬雞》 一名避株，一名錦帶功曹，一名綬鳥，一名珍珠雞，一名錦囊鳥。 吐綬雞，黑睛，深黄暈，翠頰，青蒼觜，觜根蒼翠，連頰頂前至頰後黑毛一片，赤項，頂背膊赭黑土黄色相暈，每毛尖末有圓青白點，如珠赭，腹青白斑，翅尾赭黑質土黄紋暈，足爪如雞，淺米紅色，有懸距。遇天晴景適，則眼後先出兩翠肉角，胸前徐吐出肉囊數寸，中間一道深翠色帶粉青斑，兩邊紅翠相間，光彩閃爍，踰時角囊俱斂。又有一種形狀珠點相同，但毛色紅赤，囊角畧小，或因地而異耳。此鳥本雉類，《漢上易傳》云：坤方之雉，嘔文如繡，離變而兑乎。今浙江四明山中及川廣福建皆有之，羽毛或異，大小亦不齊，故《述異記》謂大如鸜，《埤雅》謂如鸜鵒，皆就所見而云也。陝西人呼爲潮雞，出岷州山谷中。《禽經》：頸有彩囊曰避株。注云：雉屬，出華嶽及盛山中。晴暘則頸出彩色作囊。遇樹木則避之，故曰避株。《述異記》云：巴東山中有吐綬鳥，毛色可愛，若天晴淑景，則吐綬，長一尺，陰晦則不吐。一名錦帶功曹。《埤雅》云：綬鳥頭頰似雉，咽下有囊，紅碧相間，俗謂之錦囊鳥。《彙苑》云：吐綬雞，一名珍珠雞，以毛羽有白圓點也。《本草綱目》云：吐綬雞，項有嗉囊，内藏肉綬，常時不見，每春夏，向日擺之。頂上先出兩翠角，乃徐舒頷下之綬，長濶近尺，采色焕爛，踰時悉斂。或剖視之，一無所覩。

藝 文

唐 劉禹錫《劉賓客外集》卷七《吐綬鳥詞並序》 滑州牧尚書李公以《吐綬鳥詞》見示，兼命繼聲。蓋尚書前爲御史時所作，有翰林二學士同賦之，今所謂追和也。鳥之所異，具于首篇。越山有鳥翔寥廓，嗉中天綬光若若。越人偶見而奇之，因名吐綬江南知。四明天姥神仙地，朱鳥星精鍾異氣。赤玉雕成彪炳毛，紅綃剪出玲瓏翅。湖煙始開山日高，迎風吐綬盤花絛。臨波似染瑯琊草，映葉疑開阿母桃。花紅草緑人間事，未若靈禽自然貴。鶴吐明珠暫報恩，鵲銜金印空爲瑞。春和秋霽野花開，翫景尋芳處處來。翠幕雕籠非所慕，珠丸柘彈莫相猜。棲月啼煙凌縹緲，高林先見金霞曉。三山仙路寄遥情，刷羽揚翹欲上征。不學碧雞依井絡，願隨青鳥向層城。太液池中有黄鵠，憐君長向高枝宿。如何一借羊角風，來聽簫韶九成曲。

宋 王安石《臨川文集》卷三三《吐綬雞》 樊籠寄食老低摧，組麗深藏肯自媒。天日清明聊一吐，兒童初見互驚猜。

宋 李易《李敷文詩集・咏吐綬鳥》（引自《兩宋名賢小集》卷一八四） 昔人仙去斷丹梯，憔悴深山吐綬雞。百轉和鳴非我事，漫將錦服擅幽棲。

宋 高似孫《剡録》卷一〇《草木禽魚下・吐綬雞》 剡太白山有雞，五色，吐緑綬，號吐綬鳥。《埤雅》曰：綬雞似雉，吐物數寸，食必蓄嗉，慮觸其嗉，行每遠草木。《古今注》曰：吐綬鳥曰錦雞。劉禹錫《吐綬鳥》詩：越山有鳥翔寥廓，嗉中吐綬光若若。李易《太白山吐綬雞》詩：昔人仙去斷丹梯，憔悴深山吐綬雞。百囀和鳴非我事，漫將文采慰幽棲。

明 董夢桂《吐綬賦》（引自《明文海》卷四一） 嘗讀詩賦有山雞吐綬，不解爲何物。既考《爾雅》，吐綬雞一名珍珠雞，羽毛有白員點，嗉藏肉綬，濶長數寸，紅碧相間。遇晴，頂上先出角肉二寸許，然後徐舒其綬。壬戌夏，嘉禾有尉秦中者，挾二冠歸市之，好事者爭往觀之，余得與寓目焉，

與《爾雅》所稱若券。夫精華所鍾，即山林不常有，況越數千里得聞且見，異哉！爲之賦。相彼雜兮，庸庸可鄙。何有木形，徒誇金距。相呼爭食，無澡刷之摻；鑿垣羣棲，乏軒昂之志。別有火德含情，金方產異。寂寂無應潮之聲，落落無勇鬭之氣。繡領綺翼，丹嘴碧眶。琅玕作頟，珠璣綴裳。嗉頷之下，結如繡囊，雜以朱碧，間以玄黃。銜雲霄之丹詔，備黼黻之文章。其舒也振藻，其歛也含章。卒然就之，不見其好。植足亭亭，垂頭悄悄。既而日暖風清，陰霾不至。陡然展舒，峥嶸赤幟。如繡柱之雙懸，如晴峰之對峙。爾乃雲車錦綬，翩翩欲出。顧影自矜，孰肯閟惜。其狀如輪，其文如織。錯落既殊，經緯不一。或如渥丹，或如蒼璧。或如凝脂，或如點漆。炫燿心驚，輝煌目溢。五色變而不可勝窮，五采雜而難以遞述。皎皎秋旻，雲蒸霞蔚。爛爛春山，緑暗紅密。鵁鶄對而無光，翡翠仰而寢色。於是佳人脈脈，思舉雲芸之針；才子躍然，夢授文通之筆。夷考羽族，丹山最靈。九苞毓德，五彩麗明。鸑紫而鵠白，鵷黃而鸞青。各得其一，莫能備形。乃以渺然之質，全收鶉離之精。產靈表於窮谷，揚傳記之芳名。固宜翔帝囿，游天池。超衆禽而獨上，覩君子之光儀。嗟攖禍於罝罻，遭時命之險巇。上之不能啄飲於山阿，下之不能乘軒以見奇。作耳目之近玩，守藩籬以淹兹。踰山嶺而提契，秦與越之流離。信美而非吾土，想故鄉而踟躕。若乃霜露零落，風雨淒其。徘徊櫳檻，俯仰庭墀。懼英華之易謝，負珍異其焉施。嗟夫！鸚鵡以聰明剪翮，蒼鷹以猛鷙受緤。孔雀以美羽招殃，梟雁以豐肌自醫。與其致飾而蒙患，不如自全而守拙。

鶡

論說

宋 陸佃《埤雅》卷七《鶡》 鶡，似雉而大，黃黑色，故其名曰褐，而《鶡賦》云『揚玄黃之勁羽也』。有毛角，專場健鬭，鬭死不却，蓋鷙鳥之暴疏者。每所攫撮，應爪摧碎。亦愛其黨，郭璞《鶡贊》所謂『疇類被侵，雖死不避』。古者令武士冠之，實取諸猛，先儒所云『虎夫戴鶡』是也。《列子》曰：黃帝戰于阪泉之野，帥熊、羆、狼、豹、貙、虎爲前驅，雕、鶡、鷹、鳶爲旗幟，此以力使禽獸者也。堯使夔典樂，擊石、拊石，百獸率舞，簫韶九成，鳳皇來儀，此以聲致禽獸者也。先王之於鳥獸，或以力使，或以聲致，如此又況橫目之民乎？《字說》曰：奚也，曷也，皆無知也。鷄可畜焉，以放於死，奚物而無知者也。鶡善鬭焉，以放於死，曷物而無知者也。《禽經》曰：鶡，毅鳥也。鷗，信鳥也。

宋 王觀國《學林》卷一〇《鶡》 《前漢·黃霸傳》曰：霸代丙吉爲丞相，京兆尹張敞舍鶡雀飛集丞相府，霸以爲神雀，議欲以聞。蘓林注曰：今虎賁所著鶡也。顏師古注曰：此鶡音芬，字本作鳻，此通用耳。鳻雀大而色青，出羌中，非武賁所著也。武賁鶡者，黑色，出上黨，以其鬭死不止，故用其尾飾武臣，今時俗所謂鶡鷄者也。音曷，非鳻雀也。觀國案：《玉篇》曰：鶡，何葛切，鳥似雉而大，青色，有毛角，鬭死乃止。又曰：鳻，扶云切，鳻雀似鶡。以此觀之，則《黃霸傳》所謂鶡雀者鳻雀也，以其似鶡，故亦謂之鶡雀耳。顏師古以爲鶡、鳻通用，非也。蘓林以爲虎賁所著鶡，亦非也。虎賁所著者鶡鳥，乃鷄雉之屬，不謂之雀。《後漢·輿服志》曰：虎賁武騎皆鶡冠，虎文單衣。襄邑歲獻織成虎文。鶡者，勇雉也，其鬭對一死乃止，故趙武靈王以表武士，秦施之焉。徐廣注曰：鶡似黑雉，出于上黨。荀綽《晉百官表》注曰：冠插兩鶡，鷙鳥之暴疏者也。每所攫撮，應爪摧衄。天子武騎，故以冠焉。傅玄賦注曰：羽騎，戴鶡。《廣韻》曰：鶡鳥似鷄，鬭必至死。推此類以觀之，則鶡非羣飛集於舍屋之物，則《黃霸傳》鶡雀非鬭死之鶡可知已。《前漢·藝文志》道家者流有《鶡冠子》一篇。班固注曰：楚人也，居深山，以鶡爲冠。顏師古注曰：以鶡鳥羽爲冠。然鶡冠子不顯姓名，蓋其人當時偶以鶡羽爲野服，因名曰鶡冠子，非取於武勇之義也。韓愈有《讀鶡冠子文》曰：《鶡冠子》十有六篇，其辭雜黃老、刑名，其《博選》篇四稽五至之説當矣。使其人遇其時，援其道而施於國家，其功德豈少哉？觀國嘗讀其書矣，以虛無爲宗，而變至於參合機會之際，其説不純乎先王之仁義，蓋戰國之際好異之人也。

宋 羅願《爾雅翼》卷一六《鶡》 鶡，似黑雉，出上黨。郭氏則云：

似雉而大，青色，有角。《漢書音義》云：似雉而大，黄黑色，鷙鳥之暴疏者也。每所攫撮，應爪摧衂。性尤相黨，其同類有被侵者，輒往赴救之。其鬬大抵一死乃止，曹植賦所謂『雙戰隻僵』者也。顔師古云：俗謂鶡雞。昔黄帝之戰，以雕、鶡、鷹、鳶爲旗幟，至周鳥隼爲旟。而其後有鶡冠，環纓無蕤，以青系爲緄，如雙鶡尾植左右，虎賁武騎皆冠之。《東京賦》：武夫戴鶡。《上林賦》云：蒙鶡蘇。蘇，析羽也。鶡以蘇爲奇，蒙覆而取之。蓋以其勇於鬬，兼同類相死，可以厲衆，故趙武靈王以表武士，秦漢沿之，俗謂之大冠也。鶡冠子居深山，以鶡爲冠。漢世常用之，而黄霸乃以爲鳳皇，故爲張敞所譏。《霸傳》注師古云：鶡音芬，字本作鳻，此通用耳。鳻雀大而色青，出羌中。

宋　史繩祖《學齋佔畢》卷二《漢鳻雀辨》　《漢·黄霸傳》：鶡雀集丞相府。鶡字音芬，非音曷也，今人例以曷字讀之，誤矣。按：《霸傳》蘇林注云：今武賁所著之鶡。而師古注曰：蘇説非也。此鶡雀音芬，本從鳻字，通用。鳻似鳳也，若夫鶡雀之鶡，青色，好鬬不止，俗謂之鶡鷄，音曷，與此鶡雀音芬者不同，故志之以正訛舛。

綜　述

《禽經》　鶡，毅鳥也，毅不知死。狀類鷄，首有冠，性敢於鬬，死猶不置，是不知死也。《左傳》：鶡冠，武士戴之，象其勇也。

漢　許慎《説文》卷四　鶡，似雉，出上黨。从鳥，曷聲。胡割切。

宋　戴侗《六書故》卷一九　鶡　䳸，胡割切。《月令》曰：仲冬之月，鶡旦不鳴。鄭氏曰：求旦之鳥也。《説文》曰：鶡似雉，出上黨。鳴，渴旦也。顧野王曰：鶡似雉而大，青色，有毛角，鬥死乃止。晝夜鳴，似雞。鴠鳴，一名倒縣。《漢書》：鶡雀飛集丞相府。蘇林曰：今虎賁所著鶡也。師古曰：非也。鶡雀之鶡，音分，本作鳻。鳻雀，大而色青，出羌中。虎賁所著色黑，出上黨，以其鬥死不止，故以飾武弁，今俗所謂鶡雞也。按：鶡旦爲求旦之鳥，將旦則鳴，故謂鶡旦，亦曰渴旦。别作鴠，非。顔師古以鶡爲鳻，亦未然。

明　李時珍《本草綱目》卷四八　鶡雞曷、渴二音。《拾遺》　釋名：時珍曰：其羽色黑黄而褐，故曰鶡。青黑色者名曰鳻（音介），性耿介也。青鳳亦名鶡，取象於此也。集解：藏器曰：鶡鷄出上黨。魏武帝賦云：鶡鷄猛氣，其鬬期於必死。今人以鶡爲冠，象此也。時珍曰：鶡狀類雉而大，黄黑色，首有毛角如冠。性愛其黨，有被侵者，直往赴鬬，雖死猶不置。故古者虎賁戴鶡冠。《禽經》云：『鶡，毅鳥也，毅不知死』是矣。性復粗暴，每有所攫，應手摧碎。上黨即今潞州。

明　穆希文《説原》卷一〇　鶡，似雉而大，黄黑色，故名从褐。有毛角，專健鬬，鬬死不却，盖鷙鳥之暴跳者。古者令武士冠之，寔取諸猛。

明　劉侗《名物通》卷九　鶡，似鳻鳩者，大而色青，出羌中。鶡雀色黑，出上党。武士服鶡冠，以其鬬死乃止也。

藝　文

三國魏　王粲《鶡賦》（引自《藝文類聚》卷九〇）　惟兹鶡之爲鳥，信才勇而勁武。服乾剛之正氣，被淳駹之質羽。愬晨風以羣鳴，震聲發乎外宇。厲廉風與猛節，超羣類而莫與。惟膏薰之焚銷，固自古之所咨。逢虞人而見獲，遂因執乎縹纍。賴有司之圖功，不開小而漏微。令薄軀以免害，從孔鶴於園湄。

三國魏　曹植《曹子建集》卷四《鶡賦》　鶡之爲禽，猛氣共鬬，終無勝負，期於必死，遂賦之焉。美遐圻之偉鳥，生大行之嵓阻。體貞剛之烈性，亮金德之所輔。戴毛角之雙立，揚玄黄之勁羽。其沈隕而重辱，有節士之儀矩。降居檀澤，高處保岑。遊不同嶺，棲必異林。若有翻雄駭逝，孤雌驚翔，則長鳴挑敵，皷翼專場。踰高越壑，雙不隻僵，階侍斯珥，俯耀文墀，成武官之首飾，增庭燎之高輝。

晉　郭璞《鶡鳥》（引自《漢魏六朝百三家集》卷五七）　鶡之爲鳥，同羣相爲。畸類被侵，雖死不避。毛飾武士，兼厲以義。

圖表

明 李時珍《本草綱目·圖卷》

鷴

綜述

《禽經》 鷴鷺之潔。鷴，白鷴，似山雞而色白，行止閑雅。

宋 朱翌《猗覺寮雜記》卷上 四海之内，物有未盡識者，不可著之書。鷴，白羽黑文，胷頸皆青，冠面足皆赤，不純白也。《雪賦》乃曰：白鷴失素。是未盡識鷴也。

明 牛衷《增修埤雅廣要》卷二〇《品物門·羽族類·白鷴》 鷴，羽族之耿介者也。形類雞，白質黑章，尾長四五尺，體備冠距，觜爪純丹，最爲可翫，亦有青有黑，似雉尾長。昔越王獻高帝白鷴、黑鷴各一，是也。

明 李時珍《本草綱目》卷四八 白鷴《圖經》 校正：原附雉條，今分出。釋名：白鶾、音寒。閑客。時珍曰：按張華云：行止閑暇，故曰鷴。李昉命爲閑客，薛氏以爲雉類，汪氏以爲白雉。按《爾雅》：白雉名鶾。南人呼閑字如寒，則鷴即鶾音之轉也。當作白鶾，如錦鷄謂之文鶾也。鶾者，羽美之貌。又《西京雜記》云：南粵王獻白鷴、黑鷴各一。蓋雉亦有黑色者，名鸐雉，彼通呼爲鶾矣。集解：頌曰：白鷴出江南，雉類也。白色，而背有細黑文，可畜，彼人亦食之。穎曰：即白雉也。時珍曰：鷴似山鷄而色白，有黑文如漣漪，尾長三四尺，體備冠距，紅頰赤嘴丹爪，其性耿介。李太白言其卵可以鷄伏。亦有黑鷴。

明 慎懋官《華夷花木鳥獸珍玩考》卷七《鷴》 《說文》：鴟也。本作鷴，以鳥間聲，今文作鷴。《廣韻》：似雉，尾長。謝靈運《雪賦》：白鷴失素。《西京雜記》：越王獻高帝白鷴、黑鷴各一雙。

明 穆希文《説原》卷一〇 白鷴似雉，長尾而白，頭上有白毫一帶。李昉名爲閑客。

明 張瀚《松窗夢語》卷五 閩中白鷴，紅嘴，緑首，赤足，文身尾長二尺許，飛鳴如雉，而文彩勝之。

明 劉侗《名物通》卷九 白鷴，素質黑章，爪嘴純丹，體備冠距，頗翻雞翟。

清 屈大均《廣東新語》卷二〇《禽語·白鷴》 白鷴者，南越羽族之珍，卽白雉也。周成王時，越裳貢白雉。建武中，南越徼外蠻獻白雉。唐肅宗時，日南徼外蠻究不事人獻白雉。皆白鷴也。素質黑章，喙丹。雄者有朱冠，背純白，腹有黑毛，尾長二三尺，時嗃之以自矜，神貌清閒，不與衆鳥雜，故曰『鷴』。耿介不欲近人，故曰『雉』。雉，摯也。雌雄摯而有別，終日並遊，人未嘗見其乘居而匹處。雌雄不相戲狎，若朋友然，故曰『雉』。雌者多朱毛白中，繇朱而變爲純白，亦以黑爲邊襴，如水波形。其音咮咮，藏喉間，甚隱而微，未嘗出諸其口。當面聽之，不知聲自何出，若在隔垣，若在屋上，如有如無，恍若琴之泛音。雌雄常相谷以相娛，又若擊木魚聲，幽靜可聽。暮棲枝上，則雄上雌下，類有禮者。

清　佚名《鳥譜》卷五《白鷴》　一名白鷳，一名閑客，一名白雉。《圖經》云：鷴似山雞而色白，有黑文如漣漪，尾長三四尺，體備冠距，紺爪青黑色，亦有丹者。行止閑暇，不雜于凡鳥，故得鷴稱。按《爾雅》云：鵫，白雉。南人呼閑字如寒。鵫者，羽毛之美，當作白翰，鷴即翰音之轉也。《粤志》曰：白鷴者，南越羽族之珍，素質黑章。有朱冠者，背毛皆以黑爲邊襴，如水波形。其雌者，間有朱毛。亦有黑鷴，皆雉類也。李昉謂之閑客。

紀事

宋　岳珂《桯史》卷一〇《殿中鷴》　徽祖居端邸時，藝文之暇，頗好馴養禽獸以供玩。及即位，貂璫奉承，羅致稍廣。江公望在諫省聞之，亟諫，上大悦，即日詔内籞，盡縱勿復留。殿中有一鷴，蓄久而馴，不肯去。上親以麈尾逐之，迄不離左右。乃刻公望姓名於麈柄，曰：朕以旌直也。及江去國，享上之論興，浸淫及於艮嶽矣。都城廣莫，秋風夜静，禽獸之聲四徹，宛如郊野，識者以爲不祥，益思江之忠焉。

明　潘塤《楮記室》卷一五《白鷴投水》　厓山之敗，陸秀夫抱祥興帝俱赴水。時御舟一白鷴，奮擊哀鳴，與籠墜水中以死。視太宗榻前之犬，其感恩狥主之誼又過之矣。然則委而去之，如陳宜中輩者，是果何心哉？

明　王同軌《耳談類增》卷二〇《脞志鱗羽篇・白鷴喜客》　予園林木茂，時有白鷴來棲，丹距朱冠，脩尾五尺，亦不常見。但嘉客至，止尊舉禮成，忽已穿林近水，往復數四尾，曳如練帶，悠揚自得。客無不飲滿讃羨，而不省其故。後見一書，謂其性喜賓客。工部詩曰：慣看賓客兒童喜。然不謂雀也，豈不益奇。歲餘，有探其鷇者，遂去不來。予有詩懷之曰：仙禽奚所至，棲我翠林深。皎潔秋霜羽，幽閑静者心。庭過上客初筵秩，遶樹臨池時一出。脩尾迴旋五尺餘，丹距朱冠狎還匿。固知陰樾有巢居，可惜雲霄墮毛質。往往孤飛入煙徑，花氣微薰日垂瞑。顧影脩然鸞鶴姿，啁啾燕雀疇能並。乍見停盃客盡驚，何德能來應自慶。閩海曾煩漢使求，謫仙空喜胡公贈。探鷇者誰去已遥，纍年凝望思欝陶。迹寄空林尚生色，月明何處好相招。

藝文

唐　蕭穎士《白鷴賦并序》（引自《文苑英華》卷一三五）　白鷴，羽族之幽奇。一有也字。素質黑章，爪紺純丹，體備冠距，頗類夫雞翟。神貌清閑，不雜一有於字。衆禽。棲心一作止。遐深，與人境罕接，固莫得而馴狎也。上聞而徵一作收。焉。處以雕籠，致以驛遽，一作騎。是將集長楊，游太液，行有日矣。天寶辛卯，一有歲字。予飄一作旅。泊江介，一作會。流宕踰時。秋八月，自山陰前次東陽。方議夫南登西泛，極聞見之義，諒褊懷所素蓄，而未之從也。會有命自天，召赴京闕，適與兹鳥偕，至于會稽一有之字。傳舍。觀其宛頸旁睨，迴惶一作徊徨。掩抑，往往孤鳴，音韻凄凉，如慕侶而不獲，因感而賦之。曰：鳥之生矣，于彼南山；彩必玄素，文不綺斑。備文武之正飾，懋一作微。妖姬之殊顔；情莽眇以耿潔，貌軒昂以安閑。無馴擾之近性，故不愜於人寰，遊必海裔，棲必雲間。曾一作冀。養拙以自保，祛未萌之憂患。不然，豈陋彼都邑之佳麗，顧投身乎阻艱，以至一作其標自然之静，故名之曰白鷴者歟？何天聽之緬邈，辱微禽之瑣細；偶一日一作目。之見羈，委微軀以受制。望層城以斂翼，懷衆侣而孤唳；從厩置之駿奔，仰君門以遐逝。君門兮九重，洞杳一作窅。窱兮穹崇；池太液兮島方壺，萬族翔泳乎其中。晝昵未央之繁絃，夕驚長樂之虚一作靈。鐘；顧踈野之踐一作賤。迹，豈敢求一枝而見容？越水清兮鏡色，吴山遠兮天逼；窺淺深以飄一作飀。影，逗清一作杳。冥兮一息。謂杉松可得永日而噪聚，蓴荇足以窮年而唼一作喙。食；一與心賞兮睽違，念歸飛兮何極？鸚能言而入座，鶴善舞而登軒。殊二者之常一作俗態，諒慙惶於主恩。是以雖信美而非其志，獨屏營而兢魂者焉。凡一作皆文粹

唐　元稹《元氏長慶集》卷二五《有鳥二十章》　有鳥有鳥謂白鷴，雪毛皓白紅紺殷。貴人妾婦愛光彩，行提坐臂怡朱顔。妖姬謝寵辭金屋，雕籠又伴新人宿。無心爲主擬銜花，空長白毛映紅肉。

宋　魏野《東觀集》卷三《白鷴》　萬里南禽未説珍，且論得處到來

因。尚書遠託誰相寄，制策登科第一人。

山雞形狀鶴精神，紋似漣漪動白蘋。物異恩殊堪鄭重，廟堂人寄草堂人。

水國籠來到水村，也應懷土也懷恩。曾爲閒客還同我，今日俱遥舊相門。

李白詩中聞有識，謝莊賦裏見長思。今朝得爾心雖善，致謝慚無吐鳳詞。

宋　蘇轍《欒城集》卷一《白鷴》　白鷴形似鴿，摇曳尾能長。寂寞懷溪水，低回愛稻粱。田家比鷄鶩，野食薦杯觴。肯信朱門裏，徘徊占玉塘。

宋　梅堯臣《宛陵集》卷四《白鷴》　喬木暗青山，晴川下白鷴。春雲生嶺上，積雪在罾間。緑草張新翳，柔冠總翠鬟。時哉養文素，不是雜斑斑。

宋　高似孫《剡録》卷一〇《草木禽魚下・鷴》　項斯詩：更望會稽何處是，沙連竹箭白鷴羣。《西京雜記》曰：鷴，有白鷴，有黑鷴。李白詩：請以雙白璧，賣君雙白鷴。詩人所樂尚者。

元　王惲《秋澗集》卷一三《賦白鷴》　羽族幽閒品，霜毛縷黑章。聳冠矜耿介，蓋因棲止，不雜于衆禽也。顧影惜飛翔。去備虞人貢，行觀上國光。刷毛琪樹底，無夢海山蒼。

明　楊基《眉菴集》卷三《湘中四詠・白鷴》　棠梨花開滿山白，白鷴飛來春一色。黃鸝紫燕太悤忙，不道花間有閒客。却嫌香露污春衣，立向湘江暎夕暉。鷗鷺相逢莫相妬，一雙還拂楚煙歸。

明　徐有貞《武功集》卷二《丹荔白鷴》　南中荔子夏初熟，露壓紅綃低翠屋。紛紛鳥雀不得栖，獨有白鷴來上宿。白鷴之白非等閒，玉質雪花雲錦斑。天然標格自耿介，肯受羈束樊籠間。仰不隨老鶴遊，俯不與羣雞餐。香風拂拂梳羽翰，側目長望青雲端。高飛願逐五章鳳，共啄瑤島金琅玕。

明　徐渭《白鷴》（引自《佩文齋詠物詩選》卷四三九）　野性悦魚鳥，客寓尚籠致。正如好竹人，借居亦栽莳。鷴鳥自南來，貿入西河里。王孫好法書，籠以易吾字。墨絲繡雪衣，緑罽作襠帔。有時轉喉中，鸗若嫋雲際。日夕湖水波，秋樹葉微紫。送客不出門，白玉掃長彗。

明　王世貞《弇州四部稿》卷四四《白鷴》　紺趾霜毛亦太奇，亭亭孤立夕陽移。雞羣欲挽難爲色，鷗侶雖盟不並姿。琪樹寸紅分歷亂，碧潭雙玉照參差。知卿久擅南州譽，曾記開元李白詞。

清　屈大均《翁山詩外》卷九《白鷴》　一夕秋風墜井梧，雌雄無葉兩身孤。樊籠豈似青山好，毛羽猶如白雪無。孝鷴娱人頻吐錦，文鸞報主亦銜珠。情多更似收香鳥，日夕簾間就彼姝。

清　周彝《華鄂堂詩藁》卷二《白鷴》　白鷴冉冉去，羡殺野情高。無復凌霄漢，終然惜羽毛。銜魚啄古木，没水立前皋。世上多矰繳，紛紜漫爾勞。

清　譚瑩《樂志堂文集》卷二《白鷴賦有序》　白鷴，張茂先謂以行止閑暇得名。余避亂僑居，良書獨擁，適村人有豢此者，雖棲遲羈旅而馴擾安處，無亦本性然歟？爰感而爲之賦。其辭曰：維南越之奇鳥，擅羽族之幽閑。體貞静於自然，爰名之以白鷴。似山雞而異色，類雉翟而無斑。濺浪花於海裔，積朔雪於巖間。原耿介以難畜，諒不愜於人寰。爾其素質黑章，紅頰赤觜，柔冠翠鬟，修距丹趾。尾憐四尺之長，文愛漣漪之似。西漢興而獻人，南宋亡而墮死。蕭顥士則偕八月以同徵，唐武宗則列十圖而玩矣。當夫晴川映日，春樹籠煙，沙隄明淨，溪水澄鮮，棠梨花裏，苦竹叢邊。拂緑草以朝步，依白蘋而晝眠。如鵲形狀而秀絶，比鶴精神而灑然。沾香露之離離，映斜暉之簇簇。傍流水兮落花，對青山兮喬木。時照影於江潭，或流音於澗谷。笑社燕之太忙，信家雞之相伏。任鷗鷺之相逢，顧魚鰕而不啄。嗟生平之獨處，防憂患於未來。結網罟以相待，薦杯觴其足哀。倘性命之幸存，惜毛羽之摧頹。苟無飢渴，了不驚猜。喜朱門兮安穩，占玉堂兮徘徊。小瓦缸本梅聖俞詩。致而偶飼，翠篋籠本元微之詩。編而莫開。久依戀以奚爲，輒昂藏以相向。原悃愊以無華，能揣摩乎時尚。孔雀之文章不如，鸚鵡之語言宜讓。知故巢之何若，日懷歸以無當。誰如李白之求，竊慮雍陶之放。每當庭餘寒月，院有閑花，砌掃文石，窗推碧紗。仍潔白以自好，終寂寞以無譁。時弄涼波，偶啄平沙。豈掩嫮於晴雲，甯奪鮮於曉霞。如久客而未返，安他鄉其卽家。念主人之恩重，借一枝以自娱。諒無麈尾之逐，豈有拄杖之驅。買原煩乎白璧，報合抵以明珠。憶陋邦而不必，命閑客而

非誣。況匪雜於衆禽，祇適還其故吾。然而似此高寒，盡伊棲託。究異鴻冥，如聞雀躍。終故土之可懷，匪舊林其誰樂。暫馴狎其無人，卽迴惶以如昨。更掩抑以孤鳴，慕儔似其能獲。惟端居之多暇，匪躁競以相期。縱所如之不偶，業本性其若斯。棲庭廡以竊慰，伏堦除而莫知。並人境以罕接，決孤飛於異時。

孔雀

論説

宋 陸佃《埤雅》卷七《孔雀》 《博物志》云：孔雀尾多變色，或紅或黃，喻如雲霞，其色無定。人拍其尾則舞。尾有金翠，五年而後成。始生三年，金翠尚小，初春乃生，三四月後復凋，與花萼俱衰榮。雌者不冠，尾短，無金翠。人採其尾以飾扇拂，生取則金翠之色不滅。南人取其尾者，握刀蔽於叢竹潛隱之處，伺過，急斬其尾。若不即斷，回首一顧，金翠無復光彩。性頗妬忌，自矜其尾，雖馴養已久，遇婦人、童子服錦綵者，必逐而啄之。每欲山棲，先擇置尾之地，故欲生捕者，候雨甚，往擒之，尾霑而重，不能高翔，人雖至，且愛其尾，不復騫揚也。《嶺表異録》云：孔雀翠尾，自累其身，比夫雄雞自斷其尾，無所稱焉。《説苑》曰：君子愛人，辯士愛日，孔雀愛羽，虎豹愛爪。此之謂也。今畫史雖妙善花鳥，猶憚爲此物，蓋其金翠生動，染色有不能似者。《太玄·禮首》曰：孔、鴈之儀，利用登于階。言孔有文，鴈有序，而其象皆中禮，故『利用登于階』也。《鹽鐵論》曰：南越以孔雀珥門户，崑山之旁以璞玉抵烏鵲。此言貴生於少，賤生於所有。《老子》曰：知我者希，則我者貴。豈虚言哉！《南越志》曰：孔雀不必匹合，止以音影相接便孕，亦與蛇偶。《禽經》曰：鵲見蛇則噪而貫，孔見蛇則宛而躍。

宋 羅願《爾雅翼》卷一三《孔雀》 孔雀，生南海，蓋鸞鳳之亞。尾凡五年而後成，長六七尺，展開如車輪，金翠煒然。始春而生，至三四月復凋，與花萼俱榮衰。羽屬之最華耀者，故《元命包》言火離爲孔雀。然尤自珍愛，遇芳時好景，聞弦歌，必舒張翅尾，眄睞而舞，蓋物之能自愛者，如鸞自歌，鳳自舞也。羣飛數十爲偶。南人收其雛養之，使極馴，擾寘山間，以物絆足，旁施羅網，伺野孔雀至，則倒網掩之，無遺者。其雌尾短，畧無文彩。孔雀不必匹偶，但音影相接便有孕，如白鶂相視，雄鳴上風，雌鳴下風之類。或曰：與蛇爲偶，蛇盤結其上。今野雉亦有與蛇交者，理或有之。或云：聞雷聲而孕。周成王時，方人常獻，列於《王會》。及漢文帝時，趙佗亦以爲獻。《九歌》稱『孔蓋兮翠旍』，以爲神明之飾。魏文帝亦嘗詔，以于闐所上尾萬枚爲金根車蓋。南越人以珥門户。

明 陳其力《芸心識餘》卷一《孔雀》 孔雀文禽，自喜其尾，凡欲山棲，必先擇有置尾處，然後止。南人捕者，候甚雨，往取之，尾沾雨重，不能高翔，又惜其尾，恐人所傷，不復騫騰。《格物總論》芸心子曰：孔雀能愛惜其毛若此，吾人身體髮膚受之父母，能如茲羽之不敢毀傷焉，可以爲孝矣。惜乎好勇鬭狠，以傷父母之枝，甚有非義而捐軀者。

明 何三畏《新刻何氏類鎔》卷三三《孔雀》 孔雀者，胎感雷聲而自孕，合震氣以發舒尾。當春月而始生，同花容之凋謝。丹口而金輔，玄目而素規，華羽參差，秀毛披拂。其飲也，吸芳桂之凝露。其食也，餐秋菊之落英。或張翼起伏而解舞回翔，或喋足踟蹰而長鳴鼓嘯。出自南越、西域，獻於罽賓、滇池，應與鳳鸞同群，不隨雞鶩共步，此非凡鳥也。人於叢篁間急截其尾，回顧則金翠無光。若於園池中不賞其奇，眡視而飛鳴失色。故羅州之孔雀，群飛于山畔者常數十。龜茲之孔雀，取育于王家者常千餘。引之則按節而和諧，拍之則應聲而軒舉。逢芳辰媚景，喜聞絲竹絃歌。見美婦靚童，輒遂飛揚躑躅。好事者養于池內，浴之而愛其毛。求婚者置于屏間，射之而中其目。織爲裘而耀采過殿上雉頭之裘，作爲帚而和香侵禁中龍腦之氣。或餙之爲扇爲蓋，以樹羽儀而美觀瞻。或烹之爲脯爲飧，以克口腹而辟邪惡。蓋亦方物，可稱奇珍矣。

綜述

唐 牛肅《紀聞》（引自《太平廣記》卷四六一） 羅州山中多孔雀，羣飛者數十爲偶。雌者尾短，無金翠。雄者生三年，有小尾，五年成大尾。始春而生，三四月後復凋，與花萼相榮衰。然自喜其尾而甚妬，凡欲山棲，必先擇有置尾之地，然後止焉。南人生捕者，候其雨，往擒之，尾霑而重，不能高翔，人雖至，且愛其尾，恐人所傷，不復騫翔也。雖馴養頗久，見美婦人好衣裳與童子絲服者，必逐而啄之。芳時媚景，聞管絃笙歌，必舒張翅尾，眄睇而舞，若有意焉。山谷夷民烹而食之，味如鵝，解百毒。人食其肉，飲藥不能愈病。其血與其首，解大毒。南人得其卵，使雞伏之即成。其脚稍屈，其鳴若曰『都護』。土人取其尾者，持刀於叢篁可隱之處自蔽，伺過，急斷其尾，若不即斷，廻首一顧，金翠無復光彩。

唐 段成式《酉陽雜俎》卷一六 孔雀，釋氏書言孔雀因雷聲而孕。

唐 段公路《北户録》卷一《孔雀媒》 雷、羅數州收孔雀雛養之，使極馴擾，致於山野間，以物絆足，傍施網羅，伺野孔雀至，即倒網掩之，舉無遺者。或生折翠羽，以珠刀毛編爲簾子、拂子之屬，粲然可觀，真神禽也。又《後魏書》：龜兹國孔雀羣飛山谷間，人取養而食之，字乳如雞鶩，其王家恒千餘隻。一說孔雀不疋偶，但音影相接便有孕，如白鶂雄雌相視則孕。或曰：雄鳴上風，雌鳴下風，亦孕。見《博物志》。又《淮南八公相鵠經》曰：復百六十年變止，雌雄相視，目睛不轉而孕。千六百年形定也。又《稽聖賦》：豪家自爲雌雄，缺鼻曾無牝牡。即雌兔舐雄而孕是矣。又《周書》曰：成王時，方人獻孔鳥。方亦戎别名。《山海經》：南方孔鳥。郭璞注：孔雀也。《宋紀》曰：孝武大明五年，有郡獻白孔雀爲瑞者。噫！象以齒而焚，麝因香而死，今孔雀亦以羽毛爲累，得不悲夫！愚按：《說文》曰：率鳥者，繫生鳥以來之，名曰䍡。《字林》音由，今獵師有䍡也。《淮南萬畢術》曰：鵋鵂致鳥。注云：取鵋鵂，折其大羽，絆其兩足，以爲媒，張羅其旁，衆鳥聚矣。《博物志》又云：鵂鶹休留鳥，一名鵋鵂。晝日無所見，夜則目至明。《莊子》云：鵋鵂夜撮蚤，察毫末，晝出瞑目而不見丘山。言性殊也。人截手爪棄露地，此鳥夜至人家，拾取視之，則知有吉凶。兇者輒更鳴，其家有殃也。陳藏器引《五行書》：除手爪埋之户内，恐爲此鳥所得。其鵂鶹，即姑獲、鬼車、鶻鵰類也。姑獲，《玄中記》云：夜飛晝藏，一名天帝少女，一名夜行遊女，一名隱飛。好取人小兒食之。今時小兒之衣不欲夜露者，爲此物愛以血點其衣爲志，即取小兒也。又云：衣毛爲鳥，脱毛爲女人。昔豫章男子見田中有六七女人，不知是鳥，扶匐往先，得其所解毛即藏之。即往就，諸鳥各走，取毛衣飛去。一鳥獨不去，男子取爲婦，生三女。其母後使女問父，知衣在積稻下，得之，衣而飛去。後以衣迎三女兒，得衣亦飛去。鬼車，一名鬼鳥，今猶九首，能入人屋收魂氣，爲犬所噬一首，常下血，滴人家則兇。《荆楚歲時記》：夜聞之，捩狗耳。言其畏狗也。《白澤圖》云：昔孔子、子夏所見，故歌之。故圖九首，今呼爲九頭鳥也。《毛詩義疏》曰：鶚大如鳩，惡聲鳥，入人家兇。其肉甚美，可爲炙。漢供御物各隨其時，唯鶚冬夏施之以美也。《禮·内則》曰：鶚胖。《莊子》云：見彈求鶚炙。陳藏器又云：古人重其炙，尚肥美也。又按《說文》曰：梟，不孝鳥，至日捕梟磔之。如淳曰：漢使東郡送梟，五月五日作梟羹賜百官，以其惡鳥，故食之。愚謂古人尚鶚炙，是意欲滅其族，非爲其美也。又《淮南萬畢術》：甑瓦止梟鳴，取破甑向梟抵之，輒自止也。

唐 劉恂《嶺表録異》卷下 孔雀翠尾，自累其身，比夫雄雞自斷其尾，無所稱焉。出《埤雅》

宋 釋贊寧《東坡先生物類相感志》卷七《孔雀》 南海多(比)[此]鳥，群飛數十爲偶。雌者尾短，無金碧。雄者生三年，有小尾，五年成大尾。至春而生尾，至三四月後復彫，與花萼但榮衰。然自喜其尾而甚妬，欲山棲必先擇有置尾之地，後乃止焉。南人捕者，後甚雨，而往擒之，其尾爲沾雨所重，不能高飛，人雖至，且愛其尾，恐爲人傷，不肯飛矣。若訓養久，見婦人好衣裙與同童彩服者，必逐而啄之，啄其目。視芳時好影，聞(駭)[絃]歌必舒張趐尾，眄騰而舞。山谷間夷氏有得烹而食，其肉味似鵝，能解百藥毒。南人有得其卵者，雞伏而生。其脚稍屈，有其蛇走疋而生子者。昔南海從事而養之，一旦見蛇盤孔雀，急令人解之。彼土人云：與其偶，無足怪也。此鳥其名曰『都護』。然土人取其尾者，持刀與叢篁幽隱之處伺候，即

急斷其尾，若不能便斷，回首一顧，金翠無復光彩矣。又《酉陽雜俎》云：孔雀因聞雷而有孕，放卵也。

宋 周去非《嶺外代答》卷九《禽獸門·孔雀》 孔雀，世所常見者，中州人得一，則貯之金屋，南方乃臘而食之，物之賤于所産者如此。膽能殺人，以膽一滴，霑于酒盞之臀而酌以飲人，亦死。前志謂南方有大雀，五色成文，爲鸞凰之屬。孔者，大也，豈是物與？

宋 范成大《桂海虞衡志·志禽》 孔雀生高山喬木之上，人探其雛育之。喜卧沙中，以沙自浴，汩汩甚適。雄者尾長，數尺，生三年尾始長，歲一脱尾，夏秋復生羽，不可近目損人。飼以猪腸及生菜，惟不食菘。

明 周復俊《涇林雜紀》卷一 孔雀翠毛金粉，棲息花間，文雅可愛。予嘗畜其二於臺中，日每察之。雌遇其雄，其容恒俯，有唱隨之道焉。然有甚美亦有甚惡，性喜啖蛇，至或與蛇交。景東永昌山箐間，此禽甚多，凡雌伏卵不育，雄怒以氣禁之，雌亦甘心受制，遂稿死于巢中。一云雌竊與海鵰交，既育卵于巢，雄即以土封之，迨雛脱殼，雄于穴外望之，若是己子即開封出之，非是即禁之，母子俱死于巢中。

明 李時珍《本草綱目》卷四九 孔雀《别録》下品 釋名：越鳥。時珍曰：孔，大也。李昉呼爲南客。梵書謂之摩由邏。集解：弘景曰：出廣、益諸州。方家罕用。恭曰：交廣多有，劍南元無。時珍曰：按《南方異物志》云：孔雀，交趾、雷、羅諸州甚多，生高山喬木之上。大如雁，高三四尺，不減于鶴。細頸隆背，頭裁三毛長寸許。數十羣飛，棲遊岡陵。晨則鳴聲相和，其聲曰都護。雌者短尾無金翠，雄者三年尾尚小，五年乃長二三尺。夏則脱毛，至春復生。自背至尾有圓文，五色金翠，相繞如錢。自愛其尾，山棲必先擇置尾之地。雨則尾重不能高飛，南人因往捕之。或暗伺其過，生斷其尾，以爲方物。若回顧，則金翠頓減矣。山人養其雛爲媒。或探其卵，雞伏出之，飼以猪腸、生菜之屬。聞人拍手歌舞，則舞。其性妬，見采服者必啄之。《北户録》云：孔雀不匹，以音影相接而孕。或雌鳴下風，雄鳴上風，亦孕。《冀越集》云：孔雀雖有雌雄，將乳時登木哀鳴，蛇至即交，故其血、膽猶傷人。《禽經》云『孔見蛇則宛而躍』者是矣。

明 張瀚《松窗夢語》卷五《鳥獸紀》 南海生孔雀，鸞鳳之亞也。尾生五年後成，長六七尺許，展如車輪，金翠煜然。初春始生，秋月漸凋，與花蕚同榮悴。尤自珍愛，遇芳時美景，聞弦歌鼓吹，必舒翼張尾，眄睞而舞。雌者尾短，略無文彩。以聲影相接而孕。

明 謝肇淛《滇略》卷三 孔雀自惜其毛，常巢深草中，或依灌木。時於杲日，舒翼崖陽，文采照耀山谷，尾色最麗，展之如屏，故稱孔雀屏也。性噉蛇虺，或云亦與惡蛇交。其膽毒人立死。夷人取其卵，使家雞伏之可畜，但不甚文耳。《華陽國志》云：雲南郡孔雀常以二月來翔，月餘而去。今殊不然。

明 劉侗《名物通》卷九 孔雀，龜背鸞頸，生高山喬木上，人探其雛育之。喜卧沙中，以沙自浴。雄者生三年有小尾，五年有大尾，尾端一寸名珠毛。因雷聲而孕。飼以猪腸及生菜，惟不食菘。欽州有孔雀嶺。

清 陳淏子《秘傳花鏡》卷六《養禽鳥法·孔雀》 孔雀，一名越鳥，文禽也。出交廣、雷、羅諸山，形亦似鸞，但尾大，色美之不同，丹日玄目，細頸隆背，頭戴三毛，長有寸許，數十羣飛，遊棲於岡陵之上。晨則鳴聲相和，其音曰都護。雌者尾無金翠，雄者五年尾便可長三尺。自背至尾末有圓紋，五色金翠，相繞如錢。每自愛其尾，山棲必先擇置尾之地。夏則脱毛，至春復生。雨久則尾重不能飛高，南人因而往捕之。或暗伺其過，於叢篁間急斷其尾，以爲方物，若使回顧，則金翠頓減。土人養其雛爲媒，或探得其卵，令雞伏出之，飼以猪腸生菜，即大富貴家多畜之。聞人拍手歌舞及絲竹管絃聲，是鳥亦鳴舞。畜之者，每俟其屏開取樂。其性最妬，見人着彩服必啄之。其孕亦不匹，以音影相接，或雌鳴下風，雄鳴上風，或與蛇交亦孕。但其血最毒，見血封喉，立能殺人，慎之可也。如病，飼以鐵水。

清 吴綺《嶺南風物記》 孔雀出肇慶府高要、四會二縣。其尾貯瓶中爲玩，但蚊喜食之，夏月不可出供也。

清 屈大均《廣東新語》卷二〇《禽語·孔雀》 孔雀者，炎方之偉鳥也。孔，大也。鸞之大者曰孔鸞，鳳之大者曰孔鳳，故雀之大者曰孔雀也。孔雀生深山喬木上，高三四尺，通身金暈，五色層叠如錦錢，隆背細頸，口丹黄輔，有三采毛在頂，參差直上，長三四寸許，鍾會所謂『戴翠旄以表弁，垂緑蕤之森纚』是也。其文尤在尾。尾有小大，小者成以三年，大者五年。莖長四五尺，珠毛相串，翹翹然若順風揚麾，而其色多變，紅黄不定。蓋草木之精華在焉。故其金翠以始春而生，花蕚榮則金翠盛，春暮花蕚凋，金翠亦衰。性絶畏雨，雨則金翠損壞，猶花蕚之忌沾溼也。凡獸毛如草，鳥羽如木

葉，文禽羽如木之華。孔雀以其金翠當木之華，故榮茂於春而畏濡溼。其棲宿必擇置尾之所，雨至猶珍顧不復騫舉，寧爲羅者所得，而不肯傷其羽毛，蓋愛文之至也。孕以音，或以影相接。音則以風，風之上下，其雌雄鳴必隨之。鳴曰都護，聲必三，三聲而其精已傳。精之傳以風，是謂風化，亦曰風胎。凡鶴以聲交，鸛以影接，而孔雀兼之，故謂孔雀與蛇交者非也。予嘗畜其二，朝則飛向人家取食，暮則歸宿榕樹。賓至，使童子呼之，翩然俱下，徘徊軒翥，顧影自矜。芳時媚景，歌管雜陳，輒喜而舒張秀毛，盼睞以舞。性好采色，喜與美人相狎。美人鼓掌或彈指，則應節起舞。兒童衣錦綺與戲，或拍其尾，則與兒童對舞。兒童不舞，輒趁而啄之。敝衣垢面者尤啄之，惡其不類己也。謂其性妬忌，非也。故凡畜者，食必以竹實，飲必以凝露，所以養其芳潔也。卧必以細沙，所以磨瑩其文藻也。居必以文軒，所以寵異其淑靈也。性解人語，能周旋賓客，以之珥門户焉，代童子焉，所以增長其聰明也。粤人謂其舞曰開屏，凡賓至而孔雀開屏，是爲敬客。故唐詩云：屏開金孔雀。孔雀一名孔雉。《易》：離爲雉。南方，離也，故多雉。孔雀，雉之大者也。白鷳，雉之皎潔者也。雉以文明爲尚，文明在於冠帶，嶺南多冠帶之鳥。冠之高者孔雀，美者白鸚鵡、戴勝、官雒。帶之長者白練、山喜鵲。綬之華者孝鷊。孔雀頂有三翠毛，直竪如華三峯，古人制華山之冠，蓋仿之。白鸚鵡頂毛，每開則外白内黄，如千瓣芙蓉，志所謂毛花成勝也。戴勝色灰緑，大如脊鴒，顱有髻，高六七分。南海謂其雄者丁髻郎，雌者丁髻娘，陽江謂之釘髻鷗，高要、高明謂之冠髻。官雒喙距皆紅，身五采，頂有纓碧緑。處山谷中，羣鳥附之，謂之山判官。山喜鵲身藍嘴紅，面臆皆黑，白腹，尾甚長，如兩白帶，飛則骨挂樹間。鷊旨，虉也，其綬藏於咽下小囊，每吐之，爛然文錦以自娱，一名綬鳥。越鳥有三客，孔雀曰南客，白鷳曰閑客，鷓鴣曰越客。古詩云『越鳥巢南枝』，謂三客也。予詩云：天産珍禽爲越客，山留梅樹作南枝。嶺上之梅，其向南者花先發，故稱南枝者以梅當之。

清　嵇璜《續通志》卷一八〇　孔雀，一名越鳥，文禽也。出廣、益諸州，大如鴈，高三四尺，不減於鶴。自背至尾有圓文，五色金翠，相繞如錢，頭戴三毛長寸以爲冠，足有距。迎晨則鳴相和，其聲曰都護。《禽經》云：孔雀見蛇則宛而躍。《博物志》云：孔雀不匹偶，但以音影相接而有孕，亦與蛇偶。又云：因雷聲而孕。又云：雄鳴上風，雌鳴下風而孕。梵書謂之摩由邏。

清　佚名《鳥譜》卷一《孔雀》　一名孔鳥，一名越鳥，一名文禽，一名孔都護，一名摩由羅。《異物志》云：孔雀形體既大，細頸隆背，自背及尾皆作圓文，五色相繞，如帶千錢，尾長二三尺，頭戴三毛以爲冠，足有距。《埤雅》云：孔雀尾有金翠，五年而後成，尤自珍愛，遇芳時好景，聞絃歌，必舒張翅尾，盼睞而舞。性妬忌，自矜其尾，雖馴養已久，遇婦人童子服錦綵者，必逐而啄之。《虞衡志》云：孔雀雄者尾長數尺，金碧晃耀，時自奮張其尾，團如錦輪，謂之開屏。其尾端一寸名曰珠光。《山海經》：南方有孔鳥。郭璞曰：孔雀也。《物類志》云：李昉名孔雀曰南客，一名孔都護，一名文禽。《本草綱目》：孔雀，一名越鳥。李時珍曰：孔，大也。梵書謂之摩由羅。

又《開屏孔雀》　孔雀開屏時，曲項垂膺，趺足翹尾，動摇有聲，漸轉漸大，以至圓如團扇，是爲屏足。以尾之長短爲高下，火眼排列如銜璧連錢，又如雲霞眩目，變化無定色。明貝翱賦云：翠髻高聳，彩翼旁障。金碧熠燿，綺纈煒煌。乍若槃旺之齊舉，復似重麾之再揚。參差兮扇列二十有四，的皪兮釵駢十二其行。斯能道其形容矣。《埤雅》云：畫史雖妙善花鳥，猶憚爲孔雀。蓋其金翠生動，染色有不能似者也。

清　鄭績《夢幻居畫學簡明》卷四　孔雀高三四尺，頭嘴如雞，頂戴三毛，長寸許。雌者尾短，無金翠；雄者尾長，頭背至尾皆金翠相繞，圓紋如錢。

紀事

宋　黄休復《茅亭客話》卷八《寓孔雀書》　愚友人左侍禁辛貽顯，爲容、宜、廉、白等州巡檢，因寄一孔雀雛。西南相去萬里，蜀人固未嘗覩之，誠可愛也。書云：所屬郡邑山中多孔雀焉，雌者尾短無金翠，雄者尾大而緑，光翠奪目。孔雀自愛其尾，欲棲息必先擇致尾之地。南人捕者，先施網

罳，須俟甚雨，尾霑而重，不能高翔。初爲所擒，則雀欲展其翅，恐傷其尾，至死尚愛護之。士人有活取其尾者，持刃於叢篁幽閒處，藏蔽其身，伺其過，則急斷其尾者，不急斷，迴首一顧，即金彩無復光翠。故生者爲貴也。爲婦人首飾及扇拂之類，或生擒獲者，餉饋如京洛間鵞雁以克口腹，其味亦如之。南海有一士人嘗養一隻，僕夫告云蛇盤孔雀，且恐毒死。士人急令救之，其僕迴但笑而已。士人怒之，其僕告曰：蛇與孔雀偶有得其卵者，使雞抱伏即成，其名曰都護。初年生緑毛，二年生尾生小火眼，三年生大火眼，其尾乃成矣。孔雀每至晴明，軒翥其尾，自迴顧視之，謂之朝尾。須以一間房前開牕牖，面向明方，東西照映，向裏横一木架令棲息，其性愛向明，不在地止泊。飼之以米穀豆麥，勿令闕水，與養雞無異。每至秋夏，令僕夫於田野中拾螽斯、蟋蟀、活蟲餵飼之。凡欲餧飼，引於廳事上，令慣見賓客。又盛夏或患眼痛，可以鵞翎筒子灌少生油，以新汲水洗之。如眼不開，則擘口餧之小魚鰕。不爾，餓損及切蒻少許餧之。貴其凉冷，如食有餘，則愈切，不可與鹹酸物食，食則減精神，昏暗毛色。馴養頗久，見婦女童竪綵衣綬帶，必逐而啄之。或芳時好景，聞絲竹歌吹之聲，必舒張翅尾，眄睞而舞，若有意焉。

宋　洪邁　**《容齋續筆》卷一六《高德儒》**　唐高祖起兵太原，使子建成、世民將兵擊西河郡，執郡丞高德儒，世民數之曰：汝指野鳥爲鸞，以欺人主取高官，吾興義兵，正爲誅佞人耳。遂斬之，自餘不戮一人。讀史不熟者，但以爲史氏虚設此語，以爲指鹿爲馬作對耳。按：隋大業十一年，有二孔雀飛集寶城朝堂前，親衛校尉高德儒等十餘人見之，奏以爲鸞，時孔雀已飛去，無可得驗。詔以德儒誠心冥會，肇見嘉祥，擢拜朝散大夫，餘人皆賜束帛，仍於其地造儀鸞殿。距此時纔二年餘。蓋唐温大雅所著《創業起居注》載之，不追書前事故也。《新唐書・太宗紀》但書云：率兵徇西河，斬其郡丞高德儒。尤爲簡略，賴《通鑑》盡紀其詳。范氏《唐鑑》只論其被誅一節云。

藝　文

三國魏　鍾會　**《孔雀賦》（引自《漢魏六朝百三家集》卷三六）**　有炎方之偉鳥，感靈和而來儀。禀麗精以挺質，生丹穴之南垂。戴翠毛以表弁，垂緑蕤之森纚。裁脩尾之翘翹，若順風而揚麾。五色點注，華羽參差。鱗交綺錯，文藻陸離。丹口金輔，玄目素規。或舒翼軒峙，奮迅洪姿。或蹀足踟躕，鳴嘯郁咿。

唐　薛能　**《孔雀》（引自《文苑英華》卷三二九）**　偶有功名正俗才，靈禽何事降瑶臺。天仙黼黻毛應是，宫后屏幃尾忽開。曾處嶂中真霧隱，每過庭下似春來。佳人爲我和衫拍，遣作傞傞一作婆娑。送一盃。

唐　李郢　**《孔雀》（引自《全唐詩》卷五九〇）**　越鳥青春好顔色，晴軒入户看咕衣。一身金翠畫不得，萬里山川來者稀。絲竹慣聽時獨舞，樓臺初上欲孤飛。刺桐花謝芳草歇，南國同巢應望歸。

宋　洪适　**《盤洲文集》卷七《野處孔雀爲狸所斃》**　遠程萬里起南溟，文采葳蕤掩畫屏。展翼來朝金翠晃，竦身輕舉鵲鳥停。園中但有辟蛇法，山下相望瘞鶴銘。野鶩家雞隨處有，孽狐何事獨淫刑。

宋　林希逸　**《竹溪鬳齋十一藁續集》卷七《孔雀賦》**　夫離合聚散、悲歡怨懟之情，非必含靈而具識者有之，物亦與有焉。而懷悵恨以相感者，又非必有族類儔侶者也。物亦我，我亦物也，奈何哉其相物也？余往嘗讀《鸚鵡賦》，戚然有得於余心。及今而見斯雀也，形神意趣，高懷遠慕，悵然有異於常日，故采其情而爲之賦以解之，其辭曰：猗珍禽之何來，粲五色之華郁。擢雙骹於空庭，乃點首而彳亍。上音勑，下音禿。角蓬鬆以特起，尾紛葩而欲秃。循堦除以數步，味屢俛而不啄。闖長徑之肩肩，闕四顧而疑愕。雖樊籠之乍解，不振迅而蕭索。長引吭以不鳴，類欲訴於寥漠。於是僕本恨人，壯懷易感。對斯禽而眙訝，情遽集於所覽。諒中心之有違，乃憑拊而問訊。謂口噤以莫言，請臆對而神應。托玄嘿以闕聽，爰舒寫於篇詠。爾其産遐陬，毓下土，間洪濤，越重阻。三代唐虞，此何處所。更秦歷漢，哆意宕

心。珠崖拓郡，儋象桂林。重譯累堠，遠極天南。索王府之琛貢，遂徵及於魚禽。惟斯名之一出，故委禍而至今。嗟彼巧匠，胡爲肆情。分雌雄而入畫，合姚魏以爲屏。曾顔色之足眩，乃晃耀乎丹青。玄胡髠髃，亦以名經。侏儺彈音攤誕天上，乃效予聲。又有伶人樂工，誇訓蟲蟻。對華筵之嘔，烏骨噱巨詈，呈薄技而披靡。揚青鞦，植翠尾。騰觚爵以爲歡，在予心而良恥。於是公子王孫，貪奇好異，聞佳名而競喜，揮金帛以羅致。嗟進獻之有時，柰斯求之無已。惟蠻惟傜，以貨以市。爾乃椓巉巖而爲弋，冠雲日以張罝。連柯結蔓，以爲儲胥。苟一目之所曁，貽碧落其焉如。離儔失侶，絶母棄雛。愴哀鳴而誰念，竟快意於錐刀之餘。於是委命歸窮，飄流萬里。閉以雕籠，飼以粟米，寧一飽之足謀，悵吾生之已矣。眷炎路以長懷，感寒燠之殊氣。嗟儔匹其奈何，痛天屬之睽異。雖五客之相從，亦南北之殊類。遇物感時，相顧垂淚。量陋質之黴臊，豈梟雁之同味。名雖載於陶仙，曰方家之所棄。何品别於鹽凉，又見録乎藏器。曾禍福之由生，恨不效雄鷄之斷尾。且其嶺岫崎崄，林薄蒙密。山風海濤，晝夜豗擊。動抏乎林根，濆沫乎崇壁。山妖木魅，閃屍於其巔；玄猿，鼯鼠，諯嘯於其側。爾乃朝飛暮翔，羣聚卵息。求偶命子，節節足足。縱流落而依人，亦羽衣之僊客。是余固不厭於危苦，而無樂於閒逸也。若夫芝栭藻井之華，雕朱鏤碧之飾，觸之而驚，眄之而惕。物固有所宜，情固有所適。矧才能之何奇，敢無效而素食。長締思以展轉，愈闕懷乎疇昔。情靡鄉而不凄，况今夕之何夕。陳情未既，戛爾長鳴。有懷餘思，尚托歌聲。歌曰：寒月慘兮玄雲愁，葉崒崒兮蟲啾啾，故鄉何許兮此淹留。惟聖賢之羈寄兮，哲智拘囚。何微禽之足迷兮，於天道而訴尤。良委情以若命兮，奈何乎休！

明 林弜《林登州集》卷三《四禽詞奉答顧孟仁·孔雀》 有鳥有鳥生海南，昂頭短喙修尾毵。東風吹動羽毛暖，一團蜀錦空中展。誰知美色能誤身，失機却墮羅網塵。雕籠綵架閉白日，緑窻繡户深青春。雄雌强作交頸舞，天地樊籠隨所遇。空閨猶有獨宿人，門掩梨花淚如雨。

明 貝翱《孔雀賦有序》（引自《歷代賦彙》卷一二八） 世傳孔雀當巳午時，則振翎舒尾，若拜舞狀，以爲朝鳳。凰爲百鳥之王，故曰孔雀朝王。洪武二十有一年春，予奉教獲覩于東圃，凡歷二時而後止，因歎夫羽毛之族，猶知有尊上之誠，其去凡禽遠矣。或者乃謂聞笙歌絃管則舞，則謬語也。故爲之賦，其辭曰：鉅海之南，厥生奇禽。離精火德，鳳首鸞衿。翹翹脩尾，團翠錯金。朝飲荔支之浦，夕息桄榔之林。蔽芳薄兮戲清陰，濯漣漪兮履嶔崟。顧形影兮矜惜恒，自托於高深，則有虞人見知，弋者就獲。遠近聳觀，稱文之特，迺飾以雕籠，薦以玉食，踰海陟嶠，而進乎王國。於是君王悦之，貯之兔苑，文杏爲巢，木蘭爲揵。縱遊芝田，往來蕙畹，厮跡金塗，結情翠幰，銜惠靡報，藴奇思展。爾乃融風應律，春日載陽，百禽流音，雜卉含芳。當麗日之中天，乃奮尾而舒張，翠髻高聳，彩翼旁障，金碧熠燿，綺纈煒煌。乍若槩旄之齊舉，復似重麾之再揚。晃兮寶屏，植於金殿。爛兮翠衾，陳於象牀。參差兮扇列乎二十有四，的皪兮釵駢乎十二其行。錦綬不足以爲飾，華蟲不足以爲章，鷸羽不足以爲冠，隼尾不足以爲裳。乍低乍昂，將翱將翔。或抃或伏，濟濟蹌蹌。既徘徊而中佇，復旋拱乎四方。詎眩曜於一時，盖致禮於君王。何世俗之淫僻，乃謂有感於笙簧。然後徐斂徐步，去華就素。侍御興嗟，君王留顧。盖歷二時，乃復於故。亂曰：梟不仁兮鷙不德，鶴好仙兮鵬好逸，雞司晨兮有時忒，鷺之潔兮魚之賊。又曰：鸚能言兮招鶻拳，鸞善舞兮傷自憐，鸑鷟一鳴兮逾千年，鵾鵬高飛兮礙九天。噫！此羽族之夥兮，羌或短而或長。求忠君而尊上兮，咸不若孔雀之朝王。

明 葉盛《菉竹堂稿》卷二《孔雀》 不是金屏画不成，文章五色最分明。莫教輕比山中鳥，夫子家禽久得名。

明 張治道《孔雀賦》（引自《明文海》卷三八） 嘉靖庚子余遊藩府，見孔雀四，一雄三雌，佳麗閒雅，珍奇可愛。西北之人，不識此鳥，偶一見之，目耀神聳，衆賓歡賞。余亦歎羡，感異驚奇，觸情動興，惜王不授簡才阻，即席歸爲之賦，以遺同好。其詞曰：值峥嶸之歲暮，游佳麗之仙洲。見南方之奇鳥，立浦嶼之清幽。性馴雅而弗驚，色儵爚而寡儔。禀金火以成形，故文章之孔修。怒則危冠，閒則舒體。尾屢變而如雲，貌恂恭而有禮。雖寶愛之周身，實珍奇之在尾。金閃灼而浮光，翠繽紛而極斐。步欵移而幽閒，舞按節而迤邐。屢却顧而自矜，每含情而獨喜。見服彩而生嗔，疾文章之奪己。值晦陰以藏形，遇朝陽而刷羽。氣糾糾而射人，聲鶱鶱而逐侶。離炎方而更珍，非江北而爲枳。遂嬉遊於宫閣，謝飲啄於蓬芑。雖鸚䳇之

能言，何靈表之堪比。方其始也，千金勿惜，購自南方。至不單來，到必叠雙。跋山超海，踰嶺越江。鳥尊人賤，地遠威降。期一毛之不損，庶千金之可償。保一二於千百，謹存歿於毫芒。恐風土之弗宜，慮寒暑之相妨。終年歲而始至，豈日月之可將。若乃綺筵初秩，佳賓咸蒞，罷絲竹之孔歡，命雅觀於禽類。爾乃整步肅容，揚尾戢翅，襄首蹻足，斜盼流視。意象如思，動止無忌，舉喙昂眉，似陳其意。我生何地兮，我處何鄉。恨不如鴻鵠一舉兮，萬里翱翔。華屋非不可娛樂兮，奈離恨之鑽腸。抱幽衷以徙止，歷信美而徬徨。雖極人之觀美，徒增己之悲傷。既來路之弗知，又雲天之渺茫。不假容而强顔，何異域之流離。遠故山之羣匹，懷嶺表之差池。類南冠之楚囚，每降志而自卑。終惠養以畢命，願委身而承怡。庶無入而不得，同達人之隨時。

明 王世貞《弇州四部稿》卷四四《孔雀》 伯父園中曾畜予猶見之。炎德由來應火離，即看珠樹一雙棲。葳蕤翠葆裁金剪，峭蒨丹塗間碧泥。咸陽公主蕭史曲，廬江小婦仲卿妻。十里徘徊君一顧，應傳樂府有新題。

明 張大復《梅花草堂集》卷一六《孔雀》 煌煌金翠章，見獵銷其寶。所嘆皮相人，孰知此懷抱。

清 陸洽原《孔雀吟》（引自《檇李詩繫》卷二九） 嶺南之山誕彩禽，錦霞閃電縷織金。山雞小文不足伍，嘗思鳳凰相追尋。九苞五彩未敢擬，威容璀璨神氣欽。離羣屏俗自矜護，人間物色羞垂顧。歎息巖阿藏不深，網羅一旦文章悞。雄飛振振終莫馴，晨曦照影金光吐。天成傑性難委蛇，清風延頸遲雲路。珠膏玉屑弗忍餐，區區飲食何勞哺。余聞雌伏道家謀，曷不依徊學順柔。牢籠無計辭君去，羽毛蹇落易生秋。

清 屈大均《翁山詩外》卷一六《八寶粧・孔雀》 生長瀧西，鬱雞諸族，可有孔家金翠。宮錦連錢千萬箇，欲作鸞皇猶未。春來花與盛衰，大小珠毛，成屏還要遲三歲。半段恐遭人射，看塲休至。彈指更用佳人，舞衣細拂，盡教摇曳開尾。總憐惜、茜裙綵袖，與朝夕、迴旋相媚。對嬌影，雙雙欲語。月明忘向花中睡。笑檻外朱鵰，多驚不識情滋味。

又卷一七《詞・如夢令・孔雀》 頂上三毛摇曳，箇是華山冠製。偏體錦文圓，妒殺畫堂珠翠。無計，無計，大尾更須三歲。

又 尾上金錢如許，終日開屏勞汝。只爲雨來時，欲置珠毛無處。飛去，飛去，合浦儘多高樹。

清 邵遠平《戒山詩存・粤行集・孔雀》 始戢垂天翼，還收列嶂屏。頂翹簪寶髻，尾曳帶金星。貢伴占城使，來從熱海經。日南方偃革，接羽舞虞廷。

清 吴振棫《花宜館詩鈔》卷三《孔雀》 文禽南中産，音亮骨格穩。軒檻爲人娱，豎尾豔霞晚。遐睎炯星眸，烟衢匪云遠。胡戀蛇魚腥，坐令真氣損。文章空照耀，意態就偃蹇。吁嗟萬羽翼，所託爭枯菀。梟頭撩風狂，鷹翅決雲很。偶遭鳳凰睡，此輩快饞吻。爾當惜毛羽，毋與衆族混。饑飽何足言，幽勝在雲巘。

清 愛新覺羅・弘曆《清高宗詩二集》卷三四《孔雀雛》 孔雀來西域，開屏毛羽鮮。中華底貢久，羶薌見昔年。一解網羅遭一張，雌雄或兩失。羽族雖芚昧，亦知歎無匹。二解何來雙入籠，豈辭巢室空。重譯充責物，迴望雲山重。三解相顧凄以悲，既悲還復喜。一例別故林，較勝其他矣。四解一朝復一朝，當春孳尾交。育卵不能伏，終異棲林椒。五解虞人識其性，螟蛉蜾蠃應。借問山野間，那得巧相倩。六解雌雞一何慈，嘔暖覆抱之。累日忽成雛，學步方襹褷。七解雀知母是雞，雞知兒是雀。粥粥顧復情，相依喜何若。八解文禽在雕檻，相視不相親。胡爲屬離體，而如陌路人。九解雀兮爾莫愁，雞兮爾莫樂。稍待羽翼成，至竟分鴟鶴。十解中人將呈觀，訝爲希有瑞。獻諛早厭俗，體物聊寄意。十一解

又卷七九《孔雀開屏》 西域職貢昭咸賓，哈密以爲歲貢，自康熙年間率如是。畜籠常見非奇珍。珠毛翠角固可愛，孚卵成雛曾罕聞。數歲前乃育兩鶵，鶏伏翼之領哺喝。淋滲弱質隨雌鶏，老雀籠中情反遻。三年小尾五年大，花下開屏金翠簸。綷羽映日煥輝輝，圜眼凌風張箇箇。低飛嫩篠高屋檐，繡翣雙窺玳瑁簾。招之即來拍之舞，那慮翻翱葱嶺尖。於禽亦識土産好，菁莪棫樸風人藻。盈廷濟濟固未能，離文竭覽慚懷抱。

清 商盤《質園詩集》卷三《奉宸苑觀白孔雀》 南客本炎禽，乃秉西方質。縱有潔白稱，反將文采失。瑞或遜鸞凰，細不同鸖鶿。堪與鸛鶴羣，殊非鷺鷗匹。重譯獻遠人，職貢比庭實。上林有職司，靈囿免羅畢。方當

太平世，鳥獸無狘獝。一物雖云微，亦足占隆郅。

清 劉秉恬《公餘集》卷四《孔雀》 滇南多孔雀，羽翰自翩翩。展扇金光耀，開屏翠澤妍。翅攢連理錦，尾印五銖錢。自愛翎毛好，翱翔映日鮮。

清 劉墉《劉文清公遺集》卷九《孔雀》 尾開翠扇暈南金，難遣丹青貌得真。生處塞鴻飛不到，看來遼鶴舞空頻。雲霞嶺表鍾奇質，羅綺叢中妒麗人。影稱玉樓鸞鏡裏，無勞苦憶越江濱。

清 成書《多歲堂詩集》卷三《孔雀》 憔悴金華羽，飄零烏壘城。本非土産，回王園中畜之，云是南路伯克所餽，因以名園。文章猶自負，毒螫爾須驚。炎海無邊闊，寒泉澈底清。那知元圃客，亦有稻粱情。回人飼以米穀，若雞鶩然。

清 方東樹《考槃集文録》卷一二《孔雀賦擬》 臨淄侯與億修共載，觀乎池沼，睹一孔雀遮栖檻而止，愍其羈絆不去，喟然而歎。顧謂楊修曰：愚士繫俗亦若此矣。董生有云：屈意從人，非吾徒矣。悠悠偕時，祇增羞矣。且未睹者覽傳記而遐思，恒畜者與常禽而何異？使鳳凰而可羈兮，亦將同乎此孔翠。寡人不憙，子言其意。修曰：唯唯。偉炎方之越鳥，稟火德於明離。挺文章以爲質，麗毛羽而偁奇。性矜高而難抑，貌端正而自持。視宣尼其猶父，字文舉爲大兒。含淑靈以表暈，象中禮而利用。爲儀，故其頸細如鸞，背隆似龜，行步翔序，和鳴知時。金花戴弁，綷羽連錢。珠毛一寸，錦瓶三年。擢修尾以自奮，暈五色而重圓。林木翳薈，草樹交妍。剽冠距足，眄睞而前。固宜指崑閬而遐逝，巢雲海以孤鶱。侶鸞皇而爲友，邈衆羽而超然。夫何厭江海，徙芝田，背赤霄，下寒泉。嬰繒繳，犅虞羅，千絲罥，一目加。嫮目驌顧，紺趾紛拏。惜異禽之自斷，遂低徊而就效。網西施於越國，遷賈誼於長沙。唯飾表以招衆，懵潛身而遠辱。仰天路而靡救，雖百悔其焉贖。蓋患莫大於有身，而咎恒生於失足。爾乃窮如趙壹，縶類鍾儀。雕欄塊閉，故國哀離。棲跱逼畏，飲處喧卑。縱軀委命，韜伏明姿。終懷惠養，畢守階墀。於是思飛不得，欲逝不可，舉頭畏觸，摇足恐墮，内獨怖急，乍冰乍火。長鳴延佇，顧影咨嗟。飄飄羇旅，渺渺關河。動莊舄之越吟，感靈均之楚些。悼幹流而遷徙，悟幾羈以修姱。雖容止之若暇，實顛頷之已多。隔母子而不見，念將雛而實遐。窺户牖以騰盼，汩余舍而日將斜。翔悲心於寥廓，止一隅以爲家。若乃春秋殊氣，寒暑敚次。景物澄廓，池館清秘。衆變繁姿，不可殫記。抗遥怨以增悲，聯容與而般肆。迺下丹梯，迺步櫳房。矯鳳旍之蔚茂，紛旖旎以修長。開宫扇而滿月，疊屏錦而高張。徐迴身而端盼，若好女之靚妝。纚摻捎而韐匝，灼爛爛以流光。既而斂翮韜霞，整容罷彩。體步妍閒，貌如有待。君子尚其有文，衆族慚其瑣猥。順馴養而啄宿，慎不矜以遠辜。何袈蒯之足疑，識知止之不殆。託陋質於隆恩，期効愚而無怠。鵩鳥從而陋之曰：何茲禽之安德，亦繫俗而蒙羞。將盾身之未遠，豈賦命之不由。務舒采以蕲顯，履危機之拘囚。趨東西而怵迫，徒辱己而罹憂。守硜硜之小諒，失曠曠之遠游。嗟隨世而流轉，等生浮而死休。媿至人之遺物，泛不繫之虚舟。苟翱翔於恬漠，孰我衆之能酬。悼苑風之不作，藴至理而誰手。爰感類而增歎，奚此鳥之獨尤。於是臨淄侯偁善而罷。

清 譚瑩《樂志堂文集》卷二《孔雀賦》 有南夏之珍禽，稟麗精而挺質。擢修尾以自揚，奮洪姿而特出。何衆鳥之褵褷，獨金華之藻逸。蓄文采於闒賓，非鷗皇其誰匹。喬木誕瑞，深山孕靈。飛擇巖幽，浴喜沙平。丹口素規，翠角元睛。錦輪張而照爛，金線綷而晶熒。視雲霞以迭變，隨花萼而俱榮。朝棲桃林之末，夕啄荔支之英。時迴翔以盼睞，或振迅以飛鳴。於是羡光儀之倏爍，偉靈表之輝煌。詔迹人於遐裔，頒翟氏於炎荒。弋無待播，畢未暇張。彼愛護其殊羽，深自蔽於修篁。麝剔臍而重惜，雞斷尾而可傷。慮倉皇而一顧，致金翠之無光。惟善收於羅網，實相賞於文章。爾乃離羣棄偶，辭母別子。轉徙彌年，飄流萬里。置身瑣第之中，戢羽雕籠之裏。飲以凝露之漿，飼以霏瓊之蘂。何隆恩之迴殊，嘉文藻之尤美。鸚鵡慧以非儔，蒼鷹鷙而莫比。敢低止以相污，良虚縻而獨恥。哀時命之既蹇，擅瑰奇於此身。既飄零而去國，更顛頷以依人。縱顔色之永好，亦騫騰之靡因。倘園林之久豢，終鴈鶩以相鄰。角蓬鬆而特起，翅軒翥而難伸。顧形影以淒絶，覽光華而備陳。於時綺樹晨開，金堂晝敞。袨服爭華，纖歌振響。卻步躊躇，凝情俯仰。碧聳毿鮮，錦舒翼廣。累蕤重葩，羌難髣髴。玉止金亭，若還而往。既而素月流天，緑苔生閣。鏡檻無人，湘簾自落。俄弁形茹，依屏魂愕。委殘碧以凋零，銷暗金而索寞。聞舊曲以無由，抱長思而

寡樂。佳人有瑤瑟之悲，上客有錦書之託。在池沼而誰禁，守階墀而已薄。憶當年之瑰瑋，交羽族之參差。何今日之鳴嘯，獨相伴以雄雌。望桂枝之故巢，渺雲海於天涯。嗟欞檻之相隔，假羽翮而安之。迎日光而起舞，解人語而深思。見綵衣而莫妒，謹跬步以自持。慎欽崇於九德，庶恩顧其無移。

清 謝元淮《養默山房詩藁》卷五《孔雀》 都護空傳九德高，矜奇不肯遠遊遨。一生受盡文章累，猶是殷勤愛羽毛。

清 吳仰賢《小匏庵詩存》卷三《孔雀》 滇中多孔雀，負奇在毛羽。山人網一雙，入城鬻豪户。主人愛惜深，隙地規後圃。織竹以爲籠，捕魚以爲脯。深深金屋藏，宛宛玉節舞。豎尾翠作屏，引吭媚其主。春風東南吹，仰天忽愁苦。束我飛騰姿，豢養亦何補。向友鸞凰儔，今與雞鶩伍。長辭元圃棲，此間豈樂土。惟憐奮飛心，開籠試放汝。

圖表

明 李時珍《本草綱目·圖卷》

鷓鴣

論說

明 何三畏《新刻何氏類鎔》卷三三《鷓鴣》 鷓鴣，藏于枯竹之深叢，而鳴于方春之遲日。其迴翔也，雖在東方、西方，而開翮之初，必先南翥。其飛止也，僅在春月、冬月，而伏巢之後，不復再飛。其鳥之聲自呼，道上山閒有鈎輈格磔之語。其鳥之名各異，晉安江左有逐隱懷南之稱。每畏霜露之零，而有時夜飛，則啣葉以覆于背上。能避瘟瘴之毒，而有時天暖，則相對而鳴于谷中。號曰山鴣，當春風則啼一聲，以供吟客。名爲神取，每月朔則供一隻，以饗至尊。識雨識晴，遊子乍聞紅淚濕。相呼相喚，佳人纔聽翠眉低。此亦南越之良禽，而隨陽之靈鳥也。聞之鷓鴣之起，最難採捕，而不能不罹矰繳網羅之虞。鷓鴣之鳴，惟云但南，而不能不穿崎嶇屈曲之路。豈非以人世之機心無盡，而飛鳥之逸性難馴也哉！客有吟山鷓鴣者，則以此得意而成賦。人有號鄭鷓鴣者，則以此得句而成名矣。

綜述

《禽經》 隨陽越雉，鷓鴣也。飛必南翥。《廣志》云：鷓鴣似雌雉，飛但徂南不北也。晉安曰懷南。《異物記》云：鷓鴣白黑成文，其鳴自呼，象小雉，其志懷南，不北徂也。江左曰逐隱。《古今注》曰：南方有鳥名鷓鴣，向南飛。畏霜露，早與暮稀出。有時夜棲，則以樹葉覆其背。燕人亦不知有此鳥也。

漢 許慎《說文》卷四 鷓，鷓鴣，鳥名。从鳥，庶聲。之夜切。

鴣，鷓鴣也。从鳥，古聲。古乎切。

晉　崔豹《古今注》卷中　鷓鴣出南方，鳴常自呼，常向日而飛。畏霜露，早晚希出。有時夜飛，夜飛則以樹葉覆其背上。

唐　段成式《酉陽雜俎續集》卷八　鷓鴣飛數逐月，如正月一飛而止于窠中，不復起矣。十二月十二起，最難採，南人設網取之。鷓鴣似雌雉，飛但南不向北。楊孚《交州異物志》云：鳥像雌雉，名鷓鴣，其志懷南，不向北徂。

唐　段公路《北户録》卷一《鷓鴣》　衡州南多鷓鴣，解嶺南野葛、諸菌毒及辟温瘴。前臆文爲白圓點。又一名鴶，音述。多對啼。每啼連轉數音，其韻甚高。《廣志》言：遮姑鳴云，但南不北。如逃閭聲，云懸壺盧繫頸。《古今注》云：其鳴自呼。常向日飛，畏霜，早晚稀出，宿即以樹葉覆其身上也。《南越志》云：鷓鴣，充鳥也。雖復東西迴翔，然而命翮之始，必也南翥。其鳴自號『杜薄州』，食之亡癘。此三説啼處豈同於牛屋辯哉？唯《本草》説鳴云『鉤輈格磔』竹客反。小類。

唐　劉恂《嶺表録異》卷下　鷓鴣，吴楚之野悉有，嶺南偏多。此鳥肉白而脆，遠勝雞雉。能解冶葛、井菌毒。臆前有白圓點，背上間紫赤毛，其大如野雞，多對啼。《南越志》云：鷓鴣雖東西迴翔，然開翅之始，必先南翥。其鳴自呼『杜薄州』。又《本草》云：自呼『鉤輈格磔』。李羣玉《山行聞鷓鴣》詩云：方穿詰曲崎嶇路，又聽鉤輈格磔聲。

五代　馬縞《中華古今注》卷下《鷓鴣》　南方有鳥曰鷓鴣，其名自呼，常向日而飛。畏霜露，早晚稀出。有時夜飛，飛則出以樹葉覆背上。

宋　佚名《採蘭雜志》（引自《説郛》卷三一）　鷓鴣，一名内史，一名花豸。

宋　陸佃《埤雅》卷七《鷓鴣》　鷓鴣自呼其名，常向日而飛，飛數隨月，蓋若正月，一飛而止。畏霜露，早晚稀出。有時夜飛，飛則以木葉自覆其背。《古戕》云『偃鼠飲河，止於滿腹。鷓鴣銜葉，才能覆身』，此之謂也。臆前有白圓點文，多對啼，志常南嚮，不思北徂，《南越志》所謂『鷓鴣雖東西回翔，然開翅之始，必先南翥，亦胡馬嘶北之義也』。《本草》曰：鷓鴣形似母雞，鳴云『鉤輈格磔』。《嶺表異録》云：肉白而脆，味勝雞雉。

宋　范成大《桂海虞衡志・志禽》　鷓鴣，大如竹鷄而差，長頭如鶉，身文亦然，惟臆前白點，正圓如珠，人采食之。

宋　施宿《會稽志》卷一七　鷓鴣，自呼其名，常向日而飛，飛數隨月，蓋若正月，一飛而止。畏霜露，早晚稀出。有時夜飛，飛則以木葉自覆其背。臆前有白圓點文，多對啼。志常南向，不思北徂。《本草》曰：鷓鴣形似母鷄，鳴云『鉤輈格磔』。會稽諸暨山間頗多。

宋　戴侗《六書故》卷一九　鷓鴣　鷓，之夜切。鴣，古乎切。生閩蜀交廣，形似母雞而小。其鳴若云『鉤舟格磔』，或釋之爲『行不得』。又有竹雞類鷓鴣，其鳴若云『泥滑滑』，飛不能高。

明　李時珍《本草綱目》卷四八　鷓鴣《唐本草》　釋名：越雉。時珍曰：按：《禽經》云：隨陽越雉也。飛必南翥。晉安曰懷南，江左曰逐影。張華注云：鷓鴣其名自呼，飛必南向。雖東西回翔，開翅之始，必先南翥。其志懷南，不徂北也。集解：孔志約曰：鷓鴣生江南。形似母鷄，鳴云『鉤輈格磔』者是。有鳥相似，不作此鳴者，則非矣。頌曰：今江西、閩廣、蜀夔州郡皆有之。形似母鷄，頭如鶉，臆前有白圓點如真珠，背毛有紫赤浪文。時珍曰：鷓鴣性畏霜露，早晚稀出，夜栖以木葉蔽身。多對啼，今俗謂其鳴曰『行不得也哥哥』。其性好潔，獵人因以䊦竿粘之，或用煤誘取。南人專以炙食充庖，云肉白而脆，味勝鷄、雉。

明　曹學佺《蜀中廣記》卷五九　鷓鴣，蜀夔州郡皆有之。宋布衣陸士規入蜀詩云：東風吹草緑萋萋，路入黄陵古廟西。帝子不知春又去，亂山無主鷓鴣啼。

明　劉侗《名物通》卷九　鷓鴣，形似雌雉，常向日而飛。畏霜，夜飛則以樹葉覆其背。飛數逐月，如正月一飛而止于窠中，不復起矣，十二月十二起。其聲若云『行不得哥哥』。

明　方以智《通雅》卷四五　鷓鴣，越雉也　張華注《禽經》曰：臆多白點，飛必南翥。晉安曰懷南，江左曰逐影，自鳴『鉤鵃格磔』、『行不得也哥哥』。時珍曰：性好潔，人以䊦竿粘之。陸佃以鶻鳩司事與《爾雅》『鷗鳩，鶻』爲鷓鴣，引唐詩雲『木叫鉤輈』，即《説文》『鶻鵃』。智按：是林逋詩，非唐也。夜飛覆木葉亦未必然。古云：偃鼠飲河，不過滿腹。鷓鴣銜葉，才能覆身。謂其宿也。志常南嚮，不思北徂，故吊履善者作《鷓鴣詞》。

清　吴綺《嶺南風物記》　鷓鴣在在有之，飛必南向。遇霜露時，則

以木葉自覆其背。舟行峽内，鉤輈格磔，四山爭響。宋長白曰：草木花鳥皆爲地氣所鍾，百粵位應南離耀靈炎火，故花多紅色，鳥喜南翔，不特鷓鴣然也。余嘗有句云：越鳥多南翥，蠻花少北枝。似亦實録云。

清 屈大均《廣東新語》卷二〇《禽語・鷓鴣》 鷓鴣，隨陽越雉也。天寒則口矜，煖則對啼，啼必連轉數音，而多云『但南不北』。其飛必向日，日在南，故常向南。雖復東西迴翔，而命翮之始必先南翥。其志懷南，故謂之南客。飛數必隨月，正月一飛而止，十二月則十二飛而止。山中人輒以其飛而計月，人問何月矣，則云鷓鴣幾飛矣。早暮有霜露則不飛，飛必啣木葉以自蔽，霜露微霑其背，聲爲之啞，故性絶畏霜露。一雄常挾數雌，各占一嶺，相呼相應以爲娱。有侵其地者則鬬，獵人以囮誘之，鷓鴣聞囮聲，以爲據其丘阜也，亟歸與鬬，遂陷墮網中。其性好潔，以穢竿粘之，亦可得。畜久馴穉親人，然不鳴。鳴必在萬山叢薄中，鳴多自呼，其曰『行不得也哥哥』，聲尤凄切，聞者多爲墮淚。古詩云：山鷓鴣，爾本故鄉鳥，不辭巢，不別羣，何苦聲聲啼到曉。噫！亦古之羈人思婦所變者歟？

清 王棠《燕在閣知新録》卷三一《鷓鴣》 鷓鴣鳥形似雌雞，命翮之始，必先南翥，不北徂也。其聲相傳不一。《南越志》云：聲云『杜薄州』。《異物志》云：其鳴云『但南不北』。《本草》云：自呼『鉤輈格磔』。一云：若呼『行不得也哥哥』。

清 嵇璜《續通志》卷一八〇 鷓鴣，一名越雉。飛必南翥。晉安曰懷南，江左曰逐影。見《禽經》。生江南，形似母雞，鳴云『鉤輈格磔』者是。自呼其名。畏霜露，早晚稀出，夜飛則以樹葉覆其背。

清 佚名《鳥譜》卷一《黑山鷓》 黑山鷓，黑睛，黑觜，頭頸至背俱蒼灰色，肩膊蒼褐有藍毛，深藍翅細白邊，近尾背毛縹青色，黑斑藍尾白尖，其中二翎亦長，臆前黑毛一片，腹下白質黄紋，黑足爪。

藝文

唐 李白《李太白文集》卷六《山鷓鴣詞》 苦竹嶺頭秋月輝，苦竹南枝鷓鴣飛。嫁得燕山胡鴈壻，欲銜我向鴈門歸。山雞翟雉來相勸，南禽多被北禽欺。紫塞嚴霜如劍戟，蒼梧欲巢難背違。我心誓死不能去，哀鳴驚叫淚霑衣。

唐 韋應物《鷓鴣啼》（引自《文苑英華》卷三二九） 可憐鷓鴣飛，飛向樹南枝。南枝日照暖，北枝霜露滋。露滋不堪棲，使我夜常啼。願逢雲中鶴，銜我向寥廓。願作城上烏，一年生九雛。何不舊巢住，枝弱不得一作若。去。何意道苦辛，客子常畏人。

唐 白居易《白氏長慶集》卷一二《山鷓鴣》 山鷓鴣，朝朝暮暮啼復啼，啼時露白風凄凄。黄茅岡頭秋日晚，苦竹嶺下寒月低。畬田有粟何不啄，石楠有枝何不棲。迢迢不緩復不急，樓上舟中聲闇入。夢鄉遷客展轉卧，抱兒寡婦彷徨立。山鷓鴣，爾本此鄉鳥，生不辭巢不別羣，何苦聲聲啼到曉。啼到曉，唯能愁北人，南人慣聞如不聞。

唐 柳宗元《柳河東集》卷四三《放鷓鴣詞》 楚越有鳥甘且腴，嘲嘲自名爲鷓鴣。徇媒得食不復慮，機械潛發罹罝罦。羽毛摧折觸籠籞，煙火煽赫驚庖厨。鼎前芍藥調五味，膳夫攘腕左右視。齊王不忍觳觫牛，簡子亦放邯鄲鳩。二子得意猶念此，況我萬里爲孤囚。破籠展翅當遠去，同類相呼莫相顧。

唐 羅鄴《放鷓鴣》（引自《文苑英華》卷三二九） 好傍青山與碧溪，刺桐毛竹待雙棲。花時遷客傷離別，莫向相思樹上啼。

唐 韋莊《浣花集》卷六《鷓鴣》 南禽無侶似相依，錦翅雙雙傍馬飛。孤竹廟前啼暮雨，汨羅祠畔弔殘暉。秦人只解歌爲曲，越女空能畫作衣。懊惱澤家知有恨，年年長憶鳳城歸。

唐 鄭谷《雲臺編》卷中《鷓鴣》 暖戲烟蕪錦翼齊，品流應得近山鷄。雨昏青草湖邊過，花落黄陵廟裏啼。遊子乍聞征袖濕，佳人纔唱翠眉低。相呼相喚湘江闊，苦竹叢深春日西。

唐 徐寅《徐正字詩賦》卷二《鷓鴣》 繡襆每兼羽翼全，楚雞非瑞莫爭先。啼歸明月落邊樹，飛入百花深處烟。避燒幾曾移遠岫，引雛時見飲晴川。荔枝初熟無人際，啄破紅苞墜野田。

宋 梅堯臣《宛陵先生集》卷六〇《哀鷓鴣賦并序》 余得二鷓鴣，飼

之甚勤。既久，開籠肆其意。其一翩然而去，其存者特愛焉。鷓鴣於禽最有名，頃未識也。思持歸中州，與朋友共玩之。凡養二年，呼鳴日善。罷官至蕪湖，一夕爲鼠傷死，遂作賦以哀云。物有小而名著，亦有大而無聞。吾於禽類，得鷓鴣兮不羣。其音格磔，其羽斕斑。其生遐僻，其趣幽閑。飲啄乎水裔，棲翔乎竹間。往咨羅者，求之於野，生致二鶵，形聲都雅。愛之蓄之，籠之服之。爲日已久，言馴熟兮，縱晞朝旭，一逸而不復兮。謂之背德，非我族兮。戀而不去，尤可觳兮。晨啼暮宿，何嗟獨兮。固當攜之中國，爲士大夫之目兮。不意孽鼠，事潛伏兮。破筴囓嗉，何其酷兮。嗚呼！翻飛遠逝不爲失兮，安然飽食不爲福兮。焉知不爲名之累兮，焉知不爲鬼所瞰而禍所速兮？哀哉！誠不如禿鶬鴞鵬兮。凡毛大軀，妖鳴飫腹。何文彩之佳，何名譽之淑。前所謂大而無聞，其自保而自足者歟！

宋　鄧肅　**《栟櫚集》卷二《瑞鷓鴣》**　北書一紙慘天容，花柳春風不敢穠。未學宣尼歌鳳德，姑從阮籍哭途窮。此身已落千山外，舊事迴思一夢中。何日中興煩吉甫，洗開陰翳放晴空。

宋　范周　**《鷓鴣》（引自《百名家詩選》卷四）**　越鳥聲聲傍越臺，臨岐啼斷旅魂哀。只愁勸駕催人去，非羨趨炎捧日來。斑竹叢中霜怯度，粉桄陰裡雨驚迴。嶺南譜得新詞調，唱到黄陵青草堆。

宋　王質　**《紹陶録》卷下《山鷓姑》**　身青翅赤，觜黑足青，如鷄而小，臆前有白團點，背閒有紫赤毛。多鳴，即有雨稍緩，則如云：行不得，哥哥。

山鷓姑，山鷓姑，林深濃淡交榮枯。鈎輈格磔半雲木，山谷轉深聲轉孤。沙易行，泥難行，蚤呼春暗回春明。嗚呼！此友兮仐所歸，石藤屢罥道人衣。

宋　蔡戡　**《定齋集》卷二〇《鷓鴣》**　年來隨牒走騤騤，險阻誰知客子心。盡日只憂行不得，愛人猶賴有斯禽。

宋　高似孫　**《剡録》卷二〇《草木禽魚下·山鷓鴣》**　白居易《山鷓鴣》詩：山鷓鴣，朝朝暮暮啼復啼，啼時露白風凄凄。黄茅岡頭秋日晚，苦竹嶺下秋日低。山中最多。

宋　周文璞　**《方泉詩集》卷二《鷓鴣》**　夜聞春雨來，濃緑净於洗。有禽自南翥，自呼不得已。豈非湘川下，或自江左起。黄陵見哀妃，白下感遊子。仍多憂其兄，宛轉深樹裏。汝兄今何在，荆棘日靡靡。豈非囚空山，或已投逝水。年深桎梏化，波冷皮肉死。鷓鴣謹弗痛，此係造物理。吾若破析言，汝恨入骨髓。風吹慈竹林，苔暈上深紫。吾亦念故鄉，日夜夢鄰里。不如各歸休，闕月照西鄙。

元　馬臻　**《霞外詩集》卷一《二禽篇》**　鷓鴣，鷓鴣，不知春色何負汝？每到春來聲更苦。百年不得此身安，尚憶當時在行旅。爾不學大鵬一舉，培風雨翼如雲垂。又不學籬邊斥鷃，翱翔飛躍蓬蒿枝。黄陵廟前幾春草，空遺怨恨傳新詩。江南二月煙花亂，子子孫孫自呼喚。説盡人間行路難，凄風苦雨心腸斷。

明　劉基　**《誠意伯文集》卷二《山鷓鴣六首》**　女兒未始會穿針，將去高麗學語音。教得新番鷓鴣曲，一聲准擬直千金。

鸚䳇能言有鳥驚，鷓鴣呌噪阻人行。珊瑚軟語呈嬌媚，不似班鳩得拙名。

溪深不比海子深，一物從來有一心。野梟趧魚溪上去，鷓鴣飛過野梟沈。

黄茅壠上雨和泥，苦竹岡頭日色低。自是行人行不得，莫教空恨鷓鴣啼。

鷓鴣元是嶺南音，嶺北無人識此禽。南人唱歌過嶺去，北人相向淚沾襟。

山禽一處一般聲，不是鄉音便動情。多事江南子規鳥，天津橋上對人鳴。

明　王恭　**《白雲樵唱集》卷四《鷓鴣》**　緑樹殘春外，雙飛錦翼齊。長沙有遷客，莫向雨中啼。

明　葉盛　**《菉竹堂稿》卷二《鷓鴣》**　城中官長不知名，只在溪山險處鳴。公事近來行不得，耳邊安得寄春声。

明　王世貞　**《弇州四部稿》卷四九《鷓鴣》**　西山罝網彌天去，北極蒼鷹掠地來。日夜怨啼行不得，雄心一片已成灰。

清　江湑　**《見鷓鴣》（引自《淮海英靈集》丁集卷三）**　青草湖頭苦霧侵，黄陵廟裏落花深。鷓鴣爾是南巢鳥，榆色秋風恐不禁。

能言不比青鸚䳇，一樣雕籠鎖短翰。從此莫啼行不得，黄蘆苦竹好相安。

清　沙琛　**《點蒼山人詩鈔》卷四《鷓鴣》**　冥冥細雨鷓鴣聲，花落花開未了情。好語分明行不得，行人格是要將行。

圖表

宋 唐慎微《證類本草》卷一九

明 李時珍《本草綱目·圖卷》

鴳鶉鷃

論說

宋 陸佃《埤雅》卷八《鴳》 鴳，鴽屬也。其品中膳羞，《内則》所謂『雉兔鶉鴳』是也。《莊子》曰：窮髮之北有鳥焉，其名爲鵬，摶扶搖羊角而上者九萬里，然後圖南，且適南冥也。斥鴳笑之曰：『我騰躍而上，不過數仞而下，翱翔蓬蒿之間，此亦飛之至也。』此言大小雖殊，安於至足，則其於逍遥，一也。故雖斥鴳之卑，無羡雲鵬而榮願有餘矣。蓋周之書方袪羡欲之累，因言鵬翼彌大而所以笑之者愈小，故前曰『蜩與鷽鳩笑之』，後曰『斥鴳笑之』也。鴳不木處，安矣，故謂之『鴳然』，又不如燕之『燕』也。《白虎通》曰：一穀不升撤鶉鴳，二穀不升撤鳬鴈，三穀不升撤雉兔。《夢書》曰：鶉鴳爲鬬，夢見鶉鴳，憂。鬬，辯也。一曰鴳亦雀屬，所謂『鴳上有尺』是也。

又《鶉》 鶉無常居而有常匹，故《尸子》曰：堯鶉居。《莊子》曰：聖人鶉居而鷇食。《詩》曰：鶉之奔奔，鵲之彊彊。奔奔，鬬也；彊彊，剛也。言鶉不能亂其匹，鵲不能淫其匹，故《序》云：衛人以爲宣姜，鶉鵲之不若也。一章曰：我以爲兄。兄，女兄也。二章曰：我以爲君。君，女君也，故曰『刺宣姜』也。曰『兄』者，娣刺宣姜之詞。曰『君』者，妾刺宣姜之詞。《詩》曰：不狩不獵，胡瞻爾庭有縣鶉兮。鶉，小物也，以言在位貪鄙，小禽，尚公之如此。《莊子》曰：吾未嘗爲牧而牂生於奥，未嘗好田而鶉生於宎，若勿恠，何邪？俗言此鳥性淳惷，不越横草，所遇小草横其前，即旋行避礙，名之曰淳，以此。亦其性淳，孱之易熟，故曰鶉也。《筆談》曰：古人取象，不必大物，天文家朱鳥乃取象於鶉，故南方朱鳥七宿曰『鶉首』、『鶉火』、『鶉尾』是也。鶉有兩種，有丹鶉，有白鶉。此丹鶉也，色赤黄而又鋭上秃下，夏出秋藏，飛必附草，皆火類也。或有魚所化者，魚鱗蟲龍類，火之所自生也。天文東方蒼龍七宿，有角，有亢，有尾。南方朱鳥七宿，有喙，有嗉，有翼而

無尾，此其取象於鶉歟？

宋　羅願《爾雅翼》卷一五《鶉》　鶉，鳥之淳者。其居易容，其欲易給，竄伏淺草之間，隨地而安，故言上世之俗曰『鶉居而鷇食』也。尾特禿，若衣之短結，《傳》稱子夏貧『衣若懸鶉』。又今有郭公鳥者名襤褸鳥。襤褸，亦衣短禿之名，意相類也。《列子》言：蛙化爲鶉。《淮南》云：蝦蟇爲鶉。聞昔至道年中秋間，京師鬻鶉者積於市，枚直二錢。是秋雨水絶，無蛙聲，人有得於水次者，半爲鶉，半爲蛙。又云：鼠亦化鶉。《莊子》曰：吾未嘗好田，而鶉生於突。司馬彪云：突，東北隅，一曰東南隅，鶉火之地，故生鶉也。《詩》言『鶉之賁賁』，以刺衛宣姜、公子頑。賁賁者，健鬭之貌。鶉性雖淳，然特好鬭。今人以平底錦囊，養之懷袖間，樂觀其鬭，大率食粟者不過再鬭，食穄者尤耿介，一鬭而已。物之小而健，無若此者。然鵲雖處高，彊彊然不失其類。鶉雖處下，賁賁然而無慕於高。高下各得其所，以言人之不如也。賁如虎之賁，駒之賁，皆彊猛之象。天文東方朱鳥之次有鶉名。説者以爲東方蒼龍七宿，有角，有亢，有尾。南方朱鳥七宿，有喙，有嗉，有翼而無尾，取象於鶉。予以《左傳》考之，有『鶉之賁賁，天策焞焞，火中成軍，虢公其奔』。言鶉火之星，其象亦賁賁然，與《詩》言鶉鵲者相類。又司馬彪以東南隅鶉火地生鶉，則天文之鶉，當與地之鶉相應。然七宿雖無尾，而其次有鶉首、鶉火、鶉尾。又鶉號朱鳥，與蒼龍、白虎、玄武神靈偉異之物並列，則似不應取於此。按《禽經》：青鳳謂之鶡，赤鳳謂之鶉。蓋鳳昂首長尾而身又赤，故可以應鶉首、鶉火、鶉尾之象，而與彼龍、虎、龜、蛇相配。《鶡冠子》亦曰：鳳，鶉火之禽，陽之精也。當待識者斷之。

明　何三畏《新刻何氏類鎔》卷三三《鶉》　鶉鳥有北鶉，有宛鶉。或謂之鴾，或謂之鴽，亦或謂之鵪。鶉之生也，機宿禀精鶉之奔也。風詩入詠，無恒居而有常匹，有變化而無定名。凡鳥之性善畏人，而鶉鳥之性善近人。凡鳥之鬭其尾竦，而鶉鳥之鬭其翼竦。凡鳥皆取象，其取象南方有喙，有嗉，有翼，而獨無尾者，鶉鳥之象也。凡鳥皆習飛，其習飛近地可狎，可馴，可下，而不可獲者，鶉鳥之飛也。蓋此鳥每生德義少殘之家，而不疏林限橫草之徑。鶉城、鶉縣以觚爵奠祭而得名，鶉居、鶉衣即自古聖賢而不免。有鶉鬬鶡夢之而卜其閒，有雀生鶉占之而知其霸。有吏人捕鶉者，取之圃中，而以鹽炙之，則爲美味。有京師鬻鶉者，得之湖畔，而與蛙相半，則爲水徵。或瞻之而懸庭，或進之而供御人。其看海上之鶴，何如籠中之鶉也哉！説者謂俗士之牽達人猶鶉鳥之欺孺子，孺子之所踟膝踠足而不以爲煩者，固達人之所乾唇呑聲而不以爲敝者也，吁可鑒也已。

綜　述

《禽經》　鴽，鶉。野則義，豢則搏。《月令》曰：田鼠化爲鴽。關東謂之鶉，蜀隴謂之循。在田得食鳴相呼，夜則羣飛，晝則草伏。馴養之久，見食相搏鬬也。【略】鶡雀啁啁，下齊衆庶。鶡，鸙鶡也，雀屬，衆人之象言多也。䳺，鶉。雄鷦，牝庳。䳺，雀也，鶉也，二鳥皆雄者足高，雌者足短。

《爾雅·釋鳥》　鳸，鴳。注：今鴳雀。音義：鳸，《説文》作雇，籀文也。《左傳》、《詩》並作扈，音户。鴳音晏。疏：别二名也。郭云：今鴳雀。案：舍人、李巡、孫炎、郭氏皆斷老上屬，鳸下屬。解云：鴽，一名鴞老。鳸，一名鴳。鴳，雀也。唯樊光斷鴽鴞爲句，以老下屬。注云《春秋》云：『九扈爲九農正。』九扈者：春扈、夏扈、秋扈、冬扈、棘扈、行扈、宵扈、桑扈、老扈。是以老爲下屬，唯鴳不重耳。杜預仍云：老扈，鴳。鴳非郭義。【略】鴽，鴾母。注：鵪也，青州呼鴾母。音義：鴽，音如。鴾，字或作牟，音謀。母，如字，李音無，舍人本作蕪。鵪，烏南反。疏：李巡云：鴽，鵪，一名鴾母。郭云：鵪也，青州呼鴾母。田鼠所化者也。《月令》季春『田鼠化爲鴽』是也。【略】䳺，鶉。其雄鷦，牝痺。注：鶉，鵪屬。音義：䳺，《字林》力彫反。鶉，順春反。鷦，音皆。牝，毗忍反，舊扶死反。痺，婢支反，施音婢，郭音卑。鵪，烏含反。疏：李巡曰：别雄雌異方之言。鶉，一名䳺，其雄名鷦，其牝名痺。郭云：鶉，鵪屬。鵪，即上云『鴽、鴾母』，田鼠所化者。鶉，舊云：蝦蟇所化者也。【略】鶉子，鳼。鴽子，鸋。注：别鵪鶉鶵之名。音義：鶉音純，鳼音文，鴽音如，鸋音寧。鵪，烏含反。鶵，仕俱反。疏：别鵪鶉鶵之名也。鶉之子鶵名鳼，鴽之子鶵名鸋。

漢　許慎《説文》卷四　雜，雜屬。从隹，𦎫聲。常倫切。

鴳，雇也。从鳥，安聲。烏諫切。

宋　陶穀《清異録》卷上《長生網》　鶉之爲性，聞同類之聲則至。熟

其性，必求鶉之善鳴者誘致，則無不獲。自號引鶉爲長生網。

又《族味》 鶉，捕之者多論網而獲，故嶋雄羣子同被鼎俎，世人文其名爲族味。

宋 釋贊寧《東坡先生物類相感志》卷八《瓜園生鶉》 種瓜園東比鐃鶉子，以瓜爛，故老蛙於園東比即化爲鶉子。

宋 鄭樵《通志》卷七六 鴽，《爾雅》曰鴾母，即鵪也。青州呼鴾母，田鼠所化。鴽鴾，音如謀。鶉鶉，《爾雅》曰：其雄鵲，牝庳。鵪類。此别其雌雄之異名耳。鶉，蝦蟇所化。庳，音脾。

宋 戴侗《六書故》卷一九 鶉 鶉，常遵切。鵪，鶉也。跦跦好門，人多畜之，其味美。《詩》云：鶉之奔奔。《記》曰：膳雉、兔、鶉、鷃。《説文》鶉从隹。又南方之宿朱鳥曰鶉首、鶉火、鶉尾，此非鵪鶉也。

又 鷃 鷃，烏諫切。《内則》膳受鷃蜩范。亦作鴳。《晉語》曰：平公射鴳，不死。韋昭曰：鴳，扈，小鳥也。杜氏曰：青鳥，鶬鷃也。春鳴，夏止。莊周曰：斥鴳騰躍而上，不過數仞而下，翱翔蓬蒿之間。司馬彪曰：鴳雀也

又 鵪 鵪，恩含切。亦作䳺，从隹。

又 鴽 鴽，人諸切。《公食大夫禮》：庶羞雉、兔、鶉、鴽。《記》曰：鴽釀之蓼。《月令》曰：田鼠化爲鴽。《爾雅》曰：鴽，鴾母。鄭氏曰：鴽母，音牟無。《儀禮注》作無母。《説文》：雗，从隹，牟母也。亦作鴽。

明 李時珍《本草綱目》卷四八 鶉《嘉祐》 釋名：時珍曰：鶉性醇，竄伏淺草，無常居而有常匹，隨地而安，《莊子》所謂『聖人鶉居』是矣。其行遇小草即旋避之，亦可謂醇矣。其子曰䳺。宗奭曰：其卵初生謂之羅鶉，至秋初謂之早秋，中秋已後謂之白唐，一物四名也。集解：禹錫曰：鶉，蝦蟇所化也。楊億《談苑》云：正道二年夏秋，汴人鬻鶉者，車載積市，皆蛙所化，猶有未全變者，《列子》所謂『蛙聲爲鶉』也。宗奭曰：鶉有雌雄，常於田野屢得其卵，何得言化也。時珍曰：鶉大如雞雛，頭細而無尾，毛有斑點，甚肥。雄者足高，雌者足卑。其性畏寒，其在田野，夜則羣飛，晝則草伏。人能以聲呼取之，畜令鬭搏。《萬畢術》云：蝦蟇得瓜化爲鶉。《交州記》云：南海有黄魚，九月變爲鶉，以鹽炙食甚肥美。蓋鶉始化成，終以卵生，故四時常有之。鴽則始由鼠化，終復爲鼠，故夏有冬無。

又 鷃《拾遺》 釋名：鶴、一作鵪。鷃、音寧。鴽、音如。鳸。時珍曰：鷃不木處，可謂安寧自如矣。《莊子》所謂『騰躍不過數仞，下翔蓬蒿之間』者也。張華注《禽經》謂之籬鷃，即此。鶴則鷃音之轉也。青州謂之鴾母，亦曰鷃雀。又鳸有九種，此其一也。集解：藏器曰：鷃是小鳥，鶉類也，一名鴽。鄭玄注《禮記》『雉、兔、鷃』，以鷃爲鴽，人多食之。時珍曰：鷃，候鳥也，常晨鳴如雞，趨民收麥，行者以爲候。《春秋運斗樞》云『立春、雨水鶉鶴鳴』是矣。鶴與鶉兩物也，形狀相似，俱黑色，但無斑者爲鶴也。今人總以鶴鶉名之。按《夏小正》云：三月田鼠化爲鴽。八月鴽化爲田鼠。注云：鶴也。《爾雅》云：鶉子，䳺。鴽子，鶵。注云：鶴，鶉屬也。鴽，鶴也。《禮記》云：鶉羹，鴽釀之以蓼。注云：鴽小，不可爲羹，以酒蓼釀之，蒸煮食也。據數説，則鶉與鶴爲兩物明矣。因其俱在田野，而形狀彷彿，故不知别之。則夫鶉也，始由蝦蟇、海魚所化，終即自卵生，故有斑而四時常有焉。鷃也，始由鼠化，終復爲鼠，故無斑而夏有冬無焉。本原既殊，性療當别，何可混邪？

明 慎懋官《華夷花木鳥獸珍玩考》卷七《鶉》 鶉，鳥之諄者。其居易容，其欲易給，竄伏淺草之間，隨地而安，故言上世之俗曰『鶉居而鷇食』也。尾特禿，若衣之短結，《傳》稱子夏貧『衣若懸鶉』。司馬彪云：宎，東北隅，一曰東南隅。鶉火之地，故生鶉也。《詩》『鶉之奔奔』，刺衛宣姜也公子頑。賁賁者，健鬭之貌。鶉性雖諄，然特好鬭。今人以平底綿囊，養之懷袖間，樂觀其鬭。物之小而健，無若此者。然鵲雖處高，彊彊然不失其類。鶉雖處下，賁賁然而無慕於高。高下各得其所，以言人之不如也。見《爾雅翼》。鶉之字有三義。師曠曰：赤鳳曰鶉。故南方朱鳥七宿取名焉。《詩》曰：匪鶉匪鳶。鶉，鷻也，音團。又曰：鶉之奔奔。則今之鶉鷃也。《白虎通》曰：一穀不升撤鶉鷃。

明 穆希文《説原》卷一〇 鶉鳥，其居易容，其欲易給，竄伏草間。尾特禿，若衣之短結。然此乃蛙與鼠所化者。南方朱雀七宿，有喙，有嗉，有翼，而無尾，取象于鶉，所謂鶉火也。

明 吴雨《毛詩鳥獸草木考》卷二《鶉》 《鄘風》曰：鶉之奔奔。《傳》：鶉，鳥也。鶉，小鳥也。一名鶉，雄足高，名鵲；雌足矮，名庳，鵪屬。大如鷄雛，褐色黑斑，尾禿。其居易容，其欲易給，竄伏淺草中，隨地而安，居不亂匹。輒畏寒而好鬭，今人以平底錦囊，養之懷袖間，樂觀其鬭。大率食粟者，不過再鬭，食穄者尤耿介，一鬭而已。性淳惷，不越横草，所遇小草横其前，即旋行避礙。關東謂之鶉，蜀隴謂之循，初生謂之羅鶉，至秋謂之早秋，中秋以後謂之白唐。《月令》『田鼠化爲鴽』，即鶉也。《南方草木

狀》曰：短頭細黃魚，以九月中因秋風而變成鶉，炙食之，味肥美。或云蝦蟇所化。

明　馮復京《六家詩名物疏》卷一四《鶉》　鵪、鶉二物，但鶉亦鵪類，故田鼠化爲鴽。鄭氏注《夏小正傳》以爲鵪，而《莊子》、《禽經》並以爲鶉也。鶉本有雌雄，卵生，亦或有化爲者。據《夏小正傳》云『田鼠化』，《列子》、楊大年云『蛙化』，《淮南子》、《本草》云『蝦蟇化』。《交州記》：黃魚上化爲鶉。是又有魚化者矣。

明　劉侗《名物通》卷九　鶉，醇鳥也，尾特秃。其居易容，其求易給，竄伏淺草。上世之俗，鶉居而鷇食，取此也。鶉字有三義：師曠曰『赤鳳曰鶉』，故南方朱鳥七宿取名焉。《詩》『匪鶉匪鳶』，是鷻也。又『鶉之奔奔』，此是也。

明　李中立《本草原始》卷一〇　鶉大如雞雛，頭細而無尾，毛有斑點。雄者足高，雌者足卑。其性畏寒，在田野中，夜則群飛，晝則草伏。人能以聲呼取之，畜令鬬搏。《萬畢術》云：蝦蟇得爪化爲鶉。禹錫曰：鶉，蝦蟇所化也。盖鶉始化成，終以卵生，故四時常有之。時珍曰：鶉性醇，竄伏淺草，無常居而有常匹，隨地而安，故俗呼鴳鶉，《莊子》所謂『聖人鶉居』是矣。其行遇小草即旋避之，亦可謂醇矣。宗奭曰：其卵初生，謂之羅鶉，至初秋謂之早秋，中秋已後謂之白唐，一物四名也。又有錦毛者，謂之錦鶉。

清　毛奇齡《續詩傳鳥名卷》卷一　《鶉奔》鶉之奔奔，鵲之彊彊。鶉，鵲屬。奔奔、彊彊，居有常匹，飛則相隨之貌。鶉，鵪屬，非鵲屬，《詩》但與鵲連言之耳。其鳥鋭首無尾，青褐有斑色。顧性好鬬，遇他鶉有不狎者，輒憤奮而前。

清　屈大均《廣東新語》卷二〇《禽語・鵪鶉》　鵪與鶉，其形相似。鵪色黑無斑，始繇鼠化，終復爲鼠，夏有冬無。鶉毛有斑點，始繇蝦蟇、黃魚化，終以卵生，四時常有。今通呼爲鵪鶉矣。番禺獅子里多鵪鶉，其價頗貴，鬬者率以此爲良。張網田中，以犬驚而得之。其麻翼黑爪而足高者，雄也。黃眼赤嘴而足卑者，雌也。其夫鬬也，使童子左握其雄，右握其雌，時時在掌出入不離。又處之於囊，以盛其氣，沃之於水，以去其肥。其將鬬也，則注以金錢，誘以香粟，拂其項毛，兩兩廹促，於是奮怒而前，爪勾喙合，灑血淋漓，尚相抵觸。鬬之既酣，勝者與禄。此戲傳自嶺內，今廣人皆以此爲事。而潮人有鬬鵞之戲。鵞，力鵞也，重者三四十斤，鬬時以咬眼爲上，咬舌次之。

清　姚炳《詩識名解》卷二《鶉》　鶉，《鄘風・鶉之奔奔》篇《釋鳥》云：鷻，鶉。其雄鶛，牡痺。李巡以爲鶉一名鷻，非也。鶉無鷻名。《釋鳥》並言之，自是二物。鶛、痺取義未詳。張萱以爲不亂其匹與其牝偕者曰鶛，其匹不亂，故其牝曰痺，若牝雞司晨，非以不安於痺之義乎？此皆因刺宣姜立論，未足據也。鶉、鵪相似而非一族。張揖云：佳，鶉也。鴽，鵪也。《月令》『仲春田鼠化爲鴽』，《淮南子》『蝦蟆爲鶉』，又《釋鳥》『鶉子，鳼。鴽子，鸋』，各有類屬可見。

清　佚名《鳥譜》卷四《鵪鶉》　鵪鶉，雄者赤睛，黑眶，青白觜，頂項蒼質黑斑，目上有黃白眉一道，蒼黑頰，有細白點，白花頷，背膊至尾蒼赤質黑暈斑斕，每羽中有蒼白文，旁生横紋，兩兩相對，色甚明顯，緣膊而下黑黃、蒼白以次相間，淺黃翅帶細白點，淺黃胸臆，白腹，米黃足，米白爪。雌者臆前有黑花毛，胷下白質青暈，背毛色比雄者稍淡，黑斑亦畧稀，每羽中紋作土白色，足趾亦短于雄。雄者畜令鬬搏，有麻翼、砂眼、黃眉、白眉、插花、紫叉、鐵脚、銀海、玉鈴、馱翎、背劍、玉鐙等名。雌者唯充庖厨而已。其種有紫色者謂之紫鵪，米白色者謂之白鵪。有北牛鵪，羽色花紋少異。又有黃鵪，其形畧大。故《爾雅》有『鶉』、『鴽』諸名也。《爾雅》：鵪，鶉。其雄鶛，其牝痺。鶉子，鳼。《疏》云：鶉，一名鵪。其雄名鶛，其牝名痺，其雛名鳼。《物類相感志》云：種瓜園東北饒鶉子，以瓜爛，故青蛙於園東北即化爲鶉子。《談苑》云：青蛙化鶉，曾親見之，亦有變未全，半體猶爲蛙者，《列子》所謂『蛙聲爲鶉』也。然今鶉有雌雄，人常于田間得其卵，是知亦有卵生者矣。《夢溪筆談》云：鶉有兩種，有丹鶉，有白鶉。丹鶉色赤黃而文鋭上禿，下飛必附草，火類也。《交州記》云：南海有黃魚，九月變爲鶉。盖蛙、魚皆水族，水能尅火，實爲火之根也。《甘氏星經》云：鳥之鬬竦其尾，鶉之鬬竦其翼。《五雜俎》云：鶉鳥小而馴，出入懷袖，然最勇健善鬬。食粟者不過再鬬，食穄者尤耿介，一鬬而決。《本草綱目》云：鶉大如雞雛，頭細而

無尾，毛有黑斑，甚肥。雄者足高，雌者足卑，肉味甘平無毒。其在田野，夜則羣飛，晝則草伏，無常居而有常匹，隨地而安，《莊子》所謂『聖人鶉居』是矣。其行遇小草即旋避之，亦可謂醇矣。人能以聲呼取之，畜令鬭搏。其卵初生謂之羅鶉，至秋初謂之早秋，中秋以後謂之白唐，一物四名也。《埤雅》云：俗言此鳥性淳惷，不越橫草，所遇小草橫其前，即旋行避礙，名之曰淳，以此。亦其性淳，屈音臼。《說文》曰：把持也。之易熟，故曰鶉也。《金臺雜志》云：北方有鬭鶉之戲，把握在掌，出入不離，處之以囊，以盛其氣，沃之以水，以去其肥，時其飲食以全其力，勝負決于爪喙，視鬭雞之戲，此近于稚。元人張昱《輦下曲》云：鬬鵪初罷草初黃，錦袋牙牌日自將。鬧市閑坊尋搭對，紅塵忙煞少年郎。知此戲由來久矣。案：鶉之爲鳥，性淳而介，其行正直，循徑而趨，不由斜曲，故古人以人之言行端正者比之鶉行。《詩・鄘風・鶉之奔奔》義亦取此，言鶉行正直，雖奔奔疾趨，不失正道，以興下人之無良。説《詩》者以『居有常匹，飛則相隨』解之。夫云『奔奔』，其非取居與飛之義，可知矣。《爾雅翼》引《韓詩外傳》謂奔當作賁，『賁賁』者，健鬭之貌，失之益遠。

又《北牛鶴》 北牛鶴，黑睛，白暈，黑眶，黑蒼觜，白頷，頂項黃，赤質黑斑，背膊蒼質赭暈，雜以黑斑紋碎白點，翅毛藕白色帶蒼黑花暈，蒼白短尾，有黑花紋，臆前淺黃，腹下微白，俱有蒼點，黃足白爪，無後趾。

又《南牛鶴》 一名黃鶴。南牛鶴，黑睛，白眶，黃觜，花黃頰，蒼頂，項黃赤黃，有大黑斑，蒼黃尾，赤黃足，無後趾。味不甚美，《禮記・内則》注所謂『鴽不爲羹，惟蒸煮雜蓼』而已。俗名黃鶴。《物化志》云：《爾雅》：鴽，鴾母。《疏》云：鵪也，青州呼鴾母，田鼠所化。《月令》云：田鼠化爲鴽。按《字林》云：鴽如鴿而小，鶴類也。毛無細花，黃赤色，俗名黃鶴。按《餘冬緒録》云：十二支神，子位屬水，午伏乃鶉火之次，三月大辰候，當出火，故田鼠至。建辰月化爲鴽，八月辰伏，九月當納火，而鴽于建酉月復爲鼠者，辰已伏也。子午，陰陽之極，神交爲變化如此。

清 徐鼎《毛诗名物圖説》卷一 张揖《廣雅》：佳，鶉。鴽，鴿。《埤雅》：鶉無常居而有常匹。《詩》曰：鶉之奔奔，鵲之彊彊。奔奔，鬭也。彊彊，刚也。言鶉能不亂其匹，鵲能不滛其匹。故《序》云：衙人以爲宜姜鶉鵲之不若也。曰：不狩不獵，胡瞻爾庭有縣鶉兮？鶉，小物也，以言在位貪鄙，小禽尚公之如此。俗言此乌性淳惷，不越横草，所遇小草横其前即避，名之曰淳，以此。愚按：形如雞而小，毛斑色，短尾。雄者足高，雌者足卑。其性畏寒。其雄善鬥。夜则羣飛，書则草伏。人能以聲呼取之，畜令鬭搏。今吴中呼为鹐鶉。

清 牟應震《毛詩物名考》卷一 鷃，山鷄也。一作鴳，老扈也。毛色灰褐，兩脇下有花文，嘴爪赤，卵育石罅中。晝常伏不動，故曰鷃。鷃，安也。《禽經》云：雉上有丈，鷃上有赤。赤通尺，亦通斥，故《莊子》以爲斥鷃。

又 鶉，鴿鶉也。鴿，一作鶴，形如鶉鷄，毛色褐斑，中界白文，小而善鬭。雄者聲宏亮，鳴如喝叱，羣雌奔隨之。《詩》曰『鶉之奔奔』，爲雌鶉，言之以刺宣姜也。

清 翟灝《爾雅補郭》卷下 鷐劉疾。後文『鷏，鶉。其雄鷐，雌庳』，言雄者介厲，雌者卑弱。故《釋文》：鷐又音介。劉，殺也，謂殺鳥而食，《禮・月令》『鷹始行戮』是也。疾，如征鳥厲疾之疾。大凡鷙介鳥之善搏鬬者，悉共此稱，非一種鳥也。下接鷇雛，可例參。

清 劉玉麐《爾雅校議》卷下 鶉子，䳺。鴽子，鸋。鴽即鵪也，與鶉形狀相似，俱黑色，但無斑者爲鵪也。今人但以鵪鶉名之。李時珍曰：鶉大如雞雛，頭細而無尾，毛有斑點，甚肥。雄者足高，雌者足卑。其性畏寒，在田野，夜則羣飛，晝則草伏。能以呼聲取之，畜令博鬥。鶉性醇，竄伏淺草，無常居而有常匹，隨地而安，《莊子》所謂『聖人鶉居』也。故衛詩人比之鴽不水處。《禮記》：鶉羹鴽釀之。以藜鴽不可爲羹，以酒蓼釀蒸煮食也。《夏小正》曰：三月田鼠化爲鴽，八月鴽化爲田鼠。

紀事

北周 佚名《周地圖記》（引自《廣博物志》卷七） 鶉觚縣者，秦使太子扶蘇及蒙恬築長城，見此原水淺，因欲築城，遂爵奠祭，乃有鶉鳥飛昇觚上，以爲靈異，因以縣名。

宋　江少虞《**事實類苑**》**卷六三**《**鼃變爲鶉**》　至道二年夏秋間，京師鬻鶉者積于市，諸門皆以大車載而入，鶉纔直二錢。是時雨水絶，無鼃聲，人有得於水次者，半爲鶉半爲鼃，乃鼃之變也。《列子·天瑞篇》曰：鼃變爲鶉。張湛注云：事見《墨子》。斯不謬矣。又田鼠變爲鶉，盖物之變非一揆也。

明　陳其力《**芸心識餘**》**卷二**《**鬭鶉**》　秦人多畜鵪鶉爲博鬭之具，飼以粱漿，棲以籠槖。每鬭勝，獲博金若干，數勝則茲鳥之價因之以騰，子弟日恬恬然忘返也。如蜀人鬭馬，滇人鬭雞，南北人鬭蟋蟀之類。一日余至長安市，適有鬭者，鬭未已，傑鵰過之，二鶉怖伏幾絶，俄而各潛竄主人袖中。余乃喟然嘆曰：噫！浚民之膏血以養戰士，士飽食終日，兒戲軍門而無所事事，迄乎聲息震天，竄避無地，直袖中鶉也。孰能爲國鵰鶚熊虎哉？《芸心聞見録》。

藝　文

宋　高似孫《**剡録**》**卷一〇**《**草木禽魚下·鶉**》　《博雅》曰：鶉善鬭。梅聖俞鶉詩：脱命秋隼下，鳴鬬自相捋。夏爲黄鶉，秋冬爲白鶉。夏鶉入饌絶，勝人多籠致。李白詩：君看海上鶴，何似籠中鶉。

金　元好問《**遺山集**》**卷一四**《**雪岸鳴鶉**》　離離殘雪點荒叢，更看幽禽慘淡中。笑煞畫簾雙燕子，秋千紅索海棠風。

明　張昱《**可閒老人集**》**卷二**《**輦下曲**》　鬬鶴初罷草初黄，錦袋牙牌日自將。鬧市閒坊尋搭對，紅塵走殺少年狂。

明　葉盛《**菉竹堂稿**》**卷二**《**鵪鶉**》　點點飛鳴箇箇馴，郊原花艸正如茵。方当大厦重脩日，恐有儒衣類尔人。

明　張甯《**方洲集**》**卷一〇**《**鵪鶉一首**》　秋黍白唐肥，卑棲不解飛。涼風吹短翼，渾似卜商衣。

圖　表

晉　郭璞《**爾雅音圖·釋鳥**》

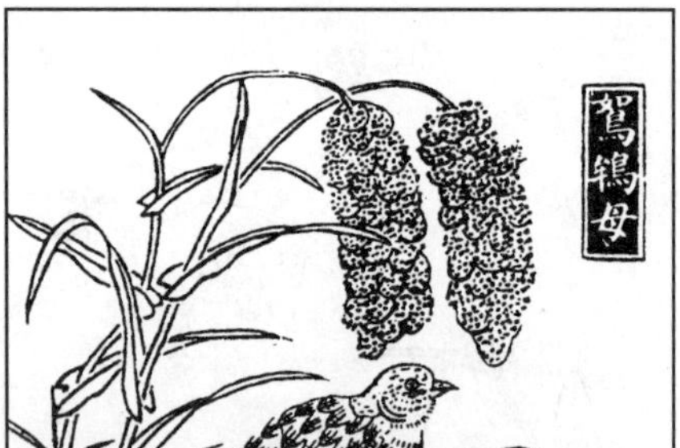

明 李時珍《本草綱目·圖卷》

清 徐鼎撰《毛詩名物圖說》卷一

鳩 斑鳩

論說

宋 蔡卞《毛詩名物解》卷六《鳴鳩》 鳴鳩，或謂之鶻鳩，或謂之鶻鵰。凡名鳥者，必有所善鳴，鳩善鳴者也。春者啓之時，秋者閉之時。啓則有時，閉則無事。鳴鳩以啓來而閉去，故鶻鳩氏爲司事，臣以骨鯁爲任，而非倡和者，故命官以鶻鳩，而不謂之鳴鳩也。《詩》曰：宛彼鳴鳩，翰飛戾天。非修翼之鳥，而至乎其遠，則敗矣。

宋 陸佃《埤雅》卷七《鶌鳩》 《釋鳥》云：鶌鳩，鶻鵃。今江東亦呼鶻鵃。《左傳》曰：鶻鳩氏，司事。先儒云：鶻鳩春來秋去，故爲司事。一名鳴鳩，《月令》所謂『鳴鳩拂其羽』者是也。一名鷽鳩，《莊子》所謂『蜩與鷽鳩笑之』者是也。蓋此似山鵲而小。《釋鳥》曰：鷽，山鵲也。故此一名鷽鳩。又其短尾，青黑色，多聲，故此一名鳴鳩也。《詩》曰：宛彼鳴鳩，翰飛戾天。言鳴鳩小物，決起而飛，槍榆枋，時則不至而控於地而已矣。今飛鳴戾天，則其聲亦遠聞，其勢亦高至，唯勉强故也，可以人而不如乎？許慎云：鳴鳩奮迅其羽，直刺上飛數千丈，入雲中。其勉而飛如此。又曰：題彼脊令，載飛載鳴。言脊令亦小物也，今飛鳴不有止息，雖不能遠聞高至，然亦有首尾相應，可以人而不如乎？欲其如飛鳩，不可得也，故望之如此而已。夫王，尚大者也，今幽王曾是之不如，故其詩曰《小宛》也。又鶻鳩性食桑葚，然過則醉而傷其性，故《詩》云『于嗟鳩兮，無食桑葚』，而《序》以爲刺淫泆也。陸璣云：鶻鳩一名斑鳩。蓋斑鳩似鵓鳩而大，鵓鳩灰色，無繡項，陰則屏逐其匹，晴則呼之，語曰『天將雨，鳩逐婦』者是也。斑鳩項有繡文斑然，故曰斑鳩，則與此鶻鳩全異。璣之言，非。今此鳥喜朝鳴，故一曰鶻嘲也。凡鳥朝鳴曰嘲，夜鳴曰㖡。《禽經》曰：林鳥以朝嘲，水鳥以夜㖡。今林棲多朝鳴，水宿多夜叫。㖡音夜，字見《龍龕手鏡》。

又《鵻》 今鵧鳩也。壹宿之鳥。壹宿，壹於所宿之木。一名荆鳩，一名楚鳩，一名鵓鳩，一名乳鳩，一名鵴鳩，一名鴒鳩，一名鴹鳩。《方言》曰：鳩自關而西、秦、漢之間謂之鵴鳩，其大者謂之鵧鳩，其小者謂之鴒鳩，或謂之鴹鳩，或謂之鵓鳩，梁宋之間謂之鵻。鵻性慈孝愨謹，故《聽聲考詳篇》曰：雀聲慘毒，鳩聲慈念。而《詩》以爲使臣賢者之況。《詩》曰：翩翩者鵻，烝然來思。言太平君子至誠，樂與賢者共之，烝然後得嘉魚。壹鳥也，《爾雅》曰：隹其，鳺鴀。夫不，壹宿。壹宿，婦之正也，夫或不然，故孔子欲多識鳥獸草木之名。《四牡》曰：翩翩者鵻，載飛載下，集于苞栩。翩翩者鵻，載飛載止，集于苞杞。蓋孝所以致私恩，謹所以致公義，故《四牡》勞使臣之詩，而其託況如此。《傳》曰：懷歸者，私恩也；靡盬者，公義也。一曰『祝鳩』。或曰：鵻與尸鳩皆壹鳥也，故有尸祝之號。《莊子》曰：庖人雖不治庖，尸祝不越樽俎而代之矣。尸鳩性壹而慈，祝鳩性壹而孝，故一名『尸』，一名『祝』。《禮》云：嘏以慈告，祝以孝告。今鵻類賦尾皆促，故其字从隹。《說文》曰：隹，鳥之短尾總名也。《禽經》曰：拙者莫如鳩，巧者莫如鶻。今鳩累巢，止於數枝，纔能載身而已。鶻巧而危，鵻拙而安。

宋 羅願《爾雅翼》卷一四《隹鳩》 隹鳩，孝鳥，故少皞氏以爲司徒。一名祝鳩，又名鵓鳩。似班鳩而臆無繡采，又頭有贅物之拙者，不能爲巢，纔架數枝，往往破卵。無巢不能居，天將雨，則逐其雌，霽則呼而反之。今人辨其聲，以爲『無屋住』云。鵻既孝鳥，故養老之杖倣之。漢仲秋之月，縣道皆按户比民，年始七十者，授之以玉杖，餔之糜粥。八十、九十禮有加，賜玉杖長尺，端以鳩鳥爲飾。鳩者，不噎之鳥也，欲老人不噎。古之養老，祝鯁在前，祝噎在後，以爲養老之備。此所以取鳩，而又名鳩爲祝鳩也。《周禮》羅氏獻鳩以養國老。王子年記少皞時事，稱帝子與皇娥泛於海上，以桂枝爲表，結薰茅爲旌，刻玉爲鳩，置於表端，則鳩杖之起亦遠矣。此云刻玉，玉杖亦其類也。《琴操》曰：舜耕歷山，思慕父母，見鳩與母俱飛鳴，相哺食，感思作歌。今之青鵻。

又《鶌鳩》 鶌鳩春來冬去，備四時之事，故少皞以爲司事之官。似山鵲而小，短尾，青黑色，多聲。今江東亦呼爲鶻鵃

明　何三畏《新刻何氏類鎔》卷三三《鳩》　昔者沛國之鳴鳩數十隻，與鳥挾雲而俱飛。李翔之食鳩十二籃，與人交好而後贈。則鳩亦隹鳥也。鳩謂之鵀，亦謂之戴。謂之鵴，亦謂之鶻。謂之鷗鵐，亦謂之鵖鷗。謂之鴐鸅，亦謂之戴鵀。詭類靈姿，朱目丹趾。每以仲春之時，自鶯而化，不同惡鳥之徒，與梟而鳴。體斑斑而有文，聲耿耿而有序。朝憇椒户，暮宿蘭房。常婉轉以棲枝，亦均平而飼子。遭遇風雲之會，託身鸞鳳之間。天道無常，豈能呼晴而作雨。鵲巢可借，應知以拙而爲工。漢高敗遁叢薄中，有鳩正鳴其上，遂得脱禍于追逐之時。張氏獨處室廬下，有鳩入止其床，因而得福于傳鉤之日。懸于杖端而加賜，防老人之咽。棲于墓側而通靈，見孝子之思。有鳩獻自邯鄲，趙簡子以放生而示恩於正旦。有鳩飛來武帳，張茂先以司空而拂冠于御前。孝廉徐憲之居親喪，而群鳩營巢墓側，舉爲白鳩郎官。鄧州禪師之食貧士，而二鳩吐出口中，號爲鳴鳩和尚。王庭湊當始生，而時有鳩集庭樹，則爲子孫貴顯之祥。王及善爲内史，而號稱鳩集鳳庭，則爲才行猥庸之誚矣。

清　王夫之《詩經稗疏》卷二　鵻　《説文》：鵻，祝鳩也。音思允切。《春秋傳》：祝鳩氏，司徒也。杜預解曰：祝鳩，鵻鳩也。鵻鳩孝，故爲司徒。《方言》：鶝鳩，大者謂之鳻鳩，小者謂之鷑鳩，梁宋之間謂之鵻鳩。則祝鳩、鵻鳩，一鳻鳩耳。鳻、斑音相近，今俗書作斑鳩。古者老人杖首刻此鳩，取其不噎，有祝噎孝養之義，故謂之祝鳩。而《四牡》以興將父之思，《嘉魚》以興燕，又之養。其鳥似鳴鳩而不善鳴，辮而梨花點。方春尚小，則緑褐色，或謂之黄褐侯。掌禹錫曰：黄褐侯秋化辮鳩。黄褐，青鵻也。然則在春爲鵻，在秋爲祝鳩，名隨形異，而實一鳥也。《集傳》曰：鵻，夫不，音浮。鵓鳩也。則沿舊注音鵻爲隹。音追。遂以《爾雅》『隹其，夫不』當此之鵻，誤矣。夫不者，鵓音浮。鳩也。其色白，故身之白者名爲白浮鳩，劉宋童謡所謂『可憐白浮鳩，枉殺檀江州』也。其名隹其，不名爲隹。況名爲鵻，鵻、隹異音，鵻與隹其異名，槩而一之，則失其實矣。

清　陳啓源《毛詩稽古編》卷二八　嚴氏《詩緝》、黄氏《韻會》，皆謂郯子五鳩，備見於《詩》。今復合之《爾雅》，參之《本草》，分别其名，以爲説《詩》之一助。雎鳩氏司馬，杜注：摯而有别，故爲司馬，主法制。即《關雎》之雎鳩，《爾雅》云『雎鳩，王鳩』是也。注云：江東人呼之爲鶚。案：鶚，鵰類，似鷹而土黄色，深目好峙，又名魚鷹。《淮南子》謂之『沸波』，以其翱翔水上，扇魚令出也。鄭樵以爲梟類，《詩話》以爲杜鵑，皆誤。祝鳩氏司徒，杜云：鵻鳩也。鵻鳩孝，故爲司徒，主教民。即《四牡》、《嘉魚》之鵻，《爾雅》云『隹其，鳺鴀』音夫浮。是也。注云：今鵓鳩。案：此鳥亦名斑鳩，小而灰色，大而斑如梨華點者不善鳴，惟項下斑如真珠者善鳴。掌禹錫曰：秋分化爲黄褐侯，春分復爲斑鳩。黄褐侯者，青鵻鵻同鵻。也。嚴氏以爲鵓鳩者，誤。鳲鳩氏司空，杜云：平均，故爲司空，平水土。即《鵲巢》之鳩，《曹風》之鳲鳩，《爾雅》云『鳲鳩，鴶鵴』中、吉二音。是也。注云：今布穀。《月令》：鷹化爲鳩。注：謂之摶穀、搏布，音相近矣。似鶡長尾，又名鴶鵴，又名穫穀，又名郭公，皆以其聲之似也。《方言》以爲戴勝者，誤。嚴緝用歐陽氏説，謂《鵲巢》之鳩非鳲鳩，亦謬。爽鳩氏司寇，杜云：鷙故爲司寇，主盜賊。即《大明》之鷹，《爾雅》云『鷹，鶆音來。鳩』是也。注云：鶆當爲鷞字之誤。鷹與鳩同氣禪化，故亦稱鳩矣。鶻鳩氏司事，杜云：春來冬去，故爲司事。即《小宛》之鳴鳩，《氓》詩食桑椹之鳩，《爾雅》云『鶌鳩，鶻鵃』是也。注云：似山鵲而小，多聲。案：此鳩春來秋去，好食桑葚，易醉而善淫。其音啁嘲，其尾屈促，其羽如襤褸，飛翔不遠。《莊子》謂之鷽鳩，鄭樵以爲鸜鴿者，誤。黄氏以鳲鳩非鶻鵃，亦誤。此所謂五鳩也。《爾雅》又有『鷑音及。鳩，鵧符悲切，又音乎。鷑』，注示：小黑鳥，鳴自呼，江東名爲烏鵙。《本草綱目》言即戴鵀。三月即鳴，小於烏，能逐烏，俗謂之駕犂，五更輒鳴，至曙而止。此在五鳩之外，亦不見《詩》。

綜　述

《禽經》　鳩拙而安。鳩，鳲鳩也。《方言》云：蜀謂之拙鳥，不善營巢，取鳥巢居之，雖拙而安處也。雄呼晴，雌鳴陰。【略】班鳩辨鶬。班，次序也。凡哺子，朝從上下，暮從下上，他鳥皆否。

《爾雅·釋鳥》　隹其，鳺鴀。注：今鵓鳩。音義：隹，如字旁或加鳥，非也。鳺，本亦作夫，《字林》甫于反。鴀，本亦作不，同方浮、方九二反。夫不，楚鵓也。

鶉，音浮，又音孚。疏：舍人曰：鵻，一名鳺鴀。李巡曰：今楚鳩也。某氏引《春秋》云：祝鳩氏司徒。祝鳩，即鵻其、鳺鴀者，故爲司徒也。郭云：今鶉鳩。《詩》曰：翩翩者鵻。毛《傳》云：鵻，鳺鴀也。一宿之鳥。鄭《箋》云：一宿者，一意於所宿之木。又云：鳥之謹慤者，人皆愛之。此是謹慤孝順之鳥也。陸璣云：今小鳩也。一名鶉鳩，幽州人或謂之鶻鵃，梁宋之間謂之隹，揚州人亦然。鶌鳩，鶻鵃。注：似山鵲而小，短尾，青黑色，多聲，今江東亦呼爲鶻鵃。音義：鶌，辰勿反。鳩，九牛反。鶻，音骨。鵃，竹交反，或竹牛反。《字林》云：鶻鵃，小種鳩也。《毛詩草木疏》云：斑鳩也。桂陽人謂之斑隹。疏：《春秋左氏傳》云：鶻鳩氏，司事也。杜注云：鶻鳩，鶻鵃也。春來秋去，故爲司事。即此鶌鳩也。舍人曰：鶌鳩，一名鶻鵃，今之斑鳩。孫炎曰：鶻鳩，一名鶻鵃。《月令》云：鳴鳩拂其羽。郭云：似山鵲而小，短尾，青黑色，多聲，今江東亦呼爲鶻鵃。案：舊説及《廣雅》皆云斑鳩，非也。

漢 許慎《説文》卷四 鳩，鶻鵃也。从鳥，九聲。居求切。

三國吳 陸璣《毛詩草木鳥獸蟲魚疏》卷下《宛彼鳴鳩》 鳴鳩，今雲南鳥，大如鳩而黄，啼鳴相呼不同集，謂金鳥。或云：黄當爲鳩聲轉，故名移也。又云鳴鳩，一名爽，又云是鸐。

又《翩翩者鵻》 鵻，其今小鳩也。一名鶉鳩，幽州人或謂之鶻鵃，梁宋之間謂之鵻，揚州人亦然。

宋 鄭樵《通志》卷七六 隹，《爾雅》謂之鳺鴀，亦曰祝鳩，今所謂鶉鳩也。謹愿之鳥。凡鳥之短尾者，皆謂之隹。惟夫不專名焉，故指隹爲鳺鴀也。鳺，方扶反。鴀，方浮反。鶌鳩，《爾雅》謂之鶻鵃。鶌，居物反。鶻，音骨嘲。今謂之鸜鵒，似山鵲而小，短尾，青黑色，多聲，江東亦呼爲鶻鵃。《廣雅》謂斑鳩，誤矣。斑鳩即鶉鳩也。

宋 寇宗奭《本草衍義》卷一六 斑鷦，斑鳩也。嘗養之數年，並不見春秋變化。有有斑者，有無斑者，有灰色者，有小者，有大者。久病虚損人食之，補氣。雖有此數色，其用即一也。

宋 施宿《會稽志》卷一七 鶌鳩，《釋鳥》云：鶌鳩，鶻鵃。今江東亦呼鶻鵃。《左傳》曰：鶻鳩氏司事。先儒云：鶻鳩春來秋去，故爲司事。一名鳲鳩，《月令》所謂『鳴鳩拂其羽』者是也，一名鷽鳩，《莊子》所謂『蜩與鷽鳩笑之』者是也。蓋此似山鵲而小。《釋鳥》曰鷽，山鵲也，故此一名鷽鳩。又其短尾，青黑色，多聲，故此一名鳴鳩也。陸璣云：鶻鳩，一名斑鳩，似鶉鳩而大。鶉鳩灰色，無綉項，陰則屏逐其匹，晴則呼之，語曰『天將雨，鳩逐婦』者是也。斑鳩項有綉文斑然，故曰斑鳩，則與此鶻鳩全異。璣之言非，今此鳥喜朝鳴，故一曰鶻嘲也。凡鳥朝鳴曰嘲，夜鳴曰嗻。《禽經》曰：林鳥以朝嘲，水鳥以夕嗻。嗻音夜，字見《龍龕手鏡》。

宋 戴侗《六書故》卷一九 鳩 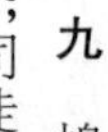，居求切。鳩類不一。《傳》曰：少皥氏官有五鳩。祝鳩氏，司徒也。雎鳩氏，司馬也。鳲鳩氏，司空也。爽鳩氏，司寇也。鶻鳩氏，司事也。杜氏曰：祝鳩，鷦鷯也。雎鳩，王雎也。鳲鳩，秸鞠也。爽鳩，雁也。鶻鳩，鶻鵃也。《説文》曰：鳩，鶻鵃也。徐鍇曰：秸鞠，布穀也。按：今俗通謂鳩者，有斑鳩，又謂班隹。其差小者，頸有白斑點點，其聲若曰布穀，故謂之布穀，又謂勃姑，又謂步姑。班鳩之聲略似布穀而短濁，拙於營巢，架構數支便卵翼其上，故俗謂拙鳩。鳩未嘗居鵲巢，詩人蓋假設以比興也。班鳩、布穀，膳食之珍。又有青鳩，好食桑黮，食黮而醉，每爲人得，其聲畫壺，故俗謂之畫壺，又謂禍烏。《詩》所謂『吁嗟鳩兮，毋食桑黮』，《周禮》『中春獻鳩以養國老』，殆此物也。其他鳩類，不可悉舉。

又 隹，，職惟切，又子回都二切，短尾鳥也。今俗以短後爲隹。孔父鼎文。父丁鼎文。别作鵻。《詩》云：翩翩者鵻。陸氏曰：鵻，音隹，本又作隹。《爾雅》曰：夫不，方浮切也。陸氏曰：夫不，一名鶉鳩。李巡曰：楚鳩也。郭璞曰：鶉鳩也。徐本《説文》：鵻，祝鳩也，隹聲。孫氏思允切，或作隼。杜預曰：祝鳩，鷦鳩也。鷦音焦，本又作焦。按《詩》自有隼字，隹亦非隼聲。杜氏盖祖《説文》，以祝鳩爲鵻而傳寫之譌，遂以隹爲焦耳。按：郭氏所謂鶉鳩，即布穀也。今人以班鳩爲班隹，班隹、布穀，短尾鳥也，故又名隹。而後人又益以鳥，殆爲繁復也。

明 李時珍《本草綱目》卷四九 斑鳩宋《嘉祐》 釋名：斑隹、音錐。錦鳩、《范汪方》鶉鳩、《左傳注》祝鳩。時珍曰：鳩、鶉，其聲也。斑、錦，其色也。隹者，尾短之名。古者庖人以尸祝登尊俎，謂之祝鳩。此皆鳩之大而有斑者。其小而無斑者，曰隹，曰鵻（音葵），曰荆鳩，曰楚鳩也。鳩之子曰鶉鳩，曰役鳩，曰糠鳩，曰郎鶉，曰辟鶉。揚雄《方言》混列諸鳩，不足據。集解：禹錫曰：斑鳩是處有之。春分化爲黄褐侯，秋分化爲斑鷦。黄褐侯，青鷦也。宗奭曰：斑鳩有有斑者，有無斑者，有灰色者，有大者，有小者。雖有此數色，其用則一也。嘗養之數年，並不見春秋分變化。時珍曰：鳴鳩能化鷹，而斑鳩化黄褐侯之説，不知所出處。今鳩小而灰色，及大而斑如梨花點者，並不善

鳴。惟項下斑如真珠者，聲大能鳴，可以作媒引鳩，入藥尤良。鳩性慤孝，而拙于爲巢，纔架數莖，往往墮卵。天將雨即逐其雌，霽則呼而反之。故曰鵻巧而危，鳩拙而安。或云雄呼晴，雌呼雨。

又　青鵻音錐。《拾遺》　釋名：黄褐侯。《拾遺》　集解：藏器曰：黄褐侯，狀如鳩而緑褐色，聲如小兒吹竿。時珍曰：鳩有白鳩、緑鳩。今夏月出一種糠鳩，微帶紅色，小而成羣，掌禹錫所謂『黄褐侯秋化斑隹』，恐即此也。好食桑椹及半夏苗。昔有人食之過多，患喉痺，醫用生姜解之愈。

又　鶻嘲宋《嘉祐》　鶻，骨、猾二音。　釋名：鶻鵃、《爾雅》鶻鳩、《左傳》屈鳩、《爾雅》鷽鳩、渥、學二音。阿鵴、《雜俎》鸉鷎。音藍吕。時珍曰：其目似鶻，其形似鷽，鷽，山鵲也。其聲啁嘲，其尾屈促，其羽如繿縷，故有諸名。阿鵴乃鷽鳩之訛也。陸佃云：凡鳥朝鳴曰嘲，夜鳴曰㖡。此鳥喜朝鳴故也。《禽經》云『林鳥朝嘲，水鳥夜㖡』是矣。　集解：禹錫曰：鶻嘲，南北總有，似山鵲而小，短尾，有青毛冠，多聲，青黑色，在深林間，飛翔不遠，北人呼爲鸉鷎鳥。《東都賦》云『鶻嘲春鳴』是也。時珍曰：此鳥春來秋去，好食桑椹，易醉而性淫。或云鶻嘲即戴勝，未審是否？鄭樵以爲鸜鵒，非矣。

明　吴雨　《毛詩鳥獸草木考》卷二《鳩鳴鳩》　鳩，鶻鳩也。一名鳴鳩，一名鶌鳩，一名鶻鵃，一名鷽鳩。似山鵲而小，短尾，青黑色，多聲，亦多子。春在深林間，飛翔不遠。春來秋去，備四時之事，故少皥氏以爲司事之官。春後引雛鼓翼上天，而飛鳴以翼相摩拂，《月令》『鳴鳩拂其羽』是也。此鳥好鳴，故名鳴鳩；亦好朝鳴，故名鶻嘲。北人名鸜鷎，今江東亦呼爲鶻鵃，性食桑葚，然過則醉而傷其性也。陸璣云：斑鳩也。蓋斑鳩似鵓鳩而大。鵓鳩灰色，無繡項，陰則屏逐其匹，晴則呼之。斑鳩項有繡文斑然，故曰斑鳩，則與此鶻鳩全異。璣之言，非也。《爾雅》鳩類非一，知此是鶻鳩者，以鶻鳩冬始去，今秋見之以爲喻，故知非餘鳩也。

又卷三《鵻》　鵻，鵻鳩，孝鳥也。一名鳺鴀，一名荆鳩，一名楚鳩，一名鵓鳩，一名乳鳩，一名祝鳩。似斑鳩而臆無繡彩，又頭有贅物之拙者，不能爲巢，纔架數枝，往墜卵。無巢不能居，天將雨，則逐其雌，霽則呼而反之。今人辨其聲，以爲『無屋住』是也。少皥祝鳩氏，司徒也，謂其孝，故爾自關而西，秦漢之間謂之鵴鳩，其大者謂之鳻鳩，其小者謂之鴓鳩，或謂之鷄鳩，梁宋之間謂之鵻鵻。性慈孝慤謹，故《聽聲考詳篇》曰：雀聲慘毒，鳩聲慈念。陸璣云：今小鳩也。一名鵓鳩，幽州人或謂之鶝鵖，梁宋之間謂之隹，揚州人亦然。鵻當作隹。《説文》：凡鳥之短尾者，皆謂之隹。惟夫不專名焉，故指隹爲夫不也。

明　李詡　《戒菴老人漫筆》卷五　鵓鴣有緑色者，毛羽如鸚哥可愛，然不常有。

明　陳懋仁　《庶物異名疏》卷二四《嚁啁》　嚁益啁，嘲《水經注》：楚鳩，一名嚁啁。號咷之名，蓋因鳩以起目焉。《廣志》：鴞鶡鳥乃楚鳩所生。鴞，惡聲鳥也。《古音駢字》云：楚有嚁啁城。

又卷二五《夫不》　《詩傳》：鵻，夫不音巫浮。也。《箋》：夫不，鳥之慤謹者。李巡曰：今楚鳩也。郯子曰：祝鳩氏，司徒者也。蓋此物孝，故爲司徒以教民。毛《傳》又曰：一宿之鳥。鄭云：一宿者，一意於所宿之木也。《爾雅翼》云：頭有贅物之拙者，不能爲巢，纔架數枝，往往破卵無巢，不能居。天將雨，則逐其雌，霽則呼而返之。按：此則是鳥孝而不義者，得微以衛母，故而暫逐其雌乎？

明　馮復京　《六家詩名物疏》卷三二《鵻》　《詩緝》云：鵻，鵓鳩也。即郯子祝鳩氏司徒也。一鳥而十四名，鵻也，隹其也，鵓鳩也，祝鳩也，鳺鴀也，鵓鳩也，鶻鳩也，楚鳩也，鳻鳩也，荆鳩也，乳鳩也，鵴鳩也，鴓鳩也，鷄鳩也。《通志》云：凡鳥之短尾者，皆謂之隹，惟夫不專名焉。《爾雅》云：鵻其，夫不。注：今鵓鳩。毛《傳》云：鵻，一宿之鳥。《箋》云：一宿者，一意於所宿之木。又云：鳥之謹愿者，人皆愛之。《方言》云：鳩，關東周鄭韓魏謂之鵖鶝，其鴓鳩謂之鸊鶝，關西秦漢之間謂之鵴鳩，其大者謂之鳻鳩，其小者謂之鴓鳩，或謂鷄鳩，或謂鵓鳩，或謂鶻鳩，梁宋之間謂之鷦鳸。陸璣云：今小鳩也。一名鵓鳩，幽州人或謂之鶝鵖，梁宋之間謂之鵻，揚州人亦然。《左傳》云：祝鳩氏，司徒也。注：祝鳩孝，故主教民。《禽經》云：鵻上無尋，鷚上無常。《聽聲考詳篇》云：雀聲慘毒，鳩聲慈念。《雅翼》云：似班鳩而臆無繡采，又頭有贅物之拙者，不能爲巢，纔架數枝，往往破卵，無巢不能居。天將雨，則逐其雌，霽則呼而反之。鵻既孝鳥，故漢授民七十者玉杖端以鳩鳥爲飾。按：鳩之類多，而名亦煩雜，故揚雄誤謂鶻鵃爲鵻，又誤以鳲鳩爲戴勝。嚴氏説鵻十四名，而忘陸璣

《疏》，幽州謂之鶻鵃，《方言》鶻鳩謂之鶌鶻。羅氏謂鵻不能作巢，陸農師亦云鵻拙而安，疑即歐陽永叔所云拙鳩也。然歐陽子説拙鳩，又不正名爲鵻。

明　毛晉《陸氏詩疏廣要》卷下之上《翩翩者鵻》　《爾雅》云：隹其，鳺鴀。邢疏云：舍人曰：鵻，一名鳺鴀。李巡曰：今楚鳩也。某氏引《春秋》云：祝鳩氏司徒。祝鳩，即鵻其，鳺鴀者，故爲司徒也。郭云：今鵓鳩。《詩》曰：翩翩者鵻。又毛《傳》云：鵻，夫不也。一宿之鳥。鄭《箋》云：一宿者，一意于所宿之木。又云：鳥之謹愨者，人皆愛之，此是謹愨孝順之鳥也。鄭《注》云：亦曰祝鳩，今所謂鵓鳩也。謹愿之鳥，其指之之辭。鳥之短尾者皆謂之隹，唯夫不專名焉，故指隹爲夫不也。《廣雅》云：鵖鶌，鳩也。鶻鳩，鷄鳩，辟鶌，鷚鳩，鶵鳩也。《埤雅》云：鵻，今鳻鳩，一名荆鳩，一名楚鳩，一名鵓鳩，一名乳鳩，一名鶵鳩，一名鶻鳩，一名鷄鳩。《方言》曰：鳩，自關而西、秦漢之間謂之鵴鳩，其大者謂之鳻鳩，其小者謂之鶻鳩，或謂之鷄鳩，或謂之鵓鳩，梁宋之間謂之鷦。鳸鳩性慈孝愨謹，故《聽聲考詳篇》曰：雀聲慘毒，鳩聲慈念。一曰祝鳩，或曰鵻，與鳲鳩皆壹鳥也。故有尸祝之號。尸鳩性壹而慈祝，鳩性壹而孝，故一名尸，一名祝。今鵻類賦尾皆促，故其字從隹。《説文》曰：隹，鳥之短尾總名也。《禽經》曰：拙者莫如鳩，巧者莫如鵲。《爾雅翼》云：隹鳩，孝鳥，故少皞氏以爲司徒，一名祝鳩，又名鵓鳩。似斑鳩而臆無繡采，又頭有贅物之拙者，不能爲巢，纔架數枝，往往破卵，無巢不能居，天將雨則逐其雌，霽則呼而反之。今人辨其聲以爲『無屋住』云。鳩既孝鳥，故養老之杖倣之。漢仲秋之月，縣道皆按户比民，年始七十者，授之以玉杖，杖長尺，端以鳩鳥爲飾。王子年記少皞時事，稱帝子與皇娥泛于海上，以桂枝爲表，結薰茅爲旍，刻玉爲鳩，置于表端，則鳩杖之起亦遠矣。《琴操》曰：舜耕歷山，思慕父母，見鳩與母俱飛鳴，相哺食，感思作歌。今之青鷦。《禽經》曰：鷦上無尋，鷚上無常。言二鳥之起，不過尋丈。《歲時記》稱，四月有鳥如烏鴻，先雞而鳴，聲云『加格加格』。民候此鳥鳴，則入田，以爲催人犂格也。亦一引《爾雅》烏鴟即鵜鳩，并摯虞《槐賦》春宿教農之鳩，鳩與扈異。又以爲春扈曰鳻鶥，主五土，宜于水者也，則誤矣。《淮南》亦云：孟夏之日，以熟穀禾。鴶鳩長鳴，爲帝候歲。蓋亦謂此。許叔重以爲鴶鳩布穀，未知孰是？《詩緝》曰：鵻，鵓鳩也，即郯子祝鳩氏司徒也。鵻，一鳥而十四名，鵻也，隹其也，鵓鳩也，祝鳩也，鳺鴀也，鵴鳩也，鶻鳩也，鷗鳩也，楚鳩也，鳻鳩也，荆鳩也，鵓鳩也，鶵鳩也，鷄鳩也。《左傳》杜預注曰：祝鳩孝，故主於教民。按：鳩類甚多，其名亦紛紛不一，如鵓鳩、鷚鳩、鷦鳸、青鷦、鶻鵃、鶌鶻之類，不可枚舉，何嚴氏止云十四名耶？但張揖云：隹，鵓也。惑人甚矣。若斑鳩，據張華《禽經注》云：班，次序也。凡哺子朝從上下，暮從下上，他鳥皆否。其爲鳲鳩，無疑矣。昔人但能辨鳴鳩非班鳩，不能辨班鳩是鳲鳩，皆泥斑文之斑，而不知班列之班也。凡鳩皆好鳴，故馮衍《逐婦書》云：口如布穀。羅氏遂混鳲鳩、鳴鳩爲一鳥，與陸氏分疏之意甚相矛盾。

又《宛彼鳴鳩》　《爾雅》云：鶌鳩，鶻鵃。邢《疏》云：《春秋左傳》云：鶻鳩氏，司事也。杜注云：鶻鳩，鶻鵃也。春來秋去，故爲司事。即此鶌鳩也。舍人曰：鶌鳩，一名鶻鵃，今之斑鳩。孫炎曰：鶻鳩，一名鳴鳩。《月令》云：鳴鳩拂其羽。郭云：似山鵲而小，短尾，青黑色，多聲，今江東亦呼爲鶻鵃。按舊説及《廣雅》皆云斑鳩，非也。鄭《注》云：鶻鵃音骨嘲，今謂之鸐鴿。《廣雅》謂爲斑鳩，誤矣。斑鳩，鵓鳩也。孔《疏》云：毛《傳》：鳴鳩，鶻鵰。陸德明曰：鶻，音骨。鵰，涉交反，《字林》作鵃，云：骨鵃，小種鳩也。《博雅》云：鶻鵃，鴭鳩也。《本草》：鶻嘲，其鳥南北總有，似鵲，尾短，黃色。在深林間，飛翔不遠，北人名鸐鷞。《爾雅》云：鳲鳩似鵲，鶻鵃似鵲，尾短多聲。《東京賦》云：鶻嘲春鳴。或呼爲骨鵰。《周書・時訓》云：穀雨又五日，鳴鳩拂其羽。鳴鳩不拂其羽，國不治兵。《埤雅》云：鳴鳩，一名鸒鳩，《莊子》所謂『蜩與鸒鳩笑之』者是也。蓋此似山鵲而小。《釋鳥》曰：鸒，山鵲也。故此一名鸒鳩。又其短尾，青黑色，多聲，故此一名鳴鳩也。許慎云：鳴鳩奮迅其羽，直刺上飛數千丈入雲中。又鶻鳩性食桑葚，然過則醉而傷其性，故《詩》云：于嗟鳩兮，無食桑葚。陸璣云：鶻鳩，一名斑鳩。蓋斑鳩似鵓鳩而大，鵓鳩灰色無繡項，陰則屏逐其匹，晴則呼之，語曰『天將雨，鳩逐婦』者是也。斑鳩項有繡文斑然，故曰斑鳩。則與此鶻鳩全異，璣之言非，今此鳥喜朝鳴，故一曰鶻嘲也。凡鳥朝鳴曰嘲，夜鳴

曰咴。《禽經》曰：林鳥以朝嘲，水鳥以夜咴。今林棲多嘲鳴，水宿多夜呌。《爾雅翼》云：鶌鳩春來冬去，備四時之事，故少皞以爲司事之官。《詩緝》曰：鳴鳩，鶻鵰也，即《氓》詩食葚之鳩，郯子所謂鶻鳩氏司事，《莊子》所謂鷽鳩也。按：陸《疏》『今雲南』以下文義支離不相屬，而《爾雅》、《禽經》諸書從未有名爽者。若云是鸇，則向風摇翅，搏逐鳥雀，絶非鳩類，益明矣。又按：鳩拙而安，鸜鵒剔舌而語，師曠辨之甚明，而村童牧竪皆能識之，何鄭氏、李氏認爲鸜鵒耶？

清　屈大均《廣東新語》卷二〇《禽語·青鵻》　青鵻，狀如鴿，青色。喜食橄欖烏者，囫圇吞之，肉爛乃吐其核，一名橄欖鵻。秋深自粤西來，春半乃去。宿則倒懸一足樹杪。弋得之，肉厚味腴。其生於檳榔林者曰檳榔鵻，喜食檳榔之未熟者，性亦相類。山歌云：多謝青鵻鳥，檳榔要與郎。寧食我橄欖，莫食我檳榔。又云：青鵻且莫來，檳榔猶未熟。莫食檳榔青，寧食檳榔肉。瓊人謂檳榔之未熟者曰檳榔青，熟者曰肉子檳榔。肉亦作玉。瓊人嗜食檳榔青，故云。

清　黄叔璥《台海使槎録》卷三　白鳩，每當風雨，舞翅盤旋，霜衣雪襟，可爲近玩。或呼爲洋鴿。云自嘎喇吧來者。初開臺時，一雙不下二十金。近飼養将雛者多，價不及十分之一。

清　顧棟高《毛詩類釋》卷一六《鵻音追》　《爾雅》：隹其，鳺鴀。音夫斜。郭注：今鵓鳩。邢疏：鵻，一名夫不，郯子所謂祝鳩氏司徒也。《小雅》曰：翩翩者鵻。毛《傳》云：鵻，夫不也。一宿之鳥。鄭《箋》：一宿者，一意於所宿之木。鳥之謹慤者，人皆愛之。此是謹慤孝順之鳥。《左傳注》曰：祝鳥孝，故主教民。《詩緝》曰：鵻，鵓鳥也。一鳥而十四名，鵻也，隹其也，鵓鳩也，祝鳩也，鳺鴀也，鵓鳩也，鶌鳩也，楚鳩也，鴭鳩也，荆鳩也，乳鳩也，鵻鳩也，鵖鳩也，鵓鳩也。鳺鴀，音孚浮，亦作夫不。陸氏佃曰：雀聲慘毒，鳩聲慈孝。鳲鳩性壹而慈，祝鳩性壹而孝。鵻，鳥之短尾總名也。

清　姚炳《詩識名解》卷一《鳩》　雎鳩，《周南·關雎》篇《釋鳥》首列鳩族，王雎其一，鳩眼未化，識者憎之，其爲猛摯明矣。郭璞以爲雕類，江東呼爲鶚。陸璣謂大小如鴟，幽州人謂之鷲，蓋其屬也。其他白鷹之説見《禽經》，蒼鶡之説見《風土記》，梟類之説見《通志》，鶡鳺之説見《詩詁》，更相擬議，要鮮確據。至謂鳴戛和順，游於水而息於洲，常隻不雙。又謂至秋化鷹之時，能搏擊他禽。所謂鷙常居幽澗，人亦罕見。所謂在河洲，皆緣《詩》釋物，吾無取爾矣。《集傳》：狀類梟鷖。蓋云詢之淮人，然祇狀類而已。鄭漁仲直以爲梟屬，且云多在水邊，尾有一點白，故揚雄謂之白鷹，反以舊説雕類爲誤，則真誤也。摯與鷙通，《曲禮》『前有摯獸，則載貔貅』是也。《説文》：又至也。《商書》『大命不摯』，言受大命者何不來至，亦無深至之義。鄭氏乃謂王雎之鳥，情意至然而有别，遂使後儒附會，謂猛摯之物不足比后妃之淑善，於是杜鵑、梟屬紛紜擬議，則鄭氏實開之端矣。【略】《召南·鵲巢》篇《傳》以此鳩爲鳲鳩，歐陽《正義》辨以爲拙鳩，謂惟今人直呼鳩者不能爲巢，如舊所傳架枝墮觳破卵逐雌之事。王雪山駁之云：詩人偶見鵲有空巢而鳩來居，而後人必以爲常，是譚詩之病也。此翻案語已爲古今説詩者下一針砭，余世父又不謂然。《通論》云：王説名爲擺脱，實成固滯。按：詩言鵲鳩者，以鳥之異類，况人之異族也。其言巢言居者，以鳩之居鵲巢，况女之居男室也。詩義止此，不穿鑿，不刻畫，方可説詩。一切紛紜盡可掃却矣。讀之不覺涣然。《衛風·氓》篇《傳》以此鳩爲鶻鳩。按《釋鳥》云：鶌鳩，鶻鵃。郭璞以爲『似山鵲而小，短尾，青黑色，多聲』是也。至孫炎謂一名鳴鳩，舍人謂即今斑鳩，陸璣亦謂『鶻鳩一名斑鳩，似鵓鳩而大，項有繡文斑然』，三説皆非。陸農師云『鶻鳩似山鵲而小』，《釋鳥》『鷽，山鵲』，故此一名鷽鳩，與郭説合。《正義》云：《爾雅》鳩類非一，知此是鶻鳩者，以鶻鳩冬始去，今秋見之以爲喻，故知非餘鳩也。愚謂沃若黄隕自是顔色盛衰之況，不必拘上章秋期爲仲秋季秋也。况貿絲是孟夏時事，桑葚又是孟夏時物，俱非秋時所見明矣。故謂此鳩爲鶻鳩則可，謂因秋見而知爲鶻鳩則不可。鄭氏以爲戒鳩非時而食葚者，并滯語也。葚味最甘，鳩喜食則不厭，猶私情易溺，士女耽樂，則不自禁。惟其如是，是以爲戒耳。《傳》謂鳩食葚，過則醉而傷其性。夫詩第言無食而已，未嘗言無過食也。因過食以至醉，因醉以至傷性，皆是添足。

又　鳲鳩，《曹風·鳲鳩》篇嚴華谷云：舊説鳲鳩凡十一名，惟李氏别以爲今之鴝鵒。愚按：鴝鵒似鵙而有幘，亦謂之哵哵，其非鳲鳩明矣。所謂

十一名者，鳲鳩也，鴶鵴也，秸鞠也，布穀也，穫穀也，擊穀也，戴勝也，桑鳩也，題肩也，擊正也，搏黍也。若博考之，《方言》梁楚之間謂之結誥，羅瑞良謂又呼撥穀，又呼郭公，又呼𪇆鶵，則一物而十五名矣。然鳲鳩自即布穀，所謂鴶鵴、秸鞠、穫穀、擊穀、結誥、撥穀、郭公，有音同而字異者，亦有字異而義同者，固是一物無疑。搏黍與黄鳥名同，或亦布穀之義。至以爲題肩、擊正，謂即鷹化之布穀。《釋鳥》謂之茅鴟者，則大謬矣。不知彼乃未化布穀之雀鷹，所謂隼耳眼雖可憎，尚欲從其舊而名之耶？

又 斑鳩，《禽經》作班鳩。注云：班，次序也。凡哺子，朝從上下，暮從下上，故謂之班。非項有斑文之謂。此蓋因《傳》養子均平之説起義，未可據。

又 鵻，《小雅·四牡》篇鵻名紛如，《釋鳥》謂之夫不，郭璞以爲今鵓鳩是也。《方言》有鶻鵃、鵴鳩、鴓鳩、鵖鳩、鵶鳩、鵓鳩、鶻鳩、鷦鷯諸稱凡八名。《廣雅》則别鶻鵃專名鳩，而以鵖鳩、辟鵃、鶊鳩、鵴鳩爲一物。陸璣以爲即今小鳩，幽州人謂之鶻鵃，梁宋之間謂之鵻。陸農師以爲一名荆鳩，一名楚鳩，一名乳鳩。嚴華谷以爲鵻一鳥十四名，内有鵓鳩、祝鳩、鶌鳩之稱，又在諸説外。愚謂其中有以音贅者，夫與鵓是也；有以字贅者，鵓與鶏與乳是也；有以地贅者，荆與楚是也。鄭漁仲以爲其者指之之詞，鳥之短尾者皆謂之隹，惟夫不專名焉，故指隹爲夫不，此亦曲解。通《爾雅》中，無此行文之法，當爲衍文闕之。若嚴華谷竟以隹其二字爲名，更無義矣。鵻改作焦，隼贅作鵻，並屬杜譔，字書已辨之。其害使人以隼同焦，以鵻同隼，張冠李戴，名物混淆，則皆子雲輩好作奇字之遺孽也。《廣雅》釋隹爲鵓。按：隹者，短尾禽總名。鵓頭細無尾，亦是隹類，但謂鵓爲隹則可，以隹屬鵓則不可。《説文》『焦』注云：鵻又從隹一，或曰鵓字。此誤隹爲鵓之本矣。《小雅·小宛》篇《傳》以鳴鳩爲鶻鵰，非。陸璣云：鶻鳩，一名斑鳩。陸農師駁之，謂鶻鳩短尾，青黑色，多聲，故名鳴鳩，斑鳩與此全異，璣之言非。愚謂璣以斑鳩釋鳴鳩本不誤，但不當以鶻鳩爲斑鳩耳。鳴鳩自是鳲鳩，即《月令》所稱拂羽者。許叔重謂鳴鳩奮迅其羽，直刺上飛數千丈入雲中，此翰飛戾天之證。蓋鳲鳩鷹所變化，鼓翅摩天，固其能事。若鶻鳩小物，決起而飛搶榆枋，時則不至，控於地而已矣，何以戾天爲？

清　嵇璜《續通志》卷一八〇 鵓鳩，一名鵓鴣鳥，今之鵓鴣也。似斑鳩差小，頸有白點斑，聲若布穀。《爾雅》云：鳺鵧叔。郭注：未詳。《通雅》曰：即鵓鳩，俗呼鵓姑子。

清　佚名《鳥譜》卷五《黑鳩》 一名可姑，一名鶻鵃，一名鵲鳩。黑鳩，黄睛黑黄觜，青黑頭，項青黑，背蒼黑，翮翅青黑，尾有白紋點，頷下青灰色，臆腹微白帶黄，有黑横紋相次，短黄足，米色爪，其趾前後各兩，其鳴作可姑聲，故亦名可姑，即《爾雅》之鶻鵃也。《爾雅》：鶌鳩，鶻鵃。注云：似山鵲而小，短尾，青黑色，多聲，今江東亦呼爲鶻鵃。疏云：《春秋左氏傳》云：鶻鳩氏，司事也。杜注云：鶻鳩，鶻鵃也，春來秋去，故爲司事。即此鶌鳩也。《毛詩名物解》云：鳴鳩，或謂之鵲鳩，或謂之鶻鵰。《禽經》：鳩拙而安。注云：《方言》曰：鶻鵃，蜀謂之拙鳥，不善營巢，取他鳥巢居之，雖拙而安處。《詩》：維鵲有巢，維鳩居之。《傳》云：鳲鳩不自爲巢，居鵲之成巢是也。

清　徐鼎《毛詩名物圖説》卷一 《爾雅》：鶌鳩，鶻鵃。孫炎注：一名鳴鳩。《月令》云：鳴鳩拂其羽。郭璞注：似山鵲而小，短尾青黑色，多聲，今江東亦呼爲鶻鵃。某氏曰：《春秋傳》云：鶻鳩氏司事，春來冬去。《廣雅》：鶻鳩，鵴鳩也。《埤雅》：鶻鳩性食桑葚，然過則醉而傷其性，故《詩》云：于嗟鳩兮，無食桑葚。而《序》以爲刺淫佚也。《詩》曰：宛彼鳴鳩，翰飛戾天。言鳴鳩小物，決起而飛搶榆枋，時則不至，而控於地而已矣。此鳥喜朝鳴。凡鳥朝鳴曰嘲，夜鳴曰啐。《禽經》云：林鳥以朝嘲，水鳥以夜啐。今林棲多朝鳴，水宿多夜叫。啐音夜，字見《龍龕手鏡》。愚按：邢昺疏云：舊説皆云斑鳩，非也。蓋斑鳩項有繡文斑然，故曰斑鳩。與此鶻鳩全異。《正義》曰『宛彼鳴鳩』，亦此鳩也。《爾雅》鳩類非一，知此是鶻鳩者，以鶻鳩冬始去，今秋見之以爲喻，故知非餘鳩也。《東都賦》云『鶻嘲春鳴』，即此。

又 毛《傳》：鵻，夫不也。《正義》曰：《釋鳥》云：鵻其，夫不。舍人云：鵻，名其夫不。李巡云：夫不，一名鵻，今楚鳩也。某氏引《春秋》云：祝鳩氏司徒。祝鳩，鵻，夫不者，故爲司徒。郭璞云：今鵓鳩也。鄭樵《通志》：凡鳥之短尾者，皆謂之隹，惟夫不專名焉。陸璣《疏》：今小鳩也。

《埤雅》：今鳲鳩也，壹宿之鳥。壹宿，壹于所宿之木。《聽聲考詳篇》曰：雀聲慘毒，鳩聲慈念。而《詩》以爲使臣賢者之況。曰『翩翩者鵻，烝然來思』，言太平君子至誠，樂與賢者共之，烝然後得嘉魚、壹鳥也。曰『翩翩者鵻』，『集于苞栩』，『集于苞杞』，蓋孝所以致私恩，謹所以致公義，故《四牡》勞使臣之詩，而其托況如此。愚按：尸鳩性壹而慈，覞鳩性壹而孝。蓋飛止不離于栩、杞，言其壹也。人臣一于王事，不得以養父母爲念，故取鵻之壹而孝以爲喻。至鵻名頌雅，不勝枚舉，嚴粲云一鳥有十四名，然于《方言》又多未備，慨從其略。

清　牟應震《毛詩物名考》卷一　鵻，《爾雅》：鵻，夫不。即鵓鴿也。似斑鴿而大，色有元紫黑白花斑之異。依簷宇爲巢。其交也，兩喙相銜，先以氣接，而後尾合。生卵必雙，月不失期。以類相招，飛必成羣，去集於野，故曰：載飛載下，集於苞栩。謂集於苞栩之旁，以求食也。來止於屋，故曰：烝然來思。

清　戴鎣《爾雅郭注補正》卷九　隹其，鳺鴀。隹，音鵻。鳺鴀，音夫不。注：今鵓鳩。補正：邢《疏》李巡曰：今楚鳩也。某氏引《春秋》云：祝鳩氏司徒。祝鳩，即鵻其，鳺鴀者，故爲司徒也。《詩》曰：翩翩者鵻。毛《傳》云：鵻，鳺鴀也。一宿之鳥。鄭《箋》云：一宿者，一意於所宿之木。又云：鳥之謹愨者，人皆愛之。此是謹愨孝順之鳥也。陸璣云：今小鳩也。一名鵓鳩，幽州人或謂之鶉鵖，梁宋之間謂之隹，揚州人亦然。臣鎣接：鳺鴀，《詩傳》作夫不，《方言》作鴭鴀、鵻鴭、服鴭，字異而音同。鶉鵖，即鵖鶉之倒。隹、鵻、鵻、鳲、斑，皆古通用字。其作焦、作鶬者，訛耳。其大者謂之鳲鳩。《廣雅》又謂之戴勝，云：鴀，戴勝也。或謂之鴭鴀、服鴭、鵻鴭、戴鵀、戴南、戴鳲，皆《方言》云。

又　鶌鳩，鶻鵃。注：似山鵲而小，短尾，青黑色，多聲，今江東亦呼爲鶻鵃。補正：邢疏：《左傳》：鶻鳩氏，司事也。舊説及《廣雅》皆云斑鳩，非也。臣鎣按：《詩傳》謂《小宛》之鳴鳩，《氓》食桑之鳩，即此鳩也。《莊子》謂之鶯鳩，《東京賦》謂之鶻嘲，北人呼爲繿縷鳥。嚴氏《詩緝》云：鶻鳩鶯鳩，非斑鳩也。

紀　事

唐　范攄《雲谿友議》卷下《金仙指》　鄧州有老僧，日食二鵶鳩。僧俗共非之，老僧終無所避。當饌之際，貧士求飡，分其二足而食。食訖，老僧盥嗽，雙鳩從口而出，一則能行，一則匍匐在地。貧士驚恠，亦吐其飦其鳩，二脚亦生。其僧後乃不食此味，覩驗，衆皆敬。異號曰『南陽鵶鳩和尚』也。

唐　馮贄《雲仙雜記》卷一《粥飼鳩》　藺先生坐琴莊食藺香粥，有鳩至堦上，先生以匙擲飼之，漸進至肩，遂盡此粥。後日鳩以千百至，先生皆飼之。《琴莊美事》

又卷四《贈相得以鳩》　毛傅好食鳩，人與己相得者，必以鳩贈之。一見李翺贈十二籃。《好事集》

宋　陶穀《清異録》卷上《肉寄生》　章貢小樷川藾氏山林多鳩，賓客滿坐，可悉饜飫。一網數十百，咄嗟可具。故其黨戲之曰：此君家肉寄生也。

明　郎瑛《七修類稿》卷四《鳩》　予嘗至山東沂州，偶見一鳩，羽毛皆灰白色，駭之，且詢土人曰：鳩，蒼班者，此何異也？土人曰：此地惟有一色，尚白勝者，不知其有蒼班。後至臨淄見，皆果然，而聲亦小異。是知物不可以不見者爲奇耳。

清　施潤章《矩齋雜記》卷一《義鳩》　老友陳大介武揚嘗舘山家，見獵人銃落一鳩墜地。又一鳩來就拊視，且口啣他物飼之，不受，又以翼水蘸其火傷處，卒不可活，乃宛頸哀鳴而去。有頃，從樹巔下墜，觸地死，蓋重傷其匹也。陳引其人諫曰：若中一鳩，而二鳩死，鳥且死義，若獨何心？其人遂拆銃改業。按：此與獲鹿子而鹿母腸寸斷相類，彼重母子，此重夫婦。

藝文

晉 阮籍《鳩賦有序》(引自《漢魏六朝百三家集》卷三四) 嘉平中,得兩鳩子,常食以黍稷,後卒爲狗所殺,故爲作賦。伊嘉年之茂惠,洪肇恍忽以發蒙。有期緣之奇鳥,以鳴鳩之攸同。翔彫木以胎隅,寄增巢於裔松;噏雲霧以消息,遊朝陽以相從。曠踰旬而育類,嘉七子之修容。始戢翼而樹羽,遭金風之蕭瑟。既顛覆而靡救,又振落而莫弼。陵恒山以徘徊,臨舊鄉而思入;揚哀鳴以相送,悲一往而不集。終飄摇以流離,傷弱子之悼栗。何依恃以育養,賴兄弟之親戚。背草萊以求仁,託君子之静室。甘黍稷之芳饎,安户牖之無疾。潔文襟以交頸,抗華麗之艷溢。端妍姿以鑒飾,好威儀之如一。聊俛仰以逍遥,求愛媚於今日。何飛翔之羡慕,願投報而忘畢。值狂犬之暴怒,加楚害於微軀。欲殘没以糜滅,遂捐棄而淪失。

晉 傅咸《斑鳩賦有序》(引自《漢魏六朝百三家集》卷四六) 庭楸蔚然成林,閒居無爲,有時遊之。顧見斑鳩,音聲可悦,於是捕而畜之,既以馴擾,出之於籠,無何失去。後時時一來飛翔,殆如有戀,聊爲之賦。集茂樹之蔭蔚,登弱枝以容與。體郁郁以敷文,音邕邕而有序。情欽樂而是悦,遂籠之於前寓。爾乃飲以神泉,食之稻粱。朝憩椒塗,夕宿蘭房。時連翩於庭阿,見飛燕之頡頏。慨感物而哀鳴,聲楚切以懷傷。仰華林而矯翼,紛憎逝而高翔。

南朝梁 吴均《白浮鳩》(引自《樂府詩集》卷四九) 琅琊白浮鳩,紫翳飄陌頭。食飲東莞野,棲宿越王樓。

唐 元稹《元氏長慶集》卷一《春鳩》 春鳩與百舌,音響詎同年。如何一時語,俱得春風憐。猶知造物意,當春不生蟬。免教争叫噪,沸渭桃花前。

又卷二五《有鳥二十章》 有鳥有鳥名爲鳩,毛衣軟毳心性柔。鶻緣暖足憐不喫,鷂爲同科曾共游。飛飛漸上高高閣,百鳥不猜稱好逑。佳人許伴鴛雛食,望爾化爲張氏鉤。

宋 王質《紹陶録》卷下《鶻嘲》 身全褐,觜足皆黑,似畫眉而大。罕定蹲且繁,鳴聲焦急。又號骨雕。

鶻不挾,雕不剛,各徧徉,毋猘狨。一愁搯花裂,二愁踏花折。鶻嘲,鶻嘲,相呼竊脂并博勞,同尋念佛婁羅巢。

宋 章甫《自鳴集》卷三《聞鵓鴣》 陰雲欲暗江頭樹,屋角先聞鵓鴣語。瀟瀟漸作打牕聲,誰道巢居不知雨。雨晴唤婦却同飛,須知此物心無機。豈比人間情義變,銜冤誓死不相見。

宋 徐照《芳蘭軒集·青鳩詞》 勞勞復勞勞,生人半行客。今人行古道,古道有行役。相逢莫等閒,相離易疎隔。殷勤紅杏花,徹宵對芳席。明年花開人東西,青鳩食花舊處啼。

宋 高似孫《剡録》卷一〇《草木禽魚下·鳩》 盧天驥剡詩:强呼膏雨鳩閒管,乍有香泥燕猛忙。

宋 俞德鄰《佩韋齋集》卷二《鵓鴣詞》 鵓鴣鵓鴣,爾拙無伍。朝飛何從來,暮宿何處所。飲啄不自營,日日呱呱叫春雨。沙塲鬼哭天沈陰,澤國夔魍夜相語。一聲兩聲雲冥冥,三聲四聲水建瓴。十聲百聲大雨車軸下,千聲萬聲江翻海漲黿宫傾。羲和推車不敢出,鮫人畏濕綃機停。淤泥三尺百賈卧,十家一二炊煙青。鵓鴣鵓鴣,唤雨又不已。教爾閉觜不閉觜,再拜拜天公。箋詞小心風雨師,屏翳雲師走豐隆。鵓鴣爾何物,盜天之柄哀頑凶。天晴呼婦雨逐婦,寄巢生子隨西東。願天敕后羿,挾矢操强弓。黔黎射逐九州外,勿使孽尾添雌雄。天閽九重暗氛霧,鵓鴣飛來復飛去。黔黎鱵鱵生魚頭,鵓鴣猶自鳴不休。重爲告曰:鵓鴣鵓鴣,爾形甚眇,爾聲孔悲,爾鳴不止,爾心何爲?憶昔黄帝作,鳳凰巢阿閣。此時無爾鳴,五風十雨天下樂。又聞有虞氏,韶成鳳凰至。此時無爾鳴,風雨弗迷天下治。爾今雖彊顔,不如閤口歸深山。山深樹密百鳥閒,落花流水聲潺潺。秋分春分任爾化,何用對雨鳴間關。爾今不肯去,吾亦能爾恕。長安挾彈多少年,勸爾藏頭莫相遇。

元 侯克中《艮齋詩集》卷七《鳩》 雄倡雌隨盡物情,錦鳩抵死太饒聲。居巢似巧營巢拙,逐婦將陰唤婦晴。鴻雁有丘同苦楚,鴛鴦無日不和

鳴。邯鄲簡子何多事，正旦全生未必生。

元 釋善住《谷響集》卷三《鳩》 困雨寂無聲，深棲夢不驚。朝來晴色好，飛並屋頭鳴。

明 劉春《東川劉文簡公集》卷二四《斑鳩》 晴雨常知候，山林未獨棲。籠中應可愛，不似出籠啼。

明 張甯《方洲集》卷一〇《斑鳩百舌二鳥》 晚蠶初出火，大麥小登場。何事林中鳥，鈎輈唤雨忙。花重樹冥冥，鳴春不避鶯。如今成老大，忘卻舊時聲。

明 聶豹《雙江聶先生文集》卷之一二《鳩》 呼急何爲者，貪天妬雨晴。點頭如有會，比翼謾相征。計拙巢居鵲，遷喬友愧鶯。西生雲樹密，何處不宜生。

明 王世貞《弇州四部稿》卷四四《鳩》 眤眤春風墻外枝，憐晴訴雨立多時。可能如鵲巢誰補，幸不爲鷹眼尚疑。垂老厭扶青玉杖，微官猶戀白雲司。長安耐有饑烏在，大可相將集鳳池。

明 白悦《白洛原遺稿》卷四《枯枝鵓鳩》 栗烈寒威重，雙鳩静不啼。雪深防野獵，風急慣林棲。拙性資靈鵲，奇毛亞錦雞。待教春雨霽，拂羽武陵溪。

明 陳璽《斑鳩》（引自《明詩綜》卷四三） 香禽有何處，共立枝頭語。唤起曉耕人，西疇足春雨。

清 冒襄《巢氏詩集》卷三《斑鳩用禾兒原韻**》** 摯性毋相狎，安心拙一生。戴文如細繡，唤雨似哀箏。憎眼寧無謂，披詩覺有情。逐呼偏任意，無乃不分明。

清 莫秉清《雨鳩》（引自《松風餘韻》卷五〇） 雨鳩雨鳩鳴不已，樹底樹頭何時止。春來風雨雖尋常，日夕爭呼應恠爾。木蘭舟邊畫樓西，楊柳風光拂大堤。且待江南春半後，杏花將謝再教啼。

清 龐塏《叢碧山房詩五集》卷四《鳩鳥謠》 直人無矯飾，讒言有訛肴。鳩鳥棲枋榆，一拙安無巢。呼晴兼呼雨，有音徒譊譊。

清 舒位《瓶水齋詩集》卷二《鳩》 槭槭青林細雨殘，雄飛雌伏冷相看。此心終爲陰晴變，笑殺鴛鴦雙井欄。

圖表

晉 郭璞《爾雅音圖・釋鳥》

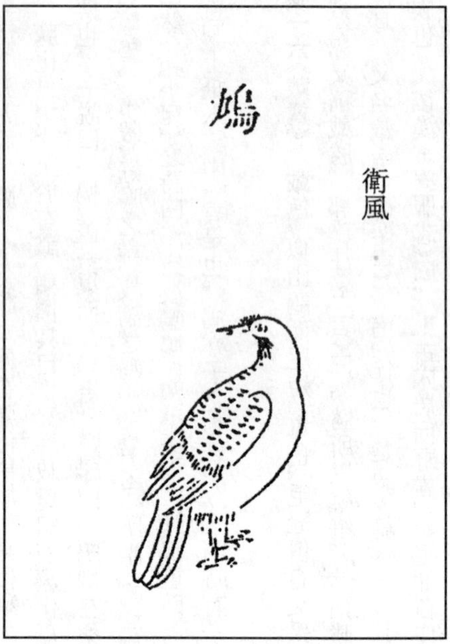

鳲鳩 戴勝 布穀

論説

宋 蔡卞《毛詩名物解》卷六《鳲鳩》 鳲鳩能定志，而有所守者也。有所守，則可以爲善，可以爲羣，故謂之鴶鵴。夫王者，民人之主也。無均平之德，則不足以治之，故鳲鳩氏爲司空。止則在桑，飛則在梅，徙則在棘，下則在榛，無往而不擇也。夫人無均一之德，則不足以爲諸侯之家。鵲之性，剛而不可奪，守而不可欺。鳲鳩無爲巢之功，而有居守聚利之善，此其所以得而有之也。是故作詩者以喻乎諸侯之夫人及其在位之臣，自大夫妻至庶人皆不得而擬焉。蓋能一者治人，非治於人者也。

宋 陸佃《埤雅》卷七《鳲鳩》 鳲鳩，秸鞠，一名摶黍，今之布穀，江東呼爲郭公。牝牡飛鳴，以翼相拂，不自爲巢，居鵲之成巢。有均一之德，蓋其哺子，朝自上而下，暮自下而上者，均也。其子在梅、在棘、在榛而已，則常在乎桑者，一也。《詩》曰：維鵲有巢，維鳩居之。序者以爲國君積行累功以致爵位，夫人起家如居有之，德如鳲鳩，乃可以配焉。蓋一者，婦道也，妻道也。均者，母道也，小君之道也。均，所以制節；一，所以謹度，故詩以況夫人。《周官·羅氏》『中春，獻鳩以養國老』者，鳩性不噎，食之且復助氣故也。《續禮儀志》曰：仲秋案户校，年老者授之以杖，其端刻鳩形。鳩者，不噎之鳥也，故曰：祝鯁在前，祝噎在後。《禽經》曰：一鳥曰隹，二鳥曰雔，三鳥曰朋，四鳥曰乘，五鳥曰雇，六鳥曰鶂，七鳥曰鳦，八鳥曰鸞，九鳥曰鳩，十鳥曰鶉。九鳥曰鳩，其字从九，以此故歟？馮衍《逐婦書》曰：口如布穀。言其多聲也。

又卷九《戴勝》 《釋鳥》云：鵖鴔，戴鵀。郭璞曰：鵀即頭上勝也，今亦呼爲戴勝。戴勝，一名戴鵀，頭上有毛花成勝，故曰戴勝也。《通典》曰：上古衣毛帽皮，後代聖人見鳥獸冠角，乃作冠纓。而吟此鳥頭上戴勝，則又

冠角之別也。三月，飛在桑間，蓋蠶生之候，《月令》所謂『戴勝降于桑』是也。《方言》曰：鳲鳩，自關而東謂之戴鵀。似誤。蓋鳲鳩，布穀也。按：今男事興而布穀鳴，女功興而戴鵀鳴，則鳲鳩與戴勝異，雄之言非。蔡邕《月令》云：鳲鳩，鶻鳩也。鳩先是時鳴，故稱鳴拂，猶搏也。陽氣所感，故搏羽。戴勝降于桑，以勸民事也。《春秋傳》曰：鶻鳩氏，司事也。見鳩拂羽，戴勝降桑，則具筐筥。《詩》云：女執懿筐，遵彼微行，爰求柔桑。

宋　羅願《爾雅翼》卷一四《鳲鳩》　鳲鳩，一名鴶鵴，《詩》注秸鞠。《説文》秸鵴。又名布穀，江東呼獲穀，又呼撥穀，又呼郭公，以此鳥鳴時布種其穀。似鷂長尾，牝牡飛鳴，翼相摩拂，《月令》云『鳴鳩拂其羽』是也。取其骨佩之，宜夫婦。又善養其子，有均一之德，故少皞氏以爲司空。《詩序》稱德如鳲鳩，乃可以配焉。鳩之字从九，蓋與鷹鷂更相化禪。《列子》曰：鷂之爲鸇，鸇之爲布穀，布穀久復爲鷂也。又曰：一變而爲七，七變而爲九，九變者，究也，乃復變而爲一。一者，形變之始。若鷂七者，再變若鸇。九則變之，道究窮將復爲一，故若鳩，此鳩所以从九也。布穀復爲鷂，則九復變爲一之道也。《説文》云：七，陽之正也。从一，微陽从中衺出也。九，陽之變也，象其屈曲究盡之形。蓋物窮則反本，故復爲布穀也。《夏小正》曰：正月鷹則爲鳩，五月鳩爲鷹。《月令》：仲春鷹化爲鳩。其目猶如鷹，故曰陽和布氣，鷹化爲鳩。至於有識，猶憎其目。又許叔重曰：鷹化爲鳩，喙正直，不鷙搏也。一説曰：鳩，盖一巢而九鳥者。《詩》曰：鳲鳩在桑，其子七兮。又名鶌鵴。布穀，好鳴之鳥，故謂之鳴鳩。《月令》所謂『鳴鳩拂羽』者，今布穀爲然。《小宛》之詩曰：宛彼鳴鳩，翰飛戾天。許叔重曰：『鳴鳩奮迅其羽，直擊上飛入雲中』者是也。鳩亦子之多者，今鳩四時有子，鴿每月有子。

又卷一六《戴鵀》　戴鵀，似山鵲而尾短，青色，毛冠俱有文采，如戴花勝，故呼戴鵀，又稱戴勝。郭璞注《方言》曰：勝所以纒紝。然則勝者，是後世所謂梭耳。又名戴南。《漢書》：南，任也。楚語之轉。又名戴鳻。鳻者，鳩之族也。《後漢·輿服志》曰：上古穴居而野處，衣毛而冒皮，未有制度。後世聖人，易之以絲麻，觀翬翟之文，榮華之色，乃染帛以效之，始作五采，成以爲服。見鳥獸有冠角頓胡之制，遂作冠冕纓蕤，以爲首飾。蓋勝者，女之器，而戴鵀之來爲蠶候，故婦人首飾象之。蓋漢自太皇太后、皇太后以下入廟之服，其簪以瑇瑁爲擿，長一尺，端爲華勝，蓋取此也。勝亦法度之物，故《山海經》曰：西王母梯几而戴勝。《淮南鴻烈》言夏桀之時，西老折勝，黄神嘯吟，以爲西王母折其頭上之勝，爲時無法度焉。此鳥有織紝之象，故《月令》降于桑，則具曲植籧筐。於時常在東桑，言桑木潤，與桑木除蟲，爲木之長，故稱降云。按：鳥之出谷者稱遷，唯此言降。《淮南子》燕至亦言燕降，孰知其自上而下。蓋燕者求子之候，戴鵀者躬桑之候，婦人之於禮，或恐其慢，故因是鳥之來，神而明之。此物既春來，故在陽鳥之例。魏張揖時，嘗有鵀巢其門陰，揖告門人，以爲戴鵀陽鳥，而巢門陰爲不祥。許叔重解《淮南》，乃引《詩》『鳲鳩在桑者』解之。孫炎亦云：鳲鳩，自關而東謂之戴鵀。且《詩》興一時之事，則鳲鳩適在桑耳，何可遂以爲戴鵀耶？此説之不稽者也。《時訓》云：戴勝不降于桑，政教不中。

清　周廣業《過夏雜録》卷一《鵲巢鳩居》　毛《傳》：鳩，鳲鳩，秸鞠也。鳲鳩不自爲巢，居鵲之成巢。秸鞠，今之布穀。歐陽文忠《詩正義》非之，謂是今拙鳩，多在屋瓦間，或於木上架構樹枝，初不成巢，便以生子，往往墜鷇隕雛。鵲巢甚堅，既生雛能飛則棄去，容有鳩來處彼空巢。廣案：此説亦未的耳目所接，從未有拙鳩居鵲巢者。南方唯鸜鵒俗名八哥者，所在成羣占奪鵲巢。鵲不能勝，往往讓之而別構。故吴諺曰：烏鵲銜柴滿口血，八哥占了現成窠。意《詩》所謂鳩，即此類也。

清　張必剛《濬元》卷四《鳲鳩拂其羽》穀雨中候　鷄與雉先振翅後鳴，鳩立鳴飛即拂羽，鴿四時皆拂羽皆鳴，脊令行摇飛即鳴，斯亦各適之數也。物未有不以各適其性爲樂，使强鷄與雉之性爲鳩，則鷄與雉必不適。使强鳩之性爲鴿，則鳩必不適。使强鴿之性爲脊令，則鴿必不適。使强脊令之性爲鷄、爲雉、爲鳩、爲鴿，則脊令必不適。惟行摇飛即鳴，則脊令之性適。四時皆拂羽皆鳴，則鴿之性適。立鳴飛即拂羽，則鳩之性適。先振翅後鳴，則鷄雉之性適。而吾與人顧而樂之，則吾與人之性亦適也。夫此物之適，不必即彼物之適，亦不必不即彼物之適。人之適，不必即物之適，亦不必不即物之適。吾之適，不必即人之適，亦不必不即人之適。是吾與人與物各適，其適未始不共適。其適也，然物適其適，物不自知其所以適。人適其

適，人不自知其所以適。惟吾知其所以適，且能言其所以適。是又吾之所以自適，其適也。系曰：鳩立於樹枝而鳴，飛於空中而拂羽。以日照之，則其影在地也。以鏡對之，則其影在鏡中也。以水承之，則其影在水中也。日與金水之影分内外也，故有施也，故有受也。鏡與水之中，原無是鳩也。性影含其中則若有，是鳩矣。心性之中，原無是萬物也。惟理貯其中，則若備是物矣。禽之飛鳴不一也，其影之含則一也。物之巨細不一也，其理之貯則一也。受物之影者陰也，陰之氣不著而隱者也，故池必藉雲樹而明也，鏡必背日而鑑，目必處暗而視，耳必居寂而聽也。惟心亦然，非養於静也，則亦莫能應乎動也。鳴聲也，而有其引喉之形。拂羽形也，而有其拍拍之聲。蓋形聲之不相離也久矣。得其形不得其聲者，水也，鏡也。得其形兼得其聲者，人也。鳴爲鳩之鳴，羽亦鳩之羽，拂羽亦鳩之拂。前乎此時，鳩雖不鳴，猶或有鳴也，而其羽則固不拂。後乎此時，鳩雖不鳴，亦或有鳴也，而羽則終不拂。夫有其羽，不能爲其拂，斯豈惟形與聲，水與鏡莫能得也，想鳩亦莫自主也。鳩一耳，在水而爲水中之影，在鏡而爲鏡中之影，其影皆未有加損也，然已過則亦隨滅也。惟人不然，一思其鳴，而覺其聲中之形，猶若在吾目也。一思其拂羽，而覺其形中之聲，猶若在吾耳也。耳目主以心者，夫心偶有所寄可也，專有所繫不可也，使繫之或專則反有視不見、聽不聞時矣。又何如水與鏡之能空其跡之爲得耶？贊曰：戴勝自天來，鳴鳩從地舉。浩浩薄太虛，飛落如風雨。春日漲春雲，花鳥共一隖。萬籟無端吹，小物紛可數。遥色泛幽光，蒼然空中覩。造化原非貧，斯須足千古。英雄各有事，誰是烟霞主。

清 **羅汝懷** **《緑猗草堂文集》卷三《説戴勝》** 《月令》：季夏之月，戴勝降于桑。鄭注：戴勝，織紝之鳥。《吕氏春秋》作『戴任降于桑』。高誘注：戴任，戴勝也。《淮南·時則訓》作『戴鵀降于桑』。注云：鵀，戴勝鳥。《爾雅》：鵖鴔，戴鵀。郭注：鵀即頭上勝，今亦呼爲戴勝。鵖鴔猶鴔鵖，語聲轉耳。李巡引《方言》有鶝鵀、戴鵀、戴鳻、戴勝、鵖鴔、服鶝、鵖鶝諸名。郭璞注《方言》曰『勝所以纏紝』，所謂頭上勝也。今戴勝鳥似山鵲而尾短，青色，毛冠俱有文飾，若戴葬勝矣。顔師古曰：勝，婦人首飾，漢世謂之葬勝。綜諸説觀之，則此鳥本名鵖鴔，見於《爾雅》。而《説文》亦有鵔鵖二篆，戴勝乃其別名，鄭氏所謂織紝之鳥是也。紝，機縷也，字或作絍。《吕氏春秋》作『戴任』，猶爲同音之借。《淮南書》及《爾雅》作戴鵀，則其時牽合臆撰之俗字，不足引證者也。其鶝鵀、服鶝、鵖鶝，皆从鴔鵖二字輾轉生出，無甚異同。而究莫辨戴勝爲何鳥？師曠《禽言》、揚雄《方言》皆謂戴勝即爲布穀，《爾雅疏》辨之，謂戴勝自生穴中，不巢生，鳲鳩非是戴勝。陸佃《埤雅》亦云：男事興而布穀鳴，女功興而戴勝鳴。自非一鳥，繹此二語，乃知康成謂爲織紝之鳥，正以其催蠶爲言。催蠶故降於桑，《月令》之文亦非泛設，然究莫指爲何鳥也。郝户部《爾雅義疏》云：即今之屢屢穀，小於鵓鳩，黄白斑文，頭上毛冠如戴葬勝，常以三月中鳴，鳴自呼也。今亦未見其形，未聞其聲。若李時珍以爲即鸞之呼山鵲者，又以爲即鵧鳩之稱鳥䳭者，皆未確也。《爾雅》：鵧鳩，鶛鵧。注：小黑鳥，鳴自呼。江東名爲烏鵙。李時珍曰：鶛鵧，音批反。又曰：鵖鴔，戴勝也。一曰鶷鵴，信爲作批頰鳥。羅願曰：即祝鳩也。江東謂之烏臼，又曰鵶臼，小於烏，能逐烏。今俗謂之駕犂。五更輒鳴，曰架架格格。滇人呼爲榨油郎，亦曰鐵鸚䳇。能啄鷹鶻烏鵲，乃隼屬也。汴人呼爲夏雞。古有催明之鳥，名唤起者，即此。其鳥大如燕，黑色，長尾有岐，頭上戴勝，所巢之處，其類再巢必鬬。案：時珍以鵧鳩爲鶷鵴所不可知，至以爲戴勝，則《爾雅》鵧鳩與鵖鴔已分列矣。

綜　述

《禽經》 鳲鳩，戴勝，布穀也。揚雄曰：鳲鳩，戴勝，生樹穴中，不巢生。《爾雅》曰：鵖鴔，戴鵀。鵀即首上勝也，頭上尾起，故曰戴勝。而農事方起，此鳥飛鳴於桑間，云五穀可布種也，故曰布穀。《月令》曰：戴勝降于桑。一名桑鳩。仲春鷹所化也。亦曰鴶鵴。鳴自呼。

亦曰穫穀。江東呼爲穫穀，見揚雄《方言》。【略】鳩鶵，雌前雄後。鳩，鳲鳩也。鶵大如鴿，生關西，爲鳥憨急。二鳥雌飛則隨，雌止則止，雌常在前也。

《爾雅·釋鳥》 鳲鳩，鴶鵴。注：今之布穀也，江東呼爲獲穀。音

義：鳲，音尸，字又作鳸。鴶，郭古入反，《字林》音吉。鵴，居六反。獲，户郭反。疏：《左傳》云：鳲鳩氏，司空也。《詩·召南》云：維鵲有巢，維鳩居之。皆謂此也。郭云：今之布穀，江東呼爲獲穀。《埤蒼》云『鴶鵴』，《方言》云『戴勝』，謝氏云『布穀類也』。陸璣《疏》云：今梁宋之間謂布穀爲鴶鵴，一名擊穀，一名桑鳩。案：戴勝自生穴中，不巢生，而《方言》云戴勝，非也。【略】鵖鴔，戴鵀。注：鵀即頭上勝，今亦呼爲戴勝。鵖鴔猶鶝鶝，語聲轉耳。音義：鵖，彼及反，郭房汲反，《字林》方立反。鴔，皮及反，郭北及反，《字林》房立反，又音伏。鵀，本亦作紝，女金反，施没沁反。《方言》云：戴鵀，一名戴南，一名戴勝。勝，户證反。鶝，皮逼反。鶝，音逼，又音福。疏：李巡云：戴勝，一名鵖鴔。郭云：鵀即頭上勝，今亦呼爲戴勝。鵖鴔猶鶝鶝，語聲轉耳。《月令·季春》云：戴勝降于桑。《方言》云：燕之東北朝鮮洌水之間謂之鶝鶝。自關而東謂之戴鵀，或謂之戴鳻，或謂之戴勝。東齊吴揚之間謂之鵖鴔。自關而西謂之服鶝，或謂之鵀鶝。

漢　許慎　**《説文》卷四**　鵴，秸鵴，尸鳩。从鳥，匊聲。臣鉉等曰：匊，居六切，與籟同，居六切。

三國吴　陸璣　**《毛詩草木鳥獸蟲魚疏》卷下《鳲鳩在桑》**　鳲鳩，鴶鵴，今梁宋之間謂布穀爲鴶鵴，一名擊穀，一名桑鳩。按：鳲鳩有均一之德，飼其子，旦從上而下，暮從下而上，平均如一。

南朝梁　宗懔　**《荆楚歲時記》**　四月有鳥名獲穀，其名自呼。農人候此鳥則犂杷上岸。按《爾雅》云：鳲鳩，鴶鞠。郭璞云：今布穀也，江東呼獲穀。

宋　釋贊寧　**《東坡先生物類相感志》卷八《戴勝鳥》**　一名鴿鳥。戴鵀即頭止勝也。似山鵲而尾短，青色，頭上有勝，毛冠俱有文彩，如戴花勝，是織紅鳥。於時常在東桑，言桑樹潤，與桑樹除虫，爲樹之長，故云除于桑。

宋　鄭樵　**《通志》卷七六**　鳲鳩，《爾雅》曰鴶鵴，即布穀也。一名桑鳩，一名繫穀。江東呼爲獲穀，《禮記》謂之鳴鳩。鴶，苦八反。鵴，音菊。

宋　施宿　**《會稽志》卷一七**　戴勝，《釋鳥》云：鵖鴔，戴鵀。郭璞曰：鵀即頭上勝，今亦呼爲戴勝，一名戴鵀。頭上有毛花成勝，故曰戴勝也。三月飛在桑間，蓋蠶生之候，《月令》所謂『戴勝降于桑』是也。越人云：降桑遇金日，主穀賤。

宋　戴侗　**《六書故》卷一九**　鵀　鵀，如林切，戴勝也。古單作任。《記》曰：季春之月，戴勝降于桑。《爾雅》曰：鵖鴔，戴鵀。陸農師曰：鵀有文如勝，故曰戴勝。按：相如賦：西王母白首戴勝。顔師古曰：勝，婦人首飾，漢世謂之花勝。

明　李時珍　**《本草綱目》卷四九**　鳲鳩《拾遺》　釋名：布穀、《列子》鴶鵴、音戛匊。獲穀、《爾雅注》郭公。藏器曰：布穀，鳲鳩也。江東呼爲穫穀，亦曰郭公。北人名撥穀。時珍曰：布穀名多，皆各因其聲似而呼之，如俗呼阿公阿婆、割麥插禾、脱却破袴之類，皆因其鳴時可爲農候故耳。或云：鳲鳩即《月令》鳴鳩也，鳴乃鳲字之訛，亦通。《禽經》及《方言》並謂鳲鳩即戴勝，郭璞云非也。集解：藏器曰：布穀似鷂長尾，牝牡飛鳴，以翼相拂擊。時珍曰：按《毛詩疏義》云：鳲鳩大如鳩而帶黄色，啼鳴相呼而不相集。不能爲巢，多居樹穴及空鵲巢中，哺子朝自上下，暮自下上也。二月穀雨後始鳴，夏至後乃止。張華《禽經注》云：仲春鷹化爲鳩，仲秋鳩復化爲鷹。故鳩之目猶如鷹之目。《列子》云：『鷂之爲鸇，鸇之爲布穀，布穀久復爲鷂』是矣。《禽經》又云：鳩生三子，一爲鶚。

明　穆希文　**《説原》卷一〇**　鳲鳩，一名布穀，以此鳥鳴時布種其穀也。取其骨佩之宜夫婦，又善養其子，有均一之德。鷂化爲鸇，鸇化爲布穀，布穀久複化爲鷹。隹鳩，孝鳥，頭有贅，拙不能爲巢，無居。天將雨則逐其雌，霽則呼而反之。雎鳩，鳥之鷙者，好食魚，先儒取其鷙而有别。江東呼爲鶚。又曰：生三子，一爲鶚。

明　吴雨　**《毛詩鳥獸草木考》卷一《鳩鳲鳩》**　鳩，鳲鳩也。一名鴶鵴，一名布穀，江東呼獲穀，又呼撥穀，又呼郭公。以此鳥鳴時，布種其穀。似鷂長尾，牝牡飛鳴，以翼相拂。取其骨佩之宜夫婦。凡哺子，朝從上而下，暮從下而上，有均一之德，故少皞氏以爲司空之官。《釋鳥》云：鳲鳩，鴶鵴。郭云：今之布穀也，江東呼爲獲穀。《埤蒼》云『鴶鵴』，《方言》云『戴勝』，謝氏云『布穀類也』。陸璣云：今梁宋之間謂布穀爲鴶鵴。一名擊穀，一名桑鳩，即仲春鷹所化者。或謂之題肩，齊人謂之擊征。歐陽氏曰：今所謂布穀、戴勝者，與鳩絶異。惟今人直謂之鳩。鳩者，拙鳥也，不能作巢，多在瓦屋間，或於樹上架構樹枝，初不成巢，便以生子，往往墜雛。今鵲作巢甚堅，既生雛散飛則棄而去，容有鳩來處彼空窠。此與鳲鳩，《傳》俱云秸鵴，故知一物。

明　陳懋仁　**《庶物異名疏》卷二五《戴勝》**　《禮記》：季春之月，戴勝鳴於桑。鄭玄曰：戴勝，促織之鳥。《春秋考異郵》曰：孟夏戴紝出，以任氣成天津也。故戴紝出，蠶期起。

明　馮復京　**《六家詩名物疏》卷五《鳩鳲鳩》**　揚雄《方言》：尸鳩，或

謂之戴勝。邢氏已辨其非。又云：或謂之鵟鶝。此即《釋鳥》所云『鵟，鶝虞』，非尸鳩也。則其他鶝鵶、服鶝、䳛諸異名，皆不足據。羅願以爲即《月令》之鳴鳩。據馮衍《逐婦書》云口如布穀，則此鳥亦多聲者，但鳴鳩自是鶻鵃，而非鳲鳩也，羅氏之言失于詳究矣。依歐陽氏，則拙鳩别是一種，不在《左傳》五鳩之内。此盖以時驗知之，或得其實。然古之釋《詩》者，皆謂鳲鳩有均壹之德，故以比夫人。若但拙而已，安足稱乎？

明　毛晉《陸氏詩疏廣要》卷下之上《鳲鳩在桑》

《禽經》云：鳲鳩，戴勝，布穀也。亦曰鵠鵴，亦曰穫穀，春耕候也。張華注：揚雄曰：鳲鳩，戴勝，生樹穴中，不巢生。《爾雅》曰：鵖鴔，戴鵀。鵀，即首上勝也。頭上尾起，故曰戴勝。而農事方起，此鳥飛鳴于桑間，云五穀可布種也，故曰布穀。《月令》曰：戴勝降于桑。一名桑鳩，仲春鷹所化也。此鳥鳴時耕事方作，農人以爲候。《爾雅》云：鳲鳩，鵠鵴。郭注云：今之布穀也，江東呼爲穫谷。邢《疏》云：《左傳》：鳲鳩氏，司空也。《詩·召南》：維鵲有巢，維鳩居之。皆謂此也。《埤蒼》云『鵠鵴』，《方言》云『戴勝』，謝氏云『布穀類也』。按：戴勝自生穴中，不巢生。而《方言》云戴勝，非也。鄭注云：即布穀也。一名桑鳩，一名擊穀，江東呼爲穫穀。《禮記》謂之鳴鳩。《埤雅》云：鳲鳩，秸鞠，一名搏黍，今之布穀，江東呼爲郭公。不自爲巢，居鵲之成巢。《周官·羅氏》『中春，獻鳩以養國老』者，鳩性不噎，食之且復助氣故也。《續禮儀志》曰：仲秋按户校，年老者授之以杖，其端刻鳩形。鳩者，不噎之鳥也。《禽經》：一鳥曰隹，二鳥曰雔，三鳥曰朋，四鳥曰乘，五鳥曰雇，六鳥曰鶂，七鳥曰鴜，八鳥曰鸞，九鳥曰鳩，十鳥曰鶉。鳩字從九，以此。馮衍《逐婦書》曰：口如布穀。言其多聲也。《爾雅翼》云：鳲鳩，又呼撥穀。似鷂長尾，牝牡飛鳴，翼相摩拂，《月令》云『鳴鳩拂其羽』是也。取其骨佩之，宜夫婦。《夏小正》云：正月鷹則爲鳩，五月鳩爲鷹。《月令》：仲春鷹化爲鳩。其目猶如鷹。許叔重曰：鷹化爲鳩，喙正直，不鷙搏也。一説：鳩，蓋一巢而九鳥者。《詩》曰：鳲鳩在桑，其子七兮。又曰鸛鷜。布穀，好鳴之鳥，故謂之鳴鳩。《月令》所謂『鳴鳩拂羽』者，今布穀爲然。《小宛》之詩曰：宛彼鳴鳩，翰飛戾天。今鳩四時有子，鴿每月有子。按《爾雅·釋鳥》又云：鵖鴔，戴鵀。郭璞云：今亦呼爲戴勝。李巡云：戴勝，一名鵖鴔。明乎戴勝非鳲鳩矣。不知《禽經》何無分别，邢昺辯之甚詳，但邢氏謂與鵲巢之鳩同，而歐陽氏又謂别是一種，豈更有所據耶？至李氏以爲鴝鵒，嚴氏以爲擊正，其謬甚矣。

清　毛奇齡《續詩傳鳥名卷》卷一　若居巢之鳩，則鳲鳩也。《埤倉》稱鵠鵴，郭璞謂今之布穀，江東呼爲獲穀，陸璣又謂之擊穀。其形似山鵲而短尾，首戴冠如勝，故《方言》又謂之戴勝，實則《春秋》鸜鵒，《月令》鴝鵒。《王制》『鳩化鷹』，《月令》『鷹化鳩』，《曹風》『鳲鳩在桑』，《月令》『戴勝降桑』，皆此物，則亦一名鳥矣。但其性頗拙，窠而不巢，多在敗墻枯樹間，穿穴稠處間，或占鵲巢生子，生訖移去。不惟不能巢，兼亦不好巢者，故《春秋》以『鸜鵒來巢』爲昭公出亡之妖，謂窠其常巢則其變也。《説文》：鳥出木上爲巢，在穴曰窠。

清　佚名《鳥譜》卷五《戴勝》　一名戴鵀，一名戴南，一名戴鳻，一名鵟鶝，一名服鶝，一名織鳥。　戴勝，鳩屬也。長觜黑色，黑足，頭褐黄色，兩翅黄白黑三色相間，尾根亦有白毛，頂有花羽十餘。鳴則頂花開張，蒙茸如花勝然。《爾雅》『戴鵀』，注云：鵀即頭上勝，今亦呼爲戴勝。《方言》云：燕之東北、朝鮮、洌水之間謂之鶝鵶，自關而東謂之戴鵀，東齊海岱之間謂之戴南，南，猶鵀也。或謂之鵟鶝，或謂之戴鳻，或謂之戴勝。吴揚之間謂之鵀。自關而西謂之服鶝，或謂之鵖鶝。郭璞注云：勝所纏紝。戴頒，頒者，鳩之族也。《禮記·月令》：戴勝降于桑。注云：戴勝，織紝之鳥。唐張何有《織鳥詞》。

清　桂馥《札樸》卷九《鄉里舊聞·春姑姑》　暮春有鳥大如啄木，頭有長毛，飛則彩色備見，俗呼春姑姑，即戴勝也。《釋鳥》：鵖鴔，戴鵀。郭璞曰：鵀卽頭上勝，今亦呼爲戴勝。李巡曰：戴勝，一名鵖鴔。《月令》：戴勝降于桑。鄭注：戴勝，織紝之鳥。《吕氏春秋》作『戴任』，高注：戴任，戴勝也。

清　徐鼎《毛詩名物圖説》卷一　毛《傳》：鳩，鳲鳩，秸鞠也。《爾雅》：鳲鳩，鵠鵴。郭璞注：今之布穀也，江東呼爲穫穀。邢昺疏：《左傳》『鳲鳩氏司空』，《詩》『維鳩居之』，皆謂此也。《方言》云『戴勝』，謝氏云『布穀類也』。陸璣云：今梁宋之間謂布穀爲鵠鵴，一名擊穀。案：戴勝自生穴中，不巢生，而《方言》云戴勝，非也。《禽經》：鳩拙而安。注云：鳲鳩

也。《埤雅》：今之布穀，江東呼爲郭公。不自爲巢，居鵲之成巢。有均一之德，蓋其哺子，朝自上而下，暮自下而上，均也。其子在梅、在棘、在榛而已，則常在乎桑者，一也。愚按：形如斑鳩而大，毛雜黃色，鳴時正值播穀，故名布穀。里語云：阿公阿婆，割麥插禾，脱卸破袴。因其鳴時爲農候故耳。《曹風·鳲鳩》卽此鳩也。

清 牟應震《毛詩物名考》卷一 鳲鳩，《爾雅》：鳲鳩，鴶鵴。猶云拮据也。鳥喜動，飛鳴無停刻，故名。形似題肩而背元，故一名青肩。奪鵲巢而鴐聒聒不休，故又曰鳴鳩。鼓翅空際，停羽許時，故《記》曰：鳴鳩拂其羽。食蟬蝨，及出巢小鳥。《詩》專言鳩，皆謂此。鳩之謂，言究也，亦曰聚也。鳥之鷙者，不與凡羣尊之象也。凡鳥避之，畏威之義也，故命官者取之司徒教稼者也。是鳥也，依村落循溝塍，有似乎巡省也，名之曰祝鳩。祝者，屬也，屬以事也。司馬，主兵者也。是鳥也，察及重淵，鷙而不暴，有似乎詳審也，名之曰鴡鳩。鳴者，趄也，趑趄也，不輕進也。司寇，主刑者也。是鳥機警，來去無停滯，有似乎明斷也，名之曰鶆鳩。鶆者，爽也。司空，冬官也。空，工也，百工起事也，或曰空宫也。農事畢而宫功興也。是鳥不自爲巢而營營不休，趨事之象也，名之曰鳲鳩。鳲者，尸也。尸，主也。司事者，統四司之事而並飭之，猶《周官》之冢宰也。是鳥敏而猛捷而有力，名之曰鶻鳩。鶻者，滑也。《傳》曰：五鳩，鳩民者也。故凡言鳩者，皆鷙鳥，非鷙鳥，不名爲鳩矣。後人不達，而以凡鳥當之，於是有鵓鳩、鶻鳩、楚鳩、荆鳩、鵁鳩、鷽鳩、鷗鳩、鴶鳩、鶌鳩、鵴鳩、鵃鳩種種諸名，且以雛爲祝鳩，鴉鶻爲鴉鳩，鵓鴿爲鵓鳩，斑鴿爲斑鳩，而鳩與鷹紛淆莫辨。

又 戴勝，一名戴鵀，首有毛角，長二三寸，張之如分盾，故名鴔鶝，春扈也。形如斑鴿，褐黃色，翅多白斑。其三字聲曰『耬穀穀』，或擬其聲曰『獲補補』。晴呼其婦，陰則逐之。今人謂鳩呼婦，卽此鳥也。

又 布穀，或曰播穀。播當作撥，齊語以地鋤二次曰撥。此鳥鳴初夏正撥草時，非布種時也。形體毛色如雀鷹，惟直喙、短股爲異，背色元，故曰竊元夏扈也。其二字聲曰『撥穀』，其四字聲曰『脱却布褲』，北人擬之曰『光棍撥鋤』，卽杜宇之不如歸去也。按：李時珍『杜宇』注曰：狀如雀鷂而色黲黑赤，口有小冠。春暮卽鳴，夜啼達旦，鳴必向北，夏日尤甚，晝夜不止，田家候之以興農事。食蟲，不能爲巢，居他巢生子，冬日則蟄。時珍所云『與播穀悉同』，故《玉篇》『嶲』字注云：卽布穀也。蓋此鳥飛空作四字聲，止樹則作二字聲。顧野王知其爲一鳥，時珍未知，故分布穀、杜宇爲二鳥也。邵康節《洛陽橋聞杜鵑》以爲天道北行，鳥識氣機，其言幸中，人驚爲神使，知杜鵑卽布穀，處處有之，當啞然一笑矣。

清 凌揚藻《蠡勺編》卷三五《鳴鳩》 陽湖惲氏曰：鳲鳩，鳴鳩也。鳴鳩，鴶鵴，鴶鵴，布穀。布穀，郭公也。羽黑，翅尾如反舌，有紒焉如鸜鵒。其鳴多聲，聲二十四囀，故曰鳴鳩，黃鸝十二囀而已。其哺子，朝從上下，暮從下上。

清 劉玉麐《爾雅校議》卷下 鳲鳩，鴶鵴。吾鄉呼此鳥快快插科，蓋農候之鳥也。此鳥名郭公，又云撥穀，又名脱卻布袴，又曰割麥插禾，又名阿公阿婆，蓋各以聲似而呼之。吾郡大約仲春、季春之交卽至，至夏而聲不聞矣。鷹化爲鳩，鳩化爲鷹，卽此。張華《禽經注》云：仲春鷹化爲鳩，仲秋鳩復化爲鷹。故鳩之目，猶爲鷹之目。

清 戴鎣《爾雅郭注補正》卷九 鳲鳩，鴶鵴。鴶，音吉。鵴，居六反。注：今之布穀也，江東呼爲獲穀。補正：邢疏：《左傳》云：鳲鳩氏，司空也。《詩·召南》：維鵲有巢，維鳩居之。皆謂此也。陸璣云：一名擊穀，一名桑鳩。《方言》云戴勝，非也。臣鎣按：羅願以《月令》之『拂其羽』，《小宛》之『翰飛戾天』，卽此鳩也。云『似鷂長尾，牝牡飛鳴，翼相摩拂』者，今布穀爲然。未審孰是。說《詩》者謂此鳥棲處有常，又善養其子，有均一之德焉。陸佃云：鳲鳩不自巢，居鵲之成巢，有均一之德。蓋其哺子，朝自上而下，暮自下而上者，均也。其子在梅、在棘、在榛而已，則常在乎桑者一也。

藝文

唐 王建《王司馬集》卷二《戴勝詞》 戴勝誰與爾爲名，木中作窠墻上鳴。聲聲催我急種穀，人家向田不歸宿。紫冠綵綵褐羽斑，銜得蜻蜓飛過屋。可憐白鷺滿緑池，不如戴勝知天時。

唐 賈島《長江集》卷一〇《題戴勝》 星點花冠道士衣，紫陽宮女化

身飛。能傳上界春消息，若到蓬山莫放歸。

唐　張何《織鳥》（引自《文苑英華》卷一八五）　季春三月裏，戴勝下桑來。暎日華冠動，迎風繡羽開。候驚蠶事晚，織向女工裁。旅宿依花定，輕飛遶樹廻。欲過高閣柳，更拂小庭梅。所寄一枝在，寧憂弋者猜。

宋　李昉《太平廣記》卷四六三《戴勝》　王蜀刑部侍郎李仁表寓居許州，將入貢於春官。時薛能尚書爲鎮，先繕所業詩五十篇以爲贄，濡翰成軸，於小亭凭几閲之。未三五首，有戴勝自簷飛入，立于案几之上。馴狎良久，伸頸彈翼而舞，向人若將語。久之，又轉又舞，如是者三，超然飛去。心異之，不以告人。翌日投詩，薛大加禮待。居數日，以其女妻之。出《録異記》。

宋　晁公遡《嵩山集》卷一二《布穀》　南村北村布穀鳴，家家隴頭催出耕。道逢田父喜相語，四十三箇春水生。

宋　孔平仲《清江三孔集》卷二五《郭公》　枉渚潮初落，平岡日又西。蘆叢深處泊，惟有郭公啼。

宋　王質《紹陶録》卷下《脱郤布袴》　自褐，立即無聲。飛廼鳴，雌雄相應，先曰脱却，後隨曰破袴，聲無間斷。又如云燒香撥火、稍急破類布。脱却破袴，脱却破袴，空潤冥濛濕交股。層層山草雜山花，刈穫衣裳總無數。燒杉香，燒楓香，菌桂蔓椒紛衆芳。嗚呼！此友兮毋作踈，寒巢幽夢頻相呼。

又《郭公》　身黑，聲稍緩如呼郭公。音頗重，稍急且繁如呼布穀。音頗清烈，餘聲如呼郭婆。

郭公，郭公，上田下田催野翁。嬋媛蒼翠錯青紅，汪汪活水聲交通。蚕布穀，蚕收穀，稻花垂垂香撲撲。嗚呼！此友兮真相識，麻坡豈坡晚陰濕。

宋　高似孫《剡録》卷一〇《草木禽魚下・布穀》　出舊經。温庭筠詩：蓮塘艇子歸不歸，柳暗桑濃聞布穀。

又《戴勝》　出舊經。《爾雅》曰：戴勝，鵀也。《春秋考異郵》曰：孟夏，戴紝降。《春秋説題辭》曰：戴紝出，蠶期起。傳元《陽春》賦曰：睹戴勝之止桑，聆布穀之晨鳴。梅聖俞詩：雉鞏依蔓雊，戴勝繞枝翔。文與可詩：戴勝入園春已老，栗留過隴麥將熟。程致道《戴勝賦》曰：惟戴鵀氏，知與時通。降于柔桑，以趣女工。

元　劉秉忠《藏春集》卷四《鳴鳩詞》　春風吹翅樹頭鳴，呌散浮雲日色晴。呼婦歸來鵲巢裏，鳴鳩元不解謀生。

明　王格《少泉詩集》卷六《布穀》　布穀復布穀，家家驅黄犢。君看布穀成，不使布穀啄。

清　祁寯藻《𢕟𧮰亭後集》卷二《禽言二章》　布穀布穀，朝不得食，莫不得宿，朝朝莫莫催春耕。耕者願雨刈願晴，今年晴雨不可知，朝呼莫喚徒爾爲。春風多，春雨少，也知守拙不如巧，年年催耕令人老。

圖表

晉　郭璞《爾雅音圖・釋鳥》

明　李時珍《本草綱目・圖卷》

清　徐鼎《毛詩名物圖說》卷一

杜鵑　子規　杜宇

綜述

《禽經》　鸐，巂周，子規也，啼必北嚮。《爾雅》曰巂周，甌越間曰怨鳥。夜啼達旦，血漬草木，凡鳴皆北嚮也。江介曰子規。啼苦則倒懸於樹，自呼曰謝豹。蜀右曰杜宇。望帝杜宇者，蓋天精也。李膺《蜀志》曰：望帝稱王於蜀時，荆州有一人化從井中出，名曰鼈靈，於楚身死，屍反泝流上至汶山之陽，忽復生，乃見望帝，立以爲相。其後巫山龍鬭，壅江不流，蜀民墊溺，鼈靈乃鑿巫山，開三峽，降邱宅，土民得陸居。蜀人住江南，羌住城北，始立木柵，周三十里，令鼈靈爲刺史，號曰西州。後數歲，望帝以其功高，禪位於鼈靈，號曰開明氏。望帝修道，處西山而隱，化爲杜鵑鳥，或云化爲杜宇鳥，亦曰子規鳥。至春則啼，聞者悽惻。

《爾雅・釋鳥》 嶲周。注：子嶲鳥，出蜀中。音義：嶲，户圭反。《説文》：周燕也。蜀王望帝淫其相妻，慙，亡去，爲子嶲鳥。故蜀人聞子嶲，皆起曰：是望帝也。疏：子嶲鳥也，出蜀中。《説文》云：嶲，蜀王望帝化爲子嶲，今謂之子規是也。

漢　許慎《説文》卷四 嶲，周燕也。从隹，屮象其冠也，冏聲。一曰：蜀王望帝婬其相妻，慙，亡去，爲子嶲鳥。故蜀人聞子嶲鳴，皆起云望帝。户圭切。

唐　段成式《酉陽雜俎》卷一六 杜鵑，始陽相催而鳴，先鳴者吐血死。嘗有人山行，見一群寂然，聊學其聲，卽死。初鳴先聽其聲者，主離别；厠上聽其聲，不祥。厭之法，當爲大聲應之。

宋　陸佃《埤雅》卷九《杜鵑》 杜鵑，一名子規，苦啼，啼血不止。一名怨鳥，夜啼達旦，血漬草木。凡始鳴，皆北鄉，啼苦則倒縣於樹。《説文》所謂『蜀王望帝，化爲子嶲』，今謂之子規是也。至今寄巢生子，百鳥爲哺其雛，尚如君臣云。《爾雅》曰『嶲周』，即此鳥也。《臨海異物志》曰：鶗鴂，一名杜鵑。至三月鳴，晝夜不止。按《楚辭》曰：恐鶗鴂之先鳴兮，使夫百草爲之不芳。則杜鵑似非鶗鴂。服虔曰：鶗鴂，一名鵙。此言是也。蓋陰氣至而鵙鳴，故百草爲之芳歇。或曰：鶗鴂春分鳴則衆芳生，秋分鳴則衆芳歇。所未詳也。

宋　鄭樵《通志》卷七五 嶲，《爾雅》曰『嶲周』，即子規也。多出蜀嶲郡，故名焉。蜀主望帝化爲子規。嶲，希規反。

宋　陸游《老學庵筆記》卷三 吴人謂杜宇爲謝豹。杜宇初啼時，漁人得蝦，曰『謝豹蝦』，市中賣筍，曰『謝豹筍』。唐顧況《送張衛尉》詩曰：緑樹村中謝豹啼。若非吴人，殆不知謝豹爲何物也。

宋　羅願《爾雅翼》卷一四《子嶲》 子嶲，出蜀中，今所在有之。其大如鳩，以春分先鳴，至夏尤甚。日夜號深林中，口爲流血，至章陸子熟乃止，農家候之。太史公曰：昔自在古歷建正，作於孟春，於時冰泮發蟄，百草奮興，秭鳺先滜。滜，即鳴也。其鳴聲若歸去，故《爾雅》爲嶲，《説文》爲子嶲，太史公書爲秭鳺，《高唐賦》爲秭歸，《禽經》爲子規，徐廣爲子雉，字雖異而名同也。亦曰望帝，亦曰杜宇，亦曰杜鵑，亦曰周燕，亦曰買鵤，名異而實同也。《離騷》曰：恐鵜鴂之先鳴兮，使百草爲之不芳。鵜鴂，音弟桂，一作鷤鳺，或以爲此物，或以爲百勞，或又以爲巧婦。按：此稱『鵜鴂先鳴』，即前所謂『秭鳺先滜』者也。此物以芳時最先鳴，然一發其聲，次日視之，則梨菊之顛，皆截然萎折數寸，莫知其故，然則古人蓋忌其口鳴之早也。若伯勞以仲夏時鳴，豈復有芳草耶？蓋鵜即秭之訛，鴂即鳺字。或轉而爲南蠻鴂舌之鴂，則宜其以爲伯勞也。而巧婦一號鶗鴂，故又轉而益遠，皆不可用也。今人亦惡先聞，以爲當有離别。其産子於百鳥之巢，鳥或從而哺之。亦下人家竊竃，或又以爲見者宜於竃云。其名望帝者，蓋蜀王望帝婬其相妻，慙，亡去，化爲此鳥。蜀人聞其鳴，皆起曰望帝。自漢許叔重已有此説。望帝，一名杜宇，故《蜀都賦》云『鳥生杜宇之魄』，謂此也。唐杜甫詩曰：我見獨再拜，重是古帝魄。雖感時之言，亦蜀之遺俗也。蜀中尤多，故雲安有縣名姊歸。袁崧以爲屈原姊女嬃聞原放逐，亦來歸，喻令自全，鄉人冀其見從，因以名縣。縣北有原故宅，宅之東北有女嬃廟云。按原楚之近族，所謂昭屈景者，其放逐又自在汨羅之間，其姊何用歸蜀？且其字从禾，非姊妹之姊，正自蜀鳥所多，以爲縣名耳。又杜詩所謂『雲安有杜鵑』者，《閬中記》曰：子規，自呼爲謝豹。陶岳《零陵記》曰：思歸樂，狀如鳩而慘色。三月則鳴，其音云『不如歸去』。

宋　戴侗《六書故》卷一九 鷤鴂鶗 ，如連切。，古攜切。揚雄《反騷》曰：徒恐鷤鴂之將鳴兮，顧先百草爲不芳。鴂亦通用歸、嶲、規。《爾雅》曰嶲周，别作雉鳺。鷤，《韻書》田黎切。單非田黎之音，當作如連切。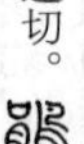，古員切。按：鵙鳺鴂，古書名物多錯互聲相邇也。其實鴂鵑鳺一物。鴂，秭歸也。似小鷂，常以春莫皞鳴。其音哀若曰鴂鵑與鳺者，故以此得名。或謂秭鳺，或名杜鵑，俗作鳿鵑，非。或名謝豹，或名望帝。是鳥也，不北産。故邵堯夫聞鳺於洛，以爲地氣自南而北，占世之將亂。所謂南蠻鴃舌，殆此也。揚雄所謂鷤鴂，即《離騷》之秧鳺也。説者亦以爲秭歸。秭歸鳴於春莫，與『百草不芳之説』不合，疑别自爲一物。夫知寧鳺爲何物，疑即《詩》所謂鳴鵙，七月始鳴，故言百草不芳也。

明　田藝蘅《留青日札》卷三一《姊歸》 子規，人但知其爲催春歸去之鳥，蓋因其聲曰『歸去了』，故又名『思歸鳥』，而不知亦爲先春而鳴之鳥。《史記・曆書》：百草奮興，姊規先嗥。《索隱》曰：『子規春氣發動，則先出野澤而鳴』是也。韓致光《春恨詩》：殘夢依依酒力餘，城頭批頰伴啼鳥。

批頰鳥，即鵯鵊也，催明之鳥。隋煬帝詩：笑勸上林中，除却司晨鳥。司晨鳥，即唤起也。今先春鳴者曰金雞。籠古鵯鵊，一名夏雞。至蠶候乃鳴者，俗曰扎山、扎火，亦因其聲也。

明　李時珍《本草綱目》卷四九　杜鵑《拾遺》　釋名：杜宇、《禽經》子嶲、音攜。子規、亦作秭歸。鶗鴂、音弟桂，亦作鷤鴂。催歸亦作思歸。怨鳥、周燕、《説文》陽雀。時珍曰：蜀人見鵑而思杜宇，故呼杜鵑。説者遂謂杜宇化鵑，誤矣。鵑與子嶲、子規、鶗鴂、催歸諸名，皆因其聲似，各隨方音呼之而已。其鳴若曰『不如歸去』。諺云『陽雀叫，鶗鴂央』，是矣。《禽經》云：江左曰子規，蜀右曰杜宇，甌越曰怨鳥。服虔注《漢書》，以鷤鴂爲伯勞，誤矣，名同物異也。伯勞，一名鴂，音決，不音桂。集解：藏器曰：杜鵑小如鷂，鳴呼不已。《蜀王本紀》云：杜宇爲望帝，淫其臣鱉靈妻，乃禪位亡去。時子規鳥鳴，故蜀人見鵑鳴而悲望帝。《荆楚歲時記》云：杜鵑初鳴，先聞者主別離。學其聲令人吐血。登厠聞之不祥。厭法，但作狗聲應之。《異苑》云：有人山行，見一羣，聊學之，嘔血便殞。人言此鳥啼至血出乃止，故有嘔血之事。時珍曰：杜鵑出蜀中，今南方亦有之。狀如雀鷂而色慘黑，赤口有小冠。春暮即鳴，夜啼達旦，鳴必向北，至夏尤甚，晝夜不止，其聲哀切。田家候之，以興農事。惟食蟲蠹，不能爲巢，居他巢生子。冬月則藏蟄。

明　穆希文《説原》卷一〇　杜鵑，江南曰子規，蜀人曰杜宇，以春分先鳴，至夏則夜啼達旦，血漬草木，人聞其聲則有離別之苦，以其音云『不如歸去』也。唯田家則候其聲，以興農事。子規即伯勞，又名鶪。伯勞五更鳴不止，至曙乃息，燕晝語夜息。伯勞夏至來冬至去，與燕之春秋去者相反。伯勞聲惡，燕語善，伯勞單飛獨棲，與燕之匹棲雙飛者又相反。

明　木增《雲薖淡墨》卷一《杜鵑》　鶗鴂，一名子規，一名杜宇。春分鳴，衆芳生。秋分鳴，衆芳歇。又《山居草堂記》：稽山四時杜鵑。

明　劉侗《名物通》卷九　杜鵑，《成都記》：杜宇自天降，稱望帝，好稼穡，教人間務農，後以位禪開明。望帝死，魄化爲鵑。其鳴也，出血始止。生子寄之他巢，百鳥爲飼之，知有尊也。人遂于鵑字上加姓，謂之杜鵑。春分鳴則衆草生，秋分鳴則衆芳歇。有子規、子嶲、催歸、買鮠、戴勝，以頭上花白成勝也。戴鵟、鶗鴂、周燕、秭歸等名，即睢鳩。

明　曹學佺《蜀中廣記》卷五九　《爾雅》：嶲周燕。子嶲鳥出蜀中。《説文》云：蜀王望帝化爲子嶲，今謂之子規也。師曠《禽經》云：江左曰子規，蜀右曰杜宇，甌越曰怨鳥。又云：杜鵑，出蜀中，狀如雀鷂而色慘黑，赤口，有小冠。春暮即鳴，夜啼達旦，鳴必向北，至夏尤甚。晝夜不止，其聲哀切。田家候之以興農事。惟食蟲蠹，不能爲巢，居他巢生子。冬月則藏蟄矣。揚雄《蜀記》曰：望帝杜宇者，蓋天精也。稱王時，荆州有人化從井中出，名曰鼈靈，於楚身死，屍反泝流上至汶山之陽，忽復生，乃見望帝，立以爲相。其後巫山龍鬬，壅江不流，蜀民墊溺，鼈靈乃鑿巫山，開三峽，降丘宅，土民得陸居。蜀人住江南，羌住城北，始立木栅，周三十里，令鼈靈爲刺史，號曰西州。後數歲，望帝以其功高，遂禪位焉，號開明氏。望帝脩道，處西山而隱，化爲杜鵑鳥，或云化爲杜宇鳥，亦曰子規鳥。至春則啼，聞者悽惻焉。《酉陽雜俎》以杜鵑知陽，相推而鳴，先鳴者吐血死。初鳴時，先聽者主離別。《瑯嬛記》：昔有人飲于錦城謝氏，其女窺而悦之。客聞子規啼，心動即謝去，女恨甚。後聞子規啼則怔忡，若豹鳴也。使侍女以竹枝驅之，曰：豹，汝尚敢至此啼乎？故名子規爲謝豹，亦主離別也。宋鮑照《擬行路難》詩：愁思忽而至，跨馬出北門。舉頭四顧望，但見松栢園，荆棘鬱蹲蹲。中有一鳥名杜鵑，言是古時蜀帝魂。聲音哀苦鳴不息，羽毛憔悴似人髡。飛走樹間啄蟲蟻，豈憶往日天子尊。念此死生變化非常理，中心惻愴不能言。杜甫詩：君不見昔日蜀天子，化爲杜鵑似老烏。寄巢生子不自啄，羣鳥至今爲哺雛。雖同君臣有舊禮，骨肉滿眼身羇孤。業工竄伏深樹裏，四月五月偏號呼。其聲哀痛口流血，所訴何事常區區。爾豈摧殘始發憤，羞帶羽翮傷形愚。蒼天變化誰料得，萬事反覆何所無。萬事反覆何所無，豈憶當殿群臣趨。温庭筠詩：蜀魂千年尚怨誰？聲聲啼血向花枝。滿山明月東風夜，正是愁人不寐時。羅隱詩：銅梁路遠草青青，此恨那堪枕上聽。一種有冤猶可報，不如銜石疊滄溟。陸龜蒙詩：碧竿微露月玲瓏，謝豹傷心獨叫風。高處已應聞滴血，山榴一夜幾枝紅。又：蜀客春城聞蜀鳥，思歸聲引未歸心。那知夜夜愁相似，爾正啼時我正吟。胡曾詩：杜宇曾爲蜀帝王，化禽飛去舊城荒。年年來叫桃花月，似向春風訴國亡。

清　王棠《燕在閣知新録》卷三一《杜宇》　蜀王杜宇稱帝，號曰望帝，更名蒲卑。蒲卑二字未見人用，出《華陽國志》。又楊升菴《藝林伐山》云：杜宇，望帝，世俗皆指鵑言。按揚雄《蜀本記》曰：杜宇出天隳山，有朱

提氏女爲杜宇妻，號曰望帝，故義山詩云：望帝春心托杜鵑。又《抱朴子》云：女媧地出，杜宇天墮。則又一説矣。謝豹，虫也，以羞死。見人，則以足覆面，如羞狀。是虫聞杜鵑聲則死。今世謂杜鵑亦曰謝豹，何也？見《伐山》。

清　鄭光祖《醒世一斑録》卷三　陽鳥，川黔有之。形如斑鳩，長尾，鳴曰桂桂。陽其聲，聯聯晝夜不已。土人稱爲雀王，或曰此卽杜鵑。《書影》：杜鵑生子，百鳥爲之哺

紀事

唐　馮贄《雲仙雜記》卷五《杜鵑唤歸》　石誼未娶，聞杜鵑唤歸，歎曰：此物催人使歸，使我何所歸耶？《金臺録》

宋　陶穀《清異録》卷上《淵明鬼》　太府少卿潘崇有處女名妙玉，詠杜鵑云：一九苞奴般，毛羽淵明鬼。

又《觀自在》　耶律德光入京師，春日聞杜鵑聲，問李崧：此是何物？崧曰：杜鵑。唐杜甫詩云：西川有杜鵑，東川無杜鵑。涪萬無杜鵑，雲安有杜鵑。京洛亦有之。德光曰：許大世界，一个飛禽，任他揀選，要生處便生，不生處種也無。佛經中所謂觀自在也。

清　魏裔介《槐下新編雅説集》卷一三《杜鵑》　吾家趙上，極多杜鵑，過江後絶不一聞。杜鵑當是北鳥，天津橋上得無欺謬。

清　王森《粵西叢載》卷二二《杜宇》　潯州多杜宇，晝夜啼不絶，客居聞之甚慘。《嶠南瑣記》。杜鵑，一曰海南鳥，亦曰子規。暮春多啼，若云不如歸去。晝夜苦鳴，其聲淒切。俗謂歸去樂者，疑其聲相似也。《南寧府志》。

藝文

唐　杜甫《杜鵑》（引自《全唐詩》卷二二一）　西川有杜鵑，東川無杜鵑。涪萬無杜鵑，雲安有杜鵑。我昔游錦城，結廬錦水邊。有竹一頃餘，喬木上參天。杜鵑暮春至，哀哀叫其間。我見常再拜，重是古帝魂。生子百鳥巢，百鳥不敢嗔。仍爲餧其子，禮若奉至尊。鴻雁及羔羊，有禮太古前。行飛與跪乳，識序如知恩。聖賢古法則，付與後世傳。君看禽鳥情，猶解事杜鵑。今忽暮春間，值我病經年。身病不能拜，淚下如迸泉。

唐　顧況《華陽集》卷中《子規》　杜宇冤亡積有時，年年啼血動人悲。若教恨魄皆能化，何樹何山看子規。

唐　劉禹錫《劉賓客文集》卷二七《鶗鴂吟》　朝陽有吟鳳，不聞千萬祀。鶗鴂催衆芳，晨間先入耳。秋風白露晞，從是爾啼時。如何上春日，唧唧滿庭飛。

唐　杜牧《杜鵑》（引自《全唐詩》卷五二五）　杜宇竟何冤，年年叫蜀門。至今銜積恨，終古弔殘魂。芳草迴腸結，紅花染血痕。山川盡春色，嗚咽復誰論。

唐　羅隱《羅昭諫集》卷四《子規》　銅梁路遠草青青，此恨那堪枕上聽。一種有冤猶可報，不如銜石疊滄溟。

唐　杜荀鶴《唐風集》卷三《聞子規》　楚天空濶月成輪，蜀魄聲聲似告人。啼得血流無用處，不如緘口過殘春。

唐　吴融《唐英歌詩》卷下《子規》　舉國繁華委逝川，羽毛飄蕩一年年。他山叫處花成血，舊苑春來草似烟。雨暗不離濃緑樹，月斜長弔欲明天。湘江日暮聲淒切，愁殺行人歸去船。

宋　梅堯臣《宛陵集》卷四《子規》　不如歸去，春山云暮。萬木兮參雲，蜀天兮何處。人言有翼可高飛，安用空啼向高樹。

宋　余靖《武溪集》卷一《子規》　一叫一春殘，聲聲萬古冤。疎烟明月樹，微雨落花村。易墮將乾淚，能傷欲斷魂。名繮慚自束，爲爾憶家園。

宋　石介《徂徠集》卷二《聞子規》　月上半峰峰樹碧，子規啼苦月無色。壯士耳邊都不聞，兒女眼中淚自滴。古人出處非關身，處兮事親出事君。服勤至死不敢倦，避勞擇逸豈所聞。我看蜀道誠爲難，嗟爾子規何云云。王遵九折竟叱馭，班超萬里圖立勳。乘危蹈險盡臣節，二人至今揚清芬。我本魯國一男子，少小氣志淩浮雲。精誠許國貫白日，有心致主爲華

動。位卑身賤難自達，滿腹帝典與皇墳。有時憤懣吐一言，小人謗議已紛紛。宰相寬容天子慈，八年之中三從軍。從軍官清吾何苦，嘉州路遠爾勿語。地不爲我易其險，我豈守道不能固。子規子規漫啼絶，斷無清淚灑向汝。

宋　趙抃《清獻集》卷二《杜鵑》　響亂書窗外，人驚夢枕中。江城啼曉月，澤國怨春風。柳道盤殘緑，桃園蹀躞紅。年年來此地，留恨任西東。

宋　蘇軾《蘇文忠公全集》卷一《辯杜子美〈杜鵑〉詩》　南都王誼伯《書江濱驛垣》，謂子美詩歷五季兵火，舛缺離異，雖經其祖父公所理，尚有疑闕者。誼伯謂『西川有杜鵑，東川無杜鵑，涪萬無杜鵑，雲安有杜鵑』，蓋是題下注，斷自『我昔游錦城』爲首句。誼伯誤矣。且子美詩，備諸家體，非必牽合程度偘偘然者也。是篇句落處，凡五杜鵑，豈可以文害辭、辭害意耶？原子美之意，類有所感，託物以發者也。亦六義之比興、《離騷》之法歟？按《博物志》：杜鵑生子，寄之他巢，百鳥爲飼之。今江東所謂『杜宇曾爲蜀帝王，化禽飛去舊城荒』是也。且禽鳥至微，猶知有尊，故子美云『重是古帝魂』。又云：『禮若奉至尊。』子美蓋譏當時之刺史，有不禽鳥若也。唐自明皇已後，天步多棘，刺史能造次不忘於君者，可一二數也。嚴武在蜀，雖横斂刻薄，而實致職以資中原，是『西川有杜鵑』。其不虔王命，負固以自抗，擅軍旅，絶貢賦，如杜克遜在梓州，爲朝廷西顧憂，是『東川無杜鵑』耳。至於涪、萬、雲安刺史，微不可考，凡其尊君者爲有也，懷貳者爲無也，不在夫杜鵑之真有無也。誼伯以爲來東川，聞杜鵑聲繁而急，乃始疑子美詩跋嚏紙上語，又云子美不應疊用韻，何耶？子美自我作古，疊用韻，無害於爲詩，僕所見如此。誼伯博學强辯，殆必有以折衷之。

宋　洪炎《西渡集》卷上《山中聞杜鵑》　山中二月聞杜鵑，百草爭芳已消歇。緑陰初不待薰風，啼鳥區區自流血。北窗移燈欲三更，南山高林時一聲。言歸汝亦無歸處，何用多言傷我情。

宋　王質《紹陶録》卷下《不如歸去》　身灰褐，啼極則倒掛。春殘多啄紅苞，故吻如染血。秋深則化爲鷂。

不如歸去，不如歸去，花稠草繁胡不住。春山春林烟日暮，山花慘悽無意緒。溪可飲，林可啄，飲啄甘香且爲樂。嗚呼！此友兮勿渝約，月明滿埜松毬落。

宋　高似孫《剡録》卷一〇《草木禽魚下・子規》　李易《剡山》詩：丁寧杜宇往江北，爲唤故人令早歸。仲皎《懷剡川故居》詩：蝴蝶夢中新歲病，杜鵑聲裏故鄉愁。《成都記》曰：蜀王杜宇稱望帝，死化爲鳥，名杜鵑，一名子規。《爾雅》曰巂周，即此鳥也。越人謂之謝豹。

元　馬臻《霞外詩集》卷一《二禽篇》　杜鵑杜鵑，聞爾曾爲蜀天子，一自城荒爾身死。當年御極日萬幾，何苦今朝自如此。恭聞太上垂玄言，治大國兮烹小鮮。流情縱逸不追悔，無端却恨春山烟。毛衣繿縷滿身黑，萬里岷峨歸不得。六合茫茫啼一聲，春風爲爾無顔色。

明　王世貞《弇州四部稿》卷四九《子規》　絡緯唤織朝從暮，布穀催耕雨復晴。汝道不如歸去好，可將耕織了平生。

明　王浚川《杜鵑》（引自《梁園風雅》卷一一）　巴嶺褰帷度，鵑鳴春已分。似緣催客去，莫作勸耕聞。啼苦宵迷月，飛高暮隔雲。異方愁聽爾，歸思日紛紛。

明　陳繼儒《古今韵史》卷九《子規》　懶傍殘春逐水飛，不隨乳燕話芹泥。啼得血流無用處，不如奮翅過前溪。

明　戒襄《杜鵑》（引自《明詩綜》卷九一）　夜向吴山宿，朝從越嶺飛。年年春欲暮，催客淚沾衣。樹冷悲殘月，川長怨落暉。花時無限好，猶道不如歸。

明　周汝誼《鳺》（引自《松風餘韻》卷三三）　積雨樹霏微，空山盡日饑。一枝同是寄，千唤不如歸。落月驚人夢，窮年血染衣。芳菲暗裏歇，應令寸心違。

明　譚紹琬《杜鵑》（引自《沅湘耆舊集》卷三九）　猶是嗁春曲，横將苦調翻。誰憐哀吻血，灑作落花痕。響應堯夫卜，悲迴蜀帝魂。厭人頻側耳，卷舌到前邨。

清　計南陽《杜鵑》（引自《瑤華集》卷三）　春魂血，柳條吹得東風咽。東風咽，河陽置酒秦淮送別。黄昏細雨清明節，六朝金粉三江月。三江月，不如歸去舊家宫闕。

清　戴共員《杜鵑》（引自《百名家詩選》卷六）　春山蓊蔚草繽紛，杜

宇沉沉叫夕曛。苦淚難眠深夜月，哀喉欲喚曉天雲。花留蜀國啼痕在，影過吴江望眼分。梁益計來千萬里，凄聲到處不堪聞。

清　任端書《南屏山人集・詩集》卷六《華芋園先生招看杜鵑》　蜀中萬樹看曾徧，庭内經春也復開。花似有情增掩映，鳥如多怨共徘徊。羅裙汚洒紅偏重，絳袖啼斑暖自裁。多謝詩仙早相喚，高吟應傍醉邊來。

清　石鯨《杜鵑》（引自《沅湘耆舊集》卷五〇）　亡國大夫聽，負冤帝子心。憤深刺客傳，病作越人音。雨激招魂賦，風悽戍歸砧。春來痛切意，與汝共長吟。

清　謝元淮《養默山房詩藁》卷五《詠物雜詩・鵑》　啼風啼雨勸人還，花落花開春自閒。倦客也知歸去好，可憐無地買青山。

清　王衮錫《杜鵑行》（引自《兩浙輶軒録》卷一六）　江風蕭蕭白波起，杜鵑催歸喚不止。前聲啼來細雨中，後聲迸落寒烟裏。汝家何在東西川，欲歸不歸今幾年。蠶叢魚鳧荒蜀國，蛇盤鳥道連秦天。極望迢遥數千里，蒼梧雲深竹花紫。清淚春流巫峽波，羈魂夜度巴江水。聞汝曾無向北飛，南枝花發長相依。一朝零落去江浦，苦竹黄蘆生事微。傷心歲歲無家别，縱喚催歸何處歸。

清　宋謙《金縷曲・杜鵑》（引自《國朝詞綜補》卷五八）　但勸人歸去，怪當年，游魂渺渺，卻歸何處。一片荒凉無賴月，照澈不情庭宇。問可似，隴雲棧樹。賸有羈愁牢落甚，向風前，月底頻頻訴。嗟世事，太無據。

山川滿目今非故，看多少，瓊樓玉闕，半成塵土。莫更天津橋上去，不是燕鶯儔侣。怕没有，閒人聽取。且覓繁枝聊寄跡，奈朝來，又灑催花雨。誰省識，此心苦。

清　劉大紳《寄庵詩文鈔・詩鈔續》卷六《杜鵑》　晨星未没遶城飛，日入林深氣力微。笑爾此來忙不了，聲聲只是勸人歸。

清　黎簡《五百四峰堂詩鈔》卷二五《杜鵑六首》　春雲似海樹如烟，風雨欲晴聞杜鵑。人間三月偏勞汝，不放雛鶯珠撒絃。

杜鵑飛去嶺南西，勸得人歸爲我啼。啼傍病夫增惡夢，西天青壁斷無梯。

昔遊幾欲徧西蠻，杜宇三年苦勸還。日色着人死灰冷，碧雞關減鬼門關。

牂牁江水挂天寒，千里杜鵑三百灘。西日東流無語急，此聲還爲有情酸。

清明未闌穀雨前，墓紙低飛如柳綿。杜鵑花暖風凄骨，爲有花間啼杜鵑。

一日人間十二時，一林春樹萬千枝。崦嵫未晚東方作，叫斷陰柯不肯移。

清　沙琛《點蒼山人詩鈔》卷八《杜鵑》　過眼豪華總幻塵，莫須杜宇恨前因。聲聲悽婉啼紅血，豔染花枝别自春。

清　王國維《静庵文集・附詩稿・嘲杜鵑》　去國千年萬事非，蜀山回首夢依稀。自家慣作他鄉客，猶自朝朝勸客歸。干卿何事苦依依，塵世由來愛别離。歲歲天涯啼血盡，不知催得幾人歸。

清　王闓運《湘綺樓全集・詩集》卷七《山中子規》　亦知無别恨，每欲喚愁生。怨入庭花暗，聲催嶺月明。幽篁春窈窕，山鬼夜淒清。試作連宵聽，東風萬里情。

圖表

晉　郭璞《爾雅音圖・釋鳥》

明　李時珍《本草綱目・圖卷》

鸚鵡

論說

宋　陸佃《埤雅》卷九《鸚鵡》　鸚鵡，人舌能言，青羽赤喙，其狀如鴞，《鷦鷯賦》所謂『蒼鷹鷙而受緤，鸚鵡慧而入籠』者也。《曲禮》曰：鸚鵡能言，不離飛鳥；猩猩能言，不離禽獸。舊說衆鳥足趾前三後一，其目下瞼眨上，唯鸚鵡四趾齊分，兩瞼俱動，如人目。南方又有鸜鵒者，里兒剔其舌端，教以語言，甚慧，《禽經》曰『鸚鵡摩其背而瘖，鸜鵒剪其舌而語』是也。或曰：鶴以聲交而孕，鵲以意交而孕，鵁鶄以睛交而孕，鸜鵒以足交而孕。舊說鸜鵒不踰濟，又穴居，故《春秋》『夏，有鸜鵒來巢』，以異書也。鳥似鵙而有幘。《禽經》曰：冠鳥性勇，帶鳥性仁，纓鳥性樂。冠鳥，若鷹是也；帶鳥，若練鵲是也；纓鳥，若綬鳥是也。綬鳥一名鷊，亦或謂之吐綬，咽下有囊如小綬，五色彪炳，吐有時，風不吐，雨不吐，有驚懼之虞亦不吐。《詩》曰：中唐有甓，邛有旨鷊。言不戕賊之，故『中唐有甓』；不驚懼之，故『邛有旨鷊』也。一名避株，蓋行必遠草木，慮觸其嗉。亦曰真珠雞，體有真珠點文，食之甚美。《詩》謂之『旨』以此。或剖其嗉，不復有綬綵矣。《字說》曰：嬰不能言，已而能言，母從人而後能言。

明　何三畏《新刻何氏類鎔》卷三三《鸚鵡》　鸚鵡之爲形也，雉顧而鵠盼，鷹跱而雁息，兩指向後，兩指向前，不同鳥類。一種如烏，一種如鵲，能效人言。皓臆明眸，霜毛赭餙。託風林以棲止，仰雲路而翻飛。離群而夜影寒，慕侶而朝聲切。處之丹地，閉以雕籠，固近君子之光儀，而遠虞人之網弋者也。交州、巴南之鸚鵡累百，有色青者，有色白者，有色紫赤者、蒼緑者，又有色五采者，其賦色各殊。隋時，巴陵之鸚鵡數千，有名郎者，有名兒者，有名蓮露者，鳳花者，又有名先生者，其命名亦異。河間王琛之緑鸚鵡善語，歌妓和之，而其聲如出一口，遂有『緑朝雲』之稱。天寶宮中之白鸚鵡能言，明皇愛之，而其舌可誦詩詞，遂有『雪衣娘』之號。漢益州所獻之鸚鵡三頭，上因其食麻有損，即詔歸本土，以明不貴異物於蠻夷。唐玄宗所養之鸚鵡千計，上因其思鄉欲歸，即送還中山，而後乃問上皇於隴使。張華之鸚鵡，每言童僕善惡事。蔡確之鸚鵡，能呼侍兒琵琶名。茂先之鸚鵡，因夢惡不欲出户，頃即爲鷙所傷。開元之鸚鵡，因夢鷙禳以心經，隨即爲鷹所搏。蓋牽帝衣，而此鳥輒爲瞋目，則侍臣表賀而傳有『時樂鳥』之稱。報主冤，而此鳥忽爲揚聲，則京兆奏聞，而封有『緑衣使』之號。則鸚鵡亦靈鳥，而非凡禽矣。

綜述

《禽經》　鸚鵡摩背而瘖。鸚鵡出隴西，能言鳥也。人以手撫拭其背，則瘖瘂矣。

漢　許慎《說文》卷四　鸚，鸚䳇，能言鳥也。从鳥，嬰聲。烏莖切。䳇，鸚䳇也。从鳥，母聲。文甫切。

唐　段成式《酉陽雜俎》卷一六　鸚鵡，能飛，衆鳥趾前三後一，唯鸚

鵡四趾齊分。凡鳥下瞼眨上，獨此鳥兩瞼俱動，如人目。

唐　段公路《北户録》卷一《鸚鵡瘴》　廣之南新勤春十州，呼爲南道，多鸚鵡。《字林》鸚鵡書作䳇字。又《江表傳》曰：孫權曾大會，有白頭鳥集殿前。權曰：此何鳥？諸葛恪對曰：白頭公。張昭自以坐中最老，疑恪戲之，因曰：未聞鳥名白頭公，請使諸葛復索白頭姥。恪曰：鳥名鸚母，未必有對，請使輔吴復求鸚父也。又《説文》：鸚，從鳥，嬰聲。䳇，從鳥，母聲。又《曲禮》：鸚鵡能言，不離飛鳥。又《山海經》云：數歷之山，其鳥鸚鵡。又云：廣山有之，舌似小兒舌，脚指前後各兩指，扶南徼外，有五色、純白、純赤者。翠衿，丹觜，巧解人言，有鳴曲子如喉轉者，但小不及於隴右。每飛則數千百頭。《南史》云：天竺迦毘利國元嘉五年獻赤、白鸚鵡各一頭。又《漢獻帝傳》曰：興平元年，益州蠻夷獻鸚鵡三枚，各食三升麻子。云此鳥有損無益，詔歸本土。食木葉榕實。凡養之俗，忌以手頻觸其背。犯者即多病顫而卒，土人謂爲鸚鵡瘴，愚親驗之。咸通十年夏初，有三木舶將五色鸚鵡至者，《南方異物志》：鸚鵡有三種，青者大如烏臼，白者大如鴟，五色者大於青者，五色者出杜薄州也。雖繡羽錦衣而病其胡語。昔天監年，交州有獻能歌鸚鵡者，詔亦不納。又張華有白鸚鵡，華每行還，輒説童吏善惡，後寂然無言。華問其故，鳥云：見藏瓮中，何由得知？華在外令呼鸚鵡，鸚鵡曰：昨夜夢惡，不宜出户。華猶强之，至庭爲鸇所獲。人教其啄鸇脚，僅而獲免。又《幽明録》：晉司空桓豁在荆州，有參軍剪五月五日鴝鵒舌，教令學語，遂善能效人語笑聲。司空大會吏佐，令悉效四座，語無不絶似。有一佐，齆鼻語難學，學之未似，因内頭於瓮中以效焉，遂不異也。後，主典人盗牛肉，鴝鵒白參軍。參軍曰：汝云盗，盗肉當應有驗。鴝鵒曰：以新荷裹，著屏風後。檢之，果獲。而盗者怨恚，以熱湯灌殺之。參軍爲之悲傷，累日遂請殺此人。司空曰：不可以禽鳥故而極之於法。令止五歲刑也。又《淮南萬畢術》云：寒皐斷舌可使語。寒皐，一曰鴝鵒。

宋　周去非《嶺外代答》卷九《禽獸門・鸚鵡》　占城産五色鸚鵡，唐太宗時，環王所獻是也。案：《傳》謂能訴寒，有詔還之。環王國即占城也。余在欽，嘗于聶守見白鸚鵡、紅鸚鵡。白鸚鵡大如小鵝，羽毛有粉，如蝴蝶翅。紅鸚鵡其色正紅，尾如烏鳶之尾。然皆不能言，徒有其表爾。欽州富有鸚哥，頗慧易教，土人不復雅好，唯福建人在欽者，時或教之歌詩，乃真成閩音。此禽南州羣飛如野鳥，舉網掩羣，鬻以爲鮓，物之不幸如此！

宋　羅願《爾雅翼》卷一四《鸚鵡》　鸚鵡，能言之鳥。其狀似鴞，青羽，赤喙足，隴右及南中皆有之。然南鸚鵡小於隴右，飛則千百爲羣。俗忌以手觸其背，犯者多病顫而卒，名鸚鵡瘴。《禮》曰：鸚鵡能言，不離飛鳥。《淮南子》曰：鸚鵡能言，而不可使長。得其所言，而不得其所以言也。然有三種，大抵五色者尤慧，白者次之，青者爲下。其足指前後各二。郭璞《贊》云：四指中分，行則以觜。特爲羽族異。故字從武，武者足跡。説者以爲似小兒脚指也。又名鸚䳇。《吴志》云：鳥名鸚䳇，未聞鸚父。《字説》曰：『嬰兒生不能言，母教之言，已而能言，以言此鳥之能言類』是也。亦其舌似小兒，故能委曲其音聲以象人爾。又鳥目下瞼眨上，唯此鳥兩瞼俱動，如人目。蓋羽蟲之能人言者，必有人形之一端。今秦中有吉了鳥，毛羽黑，大抵如鸜鵒，然有兩耳，如人耳而紅，此與鸚鵡之人舌、人目何異，然吉了生秦中，其音聲差，重濁如秦人，語不若鸚鵡之輕清云。

宋　范成大《桂海虞衡志・志禽》　鸚鵡，近海郡尤多。民或以鸚鵡爲鮓，又以孔雀爲腊，皆以其易得故也。此二事載籍所未紀，自余始志之。南人養鸚鵡者云：此物出炎方，稍北中冷，則發瘴噤戰，如人患寒熱，以餘甘子飼之則愈，不然必死。白鸚鵡，大如小鵝，一本作鵞。亦能言，羽毛玉雪，以手撫之，有粉粘著指掌，如蝶蛺翅。

宋　戴侗《六書故》卷一九　鸚鵡，烏莖切。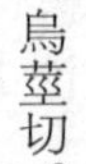，文甫切。别作䳇。鸚鵡，鳥之能言者，出南越。其類不一。南人以白者爲鸚鵡，緑者爲鸚哥，其最黠而善言者謂之秦吉了。

元　熊太古《冀越集記》前卷《鸚鵡鸚歌》　鸚鵡，大而白色，遠出西洋。鸚歌，小而毛羽鮮明，海南、暹國、真臘、地悶、耆婆諸番皆有。其種有十餘，西洋遠番多不能言，廣人望而知其所生之地焉。

明　李時珍《本草綱目》卷四九　鸚䳇《食物》　釋名：鸚哥、俗名。乾皋。時珍曰：按《字説》云『鸚䳇如嬰兒之學母語』，故字從嬰母。亦作鸚鵡。熊太古云：大者爲鸚䳇，小者爲鸚哥。則䳇義又取乎此。師曠謂之乾皋，李昉呼爲隴客，梵書謂之臊佗。集解：時珍曰：鸚䳇有數種，緑鸚䳇出隴蜀，而滇南、交廣近海諸地尤多，大如烏鵲，數百羣飛，南人以爲鮓食；紅鸚䳇，紫赤色，大亦如之；白鸚䳇，出西洋、南番，大如母鷄；五色鸚䳇，出海外諸國，大于白而小于緑者。性尤慧利。俱丹味鈎吻，長尾赤足，金睛深目，上下目瞼皆能眨動，舌如嬰兒。其趾前後各二，異于衆鳥。其性畏寒，即發顫如瘴而死，飼以餘甘子可解。或云：摩其背則瘖。或云：雄者喙變丹，雌者喙黑

不變。張思正《倦遊録》云「海中有黄魚能化鸚䳇」，此必又一種也。

明　穆希文《説原》卷一〇　鸚䳇能言，衆鳥趾前三後一，唯其四指齊分。凡鳥下瞼貶上，獨此鳥兩瞼俱動，如人目。舌赤如人。五色者充慧，白者次之，青緑者爲下。

明　張瀚《松窗夢語》卷五　隴州鸚䳇千百爲群。《禮》曰：鸚䳇能言，不離飛鳥。今所見，惟紅嘴能言，黑嘴不能言。近南中有大紅者，毛羽光艷，亦不能言。其足指前後各二，異于群鳥。舌小而圓，故能委曲，其聲以像人言。江南鸚䳇亦能言，第形小色烏，遠不及耳。

明　于慎行《穀山筆麈》卷一五　《常州志》曰：鸚䳇有三種，一青，一白，一五色。交州以南諸國皆有之。唐太宗時，林邑獻五色鸚䳇，有言苦寒，思歸其國，太宗付使歸之。今廣西有秦吉了，京師謂之「了哥」。萬曆丙子，一日諫畢，上遣中使持赤、黑鸚䳇各一，示閣臣、諫官，盖廣中所獻也。赤者毛色嬌麗，黑者有兩耳，耳黄如獸能動，此二色則志所未備也。

明　劉侗《名物通》卷九　鸚䳇，一名乾睪，斷舌可使語言。凡鳥四指，三向前，一向後，此則兩指向後。其眼系直度兩眶。鸚䳇大而白色，遠出西洋。鸚哥小而毛羽鮮明，諸番皆有。

明　陳懋仁《庶物異名疏》卷二四《乾皐　寒皐》　《淮南子》：乾皐，一名鸚䳇。郭璞曰：四指中分，行則以嘴。《淮南》：又名寒皐，斷舌使語。注云：鴝鵒也。《周禮》：鴝鵒不踰濟，地氣然也。《埤雅》：乾皐斷舌則坐歌，人勝之也。

明　方以智《物理小識》卷一〇　能言鳥　鸚䳇、秦吉了、倒挂鳥、鳳，一類也。鸚小，有五色。吉了大，惡烟。倒挂鳥，食香烟而復吐之。能言者，聲似耳。孫愐韻唎唎，即鸜鵒，俗呼八哥。白露日取而閉甕中，竟夕屈天中，小修其舌，如是者三，妙解人語。晉司空桓豁鎮荆州，有此鳥，聽琵琶，學座客言，多肖。雖鼻者，納頭甕中，遂爾酷似。

清　屈大均《廣東新語》卷二〇《禽語・鸚䳇》　澳门有西洋鸚䳇，大紅者内毬毛黄，大緑者内毬毛赤。每抖擻其羽，則赤者爲黄，緑者爲赤，表裏俱變。有純白者，五色者，翅尾作翠縹青，黄裏白腹者，皆來自海舶。瓊州所産多紺緑，羽有極細花紋，名曰鸚哥。兒女喜與之狎，故哥之。以其如嬰兒之學母語，故曰鸚䳇。䳇作䳇者，誤也。其性畏寒，然撫摩其背則瘖，觸尾則顫，名曰鸚䳇瘴。解之以餘甘子，尋常飼以緑豆、白粳，欲其喜而多語以香蕉。五色者，能兼番、漢二語。白者黑嘴，鳥爪，鳳頭，撫之有粉粘著指掌，如蛺蝶翅。頂上有黄毛上聳，喜則披敷，狀若蘭花瓣，又若芙蕖，名曰開花，亦名芙蓉冠。予詩云：不如白鸚䳇，頭有芙蓉冠。此鳥亦能言，常側其腦視客，類有知者。其産羅浮者，大如母鴨，色玉雪，亦人舌能言。凡鳥四指，三向前，一向後，獨此鳥兩指向前，兩指向後，行則啄地，然後兩足從之。有秦吉了者，彩毛紺黑，丹味紅耳，頭有黄肉冠，頂毛一縫如分髮，午日剪舌能人言，比鸚䳇尤慧。鸚䳇聲如兒女，秦吉了如丈夫。嫩則口黄，老則口白，口白其聲更壯。又以眼爲別，眼黄者金了，白者銀了，黑者鐵了。鐵了品最下，一名了哥，亦曰別哥，亦曰唎唎。常有畜者，番酋以多金買取。唎唎言：我漢禽，不願入番。遂不食而死。其義若此。性絶惡烟。而倒挂鳥喜香烟，食之復吐。或收香翅内，時一放之，氤氲滿室。頂有黄茸，舞則茸開，亦名曰開花，花開頂上，香放翅中，輙自旋轉，首足如環以自娱。入夜必倒垂籠頂，兩兩相並。亦間能言。身嫩緑色，額大青，胸間有朱砂一點，小如鴝鵒，出瓊州。予詩：已食沉水烟，復藏雙翅内。時放烟氤氲，幃中香久在。又云：黑潤與黄沉，持薰倒挂鳥。不教雙翅間，收得香烟少。其出西洋國至澳门者，以銀十字錢四五枚，可易其一。性極嬌柔難畜，飯以香稻，飲以荔支之漿，毋見塵埃風日，愛之至必養之潔，與秦吉了皆鸚䳇之族也。

清　陳淏子《秘傳花鏡》卷六《養禽鳥法・鸚䳇》　鸚䳇，慧鳥也。一名鸚䳇，雛名鸚哥。出自隴西，而滇南、交廣、近海處尤多。羽有數種，緑乃常色，紅白爲貴，五色者出海外，蓋不易得。狀如鳥鵲，數百羣飛。俱丹味鈎吻，長尾紺足，金睛深目，上下目瞼，皆能貶動，舌似嬰兒。其趾前後各二，異於衆鳥。其性畏寒冷，即發顫如瘴而殂，飼以餘甘蔗可解。凡屬雄雛黑喙，經年即變紅。雌者喙黑不變，故人皆畜其雄者。用二尺高、尺五濶銅架，將細銅索鎖其一足於架上，左右置一銅罐以貯水穀，任其飲食。若欲教以人言，須雛時，每於天微明時，將雛挂於水盆之上，使其照見己影。不道人言，惟知鵙教其語。人立其旁，隨意教之，不久自肖。但忌手摩，若手摩，其背則瘖。

清　揆叙《隙光亭雜識》卷二　鸚鵡有名武遊郎者，有名阿蘇兒者，有名武仙郎者，有名自在先生者，有名踏蓮露者，有名鳳花臺者，有名戴蟬兒者，有名多花子者。《幽怪録》

清　佚名《鳥譜》卷二《南緑鸚哥》　南緑鸚哥，黑睛黄暈，白臉，鮮紅觜，嬌黄勾喙，觜根黑毛接頂分向兩目而止，頷下亦有黑毛一片，頭至臆腹俱茄花色。項膊脆緑，翮翅蒼緑，翮尖帶黑縹，青尾，脆緑裏，蒼白足，黑爪。此種比隴西者頭觜差小，尾亦畧短。《北户録》云：廣之南道多鸚鵡，翠衿丹觜，巧解人言。有鳴曲子如喉轉者，但小不及隴右，每飛則數千百頭。

又《洋緑鸚鵡》　洋緑鸚鵡，黑睛紅黄重暈，白臉，金紅觜，通身翠緑色，翠青肩，翠青翮，腹毛根隱紅色，近翮處有鮮紅毛一片青緑，尾黄尖，尾旁毛帶黑青，灰足，黑爪。《粤志》云：澳門有洋鸚鵡，緑者内㲦毛赤，每抖擻其羽，緑者爲赤，表裏俱變。

又《黑觜緑鸚哥》　黑觜緑鸚哥，黑睛黄暈，青臉，黑勾喙，縹青頭，茶緑背，翅粉緑，臆腹近尾背毛縹青，尾亦長縹青色，緑緣，蒼白斑足，淺黑爪。此種人不甚貴，隴西、嶺南皆有之。云是其雌者鸚哥，初皆黑喙，漸變而紅。其不變者乃雌者也。《鐵圍山叢談》云：鸚鵡雌者名木侯黑觜。

又《紅頰緑鸚哥》　紅頰緑鸚哥，黑睛黄眶，緑臉，黄喙，深緑頂，兩頰至腦後俱鮮紅色，頷下深黑，項背臆腹黄質緑斑，間有白毛，膊翅深緑色，帶赭黄紋，翅根間以青翠，尾翎甚細，外青裏白蒼，白足黑爪。此種比諸鸚哥爲最小。

又《洋緑鸚哥》　洋緑鸚哥，身小于鸚鵡，黑睛白暈，灰臉，米白觜，通身緑色，頭項色深，腹背色淺，膊翅帶黄，翮毛帶黑，尾毛帶蒼，翮之邊毛各有一黄羽，尾開潤而下齊，黄尖灰白足，黑爪。《本草綱目》云：熊太古以大者爲鸚鵡，小者爲鸚哥。此種所以稱鸚哥也。

又《柳緑鸚哥》　柳緑鸚哥，黑睛黄暈，白臉，殷紅巨觜，柳緑頂，桃紅項，頷下黑毛環頸及項而止，近項背毛緑質紅暈，膊翅俱作柳緑色，膊上有紫紅毛一片，翅尖帶黑嫩緑，臆腹縹青，長尾淡緑，緣淡黄尖，土白足，黑爪。

又《大白鸚鵡》　大白鸚鵡二種：一種黑睛白臉，灰黑觜，頭頂白毛，中隱牙紅色，聳起時則牙色根盡見，通身毛色皆然，齊潤白尾，裡毛葵黄，帶紅色，灰黑足，黑爪。一種赤睛白臉，黑觜，通身白毛，鵞黄色裡，其餘略同。二種身皆大，聲亦雄壯。《桂海虞衡志》云：白鸚鵡，大如小鵞，亦能言，羽毛玉雪。《吴志》云：扶南東海中有洲出白鸚鵡，大者如母雞。《粤志》云：鸚鵡之名見于《禮記》，其白者自晉始有。《晉書・安帝紀》『義熙十三年，林邑獻白鸚鵡』是也。今則粤中甚多，皆從海舶來者，而羅浮山亦有之，大如母雞，色玉雪，亦人舌能言意，從海外飛至，遺種于此也。

又《小白鸚鵡》　小白鸚鵡二種：一種黑睛白臉，灰黑觜，頂有黄羽色，嬌如葵，鳴則張聳如花開狀，通身粉白，毛根細毳，俱作鵞黄色，尾根色帶黄，灰黑足，黑爪。一種大小毛色相同，惟頂毛作牙紅色，通身裏毛亦帶牙紅，粉白足爪。此二種皆小于大者，尾亦齊潤。《粤志》云：洋白鸚鵡，黑觜，烏爪，鳳頭，頂有黄毛上聳。喜則披敷，狀若蘭花瓣，又若芙渠名開花，亦名芙蓉冠，明王世貞所謂『冠擬萱而三秀』也。

又《鳳凰鸚鵡》　一名時樂鳥。　鳳凰鸚鵡，黑睛黄暈，白臉，白頰，上咮牙白色，淺黑勾，下咮深黑色，頭項臆腹俱鮮紅毛，紅肩背黄，膊帶青紅尖，翠青翅，赤黑裏，鮮紅長尾，旁有縹青毛，尾根有短灰白翎覆之，白黑斑足，黑爪。其身長幾三尺，于鸚鵡之中特爲雄大，毛色焕爛，五采畢備。性又馴擾，不用覊籠，素養飼者，臂擎而行。若餘人至手近之，輒嗔啄。唐張説詩云：形貌乍同鸚鵡類，精神别禀鳳皇心。此鳥真足當鳳凰之名矣。《酉陽雜俎》云：開元中有五彩鸚鵡能言，上令左右試牽帝衣，鳥輒嗔目叱咤。岐府文學能延京，獻《鸚鵡篇》以贊其事。張説獻《時樂鳥篇》，其序云：伏見天恩，以靈異鸚鵡及能延京所述篇出示朝列。臣按《南海異物志》：有時樂鳥，鳴云太平，天下有道則見。驗其圖，丹首紅臆，朱冠緑翼，鶚領文背，糅以五色。今此鳥本南海貢來，與鸚鵡狀同而毛彩全異。其心聰性辨，固非凡禽，實瑞經所謂時樂鳥。延京雖叙其事，未正其名。臣竊獻《時樂鳥》一篇，以彰聖瑞。《南史》：扶南國出五色鸚鵡。《南州異物志》：杜薄州出五色鸚鵡，性尤慧解。

又《金頭鸚鵡》　金頭鸚鵡，黑睛黄暈，米白臉，米白觜，頭頂菊黄色，項至背膊俱緑紅，肩緣膊有黄毛，翮毛紅根青尖，尾毛具紅、黄、青、緑四色，臆腹黄緑相次，蒼白足爪。此鳥能歌曲，音婉轉而不可辨。《粤志》云：雜色

鸚鵡能番、漢語。又《交州志》云：鸚鵡能婉聲歌曲。信有之也。

又《青頭紅鸚哥》 青頭紅鸚哥，黑睛黄赤重暈，蒼白瞼，紅觜，深青頭，頂頸背臆腹俱鮮紅色，臆前有黄毛，肩上雜翠羽，膊翅黄緑相間，短紅尾，尾尖殷黑暈，蒼斑足，黑爪，脛上有翠紅毛。

又《緑翅紅鸚哥》 緑翅紅鸚哥，黑睛黄紅重暈，蒼灰瞼，頭頸背腹純紅，緑膊，肩上有嬌黄毛，黑緑翅，翮短，濶尾，上節紅質黑暈，下節黑質青緑紋，蒼白足，爪脛上有翠緑毛。

又《翠尾紅鸚哥》 翠尾紅鸚哥，黑睛黄暈，灰瞼，紅觜，黑喙，頭頸臆腹深紅色，肩背翠青色，翠緑膊翅黑裏，藍翠長尾，黑足爪。

又《蓮青鸚鵡》 蓮青鸚鵡，黑睛黄瞼，黑觜，殷紅頭，頂項至腹作青蓮色，紅背膊中有黑暈，翅兼青黑紅三色，翠翮，臆腹俱殷紅，近尾腹毛黄色，尾上紅下黄，濶而齊短，蒼白足，黑爪。

又《黄鸚哥》 黄鸚哥，黑睛，淺黄瞼，上咮紅，下咮黄黑，米紅頰，牙紅頂，項背膊翅粉黄色，臆腹嬌牙色，黄尾，二翎細而不長，米白足爪。《宋史·樂志》：太宗洞曉音律，時有貢黄鸚鵡者，親製《金鸚鵡曲》。《學山堂志餘》云：鸚鵡黄者，世不多見，其名至宋始有。文人題詠，趙秉文、張居正皆借鷺羽鵲裳形容，未免傷於刻畫。徐渭詩云：自談正殿非關學，却照金籠別有光。二語差爲大雅。

又《山鸚哥》 山鸚哥，黑睛，鮮紅觜，勾喙，黑頭，翠青領，緑項，背腹毛略淺，翠青翅尾黑尖，鮮紅足。其毛色觜足畧似鸚鵡，土人名山鸚哥。

紀　事

五代　王仁裕《開元天寶遺事》卷一《鸚鵡告事》 長安城中有豪民楊崇義者，家富數世，服玩之屬，僭於王公。崇義妻劉氏有國色，與隣舍兒李弇私通，情甚於夫，遂有意欲害崇義。忽一日，醉歸寢於室中，劉氏與李弇同謀而害之，埋於枯井中。其時僕妾輩並無所覺，惟有鸚鵡一隻在堂前架上。洎殺崇義之後，其妻却令童僕四散尋覓其夫，遂經府陳詞，言其夫不歸，竊慮爲人所害。府縣官吏日夜捕賊，涉疑之人及童僕輩經拷捶者百數人，莫究其弊。後來縣官等再詣崇義家撿校，其架上鸚鵡忽然聲屈。縣官遂取於臂上，因問其故。鸚鵡曰：殺家主者，劉氏、李弇也。官吏等遂執縛劉氏，及捕李弇下獄，備招情欵。府尹具事案奏聞，明皇嘆訝久之。其劉氏、李弇依刑處死，封鸚鵡爲『緑衣使者』，付後宫養餵。張説後爲《緑衣使者傳》，好事者傳之。

宋　釋文瑩《玉壺野史》卷六 一巨商姓段者，蓄一鸚鵡，甚惠，能誦《隴客》詩及李白《宫詞》、《心經》。每客至，則呼茶，問客人安否寒暄。主人惜之，加意籠豢。一旦，段生以事繫獄，半年方釋，到家就籠與語曰：鸚哥，我自獄中半年不能出，日夕惟只憶汝，汝還安否？家人餵飲無失時否？鸚哥語曰：汝在禁數月不堪，不異鸚哥籠閉歲久。其商大感泣，遂許之曰：吾當送汝歸。乃特具車馬，攜至秦隴，揭籠泣放，祝之曰：汝却還舊巢，好自隨意。其鸚哥整羽徘徊，似不忍去，後聞止巢於官道隴樹之末。凡吳商驅車入秦者，鳴於巢外，問曰：客還見我段二郎安否？悲鳴祝曰：若見時，爲我道鸚哥甚憶二郎。余得其事於高虞晉叔，事在熙寧六七年間。

宋　趙令畤《侯鯖録》卷二 蔡持正謫新州，侍兒從焉，善琵琶。常養一鸚鵡，甚慧。丞相呼琵琶，即扣一響板，鸚鵡傳呼之。琵琶逝後，誤扣響板，鸚鵡猶傳言。丞相大慟，感疾不起。嘗爲詩云：鸚鵡言猶在，琵琶事已非。傷心瘴江水，同渡不同歸。

宋　蔡絛《鐵圍山叢談》卷六 漢元狩二年，南越獻馴象、能言鳥。應邵注：能言鳥，鸚鵡也。然二廣間鸚鵡視隴右實差小，若曰五色，又自出外國。但今西甌之地，適春夏間，山青澗碧，而木綿花發，紅樹滿目，如與相間錯，即多有鸚鵡羣，飛動千數，且高下争掠人頭面，聞其聲咬咬可喜，疑若別作一道家羡門，方域中爾。人或得其雛，養視而教諸語言。初皆丹喙，中變而黑，度歲餘乃復丹，始不變。此雄者也，號名鸚鵡。有喙常黑而不變，此獨雌者，號名木戾。是二種者，實藉人力而致之言語，罕有合其自然。至百數十中，忽一天機辨慧，始雖因教，然終乃同諸人而性靈，斯足尚矣。吾頃見貳車陳端誠家一鸚鵡，能自談對，睹老兵攜來筍出，則報曰：『院子偷物出也，在簟內。』其小奴竊酒，又亟報曰：『惠奴偷酒。』衆争視之，窮詰略無迹，反罪其妄。乃又曰：『藏桌下矣。』共驗之信。於是奴婢大憤，後以計

而殺之也。嘗讀殷芸《小説》載晉張華有鸚鵡，每出還，輒説僮僕好惡。一日寂無言，華問其故，曰：『被禁在甕中，何因得知事？』殆類此。都下飛鳶至多，而大内中爲最。每集英殿下燕，則飛鳶動千百爲羣，舞翅庭中，百官燕食，至則多爲所掠。故事，遇燕設，乃於鄰殿置肉以賜鳶，後稍得引去，然尚多有之也。《周官》射鳥氏賓客會同，以弓矢敺鳥鳶，然則鳶之善鈔盜有自來矣。今乘輿在御，又鳶飛既衆，是弓矢有不可敺者，故賜鳶肉乃出本朝，第不知其始。私竊謂儻非仁廟之至仁，必由祖宗之聖惠矣。

明　孔齊《静齋至正直記》卷二《鸚鵡詩》　前輩嘗論詩，公莫謂宋人不能詩者，且以蔡確一絶句云：『鸚鵡言猶在，枇杷事已非。傷心瘴江水，同渡不同歸。』亦自好詩。法確遭貶，寵養一鸚鵡，每以妾枇杷調之，作人語。後放還，復渡江而死矣，故作是詩也。

明　焦周《焦氏説楛》卷二　天寶有兩鸚鵡，一雪衣女侍，貴妃誦經者也；一緑衣使者，訟楊崇義冤者也。張説爲作傳。

明　陳繼儒《太平清話》卷二　成化間，海南進紅鸚鵡，朱衣翠裳，石田先生見而圖之。

清　徐岳《見聞録》卷三《鸚鵡》　有士人饗白鸚鵡，能誦太白詩數十首，淵明《歸去來詞》、東坡《前後赤壁賦》，并士人所作詩詞。言一日可熟數句，亦慧矣。更可異者，清晨必誦觀音寶號大士咒，然後念詩句，否則導之不應也。一日謂士人曰：『我從西方來，還從西方去矣。』其夜死於鞲。此徵君曹叔方言於嶺南視見之。昔有人養鸚鵡，以其慧甚，施於僧。僧教之誦經，往往於架上不言不動。問其故，答曰：『身心俱不動，爲求無上道。』及死，焚之有舍利。唐玄宗宫中畜鸚鵡數日，一日問之曰：『思鄉否？』對曰：『思甚。』遣中官放還山中。後數年有使臣過隴山。鸚鵡問曰：『上皇安否？』使臣曰：『上皇崩矣。』鸚鵡聞之，皆悲鳴不已。使臣因賦詩曰：『隴口山深草木荒，行人到此斷肝腸。耳邊不忍聽鸚鵡，猶在枝頭説上皇。』又《眉公秘笈》載：世宗宫一鸚鵡，能誦《普庵咒》，後爲猫所攫，上甚悼之。凡物得氣之盛者，必有異於物。龍之異以骨，故能吸氣茹精。龜之異以殼，故可卜而先知。犀之異以角，故孕星。蚌之異以珠，故胎月。若鸚鵡以能言異於物，而間有慧性非常者，不可以飛鳥限之。彼秦吉了、鴝鵒亦能言之鳥也，然未有及鸚鵡者也。

藝文

漢　禰衡《鸚鵡賦并序**》（引自《歷代賦彙》卷一三〇）**　時黄祖太子射，賓客大會。有獻鸚鵡者，舉酒於衡前曰：『禰處士，今日無以娛賓，竊以此鳥自遠而至，明慧聰善，羽族之可貴，願先生爲之賦，使四座咸共榮觀，不亦可乎？』衡因爲賦，筆不停綴，文不加點。其辭曰：惟西域之靈鳥，挺自然之奇姿。體金精之妙質，含火德之明輝。性辯慧而能言兮，才聰明以識機。故其嬉遊高峻，棲跱幽深。飛不妄集，翔必擇林。紺趾丹觜，緑衣翠衿。采采麗容，咬咬好音。雖同族於羽毛，固殊智而異心。配鸞皇而等美，焉比德於衆禽。於是羨芳聲之遠揚，偉靈表之可嘉。命虞人於隴坻，詔伯益於流沙。跨崑崙而播弋，冠雲霓而張羅。雖綱維之備設，終一目之所加。且其容止閑暇，守植安停。逼之不懼，撫之不驚。寧順從以遠害，不違忤以喪生。故獻全者受賞，而傷肌者被刑。爾乃歸窮委命，離羣喪侣。閉以雕籠，剪其翅羽。流飄萬里，崎嶇重阻。踰岷越障，載罹寒暑。女辭家而適人，臣出身而事主。彼賢哲之逢患，猶棲遲以羈旅。矧禽鳥之微物，能馴擾以安處。眷西路而長懷，望故鄉而延佇。忖陋體之腥臊，亦何勞於鼎俎。嗟禄命之衰薄，奚遭時之險巇。豈言語以階亂，將不密以致危。痛母子之永隔，哀伉儷之生離。匪餘年之足惜，慜衆雛之無知。背蠻夷之下國，侍君子之光儀。懼名實之不副，恥才能之無奇。羨西都之沃壤，識苦樂之異宜。懷代越之悠思，故每言而稱斯。若乃少昊司辰，蓐收整轡。嚴霜初降，涼風蕭瑟。長吟遠慕，哀鳴感類。音聲悽以激揚，容貌慘以顦顇。聞之者悲傷，見之者隕淚。放臣爲之屢歎，棄妻爲之歔欷。感平生之遊處兮，若壎篪之相須。何今日之兩絶，若胡越之異區。順籠檻以俯仰，窺户牖以踟躕。想崑山之高峻，思鄧林之扶疏。顧六翮之殘毁，雖奮迅其焉如。心懷歸而弗果，徒怨毒於一隅。苟竭心於所事，敢背惠而忘初。託輕鄙之微命，委陋賤之薄軀。期守死以報德，甘盡辭以效愚。恃隆恩於既往，庶彌久而不渝。

晉　郭璞《鸚鴞》（引自《漢魏六朝百三家集》卷五七）　鸚鴞慧鳥，青

羽赤喙。四指中分，行則以觜。自貽伊籠，見幽坐趾。

南朝宋　顔延之《白鸚鵡賦》（引自《漢魏六朝百三家集》卷六七）

余具職崇賢，預觀神秘，有白鸚鵡焉，被素履玄，性温言達，九譯絶區，作玩天府。同事多士，咸奇思賦，其辭曰：稟儀素域，繼體寒門。貌履玄而被潔，性既養而亦温。雖言禽之末品，妙六氣而尅生。往秘奇於鬼服，來充美於華京。恨儀鳳之無辨，惜晨鷺之徒暄。思受命於黄髮，獨含辭而採言。起交河之築薄，出天山之無根。既達美於天居，亦儷景於雲阿。漸惠和之方渥，綴風土而未訛。服瑒翮於短衿，仰梢雲之曾柯。覬天網之一布，漏微翰於山阿。

唐　李伯藥《鸚鵡賦》（引自《文苑英華》卷一三五）　嘉靈禽之擢秀資，品物以呈祥。含金精於兑域，體耀質於炎方。候風海而作貢，備黼黻以成章。繡領綺翼，紅衿翠裳。飾以朱紫，間以玄黄。碧雞仰而寢色，金鵝對以韜光。亘萬里之重阻，隨四夷而來王。既逾嶺以自致，亦凌江而遠翔。開神情之聰辨，發樞機而抑揚。粤惟上聖，先天成命。在萬物而畢覩，舉四海而咸鏡。仁沾草木，信暨翔泳。咨此鳥之來儀，亦攝生而遂性。辨方物於圖象，具靈表於言詠。酬對清敏，發吐祥正。寔靡靡而可悦，雖喋喋而無競。徘徊阿閣，容與堂皇。背風雲之遐路，承日月之休光。聽簫韶之逸響，味椒掖之餘芳。更無歎於羅罻，終懷恩於稻粱。齊鵬鷃於一指，屬鵷鶵而兩忘。翠融孔質，鴻騫鶚跱。應舞節以鸞回，慕知來而鵲起。先假道於朱咮，方徐行於紺趾。配六象以表德，叅四靈而效祉。庭開霧夕，景凈霞空。乍褰珠網，始出金籠。遊萬年於木末，翫四照於花叢。窺仙盤而飲露，登井幹以承風。懷故鄉之遠思，戀羈雌之舊侣。望天衢以寄聲，託歸飛而延佇。不假物以自衛，必任真於出處。以薄伎而見知，亦無憂於鼎俎。不違道以飾智，故忘情於所語。豈止往來丹陛，周旋玉除。悦芝英之蘼靡，愛蓂莢之扶疎。將以整六翮而遐逝，望一舉而沖虚。希九成之兆吉，覬七日以傳書。時光華而始旦，歲蹉跎而遽晚。彼候鴈與賓鴻，違風霜而未返。嗟銜蘆以避繳，恨日暮而塗遠。羡嚶嚶之好音，獨遷喬於上苑。仰上林之爽塏，襲崐閬之重規。寔神秘之棲息，萃羣飛之羽儀。翔靈囿，遊天池，翳叢薄，汎漣漪。況能言之擅美，冠同類以稱奇。奉皇恩之亭育，將謝生而莫施。惟一人之有慶，願千歲其若斯。

唐　王維《白鸚鵡賦》（引自《文苑英華》卷一三五）　若夫名依西域，族本南海。同朱喙之好音，變緑衣於素彩。唯兹禽之可貴，諒其美之斯在。爾其入翫於人，見珍奇質。狎蘭房之妓女，去桂林之雲日。易喬枝於羅袖，代危巢於瓊室。慕侣方遠，依人永畢。託言語而雖通，顧形影而非匹。經過珠網，出入金鋪。單鳴無應，隻影長孤。偶白鷴於池側，對皓鶴於庭隅。愁混色而難辨，每知名而自呼。明心有識，懷恩何極。芳樹絶想，雕梁撫翼。時銜花而不言，每投人以方息。慧性孤稟，雅容非飾。含火德之明暉，被金方之正色。至如海鶱呈瑞，有玉筍之可依。山雞學舞，向瑶鏡而知歸。皆毛羽之偉麗，奉日月之光輝。豈憐兹鳥，地遠形微。色凌紈質，彩奪繒衣。深籠久閉，喬木長違。倘見借於羽翼，與遷鶯而共飛。

唐　劉禹錫《劉賓客外集》卷一《和樂天鸚鵡》　養來鸚鵡觜初紅，宜在朱樓繡户中。頻學喚人緣性慧，偏能識主爲情通。斂毛睡足難銷日，嚲翅愁時願見風。誰遣聰明好顔色，事須安置入深籠。

唐　白居易《白氏長慶集》卷一五《紅鸚鵡》商山路逢　安南遠進紅鸚鵡，色似桃花語似人。文章辯慧皆如此，籠檻何年出得身。

又卷一八《鸚鵡》　竟日語還默，中宵棲復驚。身囚緣彩翠，心苦爲分明。暮起歸巢思，春多憶侣聲。誰能拆籠破，從放快飛鳴。

又卷二六《雙鸚鵡》　緑衣整頓雙棲起，紅觜分明對語時。始覺琵琶絃莽鹵，方知吉了舌參差。鄭牛識字吾常歎，丁鶴能歌爾亦知。若稱白家鸚鵡鳥，籠中兼合解吟詩。

唐　元稹《元氏長慶集》卷二五《有鳥二十章》　有鳥有鳥名鸚鵡，養在雕籠解人語。主人曾問私所聞，因説妖姬暗欺主。主人方惑翻見疑，趁歸隴底雙翅垂。山鴞野雀怪鸚語，競噪爭窺無已時。君不見隋朝隴頭姥，嬌養雙鸚囑新婦。一鸚曾説婦無儀，悍婦殺鸚欺主母。一鸚閉口不復言，母問不言何太久。鸚言悍婦殺鸚由，母爲逐之鄉里醜。當時主母信爾言，顧爾微禽命何有。今之主人翻爾疑，何事籠中漫開口。

唐　張祜《鸚鵡》（引自《全唐詩》卷五一〇）　棲棲南越鳥，色麗思沉淫。暮隔碧雲海，春依紅樹林。雕籠悲斂翅，畫閣豈關心。無事能言語，人

聞怨恨深。

又《再吟鸚鵡》 萬里去心遠，奇毛覺自非。美人憐解語，凡鳥畏多機。未勝無丹嘴，何勞事緑衣。雕籠終不戀，會向故山歸。

唐 裴夷《鸚鵡》（引自《全唐詩》卷五一三） 勸爾莫移禽鳥性，翠毛紅觜任天真。如今漫學人言巧，解語終須累爾身。

唐 羅隱《羅昭諫集》卷四《鸚鵡》 莫恨雕籠翠羽殘，江南地暖隴西寒。勸君不用分明語，語得分明出轉難。

唐 來鵠《鸚鵡》（引自《全唐詩》卷六四二） 色白還應及雪衣，觜紅毛緑語仍奇。年年鎖在金籠裏，何似隴山閒處飛。

唐 羅鄴《鸚鵡咏》（引自《全唐詩》卷六五四） 玉檻瑶軒任所依，東風休憶嶺頭歸。金籠共惜好毛羽，紅觜莫教多是非。便向郄堂誇飲啄，還應禰筆發光輝。乘時得路何須貴，燕雀鸞凰各有機。

唐 秦韜玉《鸚鵡》（引自《全唐詩》卷六七〇） 每聞别雁競悲鳴，却歎一作向，一作羨。金籠寄此生。早是翠襟爭愛惜，可堪丹觜彊分明。雲漫隴樹魂應斷，歌接秦樓夢不成。幸自一作有。禰衡一作正平。人未識，賺他作賦被時輕。

宋 歐陽修《文忠集》卷五八《紅鸚鵡賦》并序 聖俞作《紅鸚鵡賦》，以爲禽鳥之性，宜適於山林。今兹鸚徒事言語文章以招累，見囚樊中，曾烏鳶鷄鶩之不若也。謝公學士復多鸚之才，故能去昆夷之賤，有金閨玉堂之安，飲泉啄實，自足爲樂，作賦以反之。夫適物理，窮天真，則聖俞之説負才賢以取貴於世，而能自將，所適皆安，不知籠檻之與山林，則謝公之説勝。某始得二賦，讀之釋然，知世之賢愚出處各有理也。然猶疑夫兹禽之腹中，或有未盡者，因拾二賦之餘棄也，以代鸚畢其説。后皇之載兮殊方異類，肖翹蠢息兮厥生咸遂。鎔埏賦予兮有物司之，汩然後化兮默運其機。陶形播氣兮小大取足，紛不可狀兮千名萬族。異物珍怪兮託産遐陬，來海裔兮貴中州。邈丹山於荒極，越鳳凰之所宅，稟南方之正氣，孕赤精於火德。蓋以氣而召類兮，故感生而同域。播爲我形，特殊其質，不緑以文，而丹其色。物既賤多而貴少兮，世亦安常而駭異。豈負美以有求兮，適遭時之我貴。客方黜我以文采，弔我於籠樊，謂夫飛鳴而飲啄，不若鷄鶩與烏鳶。噫！不知物有貴賤，殊乎所得。工初造我，甚難而嗇，千毛億羽，曾無其一。忽然成形，可異而珍，慧言美質，俾貴於人。籠軒實玩，翔集安馴。彼衆禽之擾擾兮，蓋迹殊而趣乖。既心昏而質陋兮，乃自穢而安卑。樂以鐘鼓，宜其眩悲。蓋貴我之異稟，何概我於羣飛。若夫生以才戾，養以性違。客之所悼，我亦悼之。我視乎世，猶有甚兮，郊犧牢豕，龜文象齒，蚌蛤之胎，犛牛之尾，既殘厥形，又奪其生。是猶天爲，非以自營。人又不然，謂爲最靈，淳和質静，本湛而寧。不守爾初，自爲巧智。鑿竅泄和，漓淳雜僞。衣羔染夏，强華其體。鞭朴走趨，自相械繫。天不汝文而自文之，天不汝勞而自勞之。役聰與明，反爲物使。用精既多，速老招累。侵生盩性，豈毛之罪。又聞古初，人禽雜處，機萌乃心，物則遁去。深兮則網，高兮則弋。爲之職誰，而反予是責。

明 楊榮《文敏集》卷一《白鸚鵡》 上林風日美，佳氣鬱葱葱。花木競妍媚，珍禽亦云充。有鳥曰鸚鵡，態度莫與同。質稟金精秀，性含火德豐。聰慧復能言，清音徹九重。翠色變爲素，造化施神功。霜毛既皎潔，雪羽何璁瓏。翱翔青瑣闥，出入蓬萊宫。繫以紅錦絛，盛以黄金籠。常時沐恩寵，眷顧回重瞳。素鷳不可並，白鷺焉敢從。飲啄既得所，飛止何雍容。適逢太平日，昌運方興隆。願言在靈囿，祝壽頻呼嵩。

明 楊溥《楊文定公詩集》卷二《五色鸚鵡》 隴頭有靈禽，飛來上林樹。身被五彩衣，繡縠黄金縷。饑飡玄圃芝，暖沐天池雨。臨風振羽儀，眷楊文定公。

明 馬愉《馬學士文集》卷一《應制黄鸚鵡詩》 有鳥鸚鵡求炎方，黄金毛羽真非常。獻身萬里達明光，九重歡賞稱奇祥。仙姿不用玄翠粧，況數雪衣與緑裳。金精孕質天然章，褆被一色合中央。肯與鳥鵲同翺翔，要觀阿閣巢鳳凰。雕鏇金索日正長，珊瑚碧樹依宫墻。多機巧語慧且良，丹咮半啓何琅琅。無勞左右調宫商，音韻自協笙與簧。春風瑶圃瓊枝芳，碧桃和露啄天香。曈曈初日呈扶桑，時隨鳳輦鳴朝陽。彤墀賜觀環佩鏘，微臣稽首爲揄揚，名垂萬古歌虞唐。

明 葉盛《菉竹堂稿》卷二《鸚鵡》 雕籠不到隴山陽，飛去花枝亦故鄉。誰謂巧言能害物，祢生元自恃文章。

明　陳九川　**《明水陳先生文集》卷一三《鸚鵡二首》**　鸚鵡來何處，雲迷隴樹遥。喙磨丹玉鋭，羽集緑荷嬌。翻以能言苦，寧爲得食驕。周旋安一架，舌利不須饒。

鸚鵡禽中秀，能言已獨奇。相輕便隴俗，見貴苦南移。楚國禰衡賦，吴江太白詩。莫嫌經品藻，千載托名垂。

明　王世貞　**《弇州四部稿》卷四四《鸚鵡》**　翠領丹黔蒨復殷，空庭脉脉自成閒。高懷春草洲邊賦，歸思秋風隴外山。金鏁欲飛愁掣搦，碧紗無伴訴閒關。君恩約畧知多少，還似長門閉玉顔。

明　張佳胤　**《居來先生集》卷六《放鸚鵡二首》**　有鳥何方得，黄山萬里西。是誰憐辯慧，爲爾脱羈棲。隴月心常切，關河路不迷。卽看田野雀，隨意上林啼。

歲月牢籠久，將歸意不孤。對雲翻羽翮，繞屋更踟躕。言語隨凡鳥，虞羅慎畏塗。山林如自得，豈敢望銜珠。

明　薛論道　**《林石逸興》卷四《黄鶯兒·鸚鵡》**　靈域本關西，負圓機物所稀，能言能舞爲人異。御名雪衣，封號緑衣，事君報主皆知義。羽中奇，聰明智慧，百鳥更何及。

明　朱長春　**《朱太復文集》卷九《鸚鵡》**　浔汝清江外，官亭伴母慈。籠歸人已逝，室異鳥知悲。漸覺憔毛羽，寧須怨别離。當呼不肯視，獨語竟爲誰。

清　陶孚尹　**《欣然堂集·詩集》卷六《鸚鵡》**　翠羽翛翛隴首來，等閒覊縛不凡材。禰衡枉自誇能賦，也爲多言惹禍胎。

清　張榕端　**《白鸚鵡次石虹韻》（引自《國朝畿輔詩傳》卷一九）**　珍鳥來南粤，羈棲違故園。羽毛元愛潔，飲啄也沾恩。皓月分形影，文窗接語言。開籠終不去，畢弋在高原。

清　竇遴奇　**《鸚鵡》（引自《國朝畿輔詩傳》卷三）**　金眸靈鳥出西河，曾向潼關一度過。莫怪樊籠常繫爾，能言自古讉尤多。

清　邵遠平　**《戒山詩存·粤行集·白鸚鵡》**　一種能言鳥，天然被羽衣。只疑霜後見，偏向月中飛。紺趾棲金鎖，清音出翠闈。可曾從大士，佛號誦依稀。

清　屈大均　**《翁山詩外》卷九《和藥亭人日得白鸚鵡之作》**　來自西洋白者稀，炎天氷雪積毛衣。黄花頂上開難已，頂上有黄毛，客至毛輒開，成蓮花形，謂之開花。玉粒籠中啄不肥。皎潔應爲高士得，疎狂每恨昔人非。謂禰處士。一從佳節逢人日，飛向君前更不飛。

又《五色鸚鵡》　來自扶南勝隴西，勤教紅豆飼中閨。定知片羽千金準，况復諸雛五色齊。萊氏衣裁蝴蝶子，麻姑裙化鳳凰妻。翩翩文采人多妒，安得歸飛丹穴棲。

又卷一六《玉女摇仙佩·白鸚鵡》　西洋巨舶，蠔鏡蠻奴，帶得雙雙純白。膩粉粘身，金絲生頂，慣自開花娱客。不用春纖拍。喜番言漢語，諸音都習。教兒女、珠釵買取，好把餘甘緑豆相識。雕籠恐天寒，覆被薰香，殷勤旦夕。

東屋漫誇五色，黄裏紅衣，争似冰翎霜翮。卻笑越鵰、長矜瓊尾，尚有絲絲煙墨。未盡瑶妃質。恨天與，慧性年年添得。秖自記，華清舊事，宫人教謝，至尊憐惜。無消息，襟前但有淚痕積。

清　魏荔彤　**《懷舫雜著·鸚鵡賦》**　維兹靈鳥，頗致佳辭，偶寄閒情，聊成短賦。未敢祖襲前聞，要以發抒素意而已。朱陽敷色，翠隴騰嵐。丹崖鳳侶，碧落鸞驂。羽生斯翽，舌在知談。智惟纇脱，慧乃珠含，胡爲口給，胡爲言甘。如兹鸚鵡，明哲豈諳。崇山在望，茂林可探。懸巢常憇，振豆時餤。暮翔朝翥，雄樂雌湛。歲月忽忽，羽翰毵毵。光彩未歛，聲韵恣貪。虞人指顧，世網周函。從兹鎩羽，顧影生慙。爾迺初入離宫，偶來仙館。貴主鑾開，寵姬情欵。飾以珠纓，飲以玉盌。金鎖秋清，錦幃春煖。麝煤夕薰，蘭漿朝澣。恩重兮躊躇，憂深兮鬱懣。歌止樊兮心傷，效如簧兮舌短。哀衆鷄兮蓬飛，悲舊侶兮雲斷。彼梁燕之絮語，尚往來而宴衎。或仗馬之長鳴，因斥逐而履坦。厥生弗造，文彩幸誕。厥德聿脩，口過恐滿。傍有凡鳥，欲爲頰緩。以兄呼之，進而言曰：嗚呼嘻噫！令色巧言，世之二美，渝白變黑，桀譽堯毁。肆其便便，工爲唯唯。富貴之來，如彼流水。於時熟視弗怡，鼓翼而起。羈縻未脱，黯然復止。觀其婉轉出話，以娱嘉賓。咒誦梵典，欲託美人。香界已寂，茗戰方新。忽呼名而淚如雨下，或覔跡而風掃爲塵。望帝魂招，懷舊恩而泣血。勞生數促，感噩夢而飛燐。况乎睠彼鷙鳥，思嚇鵷鶵。乃有白鴿，困於貍奴。或爲軒鶴，或爲棲烏。歌臺月歆，花逕烟逋。皓齒蛾眉兮歡竭，芳草佳卉兮香辜。珍禽憔

悴，野鶩胡盧。斯時主人，不暇自娛。又焉有距雞之金，巢燕之幕。以養多言之鳥，使效喋喋之嗇夫也哉！於是緘長喙，戢華羽，久無聲息，永謝齟齬。託欄檻於一枝，遠蹭蹬之千緒。辭旨鈍拙，舉止艱阻。受誨不馴，素餐無語，敗乃翁意極矣。忽爾解繫開籠，放之使去。遂志虛沖，感恩奮飛，還於崆峒。至今樵夫牧竪，猶聞其時，望五雲而呼嵩。

清　柯維貞《傳言玉女白鸚鵡次韻》（引自《國朝詞綜補》卷四）　珍鳥何來，光映一庭晴雪。輕翻粉翅，慰佳人愁結。金經誦罷，漫憶珠宫琳闕。且依綺閣，閒看素月。　亦似多情，未黄昏，嬌語歇。窺他紅袖，把水晶簾揭。還從鏡檻，悄向玉奴低説。説他燕子，雙棲時節。

清　王士禛《帶經堂集》卷六一《蠶尾續詩卷七·鸚鵡二首》　味帶紅芳映緑衣，雕籠長閉與心違。誰知夜夜金鋪裏，夢向秦雲隴樹飛。　香山蠔鏡紅鸚鵡，洋舸來從萬里遥。曾向珠江蕭寺見，一林花雨對紅蕉。

清　劉秉恬《公餘集》卷三《鸚鵡》　丹觜青衿暎日暄，誰家馴鳥巧能言。幾聲宛轉知人意，遠賽笙歌盡日喧。

清　莊述祖《珍執宦詩鈔》卷一《鸚鵡》　緑衿鸚鵡儘多知，紅袖招來教誦詩。怪得人前不肯學，偷吟二月賣新絲。

清　愛新覺羅·弘曆《清高宗詩三集》卷六五《鸚鵡有序》　鸚鵡翦舌而語，然由人教成，彼固不能知爲何語也。愬僕説夢事涉誕怪，君子宜不語。然《禮記》已有其言，則教語誇奇，亦不始自秦漢以後矣。因成是什，既以闢異，亦慨世道之早降云。　鸚鵡雖能言，所言自不知。翦刀斷其舌，凌晨對語之。久久能習慣，效人音成辭。詎彼性通靈，解語心所思。張華説夢惡，開元憐雪衣。荒誕豈其然，欺人實自欺。聞之《禮記》云，不離飛鳥姿。斯則古已然，嗟哉風久漓。

清　吴雯《别本蓮洋集》卷一一《白鸚鵡爲宋牧仲僉憲賦》　怪爾生炎海，天然素羽稀。幾驚金粟夢，故避雪山飛。對月常憐影，當花恐涴衣。瑶林有仙客，數與伴清暉。

清　任端書《南屏山人集·詩集》卷二《紅鸚鵡次趙明府韵二首》

天邊朱鳥應分種，丹穴文禽别様奇。光連珠簾懸架處，映來朝日上窻時。絳雲宫裏驕神羽，瓊蕊闌前想豔儀。一賜緋衣倍珍重，隴山歸去獨教遲。

二：開籠誰記雪衣娘，文彩新看照座光。對語烟中披焰氣，倒窺花底度紅裳。爲分玉粒心應惜，試啄金桃影共翔。解識仙姿異凡鳥，殷勤相唤武游郎。

清　祝德麟《悦親樓詩集》卷四《鸚鵡詠》　姣好紅襟鳥，能令翠羽輕。愛憐緣綺麗，羈縶誤聰明。趙后陵風態，昭君去國情。香閨教私語，亦解唤卿卿。

清　劉大紳《寄庵詩文鈔》卷六《青春鸚鵡》　蠻林爽箐成羣飛，呼晴唤雨無是非。一自虞人網羅巧，緑雲遂與青山違。　閉置雕籠教説話，美女珍惜醜女怪。春來舊侣長相思，寄語多言世所戒。

清　張問陶《船山詩草》卷四《出山小草·途中見鸚鵡》　錦絲玉粒强支持，不及羣飛度隴時。漫倚人憐名字好，惟應自惜羽毛奇。我如作賦才空費，汝亦無言事可知。一卷金經銷慧業，隔林鷹隼莫相疑。

唐　雷玉映《鸚鵡》（引自《沅湘耆舊集》卷一八）　爲鼓如簧舌，雕籠鎖雪衣。靈根如不昧，應悔巧言非。

清　臧吉康《鸚鵡》（引自《兩浙輶軒續録》卷二三）　鸚哥逞紅嘴，巧語立瑶軒。畏爾獨饒舌，使予常慎言。

清　劉光第《衷聖齋詩集》卷上《鸚鵡》　羽族豈不美，何因羨倮蟲。偶然學人語，端合在塵籠。懺悔心經外，神仙夢景中。鳳凰能大聖，音迹與天通。

圖表

明 李時珍《本草綱目・圖卷》

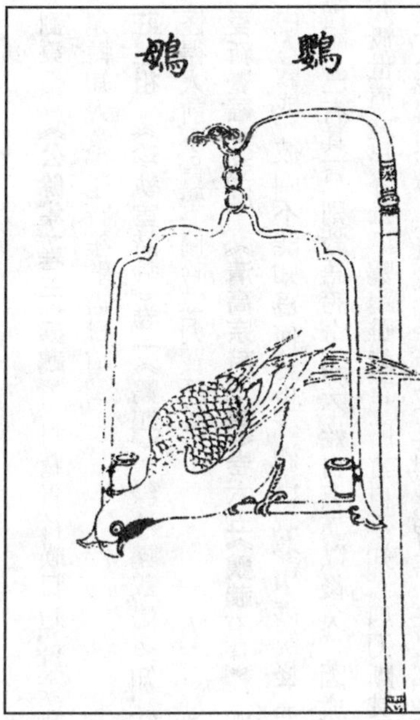

啄木

綜述

《禽經》鴷志在木。《爾雅》曰：鴷，斲木。鳥巢木中。觜如錐，長數寸。常斲樹，食蠹蟲。喙振木，蟲皆動也。

《爾雅・釋鳥》鴷，斲木。注：口如錐，長數寸，常斲樹食蟲，因名云。

音義：鴷，音列。斲，陟角反。錐，章誰反。疏：斲木鳥，一名鴷。郭云：口如錐，長數寸，常斲樹食蟲，因名云。

宋 陸佃《埤雅》卷八《斲木》 《釋鳥》云：鴷，斲木。郭璞曰：『口如錐，長數寸，常斲木食蟲，因名云』者是也。《淮南子》曰：貍頭愈鼠，雞頭已瘻，蝱散積血，斲木愈齲，此類之推者也。膏之殺鱉，鵲矢中蝟，爛灰生蠅，漆見蟹而不乾，此類不推者也。《説文》曰：[illegible]，齒蠹也。以類相攝，故斲木愈之。俗言此鳥善爲禁法，能曲爪畫地爲印，則穴之塞自開，飛輒以翼墁之。今鼠竊用其印，以發扃鑰。舊云鴷鳥取蠹於深，以舌銛之，舌長於咮，杪有針刺。《異物志》曰：舌長五寸。此鳥有大有小，有褐有斑，褐者是雌，斑者是雄。又有青黑者，頭上有紅毛，生山中，土人呼爲山斲木，大如鵲。《五姓祕要》曰：相山之法，欲如生蛇之渡水，又欲如斲木之飛翔。生蛇渡水，取其詰屈；斲木飛翔，取其一高一下。

宋 鄭樵《通志》卷七五 鴷，《爾雅》曰：啄木。鴷音列。今亦謂之斲木鳥，常啄木剥剥然，取蠹蟲食。

宋 羅願《爾雅翼》卷一四《斲木》 鴷，斲木，口如錐，長數寸，常斲枯木，取其蠹，故以名云。此鳥有大有小，有褐有斑，褐者是雌，斑者是雄。又有青黑者，大如鵲，頭上有紅毛如鶴頂，生山中，土人呼爲山啄木。然以青者爲主。故《黄帝内經》：太陰司天，羽蟲不成。謂丑未之歲也。説者以爲羽蟲，謂青緑色者，則鸚鵡、鴷鳥、翠碧鳥之類，諸青緑色之有羽者也。歲乘金運，其復甚焉。此乃六氣五類，有相勝制者也。其飛好極深遠，故相傳以爲雷公採藥吏所化。此與帝女爲精衛，蜀王爲子嶲，竊肉者爲逃河相類。斲木，易識之鳥，而許叔重解《淮南子》『仲春之月，倉庚鳴』，一説以爲斲木，非也。此鳥喙端有鉤，嘗見其啄不止，頃之摯翼不能去，若負痛者，使人視之，啄在木中，力脱之，遂死。蓋平時得蟲，則以鉤取之，此時無蟲，鉤誤着木，不能去也。

宋 施宿《會稽志》卷一七 斲木，《釋鳥》云：鴷，斲木。郭璞曰：口如錐，長數寸，常斲木食蟲，因名云。此鳥有大有小，有褐有斑，褐者是雌，斑者是雄。又有青黑者，頭上有紅毛，生山中，土人呼爲山斲木，大如鵲。

宋 戴侗《六書故》卷一九 鴷 [illegible]，力薛切。《爾雅》曰：鴷，斲木。又名啄木。鋭喙長舌，舌如銛鉤，啄木空，鉤食其蠹。

明 郎瑛《七修類稿》卷三三《啄木》 啄木本名鴷也，俗稱啄木。《異物志》謂大如雀，喙與足背皆青色，今所見相符，但形大於雀，而時有紅

嘴者。及見王元之詩曰：淮南啄木大如鴉，頂似仙鶴堆丹砂。則形色又異之矣。後讀《爾雅翼》，方知有兩種，大者頂有紅毛，謂之山啄木，然以青色者爲主，故《内經》載青緑之羽蟲是也。魏野咏曰：千林蠹如盡，一腹餒何妨。馬道曰：不顧泥凡及，惟貪得食多。乃一戒貪，而一言材，亦各寓意之不同，皆得詩人規諷之情。

明　李時珍　《本草綱目》卷四九　啄木鳥宋《嘉祐》　釋名：斲木、《爾雅》鴷。時珍曰：此鳥斲裂樹木取蠹食，故名。《禽經》云：鴷志在木，鶨志在水。集解：禹錫曰：《異物志》云：啄木有大有小，有褐有斑，褐者是雌，斑者是雄，穿木食蠹，俗云雷公采藥吏所化也。山中一種大如鵲，青黑色，頭上有紅毛者，土人呼爲山啄木。時珍曰：啄木小者如雀，大者如鴉，面如桃花，喙、足皆青色，剛爪利觜，觜如錐，長數寸，舌長于咮，其端有針刺，啄得蠹，以舌鈎出食之。《博物志》云：此鳥能以觜畫字，令蟲自出。魯至剛云：今閩、廣、蜀人、巫家收其符字，以收驚、療瘡毒也。其山啄木頭上有赤毛，野人呼爲火老鴉，能食火炭。王元之詩云：淮南啄木大如鴉，頂似仙鶴堆丹砂。即此也。亦入藥用，其功相同。

明　穆希文　《説原》卷一〇　啄木，錐口，斲木，取蠹。雌色褐，雄色班，以青者爲主。鸂鶒五色，尾有毛，如船柁，小於鴨，水鳥也。

明　劉侗　《名物通》卷九　啄木，大如雀，喙足皆青，毛正青，翠鳥類也。《淮南子》曰：啄木愈齲，舌長五寸，杪有刺針，遇蠹穴，能以嘴畫字成符，則蠹虫自出。

明　鄭仲夔　《耳新》卷一《鳥畫》　鄭中丞毅未第時，讀書寺中，有啄木鳥日至其窻間啄樹。公惡其聲，因以板蔽所啄隙。鳥至將口于地畫數下，板忽墜，公異之，欲倣其畫迹。俟鳥去，以灰鋪樹底，仍板遮之，鳥果從灰上口畫，板復墮。公熟其畫，乃如前加板以指倣鳥迹作畫，數板仍墮地。

清　佚名　《鳥譜》卷五《朱頂大啄木》　一作斲木，一名鴷，俗名鏌打木。朱頂大啄木，黑睛黄白暈，青黑長觜，吻根微白，鮮紅頭頂，通身黑色如鴉，尾有長翎二根，尖皆兩岐，甚勁而曲向内。覆樹時，以兩岐貼於樹身，以助足力。蒼白足，前後各兩趾。此啄木之最大者。宋王禹偁詩云：淮南啄木如火鴉，頂似仙鶴堆丹砂。即此種也。《爾雅》云：鴷，斲木。注云：口如錐，長數寸，常斲樹食蟲，因名。《本草綱目》云：啄木，剛爪利觜，觜如錐，舌長于咮，其端有針刺，啄得蟲，以舌鈎出食之。《博物志》云：此鳥能以觜畫字，令蟲自出。魯至剛云：今閩、廣、蜀人、巫家收其畫字木，以收驚癇。《本草衍義》曰：《淮南子》謂啄木愈齲，以類相攝也，取制蟲之義。《客燕記》云：京師呼啄木爲鏌打木，言其聲丁丁然，如鏌椓木也。《異物志》云：啄木有大有小，有褐有斑，有青又有青黑者。案：諸鳥皆短舌，唯啄木舌最長，出咮寸餘，其舌本亦甚深，通于腦後。蟲雖潛藏隙穴，皆能伸其舌以鈎取之。其類有數種。一種身大如鴉，色亦純黑，丹頂，謂之丹頂啄木，其最大者也；一種身如雀，紅頂紅頰，身青而白花者，謂之青啄木；一種自頂至背翅黑質白紋者，謂之花啄木；一種頭頂全黑，背翅有大白斑者，謂之黑頭啄木，此三種大小相近。一種形似小雀，白頭白項，背翅黑者，謂之白頭啄木，此啄木之小者也。亦有極小者，身僅長寸許。一種身大如鳩，紅睛紅頂，背翅青緑色，亦有白紋，尾分兩岐，其雌者青灰頂，今人所謂山啄木是也。此數種毛色大小不同，而舌之長出于咮，則如一焉。

又《山啄木》　山啄木，雄者黑睛紅暈，青黑觜，吻根帶赤黄，丹頂，青緑項，蒼緑背，翅翮毛淺黑，有白點，近尾背毛深黄，尾二翎分兩岐，蒼緑色，黑莖，兩旁有暗白斑，頷下有黑點，自頷至腹俱淺緑帶白，近尾處有蒼黄紋，黑足爪，前後各兩趾。雌者頭頂灰青色，淺黑點，喙稍短，背毛蒼緑，近尾處柳緑色，膊毛緑色帶黑，有暗白暈，黑翅翮白點，尾有數翎，皆有暗白點，頷下白質帶青，脛足蒼色，爪蕪黑白色，前後亦各兩趾。

又《紅頭花啄木》　紅頭花啄木，黑睛白眶，長黑觜，尖喙，紅頂，淺紅頰，頭項背翅俱黑，翅上有白圓點相間，臆帶赭土色，黑尾，近尾腹毛殷紅，黑足爪，前後各二趾。

又《黑頭啄木》　黑頭啄木，黑睛，赭白頰，淺黑觜，觜根赭白毛相雜，頂項至背深黑，無斑，膊上白毛一節，其旁間有白黑紋點，翅毛黑質皆大白斑，逐節相間，其斑或圓或直或尖，尾毛純黑，頷至腹白質藕紅暈，近尾處紅色甚鮮，黑足爪。

又《花啄木》　花啄木，赤黑睛，白眶，白頰，黑觜，觜下近頷處微黄，頂項背翅尾皆黑質白紋白點，其紋點殊狀，頂項細紋相聚成花，背膊細直紋，逐節相次，翅毛碎圓點，皆左右相對，尾中二長毛純黑無斑，兩邊二短翎，

白點稍大于翅，頷下赭色間細白毛，臆前淺赤，腹下微白，近尾處殷紅，黑足爪。

又《白頭啄木》 白頭啄木，淺黑睛，淺黑長觜，頭項臆腹純白，近尾毛牙紅色，背至尾俱黑質，背膊白花紋相次，翅毛白圓點如珠，尾二翎中純黑，兩邊有白點，淺黑足爪。此種啄木之小者也。

又《花翅山啄木》 花翅山啄木，黑睛粉紅暈，縹青瞼，黑觜，頭項背翅俱柳緑色，頰旁有白毛，頂後有嬌黄毛一節，膊翅土紅色，間以黑斑黑尾，蒼灰頷腹，黑足蒼爪，前後各兩趾。

清 牟應震 《毛詩物名考》卷一 鴷，啄木鳥，棘鳸也。形似戴勝，而毛色灰緑。其雌者，下身若塗丹，故曰竊丹。觜如利錐，舌長數寸，舌尖有倒刺，啄蠹蟲以鈎出之。其飛踆，其止附木，轉匝以喙叩木，聞其聲卽知蠹之有無也。

藝文

晉 傅玄 《啄木》（引自《藝文類聚》卷九二） 啄木高翔鳴喈喈，飄摇林薄著桑槐。狸緣樹間啄如錐，嚶喔嚶喔聲正悲。專爲萬物作倡俳，當此之時，樂不可迴。

晉 左芬 《啄木詩》（引自《藝文類聚》卷九二） 南山有鳥，自名啄木。飢則啄樹，暮則巢宿。無干於人，惟志所欲。性清者榮，性濁者辱。

唐 朱餘慶 《啄木兒》（引自《文苑英華》卷三二九） 丁丁向晚急還稀，啄遍庭槐未肯歸。終日與君除蠹害，莫嫌無事不頻飛。

唐 元稹 《元氏長慶集》卷二五《有鳥二十章》 有鳥有鳥名啄木，木中求食常不足。偏啄鄧林求一蟲，蟲孔未穿長觜秃。木皮已穴蟲在心，蟲蝕木心根柢覆。可憐樹上百鳥兒，有時飛向新林宿。

宋 魏野 《東觀集》卷九《啄木鳥二首》 爪利嘴還剛，殘陽啄更忙。千林蟲如盡，一腹餒何妨。形小過槐陌，聲高近草堂。豈同聞燕雀，惟解占雕梁。

亂繞園林啄，終朝意若何。莫因飢不足，翻愛蠹偏多。渴映鄰溪下，驚從別樹過。辛勤咏還囑，無損好枝柯。

宋 王禹偁 《小畜集》卷一三《啄木歌》 淮南啄木大如鵶，頂似僊鶴堆丹砂。觜長數寸勁如鐵，丁丁亂鑿乾枯查。黄柑紅桃多有蠹，受命鳳皇須破柱。何當更與繡衣裳，羽族横飛作持斧。

宋 梅堯臣 《宛陵集》卷四《彼鴷吟》 斷木喙雖長，不啄柏與松。松栢本堅直，中心無蠹蟲。廣庭木云美，不與松栢比。臃腫質性虚，朽蝎招猛觜。主人赫然怒，我愛爾何毁。彈射出窮山，羣鳥亦相喜。啁啾弄好音，自謂得天理。哀哉彼鴷禽，吻血徒爲爾。鷹鸇不搏擊，狐兔縱横起。況兹樹腹怠，力去宜濱死。

宋 張耒 《柯山集》卷四《啄木詞》 紅錦長條當背垂，紫檀槽稳横朱絲。美人亭面如雪，纖手當絃金桿撥。彈成丁丁啄木聲，春林蔽日春晝晴。徘徊深枝穿翠葉，玉喙勞時還暫歇。深園斷嶺人不知，中有槎枒風雨枝。蠹多蟲老飽可樂，山静花深終日啄。雄雌相求飛且鳴，高枝礪嘴枝有聲。無功忍使饑腸飽，有意却教枯樹青。疾彈如歌細如語，曲欲終時情更駐。一聲穿樹忽驚飛，葉動枝摇不知處。

宋 韓琦 《安陽集》卷一《啄木》 剥剥復卜卜，意若念良木。營營求蠹心，未獲空我腹。或露一襠紅，或展雙翅緑。捷緣都盧橦，響弄羯鼓曲。搜索不知疲，利觜信摧秃。忽爾破姦穴，種類無遺族。内孽固難辨，一發知潛伏。彼實害珍材，盡殄此非酷。直疑天意深，不使嗜粱肉。專爲衆蠹仇，待飫弗與足。如令知庶味，恣擇蟲與粟。杞梓任陰賊，長喙罷攻觸。飽食作羣飛，時下泉沼浴。歸鳴凉樹陰，暮趂高枝宿。

宋 王質 《紹陶録》卷下《啄木兒》 身間黑白，腹深紅。又一種身間青黄，腹白，觜如錐，啄蠹自飽。

啄木兒，啄木兒，壁壁剥剥尋幽期。山樊深静眠睡熟，樹聲忽鳴林葉飛。輕蹙蹙，重督督，山風槭槭聲漉漉。嗚呼！此友兮誠相知，樹林要深不要稀。

宋 高似孫 《剡録》卷一〇《草木禽魚下・啄木》 《爾雅》曰：啄木，鴷也。白居易詩：豈無啄木鳥，嘴長將何爲。賈島詩：經年抱疾誰來問，野鳥相過啄木頻。

元　釋圓至《牧潛集》卷一《啄木詞》　紫冠綵翅錦翻翻，静覺聲如客打門。何處飛來庭木上，啄成屐齒印泥痕。

元　陳高《不繫舟漁集》卷四《啄木鳥》　啄木鳥，啄樹枝，頭紅如血口如錐，終日啄木嘗苦飢。木心有虫不肯啄，天生爾禽復何爲。吁嗟乎！啄木鳥，佳木蠹盡知不知。

明　僧宗衍《啄木》（引自《石倉歷代詩選》卷三六三）　啄木江南飛，蠹蟲生上林。江南亦有蠹，不聞剥琢聲。蠹種日以滋，木病日以深。啄木不啄蝨，孰慰鳳凰心。

明　汪廣洋《鳳池吟稿》卷二《啄木》　啄木啄木，爾何爲乎？碌碌朝飛，茂林夕飛。叢麓倚利觜而斧，堅索虫螘以充腹。其役何勞，其得何足。秋風烟隴嘉禾熟，胡不從之啄金粟？

明　王世貞《弇州四部稿》卷四九《啄木》　空林長日自敲訇，一掃千章蠹盡清。聞道柏臺烏更好，不知何事但吞聲。

明　張鳳翼《處實堂集·續集》卷九《啄木》　喬柯蔭深澗，瘁葉留榮樹。靈禽飲上池，爲啄枝頭蠹。

清　顧春《天游閣集》卷一《啄木》　東山多啄木，斑褐辨雌雄。利嘴能穿樹，微身善食蟲。氣機開閉塞，禁法惑愚蒙。萬物各殊性，巍巍覆載功。

清　葉昌熾《奇觚廎詩集》卷上《啄木鳥》　有鳥鳴高樹，一枝寄鷦鷯。桑土墐牖户，架木爲橧巢。顧類蛙閣閣，亦似蠶車繅。得毋鼓兩耳，清越持播鼗。又似漸離筑，一擊悲風號。厥名曰啄木，厥木高維喬。穴中有螘子，細等蒲贏腰。可以果我腹，有若取其膋。殲兹總小醜，毋乃譏老饕。諺傳有祕籙，詰屈神所教。利喙逾句踐，靈怪豈諸皋。畫木如畫錐，胸篆有六爻。拾鍼如拾芥，不啻拔一毛。懸知造物巧，瑟柱難可膠。少見多所怪，反常卽爲妖。遷坯觀螻蟻，結網懸蠨蛸。微物有機械，亦若人勞勞。持竿見童子，仰樹求升猱。將如痀僂翁，冥心去承蜩。何苦戀飲啄，天空任翔翱。

圖表

晉　郭璞《爾雅音圖·釋鳥》

明　李時珍《本草綱目·圖卷》

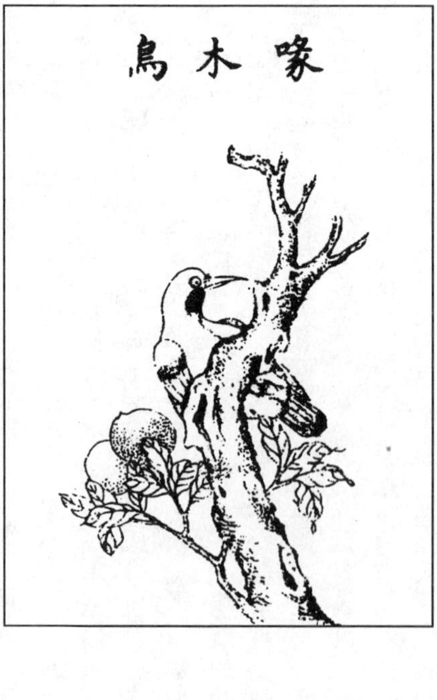

鷸 鴗 翡翠

論說

宋 陸佃《埤雅》卷九《鷸》 鷸，一名述，似燕，紺色，知天將雨之鳥也。故《傳》曰：知天者冠述。而《莊子》曰：皮弁鷸冠，以約其外。字从矞。矞，述也。鷸，知天時而述之者也。《義訓》曰：鷸，紺燕，知風則啼；商羊一足，雨則舞。然則鷸之爲鳥，非獨知雨，又亦知風也。蘇子所謂『蚌鷸相持』者，鷸曰：今日不兩，明日不兩，必有死蚌。蚌曰：今日不出，明日不出，必有死鷸。兩謂鬬口，一本作雨，非是。《異物志》曰：翠鳥，先高作巢，及生子，愛之恐墮，稍下作巢。子生毛羽，復益愛之，又更下巢也。亦自銜其毛羽，日浴澄瀾泗淵之間，鮮縟可愛，或謂之翡翠，名前爲翡，名後爲翠。舊云雄赤曰翡，雌青曰翠，其小者謂之翠碧。一名魚虎，一名魚師，性善捕魚，故曰魚師、魚虎也。荆王以其羽毛飾被，《左氏傳》所謂『翠被豹舄』是也。今花工亦取以爲婦人面飾。俗説翡翠各據溪曲以居，以自藏匿，猶雉之分畿，雖飛，不越分域也。《素問》曰：青如翠羽者生，黑如烏羽者生，赤如雞冠者生，黄如蠏腹者生，白如豕膏者生，此五色之見生也。

宋 羅願《爾雅翼》卷一五《鷸》 鷸，似燕，紺色，生鬱林，盖今之翠鳥也。巢於木杪生子，夷人稍徙下其巢，子大未飛，便取之，謂之翡翠，郭璞謂『賈害以采』。《説文》：翡，赤羽雀。翠，青羽雀也。《異物志》曰：翠鳥形如燕，赤而雄曰翡，青而雌曰翠。翡大於翠，其羽可以飾幃帳，故稱翡帷翠帳。或云：鳥各别異，非雄雌别名也。此鷸一名翠，鷸則是其翠者。然又名紺燕，以《説文》考之，紺，深青而揚赤者也，則翡盖亦翠之揚赤者，通可稱鷸耶。《周書・王會》云：蒼梧翡翠。漢南越獻翠鳥、生翠。古者鷸冠，飾鷸羽于頂，鄭子臧好之，鄭伯聞而惡之，使盜殺之。説者曰：鷸，水鳥，天將雨則鳴，故知天道者冠焉。其冠前圓，一謂之圓冠。《禮記》曰：知天者冠述，知地者履絇。《莊子》亦云：冠圓冠者知天時，履句屨者知地形，緩佩玦者事至而斷，此魯國之儒服也。哀公嘗以此號於國中曰：無此道而爲此服者，其罪死。而魯之敢服者，惟一丈夫耳，問以國事，千轉萬變而不窮，然則固非子臧之所宜服也。漢天地、五郊、明堂，《育命舞》樂人服之，亦天道所係，此建華冠也。術氏冠，亦謂之鷸冠，象鷸鳥形，畫鷸羽爲飾，紺色，司天文者冠之。盖術氏即鷸音之轉爾。然建華冠，《後漢・輿服志》以爲鷸冠，明所施用，用鷸飾，前圓。術氏冠前亦圓，吴制，差池邐迤四重，趙武靈王好服之。漢不施用，獨有其圖爾。又乃畫鷸，其義似迂遠，音即近鷸，未敢臆斷也。鷸，韋昭以爲翠鳥，張晏以爲赤足黄文，以其毛飾冠。顔師古以謂鷸大鳥，即《戰國策》所謂啄蚌者，翠鳥自有鷸名，而此飾冠者，非翠鳥也。字學家稱翠鷸似燕，紺色，生鬱林，鷸知天將雨，故知天文者冠鷸。然古者以毛飾羽，如翠被、翠旍之類，乃獨取於似燕者，此術氏冠云紺色，則亦翠，當待識者詳之。

綜述

《禽經》 鷸有文而貪。鷸，狀類鷰，紺色，錯出有文色。水際伺蚌出，啄而食之，反爲蚌所持，死水中，不知所食以爲害。《左傳》曰『好聚鷸冠』是也。【略】背有采羽曰翡翠。狀如鵁鶄，而色正碧，鮮縟可愛。飲啄於澄瀾洄淵之側，尤惜其羽，日濯於水中。今王公之家以爲婦人首飾，其羽直千金。

《爾雅・釋鳥》 鴗，天狗。注：小鳥也。青似翠，食魚，江東呼爲水狗。音義：鴗，側其、側事二反。鵃，他故反，本亦作兔，同。鴗，音立。疏：鴗，一名天狗。【略】翠，鷸。注：似燕，紺色，生鬱林。音義：鷸，聿、述二音。《左傳》云：鄭子臧好聚鷸冠。即翠鳥毛也。紺，古闇反。疏：李巡曰：鷸，一名爲翠，其羽可以爲飾。樊光云：青羽出交州。郭云：似燕，紺色，生鬱林。《説文》云：翠，青羽，雀也。案《漢書》尉佗獻文帝翠鳥毛，然則鷸羽可以飾器物。故僖二十四年《左氏傳》鄭子臧『好聚鷸冠』是也。

漢　許慎《**説文**》**卷四**　鷸，知天將雨鳥也。从鳥，矞聲。《禮記》曰：知天文者冠鷸。余律切。鷸，或从遹。【略】

宋　鄭樵《**通志**》**卷七六**　鴗，《爾雅》云天狗，魚狗也。似翡翠而小，青碧可愛。鴗，音立。翡翠，《爾雅》曰鷸，音律，其羽可以飾器物。

鴗，天狗也。从鳥，立聲。力入切。

宋　周去非《**嶺外代答**》**卷九**《**禽獸門・翡翠**》　翡翠，産于深廣山澤間，穴巢于水次。一壑之水，止一雌雄，外有一焉，必争界而死鬬。人乃用其機，養一媒擎諸左手以行澤中，翡翠見之就手格鬬，不復知有人也，乃以右手取羅掩之，無能脱者。邕州右江産一等翡翠，其背毛悉是翠茸，窮侈者用以撚織。

宋　羅願《**爾雅翼**》**卷一五**《**鴗**》　鴗，天狗。郭氏云：小鳥也。青似翠，食魚，江東呼爲水狗。今此鳥穴土爲巢，嘗冬月啓其穴，横入一尺許，生雛其中。其味皆紅，項下白，亦來人家陂池中，竊魚食之。今人謂之翠碧鳥，又謂之魚狗。或曰：小者爲魚狗，大者名翠奴。亦有斑白者，俱能水上取魚。其尾亦可爲飾，其肉治骨鯁，性所宜爾。

宋　范成大《**桂海虞衡志・志禽**》　翡翠，出海南邕、賀二州，亦有腊而賣之者。

明　楊慎《**升菴集**》**卷一**《**翠碧**》　《唐韻》：鴗，音立。水狗也。注：小鳥，青似翠，食魚，江東謂之水狗。陸魯望《翠碧》詩云：紅襟翠翰兩參差，徑拂煙華上細枝。春水漸生魚易得，不辭風雨坐多時。《石林詩話》云：江淮有水禽號魚虎，翠羽而紅首，顔色可愛。崔德符《通羊驛詩》云：翠裘錦帽初相識，魚虎彎環掠岸飛。

明　李時珍《**本草綱目**》**卷四七**　魚狗《拾遺》　釋名：鴗、《爾雅》天狗、同水狗、同魚虎、《禽經》魚師、同翠碧鳥。時珍曰：狗、虎、师，皆獸之噬物者。此鳥害魚，故得此類命名。集解：藏器曰：此即翠鳥也。穴土爲窠。大者名翠鳥，小者名魚狗。青色似翠，其尾可爲飾。亦有斑白者，俱能水上取魚。時珍曰：魚狗，處處水涯有之。大如燕，喙尖而長，足紅而短，背毛翠色帶碧，翅毛黑色揚青，可飾女人首物，亦翡翠之類。

又　翡翠。時珍曰：《爾雅》謂之鷸，出交廣南越諸地。飲啄水側，穴居生子，亦巢于木，似魚狗稍大。或云：前身翡，後身翠，如鵞翠、雁翠之義。或云：雄爲翡，其色多赤。雌爲翠，其色多青。彼人亦以肉作腊，食之。方書不見用，功應與魚狗相同。

又卷四八　鷸，音述。《拾遺》　集解：藏器曰：鷸如鶉，色蒼觜長，在泥塗間作鷸鷸聲，村民云田鷄所化，亦鵪鶉類也。蘇秦所謂『鷸蚌相持』者，即此。時珍曰：《説文》云：鷸知天將雨則鳴，故知天文者冠鷸。今田野間有小鳥，未雨則啼者是矣。與翡翠同名而物異。

明　慎懋官《**華夷花木鳥獸珍玩考**》**卷七**《**翡翠**》　翡翠，生于深黎之茂林峻嶺，人罕得見。傳云晴霽日中始一出，陰晦竟日不出。小大僅侔梁燕，羽翰五色，離披可愛。人必積久探視，羅其巢，始獲之也。

明　穆希文《**説原**》**卷一〇**　鷸，似燕，紺色。雌而青曰翠，雄而赤曰翡，其羽可以爲飾。

明　陳懋仁《**庶物異名疏**》**卷二四**《**述**》　《埤雅》：鷸，一名述，似燕，紺色，知天將雨之鳥。故《傳》曰：知天者冠述。述，通天冠也。《莊子》曰：皮弁鷸冠，以約其外。字从矞。矞，述也。鷸，知天時而述之者也。《義訓》云：鷸，紺色燕，知風則啼。然則鷸之爲鳥，匪獨知雨，兼亦知風矣。

明　劉侗《**名物通**》**卷九**　翡翠，《爾雅》曰：鷸，一名鴗，音立。《説文》曰：翡，赤雀。翠，青雀。《廣志》又曰：翡色赤，翠色紺。一云：雄曰翡，雌曰翠。先高作巢，生子愛之，恐墮，稍下巢。子生羽毛，益愛之，又更下巢。

清　屈大均《**廣東新語**》**卷二〇**《**禽語・翡翠**》　粵産翠羽，而人不珍，婦女不以爲首飾。故語曰：南海之羽，出疆始珍。羽，翠羽也。其大者毛充貢，小者名水翠。宿食各占磯塘，自銜其毛，日浴水中，乃益鮮縟，美於山翠。一名魚翠，即鷸也。大於鷰，羽長寸餘。雄赤爲翡，雌縹青爲翠，合之色碧，是曰翡翠。翼尾俱十二條，以毳毛光明者爲上。顔色暗者曰秋毛，次之。其生于深黎者，茂林峻嶺，人希得見。晴霽，日中始一出。小大僅侔梁燕，五色離披，人必積久探視，密羅其巢，始獲之，是山翠也。取者又或俟其生子乃得。楊孚《異物志》云：翠鳥先高作巢，及生子，愛之，恐墜，稍下作巢。子生羽毛，復益愛之，又更下巢也。予詩：雌青雄赤是魚師，日夕清波浴不遲。低處爲巢因愛子，花工捕向月明時。

清　王森《粵西叢載》卷二二《翡翠》　翡翠鳥似燕，翡赤而翠青，其羽可以爲飾。翠爲六翮，毛長寸餘，青茸。先高作巢以避患，及生子，愛之，恐墜，稍下作巢。子長羽毛，復益愛之，又更下巢，而人遂得而取之矣。翡大於燕，小於烏。楊孚《南裔異物志》翡，色赤紺背，出交阯與古縣。《廣志》

清　佚名《鳥譜》卷一〇《翠鳥》　翠鳥，赤黑睛，觜短而黑，頭頂青碧細點，青黑背膊上間有翠毛，翅尾青黑相間，兩頰至臆腹及背毛近尾處俱赤色，赤黑足。陸鳥也，不食魚。案：《增韻》曰：赤羽曰翡，青羽曰翠。翠毛深青有光采，飛水上食魚。翡毛紫赤，首上及翎翅有點點青色，不甚深，無光采，林棲，不食魚。是翡與翠本二種，此鳥應是翡類也。

又《南翠》　一名鴗，一名翠奴，一名魚虎。南翠，赤黑睛，鮮紅巨喙，黑頭，項至頷腹俱白，背翅尾俱翠青色，有光彩，黑膊脅下毛帶赤黄色，紅足，淺黑爪。案：翠鳥有數種，其大而巨觜，毛翠碧，翅毛揚青者，謂之翠奴，今人所謂南翠也。其身小而喙尖者，謂之翠碧鳥，今人所謂北翠也。而南、北翠之中，其項腹又有或白，或黄，或赤，或斑之異。形狀大小亦不盡一，故有魚狗、魚虎、魚師種種稱名，然總非《爾雅》所謂『翠，鷸』，今人爲首飾之翠也。

又《暹羅翠》　暹羅翠，比南翠略小，淺黑睛，紅尖喙，白頷白臆，頂項膊肩紅褐色，肩下黑毛一片，接以青翠背毛，暗緑翅，色深翠，黑尖翠尾，赤黄腹，紅足黑爪。

紀事

《左傳・僖公二十四年》　鄭子華之弟子臧出奔宋，好聚鷸冠。注：鷸，鳥名。聚鷸羽以爲冠，非法之服。音義：好，呼報反。鷸，尹橘反，翠鳥也。疏：《正義》曰：《釋鳥》云：翠，鷸。李巡曰：鷸，一名爲翠，其羽可以爲飾。樊光云：青羽，出交州。郭璞云：似燕，紺色，生鬱林。《説文》云：翠，青羽雀也。案：《漢書》尉佗獻文帝翠鳥毛，然則鷸羽可以飾器物，聚此鷸羽以爲冠也。

宋　周紫芝《竹坡詩話》　江淮間有水禽號魚虎，翠羽而紅首，顏色可愛，人(空)[罕]識矣。崔德符《通羊道中詩》所謂『翠裘錦帽初相識，魚虎彎環略岸飛』是也。余至興國數月，郡去通羊二百里，猶未及識，詢之土人，亦無識者。每誦德符詩，想像一見而已。

藝文

漢　蔡邕《蔡中郎集》卷四《翠鳥詩》　庭陬有若榴，緑葉含丹榮。翠鳥時來集，振翼脩形容。回顧生碧色，動摇揚縹青。幸脱虞人機，得親君子庭。馴心托君素，雌雄保百齡。

晉　郭璞《翡翠贊》(引自《藝文類聚》卷九二)　翠雀麋鳥，越在南海。羽不供用，肉不足宰。懷璧其罪，賈害以采。

南朝梁　江淹《翡翠賦》(引自《藝文類聚》卷九二)　彼二鳥之奇麗，生金洲與炎山。映銅陵之素氣，灌碧磴之紅泉。斂慧性及馴心，奮頳翼與青羽。終絶命於虞人，充南琛於内府。備寶帳之光儀，登美女之麗飾。雜白玉而成文，糅紫金而爲色。專妙采於五都，擅精華於八極。

唐　元稹《元氏長慶集》卷二五《有鳥二十章》　有鳥有鳥羣翠碧，毛羽短長心並窄。皆曾偷食渌池魚，前去後來更逼迫。食魚滿腹各自飛，池上見人長似客。飛飛競占嘉樹林，百鳥不爭緣鳳惜。

唐　李紳《追昔遊集》卷中《翡翠塢》　翡翠飛飛繞蓮塢，一啄嘉魚一鳴舞。蓮莖觸散蓮葉欹，露滴珠光似還浦。虞人掠水輕浮弋，翡翠驚飛飛不息。直上層空翠影高，還向雲間雙比翼。彈射莫及弋不得，日暮虞人空歎息。

唐　陸龜蒙《甫里集》卷一二《翠碧鳥》　紅襟翠翰兩參差，徑拂烟華上細枝。春水漸生魚易得，莫辭風雨坐多時。

唐　韓偓《韓内翰别集・翠碧鳥》　天長水遠網羅稀，保得重重翠碧衣。挾彈小兒多害物，勸君莫近市朝飛。

唐　僧齊己《白蓮集》卷一〇《翡翠》　水邊飛去青難辨，竹裏歸來色一般。磨吻鷹鸇莫相害，白鷗鴻鶴滿沙灘。

宋　文同《丹淵集》卷一六《翡翠》　清晨有珍禽，翩翩下魚梁。其形不盈握，毛羽鮮且光。天人裁碧霞，爲爾縫衣裳。晶熒炫我目，非世之青

黄。愛之坐良久，常恐瞥爾翔。忽然投清漪，得食如針鋩。如是者三四，厭飫已一航。既飽且自嬉，飜身度回塘。飛鳴逐佳匹，相和音琅琅。是時凫與鴈，狼藉島嶼旁。滿腹醸腥穢，紛紛曬晴陽。鶖鶬最麤惡，觜大脚脛長。入水捕蚍蟬，淤泥亦啣將。想其見爾時，一啄亦爾傷。其心肯謂爾，被體凝華章。勸爾慎所止，好醜難同鄉。清溪多纖鱗，亦足充爾腸。江海深且闊，所獲未可量。爾當事澡刷，帝囿參鸞凰。

又　見諸長喙須避，得少纖鱗便飛。爲報休來近岸，有人愛汝毛衣。

宋　王質《紹陶録》卷下《翡翠兒》　身粉青，背上一縷濃翠，觜紅腹白，如飛流黄而大。小者爲翠碧，巢先極高，後寖低，恐墮其雛。

翡翠兒，翡翠兒，幽清浄緑深依歸。浮空凝風香不動，翻身一擲碎花飛。總無矰，總無弋，波上沉浮沙上立。嗚呼！此友兮宜相從，晚瀨一作灘。榜人收水功。

又《魚姑》　身白間黑花，觜足皆黑而長，如啄木，傍淺水啄細鱗，多棲蘆葦間，聲焦急。

魚姑，魚姑，溪南溪北遥相呼。烟深霧重棲沉魚，荒荒秋漠秋星疎。要姑活，怕姑死，姑且閒飛歇深沚。嗚呼！此友兮真足稱，草平樹安波不興。

宋　高似孫《剡録》卷一〇《草木禽魚下·翡翠》　李紳詩：魚驚翠羽金鱗躍，蓮脱紅衣紫菂摧。于仲文詩：花驚飛翠羽，萍散躍赬鱗。柳宗元詩：古苔凝青枝，陰草濕翠羽。《倉頡解詁》曰：鴗，翠別名也。韓渥詩：天長水遠網羅稀，保得重重翠碧衣。則謂之翠碧鳥。蔡邕《翠鳥》詩：回顧生碧色，動摇揚縹青。錢起《翠鳥》詩：擘波得泉魚，一點翠光去。形容盡矣。李易《剡山浴鵠池》詩：翠光争水鳥，紅影湛山花。謂此也。

清　許瑶光《雪門詩草》卷一〇《翡翠詠》　翡翠本狂鳥，歌舞林塘幽。底事擅矜寵，比暱青雲頭。雲邊紫薇花，光耀炫南國。雨露不勝嬌，妖艷逞顔色。禽緣巢么禽，竟比鳳皇翼。鸂鶒不自愛，銜魚供其食。從禽日以荒，鴆毒日以張。上觸紫皇怒，金彈來其旁。斷竹復續竹，消息難深藏。慘慘北風勁，波瀾生湖湘。湖湘網羅布，翡翠竟飛去。名花狼藉紅，可惜紫薇樹。

圖表

晋　郭璞《爾雅音圖·釋鳥》

明 李時珍《本草綱目・圖卷》

鸏鷾

綜述

漢 許慎《說文》卷四 鸏，水鳥也。从鳥，蒙聲。莫紅切。

南朝宋 沈懷遠《南越志》 越王鳥，狀似鳶，口勾末可受二升許，南人以爲酒器，珍於文螺。不踐地，不飲江湖，不啖百草，不下餌蟲魚，唯噉木葉。糞似薰陸香，南人遇之，既以爲香，又治雜瘡。

唐 段成式《酉陽雜俎》卷一六 鸏鷾，喙大而勾，長一尺，赤黄色，受二升，南人以爲酒杯也。

唐 劉恂《嶺表録異》卷中 越王鳥，面頸足長，頭有黄冠如杯，用貯水互相飲食衆鳥雛。取其冠，堅緻，可爲酒杯。

明 楊慎《升菴集》卷八一《鸏鷾》 劉欣期《益州記》：鸏鷾，水鳥，黄喙長尺餘，南人以爲酒器。蓋即今之鶴頂也。

明 李時珍《本草綱目》卷四七 鸏鷾音蒙童。《綱目》 釋名：越王鳥、《綱目》鶴頂、同鶵鵰。同 集解：時珍曰：案劉欣期《交州志》云：鸏鷾即越王鳥，水鳥也。出九真、交趾。大如孔雀，喙長尺餘，黄白黑色，光瑩如漆，南人以爲飲器。《羅山疏》云：越王鳥狀如烏鳶，而足長口勾，末如冠，可受二升許，以爲酒器，極堅緻。不踐地，不飲江湖，不唼百草，不食魚，惟啖木葉。糞似薰陸香，山人得之以爲香，可入藥用。楊慎《丹鉛録》云：鸏鷾即今鶴頂也。

明 朱國禎《湧幢小品》卷三一 越王鳥，出新州，似鳶而勾喙，喙中可受二升，南人以爲酒卮。此鳥不踐地，不飲江湖，不唼百草蟲魚，唯噉木葉。糞似薰陸香，可治雜瘡。

清 屈大均《廣東新語》卷二〇《禽語・鸏鷾》 鸏鷾，一名越王鳥，大如孔雀，有黄、白、黑色，喙長尺許。《羅山疏》云：越王鳥，其狀如鳶。口句末可受二升許，南人以爲酒爵，珍於文螺。不踐地，不飲江湖，不

啌百草，不餌蟲魚，惟噉楓楠諸木葉。故其糞香似薰陸，山人以爲香末，又治雜瘡。其名一曰象鵰，亦曰越王鵰，言其大也。有詠者云：山鳥狀如人。謂此。予詩：蝴蝶仙人服，鸏𪈞越客杯。又云：糞香越王鳥，餐火外鸞鷄。

清 吴綺《嶺南風物記》 越王鳥，出肇慶府，似鳶，喙勾可受二升，似越王鳥喙，故以爲名也。

圖表

明 李時珍《本草綱目·圖卷》

鸛

論説

宋 蔡卞《毛詩名物解》卷七《鸛》 鸛，形狀略似鶴，其性甘帶，每遇大石，知其下有蛇，即於石前如術氏禹步，其石阞然而轉。南方星人學其法者，伺其養雛，緣木以篾組縛其巢，鸛必作法解之，乃於木下鋪沙，印其足跡而放學之。天將雨，則長鳴而喜，蓋知雨者也。又善羣飛，薄霄激雨，雨爲之散。作巢大如車輪，卵如三升，闞擇石以嫗卵。蓋鸛，水鳥也，伏卵時，數入水，卵則不毈，取礜石，周圍繞卵，以助暖氣，故方術家以鵲巢暖中礜石爲真物也。又泥一旁爲池，以石宿水，今人謂之鸛石。取魚置池中，稍以飼其雛。俗謂鵲巢蔽形，鸛石歸酒。又曰：礜石濕，鸛石凉，故能使卵不毈，水不臭腐也。《詩》曰：鸛鳴于垤，婦歎于室。垤，蟻室也。蓋鸛知天將雨，有見於上；蟻知地將雨，有見於下。鸛鳴于垤，將雨之候也。將雨，則征夫之至不必如期，故婦歎于室也。且行百里者半九十，言末路之難也，則於是遇雨爲尤苦，詩人道此，叙其情，而序曰：三章言家，家之望女也。《禽經》曰：鸛俯鳴則陰，仰鳴則晴。仰鳴，是有見於上也；俯鳴，是有見於下也。夫文，雚見爲觀，亦取諸此。

宋 陸佃《埤雅》卷六《鸛》 鸛，形狀略似鶴，其性甘帶，每遇巨石，知其下有蛇，即於石前如術士禹步，其石阞然而轉。南方里人學其法者，伺其養雛，緣木以篾組縛其巢，鸛必作法解之，乃於木下鋪沙，印其足迹而倣學之。天將雨，則長鳴而喜，盖知雨者也。又善羣飛，薄霄激雨，雨爲之散。作窠大如車輪，卵如三升杯，擇礜石以嫗卵。鸛，水鳥也，伏卵時，數入水，卵則不毈，取礜石，周圍繞卵，以助煖氣，故方術家以鸛煖巢中礜石爲真物也。又泥其巢，一傍爲池，以石宿水，今人謂之鸛石。飛則將之，取魚置池中，稍稍以飼其雛。俗說：鵲梁蔽形，鸛石歸酒。又曰：礜石温，鸛石涼，故能使卵不毈，水不臭腐也。《詩》曰：鸛鳴于垤，婦嘆于室。垤，蟻冢也。

鸛知天將雨，有見于上；蟻知地將雨，有見于下。鸛鳴于垤，將雨之候也。將雨，則征夫之至不必如期，故婦嘆于室也。且行百里者半九十，言末路之難也，則於是時遇雨爲尤苦，故詩人道此以序其情，而《序》曰：三章言室家之望女也。《禽經》曰：鸛俯鳴則陰，仰鳴則晴。仰鳴則晴，是有見于上也；俯鳴則陰，是有見于下也。夫文，雚見爲觀，盖取諸此。《拾遺記》曰：鸛能聚水巢上，故人多聚鸛鳥，以禳却火災。

宋　羅願《爾雅翼》卷一五《鸛》　鸛，似鴻而大，長頸赤喙，白身，黑尾翅。別名黑尻、皂裙、負釜、背竈，皆以尾翅黑爲名也。木上作巢，大如車輪。卵如三升杯。泥其巢，一傍爲池，含水滿之，畜魚其中，稍稍以哺其子。故楊震有鸛銜三鱣魚墮講堂，以爲升進之象也。巢中水有礜石養之，故不竭，得之者可爲藥用。性好旋飛，古者有鸛鶴之陣。今江淮謂羣鸛旋飛爲鸛井，惟鶴亦然，其旋飛必以風雨。鸛是好水之鳥，知天將雨，則長鳴而喜。《詩》曰：鸛鳴于垤，婦歎于室。天之將雨，則蟻封土爲垤，而鸛又鳴其上，則『零雨其濛』者至矣。此思婦之所爲歎也。然見人探其子，則徑捨去，能致數十里旱，以其羣飛激雲，雲散雨歇故也。《禽經》曰：鸛生三子，一爲鶴。鳩生三子，一爲鶚。言萬物之相變也。《易》之《中孚》：九二，鳴鶴在陰。上九，翰音登于天。説者以爲鸛者，别於鶴也。震爲鶴，陽鳥也。巽爲鸛，陰鳥也。鶴感於陽，故知夜半。鸛感於陰，故知風雨。鸛生鶴者，巽極成震，極陰生陽之謂也。今人通呼鸛爲鸛鶴。《説文》則以『鳴于垤』者爲雚，雚，小爵也，與《毛詩》説異。

明　何三畏《新刻何氏類鎔》卷三三《鸛》　鸛名負釜，亦名背竈，名黑尻，亦名皂裙。飲且啄于大河之濱，集且鳴于灌木之上。或接影而懷卵，或傳枝而孕胎。其飛盤旋則有風有雨，其聲俯仰則分陰分晴。泥巢時必旁爲池，而取小魚置池内，以食生雛，故鄉村殺其雛者，必遭災旱。伏卵時必數入水，而取礜石繞卵傍，以助煖氣，故方術得其石者，如獲真丹。鸛有時而爲童子青衣，聚水可以禳火；鸛有時而爲道士禹步，轉石可以斷蛇。鸛啣魚于講堂前者，其象列三，時有都講賀之，而卜其台輔之兆，此楊大尉之所以致位三公也。鸛群飛于戒石前者，其狀如訴，時使武弁察之，而治其烹雛之人，此張次山之所以見知司馬也。若裴寬瘠長而衣碧，韋氏族以碧鸛鵲呼之，而不廢其婚，于厚道無損。姚崇長大而急行，魏光乘以趂蛇鸛之，而竟遭其貶，于相度不弘矣。

綜　述

《禽經》　覆卵，則鸛入水。鸛，水鳥也。伏卵時，數入水，冷則不毈，取礜石，周卵以助煖氣，故方術家以鸛巢中礜石爲真物也。

《爾雅·釋鳥》　鸛鶇，鶝鶔。如鵲，短尾，射之，銜矢射人。注：或説曰：鸛鶇，鶝鶔，一名墮羿。音義：鸛，音歡。鶇，徒端反。鶝，音福，字亦作福。鶔而由反，本亦作柔，或作蹂，音同。鵲，七藥反。射，食亦反。注同。墮，字又作隋，徒課反。《字書》云：古以爲懈惰字。羿，五計反，古之善射者。言此鳥捷勁，雖羿之善射，亦懈惰不敢射也，故以名云。疏：鸛鶇，一名鶝鶔。郭云：或曰：鸛鶇，鶝鶔，一名墮羿。案《字書》云：墮，古以爲解惰字。羿，古之善射者。此言鳥捷勁，雖羿之善射，亦解惰不敢射也，故以名云。郭《圖讚》云：鸛鶇之鳥，一名墮羿。應弦銜鏑，矢不著地。逢蒙縮手，養由不睨。

漢　許慎《説文》卷四　雚，小爵也。从萑，吅聲。《詩》曰：雚鳴于垤。工奂切。

鸛，鸛專，畐蹂。如誰，短尾。射之，銜矢射人。从鳥，雚聲。呼官切。

三國吴　陸璣《毛詩草木鳥獸蟲魚疏》卷下《鸛鳴于垤》　鸛，鸛雀也。似鴻而大，長頸，赤喙，白身，黑尾翅，樹上作巢，大如車輪，卵如三升杯。望見人，按其子令伏，徑舍去。一名負釜，一名黑尻，一名背竈，一名皂裙。又泥其巢，一傍爲池，含水滿之，取魚置池中，稍稍以食其雛。若殺其子，則一村致旱災。

唐　段成式《酉陽雜俎》卷一六　鸛，江淮謂群鸛旋飛爲鸛井。鶴亦好旋飛，必有風雨。人探巢取鸛子，六十里旱。能群飛，薄霄激雨，雨爲之散。鸛鶇，一名墮羿，形似鵲，人射之，則銜矢反射人。

宋　陶穀《清異録》卷上《瓦亭僊》　鸛，多在殿閣鴟尾及人家屋獸結窠，故名有呼瓦亭僊者。

宋　李石《續博物志》卷二　鸛，性甘帶，每遇巨石，知有蛇，卽如術士禹步，其石阞然而轉。南方學其法，伺其養雛，緣木以篾絙縛其巢，鸛必作法解之，乃于木下鋪沙，印其足迹而倣之。

宋 施宿《會稽志》卷七 鸛，《禽經》曰：鸛俯鳴則陰，仰鳴則晴。《拾遺記》曰：鸛能聚水巢上，故人多聚鸛鳥以攘却火災。然往歲會稽市火相去甚遠，忽有熛燄如流星，獨焚倉西鸛巢。鸛飛鳴空中，竟不能救，又不知何異也。

明 李時珍《本草綱目》卷四七 鸛《別録》下品 釋名：皁君、《詩疏》負釜、同黑尻。時珍曰：鸛字，篆文象形。其背、尾色黑，故陸璣《詩疏》有皁君諸名。集解：弘景曰：鸛有兩種，似鵠而巢樹者爲白鸛，黑色曲頸者爲烏鸛。今宜用白者。宗奭曰：鸛身如鶴，但頭無丹，項無烏帶，兼不善唳，止以喙相擊而鳴。多在樓殿吻上作窠。嘗日夕觀之，並無作池養魚之説。時珍曰：鸛似鶴而頂不丹，長頸赤喙，色灰白，翅尾俱黑。多巢于高木。其飛也，奮於層霄，旋遶如陣，仰天號鳴，必主有雨。其抱卵以影，或云以聲聒之。《禽經》云：鸛生三子，一爲鶴。巽極成震，影變陽也。震爲鶴，巽爲鸛也。正誤：藏器曰：人探巢取鸛子，六十里旱，能羣飛激散雨也。其巢中以泥爲池，含水滿中，養魚、蛇以哺子。鸛之伏卵恐冷，取礜石圍之，以助燥氣。時珍曰：寥郭之大，陰陽升降，油然作雲，沛然下雨。區區微鳥，豈能以私忿使天壤赤旱耶？況鸛乃水鳥，可以候雨乎？作池、取石之説，俱出自陸璣《詩疏》、張華《博物志》，可謂愚矣。

明 慎懋官《華夷花木鳥獸珍玩考》卷七《鸛》 鸛，形狀略如鶴，其性甘帶，每遇巨石，知其下有蛇，卽於石前如術士禹步，其石𪙊然而轉。南方里人學其法者，伺其養雛，緣木以篾絙縛其巢，鸛必作法解之，乃於木下鋪沙，印其足迹而倣學之。天將雨，則長鳴而喜，盖知雨者也。又善羣飛，薄霄激雨，雨爲之散。作窠大如車輪，卵如三升杯，擇礜石以嫗卵。鸛，水鳥也，伏卵時，數入水，卵則不𣪠卵，取礜石，周圍繞卵，以助煖氣，故方術家以鸛煖巢中礜石爲真物也。又泥其巢，一傍爲池，以石宿水，今人謂之鸛石。飛則將之，取魚置池中，稍稍以飼其雛。《禽經》曰：鸛俯鳴則陰，仰鳴則晴。

明 穆希文《説原》卷一〇 鸛，長頸赤喙，白身黑尾。性好旋飛，且好水。天將雨，則長鳴而喜。生三子，一爲鶴。盖震爲鶴，陽鳥也；巽爲鸛，陰鳥也。鸛生雈者，巽極成震，極陰生陽也。故雈感于陽知夜半，鸛感于陰知風雨。

明 吴雨《毛詩鳥獸草木考》卷三《鸛》 鸛，水鳥也。一名黑尻，一名負釜，一名皁裙，一名背竈。似鶴而大，長頸，赤喙，白身，黑尾翅。樹上作巢，大如車輪，卵如三升杯。泥其巢，一傍爲池，含水滿之，取魚置池中，稍稍以食其雛。若殺其子，則一村致旱災。每伏卵時，數入水，卵則不㲉，取礜石，周圍繞卵，以助煖氣，故方術家以鸛巢中礜石爲真物。性甘帶，每遇巨石，知其下有蛇，卽於石前如術士禹步，其石𪙊然而轉。南方里人學其法者，伺其養雛，緣木以篾絙縛其巢，鸛則作法解之，乃於木下鋪沙，印其足迹而倣學之。天將雨，則長鳴而喜。善群飛，薄霄激雨，雨爲之散。今江南謂群鸛旋飛爲鸛井，惟鶴亦然。不善唳，但以喙相擊而鳴。《禽經》曰：鸛俯鳴則陰，仰鳴則晴。有白鸛、烏鸛二種。《説文》：鸛，小雀也。今按：鸛，水鳥之大者，恐又是一種也。

明 蔣德璟《雚經》 象乳：文象聿興，爰倣鳥蹏。沮誦倉頡，作大慧觀。八九既還，極妙窮實。斯殊體矣。蔣德璟曰：鸛贅雚誤，萑非萑妖。今从古文作雚。一名：一名墮羿，見《爾雅注》。一名鶌雞，見《穆天子傳注》。一名冠雀，見《華嶠漢書》。一名負釜，見陸機《疏》。一名負金，以其喜負日飛，日色如金，見《詩考》。一名黑尻，一名背竈，一名皁裙，見陸機《疏》。一名旱羣，以天旱則羣飛，見《合璧事類》。亦名皁帔，見《博雅》。國言：於方則北荒謂之老雚，亦曰鸑鳥。南京通語曰雚，河南謂曰雚兒，陳魏之間亦曰皁帔，自關而西謂之冠雀，浙江蘇松之間或曰烏童雚，福建謂之烏尾雚，兩粤之會郊曰灰鶴，出新會。形表：緑觜修頸，皓身黑翅，赤腳皁帔，胸釜背竈，短尾，高大類鶴而頂不丹。雚不善唳，啄相戛而鳴，鳴則反頸擊啄，其鳴轉摇其頸，聲如砧聲。陶貞白論：雚有兩種，似鶴而巢樹者曰白雚，黑色曲頸者曰烏雚。《東筦記》：雚，毛灰、白二種，粤西名灰鶴。鳳微：天老曰：鳳象雚，顙鴛思。蔣德璟曰：庶鳥四千五百，鳳王之。雚得鳳之顙，曰羽覇。性狙：雚善飛搏，其飛也，奮曾霄上，落處不知幾千里。《日札》曰：雚善符。《考異郵》曰：雚鵗者，飛行屬之陽，夷狄之鳥穴居於陰也。短腳多伏，長腳多立，雚夜棲亦立。水鳥味圓善啑，陸鳥味鋭善啄。雚，陸鳥也，而生涯於水。雚以喙鳴。《禽經》：震爲鶴，陽鳥；巽爲雚，陰鳥。故雈知夜半，雚知風雨。雚仰鳴晴，俯鳴陰。鳩雄鳴晴，雌鳴陰。《埤雅》：雚知天，蟻知地。魚出水而鼊神守之，蟻出垤而雚喜鳴之。影孳：雚影抱，蝦蟇聲抱。雚影交，鶴聲交。鶴母：雚生三子，一爲鶴。炁珤：鵲梁蔽形，雚石歸酒。《禽蟲述》：雚，擇礜石嫗卵以助暖，營小池養魚以飼雛。

孕瓵：雚卵如三升杯。鶴卵易得，雚卵難求，以爲盃直千金。陳容：風后有雚鵞之陳。雚好旋飛，旋飛必雨，古法以爲陳。罡師：駕畫印，開穴以出蠹，而鼠竊之。鳩步罡，轉石以出虵，而雚如之。雚能以喙書符作法。羽羇：《爾雅》：雚鷒，鶝鶔。射之，銜矢射人。雚遺火，畢方銜火。諺云：雚巢莫覩，神維白虎。丹稗：《淮南萬畢術》曰：天雄雚，胎日行千里。《抱朴子》：雚血塗金丹一丸，内衣中以指物，隨口變化。方筌：《神農・本經》：雚骨味甘，無毒，主鬼蠱諸疰毒，五尸心腹疾。陶隱居曰：宜用白者，雚骨有小毒，殺樹木，秃人毛髮，沭湯中下少許，發盡脱，亦更不生。虀臣：《野菜譜》：老雚觔，二月采之，熟食，亦可作虀。斿貢：鳳陽府歲辦雚翎四千根。帑招：《酒譚》曰：樹雉之招者，利倍。鳶之招者，倍差。雚之招，招者倍三。事罘：《三墳補逸》曰：天子之馬走千里，天子之狗走百里，雚鷄飛八百里。達摩説法，百雚聞經。張廣年紹定中署某縣，譙樓巢雚中弋，帶箭造庭，哀鳴若訴。廣年閲箭首，得弋人姓名，拘懲之，雚乃邏。梁元帝遊春苑，白麻紙畫鹿圖，師利像、雚鶴陂池芙蓉醮鼎圖，並有題印傳於代。貞觀七年，製《破陣樂舞圖》，左圓右方，先偏後伍，交錯屈伸，首尾廻互，象魚麗鵞雚。樂工披銀甲，執戟而舞。魏公乘任左拾遺，題品朝士。丞相姚崇長大行急，目爲趑虵雚雀，坐貶新興尉。太平興國八年，帝清心殿讀書，自回迄申，有蒼雚飛止殿鴟尾，逮俺卷去。帝怪之，宰相宋琪曰：昔楊震講間冠雀銜三鱓墮庭，亦符斯應。王荆公好解字，説不本《説文》，妄自杜撰。劉貢父曰：《易》之觀卦卽是老雚，《詩》之《小雅》卽是老鵶。荆公不覺欣然，久迺悟其戲。高郵雙雚棲南樓上，人弋其雄，雌獨孤棲。旬餘，雚羣偕一雄與共巢，若媒之者，竟日弗偶，遂皆飛去。雌雚忽攢嘴入巢隙，倒掛而死，烈雚碑。蕭山縣文廟，雚屢結巢。結東則東齋登第，結西則西齋登第，輒有驗。始信爲瑞鳥也。蔣德璟曰：《貝》、《雈》諸經未嘗策事，《筍》、《海棠》之譜策事，又何哤雜也？雚事上泝圖紀，近迄聖代，天真則伯天木羽，佛祖則達摩尸婆，臆採未奢，諧怪斯貴。迺若須江邑瑞，應在石梁，惇史可徵，璟不敢諱而不列。惟農經緝於方筌，偏荒副於覩史。灾占編于異緯，事枝派分，無取殽置。若其儉紕，俟博雅焉。

明　陳懋仁《庶物異名疏》卷二五《墮羿》

《爾雅》：鸛歡鷒，團鶝福鶔。柔如鵲，短尾，射之啣矢射人。郭璞贊曰：鸛鷒之鳥，一名墮羿。應絃御鏑，矢不著地。逢蒙縮手，養由不睨。邢昺疏：墮，古隋字。言鳥捷勁，雖羿亦惰。

明　毛晉《陸氏詩疏廣要》卷下之上《鸛鳴于垤》

《禽經》云：鸛仰鳴則晴，俯鳴則陰。《廣雅》云：背竈，皂帔，鸛雀也。《韓詩章句》曰：鸛，水鳥，巢居知風，穴處知雨。天將雨而蟻出壅土，鸛鳥見之，長鳴而喜。《本草衍義》云：鸛頭無丹，項無烏帶，身如鶴者是，兼不善唳，但以喙相擊而鳴。多在樓殿上作窠。《雜俎》云：江淮謂羣鸛旋飛爲鸛井。鸛亦好羣飛。陳藏器云：人探巢取其子，六十里旱。能羣飛，薄霄激雲，雲散雨歇。其巢中以泥爲池，含水滿中，養魚及蛇，以哺其子。《自然論》云：鸛影接而懷卵。《禽經》云：覆卵則鸛入水。張注云：鸛，水鳥也。伏卵時，數入水，冷則不鵧，取礜石周卵，以助暖氣，故方術家以鸛巢中礜石爲真物也。《埤雅》云：鸛形狀略如鶴，每遇巨石，知其下有蛇，即於石前如術士禹步，其石阞然而轉。南方里人學其法者，伺其養雛，緣木以蔑絙縛其巢，鸛必作法解之，乃於木下鋪沙，印其足迹而倣學之。又泥其巢一傍爲池，以石宿水，今人謂之鸛石。飛則將之，取魚置池中，稍稍以飼其雛。俗説鵲梁蔽形，鸛石歸酒。又曰：礜石温，鸛石涼，故能卵不毈，水不臭腐也。《拾遺記》曰：鸛能聚水巢上，故人多聚鸛鳥，以禳却火災。《爾雅翼》云：鸛生三子，一爲鶴。鳩生三子，一爲鶻。言萬物之相變也。《易》之《中孚》：九二，鳴鶴在陰。上九，翰音登于天。説者以爲鸛者，别於鶴也。震爲鶴，陽鳥也。巽爲鸛，陰鳥也。鶴感於陽，故知夜半。鸛感於陰，故知風雨。鸛生鶴者，巽極成震，極陰生陽之謂也。今人通呼鸛爲鸛鶴。按：《詩攷異字》云：雚鳴于垤。《説文》云：小爵也。想即《爾雅》所謂『鸛鷒，鶝鶔』也。郭《圖讚》云：鸛鷒之鵜，一名墮羿。應弦銜鏑，矢不著地。逢蒙縮手，養由不睨。此鳥捷勁異常，與本章意義不合，不知伯厚何據？

清　姚炳《詩識名解》卷三《鸛》

鸛，《豳風・東山》篇陸璣謂：鸛，似鴻而大，長頸，赤喙，白身，黑尾翅。一名負釜，一名黑尻，一名背竈，一名皂裙。《廣雅》别作皂帔，《通雅》又作皂君。陳無功引作旱羣，以其能致旱災之故，謬也。又負釜作負金，謂喜負日而飛，色如金。或又謂周思方養鸛縱

之，後鸛背負金串卸於地，故名。説尤誕。愚謂竈釜皆取黑意，鸛尾翅多黑，有背竈負釜之狀，因以爲名。皂，黑色也。裙、帔義通。至以釜謁金，以皂謁旱，以裙謁羣，皆因字誤，致生妄語耳。故舊謂殺其子，六十里旱，能羣飛薄霄，激散雲雨，亦出傅會之説。陸農師謂鸛雀學術士禹步法，能轉巨石，解巢縛。其説出《北夢瑣言》，要是誕語，不足信者。羅瑞良引講堂啣鱣事，謂即鸛。或辨之云：《後漢・楊震傳》有冠雀啣三鱣飛集講堂，以雀有朱頂，故稱冠雀，非謂冠即鸛也。愚按：鸛本有雀名，又舊稱其泥巢作池養魚，則啣魚固其能事，況可銜三鱣，定非小鳥，别作朱頂之雀，其大小正不知何似，通冠作鸛，理固有之耳。《釋鳥》鸛鷒，讀若歡團，字同音别，非此鸛雀也。今鸛形尾短，故亦從隹爲雚，然狀頗類鶴，作巢如車輪，蓋羽族之大者。而《説文》解雚作小雀，故《詩考異字》直以爲《爾雅》之鸛鷒，亦誤甚矣。《傳》以鸛鳴爲將雨之徵，先儒皆本其説。何元子辨之云：鸛俯鳴則陰，仰鳴則晴。又善羣飛，薄霄激雨，雨爲之散。上文明言零雨其濛，則非將雨矣。以灑掃穹窒推之，此鸛之鳴，所謂仰鳴則晴者也。愚按：俯仰陰晴之説，出《禽經》，本未可據，但就詩義推之，上既言零雨，此不當復以鸛鳴爲將雨，何駁是也。要之，下章倉庚祇興之子，此鸛鳴亦祇興婦歎，不過引喻陪襯而已，與上零雨何涉？故知於鸛鳴爭晴雨者，猶後義耳。垤固爲蟻封，然此《詩》垤字但作土丘言，與蟻無涉。況鸛啗蛇魚，必無屑食螻蟻之事。故毛、鄭猶僅以鸛鳴爲將雨之徵，若更舍却鸛鳴獨拈蟻垤以驗雨候，特謂鸛爲得食而鳴者，去《詩》義尤遠矣。果爾則《詩》何不云蟻出于垤，而云鸛鳴于垤？又何不云鸛食于垤，而云鸛鳴于垤也？不知零雨四句乃四章總文，其下觸緒成吟，絶不相顧，鸛何關雨事？鸛鳴于垤，何關蟻事？詩義愈穿鑿則愈晦，此類是也。

清　嵇璜《續通志》卷一八〇　鸛一名負釜，一名黑尻，一名背竈，一名皂裙。《詩》：鸛鳴于垤。天將雨，蟻封土爲垤，鸛鳴其上，則雨將至也。形似鴻而大，長頸，赤喙，白身，黑尾翅。樹上作巢，大如車輪，卵如三升杯。張華《博物志》云：鸛俯鳴則陰，仰鳴則晴。伏卵時，取礜石繞卵，以助燥氣，故方術家以鸛巢中礜石爲真物。《酉陽雜俎》云：鸛影抱。言抱卵以影也。或云以聲聒之。陶弘景云：鸛有二種，似鵠巢樹者爲白鸛，黑色曲頸者爲烏鸛。鸛亦多在殿閣鴟尾及人家屋作窠。《禽經》云：鸛生三子，一爲鶴。巽極成震，陰變爲陽，震爲鶴，巽爲鸛。謹案《詩疏》：鸛泥其巢傍爲池，含水滿之，取魚置池中，以食其雛。若殺其子，則一村致旱。宋寇宗奭云：鸛在樓殿吻上作窠，並無作池養魚之説。明李時珍云：寥廓之大，陰陽升降，區區微鳥，豈能使天壤赤旱？況鸛乃水鳥，可以候雨乎？如此則取鸛子致旱之説，亦未可信。

清　佚名《鳥譜》卷八《鸛》　一名鸛、鶴，一名鸛、雀，一名皂帬，亦名皂帔，一名老鸛，一名瓦亭仙。白鸛，黑睛，黄白暈，紅頰，黑長觜，吻根鮮紅，頭、頸、背、腹俱白，黑翅翮盖，尾殷紅，足脛甚高，趾爪似雞，根有連皮，身高二尺餘，昂頭高三尺，張翼廣幾三尺。陸璣《詩疏》云：鸛，鸛雀也。似鴻而大，長頸，赤喙，白身，黑尾翅。樹上作巢，大如車輪，卵如三升杯。一名負釜，一名黑尻，一名背竈，一名皂帬。《鸛經》云：鸛，陸鳥也，而生涯于水。綠觜修頸，鵠首黑翅，赤脚皂帔，胸釜背竈，短尾，高足類鶴而頂不丹。不善唳，相戛而鳴，鳴則及頸擊啄，其鳴轉摇其頸，如砧杵聲。北方謂之老鸛，南方通語曰雚，亦曰烏童鸛，河南謂曰雚兒，陳魏之間亦曰皂帔，自關而西謂之冠雀。天旱則羣飛作陣，故《詩考》又名旱羣。《名醫别録》注云：鸛之似鵠而巢樹者爲白鸛，黑色曲頸者爲烏鸛。《清異録》云：鸛多在殿閣鴟尾及人家屋獸結窠，故或有呼瓦亭仙者。《禽經》云：鸛仰鳴晴，俯鳴陰，雄鳴晴，雌鳴陰。

又《黑鸛》　黑鸛，黑睛，赤黑暈，紅長觜，赤頰連于觜根，頭、項、頸、臆、背、翅俱沉黑色，腹下純白，鮮紅足脛，面帶青黑色，趾跟亦有連皮，身略小于白者。

清　徐鼎《毛詩名物圖説》卷一　《韓詩章句》：鸛，水鳥，巢居知風，穴處知雨。天將雨而蟻出壅土，鸛鳥見之，長鳴而喜。鄭《箋》：鸛，水鳥也，將陰雨則鳴。陸璣《疏》：鸛雀也。似鴻而大，長頸，赤喙，白身，黑尾翅。樹上作巢，大如車輪，卵如三升杯。望見人按其子令伏，徑舍去。一名負釜，一名黑尻，一名背竈，一名皂裙。又泥其巢一傍爲池，含水滿之，取魚置池中，以食其雛。寇宗奭《本草衍義》：鸛，頭無丹，項無烏帶，身如鶴者是。不善唳，但以喙相擊而鳴。陶隱居曰：鸛有兩種，似鵠而巢樹者爲白鸛，黑色曲頸者爲烏鸛。《博物志》：鸛伏卵時，數入水，卵冷則不毈，取礜

石，周圍繞卵，以助暖氣。《埤雅》：曰『鸛鳴于垤，婦嘆于室』，垤，蟻塚也。鸛知天將雨，有見于上；蟻知地將雨，有見于下。鳴于垤，將雨之候也。將雨，則征夫之至不必如期，故婦嘆于室也。愚按：《雜俎》云：群鸛旋飛爲鸛井，則必有風雨。

清　牟應震《毛詩物名考》卷一　雚，《七月》作鸛。《爾雅》：雚，老鵵。雚，象形字。此鳥狀全似梟，毛角突睛，首圓如兔，但身大於梟耳。蹲高尺餘，聲如昏夜招呼行人之聲，故婦聞之而嘆也。今解家所謂鸛者，水鳥也，長頸赤喙，喙長尺餘，集必水澤，不止於邱垤也。或又謂其食蟻，故鳴於蟻垤，亦臆説也。

紀事

南朝梁　沈約《宋書》卷三二《五行志》　宋武帝永初三年，臨軒拜徐羨之爲司空，百僚陪位，有二野鸛集太極鴟尾鳴呼。

隋　顔之推《還冤志》　晉安定張祚以永和中作涼州刺史，因自立爲涼王。河州刺史張瓘士衆强盛，祚猜忌之，密遣兵進圖瓘。瓘率衆拒祚，祚遂爲瓘所殺。瓘後數見祚來，部從鎧甲，舉手指瓘云：底奴要當截汝頭。瓘入姑臧，立張玄静爲涼王，自爲涼州牧。又謀廢玄静而自王事，未遂。嘗與玄静同車出城西門，橋梁牢壯而忽摧折。刺史舊事，正旦放鳥，瓘所放出手輒死。有鸛來巢廣夏門，彈逐不去，自往看之，守燉煌宋混遣弟澄即於巢所害瓘。瓘臨命語澄曰：汝荷婚姻而爲反逆，皇天后土必當照之。我自可死，當令汝劇我矣。混自爲尚書令，輔政，有疾，晝日見瓘從屋而下，奄入柱中。其柱狀若火燒，掘土則無所見。混因病死。澄又然燈，油變爲血。厩中馬一夕無尾。二歲小兒作老公，聲呼曰：宋混，澄斫汝頭。又城東水中出火。後三年，澄爲張邕所殺。

唐　魏徵《隋書》卷二三《五行志》　武平七年，有鸛巢太極殿，又巢并州嘉陽殿。

明　祝允明《祝子志怪録》卷一《還魂木》　嘉定有一佛刹，失記名。其傍大樹，鸛巢於顛，一誕三卵。主僧謂其徒曰：吾聞鸛生三子，當有一鶴，宜爲護之。有日僧將出視鸛，不在巢，戒衆倍加守視。中一秃素頑狠，竟取一卵煮之，將食。僧中道心動，計日乃卵故乎？亟還看之，已失其一。呼徒問之，咸曰不知。僧自搜覓，至釜見卵，已柔軟半熟矣。大恚，詈，復置於巢。曰：雖不生，聊以詈鸛。悲也！已而鸛歸，三雛皆育焉。僧異且喜，後一夕，四鸛齊去。僧方念之，俄聞異香徹。遠近察之，出自巢。審視，有一物在，拈出諦玩，非石非木，細理如緯，五色相錯，香不可喻。僧衆不識，姑置之佛前，屢以示人，莫有知者。後數年，海島諸夷入貢，僧謂徒曰：試取此物視諸蠻，脱有識者，鬻之可也。徒取示夷，歷幾國，悉不解，後至倭人，驚曰：此欲售乎？曰：然。因與俱見主僧。倭問木所從來，僧不答。倭問價，僧漫以千金對。倭有喜色曰：幸矣。命其徒從至船中，立酬之五百金。徒不肯已，復益若干，而藏其木。徒問倭：吾汝交易已成，皆無悔理。兹物吾實不識，吾師又不以告我，幸爲我明言之。倭不答。徒又彊問。倭曰：俟吾舟瀕行，當書以示汝。徒回復往，候舟開，迫之。倭擲一板於水濱，書其上曰：此還魂木也。出千歲龍腦中，實非木石之質。凡人初死，以此煎湯灌之，則復活，不問老幼壯弱，更生五十年乃死。四海惟一國有之，失記國名。亦甚難得。徒以示僧，僧因念：此鸛報我，我不可私。因以金付邑大户某主之，重建殿宇，而奉倭書於佛前，且記所自。

明　王同軌《耳談類增》卷二〇《脞志鱗羽篇・鸛卵》　咸寧姚秀才舍傍，鸛巢其樹。童子窺巢有三卵，姚曰：鸛三卵必一鶴，其善伺之。不虞童子盗其一，烹熟而姚始知。時老鸛悲鳴不已，因令以還巢，不過示不取耳。老鸛去七日始返，以啣來紅草，縈纏其卵。成三雛，二鸛一鶴。童子又窺見，姚方喜：鶴可有而已。盡飛去。紅草必僊島長生返魂之類，故能起死。而呴呴之仁，即禽有母子矣。其邑陰孝廉梧岡，談爲隆慶間事，少已聞矣。

明　姚光祚《皇明廣蒙求》卷三七《鸛啣草衣》　魯山宰元汝登公庭聽斷，人徒畢集。一鸛啣草衣墮於箔下。汝登立命物色，果有一煎油者，脱此草衣攀上樹，將發鸛巢，取其雛以供賣也。追至庭而笞之，巢復成焉。俱《感應經解》。

明　王圻《稗史彙編》卷一五九《烈鶴》　高郵有鶴，雙棲于南樓之上。或弋其雄，雌獨孤棲。旬餘，有鶴一班，偕一雄與共巢，若媒誘之者。然竟日弗偶，遂皆飛去。孤者哀不已，忽攢嘴入巢隙，懸足而死。時遊者群客見之，無不嗟呀，稱爲烈鶴，而競爲詩歌弔之。復有烈鶴碑。

又《負金鶴》　周弘直，子思方。幼時于林下見一鶴爲彈所傷，取歸養之。俟其愈，縱去。後數日，夜讀書，聞有物擊其扉。啓視之，乃向縱之鶴也，背負一金串卸于地。串上結紙條，上書云：始于博士，終于大夫。後果然。故呼鶴爲負金。玄池子《説林》：沈應元曰：戒殺放生，陰德玄善，豈望報哉？然楊之黄雀，毛之白黿，稽之于古。此類甚衆，何獨一鶴也乎？至孟嘗好客，罷相皆去。翟公不仕，門可置羅。嗚呼！不如思方之鶴遠矣。

清　姚之駰《元明事類鈔》卷三七《飛鳥門·墨身朱喙》　《楊一清集》：王尚書佐幼敏慧，光禄君初丞譚城，驛有中貴宿驛久，人厭苦之。公夜密令人取庭樹巢鶴墨身朱喙而縱之，中貴見而驚詰，諸館人皆驚，以爲不祥，遂去之。

又《鶴訴》　《明詩話》：海鹽劉鋭有僕善射，一日水鶴集資聖寺鴟吻，僕射之，貫其左翮。鶴帶矢盤旋良久，竟集中庭，如臆訴者。鋭曰：嘻！必僕也，命拔其矢，縱之，不能飛。乃命僕飼之，旬日瘡愈而去。

清　徐岳《見聞録》卷四《鶴》　西湖靈隱寺有鶴巢於古松之上，新雛出鷇未幾，清晨見巨蛇三丈餘，從下而上，欲食其雛。老鶴雌雄喋喋作聲，張喙向之，蛇則昂首咋舌，相持片時，蛇始下。如是者數日。一日，雄鶴不知所之。薄暮，背負一鳥來巢，羽色灰，小於鶴三之二。明晨，二鶴翺翔雲際，負來鳥則與雛巢居焉。少頃，蛇復上，昂首向巢。負來鳥喔然一聲，畧伸其喙，蛇卽豁落。少頃，雄鶴仍負鳥去之。自是蛇不復來，鶴巢乃寧。旬日餘，僧舍臭穢不堪，莫知所自，啓地板，見巨蛇死，而已腐潰其中。

藝文

宋　文同《丹淵集》卷一六《青鶴》　常惡静時梟鶩，不驚飽處鰕魚。與吾閒正相似，問爾樂復何如。

明　高啓《鳧藻集》卷四《義鶴贊并序》　吴報恩寺浮屠之顛有鶴二巢焉，以游以宿，出返必俱。一日，其雄罣脛輪索中，奮翼自擲，空懸弗脱，雌下首大鳴，若籲於人。衆憐之，莫能升，遂宛轉而絶。雌依其傍弗去，羣烏欲磔之，輒引喙怒逐，不使近，逮毛骨盡化廼已。余居直寺東，嘗見其彷徨飛旋，形貌慘悴。風雨之夕，哀唳嗷嗷，若號慕然。余念夫世固有伉儷相悦者矣。一旦失所，天哀未改。而已他適，塗膏自媒，唯恐非艾，晨呲夕噱，曾無含忸。世嘗以禽喻惡人，寧不辱是鶴哉。廼贊曰：嗟爾鶴乎，維鳥之特猗。雄死自守，禦烏之賊猗。獨棲於標，夜失其匹猗。哀嘶返顧，不啄而食猗。厥質始化，豈貞之魄猗。匪魯黄鵠，孰配爾德猗。

圖表

明　李時珍《本草綱目·圖卷》

清　徐鼎撰《毛詩名物圖說》卷一

鶴

論說

宋　蔡卞《毛詩名物解》卷八《鶴》　鶴，形狀似鵝，青腳素翼，常夜半鳴，故《淮南子》曰：雞鳴將旦，鶴警夜半。其鳴高亮，聞八九里，雌者聲差下。舊云此鳥性警，至八月白露降，流於草木，涓滴有聲，因即高鳴相警，移徙所宿處，慮有變害也。蓋鶴體潔白，舉則高至，鳴則遠聞，性又善警，行必依洲嶼，止必集林木，《詩》、《易》故以爲君子言行之象。始生二年，落子毛。三年，産伏。七年，飛薄雲漢。後七年，學舞。後七年，應節。後七年，晝夜十二鳴，中律。後六十年，不食生物，大毛落，茸毛生，色雪白，泥水不能污。百六十年，雌雄相視，目睛不轉而孕。千六百年，飲而不食，聖人在上，則與鳳凰游於甸，其精神氣骨應相。《禽經》曰：鶴以怨望，鴟以貪顧，雞以嗔視，鴟以怨瞋，雀以猜瞿，燕以狂盱，視也。鶯以喜轉，烏以悲啼，鳶以飢鳴，鶴以潔唳，梟以凶叫，鵲以吉噪，鳴也。今鶴雌雄相隨，履其跡而孕。《傳》曰：鶴，影生，鼈男化也。

宋　陸佃《埤雅》卷六《鶴》　鶴，形狀如鵝，青脚素翼，常夜半鳴，故《淮南子》曰：雞知將旦，鶴知夜半。其鳴高亮，聞八九里，雌者聲差下。舊云此鳥性警，至八月白露降，流於草上，點滴有聲，因即高鳴相警，移徙所宿處，慮有變害也。蓋鶴體絜白，舉則高至，鳴則遠聞，性又善警，行必依洲嶼，止必集林木，故《詩》、《易》以爲君子言行之象。始生二年，落子毛。三年，産伏。七年，飛薄雲漢。後七年，學舞。後七年，應節。後七年，晝夜十二鳴，中律。後六十年，不食生物，大毛落，茸毛生，色雪白，泥水不能汙。百六十年，雄雌相視，目睛不轉而孕。千六百年，飲而不食，聖人在上，則與鳳皇翔於甸，其精神氣骨應相。故古者相鶴有《經》。蓋鶴，陽物也，而遊於陰，因金氣，依火精以自養。火數七，金數九，故七年小變，十六年大變，六十年變止，千六百年形定而色白。食於水，故喙長；軒於前，故後短。棲於陸，故足高而尾凋；翔於雲，故毛豐而肉踈。大喉以吐，故脩頸以納新，故壽。凡鶴之上相，隆鼻短口則少眠，高脚踈節則多力，露眼赤睛則視遠，回翎亞膺則體輕，鳳翼雀毛則善飛，龜背鼈腹則能産，輕前重後則善舞，洪髀纖趾則能行。《禽經》曰：鶴以怨望，鴟以貪顧，雞以嗔睨，鴨以怒瞋，雀以猜瞿，燕以狂盱，視也。鶯以喜囀，烏以悲啼，鳶以飢鳴，鶴以絜唳，梟以凶叫，鵲以愁噪，鳴也。今鶴雌雄相隨，如道士步斗，履其跡而孕。《内典》曰：鶴，影生。《禽經》曰：鶴愛陰而惡陽，鴈愛陽而惡陰。

宋　羅願《爾雅翼》卷一三《鶴》　鶴，一起千里，古謂之仙禽，以其於物爲壽。《淮南》曰：鶴壽千歲，以極其游。狀大如鵞，脚青黑，高三尺餘，喙長四寸，常夜半鳴，其聲揚聞八九里，雌者聲差下。《繁露》曰：鶴知夜半。鶴，水鳥也。夜半水位，感其生氣，則喜而鳴。所以壽者，無死氣於中也。又性絶警，八月白露降，則警而鳴。性好在陰，故謂其羽爲陰羽。《周書》曰：陰羽鳧旌。解者曰：鶴、鳧羽爲旌也。《相鶴經》曰：鶴，陽鳥也，而游於陰，因金氣，依火精以自養。金數九，火數七，故七年小變，十六年大變。《禽經》亦曰：鶴愛陰而惡陽，鴈愛陽而惡陰。故《易》有『鳴鶴在陰』之文。然

《詩》稱『鶴鳴于九皐，聲聞于天』，與《易》之『鳴鶴在陰，其子和之』，若不同者，蓋鳴于九皐，鶴之俊者，以喻士之及時而未仕者。至其老，則聲不能揚，和者獨其子而已。《禽經》又曰：鶴老則聲下而不能高，近而不能遼。此之謂也。《書》又言鶴體無青黄二色者，木土之氣内養，故不表於外。然《本草》云：鶴有玄有黄，有白有蒼。蒼者，今人謂之赤頰。玄則鶴之老者，百六十年則有純白、純黑之異。若黄鶴，則古人常言之。古書又多言鵠，鵠即是鶴音之轉。後人以鵠名頗著，謂鶴之外别有所謂鵠，故《埤雅》既有鶴，又有鵠。蓋古之言鵠，不日浴而白，白即鶴也。鵠名哠哠，哠哠，鶴也。以龜龍鴻鵠爲壽，壽亦鶴也。故漢昭時，黄鵠下建章宫太液池，而歌則名《黄鶴》。《神異經》：鶴國有海鵠。衛懿公好鶴。齊王使獻鵠于楚。亦列國之君皆以爲玩。其餘諸書文，如『蕙帳空兮夜鶴怨』，《楚辭》『黄鵠一舉』，及田饒説魯哀公言『黄鵠』，或爲鶴，或爲鵠者，甚多。以此知鶴之外，無别有所謂鵠也。鶴好延頸以望，故稱鶴以怨望，鴟以貪顧。怨者必望，故以望爲怨，『不意君之望臣深』是也。貪者必顧，故以顧爲貪，『數招權顧金錢』是也。古以鶴爲祥，故立之華表。《説文》：相，亭郵表也。一説漢法亭部四角建大木，貫以方表，名曰相表。又鶴之膝特隆，故吴矛骹大者名鶴膝，又作詩者，以中字平爲鶴膝。

明　高拱《本語》卷二　問：趙清獻之蜀，琴鶴自隨，其事何如？曰：此亦務爲形迹。夫鶴也，驅之則不行，舁之則以無益之物勞人。既不舁行李，乃又舁鶴，何爲？果好鶴甚，則行路不暇玩鶴也。既至蜀，亦自有鶴，何隨爲？故曰：務爲形迹者也。

明　吴從先《小窗自紀》卷三《支公鶴論》　世有執瞿曇氏之道，以病支道林之鶴者，曰：一切衆生皆我眷屬，支公當慈。彼眷屬於天地間，何爲而羈之也，毋乃於道左乎？曰：是不然。支公之鶴，即道所寄也。夫鶴因金氣，依火精。火數七，金數九，故十六年一小變，六十年大毛脱，茸毛生，色如白雪，水不能汙。百六十年，雄雌相見，目精不轉孕。千六百年，飲而不食於水，故喙長；軒於前，故後短。棲於陸，故足高而尾凋；翔於雲，故毛豐而肉踈。此羽族之宗，仙之騏驥也。若夫二年落子，毛易黑點，三年頭赤，七年飛，又七年舞，又七年應節，晝夜十二鳴，行必依洲嶼，止不集林木，此羽族之勝，人之飛仙也。若夫具浮曠之質，抱清迥之心，疊霜毛，振肪尾，向風扶踈，對月躑躅，態有餘鮮，貌多癯澤，戛然長鳴，時而振翮，此羽族之秀，世之間鍾也。故曰：道在鶴也。非支公不能友其鶴，非鶴不能以侶支公。支公也，鶴也。何分也，何在非道也。夫何足以病支公也？況瞿曇氏之獅、象、龍、虎，妙義也。龜、蛇、蠆、蝎，真諦也。得其意者，神解也。皮其相者，行尸也。道也，鶴也。瞿曇也，支公也，一而已矣。

明　何三畏《新刻何氏類鎔》卷三三《鶴》　大鶴，龜背燕膺，金衣玉羽。睛含丹而星耀，頂凝紫而烟華。尾舒玄而參差，身凝素而掩映。餐之以靈山瓊粒，吸之以雲表露漿。負青霄之異姿，遂與蒼松作伴。辭丹穴之神友，寧同野鶩相群。能爲九皐之鳴，不惜萬里之道。指蓬壺而翻翰，望崑閬而揚音。連軒鳳蹌，宛轉龍躍。將使高飛過東海，曾無月下之徘徊。即令獨舞向吴都，豈作風中之悽斷。不然者，徒啄荒庭之朽粒，甘漱絶澗之餘清，恐王子之靈轡難馴，而虞人之長纓易縶也。漢武帝時，有獨足鶴者，乃《山海經》之畢鸞。唐玄宗時，有中箭鶴者，乃青城山之道士。竇志公之鶴，將至灊山麓，而忽聞飛錫有聲；王子喬之鶴，方待緱山頭，而遠謝時人以去。淮海之鶴，飛入于雷門鼓中；孤山之鶴，報客于和靖坐上。淵材好異，悞認鶴爲胎育之仙禽。支公好生，遂縱鶴爲冲霄之徤翮。仙家之六鶴齊飛，陶侃之雙鶴下弔。青田之鶴，年年生子飛去；赤壁之鶴，冉冉横江飛來。叔子之鶴可舞，揚州之鶴可騎。令威蘇仙之鶴可化，而華亭之鶴淚則不堪聞矣。

綜　述

《禽經》　鶴以聲交而孕。雄鳴上風，雌承下風則孕。【略】露翥則露。露禽，鶴也。《古今注》：鶴千載變蒼，又千載變黑，所謂玄鶴也。子野鼓琴，玄鶴來舞。露下，則鶴鳴也。鶴之馴養於家庭者，飲露則飛去。

漢　許慎《説文》卷四　鶴，鳴九皐，聲聞于天。从鳥，隺聲。下各切。

三國吴　陸璣《毛詩草木鳥獸蟲魚疏》卷下《鶴鳴于九皐》　鶴，形狀

大如鵞，長三尺，脚青黑，高三尺餘。赤頂赤目，喙長四寸餘。多純白，亦有蒼色。蒼色者，人謂之赤頰，常夜半鳴。《淮南子》亦云：雞知將旦，鶴知夜半。其鳴高亮，聞八九里，雌者聲差下。今吴人園囿中及士大夫家皆養之，雞鳴時亦鳴。

晉　周處《風土記》　白鶴性警。至八月，白露降流于草葉上，滴滴有聲，即鳴。

南朝梁　任昉《述異記》卷下　鶴䳜故解反。刺䩦，德宅反。耳響則聽遠，眼赤則睎遠。大毛落，叢毛生。其色如雪。又云高脚疎節，則多跛也。若百六十年變止，不食生物。千六百年形定，飲而不食，與鳳爲羣。

宋　釋贊寧《東坡先生物類相感志》卷七《鶴》　《風土記》云：此鳥性驚，至八月白露降，則警而鳴。善盖靈者，則有珠珠。白石圓在於頂，能養水，令水不竭，此珠之騐。《繁露》曰：鶴如夜半。盖水鳥也，夜半水位，感其生氣，則益喜而鶴鳴。所以壽者，無死入於中也。

宋　孔平仲《談苑》卷一　秀州華亭鶴，胎生者，真鶴也。形體緊小，不食魚鰕，惟食稻粱。人餧以飯，則食之。其體大，好食魚鰕、啄蛇鼠者，鸛合所生，乃卵生也。食稻粱者，雖甚馴熟，久須飛去。惟食魚鰕者，不能去耳。

宋　曾慥《類説》卷二三《續博物志·澤鶴》　世説羊祜鎮荆州江陵，澤中出鶴，取以教舞，甚馴，名澤鶴。

宋　吴曾《能改齋漫録》卷一五《青田鶴》　晉《永嘉郡記》：田有沐溪野，去青田九里。此中有雙白鶴年年生子，長大便去，只餘父母一雙在耳。清白可愛，多云神所養。故杜子美《薛少保畫鶴》詩云：薛公十一鶴，皆寫青田真。《夔府詠懷》詩云：馬來皆汗血，鶴唳必青田。

宋　范成大《桂海虞衡志·志禽》　灰鶴，大如鶴，通身灰漆色，去頂二寸許，毛始丹，及頸之半。亦能鳴舞。

宋　戴侗《六書故》卷一九　鶴　鶴，下各切，高鳥白羽，丹頂玄尾，修頸高足。鶴皆卵生，俗謂胎生，又謂千歲化爲玄鶴，皆誕也。又作鶮。又與翯通。《詩》云：白鳥翯翯。《孟子》作鶴鶴。毛氏曰：翯翯，肥澤也。或作皠。《説文》曰：鳥之白也。又胡沃切。

明　王可大《國憲家猷》卷二二　鶴者，陽鳥也，而遊於陰，因金氣，依火精以自養。金數九，火數七，故禀其純陽也。生二年，子毛落而黑羽易。三年，頂赤而羽翮具。七年小變而飛，飛薄雲漢。復七年，聲應節而晝夜十二時鳴，鳴則中律。百六十年大變，而不食生物，故大毛落，而聚毛生，乃潔白如雪，故泥不能污，或即純黑而腦盡成膏矣。復百六十年變止，而雌雄相視，目睛不轉則有孕。千六百年形定，飲而不食，與鸞鳳同群，胎化産爲仙人之騏驥矣。夫聲聞于天，故頂赤。食於水，故啄長。軒於前，故後指短。棲於陸，故足高而尾凋；翔於雲，故毛豊而肉踈。且大喉以壯，故修頸以納新，故天壽不可量。所以體兼青黄二色者，木土之氣内養，故不表於外也。是以行必依洲興，止必集林木，盖羽旄之清崇者也。《玉策記》曰：千歲之鶴，隨時而鳴，能登于木。其未千歲者，終不集於木也。

明　李時珍《本草纲目》卷四七　鶴宋《嘉祐》　釋名：仙禽、《綱目》胎禽。時珍曰：鶴字，篆文象翹首短尾之形，一云白色皠皠，故名。八公《相鶴經》云：鶴乃羽族之宗，仙人之驥，千六百年乃胎産。則胎、仙之稱以此。世謂鶴不卵生者，誤矣。集解：禹錫曰：鶴有白、玄、黄、蒼，入藥用蒼者，他色次之。時珍曰：鶴大於鵠，長三尺，高三尺餘。喙長四寸。丹頂赤目，赤頰青脚，修頸凋尾，粗膝纖指，白羽黑翎，亦有灰色、蒼色者。嘗以夜半鳴，聲唳雲霄。雄鳴上風，雌鳴下風，聲交而孕。亦啖蛇虺，聞降真香則降，其糞能化石，皆物類相感也。按《相鶴經》云：鶴，陽鳥也，而遊於陰。行必依洲渚，止不集林木。二年，落子毛，易黑點。三年，産伏。又七，年羽翮具。又七年，飛薄雲漢。又七年，舞應節。又七年，鳴中律。又七年，大毛落，氄毛生，或白如雪，或黑如漆。百六十年，雌雄相視而孕。千六百年，形始定，飲而不食，乃胎化也。又按俞琰云：龜鶴能運任脈，故多壽，無死氣於中也。鶴骨爲笛，甚清越。

明　慎懋官《華夷花木鳥獸珍玩考》卷七《鶴》　宋沈括云：鶴，惟華亭之鶴窠村所出爲得地，他雖有，凡格也。《平凉府華亭縣》江陵鶴澤，澤中多鶴，因以名郡。《詩義疏》曰：鶴大如鵝，長三尺，脚青黑，高三尺餘，赤頰，赤目，喙長四寸，多純白，亦有蒼色。蒼色者，今人謂之赤頰，常夜半鳴，其鳴高朗，聞八九里，唯老者乃聲下。今吴人園中及士大夫家皆養之，鷄鳴時亦鳴。《繁露》曰：鶴知夜半。鶴所以壽者，無死氣於中也。《相鶴經》曰：鶴者，陽鳥也，而遊於陰，因金氣，依火精以自養。金數九，火數七，故七年小變，十六年大變，百六十年變止，千六百年形定。體尚潔，故其色白，聲聞

天，故頭赤。食於水，故其喙長。軒於前，故後指短。棲於陸，故足高而尾凋。翔於雲，故毛豐而肉踈。大喉以吐，故脩頸以納新，故生天壽不可量。所以體無青黄二色者，木土之氣内養，故不表於外。是以行必依洲嶼，止不集林木，盖羽族之宗長，仙人之騏驥也。鶴之上相，瘦頭朱頂，露眼黑睛，高鼻短喙，髀頰耽耳，長頸促身，鷰膺鳳翼雀毛，龜背鼈腹，軒前垂後，高脛粗節，洪髀纖指，此相之備者也。鳴則聞於天，飛則一舉千里。鶴二年落子毛，易黑點；三年産伏，復七年羽翮具；復七年飛薄雲漢；後七年舞應節；復七年晝夜十二時鳴，中律；復百六十年不食生物，復大毛落，茸毛生，雪白或純黑，泥水不汚；復百六十年，雄雌相見，目精不轉而孕；千六百年，飲而不食，鸞鳳同爲群，聖人在位，則與鳳凰翔於甸。見《初學記》。凡鶴之上相，隆鼻短口則少眠，高脚踈節則多力，露眼赤睛則視遠，回翎亞膺則體輕，鳳翼雀尾則善飛，龜背鼈腹則能産，輕前重後則善舞，洪髀纖趾則能行。《禽經》曰：鶴以怨望，鴟以貪顧，雞以嗔睨，鴨以怨瞋，雀以猜瞿，燕以狂眄，視也。鸎以喜囀，烏以悲啼，鳶以饑鳴，鶴以絜唳，梟以凶叫，鴟以愁嘯，鳴也。今鶴雌雄相隨，如道士步斗，履其跡而孕。《内典》曰：鶴影生。《禽經》曰：鶴愛陰而惡陽，鴈愛陽而惡陰。見《埤雅》。千歲之鶴能登木，其未千歲者終不集樹也。純白腦盡成骨也。見《抱朴子》

明　穆希文《説原》卷一〇　鶴壽千歲，以極其游；蜉蝣朝生暮死，以盡其樂。鶴，陽鳥也，愛陰而惡陽。唯鴈則愛陽而惡陰。華亭之鶴多稱下沙，盖自海東飛集其地，非産于下沙也。下沙鶴，高大異常，與揚州所産太遠。青田有雙白鶴，年年所生子，長便飛去，人以爲仙鶴。盖鶴千歲則變蒼，又千歲黑，即所謂玄鶴也。鶴左右脚裏第一指名兵爪。鶴本仙禽也，以其於物爲壽，常夜半鳴，聲聞八九里，雌者聲下。蓋夜半水位，而鶴水鳥，感其生氣，則喜而鳴。所以壽者，無死氣于中也。其性甚警。玄鶴，鶴之老者也。

明　吴雨《毛詩鳥獸草木考》卷三《鶴白鳥》　鶴，形狀大如鵝，長頸竦身，長脚青翼，頂赤身白，高三尺餘，喙長四寸，頸半黑。其鳴高亮，聞八九里，雌者聲差下。以聲交。或云雌雄相隨如道士步斗，履其迹而孕。《内典》曰：鶴影生。多純白，或有蒼色者。今人謂之赤頰。常夜半鳴。《淮南子》亦云：雞知將旦，鶴知夜半。盖鶴水鳥，夜半水位，感其生氣，則喜而鳴。性絶警，八月白露降，流於草上，點滴有聲，因即高鳴相警，移徙所宿處，慮有變害也。有玄有黄，有白有蒼。玄則鶴之老者。百六十年則有純白，純黑之異。若黄鶴，古人常言之。《禽經》曰：鶴愛陰而惡陽，鴈愛陽而惡陰。古者相鶴有《經》，其精神氣骨應相，故有《經》也。

明　吴楚材《彊識略》卷三一　鶴　李浮丘伯《相鶴經》授之王子晉，崔文子藏之嵩山石室。《經》曰：鶴者，陽鳥也，而游於陰。因金氣，依火精以自養。金數九，火數七，故七年小變，十六年大變，百六十年變止，千六百年形定。體尚潔，故其色白。聲聞天，故頭赤。食於水，故其喙長。軒於前，故後指短。棲於陸，故足高而尾凋。翔於雲，故毛豐而肉踈。大喉以吐，故脩頸以納新，故生天壽不可量。所以體無青、黄二色者，木土之氣内養，故不表於外。是以行必依洲嶼，止不集林木，盖羽族之宗，長仙人之騏驥也。

明　張瀚《松窗夢語》卷五　東海産鶴，古稱華亭鶴唳，一起千里，乃禽中之仙。常以夜半鳴，聲聞數里，雌者聲差下。性好陰惡陽，正與鴈反，故云鳴鶴在陰。好延頸望，故稱鶴以怨望。鴟以貪顧，怨者以望，遂以望爲怨。

明　彭儼《鐫五侯鯖》卷六《鶴》　鶴，陽鳥，稟金火之氣以生。三年頂赤，七年善飛，又七年十二時鳴，六十年稾毛生，泥不能汚，一百六十年雌雄相視而孕，一千六百年不食而胎生。其相以長頸脩竦則善鳴，龜背鱉腹則善舞。一千年變蒼鶴，知夜半。鶴，水鳥，夜半水位，感其生氣則鳴。胎仙，胎化。脩塗國獻青鳳、丹鶴各一雌一雄，飼以潭阜之粟，飲以溶溪之水。相鶴：金眼者雄，豆眼者雌。左右脚裏第一指爲兵爪。林逋隱孤山，畜二鶴，縱之飛入霄漢，久復入籠。逋常遊西湖，客至縱鶴，良久逋即歸。荀瓌遊憩黄鶴樓，忽西南有物降自雲漢，飄然而至，乃鶴駕賓也。入户，賓主歡對，辭去，跨鶴騰雲。青田有白鶴來伏雛，雛成而去，世謂神仙所養。長安慈恩寺塔，月下有一美人，從三四青衣繞塔言笑，借筆題詩梁上。僧將燭之，化白鶴飛去。嶺南少年無穢行，行道遇女名岳瓊，求歡，盡後，化雌白鶴。衛濟川養六鶴，三年識字，名丹哥。鶴唼太湖萍，還丹，御珠。

明 屠隆《陳眉公考槃餘事》卷四《鶴》 鶴，仙禽也，於物爲多壽。感於陽，故鳴於子。雄則聲聞數里，雌則聲下而不揚。江陵鶴澤中多鶴，因以名郡。揚州亦有，惟華亭鶴窠村所出爲得地。蓋自海東飛集於下沙，原非華産。具體高俊，緑足龜文，翔薄雲漢，一舉千里，誠羽族之宗長，仙人之騏驥。他雖有，凡格也。相鶴，但取標格奇古，唳聲清亮，頸欲細而長，足欲瘦而節，身欲人立，背欲直削。身横則類鸛，頸肥則類鵝鴈矣。隆鼻短口則少眠，高脚踈節則多力，頂若朱紅則善鳴，眼露赤色則視遠，回翎亞膺則體輕，龜背鱉腹則善産，鳳翼雀尾則善飛，輕前重後則善舞，洪髀纖指則善步。蓄之者當居以茅菴，隣以池沼，飼以魚穀鰍鱔。勿以熟食飽其腸胃，使乏精彩而塵倦仙骨。欲教以舞，俟其饑餒，置食於空野，使童子拊掌歡顛，摇首起足以誘之。彼則奮翼而唳，逸足而舞矣。習之熟，一聞拊掌即便起舞，謂之食化。空林別墅，白石青松，更宜此君以助清興。

明 劉侗《名物通》卷九 鶴，水鳥，知夜半。夜半水位，感其生氣，則益喜而鳴。能巫步禁蛇，故食蛇。

明 徐炬《新鐫古今事物原始全書》卷二六《鶴》 白鶴飛鳴九皋，其聲非鳶烏所及。鶴之上者，瘦頭朱頂，露眼黑睛，高鼻短喙，長頸踈身，鸞翼雀毛，龜背鱉眼，軒前垂後。體尚潔，故其色白。聲聞於天，故頭赤。食於水，故喙長。軒於前，故後趾短。棲於陰，故足高而尾彫。翔於雲，故毛豊而肉。踈行必依洲渚，止必林木。蓋明族之宗，長仙人之騏驥。七年小變，十六年大變，百六十年變止。六百年飲而不食，雌雄相視而孕，胎化而産鸞鳳。

明 毛晋《陸氏詩疏廣要》卷下之上《鶴鳴于九皋》 浮丘伯《相鶴經》云：鶴者，陽鳥也，而遊於陰。因金氣，依火精以自養。金數九，火數七，故禀其純陽也。生二年，子毛落而黑毛易。三年，頂赤爲羽翮。其七年小變，而飛薄雲漢。復七年，聲應節而晝夜十二時鳴，鳴則中律。百六十年大變，而不食生物，故大毛落而茸毛生，乃潔白如雪，故泥水不能污，或即純黑，而緇盡成膏矣。復百六十年變止，而雌雄相視，目睛不轉則有孕。千六百年形定，飲而不食，與鸞鳳同羣，胎化而産，爲仙人之騏驥矣。夫聲聞于天，故頂赤。食於水，故喙長。軒於前，故後指短。棲於陸，故足高而尾凋。一作周。翔於雲，故毛豊而肉踈。且大喉以吐，故修頸以納新，故天壽不可量。所以體無青、黄二色者，土木之氣内養，故不表於外也。是以行必依洲嶼，止不集林木，蓋羽族之清崇者也。《玉策紀》曰：千載之鶴，隨時而鳴，能翔于霄漢。其未千載者，終不及于漢也。其相曰：瘦頭朱頂則冲霄，露眼黑睛則遠視，隆鼻短喙一作啄。則少暝，⿰骨圭故解反，又音諧。頰⿰骨乇得宅反。耳則知時，長頸竦身則能鳴，鴻翅鵠膺則體輕，鳳翼雀尾則善飛，龜背鼈腹則伏産，軒前垂後則會舞，高脛麁節則足力，洪髀纖指則好翹。聖人在位，則與鳳皇翔于郊甸。《周易》曰：鳴鶴在陰，其子和之。《禽經》：鶴以聲交而孕。張注：雄鳴上風，雌承下風則孕。又云：露翥則露。張華注云：露禽，鶴也。《古今注》：鶴千載變蒼，又千載變黑，所謂玄鶴也。子野鼓琴，玄鶴來舞。露下則鶴鳴也。鶴之馴養于家庭者，飲露則飛去。《埤雅》：鶴性警，至八月白露降，流于草上，點滴有聲，因即高鳴相警，移徙所宿處，慮有變害也。蓋鶴體潔白，舉則高至，鳴則遠聞，性又善警，行必依洲嶼，止不集林木，故《詩》、《易》以爲君子言行之象。《禽經》曰：鶴以怨望，鴟以貪顧，雞以嗔睨，鴨以怒瞋，雀以猜瞿，燕以狂昕，視也。鸎以喜囀，烏以悲啼，鳶以飢鳴，鶴以潔唳，梟以凶叫，鴟以愁嘯，鳴也。今鶴雌雄相隨，如道士步斗，履其跡而孕。《内典》曰：鶴影生。《禽經》曰：鶴愛陰而惡陽，雁愛陽而惡陰。《爾雅翼》云：鶴一起千里，古謂之仙禽，以其於物爲壽。《淮南》曰：鶴壽千歲，以極其遊。《繁露》曰：鶴知夜半。鶴，水鳥也。夜半水位，感其生氣，則喜而鳴。所以壽者，無死氣於中也。性好在陰，故謂其羽爲陰羽。《周書》曰：陰羽鳧旌。解者曰：鶴、鳧羽爲旌也。《禽經》又曰：鶴老則聲下而不能高，近而不能尞。《書》又言鶴體無青、黄二色者，木土之氣内養，故不表於外。然《本草》云：鶴有玄有黄，有白有蒼。玄則鶴之老者，百六十年則有純白、純黑。若黄鶴，古人常言之。又多言鵠，鵠即是鶴音之轉。後人以鵠名頗著，謂鶴之外別有所謂鵠，故《埤雅》既釋鶴，又釋鵠。漢昭時，黄鵠下建章宫太液池，而歌則名《黄鵠》。《神異經》：鶴國有海鵠。衛懿公好鶴。齊王使獻鵠于楚。如蕙帳空兮夜鶴怨。《楚辭》『黄鶴一舉』，及田饒説魯哀公言『黄鵠』，或爲鶴，或爲鵠者，甚多。以此知鶴之外無別有所謂鵠也。古以鶴爲祥，故立之華表。《説文》：桓，亭郵表也。一説漢法

亭部四角建大木，貫以方表，名曰桓表。又鶴之膝特隆，故吴矛骹大者名鶴膝。又作詩者，以中字平爲鶴膝。《通卦驗》云：立夏清風至而鶴鳴。《玉策記》云：千歲之鶴，隨時而鳴，能登木，色純白，腦盡成骨。其未千歲者，終不集于林也。《本草》云：《穆天子傳》曰：天子至，巨蒐二氏獻白鶴之血以飲天子。血主益氣力。

明　木增《雲薖淡墨》卷三　丹哥，鶴也，見趙自然詩。又《玄思賦》：九皋介鳥。介，大也，謂鶴也。又名胎仙。

明　朱國禎《湧幢小品》卷三二《鶴》　楊子曰：鶴，羽族靈也。而變小大不同。金九，火也，而變生焉。七年一小變，十六年再變，百六十年大變，千六百年變極，而與聖人同隱顯，靈其至矣。陳州倅盧某畜二鶴，甚馴。一創死，一哀鳴不食。盧勉飼之，乃就食。一旦，鳴繞盧側。盧曰：爾欲去耶？有天可飛，有林可棲，不爾羈也。鶴振翮雲際，數四徊翔乃去。盧老病無子，後三年，歸卧黄蒲溪上。晚秋蕭索，曳杖林間，忽有一鶴盤空，鳴聲凄斷。盧仰祝曰：若非我陳州侣耶？果爾，即當下。鶴竟投入懷中，以喙牽衣，旋舞不釋。盧撫之泣曰：我老無血胤，形悲影吊。爾幸留者，當如孤山逋老，共此殘年。遂引之歸，爲寫《溪塘泣鶴圖》，中繪己像，置一鶴其傍。後盧歿，鶴亦不食死，家人瘞之墓左。

明　方以智《物理小識》卷一〇　鶴聞降真香則降，其糞能化石。有白者、灰色者，夜以一足立而睡。儲泳曰：道士用活雄鳩血書符，殺命助靈，以召鶴雀。取紫降真香，茶煮出油而焚之，鶴即至。《移門廣牘》曰：鶴脛脆易折，折者截青竹三四寸，手劈兩片，掘白頸蚯蚓數條鋪管中，夾而縛定，仍取數條與啖之，候飯頃，即如故。

清　吴綺《嶺南風物記》　灰鶴出廣州府。

清　毛奇齡《續詩傳鳥名卷》卷二　《鶴鳴》鶴鳴于九皋。鶴，鳥名，長頸，竦身高脚，頂赤身白，頸尾俱黑，其鳴高亮，聞八九里。鶴，水鳥名。舊注：鶴大于鵠而頂赤，頸黑，翼青，尾白。惟鳴聲遠聞，雖鳴亦稱唳，《禽經》所云『以潔唳』，史云『華亭鶴唳』，獨《易》稱『鳴鶴在陰』，與此『鶴鳴』同。皋者，澤也，九皋即九澤。《禹貢》『九澤既陂』，大概舉多澤，言之如九川、九淵類。祇其云澤，以鶴好食魚。《漢書》：亭皋千里。顔注：爲亭堠于皋隰中，謂水涯地也。

又卷三　《靈臺》白鳥翯翯。翯翯，潔白貌。白鳥，鶴也。鶴，古確字，《説文》謂鳥之白者曰確。故《孟子》『白鳥鶴鶴』，何晏《景福殿賦》作『白鳥確確』是也。又鶴，古鶮字。《史·秦始紀》『屯蒲鶮』，即蒲、鶮二邑名，而鶮即翯字。故《詩》『白鳥翯翯』，《孟子》作『白鳥鶴鶴』是也。然則『白鶴鶴鶴』可乎？曰：鶴之名鶴，以其色，猶鵠之名鵠，以其聲也。『白鶴鶴鶴』，猶顔師古注《漢書》曰『鵠聲鵠鵠』也。《禽經》曰：鵠以咭爲音，故聲鵠鵠。則鶴以翯爲色，不可曰其色鶴鶴乎？則白鳥非鶴乎？【略】鶴與鵠通字。《國策》『魏文侯使獻鵠于齊』，一作『獻鶴』。漢時，黄鵠下太液也，一作『黄鶴』。故『別鶴操』亦名『別鵠操』。《樂府》『飛來雙白鶴』亦稱『雙白鵠』。甚至劉孝標《辨命論》直稱『龜鵠千秋，曹彔擣衣』。《詩》亦云『開緼舒龜鵠』。因有疑此鶴字是鵠字，以爲鶖鶴不倫，惟鴻、鵠、鶖、鶬皆水鳥一類，不知鶴亦水鳥也。鶴、鵠本兩鳥，但古字相通耳。今作字書者，必彼此交訐，謂鶴即是鵠，謂鶴必不是鵠，皆拘墟眇通之言。

清　陳淏子《秘傳花鏡》卷六《養禽鳥法·鶴》　鶴，一名仙禽，羽族之長也。有白，有黄，有玄，亦有灰蒼色者，但世所尚皆白鶴。其形似鸛而大，足高三尺，軒於前，故後趾短。喙長四寸，尖如鉗，故能水食。丹鼎赤目，赤頰青爪，修頸凋尾，粗膝纖指，白羽黑翎。行必依洲渚，止必集林木。雌雄相隨，如道士步斗，履其跡則孕。又雄鳴上風，雌鳴下風，以聲交而孕。嘗以夜半鳴聲唳九霄，音聞數里。有時雌雄對舞，翱翔上下，宛轉跳躍，可觀。若欲使其飛舞，固俟其饑，寘食於寬遠處，拊掌誘之，則奮翼而舞。調練久之，則一聞拊掌，必然起舞。性喜啖魚蝦蛇虺。養者雖日飼以稻穀，亦須間取魚蝦鮮物喂之，方能使毛羽潤而頂紅。其糞能化石。生卵多在四月，雌者伏卵，雄則往來爲衛，見雌起必啄之。見人數窺其卵，則啄破而棄之。或云：鸛生三子，必有一鶴。所畜之地，須近林木池沼間，方能存久。《相鸛經》云：鶴之尚相，但取標格奇古，隆鼻短口則少眠，高脚疏節則多力，露眼赤睛則視遠，回翎亞膺則體輕，鳳翼雀尾則善飛，龜背鼈腹則善産，輕前重後則善舞，洪髀纖指則善步。一云：鶴生三年則頂赤，七年羽翮具。

七年二時鳴，三十年鳴中律，舞應節。又七年大毛落，氄毛生，或白如雪，黑如漆。一百六十年則變止，千六百年則形定，飲而不食，乃胎化也。仙家召鶴，每焚降眞香，即至。又鶴腿骨爲笛，聲甚清越，音律更準。昔賢林和靖，養鶴於西湖孤山，名曰鳴皐，每呼之即至。有時和靖出遊，有客來訪，則家童放鶴淩空。和靖見鶴盤旋天表，知有客至，即歸。以此爲常，遂以千古韻事。其詩云：皐禽名秖有前聞，孤影圓吭夜正分。一唳便驚寥泬破，亦無閒意到青雲。

清 陸廷燦《南村隨筆》卷一《鶴》 鶴有胎生、卵生之別，形體堅小，惟食稻粱者胎生也，畜之難馴。鸛合卵生者，形體大，食魚蝦、啄蛇鼠，養之可馴。一名仙客，一名胎仙。千歲變蒼，又二千歲則變黑，卽玄鶴矣。鶴知夜半。鶴，水鳥也，夜半水位，則感時而鳴。見人窺其卵，則啄破而棄之。

清 姚炳《詩識名解》卷三《鶴》 鶴，《小雅·鶴鳴》篇鶴從隹，形如鶩，短尾，《相鶴經》所謂『足高而尾凋』是也。故陸璣但謂頂目赤，脚青黑，而不及尾。若云頸、尾俱黑，恐誤。蓋其翅杪色黑，斂翮而立，則羽尾黝。然《集傳》因以爲尾黑，不知凌風鼓翅，黑在翼，不在尾也。子瞻賦『玄裳縞衣』，殆亦未悟短尾故耳。故陳晦伯《稽疑》云：遇九皐之介鳥，偉胎化之仙禽。其黑者尾耶？鶴爲仙禽，取其能壽，未有老而聲下之理。此《禽經》謬語，而羅瑞良述之也。《易》之在陰，蓋處三四重陰之下。王弼以爲立誠篤志，雖在闇昧，物亦應焉耳，乃謂鳴皐之鶴爲俊，鳴陰之鶴爲老。不知二爻位處上卦之中，與五相應，正士之及時而未仕者，何以云老？且物各從其類，鶴鳴子和，不過同類相應之意。彼鳴九皐者，雖聞野聞天，豈更有非其類而應之耶？焦弱矦引《易》作鸖，謂鶴惡陽，故從雨，鷺惡露，故去雨，尤誕。羅瑞良雜引諸書多言鵠者，謂鵠即是鶴音之轉。後人以鵠名頗著，謂鶴之外別有所謂鵠，非也。或辨之謂諸書有專言鵠者，未嘗謂鵠即鶴，有鶴、鵠並言者，明分爲二。惟《別鶴操》『雄鵠雌鵠』，《辨命論》『龜鵠壽千歲』，《擣衣詩》『開縕舒龜鵠』，古原作鶴，俗譌爲鵠。豈可據今所見鶴與鵠容貌差別，信如諸家言鵠即鶴？則今人通謂鸛爲鸛鶴，是鸛即鶴，稱綬草爲鷊，是草即鳥也。愚謂二家各得其一説，不知鵠本有斛、谷二音，斛音與鶴通用，前説是也。谷音者乃小鳥，射者設之以命中，後説是也。《傳》訓皐爲澤，何元子謂其於義無取，別作滜，引《史記》『秭鳺先滜』，《索隱》亦訓爲澤。又謂滜字《説文》不載，疑即澤字之譌，故《史記·天官書》云：其色大圜黃滜。滜亦音澤，即潤澤之義。澤或省作睪，《荀子》『側載睪芷』，睪芷者，澤芷也。睪或混作皐，故睪有皐音，《列子》『望其壙睪如』，《荀子》作『望其壙皐如』。又《後漢書·郡國志》以成皐爲成睪，皆其明證。然則九皐之皐，本澤字傳寫訛耳。愚謂不然。皐併不當訓澤。《左傳》『御以如皐』，不可云『如澤』。《漢·賈山傳》『江皐河濱』，皐對濱，言非深澤可知。又李奇云『皐水淤地』，若澤中水，豈能壅淤地上？是皐乃澤之涯，非竟爲澤，不可以字譌强通也。鄭氏云『皐澤中水溢出所爲坎』，得之。《韓詩》解九皐爲九折之澤，泥甚。鄭氏謂從外數至九，尤非。鶴非水鳥，要無深入澤中之理。郝仲輿以爲『九皐深澤』，猶云『九泉九天』，極言其深，亦非《詩》旨也。《詩》當取空曠之意，故謂其聲上極於天，下周於埜，與鳳鳴高岡情況相似。然則所謂九皐者，猶四埜、六幕、八閎、九垓之説耳。

清 佚名《鳥譜》卷一《灰鶴》 灰鶴，黑睛赤暈，青黑觜，黑紅頂，白頰，白項，臆至背腹皆黑灰色，翅下黑翎盖尾，高足脛，黑足爪。身小于白鶴，隆背平腹，昂首高三尺許，喙長三寸餘。初生頂黑，久則漸紅。善夜鳴。

又《小灰鶴》 一名水鶴，一名丹歌。小灰鶴，黑睛紅暈，黑緑觜，淺紅喙，灰頂，左右眼角各有灰白羽一根垂出腦後，黑頰黑項，嗉前間露灰毛，當胸黑毛下垂如纓，深灰腹，背膊兩翅俱慘灰色。翅有長翎直出，盖于尾上，翎末帶黑。深黑翮，黑足脛。其足有懸爪，無後趾，前三跂根有連皮。身高尺五六寸，喙長二寸許，善鳴舞。鶴之一種也。《粵志》云：南方有一種水鶴，亦名灰鶴。狀類白鷺，頸有垂纓，善舞。其性通風雨，有風雨則鳴而上山，否則鳴而下于川澤。廣人以其丹觜，善鳴，故曰丹歌。

清 嵇璜《續通志》卷一八〇 鶴，一名仙禽，一名胎禽。鶴字篆文象翹首短尾之形。一云白色皠，故名。性善警。其狀大如鵞，長三尺，脚青黑，高三尺餘。赤頂赤目，喙長四寸餘。多純白，蒼色者謂之赤頰。常夜半鳴。《淮南子》云：雞知將旦，鶴知夜半。其鳴高亮，聞八九里，雌者聲差下。明李時珍曰：雄鳴上風，雌鳴下風，聲交而孕。亦啖蛇虺。聞降真香烟，則降真。糞能化石，皆物類相感也。崔豹《古今注》：鶴千載則變蒼，又千載則變黑。《禽

經》云：鶴以聲交而孕。《埤雅》云：雌雄相隨，如道士步斗，履其跡而孕。又名露禽。《禽經注》云：露下則鶴鳴也。鶴之馴養於家庭者，飲露則飛去。謹案：《墨客揮犀》云：劉淵材好怪，嘗蓄兩鶴，客至誇曰：此仙禽也。凡禽卵生，此禽胎生。語未畢，園丁報鶴夜生一卵，淵材呵之。未幾，鶴復誕一卵。淵材嘆曰：吾乃爲劉禹錫《嘉話》所誤。據此，鶴實卵生。考浮邱伯《相鶴經》所云『千六百年胎化而產爲仙人騏驥』，則惟千餘歲之鶴，乃胎化耳。

清　牟應震《毛詩物名考》卷一　鶴，丹頂赤目，黑尾青脚，毛色白，亦有灰蒼色者。其鳴曰唳，聲高而清亮，聞八九里，故曰聲聞於天。《相鶴經》謂其二年子毛落，三年羽翮成，又七年而飛，又七年鳴中律呂。百六十年，潔白如雪，或純黑而緇。又百六十年，相視而孕。又百六十年，胎產，爲仙人騎驥。似皆臆說。世無數百歲人，其孰從而驗其誤也。

清　鄭光祖《醒世一斑録》卷三　鶴足皆黑，惟產呂四者色緑。其頂紅至毒，人卽有高致，何必愛此以生不測？

清　鄭績《夢幻居畫學簡明》卷四　鶴爲仙禽，能運氣，多壽。性高潔，不與凡鳥羣。行依洲渚，少集林木。雖曰棲松，原爲水鳥。身長三尺，高三四尺，喙長数寸，頭長二尺許。朱頂赤目，紅頰青脚，尾凋膝粗，白羽黑翎。其黑翎原生翼下，世有畫翎當尾，殊失本意。白爲鶴本色，或灰或蒼，是其小者。

紀事

《左傳・閔公二年》　冬十二月，狄人伐衛。衛懿公好鶴。疏：《正義》曰：陸璣《毛詩義疏》云：鶴，形狀大如鵞，長脚青翼，高三尺餘，赤目赤頰，喙長四寸餘。多純白，或有蒼色。蒼色者，今人謂之赤頰，常夜半鳴。故《淮南子》曰：雞知將旦，鶴知夜半。其鳴高亮，聞八九里，雌者聲差下。今吳人園囿中及士大夫家皆養之。

漢　司馬遷《史記》卷三七《衛康叔世家》　懿公卽位，好鶴，淫樂奢侈。九年，翟伐衛，衛懿公欲發兵，兵或畔。大臣言曰：『君好鶴，鶴可令擊翟。』翟於是遂入，殺懿公。

晉　王嘉《拾遺記》卷八　黃龍元年，始都武昌。時越嶲之南獻背明鳥，形如鶴，止不向明，巢常對北，多肉少毛，聲音百變，聞鐘磬笙竽之聲則奮翅搖頭，時人以爲吉祥。是歲遷都建業，殊方多貢珍奇。吳人語訛，呼背明爲背亡鳥。國中以爲大妖，不及百年，當有喪亂背叛滅亡之事，散逸奔逃，墟無烟火。果如斯言。後此鳥不知所在。

唐　薛用弱《集異記・徐佐卿》　明皇天寶十三載重陽日，獵於沙苑，雲間有孤鶴徊翔焉。上親御弧矢，一發而中。其鶴則帶箭徐墜，將及地丈許，欻然矯翰西南而逝。萬衆極目，良久乃滅。益州城距郭十五里有明月觀焉，依山臨水，松桂深寂，道流非修習精慤者，莫得而居。觀之東廊第一院尤爲幽絶。每有自稱青城道士徐佐卿者，風局清古，一歲率三四而至焉。觀之耆舊，因虚其院之正堂，以俟其來。而佐卿至則棲焉，或三五日，或旬朔，言歸青城，甚爲道流之所傾仰。一日忽自外至，神爽不怡，謂院中人曰：吾行山中，偶爲飛矢所加，尋已無恙矣。然此箭非人間所有，吾留之於壁上。後年箭主到此，卽宜付之，慎無墜失。仍援毫記壁云留箭之日，則十三載九月九日也。及玄宗避狄幸蜀，暇日命駕行遊，偶至斯觀，樂其佳景，因遍幸道室。既入此堂，忽覩挂箭，則命侍臣取而翫之，蓋御箭也。深異之，因詢觀之道士，皆以實對，卽是佐卿所題，乃前歲沙苑縱畋之日也。佐卿蓋中箭孤鶴耳。究其題，乃沙苑翻飛，當日集於斯歟。上大奇之，因收其箭而寶焉。自後蜀人亦無復有逢佐卿者矣。

唐　段成式《酉陽雜俎》卷一六　背明鳥，吳時越嶲之南獻背明鳥，形如鶴，止不向明，巢必對北，其聲百變。

唐　余知古《渚宮舊事・補遺》〔南朝齊〕湘東王修竹林堂，新陽太守鄭裒送雌鶴於堂，留其雄者尚在裒宅。霜天月夜，無日不鳴，商旅江津，聞者墮淚。時有野鶴飛赴堂中，驅之不去，卽裒之雄也。交頸頡頏撫翼，聞奏鐘磬，翻然共舞，婉轉低昂，妙契絃節。

唐　馮贄《雲仙雜記》卷八《鶴識字》　衛濟川養六鶴，日以粥飲啖之，三年識字。濟川檢書，皆使鶴銜，取之無差。《金城記》。

唐　佚名《五行記・烏程採捕者》(引自《太平廣記》卷四六〇)　隋

煬帝大業三年，初造羽儀，毛氅多出江南，爲之略盡。時湖州烏程縣人身被科毛，入山捕採，見一大樹高百尺，其上有鶴巢養子。人欲取之，其下無柯，高不可上，因操斧伐樹。鶴知人必取，恐其殺子，遂以口拔其毛放下。人收得之，皆合時用，乃不伐樹。

宋 釋惠洪《冷齋夜話》卷九《劉淵材迂濶好怪》 淵材迂濶好怪，嘗畜兩鶴。客至，指以誇曰：此仙禽也，凡禽卵生，而此胎生。語未卒，園丁報曰：此鶴夜産一卵，大如梨。淵材面發赤，訶曰：敢謗鶴也。卒去。鶴輒兩展其脛伏地，淵材訝之，以杖驚，使起，忽誕一卵。淵材嗟咨曰：鶴亦敗道，吾乃爲劉禹錫《佳話》所誤，自今除佛、老子、孔子之語，予皆勘驗。予曰：淵材自信之力，然讀《相鶴經》未熟耳。又嘗曰：吾平生無所恨，所恨者五事耳。人問其故，淵材斂目不言，久之曰：吾論不入時聽，恐汝曹輕易之。問者力請説，乃答曰：第一恨鰣魚多骨，第二恨金橘太酸，第三恨蓴菜性冷，第四恨海棠無香，第五恨曾子固不能作詩。聞者大笑。而淵材瞠目曰：諸子果輕易吾論也。

宋 沈括《夢溪筆談》卷一〇 林逋隱居杭州孤山，常畜兩鶴，縱之則飛入雲霄，盤旋久之，復入籠中。逋常汎小艇遊西湖諸寺。有客至逋所居，則一童子出應門，延客坐，爲開籠縱鶴。良久，逋必棹小船而歸。蓋常以鶴飛爲驗也。逋高逸倨傲，多所學，唯不能棊。常謂人曰：逋世間事皆能之，唯不能擔糞與着棊。

宋 范成大《吴郡志》卷二九《土物》 鶴媒，吴人射鳥，養一馴鶴，使行前而以草木葉爲盾，以自翳，挾弩矢以伺之。羣鳥見鶴，以爲同類，無猜，遂爲矢所中。陸龜蒙有《鶴媒歌》，以譏同類相陷者。歌云：偶繫漁舟汀樹枝，因看射鳥令人悲。盤空野鶴忽然下，背翳見媒心不疑。媒閑静立如無事，清唳時時入遥吹。徘徊未忍過南塘，且應同聲就同類。梳刷宛若相逢喜，秪怕纔來又驚起。窺鱗咏藻乍低昂，立定當胸流一矢。媒憧舞躍勢離披，似諂功能邀弩兒。雲飛水宿各自物，妒侣害羣由爾爲。而況人間有名利，外頭笑語中猜忌。君不見，荒陂野鶴陷良媒，同類同聲真可畏。

宋 袁褧《楓窻小牘》卷上 余汴城故居近陳州門内、蔡河東畔。居後有圃，喬林深竹，映帶城隅。中有來鶴亭，王大父時，有野鶴來棲，遂馴狎不去。蘇子瞻有詩云：鴻漸偏宜丹鳳南，冠霞披月羽毵毵。酒酣亭上來看舞，有客新名唤作耽。每誦此詩，未嘗不淚滿青衫也。

元 脱脱《宋史》卷六四《五行志》 政和三年九月，大饗明堂，有鶴回翔堂上。明日，又翔于上清宫。是時，所在言瑞鶴，宰臣等表賀不可勝紀。

又卷一二九《樂志》 崇寧四年七月，鑄帝鼐、八鼎成。八月，大司樂劉昺言：『大朝會宫架舊用十二熊羆，按金錞、簫、鼓、觱篥等與大樂合奏。今所造大樂，遠稽古制，不應雜以鄭、衛。』詔罷之。又依昺改定二舞，各九成，每三成爲一變，執籥秉翟，揚戈持盾，威儀之節，以象治功。庚寅，樂成，列于崇政殿。有旨，先奏舊樂三闋，曲未終，帝曰：『舊樂如泣聲。』揮止之。既奏新樂，天顔和豫，百僚稱頌。九月朔，以鼎樂成，帝御大慶殿受賀。是日，初用新樂，太尉率百僚奉觴稱壽，有數鶴從東北來，飛度黄庭，回翔鳴唳。

明 宋濂《元史》卷一八〇《孔思晦傳》 〔孔思晦〕卒之日，有鶴百餘翔其屋上。

明 張昶《吴中人物志》卷一二 支遁字道林，姓關氏，家世奉法，年二十五始釋形入道，住剡東岇山。性好鶴，鎩其翮，不復飛，視有懊喪意。後養令翮成，致使飛去。間與何驃騎期，當爲合入関齋，以十月二十二日集同意者，在吴縣土山墓下。三日清晨爲齋始，道士白衣，凡二十四人，清和肅穆，莫不静暢。至四日朝會，衆賢各去。既樂野室之寂，又有掘藥之懷，遂便獨往。諒天爵以不加爲貴，誠逸禄以靡須爲足，有《道林集》，爲釋門絶秀矣。

明 朱孟震《汾上續談》卷一《崆峒玄鶴》 《西畧蕺寐》云：弘治間，平凉總兵趙文鑑語翰林都玄敬云：余家去崆峒山四十里，嘗遊山中，見二玄鶴，高八尺，首大如瓜。余欲射之，仍飛入石洞。歸語吾祖。驚曰：千年鶴也。胡蒙溪《墅談》云：崔豹《古今注》：鶴千歲則變蒼，又二千歲變黑，謂之玄鶴。今平凉崆峒山有皂鶴洞，洞有七玄鶴，相傳每見必主兵革。年來北虜頻動，遊人往往見之。余近訊之宦遊，諸公云山絶頂下有絶壁，人跡不可到，洞當壁之半。鶴之出必以晨，出時如二黑氣從洞中

發者，便起入雲中，漸小漸没，不知其何適也。又山頂有玄武祠，鶴或出，必入祠，或三或五，道人云鶴朝玄帝云。有某公見之，欲俟其返，道士云返必以暮。盖數千年靈物，不欲狎見人也。其出未必如胡所云，近北虜就欸矣。宦遊者多見之，但其見之時不可必耳。近見張憲伯助甫云：曩在甘涼，董中丞世彦登山欲見不得，令發砲數十驚之出，至暮竟無所獲。一日偶至其上，訊道人云：玄鶴在乎？有則何不出？必誕也。言未幾，道人云：玄鶴出矣。因指巖中。果見有黑氣二迴旋而上，又一繼之，頃臾直入雲中，漸小漸没，至暮復還。盖前此所未有也。

明 徐𤊹《徐氏筆精》卷八《放鶴》 徐州雲龍山有山人張天驥放鶴亭。山人有二鶴，甚馴，旦則望西山而放，莫則望東山而歸。蘇子瞻爲作記。今人但知林和靖孤山放鶴亭，而天驥之名不著，特表出之。

著録

宋 王堯臣《崇文總目》卷六 《相鶴經》一卷。

宋 鄭樵《通志》卷六六 浮邱公《相鶴經》一卷。淮南八公《相鵠經》一卷。

藝文

漢 路喬如《鶴賦》（引自《古文苑》卷三） 白鳥朱冠，鼓翼池干。舉脩距而躍躍，奮皓翅之翍翍。孚干反，飛動貌。宛脩頸而顧步，啄沙磧而相懽。豈忘赤霄之上，忽池籞而盤桓。籞音圄，臨池編竹爲之。飲清流而不舉，食稻粱而未安。鶴在池籞間，志常欲高飛遠舉，不甘稻粱之食，猶賢士不爲禄養委身。故知野禽野性，未脱籠樊。賴吾王之廣愛，雖禽鳥兮抱恩。方騰驤而鳴舞，憑朱檻而爲歡。

三國魏 曹植《曹子建集》卷四《白鶴賦》 嗟皓麗之素鳥兮，含奇氣之淑祥。薄幽林以屏處兮，蔭重景之餘光。狹單巢於弱條兮，懼衝風之難當。無沙棠之逸志兮，欣六翮之不傷。承邂逅之僥倖兮，得接翼於鸞凰。同毛衣之氣類兮，信休息之同行。痛美會之中絶兮，遘嚴灾而逢殃。共太息而祇懼兮，抑吞聲而不揚。傷本規之違忤，悵離羣而獨處。恒竄伏以窮棲，獨哀鳴而戢羽。冀大綱之難結，得奮翅而遠遊。聆雅琴之清韻，託六翮之末流。

南朝宋 鮑照《鮑明遠集》卷一《舞鶴賦》 散幽經以驗物，偉胎化之仙禽。鍾浮曠之藻質，抱清迥之明心。指蓬壺而翻翰，望崐閬而揚音。匝日域以迴騖，窮天步而高尋。踐神區其旣遠，積靈祀而方多。精含丹而星耀，頂凝紫而煙華。引圓吭之纖婉，頓修趾之洪姱。疊霜毛而弄影，振玉羽而臨霞。朝戲於芝田，夕飲乎瑶池。厭江海而游澤，掩雲羅而見羈。去帝鄉之岑寂，歸人寰之喧卑。歲崢嶸而催暮，心惆悵而哀離。於是窮陰殺節，急景凋年。凉沙振野，箕風動天。嚴嚴苦霧，皎皎悲泉。冰塞長河，雪滿羣山。旣而氛昏夜歇，景物澄廓。星翻漢回，曉月將落。感寒雞之早晨，憐霜鴈之違漠。臨驚風之蕭條，對流光之照灼。唳清響於丹墀，舞飛容於金閣。始連軒以鳳蹌，終宛轉而龍躍。躑躅徘徊，振迅騰摧。驚身蓬集，矯翅雲飛。離綱別赴，合緒相依。將興中止，若往而歸。颯沓矜顧，遷延遲暮。逸翮後塵，翱翥先路。指會規翔，臨岐矩步。態有遺妍，貌無停趣。奔機逗節，角睞分形。長揚一作揚翹。緩騖，並翼連聲。輕迹凌亂，浮影交横。衆變繁姿，參差洊密。煙交霧凝，若無毛質。風去雨還，不可談悉。旣散魂而盪目，迷不知其所之。忽星離而雲罷，整神容而自持。仰天居之崇絶，更惆惕以驚思。當是時也，燕姬色沮，巴童心耻。巾拂兩停，丸劒雙止。雖邯鄲其敢倫，豈陽阿之能擬。入衛國而乘軒，出吳都而傾市。守馴養於千齡，結長悲於萬里。

南朝梁 吴均《主人池前鶴》（引自《文苑英華》卷三二八） 本自乘軒者，爲君堦下禽。低昂《初學記》作摧藏。多好貌，清唳有奇音。稻粱恩《類聚》作惠。旣重，華池遇亦深。顧思《初學記》作懷恩。未忍去，非無江海心。

南朝梁 蕭綱《登板橋詠洲間獨鶴》（引自《文苑英華》卷三二八） 遠霧旦氛氳，單飛纔可分。孤鶩思《類聚》作宿。嶼浦，羈唳下江濆。意惑東

西水，心迷四面雲。誰知獨辛苦，江上念離羣。

又《賦得舞鶴》（引自《文苑英華》卷三二八） 來自芝田遠，飛渡武溪深。振迅依吴市，差池逐晉琴。奇聲傳迴澗，動翅拂花林。欲知情外物，伊洛有清潯。

南朝梁　庾信　《鶴讚》（引自《文苑英華》卷七八四） 武成二年春二月，雙白鶴飛集上林園。大將鄭偉布弋設罝，並皆禽獲。六翮已摧，雙心俱怨，相顧哀鳴，孤雄先絶。孀妻向影，天子愍焉。信奏事階墀，立使爲讚。九臯遥集，三山迴歸。華亭别唳，洛浦仙飛。不防離繳，先遭見羈。《藝文類聚》作台圃。籠摧月羽，弋碎霜衣。塞傳餘號，關承舊名。南遊湘水，東入遼城。雲飛欲舞，露落先鳴。六翮摧折，九門嚴閉。相顧哀鳴，肝心斷絶。松上長悲，琴中永别。

南朝陳　陰鏗　《詠鶴》（引自《佩文齋詠物詩選》卷四二四） 依池屢獨舞，對影或孤鳴。乍動軒墀步，時轉入琴聲。

唐　孔德紹　《賦得華亭鶴》（引自《文苑英華》卷三二八） 華亭失侣鶴，乘軒寵遂終。三山陵苦霧，千里激悲風。心危白露下，聲斷綵絃中。何言斯物變，翻復似遼東。

唐　武三思　《仙鶴篇》（引自《文苑英華》卷三四五） 白鶴乘空何處飛，青田紫盖本相依。緱山七月雖長去，遼水千年會憶歸。緱山杳杳翔寥廓，遼水纍纍歎城郭。經隨羽客步丹丘，曾逐仙人遊碧落。迢迢碧落斷氛埃，霞堂雲閣疑幾重開。欲尋東海黄金竈，仍向西山白玉臺。九臯獨唳方清切，五里驚群俄斷絶。月下分行似度雲，風前颺影疑迴雪。風前月下路漫漫，水宿雲翔去幾般。宛轉能傾吴門市，徘徊巧拂漢皇壇。琴中作曲從來易，皷裏傳聲有甚難。夜夜恒飛銀漢曲，朝朝常飲玉池瀾。别有閒簫出紫煙，還如化履上青天。霜毛忽控三神下，玉羽俄看二客旋。鷰雀終迷横海志，蜉蝣豈識在陰年。莫言一舉須千里，爲與三山送九仙。

唐　李嶠　《李嶠雜咏》卷上《靈禽部十首・鸖》 黄鸖遠聯翩，從鸞下紫煙。翱翔一萬里，來去幾千年。已憩青田側，來遊紫禁前。莫言空警露，猶冀一聞天。

唐　沈佺期　《黄鶴》（引自《全唐詩》卷九五） 黄鶴佐丹鳳，不能羣白鷳。拂雲遊四海，弄影到三山。遥憶君軒上，來下天池間。明珠世不重，知有報恩環。

唐　張九齡　《郡府中每晨輒見羣鶴東飛，至暮又行列而返，嗁吭一作唳**雲路甚和樂焉。余愧獨處江城，常目送此鳥，意有所羡，遂賦以詩》（引自《文苑英華》卷三二六）** 雲間有數鶴，撫翼意無違。曉日東田去，宵烟北渚歸。讙呼良自適，羅列好相依。遠集長江静，高翔衆鳥稀。豈煩仙子馭，何畏野人機。却念乘軒者，拘留不得飛。

唐　司空曙　《田鶴》（引自《全唐詩》卷二九二） 散下渚田中，隱見菰蒲裏。和鳴自相應，欲作凌風起。

唐　錢起　《錢仲文集》卷一〇《田鶴》 田鶴望碧霄，無風亦自舉。單飛後片雲，早晚及前侣。

唐　孟郊　《孟東野詩集》卷九《曉鶴》 曉鶴彈古舌，婆羅門叫音。應吹天上律，不使塵中尋。虚空夢皆斷，喑唏安能禁。如開孤月口，似説明星心。既非人間韻，枉作人間禽。不如相將去，碧落窠巢深。

唐　張籍　《張司業集》卷三《别鶴》 雙鶴出雲谿，分飛各自迷。空巢在松頂，折羽落江泥。尋水終不飲，逢林亦未棲。别離應易老，萬里兩凄凄。

唐　張仲素　《緱山鶴》（引自《文苑英華》卷一八五） 羽客驂仙鶴，將飛駐碧山。映松殘雪在，度嶺片雲還。清唳因風遠，高姿問水閒。笙歌應天上，城郭嘆人間。幾變霜毛潔，方殊藻質斑。蓬瀛如可到，逸翮詎能攀。

唐　白居易　《白氏長慶集》卷一《感鶴》 鶴有不羣者，飛飛在野田。饑不啄腐鼠，渴不飲盜泉。貞姿自耿介，雜鳥何翩翾。同遊不同志，如此十餘年。一興嗜慾念，遂爲矰繳牽。委質小池内，争食羣雞前。不惟懷稻粱，兼亦競腥羶。不惟戀主人，兼亦狎烏鳶。物心不可知，天性有時遷。一飽尚如此，況乘大夫軒。

又卷八《鶴》 人各有所好，物固無常宜。誰謂爾能舞，不如閒立時。

又卷二五《有雙鶴留在洛中，忽見劉郎中依然鳴顧，劉因爲鶴歎二篇寄予，予以二絶句答之》 辭鄉遠隔華亭水，逐我來棲緱嶺雲。慙愧稻粱長不飽，未曾迴眼向雞羣。

荒草院中池水畔，銜恩不去又經春。見君驚喜雙回顧，應爲吟聲似主人。

又卷二六《鶴池二首》 高竹籠前無伴侣，亂雞羣裏有風標。低頭乍恐丹砂落，晒翅常疑白雪消。轉覺鸕鷀毛色下，苦嫌鸚鵡語聲嬌。臨風一唳思何事，悵望青田雲水遥。

池中此鶴鶴中稀，恐是遼東老令威。帶雪松枝翹膝脛，放花菱片綴毛衣。低迴且向林間宿，奮迅終須天外飛。若問故巢知處在，主人相戀未能歸。

又卷二九《代鶴》 我本海上鶴，偶逢江南客。感君一顧恩，同來洛陽陌。洛陽寡族類，皎皎唯兩翼。貌是天與高，色非日浴白。主人誠可戀，其奈軒庭窄。飲啄雜雞羣，年深損標格。故鄉渺何處，雲水重重隔。誰念深籠中，七换摩天翮。

又卷六八《吴興靈鶴讃事具〈黄籙齋記〉中**》** 有鳥有鳥，從西北來。丹腦火綴，白翎雪開。遼水一去，緱山不迴。噫吴興郡，孰爲來哉。寶曆之初，三元四齋。天無微颸，地無纖埃。當白晝下，與紫雲偕。三百六十，拂壇徘徊。上昭玄貺，下屬仙才。誰其居之，太守姓崔。

唐 賈島《長江集》卷九《崔卿池上鶴》 月中時叫葉紛紛，不異洞庭霜夜聞。翎羽如今從放長，猶能飛起向孤雲。

唐 姚合《鶴雛》（引自《佩文齋詠物詩選》卷四二四） 白毛生未足，嶛峭醜於雞。每夜穿籠出，搗衣砧上棲。

唐 杜牧《鶴》（引自《全唐詩》卷五二二） 清音迎曉月，愁思立寒蒲。丹頂西施頰，霜毛四皓鬚。碧雲行止躁，白鷺性靈粗。終日無羣伴，溪邊弔影孤。

唐 陸龜蒙《甫里集》卷一七《鶴媒歌》 偶繫漁舟汀樹枝，因看射鳥令人悲。盤空野鶴忽然下，背翳見媒心不疑。媒閑静立如無事，清唳時時入遥吹。徘徊未忍過南塘，且應同聲就同類。梳翎宛若相逢喜，秪怕繳來又驚起。窺鱗啄藻乍低昂，立定當胷流一矢。媒懽舞躍勢離披，似諂功能邀弩兒。雲飛水宿各自物，妬侣害群猶爾爲。而况世間有名利，外頭笑語中猜忌。君不見，荒陂野鶴陷良媒，同類同聲真可畏。

唐 韋莊《浣花集》卷五《獨鶴》 夕陽灘上立徘徊，紅蓼風前雪翅開。應爲不知棲宿處，幾回飛去又飛來。

唐 鄭谷《鶴》（引自《文苑英華》卷三二八） 一自王喬放自由，俗人行處懶回頭。睡輕旋覺松花墮，舞罷閒聽澗水流。羽翼光明欺積雪，風神灑落占高秋。應嫌白鷺無仙骨，長伴漁翁宿葦洲。

唐 羅隱《羅昭諫集》卷四《病中題主人庭鶴》 遼水華亭舊所聞，病中毛羽最憐君。稻粱且足身兼健，何必青雲與白雲。

唐 吴仁璧《錢塘鶴》（引自《佩文齋詠物詩選》卷四二四） 人間路靄青天半，鼇岫雲生碧海涯。雖抱雕籠密扃鑰，可能長在叔倫家。

唐 徐寅《徐正字詩賦》卷二《鶴》 閬苑瑶臺歲月長，一歸華表好增傷。新聲乍警初零露，折羽閒飛幾片霜。要伴神仙歸碧落，豈隨鷗雁往西塘。三山頂上無人處，瓊樹堪巢不死鄉。

唐 褚載《鶴》（引自《佩文齋詠物詩選》卷四二四） 欲洗霜翎下澗邊，却嫌菱刺污香泉。沙鷗浦鴈應驚訝，一舉扶摇直上天。

唐 李中《碧雲集》卷上《鶴》 警露精神異，冲天羽翼新。千年一歸日，誰識令威身。

宋 范仲淹《范文正集》卷五《鶴》 華亭孤立病時身，終日徘徊尚海濱。露掌思高還警夜，芝田音斷欲傷春。千年靈氣何求藥，八變奇姿已過人。莫歎在陰猶寡和，九臯非晚見精神。

宋 程俱《北山集》卷一一《得叔問書報柳元禮許寄鶴二首》 海上胎禽雪翅翎，故人千里念嵓扃。崇蘭館近光音塢，爲子新添放鶴亭。

北山林沼久荒凉，正要仙禽借寵光。爲報携籠須問道，直防妖鳥嚇鸞凰。

宋 洪适《盤洲文集》卷九《蒼鶴》 吭赤羽毛蒼，華亭雪羞比。昂昂警露仙，飜作遼東豕。

宋 王質《紹陶録》卷下《紅鶴》 身白如鷄而大，背上一路深褐自頭至尾不斷，觜足皆黑，觜微彎而長，飛則色紅，立則色白。

紅鶴，紅鶴，東江飛度西江泊。蕭蕭晚烟和夜霜，寒魚沉波不可啄。轉松梢，轉松梢，孤聲不停危夢摇。嗚呼！此友兮宜相求，付與江天能復留。

宋 遊九言《默齋遺稿》卷上《園鶴》 擲米不盈掬，羣雀下階除。昂昂囿中鶴，飯糗不可呼。嬉翔白雲外，飲啄青山隅。日淡烟水鄉，風曬翎羽舒。羣雞汝自況，乘軒我何拘。秋原忽清唳，杳杳聞碧虛。志士甘水菽，三四羞猿狙。寄語飛鳴侶，悠悠差自如。

金 丘處機《棲霞長春子丘神仙磻溪集》卷一《七言律詩・鶴》 一種靈禽體性高，丹砂爲頂雪爲毛。冥冥巨海游三島，矯矯長風唳九皋。灑落精神超俗物，飛騰志氣接仙曹。摶風整翮雲霄上，萬里崢嶸自不勞。

宋 張鎡《南湖集》卷四《問鶴》 鶴也來多日，今朝認筍輿。徽斜聊引避，路轉亦前驅。俗遠眼寧白，年初頂漸朱。古囊能背否，勝用小奚奴。

又卷六《送鶴還建康章德茂侍郎因成兩詩》 來時雪羽帶緇塵，養得摧殘病離身。曉浴池寬蒼蔔逸，夜棲籠闊海棠隣。吟詩屢聽狂居士，入夢應思舊主人。且喜載隨千騎去，不妨乘勢長精神。

風儀不稱汩泥塵，清向亨衢快舉身。魚鑰麟符行作伴，鷺洲燕巷得爲隣。華亭清唳如前日，蜀道高風過昔人。他日侍郎登鳳沼，却來湖畔靜怡神。

又《入園聞鶴唳》 解事昂藏兩令威，叫晴隔水要人知。喜渠飛舞開籠日，值我行歌出户時。梅院共期清月上，芝田休費碧雲思。長閒便是延年法，鶴不同謀更與誰。

宋 高似孫《剡録》卷一〇《草木禽魚下・鶴》 張籍詩：春雲剡谿口，殘月鏡湖西。水鶴沙邊立，山鼯竹裏啼。李易《剡山》詩：魚跳破浪奮赤鬣，鶴唳投松翻縞衣。盧天驥《剡中》詩：但數十家看鶴户，與兩三隻釣魚船。

宋 危稹《巽齋小集・鶴》（引自《兩宋名賢小集》卷二六五） 楚楚雪衣明，烟霞徑裡行。不官陶令野，有節伯夷清。一見消塵慮，相親長道情。秋風著梧葉，時作九皋聲。

宋 吴錫疇《蘭皋集》卷一《籠鶴》 本是雲霄萬里身，樊籠著向緑槐陰。雖然禄料曾無欠，孤却寬閒自在心。

宋 姚勉《雪坡集》卷一七《白鶴》 白鶴有奇質，從古巢神僊。饑餐必瑶草，渴飲惟瓊泉。朝飛閬苑霞，莫宿炎州煙。一從落塵埃，六翮翦不全。身居樊籠中，心往雲霄邊。長鳴欲誰訴，顧影私自憐。清都夢如昨，欲去曾無緣。安得支道林，使之遂飄然。

宋 舒岳祥《閬風集》卷八《老鶴》 霜翎沾濘衣難濯，朱頂多年色退鮮。曾向青雲黄鵠舉，如今羸損啄烏田。

金 譚處端《鶴》（引自《全金詩增補中州集》卷六一） 停停獨立對秋風，黑白分明造化功。休訝得延千紀壽，爲他頂上結丹紅。

元 張養浩《歸田類稿》卷一八《惜鶴十首并序**》** 鶴，仙禽也，由凡翼非其比，恒不爲世人所愛。而愛之者，往往皆山林中人，蓋物以氣合，理勢然也。予嘗得其尤者一，豢之既久，翩躚與人相習。日者爲田嫗傷其脛，九病兩月斃，惜哉！因取其始末，作十詩，將以慰其不幸云爾。購鶴：野處幽獨甚，千金得令威。挾雲出塵網，領月到柴扉。縻足防颺去，遮庭使學飛。自今湖上路，樹石亦光輝。友鶴：雲雨手翻覆，紛紛知己誰。玄裳真莫逆，皓首誓相期。把酒或前舞，游山時後隨。會當作人語，細與話瑶池。病鶴：渠本仙家種，胡爲久不安。强行時塌翼，欹立恐遺丹。誰藥相如渴，獨憐范叔寒。一鳴雖确确，猶自徹雲端。醫鶴：饋藥人空數，乘軒氣漸低。無心吞餅餌，何處覓刀圭。暴日資丹火，杯泉洗羽泥。漫令通臂友，時復過幽棲。挽鶴：共處人煙外，誰期禍乃身。九皋空有恨，四野欲無春。華表雲應淚，瑶臺月亦塵。當年林處士，泉下定相親。招鶴：歌徹楚人些，冥冥恨益增。楓林空落月，甲帳只寒鐙。仰問天無語，升呼谷謾應。料隨風露氣，飛入亂山層。瘞鶴：非爲恩帷蓋，從遊歲月深。忍令一抔土，埋盡九皋心。致奠攄情素，爲銘表德音。小松栽尺許，悠久庶能尋。憶鶴：玉立昂藏態，山中我與君。幾年遊賞共，一夕死生分。徐步閒窺沼，高飛遠帶雲。爲誰重起舞，倚杖立斜曛。夢鶴：岫幌鐙昏處，依稀見瘦軀。引吭如有訴，側頂不容呼。枕上行雲繞，松梢落月孤。堪憐漆園叟，漫爲蝶區區。圖鶴：百計無從見，明窗吮筆圖。研朱染霞頂，屑玉抹雲襦。野狀雖非侶，山居亦勝無。卻愁風露夜，拔宅上天衢。

元 王結《文忠集》卷三《詠鶴滿江紅**》** 華表歸來，猶記得，舊時城郭。還自嘆，昂藏野態，幾番前却。飲露豈能令我病，窺魚政自妨人樂。被天風，吹夢落樊籠，情懷惡。緱嶺事，青田約，空悵望，成離索。但玄裳縞袂，宛然如昨。何日重逢王子晉，玉笙悽斷歸寥廓。儘儂家，丹鳳入雲中，

巢阿閣。

元　宋無《翠寒集·鶴》　毛骨珊珊白雪清，千年世上頂丹成。晴飛碧落秋空濶，露立瑶臺夜月明。仙鳧雲深歸有信，天壇花落步無聲。時來華表何人識，依舊翻身上玉京。

明　林弼《林登州集》卷三《野鶴》　野鶴野鶴儛骨削，縞衣不受緇塵着。朝刷滄溟桃浪深，夜警空山松雪落。忘機每與鷗鷺親，高標豈是雞鶩羣。千年獨歸人已换，九皋一聲天亦聞。雲林塹爾寄棲止，風翮終當翔萬里。可憐青鳥俗未除，白日傳音下瑶水。

明　劉璟《易齋稾》卷二《孤鶴二首》　一聲清唳九天聞，羽族叢中少似君。赤壁夜來驚醉客，緱山朝下伴閑雲。高飛懶逐乘軒侣，遐舉慵隨啄腐群。隻影蹁躚天宇闊，俯觀人世正紛。

卓犖高情世共聞，還丹獨就有僊君。歸來遼海棲華表，飛過瀟湘拂綵雲。遠俗只宜尋鳳友，可人應自出雞群。有時刷羽高松頂，不把空拳解世紛。

又卷三《題鶴》　遼東華表幾千年，嘹唳清聲徹九天。只爲平生好山水，又隨仙佩下青田。

明　劉玉《執齋先生文集》卷一《鶴賦》　若有禽兮，煉金質，秉火精。百六十年而極變，千六百歲而定形。竦軀延頸，烱目脩翎。掩兑像以爲服，揭離焰而爲纓。皓兮雪潔，焕兮日晶。向清風以舒舞，泝碧落而長鳴。顧鷄群之齷齪兮，羞辟易而莫京。然而遺迹囂塵，抗志高冥，澡翎鯢海，灑翮鵬程。曉餐丹霞之顆，夜吸玉露之英。攄逍遥乎寥廓，托明迥於幽貞。楊州黜辯，衛國忘情。既自縻於好爵，抑結好於仙靈。每隨雲外駕，時載月中笙。幻赤壁之清夢，遺華表之芳聲。亶飄飄乎物表，閱宇宙而長生。慨沙蟲之蠕動兮，涴污濁其疇矜。宜乎擅羽族之長，亞鸞鳳而爲稱也。若有人兮，性無極之妙，體二五之精。既蹈義以脩潔，抑秉禮而爲明。然亦厭世，紛薄功名。寥乎寂處，浩乎遐征。追蹤商嶺老，結志羡門生。兹不亦人中之鶴，出鷄群而峥嶸者乎？烏有鳳兮獸有麟，人有賢兮聖有神。惟精神之昭契兮，奚形迹之足論。聊攄情於斯鶴，庶以况乎高人。

明　蕭儀《襪線集》卷一四《竹鶴》　遼海歸來歲月深，此君相對凈森森。當時謾説乘軒好，何似林間自在心。其二：千載辭家老令威，丹砂爲頂雪爲衣。自從華表回頭後，懶向人間嘆是非。其三：曾伴詩翁遊赤壁，或隨仙客上揚州。披圖偶向僧房見，閑對蒼篔别有秋。其四：竹逕徐行啄紫苔，西風毛羽亂毰毸。禪房夜月清如許，應化蹁躚道士來。

明　徐有貞《武功集》卷二《檜鶴》　千紅萬紫鬬芳菲，老鶴何曾肯暫依。霜檜一枝棲獨穩，看他鶯燕往來飛。

又卷五《松崖唳鶴》　仙禽獨愛萬年松，棲處宵看海日紅。惟有蓬萊宫裏客，常聞清唳碧雲中。

明　鄭文康《平橋藁》卷三《詠鶴》　丹頂玄裳雪羽衣，水邊石上最相宜。清高不入樊籠裏，只許仙人渡海騎。

明　葉盛《菉竹堂稿》卷二《鶴》　整整脩翎只欲飛，傳書親自海南歸。龍樓日護青宫駕，見慣元僚一品衣。

明　王格《少泉詩集》卷一《雙鶴篇》　佳卉繞清川，通波激脩堤。中有雙飛鶴，羽儀一何奇。借問此珍禽，棲身無迺卑。云是比翼鳥，揚声崑崘垂。珊瑚棲碧趾，白玉交幽姿。光彩耀時人，忽遇陰山兒。彎弓出玄圃，矯手如相疑。奮翅起高翔，願言依南枝。擇居良獨難，集此埃塵涯。恩情誓不絶，一雄還一雌。悲風鳴瀟瀟，歲暮欲何爲。珠樹日以遠，有時夢見之。豈不念故鄉，但使身無危。

明　劉春《東川劉文簡公集》卷二四《白鶴》　獨唳長松下，偏於物外宜。乘軒雖可貴，誰得跨雲騎。

明　陸埰《陸簣齋文集》卷一《散鶴賦》　紛羣彙于穹壤兮，恒見抑而違宜。胡仙禽之于斯兮，獨不受夫係羈。偉玄裳而縞袂兮，挺物表之風儀。明心夐其自抱兮，質耿介而多奇。洵金火之外幻兮，復土木之内滋。閱歲華之已深兮，羌莫致而留兹。謝煩夢于金闕兮，憇淨影于寒陂。引竹間之徐步兮，孤雲澹而爲期。戛長鳴以向月兮，寄萬里之情思。拂花林而鼓翅兮，或游舞乎松枝。幸樊籠之未入兮，詎云繒繳之施。任鴻鵠之先奮兮，嗤燕雀之徒欺。依蕙帳于秋風兮，固寂寞之自怡。恐消霜之復隕兮，凋玉樹之葳蕤。獨度曲乎琴中兮，音寥寥而難追。既踉蹡而似警兮，復徘徊以如疑。厭塵寰之喧隘兮，睨仙路之孤危。竭飄飄以高舉兮，颺天風而惟所之。絶蓬壺而喻崑閬兮，廻紫宫而浴瑶池。導素蜺之天矯兮，凌倒景之陸離。

曰既周山川之紆曲兮，圜方覽而不遺。斯曠宕以無累兮，匪齷齪而僅持。挾溟鵬以逍遥兮，孰云斥鷃之知。朝吸砥柱之喘兮，夕餐靈圃之芝。彼稻粱之匪懷兮，耻鷄鶩之終隨。曾衛軒之足羨兮，諒吳市之羞窺。何技能之每銜兮，甘豢擾而不辭。鞲蒼鷹于上林兮，鏁緑鸚于禁墀。戀故棲而增怛兮，憶同似以含悲。將顯晦之難合兮，由大小之有岐。緬九皋之深潛兮，徹清響于天陲。惟在陰之相和兮，曰好爵之爾縻。與鳳凰而翔甸兮，覯聖作于斯時。聊一散以稱命兮，眇大荒以爲嬉。系曰：有美人兮情落落，上天下天兮繄惟爾鶴。吾將從之兮遡寥廓，遡寥廓兮樂未央。歸來太液兮神鳳與翔，羽衣肅肅兮燿四方。

明　黎民表《瑶石山人稿》卷五《題子乾雙鶴》　愛爾雙籠鶴，昂昂在野堂。孤標能自許，獨立亦何妨。素翮逢秋勁，清聲入夜長。雲羅知不礙，莫遣羽毛傷。

明　趙完璧《海壑吟稿》卷二《野鶴》　野鶴集沙渚，悠悠向曉陽。長鳴寒野澗，振翼海天茫。仙格違塵俗，閒身足稻粱。好隨王子去，已與衛軒忘。

明　何大復《孤鶴篇》（引自《梁園風雅》卷七）　我家孤鶴李侯贈，霜儀皎潔三尺高。向人似矜短羽翼，失侣豈免長呼號。赤霄青雲暮延佇，天長路遠飛不去。日來秋塘啄苦蓼，時向空墻倚修樹。憶昔初在山人家，雌雄和鳴閑且嘉。夜寒對舞庭中月，日暮雙棲嶺上霞。李侯平生重幽德，致此遠自東吳國。金櫳玉檻脱相送，異種奇毛惜不得。一自天涯失舊行，垂頭戢羽空傍徨。朝聞横笛音相和，夕對鳴絃影自傷。荒堦雨濕多泥滓，毛翮摧頽風不起。奮迅那推一鶚先，昂藏且在羣雞裏。吁嗟人世是還非，華表千年更一歸。蓬萊宫内青瑶樹，會接文鵷比翼飛。

明　王世貞《弇州四部稿》卷一《二鶴賦有序**》**　尚書刑部省中有二鶴焉，朱冠縞衣，昂步接趾，日食官廪，優游長年。然每一驤首，雲霄之翼嘹唳，躑躅若有所恨慕者。余悲其翮鎩而不得飛，嗉結而不能言也，爲短賦以達之。其辭曰：予累曹牘而夕休兮，步夷猶於周廡。微陽晞於木杪兮，流光冉冉而不下。萬象閴其無值兮，忽浮輝乎儷羽。冠猩血之殷鮮兮，衣陽阿之纖縞。狀委虵以相孫兮，又彷徨而慚侣。首低回其欲訴兮，臆塊結而不得語。内專精而愁視兮，檜柏薈蔚而窘武。忘翅翮之久鎩兮，飄風接而求舉。賈忿志於勝決兮，足離尋而頓處。饑雀啾啾而罷啄兮，翻羨余之托所。何稻粱之見誘兮，將徇口而捐心。華池亘乎莽曠兮，鸞鳳拊翼而酬音。豈芝禾欝其鋪繡兮，玄露若飴之芬甘。朝奮翼於扶桑兮，蓬萊逮乎夕淹。豈六合之爲跼兮，天地舒而是躭。寄薄命於一秣兮，感恩顧乎非親。梟鷙迫狎而稱類兮，鴻鵠下窺而見尋。愧靈根之賜鍾兮，夕悲鳴而不可禁。

又卷四四《鶴》　伏頂丹砂天下稀，欲棲珠樹復騫飛。緱山一去無今古，華表千秋有是非。碧海天迴俱遞響，白雲風剪自成衣。君侯縱有乘軒意，不愛人間骨相肥。

又卷四五《雙鶴》　飲啄行相引，棲鳴炯自如。主人飯脱粟，爾莫歎無魚。

又卷四九《鶴》　引吭長鳴動九霄，丹砂冠頂白雲翹。自從名喚僊禽後，鰍鱔吞聲恨不消。

明　屠隆《百榆集·詩集》卷四《鶴》　矯翼凌霄漢，嬾棲支遁園。山空桂花冷，夜静松露翻。長鳴振厓谷，高韻標丘樊。所貴在物外，詎肯戀華軒。

明　湯顯祖《玉茗堂全集·詩集》卷二《五言古詩·部中鶴》　曲臺雙白鶴，日賦十餐錢。良爲升合資，留滯江海年。傳呼卿出入，引吭飛舞前。軒墀看鶴人，時與小翩躚。鳳凰猶可飼，安得羽中僊。

明　鍾惺《翠娱閣評選鍾伯敬先生合集·詩集》卷一《省鶴》　物生既孤遠，秉尚必落落。意不可食飲，肯輕訴饑渴。雙鶴亦何期，忽焉于我託。暫籠置舟中，羈爾良自作。耻受世人寬，寧爲曠士縛。終知得所歸，形拘神或豁。性情忝夙知，倉卒不可奪。魚匪不在水，有口不苟攫。水匪不近舟，有羽不苟濯。釜庾全志士，多寡須斟酌。夫苟傷其心，居食徒爲虐。辭受視其人，臧獲手難着。呴沫近小仁，愳爲此物愕。所以躬撫視，旦暮仍審度。

明　朱之蕃《野鶴》（引自《佩文齋詠物詩選》卷四二四）　勁翮凌風掠遠雲，一聲清唳九霄聞。巢松不戀乘軒寵，警露時留篆籀文。注頂丹成迎日彩，昂身玉立出雞羣。朝元應待仙真御，隱映青山白雪紛。

明　劉子參《詠鶴次韻》（引自《沅湘耆舊集》卷三六）　矯皦彌天正未開，擬收雲翮步蒼苔。饑逢夜釣加餐便，涼愛松風引夢回。好伴仙人閒弄篴，曾依處士獨棲梅。前村舞罷歸常晚，倚仗頻遲霜影來。

清　吴偉業《梅村集》卷一四《鶱鶴》　丁令歸來寄素書，羽毛零落待何如。雲霄豈有餔糟計，飲啄寧關逐臭餘。雪比撒鹽堆勁翮，蟻旋封垤附專車。秦皇跨鶴思仙去，死骨何因葬鮑魚。

清　王頊齡《世恩堂詩集》卷二七《凍鶴》　獨立風塵外，翛然貌不群。梳翎光自潔，警露夜常聞。丹頂疑紅雪，霜毛映白雲。空庭間飲啄，往往印苔紋。

清　魏荔彤《懷舫詩別集》卷一《夕行聞夜鶴》　聞夜鶴，夜鶴月明中。薄遊澤國外，未返溟滄東。顧月明與星稀，更河澹而雲微。動悲涼之高唳，感離索以孤飛。邈碧落與蒼梧，恨遐舉兮心違。乃勞勞於曉暮，抱素質而誰依。展修翎，振高羽，冒霜露，凄風雨。亂白雲之皓皓，負青天而栩栩。曾邀南極翁，來會東王公。蓬萊水清淺，浩盪逐天風。徒驚仙路渺，忽墜紫霄空。偕雁爲行役，輸鷗泛朝夕。人間不可容，仙藉已見謫。駕烏鵲，竊兔藥，泛星槎，酌斗杓。冲萬仞之烟光，瞷千年之城郭。得逍遥以成遊，更培風於不弱。贈丁令以紵縞，娉麻姑之綽約。悠悠任余之，皚皚涅不緇。名山藏自足，蹈海無還期。先德朝陽鳳，時趨攫肉鴟。不作雉雊鼎，誰憐鴻漸儀。招我三峯小，辭人九萬低。滄桑供飲啄，知命復奚疑。

又《懷舫集·偶遂草·雙鶴》　兩鶴依棲慰客情，同居羨爾志同行。追隨三徑如虛步，翔舞九臯相和鳴。辭漢山東魯二士，求仙海上董雙成。愧余驢背揚州路，公等來遲未一迎。

清　董允汴《和虞爾錫先生十影詩·鶴影》（引自《續耆舊》卷一二六）　縞衣雖自惜，相顧每翩躚。飛宿形無二，低昂態宛然。依依映白壁，渺渺落青田。不羡鬭賓鏡，江樓映月圓。

清　陶孚尹《欣然堂集》卷六《鶴》　丹頂玄裳世所稀，玉莎瑶草舊相依。空庭皎月長松下，想見翩翩接翅飛。

清　宋琬《安雅堂未刻稿》卷三《五言律詩·園中雜憶·鶴》　孤鶴飛來日，余纔及鶴肩。長鳴先白露，將老夢青田。自失雲中翮，空餘松際絃。九臯聲髣髴，須汝問高天。

清　沈廷芳《隱拙齋集》卷一七《鶊鶴》　勝陰纖月落，少鶴影長孤。每愛清高質，來從大小珠。膠州山名。迎風偏學舞，警露早相呼。憐汝初成羽，烟霄可到無。

清　愛新覺羅·弘曆《清高宗詩三集》卷四一《鶴》　前歲放雙鶴，時時還自來。秋巡今即昔，至樂約而該。丹嶠彈喉響，碧霄振翅迴。琳輿不須駕，王母在瑶臺。

又卷四一《翥鶴三首》　翥鶴翩翾掠過軒，不低還復不高騫。分明自適雲山樂，亦自未忘粱稻恩。

山城飛出又飛來，大異籠中大快哉。一舉吾因獲兩得，何曾少却羽仙陪。

養成羽翼那長往，衹繞山莊鳴戛然。不是東坡遊赤壁，揖予宛遇縞衣仙。

又《清高宗詩五集》卷四六《官鶴》　翦翎豈不九臯懷，隔嶂聲聞亦自佳。却笑羽衣瀟灑客，林間今日應去聲官差。

清　弘曉《明善堂詩集》卷九《鶴》　九臯鳴自遠，不入鷺鷗羣。羽潔庭前見，聲清天外聞。孤山怡處士，赤壁悟蘇君。惟有丹砂頂，蹁躚點白雲。

又卷一六《鶴》　一聲清唳長，氍毹廊間舞。躑躅步階除，翛然刷翎羽。伴我自朝昏，翺翔棲別圃。讀罷焚名香，戛戛避烟縷。

清　朱英《獨鶴》（引自《兩浙輶軒録》卷二七）　可是羊公鶴，孤音不忍聞。無心求鳳侶，有恨落雞羣。影接春蘭雪，思垂海角雲。援琴知獨苦，裂作斷腸文。

清　鄭師雍《饑鶴行》（引自《兩浙輶軒録》卷三四）　吾聞凡物皆有食以生，不食不生求乃得。得不可苟豈惟人，鳥之於食亦有德。上而鸞凰安可能，下而鷹鸇何足稱。飛鳴飲啄類難數，獨愛野鶴羽族靈。昂藏長身少人識，不肯牧養有饑色。天池無萍不結實，元圃有芝不得食。鶴毋乃愚人竊譏，豈不能求至於饑。嗚呼鶴非不苦饑，心耻素餐空因依。以饑求食心所難，饑者亦如飽者安。如不當食寧終饑，惟饑知其不素餐。

清　何蕃《老鶴行》（引自《兩浙輶軒録》卷三六）　錦水芳園花木好，蒼苔古石松雲繞。中有老鶴慣養雛，雛羽已豐鶴漸老。循階飲啄小步馴，此生

誤墜人間塵。百歲枯藤擬瘦骨，一天蕭露寒長身。危巢滲漏雨斜入，元裳半濆春泥濕。車輪翅重飛未高，轉向花陰作人立。當時遊歷瓊瑶圃，素影凌霄駕凡羽。朱絃横几星欲稀，玉笛當樓月初午。竹間有露莎有洲，戛然清夜風颼颼。招雲鬭雪舞不休，消磨日月經春秋。老境襹褷歲華促，徒與鸛雀爭啁啾。主人傾盡餘年俸，桑榆摇落殘陽送。青田歸路已無糧，赤壁停舟空有夢。攜雛宛轉鳴聲哀，期爾翔步登蓬萊。金丹换骨世安有，雛兮未必真飢胎。

清　沙琛《點蒼山人詩鈔》卷四《野鶴》　冷霧迷離散曉風，避人野鶴頂深紅。鑑毿目啄荒田雪，嘹唳一聲天地空。

清　吴翌鳳《與稽齋叢稿》卷一六《清劉雜詠下・丙寅・鶴》　乘軒非所願，纏腰詎足幾。日啄芝田草，瘦骨何緣肥。

清　伊秉綬《留春草堂詩鈔》卷六《鶴》　貴産從墮地，發聲能到天。立真無與偶，步總不思前。夜氣心情洽，霜華服色鮮。自從雄化後，偏得主人憐。

清　田上珍《鶴》（引自《嶺南羣雅》初集卷二）　九臯時作數聲喧，響徹重霄品獨尊。慣避紅塵常在野，若逢青眼也乘軒。孤高只合松爲伴，磊落羞同鶩並騫。舞向白雲鳴向月，一生清潔爲誰言。

清　樂鈞《青芝山館集・詩集》卷二二《古今體詩・歸鶴篇并序》　廖復堂都轉，蓄二鶴於題襟館，範以笆籬。偶啓其闌，一鶴飛去。經月忽復來還，主人喜甚，屬賓客紀其異，爲賦《歸鶴篇》。正月廿四日。

仙人騏驥玉毛羽，丹頂未深作雛語。羊公庭下久雙棲，的的青田好儔侣。誰雄誰雌人莫知，一去一留成別離。樊籠内外隔千里，日暮歸鴉飛滿枝。碧海青天莽遊戲，水寒沙闊無同類。幾度空悽警露心，一朝竟戢凌雲翅。主人恩重渾難忘，且共故羣分稻粱，他時同唳蘭岩月，不羨丹山有鳳皇。

清　陳文述《頤道堂詩外集》卷三《古今體詩・孤鶴行呈阮侍郎師》

縞衣雪羽躭雲壑，百鳥羣中見孤鶴。要與丹鳳作羽儀，矯首秋心入寥廓。加恩羽族羣相招，眼前誰解分鸞梟。孤鶴一唳衆喙息，依舊青天麗絳霄。公佐司農請停納貲，與某尚書議不合。

又《頤道堂詩選》卷一《古今體詩・竹素園鶴》　竹影敞虚庭，涼陰澹秋節。一鶴池上來，皎若孤山雪。仙心自清迥，皓羽亦修潔。園林即樊籠，分與故山別。仰看飛鴻翔，翦翎安我拙。遠夢落林澗，雲露青山缺。清唳響秋空，一聲山竹裂。

清　陸繼輅《崇百藥齋三集》卷一〇《養鶴十六韻》　鳥鼠聞同穴，禽魚豈易形。何人假毛羽，竟爾託仙靈。顧影矜丹頂，牽絲傍綺櫺。神山誇接翼，道院乞修齡。鳳翥知何在，龍眠或未醒。下流方沮洳，高視瞰青冥。漏網逃吴炙，乘軒覬衛庭。鵶長偏縮項，尾秃强梳翎。詎引三年吭，能遺萬古腥。膏腴仍在腹，文采如開屏。助詔籌添海，偷光草化螢。鈎鼇猶有餌，相鶴更無經。腐鼠休相嚇，翔鵷不耐聽。那能馴浩蕩，長此步伶俜。樹古營巢易，天空放眼青。流觴蒲酒便，且與祓漁汀。

清　胡敬《崇雅堂詩鈔》卷七《孤山悼鶴》　丹邱自仙居，不如返故林。青鸞自仙侣，不如締同心。嶼亭有囚鶴，一褐兩素襟。何年入樊籠，鎩翮羈湖潯。昨來見錯跱，粲若星排參。及今弱一个，兩尚棲花陰。臨風發清唳，步石流哀音。鶴如訴以臆，我爲傳以吟。湖山非不高，湖水非不深。深但鑑憔悴，高徒望嶔崟。那如故林居，翔集陰森森。更無同心侣，倡和情愔愔。祗今悲異苔，自昔歡同岑。本非貪乘軒，高知險難禁。本非貪食俸，優知責難任。傷哉被束縛，慘若遭烹燖。豢養粟雜秕，棲息柴編槮。棘鈎脛流赭，泥涴翎變黔。丹頂暑曦熇，雪羽寒霪淋。秉兹金石性，奈彼埃壒侵。聚觀饒綺裳，俯恤勞華簪。雲煙盼渺渺，歲月愁駸駸。可堪千歲姿，摧拉同焚琴。未邀一品料，瑟縮成枯蟬。我來值春霽，巖幌收淫霖。顛毛顧自憐，勝地時登臨。風前對長歎，逋老難重尋。無人放之去，囚鶴名著今。逝者長已矣，生亦嗟浮沈。招魂折梅枝，酹酒其來歆。緑楊爲汝旐，蒼苔爲汝衾。傍他處士墓，葬汝神仙禽。

清　永瑆《詒晉齋集》卷三《鶴》　青田雪羽翩，紫府刷雲烟。與鳳翔林日，看松孕珀年。靈傳西海外，壽獻北堂前。清響諧音律，參差下九天。

又卷四《鶴》　有鶴自西來，集於園池之石磯。家僮欲捉而鎩其羽，驚而去。

青青梧桐枝，威鳳翔清霄。覽輝下容與，翡翠棲蘭苕。微生易所託，身尊蹤跡高。春雲覆我苑，仙禽集晨朝。飲我玉甃池，意態孤且超。愧無廊

門琴，致汝來自遥。山梁不可拱，元圃況可招。翩然振翼去，去去求其曹。瀛洲邈荒忽，安得王子喬。詩人託諷諭，三復歌鳴皐。

又卷五《鶴》 山空露華重，鶴冷月明多。野水縱横合，荒林獨自過。三山無問訊，二頃亦罝羅。意想閑雲在，寥天若爾何。

清 張際亮《思伯子堂詩集》卷一一《鶴》 萬古梅花上，天寒守月明。暗風生夜水，香雪落疏横。雲凍不知處，山虚時一鳴。正無封禪草，合遣應門迎。

清 蘇廷魁《守柔齋詩鈔初集》卷一《憶鶴行》 庭外竹竿挺疎節，庭内詩人抱窮骨。招來雙鶴形翩躚，如竹可愛人可憐。倚竹狂歌鶴爲舞，傾情寫意成賓主。江城萬户紅塵多，竹間差喜無罻羅。昂藏未屈凌霄勢，月午風高數聲唳。交少孤山處士清，夢無淇水乘軒貴。一朝翮成摩碧雲，春粉留詩惟此君。往日池亭借顔色，從今雞鶩誇精神。八表翺翔爲誰下，三清好逐仙真駕。故人磊落絶恩私，莫效野田黄雀謝。

清 蒯德模《帶耕堂遺詩》卷三《鶴》 不是風塵物，翹然只自矜。千年人並古，萬貫客羞稱。未免雞羣妬，終偕鳳侣升。俸錢留飼汝，子和望能膺。

清 譚瑩《樂志堂詩集》卷九《鶴》 竹溪花嶼偶徘徊，遽使乘軒意總灰。便等鸞凰終逸品，倘爲騏驥卽凡材。座逢叔子猶能舞，籠似支郎或暫來。城郭人民依舊在，相期丁令早飛回。

清 陳錦《補勤詩存》卷六《鶴》 羽衣如雪舞翩躚，欲戴修翎向九天。赤壁當年飛道士，孤山何處嗣神僊。魂歸華表三生石，夢斷揚州十萬纏。報導干弋今盡息，莫教無事唳風前。

清 陶方琦《湘麋閣遺詩》卷三《詠物四首同遲鞠・鶴》 藐彼青田侣，神仙具夙姿。不羣真大雅，多壽見清儀。高漢回翔處，孤山退息時。重陰連九澤，翀舉欲何之。

清 吾德沛《秋鶴》（引自《兩浙輶軒續録補遺》卷四） 天生僊骨本珊珊，獨向秋風振羽翰。野徑月憐孤影瘦，空山葉打一巢寒。蓬萊弱水心猶在，縞袂元裳夢未殘。不與東坡發長歎，可同和靖結幽歡。

清 譚宗浚《希古堂集》乙集卷一《鶴賦》 宅東偏有一鶴，因爲賦之。在微物而至潔者，惟孤鶴而已矣。爾其軒軒之質，翯翯之姿，竦長軀以獨立，若高舉以遐思。匹閒雲而適性，唳清露而知時。諒致身於霄漢，詎適玩於庭墀。胡乃雜風塵，墮泥滓，磊落孤拳，褵褷修尾。雨重飛難，霜零怨起。辭飼養於唐宫，逐翺翔於吴市。窺卑枳而厭棲，飲洿池而深恥。風神凋落，毛羽摧殘。孤行踽獨，長叫辛酸。愁楚霧之多瘴，怯堯年之比寒。悲莫悲兮稻粱盡，遠復遠兮闗山難。已焉哉！永隔瑶池，長懷金闕。鎩比鸞毛，哀含鵑血。舊遊則遼海全迷，故侣則羣亭訣絶。入圖畫而惜癯，上琴弦而傷别。魂思閬苑之烟，恨寄緱山之月。支道林見而歎曰：昔年棲托玉宇銅闈，今來漂蕩雁叫鷗飢。悵九皐而路阻，謀二頃以心違。江湖滿地多羅罻，且傍故巢深處飛。

清 丁丙《松夢寮詩稿》卷四《鶴》 昔聞宵警逃烽燧，側翅歸來城郭碎。補巢覆卵又今時，元發蕭疏骨憔悴。鶴田有券將何爲，晉豫燕秦無一穗。安得纏腰十萬錢，飽彼飢腸騎爾背。書生願妄語發狂，疑有熱鴉淫五内。急思變計追清風，冷守孤山梅不睡。

雜録

晉 崔豹《古今注》卷中 鶴千歲則變蒼，又二千歲變黑，所謂玄鶴也。

南朝宋 劉敬叔《異苑》卷三 晉太康二年冬，大寒，南洲人見二白鶴語於橋下曰：今兹寒不減堯崩年也。於是飛去。

南朝宋 王韶之《神境記・蘭巖雙鶴》（引自《説郛》卷六〇） 滎陽郡西有蘭巖山，常有雙鶴，素羽皦然。日夕偶形翔集。傳云昔夫婦俱隱此山，年數百歲化成此鶴。忽一旦一鶴爲人所害，其一鶴歲常哀鳴，至今響動巖谷，莫知年歲。

五代 馬縞《中華古今注》卷下《鶴》 千載則變蒼，又千歲變黑，所謂玄鶴也。

宋 釋贊寧《東坡先生物類相感志》卷七《雷門鼓》 《臨海記》：有鶴飛入會稽雷門鼓中，於是鼓鳴，洛陽聞之。後斬破，鶴還飛去，鼓蔑聞矣。

明 慎懋官《華夷花木鳥獸珍玩考》卷七《二鶴釋冤》 正德初，吾郡顧中丞逢原家忽被盗，捕卒廣訪不獲。顧訝有治圃數人，訟於郡侯廣東林

公臺下，數人累經峻刑，未甘招伏。林公欲加炮烙之刑，其火方熾，臺下二鶴，各啣熾火擲諸水中，林公始知罪及無辜，是以釋之。衛懿公性好白鶴，不理國事。在後宮築臺，高十丈，名曰鶴臺。養數百鶴於其上，皆以錦繡爲衣，金珠飾頂，每月衆鶴皆有俸禄。公若出遊，選能舞能鳴之鶴數十箇，盡以大軒大夫所乘之車也。載於駕前，號曰鶴大夫。

明　姚光祚《皇明廣蒙求》卷二七《羽人化鶴》　楊大年初生，母章氏夢羽人，自言武夷君託化。既生，乃一鶴雛進宅，驚駭，棄之江。叔父曰：吾聞間世之人，其生必異。追視之，則鶴蜕而嬰兒具焉，體尚有毳，經月乃落。

清　鈕琇《觚賸》卷六《秦觚・崆峒鶴》　天下崆峒山五，其在秦地者慶陽、平凉之間，相傳爲黄帝問道處。山之絶頂有洞，每天日晴霽，則玄鶴一雙從洞中盤旋而下，翅大如車輪。石壁古文刻云此鶴爲堯時甲申載始見，順治四年復見二雛。今是山遂有四鶴。

圖表

明　李時珍《本草綱目・圖卷》

清　徐鼎《毛詩名物圖説》卷一

鸀鳿

綜述

宋　李昉《太平御覽》卷九二八　周氏《雜字》曰：鸀鳿鳥似鳧。

明　戴冠《濯纓亭筆記》卷九　鸀鳿，如鴨而大，眼赤喙班。漢有屬玉觀，見宣紀。又《司馬相如賦》『駕鵞屬玉』，古詩『屬玉雙飛水滿塘』，即此。蓋古字省文也。謂屬玉爲鷺者，非是。

明　李時珍《本草綱目》卷四七　鸀鳿音燭玉。《拾遺》　釋名：鸑鷟。時珍曰：鸀鳿，名義未詳。案：許慎《説文》云：鸑鷟，鳳屬也。又江中有鸑鷟，似鳧而大，赤目。據此則鸀鳿乃鸑鷟聲轉。蓋此鳥有文彩如鳳毛，故得同名耳。集解：藏器曰：鸀鳿，山溪有水毒處即有之，因爲食毒出所致也。其狀如鴨而大，長項，赤目，斑嘴，毛紫紺色，如鵁鶄色也。時珍曰：案《三輔黄圖》及《事類合璧》並以

今人所呼白鶴子者爲鸘鳿，謂其鳥潔白如玉也。與陳氏似鴨紫紺之説不同。白鶴子狀白如鷺，長喙高脚，但頭無絲耳，姿標如鶴，故得鶴名。林棲水食，近水處極多。人捕食之，味不甚佳。

清　嵇璜《續通志》卷一八〇　鸘鳿，似鵁鶄，山溪有水毒處即有之。《三輔黄圖》曰：似鴨而大，長頸赤目，紫紺色。司馬相如賦：鵁鶄鸘鳿。

圖表

明　李時珍《本草綱目·圖卷》

鶢鶋

綜述

《爾雅·釋鳥》　爰居，雜縣。注：《國語》曰：海鳥爰居。漢元帝時，琅邪有大鳥如馬駒，時人謂之爰居。音義：爰，本亦作鶢，音袁。居，本或作鶋，同。李云：爰居，海鳥也。樊云：似鳳皇。《雜字》亦作鶢。琅，音郎。邪，似差反。駒，音俱。疏：爰居，海鳥也。大如馬駒，一名雜縣。漢元帝時，琅邪有之。注『《國語》曰：海鳥爰居』者，案《魯語》云：海鳥曰爰居，止於魯東門之外三日，臧文仲命國人祭之。展禽曰：越哉，臧孫之爲政也。夫祀，國之大節也。節，政之所成也。故制祭祀以爲國典。今無故而加典，非政之宜也。今海鳥至，已不知而祀之，以爲國典，難以言仁且知矣。無功而祀之，非仁也。弗知而弗問，非知也。今茲海其有災乎？夫廣川之鳥獸，皆知辟其災。是歲，海多大風，冬煖。是其事也。

宋　鄭樵《通志》卷七六　爰居，《爾雅》曰雜縣，海鳥也。嘗止於魯東門之外。又漢元帝時，琅邪有大鳥如馬駒，時人謂之爰居。

明　牛衷《增修埤雅廣要》卷二〇《品物門·羽族類·鶢鶋》　《國語》云：鶢鶋，海鳥也。止於魯東門三日。臧文仲以爲神，使國人祭之。《魯論》所謂臧文仲不智者三，此其一也。

明　穆希文《蟫史集》卷二《鶢鶋》　《爾雅》云：爰居，雜縣。《注疏》曰：海鳥也。《左傳》云：海鳥爰居，似鳳皇，止魯東門外。臧文仲命國人祀之。展禽曰：今茲海其有災乎？夫廣川之鳥，亦知避其災。是歲，海多大風。張華曰：海鳥爰居，避風而止。

明　木增《雲薖淡墨》卷四　乘風，海鳥也，一名爰居，一名樂懸。漢制：制形以懸樂器之筍簴，植曰簴。《吴都賦》：爰居避風以海鳥，故先知風而棲之魯門。潘岳《西征賦》：洪鐘頓於毁廟，乘風廢而不懸。鶡風，《逸周書》『文翰若翬雉』，一名鶡風，從風鷂也。漢茂陵少年李亨之獵鷂。

圖表

晉　郭璞《爾雅音圖・釋鳥》

鷺

論說

宋　蔡卞《毛詩名物解》卷六《鷺》　鷺，潔白而不污立，常有振舉之意。足常跂，有振而獨舂之貌，步好自低昂，而謂之獨舂也。作《詩》者以其潔白而不可污喻君子之德，以常有振舉之意喻君子之威儀。夫威儀欲其棣棣而以振舉何也？蓋不可以高仰之驕色也，不可以卑俯之俯替也。是驕近亂，替近疾。其升也不驕，其降也不替，此所謂威儀棣棣不可選也。然則振鷺之威儀，豈所謂高仰者哉？

宋　陸佃《埤雅》卷七《鷺》　鷺，一名春鋤。步於淺水，好自低昂，故曰春鋤也。《方言》鵯鶋謂之獨春，與此同意。鵯鶋亦其鳴聲如春。鷺色雪白，頂上有絲，毿毿然長尺餘，欲取魚則弭之。《禽經》曰：鷺啄則絲偃，鷹捕則角弭。藏殺機也。青脚喜翹，高尺七八寸，善躄捕魚。又其翔集，必舞而後下。故《詩》以況二王之後，曰『我客戾止，亦有斯容』也。楚威王時，有赤鷺合沓飛翔而舞，舊鼓吹《朱鷺曲》是也。今鷺之集，每至水面數尺，則必低回少盤，其勢與飛之時徑起特異。蓋其天性舞而後下，非朱鷺獨然也。故《詩》於『鷺于下』曰『醉言舞』，『鷺于飛』曰『醉言歸』也。《禽經》曰：山禽之味多短，水禽之味多長。山禽之尾多修，水禽之尾多促。山禽尾修味短，若鵲之類是也；水禽尾促味長，若鷺之類是也。又曰：鸖好霜，鷺惡露。字从露省，以此。亦或謂之白露。今人畜之，極有馴擾者，每至白露降日，則定飛揚而去，不可復畜矣。俗說雄雌相眄則產。《陰陽自然變化論》曰：鷺目成而受胎，鸛影接而懷卵，鴛鴦交頸，野鵲傳枝。物固有是哉！鷺，白鳥也。《淮南子》曰：的的者獲，提提者射。故《詩》正言『王在靈囿，麀鹿攸伏；麀鹿濯濯，白鳥翯翯』以美文王之德。

明　何三畏《新刻何氏類鎔》卷三三《鷺》　鷺謂之春鋤，謂之屬玉，亦謂之昆明鳥，亦謂之帶絲禽。其喙長，其尾促。生而好露，視而有胎。輒於丹水浴毛衣，時集金隄灑羽翮。欲向天池而飲，常繞上林而飛。豢養池塘中，若家禽之馴擾。每至白露日，如野鶴之騫騰。此《宛丘》之鷺，羽詠于陳詩；《西雝》之鷺，容歌于周頌。而謝惠連所謂『表弗緇之素質，挺樂水之奇心』者也。齊威王時，有朱鷺者，合沓而舞于庭下。吳夫差時，有雙鷺者，飛翔而出于鼓中。素衣之女子，杜生調之入船而化白鷺鸞鳥高飛者，此以怪人而逐怪鳥。弱冠之張融，道士延之入坐而出白鷺羽扇相贈者，此以異物而奉異人。鵷鷺之在班行，唐御史立赤墀而簉羽。梟鷺之司候望，魏諸曹倣白鳥以名官。石雄之討劉稹也，誓射鷺目而成平定之功。薛弼之帥福州也，欲覆鷺巢而來甲胄之夢。鏡湖二翁之立語鷺曰碧翁，李昉五客之標名鷺曰雪客。若黎州孟夏之月，有鷺墜化，則以衆鳥避瘴而留以祭神；郡侯除替之期，有鷺渡河，則若此鳥迎新而號爲先至，亦奇矣。

綜述

《爾雅·釋鳥》 鷺，舂鉏。注：白鷺也。頭、翅、背上皆有長翰毛。今江東人取以爲睫欐，名之曰白鷺縗。音義：鷺，音路。《毛詩傳》云：白鳥也。《字林》音盧。舂，舒容反。鉏，仕居反。翰，音汗。睫，字又作睞，音接。《説文》云：目旁毛也。《三蒼》云：睫毛也。欐，力知反。縗，西雷反，又西河反。疏：鷺，一名舂鉏。郭云：白鷺也。《詩·陳風》云：值其鷺羽。陸璣《疏》云：鷺，水鳥也。好而潔白，故謂之白鳥。齊魯之間謂之舂鉏，遼東、樂浪、吴揚人皆謂之白鷺。青脚，高尺七八寸，尾如鷹尾，喙長三寸，頭上有長毛十數枚，長尺餘，毿毿然與衆毛異，好，欲取魚時，則弭之。今吴人亦養焉。楚威王時，有朱鷺合沓飛翔而來舞，則復有赤者，舊鼓吹《朱鷺曲》是也。然則鳥名白鷺，赤者少耳。

漢 許慎《説文》卷四 鷺，白鷺也。从鳥，路聲。洛故切。

三國吴 陸璣《毛詩草木鳥獸蟲魚疏》卷下《振鷺于飛》 鷺，水鳥也。好而潔白，故謂之白鳥。齊魯之間謂之舂鉏，遼東、樂浪、吴揚人皆謂之白鷺。大小如鴟，青脚，高尺七八寸，尾如鷹尾，喙長三寸。所頭上有毛十數枚，長尺餘，毿毿然與衆毛異，甚好，將欲取魚時，則弭之。今吴人亦養焉。好羣飛鳴。楚威王時，有朱鷺合沓飛翔而來舞，則復有赤者，舊鼓吹《朱鷺曲》是也。然則鳥名白鷺，赤者少耳。此舞所持，持其白羽也。

宋 釋贊寧《東坡先生物類相感志》卷七《白露》 白色鳥，一名舂𪇰，皆有長翰。今江東人取養，以其毛爲接離，名曰白露纕。其月相視則有孕。其鳥人養之於池塘，馴若家禽。每至白露日，即定飛騰而去。志者嘗有一同道人，於心新定養之，告其故，不之信，及白露日果飛矣。有詩憶念，幾成編集。

宋 朱翌《猗覺寮雜記》 杜詩云：黄鳥時兼白鳥飛。黄鳥，鶯也；白鳥，鷺也。《振鷺》注云：鷺乃白鳥也。蚊亦名白鳥。《月令》：仲秋之月，羣鳥養羞。注：白鳥謂蚊蚋。又《金樓子》：齊桓寢謂仲父曰：一物失所，寡人悒悒，白鳥營營，飢而未食。遂開翠紗之幮進之。東坡云『不怕飛蚊如立豹』矣，何用更説蚊也。

宋 鄭樵《通志》卷七六 鷺，《爾雅》曰舂鉏，白鷺也。亦曰鷺鷥。陸璣曰：汶陽謂之白鷺，齊魯謂之舂鉏，遼東、樂浪、吴揚皆謂之白鷺。

宋 施宿《會稽志》卷一七 鷺，一名舂鉏，步於淺水，好自低昂，故曰舂鉏也。《方言》鵾鳴謂之獨舂，與此同意。鵾鳴亦其鳴，聲如舂。鷺，色雪白，頂上有絲毿毿然，長尺餘，欲取魚則弭之。山陰瀕水，人家多畜之，皆馴不去，惟白露一日必籠之，不然飛去。

明 李時珍《本草綱目》卷四七 鷺《食物》 釋名：鷺鷥、《禽經》絲禽、陸龜蒙雪客、李昉所命舂鋤、《爾雅》白鳥。時珍曰：《禽經》云：鵾飛則霜，鷺飛則露。步於淺水，好自低昂。如舂如鋤之狀，故青、齊間謂之舂鋤，遼東、吴揚皆云白鷺。集解：時珍曰：鷺，水鳥也。林棲水食，羣飛成序，潔白如雪，頸細而長，脚青善翹，高尺餘，解指短尾，喙長三寸。頂有長毛十數莖，毿毿然如絲，欲取魚則弭之。郭景純云：其毛可爲睫羅。《變化論》云：鷺以目盼而受胎。穎曰：似鷺而頭無絲，脚黄色者，俗名白鶴子。又有紅鶴，相類色紅，《禽經》所謂『朱鷺』是也。

明 穆希文《説原》卷一〇 鷺，潔白，善容，集必飛舞而下。頭上長毛，取魚時則彌之。

明 吴雨《毛詩鳥獸草木考》卷二〇《鷺》 《陳風》曰：值其鷺羽。《傳》：鷺，白鳥也。鷺，水鳥也。一名舂鋤，步於淺水中，好自低昂，故曰舂鋤也。青脚喜翹，高尺七八寸，善蹙捕魚，尾如鷹尾，喙長，頭上有毛數十枚，長尺餘，毿毿然與衆毛異，好，欲取魚時則弭之。頭背翅上皆有長翰毛，今江東人取以爲睫欐，名之曰白鷺。縗好而潔白，故謂之白鳥，今之鷺鷥是也。齊魯之間謂之舂鉏，遼東、樂浪、吴揚人皆謂之白鷺。楚威王時，有朱鷺合沓飛翔而來舞，則復有赤者，舊鼓吹《朱鷺曲》是也。然則鳥名白鷺，赤者少耳。今鷺之集，每水面數尺則必低回少盤，其勢與飛之時徑起持異。蓋其天性舞而後下，非朱鷺獨然也。俗説雌雄相隨，受卵相盼則産，諺曰『鷺鷥相逐成胎』是也。

明 陳懋仁《庶物異名疏》卷二四《舂鋤》 《詩疏》：鷺，舂鋤。郭璞云：白鷺也。頭、翅、背上皆有長翰毛。今江東人取以爲睫欐，名之曰白露縗。陸璣曰：好而潔白，故謂之白鳥。齊魯之間謂之舂鋤。青脚，高尺六七

寸，尾如鷹尾，喙長三寸。頭上有毛數十枚，長尺餘，毵毵然與衆毛異好，取魚時則弭之。

又卷二五《碧繼翁》 碧繼翁，鷺也。見《桂萱録》。東坡呼爲雪兒，李昉名雲客。

明 劉侗 《名物通》卷九 鷺，《爾雅》曰春鉏，大如鷂，高只七八寸，尾如鷹，喙長三寸。頭上有長毛十數枝，欲取魚時則弭之。

明 毛晉 《陸氏詩疏廣要》卷下之上《值其鷺羽》 《爾雅》：鷺，春鉏。邢《疏》云：鷺，一名春鉏。郭云：白鷺也。頭、翅、背上皆有長翰毛，今江東人取以爲睫㰕，名之曰白鷺縗。《詩·陳風》云：值其鷺羽。鄭注云：亦曰鷺鷀。《禽經》云：鶂鷺之潔。又云：寀寮雝雝，鴻儀鷺序。張注：鷺，白鷺也。小不踰大，飛有次序，百官縉紳之象。《詩》以振鷺比百寮，雍容喻朝美。《埤雅》：鷺，步于淺水，好自低昂，故曰春鋤也。鷺色雪白，頂上有絲，毵毵然長尺餘，欲取魚則弭之。《禽經》曰：鷺啄則絲偃，鷹捕則角弭。藏殺機也。青脚喜翹，高尺七八寸，善蹙捕魚。又其翔集，必舞而後下。每至水面數尺，則必低曲少盤，其執與飛之時徑起特異。蓋其天性舞而後下，故《詩》於『鷺于下』曰『醉言舞』，『鷺于飛』曰『醉言歸』也。《禽經》曰：鸛好霜，鷺好露。字從露省以此亦或謂之白露。今人畜之，極有馴擾者，每至白露降日，則定飛揚而去。俗説雄雌相盼則産。《陰陽自然變化論》曰：鷺目成而受胎，鶴影接而懷卵。鴛鴦交頸，野鵲傳枝。物固有是哉！鷺，白鳥也。故《詩》言『白鳥翯翯』，以美文王之德。《爾雅翼》云：鷺，水鳥，潔白而善爲容。江東人取毛爲接䍠，名白鷺縗，亦曰白鷺簑，或以紅鶴毛間之。《隋·樂志》云：建鼓，商世所作，又棲翔鷺于其上，不知何代所加。或曰：鵠也，取其聲揚而遠聞。或曰：白鷺，鼓精也。或曰：皆非也。振振鷺，鷺于飛，鼓咽咽，醉言歸。言古之君子悲周道之衰，頌聲之息，飾鼓以鷺，存其風流。未知孰是。《隋志》之説云爾。考按梓人之職，臝者、羽者、鱗者，以爲筍簴。蓋振古如此，則所謂建鼓之鷺，安知非商世所有。《陳風》亦曰：坎其擊鼓，宛丘之下，無冬無夏，值其鷺羽。坎其擊缶，宛丘之道，無冬無夏，值其鷺翿。翿或爲纛，羽爲翿，皆筍簴之所懸，則鼓之上有鷺，舊矣。説《詩》者乃以鷺爲舞者之翳，而訓值爲持，不知值者，蓋植立之義。又曰：振鷺于飛，于彼西雝。《大雅》論鐘鼓，必於辟雝之地。《春秋傳》則云：西辟樂備。是辟雝、西辟、西雝，皆樂器之所在也。《大射儀》：建鼓在阼階西南。《書》亦云：大貝鼖鼓在西房。則西雝振鷺之飛，爲鼓上之鷺，明矣。故常在西振，鷺在鼓之上，有飛之象耳。又説者以鷺爲鼓精。《古今樂録》云吴王夫差時，有雙鷺飛出鼓中而大雲，故有是名，猶會稽雷門之鼓。相傳有鶴飛入其中，鼓鳴，聞洛陽後破鼓，鶴遂飛去，亦其類也。後世有鼓吹曲，亦以朱鷺爲首。或言《朱鷺》是漢曲，説樂府者亦以爲因飾鼓以鷺，而爲曲之名，此則非也。飾鼓以鷺而不朱朱自因，瑞耳。《禽經》曰：朱鳶不攫肉，朱鷺不吞鯉。按：鷺，一名屬玉。屬玉乃是水鳥。漢武以之名觀，云可以厭火，恐亦非鷺。姑存疑，以俟博識者。

清 毛奇齡 《續詩傳鳥名卷》卷二 《宛丘》值其鷺羽。值其鷺翿。值，植也。鷺，春鉏，今鷺鷥。好而潔白，頭上有白毛十數枚。羽，以其羽爲翳，舞者持以指麾也。鷺，水鳥，亦名白鷺，通體潔白，翅背上皆有長翰毛可爲飾用，不止頂上戴羽絲也。其又名春鉏者，陸佃曰：鷺好涉淺水，以項作低仰而行，如春如鉏，故以云，非有他也。

清 顧棟高 《毛詩類釋》卷一六《鷺 白鳥》 《爾雅》：鷺，春鉏。郭注：白鷺也。頭、翅、背上皆有長翰毛。邢疏：鷺，一名春鉏。《陳風》云：值其鷺羽。陸璣《疏》：鷺，水鳥也。好而潔白，故謂之白鷺。青脚，高尺七八寸，尾如鷹尾，喙長三寸，頭上有長毛十數枚，毵毵然與衆毛異好，入水取魚。楚威王時，有朱鷺合沓飛翔而來舞。樂府有《朱鷺曲》，但赤者絶少。

清 姚炳 《詩識名解》卷二《鷺》 鷺，《陳風·宛丘》篇陸璣云：鷺，水鳥也。汶陽謂之白鳥，齊魯之間謂之春鋤，遼東、樂浪、吴揚人皆謂之白鷺。大小如鴟，青脚，高尺七八寸，尾如鷹尾，喙長三寸，頭上有毛十數枚，長尺餘，毵毵然與衆毛異。此可盡其狀矣。其名亦不一。杜牧賦稱風標公子，李昉稱雪客，蘇子瞻詩稱雪衣兒，《海録》一名帶絲禽，《格物論》一名屬玉。然屬玉紫紺色，不白，又可以厭火，故漢武帝取以名觀，非鷺别名也。舊説楚威王時，有朱鷺合沓飛翔而來舞，故鼓吹有《朱鷺曲》。要是僅見，非白鳥族耳。《禽經》：露翥則露。舊注以爲鶴，然鶴無露名。《物類相感志》云：鷺，人養之於池塘，馴若家禽，每至白露日，即飛騰而去。則仍謂鷺也。故陸農師云，亦或謂之白露。

清 佚名《鳥譜》卷九《白鷺》 一名鷺鷥，一名春鉏，一名獨春，一名白鳥，一名帶絲禽，一名雪客。

白鷺，黑睛紅暈，緑頰，青黑觜。頂有白翰縷縷垂出如絲，故有鷺鷥之稱。通身潔白如雪，長翅翮短尾，青脛足黑爪，亦有黄脛足者。《爾雅》：鷺，春鉏。注：白鷺也。《詩・陳風》：值其鷺羽。疏：陸璣云：鷺，水鳥也。好而潔白，故謂之白鳥。齊魯之間謂之春鉏，遼東、樂浪、吴揚人皆謂之白鷺。脚尺餘，尾如鷹尾，喙長三寸，頭上有長毛十數枚，毿毿然與衆毛異好，欲取魚時則弭之。今吴人亦養焉。《本草解義》云：白鷺，林棲水食，羣飛成序，故《詩》以振鷺之飛喻羣臣欲退之序。後世有鴳行鷺序之語。身潔如雪，細頸長纓，高足善翹，解指短尾，步于淺水，好自低昂，如春如鉏，故曰春鉏。《名物解》云：鷺，潔白而不污立，常有振舉之意。足常跂，有振而獨春之貌，故謂之獨春也。《埤雅》云：鷺之集，每至水面數尺，則必低徊少盤，其勢與飛之時徑起特異。蓋其天性舞而後下，故《詩》於『鷺于下』曰『醉言舞』，『鷺于飛』曰『醉言歸』也。《物類相感志》云：人家池塘養鷺，馴若家禽。然每至白露後，輒多飛翔而去。諺云：鷺以露飛，氣相召也。《庶物考》云：《法苑珠林》言白鷺，悉雌無雄。到春節時，陽氣始布，雷聲初發，白鷺一心聞聲即便懷卵。按《埤雅》曰：白鷺，雄雌相隨受卵。諺云『鷺鷥相逐成胎』是也。又《變化論》曰：鷺以目盻而受胎。是知白鷺本有雄雌，但以氣感不以形接。正如烏鵲傳枝而孕，白鶂相視而化耳。《枕譚》云：鷺善延望。故元魏改官制以候望官爲白鷺，其時亭堠多畫刻鷺像也。《田家五行》云：夏秋間兩陣將至，忽有白鷺飛過，雨每不至，名曰截雨。《海録碎事》云：鷺，一名帶絲禽，李昉謂之雪客。

又《青鷺》 青鷺，比白鷺略大，黄頰，黄喙，青頂，頂有三毛長頸，項有垂胡，青翅間雜黄色，高黄脛青足。鷺鷥白者居多，青者間有之，不能如白之成羣耆。唐詩曰：彤閣鐘鳴碧鷺飛。古人亦形之歌詠矣。

清 徐鼎《毛詩名物圖説》卷一 《爾雅》：鷺，春鉏。郭璞注：白鷺也。頭、翅、背上皆有長翰毛。陸璣《疏》：水鳥也。好而潔白，謂之白鳥。青脚，長高尺七八寸，短尾，喙長，頭上有長毛十跂莖，好取魚食。《名物解》：作《詩》者以其潔白不可污喻君子之德，以常有振舉之意喻君子之威儀。愚按：楚威王時，有朱鷺合沓飛翔而來舞，則復有赤者，舊鼓吹《朱鷺曲》是也。鷺鳥之羽，可爲舞者之翳，故《陳風》云『值其鷺羽』。值，持也。又鸖飛則霜，鷺飛則露，其名以此。步于淺水，好自低昂如春鋤狀，故名春鋤。又常有振舉之意，且甚潔白，故《詩》以況二王後。

紀　事

唐 房玄齡《晉書》卷二八《五行志》 咸康八年七月，有白鷺集殿屋。是時康帝始即位，不永之祥也。後涉再期而帝崩。案：劉向曰：『野鳥入處，宫室將空。』此其應也。

唐 段成式《酉陽雜俎》卷一六 晉時營道縣令何潛之，於縣界得鳥，大如白鷺，膝上髀下，自然有銅鐶貫之。

藝　文

南朝梁 王僧孺《朱鷺》（引自《文苑英華》卷二〇六） 因風弄玉水，映日上金堤。猶持畏羅繳，未得異鳧鷖。聞君愛白雉，兼因重碧雞。未能聲似鳳，聊變色如珪。願識昆明路，乘流飲復棲。

南朝陳 蘇子卿《朱鷺》（引自《文苑英華》卷二〇六） 玉山一朱鷺，萬里入王畿。欲向天池飲，還繞上林飛。金堤曬羽翮，丹水浴毛衣。非貪葭下食，懷恩自遠歸。

南朝陳 張正見《張散騎集・朱鷺》 金堤有朱鷺，刷羽望滄瀛。周詩振雅曲，漢鼓發奇聲。時將赤鴈並，乍逐彩鸞行。別有翻潮處，異色不相驚。

唐 李白《李太白文集》卷二二《白鷺鷥》 白鷺下秋水，孤飛如墜霜。心閑且未去，獨立沙洲傍。

唐 劉長卿《劉隨州集》卷四《白鷺》 亭亭常獨立，川上時延頸。秋水寒白毛，夕陽吊孤影。幽姿閑自媚，逸翮思一騁。如有長風吹，青雲在俄頃。

唐　李端《白鷺詠》(引自《全唐詩》卷二八四)　迴起來應近，高飛去自遥。映林同落雪，拂水狀翻潮。猶有幽人興，相逢到碧霄。

唐　劉禹錫《劉賓客文集》卷二七《白鷺兒》　白鷺兒，最高格。毛衣新成雪不敵，衆禽喧呼獨凝寂。孤眠芊芊草，久立潺潺石。前山正無雲，飛去入遥碧。

唐　張祜《鷺鷥》(引自《全唐詩》卷五一〇)　深窺思不窮，揭趾淺沙中。一點山光淨，孤飛潭影空。暗棲松葉露，雙下蓼花風。好是滄波侣，垂絲趣亦同。

唐　盧仝《白鷺鷥》(引自《全唐詩》卷三八七)　刻成片玉白鷺鷥，欲捉纖鱗心自急。翹足沙頭不得時，傍人不知謂閑立。

唐　杜牧《鷺鷥》(引自《全唐詩》卷五二二)　雪衣雪髮青玉觜，羣捕魚兒谿影中。驚飛遠映碧山去，一樹梨花落晚風。

唐　顧非熊《崔卿雙白鷺》(引自《全唐詩》卷五〇九)　朝客高情愛水禽，緑波雙鷺在園林。立當風裏絲摇急，步繞池邊字印深。刷羽競生堪畫勢，依泉各有取魚心。我卿多傍門前見，坐覺恩波思不禁。

唐　張籍《張司業集》卷二《朱鷺曲》　翩翩兮朱鷺來，汎春塘棲緑樹。羽毛如剪色如染，遠飛欲下雙翅斂。避人引子入深塹，動處水紋開灩灩。誰知豪家網爾軀，不如飲啄江海隅。

唐　賈島《長江集》卷九《崔卿池上雙白鷺》　鷺雛相逐出深籠，頂各有絲莖數同。灑石多霜移足冷，隔城遠樹挂巢空。其如盡在灘聲外，何似雙飛浦色中。見此池潭卿自鑿，清泠太液底潛通。

唐　許渾《丁卯詩集》卷上《鷺鷥》　西風淡淡水悠悠，雪點絲飄帶雨愁。何事歸心倚前閣，緑蒲紅蓼練塘秋。

唐　雍陶《詠雙白鷺》(引自《全唐詩》卷五一八)　雙鷺應憐水滿池，風飄不動頂絲垂。立當青草人先見，行傍白蓮魚未知。一足獨拳寒雨裏，數聲相叫早秋時。林塘得爾須增價，況與詩家物色宜。

唐　許棠《親仁里雙鷺》(引自《全唐詩》卷四五二)　雙去雙來日已頻，只應知我是江人。對欹雪頂思尋水，更振霜翎恐染塵。三楚幾時初失侣，五陵何樹又棲身。天然不與凡禽類，傍砌聽吟性自馴。

唐　陸龜蒙《甫里集》卷一二《白鷺》　雪然飛下立蒼苔，應伴江鷗拒我來。見欲扁舟摇蕩去，倩君先作水雲媒。

唐　來鵬《鷺鷥》(引自《全唐詩》卷六四二)　裊絲翹足傍澄瀾，消盡年光佇思間。若使見魚無羨意，向人姿態更應閒。

唐　徐寅《徐正字詩賦》卷二《雙鷺》　雙鷺雕籠昨夜開，月明飛出立庭隈。但教緑水池塘在，自有碧天鴻鴈來。清韻叫霜歸島樹，素翎遺雪落漁臺。何人爲我追尋得，重勸谿翁酒一杯。

唐　裴説《鷺鷥》(引自《全唐詩》卷七二〇)　秋江清淺時，魚過亦頻窺。却爲分明極，翻成所得遲。浴偎紅日色，棲壓碧蘆枝。會共鵷同侣，翱翔應可期。

唐　劉象《鷺鷥》(引自《全唐詩》卷七一五)　潔白孤高生不同，頂絲清軟冷摇風。窺魚翹立荷香裏，慕侣低翻柳影中。幾日下巢辭紫閣，多時凝目向晴空。摩霄志在潛修羽，會接鸞凰到葦叢。

唐　羅隱《鷺鷥》(引自《文苑英華》卷三二九)　斜陽澹澹柳陰陰，風裊寒絲映水深。不要《雜詠》作莫謾。向人誇潔白，也知長《雜詠》作常。有羨魚心。

唐　鄭谷《雲臺編》卷中《鷺鷥》　閒立春塘煙澹澹，靜眠寒葦雨颼颼。漁翁歸後沙汀晚，飛上灘頭更自由。

宋　文同《丹淵集》卷一六《鷺鷥》　避雨竹間點點，迎風柳下翻翻。静依寒蓼如畫，獨立晴沙可憐。

宋　王質《紹陶録》卷下《鷺鷥》　身全白，頂上數縷纖毛如絲，觜足皆黑，頸細長。寡鳴，將宿則多繁聲。一種比鷺鷥稍大，觜足皆黄，標格差低。

鷺鷥，鷺鷥，三花兩花乾雪飛。荷花浄紅葉浄碧，輕來輕去掠寒霏。或孤翔，或孤立，落日横波倏影直。嗚呼！此友兮彌相敦，水衰石老秋容深。

宋　高似孫《剡録》卷一〇《草木禽魚下·白鷺》　朱放《剡溪》詩：漠漠黄花覆水，時時白鷺驚船。趙湘《剡溪唐郎中所居》詩：開池延白鳥，掃樹帶清秋。《詩義疏》曰：鷺好潔白，齊魯謂之舂鋤，吴越謂之白鳥。

宋　徐照《芳蘭軒集·鷺鷥》　一點白如雪，頂黏絲數莖。沙邊行有跡，空外過無聲。高柳巢方穩，危灘立石驚。每看閒意思，漁父是前生。

宋　徐集孫《竹所吟稿·鷺》(引自《兩宋名賢小集》卷二九九)　素狎

沙鷗水國盟，一生踪跡任飄零。謾誇霜雪精神別，難洗蝦魚氣習腥。點破青山成曉畫，飛來紅蓼稱秋汀。江湖出入風波裡，比着胎仙欠典刑。

宋　邱葵《釣磯詩集》卷二《白鷺》　衆禽無此格，玉立一閒身。清似參禪客，癯如辟穀人。緑秧青草外，枯葦敗荷濱。口體猶相累，終朝覓細鱗。

元　袁士元《書林外集》卷七《秋鷺》　落盡荷衣獨可憐，數聲相叫夕陽邊。翩然羽翼渾如雪，飛下沙頭破暝煙。

元　韓奕《韓山人詩續集》卷四《白鷺》　孤飛將欲下，並立詎成行。傍葦風披岸，窺魚水滿塘。容思佳客比，羽憶舞人將。看畫聊題句，溪山興不忘。

明　張治道《白鷺》（引自《明詩綜》卷四〇）　沙頭白鷺鷥，飛向青山閣。日暮行人稀，還向沙頭落。

明　徐溥《謙齋文録》卷一《題鷺》　杜若花香水滿洲，柳風輕颺頂絲柔。從來懶逐鵷鴻侶，萬里滄江狎野鷗。

明　周廷用《八厓集》卷七《白鷺賦》　繫拔拔之好鳥兮，秉天地之純和。遵水濱以潛處兮，濯素景於清波。呈聯拳之詭態兮，挾雙羽而嵯峨。無焦明之遠志兮，似鸂鶒以蹉跎。僥予生之非陋兮，難比翼於鵷凰。惟唼喋乎菱荇兮，不饕餮乎稻粱。溪鷗忌其太潔兮，沙鳧詆其甚長。苦衆類之噂喈兮，抑吞聲而不傷。悵天網之我罹，竄孤身而獨處。若離繳之驚鴻，類傷弓之鳴羽。邈八紘之泱漭，欲奮翮而遠翔。棄紫鱗於葭下，聊終日以相羊。

清　汪繹《秋影樓詩集》卷一《白鷺》　烟波渺無際，離披鷺獨立。秋水夕陽明，顧影殊自得。延頸荻花叢，雪深何處覓。撲漉忽高飛，點破空江碧。

清　王道《江湖閒吟》卷六《鷺》　獨立真高潔，翹翹望遠空。不時招野鶴，盡日狎村童。雪盛衣新濯，魚多肉不豐。此生廉且讓，何似信天翁。

清　戚學標《景文堂詩》卷五《白鷺》　黄鵠一舉摩蒼天，鷺飛不過百十步。雲泥相望誠有之，彼於鵠也曾不慕。羽鮮毛潔由天成，雌伏卑飛亦命賦。獨拳一足意飄然，漠漠江南烟水暮。

清　汪惟豫《鷺》（引自《淮海英靈集·乙集》卷二）　白鷺偶相見，閒閒到柳塘。淡宜參水月，孤影避鴛鴦。

清　胡鳳丹《退補齋詩存二編》卷四《古體詩·詠鷺》　振振鷺思深哉！春來秋往南北臺。鷺兮鷺兮，爾何不在山之巔河之隈。向水田而羣集，隨雲表以徘徊。土人告余以春及，二三兩鷺初來。不巢山谷巢高樹，雨自飄零風自摧。忽有一鷺大於鶴，先集衙署如里魁。羣鷺紛紛各聽令，分鑣列隊聲銜枚。或棲將軍樹，或集三台槐。或翔薇垣之院落，或立柏府之庭階。次及大小署，指揮參伍開。側聞鷺自臺灣産，恐受生番無妄災。雄者畏攫肉，雌者防殺胎。萬里不嫌海天遠，呼羣結隊交相催。羽屬三百有六十，何以一鷺多疑猜。始信會垣重仁愛，長頸顧瞻去復回。朝暮離巢唼魚子，哺雛殷殷如哺孩。鷺兮鷺兮得所託，羽毛豐滿淨無埃。嗚呼！世人不如鳥，日向蠻鄉闢草萊。可惜金錢萬千鎰，何時可以阜民財。振振鷺思深哉！

清　徐夢元《鷺鷥》（引自《兩浙輶軒録》卷二四）　高拳一足意蘧蘧，只在垂楊水次居。不獨山禽都羨爾，侯門還有客無魚。

清　章大來《鷺》（引自《兩浙輶軒録》卷一五）　標格沙禽占，飄然一縷絲。高人延望處，獨客正飢時。秋水閒如此，青天上亦宜。白鷗方浩蕩，與爾素心期。

清　倪國璉《鷺》（引自《兩浙輶軒録》卷二〇）　水鷺身何潔，西風吹頂絲。畏人飛復下，照影立多時。天許閒如此，秋來瘦更宜。沙邊停短棹，與爾若爲期。

清　劉墉《劉文清公遺集》卷九《詠雙白鷺》　秋光一片水平池，雙鷺絲長似雪垂。霧雨藏舟寒不見，霜風卷葦響先知。出塵毛羽孤飛影，聯璧風標並立時。愛爾林塘添景色，詩情畫意總相宜。

清　張際亮《思伯子堂詩集》卷一一《鷺》　白鷺失高舉，飛迴溪渚邊。映沙冷曉月，浴水静秋煙。夢久風波厭，人空毛羽憐。孤鳴羨鸞鶴，翔集紫庭先。

清　張澍《養素堂詩集》卷二〇《江右集下·白鷺》　卓爾是清姿，軒然立不移。晴沙拳有跡，皓月影無歧。底怕回騶鼓，聯吞漏網鰤。可知風骨秀，不尚羽毛奇。

清　陶章潙《白鷺》（引自《沅湘耆舊集》卷一五一）　返照著水煙微微，忽見白鷺明斜暉。江心來往不少息，一點晴雪空中飛。捕魚生計似漁子，捩眼周覷寒江裏。分明沙際銀刀來，卻恐魚驚隱沙觜。猛然掠水勢如墜，游鱗見影深藏避。憐汝空飛日苦飢，羽毛太潔終爲累。

圖表

晉 郭璞《爾雅音圖・釋鳥》

明 李時珍《本草綱目・圖卷》

清 徐鼎《毛詩名物圖說》卷一

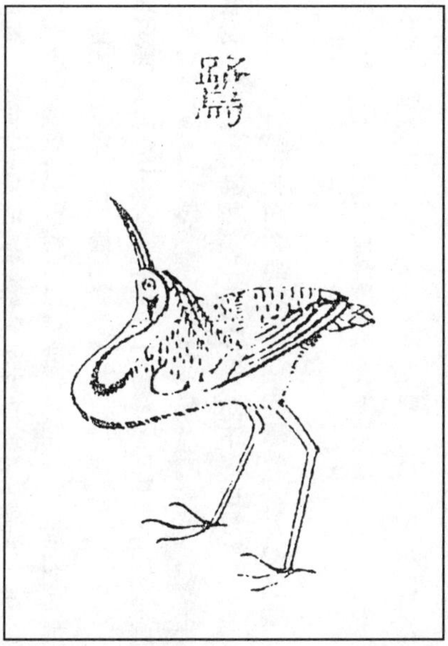

鶭

綜述

《爾雅・釋鳥》 鶭，澤虞。注：今婟澤鳥，似水鴞，蒼黑色，常在澤中。見人輒鳴喚不去，有象主守之官，因名云。俗呼爲護田鳥。音義：鶭，本或作鴋，《説文》作魴，孚往反。澤虞，《字林》作鸅鸆，音同婟，户故反。下同。《説文》云：嫪也。《廣雅》云：妬也。《聲類》云：婟嫪，戀惜也。《字書》作嫮，一本作妶，皆同嫪，力報反。疏：澤虞，一名鶭。郭云：今婟澤鳥，似水鴞，蒼黑色，常在澤中。見人輒鳴喚不去，有象主守之官，因名云。俗呼爲護田鳥。《説文》云：婟嫪也。《聲類》云：婟嫪，戀惜也。以比鳥戀惜池澤，見人不去，因名婟澤鳥也。

漢 許慎《説文》卷四 魴，澤虞也。从鳥，方聲。分兩切。

宋 鄭樵《通志》卷七六 鶭，《爾雅》曰澤虞。鶭，孚往反。郭云：今婟澤鳥，似水鴞，蒼黑色，常在澤中。見人輒鳴喚不去，有象主守之官，因名云。俗呼護田雞。按：此鳥亦多在田中，閩人呼爲姑雞紡，以其聲類紡聲，且聒聒不輟。

宋　戴侗《六書故》卷一九　鴐 鴐，分兩切。《爾雅》：鴐，澤虞。郭氏曰：媚澤鳥也，似水鴞，蒼黑色，常在澤中。見人則鳴唤不去，有象主守之官，故名澤虞。俗呼護田鳥。《說文》：媚嫪也。言其媚戀池澤也。按：媚澤，即鴋鷃也。又作鴋。

明　陳懋仁《庶物異名疏》卷二五《澤虞》　《爾雅》云：鴐，紡澤虞。郭璞云：今媚澤鳥，似水鶚，蒼黑色，常在澤中。見人輒鳴唤不去，有象主守之官，因名。俗呼護田鳥。《說文》云：媚嫪。音户勞。《聲類》云：媚嫪，戀惜也。以此鳥戀惜池澤，見人不去，因名媚澤鳥也。郭又云：鵜鶘，一名淘河，一名鴮。《禽經》云：方目其名鴮。《山海經》云：鵜胡似鶚而人足，胸中有肉二塊，大如拳，飲水數斗一作升。而不足，好沉水食魚，一名洿澤。《莊子》云：魚畏鵜鶘，以能竭澤也。陸璣云：形如鶚而極大，喙長尺餘，直而廣，口中正赤，頷下胡大如數升囊。若小澤中有魚，便羣共杼水，滿其胡而棄之，令水竭，盡魚陸地，乃共食之，故曰淘河。

圖表

晉　郭璞《爾雅音圖・釋鳥》

鵁鶄

綜述

《禽經》　鵁鶄睛交而孕。狀類鳧而足高，相視而睛不眩，轉孕而生雛。

《爾雅・釋鳥》　鳽，鵁鶄。注：似鳧，脚高，毛冠。江東人家養之，以厭火災。音義：鳽，郭五革反，《字林》音肩。鵁，音交，本亦作交。鶄，音精，本又作精。厭，以冉反。疏：鵁鶄，一名鳽。

漢　許慎《說文》卷四　鵁 鵁，鵁鶄也。从鳥，交聲。一曰鵁鸕也。古肴切。

鶄 鶄，鵁鶄也。从鳥，青聲。子盈切。

鳽 鳽，鵁鶄也。从鳥，幵聲。古賢切。

唐　段成式《酉陽雜俎》卷一六　鵁鶄，舊言辟火災，巢於高樹，生子穴中，銜其母翅，飛下養之。

五代　馬縞《中華古今注》卷下《鵁鶄》　似鳧，脚高，毛冠。江東人家養之，以厭水災。

宋　蔡卞《毛詩名物解》卷八《鵁鶄》　鵁鶄，一名鳽。似鳧，腳高，毛冠，巢於高木，生子穴中，子銜其母翅飛上下，《淮賦》所謂『鸕鷀吐雛於八九，鵁鶄銜翼而低昂』者也。段氏云：鵝警鬼，鵁鶄厭火，孔雀避惡。舊説此鳥長目而睛交，故有鵁鶄之號，相如所謂『鵁鶄旋目』者是也。《禽經》曰：旋目，其名鷃；交目，其名鳽；方目其名鴮矣。

宋　陸佃《埤雅》卷六《鵁鶄》　鵁鶄，一名鵁鸕，一名鳽。似鳧，脚高，毛冠，巢於高木，生子穴中，子銜其母翅飛上下，《淮賦》所謂『鸕鷀吐雛於八九，鵁鶄銜翼而低昂』者也。段氏云：鵝警鬼，鵁鶄厭火，孔雀辟惡。舊云此鳥長目，其睛交，故有鵁鶄之號，相如所賦『交睛旋目』者是也。《禽經》曰：

旋目，其名鸍；交目，其名鳽；方目，其名鴋。

宋　鄭樵《通志》卷七六　鳽，《爾雅》曰鵁鶄，水鳥也。今亦謂之鵁鶄，似鳧，脚高，毛冠。郭云：江東人家養之，以厭火災。

宋　羅願《爾雅翼》卷一五《鳽》　鳽，似鳧而脛高，有毛冠。江東人養之，以厭火災。又謂之交精。《説文》謂之鮫鱸。精，目精也。鱸，猶矑也，言其目精交也。《禽經》曰：旋目，其名鸍；方目，其名鴋；交目，其名鳽。觀其眸子，命名之義備矣。《上林賦》曰：交精旋目。説者曰：今荆郢間有水鳥，大於鷺而短尾，其色紅白，深目，目旁毛皆長而旋。此其旋目乎？鳽巢於喬木，雛未能飛，皆銜其母翼以飛。《周禮・職方氏》揚州、荆州，其畜宜鳥獸。先儒謂鳥獸，孔鸞、鵁鶄、犀象之屬。蓋鳽雖微禽，毛羽可尚，是以與孔鸞、犀象同列，爲南方所宜珍禽奇獸矣。蜀糜竺家當有火厄，收鵁鶄數千頭，養池渠中以厭火。或曰：羽毛之類，非禦烈火之物。蓋其焚自陽燧旱燥而生，以方諸厭之，鵁鶄之音，與方諸相亂爾。然古今厭火，盡用水物，如漢宫殿脊作蚩魚形，又號屋仰爲井，皆畫水藻蓮芰之屬。鵁鶄亦水禽，或自能厭火，未可知爾。李衛公言鵝能警盜，鵁鶄厭火，孔雀辟惡。唐明皇遣宦官詣江南，取鵁鶄、鸂鶒置苑中，倪若水諫，縱散之。

宋　范成大《吴郡志》卷二九　鵁鶄，水禽。陸龜蒙嘗得之於震澤。黑襟，青脛，丹爪觜，色幾及項。龜蒙哀其野逸，而囚録籠檻，爲賦詩焉。詞賦曾誇鸊鵜流，果爲名誤别滄洲。雖蒙静置疎籠晚，不似閑棲折葦秋。自昔稻粱高鳥畏，至今珪組野人讐。防微避繳無窮事，好與裁書謝白鷗。

明　李時珍《本草綱目》卷四七　鵁鶄音交睛。《拾遺》　釋名：交矑、《説文》茭雞、俗鳽。音堅。出《爾雅》。時珍曰：按《禽經》云：白鷁相睨而孕，鵁鶄睛交而孕。又曰：旋目，其名鸍；方目，其名鴋；交目，其名鳽。觀其眸子，而命名之義備矣。《説文》謂之交矑，矑亦目瞳子也。俗呼茭雞，云多居茭菰中，而脚高似雞。其説亦通。集解：藏器曰：鵁鶄，水鳥也。出南方池澤，似鴨緑衣。人家養之，馴擾不去。可厭火災。《博物志》云：鵁鶄巢于高樹，生子穴中，啣其母翼，飛下飲食。時珍曰：鵁鶄大如鳧、鶩，而高脚似雞，長喙好啄，其頂有紅毛如冠，翠鬣碧斑，丹嘴青脛，養之可玩。

明　劉侗《名物通》卷九　鵁鶄，《爾雅》曰鳽，似鳧，脚高，交目，翠鬣紫纓，駁羽朱翼，巢于高樹，生于在窟中，未能飛，啣母翼飛上下。有屬玉似鵁鶄。

明　陳懋仁《庶物異名疏》卷二五《交目》　《埤雅》：鶄，長目睛交，故號鵁鶄。一名交目，一名鵁鸕，一名鵁鳽。

明　方以智《通雅》卷四五　鵁鶄，今之茭鷄。鵁鶄，一名交矑，以睛交者也。《爾雅》曰鳽。《禽經》云：白鷁相睨而孕，鵁鶄睛交而孕。又曰：旋目，其名鸍；方目，其名鴋；交目，其名鳽。

藝　文

晉　摯虞《鵁鶄賦》（引自《藝文類聚》卷九二）　有南州之奇鳥，諒殊美而可嘉。生九臯之曠澤，遊江淮之洪波。既翦翼以就養，遂婉孌乎邦家。鵁鶄呈儀，若刻若畫。鸞頸龜背，戴玄珥白，班毛頳膺，駁羽朱腋，青不專紺，纁不擅赤，因宛點注，希稠有適。其在水也，則巧態多姿，調節柔骨。一低一仰，乍浮乍没。或遊或舞，繽翻倏忽。若乃陽故多陰，殊方相求。見水則喜，睹火而憂。

南朝梁　蕭綱《鵁鶄賦》（引自《藝文類聚》卷九二）　飲三芝之淳露，食六草之英芳。似金沙之符采，同錦質之報章。紅毛覆臆，翠鬣垂心。浴波泳渚，浮廣戲深。臨高舞翮，映淺弄音。逐餘暉而顧景，乘清吹而微吟。

唐　杜牧《鵁鶄》（引自《全唐詩》卷五二二）　芝莖抽紺趾，清唳擲金梭。日翅閒張錦，風池去罥羅。静眠依翠荇，煖戲折高荷。山陰豈無爾，繭字换羣鵞。

唐　陸龜蒙《笠澤藂書》卷一《鵁鶄詩并序》　客有過震澤，得水鳥所謂鵁鶄者贶余，黑襟青脛，碧爪丹嘴，色幾及項。質甚高而意葦一本作草。戚，畏人。余極哀其野逸，性又非以能招累者，而囚録籠檻，逼迫窓户，俛啄仰飲，爲活大不快，真天地之窮鳥也。爲之賦詩擬好事者和。

詞賦曾誇鸊鵜流，果爲名悮别滄洲。雖蒙静置疎籠晚，不似閒棲折葦秋。自昔稻粱高鳥畏，至今珪組野人讎。防微避繳無窮事，好與裁書謝白鷗。

宋　張耒《柯山集》卷二四《鵁鶄》　敗荷枯葦一方池，溪上鵁鶄坐得知。何事月寒風露下，攣拳孤影在風枝。

宋　王質《紹陶録》卷下《鵁鶄》　身淡青如鴨，而足甚高，故其行輕。頂有冠，多毛，白細而長。于樹穴中生雛，稍長則銜其翅而學飛。鵁鶄，鵁鶄，嗢咽秋水溘秋聲。石樹巇巇崖稜稜，蹋蘋蹴藻輕輕行。哺兒饑，誨兒痴，淋滲離樵相挾飛。嗚呼！此友兮常相存，溪子通知魚鳥心。

宋　高似孫《剡録》卷一〇《草木禽魚下·鵁鶄》　《周禮》曰：會稽宜鳥。其注曰：孔雀係鵁鶄之屬。歐陽詢曰：鵁鶄似鳧，高脚，毛冠。晉摯虞賦曰：鵁鶄呈儀，若刻若畫。巧態多姿，乍浮乍没。

圖表

晉　郭璞《爾雅音圖·釋鳥》

明　李時珍《本草綱目·圖卷》

鴢

綜述

《爾雅·釋鳥》　鴢，頭鵁。注：似鳧，脚近尾，略不能行。江東謂之魚鵁。音髐箭。音義：鴢，謝烏卯反，郭音杳，《字林》音幼。頭，字或作投。鵁，本或作鴢，郭音髐，虚交反，又音交。近，附近之近。箭，子賤反。疏：鴢，一名頭鵁。郭云：似鳧，脚近尾，略不能行。江東謂之魚鵁。音髐箭。嫌讀爲鵁鶄之鵁，故音之。《山海經》云：青要山，『畛水出焉，北注河。其中有鳥名鴢，狀如鳧，青身朱目赤尾，食之宜子』，是也。

晉　郭璞《鴢鳥》（引自《漢魏六朝百三家集》卷五七）　鴢鳥似鳧，翠羽朱目。既麗其形，亦奇其肉。婦女是食，子孫繁育。

宋　鄭樵《通志》卷七六　鴢頭，《爾雅》曰鵁。鴢，於鳥反。郭云：似鳧，脚近尾，畧不能行。江東謂之鵁。許交反。按：此鳥類野鴨而文彩，不

能行，多溷野鴨羣中浮游。

明 慎懋官《華夷花木鳥獸珍玩考》卷七《鴗》 出青要山。狀如鳧首，朱目赤尾。《山海經》云：食之宜子。

鸕鷀

論説

唐 韋絢《劉賓客嘉話録》 人言鶴胎生，所以賦云『胎化仙禽』也。今鸕鷀亦是胎生，《抱朴子》、《本草》説同，此豈亦仙禽者乎？ 絢曰：但恐世只知鶴胎生，不知鸕鷀亦是胎生，鶴便謂胎生也。若緣鸕鷀食腥魚，雖胎生不得與鶴同，今見養鶴者，説其鶴食腥穢更甚於鸕鷀，若以色黑於鶴，則鶴白千萬年方變爲元鶴，又何尚焉？ 公笑曰：是以君子惡居下流，其鸕鷀之謂乎？ 絢曰：鶴難見也，鸕鷀易見也，世人貴耳而賤目之故也。若使鸞凰如鶴之長見，即鶴亦如鸕鷀矣。以少爲貴，世以不見爲聖爲瑞而貴之也。所以進士陳操《詠蜀葵》詩云：能共牡丹爭幾許，得人憎處只緣多。鸕鷀之謂也。

明 張萱《疑耀》卷三《烏鬼之辨》 杜工部：家家養烏鬼，頓頓食黄魚。沈存中以烏鬼爲鸕鷀。《砦谿詩話》引元稹詩：病賽烏稱鬼，巫占瓦作龜。稹自注云：南人染病，競賽烏龜，故砦溪以工部所稱烏鬼爲神鬼，非鸕鷀也。余嘗疑之，謂稹或得於傳聞，故戲而入詩耳。一日讀稹集有《聽人彈烏夜啼引》詩，乃謂作拾遺時被謫，其妻竟禱於烏鬼，始得還官。則是實賽烏鬼也，而烏鬼乃鬼神矣。第烏鬼不知何神，而稹之妻禱之，稹信之殊足掩口。若工部所稱烏鬼，則沈説爲正，砦溪爲謬。蓋下有食黄魚語，非鸕鷀而何？

綜述

《爾雅・釋鳥》 鷀，鷧。注：即鸕鷀也。觜頭曲如鉤，食魚。音義：鷀，音慈。《字林》云：似鶂而黑。鷧，郭懿、翳二音，《字林》英莅反。觜，子髓反。疏：別二名也。《字林》云：似鶂而黑。郭云：即鸕鷀也。

漢 許慎《説文》卷四 鸕，鸕鷀也。从鳥，盧聲。洛乎切。鷀，鸕鷀也。从鳥，茲聲。疾之切。鷧，鷀也。从鳥，壹聲。乙冀切。

宋 釋贊寧《東坡先生物類相感志》卷八《鸕鷀》 水鳥，長鶂而黑色，嘴頭曲。食魚，入喉則爛，熱如湯。噎即牙其觜即愈，及糞皆療人，鯁其骨甚驗。無卵胎孕，唯吐生，七八子連出，如絲緒也。

宋 蔡卞《毛詩名物解》卷八《鸕鷀》 鸕鷀，食魚，似鶂而黑，一名鷧。觜曲如鉤。其骨主鯁及噎，蓋類而推者也。此鳥吐而生子，《神農書》所謂『鸕鷀不卵生，而吐其雛，獨爲一異』是也。楊孚《異物志》云：鸕鷀没於深水，取魚而食之，不生卵而孕雛於池澤，既胎又吐，多者七八，少者五六，相連而出，若絲緒然。水鳥，巢於高木之上。

宋 阮閲《詩話總龜》卷二一 鸕鷀，色黑而頭長，能没水捕魚。其疾如飛，棲宿之處，其下雖水深魚多，未嘗犯。諺云：鸕鷀不打脚下塘。杜荀鶴詩云：深水有魚銜得出，看來却是鷺鷥飢。

宋 陸佃《埤雅》卷六《鷀》 鸕鷀，水鳥，似鶂而黑，一名鷧。觜曲如鉤，食魚，入喉則爛，其熱如湯，其骨主鯁及噎，蓋似類推之者也。此鳥吐而生子，《神農書》所謂『鸕鷀不卵生，口吐其雛，獨爲一異』是也。楊孚《異物志》云：鸕鷀能没於深水，取魚而食之，不生卵而孕雛於池澤，既胎而又吐生，多者生七八，少生五六，相連而出，若絲緒焉。水鳥而巢高木之上。《夔州圖經》稱峽中人謂鸕鷀爲烏鬼。蜀人臨水居，皆養此鳥，繩繫其頸，使人捕魚，得魚則倒提出之。杜甫詩云『家家養烏鬼』是也。

宋 羅願《爾雅翼》卷一七《鷀》 鷀，水鳥，色深黑，鈎喙，善没水中逐魚，亦名盧鷀。《蒼頡篇》曰：似鶂而黑。盧與鷀皆黑色，故名。《説文》曰：

兹，黑也，从二玄。《春秋傳》亦曰：何故使吾水兹也。老則頭翼漸白。或曰白、黑自是兩種。又有一種頭如蛇，其頸頗長，冬月毛羽落盡，棲溪岸水上。卒遇人，不能去，則自擲入水，泅没如常時。性不卵生，吐雛至八九月，與兔相似。《隋書》：倭國水多陸少，以小鐶挂鸕鷀項，令入水捕魚，日得百餘頭。今蜀中尤多，臨水居者，多畜養之，以繩約其吭，纔通小魚，其大魚不可得下。時呼而取出之，乃復遣去，指顧皆如人意。有得魚而不以歸者，則押者喙而使歸，比之放鷹鸇，無馳走之勞，而利有差厚。漁者養數十頭，日得魚可數十斤。然魚出咽，皆鯹涎不美。出水之後，好自張其翅，就石上暴之。或云，峽人謂爲鬼烏，然峽人乃事烏爲鬼，非此物也。《上林賦》：箴疵鵁盧。箴疵，似魚虎而蒼黑色。鵁，鴢頭鳥。盧，盧鷀也。《南都賦》：鵬鵁鶂鸕。

明 李時珍《本草綱目》卷四七 鸕鷀《別録》下品 釋名：鷧、音意。《爾雅》水老鴉。《衍義》 時珍曰：案《韻書》：盧與兹並黑也。此鳥色深黑，故名。鷧者，其聲自呼也。集解：時珍曰：鸕鷀，處處水鄉有之。似鶂而小，色黑。亦如鴉，而長喙微曲，善没水取魚。日集洲渚，夜巢林木，久則糞毒，多令木枯也。南方漁舟往往縻畜數十，令其捕魚。杜甫詩：家家養烏鬼，頓頓食黃魚。或謂即此。又一種似鸕鷀，而蛇頭長項，冬月羽毛落盡，棲息溪岸，見人不能行，即没入水者，此即《爾雅》所謂鴢頭、魚鮫者，不入藥用。鴢，音拗。《藏器》曰：一種頭細身長項上白者，名魚(鮫)〔鵁〕。不入藥用。正誤：弘景曰：此鳥不卵生，口吐其雛，亦一異也。藏器曰：此鳥胎生，從口出，如兔吐兒，故産婦執之易生。宗奭曰：人言孕婦忌食鸕鷀，爲其口吐雛。常官于澧州，公廨后有一大木，上有三四十巢。日夕視之，既能交合，又有碧色卵殼布地。則陶、陳之説，誤聽人言也。時珍曰：一種鶂鳥，或作鷁，似鸕鷀而色白，人誤以爲白鸕鷀是也。雌雄相似，雄鳴上風，雌鳴下風而孕，口吐其子，莊周所謂『白鶂相視，眸子不運而風化』者也。昔人誤以吐雛爲鸕鷀，蓋鶂、鷧音相近耳。鶂善高飛，能風能水，故舟首畫之。又有似鶂而短，項背上緑色，腹背紫白色者名青鶂，一名烏鸔。陶氏謂烏賊魚乃此鳥所化，或云即鴨，非也。

明 慎懋官《華夷花木鳥獸珍玩考》卷七《鸕鷀》 此鳥胎生，從口中吐雛，如兔子類。故杜臺卿《淮賦》曰云『鸕鷀吐雛於八九，鵁鶄銜翼而低昂』是也。

又卷一一《鸕鷀廣昌志》 善捕魚，卵生，漁家畜而抱之。須人送守不相離，視其少動即呵止，否則自毁其卵矣。

明 穆希文《説原》卷一〇 鸕鷀，水鳥，似鶂而黑，觜曲如鉤。食魚，入喉則爛，其熱如湯。其骨極硬，身臭，吐而生子。

明 吴楚材《疆識略》卷三一 鸕鷀 羽族皆卵生，此獨孕雛於池澤間。《隋書》：倭國以小環挂項，令入水捕魚。今不獨倭國也。

明 焦竑《焦氏筆乘》卷四《烏鬼》 鸕鷀，水鳥，似鶂而黑，峽中人號曰烏鬼。子美詩：家家養烏鬼，頓頓食黃魚。言此鳥捕魚而人得食之也。又元微之云：病賽烏爲鬼，巫占瓦代龜。

明 方以智《通雅》卷四五 鸕鷀，一名烏鬼。老杜《遣悶》詩：家家養烏鬼，頓頓食黃魚。沈存中以爲鸕鷀一名烏鬼焉，永鄉駁存中，謂鸕鷀能捕黃魚乎？峽中士夏立夫云：烏鬼，猪也，家養一豬以祭鬼。智謂存中言捕魚，何必捕黃魚，安知非黃頰魚邪？《冷齋夜話》曰：川峽路祀烏蠻鬼。智按：巴東路有烏就人舟行，必擲肉餉之，不則不吉，其烏鬼乎？王楙引劉禹錫詩有青鬼，《碧溪詩話》引元稹詩『病賽烏稱鬼，巫占瓦作龜』。程大昌主鬼。升菴云：峽中人養雞雛，帶銅錫環獻神，名曰烏鬼。按：《倉頡篇》『鸕鷀似鶂而黑』，即《爾雅》之『鷧，鶿』。注：即鸕鷀也。《爾雅翼》曰：鸕鷀，峽中號爲烏鬼。此存中一助也。東璧以烏鬼蛇頭長項，即《爾雅》所謂鴢頭、魚鮫，又存中一助也。智按：《爾雅》作『鴢，頭鵁』，鴢，音拗。其曰：蜀水花用去鼻皻，又研水服之斷酒。蓋鸕鷀屎也。至以此解杜詩，則所不必。

清 劉玉麐《爾雅校議》卷下 鷀鷧，鸕鷀俗名老鴉，色黑，長喙微曲，善没水取魚，南方漁舟往往縻畜數十，令其取魚。陶弘景謂此鳥不卵生，口吐其雛，亦一異也。

紀事

宋 陶穀《清異録》卷上《納膾場小尉》 取魚用鸕鷀，快捷爲甚，當塗芰塘，石阜民莊舍在焉。畜鸕鷀於家，纜小舟在岸，日遣一丁取魚供家。邑尉過時見之，謂阜民曰：小舟即納膾場，鸕鷀乃小尉耳。復曰：江湖漁郎用鸕鷀者，名烏頭網。

宋 沈括《夢溪筆談》卷一六 士人劉克博觀異書。杜甫詩有『家家

養烏鬼，頓頓食黃魚』。世之説者，皆謂夔峽間至今有鬼户，乃夷人也。其主謂之鬼主，然不聞有烏鬼之説。又鬼户者，夷人所稱，又非人家所養。克乃按《夔州圖經》稱峽中謂鸕鷀爲烏鬼。蜀人臨水居者，皆養鸕鷀，繩繫其頸，使之捕魚，得魚則倒提出之，至今如此。予在蜀中，見人家養鸕鷀使捕魚，信然，但不知謂之烏鬼耳。

宋　程大昌《演繁露》卷一三《烏鬼》　老杜詩曰：家家養烏鬼。沈存中曰：烏鬼者，鸕鷀也。元微之嘗投簡陽明洞有詩曰：鄉味猶珍蛤，家神愛事烏。乃知唐俗真有一鬼，正名烏鬼，謂爲鸕鷀，殆臆度耶，傳記不聞有呼鸕鷀爲烏鬼者。又《國史補》裴中令節度江陵，常遣軍將譚洪受，同王稹往嶺南幹集。至桂林館，有烏在竹林中，稹偶擲石，擊中其腦以死，稹殊不以爲意。会洪受病，逗留于後，稹先達江陵。中令疑訝，忽夢洪受訴，言道爲王稹所殺，棄其尸竹林中。裴大以爲異，亟付獄治，稹自誣伏法，而洪受乃至，始知是烏鬼報讎也。此説甚怪，然有以知唐俗謂烏能神直至於是，則其祠而事之，有自來矣。

宋　王楙《野客叢書》卷二六《烏鬼》　老杜詩：家家養烏鬼。説者不一。嬾真子以爲豬，蔡寬夫以爲烏野七神，《冷齋夜話》以爲烏蠻鬼，沈存中《筆談》、《緗素雜記》、《漁隱叢話》、陸農師《埤雅》以爲鸕鷀，四説不同，惟《冷齋》之説爲有據。觀《唐書·南蠻傳》俗尚巫鬼，大部落有大鬼主，百家則置小鬼主，一姓白蠻，五姓烏蠻。所謂烏蠻，則婦人衣黑繒。白蠻，則婦人衣白繒。又以驗《冷齋》之説。劉禹錫《南中詩》亦曰：淫祀多青鬼，居人少白頭。又有所謂青鬼之説。蓋廣南川峽諸蠻之流風，故當時有青鬼、烏鬼等名。杜詩以黃魚對烏鬼，知其爲烏蠻鬼也審矣。然觀元微之詩曰：鄉味尤珍蛤，家神悉事烏。又曰：病賽烏稱鬼，巫占瓦代龜。注：南人染病，競賽烏鬼。此説又似不同。據《南蠻傳》，烏即烏黑之烏，而元詩以蛤對烏，則以爲烏鵶之烏。

藝文

唐　杜甫《九家集注杜詩》卷二一《近體詩·田舍》　鸕鷀西日照，曬翅滿魚梁。鸕鷀，水鳥也，蜀人以之捕魚。趙云杜臺卿《淮賦》云：鸕鷀吐雛于八九，鵁鶄銜翼而低昂。陶侃母責其爲魚梁吏而寄鮓。

唐　杜荀鶴《唐風集》卷三《鸕鷀》　一般毛羽結羣飛，雨岸烟汀好景時。深水有魚銜得出，看來却是鷺鷥飢。

宋　王質《紹陶録》卷下《鸕鷀》　身全黑，眉白如鴨而頸極長，能入水捕魚，夜則棲林，又號水老鴉。卵生，誤傳口吐。

鸕鷀鸕鷀，江烟渺渺波瀰瀰。捎空欲下不肯下，投深未飛俄急飛。碧中食，青中眠。風吹亂聲譁滿川。嗚呼！此友兮良可嘉，高紅低紫無乾花。

宋　高似孫《剡録》卷一〇《草木禽魚下·鸕鷀》　剡溪上漁舟所載者也。裴冕詩：淺沙游蚌蛤，危石起鸕鷀。《蒼頡篇》曰：鸕鷀，似鶂而黑。楊孚《異物志》曰：鸕鷀，不生卵而孕雛于池澤間，又吐生。以鐶掛其項，入水捕魚，日得數百。

元　袁桷《清容居士集》卷三《舟中雜詠十首》　鸕鷀漾晴空，意態極楚楚。翻風蒼雪迴，轉日爛銀舞。盤旋傲飛鴻，清遠敵凡羽。須臾下魚陂，愧我覺疾去。

明　劉嵩《槎翁詩集》卷四《鸕鷀曲》　蘆花斷港腥風起，鸕鷀船來泊沙嘴。聯翩滿艓黑如雲，載入寒江獵潭水。漁家自來養鸕鷀，不畜網罟兼緡絲。年深馴狎識情性，舉手呼名相應隨。船頭鳴榔雜喧鬨，黔喙玄裳欻飛哢。亂石深掀錦鬣翻，驚波暗掣金鱗動。忽然抛擲向空中，銜戴巨魚爭力雄。漁郎驚救誇敏捷，承絡叉挺無遺功。小魚倒吞森似束，終然入口不到腹。充胡塞吭却歸飛，吐向蓬窓動盈斛。歡呼擕負入城府，委玉傾銀賤於土。飽同水鳥沙上眠，醉共海鷗月中舞。雌雄生小常相依，得食後人偏得肥。楊柳磯頭時聚立，桃花潭上却翻飛。往年布種沔湖裏，近日船中亦生子。不惜今年教養成，死時却葬沙頭地。我憐此鳥義且馴，供養漁家秋復

春。鳥中豈無鵜鶘與，白鷺一飽貪饞便飛去，形貌雖奇焉足數。

明　葉盛《菉竹堂稿》卷二《九鷺》　烟雨秋塘立九鷺，畫圖名義許誰知。只因善李覃懷許，推廣千思與萬思。

又《三鷺》　兩兩春鉏玉雪勻，飛來一個謾相親。畫師出此非無意，爲警多思反感人。

清　愛新覺羅・弘曆《清高宗詩二集》卷二五《鸕鷀》　鸕鷀本野鳥，食魚以自活。一被漁師得，鎩羽如受刖。以繩縛其頸，驅之捕鱸鱖。將謂得果腹，豈知不下咽。冥然猶不悟，長此安能脫。鸕鷀爾特愚，漁師爾特黠。格物可會心，海鷗信明達。

又《清高宗詩三集》卷六八《鸕鷀》　鸕鷀食魚鳥，又弗中釜鬵。觜頭曲如鉤，伺鱗沙水潯。人以其無用，亦弗矰繳侵。因惡全其上，審非愛物襟。持銃偶即鹿，葦叢見隱深。可以試神器，一發馥成禽。鹿大鸕鷀小，艱中去聲譬尺尋。古人示其理，飛衛貫蝨心。

圖表

晉　郭璞《爾雅音圖・釋鳥》

宋　唐慎微《證類本草》卷一九

明　李時珍《本草綱目・圖卷》

鵜鶘

綜述

《禽經》 鵜志在水。鵜鶘，水鳥也。似鶚而大，喙長尺餘，頷下有胡如大囊，受數升。湖中取水以聚羣魚，候其竭涸，奄取食之。一名淘河。《詩》曰：維鵜在梁。志在水也。

《爾雅·釋鳥》 鵜，鴮鸅。注：今之鵜鶘也。好羣飛，沈水食魚，故名洿澤。俗呼之爲淘河。音義：輿，音餘，樊孫本作鸒。鴮，古形反，本亦作徑。鵜，音徒。鵜，大兮反。鴮，《毛詩傳》作洿，同音烏，郭火布反。鸅，音澤，《毛詩傳》作澤。鶘，音胡。淘，大刀反。疏：舍人曰：鵜，一名鴮鸅。郭云：今之鵜鶘也。好羣飛，沈水食魚，故名鴮澤。俗呼之爲淘河。《詩·曹風》云：維鵜在梁。陸璣《疏》云：鵜，水鳥。形如鶚而極大，喙長尺餘，直而廣，口中正赤，頷下胡大如數昇囊。若小澤中有魚，便羣共抒水，滿其胡而棄之，令水竭盡，魚在陸地，乃共食之，故曰淘河。

三國吳 陸璣《毛詩草木鳥獸蟲魚疏》卷下《維鵜在梁》 鵜，水鳥。形如鶚而極大，喙長尺餘直而廣，口中正赤，頷下胡大如數升囊。好羣飛。若小澤中有魚，便羣共抒水，滿其胡而棄之，令水竭盡，魚在陸地，乃共食之，故曰淘河。

宋 陸佃《埤雅》卷七《鵜》 《釋鳥》云：鵜，鴮鸅。郭璞曰：今之鵜鶘也。好羣飛，沈水食魚，故名洿澤。鵜形似鶚而大，人足，其鳴自呼，頷下胡大如數升囊，因以盛水貯魚，《淮南子》所謂『鵜鶘飲水，數斗而不足；鱣鮪入口，若露而死』是也。蓋魚生水中而口不納水，顔之推曰：魚不咽水。一名淘河，一名洿澤。《莊子》曰：魚不畏網，而畏鵜鶘。言鵜以智力取魚，故魚不畏網而畏之也。《詩》曰：維鵜在梁，不濡其翼。維鵜在梁，不濡其味。蓋鵜性羣飛，沈水食魚，若遇水澤有魚，便各以胡去水，令水竭魚露，乃共食之，故號淘河。洿澤則濡其味翼宜矣，今反取飽於梁，不濡其翼；非特不濡其翼，又且不濡其味，故《詩》以刺小人不食其力，無功而受禄也。

宋 高承《事物紀原》卷一〇《逃河》 鵜鶘也，《本草》曰：身是水沫，唯胷前兩塊肉如拳，云昔爲人竊肉，入河化爲此，身今猶有肉，因名逃河。

宋 鄭樵《通志》卷七六 鵜，《爾雅》曰鴮鸅，鴮音烏，鸅音澤。鵜鶘也。形極大，喙長尺餘，頷下有胡大如數升囊。好羣飛，沉水食魚，俗謂之淘河。許慎云鵩也。

宋 羅願《爾雅翼》卷一七《鵜》 鵜，水鳥，今之鵜鶘。形似鶚而極大，喙長尺餘，直而廣口，中正赤，頷下胡大如數升囊。好羣飛。若小澤中有魚，便共抒水，滿其胡而棄之，水盡魚見，乃共食之，故一名鴮鸅。鴮鸅，猶洿澤也。洿，抒水也。又戽斗，亦抒水器也。鴮、洿、戽三字同音，其義一也。《淮南》曰：鵜胡飲水數斗而不足。俗呼之爲淘河。或言其胡能盛水以養魚。或曰身是水沫，惟臆有肉如拳，昔人竊肉入河化爲之，故名逃河。《禽經》曰：淘河在岸則魚没，沸河在岸則魚出。《莊子》曰：魚不畏網而畏鵜鶘。《曹詩》曰：維鵜在梁，不濡其翼。彼其之子，不稱其服。鵜之於魚勤矣，出入泥塗，翕受渾濁，相與竭澤而後有得。今乃集於梁之上，因人以飽，曾味翼之不濡，可謂幸矣。猶之彼其之子焉，必有賢勞奔走之効，而後宜其服。今『何戈與祋』，他人爲之，而『赤芾』至於三百，此所以爲譏也。魏黄初中，嘗有鵜集靈芝池，文帝識之，曰：此詩人所謂汙澤者也。《曹詩》刺共公遠君子，近小人，今豈有賢智之士處于下位，否則斯鳥胡爲而至哉！《詩》既以爲貪而無功之物，故後人祖而用之。王逸《九思》云：鴟鵂兮枳棘，鵜集兮帷幄。在梁、集池猶不可，況帷幄耶？晁以道云：黄河多淘河之屬。曰漫畫者，常以觜畫水求魚。有曰信天緣者，常開口待魚。

宋 施宿《會稽志》卷一七 鵜，《釋鳥》云：鵜，鴮鸅。郭璞曰：今之鵜鶘也。好羣飛，沈水食魚，故名洿澤。鵜形似鶚而大，人足，其鳴自呼，頷下胡大如數升囊，因以盛水貯魚。一名淘河，一名洿澤。會稽不常有，有輒大水，土人占之頗驗。

明 梁寅《詩演義》卷七 維鵜在梁，不濡其翼。彼其之子，不稱其服。鵜，似梟而小，其膏可以瑩刃。一名淘河。食魚。『不濡其翼』，言飽而

在漁梁，其翼不濕也。『不稱其服』，無德而服飾華美，爲不稱也。

明　周祈《名義考》卷一〇《鵜》　陸璣云：鵜，水鳥。形如鶚而極大，喙長尺餘，頷下胡大如數升囊。小澤中便羣共抒水，滿其胡棄之，令水竭魚見，乃共食之。俗名淘河。一名鵜鶘，以頷下有胡也。一名鴮鸅，以竭澤食魚也。郭璞作洿澤，爲是亦淘河意。不知胡何以加鳥作鶘，洿澤何以去水並从鳥作鴮鸅也。《爾雅》亦莫之辨，然則鵜其名，胡其形，淘河、洿澤，鵜之用則然矣。

明　李時珍《本草綱目》卷四七　鵜鶘宋《嘉祐》　釋名：犁鶘、鴮鸅、音户澤。逃河、一作淘。淘鵞。禹錫曰：昔有人竊肉入河，化爲此鳥，今猶有肉，因名逃河。時珍曰：此俚言也。案《山海經》云：沙水多犁鶘，其名自呼。後人轉爲鵜鶘耳。又吴諺云：夏至前來，謂之犁鶘，言主水也。夏至後來，謂之犁塗，言主旱也。陸（機）〔璣〕云：遇水澤即以胡盛水，戽涸取魚食，故曰鴮鸅，曰淘河。俗名淘鵞，因形也。又訛而爲駝鶴。集解：禹錫曰：鵜鶘，大如蒼鵞。頤下有皮袋，容二升物，展縮由之。袋中盛水以養魚。云身是水沫，惟胸前有兩塊肉，列如拳。《詩》云：惟鵜在梁，不濡其咮。咮，喙也，言愛其嘴也。時珍曰：鵜鶘處處有之，水鳥也。似鶚而甚大。灰色如蒼鵞。喙長尺餘，直而且廣。口中正赤，頷下胡大如數升囊。好羣飛，沈水食魚，亦能竭小水取魚。俚人食其肉，取其脂入藥。用翅骨、胻骨作筒，吹喉、鼻藥甚妙。其盛水養魚、身是水沫之説，蓋妄談也。又案：晁以道云：鵜之屬有曰漫畫者，以嘴畫水求魚，無一息之停。有曰信天緣者，終日凝立，不易其處，俟魚過乃取之。所謂信天緣者，即俗名青翰者也，又名青莊。此可喻人之貪廉。

明　慎懋官《華夷花木鳥獸珍玩考》卷七《提壺蘆》　狀類燕子，色錯黄褐。春日則叫，曰提壺蘆沽美酒。人多見之。見《九華山志》

明　吴雨《毛詩鳥獸草木考》卷二《鵜》　《曹風》曰：維鵜在梁。《傳》：鵜，洿澤鳥也。鵜，水鳥也。一名鴮鸅，形似鶚而極大，人足，喙長尺餘，直而廣，口中正赤，其鳴自呼。頷下胡大如數升囊，若遇小澤中有魚，便羣共抒水，滿其胡而棄之，令水竭盡，魚在陸地，乃共食之，故曰淘河。其膏可瑩劒。好羣飛，沉水食魚，故曰洿澤。即今之鵜鶘是也。或言其胡能盛水以養魚。《本草》云：如蒼鵝，身是水沫，惟臆前有兩塊肉如拳。云昔人竊肉入河，化爲此鳥，今猶有肉存，因名逃河。

明　吴楚材《疆識略》卷三一　淘河　即鵜鶘。《詩》：維鵜在梁。《本草》：竊肉入河，化爲此鳥。飲水數斗，見《淮南子》。以胡去水取魚，故名淘河。

明　毛晉《陸氏詩疏廣要》卷下之上《維鵜在梁》　《爾雅》：鵜，鴮鸅。郭注：今之鵜鶘也。好羣飛，沈水食魚，故名洿澤。俗呼之爲淘河。《禽經》曰：淘河在岸則魚没，沸河在岸則魚出。又云：鵜志在水，鴷志在木。張注：鵜鶘，水鳥也。似鶚而大，喙長尺餘，頷下有胡如大囊，受數升。湖中取水以聚羣魚，候其竭涸，奄取食之。一名淘河。《詩》曰：維鵜在梁。志在水也。《本草》：鵜鶘鳥如蒼鵝，頤下有皮袋，容一二升物，展縮由袋中盛水以養魚。一名淘河。身是水沫，唯胸前有兩塊肉如拳。云昔爲人竊肉入河，化爲此鳥，今猶有肉，因名淘河。鄭云：鵜鶘，咮喙也。言愛其觜。《埤雅》：《淮南子》云：鵜鶘飲水數斗而不足，鱣鮪入口若露而死。蓋魚生水中，而口不納水也。《莊子》曰：魚不畏網而畏鵜鶘。言鵜以智力取魚，故魚不畏網而畏之也。《詩》曰：維鵜在梁，不濡其翼。維鵜在梁，不濡其咮。蓋鵜性羣飛，沈水食魚，若遇小澤有魚，便各以胡去水，令水竭魚露，乃共食之，故號淘河。洿澤則濡其咮翼宜矣，今反取飽于梁，不濡其翼，非特不濡其翼，且又不濡其咮，故《詩》以刺小人不食其力，無功而受禄也。《山海經》云：憲期之山多鵜鶘，如鴛鴦而人足，其鳴自呼。《前漢志》鵜鶘集昌邑王殿下，劉向以爲水鳥色青，青祥也。

清　毛奇齡《續詩傳鳥名卷》卷二　《候人》維鵜在梁。鵜，洿澤，水鳥，俗所謂淘河也。鵜即鵜鶘，水鳥，別名洿澤，又呼爲淘河，見郭注。但其名淘河，似鵜淘鶘河一聲轉耳。若洿澤，則又以涸澤取魚爲義。陸璣曰：鵜形如鶚而大，喙長尺餘，口中正赤，頷下胡大如數升囊。小澤有魚，共抒水，滿其胡而棄之，水竭魚出，乃食魚。《莊子》曰：魚不畏網罟而畏鵜鶘。或云以其能竭澤也。

清　顧棟高《毛詩類釋》卷一六《鵜》　《爾雅》：鵜，鴮鸅。音烏澤。郭注：今之鵜鶘也。好羣飛，沈水食魚，故名洿澤。俗呼之爲淘河。邢疏：《曹風》：維鵜在梁。陸璣《疏》：鵜，水鳥。形如鶴而極大，喙長尺餘，直而廣，口中正赤，頷下胡大如數升囊。若小澤中有魚，便羣共杼水，滿其胡而棄之，令水竭盡，魚在陸地，乃共食之，故曰淘河。《詩緝》曰：鵜鶘，當入水中

食魚，今乃在魚梁之上，竊人之魚以食，未嘗濡濕其翼，如小人居高位竊祿，不稱其服也。

清　姚炳《詩識名解》卷二《鵜》　鵜，《曹風·候人》篇鵜一名鴮鸅，一名洿澤，一名鵜鶘，又俗呼淘河。按：鴮鸅即洿澤，從鳥從水，義各有取，至淘即洿意，河即澤意，亦不必分二説。羅瑞良謂，洿，抒水也，又戽，斗，亦抒水器，鴮、洿、戽三字同音，其義一是也。此鳥本單名鵜，《釋鳥》文甚明。郭璞云：今之鵜鶘。或以其頷下胡得名抑？讀《爾雅》者失其句讀，以鴮鸅屬上句，轉音爲鵜鶘耶？然其名自昔已有之。《莊子》云：魚不畏網而畏鵜鶘。或謂鴮鸅又名鸅鸆，疑《爾雅》鶩即鵜別名，婟澤即鴮鸅，不得分爲二，非也。郭璞謂婟澤鳥似水鴞，蒼黑色，常在澤中，見人則鳴喚不去，有象主守之官，故名，俗呼爲護田鳥。其形性與鵜迥別，《釋鳥》兩列之，郭璞亦兩注之，正未可混。魏黄初中，有鵜集靈芝池，文帝識之曰：此詩人所謂洿澤。亦不作婟澤也。鵜沈水捕魚，雖深淵能没，有似淘河者，故因以爲名。陸璣謂羣飛抒水竭澤食魚，恐未然。小如尺，澤亦源源而來，未有鵜鶘能盡之理。《本草》謂其頤下有皮袋，容一二升物，展縮由囊中盛水以養魚，此或其胡之用也。《山海經》鵜鶘作鴽鶘，謂其狀如鴛鴦而人足，其鳴自訆。陸農師本此爲説。《吴志》伊廣注云：俗以夏至前來謂之犁湖，主水夏至。後來謂之犁塗，主旱。以其嘴之形狀似犁，故云犁湖，犁如犁田之犁，作活字看，犁湖猶言轉聲爲鵜鶘，又譌爲駝鶴。愚謂不然，非鵜鶘爲犁湖之轉也。淘河耳。此隨俗而呼者，非鵜鶘爲犁湖之轉也。

清　佚名《鳥譜》卷二《提壺鳥》　提壺鳥，黑睛，淺黑觜，頭頂蒼色間細毛，蒼白頰，臆前及背翅俱蒼黑色，略間白毛，淺白腹，赭黄足，黑爪。

清　牟應震《毛詩物名考》卷一　鵜，鵜鶘也，形如蒼鵝，色灰白。喙長尺許，其下吻如疊摺。張之如扇，廣尺許，用以淘水，并則尖削，與上吻合一。諸書謂其頤下有皮袋容二升物者，即喙之下吻皮是也。或謂袋中注水養魚者，其説尤妄。

清　劉玉麐《爾雅校議》卷下　鵜，鴮鸅。注今之鵜鶘也。吴諺云：夏至前來，謂之犂鶘，言主水也。夏至後來，謂之犂塗，言主旱也。李時珍曰：鵜鶘處處有之，水鳥也。似鶚而甚大，灰色如蒼鵝，喙長尺餘，直而上廣，口中正赤，頷下胡大如數升囊。好羣飛，沈水食魚，亦能竭水取魚。

紀　事

漢　班固《漢書》卷二七《五行志》　昭帝時有鵜鶘或曰禿鶖，集昌邑王殿下，王使人射殺之。劉向以爲水鳥色青，青祥也。時王馳騁無度，慢侮大臣，不敬至尊，有服妖之象，故青祥見也。野鳥入處，宫室將空。王不寤，卒以亡。京房《易傳》曰：辟退有德，厥咎狂，厥妖水鳥集于國中。

晉　陳壽《三國志》卷二《魏志·文帝紀》　夏五月，有鵜鶘鳥集靈芝池，詔曰：此詩人所謂污澤也。《曹詩》刺恭公遠君子而近小人，今豈有賢智之士處於下位乎？否則斯鳥何爲而至？其博舉天下儁德茂才、獨行君子，以答曹人之刺。

藝　文

宋　梅堯臣《宛陵集》卷四《禽言四首·提壺》　提壺蘆酤美酒，風爲賓樹爲友。山花繚亂目前開，勸爾今朝千萬壽。

宋　文同《丹淵集》卷一五《淘河》　羣魚見新晴，萬鬣戲清泚。忽爾下淘河，驚回入水底。

又《提葫蘆》　花開已堪摘，酒熟正好沽。山禽會人意，勸我提葫蘆。

宋　薛季宣《浪語集》卷一四《九禽言》　提葫蘆沽美酒，舞春風卧花柳。且作醉鄉遊，此身非我有。與君看取壠頭墳，人在誰知不長久。

宋　王質《紹陶録》卷下《陶河》　身蒼白，觜足皆黑，如青樁而大。頤下有囊如拳，可貯水，極護其觜，淺深能令水涸魚露，故號陶河，又號洿澤。

陶河，陶河，江文萃蔡搔江莎。岸沙岩石相蕩摩，異音同流烝涉波。東在梁西在梁，䌽風紛霧無斜陽。嗚呼！此友兮相與永，島影忽翻水

聲併。

宋 戴昺《東野農歌集》卷二《五禽言》 提葫蘆沽美酒，人世光陰春雹走。一日得醉一日閑，綠鬢幾曾俱白首。沽酒沽酒有酒沽，生前不飲真愚夫。

宋 姚勉《雪坡集》卷二一《提葫蘆沽美酒》 晴煙如潑春光濃，萬花笑日争嫣紅。百金沽酒直取醉，有酒不醉孤東風。不如遂我豐年願，秫米價如黄土賤。家家有酒不用沽，何用提葫苦相勸。

明 吴麒徵《鵜鶘行》(引自《檇李詩繫》卷一九) 山林畏豺虎，川澤畏鵜鶘。鵜鶘大身嘴，項有百石壺。挈壺赴春波，抒水如轆轤。鼓翅風雨驟，所集無渟汙。巨魚擲千尺，力絶僵泥塗。小魚濡沫乾，駢首安就屠。擅腴飽饞吻，狼藉沾諸雛。果腹坐磐石，睥目思江湖。方笑揭竿勞，終覺網罟愚。瞥然雙屬玉，儀佯意何殊。喙微毛領單，頗似有道癯。飢虚緩行躅，鞠躬俯寒蕪。翻遭鵜鶘嗔，砰嗑聲氣麤。鵜鶘亦有云，其云多矯誣。一云丹穴王，竹實供天厨。再云隨陽使，稻粱事踦驅。兹爾瑣尾臣，致身在菰蒲。鱣鮪方發發，鯤鮞正于于。揚爾頭上絲，保爾一捻軀。在梁幸可托，殄物干天誅。佞哉老鶖舌，凛若操戈殳。神鷺不吞鯉，况乃受揶揄。高蹤謝饕餮，杳向青冥呼。始信百族中，具有穿窬徒。除惡務其本，敢用諏司虞。

清 祁寯藻《縵谻亭後集》卷二《禽言二章·之二》 提壺提壺，朝醉一壺，夕醒百觚。一壺之價值千金，百觚不如一壺斟。斟多酌少亦何有，酒不醉人人醉酒。一簞醪，一河水。投醪水中水亦美，金罍玉斗焉用彼。

圖表

晉 郭璞《爾雅音圖·釋鳥》

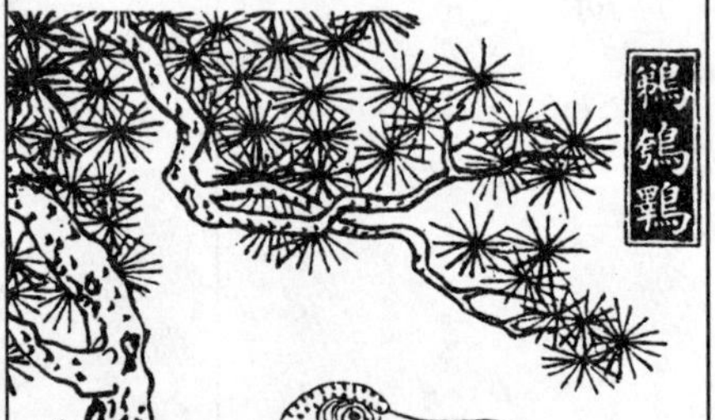

明 李時珍《本草綱目·圖卷》

清 徐鼎《毛詩名物圖説》卷一

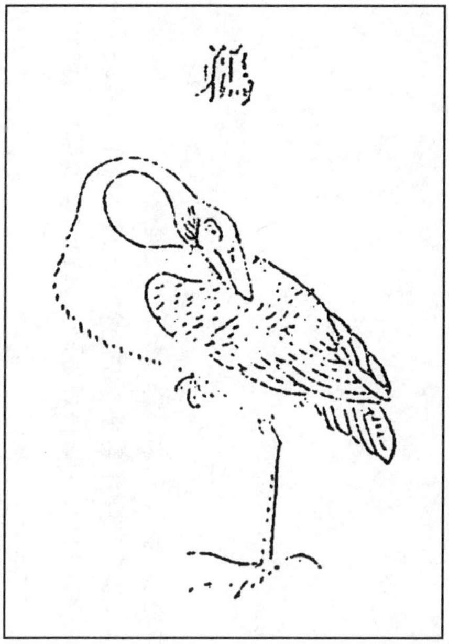

秧雞

綜述

宋 王質《紹陶録》卷下《秧鷄》 身全黑，觜足皆黑，似鷄而小，聲清微，水滿秧生則多集。

望水白，雁來黄，隔山拖，先拖秧。夘子何日圓，馬牙何日長。秧鷄，秧鷄，兩豪狹溪成澗溪，螺螄蠼子澎澎肥。

明 李時珍《本草綱目》卷四八 秧雞《食物》 集解：時珍曰：秧雞大如小雞，白頰，長嘴短尾，背有白斑。多居田澤畔，夏至後夜鳴達旦，秋後即止。一種𪇰（音鄧）雞，亦秧雞之類也。大如雞而長脚紅冠。雄者大而色褐，雌者稍小而色斑。秋月即無，其聲甚大，人益食之。

圖表

明 李時珍《本草綱目・圖卷》

烏鸔

綜述

《爾雅・釋鳥》 鵅，烏鸔。注：水鳥也。似鶂而短頸，腹翅紫白，背上緑色，江東呼烏鸔。音義：鵅，音洛。鸔，郭音駁，《字林》方沃反，孫音暴。鶂，五歷反，又五結反，水鳥也。《春秋》云『六鷁退飛過宋都』是也。頸，古郢反。駁，布角反。疏：鵅，一名鸔。郭云：水鳥也。似鶂而短頸，腹翅紫白，背上緑色，江東呼烏鸔。

漢 許慎《説文》卷四 鵅，烏鸔也。从鳥，各聲。盧各切。鸔，烏鸔

也。从鳥，暴聲。蒲木切。

宋　鄭樵《**通志**》**卷七六**　鴼，《爾雅》曰：烏鷃。雒音洛。郭云：水鳥也。似鶂而短頸，腹翅紫白，背上緑色，江東呼烏鷃。鷃音駮。

圖表

晉　郭璞《**爾雅音圖・釋鳥**》

鷗鷖

綜述

《**禽經**》鷗，信鳥也，信不知用。鷗，水鳥，如鵁鶄而小，隨潮而翔，迎浪蔽日，曰信鷗。鷗之别類羣鳴，喈喈優優，隨大小潮來也。食小魚蝦螻之屬，雖潮至則翔，水嚮以爲信，反爲鷙鳥所擊，是知信，而不知所以自害也。

漢　許慎《**説文**》**卷四**　鷗，水鴞也。从鳥，區聲。烏侯切。【略】鷖，鳧屬。从鳥，殹聲。《詩》曰：鳧鷖在梁。烏雞切。

宋　鄭樵《**通志**》**卷七六**　鳧鷖，陸（機）〔璣〕云：大如鳩，青灰色，卑脚短喙，水鳥之謹愿者也。

明　李時珍《**本草綱目**》**卷四七**　鷗《食物》　釋名：鷖、音醫。水鴞。時珍曰：鷗者浮水上，輕漾如漚也。鷖者，鳴聲也。鴞者，形似也。在海者名海鷗，在江者名江鷗，江夏人訛爲江鵞也。海中一種隨潮往來，謂之信鳧。集解：時珍曰：鷗生南方江海湖溪間。形色如白鴿及小白鷄，長喙長脚，羣飛耀日，三月生卵，羅氏謂青黑色，誤矣。

明　吴雨《**毛詩鳥獸草木考**》**卷三**《**鷖**》《大雅》曰：鳧鷖在涇。《傳》：鷖，鳧屬。鷖，水鳥也，蒼黑色，鳧屬。鳧好没，鷖好浮，故一名漚。在海潮中隨潮上下，常以三月風至，乃還洲渚。卵似雞卵，色青。頗知風雲，若群飛至岸必風，漁人及渡海者皆以此爲候。數百爲群而來蔽日。食小魚蝦之屬，潮至則翔水嚮以爲信，謂之信鷗。《蒼頡解詁》曰：鷖，鷗也，生藕葉上，名水鶚，形色似鴿而群飛。《風土記》曰：鷖，鷖鴨也。以名自呼，大如小雞。

明　張存紳《**增定雅俗稽言**》**卷三七**　信鷗，鷗之别類，羣鳴喈喈，隨潮往來，謂之信鷗。《方言》：齊宋之間，凡物盛多者曰寇。今江東有小鳧，每爲稼害，俗謂之寇鳧。鳧好没，鷺好浮。陸鳥曰栖，水鳥曰宿。獨鳥曰止，衆鳥曰集。

清　屈大均《**廣東新語**》**卷二〇**《**禽語・江鷗**》　江鷗，在漲海中隨潮上下，常以三月風至，乃還洲嶼。頗知風雲，若羣飛至岸，渡海者輒不敢渡。

清　姚炳《**詩識名解**》**卷三**《**鷖**》　鷖，《大雅・鳧鷖》篇鷖，《傳》以爲鳧屬，《蒼頡解詁》謂即鷗也。一名水鴞。《風土記》謂之鷖鴨，《海物異名記》謂之信鳧。按《六書故》云：鷖、鷗一聲之轉，實一物。《説文》有鷗無鷖，則鷖當即鷗無疑。《列子》作漚，《相如賦》作鷖，皆即此，與鳧不族，而别名信鳧，又謂之鷖鴨，故《傳》云鳧屬耳。《南越記》謂其色白，陸農師以爲蒼黑色，羅瑞良云鷗亦有白者，不專於青黑是也。水鳥皆能出没水中，然其性各有所便。陸農師謂鳧好没，鷗好浮。蓋鳧未嘗不浮而性便於没，鷗未嘗不没而性

便於浮耳。或駁之，謂凡駢跖之鳥，皆能浮湛湛而求魚，必伏氣不息，勢不能久，此拘墟之見也。水鳥而居水中，猶人爲公尸之在宗廟，此語意淺而合。陸農師謂鳧鷖安樂於水者，故《詩》以爲神祇祖考安樂之喻，此從《序》説推出，亦覺添足矣。總之，《詩》之取興若有意若無意，不可執物以求解也。羅瑞良謂水鳥滅没浩蕩，似不可羈，然誠得其道，有可馴之理，因引海鷗不至之説，以爲誠僞之不可掩，如此誕矣。夫鷗鳥忘機，此《列子》寓言耳，豈可牽合作鬼神如臨如在氣象耶？郝仲輿云：鳧没鷖浮，有變化出没之象，以比鬼神。其説亦倣此。

清　徐鼎《毛詩名物圖説》卷一　《倉頡解詁》：鷖，鷗也。《禽經》：鷗，信鳥也，信不知用。注云：潮至則翔，水嚮以爲信，反爲鷙鳥所擊，是知信而不知所以自害也。《風土記》：鷖，鷖鴨也。以名自呼，大如雞，生卵於荷葉之上。《埤雅》：鷖，鳧屬。鳧好殁，鷖好浮，故鷖一名漚。鳧鷖，安樂於水者也，故《詩》以爲神祇祖考安樂之譬。愚按：鷗，其浮也。鷖，其聲也。

清　牟應震《毛詩物名考》卷一　鷖，鷗也，一名水鴞，色蒼黑。常泛波上隨潮往來，故一名信鳧。如飛近岸，知將風也。

紀事

唐　房玄齡《晉書》卷二八《五行志》　成帝咸和二年正月，有五鷗鳥集殿庭，此又白祥也。是時庾亮苟違衆謀，將召蘇峻，有言不從之咎，故白祥先見也。三年二月，峻果作亂，宫掖焚毁，化爲汙萊，此其應也。

藝文

唐　崔道融《江鷗》（引自《全唐詩》卷七一四）　白鳥波上棲，見人懶飛起。爲有求魚心，不是戀江水。

宋　孔平仲《清江三孔集》卷二二《述鷗》　水濱老父忘機關，醉眠古石紅葉間。緑波蕩漾意不動，白雲往來心與閒。有鷗素熟翁如此，命侣呼儔就翁喜。相親飲啄少畏避，自浮自沈不驚起。漁人窺之即謀取，手攜羅網來翁所。羣鷗瞥見皆遠逝，千里翩翩一回顧。鷗不薄翁翁勿疑，避禍未萌真見機。漁人羅網不在側，敢辭旦夕從翁嬉。

宋　王質《紹陶録》卷下《江鷗》　身全白，觜足皆紅，眉黑，飛如鷁，立如鴿，聲微破而清，捕魚頗近于鷺。

江鷗，江鷗，茫茫萬波同一秋。菰雨蒲風不自由，浮世浮生爾更浮。一寸白，二寸白，啄碎波紋聲瀖瀖。嗚呼！此友兮堪相邀，石村沙市江烟遥。

宋　張鎡《南湖集》卷八　南湖有鷗成羣，里閈間云數十年未嘗見也，實塵中奇事，因築亭洲上，榜曰鷗渚。仍放言六絶。

居士園門甚處開，傍城猶未著樓臺。門前湖水三千尺，引得沙鷗來肯來。

旋開斜港放船出，更著小亭臨水看。軟紅塵裏江山景，便著丹青畫亦難。

東家西家翁媪説，白洋湖自有多年。何曾識見江鷗至，消得主人詩興顛。

朝陽鳴鳳國之祥，瑞事吾家鷗鷺行。最愛幾聲煙外響，和他漁艇獨敲榔。

十五年前過揚子，爾輩出没波濤中。爭知今日得共住，急唤酒來澆晚風。

不因他處食無魚，來慰先生索寞居。走筆贈詩君莫笑，從遊此是最相於。

宋　何夢桂《潛齋集》卷三《四禽吟·鷗》　海邊元不爲魚來，力怯江風薄岸回。白水蒼烟隨分足，連雲鷙鳥不須猜。

明　葉盛《菉竹堂稿》卷二《鷗》　一從朝籍去皇州，王羽相看憶舊游。早晚尋盟何處好，桃花春水釣舡頭。

明　何三畏《新刻何氏類鎔》卷三三《鷗》　鷗生藕葉之上，常與水鴞爲群；泛海濤之中，每爲鷙鳥所擊。或群而至岸，或羣而還洲。頗識風雲，每隨潮汐之來往以爲上下。或呼而即來，或翔而不集，畧知人意，每視機心

之有無以爲去留。置于北海之濱，動没滄波萬頃。飛于江南之渚，斜翻錦浪千層。蓋野水碧于天，而白鷗閒似我。其有孤飛浦溆，獨宿汀沙者，吾將指寸心而與之盟，棄百事而與之侶矣。昔有五鷗集于殿上者，時皆鳴舞，則以鷗爲湖澤之禽，非其處所，而卒兆宫室被焚之灾。有二十四鷗獻于御前者，色似芙蓉，則以鷗爲三品之字，宜得褒封，而遂加碧海舍人之號。聞之玄股之國，以鷗爲飧。亦有海上之人，以鷗爲狎。讀李商隱玩鷗之箴語，乃在忘機。吟何仲言咏鷗之詩詞，無由絶影。其有感於鷗者深哉！若崔湜以文章名士而附公主私門，客有陳振鷺獻鷗賦以諷之者，其人亦可謂善規矣。

圖表

明　李時珍《本草綱目·圖卷》

清　徐鼎《毛詩名物圖説》卷一

信天翁

綜述

宋　洪邁《容齋五筆》卷三《瀛莫間二禽》　瀛、莫二州之境，塘濼之上有禽二種。其一類鵠，色正蒼而喙長，凝立水際不動，魚過其下則取之，終日無魚，亦不易地，名曰信天緣。其一類鶩，奔走水上，不閒腐草泥沙，唼唼然必盡索乃已，無一息少休，名曰漫畫。信天緣若無能者，乃與漫畫均度，一日無飢色，而反加壯大。二禽皆稟性所賦，其不同如此。

宋　晁以道《景迂生集》卷四　信天緣何爲者，非達亦非賢。終朝開咮不敢仰，待魚落咮急下咽。大魚變化小魚黠，誰肯効命於爾前。皇天日月高，無心憐爾曹。幾欲强求索，豈不鑒漫畫。右信天緣

明　楊慎《升菴集》卷八一《信天翁》　信天翁，鳥名，滇中有之。其鳥食魚而不能捕，俟魚鷹所得偶墜者，拾食之。藺廷瑞詩云：荷錢荇帶緑江

空，啖鯉含鯊淺草中。波上魚鷹貪未飽，何曾餓死信天翁。亦可以爲諷也。廷瑞，滇之楊林人。

明 張存紳《增定雅俗稽言》卷三七 信天翁 水鳥也，滇中有之。其鳥食魚而不能捕，俟魚鷹所得而偶墜者，拾食之，故名。蘭廷瑞云：江上漁翁貪未飽，何曾餓殺信天翁。陶周望詩：翁翁信天莫嘲笑，拾得餘腥竟堪飽。皆有意乎其言之也。俗有『仰天爲活』之語，當作是觀。仰，去聲。

明 陳懋仁《庶物異名疏》卷二五《信天翁》 信天翁，滇中鳥名，食魚而不能捕，俟魚鷹所得偶墮者拾食。升庵云。

明 劉侗《名物通》卷九 信天翁，不能捕魚，俟魚鷹所得偶墜者，拾食之。

鸊鷉

綜述

《爾雅・釋鳥》 鷉，須贏。注：鷉，鷿鷉，似鳧而小，膏中瑩刀。音義：鷉，他兮反，字或作鷈。贏，力戈反。鷿，蒲歷反。瑩，烏暝反。瑩，磨瑩也。疏：鷉，一名須贏。郭云：鷉，鷿鷉，似鳧而小，膏中瑩刀。

漢 揚雄《方言》卷八 野鳧，其小而好没水中者南楚之外謂之鷿鷉，鷿，音甀甓。鷉，音他奚反。大者謂之鶻蹏。滑、蹄兩音。案《後漢書・馬融傳》：鷿雁鷿鷉。注云：揚雄《方言》曰：野鳧也，甚小，好没水中，膏可以瑩刀劍。張衡《南都賦》：鶙鴮鸊鶙。李善注引《方言》：野鳧，甚小而好没水中者，南楚之外謂之鸊鶙。鸊、鷿同，鶙、鷉同。《廣雅》：鸊鷉，鶻鷉也。本此。今《廣雅》鶻譌作鶄。

漢 許慎《説文》卷四 鷿，鸊鷈也。从鳥，辟聲。普擊切。鷈，鷿鷈也。从鳥，虒聲。土雞切。

宋 鄭樵《通志》卷七六 鷉，《爾雅》曰須贏，鷿鷉也。似鳧而小，其膏可瑩刀劒。古詩云：馬銜苜蓿葉，劒瑩鷿鷉膏。鷉贏，音梯螺。

明 李時珍《本草綱目》卷四七 鸊鷉音甓梯。《拾遺》 釋名：須贏、《爾雅》水鶖、音札。《正要》鶙鳭、《日用》刁鴨、《食療》油鴨。俗 時珍曰：鸊鷉、須贏，並未詳。鶖、刁、零丁，皆狀其小也。油，言其肥也。集解：藏器曰：鸊鷉，水鳥也。大如鳩鴨，脚連尾，不能陸行，常在水中。人至即沉，或擊之便起。其膏塗刀劍不鏽。《續英華詩》云『馬銜苜蓿葉，劍瑩鸊鷉膏』是也。韓保昇曰：野鴨有與家鴨相似者，有全別者。其甚小者名刁鴨，味最佳。時珍曰：鸊鷉，南方湖溪多有之。似野鴨而小。蒼白文，多脂味美。冬月取之。其類甚多。揚雄《方言》所謂『野鳧，甚小而好没水中者，南楚之外謂之鸊鷉，大者謂之鶻鸊』是也。

明 方以智《通雅》卷四五 鸊鷉，須贏，即今之鶙鳭，油鴨也。《爾雅》：鸊鷉，須贏。注以爲鸊鶙，水鳥。今時珍作須贏，一名水鶖，古以其血塗刀劍。孫愐則曰：贏，桑飛鳥也。直翁删之。音螺。

藝文

晉 張望《鷿鶙賦》（引自《藝文類聚》卷九二） 余觀鷿鶙之爲鳥也，形貌叢蕞，尾翮憔陋，樂水以遊，隨波淪躍，汎然任性而無患也。惟鷿鶙之小鳥，託川湖以繁育，翮舒翮以和鳴，匪窘惕於籠畜。漶濔池沿，容與河洲。翔而不淹，集而不留。值汙則止，遇澤則游。淪潭裏以銜魚，躍浪表而相求。萃不擇渠，娭不擇川。隨風騰起，與濤回旋。沉竄則足撥圓波，浮泳則臆排微漣。率性命以閒放，獨遨逸而獲全。

清 吴景旭《歷代詩話》卷三四《鸊鶙》 《贈張珀》詩：健筆凌鸚鵡，銛鋒瑩鸊鶙。吴旦生曰：鶙一作鷉。《爾雅》鷉字注云：鷉，鷿鷉，似鳧而小，膏中瑩刀。《埤雅》云：金得伯勞之血則昏，鐵得鸊鶙之膏則瑩。謂其膏可以塗刀劍，令不鏽。戴嵩《度關山》云：馬銜苜蓿葉，劍瑩鸊鶙膏。李長吉《劍子歌》云：鸊鶙淬花白鷴尾。衛象詩：鸊鶙新淬劍光寒。公又有《大食刀歌》云：鑴錯碧罌鸊鶙膏，鋩鍔已瑩虚秋濤。

圖表

晉　郭璞《爾雅音圖·釋鳥》

明　李時珍《本草綱目·圖卷》

鳧鷖

综述

《禽經》　鳧鷖之雜。鳧鷖，鴨屬，色不純正，故曰雜矣。水鷖，澤則羣，擾則逐。鷖，野鴨也。飛止大澤之中，羣處即豢擾之，惡其族類，而相逼逐也。

《爾雅·釋鳥》　鷉，沈鳧。注：似鴨而小，長尾，背上有文，今江東亦呼爲鷉。音義：鷉，郭音施，尸支反，《字林》亡支反。沈，直今反。疏：鷉，一名沈鳧。郭云：似鴨而小，長尾，背上有文，今江東亦呼爲鷉。陸璣云：大小如鴨，青色，卑脚，短喙，水鳥之謹愿者也。《大雅》云：鳧鷖在涇。

漢　許慎《説文》卷四　鷖，舒鳧也。从鳥，殹聲。莫卜切。

鴨，鶩也。俗謂之鴨。从鳥，甲聲。烏狎切。

三國吳　陸璣《毛詩草木鳥獸蟲魚疏》卷下《弋鳧與雁》　鳧大小如鴨，青色，卑脚，短喙，水鳥之謹願者也。

宋　蔡卞《毛詩名物解》卷八《鳧》　鳧有不可畜者，能及人也，爲得已焉。有可畜者，能及人而止，爲居石焉。

宋　陸佃《埤雅》卷七《鳧》　《釋鳥》曰：鷉，沈鳧。沈鳧好沒，大小如鴨，青色長尾，背上有文，卑脚短喙，水鳥之謹愿者也。《莊子》曰：鳧脛雖短，續之則憂；鶴脛雖長，斷之則悲。此言生理至足，無欠無餘，自長非所增，自短非所損也。《詩》曰：女曰雞鳴，士曰昧旦。子興視夜，明星有爛。將翺將翔，弋鳧與鴈。『明星有爛』，言小星已不見矣。故於是時相警，以夙興也。蓋鳧、鴈常以晨飛，故是詩如此。賦曰：晨鳧旦至。此之謂也。亦其弋不射宿，所以爲好德。又鳧性慤謹，鴈有行列而不亂，故刺不説德之詩。樂正言琴瑟，禮正言鳧鴈，因以微切之爾也。又曰：弋言加之，與子宜之。『加』與『元鶴加』、『加雙鶬』之『加』同意。蓋弱弓、微矢乘風振之曰『弋』，故

楚人好以弱弓微矢加之歸鴈之上。《楚辭》曰：寧昂昂若千里之駒乎？將汜汜若水中之鳧乎？蓋沈鳧善沒而又容與，與波上下，故昔之散人慕焉。

又卷八《鶩》 《釋鳥》云：舒鳧，鶩。雕鶚醜，善立。鳧鶩醜，善趨。《尸子》曰：野鴨爲鳧，家鴨爲鶩，不能飛翔，如庶人守耕稼而已。《周官》：庶人執鶩，工商執雞。工商欲其知時，又上之所畜也，故執雞。庶人雖亦上之所畜，欲其不散遷而已，故執鶩。鄭玄曰：鶩，取其不飛遷。《説苑》曰：鶩無佗心，故庶人以爲摯。鶩，一名鴨，蓋自呼其名曰鴨也。或曰雞可系，故謂之雞；鴨可押，故謂之鴨。徐鍇曰：鳥之孚卵皆如其期，不失信也。亦鳥以爪覆護其卵，愛之誠至也。今雞鶩孚卵，雞二十日而化，鶩三十日而化，皆如其期也。《物類相感志》云：雞、鶩伏卵忌磨，若聞礱磨之聲，則不生矣。《曲禮》曰：庶人之摯匹。匹，鶩也。鶩不散遷而又乘匹不妬，故或謂之匹也。今雄雞能鳴，其雌不能鳴。雌鶩能鳴，其雄不能鳴。蓋類之不可推也。《廣雅》曰：䳮鴄，鴨也。鶩音木，質木故也。蓋鶉性醇，鶩性木。

宋 鄭樵《通志》卷七六 舒鳧，《爾雅》曰鶩，鴨也。鷉，《爾雅》曰沈鳧，似鶩而小，尾白，俗呼水䲹。好沒，故曰沈鳧。鷉音施。

宋 羅願《爾雅翼》卷一七《鳧》 鳧似鴨而小，長尾，背上有文，今江東亦呼爲鷉。陸璣云：大小如鴨，青色，卑脚，短喙，水鳥之謹愿者也。而《説文》解『几』字云：鳥之短羽飛几几也。讀若殊。《詩》曰：將翺將翔，弋鳧與鴈。唐陸龜蒙稱，冬十月，視獲于甫田，夜間有聲類暴雨而疾至者，一夕凡數四，明訊其甿，曰鳧鷖也。其曹蔽天而下，蓋田所當之禾必竭穗而後去。江之南不能弋羅，常藥而得之，糠糊塗枝，叢植于陂，一中千萬，膠而不飛。然則江南蓋未嘗弋也。然聞今江南大陂湖中，其取鳧者亦皆以網植兩表於水，相去甚遠，中綴網焉，以舟自前驅而逐之，率一獲千百輩，則又與龜蒙説異矣。鳧所在必賊粱食，古人亦養之。鄒穆公有令，食鳧鴈必以粃，無得以粟，於是倉無粃，而求易於民，二石粟而得一石粃。故郭氏解《方言》稱，今江東有小鳧，其多無數，俗謂之寇鳧，寇鳧善飛。王充《論衡》曰：日月一日一夜行二萬六千里，與寇鳧飛相類。故王喬以尚方所賜舄，假形於鳧，自葉縣朝京師焉。《吴地志》曰：石首魚至秋化爲寇鳧，鳧頭中猶有石也。《方言》曰：野鳧，甚小而好沒水中者，南楚之外謂之鷿鷉。《説苑》：魏文侯嗜晨鳧。常以晨飛也。

《南越志》有松鳧，棲息松間。《周書・王會》：鳧羽爲旌。漢佽飛在上林苑中，結矰繳，弋鳧鴈，歲萬頭。

宋 施宿《會稽志》卷一七 鴨，鶩也。《尸子》曰：野鴨爲鳧，家鴨爲鶩，不能飛翔，如庶人守耕稼而已。《周官》：庶人執鶩，工商執鷄。工商欲其知時，又上之所畜也，故執鷄。庶人雖亦上之所畜，欲其不散遷而已，故執鶩。《説苑》曰：鶩無他心，故庶人以爲摯。《物類相感志》云：雞鶩伏卵忌磨，若聞礱磨之聲，則不生矣。《曲禮》曰：庶人之摯匹。匹，鶩也。今雄鷄能鳴，其雌不能鳴。嶋鶩能鳴，其雄不能鳴。

明 李時珍《本草綱目》卷四七 鶩音木。《别録》上品 **釋名**：鴨、《説文》舒鳧、《爾雅》家鳧、《綱目》䳮鴄。音末匹。時珍曰：鶩通作木，鶩性質木而無他心，故庶人以爲贄。《曲禮》云：庶人執匹。匹，雙鶩也。匹夫卑末，故《廣雅》謂鴨爲䳮鴄。《禽經》云：鴨鳴呷呷，其名自呼。鳧能高飛，而鴨舒緩不能飛，故曰舒鳧。正誤：弘景曰：鶩即鴨。有家鴨、野鴨。藏器曰：《尸子》云：野鴨爲鳧，家鴨爲鶩，不能飛翔，如庶人守耕稼而已。保昇曰：《爾雅》云：野鳧，鶩。而《本草》鶩肪乃家鴨也。宗奭曰：據數説，則鳧、鶩皆鴨也。王勃《滕王閣序》云：落霞與孤鶩齊飛。則鶩爲野鴨明矣。勃乃名儒，必有所據。時珍曰：四家惟藏器爲是。陶以鳧、鶩混稱，寇以鶩爲野鴨，韓引《爾雅》錯舒鳧爲野鳧，並誤矣，今正之。蓋鶩有舒鳧之名，而鳧有野鶩之稱，故王勃可以通用，而其義自明。案《周禮》『庶人執鶩』，豈野鴨乎？《國風》『弋鳧與鴈』，豈家鴨乎？屈原《離騷》云：寧與騏驥抗軛乎？將與鷄鶩争食乎？寧昂昂若千里駒乎？將汎汎若水中之鳧乎？此以鳧鶩對言，則家也、野也，益自明矣。集解：時珍曰：案《格物論》云：鴨，雄者緑頭文翅，雌者黄斑色，但有純黑、純白者，又有白而烏骨者，藥食更佳。鴨皆雄瘖雌鳴。重陽後，乃肥腯味美。清明後生卵，則内陷不滿。伏卵聞礱磨之聲，則毈而不成。無雌抱伏，則以牛屎嫗而出之。此皆物理之不可曉者也。

又 鳧《食療》 **釋名**：野鴨、《詩疏》野鶩、同上。鷉、鴨、音施。沉鳧。時珍曰：鳧，從几，音殊，短羽，高飛貌，鳧義取此。《爾雅》云：鷉，沉鳧也。鳧性好沒故也。俗作晨鳧，云鳧常以晨飛，亦通。集解：時珍曰：鳧，東南江海湖泊中皆有之，數百爲羣，晨夜蔽天而飛，聲如風雨，所至稻粱一空。陸璣《詩疏》云：狀似鴨而小，雜青白色，背上有文，短喙長尾，卑脚紅掌，水鳥之謹愿者，肥而耐寒。或云食用緑頭者爲上，尾尖者次之。海中一種冠鳧，頭上有冠，乃石首魚所化也。並宜冬月取之。

明 穆希文《説原》卷一〇 鳧似鴨而小，長尾，背上有文，水鳥之菫

愿者也。鷖，鷗也。隨潮往來，謂之信鳧。頗知風雨，若群飛至岸，渡海者以此爲候。人與狎之甚可馴。鶩，即鴨也。庶人以爲贄，而工商贄鷄。鶩取其不遠徙，鷄取其識時，各有宜也。

明 姚旅《露書》卷一〇 野鶩抱卵，可五六十層，層銜草漸壘作堆，堆高尺許。雌雄隔日遞伏，雄伏堆上則雌在下，晝夜週廵，雌伏亦然，慮有他虞也。隔兩三日即一翻動，令下處上，故出㲉日一時並出，無一後期者。

明 陳懋仁《庶物異名疏》卷二五《庸渠》 庸渠似鳧，灰色而雞脚，一名帝渠，一名草渠。

明 毛晉《陸氏詩疏廣要》卷下之上《弋鳧與雁》 鳧，《爾雅》云：鸍，沈鳧。郭注云：似鴨而小，長尾，背上有文，今江東呼爲鸍。鄭注云：似鶩而小，尾白，俗呼水鴉。好没，故曰沈鳧。《禽經》曰：鳧鶩之雜。張注：鳧鶩，鴨屬。色不純正，故曰雜矣。《埤雅》云：鳧雁常以晨飛，故《雞鳴篇》云『弋鳧與雁』，賦曰『晨鳧旦至』，此之謂也。《卜居》云將泛泛若水中之鳧，與波上下，偷以全吾軀乎？蓋沈鳧善没而又容與，與波上下，故昔之散人慕焉。《莊子》曰：鳧脛雖短，續之則憂；鶴脛雖長，斷之則悲。《博雅》云：鳧鶩，㠯古鴨字。也。《爾雅翼》云：唐陸龜蒙稱，冬十月，視獲于甫田，夜間往往聞有聲類暴雨而疾至者，一夕凡數四，明訊其甿，曰鳧鷖也。其曹蔽天而來，蓋當田之禾必竭其穗而後去。江之南不能弋羅，常藥而得之，糠糊塗枝，叢植于陂，一中千萬，膠而不飛。然則江東蓋未嘗弋也。然聞今江南大陂湖中，其誘鳧者亦皆以網植兩表於水，相去甚近，中網焉。以舟自前驅而逐之，率一獲千百輩。則又與龜蒙説異矣。鳧所在必賊粱食，古之人亦養之。鄒穆公有令，食鳧雁必以粃，無得以粟，於是倉無粃，而求易於民，二石粟而得一石粃。故郭氏解《方言》稱，江東有小鳧，其多無數，俗謂之冠鳧，善飛。王充《論衡》曰：日月一日一夜行二萬六千里，與鳧飛相類。故王喬以上方所賜舄，假形于鳧，自葉朝京師焉。《吴地志》曰：石首魚至秋化爲冠鳧，鳧頭中有石也。《方言》曰：野鳧，甚小而好没水中者，南楚之外謂之鸊鷉。《説苑》：魏文侯嗜晨鳧。《南越志》有松鳧，棲息松間。《周書·王會》：鳧羽爲旌。漢佽飛在上苑中，結繒繳，弋鳧雁，歲萬頭。

清 徐鼎《毛詩名物圖説》卷一 《爾雅》：鸍，沈鳧。郭璞注：似鴨而小，長尾，背上有文，今江東亦呼爲鸍。李巡注：野曰鳧，家曰鶩。陸璣《疏》：大小如鴨，青色，卑脚，短喙，水鳥之謹愿者也。《埤雅》：《莊子》曰：鳧脛雖短，續之則憂；鶴脛雖長，斷之則悲。此言生理至足，無欠無餘，自長非所增，自短非所損也。《詩》曰：弋鳧與鴈。蓋鳧雁常以晨飛，故相警以夙興也。《雅翼》：陸龜蒙稱，夜聞有聲類暴雨，一夕凡數四，明訊其甿，曰鳧鷖也。其曹蔽天而來，必竭穗而去。江之南不能弋羅，常藥而得之。愚按：《楚辭》云：寧昂昂若千里之駒乎？將汜汜若水中之鳧乎？蓋鳧性沉沒，與波上下。數百爲群飛，聲如風雨暴至。今俗呼爲『野鴨陣』，以其狀類鴨也。

清 屈大均《廣東新語》卷二〇《禽語·野鴨》 野鴨比家鴨稍小，色雜青白，背上頗有文，短喙長尾，卑脚紅掌，性肥而耐寒，常入水取白蜆食之，又名蜆鴨。重陽以後立春以前，最可食，大益病人。予詩：十月南風白蜆肥，紛紛水鴨掠船飛。一名水鴨，其有冠者曰冠鳧，或謂石首魚，秋時所化。

又《松鳧》 松鳧棲息松上，四會廣寧間有之，蓋野鴨之類。《尸子》云：野鴨爲鳧，家鴨爲鶩。《爾雅》云鴨爲舒鳧，以其喜在松間，故名松鳧。其隨潮下上者曰潮鳧，亦曰信鳧。

藝文

南朝齊 謝朓《謝宣城集》卷一《野鶩賦並序》 有門人餋一野鶩，因以爲獻。予時命以登俎，用待賔客。客有愛其羽毛，請予爲賦。其詞曰：夫何羅人之伎巧，薦江海之逸禽。落摩天之迅羽，絶歸飛之好音。碎文錦之丹臆，裂雕綺之翠襟。孤雛驚以靡翼，饑雌叫而莫尋。越滄流以遠致，乃交貿以兼金。因閽寺以傳請，排邃户以重深。貴敷衽以取愛，願登俎以甘心。

宋 文同《丹淵集》卷一五《詠鳧》 雙雙紋羽弄清漪，全得天真似爾稀。萬頃滄波供口腹，一粱寒日曬毛衣。雨歸別島嘔啞語，風度前灘翕呷

飛。好向中流最深處，等閒休要上漁磯。

宋 李綱《梁谿集》卷一五《雙鳧》 雲濤萬頃連天雨，波上雙鳧自容與。風高江濶煙水寒，日暮相將何處去。

宋 王質《紹陶録》卷下《野鴨兒》 身麻褐，間斑花，如鴨而小，亦與鴨同聲，雄者頂翅微緑。寒則聚，他時稍稀。

野鴨兒，野鴨兒，長蘆短葦風披披。不寒不煖天與睡，睡足撲漉横斜飛。飛劃劃，鳴軋軋，菰蒲澎涬花欲脱。嗚呼！此友兮奚可闌，斷岸欹樹連深山。

又《寐卑子》 身麻褐，似鴨而小，入水捕魚，良捷且能久，聲如野鴨，多穴桑爲窠。

寐卑子，寐卑子，春菰秋蒲老烟水。一雙飛逐一雙飛，斜景浄空光陸離。戀桃花，戀麥黄，瓜蔓莜苗皆故鄉。嗚呼！此友兮宜同方，江花吹子魚花香。

宋 高似孫《剡録》卷一〇《草木禽魚下·鳧》 梁簡文詩：戲鳧乘洑下，漁舟冒浪前。又詩：旅雁同洲宿，寒鳧夾浦飛。許敬宗詩：波擁羣鳧至，秋飄朔雁歸。皆剡中風景。毛萇《詩傳》曰：鳧，水鳥。《方言》曰：野鳧甚小，好没水，謂之鷿鷉。《倉頡解語》曰：鳧名水鶻。晉張望《鷿鷉賦》曰：惟鷿鷉之小鳥，托川湖以繁育。能率性以閑放，匪窘惕于籠畜。謝朓《野鳧賦》曰：碎文錦之丹臆，納綺緑之翠襟。

明 葉盛《菉竹堂稿》卷二《鳧》 西風唼唼下烟蕪，稻滿沙田水滿河。怪底漁郎輕蕩槳，一群飛去隔菰蒲。

圖表

晉 郭璞《爾雅音圖·釋鳥》

明 李時珍《本草綱目·圖卷》

清　徐鼎《毛詩名物圖說》卷一

鴻雁論說

宋　蔡卞《毛詩名物解》卷六《鴻》　鴻之爲物，高可以致遠，卑可以濟難，知時而去就者也。鴈不專達，而所至必從其長，故大夫執鴈，亦有從長之意。鴈制於長，長於屬，有長必有屬，故以鴻譬天子之使。《新臺》云『鴻則離之』，以長言之者。《詩》多以山喻君，而此以鴻，蓋《新臺》之刺宣公家道也。於國則言其位，於家則言其長。　雖魚潛於卑幽，鴻飛於高遠，魚網設，而鴻離之，豈設網之意哉？

又卷八《鴈》　《釋鳥》曰：鳧鴈醜，其足蹼，其踵企。　郭璞以爲，鳧鴈指閒有幕蹼屬相着，故曰其足蹼是也。　又曰飛則其踵企直，非是也。　踵，足後也。　蓋今鳧鴈之醜行，則皆前幕布地，而後踵常企，故曰踵企也。　以今鵞觀鴈行，鴨觀鳧行，則概可見矣。鴈行斜步側身，故《詩》曰：鴻飛遵渚，公歸無所，於女信處；鴻飛遵陸，公歸不復，於女信宿。　蓋鴻之爲物，其進有漸，其飛有敘，其羽可用爲儀君子之道也，故以此喻周公。《易》曰：漸之進也。　公歸東都，則爲進矣。　然未至西都也，故爲不復。《易》曰：其羽可用爲儀，言不可亂也。　然則禮有以鴻爲儀者，取其行列不亂而已。《禮》曰：前有師旅，則載飛鴻。　鴻飛則有行列故也。　載謂合剥皮毛，舉之竿首，若《禮》所謂以鴻脰韜杠也。《周官》以禽作六摯，大夫執鴈，以其保身，又欲有去就之義者，而不失其序，故執鴈也。　蓋鴈夜泊洲渚，令鴈奴圍而警察，飛則銜蘆而翔，以避矰繳，有遠害之道，非特取其去就之義而已。《鹽鐵論》曰：嗈嗈鳴鴈，朝日始旦，登得前利，無蹈後害。　此言婚姻以禮，則有利而無後害也。《夏小正》曰：鴈北鄉。　鄉者，何也？　鄉，其所居也。　何以謂之居也？　生且長焉耳。又曰：遰鴻鴈。　先言遰而後言鴻鴈，何也？　見遰而後數之，則鴻鴈也。　且曰遰，則猶言乘傳云耳，非其居也。《法言》曰：能來能往者，朱鳥之謂。　蓋燕一名玄鳥，鴈亦名朱鳥，玄鳥以春分來，朱鳥以春分去。《淮南子》曰『燕鴈代飛』，此之謂也。　且鴈霜降南徂，冰泮北徂，其性惡熱，故中國始寒而北至。舊説鴻鴈南翔，不過衡山。　今衡山之旁有峯曰『回鴈』。　蓋南方地極燠，人罕識雪者，故鴈望衡山而止。　陳琳曰：陸陷蘂犀，水截輕鴻。　輕鴻毛也。《傳》曰：輕於鴻毛。　今人試刀以髪，浮轉於水，而令刃斷之，水截輕鴻，殆類是也。《博物志》曰：鴻毛爲囊，可以渡江不漏。　制字從江，其以此乎？　或曰：大曰鴻，小曰鴈鴻。　蓋從鴻，大鳥也。

宋　陸佃《埤雅》卷六《鴈》　《釋鳥》云：鳧鴈醜，其足蹼，其踵企。　郭璞以爲，鳧鴈指閒有幕蹼屬相著，故曰其足蹼是也。　又曰飛則脚跟企直，非是也。　踵，足後也。　今鳧鴈之醜行，則皆前幕布地，後踵企，故曰其踵企也。以今鵝觀鴈行，鴨觀鳧行，則槩可見矣。　鴈行斜步側身，故《莊子》謂『士成綺鴈行避影而問老子』。《詩》曰：鴻飛遵渚，公歸無所，於女信處；鴻飛遵陸，公歸不復，於女信宿。　蓋鴻之爲物，其進也有漸，其飛也有序，又其羽可用爲儀，君子之道也，故此以況周公。《易》曰：漸之進也。　公歸東都，則之進也。然未至西都，故爲不復。《易》曰：其羽可用爲儀，吉，不可亂也。　然則《禮》有以鴻爲儀者，取其行列不亂而已。《禮》曰：前有車騎，則載飛鴻。　飛鴻則

有行列故也。載謂合剥皮毛，舉之竿首，若所謂以鴻脰韜杠者。《周官》以禽作六摯，大夫執鴈，以知保身，又欲有去就之義，而不失其序，故執鴈也。鴈夜泊洲渚，令鴈奴圍而警察，飛則銜蘆而翔，以避矰繳，有遠害之道，非特取其有去就之義而已。《鹽鐵論》曰：噰噰鳴鴈，朝日始旦，登得前利，無蹈後害。此言婚姻以禮，則有利而無害也。故曰：貴聘而賤逆之，是以君子知出姜之不允於魯矣。《夏小正》曰：鴈北鄉。鄉者，何也？鄉，其居也。又曰：遰鴻鴈。先言遰而後言鴻鴈者，何也？見遰而後數之，則鴻鴈也。且曰遰，猶曰傳其驛舍云爾，非其居也。《法言》曰：能來能往者，朱鳥之謂與？燕一名玄鳥，鴈一名朱鳥，玄鳥以春分來，朱鳥以春分去。《淮南子》曰『燕鴈代飛』，此之謂也。且鴈霜降南翔，冰泮北徂，其性惡熱，故中國始寒而北至。舊説鴻鴈南翔，不過衡山。今衡山之旁有峯曰『回鴈』。蓋南地極燠，人罕識雪者，故鴈望衡山而止。陳琳曰：陸陷蘂犀，水截輕鴻。輕鴻，鴻毛也。《傳》曰：輕於鴻毛。今人試刀劒，令髮浮轉於水，以刃斷之，觀其銛鈍，水截輕鴻，殆類是也。《博物志》曰：鴻毛爲囊，可以渡江不漏。案《昏禮》曰：摯不用死。故《詩》曰『噰噰鳴雁』，言用生者也。《禽經》曰：鴻雁愛力，遇風迅舉；孔雀愛毛，遇雨高止。又曰：鴈曰翁，雞曰鴜，鶉曰鷹。

宋 林之奇《尚書全解》卷八《陽鳥攸居》 漢孔氏曰：隨陽之鳥，鴻鴈之屬是也，冬月來居此澤。曾氏云：去陰就陽，謂之陽鳥，鴈是也。冬日至而日北，及春而鴈北向，夏日至而日南，及秋而鴈南向，鴈之所居，隨日所在，故曰陽鳥。陸農師舉揚子雲《法言》：能往能來者，朱鳥之謂也。鴈一名朱鳥，燕一名玄鳥，玄鳥以春分來，朱鳥以春分去。《淮南子》曰『燕鴈代飛』，此之謂也。考數説，則陽鳥之謂鴈明矣。陽鳥攸居，謂鴻鴈來居於彭蠡之澤也。諸儒之説皆同，而竊有疑於此。觀此篇所序治水之詳，見於九州之下，或山或澤，或川或陵，或平陸或原隰，莫非地名。此州上既言彭蠡，既豬下言三江，既入震澤底定，皆是地名，而獨於此三句之間言陽鳥攸居，非惟文勢之不相稱，然考之九州，亦無此例也。夫鴈之南翔，乃其天性，有不得不然。豈其洪水未平，遂不南翔乎？古之地名取諸鳥獸之名，如虎牢、犬邱之類多矣。《左氏·昭公二十年》：公如死鳥。杜元凱釋曰：死鳥，衛地。以是觀之，安知陽鳥之非地名乎？鄭有鳴鴈在陳留雍邱縣，漢北邊有鴈門，人皆以鴈之所居爲名。陽鳥，意亦類此意。鴈之南翔所居地名，故取以爲名。攸居者，水退其地可居也。然世代久遠，地名之詳亦無所考。雖實疑其如此，然亦未敢以爲必然也。

宋 羅願《爾雅翼》卷一七《雁》 鴻雁乃一物爾，初無其别，前章已盡之。至《詩》注乃云：大曰鴻，小曰雁。雁曷爲有小者？按《淮南鴻烈》云雁乃兩來，仲秋鴻雁來，季秋候雁來。候雁比於鴻雁而小，故説《詩》者推鴻雁爲鴻，而别以此爲雁也。今北方有白雁似鴻而小，色白，秋深乃來，來則霜降，河北謂之霜信。蓋白露降五日而鴻雁來，寒露五日而候雁來，候雁之來在霜降前十日，所以謂之霜信也。唐杜甫詩曰：故國霜前白雁來。蓋謂此爾。古者執贄，雖用鴻雁，然當亦通用此小者。故《春秋》曹伯陽好田弋，曹鄙人公孫彊獲白雁獻之。漢武帝太子昏，得白雁於上林以爲贄，即此物也。今《月令》及《周書》，乃不復有鴻雁、候雁之别。《月令》則云：八月鴻雁來，九月鴻雁來賓。《周書》則曰：白露之日鴻雁來，寒露之日又來。既是一種，何得前後不齊如此，似不應爾。許叔重注二雁，則以爲仲秋時候之雁從北漠中來，過周雒南至彭蠡，季秋時候之雁從北漠中來，南之彭蠡。以爲八月來者，其父母也；是月來者，蓋其子也，羽翼稚弱，故在後耳。而賓字讀聯下句，謂之賓雀，不取來賓之義。

明 何三畏《新刻何氏類鎔》卷三三《鴈》 鴈者，迎素秋而南游，背青春而北息。稻粱足戀，年年飛去復飛歸；矰弋無虞，處處叫風還叫雨。河長可涉，泝遠水以鳴號；海濶難踰，凌洪波以鼓翼。霧闇相失，帶餘霜而暮羽頻稀；沙明共翔，當狹隴而朝聲輙聚。蓋自雲中而來塞外，非同鶩食而在雞群者也。雁行，則左者在左，右者在右，翩翩分隊而飛，以整後先之序。雁奴，則大者居中，小者居外，夜夜繞圍而警，以防探捕之虞。縫鴻毛以爲囊，可以渡江而不漏。拾雁翅以爲蓋，可以避暑而不炎矣。凡成姻者，而男子以鴈奠也，取其南北不失節。凡謁見者，而大夫以爲贄也，取其往來能候時。漢武帝之獲朱鴈也，以爲樂府而作歌。唐高宗之獲白鴈也，以爲婚贄而成禮。陳群父子有高名，常被召命，同時而羔鴈爲之成群。虞國少時有孝行，常守日南，每出而飛鴈隨之行縣。文侯痦趙倉唐獻鴈之事，遂定儲位，而父子以親。梁君聽公孫龍重鴈之言，遂止射人而田獵以廢。齊桓公得管夷吾

爲相，桓公取雁以歎之，而曰寡人之得仲也，如其羽翼之功。秦穆公得百里奚爲相，公孫枝取雁以賀之，而曰吾君之得奚也，實爲社稷之福。石雁在郊者，得雌雄于北嶽，可以徵祥。錦雁浮水者，鋪錦繡于温泉，可以供御。有號爲鮑孤雁者，以賞鮑當之詩。有號爲朱落雁者，以名朱漢賓之射，非無謂耳。項羽之至鴻山闕而射第一鴈也，鴈以折弓而飛。史萬歲之擊尉遲迥而射第三鴈也，鴈以應弦而落。更瀛之處京臺而射東來鴈也，鴈以虛發而下。莊生之在故人舍而烹不鳴鴈也，鴈以不材而終。

清 陸次雲《事文標異》卷五《鴻雁來》 《月令》：春候雁北，秋鴻雁來，冬雁北鄉。此十二候之中，雁居其四，重德禽也。戴禮《夏小正》之文則更詳曰：雁北鄉者何？見雁而後數其鄉也。鄉者何？鄉，其居也，雁以北爲居。何以謂之居？生且長焉爾。九月來鴻雁，先言來而後言鴻雁何？見來而後數之，則鴻雁也。何不謂南鄉？非其居也。至於鷹爲鳩，善變而之仁也，故其言之也，盡其辭也。鳩爲鷹，變而之不仁也，故不盡其辭也。此皆《禮》文之所未有。二戴之於《禮》，其功非小補也。

清 邱嘉穗《東山草堂文集》卷一六《淮之雁》 江淮間洲渚，每入秋塞雁萬羣棲宿其上，分隊而居，交頸而睡，必擇孤雁環而守之。或見弋人嚮動，孤雁輒引吭長鳴，衆雁爲之驚飛。已而廻翔，四顧杳無人聲，則又復集其地如故。弋人知其然，遂先潛身窟穴，候雁宿定，詐舉炬一驚，旋藏其炬，孤雁果呼鳴，睡雁亦皆驚起，如此者數四，衆雁皆尤孤雁之不信也，羣從而啄之。後孤雁復見火炬，竟不敢呼鳴，乃聽弋人張網悉取，至滅其族而不悟。余觀徽欽之亡，金人爲弋，李綱、宗澤諸人實類孤雁，而卒以呼鳴迫切爲羣奸啄去，至有舉族北轅之禍。其事何以異此，故書之以爲懷土拒諫者戒。

清 張必剛《濬元》卷三《雁北向小寒初候**》** 系曰：日行白黑道而夜刻長，將長則行白道，正長則行黑道也。日行青赤道而晝景長，將長則行青道，正長則行赤道也。日之南北，以行青赤白黑道，而分雁之往來，亦以南北而異。故日行白黑道則雁亦南，日行青赤道則雁亦北也。日不必經北也，然日爲火精。火既盛以熾，則日亦不能不比進矣。雁不必主北也，然雁爲陽鳥，陽既運以長，則雁亦不能不北嚮矣。夫人之兩目之位於面也，猶天之日月之經於南也。人本面南而背北，然日北進雁北嚮，則人亦不能不背南面北觀矣。禽鳥得氣之先，向之塞，户之墐，詩蓋紀冬月令也。夫小寒之時，北方之民方爲塞向，而南方之雁已爲北嚮，此一異也。且極南之方有北嚮户，而將燠之時，即有北嚮雁，此又一異也。鳥不迎風不立，則欲順其羽。魚不泝流不行，則欲順其鬣。雁不隨日不征，則欲順其性。惟其順也，故一雁南，千百雁莫或不南也；一雁北，千百雁莫或不北也。彼燈之在陽時則能照北，在陰時則不能照北者，何以異是？自南衡之南，至北恒之北，其相去也至遠，而雁則能至於其至，蓋其智與志可用也。夫道惟智者不昧，而有志者不阻，此豈可徒於雁是望也耶？贊曰：南雁甫北飛，北風正南吹。錢雁者誰子，臨風頻倚徙。風聲餘雁聲，寄謝舊時人。

綜述

《禽經》 鳱以水言，自北而南。鳱音鴈，隨陽鳥也。冬適南方，集於江干之上，故字從干。鴈，以山言，自南而北。鴈亦音鴈，中春寒盡，鴈始北嚮。燕代尚寒，猶集於山陸岸谷之間，故字從厈。【略】霜蜚則霜。鷫鸘，鳥名，其羽可爲裘以辟寒。鷫鸘飛則隕霜。【略】寀寮雝雝，鴻儀鷺序。鴻，雁屬，大曰鴻，小曰鴈，飛有行列也。鷺，白鷺也，小不踰大，飛有次序，百官縉紳之象。《詩》以振鷺比百寮，雍容喻朝美。《易》曰：鴻漸于干、于磐，聖人皆以鴻鷺之羣擬官師也。舒鴈鳴，前後和。舒鴈飛，成行也，雌前呼，雄後應也。羣棲獨警。夜棲川澤中，千百爲羣，有一鴈不瞑，以警衆也。

《爾雅・釋鳥》 鵱鷜，鵝。注：今之野鵝。音義：鵱，音六。鷜，郭力于反，謝、施力侯反。鵝，字亦作鵞，五河反。疏：鵱鷜者，野鵝之別名也。郭云：今之野鵝。【略】舒鴈，鵝。注：《禮記》曰：出如舒鴈。今江東呼鴐。音義：鴐，郭音加，《説文》音河。《廣雅》云：鴐鵝，鴈也。疏：鵝，一名舒鴈，今江東呼鴐。某氏云：在野，舒翼飛遠者爲鵝。李巡曰：野曰鴈，家曰鵝。注『《禮記》曰：出如舒鴈』，引《禮記》文也。案：彼云：私覿愉愉焉，出如舒雁。鄭注云：『威儀自然而有行列』是也。【略】鳧鴈醜，其足蹼。注：脚指間有幕蹼屬相著。其踵企。注：飛即伸其脚跟企直。音義：踵，章勇反。《聲類》云：足跟也。企，去豉反，字或作跂。跟，音根。《釋

名》云：足後曰跟。疏：梟，水鳥也。雁，陽鳥也。蹼猶蹼，屬相著之謂也。踵，脚跟也。梟雁之類，脚指間有幕蹼屬相著，飛則伸其脚跟企直也。

漢　許慎《說文》卷四　雁，鳥也。从隹从人，厂聲，讀若鴈。臣鉉等曰：雁，知時鳥，大夫以爲摯，昏禮用之，故从人。五晏切。

晉　張華《博物志》卷四　鴈食粟，則翼重不能飛。

晉　崔豹《古今注》卷中　鴈自河北渡江南，瘦瘠能高飛，不畏繒繳。江南沃饒，每至還河北，體肥不能高飛，恐爲虞人所獲，嘗銜蘆長數寸，以防繒繳焉。梟鴈在江邊沙上食沙石，悉皆銷爛，唯食海蛤不消，隨其糞出，用以爲藥，倍勝餘者。

五代　馬縞《中華古今注》卷下《鴈》　自河北渡江南，瘠瘦能高飛，不畏繒繳。江南沃饒，每至還河北，體肥不能高飛，恐爲虞人所獲，常銜蘆長數寸，以防繒繳。

宋　釋贊寧《東坡先生物類相感志》卷八《雁奴》　陽鳥也，形色似鵝而小也。飛作八字，在天人張若其一，則飛行中缺一位也。大曰鴻，小曰雁。春分後飛歸，北霜降後飛向南。夜宿洲中，鴻在內，雁在外，遂更驚避，備狐與人之捕也。已人欲捕，以甕匿火，放暗中，密視之，雁叫匿之，久而視之，如是數四，鴻必啄雁去，鴻可捕獲之矣。

宋　孔平仲《談苑》卷四　北方有白鴈，似鴈而小，色白。秋深至則霜降，河北人謂之霜信。杜甫詩云：故國霜前白鴈來。即此意也。

宋　江少虞《事實類苑》卷六〇《白雁謂之霜信》　北方有白雁，似雁而小，色白。秋深則來，白雁至則霜降，河北人謂之霜信。杜甫詩云：故國霜前白雁來。即此也。

宋　鄭樵《通志》卷七六　鴳，《爾雅》曰鵱鷜，今之野鵝。鴳音六。鵱，力于反。舒鴈，《爾雅》曰鵝。

宋　周去非《嶺外代答》卷九《禽獸門·雁》　雁，秋南春北，謂之陽鳥。吴中太湖雖盛夏亦有留雁，蓋太湖深處至凉，且有魚蚌可戀也。衡陽有回雁峯，云雁至此不復南征。余在静江數年，未嘗見一雁，益信有回雁之説。蓋静江雖無瘴癘，而深冬多類淺春，故雁不至，况于深廣常燠之地乎？

明　李時珍《本草綱目》卷四七　鸕鷀　時珍曰：按羅願《爾雅翼》云：鸕鷀，水鳥，雁屬也。似雁而長頸，緑色，皮可爲裘，霜時乃來就暖，故《禽經》云：鸕飛則霜，鶃飛則雨。鶃即商羊也，又西方之鳳亦名鸕鷀。

又　鴈《本經》上品　釋名：鴻。時珍曰：按《禽經》云：鴈以水言，自南而北；鳱以山言，自北而南。張華注云：鳱鳱益音鴈。冬則適南，集于水干，故字從干；春則嚮北，集于山。鳱，故字從岸。小者曰鴈，大者曰鴻。鴻大也。多集江渚，故從江。梵書謂之僧娑。集解：《別録》曰：鴈生江南池澤，取無時。弘景曰：《詩疏》云：大曰鴻，小曰鴈。今鴈類亦有大小，皆同一形。又有野鵞，大于鴈，似人家蒼鵞，謂之駕鵞。鴈在江湖，夏當産伏，故皆往北，恐鴈門北人不食之也。雖采無時，以冬月爲好。恭曰：鴈爲陽鳥，與燕往來相反，冬南翔，夏北徂，孳育于北也。豈因北人不食之乎？宗奭曰：鴈熱則即北，寒則即南，以就和氣。所以爲禮幣者，一取其信，二取其和也。時珍曰：鴈狀似鵞，亦有蒼、白二色。今人以白而小者爲鴈，大者爲鴻，蒼者爲野鵞，亦曰鴚鵞，《爾雅》謂之鵱鷜也。鴈有四德：寒則自北而南，止于衡陽，熱則自南而北，歸于鴈門，其信也。飛則有序，而前鳴後和，其禮也。失偶不再配，其節也。夜則羣宿而一奴巡警，晝則啣蘆以避繒繳，其智也。而捕者豢之爲媒，以誘其類，是則一愚矣。南來時瘠瘦不可食，北嚮時乃肥，故宜取之。又漢、唐書並載有五色鴈云。

明　穆希文《說原》卷一〇　鴈隨陽，故冰泮北徂，木落南翔且從風而飛。春夏南風則北飛，秋冬朔風則南飛。秋冬過，南食肥体重，故啣蘆以助風力。塞北風高，不必用芦，故投蘆于雁門関。大曰『鴻』。雁行斜步側身，其進也有漸，其飛也有序。其失偶也，終身不配。若大夫之執雁者，取其候時，能順陰陽也。鸕鷀大如燕，足短，趾似鼠，未嘗見下地，常止林中，偶失勢控地，不能自振，及舉上則凌青霄。出凉州。

明　吴雨《毛詩鳥獸草木考》卷一《鴈》　鴈，陽鳥也，一名朱鳥，似鵝，畏寒，秋南冬北。自河北渡江南，疲瘠能高飛，不畏繒繳。江南沃饒，每至春還河北，體肥不能高飛，恐爲虞人所獲，常啣蘆數寸，以防繒繳。夜棲川澤，千百爲群，有一不眠以警衆也。飛有行列，前呼後應。自關而東謂之鴚鵝，南楚之外謂之鵝，或謂之蒼鳴，今江東呼爲鳴。今北方有白鴈，似鴻而小，色白，秋深乃來來則霜降，河北謂之霜信。《月令》云：八月鴻鴈來，九月鴻鴈來賓。《周書》云：白露之日鴻鴈來，寒露之日又來。既是一種，何得前後不齊如此，似不應耳。許叔重注二鴈，則以爲仲秋時候之鴈，從北漠中來，過周雒南去至彭蠡，季秋時候之鴈，亦從北漠中來，南之彭蠡。以爲八月來者，

其父母也；是月來者，蓋其子也，羽翼稚弱，故在後耳。《禮記》曰：仲秋來者爲主，季秋來者爲賓也。

又《鴻》 鴻，水鳥也，似鴈而大，與鴈皆産塞北，知避陰陽寒暑者。春則避陽暑而北，秋則避陰寒而南。《管子》曰：鴻鴈春北秋南，不失其信。《禮記》曰：大者曰鴻，小者曰鴈。自北而來於中國也。《詩義疏》曰：鴻鵠羽毛光澤純白，似鶴而大，長頸，肉美如鴈。又有小鴻，大小如鳧，色亦白，今人直謂之鴻也。《博物志》云：鴻鵠至千歲皆胎産。

明　毛晉《陸氏詩疏廣要》卷下之上《弋鳧與雁》 雁，《夏小正》云：正月雁北鄉。鄉有何也？鄉其居也。九月，遰鴻雁。遰，往也。猶曰傳其驛舍云爾，非其居也。《禽經》云：雁，一名翁雞，一名鴻鶂，一名鷹。又云：鳽以水言，自北而南；鳱以山言，自南而北。張華注云：鳽音雁，隨陽鳥也。冬適南方，集于江干之上，故字從干。鳱亦音雁，中春寒盡雁始北嚮，燕代尚寒，猶集于山陸岸谷之間，故字從厈。《博雅》云：鴚音加，一音哥。鵝，倉鴚，鳫古雁字。也。《方言》云：自關而西謂之鴚鵝，南楚之外謂之鵝，或謂之鶬鴚。《埤雅》云：《周禮》曰：雁宜麥。又六摯，大夫執雁，以知保身，又欲有去就之義，而不失其常，故執雁也。雁夜泊洲渚，令雁奴圍而警察，飛則銜蘆而翔，以避繒繳，有遠害之道，非特取其有去就之義而已。雁行斜步側身，故《莊子》謂『士成綺雁行避影而問老子』。一名朱鳥。《法言》曰：能來能往者，朱鳥之謂歟！《本草》唐本注云：雁爲陽鳥，冬則南翔，夏則北徂。時當春夏則孳育于北，與燕相反，燕來則雁往，燕往則雁來。故《禮》云：秋鴻雁來，春玄鳥至。《衍義》曰：雁，人多不食者，謂其知陰陽之升降，分長少之行序，世或謂之天厭，亦道家之一説爾。唐注云：雁爲陽鳥，其義未盡。兹蓋得中和之氣，熱則即北，寒則即南，以就和氣。所以爲禮幣者，一取其信，一取其和。《昏禮》云：下達，納采用雁，執雁請問名，納吉用雁，請期用雁。又云：摯不用死。故《詩》曰『噰噰鳴雁』，言用生者也。《古今注》云：雁自河北渡江，瘦瘠能高飛，不畏繒繳。江南饒沃，每至還河北，體肥不能高飛，嘗銜蘆長數寸以防護。《周書》曰：白露之日，鴻雁來。鴻雁不來，遠人背畔。小寒之日，雁北鄉。雁不北鄉，民不懷至。《物類相感志》云：大曰鴻，小曰雁。夜宿洲中，鴻在內，雁在外，逐更警避，備狐與人之捕己。《山海經》云：雁門山，雁出其間，在高柳北。舊説鴻雁南翔，不過衡山。今衡山之旁有峰曰『回雁』，蓋南地極燠，人罕識雪者，故雁望衡山而止。《爾雅翼・雁》：鴻雁乃一物爾，初無其別。至《詩》注乃云：大曰鴻，小曰雁。雁曷爲有小者？按《淮南鴻列》云：雁乃兩來，仲秋鴻雁來，季秋候雁來。候雁比于鴻雁而小，故説《詩》推雁爲鴻雁，而別以此爲雁也。今北方有白雁似鴻而小，色白，秋深乃來，來則霜降，河北爲之霜信。蓋曰霜降五日而鴻雁來，寒露五日而候雁來，候雁之來在霜降前十日，所以謂之霜信也。古者執贄，雖用鴻雁，然當亦通用此小者。故《春秋》曹伯陽好田弋，曹鄙人公孫彊獲白雁獻之。漢武帝太子昏，得白雁于上林以爲贄，即此物也。今《月令》及《周書》乃不復有鴻雁、候雁之別。《月令》則云：八月鴻雁來，九月鴻雁來賓。《周書》則曰：白露之日鴻雁來，寒露之日又來。既是一種，何得前後不齊如此，似不應耳。許叔重注二雁，則以爲仲秋時候之雁，從北漢中來，過周雒南去至彭蠡，季秋時候之雁從北漢中來，南之彭蠡。以爲八月來者，其父母也；是月來者，蓋其子也，羽翼穉弱，故在後耳。而賓字讀屬下句，謂之賓雀，不取來賓之義。今《淮南子》乃並作候雁，此當有所據。《詩緝》曹氏曰：鴻雁之趾連蹄，不能握木。故《易》以『鴻漸于木』爲失所不安之象，《書》以『彭蠡既豬，陽鳥攸居』爲得其所。《爾雅》云：鳧雁醜，其足蹼，其踵企。邢疏云：鳧，水鳥也。雁，陽鳥也。蹼猶蹼屬相著之謂也。踵，脚跟也。鳧雁之類，脚指間有幕蹼屬相著，飛則伸其脚跟企直也。《埤雅》云：弱弓微矢，乘風振之曰弋。故楚人好以弱弓微矢加之歸雁之上。按：鴻、雁非一物。羅氏辯之甚悉，元恪豈亦以爲然，故前篇釋鴻，此篇止釋鳧，不又釋雁耶？但云純白似鶴，似別一種，意即所謂霜信。杜子美詩云『故國霜前白雁來』者是也。若据今白露南翔之雁，其色俱竊玄、竊黃，與鵝相似，從無白者。攷之諸儒傳疏頗合，因詳録以備考。

又《鴻飛遵渚》 《易》曰：漸，初六，鴻漸于干；六二，鴻漸于磐；九三，鴻漸于陸；六四，鴻漸于木；九五，鴻漸于陵；上九，鴻漸于陸。《禮》曰：前有車騎則載飛鴻。飛鴻則有行列故也。載謂合剥皮毛，舉之竿首，若所謂以鴻脰韜杠者。《禽經》：鴻儀鷺序。張注：鴻，雁屬，大曰鴻，小曰雁，飛有行列也。聖人皆以鴻鷺之羣擬官師也。又云：鴻雁愛力，遇風迅舉，孔雀愛毛，遇雨高止。揚子云：鴻飛冥冥，弋人何篡焉？《尸子》

云：鴻鵠之鷇，羽翼未合而有四海之心。陳琳曰：陸陷蘂犀，水截輕鴻。輕鴻，鴻毛也。《傳》曰：輕于鴻毛。今人試刀劍，令髮浮轉於水，以刃斷之，觀其銛鈍，水截輕鴻，殆類是也。《博物志》曰：鴻毛爲囊，可以渡江不漏。又云：鴻鵠千歲者，皆胎産。鴻雁大略相類，以中秋來賓，一同也。鳴如家鵝，二同也。進有漸，飛有序，三同也。雁色蒼而鴻色白，一異也。雁多羣而鴻寡侶，二異也。毛有粗細，形有大小。《埤雅》：《詩》曰：鴻飛遵渚，公歸無所，於女信處，鴻飛遵陸；公歸不復，於女信宿。蓋鴻之爲物也，其進也有漸，其飛有序，又其羽可用爲儀，君子之道也，故此以況周公。《易》曰：漸之進也。公歸東都，則之進也。然未至西都，故爲不復。《易》曰：其羽可用爲儀，吉，不可亂也。鄭《箋》云：鴻，大鳥也。不宜與鳧鷖之屬飛而循渚，以喻周公今與凡人處東都之邑，失其所也。按：鵠，小鳥也。射者設之以命中，鳥小而飛疾，故射難中，是以中之爲儁，似非鴻類。或云鵠即是鶴，意陸璣所見略同，但云鴻肉美如雁，似與雁非一物。

明　姚旅《露書》卷一〇　鴻之與鴈别者，鴻飛薄雲霄，鴈飛不度高山。鴻色白，鴈灰色。鴻寡侶，鴈旅行。故余賦《秋鴻送客詩》云：候氣向鄱陽，屋河掠桂香。衝霜憐羽白，催葉渡江黄。顧影成佳侶，將雲束遠裝。他鄉有離别，撩恨綺尊傍。

明　劉侗《名物通》卷九　鴻鴈，《爾雅》曰：其足蹼，其踵企，飛則脚根企直。其行斜步側身，出鴈門山。八月來者，其父母也。子稚弱，秋深乃來，北方白鴈是也。北人謂之霜信。書顧眺候遠，夜警循相衛。《廣雅》曰鳴鵝，音何，又音加。一名朱鳥，一名陽鳥。

明　方以智《物理小識》卷一〇　雁　霜前白雁食稻飽，飛不起，易爲人得。李豫亨《推蓬寤語》曰：雁肥而歸，故借蘆以助風力，塞北風高則無事，此故投蘆於雁門關，非避網也。

清　毛奇齡《續詩傳鳥名卷》卷一　鴈名鳴鵝，又名鴚鳴。每隨日南北，以爲往來之候。《月令》所云『仲秋鴈來，孟春鴈去』者，《禹貢》謂之『陽鳥』，揚子《法言》又謂之『朱鳥』。《徐氏日記》云：燕歸從陰，稱玄鳥；鴈來從陽，稱朱鳥。朱者，陽色；玄者，陰色也。則是鴈之爲性，其爲忻陽則有之，未聞惡寒也。世有惡寒鳥，别名鳿鳴，此非是也。【略】《新臺》鴻則離之。鴻，雁之大者。鴻鴈本一族，故大曰鴻，小曰鴈。舊皆以此爲鴻鴈之辨，然鴻亦自有大小。陸璣曰：鴻，羽毛純白似鶴而大，長頸，肉美如鴈。又有小鴻，如鳧，色亦白，今人直謂之鴻。《徐氏日記》云：世稱鴻鵠，然鵠不是鴻；亦稱鴻鴈，然鴻不是鴈。蓋鴻鴈雖一類，而自分大小。小鴻不是鴈，則大鴈之必非鴻，更可驗也。

清　姚炳《詩識名解》卷一《雁》　雁，《邶風・匏有苦葉》篇雁有翁雞、鵁鶄、鷹三名。李巡謂埜曰雁，家曰鵞。而《方言》謂自關而西謂之鳴鵞，南楚之外謂之鵞，或謂之鴚鳴。羅瑞良以爲鵞兼有雁名，雁又假鵞以爲名。愚按：二物形相似，蓋相易爲别名者，《釋鳥》『舒雁，鵞』，是鵞有雁名也。若《方言》、《廣雅》諸書以鵞呼雁，是雁又有鵞名矣。但舊説埜鵞大於雁，似人家蒼鵞，謂之駕鵞，亦曰鳴鵞，則駕鵞似又非雁族，然今人直謂雁鵞耳。《法言》云：能來能往者，朱鳥之謂。張揖以爲玄鳥、朱鳥皆燕也。陸農師則謂燕一名玄鳥，雁一名朱鳥。今按：二鳥並有往來之義，然玄乃燕色，朱於二鳥皆無取。或云雁以陽鳥名，故曰朱。朱者，陽色也。《禹貢》陽鳥自以隨陽之義而名，但《昏禮》所取不當在此。鄭氏以爲似婦人從夫，鑿矣。《本草》唐注云：雁得中和之氣，熱則即北，寒則即南，以就和氣。所以爲禮幣者，一取其信，一取其和。其説似當。親迎非昕時，不當言旭日，則此詩之雁自爲親迎以前時用。但《昏禮》云：下達，納采用雁，執雁請問名，納吉用雁，請期用雁。此章爲淫者陳其正禮，固當通指。鄭氏專以爲請期之用，不免執一耳。《鄭風・女曰雞鳴》篇古無以雁爲饌，惟《内則》有『雁宜麥』及『雁腎』之文，舊皆謂人君燕食之物，要非常用者。且古以雁爲贄及六禮之備，皆生致之。此言弋言宜以供飲燕，當是田舍夫婦景况，不宜如《正義》拘大夫食禮爲説也。《小雅・鴻雁》篇《傳》解『肅肅』爲羽聲，嚴華谷引《小星傳》以爲疾貌，則此亦爲羽聲之疾。何元子云：肅者，矜持振肅之義。鳥之振羽，其形肅然，故曰肅肅。愚謂雁飛行列不亂，有整肅之儀，故謂之肅肅。《唐風》『肅肅鴇行』，鴇亦有行列如雁也。首章以雁之行列整齊興民之劬勞離散，次章以雁之棲止得所興民之還定安居，二義各有所取。故或以春北秋南，專喻民不安居。又或專以爲避危就安喻者，皆執一之論也。《易》以『鴻漸于木』爲失所，《書》以『陽鳥攸居』爲得所。要之，得所亦非易事。此詩于垣作堵，全從勞處得安。

陸農師云：雁夜泊洲渚，令雁奴圍而警察，有遠害之道。此正其集中澤之劬勞也。鴻，《邶風・新臺》篇陸璣云：鴻鵠，羽毛光澤純白，似鶴而大，長頸，肉美如雁。又有小鴻，大小如鳧，色亦白。愚謂此亦雁之一種。《詩注》別大爲鴻，小爲雁。《淮南鴻烈》別仲秋來者爲鴻雁，季秋來者爲候雁。《説文》謂鴻雁從北漢中來，過周雒南去，至彭蠡；候雁從北漢中來，南之彭蠡，八月來者其父母，九月來者其子。合諸説觀，要是一族。又杜詩云：故國霜前白雁來。白雁者，鴻也。舊以魚比伋，鴻比宣公，爲所得非所求之喻。愚謂上二章皆有燕婉籧篨語，則設網離鴻取譬，當不在此。蓋宣公作新臺而邀齊女，猶漁人設魚網而羅鴻鵠，反常背理之喻也。《豳風・九罭》篇鴻乃水鳥，洲渚固其棲所。《傳》謂鴻不宜棲渚，喻公宜在朝廷而乃留滯東土者，非也。《易》『鴻漸于陸』，有夫征不復之象。二章疑亦取不復之義，非謂不得其安也。何元子謂遵渚者自北而南之時，況公之避京師而居東，遵陸者自南歸北之時，況公之自東而歸不復來東，亦鑿。玩一歸字，可知專取北鄉耳。

清　嵇璜《續通志》卷一八〇　鴈，陽鳥也。《禽經》曰：鳱以水言，自北而南。鳽以山言，自南而北。注：鳱音鴈，隨陽鳥也。冬適南方，集於江干之上，故字從干。鳽亦音鴈，中春寒盡，鴈始北嚮。燕代尚寒，猶集於山陸岸谷之間，故字從厈。《方言》云：鴈自關而東謂之鴚音加。鵞，南楚之外謂之鵞，或謂之鶬鴚。《爾雅》云：鳧鴈醜，其足蹼，其踵企。《古今注》：脚指間有幕蹼屬相著，故曰其足蹼。飛則脚跟企直，故曰其踵企。《古今注》：鴈嘗啣蘆數寸，以防矰繳。鴈從風而飛，以愛氣力。見《淮南子》。鴈行斜步側身，霜降南翔，冰泮北徂。其性惡熱，故中國始寒而北至。見《埤雅》。鴻，鴈類，亦陽鳥也。羽毛光澤純白，似鶴而大，長頸，肉美如鴈。又有小鴻如鳧，色亦白，今人直謂鴻也。《博物志》云：鴻鵠千歲，皆胎產。鳴鴈大畧相類，以季秋而來賓，一同也。鳴如家鵞，二同也。進有漸，而飛有序，三同也。鴈色蒼，而鴻色白，一異也。鴈多羣，而鴻寡侶，二異也。鴈飛不過高山，而鴻薄雲表，三異也。毛有粗細，形有大小。鷫鸘，鴈屬。羅願《爾雅翼》云：似鴈而長頸，緑色，皮可爲裘，霜時乃來就煖。故《禽經》云：鸘飛則霜，鷸飛則雨。鷸即商羊也。又西方之鳳，亦名鷫鸘。

清　牟應震《毛詩物名考》卷一　鴻鴈，春北秋南，應候鳥也。似鶖而小，有蒼、白二色。飛必成行，故曰鴈陣，亦曰鴈字。《爾雅翼》：鴻鴈乃一物，初無其別。至《詩注》乃云：大曰鴻，小曰鴈。鴈曷爲有小者？一説蒼者曰鴈，白者曰鴻，當以此説爲是。

清　佚名《鳥譜》卷七《茶雁》　一名紅鴸雁。茶雁，一名紅鴸雁，黑睛，紅白眶，粉紅色鴸，頭、頸、頷俱淺蒼如茶色，背膊稍深，俱有白莖間之，腹毛稍淺，有蒼黑斑，近尾處純白，下翅純黑，蒼尾白尖，粉紅足掌。

又《歛雁》　歛雁，赤黑眼，黑喙白根，蒼頭細頸，頷下微白，背翅深蒼，臆腹淺蒼，腹後純白，尾毛蒼白雜色，黄足掌。

又《秦雁》　一名駉鵝，俗名黑頭雁，亦名花鴸雁。秦雁俗名黑頭雁，亦名花鴸雁，黑睛，黑眶，黄黑鴸，鴸根花白，背、膊、臆、腹俱蒼黑色，腹後近尾處純白，尾邊亦間雜白毛，黄足掌。《方言》：雁自關而東謂之駉鵝，南楚之外謂之鵞，或謂之鶬駉。《庶物異名疏》云：秦地之雁甚大，多花鴸、黑頭，《方言》所謂駉鵝也。

又《小黑頭雁》　小黑頭雁，毛色與秦雁相似，身形略小，鴸上作淺紅、深黑二色，鴸根無白，背、膊、臆、腹蒼色，亦深秦雁之小者也。

清　徐鼎《毛詩名物圖説》卷一　《夏小正》：正月雁北鄉，九月遰鴻雁。《禹貢》：陽鳥攸居。《禽經》：鳱以水言，自北而南。鳽以山言，自南而北。張華注：鳱鳽並音雁，冬則適南，集于水干，故字从干。春則向北，集于山岸，故字从岸。小曰雁，大曰鴻。多集江渚，故字从江。《春秋繁露》：凡贄，大夫用雁，有類長者在民上，必有先後，雁有行列，故以爲贄。《士昏禮》：下達，納采用雁，執雁請問名，納吉用雁，請期用雁。注：用雁爲贄者，取其順陰陽往來。愚按：雁去來以時，避寒就溫，北不踰瀚海，南不踰衡山。雁有四德，寒則南，熱則北，信也；飛則有序，前鳴後和，禮也；失偶不再匹，節也；夜則羣宿，一雁巡防，飛則啣蘆以避矰繳，智也。昏禮用雁，鄭《箋》云：以雁隨陽而處，似婦人從夫。程子明道云：以其不再偶。鴻、雁大畧相類。《博物志》云：雁色蒼而鴻色白。惟此稍異耳。

清　黄鈞宰《金壺七墨・金壺浪墨》卷六《鴈》　禽類中鴈爲最義。生有定偶，喪其一，終不復匹。飛則獨後其羣，宿則羣鴈環止一處，而孤雁徹夜周巡，若人之偵察者然。弋人以柴扉蔽身，緩步而進，孤雁驚鳴，弋人遽伏。

及羣鴈四顧，不見人跡，怒而啄之。如是者二三次，愈啄愈甚，不敢復聲。弋人逼近發銃，十得五六。其幸而逸去者，復啄孤鴈，雖損頸折翼，不去。其類亦終不亂其羣也。

紀事

漢　司馬遷《史記》卷三五《管蔡世家》　伯陽三年，國人有夢衆君子立于社宮，謀欲亡曹，曹叔振鐸止之，請待公孫彊，許之。旦，求之曹，無此人。夢者戒其子曰：『我亡，爾聞公孫彊爲政，必去曹，無離曹禍。』及伯陽即位，好田弋之事。六年，曹野人公孫彊亦好田弋，獲白鴈而獻之，且言田弋之説，因訪政事。伯陽大説之，有寵，使爲司城以聽政。夢者之子乃亡去。

唐　魏徵《隋書》卷二三《五行志》　大業末，京師宮室中，恒有鴻雁之類無數，翔集其間。俄而長安不守。

明　孔齊《静齋至正直記》卷一《義雁》　溧陽同知州事保壽，字慶長，偉元人，寓常州，嘗陪所親某人從車駕往止都，回途中遇二雁，射其一。至暮行二十里，宿于帳房。其生雁飛逐，悲鳴于空中。保壽及所親皆傷感思念家之念，不忍食之。明日早起，以死雁擲去，生雁隨而飛落，轉覺悲呼，若相問慰之狀，久不能去，其人遂瘞之。時庚寅秋九月，與予談及此，已十年前事也。因思元遺山先生有《雁塚詞》，正與此同。乃知雁之有義，人所不及。故諺云：雁孤一世，鶴孤三年，鵲孤一週。時所以親迎奠雁者，豈無意乎？

清　俞樾《右臺仙館筆記》卷一四　無錫縣蕩口鎮民生得一雁，將殺而烹之。有書生見而憫焉，買以歸畜之，以爲玩。懼其逸去，以綫聯其兩翮，使不能飛。雁雜處鷄鶩間，亦頗馴擾。惟聞長空雁唳，輒昂首而鳴。一日有羣雁過其上，此雁大鳴。忽有一雁自空而下，集於屋檐。兩雁相顧，引吭奮翮，若相識者，一欲招之下，一欲引之上。書生悟此兩雁必舊偶也，乃斷其綫使飛，而此雁垂翅既久，不能奮飛，屢飛屢墮，竟不得去。屋檐之雁，守之終日，忽自屋飛下，相對哀鳴。越日視之，則俱斃矣。書生感其義，合而瘞之，名曰雁冢。嗟乎！禽鳥之微，猶不忘其偶。若此，使人彌增伉儷之重。

藝文

晉　成公綏《鴻雁賦》（引自《漢魏六朝百三家集》卷五二）　余嘗遊乎河澤之間，是時鴻雁應節而羣至，望川以奔集。夫鴻漸著羽儀之歎，《小雅》作於飛之歌，斯乃古人所以假象興物，有取其美也。余又奇其應氣而知時，故作斯賦。辰火西流，秋風厲起，軒翥鼓翼，抗志萬里。過雲夢以娱遊，投淮湘而中憩，晝顧眺以候遠，夜警循而相衛。

晉　孫楚《雁賦》（引自《漢魏六朝百三家集》卷四一）　有逸豫之雋禽，稟和氣之清冲。候天時以動静，隨寒暑而污隆。颾同集于曠野，紛羣翔於雲中。翳朝陽之景曜，角聲勢於晨風。族類阜繁，數則千億。迎素秋而南遊，背青春而北息。泝長川以鳴號，淩洪波以鼓翼。任自然而相羊，窮天壤於八極。

北周　王褒《詠雁》（引自《文苑英華》卷三二八）　何朝聞曙雞，姤隴有春翬。豈若雲中鴈，秋時塞外歸。河長猶可涉，海潤故難飛。霜多聲轉急，風踈行屢稀。園池若可至，不復怯虞機。

南朝梁　蕭綱《詠雁》（引自《文苑英華》卷三二八）　高翔憚潤海，下去怯虞機。霧闇早相失，沙明還共飛。隴狹朝聲亂，風急暮行稀。雖殄輪臺援，未解龍城圍。相思不得反，且寄別書歸。

唐　駱賓王《駱丞集》卷一《秋鴈》　聯翩辭海曲，遥曳指江干。陣去金河冷，書歸玉塞寒。帶月凌空易，迷煙短浦難。何當同顧影，刷羽泛清瀾。

唐　李嶠《李嶠雜詠》卷上《靈禽部十首·鴈》　春暉滿朔方，歸鴈發衡陽。望月驚弦影，排雲結陣行。往還倦南北，朝夕苦風霜。寄語能鳴伴，相隨入帝鄉。

唐　杜牧《雁》（引自《全唐詩》卷五二六）　萬里銜蘆別故鄉，雲飛雨宿向瀟湘。數聲孤枕堪垂淚，幾處高樓欲斷腸。度日翩翩斜避影，臨風一一直成行。年年辛苦來衡岳，羽翼摧殘隴塞霜。

唐　顧非熊《雁》（引自《全唐詩》卷五〇九）　逐暖來南國，迎寒背朔

雲。下時波勢出，起處陣形分。聲急奔前侶，行低續後羣。何人寄書札，絶域可知聞。

唐　李遠《詠雁》（引自《全唐詩》卷五一九）　早晚辭沙漠，南來處處飛。關山多雨雪，風水損毛衣。碧海魂應斷，紅樓信自稀。不知矰繳外，留得幾行歸。

唐　陸龜蒙《甫里集》卷七《雁》　南北路何長，中間萬弋張。不知煙霧裏，幾隻到衡陽。

唐　黄滔《黄御史集》卷三《鴈》　楚岸花晴塞柳衰，年年南北去來期。江城日暮見飛處，旅館月明聞過時。萬里風霜休更恨，滿川煙草且須疑。洞庭雲水瀟湘雨，好把寒更一一知。

唐　徐寅《徐正字詩賦》卷二《鴻》　行如兄弟影連空，春去秋來燕不同。紫塞別當寒露白，碧山飛入暮霞紅。宣王德美周詩内，蘇武書傳漢苑中。況解銜蘆避弓箭，一聲歸唳楚天風。

唐　李建勳《李丞相詩集》卷上《詩四十四首・孤鴈》　欲食不敢食，合棲猶未棲。聞風亦驚過，避繳恨飛低。水闊緣湘困，雲寒過磧迷。悲鳴感人意，不見夜烏啼。

宋　田錫《咸平集》卷九《雁陣賦》　以葉落南翔雲飛水宿爲韻。絶塞霜早，陰山葉飛。有翔禽兮北起，常遵渚以南歸。一一彙征，若陣行之甚整；嗷嗷類聚，比部曲以相依。當乎朔塞九秋，湘天萬里。風蕭蕭兮吹白草，雁雝雝兮向寒水。單于臺下，繁笳之哀韻催來；句踐城邊，兩槊之幽音驚起。頡頏交相，翩翻迭翔。似魚麗之布列，若鵝鸛之舒張。疎密有緒，高低載颺。天空而殘月鋪影，水濶而微雲間行。應遵丹鳳詔書，咸增躍躍；雖是蒼鷹鷙勇，敢擊堂堂。觀其唳青霜，横碧落，歷江渚，達沙漠。來若羽林騎士，聞一鼓以爭前；去如翼衛材官，聽摐金而稍却。豈天陣地陣之能詢，何圓陣方陣之足云。但見乘夕靄，拂朝雲。羽翼自高，不讓於漢家飛將；煙霞遠没，疑沉於朔漠孤軍。宜乎後伍先偏，聲交影接。當塞上之飄雪，值江皋之墮葉。縱横勢定，陣圖按牧野之師；綽約體輕，兵法試吴宫之妾。惟有淮之北，漢之南，山如畫，水如藍。離離而霞彩旁襯，一一而波光遠涵。旋成偃月之形，悠颺可愛；忽變常山之勢，首尾相參。乃知接武煙鴻，追蹤霜鵠。既横空而似陣，自違寒而順燠。北方遠兮南圖，遥雲飛兮水宿。

宋　曾鞏《元豐類藁》卷五《鴻雁》　江南岸邊江水平，水荇青青渚蒲緑。鴻雁此時儔侶多，亂下沙汀恣棲宿。羣依青荇唼且鳴，暖浴蒲根戲相逐。長無矰繳意自閒，不飽稻粱心亦足。性殊凡鳥自知時，飛不亂行聊漸陸。豈同白鷺空潔白，俛啄腥汙期滿腹。

宋　范仲淹《范文正集》卷四《歸鴈》　稻粱留不得，一一起江天。帶雪南離楚，和春北入燕。依依前伴侶，歷歷舊山川。木葉程猶遠，梅花信可傳。子規啼到曉，鸜鵒鎖經年。應羨冥冥者，東風羽翼全。

宋　王安石《臨川文集》卷一八《集禧觀池上詠野鵝》　池上野鵝無數好，晴天鏡裏雪毰毸。似憐暄暖鳴相逐，疑戀寬閑去却回。京洛塵沙工點汙，江湖矰弋飽驚猜。羽毛的的人難近，嗟此謀身或有才。

又卷三〇《池鴈》　羽毛摧落向人愁，當食哀鳴似有求。萬里衡陽冬欲暖，失身元爲稻粱謀。

宋　陳師道《後山集》卷八《雁二絶句》　來往違寒暑，飛鳴在稻粱。未知溟海大，不肯過衡陽。

截水無留影，哀空有斷羣。翅開先作字，行斷不成文。

宋　張耒《柯山集》卷一八《雁》　知時避就物之難，千里瀟瀟振羽翰。水國稻收朝食乏，海天霜重夜飛寒。煙雲秋去南山暖，風日春歸朔野寬。九萬騰凌那可測，弋人矰繳漫多端。

宋　張鎡《南湖集》卷八《看鴈》　曉晴羣鴈欲何之，正是青天似紙時。横斜數行有聲字，服殺虚空解作詩。

宋　舒岳祥《閬風集》卷九《雁》　老鴈移屯百萬回，黄埃極目磧沙飛。春風萬里梅花路，淼淼江南人未歸。

宋　何夢桂《潛齋集》卷三《四禽吟・鴈》　雲水悠悠萬里身，蘆花明月落江城。從來不帶蘇郎信，莫與人間受浪名。

金　趙秉文《白鴈》（引自《全金詩增補中州集》卷九）　波浄影逾白，霜清鳴更哀。乾坤雙鬢老，風雪一聲來。林迥隱猶見，天長去復回。物情嫌太潔，莫使羽毛催。

金　曹之謙《鴈》（引自《全金詩增補中州集》卷五五）　北塞迎霜雪，

西風送羽翰。數行天滄滄，萬里路漫漫。日落秋聲急，江空暮影寒。故人書斷絕，矯首望雲端。

元 劉鶚《惟實集》卷六《白雁》 稻粱寒暑老營營，赢得秋霜滿背明。鮮鮮固與常禽異，皦皦尤爲俗眼驚。珍重素衣須自愛，緇塵近日滿江城。

元 謝宗可《詠物詩・白雁》 翅老西風絶點瑕，秋江難認宿蘆花。聲雲邊字缺銀鉤斷，月下筝閒玉柱斜。影亂飛鷗回遠浦，陣迷宿鷺落平沙。聲叫起蘇郎恨，爲帶吴霜染鬢華。

元 陳基《鴻雁篇》（引自《草堂雅集》卷一） 鴻雁雙雙度雁門，相呼相喚不離羣。晝銜蘆葦防矰繳，夜宿關河同夢魂。稻粱既足江南闊，秋水增波葉微脱。洞庭湖畔卧雲沙，彭蠡磯頭弄煙月。一朝無事忽相違，一向東飛一向西。西飛渺渺秦山曲，東去悠悠滄海湄。秦山滄海遥相望，顧影徘徊各惆悵。山有猩鼯與網羅，水有蛟鼉與風浪。回頭却恨不同棲，辛苦皆因獨自飛。不問天南與天北，何時相見得同歸。

明 林弼《林登州集》卷三《鴻雁》 嗸嗸鴻雁肅肅飛，秋風南征春北歸。分行已深兄弟念，哀鳴復重民生悲。吴江水深楚雲斷，美人銀筝動清怨。忍將尺素寄遠遊，萬里遥天寸心亂。西風冷入蘆花秋，稻粱晚歲難爲謀。瀟湘秖今多旅客，有聲莫度岳陽樓。

明 張甯《方洲集》卷一〇《雙鴈》 天遠秋無際，江空夜不驚。雙飛復雙宿，風雨莫孤征。

又《鴈》 水碧沙明夜不驚，黄蘆風急苦寒生。中郎書札今安在，仰首青霄唤侣鳴。

明 劉璟《易齋稾》卷三《蘆雁二首》 鴻鴈飛時塞草秋，風沙颯颯使人愁。因君爲報江南信，蘇武天山雪滿頭。天目山前秔稻秋，西風歸鴈影悠悠。月明何處雲羅遠，浩蕩湖波水滿洲。

明 葉盛《菉竹堂稿》卷二《鴈》 歲歲南來只一冬，春回那得與相從。鴈飛只到衡山住，人過衡山幾萬重。

明 喬世寧《春雁》（引自《明詩綜》卷四七） 春風纔幾日，江鴈已春聲。關路何時返，鄉愁爲爾生。望窮遥漢影，不盡倚樓情。却憶金河北，人同出塞行。

明 張治道《聞雁》（引自《明詩綜》卷四〇） 何事天南雁，春來又北飛。爲憂霜雪苦，轉見羽毛稀。江漢愁余阻，瀟湘笑汝違。雲霄蹤跡異，空有淚沾衣。

明 朱純《鳴雁篇》（引自《石倉歷代詩選》卷三七七） 雝雝鳴雁，肅肅羽衣，翺翔下上鳴聲偕。避寒就暖向南國，雲多水潤秔稻肥。朝遊滄江曲，夕止清鏡湄。沙鷄野鷺，未許爲匹仇。叶不解傳尺素，詎令充奠儀。漂泊野逸疇能羈。嗟彼孔鸞，文彩陸離。俯仰雕籠，匪人則飢。顧爾鳴雁，寧不慚羈縻。雝雝鳴雁，載鳴載飛，天高海潤任所之。長年不用憂羅網，成湯新政爲爾施。

明 皇甫涍《皇甫少玄集》卷一《後湖鴈賦并序》 予每過省闥，則見羣鴈後湖之上，廻翔而不去，感而作賦。余舊京之羇旅，廼散矚於城隅。有違寒之靈鳥，矯歸翼於翔塗。系華林而傾藻，紛棲泊於春湖。背高柳之修巖，飄南雲以遐征。戒儔匹於萬里，懼矰繳之我嬰。聊濡迹以游憇，終懷土而思縈。日凝光而西墜，山倒影於寒渚。唼澄瀾以羣浮，仰崇岡而延佇。亮豐草之可依，愁繁氛之襲予。忽反顧以驚鳴，振輕羽而孤邁。濯煩襟於長霄，去寰流之塵隘。言緤馬以悠悠，感微禽而永喟！

明 俞允文《仲蔚先生文集》卷一《來雁賦》 明府大梁王公以廉平惠愛爲邑，而尤以文學緣飾之。百姓乂寧，彬彬有單父之理。隆慶二年冬十有一月，公在廳事，忽有翔雁降於公庭，依遲宛頸，留止不去。公乃異而畜之，不以籠檻，益用柔馴，咸謂公之理行，不唯孚於民，而且曁於翔泳矣。昔禰衡爲黄射賦鸚鵡，韋誕爲曹公賦山雞，然皆獲自林虞，目以致獻，猶欲侈之於辭矧。夫兹雁雍雍，實有來儀之徵，由是士之及公門者，並爲賦以獻。允文褰蹇。伏跡蓬樞，公尢禮之，齊以古人之度，目睹弘美，其可缺而無述乎？敢輒畢其愚，悰用嗣斯作其辭曰：有寒門之逸禽，禀壹性之純貞。絶大漠以安集，介一嶺之峥嶸。未識機而遠害，性知時以通靈。故其族類雖繁，飛翔有序，唼食相召，鳴號同趣。勁翮蹼足，黄喙玄羽。泛素壑而並游，矯泰清而軒翥。伊兹禽之特殊，何鶩雀之足比。爰取象以明義，亦表德於嘉禮。若乃蓐

收戒節，月壯霜凝。衰草共黄雲一色，飄沙與紫塞俱平。萬里蕭條，天高氣清。乃違寒而就燠，咸噰侶而鳴羣。度關山之無極，翩嘹嘹以南征。望烟路而中惄，遵杜渚以自營。忽蒼茫以頽落，趨單父之静庭。且其容止柔馴，徘徊延佇。無籠檻以羈縻，甘輯翼而自弭。豈闇霧之相失，將疾風之乍驚。懼鷙擊之遄迫，怯虞機之見攖。抑毛羽之摧瘁，竟偏特而伶俜。顧日暮而塗遠，悵中心之有懲。遂歸仁於君子，偶來儀之瑞徵。於是飼以稻粱，豐其肌體。諒俎味之至珍，終周防以休處。及夫洞庭水緑，吴苑蒼繁。青春麗兮燕已還，望故鄉兮渺關山。嗟儔侶之偕逝，獨棲遲而莫從。遭此世之嶮巇，罹慘毒之切躬。幸微軀之見托，荷盛德之能容。輯風雲之遐想，种階墀之近踪。庶承君之惠渥，長保已而永終。

明 朱孟震《**朱秉器詩集**》**卷三**《**白鴈**》　秋色冥冥素翮孤，恰從霜候傍江湖。遵來荇渚還高下，飛入蘆汀定有無。瑶瑟月明棲作柱，碧空雲净寫成圖。冰天一札寒相照，鬚髮猶疑海上蘓。

明 張獻翼《**文起堂集**》**卷四**《**白雁**》　偶下單飛雁，空庭序已分。斷行全帶雪，一字欲凌雲。影似霜天散，聲疑旅夜聞。更誰堪接羽，鷗鷺且爲群。

明 顧紹芳《**寶菴集**》**卷四**《**鴈**》　颯颯滄洲晚，羣飛鴈不驚。伴雲踈墮影，入暝暗聞聲。物有催歸思，人今共去程。江南知自好，何意戀邊城。

明 區大相《**秋雁**》（**引自**《**明詩綜**》**卷六一**）　秋風度玉塞，候鴈發金微。繞共邊塵起，還同關葉飛。排雲聲漸衆，帶月影全稀。徙倚東南望，江臯何處歸。

明 黄好信《**春雁**》（**引自**《**明詩綜**》**卷六九**）　萬里湖南鴈，春來又北飛。亦知鄉土異，不戀稻粱肥。絶塞心先到，長河影漸稀。玉門關外客，應待問征衣。

明 張周田《**聞鴈**》（**引自**《**梁園風雅**》**卷二〇**）　離離從北至，肅肅始南征。能使瀟湘水，皆含朔溪聲。黄花籬外吐，白髪坐中生。是物關時序，悠然萬古情。

明 劉嵩陽《**鴈**》（**引自**《**梁園風雅**》**卷一八**）　摇曳高空一羽輕，年年何事向南征。雲邊結陣經秦塞，海上銜書度漢京。風雨一聲客魂斷，關山幾處月華明。上林矰繳須應避，萬里常懸江漢情。

明 臧懋循《**負苞堂詩選**》**卷二**《**秋雁**》　嘹唳三秋晚，飄飖萬里長。心歸淮浦月，翅染塞門霜。本爲傳書素，非關慕稻粱。寄聲齊客道，無假僞弦張。

明 徐熥《**幔亭集**》**卷七**《**白鴈**》　蹁躚刷羽度衡陽，遥望還疑縞素妝。影起處蘆花飄岸渚，低時殘雪點瀟湘。帶來遠塞千山月，叫落深林半夜霜。入薄雲看不見，湖光漠漠楚天長。

清 董元愷《**蒼梧詞**》**卷九**《**念奴嬌·白雁**》　渾河天半，看幾行，白雁斜斜整整。一片寒光，迷斷磧，忽失萬重清影。江水涵秋，汀洲點素，霜信隨風警。牧羝海上，蘇卿雪窖相映。　試理一曲瑶琴，冰絃乍鼓月，浸空閨冷。飛入蘆花，尋不見，叫破瀟湘烟暝。驚跡難分，鵝羣誤識刷，羽晴暉炯。横空排字，銀鈎玉筯堪並。

清 董允汴《**和虞爾錫先生十影詩·雁影**》（**引自**《**續耆舊**》**卷一二六**）　秋老空寒碧，征鴻苦稻粱。過樓添客夢，入寒拂嚴霜。整整因排字，離離又失行。白雲凝處隱，不見住横塘。

清 張篤慶《**崑崙山房集**》**卷二**《**秋鴈**》　蕭蕭落日下龍荒，大漠天高是故鄉。粳稻千群過笠澤，平沙一曲渡沅湘。朔雲鎩羽三更月，漢節傳書萬里霜。廻雁峰頭休更去，楚江南望有衡陽。

清 袁宏譽《**秋鴻**》（**引自**《**兩浙輶軒續録**》**卷四**）　天際鴻飛急，衡陽有斷雲。敢辭長作客，猶幸不離羣。影落龍蛇跡，聲寒鵝鴨軍。稻粱收正薄，慚愧爾來賓。

清 錢維城《**錢文敏公全集·茶山詩鈔**》**卷一**《**孤雁**》　猶帶輕霜度，蕭然隻影低。誰憐殘月下，最遠數聲啼。獨夜燕山北，相思楚水西。蘆花何處白，一望野雲迷。

清 薛雪《**一瓢齋詩存**》**卷三**《**秋雁**》　飄泊危矰繳，艱難萬里身。繞聞辭朔雪，已復避殘春。遥夜愁聽汝，孤鳴更惱人。稻粱何可託，空負往來頻。

清 裘曰修《**裘文達公詩集**》**卷二**《**雁陣**》　直上層霄卒未休，縱横一道陣雲浮。風驚草木淮南夜，月冷關山薊北秋。入塞早看邊氣静，排空遥捲

海氛收。無前意氣飛揚甚，遥渡銀河蹋亂流。

清 愛新覺羅·弘曆《清高宗詩二集》卷六《雁》 春溪曾見雙雙宿，秋宇重驚兩兩過。懶與寫生傳樂意，洞庭歸去任煙波。

又卷二〇《雁》 燈窻向夕杪秋清，遥聽征鴻三兩鳴。春北秋南誰與約，霜寒月澹若爲情。石渠畫省無窮意，玉岫絃傳第幾聲。憐汝稻粱隨處覓，今年稍喜報西成。

又卷二三《雁》 春寒因致雁來遲，行近江南始遇之。於異類中真有信，勝同塵者但隨時。非蒐矰繳無須畏，于澤棲眠任所宜。恰似去年清苑路，目窮人字引遐思。

又卷三九《雁》 冰泮信鳥知，頭鶱翩已至。乘風翺雲逵，和月宿沙際。將謂傷其羣，禮稱彼何事。習武亦大經，水圍行且試。

又卷五八《雁》 往來南北方，知候號隨陽。汀畔蘆花影，天邊人字行。沙洲跡印月，龍塞信傳霜。若問安身處，瀟湘雲水鄉。

清 楊恭人《雁字》（引自《淮海英靈集》壬集卷一） 秋色横空落葉忙，雁排人字到衡陽。横斜亦似兼三體，宛轉何如學二王。自有白雲堪作紙，不須采筆已成章。想從寒北傳書慣，日習塗鴉一兩行。

清 劉墉《劉文清公遺集》卷八《塞上雜咏十首次韻·鴈》 片影飛何處，黄雲凍不流。關山歷冰雪，歲月記春秋。結陣臨邊度，傳書到嶺留。賓南知面内，非爲苦寒愁。

清 陶元藻《泊鷗山房集》卷一五《詠鴈》 寒驚關塞氣蕭森，南國風霜幾度尋。湘水蘆花情宛宛，江天明月思愔愔。一聲秋落三更夢，雙足書傳萬里心。不爲稻粱輕入世，弋人何處用機深。

清 永瑆《詒晉齋集》卷三《鴈》 北南無定方，有鳥性隨陽。夢結湘中侣，聲聯塞上行。哀弦悲夜月，暗繳警秋霜。逐逐稻粱計，終年皆異鄉。

清 孫原湘《天真閣集》卷五《雁》 雁飛拍拍下汀洲，露白沙明水國秋。正是江南薦飢後，呼羣何處稻粱謀。

清 張際亮《思伯子堂詩集》卷一一《雁》 羣飛昔多侣，怨此但雙翔。復隔南荒月，孤回北塞霜。江湖天夜闊，風露地秋長。欲待相追逐，何時足稻粱。

清 李傳熒《白雁》（引自《江西詩徵》卷八四） 霜信初歸搗練哀，海天無復素書裁。西風正念金微冷，八月南飛帶雪來。

杳渺蘆花淡水雲，瀟湘秋晚幾行分。斜陽影裏江城笛，驚散西風玉一羣。

清 汪士鐸《悔翁詩鈔》卷九《雁》 炎朔殊風氣，長征萬里餘。他鄉猶作字，故友漫傳書。寒渚木落後，素琴人倦初。家山歸未得，風雪一躊躇。

清 錢寶琛《白雁》（引自《晚晴簃詩匯》卷一二八） 關山渺渺雨霏霏，倦翮横拖雪氅衣。蘆荻風高孤影淡，稻粱歲晚素心違。平沙空闊飄清散，遠渚依微下夕暉。不見紅襟雙燕子，年年爭傍畫梁飛。

江湖何處定風波，萬里銜寒練影過。夜色低迷青海月，曉霜暗度玉津河。羽毛高潔邊塵遠，心迹分明别緒多。寄語天涯羈旅客，鷗盟鶴夢未蹉跎。

清 陳錦《補勤詩存》卷一〇《詠雁》 肎隨春水逐鷗鳧，叫破天邊旅夢孤。捧日多情甘作客，過風有力借銜蘆。每因入嗽鳴難住，不爲驚寒字便無。千里音書何處寄，南雲迢遞隔江湖。

清 寶廷《偶齋詩草·外次集》卷一《壬庚集·四雁》 如有如無畫不工，依稀幾點認歸鴻。寒雲萬里碧天外，秋水一江明月中。遠勢迷離排古岸，斷行隱約印遥空。悠然漸覺看難見，暮色蒼茫四望同。

幾畫書空正復斜，銜蘆疑是筆生花。硯池低映三江水，繭紙輕鋪五色霞。鳥篆參差排樹外，鴻文歷亂認天涯。有時雪裏翺翔去，飛白成行體更嘉。

結伴齊飛兩翼分，嘉名應號羽林軍。一彎弓映衡陽月，五丈旗開塞外雲。背水高翔排隊隊，迎風横列散紛紛。驚寒嘹唳聲無數，不比孤棲歎失羣。

圖表

晉　郭璞《爾雅音圖·釋鳥》

明　李時珍《本草綱目·圖卷》

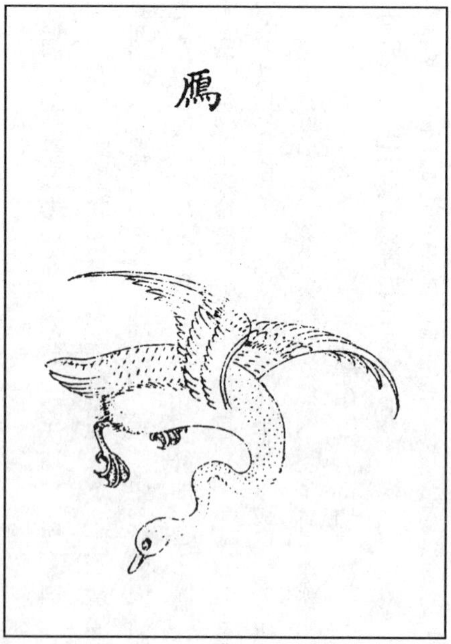

清　徐鼎《毛詩名物圖說》卷一

鵠

論說

唐　丘光庭《兼明書》卷三《禮記・正鵠》　《射義》曰：失諸正鵠，而反求諸身。先儒皆以鵠爲小鳥，畫於射侯之上。明曰：鵠有二音，其鳥亦别。鴻鵠即胡木反，正鵠則古篤反。《廣雅》曰：鳱鵠，上音于反，下古篤用。然則鳱鵠是鵲，鵲即是鴉。鳱性驚黠，射之難中，故畫于射侯之上，非小鳥也。小鳥無名鵠者，先儒未之詳也。今射垜之，上畫烏珠者，是正面畫烏鴉也。

宋　陸佃《埤雅》卷九《鵠》　鴻鵠一舉千里，故《周官》『木路，前樊鵠纓』，蓋取諸此。又曰：革路、龍勒、條纓。龍勒，猶此所謂鵠纓。蓋行天莫如龍，行地莫如馬，而《庾人》『八尺以上爲龍，六尺以上爲馬』，馬以龍名，其來尚矣。《司裘》：王大射，則共虎侯、熊侯、豹侯，設其鵠。設其鵠者，棲鵠於侯中，以爲的者也，若今所射紅心是也。謂之鵠者，取名於鵠，鴻鵠一舉千里，射者難中，是以中之爲雋也。《梓人》云：張皮侯而棲鵠。皮侯所謂三侯是也。先儒申鄭以爲其鵠還以虎、熊、豹、麋之皮爲之。按：鵠取名於鳥，則或畫或刻，或以其毛爲之，雖不可知，然知其不以虎、熊、豹、麋之皮爲之，明矣。今鵠善步，鳧善趨，鷹善立。《禽經》曰：烏鳴啞啞，鸞鳴噰噰，鳳鳴喈喈，皇鳴啾啾，雉鳴鷕鷕，雞鳴咿咿，鶯鳴嚶嚶，鵲鳴唶唶，鴨鳴呷呷，鵠鳴咭咭，鵙鳴嗅嗅。《字說》云：鵠遠舉難中，中之則可以告，故射侯棲鵠中，則告勝焉。

明　何三畏《新刻何氏類鎔》卷三三《鵠》　鵠鳥或黄、或紅、或蒼、或白，其一舉也，知山川之紆曲；其再舉也，知天地之圜方。其變五百年，其壽三千歲。不止園沼，不啄稻粱，德固不同于雞，而志亦不同于燕雀者也。軒轅之世，有六黄鵠來翔。孝惠之時，有二黄鵠下集。蔡澤之獻鵠也，偶于道上放失之，一朝獻空籠而遂返。桓榮祖之彈鵠也，欲于空中生得之，兩翅下墜地而無傷。侯鵠設于司表，則以其小鳥而難中。刻鵠申於戒子，猶以其類鶩而易成。高駢有寓鵠之羽衣，服之者翩翩如仙去。陸雲有隱鵠之名號，慕之者嘖嘖若鴻冥。陶嬰之歌黄鵠也，悲其早歲而寡，七年不雙飛。田饒之嘆黄鵠也，憐其遠道而來，千里將高舉。晉師曠之鼓琴也，來白鵠之翔，而聞之者謂通神明。劉道彊之彈琴也，爲單鵠之弄，而聽之者皆切悲愴。有自來矣，彼之恃其六翮者，鵠也。豈無背上之毛，腹下之毳，加于百仞者，鵠也。何虞矰繳之及，鼎俎之調，翔而樂者，鵠也。刻木以獻，而翻然飛去，莫知所之者，亦鵠也。是烏知有用之用，不若無用之用者哉！

綜述

漢　許慎《説文》卷四　鵠，鴻鵠也。从鳥，告聲。胡沃切。鴻，鴻鵠也。从鳥，江聲。户工切。

三國吴　陸璣《毛詩草木鳥獸蟲魚疏》卷下《鴻飛遵渚》　鴻鵠，羽毛光澤純白，似鶴而大，長頸，肉美如雁。又有小鴻，大小如鳧，色亦白，今人直謂鴻也。

宋　戴侗《六書故》卷一九　鵠，胡沃切。《孟子》曰：一心以爲鴻鵠將至。《記》曰：鵠梟胖。《楚辭》曰：鵠酸臇梟。又曰：黄鵠後時而寄處，鴟梟羣而制之。陳勝曰：燕雀安知鴻鵠之志。漢高帝歌曰：鴻鵠高飛，一舉千里。賈誼賦曰：黄鵠之一舉兮，知山川之紆曲。《子虚賦》曰：弋白鵠。《漢書》曰：黄鵠下建章宫太液池中。顔師古曰：鵠，水鳥也，其聲鵠鵠云。《周官》司裘射以共侯設其鵠。郑司農曰：鵠，鵠毛也。康成曰：謂之鵠者，取名鳱鵠。鳱鵠小鳥難中，是以中爲雋。叅以衆説，鵠蓋鴻類，鳥之大者。康成『鳱鵠小鳥』之説，未然。或曰：遼人謂之天鵞。正鵠之鵠亦通作告，古毒切。

明　李時珍《本草綱目》卷四七　鵠《食物》　釋名：天鵞。時珍曰：案師曠《禽經》云『鵠鳴哠哠』，故謂之鵠。吴僧贊寧云：凡物大者皆以天名。天者，大也。則天鵞名義，蓋亦同此。羅氏謂鵠即鶴，亦不然。集解：時珍曰：鵠大于鴈，羽毛白澤，其翔極高而善步，所謂鵠不浴而白，一舉千里，是也。亦有黄鵠、丹鵠，湖、海、江、漢之間

皆有之，出遼東者尤甚，而畏海青鶻。其皮毛可爲服飾，謂之天鵞絨。案《飲膳正要》云：天鵞有四等，大金頭鵞似鴈而長項，入食爲上，美于鴈；小金頭鵞形差小；花鵞色花；一種不能鳴鵞，飛則翔響，其肉微腥。並不及大金頭鵞，各有所産之地。

清　嵇璜《續通志》卷一八〇　鵠，一名天鵞，大於鴈，羽毛白澤，其翔極高而善步。《禽經》云：鵠鳴哠哠，故謂之鵠。《莊子》云：鵠不日浴而白。按《淮南子·覽冥訓》：鴻鵠、鶬鶴，莫不驚懼伏竄。左思《吴都賦》：鳥則鶤鵠、鶼鶴。皆分鵠、鶴爲二，羅氏謂鵠即鶴，殊不然。

清　佚名《鳥譜》卷七《金頭天鵞》　金頭天鵞，黑睛黄瞼，黑觜黄根，頂頰有赭毛，金色隱約，通身白質，淡蒼邊暈，黑足掌。《飲膳正要》：天鵞有四等，大金頭鵞似雁而長項，入食爲上，美于雁；小金頭鵞形差；小花鵞色花；一種不能鳴鵞，飛則翔響，其肉微腥。並不及大金頭鵞，各有所産之地。

又《紅觜天鵞》　紅觜天鵞，黑睛黄瞼，粉紅觜，黑根，有冠，頂頰白毛上皆有赤暈，通身白質帶微蒼，黑足掌。

紀事

漢　司馬遷《史記》卷一二六《滑稽列傳》　昔者，齊王使淳于髡獻鵠於楚。出邑門，道飛其鵠，徒揭空籠，造詐成辭，往見楚王曰：『齊王使臣來獻鵠，過於水上，不忍鵠之渴，出而飲之，去我飛亡。吾欲刺腹絞頸而死，恐人之議吾王以鳥獸之故令士自傷殺也。鵠，毛物，多相類者，吾欲買而代之，是不信而欺吾王也。欲赴佗國奔亡，痛吾兩主使不通。故來服過，叩頭受罪大王。』楚王曰：『善，齊王有信士若此哉！』厚賜之，財倍鵠在也。

明　朱國禎《湧幢小品》卷三一　工部徐謐，興化縣人，畜一天鵞。徐有往，鵞必從之。或入朝，則鵞盤旋雲漢；候退朝，乃飛下。人以鵞卜其去住。家有亭曰『問鵞』。又同縣鮑氏鴈媒飛去年許矣。忽聞網中鴈聲，主人驚曰：此吾家老黑頭來也。合網得之，則見鴈媒，將羣雛俱麗網中，不怖不驚，而足銅環宛然。

藝文

宋　高似孫《剡録》卷一〇《草木禽魚下·鵠》　出《山居賦》。《廣志》曰：黄鵠出東海。徐幹《七喻》曰。雲鶬、水鵠。張伯玉詩：冷風徐引江鵠飛，白雲回首清猿啼。李易《剡山》有《浴鵠池》詩：沼從鵠舉添蕭索，峯以鸞翔解嘆嗟。又：浴鵠開新鑑，纖塵莫遺遮。

明　俞允文《仲蔚先生文集》卷三《黄鵠吟》　黄鵠翔赤霄，傲睨將焉如。形大反爲累，舉翮觸四隅。鷦鷯又何微，終歲守一區。營營乃異任，咸各肖其軀。萬化相陶蒸，種繁類亦殊。安能遺形跡，逍遥以遊娱。

明　王世貞《弇州四部稿》卷四《别鵠操》　雙鵠摩天兮翼中垂，臨當訣兮感仳離。有子無子兮帝命之，輕棄置兮誰適爲妃。

清　陳至言《菀青集·美傳黄鵠》　嚴陵之山山千重，高崗削出青芙蓉。孤桐壁立聳千尺，雙鸞齊下江天碧。一朝雄飛白雲裏，鳴鳴巇巇墮江死。墮江不死亦不飛，不飛不鳴安所歸。吁嗟鸞兮何太苦，一死一生自千古。

雜録

南朝梁　任昉《述異記》卷上　鵠生五百年而紅，五百年而黄，又五百年而蒼，又五百年而白，壽三千歲。

明　張存紳《增定雅俗稽言》卷三七　正鵠，正鵠之正，音征，本作鴊。正鵠二鳥，皆小而飛疾，最難射，故以爲候。一曰正者，正也。鵠者，直也。取正直之義。

圖表

明　李時珍《本草綱目・圖卷》

鴛鴦

論説

明　何三畏《新刻何氏類鎔》卷三三《鴛鴦》　鴛鴦，水鳥也，亦匹鳥也。一雄一雌，既賦形之相肖；雙飛雙止，亦爲偶以相依。其羽叅差，並宿華池之側；其音下上，同啼緑岸之傍。顧落日而俱颺，追清風而具舉。長排荇帶，乍拂菱華。照影于沙頭，無非自憐其影。養雛于土窟，能使狐衛其雛。箇箇理毛衣，欲與曙色雲光掩映。時時顧儔侣，每偕江流岸浪追隨。勝林鳥之同心，邁池魚之比目。所謂青田之鶴晝夜俱飛，日南之雁從來共歸者也。彼有蘭房得幸之姬，金閨新入之寵。見兹禽之棲宿，想君意之相親者，豈有異哉！故鴛鴦爲交頸之夫妻，則朝暮悲鳴而連枝文梓之樹。鴛鴦爲雙生之兄妹，則雄雌徙倚而偕老水雲之鄉。此其死生相隨，當是精魄相屬。理或有之，無足怪者。若遺文綺之一端刺繡爲鴛鴦者，重其遠來而裁佳人合歡之被。夢殿庭之兩瓦墜地變鴛鴦者，占其戲語而兆宫禁相殺之災。至謂漢時鄢縣之兩門，忽而一聲稱鴛一聲稱鴦，化爲鴛鴦飛去，則近於誕矣。

綜述

《禽經》　鴛鴦、玄鳥，愛其類。鴛鴦，匹鳥也。玄鳥，鷰也。二鳥朝奇而暮偶，愛其類也。

漢　許慎《説文》卷四　鴛，鴛鴦也。从鳥，夗聲。於袁切。鴦，鴛鴦也。从鳥，央聲。於良切。

明　李時珍《本草綱目》卷四七　鴛鴦宋《嘉祐》　釋名：黄鴨、《綱目》匹鳥。時珍曰：鴛鴦終日並游，有宛在水中央之意也。或曰：雄鳴曰鴛，雌鳴曰鴦。崔豹《古今注》云：鴛鴦，雄雌不相離，人獲其一，則一相思而死，故謂之匹鳥。《涅槃經》謂之婆羅迦隣提。集解：時珍曰：鴛鴦，鳧類也。南方湖溪中有之，棲于土穴中。大如小鴨，其質杏黄色，有文采，紅頭翠鬣，黑翅黑尾，紅掌，頭有白長毛垂之至尾。交頸而卧，其交不再。

明　穆希文《説原》卷一〇　鴛央，雄曰夗，雌曰央。雌雄未嘗相捨，飛止相匹，失偶則思而死，有夫婦義。雀、鴿、鴛央，皆滛鳥。雀交不一，四時有子。鴿雌反乘雄，逐月有子。

明　吴雨《毛詩鳥獸草木考》卷三《鴛鴦》　《小雅》曰：鴛鴦于飛。《傳》：鴛鴦，匹鳥。太平之時交於萬物有道，取之以時。《箋》：匹鳥，言其止則相耦，飛則爲雙，性馴偶也。鴛鴦，水鳥也。一名匹鳥，一名文禽，一名珍禽。雄名爲鴛，雌名爲鴦。鳧屬，大如鶩，其質杏黄色。頭戴白長毛，垂之

至尾。尾翅皆黑，常於江渚之間食魚蝦之屬。多養子於土窟破塚之間，能使孤銜其子。食其肉令人美麗。雌雄未嘗相離，人得其一，不求再匹，則思而死，故謂之匹鳥。《稽聖賦》曰：雎鳩奚別，鴛鴦奚雙。或曰：鵲好外反，鴛好內思。

清 毛奇齡《續詩傳鳥名卷》卷三 《鴛鴦》鴛鴦于飛。鴛鴦在梁，戢其左翼。戢左翼，謂並棲而相依也。鴛鴦，鳧屬，然以其有匹，又名匹鳥。《埤雅》：雄鳴曰鴛，雌鳴曰鴦。今人家多豢之。身具五彩而首戴碧纓。《爾雅翼》反指此爲鸂鶒，此謬誤者。但其名匹鳥，《古今注》云：雌雄未嘗暫離，止相依而飛則雙，此曰『于飛』，正言兩鳥之共飛也，與『黃鳥于飛』不同。

清 顧棟高《毛詩類釋》卷一六《鴛鴦》 毛《傳》：鴛鴦，匹鳥。陸氏佃曰：鳧類，雄雌未嘗相離，人得其一，則一思而死，故先王慎於取之。《鴛鴦》之詩一章曰：鴛鴦于飛，畢之羅之。言于其飛，然後畢之羅之也，則不毀卵不射宿故也。二章曰：鴛鴦在梁，戢其左翼。言以我交於萬物有道，故彼于止，得其所止也。

清 姚炳《詩識名解》卷三《鴛鴦》 鴛鴦，《小雅·鴛鴦》篇鴛鴦指間有幕，圓嘴似鶩，故崔豹以爲鳧類。《歸藏》云『有鳧鴛鴦，有鴈鷫鷞』是也。羅瑞良分質杏黃色，頭戴白毛垂至尾、尾翅皆黑者爲鴛鴦，黃赤五彩、首有纓者爲鸂鶒。要之，鸂鶒別是一族，《說文》作谿鵡。陳昭裕《建州圖經》云：溪游雄左雌右，皆有式度。則其名各有所取，特以並遊似鴛鴦而色紫，故太白詩稱『七十紫鴛鴦』，實非其種耳。匹鳥爲鴛鴦專稱。羅瑞良引《禮記》庶人之摯匹，謂鳧鷖水鳥之類多相匹耦，非也。《禮》匹舊作鶩，鶩之名匹，於義未詳，一名末匹，《廣雅》作鳺鴄，《餘冬序録》云鴄爲匹，蓋古省文。要其類羣浮水上，每一游輒數十，未見其匹也。鴛鴦匹處，故《傳》以爲匹鳥，正不當與水鳥類同論耳。

清 嵇璜《續通志》卷一八〇 鴛鴦，鳧類。一名黃鴨，一名匹鳥。南方湖溪中有之，棲於土穴中。大如小鴨。其質杏黃色，有文彩，紅頭翠鬣，黑翅黑尾，紅掌，頭有白長毛垂之至尾，交頸而感。《詩》：鴛鴦在梁，戢其左翼。張載注云：鳥並棲，一正一倒，戢左翼以依於內，舒右翼以防患於外，左不用而右便故也。《函史》云：浮游，雄左雌右。宿，雄翼右掩左，雌翼左掩右。《埤雅》云：雄鳴曰鴛，雌鳴曰鴦。《禽經》注云：朝奇暮偶。

清 徐鼎《毛詩名物圖說》卷一 毛《傳》：鴛鴦，匹鳥。鄭《箋》：言其止則相耦，飛則爲雙，性馴耦也。《古今注》：水鳥，鳧類。雌雄未嘗相離，人得其一，則一者相思死，故謂之疋鳥。孟詵《食療本草》：食鴛肉，令人美麗。夫婦不和，與食立相憐愛。《列異傳》：宋康王埋韓馮夫妻，宿夕文梓生。有鴛鴦雌雄各一，恒棲樹上，晨夕交頸。愚按：雄鳴曰鴛，雌鳴曰鴦。其質黃色而有文彩，紅頭翠鬣，黑翅黑尾，紅掌，頭有曰長毛垂之至尾，交頸而卧。

紀事

唐 劉恂《嶺表録異》卷下 韓朋鳥者，乃鳧鷖之類。此鳥每雙飛泛溪浦。水禽中鸂鶒、鴛鴦、鵁鶄，嶺北皆有之，唯韓朋鳥未之見也。案：干寶《搜神記》云：大夫韓朋，一云馮。其妻美，宋康王奪之。朋怨，王囚之。朋遂自殺。妻乃陰腐其衣。王與之登臺，自投臺下。左右捉衣，衣不勝手，遺書于帶曰：願以尸還韓氏而合葬。王怒，令埋之，二塚相望。經夜，忽見有梓木生二塚之上，根交于下，枝連其上。又有鳥如鴛鴦，恒棲其樹，朝暮悲鳴。南人謂此禽即韓朋夫婦之精魂，故以韓氏名之。

元 脱脱《宋史》卷六四《五行志》 慶元三年春，池州銅陵縣鴛鴦雄化爲雌。

藝文

唐 陳子昂《陳拾遺集》卷一《鴛鴦篇》 飛飛鴛鴦鳥，舉翼相蔽虧。俱來綠潭裏，共向白雲涯。音容相眷戀，羽翮兩逶迤。蘋萍戲春渚，霜霰繞寒池。浦沙連岸净，汀樹拂潭垂。年年此遊玩，歲歲來追隨。鳳凰起丹穴，獨向梧桐枝。鴻鴈來紫塞，空憶稻粱肥。烏啼倦永夕，鶴鳴傷別離。豈若此

雙禽，飛翻不異林。刷尾清江浦，交頸紫山岑。文章負奇色，和鳴多好音。聞有鴛鴦綺，復有鴛鴦衾。持爲美人贈，勖此故交心。

唐　元稹《**元氏長慶集**》**卷二五**《**有鳥二十章**》　有鳥有鳥毛羽黄，雄者爲鴛雌者鴦。主人并養七十二，羅列雕籠開洞房。雄鳴一聲雌鼓翼，夜不得棲朝不食。氣息堨然雙翅垂，猶入籠中就顔色。

唐　羅鄴《**鴛鴦**》（**引自**《**文苑英華**》**卷三二九**）　江雲碧静霽煙開，錦翅雙飛去又迴。一種鳥憐名字好，祇緣人恨别離來。暖依牛渚汀莎媚，夕宿龍池禁漏催。相對若教春女見，便應携上鳳凰臺。

宋　王質《**紹陶録**》**卷下**《**鴛鴦**》　身麻褐雜花點，如鴨而小，稍長。夜傍灘岸，雌雄交頸即成睡，賦性好思。

鴛鴦，鴛鴦，一雌一雄春水鄉。惟爾所思在何方，葡萄顔色桃花香。溪南岸，溪北岸，且住中流莫相伴。嗚呼！此友兮堪仝調，烟净波明影可照。

明　高啓《**大全集**》**卷一六**《**鴛鴦**》　兩兩蓮池上，看如在錦機。應知越女妒，不敢近船飛。

明　葉盛《**菉竹堂稿**》**卷二**《**芙蓉鴛鴦**》　芙蓉如面水如神，不見凌波起韈塵。料得香魂多變幻，一雙文鳥是前身。

明　蔣山卿《**將南泠集**》**卷五**　張總戎壁間林良畫毛羽各賦一詩。

五嶺之南名越絶，太古以來不飛雪。甲子冬深只薄寒，風光物色應殊别。偶看畫障到此圖，毛骨蕭蕭生凛冽。恍凝夜半山陰舟，又如當自梁園遊。揮毫洒落思枚叟，乘興飄翩憶子猷。沙畔鴛鴦交睡穩，枝上寒鴉并坐愁。雙雙羽翼還相戢，寂寂江山何所求。憑軒大笑急呼酒，會須一飲三五斗。莫令春風吹雪消，丹青化作無何有。

右鴛鴦

圖表

明　李時珍《**本草綱目・圖卷**》

清　徐鼎《**毛詩名物圖説**》**卷一**

鸂鷘

綜述

宋　陸佃《埤雅》卷九《溪鷘》　溪鷘五色，尾有毛如船柂，小於鴨。沈約《郊居賦》所謂『秋鷖寒鷘，脩鵁短鳧』是也。性食短狐，在山澤中，無復毒氣。故《淮賦》云：溪鷘尋邪而逐害。此鳥蓋溪中之敕邪逐害者，故以名云。鳩之步網，鴛之畫印，溪鷘之敕，螺贏之祝，皆物之有術智者也。陳昭裕《建州圖經》曰：溪鴣於水渚宿，先少，若有敕令也。亦其浮游，雄者左，雌者右，羣伍皆有式度。

明　李時珍《本草綱目》卷四七　鸂鷘音溪敕。宋《嘉祐》。　釋名：溪鴨、《異物志》紫鴛鴦。　時珍曰：按杜臺卿賦云：鸂鷘尋邪而逐害。此鳥專食短狐，乃溪中勑逐害物者。其游于溪也，左雄右雌，羣伍不亂，似有式度者，故《説文》又作谿鵡。其形大于鴛鴦，而色多紫，亦好並遊，故謂之紫鴛鴦也。集解：藏器曰：鸂鷘，南方有短狐處多有之。性食短狐也，所居處無復毒氣，人家宜畜之。形小如鴨，毛有五采，首有纓，尾有毛如船柁形。

明　穆希文《蟫史集》卷二《鸂鷘》　《埤雅》云：鸂鷘五色，尾有毛如舡柁，小于鴨，水鳥也。沈約所謂『秋鷖寒鷘，修鵁短鳧』是也。《異物志》曰：此物毛有五色，性食短狐，在山澤中辟毒氣。故杜臺卿云：鸂鷘尋邪而逐害。蓋以其爲溪中之敕逐邪害者，故名。又云：鴛之畫印，鳩之步罡，鸂鷘之敕，螺贏之祝，皆物之有智術者。陳昭裕曰：鸂鷘所居，雄者左，雌者右，群伍皆有式度。大抵鴛央、鳧鷖、鵁鶄之類皆然。

明　吴楚材《彊識略》卷三一　鸂鷘　毛亦五采，尾有毛如船柂，能尋邪逐害。水渚宿，先少，若有勑令。溪游，雄者左，雌者右，群伍皆有式度。今制七品服色，黄門獨尚之，人謂以牛僧孺西臺御史，恐不然也。

明　劉侗《名物通》卷九　鸂鷘，水鳥，毛有五色，能食短狐。能勑水，故宿水而物不害。

清　嵇璜《續通志》卷一八〇　溪鷘，一名溪鴨，一名紫鴛鴦。《埤雅》云：溪鷘五色，尾有毛如船舵，小於鴨。性食短狐，在山澤中，無復毒氣。蓋溪中之敕邪逐害者，故名。《説文》作『谿鵡』。其遊於溪，左雄右雌，似有式度者。

清　程先甲《選雅》卷二〇　鸂鶒，水鳥，色黄赤，有斑文，食短狐。

藝文

南朝齊　謝朓《詠鸂鶒》（引自《藝文類聚》卷九二）　蕙草含初芳，瑶池曖晚色。得厠鴻鸞影，晞光弄羽翼。

南朝梁　蕭綱《詠飛來鸂鶒》（引自《藝文類聚》卷九二）　飛從何處來，似出上林隈。口銜長生葉，翅染昆明苔。

唐　杜甫《鸂鶒》（引自《文苑英華》卷三二九）　故使籠寬織，須知動損毛。看雲莫悵望，失水任呼號。六翮曾經剪，孤飛只未高。且無鷹隼慮，留滯莫辭勞。

唐　李紳《追昔遊集》卷中《憶西湖雙鸂鶒》　雙鸂鶒，錦毛爛斑長比翼。戲繞蓮蘩廻錦臆，照灼花叢兩相得。漁歌驚起飛南北，繚繞追隨不迷惑。雲間上下同棲息，不作驚禽遠相憶。東家少婦機中語，剪斷廻文泣機杼。徒嗟孔雀銜毛羽，一去東南別離苦，五里徘徊竟何補。

唐　李羣玉《李羣玉詩後集》卷四《鸂鶒》　錦羽相呼暮沙曲，波上雙聲戛哀玉。霞明川静極望中，一時飛滅青山緑。

唐　許渾《丁卯詩集》卷下《鸂鶒》　池寒柳復凋，獨宿夜迢迢。雨頂冠應冷，風毛劒欲飄。故巢迷碧水，舊侶越丹霄。不是無歸處，心高多寂寥。

唐　唐彦謙《鸂鶒》（引自《佩文齋詠物詩選》卷四四九）　一宿南塘煙雨時，好風摇動緑波微。驚離曉岸銜花去，暖下春汀照影飛。華屋撚絃彈鼓舞，綺窗含筆澹毛衣。畫屏見後長廻首，争得雕籠莫放歸。

唐 李中《鸂鶒》(引自《佩文齋詠物詩選》卷四四九) 流品是鴛鴦，翻飛雲水鄉。風高離極浦，煙冥下方塘。比鷺行藏別，穿荷羽翼香。雙雙浴輕浪，誰見在瀟湘。

宋 王質《紹陶録》卷下《鸂鶒》 身雜色，雌者白毛間黑花，如鴨而小，尾有毛如船柁，夜停岩穴深棲，聲清急。

鸂鶒，鸂鶒，水花蕭疎並花立。夜倚岩花眠埜香，平穩溪山總如律。春水温，秋水寒，攲岸側島陰欒欒。嗚呼！此友兮常相安，虚舟横渡人搴簾。

宋 高似孫《剡録》卷一〇《草木禽魚下·鸂鶒》 温庭筠詩：剡溪魚客賀知章，任達憐才愛酒狂。鸂鶒葦花隨釣艇，蜻蜓菰菜夢横塘。謝惠連《鸂鶒賦》曰：覽水禽之萬類，信莫麗乎鸂鶒。服昭晰之鮮姿，憇川湄而偃息。《臨海異物志》曰：鸂鶒食短狐，在溪中，無毒氣。古人《淮賦》曰：『鸂尋邪而逐害』是也。陳昭裕《圖經》曰：鸂鶒宿渚，若有敕令。其浮游也，雄左雌右，皆有式度。

宋 吴錫疇《蘭皋集》卷一《鸂鶒》 滿身文彩漫成愁，一曲清池强滯留。翹足有時雙睡去，夢魂依舊繞滄洲。

元 虞集《道園學古録》卷四《竹杏沙頭鸂鶒》 蛺蝶飛來石竹叢，羅襦曾試繡紋重。荷花啼鳥銀屏暖，卧看窗間唾碧茸。

明 蔣山卿《蔣南泠集》卷五《鸂鶒》 六月高堂爽氣鮮，蒼蒼滿壁生雲烟。祇疑江湖在平地，已見林下森遥天。鵁鶄鸂鶒滿洲渚，翠谷丹崖雜花樹。轉眄滄波浄欲流，側聽幽禽杳無語。點綴微茫如有情，細數秋毫良獨苦。今之畫者更寥寥，吕紀之前邊景昭。林良同時亦工畫，圖繪毛羽臨生綃。良惟寫意不寫色，擺脱濃艷拜纖妖。將軍平生重毫素，況復詞翰兼風騷。請君腰間大寶刀，爲我裂素分秋濤。

圖表

明 李時珍《本草綱目·圖卷》

鳽

論説

宋 陸佃《埤雅》卷七《鳽》 《三蒼》云：蒼鳽也。善高飛，似鴈，目相擊而孕，吐而生子，其色蒼白，《莊子》所謂『白鳽相視，眸子不運而風化』者也。蓋萬物以風動，以風化，故《國風》取名焉。序曰：風，風也，教也。風以動之，教以化之。風以動之，取其所謂以風動也。教以化之，取其所謂以風化也。今鷺亦雄雌相隨受卵，是亦風化，諺曰『鷺鷥相逐成胎』是也。《西方

之書』曰：『濕以合感，化以離應。《春秋》書『石』曰：『隕石于宋，五。』蓋視之則隕，察之則石，徐而察之則五。書『鶂』曰：『六鶂退飛過宋都。』蓋視之則六，察之則鶂，徐而察之則退飛，此言之法也。故《經解》曰：屬辭比事《春秋》，教也。而《傳》以爲五石、六鶂之辭不設，則王道不亢矣。《博物志》曰：鶂亦雄鳴上風，雌鳴下風而孕。揚雄《蜀都賦》云：風胎雨轂。風胎，若鶂是也，鶂睨而生子。又作鷁，隔而通者也。

宋　羅願　《爾雅翼》卷一五《鶂》　鶂，水鳥也。《説文》曰鶃。字或作鷊，作鵜，作鷁。善高飛，能風能水。古者天子舟首象鷁，所以厭水神。《淮南》云：龍舟鷁首。如是古矣。《上林賦》：櫂鷁牛首。漢人舡首，猶畫青雀，《穆天子傳》：乘鳥舟龍舟。注：猶今吴之青雀舫。蓋其遺制。其交則雄鳴上風，雌鳴下風而孕，故《莊子》以鶂爲風化。風化者，自上風以靡物，有類於君師之化。黄帝之謁廣成必從下風，以此也。然鶂既能風矣，而《春秋》書風有六鶂退飛，何哉？蓋廣川之鳥獸常預避其災，是鳥將進，遇風而退，未必爲風所排也。特其相接而過宋都，襄公以爲祥，故其辭布於諸侯，事適然耳。如海鳥爰居止於魯東門之外二日，賴展禽一言，魯人不復以爲異，則不復告也。説者廼曰五石、六鶂之辭不設，則王道不亢矣。夫視之則隕，察之則石，徐而察之則五，此其設辭之先後，與孟子所謂『繫馬千駟』者何異？視之則六，察之則鶂，徐而察之則退飛，此與晉史三豕渡河者何異？遣辭適有宜爾，又安取王道哉？説者泥於此，則白馬非白馬、黄馬、驪牛三之論紛然起矣。且夫六者，吾不知其爲退飛之數耶，或者如五鳩、九扈，爲鶂之名耶。《禽經》曰：鳥六曰鶂。然則六鶂之説，古未有考者。

綜　述

《禽經》　白鷁相眡而孕。雄雌相視而孕。

漢　許慎　《説文》卷四　鶃，鳥也。从鳥，兒聲。《春秋傳》曰：六鶃退飛。五歷切。，鶃或从鬲。，司馬相如説：鶃从赤。

宋　釋贊寧　《東坡先生物類相感志》卷七《鶂》　水鳥也，南海多有之。《博物志》云：鶂嶋[illegible]相視而孕。云雄鳴上風，嶋鳴下風，亦孕也。《列子》云：河澤之鳥相視而生曰鶂。《莊子》曰：白鶂相視，眸子不運而風化。

宋　戴侗　《六書故》卷一九　鶂，五歷切，又研奚切。《春秋》曰：六鷁退飛，過宋都。穀梁氏作鶂。《説文》曰：鶂或作鷊。司馬相如賦鵜从赤。杜元凱、顧野王皆曰：水鳥也。《三蒼》曰：鶬鶂也。《孟子》曰：陳仲子有饋其兄生鵞者，已頻蹙曰：惡用是鶂鶂者？蓋借以喻鵞聲。

明　周祈　《名義考》卷一〇《鷊》鷊音逆　《説文》：鷊，鶃也。《春秋傳》：六鶃退飛。一作六鷁。《廣韻》：鶂，水鳥，亦作鶃、鷁、鷊。是知鷊也，鶃也，鶂也，鷁也，四者一鳥也。按《字書》：鶂，水鳥，九頭。《博物志》：鶂，雌雄相視則孕。《莊子》：鶂相視，眸子不運而風化。然則果何鳥也？裴瑜注《爾雅》云：鶬，麋鴰，是九頭鳥也。孔子聞河上人鶬歌曰：逆毛衰兮，一身九尾長兮。逆當作鶂。楊用脩曰：鬼車，九頭鳥也。《白澤圖》謂之蒼鸆，《帝嚳書》謂之逆鶬，逆亦當作鶂，是知鶂即鶬鴰，鶬鴰即鬼車，蓋鵂鶹類也。《爾雅》：鷊，綬鳥。《埤雅》：綬鳥大如鸜鵒，有時吐物長數寸。《古今注》：綬鳥行必遠草木，慮觸其嗉。《倦游録》：吐綬，一名真珠鷄。遇晴日先出兩肉角，然後徐舒其綬，踰時斂於嗉下。《爾雅》誤以綬鳥釋鷊，陸佃諸人因名生義，皆未得其實也。予謂吐綬當是鷩，古者鷩綬緑色，施於左肩，以佩印。鷩，郭璞云：冠背毛黄，腹下赤，項緑。細辨之，冠下别有毛黄而黑文，長足覆項及肩，仰則緑畫韜，俯則緑漸舒，若吐綬然。是知吐綬乃鷩，非鷊也。劉禹錫《吐綬鳥詩》：朱鳥星精鍾異氣。鷩爲赤雉，故云朱鳥。王介甫《錦鷄》詩：天日晴明聊一吐。鷩一名錦鷄，吐謂吐綬。質之二詩可信。

明　穆希文　《蟫史集》卷二《鶂》　鶂，一作鷁，《三蒼》曰『鶂』，蒼色，善高飛，似鴈，目相擊而孕，吐而生子，其色蒼白，《莊子》所謂『白鶂相視，眸子不運而風化』者也。今鷺亦雌雄相逐受卵，是亦風化，西方之書曰『濕以合感，化以離處』，此之謂也。陸佃曰：《春秋》隕石于宋，視之則殞，察之則石，徐察之則五。書鶂曰：六鶂退飛，過宋都。此將風之兆也。《博物志》曰：鶂，

雄鳴上風，雌鳴下風而孕。又曰：鶂睨生子。又作鷁，又名鶃，隔而通者也。相如賦云：浮文鷁。鷁，舟也。蓋畫鷁于舡頭，以懼水族。沈約云：脩鷁短鳧。劉禎曰：緑鷁葱鶩。

明　方以智《通雅》卷四五　鶂、鷊、鷁，一字之轉。《爾雅》：鶭，鷊。於計反。注以爲鸕兹，今之水老鴉，捕魚者也。弘景曰：此鳥不卵生，口吐雛。寇宗奭言此説誤。其卵碧色，鶂似鸕鷀而白，莊周所謂『白鶂相視而風化』。鶂與《爾雅》之鷊聲相近，後人或作鷁，故畫舟首曰鷁首。《方言》艗艏，又稱青雀舫，其青鶂即爲鶔，海上化烏鰂者也。《説文》鶂，又作鶃，引相如作鶃。按：鶃即旨鶃，綬鳥也。按此三字音義相因，而鳥實有別，大約鷊爲鷀，而鶂鷀大鶂。又有鶂視風化之説，故爲白鶂蒼鶂。而鷁爲船首，青雀之稱鶃，則時借鶃鶂。《説文》不能辯，反曰鶂又作鶃耳。黄憲《天禄閣外史》曰：徐淵蜀山見禽，曰：其蒼鶂乎？孕不交而感，不交而生，生也以睨氣化，載於《爾雅》。觚竹之荒，有鳥曰鵖翼，生於股，熒惑見則孕，禽感於星也。嘉陵之墟有鳥曰鳶，臨溪啄影則孕，吐於口而生，感於水也。扶桑之野鳥曰摇光，感日之精，千歲孕，形如龜，感於日也。此三禽者，《爾雅》不得而載焉。今按《爾雅》並無蒼鶂，其因《莊子》之白鶂而立。蒼鶂之名，其(鳥)[烏]鶔乎？嘉陵乃重慶漾江之口，今此下至巴東皆有神烏，則所謂嘉陵之鳶，殆指此也。《外史》亦後擬者。

又《物理小識》卷一〇　白鷁　雌雄相視則孕，雄鳴上風則孕，古稱鵁鶄以目交屬。玉雎，鳩類也。然鹿湖人有見鵁鶄交者。

清　姚炳《詩識名解》卷二《鶃》　鶃，《陳風·防有鵲巢》篇《釋鳥》無鶃，《釋草》有虉，故《傳》、《疏》皆易字訓綬草，意以對上苕言耳。不知此大迂論，觀篇中四有物皆不倫。況上言鵲，此何必不言鶃也。今仍爲如字，列《鳥部》中。陸農師云：綬鳥大如鸜鵒，頭頸似雉，有時吐物長數寸，食必蓄嗉臆前大如斗。《古今注》謂，一名功曹，今謂之錦囊，此可得其名狀矣。戴侗駁農師云：鶃之大僅如鸜鵒，而臆乃大如斗，亦不察矣。埜人有餽予錦囊者，大如雞，頷下有錦囊，鳴則囊見。又李時珍云：吐綬雞項有嗉囊，内藏肉綬，常時不見，春夏清明則向日擺之，頂上先出兩翠角二寸許，乃徐舒項下，綬長闊近尺，采色焕爛，踰時悉斂。或剖視之，一無所睹。其説較詳。何元子引《韻會小補》謂鶃一名辟株，以其行必遠艸木，亦名真珠雞，體有真珠點文，食之甚美。是鶃可食，故稱旨鶃。綬艸具五色作綬，文字亦從鶃，然未聞言虉可食者，則不得以旨名矣。當作鳥名解爲正。愚按：何氏以鶃屬鳥固當，但解旨字亦泥。旨以美言，與下『予美』相應。《詩》蓋以草與鳥之美者興予之所美，意境自佳。必欲於可食不可食論之，近鑿，此誤於陸璣苕可生食之説也。陸農師謂鶃善相其天而吐綬，欒則見其文采，有戕賊之疑則不吐。此緣《序》爲説也。然《序》讒賊作讒言之讒，此謂爲戕害之戕，音義迥別，豈別有取爾耶？憂讒之説，蓋緣侜字而生，其實宣公信讒之事，一無所考。玩『予美』二字，當如《唐風·葛生》爲訓，疑亦婦人懷夫之詞。巢甓帶言，其意謂高丘之上，草之美者有苕，鳥之美者有鶃，而予之所美，雖有如無，不可得見，故心焉憂思不能自安也。舊謂綬草雜衆色以成文，猶多言交織以成惑，皆爲《序》中讒字穿鑿耳。《説》文鶂重文作鶃。按：鶂，水鳥，高飛似雁，色蒼白，雌雄相視則孕，《莊子》『白鶂相視，眸子不運而風化』是也。與綬鳥迥別。許氏謬謂重文合一，又謂虉爲鷊，引《詩》作旨鷊。其改文舛錯如此，不可不辨。

清　嵇璜《續通志》卷一八〇　鷁，一作鶂。善高飛，似鴈，目相眂而孕，吐而生子，其毛蒼白。《春秋》書『六鷁退飛，過宋都』，即此。

紀事

漢　司馬遷《史記》卷三八《宋微子世家》　襄公七年，宋地霣星如雨，與雨偕下，集解：《左傳》曰：隕石于宋五，隕星也。索隱：按：僖十六年《左傳》：霣石于宋五，霣星也。六鶂退飛，過宋都。是當宋襄公之時。訪内史叔興曰：吉凶焉在？對曰：君將得諸侯而不終也。然莊七年《傳》又云：恒星不見，夜中星霣如雨，與雨偕也。且與雨偕下，自在别年，不與霣石退鶂之事同。此史以霣石爲霣星，遂連恒星不見之時與雨偕爲文，故與《左傳》小不同也。六鶂退蜚，集解：《公羊傳》曰：視之則六，察之則鷁，徐察之則退飛。風疾也。集解：賈逵曰：風起於遠，至宋都高而疾，故鶂逢風卻退。

蚊母鳥

綜述

《爾雅·釋鳥》 鷏，蟁母。注：似烏鸔而大，黄白雜文，鳴如鴿聲，今江東呼爲蚊母。俗説此鳥常吐蚊，因以名云。音義：鷏，田、真二音。蟁本或作䖟。郭云：皆古蚊字，音文。案：《説文》蟁正字蚊，俗字或作蜹，《字林》亡巾反。蜹，布角反。疏：鷏，一名蟁母。蟁、蚊音義同。

唐 段公路 《北户録》卷二《蚊母扇》 端新州有鳥類青鴿而觜大，常在池塘間捕魚而食。每作一聲，則有蚊子羣出其口。今謂之吐蚊鳥。按《爾雅》注：鷏鳥似烏鸔而大，黄白雜文，鳴如鴿聲。《廣志》云：蚊母，此鳥吐出蚊也。土人云其翅堪爲扇，唯辟蚊子。與陳藏器説同。

唐 劉恂 《嶺表録異》卷中 蚊母鳥，形如青鷁，嘴大而長，於池塘捕魚而食，每叫一聲則有蚊蚋飛出其口。俗云採其翎爲扇，可辟蚊子。亦呼爲吐蚊鳥。按《太平廣記》四百六十三卷同。

唐 李肇 《唐國史補》卷下 江東有蚊母鳥，亦謂之吐蚊鳥。夏則夜鳴，吐蚊於蔱葦間，湖州尤甚。

宋 釋贊寧 《東坡先生物類相感志》卷八《蚊母鳥》 其鳥大如鷄，生南方池澤葭蘆，其中聲如人嘔吐。每一聲口中吐蛟蟲一二升。《爾雅》云：顛，蚊母。《注》云：俗蛟吐子，蚊子雖是惡水中倒告蟲化爲，然亦有鳥所吐。如人將此鳥翅爲扇，佛其蚊蟲即去。

宋 唐慎微 《證類本草》卷一九 蚊母鳥翅主作扇，蚊即去矣。鳥大如鷄，黑色，生南方池澤茹蘆中。其聲如人嘔吐，每口中吐出蚊一二升。《爾雅》云：鷏，蚊母。注云：（常）[俗]説常吐蚊。蚊雖是惡水中蟲羽化所生，然亦有蚊母吐之，猶如塞北有蚊母草，嶺南有蟲母草，江東有蚊母鳥，此三物異類而同功也。

宋 鄭樵 《通志》卷七六 鷏，《爾雅》曰：蟁母。郭云：似烏鸔而大，黄白雜文，鳴如鴿聲，今江東呼爲蚊母。俗説此鳥常吐蚊，因以名云。鷏，音田文。

宋 羅願 《爾雅翼》卷一六《蟁母》 鷏，蟁母。郭氏曰：似烏鸔而大，黄白雜文，鳴如鴿聲，今江東呼爲蚊母。俗説此鳥常吐蚊，故以名云。或言陳藏器餘。鳥大如雞，闞黑色，生南方池澤茹蘆中。其聲如人嘔吐，每口中吐出蚊一二升。李肇《唐史補》稱江東有蚊母鳥，亦謂之吐蚊鳥，夏則夜鳴，吐蚊於叢葦間。湖州尤甚。説者又言，端新州有鳥類青鶂而觜大，常在池塘間，捕魚而食。每作一聲，則蚊子羣出其口。亦謂之吐蚊鳥。數説雖所在不同，然要之一物爾。鷏雖吐蚊，然得其羽爲扇，迺可以辟蚊。南中又有蚊子木，實如枇杷，熟則自裂，蚊盡出而空殼矣。故塞北有蚊母草，嶺南有蚊母木，江南有蚊母鳥，三物異類而同功也。《淮南》曰：水蠆爲蟌，孑孓爲蟁，免齧爲蟹，物之所爲出於不意，弗知者驚，知者不怪。今孑孓，汙水中無足蟲也，好自伸屈於水上，見人輒沈，久之蜕爲花蚊揚去。蓋水蟲之變化類如此，人所同知，非出於不意也。鷏以飛鳥而吐之，莫見其成形之始，斯則異矣。

明 李時珍 《本草綱目》卷四七 蚊母鳥《拾遺》 釋名：吐蚊鳥、鷏。《爾雅》音田。集解：藏器曰：此鳥大如鷄，黑色。生南方池澤茹蘆中，江東亦多。其聲如人嘔吐，每吐出蚊一二升。夫蚊乃惡水中蟲，羽化所生。而江東有蚊母鳥，塞北有蚊母樹，嶺南有䖟母草，此三物異類而同功也。時珍曰：郭璞言，蚊母似烏鸔而大，黄白雜文，鳴如鴿聲。《嶺南異物志》言，吐蚊鳥大如青鷁，大嘴，食魚。豈各地之産差異耶？

明 穆希文 《蟫史集》卷三《蚊母鳥》 《爾雅》云：鷏，蚊母。注云：似烏鸔而大，黄白雜文，鳴如鴿聲，此鳥常吐蚊，猶如塞北有蚊母草，嶺南有蚊母木，江東有蚊母鳥。《本草》云：蚊母鳥，大如鷄，黑色，生南方池澤茹蘆中。其聲如人嘔吐，每口中吐出一二升。又曰：鳥如駝，生西夷，好食鐵，名駝鶴。按：蚊母即頓鳥也，云是田廣妻所化。似鷄，黑色，有小紅冠。

明 劉侗 《名物通》卷九 蚊母鳥，形如鷁，嘴大而長，叫一聲則有蚊蚋飛出口，能捕魚。

清 李光地《月令輯要》卷八 蚊母鳥，增《國史補》：江東有蚊母鳥，亦謂之吐蚊鳥。夏則夜鳴，吐蚊於叢葦間，湖州尤甚。《嶺表録異》：蚊母鳥，形如鵁，嘴大而長，池塘捕魚而食，每叫一聲則有蚊蚋飛出其口。俗云採其翎爲扇，可辟蚊。

清 方旭《蟲薈》卷一《羽蟲·鶮》 《爾雅》注：鶮似烏鷃而大，黃白文，聲如鴿，江東呼蚊母，又呼吐蚊鳥。俗説此鳥吐蚊。《嶺表録異》：蚊母似青鵁，嘴大而長，食魚，鳴則有蚊出其口。俗云採其翅爲扇，可避蚊。

圖表

晉 郭璞《爾雅音圖·釋鳥》

蜜母鳥

綜述

宋 釋贊寧《東坡先生物類相感志》卷一六《蜜母鳥》 《臨海異物志》云：蜜母，鳥也。凡一飛舉，蜜蜂輒羣隨之。正月旦爲蜜蜂周行諸山求可安處，蜜母入蜂中宿也。

宋 李昉《太平御覽》卷九二八 又曰：蜜母，小鳥也。色黑。正月旦，爲蜜蜂周行諸山求安處，蜂隨之，蜜母暮還入蜂中。

明 朱謀㙔《駢雅》卷七《釋鳥》 靈雀，蜜母也。

清 李光地《月令輯要》卷五 蜜母，增《本草綱目》：靈雀者，小鳥也。一名蜜母，黑色。正月至巖石間尋求安處，羣蜂隨之也。南方有之。

清 陳元龍《格致鏡原》卷八一 《臨海異物志》：蜜母鳥，凡一飛舉，蜜蜂輒羣隨之。正月旦，爲蜜蜂周行諸山求可安處，蜜母入蜂中宿也。

清 方旭《蟲薈》卷一《羽蟲·靈雀》 《本草綱目》：靈雀，蜜母也。色黑，南方正月有之，好食蜜。旭按：此物似雀而小，尖喙修尾。王漁洋《精華録》注：蜜母，正月爲蜜蜂周行諸山求安處。

烏鳳

綜述

宋 周去非《嶺外代答》卷九《禽獸門·烏鳳》 烏鳳如喜鵲，色紺碧，頸毛類雄雞鬃，頭有冠尾垂二弱骨，各長一尺四五寸，其杪始有羽毛一簇。

冠尾絶異，大略如鳳。鳴聲清越如笙簫，能度曲，妙合宫商，教之精熟者，至能終一闋，又能爲百蟲之音。生左右江溪峒中，極難得。飼以生物，故又難蓄。南方珍禽之尤，然書傳未之紀，當爲難得人罕識云。

明 沈弘正《蟲天志》卷一〇《烏鳳》 又曰青鸞，大如鶴，群翔碧藻間。烏鳳，鵲身，黄味，黑光如漆，皆吳中所無。余心異之，不爲問，以待客自名始得識，蓋恐孺穀揶揄我也，諸君知之則又大笑。《冀越集》曰：烏鳳形若喜鵲，有二毛最長，能唱小樂府，如笙簫之聲。鸚鵡、秦吉了雖能言，不能及也。秦吉了如男子之聲，鸚鵡如婦人之音，亦不同也。

明 董斯張《廣博物志》卷四八 烏鳳如喜鵲，鳴聲清越如笙簫，能變曲，妙合宫商，又能爲百蟲之音。

清 愛新覺羅·弘曆《清朝通志》卷一二六 烏鳳，一名王母鳥，四月來，南海諸島多有之。見臣徐葆光《中山傳信録》。

清 陳淏子《秘傳花鏡》卷六《養禽鳥法·烏鳳》 烏鳳非鳳凰，以其形畧似鳳，土人美其名而稱之也。産於桂海左右兩江峒中。大約喜鵲，其羽紺碧色，項毛似雄雞，頭上有冠，尾垂一弱骨，長一尺四五寸，至稍始有毛。其音聲之妙，清越如笙簫，能度小曲，合宫商，又能爲百鳥之音，凡鳥飛鳴即隨其音鳴之。人取以爲玩好，誠是快心，但彼處亦自難得耳。

清 嵇璜《續通志》卷一八〇 烏鳳，出桂海、左右兩江峒中，大如喜鵲，紺碧色，項毛似雄雞，鬃頭有冠，尾垂二弱骨，長一尺四五寸。至秋始有毛羽，其形畧似鳳，鳴聲清越如笙簫，能度曲，妙合宫商，又能爲百鳥之音。見《虞衡志》。

鴕鳥

綜 述

明 李時珍《本草綱目》卷四九 鴕鳥《拾遺》 釋名：鴕蹄鷄、《綱目》食火鷄、同上。骨托禽。時珍曰：鴕象形，托亦鴕字之説。集解：藏器曰：鴕鳥如駝，生西戎。高宗永徽中，吐火羅獻之。高七尺，足如槖駝，鼓翅而行，日三百里，食銅鐵也。時珍曰：此亦是鳥也，能食物所不能食者。按李延壽《後魏書》云：波斯國有鳥，形如駝，能飛不高，食草與肉，亦噉火，日行七百里。郭義恭《廣志》云：安息國貢大雀，雁身駝蹄，蒼色，舉頭高七八尺，張翅丈餘，食大麥，其卵如甕，其名駝鳥。劉郁《西域記》云：富浪有大鳥，駝蹄，高丈餘，食火炭，卵大如升。費信《星槎録》云：竹步國、阿丹國俱出駝蹄鷄，高者六七尺，其蹄如駝。彭乘《墨客揮犀》云：骨托禽出河州，狀如雕，高三尺餘，其名自呼，能食鐵石。宋祁《唐書》云：開元初，康國貢駝鳥卵。鄭曉《吾學編》云：洪武初，三佛齊國貢火鷄，大于鶴，長三四尺，頸、足亦似鶴，鋭嘴，軟紅冠，毛色如青羊，足二指，利爪，能傷人腹致死，食火炭。諸書所記，稍有不同，實皆一物也。

明 慎懋官《華夷花木鳥獸珍玩考》卷七《駝鳥》 吐火羅高宗永徽初遣使獻大鳥，高七尺，其色玄，足如駝，鼓翅而行，日三百里，能噉鐵。夷俗謂爲駝鳥，頸項勝得人騎，行五六里。其卵大如三升。

又卷一一《駝雞祖法兒國**》** 山中亦出駝雞，土人捕捉來賣。其身匾頸長如鶴，脚高三尺餘，每脚只有二指，毛如駱駝，喫緑荳等物，行似駱駝，單峯雙峯俱有，人皆騎坐，南中亦殺賣其肉。

明 穆希文《蟫史集》卷三《駝鶴》 《四夷傳》云：大食弼琶羅國出駱駝鶴，長六七尺，能飛不甚高，食褋物并火，或燒赤熱銅食之，生卵如椰子，破之甕甕有聲。吐火羅國有鳥，高七尺，如駝，鼓翅而行，能食銅鐵，被鐵刀入肉難拔者，食其糞立銷。

明 王世貞《異物彙苑》卷二《駝鳥》 唐永徽中吐火羅國獻駝鳥，高七尺，日行三百里，食銅鐵。出杜祐《通典》。大爵頸及身類鷹，蹄似槖駝，舉頭八九尺，張翅丈餘，食大麥，即今之駝鳥也。出《廣志》

清 張廷玉《明史》卷三二六《外國傳·祖法兒》 〔祖法兒〕有駝雞，頸長類鶴，足高三四尺，毛色若駝，行亦如之，常以充貢。

清 姚之駰《元明事類鈔》卷三七《飛鳥門》 駱駝鳥卵 高麗史世子如元謁便殿，御案前有物，大圓小鋭，色潔而貞，高尺有五寸，可受酒數斗，云摩訶鉢國所獻駱駝鳥卵也。帝命世子觀之，並賜酒。

藝文

明 楊溥《楊文定公詩集》卷二《駝鷄》 靈鷄來異域，炯然鸞鵠儔。玄衣縞素裳，逸氣淩高秋。蓬萊烟霞表，舉目八極周。豈無懷土情，雨露荷恩庥。禁御清晝永，飲啄何優游。願磬司晨職，千古告宸旒。

明 葉盛《菉竹堂稿》卷二《駝雞》 飲啄西南雨露甘，玄翎玉翮總毵毵。家雞累百何曾見，傳與人間作美談。

明 金幼孜《金文靖集》卷六《馳雞賦》 永樂己亥秋八月，吉旦，西南之國有以異禽來獻者，稽往牒而莫徵，考載籍而難辨。皇帝御奉天門特以頒示，羣臣莫不引領快覩，頓足駭愕，以爲希世之罕聞，中國所未見。其爲狀也，駞首鳳喙，鶴頸梟臆。蒼距矯攫，脩尾酋崒。雄姿逸態，鷙武且力，衡不逾咫，高可八尺，名曰駞雞，生彼番國。想其質乘火德，體孕陽精。目含碧而星耀，頂凝紫而雲蒸。步凌風以聳拔，翼摩空而峥嶸。冠峩峩以高翥，聲膠膠而振騰。豈羽毛之同族，寔異狀而殊形。感聖德之遠被，將獻琛於天庭。爾其分重譯辭海，陬貯元孕淑。娟娟其容，炯炯其目。纖喙巧舌，紺爪丹足。謝濃翠於禿襟，翦微紅於膺腹，肌一色以裁柘，體渾全而染菊。邇其身遊南詔，迹遠隴西。映日光絢，含風翅低。思靈泉以就飲，戀嘉木而擇棲。鄙昂藏之文鵠，陋睍睆之黄鸝。誓永托於遐壤，甘獨處而弗移。何遽聞於守將，遂遠辭於山靈。爰戒斥堠，勿擾勿驚；爰飭虞衡，勿弋勿矰。兹靈禽之間見，將效瑞而來庭。於是祥風乍迴，卿雲滃興。忽低飛以自馴，竟竦立而亭亭。怡情閒暇，弄影娉婷。乃諏吉日，乃告前征。盛以五采之雕籠，栖以雙玉之寶檠。馳萬里以遠涉，瞻九重而獨登。于時聖皇御朝，撫臨萬國。天仗宵嚴，閶闔晨闢。敬再拜以入獻，粲文采之輝赫。晃初日以争妍，耀金鋪而一色。凝眸注視，想婉娩以酬恩；延頸訴言，期從容而報德。惟聖皇之謙讓，乃情存於損挹，誠弗貴於珍奇，亦豈寶於遠物。思宵旰以圖治，益寅恭而戒惕。蓋將措斯世於雍熙，而納天下於仁壽之域者也。臣忝侍禁垣，職業文字。逢千載之昌期，際文明之盛治。瞻羽族之靈祥，羡物類之奇異。聊陳賦以形容，冀垂聲於後世。賦已而爲之歌曰：天生羽族，萬有不同兮。異哉此禽！既慧而聰兮，禀色純黄，昭聖德之中兮。又歌曰：奇哉此禽！既聰且慧兮，含靈解語，巧通人意兮，知德報恩，頌聖壽之萬歲兮。

清 吴偉業《梅村集》卷一八《讀史偶述·其三十二》 廣南異物進駝雞，錦背雙峰一寸齊。只道紫駝來絶塞，雞林原在大荒西。雞高三尺，花冠，翠羽，背有雙峰，似駝之肉鞍也。

圖表

明 李時珍《本草綱目·圖卷》

獸部

貂

論説

宋　陸佃《埤雅》卷四《貂》　貂亦鼠類縟毛者也。其皮煗於狐貉，取以爲帽，得風則煖。其毛拂面如焰，朔地苦寒，人以其皮温額。後代效之，因以金璫飾首，前插貂尾。至漢因焉，加以附蟬爲文，侍中插左，常侍插右。應劭《漢官儀》云：金取堅剛，百鍊而不耗；蟬取居高，飲露而不食；貂取内勁捍而外温潤，其色紫蔚而不耀。《太玄》曰「狐貂之毛，躬之賊」，此言以表自累。《莊子》曰：豐狐文豹，是何罪之有哉？其皮爲之災也。故曰：匹夫無罪，懷璧其罪。《字説》曰：貂或凋之毛，自召也。

宋　羅願《爾雅翼》卷二一《貂》　貂，鼠屬，大而黃黑，好在木上，亦謂之栗鼠。其尾特大，漢之侍中、中常侍武冠加黃金璫，附蟬爲文，貂尾爲飾，謂之惠文冠，起於趙武靈王效胡服，以金璫飾首，前插貂尾爲貴職。秦滅趙，以其君冠賜近臣。應劭以爲，金取堅剛百鍊不耗，蟬居高飲潔，口在腋下，貂内勁悍而外温潤。此因物生義也。徐廣以爲，蟬取清高飲露而不食，貂紫蔚采潤而文采不彰灼。而胡廣以謂，北方寒涼，本以貂皮暖額，附施於冠，遂成首飾。則廣之説是也。今高麗有貂帽、貂裘，冬温夏涼，利以入水，纔出岸，振迅之則乾，雪著其上則消。又北方往往黃塵眯人眼，以袖拭目則塵去。古亦以爲裘，趙王資蘇秦貂裘、黃金，使説秦王破關中之横，書上上而説不行，黑貂之裘敝，黃金百斤盡。是亦起於趙也。《傳》曰：貂不足狗尾續。言貴賤之不同。貂實鼠類，故其字又作鼦，作⿰鼠刁。《説文》云：出胡丁零國。今人謂之貂零，恐以此。《廣志》曰：貂出扶餘挹婁。王莽更漢家，黑貂著黃貂。唐正觀五年，東室韋貢豐貂。

綜述

漢　許慎《説文》卷九　貂，鼠屬，大而黃黑，出胡丁零國。从豸，召聲。都僚切。

南朝宋　劉敬叔《異苑》卷三　貂出句麗國，常有一物共居穴。或見之，形貌類人，長三尺，能制貂，愛樂刀子。其俗，人欲得貂皮，以刀投穴口。此物夜出穴，置皮刀邊，須人持皮去，乃敢取刀。

明　李時珍《本草綱目》卷五一　貂鼠《綱目》　釋名：栗鼠、《爾雅翼》松狗。時珍曰：貂亦作鼦。羅願云：此鼠好食栗及松皮，夷人呼爲栗鼠、松狗。集解：時珍曰：按許慎《説文》云：貂，鼠屬，大而黃黑色，出丁零國。今遼東高麗及女直、韃靼諸胡皆有之。其鼠大如獺而尾粗，其毛深寸許，紫黑色，蔚而不耀。用皮爲裘帽風領，寒月服之得風更暖，着水不濡，得雪即消，拂面如焰，拭眯即出，亦奇物也。惟近火則毛易脱。漢制，侍中冠金璫飾首，前插貂尾，加以附蟬，取其内勁而外温。毛帶黃色者爲黃貂，白色者爲銀貂。

明　穆希文《説原》卷一一　貂，鼠屬，大而黃，尾特大。貂蟬以爲冠者，蟬取其清高飲露，貂取其内勁捍而外温潤，且文采不彰而自美也。

清　王棠《燕在閣知新録》卷三一《白貂》　《五代史》云：耶律德光脱白貂以衣晉高祖。《陷虜記》云：契丹西北多産黑、白、黃貂鼠皮爲衣。北方諸國亦皆仰足。棠按：白貂當即今之銀鼠也。

清　劉堅《修潔齋閒筆》卷七《貂》　《竹書紀年》云：慎靚王十三年，邯鄲命將軍、大夫、適子、代史皆貂服。趙武靈命國人胡服，蓋即此事。貂，胡地所産，當時無有服者，後世極貴重，寔始周末。見《三墳補逸》。

清　桂馥《札樸》卷三《覽古・貂》　或問：《釋名》云「貂短也」，其義何？解答之曰：貂當爲⿰犭召。《廣韻》：⿰犭召，短尾犬也。《晉書・張天錫傳》：從事中郎韓博有口才，桓温使刁彝嘲之。彝謂博曰：君是韓盧後邪？博曰：卿是韓盧後。温笑曰：刁以君姓韓，故相問焉。他自姓刁，那得韓盧

後邪？博曰：明公脱末之思短尾者，則爲刁也。一坐推歎焉。案：貂、刁聲近，故借爲説。

清　俞樾《茶香室續鈔》卷二四《貂》　國朝葉名澧《橋西雜記》云：常熟徐蘭塞上六歌，歌各爲序。其於貂云：遼東之山皆産貂，貂穴空樹中，日伏夜出，捕食蟲物。土人以時取之。秋冬之交，入夜隕霜封樹，風摇樹巔，墮地如積雪，貂行霜上，跡可數也。土人張毳幕以居，畜三犬，一守，一逐獸，一打貂。其打貂者名跟蹤，云跟貂霜上之蹤者也。土人視跟蹤所前，得其樹，樹多孔，塞之，留上下，上張網，下薰以煙，貂畏煙，緣木而上，入網就獲矣。又曰：貂食鳥雀，飽則宿樹杪，跳枝竄葉，疾如猋電，間以木弩射得之。按：言打貂之法者，莫詳於此。世俗相傳貂性最仁，捕者預服磇霜，裸卧雪中，貂來覆之，乃獲以歸，非其實也。

清　高寶銓《元秘史李注補正》卷一《貂鼠》　《本草》曰：《説文》云：貂鼠尾大而黄黑色，出丁令國。今遼東高麗及女直、韃靼諸胡皆有之。其大如獺而尾粗，毛深寸許，紫黑色。用爲裘帽，得風更煖，著雪即消。《異域録》曰：揭的河兩岸樹林内，有一種人類乎索倫，名曰鄂斯提牙斯科，捕貂作貢。又曰：俄羅斯於布喇忒索倫、鄂斯提牙斯科、兀良海齊爾給斯等打牲人，令其交納貂鼠、狐狸、銀鼠、灰鼠皮。張總記曰：悉比鳌阿産貂鼠、灰鼠。《西北域記》曰：烏蘭海亦産貂，不如俄羅斯良，穴土食松子，夏毨而冬毴，及其毴取之。

又卷二《黑貂鼠》　《柳邊紀畧》曰：貂鼠紫黑色，毛平而理密者爲上，紫黑而理密者次之，紫黑而疏與毛平而黄者又次之，白斯下矣。

藝文

清　姚之駰《元明事類鈔》卷三八《走獸門·貂》　青貂　元張翥詩：白馬紫駝酒，青貂銀鼠衣。

清　愛新覺羅·弘曆《清高宗詩四集》卷五四《貂》　烏拉諸山林中多有之。索倫人以捕貂爲恒業，歲有貢額，第其等以行賞，冬時供御用裘冠，王公大臣亦服之以昭章采。東瀛物産富難詳，美毳尤稱貂鼠良。食喜松皮和栗實，色惟重黑乃輕黄。貂以豐厚純黑者爲上，紫次之，黄又次之。毛潤澤而香，則以喜食松栗之實故也。虬談敝困蘇季子，狗盗獻嗤齊孟嘗。狐白那堪相比擬，名裘黼黻佐朝章。貂裘可作常服，三品以上大臣及京堂翰詹官皆得用之。若爲端罩，惟以供御，餘則皇子、諸王亦得用爲朝祭之服。

圖表

明　李時珍《本草綱目·圖卷》

獺

論説

宋　蔡卞《毛詩名物解》卷一〇《獺》　獺，獸，西方白虎之屬，似狐而小，青黑色，膚如伏翼，水居食魚。孟子所謂『爲淵敺魚』者，獺也。亦自祭其先，《記》曰『獺祭魚，然後漁人入澤梁』是也。蓋獺取鯉於水裔，四面陳之，進而勿食，世謂之祭魚。其字從賴，與豺從才同意。《援神契》曰：蝟多賴，故不使超揚。賴，才也。舊説蟾肪合玉，獺膽分巵。又曰：熊食鹽而死，獺飲酒而斃。此類之不推也。《淮南子》曰：鵲巢知風之所自，獺穴知水之高下。言歲多風則鵲作巢卑，水之所及則獺移穴，其預知有如此矣。或曰：獺一歲二祭，豺祭方，獺祭圓。言豺、獺之祭皆四面陳之，而獺圓布，豺方布。又曰：獺祭魚數七缺七，蓋不祭也。傳曰獺髓滅瘢，説者以謂獺嗜魚腦，其髓故能滅瘢。

宋　陸佃《埤雅》卷三《獺》　獺，獸，西方白虎之屬，似狐而小，青黑色，膚如伏翼，水居食魚。孟子所謂『爲淵敺魚』者，獺也。亦自祭其先，《記》曰『獺祭魚，然後漁人入澤梁』是也。獺取鯉於水裔，四面陳之，進而弗食，世謂之祭魚。其字从賴，與豺从才同意。《援神契》曰：謂多賴，故不使超揚。賴，才也。舊説蟾肪合玉，獺膽分巵。又曰：熊食鹽而死，獺飲酒而斃。此類之所推也。《淮南子》曰：鵲巢知風之自，獺穴知水之高下。言歲多風則鵲作巢卑，水之所及則獱獺移穴，其預知有如此也。或曰：獺一歲二祭，豺祭方，獺祭圓。言豺、獺之祭皆四面陳之，而獺圓布，豺方布。唐李商隱善屬文，喜鋪陳檢閲，時謂之『獺祭魚』。《字説》曰：豺，亦獸也。乃能獲獸，能勝其類，又知以時祭，可謂才矣。獺非能勝其類也，然亦知報本反始，非無賴者。

綜述

漢　許慎《説文》卷一〇　獺，如小狗也。水居，食魚。从犬，賴聲。他達切。　猵，獺屬。从犬，扁聲。布玆切。　獱，或从賓。

宋　寇宗奭《本草衍義》卷一六　獺四足俱短，頭與身尾皆褊，毛色若故紫帛，大者身與尾長三尺餘。食魚，居水中，出水亦不死，亦能休於大木上，世謂之水獺。嘗縻置大水甕中，於其間旋轉如風，水(謂)[爲]之成旋壠起四面，高中心凹下，觀者駭目。

宋　周去非《嶺外代答》卷九《禽獸門·山獺》　山獺，出宜州溪峒，俗傳爲補助要藥。峒人云，獺性淫毒，山中有此物，凡牝獸悉避去。獺無偶，抱木而枯。峒獠尤貴重，云能解藥箭毒。中箭者研其骨少許，傅治立消。一枚直金一兩，人或來買。但得殺死者，功力甚劣。抱木枯者，土人自稀得之，徒有其説而已。

宋　羅願《爾雅翼》卷二一《獺》　獺如小狗，水居食魚。率以正月取魚於水傍，四面陳之，謂之祭魚。獺不祭魚，國多盜賊。蔡邕《月令章句》曰：獺，毛蟲，西方白虎之屬，水居而殺魚者也。春之時，乙以柔配庚剛，故金得殺於木。毛蟲害魚於春陽自然之氣，不爲妖異，故以爲候。祭者陳之陸地，進而弗食。獺歲常兩祭，古者漁人候此而入澤梁。故先儒言漁人之職歲五取魚，則以孟春獺祭爲一，季春薦鮪爲二，秋獻龜魚爲三，孟冬獺復祭爲四，季冬始漁爲五。説者以其祭爲祭天，魏蔣濟則云豺獺自祭其先，是皆不可知者也。其所陳之魚，許叔重注《淮南子》則以爲用鯉。束皙補《南陔》詩曰：有獺有獺，在河之涘，凌波赴汨，噬魴捕鯉。嗷嗷林烏，受哺於子，養隆敬薄，惟禽之似。以獺能祭，烏能養，故孝子以相戒，則又魴鯉兼祭矣。又古稱獺嗜鯔魚，乃不避死。魏徐邈畫板作鯔，懸洛水岸以誘白獺，羣獺盡來，一時執得。性能知水之高下，其爲穴必預度水所不至，鄉人以是爲潦水之候。又有一種名獱，陶隱居云：獱獺，形大，頭如馬，身似蝙蝠，不入藥，用藥用當取以魚祭天者。《三蒼解語》云：獱似青狐，居

水中，食魚。《説文》亦云：猵，獺屬，或從賓。然則獱蓋《莊子》所謂『猨猵狙以爲雌』者，以其能水能陸，故與禺屬爲雄雌。桑大夫曰：水有猵獺而池魚勞國，有强禦而齊民消。《淮南》曰『養池魚者不畜獱獺』，謂是物也。今人以一種小者爲抓鮹，言能抓鮹魚食之。又有水鼠，能入水伺大魚，騎之而齧其尾，魚以故不蕃，然非獺類。舊説諸畜肝葉數皆定，惟獺肝一月一葉，十二月則十二葉。吴孫和嘗醉舞如意，誤傷鄧夫人頰，以百金求白獺髓爲膏以滅瘢。一名水狗，每旦率以五更初出飲水，知人欲取之，則入石洞。伺其祭魚，則有鬬死者，穴中有枯骨。《山海經》曰：鼇山潚山之水出焉，有獸名曰獺，其狀如鱬，其毛如彘鬣。

宋 范成大《桂海虞衡志·志獸》 山獺，出宜州溪洞，俗傳爲補助要藥。洞人云，獺性淫毒，山中有此物，凡牝獸悉避去。獺無偶，抱木而枯。洞獠尤貴重，云能解藥箭毒。中箭者研其骨少許，敷治立消。一枚直金一兩，人或求買。但得殺死者，其功力甚劣。

宋 周密《齊東野語》卷二〇《山獺治箭毒》 世傳補助奇僻之品，有所謂山獺者，不知出於何時，謂以少許磨酒飲之立驗，然《本草》醫方皆所不載。止見《桂海虞衡志》云：出宜州溪峒。峒人云，獺性淫毒，山中有此物，凡牝獸悉避去。獺無偶，抱木而枯。峒獠尤貴重之，能解箭毒。中箭者研其骨少許，傅之立消。一枚直金一兩。或得殺死者，功力劣。抱木枯死者，土人自稀得之。然今方術之士售僞以愚世人者，類以鼠璞、猴胎爲之。雖殺死者，亦未之見也。周子功嘗使大理，經南丹州，即此物所産之地，其土人號之曰插翹，極爲貴重，一枚直黄金數兩，私貨出界者罪至死。方春時，猺女數千，歌嘯山谷，以尋藥挑菜爲事。獺性淫，或聞婦人氣，必躍升其身，刺骨而入，牢不可脱，因扼殺而藏之。土人驗之之法，每令婦人摩手極熱，取置掌心，以氣呵之，即趯然而動，蓋爲陰氣所感故耳。然其地亦不常有，或累數歲得其一，則其人立可致富，宜中州之多僞也。

明 黄省曾《獸經》 獺祭以魚，其陳也圓。春，漁候也。《埤雅》曰：獺，獸，西方白虎之屬，似狐而小，青黑色，膚如伏翼，水居食魚。《説文》曰：偏屬。《月令》云：孟春之月，獺祭魚，然後虞人入澤梁。《本草圖經》云：江湖間多有之，北土人亦馴養以爲翫。魏張揖《廣雅》曰：一名水狗。然有兩種，有獱獺，形大，頭如馬，身似蝙蝠。《淮南子》曰：養池魚者，不畜獱獺。

明 李時珍《本草綱目》卷五一 山獺《綱目》 集解：時珍曰：山獺出廣之宜州嵠峒及南丹州，土人號爲插翹。其性淫毒，山中有此物，凡牝獸皆避去。獺無偶，則抱木而枯。猺女春時，成羣入山以采物爲事。獺聞婦人氣，必躍來抱之，次骨而入，牢不可脱，因扼殺之。負歸取其陰，一枚直金一兩，若得抱木死者尤奇貴。峒獠甚珍重之，私貨出界者罪至死。然本地亦不常有，方士多以鼠璞、猴胎僞之。試之之法，但令婦人摩手極熱，取置掌心，以氣呵之，即趯然而動，蓋陰氣所感也。此説出范石湖《虞衡志》、周草窗《齊東野語》中，而不載其形狀，亦缺文也。

又 水獺《别録》下品 釋名：水狗。時珍曰：王氏《字説》云：正月、十月，獺兩祭魚，知報本反始，獸之多賴者。其形似狗，故字從犬從賴。大者曰獱，音賓，曰猵，音編。又桓譚《鹽鐵論》以獨爲猵，羣爲獺，如猨之與獨也。集解：弘景曰：獺多出溪岸邊。有兩種，入藥惟取以魚祭天者。一種獱獺，形大而頸如馬，身似蝙蝠，不入藥用。頌曰：江湖多有之，四足俱短，頭與身尾皆褊，毛色若故紫帛，大者身與尾長三尺餘。食魚，居水中，亦休木上。嘗縻置大水甕中，在内旋轉如風，水皆成旋渦。西戎以其皮飾毳服領袖，云垢不着染如風霾翳目，但就拭之即去也。時珍曰：獺狀似青狐而小，毛色青黑似狗，膚如伏翼，長尾四足，水居食魚，能知水信爲穴。鄉人以占潦旱，如鵲巢知風也。古有『熊食鹽而死，獺飲酒而斃』之語，物之性也。今川沔漁舟往往馴畜，使之捕魚，甚捷。亦有白色者。或云獱獺無雌，以猨爲雌，故云『猨鳴而獺候』。

明 謝肇淛《五雜俎》卷一一《物部三》 山獺淫毒異常，諸牝避之，無與爲偶，往往抱樹枯死。其勢入木數寸，破而取之，能壯陽道，視海狗腎功力倍常也。今山東登萊間海狗亦不可多得，往往僞爲之，廼取狗腎而縫合於牝海狗之體以欺人耳。蓋此物一牡管百牝，牡不常得故也。《齊東埜語》云：山獺出南丹州，土人名之曰插翹，一枚直黄金一兩。

明 穆希文《説原》卷一一 獺如水狗，食魚。率以正月取魚于水傍陳之，謂之祭魚。獺不祭魚，國多盜賊。歲常兩祭，漁人候此而入澤梁。又善知水之高下，人以其穴之高下爲潦旱之候。

明 吴楚材《疆識略》卷三一 獺，如小狗，食魚，居水中，出水亦不死。能休木上，謂之木獺。又有海獺，其毛着水不濡。獺膽分盃試之，不驗。亦自祭其先，故《月令》祭魚。

明　吴之俊《獅山掌録》卷二〇《插翹》　宜州溪峒有山獺，性淫毒。山有此獸，諸牝悉避去。獺無偶，抱木而枯。土人名插翹，爲補助奇品。春時猺女入山，獺聞婦人氣，則升躍其身，牢不可脱，因扼殺之。試其真者，取置婦人掌心，以氣呵之，即趯然動也，蓋感陰氣故耳。

明　鄺露《赤雅》卷一《插翅春》　山獺骨能續骨，解箭毒，用爲丸，勝海狗腎。一枚十金，私貨出界者斬。山獺性最淫，凡物皆交，交一二日不休。有獺則諸牝悉避，獺無偶。獠女採藥歌嘯，獺聞氣即躍抱，遂共扼殺之。驗之法，令婦人擦手一呵，取置掌中，骨喜躍舞，否則鼠璞、猴胎之贋耳。

明　方以智《通雅》卷四六　獱即猵，或曰獦牂。獱，音騈。獺類也，又作猵。《淮南子》曰：畜池魚者，必去猵獺。《莊子》曰『猨猵狙以爲雌』，言非類爲牝牡也。猵狙，獱獺之譌也。猵、狙一物。鄧潛谷曰：一種曰獱獺，大頭如馬，身如蝙蝠。升菴言獦牂以猿爲雌，即猵狙也。范成大《虞衡志》有山獺，一名插翹，性淫，聞牝不得，則刺木石而入。

清　嵇璜《續通志》卷一八〇　獺，似小狗，足短，頭與身尾俱褊，毛色若故紫帛，大者長三尺餘。食魚，居水中，亦休木上。江湖多有之。其大者曰獱，賓曰猵。編此水獺也。又有山獺，出廣之宜州嵠峒及南丹州，土人號曰插翹。見《虞衡志》。

清　方旭《蟲薈》卷二《毛蟲・獺》　《孟子注疏》：獺形如貓。旭按：獺有兩種，有山居者，善緣木，曰木獺；有水居者，喜食魚，曰水狗。其毛有青灰者，有紫黑者，有純白者。今處處有之。其狀並類貓，扁頭短足，尖喙修尾。其肝葉無定數，或説生一月則肝一葉，兩月則兩葉，至十二月則爲一大葉，旁又逐月而生小葉。又西域産一種元獺，歲採入貢。

又《山獺》　《赤雅》：山獺，獠人呼插翅春，其骨能續斷骨。驗法：令婦人擦手呵氣，取至掌心，骨必跳舞，否則贋。旭按：此與上山居之獺不同。

紀事

南朝宋　劉敬叔《異苑》卷一　永寧縣濤山有河，水色紅赤，有自然石橋，多魚獺異禽。陰雨時，嘗聞鞞角聲，甚亮。

南朝梁　吴均《續齊諧記》　魏明帝游洛水，水中有白獺數頭，美静可憐，見人輒去。帝欲見之，終莫能逐。侍中徐景山曰：獺嗜鯔魚，乃不避死。畫板作兩生鯔魚，懸置岸上，於是羣獺競逐，一時執得。帝甚佳之，曰：聞卿善畫，何其妙也！答曰：臣亦未嘗執筆，然人之所目，可庶幾耳。帝曰：是善用所長。顔公《庭誥》云：徐景山之畫獺是也。

唐　張鷟《朝野僉載》卷四　通州界内多獺，各有主養之，並在河側岸間。獺若入穴，插雉尾於獺穴前，獺即不敢出。去却尾，即出。取得魚必須上岸，人便奪之。取得多，然後放令自喫，喫飽，即鳴杖以驅之，還插雉尾，更不敢出。

藝　文

唐　劉禹錫《劉賓客文集》卷二一《有獺吟》　有獺得嘉魚，自謂天見憐。先祭不敢食，捧鱗望清玄。人立寒沙上，心專脰著肩。漁翁以爲妖，舉塊投其前。呼兒貫魚歸，與獺同烹煎。關關黄金鶚，大翅摇江煙。下見盈尋魚，投身擘洪漣。攫拏隱鱗去，哺雛林岳巔。鴟烏欲伺隙，遥噪莫敢前。長居青雲路，彈射無由緣。何地無江湖，何水無鮪鱣。天意不宰割，匪祭徒虔。空餘知禮重，載在淹中篇。

圖表

宋 唐慎微《證類本草》卷一八

明 李時珍《本草綱目・圖卷》

貛

綜述

《爾雅・釋獸》 貒子，貗。注：貒，豚也，一名貛。音義：貒，他官反。《説文》、《字林》云：獸似豕而肥。貗，郭其禹反，《字林》力于反。豚，音屯，本又作肫。貛音懽。疏：《字林》云：貒獸似豕而肥，其子名貗。

漢 許慎《説文》卷九 貒，獸也。从豸，耑聲。讀若湍。他耑切。貛，野豕也。从豸，雚聲。呼官切。

宋 寇宗奭《本草衍義》卷一六 貒肥矮，毛微灰色，頭連脊毛一道黑，觜尖，黑尾短闊，蒸食之極美。貉形如小狐，毛黄褐色。野獸中貒肉最甘美，仍益瘦人。

宋 鄭樵《通志》卷七六 貒，亦謂之貛。《爾雅》云：貒子，貗。貒、貗，音湍、窶。貒似豕而肥。

明 李時珍《本草綱目》卷五一 貒音湍。《唐本草》 釋名：貛狆、藏器豬貛。時珍曰：貒，團也，其狀團肥也。《爾雅》云：貒子曰貗，其足蹯，其跡厹。蹯，足掌也。厹，指頭跡也。集解：頌曰：貒似犬而矮，尖喙黑足，褐色，與貛、貉三種大抵相類，而頭足小别。郭璞注《爾雅》云『貒，一名貛』，以爲一物，然方書説其形狀差别也。宗奭曰：貒肥矮，毛微灰色，頭連脊毛一道黑，短尾，尖嘴而黑，蒸食極美。時珍曰：貒，即今豬貛也，處處山野間有之。穴居，狀似小豬狆，形體肥而行鈍。其耳聾，見人乃走。短足，短尾，尖喙，褐毛，能孔地食蟲蟻、瓜果。其肉帶土氣，皮毛不如狗貛。蘇頌所注乃狗貛，非貒也。郭璞謂貛即貒，亦誤也。

又 貛《食物》 釋名：狗貛、音歡。天狗。時珍曰：貛，又作貆，亦狀其肥鈍之貌，蜀人呼爲天狗。集解：汪穎曰：狗貛處處山野有之，穴土而居，形如家狗而脚短，食果實。有數種相似。其肉味甚甘美，皮可爲裘。時珍曰：貒，猪貛也。貛，狗貛也。二種相似而畧殊。狗貛似小狗而肥，尖喙，矮足，短尾，深毛，褐色，皮可爲裘領。亦食蟲蟻、瓜果。又遼東女直地面有海貛，皮可供衣裘，亦此類也。

明　**慎懋官**　**《華夷花木鳥獸珍玩考》卷七《貛》**　州縣田阜之間多有之。《淮南子》曰：貛爲曲穴，陰以防雨，景以蔽日。此亦鳥獸之智也。見《河南通志》

明　**徐炬**　**《新鐫古今事物原始全書》卷二七《貛》**　貛避害，營曲穴以深藏。猴好動，至林木而振響。按：貛色黄而微黑，尾短，毛臭，而肉羶。山、陝、遼東皆謂之狗貛，吴、越皆呼刁黄。善爲曲穴而避藏，防人害也。

清　**嵇璜**　**《續通志》卷一八〇**　貛形似家狗，色黄而微黑，尾短。山、陝、遼東謂之狗貛，吴、越皆呼刁黄。善爲曲穴而避藏，防人害也。《本草綱目》：貒，豬貛也。貛，狗貛也。二種相似而畧殊。

清　**牟應震**　**《毛詩物名考》卷二**　貆同貛，或又作貒。李時珍曰：貒，猪貛。貛，狗貛也。二種相似而畧殊。按：貛身似犬而粗，前股矮，足似人脚，色青黑，身長而齊，形略似猪，亦似狗，蓋古名曰貆，曰貒，今總名曰貛，非有二種也。能作穴，至冬則蟄。貉不能爲，故常與貛同穴也。

清　**汪曰楨**　**《湖雅》卷五**　貛　《栗志》：豬貛、狗貛二種相似而畧殊。豬貛穴居，狀如小豬豘，其耳聾，見人乃走。狗貛似小狗而肥，皮可爲裘領。按：一名貒，《本草綱目》分貒爲豬貛，貛爲狗貛，非也。

清　**方旭**　**《蟲薈》卷二《毛蟲・狗貛》**　《本草綱目》：狗貛，蜀人名天狗。其狀似狗而小，尖喙，足與尾並短，毛黄褐色，皮可爲裘。旭按：一種尾長者名犽。

又《猪貛》　《正字通》：豬貛，一名貛豘。旭按：此即《爾雅》之貒也。狀類狗貛，頭似豬，毛黄褐色，脊上有黑毛一道，蒸食極美。

圖表

晉　**郭璞**　**《爾雅音圖・釋獸》**

明　**李時珍**　**《本草綱目・圖卷》**

貍貓風生獸

論説

宋　陸佃《埤雅》卷四《貍》　貍，豸在里者，里人所居也。貍穴而薶焉，故『貍』又通於『薶』字。《論衡》曰：小盜貍步鼠竊。貍之伺物，卑身而伏，以候敖者。似貙而小，文彩斑然，異於貓貉。故《法言》曰：辨人貍，别其文萃也。性善擬度，故《大射》以貍步張三侯。鄭氏云：貍，善博者也，行則止而擬度焉，其發必獲，是以量侯道取象焉。《詩》曰：取彼狐貍，爲公子裘。言狐善疑，貍善擬，不可以有爲。故古者以爲燕居之裘，齊大夫東郭書『衣貍製』是也。《爾雅》曰：貍、狐、貒、貈醜，其足蹯，其跡内。蓋貍、狐、貒、貉，其性一，而貍又伏獸，好擬度，故其跡皆内而不速也。袁狎曰：河冰上有貍迹，便堪人渡。崔劼以爲貍當作狐，狐性好疑，故渡冰輒聽。蓋不知所謂聽冰，非狐性獨然，貍亦有之也。《述征記》曰：盟津寒則冰厚數丈，冰合，車馬未敢過，要須狐行。云此物善聽，冰下無水聲乃過，人見狐行方渡。《内饔》曰：鳥皫色而沙鳴，貍；馬黑脊而般臂，螻。貍，言其氣臭如貍也。《内則》作『鬱』，蓋物宜露而反鬱則臭矣。螻，言其氣臭如螻也。《内則》作『漏』，蓋物宜覆而反漏則臭矣。今貍脊間有黑理一道如界，或曰字从理省以此，與鯉之制字同義。龍八十一鱗，能變者也。鯉三十六鱗，雖無變而有理焉。理者，里也，可以數度者也。

又《貓》　鼠善害苗，而貓能捕鼠，去苗之害，故貓之字从苗。《詩》曰：有貓有虎。貓食田鼠，虎食田彘。故《詩》以譽韓樂。而《記》曰：迎貓爲其食田鼠也，迎虎爲其食田豕也。舊傳貓旦暮目睛皆圓，及午即從斂如綫。其鼻端常冷，唯夏至一日煖。蓋貓，陰類也，故其應陰氣如此。世云：薄荷醉貓，死貓引竹。物有相感者，出於自然，非人智慮所及。如薄荷醉貓、死貓引竹之類，乃因舊俗而知爾。貓亦如虎，晝地卜食，今俗謂之卜鼠。傳曰：騏驥、騹騮捕鼠於深宫之中，曾不如跛貓。言殊技也。是故天下之材在於因任。《淮南子》曰：伊尹之興，土功也。脩脛者使之跖钁，强脊者使之負土，眇者使之準，傴者使之塗。蓋如是矣。近人有收牡丹圖者，叢下有一貓，未知其精粗。有别畫者曰：此正午牡丹也。何以明之？其花枝哆而色燥，此日中時花也；貓眼黑睛如綫，此正午貓眼也。有帶露，花則房斂而色澤。貓眼早暮則圓，日漸午則狹長，正午則如一綫爾。

宋　羅願《爾雅翼》卷二一《貓》　貓，小畜之猛者，性陰而畏寒，雖盛暑卧日中不憚。鼻端四時冷濕，惟夏至即温。目睛早晚員，日中如綫，就陰則復員。其耳經捕鼠之後，則有缺如鋸，如虎食人而鋸耳也。洗面過耳，則有勝客至。其色有似貍者，通謂之貍。《説苑》曰：騏驥騄駬倚衡負軛一日千里，此至疾也。然使捕鼠，曾不如百錢之貍。古者蜡禮迎而祭之，故説者曰蜡。蓋三代之戲禮也，祭必有尸，無尸曰奠。蜡謂之祭，則有尸。猫、虎之尸，誰當爲之？致鹿與女，誰當爲之？非倡優而誰是？其説起於先儒，欲滿八蜡之數，故兼貓、虎而列焉。夫猫、虎雖能食田豕、田鼠，然所以主此者，蓋必有神於此。《詩》曰：去其螟螣及其蟊賊，無害我田。穉田祖有神，秉畀炎火。夫去螟螣蟊賊而畀之炎火者，人也。然必曰田祖有神相之耳。今去田鼠、田豕者，雖猫、虎也，然所以使鼠、豕得去者，豈無神以掌之耶？迎猫、

虎以祭其所主之神，固自有尸矣。《孟子》曰：食而弗愛，豕交之也。愛而弗敬，獸畜之也。故所以接神者，不可同於人。所以遇人者，不可同於畜家。獸尚不以人道遇，況當以人道接耶？故祭不宜及猫、虎。祭不及猫、虎，蓋以物享之，則不爲戲禮矣。然則猫、虎所主者何神？曰：自田而言之，當屬田祖；自禽而言之，則當祀祊。

又《貍》 貍者，狐之類。狐口鋭而尾大，貍口方而身文黄黑彬彬。蓋次於豹，故稱大人虎别，君子豹别，辯人貍别，山鬼乘赤豹從文貍也。貍善搏者也，爲小步以擬度焉。其發必獲，謂之貍步，量侯道者法之。古者王大射，則射人以貍步張三侯。夫射力有大小，故射侯有近遠。自士大夫卿以至諸侯，其德大者其威宜遠，其德小者其威宜近，故其張侯之法意皆可以丈引度而設也。王者威行無外，而射力則有限焉。大射之際，又所以威冒天下四方之諸侯，必將有在庭者，苟按而設之，是測量天威，損天子之體者也。故爲小步若貍者焉，詳密而進，既善爲頌，義取必中而又數在其中，此神道設教所以尊皇極者也。貍好伏，故稱伏獸。又鼈蜃之類謂之貍物，䗪蟲之類謂之貍蟲，字皆取於貍而音爲埋，則貍亦埋藏之獸矣。

明 何三畏《新刻何氏類鎔》卷三四《貍》 貍名不來，亦名無野。夏飲灌園之水，秋食承露之禾。縱横不知幾千年，呼吸乃能召百怪。或目抉牙截，或尾捎首摇，或作嬰兒啼，或變艷女態。其體自爲夫婦，故能媚人。其形能變巾衣，又能盜馬。張華爲司空時，古墓中有斑貍忽化書生，詣公言多辯者，華以千年枯木照之，而其妖遂見。樂廣爲河南尹，廳事前有老貍向城精怪，白日户自開者，廣同二子掘墻視之，而其怪遂消。有貍入仲舒之帷，論經史而究微奥者，董公疑其非常也，輒以微言動之，化成老貍而奔。有貍爲程雄之婢，名鸎鵡而美姿容者，王度疑其精魅也，遂引明鏡逼之，化作老貍而死。不然者，恐爲所惑而不勝其妖矣。雖然彼其久矣，逞凶妖而忽焉，當禍敗，皮爲榻上之藉，肉作盤中之飡，此可戒也。讀楊夔蓄狸之説、蘇子美獵狸之篇、白樂天塚狸之詞、舒元輿養狸之述，非比之妖治，則比之僉壬，其喪人家、覆人國如狸者，亦豈少也哉？狸善疾走，故捕鼠者，良馬不如其能。狸善搏行，故命中者，張侯必取其象。

綜述

《爾雅・釋獸》 貍子，隸。注：今或呼豾貍。音義：貍，力之反。《字林》云：伏獸，似貙。隸，以世反，施餘棄反，衆家作肆，又作肆，沈音四，舍人本作隸。豾，字或作狉，房悲反，一音丕。《字林》云：貍也。疏：《字林》云：貍，伏獸，似貙，其子名隸。郭云：今或呼豾貍者。《字林》云：豾貍也。【略】貍、狐、貒、貈醜，其足蹯。注：皆有掌蹯。其跡，厹。注：厹指頭處。音義：蹯，《説文》作番，古文作𤓯，並音煩。案：蹯，掌也。《左傳》云：『宰夫胹熊蹯不熟，殺之』是也。厹，女九、人九二反。《説文》云：獸足蹂地也。古文爲蹂字，或作狃。處，昌慮反。疏：《説文》云：蹯，掌也。此四獸之類皆有掌蹯。宣三年，《左傳》云『宰夫胹熊蹯』是其類也。其指頭著地處名厹。

漢 東方朔《海内十洲記》 炎洲在南海中，地方二千里。去北岸九萬里，上有風生獸，似豹，青色，大如貍。張網取之，積薪數車以燒之，薪盡而獸不然，灰中而立，毛亦不燋。斫刺不入，打之如灰囊，以鐵鎚鍛其頭數十下，乃死。而張口向風，須臾復活。以石上菖蒲塞其鼻，即死。取其腦，和菊花服之，盡十斤，得壽五百年。

漢 許慎《説文》卷九 貍，伏獸，似貙。从豸，里聲。里之切。【略】貓，貍屬。从豸，苗聲。莫交切。

晉 葛洪《抱朴子内篇・僊藥》 風生獸似豹，青色，大如狸，生於南海大林中。張網取之，積薪數車以燒之，薪盡而此獸在灰中不然，其毛不燋。斫刺不入，打之如皮囊，以鐵鎚鍛其數千或作十。下，乃死。死而張其口以向風，須臾便活而起。

南朝梁 任昉《述異記》卷上 炎洲在南海中，上有風生獸，似豹，青色，大如貍。網取之，積薪數車燒之，不燃。鐵鎚鍛頭數十下，乃死。以口向風，須臾便活。以石上菖蒲塞鼻，即真死。取其腦和菊花服之，可壽五百歲。

唐 孟琯《嶺南異物志》（引自《太平御覽》卷九〇八） 風母如猿猴而小，晝則踡伏不能動，夜則騰躍甚疾。好食蜘蛛蝱。打殺，以口向風復活，惟破腦不復生矣。以酒浸，愈風疾。南人得之。傳云：此獸常持一小杖，遇物

則指，飛走悉不能去。人有得之者，所指必有獲。夷人施罟網，既得其獸，不復見其杖。杖之數百，乃肯爲人取出。或云邕州首領甯洄得之。洄資産巨萬，僮伎數百，洄甚祕其事。

唐　段成式《酉陽雜俎》卷一五　南中有獸名風狸，如狙，眉長好羞，見人輒低頭，其溺能理風疾。術士多言風狸杖難得於翳形草。南人以上長繩繫於野外大樹下，人匿於旁樹穴中以伺之。三日後知無人至，乃於草中尋摸，忽得一草莖，折之長尺許，窺樹上有鳥集，指之，隨指而墮，因取而食之。人候其怠，勁走奪之。見人遽齧食之，或不及，則棄於草中，若不可得，當打之數百，方肯爲人取。有得之者，禽獸隨指而斃，有所欲者，指之如意。

又卷一六　香狸，取其水道連囊，以酒燒乾之，其氣如真麝。

又《酉陽雜俎續集》卷八　洪州有牛尾狸，肉甚美。

又　貓，目睛暮圓，及午豎斂如綖，其鼻端常冷，唯夏至一日煖，其毛不容蚤虱。黑者暗中逆循其毛，即若火星。俗言貓洗面過耳則客至。楚州謝陽出貓，有褐花者。靈武有紅叱撥及青驄色者。貓一名蒙貴，一名烏員。平陵城，古譚國也。城中有一貓，常帶金鎖，有錢飛若蛺蝶，士人往往見之。

宋　釋贊寧《東坡先生物類相感志》卷一〇《狐狸》　一名風生獸，狀似猿無尾，目赤，見人即低頭有似罪人之叩頭也。小打便死，向風則活。又打殺，便以石上菖蒲一寸九節安鼻中則生。出《異物志》。《抱朴子》云：似貂，青色，大如狸，生南海之大林中。取張網取之，積藪藾里以火燒之，薪盡而在炭中不然，其毛不焦。斬斫刺不入，打之如皮囊，以鐵鎚鍛其首數千下，乃死。而張其口向風，須臾便活而起。以石上菖蒲塞其鼻，則《異物志》不同。又云：取其腦以和菊花服之，一行得壽五百歲。

又《枯狸》　《淮南子》云：狸頭愈癙。許慎云：狸能執鼠，故愈也。王充《論衡》云：狸性愛食鼠，人有鼠疾，吞狸當日愈也。以膏傅鷄毛，即自走不敢闘也。

宋　葉庭珪《海録碎事》卷一《風母》　風母似猿，見人若慚屈頸，打殺，得風即活。《述征記》

宋　周去非《嶺外代答》卷九《禽獸門・大狸》　凡狸之類不一。多有穴於城郭園林者，其大倍猫，身有黑點，鳴號洶厲，處處有之。邕別有一種大狸，其毛色如金錢豹，但其錢差大耳。彼人云歲久則爲豹，其文先似之矣。此皮可以寢及覆胡牀，其大幾及豹也。

又《風狸》　風狸，狀如黄猨，食蜘蛛。晝則拳曲如蝟，遇風則飛行空中。其溺及乳汁，主治風疾，奇効。有野夫籠一枚，詣賓守劉仔任。道晝伏不動，夜則奔躍於籠中不休。需錢五十千，劉笑卻之。

宋　范成大《桂海虞衡志・志獸》　火狸，狸之類不一，邕別有一種，其毛色如金錢豹，但其錢差大耳。彼人云歲久則化爲豹，其文先似之矣。風狸，狀如黄猨，食蜘蛛。晝則拳曲如蝟，遇風則飛行空中。其溺及乳汁，主治大風疾，奇效。

宋　周密《齊東野語》卷一六《北令邦》　《澠水燕談》載，契丹國産大鼠曰毗狸，形類大鼠而足短，極肥。其國以爲殊味，穴地取之，以供國王之膳，自公相以下皆不得嘗，常以羊乳飼之。頃北使嘗攜至京，烹以進御。本朝使其國者，亦皆得食之，蓋極珍重之也。浮休《使遼録》亦謂有令邦者，以其肉一臠置之食物之鼎，則立糜爛，是以愛重。陸氏《舊聞》云：狀類大鼠，極肥腯，甚畏日，爲隙光所射輒死。《續揮犀》載，刁約使契丹，戲爲詩云：押燕移離畢，看房賀跋支；餞行三匹裂，密賜十毗狸。如鼠而大，穴居，食果穀，味若㹠而脆，契丹以爲珍膳。數説皆微有異同。要之，即此一物，亦竹貂、貛、狸之類耳。近世乃不聞有此，扣之北客，亦多不知何耶！

明　牛衷《增修埤雅廣要》卷二三《品物門・異産類・風母》　風母出九德縣，似猿，見人若慚出頸。打殺，得風還活。《交州記》

明　楊慎《丹鉛總録》卷五《文貍》　《楚辭・九歌》：乘赤豹兮載文貍。王逸注云：神貍而不言其狀。按《山海經》：亶爰之山有獸焉，狀如貍而有髦，其名曰類，自爲牡牝。余在大理嘗見之，其狀如貍，其文如豹，土人名曰香髦，疑即此物也。星家衍心星爲狐。《二十八宿真形圖》：心星有牡牝兩體，其王逸所謂神貍之説乎？

明　黄省曾《獸經》　玉面息鼠。《廣雅》曰：貍，一種面白而似牛，故名玉面，又名牛尾。人家捕蓄之，鼠皆帖伏，不復出穴矣。【略】貓之睛，午則豎而暮則圓。《酉陽雜俎》曰：貓，目睛旦暮圓，及午豎斂如線，其鼻端嘗冷，唯夏至一日煖。一名蒙貴，一名烏圓。風狸長眉。《酉陽雜俎》曰：南山有

獸名風狸，如狙，眉長好羞，見人至低頭。無人至，乃於草中尋摸，忽得一草莖折之，長尺許。窺樹上有鳥集，指之，隨指而墮，因取而食之。

明　李時珍《本草綱目》卷五一　靈貓《拾遺》　釋名：靈貍、作蛉者非。香貍、《雜俎》神貍、《離騷注》類。時珍曰：自爲牝牡，又有香氣，可謂靈而神矣。集解：藏器曰：靈貓生南海山谷，狀如貍，自爲牝牡，其陰如麝，功亦相似。按《異物志》云：靈貓，一體自爲陰陽，刳其水道連囊，以酒洒陰乾，其氣如麝。若雜入麝香中，罕能分別用之，亦如麝焉。頌曰：香貍出南方，人以作膾生，如北地狐生法，其氣甚香，微有麝氣。時珍曰：按段成式言，香貍有四外腎，則自能牝牡者，或由此也。劉郁《西域記》云：黑契丹出香貍，文似土豹，其肉可食，糞溺皆香如麝氣。楊慎《丹鉛録》云：予在大理府見香貓如貍，其文如金錢豹。此即《楚辭》所謂『乘赤豹兮載文貍』，王逸注爲神貍者也，《南山經》所謂『亶爰之山有獸焉，狀如貍而有髦，其名曰類，自爲牝牡，食者不妬』。《列子》亦云『亶爰之獸，自孕而生曰類』，疑即此物也。又《星禽真形圖》，心月狐有牝牡兩體，其神貍乎？珍按：劉、楊二説與《異物志》所説相合，則類即靈貍無疑矣。類、貍，字音亦相近也。

又　貍《別録》中品　釋名：野貓。時珍曰：按《埤雅》云：獸之在里者，故從里，穴居薶伏之獸也。《爾雅》云：貍子曰隸，音曳。其足蹯，其跡厹，音鈕，指頭着地處也。集解：弘景曰：貍類甚多。今人用虎貍，無用貓貍者，然貓貍亦好。又有色黄而臭者，肉亦主鼠瘻。頌曰：貍處處有之，其類甚多。以虎斑文者堪用，貓斑者不佳。南方一種香貍，其肉甚香，微有麝香。宗奭曰：貍形類貓，其文有二，一如連錢，一如虎文，皆可入藥，肉味與狐不相遠。江南一種牛尾貍，其尾如牛，人多糟食，未聞入藥。時珍曰：貍有數種。大小如狐，毛雜黄黑，有斑如貓，而圓頭大尾者，爲貓貍，善竊雞鴨，其氣臭，肉不可食。有斑如貙虎，而尖頭方口者，爲虎貍，善食蟲、鼠、果實，其肉不臭，可食。似虎貍而尾有黑白錢文相間者，爲九節貍，皮可供裘領。《宋史》安陸州貢野貓、花貓，即此二種也。有文如豹而作麝香氣者，爲香貍，即靈貓也。南方有白面而尾似牛者，爲牛尾貍，亦曰玉面貍，專上樹木，食百果，冬月極肥，人多糟爲珍品，大能醒酒。張揖《廣雅》云：玉面貍，人捕畜之，鼠皆帖伏不敢出也。一種似貓貍而絶小，黄斑色，居澤中，食蟲鼠及草根者，名犼，音迅。又登州島上有海貍，貍頭而魚尾也。

又　風貍《拾遺》　校正：原附貍下，今分出　釋名：風母、《綱目》風生獸、同平猴、同狤猵。音吉屈。時珍曰：風貍能因風騰越，死則得風復生，而又治風疾，故得風名。狤猵，言其詰倔也。集解：藏器曰：風貍生邕州以南，似兔而短，棲息高樹上，候風而吹至他樹，食果子。其尿如乳，甚難得，人取養之，乃可得。時珍曰：今攷《十洲記》之風生獸，《廣州異物志》之平猴、《嶺南異物志》之風母、《酉陽雜俎》之狤猵、《虞衡志》之風狸，皆一物也，但文有大同小異爾。其獸生嶺南及蜀西徼外山林中，其大如貍如獺，其狀如猿猴而小，其目赤，其尾短如無，其色青黄而黑，其文如豹。或云一身無毛，惟自鼻至尾一道有青毛，廣寸許，長三四分。其尿如乳汁，其性食蜘蛛，亦啖薫陸香。晝則踡伏不動如蝟，夜則因風騰躍甚捷，越巖過樹如鳥飛空中。人網得之，見人則如羞而叩頭乞憐之態。人撾擊之，倏然死矣。以口向風，須臾復活。惟碎其骨，破其腦，乃死。一云刀斫不入，火焚不焦，打之如皮囊，雖鐵擊其頭破，得風復起。惟石菖蒲塞其鼻，即死也。一云此獸常持一杖，指飛走，悉不能去，見人則棄之。人獲得擊打至極，乃指示人。人取以指物，令所欲如意也。二説見《十洲記》及《嶺南志》，未審然否。

明　穆希文《説原》卷一一　猫，捕鼠者，蓋鼠害苗，而猫能捕之，則去苗之害，故字从苗。迎猫爲其食田鼠也，迎虎爲其食田豕也。旦暮目睛皆圓，及午即縱斂如線。其鼻端常冷，唯夏至一日則煖。蓋猫陰類也，故其應陰氣如此。貍，似猫而大，性好伏，晝伏夜出，金眼長尾，黑質白章，尾紋九節，名九節貍。性狡而捷，俗呼野猫，好捕鼠及人家鷄鴨之屬。其玉面貍、飛貍、貔貍，皆其類也。

明　吴雨《毛詩鳥獸草木考》卷四《貍》　貍，伏獸，似貙而小，狐之類。其子一名隸，今或呼爲豾貍。口方而身有文彩，黄黑彬彬，有如連錢者，有如虎文者。脊間有黑理一道如界，異於貒貉，伺物卑身而伏以候。貍善擬狐善疑。故古者以爲燕居之裘，齊大夫東郭書『衣，貍製』是也。《爾雅》曰：貍、狐、貒、貈醜，其足蹯，其跡厹。蓋貍、狐、貒、貈，其性一，而貍又伏獸好擬度，故其跡皆厹而不速也。袁狎曰：河冰上有貍迹，便堪人渡。崔劭以爲貍當作狐，狐性好疑，故渡冰輒聽。蓋不知所謂聽冰非狐性獨然，貍亦有之也。《酉陽雜俎》曰：南山有獸名風貍如狙，眉長好羞，見人至低頭，無人乃於草中尋摸，忽得一草莖折之長尺許，窺樹上有鳥集指之，隨指隨墜，因取而食之。

明　徐應秋《玉芝堂談薈》卷三四《風母獸》　《抱朴子》載：風生獸，似豹，青色，大如貍，生於南海大林中。張網取之，積薪數車以燒之，薪盡而此獸在灰中不燃，其毛不焦。刺斬不入，打之如皮囊，以鐵椎鍛之數千，乃死。死而張其口向風，須臾便起走。以石上菖蒲塞鼻，即死。取其腦以和菊花服之，盡十斤得五百歲也。《南州異物記》：風母獸，一名平猴，狀如猴，無毛，赤目。若行逢人，便叩頭似如懼罪自乞人。若撾打之，愜然死地，無復氣息，小得風吹，須臾能起。《嶺南異物志》：風猩如猿猴而小，晝日踡伏不能

動，夜則驚躍湛疾，好食蜘蛛。毒打，死，以口向風復活，破腦不復生矣。以酒浸，愈風病。《南人傳》云：此獸嘗持小杖，遇物則指，飛走悉不能去。人有得之者，所指必有所獲。夷人施罟網，既得其獸，不復見杖，杖之數百乃肯爲人取翕。韓國獻飛骸獸，狀如鹿，青色，以寒青之繩繫之。及死，帝惜之，挂於苑門，皮毛皆朽，惟骨猶青，與頭尾俱飛去。

明　方以智　《物理小識》卷一〇　風生獸　《抱朴子》曰：風母，似貂，青色，生南海之火林中。鐵鎚其首乃死，其口向風即活。《十洲》云：以石菖蒲根塞鼻，乃死。一名平猴。柯古所云『猪猸』，即風生獸也。范成大曰：風貍，如黄猿，食蜘蛛。拳曲如蝟，遇風則飛行空中。其溺及乳，醫大風疾，效。《物類志》作猦如獺髓，水中生火，噴酒即滅。《物類志》作猸，《淮南子》蛸知雨，至《物類志》作蛸，皆訛。

又《通雅》卷四六　香髦、文貍，即類也。《本草》有靈貓，自爲牝牡，其陰如麝。《異物志》亦云云。段成式言，香貍有四外腎。大理香貓如貍，文如豹，即《楚辭》文貍，王逸注爲神貍者也。《南山經》皆言亶爰之山有獸曰類，自爲牝牡。莊、列取之東壁，合爲一物是也。升菴言，雲南蒙化府有此獸，曰香髦。今之野猫，即貍，則此可知矣。瑶星言，兩類曰㬮類，曰奇類，即羅願所載者也。智按：㬮即脖字。《十八宿真形圖》：心房二宿，皆具兩體。天下何事不有，而誕者附會，腐儒不信，俱可一笑。

清　姚炳　《詩識名解》卷六《貍》　貍，《豳風·七月》篇貍，狐之類也。故《釋獸》云：貍、狐、貒、貉醜。羅瑞良以爲，狐口鋭而尾大，貍口方而身文黄黑彬彬，蓋次於豹是也。文從里，取諧聲。陸農師謂其脊間有黑理一道如界，故字從理省。此亦如駱馬衣脊絡縫之説，不足据。貍有數種。舊説大小似狐，毛雜黄黑，有斑如貓，圓頭大尾者，爲貓貍，善竊雞鴨，肉臭，不可食。斑如貙虎，方口鋭頭者，爲虎貍，食蟲、鼠、果實。似虎貍，尾黑白，錢文相間者，爲九節貍，皮可爲裘領。《宋史》安陸州貢埜貓、花貓二種，即此是也。文如豹而作麝香氣者，爲香貍，即靈貓。南方白面，尾似狐者爲牛尾貍，亦名白面貍，善緣樹，食百果。《廣雅》云：玉面貍，人捕畜之，鼠帖服不敢出。又登州島一種，貍頭魚尾者，名海貍。而《本艸圖經》載，邕州有風貍，似兔而短，多棲息高木，候風以過他木，此又一種。豳人所取，自是可爲裘用者。《釋獸》云：貙似貍。又云：貙獌似貍。亦謂似虎貍，與九節貍二種也。陸農師以爲，狐善疑，貍善擬，不可以有爲，故古者以爲燕居之裘。陳祥道謂，公子無預於事而貍裘，東郭即戎而貍製，則貍裘非禮服之裘。皆臆説也。狐與貍類，深厚温滑，孔子所以爲居服者，亦取其適體耳。今泥此一語，便謂其非禮服，則錦衣狐裘最爲貴重而華美者，豈亦褻服耶？《左傳》貍製正爲東郭書誇美，故豳人專取此二者以奉公子也。若云公子無豫於事而貍裘，則反非豳人奉公之心矣。何元子疑此章即《射義》諸侯貍首之歌，非是。舊謂貍善搏，爲小步以擬度，其發必獲，謂之貍步，量侯道法之。古者王大射，則射人以貍步張三侯。愚意貍首之義，當取諸此。按《射義》注云：《貍首》，《詩》亡此篇，所引曾孫侯氏八句，疑即其詩。而《大射》貍首注云：貍之言不來也，射諸侯不來朝者。徐廣《封禪書》注：貍，一名不來。可證總與《豳風》爲裘義無涉。何氏欲與《騶虞》、《蘋蘩》諸詩相匹，所不敢信。

清　嵇璜　《續通志》卷一八〇　猦風母，狀似猿。《玉篇》：猦㹭，獸名，小打即死，因風更生。【略】靈貓，又曰香貍，生南海山谷，狀似貍，自爲牝牡，其氣如麝。劉郁《西域記》云：香貍，文似土豹，其肉可食，糞溺皆香似麝。楊慎《丹鉛録》：大理府有香貓，其文如金錢豹。《楚辭》『乘赤豹兮載文貍』，王逸注爲神貍，蓋即此也。案《爾雅》云：蒙頌，猱狀。注：即蒙貴也，狀如蜼而小，紫黑色，可畜，健捕鼠，勝於貓。又攷《廣東通志》：獴猜，有黑、白、黄，貍，狀類貓而大，常貓見而避之。蓋蒙貴別是一種，謂蒙貴即貓者，非。

清　汪曰楨　《湖雅》卷五　山貓，按《釋獸》：虎竊毛謂之虦貓。《詩》『有貓有虎』，《禮》『迎貓』、『迎虎』，皆與虎並言，指此貓也。今山中人呼虎曰山貓，乃以同類通稱之耳。

清　徐鼎　《毛詩名物圖説》卷二　《爾雅》：貍、狐、貒、貈，其足蹯，其跡厹。郭璞注：皆有掌蹯。厹，指頭處。《埤雅》：貍之伺物，卑身而伏，以候敖者，似貙而小，文采斑然，異於貒貉。《左傳》：定九年，齊大夫東郭書衣貍製。服虔注：貍製，貍裘也。愚按：《本草》：貍似虎而尾有黑白文相間者，名九節貍，皮可製裘。《宋史》安陸州貢野貓、花貓，即此二種也。毛《傳》：貓似虎淺毛者也。《埤雅》：鼠善害苗，而猫能捕鼠，故貓字从苗。《詩》：有貓有虎。貓食田鼠，虎食田彘。故《詩》以譽韓樂。而《記》曰：迎貓爲

其食田鼠也，迎虎爲其食田彘也。舊傳鼻端常冷，惟夏至一日暖，蓋陰類也。故其應如此。愚按：有黄、白、黑、駁數色，貍身虎而柔毛，利齒，其睛可定時，子午卯酉如一綫，寅申巳亥如滿月，辰戌丑未如棗核，孕兩月而生子。

清 牟應震《毛詩物名考》卷二 貍，形如猫而大。有數種，毛青黑斑如虎文者曰猫貍，毛雜黄黑圓斑如豹者曰豹貍，俗名偷雞豹，别種别色者未見也。

清 方旭《蟲薈》卷二《毛蟲・貍》 《續廣雅》：不來，貍也。《本草綱目》：貍有數種，大小如狐，其毛雜黄黑而有斑如貓，圓頭大尾者，爲貓貍，善竊雞鴨，其肉臭，不可食。旭按：即野貓。《内則》：食貍去正脊。《支雅》：山中寅日稱令長者貍也。

又《虎貍》 《本草綱目》：虎貍斑如貙虎，尖頭方口，善食蟲、鼠、菓實，肉不臭。

又《山貍》 《八紘譯史》：阨入多産山貍，形似麝，臍後一肉囊有香，滿則就石上剔出。《坤輿外紀》：山貍香如蘇合油，黑色，得之療耳疾。

又《風貍》 《本草綱目》：風貍即《十洲記》之風生獸，《廣州異物志》之平猴，《嶺南異物志》之風母，《酉陽雜俎》之狤𤟎也。出徼外，啖薰陸香，晝則倦伏，夜因風騰躍甚捷。其腦及尿治風疾，奇效。《酉陽雜俎》 狤𤟎，大者重十斤，狀似獺，其頭身四支了無毛，唯從鼻上竟脊至尾有青毛，廣一寸，長三四分。獵得者，斫刺不傷，積薪焚之不死，以大杖擊之骨碎乃死。《十洲記》：風生獸，取其腦和菊花服之，盡十斤壽五百歲。《抱朴子》：風生獸，鍛死得風便活，惟以石菖蒲塞其鼻則不復生。《嶺南異物志》 風母常持一杖，指飛走悉不能去，見人則棄之，人獲得擊打至極，乃指示人，人取以指物，所欲如意。《霏雪録》：風貍糟食尤佳。

又《火貍》 《桂海虞衡志》：火貍出邕州，毛色如金錢豹。

又《香貍》 《酉陽雜俎》：香貍取其水道連囊以酒澆乾之，其氣如真麝。旭按：此即《本草拾遺》之靈貓，《南海異物志》之靈貍，《楚詞》之文貍，王逸所謂神貍也。其狀似貍，毛黄黑色似豹文，尾與五段貍相似，但色不甚鮮明，而節亦無定數，有多至十數節者，其囊有香如麝，人呼香貓，其體具陰陽。《南山經》云：亶爰山有獸曰類，狀似貍而有髦，自爲牝牡，食之不妬。即此。

又《囊貍》 《海録雜事》：囊貍出賀州，形類犬，青黄色。

又《五段貍》 《廣雁蕩山志》：五段貍尾有黑白文相間，各五段，肉可食。旭按：今處處有之。其狀似香貍而脊上有黑毛甚長，頗類豬鬃，人又呼青鬃。其近首處兩邊有黑斑文，又呼斑脊。

又《九節貍》 《天禄識餘》：九節貍，一名虎僕。旭按：即花貓也。産湖廣。其狀似虎貍而黑質白章金眼，尾甚長，有九節文，能捕鼠，皮可爲裘，毛亦堪作筆。

又《玉面貍》 《廣輿記》：玉面貍産浙江金華府。旭按：玉面貍捕鼠勝於貓。人畜之，飼以果實，又名果子貍。其尾如牛，又名牛尾貍。

紀事

晉 干寶《搜神記》卷一四 齊惠公之妾蕭同叔子見御，有身，以其賤，不敢言也。取薪而生頃公于野，又不敢舉也。有貍乳而鸇覆之，人見而收，因名曰『無野』，是爲頃公。

唐 魏徵《隋書》卷二二《五行志》 梁武帝中大同元年，邵陵王綸在南徐州卧内，方晝，有貍鬬於櫚上，墮而獲之。太清中，遇侯景之亂，將兵援臺城。至鍾山，有蟄熊無何至，齧綸所乘馬。毛蟲之孽也。綸尋爲王僧辯所敗，亡至南陽，爲西魏所殺。

宋 馬純《陶朱新録》 郭堯咨獻可妻高氏，日誦白傘蓋呪。郭氏兵火後避地山陽，一日獻可謂之曰：汝誦此呪何益？因戲指所畜猫曰：能令此猫托生爲人否？高氏遂於猫前誦其呪。是夜猫果死，獻可以爲偶然。又數日捕得野猫，又謂高氏曰：能更使此猫爲人乎？高爲誦呪，其猫夜亦死。

元 脱脱《宋史》卷六六《五行志》 十三年，南康縣雷雨，羣狸震死于巖穴中，巖石皆爲碎。

明 吴之俊《獅山掌録》卷二〇《平陵猫》 平陵城有一猫，常帶金鏁，行則有錢飛若蛺蝶，士人往往見之。

明 焦周《焦氏説楛》卷二 宋留元寂長山捕一狸，剖腹得一狸，又剖

之，又得一狸。三狸雖相苞，而小大不殊，掛皮於屋，夜有羣狸繞之號，失皮所在。

藝文

宋 林逋《**林和靖集**》**卷四**《**猫兒**》 纖鈎時得小溪魚，飽卧花陰興有餘。自是鼠嫌貧不到，莫慚尸素在吾廬。

宋 蘇軾《**東坡全集**》**卷一二**《**送牛尾狸與徐使君**時大雪中》 風捲飛花自入帷，一樽遥想破愁眉。泥深厭聽雞頭鶻，蜀人謂泥滑滑爲雞頭鶻。酒淺欣嘗牛尾狸。通印子魚猶帶骨，披綿黄雀漫多脂。慇勤送去煩纖手，爲我磨刀削玉肌。

宋 蘇轍《**欒城集**》**卷一〇**《**筠州二詠・牛尾狸**》 首如狸尾如牛，攀條捷嶮如猱猴。橘柚爲漿栗爲餱，筋肉不足惟膏油。深居簡出善自謀，尋踪發窟并執囚。蓄租分散身爲羞，松薪瓦甑烝浮浮。壓入糟盎肥欲流，熊肪羊酪真比儔。引筯將舉訊何尤，無功竊食人所仇。

宋 楊萬里《**誠齋集**》**卷一二**《**牛尾狸**》 狐公韻勝冰玉肌，字則未聞名季狸。誤隨齊相燧牛尾，策勳封作糟丘子。子孫世世襲膏粱，黄雀子魚鴻雁行。先生試與季狸語，有味其言須聽取。

又卷一四《**牛尾狸**》 瓊瑶風骨褐衣裘，野果初紅玉露秋。 僧孺喚渠登牓尾，季狸只合隱山頭。

宋 朱松《**韋齋集**》**卷六**《**牛尾貍二首**》 壓糟玉面天涯見，琢雪庖霜照眼明。投筯羞顔如甲厚，南山白額正横行。

物生甚美世所忌，吹息雪中成禍胎。 湯帆夘盃頻下筯，江南歸夢打圍來。

元 王惲《**秋澗集**》**卷一一**《**風狸行**》 風狸出桂海，厥狀即猨狨。晝伏如蝟縮，夜躍衝樊籠。咄彼乳與溺，愈疾收奇功。或云識風候，飛行半空中。置之危檣顛，順勢蹲西東。越人豈此異，遠進燕山宫。不思汝悖疾，持此以自攻。皤然效順如狸聰，交州況復七縣地。枉著螳臂當車衝，南風不競汝親見。戈船下海驅羣龍，聖皇神武包九有。任土之物皆吾賓，養之如春涵如海，聲教所暨開唐封。汝不聞蕭梁天監間，林邑之苑觀天風。審知中天御明主，一旦職貢應來同。茲焉罔念從爾耳，嗚呼彼狸何所庸。

明 徐渭《**徐文長文集**》**卷四**《**狸**》 狸雖一尺軀，猛氣制十里。有時怒一號，無牙墮梁死。安得此輩來，坐吾書匣底。

清 屈大均《**翁山詩外**》**卷八**《**香貍**》 雙筯人爭下，香貍果有香。無多須小獵，不少是炎方。食果三秋美，眠花一尺長。山珍都讓汝，入饌有輝光。

靈貓相牝牡，本草昔曾知。豈意肥甘甚，偏於口體宜。果香生骨肉，花味入膏脂。與客分嘗罷，殷勤報獵師。

清 黄鉞《**壹齋集**》**卷一三**《**果子貍**》 有獸維貍醜，貪饕復善援。一生耽果核，抵死伏林園。肥白真如瓠，膏臊怕近暄。身猶呈玉面，尾果掉烏犍。憶昔黄山住，宵聞碧樹喧。嘑聲喑稚子，燭影走飛猨。歸路經新嶺，門生拓舊軒。殷勤下徐榻，炰炙薦陶盆。味異新嘗指，臕肥遠過豚。爪牙殊不利，刀機亦何冤。未賦狙公芧，先縣君子貆。然臍誠可戒，自取悔何言。

圖表

晉 郭璞《**爾雅音圖・釋獸**》

貄脩毫

貍狐貓舟覘其足蹟
南溪外史

風貍
廣西

靈貓
文貍
香貍

清 徐鼎《毛詩名物圖說》卷二

貙貗

論說

宋 陸佃《埤雅》卷四《貙》 或曰：虎五指爲貙。柳子曰：貙畏虎，虎畏羆。《釋獸》曰：貙似貍，兕似牛，犀似豕。又曰：貙獌，似貍。貙，虎屬也。獌，狼屬也。古者田獵必有所祭，故周祭貐，漢祭貙。《漢書音義》曰：貙以立秋日祭獸。故漢於是時祭焉。祭貐，其義未聞也。

宋 王觀國《學林》卷五 《爾雅》曰：貙似貍。郭璞注曰：今貙虎也，大如狗，文如貍。《字書》曰：貙，敕俱切，獸似貍。劉者，殺也。以此考之，則貙劉者，殺禽獸以祭也，托此以肄兵習戰耳。必於立秋日者，講武之時也。《字書》曰：膢者，飲食祭也。冀州八月，楚俗二月，獵取禽獸以祭。

宋 羅願《爾雅翼》卷一九《貙》 貙似虎而五爪，《釋獸》言似貍，郭

氏注《子虚賦》稱似貍而大。其注《爾雅》云：今山民呼虎之大者爲貙。然舊説云『貙畏虎，虎畏羆』，則貙不當大於虎，力能食鹿，以立秋日殺物。故漢儀立秋日郊禮畢，始揚威武，乃祠先虞告以烹鮮，天子御戎路，白馬朱鬣，躬執弩射牲，牲以鹿麛。斬牲於郊東門，載獲車馳駟以薦陵廟，名曰貙劉。劉，殺也。貙於時殺物，故以應之於是，而賜武官肄兵習孫吴兵法六十四陣，名曰乘之，所以爲武也，又謂之貙膢。《風俗通》曰：嘗新，始殺食曰貙膢。揚子《法言》曰：若牛羊用人，則狐狸、螻螾不膢臘也歟？膢之殺狐狸爲多，與臘日取螻螾，皆盡物者，故云爾。田獵之禮，象獸而動，漢之貙劉，猶周之表貉也。貙既五爪，有人之象。《博物志》稱江漢有貙人能化爲虎，《蜀都賦》所謂『鼻貙氓於葽草』者也。唐李肇《國史補》云：俗言四指者天虎也，五指者人虎也。而《吴都賦》注乃言，貙，虎屬，能化爲人，與前説反。聞之虎化爲人，惟尾不化，須燒尾乃成人，好著紫葛衣，足無踵。貙是虎類，或云『貙人能化爲虎』，或云『貙，虎屬，能化爲人』，辭亦相備，此亦《莊子》『程生馬』之論也。

又《獌》 獌，獸之長者，一名蟃蜒，以其長，故從曼從延。雲夢有之，《子虚賦》所謂『其下則有白虎、黑豹、蟃蜒、貙豻』是也。郭璞曰：蟃蜒，大獸，似貍，長百尋。案《説文》：獌，狼屬也。引《爾雅》『貙獌似貍』。獌狿既是狼屬，又復似貍，又與貙豻同稱，則其形質當不甚相懸。正使身長，不應八百尺。孫愐説獌雖同郭氏之語，至説狿則云：獌狿，大獸名，長八尺。夫以狼、貙、狸、豻之類而其長八尺，則已奇而可駭矣。八尺正當一尋。郭氏稱百尋者，蓋見《西京賦》云『巨獸百尋，是爲曼延』，故云爾。漢武帝作蛇龍曼延之戲，多作水陸蟲獸，如熊虎、猨狖、怪獸、大雀。白虎行孕，海鱗變龍，罔不畢有。以此獸尤奇，故特取之。又百倍其長，爲百尋，以爲戲玩。故薛綜云：作大獸，長八千丈也。郭氏秪據此爲説，不原物之本狀耳。然此戲包物甚多，獨名曼延者，以其形模自然奇怪。又增之令極長，最爲可玩，故主名之，又謂之曼衍之戲。《校獵賦》云：斮巨狿。

綜述

《爾雅·釋獸》 貙獌，似貍。注：今山民呼貙虎之大者爲貙豻。音義：貙，丑于反。《字林》云：似貍而大。獌，本亦作𧳜，音萬，又亡姦反，或亡羊反，《字林》音幔，云狼屬，一曰貙也。豻，郭音岸，《字林》下旦反，云：胡地野狗。本又作犴。《説文》作豻字。陳國武音《子虚賦》苦姦反，解云：胡地野犬，似狐，黑喙。疏：《字林》云：貙似貍而大，一名獌。郭云：今山民呼貙虎之大者爲貙豻。《字林》云：豻，胡地野狗，似狐，黑喙，皆貙之類。故又呼貙豻。【略】貙似貍。注：今貙虎也，大如狗，文如貍。疏：貙獸其文如貍。

漢 許慎《説文》卷九 貙，貙獌似貍者。从豸，區聲。敕俱切。貚，貙屬也。从豸，單聲。徒干切。

又卷一〇 獌，狼屬。从犬，曼聲。《爾雅》曰：貙獌似貍。舞販切。

宋 鄭樵《通志》卷七六 貙，《爾雅》曰：貙獌，似貍。貙獌，音樞萬。林云：貙似貍而大，一名獌。郭云：今山民呼貙虎之大者爲貙豻。

宋 戴侗《六書故》卷一八 貙 貙，敕俱切。《爾雅》曰：貙似貍。郭氏曰：今貙席也，大如狗，文如貍。《爾雅》曰：貙獌，莫旦切，似貍。郭氏曰：今山民呼貙虎之大者爲貙豻。《字林》曰：貙似貍而大。豻，貙類，故呼貙豻。

明 朱國禎《湧幢小品》卷三一 貙，似虎而白，無前兩足者。

清 方旭《蟲薈》卷二《毛蟲·貙》 《爾雅》：貙似貍。注：今貙虎也，大如狗，文如貍。旭按：大者爲貙豻。見上文『貙獌似貍』注。《字林》：貙似虎而五爪。《字典》：貙以立秋日祭獸，王者亦以此日出獵，還以祭宗廟，故有貙膢之祭。

圖表

晉　郭璞《爾雅音圖・釋獸》

草上飛　舍利

綜述

明　黃省曾《獸經》　舍利吐金。《文選・東京賦》注云：舍利，獸名。性吐金，故名舍利。

明　慎懋官《華夷花木鳥獸珍玩考》卷一一《草上飛》　草上飛，番名昔雅鍋失，有大犬之形，渾身儼似玳瑁斑猫樣，兩耳尖黑，純不惡。若獅、豹等項猛獸見他，即仗於地，乃獸之王也。

明　穆希文《説原》卷一一　吼，形類兔，兩耳尖長，僅尺餘。獅作威時，牽出視之，獅畏服不敢動。蓋吼作溺著獅，體肉即爛也。吼猖獗，又畏雄鴻。鴻引吭高鳴，吼亦畏服。物類相制如此。

明　陳懋仁《庶物異名疏》卷二六《含利》　鄭氏《姻禮謁文》贊曰：含利爲獸，獸而能謙；禮義乃食，口無譏詧。《西京賦》：舍利颬颬，化爲仙車。性吐金，故曰舍利。初爲獸，後化爲仙人車。按：漢昏禮作舍利，廉而謙。蓋含、舍字近，錯簡不知何始，後人雖有證據，終未能確其何是也。

又《草上飛》　草上飛，西番獸王也。《裔乘》曰：形大如犬，身似斑猫，性純不惡。獅、豹等獸見之，即伏於地。仁愛此獸，不惡而嚴。

明　劉侗《名物通》卷一〇　草上飛，形如大豕，渾身儼似玳瑁斑猫樣，兩耳尖黑，絶不惡。若獅、豹等見之，即伏地，乃獸之王也。

清　陸廷燦《南村隨筆》卷六《草上飛》　草上飛出吐番，其形似犬，色如玳瑁，性純不惡。獅、豹見之，皆伏於地，乃獸之王，在狻猊之上。見《八紘譯史》。想即草獸也。

清　嵇璜《續通志》卷一八〇　草上飛，西番獸也，形大似犬，身似斑猫，性純不惡。獅豹等獸見之，則伏於地，此獸不惡而嚴。見《庶物異名疏》。

清　方旭《蟲薈》卷二《毛蟲・草上飛》　《八紘譯史》：吐番有草上

飛，形似犬，色如玳瑁，獅子虎豹皆畏之。

紀事

晉　張華《博物志》卷三　後魏武帝伐冒頓，經白獅山，逢師子，使人格之，殺傷甚衆。王乃自率嘗從軍數百擊之，師子哮吼奮起，左右咸驚。王忽見一物從林中出，如狸，起上帝車軛。師子將至，此獸便跳起上師子頭上，師子即伏不敢起。于是遂殺之，得師子一還。來至洛陽，三千里雞犬皆無鳴吠。

宋　釋贊寧《東坡先生物類相感志》卷九《狸伏獅子》　漢武北征，踰顧回還，至右北手，告云：白鄉山有獅子。王初不信，使人往視之。王使健卒攻之，傷人甚多，移日不克。忽於林下忽有一物，狀如狸，來洎獅子頭上，伏不敢動，目得格殺之，獲其一子。似魏王檻至治城並同。

清　徐文靖《管城碩記》卷一八　曹操征冒頓，經白狼山，逢獅子。忽一物如狸，跳上獅子頭，獅子伏不敢起，遂殺之。按《逸周書》：渠搜獻鼩犬。鼩犬，露犬也，能飛食虎豹。王氏《彙苑》：獸有草上飛，番名昔雅鍋失，有大犬之形，渾身似玳瑁斑貓，兩耳尖黑，純不惡。若獅豹猛獸見他，即伏於地，乃獸之王也。魏武白狼山所見，宜即此也。當時欲神其事，故不致詳耳。

虎

論說

《韓非子・揚權》　虎成其羣，以弑其母。母，則君也。既朋黨相益，即是虎成羣也。虎既成羣，母必見弑。

漢　王充《論衡・遭虎篇》　變復之家，謂虎食人者，功曹爲姦所致也。其意以爲，功曹衆吏之率，虎亦諸禽之雄也。功曹爲姦，采漁於吏，故虎食人，以象其意。夫虎食人，人亦有殺虎。謂虎食人，功曹受取於吏。如人食虎，吏受於功曹也乎？案世清廉之士，百不能一。居功曹之官，皆有姦心。私舊故可以倖，苞苴賂遺，小大皆有，必謂虎應功曹，是野中之虎常害人也。夫虎出有時，猶龍見有期也。陰物以冬見，陽蟲以夏出。出應其氣，氣動其類。參伐以冬出，心尾以夏見。參伐則虎星，心尾則龍象。象出而物見，氣至而類動，天地之性也。動於林澤之中，遭虎搏噬之時，禀性狂勃，貪叨飢餓，觸自來之人，安能不食？人之筋力，羸弱不適，巧便不知，故遇輒死。使孟賁登山，馮婦入林，亦無此害也。孔子行魯林中，婦人哭，甚哀。使子貢問之：何以哭之哀也？曰：去年虎食吾夫，今年食吾子，是以哭哀也。子貢曰：若此，何不去也？對曰：吾善其政之不苛，吏之不暴也。子貢還報孔子。孔子曰：弟子識諸！苛政暴吏，甚於虎也。夫虎害人，古有之矣。政不苛，吏不暴，德化之足以却虎。然而二歲比食二人，林中獸不應善也。爲廉不應，姦吏亦不應矣。或曰：虎應功曹之姦，所謂不苛政者，非功曹也。婦人，廉吏之部也，雖有善政，安耐化虎。夫魯無功曹之官，功曹之官，相國是也。魯相者，殆非孔、墨，必三家也。爲相必無賢操，以不賢居權位，其惡必不廉也。必以相國爲姦，今虎食人，是則魯野之虎常食人也。水中之毒不及陵上，陵上之氣不入水中，各以所近罹殃取禍。是故漁者不死於山，獵者不溺於淵。好入山林，窮幽測深，涉虎窟寢，虎搏噬之，何以爲變？魯公牛哀病，化爲虎，搏食其兄，同變化者不以爲怪。入山林草澤，見害於虎，怪之，非也。蝮蛇悍猛，亦能害人，行止澤中於蝮蛇應何官吏？蜂蠆害人，入毒氣害人，入水火害人。人爲蜂蠆所螫，爲毒氣所中，爲火所燔，爲水所溺，又誰致之者？苟諸禽獸乃應吏政，行山林中，麋鹿、野猪、牛、象、熊、羆、豺、狼、蜼、蠼，皆復殺人。苟謂食人，乃應爲變。⿰虫造、⿰虫風、閩、⿱宀虫皆食人，人身彊大，故不至死。倉卒之世，穀食之貴，百姓飢餓，自相啖食，厥變甚於虎。變復之家，不處苛政。且虎所食，非獨人也，含血之禽、有形之獸，虎皆食之。人謂應功曹之姦，食他禽獸，應何官吏？夫虎，毛蟲；人，倮蟲。毛蟲飢，食倮蟲，何變之有？四夷之外，大人食小人，虎之與蠻夷，氣性一也。平陸廣都，虎所不由也。山林草澤，虎所生出也。必以虎食人應功曹之姦，是則平陸廣都之縣，功曹常爲賢。山林草澤之邑，功曹常伏誅也。夫虎食人於野，應功曹之姦。虎時入邑，行於民間，功曹游於閭巷之中乎？實說虎害人於野，不

應政，其行都邑，乃爲怪。夫虎，山林之獸，不狎之物也，常在草野之中，不爲馴畜，猶人家之有鼠也，伏匿希出，非可常見也。命吉居安，鼠不擾亂。禄衰居危，鼠爲殃變。夫虎亦然也。邑縣吉安，長吏無患，虎匿不見。長吏且危，則虎入邑，行於民間。何則？長吏光氣已消，都邑之地與野均也。推此以論，虎所食人，亦命時也。命訖時衰，光氣去身，視肉猶尸也，故虎食之。天道偶會，虎適食人，長吏遭惡，故謂爲變，應上天矣。古今凶驗，非唯虎也，野物皆然。楚王英宫樓未成，鹿走上堦，其後果薨。魯昭公且出，鸜鵒來巢，其後季氏逐昭公，昭公奔齊，遂死不還。賈誼爲長沙王傅，鵩鳥集舍，發書占之，曰主人將去，其後遷爲梁王傅。懷王好騎，墜馬而薨。賈誼傷之，亦病而死。昌邑王時，夷鵜鳥集宫殿下，王射殺之，以問郎中令龔遂，龔遂對曰：夷鵜野鳥，入宫，亡之應也。其後昌邑王竟亡。盧奴令田光與公孫弘等謀反，其且覺時，狐鳴光舍屋上，光心惡之。其後事覺，坐誅。會稽東部都尉禮文伯時，羊伏廳下，其後遷爲東萊太守。都尉王子鳳時，麕入府中，其後遷丹陽太守。夫吉凶同占，遷免一驗。俱象空亡，精氣消去也。故人且亡也，野鳥入宅。城且空也，草蟲入邑。等類衆多，行事比肩。略舉較著，以定實驗也。

宋　蔡卞《毛詩名物解》卷九《虎》　虎奮衝破，又能劃地卜食。蓋蛇蟠向壬，鵲巢面歲，燕伏戊巳，虎奮衝破，此亦鳥獸之所以靈也。《兵法》曰：將門牙門，常背建向破。其以此歟？《類從》曰：虎行以爪坼地，觀奇偶者曰虎卜云。《簡兮》曰：執轡如組，有力如虎。組，以言其藝。虎，以言其勇。《常武》曰：厥進虎臣，闞如虓虎。蓋虎之自怒虓然，闞如虓虎，則以言帥之勇發於忠毅，非激而怒之也。《何草不黄》曰：匪兕匪虎，率彼曠野，哀我征夫，朝夕不暇。言兕抵觸，虎搏噬，先王驅而遠之，則率彼曠野，兕虎之所宜，今征夫如此，則可哀矣。《爾雅》曰：熊、虎醜，其子狗，絶有力麙。《漢律》曰『捕虎一，購錢三千，其狗半之』是也。《方言》曰：虎，陳魏宋楚之間謂之李公，江淮南海之間謂之李耳。注云：虎食物，值耳即止，以觸其諱故。然則仁人之於親，聞名心瞿，見似目瞿，豈自外至哉！《吴越春秋》曰：虎之卑身將有以擊也。蓋鳥之擊先高，獸之擊先卑。舊説虎威王夜，方旦目精亘，書即漸大。又云：虎死必倚巖壁。《淮南子》曰：虎之乳子，不能搏噬者殺之，爲其墮武。此君子所以貴夫箕裘也。

宋　陸佃《埤雅》卷三《虎》　虎奮衝破，又能畫地卜食。蓋蛇蟠向壬，鵲巢面歲，燕伏戊巳，虎奮衝破，此亦鳥獸之所以靈也。《兵法》曰：將開牙門，常背建向破。其以此歟？《類從》曰：虎行以爪坼地，觀奇耦而行。今人畫地觀奇耦者，曰虎卜云。《簡兮》曰：執轡如組，有力如虎。如組，以言其藝。如虎，以言其勇。《常武》曰：進厥虎臣，闞如虓虎。蓋虎之自怒虓然，闞如虓虎，則以言將帥之勇發於忠毅，非激而怒之也。《何草不黄》曰：匪兕匪虎，率彼曠野，哀我征夫，朝夕不暇。言兕抵觸，虎搏噬，先王驅而遠之，則率彼曠野，兕虎之所宜，今征夫如此，則可哀矣。《爾雅》曰：熊、虎醜，其子狗，絶有力麙。《漢律》曰『捕虎一，購錢三千，其狗半之』是也。《方言》：虎，陳魏宋楚之間謂之李父，江淮南楚之間謂之李耳。注云：虎食物，值耳而止，以觸其諱故。然則仁人之於親也，聞名心瞿，見似目瞿，豈自外至哉！《禮》曰：交龍爲旂。旂，東方也。鳥隼爲旟，旟，南方也。熊虎爲旗，旗，西方也。龜蛇爲旐，旐，北方也。太常則象天焉，環以覆之，故繪日月星辰。《易》曰：君子豹變，大人虎變。豹變，言變而爲豹也。楊子曰『貍變則豹』，所謂豹變。故《象》曰：君子豹變，其文蔚也。虎變，言變而爲虎也。楊子曰『豹變則虎』，所謂虎變。故《象》曰：大人虎變，其文炳也。《周官》：服不氏掌養猛獸而教擾之。鄭氏謂：擾，馴也。言王者之教無不服也。然則教而馴之，蓋亦有道矣。梁鴦曰：且一言我養虎之法，夫食虎者，不敢以生物與之，爲其殺之之怒也。不敢以全物與之，爲其碎之之怒也。時其飢飽，達其怒心，虎之與人異類，而媚養己者，順也。故其殺之，逆也。吾豈敢逆之使怒哉！亦不順之使喜也，何則？喜之復也，必怒。故曰：不處中和，勢極則反，必然之數也。俗云：鳩食桑葚則醉，貓食薄荷則醉，虎食狗則醉。今虎所在，麂必鳴以告。

宋　張載《横渠易説》卷三　夫虎豹之爲物，豢之雖馴，人亦不敢遂以親狎，爲其難測。

宋　鄭獬《鄖溪集》卷一七《虎説》　安陸故多虎，或躍而入郭里。民設穽以逐之，虎避去，入山，民即山復爲穽，虎遂窮而遠遁，今亡虎矣。天之生物，與人迭爲盛衰。天下平治之久，生齒大繁，暴害天物，亡休息。異時漢溪多魚矣，不售則反棄諸河，今財充釜而已，是川澤不足以勝網罟。異時南

山多薪矣，凡民得樵焉，今相鬭於叢薄間，是山林不足以勝斧斤。異時夢澤多稻矣，鄰里不相求，今持券而往無所貸矣，是田疇不足以勝食。故古之聖人於物也，養之有道，取之有時。獺祭而魚梁入，隼擊而罻羅用，故物與人相資而不相竭。後世亡法，故物與人迭盛而迭衰。自唐末五代兵滿四海，生靈苟活於白刃間，廬聚不見爨烟。是時山林川澤得以休息，而物大出爲暴，若海潮之溢。於是魚蟲鳥獸羣行而奪民之居，虎豹厭食若人矣。是非盛衰相勝而有時哉！善持之者，不欲其有所勝而有所害。若安陸之虎，既窮而不得自託於山野，民既已勝矣。然亡使其復躍入郭，則甚善。

宋　羅願《爾雅翼》卷一九《虎》　虎，大寒之月始交，七月而生。性至猛烈，雖遭逐，猶復徘徊顧步，其傷重者輒跑跡作聲而去。聽其聲之多少以知其去之近遠，率鳴一聲者爲一里。靠嵓倚木而死，終不僵仆。其搏物不過三躍，不中輒捨之。其食物值耳輒止，以爲觸其名名耳故也。嘗傷人者，耳輒有缺若鋸。夜視，以一目放光，一目看物，獵人候而射之，目光墮地，得之如白石，或曰即虎魄也。又知衝破能畫地以卜，今人有畫物上推其奇偶者，謂之虎卜。虎子纔生三日，則有食牛之氣，其不能搏噬者輒殺之，爲墮武也。古者出國用虎節，又敔亦爲虎形，背上爲二十七齟齬，擊之以止樂。《字説》曰：虎，西方之獸，故敔爲伏虎二十七齟齬者，三九之數也。陽成於三，變於九，襟之長，尺十之數也。陽三九而以陰十勝之，所以止樂。案：《淮南》稱天一地二人三，三三而九，九九八十一。人應九九八十一之數，馬應八九七十二之數，犬應七九六十三之數，彘應六九五十四之數，猨應五九四十五之數，麋鹿應四九三十六之數，虎應三九二十七之數，蟲應二九一十八之數。故曰三九二十七，七主星，星主虎，虎故七月而生。虎應二十七，故敔爲虎形二十七齟齬也。亦虎嘯而風生，風生而萬籟皆作。虎伏而風止，風止而萬籟皆息。故止樂用虎爾。漢舊儀乘輿帶七尺斬蛇劍，履虎尾絇履。《方言》：虎，陳魏宋楚之間或謂之李父，江淮南楚之間謂之李耳，或謂之於䖘，自關東西或謂之伯都。《漢書》云於釋。

又《虪》　虎，一物也。以色别之，則黄質黑章者無異名。竊毛者謂之虦貓，白者爲甝，黑者爲虪，此物同而别者也。虪亦有斑，但以淺色爲質，深色爲章耳。《海内東北經》：幽都之山黑水出焉，其上有黑鳥、黑蛇、黑豹、黑虎、黑狐蓬尾。此虪之所聚。而孟山獸多白狼、白虎，鳥多白雉、白翟。兩山之間而鳥獸各以其毛色相從，理之不可曉者，然虪尤猛。今野人言三虎之别，黄虎竊人羊豕，多方窺伺得之，黑虎所見無不取，白虎坐食而已，不甚搏殺。或云黄是其幼弱者，黑者適壯，白者則老矣。此亦理之近者也。郭氏稱晉永嘉中，秭歸縣檻得黑虎，狀如小虎而黑色，深者爲斑。此豈偶得其小者爾？未可全據也。

明　何三畏《新刻何氏類鎔》卷三四《虎》　虎者，山獸之君而陽物之長也。白色、黑色者，有彪虎、虪虎之號。四指、五指者，有天虎、人虎之名。其身大如牛，其舌大于掌。其聲若雷，能令人怖；其目若電，能令人驚。故豢虎者，有虎牢、虎城，有虎檻、虎市，而不敢以生物與之，亦不敢以全物與之者，豈非爲其殺之之怒而然也乎？卞莊之刺虎而舘豎子止之也，謂大虎鬭而傷，小虎鬭而死，從傷而刺之者，一舉必有雙虎之名。子路之逢虎而孔子問之也，謂中士捉虎耳，上士持虎頭，取尾而捉之者，一時第收下士之譽。趙國朱亥入虎圈，瞋目視之，而虎皆裂。任城王章曳虎尾，繞背叱之，而虎無聲。梁馮恭醉遇一虎，虎以頭枕恭，恭偃卧及中宵，轉以手搏之，至醒時猶見虎蹲在脚後。晉郭文路遇一虎，虎張口向文，文見口有横骨，乃探手去之，至明日乃獻生鹿于堂前。沈僧照之校獵而忽還也，聞南山虎嘯而知邊事之當處分。扶南王之聽訟而未决也，見罪人虎傷而知獄情之有曲直。楊威嘗與母入山採薪，被虎驅逼，乃奉母抱木長號，知其爲孝子也，釋之弭耳而去。蕭泰嘗令民隨村設檻，爲虎伏機，乃有人自陳誤落，見其爲道士也，開之出檻而奔。有世死于虎，而婦人哭之哀也，第以邑無苛政，而不忍去其鄉。有父嚙于虎，而女子搤之力也，雖以手無利刀，而卒能免其難。善御虎者，無如黄公，少時以爲伏之易耳，至往東海上，而其術不靈，遂爲白虎所殺。善射虎者，無如斐旻，父老以爲麰者彪耳，及次叢薄中，而其馬辟易，幾爲真虎所傷。吁蹈虎尾者，凶。撩虎鬚者，危。暴虎者，死。而談虎者，色變。虎亦可畏也哉！善覺禪師脩行華林，有侍者二虎，曰大空、小空。德聰道人結廬雲間，有侍者二虎，曰大青、小青。

清　張必剛《濬元》卷六《虎始交大雪中候》　系曰：冬十一月，山谷之

中，雪降之節，暈月濛濛，朔風淅淅，虎乃大嗥以交，成昏禮也。諸獸聞聲惴恐，縮匿稍聚，而有言曰：喜相賀，憂相弔，禮之大端也。吾輩其賀虎何如？吾聞之，謙能柔敵，屈能贖身。吾謙以屈，虎未必噬。虎不吾噬，則必吾惜。情顏之厚，或其在於茲乎？衆未應。有奮而起者曰：異哉所言，吾方以虎交爲可弔，而汝顧以賀請也。夫吾與汝之受虎害烈矣。血肉皮毛皆飽虎腹，子孫之族皆劘虎牙。虎猶未足，又交而生數小虎以噬。虎之喜，吾之憂也。天之於虎也，不使其不交，而亦不使其再交。其交不以春，以冬。其交而乳子，不溢於四五之外，而以二三。是天之所以嗇虎胎也。天以吾輩故而嗇虎胎，吾方意汝涕泣以祝曰：天其墮虎之胎。不然而汝與吾可相涕泣以弔。乃不惟不祝，又不弔，又更從而賀。汝之於虎，則得矣。其如自處何？是何子之誤耶？而況昏禮之本不賀也。且夫虎狼之性，不可近也。物之可近者，可謙屈以事，虎不可近。吾見汝之以身飼也，又何贖之有？衆應曰：然。乃不果賀。贊曰：龍淫虎性潔，虎交萬壑徹。玄黃戰太空，生機忽一泄。慎獨聖賢關，問爾誰爲節。

綜　述

《爾雅・釋獸》　虎竊毛謂之虦貓。注：竊，淺也。《詩》曰：有貓有虎。音義：虦，字又作虥，謝七版反，或士簡反，施士嬾反，沈才班反，郭作閑反，《字林》士山反。貓，亡朝反。疏：竊，淺也。虎之淺毛者，別名虦貓。注「有貓有虎」者，《詩・大雅・韓奕》篇文也。【略】虪，黑虎。注：晉永嘉四年，建平秭歸縣檻得之，狀如小虎而黑毛，深者爲斑。《山海經》云：幽都山多玄虎、玄豹也。音義：虪，式六反。秭，音姊。檻，户覽反，下同。疏：黑虎，一名虪。《山海經》云：幽都山多玄虎、玄豹者。案《海内經》云：北海之内有山，名曰幽都之山，黑水出焉。其上有玄鳥、玄蛇、玄豹，玄虎是也。

唐　段成式《酉陽雜俎》卷一六　虎，交而月暈。仙人鄭思遠常騎虎，故人許隱齒痛求治，鄭曰：唯得虎鬚，及熱，插齒間即愈。鄭爲拔數莖與之。因知虎鬚治齒也。虎殺人，能令屍起自解衣，方食之。虎威如乙字，長一寸，在脇兩旁皮内，尾端亦有之。佩之臨官佳，無官，人所媢嫉。虎夜視，一目放光，一目看物。獵人候而射之，光墜入地成白石，主小兒驚。

唐　樊綽《蠻書》卷七　大蟲，南詔所披皮，赤黑文深，炳然可愛。云大蟲在高山窮谷者則佳，如在平川，文淺不任用。

宋　釋贊寧《東坡先生物類相感志》卷九《虎》　凡虎生七胎月及生三日便有食牛之心，若食一人，耳上缺痕若割裂。令驗食人之數，無差也。

又《虎嘯》　《淮南子》云「虎嘯則谷風生」，言虎是威猛之獸，風震動之氣亦同類也。

宋　鄭樵《通志》卷七六　虎之類，《爾雅》曰：虎，竊毛謂之虦貓。竊，古淺字。虦，音殘。郭氏引古律文，捕虎一，賞錢三千，其狗半之。《爾雅》又曰：甝，白虎。虪，黑虎。貀無前足。晉太康元年，召陵扶夷縣檻得一獸，似狗，豹文，有角，兩脚，即此類也。或説貀似虎而黑，無前兩足。甝，音含。虪，式六反。貀，足滑反。

宋　周去非《嶺外代答》卷九《禽獸門・虎》　虎，廣中州縣多有之，而市有虎，欽州之常也。城外水壕往往虎穴其間，時出爲人害，村落則晝夜羣行，不以爲異。余始至欽，已見城北門衆逐虎，頗訝之。未幾，白事提學司投宿寧越驛，亭中率是虎跡。余恠而問焉。答曰：吾與妻子卧壁下，虎夜掉尾擊吾壁，以鼻嗅人氣，垂涎不去。比還欽時，雨潦壞城，虎入城，負大豕無虛夕。因玩狎，不復驚。忽有虎晚入安遠縣衙，坐戒石前。守宿吏卒不以爲意，直相與揶揄之。少焉，緩步陟廳，吏卒始散，乃知虎也。

明　葉盛《水東日記》卷二六　帥府茶會，言及殺虎云：虎骨異，雖咫尺淺草，能身伏不露。及其虓然作聲，則巍然大矣。殺虎法，當用三支鎗，虎撲人，性勁，必及中鎗即殺者上格，退次之，左右鎗既接，可殺也。

明　黄省曾《獸經》　虎，於䖘也，無角而善卜。《説文》曰：虎，山獸之君也。楚謂之於䖘，能畫地卜食。狐剛子《感應類從譜》曰：虎行以爪坼地，觀奇耦而行。亦曰李耳。漢楊雄《絶代語釋别國方言》曰：虎，陳、魏、宋、楚之間謂之李父，江淮南楚之間謂之李耳。注曰：虎食物，值耳即止，以觸其諱故也。亦曰伯都。《方言》曰：自關東西或謂之伯都。

明　李時珍《本草綱目》卷五一　虎《别録》中品　釋名：烏䖘、音徒，

《左傳》作於菟，《漢書》作烏檡。大蟲、《肘后》李耳。時珍曰：虎，象其聲也。魏子才云：其文從虍從几，象其蹲踞之形，從人者非也。楊雄《方言》云：陳、魏之間謂之李父，江淮、南楚之間謂之李耳，或謂之䶂䖘，自關東西謂之伯都。珍按：李耳當作狸兒，蓋方音轉狸爲李，兒爲耳也。今南人猶呼虎爲貓，即此意也。郭璞謂虎食物，值耳則止，故呼李耳，觸其諱。應劭謂南郡李翁化爲虎，故呼李耳。皆穿鑿不經之言也。《爾雅》云：虎，淺毛曰虦貓，音棧。白虎曰甝，音含。黑虎曰虪，音育。似虎而五指曰貙，音傴。似虎而非真曰彪。似虎而有角曰虒，音嘶。集解：頌曰：虎，《本經》不載所出，今多山林虎皆有之。時珍曰：按《格物論》云：虎，山獸之君也。狀如猫而大如牛，黄質黑章，鋸牙鉤爪，鬚健而尖，舌大如掌，生倒刺，項短鼻齆。夜視，一目放光，一目看物，聲吼如雷，風從而生，百獸震恐。《易卦通驗》云：立秋虎始嘯，仲冬虎始交。或云：月暈時乃交。又云：虎不再交，孕七月而生。又云：虎知衝破，能畫地觀奇偶以卜食。今人效之，謂之虎卜。虎噬物，隨月旬上下而囓其首尾，其搏物，三躍不中則捨之。人死於虎，則爲倀鬼，導虎而行。虎食狗則醉，狗乃虎之酒也。聞羊角烟則走，惡其臭也。虎，害人獸，而蝟、鼠能制之，智無大小也。獅、駮、酋耳、黄䁔、渠搜能食虎，勢無强弱也。《抱朴子》云：虎五百歲則變白。又海中有虎鯊能變虎。古有貙虎變人、貙人變虎之説，亦自有是理也。

明　慎懋官《華夷花木鳥獸珍玩考》卷七《虎》　外文中質，雖遭逐，猶復徘徊顧步。蒲刺加國山有黑虎，視虎差小，能變人形。白晝群入于市，人有覺其爲虎者，乃擒殺之。予嘗聞牛哀化虎搏殺其兄，涪民變虎夜食其家，未聞以虎化人者。獸之化人，如鹿之爲黄衣郎，豕之爲烏將軍，猿之爲袁公，狐之爲何紫，皆年久成精。而今隨常可變，亦甚異哉！

明　穆希文《説原》卷一一　虎大寒之日始交，七月而生。性至猛烈，雖遭逐，猶復顧其傷處，跑哮作聲而去，去則靠巖倚木而死，終不偃仆。其搏物不過三躍，不中則捨之。食物著耳輒止，以其名耳也。虎子生三日，如有食牛之氣，則留之，不爾，輒殺之。虎威如乙字，長一寸，在脇兩旁皮内。其殺人能令屍自解衣，蓋有虎倀也。其鬚可治齒痛。虎五指爲貙，乃人虎也。虎四指，乃天虎也。貙能化爲人。甝虎，西方之獸，文質皆白。貘，白豹也，似羆而小。貔，似豹，一名執夷。幽都之山有玄虎，有玄豹。豹似虎，毛赤而文黑曰赤豹，毛白而文黑曰白豹。豻，野犬也，狐與犬合所生者，其形如獄中所畫之狀。

明　李中立《本草原始》卷九　虎，生山林。《格物論》云：虎，山獸之君也。狀如猫而大如牛，黄質黑章，鋸牙鉤爪，鬚徤而尖，舌大如掌，生倒刺，項短鼻齆。夜視，一目放光，一目看物。聲吼如雷，風從而生，百獸震恐。大寒之日始交，七月而生。性至猛烈，雖遭逐，猶復徘徊顧步。其傷重者，輒咆哮作聲而去，聽其聲之多少，以知其去之遠近。率鳴一聲者，爲一里。靠巖坐倚木而死，終不僵仆。其搏物不過三躍，不中則捨之。其食物值耳輒止，以爲觸其名名耳故也。嘗傷人者，耳輒有缺。人死于虎，則爲倀鬼，導虎而行。《類從》曰：虎行以爪坼地，觀奇偶而行。今人畫地觀奇偶者，謂之虎卜。揚雄《方言》云：陳、魏之間謂之李父，江淮、南楚之間謂之李耳，或謂之䶂䖘，自關東西謂之伯都。李時珍曰：虎，象其聲也。魏子才云：其文從虍從几，象其蹲踞之形。《字説》曰：虎，西方之獸，俗呼大蟲。

明　朱國禎《湧幢小品》卷三一　山中夜静時，無雜獸之聲，則必有虎。虎去月餘而後獸稍有至者，山之居人以此爲驗。

明　馮復京《六家詩名物疏》卷一二《虎》　《説文》云：虎，山獸之君也。《爾雅》云：甝，白虎。虪，黑虎。熊虎醜，其子狗，絶有力麙。《方言》云：陳魏宋楚之間或謂之李父，江淮南楚之間謂之李耳，或謂之於䖘，自關東西或謂之伯都。《易》曰：雲從龍，風從虎。《運斗樞》云：樞星散爲虎。《通卦驗》云：立秋虎始嘯。《易》又云：大人虎變，其文炳也。《月令》云：仲冬虎始交。《考異郵》云：三九二十七，七者陽氣成，故虎七月而生。陽立于七，故虎首尾長七尺。般般文者，陰陽雜也。《元命包》云：猛虎嘯谷風起，類相動也。《論衡》云：虎出有時，猶龍見有期也。陰物以冬見，陽蟲以夏出。《漢紀》楊賜曰：虎者，金行參伐之精，狠戾之獸。《博物志》云：虎知衝破，又能畫地卜食。今人有畫物上下者，推其奇偶，謂之虎卜。《雅翼》云：虎性至猛烈，雖遭逐，猶徘徊顧步。搏物不過三躍，不中則捨之。夜以一目放光，一目看物。獵人候而射之，目光墮地，得之如白石子。生三日，即有食牛之氣。

明　吴雨《毛詩鳥獸草木考》卷五《虎》　虎，西方猛獸也。一名山君。大寒之日始交，七月而生。性至猛烈，雖遭逐，猶復徘徊顧步。其傷重者輒跑踍作聲而去，聽其聲之多少，以知去之遠近。率鳴一聲者，爲一里。靠巖坐倚木而死，終不僵仆。其搏物不過三躍，不中則捨之。其食物值耳而止，

以爲觸其名爲耳故也。嘗傷人者，耳輒缺若鋸。夜視，以一目放光，一目看物。獵人候而射之，目光墮地如白石，或曰即虎魄也。又知衝破，能畫地觀奇耦以卜食。今人畫地上觀奇耦者，謂之虎卜。威如乙字，兩脇及尾端有之。食犬則醉。懸其鼻於户上，令人生男。嘯而風生。陳魏宋楚之間謂之李父，江淮南楚之間謂之李耳，或謂之於䖘，自關東西或謂之伯都。

明 劉侗《名物通》卷一〇 虎，有威如一字，長三寸，在其脇兩傍皮下，取得佩之有威。凡虎視，只以一目放光，一目看物。獵人捕得，記其頭藉之處，至月黑掘得，如石子，色如琥珀，此是虎目精魄淪入地而成。鬚可剔蛀牙。食狗必醉。狗，虎之酒也。虒，音斯，虎之有角者。猫如小熊，虎之淺毛者。酋耳似虎而絶大，不食生物，見虎則殺之。虎，一名伏豞。

明 盧之頤《本草乘雅半偈》卷八 虎，百獸之長，山獸之君也。陳、魏謂之李父，江淮、南楚謂之李耳，或謂之虝，或謂之䖘䖘，自關東西謂之伯都。《漢書》云：於檡也。淺毛曰虦，白曰甝，黑曰虪，黄黑曰虪，蒼白曰貊，似虎而五指曰貙，似虎而非真曰彪，似虎而有角曰虒也。形如貓，巨如牛，黄質黑章，鋸牙鉤爪，項短鼻齆，鬚健而鋭，舌大而刺。聲吼若雷，風從以生，百獸震恐。七月始嘯，嘯而風生，風生而萬籟皆作。伏而風止，風止而萬籟皆息。故止樂用虎爾。風，木也。虎，金也。木受金制，故風從虎，虎嘯風生，自然之理也。今虎所在，麂必鳴以告。人死于虎則爲倀，導虎而行也。

明 方以智《物理小識》卷一〇 虎 虎畏尖，不越籬。虎畏日，與梟同。畏火，愛毛也。不棲高林，畏林上雀糞爛其毛也。離山必一吼啞魯。有飛虎，長尾，奮翅。虎來，其氣不可當，蟲鳥皆伏也。虎盜犬彘去，急舂空碓數十聲，有以磚塞竈門者，有以木覆篩掩碓口，虎即齒酸，得犬彘不能食。今野人有怒偶奪虎氣者，虎置銜物而去。蓋虎饑則難犯，飽則易制。行人張蓋而虎不犯者，蓋虎疑也。又有設襁膠布制虎法。中憙曰：屈木而藏械，發之曰襁膠布，虎踏則躁而困。喧曰：虎聞人呵喝聲，則伏匿不動，守虎侍張，及深山樵採，行旅過者，恒用此法。其食物也，依月食首、尾、中，餘以柴掩之。

明 方以智《通雅》卷四六 乳虎最猛，小虎曰彪，因虎文而名也。豹因彪聲。《山海》之豞即豹。古文作[illegible]，又作[illegible]，象形。今《説文》：[illegible]，虎文也。[illegible]，古文虎。音斯。委虎，虎有角者也。虒變从虎，非從巾，几俱象尾耳。[illegible]即彪，从彡，音必幽切。因虎文而名小虎，斐旻射彪是也。《左傳》『於菟』，《漢書》作『烏檡』，今作『鵵䖘』，贅矣。或曰狸兒轉爲李耳。彭乘曰：虎食一人，耳成一缺。汀州得一虎，兩耳如鋸。豈此名乎？李父、伯都見《方言》，淮南曰烏雄。鷙獸牝猛，故羆爲熊之牝，狼爲獾之牝。虎牝曰乳虎於菟者，乳頭之轉音也。南詔謂虎爲波羅，蠻人呼虎爲羅羅。張耒言存中聞關中人曰『此中有程』，遂以爲《莊子》『程生馬』之程，不知秦聲謂蟲爲程，謂虎爲大蟲也。劉貢父亦言關中呼蟲爲塵，而舊説以程是豹。《説文》豹，勹聲。狼貪豹廉，程度取食，故從勺，則更鑿矣。豹亦虎所生，當是虎聲轉豹而立豹字，从勹以諧。勹，包也。《爾雅》虎有甝、虪、貓，而豹止有貘。白豹即白毛而黑文者也。黑多曰玄豹，近蒼曰赤豹，其無文者曰土豹。陶谷子妻曰『南山玄豹，霧雨七日，欲澤其衣毛』，即《洞冥記》所云青豹也，即貘也。《詩名義疏》謂貘齒可假佛牙、佛骨，以鐵椎之，鐵皆碎落。《武夷志》言魏王頭顱骨大如斗。嘉定州淩雲寺有佛牙，皆貘齒也。蘇頌曰：唐畫貘爲屏，白樂天有詩贊之。郭璞曰：貘食銅鐵，糞可爲兵。《王會》『屠州黑豹』，補注曰：屠各山有白豹黑文。今出建寧郡，毛黑白臆，似熊而小，舐鐵，頓進數十斤。此殆成式所云伽毘葉獻之天鐵熊乎？天鐵謂吮鐵也。彼指騶吾，白虎黑文。令升曰：虎五指者皆是貙。《山海經》『豞尾』，郭注：豞，之樂反。智按：即豹尾。又𢗟陽山多犀兕、虎豞、犳豻。又豻亦作犴，證知豞即豹。

清 姚炳《詩識名解》卷五《虎》 虎，《邶風·簡兮》篇虎名不一，白者名甝，黑者名虪，見《釋獸》文。陳、魏、楚、宋之間呼李父，南楚之間呼李耳，或呼虝，關東西呼伯都，見《方言》。然按《左傳》楚人謂虎爲於菟，而《方言》兩誌楚語所稱各異，然則其姓、其名不過好事者爲之耳。舊説虎舌大如掌，生倒刺。夜視，一目放光，一目看物。有威骨如乙字，長一寸，在脅兩傍，尾端亦有之，故較他獸爲獨猛。《説苑》又謂其能知衝破，每行，以爪坼地卜食，觀奇耦而行，大抵物之靈者有之，如豺祭、狼卜之類是也。舊本以『有力』、『如虎』二句下屬，惟《集傳》别作一章。今按：上兩言《萬舞》，此緊從舞説來，下又明言執籥、秉翟之事，似不當以才藝浮語解之。或疑是武舞之形容，蓋武舞中有所謂發揚蹈厲者，故見爲如虎也。存考。

又 貓，《大雅·韓奕》篇按《釋獸》『虎竊毛謂之虦貓』，正此詩之貓也。

《傳》謂貓似虎淺毛，則似指畜貓，非虎類矣。陸農師引《記》『迎貓迎虎』之文以爲，貓食田鼠，虎食田㲋，故詩以譽韓樂，誤也。鍾伯敬云：以上下文熊羆虎類觀，知是猛獸，非捕鼠貓。得之。蓋此貓特淺毛虎別名。《西域傳》注謂師子似虎，即《釋畜》所謂『狻麑如虦貓』，可知其狀必猙獰異常物。而乃以尋常捕鼠者當之，真鄙瑣之見矣。且捕鼠之貓何地蔑有，而獨韓以爲樂耶？《大雅・常武》篇虓不獨爲虎怒之狀，蓋怒而發於聲者。《說文》訓爲虎鳴，得之。《風俗通》作哮。《格物論》云『虎怒而吼，其聲如雷，百獸爲之震恐，而風從之生』，是也。《說文》又訓爲師子名，非。

清　陸廷燦　《南村隨筆》卷六《虎有四種》　四川遵義多虎。有四種：斑虎，與常虎同；黄毛虎，無黑文，尤獰惡；蓑衣虎，毛長被體，如蓑衣狀，刀箭不能入；朱虎，最獰難捕，其毛殷紅如猩猩氊色。鹿有大者曰水鹿，重五百觔。豹有山水豹，斑文自然成山水，宛如圖畫。

清　嵇璜　《續通志》卷一八〇　虎，一名烏𪊽，音徒。《左傳》作於菟，《漢書》作烏檡。一名大蟲，又名李耳。狀如貓而大如牛，黄質黑章，鋸牙鈎爪，鬚健而尖，舌大如掌，生倒刺，項短鼻齆。夜視，一目放光，一目看物。聲吼如雷，風從而生，百獸震恐。《易通卦驗》云：立秋虎始嘯，仲冬虎始交。又云：虎不再交，孕七月而生。

清　徐鼎　《毛詩名物圖說》卷二　《爾雅》：甝，白虎。虪，黑虎。《易卦通驗》：立秋虎始嘯，仲冬虎始交，孕七月而生。揚雄《方言》：陳、魏、楚、宋謂之李父，江淮、南楚謂之李耳。《格物論》：虎，山獸之名也，黄質黑章，鋸身鉤爪，鬚健而尖，舌大如掌，生倒刺，項短鼻齆，聲吼如雷，百獸震恐。《埤雅》：《簡兮》云『有力如虎』，言其勇。《常武》云『闞如虓虎』，蓋虎之自怒虓然，則以言將帥之勇發於忠毅，非激而怒之也。《何草不黄》云：匪兕匪虎。先王驅而遠之，則率彼曠野，兕虎之所宜，今征夫如此，則可哀矣。愚按：襢裼暴虎，獻于公所，則夸叔段之專也。

清　牟應震　《毛詩物名考》卷二　虎，狀如貓而大如牛，黄質黑章，鉅牙鈎爪，項短鼻齆，舌有倒刺。夜目光如燭，但見一光，人謂其常閉一目也。鳴曰虓，怒曰咆哮，驚曰虩，吼曰虖。

清　胡廷光　《傷科匯纂》卷一二《虎噬傷》　耀山曰：《格物論》云：虎，山獸之君也。狀如猫而大如牛，黄質黑章，鋸齒鈎牙，爪鬚健而尖，舌大如掌，生倒刺，項短鼻齆。夜視，目有光。吼嘯風生，百獸震恐。或云：虎噬物，隨月旬上下而嚙其首尾。其搏物三躍，不中則捨之。死於虎則爲倀鬼，導虎而行。食狗則醉，狗乃虎之酒也。聞羊角烟則走，惡其臭也。虎乃害人之獸，而蝟、鼠能制之。智無大小也。

清　鄭光祖　《醒世一斑録》卷三《物理・禽獸魚蟲》　虎大小不一等。交則其牝絶痛，故一交不再交。嘯則風生，其來必有羶風先至。若狂奔以往其前，必山風陡發。

又《醒世一斑録・雜述》卷四《塞外虎鹿》　塞外虎最大，有至五百餘觔者。中土至大之虎，不過三百五十觔。最小一種曰山貓，只百餘觔耳。毛黄而有黑斑，雄虎毛淺，僅如馬驢，雌虎則毛稍深。

清　鄭績　《夢幻居畫學簡明》卷五　虎爲山獸之君，狀如貓而大如牛，毛黄質而黑章，鋸牙鈎爪，四指不露，甲鬚健而尖，舌大如掌，滿生倒刺，項短鼻齆。眼緑如燈，夜視，則一目放光，一目着物。聲吼如雷，風從而生，百獸震恐。白虎曰甝，黑虎曰虪。伏則尾垂，昂立尾竪。

紀　事

《左傳・宣公四年》　初，若敖娶於䢵，生鬭伯比。若敖卒，從其母畜于䢵，淫于䢵子之女，生子文焉。䢵夫人使棄諸夢中，虎乳之。䢵子田，見之，懼而歸，夫人以告，遂使收之。楚人爲乳穀，謂虎於菟，故命之曰鬭穀於菟。以其女妻伯比。實爲令尹子文。

《管子・小問》　桓公乘馬，虎望見之而伏。桓公問管仲曰：今者寡人乘馬，虎望見寡人而不敢行，其故何也？管仲對曰：意者君乘駮馬而洀桓，迎日而馳乎？公曰：然。管仲對曰：此駮象也。駮食虎豹，故虎疑焉。

漢　司馬遷　《史記》卷一〇九《李將軍列傳》　廣出獵，見草中石，以爲虎而射之，中石没鏃，視之石也。因復更射之，終不能復入石矣。廣所居郡聞有虎，嘗自射之。及居右北平射虎，虎騰傷廣，廣亦竟射殺之。

漢　班固　《漢書》卷一〇〇《敘傳》　班氏之先，與楚同姓，令尹子文之

後也。子文初生，棄於瞢中，而虎乳之。楚人謂乳『穀』，謂虎『於檡』，故名穀於檡，字子文。楚人謂虎『班』，其子以爲號。秦之滅楚，遷晉、代之間，因氏焉。

南朝宋　范曄《後漢書》卷七九《儒林傳》　先是崤、黽驛道多虎災，行旅不通。昆爲政三年，仁化大行，虎皆負子度河。帝聞而異之。二十二年，徵代杜林爲光禄勳。詔問昆曰：『前在江陵，反風滅火，後守弘農，虎北度河，行何德政而致是事？』昆對曰：『偶然耳。』左右皆笑其質訥。

晉　張華《博物志》卷三《異獸》　漢武帝時，大宛之北胡人有獻一物，大如狗，然聲能驚人，雞犬聞之皆走，名曰猛獸。帝見之，怪其細小。及出苑中，欲使虎狼食之。虎見此獸即低頭著地，帝爲反觀，見虎如此，謂欲下頭作勢，起搏殺之。而此獸見虎甚喜，舐脣摇尾，徑往虎頭上立，因搦虎面，虎乃閉目低頭，匍匐不敢動。搦鼻下去，下去之後，虎尾下頭起，此獸顧之，虎輒閉目。

晉　干寶《搜神記》卷一一　王業字子香，漢和帝時爲荆州刺史。每出行部，沐浴齋素，以祈于天地，當啓佐愚心，無使有枉百姓。在州七年，惠風大行，苛慝不作，山無豺狼，卒於湘江。有二白虎低頭曳尾，宿衛其側。及喪去，虎踰州境，忽然不見。民共爲立碑，號曰『湘江白虎墓』。

南朝宋　劉敬叔《異苑》卷三　彭城劉廣雅以晉太元元年爲京府佐，被使還都，路經竹里亭，於邏宿。此邏多虎，劉極自防衛，繫馬於户前，手執戟布於地上。中宵與士庶同睡，虎乘間跳入，跨越人畜，獨取劉而去。【略】扶南王范尋常畜虎五六頭及鰐魚十頭。若有訟，未知曲直，便投與魚、虎，魚、虎不食則爲有理。穢貊之人祭虎爲神，將有以也。永初中，邵都梁馮恭醉卧於山路。夜有虎來，以頭枕其背。恭中宵輾轉以手搏之，復大寢，向曉始醒，猶見虎蹲在脚後。若有宿命，非智力所及也。

唐　姚思廉《梁書》卷八四《孫謙傳》　天監六年，出爲輔國將軍、零陵太守，已衰老，猶强力爲政，吏民安之。先是，郡多虎暴，謙至絶迹。及去官之夜，虎即害居民。

唐　張鷟《朝野僉載》卷二　天后中，涪州武龍界多虎暴。有一獸似虎而絶大，日正中逐一虎，直入人家，噬殺之，亦不食其肉。自是，縣界不復有虎矣。録奏，檢瑞圖，乃酋耳，不食生物，有虎暴則殺之。

又卷六　空如禪師者，不知何許人也。少慕修道，父母抑婚，以刀割其勢，乃止。後成丁，徵庸課，遂以麻蠟裹臂，以火爇之，遂成廢疾。入陸渾山，坐蘭若，虎不爲暴。山中偶見野猪與虎鬬，以藜杖揮之曰：檀越不須相爭。即弭耳分散。人皆敬之，無敢議者。【略】定襄公李宏，虢王之子，身長八尺。曾獵，有虎搏之，踣而卧，虎坐其上。奴走馬傍過，虎跳攫奴後鞍。宏起，引弓射之，中臂而死，宏及奴一無所傷。

唐　李肇《唐國史補》卷上　裴旻爲龍華軍使守北平，北平多虎。旻善射，嘗一日斃虎三十有一。因憩山下，四顧自若。有一老父至曰：此皆彪也，似虎而非。將軍若遇真虎，無能爲也。旻曰：真虎安在乎？老父曰：自此而北三十里，往往有之。旻躍馬而往，次藂薄中，果有真虎騰出，狀小而勢猛，据地一吼，山石震裂。旻馬辟易，弓矢皆墜，殆不得免，自此慙愧，不復射虎。

唐　段成式《酉陽雜俎》卷一一　荆州陟屺寺僧那照善射，每言射之法。凡光長而摇者鹿，帖地而明滅者兔，低而不動者虎。又言夜格虎時，必見三虎並來，夾者虎威，當刺其中者。虎死威乃入地，得之可却百邪。虎初死，記其頭所藉處，候月黑夜掘之。欲掘時，而有虎來吼擲前後，不足畏，此虎之鬼也。深二尺當得物如琥珀，蓋虎目光淪入地所爲也。

宋　歐陽修、宋祁《新唐書》卷三五《五行志》　大曆四年八月己卯，虎入京師長壽坊宰臣元載家廟，射殺之。虎，西方之屬，威猛吞噬，刑戮之象。六年八月丁丑，獲白兔于太極殿之内廊。占曰：『國有憂。白，喪祥也。』【略】建中三年九月己亥夜，虎入宣陽里，傷人二，詰朝獲之。

又卷一〇六《李紳傳》　霍山多虎，擷茶者病之，治機穽，發民跡射，不能止。紳至，盡去之，虎不爲暴。

又卷一二七《張旭傳》　北平多虎，旻善射，一日得虎三十一，休山下，有老父曰：『此彪也。稍北，有真虎，使將軍遇之，且敗。』旻不信，怒馬趨之。有虎出叢薄中，小而猛，據地大吼，旻馬辟易，弓矢皆墮，自是不復射。

宋　趙令時《侯鯖録》卷一　李廣與兄弟獵於宜山之北，見卧虎焉。射之，一矢即斃。斷其頭爲枕，示服猛也。鑄銅象其形爲溲器，示厭辱之也。

至今渡器謂之虎子，或爲虎枕。

宋　黄休復《茅亭客話》卷一《虎盜屏跡》　聖朝未克蜀之前，劍利之間，虎暴尤甚。白衛嶺、石筒磎，虎名披鬃子，地號税人場。鰟漢間白楊林，虎名裂蹄子。商旅聚徒而行，屢有遭搏噬者。嘉州牛頭山有子母虎，陵州鐵爐山有青豹子，彭蜀近山鎮縣暴獸成羣，農家不敢放牧，及出門採樵，行旅共苦之。又有羣盜，諸州縣結聚各有百人至二百人，官軍掩捕則與格鬭，勝則禦敵官軍，敗則奔入林藪。雖有捕盜之吏，莫能擒獲。僅四十餘年，民無安業。聖朝克復後，歲貢綱運使命商旅晝夜相繼，廬舍駢接，犬豕縱横，虎豹、羣盜悉皆屏跡。得非繫國朝之盛衰，時政之能否乎？

又卷八《李吹口》　永康軍太平興國中，虎暴失蹤，誤入市。市人千餘叫譟逐之，虎爲人逼，弭耳矚目而坐，或一怒則跳身咆哮，市人皆顛沛。長吏追善捕獵者李吹口，失其名，衆云：李吹口至矣。虎聞，忙然竄入市屋下，匿身。李遂以戟刺之，仍以短刃刺虎心前，取血升餘飲之。休復雍熙二年，成都遇李，因問：向來飲虎血，何也？李云：飲其血以壯吾志也。又云：虎有威如一字，長三寸許，在脇兩傍皮下。取得佩之，臨官而能威衆。無官佩之，無憎疾者。凡虎視，只以一目放光，一目看物。獵人捕得，記其頭藉之處，須至月黑，掘之尺餘，方得如石子，色琥珀狀。此是虎目精魄，淪入地而成，琥珀之稱因此，主療小兒驚癇之疾。凡虎鬚拔得者，將劄蚛牙，無復疼痛。凡虎傷者，人、衣服、器杖，乃至巾鞋，皆摺疊置於地上，倮而復僵，蓋虎能役使所殺者人魂也。凡爲虎傷死及溺水死者，魂曰倀鬼。凡月暈，虎必交也。凡虎食狗必醉，狗，虎之酒也。凡虎不傷醉人。頃有一村夫入市，醉歸，臨崖而睡，有虎來，嗅之，虎鬚偶入醉者鼻中，醉者大噴嚏，其聲且震，虎驚躍落崖而斃。此事皆聞李吹口者。

宋　蔡絛《鐵圍山叢談》卷六　嶺右頃俗淳物賤。吾以靖康歲丙午遷博白。時虎未始傷人，村落間獨竊人家羊豕。雖婦人小兒見，則呼而逐之，必委置而走。有客嘗過墟井，繫馬民舍籬下，虎來瞰籬，客爲懼。民曰：此何足畏。從籬旁一叱，而虎已去。村人視虎猶犬豕爾。十年之後，北方流寓者日益衆，風聲日益變，加百物湧貴，而虎寖傷人。今則與内地弗殊，啗人習不遺毛髮，風俗澆厚，乃亦及禽獸耶？先王中孚之道，信及豚魚，知必不誣。

宋　龐元英《談藪》（引自《説郛》卷三五）　漁溪云：曩在筠州新昌縣，嘗出遊歷，將至五峯，馬上遥見山中草木蠕蠕動，疑爲地震。馭者云：滿山皆猴也，數以千萬計，行人獨過，常遭戲虐。每羣呼跳浪而至，攀緣頭目胸項手足，衮成毛毬，雖有兵刃，亦無所施，往往致死。夜宿民家，犬爲虎銜去。明日至寺，問：山中有虎乎？曰：無有。何以無？曰：山中皆大林，虎安敢來？余曰：林木森森，虎所隱蔽，何爲不來？曰：大木上多鼯鼠，虎過其下，鼠必鳴噪，自拔其毛投虎身，着處必生蟲，則遍身瘡爛，以至乎死，故畏不敢至。方悟宣城包氏畫虎，皆平原曠野，茅葦叢薄中，亦有棘枝尋丈，未嘗作林木者，以此。隋文帝云：譬之猛虎，人不能害，反爲毛間蟲所蠹損。又可證也。

宋　彭乘《墨客揮犀》卷三　虎每食一人，則耳成一缺。汀洲西山有虎，爲暴十餘年，後爲射者所殺，兩耳如鋸焉。又人言，虎怪甚靈，不妄食人，遭其患者，蓋命所值，或是宿冤也。武康民朱泰事母甚孝，嘗爲虎所搏，負之而去。泰大呼曰：虎暴殺我，我母將無所依。虎遽棄于地，驚竄入山。泰後安健如故，鄉人號爲朱虎殘。

宋　張舜民《畫漫録》　均房之人取山中枯木作膠，傳破布單，施虎徑中，木葉蔽之。虎踐履，着足不脱，則恐微，若奮厲，便能固半身。虎怒頓剉不能去，就擒。既封剥，腸皆斷。虎身臭，蚊蚋或集耳鼻中。雖盡力，無能去之，以至頓撲而死，開腹，腸亦斷。俗云蚊子咬殺大蟲。《本草》著八月後蠏與虎鬭而虎敗，蝟入虎耳，以此而死，非力不贍，知有所窮也。

宋　洪邁《夷堅支志·乙》卷七《桂巖鷙獸》　村民程十八者，能射虎，里人稱爲程大蟲。其法爲煮草烏頭汁以淬箭鏃，施窩機，伺于虎出入道上。嘗有一虎爲箭所傷，不能行，倚樹蹲立。程曰：虎死不倒地，此已死，無足懼。經前欲取之，虎尚未絶，忍痛哮吼，舉兩足來搏程，奮臂撑拒，力且竭。其徒望見，爭奔救，僅得脱，腦後臂胛背遭爪攫挐，卧病幾月乃起。

又《夷堅支志·丙》卷七《汝嶺牛虎》　建昌縣控鶴鄉有汝嶺絶高，從顛至麓且十里。民居於嶺西者，蓄一水牛，甚大。每旦則命小兒牧于嶺下，聽其齕草，至暮牽以歸。淳熙己亥之冬，忽失所在。一家長幼山中遍索，無有也。意爲盜所竊，聞於保伍。後三日，有樵夫言曰：爾牛過嶺。赴求，正見

牛倚石崖下臨虎，虎作勢相拒，衆懼莫敢逼。民子頗勇壯，奮刃直前，將刺虎，則牛虎皆已立死。時方盛寒，故僵而不仆。民與二子還，屠剥之，視其肉別無他異，獨牛之心膽皆破裂。蓋雖力可格虎，而震懼至是云。

又《夷堅支志·丁》卷四《武昌客舍虎》 承宣使孫瑺之子禹功，紹熙四年冬，自臨安挈家赴襄陽都統司幹官。過鄂州，舍舟趨陸，夜宿驛舍，覺有賊往來門外。從吏呵罵之，曰：是都統官員，不得作過。久之，稍定。試啓户出視，乃兩虎相與盤拏也。既至襄，遣僕蔡德歸視，夜宿武昌客舍。見舍中人紛紛擾擾，有驚畏色。徐問其故，云：昨夜吾家父子四人俱未寢，圍聚圍爐。俄一虎撞入，踞爐而坐。吾父子危懼喪膽，以爲必有一人遭啖食者，不敢略轉動，添薪益火，與之相廝守，虎亦偃然自若，至曉乃奮迅而出。隣媪適來請火，正及門，遇之，即駭仆而死。吾家雖幸免，而驚魂到今未定，且憂其今夕復來，決無由可脱也。蔡德亦爲之變色，終夜危懼不安席，明日辰巳間始敢去。

又卷五《蜀梁二虎》 蜀峽山谷深夐，鷙獸成羣，行人不敢獨來往。萬州尤爲荒寂，略無市肆。教授官舍，孤處一宿，嘗召會同官至夜於廳上，設燈燭勸酒。一虎忽躍升階，蓋見火光熒煌，突然而至者，悉驚竄。一客在外，不敢入，急伏於胡床後。虎漸進逼之，客無計可禦，舉床冒其頭，按頓再三。虎作勢撑拒，頭入愈深，如施枷械者，大窘駭，負之奔出。諸客不敢再飲，各散去。明日，村民入城者言，三十里間有一交椅碎裂在地。教授遣取視之，乃昨夕客所失者。蓋虎沿塗擺撼，方得脱也。客雖免於搏噬，亦喪膽成疾，彌月方愈。興元府近郊，有農民持長刀將伐薪。行畲狹徑其下，皆沮洳相去丈許，一虎在彼望農至，欲奮迅登岸。農遽跳坐其背，以刀亂斫之，虎亦勃躑與相抗。里人環睨不敢救，相率投戎帥乞援。帥命獵騎百輩鳴金鼓馳往，至則人虎俱困，騎刺虎殺之，扶農歸，遍體斷裂成紋。蓋盡力用刀，且驚怖故也。次日亦死。帥厚給其家錢粟，使葬之。

又《夷堅支志·戊》卷一《師姑山虎》 紹熙四年春，古田縣師姑山有村婦採筍爲虎搏去。初，夜見夢於家，曰：我初下山，逢黑虎從對巖出，相去尚遠，急匍匐登山彈避，爲兩個小兒强把我脚，不得前進，但叫天乞命，虎已在側，即行啖食，苦哉！苦哉！其家人盡起，秉火挾杖，迹婦所之，正落草坡，身無全膚，舁以歸舍。半夜後，虎繞屋哮吼四出，若有所索。凡數夕乃止。蓋搏人而不得竟食，所以逞怒。兩兒乃倀鬼也。

又《鶴坑虎》 羅源鶴坑村有一嶺，不甚高，上有平巔，居民稱爲簥上。田家一婦嘗歸寧父母，過其處，見一虎蹲踞草中，懼不得免，立而呼之，曰：斑哥，我今省視爺娘，與爾無冤，女且速去。虎弭耳竦聽，遽曳尾趨險而行，婦得脱。世謂虎爲靈物，不妄傷人。然此婦見鷙獸，不怖悸，乃能諭之以理，亦難能也。

宋 朱彧《萍州可談》卷二 溱州有虎穴，凡十里許，修谷茂叢斑斕，旁午，南北路口行者相集而度，否則遇害。荆州孫偉奇甫刺溱，親爲予道其詳。夫市朝固有此地，人或忽之致禍，可不慎哉！

宋 佚名《江南餘載》卷上 保大中太平府聶氏女年十三歲，母爲虎攫去。女持刀跳登虎背，連斫其頸。虎奮跳不脱，遂斫虎死，乃還家葬母屍。

又卷下 江州有田婦採拾於野，忽爲虎攫而踞之。婦向天大呼，虎舉其掌，婦視其中有刺，因爲拔之，虎乃捨婦而去。

元 脱脱《宋史》卷六六《五行志》 開寶八年四月，平陸縣鷙獸傷人，遣使捕之，生獻十頭。十月，江陵府白晝虎入市，傷二人。太平興國三年，果、閬、蓬、集諸州虎爲害，遣殿直張延鈞捕之，獲百獸。俄而七盤縣虎傷人，延鈞又殺虎七以爲獻。七年，虎入蕭山縣民趙馴家，害八口。淳化元年十月，桂州虎傷人，詔遣使捕之。至道元年六月，梁泉縣虎傷人。二年九月，蘇州虎夜入福山砦，食卒四人。咸平二年十二月，黄州長析村二虎夜鬥，一死，食之殆半，占云：『守臣災。』明年，知州王禹偁卒。咸平六年十月乙酉，有狐出皇城東北角樓，歷軍器庫至夾道，獲之。大中祥符九年三月，杭州浙江側，晝有虎入税場，巡檢俞仁祐揮戈殺之。咸淳九年十一月辛卯黎明，有虎出于揚州市，毛色微黑，都撥發官曹安國率良家子數十人射之。制置使李庭芝占曰：『千日之内，殺一大將。』於是臠其肉於城外而厭之。

又《遼史》卷三二《營衛志》 曰伏虎林。七月中旬自納涼處起牙帳，入山射鹿及虎。林在永州西北五十里。嘗有虎據林，傷害居民畜牧。景宗領數騎獵焉，虎伏草際，戰慄不敢仰視，上舍之，因號伏虎林。

又卷八一《陳昭袞傳》 開泰五年秋，大獵，帝射虎，以馬馳太速，矢不及

發。虎怒，奮勢將犯蹕。左右辟易，昭衮捨馬，捉虎兩耳騎之。虎駭，且逸。上命衛士追射，昭衮大呼止之。虎雖軼山，昭衮終不墮地。伺便，拔佩刀殺之。輦至上前，慰勞良久。即日設燕，悉以席上金銀器賜之，特加節鉞，遷圍場都太師，賜國姓，命張儉、吕德懋賦以美之。

明　宋濂《元史》卷五一《五行志》　至正十年，彰德境内狼狽爲害，夜如人形，入人家哭，就人懷抱中取小兒食之。二十三年正月，福州連江縣有虎入于縣治。二十四年七月，福州白晝獲虎于城西。

又卷一二一《抄思傳》　世祖即位，委任尤專。癸亥正月，召赴行在所。冬十一月，謁見世祖於行在所，世祖賜金符，以别的因爲壽潁二州屯田府達魯花赤。時二州地多荒蕪，有虎食民妻，其夫來告，别的因默然良久，曰：『此易治耳。』迺立檻設機，縛羔羊檻中以誘虎。夜半，虎果至，機發，虎墮檻中，因取射之，虎遂死。自是虎害頓息。至元十三年，授明威將軍、信陽府達魯花赤，佩金符。時信陽亦多虎，别的因至，未久，一日以馬裼置鞍上出獵，命左右燔山，虎出走，别的因以裼擲虎，虎搏裼，據地而吼，别的因旋馬視虎射之，虎立死。

又卷一三二《玉哇失傳》　玉哇失，阿速人。父也烈拔都兒，從其國主來歸，太宗命充宿衛。歲戊午，從憲宗征蜀，爲游兵，前行至重慶，戰數有功。嘗出獵遇虎於隘，下馬搏虎，虎張吻欲噬之，以手探虎口，抉其舌，拔所佩刀刺而殺之。帝壯其勇，賞黄金五十兩，别立阿速一軍，使領其衆。

又卷二〇〇《列女傳·胡烈婦》　胡烈婦，渤海劉平妻也。至元七年，平當戍棗陽，車載其家以行。夜宿沙河傍，有虎至，銜平去。胡覺起追及之，持虎足，顧呼車中兒，取刀殺虎，虎死，扶平還至季陽城求醫，以傷卒。縣官言狀，命恤其母子，仍旌異之。

明　潘塤《楮記室》卷一五《虎啖人》　予少遊松江千山，宿李昇郎中宅。近山有虎，啖一人。時二十一日，予問之咬何處，云：咬下腿。十五六時，讀《洗冤録》云：虎之咬人，如猫之咬鼠，初一至十五咬上身，十六至月終咬下身。果然。俗云千聞不如一見，信然。

明　汪砢玉《珊瑚網》卷四二　吴之西山舊無虎。戊戌之春，忽横行林間。因尋先人葬地與宿田兄同經其間，且怖且行，道逢山農，多能形容其威。【略】成化十五年後十月，常熟縣有虎來，尚湖居民及其半濟殺之，以送之縣，縣復獻之府，人莫以爲異也。

明　鄭仲夔《耳新》卷四《鈀牽虎》　芭之潭石橋張某膂力絶人。嘗夜行，見伏虎，因取杖擊之，虎應杖而斃。一日，偕所親山行，值虎至，其人怖甚。張以身衛之，更取大木從虎腹下抵去，撲之深崖下，虎死。又嘗攜鋏鈀入山，遇虎，以鈀捌虎口中。虎怒哮不已，鈀不得出，隨以鈀牽虎至橋邊，虎力盡而死。

明　郎瑛《七修類稿》卷四三《虎》　唐裴旻終日射虎，後見小虎，則馬辟易而弓矢俱墜。老人曰：君前所射者彪也。周永昌中，涪州多虎，有一大虎逐虎而噬之。録奏曰：檢《瑞應圖》，乃酋耳也。據是，則世間所見者皆彪，大於彪者爲酋耳，小於彪者方爲虎也。此則《埤》、《爾雅》諸書所不載。

明　李詡《戒菴老人漫筆》卷二　嘉靖十年辛卯十月初一日，無錫縣東門一黄虎入城，進至大市，驚跳并傷死者頗衆，當時被獲，次日解府。

明　張恭懿《松窗夢語》卷五《鳥獸紀》　西蜀山深叢林多虎豹，每夜遇之，遥望林中，目光如電，必列炬鳴鑼以進。性至猛烈，雖遭驅逐，猶徘徊顧步。其傷重者，咆哮作聲。聽其聲之多少爲遠近，率鳴一聲爲一里。靠岩而坐，倚木而死，終不僵仆。其搏物不過三躍，不中則舍之。有黑、白、黄三種，或曰黄者幼，黑者壯，白者老。虎嘯風生，風生萬籟皆作。虎伏風止，風止萬籟皆息。故止樂用虎。豹亦赤、玄、黑、白數種。俗傳虎生三子，中有一豹，豹似虎而微小，毛多圈文，尤勝于虎。

明　王同軌《耳談類增》卷二一《勝志蹄喙篇·虎冢》　正德間，木工丘高奉化人，附東吴主人李七舡造番夷，至海傍渡舟山，遘癘且死，衆棄之山麓而去，數日不死。忽一虎來視眈眈，聲咆哮，斂齒而不咥，若憫其垂死者。高始布甚，既見其不咥，沾沾可親，因指口求食。虎去，以兔豕來，不可食。虎，雌虎也，故相依坐身畔，飼以乳。高得虎乳，日益强健，數日起行，德虎之甚。凡高有言，虎必帖耳聽受。高度渡舟山，曠不可居，跡浔炭山穴深而燠，命虎負渡河居之，拾陶於棄窑，猷火於燧石，虎暮必以獸歸，始爲烹飪兼野蔬山果而食之。漸有牝牡之事，一如夫婦嬿婉矣。後有雄虎來求配，虎怒相搏，高倚虎持竿逐之，去遠始已。虎欲悦高，遺獸常饒，高以鬻於山中，不乏

蓄積餱糧。生二子，性俱猛鷙，年十二力舉數百斤。或薦於浙省督府，胡公捧檄招來，破倭成功，授上賞。虎與高死，合瘗成塚，曰虎塚。至今海上談者，謂猛虎可親，必指虎塚云。吴貞甫談獸與人交生子世常有之，此其類矣。而其始以無生生，夫惟無生是以有生。《老子》曰：含德之厚，比於赤子。毒蟲不螫，猛獸不據，攫鳥不搏。斯人病死心喪，其近之與？今山中婦子常持竿逐虎，虎不亂搏，愈足爲驗，是可以持心。

又《虎能言》　習孺恒談曰：虎能識字。予昔于書見之，然未知其能人言也。嘉靖末，予庶祖母王祔葬先學憲公竹圻山，甫下棺，持家僮廷賓鳴鑼，約諸人赴工。虎自林中突出，遽枕賓于股，屢回視之。且云：爾殺我連叫者三。良久賓云：如某當命盡，願速食，毋久駭我爲。虎復回視云：汝殺我。起身去。賓竟得脱，絶不少傷。予友陳京，其兄愚人也。一夕微雨，遇虎于邑，比之萬庾舖時，止持一傘，虎當路咆哮，欲噬者再，陳畏卧，無以爲計，因以所著油靴擊之有聲。虎再三云：好殺好殺。一躍而去。又予叔叔可語予，渠一莊人七月入山樵採遇虎。時天暑，止戴一篾帽簷，因取擲虎。虎作聲云：來來來。遂含帽簷去。過數日，其人復至前所，聞氣甚臭，踪跡則虎已張口死矣。蓋爲帽簷刺其唇，不能合也。

又《義虎》　衢州開化縣與德興界接之地，有媪豢一猪，適虎從籬外攫得，而籬堅竹密，猪不得出，夜甚咆哮。媪慮虎不得食，終損他家，因起抉籬縱猪出。久之，虎復抵門，夜作聲響。媪詈曰：汝奪我猪去，致我無資生活，又復來乎？至明，門不啓，虎委背所負一女子去，蓋相報也。媪一子貧，不能娶，因通於女家父母以爲婦。今其地有義虎坊。

明　鄭仲夔《玉麈新譚·雋區》卷七《幻雋》　天啓年間，紹興山中有黄、黑、斑三虎，往來山陰道間，每潛踪空墻，或翳林僻處，日出噬人致死，死即舍去，被傷者不啻千人。行路苦之，獵者屢捕不可得。踰年方已，亦莫知其何去，咸以爲神虎云。

著録

明　陳繼儒《虎薈·序》　余丁酉六月二十三日始困瘧，垂戊戌之六月二十二日而瘧良已。蓋首尾屈指，凡一朞焉。先是百穀王丈訪余于寶顔堂，授以《虎苑》，可以辟瘧。讀之，而魔鬼如故。然其書所徵不及百事，余乃搜諸逸籍，及山林湖海之故聞，薈撮成卷，題曰《虎薈》。昔范文穆牓其軒爲説虎，余嘗笑此老何所專嗜而獨亹亹好談不休。客曰：虎不足談，而仙釋可以馴虎，循良可以驅虎，孝義可以格虎，猛悍可以殺虎。虎不足談，而其人故多識，喜怪者之所不廢也。乃書而命典籤者藏之。

清　黄虞稷《千頃堂書目》卷一二　王穉登《虎苑》一卷。

清　永瑢《四庫全書總目》卷一一六　《虎薈》六卷。内府藏本。明陳繼儒撰。繼儒有《邵康節外紀》，已著録。是編末有黄庭鳳跋，謂繼儒病瘧，王穉登貽以《虎苑》一帙佩之，而瘧愈，遂爲是書。凡所引用，多拉雜無倫。若《周禮》司尊彝、祼用虎彝、蜼彝，《漢書》履虎尾絇履之類，與談虎無涉，亦皆漫爲牽綴，真所謂無關體要者也。

藝文

唐　張籍《張司業集》卷二《猛虎行》　南山北山樹冥冥，猛虎白日繞林行。向晚一身當道食，山中麋鹿盡無聲。年年養子在空谷，雌雄上山不相逐。谷中近窟有山林，長向村家取黄犢。五陵年少不敢射，空來林下看行迹。

唐　李紳《追昔遊集》卷上《虎不食人》　霍山縣多猛虎，頃常擇肉於人。每至採茶及樵蘇，常遭啖食，人不堪命。自太和四年至六年，遂無侵暴，雞犬不鳴，深山窮谷，夜行不止，得攝令和僎狀，稱潛山縣鄉村正趙珍夜歸，中路與虎同行，至家竟無傷害之意。南山白額同馴擾，亦變仁心去殺機。不競牛甘令買患，免遭狐假妄憑威。渡河豈適他鄉害，據谷終無暴物非。爾郊

騶虞護生草，豈徒柔伏在淮淝。

唐　儲光羲《**儲光羲詩集**》**卷一**《**猛虎行**》　寒亦不憂雪，飢亦不食人。人血集作肉。豈不甘，所惡傷明神。太室爲我宅，孟門爲我鄰。百獸爲我膳，五龍爲我賓。蒙馬一何威，浮江亦集作一。以仁。彩章耀朝日，牙爪雄武臣。高雲逐氣浮，厚地隨聲振。集作震。君能賈餘勇，日夕長相親。

宋　吳淑《**事類賦**》**卷二〇**《**虎**》　伊雕虎之猛噬，感樞星之下淪。既目之爲獸長，亦號之爲山君。眈眈其視，般般有文。牛哀七日而變體尺，封邵一旦而食人。則有刻玉爲毛，鑄銅作器。李禹入穽而絶纍，朱亥在檻而裂眥。別有厄李后於宮內，舐介象於山中。詎能緣木，秖可生風。俛首伏罪，搖尾求食。僧照識南山之嘯，李廣射北平之石。食肉則世祖命射，攀鞍則張昭變色。或名李耳，或號於菟。或生於孟山，或畜之東虞。至有中黃能搏，馮婦善捕。呂蒙探穴而靡憚，王戎逼欄而不懼。哭哀既感於仲尼，縛急更憐於呂布。若夫粱芻養之而有法，卞莊刺之而得宜。感讒言而游市，感道術而還兒。文彩未成已有食牛之氣，爪牙斯備則全伏狗之威。至若值法雄而息暴，避劉陵而遠徙。感劉昆弘農之政，識宋均九江之理。燒皮辟惡，懸鼻宜子。扶南既聞決訟，度朔亦云食鬼。壽至千歲，長過百里。石虔跳躍而拔箭，宜咎叱咤而弭耳。或驚駭而放市，或婆娑而渡水。若乃郭文探鯁，子華斷羊。或助區寶之祭，或送王業之喪。或厭赤刀之術，或佩黃神之章。豈獨紫葛驗江陵之化，抑亦白質爲魏世之祥。

宋　徐照《**芳蘭軒集·猛虎行**》　猛虎出林行，咆哮取人食。居人慮虎至，荆棘挂墻壁。虎乃愛其身，驚遁不近側。人兮弗如虎，甘心墮荆棘。

金　元好問《**遺山集**》**卷五**《**虎害**》　北山虎有穴，南山虎爲羣。目光如電聲如雷，倚蕩起伏山之垠。百人一飽不留骨，敗衣墜紊徒紛紛。空谷絶樵聲，長路無行塵。呀呀垂涎口，眈眈闞城闉。天地豈不仁，社公豈不神。哀哀太山婦，叫斷秋空雲。可憐封使君，生不治民死食民。世上無復裴將軍，北平太守今何人。

明　劉嵩《**槎翁詩集**》**卷四**《**有虎行**》　有虎有虎白額張，穴巢養子南山陽。十年饑嘯望城市，不食近山牛與羊。鄉民不知攫噬苦，叩首相呼拜神虎。通衢白晝虎出入，從此鄉民少防護。一朝南行挾虎羣，搖尾梢梢高入雲。長驅百里入城郭，神虎經過人不聞。忽然憑怒風慘悽，赤手搏人如搏麑。飲血血成河，啗肉肉作泥。飫酣三日虎乃去，猶負犬豕歸其棲。可憐李將軍，有弓不敢射。却驅殘卒守空城，更築新圍高百尺。

又《**虎逐狼**》　野狼據山作巢穴，連年呼羣食人血。一朝猛虎入山來，虎自憑陵狼跡絶。山中久厭狼害人，乍得猛虎驚良馴。豈知殘毒乃本性，鼓吻磨牙更雄騁。一鳥死百鳥哀，一狼逐十虎來，山藏澤藪胡爲哉。吾聞周公驅猛獸，不用長戈並勁弩，政教修德施溥。人民欣欣樂含哺，麒麟來遊鳳凰舞。上天甚明民甚苦，更萬萬古，莫生豺與虎。

明　葉盛《**菉竹堂稿**》**卷二**《**虎**》　弘農昔日政聲多，見爾携家北渡河。不用虛名事虓噉，山中藜藿近如何。

明　王廷相《**猛虎賦**有序》（**引自**《**歷代賦彙**》**卷一三四**）　華山有虎患，郡吏督虞人捕之，殲六虎。予哀夫以强力貪得而斃者，不獨虎也，遂賦之。嗟猛獸之揚厲，據藪澤以爲雄。孰樵採之敢入，望谿壑而憂恫。彼麋豕以何辜，偶邂逅而途窮。力於爾以不敵，遂填吻而飽胷。狐欺媚以相假，亦走猱而詑狨。矧咆哮而叱咤，儵風颯而晝曚。胡恣行而遠出，乃於人而肆兇。慘細物之莫報，智加爾夫奚容。驅虞人以掩襲，火山澤而遠攻。陷穽伺罅，罻羅揭秘。勁弩四發，藥鏃森會。前殪後殭，朋殲品斃。以杠以徒，或剥或劌。目炯炯以電滅，革斑斑而文碎。非於爾以寡仁，反狗馬之帷蓋。要施報之所宜，視爲益而爲害。龍出沒以造神，沛霖雨而澤世。雖一睹之莫即，孰機窞之可逮。世赫赫以並稱，羞神明之莫配。彼貪夫之殉財，乃忍情而爲盭。積衆怨以銷骨，終殞生而敗類。玆逐臭而蹈汚，寔見小而遺大。哀靈物之寡謀，匪斯獸之獨慨。

明　屠大山《**雙虎賦**有序》（**引自**《**歷代賦彙**》**卷一三四**）　嘉靖甲寅三月廿有八日黎明，予行潛江之野，忽人馬辟易。從者告余曰：有二虎去車密邇。予審視之，皆黝黑，而其一額有白文，徐入葦中，良久乃伏。予以事紆迴此地，適覩玆獸，有感於中，述斯賦焉。驅予車於潛野，際旭景之初分。循春堤以前邁，欣麥隴之氤氳。倏人驚而馬顛，若喪魄而忘魂。僕夫速予以避虎，曰姑停策以俟羣。褰予幃以凝睇，覩雙猛於丘墳。振長風於江漢，炳玄耀於乾坤。雖爪牙之罔露，固威棱之具存。彼獨行之鮮敵，矧偶遇而專郤。

下林皋之雄步，踼溪澗之逡巡。衆鼓譟而靡慴，迫阨險而弗奔。戢咆哮之烈氣，閉精光而卑蹲。初豎尾以前却，竟旋趾而傍輪。面予車以延佇，若欲語而聲吞。豈戒備於暴悍，抑諭毖於昏晨。將招隱於閒曠，或警弱於柔仁。嗟予性之昧墨，舍利路而弗遵。秉孤志以直往，每遭躓而邅屯。行亶迴於潭畔，心拂鬱之誰陳。私閔憐之惘惘，悄宵旦之昏昏。含客感之默默，凄離緒之紜紜。意二物之來格，殆靈祇之啓人。謝刺術於卞莊，陋射藝於裴旻。模懿矩於簾藺，懲私鬬於復恂。測靈情以自詔，著斯文而書紳。

明　沈明臣《大樹村劉氏少婦打虎行》（引自《明詩綜》卷五四）　潤州城南山簇簇，四月麥黃桑柘綠。大樹村頭劉氏居，短墻幽院參差屋。曉炊未罷日始高，窣地猛虎來咆哮。老小出門盡驚走，犬亦吠虎聲嗥嗥。虎聞犬聲急轉步，一口斃之如搏兔。欲從虎口奪狗還，老嫗抱孫逢虎怒。劉家少婦奪老姑，氣猛視虎如匹雛。手持鋼叉刺虎目，虎血濺面紅模糊。昨從大樹村前走，少婦滌場猶髽首。弱體孱然花不如，徐家女子劉松婦。

明　湯顯祖《嗤彪賦有序》（引自《歷代賦彙》卷一三四）　予郡巴邱南百折山中，有道士善檻虎，兩函，桁之以鐵，中不通也。左關羊，而開右入虎，懸機下焉。餓之，抽其桁，出其爪牙，楔而鉗之，絙其舌。已重餓之，飼以十銖之肉而已。久則羸然弭然，始飼以飯一盂，菜一盂，未嘗不食也，亦不復有一銖之肉矣，以至童子皆得飼之。已而出諸囚，都無雄心。道士時與撲跌爲戲，因而賣與人守門，以爲常。率虎千錢，大者千五百錢。初猶驚動馬牛，後反見大牛而驚矣。或時伸腰振首，輒受呵叱，已不復爾。常置庭中以娛賓。月須請道士診其口爪，鐫剔擾洗各有期。道士死，其業廢。予獨嗤夫虎，雄蟲也，貪羊而窮，以至於斯辱也，賦之。夫何山中之一獸兮，受猛質於西旻。貌低團而項廷，鼻黝隆而齒齦。目斜匡而電爍，聲倨頷以雷殷。舌理粗而銼樹，鬚鋒橫而獵人。爪含銛而卷曲，尾拂彗而絙伸。叱形模其足怖，矧精威之絕塵。静嘯而陰飈窣起，坦步則稠林自分。凛氣候之相制，隱形勢而見尊。況百折之深山，常此窟之成羣。黃斑屬而卧隴，白頞連而飲津。初涉味於牛馬，遂舐及於人民。户震躬而屏徙，或重遷而遠藩。獨無生之道士，故有心而與鄰。力不加於子路，術不詭於黃神。布石關之宛轉，交鐵葉以繽綸。界鳴羊於接檻，誘聞羶而見循。進密歷以窮路，退蹢躅而下門。遂乃聊浪擲跌，偪仄輪囷。始傖氉而怒湧，久牢騷而意煩。氣屈而皷，力瘴而踆。羌局拘而勢改，積威約而理均。於是道士欣焉，待旦及晨，舉之於懸處，餓之以兼旬。待威神之委頓，任處置之紛紜。未陷頭而投鬣，先罥爪而剔蹯。捩權牙於巨斧，磨刺舌以疏巾。香泔變其腸胃，清水洗其喉脣。欲次第而施食，已隨宜而致馴。初猶啖以碓肉，次則習以盤飧。或設以稃粒之餘，或投以松芥之根。既苦飢而伏檻，敢擇食以懟恩。遂乃改山林之性氣，狎雞犬之見聞。遇夫人之下視，即弭耳而意親。諒厓柴之已去，放野牧以逡巡。非止柔性，兼弱其筋。圓腰纖而脅息，黤斑摧而襞皴。撫之而亦喜，撲之而不嗔。似巨狸之擾足，若卑犬之纏身。偶循隅而吐嗜，輒蒙訶而愴魂。昔有大蟲之號，今有小畜之云。懊撐距之無時，委降戢於非倫。雖山君之短智，亦梁鶩之淺仁。見其弱而可弄，牽以售而論斤。有守犬其未足，借虛名而守閽。既爪牙之久折，亦何威而見奔。第周旋於苑薄，得混迹於毚麏。學婆娑而昵主，戲矍綽以娛賓。感知音之君子，被歎涕之殷勤。偉茲靈之巨猛，鬱有武而有文。偶脣吻之所及，皆性命之相因。論雄心與剛力，固決乾而倒坤。略網絓而風飛，觸熛燎以雷噴。哮怒則千人自廢，憤蹶而萬瓦猶震。非胥疏其有欲，何牢檻之敢陳？偶朵頤於跛羊，落一髮於千鈞。饑窘來而餌施，利器往而性泯。足人間之翫擾，何氣決之可存。諒如此而久生，固不如即死之麒麟。

明　謝肇淛《小草齋集》卷八《猛虎行》　風吹寒楚，凄凄日暮。百獸辟易，猛虎當路。雞犬不敢啼，居人堅拒户。村中無豚犢，草間絕狐兔。悲哉猛虎，徘徊拗怒。目光掣電牙歕血，踞地一吼山石裂。酋耳不來，麟足左折，天公遣汝爲民孽。君不見，泰山下北平城，朝朝暮暮聞哭聲。又不見，海南殺氣飛騰騰，不見猛虎見蒼鷹。猛虎尚可，蒼鷹殺我。

明　黃淳耀《陶菴全集》卷一二《虞山喫虎肉作》　猛虎入山山氣惡，腥風倒射巖石落。兩三村甿不識虎，謂是旄牛未生角。扼虎之吭擘虎尾，虎驚不及施牙觜。東海無煩赤刀制，南山已報白額死。老夫羇旅春盤空，短衣四馬行山中。坐分羹臛飽欲死，拔劍四顧吾何功。村甿村甿莫倉卒，儒冠爲爾頻衝髮。人間真有猛於虎，勸爾投身依虎窟。

清　潘耒《遂初堂詩集》卷一《少遊草·猛虎行》　猛虎眈眈，潛於巖阿。

野則有羅，虎當奈何。謂虎無羽，而使牧豕。謂虎無角，而使將鹿。鹿豕善駭，震於其威。虎雖大仁，不耐腹饑。東西咆哮，風毛雨肉。行人膽破，相戒以目。帝赫斯怒，乃命獵者。猛虎尚可，獵者殺我。有矢如蝟，有戟如林。不以跡虎，而以從禽。獵人詡詡，爲虎傅羽。獵人逐逐，爲虎生角。帝勿捕虎，虎則有巢。驅還其巢，亦莫敢驕。百獸之長，厥惟麒麟。戢我弓矢，安用獵人。

清 王慶勳《詒安堂二集》卷一《猛虎行》 猛虎來林中，未出先號風。麇鹿食已盡，枵腹將人充。落日在林木，行客早投宿。其視本眈眈，其欲尤逐逐。豹變未可知，履尾已嫌遲。談者先色駭，誰敢捋其髭。吁嗟此猛虎，居然入城府。世尠周孝侯，任爾雄且武。

清 許瑤光《雪門詩草》卷一《饑虎行》 木客遊深山，路逢饑虎鳴。虎饑欲食力狼狽，磨牙吮舌空作聲。一箭貫腰，雙鉤攫睛，猛虎雖猛烏足驚。胡爲耽耽遂所欲，以肉飼虎縱虎行。谷風怒號月暈生，石林岸崿飛泉傾。白額一去不可縛，使我持劍徒縱橫。

又卷一四《虎生三子必有彪篇》癸辛雜志虎生三子必有一彪 虎生虎子，更生彪兒。彪食虎子，殘其本支。古來英豪噬人國，往往子弟相蠶食。奪棗争梨發殺機，一籠五馬多凶德。忍子胚胎忍父懷，狼聲蜂目逞無極。回思麟定應睢鳩，周室宗盟八百秋。止仁止慈開國本，蕭墻何自森干矛，胡爲鮮度言尚流。

雜録

晉 干寶《搜神記》卷七 晉武帝太康六年，南陽獲兩足虎。虎者，陰精而居乎陽，金獸也。南陽，火名也。金精入火而失其形，王室亂之妖也。

南朝梁 任昉《述異記》卷上 漢中山有虎生角。道家云：虎千年則牙蜕而角生。

唐 余知古《渚宮舊事》卷四《漢氏魏氏》 王蘇，和帝時爲荆州刺史，每將出行部，常浣濯潔齋，類告上帝，精誓后土，曰：開誘愚心，使理於衆。殄除貪殘，剪滅姦惡。不酷人，不失理。江南多呪詛毒螫之患，及化之流也，山陸無蝮蟲豺狼，水無鯨鯉短狐，風波不動，人無禍慝。行部遇疾，卒於枝江亭中。有二白虎低首曳尾，至於喪側。及喪發，追送踰境，忽然不見。永元十八年，百姓立廟於百里洲上，號曰白虎王君。每舟船上下，能爲風濤。至有牛羊之禱，積骨如山。

宋 曾慥《類説》卷七《廬山記》 遊山虎，山有一虎，未嘗傷人，時見形迹，號遊山虎。

宋 周密《癸辛雜識續集》卷下《虎引彪渡水》 諺云：虎生三子，必有一彪。彪最獷惡，能食虎子也。今聞獵人云：凡虎將三子渡水，慮先往則子爲彪所食，則必先負彪以往彼岸。既而挈一子次至，則復挈彪以還，還則又挈一子往焉。最後始挈彪以去。蓋極意關防，惟恐食其子故也。

又《癸辛雜識别集》卷上《同里虎》 近歲平江虎丘有虎十餘據之，同里葉氏墓舍在焉。其一大享堂，虎專爲食息之地。凡人獸之骨交藉於地，蛇骨亦有之。聞虎之飢，則兼果實皆啖，不特獸也。其堂下大泥潭，虎飽則展轉於中。傍居之人熟窺之。凡食男子，必自執起，婦人必自乳起，獨不食婦人之陰。或有遇之者，當作執與之敵而旋退，引至曲路，即可避去。蓋虎不行曲路故也。

明 田藝蘅《留青日札》卷二九《玄虎》 玄虎，本名曰虪，式六切。《爾雅》：黑虎也。貀似豹無前足。或曰：似虎而黑，無前兩足。又虪亦黑虎。

明 酈露《赤雅》卷三《肉翅虎》 肉翅虎出石抱山，晨伏宵出，其飛也邑，嘗向鬼關食人，爲獞人射殺。予得見之，比虎差小，翅如蝙蝠，眼閃閃如陰燐，身虎文。飾其皮，以辟百鬼。

明 慎懋官《華夷花木鳥獸珍玩考》卷一一《星虎蒲喇加國**》** 山出星虎，如中國之虎，畧大，其毛異色。亦有暗色花紋黃虎，亦內有虎變人入市，混人而行，自有識者擒而殺之。

清 王士禎《居易録》卷一六 肉翅虎出石抱山，晨伏宵出，比虎差小，翅如蝙蝠，身如虎文，飛而食人，其皮可辟鬼物。

清 許奉恩《里乘》卷五《虎釣》 虎尾其氣腥以羶，飢輒垂尾江邊，餌魚爲食，鰷鱨鰋鯉，名種大魚，多爲所釣。岳州城故濱江日有虎垂尾餌

魚，適有太黿適聞其腥羶，遽啣其尾，虎痛甚急，聳身一躍，墮城堞齒間。虎在堞內，黿在堞外，如負擔然。虎痛尾愈擺，黿之持之也愈固。天明，有人過城下，見而兩得之。以黿擒虎有功，遂殺虎而舁黿縱於江。里桀子曰：吾鄉有濱江而居者，屋旁有柵豢豕，往往爲虎所食，鄉人遂不復豢豕。他日得一黿，暫閉於柵。虎夜過，聞咻咻聲，以爲豕也，試探以爪，遽爲黿所啣，竟不能脱，卒爲鄉人所殺。噫嘻！虎爲口腹所累，又多厄於黿，亦奇矣哉！

圖表

晉　郭璞《爾雅音圖・釋獸》

明　李時珍《本草綱目・圖卷》

清　徐鼎《毛詩名物圖說》卷二

貘　白虎　騶虞

論說

宋　陸佃　《埤雅》卷四《貘》　貘獸似熊，象鼻犀目，師首豺髮，小頭庳脚，黑白駁，能舐食銅鐵及竹鋭𩯞，骨實無髓。皮辟温濕，以爲坐毯卧褥，則消膜外之氣。字从膜省，蓋以此也。《爾雅》曰：貘，白豹。虪，黑虎。《蜀都賦》云『戟食鐵之獸』，即貘是也。劉子曰：飛鼯甘煙，走貘美鐵。所居隔絶，嗜好不同，未足怪也。舊云：貘糞爲兵可以切玉，其溺又能消鐵爲水。

又卷五《騶虞》　騶虞，尾參於身，白虎黑文，西方之獸也。王者有至信之德則應，不踐生草，食自死之肉。《傳》曰『白虎仁』，即此是也。夫其色見於白，其文見於黑，又義獸也，而名之曰虎，則宜正以殺爲事，今反不履生草，食自死之肉，蓋仁之至也。故序《詩》者曰：仁如騶虞，則王道成也。《山海經》曰：騶虞五采畢具，尾長於身，乘之日行千里。

宋　羅願　《爾雅翼》卷一八《騶虞》　騶虞，珍獸，出林氏。《山海經》云：大若虎，五采畢具，尾長於身，名騶吾，乘之日行千里。劉芳《詩義疏》曰：騶虞或作吾。然則騶吾蓋騶虞也。今《詩》之騶虞，解者類以爲此獸。歐陽公著《詩本義》，獨引賈生説，以爲騶者文王之囿，虞其官也。然騶虞從古以爲獸，司馬相如云『囿騶虞之珍羣』。史之説有得獸而莫知其名者，東方朔識之，曰：此所謂騶牙者也。則漢武時，嘗有獸號騶牙者矣。古者音聲之假借，以牙爲吾。故《九辯》曰：『左朱雀之茇茇兮，右蒼龍之躍躍。屬雷師之闐闐兮，通飛廉之衙衙。』讀者曰：衙，猶吾也。故朔稱所謂騶牙，即《詩》之所謂騶虞者爾，豈可謂虞官也哉？然以《詩》爲直指此獸，又大謬。蓋此物自獸之俊逸者，以其俊逸，故馬之健者比之。予於《騊駼》章中極其説。又《西京賦》曰『囿林氏之騶虞，擾澤馬與騰黄』，是亦以其似馬而稱之也。《淮南子》曰：屈商拘文王於羑里，於是散宜生乃以千金求天下之珍怪，得騶虞、雞斯之乘以獻於紂。則文王之馬有名騶虞者，可見於此。是馬也，文王必嘗駕習之以從田。其智足以知御者之情，其才能左右赴趣之使，其進退周旋莫不如欲。故曰：彼茁者葭，一發五豝。彼茁者蓬，一發五豵。夫五御以逐禽爲難，今其馬能與人相應，使獲禽之多如此，蓋可歎矣。此所以申言之曰『于嗟乎，騶虞也』。夫騶虞之馬，工於逐禽如此，而《詩》言其仁，何也？蓋一發而得五，則庶類蕃殖矣。當葭蓬茁茁之時，則蒐田以時矣。有以見文王於平時不妄殺如此，此其一時之義。仁如此詩，則王道成矣。不必指騶虞二字，以求其説也。且《詩》之言『仁如騶虞』，猶《禮記》言『好賢如緇衣，惡惡如巷伯』，皆取其一篇之義，不然則所謂緇衣者，安知賢而好之？後之學者不得其説，乃以騶虞不踐生草，又曰義獸。許叔重解《淮南子》亦云：食自死之獸。夫騶虞，虎也，搏殺援噬之類，又其修且碩如此，安能日得夫獸之自死者而食之？且《詩》方矜『一發五豵』之敏，而顧嗟美禽獸爲能不踐食生物，是義安所措？此皆因《詩》之序，不知其爲馬，而增爲之説也。許又云：白虎，黑文，日行千里，與五采畢具者異。故併著之雞斯云神馬也。

又《貘》　貘，白豹，似熊，小頭，一云鋭𩯞。庳脚，黑白駁，能舐食銅鐵及竹。骨節强直，中實少髓。皮辟濕，寢其皮可以驅瘟癘。貘今出建寧郡，毛黑白臆，似熊而小，能食蛇。以舌舐鐵，可頓進數十斤。溺能消鐵爲水，有誤食針鐵在腹者，服其溺則化。取其糞爲刀，可以切玉。夫玉乃陽氣之精瑩，物無能勝焉。鐵爲至剛，能斷制萬物。然與之相磨，則玉無所損，而鐵之磨者屑屑然。今以貘化鐵，則玉可切，鐵不可挫，此類之不可推者也。詳此物之性，舌能舐鐵，溺能消鐵，則一體之間，疑皆勝鐵兵，疑無所投其刃。《蜀都賦》乃云『戟食鐵之獸』，不應有是戟，蓋若戟褚師聲子手之戟，摘而取之，或者其腸自能制鐵，其理間亦可以兵刺也。《神異經》曰：南有獸曰齧鐵，大如水牛，色如漆，食鐵飲水。其糞可作兵器，其利如鋼。王子年《拾遺記》曰：昆吾山有獸，大如兔，毛色如金，雌者如銀，食丹石銅鐵。昔吴國武庫兵鐵食盡，檢庫穴得雙兔，一白一黄，殺之，開其腹而有鐵膽腎，乃鑄膽腎以爲劍，雄虎干將，雌號鏌鋣，可以切玉斷犀。古稱周之時，昆吾氏獻切玉刀，蓋用其山之石。若銅鐵不必皆以兔也，此二獸大小與貘異，而其勁健蓋亦貘之類，故附著之。《上林賦》：其獸則庸旄貘犛。郭氏又云：或曰豹白色者别名貘。

《說文》曰：貘似熊而黃黑色，出蜀中。今蜀人云：峨眉山多有之，其上浮屠所居，往往有懸釜而炊者，懼鐵器爲所食。皮略如虎，其色深黑，能折醒。唐世多畫貘作屏，白居易有《贊》序之。今黔蜀中時有之，象鼻犀目，牛尾虎足。土人鼎釜多爲所食，頗爲山居之患，亦捕以爲藥。其齒骨極堅，以刀斧椎鍛鐵，皆碎落，火不能燒。人得之，詐爲佛牙、佛骨，以誑俚俗。唐永徽元年，吐火羅獻大獸如駝，高七尺，日行三百里，食銅鐵。《周書・王會》：不令支玄獏。

又卷一九《甝》 虎，西方之獸。白，西方之色。文質皆應其方，故古者祭祀之禮，以白琥禮西方。白言其色，虎言其形也。禮西方者，以其物享之之義也。然白虎不常有，故郭氏但引漢宣帝時南郡獲白虎爲驗。司馬相如稱，般般之獸，白質黑章，爲大瑞。而世之說者，又以白虎爲騶虞。許氏解《淮南子》稱騶虞白虎黑文，食自死之獸，日行千里。騶虞之色雖與《山海經》所說不合，然漢儒大抵皆以爲白虎。又其言白虎性仁，食自死之獸，《瑞應圖》曰『仁而不害』。今白虎不甚搏殺，坐食而已。或云虎之老而仁者，有合於仁如騶虞之義，此先儒之所爲說歟？《周書・王會》曰：般吾白虎。晉宋時正旦元會設白虎尊於殿庭，蓋上施白虎若有能獻直言者，則發此尊飲酒。蓋杜舉之遺式，欲令言者猛如虎，無忌憚也。

宋　戴植《鼠璞》卷上 以騶虞爲獸，始於相如《封禪書》『囿騶虞之珍群』。歐公引賈誼《新書》『騶文王囿名，虞虞人之官』，以闢之。漢儒尚符瑞，以龍、麟、鳳、龜爲四靈，後增騶虞以配五行。曰：龍，仁獸。鳳，禮獸。騶虞，義獸。龜、麟，知與信獸。誣罔可知。騶虞爲獸，不見他書，誼以虞爲官，得之矣。以騶爲囿，則又穿鑿。考之《傳》，騶虞，樂官備也。又曰：天子田獵，七騶咸駕。是虞固山澤之官，而騶亦官也。意文王田獵，雖騶從與虞人之賤，俱有仁心。詩人於是嘆美之，如宣王行狩必言徒御，齊侯于沛必招虞人。騶虞之稱，於經旨無礙。若不食生食，不踐生草之說，予不敢信。

清　黃越《退谷文集》卷三《白虎說》 白虎亦瑞應獸也。《徵祥說》云：王者仁而不害，則白虎見。又云：皜身如雪。而史書白虎見，多在東漢後曹魏先競尚符瑞之時，固以白虎爲即騶虞，而書之以爲瑞。吾非不以騶虞爲瑞，謂其特如《爾雅》所謂『甝，白虎』者，而徒然書之國史也。甝，背斑虎文。甝白虎而書，即虪黑虎而亦應書之矣。晉以後率書騶虞見，不復更書白虎見者，應亦以其嫌似甝白虎。與其言白虎，不如直言騶虞也。其書之之意，皆以爲瑞應。獨是其所爲瑞應者，爲是皜身無雜之白虎歟？抑是白虎黑文之騶虞歟？抑或虎背斑文之甝虎歟？則皆不可知。今若以白虎爲騶虞，則騶虞白虎黑文似白虎者也，非白虎也，騶虞不受也。若以白虎爲甝虎，而歸之虎類，則虎戾蟲，白虎仁獸也，白虎亦不受。且謂皜身如雪，其背不斑無文不雜也。辨其真既無所據，則諸史所以書之之意，亦傅會以名瑞應，而無從徵實者歟？

綜述

《爾雅・釋獸》 貘，白豹。注：似熊，小頭庳脚，黑白駮，能舐食銅鐵及竹骨。骨節强直，中實少髓，皮辟濕。或曰豹白色者，別名貘。音義：貘，亡白反。《字林》云：似熊而白黃，出蜀郡。一曰白豹。豹，必孝反。《字林》云：似虎貝文。熊，音雄。庳，音婢。駮，布角反。鐵，佗結反。髓，素累反。濕，必亦反。疏：貘，一名白豹。《字林》云：似熊而白黃，出蜀郡。一曰白豹。甝，白虎。注：漢宣帝時南郡獲白虎，獻其皮骨爪牙。音義：甝，《字林》下甘反，又亡狄反。疏：白虎名甝。

漢　許慎《說文》卷九 貘，似熊而黃黑色，出蜀中。从豸，莫聲。莫白切。

三國吳　陸璣《毛詩草木鳥獸蟲魚疏》卷下《于嗟乎騶虞》 騶虞，即白虎也。黑文，尾長于軀，不食生物，不履生草。君王有德則見，應德而至者也。

唐　段成式《酉陽雜俎》卷一六 貊澤，大如犬，其膏宣利，以手所承及於銅鐵瓦器中，貯悉透，以骨盛則不漏。

宋　釋贊寧《東坡先生物類相感志》卷九《騶虞》 白虎也，義獸。其狀如虎，白色，黑毛，不食生類，嘯則風生矣。

又卷一〇《貘獸》 生外國，獸形似熊，小頭痺脚，異白駮，能食蛇、銅鐵，乃竹骨，骨節强，中寔少髓，皮可以辟温。《爾雅》云：貘，白豹。注曰：豹白色者，別名貘。貘溺能消鐵爲水，今以鐵致溺處消也。束皙《發蒙記》云：

貘獸啗鐵。又《神異經》云：南方有獸齧鐵，大如水牛，色如漆，食鐵飲水，其糞可作兵器，其利如鋼，其溺可消銅鐵。昔閔氏悞吞針入腹，刺血盈盤，以貊溺服之，其針消矣。其屎作刀，可切玉石。貊或作貘。

宋　羅願《爾雅翼》卷一九《猛氏》　《上林賦》：鋋猛氏。郭璞曰：今蜀中有獸，狀如熊而小，毛淺有光澤，名猛氏。疑有闕誤。

宋　戴侗《六書故》卷一八　貊　貊，莫白切，又模各切。又作貘、獏、貊。《爾雅》曰：貘，白豹。《説文》曰：貊似熊，黄黑色，出蜀中。《字林》曰：似熊而白，出蜀郡。《南中郡志》曰：貊大如驢，頗似熊，所觸無不摧。《廣志》曰：色蒼白，其皮温煖。郭氏曰：貘似熊，庳脚，黑白駁，骨節彊直，中實少髓，能舐食銅鐵及竹骨，其皮辟溼。音陌。用爲狄名。《詩》云：其追其貊。孔子曰：雖蠻貊之邦行矣。

明　黄省曾《獸經》　騶虞，義獸。《山海經》曰：林氏國有珍獸，大若虎，五彩畢具，尾長於身，名曰騶虞，乘之日行千里。漢許慎《説文》曰：食自死之肉，名曰騶虞。《草木鳥獸魚蟲疏》曰：騶虞，白虎黑文，不食生物，不履生草，應信而至者也。蓋白虎，西方毛蟲，故云義獸。孫柔之《瑞應圖記》曰：王者不暴虐及行葦則見。《孝經援神契》曰：德至鳥獸，白虎見。《河圖括地象》曰：令訾野中有玉虎，晨鳴雷聲，聖人感期之興。

蒼白曰貊。《廣志》曰：貊色蒼白，其皮濕煖。《南中八郡志》曰：貊大如驢，狀似熊，多力，食鐵，所觸物無不拉。

明　田藝蘅《留青日札》卷二九《白虎》　白虎，即騶虞也。《書注》：義獸，白虎黑文，五采，其尾三倍，鳴聲如雷，嘯則風生。《瑞應圖》曰：仁而不害。湯時戲于朝，見《春秋演義圖》。郭璞曰怪獸，《河圖括地象》曰玉虎。晉太康六年，荆州送兩足虎，索靖議稱半虎，時稱爲白虎，非也。今之背斑白而虎文者，亦彪也。

又《貊》　貊，《説文》：北方國豸種，本作貉，《孟子》大貉、小貉也。或作狢，《史記》胡狢月氏，師古曰：東北方三韓之屬。又貘似熊而黄黑色，出蜀。白居易云：象鼻犀目，牛尾虎足，寢其皮辟温，圖其形辟邪，今俗謂之白澤。杭有白澤大王廟，猶所謂白馬廟也。《軒轅紀》：帝登桓山於海濱，得白澤神獸能言，達于萬物之情，因問天下鬼神之事，今寫爲圖作祝邪之文，以視之。或作獏，《相如傳》獏犛。《哀牢夷傳》：貊獸似騾而小，驢父牛母也。今《南中志》云：貊大如驢，狀頗似熊，多力，食鐵，所觸無不拉。《廣志》云：貊色蒼白，其皮温暖。皆似未明。余嘗因蠻貊之義而推四夷之名，莫非禽獸取義也。并列于後。

明　李時珍《本草綱目》卷五一　貘音陌，亦作貊。宋《圖經》　校正：原附豹下，今分出。釋名：時珍曰：按：陸佃云：皮爲坐毯卧褥，能消膜外之氣，故字從膜省文。集解：頌曰：郭璞云：似熊而頭小，脚卑，黑白駁文，毛淺有光澤，故舐食銅鐵及竹骨、蛇虺，其骨節强直，中實少髓。或云與《爾雅》『貘，白豹』同名。唐世多畫貘作屏，白樂天有《贊》序之。今黔、蜀及峨眉山中時有貘，象鼻犀目，牛尾虎足。土人鼎釜多爲所食，頗爲山居之患，亦捕以爲藥。其齒骨極堅，以刀斧椎鍛鐵，皆碎落，火亦不能燒。人得之，詐充佛牙、佛骨，以誑俚俗。時珍曰：世傳羚羊角能碎金剛石者即此，物相畏耳。按《説文》云：貘似熊，黄白色，出蜀中。《南中志》云：貘大如驢，狀似熊，蒼白色，多力，舐鐵消千觔，其皮温暖。《埤雅》云：貘似熊，獅首豺髮，鋭鬐卑脚，糞可爲兵切玉，尿能消鐵爲水。又有囓鐵、豻、昆吾兔，皆能食銅鐵，亦貘類也。並附之。

明　慎懋官《華夷花木鳥獸珍玩考》卷七《貘白豹》　似熊，小頭庳脚，黑白駁，能舐食銅鐵及竹，骨節强直，中實少髓，皮辟濕。或曰：豹白色者，别名貘。

又卷一〇《貘》　《圖經本草》云：黔蜀中有貘，土人山居鼎金，多爲所食。其齒骨極堅，以刀釜椎鍛鐵，皆碎落，火亦不能燒。人得之，許作佛牙、佛骨，以誑俚俗。然春未聞，畢竟何物可制之也。

明　穆希文《蟫史集》卷四《騶虞》　《蟫史》云：騶虞似虎，白質黑文，尾長于身，不踐生芻，不食生物，日行千里，君有至信之德則見。《埤雅》曰：騶虞，西方之獸也，食自死之肉。《傳》曰『白虎仁』，即此是也。《詩》曰：仁如騶虞。《禮》云：武王克商，散軍郊射，左射貍首，右射騶虞，貫革之射息也。《山海經》云：騶虞五彩畢具，尾長于身，乘之日行千里。《郁離子》曰：南方有鳥，五彩而象鳳，名曰昭明，其性好亂，故出則天下起兵。西方有獸，班文而象虎，名曰騶虞，其性好仁，故出則天下偃武。《瑞應圖》曰：白虎，義獸也，一名騶虞，王者有德則至。

明　吴雨《毛詩鳥獸草木考》卷四《騶虞》　騶虞，義獸也，白虎黑文，猊首虎軀，隅目，尾絫於身。王者有至信之德則應。不踐生草，食自死之肉。《傳》曰『白虎仁』，即此是也。蓋白虎，西方毛蟲，故云義獸。陸璣云：騶虞，

白虎黑文，尾長於軀，不食生物，不履生草，應信而至者也。《山海經》曰：林氏國有珍獸，大若虎，五彩畢具，尾長於身，名曰騶虞，乘之日行千里。劉芳《詩義疏》曰：虞或作吾，然則騶吴即騶虞也。今《詩》之騶虞，解者類以爲此獸。歐陽公《詩本義》獨引賈生説，以爲騶者文王之囿，虞其官也。然騶虞從古以爲獸，司馬相如云『囿騶虞之珍羣』。史之説有得獸而莫知其名者，東方朔識之，曰：此所謂騶牙者也。則漢武時，嘗有獸號騶牙者矣。古者聲音之假借，以牙爲吾，故朔稱所謂騶牙，則《詩》之所謂騶虞者爾，豈可以謂虞官也哉？

明 王世貞《異物彙苑》卷二《貊》 建寧郡有獸名貊，黑毛白臆，似熊而小，以舌舐鐵，須臾去鐵數十斤。出《蜀都賦》注

明 周祈《名義考》卷一〇 白澤，貘也。《説文》：貘似熊而黄黑色。白居易《貘屏贊》：象鼻犀目，牛尾虎足。寢其皮辟濕，圖其形辟邪。徐氏謂，即白澤也。

明 鄺露《赤雅》卷三《白貘》 貘生銅坑中，象鼻犀目，牛尾虎足，食銅鐵，不茹他物。衣其皮殺鬼精，錬糞爲兵，可以切玉。接溺爲水，可以銷銕。有十頭者，謂之白貘。《蜀都賦》『戟食鐵之獸，射噬毒之鹿』，則指貊也。貊似熊，與貘不同。

明 方以智《通雅》卷四六 酋耳騶吾 《瑞應圖》云：酋耳似虎絶大，不食生物，見虎豹即殺之，太平則至。景純曰：即騶虞也，白虎黑文，尾長于身。《山海經》『林氏國騶吾，日行千里』，注：《六韜》云：閎夭之徒得此獻紂，乃釋文王。《大傳》言散宜于陵氏取怪獸，間尾，名曰虞。注：間，大也。《淮南》言『散宜得騶吾、雞斯之乘』，吾即虞。曼倩識騶牙，吾與牙通。《鼠璞》考《詩》之騶虞爲官名，此亦一説，不妨自有騶虞獸也。陳無功曰：《王會》『史林以尊耳』，元美亦作『尊耳』。今考《王會》作『史林以酋耳』，無作『尊』者。王道俊曰：騶虞又謂之素毳。顔延季《曲水序》『頳莖素毳，并柯共穗之瑞』，注：素毳，白虎也。白虎黑文曰騶虞。《漢書・相如傳》『股股之獸』，史作『般般』，言其文。薛道衡曰：麐也。智謂指騶虞。《曲水序》『頳莖素毳』，則白疊草也。升菴引《山海經》騶吾，乃省筆之説。

明 毛晉《陸氏詩疏廣要》卷下之下《于嗟乎騶虞》 毛《傳》云：義獸也，白虎黑文，不食生物，有至信之德則應之。《山海經》云：林氏國有珍獸，大若虎，五采畢具，尾長於身，名曰騶吾，乘之日行千里。《封禪書》云：囿騶虞之珍羣。頌曰：般般之獸，樂我君囿。白質黑章，其儀可喜。旼旼穆穆，君子之態。晉郭璞贊曰：怪獸五采，尾參於身；矯足千里，儵忽若神；是謂騶虞，《詩》歎其仁。吴薛綜頌曰：婉婉白虎，擾仁是崇；飢不侵暴，困不改容；斂威揚德，愷悌之風。《中興徵祥説》云：騶虞，仁獸也。其尾參倍，狀如虎而白色，嘯則風興，皜身如雪而無雜者是也。近代所謂白虎者，皆斑而虎文，《爾雅》所謂彪虎耳。《瑞應圖》云：白虎仁而不害，王者不暴虐，恩及行葦則見。《河圖括地象》云：令訾野中有玉虎，晨鳴雷聲，聖人感期而興。《埤雅》【略】《爾雅翼》【略】《詩攷》：《詩》曰：古有梁騶，天子獵之田也。《韓詩》曰：騶虞，天子掌鳥獸官。賈誼《新書》：騶者，天子之囿也。虞者，囿之司獸者也。虞人翼五豝以待一發，所以復中也。又引《墨子》云：成王因先王之樂名曰騶虞。《詩緝》曰：騶虞者，騶御及虞人也。作《詩》者呼騶虞之官而嗟歎之，言有盡而意無窮。蓋三歎國君之仁心，而知其爲文王之化也。《月令・季秋》：天子乃教於田獵，命僕及七騶咸駕。鄭氏云：七騶謂趣馬主爲諸官駕説者也。是騶爲騶御也。《孟子》『齊景公田則招虞人』，是虞爲虞人也。《禮記・射義》云：天子以騶虞爲節，樂官備也。謂騶御、虞人皆不乏人，則官備可知。毛氏以騶虞爲義獸，白虎黑文，不食生物。陸璣、山陰陸氏皆和之。司馬《封禪文》云『囿騶虞之珍羣』，且謂『般般之獸，白質黑章』。晉張華又謂騶虞具五采，乘之日行千里。皆祖毛氏也。今不從。漢武帝時，建章宫後有異物出焉，其狀如麋，東方朔云：此騶耳也。或附會。此騶虞即騶耳也。《爾雅》無騶虞，《名物疏》辯云：按《禮・射義》云：天子騶虞爲節，樂官備也。《異義》：《韓詩説》云：騶虞，天子掌鳥獸官。《曾詩傳》云：古有梁騶者，天子之田也。賈誼《新書》曰：騶者，天子之囿也。虞者，囿之司獸者也。以騶爲囿名，及以梁騶爲田名，僅見於《魯詩》、賈子。《月令》：教田獵命僕及七騶咸駕。《左傳》：晉悼公使程鄭爲御六騶屬焉。則騶者，馬御也。《舜典》：益作朕虞。周有山虞、澤虞，大田獵萊山澤之野。則虞者，虞人也。《韓詩説》云『掌鳥獸官』，意蓋近之。《小序》云：天下純被文王之化，庶類繁殖，蒐田以時，仁如騶虞。焦弱侯云：騶人不失馳驅之法，則物不

過傷。虞人厲山澤之禁，故物性能遂。因歎美歸功於二官。以此解《序》未爲不可，而與《射義》所謂『樂官備』者，亦可通矣。但《山海經》及緯候之書，俱以爲義獸説其形者，或以爲五采畢具，或以爲白虎黑文，或以爲皜身無雜，又各不同。羅願則據《淮南子》『文王囚羑里，散宜生得騶虞、雞斯之乘以獻於紂』，謂文王之馬有名騶虞者，以其如林氏騶虞之俊逸而名之。文王必嘗駕以從田，能與人相應，致獲禽之多，故申而歎之。此又一説也。

清 王士禎《居易録》卷一六 貘生銅坑中，食銅鐵。錬糞爲兵，可以切玉。接溺爲水，可以銷鐵。有十首者名曰貘。白居易《貘屏贊》序曰：寢其皮辟温，圖其形辟邪。

清 嵇璜《續通志》卷一八〇 騶虞，義獸也，即白虎黑文，尾長於身，不食生物，不履生草，應信而至者也。【略】貘，音陌。似熊，頭小庳脚，黑白駮，能舐食銅鐵及竹骨，骨節强直，中實少髓，皮辟濕。其齒骨極堅，故又名囓鐵。《埤雅》：貘獸象鼻犀目，獅首豺髮，其皮辟濕，以爲坐毯，則消膜外之氣。貘一作貊。案：蘇頌曰：《爾雅》有白豹，即貘也。是以豹與貘爲一種矣。然郭璞曰『貘能食銅鐵』，《説文》云『貘似熊，黄白色』，《南中志》云『貘大似驢，狀似熊，蒼白色，多力，舐鐵消千斤』，以及囓鐵豻、昆吾兔，名雖不一，並貘類也。即《爾雅》注亦云：豹白色，别名貘。疏云：貘，一名白豹。由此觀之，蓋豹亦有貘之名，貘亦有豹之稱，若竟混爲一種，非也。

清 王鳴盛《蛾術編》卷六二《説物二・騶虞》 《詩》『騶虞』，毛《傳》以爲義獸。疏引《鄭志》答張逸問：《傳》云『白虎黑文』，《禮記・射義》云『樂官備』何謂？答曰：白虎黑文，周史《王會》云備者，取其『一發五豝』，言多賢也。歐陽修《詩本義》以騶虞爲掌苑囿之官，如水虞、澤虞之類。以此解官備，鑿空妄譚也。鶴壽案：《六韜》言文王拘于羑里，散宜生得騶虞以獻紂。《尚書大傳》言散宜生之於陵氏取怪獸，尾倍其身，名之曰虞。《山海經》作騶吾。此即毛《傳》所本也。然《魯詩》云：梁騶，古天子囿名。賈誼《新書》云：騶者，文王囿名。虞者，囿之司獸。則不作獸名解。歐陽氏據此以爲國君順時畋于騶囿，其虞官乃翼驅五田豕以待射。君有仁心，惟一發而已。陳氏又據《射義》『天子以騶虞爲節，樂官備也』之文，以爲虞官之明證。嚴氏又據《月令・季秋》『田獵命僕及七騶咸駕』，《左傳》『晉悼公使程鄭爲乘馬御，六騶屬焉』，《孟子》『招虞人以旌』之文，以騶爲騶御，虞爲虞人。騶御、虞人皆不乏人，則官備可知。今案：賈誼以騶爲囿名，本于《魯詩》。以虞爲官名，當即本于《國語》之水虞、《周官》之澤虞。歐陽氏因之，並非鑿空無據。惟嚴華谷謂騶即騶御，似與《新書》不合，然亦不爲無本。

清 徐鼎《毛詩名物圖説》卷二 《埤雅》：騶虞，西方之獸，而名之曰虎，則宜以殺爲事。今反不履生草，食自死之肉，蓋仁之至也。故序《詩》者曰：仁如騶虞，則王道成也。愚按：騶虞一説，聚訟紛紛。《齊詩章句》以騶虞爲掌鳥獸官，《魯詩傳》謂天子之田爲梁騶，賈誼《新書》又分騶爲囿，虞爲司獸，嗣後諸家據《月令》『七騶咸駕』、《左傳・成十八年》『晉悼公使程鄭爲乘馬御，六騶屬焉』，暨《周官》山虞、澤虞，以求合《齊詩》掌鳥獸官之説。或謂騶名爲囿，猶之後世閣以鳳名，臺以麟名，而虞爲司獸，以求合賈氏之説。或引左太冲《魏都賦》云『邁良騶之所著』，張詵釋之曰『梁騶，古天子田獵地名』，以求合《魯詩》『梁騶爲田』之説。蓋衆説所起，皆由於《射義》『樂官備也』一語。然所謂『樂官備』者，喻得賢人多則官備，非直騶御虞人不乏官之謂。如以騶虞爲官，理猶可通。至分騶爲囿，虞爲司獸，殊屬費解。昔文王果以騶名囿，何靈臺、靈囿散見於書，而騶囿不並傳耶？援後世鳳閣、麟臺爲証，不無臆説。雖騶虞之獸不見《爾雅》，而太公《六韜》、《淮南子》並稱『文王拘羑里，散宜生得騶虞獻紂』。及按之《山經》，諸儒之説不爲無據。《序》云：《騶虞》，《鵲巢》之應也。蓋《召南》之始《鵲巢》而終《騶虞》，猶《周南》之始《關雎》而終《麟趾》也，又何疑哉？

清 牟應震《毛詩物名考》卷二 騶虞，騶同趣，亦同趨，趣從之虞也。虞人能厲山澤之禁，故草茂獸多，詩人嘆美之。《傳》以爲仁獸者，因《周南》『于嗟麟兮』之文而例推之，不知《周南》蒙上文麟字而言，此言葭蓬，言豝豵，與仁獸何與？漢儒解經執一説，以武斷者甚多，後儒信之，因有騶吾、騶牙假借之字。蓋人信騶虞爲獸，而適有不經見之獸，遂無不騶虞矣。《説文》云：白虎黑文。既爲虎矣，必以食生爲生，如之何仁也？或曰食自死之物，又安得曰有自死以供其食也？賈誼曰：騶者，天子之囿也。虞者，囿之司獸者也。是不以騶虞爲獸矣。《淮南子》云：商拘文王，散宜生得騶虞、雞斯之乘以獻于紂。是又以騶虞爲馬矣。或以騶爲騶人，虞爲虞人，是因『樂官備也』之文而附會之。草茂獸多，虞人功也。於主馬者奚與焉？

清　方旭《蟲薈》卷二《毛蟲・貘》　《字林》：貘，一名白豹。《字典》：貘生南方山澤中，圖其形辟邪。《本草綱目》：蜀地峩眉山中有貘，其皮爲褥，可驅温癘，辟濕氣及邪氣。《正字通》：貘似熊而小，象鼻犀目，獅首豺髮，虎足，毛黑白駁，好食銅鐵及竹。溺能消銅鐵爲水。齒最堅，以鐵椎之，鐵皆碎落，火亦不能燒。人得之，僞充佛牙，惟以羚羊角擊之則碎。旭按：《神異經》云：南方有獸，角足大小如水牛，毛黑如漆，食鐵飲水，其糞可爲兵器，其利如剛，名齧鐵。或即此。

紀事

漢　司馬遷《史記》卷一二六《滑稽列傳》　建章宫後閣重櫟中有物出焉，其狀似麋。以聞，武帝往臨視之。問左右羣臣習事通經術者，莫能知。詔東方朔視之。朔曰：『臣知之，願賜美酒粱飯大飧臣，臣乃言。』詔曰：『可。』已又曰：『某所有公田魚池蒲葦數頃，陛下以賜臣，臣朔乃言。』詔曰：『可。』於是朔乃肯言，曰：『所謂騶牙者也。遠方當來歸義，而騶牙先見。其齒前後若一，齊等無牙，故謂之騶牙。』其後一歲所，匈奴混邪王果將十萬衆來降漢。乃復賜東方生錢財甚多。

晋　常璩《華陽國志》卷一　秦昭襄王時，白虎爲害，自秦、蜀、巴、漢患之。秦王乃重募國中：有能煞虎者，邑萬家，金帛稱之。於是夷朐忍、廖仲藥、何射虎、秦精等乃作白竹弩於高樓上，射虎，中頭三節。白虎常從羣虎，嗔恚，盡搏煞羣虎，大呴而死。秦王嘉之，曰：虎歷四郡，害千二百人，一朝患除，功莫大焉。欲如要，王嫌其夷人，乃刻石爲盟要：復夷人頃田不租，十妻不筭；傷人者，論；煞人雇死，倓錢。盟曰：秦犯夷，輸黄龍一雙；夷犯秦，輸清酒一鍾。夷人安之。漢興，亦從高祖定秦有功，高祖因復之，專以射白虎爲事，户歲出賨錢口四十。故世號白虎復夷，一曰板楯蠻，今所謂『弜頭虎子』者也。

南朝梁　沈約《宋書》卷二八《符瑞志》　白虎，王者不暴虐，則白虎仁，不害物。漢宣帝元康四年，南郡獲白虎。漢宣帝元和二年以來，至章和元年，凡三年，白虎二十九見郡國。漢安帝延光三年八月戊子，白虎二見潁川陽翟。漢獻帝延康元年四月丁巳，饒安縣言白虎見。又郡國二十七言白虎見。吴孫權赤烏六年正月，新都言白虎見。赤烏十一年五月，鄱陽言白虎仁。晋武帝泰始元年十二月，白虎見河南陽翟。泰始元年十二月，白虎見弘農陸渾。泰始二年正月己亥，白虎見遼東樂浪。泰始二年正月辛丑，白虎見天水西。晋武帝咸寧三年二月乙丑，白虎見沛國。晋武帝太康元年八月，白虎見永昌南罕。太康四年七月丙辰，白虎見建平北井。太康十年十月丁酉，白虎見犍爲。晋成帝咸和八年五月己巳，白虎見新昌縣。晋簡文帝咸安二年三月，白虎見豫章南昌縣西鄉石馬山前。晋孝武太元十四年十一月辛亥，白虎見豫章郡。太元十九年二月，行犨令劉啓期言白虎頻見。太元十九年二月，行温令趙邳言白虎頻見。晋安帝隆安五年十一月，襄陽言騶虞見於新野。宋武帝永初元年八月癸巳，白虎見枝江。少帝景平元年十月，白虎見桂陽、耒陽。文帝元嘉十九年十月，白虎見弋陽、期思二縣，南豫州刺史武陵王諱以聞。元嘉二十五年二月己亥，白虎見武昌，武昌太守蔡興宗以聞。元嘉二十五年十一月丁丑，白虎見蜀郡二，赤虎導前，益州刺史陸徽以聞。元嘉二十六年四月戊戌，白虎見南琅邪半陽山，二虎隨從，太守王僧達以聞。孝武孝建三年三月壬子，白虎見臨川西豐。

南朝梁　蕭子顯《南齊書》卷一八《祥瑞志》　昇明三年三月，白虎見歷陽龍亢縣新昌村。新昌村，嘉名也。《瑞應圖》云：『王者不暴，白虎仁。』建元四年三月，白虎見安蠻虔化縣。中興二年二月，白虎見東平壽張安樂村。昇明二年，騶虞見安東縣五界山，師子頭，虎身，龍脚。《詩傳》云：『騶虞，義獸，白虎黑文，不食生物，至德則出。』

唐　房玄齡《晋書》卷七《成帝紀》　〔咸和八年〕五月，有星隕于肥鄉。麒麟、騶虞見于遼東。

唐　段成式《酉陽雜俎》卷一四　虎窟山，相傳燕建平中，濟南太守胡諮，於此山窟得白虎，因名焉。

宋　歐陽修《新五代史》卷六三《前蜀世家・王建》　〔武成元年〕七月，騶虞見武定。【略】〔永平三年〕五月，騶虞見壁山，有二鹿隨之。

藝　文

晉　郭璞　《白虎》（引自《漢魏六朝百三家集》卷五七）　甝虪之虎，仁而有猛。其質載皓，其文載炳。應德而擾，止我交境。

又《騶虞》　怪獸五彩，尾參於身。矯足千里，儵忽若神。是謂騶虞，《詩》歎其仁。

三國吴　薛綜　《騶虞頌》（引自《佩文齋詠物詩選》卷三九八）　婉婉白虎，優仁是崇。飢不侵暴，困不改容。斂威揚德，愷悌之風。聖德極盛，騶虞乃彰。

唐　白居易　《白氏長慶集》卷三九《貘屏贊并序**》**　貘者，象鼻犀目，牛尾虎足，生南方山谷中。寢其皮辟瘟，圖其形辟邪。予舊病頭風，每寢息，常以小屏衛其首。適遇畫工，偶令寫之。按《山海經》，此獸食鐵與銅，不食他物。因有所感，遂爲贊曰：邈哉奇獸，生于南國。其名曰貘，非鐵不食。昔在上古，人心忠質。征伐教令，自天子出。劍戟省用，銅鐵羨溢。貘當是時，飽食終日。三代以降，王法不一。鑠鐵爲兵，範銅爲佛。佛像日益，兵刃日滋。何山不剗，何谷不隳。銖銅寸鐵，罔有孑遺。悲哉彼貘，無乃餒而。嗚呼！非貘之悲，惟時之悲。

明　楊士奇　《東里續集》卷四四《騶虞頌有序**》**　洪惟皇上以仁聖受天命，嗣大寶，爲天下生民主。一用堯舜禹湯文武之道，教之，治之，既肇建北京。廼永樂七年，車駕廵幸，遣使者行郡縣，存問高年，咨求賢德。及察民所疾苦，明黜陟之政。明年，遂率六師平殘寇，除邊患。是年，車駕還京師。又明年，麒麟出，定州人皆以爲皇上肇建北京，仁恩廣被之所致也。十一年二月，復廵幸焉，遣使郡縣，如前制。五月，騶虞見，濟寧州曹縣車駕所經之地，益以爲聖仁之應。臣謹按：載籍騶虞，仁獸也，帝王有至仁之德則見。先是，永樂二年，騶虞見鈞州。至是再見。天鑒聖仁，駢答靈貺，宗社生民，萬年太平之瑞也。謹譔《騶虞頌》一篇上進，頌曰：洪惟聖皇，撫御萬國。聖皇至仁，與天合德。大哉巍巍，文治武功。天下歸仁，如川趨東。廼從民志，廼循聖經。考卜維正，肇建二京。翼翼北京，表裏河山。鳳翥龍翔，拱衛鬱磐。岱宗左倚，大行右峙。瀛海東環，沃壤千里。土厚水甘，天府之國。北辰崇高，四方之極。紫微端門，玉闕金城。聖皇廵狩，六龍時乘。永樂癸巳，仲春令月。下詔省方，吉日既軷。翠華揚揚，鸞鑣鶬鶬。六師洸洸，萬乘啓行。道淮歷徐，經濟涉魯。撫耄咨贒，咸曁黎庶。覃霈德恩，甘雨麗日。下被萬物，光潤充悅。如游春臺，熙熙陶陶。至和召祥，聿見于曹。皓質玄文，虎軀猊首。不踐生芻，根性仁厚。是爲騶虞，聖仁之徵。曷其于曹，乘輿所經。臣民耆老，進獻彤陛。歡呼拜跽，時廵之瑞。時廵之瑞，豈惟騶虞。煒煒祥麟，肇先發之。騶虞呈瑞，豈獨東魯。肇先發之，鈞州之野。惟皇仁聖，天下蒙慶。靈祥駢臻，丕顯天命。皇圖隆安，聖壽齊天。四海乂寧，千萬億年。

明　唐文鳳　《梧岡集》卷一〇《騶虞頌》　臣聞天不愛道，地不愛寶，二氣絪緼，委和降精，産爲非常之物，而得天地之氣恒多。故聖人在位，廼見於世，所以符運會之休徵，協禎祥之吉兆，其來尚矣。欽惟我朝聖天子御寶歷，永樂之二年，至仁洽於品物，至信敷於烝黎，道高往古，功冠前王，以故神人懽戴，乾坤清寧，諸福之物，莫不畢至。維秋九月之吉，周王進獻騶虞，羣臣百官上表稱賀。臣考載籍，騶虞似虎，白質黑文，尾長於身，不踐生芻，不食生物，日行千里，君有至信之德則見。而《召南》之詩謂『仁如騶虞』，以見王道之盛也。於戲，昔詠於周世，今獲於周郊，於以見皇上之德施及王國，邁周文之治，御于家邦，至于兄弟，因心則友。蓋周王不自以爲瑞而獻之於皇上，皇上亦不自以爲德而歸之於皇祖考，薦之郊廟，播之聲詩。臣文鳳躬逢盛典，職忝詞臣，自愧才學疎陋，不足以鋪張休烈，以繼風雅而區區芹曝之誠，亦少効揄揚之萬一。謹稽首頓首而獻頌曰：惟我皇明，繼天承統。九五龍飛，雲蒸霧滃。攘剔羣雄，奄有四方。君德以正，帝道以昌。寰宇乂安，垂拱而治。大國小邦，奉琛納贄。四十餘載，風雨順調。烝民熙樂，年穀豐饒。欽惟聖皇，誕膺天命。朝野肅清，神明協應。惟臣惟鄰，惟庶惟民。廼洽至信，廼歸至仁。天地之氣，世運所聚。泰和至順，千載攸遇。精英斯降，和粹斯鍾。佐我文明，物類之豐。惟物伊何，見彼異質。生芻弗踐，生物弗食。有白其軀，有黑其文。渴則泉竭，饑則肉醺。觸之不怒，性無噬齧。迫之不驚，心無奔越。皇仁所被，皇信所孚。惟皇德廣，來兹騶虞。産于王國，獻于天子。載書彤管，載彰青史。式昭祖考，聖德益宏。休光令聞，奕世是程。

白狼興周，素麟紀魯。示祥効禎，粵萬萬古。惟皇撫運，纘武之功。惟皇致治，興文之隆。禎祥至矣，福禄萃矣。本支百世，炎祚著矣。小臣作詩，上徹宸聰。以《雅》以《南》，用播《國風》。

明　葉盛《菉竹堂稿》卷二《騶虞》　名重周詩似有因，獸中惟爾獨稱仁。雍雍還許麒麟並，豺虎何緣絶後塵。

明　邵寶《容春堂後集》卷九《貘皮行》　成化癸卯冬，予何春試于京邸。茹新寧自蜀來覲，假我貘皮一，寢處者兩，越月而還之。蓋至于今，正德乙亥，三十有二年矣，而猶往來于懷也。九月之晦，巴東尹黄章遣其子以是物來歸，慨然有感焉。越明日，將考成我家廟齋，宿容春精舍，遂以藉寢，物異且適，喜而有作曰《貘皮行》。　客從巴東至，遺我一獸皮。觀之非虎非熊羆，三十年前嘗見之。貘哉貘哉古白澤，蜀中諸山多窟宅。嚙鐵復吞銅，他物更何擇。獨出不知雲霧深，狂奔但恨林原窄。辟邪亦袪濕，此語自古聞。今夕何夕來吾門，貘乎貘乎汝誠武，吾將高坐論斯文。

圖表

晉　郭璞《爾雅音圖・釋獸》

清　徐鼎《毛詩名物圖說》卷二

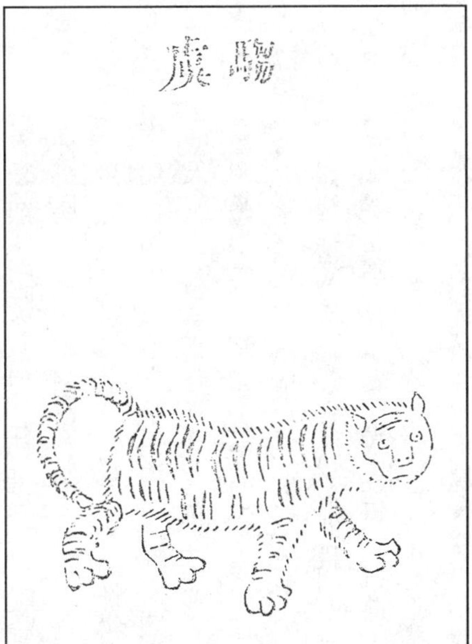

貔 黄腰

綜 述

《爾雅·釋獸》 貔，白狐，其子豰。注：一名執夷，虎豹之屬。音義：貔，音毗。《字林》云：豹屬，出貉國，一曰白狐。《毛詩草木疏》云：似虎，或曰似熊，一名執夷，一名白狐，其子爲豰，遼東人謂之白熊。狐如字。《説文》云：祅獸也，鬼所乘。有三德，其色中和，小前大後，死則丘首。豰，本又作彀，火卜反，又虎科反。疏：《字林》云：貔，豹屬，一名白狐，其子名豰。郭云：一名執夷，虎豹之屬。《詩·大雅》云：獻其貔皮。陸璣疏云：貔似虎，或曰似熊，一名執夷，一名白狐，遼東人謂之白羆。

漢 許慎 《説文》卷九 貔，豹屬，出貉國。从豸，毘聲。《詩》曰：獻其貔皮。《周書》曰：如虎如貔。貔，猛獸。房脂切。

三國吴 陸璣 《毛詩草木鳥獸蟲魚疏》卷下《獻其貔皮》 貔似虎，或曰似熊，一名執夷，一名白狐，其子爲(縠)〔豰〕，遼東人謂之白羆。

唐 段成式 《酉陽雜俎》卷一六 黄腰，一名唐已，人見之不祥，俗相傳食虎。

宋 釋贊寧 《東坡先生物類相感志》卷一〇《黄腰獸》 形如臂，絶小，長三尺許，類鼠狼，人號黄腰。常在山樹上，身附大枝，多不能行。見虎豹，則跳上背，從下致直入取心肝而食，虎豹是懼恐而伏矣。

宋 羅願 《爾雅翼》卷一九《貔》 貔，豹屬，猛獸，出貉國。《詩》：獻其貔皮。《曲禮》：前有摯獸，則載貔貅。陸璣云：貔似虎，或曰似熊，一名執夷，一名白狐，遼東人謂之白羆。郭璞贊云：《書》稱猛士，如虎如貔。貔蓋豹屬，亦曰執夷。白狐之云，似是而非。

宋 戴侗 《六書故》卷一八 貔 [illegible]，旁脂切。《書》云：如虎如貔。《爾雅》曰：貔，白狐。孔安國曰：貔，執夷，虎也。《説文》曰：豹屬。陸璣曰：似虎，或曰似熊，一名執夷，遼東謂之白羆。按：羆，猛獸，非狐也。

明 李時珍 《本草綱目》卷五一 黄腰 《蜀志》名黄腰獸，鼬身，貍首，長則食母，形雖小，而能食虎及牛、鹿也。又孫愐云：豰音斛，似豹而小，腰以上黄，以下黑，形類犬，食獮猴，名黄腰。

明 吴雨 《毛詩鳥獸草木考》卷五《貔》 貔，猛獸也，虎豹之屬，出貉國。陸璣云：貔似虎，或曰似熊，一名執夷，一名白狐，其子爲豰，遼東人謂之白貔。郭璞云：《書》稱猛獸，如虎如貔。貔蓋豹屬，亦曰執夷。白狐之云者，似是而非。

明 劉侗 《名物通》卷一〇 貔，狀如大鼠，極肥，甚畏日，偶爲隙光所射，則能糜肉。

明 陳懋仁 《庶物異名疏》卷二七《唐已 豰》 《酉陽雜俎》：黄腰，一名唐已，見之不祥。《蜀志》：豰聲同忽。似豹而小，腰以上黄，以下黑，形類犬。一曰鼬身貍首，長則食母。形雖小，能食虎豹及牛、鹿也。

明 毛晉 《陸氏詩疏廣要》卷下之下《獻其貔皮》 《爾雅》云：貔，白狐，其子豰。邢疏：《字林》云：貔，豹屬，一名白狐，其子名豰。郭云：一名執夷，虎豹之屬。《詩·大雅》云：獻其貔皮。《爾雅翼》：貔，豹屬，猛獸，出貉國。《曲禮》云：前有鷙獸，則載貔貅。陸德明云：貔，本亦作豼，即白狐也。《書》云：如虎如貔，于商郊。《莊子》曰：豐狐文羆搏于山林，伏于巖穴，夜行晝居，求食江河之上。

明 方以智 《通雅》卷四六 㷉，唐已，黄腰。《蜀志》有黄腰，鼬身貍首，長則食母，能食虎、牛。孫愐以爲豰似豹而小，腰以上黄。《函史》曰：㷉食母，猴獨食猿者也。㷉即豰也。一曰鼬，亦食母。《酉陽雜俎》：黄腰，一名唐已。按：㷉乃㷉之訛。

清 蔣超 《峩嵋山志》卷六 貔貅，自木皮殿以上林間有之。形類犬，黄質白章，龐贅遲鈍，見人不驚，羣犬常侮之。聲訇訇，似念陀佛陀佛。能援樹食杉松顛並實，夜卧高籬上。古老傳名皮裘，紀游者易以貔貅。此獸卻不猛，兩存以備考。

清 姚炳 《詩識名解》卷六《貔》 貔，《大雅·韓奕》篇貔名白狐，又名執夷，又名白羆。郭璞以爲虎豹之屬，蓋猛相似而實不族者也。而《圖讚》定爲豹屬，且謂白狐之云，似是而非，則誤矣。愚按：貔之形狀，《書傳》不槩見，

惟陸璣謂其似虎，又云似熊，此可据也。若《釋獸》白狐之文，蓋其別名有然，與『貘，白豹』文相似，豈真謂貔爲狐之白者耶？郭璞泥族類而疑其名，亦未之審矣。《廣雅》謂貔爲貍貓。按：貍與狐類，其種不一，今人亦呼爲野貓，然各有類屬，更無貔名。貔出遼東追貊之國，別是一種。豈以其子鼬身貍首，故誤以爲貍貓與？豰爲貔子，見《釋獸》文。《蜀志》：黃腰，鼬身貍首，長則食母，能食虎、牛。孫愐以爲豰似豹而小，腰以上黃，俗名黃腰是也。《說文》謂豰爲小豕，又舊作[illegible]，訓犬屬。並泥字誤耳。或引《莊子》『豐狐文羆，搏於山林，伏於巖穴』，以爲即貔，亦未是。

清 嵇璜《續通志》卷一八〇 貔，白狐，其子豰，見《爾雅》。郭璞云：一名執夷，虎豹之屬。陸璣云：似虎，或曰似熊。

清 徐鼎《毛詩名物圖說》卷二 《爾雅》：貔，白狐，其子豰。郭璞注：一名執夷，虎豹之屬。陸璣《疏》：似虎，或曰似熊，一名執夷，一名白狐，遼東人謂之白羆。《說文》：豹屬，出貉國。《廣雅》：貔，貍貓也。《書傳》：如虎如貔。貔，虎屬也。愚按：猛獸也，故兵車旌畫貔貅，形象威猛，載旌使衆知警備。《曲禮》云『前有摯獸，則載貔貅』是已。

清 俞樾《茶香室叢鈔》卷二三《貔貅》 國朝王士禛《隴蜀餘聞》云：貔貅產峨嵋，自木皮殿以上林木閒有之。形類犬，黃質白章，龐贅遲鈍，見人不驚，羣犬常侮之。其聲似念陀佛，非猛獸也。

清 方旭《蟲薈》卷二《毛蟲·貔》 《方言》：貔，北燕朝鮮間曰貊，陳楚江淮間曰貅。《草木蟲魚疏》：貔似虎，或曰似熊，一名執夷，一名白狐，遼東人名白羆，其子名豰。旭按：豰狀與貔不同，詳鼠下。又或說貔之牝者曰貅，故古人多連舉之。

又《貔貅》 《隴蜀餘聞》：峩嵋山產貔貅，形類犬，黃質白章，甚遲鈍，羣犬好侮之。其聲似念陀佛。

又《黃腰》 《酉陽雜俎》：黃腰，一名唐已，見之不祥。《正字通》：黃腰，貔子，一名豰。《駢雅》：墠微虔已，黃腰也。長逐其母。旭按：此獸腰以上黃，腰以下黑，故名黃腰。其狀或說似鼬鼠，或說似豹，或說似羊，蓋亦不習見之物也。能食母，又能食虎豹。

紀事

明 姚旅《露書》卷一〇 《雅州傳》進士良選云：其鄉蔡山多貔貅，狀如黃牛犢，性食虎豹而馴於人，常至僧舍與僧索食。

清 俞樾《茶香室續鈔》卷二四《貔》 宋陸游《家世舊聞》云：楚公諱佃，字農師，使虜歸，攜所得貔至京師。狀如大鼠，而極肥腯。甚畏日，偶爲隙光所射，輒死。性能糜肉，一鼎之肉以貔一臠投之，即爛然。虜人亦不以此貴之，但謂珍味耳。按《爾雅》：貔，白狐。郭注曰：虎豹之屬。此所云者，豈別一種歟？

圖表

晉 郭璞《爾雅音圖·釋獸》

清　徐鼎《毛詩名物圖說》卷二

豹

論說

宋　蔡卞《毛詩名物解》卷一〇《豹》　豹花如錢，黑而小於虎文。《易》曰：君子豹變，小人革面。言能革小人之面而已，《召南》之事是也。《古今注》曰：豹尾車，周制也，所以象君子豹變。尾言謙也，晉人刺其在位不惜其民。而其詩一章言『羔裘豹袪，至自我人究究』，言大夫體柔以剛，文之而已。今其用暴如此，則非所以稱其服也。『居居』以言其不通，『究究』以言其不恕。豹袪，下大夫也。《詩》曰『羔裘豹飾』，又言國君體柔而文之以剛，其義上達也。《玉藻》曰：狐裘豹褎，玄衣以裼之。羔裘豹飾，緇衣以裼之。則豹飾明非褎矣。《毛詩傳》曰：飾謂緣以豹皮。則緣領，蓋人君之服。《管子》曰：上大夫豹飾，列大夫豹幨。此齊一時之數，非古也。俗云：虎豹之駒，未成文初皆翠密，及長蜕毛然後疎焕。蓋亦養而成之。《傳》曰：文豹隱霧，七日不食，欲以澤其毛衣，皆成文采。殆謂是也。語曰：豹死留皮，人死留名。故君子疾没世而名不稱焉。《廣志》曰：狐死首丘，豹死首山。言不忘本也。豹一名程。《列子》曰：程生馬。古詩曰：餓狼食不足，飢豹食有餘。言狼貪而豹廉，有所程度而食。其字從勺，當爲是也。

宋　陸佃《埤雅》卷三《豹》　豹花如錢，黑而小於虎文。《易》曰：君子豹變，小人革面。言能革小人之面而已，《召南》之事是也。《古今注》曰：豹尾車，周制也，所以象君子豹變。尾言謙也，晉人刺在位不恤其民。其詩一章曰『羔裘豹袪，自我人居居』，二章曰『羔裘豹褎，自我人究究』，言大夫體柔以剛，文之而已。今其用暴如此，則非所以稱其服也。『居居』以言不通，『究究』以言不恕。豹袪，下大夫也。豹褎，上大夫也。《詩》曰：羔裘豹飾。豹飾又言國君體柔而文之以剛，其義上達也。《玉藻》曰：狐青裘豹褎，玄綃衣以裼之。羔裘豹飾，緇衣以裼之。則豹飾明非褎矣。《毛詩傳》曰：飾謂緣以豹皮。則緣蓋言領，人君之服也。《管子》曰：上大夫豹飾，列大夫豹幨。此齊一時之數，非古也。古云：虎豹之駒，未成文已有食牛之氣。及長，退毛，然後踈朗焕散。蓋亦養而成之。《傳》曰：文豹隱霧，十日不食，欲以澤其衣毛，成其文彩。殆謂是也。語曰：豹死留皮，人死留名。故君子疾没世而名不稱焉。《廣志》曰：狐死首丘，豹死首山。言不忘本也。豹一名程。《列子》曰：程生馬。古詩曰：餓狼食不足，飢豹食有餘。言狼貪豹廉，有所程度而食。其字从勺，當爲是也。一曰从勺，豹之勺，猶虎之擬也。《字説》曰：虎、豹、貍皆能勺物而取焉。大者猶勺而取，不足爲大也；小者雖勺而取，所取小矣，不足言也。故於豹言勺。《博物志》云：豹死守窟。《淮南子》曰：蝟使虎申，蛇令豹止，物各有所制也。

宋　羅願《爾雅翼》卷一九《豹》　豹似虎，圜文。有數種。有赤豹。《山海經》：春山多赤豹。《詩》：赤豹黄羆。陸璣《疏》云：尾赤而文黑，謂之赤豹。有玄豹。《山海經》：幽都之山有玄虎、玄豹。《王會篇》：屠州黑豹。有白豹，别名貘。《淮南》曰：軍正執豹皮，以正其衆。豹尾車，周制也，象君子豹變。以尾言者，謙也。古者軍正建之。漢大駕，屬車八十一乘，作三行。尚書、御史乘之最後一乘，縣豹尾，豹尾以前皆爲省中。《周禮》『射以

皮飾侯』，《詩》『羔裘豹飾』，楚豹舄。《瑣語》：范獻子獵，遺其豹冠。

明 何三畏《新刻何氏類鎔》卷三四《豹》 豹名爲程，別名爲貘。大者如虎，小者如猴。有水豹者，以水爲巢。有土豹者，以土爲窟。有伏豹者，伏而簡出。有飛豹者，飛而食人。或生于北國南山，或生于盧阜浪坂。當霧雨之際，十日不下食，而隱形在檻穽之中，一朝乃求食而摇尾。玄豹獻而美里之囚以釋，赤豹獻而韓城之貢以充。天子鹵簿之屬車，施豹尾以爲飾，則一路榮觀。功臣宗廟之祭祀，搆豹皮以爲裘，則千鍾重價。此得豹變者，其文蔚然章，而窺豹斑者，其見眇然小也。如其不施色澤，鞹亦猶夫犬羊。若其不用爪牙，威且同于鼷鼠矣。昔有三豹之御史，有五豹之將軍。王彌之膂力過人，有飛豹之號。狄生之書藝蜚譽，有學豹之稱。伏豹枕可以辟邪，煮豹胎可以供膳，而食豹脯可以已愚。彼夫藏身九關，而能致壽千歲。其以文章避害，以炳蔚凝姿，而以其皮之美自爲罪也哉！

綜述

漢 許慎《説文》卷九 豹，似虎圜文。从豸，勺聲。北教切。

三國吴 陸璣《毛詩草木鳥獸蟲魚疏》卷下《羔裘豹飾》 豹，赤豹，毛赤而文黑，謂之赤豹，毛白而文黑謂之白豹。

宋 戴侗《六書故》卷一八 豹 豹，北教切。獸似虎而小，黄質黑章。

明 黄省曾《獸經》 豹，廉獸也，廉而有文。豹，一名程。《列子》曰：程生馬。古詩云：餓狼食不足，餓豹食有餘。言狼貪豹廉，有所程度而食。《埤雅》曰：豹花如錢，黑而小於虎文。豹有赤、白、玄數種。《草木鳥獸魚蟲疏》曰：尾赤而文黑謂之赤豹，毛白而文黑謂之白豹。《爾雅》曰：豹，白豹。郭璞注曰：似熊，小頭痺脚，黑白駁。《山海經》云：幽都之山有玄虎、玄豹。

明 李時珍《本草綱目》卷五一 豹《别録》中品 釋名：程、《列子》失刺孫。時珍曰：豹性暴，故曰豹。按：許氏《説文》云：豹之脊長，行則脊隆豸豸然，具司殺之形，故字從豸從勺。王氏《字説》云：豹性勺物而取，程度而食，故字從勺，又名曰程。《列子》云：青寧生程，程生馬。沈氏《筆談》云：秦人謂豹爲程，至今延州猶然。東胡謂之失刺孫。集解：弘景曰：豹至稀有，入用亦鮮，惟尾可貴。恭曰：陰陽家有豹尾神，車駕鹵簿有豹尾車，名可尊重耳。真豹尾有何可貴？未審陶據奚説？頌曰：今河洛、唐、郢間或有之。然豹有數種。《山海經》有玄豹。《詩》有赤豹，尾赤而文黑也。《爾雅》有白豹，即貘也，毛白而文黑。郭璞注云：貘能食銅鐵，與貘同名。不知入藥果用何類？古今醫方鮮見之。宗奭曰：豹毛赤黄，其文黑，如錢而中空，比比相次。又有土豹，毛更無紋，色亦不赤，其形亦小。此各有種，非能變形也，聖人假喻耳。恐醫家不知，故書之。時珍曰：豹，遼東及西南諸山時有之。狀似虎而小，白面團頭，自惜其毛采。其文如錢者，曰金錢豹，宜爲裘。如艾葉者，曰艾葉豹，次之。又西域有金線豹，文如金線。海中有水豹，上應箕宿。《禽蟲述》云：虎生三子，一爲豹。則豹有變者，寇氏未知爾。豹畏蛇與鼩鼠，而獅、駮、渠搜能食之。《淮南子》云：蝟令虎申，蛇令豹止，物有所制也。《廣志》云：狐死首丘，豹死首山，不忘本也。豹胎至美，爲八珍之一。

明 吴雨《毛詩鳥獸草木考》卷五《豹》 豹似虎而小，其紋黑如錢而中空，比比相次，而小於虎。猛過於虎，死則首山。齒極堅，刀斧鎚鍛鍊不能碎，火亦不能燒。人得之，多詐爲佛牙。舊云：餓狼食不足，飢豹食有餘。言狼貪豹廉，有所程度而食。陸璣云：毛赤而文黑，謂之赤豹。《山海經》云：幽都之山有玄虎，有玄豹。《王會篇》云：屠州有黑豹。有毛白而文黑謂之白豹，别名貘，似熊，小頭庳脚，黑白駁，能舐食銅鐵及竹骨。

明 陳懋仁《庶物異名疏》卷二七《程》 程，豹也。豹性廉，有所程度而食，故亦名程。莊子云：程生馬。

明 毛晉《陸氏詩疏廣要》卷下之下《羔裘豹飾》 《箋》、《傳》諸家所載，豹有赤豹、白豹、黑豹、青豹、土豹、玄豹，凡六種，未見黄色者。惟《本草衍義》云：毛赤黄耳。《毛詩·韓奕》篇祇載赤豹，若豹飾、豹褎、豹祛之類並未詳何色，或因裘色不同而裼之各異耶？《爾雅》所載『貘，白豹』，不過一種。

清 姚炳《詩識名解》卷六《豹》 豹，《鄭風·羔裘》篇豹似虎，圜文，色黄黑者多。若玄豹、白豹、青豹之類，惟載《書傳》中，不槩見。其屬亦各有種，舊以爲虎所生，非也。《釋獸》文無豹名，惟以貘爲白豹，與『貘，白狐』文同，其非狐、豹可知。且據郭璞所説，貘形與豹絶異。或云豹白色者别名貘，

則犴也。而《王會篇》言屠州有黑豹，白豹別名貘，又有以《洞冥記》所載青豹爲即貘者，並不足據。蓋貘之別名爲白豹，豹原未嘗有貘名耳。陸璣謂毛白而文黑者爲白豹，此疑即土豹，所以別於赤者，亦非貘也。《列子》『程生馬』，注訓程爲豹，陸農師亦謂豹一名程，言有所程度而食，此强解耳。《餘冬序録》云：列子之程，言蟲也。秦人謂豹曰程，蓋方言如此。而張耒謂沈存中聞秦人言此中有程，遂以爲生馬之程，不知秦聲謂蟲爲程，謂虎爲大蟲。劉貢父亦言關中呼蟲爲塵也。愚按：青寧、程馬本不根語，無從核實，若以程爲豹，是豹生於空竹，馬又産於豹胎，人又出於馬腹，縱極謬悠，何至支離若此。大抵程之爲蟲，亦無所据，或如前説，秦人謂豹爲蟲，讀蟲若程，因訛程作豹耳。不然，豹亦安得有程名耶？《正義》以君裘用純，此詩褎飾異皮爲臣之服，引《唐風》作證，謂緣以豹皮爲袪褎也。陸農師言國君體柔而文之以剛，其義上達，引《玉藻》豹褎、豹飾異文，明飾非褎，《傳》所謂緣，蓋言領，人君之服也。愚按：飾義通用，凡緣領、緣褎、緣履皆謂之飾，豹飾自指褎袪而言，裘惟有緣，褎之制未聞有緣領者。《玉藻》以豹飾爲君子之服，注：君子亦指士大夫言，未嘗專指人君之服也。《左·昭十二年》：楚子次於乾谿，皮冠豹舄。又《瑣語》云：范獻子獵，遺其豹冠。則豹之用，亦不獨以緣裘。禮書謂取其武而有文，古人蓋重之矣。武力與豹無涉，謂服豹飾之裘者，其人之威望足以爲一邦直道之主耳。《正義》文甚明，或牽豹爲説，謂豹武而有力，故下三英亦以裘飾言之，恐未然。

《唐風·羔裘》篇陸農師以豹袪爲下大夫服，豹褎爲上大夫服，非是。袪、褎無别，袪即褎之口，豈有等殺之分耶？《正義》云袂是褎之大名，袪是褎頭之小稱，其通皆爲袂，是也。《傳》以裘身爲本，裘袂爲末，皮異則本末不同，喻在位與民異心，此臆説也。裘制自有取義，若使以本末不齊爲嫌，君子何爲服之？且《鄭風》方以武力爲服之者美，此復以異心爲服之者刺，同一服而憎愛不同若此，可知皆緣《詩》起義，非作者本旨耳。居，何元子謂通作倨。引《前漢書·郅都傳》『丞相條侯至貴居』作證，取倨傲義，近似。究，舊皆訓窮，謂窮極其惡，恐未然。愚意『究究』即『察察』之謂，蓋好用其明，以苛察爲知者。總言之，則皆是惡也，故《釋訓》云：居居、究究，惡也。

《大雅·韓奕》篇舊謂《書傳》所載豹有赤豹、白豹、黑豹、青豹、土豹、玄豹，凡六種。《詩·韓奕》篇祇載赤豹，若豹飾、豹褎、豹袪之類，並未詳何色，疑因裘色異用，其説非也。宜爲裘者，正此詩之赤豹，即世所謂金錢豹者，色黄而赤，文黑如錢圈，袪、褎之類，亦必用此，故以爲美物而獻之，餘皆罕見，要未必爲冠服飾耳。

清　嵇璜《續通志》卷一八〇　豹似虎而小，長脊白面，毛赤黄，文黑如錢，惟尾最貴。其性勺物而取，程度而食，故又名曰程。《列子》云：『青寧生程』是也。又有金錢、金線、艾葉之分，惟艾葉尤貴。

清　徐鼎《毛詩名物圖説》卷二　屈平《山鬼》篇：乘赤豹兮從文貍。陸璣《疏》：毛赤而文黑謂之赤豹。《列子》：程生馬。《埤雅》：豹一名程。古詩曰：餓狼食不足，飢豹食有餘。言狼貪豹廉，有所程度而食，故其字从勺。愚按：《詩》有赤豹，《山海經》幽都之山有玄豹，《爾雅》有白豹，《洞冥記》有青豹。《本草》云：文如錢者名金錢豹，如艾葉者名艾葉豹。又西域有金線豹。此皆别毛色異其名也。豹性暴，諺云：豹跳如雷。其性愛毛，《列女傳》云『南山有豹，霧雨七日不下食，欲澤其衣毛而成文采』是也。故語云：豹死留皮，人死留名。

清　牟應震《毛詩物名考》卷二　豹，似虎而小，白面圓首。文如錢者曰金錢豹，如艾葉者曰艾葉豹，如金線者曰金線豹。

紀事

唐　魏徵《隋書》卷二二《五行志》　東魏武定三年九月，豹入鄴城南門，格殺之。五年八月，豹又上銅爵臺。京房《易飛候》曰：野獸入邑，及至朝廷若道，上官府門，有大害，君亡。是歲，東魏師敗於玉壁，神武遇疾崩。

元　脱脱《宋史》卷二八〇《王延範傳》　至是，有豹入其公宇，噬傷數吏，從者皆恐慄，不敢進，延範獨拔戟前逐，刺殺之，益以此自負。

明　宋濂《元史》卷一五《世祖紀》　〔二十六年〕己未，西番進黑豹。

又卷二〇〇《列女傳·胡烈婦》　至大間，建德王氏女，父出耘舍傍，遇

豹，爲所噬，曳之升山。父大呼，女識父聲，驚趨救，以父所棄鋤擊豹腦，殺之，父乃得生。

藝文

唐 李嶠《豹》（引自《全唐詩》卷六〇） 車法肇宗周，鼷文闡大猷。還將君子變，來蘊太公籌。一作謀。委質超羊鞟，飛名列虎侯。若令逢雨露，長隱南山幽。

元 王惲《秋澗集》卷六《飛豹行》 中統二年冬十有一月，大駕北狩。時在魚兒泊。詔平章塔齊爾以虎符發兵于燕，既集，取道居庸，合圍於湯山之東，遂飛豹取獸獲焉。時予以事東走幕府，駐馬顧盼，亦有一嚼之快。因作此歌，以見從獸無荒之樂也。予時爲左司都事。二年幽陵閱丘甲，詔遣謀臣連夜發。春蒐秋獮是尋常，況復軍容從獵法。一聲畫鼓肅霜威，千騎平岡捲晴雪。長圍漸合湯山東，兩翼閃閃牙旗紅。飛鷹走犬漢人事，以豹取獸何其雄。馬蹄蹴麋欻左興，赤縧撤鏇驚龍騰。錦雲一縱飛塵起，三軍耳後秋風生。豹雖逸才不自惜，雨血風毛摧大敵。風烟慘淡晚歸來，思君更上單于臺。血埋萬甲戰方鋭，爪牙正藉方剛才。古人以虎喻天下，得失中間係真假。元戎茲獵似開先，我作車攻補周雅。大笑南朝曹景宗，誇獵空驚强霹靂。何曾夢見北方强，竟墮閉車甘偃息。揚鞭回首漢家營，一點槍纓野烟碧。

清 葉廷琯《楙花盦詩》卷上《憶存草・詠豹》 漢口後湖有外來無賴數輩，檻舁一豹，索觀者以錢，得錢則買彘肉啖之。豹弭首掉尾，摧抑可憐，感而賦此。一別南山侶，摧頹氣不伸。曾聞隱霧雨，誰使困風塵。韜略難經世，文章悔誤身。雄姿終奮躍，飢飽漫隨人。

圖表

明 李時珍《本草綱目・圖卷》

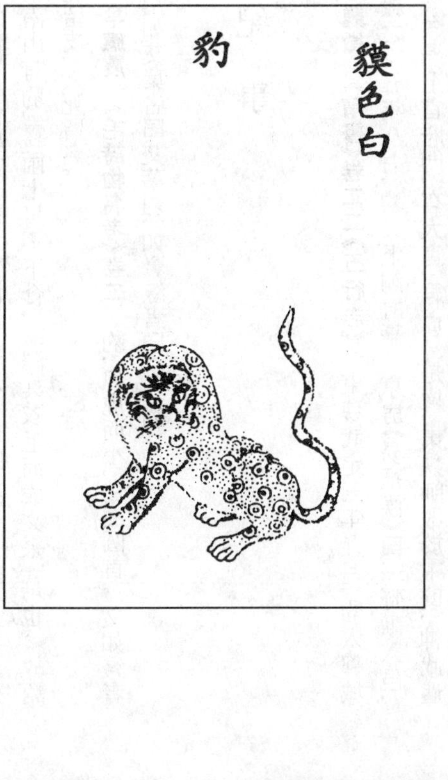

清 徐鼎《毛詩名物圖說》卷二

熊羆

論説

唐 柳宗元《柳河東集》卷一六《羆説》 鹿畏貙，貙畏虎，虎畏羆。羆之狀，被髮人立，絶有力而甚害人焉。楚之南有獵者，能吹竹爲百獸之音。云持弓矢罌火，而即之山，爲鹿鳴以感其類，伺其至，發火而射之。貙聞其鹿也，趨而至，其人恐，因爲虎而駭之。貙走而虎至，愈恐，則又爲羆，虎亦亡去。羆聞而求其類，至則人也，捽搏挽裂而食之。今夫不善内而恃外者，未有不爲羆之食也。

宋 宋祁《宋景文集》卷四八《舞熊説》 晉有藺子者，獲二孺熊於太行山，而飲食之，能得其欲。教爲蹲舞之技，以丐市中。先開逈場，震之嚴鼓，市人項背山立。俄以巨梃鞭熊，應手皆舞。躨跜騰踴，悉中音節。伎殫曲闋，藺子放梃四顧，躊躇滿志，人争投錢與之。既而自負其能，數與優角。時真聖幸汾陰，祠后土，曼延奇怪，并參侑樂。藺子以熊見行在，上奇其馴服，賜以鏐器束帛遣之。自是藺子挈賜物嫮矚郡縣，頤指裼袒，擾熊益甚，遠近聞者亦争玩之。於是除地會要，趣節亟引，心冀技之速售也。每舞一終，輒裒金數千。是日，曲數十終，售金數萬。藺子被酒霑醉，益有驕色。會日暮，二熊不時得豢，瞪目跋扈，不復肯舞。藺子鞭之彌急，市人有竊笑者。藺子恥熊之反己，因假利兵欲刺之，二熊驚躩，批藺子而殺之，復旁傷數人，突出譙門。大譙卒并力殺之於道周。噫！獸與人，嗜慾不相遠，畜之以理，猶可屈伏，而藺子見利忘義，求之不已，力窮變生，反受其咎，宜哉！昔東野馭馬，顔闔曰：『稷之馬必敗，馬力殫矣，而猶求焉。』寧斯人之徒歟？

宋 蔡卞《毛詩名物解》卷一〇《熊》 熊似豕，山居，冬蟄。其膽春在首，夏在腹，秋在左足，冬在右足。《説文》：能獸堅中，故賢能而强壯，稱能傑也。熊羆亦堅中，故熊從能，羆從熊也。熊好舉木而引氣，謂之熊經，《莊子》所謂『熊經鳥伸』是也。冬蟄不食，飢則自舐其掌，故其美在掌。《孟子》曰：熊掌，亦我所欲也。《周官》射則共熊侯、豹侯，蓋諸侯服猛，下王德一等，故其射共熊、豹侯而已。又曰：田役則設熊席。熊席則以莅衆尚毅故也。亦以其温，《吕子》曰『君居則狐裘，坐則熊席』云云。《鬼谷子》曰『分威法伏熊』，説者以爲，熊之擊搏，先伏而後動。

宋 陸佃《埤雅》卷三《熊》 熊似豕，堅中，山居，冬蟄。當心有白脂如玉，味甚美，俗呼熊白。其膽春在首，夏在腹，秋在左足，冬在右足。好舉木而引氣，謂之熊經，《莊子》所謂『熊經鳥伸』是也。冬蟄不食，飢則自舐其掌，故其美在掌，而《孟子》曰『熊掌，亦我所欲也』。《周官·大射》：諸侯則共熊侯、豹侯。蓋諸侯服猛，下王德一等，故其所射共熊、豹之侯而已。又曰：田役則設熊席。則以莅衆尚毅故也。亦以其温。《傳》曰：君居則狐裘，坐則熊席。《考工記》曰：龍旂九斿，以象大火也。鳥旟七斿，以象鶉火也。熊旗六斿，以象伐也。龜蛇四斿，以象營室也。説者曰：龍旂，東方也，故象蒼龍宿之數，其斿九；熊旗，西方也，故象白虎宿之數，其斿六；鳥旟，正南方之物也，故象朱鳥宿之數，其斿七；龜旐，正北方之物也，故象玄武宿之數，其斿四。案：旂象大火，旟象鶉火，旗象伐，旐象營室。義不在斿，猶之龍旂養信。而《荀子》曰：龍旂九斿，以養信也。許慎曰：熊旗五斿，以象伐。按：熊旗五斿，則《考功》所記六斿，誤矣。巾車掌王之五路，建太常以祀，建大旂以賓，建大赤以朝，建大白以即戎，建大麾以田。太常象天，有日月焉。大旂象東方，即旂是也。大赤象南方，即旟是也。大白象秋，一名旗。大麾象冬，一名旐。太常、大旂，蓋言其名。大赤、大白，蓋言其色。大麾，則又以用言互相備也。《書》曰：左仗黄鉞，右秉白旄以麾。以大赤照上，則龍旂青可知矣。以大白照下，則龜旐黑可知矣。《爾雅》曰『緇廣充幅，長尋曰旐』是也。鄭云『九旗之帛皆用絳』，不知鄭氏所云何所據而言？然《鬼谷子》曰『分威法伏熊』，説者以爲，熊之擊搏，先伏而後動。《字説》曰：熊强毅，有所堪能，而可以其物火之。羆亦熊類而又强焉，然可網也。

又卷四《羆》 《釋獸》云：羆如熊，黄白文。羆似熊而大，爲獸亦堅中，長首，高脚，從目，能緣能立，遇人則擘而攫之。俗云：熊羆眼直，惡人横目。《淮南子》曰『熊羆之動以攫搏，兕牛之動以觝觸』是也。其白生於心之下肓

之上，亦如熊，白而龘，秋冬則有，春夏則亡。猛憨多力，能拔大木。故《書》曰：以有熊羆之士，不二心之臣。熊羆之士，以力言也。《詩》曰：維熊維羆，男子之祥。維虺維蛇，女子之祥。熊羆，陽物也，强力壯毅，故爲男子之祥。虺蛇，陰物也，柔弱隱伏，故爲女子之祥。蓋人之精神與天地陰陽流通，故夢之吉凶各以其類至。俗説熊羆富脂，至春臕癢，即登高木自墜，謂之撲臕。今人畜熊，以梃撻之，更致壯長，蓋放於此。舊説師子，虎見之而伏，豹見之而瞑，羆見之而躍。

宋　陳師道《後山集》卷一七《羆説》　晉人以犬獵，以五犬逐一羆。羆鷙而力長，於用大，所與敵者，皆天下强有力也。犬弱而捷巧，於用小。顧左而右，逐前而後，羆不能搏也。行不十數里，羆憊而後，犬更前而殺之。獸而驚者，爪莫如虎，齒莫如豕，而羆食之。故稱勇力必曰羆，羆如受制於犬者，遇非其敵，困於羣也。《詩》云『憂心悄悄，愠於羣小』，羆之謂矣。

宋　羅願《爾雅翼》卷一九《熊》　熊類大豕，人足，黑色，春出冬蟄，輕捷，好緣高木，見人自投而下，亦以革厚而筋駑，用此自快，故稱『熊經鳥伸』。今養熊者亦日捶之，以爲不捶則有病。獵者刺其革，不可得入，隨即有膏膜之，古稱熊白，此膏之在背者也，寒月則有，暑月則無。《淮南子》曰：無角者膏而無前，有角者脂而無後。無角者，熊豕之屬，肥從前起者也。有角者，麋羊之屬，肥從後起者也。又方冬蟄時，唯自舐其掌，故其掌特美，烹之難熟。晉靈公殺宰夫之胹熊蹯不熟者，而楚成王見圍請食熊蹯而死，以其難熟，冀有外救也。古以熊配虎爲旗，又皆以爲王射之侯。又以皮爲冠，執罼者冠之，謂之旄頭。乘輿之出，則前旄頭而後豹尾。蓋乘輿黄麾，内羽伏班弓，前左罼有罕。執罼者，冠熊皮冠，謂之旄頭，而豹尾者，則取象於豹之尾也。必取熊、豹者，蓋熊於山中行數十里，悉有跧伏之所，必在山嵓枯木中，山民謂之熊館。惟虎出百里外，即迷失道路。熊出而不迷，故開道者首熊以出焉。豹之爲物，往而能反。故《廣志》曰：狐死首丘，豹死首山。豹往而能反，故殿後者尾豹以入焉。《王會篇》：不屠何獻青熊。《異苑》：東土呼熊爲子路。《説文》：能，熊屬，足似鹿。能性堅中，故稱賢能而彊壯稱能傑也。漢鍾旋以銅篆作蹲熊及盤龍辟邪。

又《羆》　羆似熊，黄白文，長頭高脚，猛憨多力，能拔木，關西呼曰貑羆。蓋羆乃熊類，古之言熊者，率與羆連言之。如稱『如熊如羆』，『維熊維羆』，『非熊非羆』，『趙襄子射熊又射羆』是也。今獵者云：熊有兩種，豬熊其形如豬，馬熊其形如馬，各有牝牡。問以羆，則云：熊是其雄，羆即熊之雌者。羆爲尤猛，或曰羆大於熊。蓋熊爲羆之雄而稱熊，猶羖爲羭之牯而稱羖，兕爲犀之牸而稱兕也。蓋皆相類而爲牝牡，猶麋與鹿，交鮹與魚游。然其脂如熊白而粗理，不如熊白美也。柳宗元《羆説》稱，鹿畏貙，貙畏虎，虎畏羆。羆之狀，被髮人立，絶有力而甚害人。則羆之力非熊比矣。《韓奕》稱『韓土之樂』，稱『有熊有羆，有貓有虎』，叙所多有者耳。而終章言『獻其貔皮，赤豹黄羆』，又皆猛獸之罕得者，此所以異而書也。陸（機）〔璣〕云：貔，遼東人謂之白羆。又云：羆有黄羆，有赤羆。《禹貢》梁州貢熊、羆、狐、狸，是中國常貢。此追貊之國自以所有而獻，所謂各以其所貴寶爲摯，如犬戎氏以白狼、白鹿獻穆王也。《王會篇》東胡黄羆，成王時獻此獸。《周禮》穴氏掌攻蟄獸，各以其物火之，謂熊羆之屬冬藏者，燒其所食之物於穴外，以誘出之。故熊羆皆從火，羆又加罔也。後鄭解羅氏『蜡則作羅襦』，引火田之事以爲，今俗放火張羅，其遺教。説者以爲，漢之俗間在上放火於下，張羅承之以取禽獸，是周禮之遺教。《淮南子》：散宜生得玄豹、黄羆、青犴、白虎文皮千合以獻於紂。

明　何三畏《新刻何氏類鎔》卷三四《熊》　熊日攀緣而升高樹之巔，見人則顛而投于地下。冬深藏而蟄幽谷之底，始春則躍而出諸谷中。周文王時黄熊獻於殷紂王，周成王時青熊進於不屠國。漢建武時卓王孫有緑熊毛之席，唐貞觀時謝蠻人有烏熊皮之冠。羽山之殛鯀則化爲黄熊，東土之呼熊則稱爲子路。黄熊入於寢，竟以夏郊盟主之祀也，而晉侯之疾有瘳。赤熊窺于屏，亦以顓頊共工之祭也，而平公之疾有間。熊之出圈而攀檻也，昭儀以身當御座之前，而漢元以此加敬。熊之出山而入室也，龔遂以象卜上天之戒，而昌邑以此兆亡。廣陵王胥之學格熊也，自謂徒手搏熊矣，卒以絶脰而殞生。高平黄秀之化爲熊也，人見毛色如熊矣，還以逾年而變盡。噫！非熊卜帝師之兆，維熊占男子之祥。熊膽爲課子之丸，熊經爲引年之術。熊脂可以解百毒，熊壽可以五百年。熊毛之價特高，熊掌之味特美。而又聞熊藏于穴者，不見穢物。熊入其城者，必有火災。然則熊亦異物也哉！

綜　述

《爾雅·釋獸》　熊虎醜，其子狗，絶有力麙。注：《律》曰：捕虎一，購錢三千，其狗半之。音義：狗，古口反，本或作豿，沈、施火候反。注同。麙，本或作㺝，同，五咸反。捕，音步。購，古豆反，贖也。疏：醜，類也。熊，虎之類，其子名狗，絶有力名麙。郭云：律曰：捕虎一，購錢三千，其狗半之。此當時之律也。引之以證虎子名狗之義也。【略】羆，如熊，黄白文。注：似熊而長頭高脚，猛憨多力，能拔樹木，關西呼曰貑羆。音義：羆，音碑。憨，呼濫反。貑，音加。疏：舍人曰：羆如熊，色黄白也。郭云：似熊而長頭高脚，猛憨多力，能拔樹木，關西呼曰貑羆。《詩·大雅·韓奕》云：赤豹黄羆。陸璣《疏》云：羆有黄羆，有赤羆，大於熊。其脂如熊，白而麤理，不如熊白美也。

漢　許慎　**《説文》卷一〇**　熊，獸似豕，山居，冬蟄。从能，炎省聲。凡熊之屬，皆从熊。羽弓切。羆，如熊，黄白文。从熊，罷省聲。彼爲切。

三國吴　陸璣　**《毛詩草木鳥獸蟲魚疏》卷下《有熊有羆》**　熊能攀緣上高樹，見人則顛倒自投地而下。冬多入穴而蟄，始春而出，脂謂之熊白。羆有黄羆，有赤羆，大於熊。其脂如熊，白而麄理，不如熊白美也。

南朝宋　劉敬叔　**《異苑》卷三**　熊獸藏於山穴，穴裏不得見穢及傷殘，見則舍穴外死。人欲捕者，便令一人卧其藏内，餘伴執杖隱在巖側。熊輒共輿出人，不致傷損傍人，仍得騁其矛。熊無穴，或居大樹孔中，東土呼熊爲子路，以物擊樹，云『子路可起』，於是便下，不呼則不動也。

唐　段成式　**《酉陽雜俎續集》卷八**　熊膽，春在首，夏在腹，秋在左足，冬在右足。

宋　彭乘　**《墨客揮犀》卷九**　山民云：熊於山中行數千里，悉有潛伏之所，必在石嵓枯木中，山民謂之熊館。惟虎出百里外，則迷不知道路。

宋　邵博　**《聞見後録》卷二九**　熊山行數千里，各于巖穴林蒨之間，有藏伏之所，山中人謂熊館云。如虎豹出百里外，則迷失故道矣。

宋　周去非　**《嶺外代荅》卷九《人熊》**　廣西有獸名人熊，乃一長大人也。被髮裸體，手爪長鋭，常以爪劃橄欖木，取其脂液塗身，厚數寸，用以禦寒暑，敵搏噬。是獸也，力能搏虎，每跙踔而行道，遇一木根，必拔去而後行。登木而食橡栗，必折盡而後已。余夜宿昭州灘下，聞山中拔木聲，舟師急移舟，宿遠岸。問之，曰：人熊在山，能即船害人。又云：往年融州有人熊渡水，人以爲獸也，拏舟刺之以鎗，熊就水接鎗，折之，遂破人舟。其在山中遇人，則執人手，以舌掩面而笑，少焉以爪抉人目睛而去。嘗有人熊日坐于猺人之門，猺人每投以飯，因起機心，以大木兩片緊合之，中椓一杙，令兩木中開，次日人熊至，見杙而怒，跨坐，拔去杙而兩木合，正害其勢，乃死。猺人急去木，以米泔洗地。繼而雌至求雄，莫辨所殺之處，遂不爲害。不然，雖猺人亦不可得而安居矣。

宋　江少虞　**《事實類苑》卷六一《熊館》**　山民云：熊於山中行數十里，悉有跧伏之所，必在石巘枯木之間。山民謂之熊館。惟虎出百里外，則迷失道路。

宋　鄭樵　**《通志》卷七六**　熊羆之屬，《爾雅》曰：羆如熊，黄白文。羆似熊，長頭高脚，猛憨過于熊。其脂似熊，白而麤。又曰：熊虎醜，其子狗，絶有力麙。醜，類也。麙，音咸。又曰：魋如小熊，竊毛而黄。郭云：今建平山中有此獸，狀如熊而小，俗呼爲赤熊，即魋也。音頽。

宋　戴侗　**《六書故》卷一八**　熊　熊，于弓切。獸似豬，黑而鋭喙，其蹯類人掌，蟄居，能升木。《説文》曰：炎省聲。按：炎非聲，羔、熊、熊、羆皆从火，疑别有義。

又　䨈　[illegible]羆，班糜切。《詩》云：赤豹黄羆。《爾雅》曰：如熊，黄白文。郭璞曰：似熊而長頭高脚，猛多力，能拔樹木。陸璣曰：羆有黄、赤二種，大於熊，脂如熊白而粗理。《説文》曰：羆，罷聲。䨈，古文。

明　黄省曾　**《獸經》**　熊，子路也，自樹而投地。《説文》云：熊似豕，山居，冬蟄春出。祖冲之《述異記》曰：東土呼熊爲子路。劉敬叔《異苑》曰：以物擊樹，云『子路可起』，於是便下，不呼則不動也。《詩義疏》曰：熊能攀緣上高樹，見人則顛倒投地而下。

黄羆拔木。《爾雅》曰：羆如熊，黄白文。郭璞注曰：長頭高脚，猛憨多力，能拔樹木。

明　盧翰《掌中宇宙》卷一三《禽獸部・熊行數千里》　熊似豕，長頭高角，猛熊多力，而性輕捷，能攀緣上高木，見人則顛倒投地。行數千里，悉有跧伏之數。

明　李時珍《本草綱目》卷五一　熊《本經》上品　釋名：時珍曰：熊者，雄也，熊字篆文象形。俗呼熊爲豬熊，羆爲人熊、馬熊，各因形似以爲別也。《述異記》云：在陸曰熊，在水曰能，即鯀所化者。故熊字從能。《續搜神記》云：熊居樹孔中，東土人擊樹，呼爲子路則起，不呼則不動也。又狒狒亦名人熊，見本條。集解：《別録》曰：熊生雍州山谷，十一月取之。弘景曰：今東西諸山皆有之，自非易得。頌曰：今雍、洛、河東及懷慶、衛山中皆有之。形類大豕，而性輕捷，好攀緣上高木，見人則顛倒自投于地。冬蟄入穴，春月乃出。其足名蹯，爲八珍之一，古人重之，然胹之難熟。熊性惡鹽，食之即死，出《淮南子》。時珍曰：熊如大豕而竪目，人足，黑色，春夏臕肥時，皮厚筋弩，每升木引氣，或墮地自快，俗呼跌臕，即《莊子》所謂『熊經鳥申』也。冬月蟄時不食，飢則舐其掌，故其美在掌，謂之熊蹯。其行山中，雖數千里，必有跧伏之所，在石巖枯木山中，人謂之熊館。劉敬叔《異苑》云：熊性惡穢物及傷殘，捕者置此物于穴，則合穴自死。或爲棘刺所傷，出穴爪之，至骨即斃也。陸佃《埤雅》云：其膽春近首，夏在腹，秋在左足，冬在右足。熊羆皆壯毅之物，屬陽，故《書》以喻不二心之臣，而《詩》以爲男子之祥也。【略】附録：羆、魋音頽。時珍曰：熊、羆、魋，三種一類也。如豕色黑者，熊也。大而色黄白者，羆也。小而色黄赤者，魋也。建平人呼魋爲赤熊。陸璣謂羆爲黄熊，是矣。羆頭長脚高，猛憨多力，能拔樹木，虎亦畏之。遇人則人立而攫之，故俗呼爲人熊，關西呼猳熊。羅願《爾雅翼》云：熊有豬熊，形如豕。有馬熊，形如馬，即羆也。或云：羆即熊之雄者，其白如熊白而理粗，味減，功用亦同。

明　穆希文《説原》卷一一　熊似豕，山居，冬蟄。春出時，攀緣上高樹，見人則顛倒投地而下。羆似熊，黄白文，長頭高脚，其力甚猛，能拔木。熊有二種，猪熊象猪，馬熊象馬。羆是雄熊之雌者。

明　吴雨《毛詩鳥獸草木考》卷五《熊》　《小雅》曰：維熊維羆。《大雅》曰：赤豹黄羆。熊形類犬豕，人足，黑色，輕捷，好緣高木而引氣，謂之熊經，《莊子》所謂『熊經鳥伸』是也。養熊者日一捶之，更致壯長，不捶則有病。當心有白脂如玉，味甚美，俗呼熊白，寒月則有，暑月則無。其膽春在首，夏在腹，秋在左足，冬在右足。方冬不食，唯自舐其掌。俗云以爲熊之擊搏，先伏而後動。腹中肪及它處脂皆可作藥。《詩義疏》曰：熊能緣高木，見人則顛倒投地而下，冬入穴而蟄，始春而出。《異苑》曰：熊獸藏於山穴，穴裏不得見穢及傷殘，見則合穴自死。舊云熊有兩種，猪熊其形如猪，馬熊其形如馬，各有牝牡。

又《羆》　羆似熊而大，黄白文，長首高脚，從目被髮，能緣能立，遇人則擘而攫之。俗云：熊羆眼直，惡人横目。猛憨多力，能拔樹木，關西呼爲猳羆。其白生於心之下肓之上，亦如熊，白而粗理，不如熊白美也。秋冬則有，春夏則亡。俗説熊羆富脂，至春臕癢，即登高木自墜，謂之樸臕。熊是其雄，羆則熊之雌者。或曰：羆大於熊，爲羆之雄而稱熊，猶羖爲羭之牯而稱羖，兕爲犀之牸而稱兕也。皆相類而爲牝牡，猶麋與鹿交，鰌與魚游是也。陸璣云：黄羆大如熊，脂如熊白而粗理。又有白羆、赤羆。

明　朱國禎《湧幢小品》卷三一　虎豹一躍六丈，熊十二丈。虎豹可擒。熊雖追及圍守，亦不可擒。蓋毛深而滑，受射若飛沙著冰柱，紛紛墮地。人既難近，鎗戟亦無所施。

明　劉侗《名物通》卷一〇　熊，似豕，山居，春出冬蟄，人足，黑色。革甚堅，獵者刺之不入，以有膏膜之也。熊脂是其背上膏，一名熊白。膽春在首，夏在腹，秋在左足，冬在右足，味苦。經飢則舐掌，故掌味美。能攀援上樹，見人則顛倒投地而下。熊視曰蚺⿰虫炎。

明　毛晉《陸氏詩疏廣要》卷下之下《有熊有羆》　熊，《爾雅》：熊虎醜，其子狗，絶有力麙。郭注：《律》曰：捕虎一，購錢三千，其狗半之。邢疏：醜，類也，熊虎之類，其子名狗，絶有力名麙。郭云『捕虎一，購錢三千，其狗半之』，此當時之律也，引之以證虎子名狗之義也。祖冲之《述異記》曰：東土呼熊爲子路。劉敬叔《異苑》曰：以物擊樹，云『子路可起』，於是便下，不呼則不動也。《援神契》云：赤熊見則姦宄自遠。《淮南子注》云：熊食鹽而死。《抱朴子》云：熊壽五百歲，能化爲狐狸。《異苑》云：熊藏山穴，穴裏不得見穢及傷殘，見則舍穴自死。《埤雅》【略】熊、羆確是二物，若云熊是其雄，羆則熊之雌者，獵人不能辨，姑妄言之也。又《釋獸》云：魋如小熊，竊毛而黄。郭注云：今建平山中有此獸，狀如熊而小，毛麤淺，赤黄色，俗呼爲赤熊。《酉陽雜俎》：高宗時，伽毘葉國獻天鐵熊，擒白象、獅子。此又熊羆之異種也。

明 鄺露《赤雅》卷三《子路》 熊名子路，穴居。穴有神人，冬蟄春啓，非其時則主兵，見穢合穴死，食鹽亦(食)[死]。其膽春在首，夏在腹，秋在左足，冬在右足，前曰掌，後曰蹯，黑而脱喙。去穴五百里，壘石爲舘，名曰熊舘。升木引氣，名曰熊經。獞人呼之『子路出』，即出；『子路鬬』，即鬬。聞有緑者，猺獞取爲駿馬障泥，塵不敢揚，威懾虎豹，一尺百金。其牝曰羆，力能拔樹，指如鋒攢，披髮人立，遇虎豹，樵牧皆抗其喉，揑血飲之。其胸白脂，名曰羆白，味過熊掌。

明 方以智《通雅》卷四六 熊、羆、魋，一類也。黑者熊，大而黄白者羆，黄赤者魋。《爾雅》：熊虎醜。貔，白狐。璣曰：似熊，遼謂白羆。《爾雅翼》曰：有猪熊、馬熊、人熊。按：馬熊即羆，或作㚿。人熊即魋。蜀有獸如熊曰猛氏。《子虛賦》鏇猛氏，蓋魋也。《天問》鬿堆，或作鬿魋，其以爲《山海經》之鬿雀，非也。鬿雀，北號山白首鼠足之鳥也。祖冲之《述異記》曰：東土呼熊爲子路，古以熊配虎爲旗，又執罼者冠熊謂之旄頭。乘輿之出，則前旄頭而後豹尾，以熊出而不迷，豹往而能返也。關西呼猳羆。羆善撲臕。

能即熊，又爲三足鼈之名。《史正義》：鯀之羽山化爲黄熊，入羽淵。熊，乃來切。下三點爲三足也。束晳《發蒙記》：鼈三足曰熊。《韻會》曰：熊即《左傳》黄能入寢之能。不知張守節何據，有三點之説也？按《説文》：能本獸名。《山海經》：從山多三足鼈。大苦山多三足龜。陽羨君山池有三足鼈。《爾雅》：鼈三足曰能。音乃來切。束晳牽附耳。《釋文》曰：獸非入水物，故是鼈。一曰神獸入水。東海人祭禹廟不用熊白及鼈，豈鯀化爲二物乎？智謂祭禹者，因所聞而然，豈足據耶？張叔皮論曰：賓爵下革，田鼠上騰，牛哀虎變，鯀化爲熊，久血爲燐，積灰生蠅。則熊皆以能叶韻。然《左傳》葬敬嬴，《穀梁》作傾熊。古熊亦在庚韻。如《天官》三能即三台。《楚詞》以能叶佩。大約古人方音隨讀而借也，因羽山言羽淵，總爲地名，如雞澤、孟津之類，何必以入水爲疑邪？贊寧引《山經》⿰韋能或作⿰黽能，即能。任昉《述異記》云：江淮中有獸名能，音耐，蛇精化也。冬爲雉，春復爲蛇。

清 姚炳《詩識名解》卷六《熊》 熊，《小雅·斯干》篇熊形不一，舊傳有猪熊、馬熊二種。以能人立，足絶似人，亦號人熊。其一身之佳者有白，有掌，有膽，白與掌供飲膳，膽入藥良。陸農師所謂『熊堅中，當心有白脂如玉，味甚美，俗呼熊白。又冬蟄不食，飢則自舐其掌，故其美在掌。其膽春在首，夏在腹，秋在左足，冬在右足』是也。東土人呼爲子路，不知何取，見祖冲之《述異記》。又《異苑》亦云：以物擊樹，呼『子路可起』，於是便下，不呼則不應也。鄭氏以熊羆在山爲陽之祥，故生男；虺蛇穴處爲陰之祥，故生女。愚謂男、女之占，原不在别陰陽，陰陽之義更與在山穴處無涉。且即以四物言之，虺蛇何嘗不在山，熊羆何嘗不穴處，《正義》已言之矣。必以是而别陰陽，又因陰陽而占男女，則穿鑿之甚也。其義如陸農師所謂强力壯毅，柔弱隱伏，近之。

又《羆》 羆，《小雅·斯干》篇《釋獸》謂羆如熊，則羆形與熊相似。郭璞以爲，似熊而長頭高脚，猛憨多力，能拔樹，關西呼猳羆是也。但熊色多黑，羆色多黄白，爲小異耳。然古但稱熊掌不及羆。陸璣謂羆脂麄理，不及熊白之美，又秋冬則有，春夏則無，則固是異族，當不可混。熊、羆自是二物，各具牝牡。羅瑞良謂，今獵者言熊是其雄，羆則熊之雌者。或云相類爲牝牡，猶麋與鹿交，鰌與魚游，皆非也。李時珍又謂，熊、羆、魋，三種一類。按《釋獸》云：魋如小熊。夫僅曰『如之』，而必以爲一類，不亦泥乎？

清 王士禎《居易録》卷一六 熊有緑者，猺獞取爲鄣泥，塵不敢揚，威懾虎豹。《樂府》云：郎眠緑熊席。又：温柔藉緑熊。

清 顧棟高《毛詩類釋》卷一七《熊》 《爾雅》：熊虎醜，其子狗，絶有力麙。音巖。邢疏：醜，類也。陸璣曰：熊能攀緣上高樹，見人則顛倒自投地而下。冬多入穴而蟄，始春而出。《正字通》云：熊似豕，竪目，人足，黑色，當心有白脂如玉，謂之熊白。其膽春在首，夏在腹，秋在左足，冬在右足。好緣高木而引氣，謂之熊經，《莊子》所謂『熊經鳥伸』是也。蟄時不食，飢則自舐其掌，掌特美，謂之熊蹯。《埤雅》曰：《詩》云『維熊維羆，男子之祥』，取其强力壯毅，故謂男子之祥也。

又《羆》 《爾雅》：羆如熊，黄白文。郭注：似熊而長頭高脚，猛憨多力，能拔樹木。邢疏：《大雅·韓奕》云：赤豹黄羆。陸璣《疏》：羆有黄羆，有赤羆，大於熊，其脂如熊白而粗理，不如熊白美也。

清　徐鼎《毛詩名物圖説》卷二　《説文》：熊似豕，山居，冬蟄。《詩義疏》：熊攀援上高樹，見人則顛倒投地而下。冬入穴蟄，始春而出。段成式《酉陽雜俎》：熊膽春在首，夏在腹，秋在左足，冬在右足。《埤雅》：當心有白脂如玉，味甚美，俗呼熊白。好舉木而引氣，謂之熊經，《莊子》所謂『熊經鳥伸』是也。冬蟄不食，飢則自舐其掌，故其美在掌。愚按：形似豕，黑色，人足。於山中行數十里，悉有跧伏之所。

又　《山海經》：嶓冢之山，其獸多羆。《爾雅》：羆如熊，黄白文。郭璞注：似熊而長頭高脚，猛憨多力，能拔樹木，關西呼曰貑熊。陸璣《疏》：有黄羆，有赤羆，大於熊。《雅翼》：獵者云：羆，熊之牝者，力尤猛。柳宗元稱，鹿畏貙，貙畏虎，虎畏羆。《本草》：熊、羆、魋，一類也。如豕黑色者，熊也。大而黄色者，羆。小而色黄赤者，魋也。《韓奕》『赤豹黄羆』是也。愚按：熊羆皆壯毅之物，屬陽，故《書》以喻不二心之臣，《詩》以爲男子之祥也。《周禮》：穴氏掌攻蟄獸，各以其物火之，以時獻其皮革。蟄獸，熊羆之屬是也。皮可爲裘。《大東》云：舟人之子，熊羆是裘。

清　牟應震《毛詩物名考》卷二　熊，如大豕而竪目，足如人掌，色黑，頂上長毛掩其目，能蹲坐如猿。足曰蹯，爲珍味之一。冬月蟄枯木或石穴中。其小者曰豕熊、狗熊，大者曰馬熊、人熊。

又　羆未詳。《爾雅》：羆如熊，黄白文。陸《疏》云：有黄羆，有赤羆，大於熊。其脂如熊，白而粗理。

清　胡廷光《傷科匯纂》卷一二《熊爪傷》　耀山曰：熊者，雄也。有豬熊、狗熊、人熊、馬熊，各因形似以爲别也。而性輕捷，好攀緣上高木。冬蟄於穴，春月乃出。每升木引氣自快，見人則顛倒自投於地。其最猛者曰羆，即人熊也。力能拔木，遇人則人立而攫之，鮮不被其傷者。

清　鄭光祖《醒世一斑録》卷三《物理》　熊有人熊、馬熊、狗熊、豬熊、樹熊、石熊多種，人熊尤猛鷙，以逐人，未得脱者。至冬令，則諸熊與百蟲同蟄。

紀事

漢　劉歆《西京雜記》卷三　廣陵王胥有勇力，常於别囿學格熊，後遂能空手搏之，莫不絶脰。後爲獸所傷，陷腦而死。

漢　班固《漢書》卷二七《五行志》　昭帝時，昌邑王賀聞人聲曰『熊』，視而見大熊。左右莫見，以問郎中令龔遂，遂曰：『熊，山野之獸，而來入宫室，王獨見之，此天戒大王，恐宫室將空，危亡象也。』賀不改寤，後卒失國。

南朝梁　沈約《宋書》卷二八《符瑞志》　赤熊，佞人遠，姦猾息，則入國。宋文帝元嘉二十年十二月，白熊見新安歙縣，太守到元度以獻。

唐　段成式《酉陽雜俎》卷一六　天鐵熊，高宗時，加一日伽。毗葉國獻天鐵熊，擒白象、師子。

宋　歐陽修、宋祁《新唐書》卷三五《五行志》　開元三年，有熊晝入揚州城。

宋　薛居正《舊五代史》卷四八《唐書・末帝紀》　辛未，以中書舍人、史館修撰張昭遠爲禮部侍郎，以前滄州節度使李金全爲右領軍上將軍。是月，有熊入京城搏人。

金　元好問《續夷堅志》卷一《羣熊》　癸卯初，有熊數十萬，從内鄉硤石入西南山，銜枚並進。行既遠，掌皆出血。有羸劣而死者，羣熊自食之。州縣有文移傳報，予於彰德見之。

元　脱脱《宋史》卷六六《五行志》　[淳熙]十年，滁州有熊虎同入樵民舍，夜，自相搏死。

明　朱國禎《湧幢小品》卷三一《獸之屬》　正德十年十二月，麻城縣有熊飛過縣治獲之，此可證飛熊之説。

明　吴之俊《獅山掌録》卷二〇《五色熊》　神靈滋液，則赤熊見。周成王時，東胡獻青熊。文王拘羑里，散宜生得黄熊以進紂。趙飛燕女弟居昭陽，有緑熊席。元嘉時，新安太守到元度獻白熊。貞觀時，南蠻酋元深入朝，

冠烏熊皮。

清　鄭光祖《醒世一斑録・雜述》卷六《野鳥大獸》　今壬寅十一月，牽至一熊，身大倍莊犬豕，黑毛濃厚，小眼大耳，廣顙尖喙，前掌不類人手，後足頗似人足，股短臃腫。立則高人一首，作人行遲鈍。膝曲向前，可如人坐。胸前横生白毛一路，闊尺，長二三寸。馴擾不思奔逸。與糕餅則張口而人投之，擲以柑橘、荸薺等物稍遠，伸足鉤得食之。迫使作聲唔哩，略近於豕，殆豬熊也。余前見小熊至冬而蟄，今正冬令，而此熊不蟄，將以咨博物者。

藝文

晉　郭璞《熊穴》（引自《漢魏六朝百三家集》卷五七）　熊山有穴，神人是出。與彼石鼓，象殊應一。祥雖先見，厥事非吉。

唐　李嶠《李嶠雜咏》卷上《祥獸部十首・熊》　導洛宜陽右，乘春別館前。昭儀匡漢日，大傅翊周年。列射三侯滿，興師七步旋。莫言舒紫褥，猶冀飲清泉。

宋　高似孫《剡録》卷一〇《草木禽魚下・熊》　李白詩：湖月照我影，送我至剡溪。又云：熊咆龍吟，似豕冬蟄。《説文》曰：心有脂曰熊白，味美。好舉木引氣，《莊子》所謂『熊經鳥伸』。冬蟄不食，飢則舐其掌，其美在掌。盧象詩：明月聞山鳥，寒崕見蟄熊。李端詩：熊寒方入樹，魚樂稍窺泉。陳陶詩：鶴鳴高崖裂，熊鬭老樹倒。梅聖俞詩：霜落熊升木，林空鹿飲溪。

又《羆》　出《山居賦》。《詩傳》曰：黄羆、赤羆大如熊，脂白而麄。柳宗元《羆説》曰：羆之狀，被髮人立，絶有力。

清　翟灝《無不宜齋未定稿》卷一《檻熊》　熊絶有力亦曰羆，托居深在芙蓉巖。輕能緣條猛拔樹，捷足遠過銀蹄駠。獸權不使虎豹擅，況屬狐兔貛狼獮。胡爲鬱鬱困兹土，木索寸比周如函。低頭伏作乞食狀，給肉酒令山僧監。大腹彭亨舌蚺蛟，微腥何足解貪饞。從來尚力必至困，此理所在人禽咸。猩猩長啼嵩嵩笑，各見五體遭屠剾。吾聞汝類蟄蟲蟄，涉冬往往藏空嵌。胡不終若元豹隱，飲泉食果棲松杉。乃復當道露其醜，使彼獵者驚儳儳。周施網罟牙爪廢，雙蹯幾致和酸鹹。生居牢籠尚汝幸，豈必溼我江州衫。世間良物且受制，言烏戢翼馬投銜。

清　愛新覺羅・弘曆《清高宗詩集四集》卷五四《熊羆》　盛京多窩集，茂密蓊翳，連林數十里，熊羆每跧伏其中。熊趫捷，而羆憨猛，皆獸之絶有力者。甲戌，行圍並曾殪之，羆重千餘斤，熊亦及半。小者爲熊大者羆，羆惟東土始逢之。熊各處皆有，羆惟吉林、盛京始有，他處所無也。蟄時居穴或居木，熊羆冬令皆入蟄不食。熊小，或居木孔。羆大，則居穴也。夢裏得祥必得兒。力士刺須十始勝，刺虎者不過五人一排，向於盛京圍中，使力士刺熊羆，非十人不能勝，蓋其力倍於虎也。封駝負覺一難支。獸哉何自解人語，《異苑》徒傳子路奇。

圖表

晉　郭璞《爾雅音圖・釋獸》

明　李時珍《本草綱目・圖卷》

清　徐鼎《毛詩名物圖說》卷二

狐

論說

漢 劉安《淮南子·繆稱訓》 今謂狐狸，則必不知狐，又不知狸。非未嘗見狐者，必未嘗見狸也。狐狸非異，同類也。而謂狐狸，則不知狐狸。

宋 蔡卞《毛詩名物解》卷九《狐》 狐，性之不果於進者也。人疑則衆乖而不附，獸疑則羣離而不親。故謂之狐疑者，好思而難其動也。故狐貉之厚以居，而爲逍遥服。《南山》之詩曰：南山崔崔，雄狐綏綏。疑而不明也。《何草不黄》曰：有芃者狐，率彼幽草。君不明而臣疑其上也。

宋 陸佃《埤雅》卷四《狐》 祅獸也，鬼所乘也。有三德，其色中和，小前大後，死則丘首。狐性好疑，貉性好睡，又皆藏獸，故狐貉之厚以居，而蜡祭息民以狐裘也。《素問》曰：其主狐貉，變化不藏。《終南》一章曰：錦衣狐裘。二章曰：黻衣繡裳。錦衣狐裘，言燕服也。黻衣繡裳，言祭服也。《爾雅》曰：衮，黻也。衮衣謂之黻衣，猶衮冕謂之黻冕也。襄公能取周地，始爲諸侯受顯服，故是詩卒章言『衮衣』。『衮衣』即《序》所謂『顯服』。舊説狐有媚珠，又曰狐禮北斗而靈，善變化，其爲物妖滛，故《詩》又以刺惡，所謂『雄狐綏綏』是也。雄狐，説者以爲牡狐，非是，宜讀如『狐不二雄』之雄。雄狐，君之象也。又曰：『有狐綏綏，在彼淇梁』，『在彼淇厲』，『在彼淇側』。言狐之爲物，在山者也，今反在淇梁、淇厲、淇側，則失其常居矣。雖失其常居，然猶不失其常匹。衛之男女失時，喪其妃耦，則曾反狐之不若也。《易》曰：小狐汔濟，濡其尾。小者，材不足也。狐者，志不果也。材不足，志不果，是以幾濟而有濡尾之難。故《象》曰：不續終也。亦其尾重，善濡溺，故《易》正以爲象，里語曰『狐欲渡河，無如尾何』是也。《禮》曰：君衣狐白裘，錦衣以裼之。不曰『白狐裘』，而曰『衣狐白』者，蓋天下無粹白狐而有粹白之裘者，掇之衆白也。故《傳》曰：良裘非一狐之腋。顔師古曰：狐白謂狐腋下之皮，其毛純白，集以爲裘，輕柔難得，故貴也。《管子》曰：狐白應陰陽之變，六月而一見。然則白狐蓋有之矣，非常有也。《説文》曰：狐从孤省。狐性疑，疑則不可以合類，故从孤省也。犬性獨，狐性孤，羊性羣，鹿性麗。《説文》曰：鹿之性，見食急則必旅行。麗，旅行也。《詩》曰：儦儦俟俟，或羣或友。則以鹿性旅行，故趨則儦儦，行則俟俟也。《毛詩傳》云：獸三曰羣，二曰友。《類從》曰：燕識戊己，不銜泥；狐潛上伏，不越度阡陌。又曰：狐狼知虚實，虎豹識衝破。蓋實即孤也，狐狼搏物，皆以虚擊。孤狐从孤省，又或以此故也。音胡，疑詞也。

宋 羅願《爾雅翼》卷二一《狐》 狐，妖獸，鬼所乘也，其狀鋭口而大尾。説者以爲先古淫婦所化，其名曰紫，其怪多自稱阿紫。善爲魅惑人，故稱狐媚。聞爲媚者，以小口器盛肉，置之狐所常處，狐見肉欲之，爪不能入，徘徊不捨，涎皆入器中，取以爲媚藥。蓋妖祥之禽，故古有以篝火狐鳴以惑衆者。狐之色赤，《詩》曰：莫赤匪狐，莫黑匪烏。言其上下並爲威虐，莫適擇也。今狐所在，烏輒羣而噪之。蓋皆妖祥之禽，人之所去也。又師曠以爲，東方有鳥，文身朱足，憎烏而愛狐。然則狐可好，烏可惡，今並爲威虐，則莫適求愛憎之正矣。狐既淫媚之物，故詩人以比齊襄公求妃偶於南山之上，綏綏然，其行人皆惡之。詩人之義，寓物以顯，其人雄狐者，君之象也。《春秋》秦穆公伐晉，筮之吉，曰：獲其雄狐。釋者曰：夫狐蠱必其君也。既而獲晉惠公。詩人但言齊子之歸，而説者知其爲齊襄公而來，蓋亦以此。狐性善疑，方河冰合時，狐聽冰下，水無聲乃行。人每則之，皆須狐已行，乃度。《易·未濟》稱『小狐汔濟，濡其尾』。蓋狐小尾大，則有未濟之象，以之爲戒，亦狐是執心不定者。故《春秋外傳》曰：狐埋之而狐搰之，是以無成功。既自埋藏，又自搰發，皆執心不定之貌。又漢敦煌郡，杜林以爲古瓜州。顔師古曰：即《春秋傳》允姓之戎居于瓜州者也。其地今猶出大瓜，長者狐入瓜中食之，首尾不出。《説文》云：狐有三德，其色中和，小前大後，死則丘首。《管子》云：代出狐白之皮。狐白應陰陽之變，六月而壹見。九尾狐，文王得之東夷歸焉。《山海經》：青丘之國有之。

明 何三畏《新刻何氏類鎔》卷三四《狐》 狐者，鬼物之所乘，淫婦之所化，妖獸也。然能洞陰陽之理，役日月之宫，具三德之祥，知千里之事。故

有九尾狐者，太平則出，德至則來，六合一同則見。夏禹證于塗山之歌，周成獻于青丘之國，而蓬尾狐出于黑水，七尾狐見于汝南，白狐獻于文王，文狐輸于南海。又若謂之瑞應者，魏文之欲受禪也，有狐見于譙陳，識者知爲靈異。李揆之將拜相也，有狐見于庭序，見者賀爲祥符。狐善聽冰，人隨之而過河，遂無水患。狐能持火，刀斫之而滅焰，遂絶火災。士人登山游觀而狐稱皓首書生，巴西邀客入座而狐稱玄丘校尉。有狐假虎威而隨于虎後，能致百獸之狂奔。有狐化男子而出于墓間，能來張華之聽講。狐從林下將骷髏置頭者，倏成美女。狐躍丘中如火星綴尾者，後化僧人。若廣川王發欒書塚，有一白狐驚走，逐之而傷其左足。習鑿齒從桓温獵，見一老狐射死，取之而得其香囊。狐在林甫第，弧矢射之，而晝坐每見一狐。狐爲孫巖妻，隣人逐之，而有頃變作一狐者，亦非吉祥善事。而所謂惑主者，偏爲狐媚。無斷者，目爲狐疑。着彩衣者，指爲狐魅。良不誣耳。

清　閻若璩　《四書釋地又續》卷下《狐貉》　狐性好疑，貉性好睡，皆穴獸也。毛深厚温滑，皆可爲裘。説者必以『一之日于貉』謂自爲裘，『取彼狐狸，爲公子裘』，以供尊者。孔穎達遂有禮無貉裘之文，唯孔子賤，故服以居。不知衣敝緼袍與衣狐貉者立，此豈賤者之服，非禮之製，而聖人盛言之耶？讀書不深，説多泥。獨狐貉之厚以居，滿巽元解若作裘與上狐裘復，作燕居又與褻裘復，蓋『居』即『居，吾語女』之『居』。《詩·秦風》『文茵暢轂』，文茵，車中所坐虎皮褥也。夫子亦取此二獸皮爲坐褥，以其温厚可適體耳。

綜　述

漢　許慎　《説文》卷一〇　狐，祅獸也，鬼所乘之。有三德，其色中和，小前大後，死則丘首。从犬，瓜聲。户吴切。

宋　鄭樵　《通志》卷七六　狐狸之屬，《爾雅》曰：貍、狐、貒、貈醜，其足蹯，其跡瓜。蹯，音煩，掌也。瓜，音狃，指頭著地處。又曰：貍子隸，貈子貆。隸，音曳。貈，下各反。貈，似狐善睡，亦謂之貉。郭云：今江東呼貉爲狭貗。

宋　戴侗　《六書故》卷一七　狐　狐，洪孤切。獸似狗，芃尾如彗。《詩》曰：雄狐綏綏。里語曰：狐欲涉水，無如尾何？腋毛茸白，宜爲裘。能竊雞食血而不食肉。涉冰則疑而屢聽，故謂狐疑。俗謂狐能爲妖。《詩》曰：莫赤匪狐，莫黑匪烏。

明　黄省曾　《獸經》　狐惡其類，鬼所乘也。一名玄丘校尉，千年變淫婦。《埤雅》曰：狐性疑，則不可以合類，故字從孤省也。《説文》曰：狐，妖獸，鬼所乘也。《海録碎事》曰：玄丘校尉，狐也。郭氏《玄中記》曰：千歲之狐爲淫婦，百歲之狐爲美女。《名山記》曰：狐者，先古之淫婦也。其名曰紫，化而爲狐，故其性多自稱阿紫。干寶《搜神記》曰：狐媚人，自稱阿紫。唐段成式《酉陽雜俎》曰：野狐名紫，夜擊尾出火，將爲怪，必戴髑髏拜北斗，不墜則化爲人矣。

明　李時珍　《本草綱目》卷五一　狐《别録》下品　釋名：時珍曰：《埤雅》云：狐，孤也。狐性疑，疑則不合類，故從孤。或云狐知虚實，以虚擊實，實即孤也，亦通。集解：弘景曰：江東無狐，狐出北方及益州。形似貍而黄，善爲魅。恭曰：形似小黄狗，鼻尖尾大，全不似貍。恭曰：今江南時有之，汴、洛尤多。性多疑審聽，故捕者多用罝。時珍曰：南北皆有，北方最多。有黄、黑、白三種，白色者尤稀，尾有白錢文者佳。日伏穴，夜出竊食，聲如嬰兒，氣極臊烈。毛皮可爲裘，腋毛純白，謂之狐白。許慎云：妖獸，鬼所乘也。有三德，其色中和，小前大後，死則首丘。或云狐知上伏，不度阡陌。或云狐善聽冰。或云狐有媚珠。或云狐至百歲，禮北斗變爲男、婦以惑人。又能擊尾以出火。或云狐魅畏狗。千年老狐以千年枯木燃照，則見真形。或云犀角置穴，狐不敢歸。《山海經》云：青丘之山有狐九尾，能食人。食之不蠱。鼎曰：狐媚，見人或叉手有禮，或只揖無度，或静處獨語，或裸形見人。

明　穆希文　《説原》卷一一　青丘之國有九尾狐狸，白面而牛尾，故名玉面。千歲之狐爲淫婦，百歲之狐爲美女。狐有三德，其色中和，小前大後，死則丘首。蓋妖鬼所乘也，其名曰阿紫。狐與貍各異。口鋭而尾大，狐也。口方而身文黄黑彬彬，蓋次于豹文者，狸也。狸性善搏。

明　吴雨　《毛詩鳥獸草木考》卷四《狐》　《衛風》曰：有狐綏綏。《傳》：綏綏，匹行貌。狐，妖獸也，鬼所乘之，黄赤色，其狀鋭口而大尾。有三德，其色中和，小前大後，死則丘首。性善疑，方河冰合時，狐聽冰下，水無

聲乃行。人每則之，狐之已行，乃渡。《易・未濟》稱『小狐汔濟，濡其尾』。里語曰『狐欲渡河，無如尾何』是也。説者以爲古淫婦所化，善爲媚惑人，故稱媚。聞爲媚者，人取其涎，以小口器盛肉，置之狐所常處。狐見欲爪之不能，迴往不捨，垂涎皆入器中，取以爲媚藥。舊説有媚珠，禮北斗而靈，善變化。《酉陽雜俎》云：野狐名紫，夜擊尾出火將爲怪，必戴髑髏拜北斗，不墜則化爲人矣。《韓詩外傳》云：狐，水神也。

清　姚炳《詩識名解》卷五《狐》　狐，《邶風・北風》篇狐形如黄狗，鼻尖，口鋭，尾大，其性好羣，每以類聚，舊謂多疑，蓋恐他物害己。如郭緣生《述征記》聽冰始渡之説，非必嫌其同類也。陸農師謂，疑則不可以類合，故文從孤省，要是强解耳。狐烏爲比在毛，鄭舊義亦然，但謂喻衛君臣相承爲惡如一，莫能分別，則赤黑判然，非其解矣。愚謂此全取下『惠好同車』義，蓋欲以類相從，如狐烏之各從其色爲類也。所謂『莫赤』、『莫黑』，猶云『麗朱者赤，附墨者黑』之意。值此世亂時危，苟有與我同類而相好者，吾當與之攜手偕隱矣。似於詞旨較合。

《衛風・有狐》篇『綏綏』，毛《傳》訓『匹行』，朱《傳》訓『獨行』，二説正相反。要皆就序中喪耦起義耳。嚴華谷以爲定綏之意，稍迂。何元子云：《易》稱『小狐汔濟，濡其尾』，亦其尾重，善濡溺，古語所謂『狐欲渡河，無如尾何』者。此論可謂創獲。但以綏通緌，謂狐尾如冠結之餘，散而下垂者，此但得一字之解而於兩字尚未詳也。蓋狐前小後大，行則其尾綏綏然而散舒，故《易》有濡尾之占。《荀子》『綏綏乎其有文章』，舊注亦謂采色散舒之貌，以知綏綏爲散舒意耳。

《齊風・南山》篇對文則飛爲雌雄，走爲牝牡，散則可以相通，《正義》之説是也。陸農師以爲非牡狐之稱，宜讀如『狐不二雄』之『雄』，雄，君之象。羅瑞良引《春秋》秦穆伐晉之筮詞爲證似矣。然按伐晉之役，筮得蠱卦，狐有蠱惑之義，因以爲繇。又軍中無婦人，而占獨稱雄，故知所惑者非他人，必晉君耳。如駱丞討武氏檄，直指武氏狐媚惑主，可知狐爲物妖淫，凡有淫行者皆得比之。此詩刺齊襄，故繫以雄，若云雄爲君象，則迂矣。

《小雅・何草不黄》篇《説文》：芃，草盛貌。徐鍇以爲汎汎然若風之起，是也。狐尾長大，散而下垂，芃芃然若草之叢生者，故以爲況，亦猶綏綏意耳。《傳》凡於字義難解者，輒以小訓，如交交、緜蠻之類，尤可哂也。

《邶風・旄丘》、《秦風・終南》、《檜風・羔裘》三篇狐裘，《旄丘》《傳》主狐蒼裘言，《終南》、《正義》主狐白裘言，《羔裘》、《箋》主狐黄裘言。三詩互異。愚謂皆當言狐白者。按陳用之云：士不衣狐白裘，不特以其德之未成，亦不敢以貴服賤也。《禮・玉藻》『君衣狐白裘』，君謂國君，君以下有卿，有大夫。《禮》皆不言，而獨於士云：不衣狐白。則士以上大夫，至天子皆得衣之，斷無諸侯不敢私服之理。其衣狐青之君子，乃專指士而言也。《旄丘》狐裘，黎侯所服，非黎臣所服。此時侯雖失國，而服猶仍其舊，所以蒙戎欲敝耳。《終南》秦人創見誇美，諒非褻物，且有錦衣爲裼，詞旨昭然。至黄冠草服田野之飾，故都人士皆服之。檜君務爲華美，不衣狐白而反衣狐黄，是舍錦繡而竊敝襦，必不然矣。覽者斷之。蒙戎，《傳》訓亂，蓋服久而毛敝之狀，與如濡正相反。又其爲物毛深温厚，故敝則愈覺其蒙戎耳。

《小雅・都人士》篇舊説狐裘黄衣，貴者亦服之。但以次章言臺笠，乃野人所用，故知此當爲野服耳。愚謂狐白惟士以下不得服，狐黄則通貴賤服之。此云都人士必非尋常百姓，所謂河南帝城多近臣是也，豈可竟以爲野人之用耶？嚴華谷云：若專以爲民，則萬民所望非庶民之事。若專以爲士大夫，則下章臺笠非士大夫之服。故士者通貴賤之稱，凡《詩》中以士對女者，皆謂男子耳。此都人士對君子女言，亦指男子。得之。

清　徐鼎《毛詩名物圖説》卷二　《説文》：狐有三德，其色中和，小前大後，死則首丘。酈道元《水經注》：狐性多疑，故俗有狐疑之説。《北征記》：河冰厚數丈，冰始合，車馬未過，須狐先行，此物善聽，聽冰無聲，乃過。《埤雅》：狐之爲物妖淫，又以刺惡，所謂『雄狐綏綏』是也。又曰：有狐綏綏，在彼淇梁。言狐在山，今在淇梁，則失其常居矣。愚按：狐，孤也，善疑則不可合類，故字从孤。江東無狐，狐出北方，皮可爲裘，毛色深黄近赤，故《北風》云：莫赤匪狐。又有青白色，故《玉藻》『君衣狐白裘，君子狐青裘』是也。晝伏夜出，聲如嬰兒。或云先古淫婦名紫者所化，故能媚人，而其聲自呼阿紫。其尾長大，《易》曰：濡其尾。里語云：狐欲渡河，無如尾何？

清　方旭《蟲薈》卷二《毛蟲・狐》　《駢雅》：阿紫，狐也。《西番譯

語》：狐，西番呼瓦。《格物論》：狐形類黄狗而小，鼻尖尾大，捕之者多用罝。旭按：狐北方最多，毛黄色，腋下毛白，謂之狐白。亦有純白者，然絶難得。純黑者曰元狐，尤少。《談薈》：狐不二雄。《元中記》：狐五十歲變婦人，百歲變美女及丈夫惑人，千歲則與天通爲天狐。《格致鏡原》：千歲之狐姓趙姓張，五百歲狐姓白姓康。《酉陽雜俎》：狐欲爲怪，必取髑髏置首，摇之落者棄去，不落者戴之，始能變人。《廣異記》：呼伊祈熟肉四字，可辟狐魅，甚有驗。《如是我聞》：凡狐皆可脩道而最靈者，莫如狴狐，狴狐乃已成道者所生。旭按：或説脩道之狐每夜煉丹，其丹從口中出，望之如火毬。視丹之大小，可卜道之淺深。《支雅》：山中戌日稱成陽公者，狐也。

又《九尾狐》《瑞應編》：九尾狐赤色，四足九尾，出青邱國，食之不逢妖邪之氣及蠱毒之類。旭按：《東山經》云：鳧麗山有蠪蛭，似狐，九首，九尾，虎爪，食人。即此。《廣雅》名蚼蠪。

紀事

晉 干寶《搜神記》卷一五 漢廣川王好發冢，發欒書冢，其棺柩、明器悉毁爛無餘，唯有一白狐，見人驚走，左右逐之不得，戟傷其左足。是夕，王夢一丈夫，鬚眉盡白，來謂王曰：何故傷吾左足？乃以杖叩王左足。王覺腫痛，即生瘡，至死不差。

南朝梁 沈約《宋書》卷二八《符瑞志》 白狐，王者仁智則至。【略】九尾狐，文王得之，東夷歸焉。漢章帝元和中，九尾狐見郡國。魏文帝黄初元年十一月甲午，九尾狐見鄄城，又見譙。

北齊 魏收《魏書》卷一一二《靈徵志》 高祖太和二年十一月，徐州獻黑狐。周成王時，治致太平而黑狐見。三年五月，獲白狐。王者仁智則至。六月，撫冥獲白狐以獻。八年六月，徐州獲黑狐以獻。十年三月，冀州獲九尾狐以獻。王者六合一統則見。周文王時，東夷歸之。曰，王者不傾於色則至德至，鳥獸亦至。十一年十一月，冀州獲九尾狐以獻。二十三年正月，司州、河州各獻白狐狸。十九年六月，司州平陽郡獲白狐以獻。世宗景明三年二月，河州獻白狐。永平三年十月，白狐見於汲郡。延昌四年四月，兗州獻白狐。九月，相州獻白狐。閏月，汾州獻白狐二。肅宗正光二年三月，南青州獻白狐二。三年六月，平陽郡獻白狐。八月，光州獻九尾狐。五年五月，平陽郡獻白狐。孝静天平四年四月，西兗州獻白狐；六月，光州獻九尾狐。元象元年四月，光州獻九尾狐。二年二月，光州獻九尾狐。興和三年五月，司州獻九尾狐。十二月，魏郡獻白狐。四年四月，瀛州獻白狐二。武定元年七月，幽州獲白狐，以獻上。三年七月，瀛州獻白狐，二牡一牝。九月，西兗州獻白狐。

唐 魏徵《隋書》卷二二《五行志》 中大同中，每夜狐鳴闕下，數年乃止。京房《易飛候》曰：野獸羣鳴，邑中且空虚。俄而國亂，丹陽死喪略盡。陳禎明初，狐入牀下，捕之不獲。京房《易飛候》曰：狐入君室，室不居。未幾而國滅。

唐 段成式《酉陽雜俎》卷四 帝女子澤，性妬，有從婢散逐四山，無所依託。東偶狐狸，生子曰殃；南交猴，有子曰溪；北通玃猳，所育爲傖。

又卷一三 漢平陵王墓，墓多狐，狐自穴出者皆毛上坌灰。魏末有人至狐穴前，得金刀鑷、玉唾壺。

又卷一五 舊説野狐名紫狐，夜擊尾火出，將爲怪，必戴髑髏拜北斗。髑髏不墜，則化爲人矣。劉元鼎爲蔡州。蔡州新破，食一曰倉。場狐暴，劉遣吏生捕，日於毬場縱犬逐之爲樂。經年，所殺百數。後獲一疥狐，縱五六犬，皆不敢逐，狐亦不走。劉大異之，令訪大將家獵狗，及監軍亦自誇巨犬，至皆弭耳環守之。狐良久緩跡直上設廳，穿臺盤出廳後，及城墻，俄失所在，劉自是不復令捕。道術中有天狐别行法，言天狐九尾金色，役於日月宫，有符有醮日，可洞達陰陽。

宋 歐陽修、宋祁《新唐書》卷三四《五行志》 神龍中，有羣狐入御史大夫李承嘉第，其堂無故壞；又秉筆而管直裂，易之又裂。

又卷三五《五行志》 乾元二年十月，詔百官上勤政樓觀安西兵赴陜州，有狐出于樓上，獲之。

宋 薛居正《舊五代卷》一〇三《漢書五隱帝劉承祐紀》 是月，有狐

登明德樓，主者獲之，狐毛長而腹下别有二足。

宋 馬純《陶朱新録》 龍泉宰河陽楊仲京字德先，云：崇寧丙戌冬夜半，忽聞滿街悲號聲，甚哀。窺之，見羣狐百餘，悲鳴奔突，由南門而出。明年秋大水，汴渠溢，逆流横潰，河陰被浸。至宣和乙巳冬，狐復如是，邑人皆憂水患。明年，金人渡河。

元 脱脱《宋史》卷六六《五行志》 宣和元年十月，淄州獲黑兔。宣和七年秋，有狐由艮嶽直入禁中，據御榻而坐，詔毁狐王廟。【略】十三年，南康縣雷雨，羣狐震死於巖穴中，巖石皆爲碎。【略】淳熙二年，江州馬當山羣狐掠人。【略】慶元三年，德興縣羣狐入民舍。

又《金史》卷九三《完顔守純傳》 天興初，守純府第産肉芝一株，高五寸許，色紅鮮可愛，既而枝葉津流，濡地成血，臭不可聞，剷去復生者再。夜則房榻間羣狐號鳴，秉燭逐捕則失所在。未幾，訛可出質，哀宗遷歸德。明年正月，崔立亂。四月癸巳，守純及諸宗室皆死青城。

藝 文

唐 滕邁《狐聽冰賦》（引自《歷代賦彙》卷一三六） 狐出潛穴，冰膠廣川。俯畠畠而是聽，慮兢兢之未堅。於是臨渚曲，傍河壖。疑涓溜之在中，龎茸不動。審凝沍之徹厎，睢盱欲前。足縮縮而心感，貌綏綏而聽專。積素之姿逾浄，莫赤之容潛映。逼嚴凝以矚耳，寧憚苦寒。思涸沍以投軀，必資餘勁。若乃煙横古岸，月照空崖，寂無人而久聽，紛觸物以多疑。聆遠吹之颼飀，謂波摇岸曲。聞殘錚之淅瀝，驚溜斷河湄。郄曲截移於短步，忙懷屢變於妖姿。望寒墟之在前，庶斯遠矣。惑夏頒之不至，俯而聽之。遠近陰凝，淺深風壯。念茲道理，在此冰上。試之以耳，猶迴耳之可圖。試之以身，將退身而何望？況復窮陰慘凜，川長難審。徵春魚之欲上，驗時不同。比夏蟲之有疑，執心彌甚。及夫虚盈以測，厚薄斯分。颯爲裘之毛，知不可陷。低正丘之首，惟恐有聞。既勃窣而投趾，乃凌兢而慎履。尋聲不離於聽表，處薄恐成於禍始。奮自攫之迹，一却一前。曳有芃之軀，時行時止。是知事欲審於未萌，心無妨於若驚。儻躡虚以輕進，必履險而忘傾。則濡尾之憂至，溺身之害并。異哉一獸之智，可以階善必聽而配規行者也。

唐 白行簡《狐死正丘首賦》（引自《歷代賦彙》卷一三六） 狐者微物，死乃可珍。想彼丘而結戀，正茲首以歸仁。生也有涯，且不忘其本。死而無二，亦不喪其真。可比德於先哲，寔聞言於古人。原夫委化將終，微情有托。面淇梁之窟穴，目武都之林壑。顧慕而首尾不差，向背而東西必度。死生契闊，知歸骨之莫從。視瞻無回，念舊鄉之可樂。矧茲異質，蘊彼仁心。寧九尾之足，尚實三德而可欽。豈不以懷舊誠切，戀主志深。等太公之於齊，終聞返葬。比莊舄之去越，尚發哀吟。想夫溘爾數窮，隱然存盼。歎青丘之永訣，想南山之不見。其心懷土，望故處以增悲。惟首正丘，聊向隅而表戀。知其戀本者合於禮，戀舊者繼乎情。何綏綏之陋質，叶仁人之美名。觀物化，感平生。頤指而千羊讓德，頭會而百獸慙獰。徒觀其首也不回，心平惟懇。殊聽冰而表智，異含沙而招損。正有芃之質，志在慎終。委莫赤之容，仁無棄本。想其美也，合於禮者。鄙墳首之牂羊，符戀主之良馬。觀跂行喙息之類，其數則多。察樂生念本之徒，斯情蓋寡。繄茲獸之可奇，諒古今而稱之。死不擇音，嗟逐鹿於往日。生而隱霧，歎玄豹於昔時。曷若懷念遠之感，軫去故之悲？異哉！首丘之仁也，非衆類之等夷。

宋 高似孫《剡録》卷一〇《草木禽魚下・狐》 《詩傳》曰：狐色赤白。《征記》曰：狐聽冰無聲乃度。張説詩：啼猿抱山月，饑狐獵野霜。

清 許瑶光《雪門詩草》卷三《狐》 箐密林深處，於今嘯聚多。聽經工蠱惑，健走竟蹉跎。月黑風生穴，冰寒夜渡河。蓬蒿休自恃，獵火已山阿。

圖表

宋 唐慎微《證類本草》卷一八

明 李時珍《本草綱目·圖卷》

清 徐鼎《毛詩名物圖說》卷二

貉貆

論說

宋 蔡卞《毛詩名物解》卷一〇《貉》 貉之性，不與物鬬，不爲物宗。故爲居服，爲賤者之裘。《詩》曰：一之日于貉，取彼狐狸，爲公子裘。言于，則有見於迣，非必得之辭。言取，則得之矣。其時則可以爲貉，其志則在于取狐狸而已，緩於賤而要於貴。

又《貆》 貆，貉之小善止者也。雖小而善止者易獲，蓋待獸獵而後得之。故《伐檀》曰：不獸不獵，胡瞻爾庭有懸貆兮。

宋 陸佃《埤雅》卷四《貉》 《字林》曰：貉似貍，善睡。狐善疑，貉善睡，故狐、貉之厚以居也。其營窟與貛皆爲曲穴，以避雨暘，亦以防患。故《淮南子》曰：蟺知爲坯，貛貉爲曲穴，虎豹有茂草，野彘有艽莦，陰以防雨，

景以蔽日，此亦鳥獸之所以智也。俗云：貛、貉同穴而異處，貛之出穴，以貉爲導。《詩》曰：一之日于貉，取彼狐貍，爲公子裘。言往祭表貉，因取狐貍之皮爲裘。故《傳》曰：于貉，謂取狐貍皮也。《周官》所謂『祭表貉』，即此『于貉』是也。《考工記》曰：貉踰汶則死。此言邦域殊氣，各有所宜。故《周官》以土宜之法辨十有二土，以蕃鳥獸，以毓草木也。《釋獸》云：貈子，貆。貒子，貗。而《伐檀》之詩一章曰『胡瞻爾庭有縣貆兮』，二章曰『特』，三章曰『鶉』。貆小而特大，鶉則尤小，以言在位貪殘無功而受祿，其後已悉如此。《南方異物志》曰：傳言貉不踰汶，鸜鵒不踰濟，狐不渡江而南，橘不越江而北。區宇之內，咫尺不同，而況分之華夷，限以山海，魁詭俶怪，可勝言哉！《字說》曰：貈善睡，則於宜作而無作，於宜覺而無覺，不可以涉難矣。舟以涉難，利則涉，否則止。貈，舟在右，能止者也。又作貉，貉之爲道，宜辨而各，故孔子狐貉之厚以居。貉辨而各，故少乎什一謂之大貉、小貉。無諸侯幣帛饔飱，百官有司以爲貉道也。

宋　羅願　《爾雅翼》卷二一《貉》　貉，善睡之獸，似狐。畜而養之，扣之則寤，已而復寐。《豳詩》曰：一之日于貉，取彼狐貍，爲公子裘。夫所取狐貍爾，而謂之于貉者，周人將獵則先祭貉，故謂獵爲貉。《周禮》曰：祭表貉，則爲位。蓋貛之將出，貉爲先導，表貉之所在，知獸之所聚，故祭而取之。《穆天子傳》曰：天子獵於漆澤，於是得白狐、玄狢焉，以祭于河宗。此《周禮》獵祭貉之驗也。亦方物所生，各有所主，貉之踰汶則死，豈主於河耶？孔子狐貉之厚以居，蓋居者所以利用安身也。先事而慮，有若狐者焉，所以爲利用。無事而息，有若貉者焉，所以爲安身。又聖人之居，所以致其辨。狐，孤也。貉，各也。狐一羣不二雄，狢與貛同穴而異處，可以致其辨矣。貈子貊，其雌者名貔，今江東呼貉爲⿰豸央⿰豸吏。《詩義問》曰：狐之類，貉、貒、貍也。貉子曰貊，貊形狀與貉類異，世人皆名貊。貉子似貍。然則貉之爲各，又取於此。《說文》狐貈從豸從舟，而謂貉爲北方豸種。其字從各，爲蠻貉之貉。此但據《論語》說之爾。貉亦善捕。《說苑》曰：猿猴失木禽於狐貉者，非其處也。北嚻山有獸名獨狢，行止無伴。

清　王夫之　《詩經稗疏》卷一　貆　毛《傳》云：貆，貉子。按：貉者，好睡之獸，寄居貛穴，日伏夜出，俗謂之𤢬猪。彭乘《墨客揮犀》云：貉似兔，毛質滑膩可愛，行數十步輒睡，以物警之乃起，既行復睡。其爲獸也，南有北無，踰汶則死。魏在河北，不應有此。所以然者，貛或謂之貆，因貉與同穴，遂誤爲一類耳。貆，一謂之貐，豪豬也。《山海經》曰：竹山有獸焉，其狀似豚，白毛，大如笄而黑耑，其名曰豪彘。郭璞注曰：貆也。此獸南北通有，或謂之貕貐，或謂之鸞豬。于星禽中，氐之獸貉，似兔，故次房兔；壁之獸貐，故次室豬。二類分明，南北殊産，貆、貉異類明矣。貆音丸。鄭氏《周禮》注以貒爲貆，亦誤。貒即貛也。

又　于貉　貉，兵祭也。鄭司農衆讀如禡，鄭康成讀如陌。《周禮》『有司表貉于陳前』，甸祝掌表貉之祝號。田獵以講武，故有兵祭。中冬教大閱，遂以狩一之日于貉者，祭表貉而狩也。陸佃云：『往祭表貉，因取狐貍之皮爲裘』是已。舊讀如户各切，則以後代貉、貈字互用，因以善睡之貈爲貉，既失混亂。若《集傳》云『貉，狐貍也』，尤誤。貈似兔，狐似犬，貍似貓，三種縣絕。狐且非貍，貍且非狐，而況貈乎？

綜　述

《爾雅・釋獸》　貈子，貆。注：其雌者名⿰豸翟，今江東呼貉爲⿰豸央⿰豸吏。音義：貈，乎各反，《字林》云：似狄，善睡。本作貉，亡白反。《字林》云：北方人也，非獸也。貆，音恒，又音懽。⿰豸翟，乃老反，《字林》云：雌貈。⿰豸央，烏郎反。⿰豸吏，山吏反。《字林》云：貁謂之⿰豸吏。《廣雅》云：⿰豸吏，貁也。貁，音餘救反。疏：《字林》云：貈似狐，善睡，其子名貆。郭云：其雌者名⿰豸翟，今江東呼貉爲⿰豸央⿰豸吏。《字林》云：⿰豸央，貍類。貁，謂之⿰豸央。《廣雅》云：⿰豸吏，貁也。然則皆貈之通名也。

漢　許慎　《說文》卷九　貉，北方豸種。从豸，各聲。孔子曰：貉之爲言惡也。莫白切。

又　貈，似狐，善睡獸。从豸，舟聲。《論語》曰：狐貈之厚以居。臣鉉等曰：舟非聲，未詳。下各切。貆，貉之類。从豸，亘聲。胡官切。

宋　彭乘　《墨客揮犀》卷三　貉行十數步輒睡，以物擊竹警之，乃起。既行，復睡。性嗜紙，狀如兔，毛質滑膩可愛。予元符中於京師賣藥翁處

見之。

宋　戴侗《六書故》卷一八　貉 貉，下各切。狐類，毛厚可爲裘。《語》曰：狐貉之厚以居。或作貈，又作狢，與貊、貘錯互。《説文》曰：貉，北方豸種。蓋以此爲蠻貊之貊。貈，似狐，善睡，引《論語》『狐貈之厚』，舟聲，孫氏下各切。徐鉉曰：舟非聲。未詳。《字林》亦曰：貈似狐，善睡。郭氏曰：牝名貜，乃老切。江東呼爲貅，烏即切。貔，山吏切。按：各非貊音，舟非貉音。貉乃狐貉之貉。《詩》云：一之日于貉，取彼狐狸，爲公子裘。毛氏曰：于貉，謂取狐狸皮也。鄭氏曰：于貉，往搏貉以自爲裘也。狐狸，以供尊者。《爾雅》曰：貉，縮綸也。郭璞曰：牽縛縮貉也。《考工記》曰：貉踰汶則死。鄭氏曰：貉或爲猨，善緣木之猨也。《周官》：甸祝掌四時之田，表貉之祝號。杜子春讀貉爲百，《書》亦作禡。貉，兵祭也。《詩》曰：是類是禡。康成曰：田者習兵之禮，故亦禡祭。《説文》又有鼦，曰：鼠，出胡地，皮可爲裘。按：孔子狐貉之厚以居。《詩》亦曰：一之日于貉，取彼狐狸，爲公子裘。則貉爲狐貍之類明矣。于貉，猶言于耕，謂獵取狐貉也。凡田者，先取狐貍之屬爲驅逐大獸，則小獸竄伏也。表者，先立表也。貉者，先攻取狐貍之屬也。二者皆爲田事之始，故祭先之。禡自爲兵祭。《小祝》師行掌其祝號，不言表貉，何爲於田用之？猨夔之皮，不聞可爲裘。鄭氏之説尤舛。

又　貆 貆，胡官切。《爾雅》曰：貉子，貆。《説文》曰：貉類，又作貛。《淮南子》曰：貛貉爲曲穴。

明　黄省曾《獸經》　貉愚而全。《字林》曰：貉似貍，善睡。然其營窟，與貛皆爲曲穴，以避雨暘，亦以防患。《淮南子》曰：貛貉爲曲穴。

明　李時珍《本草綱目》卷五一　貉音鶴。《衍義》　校正：原係猯下，今分出。　釋名：　時珍曰：按《字説》云：貉與貛同穴各處，故字從各。《説文》作貈，亦作狢。《爾雅》：貈子曰貊，音陌。其子曰貜，音惱。原本以貊作貆者，訛矣。集解：　宗奭曰：貉形如小狐，毛黄褐色。　時珍曰：貉生山野間，狀如貍，頭鋭鼻尖，斑色。其毛深厚温滑，可爲裘服。與貛同穴而異處，日伏夜出，捕食蟲物，出則貛隨之。其性好睡，人或蓄之，以竹叩醒，已而復寐。故人好睡者謂之貉睡，俗作渴睡，謬矣。俚人又言其非好睡，乃耳聾也，故見人乃知趨走。《考工記》云：貉踰汶則死，土氣使然也。王浚川言北曰狐，南曰貉；《星禽書》言氏土貉是千歲獨狐化成者，並非也。

明　穆希文《蟫史集》卷五《貉》　《蟫史》云：貉，一作貈，似狐，簪尾，俗呼貉狗。《爾雅》云：貈子，貆。注云：其雌者名貜，今江東呼貈爲貅貔。《字説》云：貈似狐。狐善疑，貈善睡，狼善顧，駝善走。貈營窟，與貛皆爲曲穴，以避雨暘，亦以防患。《淮南子》曰：螘知爲垤，貛貉爲曲穴，虎豹有茂草，野彘有艽莦，陰以防雨，景以蔽日，此鳥獸之所以爲知也。《埤雅》云：貛貉同穴而異處，貛之出穴以貉爲導。《山海經》云：添澤出玄貈。《墨客揮毫》云：貉行數步輒睡，擊竹警之，乃起，復行，復睡。《考工記》曰：貉踰汶而死。注云：貉似狐，汶水在魯地，貉過此水則死。陸氏曰：此言邦域殊氣，各有所宜。《南方異物志》云：傳言貉不渡汶，鸜鵒不踰濟，狐不渡江而南，橘不渡江而北。區宇之内，咫尺不同，而況今之華夷，限以江海，魁詭俶怪，可勝言哉！

又《説原》卷一一　貉善睡，似狐。貊與貉異。狐能先事後慮，狢能無事而息。狐性不一，貉性各辨，故與貛同穴而異處。

明　吴雨《毛詩鳥獸草木考》卷四《貉》　《豳風》曰：一之日于貉，取彼狐貍，爲公子裘。《傳》：于貉，謂取狐貍皮也。狐貉之厚以居，孟冬天子始裘。貉，善睡之獸，似貍。擊竹驚之乃起，行數步，已而復寐。黄褐色，毛長三寸，有異光，威勢如虎。其營窟，與貛皆爲曲穴，以避雨暘，亦以防患，俗云雖同穴而異處。傳言貉不踰汶，踰之則死，猶鸜鵒之不踰濟也。今江東呼貉爲貅。周人將獵則先祭貉，故謂獵爲貉。《周禮》曰：祭表貉則爲位。蓋貛之將出，貉爲先導。貉之所在，知獸之所聚，故祭而取之。《詩義問》曰：狐之類，貉、貒、貍也。貉子曰貆，貆形狀與貉異，世人皆名貆。貉子似貍。然則貉之爲貉，自是一種，非貆父也。鄭《箋》恐誤耳。

又《貆》　《魏風》曰：胡瞻爾庭有縣貆兮。《傳》：貆，獸名。《箋》：貉子曰貆。貆，貈之子，似狐而善睡，其子名貆，其雌者名貜。今江東呼貉爲貅貔。《字林》云：貅，貍類。貐，謂之貔。《廣雅》云：貔，貐也。然則皆貈之通名也。《箋》『貉子，貆』，《爾雅》『貈子，貆』，貈作貉。《説文》：貆，貉之類。亦有貈、貉，字非一也。

明　馮復京《六家詩名物疏》卷二九《貉》　《字林》云：貈似狐，善睡，其子名貆。又云：貅貍類貐，謂之貔。郭璞云：貉，雌者名貜。今江東呼貉爲貅貔。《淮南子》曰：螘知爲垤，貛貉爲曲穴，虎豹有茂草，陰以防雨，

景以蔽日，此亦鳥獸之所以智也。《考工記》云：貉踰汶則死，此地氣然也。《詩義問》云：狐之類，貉、貒、貍也。《埤雅》云：俗云貛貉同穴而異處，貛之出入以貉爲導。《詩》曰：一之日于貉，取彼狐貍，爲公子裘。言往祭表貉，因取狐貍之皮爲裘。故《傳》云：于貉，謂取狐貍皮。《周官》『祭表貉』是也。《雅翼》云：貉，善睡之獸，畜而養之，扣之即卧，已而復寐，亦善捕。《疏》云：禮無貉裘，惟孔子狐貉以居，明貉賤也。按：貉、狐、貍，三獸名。《箋》云：搏貉自爲裘，狐貍以供尊者，其辨甚明。朱《傳》云：貉，狐貍也。何混若此。

清　黃中松《詩疑辨證》卷三《貉狐貍》　朱子説《詩》，專明大意，而於鳥獸蟲魚之細，時有不經意處，未能無誤。毛《傳》曰：于貉，謂取狐貍皮也。鄭《箋》曰：于貉，往搏貉以自裘也，狐貍以共尊者。二家原以貉與狐、貍爲三獸也，特毛《傳》簡質，謂取狐貍皮也。六字似一句，後人誤讀，遂覺難通。《埤雅》以『于貉』爲《周禮》祭表貉之事。《詩記》以貉爲狐貍之所見，遷就其詞，未見的確。朱《傳》曰：貉，狐貍也。于貉，猶言于耜，謂往取狐貍也。竟以貉與狐貍爲一獸，則更誤矣。攷《爾雅》曰：貈貉本作貈，乎各反。子，貆。音丸。又邢疏：《字林》云：貈似狐，善睡，其子名貆。郭云：其雌者名貍，今江東呼爲𤝞貗。又曰：貍子，貄。音曳。邢疏：《字林》云：貍，伏獸，似貙。郭云：今或呼豯貍。又曰：貍、狐、貒、音湍。《爾雅》：貒子，貗。郭注：豚也，一名貛。貈醜，其足蹯，其跡厹。音鈕。邢疏：此四獸之類皆有掌蹯，其指頭著地處名厹。是貉與狐、貍二獸相類耳，不得渾爲一也。又《考工記》曰：貉踰汶則死。《淮南子》曰：貛貉爲曲穴。《正字通》曰：貉似貍，鋭頭尖鼻，斑色，毛深温滑，可爲裘。《爾雅翼》、《墨客揮犀》皆以爲善睡，朱氏以爲貉賤而狐貴，徐氏以貉爲狐屬，出則爲狐之導。言貉者不一矣。《穆天子傳》曰：天子西狩得白狐、玄貉以祭於河。狐言白，貉言玄，固非一物也。至經傳之言狐者，未易悉數。《説文》謂狐爲妖獸，鬼所乘之。有三德，其色中和，小前豐後。《埤雅》曰：狐性疑，疑則不可以合衆，故從孤省。而《禹貢》梁州熊、羆、狐、貍，蔡《傳》云：四獸之皮。織皮。熊、羆二獸也，則狐、貍亦二獸矣。《禮》云『貍去正脊，狐去首』，亦分言貍、狐。子思曰：謂狐爲貍者，非直不知狐也，勿得狐并失貍者也。是更因人誤以狐爲貍，而辨之矣。《雅翼》曰：狐口鋭而尾大，貍口方而身文。黃黑彬彬，蓋次于豹。則其類雖同，而形實各異，亦不難辨也。若貍之爲獸，一名不來。徐廣《封禪書》注。《周禮·夏官·射人》：若王大射，則以貍射張三侯。注：貍，善搏者也。《左傳》：定九年東郭書衣貍製。《檀弓》：貍首之斑然。注：文采似貍之首。《莊子》曰：子獨不見貍牲乎？卑身而伏，以候敖者。《淮南子》曰：貍頭似鼠，以類推也。管輅曰：雖有爪牙，微而不强；雖有文章，蔚而不明，其名曰貍。而《正字通》論之尤詳。云：大小似狐，有猫貍、虎貍、九節貍、香貍、牛尾貍、海貍。則貉與狐、貍之非一獸甚明。朱子誤解毛《傳》，未嘗細讀孔《疏》耳。孔云：于，往也。于貉言往，不言取狐貍。言取，不言往，皆是往捕之，而取其皮也。若以六字分兩句一讀讀，謂取句，狐貍讀，皮也句。其義自明矣。

清　杭世駿《訂訛類編續補》卷下《動物訛·貉》　《本草》：貉與貛同穴各處，形如小狐，毛黃褐色，其毛深厚温滑，可爲裘服。日伏夜出，捕食蟲物，出則貛隨之。其性好睡，人或畜貉，以竹扣醒，已而復寐。故人好睡曰貉睡，俗云瞌睡，非。生于北，逾汶即死。

清　姚炳《詩識名解》卷六《貉》　貉，《豳風·七月》篇貉似貍，鋭頭尖鼻，斑色，毛深厚温滑，可爲裘，嗜紙。人或畜之，行數十步輒睡，用物擊竹警之，乃起。既行，復睡。蓋其性然也。此即《釋獸》之貈與狐同類者。故《論語》言狐必言貉。《詩義問》云：狐之類，貉、貒、貍是也。舊解即以爲狐貍，因下文誤耳。豸無種。《説文》以貉爲北方豸種，非。若謂從豸者皆豸屬，則豹、豺、貓、貂之類豈盡爲豸類耶？貉與狐、貍乃三獸名，皮皆可爲裘，豳人亦皆取之。特《詩》限於句，故上下分言。《傳》謂于貉即是取狐貍皮，則混矣。《通論》云：于貉，猶上之于耜、于茅，先言于貉者，往取貉也。若謂往取狐貍，又謂取彼狐貍，世無此重疊文法，信然。鄭氏謂搏貉以自爲裘，因下爲公子裘起義，其實鑿也。《正義》便以《禮》無貉裘之文，惟孔子服狐貉裘以居，明貉裘爲賤，尤非理。貉爲狐類，毛深厚温滑，亦如狐。其種頗少，故狐裘之用獨著。若謂貉賤故《禮》無明文，則孔子何以與狐裘同爲居服？且《論語》『與衣狐貉者立』，亦並狐言，明是貴者之裘可知。蔡元度云：貉之性不與物俱，不爲物宗，故爲居服，爲賤者之裘。《詩》言于則有見于往，非必得之詞，言取則得之。蓋其時則可以爲貉，其志則在於取狐

狸，緩於賤而要於貴也。説更支離。陸農師謂，貛之出穴以貉爲導，《詩》云于貉，言往祭表貉，因取狐狸皮爲裘，《周官》所謂『祭表貉』，即此。羅瑞良亦從陸説，引《穆天子傳》云『天子獵於漆澤，於是得白狐、玄貉焉，以祭於河宗』，以爲此周禮獵祭貉之驗，尤誕。

又　貆，《魏風・伐檀》篇此即貉之子。《釋獸》云『貈子，貆』是也。郭璞以爲，其雌者名𧳜，江東呼㹢𤟹。《廣雅》謂之貁。蓋皆貈之通名。貈舊叶下谷切，即貉重文，故《釋獸》有貈無貉。《説文》謂貈似狐善睡，引《論語》『狐貈之厚以居』，皆可證。《備考》以貈爲貂本字，《函史》以貈爲貉別名，皆誤。貂無從舟之理。郭璞謂貆雌者名𧳜。𧳜，乃刀反，亦不竟作貂也。貈爲貉重文，其謂貉別名貈者，亦讀貈，若貂聲，不知仍是貉字耳。羅瑞良謂，貆形狀與貉異，貉子似貍，蓋貉之爲貉，取義於此。此誕也。小則爲貆，大即爲貉。若使所生者盡異形，則世當有貆無貉矣。

清　徐鼎《毛詩名物圖説》卷二　《爾雅》：貈子，貆。郭璞注：其雌者名𧳜，今江東呼貉爲㹢𤟹。《釋文》：貆，本亦作狟，音暄，貉子也。貉，依字作貈。吕忱《字林》：貈似狐，善睡，其子名貆。愚按：𧳜，乃老切，音惱，牝貈也，江東呼爲㹢𤟹。㹢，音央。𤟹，音史。皆貈之通名也。

又　《考工記》：貉踰汶則死，此地氣然也。劉楨《詩義問》：狐之類，貉、貒，貍也。《埤雅》：貛貉同穴而異處，貛之出入以貉爲導。《詩》曰：一之日于貉，取彼狐狸。言往祭表貉，因取狐狸之皮爲裘。故《傳》云：于貉，謂取狐狸皮也。《周官》所謂祭表貉，即此。愚按：《埤雅》云：貉似貍。《字林》云：貈似狐。朱《傳》云：貉，狐貍也。蓋其形似狐貍，非即訓狐貍也。生山野間，頭鋭鼻尖，毛黄褐色，其皮温厚，可爲裘。故孔子『狐貉之厚以居』。穴處，晝伏，夜出捕食。性嗜睡，人或畜之，以竹叩醒，已而復寐。今吴俗稱人嗜睡者，謂之貉睡。

清　牟應震《毛詩物名考》卷二　貉，《説文》作貈。似小狐，黄褐色，鋭頭尖鼻，毛深厚。與貛同穴。

清　陳宗起《考工記鳥獸蟲魚釋》　貉踰汶則死。注：貉或爲猨，謂善緣木之猨也。《釋文》貉，依字作貈。今案《説文》：貈似狐，善睡獸。貉，北方豸種。蓋即《禮記》蠻貊之貊，《詩・豳風》于貉，《魏風》、毛《傳》貉子，《論語》狐貉，皆非本字也。《説文》引《論語》正作貈。《爾雅・釋獸》：貈子，貆。郭注：其雌者名𧳜，今江東呼貉爲㹢𤟹。《詩疏》引此注略異。邢《疏》引《字林》云：㹢，貍類。

清　方旭《蟲薈》卷二《毛蟲・貉》　《名物考》：楚、蜀界中多貉，俗呼野馬。其皮紋上圓下方，旁如魚鳥狀，褻其皮者，設有警急，則毛豎起。旭按：貉，《爾雅》作貈。郭注云：江東呼㹢𤟹。又貉子，《爾雅》作貆，《爾翼》作貊。李時珍云：作貆者誤。《正字通》：貉似貍，鋭首尖鼻，斑色，毛深厚，可爲裘。《墨客揮犀》：貉行數十步輒睡，惟擊竹以警之乃起，繼而復睡。《本草綱目》：貉與狗貛同穴，貉出則貛隨之。《鄉黨萃珍》：貉善攻岸，修隄防者惡之。

圖表

晉　郭璞《爾雅音圖・釋獸》

明　李時珍《本草綱目・圖卷》

清　徐鼎《毛詩名物圖說》卷二

狼

論説

宋　蔡卞《毛詩名物解》卷九《狼》　狼，犬類而長者也。剛則强而樂取，故牝謂之貛。柔則剛而自守，故牡謂之狼。知進而不知退者也，貛。知剛知柔者，今狼也。《詩》曰：狼跋其胡，載疐其尾。言乎不逆而動也。夫胡跋則可上而不可退，退則觸尾。尾疐則可就而不可進，進則蹋胡。能委順以解之，身逸而體全矣。故疐跋之難而不能害之謂狼，讒巧之敗而不能失之之謂聖。

宋　陸佃《埤雅》卷四《狼》　狼大如狗，青色，作聲諸竅皆沸。蓋今訓狐鳴，則亦後竅應之。豺祭狼卜，又善逐獸，皆獸之有才智者，故豺从才，狼从良作也。里語曰：狼卜食。狼將遠逐食，必先倒立以卜所向。故今獵師遇狼輒喜，蓋狼之所嚮，獸之所在也。其靈智如此，故古之造式者，木用槐癭

棗瘤而以狼牙爲柱，取其靈智也。《詩》美周公不失其聖，正言狼者。虎善擬其前，狼善顧其後，而又其靈智有才，故雖跋胡疐尾而能不失其猛，此周大夫之所以譬周公也。《還》之詩，一章曰『並驅從兩肩兮』，二章曰『從兩牡兮』，三章曰『從兩狼兮』。狼，物之尤暴戾者，故《詩》以爲後也。古之烽火用狼糞，取其煙直而聚，雖風吹之不斜。《玉藻》曰：君之右虎裘，厥左狼裘。明以武猛衛上如此。或曰狼駢脅腸直，其糞煙直，爲是故也。《内則》曰『狼去腸』，豈以此歟？《孟子》曰：養其一指而失其肩背，則爲狼疾人也。狼性貪暴，争食以養口體，而常以害其身者。《管子》曰：舉龍章則水行，舉虎章則林行，舉鳥章則陂行，舉蛇章則澤行，舉鵲章則陸行，舉狼章則山行。《詩》曰織文鳥章。舉鳥章則陂行。陂，易野也。易野以車爲主，元戎十乘以先啓行，所謂以車爲主也。《爾雅》曰：鄭有圃田，周有焦護。皆易野也。故此詩正言焦護。《毛詩草蟲經》云：老狼項下有袋，求食滿腹，向前行乃觸之，退後又自踏踐，上疐其尾，進退有患，故《詩》以況跋前疐後。

宋 羅願 《爾雅翼》卷一九《狼》 狼，貪猛之獸。聚物而不整，故稱狼藉，又稱粒米狼戾。《周禮》：王及五等諸侯之出，皆有執鞭趨辟者，號條狼氏。條，滌也，謂滌除狼扈道上者。狼好積聚，故《楚語》曰『令尹問蓄聚積實，如餓豺狼焉』是也。狼猛而敏給，能自顧其後。《淮南子》曰：鴟視而狼顧。賈誼曰：失時不雨，民且狼顧。周公居東，遠則四國流言，近則王不知，而不失其聖，故以『狼跋胡疐尾』比之。股中有筋，大如鷄子。又筋滿身，如織絡之狀。盗不可辨者，焚狼筋以示之，則爲盗者變慄無所容。或曰郎巾者，菌之類，非此獸之筋也。其鳴能小能大，善爲小兒啼聲，以誘人。去數十步，雖善用兵者不能免也。《還》之詩曰：並驅從兩肩兮。肩者，獸三歲也。次章曰：並驅從兩牡兮。牡者，獸之父也。末章曰：並驅從兩狼兮。狼，謂此也。然則前兩章肩與牡爲何獸？曰：皆狼也。《爾雅》曰：狼，牡貛，牝狼，其子獥，絶有力迅。獸三歲曰肩，揔羣獸子之名則獥，亦肩矣。末章言牝狼，則前言牡者，狼之牡也。始章從狼之子，次章從其牡，又末章從其牝。然則牝固猛於牡，何爲先牡後牝？蓋鳥之類雄鷙於雌，獸之類牝猛於牡。以乳護其子，非可得犯也。是以羆爲熊之牝，而羆猛於熊，狼爲貛之牝，而狼名獨著，而虎猛者稱乳虎，蓋其類也。古者君子左取狼爲裘，又食其肉，《禮記》『狼臅膏』是也。狼腸直，故作聲諸竅皆沸，邊庭候望設狼烟，以其直上，風吹不斜也。今馬之駿者溺，皆射前足。鷹鷂醜其矢不墜，皆横激而去。若箭其俊猛者尤遠，蓋是氣烈所發爾。故古者矢之爲字，通用弓矢之矢。田俅子曰：有神手牽白狼，口銜金鈎，而入湯庭。王褒曰：宣王得白狼而夷狄賓。

明 何三畏 《新刻何氏類鎔》卷三四《狼》 狼爲天狼星而號滄浪君。狼善貪而苦不知足。狼善顧而疾不能行。狼之附狽而失據也，有狼狽之虞。狼之藉草而穢亂也，有狼藉之患。故貪狼不可使成俗，餓狼不可使守厨。狼有當道者，安問狐狸。狼有在野者，能食諸獸。使酷吏爲治，如狼使羊。使弱將將兵，如羊將狼也。狼之化婦人狀也，名爲知女。狼之作小兒啼也，可以誘人。江都王督過宫人，縱狼嚙之以爲樂。烏孫王初生，傅父見狼乳之以爲神。單于置少女于高臺，有老狼與之媾而産子，其國遂爲高車，聲亦絶似狼嗥。突厥棄小兒于大澤，有牝狼與之交而生男，其人遂爲侍衛，姓亦本原狼生。王仲德見白狼至前，作號天聲，輒啣衣渡水，而其後威德著于徐州，遂有童子祠壇之祭。朱佛兒見白狼馴狎，無懼人意，遂以絡籠頭，而其時符牒稱于縣令，遂有崔融表賀之章。説者謂狼糞可以爲烽，狼筋可以爲絡，狼牙可以爲卜，狼皮可以爲裘，狼肉可以爲飡，狼膏可以爲和。而昔者成湯之都亳邑也，神牽白狼而入庭。周穆之征犬戎也，道遇白狼而歸國。宣王得白狼而賓戎狄，宋王得白狼而渡迷津。然則狼雖猛獸，亦神物也哉！故傳稱白狼爲金狼之精，王者仁智明哲則來，動準禮法則見，良有以矣。

清 吴省欽 《白華後稿》卷一六《辨狽》 《説文》：䟺，步行獵跋也。跋，蹎跋也。《廣韻》：䟺或作跡。跋通作狽。而《説文》無狽字。《後漢·儒林傳》：狼狽折札之命。注：折簡而召，不煩重命也。潘岳《西征賦》：亦狼狽而可愍。注引《文字集畧》曰：狼狽，猶狼跋也。《孔叢子》『吾於狼狽見聖人之志』，即指《狼跋》之詩而言。《玉篇》『狽，狼狽』，亦未嘗以狽爲獸。惟蘇鶚《演義》既引《神異經》云：狽無前足。又云：狽，狼屬，前一足短，不能自行，附狼背而行。若狼爲巨獸，或人逐之而逸，即狽墜於地，不能取濟。狽从貝，貝，背也，以附狼背，遂从犬从貝。《集韻》：狽，狼屬。生子或欠一足二足者，相附而行，離則顛，故猝遽謂之狼狽。是狽之于狼，猶駏驉之於蟨矣。《山海經》、《爾雅》多言狼，不言狽。《六書正譌》：猝遽謂之狼䟺。別

作貝，非。蓋狼跟即狼跋。《周禮》『條狼氏』注：條當爲滌器之滌。狼，狼扈道上。《疏》以謂狼扈，猶之狼藉。愚以謂猶之狼跋。山卑而大曰扈，後從曰扈，横行曰跋扈。狼以善顧聞，不以善附他獸於背聞。跟與跋，其音互轉，其文不改，自俗書歧舛，如『牂柯』爲『牂牱』，『朐忍』爲『朐䏰』，『狼跟』爲『狼狽』。甚且別爲釋狽，而不思狼之貪猛，斷不以負獸而行。校獵者亦未見有狼背之獸也。故原《蘇氏演義》之失，而廣顧氏景星未盡之義，爲著於篇。

綜述

《爾雅・釋獸》 狼，牡貛，牝狼，其子獥，絶有力迅。音義：狼，音郎，《字林》云：獸似犬。貛，《字林》子丸反。獥，胡狄、古狄、工弔三反。迅，音信，又音峻。疏：此辨狼之種類也。舍人曰：狼，牡名貛，牝名狼，其子名獥，絶有力者名迅。孫炎曰：迅疾也。《詩・齊風》云：並驅從兩狼兮。陸璣《疏》云：其鳴能小能大，善爲小兒啼聲，以誘人。去數十步，其猛健者，雖善用兵者，不能免也。其膏可煎和，皮可爲裘。故《禮記》『狼臅膏』，又曰『君之右虎裘，厥左狼裘』是也。

漢 許慎 《説文》卷一〇 狼，似犬，鋭頭白頰，高前廣後。从犬，良聲。魯當切。【略】狛，如狼，善驅羊。从犬，白聲，讀若蘗，甯嚴讀之若淺泊。匹各切。

三國吴 陸璣 《毛詩草木鳥獸蟲魚疏》卷下《狼跋其胡》 狼，牡名貛，牝名狼，其子名獥，有力者名迅。其鳴能小能大，善爲小兒啼聲，以誘人。去數十步止，其猛捷者，人不能制，雖善用兵者，亦不能免也。其膏可煎和，其皮可爲裘。

唐 段成式 《酉陽雜俎》卷一六 狼，大如狗，蒼色，作聲諸竅皆沸。胜中筋大如鴨卵，有犯盗者，薰之當令手攣縮。或言狼筋如織絡小囊，蟲所作也。狼糞烟直上，烽火用之。或言狼狽是兩物，狽前足絶短，每行常駕兩狼，失狼則不能動，故世言事乖者稱狼狽。臨濟郡西有狼塚。近世曾有人獨行於野，遇狼數十頭，其人窘急，遂登草積上。有兩狼乃入穴中，負出一老狼。老狼至，以口拔數莖草，羣狼遂競拔之。積將崩，遇獵者救之而免。其人相率掘此塚，得狼百餘頭殺之。疑老狼即狽也。

唐 蘇鶚 《蘇氏演義》卷上 狼狽者，事之乖舛也。狼者，豺也。狽者，狼之類。《神異經》云：狽無前足。一云：前足短，不能自行，附狼背而行，如水母之有蝦也。若狼爲巨獸或獵人逐之而逸，即狽墜于地，不能取濟，遂爲衆工所獲。失狼之背，故謂之狼狽。

宋 釋贊寧 《東坡先生物類相感志》卷九《狼》 貪殘之獸也。取皮掛羊棧，羊不出門。

又《狼筋》 狼之狀若狗，蒼赤色者最猛。每作聲，竅皆沸。腿中有筋，大如鷄子。又筋遍身如織格之狀，人或有犯盗諱不道者，但燒此筋以烟薰之，便能盗者手攣縮可怪。

宋 鄭樵 《通志》卷七六 狼，《爾雅》曰：狼，牡貛，牝狼，其子獥，絶有力迅。又曰：豺，狗足，即狼也。獥，音亦。

宋 戴侗 《六書故》卷一七 狼 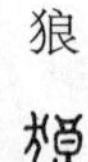，盧當切。野犬能食獸者，能反顧其背。《説文》曰：似犬，鋭頭白頰，高前廣後。《埤雅》曰：大如狗，青色，作聲則諸竅皆沸，善逐獸。

又 狽 ，布蓋切。《類篇》：狼屬，或欠一足，二足相附而行，離則顛，故猝遽謂之狼狽。

明 黄省曾 《獸經》 狼，貪獸也，貪而有靈。《説文》曰：狼，似犬，鋭頭而白頰。《埤雅》云：狼，青色，作聲諸竅皆沸。里語曰：狼卜食。將遠逐食，必先倒立以上所向。故今獵師遇狼輒喜，蓋狼之所向，獸之所在也。其靈智若此，故古之造式者，不用槐癭棗瘤，而以狼牙爲柱，取其靈智也。

明 李時珍 《本草綱目》卷五一 狼《拾遺》 釋名：毛狗。時珍曰：《禽書》云：狼逐食，能倒立，先卜所向，獸之良者也，故字從良。《爾雅》云：牡曰貛，牝曰狼，其子曰獥。音叫。集解：藏器曰：狼大如狗，蒼色，鳴聲則諸孔皆沸。時珍曰：狼，豺屬也。處處有之，北方尤多，喜食之，南人呼爲毛狗是矣。其居有穴，其形大如犬，而鋭頭尖喙，白頰駢脇，高前廣後，脚不甚高，能食雞鴨鼠物。其色雜黄黑，亦有蒼灰色者。其聲能大能小，能作兒啼，以魅人，野俚尤惡其冬鳴。其腸直，故鳴則後竅皆沸，而糞爲烽烟，直上不斜。其性善顧而食戻踐藉，老則其胡如袋，所以跋胡疐尾，進退兩患。其象上應奎星。頴曰：狽足前短，能知食所在，狼足後短，負之而行，故曰狼狽。

明 穆希文《蟫史集》卷六《狽》 《神異經》云：狽似狼，無前足，附狼而行，無狼則不能行也。故人進退不遂者，曰狼狽失據。《酉陽雜俎》云：狼狽是兩物，俱前足絶短，每行常駕兩狼，失狼則不能動，故世言事乖者稱狼狽。

明 慎懋官《華夷花木鳥獸珍玩考》卷七《野狼》 紹慶府，《郡國志》云：山出野狼，眼在背上，能食諸獸。

明 吴楚材《疆識略》卷三一 狼 白狼、狼跋見《詩》、《書》。豺狼見《左傳》。豺，狼屬，食羊。豺、狼，二物也。狼將遠逐食，必先倒立以卜所向。《月令》：仲秋豺祭獸。豺祭狼卜，皆獸之有才智者，故豺从才，狼从良。

明 吴雨《毛詩鳥獸草木考》卷四《狼》 《齊風》曰：並驅爲兩狼兮。《傳》：狼，獸名。《豳風》曰：狼跋其胡。《傳》：老狼有胡，進則跋其胡，退則疐其尾，進退有難，然而不失其猛。狼，貪獸之猛，牡名貛，牝名狼。大如犬，鋭頭白頰，高前廣後，青色，腸直，作聲諸竅皆沸。古之烽火用其糞，取其烟直而聚，風吹不斜。將遠逐食，必先倒立，以卜所向，俗謂之狼卜。故今獵師遇狼輒喜，蓋狼之所向，獸之所在也。陸璣云：其鳴能小能大，善爲小兒啼聲，以誘人。去數十步，其猛捷者，雖善用兵者，不能免也。其膏可煎和，其皮可爲裘，故《禮記》『狼臅膏』，又曰『君之右虎裘，厥左狼裘』是也。老狼頷下懸肉，謂之胡。虎善擬其前，狼善顧其後，而又靈智有才，雖跋胡疐尾而不能失其猛。《毛詩草蟲經》曰：老狼項下有袋，求食滿腹，向前行乃觸之，退後又自踏踐，上疐其尾，進退有患，故《詩》以況跋前疐後者也。

明 毛晉《陸氏詩疏廣要》卷下之下《狼跋其胡》 《爾雅》：狼，牡貛，牝狼，其子獥，絶有力迅。邢疏：此辨狼之種類也。孫炎云：迅疾也。《詩·齊風》云：並驅從兩狼兮。故《禮記》『狼臅膏』，又曰『君之右虎裘，厥左狼裘』是也。朱注：狼似犬，鋭頭白頰，高前廣後。毛《傳》：老狼有胡，進則躐其胡，退則跲其尾，進退有難，然而不失其猛。《博雅》云：狦，狼也。《酉陽雜俎》：狼大如狗，蒼色，作聲諸竅皆沸。胜中筋大如鴨卵，有犯盗者熏之，當令手攣縮。或言狼筋如織絡小囊，蟲所作也。或言狼狽是兩物，狽前足絶短，每行常駕於狼腿上，狽失狼則不能動，故世言事乖者稱狼狽。臨濟郡西有狼塚。近世曾有人獨行于野，遇狼數十頭，其人窘急，遂登草積上。有兩狼乃入穴中，負出一老狼。老狼至，以口拔數莖草，羣狼遂竟拔之。積將崩，遇獵者救之而免。其人相率掘此塚，得狼數百頭殺之。疑老狼即狽也。《埤雅》【略】《爾雅翼》【略】華谷嚴氏曰：老狼以貪慾之故，陷于機阱。其在機穽之時，欲進則跋躐其胡，欲退則疐跲其尾，求脱不能，喻人有貪慾則陷于患難，進退失措也。《瑞應圖》曰：白狼，王者仁德明哲則見。一云：王者進退動准法度則見。又《釋文》云：狼藉草而卧，去則穢亂，爲狼藉也。

明 張存紳《增定雅俗稽言》卷三六 狼狽，狼前二足長，後二足短。狽前二足短，後二足長。狼無狽不能立，狽無狼不能行，若相離則進退無據，故世言作事乖者爲狼狽。《漢紀》周勃狼狽失據，以此也。俗謂狼狽貧困也，非。《孟子》：粒米狼戾。注：狼戾，猶狼藉。藉，音寂。按：狼眠食卧草，穢詞也。故言粒米饒多，狼藉委棄於地也，俗謂之狼撒。狼作聲，諸竅皆沸。其糞燒烟直上，雖風不斜，故烽火用之。

清 姚炳《詩識名解》卷六《狼》 狼，《齊風·還》篇《釋獸》謂狼之牡者名貛，其牝者直名狼。今人通呼爲狼，蓋舉其總名耳。羅瑞良以爲，獸之類牝猛於牡，故狼爲貛之牝，而狼名獨著，非也。又名狦，見《廣雅》。陸璣云：其鳴能小能大，善爲小兒啼聲，以誘人。蓋物之最貪暴者，故古言狼疾、狼貪，皆取諸此。陸農師又謂狼從良，此《字説》妄語。果爾，則是升木之猱，柔而無技；仁趾之麐，吝而多貪矣。然乎否？

清 嵇璜《續通志》卷一八〇 狽前足短，能知食所在，狼後足短，負之而行，故曰狼狽。《酉陽雜俎》曰：狼狽是兩物，狽前足絶短，附狼而行，失狼則狽不能動。

清 徐鼎《毛詩名物圖説》卷二 《爾雅》：狼，牡貛，牝狼，其子獥，絶有力迅。陸璣《疏》：其鳴能大能小，善爲小兒啼聲，以誘人。去數十步，其猛健者，雖善用兵者，不能免也。膏可煎和，皮可爲裘。故《禮》云『狼臅膏』，又曰『君之左虎裘，厥後狼裘』是也。李奇曰：狼性怯，走喜還顧，故名狼顧。愚按：狼大如狗，蒼色，南人呼毛狗。鋭頭尖喙，白頰騈脅，高前廣後。狽足前短，能知食所在，狼足後短，負之而行，故曰狼狽。

又狼聚物不整，謂之狼籍。古者烽火取狼糞，蓋駢脅直腸，取其糞烟直上也。老狼項下有袋，求食滿腹，向前則觸之，退後又自踐踏上疐其尾，故曰跋前疐後。

清　牟應震《毛詩物名考》卷二　狼，形似犬，鋭頭尖喙，竪目削耳，白頰胼脇，色雜黄黑，前足高行，一軒一輊，故曰『跋其胡』。跋，拔也。尾曳而不舉，故曰疐其尾。疐，躓也。跋胡，喻公之興周，疐尾喻殷之畔也。舊解『跋胡』，謂自躐其胡，其胡高，非足所能躐也。

紀　事

漢　司馬遷《史記》卷一一〇《匈奴列傳》　後十有餘年，武王伐紂而營雒邑，復居于酆鄗，放逐戎夷涇、洛之北，以時入貢，命曰『荒服』。其後二百有餘年，周道衰，而穆王伐犬戎，得四白狼、四白鹿以歸。

漢　班固《漢書》卷六一《張騫傳》　大月氏攻殺難兜靡，奪其地，人民亡走匈奴。子昆莫新生，傅父布就翎侯抱亡置草中，爲求食，還，見狼乳之，又烏銜肉翔其旁，以爲神，遂持歸匈奴，單于愛養之。

晉　司馬彪《後漢書》卷一三《五行志》　順帝陽嘉元年十月中，望都蒲陰狼殺童兒九十七人。時李固對策，引京房《易傳》曰『君將無道，害將及人，去之深山〔以〕全身，厥（災）〔妖〕狼食人』。陛下覺寤，比求隱滯，故狼災息。

南朝梁　任昉《述異記》卷下　周幽王時，牛化爲虎，羊化爲狼。洛南有避狼城，云幽王時羣羊爲狼食人，故築城避之。今洛中有狼村，是其處也。

南朝梁　沈約《宋書》卷二八《符瑞志》　白狼，宣王得之而犬戎服。

北齊　魏收《魏書》卷二七《穆崇傳》　初，太祖避窟咄之難，遣崇還察人心。崇夜至民中，留馬與從者，乃微服入其營。會有火光，爲舂妾所識，賊皆驚起。崇求從者不得，因匿於坑中，徐乃竊馬奔走。宿於大澤，有白狼向崇而號，崇乃覺悟，馳馬隨狼而走。適去，賊黨追者已至，遂得免難。太祖異之，命崇立祀，子孫世奉焉。太和中，追録功臣，以崇配饗。

又卷一〇三《高車傳》　高車，蓋古赤狄之餘種也，初號爲狄歷，北方以爲勑勒，諸夏以爲高車、丁零。其語略與匈奴同而時有小異，或云其先匈奴之甥也。其種有狄氏、袁紇氏、斛律氏、解批氏、護骨氏、異奇斤氏。俗云匈奴單于生二女，姿容甚美，國人皆以爲神。單于曰：『吾有此女，安可配人，將以與天。』乃於國北無人之地，築高臺，置二女其上，曰：『請天自迎之。』經三年，其母欲迎之，單于曰：『不可，未徹之間耳。』復一年，乃有一老狼晝夜守臺嗥呼，因穿臺下爲空穴，經時不去。其小女曰：『吾父處我於此，欲以與天，而今狼來，或是神物，天使之然。』將下就之。其姊大驚曰：『此是畜生，無乃辱父母也！』妹不從，下爲狼妻而産子，後遂滋繁成國，故其人好引聲長歌，又似狼嗥。

又卷一一二《靈徵志》　高宗太安三年三月，有白狼一，見於太平郡。議者曰：『古今瑞應多矣，然白狼見於成湯之世，故殷道用興，太平嘉名也。又先帝本封之國而白狼見焉，無窮之徵也。周宣王得之而犬戎服。』【略】孝静元象元年正月，有狼入城，至硤石，曹獲之。

唐　魏徵《隋書》卷二二《五行志》　武平末，并、肆諸州多狼而食人。《洪範・五行傳》曰：『狼貪暴之獸，大體以白色爲主，兵之表也。又似犬，近犬禍也。』京房《易傳》曰：『君將無道，害將及人，去之深山以全身。厥妖狼食人。』時帝任用小人，競爲貪暴，殘賊人物，食人之應。尋爲周軍所滅，兵之象也。

又卷八四《北狄傳・突厥》　突厥之先，平涼雜胡也，姓阿史那氏。後魏太武滅沮渠氏，阿史那以五百家奔茹茹，世居金山，工於鐵作。金山狀如兜鍪，俗呼兜鍪爲『突厥』，因以爲號。或云，其先國於西海之上，爲鄰國所滅，男女無少長盡殺之。至一兒，不忍殺，刖足斷臂，棄於大澤中。有一牝狼，每啣肉至其所，此兒因食之，得以不死。其後遂與狼交，狼有孕焉。彼鄰國者，復令人殺此兒，而狼在其側。使者將殺之，其狼若爲神所憑，欻然至於海東，止於山上。其山在高昌西北，下有洞穴，狼入其中，遇得平壤茂草，地方二百餘里。其後狼生十男，其一姓阿史那氏，最賢，遂爲君長，故牙門建狼頭纛，示不忘本也。

唐　張鷟《朝野僉載》卷六　將軍黑齒常之鎮河源軍。城極嚴峻。有

三口狼入營，繞官舍，不知從何而至。軍士射殺。黑齒忌之，移之外。奏討三曲黨項，奉敕許。遂差將軍李謹行充替，謹行到軍，旬日病卒。

宋　歐陽修、宋祁《新唐書》卷三五《五行志》　永徽中，河源軍有狼三，晝入軍門，射之斃。

明　宋濂《元史》卷五一《五行志》　至正十年，彰德境内狼狽爲害，夜如人形，入人家哭，就人懷抱中取小兒食之。

明　陳其力《芸心識餘》卷四《畜狼》　陝北之山多狼，土人取其子以粱肉餧之，久而見人則呼號咆哮。一日，噬其童婢，撲傷之，僕撲，又傷之，家人莫敢制。狼乃援屋越墻，厲震閭閻，傷人而走，引其羣醜，嘯聚疆埸，終莫之遏。《傳》有之曰：戎狄，豺狼，不可玩也。彼以和戎爲利，而反受其毒者，多矣。《芸心聞見録》

明　董説《七國考》卷一三《狼入市》　秦惠王四年，狼入咸陽市。昭王六年，狼又入咸陽市。見《洪範·五行傳》。余按《述異記》云：周幽王時，牛化爲虎，羊化爲狼。洛陽有避狼城。云幽王時，羣臣爲狼食人，故築臺避之。今洛中有狼村，是其處也。

清　王士禎《香祖筆記》卷一〇　乙酉，自濟南至青州諸郡縣，皆有狼災。

清　黄鈞宰《金壺七墨·金壺浪墨》卷六《狼》　同人中禹山最簡默，而善言物狀，時解人頤。濱海多狼，暮行者必攜火器。狼初遇人，尾而嗅之，或銜其衣而曳之。若畏懼走避，必遭齧噬。識其性者，曳之東則東，曳之西則西，狼謂此人馴善，必不逃矣。乘其不意，突出火器以震之，則狼駭而遁，吱吱然窮力狂奔。去之百步而後止，猶立高處怒視此人，以爲大受厥驚云。

藝　文

晉　郭璞《白狼》（引自《漢魏六朝百三家集》卷五七）　矯矯白狼，有道則游。應符變質，乃銜靈鉤。惟德是適，出殷見周。

又《狏狼雍和猴獸》　狏狼之出，兵不外擊。雍和作恐，猴乃流疫。同惡殊災，氣各有適。

元　王惲《秋澗集》卷一〇《驅狼行》　隔溪衆號呼，驚視驅兩狼。竄伏草莽間，毛色隨蒼茫。此物胡爲來，顧眄何揚揚。我觀五行書，據理論災祥。吏貪政暴狼囓人，此説聞自蔡邕與京房。近傳共縣東，殺人食路傍。獸威孰擅恐自爾，竿不擉刃良弓藏。又云村墟去山邇，羣行獵食爲尋常。豺狼當道無所畏，野獸走壙何庸傷。君不見，漢家良吏龔與黄，當年異績何章章。嘉禾朱草滿郊藪，麒麟鳳鳥争翱翔。

圖　表

明　李時珍《本草綱目·圖卷》

狼

清　徐鼎《毛詩名物圖說》卷二

豺

論說

宋　蔡卞《毛詩名物解》卷一〇《豺》　《釋獸》曰：豺，狗足。豺似狗而長尾，白頰，高前廣後，其色黃。季秋取獸四面陳之，以祀其先，世謂之『豺祭獸』。故先王候之以田，《禮記》所謂『豺祭獸，然後田獵』是也。《詩》曰：『取彼譖人，投畀豺虎。豺虎不食，投畀有北。有北不受，投畀有昊。』蓋豺虎以殺爲性，則宜無所不食。有北，北方寒涼不毛之地。今曰豺虎不食，有北不受，且付昊天制其罪，則惡之至也。《記》曰『好賢如緇衣，惡惡如巷伯』，爲是故也。《漢律》：捕虎一，購錢三千；豺一，購錢百。豺虎皆害物之尤者也，故《詩》併言之。俗云豺羣噬虎，言其健猛且衆，可以窘虎也。又曰瘦如豺，豺，柴也，豺體細瘦，故謂之豺。舊說豺獺祭天，又或以謂皆自祭其先云，疑此二物祭帝而其先與之焉。《禮》曰：萬物本乎天，人本乎祖。故曰：人而不祭，豺獺也。

宋　陸佃《埤雅》卷三《豺》　《釋獸》曰：豺，狗足。豺似狗而長尾，白頰，高前廣後，其色黃。季秋取獸四面陳之，以祀其先，世謂之『豺祭獸』。故先王候之以田，《禮記》所謂『豺祭獸，然後田獵』是也。《詩》曰：『取彼譖人，投畀豺虎。豺虎不食，投畀有北。有北不受，投畀有昊。』豺虎以殺爲性，則宜無所不食。有北以載爲德，則宜無所不受。今曰豺虎不食，有北不受，且付昊天制其罪，則惡之至也。《記》曰『好賢如緇衣，惡惡如巷伯』，爲是故也。然是詩地於四方，正言有北者。有北，朔地也。朔地者，寬閑之至。天於四時，正言有昊者。有昊，南天也。南天者，辨察之至。《漢律》：捕虎一，購錢三千；捕豺一，購錢百。豺虎皆害物之尤者，故《詩》併言之。俗云豺羣噬虎，言其健猛且衆，可以窘虎也。又曰瘦如豺，豺，柴也，豺體細瘦，故謂之豺。棘人骨立，謂之柴毀，義取諸此。舊說豺獺祭天，又或以謂皆自祭其先云，疑此二物祭帝而其先與焉。《禮》曰：萬物本乎天，人本乎祖。故曰：人而不祭，豺獺乎？

宋　羅願《爾雅翼》卷一九《豺》　豺似狗，牙如錐，足前矮後高而長尾，其色黃，瘦健。今人稱豺狗霜降之日殺獸，四面陳之，世謂之『祭獸』。《月令》：季秋之月，豺乃祭獸戮禽。蓋鱗屬則獺正月祭魚，羽屬則鷹七月祭鳥，毛屬則豺九月祭獸戮禽。古者禽獸之別，大曰獸，小曰禽。亦曰四足而毛曰獸，二足而羽曰禽。今豺乃狗類，不應捕二足羽物，應以大小爲別爾。先儒以爲，祭與戮者禽獸皆殺之，但獸則殺而又陳，禽則殺之而已，不以爲祭。又曰禽獸初得皆殺而祭之，後得者殺而不祭，詳戮禽之文。在祭獸之後，則是當祭之時，擇大獸而祭之，後乃方殺戮餘禽而食。如云『鷹乃祭鳥，用始行戮』，祭即是殺而不食，不應又有戮而不食之事也。其祭世以爲祭天，而魏蔣濟云：豺獺自祭其先，不祭麒麟。然則亦非祭天也。豺能爲聲，故楚穆王豺聲，而令尹子上知其忍人也。其肉酸，不宜食。蓋食虎者，虎見而畏之，且能却物鬽。食豹令人志性粗，肉消則定。食豺消人脂肉，損人神精。劉子曰：鹿形似馬而迅於馬，豺形似犬而健於犬。國有千金之馬，而無千金之鹿；家有千金之犬，而無千金之豺。以犬馬有用而豺鹿無用也。世傳狗

者豺之舅，豺遇狗輒跪如拜狀，獵者不殺豺，以豺爲同聲。又南方惡豺向人作聲，以爲不祥。《說文》：《漢律》能捕豺貀，購百錢。

清　張必剛《濬元》卷六《豺乃祭獸霜降初候**》**　無才者，獸也。多才者，豺也。天之生豺，所以爲獸衛，非以爲獸戕也。然能衛夫無才者，惟才而能戕。夫無才者，亦惟才惟有戕。夫無才者而生有才之物，亦惟有有才者而能行戕。夫無才者之事，向使豺也，以己之才，不戕獸而衛獸，則天之肥之，當更甚於獸。乃世有肥獸，無肥豺，何也？其天之故瘠之耶？夫豺違於天而天瘠之，獸困於豺而天肥之。豺不肯易戕而爲衛，奈何肯易肥而爲瘠哉？物之如豺之多才者，其亦知所用哉！然豺固知祭，君子謂其得報獸之禮云。

清　許纘曾《寶綸堂稿》卷七《書啓・豺說》　狼性貪而豺爲朋比，故連類而名，謂之豺狼。犬貌獰而豺寔類之，故象形而名，謂之豺狗。豺，長尾，白頰，銳喙，廣尻。其色黄，其文駁，其舉動也乖張而狂悖。當隕霜之日，嚙獐狍而四面陳之，妄祀上帝，皮冠以占獵候焉。其獝，智也，足以偷生。楚人李玉大獵于中山，遇豺數頭，度不能免，乃合爪人立啼號作乞命狀。玉投弓弩爲之改業。其結黨也，足以濟惡，豺聚族而行，俟有猛虎，輒合圍而羣溺之，虎惡其穢，不敢潰圍，遂共嚙而飽其肉焉。人以爲獸之小有才者，故名之曰豺。太史公曰：百獸之屬，麟爲之長，獅爲之魁，虎爲之雄，尚矣。若象能戰，牛能畊，馬能走，駝能負，羊豕足以備燕饗，狐貉足以充衣裘，皆有用于世，貴賤之所必需也。至豺也者，其品第最卑，賦質最下，警不及貍而義不及犬，慧不及猴而黠不及鼠。山藪之間，蠢然一毛蟲耳。而性稟兇殘，縱情饕餮。其見擯于虞衡，不登于俎豆，不録于風詩也，不亦宜哉！

綜述

《爾雅・釋獸》　豺，狗足。注：脚似狗。音義：豺，仕皆反。《字林》云：狼屬，狗足。疏：《說文》云：豺，狼屬，狗聲。郭云：脚似狗，貪殘之獸。《左傳》云：戎狄豺狼，不可厭也。

漢　許慎《說文》卷九　豺，狼屬，狗聲。从豸，才聲。士皆切。

宋　高似孫《剡録》卷一〇《草木禽魚下・豺》　出《山居賦》。《爾雅》曰：豺，狗足。《說文》曰：豺體細瘦，謂之豺。季秋取獸四面陳之，謂之祭獸。嘗行黄沙道中，見一豺與一野豕絶大，爲野丁所奪。

宋　戴侗《六書故》卷一七　豺，士皆切。獸似狗而高大，赤色，善捕獸。獨犲大，羣犲小。別作豺。

明　黄省曾《獸經》　豺祭以獸，其陳也，方秋獵候也。《爾雅》曰：豺，狗足。《說文》曰：狼屬，狗聲。邢昺《爾雅疏》曰：貪殘之獸。《月令》曰：季秋之月，豺祭獸戮禽。又曰：是月也，天子乃教於田獵。《埤雅》曰：豺獺之祭，皆四面陳之，而獺圓布，豺方布。

明　李時珍《本草綱目》卷五一　豺音儕。《唐本草》　釋名：犲狗。時珍曰：按《字說》云：豺能勝其類，又知祭獸，可謂才矣，故字從才。《埤雅》云：豺，柴也，俗名體瘦如豺是矣。集解：時珍曰：豺，處處山中有之，狼屬也，俗名犲狗。其形似狗而頗白，前矮後高而長尾，其體細瘦而健猛，其毛黄褐色而髼鬡，其牙如錐而噬物。群行，虎亦畏之。又喜食羊。其聲如犬，人惡之，以爲引魅不祥。其氣臊臭可惡。羅願云：世傳狗爲豺之舅，見狗輒跪，亦相制耳。

明　穆希文《蟫史集》卷六《豺》　《埤雅》云：豺似狗而長尾，白頰，高前廣後，其色黄。季秋取獸四面陳之，以祀其先，世謂之豺祭獸。故先王候之以田，《禮記》云『豺祭獸，然後田獵』是也。汲冢《周書》云：霜降之日，豺乃祭獸。豺不祭獸，爪牙不良。《蟫史》云：豺獨行者名獨豺，乘見虎睡則遶而溺之，虎不能起，遂噬之。俗云豺群噬虎，言其徤猛且衆，可以窟虎也。俗傳豺舌似棘，舐舌如鋸，骨瘦如豺。豺，柴也。豺體細瘦，故謂之豺。舊説豺獺祭天，或以謂自祭其先，疑二物祭天而先亦與焉。《禮》云：萬物本乎天，人本乎祖。故曰：人而不祭，豺獺不如。《說文》云：豺，狼屬，狗聲，食獸。《字説》曰：豺亦獸也，乃能獲獸，能勝其類，又知以時祭，可謂才矣。《龍門子》曰：豺舌雖狹而有殺虎之能，鼠牙雖尖而有害牛之技。伍子胥曰：豺不爲廉，狼不可親。

明　姚旅《露書》卷一〇　洪洞有豺狗，長如猫大，虎見之即伏，豺跳據其首，取腦而食，虎終不敢動。

明　王圻《稗史彙編》卷一五八《豺》　似狗而長尾，遇狗則拜，獸特

畏之。

清　姚炳　《詩識名解》卷六《豺》　豺，《小雅・巷伯》篇《釋獸》謂豺之足似狗，《説文》以爲其聲亦似之，陸農師云『似狗而長尾，白頰，高前廣後，其色黄』是也。故今人直呼豺狗。舊説狗者豺之舅，遇狗輒跪，如拜伏，此俚語耳。要之，别是一種也。《説文》以豺爲狼屬，蓋從其類。羅瑞良云：食豺消人脂肉，損人神精。蓋豺性本瘦，其理或然也。若狼有狼臅膏，列八珍之數，其皮又可爲裘，而豺則一無所用，是豺又劣於狼矣。舊解豺虎之食人，寒鄉之凍物，非有所擇，言不食不受者，惡之甚也。愚謂如此則極醜詆之詞，即諺所謂狗彘不食其餘者，似非詩人温厚之旨。蓋此譖人無所容於天地之間，必謀所以制之之法計，惟有取而畀豺虎，投有北而已。設使彼若不食不受，則無可如何。姑舉而聽之，昊蒼或者默正其罪，即上章所云『蒼天蒼天，視彼驕人』之意耳，識者斷之。

清　徐鼎　《毛詩名物圖説》卷二　《爾雅》：豺，狗足。郭璞注：脚似狗。《説文》：豺，狼屬，狗聲。邢昺疏：貪殘之獸。《左傳》云：戎狄豺狼，不可厭也。《雅翼》：豺牙如錐，足前矮後高。世傳狗爲豺之舅，見狗輒跪，亦相制耳。《埤雅》：似狗而長尾，白頰，高前廣後，其色黄。季秋取獸，四面陳之以祀其先，世謂之豺祭獸。故先王候之以田，《禮記》所謂『豺祭獸，然後田獵』是也。《詩》曰：『取彼譖人，投畀豺虎。』豺虎以殺爲性，今曰不食，則惡之至也。

清　牟應震　《毛詩物名考》卷二　豺，似犬而小，俗呼曰豺狗。毛黄褐色，尖喙白頰，前矮後高，長尾，細瘦而猛健。其聲似犬，夜吠山峯，聞聲而集，數百合圍麞鹿、野豕之類，無得脱者。居人聞其夜獵，晝往尋之，往往得其棄餘。《夏小正》曰『豺祭獸』，飽而棄之，横陳於野，有似乎祭也，非報之也。鷹祭鳥，獺祭魚，皆然。

清　鄭光祖　《醒世一斑録・雜述》卷五《豺》　虎與狼雖自小豢之，不能易其性，豺則可豢而馴。人入山呼之，使隨，能爲人御惡獸。三豺并力，能食一虎矣。

清　方旭　《蟲薈》卷二《毛蟲・犲》　《爾雅正義》：犲善搏噬羣行，虎亦畏之。旭按：即犲狗也，狀似狗而瘦，尾長，毛黄褐色，其鳴如狗吠。或説獵人誤擊之，多不祥。

圖表

晉　郭璞　《爾雅音圖・釋獸》

明　李時珍　《本草綱目・圖卷》

清 徐鼎《毛詩名物圖說》卷二

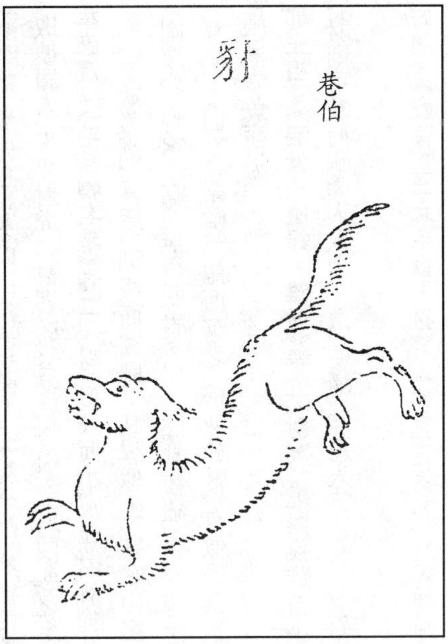

犬 豻

論 說

宋 陸佃《埤雅》卷五《豻》 豻，胡犬也，似狐而小，黑喙，善守。其字从干，《釋言》曰：干，扞也。《記》曰：君子狐青裘豹褎，麛裘青豻褎。豹取制服，豻取扞守也。《周官》：七射豻侯。豻，胡犬也。其守在夷，士以能勝四夷之守爲善，亦其伏節死制而聽命於主士之事也。

宋 羅願《爾雅翼》卷一九《豻》 豻，胡地之野犬也。似狐而小。或云狐犬，謂狐與犬合所生也。字通於犴，古者獄從兩犬，謂争訟之所，以犬守之。而狴犴，又獄名。狴，獸也。犴，即此胡犬也。蓋其防閑過禮，如犬之義。故揚雄《法言》曰：狴犴使人多禮乎？言不能使人多禮，但使不犯足矣。豻古以爲裘，《玉藻》所謂『麛裘青豻褎，絞衣以裼之』者。蓋自狐青裘豹褎、麛裘青豻褎、羔裘豹飾、狐裘皆裼，犬羊之裘不裼，不盡飾也。然則豻雖犬，而與犬異矣。又以爲射侯，而喪車、漆車以爲䄡蓋。王之喪車五乘，木車、青素車、白藻車、黄駹車、赤漆車，黑犬鹿淺。然豻之類，大率象其色。星禽家言犴是猛獸，能食獅子虎豹。今獄中所畫獸首是其象，故曰犴獄云。

綜 述

漢 許慎《説文》卷九 豻，胡地野狗。从豸，干聲。五旰切。 豻，或从犬。《詩》曰：宜犴宜獄。

宋 周去非《嶺外代答》卷九《蠻犬》 蠻犬如獵狗，警而猘。諸蠻以馬互市於横山，皆作茅舍野次，謂之茅寮。率攜一犬以自防，盗莫敢近。

宋 范成大《桂海虞衡志・志獸》 蠻犬，如獵犬，警而猘。

又 鬱林犬，出鬱林州，極高大，垂耳拳毛，與常犬異。

宋 戴侗《六書故》卷一七 犴狴 犴，魚旰、侯旰二切。《説文》曰：胡地野狗也。鄭康成曰：野犬也。《漢書音義》曰：似狐而小，别作豻。狴，蒲毖切。犴狴，獄名也，守之以犬，故與獄俱从犬。《説文》作陛，曰：牢也，所以拘非。从非，陛省聲。 犴狴，犴獄之犴，亦借用厈。《詩》云：宜厈宜獄。

元 陶宗儀《輟耕録》卷七《鷹背狗》 北方凡皂鵰作巢，所在官司必令人窮巢探卵，較其多寡，如一巢而三卵者，置卒守護，日覘視之。及其成觳，一乃狗耳。取以飼養，進之於朝。其狀與狗無異，但耳尾上多毛羽數根而已。田獵之際，鵰則戾天，狗則走陸，所逐同至，名曰鷹背狗。

明 陳懋仁《庶物異名疏》卷二七《射干 野干》 《子虚賦》：騰遠射干。《漢書音義》：射干似狐，能緣木。《升庵外集》：野干，胡地野犬也。干，音幹。佛書多所引喻。《法苑珠林》云：有説爲野干鳴，無説爲獅子吼。仁謂射干即野干。《翻譯名義》云悉伽羅。此云野干似狐而小，形色青黄，如狗羣行，夜鳴如狼。郭璞云：射干能緣木。《廣志》云：巢於絶巖高木也。

清 陸廷燦《南村隨筆》卷四《鷹背犬》 遼東有鷹背犬，乃鷹生三卵，

一鷹、一鵰、一犬也。其犬追逐與鷹俱疾，最爲難得。

清　嵇璜《續通志》卷一八〇　犴，本作豻。北方野狗，似狐而小。陸佃曰：黑喙，善守。

清　俞樾《茶香室三鈔》卷二九《鷹背狗》　無名氏《東園友聞》云：北方凡皂鵰作巢，所在官司必令人窮巢探卵多寡，若三枚，必設置以守之。及其出，乃一狗也。取而飼養之，長則獻於朝廷。與常狗無異，但耳上多羽毛數根耳。田獵之際，鵰則上飛，狗則陸行，所逐同至，名曰鷹背狗。蓋凡物生三子，必有一異，惜人未有聞焉。

獅

論　說

宋　羅願《爾雅翼》卷一八《狻麑》　狻麑如虦貓，食虎豹，即獅子也。蓋虎竊毛謂之虦貓，而《西域傳》注稱獅子似虎，正黄，有髯耏，尾端茸毛大如斗。又《詩》稱『韓土之樂，有貓有虎』。《周書》記武王之狩禽虎二十有二，貓二，則是虎之類也。《穆天子傳》：狻猊日走五百里。其爲物最猛，雖虎豹猶畏之。象至，以鼻卷泥自塗數尺，數數噴鼻隅立，獅子直搏而殺之。宋宗慤伐林邑，以其陣中象多，乃制獅子形與象相禦，象果驚奔，衆潰，遂勝之。魏武嘗經白狼山，得獅子兒以歸，未至洛陽，三十里雞犬皆伏無鳴吠者。其聲聞數十里，産子月餘則教之搏攫。遇其吼時，百獸率走，其子隨吼裂聲，旋加驕勇。故西域樂工或得其筋紐以爲琴絃，混之樂部，適一鼓，而衆樂絲絃皆絶。又謂之虓，《説文》曰：虓，獅子也。

明　何三畏《新刻何氏類鎔》卷三四《獅》　獅子生于聚窟西域，亦生于烏弋條支；獻于大石波斯，亦獻于安息踈勒。形似麟而無角，狀似虎而有髯。毛淺雖僅若戲，尾大乃至逾斗。目光如電，聲吼如雷，常鈎爪而鋸牙，亦彌耳而震口。可以偃草拒樹，可以怖地驚天，可以摧林藪而蕩江河，可以攫熊貔而吞犀豹。故天竺之獅子，三頭而能搏象。巨山之獅子，五色而能食彪。冒頓之獅子，至洛陽而雞犬無喧。西國之獅子，至西安而風雨大作。有一龍者，俄出井内，所以先吼哮而若驚。非一物者，忽跳林中，何以便偃伏而不起。此真鐵額銅頭之獸，而辟邪天鹿之倫也。顧獅子之一噬，能仆百人，而獨恐怖于鈎戟，而反見擒于天鐵熊。乃知獸猛如獅，亦自有制耳。昔梁武帝問獅子之色，黄獅子超，白獅子更超。僧伽梁説獅子之聲，大獅子吼，小獅子亦吼。雲巖師得六出獅子以爲弄，王敬則夢五色獅子以爲騎。而又有獅子座，又有獅子筋。有獅子糞，又有獅子棒。若獅子尾拂者，摇之則夏月蠅蚋之類不敢集其端。若獅子畫圖者，見之則經年病疴之人不覺去其苦。吁！亦異矣哉！

綜　述

《爾雅·釋獸》　狻麑，如虦貓，食虎豹。注：即獅子也，出西域。漢順帝時，踈勒王來獻犎牛及獅子。《穆天子傳》曰：狻猊日走五百里。音義：狻，先官反。麑，字又作猊，牛奚反。犎，音封。日，而一反。疏：即獅子也，出西域。其狀如虦貓，食虎豹，善走者也。郭云『漢順帝時，踈勒王來獻犎牛及獅子』者，案《後漢帝紀》云：孝順帝諱保，安帝之子也。陽嘉三年，踈勒國獻獅子、犎牛。注引《東觀記》曰：踈勒王遣使文時詣闕獻獅子，似虎，正黄，有髯耏，尾端茸毛大如斗。犎牛，其領上肉隆起，若封然，因以名之，即今之峯牛是也。云『《穆天子傳》曰：狻猊日走五百里』，案《穆天子傳》云柏天曰『名獸使足，狻猊、野馬走五百里』是也。

漢　許慎《説文》卷一〇　狻，狻麑，如虦貓，食虎豹者。从犬，夋聲。見《爾雅》。素官切。麑，狻麑，獸也。从鹿，兒聲。五雞切。

晉　束皙《發蒙記》(引自《説郛》卷四六上)　獅子五色，而食虎于巨木之岫。一噬則百人仆，唯畏鈎戟。

唐　段成式《酉陽雜俎》卷一六　師子，釋氏書言，師子筋爲絃，鼓之衆絃皆絶。西域有黑師子、捧師子。集賢校理張希復言，舊有師子尾拂，夏月，蠅蚋不敢集其上。舊説蘇合香，師子糞也。

宋 鄭樵《通志》卷七六 狻麑，《爾雅》云：狻麑，如虦貓，食虎豹。即師子也。漢順帝時，疏勒國獻師子，似虎，正黄，有髯耏，尾端茸毛大如斗。

宋 戴侗《六書故》卷一七 狻 狻，蘇官切。《爾雅》曰：狻麑，如虦貓，食虎豹。釋曰：狻麑，師子也。孟康曰：師子似虎，正黄，有髯耏，尾端茸毛大如斗。狻麑或作狻猊，師子俗作獅子。

明 牛衷《增修埤雅廣要》卷一六《品物門・毛族類・獅》 獅，狻猊也，一名白澤。似虎，正黄，有髯，尾端茸毛大如斗，銅頭鐵色，食虎豹。《博物志》曰：魏武經白狼山逢獅子，忽有一物如貍，跳上獅子頭，獅子伏不敢起，遂殺之，得獅子環，至四十里地，雞犬無鳴吠。宋宗慤討林邑，林邑貝裝被象以戰。慤製獅子形，象奔驚，遂克之。東坡《題陸書獅讚》曰：圓其目，仰其鼻，奮髯吐舌，威見齒舞。其足前，其耳左顧右眄。眄、勉一音。喜見尾，雖猛而和。蓋其戲，岩岩高堂護燕几。啼呼顛沛走百鬼，嗚呼妙哉古陸子。

明 黄省曾《獸經》 虦，獅子也，無角而喜走。司馬彪《續漢書》曰：章和元年，安息國獻獅子，形似麟而無角。《後漢・順帝紀》：陽嘉二年，疏勒國獻獅子、封牛。漢劉珍《東觀漢記》曰：疏勒王盤遣使文時詣闕獻獅子，似虎，正黄，有髯耏，尾端茸毛大如斗。張華《博物志》曰：魏武伐頓冒，得獅子還，至四十里，鷄犬皆無鳴吠。亦曰狻麑。《爾雅》曰：狻麑，如虦貓，食虎豹。郭璞注曰：即獅子也。《穆天子傳》曰：狻麑日走五百里。亦曰白澤。《説文》曰：一名白澤。《瑞應圖記》曰：黄帝巡於東海，白澤出，能言語。賢君德及幽遠則出。

明 盧翰《掌中宇宙》卷一三《禽獸部・獅行日五百里》 獅者，獸中之王，即狻猊也。日能行五百里。一名白澤。其形似虎，色正黄，有髯，尾端茸毛大如斗，銅頭鐵項，能食虎豹等獸。

明 李時珍《本草綱目》卷五一 獅《綱目》 釋名：狻猊、音酸倪。《爾雅》作狻麑。虓。許交切。時珍曰：獅爲百獸長，故謂之獅。虓，象其聲也。梵書謂之僧伽彼。《説文》云：一名白澤。今攷《瑞應圖》白澤能言語，非獅也。集解：時珍曰：獅子出西域，狀如虎而小，黄色，亦如金色猱狗，而頭大尾長。亦有青色者，銅頭鐵額，鉤爪鋸牙，弭耳昂鼻，目光如電，聲吼如雷。有耏髯，牡者尾上茸毛大如斗，日走五百里，爲毛蟲長。怒則威在齒，喜則威在尾。每一吼則百獸辟易，馬皆溺血。《爾雅》言其食虎豹。虞世南言其拉虎吞貔，裂犀分象。陶九成言其食諸禽獸，以氣吹之，羽毛紛落。熊太古言其乳入牛羊馬乳中，皆化成水。雖死後，虎豹不敢食其肉，蠅不敢集其尾。然《博物志》載，魏武帝至白狼山，見物如貍，跳至獅子頭，殺之。《唐史》載，高宗時，伽毗耶國獻天鐵獸，能擒獅、象。則獅雖猛悍，又有制之者也。西域畜之，七日取未開目者調習之，若稍長則難馴矣。

明 張翰《松窗夢語》卷五《鳥獸紀》 西回回貢獅子，狀如小驢，面似虎，身如狼，尾如猫，爪亦如虎。其色純黄，毛較諸獸爲長，而旋轉不若圖繪中形。回回啖以羊肉，與之相狎，置肉于面，獅遂撲面取之。以鐵索繫樁于地，行則携之而去。望見犬羊，則毛竪作威，犬羊遠見即跳躍奔騰，辟易數里。此中國所無，而人所罕見者也。

明 穆希文《蟫史集》卷四《獅子》 《蟫史》云：獅子一名扶拔，一名狻猊，一名白澤，一名虓。銅頭鐵額，鉤爪鋸牙，弭(足)[耳]跪足，目光如電，聲吼如雷，外國所産，毛群之長也。《穆王傳》曰：狻猊日行五百里。孟康曰：獅子似虎，正黄，有髯耏，尾端茸毛大如斗，食虎豹。

又《説原》卷一一 獅子一名白澤，得金精之剛。肉視犀象，孩撫熊羆，紺眼星懸，赤毛熖起，銅爪鐵甲，鋸牙鑿齒。以其尾爲拂，夏月蠅蚊不敢集其上。其糞即蘇合香是也。一名狻猊，食虎豹者。

明 張存紳《增定雅俗稽言》卷三六 狻猊 狻猊，音酸倪，獅也。一名白澤，又名虓。虓，音囂。正黄色，哺其子以涎。一曰獅有乳，以金銀寶器貯之皆漏，惟玻璃則否。獅能食虎豹，凡食有毛之物，舒前足擎定，吹氣一口，則毛自落。獅子終日跳躑，無一刻休。蓋其猛烈之氣不得舒耳。故與之以毬，令其拋弄，以消耗其氣。相傳獅子滚綉毬，以此。説者謂曹操爲人跳易，其笑舞懽弄，至以頭没杯。案上有肴膳皆沾巾幘，亦是其胸中猛烈之氣未得舒耳，有如獅子然，然獅子弄毬，終吞不去。老瞞一生玩弄漢室，止當作大綉毬，既弄之，又竊將去。弘治中，西番貢一獅。又蓄二物，名曰吼，類兔，兩耳尖長。獅作威時，牽吼示之，輒伏不敢動。蓋吼溺著體即腐，故畏之也。世謂獅子吼，非也。第吼聲亦如牛鳴，如曰蛟龍吼，虎大吼，皆聲也。又《博物志》：魏武經白狼山遇獅，忽一物如貍然，跳獅子頭上，獅伏不敢動。疑當吼之類也。吼哮上聲。

明 吴之俊《獅山掌録》卷二〇《狻猊》 狻猊日走五百里，正黄而髯耏，尾端茸尾大如斗，鉤爪鋸牙，彌耳跪足，目如電，聲如雷。虎見之而伏，豹

見之而瞑，羆見之而躍，其名曰虓。

明 劉侗《名物通》卷一〇 獅，《説文》曰：虓，虎交反。《爾雅》曰：狻猊，音酸宜，日走五百里，食虎豹。似虎，正黄，毛淺，尾端有毛大如斗。以其筋爲琴絃，一奏一切絃皆斷。其乳投諸獸乳中，悉化爲水。

清 鄭績《夢幻居畫學簡明》卷五 獅爲百獸長，故謂之獅。毛色有黄，有青，頭大尾長，鈎爪鋸牙，弭耳昂鼻，目光閃電，巨口髟髯，蓬髮冒面，尾上茸毛斗大如毬，周身毛長鬆猱如狗。虞世南言其拉虎吞貔，裂犀分象。其猛悍如此。

清 鄭光祖《醒世一斑録》卷三《物理》 獅産西域。【略】獅身等黄犬，尾如虎而加長，面圓如人。

紀 事

晋 王嘉《拾遺記》卷一 因墀國獻五足獸，狀如獅子；玉錢千緡，其形如環，環重十兩，上有『天壽永吉』之字。問其使者，五足獸是何變化？對曰：東方有解形之民，使頭飛於南海，左手飛於東山，右手飛於西澤，自臍已下兩足孤立。至暮，頭還肩上，兩手遇疾風飄於海外，落玄洲之上，化爲五足獸，則一指爲一足也。其人既失兩手，使傍人割裏肉以爲兩臂，宛然如舊也。因墀國在西域之北，送使者以鐵爲車輪，十年方至。晋及還輪皆絶鋭，莫知其遠近也。

唐 李肇《唐國史補》卷上 開元末，西國獻獅子。至長安西道中，繫于驛樹，樹近井，獅子哮吼若不自安。俄頃，風雷大至，果有龍出井而去。

宋 李昉《太平廣記》卷四四〇《後魏莊帝》 後魏波斯國獻獅子，永安末始達京師。莊帝謂侍中李彧曰：朕聞虎見獅子必伏，可覓試之。於是詔近山郡縣捕虎以進。鞏縣山陽並送二虎一豹，見獅子，悉皆瞑目不敢仰視。園中素有一盲熊，性甚馴善，帝令取試之。虞人牽盲熊至，聞獅子氣，驚怖跳踉，曳鎖而走。帝大笑。出《伽藍記》。

宋 鄭樵《通志》卷一九六《四夷傳》 〔安息國〕漢章帝章和元年，遣使獻師子、符拔。

宋 周密《癸辛雜識續集》卷下《貢獅子》 近有貢獅子者，首類虎，身如狗，青黑色。(官)〔宫〕中以爲不類所畫者，疑非真。其入貢之使遂牽至虎牢之側，虎見之皆俯首帖耳不敢動。獅子遂溺於虎之首，虎亦莫敢動也。以此知爲真獅子焉。唐閻立本畫文殊所騎者，及世俗所裝戲者，爲何物？豈所貢者乃獅子之常，而佛所騎者爲獅子之異品邪？又云：獅子極多力，十餘人挽之始能動。伯機坐中聞杜郎中云。

元 陶宗儀《輟耕録》卷二四《帝廷神獸》 國朝每宴，諸王大臣謂之大聚會。是日，盡出諸獸於萬歲山，若虎、豹、熊、象之屬，一一列置訖，然後獅子至。身才短小，絶類人家所畜金毛猱狗。諸獸見之，畏懼俯伏不敢仰視，氣之相壓也如此。及各飼以雞鴨野味之類，諸獸不免以爪按定，用舌去其毛羽，惟獅子則以掌擎而吹之，毛羽紛然脱落，有若燖洗者，此其所以異於諸獸也。古云：獅子吼，蓋不易於吼，一吼則百獸爲之辟易也。

明 姚旅《露書》卷一〇 萬曆初，西苑有狻猊，狀如虎，尾直長身有半，獻自西番，所養之人留與俱卧起，鎖以鐵柱。有時人侮之，則拽柱悻悻出門去。養者諭以平昔撫養之恩，如何遽舍我，則復歸故處。

明 竇文照《竇子紀聞類編》卷四《獅子》 正德七年，海外貢獅子，盛以大鐵籠。衆攬之，獅怒，火星四出，籠莫能容，遽尋主者。主者至，出腰袋中一物示之，即溺下復舊矣。識者曰：此天牛皮也。

明 田藝蘅《留青日札》卷二九《獅子》 《漢書》：烏弋山離國出獅子。孟康曰：獅子似虎，正黄，有髯耏，尾端茸毛大如斗。《爾雅》：狻猊，如戲貓，食虎豹，日走五百里。此常有，不足異。成化戊戌，西夷貢獅子，家大夫在京師蟲蟻房曾見之。至嘉靖四十二年，又貢，内兄張子文時爲陝西布政使，親見之。云：大抵黄色，如金毛狗，而尾長有威。夷人以鐵索二條鎖之，載以鐵籠。命之當堂放閲，則先將大鐵樁長可六七尺釘没地中，方可帶索放縱，任其盤旋，不使見犬馬之類，恐觸其怒也。夷人與之狎習戲舞，偶一犬失逐過前，即狰獰大吼一聲，草木屋瓦皆震，此犬倉皇驚仆，不知逃避之所。夷人亦大忙迫，遂收之官，日供一羊或牛馬之肉數十斤，須百夫扛荷，且伴送夷人五六十名，甚爲居民之害。夷人言初得小雛二頭，養之而斃其一，此其雄也。又家大夫言京中見飼獅子者，不與活生口，恐觸其怒，雖犬羊亦與死者。

虎遇毛物，必用舌舐去毛而後食，惟獅子則舒前足擊物，吹氣一口，則毛自飛落，雖秋風之捲敗葉，不如是之迅速，此其異耳。故虎豹亦畏之。又陝西老人言，五十年前曾貢一次，與此正相類，則知是成化戊戌嘉峪關所進是也。西域又有黑獅子、捧獅子。其糞名蘇合香。其筋爲絃鼓之，則衆絃皆絶。其尾爲拂子，則夏月蠅蚋不敢集其上。又犬生二子曰獅。又虓一名師子。

清 談遷《國榷》卷一六 〔成祖永樂十三年九月〕戊申，占城貢獅。群臣請賀。上曰：元順帝時，西都桑果葉皆五色黃龍文，嘉禾有一莖至八穗者，五色雲常見。朕與卿等祇敬無怠而已。

清 張岱《夜航船》卷一七《四靈部・走獸》 獅子，一名狻猊。《博物志》：魏武帝伐冒頓，經白狼山，逢獅子，使人格之，殺傷甚衆。忽見一物，自林中出如狸，上帝車軛。獅子將至，便跳上其頭，獅子伏不敢動，遂殺之，得獅子還。來至洛陽三十里，雞犬無鳴吠者。

清 程岱葊《野語》卷八《語屑・獅》 一曰狻猊。近代如竹步、阿丹、忽魯謨斯、土魯番、撒馬兒罕、魯迷、哈烈、黑婁、失剌思、亦思弗罕諸國，皆常入貢。明永樂中，哈烈貢使言，獅生於其國之阿朮河蘆林中，初生目閉，七日始開，土人於目閉時取之調習。其性稍長，即不可馴矣。其形似虎，黑黄色，無斑，首大，口廣，尾尖，聲吼若雷，百獸見之皆伏地，與圖繪所傳不盡合。弘治中，土魯番貢獅。閣臣劉吉言，養獅日用二羊，十歲則七千二百羊矣。守獅日需校尉五十人，一歲一萬八千人矣。若絶其餧養，聽其自斃，傳之千載，實爲美談。帝不聽傳聞。我朝康熙十七年五月，西洋度爾都加利亞國貢獅。尤悔庵賦云：如戲有耏，似麟無角，昂首仰鼻，尖耳圓目，廣臆脩尾，鋸牙鉤足，茸毛如斗，正色如鏃云云。施愚山先生擬應制詩云：聖朝惟尚德，薄海必歸王。却貢安殊俗，獻珍來遠方。游麟常在野，彩鳳已鳴岡。御歷兼三重，乘時集百祥。旅獒誇往事，神獸致遐荒。問產從烏弋，盤山過白狼。尾張逾斗大，力勁作虓强。雄骨毛騂駁，金精色受黄。吞貔憑掉舌，擊象直穿腸。脛挾奔雷走，晴搖駭電光。名徵博物志，賦賴永興祥。踐踏翻林麓，羈縻自漢唐。皇圖寬覆載，異國勇梯航。玩好知無益，懷柔道不忘。吼聲驚虎殪，騰勢想龍翔。檻制蠻奴苦，途經西域長。天顔時顧盼，禁苑命詩章。位置分熊館，威稜壓豹房。依仁靡啖噬，展力窘飛揚。驅戰殲犀兕，鳴鑾媿驌驦。修牙銛似鋸，厚毳密爲裳。率舞隨天仗，馴心習帝鄉。休徵將玉馬，靈族又神羊。服猛餘鴻略，君看靖海疆。後秋獮召獅，搏得兩羆，一重千餘觔，一八百觔。老獅力盡而斃，其所生之子因解所帶鐵球逸去，是夜即出關。

清 俞樾《茶香室叢鈔》卷二三《獅子》 國朝趙學敏《本草拾遺》引《椿園見聞録》云：温都斯坦，西域一大回國，從葉爾羌西南行百日可到。其國西南隅有巨澤，圍數千里。澤中有山，圍逾千里，高入雲天，或曰人間第一高山也。山產獅子，新月皎潔，輒負雛於山中往來，時登山絶頂，望月垂涎，猛飛吞月。有飛去八九里、十餘里，而墜死山谷中者。其國人以豢養獅子爲上户。取之法，擇炮手之最精者開地爲阱，人匿其中，遇有負雛來者，發炮斃之而取其雛。倘一炮不中，則拋山裂石，人無噍類矣。按：獅子爲神物，乃妄思吞月，亦可笑也。日本人安積信艮《齋文略》云：獅子生子，必墜之深谷，能出者育之，不能出者棄而不顧。按：此未知所出，殆其國相傳之俗語乎？

又卷二四《獅弄毬》 南懷仁《坤輿外紀》云：利未亞州多獅，性至傲。遇者亟俯伏，雖至飢不噬。常時病瘧，四日一發，病時躁暴，人不能制，擲以毬，則騰跳轉弄不息。按：《叢鈔》第二十三卷載温都斯坦多獅子，然未及其弄毬也。觀此，知獅之弄毬，非世俗妄説。

藝文

唐 虞世南《獅子賦》（引自《文苑英華》卷一三一） 惟聖皇一作惟皇王。之御歷，乃承天而則大。洽至道於區中，被仁風於海外。通鳳穴以文軌，襲龍庭以冠帶。含夷言於藁街，陳方物於王會。渺渺地角，悠悠嶂表。有絶域之神獸，因重譯而來擾。其所居也，巖磴深阻，盤紆絶峻，翠嶺萬重，瓊崖千仞。馬頓轡而莫升，車摧輪而不進。伊方服之君長，召積風而奉進。爾乃發烏代，過白狼，踰絶巘，跨飛梁。越流沙而遥集，超積石而高驤。其爲狀也，則筋骨糾纏，殊文一作資。異制。闊臆脩尾，勁毫柔毳，鉤爪鋸牙，藏峰蓄鋭，弭耳宛足，伺間借勢。暨乎奮鬣舐脣，倏來忽往。瞋目電曜，發聲雷響。拉虎吞貔，裂犀分象。碎遒兕於斷齶，掘一作屈。巴蛇於指掌。踐藉則

林麓摧殘，哮呼則江河振蕩。是以名將假其容，高人圖其質。罄其威以淩厲，美其風而贊述。鑒倚伏以榮身，乃有識之高軌。彼白猿之騁妙，終取斃於弧矢。雖玄豹之幽棲，亦捐軀於巖趾。並同亡而異術，豈行藏之足紀。何茲獸之明智，獨出處以殊倫。雖奮武以馴勢，乃知機而屈伸。去金方之僻遠，仰玄風之至淳。服猜心與猛氣，遂守一作感。德以依仁。同百獸之率舞，共六擾而來馴。斯則物無定性，從化如神。譬鱗羽變質於淮海，金錫成器於陶鈞。當是時也，兆庶欣矚，一作瞻。百僚嘉歎。悅聲教之遐宣，屬光華之在旦。臣載筆以叨幸，得寓目於奇翫。順文德以呈祥，廼編之於東觀。

唐　牛上士《獅子賦》（引自《文苑英華》卷一三一）

上士曾讀《實録》，貞觀九年，西域進獅子，秘書監虞世南獻賦，前史美之。竊謂一有虞字。公博物洽聞，誠則可重，瓌瑋倜儻，或非所長。欲精體物，乃賦其事。窮汗漫之大荒，當崑崙之南軸。鑠精剛之猛氣，產靈猊之獸族。指千里於崇朝，逾鐵山而往復。非取俊於熊豹，豈方姿於甝虪。張景陽《七命》曰：甝虪。虪，音叔。故其方頤蹙額，隅目高匡，攫地蹲踞，騰空抑揚。簇拳毛以被勁，縷柔毳以爲裳。逢之者碎，犀象聞而頓伏。值之者破，鵰鶚不敢飛翔。哮呼奮迅，而瞋瞲騰振，掌攫攢鈹，口銜霜刃。怒雙睛以電射，一吼威三字一作揭一吼。雷震。似烏獲之摧鋒，疑項王之入陣。及夫朝晡未食，彭鬢奮力，後勁雙瞋，前張闊臆。蹉殊榛以傲睨，跳絶梁而合艶。倏横噬而風馳，乃掉尾而雷息。既飽飫而心和，乃宛頸而帖耳。彷徨於金河之外，生長乎葱山之裏。嘉此獸之奇傑，邈蹻勁而殊材。隨馬牛而内向，順謳歌而竭來。逾烏城之積阻，獻龍闕之崔嵬。資譯人之納貢，弭雄心以效能。何虞者之維縶，驚牙爪之可怖。頓金鎖而長縻，閟鐵牢而永固。悲此生之窘束，懷舊國而愁慕。雖食肉於當年，思盡力而無路。羨文豹之擒鹿，美韓盧之逐兔。伊薄技之見收，而偉材之不顧。聞夫天以煦育爲施，草木皆春。帝以惠訓爲施，猛戾皆仁。夏后氏擾驪龍而伏皂，軒轅氏役熊羆以佐人。此奇獸之爲用，豈無用而來馴。何不校之於搏擊，投之於絶倫，而使之鬱鬱於窮檻，區區於後塵者乎？

明　陳誠《陳竹山先生文集・内篇》卷一《獅子賦》

遂獲異獸，非虎非貔。晶晶瑶首，濯濯金衣。鋸牙鑿齒，秀目長眉。咆哮雷動，迅赤電馳。封猯爲之辟易，猰貐爲之躨跜。爪拏雲其踣鐵，尾窣地其垂絲。視虎狼于纖粟，啗牛羊若醯雞。

明　李時勉《古廉文集》卷一《獅子賦》

偉西域之奇獸，性猛戾而形殊。匪圈束之可制，豈韁紲之能拘。離中國之既遠，固難得而見諸。惟聖皇之御宇，德無遠而不被。越侏儺與左衽，率獻珍而奉贄。豈茲物之是遺，歷重譯而俱至。觀其鈎爪戟利，鑿齒霜潔。首固蜀山之金，額壯昆吾之鐵。紺眼晶熒，蒼髯煜燁。體性稟金精之剛，毛質得中央之色。尾冉冉兮綴裘，腹皎皎兮凝雪。清風飄拂乎柔毳，赤日炫曜于廣臆。哮吼則威聲雷奮，顧盼而目光電激。林谷爲之震動，江河爲之蕩潏。舉趾迅奔則千里倏忽，奮怒揚威而百獸戰慄。萬牛失據，六駮奪魄，貙貓喪氣，猰貐屏跡。白甝懾以奔竄，元熊踼而辟易。捩犀兕以飛涎，磔虎豹而喋血。茲所以爲毛羣之特，而非可致以人力也。昔軒轅之盛時，曾一見於東巡。歷億載以逮茲，幸有生之逢辰。顧西極之綿邈，沐膏澤於皇仁。雄姿弭其如擾，猛氣婉以自馴。固將遠攬騶虞，接跡祥麟。游乎靈囿之内，違夫寂寞之濱。安能蹉跼於哈烈之地，與歲月以因循。爾乃憑祥雲，駕雕闌，涉流沙，踰玉關。倚天路而蹀足，望都城以怡顔。金門曉兮洞開，龍駕儼以臨軒。與方物而並進，伏丹墀以盤桓。珍禽奇獸，固非聖人之所重，而嚮風慕義，乃遠人之所先。亦惟我皇上有懷遠爲近之德，居重馭輕之權。故四遠咸服，中國奠安。仁恩溥洽，而茲獸自致乎苑囿之間。是蓋同符於越裳之貢雉，而實盛德至治之應。豈徒夸以爲奇玩，若赤烏白兔之角端也哉！嗟淺薄其何庸，屢進退於金門。同百辟以拜舞，觀盛美而欣歡。繼頌聲以獻賦，効微衷之惓惓。願皇圖兮鞏固，祝聖壽於萬年。

明　陳敬宗《澹然先生文集》卷一《獅子賦》

絶域之表，金天之西，乃有神異之獸，雄傑魁奇，負剛健之鋭氣，蓄煇赫之嚴威。虎背厥質，麟翼其姿。天骨秀拔，猛勢飈馳。鐵額銅顱，翠鬣蒼髯。發聲而驚雷震，瞋目而赫電飛。柔毳豐茸，勁毫銛錐，霜牙鋸列，利爪鈎持。故能拉虎豹，吞熊羆，裂犴猊，搏象犀。偉哉！獅之爲獸，真足以爲百獸之雄傑，盛世之威儀也。方其始生也，金精降靈，太皞資德。三光被其華彩，百神贊其威力。振鬣而萬壑風生，屹立而千山夜寂，眈視而六丁膽懾，睥睨而羣獸辟易。觀其陟崇岡，走峻坂，凌莽野，越重澗，倏俯首而念之曰：天道好仁而惡暴。聖主除暴以

施仁，故萬邦無梗化之國，四海靡違□之臣，歸馬放牛，戢武脩文，亦何敢恃羣雄之威，矜絶倫之力，逞雄遐陬而不得旅四靈於上國也。爾乃伏猛潛暴，革心從化。朝游芝囿之中，暮宿蘭林之下。飢飡瑶草，渴飲醴泉。肅步武而中度，和鳴聲而弗喧。於是四方之人載顧載瞻，既忻既忭。擾之弗驚，馴若素豢。罘網不加，羈絏靡絆。載之華軒，文采粲粲。踰崑崙，越西極，歷萬里而來庭，奉珍璧而偕獻。於時祥飇沕穆，慶雲炳焕。開天門兮九重，回重瞳之屢眄。揚百辟以縱觀，溢頌聲而嘉贊。惟我聖皇，乘六龍以御天，大一統而無外。皇威震於蠻貊，仁聲播於海岱。九土以寗，萬方咸戴。由是三光明，泰階平，四時序而百穀成，醴泉出而芝草生。騶虞産於林谷，麒麟見乎郊坰，以至文貍赤豹白兔神麀之瑞，亦莫不疊見而畢呈。今兹西域之遐，雄獸復出，蓋以彰聖德之皇皇，神武之赫赫。物無猛而弗至，人無遠而弗格也。臣恭覩盛美，豈勝欣懌，遂稽首以獻賦，祝聖壽於萬億。

明　葉盛《菉竹堂稿》卷二《獅子》　東巡當日見軒皇，西域今來被寵光。十萬毛群皆辟易，可應人説獸中皇。

明　夏言《獅子》（引自《佩文齋詠物詩選》卷三九九）　金眸玉爪目懸星，羣獸聞知盡駭驚。怒懾熊羆威凛凛，雄驅虎豹氣英英。曾聞西國常馴養，今出中華應太平。却羡文殊能服爾，穩騎駕馭下天京。

雜録

南朝梁　任昉《述異記》卷上　南金山有獅子禽，其毛黄赤而光鮮，耳小。若鳴時，地動石裂。

宋　釋贊寧《東坡先生物類相感志》卷九《獅子伏象》　南海巨獸，莫大乎象，其性兇孛，物莫觸犯，蝱粉可致，或見獅子，由鼠憚憚捕也。昔宋殽伐林邑，以獅子威伏百獸。乃製其形，林邑大象驚散，遂（客）［克］林邑也。

清　王棠《燕在閣知新録》卷三《獅子吼》　獅子吼。吼，小獸名，形類兔，兩耳尖長。獅作威時，即牽吼視之，獅服不敢動。恐吼溺着體即腐也。吼又畏鴻，鴻鳴則服不敢動。俗謂獅吼，乃降服獅子之吼耳。

圖表

晉　郭璞《爾雅音圖・釋獸》

明　李時珍《本草綱目・圖卷》

象

論説

宋　陸佃《埤雅》卷四《象》　象，南越大獸，長鼻牙，望前如後，三年一乳行孕，肉兼十牛。命在其鼻，其所食物皆以鼻取之。蓋獸之象以鼻致用而不以口，天之象以氣致用而不以言，故天之象與獸之象同字。且今服馴巨象，以小斧刃斲之，其金瘡見星月即合，又若與垂象宜應，其理抑有不可得而推者。舊説象之所在，其土必豐。又云象性久識，能浮水出没。假令正月建寅，即膽在虎肉，唯鼻是其本肉。膽不附肝，隨月轉，在諸肉。體具十二少肉。鼻端有小爪，可以拾鍼。或曰膽隨四時在足，春在前膊左，夏在前膊右，如龜定體也。其牙生花，必因雷聲，故古者以爲器飾。《左傳》曰：象有齒以焚其身，賄也。《字説》曰：象齒感雷，莫之爲而文生；天象亦感氣，莫之爲而文生。人於象齒也，服而象焉。於天象也，象而服焉。像，象之也。《周官》：玉路以祀，象路以朝。玉，仁也。象，義也。仁者，人也。義者，道也。故象路一名道車。弁師掌皮弁，會五采玉璂，象邸。玉璂，以況基德。而象邸，即莊周所謂『託宿於義』者也。《詩》曰『佩其象揥』，正言象揥者，明有義也以駮，其君褊急趨利，無德以將之。袁子曰：虎頭高峙，豨頭尖鋭，鹿頭側長，犀頭高廣。一曰：龍象六十歲骨方足。今荆象色黑，兩牙，江豬也。

宋　羅願《爾雅翼》卷一八《象》　南方之美者，有梁山之犀象焉。象長鼻牙，南越之大獸，獸之最大者，形體特詭。或曰身有百獸肉，皆自有分段，唯鼻是其本肉。鼻肉爲炙，肥脆，小類豬而含滑。《吕氏春秋》曰：肉之美者，髦象之約。三歲一乳。其身倍數牛，而目不踰豕。鼻長六七尺，大如臂，所食物皆以鼻取之。或食芻，必再三整齊乃食。能別道之虚實，稍虚輒不肯過。故晉時帝行，則以象車導引，以試橋梁。故象難獲者，以其陷阱不能試也。其鼻端有爪形，得之可以拾鍼若磁石。肉有十二屬，其膽不附肝，隨身轉諸獸肉中，正月建寅在虎肉上之類。其牙長一尺，每雷震，必倉卒間似花暴出，逡巡隱没。仙方合丹忌雷震驚，以象牙夾丹竈得雷聲，乃能發光。其齒歲脱，猶愛惜之，掘地而藏焉。削木爲僞齒，潛往易之，覺則不藏故處。身毒馴者教能拜起周章從人意，聽言則跪。古者軍旅有象，以其牙足恃也。王尋等圍昆陽，亦驅虎、豹、犀、象之屬。楚昭王奔隨，使子期執燧象以奔吴師。蓋周有服不氏掌養猛獸，而皐蕃教擾之。古者軍旅皆有猛獸爲備，顧後世不能擾而用之爾。燧象者，繫燧於象尾，視敵所嚮而縱之，象迫於火，肆其力奔突以犯吴師。齊田單之火牛，其遺意也。象性妬有別，不畜淫子。嶺南羣象，行人不甚畏，尤畏孤象。蓋孤象是象中之敗羣者，衆所不容，無所發其怒，故尤可畏。按：世言物象，蓋取於象，凡有數義。夫物之形有首有尾若象者，望頭如尾，迎之不見其首，隨之不見其後，有混成之象。一曰：象感雷而齒文生有象焉。一曰：象有進止威儀之象，浮屠取之。一曰：斧象者見星月而没，亦合於天象。如韓非則以爲世人不識生象，得死象而髣象之耳。蓋象之合於物象，不一而足也。《春秋運斗樞》曰：瑶光之精散爲象。南蕃船上多以象皮鞔鼓，鼓長而頭尖，狀如棗核，謂之檳榔鼓。《説文》：豫，象之大者。賈侍中説不害於物，或作舒余。

明　張萱《疑耀》卷三《象》　世言象膽隨四時在四足，亦未必然。劉跂《暇日記》載，象營三象死，剖之，其二膽果在足，其一膽在腹中，歲已亥。今象房象死，余往詢之，膽亦在腹中也。聞象具十二肖肉，惟鼻是其本肉。膽隨月轉在諸肉，正月建寅即膽在虎肉。其説又不同，未詳孰是。劉跂云象肉觔理段段不相屬，則誠有之。又云味亦各異，故世言象肉千味，亦未必然也。

明　何三畏《新刻何氏類鎔》卷三四《象》　青象多生于御陀國、楚越之間，白象多生于大食國、拂林之地。象子三歲而一乳，象孕五歲而始生。象之膽在腿，隨四時而流。象之骨包身，待六十年而足。望頭如尾，動徙如丘。其肉能兼十牛，其目不踰一豕。其任重也若馬，其蹈土也若耕。其鼻可以擊人，其牙可以作笏，其皮可以爲甲，其脂可以爲油。此南山之美者，所以見稱。而南海之馴者，所以作貢也。昔在舜田則象耕于蒼梧之野，在禹穴則象耕于會稽之祠。日南之象，各有雌雄。安邑之象，一能拜跪。明皇引象于

御樓，以樂按之而觀其舞。魏祖得象于吴國，以舟載之而知其斤。文單之象放之于荆山之陽，南越之象養之爲越人之騎。若元魏所獻乹羅之象，逢樹即拔，遇墻即倒者，太后遂令徙之。而周澄國所表訶伽之象，身運五足，首垂四牙者，高宗且勞遣之矣。聞之河南有象莊，洛陽有象石，環王國有象洞，永橋南有象坊，交趾有象奴，林邑有象陣。而安南之象，人有鬬訟者，行立而嗅之，即能辨其曲直。驃國之象，人有争訟者，焚香而跪之，令自思其是非。則象雖蠢形，亦屬靈物。而人有得象鼻者，争云象如春杵。得象耳者，争云象如簸箕。此于象未得其全，僅摹其一。而又有罕見生象之軀第，得死象之骨而役役然，按其圖以想其生者，又非世之所謂想象者哉！

綜述

漢 許慎《説文》卷九 象，長鼻牙，南越大獸，三年一乳。象耳牙四足之形。凡象之屬，皆从象。徐兩切。豫，象之大者。賈侍中説不害於物。从象，予聲。羊茹切。

唐 段成式《酉陽雜俎》卷一六 象，舊説象性久識，見其子皮必泣，一枚重千斤。釋氏書言，象七久柱地六牙，牙生理必因雷聲。又言，龍象六十歲骨方足。今荆地象色黑，兩牙，江猪也。咸亨三年，周澄國遣使上表，言訶伽國有白象，首垂四牙，身運五足。象之所在，其土必豐。以水洗牙，飲之愈疾。請發兵迎取。象膽，隨四時在四腿，春在前左，夏在前右，如龜無定體也。鼻端有爪，可拾針。肉有十二般，惟鼻是其本肉。陶貞白言，夏日合藥，宜置象牙於藥旁。南人言象妬，惡犬聲。獵者裹糧登高樹，搆熊巢伺之。有群象過，則爲犬聲，悉舉鼻吼叫，循守不復去，或經五六日，困倒其下，因潛殺之。耳後有穴，薄如鼓皮，一刺而斃，胸前小横骨，灰之酒服，令人能浮水出没。食其肉，令人體重。古訓言，象孕五歲始生。

唐 段公路《北户録》卷二《象鼻炙》 廣之屬城循州、雷州，皆産黑象，牙小而紅，堪爲笏裁，亦不下舶上來者。陶貞白云：凡夏月治藥，亦宜以象牙置邊。土人捕之，争食其鼻。云肥脆，偏堪爲炙，滋味小類猪之含消。今之炙也。亦不知一割牛心、猩猩脣之美也。愚按：鱕子林反。魚兩味，犀有五肉，象有十二肉，其膽隨月轉耳。陳藏器云：唯鼻是其本肉，諸即雜肉。凡象白者西天有之。五真臘有戰象五千頭。《會要》云。又供御陁國有青象，皆中夏無也。梁翔法師云：象一名伽郍。古訓云：象孕子，五歲始生。《山海經》云：性妬，不畜淫子。《西域記》云：有一僧行遇羣象，上樹避之。象隨倒樹，負之至林中，有一病象，足瘡而卧。引沙門手至所苦處，乃竹刺。沙門爲拔去之，裂裳與裹。俄頃，一象持金函授病象，病象轉授沙門，發視之，乃佛牙也。又《萬歲歷》曰：成帝咸康六年，臨邑獻象，一知跪拜。《博物志》曰：日南四象各有雌雄，其一雌死，百有餘日，其雄泥土著身，獨不飲酒食肉。長吏問，輒流涕有哀狀。

唐 劉恂《嶺表録異》卷上 象肉有十二種，合十二屬，膽不附肝，隨月轉在諸肉中，假如正月建寅，膽在虎肉上，餘月率同此例。案《説郛》引此條，虎肉作尻肉，考十二屬中寅爲虎，故寅月當在虎肉，作尻非是。《物類相感志》引此句亦作虎肉。今從原本，附識於此。廣之屬郡潮、循州多野象，潮、循人或捕得象，争食其鼻，云肥脆，尤堪作炙。

宋 彭乘《墨客揮犀》卷三 漳州漳浦縣地連潮陽，素多象，往往十數爲羣，然不爲害。惟獨象遇之，逐人，蹂踐至骨肉糜碎，乃去。蓋獨象乃衆象中最獷悍，不爲羣象所容者，故遇之則忿而害人。

宋 李石《續博物志》卷三 環王國野象一牡管三十餘牝，牝者牙纔二尺，迭供牡者水草，卧則環守牡象，死共埋之，號吼其處乃散。

宋 周去非《嶺外代答》卷九《禽獸門·象》 交阯山中有石室，唯一路可入，周圍皆石壁。交人先置芻豆于中，驅一雌馴象入焉。乃布甘蔗于道，以誘野象。象來食蔗，則縱馴雌入野象羣，誘之以歸。既入，因以巨石窒其門。野象飢甚，人乃緣石壁飼馴雌，野象見雌得飼，始雖畏之，終亦狎而求飼。益狎，人乃鞭之以箠。少馴，則乘而制之。凡制象必以鈎。交人之馴象也，正跨其頸，手執鐵鈎，以鈎其頭。欲象左，鈎頭右。欲右，鈎左。欲却，鈎額。欲前，不鈎。欲象跪伏，以鈎正案其腦，復重案之，痛而號鳴，人見其號也，遂以爲象能聲喏焉。人見其羣立而行列齊也，不知其有鈎以前却左右之也。蓋象之爲獸也，形雖大而不勝痛，故人得以數寸之鈎馴之，久久亦解人

意。見乘象者來，低頭跪膝，人登其頸，則奮而起行。象頭不可俯頸，不可回，口隱於頤，去地猶遠。其飲食運動，一以鼻爲用。鼻端深大，可以開闔。其中又有小肉夾，雖芥子亦可拾也。每以鼻取食，即就爪甲擊去泥垢，而後捲以入口。其飲水，亦以鼻吸而捲納諸口。村落小民新芻熟，野象逐香而來，以鼻破壁而入飲，人之大患也。象足如柱，無指而有爪甲，登高山，下峻阪，渡深水。其形擁腫而乃捷甚，交人呼而驅之，似能與之言者。貢象之役，一象不甚馴，未幾病死，呻吟數日將死，回首指南而斃。其能正邱首如此，是亦非凡獸也。欽州境内亦有之。象行必有熟路，人於路傍木上施機刃，下屬于地，象行觸機，機刃下擊其身，苟中其要害必死。將死，以牙觸石折之，知牙之爲身災也。苟非要害，則負刃而行，肉潰刃脱乃已。非其要害而傷其鼻者亦死，蓋其日用無非鼻，傷之則療不可合，能致死也。亦有設陷穽殺之者，去熟路丈餘，側斜攻土以爲穽，使路如舊，而象行不疑，乃墮穽中。世傳象能先知地之虛實，非也。第所經行，必無虛土耳。象目細，畏火。象羣所在，最害禾稼。人倉卒不能刺，以長竹繫火逐之，乃退。象能害人，羣象雖多不足畏，惟可畏者，獨象也。不容於羣，故獨行無畏。遇人必肆其毒，以鼻捲人擲殺，則以足蹴人血透肌，而以鼻吸飲人血。人殺一象，衆飽其肉。惟鼻肉最美，爛而納諸糟邱，片腐之，食物之一雋也。象皮可以爲甲，堅甚。人或條截其皮，硾直而乾之，治以爲杖，至堅善云。

宋　范成大《桂海虞衡志·志獸》　象出交趾山谷，惟雄者則兩牙。佛書云『白象』，又云『六牙』，今無有。

元　黎崱《安南志畧》卷一五《象》　林邑出象，其出還於占城，俗以象駝載。今有布政郡，乃古日角象裕縣也。土豪殺令立國曰林邑。宋理宗時，安南貢象，公卿上表賀。太學生獻詩：三象都來八尺高，江潮萬里幾民勞。公卿盡上昇平表，惟有鯫生誦旅獒。至元丙子，朝廷平宋驛桂，始近安南，屢貢焉。雄者兩牙，雌無之。力辛丁鼻，王命人物以鬬勝負。取象者，以驅其雌入山後，以甘蔗誘其雄至，設穽以陷。初甚咆哮，收教之，漸解人意。過節，禮儀奴以錦覆象背，令跪拜。國主喪，則被錦鞍，流淚成旬。性極靈，居山林，每雄擁雌四五十以爲强。好飲酒，以鼻穿山民壁，飲盡而氣不損。若二者行，得一物而均分之。喜浴於江，月夜戲浮水，及歸林，民從後擊鑼鼓，喊閃驚之，羣象争走徑路狹處，陷溝壑中不能起，民刺殺之。其牙紋色浄麗，自死及退落之牙不以爲貴。林邑人殺象，象怒，布陣以圈人，人斫樹，取衣掛樹枝，緣他樹而走。象見衣，以爲人，有以鼻汲水灌樹，其樹倒，不見人，怒路碎其衣而去。象病，首必向南而死。肉粗，連皮煮易熟，牙笋足掌肉稍佳。

明　黄衷《海語》卷中《象》　象嗜稼，凡引類于田，必次畝而食，不亂蹂也。未旬，即數頃盡矣。島夷以孤豚縛籠中，懸諸深樹，孤豚被縛，喔喔不絶聲，象聞而怖，又引類而遁，不敢近稼矣。夫體巨而力强者，物莫象若。佛書言『菩薩之力，譬如龍象』，是匹龍也。孤豚之聲，乃怖而遁之，島夷之術奇矣。抑何所受耶？噫！世之屏目任耳而自致疑懼者，獨象也乎哉！象足骨直無屈曲處，膽隨四時周流四腿。鼻端有爪，可拾針。耳後有穴，薄如鼓皮，一刺而斃。認其子之皮，則泣。惟牙最貴重，然亦不切於服食器用也。番夷歲貢驛遞，疲於供需。明王謹嚴，好尚此物，置之無用之地，惟以有齒焚身作吏戒耳。

明　黄省曾《獸經》　象之膽，春前左，而夏前右。《説文》曰：象長鼻牙，南越之大獸，三歲一乳。《異物志》曰：象身倍數牛，而(用)〔目〕不如豕，鼻長六七尺，大如臂，其所食物皆以鼻取之。沈懷遠《南越志》曰：象牙長丈餘，脱其牙則深藏之，削木代之，可得。《圖經》曰：象有十二種肉，配十二辰屬，雖鼻是其肉。又膽不附肝，隋則在諸肉間。(浮)〔淳〕化中，上苑一馴象斃。太宗命取膽，不獲。使問徐鉉，鉉曰：當在前左足。既而剖足，果得。又問其故，鉉曰：象膽隨四時，今其斃在春，故知在是也。

明　李時珍《本草綱目》卷五一　象宋《開寶》　釋名：時珍曰：許慎《説文》云：象字篆文，象耳、牙、鼻、足之形。王安石《字説》云：象牙感雷而文生，天象感氣而文生，故天象亦用此字。《南越志》云：象聞雷聲則牙花暴出，逡巡復没。古語云：犀因望月紋生角，象爲聞雷花發牙。伽耶。出《北户録》。集解：頌曰：《爾雅》云：南方之美者，有梁山之犀、象焉。今多出交趾、潮、循諸州。彼人捕得，争食其肉，云肥堪作炙。陳藏器云：象具十二生肖肉，各有分段，惟鼻是其本肉，炙食、糟食更美。又膽不附肝，隨月在諸肉間，如正月即在虎肉也。徐鉉云：象膽隨四時，春在前左足，夏在前右足，秋後左足，冬後右足也。淳化中，一象春斃。太宗命取膽不獲，使問鉉，鉉以此對，果得于前左足。世傳荆蠻山中亦有野象，然楚、粵之象皆青黑，惟西方拂林、大食諸國乃多白象。樊綽《雲南記》皆言其事。時珍曰：象出交、廣、雲南及西域諸國。野象多至成羣，番人皆畜以服重，酋長則飾而乘之。有灰、白二色，形體擁腫，面目醜陋。大者身長丈餘，高稱之，

大六尺許。肉倍數牛，目纔若豕。四足如柱，無指而有爪甲。行則先移左足，卧則以臂著地。其頭不能俯，其頸不能回，其耳下軃，其鼻大如臂，下垂至地。鼻端甚深，可以開合，中有小肉爪，能拾針芥。食物飲水皆以鼻卷入口，一身之力皆在於鼻，故傷之則死。耳後有穴，薄如鼓皮，刺之亦死。口内有食齒，兩吻出兩牙夾鼻，雄者長六七尺，雌者纔尺餘耳。交牝則在水中，以胸相貼，與諸獸不同。許慎云：三年一乳。古訓云：五歲始產，六十年骨方足，其性能久識。嗜芻、豆、甘蔗與酒，而畏烟火、獅子、巴蛇。南人殺野象，多設機穽以陷之，或埋象鞋於路，以貫其足。捕生象則以雌象爲媒而誘獲之，飼而狎之，久則漸解人言。使象奴牧之，制之以鉤，左右前脚罔不如命也。其皮可作甲鞔鼓，濕時切條，可貫器物。甄權曰：西域重象牙，用飾牀座，中國貴之以爲笏。象每蜕牙，自埋藏之，崑崙諸國人以木牙潛易取焉。《日華》曰：象蹄底似犀，可作帶。

明　張恭懿《松窗夢語》卷五《鳥獸紀》　象産南越，獸之最大者，其身數倍于牛，而目深如豕。鼻長五六尺，狀如懸臂，食飲恃之。惟雄者有牙，長三四尺，歲周一易。能別道途虛實，稍虛輒止，故夷人難獲，以陷阱不能試也。馴習者，能起伏舞蹈，鼻作簫聲，足作鼓聲。人欲乘者，懸足送之而上。象奴以鐵鉤制耳，以鐵索繫足，遂悉從人意。今京師馴象，所畜三十餘，皆如鼠色，無一白者，常朝列奉天門外，大朝飾錦載寶以壯朝儀。

明　穆希文《說原》卷一一　象性久識，見其子皮必泣。牙生埋，必因雷聲。其膽隨四時在四腿，春前左，夏前右。鼻端有爪，可拾針。肉有二十般，唯鼻是本肉。耳後有穴至薄皮，一刺而斃。胸前小横骨，灰之酒服，能浮水出没。食其肉，令人體重。其負孕，必五月而生。

明　陳禹謨《說儲》卷二一　象膽隨四時在足，世所知也，實不然。象體具十二生肖，唯鼻是本肉，膽不附肝，每隨月轉。假令正月建寅，即膽在其虎肉。見《埤雅》。昔有宦粤西者，土舍殺象享之，知膽不應四時，則《埤雅》之說信矣。熊膽隨時而轉，春在首，夏在腹，秋在左足，冬在右足。蚺蛇膽隨日而轉，上旬近頭，中旬在心，下旬近尾。

明　竇文照《竇子紀聞類編》卷四《象》　《廣州記》曰：廣之循州、雷州皆産象，惟雄者則兩牙。人捕之，争食其鼻，肥脆偏堪爲炙。象有十二肉，惟鼻是其本肉。象孕子，五歲始生。每一象死，方有二牙。舊傳謂每歲一换牙者，非也。其牙以標而殺者上也，自死而取者次也，死於山中久者則又下矣。

明　吴楚材《疆識略》卷三一　象，南越大獸，三歲一乳，又云五歲。《運斗樞》云：樞光散爲象。命在鼻，凡食物皆以鼻取之。斧刃金瘡，見星月即合。

明　劉侗《名物通》卷一〇　象，肉有二十種，膽不附肝，隨月轉在諸肉。《本草》云：身有百獸肉，背自有分頭。惟鼻是其本肉，鼻爲口役，望頭若尾。有六牙，《易經》取以象六爻。嗜稼，凡引類於田，必次畝而食，不亂蹂也。

明　徐炬《新鐫古今事物原始全書》卷二七《象》　象以齒美而見焚，軀以殼靈而見灼。象之鼻牙俱長，三年一乳，頭不可俯，頸不可回，運用以鼻。將死，以牙觸石，以牙爲身害也。其口隱於頤，一身之力皆在鼻，遇食以鼻捲之。其足有爪無指，登山涉水甚捷，畏鼠入鼻。膽不在腹。淳化間，上苑象斃。太宗命取膽不獲，問徐鉉，鉉曰：在前左足。既而剖之，果得。又問其故，鉉曰：象膽隨四時，死在春，故知前左足。象産於交趾。白象出西竺、弗林、大食諸國。

明　方以智《物理小識》卷一〇　象，吴華《視聽抄》言鄭文振云：象畏烟，人以長竿接炬禦之。目惡蠅蚋，有日色則不出。南方以木鞋置錐，覆草而穽之。西海河渚有悉唐水如膏，色黑，惟牛角盛之不漏。人塗於樹，象拂之則不去。崑崙奴塗身，則乘象而歸。梁翔法師云：西域呼象爲伽郍。浮水俯仰合交，孕子五歲乃生。鼻肉甚脆，鼻端有似爪形者，得之可以拾針，力勝磁石。其牙以鹽煮之，自耎能制恠，《周禮》貫榆是也。雲南人家養象負重。潮州象牙小而紅，馬挐莫大巴國象至大，其牙有重二百斤者。田世臣言象膽有三，其二膽在足，其一不在足。徐鉉、張萱之說可以合徵。

清　姚炳《詩識名解》卷五《象》　象，《鄘風・君子偕老》篇《南州異物志》云：象鼻長六七尺，大如臂，其所食物，皆以取之。俗傳象牙歲脱，猶愛惜之，掘地而藏之，人欲取，當作假牙，潛往易之，覺則不藏故處是也。又具十二生肖肉，各有分段，惟鼻是其本肉。膽不附肝，隨月在諸肉間，其異於他物如此。《傳》謂象服，尊者所以爲飾，蓋即鄭氏所云褕翟、闕翟之類也。《正義》誤解《傳》意，以爲言服則非揥，明以象骨飾服，惟尊者爲然，則真書傳之所未聞矣。嚴華谷云：翟皆刻繒以象鳥羽，故謂之象翟是也。《臯陶謨》所

謂『予欲觀古人之象，日月星辰諸屬』是其明證。《字説》以爲，人於象齒也，服而象焉；於天象也，象而服焉。二語殊不可解。揥，摘髮具。《正義》謂以象骨搔首，因以爲飾，名爲揥。嚴華谷辨之云：若摘爲摘取之義，則鑷子矣。搔首之摘，因以爲飾者，若今之篦兒也。何元子云：整髮釵也。愚按：揥若即篦，亦非佩物，疑所謂整髮釵近是。古禮服有玉瑱無象揥，今並舉之，或是燕居之飾歟？象骨即象牙，古通稱齒。《左傳》『象齒焚身』，又『羽毛齒革，君地生焉』，皆是。漢後始易稱牙。《釋文》云：牙，植牙也，隨形言之。蓋象口中自有食齒，惟兩吻出，兩牙夾鼻，所謂植牙是矣。

《魏風・葛屨》篇象揥自是華飾，偕老與玉瑱對舉，固侈言其盛，非簡樸之物可知。此詩下有『維是』一轉，則上正言服飾威儀之美，無譏刺意。何元子泥魏俗儉嗇，謂婦人雜佩不一，今惟象揥見其簡樸，無華之甚，非是。《詩詁》謂女子著於首，男子佩之。按：摘髮固男子所有事，而《詩》兩言象揥皆屬婦人，且書傳不聞男子佩揥之事。陳用之，又謂有事則爲飾，無事則佩，亦贅語。

《小雅・采薇》篇弭是弓之兩頭所以上弦鈎結之處，以象骨飾之，取其滑也。弓弰無解轡之理，鄭氏誤耳。《釋器》云：弓有緣者謂之弓，謂繳束而漆之；無緣者謂之弭，謂不以繁束骨飾兩頭者也。而李巡謂骨飾兩頭曰弓，不以骨飾曰弭，則象弭二字何以連文？又郭璞《毛詩拾遺》云：弭者，弓之別名，以象牙爲之。今西方有以犀角及器角爲弓者，則似謂純以象骨爲之矣。俱非。

清　陸廷燦《南村隨筆》卷三《象》　象牙生理，必因雷聲。象膽隨四時在四腿。肉有十二般，唯鼻是本肉。惟惡犬聲，聞則舉鼻吼叫，循守不去，獵者伺其困而取之。耳後有穴，薄如鼓皮，一刺而斃。胸前小横骨，灰之酒服，令人能浮水出没。古訓言象孕五歲而生。又畏鼠，遇有鼠穴之處，以足踏之，不肯移步。又畏猪，見猪則奔避。象之大者曰豫。

清　嵇璜《續通志》卷一八〇　象之爲獸，形體特詭，身倍數牛，目不逾豕，鼻爲口役，望頭若尾。馴良承教，聽言則跪。素牙至潔，載籍所美。服重致遠，行如丘徙。有灰、白二色，出交廣、雲南及西域諸國。鼻大如臂，下垂至地，鼻端甚深，可以開合，中有小肉爪，能拾針芥，食物飲水皆以鼻。《春秋運斗樞》云：瑶光星散而爲象。又《援神契》：神靈滋液，百寶爲用，則白象至。又《説文》云：象，南越之大獸，三歲一乳。

清　周廣業《過夏雜録》卷六《象》　象者，南越大獸。其字象牙耳四足之形，聖人作《易》取之，瞍以名子，秦以號郡，由來舊矣。然多力難致，人罕得見。海賈名爲白暗，甚貴之。【略】經所稱象箸、象輅、象笏、象弭之類，皆指其牙也。今則通用，不甚珍異。《酉陽雜俎》云：大象百頭，頭有十才。佛書又言，普賢乘六牙白象。唐李嶠賦象詩亦曰：六牙行致遠，千葉奉高居。今京師有巨象，可折十橋，形畧如豕，灰色，踈毛，冬則盡脱，皮如厲癩，鼻長委地，兩牙横出二三尺許，或交於鼻前。《説文》：牙，牡齒也，象上下相錯之形。《釋名》以爲樝牙。蓋象有牙，復有齒，故《左傳》稱『象齒焚身』。二牙特其最長且露者，曰六曰十，乃并齒計之。【略】順成門内象房各有象奴，謹事之，當知其詳。宋至道中，詔問大食國貢使取象法。對云：用象媒誘致，以繩漸羈縛之。或云：伺其出入之處，掘坎鋪薄板覆草其上，往往墮入，漸以甘蔗等物餌之，乃聽人指使。身具十二生肖肉，惟鼻是己肉，其力亦全在鼻。耳後有穴，薄如鼓皮，一刺即斃。象膽隨四時在足。三歲一乳。最大者爲豫。

清　鄭光祖《醒世一斑録》卷三《物理》　象生南方，人設陷阱困之，象解人意要求，馴服而用之。有終不見許而至死者。苟一首肯，必不違約，聽人驅使如牛馬矣。象爲獸中最大，鼠爲最小，乃象反畏鼠，可知極盛者必含不足也。象肉千味，謂其膂、背、腿、足之肉，塊塊各别，無同味者。膽在四足，春、夏、秋、冬各居一足。四足無指而有爪，各八，合爲三十二，象棋之數，以此。

清　鄭績《夢幻居畫學簡明》卷五　象，灰、白二色，身長丈餘，高六七尺，目纔若豕，四足如柱，無指而有爪甲。行則先移左足，卧則以臂着地。其頭不可俯，其頸不能回，其耳下嚲，其鼻大如臂，下垂至地，鼻端甚深，可以開合，中有小肉爪，能拾針芥，食物飲水皆以鼻卷入口，一身之力皆在于鼻。口内有食齒，兩吻出兩牙夾鼻。雄者長六七尺，雌者纔尺餘。番人畜之，出入乘騎負重。蓋象爲天地間一大笨之物，形體擁腫，面目醜陋。

清　徐鼎《毛詩名物圖説》卷二　《説文》：象，長鼻牙，南越之大獸，三歲一乳。《嶺表録異》：象肉有二十種。象膽不附肝，隨月轉在諸

肉。楚越之間，象皆青黑，惟西方弗林、大食多白象。雲南豪族多畜象，負重致遠，若中國之牛馬。沈懷遠《南越志》：象牙長丈餘，脱其牙則深藏之。削木代之，可得，不爾，窮其土，得乃已。《埤雅》：其所食物皆以其鼻取之。蓋其牙生花，必因雷聲，故古者以爲器飾。《左傳》云：象有齒以焚其身，賄也。

紀事

《左傳·定公四年》 鍼尹固與王同舟，王使執燧象以奔吴師。注：燒火燧繫象尾，使赴吴師，驚却之。疏：注《正義》曰：賈逵云：燧，火燧也。象，象獸也。以火繫其尾，使奔吴師，驚却其衆，使王得脱。杜用其説也。禮有金燧、木燧，皆取火之物，故以燧名火也。《説文》云：象，長牙鼻，南越之大獸也。《南州異物志》云：象身倍數牛，而目則如豕，其鼻長七八尺，其所食物皆鼻取之。性馴良，爲人所養，夷人服乘之。《史記·大宛傳》曰：身毒國其民皆乘象以戰。是象可調馴，楚近南邊，故有此象。王將涉睢，吴師來偪，故使以火繫象尾，令突吴師，使驚馬却之。執燧象者，既繫火於尾，執而牽向吴師，乃放之。

晉　張華《博物志》卷三　昔日南貢四象，各有雌雄。其一雄死于九真，及至南海百有餘日，其雌塗土著身，不飲食茲草。長史問其所以，聞之輒流涕矣。

南朝宋　劉敬叔《異苑》卷三　始興郡陽山縣有人行田，忽遇一象，以鼻卷之，遥入深山。見一象，脚有巨刺，此人牽挽得出，病者即起，相與躑陸，狀若歡喜。前象復載人就一污濕地，以鼻掘出數條長牙，送還本處。彼境田稼常爲象所困，其象俗呼爲大客。因語云：我田稼在此，恒爲大客所犯。若念我者，勿復見侵。便見躑躅如有馴解。於是，一家業田絶無其患。

南朝梁　沈約《宋書》卷二八《符瑞志》　白象者，人君自養有節則至。宋文帝元嘉元年十二月丙辰，白象見零陵洮陽。元嘉六年三月丁亥，白象見安成安復，江州刺史南譙王義宣以聞。漢武帝元狩二年三月，南越獻馴象。

又卷三一《五行志》　宋順帝昇明元年，象三頭度蔡洲，暴稻穀及園野。

又卷七四《沈攸之傳》　時有象三頭至江陵城北數里，攸之自出格殺之，忽有流矢集攸之馬障泥，其後刺客事發。

又卷七六《宗慤傳》　元嘉二十二年，伐林邑，慤自奮請行。義恭舉慤有膽勇，乃除振武將軍，爲安西參軍蕭景憲軍副，隨交州刺史檀和之圍區粟城。林邑遣將范毗沙達來救區粟，和之遣偏軍拒之，爲賊所敗。又遣慤，慤乃分軍爲數道，偃旗潛進，討破之，拔區粟，入象浦。林邑王范陽邁傾國來拒，以具裝被象，前後無際，士卒不能當。慤曰：『吾聞師子威服百獸。』乃製其形，與象相禦，象果驚奔，衆因潰散，遂克林邑。

南朝梁　蕭子顯《南齊書》卷一八《祥瑞志》　〔永明〕十一年，白象九頭見武昌。

唐　李延壽《南史》卷八《梁紀》　〔元帝承聖元年十二月〕淮南有野象數百，壞人室廬。

北齊　魏收《魏書》卷一一二《靈徵志》　天平四年八月，有巨象至於南兗州，碭郡民陳天愛以告，送京師，大赦改年。王者自養有節則至。

唐　張鷟《朝野僉載》卷六　安南有象，闞有理者即過，負心者以鼻卷之，擲空中數丈，以牙接之，應時碎矣，莫敢競者。

唐　劉恂《嶺表録異》卷下　明皇所教之象，天寶之亂，禄山大宴諸酋，出象給之曰：此自南海奔至，以吾有天命，雖異類見必拜舞。左右教之，象皆怒目不動，終不肯拜。禄山怒，盡殺之。出曾慥《類説》。

五代　劉昫《舊唐書》卷一二《德宗紀》　〔大曆十四年〕丁亥，詔文單國所獻舞象三十二，令放荆山之陽，五坊鷹犬皆放之，出宫女百餘人。

宋　李昉《太平廣記》卷四四一《象·白象》　後魏洛水橋南道東有白象坊。白象者，永平二年乾陁羅國所獻。背設五采屏風，七寶坐床，容數十人，真是異物。常養于乘黄。象常曾壞屋毁墻，走出于外，逢樹即拔，遇墻亦倒。百姓驚怖，奔走交馳。太后遂徙象於此坊。出《伽藍記》。

宋　錢儼《吴越備史》卷二　秋七月，有象入信安境。王命兵士取之，圈而育焉。

宋　洪邁《夷堅志·丁志》卷一〇《潮州象》　乾道七年，縉雲陳田義自閩入廣，省其父提舶。過潮陽，見土人言，比歲惠州太守挈家從福州赴官，道出于此。此地多野象，數百爲羣。方秋成之際，鄉民畏其蹂食禾稻，張設

陷穽於田間，使不可犯。象不得食，甚忿怒，遂舉群合閫惠中於中門，半日不解，惠之迓卒一二百人，相視無所施力。太守家人窘懼，至有驚死者。保伍悟象意，亟率衆負稻穀積于四旁，象望見猶不顧。所積滿欲，始解圍往食之，其禍乃脱。蓋象以計取食，故攻其所必救。尨然異類，有智如此。然爲潮之害，端不在鰐魚下也。

宋　佚名《**江南餘載**》**卷下**　元宗時，海國進象數頭，皆能拜舞山呼。

元　脱脱《**宋史**》**卷一**《**太祖紀**》〔乾德〕二年春正月辛巳，諭郡國長吏勸農耕作。有象入南陽，虞人殺之，以齒革來獻。

又卷六六《**五行志**》　建隆三年，有象至黄陂縣匿林中，食民苗稼，又至安、復、襄、唐州踐民田，遣使捕之；明年十二月，於南陽縣獲之，獻其齒革。乾德二年五月，有象至澧陽、安鄉等縣；又有象涉江入華容縣，直過闤闠門；又有象至澧州澧陽縣城北乾德四年八月，普州兔食禾。五年，有象自至京師。

又　乾道七年，潮州野象數百食稼，農設穽田間，象不得食，率其羣圍行道車馬，斂穀食之，乃去。

又卷二八七《**李昌齡傳**》　雷、化、新、白、惠、恩等州山林有羣象，民能取其牙，官禁不得賣。

明　陳禹謨《**説儲**》**卷五**　昔日南貢象，一雄死于九真，雌者塗土著身，不飲食莖草。又象見子皮則泣，物情何必殊于人情。

清　趙翼《**檐曝雜記**》**卷三**《**象**》　璞函隨經略至猛拱，每晨起途中，多有糞堆如小塚，土人云野象糞也。其象不受人驅策，故謂之野象，必誘而馴之，始供役。誘之之法，掘地坑，布席而土覆之若平地，數百人鑼鼓銃礮驅象過而陷之。象體重而坑深陡，不能出也，則餓之數日，然後問之肯給役否。象點頭，則劚其坑前地，迤邐斜上，使步而出。一點頭，則終身受人役，不復變，蓋象性最信也。負重有力，一象能馱千斤礮一位，故緬人出兵隨路有礮也。象不點頭，則不使出，餓數日，再問之，亦有餓死而終不點頭者。

清　鄭光祖《**醒世一斑録・雜述**》**卷六**《**象**》　高宗純皇帝八旬萬壽，乾隆五十五年八月十三日。南夷接踵來朝，貢象不一。有母象懷孕，至滇省城産一小象如驢。觀者湧塞，母象怒而出走市中，遮檐屋角如摧枯拉朽。象奴急趕上攔回，比登程北上。小象行遠而鳴，母象鼻捲上背負之而前。其過橋梁，必先以鼻試，鼻按不動，過必無妨。督衙前大石板下水流汩汩，被試立折。其食竹枝稻柴，悉資鼻捲拭，去泥沙而入於口。飲水亦先以鼻吸彎轉入口，飲之省中，賣水者大桶貯水店口，象過鼻一抹而涸。有饋桶梨，亦先資鼻貯而入於口，以頸不能轉側下俯故也。其四足臃腫直立，後腿彎曲向前，與牛馬異。身高約丈，大可十倍於牛。小眼大耳，兩牙前出五六尺，鼻從中掛舒捲伸縮，惟意所欲。然鼻皆脆骨，苟有所傷，即死不救。但畏獅，若虎豹熊羆力皆可勝。生長南方暖地，强使北行，實失其性，多有斃於中途者，其死直立不仆。至京師馴養食禄，冬寒栗烈，製衣禦之。朝會則供儀仗，喻意通靈，出人意表。夏浴巨川性發，牝牡交於深淵，不令人見，亦無孕者。

藝　文

晉　郭璞《**象**》（**引自**《**漢魏六朝百三家集**》**卷五七**）　象實魁梧，體巨貌詭。肉兼十牛，目不踰豕。望頭如尾，動若丘徙。

唐　李嶠《**李嶠雜咏**》**卷上**《**祥獸部十首・象**》　鬱林開郡畢，睢陽作貢初。萬推方演夢，惠子正焚書。執燧奔吴域，量舟入魏墟。六牙行致遠，千葉奉高居。

宋　吴淑《**事類賦**》**卷二〇**《**象**》　南方之美者，梁山之犀象焉。出《爾雅》。周澄上言可洗之而療疾，《唐書》曰：高宗時，周澄國遣使上表云：訶伽國有白象，既有威靈，又弭災患。以水洗牙，飲之愈疾。請發兵迎取以獻。上曰：無益之源不可不遏，勞其使而遣之。蒼舒有智亦秤之而刻船。見《舟賦》『蒼舒秤象』注。則有束刃於鼻，《三國典略》曰：周軍逼江陵，梁人出戰。梁以二象被之，以甲束刃於鼻，令崑崙奴馭之以戰，楊忠射之，象反走。繫燧於尾。《左傳》曰：吴伐楚，鍼尹固與王同舟，王使執燧象以奔吴師。雖質大於牛，《文子》曰：見象之牙，知大於牛。而目不逾豨。萬震《南州異物志》曰：象之爲獸，形體特詭，身倍數牛，目不逾豨，鼻爲口役，望頭如尾，服重致遠，行如山徙。初一乳而三年，《説文》曰：象三年一乳。卒焚身而以齒。《左傳》曰：象有齒以焚身。若乃放於荆山之陽，《唐書》曰：永徽以來，文單國累獻馴象凡三十二，皆豢於禁中，頗有善舞者。德宗即位，以爲物性不遂，放於荆山之陽。養之

皋澤之中，《晉諸公讚》曰：晉時南越獻象，養之皋澤之中。雖禀精於瑶光，《春秋運斗樞》曰：瑶光星散而爲象。終見制於越童。《論衡》曰：夫十圍之牛爲牧豎所驅，長仞之象爲越童所鉤。至若出伊水之長洲，王韶之《始興記》曰：伊水有洲，洲廣十里，有羣象、野牛。生乾陀之異域。《後魏書》曰：乾陀國好征戰，有鬭象七百頭，十人乘一象背執兵。膽隨月轉，《嶺表異録》曰：象肉有十二種，膽附肝，隨月轉在諸肉。鼻爲口役。見上『目不逾豨』注。遇師子而必奔，《宋書》曰：宗慤伐南蠻，蠻人以其裝被象前後無際，慤以師子能服百獸，乃令舞師子於陣前，象皆返走，遂破之。顧脱牙而尚惜。《異物志》曰：象牙歲脱，猶愛惜，掘地藏之，人作假牙潛易之。見皮而泣，蔣濟《萬機論》曰：莊周婦死而歌，夫象見子皮而泣，周何忍哉！争鼻而食。《嶺表異録》曰：潮、循人捕得象，争食其鼻，云肥美。臨刑既聞於泣血，《晉諸公讚》曰：晉時南越致馴象，後象以鼻擊害人，有司啓殺之，象泣血流地不敢動，於是悉還越。喪雌亦致於漣洏。《博物志》曰：象各有雌雄，其一雌死，百有餘日，其雄泥土塗身，獨不飲酒食肉。或問其所以，輒流涕若有哀狀。出九真與日南，《吴録地理經》曰：九真郡多象，日南亦饒之。耕蒼梧及會稽。《帝王世紀》曰：舜葬蒼梧下，有羣象耕田。入彼夢思，既見災於張茂；《晉書》曰：張茂嘗夢大象，以問萬推。推曰：當爲太守而不能善。夫象者大獸，獸者，守也。而以齒焚身，後必爲人所殺。茂後爲吴興郡守，值王敦問鼎，執正不移，故滅之。俾之率舞，亦歸功於賀齊。《吴書》曰：賀齊爲新都太守，孫權出祖道作樂舞象。權謂齊曰：今定天下，使殊俗貢珍狡獸率舞，非君而誰也。

明 李時勉《古廉文集》卷一《白象賦》

炎海之濱，和氣薰蒸，山川毓秀，瑶光降精，祥氛瑞靄，煜煜熒熒，而奇獸於是生焉。其色皓潔，厥狀瓌奇，脩牙玉潤，柔毳霜披。燭青霄而有燿，瑩白璧而無疵。浥甘露以澤質，餐沆瀣以充飢。峥嶸乎宇宙，掩映乎朝曦。鼓舞踴躍，風迴電馳。爾乃出林谷，離嶔嶬，游廣澤，憇郊陲，祥煙被體，白日凝輝。長鳴而山谷震，昂首而絮雲霏。濯清流於碧海，斂素彩於咸池。行大陸而莫蔽，步皓月其誰知。若乃賦性易馴，任力莫敵。動若嶽徙，止猶冰積。恍雪山之峩峩，訝瑶島之奕奕。首不以觸，齒不以齰。其産也固由乎天造，其致也不藉乎人力。進退步趨，必由於規矩；蹈舞跪起，寧勞於訓飭。巴蛇爲之斂暴，文犀爲之辟易。兹蓋異於伊水之長洲，豈獨産於弗林之大食。使姬旦見之，應獨驅於虎豹。軒轅得之，亦何羨乎白澤。此其所以罕聞於前古，而兩見於今日也。爾乃綿首燦爛，羅絡玲瓏，掖以羣類，從以胥童。顧盼炳煜，步履從容。辭荒服之遠徼，獻蓬萊之新宫。豈比夫深山之麋鹿，徒接跡於蒿蓬。固當以麒麟而爲侣，慶盛世之遭逢。游靈囿以自適，沐膏澤於無窮。

明 葉盛《菉竹堂稿》卷二《白象》

炎州人訝雪山來，柔毳脩牙絶点埃。曾見齋宫時饗後，親馱法駕饗春雷。

明 陳敬宗《澹然先生文集》卷六一《瑞象賦》

永樂十九年秋九月三日庚戌，占城國以瑞象來獻。體負奇文，燦若列宿，姿狀豐偉，華嚴可愛，誠爲國家上瑞。臣恭覩盛事，豈勝忻躍，謹拜手稽首以獻賦曰：繄瑞事之孔多兮，偉兹象之特奇。華乾坤之至和兮，妙神化之巧施。蜕凡質而胚秀兮，羌靡素而匪緇。錯二采之昭彰兮，白黑焕其陸離。其狀則俯懸垂玉之鼻，仰凌昂霄之顱，静屹負嶽之趾，動移回山之軀。勢雄百獸，氣横九區。其文則燦若列星之耀芒，郁若春雲之翳空，皎若雪花之晶熒，瑩若玉玦之玲瓏。或疊如連錢，或輳如聯璧。間之黑章，元英如漆。錯綜密疏，布置如奕。奇形異狀，莫罄殫悉。想其初生也，瑶光降精，百神効靈。慶雲垂輝，祥飈穆清。山川爲之增麗，日月爲之晶明。及其出也，既狎而馴擾之不驚，飲甘露之瓊液，飡金芝之玉英。犀兕不得偕其偶，熊羆不敢爲其朋。然後知其爲盛世之嘉瑞，太平之休禎也。於是衣文繡，垂珠纓，被錦韉，鏘和鈴。偕遠人而入貢，重九譯而來庭。於時天門洞開，冕旒當宸。虎臣赫赫，文辟濟濟。覩兹獸之聿至式，載拜而載起，爰却而前，率蹈以舞。進不踰規，退不失度。瞻靈囿之有歸，依玉階而徐步。式昭斌斌之文，爰著桓桓之武。兹豈不足爲禽獸之雄，四靈之伍也耶？於穆聖皇，統御萬邦。功高前古，德冠百王。際天極地，悉臣悉妾。九夷八蠻，罔不梯航。海宇甯謐，民物阜康。由是和氣充溢，鬱爲佳祥。麒麟騶虞之瑞，醴泉甘露之禎，駢臻而疊至，猶未足以副上天之眷愛我皇也。乃復甄奇，毓秀瑞象。是呈匪於邇邦，爰自又以彰神化之靡物。弗成奠國，祚於泰山。

清 趙文哲《娵隅集》卷四《鳥獸中，鸚鵡、孔雀、猨、象四者，皆中土所罕見而夷地則多有，各賦一詩·野象》

是物龐然大，居游木石中。形先欺虎豹，性不嗜雞蟲。臨陣奔何數，當階舞最工。莫猜野心在，服教獸從同。

清 永瑆《詒晉齋集》卷三《象》

犧尊同設日，犀瑱作規初。齒喻邱明傳，髦稱吕氏書。取花羅衛國，耕地會稽墟。屏綵高張處，峩峩七寶居。

圖表

明 李時珍《本草綱目·圖卷》

清 徐鼎《毛詩名物圖説》卷二

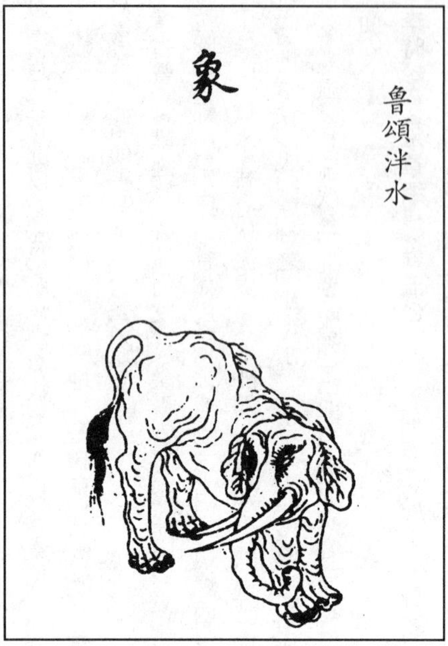

駱駝

綜述

唐 段成式《酉陽雜俎》卷一六 駝，性羞。《木蘭篇》『明駝千里脚』，多誤作鳴字。駝卧，腹不貼地，屈足漏明，則行千里。

宋 陸佃《埤雅》卷四《駝》 《義訓》曰：牛之聲曰牟，駝之聲曰圂。駝卧，腹不貼地，屈足漏明，則行千里。背有肉鞍如峯，長頸高脚，善負。知泉脉所在，遇處輒停不行。其糞煙直上，如狼煙也。又知風候。段氏云：駝亦齝。今其毛縟温厚煖於狐貉，極堪禦寒。遇夏，常退毛至盡，乃能避熱。故古者冬取皮於狐類而裘成，夏取毛於駝類而褐成也。《金柯要訣》曰：行之善者，如龜，如龍，如馬，如駝，如鷹，如鴈。

宋 羅願《爾雅翼》卷二二《駞》 駞，外國之奇畜，背有兩封如鞍，其足三節，色蒼褐，負物至千斤，日行三百里。凡欲捧載，輒先屈足受之，所載未盡其量，終不起。古語謂之橐佗。橐，囊也。佗，負荷也。今云駱駞，蓋橐音之轉。性能知水源。自燉煌往外國者多乘之，涉流沙千餘里中無水，時有伏流處，駞獨知之，遇其處，輒停不進，以足蹄地，掘之，常得泉。又青海西北有流沙數百里，夏有熱風，傷斃行旅。風將至，老駞預知之，引項而鳴，聚立，以鼻口埋沙中。人見則知之，以氈蔽口鼻而避其患。《穆天子傳》曰：天子飲于文山之下，文山之人獻牥牛二百，以行流沙。郭氏云：駞也。匈奴每歲龍祠走馬，鬬橐駞以爲樂事。蘇秦説楚威王，稱燕代橐駞、良馬必實外廐，是戰國時已入中國矣。其卧，腹不帖地，屈足漏明者，曰明駞，能行千里。《古樂府》云：明駞千里足，送兒還故鄉。多誤作鳴字。唐天寶間，嶺南貢荔枝，楊貴妃使明駞使馳賜安禄山。明駞使日馳五百里，取若駞足之捷云。明駞，亦或作鳴駞。凡駞糞爲煙，直若狼煙。《鄴中記》：銅駞如馬，形長，高一丈，足如牛尾，長二尺，脊如馬鞍，在中陽門外夾道相向。《漢書》：大月氏國

出一封橐駞。顏師古曰：脊上有一封，封言隆高若封土。今俗呼爲封牛。《伊尹朝獻商書》：正北以橐駞爲獻。漢有牧橐令丞牧養橐佗。郭璞贊曰：駞爲奇畜，肉鞍是被。迅騖流沙，顯功絶地。潛識泉源，微乎其智。駞鳴曰圂。《漢舊儀》云：諸侯王黄金璽，橐佗鈕。

明　黄省曾　《獸經》　駞智而安。《漢書·月氏》注曰：橐駞脊上若封土然。晉陸翽《鄴中記》曰：脊如馬鞍。《博物志》曰：燉煌西渡流沙，往外國千里餘中，無水，時有伏流處，人不能知，橐駞知水脉，過其處，輒停不行，以足踏地，人於所踏處掘之，則得水。《後周·四夷傳》曰：流沙四百里，夏日多熱風。其風欲至，唯老駝知之，即預鳴而驟之，埋其口於沙中，是謂智而安。

明　李時珍　《本草綱目》卷五〇　駝宋《開寶》　釋名：橐駝、《漢書》駱駝。時珍曰：駝能負囊橐，故名，方音訛爲駱駝也。集解：《馬志》曰：野駝、家駝生塞北、河西，其脂在兩峯内，入藥俱可。頌曰：野駝，今惟西北番界有之。家駝，則此中人家蓄養生息者，入藥不及野駝。時珍曰：駝狀如馬，其頭似羊，長項垂耳，脚有三節，背有兩肉峯如鞍形，有蒼、褐、黄、紫數色。其聲曰圂，其食亦齝。其性耐寒惡熱，故夏至退毛至盡，毛可爲氈。其糞烟亦直上如狼烟。其力能負重，可至千斤，日行二三百里。又能知泉源水脈風候，凡伏流人所不知，駝以足踏處即得之。流沙夏多熱風，行旅遇之即死。風將至，駝必聚鳴，埋口鼻於沙中，人以爲驗也。其卧而腹不著地，屈足露明者，名明駝，最能行遠。于闐有風脚駝，其疾如風，日行千里。土番有獨峯駝。《西域傳》云：大月氏出一封駝，脊上有一峯隆起若封土，故俗呼爲封牛，亦曰犝牛。《穆天子傳》謂之物牛，《爾雅》謂之犦牛。嶺南徐聞縣及海康皆出之。《南史》云：滑國有兩脚駝。諸家所未聞也。

明　穆希文　《蟫史集》卷五《橐駝》　《蟫史》云：橐駝，一名駱駝。《説文》云：駝，負荷也。熊負囊橐，故曰橐駝。背有兩峯如鞍，名曰駝峯。駝足三節，長頸，色蒼褐。負物千斤，屈足受之，載未盡量，終不起。卧腹不帖地，屈足漏明者，名明駝，日行千里。能知泉脉所在，以足踣地，掘之得泉。《埤雅》云：駝大如水牛，長頸高脚，紫色，垂耳，脊上有一封者、二封者。能負千斤，知泉脉所在。天將風，引頸而鳴。其糞烟直上如狼烟也。《義訓》云：牛之聲曰牟，駝之聲曰圂。《酉陽雜俎》曰：駝亦齝。今其毛褥温厚，煖于狐貉，遇夏常退毛至盡，乃能辟熱。故古冬取皮于狐類而裘，成夏取毛於駝類而褐成也。《山海經》云：陽光之山多駝，善行沙中，日行三百里，負千斤。《木蘭篇》云『明駝千里脚』，言駝卧腹不帖地，屈足漏明，則行千里。《漢書》曰：大月氏出一封橐駝。注云：脊上有一封。封，高也，若封土然。《異戎志》曰：西南夷國出石橐駝，腹下出水，飲之令人身白。《孔帖》曰：南蠻寶利佛逝有橐駝，豹文而犀角，且耒且耕，名曰牛駝豹。《郁離子》曰：知風莫過于老駝，識路莫逾于老馬。

明　張存紳　《增定雅俗稽言》卷三五　明駝　駱駝，一名橐駝，言能負橐囊而馱物也。《木蘭詞》：願借明駝千里足，送兒還故鄉。或解明作鳴，非也。駝卧，腹不貼地，屈足漏明，日走千里，故曰明駝。唐置驛有明駝使，楊貴妃私發明駝使賜禄山荔枝，見小説。又《朝野僉載》：後魏隴西李氏，恐不得與四姓列，乘明駝星夜入洛。皆是物也。一曰：明駝者，眼下有毛，能夜明，日行五百里。未知是否？《博物志》：流沙外國千餘里無水，駝知伏流處，以足跑地，掘之得水。背有肉鞍，號駝峯，味極佳，負物可千斤。鄙諺云：駱駝倒地三百斤。亦寓言也。舊傳安禄山三百五十斤，司馬保八百斤，孟業一千斤，然則駝之三百斤亦未足多也。

明　吴之俊　《獅山掌録》卷二〇《駝足漏明》　駝卧，腹不着地，屈足漏明，則走千里。故唐制：邊塞軍機，則發明駝使。

又卷二一《風脚駝》　于闐有小鹿，角細而長，與駝交生子曰風脚駝，日行七百里，其疾如風。

明　劉侗　《名物通》卷一〇　駱駝，背名肉屏兩箇自對，卧腹不貼地，屈足漏明，則行千里。出大月氏，知水脉，頭似羊，頸身似馬。

明　方以智　《物理小識》卷一〇　橐駝，燉煌西渡流沙，雖無水，時時有伏流。駝知水脈則不行，以足踣地，必得泉。其曰明駝者，以卧地腹不帖地也。塞外有熱風甚毒，駞知之，則以口入沙。拘夷國去燉煌三萬里，其國有駱駝溺，金銀鐵器盛之皆漏，惟瓠葉盛之不漏，最化物。

又《通雅》卷四六　犝，封駝也。大月氏有封駝，背上有肉峯，呼爲犎牛。《相如傳》言犝牨，牨即犎牛也。駱駞本有肉鞍，或其類更有高者。《爾雅》謂之犦牛。《穆天子傳》謂之物牛。《南史》滑國有兩腳駝，蓋有怪駝，時而人立耳。

清　愛新覺羅·弘曆　《清朝通志》卷一二六　安塔哈，即野駱駝也，似

驢而差小，項下垂癭毛，産朔北野馬川。見《日下舊聞考》。

清　方旭《**蟲薈**》**卷二**《**毛蟲・玉駝**》　《拾遺記》：周靈王時，韓房自渠胥國來獻玉駝，高五丈。

又《**風脚駝**》　《洽聞記》：于闐有小鹿與駝交，生風脚駝，日行七百里。

又《**飛駱駝**》　《癸辛雜識》：西域雪山有飛駱駝。

又《**石駱駝**》　《異域志》：石駱駝腹下出水，飲之令人色白，西南夷有之。《異苑》：西域苟夷國有石駱駝，腹下出水，以杯盞及手承取，即便對過。惟葫蘆承取，則得飲之，令人身體香浄而成仙。

紀事

晉　張華《**博物志**》**卷八**　齊桓公出，因與管仲故道，自燉煌西涉流沙往外國。沙石千餘里中無水，時則有沃流處，人莫能知，皆乘駱駝，駱駝知水脈，遇其處，輒停不肯行，以足蹋地。人于其蹋處掘之，輒得水。

唐　李延壽《**北史**》**卷九七**《**西域傳**》　且末國，都且末城，在鄯善西，去代八千三百二十里。真君三年，鄯善王比龍避沮渠安周之難，率國人之半奔且末。後役屬鄯善。且末西北有流沙數百里，夏日有熱風，爲行旅之患。風之所至，唯老駝預知之，即嗔而聚立，埋其口鼻於沙中。人每以爲候，亦即將氈擁蔽鼻口。其風迅駃，斯須過盡，若不防者，必至危斃。

宋　蔡絛《**鐵圍山叢談**》**卷六**　唐人説江東不識橐駞，謂是盧山精，況今南粤，宜未嘗過五嶺也。頃因雲擾後，有北客驅馳橐駞來。吾時在博白，博白人小大爲鼓舞，争欲一識。客輒闔户蔽障，丐取十數金，即許一入。如是，遍歷瀕海諸郡，藉橐駞致富矣。後橐駞因瘴癘死，其家如喪其怙恃。

明　楊慎《**升庵集**》**卷五二**《**明駝使**》　《木蘭辭》：願借明駝千里足，送兒還故鄉。今本或改明作鳴，非也。駝卧，腹不帖地，屈足漏明，則走千里，故曰明駝。唐制驛置有明駝使，非邊塞軍機，不得擅發。楊妃私發明駝使，賜安禄山茘枝。見小説。

著録

宋　王堯臣《**崇文總目**》**卷六**　《論駞經》一卷。《醫駞方》一卷。闕

宋　鄭樵《**通志**》**卷六六**　論《駞經》一卷。《醫駞方》一卷。闕

元　脱脱《**宋史**》**卷二〇七**《**藝文志**》　《論駞經》一卷。《療駞經》一卷。《醫駞方》一卷。

藝文

晉　郭璞《**橐駝**》（**引自**《**漢魏六朝百三家集**》**卷五七**）　駝惟奇畜，肉鞍是被。迅景流沙，顯功絶地。潛識泉源，微乎其智。

宋　梅堯臣《**宛陵集**》**卷三一**《**橐駞**》　鳴駞出西域，銜尾自連連。漢驛凌雲去，邊人踏雪牽。常時識風候，過漬辨沙泉。老覺肉封側，猶蒙錦帕鮮。

元　王逢《**梧溪集**》**卷三**《**歎病駝**》　狂夫東游乘白騾，道路適遇病橐駝。紫毛無復好容色，肉鞍尚聳雙坡陀。南人從來不夢此，私怪目擊臨干戈。泉渠元自控蕃落，天苑畢竟連銀河。吴郊楚甸水草淺，任重却欲千斤過。青袍朝士爲起立，茜帽番僧時撫摩。熱風吹塵鼻出火，積雨成潦瘡生窠。牛蝱狗蝨苦囁血，末由驅除知奈何。頻年出師數百萬，熊羆獅豹相奔波。豈期獨後死溝壑，餘光所及良已多。老矣首帕短袴靴，手持鞭策涕泗沱。憶昔灤京避暑日，氣骨礧磈從鑾和。沈沈金甕夾銅馬，裊裊錦帶懸靈鼉。服勞輦下藉鬋刷，屈跡澤畔甘蹉跎。疇能推廣愛烏義，没齒仰飼公田禾。

元　許恕《**北郭集**》**卷一**《**病橐駝行**》　西域紫駝高硉矹，不見肉峯惟見骨。左顧右盼如乞憐，欲行不行還勃窣。向來負重曾千斤，識風知水靈于人。長鳴蹴踏塞北雪，矯首振迅江南春。只今多病兼衰老，瘡皮剥落毛色槁。秋沙苜蓿三尺長，空向墻頭齕枯草。

圖表

宋　唐慎微《證類本草》卷一八

明　李時珍《本草綱目・圖卷》

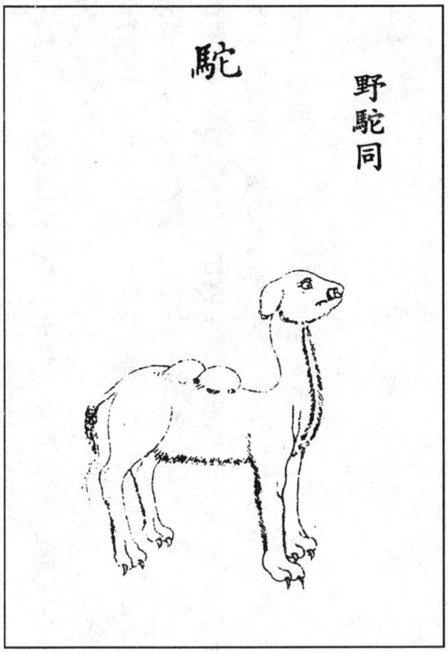

野豬

綜述

宋　周密《癸辛雜識續集》卷上《大野猪》　北方野猪，大者數百斤，最獷悍難獵。每以身揩松樹，取脂自潤，然後卧沙中，傅沙於膏。久之，其膚革堅厚如重甲，名帶甲野猪，雖勁弩不能入也。其牙尤堅利如戟，馬至則以牙梢之，馬足立傷，雖虎豹所不及也。又云：獵犬之良者，最畏狐。蓋狐善以穢氣薰犬，目即瞽。收獵者，凡見狐必收犬，蓋恐爲所損也。胡德齋云

明　葉盛《水東日記》卷二六　又聞野豕力雄甚，牙一觸馬腹即潰。其尤老者，恒身漬松脂，眠以砂石，爲自衛之計，戩不能入也。中官海壽，射生有名，無不應弦倒。一日，得老豕，矢着輒火迸，數矢不入。一老胡教之，云令數卒隨之，作呵喝聲，豕必昂首聽，頷下着矢，彼必伏地，尾後更着矢，斯仆矣。已而果如其言。

明　李時珍《本草綱目》卷五一　野豬《唐本草》　集解：宗奭曰：野豬，陝洛間甚多，形如家豬，但腹小脚長，毛色褐。作羣行，獵人惟敢射最後者，若射中前者，則散走傷人。其肉赤色如馬肉，食之勝家豬，牝者肉更美。詵曰：冬月在林中，食橡子。其黄在膽中，三歲乃有，亦不常得。時珍曰：野豬處處深山中有之，惟關西者時或有黄。其形似豬而大，牙出口外，如象牙。其肉有至二三百觔者，能與虎鬬。或云：能掠松脂，曳沙泥塗身，以禦矢也。最害田稼，亦啖蛇虺。《淮南子》曰：野彘有艽莦槎櫛，堀虚連比，以象宫室，陰以防雨，景以蔽日。亦其知也。范至能《虞衡志》云：嶺南一種嬾婦，似山豬而小，善害田禾，惟以機軸紡織之器置田所，則不復近也。

清　查慎行《人海記》卷下《野猪》　野猪，毛深黑色，高五六尺，長八九尺。絶有力，上下四牙長出口外。人莫敢攖，弓矢不能勝，利用火攻。味之美尤在皮，行厨以供上膳，非拜賜不得食。

清　王棫《秋燈叢話》卷一六　獸莫猛於虎，施南則不然，民間有一猪

二熊三虎之謡。猪有羣,有獨。羣者,年未深,無大異。獨者,經數百年,無可羣,而羣亦莫敢近也。合抱木嚙如拉朽,大石喙擊之立碎。虎豹遇諸塗,咸避去,莫敢與鬭者。

清 嵇璜《續通志》卷一八〇 野豬,一名獜,音鄰。生山中,似豕而大,毛黄而疎,皮堅而厚,好踐食豆稼,大者重二百斤,能以頭觸人,色褐而肉赤,三歲膽中有黄。

清 方旭《蟲薈》卷二《毛蟲・野猪》 《槐西雜志》:烏魯木齊多野豬,猛鷙亞於野牛,毛革至堅,鎗矢不能入。其牙利如刃,馬足觸之皆中斷。旭按:野豬處處有之,狀似豬,毛褐色,口外有兩牙甚長,食蛇。大者重三四百斤,能與人鬬。

紀事

元 脱脱《宋史》卷六五《五行志》 紹興十年春,有野豕入海州,市民刺殺之。時州已陷,夏,鎮江軍帥王勝攻取之。明年,以其郡屬金,悉空其民。

明 宋濂《元史》卷一二一《抄思傳》 潁近荆山,有野豕時出害民禾稼,民莫能制。聞别的因至,迎拜境上,告以其故。别的因曰:『毋慮也。』遂至荆山,以狼牙箭射之,豕走數里。

清 紀昀《閱微草堂筆記》卷一二《槐西雜志二》 〔烏魯木齊〕有野猪,猛鷙亞於野牛,毛革至堅,鎗矢弗能入。其牙銛于利刃,馬足觸之皆中斷。吉木薩山中有老猪,其巨如牛,人近之輒被傷,常率其族數百夜出暴禾稼。叅領額爾赫圖牽七犬入山獵,猝與遇七犬,立爲所啖,復厲齒向人,鞭馬狂奔,乃免。余擬植木爲柵,伏巨礮其中,伺其出擊之。或曰:儻擊不中,則其牙拔柵如拉朽,柵中人危矣。余乃止。又有野駝,止一峯,臠之極脆美。杜甫《鹿人行》所謂『紫駝之峯出翠釜』,當即指此。今人以雙峯之駝爲八珍之一,失其實矣。

藝文

唐 劉禹錫《劉賓客文集》卷一七《爲京兆韋尹進野猪狀》 右,伏以收穫之餘,田獵有獲。異於芻豢,著在方書。既堪充庖,輒敢上獻。前件野猪,謹隨狀進。謹奏。

金 元好問《遺山集》卷五《駈猪行黄臺張氏莊作》 沿山蒔苗多費力,辦與豪豬作糧食。草庵架空尋丈高,擊板摇鈴鬧終夕。孤犬無猛噬,長箭不暗射。田夫睡中時叫號,不似駈豬似稱屈。放教田鼠大於兔,任使飛蝗半天黑。害田争合到渠邊,可是山中無橡朮。長牙短喙食不休,過處一抹無禾頭。天明壠畝見狼藉,婦子相看空淚流。旱乾水溢年年有,會計收成纔什一。資身百備粟豆中,儋石都能幾錢直?兒童食糜須愛惜,此物羣豬口中得,縣吏即來銷税籍。

清 周亮工《賴古堂集》卷一《古樂府・野豕亂後四郊多野豕,有齒如錐》 黑豕白豕人立啼,躑躅躑躅去安歸。吁嗟乎胡爲,有齒利如錐。

圖表

明　李時珍《本草綱目·圖卷》

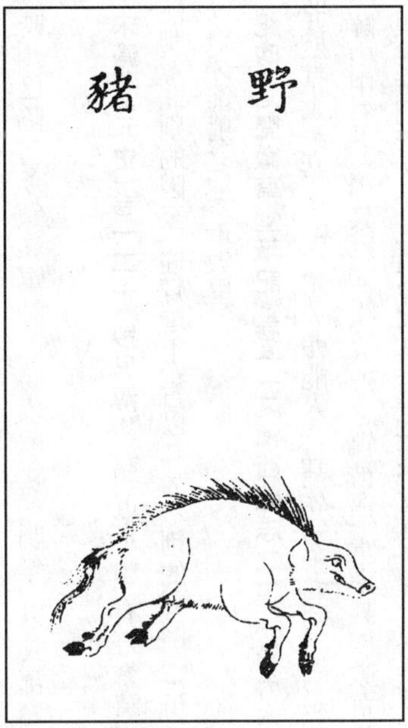

豪豬

論說

宋　羅願《爾雅翼》卷二一《豪》　豕號爲剛鬣，而豪之毛尤異，夾髀巃毫至長數尺，能以頸上毫射物。其毫大如笄，白而黑端，入肉處纔一二分，中間白處常隱不見，但見其黑端爾。見人則怒，白色盡露，已而激去，蓋是怒氣所發，未必以射人也。凡萬物變化，蓋不可以類推。今嶺南海魚變化之異者，黃魚化爲鸚鵡，沙魚之班者化爲鹿，泡魚大者如斗，身有刺，乃復化而爲此。說《易》者以巽爲魚，魚之爲龍，爲鹿，震巽相易者也。化爲鸚鵡，巽變離也。化而爲豪，巽變坎也。又豪，矢屬，屬於坎，坎，弓也。乾爲圜，矢取巽離，弓取巽坎。豪彘激毫，短狐射影，無非坎離之變。物之變化，動作合於象數，有如此者。《列子》稱『亶爰之獸，有自孕而生』者，惟豪亦然。郭璞贊曰：剛鬣之族，號曰豪豨。毛如攢錐，中有激矢。厥體兼資，自爲牝牡。《長楊賦》云：拕豪豬。一名帚獂。

宋　曾豐《緣督集》卷二〇《豪猪說》　余兒時，見里中有蓄豪猪箭者，其大如箸，長稱之，其本如萌，其末如穎，其膚白黑相間，白者如蒲差硬，黑者如角差軟耳。老長言箭生毛間，氣怒則身張，身張則箭發，所中能殺人，人不敢近。予雖聞之，實始未見，意《說文》所謂『豪，豕鬣如筆筦』者是也。歲在丁未，余年四十六矣。自廣東漕掾滿航而歸，至清遠之茭塘。其左岸有自山逐猪而下者，猪至水瀕，前不能進，後不能退。舟人遂以篙殺之，曰是豪猪也。余起而視之，爪牙毛甲、咽項、腹背，皆與世所蓄等，所異者，其目如猴，其觜如兔，其體如鱗，箭誠生毛間。諏之舟人：汝獨不懼爲箭所中耶？曰：猪怵於前之伺，迫於後之逐，氣雖怒而不張，箭雖發而不遠，此篙之所以得施也。静循猪之所爲，自雄族類間，其心往往恃吾有箭，内足以衛身，外足以中物，安知一有怵迫，則箭發而不遠。嗟夫！猪中之豪，真豪也。一怵於伺，迫於逐，身猶不免。况世之人，姑以豪名徒，恃吾有衛身中物之伎，輙自雄於衆，日逞而不已。余恐有起而逐其後，伺其前者矣，其終能免乎？

綜述

晉　郭璞《豪彘》（引自《漢魏六朝百三家集》卷五七）　剛鬣之族，號曰豪彘。毛如攢錐，中有激矢。厥體兼資，自爲牝牡。

宋　周去非《嶺外代答》卷九《禽獸門·山豬》　山豬，即豪豬，身有棘刺，能振發以射人。三二百爲羣，以害苗稼，州峒中甚苦之。

宋　范成大《桂海虞衡志·志獸》　山豬，即豪豬，身有棘刺，能振發以射人。三二百爲羣，以害苗稼，州洞中甚苦之。

明　李時珍《本草綱目》卷五一　豪豬《綱目》　釋名：蒿豬、《唐本》山豬、《通志》獂貐、音原俞。貆豬、音丸。鸞豬。　時珍曰：《說文》云：豪，豕鬣如筆管者。能激毫射人故也。郭璞曰：吳楚呼爲鸞豬。《星禽》云：壁水貐，豪豬也。集

解：頌曰：豪豬，陝、洛、江東諸山中並有之，髦間有豪如箭，能射人。時珍曰：豪豬處處深山中有之，多者成羣害稼。狀如豬而項脊有棘鬣，長近尺許，粗如筯，其狀似笄及帽刺，白本有黑端。怒則激去，如矢射入。羌人以其皮爲鞾。郭璞云：貆豬自爲牝牡而孕也。張師正《倦遊録》曰：南海有泡魚，大如斗，身有棘刺，能化爲豪豬。巽爲魚，坎爲豕，豈巽變坎乎？

明　謝肇淛《五雜俎》卷九《物部一》　江南山中多豪猪，似野豕而大，能與虎鬭。其毛半白半黑，勁利如矢，能激以射人。人取以爲簪，云令髮不垢。

明　方以智《物理小識》卷一〇　豪猪，向謂脊有箭。今見田夫守芋而得之。彼觸之，即放箭，再觸之，三觸之，而彼氣竭矣，遂圍擊之。芋味麻人，惟彼食之，他獸不食也。虎亦畏其刺。

清　談遷《棗林雜俎》中集《頤動・豪彘》　《山海經》：華山西七百里，曰高山，出豪彘。今平涼美高山六盤是也。豪彘狀如彘，毛似刺蝟而大，可以爲簪，黑上白下，甚美。弩之，能射物以自衛。嘉靖以前多有。《平涼府志》

清　嵇璜《續通志》卷一八〇　豲，音桓，亦作豲。豪豬也，自爲牝牡。《説文》：豕之逸也。《逸周書・周祝解》云：豲有爪而不敢以獗。

清　方旭《蟲薈》卷二《毛蟲・豪豬》　《爾雅正義》：豪豬，一名貄，又名希。《本草綱目》：蒿豬、山豬、鸞豬、貆豬、豲貐，皆豪豬之别名，其狀似豬，而項脊有棘鬣，長尺許，粗如箸，白本黑端，怒則能激射人。今處處有之，害田稼。肉有毒。《倦遊録》：南海泡魚，大如斗，身有棘刺，老則化豪豬。

紀　事

宋　洪邁《夷堅支志・乙》卷七《桂巖鷙獸》　族弟仲堪居洪源，往祖居桂巖赴從兄飲，歸已中夜。一僕持炬火前行，覺有物追隨在後，凡三里。將到家，家間人又持炬出，乃見一豪豬，蓋乘火光而至者。兩下以矛交刺之，豬從坡下跳登岸，正值眢井，墜焉，爲衆擊殺。遍身皆帶箭，如小玳瑁筒，其表尖鋭，可以治頭瘡，尋常與人遇，則踈而激之，中輒成瘡，或著要害處，亦久久方愈。

圖　表

明　李時珍《本草綱目・圖卷》

懶婦

綜　述

宋　釋贊寧《東坡先生物類相感志》卷一〇《嬾婦獸》　《異物志》云：昔有一婦織機喜睡，姑以杼打之，患之，死化爲獸，背上猶有杼痕。長二尺許，馬蹄牛尾。或得其膏，可三四斛，宜照燭。如飲歌樂，其燭明朗。如織機及績緝等，即暗無光。

宋　周去非《嶺外代答》卷九《禽獸門・懶婦》　懶婦，世傳織婦慵懶者所化，狀如山猪而小，喜食禾苗。田夫以機軸織紝之器掛田所，則不復近。安平、七源等州有之。

宋　范成大《桂海虞衡志・志獸》　嬾婦，如山猪而小，喜食禾。田夫以機軸織紝之器掛田所，則不復近。安平、七源等州有之。

明　葉子奇《草木子》卷四　奔䱐，一名瀾，非魚非鮫，色如鮎，有兩乳在腹下。雌雄陰陽類人，頂上有孔通頭，氣出嚇嚇作聲，必大風。相傳懶婦所化，殺一頭得膏三四斛，取之燒燈，照讀書紡績輒暗，照歡樂之處則明。即江豚也。

明　鄺露《赤雅》卷三《懶婦》　懶婦，似豪豬而小，好食黍。黍田畯以機杼織袵懸于田塍，望之而走。齒長，入海化爲巨魚，其名奔䱐。其狀蛟螭，雙乳垂腹，取以煎油，其膏百斛。澆蠟作燭，取以飲酒，紫熖生花，令人發興。取以讀書，昏昧泯墨，必至黑闇。作詩自嘲曰：丁年闕奔䱐燭雨夜，誰傳太史書。

明　陳其力《芸心識餘》卷四《嬾婦》　嬾婦如山猪而小，喜食禾。田夫以機軸織紝之器掛田所，則不復近。廣右安平、七源等州有之。《桂海虞衡志》芸心子曰：世之嬾婦惰其四肢，厚其滋味。任機軸織紝之勞，則愁崩眼角。御飲食歌舞之事，則喜漾眉涯。奉北堂則襪履之禮既缺，主中饋則蘋蘩之政罔知。直此而喪敗室家者多矣，嬾婦之名所由起乎？奔䱐宜例觀之。

明　徐常吉《新纂事詞類奇》卷二八《懶婦》　雜記《南越志》云：昔有懶婦睡機上，姑怒之，遂走，投水化爲此獸。一枚可得脂三四斛，然之，照紡績則暗，照歌舞則明，習懶之性不革也。今安平、七源等州峒俱有。狀如山猪而小，喜食苗。田人以杼軸之類掛於田頭，則不敢復近。

清　王士禎《居易録》卷一六　懶婦，狀如豪豬而小，好食黍。以機杼織紝挂於田中，則望之却走。齒長，入海化爲巨魚，名奔䱐。取以煎油，其膏百斛。澆蠟作燭，取以飲酒則明，讀書則暗。

鹿麋麈

論説

漢　劉安《淮南子・主術訓》　鹿之上山，獐不能跂也。及其下，牧豎能追之，才有所脩短也。

宋　蔡卞《毛詩名物解》卷九《鹿》　《字説》曰：鹿性警防，相背而食，以備人物之害。蓋鹿羣居善走者也，分背而食則相呼。羣居則環其角外向，以備物之害己，故《詩》以況君臣之義。而《詩草蟲經》曰：鹿欲食，則皆鳴相召，志不忌也。蓋鹿愛其類，發於天性。《周官》曰『視朝，則服皮弁』，正以鹿皮爲之，蓋取諸此。《詩》曰：王在靈沼，於牣魚躍。王在靈囿，麀鹿攸伏。言人之與物異類，則魚見之深入，鹿見之決驟。今魚樂於沼，鹿安於囿，如此則以文王之德行於靈沼、靈囿，而有以及之故也。《小爾雅》曰：鳥之所乳謂之巢，雞雉所乳謂之窠，兔之所息謂之窟，鹿之所息謂之場。《詩》曰：町疃鹿場。言町疃之中，無人焉，故鹿以爲場也。

又《麈》　麈獸似鹿而大，其尾辟塵，以置蒨帛中，能令歲久紅色不涴，又以拂氊不蠹。蓋蠅點變白，麈尾留紅。而狐白貂鼠之類，燕見之則毛脱。物有相制，其異如此。今麋鹿醜，亦喜紅，南人取之，則衣赬服而舞，麋鹿注視不動，因以利刃刺之。《名苑》曰：鹿之大者曰麈，羣鹿隨之，皆視麈尾所轉爲準。於文主鹿爲麈，而古之談者揮焉，良爲是也。《恩平郡譜》曰：沉牛謂之回，沙牛謂之磨，鹿謂之荒，麈謂之擢。

宋　陸佃《埤雅》卷三《鹿》　《字統》曰：鹿性警防，分背而食，以備人物之害。蓋鹿萃善走者，分背而食，食則相呼。羣居則環其角外向，以防物之害己，故《詩》以況君臣之義。而《毛詩草蟲經》曰：鹿欲食，皆鳴相召，志不忌也。《周官》曰：視朝，則皮弁服。皮弁正以鹿皮爲之，蓋取諸此。鹿愛其類，發於天性。《詩》曰：王在靈沼，於牣魚躍。王在靈囿，麀鹿攸伏。正

言魚、鹿者，言人之與物異類，則鳥見之高飛，魚見之深入，鹿見之決驟。今魚樂於沼，鹿安於囿，如此則以文王之德行於靈沼、靈囿故也。《爾雅》麋曰其跡躔，鹿曰其跡速，麕曰其跡解，兔曰其跡迒，豕曰其跡刻，狐曰其跡冈。蓋麋性迷惑，故其跡躔而不解；麕性散驚，故其跡解而不躔；鹿善決驟，故其跡速而不冈；狐善遲疑，故其跡冈而不速；豕性追突，故其跡刻；兔性跳躑，故其跡迒。今兔將伏，輙跳躑擺跡，人反以此得之。《韓子》曰：譬如兔得跡，安用東西跳也？《小爾雅》曰：鳥之所乳謂之巢，雞雉所乳謂之窠，兔之所息謂之窟，鹿之所息謂之場。《詩》曰：町曈鹿場。言町畦村曈之中，無人焉，故鹿以爲場也。舊説鹿者仙獸，常自能樂，性從其雲泉。至六十年，必懷瓊於角下，角有斑痕，紫色如點，行或有涎，出於口，不復能急走也。蓋鹿戴玉而角斑，魚懷珠而鱗紫。故有諸中，未有不形於外也。

又《麈》 麈獸似鹿而大，其尾辟麈，以置蒨帛中，能令歲久紅色不黦，又以拂氈，令氈不蠹。蓋蠅點變白，麈尾留紅。而狐白貂鼠之類，燕見之則毛脫。物有相制，其異如此。今麋鹿醜，亦喜紅，南人取之，則衣絳服而舞，麋鹿輙注視不動，因以利刀刺之。《名苑》曰：鹿之大者曰麈，羣鹿隨之，皆視麈所往，麈尾所轉爲準。於文主鹿爲麈，而古之談者揮焉，良爲是也。《恩平郡譜》曰：沈牛謂之回，沙牛謂之磨，麈謂之荒，鹿謂之擢。

又卷四《麋》 《白虎通》曰：熊爲獸巧猛，麋爲獸迷惑。故天子射熊，諸侯射麋。麋，水獸也，青黑色，肉蹄，一牡能乘十牝，鹿屬也。故麋之文从鹿从米，則以麋性善迷故也。麋善迷而害稼，故《周官》大夫供麋侯。麋言討惑除害也。大夫以智帥人，故所射如此獸。又云『冬獻狼，夏獻麋』者，冬，物成之時，狼殘物之尤者；夏，稼生之時，麋害稼之衆者。《春秋》書多麋，爲是故也。各於其尤害物之時，罟而獻之，明設官主以除民物之害。《月令》仲夏曰『鹿角解』，仲冬曰『麋角解』。鹿以夏至隕角而應陰，麋以冬至隕角而應陽，《淮南子》曰『日至而麋鹿解』是也。説者以爲鹿角者，挾陰之陽也，故應陰而隕角。麋角者，挾陽之陰也，故應陽而隕角。蓋鹿肉食之煗，以陽爲體也。麋肉食之寒，以陰爲體也。以陽爲體者，以陰爲末。以陰爲體者，以陽爲末。角，末也，故其應陰陽如此。《淮南子》曰：孕婦見兔而子缺脣，見麋而子四目。物有似然而似不然者，麋有四目，其二夜目也，《類從》所謂『目下有竅，夜即能視之』是也。《藥議》曰：按《月令》，冬至麋角解，夏至鹿角解，陰陽相反如此。今人用麋、鹿茸作一種，殆踈也。又用刺麋鹿血以代茸者，云茸亦血爾，此大誤也。竊詳古人之意，凡含血之物，肉羌易長，其次角難長，最後骨難長，故人自胚胎至成人二十年，骨髓方堅。唯麋角自生至堅，無兩月之久，大者乃重二十餘斤，其堅如石，計一夜須生數兩。凡骨之頓成，生長神速，無甚於此。雖草木至易生者，亦無能及之。此骨血之至强者，所以能補骨血，堅陽道，强精髓也。頭者，諸陽之會，衆陽之聚，上鍾于角，豈可與凡血爲比哉！麋茸利補陽，鹿茸利補陰。凡茸無樂太嫩，世謂之茄子茸，但珍其難得爾，其實少力。堅者又太老。惟長數寸，破之肌如朽木，茸端如馬腦紅玉者最善。又北方戎狄中有麋鹿、駝鹿，極大而色蒼，尻黄而無斑，亦鹿之類，角大而有文，堅瑩如玉，其茸亦可用。

宋　黄庭堅　《山谷外集》卷九《論鹿性》 胡居士云：鹿性驚烈，多别良草，恒食九物，餘則不嘗。羣處必依山岡，産歸下澤。享神用其肉者，以其性烈清净故也。凡餌藥者，勿食鹿肉，服藥必不得力，以鹿常啖解毒之草，是故能制毒，散諸藥也。九草者，葛葉及花、鹿葱、鹿藥、白蒿、水芹、甘草、齊頭蒿、山耳、薺苨。

宋　羅願　《爾雅翼》卷二〇《鹿》 六爲律，律主鹿，故鹿六月而生。鹿雖應律，然非辰屬，八卦無主。故陶隱居云：古稱馬之似鹿者，直百金。今荆楚之地，其鹿絶似馬，當解角時，望之無辨，土人謂之馬鹿。以是知趙高指鹿爲馬，蓋以類爾。鹿角無枝曰角，有枝曰觡。又獵者云：鹿自有無角者，名爲麀鹿。凡鹿夏則解角而易毛，冬則角長而毛深。故喪車鹿淺幦，説者謂以鹿夏皮爲覆笭也。古者伏犧之世，麗皮爲禮。按《説文》、《集韻》云：麗，旅行也。鹿之性，見食急則必旅行。《禮》麗皮納聘，蓋鹿皮也。皮弁以白鹿皮爲冠。益州人取鹿，殺而埋地中，令臭乃出食之，名鹿殜。鄭康成説《曲禮》云：國君春田不圍澤，大夫不掩羣，士不取麛卵。又《月令・孟春》云：毋麛毋卵。以春時先乳，特禁之也。然《周官》迹人掌邦田之政，令禁麛卵者。説者曰：此謂四時常禁也。注云：爲其天物，且害生多。里革曰：獸長麑麌。孟孫獵而得麑，使秦西巴持歸亨之，麑母隨之而嗁，秦西巴弗忍，縱而予之。《論語》稱孔子素衣麑裘。《孔叢子》曰：孔子爲司寇，攝朝事。

人歌之曰：麛裘之芾，投之無戾。芾之麛裘，投之無郵。麑，鹿麛也。黄帝時，南夷乘白鹿來獻鬯。成周黑齒貢白鹿。漢武以白鹿皮爲幣。《宋·符瑞志》：白鹿，王者明惠及下則至。

又《麋》 麋與鹿相反。鹿是陽獸，情淫而遊山，夏至得陰氣而解角，從陽退之象。麋是陰獸，情淫而遊澤，冬至得陽氣而解角，從陰退之象。今海陵最多，千百爲羣，多牝少牡。人言一牡輒交十餘牝，又與鹿交。魯莊公十七年冬，多麋。劉向以爲麋色青，近青，祥也。麋之爲言，迷也，蓋牝獸之淫者，是時莊公將取齊之淫女，其象先見。京房《易傳》曰：廢正作淫，大不明，國多麋。又曰：震遂泥厥咎，國多麋。古者獸人冬獻狼，夏獻麋。麋之性黠。《戰國策》陳軫曰：今山澤之獸，無黠於麋。麋知獵者張網而驅已也，因還走而冒人。至數，獵者知其詐，僞提網而進之，麋因得矣。《淮南子》曰：孕婦見兔而子缺脣，見麋而子四目。武帝天漢四年，令諸侯王大國朱輪，特虎居前，左兕右麋；小國朱輪，畫特熊居前，寢麋居左右，卿車者也。古天子燕射熊侯白質，諸侯麋侯赤質。又許慎云：古禮執羔、麋、鹿，取其跪乳，羣而不黨。按：鹿子曰麛，麋子曰麇，羊既用羔，則麋、鹿亦當用麛、麇，爲物既小，可得而擾也。《後漢志》：廣陵東陽縣多麋。注：《博物志》曰：十千爲羣，掘食草根，其處成泥，名曰麋畯。民人隨此畯種稻，不耕而穫。然則古謂水澤之地如孟諸之麋者，豈此地類也。《左傳》迹人來告曰：逢澤有介麋焉。《説文》：麔，麋牡者。麎，牝麋也。

又《麈》 麈，大鹿也。其字從主，若鹿之主焉。麈之所在，衆從之。其尾可用爲拂談者，執之以揮，言其談論所指，衆不能易也。《上林賦》：沈牛麈麋。《漢書》：粵地山多麈麖。麈似鹿而大，麖似鹿而小。其尾能留紅色，婦人以寘蒨帛中，經十餘年色不退，以拂氈則氈不蠹。《周書·王會篇》：稷謹貢大麈。稷謹謂肅謹。又《世俘篇》：武王狩禽麈十有六。

明 何三畏《新刻何氏類鎔》卷三四《鹿》 夏禹王，神鹿行于河水。穆天子金鹿賜于曹奴。西王母遣使于黄帝，而白鹿以獻環效靈。唐玄宗駕幸于温泉，而白鹿以升天見異。夷齊棄薇而以鹿爲乳，辛孟游世而與鹿爲群。李渤嘗養鹿于廬山中，辛繕得馴鹿于華陰下。玄都道士之鹿善候，每見客而鳴迎。京山村驛之鹿善圍，常在前而結寨。唐頌廬墓而鹿拾食于塚邊，伍襄哭親而鹿悲鳴于墳上。丁茂之居母喪而一鹿游于左右，亦其孝感之徵。鄭弘之守臨淮而兩鹿夾于車轅，乃其宰衡之兆。有罪失鹿者，以蘇則之諫，而其罪遂赦。有禁殺鹿者，以高柔之疏，而其禁遂弛。裴寬之餽食鹿而瘞之園内，所以稱廉。鄭人之斃駭鹿而藏之湟中，所以致夢。鹿有觸網而解放者，孫法宗之仁心所以能全境内。鹿有中箭而養療者，孔佑之至行所以可通神明。不忍于麑，必不忍于吾子，此孟孫之所以傳西巴也。既殺其母，何忍復殺其子，此魏明之所以悟文帝也。豫章空亭之鹿，常變爲黄衣人，謝鯤牽之窻中而斷髀視之，乃絶其怪。淮南閒田之鹿，忽變爲青裾女，陳氏照之鏡内而持刀斫之，乃滅其妖。若石室之鹿詐爲人形，金陵之鹿忽作人語，噫亦足異矣。賀四白鹿于越之宫中，雨一蒼鹿于漢之宫内。兩頭鹿出于滇郡，三角鹿出于江陵，食毒鹿出于熊倉山，長生鹿出于宜春苑。有鹿高一丈九寸者出餘干縣，有鹿重一百八十斤者出北虢州。有鹿似馬者，售之其值千金。有鹿作脯者，食之其壽千歲。有鹿六十年角下懷瓊者，急之不能走。有鹿五六頭毛斑如畫者，射之不能傷。鹿有膽中珠者，一時得之以爲祥。鹿有懷中胎者，四月取之以解毒。

清 張必剛《濬元》卷三《麋角解冬至中候》 陰性遇陽而迷失，故麋之爲言迷也。夫麋何以迷也？曰：麋貌鹿者，鹿之乎山。麋也，不山而澤。狃水草而蹂躪焉，吾以是知其迷也。夫性莫陽於鹿，似鹿者莫甚於麋。牝麋牝鹿俱不角，而麋之角又不如鹿之角之貴也。陽之萌，鹿之角不失，而麋之角不能不失也，麋其先迷者耶。夫麋貌鹿者也，角之失不失，辨貌者也。性不似，貌雖似無益，而況乎其究有辨也，則亦何以貌爲也。

又卷五《鹿角解夏至初候》 使鹿不岸然竪頭角，則人雖欲角之踣之，而亦不能遽得之矣。夫頭角與禍隨者，何者？天下物有頭角者少，而無頭角者多。有角者恒自矜其角，不肯與無角者儕。無角者亦必欲折其角，不肯使有角者獨。故無角者之忌常深，而有角者之禍常烈。今鹿之有角也，即予人以角之之具也。當其未有角也，惟懼其角之不速見也。及人之角之，又自悔其速見，與不速解也。夫以物之善驚如鹿，善分背防患如鹿，善回顧如鹿，善走如鹿，猶不免爲角累，而況其他乎？雖然，鹿則已矣。角而解，亦可無悔矣。然則慮陽亢之悔者，其猶可岸然竪頭角也耶？系曰：昔有人指庭樹，

問邵堯夫曰:此樹何年月日時生,何年死?堯夫不應。再問,再不應。且曰:樹未有動處也。頃之,樹一葉落,堯夫曰:動幾得矣。遂筭之,曰:此樹某年月日時生,某年月日時死。夫萬物莫不皆有生死,其生其死皆有幾。人齒髮之有禿豁,鳥獸毛羽之有希革,鹿角之有脱解,順而數之,皆可知其所始者,逆而數之皆可知其所終。顧人與草木鳥獸及鹿角等,日呈其幾以示人,而人卒無有能筭其終始者,則昧幾之故也。夫幾近呈於物,而遠之遂及天地。故鹿角之解,不獨知鹿之所自始所自終,即可知一歲之始終。推而廣之,即可知天地之始終也。幾之不可忽如是。贊曰:山麓之人,樵入巖徑,獲鹿子以歸。或告之,以牝羊乳之,樵人遂買牝羊,日抱鹿子就以乳。鹿既長且大,自矜其有力與角也,時觸牝羊。羊有羣,即欺侮其羣。羊見其然,即與鬭,時時率其羣來鬭,而終負不勝,鹿之力大而角杈枒以利故也。鹿驕甚,羊愈憤怒,不服弱,欲共殺之以斃。樵人懼傷鹿,構閑而障之。鹿久不鬭,角癢甚,叫跳閑中,若迫欲試者。一旦逸出,施施望羊陣走。蓋是時角已漸損欲脱矣,而鹿不知也,故一試崩於地。羣羊見之,遂相與環觸而斃之。時某年五月日事。

綜 述

《禮記・月令》〔仲夏之月〕鹿角解,蟬始鳴。【略】〔仲冬之月〕麋角解,水泉動。

《爾雅・釋獸》 麋,牡麔,牝麎。其子,麇。注:《國語》曰:獸長麛麇。其跡,躔。注:脚所踐處。絶有力,狄。音義:麋,亡悲反,《字林》云:鹿屬也,以冬至日解角。牡,音母。麔,其九反。牝,毗忍反。麎,郭音辰,又音腎,《字林》上刃反。麇,於兆反,又於老反,麋子也。一曰:少長曰麇。長,丁丈反。麛,音迷,本或作麑,音同。跡,子益反,字或作迹,又作蹟,音訓並同。躔,郭直連反,又持展反。《方言》云:躔,循也,歷也,行也。疏:此釋麋之種類也。《説文》云:鹿屬也。冬至解其角。《春秋・莊十七年》:冬,多麋。麋,總名也。其牡者名麔,其牝者名麎,《詩・吉日》云『其麎孔有』是也。其所生之子名麇,其脚跡所踐之處名躔,其絶異壯大有力者名狄也。注『《國語》曰:獸長麋麇』者,此《魯語》文也。魯『宣公夏濫於泗淵,里革斷其罟而棄之,曰:且夫山不槎蘖,澤不伐夭,魚禁鯤鮞,獸長麛麇,鳥翼鷇殼,蟲舍蚳蝝,蕃庶物也,古之訓也。今魚方別孕,不教魚長,又行網罟,貪無蓺也。』韋昭云:鹿子曰麛,麋子曰麇。是其事也。鹿,牡麚,牝麀,其子麛,其跡速,絶有力麉。音義:麚,音加。麀,於牛反。速,素卜反。《字林》云:鹿跡一曰速。鹿子,麛,郭音堅,又音牽,又音磬。疏:此辨鹿之種類也。《説文》云:鹿,解角獸也,羣萃善走者也。其牡名麚,其牝名麀。《詩・小雅》云:麀鹿麌麌。其跡名速,絶有力者名麉。【略】麔、麚短脰。注:脰,項。音義:麔,音咎。麚,音加。脰,音豆。疏:脰,項也。麔、麚之獸皆短項。

漢 戴德《大戴禮記・公冠》 四九三十六,六主律,律主禽鹿。麋鹿角長短大小似律,故禽鹿六月而生也。

麔麋之屬,皆以六月生也。宋均曰:以所包者多,故舉禽獸之名,雖有飛走之異,實亦通也。

漢 許慎《説文》卷一〇 鹿,獸也,象頭角四足之形。鳥鹿足相似,从匕。凡鹿之屬,皆从鹿。盧谷切。麚,牡鹿。从鹿,叚聲。以夏至解角。古牙切。麟,大牝鹿也。从鹿,粦聲。力珍切。麌,鹿麛也。从鹿,耎聲,讀若偄弱之偄。奴亂切。麤,鹿迹也。从鹿,速聲。桑谷切。麛,鹿子也。从鹿,弭聲。莫兮切。麉,鹿之絶有力者。从鹿,幵聲。古賢切。麋,鹿屬。从鹿,米聲。麋冬至解其角。武悲切。麎,牝麋也。从鹿,辰聲。植鄰切。麔,大麋也,狗足。从鹿,旨聲。居履切。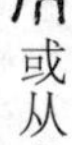或从几。麔,麋牡者。从鹿,咎聲。其久切。【略】麠,大鹿也。牛尾,一角。从鹿,畺聲。舉卿切。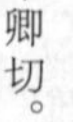或从京。【略】麃,麠屬。从鹿,票省聲。薄交切。麈,麋屬。从鹿,主聲。之庾切。麈,鹿屬。从鹿,圭聲。古攜切。麝,如小麋,臍有香。从鹿,䠶聲。神夜切。麢,似鹿而大也。从鹿,與聲。羊茹切。麀,牝鹿也。从鹿,从牝省。於虯切。或从幽聲。

五代 馬縞《中華古今注》卷下《鹿》 青州人謂鹿爲獐也。

宋 沈括《夢溪筆談》卷二六 按《月令》,冬至麋角解,夏至鹿角解,陰陽相反如此。今人用麋鹿茸作一種,殆疎也。又有刺麋鹿血以代茸,云茸亦血耳,此大誤也。竊詳古人之意,凡含血之物,肉差易長,其次筋難長,最後骨難長。故人自胚胎至成人,二十年骨髓方堅。唯麋角自生至堅,無兩月

之久，大者乃重二十餘斤，其堅如石，計一晝夜驟生數兩。凡骨之頓成長，神速無甚於此。雖草木至易生者，亦無能及之。此骨之至强者，所以能補骨血，堅陽道，强精髓也。豈可與凡血爲比哉？麋茸利補陽，鹿茸利補陰。凡用茸無樂太嫩，世謂之茄子茸，但珍其難得耳，其實少力。堅者又太老。唯長數寸破之，肌如朽木，茸端爲馬瑙紅玉者最善。又北方戎狄中有麋、麖、麈。駞麈，極大而色蒼。麂，黄而無班，亦鹿之類，角大而有文，瑩瑩如玉，其茸亦可用。

宋　洪浩《松漠紀聞》卷二　鹿頂合，燕以北者方可車，須是未解角之前。才解角，血脈通，冬至方解。頂之上爲合正須，亦作合。好者有人字，不好者成八字，有髓眼，不實。北人謂角爲鹿角合，頂爲鹿頂合。南中止有鹿角合。南鹿不實，定有髓眼，不可車。北地角未老，不至秋時不中。麋角與鹿角不同，麋角如駞骨，通身可車，却無紋，生枝不比。鹿皆小鹿，頂骨有紋，上下無之，亦可熏成紋。

宋　鄭樵《通志》卷七六　麔、麚，《爾雅》曰：麔、麚短脰。

宋　周去非《嶺外代答》卷九《禽獸門·白鹿》　欽州平野多鹿，中有一鹿，大軀長角，玉雪其色，嘗墮蓏氏網羅，幾擒而逸。淳熙乙未二月，有野婦把一白麛鬻於市。太守鄭以錢七百得之，日取生牛乳飼之，長大乃雌爾，然馴狎可愛。鄭求得張曲江進白鹿故事，作纍金羈絡掩尾之飾，將以進呈而不遂。然欽之白鹿，自昔有之，不足異也。南方野鹿成羣，望人不去，近逼之而後走。性癡，畏聞人氣，人在上風，其走必速，下風則走遲。獵者從下風逼射之。

宋　戴侗《六書故》卷一八　鹿，盧谷切，鹿支角，象其角足也。，《單彝》、《癸彝》文。鹿之象形。

又　鹿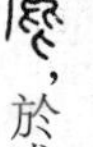，於求切。母鹿也。象其下有子，與牝同。別作麀。鹿之會意。

又　麇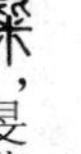，旻悲切。麇與鹿同而大。《月令》：麇角冬至解，鹿角夏至解。

又　麚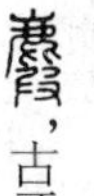，古牙切。《爾雅》曰：牡鹿也，短脰。又作麍。

又　麛，莫兮切。鹿胎也。凡孕，獸曰麛，鳥曰卵。《周官》：禁麛卵者。

又　麑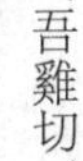，吾雞切，鹿子也。《魯語》曰：獸長麑麇。

又　麇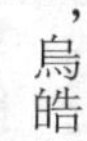，烏皓切。麇子也。古單作夭。《記》曰：不殀夭。又曰：胎夭多傷。《爾雅》曰：麇，其子麇。康成曰：少長曰夭。陸氏曰：烏老切。

又　麈，止庾切。《説文》曰：麋屬。《唐本》曰：大力一角。似鹿而大，尾可爲拂辟麈。

明　黄省曾《獸經》　麈統其類。獸似鹿而大。《名苑》曰：鹿之大者曰麈，羣鹿隨之，皆視麈所往，麈尾所轉爲準。

鹿愛其類，仙所乘也。一名鉅鹿矦，千年變蒼白。《爾雅》曰：鹿，牡麚，牝麀，其子麛。《鳥獸草木魚蟲疏》曰：鹿欲食，皆鳴相召，志不忌也。《埤雅》曰：鹿愛其類，出於天性。舊説鹿者仙獸，嘗自能樂，性從其雲泉。至六十年必懷於角下，角有班痕紫色如點，行或有涎出於口下，復能急走也。葛洪《神仙傳》曰：魯女生者，餌术絶穀入華山，後故人逢女生乘白鹿從玉女數十人。《海録碎事》曰：鉅鹿矦，鹿也。《抱朴子》曰：鹿壽千歲，滿五百歲則色白。劉向《列仙傳》曰：鹿一千年爲蒼鹿，又百年化爲白鹿，又五百年化爲玄鹿。

麋性喜澤。《埤雅》曰：鹿，林獸也。麋，澤獸也。又曰：麋性喜澤。《博物志》曰：麋掘澤草而食，其場成泥，名曰爰。民隨此爰種稻，其收百倍。《爾雅》曰：麋，牡麔，牝麎，其子麇。

明　楊慎《升庵集》卷八一《鹿食九草》　山谷有一帖云：胡居士嘗言鹿性驚烈，多別糧草，恒食九物，餘則不嘗。九草者，一曰葛葉及花、鹿葱、鹿藥、白蒿、水芹、甘草、齊頭蒿、山耳、薺苨也。享神用其肉者，以其性烈清净故也。凡餌藥者，勿食鹿肉，必不得力。以鹿常啖解毒之草，能散諸藥性也。此可補《本草》及《齊民要術》之遺。

明　盧翰《掌中宇宙》卷一三《禽獸部·麋有四目》　麋有四目，其二夜目，謂目下有竅，夜即能視是也。

明　李時珍《本草綱目》卷五一　鹿《本經》中品　校正：《本經》上品白

膠，中品鹿茸，今並爲一條。釋名：斑龍。時珍曰：鹿字篆文，象其頭角身足之形。《爾雅》云：鹿，牡曰麚，音加。牝曰麀，音攸。其子曰麛，音迷。絶有力曰麉，音堅。斑龍名出《澹寮方》。按《乾寧記》云：鹿與游龍相戲，必生異角。則鹿得稱龍，或以此與？梵書謂之密利迦羅。集解：時珍曰：鹿，處處山林中有之。馬身羊尾，頭側而長，高脚而行速。牡者有角，夏至則解，大如小馬，黄質白斑，俗稱馬鹿。牝者無角，小而無斑，毛雜黄白色，俗稱麀鹿。鹿孕六月而生子。鹿性淫，一牡常交數牝，謂之聚麀。性喜食龜，能别良草，食則相呼，行則同旅，居則環角外向以防害，卧則口朝尾閭，以通督脈。殷仲堪云：鹿以白色爲正。《述異記》云：鹿千歲爲蒼，又五百歲爲白，又五百歲爲玄。玄鹿骨亦黑，爲脯食之，可長生也。《埤雅》云：鹿乃仙獸，自能樂性。六十年，必懷璚于角下，斑痕紫色，行則有涎，不復急走。故曰：鹿戴玉而角斑，魚懷珠而鱗紫。沈存中《筆談》云：北狄有駝鹿，極大而色蒼黄，無斑，角大而有文，堅瑩如玉，茸亦可用。《名苑》云：鹿之大者曰麈，羣鹿隨之，視其尾爲準。其尾能辟塵，拂氈則不蠹，置茜帛中，歲久紅色不黯也。

又　麋《本經》下品　釋名：時珍曰：陸佃云：麋喜音聲。班固云：麋性淫迷。則麋之名義取乎此。《爾雅》云：牡曰麔，音咎。牝曰麎，音辰。其子曰麇，音夭。集解：《别録》曰：麋生南山山谷及淮海邊，十月取之。弘景曰：今海陵間最多，千百爲羣，多牝少牡。時珍曰：麋，鹿屬也。牡者有角。鹿喜山而屬陽，故夏至解角。麋喜澤而屬陰，故冬至解角。麋似鹿而色青黑，大如小牛，肉蹄，目下有二竅爲夜目。故《淮南子》云：孕女見麋而子四目也。《博物志》云：南方麋千百爲羣，食澤草，踐處成泥，名曰麋畯，人因耕穫之。其鹿所息處謂之鹿塲也。今獵人多不分别，往往以麋爲鹿。牡者猶可以角退爲辨，牝者通目爲麀鹿矣。

又　雙頭鹿《拾遺》　釋名：茶苜机。時珍曰：茶苜机，音蔡茂机，番言也。出《博物志》。舊本訛作茶苴机，又作余義，亦茶苜之訛也。集解：藏器曰：按張華《博物志》云：茶苜机出永昌郡，是兩頭鹿名也。似鹿，兩頭，其胎中屎以四月取之。范燁《後漢書》云：雲陽縣有神鹿，兩頭，能食毒草。《華陽國志》云：此鹿出雲陽南郡熊舍山，即余義也。時珍曰：按盛弘之《荆州記》云：武陵郡雲陽山、黠蒼山産兩頭獸，似鹿，前後有頭，一頭食，一頭行，山人時或見之。段成式《雜俎》云：雙頭鹿矢名耶希，夷人謂鹿爲耶，謂屎爲希。按《唐韻》屎字，又音希，即此義也。

明　慎懋官《華夷花木鳥獸珍玩考》卷七《鹿》　凡於相尾之時，雖牝鹿數十，一時皆淫，過牝則渾身之肉消，衺正皮氣息而已，或倒於路旁。人若能扶去，以細草喂飼月餘，其肉皆復。若即時殺食，則空有皮骨耳。女直一種曰北山野人，乘鹿出入。

明　穆希文《説原》卷一一　鹿，六爲律，律主鹿，故應六月而生。然非辰屬，八卦無主。故有馬似鹿者，夏則解角而易毛，冬則角長而毛深。鹿是陽獸，性淫而游山。夏至得陰氣而解角，從陽退之象也。麋是陰獸，情淫而游澤，冬至得陽氣而解角，從陰退之象也。麋蓋牝獸之淫者。麛，鹿子也。鹿一千年爲蒼鹿，又百年化爲白鹿，五百年化爲玄鹿。

明　王世貞《弇州四部稿》卷一五七　《月令》仲夏日鹿角解，仲冬日麋角解。鹿以夏至隕角而應陰，麋以冬至隕角而應陽。鹿肉暖以陽爲體，麋肉寒以陰爲體。以陽爲體者，以陰爲末。以陰爲體者，以陽爲末。末者，角也。故麋茸補陽，利於男子。鹿茸補陰，利於婦人。見王楙所著甚明。今人不惟一槩作男子補精益血之劑，於麋、鹿亦不能辨矣。

明　張瀚《松窗夢語》卷五《鳥獸紀》　荆楚多麋鹿，爲陽獸，情淫而游山，夏至得陰氣角解，從陰退之象。又曰：麋鹿之大者，豈小陽而大陰耶？今海陵至多，千百爲群，多牝少牡。

明　李詡《戒庵老人漫筆》卷一　鹿初生鼻邊有缺者是雄。

明　吴雨《毛詩鳥獸草木考》卷四《鹿　麀》　鹿，林獸也。牡名麚，牝名麀，子名麛。性警防，分背而食，食則相呼，羣居則環其角外向圓，圓似陣，以防物之害。麀鹿是陽獸，性極淫，夏至感陰氣則解角易毛，冬則角長而毛深，《月令》『鹿角解』是也。或云鹿自有無角者，亦名爲麀，不但牝也。益州人取鹿，殺而埋地中，令臭，乃出食之，名鹿猤。古稱馬似鹿者，直百金。今荆楚之地，其鹿絶似馬，當解角時，望之無辨，士人謂之馬鹿。鹿千年爲蒼鹿，又百年爲白鹿，又五百年變爲玄耳。《毛詩草蟲經》曰：鹿欲食，皆鳴相召，志不忌也。

明　王可大《國憲家猷》卷一二　鹿角解，音駭。鹿形小，山獸也，屬陽，角支向前，與黄牛一同。麋形大，澤獸也，屬陰，角支向後，與水牛一同。夏至，一陰生，感陰氣而鹿角解，解角退落也。冬至，一陽生，麋感陽氣而角解矣。是夏至陽之極，冬至陰之極也。

明　吴之俊《獅山掌録》卷二〇《鹿瓊》　鹿者，仙獸，至六十年必懷瓊於角下。角有班痕紫色如點，行或涎出於口，不能疾馳。

明　焦周《焦氏説楛》卷七　鹿音禄，山獸相友者，食則呼其類，以夏

至解角。《爾雅》：鹿，牡麚，牝麀，其子麛，其跡躔絶有力麉。百年爲蒼，五百年爲白，千年爲玄，大者爲麖、爲麃。其皮曰麗，其行超遠曰麤。

又 麋音迷，鹿之大者，目上有眉，以冬至解角。《爾雅》：麋，牡麔，牝麐，其子麌，其大者麈。

明 朱國禎《湧幢小品》卷三一 遼東有駞鹿，重三百斤。彼人能效其聲，致而取之。

明 方以智《通雅》卷四六 紅瑪瑙茸鹿，茸之上者也。鹿陽麋陰，分男女，用之泥矣。獸骨之速長而堅，無如鹿、麋，不過兩月，重二十斤，如茄子，茸長數寸，有力，破之肌如朽木。茸端如馬瑙紅玉者佳。存中曰：北方有麋、麖、麈。駞麈，極大而色蒼。麃，黃而無斑。茸俱可用。時珍從東坡鹿補陽、麋補陰之説。王勉夫椕以麋茸補陽，利男子；鹿茸補陰，利婦人。蓋《月令》仲夏鹿角解，仲冬麋角解。鹿肉煖，麋肉寒。以陽爲體者，以陰爲末。末者，角也。元美、弱侯主此説。智按：所謂補陽補陰，非必分男女也，男子自有陰陽。大約麋、鹿皆補血，麋角取其滋陽耳，熱則俱熱。用鹿角者，同類相益也。相體稟用之，有飲鹿血鼻出血者。

清 陳淏子《秘傳花鏡》卷六《養獸畜法·鹿》 鹿，一名斑龍，陽獸也。隨在山皆有之。狀如小駒，尾似山羊，頭側而長，脚高而行速。壯者身大有角，無齒，夏至感陰氣則角解，黃質白斑，《爾雅》名麛。北者身小，無角無斑，黃白雜毛而有齒，俗稱麅鹿。孕六月而生子。其性最淫亂，牡常交數牝。連母鹿皆群，故謂之聚麀。能別良草，又喜食龜并紙。食則相呼，行則同旅，居則環角向外以防害，卧則口朝尾閭以通督脉。五百歲變白，千歲爲玄，自能樂性，誠仙品也。官署名園多畜之。夏月常飼以菖蒲即肥。最大者曰麈，群鹿每隨之，視其尾爲準則。凡在二至時，角當解。其茸甚痛，若逢獵人，則伏而不動，遂以繩繫其茸，截之甚易。其尾能辟塵，拂氈則不蠹，置茜帛中，歲久紅色不黯。昔林和靖孤山所養之鹿，名曰呦呦。每呼呦呦，即至其前。有詩云：深林椷椷分行響，淺葑茸茸疊浪痕。春雪滿山人起晚，數聲低叫喚籬門。又玄都觀道士養鹿，候門客至，頗能鳴而迎之。病，用鹽拌料豆喂之。

清 閻若璩《四書釋地又續》卷下《麋鹿》 余《釋地》既釋及人矣，宜亦間釋及物，蓋物亦地之所生也。如大曰鴻，小曰雁，出毛《傳》，《説文》因而例之曰『大曰麋，小曰鹿』。注云『麋，鹿之大者』，似不可。《説文》：麋，鹿之屬耳。其別處在，麋，澤獸，屬陰；鹿，山獸，屬陽。至哀十四年『逢澤有介麋焉』，麋一本作麇。介，大也。介麋謂麋之大者，非謂麋大於鹿，此亦訓詁之未精者。

清 姚炳《詩識名解》卷五《鹿》 鹿，《召南·野有死麕》篇按《釋獸》文，鹿，牝麀、牡麚異名，而《詩》中俱作麀鹿，則似謂牝者爲麀，牡者爲鹿。麚名不概見也。又今人通謂牝牡爲鹿，則並不言麀矣。《蟫史》云：鹿，牡有角而無齒，牝有齒而無角。然其角易辨，齒之有無，陸農師謂別於其上齗。要是內藏，難見耳。上言麕，此言鹿，乃換字文，其義亦猶首章耳。若依毛、鄭解，謂廣可用之物以爲昏禮，而次及於鹿，則古者儷皮爲禮，一死鹿足矣，何必云凶荒殺禮而廣及羣田之獲哉？此以知麕鹿肉之爲昏禮，斷屬臆説也。何元子踵惡惡臭之説，謂全用白茅裹束此死鹿，亦惡其臭，此陋説也。臭豈可以茅包而遂掩耶？况玩文義，『純束』自總上兩語，亦不得謂專爲死鹿用，明矣。

《豳風·東山》篇町畽，田畔踐踏之所，不必定爲鹿踐。以下云鹿場，則人跡少而鹿跡多，故《傳》直訓爲鹿跡，不可泥也。孔鮒云：兔之所息謂之窟，鹿之所息謂之埸。埸之説，本此詩。

《小雅·鹿鳴》篇《焦氏易林》云：白鹿鳴呦，呼其老少，喜彼茂草，樂我君子。則呦自是相呼之和聲，重言呦呦者，呼之長也。野有苹，必相呼而共食，興君有承筐，必笙簧以相將。詞旨燎然。其謂以臣呼臣者，謬矣。懇誠二字，亦是從下『承筐』、『好我』看出，必謂鹿無外貌矯飾之情，得草相呼，出自中心，則贅也。舊以鹿呼同類如君呼臣子，嫌於鳥獸爲比。然古人無所拘忌也。若《魚藻》明以『魚在』、『王在』對言，豈至如後世表箋稱麐美鳳習爲應製體耶？

《小雅·小弁》篇奔則疾，舒則緩，二義相反。然則既言奔，不得爲舒。《傳》、《箋》所謂安舒而稽留，失其解矣。何元子云：通作跂。《説文》以爲足多指，是也。然則『伎伎』蓋奔趨足相及貌。鹿愛其類，發於天性，同羣而奔，足指甚衆，所以同求雌之之雊雉，異無枝之壞木耳。

《大雅·靈臺》篇攸，鄭氏訓所是也。然云所伏，不得云伏所，此是不了語。蓋謂文王視麀鹿所伏息之處，則見麀鹿濯濯然耳。趙岐《孟子》注、韋昭《國語》注，皆作懷孕伏息之説。何元子辨之，謂《樂記》羽者嫗伏，毛者孕鬻，不應以伏咏麀鹿，且於濯濯不聯貫，信然。但又謂攸有行義，伏有止義，《詩》意言麀鹿行止皆自得，亦强解。濯濯，自取鮮澤義。《孟子》『是以若彼濯濯』，蓋謂山無材木，童然如洗濯者。今麀鹿毛潤無污之義，亦當似之。何元子所謂濯本訓澣，取以擬鮮澤之貌，如言新沐、新浴是也。《傳》作娱游，非其旨。《通論》云：『攸伏』、『濯濯』合二語，觀有自得境象。詩人之描寫刻露善於體物如此，要不可執字義强解也。嚴華谷謂孟子最善説《詩》。『只民樂，其有魚鼈』，一語道盡《詩》意。毛氏以爲靈道行於囿沼。今鹿養之久則自馴，白鳥未有不潔，魚未有不躍者，豈皆靈道之行乎？後之説《詩》者推廣毛意，其詞愈美而去《詩》義愈遠矣。此深得子輿氏説《詩》心法。

《大雅·桑柔》篇甡甡，有並立相角意。《説文》云：衆生齊盛若鹿角。然按之詩意，似謂中林之鹿其角森然，見人若將抵觸者，以喻交譖之可畏亦如此，是以進退維谷也。

清 黄中松《詩疑辨證》卷四《麌麌其祁》 毛《傳》曰：麌麌，衆多也。鄭《箋》曰：麢，牡曰麌，麌復麌，言多也。鄭蓋本《爾雅》。云：麢，牡麌，牝麜，其子麆，其跡解絶有力豜。郭注亦引此詩爲證。然《爾雅》所釋，凡二字連文，其解與本義不相關也。《詩經》亦然，如『旆旆』之不爲『旆』，『裳裳』之不爲『裳』，是也。且本句『麀鹿』不重言，而麌而重言之，於體不合。陸德明曰：麌，《説文》作『噳』，云：『麋鹿羣口相聚也。』董彦遠曰：《廣訓》云：麌，衆也。則毛義不易矣。毛又曰：祁，大也。其大孔有不言獸名，不知大者何物？鄭《箋》曰：祁當作麎，麎，麋牝也。攷《爾雅》：麋，牡麔，牝麎，其子麌，《國語》：獸長麛麌。其跡躔，絶有力狄。某氏注《爾雅》亦引此詩爲證。而祁之何以當爲麎，孔《疏》未詳其義。豈以書傳多以麋鹿並言，上章既言鹿，此宜爲麋耶？朱子《孟子章句》：麋，鹿之大者。麋固鹿屬也，《説文》而實各異。《爾雅》：鹿，牡麚，牝麀，其子麛，其跡速，絶有力麉。其名既別，而鹿爲山獸，純陽，仲夏得陰而角解；《月令》麋爲澤獸，《左傳》：逢澤有介麋焉。純陰，仲冬得陽而角解。熊氏、賈氏故《周禮》：菁葅鹿臡，茆葅麋臡。各隨其性以爲宜也。《述異記》：鹿千年蒼，又五百年白，又五百年玄。《埤雅》：麋青黑色，肉蹄，角自生至堅無兩月之久，大者二十餘斤。然吕、朱俱從毛、嚴説，其禽獸形體祁大，又甚多有矣。尤覺分明。

清 愛新覺羅·弘曆《清朝通志》卷一二六 馴鹿，東海鄂羅春奇稜部所産，牝亦有角，與常鹿稍異，勝負載似牛，堪乘騎似馬，依媚於人。

清 嵇璜《續通志》卷一八〇 麈，一名荒，郪縣宣君山出麈尾。《埤雅》云：似鹿而大，其尾辟塵。《説文》：麋屬。案：麈之爲獸，前人多未詳，或以爲麋屬，或以爲似鹿。古來博物家亦僅拘守成編，沿襲故見而已。蓋南人目未見麈，惟據紙上陳言互相傅會，北方之人又習而莫察，無怪乎以訛傳訛，遂至誤認麈爲麋與鹿者紛紛矣。伏讀《御製麈角解説》，始知冬至解角者非麋，并知俗名長尾鹿爲麈自此。物類有分，稱名不混，洵足辨謬證訛，永垂格致之經，而解千古之惑也。

清 王棠《燕在閣知新録》卷三一《游牝 哨鹿》 南方多鹿，每一牡管牝百頭。至春羸瘦，蓋游牝多也。至夏唯食菖蒲一味却肥。江陵松滋射鹿者，率以淘河烏脛爲管，以鹿心上脂膜作簧，吹作鹿聲，有大號小號呦呦之異，或作麈鹿聲，則牝鹿畢集，蓋爲牡聲所誘，人得彀矢而注之。今之所謂哨鹿，則其遺意。

清 徐鼎《毛詩名物圖説》卷二 《爾雅》：鹿，牡麚，牝麀，其跡速，絶有力麉。《説文》：鹿，解角獸，羣萃善走者也。《本草》：山林有之，馬身羊尾，頭側而長，脚高而行速。牡者有角，夏至則解，黄質白斑。牝者無角，黄白色無斑，孕六月生子。鹿性淫，一牡常交數牝，謂之聚麀。《埤雅》：鹿分背而食，食則相呼。羣居則環其角外向，以防物之害己。故《詩》以況君臣之義。而《草蟲經》曰：鹿欲食，皆鳴相召，志不忌也。愚按：呦呦，言其聲也。麌麌，言其多也。濯濯，言其肥澤也。鳥之所乳謂巢，雞雉所乳謂窠，兔之所息謂窟，鹿之所息謂場。町疃鹿場者，農師所謂町畦村疃之中無人焉，故鹿以爲場也。

清 牟應震《毛詩物名考》卷二 麋，似鹿而色青黑，大如小牛，以冬至解角。

清 王紹蘭《管子地員篇注》卷四 既有麋麃。【略】《天官》：獸人夏

獻麋。鄭注：麋膏散，散則涼。醢人朝事之豆，麋臡。鄭司農云：麋臡，麋骭髓醢。或曰：麋臡，醬也。有骨爲臡，無骨爲醢。司裘卿大夫則其麋侯。鄭注：卿大夫之大射麋矦，君臣共射焉。射所以直己志，用虎熊豹麋之皮，云『服猛討迷惑』者。按：麋，迷，叠韻。麋矦，因取討迷爲義。故《白虎通·鄉射篇》亦云：諸矦射麋何？示遠迷惑人也，麋之言迷也。鄭義本此。《公羊·莊十七年》：冬多麋。《傳》何以書？記異也。何休云：麋之爲言，猶迷也，象魯爲鄭瞻所迷惑也。解云：《感精符》文。《穀梁集解》引京房《易傳》：廢正作淫，爲火不明，則國多麋。《漢書·五行志》劉向以爲麋色青，近青，祥也。麋之爲言迷也，蓋牝獸之淫者也。是時嚴公將取齊之淫女，其象先見，天戒若曰勿取齊女，淫而迷國。然則麋爲牝鹿。《爾雅·釋獸》：麋，牡麔，牝麎，其子麇。劉子政獨舉牝鹿，總其類者，以麋爲澤獸，屬陰故也。《夏小正》：十有一月隕麋角。隕，墜也。日冬至，陽氣至始動，諸向生皆蒙蒙符矣。孔撝約補注：蒙蒙，萌生之貌。鄭《易》注曰：齊人謂萌爲蒙，符驗也。故麋角隕，記時焉爾。十有二月隕麋角，蓋陽氣且睹也。《月令》：仲冬之日，月短至，麋角解。孔疏曰：熊氏云：麋是澤獸，故冬至得陽氣而解角。今以麋爲陰獸，情淫而游澤，冬至陰方退，故解角從陰退之象。若節氣早則麋角十一月解，故《夏小正》云：十一月麋角隕墜。若節氣晚，則十二月麋角解，故《小正》云：十二月隕麋角。《説文》：麋，鹿屬，冬至解其角。《衆經音義》引《蒼頡篇》：麋以冬至解角者也。紹蘭謂先儒『麋角解』之説，皆無明據，不可信也。《西山經》：『西皇之山其獸多麋。』郭注：麋大如小牛，鹿屬也。《北山經》：『縣雍之山其獸多麋』、『孟子之山其獸多麋』、『煇諸之山其獸多麋』。《中山經》：『荆山其獸多麋』，郝氏《箋疏》云：麋注已見西皇之山，此注又云『似鹿而大』，疑經文麋當爲麈，下文閭麈疊見，郭皆無注，益知此爲麈字之注無疑也。張揖注《上林賦》云：麈似鹿而大。今按：郝説是也。《衆經音義》卷四引《山海經》正作『荆山多麈』。郭璞曰：似鹿而大，尾可爲帚也。是其明證矣。今本郭注亦有奪文。『女几之山其獸多麋』、『風雨之山其獸多麋』、『朝歌之山其獸多麋』、『暴山其獸多麋』、『柴桑之山其獸多麋』。《爾雅·釋獸》：麠，大麃。是麃即麠之小者，故《説文》云：麃，麠屬。麠，大麃也。與《爾雅》合。郭注乃云『麃即麞』。按《説文》：麞，麇屬。各本麇譌麋。下云『麇，麞也』，其爲麇字可知。麇，麞也。从鹿，囷省聲。麕，籀文不省。麃爲麠屬，麞爲麇屬，明不謂麃即麞。且《爾雅》『麔，大麢，旄毛，狗足』，與『麠，大麃，牛尾，一角』對文，而獸形絶異，明不以麃爲麢，即不以麃爲麞，故《説文》：麔，大麋也，狗足。又與《爾雅》合。更知不以小於麔之麢，即知不以麠屬之麃爲麢屬之麞矣。《史記·武帝本紀》：郊雍獲一角獸若麃然。此本《封禪書》之文。褚先生取爲《武帝本紀》，今本《封禪書》作若麟然。蓋涉下麟云而誤。《索隱》之注亦在《本紀》，而不在《封禪書》也。《索隱》引韋昭云：體若麢而一角，《春秋》所謂『有麢而角』是也。楚人謂麋爲麃。紹蘭按：司馬遷言若麃，非即麃也。韋昭言若麢，非即麢也。《春秋》言有麢而角，夫子謂是麐，更不謂麃也。其謂麋爲麃者，楚人耳。楚之方言，不足以該天下之麃，即不足以解《爾雅》、《説文》之麃。然則郭注謂麃即麢屬之麞，誤矣。《逸周書·王會解》：發人麃麃者，若鹿迅走。孔晁注：發亦東裔，此非中國常有之麃。舊本兩麃作兩鹿，涉下鹿字而壞。王本作鹿人，鹿人則又兩麃字下體之火壞而分爲四字也。可证舊本作兩鹿之非，且明云若鹿，何得復爲鹿乎？今從盧氏校本。《小雅·車牽》疏引陸璣《疏》云：林麓山下人語曰：四足之美有麃，兩足之美有鷮。麃者，似鹿而小，是《管子》所謂麃也。

清　鄭光祖《醒世一斑録·雜述》卷四　塞外鹿最大者，至七百餘觔，角長尋丈。以次而小，種類不一，然終是一物。《月令》仲夏之月，鹿角解，今猶是也。而仲冬之月麈角解，意麈是北方之獸，南方無之。

清　鄭績《夢幻居畫學簡明》卷五　鹿爲斑龍，馬身羊尾，頭側而長，腳高爪小，有角兩歧或三歧者，夏至則解。大者如小馬，黄質白斑，俗稱馬鹿。牝無角而小，毛色黄白駁雜而無斑。凡鹿食則相呼，行則同旅，居則環角外向以防侵害，卧則口朝尾閭以通督脉。孕六月而生子，六十年懷璚于角下，斑痕紫色。一百歲爲白鹿，五百歲爲玄鹿，千歲爲蒼鹿。鹿以白色爲正，仙人騎白鹿，古今人多圖之。然意之所至，或蒼或玄黄，亦無不可。

清　俞樾《茶香室四鈔》卷二九《鹿頂合》　宋洪皓《松漠紀聞》云：鹿頂合，燕以北者方可車，車字未詳。須是未解角之前。才解角，血脈通，冬至方解。頂之上爲合。好者有人字，不好者成八字。北人謂角爲鹿角合，頂爲鹿頂合。注云：南中止有鹿角合。按：鹿頂合疑即鹿茸。

清　方旭《蟲薈》卷二《毛蟲·麋》　《博物志》：麋生南方，恒千百爲

羣，食澤草，其踐處成泥，名曰麋畯，種稻可收百倍。旭按：此即今之沙鹿也。狀與鹿無異，但目下有兩孔，能夜視，其毛帶青黑色，牡者亦有兩角，夏至角解。

紀事

《左傳·莊公十七年》 冬多麋。注：無傳。麋多則害五稼，故以災書。音義：麋，亡悲反。疏：注《正義》曰：麋是澤獸，魯所常有。是年暴多，多則害五穀，故言多，以災書也。

漢　趙岐《三輔決録·白鹿甚馴》（引自《説郛》卷五九下） 辛繕字公文，少治《春秋》、《詩》、《易》，隱居宏農華陰，弟子受業者六百餘人。所居旁有白鹿甚馴，不畏人。

晉　陶潛《搜神後記》卷九 晉升平中，有人入山射鹿，忽墮一坎，窅然深絶，内有數頭熊子。須臾，有一大熊來，瞪視此人，人謂必以害己。良久，出藏果分與諸子，末後作一分，置此人前。此人飢甚，于是冒死取啖之。既而轉相狎習。熊母每旦出覓果食，還輒分此人，賴以延命。熊子後大，其母一一負之而出。子既盡，人分死坎中，窮無出路。熊母尋復還入，坐人邊。人解其意，便抱熊足，於是躍出，竟得無他。

南朝宋　王韶《始興記》（引自《説郛》卷六一下） 含涯有白鹿城。晉咸康中，邵人張舫作令十年，甚有惠政，白鹿羣游，取一而獻之，故以爲名。

南朝梁　任昉《述異記》卷上 鹿千年化爲蒼，又五百年化爲白，又五百年化爲玄。漢成帝時，山中人得玄鹿，烹而視之，骨皆黑色。仙者説，玄鹿爲脯，食之壽二千歲。餘干縣有白鹿，土人皆傳千年矣。晉成帝遣捕得，銅牌在角，後書云：漢元鼎二年，臨江所獻白鹿。

南朝梁　蕭繹《金樓子》卷五 合浦案：原本作蒲，今依别本校改。有康頭山，山上有一頭鹿額上戴科藤一枝，四條直上，各長丈許。

南朝梁　沈約《宋書》卷二八《符瑞志》 白鹿，王者明惠及下則至。漢章帝建初七年十月，車駕西巡，得白鹿於臨平觀。漢章帝元和中，白鹿見郡國。漢安帝延光三年六月辛未，白鹿見右扶風雍。延光三年七月，白鹿見左馮翊。漢桓帝永興元年二月，白鹿見張掖。魏文帝黄初元年，郡國十九言白鹿及白麋見。晉武帝泰始八年十月，白鹿見扶風雍，州刺史嚴詢獲以獻。晉武帝太康元年三月，白鹿見零陵泉陵。太康元年五月甲辰，白鹿見天水西縣，太守劉辛獲以獻。太康三年七月壬子，白鹿見零陵，零陵令蔣微獲以獻。晉惠帝元康元年九月乙酉，白鹿見交趾武寧。晉愍帝建武元年五月戊子，白鹿見高山縣。晉元帝太興三年正月，白鹿二見豫章。太興三年四月，白鹿見晉陵延陵。晉元帝永昌元年九月，白鹿見江乘縣。晉成帝咸和四年五月甲子，白鹿見零陵洮陽，獲以獻。咸和四年七月壬寅，長沙郡邏吏黄光於南郡道遇白鹿，驅之不去，直來就光，追尋光三百餘步。光遂抱取，遣吏李堅奉獻。咸和九年八月己未，白鹿見長沙臨湘。晉成帝咸康二年七月，白鹿見豫章望蔡，太守桓景獲以獻。晉孝武太元十六年三月癸酉，白鹿見豫章望蔡，獲以獻。太元十八年五月，辛酉，白鹿見江乘，江乘令田熙之獲以獻。太元二十年九月丁丑，白鹿見巴陵清水山，荆州刺史殷仲堪以獻。晉安帝隆安五年十一月，白鹿見長沙，荆州刺史桓玄以聞。宋文帝元嘉五年七月丙戌，白鹿見東莞莒縣峋峨山，太守劉玄以聞。元嘉九年正月，白鹿見南譙譙縣，豫州刺史長沙王義欣以獻。元嘉十四年，白鹿見文鄉。元嘉十七年五月甲午，白鹿見南汝陰宋縣，太守文道恩以獻。元嘉二十年八月，白鹿見譙郡蘄縣，太守鄧琬以獻。元嘉二十二年二月，白鹿見建康縣，揚州刺史始興王濬以聞。元嘉二十二年二月辛未，白鹿見南康灨縣，南康相劉興祖以獻。元嘉二十三年二月戊戌，白鹿見交州，交州刺史檀和之以獻。元嘉二十三年六月丙辰，白鹿見彭城縣，征北將軍衡陽王義季獲以獻。元嘉二十七年二月壬辰朔，白鹿見濟陰，徐州刺史武陵王駿以聞。元嘉二十九年八月癸酉，白鹿見鄱陽，南中郎將武陵王駿以獻。元嘉三十年十一月壬午，白鹿見南琅邪，南琅邪太守王僧虔以獻。元嘉三十年十一月癸亥，白鹿見武建郡，雍州刺史朱脩之以獻。孝武帝孝建三年三月庚子，白鹿見臨川西豐縣。孝武帝大明元年四月甲申，白鹿見南平。大明二年四月己丑，白鹿見桂陽郴縣，湘州刺史山陽王休祐以獻。大明三年正月癸巳，白鹿見南琅邪江乘，南徐州刺史劉延孫以獻。大明三年三月辛卯，白鹿見廣陵新市，太守柳光宗以

聞。大明五年五月丙寅，白鹿見南東海丹徒，南徐州刺史劉延孫以獻。大明八年六月甲子，白鹿見衡陽郡，湘州刺史江夏王世子伯禽以獻。明帝泰始二年二月乙亥，白鹿見宣城，宣城太守劉韞以聞。泰始五年二月己亥，白鹿見長沙，湘州刺史劉韞以獻。泰始六年十二月乙未，白鹿見梁州，梁州刺史杜幼文以聞。後廢帝元徽三年二月甲子，白鹿見鬱洲，青冀二州刺史、西海太守劉善明以獻。

北齊　魏收《魏書》卷一一二《靈徵志》　太祖天興四年五月，魏郡斥丘縣獲白鹿。王者惠及下則至。太宗永興四年九月，建興郡獻白鹿。世祖神䴥元年二月，定州獲白䴥，白䴥鹿又見於樂陵，因以改元。三年二月，白鹿見於代郡倒刺山。太延四年十二月，相州獻白鹿。真君八年五月，洛州送白鹿。高宗太安二年十月，白鹿見於京師西苑。高祖承明元年六月，秦州獻白鹿。太和元年正月，白鹿見於秦州。三月，白鹿見於青州。四年正月，南豫州獻白鹿。十九年七月，司州獲白鹿、麑以獻。二十年六月，司州獻白鹿。世宗景明元年四月，齊州獻白鹿。永平四年八月，平州獻白鹿。延昌二年五月，齊州獻白鹿。四年六月，司州獻白鹿。肅宗熙平元年五月，濟州獻白鹿。二年五月，司州獻白鹿。神龜二年六月，徐州獻白鹿。孝靜元象元年六月，齊獻武王獲白鹿以獻。武定元年六月，兖州獻白鹿。太祖登國六年十二月，上獵，親獲鹿一角。召問羣臣，皆曰：『鹿當二角，今一，是諸國將并之應也。』高祖太和三年三月，肆州獻一角鹿。神龜元年七月，徐州獻一角鹿。

唐　房玄齡《晉書》卷二九《五行志》　哀帝隆和元年十月甲申，有麈入東海第。百姓讙言曰『麈入東海第』，識者怪之。及海西廢爲東海王，乃入其第。

唐　段成式《酉陽雜俎》卷一四　胡珦爲虢州時，獵人殺得鹿，重一百八十斤。蹄下貫銅鐶，鐶上有篆字，博物者不能識之。

又卷一六　鹿，虞部郎中陸紹弟爲盧氏縣尉，嘗觀獵人獵，忽遇鹿五六頭臨澗，見人不驚，毛斑如畫。陸怪獵人不射，問之。獵者言：『此仙鹿也，射之不能傷，且復不利。』陸不信，强之。獵者不得已，一發矢，鹿帶箭而去。及返，射者墜崖，折左足。《南康記》云：合浦有鹿，額上戴科藤一枝，四條直上，各一丈。【略】耶希，有鹿兩頭，食毒草，是其胎矢也。夷謂鹿爲耶，矢爲希。

又《酉陽雜俎續集》卷八　公又説道書中言麞鹿無魂，故可食。

唐　樊綽《蠻書》卷七　鹿，傍西洱沙諸山皆有鹿。龍尾城東北息龍山，南詔養鹿處，要則取之。覽賧有織和川及鹿川。龍足鹿白晝三十、五十，羣行齧草。

宋　李昉《太平廣記》卷四四三《雜説》　江陵松滋枝江村，射鹿者率以淘河烏脛骨爲管，以鹿心上脂膜作簧，吹作鹿聲，有大號小號呦呦之異。或作麀鹿聲，則麚鹿畢集，蓋爲牝聲所誘。人得彀矢而注之。南中多鹿，每一牡管牝百頭，至春羸瘦，蓋游牝多也。及夏則唯食菖蒲一味却肥。當角解之時，其茸甚痛。獵人逢之，其鹿不敢逸走，伏而不動。獵者以繩繫其茸，截而取之。先以其血來啗，然後斃鹿，何其苦也歟？夫狨麝孔雀，以有用賈害，良可愍之。出《北夢瑣言》

宋　陶穀《清異録》卷上《角僊》　華清宫一鹿，十年精俊不衰，人呼曰角僊。

宋　王溥《唐會要》卷二八　貞元八年正月，鄂州觀察使何士幹獻白鹿。上曰：朕初即位，即止祥瑞。士幹致白鹿，其謂我何？還之，彼當慚懼。留之，遠近復獻。竟不視，遂放于苑中焉。

宋　歐陽修、宋祁《新唐書》卷三五《五行志》　貞元二年二月乙丑，有野鹿至于含元殿前，獲之。壬申，又有鹿至于含元殿前，獲之。占曰：『有大喪。』四年三月癸亥，有鹿至京師西市門，獲之。【略】調露元年十一月壬午，秦州神亭冶北霧開如日初耀，有白鹿、白狼見。近白祥也。

宋　洪邁《夷堅支志·丙》卷一《京山鹿寨》　江同祖過郢州京山，晚抵村驛。驛人言鹿在前結寨，即出觀之，彌望可數里，鉅鹿無數，四環成圍，以角外向，凡數十重，兩麚麀處中，勃跳嬉戲。民田相近者，悉遭蹂踐，禾苗爲之一空。獵户雜沓其傍，云不可近，近輒觸，遭之者多死。明旦，始引去。獵人操弓矢戈矛追隨之，伺巨者行前稍遠，乃敢捕射其稚弱，亦各有所獲而還。

元　黎崱《安南志略》卷一五《白鹿》　晉元康初，白鹿見交阯武寧縣。宋文帝元嘉末，交阯獻白鹿。

明　盧翰《掌中宇宙》卷一三《禽獸部·七星鹿》　鄱陽安樂彭曾射一鹿，兩角間有道家七星符，其祖名字、鄉居年月存焉。

明　吴之俊《獅山掌録》卷二〇《玄鹿》　成帝時，中山人得玄鹿，烹而視其骨，皆黑色，是白鹿五百年而化者。

明　朱國禎《湧幢小品》卷三一《白鹿》　世廟末年，進白鹿甚多。胡梅林在浙，獲而進者二，一齊雲山，一舟山。舟山在海中，不甚深邃，亦產此，異矣。蓋天生以應世主之求，不在山之淺深也。萬曆戊申七月望日，嵩山馬峪居民獲一小白鹿，通身如雪，目睛周圍如丹砂，而瞳子如漆，獻于縣官。畜之凡二年，角將生，遂縱于玉柱峰之下。踰月中使來，求之不得，乃已。《抱朴子》曰：鹿千歲白，五百歲黄。此一説也。今幼鹿而角漸露，可見又有奇生別種，不可以歲年論也。

清　愛新覺羅·弘曆《清朝通志》卷一二六　瑞鹿，康熙四十八年，聖祖秋獮行圍於巴顔陀羅海所獲。其角長七尺有九寸，叉之數十有六。鹿角自兩叉、六叉、四叉以至八叉，歷數十年而後成。其踰八叉者，不可辨其年歲。蓋千萬中一遇，因藏之武庫，以見山靈獻瑞。【略】瑞麀，乾隆十六年，秋獮塞上，蒙古台吉必力滚達賴以此來獻，色純白，睛如丹砂。《抱朴子》稱鹿壽滿五百歲則色白。壬申歲，又於巴顔河落圍中生致一白麀，性特馴擾，亦周陆所僅見也。

清　桂馥《札樸》卷五《覽古·麃》　余在大理，有人遺鹿肉甚美，叩其從來，獵人得於點蒼山中，似鹿而大，蓋麃也。陸璣《詩疏》引林麓山下人語曰：四足之美有麃，兩足之美有鷮。

清　鄭光祖《醒世一斑録·雜述》卷五《角端》　本朝康熙時，北海之濱烏龍江上深山中，有獸曰康打犴，大亞於象，色青蒼，羸首驢耳，牛蹄麈尾，項如橐駞，膺有毛一縷，似犛牛，一角，高三尺餘，土人取其角爲决拾。寧古塔將軍巴公遣甲士深入險阻，獲其三子，大如小馬，不知生幾月矣。多以乳牛更哺，三軒車傳輓入京，餌以糗糧。不歲餘大如其母，猙獰獨角，踞百獸中，騰躍西苑金鼇玉蝀之間，洵異獸也。

清　俞樾《茶香室續鈔》卷二四《小鹿小白牛》　國朝宋犖《筠廊偶筆》云：康熙丁未冬，余謁相國柏鄉魏公，於坐閒見小鹿一隻，長二寸許，雙角嶄然與大鹿無異。又云：王阮亭云，余備員典客時，見荷蘭貢小白牛四，大僅如犬，斑衣，有肉峯如橐駝。按：牛不應有峯，此乃强名以牛，實非牛耳。

藝　文

漢　公孫詭《文鹿賦》（引自《歷代賦彙》卷一三四）　麀鹿濯濯，來我槐庭。食我槐葉，懷我德聲。質如緗縟，文如素綦。呦呦相召，《小雅》之詩。歎丘山之比歲，逢梁王於一時。

唐　吕温《由鹿賦有序》（引自《歷代賦彙》卷一三四）　貞元丁卯歲，予南出襄樊之間。遇野人縶鹿而至者，問之，答曰：此爲由鹿，由此鹿以誘致羣鹿也。備言其狀，且曰：此鹿每有所致，輒鳴嗥不飲食者累日。予喟然歎曰：虞之即鹿也，必以其類致之，人之即人也，亦必以其友致之。寔繁有徒，古之然矣。嗟乎！鹿無情而猶知痛傷，人之與謀宴安殘酷者，彼何人斯！物微感深，遂作賦曰：鹿之生兮，亦秉亭毒。備齒角以無競，循性情而自牧。姑有味於行止，尚焉知乎倚伏。捨爾崇林，輕游近麓。偶巧網之生致，蒙主人之全育。飲以滐井，飼於芳庭。寢卧荃柔，騰倚蘭馨。露往霜來，日安月寧。雖矯性而非樂，終感恩而不驚。曾不知養非玩物，用有深意。命曰由鹿，俾陷其類。涼秋八月，爽景清氣。羈致山阿，縻於蹊遂。設伏以待，翳叢而伺。同氣相求，誘之孔易。將必慕侣，豈云貪餌？呦呦和鳴，麌麌狎至。彼泯慮於猜信，此無情於誠僞。孰是倉卒，禍生所忽。毒鏑歘以星貫，潛機劃其電發。或洞胷而達腋，或折足而碎骨。望林巒兮非遠，顧町疃兮未滅。風嗥澤而北迅，日掩山而西没。走駭侣於巖煙，叫饑麛於澗月。苟行路之聞者，孰不心摧而思絶。相爾由矣，野心而仁。望純束兮驚惋，顧獲車兮逡巡。視鼎中之消爛，覩机上之剖分。忽哀鳴以感類，若沉痛之在身。雖復處之密邇，享以豐珍。比檻猿之駭躍，同海鳥之愁辛。敢擇音而後死，思走險其何因。痛無知以相陷，含惋毒而莫伸。客有感而言曰：物誠有諸，人亦宜乎。摭事或比，原心則殊。借如淮陰搆禍，冤在神理。通説且拒，豨謀寧起。堂堂蕭公，實曰知己。紿致鍾室，胡寧忍此。吕禄之難，誰非漢臣。交則不義，賣亦不仁。彼美酈生，既爲交親。誘襲軍印，豈無他人。於戲！微獸傷類，如不自容。忍人賣友，而享其功。滅交道兮墜義風，曾麋鹿之不若。

何仁信之可宗，已焉哉！諒此世之茫茫，吾未見其始終。

唐 張籍《張司業集》卷二《山頭鹿》 山頭鹿，角芟芟，尾促促。貧兒多租輸不足，夫死未葬兒在獄。旱日熬熬蒸野岡，禾黍不收無獄糧。縣家唯憂少軍食，誰能令爾無死傷。

宋 吳淑《事類賦》卷二三《鹿》 呦呦鹿鳴，食野之苹。出《詩》。其《序》曰：《鹿鳴》，宴羣臣嘉賓也。當仲夏而解角，出《禮》。稟瑤光之散精。《運斗樞》曰：瑤光散而爲鹿。秦人既失，天下皆争。《漢書》曰：高祖謂蒯通曰：若教韓信反何也？通曰：秦失其鹿，天下共逐之。高才者先得，可盡誅乎？乃釋之。仲堪則表其正色，晉殷仲堪《上白鹿表》曰：白者，正色。鹿者，景福嘉義。黄觀則疏其淫刑。《魏名臣奏》曰：明帝時，殺禁地鹿者，死。郎中黄觀上疏云：臣深思陛下所以不早取此鹿者，誠欲使多極蕃息，然後大取以爲軍國之用也。然臣謂鹿與虎狼雜處，但有日耗，終無多得也。魴鱮甫甫，麀鹿噳噳。出《詩》。注云：甫甫，大也。噳噳，衆也。白茅入詩人之詠，《詩》曰：野有死鹿，白茅純束，有女如玉。黑骨作仙家之脯。《述異記》曰：鹿千歲而蒼，又五百年而白，又五百年而玄。漢成時，中山人得玄鹿，烹之骨皆黑色。仙者説玄鹿爲脯，食之壽二千歲。其迹速，其子麛。《爾雅》曰：牡麚，牝麀，其子麛，其迹速。或騰或倚，《楚辭》曰：青莎雜樹，薠草靃靡。白鹿麚麚，或騰或倚。掎之角之。《左傳》曰：范宣子執戎子駒支，數之曰：今諸侯之事，我寡君不如昔者。蓋言語漏泄，則職汝之由。戎子駒支曰：昔文公與秦伐鄭，秦人竊與鄭盟，於是乎有殽之師。晉禦其上，戎亢其下。譬如捕鹿，晉人角之，諸戎掎之，與晉踣之。雖一金之不直，《韓子》曰：夫馬似鹿者而題千金，有百金之馬，而無一金之鹿者，馬爲人用而鹿不爲人用也。非六馬之能追。《尸子》曰：鹿走而無顧，六馬不能望其塵。若夫賜周穆之黄金，《穆天子傳》曰：天子賜曹奴之人黄金之鹿，白銀之麕。執漢庭之皮幣。《史記》曰：古者皮幣，諸侯以聘享。漢武帝乃以白鹿皮方尺，緣以藻績爲幣，直四十萬。王侯朝覲享聘，必以爲薦。許孜爲之而作冢，《晉書》曰：許孜，字季義，東陽人也。二親没，宿墓所，列植松栢，有鹿犯其松栽。孜悲嘆曰：鹿獨不念我乎？明日，忽見爲猛獸所殺，置於所犯栽下。孫悵惋不已，乃作冢埋於隧側。謝鯤牽之而斷髀。《晉書》曰：謝鯤在豫章，常行經空亭中夜宿。此亭舊每殺人。將曉，有黄衣人呼鯤字，令開户。鯤淡然無懼色，便於牕中度手牽之，髀斷，視之，鹿也，尋血獲焉。爾後此亭無復妖怪。至若餘干大質，《伏侯古今注》曰：孝和永元中，豫章餘干得白鹿，高大九尺。雲南兩頭。《博物志》曰：雲南郡出(茶)[荼]首，(茶)[荼]首其音蔡茂，是兩頭鹿名也。獸似鹿，兩頭，其腹中胎常以四月中取，可以治蛇虺毒。永昌亦有之也。挾鄭弘之轂，謝承《後漢書》曰：鄭弘爲臨淮太守，行春，兩白鹿隨車挾轂而行。弘怪問，主簿黄國賀曰：三公車畫作鹿，明府當爲宰相。後果爲太尉。解石勒之囚。《晉書》曰：石勒嘗傭於臨水，爲遊軍所囚。會有羣鹿傍過，軍人競逐之，勒乃獲免。俄而又見一老父，謂勒曰：向羣鹿者，我也。君應爲中州主，故相救耳。犬戎致周穆之獻，《國語》曰：周穆王征犬戎，得四白狼、四白鹿，而荒服不至。王母薦黄帝之休。《瑞應圖》曰：黄帝時，西王母使乘白鹿，獻白環之休符。又有與陶淡而偕隱，《晉中興書》曰：陶淡侃之孫，雅好導養。年十五六，便服食絶穀。得白鹿子，馴養之，常與俱住還，後遂不復還家。突邙山而出圍。《後周書》曰：文帝獵於邙山，圍不齊，獸多越逸。帝怒，諸將股慄。俄有一鹿，復突圍而走，賀若敦躍馬逐之。鹿上東原，棄馬步逐，山半便及，掣之而下。帝大悦，諸將皆免罪。惡趙高之指馬，見《馬賦》『趙高不臣』注。譴吴唐之愛兒。《冥驗記》曰：吴唐，廬陵人也。少好驅媒獵射，發無不中，家以致富。後春月，將兒出射，正值麀鹿將麑。母覺人氣，呼麑，麑不知所畏，徑前就媒。唐射麑，即死。鹿母驚還，悲鳴不已。唐乃藏於草中，出麑值浄地。鹿直來，俯仰頓伏絶而復起。唐又射鹿母，應弦而倒。至前邑，復射一鹿，箭反激還中其子。唐擲弩擁兒，撫膺而哭。聞空中呼曰：吴唐，鹿之愛子，與汝何異？釋楚國之耕家，《管子》曰：管子謀楚，請桓公貴買其鹿。公即爲百里之城，使人載錢二千萬，求生鹿於楚人。楚人釋耕農而田鹿。助伍襲之哀悲。《孝子傳》曰：伍襲字世公，丁父憂廬墓側，有一鹿每襲哭輒踞墳悲鳴。又若迮菹臺之乘，《穆天子傳》曰：天子征於菹臺，獵菹之獸。於是有白鹿一，迮乘而逸，天子乘蕖黄之乘馳焉。菹，側魚切。整黎丘之駕。《穆天子傳》曰：天子西升於黎丘之陽，過井公博，乃駕鹿游乎山上。甡甡既聞於興詠，《詩》曰：瞻彼中林，甡甡其鹿。濯濯更形於風雅。《詩》曰：麀鹿濯濯，白鳥翯翯。別有荆門浮水，遠崧《白鹿山詩序》曰：荆門山臨江，皆絶壁峭峙五百餘丈，亘帶激流，禽獸所不能履。此岸有一白鹿浮過江，行人競逐之，謂至山下必得之。鹿忽飛超踰岡而去，故名此壁白鹿山。扶南駕車。《南史》曰：扶南國有鹿車，國人養鹿如中國畜牛，以乳爲酪。諫吴則游於姑蘇，《漢書》曰：伍被諫淮南王曰：昔子胥諫吴王不用，乃曰：臣今見麋鹿游姑蘇之臺，今臣亦見宫中生荆棘也。諷漢則禦彼匈奴。《東方朔别傳》曰：武帝時，有殺上林鹿者，下有司收殺之。朔時在傍，曰：是故當死者三，使陛下以鹿殺人，一當死；天下聞陛下重鹿賤人，二當死；匈奴有急以鹿觸之，三當死。帝默然赦之。度觸盧度之壁，蕭子顯《齊書》曰：始興盧度隱居西昌三顧山，鳥獸隨之，夜有鹿觸其壁。度曰：汝勿壞我壁。鹿應聲去。狎褚量之廬。《唐書》曰：褚無量丁母憂解職，廬於墓側，

有所植松栢。時鹿犯之，無量泣而言曰：山中衆草不少，何忍犯吾先塋樹栽。因通夕守護，俄有羣鹿馴狎，不復侵害。資鄭人之走險，《左傳》曰：晉侯不見鄭伯，以爲貳於楚。鄭子家使執訊告趙宣子曰：鹿死不擇音。小國之事大國也，德則其人也，不德則其鹿也。鋌而走險，急何能擇。驗易象之無虞。《易》曰：即鹿無虞，惟入於林中。燦光輝之五色，紀休徵於瑞圖。《瑞應圖》曰：夫鹿者，能瑞之獸，五色光輝。王者孝道則至。

宋　梅堯臣　《宛陵集》卷四八《鹿》　羣處空山中，跡在深松下。周穆得同狼，秦人指爲馬。驚顧遠世網，脱質去田野。誰思充服脩，自是全無者。

宋　高似孫　《剡録》卷一〇《草木禽魚下・麖》　靈運自注《山居賦》曰：麖音京，能跳躍。《字書》曰：麖，大鹿也。一角而牛尾。王梅溪《嵊山賦》曰：皇書亭畔，又看麖滯之蹤。

又《麈》　《爾雅》曰：麈，大鹿，旄毛狗足。元稹詩：庭狎仙翁麈，池游縣令鳧。葉清臣詩：山迥人逢麈，江清客厭魚。杜甫詩：永與清溪别蒙將，玉饌俱剡其庶乎。

明　葉盛　《菉竹堂稿》卷二《福鹿》　素質玄章綉尾輕，貢來初向玉階行。番王萬里知歡舞，爲喜承恩得賜名。

明　王世貞　《弇州四部稿》卷四四《鹿》　奉車猶憶上林秋，中歲辭榮在一丘。萬事從他誇指馬，一身甘自任呼牛。失來秦苑誰堪逐，歸去吴臺好並游。世路未馴從此決，長林豐草且銷愁。

又卷四五《雙鹿》　空庭囓枯荄，悠然亦相樂。放爾長林中，應思向來錯。

清　袁枚　《小倉山房詩集》卷一〇《憎鹿》　名士非不佳，太癖難入坐。養鹿亦如之，虚名受實禍。呦呦噤其口，嶷嶷恃厥角。未荒樹剥膚，非蠹書大嚼。昌黎厭蝦蟆，柳州憎王孫。主人援此例，呼之爲惡賓。

清　愛新覺羅・弘曆　《清高宗詩四集》卷五四《堪達漢》　堪達漢出黑龍江，似鹿而大。其角可作射韘，色如象牙而堅白勝之，韘間環以黑章一綫，即角中之通理，以點細密而匀正者爲最。音義率同爾雅麇，《爾雅・釋獸》：鹿，絶有力麖。音義均相近，而麖字《佩文韻》未收，今據《廣韻》用。鹿中絶有力頎然。垂胡固以樊纓比，堪達漢，《國語》馬樊纓也，是獸項下懸肉相似，因以得名。戴角猶勝象决鐫。履洳迅行如蹴雨，逢岡遲進似騰烟。是獸生山中而喜水，行水則速，行山則遲，亦異聞也。和闐玉韘夥新詠，嘗命玉工仿角韘琢玉刱爲之，及和闐歲貢美玉，每擇其精好者制爲韘，屢有題詠。數典於斯未可捐。

清　管棆　《據梧詩集》卷五《文鹿》　空階樹色映晴軒，雨長蒼苔見迹痕。飲澗晝常呼子出，懸牌朝入亂巖翻。雲深石磴羣啣草，雪滿山齋夜撞門。勞爾追隨酬故紙，伴予病酒卧秋根。

雜録

明　楊慎　《升庵集》卷八一《茶首》　《博物記》：雲南郡出茶首，其音爲蔡茂，是兩頭鹿名也，永昌有之。

明　田藝蘅　《留青日札》卷二九《福禄》　福禄，番人本名福俚，狀如驢騾，花紋黑白交錯，瑩浄可愛，異他獸。出忽魯謨斯等國，王繪圖所不載者。又桃拔，一名符拔，似鹿長尾。一角者曰天鹿，兩角者曰辟邪。漢之天禄閣，因獸得名也。

明　慎懋官　《華夷花木鳥獸珍玩考》卷一一《神鹿舊港國**》**　神鹿大如巨猪，高三尺許，前半截甚黑，後半截白，花毛純可愛，嘴如猪嘴不平，四蹄如猪蹄，脚有三路，止食草木，不食腥。

又《福鹿阿丹國**》**　福鹿如騾之樣，一身白面，眉心細細青條花，起滿身至四蹄，條間通如畫。青花白駝雞如福鹿一般。

明　吴之俊　《獅山掌録》卷二〇《符拔》　桃拔，一名符拔，似鹿而尾長。一角者或爲天禄，兩角者或爲辟邪。

明　陳懋仁　《庶物異名疏》卷二七《蔡余義　茶首》　蔡余義，似鹿兩頭，其胎下屎四時取之，以治蛇虺毒。見《博物志》。陳藏器云：蔡苴機，兩頭麋也，一名蔡余義。《後漢書》『雲陽縣有神鹿，兩頭，能食毒草』，即是也。升庵又云，《博物記》：雲南出茶首，其音爲蔡茂，是兩頭鹿名也。

明　鄺露　《赤雅》卷三《茶首》　茶首，出羈縻州。似鹿兩頭，食香草，其行如飛，鳴曰蔡茂蔡茂。茶首二字，音蔡茂也。亦有五六頭者，是名玄仙，敬之終吉，射之致亡。

明　方以智　《通雅》卷四六　蔡苴機，兩頭鹿也。屎主虵毒。蔡苴機，

兩頭麋也。出永昌郡。《博協志》：蔡余義獸似鹿兩頭，其胎中屎四時取之。蔡余義，即蔡苴機也。范曄《後漢書》云『雲陽縣有神鹿，兩頭，能食毒草』，即蔡余義。《月令廣義》引《博物志》云：雲南郡出茶首，是兩頭鹿。胎可治蛇虺毒，以四月取之。茶首，音蔡茂。按：即蔡苴機。余與茶，苴與首，茂與義，相沿而訛。《王會》曰：會陽以鼈封，前後有首。盛弘之記荆州武陵郡陽山有獸如鹿，前後有頭。元瑞曰：即《山海經》之并封，在巫咸東。又大荒山名鏖鏊鉅，有獸左右有首，曰屏蓬。郭注曰：即并封。升庵、元美皆載茶首，皆不知蔡苴之訛。李時珍曰：當作苴機。晉常璩《南中志》曰：雲南郡蜀建興三年置，有熊倉山神鹿，一身兩頭，食毒草。段柯古曰：邪希，兩頭鹿也。夷謂鹿爲邪，矢爲希。

圖表

晉 郭璞《爾雅音圖·釋獸》

宋 唐慎微《證類本草》卷一七

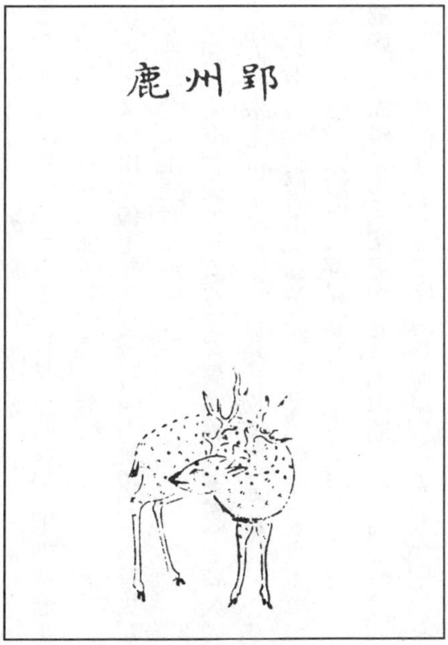

明 李時珍《本草綱目·圖卷》

清　徐鼎《毛詩名物圖說》卷二

麞麝鹿

論說

宋　蔡卞《毛詩名物解》卷九《麝》　《釋獸》云：麝父，麕足。如小鹿，有香。故文從鹿從射。虎豹之文來田，麝之香來射，則皮與臍爲之累。今商汝山中多羣麝所遺糞，常就一，鬬雖遠就食，還走其地，不敢遺跡他所，慮人獲之。人反以是從跡其所在，必掩羣取之。蓋麝絶愛其香，每人所迫逐，勢且急，即自投高巖，舉爪剔出其臍，就縶且死，猶拱四足保其臍。吴筠《猿賦》以爲『麝懷香以賈害，狙伐巧以招射』，蓋謂是也。陶氏云：麝形似鹿，今俗謂之香麞，常食柏葉。故《養生論》云：虱處頭而黑，麝食柏而香也。又曰：啗蛇，今以蛇蜕裹之彌香。夏月食蛇多，至寒香滿，入春而臍内極痛，即以爪剔出之，置尿溺之中，皆有常處。蓋象退牙，犀退角，麝退香，皆輒藏覆知自珍其貨。

又卷一〇《麕》　崔豹《古今注》曰：鹿有角而不能觸，麞有牙而不能噬。麞，麕也。齊人謂麕爲麞。麞如小鹿而美，故從麞也。章，美也。《易》曰：陰雖有美，含之，以從王事。古之制字如此，麞從章，麕從音，其義一也。語曰：四足之美有麃。麃，即麞也。或曰：麞性善驚，故從章。《吴越春秋》曰：章者，傽偟也。蓋麕鹿皆善駭，而麕尤怯飲水，見影輒奔。《道書》曰『麞鹿白膽善驚』，爲是故也。《詩》曰『野有死麕，白茅包之』云。《考工記》曰：山以麞，水以龍。言畫水必以龍，畫山必以麞也。麞，山物也。蓋麞性喜山，麋性喜澤，鹿性喜林。故林屬於山爲麓，而其字從鹿。麓者，鹿之所在故也。鹿，林獸也。麋，澤獸也。《博物志》曰：麋掘澤草而食，其場成泥，名曰麋暖。民隨此暖種稻，不耕而穫，其收百倍。麕性羣聚，故從囷。囷，聚也。語曰：市無赤米，而囷鹿空虛。先儒以爲圓曰囷，方曰鹿。蓋鹿亦羣聚，故囷或謂之鹿也。

宋　陸佃《埤雅》卷三《麝》　《釋獸》云：麝父，麕足。麝如小鹿，有香，故其文从鹿从射。虎豹之文來田，貍麝之香來射，則其皮與臍之爲累也。今商汝山中多羣麝，所遺糞常就一，雖遠逐食，必還走其地，不敢遺跡他所，慮爲人獲。人反以是從迹其所在，必掩羣而取之。蓋麝絶愛其香，每爲人所迫逐，勢且急，即自投高巖，舉爪剔出其香，就縶且死，猶拱四足保其臍。吴筠《玄猿賦》以爲『麝懷香以賈害，狙伐巧而招射』，謂是也。陶氏云：麝形似獐，今俗謂之香獐，常食栢葉。故《養生論》云：蝨處頭而黑，麝食栢而香也。又云：啗蛇，今以蛇蜕裹麝彌香。夏月食蛇多，至寒香滿，入春臍内亟痛，即自以足剔出之，置尿溺中覆之，皆有常處。象退齒，犀退角，麝退香，皆輒藏覆知自珍其貨也。趙辟公《雜説》云：西北之麝，噬虺而食柏，故其香結。東南山谿有松而無栢，故麝不結也。

又《麕》　崔豹《古今注》曰：鹿有角而不能觸，麞有牙而不能噬。麞，麕也。齊人謂麕爲麞。麞如小鹿而美，故从章也。章，美也。《易》曰：陰雖有美，含之，以從王事。麞从章，麕从音，其義一也。語曰：四足之美有麃。麃，即麞也。或曰：麞性善驚，故从章。《吴越春秋》曰：章者，傽偟也。蓋麕鹿皆健駭，而麕性膽尤怯，飲水見影輒奔。《道書》曰『麞鹿無魂』，又曰『麞

鹿白膽善怖』，爲是故也。或曰：麋喜音聲，麞善文彩。故麋从禾，麞从章。今獵户以彩服舞麞鹿。《字説》曰：赤與白爲章，麞見章而惑者也。樂以道和，麋可以樂道而獲焉。麋不可畜，又不健走，可縛者也，故又訓縛。《詩》曰：野有死麕，白茅包之。言昏禮不以死物，故其生摯用鴈，而飾羔鴈者以繢。今取死麕，更以白茅包之，則皆非其禮矣。雖皆非禮，然猶愈於無禮。故《序》云：惡無禮也。先曰死麕，後曰死鹿。先曰包，後曰束。言被文王之化，知惡無禮，其俗有隆而無殺。麞性喜山，麋性喜澤，鹿性喜林。故林屬於山爲麓，其字从鹿。麓者，鹿之所在故也。鹿，林獸也。麋，澤獸也。《博物志》曰：麋掘澤草而食，其場成泥，名曰麋暖。民隨此暖種稻，不耕而穫，其收百倍。麕性善聚善散，故从囷。囷，聚也，亦散也。《國語》曰：市無赤米，而囷鹿空虚。先儒以爲圓曰囷，方曰鹿。鹿善聚，亦善散，故囷或謂之鹿也。

宋 薛季宣《浪語集》卷一四 獸之愚莫麂如也，麂足修而善走，田犬不能逮。遇犬之獵，麂則盤辟而跳去，欲以混其蹤，常用此見。及力窮計迫，則藏頭於莽，以爲狗不己見。犬得控其後殺之。嗟哉！使麂知捷足之足恃，疾去而違之，雖良犬如麂何？極其少算，竄頭以自罔，不亦傷乎？

綜述

《爾雅·釋獸》 麕，牡麌，注：《詩》曰：麀鹿麌麌。鄭康成解即謂此也。但重言耳。牝麜，其子麆，其跡解，絶有力豣。音義：麕，九倫反，本又作麇，亦作麏。《説文》：麕，籀文麇。《字林》云：麇，麞也，又九文反。麌，一作麌，魚矩反，《字林》音吴重、直用反。麜，音栗。麆，音助，本亦作麈同。解，音蟹，施佳買反。豣，郭音與上麛字同。顧，五見反，又古典反。疏：辨麕類。《説文》云：麕，麞也。麕，其總名也。牡名麌，牝名麜，其子名麆，其跡名解，絶有力名豣。注『《詩》曰』者，《小雅·吉日》篇文也。鄭箋云：麕，牡曰麌。麌復麌，言多也。是鄭康成解即謂此也。云『但重言耳』者，謂再言麌也。【略】麝父，麕足。注：脚似麕，有香。音義【略】疏：《字林》云：小鹿有香，其足似麞，故云麕足。【略】麠，大麃，牛尾，一角。注：漢武帝郊雍，得一角獸，若麃然，謂之麟者，此是也。麃即麞。音義【略】疏：麃，麞也。大麞，牛尾，一角者，名麠，即所謂麟也。郭云『漢武帝郊雍，得一角獸，若麃然，謂之麟者，此是也』者，《漢書·郊祀志》文也。【略】麔，大麕，旄毛，狗足。注：旄毛，猥長。音義【略】疏：麕，亦麞也。旄毛，猥長毛也。大麞，毛長，狗足，名猥。《山海經》云：女几山，其獸多麖猥。

漢 許慎《説文》卷一〇 麇，麞也。从鹿，囷省聲。居筠切。麞，麇屬。从鹿，章聲。諸良切。

晉 崔豹《古今注》卷中 麞有牙而不能噬，鹿有角而不能觸。麞，一名麕，青州人謂麕爲麞。

五代 馬縞《中華古今注》卷下《獐》 有牙而不噬，一名麕。獐見人懼，謂之章慴。

宋 釋贊寧《東坡先生物類相感志》卷一〇《麝父》 麝若小狸，善走，而香出臍間。用偏辟惡思苑玉環之，丁艱葬畢見墜樹上。一嫗婦家女得暴疾如嫗狀，或請以麝香服之，須臾復舊也。

宋 鄭樵《通志》卷七六 麕之類多。《爾雅》曰：麋，牡麔，牝麎，其子麇，其跡躔，絶有力狄。鹿，牡麚，牝麀，其子麛，其跡速，絶有力麉。麕，牡麌，牝麜，其子麆，其跡解，有力豣。按：麕，麞也。麕，其總名也。麔、麎、麉、麚、麛、麌、麜、麆，音咎、辰、杳、加、迷、堅、俁、栗、鉏。又曰：麠，大鹿，牛尾，一角。麃，音砲，即麞也。漢武帝郊雍，得一角獸，若麃然，謂之麟，即此也。麠，音京。又曰：麔，大麕，旄毛，狗足，今謂之麔，音几。旄毛，猥長毛也。旄，音冒。又曰：麝父，麕足。其脚似麞，食栢葉而臍甚香。父，音甫。

宋 寇宗奭《本草衍義》卷一六 麂，獐之屬，又小於獐，但口兩邊有長牙。好鬭，則用其牙。皮爲第一，無出其右者，然多牙傷痕。四方皆有，山深處則頗多。其聲如擊破鈸。

宋 周去非《嶺外代答》卷九《麝香》 自邕州溪峒來者，名土麝。氣臊烈，不及西香。然比年西香多僞，雜一臍化爲十數枚，豈復有香？南麝氣味雖劣，以不多得，得爲珍貨，不暇作僞。入藥宜有力。

宋 羅願《爾雅翼》卷二〇《麕》 麕之性怯，又謂之麞。章者，張皇也。俗謂之白肉，言其白膽易驚怯。道家以麕鹿不在十二屬，非腥膩之物，羞爲白脯。其飲水見影驚奔。麤豪之人食其心肝者，便即小膽。若素儒者，

則轉怯不知所爲。麞乃極能走，然未及鹿。《淮南子》曰：鹿之上山，獐不能跂也，及其下，牧竪能追之，才有所脩短也。古者畫繢之事，山以章，水以龍。説者以爲章，讀爲獐。獐，山物也，在衣。齊人讀麇爲麞。馬氏以爲，獐，山物，畫山者并畫獐。龍，水物，畫水者并畫龍。鄭氏謂以獐表山，以龍見水也。有有牙者，有無牙者。崔豹《古今注》曰：麞有牙而不能噬，鹿有角而不能觸。大者不過三二十斤，老則牙見於外，淮人謂之牙麞。《穆天子傳》：天子賜曹奴之人黄金之鹿、銀麕。注云：今有在地中得玉豘、金狗之屬，此皆古賂夷狄之奇貨也。蓋古嘗有此瑞物，故以金銀倣而作之。《宋・符瑞志》曰：白麞，王者刑罰理則至。晋咸寧三年見魏郡。《春秋運斗樞》曰：樞星散爲麞。

又《麐》 麐，大麕，旄毛，狗足，能上木，好作聲。《字説》曰：麂，虎所在，必鳴以告，鹿屬馮而安者，亦其聲几几然。出東南山谷。今有山林處皆有，而均、房、襄、漢間尤多，實麞類也。大麞毛長狗足者名麐。南人往往食其肉，然堅韌，不及麞味美，多食之能動痼疾。其皮作履舃，勝於衆皮。又有一種類麐而更大名麖。《山海經》曰：女几之山，其獸多麖、麐。《宋書・符瑞志》：銀麂，刑罰得中，民不爲非則至。

又《麝》 麝如小麋，臍有香。《釋獸》謂之麝父，《字書》謂之榭。《周書》：武王狩禽麝五十。冬食栢葉，夏食諸蟲，尤噉蛇，至寒則香滿，入春急痛，自以爪剔去之，落處遠近草木皆焦黄，此爲生香。若人帶過園中者，瓜果皆不實。范燁云：麝性多忌。今亦未知其所以爲多忌者，然楊文公常言商汝山多羣麝，所遺糞常就一處，雖遠逐食必還走之，不敢遺迹他所，慮爲人獲。人反以是求得，必掩羣而獲之。此當是多疑忌之義。亦佩其香者，經游園囿，多所避忌，故以比刺當時之人。其毛可以爲筆。鄭虔云：麝毛筆一管寫書直行四十張，狸毛筆一管界行寫書八百張。又有水麝，臍中唯水，瀝一滴於斗水中，用灑衣，衣至弊而香不歇。唐天寶初，養於囿中。麝，獸之香者，故物之香者比之。今有麝香鳥，又有麝香木。又靈猫似麝，生南海山谷，如狸，自爲牝牡，亦云蚙狸。《異物志》云：靈猫，其氣如麝。

宋 高似孫 《緯略》卷二《白麕》 《晋中興書》曰：中興所在獻白麕。王述有《上白麞表》曰：毛色潔素，斯誠嘉祥。按：《穆天子傳》有曰『天子賜黄金之鹿、白銀之麕』，正謂是也。《爾雅》曰：麕，牡麌，魚矩反。牝曰麜，音栗。其子麆。音助。

宋 戴侗 《六書故》卷一八 麠麐 ，居卿切，又作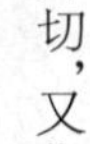。，居履切，又作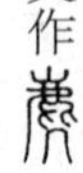。麠、麐同類，似鹿而角不岐，毛不斑，麠大而麐小。麠毛差黑而粗。《爾雅》謂，麖，牛尾，一角；麐，旄毛，狗足。皆非。

又 麕 ，去倫、倶倫二切。《説文》曰：麞也。別作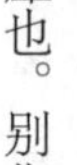，从囷省。又作麏。借爲麇縛之麇。《傳》曰：麇之以入。別作攟。

又 麞 ，之羊切。似麐而脂黄，亦謂黄牛。別作獐。

又 麝 ，夕夜切。獸如小鹿，庾有香。俗作麝麐。

宋 陳敬 《陳氏香譜》卷一《麝香》 《唐本草》云：生中臺川谷，及雍州、益州皆有之。陶隱居云：形類麞，常食柏葉，及噉蛇。或於五月得者，往往有蛇骨。主辟邪、殺鬼精，中惡、風毒、療蛇傷。多以當門一子真香分揉作三四子，括取血膜，雜以餘物，大都亦有精麤，破皮毛共在裹中者爲勝。或有夏食蛇蟲多，至寒者香滿，入春患急痛，自以脚剔出。人有得之者，此香絶勝。帶麝非但取香，亦以辟惡。其真香一子着腦間枕之，辟惡夢，及尸疰鬼氣。或傳有水麝臍，其香尤美。洪氏云：唐天寶中，廣中獲水麝，臍香皆水也。每以針取之，香氣倍於肉臍。《倦遊録》云：商、汝山多羣麝，所遺糞嘗就一處，雖遠逐食必還走之，不敢遺迹他處，慮爲人獲。人反以是求得，必掩羣而取之。麝絶愛其臍，每爲人所逐，勢急，即自投高崖，舉爪裂出其香，就縶而死，猶拱四足保其臍。李商隱詩云：逐巖麝香退。

明 黄省曾 《獸經》 麝父剔香。《爾雅》曰：麝父，麕足。《字林》云：小鹿有香，其足似麞，故曰麕足。陶隱居云：麝夏月食蟲蛇多，至塞則香滿，入春急痛，自以爪剔出之。著屎溺中覆之，皆有常。《本草圖經》曰：趙蹄公《雜説》云：西止之麝，噬虺而食栢，故其香結。東南山谿有松而無栢，故麝不結也。【略】

麞性喜山。《埤雅》曰：麞性喜山。《抱朴子》曰：山中赤日稱赤吏者，麞也。《説文》曰：麞，麕也。《爾雅》曰：麕，牡麌，牝麜，其子麆。

明 李時珍 《本草綱目》卷五一 麂宋《開寶》附 釋名：麐即古麂字。時珍曰：麂味甘旨，故從旨。又《字説》云：山中有虎，麂必鳴以告，其聲几几然，故曰麂。

大者曰麖。集解：《馬志》曰：麂生東南山谷。頌曰：今有山林處皆有之，而均、房、湘、漢間尤多，乃麞類也。按《爾雅》云：麂，大麕，旄尾狗足。謂毛長也。南人往往食其肉，然堅韌，不及麞味美。其皮作履舄，勝於諸皮。又有一種類麂而大者名麖，不堪藥用。《山海經》云『女几之山多麖、麂』，即此。宗奭曰：麂，麞屬而小於麞，其口兩邊有長牙，好鬬。其皮爲第一，無出其右者，但皮多牙傷痕。其聲如擊破鈸。四方皆有，山深處頗多。時珍曰：麂居大山中，似麞而小。牡者有短角，黧色，豹脚，脚矮而力勁，善跳越，其行草莽，但循一逕。皮極細膩，鞾韈珍之。或云亦好食蛇。《符瑞志》有銀麂，白色。今施州山中出一種紅麂，紅色。

又　麞《別録》中品　釋名：麕。音君，亦作麏。時珍曰：獵人舞采，則麞、麋注視。麞喜文章，故字從章。陸氏曰：麞性驚憧，故謂之麞。又善聚散，故又名麕。囷，圓倉也。《爾雅》云：麕，牡曰麌，音語。牝曰麜，音栗。其子曰麆，音助。大者曰麃，音庖。古語云『四足之美有麃』是矣。集解：頌曰：麞，今陂澤淺草中多有之。其類甚多，麕乃總名也。有有牙者，有無牙者，其牙不能噬嚙。時珍曰：麞，秋冬居山，春夏居澤。似鹿而小，無角，黄黑色，大者不過二三十觔。雄者有牙出口外，俗稱牙麞。其皮細軟，勝於鹿皮。夏月毛毨而皮厚，冬月毛多而皮薄也。《符瑞志》有銀麞，白色，云『王者刑罰中理則出』。《運斗樞》云：樞星散爲麞鹿。正誤：詵曰：麞中往往得香，如栗子大，不能全香，亦治惡病。時珍曰：麞無香，有香者麝也，俗稱土麞，呼爲香麞是矣。今正之。

又　麝《本經》上品　釋名：射父、《爾雅》香麝。時珍曰：麝之香氣遠射，故謂之麝。或云麝父之香來射，故名，亦通。其形似麞，故俗呼香麞。梵書謂麝香曰莫訶婆伽。集解：《別録》曰：麝生中臺山谷，及益州、雍州山中。春分取香，生者益良。弘景曰：麝形似麞而小，黑色，常食柏葉，又噉蛇。其香正在陰莖前皮内，别有膜袋裹之。五月得香，往往有蛇皮骨。今人以蛇蜕皮裹香，云彌香，是相使也。麝夏月食蛇蟲多，至寒則香滿，入春臍内急痛，自以爪剔出，著屎溺中覆之，常在一處不移。曾有遇得，乃至一斗五升者，此香絶勝殺取者。昔人云是精溺凝作，殊不爾也。今出羌夷者多真好，出隨郡、義陽、晉溪諸蠻中者亞之，出益州者形扁，仍以皮膜裹之，多僞。凡真香一子分作三四子，刮取血膜，雜以餘物，裹以四足膝皮而貨之，貨者又復僞之。彼人言但破看一片，毛共在裹中者爲勝。今惟得活者看取，必當全真耳。頌曰：今陝西、益州、河東諸路山中皆有，而秦州、文州諸蠻中尤多，蘄州、光州或時亦有。其香絶小，一子纔若彈丸，往往是真，蓋彼人不甚作僞爾。其香有三等，第一生香名遺香，乃麝自剔出者，然極難得，價同明珠。其香聚處，遠近草木不生，或焦黄也。今人帶香過園林，則瓜果皆不實，是其騐也。其次臍香，乃捕得殺取之。其三心結香，乃(獸)[麝]見大獸捕逐，驚畏失心，狂者墜死，人有得之，破心見血流出脾上，作乾血塊者，不堪入藥。又有一種水麝，其香更奇，臍中皆水，瀝一滴於斗水中，用洒衣物，其香不歇。唐天寶中，虞人曾一獻之，養於囿中，每以針刺其臍，捻以真雄黄，則臍復合，其香倍于肉麝。此説載在《酉陽雜俎》，近不復聞有之，或有之而人不識矣。慎微曰：楊億《談苑》云：商、汝山中多麝，遺糞常在一處不移，人以是獲之。其性絶愛其臍，爲人逐急，即投巖，舉爪剔裂其香，就縶而死，猶拱四足保其臍。故李商隱詩云：投巖麝自香。許渾詩云：尋麝采生香。時珍曰：麝居山，麞居澤，以此爲别。麝出西北者香結實，出東南者謂之土麝，亦可用而力次之。南中靈貓囊，其氣如麝，人以雜之。見本條。

明　慎懋官《華夷花木鳥獸珍玩考》卷七《麞》　《春秋運斗樞》曰：樞星散爲麞。一名麕，有牙而不能噬，如小鹿而美。語曰：四足之美有麃。麃，即麞也。

又《麂》　似麞而有角，善食蛇。

明　穆希文《説原》卷一一　麕，即獐也。其性怯。粗豪之人食其心肝，即小膽。若素怯者，則愈怯矣。麖、麂、麈是鹿類也。其皮作履舄，勝于衆皮。蓋刑罰得中，民不爲非則至。

明　張瀚《松窗夢語》卷五《鳥獸紀》　東粤産麝，狀如小麋，冬月香滿臍中，入春急痛，以爪剔之，落處草木焦黄。其性畏人，晝處叢林，夜窺人室。

明　吴雨《毛詩鳥獸草木考》卷四《麕肩　豜　麌》　麕，山獸也。一名獐。牡名麌，牝名麜，其子名麆，絶有力名豜。鹿屬，似鹿而小，無角，黄褐色。青州人謂之麏，齊人謂麕爲獐。性善驚而膽尤怯，飲水見影輒奔。《道書》曰『麞鹿無魂』，又曰『麞鹿白膽善怖』，是也。喜文彩，今獵人以彩服舞其前而獲之。秋冬食其肉甚美，春夏食之則動氣。語云：四足之有麃。麃，即獐是也。舊説豪人食其心肝者，便即小膽。道家以麕鹿不在十二屬，羞之爲白脯。大者不過二三十斤，老者牙長見於外，淮人謂之牙獐。《古今注》云：『鹿有角而不能觸，麞有牙而不能噬』是也。肩與豜，毛《傳》皆云三歲者之名。兩肩，《説文》字作豜。按《爾雅·釋鹿》云：絶有力麌。《釋麕》亦云：絶有力豜。獻豜、兩肩，爲麕與鹿之絶有力之名也。毛《傳》云：豕生一歲曰豵，三歲曰豜。毛意以爲豕也。鄭《箋》云：豕生三曰豵。《箋》既易《傳》不以豵爲一歲之名，則豜亦非三歲之稱。《箋》意蓋以豜爲鹿、麕有力者也。若毛所云，恐非也。肩與麌字雖異，音實同也。麌，鄭《箋》云：麕，牡曰麌。

按《釋獸》云：麕，牡麌，牝麜。是麕之牡也。郭璞《注》引《詩》曰：麀鹿麌麌。鄭康成解即謂此也，但重言耳。《音義》曰：麕或作麏，或作麇，是爲麇牡曰麌也。由麇之相類，又承鹿牝之下，本或作麌，牝者誤也。

明　鄺露　**《赤雅》卷三《麝》**　麝食艾草，冬至香滿，入春則臍急悶，跳躍剔出之。剔出之香，著百草皆枯，佳人採芳，拾以相贈，馨香盈袖，經年不歇。今之爲麝者，生而割之，天香未藴，臍穢尚腥，調以酥酪，和以百草，微香差見，失其性矣。嗚呼！生售而失其性，豈獨一麝也哉！

清　姚炳　**《詩識名解》卷五《麕》**　麕，《召南・野有死麕》篇《釋獸》有麕無麞。《周禮・績人》注云：齊人謂麕爲獐。《説文》訓亦同。今從之。其義以偉偟爲近，所謂『性膽最怯，飲水見影輒奔』是也。陸農師謂爲章美之義，非。字從囷，亦取諧聲，故俗或作麏。其善聚散之説尤鑿。陸璣混麇爲麕，以爲青州謂之麇，誤。《釋獸》麇、麕並舉，明是兩物，且其牝牡之名各異，其子種類亦殊，無容合而爲一也。麇喜音聲，麞喜文彩，此好事者之説也。今使獵者舍其罝羅弓矢而張樂空山以待逸材之獸，吾恐麇鹿見之決驟矣，是樂鶡以鐘鼓也。且麞、麇一物，顧或以彩服誘之，而或以音聲導之，兩者各異如此，可知皆從文字穿鑿，非物情之真耳。

清　徐鼎　**《毛詩名物圖説》卷二**　《爾雅・釋獸》：麕，牡麌，牝麜，其子麆，其跡解，絶有力豜。《説文》：麕，麞也。麕，其總名也。崔豹《古今注》：鹿有角而不能觸，麕有牙而不能噬。朱子《集傳》：麕，獐也，鹿屬，無角。陸佃《埤雅》：麕鹿皆健駭，而麕性膽尤怯，飲水見影輒奔。《道書》曰『麞鹿無魂』是也。《詩》『野有死麕，白茅包之』，言昏禮不以死物，故其生摯用鴈，而飾羔鴈者以繢。今以死麕，更以白茅包之，皆非其禮矣。然猶愈於無禮，故《序》云：惡無禮也。先曰死麕，後曰死鹿。先曰包，後曰束。言被文王之化，知惡無禮，其俗有隆而無殺。

清　牟應震　**《毛詩物名考》卷二**　麕，即麞也。似鹿而小，無角，黄黑色，雄者牙出口外。李時珍曰：麞無香，有香者麝也，似麞而小，黑色，俗名香麞。

清　劉玉麐　**《爾雅校議》卷下**　麔，大麕，旄毛，狗足。玉案：《廣韻》引《爾雅》曰：狗足，旄尾。《初學記》引郭注云：旄毛，尾濃長也。似經本、毛本作尾字。又《説文繫傳》引《爾雅》：麔，大麇，旄尾，狗足。當據改。

清　陳宗起　**《考工記鳥獸蟲魚釋》**　山以章。注：章讀爲獐，齊人謂麇爲獐。《爾雅》：麕，牡麌，牝麜，其子麆，其跡解，絶有力豜。《説文》：麇，麞也。麞，麇屬。《廣雅》：麇，本或誤作麇，麞也。《詩》：野有死麕。《釋文》：麕本亦作麏，亦作麇。《草木疏》云：麏，麞也。青州人謂之麏。案：此疏與鄭説異，麏或麞字之誤。《爾雅》又云：麠，大麃，牛尾，一角。郭注：漢武帝郊雍得一角獸若麃然，謂之麟者，此是也。麃即麞。又云：麔，大麕，旄毛，狗足。疏引《山海經》云：女几山異獸多麖、麔。《説文》以麔爲大麇，麠爲大鹿，或字之誤也。《埤雅》引崔豹《古今注》云：麞有牙而不能噬。又或曰：麞性善驚。又曰：麞性喜山。

清　方旭　**《蟲薈》卷二《毛蟲・麂》**　麂肉甚細。今所在山中有之。狀頗似鹿而大如犬，毛赤黑而無斑，善騰躍，好登山峯。又《爾雅》云：時善𪊨領。注：好登山峯之獸。疑亦此類。

清　金武祥　**《粟香三筆》卷七**　黄麖，梧州山中多有之。其皮作履舄，勝於諸皮。其肉與鹿無異，余時購食之。《字彙》：麖，同麠。《本草》云：大者曰麖，小者曰麂。《山海經》云：女几之山多麖、麂。即此。《方輿勝覽》云：梧州火山有獸名靈麖，生三足。郡中有災及使車將至則先鳴，故麖以靈名云。

紀　事

南朝宋　劉敬叔　**《異苑》卷三**　元嘉初，青州劉幡射得一麞，剖腹藏，以草塞之，蹶然起走。幡從而拔塞，須臾復還倒，如此三焉。幡密求此種類，治傷痍多愈。

南朝梁　沈約　**《宋書》卷二八《符瑞志》**　白麞，王者刑罰理則至。晉武帝咸寧元年四月丙戌、乙卯，白麞見琅邪，趙王倫以獻。咸寧三年七月壬辰，白麞見魏郡。晉武帝太康三年八月，白麞見梁國蒙，梁相解隆獲以獻。太康五年九月己酉，白麞見義陽。太康七年五月戊辰，白麞見汲郡。晉成帝咸和九年五月癸酉，白麞見吴國吴縣，内史虞潭獲以獻。晉穆帝永和元年八月，白麞見吴國吴縣西界包山，獲以獻。永和八年十二月，白麞見丹陽永世，

永世令徐該獲以獻。永和十二年十一月庚午，白麞見梁郡，梁郡太守劉遂獲以獻。晉安帝隆安五年十一月，白麞見荆州，荆州刺史桓玄以聞。宋少帝景平元年五月癸未，白麞見義興陽羨，太守王準之獲以獻。景平二年六月，白麞見南郡江陽，太守王華獻之太祖。太祖時入奉大統，以爲休祥。文帝元嘉五年四月乙巳，白麞見汝陽武津，太守鄭據獲以獻。元嘉十二年正月，白麞見東萊黄縣，青、冀州刺史王方回以獻。元嘉十九年五月，山陽張休宗獲白麞，南兖州刺史臨川王義慶以獻。元嘉二十年八月，白麞見江夏安陸，内史劉思考以獻。元嘉二十五年二月己丑，白麞見淮南，太守王休獲以獻。元嘉二十五年四月戊午，白麞見南琅邪，太守王遠獲以獻。元嘉二十五年五月辛未朔，華林園白麞生二子皆白，園丞梅道念以聞。元嘉二十六年五月丙戌，白麞見馬頭，豫州刺史南平王鑠以獻。元嘉二十七年正月己丑，白麞見濟陰，徐州刺史武陵王駿以聞。元嘉二十七年四月癸丑，華林園白麞生一白子，園丞梅道念以聞。元嘉二十九年六月壬戌，白麞見晉陵暨陽，南徐州刺史始興王濬以獻。孝武帝孝建三年六月癸巳，白麞見廣陵，南兖州以獻。孝武帝大明元年七月丁丑，白麞見東萊曲城縣，獲以獻。大明二年正月壬戌，白麞見山陽，山陽内史程天祚以獻。大明二年二月辛丑，白麞見濟北，濟北太守殷孝祖以獻。大明五年九月己巳，白麞見南陽，雍州刺史永嘉王子仁以獻。大明六年四月戊辰，白麞見營陽，湘州刺史建安王休仁以獻。大明七年正月庚寅，白麞見南陽，荆州刺史臨海王子頊以獻。大明七年六月己巳，白麞見武陵臨沅，太守劉衍以獻。大明七年九月癸未，白麞見南陽，雍州刺史劉秀之以獻。明帝泰始三年五月癸酉，白麞見南東海丹徒，南徐州刺史桂陽王休範以獻。泰始三年五月乙卯，白麞見北海都昌，青州刺史沈文秀以獻。泰始五年正月癸卯，白麞見汝陰樓煩，豫州刺史劉勔以獻。明帝泰豫元年十月壬戌，白麞見義興國山，太守王蘊以獻。後廢帝元徽元年正月甲午，白麞見海陵寧海，海陵太守孫嗣之以獻。文帝元嘉二十三年五月甲寅，東宫隊白從陳超獲黑麞於肥如縣，皇太子以獻。元嘉二十三年十月辛巳，東宫將魏榮獲青麞於秣陵。元嘉十年十二月，營城縣民成公會之於廣陵高郵界獲白麞鹿以獻。孝武帝大明元年二月己亥，白鹿見會稽諸暨縣，獲以獻。銀鹿，刑罰得共，民不爲非則至。闕

北齊　魏收　**《魏書》卷一一二《靈徵志》**　太宗永興四年十二月，章安子封懿獻白麞。王者刑罰理則至。高祖太和二年十二月，懷州獻白麞。三年五月，白麞見於豫州。二十三年正月，華州獻白麞。肅宗熙平二年三月，徐州獻白麞。神龜二年七月，徐州獻白麞。孝静武定七年七月，瀛州獻白麞。

唐　姚思廉　**《梁書》卷九《曹景宗傳》**　景宗幼善騎射，好畋獵，常與少年數十人澤中逐麞鹿，每衆騎趁鹿，鹿馬相亂，景宗於衆中射之，人皆懼中馬足，鹿應弦輒斃，以此爲樂。【略】景宗謂所親曰：『我昔在鄉里，騎快馬如龍，與年少輩數十騎，拓弓弦作霹靂聲，箭如餓鴟叫。平澤中逐麞，數肋射之，渴飲其血，飢食其肉，甜如甘露漿。覺耳後風生，鼻頭出火，此樂使人忘死，不知老之將至。』

宋　歐陽修、宋祁　**《新唐書》卷三五《五行志》**　開成四年四月，有麞出于太廟，獲之。

宋　沈括　**《夢溪筆談》卷一三**　王元澤數歲時，客有以一麞一鹿同籠，以問雱：何者是麞？何者是鹿？雱實未識，良久對曰：麞邊是鹿，鹿邊是麞。客大奇之。

明　劉基　**《誠意伯文集》卷一七**　東南之美，有荆山之麝臍焉。荆人有逐麝者，麝急則抉其臍投諸莽，逐者趨焉。麝因得以逸。令尹子文聞之曰：是獸也，而人有弗如之者，以賄亡其身，以及其家，何其智之不如麝耶？

藝文

唐　杜甫　**《麂》（引自《杜詩詳注》卷一七）**　永與清溪别，蒙將玉饌俱。無才逐仙隱，不敢恨庖厨。亂世輕全物，微聲及禍樞。衣冠兼盗賊，饕音滔餮音鐵用斯須。

明　李夢陽　**《空同集》卷三四《獲麂》**　小麂何山得，出山今幾時。笑爾深藏晚，無言獵者知。

清　郭嵩燾　**《養知書屋詩集》卷九《麂》**　頗亦友麋鹿，呦呦出遠林。庖厨無擇物，山澗有哀音。避地千人眼，瞻天萬里心。君王冬狩好，賜獲徧朝簪。

圖表

晉　郭璞《爾雅音圖·釋獸》

宋　唐慎微《證類本草》卷一八

明　李時珍《本草綱目·圖卷》

清　徐鼎《毛詩名物圖說》卷二

犀兕

論説

宋　蔡卞《毛詩名物解》卷九《犀》　犀性絶躁，似豕，一管三孔毛，大腹卑脚，脚有蹄，黑色。三角，一在頂上，一在額上，一在鼻上。在鼻者，即食角者也，小而不橢，好食棘。亦有一角者。《交州記》曰：犀有二角，鼻上角長，額上角短。或曰：三角者水犀也，二角者山犀也。在頂謂之頂犀，在鼻謂之鼻犀。犀有四輩。其紋或如爛椹，或如狗鼻者，上。黔一犀無文，螺犀文旋，犉犀文細，牯犀文大而匀。舊説犀之通天者惡影，常飲濁水，重霧厚露，不濡其裏，白星徹端。世云犀望星而入角，即此也，可以破水駭雞。蓋犀之美者有光，故雞見影而驚。其次角理復有正插，倒插。正插者，角腰已上通。倒插者，角腰已下通。亦以尖花小而根花大者，謂之正插；根花小而尖

花大者，謂之倒插。故南人以牙爲白暗，以犀爲黑暗，亦難别也。犀亦絶愛其角，墮角埋之，王粲《游海賦》『羣犀代角，巨象解齒』是也。《周官》：函人爲甲，犀甲七屬，兕甲六屬。蓋犀革甲差劣於兕，七屬，增一也。或曰：翡翠屑金，人氣粉犀。犀最難擣，惟鋸犀成小塊，以極薄紙裹置懷中，令近肉，以人氣蒸之，候氣蒸潤，乘熱投臼中，急擣，應手如粉。

又卷一〇《兕》《釋獸》曰：兕，似牛。重千斤，一角，青色，其皮堅厚，可以制鎧。故水剸蛟龍，陸斷犀兕。蓋取諸此。《吉日》曰：發彼小豝，殪此大兕。言能中微而制大也。《老子》曰：兕無所投其角。兕善抵觸，先王制罰爵，以兕角爲之。蓋酒，陽也，發人之剛，其過則在抵觸，故先王制此以爲酒戒。《詩》曰『兕觥其觩，旨酒思柔』，此之謂也。四升曰角，角，觸也，與此同意。

宋　陸佃《埤雅》卷三《犀》　犀性絶躁，似豕，一管三毛。有鴆處必有之。形似水牛，大腹卑脚，脚有三蹄，黑色。三角，一在頂上，一在額上，一在鼻上。鼻上者，即食角也，小而不橢，好食棘。亦有一角者，前足直，常倚木而息，木仆則不能起。《異物志》曰：犀體兼五種肉。又曰：犀舌有棘，常食草木棘刺，不啖莖葉也。舊説犀之通天者惡影，常飲濁水，重霧厚露之夜，不濡其裏，白星徹端。世云犀望星而入角，即此也，可以破水駭雞。蓋犀之美者有光，故雞見影而驚。其次角理復有正插、倒插。正插者，角腰以上通。倒插者，角腰以下通。亦曰尖花小而根花大，謂之倒插。故南人以牙爲白暗，犀爲黑暗，言難别也。犀亦絶愛其角，墮角即自埋之，王粲《游海賦》曰『羣犀代角，巨象解齒』是也。《交州記》曰：犀有二角，鼻上角長，額上角短。或曰：三角者水犀也，二角者山犀也。在頂者謂之頂犀，在鼻者謂之鼻犀。犀有四輩。其紋或如桑椹，或如狗鼻者，上。黔犀無紋，螺犀紋旋，牸犀紋細，牯犀紋大而匀。《周官》：函人爲甲，犀甲七屬，兕甲六屬。犀革差劣於兕，故兕甲六屬，減一；犀甲七屬，增一也。或曰：翡翠屑金，人氣粉犀。犀最難擣，唯鋸犀成小塊，以極薄紙裹置懷中，令近肉，以人氣蒸之，候氣蒸潤，乘熱投臼中，急擣，應手如粉。

又《兕》《釋獸》云：兕，似牛。兕重千斤，一角，青色，其皮堅厚，可以制鎧。《傳》曰：水剸蛟龍，陸斷犀兕。蓋取諸此。《吉日》曰：發彼小豝，殪此大兕。言能中微而制大也。《老子》曰：兕無所投其角。兕善抵觸，故先王之制罰爵，以兕角爲之。酒，陽物也，而善發人之剛，其過則在抵觸，故先王制此以爲酒戒。《詩》曰『兕觥其觩，旨酒思柔』，此之謂也。四升曰角，角，觸也，與此同意。道家云：虎千年則牙蜕而角生。

宋　羅願《爾雅翼》卷一八《犀》　犀，南徼外牛而似豕，一角在鼻，一角在頂，其形已詳見《埤雅》。多生南中。《周書》伊尹令正南以文犀爲獻。今徼外所送，有山犀，有水犀。水犀之皮則有珠甲，山犀無之。今通天犀長且鋭，皆腦上角。千歲者，長且鋭，有一白縷直上徹端，名曰通天。或以爲白理徹端，則能出氣通天，故曰通天。或曰赤理，蓋水犀之角也。通天則能通神，可以破水駭雞。大霧重露之夜，以置中庭，終不霑濡。得三寸以上，刻爲魚而御之，以入水，水常開方三尺。又以角盛米置羣雞中，雞欲往啄，未至數寸，輒驚退。置屋上，則烏鳥不敢集，置積穀上亦然。《援神契》曰『神靈滋液，則犀駭雞』，《戰國策》『楚獻雞駭之犀於秦王』，《九歌》曰『棄駭雞於箱簏』，此之謂也。能殺鈎吻、鴆羽、蛇毒。以此角爲箸，攪毒藥中，皆生白沫湧起，則了無復勢。以攪無毒物，則無沫起。若行異域有蠱毒之鄉，常先以試之。趙后所謂文犀辟毒者，謂此也。中毒箭將死者，以刺瘡中，即沫出而愈。通天犀所以能辟毒者，其獸專食百草之毒者，及衆木之有刺棘者，不妄食柔滑之草木也。其在山中晦冥之夕，光正赫然如炬，温嶠燬犀以照水怪，蓋謂此。歲一解角於山石間，得之者刻木色理形狀相肖以代之，犀不能覺，輒復解角其處。古所謂梁山之美，非特其角，兼取其甲。函人犀甲七屬，壽百年，言其久而不壞也。吴王夫差衣水犀之甲者，億有三千人，又奉文犀之渠物之利如此。昔周公驅虎、豹、犀、象而遠之，以去民害。又此物輩有皮革齒角之用，故古帝王不逐而去之，則因而利之。其逐而去之者，《管子》所謂『黄帝之王，謹逃其爪牙，不利其器，焚破林藪，驅逐禽獸以利人』者是也。其因而利之者，則堯舜之王。令諸侯子卿大夫委質者，皆以虎豹皮飾。使散財粟，以市虎豹之皮。山林之人刺猛獸，若從親戚之仇，此君冕服於朝而猛獸朦於外者是也。至其言五家之數，則又曰：黄帝之王，謹逃其爪牙。有虞之王，枯澤童山。夏后之王，燒林焚藪沛澤，不益民之利。殷人之王，諸侯無牛馬之牢，不利其器。周人之王，官能以備物。然則周公之驅虎、豹、犀、象，蓋天下

初定，未暇其他，故且行黃帝、夏后之政。至其後，乃官能以備物，虎豹之皮爲侯與其裘，犀兕爲甲，象以飾路而爲笏，物無不備。又服不氏掌養猛獸，而皇蓄教擾之，不唯驅之而已也。

又《兕》 兕似牛，一角，青色，重千斤，或曰即犀之牸者。蓋牯犀之角能辟邪惡，寧心神，散風熱，故良於藥餌。牸犀之角，文理細膩，斑白分明，俗謂班犀，故美於服飾。牸犀，古人或但謂之牸，蓋即兕也。猶羖音近牯，以其爲牂之牯；熊音近雄，以爲羆之雄，而兕音近牸云。《爾雅》曰：兕，似牛。犀，似豕。郭氏稱犀似水牛而豕首，然則犀亦似牛，與兕同，但首如豕耳。兕青而犀黑，兕一角而犀二角，以此爲異。然郭又云：犀亦有一角者也。但古人多言兕，今人多言犀，北人多言兕，南人多言犀，爲不同耳。漢武帝時，西域獻赤兕裘，入水不濡，上時服以聽朝，即水犀甲之類。犀既有之，兕亦宜然。兕之革最堅，故犀甲只壽百年，而兕甲壽二百年。射以得兕爲雋，故周詩美宣王殪此大兕。唐叔虞射兕于徒林，殪以爲大甲。爲是武也，以享晉封。其後世之臣，相與傳道之，以愧其君。而楚人《招魂》稱『君王親發兮，憚青兕』，以爲物之偉觀，可以娛魂而來之云爾。角尤善觸，故曰『兕無所投其角』。古以爲觥容七升，或曰無則刻木爲之，以戒酒過而抵觸人者，故曰：觵其不敬者。《周南》曰：我姑酌彼兕觥。蓋爵一升，觚二升，觶三升，角四升，散五升，因多寡以明尊卑。觥在五爵之外，所受最多，而猶曰『姑酌』云者，則其念勤勞可知，亦觥愈大而愈卑，則惠及賤者矣。《詩》曰『匪兕匪虎，率彼曠野』，《論語》曰『虎兕出於柙』者，蓋周之初驅猛獸，至其後養而皇蓄教擾之。說見犀章中。

明　何三畏《新刻何氏類鎔》卷三四《犀》 犀之爲物也，體兼五肉，脚具三蹄。其角生於鼻端、額端、頸項端，其文謂之正插、倒插、腰鼓插。處在叢林之内，荆棘是吞。逸諸荒野之間，飛走皆避。吻無不靡，力無不傾。或産於梁山，或産於巴浦。或生於烏戈，或生於黃支。或出自禱過山，或出自九德縣。或來自吠勒國，或來自西南夷。有墮羅犀者，作黴豆之斑。有雙龍犀者，具爪牙之狀。犀名離水，其形似牛者，水爲之開。犀名通天，其理如線者，雞爲之駭。太公得之義渠而獻紂，以解西伯羑里之囚。楚王遣之百乘而獻秦，以破蘇秦連衡之説。犀有貢之南海者，德宗則受而納之苑中。犀有貢之渠州者，宣宗則却而縱之野外。蓋至置之殿上，而一株之氣可溫；行之夜中，而百步之光可照。食之以百草之毒而不能損其角，覆之以千重之繒而不能掩其輝。投之大霧重露而終不霑濡，埋之塵土泥塗而卒不毀爛。犀之爲神物、異物，可知矣。

綜述

《爾雅・釋獸》 兕，似牛。注：一角，青色，重千斤。音義【略】疏：郭云：一角，青色，重千斤。《説文》云：兕如野牛，青毛，其皮堅厚，可制鎧。《交州記》曰：兕出九德，有一角，角長三尺餘，形如馬鞭柄是也。犀，似豕。注：形似水牛，豬頭，大腹庳脚。脚有三蹄，黑色。三角，一在頂上，一在額上，一在鼻上。鼻上者，即食角也，小而不橢，好食棘。亦有一角者。音義【略】疏：劉欣期《交州記》曰：犀出九德，毛如豕，蹄有甲，頭似馬。《吳録地理志》云：武陵沅南縣以南皆有犀。

漢　許慎《説文》卷九 𤉡，如野牛而青。象形，與禽离頭同。凡𤉡之屬，皆从𤉡。徐姊切。

晉　葛洪《抱朴子内篇・登涉》 通天犀，角有一赤理如綖，自本徹末，以角盛米，置羣雞中，雞欲啄之，未至數寸，即驚却退，故南人或名通天犀爲駭雞犀。以此犀角著穀積上，百鳥不敢集。大霧重露之夜，以置中庭，終不霑濡也。此犀獸在深山中，晦冥之夕，其光正赫然如炬火也。以其角爲導，毒藥爲湯，以此道攪之，皆生白沫湧起，則了無復勢也。以攪無毒物，則無沫起也。故以是知之者也。若行異域有蠱毒之鄉，每於他家飲食，則常先以犀攪之也。人有爲毒箭所中欲死，以此犀文刺瘡中，其瘡即沫出而愈也。通天犀所以能煞毒者，其爲獸專食百草之有毒者，及衆木有刺棘者，不妄食柔滑之草木也。歲一解角於山中石間，人或得之，則用堅木色理形狀令如其角以代之，勿使之覺，後年輒更解角，著其處也。他犀亦辟惡解毒耳，然不能如通天者之妙也。

唐　段成式《酉陽雜俎》卷一六 犀之通天者必惡影，常飲濁水，當其溺時，人趕不復移足。角之理形似百物。或云犀角通者，是其病。然其理有

倒插、正插、腰鼓插。倒者，一半已下通；正者，一半已上通；腰鼓者，中斷不通。故波斯謂牙爲白暗，犀爲黑暗。成式門下醫人吴士皋，嘗職於南海郡，見舶主説本國取犀，先於山路多植木，如狙杙，云犀前脚直，常倚木而息，木欄折則不能起。犀牛一名奴角，有鴆處必有犀也。犀，三毛一孔。劉孝標言，犀墮角埋之，人以假角易之。

唐 段公路《北户録》卷一《通犀》 通犀，《山海經》云：犀似水牛而猪頭，脚似象，有三蹄，大腹，黑色。三角，一在頂上，一在額上，一在鼻上，鼻上小而不橢。又云：鼻上者良。《韓詩外傳》曰：太公使南宫括至義渠，得駭雞犀，獻紂。犀角二，一在頂上，一在鼻上，鼻上者食角也，今人呼爲胡帽犀是也。《抱朴子》云：犀解於山中，人以木如其角代之，犀不覺，後年輒解也。又《南州異物志》曰：獸曰玄犀，處自林麓，食唯棘刺，體兼五肉，又含精吐烈，望如華燭，置之荒野，禽獸莫觸。置大霧重露下，終不霑濡。又堪爲釵蠹，又見吴均《續齊諧記》：蔣潛得通犀蠹，後被豫章王江夫人斷以爲釵，兼名遠花。又云：宋岑獲通犀蠹，賣與廬陵王義真。又元康末，婦人以犀角瑇瑁爲斧鉞戈戟，戴之明也。撓藥酒，酒生沫。若貯米飼雞，雞見輒驚散，一呼爲駭雞犀。駭雞犀出大秦。又有離水犀，行則水爲之開。或中茵箭刺於創中，立愈。蓋犀食百毒棘刺故也。愚重譯於蕃人，事皆不虚。《廣志》云：犀角之好者稱雞脉白。郭子横云：又犀角表有光，因名明犀，置閤中有影色。今廣州有善理犀者，能補白犀。《東觀漢記》曰：章帝元和元年，日南獻白雉、白犀。補了以鐵夾夾定，藥水煮而拍之，膠爲一體，製梳掌，多作禽魚隨意匠物。論其妙至於鑄玉者，方之蔑如也。又有裁黿甲或觜蠵、斷日脚者。陷黑玳瑁爲斑點者，亦以鐵夾煮而用之，爲腰帶、襯疊子之類。其焙浄，真者不及也。玳瑁，《切韻》字從玉，《文選》字從虫，歐陽詢飛白從甲，愚以甲爲是。《字詁》亦從甲也。凡玳瑁甲生取者，治毒第一，其力不下婆薩石。愚曾取解毒，立驗。南人神之。亦甚辟惡，與符拔甲相類。《廣志》云：符拔如麟，畢皮有麟甲，甲以辟惡也。

唐 劉恂《嶺表録異》卷下 嶺表所産犀牛，大約似牛而猪頭，脚似象蹄，有三甲。首有二角，一在額上爲兕犀；一在鼻上，較小，爲胡帽犀。鼻上者皆窘束而花點少，多有奇文。牯犀亦有二角，皆爲毛犀，俱有粟文，堪爲腰帶。千百犀中，或遇有通者，花點大小奇異，固無常定。有偏花路通，有頂花大而根花小者，謂之倒插通。此二種，亦五色無常矣。若通白黑分明，花點差奇，則價計巨萬，乃希世之寶也。又有墮羅犀，犀中最大，一株有重七八觔者，云是牯牛，額上有心。花多是撒豆，斑色深者，堪爲胯具，斑散而淺，即治爲盤楪器皿之類。又有駭雞犀、羣雞見之驚散。辟塵犀、爲婦人簪梳，塵不着也。辟水犀、云此犀行于海，水爲之開，置角于霧之中不濕矣。光明犀，處于暗室，則有光明。此數犀但聞其説，不可得而見也。按：《埤雅》所載畧同。又張世南《遊宦紀聞》卷二引此條，云犀有二角，一在額上爲兕犀，一在鼻上爲胡帽犀。牯犀亦有二角，皆爲毛犀。與此書詳畧互異。

宋 釋贊寧《東坡先生物類相感志》卷九《犀》 形似牛，猪頭，大腹痺脚，上有三蹄，黑色。三角，一角在頂上，一在鼻，即食角也，小而不墮，好食棘。《抱朴子》云：真通天犀角一尺以上，刻爲魚形，啣入水，水常爲開通三尺餘路，可氣息水中也。又通天犀角爲白理如線者，自本徹來，以此角盛米置群雞，欲往啄米，未至數步間，輒驚却，故南人或名通天犀爲駭雞犀也。以目犀置谷上，百鳥不敢集。大霧重露之夜，置之中庭，終不霑濡也。此獸在深山中，溟海之夕，其光赫然猶大炬也。以其犀釵導物，則無沫起，以是知之。若行異域有蠱毒之鄉，每於它家食，則常以犀角攪之也。人爲箭中欲死，以犀角刺瘡中，即沫出而愈也。志者詳其通天犀能救殺毒者，其獸專食百草之有毒者，及衆木之有棘刺者，天忘食柔滑之草木也。歲一解角，藏於山石之間，人或得之，刻木色理狀如其角代之，犀不能覺，後年輒解角其處。他犀亦避惡毒，然不若通天犀之妙若神也。

又《通天犀》 陶弘景云：通天者，謂角有白點直上爲通天也。一爲腦上角千歲者，角長且鋭，白星徹端，能出氣。通天則通神，可破水駭鷄矣。昔有一人以犀爲蠹，至梁朝由在後宫人載之，夜夢童子來悲，即是犀之通神也。

宋 洪浩《松漠紀聞》卷二 犀有三種。重透，外黑有一暈，白中又黑，世艱得之。正透，又曰通犀。倒透，亦曰花犀，或斑犀，有游魚形諸犀中。水犀最貴。秀州周通直家有正透犀帶，其中一點白，以紙燈近之，即時滅，有濕氣，疑是水犀。

宋 姚寬《西溪叢語》卷下 犀以黑爲本，其色黑而黄曰正透，黄而有黑邊曰倒透。正者世人貴之，其形圓，謂之通天犀。南中有僞者，磨之漸熱，乃驗。犀性凉，磨之不熱。

宋 葉庭珪《海録碎事》卷一五《影犀》 《洞冥記》：吠勒國獻犀角，表裏有光，因名明犀。暗中有影，亦曰影犀。織以爲簟，如錦綺之文。

宋 鄭樵《通志》卷七六 犀兕之屬，《爾雅》曰：兕，似牛。如野牛，青色，重千觔。一角長三尺餘，形如馬鞭柄。其皮堅厚，可制鎧。又曰：犀，似豕。今出交阯，形似水牛，豬頭，三角，一在頂上，一在額上，一在鼻上者，即食角也，小而不櫳，好食棘。亦有一角者。其通天犀，乃是水犀。角上有一白縷直上至端，能出氣通天，置露中不濡，置屋中烏鳥不敢集屋上，置米中雞皆驚駭，故亦謂之駭雞犀。《抱朴子》曰：通天犀角三寸以上者，刻爲魚，啣之入水，水常爲開三尺。

宋 張世南《遊宦紀聞》卷二 犀出永昌山谷及益州。今出南海者爲上，黔蜀次之，此《本草》所載云。然世南頃游成都，藥市間多見之。詢所出，云來自黎、雅諸蕃及西和、宕昌，亦諸蕃寶貨所聚處。五羊、桂莞、桐城亦有之，往往皆來自蕃舶。又有所謂河北山犀，紋麤而不光。要之，數處皆非所出，乃所聚耳。犀似牛，猪首，大腹，脚有三蹄，色黑，好食棘。其皮每孔生三毛。頂一角，或云兩角，或云三角。郭璞《爾雅》注：犀三角，一在頂上，一在額上，一在鼻上。鼻上者，即食角也，小而不櫳。地果反。亦有一角者。《嶺表録異》曰：犀有二角，一在額上爲兕犀，一在鼻上爲胡帽犀。牯犀亦有二角，皆爲毛犀。而今人多傳一角之説。向在蜀，見畫圖犀之形，角在鼻上，未審孰是。此數種俱有粟紋，以麤細爲貴賤。貴者有通天花文，犀有此紋必自惡其影，常飲濁水，不欲照見也。文理絶好者，有百物之形。或云通天者是其病，理不可知也。通天犀腦上角千歲者，長且鋭，白星徹端，能出氣通天，則能通神，可破水駭雞，故曰通天。《抱朴子》曰：通天犀有白理如綿者，以盛米，雞見即駭。其真者刻爲魚，啣入水，水開三尺，俗所謂離水犀者是也。犀胎時，見物象戾天，則形於角上，故云通天。有倒插，有正插，有腰鼓插。倒插者，一半以下通。正插者，一半以上通。腰鼓插者，中斷不通。其類極多，皆以爲奇異。故波斯呼象牙爲白暗，犀角爲黑暗，言難識别也。犀中最大者曰墮羅犀，一株有重七八斤者，云是牯犀額角。其花多作撒豆斑，色深者，堪作帶胯，斑散而色淺者，但可作器皿耳。或曰兕是犀之雌者，未知的否。又曰犀之佳者是特犀，紋理細膩，斑白分明，俗謂斑犀，服用爲上，然入藥則不如雄犀也。凡犀入藥者，有黑、白二種，以黑者爲勝，其角尖又勝。方書多言生犀相承，謂未經水火湛將廉反。熾者是，或謂不然。蓋犀有捕得殺而取者爲生犀，有得其蜕角爲退犀，亦猶用鹿角法耳。唐相段文昌門下醫人吴士皐，因職于南海，見舶主，言海中取犀牛之法，先於山路多植木，如猪羊棧。其犀以前脚直，常依木而息，植木久必蠹，犀忽倚焉，即木折犀倒，而因斃之，取其角。又云犀每自蜕角，必培土埋之，海人跡其處，潛易以木角。若直取之，則犀徙去别山，遯跡不可尋已。未知今之取犀角，果如此否？《異物志》云：山東海水中犀牛樂聞絲竹，彼人動樂，犀則出。祥符間，老璫李德永撰《點頭文》一編。其間有論犀帶至貴者，無出於黑犀。謂生犀徹骨黑者，名黑骨犀。不經湯火，只如餅餡，剪四邊，取方爲銙具。其文頭或如桑椹，或似狗鼻，以墨蠟刷之，自然光潤。性全脂脉在内，兼無皴裂，四邊雲頭兩脚直者是也。不拘黟、螺、特、牯。黟謂無紋，螺謂紋旋，特紋細，牯紋大而匀。或每一粒紋尖上，更有一眼者佳也。又有赭黄犀，須是裏外透明瑩浄如真金色者，至寶也。又一説犀有二種，曰山犀，曰水犀。水犀少見。《五溪記》云：山犀者，食竹木，小便竟日不盡。夷獠以弓矢採取，故曰黟犀。大率犀之性寒，能解百毒。世南友人章深之病心經熱，口燥脣干，百藥不效。有教以犀角磨服者，如其言，飲兩碗許，疾頓除。成都雙流縣有一匠者，能以牛角造通犀。但刻畫太逼真，易爲人所識别。然色澤粟紋，自有不可揜者。井邑間市語，謂犀下品爲鬼犀，乃死犀角，其紋色絶不堪也。

宋 李石《續博物志》卷一〇 通天犀千歲者，長且鋭，白星徹端，出氣通天，則能通神，可破水駭雞矣。《抱朴子》：有白理如線者，以盛米，雞即駭，刻爲魚，啣入水，水開三尺。

宋 戴侗《六書故》卷一八 兕，，徐姊切。埜牛，青色，皮可爲甲，象其角。《説文》曰：舄，埜牛如青。，古文

元 黎崱《安南志畧》卷一五《通天犀》 劉欣期《交州記》：犀毛如豕，頭有三角，鼻上角短，額上角長。《異物志》：角中時有光耀，白理如線，自末達本，爲通天犀。

又《辟水犀》 舊傳安陽王有七寸文犀，戰敗投犀於海，水開，王入水免禍。

又《辟寒犀》 唐開元二年冬至，交阯進犀角一株，色黄如金。使者請以金盤置殿中，暖氣襲人。上問其故，使者對曰：此辟寒犀也。隋文帝時，嘗進一株至今日。上悦，厚贈之。

又《兕》 《交州記》：出九德，生一角長三尺。漢靈時，九真獻奇獸。至元間，安南嘗貢焉。

明 盧翰 《掌中宇宙》卷一三《禽獸部·犀有三蹄三角》 犀者，徼外之獸，狀如水牛，豕頭，人腹，三蹄，皮黑。有三角，鼻上角短，額上、頭上角長。一孔三毛。行江海中，水爲之開。

明 戴冠 《濯纓亭筆記》卷九 犀有通天犀，其中一點透明者是也。有蜜犀，色如蜜。又有黑犀、蝴蝶犀、魚兒犀、玳瑁班犀。

明 陳士元 《論語類考》卷二〇《鳥獸考·兕》 朱子曰：兕，野牛也。元按《爾雅》云：兕，野牛。郭璞注云：一角，青色，重千斤。《交州記》云：兕，一角，長三尺餘，形如馬鞭柄。《説文》云：兕，如野牛，青色。其皮堅厚，可制鎧。夫謂之如野牛，則兕非野牛矣。《小雅》云：匪兕匪虎，率彼曠野。兕，是虎、兕本曠野之物，而置之柙中，非有典守之人，豈能保其不出柙哉？兕，猛獸也。古人飲酒，以其角爲觥，寓戒意焉。兕有水、陸二種。《戰國策》云：楚王游於雲夢，有狂兕忽至，王彎弓而射之。此陸兕也。《論衡》云：師尚父爲周司馬，伐紂渡孟津，杖鉞把旄，號其衆曰蒼兕。夫蒼兕，水中之獸，善覆人舟，此水兕也。

明 黄省曾 《獸經》 蒼兕覆舟。《爾雅》曰：兕，似牛。《説文》曰：兕，如野牛，青毛。其皮堅厚，可制鎧。漢王充《論衡》曰：太師尚父爲周司馬，將師伐紂，到孟津之上，杖鉞把旄，號其衆曰蒼兕。水中之獸也，善覆人舟，因神以化，欲令急渡。

黑犀駭鷄。《爾雅》曰：犀，似豕。郭璞注曰：形似水牛，猪頭，大腹痺脚。脚有三蹄，黑色。三角，在頂、額、鼻上。鼻上者，食角也。劉恂《嶺表録異》曰：犀有三角，一在額上爲兕犀，一在鼻上爲胡帽犀。牯犀亦有二角，皆爲毛犀。而今人多傳一角之説。《韓詩外傳》曰：太公使南宫適至義渠，得駭鷄犀。《抱朴子》曰：通天犀有白理如線者，以盛米，置羣鷄中，有鷄欲往啄米，至輒驚却，故南人名爲駭鷄犀也。

明 田藝蘅 《留青日札》卷二九《復通犀》 《漢書》通犀，如淳曰：通犀中央色白通兩頭，今名通天犀也。又有復通犀者，尤爲至寶，通天犀地，黑而花白，復通則通天，白花中復有黑花，故名，此希世之珍也。《草木子》曰：犀之通天者必惡影，常飲濁水。角之理形似百物，犀角通者是其病角。有鴆處必有犀，三毛同孔。《抱朴子》云：以爲笄導，攪毒藥，則生白沫，無復毒勢。又敬宗南昌國進夜明犀，狀類通天，光照百里，南州謂之玄犀。《異物志》曰『含精吐烈，望若華燭』是也。倒插犀者，一半已下通。正插犀者，一半已上通。腰鼓犀者，中斷不通。駭雞犀者，雞見其光影則驚鳴，出義渠國。或曰以米試之，則雞駭。角一尺以上，刻魚形入水，開方三尺，故名分水犀。大中時，女蠻貢雙龍犀。楊收女有卧魚犀。唐有辟寒犀、辟塵犀。文宗辟暑犀、同昌公主蠲忿犀。波斯名黑暗。有二角，長在鼻，短在額。

明 李時珍 《本草綱目》卷五一 犀《本經》中品 釋名：兕。時珍曰：犀字，篆文象形。其牸名兕，亦曰沙犀。《爾雅翼》云：兕與牸字音相近，猶羖之爲牯也。大抵犀、兕是一物，古人多言兕，後人多言犀，北音多言兕，南音多言犀，爲不同耳。詳下文。梵書謂犀曰朅伽。集解：《别録》曰：犀出永昌山谷及益州。永昌，即今滇南也。弘景曰：今出武陵、交州、寧州諸遠山。犀有二角，以額上者爲勝。又有通天犀，角上有一白縷，直上至端，夜露不濡，入藥至神驗。或云此是水犀角，出水中。《漢書》所謂駭雞犀者，置米飼雞，皆驚駭不敢啄，置屋上，烏雀不敢集。又有牸犀，角甚長，文理似犀，不堪入藥。恭曰：牸是雌犀，文理膩細，斑白分明，俗謂之斑犀。服用爲上，入藥不如雄犀。藏器曰：犀無水陸二種，但以精粗言之。通天者，腦上之角，經千歲，長且鋭，白星徹端，能出氣通天，則能通神、破水、駭雞，故曰通天。《抱朴子》言此犀刻爲魚，啣之入水，水開三尺是也。頌曰：犀角，今以南海者爲上，黔、蜀者次之。犀似水牛，豬首，大腹卑脚，脚似象，有三蹄，黑色，舌上有刺，好食棘刺。皮上每一孔生三毛，如豕。有一角、二角、三角者。《爾雅》云：兕，似牛。犀，似豕。郭璞注云：兕一角，色青，重千觔。犀似水牛，三角，一在頂上，一在額上，一在鼻上。鼻上者，食角也。又名奴角，小而不墮。亦有一角者。劉恂《嶺表録異》云：犀有二角，一角額上爲兕犀，一在鼻上爲胡帽犀。牯犀亦有二角，皆謂之毛犀，而今人多傳一角之説。此數種角俱有粟文，觀紋之粗細爲貴賤，貴者有通天花文。犀有此角者，必自惡其影，常飲濁水，不欲照見也。絶品者有百物之形。或云犀之通天者，乃其病，理不可知也。角文有倒插者，一半已下通。有正插者，一半以上通。有腰鼓插者，中斷不通。其類極多，故波斯呼象牙爲白闇，犀角爲黑闇，言難識也。犀中最大者墮羅犀，一株重七八觔，云是牯犀額角。其花多作撒豆斑，色深者堪作帶胯，斑散

色淺者可作器皿耳。或云兕乃犀之雌者，亦似水牛而青色，皮堅厚可以爲鎧，未知的否？唐醫吴士皐言，海人取犀，先於山路多植朽木如豬羊棧，其犀前脚直，常依木而息，爛木忽折，倒仆久不能起，因格殺之。又云：犀每歲一退角，必自埋于山中，海人潛作木角易之，再三不離其處。若直取之，則後藏于別處，不可尋矣。李珣曰：通天犀乃胎時見天上物過，形於角上，故曰通天。但于月下以水盆映之則知。按《五溪記》云：山犀食竹木，其小便即竟日不盡，夷獠以弓矢采之，名曰黔犀。又《異物志》云：山東海水中有牛，樂聞絲竹。彼人動樂，則牛出聽，因而采之。有鼻角、頂角，以鼻角爲上。《本草》止知山犀，未見水犀。宗奭曰：川犀、南犀紋細，烏犀有紋顯露，黄犀紋絶少，皆不及西番者，紋高、雨脚顯也。物像黄、外黑者爲正透，物像黑、外黄者爲倒透。蓋以烏色爲正，以形像肖物爲貴。既曰通犀，必須文頭顯著，黄黑分明，有雨脚潤骨者爲第一。時珍曰：犀出西番、南番、滇南、交州諸處。有山犀、水犀、兕犀三種。又有毛犀似之。山犀居山林，人多得之。水犀出入水中，最爲難得。並有二角，鼻角長，而額角短。水犀皮有珠甲，而山犀無之。兕犀即犀之牸者，亦曰沙犀，止有一角在頂，文理細膩，斑白分明，不可入藥。蓋牯角文大，而牸角文細也。洪武初，九真曾貢之，謂之獨角犀是矣。陳藏器謂犀無水陸，郭璞謂犀有三角，蘇頌謂毛犀爲牯犀，皆出訛傳，今並正之。毛犀即旄牛也，見本條。犀角紋如魚子形，謂之粟紋。紋中有眼，謂之粟眼。黑中有黄花者爲正透，黄中有黑花者爲倒透，花中復有花者爲重透，並名通犀，乃上品也。花如椒豆斑者次之，烏犀純黑無花者爲下品。其通天夜視有光者名夜明犀，故能通神開水，飛禽走獸見之皆驚。又《山海經》有白犀，白色。《開元遺事》有辟寒犀，其色如金，交趾所貢，冬月暖氣襲人。《白孔六帖》有辟暑犀，唐文宗得之，夏月能清暑氣。《嶺表録異》有辟塵犀，爲簪梳帶胯，塵不近身。《杜陽編》有蠲忿犀，云爲帶令人蠲去忿怒。此皆希世之珍，故附見之。

明　穆希文《説原》卷一一　犀似豕，頭似牛，大腹卑脚，黑色，二角，一在鼻上長，一在額上短。得其角一尺長者，刻以爲魚，啣入水，水開三尺。通天犀長且鋭，皆額上角，角有一白縷直上徹端，名曰通天，可破水駭雞，不霑霧露。以其角爲箸，攪毒藥中，皆生白沫，若無毒則無沫起。中毒箭者，以角刺瘡中，則沫出而愈，所謂文犀辟毒也。犀前脚直，常倚木而息，木欄折，則不能起。兕似牛，一角，青色，重千斤，即犀之牸者。其角文理細膩，可爲服餙。其革最堅，可爲甲，但不若水犀之皮，有珠甲耳。

明　吴雨《毛詩鳥獸草木考》卷五《兕》　兕，野牛也，似牛，青毛。其皮堅厚，可以制鎧。一角，長三尺餘，形如馬鞭柄。重千斤。善抵觸，古以爲觥，容七升，以戒酒過。或曰即犀之牸者。《爾雅》：兕，似牛。犀，似豕。郭氏稱，犀似水牛而豕首。然則犀亦似牛，與兕同，但首如豕耳。兕青而犀黑，兕一角而犀二角，以此爲異。

明　劉侗《名物通》卷一〇　兕，似牛，青皮，堅厚，可以爲鎧，出嶓冢。山犀之牝者，似兕而形不同。兕青而犀黑，兕一角，長三尺餘，犀則二角。《周禮》：兕角六屬。音注。

明　盧之頤《本草乘雅半偈》卷四　〔犀〕出永昌山谷及益州、永昌、滇南也。今出武陵、交州、寧州諸遠山，黔、蜀者次之，海南者爲上。狀似牛，猪首大腹，卑脚三蹄，前脚直而無膝，依木爲息，木倒則仆，不易起也。舌有刺，喜啖竹木棘及毒物。飲則濁水，不欲自見其影也。皮孔三毛如豕。有一角、二角、三角者，一在頂上，一在額上，一在鼻上。鼻上者，食角也，一名奴角，小而不橢。頂額者，每歲一退，自埋山中，土人潛易之。二角者，鼻角長而額角短。一角者，有鼻無額，有額無鼻。鼻角者胡帽犀，額角者兕犀也。兕即犀之牸。牸，牝也。牝毛色青，皮堅，可以爲鎧。又有毛犀，二角，即旄牛，所謂牯犀。又有水犀，出入水中，最爲難得，皮中有珠甲，山犀無之。《異物志》云：東海水中有犀焉。

明　方以智《通雅》卷四六　象牙爲白暗，犀角爲黑暗，言斑犀者謂正透、倒透、腰鼓插也。漢平帝時，黄支貢犀，有夜明犀，或《山海經》之白犀也。《開元遺事》交趾貢辟寒犀如金，《六帖》唐文宗有辟暑犀，《嶺表録異》有辟塵犀，《杜揚編》有蠲忿犀，與所云分水犀、見形犀，皆難得之寶。《澠水燕談》曰：犀生邕管交趾者，角紋如麻。生大食者，文如茱萸，異者曰通天。如宋之蠻子牽獅帶，乃犀玩物形于角者。有正插、倒插，有腰鼓插。犀亦歲退角，培土如象。西域謂犀爲竭伽，角爲毗沙拏，言一角也。東壁曰：凡三種，山犀、水犀有鼻額二角，兕犀止有一角在頂。洪武中，九真貢獨角犀。牯角文大，牸角文細。郭璞『三角』，訛傳也。智按：所謂鼻角曰食角，即鼻骨也。水犀角中一線光明，是真駭雞犀也。今之粟通天者，純白而中有一線黑也。今之粟鬉全黄者多矣，豈有奇乎？《墨客揮犀》曰：波斯以象牙爲白暗，犀角爲黑暗。故杜詩曰：黑暗通蠻貨。陸務觀曰：靖康括金，羣臣金帶以犀易之。《唐會要・章服》：太和六年，一品二品服犀玉及斑犀。斑謂黑黄相間也。《演繁露》曰：黑質中或黄

或白曰正透，外暈皆黄而中涵黑曰倒透。智以犀貴白而久則黄，白透爲正，黑中透白爲倒，花中花曰重透。暹羅爲上，鬘紋粟而有高骨，其紋細無高骨曰大角。舶來毛角難辨，故稱黑暗。元史浩《兩鈔摘腴》曰：今骨掘犀乃蛇角也。蓋名蠱毒犀，凡犀牸曰沙犀。羅願以兕即牸，亦臆。蓋三種犀各有牯牸也。《爾雅》所云『兕似牛，犀似豕』者，近是。古人通言兕，今人通言犀耳。《吕覽》『隨兕』，注：小牛也。則牛亦稱兕矣。犀亦从牛。湛若曰：《説文》無獅有兕。余謂兕即獅，象即象。皆象形，皆聲轉也。

清　姚炳《詩識名解》卷四《兕》　兕，《周南·卷耳》篇《釋獸》謂兕似牛，犀似豕，兩形判然不容相混。郭璞亦謂犀有三角、一角之不同，而於兕但云一角。《山海經》：嶓冢之山，獸多犀、兕。蓋並舉二物言之。《考工記》：犀甲七屬壽百年，兕甲六屬壽二百年。則犀革又劣於兕，其非一族可知。羅瑞良謂兕即犀之牸者，但犀青而兕黑，兕一角而犀二角，以此爲異。又謂古人多言兕，今人多言犀，北人多言兕，南人多言犀，俱混爲一種，恐未然也。李時珍乃云：犀有山犀、水犀、兕犀三種。直以兕爲犀之一，更誤。觥惟用兕不用犀，故舊引先師説云：刻木爲之，形似兕角，蓋不以犀代也。今之角觥皆稱犀杯，不知犀文頗闇，僅入藥餌。兕觥則文理瑩然，故凡帶鉤之飾皆用之。惟唐敬宗時，南昌國進夜明犀，上令解爲腰帶，其餘通天、辟寒、辟暑、却塵諸類僅供几座，未聞琢爲服玩，其不以爲酒器更可知。《左·成十四年》衛侯饗苦成叔，甯武子歌兕觥。昭元年，鄭人燕趙、孟穆叔子皮及曹大夫，興拜，舉兕爵。以知觥未有不用兕者。陸農師云：《老子》：兕無所投其角。兕善抵觸，故先王之制，罰爵以兕角爲之。酒，陽物也，而善發人之剛，其過則在抵觸，先王制此以爲酒戒。其用兕之微意也與？鄭氏泥觥爲罰爵，於詩中詞旨全無繫著。夫我者，后妃自我也。憂思之深，託言惟酒可忘耳。何故忽以罍自勸？又何故忽以觥自罰耶？《通論》云：罰爵偶用兕觥，非兕觥爲罰爵也。一語破的。

《豳風·七月》篇《傳》解此詩，亦謂觥所以示衆，蓋皆泥罰爵立論耳。不知躋堂稱祝，何等和樂氣象，豈有舉罰誓衆之事？不過酒行無算後，稱觥以盡其歡耳。

《小雅·桑扈》篇吕東萊謂《卷耳》罍觥並陳，則不必指爲罰爵。若此詩則罰爵也。愚按：下『思柔匪傲』詞旨近似，然其器凡燕饗皆設之，亦不必以罰爲説。如《左傳》歌兕觥，舉兕爵，未嘗定爲違禮。罰飲要是醉飽後，稱觥以極其情，亦如《七月》公堂之祝耳。

《周頌·絲衣》篇鄭氏謂繹之旅大，用兕觥，變於祭也。此亦因罰爵曲解。夫兕觥，器之美者，故以爲宗廟之獻。詩人顧物思義，取其不話傲而寧胡考，以是爲祭之備物盡志云耳，而反云變於祭耶？曹氏云：旅酬之後，恐有失禮者，以此罰之。要屬臆説。

《小雅·吉日》篇兕重千斤，獸之最大者，故以一矢而殪爲難。羅瑞良謂射以得兕爲雋，非也。《國策》楚王游於雲夢，有狂兕忽至，王彎弓射之，應發而殪。仰天而歎曰：樂矣！正此意。

《小雅·何草不黄》篇野獸當在曠野，人不當常行道途，此興義也。陸農師謂兕抵觸，虎搏噬，先王驅而遠之，則率彼曠野。

清　徐鼎《毛詩名物圖説》卷二　《爾雅》：兕，似牛。郭璞注：一角，青色，重千斤。邢昺疏：《説文》云：兕，如野牛，青毛，其皮堅厚，可制鎧。《交州記》曰：兕出九德，有一角，角長三尺餘，形如馬鞭柄。《雅翼》：《爾雅》：兕，似牛。犀，似豕。郭氏稱犀似水牛而豕首，然則犀亦似牛，與兕同，但首如豕耳。兕青而犀黑，兕一角而犀二角，以此爲異。但古多言兕，今多言犀，北人多言兕，南人多言犀。《埤雅》：『發彼小豝，殪此大兕』，言能中微而制大也。愚按：角善抵觸，故先王制罰爵，以兕角爲之，《詩》『兕觥其觩』是也。

清　牟應震《毛詩物名考》卷二　兕，未詳。《爾雅》：兕，似牛。《説文》：狀如野牛而青。又《爾雅》：犀，似豕。李時珍云：兕、犀本一物，古人言兕，後人言犀，北音多言兕，南音多言犀，爲不同耳。按今《字書》皆以兕、犀爲二物，時珍於物類考核爲詳，或不誤也。

清　陳宗起《考工記鳥獸蟲魚釋》　犀甲七屬。《爾雅》：犀，似豕。郭璞注：形似水牛，豬頭，大腹庳脚，脚有三蹄，黑色。三角，一在頂上，一在額上，一在鼻上。鼻上者，即食角也，小而不橢，好食棘。亦有一角者。《説文》：犀，南徼外牛，一角在鼻，一角在頂，似豕。《吴都賦》劉注：犀狀如水牛，頭似豬，四足類象，蒼黑色。一角當額上，鼻上角亦墮也。又有小角長五寸，不墮。性好食棘，口中灑血。武陵以南山中有之。邢

昺引劉歆期《交州記》曰：犀出九德，毛如豕，蹄有甲，頭似馬。《吴録地理志》云：武陵沅南縣以南皆有犀。《埤雅》引《交州記》曰：犀有二角，鼻上角長，額上角短。或曰：三角者水犀也，二角者山犀也。引《異物志》云：犀體兼五種肉，舌有棘，常食草木棘刺，不啖莖葉也。舊説犀之通天者惡影，常飲濁水，重霧厚露之夜，不濡其裏，白星徹端，可以破水駭雞，墮角即自埋之。又云：犀性絶躁，一管三毛，有鴆處必有之。前足直常倚木而息。或曰：人氣粉犀。

又 兕甲六屬。《爾雅》：兕，似牛。郭注：一角，青色，重千斤。《説文》：𠑹如野牛而青。《詩》：匪兕匪虎。《疏》引許慎云：兕，野牛，其皮堅厚，可爲鎧。或見《異義》及《淮南》注。邢《疏》引作《説文》，誤也。邢《疏》又引《交州記》曰：兕出九德，有一角，角長三尺餘，形如馬鞭。《爾雅》某注亦云：兕牛千(牛)[斤]。亦見《小雅疏》。

紀事

《竹書紀年》卷下 十六年，伐楚，涉漢，遇大兕。

漢 司馬遷 《史記》卷三二《齊太公世家》 文王崩，武王即位。九年，欲修文王業，東伐以觀諸侯集否。師行，師尚父集解：劉向《别録》曰：『師之，尚之，父之，故曰師尚父。父亦男子之美號也。』左杖黄鉞，右把白旄以誓，曰：『蒼兕蒼兕，索隱：亦有本作『蒼雉』。按：馬融曰：『蒼兕，主舟楫官名』。又王充曰：『蒼兕者，水獸，九頭』。今誓衆，令急濟，故言蒼兕以懼之。然此文上下並今文《泰誓》也。總爾衆庶，與爾舟楫，後至者斬！』遂至盟津。諸侯不期而會者八百諸侯。諸侯皆曰：『紂可伐也。』武王曰：『未可。』還師，與太公作此《太誓》。

漢 郭憲 《洞冥記》卷二 吠勒國貢文犀四頭，狀如水兕，角表有光，因名明犀。置暗中有光影，亦曰影犀。織以爲簟，如錦綺之文。此國去長安九千里，在日南。人長七尺，被髪至踵，乘犀象之車。乘象入海底取寶，宿於鮫人之舍，得淚珠，則鮫所泣之珠也，亦曰泣珠。

宋 釋贊寧 《東坡先生物類相感志》卷一〇《赤兕》 漢武帝西域獻其皮爲裘，入水不濡，上時服此以聽政朝。

藝文

晉 傅咸 《犀鈎銘有序》(引自《漢魏六朝百三家集》卷四六) 世稱駭雞之犀，聞之父常侍曰：犀之美者有光，雞見影而驚，故曰駭雞。有以此鈎見遺者，乃爲之銘：獸曰玄犀，處自林麓。食惟棘刺，林兼五肉。闕或有神，表露以角。含精吐英，望如華燭。置之荒野，禽獸莫觸。

晉 郭璞 《犀》(引自《漢魏六朝百三家集》卷五七) 犀頭如猪，形兼牛質。角則並三，分身互出。鼓鼻生風，壯氣隘溢。

又《兕》 兕推壯獸，似牛青黑。力無不傾，自焚以革。皮充武備，角助文德。

唐 白居易 《白氏長慶集》卷三《馴犀 感爲政之難終也》 貞元丙子歲，南海進馴犀，詔納苑中，至十三年冬大寒，馴犀死矣。馴犀馴犀通天犀，軀貌駭人角駭雞。海蠻聞有明天子，驅犀乘傳來萬里。一朝得謁大明宫，歡呼拜舞自論功。五年馴養始堪獻，六譯語言方得通。上嘉人獸俱來遠，蠻館四方犀入苑。秣以瑶芻鏁以金，故鄉迢遞君門深。海鳥不知鐘鼓樂，池魚空結江湖心。馴犀生處南方熱，秋無白露冬無雪。一入上林三四年，又逢今歲苦寒月。飲冰卧霰苦蹝跼，角骨凍傷鱗甲蹜。馴犀死，蠻兒啼，向闕再三顔色低。奏乞生歸本國去，恐身凍死似馴犀。君不見，建中初，馴象生還放林邑。建中元年，詔盡出苑中馴象，放歸南方也。君不見，貞元末，馴犀凍死蠻兒泣。所嗟建中異貞元，象生犀死何足言。

唐 元稹 《元氏長慶集》卷二四《馴犀》 李傳云：貞元丙子歲，南海來貢，至十三年冬苦寒，死于苑中。建中之初放馴象，遠歸林邑近交廣。獸返深山鳥構巢，鷹鵰鷂鶻無羈鞅。貞元之歲貢馴犀，上林置圈官司養。玉盆金棧非不珍，虎啖豣牢魚食網。渡江之橘踰汶貉，反時易性安能長？臘月北風霜雪深，蹝跼鱗身遂長往。行地無疆費傳驛，通天異物罹幽枉。乃知養獸如養人，不必人人自敦獎。不擾則得之於理，不奪有以多於賞。脱衣推食衣食之，不若男耕女令紡。堯民不自知有堯，但見安閒聊擊壤。前觀馴象後觀犀，理國其如指諸掌。

元　王惲《秋澗集》卷八《野兕行》　東山何高與雲齊，松柏薈蔚深巖棲。龍潛虎伏變巨測，野兕何者依貔羆。暮學狁怒嗥，朝循羆所蹊。睥睨弱者肉，獵食長林麋。內助陰血盛，外增長豐肌。龐然非不偉，椎魯初何知。時時具饜餘，啖羆假其威。復從羣猱弄，舉指甘傾危。同類忌投鼠將爲，真得二獸之幾微。漫淫犯行路，跋扈恣所爲。窺竊乘物便，大笑狸怯狐多疑。孤鶚憚弗擊，林鳥噪而飛。獵師厚其毒，使之自猖披。一朝果投穽，慘悴兩耳垂。掉尾乞衆憐，趨蹌曾不如狐狸。吁嗟野兕兮，一懲不省爲福基，惴惴且免行人悲。

清　陶方琦《湘麋閣遺詩》卷三《詠物四首·兕》　神相自英特，毋爲曠埜游。延年等犀甲，辨字象離頭。大澤連羣去，函關望氣留。姬家舟楫利，戰勝有深籌。

圖表

晉　郭璞《爾雅音圖·釋獸》

明　李時珍《本草綱目·圖卷》

清　徐鼎《毛詩名物圖説》卷二

羊羚

綜述

《爾雅・釋獸》　麢，大羊。注：麢羊似羊而大，角圓鋭，好在山崖間。音義：麢，力丁反。陶弘景注《本草》云：今出建平、宜都諸蠻中及西域。多兩角者，一角者爲勝。角甚多節，蹙蹙員繞。别有山羊，角極長，唯一邊有節，節亦踈大，而不入用。羌夷云，只此名麢羊，甚能步峻，短角者乃山羊。亦未詳其正。疏：羊之大者名麢。郭云：麢羊似羊而大，角圓鋭，好在山崖間。陶注《本草》云：今出建平、宜都諸蠻中及西域。多兩角，有一角者爲勝。角甚多節，蹙蹙圓繞。别有山羊，角極長，唯一邊有節，節亦踈大，而不入用。羌夷云，只此名麢羊。【略】羱，如羊。注：羱羊，似吴羊而大角，角橢，出西方。音義【略】疏：《字林》云：野羊大角者也。郭云：羱羊，似吴羊而大角，角橢，出西方。橢，謂狹而長。

漢　許慎《説文》卷一〇　麙，山羊而大者，細角。从鹿，咸聲。胡毚切。麢，大羊而細角。从鹿，霝聲。郎丁切。【略】莧，山羊細角者。从兔足，苜聲。凡莧之屬，皆从莧，讀若丸，寬字从此。臣鉉等曰：苜，徒結切，非聲。疑象形。胡官切。

唐　段成式《酉陽雜俎》卷一六　大尾羊，康居出大尾羊，尾上旁廣，重十斤。

宋　釋贊寧《東坡先生物類相感志》卷九《龍羊》　《白澤圖》云：羊有一角當頂上，龍也。若殺之，則震死。

又《姪羊》　出地部。其交外接日數累百，狀一如家羊。亦生蜀川，食藿。張司空作姪羊脯。取牯牸各一才，令相近，以芻秣飼之，百日解收，才欲交掎，便索殺之爲脯。男食牯，女食牸，則往醜如羊。

又《患羊》　出東南山中。如羊，無口。然之殺人，見之則病，羅之則令人瘖。

宋　宋祁《益部方物略記》　羊質而大，角繚於首。以角之珍，軀殘獵手。

右龍羊。出吐蕃及威茂州。形似畜羊而大，其角繚繚重八九兩，黑質而白文，可以爲帶胯，其用亂犀。

宋　朱勝非《紺珠集》卷一一《地羊》　高言避罪附海舟之大食國，國有羊，生於地，羊將出，以墻圍之。羊出而臍連地，必呼噪以驚之，臍乃斷。

宋　陸佃《埤雅》卷五《羱羊》　羱羊，似吴羊而大角，角橢，善鬬至死。《釋獸》所謂『羉如馬，羱如羊』者，即此是也。羱羊之在原，不可牢畜者也。一云狀若騾而羣行，暑天塵露在其角上，生草戴行，愛之，獨寢，《代都賦》所謂『羱羊養草以盤旋』是也。《廣志》曰：羱羊角重於肉。舊云羱羠並以時墮角，其羱角尤大。

又《羚羊》　《釋獸》云：麢，大羊。麠，大麃。麔，大麢。羚羊似羊而大，角有圓繞蹙文，夜則懸角木上以防患。語曰『麢羊掛角』，此之謂也。今以其角爲馬排沫，特善。《字説》云：鹿比其類，環其角外嚮以自防。麢獨棲其角木上，是所謂霝。大其如此，亦以遠害。其霝也，亦所以爲靈也。

又《羝》　羝性好觝突，故从抵省。字从抵省，音从低者，以低其角，然後

能觝突故也。《易》曰：羝羊觸藩，羸其角。九三，重剛而不中，又動以進也，故有羝羊之象。然則上六亦曰羝羊，何也？蓋大壯之極，疑於羝羊，猶坤之上六，疑於龍爾。《博雅》曰：吴羊，牡一歲曰牡羜，三歲曰羝。牝一歲曰牸羜，三歲曰羘。諺曰：智如禹湯，不如更嘗。是以樊遲請學稼，孔子曰：吾不如老農。然則聖賢之智，猶有所未達，而況於凡庸者乎？故曰：三折肱知爲良醫。又曰：亡羊治牢，未爲晚也。

宋　洪皓《松漠紀聞》卷二　關西羊，出同州、沙苑，大角虬上盤至耳。最佳者，爲卧沙細肋北羊。皆長面多髯，有角者百無二三，大僅如指，長不過四寸，皆目爲白羊。其實亦多渾黑。亦有肋細如箸者，味極珍。性畏怯，不觝觸，不越溝塹。善牧者，每羣必置羖䍽羊數頭，羖䍽，音古力，北人訛呼羖爲骨。仗其勇狠，行必居前，遇水則先涉，羣羊皆隨其後，以羖䍽發風，故不食。生達靼者，大如驢，尾巨而厚，類扇，自脊至尾或重五斤，皆脊脂，以爲假熊白，食餅餌，諸國人以它物易之。羊順風而行，每大風起，至舉羣萬計皆失亡。牧者馳馬尋逐，有至數百里外方得者。三月、八月兩剪毛，當剪時如欲落絮，不剪則爲草絆落，可撚爲線。春毛不直錢，爲氊則蠹，唯秋毛最佳。皮皆用爲裘。凡宰羊，但食其肉。貴人享重客，間兼皮以進，必指而夸曰：此全羊也。

宋　鄭樵《通志》卷七六　麢羊，《爾雅》曰：麢，大羊。音靈。陶隱居云：其角多節，蹙蹙員繞者爲真。惟一邊有節，節踈大者爲山羊。按：此二角俱似羊而大，在山崖間。又曰：羱，如羊。音元。郭云：似吴羊而大角，角橢，出西方。

宋　羅願《爾雅翼》卷二〇《麢》　麢，大羊，似羊而大，角圓鋭，《説文》：大羊而細角。好在山崖間。夜宿以角挂木不着地，其角多節，蹙蹙圓繞，彎中深鋭緊小，猶有挂痕。耳邊聽之，集集鳴者良，慢無痕者非也。其角號爲有神，故能辟去不祥。今之金剛者，出西域，狀若紫石英，百鍊不消，切玉如泥，置之山頂，亦陷石而入及金處，同類相見而止，可謂堅矣，惟此角能壞之。麢雖大羊，而性與羊異，故字從鹿，而《釋獸》叙在麞、麔之前，今人只作羚。北人多食，南人食之免爲蛇蟲所侵。《上林賦》足壄羊，張揖曰：麢羊也，似羊而青。《説文》：麙，山羊而大者，細角。

又卷二一《羱》　羱者，西方野羊，似吴羊而大角，故曰羱如羊也，狀若驢而羣行。其角甚大，受斗餘，夏天塵露在其角上，生草載行，愛玩之，獨寢，餘者不敢近也。《代都賦》云：羱羊養草以盤旋。切詳萬物之生，皆依於物，故魚依水，草依土。鸛巢有水則能畜魚，羱角有土則能養草，皆生非其類。此羱乃與麢羊不同，故《釋獸》「羱如羊，麢大羊」。陶隱居稱羚羊多兩角，一角者爲勝。角甚多節，蹙蹙圓繞。别有山羊，角極長，惟一邊有節，節亦踈大。《爾雅》名羱羊，而羌夷云：只此名羚羊。《唐本》乃云羚羊如牛大，其角堪爲鞍鞽，一名羱羊，俗名山羊，或名野羊，善鬭至死，而陳藏器稱山羊、山驢、羚羊三種相似，則《唐本》之説似非矣。顔監解《上林賦》云：壄羊，今所謂山羊也。

宋　莊綽《雞肋編》卷中　關右塞上有黄羊，無角，色類麞、麂。人取其皮以爲衾褥。又羌人造嗗酒，以荻管吸於瓶中。老杜《送從弟亞赴河西判官》詩云：黄羊飫不羶，蘆酒多還醉。蓋謂此也。

宋　周去非《嶺外代答》卷九《花羊》　花羊，南中無白羊，多黄褐白斑，如黄牛。又有一種深褐，黑脊白斑，全似鹿。羣放山谷望之，真鹿也。肴饌中，羊皮率青黯可憎，以無白羊故也。

又《綿羊》　綿羊，出邕州溪峒及諸蠻國，與朔方胡羊不異。有白、黑二色，毛如氈纊，剪毛作氊，尤勝朔方所出者。

宋　范成大《桂海虞衡志・志獸》　花羊，南中無白羊，多黄褐白斑，如黄牛。又有一種深褐，黑脊白斑，全似鹿。乳羊，本出英州，其地出仙茅，羊食茅，舉體悉化爲肪，不復有血肉，食之宜人。綿羊，出邕州溪洞及諸蠻國，與朔方胡羊不異。

宋　高似孫《剡録》卷一〇《草木禽魚下・羱》　出《山居賦》。《爾雅》注曰：羱羊似吴羊而大，其角橢出。《義訓》曰：羱羊養草以盤旋。注曰：暑天塵露在其角上，生草戴之而行，愛之，獨寢。又《廣志》曰：羱羊角重於肉。《代都賦》曰：大角謂之羱。

宋　高承《事物紀原》卷一〇《羊負來》　《博物志》曰：洛中有人驅羊入蜀，胡枲子著羊毛，蜀人種之曰羊負來，故今人亦以名枲耳也。陶弘景《本草注》曰：昔中國無此，言從外國逐羊毛中來，因以名也。

宋　戴侗《六書故》卷一八　萈　，胡官切。山羊也。象形。《説文》曰：山羊總角者。从兔足，苜聲。

明　黄省曾《獸經》　羔羊跪乳。《説文》曰：羔，羊子也。《春秋繁露》曰：羔飲其母必跪，類知禮者。《公羊傳》何休注云：乳必跪而受之。

羱羊善鬬。《爾雅》曰：羱，如羊。郭璞注曰：羱羊似吴羊而大角，角橢，出西方。晉吕忱《字林》曰：野羊大角者也。宋陸佃《埤雅》曰：善鬬至死。《廣志》曰：羱羊角重於肉。

羚羊防患。《爾雅》曰：麢，大羊。郭璞注曰：似羊而大，角圓鋭，好在崖間。陶隱居云：角甚多節，蹙蹙圓繞。唐陳藏器《本草拾遺》曰：羚羊角有神，夜宿以角掛樹不着地，蓋防患也。《字説》云：鹿比其類，環其角外向，以自防。麢獨棲其角木上，是所謂麢。

羊不祥。《急就篇》顔氏注曰：䍬羊未卒歲也。一曰□羊，重百觔者爲䍬。王應麟《補注》曰：夷羊怪獸，殷之衰，夷羊在牧。

明　李時珍《本草綱目》卷五〇　大尾羊，時珍曰：羊尾皆短，而哈密及大食、諸番有大尾羊，細毛薄皮，尾上旁廣，重一二十斤，行則以車載之。《唐書》謂之靈羊，云『可療毒』。胡羊，《方國志》云：大食國出胡羊，高三尺餘，其尾如扇。每歲春月割取脂，再縫合之，不取則脹死。葉盛《水東日記》云：莊浪衛近雪山，有饕羊，土人歲取其脂，不久復滿。洮羊，出臨洮諸地，大者重百斤。郭義恭《廣志》云『西域驢羊，大如驢』，即此類也。䍧羊，此思切，皆出西北地，其皮蹄可以割黍。封羊，其背有肉封如駝，出涼州郡縣，亦呼爲駝羊。地生羊，出西域，劉郁《出使西域記》：以羊臍種于土中，溉以水，聞雷而生臍，臍與地連。及長，驚以水聲，臍乃斷，便能行嚙草。至秋可食，臍内復有種，名壠種羊。段公路《北户録》云：大秦國有地生羊，其羔生土中，國人築墻圍之，臍與地連，割之則死。但走馬擊鼓以駭之，驚鳴臍絶，便逐水草。吴策《淵穎集》云：西域地生羊，以脛骨種土中，聞雷聲則羊子從骨中生，走馬驚之，則臍脱也。其皮可爲褥。一云，漠北人種羊角而生，大如兔而肥美。三説稍異，未知果種何物也。當以劉説爲是，然亦神矣。造化之妙，微哉！　羵羊。土之精也。其肝上也，有雌雄，不食。季桓子曾掘土得之。又千歲樹精亦爲青羊。

又　黄羊《綱目》　釋名：羳羊、音煩。蠒耳羊。時珍曰：羊腹帶黄，故名。或云幼稚曰黄，此羊肥小故也。《爾雅》謂之羳，出西番也。其耳甚小，西人謂之蠒耳。集解：時珍曰：黄羊出關西、西番及桂林諸處。有四種，狀與羊同，但低小細肋，腹下帶黄色，角似羖羊，喜卧沙地，生沙漠，能走善卧。獨居而尾黑者，名黑尾黄羊。生野草内，或羣至數十者，名曰黄羊。生臨洮諸處，甚大而尾似麞、鹿者，名洮羊，其皮皆可爲衾褥。出南方桂林者，則深褐色，黑脊白斑，與鹿相近也。

又　麢羊《本經》中品　釋名：羚羊、俗麢羊、音鈐。九尾羊。時珍曰：按王安石《字説》云：鹿則比類而環角外向以自防，麢則獨棲懸角木上以遠害，可謂靈也。故字從鹿，從靈省文，後人作羚。許慎《説文》云：麢，山羊也，大而細角。《山海經》作羬，云：狀如羊而馬尾。費信《星槎勝覽》云：阿丹國羚羊，自胸中至尾，垂九塊，名九尾羊。集解：《别録》曰：羚羊角出石城及華陰山谷，采無時。弘景曰：今出建平、宜都諸蠻山中及西域。多兩角，一角者爲勝。角多節，蹙蹙圓繞。别有山羊角極長，惟一邊有節，節亦疎大，不入藥用，乃《爾雅》云羱羊者，羌夷以爲羚羊能陟峻岅。恭曰：羚羊，南山、商、洛間大有，今出梁州，真州，洋州亦貢。其角細如人指，長四五寸，而文蹙細。山羊或名野羊，大者如牛，角可爲鞍橋。又有山驢，大如鹿，皮可作靴。有兩角，大小如山羊角，俗人亦用之。陶氏所謂一邊有粗文者是此，非山羊也。藏器曰：山羊、山驢、羚羊，三種相似，而羚羊有神，夜宿防患，以角掛樹不著地，但角彎中深鋭緊小，有掛痕者爲真。如此分别，其疎慢無痕者非也。真角耳邊聽之，集集鳴者良。陶言一角者，謬也。頌曰：今秦、隴、龍、蜀、金、商州山中皆有之，戎人多捕得來貨。其形似羊，青色而大。其角長一二尺，有節如人手指握痕，又最堅勁。郭璞注《爾雅》云：麢似羊而大，其角細而圓鋭，好在山崖間。羱似吴羊，其角大而橢，出西方。《本草》諸注各異，觀今所市者，與《爾雅》之羚羊、陶注之山羊、蘇注之山驢，大都相似。今人相承用之，以爲羱羊。細角長四五寸者，往往彎中，有磨角成痕處。詳諸説，此乃真羱羊角而世多不用，何也？又閩、廣山中出一種野羊，彼人亦謂之羚羊也。陳氏謂耳邊聽之鳴者良，今牛羊諸角但殺之者，聽之皆有聲，不獨羚角也，自死角則無聲矣。宗奭曰：諸角附耳，皆集集有聲，不如有掛痕一説爲盡之，然有僞作者，宜察焉。時珍曰：羚羊似羊而青色，毛粗，兩角短小。羱羊似吴羊，兩角長大。山驢，驢之身而羚之角，但稍大而節疎慢耳。陶氏言羚羊有一角者，而陳氏非之。按《寰宇志》云：安南高石山出羚羊，一角，極堅，能碎金剛石。則羚固有一角者矣。金剛石出西域，狀如紫石英，百鍊不消，物莫能擊，惟羚羊角扣之，則自然冰泮也。又貘骨僞充佛牙物，亦不能破，用此角擊之即碎，皆相畏耳。羚羊皮，西人以(以)作座褥。

又　山羊《日用》　釋名：野羊、《圖經》羱羊。時珍曰：羊之在原野者，故名。集解：弘景曰：山羊即《爾雅》羱羊，出西夏，似吴羊而大角，角橢者能陟峻坂。羌夷以爲羚羊，角極長，惟一邊有節，節亦疎大，不入藥用。恭曰：山羊大如牛，或名野羊，善鬬至死，角堪爲鞍橋。頌曰：閩、廣山中一種野羊，彼人謂之羚羊。其皮厚硬，不堪炙食。其肉頗肥。吴瑞曰：山羊似羚羊，色青。其角有掛痕者爲羚羊，無者爲山羊。時珍曰：

山羊有二種，一種大角盤環，肉至百觔者；一種角細者，《説文》謂之莧羊，音桓。陸氏云：羱羊狀如驢而羣行，其角甚大，以時墮角，暑天塵露在上，生草戴行。故《代都賦》云：羱羊養草以盤桓。

明 穆希文《蟫史集》卷四《羚羊一作麢**》**

《爾雅》云：麢，大羊。郭注曰：似羊而大，角圓鋭，有圓繞蹙文，夜則懸角木上以防患。語曰『麢羊掛角』，此也。《埤雅》曰：今又以羚羊角爲馬排沫，特善。《説文》曰：麢，大羊而細角。《字説》曰：鹿比其類，環其角向外以自防，麢以獨棲懸角木上，亦所以爲靈也。《本草圖經》云：羚羊出華陰秦隴山中，其形似羊，色青而大，其角長一二尺，有節如人手指握痕，又至堅勁。陶隱居以爲角多節，蹙節蹙圓繞者爲羚羊，而角極長，惟一邊有節，節亦踈大者爲山羊，即《爾雅》所謂羱羊也。陳藏器曰：羚羊夜宿以角掛木不着地，但取角灣中深鋭緊小，猶有掛痕者。是蓋其角主明目，益氣，起陰，去惡血等症。

又《羱羊一作羦**》**

《埤雅》曰：羱羊，似胡羊而大角，即山羊也。角橢，善鬭至死。《爾雅》所謂『驨如馬，羱如羊』，即此是也。一云狀若騾而群行。唐注以爲山騾暑天塵露在其角上，生草戴行，愛之獨寢，《代都賦》所謂『羱羊養草以盤旋』。《廣志》云：羦羊角重于肉。舊云：羱羠並以時墮角，而羦角尤大。【略】羠，《蟫史》云：羠，野羊也。大而甚健，以時解角，羱之類也。

明 李中立《本草原始》卷九

羊，出河西川谷，今河東陝西及近都州郡皆有之。種類甚多。入藥以青色羖羊爲勝。《説文》云：羊，字象頭角足尾之形。孔子曰：牛羊之字，以形似也。董子云：羊，祥也，故吉禮用之。牡羊曰羖，曰羝。牝羊曰牸，曰牂。白曰粉，黑曰羭。多毛曰羖䍽。胡羊曰羪羺。無角曰𦏲，曰羫。去勢曰羯。羊子曰羔，羔五月曰羜，六月曰䍫，七月曰羍，未卒歲曰䍮。《内則》謂之柔毛，又曰少牢。《古今注》謂之長髯主簿云。

又 麢羊，出石城，及華陰山谷。今秦、隴、龍、蜀、金、商州山中皆有之，戎人多捕得來貨。其形似羊，色青而大，角甚多節，蹙蹙圓繞。按王安石《字説》云：鹿則比類而環角外向以自防，麢則獨棲懸角木上以遠害，可謂靈也。故字從鹿，從靈，省文，俗呼羚羊。

明 朱國禎《湧幢小品》卷三一 松潘出六角羊。土人云：羊與鹿交，故多角。郭青螺在蜀得二隻，臨行以送周友山大叅，周名思敬。

明 方以智《通雅》卷四六 麢羊，九尾羊也。《説文》：麙，山羊也。《山海經》作羬，角以細蹙節挂痕爲真，真白言一角，而《藏器》非之。山羊、山驢、羚羊相似。《寰宇志》實載有一角者爲真羚羊，二角不蹙節者皆山羊，所謂羱羊、莧音桓羊之類。《説文》曰：細角者山驢。則《王會》、《儀禮》之所謂閭也。廣西多山羊，血治跌傷，能起死回生。

清 查慎行《人海記》卷下《黄羊》 黄羊，興安嶺上獨石口一帶草中有之。高三尺餘，背毛淺黄色，腹下白。百十爲羣，每合圍，遥望拍拍如鵝鴨，所得以千計。有耳無角，尾似麞，聲似麂，本鹿類而以羊名。《本草》謂黄羊狀與羊同，腹下帶黄色，猶未得其真也。

清 愛新覺羅·弘曆《清朝通志》卷一二六 青羊，羊有青者，南人所罕見。今塞上多有之。善走厜㕒間，爲山羊之一種。

清 徐鼎《毛詩名物圖説》卷二 《説文》：羊，字象頭角足尾之形。陸德明《釋文》：小曰羔，大曰羊。董仲舒《春秋繁露》：羔有角而不用，如好仁者。執之不鳴，殺之不嗥，類死義者。飲其母必跪，類知禮者。故以爲贄。愚按：《爾雅》云『牝，牂』者，即《苕之華》『牂羊墳首』是也。又云『未成羊，羜』者，即《伐木》『既有肥羜』是也。毛有黑白，聲似小兒呼阿嫛，孕四月生子。其目無神，其腸薄回。一名髯鬚主簿，見《古今注》。

清 汪曰楨《湖雅》卷五 羱羊 羱，一作莧，即山羊。《武康疏志》：鄉人所畜，自有山羊。此則生長山中者。《安吉劉志》：有大至數百斤者，其血爲外科要藥。

清 方旭《蟲薈》卷二《毛蟲·羚羊》 《廣輿記》：羚羊産四川、陝西、湖廣及安南等處。旭按：羚羊與羱羊相似，但羚羊角短而羱羊角長，羚羊角兩面有節而羱羊角只一面有節。又《本草》云：阿丹國有羚羊，自胸至尾垂九塊，又名九尾羊。又云：安南出一角羚羊，其角能碎金剛石及貘骨。又《正字通》云：閩廣山中有野羊，彼人亦呼羚羊。《爾雅正義》：羚羊夜宿，以角掛樹不着地。

又《黄羊》 《爾雅正義》：羊之腹下黄色者名羳羊，後世所謂黄羊也。狀如羊而庳小，細筋纖耳，角似羖羊，生野草間而善羣。又有尾黑者，又有尾

似麞鹿者，又有黑脊白斑者，皆其別種也。旭按：黄羊，一名羳耳羊，出關西、西番及桂林諸處。其尾黑者，名黑尾黄羊。出沙漠地，善走。其尾似麞鹿者，名洮羊，甚大，出臨洮，皮皆可爲衾褥。其黑脊白斑者，出桂林，狀頗似鹿。以上俱見《本草》。又《坤輿外紀》云：利未亞產異羊，一尾重十斤，味至美。或亦此類。又《西域記》云：郭罕之羊高八九寸，長一尺。則較黄羊而尤小矣。

又《羬羊》 《西山經》：錢來山有羬羊，狀如羊而馬尾。注：今大月氏有大羊如驢，馬尾，即此。此即《爾雅》高六尺之羬也。

又《野羊》 《西域記》：回地有野羊大如驢，青白色，毛長被體，其面似人形，頦下有鬚，長六七寸，亦類人之落腮鬍，回人謂其神靈，不敢殺也。旭按：《西域記》又言，巴喇哈有獨角野羊。又尤侗《竹枝詞》載，小葛蘭有羊青色，腳高二尺許。

又《野青羊》 《酉陽雜俎》：罽賓國有野青羊，尾翠色，土人食之。

清 高寶銓《元秘史李注補正》卷七《羯羊》 案：《説文》：羯，羖犗也。《本草》：羊去勢曰羯。則羯羊，去勢之羊也。張燧曰：西域有獸曰羯，尾大於身之半。白湛淵曰：羯尾大如斗。則羯者，大尾羊也。今一種羊，卷毛，扇尾，俗曰胡羊。

又卷九《羱羊》 高士奇《塞北小鈔》曰：康熙二十二年七月，至養心殿，賜觀塞外所產盤羊。鹿身，細尾，兩角盤背上，有蹙文。按：羊之屬，有麢，有羱。《説文》：麢，大羊而細角，有圓繞蹙文，夜則懸角木上以防患。《爾雅》注：麢，似羊而大，角圓鋭，好在山崖間。陶弘景注《本草》云：其角多節，蹙蹙圜繞者，爲麢羊。陸佃《埤雅》：羱羊似吴羊而大角，狀若騾而羣行。暑天塵露在其角，生草戴行，《代都賦》所謂『羱羊養草以盤旋』是也。李時珍云：山羊有二種，一種大角盤桓，肉至百斤。據諸説攷之，盤羊殆即羱羊也。范昭逵《從西紀畧》曰：盤羊角長，環盤於首，乃羚羊之雄。銓案：高士奇曰盤羊，殆即羱羊。范昭逵曰：盤羊，乃羚羊之雄。然則羱羊即麢羊特其雄者耳。

藝文

元 耶律鑄《雙溪醉隱集》卷一《大尾羊賦并序**》** 端卿持節使博囉，或曰舊康居也。其國多羊，羊多大尾，其大不能自舉。土俗例以小車使引負其尾，車推乃行，且乞余爲道其所以，乃爲之賦。世有癡龍，發跡康居。音渠。播精惟玉，効靈惟珠。一角觸邪，名動神都。六蜚奮御，聲振天衢。肥遯金華，與道爲徒。體純不雜，質真不渝。惟仁是守，惟善是圖。不食生物，幸遠庖厨。含仁懷善，其德不孤。義合麒麟，與夫騶虞。駞背上異，馬尾後殊。末大之名，是專是沽。小心惴惴，中抱區區。務以身保，支體毛膚。青蠅莫逐，白鳥莫祛。尾大不掉，可恠也夫。前傴而僂，後蜷而痀。牽草縈茅，土曳泥婁。蓏其土苴，載以後車。聽其自引，縱其所如。退不能却，進不能趨。莫順而情，實累而軀。冬委冰霜，夏混蟲蛆。末大之咎，其至矣乎。吁，枝大於幹，腓大於股，不折必披，是其證歟！是其鑑歟！

元 許有壬《至正集》卷一三《秋羊》 塞上秋風起，庖人急尚供。戎鹽舂玉碎，肥羜壓花重。肉浄燕支透，膏凝琥珀濃。年年神御殿，頒餕每霑儂。

又《黄羊》 草美秋先腯，沙平夜不藏。解縧文豹健，臠炙宰夫忙。有肉須供世，無魂亦似麞。少年非好殺，假爾試穿楊。

雜録

南朝梁 任昉《述異記》卷上 蛟羊，似羊而無角，啖之，毒。

明 彭大翼《山堂肆考》卷二二一《長鬚》 《古今注》：羊一名長鬚主簿。《述異記》：一名胡鬚郎。又陝西同州、沙苑出羳耳羊，其羊耳小，味美。

明 吴之俊《獅山掌録》卷二〇《月氏大食羊》 月氏羊，尾重十斤，割食之，尋長如初。大食羊，每歲割腹，取十餘斤脂，不輒脹死。

圖表

晉 郭璞《爾雅音圖・釋獸》

明 李時珍《本草綱目・圖卷》

清　**徐鼎**　**《毛詩名物圖說》卷二**

野牛

綜　述

唐　**杜寶**　**《大業拾遺錄》**（**引自《説郛》卷五九**）　合浦徐聞縣多牛，其項上有特骨，大如覆斗，日行三百里。

唐　**段成式**　**《酉陽雜俎續集》卷八**　野牛，高丈餘，其頭似鹿，其角丫戾，長一丈，白毛，尾似鹿，出西域。

明　**葉盛**　**《水東日記》卷一六**　莊浪屬環雪山，其北生犛牛，毛雜黑、白二色，長甚孔。軍中紅黑纓皆用之，紅即茜染白毛也。毛牛與黄牛合，則生犏牛，亦頗類毛牛。又有山中野牛，亦相類。

清　**王士禛**　**《居易録》卷一九**　臺灣多野牛，千百爲羣。欲取之，先置木城四面，一面爲門驅之，急則皆入，入即扃閉而飢餓之。然後徐施羈靮，豢之芻豆，與家牛無異矣。

清　**紀昀**　**《閱微草堂筆記》卷一二《槐西雜志二》**　烏魯木齊多野牛，似常牛而高大，千百爲羣，角利如矛稍。其行以强壯者居前，弱小者居後。自前擊之，則馳突奮觸，銃礮不能禦，雖百鍊健卒不能成列合圍也。自後掠之，則絶不反顧，中推一最巨者，如蜂之有王，隨之行止。常有一爲首者，失足落深澗，羣牛俱隨之投入，重疊殪焉。

清　**方旭**　**《蟲薈》卷二《毛蟲·野牛》**　《槐西雜志》：烏魯木齊多野牛，似常牛而高大，千百爲羣，角利如矛稍。其行以弱者居後，强者居前。若自前擊之，則馳突奮觸，銃礮不能禦。自後擊之，則不反顧，中推一巨者爲首，衆隨之行。常有一爲首者失足，落深澗中，羣牛俱投入殪焉。旭按：《八紘譯史》云：占城有野牛，見衣青者必觸而死。未識即此否？

野馬

綜　述

《爾雅·釋獸》　野馬。注：如馬而小，出塞外。音義：塞，悉代反。疏：如馬而小，出塞外者。案：《穆天子傳》云『野馬日走五百里』是也。

宋　**釋贊寧**　**《東坡先生物類相感志》卷九《白馬》**　《開山圖》云：鄭地白馬山上有白馬群行。悲鳴則可决，馳走則山崩。平嘗結隊群行飲食，或將白駒，夜半悲鳴則可决。晝日群走，若人驚逐則山崩。

又卷一〇《駝驢》　野馬也。食庵蔄草則神仙矣。

宋　**周去非**　**《嶺外代答》卷九《天馬》**　邕州溪峒七源州有天馬山，山上有野馬十餘疋，疾迅若飛，人不能邇。熙寧間，七源知州縱牝馬于山後，生駒駿甚。自後屢縱，迄不可得矣。

明　**李時珍**　**《本草綱目》卷五一**　野馬《綱目》　集解：時珍曰：按郭璞云：野馬似馬而小，出塞外。今西夏、甘肅及遼東山中亦有之。取其皮爲裘。食其肉，云

如家馬肉，但落地不沾沙耳。《爾雅》云：驨，如馬，一角，似鹿茸。不角者，騏也。《山海經》云：北海有獸，狀如馬，色青，名曰騊駼。此皆野馬類也。

清　愛新覺羅·弘曆《清朝通志》卷一二六　野馬産阿爾台山，蒙古名之曰塔奇亦經。

清　紀昀《閱微草堂筆記》卷一二《槐西雜志二》〔烏魯木齊〕有野騾、野馬，亦作隊行，而不以野牛之悍暴，見人輒奔，其狀真騾、真馬也。惟被以鞍勒，則伏不能起。然時有背帶鞍花者，鞍所磨傷之處，創愈則毛作白色，謂之鞍花。又有蹄嵌踣鐵者，或曰山神之所乘，莫測其故。久而知爲家畜騾馬，逸入山中久，而化爲野物，與之同羣耳。騾肉肥脆可食，馬則未見食之者。

清　和珅　乾隆《熱河志》卷九五　野馬，《後漢書·鮮卑傳》曰：禽獸異於中國者有野馬。考《爾雅·釋畜》有野馬，注云：如馬而小，出塞外。又云：有騊駼，狀如馬，色青。《疏》引《字林》云：北狄良馬也，一曰野馬。是野馬即爲騊駼。《史記·匈奴傳》所謂『奇畜則騊駼』，郭璞《騊駼贊》所謂『騊駼野駿，産自北域』者是也。又《匈奴傳》有驒騱，徐廣謂：巨虚之屬。《索隱》引《説文》云：野馬屬。攷《逸周書·王會解》曰：孤竹巨虚。孔晁注云：巨虚，驢贏屬。然塞外不産驢贏，所謂驒騱、巨虚，蓋野馬之類。

紀事

《戰國策·宋衛》　智伯欲伐衛，遺衛君野馬四百，白璧一。

北齊　魏收《魏書》卷三《太宗紀》〔泰常四年〕冬十有二月癸亥，西巡，至雲中，踰白道，北獵野馬於辱孤山。至于黄河，從君子津西渡，大狩於薛林山。

又卷四《世祖紀》〔太延二年〕冬十有一月己酉，行幸棝楊，驅野馬於雲中，置野馬苑。閏月壬子，車駕還宫。乙丑，潁川王提改封武昌王。河西王沮渠牧犍，遣使朝貢。

明　鄭仲夔《玉麈新譚·偶記》卷七《野馬》　鵞湖峯頂一日有野馬出遊，純黑色，高可六七尺，見人則駭而逸，時諸僧咸見焉。

藝文

明　李夢陽《空同集》卷一五《塞上雜詩·其二》　胡兒追野馬，迸蹄若驚鴻。一馬帶雙箭，墮我邊壕中。敢望不敢近，躊躇各按弓。抽身復北去，天寒沙磧風。

清　愛新覺羅·弘曆《清高宗詩三集》卷六九《野馬》　物有家畜必有野，牛騾雞鴨率同也。坰牧之羣胡不然，於是獸中有野馬。阿爾台山高且寒，此獸孳育叢林下。蒙古名之曰塔奇，沫亦流朱汗飛赭。以珍爲獻獻弗却，不稱其德稱其寡。受勒受鞍可試騎，乃知物盡堪陶冶。蒙莊遊氣豈虚言，四蹄揚塵陵谿問。更傳奇語未前聞，曰實人人曾見者。懸峯恐穿釘鐵掌，攻駒可施斯誰把。格物致知有所窮，似此孰能辨炙輠。

圖表

晉　郭璞《爾雅音圖·釋畜》

明　李時珍《本草綱目·圖卷》

野驢　山驢

綜　述

漢　許慎《説文》卷一〇　驢，似馬，長耳。从馬，盧聲。力居切。

晉　崔豹《古今注》卷中　驢爲牡，馬爲牝，生騾。騾爲牝，馬爲牡，生驢。

明　李時珍《本草綱目》卷五一　山驢　恭曰：見上文。時珍曰：《南史》云：滑國出野驢，有角。《廣志》云：驢羊似驢。《山海經》云：晉陽懸甕之山、女几之山、荆山、綸山並多閭。郭璞注云：閭即羭也，似驢而岐蹄，馬尾，角如麢羊，一名山驢。俗人亦用其角以代羚羊。又《北山經》云：太行之山有獸名驒，狀如麢羊而四角，馬尾，有距善旋，其名自叫。此亦山驢之類也。

明　陳懋仁《庶物異名疏》卷二七《閭》　閭，山驢也。《周書》『北唐以閭』，亦見《鄉射禮》《山海經》有閭、麋。郭璞云：閭即羭也，似驢而岐蹄，角如麢羊，一名山驢。贊曰：閭善躍嶮。

清　嵇璜《續通志》卷一八〇　驢，長頰，廣額，磔耳，修尾，夜鳴應更，性能旋磨及馱負。一曰漢驪，其子曰㰗。低小不甚駿，故稱蹇驢，一名爲衛，有褐、黑、白三色。又有海驢，出海島中，入水不濡，其皮可制雨具。又滑國出野驢，一角，見《南史》。

清　方旭《蟲薈》卷二《毛蟲·野驢》　《正字通》：女真遼東産野驢，狀似驢而色駁，可食。旭按：此即《廣志》之驢羊也。《北山經》謂之閭。郭注云：閭，即羭也，狀似驢而岐，蹄角似羚羊，又名山驢，善躍嶮。

藝　文

明　梁小玉《驢》（引自《佩文齋詠物詩選》卷四〇六）　買得青驢捷似梭，松雲蘿月任婆娑。還嫌踏碎嬌花影，欵欵扶韁倩墨娥。

清　愛新覺羅·弘曆《清高宗詩三集》卷五四《野贏》　阿蘭善親王羅卜藏多爾濟所進，阿蘭善即古之賀蘭山，漢語誤譯耳。

野贏産沙磧，其名齊克特。叶徒回切。蒙古語謂耳爲齊克特，蓋語助辭。野贏耳長，故以名之。儦儦如鹿羣，曠漠多蕃孳。原獸故野性，不得施鞍騎。虞者獵捕取，食肉衣厥皮。或有獲駒者，牝馬乳字之。及長上聲。大於牝，依依仍相隨。此乃出偶然，少見故眩奇。賀蘭因底貢，徒觀馴且祁。牽牝駒逐行，奚用靮與羈。習慣成自然，何性弗可移。回視彼野贏，麗然翻驚疑。單于乘六贏，龍門非信辭。

史遷『單于乘贏』，殊失考榷。蓋野贏本沙漠所有，然野獸不可乘。若夫畜贏則驢父馬母，驢惟内地有之，沙漠本所無也。雖今喀爾沁有驢，乃因承平日久，又其部落與内地連界，故得有驢。然不知有贏也。回部四大城驢甚多，然向不與馬合，亦不知有贏也。木蘭迤北諸扎薩克及喀爾喀厄魯特之地，至今無驢。夫今之蒙古尚無驢，而千餘年以上之匈奴又安得有驢？無驢又安得有畜贏乎？遷又云：其奇畜則橐駝、驢贏、駃騠。驢贏已辯其無，且亦何足奇？橐駝則蒙古常畜之物，以供負載，如牛馬富者，或有千餘，亦

不以爲奇也。駃騠，注者謂馬父贏子。夫贏不能孕，其子何來？而《發蒙記》謂之刳母腹而出，《列女傳》謂之七日超其母，奇誕益甚。然皆遷之好奇，不信有以啓之也。因詠野贏，並正遷之踳駁如右。

兔

論說

宋 蔡卞《毛詩名物解》卷九《兔》 兔口有缺，吐而生子，故謂之兔，吐也。舊說兔者，明月之精，視月而孕。故《楚辭》曰：顧兔在腹。言顧兔在月之腹，而天下之兔望焉，於是感氣。《禮》云『兔曰明視』，亦此意也。蓋咀嚼者，九竅而胎生，獨兔雌雄八竅。故陶氏書云：兔舐雄毫而孕，五月而吐子。而里俗又謂視顧兔而感氣，故卜秋月之明暗以知兔之多寡也。今孔雀亦合，蓋先儒以孔雀聞雷而孕，則兔雖舐毫而其感孕以月，理或然也。月缺也，故其口缺。《詩》曰：肅肅兔罝，施于中林。蓋椓木之丁丁，以有所聞施于中逵，以有所見施于中林，則無所聞、無所見於是焉。肅肅，則好德之至也。故《詩》以此爲德。徐幹《中論》曰：『肅肅兔罝，施于中林』，處獨之謂。且先王之化，言格於蒭蕘，行至於雉兔，然後爲博。故是詩正言兔罝而叙者，以爲莫不好德也。《古今注》曰：兔口有缺，尻有九孔。今尻於文從九，蓋生於兔也。《內則》曰：兔去尻，狐去首。蓋狐亦正丘首，不忘本也。《說文》無兔字，以免爲兔。兔生自口而出，宜有留難而後免，故字又通爲免，俗作兔，非也。今免身亦謂之分娩，蓋物之產乳莫易於羊，莫難於兔，故羊子曰達，兔子曰嬔。達之爲言羊也，嬔之爲言兔也。兔足前卑後倨，其形俛，又從免也。冕字從免，古之說冕者，以爲位彌高而志彌恭，其以此乎？《內則》曰：姆教，婉、娩、聽、從。蓋婉，妻道；娩，母道；聽，婦道；從，姑道也。

宋 陸佃《埤雅》卷三《兔》 兔口有缺，吐而生子，故謂之兔。兔，吐也。舊說兔者，明月之精，視月而孕。故《楚辭》曰：顧兔在腹。言顧兔居月之腹，而天下之兔望焉，於是感氣。《禮》曰『兔曰明視』，其以此歟？蓋咀嚼者，九竅而胎生，獨兔雌雄八竅。故陶氏書云：兔舐雄毫而孕，五月而吐子。而里俗又謂視顧兔而感氣，故卜秋月之明暗，以知兔之多寡也。今孔雀亦合，而先儒以孔雀聞雷而孕，則兔雖舐毫，其感孕則以月，理或然也。月缺也，故其口缺。一曰：兔目不瞬，視雄毫而孕。《詩》曰：肅肅兔罝，椓之丁丁。肅肅兔罝，施于中逵。肅肅兔罝，施于中林。蓋椓之丁丁，以有所聞；施于中逵，以有所見；施于中林，則無所聞、無所見於是焉。肅，則好德之至也。故《詩》以此爲後。徐幹《中論》曰：『肅肅兔罝，施于中林』，處獨之謂也。是詩正言兔罝者，先王之化，言格於芻蕘，行至於雉兔，然後爲博。故《序》以爲莫不好德，賢人衆多也。俗云兔營窟，必背丘相通，所謂狡兔三穴。《內則》《古今注》曰：兔口有缺，尻有九孔。今尻於文从九，蓋生於兔也。《內則》曰：兔去尻，狐去首。狐死亦正丘首，不忘本也。《主物簿》云：孕環之兔，懷於左腋，毛有文彩間色，至百五十年當轉環於腦，能隱形，人不復見矣。《說文》無兔字，以免爲兔。兔生自口出，宜有留難，吐而後免，故字又通爲免，俗則作免，非是也。今產乳曰免，亦或謂之分娩。且兔足前卑後倨，其形俛，故俛又從免也。冕亦从免，古之說冕者，以爲位彌高而志彌俛，其以此乎？《內則》曰：姆教，婉、娩、聽、從。蓋婉，妻道也；娩，母道也；聽，婦道也；從，姑道也。《左傳》曰：姑慈而從，婦聽而婉。

宋 羅願《爾雅翼》卷二一《兔》 兔視月而有子，其目尤瞭，故牲號謂之明視。《天問》稱：夜光何德，死則又育。厥類惟何，而顧兔在腹。蓋月唯望一日滿，餘時常缺，兔口亦缺，以類相致。說者以爲天下之兔皆雌，惟顧兔爲雄，故皆望之以禀氣。古稱日烏月兔，相傳已久。傳曰：日無光則烏不現，烏不現，則飛烏隱竄。漢元帝永光元年，日中無光，其日長安無烏。而今世卜兔之多寡者，以八月之望。是夜深山大林中，百十爲列，延首月影中。月明則一歲兔多，月暗則兔少，是禀顧兔之氣以孕也。然兔亦自有雌雄，不專視月。古樂府亦云：雄兔脚撲朔，雌兔眼迷離。兩兔逐地走，安能知我是雄雌。蓋雌雄之難辨者云爾。《論衡》云：舐雄毫而孕，及其生子，從口中吐出。冬月唯齕木皮，至春草長麥繁而肉反不美。凡野獸鮮有毳，唯兔足底皆毛，號建毛。性狡以善走。齊之良兔曰東郭㕙，蓋一旦而走五百里，與齊

之良狗韓盧同足。其居號三窟，馮諼以此導田文。今兔之所處，其穴常爲三竅。獵者攻之，常顯然自其正穴躍出，而顧循其背，自後竅入坐穴中，獵者反以是得之。岳陽人以兔爲地神，無敢獵者。又巴陵烏絶多，無敢弋，不知何故也。其毫利爲筆，韓愈傳毛穎，稱蒙恬取兔毫爲筆，乃不其然。蒙恬所造即秦筆耳，以枯木爲管，鹿毛爲柱，羊毛爲皮。所謂蒼毫，非兔毫，竹管也。兔毫自漢以來有之耳，崔豹説之甚詳。又《淮南鴻烈》曰：昔蒼頡作書，而天雨粟，鬼夜哭。以爲鬼恐爲書所劾，故哭而悲之。許叔重乃云：鬼或作兔。兔恐見取毫作筆，害及其軀，故夜哭。夫自黄帝、蒼頡至于秦，蓋二千餘年，考蒙恬乃始作秦筆，而兔毫、竹管又出於鹿毛、木管之後，彼之哭者骨朽久矣，許説非也。宋《符瑞志》：白兔，王者敬耆老則見。赤兔，王者德盛則至。《春秋運斗樞》曰：玉衡星散爲兔。

明　何三畏《新刻何氏類鎔》卷三四《兔》　兔本玉衡而散星之精，失瑶光而出月之魄。千歲變其采，四靈叶其祥。自古圖瑞應言休禎者，未有不以白兔爲首稱者也。爾其光鮮越雉，色麗秦狐。月德符徵，金精表異。豈殊丹岫之羽，來止帝梧。庶幾素質之禽，得游君囿。若夫赤表盛皇之瑞，亦有黑標革命之祥。嘗以毛飛，亦云明視。狡智營于窟裏，生兒吐于口中。或守田間，或跧樹下，或騰東郭，或放昭祥。逮日追風而馬不如，則力欣所致。走街積市而人不視，則分定使然。搗藥之兔，以陰精所積而得長生。丹竈之兔，爲天師所封而乃躍出。楚王雲夢之獵有兔，其腸如鐵者，可以爲劒。北極漬陽之山有兔，其腦如漆者，可以和丹。蔡邕孝而經年廬墓，有兔馴擾其室傍。華秋孝而負土成墳，有兔止宿其廬側。梁冀以兔而造苑，遂爲調發之塲。孝王以兔而名園，爰作游觀之所。商紂時，有兔生角者，天下興甲兵之兆。後魏時，有兔入宫者，隣邦獻嬪嬙之徵。信不誣爾。

清　袁棟《書隱叢説》卷四《沙鼠非兔》　白兔古稱瑞物，近有爲人豢養馴習者甚衆。余家亦頗繁育。曾見一書云：沙鼠似兔，白色。然則人之豢養者，乃沙鼠耳，非白兔也。不然，古稱狡兔，何不狡耶？古稱祥瑞，何多瑞耶？又西士畢金梁曰：此名鼫鼠，非白兔也。

綜　述

《爾雅·釋獸》　兔子，嬎。注：俗呼曰𪕺。其跡，迒。絶有力，欣。音義：兔，字又作菟，勑故反。嬎，敷萬反。𪕺，《字林》云：兔子也。乃俱、乃侯二反。迒，音剛，又户郎反。諸詮之云：兔道也。阮孝緒云：獸跡也。欣，如字，本或作忻。疏：此辨兔之種類也。崔豹《古今注》云：兔有九孔。《論衡》曰：兔舐毫而孕，及其生子從口而出，其子名嬎。郭云：俗呼曰𪕺，其跡名迒。《字林》云：迒，兔道也。絶有力名欣。

漢　許慎《説文》卷一〇　㲋，狡兔也。兔之駿者，从㲋兔。士咸切。

【略】兔，獸名。象踞後其尾形。兔頭與㲋頭同。凡兔之屬，皆从兔。湯故切。

【略】嬎，兔子也。嬎，疾也。从女兔。芳萬切。

晋　張華《博物志》卷四　兔舐毫望月而孕，口中吐子。舊有此説，余目所未見也。

晋　崔豹《古今注》卷中　兔口有缺，尻有九孔。

五代　馬縞《中華古今注》卷下《兔》　口有闕，尻有九孔。

宋　釋贊寧《東坡先生物類相感志》卷一〇《兔》　《論衡》云：兔舐毫而孕，及其生子，從口而出也。一説北人捕兔，剥其毛皮，資用爲筆。常伺中和月夜，如無雲翳，則其年多兔矣。兔望月有孕也。

宋　鄭樵《通志》卷七六　兔，《爾雅》曰：兔子，嬎。其跡，迒。絶有力，欣。

宋　戴侗《六書故》卷一八　㲋　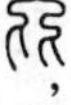，丑略切。《説文》曰：兔也。似兔，青色而大。象形。頭與兔同，足與鹿同。，篆文。侗謂㲋，兔善走者也。故視兔而多其足。

明　張瀚《松窗夢語》卷五《鳥獸紀》　兔視月孕，以月有顧兔。其目甚瞭。今人卜兔多寡，以八月之望。是夜深山茂林，百十爲群，延首林月，月時明則一歲兔多，晦則少，是稟顧兔之氣而孕也。生子從口吐出。性狡，善走。獵者攻之，常自穴中躍出，乃顧循其背，復入穴中，獵者反以是得之。

明　李時珍《本草綱目》卷五一　兔《别録》中品　釋名：明眎。時珍

曰：按魏子才《六書精要》云：兔字篆文象形。一云：吐而生子，故曰兔。《禮記》謂之明眎，言其目不瞬而瞭然也。《説文》兔子曰娩，音萬。狡兔曰䨲，音俊；曰毚，音讒。梵書謂兔爲舍迦。集解：頌曰：兔處處有之，爲食品之上味。時珍曰：按《事類合璧》云：兔大如貍而毛褐，形如鼠而尾短，耳大而鋭，上唇缺而無脾，長鬚而前足短，尻有九孔，趺居，趫捷善走。舐雄豪而孕，五月而吐子。其大者爲㚟，音綽，似兔而大，青色，首與兔同，足與鹿同，故字象形。或謂兔無雄，而中秋望月中顧兔以孕者，不經之説也。今雄兔有二卵。古樂府有『雄兔脚撲朔，雌兔眼迷離』，可破其疑矣。《主物簿》云：孕環之兔，懷於左腋，毛有文采，至百五十年環轉於腦，能隱形也。王廷相《雅述》云：兔以潦爲鼈，鼈以旱爲兔。熒惑不明，則雉生兔。

明　吴楚材《彊識略》卷三一　兔　明眎，見《禮》。顧兔在腹，見《楚辭》。故爲明月之精。又玉衡散爲兔。又舐雄毫而孕，五月生子從口中。或曰：兔無雄，望月而孕。月缺也，故兔口缺。其子娩，或曰䰭。䨲，其狡者。毚，又其大者也。《抱朴子》：兔壽千歲，滿五百歲則色白。又㚟似兔而鹿脚，見《山海經》。又赤兔上瑞，見《六典》。

明　穆希文《蟫史集》卷五《兔》　《爾雅》曰：兔子，娩，俗呼曰䰭。其迹，迒。絶有力，欣。《説文》曰：兔子名曰䰭，其狡者名曰䨲，其大者名曰毚。《詩》云：躍躍毚兔。《蟫史》云：兔似羊而小，長耳，短足，大者不過二斤，毛褐色，一名明視。《禮》云：祀祭宗廟之禮，兔曰明視。《典略》曰：兔者，明月之精，視月而孕。故《楚辭》曰：顧兔在腹。言顧兔在月之腹，而天下之兔望焉，於是感氣。兔一名抃握。張衡云：月者，陰宗之精，積而成獸，象兔。兔，陰之類，其數偶。羅氏曰：兔視月而有子，其目尤瞭。一説兔自雌雄，不專視月。王充《論衡》云：兔舐雄尾而孕，及其生子，從口吐出。性狡，善走，穴常三竅。《酉陽雜俎》曰：兔吐子，鸕鷀吐雛。《埤雅》云：兔口有缺，吐而生子，故謂之吐兔。兔者，吐也。按：今山中人未嘗見兔吐而生子。況鸕鷀與鶴古稱胎生，而今皆卵抱。則知段成式、陸佃之説，未可盡信也。《埤雅》曰：咀嚼者九竅而胎生，獨兔雌雄八竅。故陶氏書云：兔舐雄毫而孕，五月而吐子。然里俗又謂顧兔而感氣，故卜秋月之明暗，以知兔之多寡也。今孔雀亦合，而古人謂孔雀聞雷而孕。然兔雖舐毫，其感孕以月，理或然也。月缺也，故其口缺。一曰：兔目不瞬，視雄毫而孕。又曰：兔營窟必背丘相通，所謂狡兔三穴。崔豹《古今注》云：兔口有缺，尻有九孔。《内則》曰：兔去尻，狐去首。《天玄主物簿》云：孕環之兔，懷于左腋，毛有文彩間色，至百五十年當轉環于腦，能隱形，人不能見矣。又兔性跳躑，故其迹迒。今兔將伏，輒跳擲擺跡，人反以此得之。《爾雅》云：鳥之所乳謂之巢，雞雉之所乳謂之窠，兔之所息謂之窟，鹿之所息謂之場。白居易曰：足之健者雞距，毛之勁者兔毫，毫堪製筆。《養生雜纂》云：兔肉妊婦食之，主子缺唇。又謂兔産從口中出，故忌之。食兔缺唇，猶食黿而傴之義也。寇氏曰：兔毛白，全得金之氣也。《抱朴子》曰：兔壽千歲，五百歲毛色變白。又曰：山中卯日稱丈人者，兔也。《六典》曰：赤兔上瑞，白兔中瑞。《括地圖》曰：天池山獸如兔，鼠首，以其背飛，名曰飛兔，即鼯鼠也。《草木子》曰：蜀郡無兔、鴿，江南無狼、馬，朱提以南無鳩、鵲。《青箱記》云：古稱麞無膽，兔無脾。

明　木增《雲薖淡墨》卷一《兔竅隨月》　《博物志》：兔舐毫望月而孕，口中吐子。《食物本草》：兔爲食品之主品，隨月得竅，其竅乃有六、七、八、九。其子從口出，故姙娠者禁食之。

明　吴雨《毛詩鳥獸草木考》卷四《兔》　《王風》曰：有兔爰爰。兔，狡獸也。性陰狡，善走，足前卑後倨，口有缺。舊説兔者，明月之精，視月而有子。八月望夜，青山大林中，百十爲列，延首月影中，故秋月之明暗，以知兔之多寡也。陶氏書云：舐雄毫而孕，五月而生，從口中吐出，故謂之兔。冬月唯齕木皮，至春草長麥繁而肉反不美。凡野獸有毳，唯兔足底皆毛，號建毛。所處之穴，常爲三竅。獵人攻之，常顯然自其穴躍出，而顧循其背，自後入坐穴中，人以是得之。岳陽人以兔爲地神，無敢獵者。又巴陵烏絶多，無敢弋，不知何故也。蓋咀嚼者，九竅而胎生，獨兔八竅。一云：自有雌雄，不專視月舐毛。古樂府：雄兔脚撲朔，雌兔眼迷離。二獸逐地走，安能知我是雌雄。蓋雌雄之難辨者云爾。子名娩，俗呼曰䰭。

又卷五《毚兔》　《小雅》曰：躍躍毚兔，遇犬獲之。《傳》：毚兔，狡兔也。毚兔，大兔也。大兔必狡猾，亦謂之狡兔。《説文》：狡兔也，兔之駿者，从㲋兔。《戰國策》曰：東郭逡者，海内之狡兔也。按《北征録》云：衛士掘沙穴中，跳兔大如鼠，其頭目毛色皆兔，爪足則鼠，尾長，其端有毛，或黑或白，前足短後足長，行則跳躍，性狡如兔，犬不能獲之，疑即《詩》所謂『躍躍毚兔』者也。

明　張存紳　《增定雅俗稽言》卷三六　兔尻　《禮》曰：兔曰明視。兔，吐也，言生子從口中出也。凡咀嚼者九竅，唯兔八竅，其尻則有九孔。尻，音敲，脊梁骨盡處也。人與物九竅者，皆有小便，以有肺也。肺屬金，金生水。八竅者無小便，以無肺也。造化生成，偏全不同如此。兔類無雄。《博物志》：望月而孕。故世言月中有玉兔。論云：牝舐牡毫而孕，肉不益人，食之痿陽。凡人唇缺則曰兔缺，以兔唇缺也。

明　鄭仲夔　《耳新》卷三《雄兔》　世咸謂兔無雄，非也。《木蘭歌》：雄兔脚撲朔，雌兔眼迷離。雙兔傍地走，安能辨我是雄雌。又邑之西鄉人，往歲曾獵得一雄兔。

清　陳淏子　《秘傳花鏡》卷六《養獸畜法・兔》　兔，一名明視，謂目不瞬而能瞭然。隨在山林有之。其狀如貍而毛褐，首形如鼠而尾短，耳大而鋭，上唇缺而無脾，鬚長而前足短。尻有九孔。趺居而顧首不顧尾。趫捷善走。舐雄毫而孕，五月而吐子。營穴必背立相通，若以馬蘺有潤汗者塞口，則須與自出，可以伺而取之。其性最陰狡，善營三窟，然又易馴，故人多畜以爲玩好。又云：牝牡合十八日而即育，極易繁衍。又昆吾山出狡兔，雄色黄，雌色白，能食丹石、銅鐵。昔有吴王武庫兵器皆盡，因穴得二兔，一黄一白，腹中腎膽皆鐵，取以鑄劒，切玉如泥。或云：兔壽可千歲，至五百歲則色自白。近日常州出一種白兔，乃銀鼠也，非數百年之物。又聞亳州吉祥寺有僧誦《華嚴經》，忽一紫兔自來，馴伏不去，每日隨僧坐起，如聽經狀。惟餐菊花，日飲清泉而已。其僧每呼以菊道人，則兔應聲而至，亦異類之有覺者也。

清　姚炳　《詩識名解》卷四《兔》　兔，《周南・兔罝》篇兔似羊而小，長耳短足，毛褐色，陰類也。舊説爲明月之精，月有時缺，故兔口亦缺，蓋秉其精氣而降生者。今詞章家據傅玄《擬天問》之説，動摭擣藥事爲典，實則陋矣。《博物志》云：兔無雄，望月而孕，口中吐子，故謂之兔。此誑語也。《論衡》：兔舐雄毫而孕。則兔明有雄者。又古樂府云：雄兔脚撲朔，雌兔眼迷離。亦並舉雄雌言。大抵物類中相感，或以聲，或以視，或以跡，所由孕者不同，要皆具雌雄而後變化者。亦不必如陸農師説，分其爲九竅、八竅也。若望月不過同氣相求之故，非待望而始得孕耳。《傳》解肅肅爲敬，此本《釋訓》文。按肅自有敬義，但《釋訓》别有所指，非以《兔罝》之肅肅爲敬也。《集傳》以爲整飭貌，得之。玩語意，文下連罝，亦以其周張完密，嚴不可越，儼然干城之扞衛爲足美耳，於敬義何涉哉？

《王風・兔爰》篇爰爰，緩意。何元子謂宜通作緩緩，非也。此雙聲字連讀之，取其意爲某字，義猶藹藹爲和，悠悠爲長也。豈有易本字爲雙聲之理乎？

《小雅・小弁》篇猿兔之類，窮則奔林，未有反投人者。鄭氏掩捕之説爲長。此當如投鼠忌器之投。先之者，哀其生而預釋之耳。若奉時辰牝，虞人固翼以待射，則其不忍而先縱之理或然也。

《小雅・巧言》篇《傳》以毚兔爲狡兔。《正義》引《蒼頡解詁》云：毚兔，大兔也。大兔必狡猾，又謂之狡兔。此爲《傳》文回護耳。毚自爲大兔之専稱，《格物論》云『毚，其狡者；毚，又其大』是也。夫三窟之智，雖小猶狡，况其大者，特不可作毚義訓耳。

《小雅・瓠葉》篇鄭氏訓斯爲白，謂今俗語斯、白之字作鮮，齊魯之間聲近。斯，大。是臆説。兔多褐色少白者，故《瑞應圖》以白兔爲祥。今《瓠葉》之詩思古人不以微薄廢禮，安得擇白首者而燔炙之？此當與『秩秩斯干』、『彼疏斯稗』例觀，皆助語，并不必如《傳》訓爲此也。王肅、孫毓述《傳》，皆云惟有一兔頭，此滯語，《正義》已駁之矣。《集傳》謂斯首一兔也，猶數魚以尾也，得之。今人凡於牛羊類皆云幾頭，是矣。何元子引《内則》於兔去尻，謂既棄其後臀不用，故但舉首以顯之，亦不必。砲、燔、炙三者，統言之，皆爲治庖之事。《詩》中多换字法，如《鴛鴦》篇，乘馬始言摧秣，繼言秣摧，倒句成文，更無深義，此詩亦然。舊分新殺及割截、脯乾三種。何元子疑兔不過二斤，不當爲用之宏如此，因有先事、後事之分，亦不必也。

清　田同之　《西圃叢辨》卷二九《兔》　《曲禮》：兔曰明視。陸佃曰：兔，吐也。明月之精，視月而生，故曰明視。王充《論衡》：兔舐雄毫而孕，及生子，從口中出。余見蒲城原子《兔説》，以爲兔之雌雄，其孳尾無異他獸。每月一孕，子生則以土培之而壅其穴，出入必然。或竊啓其户，子輒不成。蓋古所謂視月者，視月之候而孕，又謂吐生者，得土而生，土訛爲吐也。《觚賸》

清　徐鼎　《毛詩名物圖説》卷二　《爾雅》：兔子，娩。其跡，迒。絶有

力，欣。《古今注》：兔口有缺，尻有九孔。王充《論衡》：兔舐毫而孕，及其生子，從口而出。張華《博物志》：兔望月而孕，口中吐子，舊有此説。陸佃曰：咀嚼者九竅而胎生，獨兔雌雄八竅。故陶氏書云：兔舐雄毫而孕，五月而子。里語又謂之顧兔而感氣，故卜秋月之明暗，知兔之多寡也。今孔雀亦合，而先儒以孔雀聞雷而孕，則兔雖舐毫感孕以月，理或然也。月缺也，故兔口缺。愚按：《説文》無兔字，以兔爲兔。蓋生子從口出，自有留難，吐乃得兔，故曰兔，俗作兔字。大如貍而毛黑白，赤眼長鬚，足前短後長。故古詩云：雄兔脚撲朔，雌兔眼迷離。好食草，急則有聲。窟地而居，其性陰狡。《正義》云：所無拘制，爰爰然而緩。

清　牟應震《毛詩物名考》卷二　兔，形大於猫，毛色褐，短尾，長耳，缺唇，前足短，後足長，趫捷善走。一月一孕，將生子時，穴地作窟，自埒其豪雜草爲窩。子赤身無毛，與鼠同出，以土掩穴口。日兩鬻十餘日，率子出穴矣。古人謂其舐雄豪而孕，又曰吐而生，皆臆説也。

紀　事

南朝梁　沈約《宋書》卷二八《符瑞志》　赤兔，王者德盛則至。闕

又卷二九《符瑞志》　白兔，王者敬耆老則見。漢光武建武十三年九月，南越獻白兔。章帝元和中，白兔見郡國。魏文帝黄初中，郡國十九言白兔見。晉武帝泰始五年七月己亥，白兔見北海即墨，即墨長獲以獻。晉武帝咸寧二年十月癸亥，白兔二見河南陽翟，陽翟令華衍獲以獻。咸寧四年六月，白兔見天水。晉武帝太康二年八月壬子，白兔見彭城。太康二年十月，白兔見趙國平鄉，趙王倫獲以獻。太康四年十一月癸未，白兔見北地富平。太康八年十二月庚戌，白兔見陳留酸棗，關内侯成公忠獲以獻。晉穆帝永和十二年九月甲申，白兔見鄱陽，太守王耆之以獻，并上頌一篇。晉穆帝升平三年十二月庚申，北中郎將郗曇獻白兔。晉海西公太和九年四月，陽穀獻白兔。晉孝武帝太元十五年三月，白兔見淮南壽陽。晉安帝義熙二年四月，無錫獻白兔。義熙二年四月，壽陽獻白兔。宋文帝元嘉六年九月，長廣昌陽淳于邈獲白兔，青州刺史蕭思話以獻。元嘉八年閏六月丁亥，司徒府白從伊生於淮南繁昌獲白兔以獻。元嘉十三年七月甲戌，濟南朝陽王道獲白兔，青州刺史段宏以獻。元嘉十四年正月丙申，白兔見山陽縣，山陽太守劉懷之以獻。元嘉十五年七月壬申，山陽師齊獲白兔，南兖州刺史江夏王義恭以獻。元嘉二十二年三月，白兔見東萊當利，青州刺史杜驥以聞。元嘉二十四年七月丁巳，白兔見兖州，刺史徐瓊以聞。元嘉二十四年七月己酉，白兔見東莞，太守趙球以獻。元嘉二十七年二月壬辰，白兔見竟陵，荆州刺史南譙王義宣以獻。元嘉二十七年六月丙午，白兔見南汝陰，豫州刺史南平王鑠以獻。孝武帝孝建二年正月庚戌，白兔見淮南，太守申坦以聞。孝建三年閏三月乙丑，白兔見平原，獲以獻。孝武大明元年六月庚子，白兔見即墨，獲以獻。大明六年八月辛未，白兔見北海，青、冀二州刺史劉道隆以獻。大明六年六月乙丑，白兔見，青、冀二州刺史劉道隆以獻。

又卷三一《五行志》　晉孝武太元十三年四月癸巳，祠祠畢，有兔行廟堂上。兔，野物也，而集宗廟之堂，不祥莫甚焉。

宋　歐陽修、宋祁《新唐書》卷三五《五行志》　永淳中，嵐、勝州兔害稼，千萬爲羣，食苗盡，兔亦不復見。

藝　文

唐　蔣防《白兔賦》（引自《歷代賦彙》卷一三六）　聖理遐遠，毛羣效靈。有兔爰止，載白其形。乘金氣而來，居然正色。因月輪而下，大叶祥經。豈不以應至道之神化，彰吾君之德馨。皎如霜輝，温如玉粹。毫素絲而可擬，足瓊枝而取類。與三窟以殊歸，將五靈而共至。潔朗貞質，聯緜雅致。名殊東郭，韓盧不敢而前。迹近中林，蒼鷹無由得鷙。其容炳真，其性懷仁。飲玉池而冰光不散，食瑶草而雪影長新。理符守黑，事異文身。儻使銜鈎，殷帝之狼不若。如令受彩，江生之筆非神。載寢載興，或訓或擾。仰天鑒以昭晰，托御林而皎晶。爲太白之材用，作殊祥之標表。原夫陰騭所爲，不識不知。賁然練被，炯若星馳。白則西方，其理且同於服順。兔爲明眎，其義

取鑒於安危。豈惟跧伏於庭側，踴躍於堂垂者哉？觀其閒暇，沐浴鴻化。笑魯殿之浮名，恥梁園之舊價。俾夫守株之士，幾恨窮通。過隙之駒，空悲代謝。是知隱霧而憂者其文蔚，反袂而嗟者其道屈。曷若保貞白以暉映，承聖靈之翦拂。同瑞牒而登高，異周書而玩物。所以充福應，叶禎祥。事資樸素，匪亞文章。知獸用之不擾，審天符之允臧。伴祥烏於苑囿，隣瑞鴈於池塘。懿夫以道德爲筌蹄者，其可忘。

宋　吳淑《事類賦》卷二三《兔》　伊彼毚兔，《廣志》曰：兔大者毚。淪精月光。《典畧》曰：兔者，明月之精。美騰山於東郭，見《狗賦》『逐東郭則還山而走』注。眄怒目於平陽。《韓子》曰：趙王游圃中，左右以兔與虎而輟觀之，虎眄然環其眼。王曰：可惡哉虎！左右曰：平陽之目，可惡過此。注：平陽君，王弟也。假舐豪而吐子，《論衡》曰：兔舐雄豪而孕，及生子，從口中出。賞食髓而飛觴。《風俗通》曰：食兔髓者，令人面生髓。食得髓，賞以寒酒。按：秦法峻，故民食兔髓以爲嘉瑞，全己之髓也，所以有賞耳。或以毛飛，《括地圖》曰：天地之山有獸如兔，名曰飛兔，以背毛飛。或聞鼻決。見《月賦》『還欣始萌』注。壽永千歲，《述異記》曰：兔壽千歲，五百歲其色白。狡存三穴。《春秋後語》曰：馮諼謂孟嘗君曰：狡兔有三穴。爲商紂而生角，《述異記》曰：商紂之時，大龜生毛，兔生角，兵甲將興之兆也。勞楚王之佩玦。《淮南子》曰：楚王佩玦逐兔，爲速破，乃取兩玦重而著之，其破愈疾。若乃稱躍躍，躍躍毚兔，遇犬獲之。美爰爰。《詩》曰：有兔爰爰，雉離於羅。范雎山東之喻，《史記》曰：范雎謂秦昭王曰：以秦治諸侯，譬若縱韓盧而搏蹇兔也。李斯上蔡之言。《史記》曰：李斯出獄顧謂其子曰：吾欲與爾復牽黄犬，俱出上蔡東門逐狡兔，其可得乎？梁冀爲之而營苑，張璠《漢記》曰：梁冀起兔苑，移檄所在，調發生兔，刻其毛以識，民有犯者，罪至死。西域嘗有賈胡來，不知禁，誤殺一兔，轉相告，坐死者十餘人。孝王以之而作園。謝惠連《雪賦》曰：梁王不悦，游於兔園。若夫《詩》稱斯首，《詩》曰：有兔斯首，砲之燔之。斯音先。《禮》標明視。《禮》曰：在祭兔曰明視。非宜出月，《運斗樞》曰：行失瑤光則兔出月。注：陰不銜陽，故兔出月。詎能在水。《論衡》曰：儒者言月中兔。夫月，水也，兔在水中，無不死者。夫兔者，月氣耳。至若叔林則産於牀下，謝承《後漢書》曰：儒叔林爲東郡太守，赤烏巢於屋梁，兔産於牀下。蔡邕則擾之室傍。《後漢書》曰：蔡邕性篤孝，母嘗滯病三年。邕自非寒暑節變，未嘗解衿帶不寐七旬。母卒，廬於冢側，動静以禮，有兔馴擾其室傍。赤表盛王之瑞，《瑞應圖》曰：赤兔者，瑞獸也，王者盛德則至。黑爲革命之祥。《晉書·載記》曰：石勒時，茌平令師歡獲黑兔，或以爲勒革命之祥，於晉以水承金，兔陰精之獸，玄爲水色，於是改年太和。賜領軍之姬侍，《典畧》曰：周命尉遲迥伐蜀，太祖送於城西，見一走兔，命弟中領軍綱射之。綱誓曰：若獲此兔，必當破蜀。應聲獲之。太祖喜曰：事平之日，賞汝佳口。及克蜀，賜侍婢二人。貢鄰國之嬪嬙。《後魏書》曰：有兔入於後宫，檢問門官，無從得入。太祖令崔浩推其咎徵，浩以爲當有鄰國貢嬪嬙者。明年，姚興果來獻女。又有身居月腹，見《月賦》『顧兔騰精』注。豪出玄菟。《范子計然》曰：兔毫出玄菟樂浪。喻得道於忘蹄，《莊子》曰：蹄者，所以取兔也，得兔而忘蹄。注：蹄，兔網。鄙愚人之守株。《韓子》曰：宋人有耕者田中株，兔走觸之，折頸而死，因釋耕守株，冀復得兔。若夫逮日追風，《淮南子》曰：以兔之走，使大如馬，則逮日追風。及其爲馬，則不走矣。走街積市。《慎子》曰：一兔走街，百人追之。積兔於市，過而不視。非不欲得，分定故也。人有卯日之稱，《抱朴子》曰：山中卯日稱丈人者，兔也。毫推趙國之美。《廣志》曰：漢諸郡獻兔毫書鴻都門題，唯趙國毫中用。投華秋而獲免，《隋書》曰：華秋汲郡人喪母，負土成墳，廬於墓側。有人欲助之者，秋輒拜止之。人有獵逐一兔，入秋廬中，匿秋膝下。獵人異而免之，自爾此兔常宿廬中。屯射犬而必死。《獻帝春秋》曰：張楊將眭固屯於射犬。巫誡之曰：將軍本名白兔，兔見犬必驚，不宜居此。固不從。曹公曰：兔入犬城，進軍擊平之。張華博物吐子曾見於口中，《博物志》曰：兔望月而孕，口中吐子，舊聞此説，今日見之。傅玄作歌擣樂仍聞於月裏。傅玄歌辭曰：兔擣藥月間安足道。

宋　梅堯臣《宛陵集》卷四八《兔》　迷蹤在塵土，衣褐戀蓬蒿。有狡誰窮穴，中書惜拔毫。獵從原上脱，靈向月邊逃。死作功勳戒，良弓合自弢。

宋　司馬光《傳家集》卷五《窮兔謡二首》　鶻翅崩騰來九霄，兔命迫窄無所逃。秋毫就死忽背躍，鶻拳不中還飛高。安知韓盧復在後，力屈但作嬰兒號。少年只取一快樂，誰念草根腥血毛。

兔營三窟定何在，棘間塹底高丘巔。却行百步方躍入，未免餘蹤留雪田。少年何爲無惻隱，解鷹縱犬薰以煙。人言兔狡非兔狡，窘急偷生真可憐。

宋　李綱《梁谿集》卷二二《兔》　草枯霜落秋風高，中山之兔初長毫。天姿狡健雅善走，韓盧宋鵲紛騰逃。帝居深沉九重裏，何自得此山林意。枯荄咀嚼如有聲，缺口長須聳雙耳。宣和天子儲聰明，天縱將聖尤多能。萬機

閒暇戲染翰，作此東郭髦鬅髻。黄塵漠漠暗沙磧，屬車一去無消息。安得壯士東擒胡，雞鳴問寢還龍德。

宋　連文鳳《百正集》卷中《賦黑兔》　昔日蟾宫搗藥時，桂花樹下影依依。一朝誤落人間世，却被緇塵染素衣。

元　仇遠《金淵集》卷四《黑兔》　何年偷舐元霜鼎，變却蟾宫玉雪姿。毛穎未封先試墨，褐衣乍著便披緇。移來暘谷烏相對，躍入陰山鬼不知。蹤跡分明予甚愛，正當秋曉月明時。

明　曾棨《刻曾西墅先生集》卷八《玄兔》　傳聞三穴久儲精，日啖玄霜異質成。八竅總含蒼霧濕，一身斜嚲黑雲輕。行來青瑣應難覓，立向瑶階却盡驚。自是太平多瑞物，願隨毛穎詠干城。

又《玄兔二首》　月華星彩毓珍奇，兩度西來貢玉墀。八竅總含蒼霧濕，一身渾帶黑雲垂。吐生定是從玄圃，渴處多應向墨池。頓首天階欣快覩，宛同神禹錫圭時。

又　中山衣褐舊知名，西夏今看瑞質呈。墨色未應恣月孕，玄文真是出天成。獻時黑玉充庭異，行處烏雲點地輕。幸覩嘉祥無寸補，願揮毛穎頌昇平。

明　楊榮《文敏集》卷一《玄兔》　聖皇撫寰宇，盛德致雍熙。雨暘既時若，民物遂蕃滋。陰陽孕至和，充塞溢兩儀。西夏産靈兔，黝然呈瑞姿。守臣重驚異，此兔何珍奇。豈非我聖皇，盛德斯致之。載以雕綺籠，獻之白玉墀。宛若負蒼璧，有如錫玄圭。炅炅碧瞳開，毶毶黑雲垂。初疑育玄圃，又想嚥墨池。乃知造化神，生此誠所宜。大哉天德純，感召良在兹。置之靈囿間，麟鳳相追隨。天階同率舞，實若唐虞時。願言著青史，萬載流光輝。

明　葉盛《菉竹堂稿》卷二《玄兔》　區區三窟正徒勞，天近玄雲地位高。月裏嫦娥應識字，墨池先得試霜毫。

明　姚淶《白兔賦有序》（引自《歷代賦彙》卷一三六）　竊惟德協於治，治協於瑞。邃古以來，蓋莫不然。赤文之籙，堯也。昭華之琯，舜也。白狼之鉤，湯也。丹烏之穀，武也。疇德之符，有足徵焉。後世德薄化漓，其不能繼，無惑也。惟我皇上，道貫三才，智周萬物，孜孜爲治，化浹邦家。是以一紀之間，河清甘露，靈鵲之類，史不絶書。疊貺駢祥，獨駕古昔。屬者西蜀憲臣，獲白兔以貢於闕下，較諸他瑞，尤爲異常。自非天無藏寶，地無隱祥，何以有此。夫有至德者，必有至治；有至治者，必有至瑞。諒哉，斯兔之爲符也，臣瞻依日月，鼓舞鳶魚，待罪文署，忻忭萬倍。是用作爲歌賦，以光讚聖德。蓋不獨使淵雲諸臣得專藝於漢世也，謹獻瑞兔賦一篇，上塵睿覽。赫皇明之昌歷，啓聖人而馭宇。紹皇王之丕圖，振陰陽之宏紀。象三光以垂照，順五行以立軌。熙鴻醇於昊軒，匹休光於姚姒。放勳襲其欽明，旱麓宗其豈弟。仁恩衍而横流，義聲馳而遐靡。焕采物以弘文，遵彝常而崇禮。洽玄德於幽明，敷茂化於遠邇。覽隆古以獨鶩，揚徽烈以齊美。三靈協而胥慶，百順秘而來禔。或吐祕以表貺，或孕奇而薦祉。紛嘉禎之轟集，兆至和之所委。邈西蜀之上游，蟠龍鬱而爲岡。育異兔以馴伏，匪川澤之能藏。陋中山與東郭，何凡品之足方。羨冠倫之仁獸，傳郡國以騰章。凝皓輝於西陸，披素彩於少商。瞻蕊淵兮融魄，感玉衡兮流光。昭明昕兮廟祀，應單閼兮歲陽。毳如絲兮皎皎，眸若珠兮煌煌。璧月滿兮露湑，箕風入兮桂芳。物與時兮競爽，望帝都兮開祥。參玄根以比壽，飲元氣以爲漿。耀珍環於王母，配純雉於越裳。躍昇平之華囿，儀清穆之朝堂。映翠華於上苑，棲朱草於中唐。嗟彼毚之爲族，亦既繁而孔庶。駭降質之特殊，乃呈姿以托寓。驗以瑞應之圖，稽以古今之注。采之里俗之謡，訊之筮龜之喻。往紀之所尠聞，先朝之所未遇。察金柔之有徵，章皇風之廣馭。庶事敏而惟康，高年逸而有譽。既丕振乎文英，復遠戢乎兵戍。占以類而相從，嘉協氣之克裕。臣工見而翔泳，靁四域以同豫。覯合契而應符，信龍德之當天。恒遜美而弗居，厲皇情之乾乾。存寅畏於索馭，切兢惕於臨淵。紛華陳而不御，嗜好至而莫遷。道既隆而愈恭，精已勵而尤堅。辨敬怠於儒籍，審勞逸於農阡。敦德業於久大，泯聲臭之幽玄。游高明兮浩浩，履中正兮平平。願升歌以頌禱，從八風以相宣。茂本支以百世，孚景命以萬年。

圖表

宋 唐慎微《證類本草》卷一七

明 李時珍《本草綱目·圖卷》

清 徐鼎《毛詩名物圖說》卷二

蹷 跳兔

綜述

《爾雅·釋地》 西方有比肩獸焉，與邛邛岠虛比，爲邛邛岠虛齧甘草，即有難，邛邛岠虛負而走，其名謂之蹷。注：《吕氏春秋》曰：北方有獸，其名爲蹷。鼠前而兔後，趨則頓，走則顛。然則邛邛岠虛亦宜鼠後而兔前，前高不得取甘草，故須蹷食之。今鴈門廣武縣夏屋山中有獸，形如兔而大，相負共行，土俗名之爲蹷鼠。

漢 許慎《說文》卷一三 蟨，鼠也。一曰：西方有獸，前足短，與蛩蛩巨虛比，其名謂之蟨。从虫，厥聲。居月切。

宋 沈括《夢溪筆談》卷二四 契丹北境有跳兔，形皆兔也，但前足纔寸許，後足幾一尺。行則用後足跳，一躍數尺，止則蹶然仆地。生於契丹慶州

之地大漠中。予使北日，捕得數兔持歸。蓋《爾雅》所謂蹷兔也，亦曰蛩蛩巨驉也。

明　李時珍　**《本草綱目》卷五一**　蹷鼠音蹶。《爾雅》云：北方有比肩獸，蹷與邛邛巨虚比，爲嚙甘草，即有難，邛邛巨虚負而走，其名曰蹷。李時珍曰：今契丹及交河北境有跳兔，頭目毛色皆似兔而爪足似鼠，前足僅寸許，後足近尺，尾亦長，其端有毛，一跳數尺，止即蹷仆。此即蹷鼠也，土人掘食之。郭璞以邛邛巨虚爲獸名，兔前鼠後。張揖注《漢書》云：邛邛，青獸，狀如馬，巨虚似騾而小。《本草》稱巨虚食庵蕳子而仙，則是物之至駿者也。

明　穆希文　**《説原》卷一一**　蹷鼠前而兔後，趨則頓，走則顛。常與邛邛距虚爲比，二獸見人來必負蹷而走。以蹷能得甘草，故愛負之，名比肩獸。

明　彭大翼　**《山堂肆考》卷二三七《比肩》**　《爾雅》：西方有比肩獸焉，與邛邛岠虚比，爲邛邛岠虚齧甘草，若有難，邛邛岠虚負而走，其名曰蹷。按《埤雅》：蹷鼠前而兔後，趨則頓，走則顛。契丹北境有跳兔，前足纔寸許，後足凡一尺，行則用後足跳，一躍數尺，止則蹶然仆地，即蹷也。《本草會編》：邛邛，青獸，狀如馬。岠虚，似驢而小。邛邛一作蛩蛩，岠虚一作駏驉。《孔叢子》曰：蹷非愛邛邛岠虚也，爲其假足也。二獸亦非愛蹷也，爲其得甘草而遺之也。

明　方以智　**《物理小識》卷一〇**　跳兔　沈括所言塞外跳兔、蹷鼠，即蛩蛩距虚也。金幼孜《北征記》言，跳兔，身兔足鼠，前短後長，行則跳躍，尾長。

又《通雅》卷四六　蹷鼠即跳兔。《王會》：獨鹿邛邛距虚。注謂邛負虚。《爾雅》注謂邛邛岠虚負蹷。吕説言邛邛岠虚，鼠後兔前，故須蹷食以甘草。小顔曰：今雁門有相負之兔曰蹷鼠，沈括使遼見跳兔，前足寸許，一躍蹶地，此即蹷也。《緯畧》曰：狼狽是二物。狽前足絶短，每行常駕兩狼，失狼則不能動。張揖曰：岠虚似贏而小，豈狽邪？

清　愛新覺羅・弘曆　**《清朝通志》卷一二六**　跳兔産於沙漠，前足纔寸許，後足幾一尺。行則用後足跳，一躍數尺，止則蹶然仆地。見臣高士奇《扈從録》。

清　嵇璜　**《續通志》卷一八〇**　蹷鼠前而兔後，趨則頓，走則顛。《吕氏春秋》曰：北方有獸，其名曰蹷。按：此即比肩獸也。王者德及幽隱，鰥寡得所，則至。

清　方旭　**《蟲薈》卷二《毛蟲・蹷鼠》**　《本草綱目》：蹷鼠，即跳兔也。出契丹及交河北境。旭按：此即㲋兔也，或又呼明月兔。《使俄羅斯記》：跳兔大如鼠，其頭目面色皆兔，爪足則鼠，尾長，其端有毛，黑白相間，前足短，後足長，行則跳躍。性狡如兔，犬不能獲之。善穿地作穴。若得千皮爲裘，較紫貂更細。《爾雅》：西方有比肩獸，與邛邛距虚比，爲邛邛距虚齧甘草，有難，邛邛距虚負而走，名曰蹷。注《吕氏春秋》曰：北方有獸，其名爲蹷，鼠前而兔後，趨則頓，走則顛。然則邛邛距虚亦宜鼠後而兔前，前高不得取甘草，故須蹷食之。今雁門廣武縣夏屋山中有此獸，形如兔而大，相負共行，土俗名爲蹷鼠。

鼵

綜　述

《爾雅・釋鳥》　鳥鼠同穴，其鳥爲鵌，其鼠爲鼵。注：鼵如人家鼠而短尾，鵌似鵽而小，黄黑色。穴入地三四尺，鼠在内，鳥在外，今在隴西首陽縣鳥鼠同穴山中。孔氏《尚書傳》云：共爲雄雌。張氏《地理記》云：不爲牝牡。音義：鵌，音途。鼵，徒忽反。鵽，丁刮反。牝，毗忍反。牡，音母。疏：《尚書・禹貢》云：導渭自鳥鼠同穴。不言鳥獸之名，故此釋之也。李巡云：鵌、鼵，鳥鼠之名，共處一穴，天性然也。孔氏《尚書傳》云：共爲雄雌。張氏《地理記》云：不爲牝牡。郭氏並載此言，未知誰得其實也。

宋　羅願　**《爾雅翼》卷二三《鼵》**　鳥鼠同穴之中，渭水出焉。其鳥爲鵌，其鼠爲鼵。鼵如人家鼠而短尾，鵌似鵽而小，黄黑色。入地三四尺，鼠在内，鳥在外。在隴西首陽縣。孔氏《尚書傳》云：共爲雄雌。張氏《地理記》：不爲牝牡。案：此鼠在内，鳥在外，則似不爲牝牡。《管子》曰：楚人攻宋鄭，燒焫爟，焚鄭地，使城之壞者不得復築也，屋之燒者不得復葺也，令

其人有喪雌雄，居室如鳥鼠處穴。是不爲牝牡之義也。然由古迄今，不應二物長存，儻不爲牝牡，則其類不續，顧無得而知之。又《沙州記》云：寒嶺去大陽川三十里，有雀鼠同穴之山，既以此二蟲爲名。書傳從簡，或只謂之鳥鼠山，而王肅解《禹貢》遂稱鳥鼠同穴，皆山名。從之説者，因以爲二山，可笑也。

明　李時珍《本草綱目》卷五一　鼵鼠音突。郭璞云：鳥鼠同穴山在今隴西首陽山之西南。其鳥爲鵌，音涂，狀如家雀而黄黑色。其鼠爲鼵，狀如家鼠而色小黄，尾短。鳥居穴外，鼠居穴内。

明　周祈《名義考》卷一〇《鳥鼠》　《禹貢》：導渭自鳥鼠同穴。《爾雅》：鳥鼠同穴，其鳥爲鵌，其鼠爲鼵。注：鼵如人家鼠而短尾，鵌似鵽而小，黄黑色，共處一穴。山以是得名，在今臨洮渭源縣南，俗名青雀山。鵌音徒，鼵音突，鵽音奪。

明　方以智《通雅》卷四六　兀兒鼠，本周兒雀，即同穴之鳥鼠也。《甘肅志》：涼州地有兀兒鼠者，似鼠，尾若贅疣。有鳥曰本周兒者，似雀，色灰白，常與兀兒鼠同穴而處。郭璞注《爾雅》：鼵如人家鼠而短尾，鵌似鵽而小，黄黑色。突入地三四尺，鼠内鳥外，在隴西首陽縣。孔《傳》云：共爲雌雄。張氏《地理記》云：不爲牝牡。漁仲曰：首陽在今熙州渭源。貴與曰：在渭州，曰青雀山。今渭源縣屬臨洮府，有鳥鼠山。

清　嵇璜《續通志》卷一八〇　兀兒鼠，出甘肅涼州，似鼠有鳥名，不周兒常與同穴而處。《尚書》云鳥鼠同穴，蓋因此爲名。《爾雅・釋鳥》云：其鼠爲鵽。

鼠

論説

唐　柳宗元《柳河東集》卷一九《永某氏之鼠》　永有某氏者，畏日，拘忌異甚。以爲己生歲直子，鼠，子神也，因愛鼠，不畜猫犬。一作又。禁僮勿擊鼠，倉廩庖厨悉以恣鼠不問。由是鼠相告，皆來某氏，飽食而無禍。某氏室無完器，椸無完衣，椸，音移，衣架也。飲食大率鼠之餘也。晝累累與人兼行，累，倫追切。夜則竊齧鬭暴，其聲萬狀，不可以寢，終不厭。數歲某氏徙居他州，後人來居，鼠爲態如故。其人曰：是陰類惡物也，盗暴尤甚，且何以至是乎哉？假五六猫，闔門，撤瓦，灌穴，購僮羅捕之，殺鼠如丘，棄之隱處，臰數月乃已。臰，尺救切，與臭同。嗚呼！彼以其飽食無禍爲可恒也哉！

宋　陸佃《埤雅》卷一一《鼠》　《説文》曰：鼠，穴蟲之總名也。象形。《行露》之詩一章曰：誰謂雀無角。二章曰：誰謂鼠無牙。説者以爲，雀角以無爲有，鼠牙似是而非。按：雀、角鼠牙，皆言以無爲有，似是而非也。蓋雀有味而無角，鼠有齒而無牙。《傳》曰：不思物變，而推其類，雀之穿屋，似有角者。又曰：視墉之穿，推其類，可謂鼠有牙。明鼠無牙者也。夫雀之爲物依人，又晝動而無角在其首，且所穿者屋，事之易察也。鼠之爲物畏人，又夜動而無牙在其口，且所穿者墉，事之難知也。《召南》之初，事之易察者，至於獄而後明。及其久也，衰亂之俗已微，貞信之教已興，則雖事之難知者，不待獄而明矣。故於雀言獄，鼠言訟也。鼠一名鼸，南陽呼鼠爲鼸。《廣雅》曰『鼸，鼠』是也。今一種鼠，見人則交其前足而拱，謂之禮鼠，亦或謂之拱鼠。《詩》曰：相鼠有體，人而無禮。其或取諸此乎？《傳》曰：窮鼠齧貍。蓋鼠窮則鬬也。故《兵法》曰：歸師勿遏，圍師必闕。鼷鼠，有螫毒者，甘口，齧人及鳥獸，皆不痛，《春秋》所書『食郊牛之角』者也，《博物志》云『鼠之最小者，或云甘鼠』是也。《莊子》曰：載鼷以車馬，樂鴳以鐘鼓。鼷，小鼠也。鴳，小雀也。《傳》曰：稷蜂不熏，社鼷不灌。蓋其所托，有如此者。鼫鼠，兔首，似鼠而大，能人立，交前兩足而舞，害稼者，一名雀鼠，《廣雅》云『鼩鼠，鼫鼠』是也。《易》曰：晉如鼫鼠。蓋晉，進也。順而麗乎大明，柔進而上行。今九以剛進，處四失順，而又麗乎陰，則拂晉之道矣。故曰：進如鼫鼠，無所守焉。貪而畏人，又比乎陰，九四之象也。碩，大也。《詩序》所謂『貪而畏人，若大鼠也』。且五之所以蕃錫而康，四之所以貪竊而懼者，亦豈有他哉？五以柔進，順而麗乎明。四以剛進，悖而麗乎暗故也。鼬鼠，健於捕鼠，似貂，赤黄色，大尾，今俗謂之鼠狼，《廣雅》曰『鼠狼，鼬』是也，一名鼪，《莊子》所謂『騏驥驊騮，捕鼠不如狸狌』。今栗鼠似之，蒼黑而小，取其毫於尾，可以製

筆，世所謂鼠鬚栗尾者也，其鋒乃健於兔。栗鼠若今竹鼬之類，蓋鼠食竹，故曰竹鼬。《燕山録》曰：煮羊以鼬，煮鼈以蚊。言其性類相感，省火易熟，有如此者。鼩鼠，一名鼱鼩，一名鼨鼩，似鼠而小，東方朔曰『譬猶鼱鼩之襲狗』者也。鼯鼠，《爾雅》所謂『鼯鼠，夷由』，狀如小狐，肉翅，翅尾項脅毛皆紫赤色，脚短，爪長，飛且乳者，亦或謂之飛生。或曰一名飛蝠，其狀如兔而鼠首，以其髯飛，性食火煙，能從高赴下，不能從下升高。《禽經》曰：鵜鳥不登山，鶮鳥不踏土。鵜鳥不能從下上高。然則鶮之制字从高，鵜之从夷，其義可知也。《荀子》曰『鼯鼠五技而窮』，即此是也。馬融曰：猨蜼晝吟，鼯鼠夜叫。舊説鼠性疑，出穴多不果，故持兩端，謂之首鼠。《韓子》曰：狐鼠進退。又鼠類最壽，俗謂之老鼠是也。若老鸛、老鴟、老烏之類，以老稱，亦如此。《爾雅》曰：東方有比目魚焉，不比不行，其名謂之鰈；南方有比翼鳥焉，不比不飛，其名謂之鶼鶼；西方有比肩獸焉，與邛邛岠虚比，爲邛邛岠虚齧甘草，即有難，邛邛岠虚負而走，其名謂之蟨；北方有比肩民焉，迭食而迭望，中有枳首蛇焉。此四方，中國之異氣也。按：蟨，鼠前而兔後，趨則頓，走則顛。今契丹北境有跳兔，前足纔寸許，後足幾一尺，行則用足跳，一躍數尺，止則蹶然仆地，即所謂蟨。又有鳥鼠同穴者，與鳥爲雌雄，似鼠而短尾，鼠在内，鳥在外。杜甫詩曰：水落魚龍夜，山空鳥鼠秋。魚龍，水名；鳥鼠，山名。亦鳥鼠秋而魚龍夜，是詩兩句而含三事也。

宋　羅願《爾雅翼》卷二三《鼠》　鼠，盗竊小蟲，夜出，晝匿穴，蟲之黠者。其種類至多，穴於寢廟，畏人故也。然管仲稱社束木而塗之，鼠因往託焉，燻之則恐燒其木，灌之則恐敗其塗，此鼠所以不可得殺者，以社故也。以喻君之左右鼠則一耳，惟其所處。故太倉之鼠飽食而不驚，厠下之鼠穢食而畏人，李斯所以發憤也。好自揚弄其鬚。禾稼成時，輒相率竊取，覆藏之以爲冬儲。人或掘之，得數斗許。及橡栗百果皆類此，得則奪其一歲之蓄。《詩》稱相鼠，以刺人之無禮者。今河東有大鼠，能人立，交兩脚於頸上，或謂之雀鼠，韓退之所謂禮鼠拱而立者也。相鼠有皮，又有齒，有體，皮外飾也，故象人之有儀。齒有時以齧，有時以止，在《易》艮爲鼠，故齒象止體者，百體之動也。《説文》體字云：總十二屬也。蓋鼠爲十二屬之首，又好摩弄其髭，相時而進，故體象禮。《吕氏春秋》曰：周鼎著鼠，令馬履之，爲其不陽也。關尹子曰：師拱鼠制禮。

又《鼷》　鼷，鼠類之最小者，或名甘鼠，又名甘口鼠。食物當時不覺痛。世傳云，亦食人項肥厚皮處，亦不覺。古稱美疢不如惡石，夫疢何有美者？蓋特不覺其痛，是以於疢言美，恙之字從羊。鼷鼠爲甘鼠也。郭氏謂有螫毒小鼠，蓋即此。俗人諱爲此所嚙，云衰病之證。春秋成公五年正月，鼷鼠食郊牛角，改卜牛，又食其角。定公十五年正月，鼷鼠食郊牛，牛死。哀公元年正月，鼷鼠食郊牛。劉向以爲，鼠，小蟲，性盗竊，鼷又其小者也。牛，大畜，祭天，尊物也。角，兵象，在上，君威也。小小鼷鼠食至尊之牛角，象季氏乃盗竊之人，將執國命，以傷君威，而害周公之祀也。改卜又食，天重語之也。而董仲舒直以爲養牲不謹，是亦盡矣。夫牛有力之畜，何至爲鼷所食？蓋將祭之犧，皆繫于牢，設楅衡以制其角，故鼷得而制之。鼷之小而牛死焉，則食者非一鼠矣。凡人猶諱其嚙，以爲衰病之證，况大祀之犧乎？鼷穴甚小，故《淮南》曰：塘漏若鼷穴，一墣之所能塞也。《本草》説『鼷鼠』云：此蟲極細，不可卒見。則是蟲之極小者耳，非鼠之類也。《漢書》：社鼷不灌，屋鼠不熏。顔氏曰：鼷，小鼠。

又《鼢》　鼢，形如鼠，大而無尾，黑色，長鼻，甚强，常穿耕垣中行。故郭氏云：鼢鼠，行地中者也。陳藏器云：今之鼢鼠小口尖者，陰穿地而行，見日月光則死。深山中林木下有之。蓋鼢，伯勞所化，而又能化而爲鴽。季春之月，田鼠化爲鴽。許慎云：田鼠，鼢鼶鼠也。鴽，鶉也。據迎貓食田鼠，則鼠能害稼者。今鼢鼠不敢見日月光，則似不能害稼，謂之田鼠，未知其審？《説文》云：鼢，地行鼠，伯勞所化也。一曰偃鼠。故陶隱居云：鼹鼠，一名隱鼠，一名鼢鼠。而山林中有獸大如水牛者，亦名鼹鼠，説者以爲即飲河者。鼹鼠有二，物異名同。然《莊子》云：鷦鷯巢於深林，不過一枝；偃鼠飲河，不過滿腹。以鷦鷯是鳥之小者，而巢深林。偃鼠是鼠之小者，而飲大川。言雖之大處，猶止於極量而反。故當謂此鼢鼠，不當謂如牛者也。《夏小正》：八月鴽爲鼠。

明　陳其力《芸心識餘》卷六《晉如鼫鼠》　鼫鼠如鼠，田食粟豆，蓋田鼠也。余一日于豆隴間覘之，欲食而懼進，欲進而懼止，畢竟弗止也。余以塊投之，即伏于豆叢，有頃進于其，隨投隨伏，如是者三。一僕善走，撲死于

隴中。余作而嘆曰：《詩》作碩鼠，刺貪。《易》作鼫鼠，象其貪于進。《本義》曰：不中不正，以竊高位。貪而畏人，蓋危道也。今得驗于豆隴之下，益信夫《詩》多刺道，《易》多戒辭也。《芸心聞見録》

又《鼷鼠食牛》 聞之餘干鄧玉亭師曰：鼷鼠之口，甘食牛至骨，而牛弗覺，猶謂其弗已毒也。俄而穿牛之膜及其心，而牛以斃。夫牛之弗覺，徒以鼠口之甘也。彼盗言孔甘以喪人家國，而主弗悟者，斯亦甘口之鼠也哉！《芸心聞見録》

明　何三畏　《新刻何氏類鎔》卷三四《鼠》 聞之屋鼠不燻，社鼠不灌，水鼠入水不溺，火鼠入火不焚。冰鼠百尺之毛，仙鼠千歲之壽。鼢鼠以百勞而化，竹鼠以食竹而肥。唐鼠吐而易其腸，黄鼠舞而銜其尾。禮鼠立而善拱，首鼠行而多疑。鼷鼠可以嚙牛，特鼠可以已螫。鼮鼠捕鳥于樹上，鬪鼠争勝于穴中。厠鼠食污而旦晝不能無所恐，倉鼠食粟而人犬不能爲之驚。故野人有却鼠之刀，淳于有殺鼠之字，張湯有劾鼠之案，許邁有召鼠之符。王肅逐鼠之丸以銅爲之而晝夜自轉，袁客師射鼠之術以匳覆之而三四皆知，非無謂也。雍州之山，鳥鼠同穴于其嶺；朱泚之世，猫鼠同乳于其營。王敦時，群鼠渡河；李密時，群鼠渡洛。江淮間，群鼠數十萬渡洞庭。而會稽有彭蟹皆化爲鼠者，東粤有羽鱗皆化爲鼠者。古者謂鼠群行不畏人，晝則爲飢，夜則爲兵，此皆歷歷有驗。而若群鼠人立于堦下，以致賓客縱觀，得免摧圮之患。大鼠銜卷于枕前，以致主司取視，遂獲科名之祥。人以爲三世皆不飼猫，故有此報。乃知鼠雖微物，亦自有靈耶！

明　馮復京　《六家詩名物疏》卷二三《碩鼠》 陸云碩鼠非鼫鼠，而邢昺謂陸璣所説與郭氏《爾雅注》同。今觀兩家之説，未見其同也。碩鼠能交前兩足於頸，故或者以爲拱鼠。孫奕遂以相鼠有皮，爲相州所出之碩鼠，然相雖去河東不遠，而《録異記》云拱鼠出秦。陸璣《疏》碩鼠亦不名爲拱鼠，未知然否。崔豹《古今注》説螻蛄一名碩鼠，其五技與鼫鼠同。然螻蛄不食黍麥，食黍麥者自是鼠屬耳。朱《傳》云：碩，大也。則但以爲大鼠。《郊特牲》云：迎貓爲其食田鼠也。《大戴禮》云：田鼠者，鼸鼠也。然則碩鼠得非鼸鼠之大者乎？

綜述

《禮記·月令》〔季春之月，〕桐始華，田鼠化爲鴽。

《爾雅·釋獸》 鼢鼠，注：地中行者。鼸鼠，注：以頰裏藏食。鼷鼠，注：有螫毒者。鼶鼠，注：《夏小正》曰：鼶鼬則穴。鼬鼠，注：今鼬似貂，赤黄色，大尾，啖鼠，江東呼爲鼪。鼩鼠，注：小鼱鼩也，亦名䶈鼩。鼭鼠，注：未詳。鼣鼠，注：《山海經》説獸云：狀如鼣鼠。然則形未詳。鼫鼠，注：形大如鼠，頭似兔，尾有毛，青黄色，好在田中食粟豆，關西呼爲䶂鼠，見《廣雅》。鼤鼠，鼨鼠，注：皆未詳。豹文鼮鼠，注：鼠文彩如豹者。漢武帝時得此鼠，孝廉郎終軍知之，賜絹百匹。鼳鼠，注：今江東山中有鼳鼠，狀如鼠而大，蒼色，在樹木上。音巫覡。音義：鼢，字亦作蚡，扶粉、扶云二反。《説文》云：地中行鼠，伯勞所作也。一音偃。《廣雅》云：鼹鼠也。字或作鼴同。《方言》謂之犁鼠。鼸，下簟反。孫云：鼸者，頰裏也。《字林》云：即鼢鼠也。頰，古協反。鼷，户雞反。《字林》云：小鼠也。《博物志》云：鼠之最小者，或謂之耳鼠。案：《春秋》『食郊牛角』者是也。螫，音釋。鼶，私移反，又徒奚反。鼬，餘又反。《字林》云：如鼠，赤黄而文。貂，《字書》云：古貂字也。音彫。啖，大敢反。鼪，音性。《莊子》云：騏驥驊騮，捕鼠不如貍。鼪，郭音生。鼩，音劬。鼱，音精。《字林》云：鼱鼩。李云：一名鼷鼠。䶈，將容反。鼭，音時。鼣，字或作鼥，苻廢反。舍人云：其鳴如犬也。鼫，音石。孫云：五技鼠也。《字林》同。案：蔡伯喈《勸學篇》云：五技者，能飛不能上屋，能緣不能窮木，能泅不能渡瀆，能走不能絶人，能藏不能覆身是也。許氏《説文》亦云然。或云即螻蛄也。郭云：形大如鼠，頭似兔，尾有毛，青黄色，好在田中食粟豆，關西呼爲䶂鼠，見《廣雅》。䶂鼠即雀鼠也。䶂，郭音雀，將畧反。《字林》音灼，云：䶂鼠出胡地。郭注本雀字或誤爲瞿字。沈旋因云：郭以爲鼩鼠，音求于反，非也。瞿，音劬。鼤，音問，又音文。鼨，音終，又徒冬反。《説文》、《字林》皆云豹文鼠也。鼮，徒形反，又大佞反。郭云：文彩如豹也。終軍，《漢書》云：終軍字子雲，濟南人，初入關棄繻而去，至長安上書，拜爲謁者給事中，使南越爲吕嘉所殺，死時年二十餘歲，世號之終童。鼳，古闃反，郭音覡，户狄反。覡，何狄反。疏：此别鼠屬也。云『鼢鼠』者，郭云『地中行者』。《説文》云：地中行鼠，伯勞所作也。《廣雅》云：鼹鼠也。《方言》云『名犂鼠』，即此鼠也。謂起地若耕，因名云。云『鼸鼠』者，

《大戴禮》云：田鼠者，鼸鼠也。鼸，是頰裏藏食之名，鼠若此者，因名鼸鼠。云『鼷鼠』者，李巡曰：鼱鼩鼠。郭云：有螫毒者。蓋如今鼠狼。《春秋·成七年》『食郊牛角者』是也。《博物志》云：鼠之最小者，或謂之耳鼠。何休亦云：鼷鼠者，鼠中之微者。云『鼷鼠』者似鼬之鼠也。郭云『《夏小正》曰：鼸鼬則穴』者，在九月。云『鼬鼠』者，《字林》云：如鼠，赤黄而文。郭云：今鼬，似鼦，赤黄色，大尾，啖鼠，江東呼爲鼪，即《莊子》云『騏驥騹騮，捕鼠不如貍鼪』是也。云『鼩鼠』者，鼱鼩，小鼠也。本云『一名鼷鼠』。郭云：小鼱鼩也。亦名蹤鼩。云『鼫鼠』者，孫炎曰：五技鼠。許慎云：鼫鼠五技，能飛不能上屋，能游不能渡谷，能緣不能窮木，能走不能先人，能穴不能覆身。此之謂五技。蔡邕以此爲螻蛄。郭云：形大如鼠，頭似兔，尾有毛，青黄色，好在田中食粟豆，關西呼爲鼨鼠，見《廣雅》。鼨，音瞿，今本作鼩，誤也。案《詩·魏風》云『碩鼠碩鼠』，陸璣《疏》云：今河東有大鼠，能人立，交前兩脚於頸上，號舞善鳴，食人禾苗，人逐則走，入樹空中，亦有技，或謂之雀鼠。案：此與郭氏所説同。云『豹文鼮鼠』者，郭云『鼠文彩如豹者。漢武帝時得此鼠，孝廉郎終軍知之，賜絹百匹』者。案《漢書》云：終軍，字子雲，濟南人也。少好學，以辯博能屬文，初入關棄繻而去，至長安上書，拜爲謁者給事中，使南越，爲吕嘉所殺死，時年二十餘，故世號之終童。武帝嘗得豹文鼠，終軍以《爾雅》辨其名，故受賜也。鼰鼠者，鼰，鼠名也。郭云：今江東山中有鼰鼠，狀如鼠而大，蒼色，在樹木上。云『《山海經》説獸云：狀如猷鼠』者，案《中山經》云：『倚帝山，其上多玉，下多金。有獸爲，狀如猷鼠，白喙，名狙如，見則其國有大兵』是也。

漢　揚雄　《方言》卷八　宛、野謂鼠爲䶂。宛、新野今皆在南陽。音錐。

案：䶂亦作雖，《玉篇》云：南陽呼鼠爲雖。

漢　許慎　《説文》卷一〇　鼠，穴蟲之總名也。象形。凡鼠之屬，皆从鼠。書吕切。鼶，鼠也。从鼠，番聲，讀若樊。或曰鼠婦。附袁切。【略】鼢，地行鼠，伯勞所作也。一曰偃鼠。从鼠，分聲。芳吻切。【略】鼮，鼮令鼠。从鼠，平聲。薄經切。鼸，鼠也。从鼠，虒聲。息移切。【略】鼸，鼸也。从鼠，兼聲。丘檢切。鼩，鼠屬。从鼠，今聲，讀若含。胡男切。鼶，鼠屬。从鼠，益聲。於革切。鼷，小鼠也。从鼠，奚聲。胡雞切。鼩，精鼩鼠也。从鼠，句聲。其俱切。鼩，胡地風鼠。从鼠，勺聲。之若切。

三國魏　張揖　《廣雅》卷一〇《釋獸》　䶂，佳鼠鼩，爵鼠，鼦鼠，鼹鼠，鼢墳鼠，鼠狼，鼬，由溜陽鼠，鼤如勇鼠，鼮瓶鼠，鼶於芾鼠，鼸讒鼭，乎鼱博鼱，唐鼩古熒鼩，零白鼶，煩鼨谷鼷，卜鼓，音支鼨，音俊鼠，鼠耳，耳鼲古門鼠，鼩胡貪鼠，鼩柳鼠，鼠屬。

三國吴　陸璣　《毛詩草木鳥獸蟲魚疏》卷下《碩鼠》　樊光謂即《爾雅》鼫鼠也。許慎云：鼫鼠，五技鼠也。今河東有大鼠能人立，交前兩脚于頸上跳舞，善鳴，食人禾苗，人逐則走入樹空中。亦有五技，或謂之雀鼠，其形大，故叙云石鼠也。魏，今河東河北縣也。《詩》言其方物，宜謂此鼠，非今大鼠，又不食禾苗。《本草》又謂螻蛄爲石鼠，亦五技，古今方土名蟲鳥，物異名同，故異也。

晉　張華　《博物志》卷九　《春秋書》：鼷鼠食郊牛，牛死。鼷，鼠類最小者，食物當時不覺痛。世傳云，亦食人項肥厚皮處，亦不覺。或名甘鼠，俗人諱此所嚙，衰病之徵。

南朝宋　劉敬叔　《異苑》卷三　唐鼠，形如鼠稍長，青黑色，腹邊有餘物如腸，時亦污落，亦名易腸鼠。昔仙人唐昉拔宅升天，雞犬皆去，唯鼠墜下不死，而腸出數寸，三年易之。俗呼爲唐鼠。城固川中有之。

隋　巢元方　《巢氏諸病源候總論》卷三六《獸毒病諸候·甘鼠齧候》　此即鼷鼠也。形小而口大，多食傷牛馬，不甚痛。云其口甜，故名甘鼠，時有齧人者。

唐　段成式　《酉陽雜俎續集》卷八　鼠，舊説鼠王其溺精一滴成一鼠。一説鼠母頭脚似鼠，尾蒼口鋭，大如水中獺，性畏狗。溺一滴成一鼠，時鼠災多起於鼠母，鼠母所至處，動成萬萬鼠。其肉極美。凡鼠食死人目睛則爲鼠王。俗云：鼠齧上服有喜，凡齧衣欲得有蓋，無蓋凶。

宋　釋贊寧　《東坡先生物類相感志》卷一〇《辟毒鼠》　《魏畧》云：大秦國出此鼠，狀類甚大。若鼠所到，百毒蟲奔鼠絶迹。

宋　鄭樵　《通志》卷七六　鼹鼠，曰隱鼠，曰鼢鼠，形類鼠而肥多膏，黑色，無尾，長鼻，常穿耕地中行，旱歲則爲田害。【略】鼠之屬多。《爾雅》曰『鼢鼠』，音憤，地中行者。食竹根，今人謂之竹鼬，伯勞所化，《廣雅》謂之鼹鼠。又曰『鼸鼠』，刮忝反，《大戴禮》云『田鼠』者，鼸鼠也，郭云『以頰裏藏食』者。又曰『鼷鼠』，鼠之最小者，郭氏云『謂有螫毒』者，一説甘口鼠也。又曰『鼸鼠』，音斯，似鼬鼠，《夏小正》曰『鼸鼬則穴』，蓋九月也。又曰『鼬鼠』，弋救反，狀如鼦，赤黄色，大尾，能啖鼠，俗呼鼠郎，江東呼爲鼪，即《莊子》云『騏驥騹騮，捕鼠不如狸鼪』是也。又曰『鼩鼠』，音劬，小鼠也，一名鼱鼠，亦謂之

鼢鼩。又曰『鼭鼠』、『鼣鼠』，音時、吠，並未詳。又曰『鼫鼠』，音石，郭云：形大如鼠，頭似兔，尾有毛，青黄色，好在田中食粟豆，關西呼爲鼩鼠，鼩音雀。又曰『鼤鼠』、『鼨鼠』，音問、終，並未詳。又曰『豹文鼮鼠』，音廷，常在木上，如鼠大，其文似虎豹，今深林中甚多。漢武帝時得此鼠，孝廉郎終軍知之，賜絹百疋。又曰『鼳鼠』，古覓反，郭云：今江東山中有鼳鼠，狀如鼠而大，蒼色，在木上，音覡。按郭氏此説，又與鼮鼠相類。

宋　周去非《嶺外代答》卷九《仰鼠》　欽州有鼠形如猪，黑身白腹，仰生土中，攻土而行，逆順前却，迅疾難捕。人見土面迤邐墳起，即知其爲鼠。急以钁斷其前後，夾掘而擒之。不然，一聞钁聲，退而逝矣。

又《石鼠》　石鼠專食山豆根，賓州人捕得，以其腹乾之，治咽喉疾，效如神，功用勝山豆根，謂之石鼠肚。

宋　戴侗《六書故》卷一八　鼷　鼷，下雞切。甘口鼠也。《春秋》曰：鼷鼠食郊牛角。李巡曰：鼱鼩鼠。《博物志》曰：鼠之最小者。或謂之甘鼠，謂其口甘，爲其所食者不知覺也。

又　鼢　【略】隱鼠也，黎黑色，小於鼠，穴土而行，不入室家。以其常偃伏，故又謂偃鼠。以其起地若耕，故又名犂鼠。别作鼥、蚡，偃别作鼴。《説文》曰：鼢，地行鼠，伯勞所化。俗謂謝豹所化。皆非也。

明　楊慎《升庵集》卷八一《鼫鼠》　《易》：鼫鼠貞厲。注以爲貪而畏人。按《玉編》：鼫鼠頭似兔，尾有毛，黄黑色。按形狀乃今之鼠狼也，故貪而畏人，象之。

明　李時珍《本草綱目》卷五一　鼠《别録》下品　校正：舊在蟲魚部，今據《爾雅》移入獸部。釋名：鼪鼠、音錐。老鼠、《綱目》首鼠、《史記》家鹿。時珍曰：此即人家常鼠也。以其尖喙善穴，故南陽人謂之鼪鼠。其壽最長，故俗稱老鼠。其性疑而不果，故曰首鼠。嶺南人食而諱之，謂爲家鹿。鼠字篆文，象其頭、齒、腹、尾之形。集解：弘景曰：入藥用牡鼠，即父鼠也。其膽纔死便消，不易得也。時珍曰：鼠形似兔而小，青黑色，有四齒而無牙，長鬚露眼，前爪四，後爪五，尾文如織而無毛，長與身等。五臟俱全，肝有七葉，膽在肝之短葉間，大如黄豆，正白色，貼而不垂。《衛生家寶方》言其膽紅色者何耶？鼠孕一月而生，多者六七子。惠州獠民取初生閉目未有毛者，以蜜養之，用獻親貴。挾而食之，聲猶喞喞，謂之蜜喞。《淮南子》云：魚食巴豆而死，鼠食巴豆而肥。段成式云：鼠食鹽而身輕，食砒而即死。《易》云：艮爲鼠。《春秋運斗樞》云：玉樞星散而爲鼠。《抱朴子》云：鼠壽三百歲，善憑人而卜，名曰仲，能知一年中吉凶，及千里外事。鼠類頗繁。《爾雅》、《説文》所載，後世未能悉知。後世所知者，二書復未盡載，可見格物無窮也。附録：鼨鼠，音終。郭璞云：其大如拳，其文如豹。漢武帝曾獲得以問終軍者。鼮鼠，音平。許慎云：一名鼢鼠。音含，斑文。鼶鼳，音離艾。孫愐云：小鼠也，相啣而行。李時珍云：按《秦記》及《草木子》皆載群鼠數萬，相啣而行，以爲鼠妖者，即此也。鼩鼱，音劬精。似鼠而小，即今地鼠也。又《爾雅》、《説文》有鼸、鼶、鼮、鼣、鼭、鼤、鼢、鷴八鼠，皆無考證。音歉、斯、廷、吠、時、文、鶴、博也。水鼠，李時珍云：似鼠而小，食菱芡、魚蝦。或云：小魚、小蟹所化也。冰鼠，東方朔云：生北荒積冰下，皮毛甚柔，可爲席，卧之却寒，食之已熱。火鼠。李時珍云：出西域及南海火州。其山有野火，春夏生，秋冬死。鼠産於中甚大，其毛及草木之皮皆可織布，污則燒之即潔，名火浣布。

又　鼴鼠音偃。《别録》下品。　釋名：田鼠《禮記》　鼢鼠、音憤。隱鼠。時珍曰：田鼠偃行地中，能壅土成坌，故得諸名。集解：《别録》曰：鼴鼠在土中行，五月取，令乾，燔之。弘景曰：此即鼢鼠也，一名隱鼠，形如鼠而大，無尾，黑色，尖鼻，甚强，常穿地中行，討掘即得。今山林中别有大如水牛者，一名隱鼠。藏器曰：隱鼠陰穿地中而行，見日月光則死，於深山林木下土中有之。其大如牛者，名同物異耳。頌曰：處處田隴間多有之。《月令》『田鼠化爲鴽』者，即此。其形類鼠而肥多膏，旱歲爲田害。宗奭曰：鼴，脚絶短，僅能行，尾長寸許，目極小，項尤短，最易取，或安竹弓射取飼鷹。陶引『如水牛』者釋之，誤矣。時珍曰：許慎言鼢乃伯勞所化，《月令》季春田鼠化爲鴽，《夏小正》八月鴽爲鼠，是二物交化，如鷹、鳩然也。鴽乃鶉類。隆慶辛未夏秋，大水，蘄、黄瀕江之地，鼢鼠遍野，皆櫛魚所化，蘆稼之根嚙食殆盡，則鼢之化不獨一種也。

又　隱鼠《拾遺》　釋名：鼴鼠、音偃。偃鼠、《綱目》鼠母、同鼳。古役反。集解：弘景注『鼴鼠』曰：諸山林中有獸，大如水牛，形似豬，灰赤色，下脚似象，胸前尾上皆白，有力而鈍，亦名隱鼠。人取食之，肉亦似牛，多以作脯。乃云是鼠王，其精溺一滴落地，輒成一鼠，灾年則多出也。藏器曰：此是獸類，非鼠之儔。大如牛而前脚短，皮入鞦轡用。《莊子》所謂『鼴鼠飲河，不過滿腹』者。陶言是鼠王，精滴成鼠。遍訪山人無其説，亦不能土中行。此乃妄説，陶誤信爾。頌曰：鼴鼠出滄州及胡中，似牛而鼠首，黑足，大者千斤，多伏於水，又能堰水放沫，彼人食其肉。時珍曰：按《異物志》云：鼠母頭脚似鼠，口鋭，蒼色，大如水牛而畏狗，見則主水灾。《晉書》云：宣城郡出隱鼠，大如牛，形似鼠，脚類象而驢蹄，毛灰赤色，胸前尾上白色，有力而鈍。《金樓子》云：晉寧縣境出大鼠，

狀如牛，土人謂之偃牛。時出山游，毛落田間，悉成小鼠，苗稼盡耗。《梁書》云：倭國有山鼠如牛，又有大蛇能吞之。據此則隱鼠非無，而陶説有本。諸家闢之太甚者，未深考耳。又《爾雅》云：『鼷身似鼠而馬蹄，長鬚而賊，一歲千斤，秦人謂之小驢』者，即此物也。

又 鼷鼠《拾遺》 釋名：甘口鼠。時珍曰：鼷乃鼠之極小者，嚙人不痛，故曰甘口。今處處有之。【略】集解：藏器曰：鼷鼠極細，卒不可見，食人及牛馬等皮膚成瘡，至死不覺。《爾雅》云『有螫毒』，《左傳》云『食郊牛角』者，皆此物也。《博物志》云『食人死膚，令人患惡瘡』，《醫書》云『正月食鼠殘，多爲鼠瘻，小孔下血』者，皆此病也。治之之法，以豬膏摩之，及食貍肉爲妙。鼷無功用，而爲人害，故著之。

又 食蛇鼠《綱目》 集解：時珍曰：按《唐書》云：罽賓國貢食蛇鼠，喙尖尾赤，能食蛇。有被蛇螫者，以鼠嗅而尿之即愈。今雖不聞説此，恐時有貢者，存此以備考證。

明 吴雨 **《毛詩鳥獸草木考》卷四《鼠》** 鼠，盗竊小蟲，夜出晝匿。穴蟲之黠者，有齒無牙，穿墉作穴。性多疑，出穴多不果，一行一却。前爪四，後爪五，好摩弄其髭，相時而進。南陽呼鼠爲鼬。其種類至多。鼢鼠，地中行者，伯勞所變也。鼸鼠，以頰裏藏食。鼷鼠，有螫毒者。鼶鼠，《夏小正》曰：鼶鼬則穴。鼬鼠，今鼬似貂，赤黃色，大尾，啖鼠，江東呼爲鼪。鼩鼠，小鼱鼩也，亦名鼨鼩。鼭鼠、鼣鼠、鼤鼠、鼨鼠。豹文鼮，鼠文如豹。漢武帝時得此鼠，孝廉郎終軍知之，賜絹百匹。鼰鼠，今江東山中有鼰鼠，狀如鼠而大，蒼色，在樹木上，音巫覡。

又《碩鼠》 碩鼠，大鼠也。頭似兔，尾有毛，青黃色，好在田中食粟豆，關西呼鼩鼠。《釋畜》於鼠屬有鼫鼠，孫炎曰：五技鼠，舍人、樊光同引此詩以碩鼠爲彼五技鼠也。許慎云：碩鼠有五技，能飛不能上屋，能游不能渡谷，能緣不能窮木，能走不能先人，能穴不能覆身。此之謂五技。陸璣云：今河東有大鼠，能人立，交前兩脚於頸上，跳舞善鳴，食人禾苗，人逐則走入樹空中。亦有五技，或謂之雀鼠，其形大，故《序》云大鼠也。魏國，今河東郡河北縣是也。言其方物，宜有此鼠，或作鼫鼠，非也。按：此經作碩鼠，訓之爲大，不作鼫鼠之字，其義或如陸言也。蔡邕以此爲螻蛄，誤也。

明 吴之俊 **《獅山掌録》卷二〇《鼫鼠》** 鼫鼠頭似兔，尾有毛，黃黑色，即今之鼠狼也，故貪而畏人。

明 毛晉 **《陸氏詩疏廣要》卷下之下《碩鼠》** 樊光謂即《爾雅》鼫鼠也。許慎云：鼫鼠，五技鼠也。今河東有大鼠能人立，交前兩脚于頸上，跳舞善鳴，食人禾苗，人逐則走入樹空中。亦有五技，或謂之雀鼠，其形大，故《序》云大鼠也。魏，今河東、河北縣也。《詩》言其方物，宜謂此鼠，非今大鼠，又不食禾苗。《本草》又謂螻蛄爲石鼠，亦五技，古今方士名蟲鳥，物異名同，故異也。《爾雅》『鼫鼠』，郭注：形大如鼠，頭似兔，尾有毛，青黃色，好在田中食粟豆，關西呼爲鼩鼠，見《廣雅》。邢疏云：鼫鼠者，孫炎曰：五技鼠。許慎云：鼫鼠五伎，能飛不能上屋，能游不能渡谷，能緣不能窮木，能走不能先人，能穴不能覆身。此之謂五伎。蔡邕以此爲螻蛄。鼳音瞿，今本作鼩，誤也。案《詩・魏風》云『碩鼠碩鼠』、《博雅》『𪕨鼩，鼫鼠』、《埤雅》『鼫鼠害稼』者，一名雀鼠。《爾雅翼》釋『相鼠有體』云：今河東有大鼠，能人立，交兩脚于頸上，或謂之雀鼠，韓退之所謂『禮鼠拱而立』者也。釋『鼯鼠』云：鼯狀如小狐，翼大率如服翼翅，尾項脇毛紫赤色，背色蒼艾，腹下黃喙頷雜白，脚短爪長，尾三尺許，好暗夜行飛且乳，亦謂之飛生。聲如人呼，食火煙，能從高赴下，不能從下上高，東吴諸郡皆有之，又謂之梧鼠。《荀子》曰：梧鼠五技而窮，謂能飛不能上屋，能緣不能窮木，能游不能渡谷，能穴不能掩身，能走不能先人。雖多技能，皆有窮極也。一名夷由，一名鸓，又名飛鸓，又名鸓鼠。雖同有五技，恐非鼫鼠之類。《文子》云：聖人師拱鼠制禮。《録異記》云：拱鼠形如常鼠，行田野中，見人即拱手而立，人近欲捕之，即跳躍而走去，秦川有之。《古今注》曰：螻蛄，一名碩鼠，其五技與鼫鼠同。《序》云：貪而畏人，若大鼠然，故知大鼠爲斥君，亦是興喻之義也。《詩緝》、《解頤新語》曰：蠶之食桑，無時而厭，食盡而後已，喻重斂者，莫切于此。鼠食物且食且驚，四顧不寧，喻貪畏者，莫切于此。按：《爾雅》載鼠屬，凡十三種。鼫鼠與鼩鼠大小不同。鼩鼠一名鼱鼩，一名鼨鼩。不知景純何以相混？至若相鼠，有皮之相鼠，或云相州所出之大鼠，似引拱鼠作證，與《詩》旨合。羅氏以爲即河東大鼠，恐未必然。據陸氏云螻蛄爲石鼠，物異名同也。或指此碩鼠爲螻蛄，且曰：蝨，螻蛄，食苗根，故詩人戒之。然螻蛄未見有食黍麥者，豈當年河汾之間獨爲祟耶？

明 方以智 **《通雅》卷四六** 社君，鼠也。白者曰仲能，黃者曰沙鼠，曰貔貍。《抱朴子》：鼠百歲則色白，曰仲能，善憑人而卜。《雲仙雜志》：山

中謂社君。嗣宗曰：又有票鼠，其毫可製筆。沙鼠，今之黄鼠也。陳無功引《詩語》刁約使契丹詩，密賜一貔貍，如鼠而大，北敵以爲珍。又曰：令邦，東壁謂即黄鼠，甚確。陳水南亦以爲黄鼠，而《澠水》言肥腯，今訛爲豚，故人以爲疑耳。岑南獠人食蜜唧，即嫩鼠也。東坡詩曰：朝盤見蜜唧，夜枕聞鵂鶹。《方言》：宛野謂鼠爲鼭。音錐。宛，南陽也。音死。

清　姚炳　《詩識名解》卷五《鼠》　鼠，《召南・行露》篇鼠具尾足如獸，其屬若鼬鼠、鼫鼠皆出没山林，與猿、兔同類。《説文》以爲穴蟲者，猶倮、毛、羽、介之説，蓋生物通稱也。《爾雅》諸書並列獸部。陸農師誤讀《説文》，别出附蟲族，於義未當，今正之。按《釋獸》文，鼠屬凡十有三種，《廣雅》增至二十餘，兹不贅列，取其見於《詩》者著之篇。《説文》訓牙爲牡齒，徐鍇以爲比於齒爲牡，蓋齒之最堅者也。然凡物無牙者齒必鋭，其用更厲於牙。鼠僅四齒而能穿墉，則似有牙者。故舊謂雀角以無爲有，鼠牙似是而非。陸農師亦謂，必合兩説觀其義始足，是也。

清　愛新覺羅・弘曆　《清朝通志》卷一二六　野鼠，漠北多有之，蒙古名曰鄂和托納，每取草實藏穴中以爲食。《漢書・蘇武傳》張宴注：謂武取鼠並草實而食之。劉攽又以爲北方野鼠之類甚多，皆可食，實爲舛謬。恭繹御製《讀蘇武傳注》，闢而論之，足破前史耳食之訛。

清　翟灝　《爾雅補郭》卷下　鼨鼠，《説文》、《字林》皆謂鼨爲豹文鼠，則下『豹文』二字應讀屬于此。終軍辨豹鼠事，不見前漢諸籍，惟郭氏此注及序言之。摯虞《三輔決録》謂，以《爾雅》辨豹文鼠者，乃光武時孝廉郎竇攸也。《文選注》、《太平御覽》俱引竇氏譜，稱爲攸事。傳聞既已異辭，安見許慎、吕忱之必不足從耶？《唐書・盧藏用傳》云：其弟若虚在隴西有獲異鼠者，豹文虎臆，大如拳。職方辛怡諫謂之鼮鼠而賦之。若虚曰：非也，此許慎所謂鼨鼠，豹文而形小者。一坐驚服。是唐人多從許違郭，而以『豹文』字上屬讀也。或據盧若虚事，謂鼨、鼮二鼠，皆豹文，但以大小爲别。然則《爾雅》『豹文』二字，上下相互共耶？

清　方旭　《蟲薈》卷二《毛蟲・白鼠》　《筠廊偶筆》：黄州有白鼠，霜毛火眼。旭按：此疑即《廣雅》所謂白鼲，《本草》所謂『銀鼠，色白，古名鼲鼠』者是也。其狀與鼠狼無異，但耳小毛短，色白。又今人畜一種洋鼠，狀似鼠而甚小，亦有色純白者。

清　高寶銓　《元秘史李注補正》卷一《青鼠》　青鼠，即今灰鼠是也。《西北域記》曰：俄羅斯皮氍之屬，有灰鼠，即鼲也。銀鼠，即鼲也。價鼲倍鼲，鼲倍羔。然羔一裘可十年，鼲一年則氍，鼲數年則黄。

又卷二《野鼠》　《朔漠方畧》曰：克魯倫地方，各種野鼠所穿之穴，較興安一帶鼢鼠之穴更深。又馬思哈《塞北紀程》曰：跳兔身長五六寸，尾長四五寸，尾末色如銀鼠，前股長僅盈寸，後股長至七八寸，耳如箭筒，長可四五寸。又一種耳僅寸許者，騰躍如飛。銓案：方觀承言，野鼠名朱馬里罕，後股長，似即此。

又卷七《青鼠》　《黑龍江外紀》曰：灰鼠長尾時掉置背上，自覆其首。投以榛子，雙爪抱嚙如猴然。出諾敏河者佳，號索倫灰鼠。

紀事

《左傳・成公七年》　《經》：七年春王正月，鼷鼠食郊牛角，改卜牛。鼷鼠又食其角，乃免牛。

漢　班固　《漢書》卷二七《五行志》　成帝建始四年九月，長安城南有鼠啣黄蒿、柏葉，上民冢柏及榆樹上爲巢，桐柏尤多。巢中無子，皆有乾鼠矢數十。時議臣以爲恐有水災。鼠，盜竊小蟲，夜出晝匿；今晝去穴而登木，象賤人將居顯貴之位也。

南朝宋　劉敬叔　《異苑》卷三　前廢帝景和中，東陽大水，永康蔡喜夫避雨南隴。夜有大鼠，形如豘子，浮水而來，徑伏喜夫奴牀角，奴愍而不犯，每食輒以餘飯與之。水勢既退，喜夫得返故居。鼠以前脚捧青囊，囊有三寸許珠，留置奴牀前，啾啾狀如欲語。從此去來不絶，亦能隱形，又知人禍福。後同縣吕慶祖，牽狗野獵暫過，遂齧殺之。

南朝梁　沈約　《宋書》卷二八《符瑞志》　宋孝武大明七年春，太湖邊忽多鼠。其年夏，水至，悉變成鯉魚。民人一日取，轉得三五十斛。明年，大飢。

唐 房玄齡《晉書》卷二九《五行志》 太康四年，會稽彭蜞及蟹皆化爲鼠，甚衆，復大食稻爲災。

北齊 魏收《魏書》卷一一二《靈徵志》 《瑞圖》：外鎮王公、刺史、二千石、令長酷暴百姓，人民怨嗟，則白鼠至。太宗永興三年二月，京師民趙溫家有白鼠，以獻。三年春，於北苑獲白鼠一，尋死。剖之，腹中有三子，盡白。四年三月，上幸西宮，獲白鼠一。八月，御府民張安獲白鼠一。神瑞二年五月，帝獵於橿崘山，獲白鼠一；平城獲白鼠三。六月，平城獲白鼠二。八月，豫章王夔獲白鼠一。泰常元年十一月，京師獲白鼠一。二年六月，中山獲白鼠二。三年三月，京師民獲白鼬一，以獻。十一月，京師獲白鼠一。世祖始光三年八月，相州魏郡獲白鼠。太延元年八月，雁門獻白鼠。高祖太和二十三年八月，京師獲白鼠。世宗景明四年五月，京師獲白鼠。正始元年六月，京師獲白鼠。肅宗熙平元年四月，肆州表送白鼠。

唐 魏徵《隋書》卷二二《五行志》 陳禎明二年四月，羣鼠無數，自蔡洲岸入石頭淮，至青塘兩岸。數日死，隨流出江。近青祥也。京房《易飛候》曰：『鼠無故羣居不穴衆聚者，其君死。』未幾而國亡。

宋 歐陽修、宋祁《新唐書》卷三五《五行志》 武德元年秋，李密、王世充隔洛水相拒，密營中鼠，一夕渡水盡去。占曰：『鼠無故皆夜去，邑有兵。』貞觀十三年，建州鼠害稼。二十一年，渝州鼠害稼。顯慶三年，長孫無忌第有大鼠見於庭，月餘出入無常，後忽然死。龍朔元年十一月，洛州猫鼠同處。鼠隱伏象盜竊，猫職捕嚙，而反與鼠同，象司盜者廢職容姦。弘道初，梁州倉有大鼠，長二尺餘，爲猫所嚙，數百鼠反嚙猫。少選，聚萬餘鼠，州遣人捕擊殺之，餘皆去。景雲中，有蛇鼠鬭于右威衛營東街槐樹，蛇爲鼠所傷。鬭者，兵象。景龍元年，基州鼠害稼。開元二年，韶州鼠害稼，千萬爲羣。天寶元年十月，魏郡猫鼠同乳。同乳者，甚于同處。大曆十三年六月，隴右節度使朱泚於兵家得猫鼠同乳以獻。大和三年，成都猫鼠相乳。開成四年，江西鼠害稼。咸通十二年正月，汾州孝義縣民家鼠多啣蒿芻巢樹上。鼠穴居，去穴登木，賤人將貴之象。乾符三年秋，河東諸州多鼠，穴屋，壞衣，三月止。鼠，盜也，天戒若曰：『將有盜矣。』乾寧末，陝州有蛇鼠鬭于南門之內，蛇死而鼠亡去。

又卷一〇九《崔義玄傳》 崔義玄，貝州武城人。隋大業亂，往見李密，密不用。河内賊黄君漢爲密守柏崖，義玄見羣鼠度河，稍刃有華文，曰：『此王敦亡兆也。』因説君漢以城歸，乃拜君漢懷州刺史、行軍總管，以義玄爲司馬。

又卷二二一《西域傳》 自漢武帝以來，中國詔書符節，其王傳以相授。人喜歌舞，工紡績。西有沙磧，鼠大如蝟，色類金，出入羣鼠爲從。

宋 洪邁《夷堅支志·乙》卷七《荆南猴鼠》 淳熙某年，荆南官道上十五里間，忽有鼠以千萬計，蔽塞通逵。其色或黑或白，或黄或青；其狀或如雞如鳥。人行其間，略不知避，遭車馬踐踏而死者不可勝數。凡兩三月乃息。復有一猴，高二尺許，隱於高木之上，乘間爲人害。是時正暑天，婦女露坐者多多爲戲侮，不敢輒出。居民膽勇者，百方取之，久而墮一網中。民納之於囊，將負往八渠山，投于江流。未明登塗，到城西，遇一老叟，鬚髮如雪，笑問曰：囊中物豈非猢猻邪？民曰：然。曰：彼實有罪，願貸其死。吾適有官券三十道謝汝，彼獲脱去，不復更來。吾二人同詣八渠，放之深林足矣。即于袖間取楮幣付民，民以無望之獲，喜而從之。自是猴果絶跡弗至。此叟豈猴之翁祖邪？

又《夷堅支志·戊》卷七《鼷鼠蟻虎》 鼷鼠爲郊牛孽，書於《春秋》。後來書傳，鮮或紀載，而十年以來，吾鄉忽有之。姓孫份家，一黄牯在欄不食水草，但定立不動。往視之，皮肉多剜缺成竅。見兩鼠與常異，其形絶小，騰躍左右，距牛被齧嚼，驅之不去，搏之不得，乃徙於他處，鼠復來。凡三徙避之，皆不免，竟死。兩角已穿空，肉亦垂盡，僅存軀幹爾。方牛遭害時，似不覺痛，唯極癢。蟻虎者，有人自淮南得種來，比白蟻之大三四倍。放入蠹柱中，少頃，蟻紛紛而墜，腦上率有小竅，纔半日，空羣無餘。鄱陽人屋宇多用松，困於蟻暴患，無術可治，惜此虎之未多也。是二物可謂創見，而爲人祥祟則殊不侔。

元 脱脱《宋史》卷六五《五行志》 建隆元年夏，相、金、均、房、商五州鼠食苗。二年五月，商州鼠食苗。乾德五年九月，金州鼠食苗。太平興國七年十月，岳州鼠害稼。紹興十六年，清遠、翁源、真陽三縣鼠食稼，千萬爲羣。時廣東久旱，凡羽鱗皆化爲鼠。有獲鼠於田者，腹猶蛇文，漁者夜設網

旦視皆鼠。自夏徂秋，爲患數月方息，歲爲飢，近鼠妖也。乾道九年，隆興府鼠千萬爲羣，害稼。淳熙五年八月，淮東通、泰、楚、高郵黑鼠食禾既，歲大飢。時江陵府郭外，羣鼠多至塞路，其色黑、白、青、黄各異，爲車馬踐死者不可勝計，踰三月乃息。紹熙四年，饒州民家二小鼠食牛角，三徙牛牢不免，角穿肉瘠以斃，近鼠妖也。慶元元年六月，鄱陽縣民家一猫帶數十鼠，行止食息皆同，如母子相哺者，民殺猫而鼠舐其血。鼠象盗，猫職捕，而反相與同處，司盗廢職之象也，與唐龍朔洛州猫鼠同占。

明　葉子奇《草木子》卷三　乙未年中，江淮間羣鼠擁集如山，尾尾相銜，度江過江東來湖廣，羣鼠數十萬，度洞庭湖望四川而去。夜行晝伏，路皆成蹊，不依人行正道，皆遵道側。其羸弱者走不及，多道斃。

清　梁清遠《雕丘雜録》卷八　山東滕縣山中有黑鼠，其色如墨。人遇者，一擊即死。其香不散，幾如麝臍。如再一擊，死則無香矣。此鼠亦可入藥。京師鼠亦有黑者，死則腐臭，無他異也。

藝文

晉　郭璞《鼷鼠讚》(引自《漢魏六朝百三家集》卷五七)　小鼠曰鼷，實有螫毒。乃食郊牛，不恭是告。厥譴惟明，徵乎其覺。

又《鼮鼠讚》　有鼠豹彩，厥號爲鼮。漢朝莫知，郎中能名。賞以束帛，雅業遂盛。

又《鼫鼠讚》　五能之鼠，技無所執。應氣而化，翻飛駕集。詩人歌之，無食我粒。

北魏　盧元明《劇鼠賦》(引自《歷代賦彙》卷一三六)　跐實排虛，巢居穴處。惟飲噬於山澤，悉潛泱於林藪。故寢廟有處，茂草別所。矧乃微蟲，乖羣異侣。干紀而進，於情難許。《爾雅》所載，厥類多種。詳其容質，並不足重。或處野而隔陰山，或同穴而鄰嶓冢。或飲河以求飽腹，或喻煙而游森聳。然今者之所論，出於人家之壁孔。嗟乎在物，最爲可賤。毛骨莫充於玩賞，脂肉不登於俎膳。故淮南輕舉，遂嘔腸而莫追。東阿體拘，徒稱仙而被譴。其爲狀也，憯愺咀吁，睢離睒睗。鬚似麥穟半垂，眼如豆角中劈，耳類槐葉初生，尾若杯酒餘瀝。乃有老者，羸髗疥癩，偏多姦計，衆中無敵。託社忌器，妙解自惜。深藏厚閉，巧能推覓。或尋繩而下，或自地高躑。登機緣櫃，蕩扉動帟。切切終朝，轟轟竟夕。是以詩人爲辭，寔云其碩。盗干湯之珍俎，傾留髡之香澤。傷繡領之斜製，毁羅衣之重襲。曹舒由是獻規，張湯爲之被謫。亦有閑居之士，倦遊之客，絶慶吊以養真素，擯左右而尋《詩》《易》。庭院肅清，房櫳虛寂。爾以羣鼠乘間，東西撾擲。或牀上捋髭，或户間出額。貌甚舒暇，情無畏惕。又領其黨與，欣欣弈弈。欹覆箱奩，騰踐茵席。共相侮慢，特無宜適。嗟天壤之含弘，産此物其何益？

宋　王質《紹陶録》卷下《水滂子》　身褐，腹白，觜鋭，尾細長，似鼠而小，依湖岸或湖草爲巢，又號湖鼠。一種竹鼠，全與湖鼠不類，多傍竹根爲窠。獺最黠，鼠更黠，知水情，識水脉。荷花不禁搯，稻花不禁揞。水滂子，水滂子，鷉灩堆，隨江風起，自伏秋莎嚼秋水。

明　桑悦《鼠賦》(引自《歷代賦彙》卷一三六)　桑子出倅龍城，眇焉羇旅，斜日沉山，離羣索處。酸風撼屋以長鳴，苦雨滴簷而似語。各妻孥於一方，違君親於萬里。淡孤燈而照影，抱百憂以延佇。梁間壁孔，忽然有聲。肅肅谷谷，呦呦嚶嚶。儼若號猿，倏若啼嬰。是羣鼠之變怪，豈畸人之可聽？須臾就枕，結陣雜沓。轟屏震案，偷餐浪唼。温禺渡合羅而胡騎啁啾，王尋敗昆陽而人畜蹂踏。使我寢焉而驚，夢焉而愕。隍中不迷，難尋列子之鹿。園内未經，奚化莊周之蝶。嗚呼噫嘻！爾生何爲？喻煙載《爾雅》之篇，穴處紀《禹貢》之書。翻甕攪黄山谷之夜眠，戴冠兆霍子孟之族誅。曾子將歌而莫搏，淮南輕擧而被驅。所以其形甚微，《詩》詠其碩。《春秋》紀異，牛角被食。子瞻謂之曰黠，元明名之曰劇。危俠客之是中，枉飛鴞之受嚇。遷徙不常，今古共惡。壞永某物，柳子厚文之鑒戒。穿公家墉，于公異宣於露布。是非吾行之獨遭，乃爾所行之有素。生育甚繁，羽鱗間化。渴何妨兮飲河，巢可憎兮托社。歎蒙貴之莫尋，偉活褥之無價。誅之不可勝誅，縱之亦何所顧藉也邪？吾將收視返聽，兑聰塞明。穴隙重熏，衣笥牢扃。自治嚴密，外物孰攖。小非大患，衆亦難勝。無可奈何，付之冥冥。

雜録

漢　東方朔《神異經》　不晝木火中有鼠，重千斤，毛長二尺餘，細如絲。但居火中，洞赤，時時出外，而毛白，以水逐而沃之，即死。取其毛績紡織以爲布，用之若有垢涴，以火燒之，則淨也。【略】北方層冰萬里，厚百丈，有磎鼠在冰下土中焉。形如鼠，食草木，肉重千斤，可以作脯，食之已熱。其毛八尺，可以爲褥，卧之却寒。其皮可以蒙鼓，聞千里。其毛可以來鼠，此尾所在鼠聚。今江南鼠食草木爲災，此類也。

南朝宋　劉敬叔《異苑》卷三　西域有鼠王國，鼠之大者如狗，中者如兔，小者如常。大鼠頭悉已白，然帶金環枷。商估有經過其國，不先祈祀者，則嚙人衣裳也。得沙門呪願，更獲無他。釋道安昔至西方，親見如此。俗諺云：鼠得死人目睛則爲王。

南朝梁　蕭繹《金樓子》卷五　晉寧縣境内出大鼠，狀如牛，土人謂之鼷鼠。天時將災則從山出遊畎畝，散落其毛悉成小鼠，盡耗五稼。

宋　釋贊寧《東坡先生物類相感志》卷一〇《鼠王》　舊説鼠中有王，王每尿一滴，即成一鼠。亦有鼠母，蒼色，口甚大，畏狗。凡鼠灾多起於鼠母，所至處，則常有十一日鼠隨之。凡鼠得新亡人目食，則得爲鼠王。故諺云：鼠得人目睛食爲王。

又《鼠母獸》　其形長三尺，馬蹄牛尾，如猴，有乳，其色如嬰兒。鼠一母唯一子，其一溺地一滴爲一鼠，故名爲鼠母焉。《異物志》云：一名嬾婦獸矣。

又《赤頭鼠》　闍婆國出龍腦者樹，香出樹腹中。有福取得油，其樹葉即化爲鼠，有翅，或飛，或行，頭赤可怪。

明　吴之俊《獅山掌録》卷二〇《金鼠》　南康英山石室號金堂，内有金鼠時見。

又《鼠母》　鼠母毛蒼，口鋭，大如水牛，而畏狗。

明　焦周《焦氏説楛》卷五　橘樹，以死鼠浸溺缸内，候鼠浮，取埋根下，次年必盛。《涅槃經》云：如橘得鼠，其果子多。

圖表

晉　郭璞《爾雅音圖・釋獸》

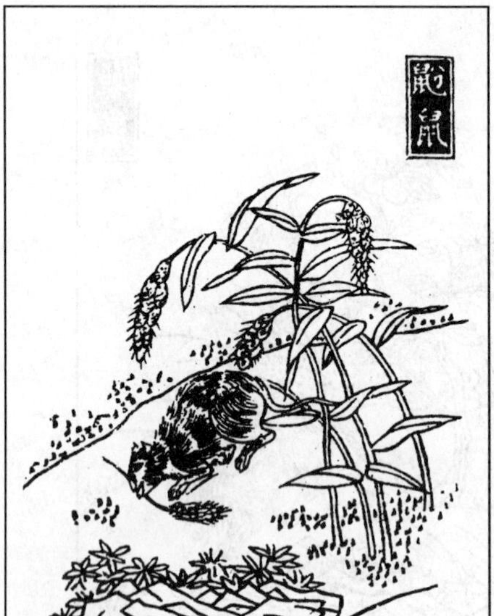

鼶鼠

鼸鼠

鼫鼠

鼩鼠

宋 唐慎微《證類本草》卷一八

明 李時珍《本草綱目·圖卷》

竹鼠

綜述

漢　許慎《說文》卷一〇　鼦，竹鼠也，如犬。从鼠，留省聲。力求切。

晉　陳壽《益都耆舊傳・知俊揚骨》（引自《分門古今類事》卷一三）　竹貍者，食竹之鼠也。生於深山溪谷之中，非竹不食。巨如野貍，其肉肥美。土民重之，每發地取之甚艱。岐梁睚眦之年，秦隴嵒谷間此物爭出，投城隍及所在民家。或穿墉壞城，或自門閾而入，秦民之口腹飫焉。忽有童謠曰：貍貍引黑牛，天差不自由。但看戊寅歲，揚骨蜀江頭。智者不能識之。庚午歲，劉知俊叛梁入秦，家于天水，自天水流入蜀。居數年間，蜀人又謠曰：黑牛無繫絆，棕繩一時斷。僞蜀先主聞之，懼曰：黑牛者，劉之小字。棕繩者，吾子孫之名也。蓋王氏子孫以宗承字爲名，於是害劉知俊以厭之。明年歲在戊寅，先主病，合眼則見知俊在前。蜀人懼之，遂粉劉之骨揚入於蜀江。識者方知貍者，劉也。黑牛，劉之小字。戊寅揚骨於蜀江之應也。

晉　劉欣期《交州記》（引自《說郛》卷六一）　竹鼠　竹鼠如小猫大，食竹根，出封溪縣。

宋　戴侗《六書故》卷一八　鼦　鼦，力求切。竹鼠也。多肉如豚，肥美可食。古通作留。莊周曰：執留之狗。司馬彪曰：竹鼠也，肥美，人多珍之。別作飀、貍。

明　李時珍《本草綱目》卷五一　竹鼦留、柳二音《綱目》　釋名：竹㹠。時珍曰：㹠狀其肥，㹠言其美也。集解：時珍曰：竹㹠，食竹根之鼠也。出南方，居土穴中，大如兔。人多食之，味如鴨肉。《燕山録》云：煮羊以飀，煮鼈以蛟，物性相感也。

明　何宇度《益部談資》卷下　竹鼦，太平東鄉皆有之，生于竹中之鼠也。形色俱類鼠，差大而肥，烹之味與黃鼠無異。

清　屈大均《廣東新語》卷二一《獸語・竹鼦》　竹鼦，穴地，食竹根，毛鬆，肉肥美亦鬆，肉一二臠可盈盤，色紫，味如甜笋。血鮮，飲之益人。猺中以爲上饌，謂之竹豚。予詩：海人花蜃蛤，山子竹鷄豚。

清　嵇璜《續通志》卷一八〇　竹㹠，長一尺三寸，在土穴中，常食竹根，味如鴨肉。見徐京《南方記》。

清　方旭《蟲薈》卷二《毛蟲・竹鼠》　《字典》：竹鼠，一名竹鼬，居土穴中，大如兔，人多食之，味如鴨。旭按：此鼠似家鼠而大，毛蒼色，尾短如無，目細而長，前兩足不分指爪，其行極遲鈍。《本草綱目》：竹鼠，一名竹㹠，食竹根之鼠也。出南方。

藝文

宋　王禹偁《小畜集》卷三《竹鼦》　商山多修篁，蒼翠連山谷。有鼠生其中，薦食無厭足。春筍齧生犀，秋筠折寒玉。飫飽致肥腯，優遊恣蕃育。林密鳶不攫，穴深犬難逐。鳳皇餓欲死，彼實無一掬。唯此竹間鼦，琅玕已滿腹。暖

戲緑叢陰，舉頭傲鴻鵠。不知商山民，愛爾身上肉。有鍤利其鋒，有錐銛於鏃。開穴窘如囚，洞胸聲似哭。膏血尚淋漓，攜來入市鬻。竹也比賢良，鼠兮類盲俗。所食既非宜，所禍誠知速。吁嗟狡小人，乘時竊君禄。貴依社樹神，倖盗太倉粟。笙簧佞舌鳴，藥石嘉言伏。朝見秉大權，夕聞罹顯戮。李斯具五刑，趙高夷三族。信有司殺者，在暗明于燭。彼狡勿害賢，彼鼠無食竹。

宋　蘇軾　《東坡全集》卷二《竹鼦》　野人獻竹鼬，腰腹大如盎。自言道旁得，採不費罝罔。鴟夷讓圓滑，混沌慙瘦爽。兩牙雖有餘，四足僅能㚇。逢人自驚蹶，悶若兒脱襁。念兹微陋質，刀几安足枉。就禽太倉卒，羞愧不能饗。南山有孤熊，擇獸行舐掌。

宋　釋惠洪　《冷齋夜話》卷二《稚子》　老杜詩曰：竹根稚子無人見，沙上鳧雛並母眠。世或不解『稚子無人見』何等語。唐人《食笋》詩曰：稚子脱錦棚，駢頭玉香滑。則稚子爲笋明矣。贊寧《雜志》曰：竹根有鼠大如猫，其色類竹，名竹豚，亦名稚子。予問韓子蒼，子蒼曰：笋名稚子，老杜之意也。不用《食笋》詩，亦可耳。

元　洪希文　《續軒渠集》卷六《竹鼦》　未讓鴟夷説滑稽，滑，亂也。稽，同也。便捷之人言非若是，言是若非，亂異同也。揚雄《酒箴》云：鴟夷滑稽，腹如大壺。常爲國器，托於屬車。東坡《詠竹鼦》云：鴟夷讓圓滑，渾沌漸瘦矣。生於野徑雜山蹊。香肌圓滑西施乳，膏腹彭亨仲頴臍。九死不辭羞几肉，《離騷》：亦余心之所羡兮，雖九死其未悔。一生無負飽茅荑。回思食鴈有何好，笑殺將軍識自低。度遼將軍皇甫規解官歸安定，鄉人以貨得鴈門太守，亦去職還家，書刺謁見，規卧不迎，既而入問曰：卿在郡食鴈，美乎？有頃，吏又白王符在門，規素聞符名，乃驚懼而起，衣不結帶，屣履出迎，援手而還坐，極歡。時人爲之語曰：徒見二千石，不見一逢掖。言書生道義之足貴也。

圖表

明　李時珍　《本草綱目·圖卷》

松鼠　鼫鼠

綜　述

《爾雅·釋獸》　鼫，鼠身長須而賊，秦人謂之小驢。注：鼫，似鼠而馬蹄，一歲千斤，爲物殘賊。音義：鼫，本多作臭。經文既云鼠身，宜從鼠，音古闃反。驢，力居反。疏：鼫，獸名也。身如鼠，有長須，而賊害於物，秦人呼爲小驢。

明　陳淏子　《秘傳花鏡》卷六《養獸畜法·松鼠》　松鼠，一名鼪鼠。隨地有之，居土穴或樹孔中。形似鼠而有青黄長毛，頭嘴似兔，而尾毛更長，善鳴，能如人立，交前兩足而舞。好食粟豆，善登木，亦能食鼠。人多

取以爲玩弄之物。初時性劣，宜以銅索繫之。豢養既久，可不用索，亦不去矣。喜投人懷袖中，恐其爪尖傷人肌膚。常於砂石上拖其爪，令不尖鋭，則無傷也。

清　嵇璜《續通志》卷一八〇　鼳鼠，狀似鼠而大，蒼色，在樹木上。鼳音睍。鼳郥鼠，似鼠而馬蹄，一歲千斤，爲物殘賊。《爾雅注疏》云：身似鼠，有長須，而賊害於物，秦人呼爲小驢。案：鼳鼠、鼰鼠俱載《爾雅》，《鄭志》誤以鼳作鼰，音古覓切，非是。今别出之。

清　劉玉麐《爾雅校議》卷下　鼳鼠，玉案：《初學記・鼠部》：食鳥。注云：《爾雅》曰：䶄鼠。郭璞注曰：江東呼䶄鼠，似鼠大而食鳥，在樹木上也。據此則今本『蒼色』二字當爲『食鳥』之譌。又今注云：從巫覡。《説文》云：覡，从巫，从見。既云『从見』，亦當有見。音與䶄聲正協。《釋文》作何狄反以，本或作鼰也。今本從貝，又譌。

清　俞樾《茶香室續鈔》卷二四《䞄鼠》　宋龐元英《談藪》云：漁溪言曩在筠州新昌縣至五峯，問山中有虎乎？曰：山中皆大木，虎安敢來？余曰：林木森森，虎所隱蔽，何爲不來？曰：大木上多䞄鼠，虎過其下，鼠必鳴噪，自拔其毛投虎身，著處必生蟲，徧身瘡爛，以至於死，故不敢至。方悟宣城包氏畫虎，皆平原曠野茅葦叢薄中，亦有棘枝尋丈，未嘗作林木者，以此。隋文帝云：譬之猛虎，人不能害，反爲毛間蟲所蠹損。又可證也。按：䞄鼠未知何物，豈松鼠之類乎？

清　方旭《蟲薈》卷二《毛蟲・鼰鼠》　《爾雅》：鼰鼠。注：狀如鼠而大，蒼色。旭按：即松鼠也。其狀似鼠而大，尾長與身等，毛蒼黄色，人畜之袖中，亦能捕鼠。《爾雅音釋》：鼰鼠，今本多訛作鼰鼠。

藝　文

清　姚佺《松鼠》（引自《兩浙輶軒續録》卷一九）　空山少人跡，森然竹柏交。蒼鼠爾何來，據之爲安巢。當我讀書處，日夕恣喧呶。我思鼠族夥，蕃衍如椒聊。在倉與在厠，厥性均貪饕。爾鼠獨胡爲，託迹青松梢。毋乃出乎類，自矜名節高。山果秋晚熟，籬筍春初苞。甘瓜既有實，黄菊亦有苗。忽然遭爾厄，決齧兼爬搔。賊甚范園竊，敗過梁亭焦。恣爾一朝飽，枉人終歲勞。按以張湯律，爾首不容梟。

清　任端書《南屏山人集詩集》卷三《松鼠》　亦自豐毛羽，居然識性靈。山空群托命，樹古穴痕青。覓食緣枝下，窺人隔葉聽。一爲羅者獲，樊籠伴文翎。

清　汪學金《静厓詩後稿》卷六《松鼠》　爾豈遷喬者，何爲此託軀。問名疑鼳鼲，育類比鼪鼯。聚穴情相肖，乘墉性不殊。有皮慚禮拱，無翼慕狂趨。蒼粒經年飽，青脂盡日腴。一枝誰假借，百尺漫睢盱。鬬捷矜子智，居高笑彼愚。潛踪依殿瓦，得意走堂隅。盤攫難殲醜，披猖更挾雛。喜情頻掉尾，怒態忽張鬚。舐鼎徒增穢，銜書轉被污。貪緣多晝伏，跋扈竟宵呼。險甚含沙蜮，憂同毁室鴟。利排穿橐齒，灾切剥床膚。人事防墐户，天心疾負嵎。兩端空首鼠，五技已窮途。投器何須忌，焚林莫貸誅。允宜嬰斧鑕，奚止絏籠笯。縱擅深機黠，寧容末路逋。虬柯待歸鶴，可與歲寒俱。

清　劉光第《衷聖齋詩集》卷上《松鼠》　雨氣滿林皋，餐松膩老饕。浮生此么渺，托體得清高。塵世人思捕，風雲爾亦毫。黠腸但與滌，何必學仙勞。
拒捕挺走險，習慣東西跳。身如慶忌捷，足善飛廉逃。飛馳登木杪，瞬息緣崖坳。偷眼伺人去，爾膽愈益驕。剥蝕仍肆虐，啁啾復呼曹。豈無就擒者，繫頸扼其尻。野性恐難馴，防守須堅牢。誰知早帖伏，乞憐尾先摇。公然享美俸，不顧嵇康嘲。更邀主人寵，翻爲爾辟貓。桀黠而狡媚，詭術隨所操。何止憑社徒，竊據免熏燒。乃知鼠輩中，畢竟無雄豪。

圖表

晉　郭璞《爾雅音圖·釋獸》

黃鼠

綜　述

漢　許慎《説文》卷一〇　鼲，鼠出丁零胡，皮可作裘。从鼠，軍聲。乎昆切。

南朝宋　劉敬叔《異苑》卷三　拱鼠形如常鼠，行田野中，見人即拱手而立。人近欲捕之，跳躍而去。秦川有之。

明　李時珍《本草綱目》卷五一　黃鼠《綱目》　釋名：禮鼠、韓文拱鼠、同上。鼲鼠，音渾。貔貍。時珍曰：黃鼠晴暖則出坐穴口，見人則交其前足，拱而如揖，乃竄入穴，即《詩》所謂『相鼠有體，人而無禮』，韓文所謂『禮鼠拱而立』者也。古文謂之鼲鼠，遼人呼爲貔貍，或以貔貍爲竹𪕮、貍、貛者，非。胡人亦名令邦。集解：時珍曰：黃鼠出太原、大同、延綏及沙漠諸地皆有之，遼人尤爲珍貴。狀類大鼠，黃色，而足短，善走，極肥。穴居，有土窖如牀榻之狀者，則牝牡所居之處。秋時畜豆、粟、草木之實以禦冬，各爲小窖，别而貯之。村民以水灌穴而捕之。味極肥美，如豚子而脆。皮可爲裘領。遼、金、元時，以羊乳飼之，用供上膳，以爲珍饌，千里贈遺。今亦不甚重之矣。最畏鼠狼，能入穴啣出也。北胡又有青鼠，皮亦可用。銀鼠，白色如銀，古名鼫鼠，音吸。《抱朴子》言南海白鼠重數斤，毛可爲布也。《百感録》云：西北有獸類黃鼠，短喙無目，性狡善聽，聞人足音輒逃匿，不可卒得。土人呼爲瞎撞，亦黃鼠類也。

明　吳雨《毛詩鳥獸草木考》卷四《相鼠》　相鼠，今有一種鼠，見人則交其前足而拱，謂之禮鼠，亦或謂之拱鼠，韓退之所謂『禮鼠拱而立』者也。按：相，地名，則知相州有此鼠。

明　吳之俊《獅山掌録》卷二〇《夜猴》　宣大間産黃鼠，味極腴。欲捕之者，必蓄鬆尾鼠，即夜猴兒，能嗅其穴，知有無。有則入嚙其鼻而出。

明　陳懋仁《庶物異名疏》卷二七《毗黎邦》　《畫墁録》云：南使至北虜帳前，見畢密，賜羊羓十枚，毗黎邦十頭。毗黎邦，大鼠也。虜中上供，臣下不敢畜，唯上意厚禮南使。

清　王士禛《居易録》卷一五　黃鼠、榆肉，皆大同産珍味也。《菽園雜記》云：捕黃鼠必以鬆尾鼠，一名夜猴兒，能嗅黃鼠穴，知其有無。有則入嚙其鼻而出，如蜀人養烏鬼以捕魚也。《清暇録》引《澠水燕談》云：契丹國産大鼠曰毗貍，以爲殊味。或即此。《陸氏舊聞》云：畏日，爲隙光所射輒死。

清　王士禛《池北偶談》卷一九《相鼠鼫鼠》　《詩》相鼠，孫奕云：相，地名。陸璣云：河東有大鼠，能人立，交前兩脚於頭上，跳舞善鳴。按《地志》：相州與河東相鄰。《荀子》『鼯鼠五技而窮』，《本草》、《廣雅》皆謂螻蛄一名鼫鼠。《易》『晉如鼫鼠』，孔穎達《正義》引蔡邕《勸學篇》云：鼫鼠五能，不成一技，《荀子》云云，並爲螻蛄也。

清　嵇璜《續通志》卷一八〇　鼲魂鼠，一名禮鼠，一名拱鼠，一名貔貍。皮可爲裘。時煖則出坐穴口，見人則交前兩足於頸，拱立似揖，乃竄入

穴，《淮南子》『聖人師拱鼠制禮』是也。

清　方旭《蟲薈》卷二《毛蟲・黃鼠》　《本草綱目》：黃鼠遇晴暖則出坐穴口，見人能交前足如揖狀，即《詩》所謂相鼠也。韓文呼禮鼠，又呼拱鼠，古文呼鼲鼠，遼人呼貔貍，胡人呼令邦。出太原、大同、延綏、沙漠諸地。其狀類大鼠，色黃而足短，善走，肉極肥美，村民以水灌穴捕之。《西北域記》：黃鼠産俄羅斯，即今灰鼠。《蓺林伐山》：沙鼠，黃鼠也。《廣輿記》：黃鼠産直隸、盛京、山西、韃靼等處。《松亭行紀》：黃花鎮有禮鼠，色如鼦而毛淺，冬月聚榛實於穴中，作歧穴貯之若倉困然，多至二三斗。其榛實皆美好，價倍於人所收者。

藝　文

元　許有壬《至正集》卷一三《黃鼠》　北産推珍味，南來怯陋容。瓠肥宜不武，人拱若爲恭。發掘憐禽獮，招徠或水攻。君毋急盤饌，辛自不穿墉。

清　屈大均《翁山詩外》卷八《黃鼠》　榆中黃鼠好，肥美薦膏粱。每共山羊飫，時分野馬香。地猴唧子出，邊女勸人嘗。南客初知味，烹調更有方。地猴形極小。人馴養之，縱入土穴，則唧黃鼠而出。邊頭以爲美味。

清　曹溶《黃鼠》（引自《兩浙輶軒録》卷一）　復障穿東勝，奔渠下稒陽。白沙千里合，黑霧五原長。地富鼯鼪族，秋寒黍稷場。穴棲多蹻捷，鼎實藉輝煌。擬駱豐毛短，如豚厚腊香。被茸香細細，唧尾日蒼蒼。宵出鄰狐兔，羣居拱堠墻。伏藏微已甚，采捕事堪傷。放狖全功著，土人以夜猴取之。迎貓舊典詳。學仙慚穢濁，傍社失徜徉。貴胄停犀筯，華筵勸羽觴。微求沿小物，問遺走殘疆。口腹防多欲，生靈泣盡戕。仁人應有節，寓目感邊荒。

圖　表

明　李時珍《本草綱目・圖卷》

土撥鼠

綜　述

明　李時珍《本草綱目》卷五一　土撥鼠《拾遺》　釋名：鼧鼥、音駝撥。塔喇巴噶。出《正要》。時珍曰：按《唐書》有鼧鼥鼠，即此也。鼧鼥，言其肥也。《唐韻》（竹）［作］鼵鼥，音僕朴，俗訛爲土撥耳，蒙古人名塔喇巴噶。集解：藏器曰：土撥鼠生西番山澤間，穴土爲窠，形如獺，夷人掘取食之。《魏志》云『大秦國出辟毒鼠』，似近此也。時珍曰：皮可爲裘，甚暖，濕不能透。

清　高寶銓《元秘史李注補正》卷二《土撥鼠》　《本草》李時珍曰：

《唐書》有鼧鼥鼠，即此。鼧鼥，言其肥也。《唐韻》(竹)[作]鸈鼥，音僕朴，俗訛爲土撥耳，蒙古人名答剌不花。皮可爲裘，甚暖，濕不能透。《飲膳正要》曰：雖肥而煮之無油味，[味]短，多食難尅化李。藏器曰：土撥鼠生西番山澤間，穴土爲窠，形如獺，夷人掘取食之。《格致彙編》曰：土撥鼠亦名荷蘭豬。銓案：《元史·伯顔傳》曰：至元二十二年秋，宗王阿只吉失律詔伯顔代總其軍。伯顔令軍中有捕塔剌不歡之獸而食者，積其皮至萬。塔剌不歡，即答剌不花。《黑龍江外紀》曰：獺爾，穴居小獸也，毛色如土，不甚暖，貧者服之。相傳獺爾爲穴出積土，一仰卧載之，衆銜尾曳之，久之載土者背毛盡脱，鞟僅存。俗有奴才獺爾之稱。獺爾亦即答剌轉音，而《契丹志》言貔貍如鼠而大，味如豚肉，蓋亦即土撥鼠矣。

圖表

明　李時珍《本草綱目·圖卷》

木狗

綜述

明　李時珍《本草綱目》卷五一　木狗《綱目》

集解：時珍曰：按熊太古《冀越集》云：木狗生廣東左右江山中，形如黑狗，能登木。其皮爲衣褥，能運動血氣。元世祖有足疾，取以爲袴，人遂貴重之，此前所未聞也。珍嘗聞蜀人言，川西有玄豹，大如狗，黑色，尾亦如狗。其皮作裘褥，甚暖。冬月遠行，用其皮包肉食，數日猶温。彼土亦珍貴之。此亦木狗之屬也。故附見於此云。

圖表

明　李時珍《本草綱目·圖卷》

黃鼬

綜述

漢　許慎《説文》卷一〇　鼬，如鼠，赤黄而大，食鼠者。从鼠，由聲。余救切。

宋　戴侗《六書故》卷一八　鼬，余救切。鼠狼也。如鼠而大，狼尾，赤黄色，能食鼠。又作鼩狖。鼩，又而隴切。《説文》曰：鼠屬。

又　鼱鼩，盗盈切。，權俱切。東方朔曰：鼱鼩之襲狗。如淳曰：小鼠也。郭氏曰：今鼠狼。又曰：小鼠也。《爾雅》曰：鼠之屬，有鼢、鼸、鼷、鼶、鼬、鼩、鼭、鼣、鼫、鼤、鼨、鼮、鼰。《爾雅》名物未可盡信，但如《爾雅》説，則鼱、鼩爲二物。

明　李時珍《本草綱目》卷五一　鼬鼠音佑《綱目》　釋名：黄鼠狼、《綱目》鼪鼠、音生，去聲。鼧鼠、音谷。地猴。時珍曰：按《廣雅》，鼠狼即鼬也，江東呼爲鼪。其色黄赤如柚，故名。此物健於捕鼠及禽畜，又能制蛇虺，《莊子》所謂『騏驥捕鼠，不如狸鼪』者，即此。集解：時珍曰：鼬，處處有之。狀似鼠而身長，尾大，黄色帶赤，其氣極臊臭。許慎所謂『似貂而大，色黄而赤』者是也。其毫與尾可作筆，嚴冬用之不折，世所謂『鼠須栗尾』者是也。

明　方以智《通雅》卷四六　鼶鼬，鼠郎也。《太平御覽》有鼠郎，邢昺以鼷爲鼠郎。凡夫曰：《夏小正》有鼶鼬，即鼠郎也。今曰狼猫，江北曰黄鼠狼。按《玉篇》：鼫鼠，頭似兔，尾有毛，黄黑色。此狀即狼猫也。朱子注鼫鼠，但以大訓之。《蜀圖經》所云虎鼠即鼩鼠，則刺猬也。猬一作彙，一名蝟鼠。《談藪》言虎居草者，畏木上有趯鼠也。趯、鼩一聲，鼩省爲鼩，音豹道昭，音灼，非此《爾雅》之豹文鼮也。

紀事

唐　孫光憲《北夢瑣言》卷一三《鼠狼智》　相國張公文蔚莊在東都北一作柏。坡，莊内有鼠狼穴，養四子，爲蛇所吞。鼠狼雄雌情切，於穴外坋土恰容蛇頭，俟其出穴，果入所坋處出頭，度其回轉不及，當腰齧斷而劈蛇腹，啣出四子，尚有氣，置於穴外，銜豆葉嚼而傅之，皆活。何微物而有情有智若是乎？最靈者人胡不思也。

宋　洪邁《夷堅支志·戊》卷七《錢氏鼠狼》　錢仲本爲大理評事日，其僕以五百錢就市買一鼠狼，黠而馴。每於人手内取食，戲擾於傍，如素所蓄者。嘗爲猫所偪，欲加搏噬。狼奮前迎攫之，猫辟易而退，自此不敢復犯。其捕鼠，無論巨細近遠，必追襲，擣其穴擒之。官舍多以松板布地，有爲鼠所齧破而往來者，輒亦深入而搜取之。數月之間，羣輩掃跡殆絶。隣居朱評事家，僕育數雞，警視稍不謹，中夜常爲物登其背啄食，但勃擲作聲，則已死。他日，專伺之，乃鼠狼也。僕乘間執殺之，剥其皮，釘於壁。錢氏失此騺物，悼惜不已。久之，鼠暴如故。

藝文

明　劉嵩《槎翁詩集》卷四《黄鼬》　黄鼬雄於鼠，蕭騷散尾毛。窺簷林雀噪，出穴屋雞號。攘攘緣高樹，踆踆伏淺蒿。惟餘管成子，猶得利霜毫。

圖表

晉 郭璞《爾雅音圖·釋獸》

明 李時珍《本草綱目·圖卷》

香鼠

綜述

宋 周去非《嶺外代答》卷九《香鼠》 香鼠至小，僅如指擘大，穴於柱中，行地上，疾如激箭。官舍中極多。

宋 范成大《桂海虞衡志·志獸》 香鼠至小，僅如指擘大，穴于柱中，行地中，疾如激箭。

清 嵇璜《續通志》卷一八〇 香鼠出河南密縣，長寸餘，香類麝。

清 方旭《蟲薈》卷二《毛蟲·香鼠》 《正字通》：河南禹州密縣雪霽山有香鼠，長寸餘，齒鬚畢具。其身有香如麝，然踰大路則死。

紀事

清 周亮工《因樹屋書影》卷五《香鼠》 予鄉密縣西山中，多香鼠，較凡鼠頗小，死則有異香。蓋山中之鼠，多食香草，亦如獐之有香臍也。山中人多捕之，以應州邑之索。得則置篋笥中，經年香氣不散。予得數枚，攜歸金陵。語第二兒在揚曰：革囊化則俱臭，此乃獨香何居？兒曰：此正其臭處。當時極賞其慧，不意此兒客歲夭折矣。拈筆記此，不禁潸然。

清 俞樾《茶香室四鈔》卷二九《香鼠》 國朝周亮工《書影》云：予鄉密縣西山中多香鼠，較凡鼠頗小，死則有異香。蓋山中之鼠多食香草，亦如獐之有香臍也。置篋笥中，經年香氣不散。

鼯鼠　飛生

綜　述

《爾雅·釋鳥》　鼯鼠，夷由。注：狀如小狐，似蝙蝠，肉翅。翅尾項脅毛紫赤色，背上蒼艾色，腹下黄，喙頷雜白。脚短，爪長，尾三尺許。飛且乳，亦謂之飛生。聲如人呼，食火烟。能從高赴下，不能從下上高。音義：鼯，音吾，或作鴮。由，字或作鼬。狐，音呼。項，乎講反。脅，許業反。喙，許穢反。呼，火故反。上，時丈反。疏：鼯鼠，一名夷由。

宋　鄭樵《通志》卷七六　鼺鼠，即飛生也，一名鼯鼠。【略】鼯鼠，《爾雅》曰夷由，似蝙蝠而大翅，尾長三尺許，背上蒼艾色，脚短爪長，飛且乳，故又名飛生。聲如人呼，食火烟。能從高赴下，不能從下升高。鼯音吾。

宋　姚寬《西溪叢語》卷下　《上林賦》『蜚鸓』，《史記》作『蠝』，《漢書》作『鸓』，郭璞音『誄』，《神農本草》作『鸓鼠』，音『羸』，飛鼠也。其狀如兔而鼠首，以其髯飛。《爾雅》：鼯鼠，一名夷田。郭璞云：狀如小狐，似蝙蝠，肉翅。尾項脇毛紫赤色，背上蒼艾色，腹下黄喙頷雜白。脚短，爪長三尺許，飛且乳，亦謂之飛生。聲如人呼，食竈烟。能從高赴下，不能從下上高。陶隱居：鸓是鼯鼠，一名飛生，産婦持之易生。

宋　羅願《爾雅翼》卷二三《鼯》　鼯與伏翼皆鼠類，而《爾雅》在《釋鳥》中，以其有肉翼也。鼯狀如小狐，翼大率如服翼翅，尾項脅毛紫赤色，背色蒼艾，腹下黄喙頷雜白，脚短，爪長，尾三尺許，好暗夜行飛且乳，亦謂之飛生。聲如人呼，食火煙，能從高赴下，不能從下上高。東吴諸郡皆有之，又謂之梧鼠。《荀子》曰：梧鼠五技而窮。謂能飛不能上屋，能緣不能窮木，能游不能渡谷，能穴不能掩身，能走不能先人，雖多技能，皆有窮極也。鼯既飛走且乳，故將娩者持其皮毛則易生。今鼯鼠來近人處，夜鳴人輒忌之，以爲旁里當有死者。伏甗聽其聲，以爲能得所呼死者之名云。一名夷由，一名鸓，又名飛蠝，又名鼺鼠。詳其性，乃食煙火，獨爲不可曉然。西域復有火鼠，在烈火中，人取其毛緝之，號火浣布，此又何也？張揖曰：飛蠝，飛鼠也。其狀如兔而鼠首，以其頓飛。《山海經》曰：丹熏之山有獸焉，其狀如鼠而兔首麋耳，其音如嗥犬，以尾飛，名曰耳鼠。

宋　陳耆卿《赤城志》卷三六《風土門一》　飛生鳥，《本草》云：鸓鼠出山都平谷，即飛生鳥也。狀如蝙蝠，大如鴟鳶，毛紫色，常夜飛生子。南人多以爲怪，藏其皮。諺謂臨産者持之則易娩。

宋　戴植《鼠璞》卷下《鼯鼠五技》　《本草》謂螻蛄爲鼫鼠，即《荀子》『鼯鼠五技而窮』者，謂之鼫鼠，而引鼯鼠事，全不可曉。《荀子注》稱鼯能飛不能上屋，能游不能渡谷，能緣不能窮木，能走不能及人，能穴不能覆身。許氏《説文》言，今河東有碩鼠，大能人立，前兩脚於頭上，跳舞善鳴，食人禾黍，逐則走入空樹中，有五技。《本草》之論，其果然耶？《爾雅》於『螌』曰：天螻也。不聞有鼯鼫之説。《疏》曰：一名碩鼠。《疏》作於本朝諸公，非正文也。於『鼫鼠』注，雖引蔡邕螻蛄之説，郭璞以爲形大如鼠，頭似兔，尾有毛青黄色，好在田中食粟豆，關中呼爲鼩鼠。則與蔡説不同。於『鼯鼠，夷蚰』注云：似蝙蝠，肉翅，飛且乳，亦名飛生，音如人，食火煙。又與螌不類。郭璞《鼯鼠贊》曰：鼯之爲鼠，食煙棲林。載飛載乳，乍獸乍禽。反藉孕婦，人爲大任。《鼫鼠贊》曰：五能之鼠，伎無能執。應氣而化，翻飛駕集。詩人歌之，無食我粒。是鼯、鼫判然二物，非技明矣。前輩詩用鼯處極多。韓愈詩：「猿呼鼯嘯鷓鴣啼，蛟龍出没猩鼯號。」李白詩：『鼯啼桂方秋』，『飢鼯嚬呻』。杜甫詩：『抨弓落歘鼯，飢鼯訴落藤。』蘇詩：『磨鼯號古戍，飢鼯嗅空案。』俱不及於五技。黄詩雖云『五技鼯鼠笑鳩拙』，亦不以爲螌。前輩嘗以蔡説爲非，《本草》必因邕而附益之。不然則螻蛄之五技偶與鼯鼫同，因以名之。若鼠頭、兔尾、人立、跳舞，與飛乳、人音，决非螻蛄，明矣。

宋　戴侗《六書故》卷一八　鼯鼯，五胡切。《荀子》曰：梧鼠五技而窮。《爾雅》曰：鼯鼠，夷由。郭璞曰：狀如小狐，似蝙蝠，肉翅。翅尾項脅毛紫赤色，背蒼艾色，腹下黄喙頷雜白，脚短，爪長，尾三尺許，飛且乳，亦謂之飛生。《説文》：鼯，五技鼠也。能飛不能過屋，能緣不能窮木，能游不能度谷，能穴不能掩身，能

走不能先人。按：飛生，今俗所謂伏者似之。又有所謂櫟鼠者，常在木間，無翼而跳捷如飛，尾長如彗。《詩》所謂碩鼠，乃鼠之碩大者。《序》云：貪而畏人，若大鼠。蓋亦不過以碩爲大也，不當別立鼫文。梧鼠五技，蓋約言其技之多而卒窮，非謂每技輒窮也。別又作鼯。

又 鼺 【略】飛生也。《說文》：鷽，从鳥，鼠形，飛走且乳之鳥也。按：生即飛生，實鼠類，而非鳥類，與鼯俱謁而从鳥。蓋以其在林間如鳥而飛，故俗書从鳥爾。又作蝙。

明 李時珍《本草綱目》卷四八 鸓鼠纍、壘二音。《本經》下品 校正：鸓鼠原在獸部，今據《爾雅》、《說文》移入禽部。釋名：鸓鼠、《本經》鼯鼠、《爾雅》耳鼠、《山海經》夷由、《爾雅》鶇、《禽經》飛生鳥。弘景 時珍曰：案：許慎《說文》云：鸓，飛走且乳之鳥也，故字從鳥。又名飛生。《本經》從鼠，以形似也。此物肉翅連尾，飛不能上，易至礧墜，故謂之鸓。俗謂癡物爲鸓，義取乎此。亦名鼯鼠，與螻蛄同名。集解：《別録》曰：鸓鼠生山都平谷。弘景曰：此鼠即鼯鼠，飛生鳥也。狀如蝙蝠，大如鴟鳶，毛紫色，暗夜行飛。人取其皮毛與産婦持之，令易生。頌曰：今湖嶺山中多有之。南人見之，多以爲怪。宗奭曰：關西山中甚有。毛極密，俱向下飛，不能致遠。人捕取皮爲暖帽。時珍曰：案郭氏注《爾雅》云：鼯鼠狀如小狐，似蝙蝠，肉翅，四足。翅尾項脇毛皆紫赤色，背上蒼艾色，腹下黄色，喙頷雜白色。脚短，爪長，尾長三尺許，飛而乳子，子即隨母後。聲如人呼，食火烟。能從高赴下，不能從下上高。性喜夜鳴。《山海經》云『耳鼠狀如鼠，兔首麋耳，以其尾飛，食之不眯，可禦百毒』，即此也。其形翅聯四足及尾，與蝠同，故曰以尾飛。生嶺南者，好食龍眼。

明 陳懋仁《庶物異名疏》卷二六《夷猶》 《爾雅》：鼯鼠，一名夷猶。狀如小狐，似蝙蝠，肉翅。翅尾項脅毛紫赤色，背上蒼艾色，腹下黄，喙頷雜白。脚短爪長，尾三尺許，飛且乳，亦謂之飛生。聲如人呼，食烟火。能從高赴下，不能從下上高。仁謂：此獸生俱高處耶，不然既下不上，上復何下？

清 愛新覺羅·弘曆《清朝通志》卷一二六 飛鼠，首及尾皆似鼠，翅與飛狐同，産口外。見《聖祖御製幾暇格物編》。

紀事

宋 江休復《嘉祐雜志》 司馬君實侍先君，知鳳翔府竹園中得一物如蝙蝠，巨如大鴟，莫有識者。有自南山來者，云：此鼯鼠也，一名飛生，飛而生子。每欲飛，則緣樹至顛，能下不能高也。

藝文

晉 郭璞《飛鼠》（引自《漢魏六朝百三家集》卷五七） 或以尾翔，或以髯凌。飛鼠鼓翰，儵然皆騰。用無常所，惟神是馮。

又《鼯鼠》 鼯之爲鼠，食烟棲林。載飛載乳，乍獸乍禽。皮藉孕婦，人爲大任。

圖表

宋 唐慎微《證類本草》卷一八

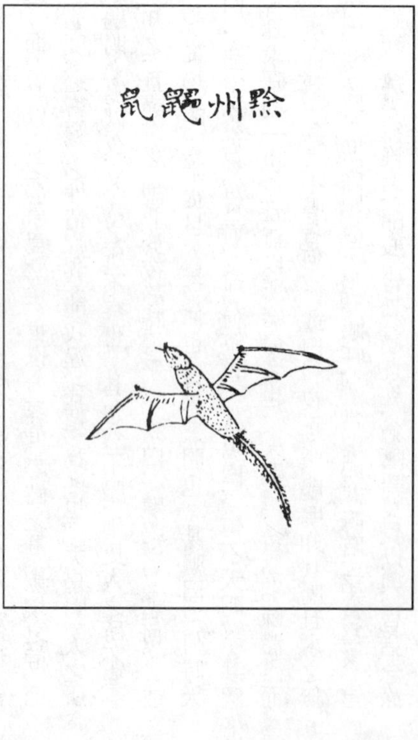

明 李時珍《本草綱目・圖卷》

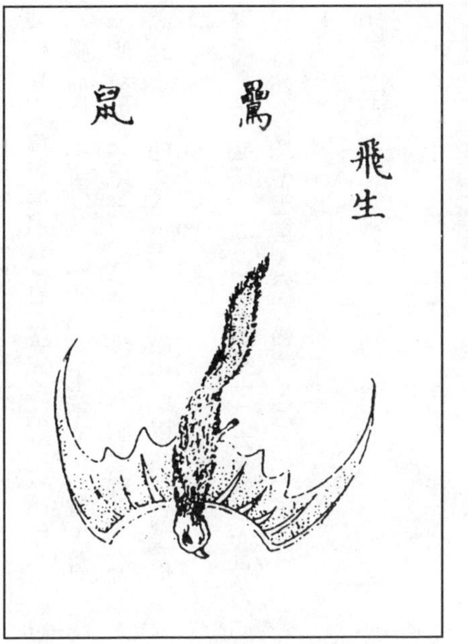

鶡鴠 寒號蟲

論説

元 陶宗儀《輟耕録》卷一五《寒號蟲》 五臺山有鳥名寒號蟲，四足，有肉翅，不能飛，其糞即五靈脂。當盛暑時，文采絢爛，乃自鳴曰：鳳凰不如我。比至深冬嚴寒之際，毛羽脱落，索然如鷇雛，遂自鳴曰：得過且過。嗟夫！世之人中無所守者，率不甘湛涪鄉里，必振拔自豪，求尺寸名，詑九族儕類，則便志滿意得，出肆入揚，以爲天下無復我加矣。及乎稍遇貶抑，遽若喪家之狗，垂首貼耳，摇尾乞憐，惟恐人不我恤。視寒號蟲何異哉！是可哀已。

清 張必剛《澹元》卷六《鶡鴠不鳴大雪初候》 邵子讀《易》于百原山。王天悦每夜乘月色訪之，見其在燈下正襟默坐，雖夜深不寐。夫天地萬物之理，未有不於静中澄心得也，而夜之深則尤静中之静。吾於静而觀其升降出入起伏，則萬類之神趣態度，皆莫能我違。吾於静而候其呼吸倡和，則萬類之氣機響籟，皆莫能我遁。吾於静而審其喜怒愛惡攻取，則萬類之性情，皆莫能我逃。而要必以心之静者爲之主，惟以心之静，際時之静，處境之静，而後萬類之態度、之響籟、之性情，始莫能我違、我遁、我逃也。夫鳥鳴，人之所不察也。鶡鴠之鳴以夜，又人之所不察也。其忽然不鳴，則更人之所不察。而古人察知之，且謹書之，謂非於夜静時得乎？系曰：鶡鴠之名謂何？或曰：鶡之字從曷，鴠之字從旦。曷，何也。旦，天明也。其鳴曰：何時天明？或曰：鶡字不從曷，從盍。盍，何不也。其鳴曰：何不天明？其解不同，其解其求曙則一也。且皆以所鳴命名也。夫鶡鴠之鳥，羽疎體露而凍，倒懸巖樹而號。其言不鳴者何？或曰：夜正永，鶡鴠知其鳴且求之無益也。或曰：冬將至而陽回，故不鳴。嗚呼！當鶡鴠悲鳴時，諸貴富家，穹樓邃室盛姬妾，擁裘褥帷席，酣寢徹旦。櫺且紅，猶囈語莫覺以興，豈猶念深山窮簷間有人焉？覆破衾，凍且欲死，而號曙待曝，如倒懸者乎？夫倒懸者，望濟於人，不安寢而待旦者，急濟人之人也。世惟仁人能急濟人，惟貴富者能濟人。以仁人而得貴富，則其濟人當如陽氣之回。嘻，有濟人之權者，慎毋使人知其不我濟而遂不號哉？抑又如前所謂者，則古今之字義繆其訓而不協者，又豈少哉？贊曰：巖溜滴雲根，人烟淡村樹。幽人一徘徊，山鳥閒相遇。

綜述

漢 揚雄《方言》卷八 鶡鴠，鳥似雞，五色，冬無毛赤倮，晝夜鳴。侃旦兩音。周魏齊宋楚之間謂之定甲，或謂之獨春，好似低仰。自關而東謂之城旦，言其辛苦，有似於罪禍。或謂之倒懸，好似懸於樹也。或謂之鴠鴠，自關而西、秦隴之内謂之鶡鴠。

漢 許慎《説文》卷四 鴠，渴鴠也。从鳥，旦聲。得案切。

宋 釋贊寧《東坡先生物類相感志》卷八《寒號》 出北地，糞成樵石

形，俗謂之五靈脂。

宋　朱勝非《紺珠集》卷八《鶡鴠》　鳥似鷄，色五色，冬亦無毛，常赤倮，晝夜鳴。音侃旦。宋魏間謂之定甲，或曰獨春，言好自低昂也。

明　楊慎《丹鉛總録》卷五《鶡鴠》　鶡鴠不鳴，《禮·月令》文也。《禮》引《詩》又作『盍旦』。注：鶡旦，鳥夜鳴求旦也。郭璞《方言注》：鳥似鷄，冬無毛，晝夜鳴。今北方有鳥名寒號蟲，即此也。《説文》作『鴇鴠』，又作『鳱鴠』，蓋自旱省爲干，故鴇或作鳱也，猶《禽經》鴻鴈之鴈作鳱，厈省爲干，故鳱或爲鳱，皆古鴈字也。然則鶡鴠字正當作鴇，省作鳱，作鶡非。鶡，乃鬬鳥，古以其羽爲勇士冠者，非此同也。盍旦、渴旦皆以義借用耳。唐詩：暗蟲啼渴旦，凉葉墜相思。

明　李時珍《本草綱目》卷四八　寒號蟲宋《開寶》　校正：自蟲部入此。釋名：鶡鴠、獨春，屎名五靈脂。時珍曰：楊氏《丹鉛録》謂寒號蟲即鶡鴠，今從之。鶡鴠，《詩》作盍旦，《禮》作曷旦，《説文》作鴇鴠，《廣志》作侃旦，唐詩作渴旦，皆隨義借名耳。揚雄《方言》云：自關而西謂之鶡鴠，自關而東謂之城旦，亦曰倒懸，周魏宋楚謂之獨春。郭璞云：鶡鴠，夜鳴求旦之鳥，夏月毛盛，冬月裸體，晝夜鳴叫，故曰寒號，曰鶡旦。古刑有城旦春，謂晝夜春米也，故又有城旦、獨春之名。《月令》云：仲冬曷旦不鳴。蓋冬至陽生漸暖故也。其屎名五靈脂者，謂狀如凝脂而受五行之靈氣也。集解：志曰：五靈脂出北地，寒號蟲糞也。禹錫曰：寒號蟲四足，有肉翅，不能遠飛。頌曰：今惟河東州郡有之。五靈脂色黑如鐵，采無時。時珍曰：曷旦乃候時之鳥也。五臺諸山甚多。其狀如小鷄，四足，有肉翅，夏月毛采五色，自鳴若曰：鳳凰不如我。至冬，毛落如鳥雛，忍寒而號曰：得過且過。其屎恒集一處，氣甚臊惡，粒大如豆，采之有如糊者，有粘塊如餹者。人亦以沙石雜而貨之。凡用以餹心潤澤者爲真。

明　慎懋官《華夷花木鳥獸珍玩考》卷七《得過且過》　華山有鳥名寒號蟲，方春時鳴曰：鳳凰不如我。至冬，毛羽皆落，則又鳴曰：得過且過。藥中五靈脂，即其糞也。得過且過，多福何如少遭禍。紇干山頭凍羽乾，真信鳳凰不如我，得過且過。丘濬

明　穆希文《蟫史集》卷三《寒號蟲》　《本草》云：寒號蟲，四足，有肉翅，能飛，不甚遠。其屎名五靈脂。《方言》曰：鶡鴠，魏齊宋楚間謂之定甲，或謂之獨春，自關而東謂之城旦，或謂之倒懸，以其倒懸鳴也，或謂之鴠鳴，自關而西謂之鶡鴠。郭注云：鳥似鷄，五色，冬無毛赤倮，晝夜悲鳴。丘瓊《山吟藁》云：華山有鳥名寒號蟲，方春時鳴曰：鳳凰不如我。至冬，羽毛皆脱，則又名曰：得過且過。《輟耕録》云：五臺山有寒號蟲，盛暑時文彩絢爛，至冬羽毛盡脱。

明　李中立《本草原始》卷一〇　五靈脂出北地，寒號蟲糞也。今五臺山甚多。其狀如小雞，四足，有肉翅。夏月毛盛，冬月裸體，晝夜鳴叫，故曰寒號。郭璞云：鶡鴠，夜鳴求旦之鳥。《月令》云：仲冬曷旦不鳴。蓋冬至陽生漸暖故也。其屎名五靈脂者，謂狀如凝脂而受五行之靈氣也。

明　張存紳《增定雅俗稽言》卷三五　寒號蟲　華山有鳥名寒號蟲，春時鳴曰：鳳凰不如我。至冬，羽毛皆落，則又鳴曰：得過且過。藥中五靈脂，即其糞也。夫曰得過且過，可謂引分達時矣。何自冬徂春，輒忘寒苦，傲然誇口哉。噫，寒温，人所時有也，無若寒號然。號，平聲。

明　方以智《物理小識》卷一〇　鶡旦，十月毛落，而寒號忍凍。冬聚柏實食之，又自食其遺，遺而復食，故其矢爲五靈脂。此東壁所未詳者。

又《通雅》卷四五　盍旦，一作鳱旦，鶡旦、渴旦、鴇旦，寒號也。此升庵之確論。《坊記》引《詩》『相彼盍旦，尚猶患之』，注云：盍旦，夜鳴求旦之鳥。《鹽鐵論》亦載此，即鳱旦，《七發》用之。《月令》作鶡鴠，或作渴旦，又作鴇旦。《方言》鳱旦有定甲、獨春、城旦、倒懸之名。《周書·時訓》曰：大雪之日，鶡旦不鳴。升庵定以爲寒號，其鳴曰：鳳皇不如我；至冬毛落，鳴曰：得過且過。顧野王曰：鶡旦似雉而大，青色，有毛角，鬬死乃止，晝夜鳴，似雞。如此則《武弁》之鶡冠即一物。師古曰：非也。鶡雀之鶡音芬，本作鳻。此師古所見乎？《本草》：五靈脂乃寒號糞，如小雞，四足，有肉翅，不能飛遠，夏月毛生五色。醫用北地者良，其早寒也。

清　嵇璜《續通志》卷一八〇　鶡鴠，《詩》作盍旦，《禮記》曷旦。一名獨春，一名寒號蟲，夜鳴求旦之鳥也。鳴聲似春。形似雞，五色。冬無毛赤倮，晝夜鳴，故曰寒號。《方言》曰：自關而西謂之鶡鴠，自關而東謂之城旦，謂之倒懸，周魏齊宋楚之間謂之獨春。《月令》：仲冬之月，鶡鴠不鳴。《淮南子·時則訓》作鳱鴠。又《禽經》云：毅不知死。注云：鶡，毅鳥也。

清　方旭《蟲薈》卷一《羽蟲·鶡鴠》　《方言》：自關而西曰鶡鴠，自關而東曰城旦，又曰倒懸，周魏宋楚曰定甲，又曰獨春。旭按：鶡鴠，《詩》作

盍旦，《禮》作曷旦，《說文》作鶡鴠，唐詩作渴旦，《廣志》作侃旦。《正字通》：鶡鴠似小雞，四足，肉翅，不能遠飛。夏月毛五采，鳴曰：鳳凰不如我；至冬，毛落如鳥雛，鳴曰：得過且過。《丹鉛録》云：即寒號蟲也。屎名五靈脂，產五台山上。旭按《八紘譯史》云：小西天產四足鳥，大如鶩，鳴似鶴，肉翅，能飛，不能遠。其雛胎生，行則負之於背，人殺之不祥。亦此類也。

藝文

清 朱彝尊《曝書亭集》卷二〇《雜詩十五首》 華山有小鳥，自名寒號蟲。翻飛必自卑，毛羽恒不豐。物微免弋獲，幸得過凛冬。一朝條風至，自詡時命通。洗頭玉女盆，鼓翼白羊峯。謂鳳不如我，聽者誰汝容。鳳兮翔千仞，覽輝下梧桐。一鳴音節節，再鳴聲喈喈。雖言德之衰，物理豈終窮。

清 方式濟《出關詩·寒號鳥二首》(引自《述本堂詩集》) 深林鳥號寒，啾啾夜淒楚。唏哉造物情，不使生毛羽。營巢矢來朝，日暮復哀語。依倚熹光恩，顧盼自容與。崦嵫無停車，寒燠須臾許。苟安智慮失，過恃末路苦。持此鑒古今，人物同一數。

邊山盤千林，鬱鬱蒼烟裏。豈無一枝棲，或畏衆鳥詆。文翼不章身，脱羅差可喜。炎方翡翠居，邛隅任所止。抱志往相從，三躍不能起。百舌媚華春，慈烏困霜杞。誰語梧桐岡，噦音一憐爾。

清 沈學淵《桂留山房詩集》卷一《號寒鳥》 號寒鳥，鳳皇不如我。蘭苕翡翠春雲裏，碧桐花下收香坐。秋風吹冷萎蕤鎖，號寒鳥得過且過。山雞舞鏡鏡易破，桑扈啄粟粟易餓。蕭條雁户楚江濱，引入蘆花作被卧。

清 林昌彝《衣讔山房詩集》卷一《寒號蟲》 舉世皆趨熱，之蟲獨耐寒。寒號人不聽，不聽賞音難。得過吾且過，應作如是觀。怕逢秦吉了，巧舌博聲歡。

圖表

明 李時珍《本草綱目·圖卷》

蝙蝠

綜述

《爾雅·釋鳥》 蝙蝠，服翼。注：齊人呼爲蟙𧍪，或謂之仙鼠。音義：蝙，音邊。蝠，音福。蟙，章弋反。𧍪，亡北反。疏：蝙蝠，一名服翼。郭云：齊人呼爲蟙𧍪，或謂之仙鼠。《方言》云：蝙蝠，自關而東謂之服翼，或謂之僊鼠。自關而西秦隴之間謂之蝙蝠，北燕謂之蟙𧍪。

漢 揚雄《方言》卷八 蝙蝠，邊、福兩音。自關而東謂之服翼，或謂之飛鼠，或謂之老鼠，或謂之僊鼠。自關而西秦隴之間謂之蝙蝠，北燕謂之蟙

蠼。職、墨兩音案：《爾雅》：蝙蝠，服翼。郭注云：齊人呼爲蟙蠼，或謂之仙鼠。《疏》全引《方言》此條文並同。今《方言》各本僊訛作署，據《爾雅疏》所引訂正。《廣雅》『伏翼，飛鼠，仙鼠，蚥蠼也』本此。蚥即蟙。

漢　許慎《説文》卷一三　蝙，蝙蝠也。从虫，扁聲。布玄切。蝠，蝙蝠，服翼也。从虫，畐聲。方六切。

晉　崔豹《古今注》卷中　蝙蝠，一名仙鼠，一名飛鼠。五百歲則色白腦重，集則頭垂，故謂之倒折，食之神仙。

南朝梁　任昉《述異記》卷下　荆州清溪秀壁諸山，山洞往往有乳窟，窟中多玉泉交流，中有白蝙蝠，大如鴉。按《仙經》云：蝙蝠，一名仙鼠，千歲之後體白如銀，棲即倒懸，蓋飲乳水而長生也。

唐　李吉甫《元和郡縣志》卷三二　中峨眉山在縣東南二十里，有古穴，初纔容人，行數里漸寬，有鍾乳穴，穴有蝙蝠，其大如筐。

唐　段成式《酉陽雜俎續集》卷八　紅蝙蝠，劉君云，南中紅蕉花，時有紅蝙蝠集花中，南人呼爲紅蝙蝠。

唐　段公路《北户録》卷一《紅蝙蝠》　紅蝙蝠出瀧州，背深紅色，唯翼脉淺黑，多雙伏紅蕉花間。採者若獲其一，則一不去。南人收爲媚藥，與象鼻蟲、鸀珠、蠪蜂、諾龍爲比。象蟲，有鼻，長二寸許而紅，其前翼麴塵色，副翼爲斑紅色，多在龍眼樹上。鸀魚珠，《廣州記》云：鸀形如熨斗。郭璞云：形如惠文冠，青黑，十三足，雌常負雄，取之必得其雙。子如麻子，堪爲醬，即鸀子醬也。其珠如粟黄，南人或帶或磨飲之，云利市。蠪蜂，生於橄欖樹上，自呼其名，聲響巖谷。諾龍，純雄無雌，出瀧州。水族至其前者，即跳躍自置，諾龍取而食之。房千里《投荒録》亦具記。王子年《拾遺》云：有五色蝙蝠。《異物志》：鼉蝨魚因風雨入空木而化爲蝙蝠，其肉甚美。《靈芝圖説》曰：蝙蝠，《古今注》：一曰仙鼠，五百歲則色白腦重，集物則頭垂，故謂倒挂蝙蝠，食之神仙。《水經》云：夷道縣丹水遥亭下有石穴，穴中有蝙蝠，大者如鳥，倒挂。與《玄中記》説略同。服之壽萬歲。又《媚藥》載，嗽金鳥、辟寒金、三國時，昆明國貢魏嗽金鳥，鳥形如雀，色黄，常翱翔海上，吹金屑如粟，鑄以成器服，宫人争以鳥所吐金爲釵佩，謂之辟寒金，以鳥畏寒也。又宫人相嘲哢：不服辟寒金，那得帝王心。《爾雅》云：鳲鳩，今人云布穀，牝牡飛鳴，以翼相繫，云鳴鳩拂其羽。布穀脚脛骨、媚藥也，男左女右，帶之置水中，能相隨逐。鵲腦、《淮南萬畢術》曰：鵲腦令人相思。砂稜、一名苟子，能例行，置枕中，令夫妻相好。事見陳藏器《本草》。

蓋草、姑媱山帝女死焉，其名曰女尸，化蓋草，其葉胥成，言葉相重，音亦遥反，華黄服之媚於人，一名荒夫草，即此是也。荀草、青要之山有草，狀如蓌菅，似茅也。方莖，黄華，赤實，其本如藁本，名曰荀草，或作苞。服之美人色，令人更美艶也。左行草。使人無情，范陽常進《大業記》：錯彩䕺花，似左行草，花葉纖長而多色，正赤，甚美香也。獨未見録紅蝙蝠處，豈闕載乎？又有無風獨摇草，亦生嶺中，男女帶之相媚，頭若彈子，尾若鳥毛，兩葉開合，見人自動，故曰獨摇草。《本草拾遺》具也。又陳藏器云：榼子，蔓生，取子中，人多食之，主蠱毒，帶於衣，令人有媚，多迷人。子如土瓜，無毛，秋熟色赤，形如酒榼也。

五代　馬縞《中華古今注》卷下《蝙蝠》　一名僊鼠，一名飛鼠。五百歲色白脛重，集物則頭垂，故謂爲倒掛蝙蝠，食之神僊。

宋　李石《續博物志》卷七　丹水有石穴蝙蝠，大者多倒懸。百歲者倒懸，得而服之，使人神仙。

宋　鄭樵《通志》卷七六　蝙蝠，《爾雅》曰服翼，今亦謂之蝙蝠，鼠所化，故又名仙鼠。

宋　羅願《爾雅翼》卷一六《服翼》　蝙蝠，服翼。郭氏云：齊人呼爲蟙蠼，或謂之仙鼠。蓋服翼似鼠，有肉翅而黑，棲人家屋隙中，遇夜則飛，夏夜尤甚，捕蚊蚋食之。《新序》曰：黄鵠、白鶴，一飛千里，使之與燕、服翼試之堂廡之下，廬室之間，其便未必能過燕、服翼也。蓋燕晝飛，服翼夜動，皆工於室中盤旋者。然服翼肉翅而無羽，故無力，觸物輒墮，墮則不能復起。今洞谷中乃有大者，羣飛殷殷如風雷。《述異記》云：荆州青溪秀壁諸山，往往見乳穴，穴中玉泉交流，有蝙蝠千歲，體白如銀，棲則倒懸。或以爲腦重故，然此亦性之常，不爲異也。又今人以爲鼠食巴菽所化，顧其類亦自相生，不特化而已。《淮南》乃云：魚食巴菽而死，鼠食之而肥。《博物志》云：鼠食巴豆，三年重三十斤。不言化爲服翼，然則俗説蓋未可信也。

宋　戴侗《六書故》卷二〇　蝙蝠　蝙，布玄切。蝠，方六切。蝙蝠，伏翼也。似鼠而翼，夜飛食蚊。

明　李時珍《本草綱目》卷四八　伏翼《本經》上品　校正：時珍曰：《本經》上品有伏翼條，又有天鼠屎。今依李當之《本草》合而爲一。釋名：蝙蝠、音編福。

天鼠、《本經》仙鼠、《唐本》飛鼠、《宋本》夜燕。恭曰：伏翼者，以其晝伏有翼也。時珍曰：伏翼，《爾雅》作服翼，齊人呼爲仙鼠。《仙經》列爲肉芝。集解：《别録》曰：伏翼生太山川谷及人家屋間，立夏後采，陰乾。天鼠屎生合浦山谷，十一月、十二月采。弘景曰：伏翼非白色倒懸者，不可服。恭曰：伏翼即仙鼠也，在山孔中，食諸乳石精汁，皆千歲，純白如雪，頭上有冠，大如鳩鵲。陰乾服之，令人肥健長生，壽千歲。其大如鶉，未白者已百歲，而並倒懸，其腦重也。其屎皆白色，入藥當用此屎。頌曰：恭説乃《仙經》所謂肉芝者，然今蝙蝠多生古屋中，白而大者蓋稀。其屎亦有白色，料其出乳石孔者，當應如此耳。宗奭曰：伏翼日亦能飛，但畏鷙鳥，不敢出耳。此物善服氣，故能壽，冬月不食，可知矣。時珍曰：伏翼形似鼠，灰黑色，有薄肉翅，連合四足及尾如一。夏出冬蟄，日伏夜飛，食蚊蚋。自能生育，或云鼉虱化蝠，鼠亦化蝠，蝠又化魁蛤，恐不盡然。生乳穴者甚大。或云：燕避戊巳，蝠伏庚申。此理之不可曉者也。若夫白色者，自有此種爾。《仙經》以爲千百歲，服之令人不死者，乃方士誑言也。陶氏、蘓氏從而信之，迂矣。按李石《續博物志》云：唐陳子真得白蝙蝠，大如鴉，服之，一夕大泄而死。又宋劉亮得白蝙蝠、白蟾蜍仙丹，服之立死。嗚呼！書此足以破惑矣。其説始載於《抱朴子》書，葛洪誤世之罪，通乎天下。又《唐書》云：吐番有天鼠，狀如雀，大如貓，皮可爲裘。此則别是一種鼠，非此天鼠也。

明　吴之俊《獅山掌録》卷二〇《紅飛鼠》　紅飛鼠出交趾，背腹有深毛茸茸然，唯兩翼淺黑色，多雙伏紅蕉花間。捕者得其一，則其一不去。婦人買而帶之，以爲媚藥。

明　陳懋仁《庶物異名疏》卷二九《服翼》　服翼，蝙蝠。見《爾雅》。注：齊人呼爲蟙蠌。音蟙墨。《方言》謂之服翼。《春秋斗運樞》云：行失瑶光，則伏翼兩頭並翺。江淮山瀆之祠，則瑶光明。伏翼九足。《玄中記》：百歲伏翼色赤，止則倒懸。千歲伏翼色白，得之壽萬歲。陳思王賦曰：蝙蝠行不由足，飛不假翼。明伏暗動，盡是鼠形。謂鳥不似二足，爲毛飛而含齒。巢不哺㲉，空不乳子。不容毛羣，斥逐羽族。下不蹈陸，上不憑木。

清　屈大均《廣東新語》卷二四《蟲語·蝙蝠》　粤山多巖洞，蝙蝠宫之，以乳石精汁爲養。夏間出食荔支，冬則服氣。純白者大如鳩鵲，頭上有冠，或千歲之物。其大如鶉而未白，亦已百歲，而皆倒懸，其陽精在腦，腦重，故倒懸也。餘則背腹茜紅而肉翼淺黑，多雙伏紅蕉花間，雌雄不舍，捕者得其一，則一不去。婦人佩之爲媚藥。予詩：羅浮蝙蝠紅，雙宿芭蕉葉。相與帶在身，媚郎兼媚妾。或謂即肉芝，以藥制服之，身可肥健。未知然否？仁化有夜燕巖，蝙蝠多至數萬，旦暮分三道往還，聲如飄風，倏忽數十里。羅定有催生鼠，狀如兔而鼠首，以其髯飛，飛且乳，聲如人呼，喜食火烟，能從高赴下，不能從下上高，其毛可治難産。一名飛生，亦即蝙蝠也。又從化鰲頭嶺之右有蝙蝠石，石穴中多黄白蝙蝠，有大五六尺者。肇慶七星巖有五色蝙蝠，生黑洞中，遊人以火入，多見之，名伏翼。予詩：巖中伏翼撲人飛。

清　王士禎《香祖筆記》卷一〇　李石《續博物志》言：劉亮合仙丹，得白蟾蜍、白蝙蝠，服之立死。又陳子真得蝙蝠，大如鴉，食之，一夕大泄而死。又云：丹水有石穴蝙蝠，百歲者倒懸，得而服之，使人神仙。其自相矛盾如此。

清　陸廷燦《南村隨筆》卷二《白蝙蝠》　《李太白集》載荆州玉泉寺、青溪諸山，山洞往往有乳窟，窟多玉泉交流，中有白蝙蝠，大如鴉。《仙經》云：蝙蝠，仙鼠，千載之後，體白如銀，棲即倒掛，蓋飲乳水而長生也。南翔白鶴寺，蕭梁時僧行齊募建，有白鶴飛集於此，因名。棟間爲蝙蝠所窟，其糞淘出爲夜明沙，治目疾。寺僧往往以之覓利。蓋蝙蝠食蚊沙，乃蚊之目珠也。《蓴鄉贅筆》云：余寓寺中，夜間親見白蝙蝠飛撲於卧榻之前。則不獨荆州有之矣。

清　查慎行《人海記》卷下《飛狐》　飛狐本蝙蝠之類，毛深褐色，鋭頭缺口，似兔而長尾，尾長與身等。肉翅如鼊裙，四足生翅中，前足四爪，後足五爪，能飛，不踰尋丈。上於必忒舍勒圍中親射得之。

清　愛新覺羅·弘曆《清朝通志》卷一二六　飛狐，鋭頭缺口，耳小尾長，似狐，有肉翅連四足及尾，能飛，産於口外密林中。今山陝有飛狐嶺、飛狐口，當時必以物産得名。而《名勝志》曰：有狐食五粒松子，遂成飛仙。其説荒誕，皆因未知天下有所謂飛狐也。

紀事

宋　蔡絛《鐵圍山叢談》卷六　魯公以元祐末，帥蜀道過一小館，有物

倒懸於梁間，初疑爲怪，後見《古今注》，乃知爲蝙蝠也。又《抱朴子》亦謂，蝙蝠五百歲即白而甸懸，食之壽如其年。吾每記公此談。靖康初，貶邵陵，始發自長沙，愒一長亭。方坐，忽有類鴉、鴿從房中飛掠吾目過者，時亦以爲怪，跡其蹤，乃在堂中後空舍而倒懸，則知其爲伏翼矣。大爲之感愴。俄遷嶺外博白，暇日適與客行天慶祠，繞升殿，則觀梁間纍然倒懸者以十數，偷眼伺人，久忽飛去。博白天慶祠，實唐紫極宫也，則是物亦不下三四百歲矣。客有力勸吾羅捕取而盡食之者，因爲之一哂。

宋　李石《續博物志》卷六　宋劉亮合仙丹，須白蟾蜍、白蝙蝠，得而服之，立死。唐人陳子真得蝙蝠，大如鴉，食之，一夕大瀉而死。

宋　佚名《江南餘載》卷下　《靈芝圖》言：千歲蝙蝠，色如雪，目如珠，集則倒懸，以其腦重故也。服此可以長生。後主時，有人獲之，進上，上方事佛，禁殺戮而不用，後不知所之。

明　李詡《戒庵老人漫筆》卷四　三十六年丁巳九月初九日，在從弟廳中見大蝙蝠，約如鶉鴿，亦一異也。

藝文

三國魏　曹植《曹子建集》卷四《蝙蝠賦》　吁何姦氣，生兹蝙蝠。形殊性詭，每變常式。行不由足，飛不假翼。明伏暗動，盡似鼠形。謂鳥不似，二足爲毛，飛而含齒。巢不哺㲉，空不乳子。不容毛羣，斥逐羽族。下不蹈陸，上不馮木。

唐　白居易《白氏長慶集》卷三五《洞中蝙蝠》　千年鼠化白蝙蝠，黑洞深藏避網羅。遠害全身誠得計，一生幽闇又如何。

元　岑安卿《栲栳山人詩集》卷下《蝙蝠》　蠢爾不知賤，高高亦戾天。飢惟掠蚊蚋，飛不避鷹鸇。白晝身無措，黄昏意自便。緬思讒佞輩，與汝可周旋。

清　吴仰賢《小匏庵詩存》卷二《蝙蝠謡》　蝙蝠爾何物，翻飛下庭隅。吾怪汝，鵲不鵲，烏不烏，貉非貉，狐非狐。四足復雙翅，天公私汝與衆殊。麟鳳見之驚且愕，毛蟲羽蟲無此徒。檐宇依倚忘遠圖，虞人不屑施羅罟，何爲夜飛晝伏相支吾。汝今羽翼雖長成，前身鼠竊尚憶無，慎莫飛來嚇鵷雛。

雜録

晉　葛洪《抱朴子内篇·僊藥》　千歲蝙蝠，色白如雪，集則倒懸，腦重故也。此二物得而陰乾，末服之，令人壽四萬歲。

明　牛衷《增修埤雅廣要》卷二二《品物門·蟲族類·蝙蝠》　蝙蝠，飛鼠也。遇庚申，則伏而不出。與燕争晝夜不決，往問鳳凰，鳳凰方睡，乃往投訓狐。（《小説》）

明　焦周《焦氏説楛》卷四　千歲蝙蝠，白如雪，住則倒懸，腦重故也。

圖表

晉　郭璞《爾雅音圖·釋鳥》

宋 唐慎微《證類本草》卷一九

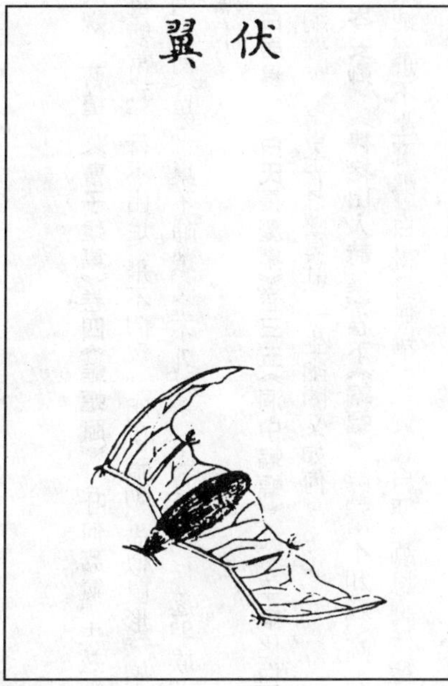

明 李時珍《本草綱目・圖卷》

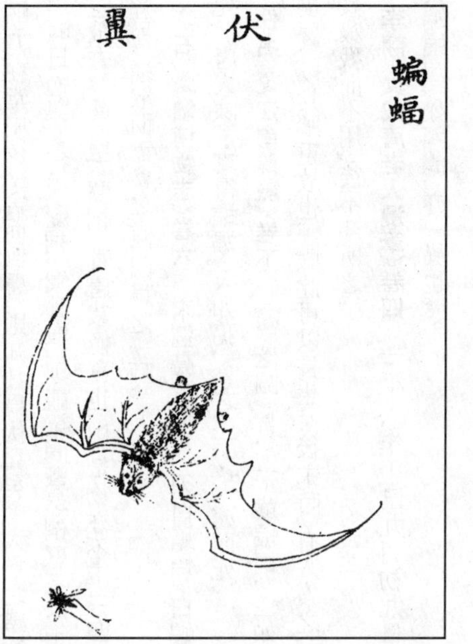

猬

綜述

《爾雅・釋獸》 彙，毛刺。注：今蝟狀似鼠。音義：彙，本或作猬，又作蝟，亦作𧒒，同音謂。刺，七賜反。疏：彙，即蝟也，其毛如針。

晉 干寶《搜神記》卷一三 蝟多刺，故不使超踰楊柳。

晉 常璩《華陽國志》卷四 有白蝟山，山無石，惟有蝟也。

宋 鄭樵《通志》卷七六 蝟有兩種，一種作猪蹄者，又名蠔猪；一種作鼠脚。舊云蝟能跳入虎耳中，而見鵲便仰腹受啄，物有相制如此。

宋 李石《續博物志》卷二 蝟能跳入虎耳中，見鵲便自仰腹受啄。

宋 陸佃《埤雅》卷四《蝟》 蝟可以治胃疾。《炙轂子》曰：刺端分兩岐者曰蝟，如棘針者曰蝝。蝟狀似鼠，性極獰鈍。物少犯近，則毛刺攢起如矢。《爾雅》所謂『彙，毛刺』者，即此也。見鵲便仰腹受啄，中其矢輒爛。故《淮南子》云：鵲矢中蝟，此理之可推也。舊説豹食豺，豺食蝟。又曰：蝟皮能整紕纇，染師用之刷紕物。《易》曰：拔茅茹，以其彙征，吉。彙之爲物，以類行，以類止，故又爲『以其彙征』、『以其彙貞』之彙。許慎曰：蟲似豪豬者。蓋豪豬毛如笄而端黑，附毛有鈴，大略如蝟也。傳曰：蝟膽甘，楝蜜苦。一曰：火鑠金，故鵲啄蝟。蝟能制虎，鵲能制蝟。蓋物之相制迭爲君臣如此，《莊子》所謂『是其時爲帝』者也。

宋 羅願《爾雅翼》卷二一《彙》 彙之爲獸小，小耳，其狀似鼠，而毛刺大者如小㹠，小者如爪。脚短，刺尾長寸餘，蒼白色，見人則藏面腹下，圓輥如栗房，攢毛外刺，不可摶執。漢元封二年，大雪深數尺，牛馬踡縮如蝟，蓋似此也。《淮南》曰：鵲矢中蝟，此類之不可推者。蝟獨畏鵲。《緯書》曰：火爍金，故鵲啄蝟。宋均曰：蝟有兵刺，故謂金。鵲處高，得火氣也。蝟見鵲便自仰腹受喙。或曰蝟極獰鈍，或惡鵲聲，故反腹令啄，欲掩取之，猶

蚌鷸耳，非有畏也。今人以彙皮理素之紕類者，其皮與山枳鼠皮相似，但枳鼠毛端兩岐爲别。彙有毛刺，故通爲品彙之彙。《易》曰：拔茅連茹，以其彙征，吉。萬彙之雜，然皆生如彙毛矣。至於豪者，其毫特達，出於其類，故才出人曰豪，亦謂此爾。傳曰：盗賊如蝟毛而起。彙可以治胃疾，故又從虫從胃。又從豸則爲猬，從大則爲猬。《西京賦》：擅狒猬。

明 黄省曾《獸經》 蝟鈍而獘。《爾雅》曰：彙，毛刺。邢昺疏曰：彙，即蝟也，其毛如針。《埤雅》曰：蝟狀似鼠，性極獰鈍。物小犯近，則毛刺攢起如矢。見鵲便仰腹受喙，具矢輟爛。《淮南子》曰：鵲天中蝟，此理之不可推也。是謂鈍而獘。

明 李時珍《本草綱目》卷五一 猬《本經》中品 校正：舊在蟲魚部，今據《爾雅》移入獸部。釋名：彙、古猬字，俗作蝟。毛刺、《爾雅》。蝟鼠。時珍曰：按《説文》彙字篆文象形，頭足似鼠，故有鼠名。宗奭曰：蝟皮治胃逆，開胃氣有功。其字從蟲從胃，深有理焉。集解：《别録》曰：猬生楚山川谷田野，取無時，勿使中濕。弘景曰：處處野中時有此獸。人犯之，便藏頭足，毛刺人，不可得。能跳入虎耳中，而見鵲便自仰腹受啄，物相制如此。其脂烊鐵，中入少水銀，則柔如鉛錫。《蜀圖經》曰：猬狀如貒、㹠，大者如㹠，小者如瓜。脚短，尾長寸餘，蒼白色，脚似豬蹄者佳，鼠脚者次之，去肉取皮火乾。又有山枳鼠，皮正相似，但尾端有兩岐爲别。又有虎鼠，皮亦相類，但以味酸爲别。又有山㹠，頗相似而皮類兔皮，其色褐，味甚苦。俱不堪用。時珍曰：猬之頭、觜似鼠，刺毛似豪豬，蜷縮則形如芡房及栗房，攢毛外刺，尿之即開。《炙轂子》云：刺端分兩頭者爲猬，如棘針者爲㺊，與蜀説不同。《廣韻》云：似猬而赤尾者名𧳜居。宗奭曰：乾猬皮並刺作刷，治紕帛絶佳。世有養者，去而復來。正誤：恭曰：猬極獰鈍，大如㹠，小如瓜，惡鵲聲，故反腹受啄，欲掩取之，猶蟜、蚌也。虎耳不受雞卵，且去地三尺，猬何能跳之而入？野俗鄙言，遂爲雅記，深可怪也。宗奭曰：唐注擯陶，理以當然。時珍曰：按《淮南子》云：猬使虎申，蛇令豹止。又云：鵲屎中猬。《緯書》云：火爍金，故鵲啄蝟。觀此則陶説非妄也，而蘇氏斥之，寇氏和之，非矣。蜈蚣制龍、蛇，蜒蚰、蛞蝓制蜈蚣，豈在大小利鈍耶？物畏其天耳。《蜀圖經》所謂虎鼠即鼩鼠，亦猬中一種也。孫愐云：鼩鼠能飛食虎豹。《談藪》云：虎不敢入山林而居草薄者，畏木上有𪕮鼠也。鼠見虎過，則咆噪拔毛投之，虎必生蟲瘡潰爛至死。鼩、𪕮音相近耳。猬能制虎，觀此益可徵矣。今正其誤。

明 穆希文《説原》卷一一 彙似鼠，小耳，而毛刺蒼白色，見人則藏面腹下，圓輥如栗房，攢毛外刺，不可搏執，即蝟也。然獨畏鵲，善治人胃疾。

明 王圻《稗史彙編》卷一六二《蝟》 蝟，毛順者雄，逆者雌。都下造濫縑帛者用之。

明 李中立《本草始》卷九 猬，一名彙，一名蝟鼠。生楚山川谷田野，今處處野中有之。大者如貒，小者如瓜，脚短，尾長寸餘，蒼白色，亦有純白色者。李時珍曰：按《説文》彙字篆文象形，頭足似鼠，故有鼠名。宗奭曰：蝟皮治胃逆，開胃氣有功。其字從虫從胃，深有理焉。

清 嵇璜《續通志》卷一八〇 猬，《爾雅》作彙，俗作蝟。狀似鼠，攢毛外刺似栗房，野中時有之。人犯之，便藏頭足，毛刺人，不可得。又《廣韻》云：似猬而赤尾者曰𧳜居。

紀事

唐 李百藥《北齊書》卷八《幼主紀》 初河清末，武成夢大蝟攻破鄴城，故索境内蝟膏以絶之。識者以後主名聲與蝟相協，亡齊徵也。

藝文

清 金虞《刺蝟詩》（引自《兩浙輶軒録》卷一五） 藏身荆棘任兒嬉，羽介鱗毛出類奇。相鼠有皮工作刺，皿蟲爲蠱最能醫。拳如雪後屯邊騎，怒即風生罵客髭。莫倚雄豪欺橡斗，須知虎視慣狐疑。刺促何如蝙蝠飛，尋常倉溷見應稀。豪豬相劣懣么麽，瓦載芒多訝茁肥。游女乍看秋芡坼，詩翁欲畫雨蓑歸。囊中纇脱知無分，只合埋頭困棘圍。

圖表

晉 郭璞《爾雅音圖·釋獸》

明 李時珍《本草綱目·圖卷》

鯪鯉

綜述

宋 羅願《爾雅翼》卷二一《鯪鯉》 鯪鯉，四足，似鼉而短小，狀如獺，徧身鱗甲，居土穴中，蓋獸之類，非魚之屬也。特其鱗色若鯉，故謂之鯪鯉，又謂之鯪豸。野人又謂之穿山甲，以其尾大能穿穴故也。能陸能水，出岸開鱗甲，不動如死，令蟻得入，蟻滿便閉甲，入水開之，蟻皆浮出，因接而食之，故能治蟻瘻。《吴都賦》曰：陵鯉若獸。其字從陵，以其居陸也。後魏高宗時，兖州東郡吏獲此獸，京師無識者，唯高祐識之，以爲三吴所出，餘城所無，時謂博識。考《天問》曰：鯪魚何所？王逸以爲鯉，一云陵鯉也。有四足，出南方，蓋以爲此獸。故釋《吴都賦》者，亦引以爲證。至柳宗元《天對》乃云：鯪魚人貌，邇列姑射。則是用《山海經》所謂『西海中近列姑射山有陵魚，人面，人手，魚身，見則風濤起』者爾，非此物。

明 李時珍《本草綱目》卷四三 鯪鯉《别録》下品 釋名：龍鯉、郭璞穿山甲、《圖經》石鯪魚。時珍曰：其形肖鯉，穴陵而居，故曰鯪鯉，而俗稱爲穿山甲，郭璞賦謂之龍鯉。《臨海記》云：尾刺如三角菱，故謂石鯪。集解：頌曰：鯪鯉即今穿山甲也。生湖廣、嶺南及金、商、均、房諸州，深山大谷中皆有之。弘景曰：形似鼉而短小，又似鯉而有四足，黑色，能陸能水。日中出岸，張開鱗甲如死狀，誘蟻入甲，即閉而入水開甲，蟻皆浮出，因接而食之。時珍曰：鯪鯉狀如鼉而小，背如鯉而濶，首如鼠而無牙，腹無鱗而有毛，長舌尖喙，尾與身等。尾鱗尖厚，有三角，腹内臟腑俱全，而胃獨大，常吐舌誘蟻食之，曾剖其胃，約蟻升許也。

明 穆希文《蟫史集》卷七《鯪鯉》 《圖經本草》曰：鯪鯉似鼉而短小，色黑，能鳴。舊云似鯉魚而有四足，能陸能水，日中上岸開鱗甲如死，蟻聞其腥而入其甲中，蟻滿便閉甲而入水，蟻皆浮出，因而食之。《本草會編》云：鯪鯉出湖嶺山谷中，狀如獺，遍身鱗甲，穴山而居，蓋獸之類。以其陵居，故字从陵。

又鱗色如鯉，故謂之鯉。野人謂之穿山甲，以其尾大能穿穴也。《異物志》曰：鯪鯉吐舌，蟻附之，因吞之。又開鱗甲，使蟻入其中，乃奮迅則舐取之。

明 屠本畯《閩中海錯疏》卷中《鯪鯉》 鯪鯉，一名穿山甲，似鯉而有四足，鱗甲堅厚，常吐舌出涎，須螻蟻滿其上，乃卷而食之。

清 嵇璜《續通志》卷一七九 鯪，一名鯉，見王逸《楚詞注》及《廣雅》，《本草》謂之穿山甲，《臨海水土記》曰鯪。背腹皆有刺，如三角菱。李時珍引見尾刺如三角菱，當從之。《臨海異物志》曰：鯪魚吐舌，蟻附之，因吞之。又開鱗甲，使蟻入其中，乃奮近則舐取之。

紀事

北齊 魏收《魏書》卷五七《高祐傳》 高宗末，兗州東郡吏獲一異獸，獻之京師，時人咸無識者。詔以問祐，祐曰：『此是三吴所出，厥名鯪鯉，餘域率無，今我獲之，吴楚之地，其有歸國者乎？』

圖表

宋 唐慎微《證類本草》卷二二

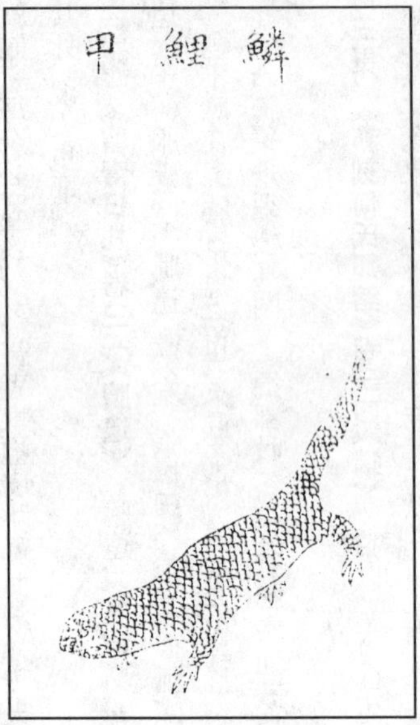

明 李時珍《本草綱目・圖卷》

猿猴

論説

《莊子・山木》 王獨不見夫騰猿乎？其得柟梓豫章也，攬蔓其枝而王長其間，雖羿、逢蒙不能眄睨也。及其得柘棘枳枸之間也，危行側視，振動悼慄。此筋骨非有加急而不柔也，處勢不便，未足以逞其能也。

宋 蔡卞《毛詩名物解》卷九《猱》 猱，體柔而善猜者也。猜者，犬之性，而猱善猜，故從犬。又猜以入人者，讒佞也，其狗猱焉。《角弓》論幽王之好讒佞，則曰：無教猱升木，如塗塗附。

明 宋濂《文憲集》卷二六《猿説》 武平産猿，隕毛若金絲，閃閃可觀。猿子尤奇，性可馴，然不離母。母黠不可致。獵人以毒傅矢，伺母間射之。母度不能生，灑乳於林飲子，灑已氣絶。獵人取母皮，向子鞭之，即悲鳴

而下，歛手就制。每夕必寢皮乃安，甚者輒抱皮跳躑而斃。嗟夫！猿且知有母，不愛其死，況人也耶！

明 田藝蘅《留青日札》卷三一《騰遠》 騰遠，《漢書》：其上則有宛雛孔鸞，騰遠射干。服虔曰：騰遠，獸名。張揖曰：射干，似狐，能緣木。夫騰遠既作獸，則不應在上，當是禽名也。《莊子》：騰猿得枳棘。《南都賦》：鸞鷟鵷雛翔其上，騰猿飛猵棲其間。《蜀都賦》：猨狖騰希而競捷。豈騰遠即騰猿邪？

明 何三畏《新刻何氏類鎔》卷三四《猿》 猿以五日而生，以百歲而變。猿之膽黑，以其食果而甜可飡。猿之臂長，以其引氣而久能壽。土石不踐而超遥于古木鬱葱之林，昏闇無聲而鼓嘯于高天澄霽之日。或掛藤而飲，或擁條而吟，或倚壁而啼，或向月而叫。使幽人之思絶俗，令騷客之涕沾襟。此何必對雍門之琴，聆嶰谷之管哉！是以落日頹而玄猿哭，山人去而曉猿驚。養由基矯矢而神猿號，巴西侯奉邀而巨猿醉。亡猿召延林之禍，窮猿無擇木之心。端州有擲筆化猿之婦人，周世有從征化猿之君子。越女道逢白猿而學劍術，孫臏夜遇白猿而授天書。玄猿善啼可當一部之鼓吹，高猿長嘯誰堪三峽之凄清。猿守爨于厨中，乃因魏元忠之使而至。猿報時于亭下，乃爲高太素幽棲而來。或猿爲黑衣之郎擲果于樹上，或猿爲白衣之婦掩袂于路隅。李約之游月夜，有猿名爲山公者，擊鐵鼓琴，必爲唱和。王縉之處嵩山，有猿化爲四叟者，高談劇飲，常自追隨。猿與王績論文異義，出于言外，卒以問匣取鏡而失聲。猿與山僧慣熟長呼，集于澗邊，遂以吮吻張喉而作梵。猿有野賓者，唤之即應，後雖入蜀哀叫，而猶識爲舊主人。猿有賜緋者，弄之頗馴，時每隨班起居，而皆號爲孫供奉。固非若狒狒淩人以就戮，猩猩甘酒而送死者比也。噫，亦異矣哉！

清 許纘曾《寶綸堂稿》卷七《書啓·猴説》 蜀地多猿猱，性貪而淫。其智巧足以自衛，故不甚畏人。【略】余在蜀三載，水陸所經，見猿猴之種類不一，有通左右臂者，有黑光如墨者，有大如童子小如鼯鼠者，有百臂相摟而飲于絶澗者，有一臂緣木縋而熟寢者，有什伍成羣騷擾行旅者。

又《猩猩説》 《山海經》曰：有獸人面，名曰狌狌。即猩猩也。二足，無尾，能學人語。其肉可食，其血可以染朱罽，其唇爲八珍之一，其性知往而不知來，亦知人名姓。《蜀志》裴炎曰：里人以酒并糟設于路側，織草爲履，更相連結。猩猩見之，則知張者祖先姓氏及呼名，云：奴欲張我。捨爾而去。復自再三相謂曰：試共嘗酒。又飲其味，逮乎醉，因取履而着之，乃爲人所擒。太史公曰：夫海燕來巢，日與人作緣，而人莫之顧者，以其無用于時也。鵰飛千仞之上，象游桂林之野，而終不能全軀遠害焉，以其爲世之所徵求也。崇見戮，憬然悟曰：奴輩利我財耳。猩猩之待用于織紝而朵頤于口腹者，不亞于鵰之羽、象之齒矣。縱深自韜晦，潛踪匿影，猶難免于皮冠之弋獲。乃荒耽于曲蘗，戀戀于敝屣，危機在前，陰仇在側，身亡之，勿惜而羣游以逞，不旋踵而血染刀頭，膏塗鼎俎。所謂以智自焚，以謀自賊者，其斯之謂歟？

清 盧文弨《龍城札記》卷二《狌狌猩猩》 狌狌與猩猩似二獸。狌狌善走，猩猩知人前代名字，嗜酒被縛，不相同也。《山海經·南山》載《狌狌讚》云：『狌狌似猴，（御覽作狐。）走立行伏。懷木挺力，少辛明目。蜚廉迅走，豈食斯肉。』《海内南經》又有一讚云：『狌狌之狀，形乍如犬。厥性識往，爲物警辨。以酒招災，自貽纓罥。』是兩者性行不同。後當作猩猩，今亦作狌狌，誤也。乃《太平御覽》獸類只有猩猩，無狌狌，載《山海經》前讚，改作猩猩似狐，不載後讚。乃又有郭璞《猩猩讚》云：『能言之獸，是謂猩猩。厥狀似貛，（集作猴。）號音若嬰。自然知往，頗測物情。』與《山海經》後讚略同。其爲猩猩無疑矣。而前贊止言善走，不言識往，則狌狌非即猩猩。乃《山海經》俱作狌狌，《御覽》又俱作猩猩，似皆失之不考。

綜述

《爾雅·釋獸》 狒狒，如人，被髮，迅走，食人。注：梟陽也。《山海經》曰：其狀如人，面長唇黑，身有毛，反踵，見人則笑。交廣及南康郡山中亦有此物，大者長丈許，俗呼之曰山都。音義：（狒字又作𩷶，或作禺，同。《説文》云：周成王時，州靡國獻𩷶。𩷶，人身，反踵，自笑，笑則上唇弇其目，食人。北方謂之土螻，讀若費。費，一名梟陽，今依許，扶味反。沈，音沸，郭簿昧反，又音備。郭云：俗呼曰山都。案：相傳云此獸人面，長唇，身有毛，好食人。得人則笑，而脣覆其面，人亦因而獲

之。故左思《吴都賦》云『𤜶𤜶笑而被格』是也。被，皮義反。梟，力堯反。脣音純。疏：狒狒，獸名，狀如人，被髮，疾走，食人。《山海經》謂之梟陽，又謂之贛。《周書·王會》云：北方謂之吐嘍。云『《山海經》曰』者，《海内南經》文也。案：彼文云梟陽，在北朐之西，其狀人面長脣，有毛，反踵，見人笑亦笑，左手操管。又《海内經》云：笑則脣蔽其目，因即逃也。故郭讚云：『狒狒怪獸，被髮操竹。獲人則笑，脣蔽其目。終亦號咷，反爲我戮』是也。云『反踵』者，脚跟反向也。《大傳》云：『周成王時州靡國獻之』也。贛音感。

【略】蒙頌，猱狀。注：即蒙貴也。狀如蜼而小，紫黑色。可畜，健捕鼠，勝於貓。九真、日南皆出之。猱亦獼猴之類。音義：蒙，莫東反。猱，奴刀反，本或作獿，郭女救反。蜼，餘水反。畜，許六反。捕，音步。勝，尸證反。貓，音苗。獼，音彌。猴，音侯。疏：蒙頌，一名蒙貴，狀似猿猱，故曰猱狀。猱、蝯，善援。注：便攀援。音義：蝯，音袁。援，音袁，猶引也。疏：猱，一名蝯，善攀援樹枝。郭云『便攀援』者，便謂便捷也。玃父，善顧。注：貑玃也，似獼猴而大，色蒼黑，能玃持人，好顧眄。音義：玃，字亦作貜，俱縛反。《説文》云：大母猴也。父，音甫。貑，本或作麚，音古牙反。眄，亡見反。疏：大猨也，能玃持人，又善顧眄，因名云。【略】蜼，卬鼻而長尾。注：蜼，似獼猴而大，黄黑色，尾長數尺，似獺，尾末有岐。鼻露向上，雨即自縣於樹，以尾塞鼻，或以兩指。江東人亦取養之。爲物捷健。音義：蜼，音誄，《字林》余繡反，或餘李、餘水二反。卬，五剛反。數，所主反。獺，勑鎋反，又勑末反。岐，音祁。縣，音玄。捷，才接反。疏：蜼，亦猴類之獸，鼻卬而尾長大。《山海經》曰『鬲山多猨蜼』是也。猩猩，小而好啼。注：《山海經》曰：人面豕身，能言語。今交趾封谿縣出猩猩，狀如貛豘，聲似小兒啼。音義：猩，音生。郭云：人面豕身，能言語。又云：狀如貛豘，聲似小兒啼。案：《禮記》云『猩猩能言，不離禽獸』是也。好，如字，又呼報反。谿，音溪。趾，音止。豘，徒門反。《字林》云：小豕也。《説文》作豚。又云：籀文也。疏：能言獸也。《曲禮》曰：猩猩能言。《周書·王會》曰：都郭狌狌，狌狌若黄狗，人面，能言。注云《山海經》者，《海内南經》文也。

漢　許慎《説文》卷一三　蝯，善援，禺屬。从虫，爰聲。臣鉉等曰：今俗别作猨，非是。雨元切。【略】蜼，如母猴，卬鼻長尾。从虫，隹聲。余季切。

三國吴　陸璣《毛詩草木鳥獸蟲魚疏》卷下《教猱升木》　猱，獼猴也。楚人謂之沐猴，老者爲玃，長臂者爲猨。猨之白腰者爲獑胡。獑胡、猨駿捷于獼猴。其鳴嗷嗷而悲。

晉　張華《博物志》卷三　猩猩若黄狗，人面，能言。

晉　崔豹《古今注》卷中　猿一名綠軍。

唐　段成式《酉陽雜俎》卷一五　山蕭，一名山臊，《神異經》作𤟤，一曰𤟤。《永嘉郡記》作山魅，一名山駱，一名蛟，一曰𧊅。一名濯肉，一名熱肉，一名暉，一名飛龍。如鳩青色，亦曰治烏。巢大如五斗器，飾以土堊，赤白相間，狀如射侯，犯者能役虎害人，燒人廬舍，俗言山魈。

又卷一六　猳玃，蜀西南高山上有物如猴狀，長七尺，名猳玃，一曰馬化。好竊人妻，多時形皆類之，盡姓楊，蜀中姓楊者往往玃爪。【略】狒狒，飲其血可以見鬼。力負千斤，笑輒上吻掩額，狀如獼猴，作人言，如鳥聲，能知生死。血可染緋，髮可爲髲。舊説反踵，獵者言無膝，睡常倚物。宋建武高城郡進雌雄二頭。

唐　蘇鶚《蘇氏演義》卷下　世目無朋侶者爲獨，蓋獸名也。許慎云：北嚻山有獸名獨狢焉，其狀如虎，白身豕鬣，似馬尾。行止無伴，遂名曰獨。

宋　釋贊寧《東坡先生物類相感志》卷一〇《獨獸》　出江南武當山，往往有狀如獅子，蒼黑色，常瞑目聳耳，一足攀林杪。若猿猴輩逢之，雖多郡輒不孤動，即叩頭。久則推一猴與食之，去則群走而竄伏終日矣。

宋　宋祁《益部方物略記》　狀實猿類，體被金毳。皮以藉焉，中國之貴。

右狨。威茂等州南詔夷多有之。大小正類猿，惟毛爲異。朝制：内外省以上官乘馬者得以狨爲藉。武官則内客省使宣徽使乃得用。

又　玃與猿猱，同類異種。彼美豐肌，登俎見用。

右玃。出卭蜀間。與猿猱無異，但性不躁動。肌質豐腴，蜀人砲蒸以爲美味。

宋　陸佃《埤雅》卷四《狨》　狨，蓋猿狖之屬，輕捷善緣木，大小類猿，長尾，尾作金色，今俗謂之金線狨者是也。生川峽深山中。人以藥矢射殺之，取其尾爲卧褥、鞍被、坐毯。狨甚愛其尾，中矢毒，即自齧斷其尾以擲之，惡其爲深患也。氂牛出西域，尾長而勁，中國以爲纓，人或射之，亦自斷其尾。左氏所謂『雄雞自斷其尾』，而莊周以爲牛之白顙、豚之亢鼻者，巫祝不以適河，乃無用之爲大祥也。古者於旌旗干首注氂尾之毛焉，而謂之旄。凡建旄，皆首物者也，示使愛尾焉。狨一名猱。《詩》曰：無教猱升木。顔氏以

爲其尾柔長可藉，然則制字从柔，以此故也。

又《猴》 吕子曰：狗似玃，玃似母猴，母猴似人。猴善候，其字从侯。《白虎通》曰：侯，候也。楚人謂之沐猴。舊云此獸無脾，以行消食。蓋猿之德静以緩，猴之德躁以囂。故古者造字，爲象母猴之形。柳子曰：猨類仁讓孝慈，居相愛，食相先，行有列，飲有序。有難，則内其柔弱者。不踐稼蔬，木實未熟相與視之謹，既熟，嘯呼羣萃，然後食。山之小草木，必環而行，遂其植。猴之德，勃諍號呶，雖羣，不相善也。食相噬齧，行無列，飲無序。有難，則推其柔弱者以免。好踐稼蔬，所過狼籍披攘。木實未熟，輒齕齩投注。竊取人食，皆以自實其嗛。山之小草木，必陵挫折撓之。猿性静，夜嘯常風月肅然。猴性動，每至林木皆振響。《演義》曰：狼籍者，物雜亂之貌。言狼起卧遊戲，多籍其草，而草皆穢亂，故曰狼籍。狼籍，一曰狼扈。

又《猨》 猨臂通肩，刻之可以爲笛，聲圓於竹。猨，猴屬，長臂善嘯，便攀援，故其字从援省，而《爾雅》云『猱蝯善援，玃父善顧』也。《淮南子》曰：虎豹之文來射，猨狖之捷來措。置之於檻曰措。《家語》曰：五九四十五，五爲音，音主猨，故猨五月而生。四九三十六，六爲律，律主鹿，故鹿六月而生。或曰：猴性躁急，猨性静緩，故猨从爰。爰，緩也。《論衡》曰：鹿制於犬，猨伏於鼠。今人取鼠以繫猨頸，猨不復動。《管子》曰：墜岸三仞，人之所大難也，而猱蝯飲焉。今猨不復踐土，好上茂木，渴則接臂而飲。《類從》曰：獨一叫而猨散，鼉一鳴而龜伏。或曰：鼉鳴夜，獨鳴曉。獨，猨類也，似猨而大，食猨，今俗謂之獨猨。蓋猨性羣，獨性特，猨鳴三，獨鳴一，是以謂之獨也。《相法》曰：手如雞足者褊迫，手如猨掌者勤勞。舊説猨鳴而獺候之，故束晳《發蒙記》曰：獺以猨爲婦也。《莊子》曰：猨猵狙以爲雌。猵蓋言獺。

又卷五《狨》 狨獸似猨，青身黑頰，有髯，髯黑，其手亦黑。性好理髯，又愛其類，生相序，死相赴，殺一可以致百。故《周官》『素車犬褀』，言君臣之道尚微，當警備也；『藻車鹿淺褀，駹車然褀』，言喪事彌吉，而君臣之道滋定。故鹿褀以明安則相求，患難則相衛；然褀以明安則相叙，患難則相赴也。舊説狨皮五色，中爲茵毯。人取，以藥矢射之，其偶爲拔其矢，因以自刺，與之俱斃。

宋 鄭樵 《通志》卷七六 猨猱之屬，《爾雅》曰：蒙頌，猱狀。郭云：即蒙貴也，狀如蜼而小，紫黑色，可畜，健捕鼠，勝於猫，九真、日南皆出之。猱亦獼猴之類。又曰：猱猨，即猨也，猨善攀援。【略】狒狒，《爾雅》云：狒狒，如人，被髮，迅走，食人。狒，扶味反。梟羊也。俗呼山都。人面，長脣，見人則笑，笑則脣蔽其面，左手操管。蜼，《爾雅》曰：蜼，卬鼻而長尾。狀如獼猴而大，黄黑色，尾長數尺，似獺，尾末有岐。鼻露向上，雨即以尾塞鼻，或以兩指。所在山中有之。【略】豦，《爾雅》云：豦，迅頭。郭云：今建平山中有豦，大如狗，似獼猴，黄黑色，多髯鬣，好奮迅其頭，能舉石擿人，玃類也。豦音據。猩猩，《爾雅》云：猩猩，小而好啼。人面豕身，長髮，能言語。好飲酒，醉則人髡其髮爲髮。聲似小兒啼。

宋 姚寬 《西溪叢語》卷下 《莊子》：適莽蒼者，三飡而反，腹猶果然。郭象不注。成玄英疏云：果然，充飽也。陸德明《音義》云：果，如字，又苦火切，衆家皆云飽貌，言依舊果然。或云：猶，如也，言腹之飽如果然獸也。《吴録地理志》云：九真浦昌縣有獸名果然，狻狄類也。《南州異物志》云：交州以南有果然獸，其鳴自呼，尾長，腹圓過其頭，脅邊斑文。皮集十餘可得一蓐，繁文麗好，細厚温暖。魏鍾毓有賦。

宋 江少虞 《事實類苑》卷六三《猩猩》 猩猩，南中獸。《山海經》云：如豕而人面。《汲冢周書》云：狀如黄狗，人面，頭如雄雞。酈元《水經》云：形如黄狗而面目端正，善與人言，聲音妙麗，如婦人對語，聞之無不酸楚。其血可以染紈素，尤爲絶好。太宗平嶺南，求得猩猩，如雞鴨而大，取其血以染色如渥丹，與傳記所載不類。

宋 吴曾 《能改齋漫録》卷一五《猓然獸》 國初，樂史子正作《慈竹》詩，中云：又聞猓然獸，死不相棄遺。按《國史補》云：得一猓然，則數十猓然可得。蓋不忍傷其類，雖殺之，不去。此獸狀而人心也。子正用事，可謂精緻。《番禺雜記》亦云：獸出歡愛州，能言獸也。亦猩猩之類。形似猿而有五色，每色各異。亦有白布文黑。彼人取之以皮韉鞍韂。最重純黄色者，云不異金綫猿。夷獠或射之以弩，或設之以蹄。是獸既爲人所得，但自言猓然，無復他道，故因以得名。熊所記與《國史補》微有不同。

宋 周去非 《嶺外代答》卷九《猨》 猨有三種，金線者黄，玉面者黑，純黑者面亦黑。金線、玉面皆難得。或云：純黑者雄，金線者雌。又云：雄

能嘯，雌不能也。子能抱持其母，牢不可拆。人取之，射殺其母，取其子，子猶抱母皮不釋，獵猨者可以戒也。猨性不耐著地，著地輒瀉以死。煎附子，汁與之，即止。登木好以兩臂攀枝上，不甚用足，終日纍纍然。

又《蜼》 深廣山中有獸似豹，常仰視天，雨則以尾窒鼻，南人呼爲倒鼻鼈。捕得則寢處其皮，士夫珍之，以藉胡牀。今冕服所畫蜼是也。夫獸能以尾窒鼻禦雨，斯亦智矣。其登於三代之服章，厥有由哉！

宋 羅願《爾雅翼》卷一九《猩猩》 猩猩小而好啼。《山海經》曰：人面豕身，能言語。郭氏曰：今交趾封谿縣出猩猩，狀如貛㹠，聲似小兒啼。《海内南經》曰：猩猩知人名，其爲獸如豕而人面，在舜葬西。《周書·王會》曰：都郭國獻之，若黄狗而人面也。又《海内東北經》有青獸，人面，名猩猩，能言。張華《博物志》曰：猩猩若黄狗，人面，能言。蓋古文言猩猩者，皆如此。一以爲豕身，一以爲狀如貛㹠，一以爲若黄狗。郭氏贊曰：『厥狀似猴，號音若嚶。』後世之談猩猩者，以爲若婦人被髮，但足無膝，常羣行，遇人則以手自掩其形，好飲酒著履。人有取之者，置酒以斗石許，而作履相連。猩猩始見，必大罵曰：誘我也。輒能知誘者之姓名及其祖先，并道之，乃絶走遠去。既去，不能忍，已而復來。稍稍相勸，染指於酒而嘗之，躡履而試之。已而又去，去而復來，厥態如初。既而不能忍，則連臂號泣，相與就醉躡履，而爲人所禽。故《淮南》云：猩猩知往而不知來。以能知誘之者爲知往，不知被禍爲不知來。而《吴都賦》曰：猩猩啼而就禽也。然則其狀大抵皆如人，與狒狒不甚相遠。荀卿曰：今夫猩猩形相亦二足無毛也。既言二足，而又言無毛，則去人不遠矣。今人謂之野人，然而不知禮。故曰：猩猩能言，不離禽獸。《萬畢術》曰：歸終知來，猩猩知往。歸終，神獸。

又《狒狒》 狒狒，如人，被髮，迅走，食人。蓋人面紅赤色，長脣大口，能作人言，如鳥聲，自知生死。舊説反踵，獵者言無膝，睡常倚物。黑身，有毛。大者長丈許，力負千鈞，行疾如風，左手操管。自笑，笑即上脣掩目。或曰見人則笑，或曰其初得人喜而笑，則上脣覆其額，移時而後食之。人因爲筒貫於臂上，待其見執，即抽手從筒中出，鑿其脣於額而擒之。或曰以釘釘着額，任其奔馳，候其死而取之。髮極長，可爲髮。其血可染緋。張衡《元圖》曰：梟羊喜獲，先笑後愁。郭璞贊曰：『狒狒怪獸，被髮握竹。獲人則笑，脣蔽其目。終乃號咷，反爲我戮。』一名⿵鬥凶⿵鬥凶，亦作蟦。一名梟羊、一名梟陽，一名山貚，俗謂之山都，北方謂之土螻。周成王時，州靡國嘗獻之，其後不常獻而常有。今交廣南康山中有之。《吴都賦》『其上則貚子長嘯，其下則梟羊麡狼』，又言『萬萬笑而就格』，則終篇而三及之，每説異名，莫知其同異。然狒狒可謂異獸者矣。《王會》篇云『蟦蟦』。《淮南》曰：山出嘄陽，水生罔象，木生畢方，井生羵羊，人怪之，聞見鮮而識物淺也。陳藏器云：出西南夷，如猴。宋孝建中進雌雄二頭，命工圖之。飲其血，令人見鬼。《上林賦》『射游梟』，郭璞曰：梟羊也。《羽獵賦》：羂嘄陽。

又卷二〇《猴》 猴，一物而五名。《説文》：猴，夒也。夒，貪獸也。一曰母猴，似人。玃，母猴也。《爾雅》云：玃父，善顧。玃，持人也。爲，母猴也。其爲禽好爪，爪母猴象也。下腹爲母猴形。王育曰：爪，象形也。，古文爲，象兩母猴相對形。禺，母猴屬，頭似鬼由者，鬼頭也。然則猴、夒、玃爲禺，蓋一物，又有沐猴、母猴之稱。母，非牝也，沐音之轉耳。然禺但是其屬，夒乃是狨玃又大，皆猴之類，而非猴也。猴狀似愁胡，而手足如人，其聲嗝嗝若咳。今大林中有猴多處，一大猴在木，輒纍累以手相援下飲。好象人所爲生子，輒傚人浴之。山澗中鷹鳶過其上，以一手按之，仰視不轉，子往往死水中，輒相率哭泣埋之。鄉人設果蓏以取之者，羣猴皆入，惟老猴獨憑高而望，終不入。至食慾盡，四顧無人，乃前，猶復徬徨。大抵以老猴至而後發機也。每食輒置之兩嗛，稍出而食之。好行，未嘗暫止。或曰猴無脾，故行以消所食，猶象然，停則有病。然王延壽賦稱『儲糧食於兩頰，稍委輸於胃脾』，乃是有脾也。蓋猴之性躁動，今教擾之者，皆先植杙地中，使坐其上，大抵旬月而後性定。既能定矣，技藝乃復易成。今廄中多畜之，以爲令馬不畏，辟惡，消百病也。猴性躁，見物輒鬬，故稱沐猴與狗鬬。又好殘毀器物，尤工捕蝨。《論衡》曰：鹿制於犬，猴伏於鼠，爪不利也。王延壽賦：有王孫之狡獸，形陋觀而醜儀，顔狀類乎老公，軀體似乎小兒。《説文》：爲，母猴也。《楚辭》曰：獮猴兮熊羆，慕類兮以悲。《老子》曰：爲者敗之。猴之性好詐，故稱狙詐狙擊。《説文》：狙，玃屬。《莊子》稱，狙公賦芧曰：朝三而暮四。衆狙皆怒。曰：然則朝四而暮三。衆狙皆説。説者以爲狙公，典狙之官，三、四者，以升計也。或又曰：狙公者，老狙自賦其徒耳。按：漢有祝雞翁。

此狙公蓋亦養狙者，朝四暮三，以杖計之爾。獑胡似獮猴，頭上有髮，腰以後黑，或云猴老者爲獑猢。

又《蝯》 蝯與沐猴相類，静躁不同耳。柳子《贈王孫文》云：惡者王孫兮善者猨。猨性仁，不貪食，多羣行。雄者黑，雌者黄。雄者善啼，啼數聲，則衆蝯叫嘯騰擲如相和焉。其音凄入肝脾，韻含宫商。故巴峽諺云：巴東三峽巫峽長，哀猿三聲斷人腸。猨音清者，象萬物之數，五主音，音主猨。故猨五月而生，音清切也。其臂甚長，人有此相者，則以善射名。《淮南子》曰：羿左修臂而善射。漢李廣猨臂，其善射亦天性也。然猨以臂長，身不便於行。舊或言其臂相通，其實未見。然猨所以壽者，以長臂好引其氣也。尤好攀援，其飲水輒自高崖或大木上纍纍相接下飲，飲畢復相收而上，在猴亦然。《漢書》西域之國有烏秅者，山居累石爲室，民接手飲。說者以爲，自高山下谿澗中飲水，故接連其手如蝯之爲，是亦異矣。舊說其色多青白、玄黄。段公路《北户録》言有緋蝯，絶大。越處子論劍術，乃有老翁試之，相與周旋，以林竹刺之，騰上爲蝯，故劍術號曰猿翁。《山海經》：堂庭發爽之山，其上多白猨。鬲山多猨蜼。《吴都賦》：猨父哀吟。

又《玃》 玃父，善顧。郭氏曰：貑玃也，似獮猴而大，色蒼黑，能玃持人，好顧眄。《博物志》云：蜀山南高山上有物如猴，長七尺，人行健走，名曰猴玃，或曰猳玃，又名馬化。伺行道婦女有好者，輒盗之以去。行者過其傍，皆以長繩相引，不然不免取去爲室家。其生子者，終身不得還，久亦迷惑，不復思歸。生子皆如人，以楊爲姓，故蜀西界中多楊，皆猳玃之種，時時猶有玃爪者也。古稱善顧，顧是雄顧雌，如顧兔之類。《江賦》云：狐玃登危而雍容。又贊寧説，狷生西方深山中，面目如獮猴，體大如驢，善緣木，皆雌無雄，俗云大狷，須三合而有子，羣狷相隨，要路上强牽男子而三合之，十月而生。據此則亦玃之類，但所取男女爲不同，或各據所傳，或别一種耳。《抱朴子》云：猿壽五百歲則變爲玃。《説文》：猶，玃屬。

又《然》 猓然，蝯類也，黑頰青身。《南方異物志》曰：交州以南有之。其鳴自呼，身如猨，大面，通闕白色。其體不過三尺，而尾長四尺餘，反尾度身，過其頭，視其鼻，仍見兩孔。其毛長，柔細滑澤，色以白爲質，黑爲文，視如蒼頭鴨脇邊斑文。案：此則以尾塞鼻，有同於蜼然。《吴都賦》曰：狖鼯猓然，騰趠飛超。蓋二物歟？李肇曰：舊説劍南人之采猓然者，獲一猓然則數十猓然可盡得矣。何也？猓然性仁，不忍傷其類，見被獲者，聚族而啼，雖殺之，終不忍去也。然則謂之果然者，以其來之可必歟？猶常山之蛇，擊首而尾即至，故謂之率然，此亦古制名之義也。《周禮》『巾車然禊』，注云：然，果然也。今人亦用作裀褥。鍾毓賦：似猴象猨，黑頰青身，肉非嘉肴，唯皮爲珍。元微之詩：果然皮勝錦。《吴録》云：猨狖類也，色青赤有文，居木上，九真、日南有之。

又《蜼》 蜼，狖也。似獮猴而大，黄黑色，尾長數尺，似獺，尾末有岐。鼻露向上，雨則自挂於木，以尾塞鼻，或以兩指。江東人亦取養之。爲物捷健。《江賦》曰『迅蜼臨虚以騁巧』是也。蜼讀如贈遺之遺，又讀如橘柚之柚。其作柚音者，或爲狖，音義皆同。孫愐不審，乃於一音中分之云：蜼，獸名，似猿。狖，似獮猴。不知似猿者，即此獮猴。《淮南子》曰：猿狖失木而禽於狐貍，非其所也。其《招隱》曰：蝯狖羣嘯兮虎豹嗥。古者有蜼彝，畫蜼於彝，謂之宗彝，又施之象服。夫服器必取象，此等者非特以其智而已，蓋皆有所表焉。夫八卦六子之中，日月星辰可以象指者也，雲雷風雨難以象指者也。故畫龍以表雲，畫雉以表雷，畫虎以表風，畫蜼以表雨。凡此皆形著於此，而義表於彼，非爲是物也。《考工記》曰：土以黄，其象方，天時變，火以圜，山以章，水以龍，鳥獸蛇。蓋水爲難畫，故以龍表之。然所以畫者，在水，不在龍也。智者由此觀之，思過半矣。

宋 范成大《桂海虞衡志·志獸》 猨有三種，金絲者黄，玉面者黑，純黑者面亦黑。金絲、玉面皆難得。或云：純黑者雄，金絲者雌。又云：雄能嘯，雌不能也。猨性不耐著地，著地輒瀉以死。煎附子汁與之，即止。

宋 周密《齊東野語》卷七《野婆》 邕宜以西，南丹諸蠻，皆居窮崖絶谷間。有獸名野婆，黄髮椎髻，跣足裸形，儼然一媪也。上下山谷如飛猱，自腰已下有皮，累垂蓋膝，若犢鼻，力敵數壯夫，喜盗人子女。然性多疑，畏罵，已盗，必復至失子家窺伺之。其家知爲所竊，則積隣里大罵不絶口。往往不勝罵者之衆，則挾以還之。其羣皆雌，無匹偶。每遇男子，必負去求合。嘗爲健夫設計擠之大壑中，展轉哮吼，脛絶不可起，徭人集衆刺殺之。至死，以手護腰間不置，剖之，得印方寸，瑩若蒼玉，字類符篆，不可識，非鐫非鏤，蓋

自然之文，然亦竟莫知其所實爲何用也。周子功，景定間使大理，取道於此，親見其所謂印者。此事前所未聞，是知窮荒絶徼，天奇地怪，亦何所不有，未可以見聞所未及，遂以爲誕也。《後漢·郡國志》引《博物記》曰：日南出野女，羣行不見夫，其狀皛且白，裸袒無衣襦。得非此乎？《博物記》當是秦漢間古書，張茂先蓋取其名而爲志也。

宋　戴侗《六書故》卷一七　猩，桑經切。獸似猴，能言，出交阯，人面豕身，聲如小兒啼。

又　猴，乎溝切。獸似人而尾，善緣木。

又　玃，俱縛切。《爾雅》曰：玃父，善顧。攫持人也。郭璞曰：能攫持，故曰玃。《説文》曰：母猴也。顔師古曰：玃，身長，金色。又作。孫氏王縛切。《説文》曰：㹶，孫氏火屋切，玃也。一曰：猨類，似犬，食猴。郭氏曰：似猴而大，色蒼黑，能攫持人。

又　狙，子余、七余二切。《説文》曰：玃屬。莊周曰：狙公賦芧。司馬彪曰：一名獦牂，似爰而狗頭。按：狙，玃類之黠捷者，一曰犬伺逐也。張良狙擊秦皇帝蓋取此，引之爲狙詐。

又　狖，羊就切。顧野王曰：黑猨也。《倉頡篇》曰：似貍。顔師古曰：似猴，卬鼻長尾。按：顔説即崔浩所謂猶。

又　狨，而融切。禺屬。其毛茸而長，金色異彩。今世以爲韉褥，謂之金狨。

又卷一八　夒，奴刀切。猴也。又作猱、獶、獿。《詩》云：毋教猱升木。夒似人。伯曰：頁象其首，止象其前足，巳象其尾，夊象後足人立也。陸璣曰：猱，獼猴也。老者爲玃，長臂者爲爰，白要者爲獑胡。獑、爰駿捷於猴。按：古無猴字，夒即猴也。

又卷二〇　蜼彝　《爾雅》曰：蜼，卬鼻長尾。郭氏曰：似猴而大，黄黑色，尾長數尺，似獺，尾末有岐。鼻卬，雨即自縣於木，以尾塞鼻，或以兩指。江東人亦取養之。

元　黎崱《安南志略》卷一五《猩猩》　《南中志》：狗形人面，在山谷中，行無常路，百輩爲羣。人以酒並草履數十相連結，置於路間。猩猩見之，即知其人先祖姓名。呼而罵曰：奴故張我。亟捨去，已而復還，相呼嘗酒，著草履。進一二升，大醉，履輒絆倒，即擒之。昔人餉封谿令，令問有何物，猩猩曰：斗酒并僕耳。

又《狒狒》　郭璞云：出交州山中，狀如人，面長背黑，身有毛及踵，被髮，迅走，食人。見人則笑，左思云『狒狒笑而被格』者也。

明　牛衷《增修埤雅廣要》卷一六《品物門·毛族類·蜼》　蜼，即虎蜼也。書繪象於彝，故曰宗彝。《爾雅》注：蜼，似獼猴而大，黄黑色，尾長數尺，似獺，尾末有岐。泥行則啣其尾，雨即自懸於樹，以尾塞其鼻。宗彝用兩，或以兩指取其孝。或謂虎取其猛，蜼乃取其智也。

又卷二三《品物門·異産類·猩猩》　猩猩，獸之能言者，似猿，人面，聲如小兒。《爾雅》云：猩猩，小而好啼。蓋其音聲妙麗，如婦人對語，聞之無不酸楚。裴炎銘曰：武平封溪縣猩常數百爲羣，人以酒及糟設於路側，并連結草履。猩見之，則知張者祖先姓名。呼曰：彼奴欲張我矣。乃捨去之，既而復，自謂曰：試共嘗酒。逮醉取履着之，遂爲人所擒。里人索肥者，乃自推肥，泣而遣之。西國胡人取其血染毛罽。持刺問之曰：與我幾許？少則加鞭箠問之，隨所加得至一斗。

明　楊慎《升庵集》卷八一《山都》　鄧德明《南康記》云：山都形如崑崙奴，通身生毛，見人輒閉目張口如笑。好在深澗中，翻石覓蟹噉之。

又《野干》　肇慶有騰豻嶺，山産騰豻，狀類木猴，頭正方類人，髮長尺餘，常覆其面。欲有所視，輒摇頭以手披之。佛書所言野干，即此。

明　李時珍《本草綱目》卷五一　獼猴《類證》　釋名：沐猴、《史記》爲猴、《説文》胡孫、《格古論》王孫、柳文馬留、《倦遊録》狙。時珍曰：按班固《白虎通》云：猴，候也。見人設食伏機，則憑高四望，善於候者也。猴好拭面如沐，故謂之沐，而後人訛沐爲母，又訛母爲獮，愈訛愈失矣。《説文》云：爲字象母猴之形。即沐猴也，非牝也。猴形似胡人，故曰胡孫。《莊子》謂之狙。養馬者厩中畜之，能辟馬病，胡俗稱馬留云。梵書謂之摩斯吒。集解：慎微曰：獼猴有數種，總名禺屬。取色黄、面赤、尾長者。用人家養者不主病，爲其食雜物，違本性也。按《抱朴子》云：猴八百歲變爲猨，猨五百歲變爲玃，玃千歲變爲蟾蜍。時珍曰：猴，處處深山有之。狀似人，眼如愁胡，而頰陷有嗛。嗛音歉，藏食處也。腹無脾，以行消食。尻無毛而尾短。手足如人，亦能竪行。聲嗝嗝若

欸。孕五月而生子，生子多浴於澗。其性躁動害物，畜之者使坐杙上，鞭棓旬月乃馴也。其類有數種。小而尾短者，猴也。似猴而多髯者，豦也。似猴而大者，玃也。大而尾長、赤目者，禺也。小而尾長仰鼻者，狖也。似狖而大者，果然也。似狖而小者，蒙頌也。似狖而善躍越者，獑猢也。似猴而長臂者，猨也。似猨而金尾者，狨也。似猨而大能食猨猴者，獨也。不主病者，並各以類附之。附録：玃，音却。時珍曰：玃，老猴也。生蜀西徼外山中。似猴而大，色蒼黑，能人行。善攫持人物，又善顧盼，故謂之玃。純牡無牝，故又名玃父，亦曰猳玃。善攝人婦女爲偶，生子。又《神異經》云：西方有獸名[豸周]，大如驢，狀如猴，善緣木。純牝無牡，群居要路，執男子合之而孕。此亦玃類，而牝牡相反者。豦。音據。按郭璞云：建平山中有之。大如狗，狀如猴，黄黑色，多髯鬣。好奮頭舉石擲人。《西山經》云：崇吾之山有獸焉，狀如禺而長臂善投，名曰舉父。即此也。

又 狨戎、松二音。《拾遺》 釋名：猱。難逃切。時珍曰：狨，毛柔長如絨，可以藉，可以緝，故謂之狨，而猱字亦從柔也。或云生於西戎，故從戎也。猱古文作夒，象形。今呼長毛狗爲猱，取此象。集解：藏器曰：狨生山南山谷中，似猴而大，毛長，黄赤色，人將其皮作鞍褥。時珍曰：楊億《談苑》云：狨出川峽深山中，其狀大小類猨，長尾，作金色，俗名金線狨。輕捷善緣木，甚愛其尾，人以藥矢射之，中毒，即自齧其尾也。宋時文武三品以上許用狨座，以其皮爲褥也。附録：猨，時珍曰：猨善援引，故謂之猨，俗作猿。産川、廣深山中。似猴而長大，其臂甚長，能引氣，故多壽。或言其通臂者，誤矣。其臂骨作笛，甚清亮。其色有青、白、玄、黄、緋數種。其性静而仁慈，好食果實。其居多在林木，能越數丈，著地即泄瀉死，惟附子汁飲之可免。其行多群，其鳴善啼，一鳴三聲，凄切入人肝脾。范氏《桂海志》云：猨有金絲者黄色，玉面者黑色，及身面俱黑者。或云黄是牡，黑是牝。牝能嘯，牡不能也。王濟《日詢記》云：廣人言猨初生毛黑而雄，老則變黄，潰去勢囊，轉雄爲雌，與黑者交而孕。數百歲，黄又變白也。時珍按：此説與《列子》『貐變化爲猨』、《莊子》『猵狙以猨爲雌』之言相合，必不妄也。獨。時珍曰：獨，似猨而大，其性獨，一鳴即止，能食猨猴。故諺曰：獨一鳴而猨散。獨夫蓋取諸此。或云即黄腰也。

又 果然《拾遺》 釋名：禺、音遇。狖、音又。或作貁、[鬲欠]。蜼、狖、壘二音。或作𤢖。仙猴。時珍曰：郭璞云：果然自呼其名。羅願云：人捕其一，則舉群啼而相赴，雖殺之不去也，謂之果然，以來之可必也。大者爲然爲禺，小者爲狖爲蜼。南人名仙猴，俗作猓然。集解：藏器曰：案《南州異物志》云：交州有果然獸，其名自呼。狀大於猨，其體不過三尺，而尾長過頭。鼻孔向天，雨則挂木上，以尾塞鼻孔。其毛長柔細滑，白質黑文，如蒼鴨脇邊斑毛之狀，集之爲裘褥，甚温暖。《爾雅》『蜼，仰鼻而長尾』，即此也。時珍曰：果然，仁獸也。出西南諸山中，居樹上，狀如猨，白面、黑頰、多髯而毛采斑斕，尾長於身，其末有岐，雨則以岐塞鼻也。喜群行，老者前，少者後，食相讓，居相愛，生相聚，死相赴。柳子所謂『仁讓孝慈』者是也。古者畫蜼爲宗彝，亦取其孝讓而有智也。或言猶豫之猶，即狖也。其性多疑，見人則登樹，上下不一，甚至奔觸，破頭折脛。故人以比心疑不決者，而俗呼騃愚爲癡𤢖也。【略】附録：蒙頌，時珍曰：蒙頌，一名蒙貴，乃蜼之又小者也，紫黑色，出交趾。畜以捕鼠，勝於貓、貍。獑猢。音慚胡。許氏《説文》作[鼠斬][鼠胡]，乃蝯蜼之屬，黑身白腰如帶，手有長毛，白色，似握版之狀。《蜀地志》云：獑猢似猴而甚捷，在樹上，欻然騰躍如飛鳥也。

又 猩猩本作狌，音生。《綱目》 釋名：時珍曰：猩猩能言而知來，猶惺惺也。集解：時珍曰：猩猩自《爾雅》、《逸周書》以下數十説，今參集之云：出哀牢夷及交趾封溪縣山谷中，狀如狗及獼猴，黄毛如猨，白耳如豕，人面人足，長髮，頭顔端正，聲如兒啼，亦如犬吠，成羣伏行。阮汧云：封溪俚人以酒及草屐置道側，猩猩見，即呼人祖先姓名，罵之而去。頃復相與嘗酒著屐，因而被擒，檻而養之。將烹，則推其肥者，泣而遣之。西胡取其血染毛罽不黯，刺血必箠而問其數，至一斗乃已。又按《禮記》亦云猩猩能言，而郭義恭《廣志》云猩猩不能言，《山海經》云猩猩能知人言，三説不同。大抵猩猩畧似人形，如猨猴類耳。縱使能言，當若鸚鵡之屬，亦不必盡如阮氏所説也。又羅願《爾雅翼》云：古之説猩猩者，如豕、如狗、如猴。今之説猩猩者，與狒狒不相遠。云如婦人被髮袒足，無膝，群行，遇人則手掩其形，謂之野人。據羅説，則似乎後世所謂野女、野婆者也。豈即一物耶？附録：野女。唐蒙《博物志》云：日南有野女，群行覓夫。其狀白色，徧體無衣襦。周密《齊東野語》云：野婆出南丹州，黄髮椎髻，裸形跣足，儼然若一媪也。群雌無牡。上下山谷如飛猱，自腰已下有皮蓋膝。每遇男子，必負去求合。嘗爲健夫所殺，死以手護腰間，剖之得印方寸，瑩若蒼玉，有文類符篆也。時珍曰：合此二説與前阮氏、羅氏之説觀之，則野女似即猩猩矣。又雄鼠卵有文如符篆，治鳥腋下有鏡印，則野婆之印篆非異也，亦當有功用，但人未知耳。

又 狒狒音費《拾遺》 釋名：[冂囟][冂囟]、與狒同，亦作𧴫。梟羊、《山海經》野人、《方輿志》人熊。時珍曰：《爾雅》作狒，《説文》作[冂囟]，從冃，從囟，從内，象形。許慎云：北人呼爲土螻，今人呼爲人熊。按：郭璞謂山都即狒狒，稍似差別，抑名同物異與？集解：藏器曰：狒狒出西南夷。《爾雅》云：狒狒，如人被髮，迅走，食人。《山海經》云：梟羊，人面，長脣，黑身，有毛，反踵。見人則笑，笑則上脣掩目。郭璞云：交廣及南康郡山中亦有此物，大者長丈餘，俗呼爲山都。宋建武中，獠人進雌雄二頭。帝問土人丁鑾。鑾曰：其面似人，紅赤色，毛似獼猴，有尾。能人言，如鳥聲。善知生死，力負千鈞。

反踵無膝，睡則倚物。獲人則先笑而後食之。獵人因以竹筒貫臂誘之，俟其笑時，抽手以錐釘其唇着額，候死而取之。髮極長，可爲頭髮。血堪染靴及緋，飲之使人見鬼也。帝乃命工圖之。時珍曰：按《方輿志》云：狒狒，西蜀及處州山中亦有之，呼爲人熊，人亦食其掌，剥其皮。閩中沙縣幼山有之，長丈餘，逢人則笑，呼爲山大人，或曰野人及山魈也。又鄧顯明《南康記》云：山都形如崑崙人，通身生毛，見人輒閉目，開口如笑，好在深澗中，翻石覓蟹食之。珍按：鄧氏所説與《北山經》之山𤟤、《述異記》之山都、《永嘉記》之山鬼、《神異經》之山𤢖、《玄中記》之山精、《海録雜事》之山丈、《文字指歸》之旱魃、《搜神記》之治鳥，俱相類，乃山怪也。今並附之，以備考證。附録：山都，時珍曰：任昉《述異記》云：南康有神曰山都，形如人，長二丈餘，黑色，赤目，黄髮。深山樹中作窠，狀如鳥卵，高三尺餘，内甚光彩，體質輕虚，以鳥毛爲褥，二枚相連，上雄下雌。能變化隱形，罕覩其狀，若木客、山𤢖之類也。山𤟤，時珍曰：《北山經》云：山𤟤狀如犬而人面，善投，見人則笑。其行如風，見則天下大風。木客，又曰：《幽明録》云：生南方山中，頭面語言不全異人，但手脚爪如鈎利。居絶岩間，死亦殯殮。能與人交易，而不見其形也。今南方有鬼市，亦類此。又有木客鳥，見禽部。山𤢖。又曰：東方朔《神異經》云：西方深山有人，長丈餘，袒身，捕蝦蟹，就人火炙食之，名曰山𤢖。其名自呼，人犯之則發寒熱，蓋鬼魅耳。所在亦有之，惟畏爆竹煏熚聲。劉義慶《幽明録》云：東昌縣山岩間，有物如人，長四五尺，裸身被髮，髮長五六寸，能作呼嘯聲，不見其形。每從澗中發石，取蝦蟹就火炙食。《永嘉記》云：安國縣有山鬼，形如人而一脚，僅長一尺許，好盜伐木入鹽，炙石蟹食。人不敢犯之，能令人病及焚居也。《玄中記》云：山精如人，一足，長三四尺，食山蟹。夜出晝伏，千歲蟾蜍能食之。《抱朴子》云：山精形如小兒，獨足向後。夜喜犯人，其名曰魃，呼其名則不能犯人。《白澤圖》云：山之精，狀如鼓，色赤，一足，名曰夔，亦曰𤟤文，呼之可使取虎豹。《海録雜事》云：嶺南有物，一足反踵，手足皆三指。雄曰山丈，雌曰山姑，能夜叩人門求物也。《神異記》云：南方有魃，一名旱母，長二三尺，裸形，目在頂上，行走如風。見則大旱。遇者得之，投溷中，則旱除。《文字指歸》云：旱魃，山鬼也。所居之處，天不雨。女魃入人家，能竊物以出。旱魃入人家，能竊物以歸。時珍謹按：諸説雖少有參差，大抵俱是怪類，今俗所謂獨脚鬼者是也。邇來處處有之，能隱形，入人家淫亂，致人成疾，放火竊物，大爲家害，法術不能驅，醫藥不能治，呼爲五通、七郎諸神而祀之，蓋未知其原如此。蓋備載之，非但博聞而已。其曰『呼其名則無害，千歲蟾蜍能食之』者，非治法歟！引申觸類，必有能制之者。又有治鳥，亦此類，見《禽部》。精怪之屬甚夥，皆爲人害，惟《白澤圖》、《玄中記》、《抱朴子》、《酉陽雜俎》諸書載之頗悉，起居者亦不可不知。然正人君子，則德可勝妖，自不敢近也。

又 罔兩《綱目》 集解：時珍曰：罔兩，一作魍魎，又作方良。《周禮》方相氏執戈入壙以驅方良是矣。罔兩好食亡者肝，故驅之。其性畏虎、柏，故墓上樹石虎，植柏。《國語》云『木石之怪，夔、罔兩，水石之怪龍、罔象』，即此。《述異記》云：秦時陳倉人獵得獸，若彘若羊。逢二童子曰：此名弗述，又名鰛，在地下，食死人腦，但以柏插其首則死。此即罔兩也。雖於藥石無與，而於死人則關，故録之。其方相有四目，若二目者爲魌，皆鬼物也。古人設人像之。昔費長房識李娥藥丸用方相腦，則其物亦入辟邪方藥，而法失傳矣。

又 彭侯《綱目》 集解：時珍曰：按《白澤圖》云：木之精名曰彭侯，狀如黑狗，無尾，可烹食。千歲之木有精曰賈朏，狀如豚，食之味如狗。《搜神記》云：吴時敬叔伐大樟樹，血出，中有物，人面狗身。敬叔云：此名彭侯。乃烹而食之，味如狗也。

明 慎懋官 《華夷花木鳥獸珍玩考》卷七《蒙貴》 蒙貴狀如猱而小，紫黑色，畜之捕鼠甚於猫。《酉陽雜俎》云：猫目睛旦暮圓，及午豎斂如綖。其鼻端常冷，唯夏至一日暖。俗言猫洗面過耳則客至。一名蒙貴，一名烏圓。故古今詩人詠猫者多用蒙貴字。按《爾雅》蒙頌即蒙貴，似猱，紫黑色，可畜捕鼠甚於猫。又《一統志》安南國土産内載蒙貴，狀如猱而小，紫黑色，畜之捕鼠甚於猫。觀二書所載，則蒙貴自蒙貴，非猫也，《雜俎》誤矣。

明 穆希文 《蟫史集》卷六《猱一作獶一作獿**》** 《蟫史》云：猱，一名狨，蓋猿狖之屬也。輕捷善緣木，大小類猿，長尾，尾金色，俗呼金線狨者是也。取其尾爲卧褥、鞍被、坐毯。狨自愛其尾，中矢毒即自齧斷其尾，惡其爲深患也。或曰：猱善睡。或曰：猱善揉，玃善攫，猿善援，猴善候。

又《鸓鸓一作狒狒一作蟦**》** 《爾雅》云：狒狒，如人，披髮，迅走，食人。注云：梟羊也。狀如人，面長唇黑，身有毛及踵，見人則笑。大者長丈餘，俗呼曰山都。《淮南子》曰：梟羊，山精也，似飛遽。李善曰：梟羊即狒狒也。陳藏器曰：鸓鸓之血，飲之令人見鬼，亦堪染緋。其赤髮可爲頭髮。出西南夷，如猴。《汲冢周書》云：州靡費費，其形人身枝踵。自笑，笑則上唇翕其目，食人。北方謂之土螻。注云：州靡，北狄也。費費名梟羊，立行如人，被髮，前足稍長。《蟫史》云：佛佛俗呼野人，赤髮被地，猴形人立，長指潤唇，好以指甲剖人心肝而食之。土人取之法，以竹管套其手，佛佛見人則必曳人之手，仰面大笑，笑則上唇掩其目，人潛于竹管内，出其手以鋭釘釘其額，唇不得下，目無所見。佛佛所執竹管捏爲粉碎，任其奔走，力疲就擒。取

其髮爲兜鍪之纓，血堪染緋，而脣亦不減于猩脣也。野人，《蟫史》云：野人之種最多，猩猩、狒狒、玃父、野婆皆是。然尚有毛人，又有木客，皆另是一種。如晉時秦精入武昌山采藥，遇一毛人，長丈餘，引精至山曲，示以聚茗。既別，探懷中橘與精，精布而歸。如宋咸平間，永州承平洞有野人，雌者突入田中，擒一少年置洞中，與之卧起，既而逃歸。如上洛山中多木客，乃鬼類，言貌似人，能斫杉枋與人交易，常就民間飲酒。如南州有野婆，黄髮椎髻，跣足裸形，儼然一娼也。其群皆雌，無匹偶，上下山各如飛猱，自腰以下有皮蓋膝。每遇男子，必負去求合，嘗爲健夫所殺。至死，以手護腰間，剖之，得印方寸，瑩若蒼玉，字類符篆文。

又《説原》卷一一　猴名俎，又名王孫，又名胡孫。見物輒鬪，故稱沐猴與狗鬪。又好毀傷物器，尤工捕虱。然伏于鼠，以爪不利也。猿似猴大，黑色，長臂。但猿性静，猴性躁。猿仁而不貪食，多群。雄者黑，雌者黄。雄者善啼，啼則衆猿相和，其音凄入肝脾，故斷人腸。五月而生，五百年則爲玃。玃父善顧，似獼猿而大，色蒼黑，能玃持人。又善盜行路婦人，與之生子，人行健走，以楊爲姓。猵有雌而無雄，路上横牽男子而三合之，十月而生猵子，猿類也，黑頰，青身，面白，體長三尺，尾長四尺。猓然性仁，不忍傷其類，見被獲者，皆不忍去，俱被獲。猩猩小而好啼，人面豕身，能言語，知人名，若婦人披髮，但足無膝。群行，遇人則以手掩形。好飲酒着屐，誘而飲，飲而醉，則被擒。蓋知往而不知來者也。與佛佛不甚相遠，即今曰野人也。又有曰歸終者，能知來，蓋神獸也。佛佛，飲其血可以見鬼，力負千斤，笑則上脣掩額，狀如獼猴，作人言如鳥聲，能知生死。血可染緋，髮可爲髲。一名梟羊，一名狎狎，一名山都，又名土螻。

明　張瀚《松窗夢語》卷五《鳥獸紀》　猴狀似愁胡，其聲嗝嗝若咳。今蜀中至千百爲群，凡過山峽，目爰上下，遇行人不避。余時于蜀道中遇之，輿人却步，俟其行盡，方敢前進。猿亦相類，色多黄黑。又曰：雄者黑，雌者黄。雄者善啼，故巴人諺曰：巴東三峽巫峽長，哀猿三聲斷人腸。

明　李詡《戒庵老人漫筆》卷六　猴性畏竹扇聲，道州最多。

明　吴楚材《彊識略》卷三一　猩猩　猿形人面，豕身翠毛，能與人言，知人姓名及先世名字與人家往事。性嗜酒，好着屐。獵者置酒設屐，屐皆連繫。猩猩見輒罵：奴欲縛我。已而曰：試共嘗酒。酒必盡醉，醉而着屐，捕之即就擒。取其血以染最鮮。世故以爲嗜慾之戒。又費費亦獼猴形，人面，紅色，身黑毛，有尾無膝腫，常倚物反踵，髮極長，作人言如鳥聲，能知生死，血可染。人飲其血，可見鬼。見人則笑，笑則上脣掩其目。獵者以竹筒穿臂取之。或作狒，一名梟羊，亦曰山都。

明　吴雨《毛詩鳥獸草木考》卷五《猱》　猱，猿狖之屬，輕捷善緣木，大小類猿。長尾，尾作金色，今俗謂之金線狨是也。生川峽深山中。人以藥矢射殺之，取其尾爲卧褥、鞍被、坐毯。狨甚愛其尾，中矢毒，即自齧斷其尾以折之，惡其爲深患也。顔氏以爲其尾柔長可藉，然則制字从柔，以此故也。陸璣云：猱，獼猴也。楚人謂之沐猴，老者爲玃，長臂者爲猿，猿之白腰者爲獑胡。猿駿捷於獼猴。其鳴噭而悲。然則猱猿，其類大同。

明　馮復京《六家詩名物疏》卷四五《猱》　猱字，《説文》作夒，今文作猱，或作獿，又作蝚，猿屬。陸璣云：獼猴也。嚴粲云：即王孫也。據《元康地記》云，猿與獼猴不共山宿，與柳子厚説『猨、王孫居異山』相符。王延壽云『儲食兩頰』，《爾雅翼・釋猴》亦有此説，則猱信爲猴矣。而師古及陸、羅二氏，俱以猱、猴爲異物，故《埤雅》以猱爲狨而別見猴。今吴俗指猴爲猿，亦謂之胡孫，既已混甚，都不聞猱與王孫之名，未知異同。

明　朱國禎《湧幢小品》卷三一　狨似猿猱而長尾，尾色紅，去來林間如飛。能食猿猱，猿猱每出采山核，狨至莫不俯首帖服，狨擇其肥者噉之。

明　劉侗《名物通》卷一〇　獼猴，猱也，楚人謂之沐猴，老者爲獑猢。玃，似犬，母猴也，色蒼黑。蒙頌，似猴而小，紫黑色，可畜以捕鼠，勝猫。樊火木反，類犬，腰以上黄，腰以下黑，食母猴。

又　猩猩，人面，色紅，猿形，小而好啼。學人語，若與交言，聞者歔欷。又有歸終，能知來。猩猩則能知往。皆神獸也。猩猩髮可爲纓，血可染衣。

又　格，出江西贛州繁昌縣，形似猩猩。自知吉凶，人無機心則可馴狎，欲執害之，去不來矣。

又　玃，産沅黎山中，似猴，長七尺，能人行，路見婦人輒盗之入穴，俗呼夜叉。

又　髴髴，名山都，又名禺禺，又名梟羊。如人被髮，迅走食人，善登木，

見人則笑，笑則上唇掩目。

明　陳懋仁《庶物異名疏》卷二六《蒙頌》　蒙頌，猱狀。郭璞云：即蒙貲，一作貴。似蜼而小，紫黑色，可蓄以捕鼠，勝於猫。《廣東通志》云：獴猜有黑、白、黃、狸，狀類猫而大，亦高足而結尾，捕鼠捷於猫也。諸國皆產，惟暹羅者良。舶估挾至，常猫見而避之，豪家每十金易一云。

又卷二七《山都》　山都形如崑崙奴，通身生毛，見人輒閉目張口如笑。好在深澗中，翻石覓蟹噉之。見《南康記》。《異物志》則云：廬陵太山之間，有山都，似人，裸身，見人便走。自有男女，可長四五尺。能〔口叢〕相喚，常在幽昧之中，似魑魅鬼物。

明　張存紳《增定雅俗稽言》卷三六　猩猩　猩猩，獸之能言者，人面，聲如小兒。《淮南子》曰：猩猩知人姓字，此知往也。醉被人擒，此不知來也。古詩：愛酒醉魂在，能言機事疏。酒之禍人也，猩猩亦不免乎？

又　野婆　野婆，獸名也，黃髮椎髻，儼然一媼。其羣皆牝，自腰以下有皮蓋膝。每遇男子，必負去求合。唐蒙《博物志》：日南有野女羣行，不見其夫，其狀晶且白，遍體無衣襦。得非此類乎？野婆嘗爲人刺殺之，至死，以手護腰間不置，剖之，得方印，瑩如蒼玉，字類符篆，蓋自然之文也。宋周子功，景定間使大理，親見所謂印者。是知窮荒絶徼，天奇地怪，何所不有。

明　鄺露《赤雅》卷三《山都》　山都形如崑崙，青毛有尾，見人輒閉目張口如笑。好在深澗中，覓蟹食之。

又《猩猩》　人面猿身，最機警，通八方言，學蟲鳥語，無不曲肖。聲如二八女子，啼最清越，嗜酒好屐，虞人以此誘之。予在緑鴉山見之，羣相語曰：客必東人也。踴躍出視予。適有蘸酒一包，寄酒少許。召而飲之，四者齊下，未飲先謝。既飲輒醉，知予之無機也。予徘徊恐爲後人所害，忽古木間一雙飛下，翩然相謂曰：上客過，勞兒當負之而去耳。《禮》曰：猩猩能言，不離走獸。予終不敢以爲信。

又《巂巂》　巂巂，梟獍也。見人則握手而笑，然後食之。人因以竹筒貫臂，姑與之握，握則必笑，笑則上唇掩目，曲臂以鑿，綴其唇於額，格而殺之。《吴都賦》云：猩猩啼而就擒，巂巂笑而被格。

又《狒狒》　狒狒狀如猴，力舉百鈞。人言鳥音，能知生死，笑似巂巂，上吻覆額，血可染緋，髤髵紅髮。飲其血，能見鬼物。

明　吴之俊《獅山掌録》卷二〇《野婆》　南丹絶谷間，有獸名野婆，儼然一媼也。上下山谷捷如飛猱，自腰以下有皮，纍垂蓋膝，若犢鼻然。性喜盜人子，每負男子與合，嘗爲健夫擠之壑，至死手護腰間，剖之得印方寸，瑩若蒼玉，字類符篆，皆自然之文。《博物記》：日南多野女，群行不見夫。其狀皛且白，裸袒無衣襦。疑或是此。

明　徐炬《新鐫古今事物原始全書》卷二七《巂巂　猩猩》　巂巂笑而被格，猩猩醉而被擒。巂巂產西南夷，似猴，人面而赤色。其髮極長，可爲頭髮。高脚長頸，猛而有力。宋孝建中，主簿韋文禮進雌雄二頭。帝曰：朕聞巂巂力負千鈞，既力如此，何由致之？士人丁鑾曰：巂巂見人則執手而笑，笑則上脣掩其目。人以釘釘其額，任其奔馳，死而取之。猩猩能言，似猿，人面，聲如小兒。一云人面豕身，出交趾，數百爲群。人以酒並糟設於路側，重結草履。猩猩視之，則知張者祖考姓名，呼云：奴欲張我。捨去，復自謂曰：試共嘗之。及醉，取履著之，爲人所擒。里人索肥者，乃自推肥者，泣而遣之。西國取其血染毛罽。刺其血，問之與我幾許，若加鞭箠問之，隨所加可得一斗。山谷詩云：愛酒醉魂，能言機事。《淮南子》曰：猩猩知人姓字，此知往也。醉被人擒，不知來也。乾鵲知歲多風，巢於下枝，此知來也，而不知童子探其卵，此不知往。

明　毛晉《陸氏詩疏廣要》卷下之下《毋教猱升木》　《爾雅》云：猱蝯善援，貜父善顧。明是二種。陸疏云『老者爲玃』，則混爲一矣。其類甚多，曰猱，曰蝯，曰狙，曰玃，曰猨，曰猴，曰狖，曰獨，曰狨，曰獼猴，曰沐猴，曰母猴，曰獑胡，曰豭玃，曰胡孫，曰王孫。雖因其形有大小，臂有短長，鳴有曉夜，色有青白玄黃，性有緩急羣特，故異其名，亦方言各異耳。若『猱』字，《說文》作夒，或作獿，又作猱，蓋古今文不同，但段公路所謂緋猿則大怪矣。

明　方以智《物理小識》卷一〇　猿狖　猿能以手相接，縋厓而下。有長尾，其臂通，與猴異。其云：蜼即狖音又。也，狖即猶也。蜼，今音誄，仰鼻長尾，雨則縣於樹，而以尾塞鼻。蓋一類而分者。《暖姝由筆》曰：南豐有小猿如拳。愚在良籌砦見之。查與弇言粵東見石猿如拳。舊言猴小猿大，不可執也。猿有鬚，前二足長；猴無鬚，前二足與後二足齊。

又《通雅》卷四六 猩猩或作狌狌，狒狒或作費費，萬萬一曰贛，梟陽，梟羊，山都，吐嘍，上螻。《吴都賦》：猩猩啼而就擒，萬萬笑而就格。《山海經》：氾林狌狌。《荀子》、《水經注》皆同。《説文》：成王時州靡獻𩳁，北人謂上螻，或謂狒狒。《周書》作費費，北人謂之吐嘍，《海内經》謂之贛，俗名山都。南康以此名水，即今贛州。智按：《山海經》載梟陽，而別載上螻，或隨地異名也。《漢書》注作梟陽。張衡作梟羊。王文考《夢賦》批羆豰，音費。蓋指狒。今《異名疏》分山都與萬作二條，豈未考邪？梅氏曰本作𩳁，亦舛。

又 狨，猱也。沐猴，獮猴，母猴也。《漢·西域》注：沐猴即獮猴也。《轉注略》音沐爲獮。智按：獮猴即母猴也。母音轉爲馬，又轉爲獮。《方言》呼母曰孁，此其證也。獸以雌强，今獮猴亦謂大者，猶凡物之大者曰馬藍、馬蓟之類。猱奴刀切。即玃也，一名狨。音戎。其毛茸而長，金色異采，世以爲韉褥，謂之金線狨。今香山隩有來貿者，其毛柔長可藉，制字從柔，以此。

又 狖、蜼、果然，一物也。狖，羊就切。《楚辭》常用猨狖。顧野王曰：黑猿也。《倉頡篇》曰：似貍。顔師古曰：似猴，仰鼻長尾。據籀説，即所謂猶也。崔浩曰：猶，仰鼻長尾，性多疑。一曰似麂，居山中，聞人聲豫登木，無人乃下。世謂不決曰猶豫，此也。段柯古曰：狐性好疑，鼬性好豫，以鼬通猶耳。智考此即蜼誄、柚二音。矣。鄧濬谷曰：狖也，黄黑色。羅願曰：蜼一名果然。人捕其一，則羣啼相赴，以其來之可必也。大者爲禺，小者爲狖。猶與蜼，《爾雅》兩載之，或更有同名者與？

又 蒙頌，活褥地，捕鼠者也。蒙頌又蜼之小者，紫黑色，能捕鼠，或作蒙貢、蒙貴。《廣志》曰：獴猜有黑、白、黄者，暹羅最良，捕鼠百捷于家貓。貓一名銜蟬，見《拾遺記》。《韻府》：猫一名烏員。《唐書》：波斯伊嗣侯遣使獻活褥地，形類鼠，青色，長八九寸，能入鼠穴取鼠。《物類志》曰褥地。温公之義貓曰鼬，或温公名之也。

清 吴景旭《歷代詩話》卷三七《狨》 石龕詩：熊羆咆我東，虎豹號我西。我後鬼長嘯，我前狨又啼。吴旦生曰：蔡傅卿注：狨音戎，猿狖之屬。《詩話》以爲狨類鼠而大。余攷《埤雅》：狨大小類猿，長尾，尾作金色，俗謂之金線狨是也。生川陝深山中。人以藥矢射殺之，取其皮爲卧褥、鞍被、坐毯之用。狨甚愛其尾，中矢毒即自囓斷其尾以擲之，惡其爲身患也。狨一名猱。《詩》曰：無教猱升木。顔氏以爲，其尾柔長可籍。然則制字從柔，以此故也。

清 吴綺《嶺南風物記》 白猿出羅定州，長六七寸，其身如雪，若黑者即墨矣。石猴出海南，其小如拳，可夜宿筆筒中。

清 陳淏子《秘傳花鏡》卷六《養獸畜法·猴》 猴一名猢猻，一名馬留。好拭面如沐，又謂之沐猴。面無毛，似人，眼如愁胡。頰陷有嗛，可以藏食。腹無脾，以行消食。尻無毛，而尾亦短。手足與兩耳，亦皆類乎人，可以竪行，聲咯咯若欬。孕五月而生子。喜浴於澗中。其性躁動害物，畜之者使索縛其脛，坐於杙上，鞭掊旬月自馴。養馬者多畜之厩中，任其跳躍，可辟馬病。丐者畜之，教以戲舞，舉動儼如優人。好事者多般訓練，使之應門，或對客送茶，以此駭觀取樂。然雖養熟，不可縱其去來，恐攫持人物取氣。又一種小而毛紫黑者，出交趾，畜以捕鼠，勝於猫貍。頗有靈性，能知人意。飼以生米果物則不大，若飼之熟物易大可厭。昔唐昭宗有一弄猴，能隨班起居，昭宗賜以緋衣。後朱温篡位，此猴望見朱温，忽跳躍奮擊，以致見殺，亦義獸也。如病，餵以蘿蔔。

清 王士禎《香祖筆記》卷二 南海友人陳元孝恭尹作《狨賦》，其文甚工。予按陸佃云：狨尾作金色，俗謂金線狨。一名猱。猱，獮猴也。楚人謂之沐猴，甚愛其尾，毛柔毛可藉。宋制官二品狨坐，不言食猴。又按：石⿰犭匊，獸名，食猴。則元孝之賦，當作石⿰犭匊爲是，⿰犭匊音菊。《異物類苑》云：⿰犭匊如師子，蒼黑色，瞑目聳耳，出武當山。又《黄山志》：盧狄，似穿山甲而無鱗，嗜猿及蜂。每呼羣猿至羅跪於下，擇肥者，以木葉覆其頂而食之。

清 姚炳《詩識名解》卷六《猱》 猱，《小雅·角弓》篇猱即是猨。《釋獸》猨作蝯，以下『玃父』文考之，則猱、蝯連言爲一物之名，非釋猱爲蝯也。蝯、猨、猿字通無所別。《傳》謂猱爲猿屬，要之即其物耳。而陸農師云：狨輕捷善緣木，大小類猿，長尾，尾作金色，一名猱。顔氏以爲，其尾柔長可藉，故制字從柔。則是猱爲狨別名，又似猿而非猿者。抑豈猿之別種，故《釋獸》謂之猱蝯與？張揖、陸璣皆以猱爲獮猴，且謂凡猿、玃、獑胡之名，皆以其屬

分。愚謂猿與猴自是兩物。按《元康地記》云：猿與獼猴不共山宿，臨旦相呼。柳子《憎王孫文》云：猿之德静以恒，王孫之德躁以囂，勃諍號呶，雖羣不相善。蓋其性之不同如此。又司馬相如賦『蛭蜩玃猱』，顔師古以爲猱即今狨皮爲鞍褥者，非獼猴是也。猴乃是王孫，陸璣所謂『老者爲玃』，此其屬耳，與猱自異，不可混。《説文》云：猴，夔也。獿，貪獸也。今《字書》以獿爲猱之本字，並誤。何元子謂猱之類有五種：一曰獼猴，一曰母猴，一曰貑玃，一曰禺頭，其一則猱。愚謂上四者皆猴屬，不可云猱之類也。又或雜舉諸名曰猱，曰蝯，曰狙，曰玃，曰猨，曰猴，曰狖，曰獨，曰狨，曰獼猴，曰沐猴，曰母猴，曰獑胡，曰貑玃，曰胡孫，曰王孫，以謂其形有大小，臂有長短，鳴有曉夜，色有青白玄黄，性有緩急羣特，故異其名，亦方言不同如此。要之，仍未辨猨、猴之分耳。又《鳥獸考》云：猴，《詩》謂之猱，性躁而多智。其説並謬。鄭氏以『猱升』、『塗附』二語對勘，失《詩》中如字，此明以下句喻上句也。然如《正義》釋《傳》，謂以猱之升木喻人心皆有仁義，於理亦未順。愚謂猱乃狡獸，升木有不安其位之況，以比子弟之凌尊者，即上章受爵不讓意也。蓋猱有登木之性，教之則益縱其升，子弟有不讓之心，教之則愈凌其上，其勢如塗泥相附著，愈積愈厚，不復可解，故下二句正言在上者有美道，則小人自以分相屬而不相凌矣。孫毓難鄭云：若喻人心皆有仁義，教之則進，何爲禁之而云毋乎？可謂一語破的。何元子謂猱字本作獿，塗泥，飾也。服虔云：獿人，古之善塗者。又師古云：獿善抆拭，故今謂塗者爲獿人。《樂記》所謂『及優侏儒，獶雜子女，不知父子』是也。《詩》以猱刺昏姻之小人，猶史言沐猴而冠之意，言真猱自能升木，假則安能？王毋庸教之，不必以假當真也。此輩呼朋邀類，實繁有徒，猶如獿人之相附麗，彼亦塗飾，此亦塗飾，皆非其本來面目，與天屬之親異矣。王信任之，亦何爲乎？愚按：獿乃人名，蓋古之善塗塈者，施廣領大袖以仰塗，領袖不污。揚雄《解難》云『獿人亡則匠石輟斤』是也。與猱絶不相涉，何氏欲合二句爲一義，引此爲説，又礙『升木』二字，難於立言，故其説仍分而不合，亦可謂强解矣。獿非猱本字，《樂記》之獶乃獿之譌，非猱之譌也，安得因之作證耶？

清　揆叙《隙光亭雜識》卷四　獴猠似狸，高足而結尾，有黄、白、黑三種。其産於暹羅者，尤善捕鼠。世或名猫爲蒙貴者，以此。

清　陸廷燦《南村隨筆》卷六《五色猿》　博白縣有五色猿、金絲猿，又有淺墨緑色桃花諸種。

清　許纘曾《寶綸堂集》卷七《猩猩説》　《山海經》曰：有獸人面，名曰狌狌，即猩猩也。二足，無尾，能學人語。其肉可食，其血可以染朱罽，其唇爲八珍之一。其性知往而不知來，亦知人名姓。《蜀志》裴炎曰：里人以酒并糟設于路側，織草爲履，更相連結。猩猩見之，則知張者祖先姓氏及呼名，云：奴欲張我。舍爾而去，復自再三，相謂曰：試共嘗酒。又飲其味，逮乎醉，因取履而着之，乃爲人所擒。

清　嵇璜《續通志》卷一八〇　狨，戎似猴而大，毛黄赤色，生廣南山谷間，皮可作鞍褥。《埤雅》：輕捷善緣木，大小類猿，甚愛其尾。玃，矍似獼猴而大，色蒼黑，能攫持人，好顧盼。《爾雅》云：玃父，善顧。獨，似猨而大，其性獨，一鳴即止。故諺云：獨一鳴而猨散。食猨。獑猢，《説文》作鏩鶘。蝯蜼之屬。黑身，白腰，手有長毛。《蜀地志》云：似猴而甚捷，在樹上歘然騰躍若飛鳥也。【略】狙，玃屬，或曰猿屬。性狡黠，伺物必伏而候之。《莊子》云『伐巧恃便』，亦謂狙之黠也。果然，猨屬，頰有髯，髯黑，性好理髯，又愛其類。取一果然，數十果然可得。案：狨以下七種皆猿猱類。《鄭志》未詳載，今補入以備參考。【略】狪，菊獸出江南武林山，狀似獅子，蒼黑色，常瞑目聳耳，一足攀林杪。猿猴逢之，輒不能動，久則推一猴與食之。又楊慎《外集》云：石狪俗名尖孫。食猴者又有石㲉，似狢而形短，常捕取猿猴。蓋亦狪之類也。猵狙，一名獦牂，似猿，狗頭。其雄喜與雌猿爲牝牡。見《莊子注》。

清　徐鼎《毛詩名物圖説》卷二　毛《傳》：猱，猿屬。鄭《箋》：猱之性善登木。《正義》曰：猱則猿之輩屬，非猨也。陸璣云：猱，獼猴也。楚人謂之沐猴，老者爲玃，長臂者爲猨，猨之白腰者爲獑胡。獑胡、猨駿捷於獼猴，然則猱猨其類大同。《埤雅》：狨輕捷善緣木，大小類猿，長尾，尾作金色，今俗謂之金線狨。生川峽深山中。人以藥矢射之，取其尾爲卧褥、鞍被、坐毯。狨甚愛其尾，中矢毒即自齧斷其尾以擲之，惡其爲深患也。狨一名猱。《詩》『無教猱升木』，顔氏以爲，其毛柔長可藉，制字从柔，以此故也。愚按：《本草》：猱即狨，長尾猿，與獼猴相似，而猿臂長。

清 牟應震《毛詩物名考》卷二 猱，《説文》作夒。《爾雅》：猱蝯，善援。注：猱，一名蝯。蝯同猿。今總名之曰猴。黄睛尖口，竪耳削聽，手足類人，能坐能上，善緣木。其形大小不一，曰猱，曰蝯，曰猿，曰狖，曰狚，曰玃，曰猨，曰獨，曰狨，曰獮猴，曰獑胡，曰胡孫，曰王孫，亦方言各異耳。

清 鄭光祖《醒世一斑録》卷三《物理》 猴種不一，永善縣山中有黑猴，其皮足並紫貂、海虎。

清 俞樾《茶香室續鈔》卷一二《猩猩能言不離禽獸》 國朝洪亮吉《曉讀書齋初録》云：《曲禮》『猩猩能言，不離禽獸』，是猩猩一物，兼有禽獸之名。故《字林》一則曰『猩猩，能言鳥也』，一則曰『能言獸也』。《山海經》曰：人面豕身。《交州圖經》：猩猩如豕，人面，又似黄狗。此所以名曰獸。又曰：頭如雄鷄。此所以名曰禽。陸德明《釋文》引盧本云：一作走獸，恐非。按：自來説《曲禮》者，皆以禽獸可通稱爲解，洪氏此説殊新。

又卷二四《狨食猿猴》 國朝吴震方《嶺南雜記》云：嶺南有狨似猿猴而大，毛深厚而金色，以猿猴爲糧。每嘯，則羣猴皆集，列跪其前，狨乃一一以手按之，自首至尻驗其肥瘠，視肥者以石戴其頂，此猴跪奉不敢動，餘乃散去。戴石之猴隨狨至水次，入水洗濯，又自拔毛凈訖，乃卧而聽狨食之。物之相制至于如此，哀哉！狨皮爲褥最温，其價甚貴。宋朱彧《可談》云：狨座，文臣兩制，武臣節度使以上許用，每歲九月乘，二月徹，無定日。視宰相乘，皆乘之，徹亦如之。狨似大猴，生川中，其脊毛最長，色如黄金。取而縫之，數十斤成一座，價值錢百千。

清 金武祥《粟香二筆》卷四 平湖陸武園《粤西偶記》云：平樂等府山中猿猴極多，善採百花釀酒。樵子入山得其巢穴者，其酒多至數石，飲之香美異常，名曰猿酒。灕江山巖間本多猿猴，自洪逆擾亂，沿江砲火震驚，遂遷越深山邃谷間，迄今不復至江岸。倏然猿公，豈隱於糟邱而理亂不聞耶？

清 方旭《蟲薈》卷二《毛蟲・狒狒》 《廣輿記》：狒狒産安南。旭按：此即《逸周書》之吐嘍、《山海經》之梟羊、《述異記》之山都也。或又呼髣髴，西蜀及處州山中呼人熊，閩中呼野人，又呼山大人。其身長丈餘，人面，紅赤色。長脣黄髮，髮與身等。無膝，反踵，手足如人。毛似猴，色黑。力大，能負千斤。又能言，音如鳥。食人，然見人必先執手而笑，笑則脣掩其目。捕者多以竹筒貫臂誘之，俟其執筒仰天而笑，急以筒鑿其脣而仆之。其血堪染緋，飲之能使人見鬼。以上集衆説。

又《野婆》 《彙苑》：南丹州有獸曰野婆，狀如婦人，黄髮堆髻，裸形跣足。其類無牡，遇男子必負去求合，嘗爲健夫所得殺之。至死，以手護腰，剖之，有印方寸，瑩若蒼玉，上有符篆，人不能識。旭按：唐蒙《博物志》云：日南有野女，羣行覓夫。即此。又名黄丹。《齊東野語》：野婆喜盜人家子女，然畏人罵。若其家大罵不已，仍挾而還之。

又《蒙頌》 《爾雅注》：蒙頌，蒙貴也。狀如蜼而小，紫黑色，捕鼠勝於貓，九真、日南出之。《廣志》：蒙貴有白、黄、黑三色，暹羅國最多。

又《獨》 《本草綱目》：獨似猨而大，食猨與猴。旭按：今山中有物似獮猴而畧小，首與尾皆黑色，俗名兩頭烏，好食獮猴，即此。

又《猴》 《正字通》：猴狀如人，頰陷，尻無毛，尾短，聲嗝嗝若欬。腹無脾，以行消食。孕五月而生生子，浴澗中。性躁動，害物畜者，使坐杙上，鞭撻旬月乃馴。梵書呼摩斯咤。旭按：猴，《莊子》謂之狙，柳宗元謂之王孫，《格古論》謂之胡孫，《史記》謂之沐猴，言其好拭面如沐也。《本草》謂之獮猴。《倦遊録》云：馬厩畜猴，避馬病，故胡人又謂之馬留。今處處有人畜之。又名葛牂，俗名猴孫，又名玃孫。牝者信水，亦月一至。又《廣輿記》云：百花産一種紅猴。《西番譯語》：猴，西番呼思卜列吾。《談薈》：猴毛納網四角，則多得魚。《抱朴子》：猴八百歲化猨。《清異録》：武宗呼猴曰猩猩奴。《支雅》：山中申日稱人君者，猴也。

紀事

漢 劉安《淮南子・説山訓》 楚王有白蝯，王自射之，則搏矢而熙。使養由基射之，始調弓矯矢，未發而蝯擁柱號矣。

晉 干寶《搜神記》卷一二 蜀中西南高山之上，有物與猴相類，長七尺，能作人行，善走逐人，名曰猳國，一名馬化，或曰玃猨。伺道行婦女有美者，輒盜取將去，人不得知。若有行人經過其旁，皆以長繩相引，猶或不免。

此物能別男女氣臭，故取女，男不取也。若取得人女，則爲家室。其無子者，終身不得還。十年之後，形皆類之，意亦迷惑，不復思歸。若有子者，輒抱送還其家。産子皆如人形。有不養者，其母輒死。故懼怕之，無敢不養。及長，與人不異，皆以楊爲姓。故今蜀中西南多諸楊，率皆是猳國馬化之子孫也。

又卷二〇 臨川東興有人入山，得猨子，便將歸，猿母自後逐至家。此人縛猿子於庭中樹上以示之，其母便搏頰向人，欲乞哀狀，直謂口不能言耳。此人既不能放，竟擊殺之。猿母悲唤，自擲而死。此人破腸視之，寸寸斷裂。未半年，其家疫死，滅門。

晉 徐廣《孝子傳》（引自《説郛》卷五八） 余嘗至綏安縣，逢途逐猴，猴母負子没水。水雖深而清，乃以戟刺之，自脇以下中斷，脊尚連。肑着船中，子隨其傍，以手捫子而死。

南朝宋 劉義慶《世説新語・黜免》 桓公入蜀，至三峽中，部伍中有得猨子者，《荆州記》曰：峽長七百里，兩岸連山，略無絶處，重巖疊障，隱天蔽日。常有高猨長嘯，屬引清遠。漁者歌曰：巴東三峽巫峽長，猿鳴一聲淚沾裳。其母緣岸哀號，行百餘里不去。遂跳上船，至便即絶。破視其腹中，腸皆寸寸斷。公聞之，怒，命黜其人。

南朝梁 任昉《述異記》卷下 南康郡有君山，高秀重疊，有類臺榭，名曰女媧宫。有獸名格，似猩猩之形，自知吉凶。人無機愛之，則可馴狎。欲執害之，則去不來。

北魏 酈道元《水經注》卷三七 今平道縣後王宫城見有故處。《晉太康地記》縣屬交趾。越遂服諸雒將。馬援以西南治遠，路逕千里，分置斯縣。治城郭，穿渠通導溉灌，以利其民。縣有猩猩獸，形若黄狗，又狀貆㹠，人面，頭顔端正，善與人言，音聲麗妙，如婦人好女。對語交言，聞之無不酸楚。其肉甘美，可以斷穀，窮年不厭。

唐 李延壽《南史》卷三四《蕭子響傳》 他日出景陽山，見一猨透擲悲鳴，問後堂丞：「此猨何意？」答曰：「猨子前日墮崖致死，其母求之不見，故爾。」上因憶子響，歔欷良久，不自勝。順之慚懼，感病，遂以憂卒。

又卷五五《魚弘傳》 弘度之所，後人覓一菱不得。又於窮洲之上，捕得數百獮猴，膊以爲脯，以供酒食。

唐 李肇《唐國史補》卷下 劒南人之采猓然者，獲一猓然，則數十猓然可盡得矣。何哉？其猓然性仁，不忍傷類。見被獲者，聚族而啼，雖殺之，終不去也。噫，此乃獸之狀人之心也。樂羊食其子，史牟殺其甥，則人之狀獸之心也。猩猩者，好酒與屐。人有取之者，置二物以誘之。猩猩始見，必大罵曰：「誘我也。」乃絶走遠去，久而復來。稍稍相勸，俄頃俱醉，其足皆絆於屐，因遂獲之。或有其圖而贊曰：「爾形唯猿，爾面唯人。言不忝面，智不周身。淮陰佐漢，李斯相秦。何如箕山，高卧養真。」

唐 段成式《酉陽雜俎》卷四 波彌爛國，去京師二萬五千五百五十里。此國西有山，巉巖峻險，上多猿，猿形絶長大，常暴田種，每年有二三十萬。國中起春以後，屯集甲兵與猿戰，雖歲殺數萬，不能盡其巢穴。

唐 段公路《北户録》卷一《緋猨》 公路咸通十年，往高凉程，次青山鎮。鎮府設以備他盜也。其山多猨，有黄緋者。緋者絶大，毛彩殷鮮，真謂奇獸。夫猨則狙玃，猨五百歲爲玃。《抱朴子》曰：猴壽八百歲。《繁露》曰：猨似猴，大而黑，長前臂。猨所以壽者，好引其氣也。猱猴也。狖似猨。之類，其色多傳青白玄黄而已。《小説》云：吾彦爲交州時，林邑王范能獻青白猨各一口。《山海經》云：堂庭山多白猨。今三峽有白額猨。按《樓炭經》云：鳥有四千五百種，獸有二千四百種。《白虎通》云：羽蟲三百六十有六，鳳爲之長；毛蟲三百六十有六，麟爲之長。今則豈可窮其族類歟？其猨能伏鼠，《論衡》曰：鹿之角足以觸犬，猴之手足以搏鼠，然而鹿制於犬，猴伏於鼠。亦如《淮南子》云：蝟使虎申，蛇令豹止，物各有所制也。多羣行，玄者善啼，雌黄而雄黑也。啼數聲，則衆猨叫嘯騰擲如相去呼。焉。其音凄入肝脾，韻含宫徵，方知當去呼。一部鼓吹，豈獨於鼃聲者哉？愚因召獵者捕而養之。目爲巴兒。極馴，不貪食，於樹杪間呼之則至，但臂長，身不便於行，而未見通膊者也。後一歲，自潘州回，路歷仙虚，潘茂真人燒丹之處，南人呼市爲虚，今三日一虚。按：神農氏日中爲市，致天下之民，聚天下之貨，交易而退，各得其所，蓋取之《噬嗑》。《易・下係》：噬嗑，合也。市人之所聚，異方之合耳。聞舊山猨啼，不食而卒。噫，其爲獸之性，一何仁耶！是知鄧艾感事投弓，故無虚語。且梁朝猨卒，責食吏違四日，方送鹿心柿四貫，及責玄圃養猨吏云：殘林猶獲子，堪杖四十。復引『雞冢鵾魂，狗蓋馬帷』之事瘞之。又

陸機快犬黄耳，能解人言，常傳書自洛至吳，纔半月而返。及死，機爲制棺槨殯之，村人號爲黄耳冢。愚遂敷其事，藉之以薪，藏之以坎。

五代　王仁裕《開元天寶遺事》卷三《山猿報時》　商山隱士高太素累徵不起，在山中搆道院二十餘間。太素起居清心亭下，皆茂林秀竹，奇花異卉。每至一時，即有猿一枚詣亭前，鞠躬而啼，不易其候。太素因目之爲報時猿。其性度有如此。

宋　釋贊寧《宋高僧傳》卷二九《南宋錢塘靈隱寺智一傳》　釋智一者，不詳何許人也。居靈隱寺之半峯，精守戒範而善長嘯。嘯終，乃牽曳其聲，杳入雲際，如吹笳葉，若揭遊絲，徐舉徐揚，載哀載咽，飀颼淒切。聽者悲涼，謂之哀松之梵。頗生物善，或在像前讚詠流靡。於靈山澗邊養一白猿，有時驀山踰澗，久而不還。一乃吮吻張喉作梵呼之，則猿至矣。時人謂之白猿梵，名一公爲猿父，猶狙公也。其後澗邊羣狙聚焉。每至衆僧齋訖，斂生飯送猿臺所，後令山童呼三二聲，則羣猿競至。洎乎唐武宗廢教，伊寺毁除焉。鞠爲茂草之墟，飯猿于臺，事皆堙滅，一師不詳所終。

又《東坡先生物類相感志》卷一〇《狒狒》　其獸出西南蠻。宋孝建武中，安昌縣進雌雄兩頭。帝曰：朕聞狒狒能負子鈞，既力若此，何能知致之？彼土人進曰：狒狒見喜笑，笑則下唇掩其額，以釘钉之，任奔至死。髮可爲髲，血可染衣。似獼猴，人面而紅，作人言馬聲。善知人死。飲其血，令人見鬼。帝聞而欣然命工人圖之也。

又《猿斷腸》　桓温入蜀至三峽中，有取猿子者，其母沿岸徘徊，哀號行百餘步，遂跳上岸，便氣絶。及視之，腸已斷。

宋　彭乘《墨客揮犀》卷三　僧悟空在江外見一猿坐樹杪。弋人伺其便，射之，正中母腹。母呼其雄至，付子已，哀鳴數聲，乃拔箭墮地而死。射者折矢棄弓，誓不復射。

宋　張舜民《畫漫録》　丁晉公南遷，過潭州雲山海會寺，供僧致獼猴無數，滿山谷林木皆折，不可致詰也。

宋　馬純《陶朱新録》　内侍吳曇子雲嘗説，宣和間，夜直禁中，與同列博。忽一毛手出燈下，且持燈而去。視之，乃巨猴。共逐之，即委燈，失猴所在。他日，上直復聚博燈下，戲相謂曰：猴將復來乎？少頃，果有一物至，驚逐之，乃巨猴也。又失所在。

宋　洪邁《夷堅支志·戊》卷二《海船猴》　廣州海山樓下客商舶船，養一猴甚馴，育之既久，與人無間。商婦生嬰兒，已三四歲。猴每抱持之，習以爲常，家人亦視之不問。一日，商登岸，婦在寢。猴輒挾兒直升桅檣之顛，其高數丈。滿船人皆驚慴，而猝不可取，但鋪設帆席帷幕，四環於下，以防墜水。遣篙師扳援而上，將至矣，猴遽放手，兒遂墜下板上，碎首死。商殺猴，沈諸海中，痛恨無及矣。相州人張正叔，時避地在彼，親見之。予亦記小説中有猴劫人浴兒，而舉置湯鑊内。既云異類，自不應狎之如人也。

宋　仇遠《稗史·狙猿朝廟》（引自《説郛》卷二五）　道州有舜祠，凡遇正月初吉，山狙羣聚于祠傍，以千百數，跳踉奮擲，狂奔疾超。如是者五日而後去，次猏亦如之，三日乃去。土人謂之狙猿朝廟。

元　脱脱《宋史》卷三四八《趙遹傳》　友直所部多思、黔土丁，習山險，而山多生猱，遹遣土丁捕之。伐去蒙密，緣崩石挽藤葛而上，得猱數十頭，束麻作炬，灌以膏蠟，縛於猱背。暮夜，復遣土丁負繩梯登崖顛，迺縋梯引下，人人啣枚，挈猱蟻附而上。比雞鳴，友直、祐恭與其衆悉登，擁刀斧穿箐入。及賊柵，出火然炬，猱熱狂跳，賊廬舍皆茅竹，猱竄其上，火輒發，賊號呼奔撲，猱益驚，火益熾。官軍鼓譟破柵，遹望見火，麾軍躡雲梯攻其前。兩軍相應，賊擾亂，不復能抗，赴火墮崖死者不可計，俘斬數千人。

明　朱權《神隱》卷上《養猿》　本是清物，道院中可置一枚，只是不敢放出，必須鎖其項於籠中，則大殺風景。蓋猿形類人而鎖其項，不亦醜乎？況又置於籠中，不亦悶乎？莫如不養。

明　都穆《都公譚纂》卷上　毛某者，衢州人，精於醫。一日騎驢行深山中，童子負藥籠以隨。至絶壁下，林木陰翳，有猴千餘以藤繞毛身，并取其藥籠以上。童子得脱，驅驢歸，皆以毛爲必死矣。毛升石壁，高可千尺。上有平地數畝，架薪爲屋，中卧一老猿，若有病者，引毛手按臂上，毛脉之，投以小柴胡湯，猴病愈。毛留四日，懇辭求歸。老猴於床下出一小盤，非木非石，四周皆竅，置毛籠中，意似酧。毛復縋之下。毛還家，言其故人，皆驚嘆，然莫盤辨爲何物。未幾，太監鄭和以朝命將采寶西洋。其毛以醫士當行，因獻鄭此器，欲祈其免。鄭驚喜曰：此定珠盤也，汝曷從得之？賞鈔三百錠，

仍免其行。鄭往西洋，嘗夜以此盤浮海上，光明如月，海中之物皆吐珠盤中，鄭急收盤，得珠不可勝數，其中有徑寸者。鄭後回，召毛兒，復贈珠三升。其家因以致富。鄉人呼胡毛孫云。

又卷下　金齒山中多猿。人家畜牛，屢爲猿所害。每牧時，必衆守之。蓋猿見牛即誇其背，以掌入牛穀道，盡取其腸胃以出。牛痛甚犇，猿坐自若，竟不肯下牛。雖有力，無如何也。

明　郎瑛《七修類稿》卷四三《鹿猿》　吾友王濟爲橫州判官時，朝命取猿，因知猿無通臂者小，皆黑色，而雄久則變蒼，勢與囊皆潰而爲雌矣，遂與黑者交焉。此又簡册所不載。

明　李詡《戒庵老人漫筆》卷二　猿食猪肉，疾患風癱。烏鎮王雨舟官廣西時，得一猿，歸後食肉，得此疾死，爲文葬之。初取時亦甚難，四山樹木皆伐去，方獲。

明　謝肇淛《五雜俎》卷九《物部一》　福清石竺山多猴，千百爲羣。戚少保繼光剿倭時，屯兵於此。每教軍士放火器，狙窺而習之，乃命軍士捕數百，善養之，仍令習火器以爲常。比賊至，伏兵山谷中，而令羣狙闖其營，賊不虞也。少頃，火器俱發，霹靂震地，賊大驚駭，伏發殲焉。昔鍼尹燧象，田單火牛，江逌火雞，今戚公乃以火狙，智者相師，大約類此。

明　吴之俊《獅山掌録》卷二〇《巴兒》　段公路程次青山鎮，其山多猿，有黄緋者絶大，毛綵殷鮮，玄者善啼，啼數聲，則衆猿叫嘯騰擲如相呼焉。其音淒入肝脾，韻含宫徵，因召捕而養之，名曰巴兒。

又《野賓》　王仁裕畜一猿，號野賓，呼之則應。後繫紅綃一縷，賦詩放之還山。其詩有『免勞青嶂夢，好愜碧雲心』之句。後入蜀次嶓冢廟前，見衆猿飲流，一巨者垂身下顧。從者指曰：此野賓也。呼之聲聲相應，紅綃猶在項間，哀叫數聲，去許遠猶聞其嗚咽。

明　朱國禎《湧幢小品》卷三一《猴》　汪中丞可受，黄梅人，嘗令金華。有丐者作猴戲乞錢，遂飽所欲。旁一丐者忌且羡之，因醉丐者，以酒誘至破窑内，椎殺之。繩其猴從己，亦作戲乞錢。而汪呼導聲至，猴忽嚙繩斷脱，走車前，作訴冤狀。即令人隨之，至破窑内，得屍。又令人行捕得後丐者，鞫問伏辜杖之死，方焚前丐者屍，烈焰始發，猴又號鳴赴火抱屍，共爲煨燼。

明　董斯張《廣博物志》卷四八　漢黄霸爲封溪令，部人陳廉攜酒并猩猩以獻。霸問曰：何物？人未及應，囊中語曰：斗酒并僕耳。霸以其物有靈，開囊視之，猩猩悲啼而去。《獨異志》

明　鄭仲夔《玉麈新譚・耳新》卷六《紀土》　雲貴之界有八十里無人烟處，環山谷蹊徑皆桃花，虎、豹、犀、象出没其間，人莫敢擅經。有猱能制諸獸，欲過其地者，必呼爲鄉導。猱識人言，召而與之約，用命生，不用命死，令其護送，酬以食物，毋相負。遇猛獸，猱即躍至獸首制之，巨獸畢集，猱一啼則皆散去，竟其路，猱始還。中途欲炊煮，有坑窨火，不用薪炭。

著録

南朝梁　沈約《宋書》卷五六《謝瞻傳》　謝瞻字宣遠，一名檐字通遠，陳郡陽夏人，衛將軍晦第三兄也。年六歲，能屬文，爲《紫石英讚》、《果然詩》，當時才士，莫不歎異。

宋　鄭樵《通志》卷六六　《猩猩傳》一卷。王綱撰。

藝文

漢　王延壽《王孫賦》（引自《歷代賦彙》卷一三六）　原天地之造化，寔神偉之屈奇。道玄微以密妙，信無物而不爲。有王孫之狡獸，形陋觀而醜儀。顔狀類乎老公，軀體似乎小兒。眼睚瞘以眩䀏，眎瞰睫以映睦。突高匡而曲頞，暖瞑歷而璙離。鼻䶑齁以𪖙𪖏，耳聿役以適知。口嗛呥以鹼齺，脣䘕嚁以䏘䑂。齒厓厓以齭齭，嚼咗喋而囁哯。儲糧食於兩頰，稍委輸於胃脾。蹝免蹲而狗踞，聲歷鹿而喔咿。或嗃嗃而嗷嗷，又嘀嗷其若嚎。姿僭傔以總贛，豁盱闃以瑣醘。眙晼䁳而睍睗，眄瞲瞲而踧跂。生深山之茂林，處嶄巖之嶔崎。性僄狷而獢疾，態鋒出而橫施。緣百仞之高木，攀窈裊之

長枝。背牢落之峻壑，臨不測之幽谿。尋柯條以宛轉，或捉腐而登危。或羣跳而電透，或爪懸而匏垂。上觸手而挐攫，下對足而登跂。互攀攬以狂接，夐儵眒而電赴。將遼落以蕭索，乍睥睨以容與。或蹻趹以跳迸，又咨嗔而攢聚。扶嶔崟以樑梯，躡危臬而騰舞。忽踴逸而輕迅，羌難得而覼縷。同甘苦於人類，好餔糟而歠醨。迺置酒於其側，競争飲而踘馳。顛陑酗而迷醉，矇眠睡而無知。蹔挐鬟以纏縛，遂纓絡而羈縻。歸鎖繫於庭厩，觀者吸咽而忘疲。

三國魏　鍾毓《果然賦》(引自《歷代賦彙逸句》卷二)　果然似猴象猨，黑頰青身。肉非嘉肴，惟皮爲珍。

晉　郭璞《狌狌》(引自《漢魏六朝百三家集》卷五七)　狌狌似猴，走立行伏。櫰木挺力，少辛明目。蜚廉迅足，豈食斯肉。

又《白猿》　白猿肆巧，繇基撫弓。應眄而號，神有先中。數如循環，其妙無窮。

又《蜼》　寓屬之才，莫過于蜼。雨則自懸，塞鼻以尾。厥形雖隨，列象宗彝。

又《猩猩》　能言之獸，是謂猩猩。厥狀似猴，號音若嬰。自然知往，頗測物情。

晉　阮籍《獼猴賦》(引自《歷代賦彙》卷一三六)　昔禹平水土而使益驅禽，滌蕩川谷兮櫛梳山林。是以神姦形於九鼎，而異物來臻。故豐狐文豹釋其表，間尾騶虞獻其珍。夸父獨鹿拔其豪，青馬三騅棄其羣。此以其壯而殘其生者也。若夫熊狚之游臨江兮，見厥功以乘危。夔負淵以肆志兮，揚震聲而衣皮。處閒曠而或昭兮，何幽隱之罔隨。鼷畏逼以潛身兮，穴神丘之重深。終或餌以求食兮，烏鑿之而能禁。誠有利而可欲兮，雖希覿而爲禽。故近者不稱歲，遠者不歷年。大則有稱於萬年，細者則爲笑於目前。夫獼猴直其微者也，猶繫累於下陳。體多似而匪類，形乖殊而不純。外察慧而內無度兮，故人面而獸心。性褊淺而干進兮，似韓非之囚秦。揚眉額而驟呻兮，似巧言而僞真。藩從後之繁衆兮，猶伐樹而喪鄰。整衣冠而偉服兮，懷項王之思歸。躭嗜慾而眄視兮，有長卿之妍姿。舉頭吻而作態兮，動可增而自新。沐蘭湯而滋穢兮，匪宋朝之媚人。終蚩弄而處泄兮，雖近習而不親。多才伎其何爲兮，固受垢而貌侵。姿便捷而好技兮，超超騰躍乎岑巖。既投林以東避兮，遂中岡而被尋。嬰徽纆以拘制兮，顧西山而長吟。緣榱桷以容與兮，志豈忘乎鄧林。庶君子之嘉惠，設奇視以盡心。且須臾以永日，焉逸豫而自矜。斯伏死於堂下，長滅没乎形神。

晉　傅玄《猨猴賦》(引自《歷代賦彙》卷一三六)　余酒酣耳熱，歡顔未伸，遂戲猴而縱猿，何瓌瑰之驚人。戴以赤幘，襪以朱巾。先裝其面，又丹其脣。揚眉蹙額，若愁若瞋。或長眂而抱勒，或嚘咋而齟齗。或顒卬而踟躕，或悲嘯而唫呻。既似老公，又類胡女。或低眩而擇蝨，或抵掌而胡舞。

唐　柳宗元《柳河東集》卷一八《憎王孫文》　與前文先後永州作。後漢王延壽嘗爲《王孫賦》，有云：顔狀類乎老公，軀體似乎小兒。則猴之類而小者也。　猨、王孫居異山，德異性，不能相容。猨之德静以恒，類仁讓孝慈，居相愛，食相先，行有列，飲有序。不幸乖離，則其鳴哀。有難，乃旦切。則内其柔弱者。不踐稼蔬，木實未熟，相與視之謹；既熟，嘯呼羣萃，然後食，衎衎焉。山之小草木，必環而行遂其植。故猿之居山，恒鬱然。王孫之德躁以囂，虚驕切，又牛刀切。勃諍號呶，上音豪，下尼交切。唶唶彊彊，唶子夜切，又則伯切。雖羣不相善也。食相噬齧，倪吉切。行無列，飲無序，乖離而不思。有難，推其柔弱者以免。好踐稼蔬，所過狼藉披攘。木實未熟，輒齕齩上下結切，下五狡切。投注。竊取人食，皆知自實其嗛。音歉，以頰聚食曰嗛。山之小草木，必凌挫折挽，使之瘁然後已。故王孫之居山，恒蒿然。以是猨羣衆則逐王孫，王孫羣衆亦齗猿。上仁革切，齧也，一作齕。猨棄去，終不與抗。然則物之甚可憎，莫王孫若也。余棄山間久，見其趣如是，作《憎王孫》云：湘水之浟浟兮，湘水出零陵郡。其上羣山。胡兹鬱其彼瘁兮，善惡異居其間。惡者王孫兮善者猨，環行遂植兮止暴殘。王孫兮甚可憎。噫，山之靈兮，胡不賊旃。跳踉上徒彫切，下吕唐切。叫囂兮，衝目宣齗。魚斤切，齒根肉。外以敗物兮，内以争羣。排鬭善類兮，譁駭披紇。譁音華，駭下揩切。盗取民食兮，私己不分。充嗛果腹兮，《莊子》：腹猶果然。音如字，又苦火反。驕傲驩欣。嘉華美木兮碩而繁，羣披競齧兮枯株根。毁成敗實兮更怒喧，居民怨苦兮號穹旻。號音豪，旻音珉。王孫兮甚可憎。噫，山之靈兮，胡獨不聞。猨之仁兮，受逐不校。退優遊兮，惟德是效。廉來同兮聖囚，蜚廉、惡來，紂之臣。紂囚西伯羑里。禹稷合兮兇誅。謂舜用禹稷，去四凶也。羣小人一無人字。遂兮君子違，大人聚兮孽無餘。善與

惡不同鄉兮，否泰既兆其盈虛。否，備鄙切。伊細大之固然兮，乃禍福之攸趣。王孫兮甚可憎。噫，山之靈兮，胡逸而居？

唐　吴筠《宗玄集》卷中《玄猿賦有序》　前志稱周穆王南征，君子變爲猨鶴，小人變爲蟲魚。夫神用無方，未必不爾。筠自入廬嶽，則覩斯玄猨。嘉其雨昏則無聲，景霽則長嘯。不踐土石，超遥於萬木之間。春咀其英，秋食其實。不犯稼穡，深棲遠處。猶有君子之性，異乎狙猱之倫。且多難已來，庶品凋敗，麋鹿殫於網罟，遺甿困於誅求。此獨蕭然，物莫能患。豈不以託跡冥絶，不才遠禍？昔夫子雖歎山梁雌雉曰：時哉！時哉！予因感之，聊以作賦云耳。伊玄猨之所育，於南國之層岑。動不踐地，居常在林。每泛泛而無據，亦熙熙而有心。雰嵐昏而共默，風雨霽而争吟。使幽人之思清暢，羇客之涕霑襟。何必聆嶰谷之管，對雍門之琴哉？歷千尋之喬木，俯萬仞之危嶠。弄游雲之亂飛，嬉落日之横照。連肱澗飲，命侣煙嘯。或聚而閒棲，或分而迴趠。壽同靈鶴，性合君子。阻重巖之險，非虎豹所履。蔭交柯之密，豈鵰鶚能視。故逢蒙操弓，憚高深而止。鄧公折箭，含惻隱而已。夫何患累之罕臻，不干物以利己。詎若狒狒淩人以就戮，猩猩甘酒而遄死。時珍貂裘，世寳狐白。彼徒工於隱伏，終見陷於機辟。麝懷香以賈害，狙伐巧而招射。小則翡翠殞於羽毛，大則犀象殘於齒革。孰能去有用之損，取無用之益？因棄置於常情，永逍遥以自適。無威刑相臨，以族類相親。食資諸物，衣取諸身。不賦不役，靡勞靡勤。如政教之未絶，保巢居以淳淳。匪虞氏之所及，何狙公之能馴。吾固知人爲萬物之貴，又焉測元化之所大均乎？

唐　李德裕《李衛公别集》卷二《白猿賦并序》　此郡多白猿，其性馴而仁愛。所止榛木不瘁，果熟乃取。不與玃相狎，猴亦畏而避之。昔傅奕有《猿猴賦》，但悦其變態似優，以爲戲玩，且不言二物殊性。予今作賦以辨之耳。昔周穆之南邁，將奮旅於湘沅。既隻輪而無返，化君子以爲猿。嗟物變而何常，故族類而始蕃。或哀吟於永夜，或清嘯於朝暾。峯合沓以連響，水潺湲而共喧。矧三聲之未絶，感行客之銷魂。觀其雖爲異物，而猶善處。動不爲暴，止皆擇所。樫松鬱而不殘，樝梨熟而後取。顧狖鼯與猱狿，信莫得而儔侣。若乃靈變難測，神通有知。女試劒而方接，舉脩篙而止馳。養矯矢而未發，眄喬柯而已悲。淩峻壑而電矅，掛長蘿而瓠垂。避側足而不履，尚有畏於阽危。施於射則李控弦而盈貫，用於道則華養形而不衰。彼沐猴之佻巧，雖貌同而心異。既貪婪而鮮讓，亦躁動而不忌。嗟斯物之既馴，有仁愛而可畏。故鄧生以違性興感，齊后以望思掩淚。嗟乎！人之化也，實可悲辛。或少貴而老賤，或始富而終貧。中行之後，困於畎畝。叔敖之子，疲於負薪。何止鯀化熊而爲厲，哀成虎而不仁。變欽鴞於瑶席，嗚杜魄於巴岷。乃知人世之可厭，不足控摶而自珍。

又卷一〇《二猿》　釣瀨水漣漪，富春山合沓。松上夜猿鳴，谷中清響合。衝網忽見羈，故山從此辭。無由碧潭飲，争接緑蘿枝。

唐　杜牧《猿》（引自《全唐詩》卷五二五）　月白煙青水暗流，孤猿銜恨叫中秋。三聲欲斷疑腸斷，饒是少年今一作須。白頭。

唐　段成式《猨》（引自《全唐詩》卷五八四）　却憶書齋值晚晴，挽枝閒嘯激蟬清。影沈巴峽夜巖色，蹤絶石塘寒瀨聲。

唐　徐寅《徐正字詩賦》卷二《猨》　宿有喬林飲有溪，生來蹤跡遠塵泥。不知心更愁何事，每向深山夜夜啼。

宋　宋祁《景文集》卷四七《玃贊并序》　出邛蜀間。與猴猱少異，但性不躁動。肌質豐腴，蜀人砲蒸以爲美味。贊曰：玃與猴猱，同類異種。彼美豐肌，登俎見用。

宋　程顥《二程文集·明道文集》卷一《獼猴山僧云：婆元獻公來，獼猴滿山》　聞説獼猴性頗靈，相車來便滿山迎。鞭羸到此何曾見，始覺毛蟲更世情。

宋　鄭獬《鄖溪集》卷二六《獐猿》　翠樹不從青嶂出，蟠根却向屏中生。黄獐引脰探緑葉，老猿護雛枝上驚。猗然相顧見異態，誰言野物能忘情。我來賞激繞屏下，亦疑此身林中行。自古畫工無畫者，今得絶筆方傳名。吾廬昔在鄖溪上，滿溪桃花春水明。曾隨麋鹿藉芳草，更倚白雲聽嘯聲。

宋　高似孫《剡録》卷一〇《草木禽魚下·猿》　虞騫《嵊亭》詩：澄潭寫度鳥，空嶺應鳴猿。李白《剡中》詩：猿近天上啼，人移月中棹。又曰：謝公宿處今尚在，緑水蕩漾青猿啼。劉長卿詩：鳥道通閩嶺，山光落剡溪。暮帆千里思，秋夜一猿啼。仲皎《東太白山溪猿亭》詩：挂烟羣木冷，啼月一

山秋。

又《玃》 剡太白山趙廣信鍊丹登仙之處，有赤玃。《爾雅》曰：玃父，善顧。郭璞注曰：似猴而大，能玃持人，好顧盼。《吕氏春秋》曰：猴五百年化爲玃。盧天驥《鹿苑寺》詩：飢鼯猛玃號窮冬，層巒秀壁撑晴空。

又《緯略》卷七《狒狒讃》 《狒狒贊》曰：狒狒怪萌，被髮操竹。獲人則笑，唇蔽其目。終亦號咷，反爲我戮。《物類相感志》曰：狒狒出西南蠻。宋建武中，安昌縣進雌雄二頭。帝曰：吾聞狒狒能負千斤，既力若此，何能致之？對曰：狒狒見人喜笑，笑則下唇掩其額，故可以釘之。髮可爲髲，血可染衣。手似獮猴，人面而紅。作人言鳥聲，善知人生死。飲其血，使人見鬼。帝命工圖之。元稹詩：狒狒穿筒格，猩猩置屐馴。狒，房沸切。

宋　方逢辰《蛟峯文集》卷六《猩猩歌》 獵者圍猩猩，疑其以衆抗。誘曰不取小，惟取大與壯。衆猩自相仇，推擠送其長。以次索二三，不復推已往。四五至于十，無一得釋放。衆猩怒相目，各悔受人誑。及早同一心，未必軀盡喪。吁嗟獸不靈，相仇無足嗔。胡爲豪傑羣，不能自相親。秦人吞六國，諸侯各附秦。并力取其一，冀不及他人。智者欲合從，徒自腐舌脣。安得先震鄰，然後於其身。彼先噬其一，其次禍亦均。早知秦用術，六國同一心。

元　王惲《秋澗集》卷九《放猿詞》 霜林萬果翻朝紅，老狙夢到秋巖重。幾年胥靡辦兒劇，物失本性心爲忡。主人誰似俯仰翁，放之遠野將何從。封龍雲深洞穴暖，東山之西西山東。銜煙嘯月恣汝嬉，曉驚無復山人扉。歸時物情喜兩適，豈爲爾心知不知。

元　宋無《翠寒集·猿》 巴峽聞聲愁斷腸，冷泉照影緑陰凉。藤摇亂雨領兒過，樹晒斜陽拾蝨忙。獻果去尋幽洞遠，攀蘿來撼落花香。空山月暗無人見，啼入白雲深處藏。

元　吴萊《淵頴集》卷一《狙賦》 我觀世間，何異厥狙？狙公執技，役我庭除。投爪齕果，豢養飽腴。牽繩拽鏁，奮躑嘯呼。側身聃毯，恐愯足跗。頫項矐矆，變幻首顱。動因頤指，静類槩株。悅惛錯愕，滿堂盧胡。粤自童幼，被彩弄雛。長跳短躩，嬉戲有餘。忽然壯强，精幹猛軀。急躁襲取，智慮畢輸。亦復病苦，顛顇困臞。徉顛詐死，靈藥在壺。豈或老衰，涕泗垢涔。曲頞傴膂，鳩杖給扶。相彼仕達，綽有時譽。巧張鄉評，雄跨宦衢。文馳觚檟，武執戟殳。横施爪距，憤磔牙須。高門縣薄，伺候趦趄。豪戚勢卿，語話囁嚅。白虎獻議，銅龍握樞。模稜唐手，霹靂漢符。升堂踞坐，呵喝擁驅。棄律舞法，鞭梏刻刳。神姦出没，拉彘扼貙。頑貪集戾，盗鹿攘羭。貴與利期，貨貝具儲。寵則驕至，跛蹟同塗。膠目塞耳，褫冠裂裾。行遭僇辱，泣赴刑辜。載觀富盛，擅爾里閭。經營家室，粉飾體膚。連檣白粲，負郭黄淤。沼池魚鼈，塒檻鳴豬。業可必得，事在必圖。姱奢服履，湎液杯杅。窮聲絲竹，極色麗姝。弗農崇嗇，匪賈積帑。自晨及暮，鴻弋兔罝。分房割奥，誶帚德耡。鹵霜顔黧，舌電嚼嘘。侵貧並弱，欺懵侮愚。春花秋葉，更菀遞枯。先笑後號，去車就途。胡然比附，竟作睽孤。餒哉氣力，孰不丘墟。當其爲人，尚有以娱。殘骸斷胔，螻螘鳶烏。或者爲鬼，抑又可歔。鱗肌角鬣，魑魅夔魖。一時之頃，幸不汝拘。衆人盡然，殆不我誣。周公之衣，勉强曳婁。吴王之天，巧捷速殂。身何置網，手且將荼。疇云智譎，有是勤劬。假靈木客，通怪山都。雖則多幻，盍忘爾初。嗚嘑兹世，莽矣一區。視其有作，意在覬覦。悲歡交禪，福禍並趨。小苛可略，山嶽弗殊。治安何玩，兵亂卒瘏。暴秦殄楚，勁越戕吴。三國鼎立，材勇與俱。龍虎鳥蛇，陽陣陰謀。五胡雲擾，羌羯相屠。弓弩甲旗，北騎南艫。椎轂敲批，却窾骨軱。攻戰圍禁，形勢亢虚。塞闕在前，慎不可踰。哀孽在後，淪胥以鋪。時風哀樂，史筆賞誅。醫國無術，鑄人曷模。天開地闢，四海蘧廬。人消物盡，萬世須臾。惟狙跋扈，盤踞自如。昔非刻狗，今豈乘狐。我思世故，何計有無。緝之成賦，用戒薄夫。

明　文嘉《和州詩集·湘浦聞猿》（引自《文氏五家集》卷九） 江潤凄風起，飄飄一舸輕。嶺猿斜日裏，猶作斷腸聲。

清　鈕琇《觚賸續編》卷四《物觚·狨》 狨生東粤山中，柔毛，善緣木。陸佃曰：尾作金色，俗謂金線狨。楊億《談苑》曰：大小類猿，長尾，絶自愛尾，中毒矢即自噛斷。未聞其以獮猴爲食也。余閲南海陳恭尹《狨賦》而甚怪之，因録以補博物所未備。賦曰：猛虎之搏，健走可避。鷹鸇之擊，伏者不挚。狡兔畏虞，三窟入地。惟猴與狨，若見大吏。唇戰爪縮，相泣而

跪。狨呼猴前，膝前蒲伏。伸手探囊，捫曾抵脊。驗其腰腹，孰肥孰瘠。瘠者遣去，肥者戴石。使其湔洗，使自拔毛。須臾之間，飫彼貪饕。瘠猴得免，各歸其所。聚族相戒，嗷嗃爾汝。有介葛盧，頗聞其語。猴之言曰：榛栗之林，樝梨橘棗。上干層雲，危柯夭矯。棘蓬未剖，青柎未老。彼肥輕捷，獨得先飽。空山斷蹊，無鄉之社。鬼嘯兒嗥，以恐行者。連臂上屋，褰門擲瓦。彼肥便巧，欺童虐寡。白晝大器，聚人索錢。操刀學劊，屢舞蹮蹮。彼肥領厚，沐而衣冠。吾聞福始，是曰禍先。果爲狨飽，更被惡言。謂汝不臧，飲水刮腸。謂汝不潔，倮濯於江。故曰：足可躍，陷於機。翮可奮，弋於絲。坐客辨肴，大胾先之。方今之時，慎哉勿肥，此之謂也。恭尹此賦，豈目擊狨之爲狀而著之於詞歟？抑有見於同類者之擇肥而食，故假狨以况之，而多方以致肥之，猴亦其所自取歟？或曰宋文武二品以上，用狨坐，惟其有之，是以似之，大吏之喻，寄慨深矣。

雜録

漢　東方朔《神異經》　西方深山中有山臊，長尺餘，犯人則病，長爆竹聲。

晉　崔豹《古今注》卷中　猿五百歲化爲玃。

南朝梁　任昉《述異記》卷上　猿五百歲化爲玃，玃千歲化爲老人。

唐　馮贄《雲仙雜記》卷二《啼猿生蕨》　猿啼之地，蕨乃多有。每啼一聲，遽生萬莖。《窮幽記》

五代　馬縞《中華古今注》卷下《猿》　五百年化爲玃。

明　王世貞《弇州四部稿》卷一一一《文部·雜記四首·猱》　獸有猱，小而善緣，利爪。虎首癢，輒使猱爬搔之不休成穴。虎殊快，不覺也。猱徐取其腦啖之，而汰其餘以奉虎，曰：余偶有所獲腥，不敢私以獻左右。虎曰：忠哉！猱也。愛我而忘其口腹，啖已。又弗覺也。久而虎腦空，痛發，跡猱，猱則已走避高木。虎跳踉大吼，乃死。世人謂邯鄲挾瑟，而倡者類之，於乎是寧獨一倡哉？

圖表

明　李時珍《本草綱目·圖卷》

清　徐鼎《毛詩名物圖說》卷二

猶豫

綜述

《爾雅·釋獸》 猶如麂，善登木。注：健上樹。音義：猶，羊周、羊救二反。《字林》：弋又反。《說文》云：玃屬也。一曰：隴西人謂犬子也。《尸子》云：五尺大犬也。舍人本作鸐，郭音育。麂，音几。上，時掌反。疏：《說文》云：猶，玃屬也。其狀如麂，爲獸健捷，善能上樹。

宋 葉庭珪《海録碎事》卷二二上《猶豫》 《說文》云：隴西謂犬子爲猶。顔師古以爲人將犬行，豫在人前，待人不得，又來迎候。如此往還，至於終日，斯乃豫之所以爲未定也。《爾雅》曰：猶，獸名，(鹿)[如麂]，善登木。聞人聲，乃豫升木，如此上下，故稱猶豫。

宋 鄭樵《通志》卷七六 猶，《爾雅》云：猶如麂，善登木。說云：猶，玃屬也。麂音几。

宋 楊侃《兩漢博聞》卷一《猶豫高后紀八年》 師古曰：猶，獸名也。《爾雅》曰：猶如麂，善登木。此獸性多疑慮，常居山中。忽聞有聲，即恐有人且來害之。每豫上樹，久之無人，然後敢下。須臾又上，如此非一，故不決者稱『猶豫』焉。一曰：隴西俗謂犬子爲猶，犬隨人行，每豫在前，待人不得，又來迎候，故云『猶豫』。麂，音几。

明 牛衷《增修埤雅廣要》卷一六《品物門·毛族類·猶豫》 猶豫，獸名，如麂，善登木，多疑慮。索隱曰：猿類也，卬鼻長尾，居山中。忽聞有聲，則上樹下樹，升降不一。故言不決者，曰猶豫。《史記·高后紀》曰：猶豫未決。《禮記》作『猶與』，皆擬諸此也。

明 穆希文《蟫史集》卷四《猶音柚》 《爾雅》曰：猶似麂，善登木，健上樹。此獸性多疑慮，居常聞有聲，唯恐人之害己。每預上樹，久之復下，須臾又上，如此非一。故不決者，稱猶豫焉。《草木子》曰：鵲巢避風，雉去惡政，乃是鳥之一長。狐性多疑，猶性多豫，可謂獸之一短。《楚詞》云：心猶豫而狐疑。蒯通曰：猛虎之猶豫，不如蜂蠆之一致。孟賁之狐疑，不如童子之必至。

明 張存紳《增定雅俗稽言》卷三六 猶豫 猶，本作猷，獸名也。性亦多疑，聞有聲，即豫登于木，上下不定，故曰猶豫。又《說文》：隴西俗謂猶犬子也。人行，每豫在前待人，不至復來迎候，故謂遲疑不決曰猶豫。崔邵曰：鵲巢避風，雉去惡政，乃是鳥之一長。狐疑猶豫，可謂獸之一短。

清 嵇璜《續通志》卷一八〇 豫，《曲禮》作與。象屬，其性進退多疑。猶獸亦然。故喻人之多疑惑者，曰猶豫。

清 方旭《蟲薈》卷二《毛蟲·猶》 《離騷集傳》：猶如麂，善登木，聞人聲則緣木而上，未幾又下，下又上。

圖表

晉 郭璞《爾雅音圖·釋獸》

蟲部

蝗

論説

宋 王禹偁《小畜集》卷一四《書蝗》 仲尼修《春秋》設九例，物爲災則書之，不爲災則闕之。蓋物之災祥，係君之善惡。特取其爲災者，以垂戒爾。苟不爲災者亦書之，則慮後之爲君者謂災不由德而由於數也。斯聖人之微旨在焉，故《傳》曰：有蜚不爲災，亦不書。噫，去聖漸遠，詭誕爭起，陰陽家流得以蔓其説，使君天下者視天災時變，不務德以禳之，但委其數而已。吁，可悲也。然則君有修德禦災轉禍爲福者，苟滅而不書，曷以儆後代，是以堯水湯旱，非不災也，能以德禦之爾。皇宋嗣統之七載，夏四月有飛蝗，上念粢盛稼穡之重，則貶常膳，避正寢，徹宫懸，眚災卹刑，以赦天下。曾未旬浹，蝗死於野。或曰皇上以勤儉之德馴，致太平無爲之風，將有待也。天其或者因怠於理，故用蝗以爲戒，果能修德以禦之，則我后之德，唐堯之德也。宋景之退熒惑，太宗之去蟲蝗，得爲比邪。儒臣不佞，敢作《書蝗》一篇，附於國史之末，非獨彰我朝之善，亦欲垂後世之戒也。

宋 黄仲炎《春秋通説》卷一《螟》 《大田》之詩曰：去其螟螣，及其蟊賊。毛氏注云：食心曰螟，食葉曰螣，食根曰蟊，食節曰賊。此四種皆蝗也。觀漢循吏治民有道，蝗不入境，則知蝗之爲災，非不道所致乎。夫民火耕水耨，終歲作苦，禾稼垂成而蟲蝗敗之，則饑饉流亡之禍至矣。此《春秋》所以書也。

元 趙汸《春秋屬辭》卷一 宣十五年冬，蝝生。以上蝝生一。杜氏曰：蝝，螽子，以冬生，遇寒而死，故不成螽。今案：杜氏知不成螽者，蓋成螽則自書螽也。螽穿地遺卵如蛹，兩端有細蟲，導之上下中若魚子，始化類蠶，所謂蝝也。遇大雪則入地深，或大雨水，皆不成螽。石虎時，河朔大蝗，初穿地而生，二旬則化，狀若蠶，七八日而卧，四日蜕而飛，蓋飛乃名螽蝗，初生皆然。李巡云：蝝，蝗子也。郭璞云：蝗子，未有翅者。其説皆是。

明 馮復京《六家詩名物疏》卷二《螽斯》 蚱蜢，稻田中往往有之，察其形，頗似陸璣所言。但《釋蟲》又有土螽、蠰谿，説者以爲此蟲細小善跳，江南所謂蚱蜢也，則斯螽别是一物矣。嚴氏以此螽爲蝗，以《七月》之『斯螽』爲蚱蜢，不主孔《疏》之説，疑不能明也。《小序》但言螽斯不妬忌，其生子之數亘古未聞。朱子云『一生九十九子』，蘇氏云『一生八十一子』，陸佃云『一母百子』，三家之説未詳典據，而各自矛盾，安得及其生子之際一一數過，以訂三説之是非哉！又按《玉堂閒話》云：螽斯，蝗屬，或曰魚卵所化，每歲生育。或三或四，每一生其卵盈百，自卵及翼凡一月而飛，羽翼未成，跳躍而行。蓋亦以爲蝗，而不定其生子之數也。

明 何三畏《新刻何氏類鎔》卷三五《蝗》 蓋聞旱氣蘊隆，遂致介蟲之孽；茅茨已盡，輙書雨螽之灾。如元光、太初、徵和、地節、永初、永建、永和之年，如京師、郡國、河内、陳留、冀州、九州、七州之處。蝗或初夏而來，當秋而至。蝗或蔽天而下，穿地而生。其蟲似陰而實陽，其種自一而化百。爲蟊爲賊，食稻食禾，甚而歲失瓜瓠，且至野無茅草。壽昌人以乾蝗爲飯，關内人以蒸蝗爲餐。蝗之災異，自昔苦之矣。故象其形類所成，則以身黑頭赤、身赤頭黑者，而有文蝗、武蝗之目。本其貪殘所致，則以重歛嚴刑，興師動衆者，而有官蝗、吏蝗之名。蝗自河南界生，原非鳳凰食，而蝗從東方飛至，嘗爲宫殿災，此豈細故耶？是以任昉之守蜀郡也，楊琳之守茂陵也，宋均之守九江而馬援之守武陵也，蝗皆不入其境内。卓茂之令緱氏也，魯恭之令中牟也，謝夷吾之令壽張而鄭弘之令鄒縣也，蝗獨不入其界中。小黄徐栩屬縣蝗多，刺史行部責栩，而栩於是棄官也，欲去而蝗應聲來，比還而蝗羣飛去。如臯錢穆甫鄰縣蝗起，刺史被紿詰令，而穆甫爲之檄判也，既自敝邑驅蝗去，請從貴縣押蝗來。梁王之幸揚州而躬自撲蝗也，雖大駕所臨，蝗尋殲盡，而麥苗損耗無幾。石勒之在冀州而地生飛蝗也，雖河朔殆徧，百草無遺，而麻豆

僅存不食。必如梁刺史遇蝗而深自咎責，默禱于天，忽有飛鳥千羣，食之殆盡。唐太宗見蝗而願食朕心，掇吞于口，遂令畿輔百姓，終不爲殃，自非實心實政救患救灾，寧詎有此？彼若奉太守之命，以驅蝗方駐縣中，而蝗即消化，其道術豈不足爲天下誇？當執政之時，以無蝗方賀殿上，而蝗且忽來，其欺妄豈不堪爲天下笑哉？

清 陳啓源《毛詩稽古編》卷二八《辨物·禽蟲類》 《爾雅》謂『螽醜奮』，而列螽之類凡五，其三見於《詩》。案：許慎以蝗爲螽，蔡邕以螽爲蝗。凡《經》、《傳》專言螽者，即蝗也。取《名物疏》之説。如《春秋經》書螽者是，或據《漢書·五行志》於春秋則名螽，於漢則名蝗，證螽、蝗非一物，殊不知名螽者襲《麟經》之舊文，名蝗者從漢世俗稱耳，元非二螽也。至《爾雅》所列五螽，皆別以他名，特蝗類而已。《詩·周南·螽斯》即風斯螽，《爾雅》『蜇斯同螽，蜙蝑』是也。亦名蜙蜙，亦名蜙蜙同。蹤，子紅切。亦名蜙箕。陸璣以爲蝗類，五月以股相切作聲者也。嚴緝乃謂『螽斯是阜螽，而非斯螽』，謬矣。《詩》『草蟲』、《爾雅》『草蟲，負蠜』音樊。是也。又名常羊。陸璣以爲大小長短如蝗，好在草茅中者也。羅願謂即蚚蚸者，誤。《詩》『阜螽』、《爾雅》『蟲阜同螽，蠜』是也。李巡、陸璣皆以爲蝗子，陳藏器以爲然，如蝗有異斑。《拾遺》、《證類》十《本草》言可入媚藥。又有『蟿音契。螽，螇蚸』，音歷。郭注以爲似蜙蝑而細長。又有『土螽，蠰音攘。谿』，郭注以爲似蝗而小。二螽不見《詩》，亦大類而小別者乎？《本草綱目》云：數種皆似蝗，而大小不一，長角、修股、善跳，有青黑斑數色，亦能害稼，性不忌妬，一母百子，五月動股作聲，至冬入土穴。山中諸夷人食之。要之，《爾雅》云『螽醜奮』，注云：『好奮迅作聲。』此足見螽之性狀矣。五螽惟阜螽先儒異説，李、陸二家直指爲蝗，藏器以爲似蝗，《埤雅》以爲今之蜉蹤，青色，飛不能遠。未知孰是。顔師古注《漢書》，以螽爲阜螽，祖李、陸之説也。嚴緝釋螽斯，又因而加誤。

綜　述

《左傳·隱公五年》 螟。注：無傳。蟲食苗心者爲災，故書。疏：注《正義》曰：《釋蟲》云：食苗心，螟。食葉，蟘。食節，賊。食根，蟊。舍人曰：食苗心者名螟，言冥冥然難知也。李巡曰：食禾心爲螟，言其姦冥冥難知也。食禾葉者，言其假貸無厭，故曰蟘也。食其節者，言其貪狠，故曰賊也。食其根者，言其税取萬民財貨，故曰蟊也。孫炎曰：皆政貪所致，因以爲名。郭璞曰：分別蟲啖食禾所在之名耳。李巡、孫炎以政致爲名，舍人、郭璞以食處爲名。陸璣《疏》云：舊説螟蟘蟊賊，一種蟲也。如言寇賊姦宄，内外言之耳。故犍爲文學曰：此四種蟲皆蝗也。實不同，故分別釋之。然則螟非以蟲名，以食苗之處爲名耳。

又《桓公五年》 螽。注：無傳，蜙蝑之屬，爲災，故書。疏：注《正義》曰：《釋蟲》云：『蜇螽，蜙蝑。』楊雄《方言》云：『春黍謂之蜙蝑。』陸璣《毛詩疏》云：『幽州人謂之春箕。』春箕即春黍，蝗類也，長而青股鳴者，或謂似蝗而小，班黑，其股狀如瑇瑁，又五月中以兩股相切作聲，聞十數步。《爾雅》又有蟿螽、土螽。樊光云：皆蜙蝑之屬。然則螽之種類多，故言屬以包之。《傳》稱『凡物不爲災不書』，知此爲災，故書。

又《宣公十五年》 冬蝝生。注：螽子以冬生，遇寒而死，故不成螽。音義：蝝，悦全反，《字林》尹絹反。劉歆云，蚍蜉子也。董仲舒云『蝗子』。疏：《正義》曰：《釋虫》云：草螽，負蠜。蜇螽，蜙蝑。李巡云：皆分別蝗子，異方之語也。《釋虫》又云：『蝝，蝮蜪。』李巡云：蝮蜪一名蝝，蝝，蝗子也。郭璞云：蝗子未有翅者。劉歆以爲蚍蜉有翅者，非也。如李、郭之説，是蝝爲螽子也。上云秋螽，秋而生子於地，至冬其子復生，遇寒而死，故不成災。《傳》稱凡物不爲災，不書。此不爲災而書之者，《傳》云：幸之也。此年既饑，若使蝝早生，更爲民害，則其困甚矣。喜其冬生以爲國家之幸，故喜而書之。《公羊傳》亦云：蝝生不書，此何以書？幸之也。

《爾雅·釋蟲》 蝝，蝮蜪。注：蝗子未有翅者。《外傳》曰：蟲舍蚳蝝。音義：蝝，以全反，《字林》尹絹反。《説文》云：劉歆説『蚍蜉子也』，董仲舒説『蝗子也』。何休注《公羊》云：即螽也，始生曰蝝，長大曰螽。杜預亦云：螽子。郭依董説。蝮，孚福反，郭蒲篤反。蜪，郭音陶，《字林》他牟反。翅，式智反。舍，音捨。蚳，直其反。疏：蝝，一名蝮蜪，蝗子未有翅者。《春秋》宣十五年『冬，蝝生』是也。注『《外傳》曰：蟲舍蚳蝝』者，此《魯語》里革諫宣公之辭也。韋氏解曰：蚳，螘子也，可以爲醢。蝝，蝮蜪也，可食。舍，不取也。【略】蛗螽，蠜。注：《詩》曰：『趯趯蛗螽。』草螽，負蠜。注：《詩》云『喓喓草蟲』，謂常羊也。蜇螽，蜙蝑。注：蜙蹤也，俗呼蜙蜙。蟿螽，螇蚸。注：今俗呼似蜙蹤而細長、飛翅作聲者爲螇蚸。土螽，蠰谿。注：似蝗而小，今謂之土蝶。音義：蛗，音阜。螽，本或作蝩，音終，下同。蠜，音煩，下同，本或作蟠。趯，他歷反。喓，於遥反。蜇，本又作蟖，《詩》作斯，同，音私支反。

蜙，《字林》先凶反，郭先工反，《說文》思弓反。蝑，相魚反，郭才與反，《字林》先呂反，《說文》云：『蜙蝑以股鳴。』蹤，寸東反，《字林》云：蜙蹤似蟒蜻，傷容反。蠜，音棄，《字林》云：口地反。螇，音奚。蚸，或作蚗，郭音歷，孫音昔。蠰，音壤，孫音囊，字又作蠰，誤。又思諒反，或式尚反。谿，苦兮反，孫音奚。蝶，字又作蚝，竹宅反，《詁幼》云：蚝，蚝蜢也，善跳。蜢，音猛。疏：阜螽之族厥類寔煩，此辨之也。阜螽一名蠜。李巡曰：蝗子也。陸璣《疏》云：今人謂蝗子爲螽子，兗州人謂之螣。許慎云：蝗，螽也。蔡邕云：螽，蝗也。明是一物。草蟲，一名負蠜，一名常羊。陸璣云：小大長短如蝗也，奇音，青色，好在茅草中。又一名草蟲，《詩》云『喓喓草蟲，趯趯阜螽』是也。蜤螽，《周南》作『螽斯』，《七月》作『斯螽』，惟字異文倒，其實一也。一名蜙蝑，一名蜙蹤，一名蜻蝷。陸璣云：幽州人謂之蜻箕。蜻箕即蜻蝷，蝗類也。長而青，長角長股，股鳴者也。或謂似蝗而小，斑黑，其股似瑇瑁文。五月中以兩股相切作聲，聞數十步者是也。蟿螽，一名螇蚸，形似蜙蹤而細長，飛翅作聲者是也。土螽，一名蠰谿，今謂之土蝶，江南呼蚝蛨，又名蚱蜢，似蝗，細小善跳者是也。注『《詩》云：喓喓草蟲，趯趯阜螽』者，《召南·草蟲》篇文。【略】食苗心，螟。食葉，蟘。食節，賊。食根，蟊。注：分別蟲啖食禾所在之名耳，皆見《詩》。音義【略】疏：此分別蟲所啖食禾所在之名也。李巡曰：食禾心爲螟，言其姦冥冥難知也。食禾葉者言假貸無厭，故曰蟘也。食禾節者言貪狼，故曰賊也。食禾根者言其稅取萬民財貨，故云蟊也。孫炎曰：皆政貪所致，因以爲名也。郭璞直以蟲食所在爲名，而李巡、孫炎竝因託惡政，則災由政起。雖以食所在爲名，而所在之名緣政所致，理爲兼通也。陸璣《疏》云：螟似虸蚄而頭不赤。螣，蝗也。賊，桃李中蠹蟲，赤頭身長而細耳。或説云：蟊，螻蛄，食苗根爲人患。許慎云：吏冥冥犯法即生螟，吏乞貸則生蟘，吏抵冒取民財則生蟊。舊説云：螟螣蟊賊，一種蟲也。如言寇賊姦宄，內外言之爾。故犍爲文學曰：此四種蟲皆蝗也。實不同，故分釋之。《詩·小雅·大田》云『去其螟螣及其蟊賊，無害我田穉』是也。

漢　揚雄《方言》卷一一　蟒，即蝗也，莫鯁反。宋魏之間謂之蚮，音貸。南楚之外謂之蟅蟒，蟅音近詐，亦呼蚝蛨。或謂之蟒，或謂之螣。音騰。【略】春黍謂之螢蝑。螢音蒙，蝑音壤沮反，又名蜙螢，江東呼蚝蛨。

漢　許慎《說文》卷一三　蟘，蟲食苗葉者。吏乞貸則生蟘。从虫，从貸，貸亦聲。《詩》曰：去其螟蟘。臣鉉等曰：今俗作蚮，非是。徒得切。【略】蝝，復陶也。劉歆説，蝝，蚍蜉子。董仲舒説，蝗子也。从虫，彖聲。與專切。【略】蠜，自蠜也。从虫，樊聲。附袁切。【略】蜙，蜙蝑，以股鳴者。从虫，松聲。息恭切。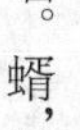蜙或省。臣鉉等曰：今俗作古紅切，以爲蜈蚣蟲名。蝑，蜙蝑也。从虫，胥聲。相居切。【略】蝗，螽也。从虫，皇聲。乎光切。【略】蚝，蚝蜢，艸上蟲也。从虫，乇聲。陟格切。蜢，蚝蜢也。从虫，孟聲。莫杏切。【略】螽，蝗也。从䖵，夊聲。夊，古文終字。職戎切。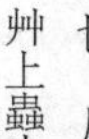，螽，或从虫，衆聲。

三國吳　陸璣《毛詩草木鳥獸蟲魚疏》卷下《螽斯》　《爾雅》曰：螽，蜙蝑也。揚雄云：春黍也。幽州人謂之春箕。春箕即春黍，蝗類也。長而青，長角，長股，青色，黑斑。其股似玳瑁文，五月中以兩股相搓作聲，聞數十步。

又《喓喓草蟲》　草蟲，常羊也，大小長短如蝗，奇音，青色，好在茅草中。

又《趯趯阜螽》　阜螽，蝗子，一名負蠜。今人謂蝗子爲螽子，兗州人亦謂之螣。

又《去其螟螣及其蟊賊》　螟，似虸蚄而頭不赤。螣，蝗也。賊，桃李中蠹蟲，赤頭身長而細耳。或説云：蟊，螻蛄，食苗根爲人害。許慎云：吏冥人犯法即生螟，吏乞貸則生蟘，吏秪冒取人財則生蟊。舊説云：螟螣蟊賊，一種蟲也。如言寇賊姦宄，內外言之耳。故犍爲文學曰：此四種蟲皆蝗也，實不同，故分釋之。

宋　釋贊寧《東坡先生物類相感志》卷一六《阜螽》　如煌蚰，江東人呼爲蚱蜢者，有青黑班者，與蚯蚓雖異類而爲雌雄。蚯蚓一名曲蟮，一名土壇。蚯蚓鳴，則阜螽跳躍。五月五日伺其偶合，收而佩之，令人相愛。阜螽，草虫，一名常羊。或鳴喓喓，草蟲趯趯，阜螽是也。

宋　蔡卞《毛詩名物解》卷一一《螽斯》　螽斯，蟲之不妬忌，一母百子。故《詩》以爲子孫衆多之況。《鵲巢》言夫人德如鳲鳩，能均養七子而已，是詩乃稱后妃之子孫衆多如此者。蓋太姒則百斯男者，文王之所以聖也。文王之所以聖者，天道也。《召南》則人道而已，何足以與此？螽斯一名春黍，或謂之春箕。《草木疏》曰：蝗類，青色，長角，長股，股鳴者也。或曰似蝗而小，黑股有文，五月中以兩股相切作聲，聞數十步者是也。《詩》曰：五月斯螽動股。言螽斯股成而奮迅之也。《爾雅》曰：螽醜奮。蓋於是時股成而奮迅之，方春尚弱也。故《列子》曰：吾力堪秋蟬之翼，折春螽之股。蔡邕《月令》曰：其類乳於土中，深埋其卵。江東謂蚝蛨，又謂蚱蜢，善害田穉。

《公羊傳》曰：蟓何以書？記災也。蜮何以書？記異也。字蓋從冬，冬，終也。至冬而終，故謂螽也。

宋 蔡卞《毛詩名物解》卷一二《阜螽》 《爾雅》曰『阜螽，蠜』，亦名負蠜。蓋草蟲鳴，阜螽躍而從之。故阜螽負草蟲謂之負蠜也。《詩》曰：喓喓草蟲，趯趯阜螽。言大夫妻求而進，疾於聽從如此。《杕杜》亦云者，蓋言『赫赫南仲，薄伐西戎』，故從役之大夫，婚姻得以及時，如《召南》之世也。豈特大夫而已，蓋其下者歸亦以時，得及婚姻、祭祀、蠶耕之事。故曰『春日遲遲』，至『獫狁于夷』。

宋 陸佃《埤雅》卷一〇《螽》 螽斯，蟲之不妬忌，一母百子者也。故《詩》以爲子孫衆多之況。《鵲巢》言夫人德如鳲鳩，能均養七子而已，是詩乃稱后妃之子孫衆多如此者。蓋太姒則百斯男，文王之所以聖者，天道也。《召南》則人道而已，何足以與此？華封人曰：祝聖人多男子。堯曰：辭。多男子則多懼。華封人曰：始也，我以汝爲聖人邪，今然君子也。螽斯一名春黍，亦或謂之春箕。《草木疏》云：蝗類，青色，長角，長股，股鳴者也。或曰似蝗而小，股黑有文，五月中以兩股相切作聲，聞數步者是也。《詩》曰：五月斯螽動股。言螽斯股成而奮迅之也。《爾雅》曰：螽醜奮。蓋於是時股成而奮迅之，則方春尚弱也。故《列子》以爲臣力折春螽之股，堪秋蟬之翼。蔡邕《月令》曰：其類乳於土中，深埋其卵。江東謂之蚱蜢，善害田稺。《公羊》曰：蟓何以書？記災也。蜮何以書？記異也。字蓋从冬，冬，終也。至冬而終，故謂之螽。魯十月而有螽。孔子曰：火伏而後蟄者畢。今火猶西流再失，閏也。

又《阜螽》 今謂之蚱蜢，亦跳亦飛，飛不能遠，青色。《爾雅》曰：阜螽，蠜；草蟲，負蠜。蓋草蟲鳴，阜螽躍而從之。故阜螽曰蠜，草蟲謂之負蠜也。《詩》曰：喓喓草蟲，趯趯阜螽。言大夫妻求而往，疾於聽從如此。《杕杜》之《詩》亦云者，蓋言『赫赫南仲，薄伐西戎』，故從役之大夫，婚姻得以及時，如《召南》之世也。夫豈特大夫而已，蓋其下者歸亦以時，得及婚姻、祭祀、耕蠶之事。故曰『春日遲遲，卉木萋萋。倉庚喈喈，采蘩祁祁。赫赫南仲，玁狁于夷』也。一曰蚯蚓即負螽也。亦以離應，草蟲鳴于上風，負螽鳴於下風而風化。《博物志》云：蜾蠃亦取阜螽子，咒而成己子。

又卷一一《螟》 食心曰螟，食葉曰蟘，食節曰賊，食根曰蟊。《爾雅》所謂『食苗心，螟；食葉，蟘；食節，賊；食根，蟊』。許慎《説文》以爲，吏冥冥犯法即生螟，乞貸則生蟘，抵冒取民財則生蟊。然則靈芝、朱草、秠秬之鍾其美，與螟蟘之鍾其惡，雖不同，其繫王者之政一也。《淮南子》曰：枉法令即多蟲螟。其以此乎？蟘則蝗也，蝗字从皇，今其首腹皆有王字，未燭厥理也。或曰：蝗即魚卵所化。《列子》曰『魚卵之爲蟲』，蓋謂是也。俗云：春魚遺子如粟，埋於泥中。明年，水及故岸，則皆化而爲魚。如遇旱乾，水縮不及故岸，則其子久閣，爲日所暴，乃生飛蝗。故《詩》曰：衆維魚矣，實維豐年。説者以爲陰陽和，則魚衆多矣。故豐年夢魚，理或然也。《詩》曰：去其螟螣，及其蟊賊，無害我田稺。苗而未秀爲稺。《韓詩》曰：稺，幼稼也。蓋蟊、賊、螟、蟘尤爲稺禾之害。《字説》云：蟘食苗葉，無傷於實，若蟘，可貸也。賊食苗節，賊苗。蟊食根，如句所植。螟食心，不可見。

宋 王質《詩總聞》卷一《草蟲》 喓喓草蟲，趯趯阜螽。草蟲，小蚱蜢。阜螽，大蚱蜢也。已與夫相別，不得共處，如蟲得地得時，各有喜躍之狀也。

宋 羅願《爾雅翼》卷二七《螟》 古者言螟、螣、蟊、賊者，曰『食苗心，螟；食葉，蟘；食節，賊；食根，蟊』耳，乃未始的言其狀。惟《五行傳》稱，視之不明，時則有嬴蟲之孽。謂螟螣之類當死不死，未當生而生，或多於故而爲災。聽之不明，時則有介蟲之孽，螽蜚蝝之類。或曰：蝝螟之始生屬嬴蟲之孽。然則但知螟螣之爲嬴，螽蝝之爲介而已。今食苗心者乃無足小青蟲，既食其葉，又以絲纏集衆葉，使穗不得展，江東謂之蟥蟲，音若横逆之横，言其横生又能爲横災也。然按蝗字通有横音，以爲物雖不同，皆害稼之屬也。漢孔臧《蓼蟲賦》曰：爰有蠕蟲，厥狀似螟。是螟爲無足蟲也。《淮南子》曰：枉法令則多蟲螟。

又《蟘》 食葉曰蟘。又曰：食穀葉曰螟，食苗葉曰蟘。蟘之字又作螣。其種類不一，故曰百螣時起。許氏以爲百螣動股，蝗屬也。時起害稼，動股則阜螽，阜螽則今蝩之庸切，顔云。蟲也。劉向以爲介蟲之孽。《春秋》書螽在秋者四，在八月者三，在九月、十月者一，在十二月者二。惟十二月者，乃是失閏之過。其餘八月、九月、十月者，蓋夏之六月、七月、八月也。螽類羣

盛，故有雨螽于宋。言自上而下衆多之甚，故以雨言之。今蝗之盛或蔽天，其過河皆相銜而過，亹亹不絶。《詩》曰后妃子孫衆多，言若螽斯。『螽斯羽詵詵兮，宜爾子孫繩繩兮』，此之謂也。《説文》：螟蟲食穀葉者，吏冥冥犯法則生螟。蟘蟲食苗葉者，吏乞貸則生蟘。京房《易傳》曰：臣安禄兹謂貪，厥災，蟲食根。德無常兹謂煩，蟲食葉。不絀無德，蟲食本。與東作爭兹謂不時，蟲食節。蔽惡生孽，蟲食心。王充《論衡》曰：變復之家，謂蟲食穀者，吏貪狼所致也。蟲頭赤者武官，黑者文吏。按：蟲頭赤身白、頭黑身黄，復應何官耶？《説文》：蝗，螽也。《考工記》：股鳴，蚣蝑動股屬。

宋 羅大經《鶴林玉露》卷三 蝗纔飛下即交合，數日産子如麥門冬之狀，日以長大。又數日，其中出如小黑蟻者八十一枚，即鑽入地中。《詩注》謂螽斯一産八十一子者，即蝗之類也。其子入地，至來年禾秀時乃出，旋生翅羽。若臘雪凝凍，則入地愈深，或不能出。俗傳雪深一尺，則蝗入地一丈，東坡《雪》詩云『遺蝗入地應千尺』是也。蝗災每見於大兵之後，或言乃戰死之士冤魂所化，雖未必然，但余曩在湖北見捕蝗者，雖羣呼聚噉，蝗不爲動，至鳴擊金鼓，則聳然而聽。若成行列，則謂爲殺傷沴氣之所化，理或然也。

宋 戴侗《六書故》卷二〇 螽 螽，職戎切。草蟲，飛躍以股鳴者。《詩》云：螽斯羽。又曰：趯趯阜螽。又曰：五月斯螽動股。亦作螽。《爾雅》曰：蛗螽，蠜；草螽，負蠜；蜇螽，蜙蝑；蟿螽，螇蚸；土螽，蠰谿。《疏》曰：蛗螽，一名蠜。草蟲，一名負蠜，又名常芊。蜇螽，一名螽斯。《七月》作『斯螽』，一名蜙蝑，一名春黍。毛氏亦曰：螽斯，蜙蝑也。《漢志》曰：《春秋》爲螽，今謂之蝗。《説文》曰：螽，蝗也。李巡曰：螽，蝗子也。陸璣曰：今人謂蝗子爲螽，兖人謂之螣，蝗、螽一物也。草蟲，一名負蠜，一名常芊，小大長短如蝗，奇音，青色，好在茅草中，一名草蟲。蜇螽，螽斯也，又名斯螽，幽人謂之春箕，即春黍，蝗類也。長而青，長角，長股，股鳴者也。或謂似蝗而小，斑黑，其股似瑇瑁，又五月中以股相切作作聲，聞數十步。蟿螽，一名螇蚸，形似蚸蚸而細長，飛翅作聲。土螽，一名蠰谿，今謂之土蝶，江南呼虴蛨，又名蚱蜢，似蝗而小，善跳。按：螽斯、斯螽之『斯』皆辭助，猶鸒斯、鹿斯、柳斯、蕭斯、朋酒斯、饗有兔斯、首之斯也。説者以『螽斯』自爲一物，至立蜤蝑二字，誤矣。草蟲，凡指之也。阜螽，螽之大者也。《詩》云：四牡孔阜。説者遂立蛗字，誤矣。以《周南·七月》之詩觀之，螽乃常有之物，決不可謂蝗。《春秋》書螽，蓋以多爲災也。

又 虴 虴，陟格切。又作蚱蜨。蜢 蜢，莫杏切。虴蜢，螽類也。凡螽蚻、虴蜢、蟋蟀之屬，皆長股而羽善躍且飛。虴蜢之類最多，甌越人通謂之虴蜢。

又 蝗 蝗，乎光切。又榮庚切。似虴蜢而大，羣飛，食禾黍草木萁葉，頷下有文，若王翅，旁有竅，可以縷貫。不常有，有則爲災。

又 蝝 蝝，與專切。《春秋》書蝝生。《爾雅》曰：蝝，蝮蜪。董仲舒、劉向曰：螟始生也。一曰蝗始生。劉歆曰：蚍蜉之有翼者食穀爲災，黑眚也。何休曰：始生爲蝝，長大爲螽。陸德明曰：董仲舒説蝗子也，劉歆説蚍蜉子。《魯語》曰：蟲舍蚳蝝。韋昭亦曰：復陶也。蓋祖《爾雅》。

元 李治《敬齋古今黈》卷一 喓喓草蟲，趯趯阜螽。注云：興也。喓喓，聲也。草蟲，常羊也。趯趯，躍也。阜螽，蠜也。《箋》云：草蟲鳴，阜螽躍而從之，異種同類，猶男女嘉時以禮相求呼。《疏》曰：以興以禮求女者大夫，隨從君子者其妻也。《正義》曰：《釋蟲》云『草螽，負蠜』，郭璞曰：常羊也。陸璣云：小大長短如蝗也，奇音，青色，好在茅草中。《釋蟲》又云『阜螽，蠜』，李巡曰：蝗子也。陸璣云：今人謂蝗子爲螽子，兖州人謂之螣。許慎云：蝗，螽也。蔡邕云：螽，蝗也。明一物。案：以興以禮求女者云云，是經文下孔《疏》。《釋蟲》云『草蟲，負蠜』至此，是毛《傳》下孔疏。李冶引之既稱『《疏》曰』，又稱《正義》，若兩人之説，失于不檢。李子曰『草蟲』，正言草中蟲耳。阜螽即蝗類，草蟲喓喓而鳴，阜螽躍而從之，蓋以類相求也。説者既以草蟲爲螽，又以螽爲蝗，又雜以常羊、負蠜、蠜、螣、蝗子之屬，卒無定名。師説相承，五經大抵如此。學者止可以意求之，膠者不卓，不膠則卓矣。又《中華古今注》曰：結草蟲一名結葦，好於草木折屈草葉以爲巢窟，處處有之。

明 李時珍《本草綱目》卷四一 蛗螽音負終。《拾遺》 校正：併入《拾遺》『蚱蜢』。釋名：負蠜、音煩。蚱蜢。時珍曰：此有數種。蛗螽，總名也。江東呼爲蚱蜢，謂其瘦長善跳，窄而猛也。螽亦作螺。集解：藏器曰：蛗螽狀如蝗蟲，有異斑者，與蚯蚓異類同穴爲雌雄，得之可入媚藥。時珍曰：蛗螽在草上者曰草螽，在土中者曰土螽，似草螽而大者曰螽斯，似螽斯而細長者曰蟿螽。《爾雅》云：蛗螽，蠜也；草

螽，負蠜也；斯螽，蜙蝑也；蟿螽，螇蚸也；土螽，蠰螇也。數種皆類蝗，而大小不一。長角，修股，善跳，有青、黑、斑數色，亦能害稼。五月動股作聲，至冬入土穴中。芒部夷人食之。蔡邕《月令》云：其類乳于土中，深埋其卵，至夏始出。陸佃云：草蟲鳴于上風，蚯蚓鳴于下風，因風而化。性不忌而一母百子。故《詩》云：喓喓草蟲，趯趯阜螽。蝗亦螽類，大而方首，首有王字，沴氣所生，蔽天而飛，性畏金聲。北人炒食之。一生八十一子。冬有大雪則入土而死。

明 穆希文《說原》卷一二 螽，似蝗而小，股黑，有文，飛躍有聲，一母生九十九子，俗呼蝗蜢。

明 吴雨《毛詩鳥獸草木考》卷七《螽斯阜螽》 螽斯，一名阜螽，一名蠜。色青，亦跳亦飛，飛不能遠。今謂之蚱蜢。《釋蟲》云：阜螽，蠜。邢昺云：阜螽，一名蠜。李巡云：蝗子也。陸璣云：今人謂蝗子爲螽子，兗州人謂之螣。許慎云：蝗，螽也。蔡邕云：螽，蝗也。明是一物。魯十月而有螽，即蝗也。字从冬，冬，終也。至冬而終，故謂之螽。蘇氏云：螽斯，蜙蝑，不妬而多子，一生八十一子。朱子云：一生九十九子。俗謂蝗一生一百子，不必以定數言之，但以生子多者莫如蝗耳。舊説與蚡交。張衡云：土蟺鳴則阜螽躍。《物類相感志》云：阜螽如蝗，與蚡異類而爲雌雄。郭璞贊：『蚯蚓土精，無心之蟲。交不以分，淫於阜螽。觸而感物，乃無常雄』是也。嚴粲云：螽斯，即阜螽，毛氏誤以此螽斯爲蜙蝑，孔氏遂以螽斯、斯螽爲一物。錢氏云：阜螽羣飛齊一，斯語助，猶鷽斯、鹿斯也。言羽見其飛也。

又《斯螽》 斯螽，蜤螽也。一名蚣蝑，一名蜙蹤，一名蝽蟍，一名蝽箕。陸璣云：幽州人謂之蝽箕，蝽箕即蝽蟍，蝗類也。長而青，長角，長股，股鳴者也。或曰似蝗而小，斑黑，其股似瑇瑁文，五月中以兩股相切作聲，聞數十步者是也。陸佃云：五月斯螽動股。言斯螽股成而奮迅之。《爾雅》云：螽醜奮。蓋於是時股成而奮迅之，則方春尚弱也。《列子》云：力折春螽之股。蔡邕《月令》云：其類乳於土中，深埋其卵。江東人謂之蚱蜢，善害田稺。《集傳》云：斯螽、莎雞、蟋蟀一物，隨時變化而異其名。按：此三物名色各異，亦未必隨時而變也。

又《草蟲》 草蟲，一名常羊，一名負蠜，蝗屬，鳴於晚秋之時。《釋蟲》云：阜螽，蠜；草蟲，負蠜。蓋草蟲鳴，阜螽躍而從之，故阜螽曰蠜，草蟲謂之負蠜。陸璣云：小大長短如蝗也，奇音，青色，好在茅草中，因名草蟲。蘇氏云：戎人重薰渠，猶巴人重負蠜。按：飛廉，一名負蠜，蜀人食，云味辛辣。《左傳》：蜚不爲災。杜云：蜚，負蠜也，如蝗蟲。又夜行，一名負盤，即竈盤蟲也。其名及形相似，終非一物。陸佃云：蚯蚓即負蠜也，亦以離應，草蟲鳴於上風，負蠜鳴於下風以風化。《釋文》云：蟲本或作虫，非也。

明 陳懋仁《庶物異名疏》卷二九《蟖》 蟖蜇，蝗子，見《廣韻》。

又《春箕》 鄭《箋》：螽斯，揚雄、許慎皆云『春黍』。《草木疏》云：幽州謂之春箕，蝗類，長而青，長角，長股，股鳴者也。《方言》：江東呼爲蚝宅蜢。《正義》云：或謂似蝗而小，斑黑，其股似瑇瑁。又五月中以兩股相切作聲，聞數十步是也。

明 毛晉《陸氏詩疏廣要》卷下之下《螽斯羽》 《爾雅》：蜤螽，蜙蝑。邢疏：蜤螽，《周南》作螽斯，《七月》作斯螽，雖字異文倒，其實一也。一名蜙蝑，一名蜙蹤，一名蝽蟍，蜤音斯。鄭注：蜙蝑，音嵩胥，一名蜙蹤，即一種大青蚱蜢，股長而鳴甚響。毛《傳》：螽斯，蜙蝑也。郭璞《方言》云：江東呼爲蚝蜢。《埤雅》：螽斯，蟲之不妒忌，一母百子者也。故《詩》以爲子孫衆多之況。或曰：似蝗而小。《詩》曰：五月斯螽動股。言螽斯股成而奮迅之也。《爾雅》曰：螽醜奮。蓋于時股成而奮迅之，則方春尚弱也。蔡邕《月令》曰：其類乳于土中，深埋其卵，江東謂之蚱蜢，善害田稺。《公羊》曰：蝝，何以書？記災也。蜮，何以書？紀異也。字蓋從冬，冬，終也。至冬而終，故謂之螽。魯十月而有螽。孔子曰：火伏而後蟄者畢。今火猶西流再失，閏也。《爾雅翼》：動股，蝗屬也。《春秋》書螽在秋者四，在八月者三，在九月、十月者一，在十二月者二。惟十二月者，乃失閏之過。其餘八、九、十月者，蓋夏之六、七、八月也。螽類羣盛，故有雨螽于宋。言自上而下衆多之甚，故以雨言之。今蝗之盛或蔽天，其過河皆相銜而過，亹亹不絶。《説文》：蝗，螽也。《考工記》：股鳴，蜙蝑動股屬。朱注：螽斯，蝗屬，一生九十九子。《大全問》：螽即是《春秋》所書之螽，切疑斯字只是語辭。朱子曰：《詩》中固有以斯爲語辭者，如『鹿斯之奔』、『湛湛露斯』之類是也。然《七月》詩乃云『斯螽動股』，則恐螽斯是名也。《詩紀》蘇氏曰：螽斯一生八

十一子。《詩緝》曰：螽斯，蝗也，蠜也。斯，語助也。即阜螽也，非《七月》所謂斯螽也。螽蝗生子最多，信宿即羣飛，因飛而見其多，故以羽言之，喻子孫之衆多也。今攷《爾雅》云：阜螽，蠜。李氏、陸璣、許氏、蔡邕之説，阜螽即蝗也，蠜也，螣也。同是一物。《爾雅》又云：蜇螽，蜙蝑。此別是一物，蝗之類也。螽斯即阜螽，非蜇螽也。毛氏誤以此螽斯爲蜙蝑。孔氏因之，遂以螽斯、斯螽爲一物。斯，語助，猶鷽斯、鹿斯也。《春秋》書螽，即蝗也。蘇氏謂螽斯一生八十一子，朱氏云一生九十九子，今俗言蝗一生百子，不必以定數言之，但以生子多者莫如蝗耳。鄭《箋》云：凡物有陰陽情慾者，無不妬忌，惟蜙蝑否耳。各得受氣而生子，故能詵詵然衆多。《玉堂閒話》云：螽斯，蝗屬。或曰魚卵所化，每歲生育，或三或四，每一生其卵盈百，自卵及翼，凡一月而飛，羽翼未成，跳躍而行。按：螽斯之族實煩，《爾雅》並列五種：一曰『草螽，負蠜』，《詩》云『喓喓草蟲』者是也。一曰『蜇螽，蜙蝑』，《詩》云『螽斯羽』者是也。一曰『蛗螽，蠜』，《詩》云『趯趯阜螽者』是也。又有所謂『蟿螽，螇蚸』者，形似蜙蝑而細長、飛翅作聲者也。又有所謂『土螽，蠰谿』者，今謂之土蝶，江南呼蚝蛨，又名蚱蜢，似蝗細小、善跳者也。此二種經文不載。《爾雅》又云：螽醜奮』，蓋謂螽蝗之類好奮迅作聲而飛者也。又云『強醜捋』，蓋謂螽斯之類好以脚自摩捋者也。分疏甚明，不知諸家何故相駮相溷。總之，螽蓋蝗屬，曰屬則似是而非者也。必欲指爲介蟲之孽，尤爲可怪。

又《喓喓草蟲》《爾雅》云：草螽，負蠜。郭注：《詩》云『喓喓草蟲』，謂常羊也。鄭注云：草螽，草蟲也，亦謂之蚱蜢。《正義》曰：《出車》箋云：草蟲鳴，晚秋之時。山陰陸氏曰：草蟲鳴，阜螽躍而從之，故負螽曰蠜，草蟲謂之負蠜。羅氏曰：説草蟲固多端。按：張衡云『土蟺鳴則阜螽跳』，是則蚓爲草蟲也。

又《趯趯阜螽》《爾雅》云：蛗螽，蠜。郭注：《詩》曰：趯趯阜螽。邢疏云：阜螽之族，厥類實煩，蛗螽一名蠜。李巡曰：蝗子也。許慎云：蝗，螽也。蔡邕云：螽，蝗也。明是一物。鄭注：阜螽，蝗也。《本草》云：阜螽、蚯蚓，二物異類同穴爲雄雌，令人相愛，五月五日收取，夫妻帶之。蛗螽如蝗蟲，東人呼爲蚱蜢，有毒，有黑斑者，候交時取之。《埤雅》：阜螽，今謂蜉蹤，亦跳亦飛，飛不能遠，青色。一曰蚯蚓即蛗螽也。亦以離應，草蟲鳴于上風，負螽鳴于下風而風化。《博物志》曰：螺蠃亦取阜螽子，咒而成己子。《爾雅翼》：食葉曰蟘。蟘之字又作螣。其種類不一，故曰百螣時起。許氏以爲百螣動股，蝗屬也。時起害稼，動股則阜螽，阜螽則今蝩蟲也。劉向以爲介蟲之孽。蚓雖微物，其啓閉有時。故《月令》孟夏螻蟈鳴，後五日蚯蚓出，冬至之日蚯蚓結。皆以紀候。夏夜好鳴于草底，江東謂之歌女，或曰鳴砌。《詩》：喓喓草蟲。《廣雅》云：負蠜，蟅也。飛蟅，飛蠊也。《左傳》有蜚，杜注云：蜚，負蠜。《疏》：負蠜，歲時常有，非災蟲。蜚一名負盤。此注相涉，誤爲蠜耳。陳藏器云：飛廉，一名負盤，蜀人食之辛辣。《左傳》：蜚不爲災。杜注云：蜚，負蠜也。如蝗蟲，又夜行，一名負盤，即竈盤蟲也。名字及蟲相似，終非一物也。按：螽與草蟲，與負螽，確是三物。嚴華谷以爲一物，誤矣。但《爾雅》謂草螽是負蠜，陸璣謂阜螽是負蠜，豈形狀相似，故未精別也。至《左傳》所載之蜚是臭蟲，《爾雅》所謂蠦蜰，《本草》所謂飛廉，《廣雅》諸書所謂蟅、飛蟅、飛蠊、香娘子、竈盤蟲，皆是物也。應謂之負盤，不應謂之負蠜。因《漢書》及《左傳》注多作負蠜，後人之惑滋甚，遂有認負盤爲阜螽者，若陸佃謂阜螽爲蚯蚓，羅願謂草蟲爲蚯蚓，甚爲大噱。

又《去其螟螣及其蟊賊》《爾雅》：食苗心，螟。食葉，蟘。食節，賊。食根，蟊。邢《疏》李巡曰：食禾心爲螟，言其姦冥冥難知也。食禾葉者，言假貸無厭，故曰蟘也。食禾節者，言貪狼，故曰賊也。食禾根者，言其税取萬民財貨，故曰蟊也。孫炎曰：皆政貪所致，因以爲名也。郭璞直以蟲食所在爲名，而李巡、孫炎竝因託惡政，則災由政起。《小雅・大田》云『去其螟螣及其蟊賊，無害我田稺』是也。鄭注：螟極纖細，在苗之心，若木中有蠹然。今農家忌大小暑日，降一種霏微者，云即此蟲降也。蟘，《詩》作螣，一種蟲似螟蛉，食苗葉，而卷爲房。蟿，即草蟲類，雖亦食葉，好食節。蟊，未詳，陸璣謂螻蛄。據螻蛄雖穴土以居，然亦取葉于穴中而食之，元不食根，唯陸田有之。毛《傳》、朱《傳》俱云：食心曰螟，食葉曰螣，食根曰蟊，食節曰賊。【略】按：螟螣蟊賊，《爾雅注疏》合釋甚詳明，諸家亦無異説。但食心曰螟，食葉曰螣，《説文》又謂『食穀葉曰螟，食苗葉曰蟘』，差不同耳。據陸氏，謂蟊是螻蛄。《本草》云：螻蛄，一名蟪蛄，一名天螻。《爾雅》云『螜，天螻』，《月令》云『孟夏螻蟈鳴』者是也。豈在槁壤則爲螻蛄，在平疇則食苗根耶？但目擊螻蟈

穴土而居，遇水即出，豈能在水土中食苗根而爲人患耶？

明　吴楚材《疆識略》卷三二　蝗　蠡類，形類蚱蜢，或謂即蠡也，見《左傳》。至冬而終，故謂之蠡。蠡斯即蚣蝑，見《爾雅》。莎鷄，黄蝗而斑色，翅數重，幽州謂之蒲錯，見《詩疏》。腹下有梵字，是魚子在水中化，或又以爲鰕化也。尤旱則見，千萬爲群，飛常蔽天，所至苗稼爲之一空。開元間，姚崇引詩秉畀炎火出，御史爲捕蝗使。近歲，山東募民捕蝗，償以米，亦漢平以石斗受錢意也。馬援守武陵振貧羸，薄賦稅，蝗飛入海，化爲魚鰕。王荆公出鎮金陵，劉貢父寄一絶，時飛蝗自北而南故也。又『螟蜷蠡賊』，見《詩》。又飛螟傳火。《爾雅》令人呼蛹爲蠁，蓋虫之知聲者。

清　顧棟高《毛詩類釋續編》卷一八《蠡斯》　《爾雅》：蜤音斯。蠡，蚣蝑。音嵩胥。郭注：蚣蹤。邢《疏》：《周南》『蠡斯羽』。孔氏《正義》曰：此言『蠡斯』，《七月》云『斯蠡』，文雖顛倒，其實一也。蝗類，長角，長股，股鳴者也。或云似蝗而小，斑黑，其股似瑇瑁，又五月中以兩股相切作聲，聞數十步是也。《詩緝》曰：蠡斯，蝗也，蠜也，音煩。即阜蠡，非《七月》所謂『斯蠡』也。考《爾雅》云：阜蠡，蠜。李氏、陸璣、許氏、蔡邕之説，阜蠡即蝗也，螣也，同是一物。《爾雅》又云：蜤蠡，蚣蝑。此别是一物，蝗之類也。蠡斯即阜蠡，非蜤蠡也。毛氏誤以爲此蠡斯爲蚣蝑，孔氏因之，遂以蠡斯、斯蠡爲一物，非是。《春秋》書蠡，即蝗也，一生九十九子。

又《阜蠡》　《爾雅》：皇蠡，蠜。郭注：《詩》曰：趯趯阜蠡。毛《傳》：趯趯，躍也。大夫妻獨居，聞草蟲喓喓然而鳴，阜蠡趯趯然躍而從之，感物類之相從而思其君子。《詩緝》曰：阜蠡，即蠡斯也。《本草》李時珍曰：狀如蝗蟲，有異斑者，江東人呼爲蚱蜢，謂其瘦長，善跳，窄而猛也。孔《疏》：阜蠡，蝗子也。陸璣云：兖州人謂之螣。

又《草蟲》　《爾雅》：草蠡，負蠜。郭注：《詩》曰『喓喓草蟲』，謂常羊也。邢疏：草蟲，一名常羊。陸璣云：小大長短如蝗，奇音，青色，好在茅草中，故名草蟲。陸佃曰：蓋草蟲鳴，阜蠡躍而從之，故阜蠡曰蠜，草蟲謂之負蠜也。鄭樵曰：蠡之類多。《爾雅》云：阜蠡，蠜。草蠡，負蠜。案：阜蠡，蝗也。草蠡，草蟲也。亦謂蚱蜢。又蚣蝑，一名蚣蹤，即一種大青蚱蜢，股長而鳴甚響。

清　陸曾禹《康濟録》卷四下之三《捕蝗必覽·一蝗之所自起》　蝗之起，必先見於大澤之涯，及驟盈驟涸之處。崇禎時，徐光啓疏以蝗爲蝦子所變而成，確不可易。在水常盈之處，則仍又爲蝦，惟有水之際倏而大涸，草留涯際，蝦子附之，既不得水，春夏鬱蒸，乘濕熱之氣變而爲蝻，其理必然。故涸澤有蝗，葦地有蝗，無容疑也。任昉《述異記》云：江中魚化爲蝗而食五穀。《太平御覽》云『豐年蝗變爲蝦』，此一証也。《爾雅翼》言蝦善遊而好躍，蝻亦好躍，此又一証也。有一僧云：蝗有二鬚，蝦化者鬚在目上，蝗子入土孳生者鬚在目下，以此可别。

又《二蝗之所由生》　蝗既成矣，則生其子必擇堅垎音劾。黑土高亢之處，用尾栽入土中，其子深不及寸，仍留孔竅，勢如蜂窩。一蝗所下十餘，形如豆粒，中止白汁，漸次充實，因而分顆，一粒中即有細子百餘，蓋蝻之生也。羣飛羣食，其子之下也，必同時同地，故形若蜂房，易尋覓也。老農云：蝻之初生如米粟，不數日而大如蠅，能跳躍羣行，是名爲蝻。又數日，羣飛而起，是名爲蝗。所止之處，喙不停嚙，故《易林》名爲飢蟲。又數日而孕子於地，地下之子十八日復爲蝻，蝻復爲蝗，循環相生，害之所以廣也。

又《三蝗之所最盛》　蝗之所最盛而昌熾之時，莫過於夏秋之間，其時百穀正將成熟，農家辛苦拮据百費而至此，適與相當，不足以供一啖之需，是可恨也。按：《春秋》至於勝國，其蝗灾書月者一百一十有一，内書二月者二，書三月者三，書四月者十九，書五月者二十，書六月者三十一，書七月者二十，書八月者十二，書九月者一，書十月者三。以此觀之，其盛衰亦有時也。

又《四蝗之所不食》　蝗所不食者豌豆、菉豆、豇豆、大麻、苘麻、芝麻、薯蕷及芋桑。水中菱芡，蝗亦不食。若將稈草灰、石灰二者等分爲細末，或灑或篩於禾稻之上，蝗則不食。有王禎《農書》及吴遵路諸事可考，植之，不但不爲其所食，而且可大獲其利。

又《五蝗之所自避》　良守之所在，蝗必避其境而不入。故有牧民之責者，果能以生民爲己任，省刑罰，薄税斂，宣冤枉，急賑濟，洗心滌慮，雖或有蝗，亦將歸於烏有而不爲害矣。如卓茂、宋均、魯恭諸君子，載在前集，皆班班可考也。

清　嵇璜《續通志》卷一七八　蝝，一名蝮蜪，見《爾雅》。劉歆曰：蝝，蚍蜉子。《外傳》曰：蟲舍蚳蝝。案：郭璞注《爾雅》以蝝爲蝗子未有翅

者，而復引『蟲舍蚔蝝』之文以證之。夫蝗子惡物，去之惟恐不盡，豈有舍之之理？考《説文》：蝝，復陶也。劉歆説：蝝，蚍蜉子。董仲舒説：蝗子也。則蝝字原有二訓，《春秋》宣公十五年，冬，蝝生，當從董説。《外傳》之蝝，當從劉歆説，而名蝮蜪也。故韋昭《國語注》云：蝝，蝮蜪，可食。郭注合二爲一，遂不可通。今附正之。【略】蝗類有四。《爾雅》曰：食苗心，螟。食葉，蟘。《詩》作螣。食節，賊。食根，蟊。陸璣《詩疏》云：螟似虸蚄而頭不赤，螣蝗也。賊似桃李中蠹蟲，赤頭身長而細。《毛詩義疏》云：蟊長而細，一名斷蟼。許慎《説文》云：吏冥冥犯法則生螟，吏乞貸則生蟘，吏抵冒取民財則生蟊。按：《説文》云『螟蟲食穀葉』者，與《爾雅》小異，附記於此。

清　徐鼎《毛詩名物圖説》卷三　《爾雅·釋蟲》：蜇螽，蜙蝑。郭璞注：蜙蹤也。俗呼蝽蟒。《公羊傳》：螽何以書？記災也。揚雄《方言》：春黍謂之䗥蝑。蔡邕《月令章句》：其類乳于土中，深埋其卵。江東謂之蚱蜢，害田稺。陸璣《草木蟲魚疏》：幽州人謂之春箕，即春黍，蝗類也。長而青，長角，長股，股鳴者也。或謂似蝗而小，斑黑，其股似瑇瑁。又五月中以兩股相切作聲，聞數十步是也。鄭樵曰：蜙蝑，即一種大青蚱蜢，股長而鳴甚響。鄭康成《箋》：凡物有陰陽情慾者，無不妒忌，維蜙蝑不耳，各得受氣而生子，故能詵詵然衆多。后妃之德能如是，則宜然。蔡元度《名物解》：螽斯，虫之不妒忌，而一母百子，故《詩》以爲子孫衆多之説。『五月斯螽動股』，言股成而奮迅之也。《爾雅》：螽醜奮。蓋于是時股成而奮迅之，方春尚弱也。字從冬，冬，終也。至冬而終，故謂螽也。愚按：螽斯，蝗屬，大小不同，稻田中多有之。但生子之數未有明據。蘇氏云一生八十一子，陸氏云一生百子，朱子云一生九十九子，其説不同。《序》但言不妒忌，生子之數亦未明言。大約《詩》詠文王維百斯男，而螽斯以况后妃不妒忌，故陸氏、朱《傳》爲是説與？又《正義》云：此言螽斯，《七月》言斯螽，文雖顛倒，其實一也。不復圖説，下凡倣此。

又　《爾雅》：草蟲，負蠜。郭璞注：常羊也。陸璣《詩疏》：小大長短如蝗，奇音，青色，好在茅草中。陸佃《埤雅》：一云蚯蚓即負蠜，亦以類應，草蟲鳴於上風，負蠜鳴於下風。羅願《爾雅翼》：《詩》草蟲説多端。案張衡云：土蟺鳴則阜螽跳。是則蚓爲草蟲也。愚按：諸家説草蟲紛紛，惟陸《疏》似蝗者爲是，但非灾蟲，不可謂蝗耳。若《埤雅》、《雅翼》並指爲蚯蚓，殊不知《爾雅》釋諸螽外，其釋蚓曰：螼，蚓，蜸蠶。則不得爲草蟲明矣。嚴粲《詩緝》又以螽斯、草蟲、阜螽爲一，是尤考之未精也。

又　《爾雅》：阜螽，蠜。李巡注：蝗子也。陸璣《疏》：今人謂蝗子爲螽子，兖州人謂之螣。許慎《説文》：蝗，螽也。蔡邕曰：螽，蝗也。鄭《箋》：草蟲鳴，阜螽躍而從之，異種同類，猶男女嘉時，以禮相求呼。《埤雅》：阜螽，今謂之蚱蜢，亦跳亦飛，飛不能遠，青色。草蟲鳴，阜螽躍而從之，故阜螽曰蠜，草蟲謂負蠜。陳藏器《本草拾遺》：阜螽似蝗，東人呼爲蚱蜢。《六書正譌》：蚱蜢，草上蟲也。愚按：李氏、陸氏、許氏、蔡氏並指爲蝗，然蝗是灾蟲，非歲時恒有。凡經傳直稱『螽，蝗』也，如《公羊傳》『螽何以書？記災』是也。似蝗，不爲灾，皆得螽名，如《爾雅》所云阜螽、蜇螽、蟿螽、土螽是也。南方螽類甚多，大而青色者螳螂，小于螳螂而作聲者如馬軋、紡績皆是。《箋》云『阜螽躍而從之』，則止于跳躍而不作聲，明是蚱蜢無疑也。

又　《爾雅》：食葉，蟘。李巡注：言假貸無厭，故曰蟘也。《月令》：孟夏行春令，則蝗蟲爲灾。仲夏行春令，百螣時起。陸璣《疏》：螣，蝗也。《易傳》：德無常，茲謂煩，蟲食葉。蔡氏伯喈曰：當爲灾，則生水處澤中，數百或數十里，一朝蔽地而食禾粟，苗盡復移。云是魚子木中化之。愚按：俗云蝗産子于地中，至春夏而出地。若冬有雪，寒氣逼之，深入於地，春夏不能出矣。一雪入地三尺，三雪入地九尺，所謂三白爲豐年之兆。

清　牟應震《毛詩物名考》卷四　蟿螽，《爾雅》：蟿螽，螇蚸。身細而長，色黄緑，腹下嫣紅，首上鋭如角，首端二鬚如蛾眉，雄小於雌者半，能高飛，作拍版聲。蟿，擊也，蚸，柝也，故名。草蟲之屬爲類有三：長腹、長羽者，螽屬也，所見凡二十餘種。大腹短羽者，蠜屬也，所見凡七八種。長身鋭首者，螇蚸屬也，所見凡五六種。

又　草蟲，負蠜也。形似蠜而大，色黑，紫背，上有殼如陂，故名負蠜。鞍下有羽，鼓之鳴聲唧唧也。以步行，不能躍，俗名山草驢。其生最早，春分後即見。食草芽，故曰『喓喓』，爲以口要物也，非鳴也。其鳴盛於夏日，其雌者尾長如針，不能鳴，與蠜同。

清　方旭《蟲薈》卷三《昆蟲・螟》《正字通》：螟，食苗心蟲，似蚇蚄，頭不赤。旭按：害苗之蟲有四，食心曰螟，狀似蠶而絶小，頭上黑者是也；食葉曰螣，或作蟘，狀似螟而稍大，色紫，捲苗葉而居其中者是也；食節曰賊，狀似蠶而色青者是也；食根曰蟊，大如黄豆，扁身，居苗根水中者是也。

紀事

晉　干寶《搜神記》卷一一　後漢徐栩字敬卿，吴由拳人。少爲獄吏，執法詳平。爲小黄令，時屬縣大蝗，野無生草。過小黄界，飛逝不集。刺史行部責栩不治，栩棄官，蝗應聲而至。刺史謝令還寺舍，蝗即飛去。

唐　段成式《酉陽雜俎》卷一七《蟲篇》　蝗，荆州有帛師，號法通，本安西人。少於東天竺出家，言蝗蟲腹下有梵字，或自天下來者，乃忉利天。梵天來者，西域驗其字，作本天壇法禳之。今蝗蟲首有王字，固自不可曉。或言魚子變，近之矣。舊言蟲食穀者，部吏所致，侵漁百姓則蟲食穀。蟲身黑頭赤，武吏也；頭黑身赤，儒吏也。

五代　王仁裕《玉堂閒話・螽斯》（引自《太平廣記》卷四七九）　蝗之爲孽也，蓋沴氣所生。螽斯臭腥，或曰魚卵所化。每歲生育，或三或四。每一生，其卵盈百，自卵及翼，凡一月而飛。故《詩》稱螽斯子孫衆多。螽斯，即蝗屬也。羽翼未成，跳躍而行，其名蝻。晉天福之末，天下大蝗，連歲不解，行則蔽地，起則蔽天，禾稼草木，赤地無遺。其蝻之盛也，流引無數，甚至浮河越嶺，踰地渡壍，如履平地。入人家舍，莫能制禦，穿户入牖，井溷填咽，腥穢牀帳，損齧書衣，積日連宵，不勝其苦。鄆城縣有一農家，豢豕十餘頭，時于陂澤間，值蝻大至，羣豢豕躍而啗食之，斯須復飫，不能運動。其蝻又饑，唼齧羣豕，有若堆積，豕竟困頓，不能禦之，皆爲蝻所殺。癸卯年，其蝗皆抱草木而枯死，所爲天生殺也。

又《蝻化》　己酉年，將軍許敬遷奉命於東洲按夏苗。上言，稱於陂野間，見有蝻生十數里，纔欲打捕，其蟲化爲白蛺蝶飛去。

明　陳繼儒《古今韵史》卷五　米元章作邑令，遣吏捕蝗。隣邑移文責之，謂吏驅蝗越境。米大書牒背云：蝗蟲本是天災，不由人力擠排，若是敝邑遣去，須教貴郡發來。聞者大噱。

藝文

宋　王令《廣陵集》卷四《夢蝗》　至和改元之一年，有蝗不知自何來。朝飛蔽天不見日，若以萬布篩塵灰。暮行齧地赤千頃，積疊數尺交相埋。樹皮竹顛盡剥枯，況又草穀之根荄。一蝗百兒月兩一本作再。孕，漸恐高厚塞九垓。嘉禾美草不敢惜，却恐壓地陷入海。萬生未死飢餓間，支骸遂轉蛟龍醢。羣農聚哭天，血滴地爛皮。蒼蒼冥冥遠復遠，天聞不聞不可知。我時心知悲，墮淚注兩目。發爲疾蝗詩，憤掃百筆秃。一吟青天白日昏，兩誦九原萬鬼哭。私心直冀天耳聞，半夜起立三千讀。上天未聞聞，忽作遇蝗夢。夢蝗千萬來我前，口似嚅囁色似冤。初時吻角猶唧嗾，終遂大論如人間。一本作然。問我子何愚，乃有疾我詩。我爾各生不相預，子何詩我盍陳之。我時憤且驚，噪舌生條枝。謂此腐穢餘，敢來爲人譏。爾雖族黨多，我謀久已就。方將訴天公，借我巨靈手。盡拔東南竹栢松，屈鐵纏縛都爲箒。掃爾納海壓以山，使爾萬噍同一朽。尚敢託人言，議我詩可否。羣蝗顧我嗟，不謂相望多。我欲爲子言，幸子未易呶。我雖身爲蝗，心頗通爾人。爾人相召呼，飲啜爲主賓。賓飲啜嚼百豆爵，主不加訴加歡欣。此竟果有否，子盍來我陳。予應之曰然，此固人間禮。儐价迎召來，飲食固可喜。蝗曰子言然，予食可愧哉。我豈能自生，人自召我來啜食。借使我過甚，從而加訴爾亦乖。嘗聞爾人中，貴賤等第殊。雍雍材能官，雅雅仁義儒。脱剥虎豹皮，借假堯舜趨。齒牙隱針錐，腹腸包蟲蛆。開口有福威，頤指專賞誅。四海應呼吸，千里隨卷舒。割剥赤子身，飲血肥皮膚。噬啖善人黨，嚼口不肯吐。連床列竽笙，別屋連嬪姝。一本作『別室閑嬪妹』。一身萬椽家，一口千倉儲。兒童襲公卿，奴婢聯簪裾。犬豢羨膏粱，馬厩餘繡塗。其次爾人間，兵皂倡優徒。一本作『兵倡釋老徒』。子不父而父，妻不夫而夫。臣不君爾事，民不家爾居。目不

識牛桑，手不親犂鋤。平時不把兵，皮革包矛殳。開口坐待食，萬廪傾所須。家世不藏機，繪繡緜一本作『繡繪錦』。衣襦。高堂傾美酒，臠肉膾百魚。良材琢梓楠，重屋擎空虛。貧者無室廬，父子各席居。賤者餓無食，妻子相對吁。貴賤雖云異，其類同一初。此固人食人，爾責反捨諸。我類蝗名目，所食況有餘。吴饑可食越，齊餓食魯邾。吾害尚可逃，爾害死不除。而作疾我詩，子語一本作『言』。得無迂。

宋 鄭獬《鄖溪集》卷二六《捕蝗》 翁嫗婦子相催行，官遣捕蝗赤日裏。蝗滿田中不見田，穗頭櫛櫛如排指。鑿坑篝火齊聲驅，腹飽翅短飛不起。囊提籯負輸入官，换官倉粟能得幾。雖然捕得一斗蝗，又生百斗新蝗子。只應食盡田中禾，餓殺農夫方始死。

宋 晁補之《雞肋集》卷一二《莎雞食蝗》 居貧得田不百畝，天賜時雨苗氤氲。遲明當熟晚未刈，災蝗夜至如驚軍。秋風吟茅雨洗瓦，葉上穗落青紛紛。常嫌莎雞聒麥壠，紡車細掉喧晨昏。莎雞可憐爾吻利，驅蝗逐蝻羣披分。豈惟秋蟬畏螳斧，蝗亦爲爾森跳奔。天下災蝗凡幾郡，安得爾輩盈千羣。揚眉振羽如屯雲，爾雖彊聒誰煩聞。

宋 徐照《芳蘭軒集・蝗飛高》 戰士屍上蟲，蟲老生翅翼。目怒體甲硬，豈非怨氣激。櫛櫛北方來，横遮遍天黑。戍婦聞我言，色變氣咽逆。良人進戰死，屍骸委砂礫。昨夜魂夢歸，白騎曉無迹。因知天中蝗，乃是屍上物。仰面久迎視，低頭淚雙滴。呼兒勿殺害，解縶從所適。蝗乎若有知，飛入妾心臆。

宋 程珌《洺水集》卷一七《消蝗》 螟螣蟊賊均謂之蝗，得陽則生，得陰則藏。今白露既降，而溽暑未消，鬱雲猶溽，此蝗所爲作也。入夏以來，賴神降嘉，先黍後穜，亦既堅好。何物爲孽，忽生其間，銛喙如鎌，戕我垂成，神其忍諸，某無狀切，自慕於魯恭之中牟，戴封之西華，使蝗不入境，而未能焉。至於掃除洗濯，秉畀炎火，豈田祖所能獨任哉？惟明神降靈，實終相之。

元 劉詵《桂隱詩集》卷二《草蟲》 晴風麗日天地熙，昆蟲草木同生機。墅花煌煌綴組繡，山葉翦翦明琉璃。黄蜂天牛各有役，白蝶彩蝶相隨飛。野蠶卧枝玉一匊，新蜩脱蜕冠雙緌。角蝸吐涎螳臂怒，蜻蜓翼翦吴綃素。蛛絲撒網專攫饕，縛蠅似縛白門布。畫工胸有太極心，秋毫點染追天真。胡爲所畫僅九物，終以殺機疑非仁。嗚呼！安得人心皆祥麟，阜螽草蟲蕩蕩，共適周原春。

明 葉盛《菉竹堂稿》卷二《草蟲》 碧草春來滿地生，蠕蠕百物姿遊行。須知勤植關元氣，總是皇家發育情。

清 查慎行《敬業堂詩集》卷七《飛蝗行和少司馬楊公》 去冬臘雪不蓋土，今歲天行旱畿輔。門前有客來故鄉，爲言千里皆飛蝗。緑陂青野一時失，但見黄雲蔽白日。我聞此語方長歎，愁坐不知天宇寬。有聲蔌蔌自南至，驟聽乍疑風雨勢。舉頭杲杲燒火輪，中庭過影何紛繽。蜻蜓蚱蜢亦羣舞，倏度宫城齊振羽。宫城十丈高巍巍，誰能禁爾漫天飛。

清 湯右曾《懷清堂集》卷二《來安道中閔蝗詩》 我聞政成蝗不災，天意潛自冥冥回。推原人事理可信，不爾淮徐之民何有哉？去年秋田苦蟊螣，吁嗟有穀人得食。冬來大雪三尺彊，猶膹遺蝗蔽天黑。密不能使舉網齊遮邀，熾不能使縱火俱燔燒。農夫釋耒各歎息，胼手胝足徒爲勞。舊傳此物旱之徵，澍雨一洗如秋蠅。只今山川不神龍溺職，上帝憫爾應遣油雲蒸。矧今農功初，良苗甫鬱鬱，收穫及西成，尚可五六月。腹心雖煩憂，物理有衰歇。兩年遭旱復遭蝗，此是何人任其闕。勸農努力耕爾田，清平官府才且賢。

又卷一二《京東州縣多被蝗害》 蔽天從西來，聲若殷雷奔。投東倏而下，一下無千村。萬萬攢黑蟻，布野如雲屯。遺蝗復生蝻，下食盡草根。欲秉畀炎火，種多不勝燔。積雨則掃除，安得天瓢翻。捕蝗載令甲，州邑愁思繁。撲滅少後期，章劾肯見原。擊鼓集衆力，解鞍傷客魂。古有不入境，得非政理存。我欲因事規，小吏何足論。

清 曾燠《賞雨茅屋詩集》卷七《古今體詩・蚱蜢》 不折春螽股，蕘蕘柰爾何。已能矜奮躍，肯自量么麿。聲與蛬吟亂，羣迷草色多。深愁蝻孽在，昨者歲無禾。

清 劉嗣綰《尚絅堂集・詩集》卷三九《竹西後集・秋齋詠草蟲・蚱蜢》 荒荒灌莽集，趯趯雄心多。捷足固可喜，莫隨蝗渡河。

圖表

晉 郭璞《爾雅音圖・釋蟲》

明 李時珍《本草綱目·圖卷》

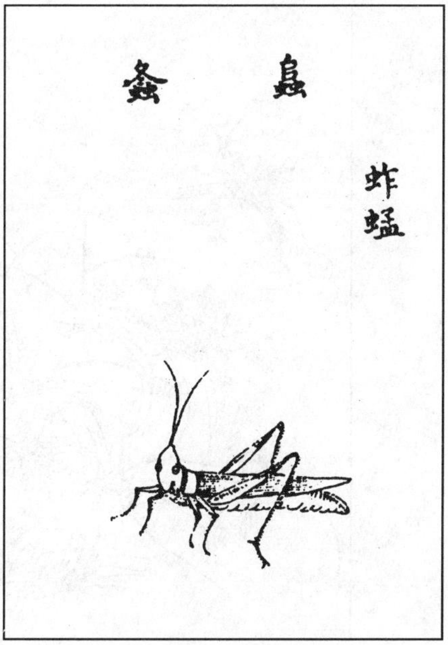

清 徐鼎《毛詩名物圖說》卷三

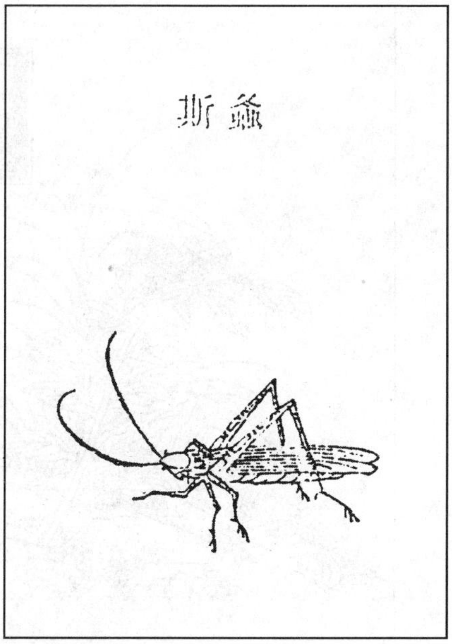

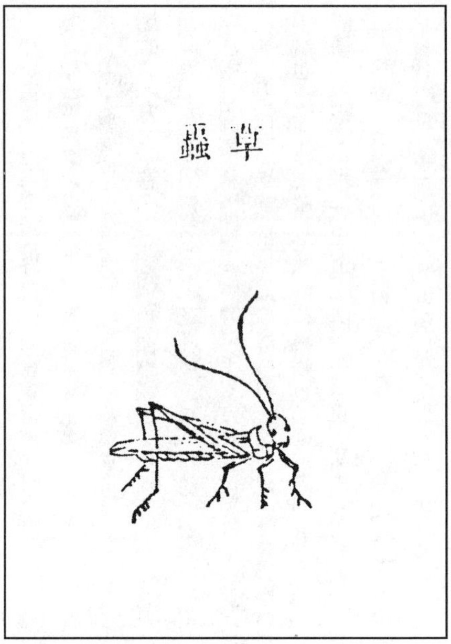

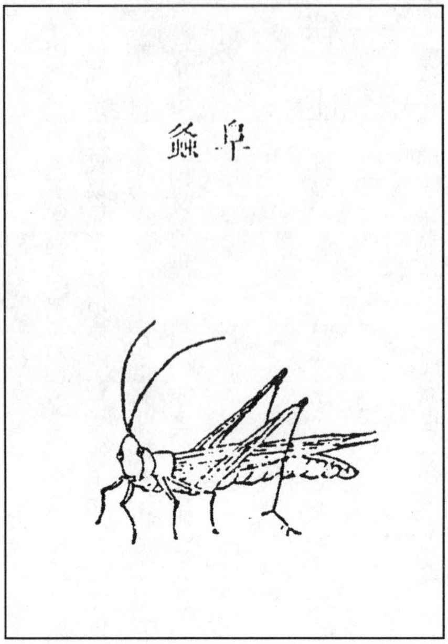

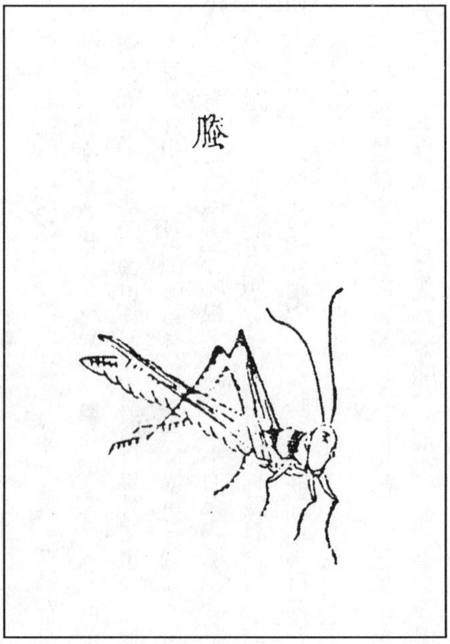

蟋蟀

論說

清 張必剛《濬元》卷五《蟋蟀居壁小暑中候》 人需蠶需績者也，戴勝促蠶者也，蟋蟀促績者也。方春之盛，蘩生矣，可以蠶矣，爲戴勝者，降桑側，俯仰而號曰『蠶蠶』。人顧嗷然叱之，曰：『爾何知，時早，何急爲？』貿貿然相與以嬉遊不足日爲事，於是促蠶者戴勝也，而輟蠶者人也。然失之蠶矣，績猶可補。及暑之至，麻茂矣，可以績矣，爲蟋蟀者，知人之不及於蠶也，居穴壁，應節而號曰『績績』。人猶叱之曰：『爾何知，寒早，何急爲？』貿貿然復以婆娑不足日爲事，於是促績者蟋蟀也，而輟績者人也。夫蟋蟀之促人績，猶戴勝之促蠶也。人之不聽蟋蟀之促，猶其不聽戴勝之促也。向使人早聽戴勝之促，則不但有績，并且有蠶。即不然，而能聽蟋蟀之促，則雖不及於

蠶，猶及於績。乃人既不聽戴勝，又不聽蟋蟀，迨其屢促屢不聽而居穴壁者，不得不進而居人室壁矣。人見其居室壁也，始驚而號曰『寒寒』，蟋蟀聞之將毋哂。系曰：今以百動植物，或生或居於深山窮壑，人跡不經到之區，其察而知之者，惟野老、澤叟、放臣、逐子、役夫爲能。而凡文人學士及富貴人，則未必能察之，未必能知之也。然古之富逐者能知其事，而文人學士則并能言其意。夫以山谷幽僻，人不經到之區、之物，文人學士尚能知之，尚能言之。則凡日居耳目間，至近且易見者，其更無不察之，無不知之，可知也。夫古之人無所不察知，而世之學者微論山谷幽僻間物不能察，以知即其日居耳目間者，猶或有忽畧不之省，則又何也？贊曰：小蟲近人語，燈光忽明滅。太極滿虚無，初上梧桐月。

綜　述

《爾雅·釋蟲》 蟋蟀，蛬。注：今促織也。亦名青蛚。音義：蟋，音悉，《說文》作悉，本或作蟋，音瑟。蟀，所律反，《詩》同，本或作蟹，《說文》同。蛬，九勇反。促，字亦作趗，七玉反。青，子盈反。蛚，音列。《廣雅》云：蜻蛚，促織也。《字林》云：蟋蟀也。疏：蟋蟀，一名蛬，今促織也。亦名青蛚。《詩·唐風》云：『蟋蟀在堂，歲聿其莫。』陸璣《疏》云：蟋蟀，似蝗而小，正黑，有光澤如漆，有角翅。一名蛬，一名青蛚。楚人謂之王孫，幽州人謂之趣織。里語曰「趣織鳴，嬾婦驚」是也。

漢　揚雄　《方言》卷一一 蜻蛚，即趨織也。精、列二音。楚謂之蟋蟀，或謂之蛬，梁國呼蛬，音鞏。南楚之閒謂之蚟孫。孫一作絲。案：《考工記》『以注鳴者』，鄭注云：注鳴，精列屬，精列即蜻蛚。《疏》全引《方言》此條，蚟作王，餘竝同。《詩·唐風》『蟋蟀在堂』，毛《傳》：蟋蟀，蛬也。《淮南鴻烈·時則》篇『蟋蟀居奥』，高誘注云：蟋蟀，蜻蛚，促織也。《廣雅》：蛬，趗織，蚟孫，蜻蛚也。趗、促同。

漢　許慎　《說文》卷一三上 蟋，蟋蟹也。从虫，悉聲。息七切。蟹，悉蟹也。从虫，帥聲。臣鉉等曰：今俗作蟀，非是。所律切。【略】蜻，蜻蛚也。从虫，青聲。子盈切。蛚，蜻蛚也。从虫，列聲。良薛切。

三國吴　陸璣　《毛詩草木鳥獸蟲魚疏》卷下《蟋蟀在堂》 蟋蟀似蝗而小，正黑，有光澤如漆，有角翅。一名蛬，一名蜻蛚。楚人謂之王孫，幽州人謂之趣織，督促之言也。里語曰『趨織鳴，懶婦驚』是也。

晉　崔豹　《古今注》卷中 蟋蟀，一名吟蛩，一名蛩秋。初生得寒則鳴。一云：濟南呼爲懶婦。

五代　馬縞　《中華古今注》卷下《蟋蟀》 一名秋吟蛬，秋初生，得寒則鳴噪，濟南人謂之懶婦，一名青蛚，今之促織也。

宋　蔡卞　《毛詩名物解》卷一二《蟋蟀》 蟋蟀似蝗而小，善跳，正黑，光澤如漆。一名蛬，一名促織。語曰：促織鳴，懶婦驚。有悉率之義，故曰蟋蟀之道也。曹奢而迫，唐儉而勤。故《詩》一以蜉蝣，一以蟋蟀刺之。《詩》曰：蟋蟀在堂，歲聿云莫。在堂，九月之時也，九月建戌，於文禾千爲年，步戌爲歲。一章曰『職思其居』，言於行思其居也。二章曰『職思其外』，言於内思其外也。三章曰『職思其憂』，言於樂思其憂也。《序》所謂『憂深思遠，有堯之遺風』，此也。《詩》曰『十月蟋蟀入我床下』，言蟋蟀微物也，猶知隨時，可以人而不如乎？故曰：物有微而志信，人有賤而言忠也。《傳》曰：蟋蟀之蟲，隨陰迎陽。一名吟蛩。秋初生，得寒乃鳴。

宋　陸佃　《埤雅》卷一〇《蟋蟀》 陰陽率萬物以出入，至於悉蟹。帥之爲悉，蟋蟹，能帥陰陽之悉者也。似蝗而小，善跳，正黑，有光澤如漆。一名蛬，一名促織。語曰：促織鳴，懶婦驚。曹奢而苟，唐儉以勤。故《詩》一以蜉蝣，一以蟋蟀刺之。《詩》曰：蟋蟀在堂，歲聿其莫。蟋蟀在堂，九月之時也。九月建戌，於文禾千爲年，步戌爲歲。蓋年取禾之一熟，而歲騎兩稔，故步戌至戌謂之歲也。一章曰『職思其居』，言於行思其居也。二章曰『職思其外』，言於内思其外也。三章曰『職思其憂』，言於樂思其憂也。《詩·序》所謂『憂深思遠，有堯之遺風者』，此也。《詩》曰『十月蟋蟀入我牀下』，言蟋蟀微物也，猶知隨時，可以人而不如乎？故曰：物有微而志信，人有賤而言忠也。《傳》曰：蟋蟀之蟲，隨陰迎陽。一名吟蛬。秋初生，得寒乃鳴。《詩義問》曰：蟋蟀食蠅而化。

宋　羅願　《爾雅翼》卷二五《蟋蟀》 蟋蟀似蝗而小，正黑，有光澤。一名蛬，一名蜻蛚，一名促織。以夏生，秋始鳴。《周書》：小暑之日温風至，又五日而蟋蟀居壁。《易通卦系》曰：蟋蟀之蟲，隨陰迎陽，居壁向外，趨婦女織績，女工之象。今失節不居壁，似女事不成，有淫佚之行，因夜爲姦，故爲

門户夜開。《淮南》則云：蟋蟀居奥。奥者，西南隅也。比寒則漸近人。《易通卦驗》曰：立秋蜻蛚鳴，白露下，蜻蛚上堂。《詩》曰：蟋蟀在堂，歲聿其莫。又曰：七月在野，八月在宇，九月在户，十月蟋蟀入我牀下。自七月至十月入牀下，皆謂蟋蟀也。言將寒有漸，非卒來也。而説者解『蟋蟀居壁』，引《詩》『七月在野』，以爲不合。然今蟋蟀有生野中及生人家者，至歲晚則同爾好吟於土石塼甓之下，尤好鬬勝，輒矜鳴其聲如急織，故幽州謂之促織。又其鳴時正織之候，故以戒婦功。《春秋説題辭》曰：趣織爲言趣織也，織興事遽，故趣織鳴，女作緌。又里語曰：趣織鳴，懶婦驚。而崔豹云『濟南人謂蟋蟀爲懶婦』，非也。古稱『螣蛇游霧，而殆於即且』，即且乃蜈蚣耳。許叔重謂蟋蟀爲即且，上蛇，蛇不敢動，亦非也。《説文》作蟋蜶。《梓人》以注鳴者精列屬。《方言》：南楚之間或謂之王孫。

宋　鄭樵《通志》卷七六　蛬曰蟋蟀，曰青蛩，楚人謂之王孫，幽州人謂之促織。秋至則鳴，故曰：促織鳴，懶婦驚。

宋　戴侗《六書故》卷二〇　蟋蟀　蟋，息七切。通作悉，或作蟋。蟀，所律切。或作蜶。蟋蟀，小蟲，黑而澤，善鬥。小兒籠畜以角勝負。其聲刺歷如織，七月始鳴，故又謂趣織。陸璣曰：一名蜻蛚，楚人謂之王孫，幽人謂之趣織。

明　李時珍《本草綱目》卷四一　促織　時珍曰：促織，蟋蟀也。一名蛬，一名蜻蛚。陸機《詩義疏》云：似蝗而小，正黑，有光澤如漆，有翅及角，善跳，好鬬，立秋後則夜鳴。《豳風》云『七月在野，八月在宇，九月在户，十月蟋蟀入我牀下』是矣。古方未用，附此以俟。

明　吴雨《毛詩鳥獸草木考》卷七《蟋蟀》　蟋蟀似蝗而小，善跳，正黑，有光澤如漆，有角翅，一名蛬，一名蜻蛩，幽州人謂之趨織。里語曰『趨織鳴，嬾婦驚』是也。濟南人呼爲嬾婦。以夏生，秋始鳴於上磚瓦石之下，尤好鬬勝，輒矜鳴，非蛬。好鬬乃肅殺之氣使然，鳴時正織之候，故以戒婦功。《詩義問》《傳》曰：蟋蟀之蟲，隨陰迎陽。一名吟蛬。秋初生，得寒乃鳴。《詩義問》曰：蟋蟀食蠅而化。劉芳《毛詩義箋》曰：蟋蟀，今促織也。一名蜻蛩，楚謂之蟋蟀，或謂之蛬，南楚謂之王孫也。陸佃云：陰陽率萬物以出入，至於悉蜶。帥之爲悉，蟋蜶，能帥陰陽之悉者也。

明　王可大《國憲家猷》卷一二　蟋音悉。蟀音率。居壁，一名蛬，音拱。一名蜻蜓，即今之促織也。《禮記》注曰：生土中，此時羽翼稍成，居穴之壁。至七月則遠飛而在野矣。蓋肅殺之氣初生則在穴，感之深則在野。

明　陳懋仁《庶物異名疏》卷二九《蛬沙》　《詩類考》：蟋蟀，一名王孫，一名蜻蜓，一名蛬沙，即今之促織。

明　毛晉《陸氏詩疏廣要》卷下之下《蟋蟀在堂》　《爾雅》：蟋蟀，蛬。郭注：今促織也。亦名蜻蛩。《唐風》云：蟋蟀在堂。鄭注：今人亦謂之蟋蟀。一名蜻蛩。楚人謂之王孫，幽州人謂之促織。蛬音拱，又音筇。《博雅》：蛬，趗織，蚟孫，蜻蛩也。《埤雅》：【略】《爾雅翼》【略】《搜神記》云：朽葦爲蛬。賈秋壑《蟋蟀論》云：促織之爲物也，煖則在郊，寒則附人，若有識其時者。拂其首則尾應之，拂其尾則首應之，似有解人意者。甚至合類頡頏，以決勝負，而英猛之態甚可觀也。愚常論之，天下有不容盡之物，君子有獨好之理。獨促織曰莎雞，曰絡緯，曰蛬，曰蟋蟀，曰寒蟲之不一其名。或在壁，或在户，或在宇，或在牀下，因時而有感。夫一物之微而能察乎陰陽動静之宜，備乎戰鬬攻取之義，是能超乎物者甚矣。促織之可取也遠矣。又嘗考其實矣。每至秋冬，生于草土壘石之内，諸蟲變化，隔年遺種于土中，及其時至方生之時，小能化大也，大亦能化小也。若夫白露漸旺，寒露漸絶，出于草土者其身則軟，生於磚石者其體則剛，生于淺草、瘠土、磚石、深坑、向陽之地者其性必劣。赤黄，其色也。大抵物之可取者，白不如黑，黑不如赤，赤不如黄。赤小黑大，可當乎對敵之勇；而黄大白小，難免夫侵凌之虧。唯有四病，若犯其一，切不可托之，何也？仰頭一也，捲鬚二也，練牙三也，踢腿四也。若兩尾高低，曾經有失；兩尾垂萎，並是老朽者也，其亡可立而待。若有熱之倦怠，與夫冷之傷悍者，又且不可緩其調養之法也。又曰：蟋蟀者，秋蟲也。名促織，亦名孫旺，虎丘人曰趱織。

清　徐鼎《毛詩名物圖説》卷三　《月令》：季夏，蟋蟀居壁。《周書》：小暑之日，温風至，又五日，蟋蟀居壁。《爾雅》：蟋蟀，蛬。郭璞注：今促織也。亦名青蛩。崔豹《古今注》：蟋蟀，一名吟蛩。秋初，得寒則鳴。一云濟南呼爲懶婦。陸璣《疏》：蟋蟀似蝗而小，正黑，有光澤如漆，有角翅。

一名蛬，一名蜻蛚。楚人謂之王孫，幽州人謂之趨織。里語云『趨織鳴，懶婦驚』是也。《埤雅》：陰陽率萬物以出入，至于悉蟹。帥之爲悉，蟋蟹，能帥陰陽之悉者也。《詩》曰：蟋蟀在堂，歲聿其莫。在堂，九月之時也。九月建戌，於文禾干爲年，步戌爲歲。故步戌至戌謂之歲也。曰『九月蟋蟀入我牀下』，言蟋蟀微物，猶知隨時，可以人而不如乎？愚按：蟋蟀夏生，秋始鳴，寒則漸近人。好吟于土石磚甓之下，尤好鬬勝。雙尾者鬬，雄也。三尾者不鬬，雌也。又一種飛者較大。

清　牟應震《毛詩物名考》卷四　蟋蟀，一名蛩，形似蠜而小，色漆黑，以羽鳴。士人喂養以猪鬃，播之令鬬。夏秋在野，冬日入室，居壁隙中。

清　方旭《蟲薈》卷三《昆蟲·蟋蟀》　蟋蟀即趨織也。一名促織，又名投機，處處有人畜之，健鬬。獨尾者尤猛，雄者頭小而身大，有三尾，不能鬬。

藝　文

晉　盧諶《蟋蟀賦》（引自《藝文類聚》卷九七）　何兹蟲之資生，亦靈和之攸授。享神氣之么卉，體含容之微陋。嘤嘤咧咧，翾翾翩翩。候日月之代謝，知時運之斡遷。

唐　杜甫《促織》（引自《九家集注杜詩》卷二〇）　促織甚微細，哀音何動人。草根吟不穩，牀下夜相親。久客得無淚，故妻難及晨。悲絲與急管，感激異天真。

唐　釋齊己《白蓮集》卷五《蟋蟀》　聲異螻蛄聲，聽須是正聽。無風來竹院，有月在莎庭。雖不妨調瑟，多堪伴誦經。誰人向秋夕，爲爾欲忘形。

宋　田錫《咸平集》卷一五《促織》　西風嫋嫋欲昏黃，草木蕭蕭緑翅涼。闇傍遠燈催絡緯，獨經遥夜伴啼螿。露濡蟲網絲潛斷，月照澄江練有光。幾處疎砧紅葉寺，誰憐弄杼不成章。

明　邵寶《容春堂續集》卷二《蛩》　隱隱復悠悠，蟲鳴早應秋。夜凉人未寢，草露濕堦頭。

明　孫承恩《文簡集》卷一〇《感蟋蟀賦》　庚寅秋七月既望，夜寢書齋，聞蟋蟀之聲，驚節序之迅速，念德業之蹉跎，感而作賦曰：當清夜之迢迢兮，窅天宇之沉沉。何啾啾以唧唧兮，亂寒蛩之悲吟。時則銀河在天，玉露如洗，澹月流輝，凉飈不起。爾乃空堵暗壁，幽砌閒庭，非公非私，自止自鳴。何悲而泣，何怨而訴。其舒徐也何思，其淒惻也何慕。或獨唱而無偶，或相和而同聲，或語短而屢變，或永言而尠更，或更端而方濃，或終章而暫停，或闌珊而欲歇，或羞澁而弗勝，或沉思而未縱，或得趣而自矜。孰好汝而爲娛，孰叩汝而故答，孰誘汝而弗知，孰督汝而靡輟，孰假汝以音聲之妙，孰授汝以疾徐之節。以時而有顯晦，何感而爲語默。豈新愁之旋增，聊舊恨之未滅。溷一類而自分，引百變而弗雜羌。何物之善鳴兮，齊萬籟於一呹。余時幽夢既闌，宿酒全醒，却慮屏思，側耳静聽。如寠人貧女之出其無聊，如放臣去婦之吐其不平。如感風木者極終天之恨，如羈逆旅者切懷土之情。如鼓盆者强歌而終悲，如慰别者當喜而翻歎。如過故都者興黍離之欷嘘，如念行役者極中宵之凄惋。如抱沉疴，如懷隱憂。如登山臨水送將歸者，意戀戀而莫釋。如辭家遠役顧娟子者，語刺刺而弗休。虞姬請劍而吞聲，韓娥當筵而斂態。懷湘靈之淒清，動雍門之感慨。腸斷山陽之笛，魂銷薤露之聲。寄慟哭於絶塞，寓哀怨於胡庭。非宫非徵，不律不吕。疏數弗齊，音節自會。爾其乘氣機之感觸兮，任天倪而呻吟。雖知生之云晚，猶喜鳴之及辰。昔摧藏而未逢，久泯默其如結抱。終歲之窮愁，欲於兹而盡泄。極抽思而弗竟，愈出奇而莫窮。何情事之如許兮，而藐軀之能容。既歷歷以分明，亦切切而覼縷。恍依床而近榻兮，似向余而訴與。感余心以掩抑兮，增百年之煩憂。方自念之弗暇兮，顧何能爲汝謀。嗟乎，盛時不常，流光易换。念余生之幾何，已百年之强半。悲沈腰之漸怯，驚潘鬢之倏變。媿德業之無成，將與草木而同貫。矧兹感物而摧傷，置此心於冰炭。抱耿耿而莫語，答悲韻而永歎。攲孤枕而弗安，獨惺惺而達旦。

清　李霨《促織》（引自《國朝畿輔詩傳》卷一）　語默非由己，微生二氣間。空階如有約，秋客獨相關。月魄寒羅幕，機絲損玉顔。勞勞悲衆籟，委化未能閒。

清　張臨《促織》（引自《淮海英靈集乙集》卷四）　喧闐蟲類夥，促織

最哀吟。五夜聲難斷，一庭秋已深。近牀迴客夢，傍月弔花陰。誰是忘情者，淒其總不禁。

清　愛新覺羅・弘曆《清高宗詩初集》卷二七《七月朔日聞蛩》　松根纔飲露，苔坂乍吟秋。作響爭蟬翼，呼朋勝鳥喉。耳謀饒寂靜，心所驗遷留。怪底金聲切，今朝大火流。

往歲立秋蚤，聞蛩常六月。孰知彼豉脈，乃不讓時節。幽韻砌下添，逸興枕邊發。披襟步簷巡，明河向西没。
唧唧散涼聲，因風度響輕。由來喧本寂，不有滅皆生。宵景聊復玩，秋懷底事縈。黃姑盼牛渚，屈指若爲情。

又《清高宗詩四集》卷五七《蟋蟀居壁》　六月莎雞振羽時，不妨逢壁且居之。或墻或穴原無定，曰蠕曰肖則尚遲。屈以爲伸應有待，動由乎静更何疑。孟冬仍即於牀下，復始歸根理在茲。

清　楊學易《蟋蟀》（引自《兩浙輶軒録》卷三三）　吟聲惻惻破黃昏，籬落呼童入夜村。粒米便須邀死力，一鳴何惜報深恩。定知身在終横草，待得功成亦覆盆。決脰銜鬚緣底事，紛紛戰骨有誰存。

清　仲振宣《蟋蟀》（引自《淮海英靈續集辛集》卷二）　古砌空階處處鳴，短長吟出斷腸聲。難忘悲感前生怨，未免低回此夜情。烟鎖藤蘿秋一徑，草荒亭院月三更。只愁寥落知音少，休苦啾啾訴不平。

清　錢維城《錢文敏公全集・茶山詩鈔》卷一一《促織》　促織亦多事，階前故軋機。似應催久客，不道换征衣。吟苦心多曲，繅長緒易飛。叮嚀一片月，砧杵待人歸。

清　戚學標《景文堂詩》卷六《五言律・蟋蟀》　蟋蟀響秋陰，凄清動客心。分明牀下聽，展轉草間尋。只益愁思苦，休添怒鬬深。王孫何處是，《詩話》：袁瓘《秋日》詩『王孫今又歸』，人不解。施蔭見之曰：王孫，蟋蟀也。涼意正森森。

清　葉觀國《緑筠書屋詩鈔》卷一《蟋蟀》　慣依荒砌簇幽莎，切切悽悽意若何。《七月》篇中名字古，半閒堂裡品流多。賈似道事。暗攙吟蚓尋難見，遠和啼蛄聽易訛。又是一番年歲晏，撩人懷抱感奔梭。寇萊公詩：不堪急景似奔梭

清　王昶《春融堂集》卷一四《勞歌集・蟋蟀》　在野頻遷地，經時每易名。秋高分殺氣，夜静軫哀情。江國長仳別，蠻方鬱鬬爭。睡餘思起舞，渾擬怒蛙鳴。

清　趙希璜《四百三十二峯草堂詩鈔》卷二五《蟋蟀》　振羽趁薰風，無聲穴舍東。瞿瞿人静後，奕奕月明中。漸覺秋期近，還憐范甑空。一鳴驚嬾婦，羈絆入樊籠。

清　劉嗣綰《尚絅堂集・詩集》卷三九《竹西後集・秋齋詠草蟲・蟋蟀》　秋風戰東壁，秋雨鳴西堂。草間方切切，韜晷問平章。

又《尚絅堂集・詞集》卷一《筆船詞・百字令・蟋蟀》　清商吹到，正聲聲，寫入琴絲悽戾。一片牢騷，聽不得，中有悲哉秋氣。金鎖愁深，玉階怨古，斷雨零煙地。年年鐙火，借人籬下空寄。看汝捷足先登，雄心易動，突過螳螂臂。畢竟草間，偷活在，薄伎爭鳴何意？蠅虎場中，蝸牛角上，千古同兒戲。平章事業，至今圖譜誰記。

清　汪仲洋《心知堂詩稿》卷一二《萍梗集・蟋蟀》　振羽難飛去，初無面壁情。偶然爲熱客，不敢賦秋聲。促織心殊切，投機語未明。待將風露冷，在野數歸程。

清　陳錦《補勤詩存》卷一五《蟋蟀吟》　草頭珠露夜涼侵，籬落呼燈緩步尋。寒到君邊千户織，悄無人處一雌吟。半閒花石平章事，九月衣裳作苦心。寄語王孫休唧唧，墻陰斜月照彈琴。

殘菊悲生夢裏詩，枕函金籠憶兒時。三更冷續秋燈話，一鬨狂輸賭墅棊。旅館衣香温别緒，家山碪語理愁絲。可堪歲暮依東壁，錦段雄心兩翼知。

清　吴清鵬《笏庵詩》卷五《詠秋八首・蛩》　知汝草間吟不穩，伴余燈下聽何長。繁音四壁夜如雨，疎咽五更天欲霜。石馬松楸孤塚寂，銅駝荆棘故宫荒。無情亦有千秋淚，并入啾啾總斷腸。

清　謝元淮《養默山房詩稿》卷十二《圯上集一・促織》　促織爾何意，纏綿終夜吟。豈能勤女職，亦自訴秋心。月落墻根暗，風來草露侵。此時最清絶，相與伴更深。

清　汪士鐸《悔翁詩鈔》卷九《蟋蟀》　出世迫秋色，感時多苦音。户庭

今夜冷，刀尺故園心。誰是授餐者，因之戒鬬深。呼燈方覓汝，露草莫微吟。

清 袁翼《邃懷堂全集・詩集後編》卷五《蟋蟀》 出户望河漢，衆星西北流。階前咽蟋蟀，助我共悲秋。

著録

宋 賈似道《促織論前序》 夫促織之爲物也，亦昭昭矣。出於《詩》，見於頌賦，尤詳於《豳風》之篇。觀其物，至微矣，而每爲古人所取者何哉？取其暑則在野，寒則依人，聞其聲亦可以卜其時也。後之人以時物而有振羽之聲，鷹揚之狀，遂捕之而畜諸器，合其類而使逐角之，以較勝負，以資博賽，以逸性情焉。何古今之不相及乎？矧物之在天下將以待人用也。而古今取用之異者，均之無害於義者也。昔魯人獵較，孔子亦獵較，蓋言從俗故也。予可容矯之乎？近得促織舊本一帙而備覽之，見其中分别物色之類，曲盡安養之術，似有得其愛物之道矣。使非心與物化者，何能愛之周詳如是耶？使能推此道而上，亦可仁民矣。余因所感，遂復增己見，贈以詩詞若干，僉梓以鋟用彰不朽。兹古人感物之智不弗，而後人愛物之心不廢。雖非有裨於治道，亦可以資格物物之學也。是何傷於義哉！予因序諸篇首，後之君子覽之，請勿見哂焉。

清 黄虞稷《千頃堂書目》卷九 賈似道《促織經》一卷。

清 李斗《揚州畫舫録》卷一 北郊蟋蟀大于他處，土人有鳴秋者，善豢養，識草性，著《相蟲譜》，題曰『鳴氏純雄』。秋以此技受知于歙人汪氏，遂致富。

清 朱翠庭《虰孫鑑・敘》 趣織，微物也。然因乎天時，應乎地氣。觀夫《月令》之所詳，《豳風》之所詠，候時協律，罔或爽焉。里諺云：促織鳴，嬾婦驚。則此蛩也，可以占日月之代謝，警人事之怠荒，非細故也。顧其性善鬪，而其勢又莫肯相下，當其鼓翼而前，奮翅以往，或兩敵相衡，或孤軍深入，莫不竭其勇力，務期剋捷而後快。以故賞鑒之家，得一殊品，則貯之以玉籠，蓄之以古器，乃至有以窮其飲食嗜好之所宜，審其居處寒暖之所適，播之詩歌，傳諸後世。豈非以骯髒之致，有足怡人性情者歟？第舊本雖多，謬誤不少。余裒而集之，删繁就簡，彙成一帙。雖非軍國重事，或亦博物之一助云爾。

清 秦偶僧《王孫經補遺・敘》 夫蟋蟀，微物也。《豳風》詠之，《月令》載之。其散見於諸家之説者，名不一，曰王孫，曰促織，而指爲螽斯、莎雞者，非是。性善鬬。宋賈似道闢半間堂鬬蟋蟀，議者謂此豈平章軍國大事，至今傳爲話柄，夫亦何足樂哉！予友無悶道人雅好之，作《王孫鑑補遺》數十條，意深旨遠，字字體貼出之，非泛然記述者所可彷彿。其間寓養兵選將之方，因時置宜之署，出奇制勝之智，衝鋒陷陣之威。予讀而異之，曰此説也，殆通於用兵之道也。設以子建牙旂擁大纛，必能指揮如意，克敵致勝以奏膚功。使賈秋壑能知此義，當必知自振作，命將出師，以圖戰守，何至國破家亡，身敗名裂哉！昔衛懿公好鶴，至於亡國。嗜好累人，古今一轍，然而不足爲道人慮也。道人具曠達之識，遠名利事，嬉游與人無求，怡然自得。蟋蟀之産於浙地者名杭蟲，不遠千里物色之，如九方皋相馬，百無一失。蓋求之必得其才，養之必竟其用。當夫籬菊黄時，輒與文人墨士、野叟村童旗鼓相當，較其優劣遊戲也，而經濟寓焉。推此意也，以之選將，則得人以之治兵則無敵，又安得以尋常嗜好目之哉？覽是編者，益可以知道人矣。光緒壬辰雙六月，心禪居士識於二泉之聽秋室。

圖表

晉 郭璞《爾雅音圖·釋蟲》

清 徐鼎《毛詩名物圖説》卷三

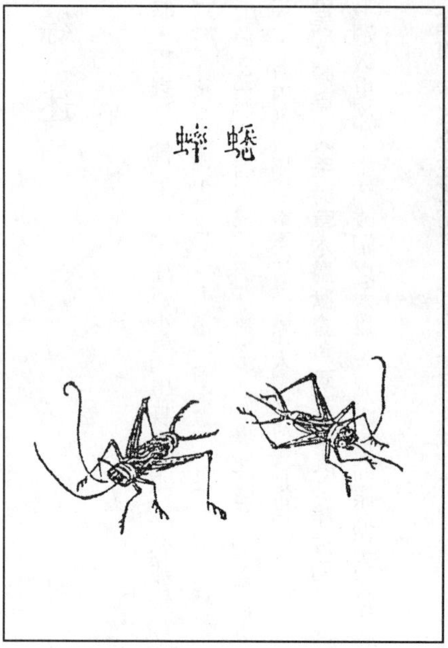

莎雞

論説

唐 丘光庭《兼明書》卷二《莎雞》 《豳風》云：六月莎雞振羽。毛萇云：莎雞羽成而振訊之。孔潁達曰：莎雞似蝗而色斑，翅正赤，六月中飛而振羽，索索作聲。明曰：二説皆非也。按：諸蟲之鳴出于口喙者，多矣。有脅鳴者，有脰鳴者，有股鳴者，有羽鳴者。脅鳴者，蜩蟬也。脰鳴者，螻蟈也。股鳴者，斯螽也。羽鳴者，莎雞也。若以飛而有聲爲羽鳴者，則蠅蚊之類皆是，何獨莎雞也。且《豳風》所言非偶然也，以莎雞、斯螽之事皆陽蟲也。陽氣出則此蟲鳴，陽氣入則此蟲盡。著其將寒之有漸，勸人早備于寒也。今驗莎雞狀如蚱蜢，頭小而身大，色青而有鬚，其羽晝合不鳴，夜則氣從背出，吹其羽振振然。其聲有上有下，正似緯車，故今人呼爲絡緯者是也。如或不信，可取樹枝之上，候其鳴者，把火燃看，即知斯言之不謬。孔云『飛而振羽，索索作聲』，是其不識莎雞，妄爲臆説。

明 馮復京《六家詩名物疏》卷三〇《莎雞》 莎雞與絡緯是一物，蟋蟀與促織是一物。崔豹不當合而言之，蓋二蟲俱似機杼聲，可以趣婦功，故易紊亂。孫炎、郭璞、陸機、《廣志》所云皆非其類。今莎雞之鳴，乃止而振羽，不待飛也。一名馬蠽。按：斯螽，蟲之以股鳴者。莎雞，蟲之以翼鳴者。蟋蟀，蟲之以注鳴者。迥然三物也。朱子云：一物隨時變化而異其名。其誤起于程正叔，而正叔之誤又起于崔正熊。正熊混莎雞、蟋蟀爲一，正叔又混入斯螽，可謂誤中之誤。羅氏辨之精矣。今時驗亦然。

清 陳啓源《毛詩稽古編》卷八 莎鷄非樗鷄也。莎鷄生草間，樗鷄生樗樹上。《爾雅》『螒，天鷄』，此莎鷄也。郭注以爲又曰『樗鷄』，誤矣。崔豹《古今注》又以『莎鷄』與斯螽、蟋蟀爲一物而三名，亦誤。《集傳》從崔説。

綜述

《爾雅·釋蟲》 螒，天雞。注：小蟲，黑身，赤頭，一名莎雞，又曰樗雞。

音義【略】疏：此黑身赤頭小蟲也。一名螒，一名天雞，一名莎雞，又曰樗雞。李巡曰：一名酸雞。《詩·豳風·七月》云：六月莎雞振羽。陸璣《疏》云：『如蝗而斑色，毛翅數重，其翅正赤，六月中飛而振羽，索索作聲，幽州人謂之蒲錯』是也。

三國吴 陸璣 《毛詩草木鳥獸蟲魚疏》卷下《莎雞振羽》 莎雞，如蝗而斑色，毛翅數重，翅正赤，或謂之天雞，六月中飛而振羽，索索作聲，幽州謂之蒲錯。

晉 崔豹 《古今注》卷中 莎雞，一名促織，一名絡緯，一名蟋蟀。促織，謂鳴聲如急織。絡緯，謂其鳴聲如紡績也。促織，一曰促機，一名紡緯。

唐 蘇鶚 《蘇氏演義》卷下 莎雞，一名促織，一名絡緯，一名蟋蟀。絡緯，謂其鳴聲如紡績也。促織，謂其鳴聲如急織也。促織，一名促機。

宋 蔡卞 《毛詩名物解》卷一二《莎雞》 小蟲，黑身，赤首。一名樗雞，一名天雞。《爾雅》曰：螒，天雞。蓋其鳴以時，故有雞之號。《詩》曰『六月莎雞振羽』，言於是時莎雞羽成而振迅之也。《草木疏》曰：如蝗而斑色，毛翅數重，其翅正赤，六月中飛而振羽，索索作聲，幽州人謂之蒲錯。《古今注》曰：莎雞一名絡緯，謂其聲如絡緯也。俗云：絡緯雄鳴於上風，雌鳴於下風而風化。

宋 陸佃 《埤雅》卷一〇《莎雞》 小蟲，黑身，赤首。一名莎雞，一名樗雞，一名天雞。《爾雅》曰：螒，天雞。蓋其鳴以時，故有雞之號。《詩》曰『六月莎雞振羽』，言於是時莎雞羽成而振迅之也。《爾雅》曰：螽醜奮。《草木疏》云：如蝗，斑色，毛翅數重，其翅正赤，六月中飛而振羽，索索作聲，幽州人謂之蒲錯。《古今注》曰：莎雞，一名絡緯，謂其鳴如紡緯也。促織，一名投機，謂其聲如急織也。俗云：絡緯雄鳴於上風，雌鳴於下風而風化。

宋 鄭樵 《通志》卷七六 莎雞，曰酸雞，曰樗雞，曰天雞，曰樗鳩，曰螒。《爾雅》云：螒，天雞。黑身，赤頭，似斑猫。

宋 羅願 《爾雅翼》卷二五《莎雞》 莎雞振羽作聲，其狀頭小而羽大，有青、褐兩種，率以六月振羽作聲，連夜札札不止。其聲如紡絲之聲，故一名梭雞，一名絡緯。今俗人謂之絡絲娘，蓋其鳴時又正當絡絲之候，故《豳詩》云『六月莎雞振羽，七月在野，八月在宇，九月在户』也，寒則漸近人。今小兒夜亦養之，聽其聲，能食瓜莧之屬。崔豹《古今注》曰：莎雞，一名促織，一名絡緯，一名蟋蟀。促織，謂鳴聲如急織也。絡緯，謂其鳴聲如紡緯也。又曰：促織一名促機，絡緯一名紡緯。其言促織如急織，絡緯如紡緯，是矣。但蟋蟀與促織是一物，莎雞與絡緯是一物，不當合而言之爾。《詩》稱『六月莎雞振羽』以至『九月在户，十月蟋蟀入我牀下』，一章而別言莎雞與蟋蟀，可知其非一物也。蓋二蟲皆似機杼之聲，可以趣婦功，故易以紊亂。孫炎解『螒，天雞』，以爲小蟲黑身赤頭，一名莎雞。郭氏又云：一名樗雞。陸璣則云：莎雞，如蝗而斑色，毛翅數重，下翅正赤，或謂之天雞，六月中飛而振羽，索索作聲，幽州人謂之蒲錯。《廣志》云：莎雞似蠶蛾而五色，亦曰犨雞。蓋皆非其類。今莎雞之鳴，乃止而振羽，不待飛也。一名馬蠽。

明 穆希文 《説原》卷一二 莎鷄，頭小而羽大，有青、褐二種，率以六月振羽，作聲如紡績，故名梭鷄，又名絡緯。俗名絡絲娘，蓋當絡絲之候也。

明 陳懋仁 《庶物異名疏》卷二九《蒲錯》 蒲錯，《詩疏》、《釋蟲》云：螒，天雞。樊光云：謂小蟲黑身赤頭，一名莎雞。李巡曰：一名酸雞。郭璞云：一名樗鷄。陸璣云：莎鷄似蝗而斑色，毛翅數重，下翅正赤，或謂之天鷄，六月飛而振羽，索索作聲，幽州人謂之蒲錯也。

明 毛晉 《陸氏詩疏廣要》卷下之下《六月莎雞振羽》 《爾雅》：螒，天雞。邢疏：此黑身赤頭小蟲也。一名螒，一名天雞，一名莎雞，一名樗雞。李巡曰：一名酸雞。《詩·豳風·七月》云：六月莎雞振羽。鄭注：螒音汗，莎雞也。黑身赤頭，似斑貓。《博雅》：樗鳩，樗雞也。《圖經》曰：樗雞生河内川谷樗木上，今近都皆有之，形似寒螿而小。蘇恭云：五色具者爲雄，良。青黑質白斑者是雌，不入藥。然今所謂莎雞者，亦生樗木上，六月後出飛而振羽，索索作聲，人或畜之樊中。但頭方、腹大、翅羽外青内紅，而身不黑，頭不赤，此殊不類，蓋別一種而同名也。今在樗木上者，人呼爲紅娘子，頭翅皆赤，乃如舊説。然不名樗雞，疑即是此，蓋古今之稱不同耳。《衍

義》云：樗雞，東西京都尤多，形類蠶蛾，但頭足微黑，翅兩重，外重灰色，下一重深紅五色，皆具腹大。《埤雅》：莎雞，小蟲，其鳴以時，故有雞之號。《古今注》曰：莎雞一名絡緯，謂其鳴如紡緯也。促織一名投機，謂其聲如急織也。俗云：絡緯，雄鳴于上風，雌鳴于下風而風化。《爾雅翼》：莎雞振羽作聲，其狀頭小而羽大，有青、褐兩種，率以六月振羽作聲，連夜札札不止。其聲如紡絲之聲，故一名梭雞。今俗人謂之絡絲娘，蓋其鳴時又正當絡絲之候。今小兒夜亦養之，聽其聲，能食瓜莧之屬。《古今注》曰：促織一名促機，絡緯一名紡緯。其言促織如急織，絡緯是紡緯，是矣。但蟋蟀與促織是一物，莎雞與絡緯是一物，不當合而言之爾。《詩》稱『六月莎雞振羽』以至『九月在户，十月蟋蟀入我牀下』，一章而別言莎雞與蟋蟀，可知其非一物也。蓋二蟲皆似機杼之聲，可以趣婦功，故易以紊亂。孫炎解『螒，天雞』，以爲小蟲黑身赤頭，一名莎雞，一名樗雞。陸璣則云：莎雞如蝗而斑色，或謂之天雞。蓋皆非其類。今莎雞之鳴，乃止而振羽，不待飛也，一名馬蠽。按：朱《注》云：斯螽、莎雞、蟋蟀一物，隨時變化而異其名。今據吳中所見同時齊鳴，形類各別，騷人墨客往往詠之，逈然三物，不知先輩何以傳訛。

清　顧棟高《毛詩類釋》卷一八《莎雞》　《爾雅》：螒，音汁。天雞。郭注：小蟲，黑身，赤頭，一名莎雞。邢疏：《詩・七月》云：六月莎雞振羽。陸璣《疏》：如蝗而斑色，毛翅數重，其翅正赤，六月中飛而振羽，索索作聲。今絡緯蟲是也。陸氏佃曰：莎雞，一名絡緯，謂其鳴如紡緯也。促織，一名投機，謂其聲如急織也。

清　徐鼎《毛詩名物圖説》卷三　《爾雅》：螒，天雞。樊光注：小蟲，黑身，赤頭。李廵注：一名酸雞。郭璞注：一名莎雞，一名樗雞。陸璣《疏》：莎雞如蝗而斑色，毛翅數重，其翅正赤，六月中飛而振羽，索索作聲，幽州人謂之蒲錯。《古今注》：莎雞，一曰紡緯，謂其鳴聲如紡績也。《雅翼》：頭小而羽大，有青、褐兩種。一名絡緯，今人謂之絡絲娘，似機杼聲，可以趣婦功。一名馬蠽。《埤雅》：其鳴以時，故有雞之號。俗云絡緯雄鳴于上風，雌鳴于下風而風化。愚按：《本草》『在樗木上，頭翅赤者，人呼紅娘子』，非莎雞也。莎雞似蝗，毛翅數重，止而振羽而作聲，有如紡緯，今吴人呼爲紡績娘。朱《傳》謂斯螽、莎雞、蟋蟀一物，隨時變化而異其名。然非一物也。自五月動股，六月振羽，至八、九月間尚有聲，未必隨時速化。鄭《箋》云：言此三物如此，著將寒有漸。則明是三物無疑矣。『斯螽』説見《周南・螽斯》，蟋蟀見《唐風》。

清　牟應震《毛詩物名考》卷四　莎鷄，螽之能飛者也。色如沙，内二小羽，嫣紅可愛，能於空際飛停許時，作莎莎聲。《古今注》以爲『絡緯』是也。其聲如絡絲也。

清　方旭《蟲薈》卷三《昆蟲・莎雞》　此即俗所謂紡織娘也。其狀似蝗而小，羽灰黄色或青色，羽下深紅色。六七月生草中，好夜鳴，其聲如紡線，故又名促寒娘，又名紡織娘，又名紡絲，又名絡緯，又名梭雞。好事者畜之樊中，飼以南瓜花及絲瓜花，然秋深則死。一種相似而小，色純青，身短翼長，夜作唧唧聲者，亦此類。又一種似莎雞而翼短不能蔽身者，俗名哵哥哥，人亦畜之，並以翼鳴。

藝　文

宋　陳仁子《牧萊脞語二稾》卷八《十草蟲贊・絡緯》　露叢摵摵，機杼軋軋。公子自寒，懶婦自恝。一縷之征，一家之乏。歌兒商女，笑而不答。

元　程鉅夫《雪樓集》卷九《莎雞蜥蜴》　羽短未堪振，莎雞抱禾穗。無旱不須雲，蜥蜴自遊戲。萬國笙歌樂太平，昆蟲草木咸生遂。

明　葉盛《菉竹堂藁》卷二《絡緯》　絡月繰風夜夜聲，獨憐今日倍傷情。寒衣未寄邊城遠，自剔殘燈睡到明。

明　陳顥《絡緯吟》（引自《石倉歷代詩選》卷三四一）　梧桐葉黄風露清，槿花籬落莎雞鳴。花間葉底振雙羽，夜凉何處無秋聲。秋聲嘈嘈斷還續，非絲桐兮復非竹。冰繭春繰檻外車，寒機曉轉窗前軸。貧家少婦魂夢驚，起來搔頭向月明。南鄰北舍悄無語，聽此凄凉淚暗傾。去年養蠶抵作賦，一絲不得添襦袴。破衣無絮過殘冬，兒女啼寒雙肘露。今年二月賣新絲，賣絲得米充腹饑。荒居蕭條生理薄，冬來依舊寒無衣。紅樓女兒好顔色，銀甲彈箏按商拍。滿身羅綺倩人扶，十指何曾親紡績。秋宵沈沈更漏

遲，牙牀醉枕珊瑚敧。芙蓉花嬌殢春夢，耳邊那暇聽莎雞。莎雞年年報秋節，豈識人間歡怨別。人間歡怨可奈何，一笑長歌醉明月。

清 李因篤《受祺堂詩》卷五《莎雞》 莎雞宜在野，七月坐聞聲。似人琴書亂，渾疑枕席盈。避寒從塞俗，娛客訴幽情。徙倚愁相和，悠然遠興生。

清 方婉儀《紡織娘》（引自《淮海英靈集壬集》卷二） 籬豆花開月，繅車軋軋聲。如何終夜織，不見一絲成。

清 劉嗣綰《尚絅堂集・詩集》卷三九《竹西後集・秋齋詠草蟲・絡緯》 穿花梭誤擲，隔竹杵齊鳴。絲價今年貴，秋窗惜此聲。

圖表

晉 郭璞《爾雅音圖・釋蟲》

清 徐鼎《毛詩名物圖說》卷三

螻蛄

綜述

《爾雅・釋蟲》 螜，天螻。注：螻蛄也。《夏小正》曰：螜則鳴。音義【略】疏：螜，一名天螻，一名碩鼠，即今之螻蛄也。《夏小正》者，《大戴禮》之篇名，以蟲、魚、草、木正十二月之節候，起於夏后氏，故曰『夏小正』。其三月云：螜則鳴。螜，天螻是也。【略】蛒，蛂螻。注：蛂螻，螻蛄類。音義【略】疏：案《方言》云：蛄詣謂之杜蛒，螻螲謂之螻蛄，或謂之蟓蛉，南楚謂之杜狗，或謂之蛞螻。然則此言蛒及蛂螻者，亦螻蛄之異名耳。蛒，音格。螲，音室。蟓，音象。蛉，音令。

漢 揚雄《方言》卷一一 蛄詣謂之杜蛒，音格。螻螲音室塞。謂之螻蛄，或謂之蟓蛉，象、鈴二音。南楚謂之杜狗，或謂之蛞螻。案：《夏小正》：三月螜則鳴。螜，天螻也。王褒《洞簫賦》『螻蟻、蝘蜓』，李善注引《方言》：南楚謂螻蛄爲蛞螻。枚乘《七發》『蚑蟜、螻蟻聞之』，注引《方言》：南楚或謂蛄爲螻。此所引脱誤。《爾

雅》『螜，天螻』，郭璞注云：螻，蛄也。又『蜧，蛖螻』，注云：蛖螻，螻蛄類。《疏》全引《方言》此條，『詣』訛作『者』，餘並同。蛄亦作姑。《廣雅》『蝝蛉，蟠螻，螻蛄也』本此。

漢　許慎　**《說文》卷一三**　螻，螻蛄也。从虫，婁聲。一曰：螜，天螻。蛄，螻蛄也。从虫，古聲。【略】蠹，[illegible]，螻蛄也。从蚰，𧖍聲。胡葛切。【略】

晉　崔豹　**《古今注》卷中**　螻蛄，一名天螻，一名螜，胡卜切。一名碩鼠。有五能而不成伎術，一飛不能過屋，二緣不能窮木，三沒不能窮谷，四屈不能覆身，五走不能絶人。

五代　馬縞　**《中華古今注》卷下《螻蛄》**　一名天螻，一名螜，一名石鼠。有五能而不成伎術，其一曰飛不過屋，其二曰緣不過木，其三曰泅不度谷，其四曰掘不能覆其身，其五曰走不能絶人。

宋　寇宗奭　**《本草衍義》卷一七**　螻婁蛄，姑此蟲當立夏後至夜則鳴，《月令》謂之螻蟈者是矣。其聲如蚯蚓，此乃是五伎而無一長者。

宋　陸佃　**《埤雅》卷一一《螻蛄》**　螻蛄，臭蟲。一名螜，一名天螻。《夏小正》曰：螜則鳴。螜，天螻也。孫炎《爾雅正義》以爲，螜是雄者，喜鳴，善飛；雌者腹大羽小，不能飛翔。食風與土，要以前甚澁，要以後甚利。《類從》曰：磨鐵致姑，汗驪引兔，蜄灰除蠹，蛤陽去伏。言物之相關感，有如此者。《法言》曰：狐貍、螻螾不腰臘也與？言若牛羊之用，人則螻螾不腰，狐貍不臘矣。《方言》云：螻蛭謂之螻蛄。《周官》曰：馬黑脊而般臂螻。先儒云：螻蛄，臭也。《傳》所謂『腥螻而不可饗，膻惡而不可親』，蓋出於此。一曰螻宜讀如螻蟻之螻。《呂子》曰：流水不腐，户樞不螻。螻者，蟻也。《醫經》以爲狐貍、螻蟻之餘，勿食，食之令人生瘻，豈近是乎？《廣志·小學篇》曰：螻蛄，會稽謂之蟵蛄。

宋　鄭樵　**《通志》卷七六**　螻蛄，曰螜，曰天螻，曰蜧，曰蛖螻，亦曰蟪蛄。故《爾雅》云：螜，天螻。又曰：蜧，蛖螻。《方言》云：南楚謂之杜枸。此物頗協神鬼，昔人獄中得其力者，今人夜忽見出，多打殺之，言爲鬼所使也。《荀子》所謂『梧鼠五技而窮』，蔡邕《勸學篇》云『碩鼠五能不成一技』者，此物爾。《魏詩》所謂碩鼠者，大鼠也。

宋　羅願　**《爾雅翼》卷二六《螻》**　螻，小蟲，穴土中，好夜出，今人謂之土狗，一名螻蛄，一名碩鼠，一名螜，亦一名蟪蛄。以孟夏鳴，應陰之蟲，其出入與蚓同時。《淮南子》：孟夏之月，螻蟈鳴，丘螾出。蓋四月陰氣始動于下，故二物應之而鳴。又螾亦隨出，至冬則又隨蟄。揚雄《法言》所謂『狐貍螻螾不腰臘也與』是也。螻與螾皆穴土以居，宜於土者，故黄帝以土德王天下，天先見大螻、大螾。黄帝曰：土德勝。故其色尚黄，其行則土。然《說文》解『螾』云：若龍而黄，北方謂之地螻。則未知黄帝時所見爲何等也。此物有神異，故干寶記『龐氏常祠螻蛄』。王逸《九思》云：螻蛄兮鳴東，茅蠹兮號西。以其應陰而鳴，比小人也。有五能而不能成其伎，一飛不能過屋，二緣不能窮木，三泅不能渡谷，四穴不能覆身，五走不能絶人。按：荀卿稱『螣蛇無足而飛，梧鼠五技而窮』，謂鼫鼠飛生者爾。《說文》稱鼫爲五技之鼠，則已別是鼠之一類，而崔豹《古今注》又以此螻一名鼫鼠者當之，三者不同，未知孰是。今螻翅小而短，不能覆背，飛去皆不遠，又穴土而居，常露於外。以今所見，則五技殆謂此也。金中螻頂金最爲上，以六兩爲一垛，有卧螻蛄穴云。《夏小正》：三月螜則鳴。

宋　戴侗　**《六書故》卷二〇**　螻　螻，土蟻也。螻蛄，土狗也。好攻土，夜飛傅火。以其好攻土，故屬之於螻。《爾雅》：螜，天螻。蜧，蛖螻。注曰：螻蛄類也。疏曰：螻蛄之異名也。《方言》曰：蛄詣謂之杜䗃。音格。螻蛭謂之螻蛄，或謂蝝蛉，南楚謂之土狗，或謂之螻蛄。蟻所蠹蝕爲螻，去聲。人病頸腫如螻攻者，亦曰螻，別作瘻。《說文》：瘻，頸腫也。又螻蟈，蛙屬。

明　李時珍　**《本草綱目》卷四一**　螻蛄《本經》下品　釋名：蟪蛄、《本經》天螻、《本經》螜、斛　《本經》螻蟈、《月令》仙姑、《古今注》石鼠、《古今注》梧鼠、《荀子》土狗。俗名　時珍曰：《周禮》注云：螻，臭也。此蟲氣臭，故得螻名。曰姑，曰婆，曰娘子，皆稱蟲之名。蟪蛄同蟬名，螻蟈同蛙名，石鼠同碩鼠名，梧鼠同飛生名，皆名同物異也。集解：《別録》曰：螻蛄生東城平澤，夜出者良，夏至取，暴乾。弘景曰：此物頗協鬼神，昔人獄中得其力，今人夜見，多打殺之，言爲鬼所使也。頌曰：今處處有之，穴地糞壤中而生，夜則出外求食。《荀子》所謂『梧鼠五技而窮』，蔡邕所謂『碩鼠五能不成一技』者，皆指此也。《魏（書）[詩]》碩鼠乃大鼠，與此同名而技不窮，固不同耳。五技者，能飛不能過屋，能緣不能窮木，能游不能度谷，能穴不能掩身，能走不能免人。宗奭曰：此蟲立夏後至夜則鳴，聲如蚯蚓，《月令》『螻蟈鳴』者是矣。時珍曰：螻蛄穴土而居，有短翅、四足，雄者善鳴而飛，雌者腹大羽小，不善飛翔，吸風食土，喜就燈光。入藥用雄。或

云用火燒地赤，置螻於上，任其跳死，覆者雄，仰者雌也。《類從》云：磨鐵致蛄，汗鸛引兔，物相感也。

明　吴雨《毛詩鳥獸草木考》卷八《螽》　螽，食苗根之蟲也。或説云：螽，螻蛄也，食苗根爲人患。螻蛄是蜘蛛之别名，字亦作蠡。螾與螣，螽與蠡，古今字耳。

明　王可大《國憲家猷》卷一二　螻蟈，小蟲，生穴土中，好夜出，今人謂之土狗是也。一名螻蛄，一名碩鼠，一名螜，音斛。各地方言之不同也。《淮南子》曰：螻蟈鳴，丘螾出，陰氣始而二物應之。《夏小正》『三月螜則鳴』是也。且有五能不能成一技，飛不能過屋，緣不能窮木，泅不能渡谷，穴不能復身，走不能先人，故《説文》稱鼫爲五技之鼠，《古今注》又以螻名鼫鼠。可知《埤雅》、《本草》俱以爲臭蟲，陸德明、鄭康成以爲蛙，皆非也。

清　徐鼎《毛詩名物圖説》卷三　《爾雅》：食根，螽。李廵注：言其税取萬民財貨，故云螽也。《易傳》：臣安禄，兹謂貪，厥災蟲食根。陸璣《疏》：或説云：螽，螻蛄也。食苗根，爲人患。

清　方旭《蟲薈》卷三《昆蟲・螻蛄》　《爾雅》：螜，天螻。注：螻蛄也。旭按：螻蛄名螜，一名天螻，即下文所謂『蝚，蛖螻』也。《方言》名蛞詣，又名杜狢，又名螻蟼，又名蝝蛉，又名杜狗。《廣雅》名炙鼠，又名津姑，又名螻蜮，又名蛞螻。其身狹而長，兩鉗四足，雄者有短翅能飛，雌者腹大翅小，不能飛。其穴在泥土中，夜鳴聲如蚯蚓，俗又名土狗，又名地狗。其性喜撲燈，又名偷火蟲，又名仙姑。夏秋間處處有之。《本經》誤以爲蟪蛄，《圖經本草》誤以爲梧鼠、碩鼠。李時珍《本草》襲其説，更以《月令》螻蟈爲螻蛄，不知蟈，蛙也。二物同鳴於孟夏時，故《月令》連舉之。今合爲一物，尤誤。

紀事

晉　干寶《搜神記》卷二〇　廬陵太守太原龐企，字子及，自言其遠祖不知幾何世也。坐事繫獄而非其罪，不堪拷掠，自誣服之。及獄將上，有螻蛄蟲行其左右，乃謂之曰：使爾有神，能活我死，不當善乎？因投飯與之，螻蛄食飯盡去。頃，復來，形體稍大。意每異之，乃復與食。如此去來，至數十日間，其大如豚。及竟報，當行刑，螻蛄夜掘壁根爲大孔，乃破械從之出。去久，時遇赦，得活。於是龐氏世世常以四節祠祀之於都衢處。後世稍怠，不能復特爲饌，乃投祭祀之餘以祀之，至今猶然。

藝文

元　劉因《静修集》卷五《螻蛄》　後利前還滷，陰陽體段分。不須觀兔尾，即此見羲文。

圖表

晉　郭璞《爾雅音圖・釋蟲》

宋 唐慎微《證類本草》卷二二

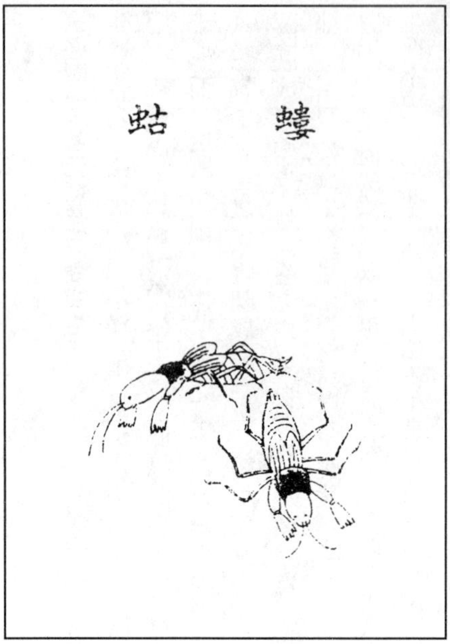

明 李時珍《本草綱目・圖卷》

清 徐鼎《毛詩名物圖說》卷三

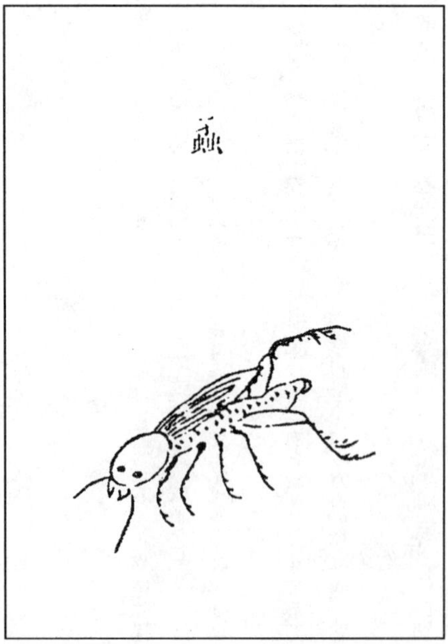

螳螂

論說

清 張必剛《濬元》卷四《螳螂生》 積月十二而成一歲，不滿十二月，不成一歲也。積日三十而成一月，不滿三十日，不成一月也。積時十二而成一日，不滿十二時，不成一日也。然日雖未成，而時之所積，則已爲成一日之本。月雖未成，而日之所積，則已爲成一月之本。歲雖未成，而月之所積，則已成爲一歲之本。夫冬至之復，陽既成之名也。然一陽之生，不自復始也。夏至之姤，陰既成之名也。然一陰之生，不自姤始也。若螳螂生者，其陰所積之自也耶。系曰：螳螂生不檢下車，怒臂以當，雖陵轢之死不悔。夫車不可抗也，而螳螂抗之，何哉？執以義也。吾故表而出之，以勸夫天下之好義者。螳螂生而不廉，捕蟬而雀啄之。夫蟬不可貪也，貪則害矣。而螳螂貪之何哉？蔽以利也。吾故表而出之，以戒夫天下之好利者。物生莫不有死，螳螂之死於義與死於利，等死也。然義而死，死不失其正。利而死，死不得其正。死同，而所以死不同也。吾故表而出之，以勸夫天下之擇所死者。人之於物，論其生，亦論其死，乃螳螂之生也。人於其趨利則智之，於其趨義則愚之，其死於義也，人則笑之，其死以利也已。吾故表而出之，以戒天下取舍之悖夫道者。贊曰：螵蛸房寸許，百千卵中處。百千子既成，依然螳螂形。螳螂復生房，附木及屋墻。復房復成子，終古長如此。

綜述

《爾雅・釋蟲》 不過，蟷蠰。注：蟷蠰，螗蜋別名。其子蜱蛸。注：一名蟳蟭，蟷蠰卵也。音義：過，本或作蝸，《字林》古禾反，謝玄卧反。蟷，丁郎反。蠰，息詳反，《字林》乃郎反。螗，音唐。蜋，音郎。蜱，音裨，又婢貽反。蛸，音蕭。蟳，普莫反，又浦莫反。蟭，音焦，《字林》子彫反。疏：不過，一名蟷蠰，一名蟷蜋，母也。其子一名蜱蛸，一名蟳蟭，一名螵蛸，蟷蠰卵也。《方言》云：潭魯以南謂之蟷蠰，三河之域謂之螳螂，燕趙之際謂之食庬，齊杞以東謂之馬谷。其子同名螵蛸也。《月令・仲夏》云『螳螂生』是也。【略】莫貈，蟷蜋，蛑。注：蟷蜋，有斧蟲，江東呼爲石蜋。孫叔然以《方言》說此，義亦不了。音義：莫，本或作蟇，同，武博反。貈，本又作貉，孫户各反，下同。螳蜋，《說文》云：名蚚父。蛑，郭音牟。《字林》云：蝗蜋也。又亡牢反。斧，音甫。疏：莫貈，一名螳蜋，一名蛑，即上不過也。捕蟬而食，有臂若斧，奮之當軼不避。《莊子》云『猶螳蜋之怒臂以當車軼』是也。江東呼爲石蜋，又名齕肱。注『孫叔然以《方言》說此，義亦不了』，案《方言》曰：螳蜋謂之髦，或謂之虰，或謂之芊芊。孫炎取此《方言》之文，以虰上屬爲說。案《說文》以虰蛵、負勞爲一，則《方言》之說既失其指，孫氏引之爲說，是亦不了也。

漢 揚雄《方言》卷一一 螳螂謂之髦，有斧蟲也，江東呼爲石蜋，又名齕肱。或謂之虰，按《爾雅》云：螳螂、蛑虰，義自應下屬，《方言》依此說，失其指也。或謂之蝆蝆。

漢 許慎《說文》卷一三 螳 螳蜋也。从虫，堂聲。徒郎切。

蜋 堂蜋也。从虫，良聲。一名蚚父。魯當切。

蟲 蟲蛸也。从䖵，卑聲。匹標切。蟲或从虫。

蛸 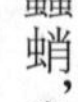，蟲蛸，堂蜋子。从虫，肖聲。相邀切。

蟷 ，蟷蠰，不過也。从虫，當聲。都郎切。

唐 段成式《酉陽雜俎》卷一七 野狐鼻涕，螵蛸也，俗呼爲野狐鼻涕。

宋 陸佃《埤雅》卷一一《螳蜋》 螳蜋，有斧蟲也。兗人謂之拒斧，其臂如斧，奮之當轍不避，《莊子》所謂『猶螳蜋之怒，臂以當車轍』者也。一名不過，以此。《爾雅》曰：不過，蟷蠰，其子蜱蛸。捕蟬而食，執木葉以自蔽，蟬將去而未飛，爲之一前一却。《莊子》曰『螳蜋執翳而搏之，見得而忘其形』，蓋謂是也。世云：螳蜋所執之翳可以蔽形。《類從》曰：螳蜋之氣，含之生火；蚷蚗之塵，背洒起霧。未知其審？《月令》曰『螳蜋生』，蓋是月升陰始起，殺蟲應而生焉。孫炎《爾雅正義》云：『螳蜋深秋乳子，至夏之初迺

生』是也。亦生百子，如螽斯云。

宋 鄭樵《通志》卷七六 螗蜋，《爾雅》曰：不過，蟷蠰，其子蜱蛸。又曰：莫貈，螳蜋，蛑。謂螳蜋有斧。蜱蛸亦曰食庞，曰𧐂蟭。

宋 羅願《爾雅翼》卷二五《螗蜋》 螗蜋，有斧蟲，有不過、蟷蠰、莫貈、蛑、石蜋、巨斧等名。許叔重又云：世謂之天馬。蓋驤首奮臂，頸長而身輕，其行如飛，有馬之象。故贊八駿圖者以爲其狀如麟鳳螳蜋然。《周書》曰：芒種之日，螳蜋生。不生，是謂陰息。《易通卦驗》曰：螳蜋，捕蟬之蟲，乘寒而殺物，自隱蔽而有所害，捕搏之象也。尤工捕蟬，五六月，蟬得美蔭，奮翼而鳴，螗蜋超枝緣條，執翳自蔽，竦腰舉刃，搏而取之。昔之鼓琴者，見螳蜋方向鳴蟬，將飛未去，螳蜋爲之一前一却，絃者聳然，恐螳蜋失之也。殺心見於聲，故螳蜋陰殺之蟲也。翳，木葉也。或曰得其翳者，可以隱形。此蟲惟捕蟬時，有進退之勢，餘則知進而已。齊莊公出獵，有蟲舉足將搏其輪。問其御，對曰：此謂螳蜋者也。其爲蟲也，知進而不知却，不量力而輕敵。莊公曰：此爲人必爲天下武勇矣。迴車而避之。莊公避一螳蜋而勇武歸之。勾踐禮蝦蟇，其遺意也。《莊子》曰：螳蜋怒臂以當車轍，不知其不勝任也，是才之美者也。言非不有美才，顧不勝任耳。或曰回車者勾踐。故郭璞贊曰：螳螂氣蟲，揮斧奮臂。當轍不迴，勾踐是避。勇士致死，勵之以義。《說文》：螳蜋，一名蚚父。

又《蜱蛸》 不過，蟷蠰，其子蜱蛸，蟷蠰卵也。螳蜋逢樹輒産其卵，皆相連綴，多在小桑上及叢棘間。三月、四月中，每枝出小螳蜋數百。螳蜋應殺之蟲，故小暑至後五日而生。所應者微陰，故螳蜋司殺之小者也。蜱蛸所在有之，以桑上者爲佳，是兼得桑皮之津氣耳。市之僞者，以膠著桑枝之上，則無益矣。一名𧐂蟭。《本草》則謂之桑螵蛸，主於藥而言也。《范子計然》曰：螵蛸出三輔上，價三百。又海中有烏賊魚，背如樗蒱形，亦有螵蛸之名。故方家謂此爲桑螵蛸，謂彼爲海螵蛸。《說文》蟲蛸。

宋 戴侗《六書故》卷二〇 螳蜋 螳蜋羽蟲之鷙者，出自斧臂，郤行奮臂，搖肩側翅，攫食他蟲。翼下有紅翅，如裙裳，俗謂織絹娘。腹中有二蟲，如黑線。《爾雅》曰：莫貉，螳蜋，蛑。又云：不過，蟷蠰，其子蜱蛸。《方言》：譚魯以南謂之蟷蠰，三河之域謂之螳蜋，燕趙謂之食龍，齊杞以東謂之馬穀，其子曰螵蛸也。

明 李時珍《本草綱目》卷三九 螳蜋、桑螵蛸《本經》上品 釋名：蟷蜋音當郎。刀蜋、《綱目》拒斧、《說文》不過、《爾雅》蝕肬，音尤。其子房名螵蛸、音飄綃。蜱蛸、音皮。𧐂蟭、音煿焦。致神、《別録》野狐鼻涕。頌曰：《爾雅》云：莫貈，蟷蠰，不過，螳蜋也。其子蜱蛸。郭璞云：江東呼爲石蜋。時珍曰：蟷蜋，兩臂如斧，當轍不避，故得當郎之名。俗呼爲刀蜋，兖人謂之拒斧，又呼不過也。代人謂之天馬，因其首如驤馬也。燕趙之間謂之蝕肬，肬即疣子，小肉贅也。今人病肬者，往往捕此食之，其來有自矣。其子房名螵蛸者，其狀輕飄如綃也。村人每炙焦，飼小兒，云止夜尿。則𧐂蟭、致神之名，蓋取諸此。《酉陽雜俎》謂之野狐鼻涕，象形也。又揚雄《方言》云：螳蜋或謂之髡，或謂之髦，齊兖以東謂之敫常。螵蛸亦名夷冒。集解：弘景曰：螳蜋俗名石蜋，逢樹便産，以桑上者爲好，是兼得桑皮之津氣也。惟連枝斷取者爲真，僞者亦以膠著桑枝之上也。保昇曰：螵蛸在處有之，螳蜋卵也。多在小桑樹上，叢荆棘間。三四月中，一枝出小螳蜋數百枚。時珍曰：螳蜋，驤首奮臂，修頸大腹，二手四足，善緣而捷，以鬚代鼻，喜食人髮，能翳葉捕蟬。或云術家取翳作法，可以引形。深秋乳子，作房粘著枝上，即螵蛸也。房長寸許，大如拇指，其内重重有隔房，每房有子如蛆卵，至芒種節後一齊出。故《月令》有云，仲夏螳蜋生也。

明 王可大《國憲家猷》卷一二 螳螂生，草蟲也。飲風食露，感一陰之氣而生。能捕蟬而食，故又名殺蟲。曰天馬，言其飛捷如馬也。曰斧蟲，以前二足如斧也。尚名不一，各隨其地而稱之。深秋生子於林木間，一殼百子，至此時則破殼而出，藥中桑螵蛸是也。

清 方旭《蟲薈》卷三《昆蟲·螳蜋》 《逸周書》：芒種之日，螳蜋生。不生，是謂陰息。旭按：此物感陰氣而生，其狀驤首露目，修頸長臂，大腹四足，青色，翼下色紅，腹内有黑線兩條。其名尤多。《爾雅》曰蛑，曰莫貉，曰不過，曰蟷蠰，曰蟷蜋。郭氏注曰螗蜋，曰石蜋。《廣雅》曰芊芊，曰齕肐。《太平御覽》引作『齕虼』，《方言疏證》引作『齕朧』，《說文》曰蚚父，《庶物異名疏》引作『研父』，孔氏《月令疏》引《方言》曰食庞，曰馬穀。《藝文類聚》引『食庞』作『食朧』，『馬穀』作『馬敫』。《太平御覽》又作『馬敷』，《淮南子》注曰天馬，曰拒斧。《呂氏春秋》注曰齕疕。《本草綱目》曰蝕肬，曰刀蜋。《正字通》曰織絹娘。《七修類藁》曰殺蟲，曰斧蟲。其子曰𧐂蟭，曰蜱蛸，曰烏洟，曰冒焦，生桑上者曰桑螵蛸。

藝文

晉 成公綏《螳蜋賦》（引自《漢魏六朝百三家集》卷五二） 仰及茂陰，俯緣條枝。冠角峩峩，足翅跂跂。尋喬木而上綴，從蔓草而下垂。戢翼鷹峙，延頸鵠望。推翳徐翹，舉斧高抗。烏伏虵騰，鶴擊隼放。俯飛蟬而奮猛，臨蟪蛄而逞壯。距車輪而軒翥，固齊侯之所尚。乃有翩翩黄雀，舉翮高揮，連翔枝幹，或鳴或飛。覩兹螳蜋，將以療飢。厲觜脅翼，其往如歸。

晉 郭璞《螳螂讚》（引自《漢魏六朝百三家集》卷五七） 螳蜋飛蟲，揮斧奮臂。當轍不迴，可踐可避。勇士致斃，厲之以義。

宋 楊萬里《誠齋集》卷三五《水螳蜋歌》 清晨洗面開篷門，巨螳螂在水上奔。前怒兩臂秋竹竿，後拕一腹春漁船。偶然拾得破蛛網，挈取四角沈重淵。柳上螳蜋工捕蟬，水上螳蜋工捕鱣。捕蟬頓頓得蟬食，捕鱣何曾得魚喫。

宋 袁甫《蒙齋集》卷一九《螳蜋捕蟬詩》 嗚蜩善擇木，木美葉敷腴。國于美蔭中，自慶無他虞。螳蜋伺其便，欲進復趦趄。怒臂俄一施，捕取如囚拘。委身膏利吻，性命纔須臾。均之細微物，一何强弱殊。蜩乎汝無識，自知其過歟。物在宇宙間，謹默迺安居。今汝獨聒聒，晝夜長喧呼。汝鬧力不足，彼静智有餘。勝負從此決，誰謂汝非辜。螳蜋既得意，自謂真良圖。那知僅一飽，燕鵲已窺覦。出爾反乎爾，胡能獨全軀。乃知禍與福，不係巧與愚。嘵嘵固不免，默默復何如。置之不足道，燕坐觀厥初。

明 葉盛《菉竹堂稿》卷二《螳蜋》 青草邊頭怒足舒，齊莊此日且回車。披圖不奈無人嘆，猛士如今見有渠。

明 董紀《西郊笑端集》卷一《螳螂捕蟬歌》 蜘蛛網破蜻蜓走，燕子穿花避鴉舅。幽人睡起静中觀，更有蟬聲在高柳。螳螂捕蟬蟬未知，黄雀又擬螳螂後。兒童調黐欲黏雀，竿動雀驚兒縮手。須臾螳螂亦引去，彼蟬蚩蚩得無咎。世間萬事無不然，人或設機天却否。莫將閒慮掛眉頭，不如且進杯中酒。

清 曾燠《賞雨茅屋詩集》卷七《古今體詩·螳螂》 秋氣來何蚤，螳螂已奮然。車中人避轍，户外客驚絃。豈意雕陵鵲，唯貪茂樹蟬。莊生悲物累，從此彈丸捐。

清 劉嗣綰《尚絅堂集·詩集》卷三九《竹西後集·秋齋詠草蟲·螳螂》 騰身方處高，奮臂遽當路。黄雀空中來，旁人幾驚顧。

清 陳錦《補勤詩存》卷二一《螳蜋》 斗膽當車抱負多，豆棚瓜篠舞雙戈。天生拳勇難徒手，兩臂縱横有斧柯。

圖表

晉 郭璞《爾雅音圖·釋蟲》

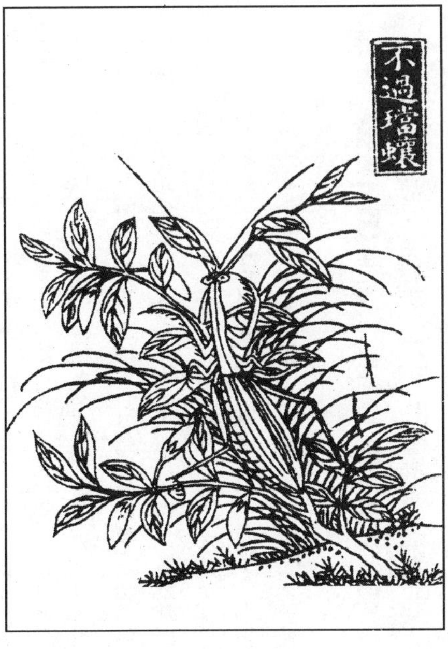

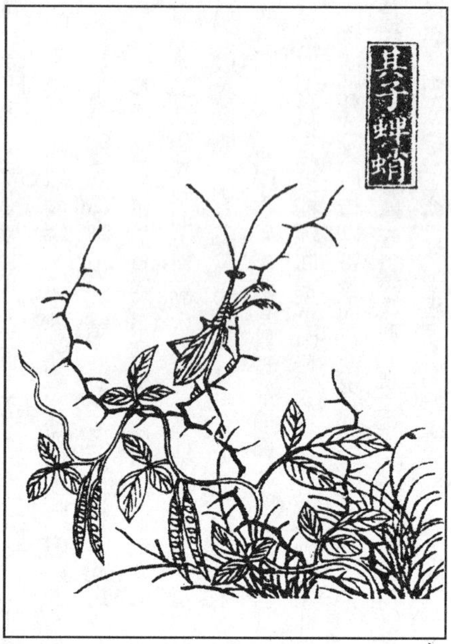

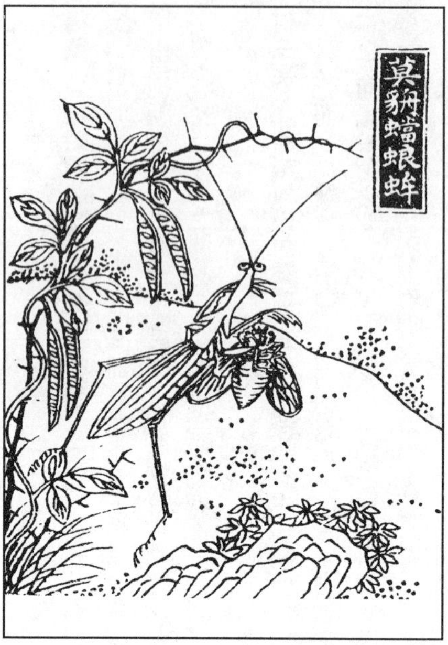

宋 唐慎微《證類本草》卷二〇

明 李時珍《本草綱目・圖卷》

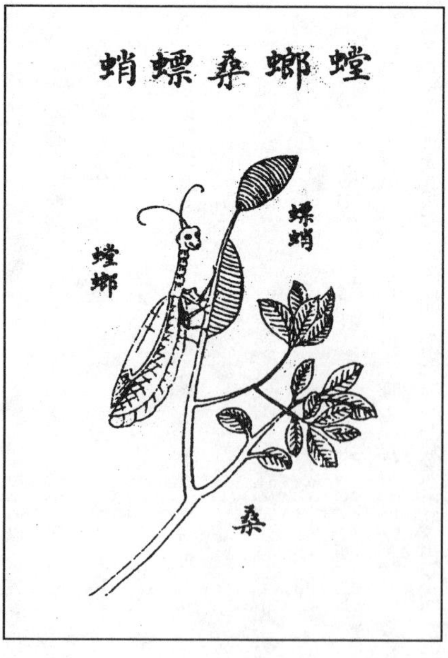

蟬

論說

明 楊慎《丹鉛餘録》卷六《蟪蛄蜩螗》 《説苑》載孔子曰：違山十里，蟪蛄之聲，猶尚存耳。言政事之惡譁而喜肅也。夫蟪蛄之聲，必在山林之地，違山十里則朝市矣。市有蟪蛄之聲，則朝有蜩螗之沸，政之譁也甚矣。《史記》云：魯之衰也，洙泗之間，齗齗如也。齗齗，交爭之意，即孔子之所謂譁也。

明 何三畏《新刻何氏類鎔》卷三五《蟬》 有木朽爛而化爲蟬者，名曰腹育，有后怨死而變爲蟬者，名曰齊女，而總名爲蟬。其小者謂之螃，其雌者謂之疋，其大而黑者謂之蝬，其黑而赤者謂之蜺，而其有文者謂之蜻蜻。固即宋衛之所謂螗蜩，陳鄭之所謂蜋蜩者是已爾。其饑吸晨風，渴餐朝露。生隨春氷而自薄，質與秋塵而俱輕。或爭飛于落木之顛，或競噪於叢枝之裏，或高唱于金門之側，或長鳴于玉陛之前。始蕭瑟以攢吟，終嬋媛而孤別。垂玄緌而嘶定，避黄雀而聲遷。冷冷非弦裂方號而復咽，嘒嘒非管凄欲歇而還連。日暮音悲離人之腸輒斷，天寒響促遊子之淚横流。此蟬之五德所以爲全，而蟬之一鳴所以爲善也。是故賢者耀蟬修行，識進退之宜；侍臣餙蟬製冠，勵清華之節。想其風而安居静處，學其影而含氣棲真。潔身以明志則如蟬之宜男，鼓翼以明高則如蟬之脱蜕。其母不鳴而爲雌蟬，不停號而爲驚蟬，閉門而自同寒蟬，斯得之矣。彼有見螳蜋捕蟬而聞琴中殺聲者，問之主人而始得其情。有督兵校捕蟬而嚴軍中號令者，問之殿帥而始伸其説。然則，蟬雖小物，固亦昔人所借以審音而行法者哉！

清 張必剛《濬元》卷五《寒蟬鳴立秋末候》 野人候蟬鳴以卜寒氣之遲蚤，而遂名蟬曰寒蟬。夫蟲秋鳴者多矣，蜩蟬亦一類，而蟬獨以卜寒，何哉？曰：蟬不鳴於暑者。又秋之初，風露之警，蟬吸且飲以生，清高而不爭於人世焉，故曰寒也。嗚呼！寒豈特蟬有之，即天地亦然。風之有温有凉，露之有融有結。其温其融，則暑也；其凉其結，則寒也。匪特天地有之，即人事亦然。其競相趨附以慶，則暑也；其相疎捐，則寒也。匪特人事有之，即物態亦然。其長而盛則暑，其蕭瑟而衰則寒也。然天地之暑寒也，以漸人事之暑寒也，以驟物態之暑寒也，以相倚伏而形天地不可違已。其處人事物態中者，曷若蟬之蜕然遠引無求無爭者哉！系曰：天不教物鳴，時至則物自鳴。物不相教以鳴，一鳴則自無不鳴。故暑至則蜩鳴，一蜩鳴，衆蜩亦鳴。暑退則蟬鳴，一蟬鳴，衆蟬亦鳴也。蜩蟬之鳴，終日嘒嘒不咽，赤子終日夜吾吾阿阿不嗄，泉終日夜潺潺不淒，鼃終夜鼕鼕不噎噫，蟋蟀終夜切切不噤。諸切切者易噤，諸鼕鼕者易噎噫，諸潺潺吾阿者易淒嗄，諸嘒嘒者易咽，而終不爾者，天之動焉耳。泉天而以天，故雖極鳴，聲窮日夜，而終不嗄淒、噎噫、噤咽也。聲自水泉赤子外，其鼃、蟋蟀鳴則不晝，蜩蟬鳴則不夜。其晝其夜，何以各自爲鳴，不互爲鳴？其各自爲鳴者，何以並不於晝於夜加喧？其不互爲鳴者，何以並不於晝於夜加寂也？斯亦大可念也。然蜩與蟬雖皆晝鳴，不夜鳴，而暑月之晝亦僅蜩鳴不蟬鳴，必暑退蟬始鳴。時之不可違也，益信！贊曰：樹頭日出鳴，土底入夜叫。秋聲吟秋風，繁會各一竅。在外不爲喧，吾心棲窈窕。

清 陳啓源《毛詩稽古編》卷二八《辨物·禽蟲類》 蟬有多種，蟬與蜩其大者也。《爾雅》别其類有七，而總稱之曰蜩。一『蜋蜩』，注：《夏小正傳》釋之。《夏小正》云：五月良當作蜋。蜩鳴。《傳》云：良蜩者，五采具是也。一『唐蜩』，《夏小正》：五月唐蜩鳴。《傳》：唐蜩者匽。郭亦引之。引唐作螗，匽作蝘。又云：俗呼爲胡蟬，江南謂之螗蛦音彛。是也。《本草注》言螗蜩上有華冠，一名蟬華，又名蟬冠矣。案：此兩蟬皆以五月鳴。《月令》：仲夏之月，蟬始鳴。《周書·時訓解》云：夏至又五日，蜩始鳴。其兼指兩蜩與？《方言》以蜋蜩爲一蜩而二名，《漢書》師古注以螗蜩爲蚻螃，音貂料。皆誤。三『蚻，音札。蜻蜻』，子盈切。注云：如蟬而小。《方言》曰：有文者謂之蠑。《夏小正》曰：鳴蚻，虎懸。案《夏小正》云：四月鳴札。《傳》云：札者，虎懸也。鳴而後知，故先鳴而後蚻是也。又名麥蚻。四『蠽，音節。茅蜩』，注云：江東呼爲茅截，似蟬而小，青色是也。五『蝒，武延切，音緜。馬

蜩』，注曰：蜩中最大者，爲馬蟬。《本草》謂之蚱側格切。蟬，入《本經》中品。《別録》云：蚱蟬生楊柳上，五月冠赤。隱居云：此云『柳上』，乃《詩》云『鳴蜩嘒嘒』者，形大而黑，五月便鳴。俗云五月不鳴，嬰兒多災是也。六『蜺，五兮切。寒蜩』，注云：寒螿也，似蟬而小，青色。《月令》曰：寒蟬鳴。鄭注云：寒蟬，寒蜩，謂蜺是也。《方言》謂之瘖蟬。景純引《月令》規其失似矣。然陶隱居云瘂蟬自是雌者，陸農即謂瘂蟬初瘖，得寒風冷露乃鳴。兩言雖異，俱可證《方言》之不誤。七『蜓蚞，音梃木。螇螰』，音奚鹿。注云：即蝭蟧音帝料，又音提聊。也，一名蟪蛄。齊人呼螇螰是也。案《小正》、《月令》、《詩訓解》皆以寒蟬鳴爲七月之候。郭注既引《月令》以證蜺，則三書所稱當同爲一物。然《小正傳》云『蟬也』者，蝭蠑也。蝭蠑應即蝭蟧，是螇螰而非寒蟬，之二蟲者，其皆鳴於秋與？隱居謂蛁蟟同虭蟧，又音刀聊。色青，以七八月鳴，寒螿聲淒急於九、十月鳴。李時珍注云：秋月鳴而青紫色者曰蟪蛄，曰虭蟧，曰蜓蚞，曰螇螰，曰蛥蚗音玦。折；小而色青赤曰寒螿，曰寒蜩，曰寒蟬，曰蜺。是二蜩同一物，形色小異耳。至蟪蛄之名，《埤雅》引《莊》、《騷》之文《莊》云『蟪蛄不知春秋』，此夏蟬，見《逍遥游》。《騷》云『歲莫兮不自聊，蟪蛄鳴兮啾啾』，此秋蟬，見《招隱士》。以爲兼夏秋之蟬，信矣。其郭注所云蟪蛄，則專目秋蟬矣。今合之於《詩・碩人》之螓首，《爾雅》之蚻也。《蕩》之如螗，《爾雅》之螗蜩也。《豳》之鳴蜩，《爾雅》之蜋蜩，馬三蜩也。《小弁》之鳴蜩則獨指馬蜩也。其《蕩》之如蜩，乃《爾雅》總名之蜩耳。又有蟰音甯。母，一二三月鳴，小於寒螿，見隱居《別録》，而《詩》、《雅》俱弗載焉。

綜述

《荀子・大略》 飲而不食者，蟬也。

《爾雅・釋蟲》 蜩，蜋蜩。注：《夏小正傳》曰：蜋蜩者，五彩具。螗蜩。注：《夏小正傳》曰：螗蜩者，蝘。俗呼爲胡蟬，江南謂之螗蛦。蚻，蜻蜻。注：如蟬而小。《方言》云：有文者謂之螓。《夏小正》曰：鳴蚻，寧縣。蠽，茅蜩。注：江東呼爲茅截，似蟬而小，青色。蝒，馬蜩。注：蜩中最大者爲馬蟬。蜺，寒蜩。注：寒螿也，似蟬而小，青色。《月令》曰：寒蟬鳴。蜓蚞，螇螰。注：即蝭蟧也。一名蟪蛄，齊人呼螇螰。音義：蜩，直彫反，下同。蜋，音郎，又音良。螗，音唐。蟬，示延反。《字林》云：蟪蛄也。蛦，郭音荑，徒低反。蚻，側黠反。蜻，郭音情，又音精。懸，音玄。蠽，子列反，又徂節反。茅，本或作蓋，萌交反。蝒，音緜，《字林》云亡千反。蜺，五兮反，吕、郭牛結反。螿，子羊反。蜓，謝徒頂反，沈音殄。施，音亭。蚞，音木，或作沐，非。螇，音奚。螰，音鹿。蝭，音提，又音帝。蟧，力刀反，《字林》同，又力公反。蟪，音惠。蛄，音姑。疏：此辨蟬之大小及方言不同之名也。云蜩者，目諸蜩也。蜋蜩，五彩具者也。螗蜩，俗呼曰蟬，似蟬而小，鳴聲清亮者也。蚻，一名蜻蜻，如蟬而小，有文者也。蠽，一名茅蜩，似蟬而小，青色者也。蝒，一名馬蜩，蟬之最大者也。蜺，一名寒蜩，又名寒螿，似蟬而小，青赤色者也。關東謂蟪蛄爲蜓蚞，齊謂之螇螰也。云《夏小正》者，在五月記時也。云螗蜩者，蝘者，亦在五月。舍人曰：皆蟬也，方語不同。三輔以西爲蜩，梁宋以東謂蜩爲蝘。陸璣云：螗一名蝘虭。《字林》：虭，或作蟟也。青徐人謂之螇螰，然則螗蝘亦皆蟬也。《大雅・蕩》篇云『如蜩如螗』是也。蚻，舍人曰：小蟬也，蜻蜻者。案《方言》云：蟬，楚謂之蜩，宋衛之間謂之螗蜩，陳鄭之間謂之蜋蜩，秦晉之間謂之蟬，海岱之間謂之蟜。其小者謂之麥蚻，有文者謂之螓是也。《詩・碩人》云：螓首蛾眉。鄭玄：螓謂蜻蜻。此蟲額廣而且方，故以比婦人之首也。某氏解此云『鳴蚻蚻』者也。云『《夏小正》曰』者，在四月。彼云『鳴蚻蚻者，寧懸也。鳴而後知，故先鳴而後蚻』是也。《月令》曰『寒蟬鳴』者，在七月。鄭注云：寒蟬，寒蜩，謂蜺是也。《方言》云：蛥蚗，齊謂之螇螰，楚謂之蟪蛄。《楚辭》云『蟪蛄鳴兮啾啾』是也。或謂之蛉蛄，秦謂之蛥蚗。自關而東謂之虭蟧，或謂之蝭蟧，或謂之蜓蚞。然則亦皆蟬之別名耳。蛥蚗，音折抉。蛉，音零。虭，貂、料二音。蝭，音帝。

漢 劉安《淮南子・説林訓》 蟬飲而不食，三十日而蜕。

漢 戴德《大戴禮記・夏小正》 寒蟬，鳴蟬也者，蝭蠑也。

又《易本命》 蟬飲而不食。

漢 揚雄《方言》卷一一 蟬，楚謂之蜩，音調。宋衛之閒謂之螗蜩，今胡蟬也，似蟬而小，鳴聲清亮，江南呼螗蛦。陳鄭之閒謂之蜋蜩，蜋，音良。秦晉之閒謂之蟬，海岱之閒謂之蟜。齊人呼爲巨蟜，音技。其大者謂之蟧，或謂之蝒馬，按《爾雅》蝒者馬蜩，非別名，蝒馬也，此《方言》誤耳。其小者謂之麥蚻，如蟬而小，青色，今關西呼麥蠽。音癰癥之癥。有文者謂之蜻蜻，即蚻也，《爾雅》云耳。其雌蜻謂之虬，祖一反。大而黑者謂之蛓，音棧。黑而赤者謂之蜺。雲霓案《夏小正》『四月鳴札』，札者，寧縣也。『五月良蜩鳴』，良蜩也者，五彩具。匽之興，五日翕，望乃

伏。望也者，月之望也。五日也者，十五日也。『唐蜩鳴』，唐蜩者，匽也。郭璞注《爾雅》引《夏小正》札作蚻，寧縣作虎縣，良作蜋，匽作蝘，唐作螗。《詩·小雅》『鳴蜩嘒嘒』，毛《傳》：蜩蟬也。《豳風》『五月鳴蜩』，毛《傳》：蜩螗也。《疏》引《方言》：楚謂蟬爲蜩，宋衛謂之螗蜩，陳鄭謂之蜋蜩，秦晉謂之蟬。《大雅》『如蜩如螗』，毛《傳》：蜩蟬也，螗蝘也。《衛風》『螓首蛾眉』，鄭《箋》云：螓謂蜻蜻也。《月令》：『孟秋之月，寒蟬鳴。』鄭注云：寒蟬，寒蜩，謂蜺也。《考工記》『以旁鳴者』，鄭注云：旁鳴，蜩蜺類。《爾雅》：蜩，蜋蜩，螗蜩。蚻，蜻蜻。蝒，馬蜩。蜺，寒蜩。舍人注云：皆蟬也。方語不同，三輔以西爲蜩，梁宋以東謂蜩爲蝘，楚地謂之蟪蛄。注『寒蜩』云：寒螿也，似蟬而小，青色。《疏》引《方言》『馬蜩』云：蜩中最大者爲馬蜩。孫炎注引《方言》『有文者謂之螓』，郭璞注所引同。郭注此條文並同。王褒《洞簫賦》『秋蜩不食』，李善注引《方言》：楚謂蟬爲蜩。《廣雅》：蛥，蟬也，蚻各本訛作疋，曹毅之本訛作蜓，今訂正。注内『雲霓』當作『音雲霓之霓』。

漢 許慎《說文》卷一三 蛁，蛁，蟲也。从虫，召聲。都僚切。

蜩　蜩，蟬也。从虫，周聲。《詩》曰：五月鳴蜩。徒聊切。蜩　蜩，或从舟。

蟬　蟬，以旁鳴者。从虫，單聲。市連切。

蜺　蜺，寒蜩也。从虫，兒聲。五雞切。

螇　螇，螇鹿，蛁蟟也。从虫，奚聲。胡雞切。

蚗　蚗，蛥蚗，蛁蟟也。从虫，夬聲。於悅切。

蛵　蛵，丁蛵，負勞也。从虫，巠聲。户經切。

蝒　蝒，馬蜩也。从虫，面聲。武延切。

蚵　蚵，蚵蚗，蟬屬。讀若周天子赧，从虫，丏聲。武延切。

蟪　蟪，蟪蛄，蟬也。从虫，惠聲。曰惑切。

蠽　蠽，小蟬蜩也。从䖵，𢧵聲。子列切。

三國吳 陸璣《毛詩草木鳥獸蟲魚疏》卷下《如蜩如螗》 鳴蜩，蟬也，宋衛謂之蜩，陳鄭云蜋，海岱之間謂之蟬。蟬，通語也。螗，蟬之大而黑色者，有五德，文、清、廉、儉、信。一名蝘虭，一名虭蟟，青徐謂之螇螰，楚人謂之蟪蛄，秦燕謂之蛉蚗，或名之蜓蚞。

宋 釋贊寧《東坡先生物類相感志》卷一六《蟬》 《稽聖賦》云：『苓根爲蟬。』注《抱朴子》曰：有自然之蟬，有苻菜莖、苓根、土龍之屬皆化蟬。今驗水澤巨樹處，多水蟲登岸穴，有(烈)[裂]化出爲蟬也。

宋 宋祁《益部方物略記》 蟬不能蛻，委於林下。花生厥首，茲謂物化。

右蟬花。二川山林中皆有之，蟬之不蛻者，至秋則花其頭，長一二寸，黄碧色，治小兒瘈瘲，又能已瘧。

宋 沈括《夢溪筆談》卷二四 蟭蟟之小而綠色者，北人謂之螓，即《詩》所謂『螓首蛾眉』者也，取其頂深且方也。又閩人謂大蠅爲胡螓，亦螓之類也。

宋 蔡卞《毛詩名物解》卷一二《蜩》 蜩，蟬，五月鳴蜺也。諱以無理則用口而已。然其聲調而如緝，故謂之蜩。五月鳴謂之蜩，以其聲也。七月鳴謂之蟬，以其生之寡特，形之單微也。蟪蛄所化謂之蜩螗。蜩有文，故或謂之靖；螗無文，或謂之夷。《詩》曰『如蜩如螗』，蜩大而螗小，蜩言其諱而無理，螗言其夷而無文。

宋 陸佃《埤雅》卷一一《螗》 螗，一名蝘，其首方廣有冠。《夏小正》曰：蜋蜩者，五采具。螗蜩者，蝘是也。俗呼胡蟬，似蟬而小。鳴聲清亮者，江南謂之螗蛦。《詩》曰『如蜩如螗，如沸如羹』，言天下讙譁沸騰，不安如此，此《序》所謂『無綱紀文章』者也。又曰『菀彼柳斯，鳴蜩嘒嘒』，言蜩與柳異類，今蜩託蔭其上，鳴聲嘒嘒，則王之於己，不如菀柳之餘亦芘其蜩也。鄒陽《柳賦》以爲『蜩螗厲響，蜘蛛吐絲』，蓋蟬得美蔭，則其鳴聲尤清厲。《方言》曰：楚謂之蜩，宋衛之閒謂之螗蜩，陳鄭之閒謂之蜋蜩。按：《詩》云『如蜩如螗』，則蜩與螗異，實非一物。蓋蜩亦蟬之一種，形大而黑，昔人啖之，《禮》有『雀鷃蜩范』是也。一名蟬，爲其變蛻而禪，故曰『蟬』，亦其通名。蟬舍卑穢趨高絜，其禪足道也。《鹽鐵論》曰：以所不覩而不信，若蟬不知雪也。又況道常無所而不可覩者乎？是故聞而不笑者，寡矣。故曰「道無問」，無問問之，是責空也。舊説朽木化爲蟬，壞裙化爲蝶，腐菌化爲蜂。又曰：蠶二十日而化，蟬三十日而化。

又《寒蜩》 寒蜩似蟬而小，青赤，一名蜺，一名寒蟬。蔡邕《月令》云：蓋蟬善飛鳴則天涼，故謂之寒蟬。其生坼裂母背，故《釋蟲》云：翥醜，罅。

螉，故謂之『螉醜』。《論衡》曰：蟬生於復育，開背而出。《方言》曰：黑而赤者謂之蜺。又曰：蜻謂之寒蜩。寒蜩，瘖蜩。郭氏云：按《爾雅》以蜺爲寒蜩，《月令》亦曰「寒蟬鳴」，則知寒蜩非「瘖」者也。寒蜩即今啞蟬。啞蟬初瘖，及得寒露冷風乃鳴，故《蒭蕘論》云「秋風至而寒蟬吟」，正謂此也。然則《方言》原其始，故謂之瘖蟬。今雌蟬亦啞，陶隱居所謂『啞蟬，雌蟬也，不能鳴者』。然與寒蜩初瘖又異矣。又一種似蟬而小，緑色，北人謂之螓，頟廣且深，即《詩》所謂『螓首蛾眉』是也。

又《蟪蛄》 《廣雅》云：蟪蛄，蟧蛁。《莊子》曰：朝菌不知晦朔，蟪蛄不知春秋。蟪蛄，夏蟬也，是故不知春秋。按：《離騷》曰：蟪蛄鳴兮啾啾，歲暮兮不自聊。則蟪蛄亦秋蟬矣。一曰：春生者死於夏，夏生者死於秋，故曰『不知春秋』也。《方言》曰：齊謂之螇蠊，楚謂之蟪蛄。《釋蟲》云『蜓蚞，螇蠊』，即此是也。《莊子音義》以爲此即《楚辭》所謂『寒螿』者也。按《風土記》曰：蟪蛄鳴於朝，寒螿鳴於夕。則寒螿、蟪蛄又爲兩物。孔子曰：違山十里，蟪蛄之聲猶在於耳，故政事莫如應之。言政事惡譁而善肅，以静應之而已。《稽聖賦》曰：蠐螬行以其背，蟪蛄鳴非其口。按：《山海經》有獸以其尾飛，有鳥以其鬚飛，則覆載之間，負類反倫，何所不有，可勝言哉！

宋 寇宗奭 《本草衍義》卷一七 蚱蟬，夏月身與聲皆大者是，始終一般聲。仍皆乘昏夜方出土中，昇高處，背殻坼，蟬出。所以皆夜出者，一以畏人，二畏日炙乾其殻而不能蜕也。至時寒則墜地。小兒蓄之，雖數日亦不須食。古人以謂飲風露，信有之。素不糞而溺，亦可見矣。西川有蟬花，乃是蟬在殻中不出而化爲花，自頂中出。又殻治目昏翳。又水煎殻汁治小兒出瘡瘮不快，甚良。

宋 羅願 《爾雅翼》卷二七《蜩》 蜩，蜋蜩，螗蜩，舍人云皆蟬。《方言》：楚謂蟬爲蜩，宋衛謂之螗蜩，陳鄭謂之蜋蜩，秦晉謂之蟬。是蜩、蟬一物，方俗異名耳。蜺，寒蜩。郭璞曰：寒螿也，似蟬而小，青赤。引《月令》「寒蟬鳴」，與《詩》鳴蜩不同者。《夏小正》云『五月螗蜩鳴，七月寒蟬鳴』，是其異也。二月鳴者，名寧母，似寒螿而小。七月鳴者，名蛁蟟，色青。《考工記》：以旁鳴者，蜩蜺屬。蟬鳴在脅。《淮南子》曰：蟬無口而鳴，飲而不食，三十日而蜕。《記》曰：范則冠而蟬有緌。范，蜂也。爵、鷃、蜩、范皆人君燕食所加庶羞。《荀子》曰：耀蟬者，務在明乎火，振其樹而已。説者謂南方人照蟬，取而食之。《莊子》曰：仲尼適楚，出於林中，見痀僂者承蜩，猶掇之也。《論衡》曰：復育轉而爲蟬。枯蟬，一名伏蜟。董仲舒曰：齊王之后，怨王而死，變爲蟬，故名齊女。禮冠飾附蟬，取其清高，飲露而不食也。《本草》：蚱蟬生楊柳上。《詩》曰：菀彼柳斯，鳴蜩嘒嘒。是形大而黑，所謂馬蜩，今夏中鳴者，比衆蟬最大。蚱蟬聲也。又『如蜩如螗』，言讙譁也。毛氏曰：螗，蝘也。舍人曰：三輔以西爲蜩，梁宋以東謂蜩爲蝘，楚地謂之蟪蛄。《楚辭》云：『蟪蛄鳴兮啾啾』是也。陸璣《疏》云：螗，一名蝘虭。《字林》：虭，或作蟟。青徐人謂之螇蠊。然則螗蝘亦蟬之别名耳。《楚辭》『蟬寂寞而無聲』，王逸注云：螗蜩斂翅而伏藏也。郭璞《贊》曰：蟲之精絜，可貴惟蟬。

又《螓》 螓，蟭蟟之小而緑色者。《釋蟲》云：蚻，蜻蜻。舍人曰：小蟬也。青青者，某氏曰：鳴蚻蚻者。孫炎曰：《方言》有文者謂之螓。郭氏曰：如蟬而小。有文，其顙廣而方，故《碩人》詩曰『螓首蛾眉』，言碩人之美也。古之選女者，非特取其娥媌靡曼而已，蓋必合之法相焉。不邇窮困，不近寒陋，故曰『角犀豐盈』。螓首者，即角犀豐盈之謂也。《高唐賦》曰：骨法多奇，應君之相。蓋言其相貌之美，足以當國君，於是而不見答，此詩人所爲閔矣。《夏小正》曰：鳴蚻，虎懸。今北人亦謂之螓。又閩人謂大蠅爲胡螓，亦螓之類。

宋 戴侗 《六書故》卷二〇 蟬螓蜩螗蠽蟟螿蚻 蟬、螓、蜩、螗、蠽、蟟、螿、蚻，皆蟬類也。《爾雅》曰：蜩，蜋蜩。螗蜩。蚻，蜻蜻。蠽，茅蜩。蝒，馬蜩。蜺，寒蜩。蜓蚞，螇蠊。《夏小正》曰：蜋蜩者，五采具。螗蜩者，蝘。《説文》曰：蟬以旁鳴者也，蜩蟬也。螇鹿，蛁蟟也。蚗，蛁蟟也。蝒，馬蜩也。蜺，寒蜩也。蚜、蚭、蚗，蟬屬。《方言》曰：蟬，楚謂之蜩，宋衛之間謂之螗蜩，陳鄭之間謂之蜋蜩，秦晉之間謂之蟬，海岱之間通謂之蝽，其小者謂之麥蚻，有文者謂之螓。鄭康成曰：螓，蜻蜻。頟廣且方。陸璣曰：螗，一名蝘。虭，《字林》：虭亦作蟟也。青徐謂之螇蠊。郭氏曰：螗蜩，俗呼胡蟬，江南謂之螗蛦。按《記》曰『范則冠而蟬有緌』，蟬頟下縣舌如緌也。螓、蟬聲相隣，皆因其鳴聲以命之也。《詩》云『螓首蛾眉』，蟬之大者，其顙廣而方，故《詩》稱『螓首』也。《詩》云：『菀彼柳斯，鳴蜩嘒嘒。』又云：『如蜩如螗，如沸如粥。』明蜩、螗二物，其聲嘒嘒，啾襍也。蠽蟟小蟬，其聲嘸嘹，因其聲以

名之，亦呼蚻蟟，又謂茅蜩也。蚻，寒蟬也，亦因其聲以命之，其大者爲馬蚻，馬母也，即《詩》所謂『莎雞』，後又謂絡緯也。《爾雅》曰：螒，天雞。李巡曰：即莎雞也，一名酸雞。疏曰：又名樗雞。其狀似雞，多在莎中，食其莢，其聲絶類絡緯者，是以謂之也。近秋始鳴，常鳴於夜，故又謂寒蟬，夜蟬也。螿，寒蟬之小者也。蟔、蝒、蛜、蛛、蚗、蛁之類，皆廢名也。

又 蟪蛄 《楚辭》曰：歲莫兮不自聊，蟪蛄鳴兮啾啾。莊周曰：蟪蛄不知春秋。《説文》曰：蟬也。陶隱居曰：莊周所云是四五月小紫青色者，《楚辭》所言乃寒螿爾。司馬彪曰：寒蟬也。一名蝭蟧，春生夏死，夏生秋死。崔譔曰：蛁蟧也，或曰山蟬，秋鳴者不及春，春鳴者不及秋。按：春生夏死等説，皆傳會莊周之説，不足徵也。蟪蛄一名，而陶氏以爲二物，亦非也。

明 李時珍 《本草綱目》卷四一 蚱蟬《本經》中品 釋名：蜩，音調。齊女。時珍曰：按王充《論衡》云：蠐螬化腹蛸，腹蛸折背出而爲蟬。則是腹蛸者，育于腹也。蟬者，變化相禪也。蚱音窄，蟬聲也。蜩，其音調也。崔豹《古今注》言，齊王后怨王而死，化爲蟬，故蟬名齊女，此謬説也。按：詩人美莊姜爲齊侯之子『螓首蛾眉』。螓亦蟬名，人隱其名，呼爲齊女，義蓋取此。其品甚多，詳辨見下。集解：《別録》曰：蚱蟬生楊柳上，五月采，蒸乾之，勿令蠹。弘景曰：蚱蟬，啞蟬，雌蟬也，不能鳴。蟬類甚多，此云柳上，乃《詩》云『鳴蜩嘒嘒』者，形大而黑，五月便鳴。俗云：五月不鳴，嬰兒多災。故其治療亦專主小兒。昔人啖之，故《禮》有雀鷃蜩螗，而傴僂丈人掇之也。其四五月鳴而小、紫青色者，蟪蛄也。《莊子》云『蟪蛄不知春秋』是矣。《離騷》誤以蟪蛄爲寒螿爾。寒螿九月、十月中鳴，聲甚凄急。七八月鳴而色青者，名蛁蟟。二月中便鳴者，名蠴母，似寒螿而小。恭曰：蚱蟬，鳴蟬也。諸蟲皆以雄爲良，陶云雌蟬，非矣。頌曰：按《玉篇》云『蚱蟬聲也』，正與《月令》仲夏蟬始鳴相合。恭説得之。《爾雅》云『蝒，馬蜩』，乃蟬之最大者，即此也。蟬類雖衆，獨此一種入藥。醫方多用蟬殼，亦此殼也。本生土中，云是蜣蜋所轉丸，久而化成此蟲，至夏登木而蜕。宗奭曰：蚱蟬夏月身與聲俱大，始終一般聲。乘昏夜出土中，升高處，拆背殼而出。日出則畏人，且畏日炙乾其殼，不能蜕也。至時寒則墜地，小兒畜之，雖數日亦不飲食。古人言其飲風露，觀其不糞而溺，亦可見矣。時珍曰：蟬，諸蜩總名也。皆自蠐螬、腹蛸變而爲蟬，亦有轉丸化成者，皆三十日而死，俱方首、廣額、兩翼、六足，以脇而鳴，吸風飲露，溺而不糞。古人食之，夜以火取，謂之耀蟬。《爾雅》、《淮南子》、揚雄《方言》、陸機《草木疏》、陳藏器《本草》諸書所載，往往混亂不一，今考定于左，庶不誤用也。夏月始鳴，大而色黑者，蚱蟬也，又曰蝒，音綿，曰馬蜩，《豳》詩『五月鳴蜩』者是也。頭上有花冠曰螗蜩，曰蝘，曰胡蟬，《蕩》詩『如蜩如螗』者是也。具五色者曰蜋蜩，見《夏小正》。並可入藥用。小而有文者曰螓，曰麥蚻。小而色青緑者曰茅蜩，曰茅蠽。秋月鳴而色青紫者曰蟪蛄，曰蛁蟟，曰蜓蚞，曰螇螰，曰蛥蚗，音舌決。小而色青赤者曰寒蟬，曰寒蜩，曰寒螿，曰蜺。未得秋風則瘖不能鳴，謂之啞蟬，亦曰瘖蟬。二三月鳴而小於寒螿者，曰蠴母。並不入藥。

又 蟬花《類證》 釋名：冠蟬、《禮》注胡蟬、《毛詩》螗蜩、同上蝘。時珍曰：花冠以象名也。胡，其狀如胡也。唐，黑色也。古俗謂之胡蟬，江南謂之螗，蜀人謂之蟬花。集解：慎微曰：蟬花，所在有之。生苦竹林者良，花出頭上，七月采。頌曰：出蜀中，其蟬頭上有一角，如花冠狀，謂之蟬花。彼人賫蜕至都下。醫工云：入藥最奇。宗奭曰：乃是蟬在殼中，又出而化爲花，自頂中出也。時珍曰：蟬花即冠蟬也，《禮記》所謂『蜩則冠而蟬有緌』者是矣。緌音蕤，冠纓也。陸雲《寒蟬賦》云：蟬有五德，頭上有幘，文也；含氣吸露，清也；黍稷不享，廉也；處不巢居，儉也；應候有常，信也。陸佃《埤雅》云：螗首方廣有冠，似蟬而小，鳴聲清亮。宋祁《方物贊》云：蟬之不蜕者，至秋則花，其頭長一二寸，黄碧色。並指此也。

明 朱謀㙔 《駢雅》卷七 螗蜩，螗蛦，巨踦，蜋蜩，螥蛣，蟬也。麥蚻，麥截，蛪蚼，小蟬也。蟧蟈，馬蜩，大蟬也。闇蜩，瘖蟬也。麗降，青蟬也。腹育，蟬蜕也。

明 毛晉 《陸氏詩疏廣要》卷下之下《如蜩如螗》 《爾雅》云：蜩，蜋蜩。郭注：《夏小正傳》曰：蜋蜩者，五彩具。鄭注：此即四五月間小蟬，有文彩，先諸蟬而鳴者。《爾雅》又云：螗蜩。郭注：《夏小正傳》曰：螗蜩者，蝘，俗呼爲胡蟬，江南謂之螗蛦。鄭注：螗，即螗蜋也，亦能在草叢中鳴。《爾雅》又云：蚻，蜻蜻。郭注：如蟬而小。《方言》云：有文者謂之螓。《夏小正》曰：鳴蚻，虎懸。鄭注：蚻，音札，此即一種蟬，似蜻蜓，其鳴無韻，但札札然。《爾雅》又云：蠽，茅蜩。郭注：江東呼爲茅截，似蟬而小，青色。鄭注：蠽，音節。茅蜩有青、紅二種，只在茅菅中，亦是五月時鳴。《爾雅》又云：蝒，馬蜩。郭注：蜩中最大者爲馬蟬。鄭注：蝒，音緜。馬蜩最大，其聲響震巖谷。《爾雅》又云：蜺，寒蜩。郭注：寒螿也，似蟬而小，青色。《月令》曰：寒蟬鳴。鄭注：寒蜩，即寒螿也，一名蟪蛄。《爾雅》又云：蜓蚞，螇螰。郭注：即蝭蟧也，一名蟪蛄，齊人呼螇螰。鄭注：蜓蚞，音挺木。邢疏：此辨蟬之大小及方言不同之名也。云蜩者，目諸蜩也，『蜋蜩五采具』者也。螗蜩，俗呼曰蟬，似蟬而小，鳴聲清亮者也。蚻，一名蜻蜻，如蟬而小，

有文者也。蠽，一名茅蜩，似蟬而小，青色者也。蝒，一名馬蜩，蟬之最大者也。蜺，一名寒蜩，又名寒螿，似蟬而小，青赤色者也。關東謂蟪蛄爲蜓蚞，齊謂之蟧蠬也。螗蜩者，蝘者，舍人曰：皆蟬也，方語不同，三輔以西爲蜩，梁宋以東謂蜩爲蝘，青徐人謂之蟧蠬，然則螗蝘亦皆蟬也。《大雅·蕩》篇云『如蜩如螗』是也。蚻，舍人曰：小蟬也。蜻蜻者，按《方言》云：『蟬，楚謂之蜩，宋衛之間謂之螗蜩，陳鄭之間謂之蜋蜩，秦晉之間謂之蟬，海岱之間謂之蟜。其小者謂之麥蚻，有文者謂之螓』是也。《衛風·碩人》云『螓首蛾眉』，鄭玄注：螓謂蜻蜻，此蟲額廣而且方，故以比婦人之首者也。某氏解此云『鳴蚻蚻』者也，彼云『鳴蚻蚻』者，虎懸也。鳴而後知，故先鳴而後蚻是也。《月令》曰『寒蟬鳴』者，在七月。鄭注云：寒蟬，寒蜩，謂蜺是也。《方言》云：蛥蚗，齊謂之蟧蠬，楚謂之蟪蛄。《楚辭》云『蟪蛄鳴兮啾啾』是也。或謂之蛉蛄，秦謂之蛥蚗，自關而東謂之虭蟧，或謂之蝭蟧，或謂之蜓蚞，然則亦皆蟬之別耳。《廣雅》云：蚑蛄，蟬也。蛥蚗，蚻也。蟪蛄，蛉蛄，蝭蟧，蛁蟟也。《夏小正》云『五月螗蜩鳴』，螗蜩鳴者，匽也。『七月寒蟬鳴』，蟬也者，蝭蠑也。《本草》：蚱蟬生楊柳上，五月採，蒸乾之。陶隱居云：蚱即是瘂蟬，瘂蟬也，不能鳴者。蟬類甚多。《莊子》云『蟪蛄不知春秋』，則是今四月、五月小紫青色者。而《離騷》云『蟪蛄鳴兮啾啾，歲暮兮不自聊』，此乃寒螿耳，九月、十月中鳴甚凄急。又二月中便鳴者，名蟧母，似寒螿而小。七月、八月鳴者名蛁蟟，色青。今此云生楊柳樹上，是《詩》云『鳴蜩嘒嘒』者，形大而黑，傴僂丈人掇此。昔人啖之，故《禮》有『蜩范』，此蜩五月便鳴，俗云『五月不鳴，嬰兒多災』。蘇恭云：蚱蟬即鳴蟬也。《易通卦驗》云：姤上九候，蟬始鳴，不鳴，國多妖言。蟬應期鳴，言語之象，今失節不鳴，鳴則失時，故多妖言。《援神契》云：蟬無力，故不食。《周書》曰：夏至又五日，蜩始鳴。不鳴，貴臣放逸。立秋之日，寒蜩鳴。不鳴，人臣不力爭。《埤雅》【略】《爾雅翼》【略】《古今注》云：一名王女。董仲舒曰：齊王之后，怨王而死，變爲蟬，故名齊女。《詩緝》毛氏於《蕩》篇云：蜩，蟬也。螗，蝘也。其說是矣。於《七月》篇乃云：蜩螗者，蓋舉其類以相明，非以蜩爲螗，自爲異同也。《論衡》云：蟬生于復育，開背而出。故《爾雅》云『蜟，醜鱄』，郭注：剖母背而出。邢疏謂蟬屬。《禮》『冠飾附蟬』，徐廣《車服雜注》云：侍臣加貂蟬者，取其清高，飲露而不食。陸雲《寒蟬賦》云：頭上有緌，則其文也；含氣飲露，則其清也；黍稷不享，則其廉也；處不巢居，則其儉也；應候守常，則其信也；加以冠冕，取其容也。按：《爾雅》所謂蜩，即吴俗所謂蟬，其總名也。《詩》所載凡四，如《七月》篇『五月鳴蜩』，雖是泛詠，大約五月一陰生，蜩感之而鳴，惟蜋蜩、茅蜩耳。如《小弁》篇『鳴蜩嘒嘒』，覽物起興，猶鄒陽《柳賦》云『蜩螗厲響』也。《本草》謂『蚱蟬生楊柳上』，即是馬蜩，引此詩爲證，誤矣。如《碩人》篇『螓首蛾眉』，即《爾雅》所謂『蚻，蜻蜻』，《夏小正》所謂『虎懸』，揚雄所謂『雌蜻之疋』者也。若此詩『如蜩如螗』，借以形容其喧譁，猶下句『如沸如羹』，豈容析沸羹爲二乎？毛《傳》、陸《疏》俱云二種，山陰陸氏附會其說，宜羅氏闢其非矣。至于因地異名，莫詳于邢《疏》。隨時異種，莫詳于《月令》。但蟪蛄有二種，《莊子》稱『不知春秋』者，夏蟲小紫青色者也。《楚詞》稱『其鳴啾啾』者，《爾雅》所謂『蜓蚞，蟧蠬』也。陶貞白輩以蟪蛄即寒螿，非也。鄭漁仲云：蜺，寒蜩，即寒螿。《月令》『七月寒蟬鳴』是也，知寒蜩不瘖矣。《方言》云：寒蟬者，瘖蜩也。不知寒蟬即瘖蟬，其初瘖，得寒露冷風乃鳴。《方言》原其始，故云瘖耳。

明　馮復京《六家詩名物疏》卷二一九《蜩》　蜩之類多，蜩與蟬其總號也。其名隨方土所稱，最多參錯。此『五月鳴蜩』即蜋蜩，螗蜩也。《夏小正傳》曰：蜋蜩者，五采具。螗蜩者，蝘。郭云：螗蜩俗呼胡蟬，江南謂之螗蛦是也。舍人注《爾雅》曰：蜋蜩，螗蜩，皆蟬也，方語不同，三輔以西爲蜩，梁宋以東謂蜩爲蝘，楚地謂之蟪蛄，《楚辭》云『蟪蛄鳴兮啾啾』者也。《方言》亦云：蟬，楚謂之蜩，宋衛謂之螗蜩，陳鄭謂之蜋蜩，秦晉謂之蟬，海岱謂之蟜。舍人、揚雄俱以螗蜩、蜋蜩爲一物。《大雅·蕩》篇云『如蜩如螗』，不得爲一也。舍人所云蟪蛄者，有二種。《莊子》稱『不知春秋』者，夏蟲小紫青色者也。《楚辭》稱『其鳴啾啾』者，《爾雅》所謂『蜓蚞，蟧蠬』也。《方言》云：蛥蚗，齊謂蟧蠬，楚謂蟪蛄，或謂蛉蛄，秦謂蛥蚗，自關而東謂蛁蟧，或謂蝭蟧，或謂蜓蚞。《廣雅》云：蟪蛄，蟧蛁是也。《莊子音義》及陶隱居以爲蟪蛄即寒螿，非也。《風土記》云：蟪蛄鳴于朝，寒螿鳴于夕。郭注《爾雅》『蜺，寒蜩』，云寒螿也。引《月令》『寒蟬鳴』。《方言》云：黑而赤者謂之蜺，謂之寒蜩。寒蜩者，瘖蜩也。郭以《月令》云『寒蜩鳴』，知寒蜩不瘖，據以難子雲。

不知寒蟬即今瘂蟬，瘂蟬初瘖，得寒露冷風乃鳴。《方言》原其始，故謂之瘖蜩耳。然陶貞白所云啞蟬，自是雌蟬不能鳴者，非此寒蜩也。陸璣『如蜩如螗』疏云：螗，一名蛁蟟，青徐人謂之螇螰。其失與舍人同。蝒，馬蜩，景純以爲蜩中最大者。《本草圖經》以此爲《詩》之鳴蜩，不必爾也。馬蜩特蜋蜩、螗蜩中之猶大者耳。蚻，蜻蜻，即《詩》之所謂螓，揚雄云『雌蜻謂之疋』者也。蠽，茅蜩，揚雄謂之麥蚻。郭璞云：江東呼茅蠽，關西呼麥蠽，蟬之小者也。《古今注》：蟬，一名王女。而諸類總謂之蟬，爲其變化而禪，亦以舍卑穢趨高潔，其禪足道也。

明 焦周《焦氏説楛》卷四 蜩有數種，曰螗蚻，曰螿，曰蜻，曰蝒，曰蜓，曰蚞，曰螇螰，曰蝭蟧，曰茅蟬，曰蟪蛄，曰寒螿，曰蛁蟟，曰[虫寧]母，曰蜩[艹冋虫]，曰蜋蜩，曰蠦，曰蛥。

明 王可大《國憲家猷》卷一二 蜩音調始鳴。《月令注疏》作『蟬始鳴』。蜩，蟬之大而黑色者，蛲蜋脱殼而成。雄者能鳴，雌者無聲。今俗稱蜘蟟是也。按：蟬乃總名，鳴於夏者曰蜩，即《莊子》云『蟪蛄不知春秋』者是也。蓋蟪蛄夏蟬，故不知春秋。鳴於秋者曰寒蜩，即《楚辭》所謂寒螿也。故《風土記》曰：蟪蛄鳴朝，寒螿鳴夕。今秋初夕陽之際小而綠色，聲急疾者，俗稱『都了』是也。故《埤雅》各釋其義，然此物生於盛陽，感陰而鳴。

明 吳雨《毛詩鳥獸草木考》卷七《螓》 螓似蟬而小，綠色，北人謂之螓。《釋蟲》云：蚻，蜻蜻。舍人曰：小蟬也，青青者。某氏曰：鳴蚻蚻者。孫炎曰：《方言》云：有文者謂之螓。郭氏曰：如蟬而小身，有文是也。此蟲額廣而且方，此經手膚領齒舉物以比之，故言如螓首。蛾眉則其體之所似，故不言如也。古之選女者，非特取其蛾眉靡曼而已，蓋必合之相法焉。不邇窮固，不近寒陋，故曰角犀豐盈。螓首者，即角犀豐盈之謂也。《夏小正》曰：鳴蚻，虎懸。今北人亦謂之螓。又關西謂大蠅爲胡螓，亦螓之類。

又《蜩》 蜩，蟬類，或蛲蜋，或水蟲，或蠐螬所化。兩翼兩臍，喙長在腹。夏至承陰而生，上樹退殼展於杪，乘風而鳴，或以爲無口以脇鳴。五月以前鳴者，似大蠅而差大，青色。或有紅者，夜在草，日在木，其聲清亮，此正謂之蜩也。七月以後鳴者，似蠽色斑，此正謂之蟬也。立秋後青紅俱無，有數種，蜩、螗、蚻、蝱、蝒、蜺、蜓蚞。螗似蟬而小。蚻即螓。蠽，茅蜩也。蝒，蟬之最大者，一名馬蟬。蜺，寒螿也。蜓蚞，即蝭蟧也。又一説蟪蛄、寒螿、蛁蟟、[虫寧]母、蜩范並蟬。蟪蛄小小紫色，四五月鳴。寒螿黑而傴僂，九、十月鳴，甚悽急。蛁蟟色青，七月鳴。[虫寧]母似寒螿而小，二月鳴。蜩范，所謂馬蟬也，亦五月鳴。又有一種其脱殼頭上一角，如花冠狀，謂之蟬花。《方言》云：蜩，蟬，楚謂之蜩，宋衛謂之螗蜩，陳鄭謂之蜋蜩，海岱謂之[虫奇]。《釋蟲》云：蜩，蜋蜩，螗蜩。郭云：蜋蜩者，五色具。螗蜩者，蝘，俗呼爲胡蟬。是蜋蜩、螗蜩二種蟬也。故《疏》云：蜩者，目諸蟬也，未蜕時名復育。《論衡》云『蠐螬化爲復育，復育轉爲蟬』是也。

清 魏茂林《騈雅訓纂》卷七 螗蜩，螗蛦，巨踦，蜋蜩，[虫奇]蛣，蟬也。《爾雅·釋蟲》：螗蜩。注：《夏小正傳》曰：螗蜩者，蝘，俗呼爲胡蟬，江南謂之螗蛦。按：今本《夏小正》螗作唐，蝘作匽。《詩·蕩》：如蜩如螗。《傳》：蜩，蟬也。螗，蝘也。又《七月》：五月鳴蜩。《傳》：蜩螗也。《方言》十一：蟬，楚謂之蜩，宋衛之間謂之螗蜩，陳鄭之間謂之蜋蜩。螗音唐，蜩直彫反，蝘與匽並音偃。又『螗蜩』注：今胡蟬也。似蟬而小，鳴聲清亮，江南呼螗蛦。蛦音夷。又秦晉之間謂之蟬，海岱之間謂之[虫奇]。注：齊人呼爲巨[虫奇]。音技。此作踦，未詳。《爾雅·釋蟲》：蜩，蜋蜩。注：《夏小正傳》曰：蜋蜩者，五彩具。按：今本《夏小正》蜋作良，《玉篇下·蟲部》音良，又力當切。《廣雅·釋蟲》：[虫奇]蛣，蟬也。蛣，去吉反，又音詰。

又 麥蚻，麥截，蛪蚼，小蟬也。《方言》十一：蟬，其小者謂之麥蚻。注：如蟬而小，青色，今關西呼麥蠽，音癰癥之癥。按：截與蠽通。《爾雅·釋蟲》：蠽，茅蜩。注：江東呼爲茅截。《方言》注作茅蠽，《釋文》蠽今作蠽，是蠽本作蠽，截又蠽之省文也。蚻，側八切，音札。《玉篇下·蟲部》：蛪蚼，似蟬而小。《廣韻》：五入聲同。蛪，古頡切。蚼，呼口、巨俱二切。

又 蟧[虫員]，馬蜩，大蟬也。《廣雅·釋蟲》：蟧蝒，馬蜩也。《疏證》：《爾雅》：蝒，馬蜩。郭璞注云：蜩中最大者爲馬蟬。《方言》：蟬，楚謂之蜩，其大者謂之蟧，或謂之蝒馬。郭璞注云：按《爾雅》：蝒者，馬蜩，非別名蝒馬也。此《方言》誤耳。蝒，各本譌作[虫員]，今改正。按：此尚沿舊本作[虫員]，《博雅》音蟧，音遼。蝒作[虫員]，音緜。《爾雅釋文》引《字林》云：亡千反。

清 來集之《倘湖樵書初編》卷二《有情之物開花》 《益部方物記》：

蟬之不蜕者，至秋則花其頭，長一二寸，黄碧色，治小兒瘈瘲，又能已瘧。二川山林中皆有之。此蟲類之開花者也。

清 陳淏子 《秘傳花鏡》卷六《養昆蟲法·鳴蟬》 鳴蟬，一名寒蜋，夏曰蟪蛄，秋曰蜩。又楚謂之蜩，宋衛謂之螗，陳鄭謂之蜋蜩，又名腹育。雌者謂之疋，不善鳴，乃朽木及蠐螬腹蛸所化，多折裂母背而生，無口而以脇鳴聲，甚清亮而聞遠，鳴則天寒，頭方有緌，兩翼六足，能含氣不食，應侯守常，多息於高柳桑枝之上，死惟存一殼，名曰蟬脱。生有五德，饑及晨風，廉也；渴飲朝露，潔也；應時長鳴，信也；不爲雀啄，智也；首垂玄緌，禮也。取者以膠竿首承焉，則驚飛可得。小兒多稱馬蜘，取爲戲，以小籠盛之，挂於風簷，或樹杪，使之朗吟高噪，庶不寂寞園林也。

清 愛新覺羅·弘曆 《清朝通志》卷一二六 塞蟬産關外，較内地者大而音直，蒙古名之曰綽爾齊。

清 嵇璜 《續通志》卷一七八 蜩，有二種，一曰蜋蜩，一曰螗蜩，見《爾雅》。《夏小正傳》曰：蜋蜩者，五彩具。螗蜩者，蝘也。皆五月鳴。郭璞曰：螗蜩，俗呼蟬，江南謂之螗蛦。蛦，《埤雅》作蛈。按《方言》曰：蟬謂之蜩，宋衛之間謂之螗蜩，陳鄭之間謂之蜋蜩。鄭《志》取之。考《夏小正》及《爾雅》，則螗蜩、蜋蜩分明二物。又案：毛《傳》云：蜩，蟬也。螗，蝘也。據此，則螗、蜩又爲二物矣。故別出之。蜘，一名虎懸，虎一作寧。四月鳴，見《夏小正》。一名蜻蜻，見《爾雅》。郭璞注曰：如蟬而小。《方言》云：有文者謂之螓。案《方言》云：蟬小者謂之麥札，有文者謂之蜻蜻。與郭注所引異。考《爾雅》，札即蜻蜻，《方言》分爲二物，誤也。又鄭《志》云：五月以前鳴者，則正謂之蜩。考五月以前鳴者，惟有蜘，不名蜩，則鄭《志》亦非也。今並正之。蠽，一名茅蜩，見《爾雅》。郭璞注曰：江東呼爲茅截，似蟬而小，青色。《方言》曰：蜩蟧謂之茅蜩。茅蜩分青、紅二種，在茅菅中，亦五月時鳴。蜺，一名寒蜩，見《爾雅》。郭璞注曰：寒螿也，似蟬而小，青色。《月令》曰：寒蟬鳴。蜓蚞，一名螇螰，見《爾雅》。郭璞注曰：即蝭蟧，一名蟪蛄。《方言》曰：秦謂之蛥蚗，自關而東謂之蛁蟧。音貂勞。陶弘景曰：蟪蛄小紫青色，四五月鳴。按《莊子》云『蟪蛄不知春秋』，而《離騷》云『蟪蛄鳴兮啾啾，歲暮兮不自聊』，故陶弘景以《離騷》爲誤。而鄭《志》云蟪蛄乃是寒螿，則又與陶説異。考郭璞《注》，蟪蛄乃蜓蚞異名，寒螿乃寒蜩別號。《風土記》曰：蟪蛄鳴於朝，寒螿鳴於夕。則寒螿、蟪蛄爲兩物，明矣。鄭《志》牽合爲一，殊誤。今正之。

清 徐鼎 《毛詩名物圖説》卷三 毛《傳》：螓首，顙廣而方。《爾雅》：蜘，蜻蜻。郭璞注：如蟬而小。《方言》云：有文者謂之螓。《夏小正》云：鳴蜘，虎懸。邢昺疏：蜘，一名蜻蜻，如蟬而小，有文者也。《夏小正》云者，在四月。彼云鳴蜘蜘者，虎懸也。《埤雅》：似蟬而小，緑色，北人謂之螓，即《詩》所謂螓首也。愚按：《夢溪筆談》云：蟭蟟之小而緑色者謂螓。蓋此螓額廣而方，故以比莊姜之首。

又 毛《傳》：蜩，螗也。孔疏：《釋蟲》云：蜩，蜋蜩，螗蜩。舍人云：皆蟬。《方言》曰：楚謂蟬爲蜩，宋衛謂之螗蜩，陳鄭謂之蜋蜩，秦晉謂之蟬。是蜩、蟬一物，方俗異名耳。《釋蟲》又曰：蜺，寒蟬。郭璞曰：寒螿也，似蟬而小，青赤。引《月令》『寒蟬鳴』，與此鳴蜩不同者。《夏小正》云『五月螗蜩鳴，七月寒蟬鳴』，是其異也。王充《論衡》：蟬生于復育，開背而出。陶隱居曰：蟬類甚多。『鳴蜩嘒嘒』者，形大而黑，五月便鳴。四、五月鳴而小紫青色者，蟪蛄也。九、十月鳴聲凄急者，寒螿也。七、八月鳴而色青者，蛁蟟。二月中便鳴者，蟀母，似寒螿而小。《名物解》：蜩有文，或謂之蜻；螗無文，或謂之夷。《詩》『如蜩如螗』，蜩大而螗小。蜩言其譁而無理，螗言其夷而無文。

清 翟灝 《爾雅補郭》卷下 丕蜩，王蚁 不，《詩》、《書》及古金石文多通作丕。丕，大也。王蚁亦大之稱。此必蜩類中之大者。前文蜩凡五見，郭氏以馬蜩爲最大。按《方言》曰：蟬大者謂之蝒馬，大而黑者謂之蛥。是馬蜩之外尚有名蛥一種，爲蜩之大者，此丕蜩乃其物矣。今呼黑大蜩爲老鐘，鐘即蛥音之轉。《玉篇》：鐘，昨先切，蟬類也。俗人或謂之王師太，猶王父之遺言也。諸蜩多青碧兼灰黄色，相傳樹朽所化。此則蜣蜋所化，其色獨黑而聲煩沸。《詩·大雅》『如蜩如螗』，其蜩似專指此。《通志·六書略》謂王蚁爲蟾諸，蟾諸一名去蚁，與此異。

清 牟應震 《毛詩物名考》卷四 螗，馬蝒也。蟬之大者，故名。色黑如漆，間有紫斑，方首賓額，四羽六足，脇下有竅，鼓之作聲。其喙如針，垂貼

胸前，入木皮吸液而飽，非不食也。雌不能鳴，曰啞蟬。生子嫩枝。子長皮裂墜地，入土下及黄泉，長隨陽氣而上，脱而爲蟬，非蜣螂化也。

又 蜩，良蜩也，蟬之小者。身圓渾，緑質，紫章，其鳴聲二字與螗異。呼之者曰蝭蟟，曰蝭蟧，曰螇螰，曰蟪蛄。今或曰鐵柳，曰特蟆，曰都蟟，皆以聲之近似而名之，與《夏小正》良蜩一例。蜩與蟟、蟧通，音亦以聲名，非謂其五采具也。今以蜩爲蟬之總名，《詩》『如蜩如螗』之句爲不可通矣。

又 螓，蚻也。蟬之尤小者，身微扁而色黲黑，方首廣顙，故《詩》曰螓首。長鳴止後作一字，聲音近扎，亦近榛，故名。蟬有似馬蜩而微扁者，鳴作二字，聲曰吡蟧。土人即以其鳴聲呼之，有小若蝱者，鳴草上曰草蟬。深山之中有三月鳴者，曰春蟬。形同蚻，意向陽之地，蚻之先出者也。

清 方旭 《蟲薈》卷三《昆蟲·馬蟬》 《正字通》：大而色黑，鳴聲壯者，曰馬蟬。旭按：此即《爾雅》之馬蜩也。一名蝒，《本草》名蚱蟬，又名齊女。四五月有之，俗名蜘蟟。其狀方首、廣額、大腹、六足、兩翼，翼薄如蜻蛉，飲而不食，其聲直而長，至八月後止，乃蠐螬、蛣蜣及朽木所化。又蜻蛉點水生子草上，青鮹魚食之，久則生蟲，其狀與蟬相似，名蝦蟼蟲，亦能退殼化蟬。又或説閏年少蟬。《酉陽雜俎》：蟬未脱時名服育。

又《冠蟬》 《正字通》：頭有花冠，鳴聲清亮者，曰冠蟬，又曰胡蟬，曰蝘，曰螗蜩，曰螗蛦。旭按：此蟬似馬蟬而小，夏秋間有之，俗呼花公子。

又《蜋蜩》 《正字通》：五彩具，先諸蟬鳴者，曰蜋蜩。旭按：此蟬最能鳴，多在桐子樹上，人又呼桐蛤。

又《寒蟬》 《夏小正》：七月寒蟬鳴。旭按：寒蟬，《爾雅》名蜺，一名寒蜩。郭注云：寒螿也，或名寒螿子，其狀似馬蟬而小，陰緑色，有斑文。初生時聲啞曰啞蟬，又曰瘖蟬，又曰瘖蜩。立秋後始作聲，如云『都了都了』者，九、十月聲尤淒切。

又《蟪蛄》 《駢雅》：蛥蚗，螇螰，蛉蛄，蛁蟟，蝭蟧，蜓蛛，蟂蟧，蟪蛄也。旭按：此亦蟬之鳴秋者，其狀似寒螿，色青紫。

又《螓》 《正字通》：小而有文，額廣且方者曰螓，又曰蜻蜻。《夏小正》曰：蚻者，虎懸也。即此。旭按：此即茅蜩之在樹上者，其聲札札然，故又名蚻。

紀事

晉 崔豹 《古今注》卷中 牛亨問曰：蟬名齊女者何？答曰：齊王后忿而死，尸變爲蟬，登庭樹，嘒唳而鳴，王悔恨，故世名蟬曰齊女也。

唐 段成式 《酉陽雜俎》卷一七 蟬，未蜕時名復育，相傳言蛣蜣所化。秀才韋翾一曰翻。莊在杜曲，嘗冬中掘樹根，見復育附於朽處，怪之，村人言蟬固朽木所化也，翾因剖一視之，腹中猶實爛木。

明 姚旅 《露書》卷一〇 朱圖南游東粵，至翁源羊亘地名。三十里許深山中，聞蟬聲甚宏，如泣如訴，心竊異之，問之舁人云：蜩也。隨見地上一蜩似蟬，黑色，長七八寸，雙目如漆，大可龍眼核，兩翼若烏紗翅。蜩在在有之，未有如此巨者。

著録

唐 魏徵 《隋書》卷五七《盧思道傳》 周武帝平齊，授儀同三司，追赴長安，與同輩陽休之等數人作《聽蟬鳴》篇。思道所爲，詞意清切，爲時人所重。新野庾信徧覽諸同作者，而深歎美之。

藝文

三國魏 曹植 《曹子建集》卷四《蟬賦》 唯夫蟬之清素兮，潛厥類乎太陰。在盛陽之仲夏兮，始遊豫乎芳林。實澹泊而寡慾兮，獨怡樂而長吟。聲皦皦而彌厲兮，似貞士之介心。内含和而弗食兮，與衆物而無求。棲高枝而仰首兮，頼朝露之清流。隱柔桑之稠葉兮，快啁號以遁暑。苦黄雀之作害兮，患螳螂之勁斧。冀飄翔而遠托兮，毒蜘蛛之網罟。欲降身而卑竄兮，懼

草蟲之襲予。免衆難而弗獲兮，遥遷集乎宫宇。依名果之茂陰兮，托脩幹以静處。有翩翩之狡童兮，步容與於園圃。體離朱之聰視兮，姿才捷於獼猿。條罔葉而不挽兮，樹無榦而不緣。翳輕驅而奮進兮，跪側足以自閑。恐余身之驚駭兮，精曾眼而目連。持柔竿之冉冉兮，運微黏而我纏。欲翻飛而逾滯兮，知性命之長捐。亂曰：詩歎鳴蜩，聲嘒嘒兮。盛陽則來，大陰逝兮。皎皎貞素，侔夷節兮。帝臣是戴，尚其潔兮。

晋　孫楚《蟬賦》（引自《藝文類聚》卷九七）　惟大化之廣御，何品數之多名。當仲夏之始出，據長條而悲鳴。翼如羅纏，形如枯槁。終日不銜一粒，激哀響之煩擾。

晋　陸雲《陸士龍集》卷一《寒蟬賦并序》　昔人稱雞有五德，而作者賦焉。至於寒蟬，才齊其美，獨未之思，而莫斯述。夫頭上有緌，則其文也；含氣飲露，則其清也；黍稷不食，則其廉也；處不巢居，則其儉也；應侯守節，則其信也；加以冠冕，則其容也。君子則其操，可以事君，可以立身，豈非至德之蟲哉？且攀木寒鳴，負材所歎，余昔僑處，竊有感焉，興賦云爾。伊寒蟬之感運，近嘉時而遊征。含二儀之和氣，禀乾元之清靈。體貞精之淑質，吐呼嘒之哀聲。希慶雲以優游，遁太陰以自寧。於是靈岳幽峻，長林參差，爰蟬集止，輕羽莎佗。清澈微激，德音孔嘉。承南風以軒景，附高松之上華。黍稷惟馨而匪享，竦身晞陽乎靈和。唳乎其音，翩乎其翔。容麗蜩螗，聲美宫商。飄如飛焱之遺驚風，眇如輕雲之麗太陽。華靈鳳之羽儀，覩皇都乎上京。跨天路於萬里，豈蒼蠅之尋常？爾乃振修緌以表首，舒輕翅而迅翰。挹朝華之墜露，含烟熅以夕餐。望北林以鸞飛，集樛木以龍蟠。彰淵信於嚴時，禀清誠乎自然。翩眇微妙，緜蠻其形。翔林附木，一枝不盈。豈黄鳥之敢希？惟鴻毛其猶輕。憑緑葉之餘光，景秋華之方零。思鳳居以翹竦，仰佇立而哀鳴。若夫歲聿云暮，上天其凉。感運悲聲，貧士含傷。或歌我行永久，或詠之子無裳。原思嘆於蓬室，孤竹吟於首陽。不銜子以穢身，不勤身以營巢。志高於鳲鳩，節妙乎鵙鶪。附枯枝以永處，倚瓊林之迴條。惟雨雪之霏霏，哀北風之飄飄。既乃雕以金采，圖我嘉容。珍景曜爛，暐曄華豐。奇侔黼黻，艶比衮龍。清和明潔，羣動希蹤。爾乃綴以玄冕，增成首飾。纓蕤翩紛，九蟲容翼。映華旒於朱衮，表馨香乎明德。於是公侯常伯，乃紆紫紱，執龍淵。俯鳴珮玉，仰撫貂蟬。飾黄廬之多士，光帝皇之待人。騰儀像於雲闥，望景曜乎通天。邁休聲之五德，豈鳴雞之獨珍。聊振思於翰藻，闡令問以長存。於是貧居之士，喟爾相與而俱嘆曰：寒蟬哀鳴，其聲也悲。四時云暮，臨河徘徊。感北門之憂殷，嘆卒歲之無衣。望泰清之巍峩，思希光而無階。簡嘉蹤於皇心，冠神景乎紫微。詠清風以慷慨，發哀歌以慰懷。

晋　傅咸《鳴蜩賦》（引自《歷代賦彙》卷一三八）　有嘒嘒之鳴蜩，於台府之高槐。物處陰而自慘，奚厥聲之可哀。秋日悽悽兮，感時逝之若頹。曷時逝之是感兮，感年歲之我催。孰知命之不憂，詠梁木之有摧。生世忽兮如寓，求富貴於不回。且明明以在公，唯忠讜之是與。佚履道之坦坦，登高衢以自棲。

晋　郭璞《蟬讚》（引自《漢魏六朝百三家集》卷五七）　蟲之精絜，可貴惟蟬。潛蜕棄穢，飲露恒鮮。萬物皆化，人胡不然。

南朝梁　范雲《詠早蟬》（引自《古詩紀》卷八七）　生隨春冰薄，質與秋塵輕。端緌挹霄液，飛音承露清。

南朝梁　蕭統《昭明太子集》卷五《蟬贊》　兹蟲清潔，惟露是餐。寂寞秋序，咽晰夏闌。豈伊不美，曜彼華冠。

南朝梁　蕭綱《聽早蟬》（引自《藝文類聚》卷九七）　草歇鶗鳴初，蟬思落花後。乍飲三危露，時蔭五官柳。莊書哂鵬翼，衛賦宜螓首。桂樹可淹留，勿謂山中久。

南朝陳　劉删《詠蟬》（引自《藝文類聚》卷九七）　聲流上林苑，影入侍臣冠。得飲玄天露，何辭高柳寒。

南朝陳　江總《詠蟬》（引自《藝文類聚》卷九七）　白露凉風吹，朱明落照移。鳴條噪林柳，流響遍臺池。忖聲如易得，尋忽却難知。

唐　駱賓王《駱丞集》卷一《秋蟬》　九秋行已暮，一枝聊暫安。隱榆非諫楚，噪柳異悲潘。分形妝薄鬢，鏤影飾危冠。自憐疎影斷，寒林夕吹寒。

唐　馬吉甫《蟬賦》（引自《歷代賦彙》卷一三八）　鶉星兮御夏，鵙鳴兮登序。日月驟而運長嬴，陰陽爭而催小暑。詢求縱賞之地，枚卜追凉之處。尋川徑而棲遲，頓林庭而延佇。則有應律初蟬，含生自然，其聲嘒嘒，其

翼翩翩。參萬物之動植，隨四序之迴旋。避啼鶯於春後，伴鳴蛩於秋前。廉而有德，靜而無累。逸豫攸安，沉吟斯慰。體素質而標儉，養清心而拔萃。食不求粒，雖黍稷而非珍；棲不擇林，縱梧桐而何貴。曁夫三危露結，四野雲平，蒼茫日暮，爽朗天明。託高枝以庇影，竄密葉以流聲。匝池臺之響亮，洞巖壑之清泠。羣吟則少懼，孤引則多驚。時行時止，有虧有盈。疑紡絡之雙至，似簫韶之九成。避雀飛急，迎風翅輕。飾鬢裁新樣，圖冠有舊名。雖屈螳蜋之斧，終齊鵬鷄之情。若乃平子歸田，仲長就第，新開泉石之賞，俯洽琴歌之契，莫不應促軫而方遠，赴調絃而轉麗。繁音遞進，顧白雪而難酬；逸韻爭馳，對薰風而莫繼。足使牧子興感，雍門下涕。降翔鶴於雲端，出潛魚於水際。復有沙塞征夫，山川遊子。風蕭蕭兮八九月，路悠悠兮千萬里。坐聽霜鴈自無聊，復對寒蟬怨何已。望鄉關而思積，撫搖落而愁起。悲深嘶馬之初淚，斷啼猿之始觸。類多感於何不傷伊。茲蟲之菲陋，識君子之行藏。其立志也，不慕於鴻鵠。其守分也，不越於榆枋。任朝夕之棲處，極天地之翱翔。適其性，韜其光，豈比飛燕之巢幕，流螢之聚囊。至如入檻愁猿，觸籠窮鳥，縶透木之幽志，屈凌雲之遐矯。豈無故而嬰羅，諒有求而自擾。聊息心於萬事，放寓跡於一枝。澹然兮自守，千秋兮若斯。

唐　蕭穎士《聽早蟬賦》（引自《歷代賦彙》卷一三八） 清商兮暮急，白露兮朝濕。伊寒蟬之早聞，知涼風之初入。散亂搖颺，倏寥欻吸；前聲未盡，後響仍及。邇層檐而驚歸，向茂樹而遙集。足令志士傷惋，征夫佇立。況乎日晏天空，晴景微風；命儔嘯侶，乍西或東。既更鳴而迭息，亦處異而音同。催渡漢之離鴈，伴橫階之思蛩。空庭曖其已寂，遐路杳而難窮。伊蜩螗之至細，王雎獨而猶稟；體孤高而自適，候時節而斯審。其處也，敦兮若樸，乃蝤蠐而未化；其出也，道之將行，必沆瀣而方飲。豈徒《爾雅》辨其名體，詩人詠夫章句。味編《本草》之録，聲徹上林之賦。歌郯宰之化，偶范緌而見稱；飾趙王之冠，與貂尾而胥附。《莊篇》載痀僂之志，孔氏感螳蜋之捕。苟動靜不爽，飛鳴有度；因依密葉，蕭散凝露。韜餘陰於歲晚，等羣蟄於時暮。茲括囊而用吉，又曾何鳥雀之能喻。

唐　耿湋《新蟬》（引自《文苑英華》卷三三〇） 今朝蟬忽鳴，遷客若爲情。便覺一年謝，能令萬感生。微風方滿樹，落日類詩作葉。稍沉城。爲問同懷者，淒涼聽幾聲。

唐　元稹《元氏長慶集》卷一《春蟬》 我自東歸日，厭苦春鳩聲。作詩憐化工，不遣春蟬生。及來商山道，山深氣不平。春秋兩相似，虫豸百種鳴。風松不成韻，蜩螗沸如羹。豈無朝陽鳳，羞與微物爭。安得天上雨，奔渾河海傾。蕩滌反時氣，然後好晴明。

唐　雍陶《蟬》（引自《全唐詩》卷五一八） 高一作一。樹蟬聲入晚雲，不唯一作幾回。愁我亦愁君。何時一作年。各得身一作心。無事，每到聞時似不聞。

唐　于武陵《詠蟬》（引自《全唐詩卷》卷五九五） 江頭一聲起，芳歲已難留。聽此高林一作枝，一作樹。上，遥知故國秋。應催風落葉，似一作亦。勸客回舟。不是新蟬苦，年年自有愁。

唐　陸龜蒙《甫里集》卷五《蟬》 祇憑風作使，全仰柳爲都。一腹清何甚，雙翎薄更無。伴貂金换酒，一作置。影并雀畫成圖。恐是千年恨，偏令落日呼。

唐　羅隱《羅昭諫集》卷四《蟬》 天地工夫一不遺，與君聲調借君緌。風棲露飽今如此，應忘當年滓濁時。

宋　寇準《忠愍集》卷中《新蟬》 寂寂宮槐雨乍晴，高枝微帶夕陽明。臨風忽起悲秋思，獨聽新蟬第一聲。

宋　歐陽修《文忠集》卷一五《鳴蟬賦并序》 嘉祐元年夏，大雨水，奉詔祈晴于醴泉宮，聞鳴蟬，有感而賦云。肅祠庭以祗事兮，瞻玉宇之崢嶸。收視聽以清慮兮，齋予心以薦誠。因以靜而求動兮，見乎萬物之情。於時朝雨驟止，微風不興。四無雲以青天，雷曳曳一作隱隱。其餘聲。乃席芳葯，臨華軒。古木數株，空一作荒。庭草間，爰有一物，鳴于樹顛。引清風以長嘯，抱纖柯而永歎。嘒嘒非管，泠泠若絃。裂方號而復咽，淒欲斷而還連。吐孤韻以難律，含五音之自然。吾不知其何物，其名曰蟬。豈非因物造形，能變化者邪？出自糞壤，慕清虛者邪？凌風高飛，知所止者邪？嘉木茂樹，喜清陰者邪？呼吸風露，能尸解者邪？綽約雙鬢，修嬋娟者邪？其爲聲也，不樂不哀，非宮非徵，胡然而鳴，亦胡然而止。吾嘗悲夫萬物莫不好鳴。若乃四時代謝，百鳥嚶兮。一氣候至，百蟲驚兮。嬌兒婉女，語鸝庚兮。鳴機絡緯，響蟋蟀兮。轉喉哢舌，誠可愛兮。引腹動股，豈勉彊而爲之兮？至於污

池濁水，得雨而聒兮；飲泉食土，長夜而歌兮。彼蝦蟇固若有欲，而蚯蚓又何求兮？其餘大小萬狀，不可悉名。各有氣類，隨其物形。一有而字。不知自止，有若爭能。忽時變以物改，咸漠然而無聲。嗚呼！達士所齊，萬物一類，人於其間，所以爲貴。蓋已巧其語言，又能傳於文字。是以窮彼思慮，耗其血氣，或吟哦其窮愁，或發揚其志意。雖共盡於萬物，乃長鳴於百世。予亦安知其然哉？聊爲樂以自喜。方將一作吾方。考得失，較同異。俄而陰雲復興，雷電俱擊，大雨既作，蟬聲遂息。

宋　李復《潏水集》卷一〇《咏蟬》　委蜕疎竹根，舒翼高梧枝。攀緣擇陰翳，意求物弗知。清曉喜零露，晴晝弄凉颸。長吟不能休，自喜方得時。

轉丸能升高，藏丸必穴深。么形感氣變，默得幽憩心。遇冬潛厚地，應暑登高林。仙術爾何知，動静役陽陰。

地僻小園静，羣木陰交浮。蟬聲忽入耳，物意颯驚秋。嘒嘒促徂暑，西風動蕭颼。滿林青青葉，漸有揺落愁。

宋　朱熹《晦菴集》卷一《聞蟬》　悄悄出郭暗，故園應掩扉。蟬聲深樹起，林外夕陽稀。

宋　王沂孫《花外集・齊天樂・蟬》　緑槐千樹西窗悄，别本緑槐作緑陰。厭厭晝眠驚起。《詞綜》誤睡。飲露身輕，吟風翅薄，《樂府補題》云：嫩翼風微，流聲露悄。半翦冰箋誰寄。淒凉倦耳。漫重拂琴絲，怕尋冠珥。短夢深宫，向人猶自訴憔悴。　殘虹收盡過雨，晚來頻斷續，都是秋意。病葉難留，纖柯易老，空憶斜陽身世。窗明月碎。别本窗明作山明。甚已絶餘音，尚遺枯蜕。鬢影參差，斷魂青鏡裏。

金　黨懷英《蟬》（引自《全金詩增補中州集》卷八）　槁壤陰潛罷轉丸，飄飄便作飲風仙。幽叢何處拳枯蜕，别樹還來續斷絃。小院日長清夢覺，空庭人静緑陰圓。無情物化誰能料，獨撥羇懷一慨然。

金　趙秉文《蟬》（引自《全金詩增補中州集》卷一四）　薄薄秋雲兩翼輕，淤泥脱迹便恢聲。可能枵腹凉陰底，受盡人間風露清。

元　陳基《夷白齋稿》卷一《蟬賦》　笠澤之野，夏無鳴蟬。嘉禾蔚其如雲，衆鳥雜而争喧。維歲行之在卯，景風生于樹顛。爰抱葉以高噪，復憑虚而浩嘆。赫乎對趙盾之日，悽焉訴齊女之冤。蓋非金而非石，亦非管而非絃。變化乘乎氣候，音奏發乎自然。初而聽之若流泉之含清風，瀉疾瀨而爲湍。徐而察之如靈絲之抽獨繭，引餘緒之綿綿。若乃微雨乍止，凉飇滿園，陽舒陰伏，雲開日鮮。擇修幹以仰集，盼柔柯以延緣。或嘒嘒而漸厲，或琅琅而未闌。曉咽碧梧之露，夕唫琪樹之烟。興玉署之秋懷，警金閨之晝眠。韻欲斷而復續，喙欲默而忽宣。將自鳴其不平，意有蓄而莫傳者乎？蓋萬物蠕動，品異類殊，維爾蟬之爲物，何賦形之眇如。始並育于污濁，卒獨慕夫清虚。聊含氣而飲露，曾不豐而不腴。奚斧蟲之稔毒，恒不利于爾軀。豈文惡太著，爾首綏飾兮。物忌太廉，爾不黍食兮。居忌太儉，爾不巢息兮。衆忌太信，爾守不忒兮。性忌太潔，爾蜕無跡兮。嗟乎！爾有五德又復善鳴，激中外之逸響，振寥廓之餘音。縱有愜于人耳，寧無逆于物情。爾其謝高枝于靈囿，托茂樹于郊坰。藉流暉于叢薄，蔭清樾于廣庭。于以安貞而養素，于以遠害而全生。然周詩咏其應時，漢冠尚其能介。集井則前史徵祥，偷安則昔人垂戒。進則揚夫聲名，退則游于塵外。雖隱見之有時，亦行藏之無悔也。

明　曾棨《刻曾西墅先生集》卷八《蟬》　性潔應知飲露清，翠綃爲翼蜕來輕。高槐殘雨淒清韻，踈柳斜陽斷續聲。逐鬢巧添歌女媚，製冠偏助上官榮。長吟不獨能驚夢，更恐秋來動旅情。

明　葉盛《菉竹堂稿》卷二《蟬》　萬年枝上學和鳴，風露淒清稱雅情。未必金貂解謀國，莫教飛去污冠纓。

明　謝四溟《詠蟬》（引自《梁園風雅》卷二六）　弱翅淩晨動，繁聲向夕流。不知風露裏，還得幾何秋。

明　敖文禎《薜荔山房藏稿》卷二《咏蟬》　獨飲枝頭露，長唫谷裏風。幽思寄别調，清響自殊工。斷續留餘韻，飄颻逐遠空。此身元委蜕，寥廓太虚中。

明　文彭《博士詩集・蟬》（引自《文氏五家集》卷八）　高柳咽新蟬，初聞思惘然。可堪新别處，况復早秋天。響逐輕風度，心隨餘韻懸。故鄉行未至，愁劇不成眠。

明　徐𤊹《鼇峰集》卷一三《蟬》　愛隱垂楊噪緑烟，日長驚醒北窗眠。鏡中故學佳人鬢，掌上應嬌舞女鈿。處處咽殘清曉露，聲聲吟斷夕陽天。秋深委蜕空山裏，高潔還同物外仙。

清　淩紹乾《咏蟬》（引自《兩浙輶軒續録》卷三）　枯樹涼蟬集，音成得意時。似留齊女怨，莫作小兒窺。漢鬢輕堪擬，官貂清更宜。賦來誇五德，曲斧久無疑。

清　周人龍《聞蟬》（引自《續耆舊》卷四）　六月莎雞何處聞，無端語語訴慇懃。未消殘暑垂秋盡，已到涼風入夜分。政欲裁書逢雁使，却將理棹討鷗羣。年來客況真蕭索，占斷家山卧白雲。

清　薛雪《一瓢齋詩存》卷三《秋蟬》　嘒嘒全無緒，偏遺物外音。蛻輕殘葉亂，風急細吟沉。夕露清難飽，高天恨不禁。平生遲暮淚，爲爾亦沾襟。

清　王又曾《蟬》（引自《兩浙輶軒録》卷二七）　獨坐有風地，高吟無暑天。斜陽江浦雨，疎樹郭門煙。薄鬢秋難掠，單衣冷奪鮮。園蕪應不薙，併與客心煎。

清　愛新覺羅・弘曆《清高宗詩初集》卷二三《秋蟬》　蕭蕭踈柳枝，嘒嘒殘陽暮。聲微漸怯風，翅弱難禁露。中郎不能辨，士龍差可賦。度窓引詩思，傍岸遲人步。惜時爾應切，喻言余所懼。

又卷二六《聞新蟬》時端陽前一日　隔岸初聞嘒嘒聲，朱明軒閣尚餘清。林間嫩緑方新鎖，爲問誰傷落葉情。

又卷四〇《新蟬》　柳岸維舟俯碧潯，新蟬送響出濃陰。前身應是粘枝蜕，今歲初聞隔葉音。聲遠居高欣所託，暑來寒往動關心。無多不得其平意，嘒嘒何緣鎮聒林。

又《清高宗詩三集》卷三二《古今體一百十八首・聞蟬》　氣候北來遲一月，塞林今日始聞蟬。舉頭密葉尋不見，但見流陰旋去聲。旋遷。

又卷四〇《古今體一百三十一首・泛月八咏・蟬》　蟬喜新晴弄響稠，秋涼入夕尚無休。蟬音有似呼秋涼者，俗即名之曰秋涼兒。羽衣鼓出霓裳調，欲問廣寒可似不。

清　趙希璜《四百三十二峯草堂詩鈔》卷二五《蟬》　微軀甘飲露，美蔭竟忘饑。踈柳鳴何急，殘聲曳若遺。小時翔水慣，老去伴貂遲。前却形難覺，機心聽已知。

清　葉觀國《緑筠書屋詩鈔》卷一《蟬》　苓根化就穴荒塍，破殼潛隨夜月升。《格物總論》：蟬乘昏夜出土，中升高處。對檻吟時風淟涊，隔池嘶處樹鬅鬙。身輕欲寡饑偏慣，思去聲。苦哀多默未能。若向人中論平聲。品格，便應清節勝於陵。

清　弘曉《明善堂詩集》卷一《聞蟬》　池邊緑柳垂，斷續蟬聲咽。偶去坐斜陽，幽情堪娛悦。

清　王昶《春融堂集》卷二五《琴畫樓詞一・臺城路・蟬》　千秋未了齊宫怨，年年斷魂誰訴。槐蔭當檐，柳絲拂井，又聽琴絃如許。故園殘暑。想一樹無情，三更還舉。我亦能清，蕭條同飲夜深露。　西風又送冷雨。柴門倚杖處，落葉滿户。野渡秋殘，滄洲人遠，多少别離情緒。瑣牕獨苦。向帕子紅羅，一雙描取。剩有吟蛬，砌苔寒共語。

清　黄庭《蟬》（引自《兩浙輶軒録》卷三二）　已能遺世立，猶戀緑楊絲。曉夢咽殘月，秋心冷故枝。于何得清化，終是慮高危。别有臨風怨，商聲孰與期。

清　曾燠《賞雨茅屋詩集》卷五《嘲蟬》　何蟲不可憐，汝又茂林顛。枵腹有誰見，悲鳴空復然。情多秋易老，聲咽語難圓。風露須珍重，莫驚琴上絃。

清　張問陶《船山詩草》卷一七《依竹堂集・蟬》　風蟬清響亦天生，未必鳴秋盡不平。却笑今年成畏友，最高枝上一聲聲。

清　紀昀《紀文達公遺集》卷一六《我法集・賦得寒蟬》　古有寒蟬喻，多嫌愧匪躬。聖朝求伉直，特詔戒臣工。月夕多歌蚓，霜天有候蟲。云何貪飲露，偏自怯吟風。薄翼棲仍穩，殘聲曳竟終。豈因避黄雀，不肯響疎桐。解蛻荒林外，垂緌禁樹中。鳴秋原藉汝，莫負化生功。

清　陳文述《頤道堂詩外集》卷二《古今體詩・綽爾齊》　綽爾齊，蒙古謂蟬也，不入關中，其出聲較内地稍遲而音特清壯。按：綽爾齊者，胡笳也，其聲似之，故名。

驛柳千行碧，山花一路紅。種原分塞外，聲不入關中。破曉嘶邊月，迎涼語朔風。哀笳十八拍，清響可能同。

清　吴錫麒《有正味齋詩集》卷一五《詠蟬》　爾亦苦吟者，凄凄劇可憐。仙難成蛻後，髩已老秋前。不斷關山道，相逢風露天。柴門誰倚杖，入聽獨悠然。

清　和瑛《易簡齋詩鈔》卷三《詠蟬》　轉化良非偶，時哉飲露清。華林共野樹，得蔭總同聲。

清　張鏐《聞蟬》（引自《淮海英靈續集庚集》卷五）　秋色杳無際，因風來暮蟬。忽驚山閣夢，不斷夕陽天。得意始高唱，發聲惟自然。暗蟲墻角下，幽怨似相憐。

清　張際亮《思伯子堂詩集》卷一一《蟬》　萬古此清怨，蕭蕭碧樹陰。露憐孤月永，秋入曉風深。羽蜕差無垢，商聲豈有心。飛鳴抱高潔，留與雪天尋。

清　黄爵滋《仙屏書屋初集·詩後録》卷一《詠物二六首·蟬》　嘒嘒知何已，因時亦有心。自天飽風露，得地即山林。柳外雲生鬢，桐邊月照音。養痾無一事，贈我總清吟。

清　陳用光《太乙舟詩集》卷一《蟬》　斷續風林外，人知飲露清。可能無意緒，只自訴平生。弱柳垂垂暗，驕陽故故晴。候蟲聊唱和，可惜此秋聲。

清　吴清鵬《笏庵詩》卷五《詠秋八首·蟬》　槐柳陰疎露下清，臨風猶聽雨三聲。當時亂噪多無緒，賸爾孤鳴似不平。短日荒荒催易急，危枝臬臬墮還驚。不堪劉勝思歸日，正傍柴門埽軌行。

清　陳錦《補勤詩存》卷二一《蟬》　攀附喬柯了此生，餐風飲露博廉名。逢人慣作隨聲和，便占高枝得意鳴。

清　林壽圖《黄鵠山人詩初鈔》卷一三《隴州詠物詩四首·蟬》　寄託在高曠，翻遭俗耳驚。千崖集秋氣，萬木奏商聲。歌有楚騷逸，言如晉代清。諒因發幽滯，天籟自孤鳴。

清　楊德榮《聞蟬》（引自《兩浙輶軒續録》卷四五）　旭日臨高樹，閑來嘒嘒音。一空箏笛耳，頓觸蕙蘭襟。客思驚元鬢，晴光漾緑陰。蜩螗羹沸後，時省垣告警。有幸聽清吟。

清　寶廷《偶齋詩草·外次集》卷一《壬庚集·蟬》　淩風鼓翼不知疲，密樹疎林取次移。碧柳池塘朝雨後，緑槐門巷夕陽時。乍揚乍抑音流遠，如斷如連響送遲。莫詡輕聲滿人耳，知君身在最高枝。

圖表

晉　郭璞《爾雅音圖·釋蟲》

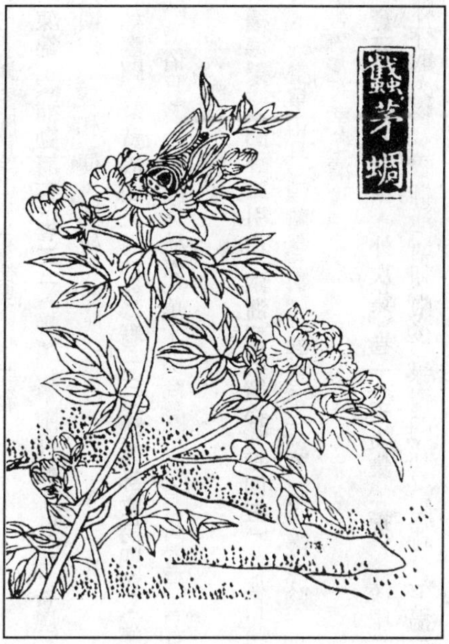
蠽茅蜩

蝒馬蜩

螗蜩

蜺寒蜩

明　李時珍《本草綱目・圖卷》

清　徐鼎《毛詩名物圖說》卷三

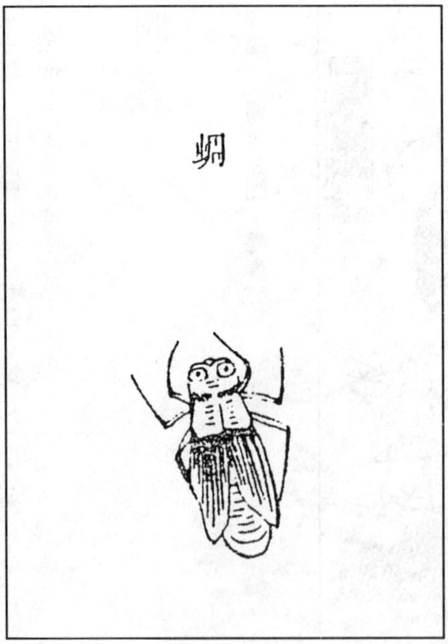

蠁

綜述

《爾雅・釋蟲》 國貉，蟲蠁。注：今呼蛹蟲爲蠁。《廣雅》云：土蛹，蠁蟲。音義：蛭，郭豬秩反，施徒結反。蝚，如由反。貉，户各反。蠁，許兩反。《説文》云：知聲蟲也。司馬相如作幽字。蛹，音勇。疏：此蛹蟲也。今俗呼爲蠁，一名國貉，一名蟲蠁。《説文》云：知聲蟲也。《廣雅》云『土蛹，蠁蟲』是也。

漢 許慎《説文》卷一三 蠁，知聲蟲也。从虫，鄉聲。許兩切。

宋 釋贊寧《東坡先生物類相感志》卷一六《嚮蟲》 人行山慮迷，取一枚握手中，行路不迷。又云：神龜前左肩臑骨穿行，不迷。

宋 蔡卞《毛詩名物解》卷一二《蠁》 《爾雅》曰：國貉，蟲蠁。郭璞云：今呼蛹蟲爲蠁。《廣雅》曰：土蛹，蠁蟲也。舊説蠶爲蟬身乳子，已繭化而成蛆，俗呼蠁子，入土爲蟬。《爾雅》曰『强醜捋』，即此是也。羣飛草上，好以手摩捋其鬚。其物稍强，因名之蠁，蓋蟲之知聲者也。

宋 陸佃《埤雅》卷一〇《蠁》 《爾雅》曰：國貉，蟲蠁。郭璞云：今呼蛹蟲爲蠁。《廣雅》曰：土蛹，蠁蟲也。蠁，蓋蟲之知聲者也，字从響省。或曰蠁善令人不迷，故从嚮也。《類從》云『帶蠁醒迷，遶祠解惑』是也。《説文》亦云，司馬説蠁从向。舊説蠅於蠶自乳子，既繭化而成蛆，俗呼蠁子，入土爲蠅。《韓詩外傳》曰『齒如編蠁』，非此所謂蠁蟲也。

宋 鄭樵《通志》卷七六 土蛹，《爾雅》曰：國貉，蟲蠁。郭云：今呼蛹蟲爲蠁。

宋 戴侗《六書故》卷二〇 蠁，【略】《説文》曰：知聲蟲也。司馬相如作蚼。《爾雅》曰：國貉，蟲蠁。釋曰：蛹蟲也。今俗呼爲蠁。《廣雅》曰：土蛹，蠁蟲是也。

按：今人以醯雞爲蠁。

明 李時珍《本草綱目》卷四一 乳蟲《綱目》 釋名：土蛹。集解：時珍曰：按《白獺髓》云：廣中韶陽屬邑鄉中有乳田。其法：掘地成窖，以粳米粉鋪入窖中，蓋之以草，壅之以糞，候雨過氣蒸則發開，而米粉皆化成蛹，如蠐螬狀。取蛹作汁，和粳粉蒸成乳食，味甚甘美也。此亦蠐螬之類，出自人爲者。《淮南萬畢術》所謂『置黍溝中即生蠐螬』，《廣雅》所爲『土蛹，蠁蟲』者，皆此物也。服食用此代蠐螬，更覺有功無毒。

清 牟應震《毛詩物名考》卷四 蛹，凡食木葉、草葉、禾葉，狀似蠶者，皆化爲蛹，或繭中，或木皮中，或土中也。

圖表

晉 郭璞《爾雅音圖・釋蟲》

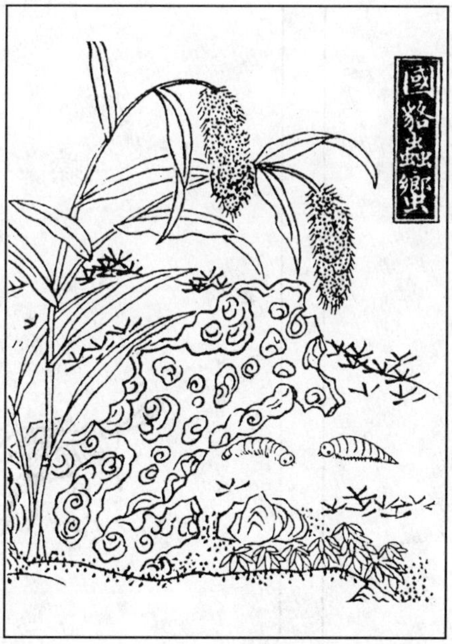

樗雞

綜述

宋 寇宗奭《本草衍義》卷一七 樗雞，東西京界尤多。形類蠶蛾，但頭足微黑，翅兩重，外一重灰色，下一重深紅，五色皆具，腹大，此即樗雞也。今人又用之行瘀血月閉。

明 李時珍《本草綱目》卷四〇 樗雞《本經》中品 釋名：紅娘子、《綱目》灰花蛾。時珍曰：其鳴以時，故得雞名。《廣雅》作樗鳩，《廣志》作犨雞，皆訛矣。其羽文綵，故俗呼紅娘子、灰花蛾云。集解：《别録》曰：生河内川谷樗樹上，七月采，暴乾。弘景曰：今出梁州，形似寒螿而小。樗樹似漆而臭，亦猶芫青、亭長在芫、葛上也。恭曰：河内無此，今出岐州。此有二種，以五色具者爲雄，入藥良。其青黑質、白斑者是雌，不入藥。宗奭曰：汴洛諸界尤多，形類蠶蛾，但腹大，頭足微黑，翅兩重，外一重灰色，内一重深紅，五色皆具。頌曰：《爾雅》云『螒，天雞』，郭璞注云：小蟲也，黑身赤頭，一名莎雞，又曰樗雞。然今之莎雞生樗木上，六月中出飛而振羽，索索作聲，人或蓄之樊中。但頭方腹大，翅羽外青内紅而身不黑，頭不赤，此殊不類郭説。樗上一種頭翅皆赤者，乃如舊説，人呼爲紅娘子，然不名樗雞，疑即是此，蓋古今之稱不同爾。時珍曰：樗即臭椿也。此物初生，頭方而扁，尖喙向下，六足，重翼，黑色。及長，則能飛，外翼灰黄，有斑點，内翅五色相間。其居樹上，布置成行。秋深生子在樗皮上。蘇恭、寇宗奭之説得之。蘇頌引郭璞以爲莎雞者，誤矣。莎雞居莎草間，蟋蟀之類，似蝗而班，有翅數重，下翅正赤，六月飛而振羽有聲。詳見陸機《毛詩疏義》。而羅願《爾雅翼》以莎雞爲絡緯，即俗名紡絲者。

明 方以智《通雅》卷四七 紅娘子，樗鷄也。青娘子，蚖青也。《爾雅》『螒，从翰省。天鷄』，注：黑身赤頭曰樗鷄。又引莎鷄，則在莎草中者。此蟲在臭椿上，翅内盡紅。蚖青，居芫花上者，色純青緑，本作元青。葛上亭長亦赤頭黑身，因其在葛，故曰亭長。三蟲實一類也。地膽爲蚖青所化，居地中。《太平御覽》引《爾雅》：地膽，地要，青蠵也。今《爾雅》無此文。陸璣所云『似蝗而斑，幽州謂之蒲錯』，乃莎鷄也。此皆《爾雅》注並引而誤。

清 牟應震《毛詩物名考》卷四 樗雞，小蟲，黑身白首，身有小白斑，動之則六足拳屈若死，惟生樗上，故曰樗雞，非莎雞也。

清 方旭《蟲薈》卷三《昆蟲・紅娘子》 《圖經本草》：樗樹上一種赤色小蟲，人呼爲紅娘子。旭按：《爾雅》『螒，天雞』，郭注云『小蟲也，黑身赤頭，一名莎雞，一名樗雞』，即此物。《廣雅》名樗鳩，其狀似斑貓而小，甲上黑色，兩脅及腹下正紅色。生樗樹上，能下胎。

圖表

宋 唐慎微《證類本草》卷二一

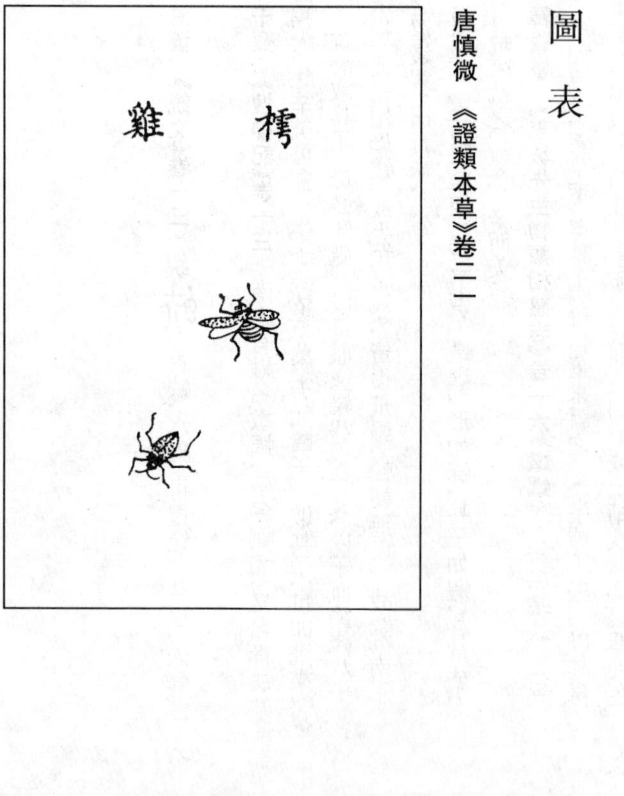

明　李時珍《本草綱目・圖卷》

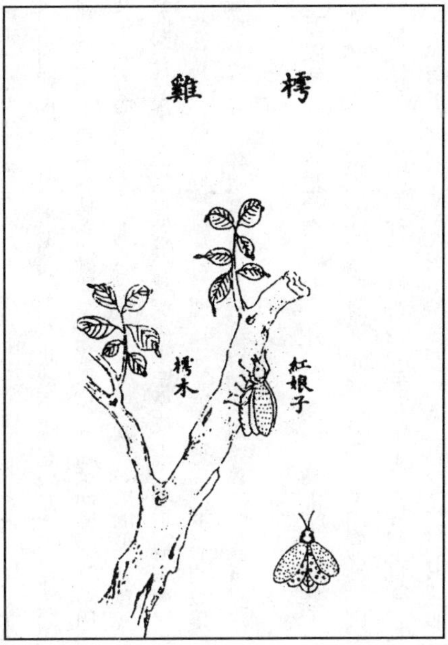

木虱

綜述

明　李時珍《本草綱目》卷四〇　壁蝨　時珍曰：即臭蟲也。狀如酸棗仁，咂人血食，與蚤皆爲床榻之害。古人多于蓆下置麝香、雄黃，或菖蒲末，或蒴藋末，或楝花末，或蓼末，或燒木瓜烟、黄蘗烟、牛角烟、馬蹄烟，以辟之也。

明　谢肇淛《五雜俎》卷九《物部一》　壁虱有越街而齧人者，《夷堅志》載之詳矣。閩中有一獄中，壁虱最多，諸囚苦之，每晴明搜求，了不可得。一獄卒以昧爽出，見市上有黑道如線，視之，虱也，從獄中出，越大門，過市西一賣餅家墟下匿焉，餅家久且致富，卒乃白官，發墟得數斗，燔殺之，臭聞十數里。自此獄中得甦，而賣餅家遂敗落矣。　壁虱，閩中謂之木虱，多杉木中所生，治者以麥槁燒灰水淋之。江南壁虱多生木中，惟延綏生土中，遍地皆是也。入夜則緣床入幙，嚙人遍體成瘡。雖徙至廣庭，懸床空中，亦自空飛至。南人至其地，輒宛轉叫號，不可耐，無計以除之也。

清　嵇璜《續通志》卷一七八　木蝨，一名扁蝨，一名茇蝨，一名交蚤，一名蔫蜆，一名壁駝，今謂之臭蟲。語稱：寒叮木，夏叮肉。元楊維楨有《罵蝨賦》，即指此。

青蚨

漢　許慎《説文》卷一三　蚨　[篆文]，青蚨，水蟲，可還錢。从虫，夫聲。房無切。

晉　干寶《搜神記》卷一三　南方有蟲名𧑒蝺，一名𧍪蠋，又名青蚨。形似蟬而稍大，味辛美可食。生子必依草葉，大如蠶子。取其子，母即飛來，不以遠近。雖潛取其子，母必知處。以母血塗錢八十一文，以子血塗錢八十一文，每市物，或先用母錢，或先用子錢，皆復飛歸，輪轉無已。故《淮南子術》：以之還錢，名曰青蚨。

唐　段成式《酉陽雜俎》卷一七　𧑒蝺，形如蟬，其子如蝦，著草葉，得其子則母飛來就之，煎食，辛而美。

宋　釋贊寧《東坡先生物類相感志》卷一六《𧑒蝺》　一名蜻蚨。《異物志》云：子如蠶子，着草葉，得其子，母自飛來就之。《淮南子》云：以其母塗錢，以子塗索，出錢與人，住其索所出錢而自歸。或云蜻蚨狀如蟇黽而色青，其足蹼然，善登木角。人月夜捕之，以牝牡血塗錢，駐牝而用牡其錢，則自歸。又云其牡錢就索，則不能歸也。

宋　唐慎微《證類本草》卷二二　青蚨，味辛温，無毒。主補中益陽，道去冷氣，令人悦澤。生南海，狀如蟬。其子著水，取以塗錢，皆歸本處。一名蟱蝸。《廣雅》云：青蚨也。《搜神記》曰：南方有蟲名𧍪蠋，如蟬大，辛美可食。其子如蠶種，取其子歸，則母飛來。雖潛取，必知處。殺其母塗錢，子塗貫，用錢則自還。《淮南子萬畢》云：青蚨，一名魚伯。以母血塗八十一錢，以子血塗八十一錢，置子用母，置母用子，皆自還也。

宋 鄭樵《通志》卷七六 青蚨，一名蟱蝺。《搜神記》曰：南方有蟲名蜬蠋，如蟬大，辛美可食。其子如蠶種，取其子，則母飛來。雖潛取，必知處。殺其母塗錢，子塗貫，用錢則自還。《淮南子萬畢》云：青蚨，一名魚伯。以母血塗八十一錢，以子血塗八十一錢，置子用母，置母用子，皆自還也。或云自是雄雌不相捨爾。

宋 朱勝非《紺珠集》卷七《青蚨》 青蚨，似蟬而稍大，生子草間如蠶，取其子，母即飛來。以母血塗八十一文，以子血塗八十一文，每市物，或先子錢，或用母錢，皆復飛歸，輪還往來無已。

明 李時珍《本草綱目》卷四〇 青蚨《拾遺》 釋名：蚨蟬、蟱蝺、音謀瓜。蟱蝺、音敦隅。蒲蝱、音萌。魚父、魚伯。集解：藏器曰：青蚨生南海，狀如蟬，其子著木，取以塗錢，皆歸本處。《搜神記》云：南方有蟲名蟱蝺，形大如蟬，辛美可食。子着草葉上如蠶種，取其子，則母飛來。雖潛取之，亦知其處。殺其母塗錢，以子塗貫，用錢去則自還。《淮南子萬畢術》云：青蚨還錢。高誘注云：青蚨，一名魚父、魚伯。以其子母各等置甕中，埋東行垣下三日，開之即相從。以母血塗八十一錢，子血塗八十一錢，留子用母，留母用子，皆自還也。李恂曰：按《異物志》言，蟱蝺生南海諸山，雄雌常處不相捨，青金色。人采得以法末之，用塗錢，以貨易于人，晝用夜歸。又能秘精、縮小便，亦人間難得之物也。時珍曰：按《異物志》云：青蚨形如蟬而長，其子如蝦子，著草葉上。得其子，則母飛來。煎食甚辛而美。《岣嶁神書》云：青蚨一名蒲蝱，似小蟬，大如蝱，青色有光。生于池澤，多集蒲葉上。春生子于蒲上，八八爲行，或九九爲行。如大蠶子而圓。取其母血及火炙子血塗錢，市物仍自還歸，用之無窮，誠仙術也。其說俱彷彿。但藏器云『子著木上』，稍有不同。而許氏《說文》亦曰：青蚨，水蟲也。蓋水蟲而産子於草木爾。

明 朱謀㙔《駢雅》卷七 魚伯，蟱蝺，蟱禺，蜬蠋，青蚨也。

明 彭大翼《山堂肆考》卷二二八《青蚨蟲》 《廣雅》：蟱蝺，青蚨也。一名蟱蝺，一名蟱蠋，一名魚伯。《雜俎》，蟱蝺形如蟬，其子如蝦，着草葉上。得其子，則其母飛來。《淮南子》曰：以青蚨蟲母血塗八十一錢，以子血塗八十一錢，置子用母，置母用子，皆能自還，名子母錢。《異物志》：此物雌雄常不相舍。此又是一説。

明 周祈《名義考》卷一〇《青蚨海月》 《博雅》：蟱蝺，魚伯，青蚨也。謝靈運詩：挂席拾海月。青蚨、海月二者皆水蟲也。《搜神記》：南海有蟲名蜬蠋，如蟬大，辛美可食。其子如蠶種。殺其母塗錢，子塗貫，用錢則自還。即青蚨也。今閩廣所食龍虱是。《本草》云：海月，南海水沫所化，煮時猶變爲水，似半月，因以名之，海蛤類也。黄直翁以爲寶名，誤矣。

明 方以智《物理小識》卷一一 蟱蝺 《搜神》之蟱蝺即青蚨也，又名蜬蠋。《異物志》云：如蟬而長，子如蠶，得其子，則母飛來就之。贊寧曰：狀如蟇，色青，蹼然善登木。南人月夜捕之，以牝牡血塗錢，用牝留牡則錢自歸，若牡就索則不能歸矣。李恂則言，雌雄不捨，能秘精。劉恂言，麗降在欖木上，如蟬，可爲媚藥。姚有僕在南海訊濠鏡云，不能如《淮南》注，但塗物相就耳。

清 劉堅《修潔齋閒筆》卷六《青蚨》 《搜神記》：南方有蟲，其形如蟬而大，子著草葉如蠶種，得子以歸，則母飛來就之。殺其母以塗子，以子塗錢，用錢貨市，旋則自還。故《淮南子術》以之還錢，名曰青蚨。《類函》作青鳧。

清 方旭《蟲薈》卷三《昆蟲・青蚨》 《駢雅》：魚伯，蟱蝺，蟱蝺，蜬蠋，青蚨也。旭按：蟱蝺，《本草》作蟱蝺，又名蚨蟬。陳藏器曰：出南海。《岣嶁神書》：青蚨一名蒲宦，似小蟬，青金色。多集池澤蒲葉上，春月生子於葉，八八爲行，或九九爲行，大如蠶子。《淮南子》注：青蚨，一名魚父，取其子母各等，置甕中，埋東行垣下三日，開之，以母血塗八十一錢，子血塗八十一錢，留子用母，留母用子，皆自還。旭按：或説用子塗貫，母塗錢。《元怪記》：青蚨味辛可食。

藝　文

宋 林同《孝詩・青蚨》 水蟲，子母不相離。子母不相離，何心辨擣蚨。忍能利銅臭，不枉喚青蚨。

元 唐元《筠軒集》卷二《和青蚨吟》 東海有青蚨，南海有青蚨。但知海水深，不見海水枯。母前子後隨，靡靡無他趨。絜漆不可斫，死生誓弗渝。世言子母錢，此義古所須。柰何立誶語，賦隧理已誣。悁悁孝子心，哀吟清夜徂。海蚨學不得，子母與之俱。

圖表

明　李時珍《本草綱目·圖卷》

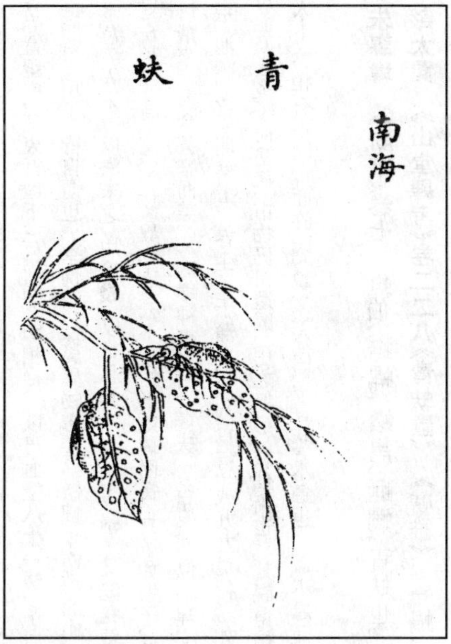

碎車蟲

綜述

唐　段成式《酉陽雜俎》卷一七　碎車蟲，狀如唧聊，蒼色，好棲高樹上，其聲如人吟嘯，終南有之。一本云，滄州俗呼爲搔。前太原有大而黑者，聲唧聊。碎車，别俗呼爲没鹽蟲也。

明　彭大翼《山堂肆考》卷二二八《碎車》　《雜俎》：碎車蟲，狀如唧聊，蒼色，好棲高樹上，其聲如人吟嘯。其大而黑者，聲亦呼唧聊。俗呼没鹽蟲。

明　慎懋官《華夷花木鳥獸珍玩考》卷七《碎車蟲》　碎車蟲狀如唧聊，蒼色，好棲高樹上，其聲如人吟嘯，終南有之。

清　嵇璜《續通志》卷一七八　碎車蟲，狀如唧聊，蒼色，好棲高樹上，其聲如人吟嘯，終南有之。其大而黑者，聲亦呼唧聊。俗呼没鹽蟲。見《酉陽雜俎》。

清　方旭《蟲薈》卷三《昆蟲·碎車蟲》　《酉陽雜俎》：碎車蟲，狀如唧聊，蒼色，好棲高樹上，其聲如人吟嘯，終南有之。其大而黑者，聲亦呼唧聊。俗呼没鹽蟲。旭按：唧聊，未詳。

五倍子

綜述

宋　鄭樵《通志》卷七六　五倍子，曰文蛤，曰百蟲倉。

明　李時珍《本草綱目》卷三九　五倍子《開寶》　校正：自木部移入此。釋名：文蛤、《開寶》百蟲倉、《拾遺》法釀過名百藥煎。時珍曰：五倍當作五備，見《山海經》。其形似海中文蛤，故亦同名。百蟲倉，會意也。百藥煎，隱名也。集解：志曰：五倍子在處有之，其子色青，大者如拳而内多蟲。頌曰：以蜀中者爲勝。生於膚木葉上，七月結實，無花。其木青黄色，其實青，至熟而黄。九月采子，曝乾，染家用之。時珍曰：五倍子，宋《開寶本草》收入草部，《嘉祐本草》移入木部。雖知生於膚木之上，而不知其乃蟲所造也。膚木即鹽膚子木也。詳見果部鹽麩子下。此木生叢林處者，五、六月有小蟲如蟻，食其汁，老則遺種，結小毬於葉間，正如蛅蟖之作雀甕，蠟蟲之作蠟子也。初起甚小，漸漸長堅，其大如拳，或小如菱，形狀圓長不等。初時青緑，久則細黄，綴於枝葉，宛若結成。其殼堅脆，其中空虛，有細蟲如蠛蠓。山人霜降前采取，蒸殺貨之，否則蟲必穿壞而殼薄且腐矣。皮工造爲百藥煎，以染皂色，大爲時用。他樹亦有此蟲毬，不入藥用，木性殊也。

清 嵇璜《續通志》卷一七八 蟆子，一名烏蚊，形圓黑色，大如菜子。元稹《長慶集》云：蚋之小而黑者名蟆子。即此。《録異記》以爲即五倍子所化也。按：《録異記》云：峽江至蜀有蟆子，視其生處，即麸鹽樹葉背上。春間生之，葉卷成窠，大如桃李，名爲五倍子。收者曬而乾之，即不化去。不然者，必竅穴而出，飛爲蟆子矣。據此，則五倍子亦係蟲類，鄭《志》編入木類，誤。今附訂正。

藝文

唐 元稹《元氏長慶集》卷四《蟆子三首并序》 蟆，蚊類也。其實黑而小，不礙紗縠。夜伏而晝飛，聞柏煙與麝香輒去。蚊蟆與浮塵，皆巴蛇鱗中之細蟲耳，故嚙人成瘡，秋夏不愈。膏楸葉而傅之則差。

蟆子微於蚋，朝繁夜則無。毫端生羽翼，針喙噆肌膚。暗毒應難免，羸形日漸枯。將身遠相就，不敢恨非辜。

晦景權藏毒，明時敢噬人。不勞生詬怒，祗足助酸辛。隼眥看無物，蛇軀庇有鱗。天方芻狗我，甘與爾相親。

有口深堪異，趨時詎可量。誰令通鼻息，何故辨馨香。沉水來滄海，崇蘭泛露光。那能枉焚爇，爾衆我微茫。

圖表

宋 唐慎微《證類本草》卷一三

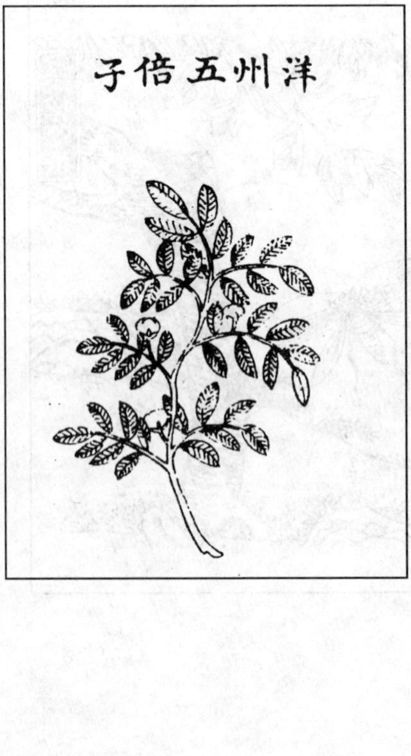

天牛

綜述

《爾雅·釋蟲》 蠰，齧桑。注：似天牛，長角，體有白點。喜齧桑樹，作孔入其中。江東呼爲齧髮。音義：蠰，郭音餉，又音霜，孫音傷。齧，五結反。喜，虚記反。下同。疏：蠰一名齧桑，江東呼齧髮。形似天牛，長角，體有白點。喜齧桑樹，作孔入其中，因名云。

漢 許慎《説文》卷一三 蠰，𧉼蠰也。从虫，襄聲。汝羊切。

唐 段成式《酉陽雜俎》卷一七 天牛蟲，黑甲蟲也。長安夏中，此蟲

或出於離壁間，必雨，成式七度驗之皆應。

宋　鄭樵《爾雅注》卷下　蠰，齧桑。有長角，斑黑色，帶甲，亦能飛，俗呼山羊。喜齧桑樹。或云即桑中蠹蟲化而爲此也。蠰音餉。

又《通志》卷七六　蠰，俗呼山羊，有長角，斑黑色，喜齧桑葉及橘柚。《爾雅》曰：蠰，齧桑。

明　李時珍《本草綱目》卷四一　天牛《綱目》　釋名：天水牛、《綱目》八角兒、同上一角者名獨角仙。時珍曰：此蟲有黑角如八字，似水牛角，故名。亦有一角者。集解：藏器注『蠐螬』云：蝎蠹，在朽木中，食木心，穿如錐刀，口黑，身長，足短，節慢，無毛。至春雨後化爲天牛，兩角狀如水牛，亦有一角者，色黑，背有白點，上下緣木，飛騰不遠。時珍曰：天牛處處有之，大如蟬，黑甲光如漆，甲上有黃白點，甲下有翅，能飛。目前有二黑角，甚長。前向如水牛角，能動。其喙黑而扁，如鉗甚利，亦似蜈蚣喙。六足在腹，乃諸樹蠹蟲所化也。夏月有之，出則主雨。按《爾雅》：蠰，嚙桑也。郭璞注云：狀似天牛，長角，體有白點。善嚙桑樹，作孔藏之。江東呼爲嚙髮。此以天牛、嚙桑爲二物也。而蘇東坡《天水牛》詩云：『兩角徒自長，空飛不服箱。爲牛竟何益，利吻穴枯桑。』此則謂天牛即嚙桑也。大抵在桑樹者，即爲嚙桑爾。一角者名獨角仙。入藥，並去甲、翅、角、足用。【略】附録：飛生蟲。《拾遺》藏器曰：狀如嚙髮，頭上有角，其角無毒。主難産，燒末，水服少許，亦可執之。時珍曰：此亦天牛別類也。與鼺鼠同功，故亦名飛生。

明　彭大翼《山堂肆考》卷二二五《鬚有斑節天牛》　《雜俎》：天牛，甲蟲也。此蟲一出，天必雨。《埤雅》：蝎化天牛，兩角狀如水牛，長二三寸，色黑而背有白點，長鬚有斑節，甲下有翅能飛，飛不甚遠。按：蝎，木蠹也。梅、李、林禽、枇杷樹極多，久則化爲天牛，天牛復生子爲蠹。

清　嵇璜《續通志》卷一七八　飛生蟲，狀如嚙髮，頭上有角。李時珍曰：此天牛別類，與鼺鼠同功，故亦名飛生。

清　牟應震《毛詩物名考》卷四　天牛，郭注『渠畧』曰：似蛣蜣，身狹而長，有角，黃黑色。生糞土中者。此乃地蝎所化，樊光謂之糞中蝎者是也，即天牛也。上兩翅作甲，色皂黃，厭人不足以興采，采亦不聞其朝生暮死也。蓋渠畧與天牛二物，而注誤以天牛之形注渠畧耳。

清　方旭《蟲薈》卷三《昆蟲・天牛》　《正字通》：天牛即天水牛，有角如八字，又名八角兒。旭按：此物長寸許，甲光如漆，下有翅能飛。頭有二角，向前如水牛。喙黑而扁，六足。夏秋間有之，雨後則出，又名桑羊。

又《獨角仙》　《正字通》：獨角仙，似天牛，一角。夏月有之，出則雨。

藝文

宋　蘇軾《東坡全集》卷一四《天水牛》　兩角徒自長，空飛不服箱。為牛竟何事，利吻穴枯桑。

圖表

晉　郭璞《爾雅音圖・釋蟲》

明　李時珍《本草綱目·圖卷》

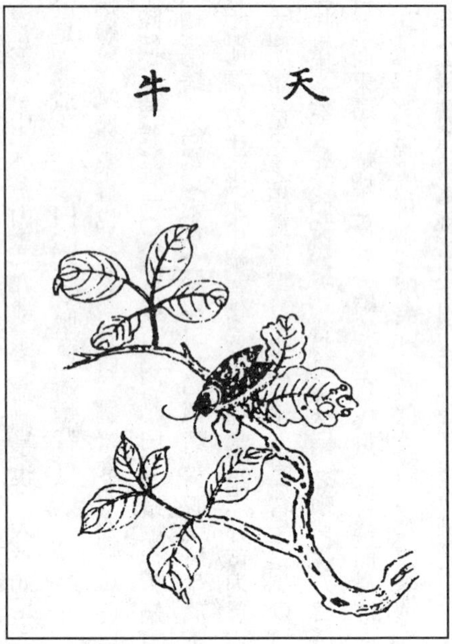

蠹　蠐螬　蝤蠐

論　說

唐　陸龜蒙《笠澤叢書》卷二《蠹化》　橘之蠹，大如小指，首負特角，身蹙蹙然，類蝤蠐而青。翳葉仰齧，如饑蠶之速，不相上下。人或棖觸之，輒奮角而怒，氣色桀驁。一日視之，凝然弗食弗動。明日復往，則蛻爲蝴蝶矣。力力拘拘，其翎未舒，襜黑韝蒼，分朱間黄。腹填而橢，墮緌纖且長，如醉方寤，羸枝不揚。又明日往，則倚薄風露，攀緣草樹，聳空翅輕，瞥然而去。或隱蕙隙，或留篁端，翩旋軒虚，颺曳紛拂，甚可愛也。須臾，犯蝥網而膠之，引絲環纏，牢若桎梏。人雖甚憐，不可解而縱矣。噫！秀其外，類有文也。嘿其中，類有德也。不朋而游，類潔也。無嗜而食，類廉也。向使前不知爲橘之蠹，後不見觸蝥之網，人謂之鈞天帝居而來，今復還矣。天下，大橘也；名位，大羽化也；封略，大蕙篁也。苟滅德亡公，崇浮飾傲，榮其外而枯其内，害其本而窒其源，得不爲大蝥網而膠之乎？觀吾之《蠹化》者，可以惕惕。

明　馮復京《六家詩名物疏》卷一六《蝤蠐》　蟦蠐、蝤蠐，二物也。蟦蠐一名螬，亦名蠐螬，一名肥齊，一名教齊。《莊子》云『烏足根所化』，《淮南》云『黍成』，王充云『化復育轉爲蟬』，《博物志》云『以背行駛，便于用足』者也。蝤蠐，一名蝎，一名蠹，一名桑蠹，一名蛣蝠。生于桑柳柏及構木中，諸腐木根下亦多有之。本是二種，陶隱居、蘇恭俱混爲一，誤也。蝎自是蝤蠐之異名，非蠆尾之蝎也。天螻，《爾雅》云彀即螻蛄也。揚子雲言蠐螬或謂天螻。然則亦異物同名，非《爾雅》之彀矣。

綜　述

《爾雅·釋蟲》　蝎，蛣蝠。注：木中蠹蟲。音義：蝎，户葛反。蝠，起勿反。蠹，丁故反。《字林》云：木中蟲也。疏：木中蠹蟲，解在下。【略】蟦，蠐螬。注：在糞土中。蝤蠐，蝎。注：在木中。今雖通名爲蝎，所在異。音義：蟦，扶味反，又扶云反。蠐，本又作齊，徂西反。螬，音曹。蝤，徂秋反。蝎，音曷。疏：此辨蝎在土、在木之異名也。其在糞土中者名蟦蠐，又名蠐螬。其在木中者，《方言》云：『關東謂之蝤蠐，梁益之間謂之蝎。』上文『蝎，蛣蝠』，郭云『木中蠹』。下文『蝎，桑蠹』，郭云即蛣蝠。然則蟦蠐也，蠐螬也，蝤蠐也，蛣蝠也，桑蠹也，蝎也，一蟲而六名也。以在木中者白而長，故詩人以比婦人之頸。《碩人》云『領如蝤蠐』是也。【略】蝎，桑蠹。注：即蛣蝠。

漢　揚雄《方言》卷一一　蠀螬謂之蟦。翡翠。自關而東謂之蝤蠀，酋餈兩音。或謂之卷蠾，書卷。或謂之蝖毂。亦呼當齊，或呼地蠶，或呼蟦蝖。喧斛兩音。梁益之間謂之蛒，音格。或謂之蝎，或謂之蛭蛒。蛭音質。秦晉之間謂之蠹，或謂之天螻。按，《爾雅》云『彀，天螻』，謂螻蛄耳，而《方言》以爲蝎，未詳其義也。四方異語而通者也。案：蟦又作蠐。《詩·衛風》『領如蝤蠐』，毛《傳》：蝤蠐，蝎也。《爾雅》『蟦，蠐螬』，郭璞注云：在糞土中。又『蝤蠐，蝎』，注云：在木中。今雖通名爲蝎，所在異。又『蝎，蛣蝠』，注云：木中蠹蟲。又『蝎，桑蠹』，注云：即蛣蝠。孫炎注云：蠐螬謂之蟦。關東謂之蝤蠐，梁益之間謂之蝎。《廣雅》：蛭蛒，蛬蠾，地蠶，蠹蟦，蠀

蠐也。注内翡翠書卷當作音翡翠之翡，音書卷之卷，各本訛作翡翠反。今訂正。地蠶，《永樂大典》本訛作肥蚕，今據《廣雅》證之。從諸刻爲正。

漢 許慎《説文》卷一三 蝤，蝤蠐也。从虫，酋聲。字秋切。【略】蝎，蝤蠐也。从虫，曷聲。胡葛切。【略】蚍，蛣蚍也。从虫，出聲。區勿切。

又 蠹，木中蟲。从䖵，橐聲。當故切。蠧，或从木，象蟲在木中形。譚長説。【略】䗯，𧑒䗯也。从䖵，曹聲。財牢切。

三國吴 陸璣《毛詩草木鳥獸蟲魚疏》卷下《領如蝤蠐》 蠐螬生糞中。《爾雅》曰：蟦，蠐也。蝤蠐，蝎也。

晉 干寶《搜神記》卷一三 木蠹生蟲，羽化爲蝶。

晉 張華《博物志》卷四 蠐螬以背行，快于用足。

唐 釋齊己《白蓮集》卷一〇《蠹》 蠹不自蠹，而蠹於木。蠹極木心，以豐爾腹。偶或成之，胡爲𦒿人。人而不真，由爾亂神。蠹兮蠹兮，可全其生。無託爾形，霜松雪檉。

宋 蔡卞《毛詩名物解》卷一二《蟦蠐》 《爾雅》曰：『蟦蠐，螬。蝤蠐，蝎。』蓋蟦蠐一名蝎。《本草》亦曰：一名蟦蠐。舊説蝤蠐生於木中，内外潔白。蟦蠐生糞草中，外黄内黑，亦或謂之蠐螬是也。大者如足大指，以背行，乃駛於足。《造化權輿》曰：蛇豕腹竄，蠐螬背行。

又《蝤蠐》 蝤蠐，桑蟲也，桑質柔腴白。蝤蠐食桑之腴，故色白而體柔。

宋 陸佃《埤雅》卷一〇《蟦蠐》 《爾雅》曰：『蟦蠐，螬。蝤蠐，蝎。』蓋蟦蠐一名螬，蝤蠐一名蝎。《本草》亦曰：一名蟦蠐。舊説蝤蠐生於木中，内外絜白，《符子》所謂『石生金，木生蝎』是也。蟦蠐在糞草中，外黄内黑，亦或謂之蠐螬，《列子》所謂『烏足之根爲蠐螬』是也。蠐螬大者如足大指，以背行，乃駛於脚。《造化權輿》云：蛇豕腹竄，蠐螬背行。今俗謂之蟦螬。《方言》曰：蟦螬謂之蟦，自關而東謂之蝤蠐。舊云：蠐螬化爲復育，復育轉而爲蟬。蓋蟬之去復育，龜之解甲，蛇之脱皮，可謂尸解矣。《三教珠英》曰：蒿成蠐螬。

又卷一一《蝤蠐》 《爾雅》曰：蝎，蛣蚍。又曰：蝤蠐，蝎。蓋蝎一名蝤蠐，一名蛣蚍。佶屈，曲貌，以形舉也。《方言》曰：關東謂之蝤蠐，梁益之間謂之蝎。《詩》曰：領如蝤蠐。蓋蝤蠐之體有豐絜且白者，故《詩》以況莊姜之領，《七辯》曰『蝤蠐之領，阿那宜顧』是也。《化書》曰：燥濕相育，不母而生蝤蠐。此即木中蠹蟲，亦曰桑蠹，故古者譖從中起謂之蝎譖。曹植《籍田論》曰：昔三苗、共工、讙兜，非堯之蝎歟？齊之諸田，晉之六卿，魯之三桓，非諸侯之蝎歟？

宋 寇宗奭《本草衍義》卷一七 蠐螬，此蟲諸腐木根下有之。構木津甘，故根下多有此蟲，其木身未有完者。亦有生於糞土中者，雖肥大，但腹中黑，不若木中者雖瘦而稍白。生研水絞汁濾清飲下妳。

宋 鄭樵《通志》卷七六 （榻）［蝎］，木中蠹蟲也。《爾雅》曰：蝎，蛣蚍。【略】蠐螬，《爾雅》云：蟦，蠐螬。糞土中大白蟲也。《本草》：一名蟦蠐，一名蜰蠐，一名勃齊。蝤蠐，《爾雅》云：蝤蠐，蝎木中蠹蟲也。《方言》：關東謂之蝤蠐，梁益之間謂之蝎。

宋 羅願《爾雅翼》卷二四《蝤蠐》 《爾雅》：蟦，蠐螬，糞土中蟲。又云：蝤蠐，蝎，謂在木中者。二物大抵相似，以所處爲異。大者如足大指，而蝤蠐在腐柳中者，内外潔白，故詩人以比碩人之領。其所謂蝎，非蠆尾之蝎也。至於蠐螬食李之半，於陵子嘗匍匐而食之，三咽，然後耳有聞，目有見。仲子之廉，不忍受人一飡，而甘餔蠐螬之餘腐，以此而發皇視聽，則有節之苦甚矣。《淮南萬畢術》曰『黍成蠐螬』，言以秋冬穫黍置溝中，即生蠐螬也。説者以爲齊人曹氏之子所化。《論衡》曰『蠐螬化爲復育，復育化爲蟬』，言萬物變禪如此。揚雄《方言》乃云『或謂之喧轂，或謂之蝎，或謂之蛭，或謂之天螻』，此其爲物多矣，非止一蠐螬也。《説文》𧑒䗯。

宋 高似孫《緯略》卷一二《桂蠹》 《南粤傳》曰『桂蠹一器』，應劭曰：桂樹中蝎蟲也。蘇林曰：漢舊儀嘗以獻陵廟，載以赤轂小車。師古曰：此蟲食桂，故味辛，漬之，以蜜食之也。《金樓子》曰：『翠飭羽而體分，象美牙而身喪。蚌懷珠而致剖，蘭含香而遭焚。膏以明而遂煎，桂以蠹而成疾。』正謂此也。宋景文公詩：幾枝北道梅傳信，一器南方桂補羸。

宋 戴侗《六書故》卷二〇 螬蝤蠐【略】蠐螬、蝤蠐一物也。生糞中，食草木根，口剛而身耎耎肥白壆腫。故俗以比肥白者，《詩》所謂『領如蝤蠐』也。化而羽爲蟬。

又　蝎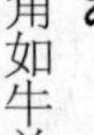許謁切。蠐螬類也。在木曰蝎，與蠐同而色微黄。多蠹穴，桑中化而羽，有角如牛羊，故俗謂天牛，亦謂桑牛。盧黑而白駁，緣木上下，飛騰不遠，還齧木皮，卵其中。《爾雅》曰：蝎，蛣蝠。《説文》作蚰。又曰：蝎，桑蠹。蠰，齧桑。又曰：蟦，扶非切。蠐螬，蝤蠐，蝎。疏曰：在糞土中者名蟦蠐，又名蠐螬。在木中者，《方言》云：關東謂之蝤蠐，梁益之間謂之蝎。實一蟲也。齧桑，江東呼齧髮。似天牛長角，體有白駁，好齧桑，正此物也。按：蝤蠐與蝎雖相類而實二物，以蝎爲蝤蠐，非也。

又　蠹　**【略】**木中蟲也。亦作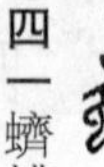，會意。

明　李時珍　《本草綱目》卷四一蠐螬《本經》中品　釋名：蟦蠐、音墳。《本經》蜰蠐、音肥。《别録》乳齊、弘景地蠶、郭璞應條。吴普　時珍曰：蠐螬，《方言》(其)［作］蟦螬，象蠹物聲。或謂齊人曹氏子所化，謬也。蟦、蜰，言其肥。乳齊，言其通乳。《别録》作敕齊，誤。　集解：《别録》曰：蠐螬生河内平澤及人家積糞草中，取無時，反行者良。弘景曰：大者如足大趾，以背滾行，乃駛於脚。雜猪蹄作羹於乳母，不能别之。時珍曰：其狀如蠶而大，身短節促，足長有毛。生樹根及糞土中者，外黄内黑。生舊茅屋土者，外白内黯。皆濕熱之氣熏蒸而化，宋齊丘所謂『燥濕相育，不母而生』是矣。久則羽化而去。正誤：弘景曰：《詩》云「領如蝤蠐」，今以蠐字在下，恐倒爾。恭曰：此蟲一名蝤蠐，有在糞聚中，或在腐木中。其在腐柳中者，内外潔白。糞土中者，皮黄内黑黯。形色既異，土木又殊，當以木中者爲勝。宜冬月采之。宗奭曰：諸腐木根下多有之。構木津甘，故根下尤多。亦有生于糞土中者，雖肥大而腹中黑，不若木中者，雖瘦而稍白，研汁可用。斆曰：蠐螬須使桑樹栢樹中者妙。韓保昇曰：按《爾雅》注云：蟦，蠐螬，在糞土中。蝤蠐，蝎。蝎，蛣蝠。又云：蝎，桑蠹。並木中蠹也。正與《本經》蟦蠐生積糞草中相合。蘓恭言當以木中者爲勝，則此外恐非也。切謂不然。今諸朽樹中蠹蟲，通謂之蝎，莫知其主療。惟桑樹中者，近方用之。而有名未用，曾用未識類中，有桑蠹一條，即此也。蓋生産既殊，主療亦别。雖有毒、無毒易見，而相使、相惡難主。且蝎不號蠐螬，蟦不名蛣蝠，自當審之。藏器曰：蠐螬居糞土中，身短足長，背有毛筋。但從夏入秋，蜕而爲蟬，飛空飲露，能鳴高潔。蝤蠐一名蝎，一名蠹，在朽木中，食木心，穿木如錐，身長足短，口黑，無毛，節慢。至春雨後，化爲天牛，兩角而水牛，色黑，背有白點，上下緣木，飛騰不遥。出處既殊，形質又别，陶蘓乃混注之，蓋千慮一失也。惟郭璞注《爾雅》，謂蠐螬在糞土中，蝤蠐，桑蠹，在木中，嚙桑，似蝸牛，長角，喜嚙桑樹者，爲是也。頌曰：今醫家與蓐婦下乳藥，用糞土中者，其效殊速，乃知蘓恭之説不可據也。

又　木蠹蟲《拾遺》　釋名：蝎、音曷。蝤蠐、音囚齊。蛣蝠、音乞屈。蛀蟲。時珍曰：蠹，古又作蝨，食木蟲也，會意。《爾雅》云：蝤蠐，蝎也。蝎，蛣蝠也。郭璞云：凡木中蝨蟲，通名爲蝎。但所居各異耳。集解：藏器曰：木蠹一如蠐螬，節長足短，生腐木中，穿木如錐，至春雨化爲天牛。蘓恭以爲蠐螬，深誤矣。詳蠐螬下。時珍曰：似蠶而在木中，食木者爲蝎。似蠶而在樹上，食葉者爲蠋。似蠋而小，行則首尾相就，屈而後伸者爲尺蠖。似尺蠖而青小者爲螟蛉。三蟲皆不能穴木，至夏俱羽化爲蛾。惟穴木之蠹，宜入藥用。

又　桑蠹蟲《别録》　校正：自有名未用，移入此。釋名：桑蝎、音曷。柳蠹蟲。《綱目》　集解：時珍曰：柳蠹生柳木中，甚多。内外潔白，至春夏化爲天牛。諸家注蠐螬多取之，亦誤矣。

又　桃蠹蟲《日華》　校正：《本經》原附桃核仁下，今分入此。集解：《别録》曰：食桃樹蟲也。藏器曰：桃蠹辟鬼，皆隨出而各有功也。

又　桂蠹蟲《綱目》　集解：藏器曰：此桂樹中蟲，辛美可啖。時珍曰：按《漢書·陸賈傳》：南越尉陀獻桂蠹二器。又《大業拾遺録》云：隋時始安獻桂蠹四瓶，以蜜漬之，紫色，辛香有味，啖之去痰飲之疾。則此物自漢隋以來用充珍味矣。

又　柘蠹蟲《拾遺》　集解：藏器曰：陶注『詹糖』云：僞者以柘蟲屎爲之。此即柘蠹，在木間，食木之屎也。詹糖燒之香，而此屎不香。既不相似，亦難爲之。

又　棗蠹蟲《綱目》　集解：時珍曰：此即蝤蠐之在棗樹中者。

又　竹蠹蟲《綱目》　集解：時珍曰：竹蠹生諸竹中，狀如小蠶，老則羽化爲硬翅之蛾。

又　蘆蠹蟲《拾遺》　集解：藏器曰：出蘆節中，狀如小蠶。

又　蒼耳蠹蟲《綱目》　釋名：麻蟲。集解：時珍曰：蒼耳蠹蟲，生蒼耳梗中，狀如小蠶。取之但看梗有大蛀眼者，以刀截去兩頭不蛀梗，多收，線縛掛簷下。其蟲在内，經年不死。用時取出，細者以三條當一用之。

又　青蒿蠹蟲　集解：時珍曰：此青蒿節間也，狀如小蠶，久亦成蛾。

又　皂莢蠹蟲《綱目》　集解：氣味辛，主治蠅入人耳害人。研爛，同鱓魚血點之。危氏

又　茶蛀蟲《綱目》　集解：時珍曰：此裝茶籠内蛀蟲也，取其屎用。

明　彭大翼　《山堂肆考》卷二二八《桑蠹》　《爾雅》『蝤蠐』，注云：在木中桑蠹是也。《本草》：食木心，穿如錐刀，身長足短，口黑，無毛，正白色，至春羽化爲天牛。《詩》曰：領如蝤蠐。蓋此蟲之體，豐潔且白，故《詩》以況

莊姜之領。

明　周祈《名義考》卷一〇《桂蠹》　漢《成帝紀》：桂蠹花不實。《文帝紀》：賜尉佗書衣服，使者獻桂蠹一器。東方朔《七諫》：桂蠹不知所淹留兮。《大業拾遺録》：桂蠹，紫色，有香，噉之，已陰痿之疾。按：桂蠹，桂樹中蝎蟲，食桂，味辛，蜜漬之可食。《成帝紀》：桂蠹謂桂有蠹。後三言桂蠹皆指蝎蟲，言此亦可見桂有實。

明　穆希文《説原》卷一二　蝤蠐，蟲之在木者。或又謂蠐螬化爲復育，復育化爲蟬。

明　吴楚材《疆識略》卷三二　蠹　食木蟲。《爾雅》云：蝎，蛣蝠也。一如蠐螬，節長足短，生腐木中，穿木如刀。桃木中者，殺鬼，去邪氣。桂中者，辛美，可噉，去冷氣。又一種曰蟫謠白魚，衣書中蠹蟲。古人以竹爲簡，火炙簡令汗取青不蠹，謂之汗簡。又芸香辟蠹。

明　吴雨《毛詩鳥獸草木考》卷七《蝤蠐》　蝤蠐，蝎蟲也。生腐柳中，大如足大指，體長而豐潔，食木心，穿如錐刀，至春羽化爲天牛。有生於糞土者，外黄内黑。有生於木中者，白而且長，故以比頸。《九辯》曰『蝤蠐之領，阿那宜顧』是也。《釋蟲》云：蟦，蠐螬。蝤蠐，蝎。孫炎曰：蠐螬謂之蟦蠐，關東謂之蝤蠐，梁益之間謂之蝎。又曰：蝎，蛣蝠。孫炎曰：蝎，木蟲也。又曰：蝎，桑蠹。孫炎曰：即蛣蝠也。然則蟦蠐也，蠐螬也，蝤蠐也，蛣蝠也，桑蠹也，蝎也，一蟲而六名也。今定本云：蝤蠐，蝎也。無蟲字，與《爾雅》合。陸璣云：蠐螬生糞中。《淮南子》曰『黍成蠐螬』，言以秋冬穫黍置溝中即生也。説者以爲齊人曹氏之子所化。《論衡》曰：蠐螬化爲復育，復育化爲蟬。生兩翼，不類蠐螬。

明　毛晉《陸氏詩疏廣要》卷下之下《領如蝤蠐》　《爾雅》：蟦，蠐螬。又云：蝤蠐，蝎。邢疏：此辨蝎在土、在木之異名也。其在糞土中者，名蟦蠐，又名蠐螬。其在木中者，《方言》云：關東謂之蝤蠐，梁益之間謂之蝎。上文『蝎，蛣蝠』，郭云『木中蠹』。下文『蝎，桑蠹』，郭云『即蛣蝠』。然則蟦蠐也，蠐螬也，蝤蠐也，蛣蝠也，桑蠹也，蝎也，一蟲而六名也。以在木中者白而長，故詩人以比婦人之頸，《碩人》云『領如蝤蠐』是也。《埤雅》【略】《爾雅翼》：蝤，蠐螬，糞土中蟲。又云：蝤蠐，蝎，謂在木中者。二物大抵相似，以所處爲異。蝤蠐在腐柳中者，内外潔白，故詩人以比碩人之領，《七辨》云『蝤蠐之領，阿那宜顧』是也。其所謂蝎，非蠆尾之蝎也。《淮南萬畢術》曰『黍成蠐螬』，言以秋冬穫黍置溝中，即生蠐螬也。説者以爲齊人曹氏之子所化。揚雄《方言》乃云：或謂之喧蝨，或謂之蝎，或謂之蛭，或謂之天螻。此其爲物多矣，非止一蠐螬也。《説文》作𧌒蠹。毛《傳》：蝤蠐，蝎蟲。陶隱居云：一名蟦蠐，雜猪蹄作羹，與乳母不能别。陳藏器云：蠐螬，居糞土中，身短足長，背有毛筋，但從水，入秋化爲蟬。蝎在朽木中，食木心，穿如錐刀，一名蠹，身長足短，口黑無毛，節慢，至春羽化爲天牛，兩角狀如水牛，色黑，形質又别。蘇恭乃混其狀，總名蠐螬，乃千慮一失矣。此即木中蠹蟲，亦曰桑蠹，故古者譖從中起謂之蝎譖。《名物疏》：蟦蠐、蝤蠐二物也。蟦蠐，一名蠐，亦名蠐螬，一名蜰齊，一名螜齊。《莊子》云『烏足根所化』，《淮南》云『黍成』，王充云『化復育轉爲蟬』，《博物志》云『以背行駛，便于用足』者也。蝤蠐，一名蝎，一名蠹，一名桑蠹，一名蛣蝠，生于桑、柳、柏及構木中，諸腐木根下亦多有之。本是二種。陶隱居及蘇恭俱混爲一，誤也。蝎自蝤蠐之異名，非蠆尾之蠍也。天螻，《爾雅》云：螜，即螻蛄也。揚子雲言，蠐螬或謂之天螻。然則亦異物同名，非《爾雅》之螜矣。

清　顧棟高《毛詩類釋》卷一八《蝤蠐》　《爾雅》『蝤蠐，蝎』，郭注：在木中。今雖通名爲蝎，所在異。邢疏：蟦蠐也，蠐螬也，蝤蠐也，蛣蝠也，桑蠹也，蝎也，一蟲而六名也。以在木中者白而長，故詩人以比婦人之頸，《碩人》云『領如蝤蠐』是也。

清　徐鼎《毛詩名物圖説》卷三　《爾雅》：蝤蠐，蝎。郭璞注：在木中。揚雄《方言》：蟦螬謂之蟦。自關而東謂之蝤蟦，或謂之峹蠾，或謂之蝖毂。梁益之間謂蛒，或謂蝎，或謂蛭蛒。秦晉之間謂蠹，或謂天螻。四方異語而通者也。孔穎達《正義》：孫炎曰：關東謂之蝤蠐，梁益之間謂之蝎。以在木中白而長，故以比頸也。《唐本草》注：此蟲在腐柳樹中，内外潔白。陶隱居《本草注》：大者如足大指，以背行，乃駛于脚。《埤雅》：蝤蠐，一名蛣蝠。佶屈，曲貌，以形舉也。《詩》曰：領如蝤蠐。蓋蝤蠐之體有豐潔且白者，故《詩》以況莊姜之領。《七辯》曰『蝤蠐之領，阿那宜顧』是也。此即木中蠹蟲，亦曰桑蠹。《名物解》：蝤蠐，桑蟲也。桑質柔腴白，蝤蠐食桑之腴，

故色白而體柔。愚按：《釋蟲》：蝤蠀，蝎。又云：蝎，桑蠹。則蝤蠀也，蝎也，桑蠹也，其即一物也。或在柳中，或在桑中，故郭氏、孔氏止言在木中耳。

清　牟應震《毛詩物名考》卷四　蠀螬，糞中蝎也。如蠶而粗，身短節促，足長有毛，以背行。陶弘景以蝤蠀爲蠀螬，疑詩文倒置，非是。

又　蝤蠀，木中蝎也，似蠶而大，身粗，足短，口黑，色白而膩，故《詩》取以喻項領也。按：蝎生桑中者色黄，生榆中者長三寸色如塗硃，惟生楊柳者潔白。凡木蠹生蝎，形色各别，未能蝠考耳。

清　方旭《蟲薈》卷三《昆蟲·蝤蠀》　《爾雅》：蝤蠀，蝎。注：在木中。旭按：蝤蠀，木蠹也。一名蛣蝠，其狀似蠀螬而細，足短，口黑，身白無毛節，入秋化天牛。《方言》及《爾雅》邢疏，與蠀螬混爲一物，誤。又諸木中蠹狀雖相似，用各不同。桃蠹能辟鬼魅，桂蠹能愈痰疾，他如柳蠹、柘蠹、棗蠹，皆各有所宜，並見《本草》。竹亦有蠹，草中如蘆蒿、皂莢、蒼耳子等皆有之。其狀並如蚜蚄。

圖表

晉　郭璞《爾雅音圖·釋蟲》

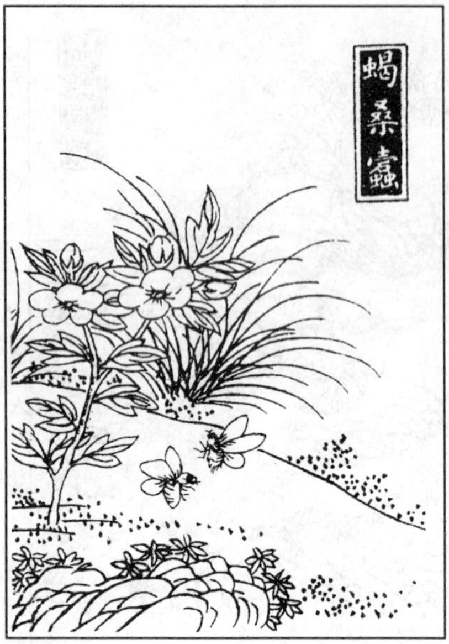

宋 唐慎微《證類本草》卷二一

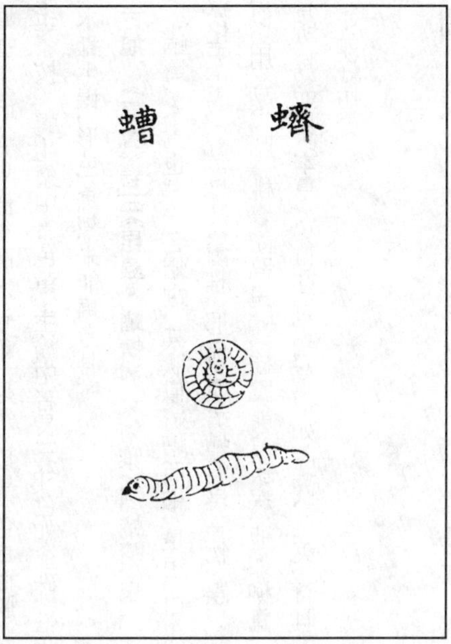

明 李時珍《本草綱目·圖卷》

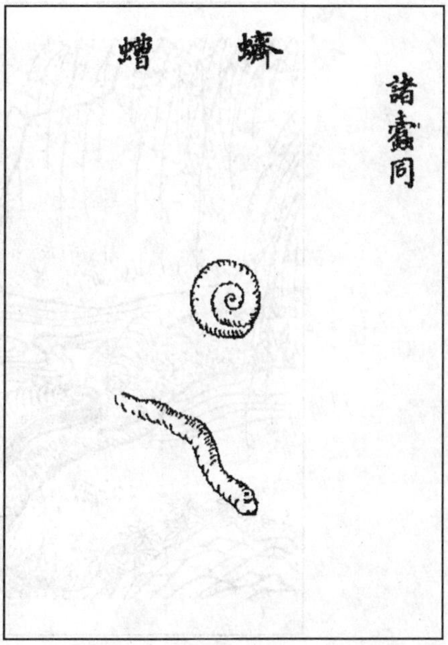

清 徐鼎《毛詩名物圖説》卷三

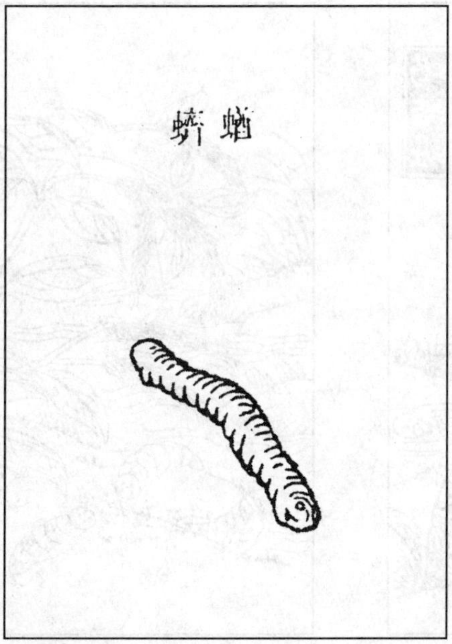

金龜子

綜述

《爾雅·釋蟲》 蚑，蟥蛢。注：甲蟲也。大如虎豆，绿色，今江東呼黄蛢。音義：蚑，謝音弗，沈符結反，《字林》大替反。蟥，音黄，郭音王，本或作黄。蛢，郭音瓶。疏：蚑一名蟥蛢，甲蟲也，形大如虎豆，绿色。

漢 許慎 《説文》卷一三 蛢，蟜蟥，以翼鳴者。从虫，并聲。薄經切。

蟥，蟜蟥也。从虫，黄聲。乎光切。

蟜，蟜蟥也。从虫，矞聲。余律切。

唐 段公路 《北户録》卷下《金龜子》 金龜子，甲蟲也。五六月生於草蔓上，大於榆莢。細視之，真帖金龜子。行則成雙，類壁龜耳。事見《洞冥記》。其蟲死則金色隨滅，如螢光也。南人收以養粉，云與永粉相宜。按竺法真《登羅山疏》曰：金光蟲大如斑苗，形色文采全是龜。余偶得之，養玩彌日，疑此是也。又《南雍州記》曰：石橋水經南陽，結爲池，出靈龜，色如金縷也。《玉屑》亦具。《論衡》又云：龜三百歲大如錢，著七十歲生一莖，此神物，故生遲也。

明 李時珍 《本草綱目》卷四一 金龜子 時珍曰：此亦吉丁之類，媚藥也。大如刀豆，頭面似鬼，其甲黑硬如龜狀，四足、二角，身首皆如泥金裝成，蓋亦蠹蟲所化者。段公路《北户録》云：金龜子，甲蟲也。出嶺南。五六月生草蔓上，大如榆莢，背如金貼，行則成雙，死則金色隨滅。故以養粉，令人有媚也。竺法真《羅浮山疏》云：山有金花蟲，大如斑蝥，文采如金，形似龜，可養玩數日。宋祁《益部記》云：利州山中有金蟲，其體如蜂，绿色，光若泥金。俚人取作婦女釵鐶之飾。鄭樵《通志》云：《爾雅》『蚑，蟥蛢』也。甲蟲，大如虎豆，绿色似金。四書所載皆一物也。南土諸山中亦時有之。

清 方旭 《蟲薈》卷三《昆蟲·金龜子》 《嶺表録異》：金龜子，甲蟲也。春夏間生草木上，大如小指甲，能飛，狀如金色龜兒，行必成雙。里人採取陰乾，裝以金翼，爲百物之飾。旭按：此即《爾雅》所謂『蚑，蟥蛢』，《本草拾遺》所謂吉丁蟲也。狀似斑貓而小，文采如金，又名金蟲，又名金花蟲，産嶺南，可爲媚藥。一種相似而長至寸許，兩頭尖者，亦此類。處處有之。亦有五色者，或又呼紅娘。

圖表

晉 郭璞 《爾雅音圖·釋蟲》

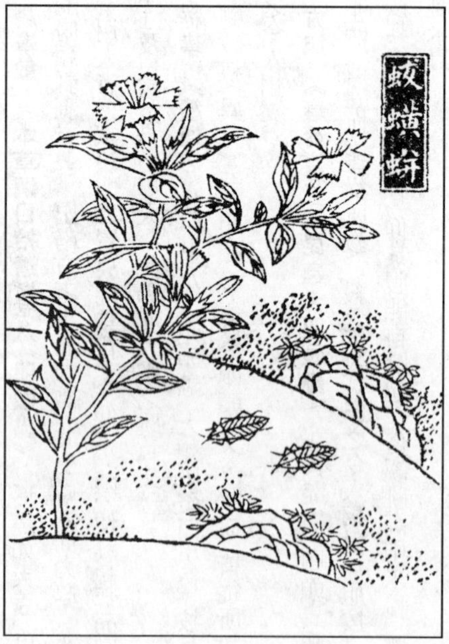

吉丁蟲

綜　述

宋　宋祁《益部方物略記》　蟲質甚微，翠體金光。取而橋之，參飾釵梁。

右金蟲。出利州山中，蜂體緑色，光若金。里人取以佐婦釵鐶之飾云。

明　李時珍《本草綱目》卷四一　吉丁蟲《拾遺》　藏器曰：甲蟲也。背正緑，有翅在甲下。出嶺南、賓澄諸州。人取帶之，令人喜好相愛，媚藥也。

明　方以智《通雅》卷四七　緑金蟬，即吉丁蟲也。吉丁蟲背正緑，有翅在甲下。出嶺南。人取帶之，令人相媚。漁仲云：《爾雅》「蛂，蟥蛢」也。甲蟲，緑色似金者也。《北户録》云：金龜子，甲蟲也。背如金貼成。竺法真《羅浮疏》云：金花蟲，文如金。宋祁《益部記》：利州金蟲，皆謂其緑甲，有泥金之光彩，非謂如金黄色。今爲簪釵飾，曰緑金蟬。

清　嵇璜《續通志》卷一七八　吉丁蟲，背正緑，有翅在甲下。出嶺南賓澄諸州。人取帶之，令人喜好相愛。

叩頭蟲

綜　述

南朝宋　劉敬叔《異苑》卷三　有小蟲形色如大豆，呪令叩頭，又呪令吐血，皆從所教。如似請放稽顙，輒七十而有聲。故俗呼爲叩頭蟲也。

宋　釋贊寧《東坡先生物類相感志》卷一六《叩頭蟲》　《異苑》云：有蟲形色大如豆，况令吐血，又叩頭，皆從所教。如請乞稽首，輒微有聲。俗呼爲叩頭蟲。俗云：害之不祥，爲有乞請之狀，今小兒投弄之也。

明　李時珍《本草綱目》卷四一　叩頭蟲　時珍曰：蟲大如斑蝥而黑色，按其後則叩頭有聲。能入人耳，灌以生油則出。劉敬叔《異苑》云：叩頭蟲形色如大豆，呪令叩頭，又令吐血，皆從所教。殺之不祥，佩之令人媚愛。晉傅咸有賦。

明　王世貞《弇州四部稿》卷一三六　《霍小玉傳》有叩頭蟲。按《異苑》曰：有小蟲形色如大豆，呪令叩頭，又使吐血，皆如所教。然後請放稽顙，輒七十而有聲。傅咸有《叩頭蟲賦》。

清　趙學敏《本草綱目拾遺》卷八《叩頭蟲》　形黑如大豆，以手按其身，其頭能俯屈剥剥有聲。出南方者小而力微，北土者大而力厚。小兒捕之爲戲，入藥用大者。試法取蟲置桌翻其背，令仰，少頃，便跳起三四寸，有跳起過五六寸及尺許者，力更大。此蟲北人謂之跳百丈。

清　嵇璜《續通志》卷一七八　叩頭蟲，大如斑蝥而黑色，按其後則叩頭有聲。劉敬叔《異苑》云：叩頭蟲，呪令叩頭，又令吐血，皆從所教。殺之不祥，佩之令人相愛。

清　方旭《蟲薈》卷三《昆蟲·叩頭蟲》　《異苑》：叩頭蟲形色如大豆，呪令叩頭，或吐血，皆從所教。殺之不祥，佩之令人相愛。旭按：此亦黑甲小蟲，按其後則叩頭有聲，仰其腹能自跳起。俗説跳高則米貴，跳低則米賤，又名跳米蟲。

藝　文

晉　傅咸《叩頭蟲賦有序**》（引自《漢魏六朝百三家集》卷四六）**　叩頭蟲，蟲之微細者。然教之，輒叩頭。人以其叩頭傷不祥，故莫之害也。蓋齒以剛克而盡，舌存以其能柔。强梁者不得其死，執雌者物莫之讐。無咎生於惕厲，悔悋來亦有由。仲尼唯諾於陽虎，所以解紛而免尤。韓信非爲懦兒，出胯下而不羞。何兹蟲之多畏？人纔觸而叩頭。犯而不校，誰與爲讐？人不我害，我亦無憂。彼螳蜋之舉斧，豈患禍之能禦？此謙卑以自牧，乃無害之可賈。將斯文之焉貴？貴不遠而取譬。雖不能觸類是長，且書紳以自示。旨一日而三省，恒跼蹐以祗畏。然後可以蒙自天祐之，吉無不利。

清　沈赤然《五研齋詩鈔》卷一九《週宇集・十蟲詠・叩頭蟲》　《異苑》：有小蟲，形色如大豆，呪令叩頭，又咒令吐血，皆從所教。如欲請放稽顙，輒七十而有聲。故俗謂之叩頭蟲。稽顙復稽顙，七十聲聲響。乞憐本天性，況命在指掌。卻笑强項人，族赤田丞相。

清　和瑛《易簡齋詩鈔》卷三《叩頭蟲》　此蟲無他能，咸賦懲倨慢。叩頭總無心，頗爲入耳患。《墨客揮犀》：叩頭蟲能入耳爲患。

清　沙琛《點蒼山人詩鈔》卷四《叩頭蟲》　呪呪叩頭蟲，叩頭復吐血。困麝抉臍香，藐兹欲何拮。

著録

清　黄虞稷《千頃堂書目》卷三一　張之象《叩頭蟲賦并注》一卷。

螢

論説

明　何三畏《新刻何氏類鎔》卷三五《螢》　螢有草螢，亦有水螢，謂之景天，謂之暉夜，謂之丹鳥，謂之夜光，又謂之宵燭。彼其質原腐草，烟似散漂。啗湛露于曠野之叢，綴流霞於叢林之薄。飄飄熲熲若黄金之在沙，灼灼螢螢若丹英之照樹。映水之光難定，凌虚之體自輕。雲黑偏從雨裡飛，月明敢向星中亂。或浮空而飄，一葉傍牖舒光。或飛躍而逸，千楹依欄回亮。夜風吹去曝衣樓上拂香裙，宵燭還輝承露臺前轉仙掌。波間色動狀合浦之珠還，花下形懸疑潁川之宿聚。熠燿宇下可以增慨歎于征人，隱約車前可以引餘光于帝子。出遊而徵之數斛，火徧山岩；映讀而貯以一囊，明生書幌。雖清霜既下，不知其何處飄零；而朱夏方炎，亦見其有時閃爍。梁元帝之詩云：到來燈下暗，翻往雨中然。紀少瑜之詩云：臨池影更雙，向月光還盡。而駱賓王之賦乃云：類君子之有道，入暗室而不欺。同至人之無迹，懷明義以應時。斯皆可謂善於詠物者哉！

清　張必剛《濬元》卷五《腐草化爲螢大暑初候》　日與月與星，照天地海内外古今。電照陰翳。燎與燭照丈尋地。惟螢不能照物，自照而已。螢，積草而光者也。燎與燭，積薪脂而光者也。電，積霹靂震激而光者也。日與月與星，積魂魄而光者也。螢所積，不及燎燭與電與日月星，斯其光不及燎燭與電與日月星，故物患積不厚，不患光不遠也。然天之有螢也，猶其有日月星電也。日月星電不能傲螢，螢自視亦若無歉於日月星電。螢與日月星電無小大，而人顧小螢大日月星電者，何也？孰以形也。夫夜，幽也；草，無光者也。陽之盛，夜雖幽亦明。草且腐，雖無光亦光。況其爲有明有光者乎？系曰：天地間皆活物，非死物也。不死而活，非獨有血肉具知覺之類也。日月，吾知其能光照也，然朝之升，胡然而升？夕之墜，胡然而墜？吾不得而知也。三五之期，胡然而盈？又胡然而闕？吾不得而知也。是日與月，非死物活物也。雲風，吾知其有色聲也，然燠胡然而同，寒胡然而異？吾不得而知也。南胡然而暘，北胡然而陰？吾不得而知也。是雲與風非死物活物也。日月雲風屬以天，水泉草木屬以地。水泉者，倏滋而倏涸也，而倏落也。然其所以榮落之故，孰使之也？是非死也活也。活則又何必待有血氣具知覺者而後然也。今夫魚與螢是有知覺而活者也，瓜之朽、草之腐則不活而死。然時之至，朽瓜忽化爲魚而遊，腐草忽化爲螢而飛以照。遊者、飛照者何？皆此朽腐者爲之也。故知天地間皆活物也，非死也。贊曰：廓落天府空，漠漠片雲乍。短墻度流螢，細雨濕茅舍。心神遊混茫，四壁蟲聲夜。

綜述

《爾雅・釋蟲》　熒火，即炤。注：夜飛，腹下有火。音義【略】疏：熒火，一名即炤。夜飛，腹下有火蟲也。《本草》：一名夜光，一名熠燿。《月令》：季夏『腐

草爲熒』。腐草此時得暑濕之氣，故爲熒。至秋而天沈陰，數雨，熒火夜飛之時也。《詩·東山》云『熠燿宵行』是也。

漢　劉安《淮南子·時則訓》　腐草化爲蚈。秋節將至，鷹自習擊也。蚈，馬蚿也，一曰螢火。蚈音谿。

晉　崔豹《古今注》卷中　螢火，一名耀夜，一名景天，一名熠燿，一名丹良，一名燐，一名丹鳥，一名夜光，一名宵燭。一作燈。腐草爲之，食蚊蚋。

五代　馬縞《中華古今注》卷下《螢火》　一名耀夜，一名景天，一名焜耀，一名燐，一名丹鳥。一名夜光，一名宵燭，一名丹良。腐草爲之，食蚊蚋。

宋　蔡卞《毛詩名物解》卷一二《螢》　夜飛，腹下有火，故字從熒省。螢，小火也。《月令·季夏》曰：腐草爲螢。不言化者，不復爲腐草也。《傳》曰：螢帶火而宵行。是故秋陰數雨，螢火夜飛之時。一名挾火，一名據火，一名熠燿。《詩》曰：熠燿宵行。今西北多螢火，大者如棗，其小者尚如蠶蠋。行輒有光，正曰宵行，以此故也。《詩傳》曰：熠燿，燐也；燐，螢火也。先儒以爲老槐生火，血久爲燐，燐非螢火，誤矣。蓋燐者，微火之名，故此兩者通謂之燐。《廣雅》曰：景天，螢火，燐也。而《古今注》亦以爲螢食蚊蚋，一名夜光，一名宵燭，一名燐。然則燐亦螢火明矣。《崇有論》曰：鳥無胃而生，螢無胃而育。

宋　陸佃《埤雅》卷一〇《螢》　夜飛，腹下有火，故字从熒省。熒，小火也。《月令·季夏》曰：腐草爲螢。不言化者，不復爲腐草也。後世屠者饜於藜藿，而市扇者常若暍。《傳》曰『螢戴火而寒』，有是哉！秋陰數雨，螢火夜飛之時。一名挾火，一名據火，一名熠燿。《詩》曰：熠燿宵行。今西北多螢，大者如棗，行而有光，正曰宵行，以此故也。《毛詩傳》曰：熠燿，燐也；燐，螢火也。先儒以爲老槐生火，久血爲燐，燐非螢火，誤矣。蓋燐者，火之微名，故此兩者通謂之燐。《爾雅》曰：螢火，即炤燐也。《古今注》亦以爲螢食蚊蚋，一名夜光，一名宵燭，一名燐。然則燐亦螢火明矣。《崇有論》曰：鳥無胃而生，螢無胃而育。一説螢非熠燿，熠燿，行蟲爾。今卑濕處有蟲如蠶蠋，尾後載火行而有光，俗謂之熠燿。

宋　鄭樵《通志》卷七六　螢火，《爾雅》云：螢火，即炤。《本草》一名夜光，一名放光，一名熠燿。《詩》云：熠燿宵行。《呂氏春秋》云：腐草化爲螢。

宋　寇宗奭《本草衍義》卷一七　螢常在大暑前後飛出，是得大火之氣而化，故如此明照也。今人用者少。《月令》雖曰腐草所化，然非陰濕處終無。

宋　羅願《爾雅翼》卷二七《螢》　螢，夜飛之蟲，腹下有火，腐草及爛竹根所化。《月令》：季夏之月，腐草爲螢。又謂之丹鳥。《夏小正》曰：丹鳥羞白鳥。丹鳥也者，謂丹螢也。白鳥也者，謂蚊也。其謂之鳥者，重其養也。凡有翼者爲鳥。羞者，進也，不盡食也。此言螢食蚊蚋。又今人言赴燈之蛾，以螢爲雌，故誤赴火死。然螢小物耳，乃以蛾爲雄，以蚊爲糧，皆未可輕信。《月令》則云『羣鳥養羞』而已。《豳》詩稱『熠燿宵行』，毛氏云：熠燿，燐也。又解『燐』云：燐，螢火也。蓋燐者，兵死之血，發爲鬼火。故曹植以爲燐者，鬼火之名，非螢火。説者徒以熠燿有可畏之語，故以鬼火解之。今曠野中螢乃甚大，夏夜亂飛煌煌，乃實有可畏之象，故與鬼火同名。後漢張讓、段珪劫少帝及陳留王，走小平津，帝與王夜步逐螢火光行數里。隋煬帝幸景華宮，求螢火，得數斛，夜出遊山而放之，光遍巖谷。二者均於亂亡。而晉車武子好學，家貧不常得油，夏月則練囊盛數十螢火，以夜繼日焉。《古今注》：一名暉夜、景天、夜光、宵燭。今有一種蟲如蛆，尾亦帶火，但無翼不飛，名爲蛆螢。《説文》、《明堂月令》曰『腐草爲蠲』，馬蠲也。《淮南》曰『腐草化爲蚈』，馬蚿也。《周書·時訓》：大暑之日，腐草爲螢。腐草不爲螢，穀實鮮落。《萬畢術》：螢火却馬。

明　楊慎《丹鉛總録》卷五《水螢》　螢火有二種，有草螢，有水螢。梁蕭和賦云『聊披書以娱性，悦草螢之夜翔』，此草螢也。唐李子卿有《水螢賦》云：『水螢爲蟲，惟蟲能天。彼何爲而化草，此何事而居泉。腹可自持，故無耿於蟹。足能自運，亦自憐於蚿。色動波間，狀珠還於合浦；影懸潭下，若星聚於潁川。』此水螢也。《月令》『腐草化螢』，《説文》作蠲。解云：馬蠲也。《淮南子》作蚈。水螢之名狀，亦猶蝶有草蝶、水蝶二種云。

明　李時珍《本草綱目》卷四一　螢火《本經》下品　釋名：夜光、《本經》熠燿、音熠躍。即炤、音照。夜炤、景天、救火、據火、挾火、並吴普宵燭、《古今注》丹鳥。宗奭曰：螢常在大暑前後飛出，是得大火之氣而化，故明炤如此。時珍

曰：螢從熒省。熒，小火也，會意。《豳風》：熠燿宵行。宵行，乃蟲名；熠燿，其光也。《詩》注及《本草》皆誤以熠燿爲螢名矣。集解：《别録》曰：螢火生階地池澤，七月七日取，陰乾。弘景曰：此是腐草及爛竹根所化，初時如蛹，腹下已有光，數日變而能飛。方術家捕置酒中，令死，乃乾之。俗用亦稀。時珍曰：螢有三種。一種小而宵飛，腹下光明，乃茅根所化也，《吕氏·月令》所謂『腐草化爲螢』者是也。一種長如蛆蠋，尾後有光，無翼，不飛，乃竹根所化也，一名蠲，俗名螢蛆，《明堂月令》所謂『腐草化爲蠲』者是也。其名宵行，茅竹之根，夜視有光，復感濕熱之氣，遂變化成形爾。一種水螢，居水中，唐李子卿《水螢賦》所謂『彼何爲而化草，此何爲而居泉』是也。入藥用飛螢。

明　吴雨《毛詩鳥獸草木考》卷七《熠燿宵行》　熠燿，螢也。孔氏曰：熠燿者，螢火之蟲，飛而有光。光，俗謂之熠燿。羅願云：今有一種蟲如蛆，尾亦帶火，但無翼不飛，名爲蛆螢。董氏曰：熠燿自是一種，蓋蟲也，夜行地上如蠶，而喉下明如螢，故曰宵行。朱子謂，熠燿，明不定貌。宵行，蟲名，如蠶，夜行有光如螢。其説本於董氏也。僕氏曰：舊説以熠燿即螢，以宵行爲夜飛，與下章『熠燿其羽』相戾，當知宵行乃蟲名。

明　焦周《焦氏説楛》卷四　螢火，一名即炤，一名挾火，一名據火，一名熠耀，一名宵行，一名夜光，一名宵燭，一名燐，一名明照，一名丹鳥，一名暉夜，一名丹夜，一名育燭。又名自照。杜詩：暗飛螢自照，水宿鳥相呼。

清　顧棟高《毛詩類釋》卷一八《熠燿》　《爾雅》：螢火，即炤。郭注：夜飛，腹下有火。邢疏：《詩·東山》云：熠燿宵行。《本草》：螢火，一名夜光，一名熠燿。《月令·季夏》：腐草爲螢。腐草此時得暑濕之氣，故爲螢。至秋而天沉陰數雨，螢火夜飛之時也。

清　愛新覺羅·弘曆《清朝通志》卷一二六　塞螢極大，光可燭三尺許。見臣查慎行《考牧集》。

清　徐鼎《毛詩名物圖説》卷三　毛《傳》：熠燿，燐也。燐，螢火也。《正義》曰：螢火之蟲，飛而有光之貌。朱子《集傳》：宵行，蟲名，如蠶，夜行，喉下有光如螢。愚按：毛《傳》螢火爲燐，孔氏既辨其非，但據《本草》一名熠燿，似以熠燿爲蟲矣。濮氏一之云：熠燿爲蟲，與下章『熠燿其羽』相戾，當知宵行乃蟲名。此説長也。孔氏云：熠燿，飛而有光之貌。並不以螢火爲熠燿。又《本草》：螢有三種。宵飛，腹下光者，《月令》所謂『腐草化爲螢』是也。長如蛆蠋，尾後有光，無翼不飛者，即宵行也，俗名螢蛆，《明堂月令》所謂『腐草化爲蠲』是也。又一種水螢，居水中，唐李子卿《火螢賦》『彼何爲而化草，此何爲而居泉』是也。則知宵行，蟲名；熠燿，其光也。諸説紛紛，當以朱《傳》爲允。

清　牟應震《毛詩物名考》卷四　螢，《爾雅》：螢，即炤。赤首黑翅，尾下二節，有光。雌者如蛆而扁，色微赤，無羽，初夏時出土，雄者羣集若蛾之赴雌也。曾見其交，知其生子也。古人見其自腐草中出，誤以腐草爲螢耳。

又　宵行，《詩》『熠燿宵行』，舊以熠燿爲蟲名。下文云『熠燿其羽』，知此説誤也。故又以宵行爲蟲名。《詩》上文云『町畽鹿場』，則所云宵行者，即鹿也。鹿晝畏人，故於宵時見其熠燿而行也。蟲有若蚰蜒者，尾上有光如螢，曾一見之，或云即宵行也。未知是否？

紀事

南朝宋　范曄《後漢書》卷八《靈帝紀》　帝與陳留王協夜步，逐熒光行數里，得民家露車，共乘之。

藝文

晉　潘岳《螢火賦》（引自《歷代賦彙》卷一三八）　喜熠燿之精將，與衆類乎超殊。東山感而增歎，行士慨而懷憂。翔太陰之玄昧，抱夜光以清遊。熲若飛電之宵逝，嘒似移星之雲流。動集揚暉，灼如隨珠。熠熠熒熒，若丹英之照葩。飄飄熲熲，若流金之在沙。載飛載止，光色孔嘉。無聲無臭，明影暢遐。歘朝霞於曠野，庇一葉之垂柯。無干欲於萬物，豈顧恤於網羅。至夫重陰之夕，風雨晦暝，萬物眩惑，翩翩獨征，奇姿燎朗，在陰益榮。猶賢哲之處時，時昏昧而道明。若蘭香之在幽，越羣臭而彌馨。隨陰陽以飄飄，非飲食之是營。問螽斯之無忌，希夷惠之清貞。羡微蟲之琦瑋，援彩筆以爲銘。

晉　傅咸《螢火賦并序》（引自《歷代賦彙》卷一三八）　余曾獨處，夜

不能寐。顧見螢火，遂有感，於是執以自照，而爲之賦。其辭曰：潛空館之寂寂兮，意搖搖而靡寧。夜耿耿而不寐兮，憂悄悄而傷情。哀斯火之湮滅兮，近腐草而化生。感詩人之悠懷兮，覽熠燿於前庭。不以資質之鄙薄兮，欲增輝乎太清。雖無補於日月兮，期自照於陋形。當朝陽而戢景兮，必宵昧而是征。進不競於天光兮，退在晦而能明。諒有似於賢臣兮，於疎外而盡誠。蓋物小而喻大兮，固作者之所旌。假乃光而喻爾熾兮，庶有表乎忠貞。

晉　郭璞　**《螢火讚》（引自《漢魏六朝百三家集》卷五七）**　熠燿宵行，蟲之微么。出自腐草，烟若散漂。物之相煦，孰知其陶。

南朝梁　沈旋　**《詠螢火》（引自《古詩紀》卷一〇一）**　火中變腐草，明滅靡恒調。雨墜弗虧光，陽昇反奪照。泊樹類奔星，集草疑餘燎。望之如可灼，攬之徒有燿。

唐　駱賓王　**《駱丞集》卷一《秋螢》**　玉虬分静夜，金螢照晚涼。含輝疑泛月，帶火怯凌霜。散彩縈虛牖，飄花繞洞房。下帷如不倦，當解借餘光。

唐　于季子　**《詠螢》（引自《全唐詩》卷八〇）**　卉草誠幽賤，枯朽絶因依。忽逢借羽翼，不覺生光輝。直念恩華重，長嗟報効微。方思助明月，爲許願曾飛。

唐　李子卿　**《水螢賦》（引自《歷代賦彙》卷一三八）**　水螢惟蟲，惟蟲能天。彼何爲而化草，此何事而居泉。腹可自持，故無取於蟹。足能自運，亦曷憐於蚿。其形也蠢爾，其光也炯然。色動波間，狀珠還於合浦。影懸潭下，若星聚於潁川。明不可以並時，故當晝而潛曜。暗不可以同德，故候夜而開照。近而察之，若海底之陰火。遠而望也，辟山邊之寒燎。潛伏類於全真，無欲均於觀妙。質未爲用，自脱豫且之網。餌且不貪，高視任公之釣。徒觀夫因坎而止，隨萍則流。任晦明而隱見，與風水而沉浮。自得井蛙之樂，何虞轍鮒之憂。儻欲觀書，固不惜於餘照。如將按劍，非有意於暗投。火爲象兮，取於時而去其熱。水爲宅兮，質其潤而得其潔。且混迹於泥沙，詎等夷於魚鼈。同至人之樂道，類君子之甘節。覽於心乃止水之常淨，燭於物靡傳薪之無絶。由此而言，覺吾道之滅裂。

唐　陳章　**《腐草爲螢賦》（引自《歷代賦彙》卷一三八）**　厭浥敗草，霏微夜螢，若受天之明命，能在地以成形，始爛然於朽壤，俄蠢爾於荒庭。形質甚微，異囊中之點點；本根既朽，想河畔之青青。彼若昧而未彰，此如茨而久積。始前衰而委化，終後顯而可覿。寂然不動，應大暑於茲時；默爾而成，颺温風於永夕。徒觀夫從微至著，出死入生，幾變青袍之色，漸加丹鳥之名。匪我愆期，故分形於夜朗；自他有耀，因易貌而宵行。故得脱陳根，騰宿莽，質化幽藹，氣非腥腐。無聲無臭，同朽葦之成蛩；有顯有微，殊積穀之爲蟲。小明必俟其時變，待闇稍觀其類聚。並桃蟲而映彼中林，齊藿蠋而光於舊圃。始則退藏，終能發揚，詎蒙蘢於階砌，初炳燿於池塘。豈比膏腴之地，多依糞土之墻。每遲留於三時，不愆於候；既生成於六月，必見其光。徒有異於昇沉，信莫分於彼我，得賦象而自出，故非時而不可。晶熒乍起，訝林際之無煙。的皪漸生，疑池中之有火。隕霜殺兮自晦，零雨被兮增萎。考書文之小大咸若，載月令而遠近相隨。始經黃落之餘，三年不化；既及朱明之節，一日可爲。農夫之務既停，薙氏之芟已久。飛光兮倏爾而至，向晦兮於何不有。斯所以成武子之能勤，冀聚之於書牖。

唐　陸龜蒙　**《甫里集》卷五《螢》**　肖翹雖振羽，戚促盡疑冰。風助流還急，烟遮點暫凝。不須輕列宿，纔可擬孤燈。莫倚隋家事，曾煩下詔徵。

宋　王沂孫　**《花外集・齊天樂・螢》**　碧痕初化池塘草，熒熒野光相趁。扇薄星流，盤明露滴，零落秋原飛燐。練裳暗近。記穿柳生涼，度荷分暝。誤我殘編，翠囊空嘆夢無準。樓陰時過數點，倚闌人未睡，曾賦幽恨。漢苑飄苔，秦陵墜葉，千古淒涼不盡。何人爲省。但隔水餘暉，傍林殘影。已覺蕭疏，更堪秋夜永。

明　曾棨　**《刻曾西墅先生集》卷八《螢》**　輝輝無焰復無煙，腐草逢秋火獨然。金井露寒光不滅，畫簾風静影頻穿。隋王苑裡明珠翠，車徹囊中映簡編。何事却驚羅扇撲，夜涼飛過玉階前。

明　薛瑄　**《河汾詩集》卷三《螢》**　知爾最微細，長因腐草生。柳邊添个个，竹裏亂星星。歲月驚時序，乾坤見物情。莫言光耀少，終是黑中明。

明　葉盛　**《菉竹堂稿》卷二《螢》**　自逞光輝處處過，兒童將謂見星河。不知一夕清霜後，荒草寒烟奈爾何。

明　屠隆　**《百榆集・詩集》卷四《螢》**　小焰冷無煙，繁星不在天。傍人窺羽扇，拂水照池蓮。緩逐涼風度，光因白露鮮。最宜憑夜閣，明滅竹

林邊。

清　愛新覺羅・弘曆《清高宗詩初集》卷二六《螢時六月九日》　柳岸蒲汀碎照流，離離銀燭復星毬。只因陰火通身暗，却有光明與目謀。誰識前生緣腐草，儘教閒影伴輕鷗。篙舟月渚拈吟處，物意人懷總釀秋。

又卷三三《螢》　由來腐草生，翻似亂燈擎。遇暗偏成照，經秋却不鳴。夜珠相藉助，陰火漫晶瑩。究未離蟲類，將無因炫明。

又《清高宗詩三集》卷四〇《古今體一百三十一首・泛月八咏・螢》　腐草今年候略違，秋宵始見亂螢飛。銀蟾朗徹三千界，何礙爲光有爾微。

清　趙希璜《四百三十二峯草堂詩鈔》卷二五《螢》　暗中工附熱，飛處競生涼。月暎朧朧色，星流的的光。灌寧傾渤海，腐尚入緗囊。巖谷徵求易，宵蹤翠柳行。

清　戚學標《景文堂詩》卷六《五言律・螢》　恃有微明在，居然意發揚。飛遊還弄影，螢火一名夜遊。照讀僅分行。隱見三更雨，飄零十月霜。出身緣腐草，此類本無常。

清　葉觀國《綠筠書屋詩鈔》卷一《螢》　空庭的皪見宵行，《注疏》皆以宵行爲夜飛，與《集傳》異。度竹經花個個輕。一點着衣紅不熱，幾回入室暗能明。隋宫夜迴歡何極，騎省秋深意自驚。潘岳《秋興賦》云：熠燿粲於閨闥。記否齋頭曾照字，策勳應並短燈檠。

清　王昶《春融堂集》卷一《蘭泉書屋集・螢》　蕪城舊苑事俱非，又向深林幾處飛。梅雨池塘時遠近，藕花庭院見依稀。畫簾月暗光初度，書幌煙深影漸微。最是新涼團扇底，有情夜夜照羅衣。

清　陶元藻《泊鷗山房集》卷三六《城頭月・螢》　蕪城萬箇何年聚，零落猶如許。臨水瓜棚，倚墻花架，薄暮常相遇。　畫樓高處因風舉，錯認飛星過。繞罷井欄，撲殘羅扇，還坐人衣去。

清　李汝襄《螢》（引自《國朝畿輔詩傳》卷四三）　月黑長林忽有無，熒熒欲認晚星疎。照殘野店客衣暗，點破碧紗窗影虚。細雨樓臺新霽後，秋風池館夜涼初。蕪城往事成銷歇，莫把流輝問玉除。

清　汪仲洋《心知堂詩稿》卷一二《萍梗集・螢》　乍醒池塘夢，疎簾雨未晴。天機隨變易，行迹自分明。朽腐憑誰化，光芒誤此生。草蟲微細甚，團扇莫相驚。

清　沈赤然《五研齋詩鈔》卷一五《寄秋集・螢》　籬根墻角五三俱，黍大寒光有忽無。偶逐微風到高處，賺他兒女作星呼。

清　熊璉《螢火》（引自《淮海英靈續集辛集》卷二）　水面光先亂，風前影更輕。背燈兼背月，原不向人明。

清　吴清鵬《笏庵詩》卷五《詠秋八首・螢》　孤飛幸出微星夜，得氣初因腐草秋。縱復有光臨暗室，終然無力傍高樓。花間受月俄相失，竹外隨風只亂流。多少飄零苦寒士，年年見汝不勝愁。

清　王孝穆《螢》（引自《兩浙輶軒續録》卷四三）　慣逐迎涼客，流光輒滿庭。渡波星共白，經雨火猶青。腐亦能成物，明難自鑒形。隋皇恩不薄，故苑惜彫零。

清　吴光鎬《螢》（引自《兩浙輶軒續録》卷四三）　雲斂秋空月渡河，風簾香遞碧池荷。畫屏燭炧人無睡，忙煞紅閨小扇羅。

六代繁華付劫灰，隋隄無復舊樓臺。芳痕化盡紅心草，卻照寒齋夜讀來。

圖表

晉　郭璞《爾雅音圖・釋蟲》

明 李時珍《本草綱目·圖卷》

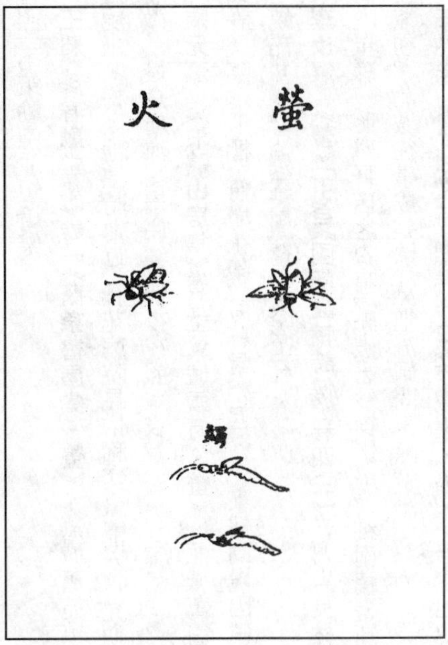

清 徐鼎《毛詩名物圖說》卷三

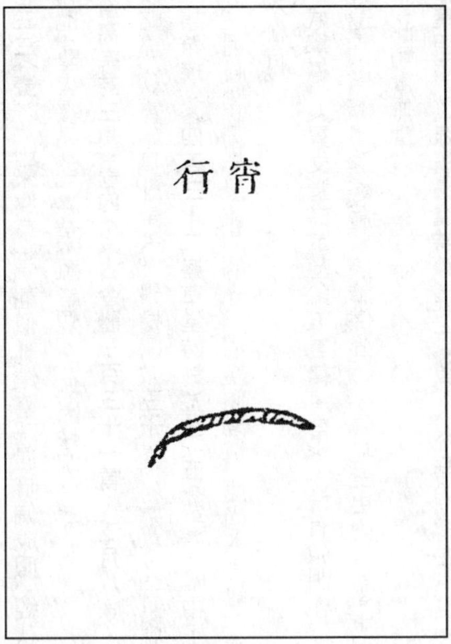

蜣螂

論説

《關尹子·四符篇》 蜣蜋轉丸，丸成而精思之，而有蠙白者存丸中，俄去殼而蟬。彼蜣不思，彼蠙奚白。

明 陳其力《芸心識餘》卷六《蜣螂之丸》 蜣螂能以土苞糞推轉成丸，圓正無邪角。莊周曰：蛣蜣之智，在于轉丸。一曰蛣蜣，一曰轉丸，一曰弄丸。《古今注》芸心子曰：蜣螂，一蠢然糞蟲也，智能轉丸。夫人愚騃癡蠢，無所號於天地之間，可媿也矣。

明 姚光祚《皇明廣蒙求》卷三七《穢蟲轉丸》 言人智巧而小則曰『螻蟻蜣螂之智』。蜣螂以糞爲丸，蟄則潛身於其中，爲丸極圓，身既入内，外無孔隙。出外則以足轉丸，自小而至大。其智雖巧，蓋亦小矣。

綜述

《爾雅·釋蟲》 蛣蜣，蜣蜋。注：黑甲蟲，噉糞土。音義：蛣，起吉反。蜣，音羌。蜋，音良。噉，大敢反。糞，方問反。疏：蛣蜣，一名蜣蜋，黑甲，翅在甲下，噉糞土。喜取糞作丸而轉之，《莊子》『蛣蜣之智，在於轉丸』是也。

晉 崔豹《古今注》卷中 蜣蜋能以土苞糞，推轉成丸，圓正無斜角。莊周曰：蛣蜣之智，在於轉丸。一曰蛣蜣，一曰轉丸，一曰弄丸。

唐 段成式《酉陽雜俎》卷一七 蛣蜣，草中有蛣蜣樹。

唐 蘇鶚《蘇氏演義》卷下 蜣蜋，一名蛣蜣，一名轉丸，一名弄丸，能以土包屎轉而成丸，圓正無斜角。《古今注》有『莊周曰：蛣蜣之智，在于轉丸』三句。

五代　馬縞《**中華古今注**》**卷下**《**蜣蜋**》　能以土苞屎轉而成丸，團正無邪角，莊周所謂『蛣蜣之智，在於轉丸』者也。蜣蜋，一名蛣蜣，一名丸，一名弄丸。

宋　彭乘《**墨客揮犀**》**卷五**　蜣蜋夜飛，宜避之。撞入胸腹或臂股間，輒遺子而去。人或不悟，子漸隱入肉中爲患。生股臂間者猶可傳療，若入心腹則不可治也。

宋　蔡卞《**毛詩名物解**》**卷一二**《**蛣蜣**》　蛣蜣，一名蜣蜋，《爾雅》所謂『蛣蜣，蜣蜋』是也。黑甲，翅在甲下，五六月之間經營穢場之下，車走糞丸，一前挽之，一後推之，若僕人轉車，久之輒羽化而尸解仙去也。《莊子》：蛣蜣之智，在於轉丸。夫以蜘蛛、蛣蜣之智也，猶知能布網轉丸，則萬物付之自然，各有解矣。此莊、列之徒所以欲攦工倕之指也。《淮南子》曰：『周鼎著倕，使銜其指，以明大巧之不可爲』，正謂是歟？故《抱朴》言，玄蟬潔饑，不如蜣蜋穢飽。故回之簞瓢，有以輕猗頓之富。

宋　陸佃《**埤雅**》**卷一〇**《**蛣蜣**》　蛣蜣，一名蜣蜋，《爾雅》所謂『蛣蜣，蜣蜋』是也。《衝波傳》曰：蛣蜣無鼻而聞香，黑甲，翅在甲下，五六月之間經營穢場之下，車走糞丸，一前挽之，一後推之，若僕人轉車，久之輒羽化如尸解仙去也。《莊子》曰：蛣蜣之知，在於轉丸。夫以蜘蛛、蛣蜣之知，而猶能布網轉丸，則萬物付之自然，各有能矣。此列、莊之徒所以欲攦工倕之指也。《抱朴子》曰：玄蟬絜饑，不羡蜣蜋穢飽。故回之簞瓢，有以輕猗頓之富也。《古今注》曰：一名弄丸。

宋　鄭樵《**通志**》**卷七六**　蜣蜋，《爾雅》曰：蛣［蜣］，蜣蜋。《莊子》曰：蜣蜋之智，在於轉丸。

宋　寇宗奭《**本草衍義**》**卷一七**　蜣蜋大小二種。一種大者爲胡蜣蜋，身黑光，腹翼下有小黄子附母而飛行，晝不出，夜方飛出，至人家庭户中，見燈光則來。一種小者身黑暗，晝方飛出，夜不出。今當用胡蜣蜋。其小者研三十枚，以水嚾牛馬，治脹結，絶佳。狐遇而必盡食之。

宋　羅願《**爾雅翼**》**卷二五**《**蜣蜋**》　蜣蜋，黑甲蟲，能以土包糞，轉而成丸，圓正無斜角。《莊子》曰：蛣蜣之智，在於轉丸。陶弘景云：取糞丸而却推之。今按：其類似有雌雄，以足撥取糞，頃之成丸，相與遷之，其一前行以後兩足曳之，其一自後而推致焉。乃掘地爲坎，納丸其中，覆之而去，不數日而丸中若有動者，又一二日則有蜣蜋自其中出而飛去。蓋是孚乳氣其中，以此覆裹之，藉之以生。《抱朴子》曰：玄蟬絜饑，不羡蜣蜋穢飽。然世或言蜣蜋能化爲蟬，所爲轉丸者，藉以變化也。未知孰是。崔豹《古今注》曰：一名弄丸，一名轉丸。俗名推丸，其鼻高目深者，名胡蜣蜋。

宋　戴侗《**六書故**》**卷二〇**　蛣蜣　蛣，去吉切。蜣，區羊切。甲蟲之巨者，黑甲，甲下有翅，飛鳴洪洪然。好轉牛矢爲丸，俗亦謂之矢甲。向秀曰：蛣蜣之知，在於轉丸。又名蜣蜋。《爾雅》曰：蛣蜣，蜣蜋。

明　李時珍《**本草綱目**》**卷四一**　蜣蜋《本經》下品　釋名：蛣蜣、音詰羌。推丸、弘景推車客、《綱目》黑牛兒、同上鐵甲將軍、同上夜遊將軍。弘景曰：《莊子》云：蛣蜣之智，在於轉丸。喜入糞土中，取屎丸而推却之，故俗名推丸。時珍曰：崔豹《古今注》謂之轉丸，弄丸，俗呼推車客，皆取此義也。其蟲深目高鼻，狀如羌胡，背負黑甲，狀如武士，故有蜣蜋、將軍之稱。集解：《別録》曰：蜣蜋生長沙池澤。弘景曰：其類有三四種，以大而鼻頭扁者爲真。韓保昇曰：此類多種，所在有之，以鼻高目深者入藥，名胡蜣蜋。宗奭曰：蜣蜋有大小二種，大者名胡蜣蜋，身黑而光，腹翼下有小黄子附母而飛，晝伏夜出，見燈光則來，宜入藥用。小者身黑而暗，晝飛夜伏。狐並喜食之。小者不堪用，惟牛馬脹結，以三十枚研水灌之，絶佳。時珍曰：蜣蜋以土包糞，轉而成丸，雄曳雌推，置于坎中，覆之而去。數日有小蜣蜋出，蓋孚乳于中也。

明　彭大翼《**山堂肆考**》**卷二二五**《**蜣蜋**》　《格物論》：蜣蜋，蛣蜣也，黑甲蟲，啖糞。一種大者，名胡蜣蜋，身黑而光，腹翼有小黄子附母而飛行，晝不出而夜出，至人家庭户中，見燈光則飛來。一種小者，身黑而暗，晝出而夜不出，生長沙池澤中。狐遇之必盡食之。醫家以鼻頭扁者爲良，或又以鼻高目深者爲良，即所謂胡蜣蜋也。

明　陳懋仁《**庶物異名疏**》**卷二九**《**天柱**》　天柱，蜣螂也。見《説文》。《丹鉛録》載《衝波傳》：蜣螂無鼻而聞香。

藝文

宋　蘇軾《東坡全集》卷一四《蜣蜋》　洪鐘起暗室，飄瓦落空庭。誰言轉丸手，能作殷牀聲。

圖表

晉　郭璞《爾雅音圖·釋蟲》

宋　唐慎微《證類本草》卷二二

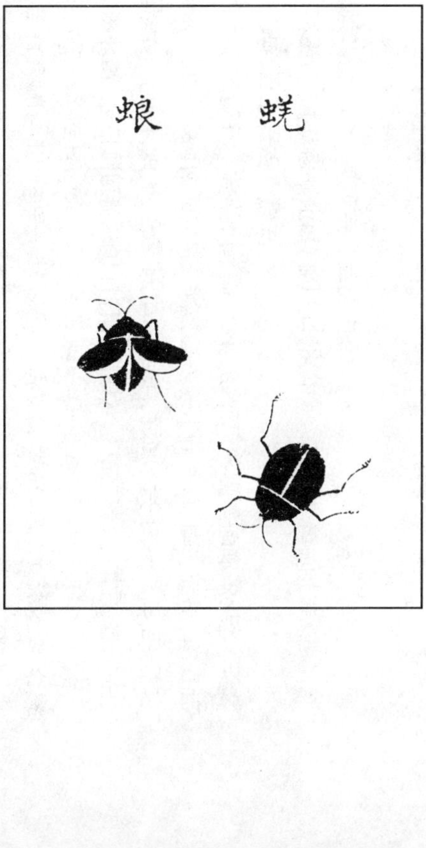

明　李時珍《本草綱目·圖卷》

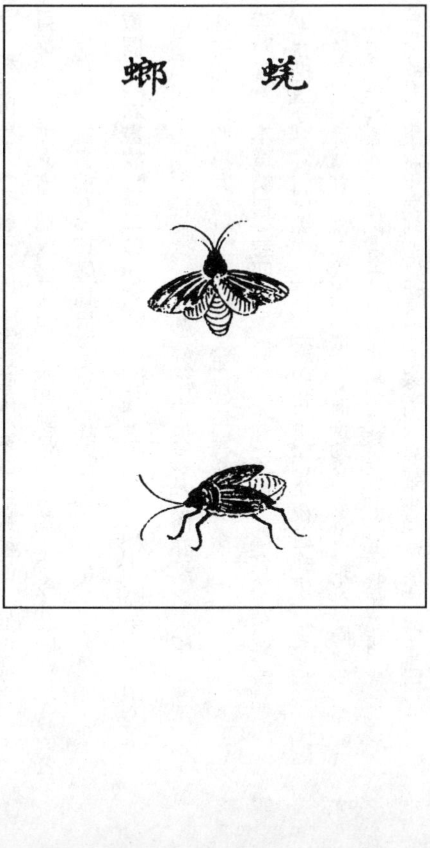

守瓜

綜述

《爾雅·釋蟲》 蠸，輿父，守瓜。注：今瓜中黄甲小蟲，喜食瓜葉，故曰守瓜。音義：蠸，音權。輿，音余。父，音甫，下同，字或作蚥。疏：蠸，輿父，一名守瓜。黄甲小蟲，喜食瓜葉，因名守瓜。

圖表

晉 郭璞《爾雅音圖·釋蟲》

芫青

綜述

漢 許慎《説文》卷一三 螌，螌蝥，毒蟲也。从虫，般聲。布還切。

蝥，螌蝥也。从虫，敄聲。臣鉉等曰：今俗作蟊，非是。蟊即蠿蟊，蜘蛛之別名也。莫交切。

明 李時珍《本草綱目》卷四〇 斑蝥《本經》下品 校正：陳藏器螌蝥蟲係重出，今併爲一。釋名：斑貓、《本經》盤蝥蟲、《拾遺》龍蚝、音刺。斑蚝。時珍曰：斑言其色，蝥刺言其毒如矛刺也。亦作盤蝥，俗訛爲斑貓，又訛斑蚝爲斑尾也。《吴普本草》又名斑菌，曰腃髮，曰晏青。集解：《别録》曰：斑貓生河東山谷，八月取，陰乾。吴普曰：生河内山谷，亦生木石。保昇曰：斑貓所在有之，七八月大豆葉上甲蟲也。長五六分，黄黑斑文，烏腹尖喙，就葉上采取，陰乾用。弘景曰：此一蟲五變，主療皆相似。二三月在芫花上即呼爲芫青，四五月在王不留行草上即呼爲王不留行蟲，六七月在葛花上即呼爲葛上亭長，八九月在豆花上即呼爲斑蝥，九月、十月復還地蟄即呼爲地膽。此是僞地膽耳，爲療猶同也。其斑蝥大如巴豆，甲上有黄黑斑點。芫青，青黑色。亭長，身黑赤頭。斅曰：芫青、斑蝥、亭長、赤頭四件，樣各不同，所居、所食、所效亦不同。芫青嘴尖，背上有一畫黄，在芫花上，食汁。斑蝥背上一畫黄，一畫黑，嘴尖處有一小赤點，在豆葉上，食汁。亭長形黄黑，在葛葉上，食汁。赤頭身黑，額上有大紅一點也。頌曰：四蟲皆是一類，但隨時變耳。《深師方》云：四月、五月、六月爲葛上亭長，七月爲斑貓，九月、十月爲地膽。今醫家知用芫青、斑蝥，而地膽、亭長少使，故不得詳也。恭曰：《本草》古今諸方並無王不留行蟲，若陶氏所言，則四蟲專在一處。今地膽出幽州，芫青出寧州，亭長出雍州，斑蝥所在皆有。四蟲出四處，可一歲周遊四州乎？芫青、斑蝥形段相似，地膽狀貌大殊，且采自草菜上。《深師方》陶蓋浪言爾。時珍曰：按《本經》、《别録》，四蟲采取時月，正與陶説相合。《深師方》用亭長，所注亦同，自是一類，隨其所居、所出之時而命名爾。蘇恭强闢陶説，亦自欠明。按《太平御覽》引《神農本草經》云：春食芫花爲芫青，夏食葛花爲亭長，秋食豆花爲斑蝥，冬入地中爲地膽，黑頭赤尾。其説甚明，而唐、宋校正者反失收取，更致紛

紜，何哉？陶氏之王不留行蟲，雷氏之赤頭，方藥未有用者。要皆此類，固可理推。餘見地膽。

又　芫青《別録》下品　釋名：青娘子。時珍曰：芫花上而色青，故名芫青。世俗諱之，呼爲青娘子，以配紅娘子也。集解：《別録》曰：三月取，暴乾。弘景曰：二月、三月在芫花上，花時取之，青黑色。恭曰：出寧州。頌曰：處處有之，形似斑蝥，但色純青緑，背上一道黄文，尖喙。三四月芫花發時乃生，多就芫花上采之，暴乾。時珍曰：但連芫花莖葉采，置地上，一夕盡自出也。餘見斑蝥。

又　地膽《本經》下品　釋名：蚖青、《本經》青蠵。攜　弘景曰：地膽是芫青所化，故亦名蚖青。用蚖字者，亦承誤爾。時珍曰：地膽者，居地中，其色如膽也。按《太平御覽》引《爾雅》云：地膽，地要，青蠵也。又引《吳普本草》云：地膽一名杜龍，一名青虹。陶弘景以蠵字爲蛙字，音烏媧切者，誤矣。宋本因之，今俱釐政也。集解：《經》曰：生汶上山谷。八月取之。弘景曰：真地膽出梁州，狀如大馬蟻，有翼。僞者是斑蝥所化，狀如大豆。大抵療體畧同，亦難得真耳。恭曰：形如大馬蟻者，今出邠州。三月至十月，草菜上采之，非地中也。狀如大豆者未見之，陶亦浪證爾。保昇曰：二月、三月、八月、九月草菜上采之，形倍黑色，芫青所化也。時珍曰：今處處有之，在地中或墻石内，蓋芫青、亭長之類，冬月入蟄者，狀如斑蝥。蘇恭未見，反非陶説，非也。《本經》别名芫青，尤爲可證。既曰地膽，不應復在草菜上矣。蓋芫青青緑色，斑蝥黄斑色，亭長黑身赤頭，地膽黑頭赤尾。色雖不同，功亦相近。

又　葛上亭長《別録》下品　釋名：弘景曰：此蟲黑身赤頭，如亭長之著玄衣赤幘，故名也。集解：《別録》曰：七月取，暴乾。弘景曰：葛花開時取之。身黑頭赤，腹中有卵，白如米粒。恭曰：出雍州。保昇曰：處處有之。五六月葛葉上采之。形似芫青而蒼黑色。斅曰：亭長形黑黄，在葛上，食蔓膠汁。又有赤頭，身黑色，額上有大紅一點，各有用處。時珍曰：陶言黑身赤頭，故名亭長。而雷氏别出赤頭，不言出處，似謬。

明　陳懋仁《庶物異名疏》卷二九《元青　地膽　葛上亭長》《本草經》：春食芫葉，故名元青。秋爲地膽，黑頭赤尾。秋食葛花，故名葛上亭長。《吳氏本草》：地膽，一名元青。《圖經》曰：(羌)[芫]青所化也。陶隱居曰：真者出梁山，狀如大馬蟻，有小翼子。僞者即是斑猫所化，狀如大荳。大都治體略同。

又《勝髮　晏清》《吳氏本草》：斑猫，一名斑蚝，一名龍蚝，一名斑龍茵，一名勝髮，一名晏清。《本草經》：一名龍尾。

清　嵇璜《續通志》卷一七八　芫青，一蟲而五變，二三月在芫花上，即呼爲芫青；四五月在王不留行草上，即呼爲王不留行蟲；六七月在葛花上，即呼爲葛上亭長；八月在豆花上，即呼爲斑蝥；九月、十月復還地蟄，即呼爲地膽。芫青，一名青娘子。斑蝥，一名斑猫，一名盤蝥，一名龍蚝，一名斑蚝。地膽，一名蛇要，一名青蝥，一名青蠵，一名青虹，一名杜龍。

清　方旭《蟲薈》卷三《昆蟲·斑猫》《本草綱目》：斑貓，即斑蝥也。又名斑蚝，又名龍蚝。《吳普本草》名斑菌，又名勝髮，又名晏青。旭按：此物處處有之。其狀頗類蟬，而大如巴豆，尖喙，六足，黑甲，有黄畫。人若捕之，則尾後射出惡氣，臭不可聞。或説牛誤食之，亦脹死。

又《青娘子》《本草綱目》：青娘子即芫青也。旭按：此物似斑貓而小，甲上青翠色，中有黄文一道。《神農本草經》：春食芫花爲芫青，夏食葛花爲葛上亭長，秋食豆花爲斑貓，冬入地中爲地膽。

又《葛上亭長》《神農本草經》：葛上亭長生葛花上，黑身赤頭，如亭長之元衣赤幘。旭按：此物小於斑貓，黑甲，能飛。

又《地膽》《本草綱目》：地膽，一名蚖青，一名青蠵。《吳普本草》名青虹，又名杜龍。《廣雅》名蛇要，又名青蝥。處處有之，在地中。旭按：此物似斑貓而黑頭赤尾。

圖表

宋　唐慎微《證類本草》卷二二

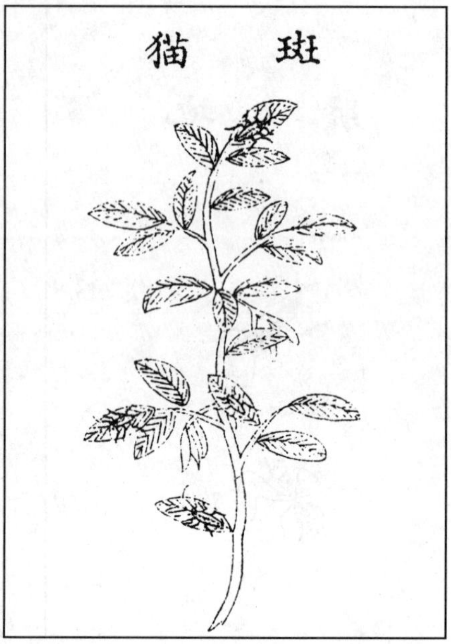

明　李時珍《本草綱目・圖卷》

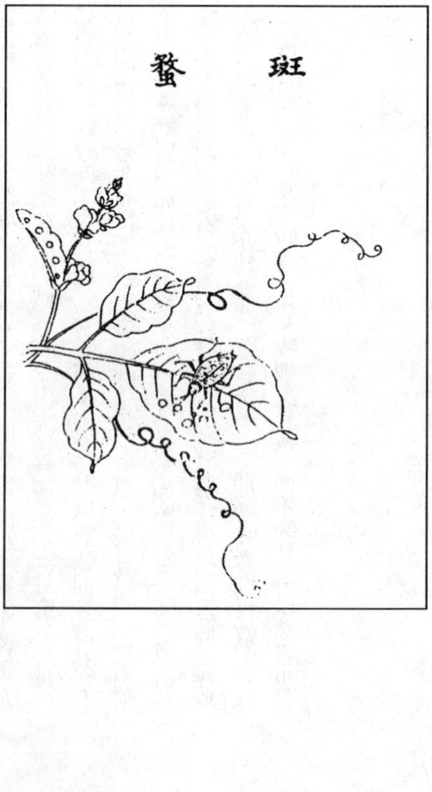

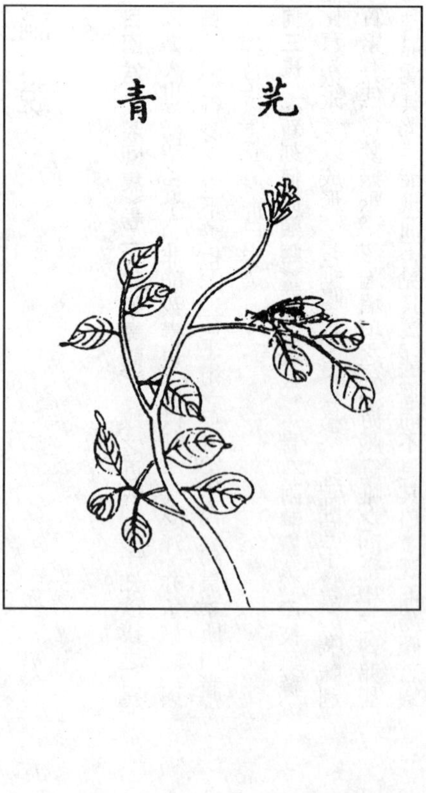

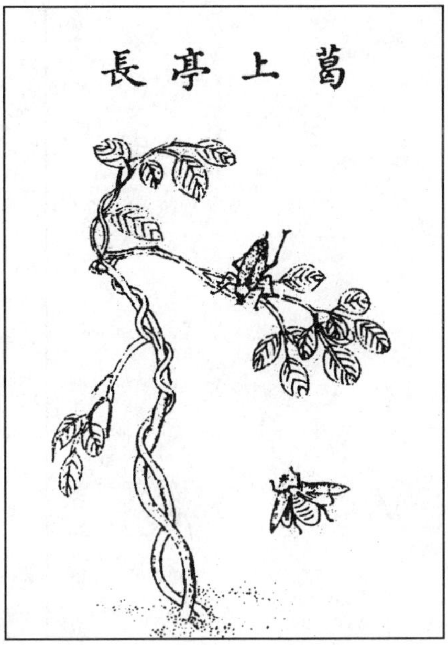

蚊虻

論説

宋 呂南公《灌園集》卷一八《蚊蠅説》 蚊之近人，童子知欲撲之，爲其毒之足以傷人也。蠅之近人，非能致毒也，而以其生長之汙，亦争滅之，與憎蚊同。嗚呼！行身之曾不善也，不在乎術之足以毒人。苟爲素所由者，未免於汙，則亦足以害其身而已矣。

明 何三畏《新刻何氏類鎔》卷三五《蚊》 蟲有附諸鬱蒸，産彼蕪穢，無卵胎而化育，依水草以成形。身細喙長，晝亡夜聚。結陣同于營壘，嘴咮利于芒錐。實繁有徒，貪婪無厭。忽踰墻垣之外，游戲庭帷之間。望之曾弗覩其形，聽之曾弗聞其聲。能飛而不見其翼，能嚙而不見其口。既而隱隱若蠛蠓，轟轟若雷霆者，是何物也？此所謂蚊者也。蚊名黍民，亦名豹脚。蚊名蠛蠓，亦名焦螟。叢身而如陷圍，聒耳而如遭災。嗜膚則通宵不寐，求飽則至死不休。當盛夏而方張，及季秋而猶熾。將令田夫妨其農作，女紅廢其杼機。賢人處于郊原，豈以蚊飛而不入其境。女子宿于田舍，乃以蚊嗾而竟露其筋。蚊有不度負山而趨者，必非其任；蚊有無禮開幬而進者，必潰其腸。嘗潛蹤于寶珠宮之中，竟幾絶響；如移處于荆州館之外，遂至如雷。若吴猛之爲兒，卧在父母膝下，不摇扇而惟恐有蚊者，乃其孝思所篤。若孫謙之居室牀，施蘧蒢屏間，不張帳而未嘗有蚊者，亦其儉性所安也乎？抑聞之鱉性畏蚊，有蚊觸之即斃。鱉肉宜蚊，以蚊煮之輙爛。是又物理之必然，而不知其所以然者也。

綜述

漢 許慎《説文》卷一三 蜹，秦晉謂之蜹，楚謂之蚊。从虫，芮聲。

而鋭切。蟁𧕎，齧人飛蟲。从蚰，民聲。無分切。𧍝蟁，或从昬，以昬時出也。蚊，俗蟁，从虫，从文。

唐　段成式《**酉陽雜俎**》**卷一七**　水蛆，南中水磎澗中多此蟲，長寸餘，色黑，夏深變爲虻，螫人甚毒。

宋　釋贊寧《**東坡先生物類相感志**》**卷一六**《**蚊**》　墨子術以鱉塗空絇繩四竿，則辟出蟲(咋)[咂]人。

宋　陸佃《**埤雅**》**卷一一**《**蚊**》　《説文》云：齧人飛蟲，从蚰，民聲。亦或从昬，以昬時出也。俗云蚊有昬市，蓋蠅成市於朝，蚊成市於暮。《傳》曰『聚蟁成雷』，謂其市之時也。蟁，民蟲；宝，甿蟲，田牧者病焉。一曰宝盲，故謂之宝。揚子：或問貨殖，曰蚊。蓋蚊之取利雖小，然而善撓，令人通夕不寐，故雄以此託況。《説文》曰：秦晉謂之蜹，楚謂之蚊。蓋蜹喜亂飛，似蚊而小，望之如霧，《荀子》所謂『醯酸而蜹聚』者也。因雨而生，與蚊實異。一名瞀芮。《列子》曰：瞀芮生乎腐蠸。蠸即黄甲小蟲，一名輿父，一名守瓜。《爾雅》云：蠸，輿父，守瓜。《鶡冠子》曰：一蜹噆膚，不寐至旦。半糠入目，四方弗治。言物苟爲害，不必在大，蓋亦不在多也。蚊性惡煙，以艾熏之則潰。長喙如針，善螫。

宋　寇宗奭《**本草衍義**》**卷一七**　木蝱大小有三種。蜚蝱，今人多用之，大如蜜蜂，腹凹褊，微黄緑色。雄、覇州、順安軍、沿塘濼界河甚多，以其惟食牛馬等血，故治瘀血、血閉。

宋　羅願《**爾雅翼**》**卷二六**《**蚊**》　蚊者，惡水中孑孓所化，噆人肌膚，其聲如雷。東方朔隱語云：長喙細身，晝亡夜存，嗜肉惡煙，爲掌指所捫。其生草中者，吻尤利，而足有文彩，吴興號豹脚蚊子。所以從文，以有文也。亦或從昬，志其出時也。或從民，昬之省也。又用閩越之閩，蟲之在門中者。大抵秋後吻輒破，不能螫。或云，更慘於未破時。《説文》曰：秦謂之蜹，楚謂之蚊。《夏小正》云：丹鳥羞白鳥。丹鳥，螢也；白鳥，蚊也。謂螢以蚊爲羞粮，則未知其審也。《金樓子》云：齊桓公卧於柏寢，白鳥營營饑而求飽，因開翠紗之幬，進蚊子焉。其蚊有知禮者，不食公之肉而退；有知足者，嗛公之肉而退；有不知足者，遂長嘘短吸而食之，及其飽也，腹爲之潰。公曰：嗟乎！民生亦猶是矣。蚊爲小矣，而物又附之。江浦之間有麽蟲，名曰焦螟。羣飛而集於蚊睫，弗相觸也。棲宿去來，蚊弗覺也。或曰：巢於蚊睫，再乳而蚊不驚。或云：在蚊翼下，每生九卵，伏成九子，俱去而蚊不知。惟黄帝容成神視氣聽，形若嵩山之阿，而聲若雷霆，此所以極小大之分也。古者謝章詔板，用蜹脚書，亦一書之體。

又《**蝱**》　蟁，從民，省聲。蝱從甿，省聲考。民則有害於人，若蝱傷牛馬，亦田甿之患也。蝱有數種。商浙以南江嶺間，有大木蝱，長大，緑色，殆如次蟬，咂牛馬或至頓仆。蜚蝱狀如蜜蜂，黄黑色。又一種小者，名鹿宝，大如蠅，齧牛馬亦猛。三宝所食同，故《説苑》曰：蠹喙仆柱，蚊宝失牛。古語『搏牛之蝱不可以破蝨』，言才有分，能大者不必能細也。好聚於牛馬之尾。《楚語》曰：譬之如牛馬，處暑之既至，宝䖟之既多，而不能掉其尾。蓋大曰宝，小曰䖟，處暑七月節，牛馬之氣蒸鬱，故宝之大小集焉，尾重而不掉也。牟子曰：昔公明儀爲牛彈清角之操，伏食如故，轉爲蟁蝱之聲，則翹尾而躡蹀然。宝亦有不食之時。《淮南子》曰：夏至而流黄澤，石精出，蟬始鳴，半夏生，蟁宝不食駒犢，鷙鳥不搏黄口。許叔重以爲五月微陰在下，未成駒犢、黄口，肌血脆弱，故蟁宝、鷙鳥應陰不搏食之也。然則古者郊必用犢，將事于四海、山川，則飾黄駒，豈物所不傷純全至絜耶？

明　李時珍《**本草綱目**》**卷四一**　木宝音萌。《本經》中品　釋名：魂常《本經》　時珍曰：宝以翼鳴，其聲宝宝，故名。陸佃云：蟁害民，故曰蟁。宝害甿，故曰宝。亦通。集解：《别録》曰：木宝生漢中川澤，五月取之。頌曰：今處處有之，而襄漢近地尤多。弘景曰：此宝狀似宝而小，不噉血。近道草中不見有之，市人亦少賣者，方家惟用蜚宝耳。恭曰：宝有數種，並能噉血，揚浙以南江嶺間大有。木宝，長大，緑色，始如蜩蟬，咂牛馬或至顛仆。蜚宝，狀如蜜蜂，黄黑色，今俗多用之。又一種小者名鹿宝，亦名牛宝，大如蠅，齧牛馬亦猛。市人採賣之，三種同體，以療血爲本。雖小有異同，用之不爲嫌。木宝倍大，而陶云『似宝而小，不噉血』，蓋未之識耳。藏器曰：木宝從木葉中出，卷葉如子，形圓，著葉上。破之，初出如白蛆，漸大子化，拆破便飛，即能齧物。塞北亦有，嶺南極多，如古度化蟻耳。木宝是葉内者，蜚宝是已飛者，正如蠶蛹與蛾，總是一物，不合重出，應功用不同，後人異注耳。時珍曰：金幼孜《北征録》云：北虜長樂鎮草間有宝，大者如蜻蜓，拂人面嘬嚙。元稹《長慶集》云：巴蜀山谷間，春秋常雨，五六月至八九月則多宝，道路羣飛，咂牛馬血流，齧人毒劇，而毒不留肌，故無治術。據此，則藏

器之説似亦近是。又段成式云：南方溪澗中多水蛆，長寸餘，色黑，夏末變爲蝱，螫人甚毒。觀此，則蝱之變化，有木有水，非一端也。

又 蜚蝱《本經》中品 釋名：蝱蟲。蜚與飛同。集解：《别録》曰：蜚蝱生江夏川谷，五月取，腹有血者良。弘景曰：此即方家所用蝱蟲，噉牛馬血者，伺其腹滿，掩取乾之。恭曰：木蝱、蜚蝱、鹿蝱俱食牛馬血，非獨此也。但得即堪用之，何假血充，應如養鷹，饑即爲用。若伺其飽，何能除疾？宗奭曰：蜚蝱今人多用之，大如蜜蜂，腹凹褊，微黄緑色。雄、霸州、順安軍、沿塘濼界河甚多。以其惟食牛馬等血，故治瘀血、血閉也。時珍曰：採用須從陶説。蘓恭以饑鷹爲喻，比擬殊乖。

又 蚊子 時珍曰：蚊處處有之，冬蟄夏出，晝伏夜飛，細身利喙，咂人膚血，大爲人害。一名白鳥，一名暑蝱。或作（恭）[黍]民，謬矣。化生于木葉及爛灰中，産子于水中，爲孑孓蟲，仍變爲蚊也。龜、鼈畏之，螢火、蝙蝠食之。故煮鼈入數枚，即易爛也。藏器曰：嶺南有蚊子木，葉如冬青，實如枇杷，熟則蚊出。塞北有蚊母草，葉中有血蟲，化而爲蚊。江東有蚊母鳥，一名鷏，每吐蚊一二升也。

又 蚋子 時珍曰：按元稹《長慶集》云：蜀中小蚊名蚋子，又小而黑者爲蟆子，微不可見，與塵相浮上下者爲浮塵子，皆巢于巴蛇鱗中，能透衣入人肌膚，嚙成瘡毒，人極苦之。惟搗楸葉，傅之則瘥。又祝穆《方輿勝覽》云：雲南烏蒙峽中多毒蛇，鱗中有蟲，名黄蠅，有毒，嚙人成瘡。但勿搔，以冷水沃之，擦鹽少許，即愈。此亦蚋、蟆之類也。

明 吴楚材《彊識略》卷三二 蚊 蚊蚋呼委民，見《古今注》。海上焦螟，見《列子》。長喙細身，晝亡夜存，見東方朔《覆射》。字作蝱。蚊本惡水中蟲，羽化而生。又南方池澤茹蘆中有鳥大如鴿，黑色，名鷏，從口中吐出嘗一二升，謂之蚊母。又蟆子黑而小，不礙沙縠，夜伏晝飛。又浮塵子微不可見，與塵相浮，透人肌膚。與蚋子三者皆巢巴蛇鱗中，故嚙人輒成瘡。蟭螟生蚊睫。晏子云：極細蟲。

明 陳懋仁《庶物異名疏》卷二九《孑孓》 孑孓，足如縷，長一二分，生洿水中，好屈信水上。見人泳去，久則蜕爲蚊。見《爾雅翼》。

清 嵇璜《續通志》卷一七八 蝱，一名蝱蠅，一名盲蠅，有數種。木蝱最大而緑色，如蜩蟬，一名魂常，一名王蝱。一種蜚蝱，狀如蜜蜂，黑色。又一種小蝱，名鹿蝱，大如蠅。皆能啖牛馬血。案《晉語》云：蝱蠻之既多。韋昭注云：大曰蝱，小曰蠽。則鹿蝱當即蠽也。鄭《志》諸蝱未詳其類，今補入。蝱，亦作蚊。一名白鳥，一名暑蝱，一名黍民，一名昬蟲，一名門下蟲。其大而斑者，曰花蚊。更有長脚、長喙、頎然如鳶鸛者，曰水蚊，即所謂豹脚也。

《埤雅》云：蚊有昬市。蚋，一作蜹。似蚊而小，性喜亂飛，望之如霧，故一名昬芮，《莊子》所謂『昬芮生於腐蠸』者是也。因雨而生，見陽而死，與蚊實異。

紀事

宋 沈括《夢溪筆談》卷二三 信安滄景之間多蚊虻。夏月，牛馬皆以泥塗之，不爾多爲蚊虻所斃。郊行不敢乘馬，馬爲蚊虻所毒，則狂逸不可制。行人以獨輪小車，馬鞍蒙之以乘，謂之木馬，挽車者皆衣韋袴。

明 楊慎《丹鉛餘録》卷七《高齋無白鳥》 荆州江古岸有李姥浦，浦中偏無蚊蚋之患。梁元帝《金樓子》云：荆州高齋，暑月無白鳥。余亟寢處其中，及移餘齋，則蚊聲如雷，數丈之間如此之異。何子元云：北京某街蚊多，某坊蚊少，其無蚊處，雖帳幕可無。顧士廉云：松江亦然。又某門外城河中可里餘絶無一蚊，郡人暑月嘗移舟避宿其間。余以何、顧兩公之言叅之《水經注》紀李姥浦、《金樓子》紀高齋二事，信有此理。滇中環湖苦多蚊，而寶珠寺乃絶無影響，其理不可曉也。劉孟熙《霏雪録》言：會稽徑山夏無蚊。《湖州志》載：馬自然每賒酒于白塔巷，得仙之日，化酒家鐵器皆爲紫金，其橋遂名望仙。江子匯舊多蚊，馬仙泊舟之後，至今不生。夏月人多聚舟宿焉。又潼川護聖寺夏無蚊，靈應泉無蝦。祝天惠詩：蟲蝦敢污芳地潔，蚊蚋難禁寶地寒。

明 王圻《稗史彙編》卷一六二《蚊大如蠅》 楊孟載詩有『田家白蹄高似鹿，野蚊花股大如蠅』之句，人多謂其狀蚊爲過實。永樂間，金文靖公幼孜扈駕北征，其《紀行録》云：嘗次長樂鎮，草間多蚊，大者如蜻蜓，撲面嘬嚙，拂之不去。則其大又不但如蠅矣。

藝文

晉 傅咸《蟁賦》（引自《歷代賦彙》卷一四〇） 水與草，其漸茹，育茲

孽，而爲螽。嚆味鋭於秋毫，刺鋸利於芒錐。無胎卵而化生，搏兩翼而能飛。肇孟夏以朋起，迄季秋而不衰。衆繁熾而無數，動羣聲而成雷。肆慘毒於有生，迺餐膚以療飢。妨農功於南畝，廢女工於杼機。

唐 白居易《**白氏長慶集**》**卷一一**《**蚊蟆**》 巴徼炎毒早，二月蟆蚊生。咂膚拂不去，遶耳薨薨聲。斯物頗微細，中人初甚輕。如有膚受譖，久則瘡痏成。痏成無奈何，所要防其萌。麽蟲何足道，潛喻儆人情。

唐 元稹《**元氏長慶集**》**卷四**《**蝱三首**并序》 巴山谷間，春秋常雨，自五六月至八九月，雨則多蝱，道路羣飛，噬馬牛血及蹄角，旦暮尤極繁多。人常用日中時趣程，逮雪霜而後盡。其齧人，痛劇浮蟆，而不能毒留肌，故無療術。

陰深山有瘴，濕墊草多蝱。衆噬錐刀毒，羣飛風雨聲。汗粘瘡痏痛，日曝苦辛行。飽爾蛆殘腹，安知天地情。

千山溪沸石，六月火燒雲。自顧生無類，那堪毒有羣。搏牛皮若截，噬馬血成文。蹄角尚如此，肌膚安可云。

辛螫終非久，炎涼本遞興。秋風自天落，夏蘗與霜澄。一鏡開潭面，千鋒露石稜。氣平蟲豸音雉。死，雲路好攀登。

唐 劉禹錫《**劉賓客文集**》**卷二一**《**聚蚊謡**》 沈沈夏夜蘭堂開，飛蚊伺暗聲如雷。嘈然欻起初駭聽，殷殷若自南山來。喧騰鼓舞喜昏黑，昧者不分聰者惑。露花滴瀝月上天，利嘴迎人著不得。我軀七尺爾如芒，我孤爾衆能我傷。天生有時不可遏，爲爾設幄潛匡牀。清商一來秋日曉，羞爾微形飼丹鳥。

五代 王周《**蚋子賦有序**》**（引自**《**御定歷代賦彙**》**卷一四〇）** 蚋子之下有蟆子，蟆子之下有浮塵子，三者異乎？皆狀小而黑。世云巴蛇鱗介中微蟲所變耳。三伏間晝飛夜息，咂啄人肌膚，動爲瘡痏。能飛不見其翼，能齧不見其口，微眇之極。雖縝密衣服，亦可通透。莊生焦螟之説近之也。至微之蟲豸，詩獨無蚋，故作賦以廣之。蟲之至微，名之曰蚋。信乎蟣之别品，爲復蝨之餘裔。羣巢螽之異類，結搏牛之深契。附諸鬱蒸，産彼蕪穢。張華之識，何以辨其兩翼？離婁之明，何以見其長喙？伺暑絺之漏露，萃豐肌而睥睨。默然而至，暗然而噬。人之至靈，何闕爾之所衛？人之至剛，何反爾之所制？狀斯咄咄，籲於造物。何不恣蛇虺之毒，必當與之爲避。何不張虎豹之口，不敢與之爲忽。豈其食人之膏血，資己之肥腯。念膚體之何毁，痛瘡痏之難没。吾將擷楸葉以爲焚，俾爾之銷骨者也。

宋 王邁《**臞軒集**》**卷一〇**《**蚊賦**》 暑風始至，天宇將昏，玉蟲甫掛於明釭，銀蟾突出於游雲。有喧於室，有哄於門。謳如亂雅之俚曲，噪於不整之潰軍。睨而視之，徐而聽之，則藐乎小哉，其爲蚊也。於戲！尤物之生，有徒是繁。大而猛者則豺、豹、狼、兕、貙、貘、麖、麈，小而黠者則蝮、蛇、蛭、蝎、蝍蛆、蠭、蠻。彼惟肆惡於川陸兮，避之則易。汝求人而中傷兮，其情不可原。汝獨入於堂奧兮，去之也難。彼觸之而後毒人兮，其罪猶可貸。吾嘗觀詩人之傷讒，至援蒼蠅而爲比。蠅惟聲之可憎，汝又兼之利觜。吾欲改止棘之章，獨以汝爲讒夫之刺。蓋自古之小人，多不利於君子。將聖兮蒙毁於叔孫，大賢兮見沮於臧氏。管蔡二叔兮，流言於國之碩膚；驪戚二姬兮，欲摇乎君之冢嗣。子椒之間行兮，惡草可掩乎芳蘭；歌奴之潛入兮，白羽或移乎秋氣。腹有劒兮，伺人之可乘；笑有刀兮，襲人之不備。蓋此曹，生則爲囂囂嗷嗷之人兮，死則爲緝緝翩翩之鬼。炙手附熱，其故態兮，故多出於炎天；陰邪穢污其舊染兮，故每生於濕地。或被人以痏瘡兮，如長慶三楊之流；或進身以纖巧兮，如熙寧十鑽之類。吠堯之犬兮，同聲相呼；食月之蟇兮，同惡相比。是何天宇之不肅清，使汝得以陸梁跳躑而爲祟也。王子平曰：嫉惡如仇，展轉不寐，我心百憂。在床下者必焚之以艾火，集幃中者必驅之以膏油。欲吾心之屬饜，磬汝族之虔劉。或曰：不然，疾之已甚者亂之端，犯而不校者德之盛。靡昏不明，靡亂不靖。維其忍之，秉心無兢。東方明矣，乃時之定。王子唯唯，静坐以聽。

明 袁凱《**蚊**》**（引自**《**佩文齋詠物詩選**》**卷四八五）** 羣蛇戢戢方鬭爭，蝦蟇螻蛄相和鳴。百足之蟲行無聲，毒氣著人昏不醒。蚊蚋雖微亦縱横，隱然如雷吁可驚。東方日色苦未明，老夫閉户不敢行。

明 楊慎《**升庵集**》**卷一**《**蚊賦**》 有物于此，孕于丹鶇，氏于白鳥，育于朱陵，殷于豐草。翾翾以作狀，薨薨以成象；昭昭以相避，冥冥以相向。閣閣椓椓，據以爲營；郁郁彬彬，竊以爲名。霢霂眩雨，豐隆混聲。貞女棄骼，壯士挫精。公子不知，筮諸靈蓍。靈蓍曰：針之喙噆膚之利，利在三宵。

羣嬉羣囂，醉血不醒。疾斃于掌戟，著頌喻寡。徵諸玉瓦，玉瓦曰：仙鼠聚糧，萑葦之鄉，伏鼊攸戕，利距森張，何彼皇皇，不見肅霜。一瓦辭難讀，訊諸射覆，射覆大夫曰：烟火其屯，鐙燭其喜，焦螟以爲巢，蟣蠓以爲使。芸瓜而來，零栗而逝。秋風夕起，斯害也已。公子喻矣，是曰蚊理。

又《後蚊賦》 余暇之日，戲爲《蝨賦》，或謂規規蘭陵之體，未盡蝨之典也。夫言生於智，智者不藏書；事起於言，善言不引事。而昔人有點鬼祭獺，探瓶記珠者，良亦苦矣。余也窽聞習懶，直取之胸臆而已，叙之於紙，爲《後蝨賦》。邃古史皇，刱奎畫兮。曲脚旁低，《古文贊》：蚊脚旁低，鵠頭仰立。爲垂物則兮。謚曰蟸民，《蒼頡》曰：蚊，蟸民蟲也。昭兇德兮。炎后品物，世匱資兮，蠆尾虺首，罔攸遺兮。喈爾蜎化，《通俗》：文蜎化爲蚊。百靡宜兮。擾龍儀鳳，于帝庭兮。嗟爾有生，胡營營兮。禁竈去梟，著周經兮。胡爾利喍，獨無懲兮。玄圭紀正，炯弗昧兮。丹良爲羞，《大戴記》：丹鳥羞白鳥。注：丹鳥，丹良也。白鳥，蚊也。欣絶彙兮。鼇戴山抃，聖播跡兮。使爾負山，《莊子》：使蚊負山。諒何力兮。謂爾有睫，《列子》：焦螟巢于蚊睫。奚誰攘兮。窌寮琅疏，競來往兮。謂爾有臂，《莊子》：蟲臂鼠肝。奚誰悦兮。明潛宵征，侶罔兩兮。旅蜚成市，仙孺愓兮。《續列仙傳》吴猛事。聚響成雷，藩侯慄兮。中山王事。障爾熛爾，徙宜疾兮。蝨不能辯，對以臆兮。肖翹蠕動，生以息兮。俶詭妍媸，寧有極兮。血國三千，彼貨殖兮。揚子《貨殖》曰：蚊血國三千，使將疎飲水，褐博設齒然也。曷云不慘，噆有國兮。赤口燒城，煩言嘖兮。積毀銷骨，瘡痏結兮。楚組齊帷，疇其隔兮。赤燧赬熛，罔有懾兮。命曰人蝨，理可説兮。惟蟲能蟲，各以類兮。厥以恒性，賤剖貴兮。人蝨不懲，蟲何罪兮。百爾君子，無庸喙兮。

雜録

漢 東方朔《神異經》 南方蚊翼下有蜚蟲焉，目明者見之。每生九卵，復未常有。觳復成九子，蜚而俱去，蚊遂不知。亦食人及百獸，食者知。言蟲小食人不去也。此蟲既細且小，因曰細蟣，陳章對齊桓公小蟲是也。此蟲常春生，以季夏藏于鹿耳中，名嬰蜺，亦細小也。

宋 高似孫《緯略》卷一《蚊民》 東方朔《蚊賦》曰：長喙細身，晝伏夜存。存一作伸。其屬惡烟，爲掌所捫。臣朔愚戇，名之曰民。崔豹《古今注》曰：河内有人嘗見人馬滿地，如黍米大，取火燒，皆作蚊蚋飛去，因號蚊蚋爲黍民。潘子真《詩話》載《紫姑神蚊賦》曰：其來繽繽紛紛，如烟如雲。嘗聞之秦謂之蚋，楚謂之民，用東方朔賦中字也。

明 吴之俊《獅山掌録》卷二四《蚊母草蚊子木蝨母鳥》 塞北有蚊母草，草茂而蚊變。嶺南有蚊子木，實如盧橘，熟則綻，蚊出而實空。江東有蝨母鳥，生池澤中，聲若鴿鳴，每一鳴，輒吐蚊一二升許。

圖表

明 李時珍《本草綱目・圖卷》

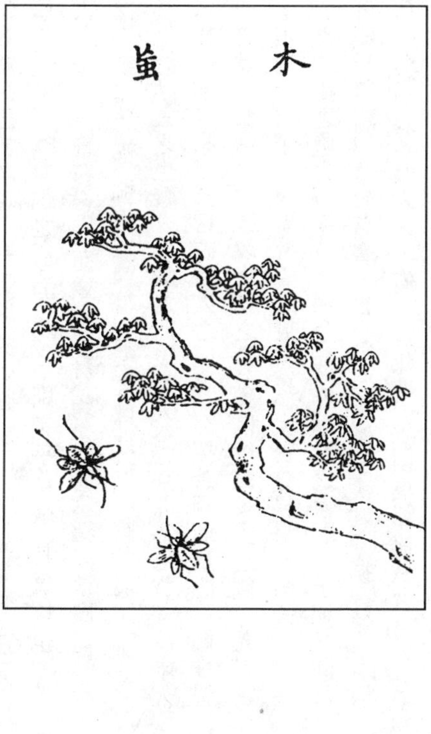

蠛蠓

綜述

《列子・湯問》 生於朝，死於晦，春夏之月有蠓蚋者，謂蠛蠓、蚊蚋也。二者小飛蟲也。因雨而生，見陽而死。

《爾雅・釋蟲》 蠓，蠛蠓。注：小蟲，似蚋，喜亂飛。音義：蠓，莫孔反，下同。蠛，亡結反。蚋，人鋭反，《字林》人劣反，秦人謂蚊爲蚋。疏：小蟲似蚋亂飛者也。名蠓，又名蠛蠓。《列子》云：生朽壤之上，因雨布生，得陽而死。一名醯雞。《莊子》云：孔子與老聃語，出告顔回，曰：丘之於道也，其猶醯雞與？郭象云：醯雞者，甕中蠛蠓是也。

漢 許慎 《説文》卷一三 蠓，蠛蠓也。从虫，蒙聲。莫孔切。蠛，蠛蠓，細蟲也，从虫，蔑聲。亡結切。

宋 釋贊寧 《東坡先生物類相感志》卷一六《蠓蚋》 蠓蚋，蟲也。一名蠛蠓。《列子》云：春夏之月有蠓蚋者，雨而生，見陽而死。爾疋蠓蚋。今溝罋間及醯瓮上生之，然隨雨就陰雨生，向日則死矣。

宋 陸佃 《埤雅》卷一一《蠓》 小蟲，似蚋，亂飛者也。一名醯雞。《列子》曰：醯雞生乎酒。又曰：食醯頤輅，生乎食醯黄軦。食醯頤輅，即蠓是也。孔子曰：人之於道也，其猶醯雞與？微夫子之發吾覆也，吾不知天地之大全。制字从蒙，音謂之懵，以此。《爾雅》曰：蠓，蠛蠓。孫炎注云：蠛蠓，此蟲微細羣飛。郭璞亦曰：蠓飛磑則天風，春則天雨。此言蠛蠓將風，則旋飛如磑，一上一下如春，則雨矣。然其《圖贊》又曰『風春雨磑』，二説不同也。

宋 鄭樵 《通志》卷七六 蠓之類多。《爾雅》云：蠓，蠛蠓。似蚋而小，斜陽則羣聚鬬飛。

宋 李石 《續博物志》卷一 郭璞曰：蓬飛磑則天風，(春)[春]則天雨。蓬，蠓也。《傳》曰：雷不蓋醬，令人腹中雷鳴。月上下弦之時，觸醬輒壞，里俗忌之。

宋 戴侗 《六書故》卷二〇 蠛蠓 【略】《説文》曰：細蟲也。《爾雅》：蠛蠓。疏曰：小蟲，似蚋，亂飛。一名醯雞。《列子》曰：蠓蚋者，因雨而生，見陽而死。司馬氏曰：醯雞者，酒上之蠛蠓。

宋 魯應龍 《括異志》（引自《説郛》卷一一六） 光嚴庵正議之塋瀕湖占勝，爲一方冠，東南皆枕湖，遠峯列如筆架，一塔屹於波心，文鋒挺立。登名仕版者，世有其人，視他族爲最盛。淳祐間，忽樹間出煙一道，遠近莫不驚異。有細視之者，見其間有蠓蚋不可計，從樹中出，終日不絶。蓋此煙即此所成，不知何異。

清 劉玉麐 《爾雅校議》卷下 蠓，蠛蠓。注：小蟲。似蚋，喜亂飛。玉案：唐釋玄應《一切經音義》引郭注末云：所謂風春雨磑者也。《埤雅》引郭氏讚曰：風春雨磑。是玄應所引爲郭注無疑。玉又案《埤雅》云：郭璞曰：蠓飛磑則天風，春則天雨。此二語蓋爲《音義》之文。《埤雅》引郭氏蠓飛二語。下又云：此言蠛蠓將風，則旋飛如磑，一上一下如春，則雨矣。此爲陸氏釋郭之文。

藝文

元　陳宜甫《秋岩詩集》卷上《一蠓吟同留承旨賦》　一蠓飛從何處來，泊我書葉如點埃。眼明細辨見形狀，喙潛脚動翼稍開。雖云區區至微命，汝亦含靈存本性。不隨蚋蟆嚼人膚，獨立暫時那忍屏。君不見，莊生廣論萬物齊，蚊睫可托焦螟栖。仲尼一聽老聃語，自媿聞道猶醯雞。嗚呼！古人已往不復返，對汝興思重嗟嘆。

明　張治道《蠛蠓賦》（引自《明文海》卷三八）　何蠛蠓之微細兮，秉陰氣而成形。肖蚊蚋而時出兮，恣上下之營營。天將雨而霎䨴兮，固如春之弗止。風聿發而颷猛兮，旋如螘之靡停。飛則罔離，息則靡散。雨騁昏朝，晴失夜旦。攢仄冪歷，拂汨糜漫。雖托命於逢霖，終絶生於覩晛。鳥時夫蓐收秉令，少皞專秋，商風震烈，密霧四流，草木摇落，風氣颼飀。鳥畏濕而藏羽，螢韜光而暗投。斯時也，爾何地而不生，生何處而不游，蕩漾闐閤，緜冪林樓。既挾風而低昂，復帶雨而紛糾。將撲之而不滅，誰視之而可驅。叶伴蟌蟀之幽響，雜落木之飄蕭。叶胡杲杲之不出，將攘攘之靡休。雖禦寇有取乎湯問，喻道不嫌於孔丘。而余也終睹之而靡樂，每見之而生愁。

清　愛新覺羅・弘曆《清高宗詩三集》卷三六《蠛蠓》　蠛蠓浮撇天，陽氣始奏達。塘北冰欲蕪，池南水已活。醯雞甫辭波，飛空亂騰越。非甕無酒氣，撲地隨唾沫。驅散仍復聚，紛不可究詰。粘衣喪其生，較菌猶飄忽。微物亦一時，化工浩旋斡。

清　沙琛《點蒼山人詩鈔》卷四《青蠓》　青蠓附熱飛，撲簾暗庭炬。具體螽斯微，藐生蜉蝣楚。

圖表

晉　郭璞《爾雅音圖・釋蟲》

蠅

綜述

《爾雅・釋蟲》　蠅醜扇。注：好摇翅。疏：【略】青蠅之類，好摇翅自扇。

漢　揚雄《方言》卷一一　蠅，東齊謂之羊，此亦語轉耳。今江東人呼羊聲如蠅，凡此之類皆不宜別立名也。陳楚之間謂之蠅，自關而西秦晉之間謂之羊。案：蠅、羊一聲之轉，羊可呼蠅，蠅亦可呼爲羊。方音既異，遂成兩名，書中皆此類。注以爲不宜別立名，非也。

漢　許慎《説文》卷一三　蠅，營營青蠅，蟲之大腹者。从黽，从虫。

余陵切。

宋 釋贊寧《東坡先生物類相感志》卷一六《蠅生於灰》 蠅墮水死者，置於灰中，須臾即活，但事蠅生於積灰之中。因述華佗《肘後方》云：以灰徧覆溺人首上，開其口鼻耳，灰濕復中，易之如是，溺人自活。常有人言，小兒溺潭水，極上置床峻後瀝水，以灰擁腹，灰温旋活也。

宋 陸佃《埤雅》卷一〇《蠅》 蠅好交其前足，有絞繩之象，故繩之爲字，从蠅省。準生於隼，繩生於蠅，其義一也。亦好交其後足，摇翅自扇，故《爾雅》曰『蠅醜扇』也。段氏云：蒼蠅聲雄壯，青蠅聲清聒，其聲皆在翼。又曰：青蠅糞尤能敗物，雖玉猶不免，所謂『蠅糞點玉』是也。蓋青蠅善亂色，蒼蠅善亂聲，故《詩》以《青蠅》刺讒，而《雞鳴》曰『匪雞則鳴，蒼蠅之聲』也。一章曰『蒼蠅之聲』，言耳聞疑而起也。二章曰『月出之光』，言目見似而起也。青蠅首赤如火，背若負金。蒼蠅又其大者，肌色正蒼，今俗謂之麻蠅。《傳》曰：以冰致蠅。蠅，逐臭者，懷蛆縈利，常喜煖而惡寒，故遇冰輒側翅遠引，所謂『夏蟲不可與語冰』者也。《類從》曰：蠅生於灰。蓋蠅值水溺死，以置灰中，須臾即活。《淮南子》以爲爛灰生蠅，正此謂也。張敞書曰：蒼蠅之飛不過十步，託於騏驥之髮，則致千里。此言附善之益有如此也。

宋 羅願《爾雅翼》卷二七《青蠅》 青蠅，古以喻讒人，以其所趨甚汙，終日營營而不知止，又爲聲以亂人聽，故以比。然必言止于樊棘者，鄭氏以爲欲其遠之常限之藩籬之外，此不然也。夫物之逐臭者，投隙而進，豈能限絶？蓋室之匽，必植榛棘爲藩以蔽之，正蠅所宜集止耳。説者又以青蠅點白爲黑，點黑爲白，自昔相傳如此。歐陽公獨以爲今之青蠅所汙甚微，以黑點白猶或有之，然其微細，不能變物之色。詩人惡讒言變亂善惡，其爲害大，必不引以爲喻。至於點白爲黑，則未嘗有之。據今青蠅之行，好遺矢於物上，遇物之絜者則見。《論衡》曰：清受塵，白受垢，青蠅所汙，常在練素。此所謂點白爲黑也。至於循繞研上，引取墨汁，斯須之頃，盈寸白駮矣，則所謂點黑爲白者也。二者爲害雖微，然傷物之全，亂物之正，實自此始，正當謹以爲戒也。故《法言》：或問蒼蠅紅紫，曰：明視。以蠅變白黑，紅紫亂朱故也。君子之於讒也，初蓋易之，至於亂之，又生而後，君子信讒，此《詩》亦然。故首章但云『毋信讒言』，至其二章則已交亂在外之四國，至其三章則雖同心如我二人者，亦不能以相有其始輕之而不忌，皆如此蠅矣。漢昌邑王賀夢青蠅矢積西階東，可五六石，以問龔遂，遂亦勸放逐左側讒人。而魏何晏夢青蠅數十來鼻端，驅之不去，管輅亦以爲鼻者天中，今蠅臭惡而來集之，位峻者顛，輕豪者亡。詩人取喻，豈虚乎哉？

又《蒼蠅》 蒼蠅，蠅之絜者。《雅》有青蠅，《風》有蒼蠅。蒼蠅比於青蠅而大，其色蒼，好集几案食飲上者是也。《齊詩》曰：匪雞則鳴，蒼蠅之聲。段成式以爲蒼蠅聲雄壯，青蠅聲清聒。而《埤雅》亦云：青蠅首赤如火，背若負金。蒼蠅又其大者，肌色正蒼，今俗謂之麻蠅。段氏則以青蠅與蒼蠅交互言之。陸氏言蒼蠅則非。今雖有麻蠅一種，然比此二種絶少。又蠅之小者其色自蒼，今人正謂之蒼蠅，不待别引。且《詩》以齊哀公荒滛怠慢，故陳賢妃、貞女夙夜警戒相成之道，宫寢之間懷茝握蘭之所，豈大於青蠅者所宜集耶？

明 李時珍《本草綱目》卷四〇 蛆《綱目》 釋名：時珍曰：蛆行趦趄，故謂之蛆。或云沮洳則生，亦通。集解：時珍曰：蛆，蠅之子也。凡物敗臭則生之，古法治醬生蛆，以草烏切片投之。張子和治癰疽瘡瘍生蛆，以木香檳榔散末傅之。李樓治爛痘生蛆，以嫩柳葉鋪卧引出之。高武用猪肉片引出，以藜蘆、貫衆、白斂爲末，用真香油調傅之也。

又 蠅《綱目》 釋名：時珍曰：蠅飛營營，其聲自呼，故名。集解：時珍曰：蠅處處有之，夏出冬蟄，喜煖惡寒。蒼者聲雄壯，負金者聲清括，青者糞能敗物，巨者首如火，麻者茅根所化。蠅聲在鼻而足喜交，其蛆胎生，蛆入灰中蜕化爲蠅，如蠶、蠁之化蛾也。蠅溺水死，得灰復活。故《淮南子》云：爛灰生蠅。古人憎之，多有辟法。一種小蟢蛛專捕食之，謂之蠅虎者是也。

又 狗蠅《綱目》 集解：時珍曰：狗蠅生狗身上，狀如蠅，黄色，能飛，堅皮利喙，噉咂狗血，冬月則藏狗耳中。

明 吴雨《毛詩鳥獸草木考》卷七《蒼蠅》 蒼蠅，蛆蟲所化，好交其前足，亦好交其後足，摇翅自扇，故《爾雅》曰『蠅醜扇』也。其聲雄壯，聲皆在翼。比青蠅而大，肌色正蒼。今俗謂之麻蠅，東齊謂之羊，陳楚之間謂之蠅，自關而西秦晉之間謂之蠅。羅願云：蒼蠅，蠅之絜者，比青蠅而小，其色蒼，好集几案上食飲是也。今人正謂之蒼蠅。蠅生於灰，蓋蠅值水溺死，以置灰

中，須臾即活。《淮南子》以爲爛灰生蠅，正謂此也。如羅之言，只今之小蒼蠅，何似遠雞之鳴？

又卷一三《青蠅》 《小雅》曰：營營青蠅，止于樊。《箋》：蠅之爲蟲，汙白使黑，汙黑使白。青蠅，汙穢蟲也，一名景跡，蛆蟲所化。身青，首赤如火，背若負金，其聲清聒，好集穢濁，遇物之絜者，好遺矢於物上。段氏云：青蠅糞尤能敗物，雖玉猶不免，所謂『青蠅點玉』是也。《論衡》曰：清受塵，白受垢，青蠅所汙，常在練素。此所謂點白爲黑者也。至於循繞研上，引取墨汁，斯須之頃盈寸白駁矣，則所謂點黑爲白者也。陸佃云：青蠅善亂色，蒼蠅善亂聲。劉氏曰：蛆蟲所變而成者，青蠅也。其飛之聲則營營然，亂人之聽。其止於物則穢敗之，又從而生蛆，復變爲蠅。其穢敗於物，無有紀極也。

清 顧棟高《毛詩類釋》卷一八《蠅》 《爾雅》：蠅醜扇。郭注：好摇翅。邢疏：青蠅之類，好摇翅自扇也。《小雅》：營營青蠅。長樂劉氏曰：蛆蟲所變而成者，青蠅也。其飛之聲則營營然，亂人之聽。其止於物則穢敗之。又從而生蛆，復變爲蠅。其穢敗於物，無有紀極也。

紀事

唐 段成式《酉陽雜俎》卷一七 蠅，長安秋多蠅，成式嘗日讀《百家》五卷，頗爲所擾，觸睫隱字，驅不能已。偶拂殺一焉，細視之，翼甚似蜩，冠甚似蜂。性察於腐，嗜於酒肉。按理首翼，其類有蒼者聲雄壯，負金者聲清聒，其聲在翼也。青者能敗物。巨者首如火，或曰大麻蠅，茅根所化也。

又《酉陽雜俎續集》卷八 太和七年，河陰忽有蠅蔽天如蝗，止三日，河陽界經旬方散。有李韡，時爲尉，向予三從兄説。

明 吴之俊《獅山掌録》卷六下《石蠅》 滇南竇井中得一石，石中有蒼蠅二頭，羽鬣皆活，置几上能辟蠅。

藝文

晉 傅咸《青蠅賦》（引自《漢魏六朝百三家集》卷四六） 幸從容以閒居，且遊心於典經。覽詩人之有造，刺青蠅之營營。無纖芥之微用，信作害之不輕。既反白而爲黑，恒懷蛆以自盈。穢美玉之鮮潔，橐嘉肴之芳馨。滿堂室之薨薨，孰閑宇之得情。

宋 梅堯臣《宛陵集》卷四八《蠅》 乘炎出何許，人意以微看。怒劍休追逐，疑屏漫指彈。與蚊更晝夜，共蜜上杯盤。自有堅冰在，能令畏不難。

宋 鄒浩《道鄉集》卷一《秋蠅》 秋風快如刀，着木木欲折。蕃鮮轉淒淒，入眼無一悦。青蠅獨何爲，飛鳴猶未滅。造化本無私，爾生亦偶竊。念方三伏中，日車午停轍。下照人世間，何異紅爐熱。勁鳥倦戢翼，獰獸喘吐舌。惟人於此時，體懈劇疲薾。虚堂幸可逃，枕簟隨意設。好睡邊韶同，素懶嵇康埒。更此值清涼，酣寢謂須決。雙睫纔欲交，汗膚遭爾齧。營營不絶聲，宛類讒口吶。使我寢不安，欲息還復挈。況如一簞貧，未能萬錢歠。園蔬薦脱粟，杯盤殊減裂。雙筯纔欲拈，咀嚼遭爾餮。適從何處來，食飲汙脩潔。使我味不甘，欲噉還復噎。毆除付疲兵，秪足增跛躄。宜哉孫權彈，爲爾情激切。期望秋風回，一掃無餘孽。偶此延朝昏，勿謂風不烈。氣侯侵凝凜，龍蛇且藏穴。爾形大豆然，豈能堅如鐵。

宋 楊萬里《誠齋集》卷一一《凍蠅》 隔窗偶見負暄蠅，雙脚挼挲弄曉晴。日影欲移先會得，忽然飛落别窗聲。

明 曾棨《刻曾西墅先生集》卷六《惡蠅》 蒼蠅爾甚微，終日何所營。紛紛飛且止，擾擾縱復横。或散入襟袖，或翔集冠纓。或棲遂緣睫，或墜忽投羹。屢揮不能却，將寐還復驚。況兹卧病軀，遭此聒耳鳴。日暮尚未息，頻頻向天明。蜂蠆毒可防，蚊䖟害爲輕。蜈蚣穴底居，蛇虺草中行。觸之乃肆害，反不如爾憎。止棘比讒佞，污壁喧謗聲。所以歐陽子，作賦窮爾情。安得奮劒逐，坐遣形神清。

明 唐之淳《唐愚士詩》卷一《續蒼蠅賦》 陶唐子適乎白雹之野，

止乎塗陽之山。月在弦矣，斗插未間。出則接乎戎旅，入則事乎觚翰。天高地寒，炎暑不干。晨昏若秋，正午暫暄。私竊自計，産于南荒，畏處朔土。今則備嘗其寒，不知有暑。車馬而嬉，衣裳而處。無坐甑之憂，而有不箑之娱矣。豈非幸歟？何物蒼蠅，百千其羣。自寅及酉，營營紛紛。勢同乎蟣蠓，聲震乎秋蚊。尋馨投光，靡隙不集。既引類而招朋，或揚眉而鼓翼。周匝乎櫺檻，徘徊乎几席。其點污也，則在白加黑，因朱爲蒼。紈袖洒松滋之墨，烏巾著齊女之霜。其攻鑽也，則穢我湩酪，敗我醇酎，淋漓我餅餌，偵伺我餺漏。三牲之味，八珍之養，紫駞之峯，玄熊之掌，已先飫其所享矣。其附於人也，則不蝱而創，不蠆而螫。撲面緣眶，翔頤咂頞。或升領而拂髭，或穿袍而入臆，或盤辟乎介胄，或從容乎履舄。使人目眩顛汗，神昏氣塞。白羽捲於飛揺，蒼頭罷於拂拭，甚則投筆而輟書，對案而忘食。雖有千鈞之弩，萬夫之勇，亦無所發其機而陳其力也。下則牧竪嗟咨，圉人太息，犬彘爲之回皇，馬牛爲之辟易。究其所患，蓋未能一二而悉焉。迨夜叅半，夢一童子，黑幘青裙，趨蹌翼如張目吐氣，揖而謂予曰：吾乃見垢於子者也，子固善垢吾，實何辜子不聞乎？衣垢而豢蟣蝨，肉腐而生蟲蛆，醢鷄麥鵝理固自如向也。兹地蛇虺之宅，狐狸之區，烟火蕭條，草生郭郛，死骨蔽野，氊裘所都，此吾徒之所經營而恣睢者也。今也兹地師環其疆，士卒暴露，區溲井竈，錯雜無序，郊野爲運釀之衢，川原納人畜之汗，方版築其未完，亦何有乎室宇，此吾徒之所乘時而繁庶者也。子姑待夫民神奠居，邑屋完固，鳥獸蟲豸，咸得其所。白露爲霜，北風其涼。于斯時也，吾則歛翅鼓腹，委身於無何有之鄉矣。子豈久寓於此者哉！吾豈久溷於子者哉！余乃悅然以驚，愓爾而寤，河沉月墮，起而續歌歐陽子之賦。

明 王立道《具茨文集》卷一《憐寒蠅賦》 惟秋容之淒淡，忽冬氣之復冽。霜凛凛而晨凝，風飄飄而夜發。雁折蘆而南度，蟬抱樹而無聲。螢依依而光滅，蛩唧唧而微吟。爰有營營青蠅，離披顛蹶，垂首零丁，吞聲泯息。翅欲振而還歛，足將緣而無力。觸微風而遽隕，依日影而羣集。或低墮几案撲之狼籍，或强沿盃盂驅之没溺。多無故而自殭，與糞壤而騈積。嗟爾蟲之甚微，何消息之靡一。昔孟夏之恢台，常爾曹之志得，率羣聚而狂攘，恣貪婪而罔戢。既紛擾於闠，亦沾污於服食。咸汝怨而汝憎，與蚊虻而同疾。麾之復來，萃儒衡之瓜；窮之靡得，觸王思之筆。曾時月之幾何，遽黯然而喪魄。幸隨驥而千里，今苟存於一息。豈所遇之非時，將多罪而致孽。吾嘗叩螗蛄之年，憂蜉蝣之翼，抑定數之使然，人何暇於欣戚。惟萬物之於時，咸有得而有失。雖蛟龍之孔神，或失勢而潛匿。矧爾物之小醜，又何足爲善忒？惟大塊之生爾，誠有害而罔益。能黑白之易常，類讒人之亂國。聊示儆於幾微，庶少懲其罔極。

明 朱之蕃《蒼蠅》（引自《佩文齋詠物詩選》卷四八五） 生從汙穢忽雄飛，鼓翅摇脣覓已肥。剩酒殘羹沾醉飽，青絲白壁玷光輝。營營引類來同惡，戀戀依人不暫違。驅斥雖嚴還易集，持將麈尾莫停揮。

明 張維《蠅》（引自《佩文齋詠物詩選》卷四八五） 呼朋引類競紛然，入我房櫳擾晝眠。鼓翼有聲喧耳畔，側身無賴簇眉邊。頻驚栩栩南柯興，始信營營止棘篇。揮汗未能操詠筆，任他長劍逐堂前。

蛾

綜述

《爾雅・釋蟲》 蛾，羅。注：蠶蛾。音義［略］疏：此即蠶蛹所變者也。《説文》云『蛾，羅』是也。

漢 戴德《大戴禮記・公冠》 食桑者有絲而蛾。

漢 許慎《説文》卷一三 蛾，羅也。从虫，我聲。臣鉉等案：《爾雅》：蛾，羅。蠶蛾也。蚰部已有蝨，或作蛾，此重出。五何切。蝨，蠶化飛蟲。从䖵，我聲。五何切。，或从虫。

晉 崔豹《古今注》卷中 飛蛾善拂燈，一名火花，一名慕光。

五代 馬縞《中華古今注》卷下《飛蛾》 善拂燈，一名火化，一名

慕光。

宋 范致明《岳陽風土記》 岳州夏秋水漲，即生飛蛾，蔽空而飛。夜見明即投，至不可燃燭。雖樽俎之間，須臾徧滿，久之復投水中，俗謂天蛾。

宋 蔡卞《毛詩名物解》卷一二《蛾》 《博物志》曰：食桑者有緒而蛾，蛾類皆先孕而後交。蓋蛹者蠶之所化，蛾者蛹之所化，《荀子》曰『蛹以爲母，蛾以爲父』是也。蛹一名螝，蛾一名羅。孫炎《爾雅正義》謂螝是雄，蛹是雌，羅雄蛾雌。似黄蝶而小，其眉勾曲如畫，《詩》以譬莊姜。今一種善拂燈火夜飛蛾，一名慕光，亦其類也。

宋 陸佃《埤雅》卷一〇《蛾》 蠒生蛾，蛾生卵。《博物志》曰：食桑者有緒而蛾。蛾類者先孕而後交。蓋蛹者蠶之所化，蛾者蛹之所化，《荀子》曰『蛹以爲母，蛾以爲父』是也。蛹一名螝，蛾一名羅。孫炎《爾雅正義》以爲螝即是雄，蛹即是雌；羅即是雄，蛾即是雌。蛾似黄蝶而小，其眉句曲如畫，故《詩》以譬莊姜。《碩人》曰：螓首蛾眉。今一種善拂燈火夜飛，謂之飛蛾，一名慕光。《符子》曰：不安其昧而樂其明，是猶文蛾去暗赴燈而死，亦其類也。與蠦而爲牝牡。蠦，一名過街，言逢申日則過街，殆與『鷊忌庚申，燕避戊巳』無異。周人設官覆夭鳥之巢，以方書十日之號、十有二辰之號、十有二月之號、十有二歲之號、二十有八星之號，縣其巢上，則去之。言夭鳥見此五者而去，良有以也。《變化論》曰：蝙蝠夜值，庚申乃伏。

明 吴雨《毛詩鳥獸草木考》卷七《蛾》 蛾，蠶蛾也。蠒生蛾，蛾生卵，先孕而後交。蓋蛹者蠶之所化，蛾者蛹之所化，《荀子》曰『蛹以爲母，蛾以爲父』是也。蛹一名螝，蛾一名羅。孫炎以爲蛹即是雌，螝即是雄；䖸即是雌，羅即是雄。蛾似黄蝶而小，其眉勾曲如畫，古云『蛾描』是也。今有一種善拂燈火夜飛，謂之飛蛾，一名慕光，一名火化。與蠦而爲牝牡。蠦，一名過街，言逢申日則過街，殆與『鷊忌庚申，燕避戊巳』無異。

清 徐鼎《毛詩名物圖説》卷三 《爾雅》：蛾，羅。郭璞注：蠶蛾。邢昺疏：此即蠶蛹所變者也。張華《博物志》：食桑者有緒而蛾。蛾類者，先孕而後交。蓋蛹者蠶之所化，蛾者蛹之所化。《埤雅》：蠒生蛾，蛾生卵，《荀子》曰『蛹以爲母，蛾以爲父』是也。蛹一名螝，蛾一名羅。孫炎《爾雅正義》以爲螝即是雄，蛹即是雌；羅即是雄，蛾即是雌。蛾似黄蝶而小，其眉句曲如畫，故《詩》以譬莊姜，《碩人》曰『螓首蛾眉』。

清 牟應震《毛詩物名考》卷四 蛾，蛹所化也。形似蜂而長身，翅有毛如敷粉，眉修曲如鈎。《詩》曰『蛾眉』，謂蠶所化者。凡蛹皆化爲蛾，大小形狀不可盡悉。

清 劉玉麐《爾雅校議》卷下 䖸，羅。注：蠶䖸。《御覽》卷八百二十五引注作『蠒蛾』。《古今韻會》引注云：蠶蛾也。蠶化飛蛾。

清 方旭《蟲薈》卷三《昆蟲・蛾》 《爾雅正義》：蛾，一名羅。孫炎云：蛾是雄，羅是雌。説殊穿鑿。旭按：即蠶蛾也。其狀頗類蝶，而眉曲如畫。

又《飛蛾》 《事物紺珠》：飛蛾，一名霜蛾。《古今注》：飛蛾，一名火花，一名慕光，好撲燈。旭按：即燈蛾也。花者名文蛾。

藝文

南朝宋 鮑照《鮑明遠集》卷一《飛蛾賦》 仙鼠伺闇，飛蛾候明。均靈舛化，詭欲齊生。觀齊生而欲詭，各會往以憑方。凌燋煙之浮景，赴熙焱之明光。拔身幽草下，畢命在此堂。本輕死以邀得，雖糜爛其何傷？豈學山南之文豹，避雲霧而巖藏。

宋 王質《紹陶録》卷下《水蛾兒》 身灰白，頭黑，四翄六足，如蠶蛾而小，掠水啅飛蚊爲食。草木蟲化蛾甚多，石蠹亦能化，此不審何化。

任霜葉，任霜花，啑飛蚊，味亦佳。浪穩無弩狐，波平無鈎蛇。水蛾兒，水蛾兒，石嬇春風放盡絲，松根共掠蘋花飛。

明 郭造卿《夕蛾賦》（引自《明文海》卷四二） 余旅遊於塞，投野寺而托宿，謂暗室之偪隘，乃露處而秉燭，二三童子，若驂若服。時維仲夏，百物繁生，惟坱圠之潛動，與圓枲之賦形。若絡緯之夜織，若熠燿之宵征，若蛙部之鼓吹，若蚊陣之軍聲。蚓竅初啓，鶴棲復驚，彼悽清而嘹唳，皆助予之苦吟。蕞爾飛蟲，曷來繩繩，短喙燦粉，巨翅摇金。倏多倏少，或夥或零。有知

無知，有情無情。豈暗投之弗白，及覆照之未明。爭借輝以叢集，徑如燬而迴縈。非上下之火鼠，及往來之青蠅。焰焰所燎，薨薨而傾。余將以爲無幸，少間鼓翅而復升。又以爲焦爍之不可當，必遠向菌木而自藏。尋復振羽，何異探湯？微者或一再而繚繞，鉅者則旋轉而徬徨。胥糜爛於鏖戰，不知曾爲燎之所戕，盡爾族黨，至已斯亡。俄頃瞬息，折翅無光。浮盆盂爲鼎鑊，沈膏脂如豆觴。寧趨熱而速斃，不就凉而延長。豈薰之有馥，而煨之爲芳甘，蹈火而俱焚，以篝燈爲崑岡。嗟夫！物之外蔽，故昧死以趨炎，乃人之內熱，孰不如彼之熠熠。嗜義易厭，嗜利彌堅。或因難而止，或中道而還。奉首幸免，蔑理苟全。方寸之慾，勝則七尺其何慳。旦夕之謀，遂則百歲其可捐。貿貿汩汩，蟲何辨焉？故有感於物物，用告乎元元。惟隨日月之照臨，而保天年於自然。

圖表

晉 郭璞《爾雅音圖·釋蟲》

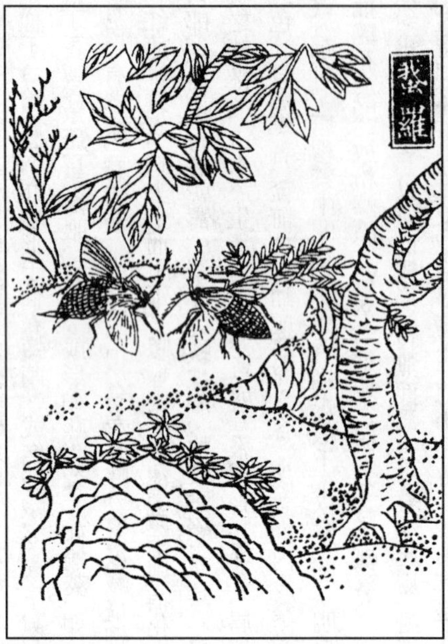

清 徐鼎《毛詩名物圖說》卷三

蝶

論說

明 李贄《雅笑》卷三《蝴蝶》 譚子《化書》曰：朽麥化爲蝴蝶。又《搜神記》曰：麥之化爲蝴蝶也，羽翼生焉，眼目成焉，心智存焉。此自無知化爲有知，而氣易也。文人因此遂謂蝴蝶爲麥所化。余齋前香櫞樹上多蟲，其形酷似蠶，大小亦類，但色正青耳，蝕樹葉至盡，遂緣窻檽間吐絲作殼。友人曰：是待化矣。余曰：知其化何物？友人曰：不知也。余曰：凡蟲之屈伸者，豈化爲有翼之物？蠶之爲蛾是也，此非蛾即蝶耳。旬日視之，果化一大蛺蝶，文采可玩。友人曰：凡桑蟲皆化白蝶，以此證之，果屈信之類皆化爲有翼也。後入南，見田野多種藍。民旱灌，曰：藍多蛀蟲，食葉，故澆之耳。後藍既茂，則黃蝶滿園矣，皆蟲所化也。然則麥豈能化蝶？以麥既朽，

陰濕而生蟲，若溷蛆狀，此亦屈伸者，故久亦蜕而化蝶耳，非麥能化蝶也。

明　何三畏　**《新刻何氏類鎔》卷三五《蝶》**　蝶寄生於烏足，微度於花枝。嘗化種于魚鱠蠹魚，亦變形于仙衣蠖蝻。或名野蛾，名鳳子，名鳳車、鬼車。或爲丁香，爲紫斑，爲海眼、金眼。或形如燕，如掌，如榆莢，如蝙蝠。或色有黑，有白，有翠紺，有赤黄。出没園中，叅差庭畔。翠鬣藏飛柳，常兩兩而雙雙。紅蓮拂舞衣，時上上而下下。暖煙則沉蕙徑，微雨則宿花房。身如傅粉之何郎，心似偷香之韓壽。羅浮之蛺蝶洞，軟枝點綴者，其彩蝶遞出四時。藤峽之蛺蝶巖，古木叢生者，其飛蝶皆成五采。有異蝶者，眉梢翅頭盡染臙脂之色。有媚蝶者，奩前粧次翻成窈窕之容。漢武廟内設祭之時，有蝴蝶數百降於祠所。唐穆禁中開花之夜，有蝴蝶數千集於花間。明皇之嬪妃夜宴，皆插艷花於頭，放粉蝶隨之行幸。禁苑之樹木冬花，輒落茂葉於地，有紅蝶繞以紛飛。蓋蝶者，以氣而成形，自無而爲有。暮烟起處，獨逍遥而未歸。落花盡時，亦往來而無定。終歸蕩漾，總屬浮游。莊生放達人，故其覺栩栩蘧蘧，有化蝴蝶之夢。魏收輕薄子，故其人翩翩泛泛，有驚蝴蝶之名。良不虚耳。

綜　述

漢　許慎　**《説文》卷一三**　蛺，蛺蜨也。从虫，夾聲。兼叶切。蜨，蛺蜨也。从虫，疌聲。臣鉉等曰：今俗作蝶，非是。徒叶切。

晋　干寶　**《搜神記》卷一三**　木蠹生蟲，羽化爲蝶。

晋　崔豹　**《古今注》卷中**　蛺蝶，一名野蛾，一名風蝶，江東呼爲撻末，色白背青者是也。其大如蝙蝠者，或黑色，或青斑，名爲鳳子，一名鳳車，名鬼車，生江南柑橘園中。紺蝶，一名蜻蛉，似蜻蛉而色玄紺。遼東人呼爲紺幡，亦曰童幡。一曰天雞。好以六月羣飛暗天，海邊夷貊食之，謂海中青鰕化爲之也。

唐　蘇鶚　**《蘇氏演義》卷下**　蛺蝶，一名野蛾，江東人謂之撻术，术，《古今注》作末，又作木。色白背青者是也。按《古今注》有此七字。其大者，或黑色，或青斑，曰鳳子，一名鳳車，一名鬼車，生江南柑橘園中。原本脱落，今據《古今注》增補。紺蝶，一名蜻蛉，似蜻蛉而色玄紺。遼東人謂之紺幡，亦曰童幡，亦曰天鷄。好以七月羣飛闇天，海邊蠻夷食之，謂海中青鰕化爲之也。按：自此至末，皆見《古今注》。

五代　馬縞　**《中華古今注》卷下《蛺蝶》**　一名野蛾，一名風蝶，江東人謂之撻末，色白而背青者也。其有大如蝙蝠者，或青班，名曰鳳車，一名鬼車，生江南甘橘園中。

又《紺蝶》　一曰青令，似蜻蛉而色玄紺。江東人爲紺蟠，亦曰童蟠，皆曰天雞。好以七月羣飛暗天，海邊夷貊食之，謂海中青蝦化爲之也。

宋　蔡卞　**《毛詩名物解》卷一二《蝶》**　蝶，粉翅，有須，一名蝴蝶。《列子》曰：蝴蝶，胥也。烏足之根爲蠐螬，其葉爲蝴蝶。嘗見園蔬，其葉爲蝴蝶者，有三分二已蝶矣，其一尚葉也。干寶曰：稻成蛬，麥成蛺蝶。豈虚語哉？

宋　陸佃　**《埤雅》卷一〇《蝶》**　蛺蝶，粉翅，有鬚，一名胡蝶。《列子》曰：烏足之根爲蠐螬，其葉爲胡蝶。胡蝶，胥也。嘗見園蔬，其葉有爲蝶者，三分二已蝶矣，其一尚葉也。干寶云：稻成蛬，麥成蛺蝶。豈虚語哉？《續古今注》曰：龜鼈之類無雄，蜂蝶之類無雌。一説蜂蝶醜，皆以鬚嗅，鬚蓋其鼻也。杜甫詩曰『花藥上蜂鬚』以此。今絡緯蟷蠰之類，亦以其鬚當鼻爾。

宋　羅願　**《爾雅翼》卷二五《胡蝶》**　胡蝶以芳時飛集花間，翩翩相逐，物之適意者。故莊周夢爲胡蝶，栩栩然胡蝶也，不知周也，俄而覺則蘧蘧然周也。明人之精神開闔，不能自知，故有夢爲鳥而麗乎天，夢爲魚而麗乎淵，考以極其升沉。至於此，則又不抑不亢，徜徉兩間，有俯仰自足之意，以極物之化，蓋必有所寤矣。蝶物之善化者，今菜中青蟲，當春時，行緣屋壁或草木上，以絲自固，一夕視之有圭角，六七日其背罅裂蜕爲蝶出矣。其大蝶散卵於甘橘上，爲蟲青緑，既久則去爲大蝶。崔豹《古今注》曰：『蛺蝶，一名野蛾，一名風蝶，江東人謂之撻末，色白背青』者是也。其有大如蝙蝠者，或黑，或青班，名曰鳳子，一曰鳳車，亦曰鬼車，生江南甘橘園中。而唐《滕王圖》畫蛺蝶，有江夏班、大海眼、小海眼、村裏來、菜花子之目。北齊魏收輕薄，時人號云『魏收驚蛺蝶』。《説文》作『蛺蜨』，徐鉉曰『俗作蝶』，非是。《列子》：烏足之葉爲

胡蝶。

宋　范成大《桂海虞衡志》　鬼蝴蝶，大如扇，四翅，好飛荔枝上。黑蛺蝶，大如〔扇〕，橘蠹所化，北人或名爲玄武。武，一本作帥。

宋　戴侗《六書故》卷二〇　蛺蝶【略】蛺蝶，胡蝶也。胡蝶粉翅長喙，卵草木上爲蟲，食草木，化而爲蛹，再蜕而爲蝶，其類不一。《説文》作蝭。

明　楊慎《丹鉛總録》卷二一《黄蝶》　蝴蝶或白或黑，或五彩皆具。惟黄色一種，至秋乃多，蓋感金氣也。李白詩『八月蝴蝶黄』，深中物理。今本改黄爲來，何其淺也？白樂天詩亦云：秋花紫濛濛，秋蝶黄茸茸。

明　李時珍《本草綱目》卷四〇　蛺蝶《綱目》　釋名：蝱蝶、蝱音葉。蝴蝶。時珍曰：蛺蝶輕薄，夾翅而飛，枼枼然也。蝶美於鬚，蛾美於眉，故又名蝴蝶，俗謂鬚爲胡也。集解：時珍曰：蝶，蛾類也。大曰蝶，小曰蛾。其種甚繁，皆四翅有粉，好嗅花香，以鬚代鼻，其交以鼻，交則粉退。《古今注》謂橘蠹花蝶，《爾雅翼》謂菜蟲花蝶，《列子》謂烏足之葉花蝶，《埤雅》謂蔬菜花蝶，《酉陽雜俎》謂百合花化蝶，《北户録》謂樹葉化蝶如丹青，野史謂綵裙化蝶，皆各據其所見者而言爾。蓋不知蠹蠋諸蟲，至老俱各蜕而爲蝶、爲蛾，如蠶之必羽化也。朽衣物亦必生蟲而化。草木花葉之化者，乃氣化、風化也。其色亦各隨其蟲所食花葉及所化之物色而然。楊慎《丹鉛録》云：有草蝶、水蝶，在水中。《嶺南異物志》載，有人浮南海，見蛺蝶大如蒲帆，稱肉得八十斤，噉之極肥美。

又卷四一　媚蝶　時珍曰：《北户録》云：嶺南有鶴子草，蔓花也。當夏開，形如飛鶴，翅、羽、觜、距皆全。云是媚草，採曝以代面靨。蔓上春生雙蟲，食葉。收入粉奩，以葉飼之。老則蜕而爲蝶，赤黄色。女子收而佩之如細鳥皮，令人媚悦，號爲媚蝶。《洞冥記》云：漢武時，勒畢國獻細鳥，大如蠅，狀如鸚鵡，可候日晷，後皆自死。宫人佩其皮者，輒蒙愛幸也。

明　劉侗《名物通》卷一〇　蝶，陵舄得鬱棲則爲烏足，烏足葉爲蝴蝶。一名蛺蝶，一名野蛾，一名風蝶。色白背青。有大如蝙蝠者，或黑色，或青斑，名鳳子，亦曰鳳車。

明　陳懋仁《庶物異名疏》卷二九《胥　撻末》　《莊子》：蝴蝶，胥。陸德明曰：蝶一名胥。《古今注》：撻末，蛺蝶也。江東所呼色白背青者是也。

又《紺幡》　紺幡，見《古今注》。紺蝶似蜻蜓而色玄紺，遼東人呼爲紺幡，亦曰童幡，亦曰天雞。好以七月羣飛暗天，海邊夷貊食之，謂海中青鰕化爲之也。

清　吴綺《嶺南風物記》　羅浮神蝶産於羅浮蝴蝶洞中，不知何時作繭於樹葉。山中人出以贈客，懸之窗户林木之上，至三四月時輒蠕動，動久之則出，出則伏繭上，數日而後翔舞飛集，翅如巨掌，金碧朱翠，爛然奪目，約十數日則有他蝶引之而去。其出繭時，雖極力注視，方轉睫間，不知其何以出也。及其欲去，雖籠置密室中，倏而不見，亦不知其何以去。蓋神物也，相傳爲葛洪妻鮑氏遺衣所化，其信然歟？

清　宋廣業《羅浮山志會編》卷七《品物志·蟲屬》　蝴蝶出蝴蝶洞者，名仙蝶。文彩陸離，兩翅如合璧，有日月星斗文，八卦分列左右，奇耦井然，真造化之神物也。與仙有緣者，始得見之。今以蝴蝶繭餽遺者，乃野蠶蛾耳。《羅浮書》：羅浮大蝴蝶，其生以繭，繭中有一卵，重胎沁紫，包以烏柏木葉，絡以綵絲。山中人以冬月往來好事者購取藏之，明年二月以繭置梧柳間，輒有一大蝴蝶展翅徑尺飛來就繭，不飲不食，抱伏纏綿，經七日繭破子出，大可六七寸許，越數日挾之飛去。其出繭時，絶不使人見，雖晝夜伺之，弗覺也。雌雄不離，千里外必相尋覓，至則繞籠翔舞，不得入，以翅觸籠，金翠委損，放之，即兩兩相逐，翩然高舉。蓋羽族之至神者。

清　愛新覺羅·弘曆《清朝通志》卷一二六　塞蝶生沙漠，黑質黄駁，時來草間。見臣高士奇《扈從録》。

清　嵇璜《續通志》卷一七八　蛺蝭，一名螯蛈，見《廣雅》。一名胥，一名蝱蝶，一名胡蝶，一名風蝶，一名撻末，末一作來。一名春駒。其小者曰蛾蝶，種甚繁。唐《滕王蝶圖》有江夏斑、大海眼、小海眼、村裏來、採花子等名。花胡蝶，橘蠹所化，大如蝙蝠，名曰鳳子，一名鳳車，一名鬼車。《寧波志》謂是梁山伯、祝英臺之魂，又曰韓憑夫婦之魂。黑而有彩者曰梁山伯，純黄色者曰祝英臺。其黑者名元武蟬，又名鬼蛺蝶。又羅浮綵蝶世傳葛仙遺衣所化，人得其繭懸之，經年蝶出，雖千萬里外必歸焉。

清　牟應震《毛詩名物考》卷四　蛺蝶，兩翅平展者曰蛾，兩翅上並者曰蛺蝶。夾枼者，夾疊也。其爲蟲形惡者，其化爲蛺蝶尤美也。

清　方旭《蟲薈》卷三《昆蟲·蛺蝶》　《正字通》：蛺蝶一名胥。《古今注》：蛺蝶，一名野蛾，一名風蝶，江東名撻末，色白背青者是也。其大如

蝙蝠者，或黑色，或青斑，名鳳子，一名鳳車，一名鬼車，生江南。旭按：蛺蝶或作蛠蝶，即蝴蝶也，四翅，有粉，好嗅花香，以鬚代鼻，春月甚多，又名春駒，草木葉及諸蠹所化。又《旌異記》載，童貫將敗時，其家烹肉未熟，忽化蝴蝶數萬飛去。

又《鬼蛺蝶》《桂海虞衡志》：桂海多鬼蛺蝶，大如扇，四翅，好集荔枝上。旭按：一種黑而大如扇者，俗説名元武蟬，殆即此。又一種大如笠黑者名梁山伯，黄者名祝英台。往歲在江淮曾見之，亦此類。又秋間一種絶小而色灰白者，俗亦名鬼蛺蝶。又海中有大蝴蝶，重八十斤，味極美。

又《紺蝶》《古今注》：紺蝶，一名蜻蛉，其狀似蜻蛉而色元紺。遼東人呼紺繙，又呼童繙，又呼天雞。七八月羣飛暗天，夷人食之，乃海中青鰕所化。

又《媚蝶》《南方草木狀》：南海出鶴草，花形如飛鶴，上有蟲，老脱爲蝶，赤黄色，名曰媚蝶。女子藏之，能使其夫憐愛。

紀事

唐　段公路《北户録》卷一《蛺蝶枝》　公路南行，歷懸藤峽。峽即富州界也。維舟飯水手，覩嵓側有一木五綵，初謂丹青之樹。《武陵記》：辰州嵩溪有丹青樹，直上可籠雲，下無枝條，上有五色葉，圓如華蓋。《玉屑》云：按在辰陽縣也。因命童僕採之，頃獲一枝，尚綴嫩蝶，凡二十餘箇。有翠紺縷者、金眼丁香眼者、紫斑眼黑花者、黄白者、緋脉者、大如蝙蝠者、小如榆莢者。沈佺期賦云：『二角六足，蠕腹狀蛾，脉紺縷以立翅，點赬珠以緗窠』也。愚因登岸視之，乃木葉化焉。是知蝶生江南甘橘樹中。《古今注》：蛺蝶，一名野蛾，江東人謂之撻末。其大黑色，或青斑者，名鳳子，一名鳳車，一名鬼車是也。麥爲蛠蝶，烏足之葉爲蝴蝶，皆造化使然，豈虚語歟？公路嘗見盧員外肇説，捉得一粉蝶，如兩手大，上有散緣點、丁香眼，前翅頭兩畫燕文色，後翅爲燕尾分，亦蝶之異也。

唐　段成式《酉陽雜俎》卷一七　蝶，白蛺蝶，尺蠖繭所化也。秀才顧非熊少時，嘗見鬱棲中壞緑裙幅，旋化爲蝶。工部員外郎張周封言，百合花合之，泥其隙，經宿化爲大蝴蝶。

唐　蘇鶚《杜陽雜編》卷中《金玉蛺蝶》　穆宗禁中千葉牡丹夜開，有黄白蛺蝶萬數飛集花間。宫人以羅巾撲之，無有獲者。上令張網空中，得數百遲，明視之，皆金玉也。內人爭用絳縷絆其脚爲首飾。

清　張廷玉《明史》卷二三四　培由鄉舉爲新化知縣。縣僻陋，廣置社學教之。民有死於盜者，不得。禱於神，隨蝴蝶所至獲盜，時驚爲神。

清　朱彝尊《明詩綜》卷一〇〇《如皋謡》　長山王斗生中崇禎庚辰進士，知揚州如皋縣事。性愛畜蝶，民有罪當笞者，輸蝶得免。羅致千百，召客飲，縱之以爲樂。邑人語曰：隋堤螢火輟，縣官放蝴蝶。

清　俞樾《右台仙館筆記》卷一四　大兒婦又言，河南府有一處出大蛺蝶，其大如槃。嘗有人以二蝶饋百里外一親故。其家受而畜之園圃中，一蝶旋斃，一蝶逸出，飛翔郊野。

著録

清　朱彝尊《曝書亭集》卷五三《書羅浮蝴蝶歌卷後》　《爾雅》不釋蝶名，六朝文士不作蝶賦，蝶亦不幸矣。其後滕王湛然畫蝶，下及菜花子、村裏來，皆爲調鉛殺粉。臨川謝無逸咏蝶多至三百首，蝶又未嘗無知己也。崇禎間，長山王君斗生知如皋縣事，酷愛蝶。縣民有犯者，籠蝶輸君輒免，暇登廨舍高處放之，以爲笑樂。惜其未見羅浮鳳子，使知增城、博羅二縣，致羅浮蝶繭千百，縱之萬花谷中，不更愉快乎？里中戴君索予父子《書羅浮蝶歌》，漫綴於後。

清　陳邦彦《春駒小譜序》　時乎不再，大地無非參鶻之場生兮。若浮小住，即是華胥之國。詢三生于石畔，未免有情。博一覺于枕邊，差堪作達。蠅頭蝸角，枉勞跼蹐于人寰。蟲辟鼠肝，儘合逍遥乎物外。彥也秦簫初罷，頻傷奉倩之神。莊缶久彈，漸改安仁之鬢。偕鹿門以高隱，誰更挽車；伴杜老以行棋，孰爲畫紙。然而畫眉窻下，曾賡樛木于生前；因之傅粉房中，長接桃根于身後。乃青天易老，不留曼倩之細君。而碧月難圓，屢悼謝

家之少婦。賃春算雄，自此關心；膩粉零紈，那堪入目。于是感蒙叟之寓言，成春駒之小譜，聊以送日，庶可移情。夫其形細身輕，神閑意適，絶非半閑之蟋蟀，并殊壯武之鶺鴒。蟻争陣以空酣，嗤其善鬭。蜂排衙而趁鬧，訝彼長喧。爾殆癡人，何妨説夢。我亦静者，擬與談玄。脉脉春情，聊爾托化生以寄興。匆匆駒隙，不勝驚時序之推移云爾。時乾隆三年歲次戊午四月吉旦，匏廬道人陳邦彦書。

藝文

唐　李商隱《李義山詩集》卷上《蝶》　飛來繡户陰，穿過畫樓深。重傅秦臺粉，輕塗漢殿金。相兼惟柳絮，所得是花心。可要凌孤客，邀爲子夜吟？

又《蝶三首》　初來小苑中，稍與瑣闈通。遠恐芳塵斷，輕憂豔雪融。只知防皓露，不覺逆尖風。迴首雙飛燕，乘時入綺櫳。

長眉畫了繡簾開，碧玉行收白玉臺。爲問翠釵釵上鳳，不知香頸爲誰迴。

壽陽公主嫁時妝，八字宫眉捧額黄。見我佯羞頻照影，不知身屬冶遊郎。

唐　李建勳《蝶》（引自《全唐詩》卷七三九）　粉蝶翩翩若有期，南園長是到春歸。閒依柳帶參差起，困傍桃花獨自飛。潛被燕驚還散亂，偶因人逐入簾幃。晚來欲雨東風急，迴看池塘影漸稀。

唐　徐寅《徐正字詩賦》卷二《蝴蝶》　縹緲青蟲脱殼微，不堪煙重雨霏霏。一枝穠豔留教住，幾處春風借與飛。防患每憂雞雀口，憐香偏繞綺羅衣。無情豈解關魂夢，莫信莊周説是非。其二：拂緑穿紅麗日長，一生心事住春光。最嫌神女來行雨，愛伴西施去採香。風定只應攢蘂粉，夜寒長是宿花房。鳴蟬性分殊迂濶，空解三秋噪夕陽。

宋　宋祁《景文集》卷二四《秋園見蝶》　撲粉曾過宋玉墻，一身生計託流芳。不須長結東風願，秋菊春蘭各有香。

宋　孔平仲《清江三孔集》卷二二《蝴蝶行》　蝴蝶飛渡河來，河北花已落，河南花正開。盈盈採花女，撲打還家公。推身飛入粉奩中，芳草綿綿舊時路。

宋　蘇軾《東坡全集》卷一四《鬼蝶》　雙眉卷鐵絲，兩翅暈金碧。初來花争妍，忽去鬼無迹。

宋　曾幾《茶山集》卷四《蛺蝶》　不逐春風去，仍當夏日長。一雙還一隻，能白或能黄。戀戀不能已，翩翩空自狂。訃功歸實用，終自愧蜂房。

宋　葛天民《蝶》（引自《江湖小集》卷六七）　黛拂雙眉粉襯毫，翅烘晴日伴相遭。戲勾稚子從花遠，恐惹遊絲莫鬭高。栩栩條來仍易散，深深交舞爲誰勞。吴王花草滕王筆，千載風流敵楚騷。

明　曾棨《刻曾西墅先生集》卷八《蝶》　粉白檀黄染翅妍，尋芳多在早春天。留連草色雙飛過，貪戀花心幾度穿。莊子夢中時栩栩，滕王筆下更翩翩。晚晴擬逐園蜂去，又被鶯梢到柳邊。

明　葉盛《菉竹堂稿》卷二《蝶》　一年春色似驚波，日日花開得幾何。縱有滕王是知己，斷縑殘粉恨偏多。

明　李蔭《李比部集》卷二《秋蝶》　秋蝶飛無力，棲遲花樹間。涼風自西來，飄摇非所堪。憶昨桃李場，逐隊何翩翩。採香實其腹，韶景相與酣。兩翅快輕舉，日暮不能閑。過時乃如此，寧無歎迍邅。

又卷八《蝴蝶》　悠悠冉冉復依依，每到芳時伴不稀。恰似滕王圖裡見，怳疑莊叟夢中飛。暮春競逐紅千點，初夏常銜碧四圍。只恐秋風凉冷後，微軀飄泊竟安歸。

明　謝四溟《詠蝶》（引自《梁園風雅》卷二六）　花盡忽飛來，豈待南風送。睡起笑相看，不知誰是夢。

清　劉德新《蝶》（引自《詩觀二集》卷四）　不盡風流意，花林一羽仙。魂來幽夢裏，影落艷粧前。何粉迎春傅，韓香盜月眠。滕王良愛爾，寫照與誰傳。

清　朱奭《夏日長安見蝶》（引自《詩觀三集》卷一〇）　瘦影翩翩近夕陽，三春已過爲誰忙。梧桐樹底衣俱溼，菡萏叢中翅亦香。薄粉時依蘭殿宿，輕魂每向玉階翔。生來亦有耽花癖，栩栩常如入夢鄉。

清　范韓《咏蝶》（引自《詩觀三集》卷一二）　虚亭小憩坐斜陽，閒看羣英戲蝶忙。栩栩情牽迷舊夢，依依魂斷戀新香。輕翻月下疑花影，浪趂風前類酒狂。更妬遊蜂林外掠，尋芳逐隊度東墻。

清　陳玉堪《學文堂集》中調《祝英臺近・詠蝶》　製爲裳，裁作扇，兒女偏憐汝。生小翩翩，纖麗還如許。最憐膩粉沾愁，小香牽恨。慣則向，紅墻低處。何方住。無過草畔花間，闌情自來去。紫燕黄鶯，認得同時侣。可堪九十春歸，匆匆别緒，又和舞，一簾花絮。

清　李孚青《野香亭集・丙寅稿・蝶》　雙蝶過簾鈎，飛飛傍畫樓。飲花迷雨醉，藉草卧風柔。夢幻疑莊叟，身輕笑魏收。夫君能傅粉，少婦莫深愁。

清　張琳《緑蝴蜨》（引自《于野集》卷六）　一片春陰碧繞廊，何來栩栩度銀墻。歌當草際初無影，飛上花枝別有光。故换粉衣迷傲吏，欲將新様惱滕王。芳魂若記前身事，想見珍珠費斗量。

清　朱奕《緑蝴蜨》（引自《于野集》卷六）　萬緑叢中一蝶忙，翩翩也似惜年芳。染衣可要垂楊柳，貼鬢還驚小鳳凰。閒過窗紗微見影，暗依階蘚自尋香。風流肯住人間世，只許羊權與較量。

清　姚廷謙《緑蝴蜨》（引自《于野集》卷六）　南園紅紫半模糊，幻出輕胥色更殊。閒度柳陰衣乍染，驚迴苔砌影全無。香魂不逐羅裙散，粉筆難教畫手圖。聞有宫花名字借，可容邢尹一時俱。永寧王宫中緑牡丹號緑蝴蝶。

清　何默《緑蝴蜨》（引自《于野集》卷六）　栩栩飛來碧樹春，莊生夢裏見應新。衣分張緒柳絲嫩，影度王孫草色匀。金粉空勞尋畫本，綺羅偏許巧藏身。吴娘繡罷渾無賴，葉底還防覓取頻。

清　吴綺《林蕙堂全集》卷二二《席中偶談羅浮神蝶賦以紀之》　聞説仙姑有繡衣，化成神蝶世應稀。横身金翠人難見，獨向梅花香處飛。

又：神卵探來亦偶然，蜕成逐伴更翩躚。仙霞片片隨風起，五色寧教濁世憐。

清　薛雪《一瓢齋詩存》卷三《蝶》　飛飛小苑西，冉冉過芳蹊。白就梨雲重，輕容柳絮齊。臺前魂欲斷，花底夢多迷。爲上釵頭舞，應教翠鳳低。頻來過小園，又欲出前村。吹絮兼無定，飛花不自翻。素娥惟是舞，倩女未歸魂。可畏黄蜂妬，相將褪粉痕。

清　任婉《胡蝶》（引自《淮海英靈集壬集》卷一）　海榴枝上獵新紅，羡爾翩翩善御風。曾憶淡雲疎月外，嘯煙看入蘂珠宫。

清　朱鴻愷《秋蝶》（引自《兩浙輶軒録》卷三六）　作隊成團記往時，南園緑草最相思。韓憑化去魂猶豔，宋玉看來賦更悲。雨後蜻蛉荷葉舫，風前蟋蟀豆花籬。幾番腸斷流光换，爲問莊生知不知。

清　周準《蝴蝶詞》（引自《兩浙輶軒録》卷一五）　萬花谷裏逐芳塵，自愛翩躚粉澤新。多少繁華任留戀，不知祇是夢中身。

清　范梧《蝶》（引自《兩浙輶軒録》卷一七）　南浦生芳草，春風暖蝶衣。雨殘憐粉瘦，花妥覺香肥。入竹隨高下，棲梅訝是非。莊生殘夢裏，栩栩向誰飛。

清　程遠《秋蝶》（引自《兩浙輶軒録》卷一八）　不知身是夢，那悟夢中身。霜葉雖如錦，秋風不是春。翅將銷素粉，鬢欲化輕塵。笑爾繁華日，常飛桃李津。

清　李昌昱《秋蝶》（引自《兩浙輶軒録》卷二七）　栩栩園中蝶，蘧蘧濠上莊。西風吹不醒，塵夢一何長。度葉驚新隕，穿花失故香。同時鶯燕盡，獨舞不成狂。

清　江振鴻《蝴蝶》（引自《淮海英靈續集》庚集卷三）　蝴蝶東風楊柳吹，閒情栩栩漫相思。三春别院初晴日，一片飛花無定時。何處簾櫳香悄悄，荒臺雲雨夢遲遲。夜來寂寞燒銀燭，檢點衣裳獨自疑。

清　葉觀國《緑筠書屋詩鈔》卷一《蝴蝶》　鳳子春駒署號多，滕王圖裡錦成窠。風流合許花房宿，愛惜從教繡幕過。生怕兒曹拈畫扇，慣隨女伴曳香羅。仙衣五色誰曾見，滿地灰黄捉野蛾。

清　戚學標《景文堂詩》卷一二《蝶》　八月蝴蝶來，荒庭衰草徧。化作綵雲飛，去影忽不見。

清　劉墉《劉文清公遺集》卷一三《觀物四首・蝴蝶》　有底前因只傍花，侵尋香色趁年華。縱輸巧舌能言語，也勝分房託室家。風雨兩山仙化國，丹青幾筆夢生涯。伶俜婉孌秋光裏，可是情多歲月賒。

清　茹贊元《蝶》（引自《兩浙輶軒續録》卷四一）　羅裙化出换銖衣，豔逸輕盈是也非。五色迷藏窺瘦影，三春遊戲趁晴暉。賣花聲至迎香舞，踏翠人歸逐隊飛。莫向東園依苜蓿，江南風景正芳菲。

清　沙琛《點蒼山人詩鈔》卷四《蝶》　好夢怡莊子，驚才豔魏收。度

花情欵欵，漾日影悠悠。

清　舒位《瓶水齋詩集》卷二《蝶》　紅粉樓頭春已深，青陵臺畔杳難尋。花開花落關何事，只取東風一片心。

清　胡承珙《求是堂詩集》卷一《蝶》　頻來芳草地，易散落花風。只解尋香切，何曾惜豔空。驚魂回伯起，活計學秦宫。春色堂堂去，憐渠尚夢中。

清　陸應穀《抱真書屋詩鈔》卷七《秋蝶》　休向蘭蓀怨别離，繁華過眼已多時。一園衰草餘芳歇，五夜清霜舊夢癡。忍凍尚隨殘葉舞，尋香不耐晚風吹。雙飛好覓西家去，老圃黄華賸幾枝。

清　吴清鵬《笏庵詩》卷五《詠秋八首·蝶》　春草猶能緑到秋，一生惟汝逐尋游。羅裙小院鞦韆歇，紈扇深宫篋笥收。亂葉打空還獨下，孤芳送老未全休。莫將栩栩西風意，重上當時金谷樓。

清　謝元淮《養默山房詩藁》卷五《詠物雜詩·蝶》　飛過枝頭到水濱，午橋閒逐賣花人。不應闌入莊周夢，孤負西園一月春。

清　陳錦《補勤詩存》卷三《秋蝶》　獨留黄蝶向霜晨，回首尋芳迹已陳。冷雨摧殘香谷樹，西風摇落故園春。南華夢裏重遊客，天寶宫中未老人。漫道秋花餐不得，小山叢桂自輪囷。

清　寶廷《偶齋詩草·内次集》卷九《秋蝶》　老去莊周夢漸醒，蘧蘧猶記幻中形。半生有累因花誤，餘日無多任露零。亭午已過衣莫曬，涼颷初起翅須停。三春迴首真如昨，錦繡園林路慣經。

清　臧吉康《蜨》（引自《兩浙輶軒續録》卷二二）　生長綺羅叢，慣向花房宿。栩栩春風香，此夢幾時覺。

清　勞經源《羅浮胡蜨歌》（引自《兩浙輶軒續録》卷二四）　麻姑殘綫春偷弄，繡成五色俏無縫。雲峯巖下日飛回，仙地長留胡蜨洞。緑陰叢鬱山屏開，倡條冶葉棲烟堆。千絲卻少紅蠶巧，也向薰風破繭來。流蘇織翅雙金縷，雲錦皺毛輕一舉。香國柔牽茉莉風，蠻溪小怯檳榔雨。葛翁衣化得傳聞，尚有仙機説幻羣。曾記鬱棲飛壞幅，如何不借鮑姑裙。輕呼蜨子來深院，繡簾開處分明見。紅藥春槽撲畫窗，白楊舞社歸團扇。縞衣翠羽舊夢殘，美人日暮來姍姍。待到淒涼飄一蜕，芳魂應伴玉梅寒。參成色相都無據，蜨兮蜨兮誰覺去。成團逐隊空自忙，從古文章無用處。

清　李士詔《秋蝶》（引自《兩浙輶軒續録》卷二五）　回首東風事已非，晚涼庭院尚依依。莊生殘夢迷秋苑，帝子春情賸舞衣。疎雨蓮房愁獨宿，夕陽菊圃見雙飛。鶯鶯燕燕都腸斷，問爾飄零何處歸。

又逐西風過野橋，尋香心事未全消。酣紅豔紫荒三徑，衰草寒煙鎖六朝。空送烏衣辭舊壘，更無團扇撲輕綃。蘆花不比楊花性，漫學顛狂逞舞腰。

雜録

宋　釋贊寧《東坡先生物類相感志》卷一六《蝶》　烏足碨化爲胡蝶。今驗積麥，永治忽夏雨霑霖，則麥蟲壞爲蝶飛矣。一云烏足根化爲胡蝶。

宋　龐元英《文昌雜録》卷一　禮部王員外言崔豹《古今注》『蛺蝶大者名鳳子』，然辭人罕用。余讀唐韓偓詩，有『鵞兒唼啑雌黄觜，鳳子輕盈膩粉腰』，正爲蝶也。

明　吴之俊《獅山掌録》卷二四《媚蝶》　媚草，鶴子草也，蔓生，紫蔕，形如飛鶴。春月生雙蟲，食其葉。越女收養，蟲老蜕爲蝶，帶之號媚蝶。

又《紅蛺蝶》　隋末，禁苑一樹冬月雪中忽花葉茂盛，結實燦爛，如火之明。數日間，皆化爲紅蛺蝶飛去。

又《奇蝶》　盧肇捉得一蝶，如兩手大，上有散緑點、丁香眼，前翅頭兩畫臙脂色，後翅爲燕尾分，亦奇蝶也。

圖表

明　李時珍《本草綱目·圖卷》

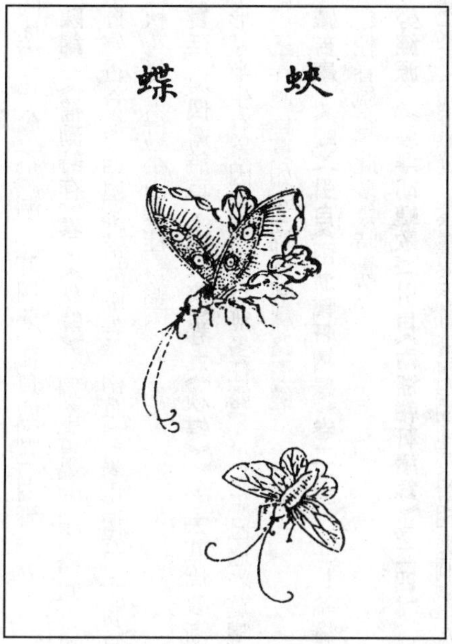

野蠶

綜述

《爾雅·釋蟲》　蟓，桑繭。注：食桑葉作繭者，即今蠶。雔由，樗繭，注：食樗葉。棘繭，注：食棘葉。欒繭。注：食欒葉。蚢，蕭繭。注：食蕭葉，皆蠶類。音義：蟓，音象。繭，古典反。雔，市由反。樗，恥余反。棘，居力反。欒，力丸反。蚢，户剛反。蕭，先條反。疏：此皆蠶類作繭者，因所食葉而異其名也。食桑葉作繭者名蟓，即今蠶也。食樗葉、棘葉、欒葉者，名雔由。食蕭葉作繭者，名蚢也。

晉　張華《博物志》卷四　蠶三化，先孕而後交，不交者亦産子，子後爲蠶，皆無眉目，易傷，收採亦薄。

宋　羅願《爾雅翼》卷二四《蟓》　蟓，桑繭，野蠶不養於人，就桑食葉作繭者，比家蠶小而行疾，其作繭長半寸以來，亦橢而長，其一面平。多則歲宜蠶，野人嘗以卜蠶之熟否。楚俗於上春以麪裹肉或糖蒸之，亦平其一面，謂之繭子，食之，蓋取象此。古者稱野蠶成繭以爲瑞，若蟓者歲未嘗無，但成繭者，言其成熟如家繭。漢自王莽以來，田疇蕪廢，杼柚其空。至光武之初，野穀旅生，野蠶成繭，人獲其利。蓋地力久曠而有餘，故穀易生；樹力久蘇而有餘，故繭易成。唐武德中，梁州亦言野蠶成繭，百姓採而用之，亦其類耳。又《古今注》：元帝永元四年，東萊郡東牟山有野蠶爲繭，收得萬餘石，民人以爲絲絮。此最有數者。野繭又有雔由樗繭、棘欒繭、蚢蕭繭，皆桑繭之類，各以所食葉爲名。《廣志》云：有柞蠶，食柞葉，可以作錦。今桑繭所包裹甚薄，不堪用。古人稱，以野繭之絲爲琴絃者，自當各有所在也。今人亦呼此爲桑蠶。郭氏乃云『即今蠶』，非也。

清　愛新覺羅·弘曆《清朝通志》卷一二六　山蠶，一名樗繭，海州、蓋平、復州人放之樗柞等樹，春秋收繭。見《盛京通志》。

清　許鵬翊《柳蠶新編》卷下《野蠶類考》　野蠶之名不一，皆因所食之葉以爲名。大葉櫟、小葉櫟、尖葉櫟、薄羅葉皆橡柞之屬也，故曰橡蠶，一曰柞蠶。以其放於山上也，又名山蠶。以其皆在郊野也，又名野蠶。《爾雅》：雔由，樗繭，注：食樗葉。按：樗似椿。樗木疎，椿木實。椿葉香，樗葉臭。北人名爲臭椿。棘繭，注：食棘葉。按：棘，小棗也。實似棗小而圓，多叢生。欒繭。注：食欒葉。蚢，蕭繭。注：食蒿葉。按：蕭，艾蒿也《詩》云『採蘩祈祈』，又云『于以採蘩』，採之皆所以飼蠶，蘩即白蒿，蕭屬。今放山蠶引蟻亦多用蒿，可見白蒿爲天然蠶食。《放蠶成法》云：將椿蠶即食樗葉之蠶。一眠後，移於椒樹上作繭，絲尤精貴，名爲椒繭。又聞之工人云：有一種土蠶大如桑蠶，偏體有毛，色純白，生榆樹上。老眠後，下入地中作繭，形扁圓而色淺黑，絲質少暗。其外如樺樹、梨樹、刺玫等類，凡葉無苦味之樹，將山蠶種生蟻後，置於各樹上，蠶皆食之，作繭略同，而以樺樹爲最。謹按：山崗平川各樹上多有天然野蠶，而山東、奉天諸省獨橡蠶發達者，以橡樹最多，人易爲力故也。如樗繭、棘繭、欒繭、蕭繭、椒繭，考於古書得之，以見我中國野蠶一類實有多種，亦不自今始。榆

樹、樺樹、杏樹、刺玫、梨樹等皆可放蠶，係我父老所口傳，而山林野人多有知之，且試之者，此特表而出之，以爲留心蠶事者，因地而放養焉。然其樹或爲吉省所無，或僅有而不任放蠶，其宜於吉省者，橡蠶外，厥惟柳蠶。

紀事

南朝梁　沈約《宋書》卷二九《符瑞志》　吳孫權黃龍三年夏，野蠶繭，大如卵。宋文帝元嘉十六年，宣城宛陵廣野蠶成繭，大如雉卵，彌漫林谷，年年轉盛。孝武帝大明三年五月癸巳，宣城宛陵縣石亭山生野蠶三百餘里，太守張辯以聞。

南朝梁　蕭子顯《南齊書》卷一八《祥瑞志》　永明二年，護軍府門外桑樹一株，並有蠶絲綿被枝莖。史臣案，漢光武時有野蠶成繭，百姓得以成衣服。今則浮波幕樹，其亦此之類乎！

五代　劉昫《舊唐書》卷三《太宗紀》　〔貞觀十三年〕是歲，滁州言：野蠶食槲葉，成繭大如柰，其色緑，凡六千五百七十石。

宋　歐陽修、宋祁《新唐書》卷二《太宗紀》　〔貞觀十二年〕是歲滁、豪二州野蠶成繭。

又　〔貞觀十四年〕六月，滁州野蠶成繭。

元　脱脱《宋史》卷一七《哲宗紀》　是歲兩浙水定州野蠶成繭，高麗、交阯、三佛齊入貢。

又卷一八《哲宗紀》　真定府祈州野蠶成繭，涇原路禽夏國統軍嵬名阿埋等高麗膳征西。南蕃張氏、羅氏、程氏入貢。西蕃首領李訛哆巳詘。支呂承信等內附。

清　岳濬　雍正《山東通志》卷三三　孝元帝初元二年，北海郡安邱饑。永光四年，東牟山野蠶成繭。《登州志》云：收一萬餘石。

清　田文鏡　雍正《河南通志》卷五　文宗太和元年冬十月，陳許州野蠶生桑。【略】〔真宗咸平〕五年三月丙午，有星晝出心，至南斗没。赤光餘丈，陽武野蠶成繭。六月，太康獻黑兔。秋八月，龍圖閣瑞木生。或有文成字者，或有如北斗七星者，或有如蛇形者。九月，相州牧龍坊生芝。一莖色紫黃，長尺餘，分七枝，枝皆如手五指狀，其最上一枝類鳳首。【略】政和元年，河南府野蠶成繭。【略】四年，【略】相州野蠶成繭。【略】成祖永樂元年，虞城産嘉穀。五月，汝寧山中野蠶成繭。

著録

清　王元綎《野蠶録·敘》　中國蠶桑之利冠於五洲，以故家有撰述言蠶之書幾充棟，而言野蠶者獨鮮。登萊野蠶自古有之，甯海張仲峯著有《山蠶譜》一書，惜兵燹後稿已散佚，惟《州志》僅存其序。每思攷其種類，詳其飼養，以紀一方物産之盛，有志未逮也。戊戌秋分，發來皖晤同鄉于茀航於來安，因詢以史稱『滁州野蠶食槲葉成繭，大如柰』，今滁屬果否宜蠶？茀航言，乾隆中，濰縣韓公復任來安，嘗募東省蠶工教民野蠶，當時甚蒙其利，公復手訂養蠶成法，今尚載《來安縣志》中。乃索而讀之，惜其簡略，且其法與今多不合。因不揣固陋，謹就平日所見聞者，彙而録之，並搜採雜書以附益之，編次既竟，名之曰《野蠶録》。時朝廷以和議成，力求變法，以圖自强。竊謂富者，强之基也。故泰西各國莫不以商務爲重，中國出口之貨以茶絲爲大宗。近年以來，茶業敗而絲亦因之。議者以爲各國皆産絲，且製作尤佳，不復仰給於中國，故出口之數日少。此論似是而實非。中國養蠶之地，莫盛於湖州，乃近年所出之絲，除出口外，並不足供本地之需，遂越太湖往無錫，購買麤絲攙雜之以爲緯，每年多至數百萬斤，而紬緞之屬價且日昂，而未有極足徵。中國蠶種受病之日深，實出絲之不旺，非有絲而不售也。野蠶之絲，雖不如家蠶，而其工省，其利倍柞櫟等樹，隨處有之，緣山彌谷，不比栽桑之煩擾。我中國疆土寥闊，誠使逐漸推廣，飼養得法，將出口之數日多，一日未始不足以補家蠶之缺，而失之東隅者，或收之桑榆也。是則區區之意也夫。

藝文

唐 于濆《野蠶》(引自《全唐詩》卷五九九) 野蠶食青桑，吐絲亦成繭。無功及生人，何異偷飽煖？我願均爾絲，化爲寒者衣。

宋 王珪《華陽集》卷二五《賜知深州晁仲約爲野蠶成繭獎諭勑書》 勑仲約饒陽之區，蒙澤豐楙，野蠶成繭，布于桑郊。斷數機中，貢之王府。羣化所感，以膺厥祥。歸美於君，事嘉前史，興言嘆尚，曷維其忘。

宋 李復《潏水集》卷一〇《五言古詩・登蠶》 林間葉半空，腹中絲欲生。已老意更急，食如風雨聲。緯蕭外周防，條枝中交縈。鼠雀爾無來，共願十日晴。

細細玄蟻浮，蠕蠕寸蠖伸。抱葉食囁囁，負彩斑彬彬。假息方委蜕，吐棼非謀身。萬生爾甚微，趨死成其仁。

又《浴蠶》 柳暖柔可結，川晴流放光。繫柳浴晴川，簇簇古渡傍。春陽涵餘潤，斕斑色青蒼。衣被天壤周，卵化初微芒。

又《原蠶》 蠶馬巨細殊，異物同精氣。物生不兩大，此衰彼所致。周人禮有禁，蠶爲馬之祟。織女天上明，多蠶今爲利。

又卷一二《野蠶》 野蠶緣桑自成繭，羣兒採繭殘桑枝。明年家蠶黑蟻出，田中桑死蠶忍饑。野繭更採不滿筥，家蟻歲生無盡時。翁乎驅兒無殘桑，葉長蠶成長有絲。

清 王士禛《精華録》卷五《山蠶詞四首》 清溪槲葉始濛濛，樹底春蠶葉葉通。曾説蠶叢蜀道險，誰知齊道亦蠶叢。

那問蠶奩更火箱，春山到處是蠶房。槲林正緑椒園碧，閒却猗猗陌上桑。

春繭秋絲各自諳，一年三熟勝江南。柘蠶成後寒蠶績，不道吴王八蠒蠶。

尺五竿頭絡色絲，龍梭玉鑷動妍姿。紅閨小女生來慣，中婦流黄定未知。

圖表

晉 郭璞《爾雅音圖・釋蟲》

明 李時珍《本草綱目・圖卷》

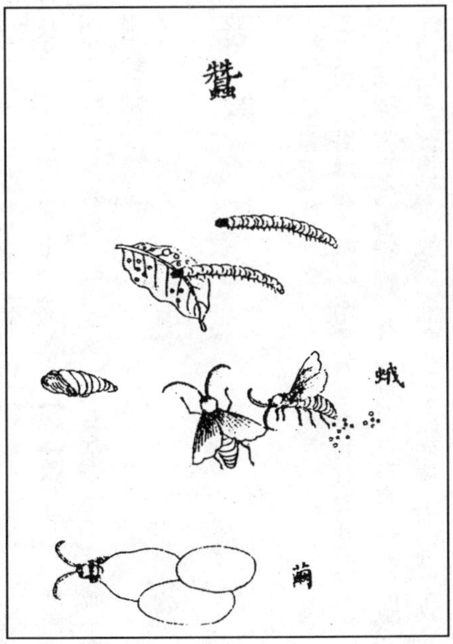

清 王元綎《野蠶録》

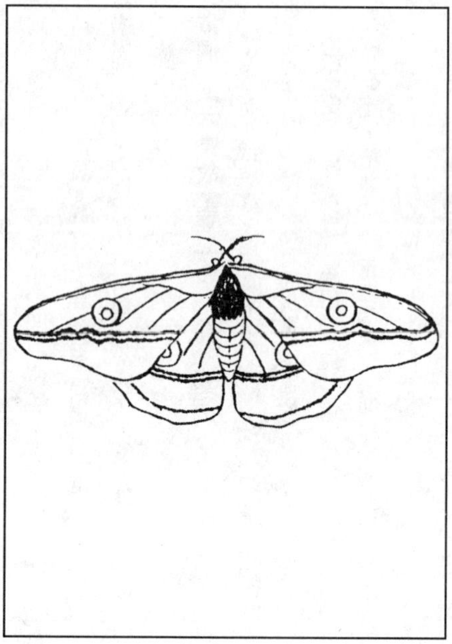

蛾圖説

蛾，蠶蛹所化也。《大戴禮》曰『食桑者有絲而蛾』，而野蠶蛾爲最大。兩翼展開，横徑四寸許，色赭黄，沿淺而中暗。每翼各具一眼，中明如鏡，外作黄圈，上有白痕一掠如半月，小翼眼亦如之。身生細毛，觸之則簌簌落。雄者眉麤，雌者眉細。雌雄配合生子，復化爲蠶。

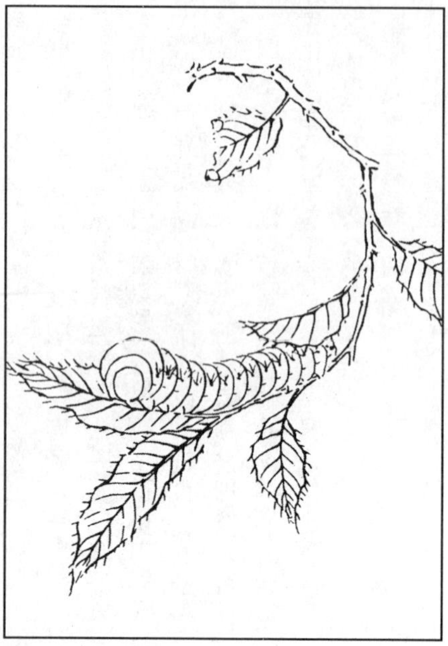

蠶圖説

野蠶色緑，長三寸許。身有稜，上生細毛。前後各六足，抱枝甚固，捉之不易下，惟善飼養者能之。眠起與家蠶同。初生皮色黑，大如蟻，亦名曰蟻頭。眠起始變爲緑。大眠食足，映日視之，光閃鑠作金星，腹通明，若見其絲，作繭大如卵。

蠋

综述

《爾雅・釋蟲》 蚅，烏蠋。注：大蟲如指，似蠶，見《韓子》。音義：蚅，烏革反。蠋音蜀。《説文》云：桑中蟲也。郭云：大蟲如指，似蠶也。疏：蚅，一名烏蠋，形似蠶而大如指。《詩・大雅・韓奕》云：鞗革金厄。毛亦云：厄，烏蠋，大如指，似蠶。注見《韓子》。案：《韓子・内儲説上》七術其三曰『信賞盡能』，云：『蟺似蛇，蠶似蠋。人見蛇則驚駭，見蠋則毛起。然而婦人拾蠶，而漁者握蟺。利之所在，則亡其所惡，皆爲孟賁。』是其事也。

漢 許慎《説文》卷一三 蜀，葵中蠶也。从虫，上目象蜀頭形，中象其身蜎蜎。《詩》曰：蜎蜎者蜀。市玉切。

蜎，蜎也。从虫，肙聲。在沇切。

宋 蔡卞《毛詩名物解》卷一一《蠋》 蠋蟲如指，似蠶，一名厄。《詩》曰：鞗革金厄。金取其堅，厄取其完也。又謂：蜎蜎者蠋，烝在桑野。言蠋以絲自裹，又久在桑野，雖蠋而已，然其自營也，完矣。《詩》以此托況。而《序》曰：一章曰其完也。《韓非子》曰：蟺似蛇，蠶似蠋。人見蛇則驚駭，見蠋則毛起。婦人拾蠶，而漁者握蟺，故人利之所在，皆爲賁育。《莊子》曰：奔蜂不能化藿蠋。以言材之有大小。《管子》曰：夫龍欲小，則化如蠶蠋。此言龍化如蠋而已。然《抱朴子》以爲有蛇蠋化成之龍，意者天下有自然之龍，有蛇蠋化成之龍乎？故曰：或生而知之，或學而知之，及其成功，一也。

宋　陸佃《埤雅》卷一〇《蠋》　大蟲如指，似蠶，一名戹。《詩》曰：鞗革金戹。金取其堅，戹取其完也。又曰：蜎蜎者蠋，烝在桑野。言蠋以絲自裹，又久在桑野，雖獨而已，然其自營也，完矣。故《詩》以此託況。《序》曰：一章言其完也。《韓非子》曰：蟺似蛇，蠶似蠋。人見蛇則驚駭，見蠋則毛起。然婦人拾蠶，而漁者握蟺，故利之所在，皆爲賁育。《莊子》曰：奔蜂不能化藿蠋。以言材之有大小。故孟公綽爲趙、魏老則優，不可以爲滕、薛大夫。《管子》曰：夫龍欲小，則化爲蠶蠋。此言龍化爲蠋而已。然《抱朴子》以爲有蛇蠋化成之龍，意者天下有自然之龍，有蛇蠋化成之龍乎？故曰：或生而知之，或學而知之，及其成功，一也。

宋　羅願《爾雅翼》卷二四《蜀》　蜀，葵中蠶也。从虫，上目象蜀頭形，中象其身蜎蜎。葵者，菜之甘者也。古人有言，蓼蟲不知徙乎葵菜。今蜀食葵之甘，故其體肥大。亦食於藿。《廣志》曰：藿蠋有五色者。槐香蠋五采，有角，甚臭。《庚桑子》曰：奔蜂不能化藿蠋。言大小不同量也。蠋雖蠶類，而不食桑。《詩》乃稱『烝在桑野』者，葵藿之下，亦桑野之地也。蠶致養於人，萬百爲族，蜀則獨行，故以比敦然獨宿者。《箋》云：蠋蜎蜎然特行，久處桑野，有似勞苦者。又蜀亦或作鳥名，師曠《禽經》曰『蜀不獨宿』，不知何物也。蜀不獨宿，故以歎獨宿者。於文獨字从蜀，則蜀當獨處爾。《韓子》曰：鱓似蛇，而蠶似蠋。人見蛇則驚駭，見蠋則毛起。漁者持鱓，婦人拾蠶，利之所在，皆爲賁育。《淮南》曰：蠶之與蠋，狀相類而愛憎異。蠋一名蚅，狀雖可畏，然古人以金作此，而綴之車上以爲飾。故曰：鞗革金戹。

宋　戴侗《六書故》卷二〇　蜀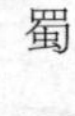，市玉切。蜀似蠶，色多青墳，首睅目。似目而非目。葵藿胡麻蹲鴟多産之。《詩》云：蜎蜎者蜀。毛公曰：桑蟲也。毛氏蓋因《詩》在桑野而爲此説。《説文》曰：葵中蠶也。上目象其頭，中象其身蜎蜎。《爾雅》曰：蚅，烏蠋。疏曰：《詩》：鞗革金戹。毛氏曰：戹，烏蠋也。莊周曰：奔蜂不能化藿蜀。韓非曰：蠶似蜀。司馬彪曰：豆中大青蟲也。别作蠋。

明　曹學佺《蜀中廣記》卷六〇　《爾雅》：獨者，蜀也。蜀，蟲名。此蟲大如指，似蠶而無羣，故云蜀。

明　李時珍《本草綱目》卷三九　枸杞蟲《拾遺》　釋名：蠋。《爾雅》集解：藏器曰：此蟲生枸杞上，食枸杞葉，狀如蠶，作繭爲蛹時取之，曝乾收用。時珍曰：此《爾雅》所謂『蚅，烏蠋』也。其狀如蠶，亦有五色者。老則作繭，化蛾孚子。諸草木皆有之，亦各隨所食草木之性。故《廣志》云：藿蠋香，槐蠋臭。

清　顧棟高《毛詩類釋》卷一八《蠋》　毛《傳》：蠋，桑蟲。郭璞曰：大蟲如指，似蠶。《正字通》云：凡草木上皆有之，各隨所食草木之性。故《廣志》云：藿蠋香，槐蠋臭。《詩》：蜎蜎者蠋，烝在桑野。偶舉桑蠋言之。《爾雅翼》云：蠋雖蠶類，然蠶萬百爲族，而蠋則獨行，故以興獨宿者。

清　嵇璜《續通志》卷一七八　蚅，一名烏蠋，見《爾雅》。郭璞注曰：大蟲如指，似蠶。《詩》『蜎蜎者蠋』，毛《傳》云：桑蟲也。李時珍曰：烏蠋亦有五色者，老則作繭化蛾孚子，諸草木上皆有之。在枸杞上者，名枸杞蟲，入藥。《廣志》云：藿蠋香，槐蠋臭。

清　徐鼎《毛詩名物圖説》卷三　毛《傳》：蜎蜎，蠋貌，桑蟲也。《正義》曰：《釋蟲》云：蚅，烏蠋。樊光引此詩。郭璞曰：大蟲如指，似蠶。《韓子》云：蟲似蠋。言在桑野，知是桑蟲。邢昺疏：形如蠶，大如指。《大雅・韓奕》云：鞗革金厄。毛亦云：厄，烏蠋，大如指，似蠶。《韓非子》：蟺似虵，蠶似蠋。人見虵則驚駭，見蠋則毛起。然婦人拾蠶，漁者握蟺，利之所在，則忘其所惡，皆爲賁育。《埤雅》：蠋以絲自裹，又久在桑野，惟獨而已，然其自營也，完矣。故《詩》以此託況。《序》曰：一章言其完也。

清　牟應震《毛詩物名考》卷四　蠋，亦木中蝎也。長寸餘，尾有光，如螢火。曾一見之，未知其生於何木，然不必定其爲桑上也。《明堂月令》『腐草爲蠲』，謂此。

清　夏味堂《拾雅》卷二〇　蠋似蠶，朝菌似蠶蛾，一曰孳母，海南謂之蟲邪。《爾雅》：蚅，烏蠋。《韓非子・内儲説》：蠶似蠋。《淮南・道應訓》：朝菌不知晦朔。

圖表

晉 郭璞《爾雅音圖·釋蟲》

明 李時珍《本草綱目·圖卷》

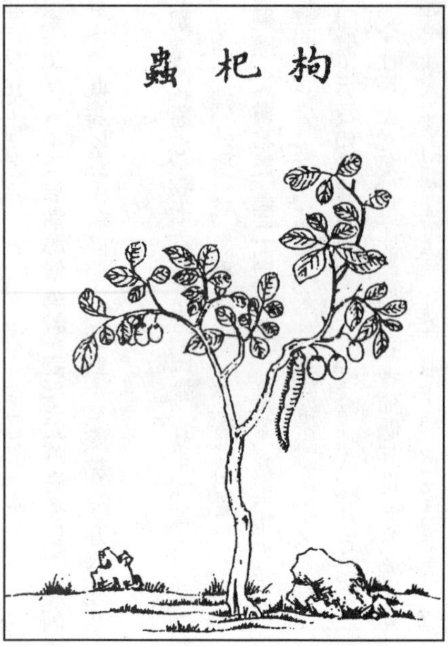

清 徐鼎《毛詩名物圖說》卷三

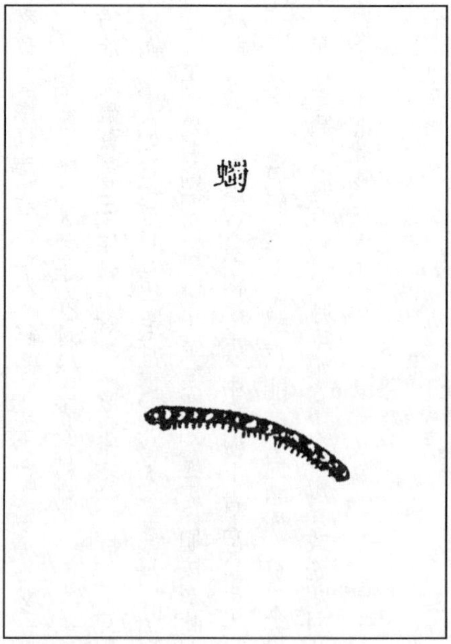

蛅斯

綜述

《爾雅·釋蟲》 蛅，毛蠹。注：即蛓。音義：蛅，户感反。蛓，七志反。《説文》云：毛蟲也。讀若笥。案：今俗呼爲毛蛓，有毒，螫人。《楚辭》云：蛓緣兮我裳。疏：蛅，一名毛蠹，即蛓也。《説文》云：蛓，毛蟲。今俗呼爲毛蛓，有毒，螫人。《楚辭》云『蛓緣兮我裳』是也。蟔，蛅蟴。注：蛓屬也。今青州人呼蛓爲蛅蟴。孫叔然云『八角螫蟲』，失之。音義：蟔字又作蠌，亡北反。蛅字或作蚺，而占反。蟴，音斯。螫，式亦反。螫猶蠚也。蠚，火各反。《字林》云：蟲行毒也。疏：蟔，一名蛅蟴，即蛓類也。青州人呼蛅蟴。注『孫叔然云「八角螫蟲」，失之』者，此即毛蟲，何止八角？故云『失之』。螫猶蠚也。《字林》云：蟲行毒也。

漢 許慎《説文》卷一三 蛓，毛蟲也。从虫，𢦏聲。千志切。蛅 蛅，

蛅斯，墨也。从虫，占聲。

隋　巢元方《巢氏諸病源候總論》卷三六《蚝蟲螫候》　此則樹上蚝蟲耳，故名蚝毛。此毒以其毛刺能螫人，蓋輕不至深㢢，然亦甚痛，螫處作畛起者是也。

宋　鄭樵《通志》卷七六　載蟲，曰蛅，其毛能螫人。故《爾雅》曰：蛅，毛蠹。又曰『蟔，蛅蟴』者，黑毛蟲也。其毛皆能射人。

宋　羅願《爾雅翼》卷二四《蛅蟖》　蛅蟖，載蟲也。載，千志切。身扁綠色，似蠶而短，背有毒毛，能螫人，今俗呼楊瘌蟲。《說文》：楚人謂藥毒曰痛瘌。一曰傷也，音如辛辣之辣。《楚辭》以喻讒人，《九思》所謂『載緣兮我裳』是也。今牡丹上尤多，常在葉背，不知者輒遇其毒。欲老則吐汁自裹，久漸堅凝，如巴菽大，紫白間理可愛。就其中作蛹，謂之蛅蟖房，一名躁舍，一名雀甕。俗謂之雀兒飯甕，言雀所喜食也。又謂之雀癰。既久出而爲蛾，復孚子於葉間。或者乃謂雀甕爲蛅蟖之卵，非也。陶弘景云：多在石榴木上。今石榴上復有一種，聚短梗半寸以來周圍植之，以自裹，行則負以自隨，亦化蛹其中，俗呼避債蟲。

宋　戴侗《六書故》卷二〇　蠁，式支切。《說文》曰：蛅蠁，强羊也。《本草》曰：蛅蟖，毛蟲也，背上五色，刺螫人甚毒。老者吐白汁，凝聚正如雀卵。一名雀瓮，此乃其卵。

又　蛅　《爾雅》曰：蟔，蛅蟴。《說文》曰：蛅斯，黑也。陶隱居曰：蛅斯，蚝蟲也。《爾雅疏》曰：毛蟲，蚝類。

明　馮時可《雨航雜録》卷下　載者，螫人蟲也。身扁綠色，似蠶而短，無足，有毛。《楚辭》以喻讒人，《九思》所謂『載緣兮我裳』是也。常在林間花葉背，不知者輒爲所刺。一名林載，蟲之最惡者也。老則吐汁自裹，久漸堅凝，如巴豆大，就其中作蛹，謂之蛅蟖。

明　李時珍《本草綱目》卷三九　雀甕《本經》下品　釋名：雀兒飯甕、《蜀本》蛅蟖房、《別録》音髯斯。蚝蟲窠、音刺。躁舍、《本經》天漿子、《圖經》棘剛子、《衍義》紅姑娘、《綱目》毛蟲。藏器曰：毛蟲作繭，形如甕，故名雀甕。俗呼雀癰，聲相近也。保昇曰：雀好食其甕中子，故俗呼雀兒飯甕。弘景曰：蛅蟖背毛螫人，故名蚝。音刺，與載同。時珍曰：俗呼毛蟲，又名楊瘌子，因有螫毒也。此蟲多生石榴樹上，故名天漿。天漿乃甜榴之名也。宗奭曰：多在棘枝上，故曰棘剛子。集解：《別録》曰：雀甕出漢中，生樹枝間，蛅蟖房也。八月采，蒸之。弘景曰：蛅蟖，蚝蟲也。在石榴樹上。其背毛螫人。生卵形如雞子，大如巴豆。藏器曰：蚝蟲好在果樹上，大小如蠶，身面背上有五色斑毛，有毒能刺螫人。欲老者，口中吐白汁，凝聚漸硬，正如雀卵。其蟲以甕爲繭，在中成蛹，如蠶之在繭也。夏月羽化而出作蛾，放子於葉間，如蠶子。陶言其生卵如雞子，誤矣。恭曰：雀甕在樹間，似螵蛸蟲。此物紫白襇斑，狀似砗磲文可愛也。時珍曰：蛅蟖處處樹上有之，牡丹上尤多。入藥惟取榴棘上、房内有蛹者，正如螵蛸取桑上者。

明　穆希文《說原》卷一二　蛅蟖，身綠似蠶而短，背有毒毛，能螫人，俗呼曰刺毛。

清　徐文靖《管城碩記》卷二三　載，注云：音次。蛅蟖別名。《說文》：載，毛蟲。俗因加蟲作蚝，从載爲正。按《爾雅》：蛅，毛蠹。注曰：即載。疏曰：《說文》「載，毛蟲」，《楚辭》「載緣兮我裳」是也。又：蟔，蛅蟖。注曰：載屬也。陶真白曰：蛅蟖，蚝蟲也。則載乃蛅之別名，與蛅蟖同爲毛蟲之屬，而非蛅蟖別名也。又按《晉書・苻堅傳》：益州刺史王廣遣將軍王蚝率蜀漢之衆來赴難。又袁瑾在壽春爲桓温所圍，求救於堅。堅遣王鑒、張蚝率步騎二萬救之。又《周書・本紀》：太祖令夏州刺史拔也惡蚝鎮南秦州。非必因許氏毛蟲之説而乃加蟲作蚝也。

清　嵇璜《續通志》卷一七八　蚝蟲窠，一名蛅蟖房，又名躁舍，又名雀兒飯甕，在石榴樹上者名天漿子，在棘枝上者名棘剛子。

清　方旭《蟲薈》卷三《昆蟲・蟔》　《爾雅正義》：蟔，一名蛅蟴，即蚝蟲也。生果樹上，大如蠶，背有五色，毛甚毒，能螫人。老者口吐白汁，凝聚如雀卵，蟲處其中，夏月則羽化爲蛾，生子葉間如蠶子。旭按：此即辣毛蟲也。一名林載，又名紅姑娘，又名楊辣子。生榴樹上者名天漿子，生棘枝上者名棘剛子。其房名雀兒飯甕，又名躁舍，能治小兒諸症。見《本草》。又夏間瓦縫中一種小毛蟲，人呼瓦蛆，又呼毛娘，螫人亦毒。或説四月八日取秧針一握，擲屋上，可辟此物，然多不驗。

藝文

清 朱彝尊《曝書亭集》卷二三《蛓》 化益作將軍，百蟲各率職。周官去蠅黽，庶蟲攻必力。苟或害田功，惡其傷稼穡。食苗心曰螟，食苗葉曰蚮。食苗根曰蟊，食苗節曰蠈。秉畀炎火焚，田祖首罰殛。嗟蛓本末微，壞户易潛匿。花兒匠太慵，埽除失記憶。主人五畝園，曝書亭在北。樹之桃李梅，三面少柴棘。履道坦且幽，穿徑曲而仄。薰風來自南，緑陰净如拭。睍睆黄鳥音，繽翻翠禽翼。藻景愛静觀，悠然意獨得。不意蟄者蘇，鬭生累千皕。縹碧黄朱斑，文采假緣飾。依倚族類繁，黨附蛅蟴蠷。誦詩三百人，其名或未識。上樹少卻行，緣裳無懼色。一毛散空際，中者立受厄。小兒女至頑，敢怒不敢即。傳聞官蝦蟇，噓氣出胸臆。之蟲在林梢，蠢動自顛躋。又聞小花鷹，飛掠來海國。慣伺之蟲嘗，不避弋人弋。二者均莫致，俾爾横暴極。桑柘以飫蠶，村姑有定則。賦芧自狙公，朝暮禀部勒。豈若是物貪，葉葉乃盡蝕。有若人禿髃，又如烏希革。歧枝結棼絲，遺矢類深墨。大哉造化工，生物固不測。巨或肆饕餮，小亦具兇德。荀卿原性惡，斯言信剛直。歲序迭環周，時運互通塞。商飈一以涼，流毒自然息。

圖表

晉 郭璞《爾雅音圖·釋蟲》

宋 唐慎微《證類本草》卷二二

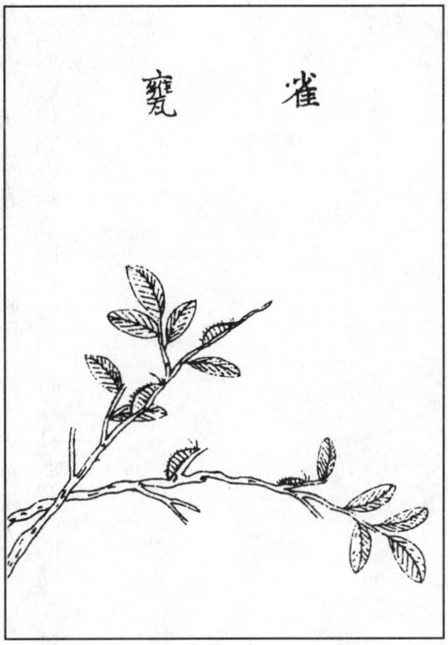

明 李時珍《本草綱目・圖卷》

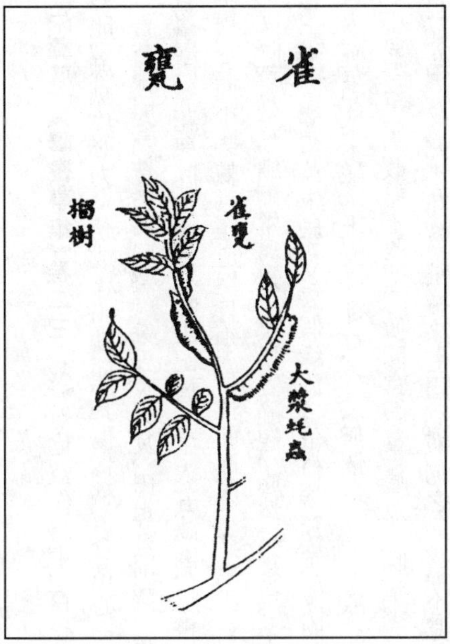

尺蠖

綜述

《爾雅・釋蟲》 蠖，蚇蠖。注：今蝍蝛。音義：蠖，枉略反。《字林》：於郭反。蚇，音尺。《易》云：尺蠖之屈，以求伸也。亦作尺。蝍，子逸反，又音即。蝛，子六反。《字林》云：蝍蝛，蚇蠖。疏：蠖，一名蚇蠖。郭云：今蝍蝛。《方言》云：蠀蝛，謂之蚇蠖。郭云：又呼步屈。《説文》云：蠖，屈伸蟲也。《易・係辭》云『尺蠖之屈，以求信』者是也。蠀音即，蝛音叔。

漢 揚雄《方言》卷一一 蠀蝛謂之蚇蠖。即跛二音。蠖，烏郭反，又呼步屈。案：蚇，古通用尺。《易・繫辭》：尺蠖之屈，以求信也。《爾雅》：蠖，尺蠖。郭璞注云：今蝍蝛。疏引《方言》此條文並同。潘尼《贈侍御史王元貺》詩：蠖屈固小往。李善注云：郭璞《方言》注曰尺蠖，又呼爲步屈也。《廣雅》『尺蠖，蠀蝛也』，本此。《説文》云：尺蠖，屈申蟲也。《考工記》：麋筋庨蠖灂。鄭注云：庨蠖，屈蟲也。庨蠖即尺蠖。《太平御覽》引郭注云：尺蠖有呼步屈，其色青而細小。或在草木葉上。今蜾蠃所負爲子者，有即又之訛。今《方言》各本無『其色』以下二十字，或屬脱文。

漢 許慎《説文》卷一三 蠖，尺蠖，屈申蟲。从虫，蒦聲。烏郭切。

宋 陸佃《埤雅》卷一一《蚇蠖》 蚇蠖，屈伸蟲也，一名蝍蝛，又呼步屈。《方言》曰：蝍蝛謂之蚇蠖。賦曰：龍伸蠖屈。蠖屈，蓋將以求伸也。《易》曰：尺蠖之屈，以求信也。言以屈道致伸。《漢志》曰：尺者，蒦也。蠖之義蓋取諸尺，蚓之義蓋取諸引。引者，伸也。蒦於尺，伸於引。今人布指求尺，一縮一伸，如蠖之步，謂之尺蠖，豈放是乎？《亢桑子》曰：夫俗隨國政之方圓，猶蚇蠖之於葉也，食黄則身黄，食蒼則身蒼。蚇蠖似蠶食葉，老亦吐絲作室。舊説蚇蠖之繭化而爲蝶，此猶蛹之變蛾爾。賦曰：蟭螟飛而生風，蚇蠖動而成響。言屋之空曠深静，易以生風答響如此，《詩》曰『噲噲其正，噦噦其冥』是也。

宋 鄭樵《通志》卷七六 蠖，屈伸蟲也。《爾雅》云：蠖，蚇蠖。

宋 羅願《爾雅翼》卷二四《尺蠖》 尺蠖，屈申蟲也。狀如蠶而絶小，

行則促其腰，使首尾相就，乃能進步。屈中有伸，故曰屈申。鄭康成謂之屈蟲，郭景純謂之步屈，皆此義。又如人以手度物，移後指就前指之狀，古所謂布指知尺者，故謂之尺蠖。《漢書・律歷志》曰：寸者，忖也；尺者，蒦也。則蒦亦自有尺之義矣。《易》曰：尺蠖之屈，以求信也。龍蛇之蟄，以存身也。聖人於物，稱名小而取義大，不以龍蠖巨細而有所遺。《晏子春秋》曰：尺蠖食黃則身黃，食蒼則身蒼。然郭璞注《方言》以爲尺蠖，步屈，色青而細小，爲蜾蠃所負爲子者。按：蜾蠃所負乃螟蛉。《毛詩義疏》云：螟蛉似步屈。此說是矣，正以爲步屈則非也。蠖亦作蠚而小。《甘泉賦》曰：天子穆然，珍臺閒館，琁題玉英，蝴蜎蠖濩之中。解者以『蝴蜎蠖濩』爲『刻鏤之形』。予按《釋魚》有蜎蠉，水中小赤蟲。《莊子》所謂還虷者，藏沙中，穴如箴孔，而蠖亦吐絲作蠚，有所布濩。以此況帝居者，蓋白藏於密，精義入神之至也。張協《七命》曰：焦螟飛而生風，尺蠖動而成響。此以微蟲表帝居之淵默，亦此義耳。尺又作斥。《考工記》弓人之職：合灂，若手背文，角環灂，牛筋蕡灂，麋筋斥蠖灂。此說弓表裏灂漆相合之處，若人手背，文理相應，隈裏灂文如環。弓背用牛筋者，文如麻子，用麋筋者，文如斥蠖云。段成式稱尺蠖之蠚爲蝶。今蝶蓋青蟲所化，非行步屈伸者。蠖或爲蛾，未可知也。

宋　戴侗　**《六書故》卷二〇**　蠖，烏郭切。蟲屈申而行者，多生桑上，其長至尺。《易》曰：尺蠖之屈，以求信也。郭璞曰：即今蝍蝛，又名步屈。尺别作蚇，非。

元　梁益　**《詩傳旁通》卷八《步屈》**　步屈一名蠖。許慎《説文》以爲屈伸蟲。《易・繫》云：尺蠖之屈，以求伸也。《爾雅》尺字作蚇，从蟲。郭璞《注》以爲蝍蝛。揚雄《方言》以爲蠀蝛。其狀如蠶而絶小，行則促其腰，使首尾相就，乃能進步。屈中有伸，故名屈伸。鄭康成謂之屈蟲。郭景純又謂之步屈。今北方亦呼步屈。老則吐絲作蠒，然不可用。蝍，音即。蝛，音促，子六切。蠀，在資切。

明　吳楚材　**《彊識略》卷三二**　尺蠖　郭璞注：步屈也，一步一屈，多在桑上，體質似蠶。《説文》曰：曲信虫。

清　方旭　**《蟲薈》卷三《昆蟲・尺蠖》**　《埤雅》：尺蠖似蠶，食葉，老亦吐絲作室。旭按：此蟲似蠶而細，長寸許，青色，其行必屈而後伸，故又名步屈，又名蝍蝛，又名桑闔。今二三月桑樹上有之，草中尤多，入夏能羽化。又有一種黃色者，蓋色隨所食之葉而變也。

藝　文

晉　郭璞　**《尺蠖讚》（引自《漢魏六朝百三家集》卷五七）**　貴有可賤，賤有可珍。嗟兹尺蠖，體此屈伸。論配龍蛇，見歎聖人。

南朝宋　鮑照　**《鮑明遠集》卷二《尺蠖賦》**　智哉尺蠖，觀機而作。申非向厚，屈非向薄。當静泉渟，遇躁風鶩。起軒軀以曠跨，伏累氣而併形。冰炭弗觸，鋒刃歷迕。逢嶮蹙蹐，值夷舒步。忌好退之見猜，哀必進而爲蠹。每驤首以瞰途，常佇景而翻露。故身不豫託，地無前期。動静必觀於物，消息各隨乎時。從方而應，何慮何思？是以軍筭慕其權，國容擬其變。高賢圖之以隱淪，智士以之而藏見。笑靈蛇之久蟄，羞龍德之方戰。理害道而爲尤，事傷生而感賤。苟見義而守勇，豈專取於弦箭。

唐　東方虬　**《尺蠖賦》（引自《文苑英華》卷一四二）**　六氣氤氳，四時平分。天道恍惚，是生萬物。化而爲鳥兮，有鳴鳳之來儀。化而爲蟲兮，有尺蠖之能屈。原夫蠖之爲生也，不飲不食，非榮非利，無欲近道，處身似智。幸稟天地之生，亦承雲雨之施。哂搏擊而争疾，輕爪牙而自致。其勇也，不怯雷霆之聲；其慎也，寧勞鷹隼之鷙。浩然無悶之境，獨處不争之地。多其順時而出，就暖而長。吐微絲以逍遥，蹙緩步而來往。當静泉澄，遇躁風興，屈伸進退，翼翼繩繩。同吹萬而生養，體抱一以含宏。聖人書之以作誡，君子行之而足徵。況不才之下士，敢求伸以自矜？

宋　王禹偁　**《小畜集》卷二《尺蠖賦**尺蠖之屈，以求伸也**》**　蠢爾微蟲，有兹尺蠖。每循塗而不殆，靡由徑以或躍。懼速登之易顛，固將前而復却。所以仲尼贊《易》，取譬乎屈伸；老氏立言，用嘉乎柔弱。我嘗考畫卦之深旨，見觀象之有以。蓋美其時行則行，時止則止。寧梟趨以鴻漸，不鷹鷙而鵲起。知進知退，造幾微於聖人；一往一來，達消長於君子。物有以小而喻大，事可去彼而取此。至若春日遲遲，品彙熙熙，知時應候，附葉尋枝。每委

順而守道，不躁進於多岐。自中規而中矩，非載驅而載馳。其行也健而不息，其氣也作而不衰。曲乎形類彤弓之彎矣，隆乎脊狀柷敔以陳之。豈比乎蟲張網而役役，蟻循磨而孜孜者哉？懿乎微物，尚有伸兮有屈。胡彼常流，但好剛而惡柔。苟克己以爲用，奚反身而是求。得不觀所以，察所由。驗人事之倚伏，考星躔之退留。自然寒暑相推而歲功及物，日月相推而大明燭幽者也。其或昧其機，循其跡，不知我者，謂我進寸而退尺。探諸妙，賾諸神，知我者，謂我在屈而求伸。異蜂蠆之毒，唯思螫人。等龍蛇之蟄，實可存身。夫如是則蛙黽怒而受式，非度德者；螳螂奮而拒轍，豈量力也？未若尺蠖兮慎行止，明用捨。予將師之，庶悔吝而益寡。

清 沙琛《點蒼山人詩鈔》卷四《尺蠖》 飽葉翠蜎蜎，吐絲不成織。爾伸能幾何，步步枉其直。

圖表

晉 郭璞《爾雅音圖・釋蟲》

螟蛉

綜述

漢 許慎《説文》卷一三 䗅，螟䗅，桑蟲也。从虫，霝聲。即丁切。

三國吳 陸璣《毛詩草木鳥獸蟲魚疏》卷下《螟蛉有子》 螟蛉者，犍爲文學曰：桑上小青蟲也，似步屈，其色青而細小，或在草葉上。蜾蠃，土蜂也，一名蒲盧，似蜂而小腰。故許慎云：細腰也。取桑蟲負之于木空中，或書簡筆筒中，七日而化爲其子。里語曰：呪云象我象我。

宋 蔡卞《毛詩名物解》卷一二《螟蛉》 螟蛉者，蟲之感氣而化者也。然所化必以類，故惟桑蟃爲能取之以爲己子。君子之於民亦類也，苟有道以得之，孰不爲化哉！《詩》曰：螟蛉有子，蜾蠃負之。則能以氣化其類者也。故譬則君，冥者無知，令者有以從，無知則有從，所以能化於物也。故譬則民，桑蟃之爲物，其氣腴白，螟蛉有以氣化，故其氣清。

宋 朱翌《猗覺寮雜記》卷下 螟蛉有子，蜾蠃負之。細腰物無雌者，皆取青蟲教祝之，變成己子。古今以况乞子爲螟蛉。《爾雅》蠮螉，陶隱居注云『銜泥竹壁，及器物作房，生子如粟米，乃捕取草上蜘蛛，滿中仍塞中，以俟其子爲粮，已破變爲己子』之説矣。《蜀本草》注云：有人候其封穴，了壞而看之，果有卵如粟，在死蟲上。則陶注爲不疑。

宋 車若水《腳氣集》 物理難知。《詩》曰：『螟蛉有子，蜾蠃負之。教誨爾子，式穀似之。』直傳到漢，揚子雲猶曰：類我類我。蜾蠃取螟蛉，産子於其身上，借其膏血以爲養蜾蠃，大螟蛉枯，非變化也。『橘逾淮則爲枳』，亦非也。江南人有接樹之法，以橘枝接枳，枳遂爲橘，其核不變，再種則復爲枳矣。淮北之人不曉此也，以此知古人之言亦有誤者。杜陵《杜鵑》詩云：『生子百鳥巢，百鳥不敢親。一作嗔。殷勤哺其子，禮若奉至尊。』亦不然。杜鵑，鷄屬，梟之徒也。飛入鳥巢，鳥見之而去，于是生子于其巢，鳥歸不知是

別子也，遂爲育之，既長乃欲嚙母。

宋　黃震《黃氏日抄》卷四　螟蛉有子，蜾蠃負之。螟蛉，青蟲。蜾蠃，蠮螉。古説皆謂蜾蠃負螟蛉之子，爲子置空桑中，七日而化，如揚子雲所謂『類我類我』者。嚴華谷載《解頤新語》曰：近世詩人取蜾蠃之巢，毀而視之，乃自有細卵如粟，寄螟蛉之身以育之。其螟蛉不生不死，蠢然在穴中，久則螟蛉盡枯，其卵日益長大，自爲蜾蠃之形，穴竅而出，非蜾蠃以螟蛉之子爲子也。愚戊辰考試省闈，聞同官宮教台州董華翁云：蜾蠃負螟蛉埋土中而寄子其身，如雞抱子暖之而使生。然其子即蜾蠃之子，非以螟蛉之子爲子，《詩》之説得之，揚子雲則失之耳。時有監簿永嘉戴侗聞其説，亦云嘗親見蠮螉負螟蛉入筆管，有兩蠮螉互飛而共營之，初非獨陽無子而外取螟蛉之子爲子也。如腐草化螢，亦螢宿其子於腐草，既成形，則自腐草而出。杜詩云『幸因腐草出』，最精於物理。

元　梁益《詩傳旁通》卷八《螟蛉蜾蠃》　蜾字亦作蝸。陸農師《埤雅》曰：果蠃，即今細腰土蠭，好禁蜘蛛。《説文》云：天地之性，細腰純雄無子。《列子》曰：純雄其名稚蜂。蓋其類也，摙泥作房，如併竹管。取桑蟲負之，七日而化爲子，其祝聲可聽。《法言》曰『祝之曰類我』，蓋其音云也。《莊子》曰『細腰者化』，今呼大蜂，啖子。地中作房者亦曰土蜂，非此細腰土蠭也。果蠃一名蠮螉。蠮亦作蠮，並音蠮，螉音翁，一名蒲盧。《中庸》曰：政也者，蒲盧也。《化書》曰：嬰兒似乳母，斯不遠也。南唐宋齊丘字子嵩《化書》曰『摙泥』，摙音輦，搬運也。

明　吳雨《毛詩鳥獸草考》卷八《螟蛉》　《小雅》曰：螟蛉有子，果蠃負之。《傳》：螟蛉，桑蟲也。蜾蠃，蒲盧也。《箋》：蒲盧取桑蟲之子，負持而去，煦嫗養之以成子。螟蛉，桑上小青蟲也，一名桑蟲，一名桑蟃，一名戎女。似步屈，其色青而細小，或在草萊上，俗謂之桑蟃。土蜂取之寘木空中，或書卷間、筆筒中，七日而成其子是也。《詩義疏》曰：螟蛉，犍爲文學舍人曰：桑上小青蟲，似步屈也。

清　顧棟高《毛詩類釋》卷一八《螟蛉》　《爾雅》：螟蛉，桑蟲。郭注：俗謂之桑蟃。邢疏：陸璣云『桑上小青蟲也。似步屈，其色青而細小，或在草萊上。蜾蠃取桑蟲負之於木空中，七日而化爲子。蜾蠃呪之曰「類我類我」，久則肖之』是也。【略】鄭樵曰：凡蜂蟻皆不能生子，只取他物呪成。而陶隱居乃謂此生子如粟米大，在房内仍取他蟲置其中，以擬其子大爲糧也，以《詩》云『螟蛉有子，蜾蠃負之』爲謬矣。後來人有壞其房而看之，果見有卵如粟在死蟲之上，皆如陶所説。此蓋不究其義也。諸蟲在蟄尚不食，況其形體未定，猶在窠中時，何得有饑飽也。壞其房而見卵與死蟲者，是變與未變耳。案《黃氏日抄》所云鄭夾漈已先闢去，只是黃氏未見耳。夾漈發明詩義極精，但云蜂蟻皆不能生子，只取他物呪成。此則未確，今蜂蟻何嘗不有子耶？

清　徐鼎《毛詩名物圖説》卷三　《爾雅》：螟蛉，桑蟲。郭璞注：俗謂之桑蟃，亦曰戎女。陸璣《疏》：桑上小青蟲也，似步屈，其色青而細小，或在草萊上。《名物解》：螟蛉，蟲之感氣而化者也。然所化必以類，故惟桑蟃爲能取之以爲己子。

清　方旭《蟲薈》卷三《昆蟲・螟蛉》　《爾雅》：螟蛉，桑蟲。注：俗謂之桑蟃，亦曰戎女。旭按：此桑上小青蟲也，似尺蠖而尤細。

藝文

宋　歐陽修《文忠集》卷五八《螟蠕賦并序》　《詩》曰：螟蠕有子，蜾蠃負之。言非其類也。及揚子《法言》又稱焉。嗟夫，螟蠕一蟲爾，非有心於孝義也。能以非類繼之爲子，羽毛形性不相異也。今夫爲人，父母生之，養育劬勞，非爲異類也，乃有不能繼其父之業者。儒家之子卒爲商，世家之子卒爲皂隸。嗚呼！所謂螟蠕之不若也。作《螟蠕賦》。詞曰：爰有桑蟲，實曰螟蠕。與夫蜾蠃，異類殊形。負以爲子，祝之以聲。其子感之，朝夕而成。嗟夫人子，父母所生。父祝之言，子莫之聽。父傳之業，子莫克承。父没母死，身覆位傾。嗚呼爲人，孰與蟲靈。人不如蟲，曷以人稱。

清　祝嘉《螟蛉》（引自《兩浙輶軒録》卷三四）　摙泥管城居，雌聲若出虚。類我勿類我，中書不中書。

圖表

晉 郭璞《爾雅音圖・釋蟲》

清 徐鼎《毛詩名物圖說》卷三

棗貓

綜述

明 李時珍《本草綱目》卷四〇 棗貓《綱目》 集解：時珍曰：棗貓，古方無考。近世方《廣丹溪心法》附餘治小兒方用之。注云：生棗樹上，飛蟲也。大如棗子，青灰色，兩角。采得，陰乾用之。

清 嵇璜《續通志》卷一七八 棗貓，生棗樹上，飛蟲也。大如棗子，青灰色，兩角。

懷香蟲

明 李時珍《本草綱目》卷三九 蘹香蟲《綱目》 集解：時珍曰：生蘹香枝葉中，狀如尺蠖，青色。主治：小腸疝氣。

清 嵇璜《續通志》卷一七八 蘹香蟲，生蘹香枝葉中，狀如尺蠖，青色。

清 方旭《蟲薈》卷三《昆蟲・蘹香蟲》 《本草綱目》：蘹香蟲，生蘹香枝葉內，狀如尺蠖，青色。能治小腸疝氣。

蜂

論説

五代　譚峭《化書》卷二《蠮螉》　夫蠮螉之蟲，孕螟蛉之子，傳其情，交其精，混其氣，和其神。隨物大小，俱得其真。蠢動無定情，萬物無定形。小人由是知馬可使之飛，魚可使之馳，蛙黽而可使之有知，嬰兒似乳母，斯道不遠矣。

宋　彭乘《墨客揮犀》卷五　《詩》云：螟蛉有子，蜾蠃負之。陶隱居以謂，蜾蠃自生子如粟粒，捕取螟蛉者所以飼其子，非以螟蛉爲子也。余童稚時屢驗之，陶説誠不妄。其類有三，銜泥營巢於室壁間者名蜾蠃，穴地爲巢者名蠮螉，窠於書卷或筆管中者名蒲盧。名既不同，其質狀小大亦異。蜾蠃、蒲盧即捕桑蠖及小蜘蛛之類，蠮螉唯捕蠨蛸與蟋蟀耳。捕得皆螫殺，去其足盡寘穴中，生子其上，旋以泥隔之，旬日子大成蜂能飛，而諸蟲盡矣。

宋　吴曾《能改齋漫録》卷一五《蜂子》　東萊先生吕居仁作《蜜蜂賦》，略云：『早出暮歸，聚房以居，生理甚微，檜花菊英，反爲身害。雖云甚甘，終以是敗。既奪之食，又腊其雛。以侑爾酒，以爲爾娱。醉而咀嚼，鼓舌自如。人之不仁，一如是乎』云云。蓋東萊不察，凡今宣州所出蜂子，非蜜蜂也，乃山間火蜂。其色紅黑，其長徑寸，其大如之。人之被螫，則徧身腫痛，有至死者。其爲窠多在地窖中，取之者先以火塞穴口，熏死其類，然後取其子之未翼者乾之，以致遠方。故元豐中，中書舍人張諤《謝潛溪蔡聖俞蜂兒》詩畧云：『溪上潛山山百尺，山人斫木燒山畬。燒畬延火入蜂穴，蜂子渾白如衝牙』云。蜂子，今所在山野有之，但不如宣州多耳。

明　何三畏《新刻何氏類鎔》卷三五《蜂》　蜂，有蜂母，有蜂兒。土蜂作房地中，木蜂作房樹上。蜂者，其物蠢蠢，其飛叢叢。照日依微，從風汎漾。無樹不集，無花不纏。吮瓊液于懸峰，吸椵津于晨景。于是經營堂窟，迴鶩林篁。繁布以結金房，疊構而成玉室，乃遂咀嚼華滋而釀以爲蜜矣。散之如甘露之零，凝之如割昉之色。信冰鮮而玉潤，亦髓滑而蘭香。蓋藥物需之以調和，而老人服之以長壽者也。聖人師蜂以立君臣，詩人幷蜂而懲辛螫。周武時有大蜂狀若丹鳳者，飛集王舟上，是謂禎祥。吴明國有大蜂色如彩鸞者，爲巢山嶺間，亦稱靈異。蜂蠆作于懷袖，武夫有非意之驚；蜂飛附于車衡，兵事爲不祥之兆。有蜂數萬頭藏于衣篚，出之可以肆螫賊人。有蜂數百尾置于紗籠，放之可以徼靈仙伯。葛翁口中吐飯成蜂，輒從坐客間張口以待蜂入，嚼之又復成飡，乃其術神奇然也。皇甫手中遇蜂作楚，遂令臧獲輩善價以購蜂窠，碎之以酧所痛，亦其性褊急然乎？

明　陳耀文《經典稽疑》卷上　蒲盧、蜾蠃，謂土蜂也。《詩》曰：螟蛉有子，蜾蠃負之。螟蛉，桑蟲也。蒲盧取桑蟲之子，去而變化之，以成爲己子。政之於百姓若蒲盧之於桑蟲然。《注疏》螟蛉、蜾蠃，説者考之不精，乃謂蜾蠃取桑蟲負之，七日化爲其子。雖揚雄亦有『類我類我，久則肖之』之説。近世詩人取蜾蠃之巢毁而視之，乃自有細卵如粟，寄螟蛉之身以養之。其螟蛉不生不死，蠢然在穴中，久則螟蛉盡枯，其卵日益長大，乃爲蜾蠃之形，穴竅而出。蓋此物不獨取螟蛉，亦取小蜘蛛置穴中，寄卵於蜘蛛腹脇之間，其蜘蛛亦不生不死。久之，蜘蛛盡枯，其子乃成。今之養晚蠶者，蒼蠅亦寄卵於蠶之身。久之，其卵爲蠅，穴繭而出。殆物類之相似者。《列子》云：純雌其名大腰，純雄其名穉蠭。《莊子》云：細腰者化。《説文》云：天地之性，細腰純雄無子。此皆信説《詩》者之言也。古人名物多取形似，瓠之細腰者曰蒲盧，故蠭之細腰者亦名蒲盧。正如綬草、綬鳥皆名以鷊，青黑之茮、青黑之鳩皆名以雔也。《解頤新語》陶隱居説同。《通志》略以變與未變駁之，誤。詩人言細腰物無雌，皆取青蟲教祝，便變成己子，斯爲繆矣。今細腰蜂在處有之，每破其房或見其卵，與他蟲同處其中，或見其子已去而他蟲只存空殼者，或見他蟲之成蛹者。蓋蠮螉生子如小粟米，寄着他蟲之身，而他蟲不壞。至變成蛹，其子出而食之，蛹盡而子去。要是，説《詩》者誤以『教誨爾子，式穀似之』爲『如似』之『似』，不知『似』爲『似續』之『似』，遂至附會成此曲説也。《詩詁》宫教台州董華翁云：蜾蠃負螟蛉，埋土中而寄子其身，如鷄抱子暖之而使生。然其子即蜾蠃之子，非以螟蛉之子爲子。《詩》之説得之，楊子雲則

失之耳。監簿永嘉戴侗云：嘗親見蠮螉負螟蛉之筆管，有兩蠮螉互飛而共營之，初非獨陽無子而外取螟蛉之子爲子也。如腐草化螢，亦螢宿其子於腐草，既成形，則自腐草而出。《黄氏日抄》

明　周復俊《涇林雜紀》卷二　郭景純云：細腰無雌，蜂蠆是也。大腰無雄，黿鼉是也。予偶見細腰之蜂定窠于薔薇架間，一蜂才破殼而出，雄即來與之交。乃知大腰無雄，其説亦臆。蒲荇川渚之涯，人固不能測其隱也。

明　田藝蘅《留青日札》卷三一《蜂蝶有雌》　《博物志》曰：細腰無雌，蜂類也。《古今注》曰：蜂蝶之類無雌。是不然。蜂蝶之陰陽在尾，往往見其交合。蜂之末岐者，牝也。末鋭者，牡也。蝶之翅文者，牝也。翅純者，牡也。束晳曰：蜂出蜘蛛。《列子》曰：蝶出烏足。或曰：壞裙化蝶，腐菌化蜂。今蜂皆卵生，而蝶多橘蟲所化也。

明　陳其力《芸心識餘》卷六《蜂能制牛》　余嘗于丘隴間見一牛奔躍叫吼，潰血淋漓，頃赴牧者旁，似有控訴求救之狀。牧者視之，則牛蜂吮腹也。速與祛之，牛始喘伏，牧者乃擊角而歌曰：柔能制剛，弱能制强，何智及謀，何勇及將。牧乃有道氣者，余趨而與之語曰：夫天下常勝之道曰柔，常不勝之道曰剛。夫子言之，于我心有戚戚焉。夫子乃天下之常勝者也。牧者曰：自視不常勝，人亦視其不常勝，乃所以爲常勝。夫牛自視常勝者也，牛蜂自視不常勝者也。人嘗以勝視牛，何嘗以勝牛視蜂哉？卒之牛爲彼所勝，蓋由蜂素得乎常勝之道者也。凡物亦有然者矣。鼠能制象，鷂能制鷹，豺能制彪，蟻能制龍，猴能制馬，麝能制虺，鷄能制乎蜈蚣，海青能制乎天鵝。是故常不勝，斯常勝矣。余曰：命之矣。敢告常勝之家。《芸心聞見録》

又《舍命王》　舍命王，蜂蠆之最大者，蓋俗名也。道傍騾馬，窮日尾之，畢竟嘬血滿腹，脚夫每撲殺之。然則人之卒歲營營不顧利害而死無悔者，亦舍命王之類乎？《芸心聞見録》

又《義蜂》　鎮江北固山下有羣蜂，擁蜂王出遊，蜂王遇鷙鳥攫殺之，羣蜂環守不去，數日俱死之。楊閣老邃庵令家伻瘞焉，表其墓曰『義蜂塚』，親作文祭之。《緑雪亭雜言》芸心子曰：聞蜂有君臣之分矣，未聞其死難也，今若此義孰甚焉。是宜元老表祭，吉士興談，回視徽欽，北轅一時偷生遯迹者，曾一蜂之不如，可勝嘆哉！

明　陶輔《桑榆漫志》　嘗謂蜾蠃者，乃長腰黑黄小蜂也。能負他蟲入己窠，内皷其羽作聲曰『似我，似我』。其蟲亦化爲蜾蠃，名曰螟蛉。世人呼義子爲螟蛉，載諸簡册，古今通用而無較焉。予昔壯年時，有佳紙數幅，置書架上。一日予閑坐間，見有此等二蜂飛繞紙卷兩頭，出入孔中，作如此之聲。取紙展而視之，其中以泥隔斷如竹節狀爲窠，有一青蟲，乃蜂含來他蟲，背上負一白子如粒米，以漸大，其青蟲尚活。其後，子漸次成形，青蟲亦漸次昏死。更後，看其子皆成蜾蠃，亦漸次老嫩不一。其蟲漸次死腐，就爲蜾蠃所食，食盡者則穿孔飛去矣。予思此物常在梁棟間，或墻壁高處作窠，未嘗在紙卷中，故前人未得其詳。或恐世間别有蜾蠃、螟蛉之蟲，真能變化。予所未見明者，又當察焉。

清　黄中堅《蜂説》（引自《國朝文匯》甲集卷五一）　乙酉新秋，盆蘭發花，有蜂營營然入於花叢。須臾，首戴花心而去，竦然異之。繼而來者不一。予恐夫花之見傷也，令童子驅之。童子乃以扇撲之，斃其二。余甚悼焉。夫蜂微物也，而明於君臣之義。其平居尊卑上下，各有定分。每日必早晚兩朝其王。其王之子或出分，則羣擁之以行，不使人得見其主而戕之，可謂忠而有禮矣。至其采花以作蜜也，他花皆以足承之，惟蘭則戴之於首。蓋他花所作以供衆食，而蘭則獨以供王，故重之若此。然凡花皆散植園亭及山野幽曠之所，采之可以無慮。而蘭花開時，多貯室中，近人而人愛惜之，故采之者往往至於見殺。悲夫！彼豈不知蘭蘂之難采？然甯冒死而出此者，誠急君之事，而不敢自愛其軀也。嗚呼！中世士大夫，大抵徒知竊禄，一旦臨小利害，則羣相規避而不肯前，甚者乃欺賣而利之耳。能如蜂之君爾忘身者有幾？予方心嘉其勤，而不謂遽已見殺也，豈不惜哉？雖然，蜂微物也，故其所以事君者，義止於此。苟身爲大臣，而惟務浚民之膏血，以充其君耳目口體之欲，亦如蜂之於蘭，則其罪固不容於死矣。撲而殺之，豈非快事？而奈之何其倖脱也。抑又聞蜂之有刺，所以衛身，而亦不妄螫人。有螫人者，必不復容於其列。是蜂非獨能爲臣，即其君之用法，亦甚有合於王道也夫。

清　陳啓源《毛詩稽古編》卷一三《小雅・小宛》　蜾蠃雖名土蜂，然

《爾雅》云『蜾蠃，蒲盧』，又云『土蠭』，則二蟲也。蜾蠃又名細腰蠭，又名蠮螉，入《神農經》下品。土蠭則見陶氏《别録》。郭景純曰：大蠭在地中作房者，爲土蠭。此也，其細腰蠭。則陶隱居言其雖號土蠭，不就土中作窟，但連捷土作房者也。《爾雅》『蜾蠃，蒲盧』，注云：即細腰蠭也，俗呼爲蠮螉。《詩》毛《傳》及《釋文》之説亦同。是一蟲而四名也。宋彭乘著《墨客揮犀》謂，其類有三，銜泥營巢於屋間者爲蜾蠃，穴地爲巢者爲蠮螉，巢於書卷及筆管者名蒲盧。蜾蠃、蒲盧能捕尺蠖及小蜘蛛之類，蠮螉惟捕蠨蛸與蟋蟀。彭蓋誤以地中之土蠭爲蠮螉也。至巢於書卷、筆管及屋壁者，乃是一蟲耳。蜾蠃、蒲盧，《爾雅》、毛《傳》、《説文》皆以爲一物，必無誤也。

綜述

《爾雅·釋蟲》 土蠭。注：今江東大蠭在地中作房者爲土蠭，啖其子，即馬蠭。今荆巴間呼爲蟺。木蠭。注：似土蠭而小，在樹上作房，江東亦呼爲木蠭，又食其子。音義：蠭，本又作螽，匹凶反，字又作蜂。《説文》云：古螽字。《字林》云：飛蟲螫人者。蟺，音墠，又示延反，蓋方言也，郭音憚，徒旦反。疏，此辨蠭在土、木之異也。《説文》云：蠭，飛蟲，螫人者。其形大，在地中作房而啖其子者，名土蠭，又名馬蠭。今荆巴間呼爲蟺。其形差小，在樹上作房者，名木蠭，亦食其子。蟺讀爲蛩亶之亶，故音之。【略】果蠃，蒲盧。注：即細腰蟲也，俗呼爲蠮螉。螟蛉，桑蟲。注：俗謂之桑蟃，亦曰戎女。音義：果，本又作蜾，又作蝸，同工火反。蠃，魯果反。腰，一遥反。蠮，於結反，又於計反。螉，烏紅反。《廣雅》云：蠮螉，土蜂也。案：今俗呼細腰小蜂爲蠮螉，在物中作房，用土爲隔，非土蜂也。螟，亡丁反。蛉，力丁反。蟃，音萬。疏：案《詩·小雅·小宛》云：螟蛉有子，果蠃負之。果蠃，一名蒲盧，即細腰蟲也，俗呼爲蠮螉。《方言》云：蠭，燕趙之間謂之蠓螉，其小者謂之蠮螉。鄭注《中庸》以蒲盧爲土蠭。《説文》云：細腰，土蠭也。天地之性，小腰純雄無子。螟蛉，一名桑蟲，一名桑蟃，一名戎女。陸璣云：螟蛉者，桑上小青蟲也，似步屈，其色青而細小，或在草萊上。果蠃，土蠭也，似蠭而小腰，取桑蟲附之於木空中，七日而化爲子。《法言》云『螟蛉之子，殪而逢果蠃，祝之曰：類我類我，久則肖之』是也。【略】蠭醜螸。注：垂其腴。疏【略】蠭類好垂其腴以伏息。《説文》云：螸，垂腴也。腴即腹下也。

漢 揚雄《方言》卷一一 蠭，燕趙之間謂之蠓螉，蒙、翁二音。其小者謂之蠮螉，小細腰蠭也。音鯁噎。或謂之蚴蜕。幽、悦二音。其大而蜜謂之壺蠭。今黑蠭穿竹木作孔，亦有蜜者，或呼笛師。案《詩·小雅》：螟蛉有子，蜾蠃負之。毛《傳》：螟蛉，桑蟲也。蜾蠃，蒲盧也。鄭《箋》云：蒲盧取桑蟲之子，去煦嫗養之，以成其子。《中庸》：夫政也者，蒲盧也。鄭注云：蒲盧、蜾蠃，謂土蜂也。蜂、蠭同。《爾雅》：果蠃，蒲盧。郭璞注云：即細腰蠭也，俗呼爲蠮螉。果、蜾同。《疏》引《方言》此條文並同。《廣雅》：蚴蜕，土蜂，蠮螉也。本此。

漢 許慎《説文》卷一三 螉，蟲在牛馬皮者。从虫，翁聲。烏紅切。【略】蠃，蜾蠃也。从虫，𣎆聲。一曰虒蝓。郎果切。【略】螎，螎蠃，蒲盧，細要土蠭也。天地之性，細要純雄無子。《詩》曰：螟蠕有子，蜾蠃負之。从虫，鬲聲。古火切。，蜾，或从果。【略】蠭，飛蟲，螫人者。从䖵，逢聲。敷容切。

晉 干寶《搜神記》卷一三 土蜂名曰蜾蠃，今世謂蜠[illegible]，細腰之類。其爲物，雄而無雌，不交不産，常取桑蟲或阜螽子育之，則皆化成己子。亦或謂之螟蛉。《詩》曰『螟蛉有子，果蠃負之』是也。

唐 段成式《酉陽雜俎》卷一七 蠮螉，成式書齋多此蟲，蓋好窠於書卷也，或在筆管中，祝聲可聽。有時開卷視之，悉是小蜘蛛，大如蠅虎，旋以泥隔之。時方知不獨負桑蟲也。

又 異蜂，有蜂如蠟蜂稍大，飛勁疾，好圓裁樹葉，捲入木竅及壁罅中作窠。成式常發壁尋之，每葉卷中實以不潔，或云將化爲蜜也。白蜂窠，成式修行里私第，果園數畝。壬戌年，有蜂如麻子蜂，膠土爲窠於庭前簷，大如雞卵，色正白可愛，家弟惡而壞之，其冬果釁鍾手足。《南史》言宋明帝惡言白。問金樓子，言子婚日，疾風雪下，幃幕變白，以爲不祥。抑知俗忌白久矣。毒蜂，嶺南有毒菌，夜明，經雨而腐，化爲巨蜂，黑色，喙若鋸，長三分餘，夜入人耳鼻中，斷人心繫。

又 竹蜜蜂，蜀中有竹蜜蜂，好於野竹上結窠，窠大如雞子，有蔕，長尺許。窠與蜜並紺色可愛，甘倍於常蜜。

又《酉陽雜俎續集》卷八 蜾蠃，今謂之蠮螉也。其爲物，純雄無雌，不交不産，取桑蟲之子祝之，則皆化爲己子，蜂亦如此耳。

宋　釋贊寧《東坡先生物類相感志》卷一六《鷺蜂》　生吴明國，即蜜蝶之類耳。被五彩，大可重數斤，其聲如鳳鸞，故名也。爲窠於深岩間，大者占地一二畝。圃人采其蜜不過一二合，如過則有風雷之異名。若螫人，以石上菖蒲根傅之即愈。其蜜色碧，久食令人童顔差沈疴也。

又《赤翅蜂》　出嶺南，形如土蜂。赤翅頸黑，穿土爲窠，食蜘蛛。南土蜘蛛大如螃蟹，遥知風來，皆狠狙而走隱藏，蜂亦預之其去處，見其遺失也。

又《蠦蜂》　南土沿海陽春郡生此蟲。附徹攬樹，雖有首足而與木葉無異，鳴則自呼。土人取者，先伎扑樹，候樹葉凋葉而得取之。《志》曰：曾聞昔人嘗與此群説。此蟲形如是，若此樹葉色以帶紅頭，无足。欲取之，採盡其葉，分堆而聽其鳴。施分堆若至數，伺其鳴方得之。土人藏於篋笥中，以鳴聲之清越則吉，若濫濁則凶，卜一家之禍福。或云有賁行毒遇蠱毒爲害必鳴。

宋　蔡卞《毛詩名物解》卷一一《蜂》　蜂有兩衙，應潮，其主之所在，衆蜂爲之旋繞如衛，誅罰徵令絶嚴，有君臣之義。《化書》曰：蜂有君臣。其毒在尾，垂尾如鋒，故字從鋒省。《傳》曰『蜂蠆垂芒』，此之謂也。《詩》曰：莫予荓蜂，自求辛螫。荓蜂，使人爲辛螫之譬也。言蜂善辛螫，藏精育毒，雖小，不可不慎。《爾雅》曰：蜂醜螸。螸，垂腴也。一名蠆，其字象形。蓋蜂類衆多，動以萬計，故借爲萬億之萬。舊説數人以千，數物以萬。《莊子》曰：號物之數謂之萬。《抱朴子》曰：雞有專棲之雄，雉有擅澤之嬌，蟻有兼弱之智，蜂有攻寡之計。援理觀之，人之强弱相制，衆寡相攻，何以異此？是故齊與魏鬭，而莊周以爲戰於蝸角也。

宋　陸佃《埤雅》卷一〇《蜂》　蜂有兩衙，應潮，其主之所在，衆蜂爲之旋繞如衛，誅罰徵令絶嚴，有君臣之義。《化書》曰：蜂有君禮也。其毒在尾，垂潁如鋒，故謂之蜂。《傳》曰『蜂蠆垂芒』，此之謂也。《詩》曰：莫予荓蜂，自求辛螫。荓，使也。荓蜂，使人爲辛螫之譬也。言蜂善辛螫，藏精育毒，雖小，不可不慎。採取百芳醸蜜，其房如脾，今謂之蜜脾。其王之所居，疊積如臺。語曰『蜂臺蟻樓』，言蜂居如臺，蟻居如樓也。一名蠟蜂，蠟生於蜜，而天下之味莫甘於蜜，莫淡於蠟，蓋厚於此者必薄於彼，理之固然也。《西方之書》曰：味如嚼蠟。舊説蜂之化蜜，必取匽猪之水，注之蠟房，而後蜜成。故謂之蠟者，蜜之蹠也。《方言》曰：其大而蜜，謂之壺蜂。即今黑蜂，蓋亦釀蜜，《楚辭》所謂『赤蟻若象，玄蜂若壺』者也。黄蜂亦其一種，無蜜，纖長。其窠仰綴於屋，銜漆以固其蔕。陰陽在尾，喜合，末端有岐者牝，鋭者牡也。《爾雅》曰：蠭醜螸。螸，垂腴也。一名萬，其字象形。蓋蜂類衆多，動以萬計，故借爲萬億之萬。舊説數人以千，數物以萬。《莊子》所謂『號物之數謂之萬』也。《抱朴子》曰：雞有專棲之雄，雉有擅澤之驕，蟻有兼弱之智，蜂有攻寡之計。援理觀之，人之强弱相制，衆寡相役，何以異此？是故齊與魏鬩，而莊周以爲戰於蝸角也。束皙《發蒙記》曰：蠅生積灰，蜂出蜘蛛。《自然論》曰：蜂無王而盡死。

又卷一一《果蠃》　即今細腰土蠭，好禁蜘蛛。《説文》云：天地之性，細腰純雄無子。《列子》曰：純雄，其名穉蜂。蓋其類也。摶泥作房，如併竹管。取桑蟲負之，七日而化爲子，其祝聲可聽。《法言》曰『祝之曰類我』，蓋其音云也。《莊子》曰：細要者化。今呼大蠭，咬子，地中作房者，亦曰土蠭，非此細腰土蠭也。果蠃一名蠮螉，一名蒲盧。《中庸》曰：政也者，蒲盧也。《化書》曰：嬰兒似乳母，斯不遠矣。

宋　羅願《爾雅翼》卷二六《蠭》　蠭，種類至多。其黄色細腰者，謂之穉蜂，腰間極細，僅相聯屬。天地之性，細腰純雄，大腰純雌。純雄，謂蜂；純雌，龜鼈之屬也。《列子》亦曰：純雌其名大腰，純雄其名穉蜂。言無雌雄而自化。故《淮南子》以蜂之類爲貞蟲，言其無欲也。《博物志》以爲蜂無雌，取桑蟲或阜螽子抱而成己子。今細腰蜂作房在小樹上，及人家簷下，房皆倒懸，其綴著處必以漆。房中各有子如粟，稍長，如蛹能動，逐時飼之，久則封之，生翼而出。其穉者復孚卵，則增房益多。其在大木上者，蜂與房皆大，謂之露蜂房，又謂之百穿。其房大者如甕，小者如桶，至大者如巨鍾。房數百層，子至石許。又土蠭黑色，似木蠭而大，地中作房。蠭之最大者，螫人至死，能食蜘蛛。《楚辭》云：赤蟻若象，玄蠭若壺。壺形圓大，故蠭似之。《方言》：蠭大而蜜，謂之壺蠭。今人亦呼爲胡蠭。

又《蜜蠭》　蜜蠭，似蠭而小，工作蜜。《説文》蜜字作䗋，云『蠭，甘飴也』。蓋若鼎器焉而冪之。《山海經》曰：穀城之上，足蜂蜜之廬。今土木之蠭，亦各有蜜。北方地燥，多在土中，故多土蜜。南方地濕，多在木中，故多

木蜜。今人家畜者，質小而微黃，大率腰腹相稱，如蠅蟬也。喜事者以窾木容數斛寘蜂其中，養之開小孔，纔容出入。《永嘉地記》曰：七八月中常有蜜蜂羣過，有一蜂先飛，覓止泊處。人知輒内木桶中，以蜜塗桶中。飛者聞蜜氣或停，不過三四來，便舉羣悉至。今人家所養蜂，或羣逸以千百數，中有大者爲王，羣蜂舁之，從其所往，人收而養之。一日兩出而聚鳴，號爲兩衙。其出採花者，取花鬚上粉寘兩髀，或採無所得，經宿花中不敢歸。房中蜂多，則復分爲隊。雀及蜻蛉好捕食之。冬寒則割蜜。今宛陵有黃連蜜，則色黃而味小苦。雍洛間有梨花蜜，色如凝脂。亳州太清宫有檜花蜜，色小赤。南京柘城縣有何首烏蜜，色更赤。各隨所採花色，而性之温涼亦相近。蜜脾底爲蠟，有蜜香氣。然蜜極甘而蠟至淡，獨爲一異。《孝經援神契》曰『蜂蠆垂芒』，《釋蟲》曰『蠭醜螫』，謂垂其腴。腴，即腹下螫毒也。今細腰螫人皆復引其芒去。蜜蜂螫人，芒入人肉，不可復出，蜂亦尋死。傳言尹吉甫妻取蜂去毒繫衣上，以譖伯奇，即此也。古稱蜂蠆有毒，今蜂近其房輒羣起攻人，故古稱蠭起之將。戰國有蠭旗，軍行用之。又軍行卒逢羣蜂及飛虻多者，必驚於藏伏之賊。王莽時，九江連率賈萌守郡不降，有飛蜂附萌車，爲漢兵所誅。晉陶侃表袁謙爲高涼太守，未至百餘里，浦中有蜜蜂蔽日而下謙船，已而皆不利。《洪範五行傳》：秦昭王時，上郡大饑，草木盡死，蜂食田苗。《關尹子》：聖人師蜂立君臣。

又《果蠃》 果蠃，即細腰黑蜂也。《説文》作『蠣蠃』，俗呼爲『蠮螉』。《詩》言：螟蛉有子，果蠃負之。螟蛉，桑蟲也。果蠃，蒲盧也。負，持也。《箋》云：蒲盧取桑蟲之子，負持而去，煦嫗養之以成子。《詩義疏》云：螟蛉似步屈，其色青，細小，或在草葉上。土蜂取之，寘木空中，或書卷間、筆筒中，七日而成其子。里語曰：呪云象我。而揚子雲亦云：螟蛉之子殪而逢果蠃，祝之曰類我類我，久則肖之矣。唯陶隱居云：今一種黑色，腰甚小，銜泥於人壁及器物邊作房，如併竹管，其生子如粟米大，置中，乃捕取草上青蜘蛛十餘枚，滿中，仍塞口，以擬其子大爲糧也。其一種入蘆竹管中者，一名果蠃，亦取草上青蟲。《詩》之『螟蛉有子，果蠃負之』，言細腰無雌，皆取青蟲教祝，便變成己子，斯爲謬矣。造《詩》者乃可不察未審，夫子何爲因其僻耶？按：陶氏之説實當物理，然以是疑聖人，則有所不可。《詩》第言果蠃負之，如國君不能有其民，則爲他人所取，不言負去爲子也。猶《鴟鴞》云『鴟鴞鴟鴞，既取我子』，亦可謂鴞取衆鳥爲子乎？但説者見其負之以往，遂因爲是說。然《詩》之本旨，自不如此，而《箋》、《疏》及揚子雲之語踈矣。

宋 戴侗 《六書故》卷二〇 蠭 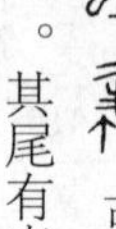，古文專容切。細要族居之蟲也。有蜜蜂，有木蜂，有木蠭，其類不一。其尾有毒，所謂丁也，故古从丁。

又 蝓蠮 【略】蠮蝓，蜂類，細要縣腹，壘土爲房於屋壁空罅中，取蛛螫或青蟲實之而卵其中。雌雄倡和其聲若祝，已乃封其端而去，卵化爲蟲，食蛛螫而長，則化爲甬，再化而羽爲蠮蝓。習俗不察，但見其負他蟲，若祝之然，謂細要無雄，祝他類爲子。毛氏遂以此釋螟蛉、果蠃，誤矣。《說文》曰：蝓蜙蟲在牛馬皮者。

明 戴冠 《濯纓亭筆記》卷九 蜜蜂從西家分過東家則蜂盛，東家分過西家則蜂少。

明 李時珍 《本草綱目》卷三九 蜜蜂《本經》上品 釋名：蠟蜂、《綱目》蜚。時珍曰：蜂尾垂鋒，故謂之蜂。蜂有禮範，故謂之蜚。《禮記》云：范則冠而蟬有緌。《化書》云『蜂有君臣之禮』是矣。集解：《別録》曰：蜂子生武都山谷。頌曰：今處處有之，即蜜蜂子也。在蜜脾中，如蠶蛹而白色。嶺南人取頭足未成者，油炒食之。時珍曰：蜂子即蜜蜂子未成時白蛹也。《禮記》有雀、鷃、蜩、范，皆以供食，則自古食之矣。其蜂有三種：一種在林木或土穴中作房，爲野蜂；一種人家以器收養者，爲家蜂，並小而微黃，蜜皆濃美；一種在山巖高峻處作房，即不蜜也，其蜂黑色似牛虻。三者皆羣居有王。王大於衆蜂，而色青蒼。皆一日兩衙，應潮上下。凡蜂之雄者尾銳，雌者尾岐，相交則黃退。嗅花則以鬚代鼻，采花則以股抱之。按：王元之《蜂記》云：蜂王無毒。窠之始營，必造一臺，大如桃李。王居臺上，生子於中。王之子盡復爲王，歲分其族而去。其分也，或鋪如扇，或圓如罌，擁其王而去。王之所在，蜂不敢螫。若失其王，則衆潰而死。其釀蜜如脾，謂之蜜脾。凡取其蜜不可多，多則蜂饑而不蕃。又不可少，少則蜂惰而不作。嗚呼，王之無毒，似君德也。營巢如臺，似建國也。子復爲王，似分定也。擁王而行，似衛主也。王所不螫，似遵法也。王失則潰，守義節也。取惟得中，似什一而稅也。山人貪其利，恐其分而刺其子，不仁甚矣。

又 土蜂《別録》 校正：舊與蜜蜂子同條，今分出。釋名：蜚零、《本經》蟺蜂、音蟬，同上。馬蜂。頌曰：郭璞注《爾雅》云：今江東呼大蜂在地中作房者爲土蜂，即馬蜂也。荊、巴間呼爲蟺蜂。集解：《別録》曰：土蜂生武都山谷。藏器曰：土蜂穴

居作房，赤黑色，最大，螫人至死，亦能醸蜜，其子亦大而白。頌曰：土蜂子，江東人亦啖之。又有木蜂似土蜂，人亦食其子。然則蜜蜂、土蜂、木蜂、黄蜂子俱可食。大抵蜂類同科，其性效不相遠矣。

又 大黄蜂《別録》 校正：舊與蜜蜂同條，今分出。釋名：黑色者名胡蜂、《廣雅》壺蜂、《方言》𤬪甊蜂、音鈎婁。玄瓠蜂。時珍曰：凡物黑色者謂之胡。其壺、瓠、𤬪甊，皆象形命名也。𤬪甊，苦瓠之名。《楚辭》云『玄蜂若壺』是矣。大黄蜂色黄，𤬪甊蜂色黑，乃一類二種也。陶説爲是。蘇頌以爲一種，非矣。然蜂蛹、蜂房，功用則一，故不必分條。集解：弘景曰：大黄蜂子，乃人家屋上者及𤬪甊蜂也。頌曰：大黄蜂子，在人家屋上作房及大木間，即𤬪甊蜂之子也。嶺南人取其子作饌，食之。其蜂黄色，比蜜蜂更大。按《嶺表録異》云：宣、歙人好食蜂兒。山林間大蜂結房，大者如巨鐘，其房數百層。土人采時，着草衣蔽身，以捍其毒螫。復以烟火熏去蜂母，乃敢攀緣崖木斷其蒂。一房蜂兒五六斗至一石。揀狀如蠶蛹瑩白者，以鹽炒暴乾，寄入京洛，以爲方物。然房中蜂兒三分之一翅足已成，則不堪用。據此，則木上作房，蓋𤬪甊之類。然今宣城蜂子，乃(握)[掘]地取之，似土蜂也。郭璞注《爾雅》云：土蜂乃大蜂，在地中作房。木蜂似土蜂而小。江東人並食其子。然則二蜂皆可食久矣。大抵性味亦不相遠也。

又 竹蜂《拾遺》 釋名：留師。郭璞作笛師。集解：藏器曰：《方言》云：竹蜂，留師也。蜂如小指大，正黑色，嚙竹而窠，蜜如稠糖，酸甜好食。時珍曰：《六帖》云：竹蜜蜂出蜀中，于野竹上結窠，紺色，大如鷄子，長寸許，有蒂。窠有蜜，甘倍常蜜。即此也。按：今人家一種黑蜂，大如指頭，能穴竹木而居，腹中有蜜，小兒撲殺取食，亦此類也。又《杜陽編》言：外國鸞蜂大十餘斤，其蜜碧色，服之成仙。此亦不經之言，未足深信。又有刺蜜、木蜜，生草木上，俱見果部本條。木蜜即枳椇。

又 赤翅蜂 集解：藏器曰：出嶺南，狀如土蜂，翅赤頭黑，大如螃蟹，穿土爲窠，食蜘蛛。蜘蛛遥知蜂來，皆狼狽藏隱。蜂以預知其處，食之無遺。時珍曰：此毒蜂，穿土作窠者。一種獨蜂，作窠於木，亦此類也。只有一箇蜂，大如小石燕子，人馬被螫立亡也。又一種蛒蜂，出巴中，在褰鼻蛇穴内。其毒倍常，中人手足輒斷，中心胸即圮裂，非方藥可療，惟禁術可制。故元稹詩云：巴蛇蟠窟穴，穴下有巢蜂。近樹禽垂翅，依原獸絶蹤。微遭斷手足，厚毒破心胸。昔甚招魂句，那知眼自逢。此蜂之毒如此，附見於此。養生遠害者，不可不知。

又 獨脚蜂《拾遺》 集解：藏器曰：出嶺南，似小蜂，黑色，一足連樹根不得去，不能動摇，五月采之。又有獨脚蟻，亦連樹根不能動摇，功用與蜂同。時珍曰：嶺南有樹小兒、樹蛺蝶，及此蜂、蟻，皆生於樹，是亦氣化，乃無情而生有情也。《酉陽雜俎》云：嶺南毒菌，夜有光，經雨則腐化爲巨蜂，黑色，其喙若鋸，長三分，囓人甚毒。物類之變化不一有如此。

又 蠮螉音噎翁。《本經》下品 釋名：土蜂、《別録》細腰蜂、《莊子》蜾蠃、《詩經》蒲盧。《爾雅》 弘景曰：此類甚多，雖名土蜂，不就土中作窟，謂摙土作房爾。時珍曰：蠮螉，象其聲也。集解：《別録》曰：蠮螉生熊耳川谷及牂牁或人屋間。弘景曰：今一種蜂黑色，腰甚細，啣泥於人屋及器物邊作房，如併竹管者是也。其生子如粟米大，置中，乃捕取草上青蜘蛛十餘枚，滿中，仍塞口，以待其子大爲糧也。其一種入蘆管中者，亦取草上青蟲。《詩》云『螟蛉有子，果蠃負之』，言細腰之物無雌，皆取青蟲教祝，便變成己子，斯爲謬矣。造《詩》者未審，而夫子何爲因其僻耶？豈聖人有缺，多皆類此。韓保昇曰：按《詩疏》云：螟蛉，桑蟲也。果蠃，蒲盧也。言蒲盧負桑蟲以成其子也。亦負他蟲封之，數日則成蜂飛去。今有人候其封穴，壞而看之，見有卵如粟，在死蟲之上，果如陶説。蓋詩人知其大而不知其細也。此蜂所在有之，隨處作窠，或雙或雙，不拘土石、竹木間也。正誤：李含光曰：視變成子，近有數見者，非虚言也。頌曰：《詩》言：螟蛉有子，果蠃負之。揚雄《方言》亦云：螟蛉之子殪，而逢果蠃，祝之曰類我類我。久之變爲蜂。陶氏、《蜀本》皆以爲生子如粟，捕諸蟲爲糧。段成式亦云：書齋多蠮螉窠，祝聲可聽，開而視之，悉是小蜘蛛，以泥隔之，乃知不獨負桑蟲也。數説不同，然物類變化固不可度。蚱蟬生於轉丸，衣魚生於瓜子之類，非一。桑蟲、蜘蛛之變爲蜂，不爲異也。如陶所説，卵如粟者，未必非祝蟲而成之也。宋齊丘所謂，蠮螉之蟲孕螟蛉之子，傳其情，交其精，溷其氣，和其神，隨物大小，俱得其真，蠢動無定情，萬物無定形，斯言得之矣。寇宗奭曰：諸家之説終不敢捨詩之義，嘗拆窠視之，果有子如粟米大，色白而微黄，所負青菜蟲却在子下，不與蟲相著。陶説近之。時珍曰：蠮螉之説各異，今通攷諸説，并視驗其卵，及蜂之雙雙往來，必是雌雄，當以陶氏、寇氏之説爲正，李氏、蘇氏之説爲誤。按：《解頤新語》云：果蠃自有卵如粟，寄在蟲身，其蟲不死不生，久則漸枯，子大食之而出。正如蠅卵寄附於蠶身，久則卵化穴繭而出也。《列子》言『純雄無雌，其名稺蜂』，《莊子》言『細腰者化』，則自古已失之矣。羅願《爾雅翼》云：陶説實當物理，但以此疑聖人，則不知《詩》之本旨矣。《詩》云：『螟蛉有子，果蠃負之。教誨爾子，式穀似之。』蓋言國君之民爲他人所取爾。説者不知『似』字乃『似續』之『似』，誤以爲『如似』之『似』，遂附會其説爾。猶云『鴟鴞鴟鴞，既取我子』，亦可謂鴞以衆鳥爲子乎？今屢破其房，見子與他蟲同處，或子已去而蟲存空殼，或蟲成蛹而子尚小。蓋蟲終不壞，至其成蛹，子乃食之而出也。近時王浚川著《雅述》，亦云：年年騐之，皆如陶氏之説焉。

明 謝肇淛《五雜俎》卷九《物部一》 江南山谷中有黑蜂大如蜣螂，

能螫殺人，俗云七枚能殺一水牛，《楚詞》云『赤蟻若象，玄蜂若壺』是也。山蜂螫人，皆復引其芒去，惟蜜蜂螫人，芒入人肉，不可復出，蜂亦尋死。傳言尹吉甫後妻取蜂去毒，繫衣上以誘伯奇，即此也。余在楚長沙，見蜜蜂皆無刺，玩之掌上，不能螫人，與蠅無異，又可怪也。

明　陳懋仁《庶物異名疏》卷二九《留師》　留師，竹蜂也。大如小指，黑色，嚙竹而窠。見《方言》。郭璞作笛師，不知孰是。

又《土宿　駱各　羅叉》　土宿，大蜂。駱各，小蜂。見周處《風土記》。嚙斷其翅使塘土，以廣其室。觀其穴口聚土，多知其處。貧人掘其子，煮而食之石蘗。《爾雅》：蜂，一名羅叉。

明　吴雨《毛詩鳥獸草木考》卷八《果蠃》　蜾蠃，細腰黑蜂也。一名土蜂，一名蒲蘆，似蜂而小腰，好禁蜘蛛。槤泥入於屋壁間，及器物旁作房，或雙或隻，亦入竹管中，以泥封其口。乃捕取草上青蟲或青蜘蛛負之於木空中，七日而化爲其子，祝聲可聽。里語曰：祝云『象我』。而楊子雲亦云：螟蛉之子殪，而逢果蠃，祝之曰類我類我，久則肖之矣。燕趙之間謂之蠓螉，其小者謂之蠮螉。凡蜂蟻皆不能生子，只取他物呪成。天地之性，細腰純雄無子。而陶隱居乃謂：此生子如粟米大，在房内仍取他蟲置其中，以擬其子大爲糧也。以《詩》云『螟蛉有子，果蠃負之』爲謬矣。後來人有壞其房而看之，果見有卵如粟米大，在死蟲之上，皆如陶所説，此蓋不究其義也。諸蟲在蟄，尚不食，況其形體未定猶在窠中時，何知有饑飽也。壞其房而見卵與死蟲者，是變與未變耳。將其故房看之，其蟲殼皆如脱形，則非爲物所食明爾。且蚱蟬生於蛣蜣，衣蟲生於瓜子，龜生於蛇，蛤生於雀，白鵶之相食，負螽之相應，其類不一，然則螟蛉、果蠃不爲異也。《説文》作『蝸』。

明　曹學佺《蜀中廣記》卷六〇　《爾雅》：土蠭，地中作房啖其子，即馬蠭，今荆巴間呼爲蟺。《方物略》云：金蟲出利州山中，蜂體緑色，光若金，里婦取以佐釵鐶之飾。贊曰：蟲質甚微，翠體金光；取而槁之，參飾釵梁。《酉陽雜俎》：蜀中有竹蜜蜂，好於野竹上結窠，窠大如鷄卵，有蔕長尺許，窠與蜜並紺色可愛，甘倍於常蜜。《方言》云：蟦螬蟲，梁益之間謂之蛒。元稹《蛒蜂詩三首序》云：蛒，亦蜂類而大，巢在褰鼻虵穴下，故毒螫倍諸蜂蠆，中手足輒斷落，及心胷則圮裂，用它蜂中人之方療之，不能愈。巴人往往持禁以制之，則差。詩云：巴虵蟠窟穴，穴下有巢蜂。近樹禽垂翅，依原獸絶蹤。微遭斷手足，厚毒破心胷。昔甚招魂句，那知眼自逢。又：梨笑清都月，京師開元觀多梨花蜂。蜂游紫殿春。搆脾分部伍，嚼蘂奉君親。翅羽頗同類，心神固異倫。安知人世裏，不有噬人人。又：蘭蕙本同畹，蜂虵亦雜居。害心俱毒螫，妖焰兩吹噓。雷蟄呑噬止，枯焚巢穴除。可憐相濟惡，勿謂禍無餘。

明　木增《雲薖淡墨》卷一《蜜蜂歲政》　《陰陽變化論》：蜂每三四月則生黑色蜂，名曰將蜂，又名相蜂，蜂王乃相蜂所生也。相蜂不能採花，但能釀蜜，無此蜂則不能成蜜。至七八月間相蜂盡死，相蜂如不死則群蜂饑。俗謂相蜂過冬，蜂必族空。蜂王大如小指，不螫，蜂無王而盡死。有二王而即分，分蜂之時，多老王遜位而出所分之蜂，均挈其半，未嘗多寡，從王而出者未嘗復回。飛止必環衛蜂王，皆有隊伍行列。採花時，一半守房，一半依次撥發花少受罰。野花開時，蝦蟆所掠，蛛螫所粘者，十去其三。每一百蜂住有七十四房，如菜花盛時十去其一二，兩蜂每日有三朝。

明　方以智《通雅》卷四七《動物・蟲》　蜾蠃、蠮螉、蒲盧，皆螫蜂也。陶貞白謂，蜾蠃自生子如粟粒，捕取螟蛉以飼其子。韓保昇、寇宗奭皆云。然《列子》『純雄無雌，名曰穉蜂』，《莊子》『細腰者化』，亦道聽也。詩人據所見，聖人取其教子，似續之大意耳，注《詩》者泥解。彭乘曰：陶説不妄，泥巢屋壁者曰蜾蠃，穴地巢者曰蠮螉，窠于書卷或筆管者曰蒲盧，即捕桑蠖及小蜘蛛，蠮螉捕蠨蛸與蟋蟀，捕得皆螫殺置穴中，生子其上，以泥隔之。旬日，子大成蜂，能飛，而蟲盡矣。王浚川曰：必附蟲而子乃生，借氣也。《説文》引《詩》蜾蠃。《易林》曰：蝠蜾生子，深目黑醜，三卦同爻。一作蝸螺，知即果蠃。

清　顧棟高《毛詩類釋》卷一八《蜾蠃》　《爾雅》：果蠃，蒲盧。郭注：即細腰蠭也，俗呼爲蠮螉。邢疏：《詩・小宛》云：螟蛉有子，蜾蠃負之。蜾蠃，一名蒲盧，即細腰蠭也。鄭注《中庸》以蒲盧爲土蠭。《説文》云：細腰土蠭也。天地之性，小腰純雄無子。

又《蜂》　《爾雅》土蠭，郭注：今江東大蠭在地中作房者，名土蠭。木蠭，郭注：似土蠭而小，在樹上作房。邢疏：飛蟲螫人者。羅願曰：蠭種類至多，土蠭黑色，最大者螫人至死。《周頌・小毖》云：莫予荓蜂，自求辛螫。

荓，使也。言管蔡之事，無人使蠭螫我，乃我自求辛螫之苦耳。自怨自艾之詞也。

清 嵇璜《續通志》卷一七八 穿木蜂，黑色，在人家簷椽穿穴，如刀錐所鑽，能螫人。竹蜂一名留師。《方言》注作笛師。蜂大如小指，正黑色，穴竹爲巢，蜜如稠糖，酸甜可食，俗呼鑽竹蜂。赤翅蜂，出嶺南，狀如土蜂，大如螃蟹，穿土爲房，食蜘蛛。蛒蜂，出巴中，在褰鼻蛇穴內，其毒倍常。唐元稹詩云『巴蛇蟠窟穴，穴下有巢蜂』，即此。獨脚蜂，出嶺南，似小蜂，黑色，一足連樹根，不得去，不能動摇。《物類相感志》名獨足蟲。火蜂，其狀如螽。見《五侯鯖》。蠪蜂，附橄欖樹而生，雖有首足，與木葉無異。人取之者，先伐樹，仆，候葉凋而自見。

清 徐鼎《毛詩名物圖說》卷三 《爾雅》：土蠭，木蠭。郭璞注：今江東大蠭在地中作房者爲土蠭，啖其子即馬蠭。似土蠭而小，在樹上作房，江東亦呼爲木蠭，又食其子。《埤雅》：蜂有兩衙，應潮，其主之所在，衆蜂爲之旋繞如衛，有君臣之義。其毒在尾，垂穎如鋒，故謂之蜂。《方言》曰『大而蜜謂之壺蜂』，即今黑蜂。黃蜂亦其一種，無蜜，纖長。其窠仰綴于屋，銜漆以固其蔕。《雅翼》：細腰蜂作房在小樹及簷下，房綴着處必以漆。其在大木上者，蜂與房皆大，謂之露蜂房。蜜蜂似蜂而小，人收而養之，一日兩出聚鳴，號爲兩衙，採花鬚上粉置兩髀。或採無所得，經宿不歸房中。《名物解》：《化書》曰：蜂有君臣，其毒在尾。《傳》曰『蜂，蠆垂芒』是也。范處義《詩補傳》：蜂螫人必辛，故曰辛螫。愚按《秇林伐山》云：莫予荓蜂。荓音烹，舊音甹。毛《傳》以爲摩曳。摩音翅。孫炎作掣曳，謂相掣曳之于惡。《說文》：甹，使也。則甹讀作甹，疑亦可也。蜂類甚多。一種黃蜂最易螫人，則舉其一可以例凡。

又 《爾雅》：蜾蠃，蒲盧。郭璞注：即細腰蟲也，俗呼爲蠮螉。《說文》：細腰土蠭也。天地之性，小腰純雄無子。楊雄《法言》：螟蛉之子殪，而逢果蠃，祝之曰類我類我，久則肖之矣。陸璣《疏》：似蜂而小腰，取桑蟲負之于木空中，七日而化爲其子。陶隱居曰：一種蜂黑色，腰細，銜泥于人室及器物邊作房，如併竹管者，生子如粟米大，捕取草上青蜘蛛，滿中仍塞口，以疑其子大爲糧。一種入蘆竹管中者，亦取草上青蟲。一名蜾蠃。若言教祝變爲己子，斯爲謬矣。愚按：諸說不同，或謂捕蟲爲糧，或云祝爲己子，蓋物類變化不可度。蚱蟬生于轉丸，衣魚生于瓜子。則桑蟲之化爲蜂，不足異也。宋齊邱謂：蠮螉之蟲，負螟蛉之子，傳其情，交其精，混其氣，和其神。隨物大小，皆得其真。蠢物無定精，萬物無定形。斯言得之矣。

清 牟應震《毛詩物名考》卷四 蜂，形似蛾而短，平首細腰，色黃，其體外剛。雌者尾如針，螫人辛痛，故曰辛螫。其王身長，大倍於蜂。其雄黑色，專職釀蜜，曰蜜博士，無尾針，不螫人也。取草末木皮爲窩曰房，連綴成片，上寬下殺曰癖，癖之尖曰甕，王生子處也。子出則分蜂，分必平，再出則再分，世爲老讓小者，誤也。其雄者至冬盡死，來年務蜂雄復生也。蜂類甚繁，所見凡二十餘種。有王者，惟蜜蜂也。

又 馬蜂，細腰，長身長足，俗名長脚蜂。多在簷下及木上作房。初止一蜂，至秋則蕃衍近百。其初，蜂及夏至前生者，至秋後則而色白，針變雙叉盡死。似馬蜂而小者曰草蜂，於荆棘根上近地處作房。似馬蜂而大者曰蟓蜂，色赤黑，於枯木中作房。其尤大者，土人名曰地雷，色皂黑，於地中作房，螫牛馬往往有死者。右皆銜生蟲，哺其子。故《爾雅》注曰：食其子也。蜂育子有三，採花者以蜜，蜜蜂之類是也；借生者以蟲，蜾蠃之類是也；作房生子如小蜆，銜蟲，哺之，子長滿户，封其口，子自變爲蜂，馬蜂之類是也。

又 蜾蠃，細腰蜂也。蜂皆細腰，此尤甚也。曳蟲入穴，生子蟲身，出封穴口。子食蟲膏而爲蜂，非螟蛉化也。其類凡數種，有捕蠅虎者，有捕小蜘蛛者。其大者曰馬蜾，身有赤斑，捕螽蝗之屬，其穴或土中，或墻罅，或筆管中。《中庸》『蒲蘆也』，謂此。

清 胡廷光《傷科匯纂》卷一一《蜂叮傷》 耀山曰：蜂類甚多，其尾皆有針鋒，故曰蜂。古語云：蜂蠆垂芒，其毒在尾。釀蜜者爲之蜜蜂。有三種：在林木或在墻穴中作房，曰野蜂；在人家以器收養者，曰家蜂；在山巖高峻處，曰石蜜。皆羣居，有王而色青蒼。土蜂即馬蜂也，巴間呼爲蟺蜂，在地中作房，亦能釀蜜，赤黑色，大者螫人最毒。色黑而肥大如指，在人家穴椽柱而居，爲之烏蜂。穴竹而窠，爲之竹蜂。色黃而腰細，在人家簷作房羣居，爲之小黃蜂。在樹上作窠五六層，至八九層，大者如甕，小者如桶，黃黑色，長寸許，爲之大黃蜂。穴土者曰土蜂，巢木者曰木蜂，或名牛舌蜂，或名玄瓠蜂，或名革蜂、壺蜂、草蜂、石蜂、沙蜂，皆随居處形色而命名也。螫馬牛及

人，乃至欲死。赤翅蜂，出嶺南，狀如土蜂，翅赤頭黑，大如螃蟹，穿土爲窠，此毒蜂穴土而居者。一種獨蜂，作窠於木，亦此類也。其窠大如鵞卵，皮厚蒼黄色，只有一箇蜂大如石燕子，俗名九里蜂，人馬被螫立亡。又一種獨脚蜂，《酉陽雜俎》云：嶺南毒菌夜有光，經雨則腐化爲巨蜂，黑色，其喙若鋸，長三分，嚙人甚毒。又一種蛤蜂，出巴中，在褰鼻蛇穴内，其毒倍常，中人手足輒斷，中心胸則圮裂。故元稹詩云：巴蛇蟠窟穴，穴下有巢蜂。近樹禽垂翅，依原獸絶蹤。微遭斷手足，厚毒破心胸。昔有招魂句，那知眼自逢。此蜂之毒如此，附見於此，養生遠害者，不可不知。

紀事

晉　王嘉《**拾遺記**》**卷二**　周武王東伐紂，夜濟河，時雲明如晝，八百之族皆齊而歌。有大蜂狀如丹鳥，飛集王舟，因以鳥畫其旗。翌日而梟紂，名其船曰蜂舟。魯哀公二年，鄭人擊趙簡子得其蜂旗，則其類也。事出《太公六韜》。武王使畫其像於幡旗，以爲吉兆。今人幡信皆爲鳥畫，則遺像也。

唐　段成式《**酉陽雜俎**》**卷一一**　或言龍血入地爲琥珀。《南蠻記》：寧州沙中有折腰蜂，岸崩則蜂出，土人燒冶，以爲琥珀。

宋　車若水《**脚氣集**》　偶步瓜園，見有惡蜂，捕一絡緯，上用口咬，下用毒釘，不堪其苦。天地如何得知，何所赴訴，爲之情懷不佳者數日。

元　佚名《**湖海新聞夷堅續志前集**》**卷一一**《**沃蜂螫死**》　雍州陸孝政爲右衛隰川府佐，性躁急，多殘害府内。先有蜜蜂一龕，分飛聚宅南樹上。孝政遣人移就別龕。蜂未去間，孝政怒以湯就樹，沃死無孑遺。明年五月，孝政晝寢息，一蜂螫于舌上，數日而卒。

明　葉子奇《**草木子**》**卷三**　己亥冬盛寒之月，蜂蝶競出，多入人家香爐上，立後多凍死。按：此物當春暖花香則出，苦寒出非其時，此變也。變不虛生，宜有其証。後龍鳳年間，多選良家子弟爲湖務間官，少年多以事被戮，是其應也。

明　竇文照《**竇子紀聞類編**》**卷四**《**義蜂蜂**》　《灼艾集》曰：鎮江北固山下有群蜂擁蜂王出遊，遇鷙鳥攫殺之。群蜂環守不去，數日俱死。楊閣老邃菴令家伻瘞焉，表其墓曰「義蜂塚」，爲文祭之。

明　朱國禎《**湧幢小品**》**卷三一**《**雜物**》　凡蜂聚人家者多不和，其採蜜者不與焉。王莽時，九江連率賈萌守郡不降，有飛蜂附萌車，爲漢兵所誅。晉陶侃表袁謙爲高涼太守，未至百餘里，浦中有蜂蔽日，下謙船，已而皆不利。近則南中黄侍郎，見第十二卷。

清　鄭光祖《**醒世一斑録・雜述**》**卷六**《**蜜蜂**》　蜂類至多，均尾藏辛螫，獨蜜蜂一種能釀蜜。明太祖時，有蜂丈人，太祖咨以養蜂之道。對曰：多取其蜜則蜂易敗，少取其蜜則蜂必盛。是多取者少取，而少取者多取也。蓋江南斂重，以諷諫焉。蜜蜂喜暖惡寒，故閩廣極盛，江南冬寒已需保護，北方則保護不易。然遼陽寧古塔地極寒冽，而蜜蜂亦有之。

清　俞樾《**茶香室續鈔**》**卷二四**《**蜂分日**》　國朝王士禎《池北偶談》云：謝臯父《晞髮集》有粵山蜂分日記云：甌粵之南某山，其民老死，不知歲歷。惟户養蜂，四時旦暮悉候之。蜂之分也，其日必吉。人家無大小貿易，皆趣成之事。未及辦，則以待後之分日。至於婚嫁興作，皆候焉。有販者至其地，留一年，書蜂分之日，凡百有奇。歸取歷驗之，皆黄道紫薇天月德吉曜也。

藝文

晉　郭璞《**蜜蜂賦**》**（引自**《**歷代賦彙**》**卷一三八）**　嗟品物之蠢蠢，惟貞蟲之明族。有叢瑣之細蜂，亦策名於羽屬。近浮遊於園薈，遠翱翔乎林谷。爰翔爰集，蓬轉飈迴。紛紜雪亂，混沌雲頽。景翳燿靈，響迅風雷。爾乃眩猨之雀，下林天井。青松冠谷，赤蘿繡嶺。無花不纏，無陳不省。吮瓊液於懸峰，吸椒津乎晨景。於是迴鶩林篁，經營堂窟。繁布金房，疊構玉室。咀嚼華滋，釀以爲蜜。自然靈化，莫識其術。散似甘露，凝如割肪。冰鮮玉潤，髓滑蘭香。百藥須之以諧和，扁鵲得之而術良。爾乃察其所安，視其所託。恒據中而虞難，營翠微而結落。徽號明於羽族，閫衛固乎管籥。誅戮峻於鈇鉞，招徵速乎羽檄。集不謀而同期，動不安而齊約。

南朝梁　蕭綱　《詠蜂》（引自《藝文類聚》卷九七）　逐風從汎漾，照日乍依微。知君不留眄，銜花空自飛。

唐　元稹　《元氏長慶集》卷四《蛒蜂三首并序**》**　蛒，蜂類而大，巢在褰鼻蛇穴下，故毒螫倍諸蜂蠆。中手足輒斷落，及心胷則圮裂，用它蜂中人之方療之，不能愈。巴人往往持禁以制之，則差。

巴虵蟠窟穴，穴下有巢蜂。近樹禽垂翅，依原獸絶蹤。微遭斷手足，厚毒破心胸。昔甚招魂句，那知眼自逢。

梨笑清都月，京開元觀多梨花蜂。蜂遊紫殿春。構脾分部伍，嚼蘂奉君親。翅羽頗同類，心神固異倫。安知人世裏，不有噬人人。

蘭蕙本同畹，蜂虵亦雜居。害心俱毒螫，妖焰兩吹噓。雷蟄吞噬止，枯焚巢穴除。可憐相濟惡，勿謂禍無餘。

唐　李商隱　《李義山詩集》卷上《蜂》　沙苑華池爛漫通，後門前檻思無窮。宓妃腰細纔勝露，趙后身輕欲倚風。紅壁寂寥崖蜜盡，碧簾迢遞霧巢空。青陵粉蝶休離恨，長定相逢二月中。

唐　敬括　《蒲盧賦》（引自《文苑英華》卷一四二）　究政化之所歸，於蒲盧而可見。負幺麽之異族，能教誨而知變。大鈞所播，各異禀而殊方；二氣相生，遂改形而革面。初其穿土，取彼桑蟲；負以蛸飛之勢，寘諸蝸舍之中。以氣相感，以類相通。笑鄧攸之輩無兒，絶其天性；若何晏之爲假子，養在公宫。薨薨鼓翅，咽咽傳意。本乃與吾同物，孰云所畜非類？如能肖貌，便若假寐。因蠕動而稍分，與胎教而齊致。蠆尾潛出，蜂腰未備。將革故而就新，諒末同而本異。嗟乎！俱爲化育，别感生成。已改其狀，復移其情。躡糞土而股戰，弄清風而翅輕。漸能羽化，永别跂行。具體皆遷，雖似通於應變；無心而守，曾不知其改更。連拳未已，奮迅復止。謂我自然，莫知所以。舉螳蜋之臂而動，振莎雞之羽乃起。化形如蝶，既以忘於神遷；委蜕若蟬，信難窮於天理。雖離本質，亦匪殊姿。遇穴入易，逢花去遲。見其類而却爲非類，遇一作過。其支一作枝，下同。而飜訝何支。衆彙皆同，昔不非兮今不是；含生無别，彼一時兮此一時。然則聖人舉以立言，指而垂教。謂微蟲兮猶知適變，矧伊人兮不能胥效。於戲！其形稍别，其類靡他。煦然而方隨氣母，蠢爾而共禀天和。吾徵夫蜾蠃之與螟蛉也，見品物而居多。

唐　羅隱　《羅昭諫集》卷四《蜂》　不論平地與山尖，無限風光盡被占。採得百花成蜜後，爲誰一作不知。辛苦爲誰甜。

宋　韓琦　《安陽集》卷一《蜂蠆》　事小不可忽，義或戒蜂蠆。蜂蠆之中人，始意脱已害。人兮怒一蟲，爲報速睚眦。白晝擿危巢，夜獨窮纖介。必獲而後已，立死以爲快。彼誠蓄微毒，謂已有所賴。失於小不忍，而自取糜壞。吁嗟陰巧徒，毒邁蜂蠆大。包潛中善良，斷腕未足駭。小或一身危，甚則家族逮。淵微如鬼神，無隙可漏敗。君子被戕賊，守道不爲怪。有時醜迹露，事或無可柰。一旦吾道行，乃置之度外。使其自愧縮，似不容覆載。非力不足較，賴有盛德在。

宋　姚勉　《雪坡集》卷一二《詠蜂》　百花頭上選羣芳，收拾香腴入洞房。但得蜜成甘衆口，一身雖苦又何妨。

宋　謝翱　《晞發集》卷八《蜂》　蛹黑春如翳，寒厓舉族懸。撲香粘絮落，采汗近僧禪。聚暗移花幄，分喧割蜜烟。閒房無處著，應架井泉邊。

金　李俊民　《莊靖集》卷三《蜂》　弄晴沾落絮，帶雨護園花。有課常輸蜜，無春不到衙。

元　劉詵　《桂隱文集》卷一《蜂有序**》**　蜂有君臣之義，朝叅其一耳。若徇忠死節，繫名教尤大，則不可不之録也。作《蜂賦》：緊顓穹之陶形兮，人與物而同鈞。宗一本而有文兮，首萬國而爲君。惟偏全之異禀兮，乃人物之繇分。超羽屬而獨出兮，異哉蜂之如人。或以微而不致索，或以毒而不敢親。孰知肖翹之蜚翼，而能有卑尊之大倫。若乃春姸景輝，玄鳥來歸。幽巖縟繡，窮林錦霏。於是薨薨窺竅，翁翁入洞。斜縈偃月，大取懸甕。將卜食以告遷，亦相時而後動。是則胥宇之水滸，相宅之洛土也。至若日吉辰良，晴風燠陽。其聲也，如鉦鼓之合節；其陣也，如甲兵之成行。出則漸密，飛則載揚。如翳如扇，衛小子王。是則就邸之支庶，分藩之令主也。而乃金房初建，玉宇未成，駢肩構度，聚首經營。卷然似栗，是爲靈臺，千門萬户，環向四開。是則經始之勿亟，庶民之子來也。周廬既列，課法爰作。股負香兮成丸，翼汲水兮如杓。于是凝芳敵蘭，積潤儔酪。府庫充溢，矗不知其幾千萬落。專一意以上供，亮竭力以誠樂。命黑衣之虎賁，守重門而司會。惰者必殺，不以小大。是則交征之庶土，底慎之財賦也。藹藹華華，一日兩衙。歌

聲雷震，朝龍無譁。方其旅進旅退，如響如對。儼降升而後揖，甚趨庭而列拜，比常衆而宴見，無更直與輪代。閒日移陰，王乃時巡，陟高丘乎下壘，卬戢戢而欣欣。聘非八駿，扈無三軍。何曾蹙頞以疾首，乃能省方而觀民。而或尾螫多辛，負嬴失助。羣聚於穴，誓無背去。別瑶林兮玉樹，謝金谷兮琪圃。無面目以偷生，絶紛華而不顧。於是閉口却粒，垂頭喪氣。納一命於所天，萃百萬而同死。蓋商餘孤竹之二子，齊横五百之壯士也。嗚呼！辛螫之求，《周詩》是憂。有毒維蠆，《春秋》所戒。豈知物微性至，五常俱備，未容僅比于螻蟻而不識其事也，可以證鬼神而質天地。是故應期而朝，信且禮也。多思而營，巧且智也。效死不二，志於義也。割脾而施，仁之惠也。嗟一氣之忠烈，亘萬古而不折。事莫小於餓死，尤莫大於失節。胡委質而爲臣兮，顧背主而改轍。彼瀛王事十姓兮，可以人而不如物。吾託蜂異，以勸來世。蓋不特演周公之《雅》，而廣張華之《志》也。

明　葉盛《菉竹堂稿》卷二《蜂》　春風吹蜜有奇香，花裡經營號最忙。寄語腹中懷劍客，語言何得媿蜂王。

明　朱樸《西村詩集》卷下《細腰蜂爲羣兒所傷有感而作》　蜾蠃蜾蠃，草下青蟲銜一箇。飛去飛來繞户庭，嗚嗚有聲祝類我。孩兒害物何不仁，驅逐頓令巢穴破。當時遠計爲兒孫，遠計無憑近成禍。因之令人三嘆息，黄蜂采花勞羽翼。辛苦功成不得食，割作他人口中蜜。春風三月桃李時，不如就使花狼藉。

明　來知德《重刻來瞿唐先生日録・外篇》卷四《蜂》　千山萬朵花，五風十日雨。人皆喫爾甜，不知爾心苦。

清　葉寶林《採花蜂》（引自《兩浙輶軒録》卷四〇）　遍採名園萬樹芳，春風鼓鑄滿篝糧。徒勞巧醖三冬計，詎料難留百疊房。甘苦不須重借問，艱辛回憶倍堪傷。若還解得爲誰語，隨分安身是道場。

清　葉觀國《緑筠書屋詩鈔》卷一《黄蜂》　藥徑蔬畦取次尋，粧臺書案巧相侵。蚤衙報後風廊静，故紙鑽來網户深。冒雨翅低歸柳外，抱香身重憩花陰。蜜官飽蜜能多少，笑汝經營苦用心。温飛卿稱蜂爲蜜官，昌黎詩：遊蜂多思正經營。

清　王汝璧《銅梁山人詩集》卷二一《華不注集・冬蠭》　南榮日上凍雲舒，窺户遊蜂故自如。羃積已成房若瓠，冰凝不礙蜜爲廬。撲花小尾空辛螫，對客峩冠笑子虚。詎識化工收歛息，寒園尚復冀嬴餘。

清　王芑孫《淵雅堂全集・詩外集・花蕋上蜂鬚得鬚字》　午韻晴闌外，蜂聲下上俱。辛勤探一蕊，珍重捲雙鬚。偶以吹花颺，猶看飲露濡。餐英心栩栩，摘豔技區區。腰爲尋芳瘦，脾應待蜜腴。塗黄先到頰，拾翠不憐跗。絮尚堪黏否，香真入抱無。中邊誰領味，所得異春駒。

清　舒位《瓶水齋詩集》卷二《蜂》　花糧露酒兩衙寬，嬴得前身是蜜官。閒殺蜻蜓釣絲上，清風六翮飽猶難。

清　臧吉康《蜂》（引自《兩浙輶軒續録》卷二三）　百花釀成蜜，辛苦不自甜。就中有黄蠟，食者將毋嫌。

又《蜾蠃》（引自《兩浙輶軒續録》卷二三）　筠管呼類我，他蟲竟能似。儻教爾自生，未必皆肖子。

圖表

晉　郭璞《爾雅音圖・釋蟲》

宋 唐慎微《證類本草》卷二二

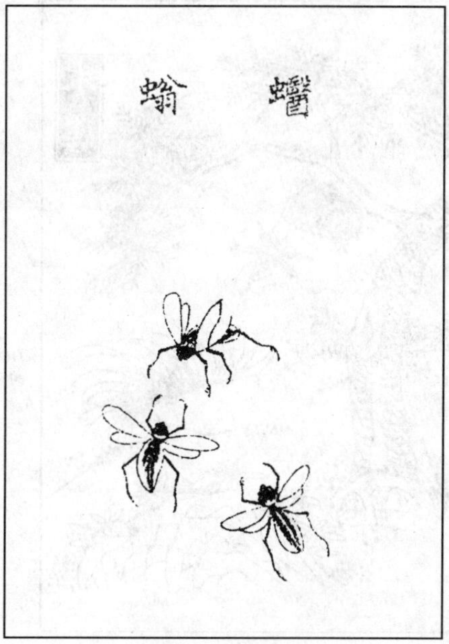

明 李時珍《本草綱目・圖卷》

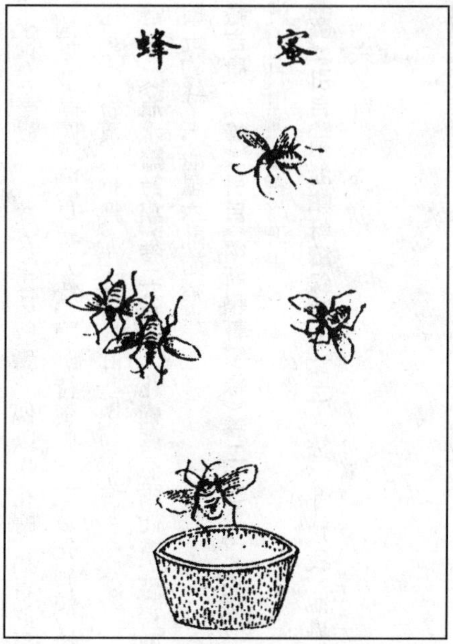

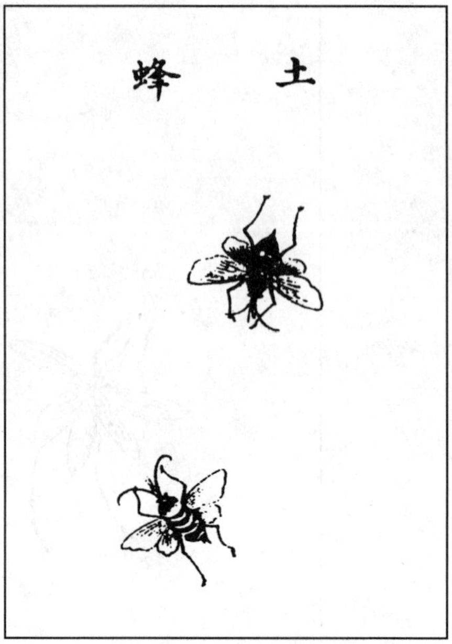
土蜂

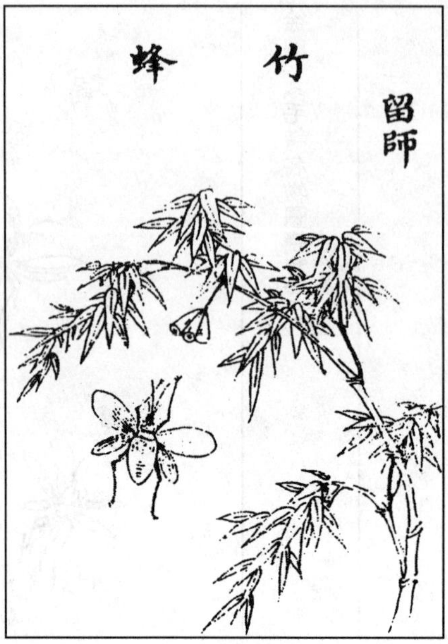
竹蜂
留師

赤翅蜂

獨脚蜂

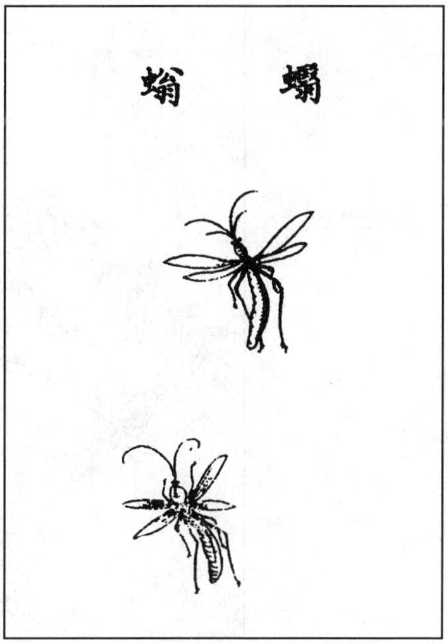

清 徐鼎《毛詩名物圖說》卷三

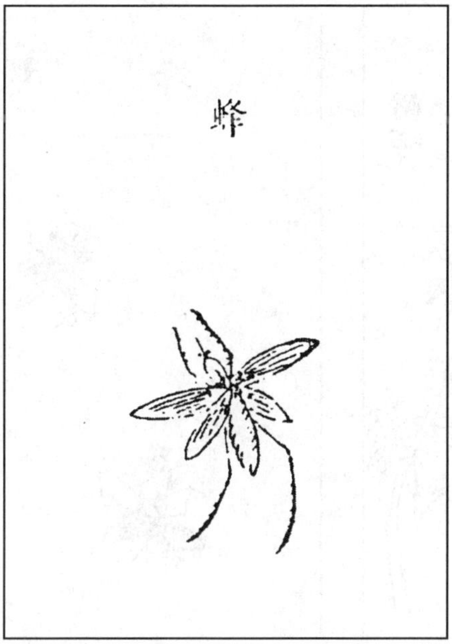

蟻

綜述

《爾雅・釋蟲》蚍蜉，大螘。注：俗呼爲馬蚍蜉。小者螘。注：齊人呼螘爲蛘。蠪，朾螘。注：赤駮蚍蜉。螱，飛螘。注：有翅。其子蚳。注：蚳，蟻卵。《周禮》曰：蜃蚳醬。音義：蚍音毗，蜉音浮。螘，魚綺反，本亦作蛾，俗作蟻，字音同。案：《說文》：蟻，羅也。蟻或作義，蛾蠶化飛蛾也。並非螘字。蛘，以丈反。郭云：齊人呼蟻也。《字林》云：北燕人謂蚍蜉曰『蟻蛘』。蠪，謝音聾，郭音龍。朾，本又作虰，郭唐耕反，孫丈耕反，《字林》音丁。駮，布角反。螱，於貴反。《說文》、《字林》從蚰。翅，矢豉反，又吉豉反。蚳，直其反。蜃，市軫反。醬，子亮反。疏：此辨衆螘及其子名也。螘，通名也。其大者別名蚍蜉，俗呼馬蚍蜉。小者即名螘，齊人呼螘蛘。《方言》云：『蚍蜉，齊魯之間謂之蚼蟓，西南梁益之間謂之玄蚼，燕謂之蛾蛘，其場謂之坻，或謂之垤』是也。其大而赤色斑駮者名蠪，一名朾螘，有翅而飛者名螱，即飛螘也。其子在卵者名蚳，可以作醢。案《周禮》醢人職曰：饋食之豆，蜃蚳醢。醢則醬之有肉者，故

此云醬也。蚼，音駒。蠓，音蒙。蛾，音蟻。蛘，音養。

漢　揚雄《方言》卷一〇　垤，封場也。楚郢以南，蟻土謂之封垤，中齊語也。案：《詩·豳風》『鸛鳴于垤』，毛《傳》：垤，螘冢也。《孟子》『泰山之於丘垤』，趙岐注云：垤，蟻封也。螘、蟻同。《廣雅》『封垤，場也』，義本此。『謂之封』，各本譌作『謂之垤』。吴淑《事類賦》注引《方言》『楚郢以南，蟻土謂之封』，今據以訂正。

漢　許慎《説文》卷一三上　螘，蚍蜉也。从虫，豈聲。魚綺切。蚳，螘子也。从虫，氐聲。《周禮》有蚳醢，讀若祁。直尼切。【略】蠶，蚍蜉，大螘也。从䖵，妣聲。房脂切。

宋　蔡卞《毛詩名物解》卷一一《蟻》　《莊子》曰：道在螻蟻。蟻有君臣之義，故其字從義。《繁露》曰：人者，仁也。我者，義也。故其義字亦從我。《記》曰：蛾子時述之。其字從我是也。《書》曰：王麻冕黼裳，卿士、邦君麻冕蟻裳。明王於此斷恩，而蟻裳又言申君臣之義也。《詩》曰：鸛鳴于垤。垤，蟻塚也。蓋蟻將雨則出而壅穴，鸛見之，長鳴而喜，《易林》所謂『蟻封穴户，大雨將集』是也。一名蟻封，《傳》曰：蟻封盤馬。《孟子》曰：泰山之於丘垤。趙岐曰：垤，蟻封也。《莊子》曰：於蟻棄智，於魚得計，於羊棄意。言慕人之與使人慕之，皆不可爲也。故至人之計，在於物我兼忘，其藏也，不厭深眇而已矣。又曰：得時則蟻行，失時則鵲起。蟻行逶遲有序，需而不速。君子得時，其廉於進如此。《夏小正》曰玄駒，駒者，蟻也。《方言》曰：梁益之間謂之玄駒。《莊子》曰：鰲之冠山，蟻之戴粒，其於逍遥一也。此即《南華》鵬鷃之義，言小大雖殊，而理各至足，豈容勝負於其間哉！

宋　陸佃《埤雅》卷一〇《螘》　《莊子》曰：道在螻蟻。螘有君臣之義，故其字从豈，亦或从義。善鬬，力舉等身鐵，鬬輒酣戰不解，有行列隊伍。《化書》曰：螻蟻之有君也，一拳之宫，與衆處之；一粒之食，與衆蓄之；一罪無疑，與衆戮之。《書》曰：王麻冕黼裳，卿士、邦君麻冕蟻裳。黼裳，明王於此斷恩，而蟻裳則言以申君臣之義也。《詩》曰：鸛鳴于垤。垤，蟻冢也。蟻將雨則出而壅土成峯，鸛鳥見之，長鳴而喜。《方言》曰：其場謂之坻，亦或謂之垤。垤从至，以螘之微而能爲垤，用其至故也。今蟻取小蟲入穴，輙壞垤窒穴，蓋防其逸，亦以窒雨，《易占》所謂『蟻封其穴，大雨將至』是也。一名蟻封，《傳》曰：蟻封盤馬。《孟子》曰：泰山之於丘垤。趙岐曰：垤，蟻封也。今朔地蟻封，其高大有如冢者，所謂蟻冢，蓋出於此。《莊子》曰：於蟻棄知，於魚得計，於羊棄意。言慕人與使人慕之，皆不可爲也。故至人之計，在於物我兼忘，其藏也，不厭深眇而已矣。又曰：堯非有人，非見有於人也。故曰：得時則蟻行，失時則鵲起。蟻行逶遲有序，需而不速。故君子之得時，其廉於進如此。《夏小正》曰：玄蚼賁。玄蚼也者，蟻也。《方言》曰：梁益之間謂之玄蚼。《符子》曰：鼇之冠山，蟻之戴粒，其於逍遥一也。此即《南華》鵬鴳之義，言大小雖殊，而理各至足，豈容勝負於其間哉！

宋　王觀國《學林》卷一〇《蛾》　《禮記·學記》篇曰：夫然後足以化民易俗，近者悦服而遠者懷之，此大學之道也。《記》曰：蛾子時術之。其此之謂乎？鄭氏注曰：蛾，蚍蜉也。蚍蜉之子，微蟲耳，時術蚍蜉之所爲，其功乃復成大垤。《釋音》曰：蛾，魚倚反。觀國案：《爾雅》曰：蚍蜉，大螘。小者，螘。《廣韻》曰：螘，蚍蜉也。同作蟻，亦作蛾，蓋蛾者，蟻之省文也。《學記》之文自始學，積而至於大學，自小成充之至于大成，從微至著，積習有漸，故取譬以蛾子，自微積功以成大垤也。其云『《記》曰：蛾子時術之』，則古書有此語矣。説《禮》之家引此語以爲喻也。書史亦多用螘爲蛾字者，春秋僖公二十五年，《左氏傳》曰：蛾析謂鄭慶：盍行乎？《釋音》曰：蛾，魚倚反。《列子》曰：先會鬼神魑魅，次達八方人民，末聚禽獸蟲蛾。揚雄《長楊賦》曰：稽顙植頜，扶服蛾伏。顔師古注曰：蛾與蟻同，言伏如蟲蛾也。漢元帝紀建昭元年秋八月，有白蛾羣飛蔽日，從東都門至枳道。顔師古注曰：蛾若今之蠶蛾。案：此言白蛾者，乃白蟻也，非蠶蛾。若蠶蛾之蛾，則與俄同音。與俄同音者，若《詩》曰『螓首蛾眉』，《爾雅》曰『蛓羅』之類是也。

宋　羅願《爾雅翼》卷二七《螘》　螘大者，俗呼馬蚍蜉。《夏小正》：十二月玄駒賁。玄駒，螘也。《書》：蟻裳色玄。蟻知將雨。《易林》：震之蹇，蟻封穴户，大雨將集。齊桓公北征孤竹，無水。隰朋曰：蟻冬居山之陽，夏居山之陰，蟻壤一寸而下有水。《抱朴子》曰：蟻有兼弱之智。《關尹子》曰：師戰螘置兵。蟻通作蛾。《記》曰：蛾子時術之。《晉語》曰：蜹蛾、蠭蠆皆能害人。

又《蟗》　蟗，飛螘，螘之有翅者，蓋柱中白螘之所化也。白螘狀如螘卵，凡斬木不以時，木未及燥，而作室或柱礎，去地不高，則是物生其中。以泥爲

房，詰曲而上，往往變化生羽，遇天晏濕，羣隊而出。飛亦不能高尋，則脱翼藉，藉在地而死矣。魯宣公十五年冬，蝝生。劉歆以爲蝝蚍蠹，蚍蜉之有翼者，食穀爲災，黑眚也。其意以《春秋》下文書饑故，因云食穀。顧方冬而陽，不收斂，蟄蟲飛揚，此自應有所傷害，不必食穀而後爲災也。又董仲舒説，蝗子也。説者亦多以蝝爲螽螟之類，失之愈遠。《説苑》曰：蠹蝝仆柱，蚊蝱失牛。

宋 戴侗《六書故》卷二〇 蟻 蟻，魚綺切，又作螘。蟻之類不一。白蟻居土中，其巢大如瓮盎，有城郭君王，以土爲甬道，高下縱屬，蠹食朽腐，梁棟亦被其害。化而羽，夏月陰雨時，坌飛滿屋，殆所謂蚍蜉也，亦謂之螻，亦謂之土蟻。玄蟻之族尤蕃，亦有城郭君王，性慕羶，遇遺羶僵腐，則率其徒負曳而去。有大頭蟻往來其間而不負曳，若糾率之者，故俗以惰羣者爲大頭蟻。又有同類而小者，其色微黃，爲黃蟻。有虎蟻稍大，好啖羣蟻，故謂虎蟻。有蛆蟻狀如黑蟻，化而羽，能螫人，《爾雅》所謂丁蟻也。有臭蟻好緣木爲窠，其臭惡，故謂臭蟻。此其大略也。《爾雅》曰：蚍蜉，大螘。小曰螘。蠪，朾螘。螱，飛螘。《方言》曰：齊魯之間謂蚍蜉曰蚼蝝，西南梁益之間謂之玄蚼，燕謂之蛾蛘，大而赤色者名蠪，一名朾螘。

明 李時珍《本草綱目》卷四〇 蟻《綱目》 釋名：玄駒、亦作蚼。蚍蜉。時珍曰：蟻有君臣之義，故字從義，亦作螘。大者爲蚍蜉，亦曰馬蟻。赤者名蠪。飛者名螱。楊雄《方言》云：齊魯之間謂之蚼蟻，梁益之間謂之玄蚼，幽燕謂之蟻蛘。《夏小正》云：十二月玄蚼奔。謂蟻入蟄也。大蟻喜酣戰，故有馬駒之稱。而崔豹《古今注》遂以蟻妖附會其説，謬矣。今不取。集解：時珍曰：蟻處處有之，有大、小、黑、白、黃、赤數種，穴居，卵生。其居有等，其行有隊，能知雨候，春出冬蟄。壅土成封曰蟻封，又曰蟻垤、蟻塿、蟻冢，狀其如封、垤、塿、冢也。其卵名蚳，音遲。山人掘之，有至斗石者，古人食之，故《内則》、《周官》饋食之豆者，蚳醢也。今惟南夷食之。劉恂《嶺表録異》云：交廣溪峒間，酋長多取蟻卵淘浄爲醬，云味似肉醬，非尊貴不可得也。又云：嶺南多蟻，其窠如薄絮囊，連帶枝葉，彼人以布袋貯之，賣與養柑子者，以辟蠹蟲。《五行記》云：後魏時，兖州有赤蟻與黑蟻鬭，長六七步，廣四寸，赤蟻斷頭死。則《離騷》所謂『南方赤蟻，若象玄蜂若壺』者，非寓言也。又按陳藏器言，嶺南有獨脚蟻，一足連樹根下，止能動摇，不能脱去。亦一異者也。附録：白蟻。時珍曰：白蟻即蟻之白者，一名螱，一名飛螘。穴地而居，蠹木而食。因濕營土，大爲物害。初生爲蟻蝝，至夏遺卵，生翼而飛，則變黑色，尋亦隕死。性畏烰炭、桐油、竹雞云。蝝音鉛。

明 周祈《名義考》卷一〇《馬螘螘與蟻同》 《爾雅》：蚍蜉，大螘。小者螘。注：大螘俗呼爲馬蚍蜉。《大戴禮》注螘爲玄駒，貫以大螘馬、小螘駒與？或以馬善陣，螘亦善陣，有似於馬，故得馬名。《古今注》謂『人成蚊蚋，馬成大螘』，恐非。

明 吴楚材《彊識略》卷三二 蟻 微蟲，穴居，卵生，有白、黑、黃、赤、大、小數種，字亦作螘。大螘俗呼爲蚍蜉，又蟻子爲蚍蜉。齊人呼小螘爲蟻蛘。又有翅而飛者，白蟻所變也。其卵蚳，其子喙，《大戴禮》謂之玄駒，又見《古今注》。《易林》：蟻封穴户，大雨將集。又蟻蛄，蟻也。食風與土。又巴蟻衆而善攻欒棟，往往木容完具而心節朽壞，屋居者不省其微而禍成傾壁。見《元稹集》。齊威公伐孤竹。隰朋曰：蟻冬居山之陽，夏居山之陰。乃掘蟻壤，遂得水。又世傳蜂蟻皆有君臣。

明 陳懋仁《庶物異名疏》卷二九《玄駒》 玄駒，蟻也。《大戴禮》：十二月玄駒賁。賁者，走于地下也。《埤雅》云：蟻有君臣之義，故字从義。喜羣鬭，鬭輒酣戰不解，有行伍隊列。《化書》曰：螻蟻之有君也，一拳之宫，與衆處之；一粒之食，與衆畜之；一罪無疑，與衆戮之。《禮記》注：得時則蟻行，逶遲有序，需有不速。君子得時，其廉於進如此。

明 曹學佺《蜀中廣記》卷六〇 《方言》曰：蚍蜉，西南梁益間謂之玄蚼。陶宏景曰：地膽出梁州，狀如大馬蟻，有翼。《太平廣記》：忠州墊江縣吏冉端，唐開成初，父死，有嚴師者善山岡爲卜地，云合有王氣，羣聚之物，掘深丈餘，遇蟻。城方數丈，外重雉堞皆具，子城譙櫓工若彫刻。城内分徑街，小垤相次，每垤有蟻數千，憧憧不絶徑，甚淨。滑樓中有二蟻，一紫色，長寸餘，足作金色，一稍小有羽，細腰白翅，翅有經脈，疑是雌者。衆蟻約有數斛，城隅小壞，以堅土爲蓋。故中樓不損，既掘露，蟻大擾，若求救之狀。吏遽請縣令李玄之詣觀已，勸吏改卜，嚴師(伐)[代]其卜驗，爲得地[吉]。請遷蟻于巖側，狀其所爲，仍布石粟，覆之以板。經旬，嚴師忽得病若狂，或自批觸，穢詈大呼，數日不已，令素厚嚴，因爲祝蟻，療以雄黃丸，方愈。元稹《蟻子詩三首序》云：巴蟻衆而善攻欒棟，往往木容完具，而心節朽壞，屋居者不省其微，而禍成傾壓。詩云：『蟻子生無處，偏因濕處生。陰霪煩擾攘，

拾粒苦嚚譚。音能。牀上主人病，耳中虛藏鳴。雷霆飜不省，聞汝作牛聲。』又：『時術功雖細，年深禍亦成。攻穿漏江海，嚼食困蛟鯨。敢憚榱欒蠹，深防柱石傾。寄言持重者，微物莫全輕。』又：『擾擾終朝見，悠悠卒歲疑。詎能分牝牡，焉得有蝝蚳。音緣，池蟻卵也。徙市竟何意，生涯都幾時。巢由或逢我，應似我相期。』

清 嵇璜《續通志》卷一七八 獨脚蟻，出嶺南，一足連樹根下，止能動摇，不能脱去。

清 牟應震《毛詩物名考》卷四 蟻，《記》作蛾子，蛾、蟻通音。凡五六種，皆以卵生。卵小者如米粒，大者如薏苡仁，古人取以爲醬者是也。然有時羣衍草木往來攢聚，未審何施，則生□蟲。其飛者螫柳葉，葉生癭如丸。螫榆葉，葉生癭如囊。破之，皆有蟲。造物化生，不可意度如此。

紀 事

北齊 魏收《魏書》卷一一二《靈徵志》 顯祖天安元年六月，兗州有黑蟻與赤蟻交鬭，長六十步，廣四寸，赤蟻斷頭而死。黑主北，赤主南。十一月，劉彧兗州刺史畢衆敬遣使内屬，詔鎮南大將軍尉元納之，大破賊將周凱等。

唐 段成式《酉陽雜俎》卷一七 蟻，秦中多巨黑蟻，好鬭，俗呼爲馬蟻。次有色竊赤者。細蟻中有黑者，遲鈍，力舉等身鐵。有竊黄者，最有兼弱之智。成式兒戲時，常以棘刺標蠅，置其來路，此蟻觸之而返，或去穴一尺或數寸，纔入穴中者如索而出，疑有聲而相召也。其行每六七有大首者間之，整若隊伍。至徙蠅時，大首者或翼或殿，如備異蟻狀也。元和中，成式假居在長興里，庭中有一穴蟻，形狀如竊赤之蟻之大者，而色正黑，腰節微赤，首鋭足高，走最輕迅，每生致蠖及小魚一曰蟲。入穴，輒壞垤窒穴，蓋防其逸也。自後徙居數處，更不復見此。

又《酉陽雜俎續集》卷三 忠州墊江縣縣吏冉端，開成初父死，有嚴師者，善山崗，爲卜地，云合有生氣羣聚之物。掘深丈餘，遇蟻城，方數丈，外重雉堞皆具，子城譙櫓，工若雕刻。城内分徑街，小垤相次，每垤有蟻數千，憧憧不絶。徑甚淨滑，樓中有二蟻，一紫色，長寸餘，足作金色；一有羽，細腰，稍小，白翅，翅有經脉，疑是雌者。衆蟻約有數斛。城隅小壞，上以堅土爲蓋，故中樓不損。即掘露，蟻大擾，若求救狀。縣吏遽白縣令李玄之，既睹，勸吏改卜，嚴師伐其卜驗，爲其地吉。縣吏請遷蟻於岩側，狀其所爲，仍布石覆之以板。經旬，嚴師忽得病若狂，或自批觸穢詈，叫呼數日不已。玄之素厚嚴師，因爲祝禱，療以雄黄丸，方愈。

唐 房千里《投荒雜録·蟻子》（引自《太平廣記》卷四七九） 南方尤多蟻子。凡柱楣户牖悉遊蟻，循途奔走，居有所營，里棟相接，莫窮其往來。

宋 歐陽修、宋祁《新唐書》卷三五《五行志》 開成元年，京城有蟻聚，長五六十步，闊五尺至一丈，厚五寸至一尺者。四年，河南黑蟲食田。

宋 莊綽《雞肋編》卷下 廣南可耕之地少，民多種柑橘以圖利。常患小蟲損食其實，惟樹多蟻則蟲不能生。故園户之家買蟻於人，遂有收蟻而販者。用猪羊脬盛脂其中，張口置蟻穴傍，竢蟻入中則持之而去，謂之養柑蟻。

宋 李石《續博物志》卷九 馬緒謫潮，得巨蟻，長尺餘，鹽漬之，歸誇北人。

明 袁宏道《瓶花齋集》卷八《雜録·鬭蟻》 嘗過西山，見兒童取松間大蟻，剪去頭上雙鬚，彼此鬭咬至死不休。問之則曰：蟻以鬚爲眼，凡行動之時，先以鬚左右審視，然後疾趨，一抉其鬚，即不能行，既憒不見，因以死鬭。試之，良然。余謂蟻以鬚視，古未前聞，且蟻未嘗無目，必待鬚而行，亦異事也。識之以俟博物者。

清 陸廷燦《南村隨筆》卷六《白蟻》 南方濕熱之地多生白蟻，新構房屋在木中食空，不久，傾圮者有之，松木尤甚。更能食銀，使銀中空，取其蛀末及白蟻鎔之，仍可得銀，但必缺耗耳，此真異事。《本草》云：性畏烰炭、桐油及竹雞聲。竹雞鳴，則蟻化爲水。江西人有專掘白蟻者，蓋冬天必歸土中作穴，有多至數斛者，相其往來之路踪跡掘之，必得其穴。又螳虎能食白蟻。

藝　文

晉　郭璞　《蚍蜉賦》（引自《漢魏六朝百三家集》卷五六）　惟洪陶之萬殊，賦羣形而遍灑。物莫微於昆蟲，屬莫賤乎螻蟻。淫淫奕奕，交錯往來，行無遺迹，鶩不動埃。迅雷震而不駭，激風發而不動，虎賁比而不懾，龍劍揮而不恐。乃吞舟而是制，無小大與輕重。因無心以致力，果有象乎大勇。出奇膠於九真，流頳液其如血。飾人士之喪具，在四隅而交結。濟齊國之窮師，由山東之高垤。感萌陽以濳出，將知水而封穴。伊斯蟲之愚昧，乃先識而似悊。

唐　元稹　《元氏長慶集》卷四《蟻子三首并序**》**　巴蟻衆而善攻欒棟，往往木容完具而心節朽壞，屋居者不省其微而禍成傾壓。

蟻子生無處，偏因濕處生。陰霪煩擾攘，拾粒苦譻譠。音能。牀上主人病，耳中虛藏鳴。雷霆翻不省，聞汝作牛聲。

時術功雖細，年深禍亦成。攻穿漏江海，嚼食困蛟鯨。敢憚榱欒蠹，深藏柱石傾。寄言持重者，微物莫全輕。

擾擾終朝見，悠悠卒歲疑。詎能分牝牡，焉得有蝝音緣。蚳。音池，蟻卵。徙市竟何意，生涯都幾時。巢由或逢我，應似我相期。

唐　李德裕　《李衛公別集》卷一《蚍蜉賦并序》　此郡多蚍蜉，所居臨流，寔繁其類。或聚于衽席，或入于盤盂。終日厭苦，而不知可禦之術。因戲爲此賦，令稚子和之。惟江潭之下國，况幽居于澤畔。何螻蟻之微物，亦有徒而凌亂。或泮散于經笥，或㒓緣于食案。余乃戲而問之曰：爾能居厚地而漏山阿，無乃處吾身而爲大患。蟻不能言，辭以意宣。其旨曰：我稟形于造化，亦一氣之所甄。嘗濟齊師之乏，亦聞嫣德之羶。覘封穴而知雨，驗寸壤而得泉。出以時而不息，故學者得而稱焉。戴粒而遊，若巨鰲之冠神岳；繞磨而行，若日月之麗清天。若乃依垤緣壁，淫淫奕奕。其聚無聲，其行無迹。值晏温而出遊，當祁寒而入隙。迅雷作而不駭，微雨洒而自適。生雖瑣細，亦有行藏。止若群羊之聚，進如旅鴈之翔。乘其便也，雖鱣鯨而可制；無其勢也，雖蛭蟦而不傷。今願悔禍，戢于垣墻。豈同青蠅之點白，汙君子之衣裳。

宋　吴淑　《事類賦》卷三〇《蟻》　伊玄駒之幽瑣兮，處蟄户而遊嬉。抱兼弱之微識，以時術而自資。體行磨以合度兮，性慕羶而弗違。雖羅密而見獲，亦道在兮何虧。薦俎豆以爲醢，漏山阿而慎微。黄既應於西魏，赤亦象於南齊。爾乃辨其蚼蟓，分此蠪朾。湯沃桓謙之怪，火攻河内之兵。得水既賞於隰朋，習馬亦聞於王濟。或驗彼水災，或占其雨至。冠山之鼇，誠未足羡；吞舟之鯨，或云可制。亦有處欄錡之石，出崑崙之墟。槊端刺肉，硯裏觀魚。驚若象之尤異，聞鬭牛而靡虚。潰金隄之千丈，結喪車之四隅。摘典麗之辭，既聞郭璞；悦幽閒之思，更見應璩。

宋　姚勉　《雪坡集》卷一〇《戰蟻賦》　蟻之有生，微軀眇形。穴居蠕動，爲蟲之靈。禮克辨於尊卑，智能卜乎晦明。羣慕羶而沓集，各銜粒而經營。語其義則感恩而穴犴，言其勇則萃力而制鯨。合庶彙以概觀，亦有能之可稱。何弗安乎性分，乃從事於戰爭。若乃柱礎潤流，濃雲鬱興，潢潦慮及，丘垤思升。授兵於審雨之堂，整旅於檀蘿之國。列行五而序進，勢有類於征役。數越千萬，隊分什伯。黍民肆騰翥之勇，玄駒逞奔驟之力。初曼衍乎墻隅，旋圍繞乎砌側。登爽塏以屯集，養鋒鋭而待敵。緣堦歷坎，負塊依石，若創營而立壁也。交持競齧，以力相格，若陷陣而縱擊也。弱者散驚，强者攻克，若追奔而逐北也。利吻如鉗，各銜所獲，若獻俘而斬馘也。方且圍户之前，入穴之隙，軍拔幟而漢勝，師館穀而晉食。隳沙礫之樓觀，空羶穢之儲積。乃整衆而還歸，類志滿而意得。一寓目而觀戲，吾重爲之太息。使殷師聞之，必以爲牛鬭之可駭。而蒙莊覩此，豈獨哀蝸戰之不釋耶？嗟夫！太樸既分，百僞斯動，逐利隨欲，鬭智角勇，弱役於强，寡奪於衆，迭相憑陵，日鬭而鬨。雖以蟻之至眇，亦紛拏而總總。又孰知夫擾擾之無益，而南柯之爲夢耶？是不獨蟻之爲然也，天下之區區，何以異於蟻穴之微。人心之好競，何以異於羣蟻之知。相古先民，鞠旅陳師，蓋欲戢乎暴亂，非樂耀於兵威。奈世道之日遷，異往聖之所爲。韓白騁其巧，孫吴奪其奇。驅萬姓於鋒鏑，爭一戰之雄雌。竭民膏於中國，要邊功於外夷。財力既凋，憂患乃隨。鑒在邇而弗悟，轍既覆而尚追。安知教修而崇服，德敷而苗歸。蓋亦曰佳兵者，

不祥之器，聖人不得已而用之。

明 **葉盛**《**菉竹堂稿**》**卷二**《**蟻**》　神龍得水豈無時，大樹誰云可撼之。指點蚍蜉憐爾輩，營營竟日終何爲。

清 **趙希璜**《**四百三十二峯草堂詩鈔**》**卷二五**《**蟻**》　地理憑誰達，槐安寄興濃。藏身知道在，分土剖符封。蚊蚋欣羶致，龍蛇遜景從。耳虚聞爾鬭，何物繫微蹤。

清 **謝元淮**《**養默山房詩槀**》**卷二二**《**石城集・蚍蜉**》　羽蟲多化出，蚍蜉信足徵。庚寅夏五月，苦雨滋鬱蒸。羣蟻緣墻陰，一條黑如繩。中有渠魁在，形狀殊凌兢。背開生四翼，柔薄原難憑。如何急自試，鼓舞遽飛騰。衆蟻若羨嘆，白日真飛昇。豈知尋丈間，墮落填溝塍。後來未覺悟，繼起爭薨薨。弱者困尺咫，身重力不勝。一奮輒仰卧，泥滑翅粘凝。翻爲同類食，曾不稍哀矜。意初負弱羽，未免驕其朋。致此相摧殘，嫉妬成怨憎。嗟嗟蚍蜉子，胡弗知所懲。

雜録

晉 **張勃**《**吴録**》（**引自**《**説郛**》**卷五九下**）　居風縣有蟻絮藤，人視土中知有蟻。因墾發以木皮插其上，則蟻出緣而生漆。

唐 **蘇鶚**《**蘇氏演義**》**卷下**　牛亨問曰：蟻名玄駒者，何也？答曰：河内人竝河而居，見人馬數千萬，皆如黍米遊動往來，從旦至暮。家人以火燭之，人皆是蚊蚋，馬皆是大蟻。故今人呼蚊蚋曰黍民，名蟻曰玄駒也。

五代 **馬縞**《**中華古今注**》**卷下**《**牛亨問蟻**》　玄駒何也？答曰：昔河内人見有人馬數千萬，皆如黍米遊動往來，從旦至暮。家人與火燒之，人皆蚊蚋，馬皆成大蟻。故呼蚊蚋曰黍民，蟻玄駒也。

宋 **李石**《**續博物志**》**卷二**　白蟻聞竹雞之聲化爲水，竹雞自呼泥滑滑是也。或曰白雞之雄，亦能化白蟻。

圖表

晉 **郭璞**《**爾雅音圖・釋蟲**》

蝜蝂

論説

唐　柳宗元《柳河東集》卷一七《蝜蝂傳》　蝜蝂者，善負小蟲也。行遇物，輒持取，卬其首卬音昂，亦作仰。負之，背愈重，雖困劇不止也。其背甚澀，物積固不散，固一作因。卒躓仆上知利切，下音赴，又音匐。不能起。人或憐之，爲去其負。苟能行，又持取如故。又好上高極，其力不已，至墜地死。今世之嗜取者，遇貨不避，以厚其室，不知爲己累也，唯恐其不積。及其怠而躓也，黜棄之，遷徙之，亦以病矣。苟能起，又不艾，日思高其位，大其禄，而貪取滋甚，以近於危墜。觀前之死亡者，曾不知戒。雖其形魁然大者也，其名人也，而智則小蟲也。亦足哀一作悲。夫！

清　朱軾《史傳三編》卷五二　論曰：唐柳宗元嘗哀蝜蝂，謂其以土自負，致殃其生而不悟，因以興。夫世之以贓敗者，若隱之之清操自厲，雖若

過於苦節，要於吾身以内，曷嘗有所亡哉！貪世利以爲身圖，實買世禍以爲身殃，是誠蝜蝂之技。聞隱之風，可以興矣。

綜　述

《爾雅·釋蟲》傅，負版。注：未詳。臣照按唐柳宗元《蝜蝂傳》：蝜蝂者，善負小蟲也。行遇物，輒取，卬其首，雖困劇不止。似即此蟲也。

宋　吴曾《能改齋漫録》卷一五《傅負版》《爾雅·蟲部》：傅，負版。郭璞釋云：未詳。予按《柳子厚集·蝜蝂傳》云：蝜蝂者，善負小蟲也。行遇物，輒持取，卬其首負之，背愈重，雖困劇不止也。其背甚澀，物積因不散，卒躓仆不能起。人或憐之，爲去其負，苟能行，又持取如故。又好上高，極其力不已，至墜地死。

宋　王應麟《困學紀聞》卷八　傅，負版。郭璞注：未詳。即柳子所爲作《蝜蝂傳》者也。

明　方以智《通雅》卷四七　蝜蝂，善負小蟲也。《爾雅·蟲部》：傅，負版。郭璞云：未詳。吴曾按《柳子厚集》云：蝜蝂者，善負小蟲也。行遇物，輒持取，仰其首，負之背，愈重，雖困不止也。

清　嵇璜《續通志》卷一七八　傅，一名負版，見《爾雅》。柳宗元《蝜蝂傳》云：蝜蝂者，善負小蟲也。行遇物，輒持取，卬其首負之，背愈重。其背甚澀，物積因不散，卒躓仆不能起。人或憐之，爲去其負。苟能行，又持取如故。好上高，極其力不已，至墜地死。

清　翟灝《爾雅補郭》卷下　傅，負版。《玉篇》曰：蝜[虫布]，蟲大如蜆，有毒。又曰：蝂，[虫尃]蝜也。皆即此蟲。[虫尃]與傅，音之轉；[虫尃]與傅，體之變也。《柳宗元文集》有《蝜蝂傳》曰：蝜蝂者，善負小蟲也。行遇物，輒持取，卬其首負之，背愈重，雖困劇不止也。其背甚澀，物積因不散，卒躓仆不能起。人或憐之，爲去其負，復持取如故。又好上高，極其力不已，至墜地死。

清　方旭《蟲薈》卷三《昆蟲·蝜[虫布]》《騈雅》：蝜[虫布]，毒蜆也。《訓纂》：蝜[虫布]大如蜆，有毒。旭按：柳宗元《蝜蝂傳》云：蝜蝂者，善負小蟲也。行遇物，必持取負之，雖困劇不止。人或憐之，爲去其負。苟能行，又持取如故。疑即此物。然《爾雅》『[虫尃]，蝜蝂』，《玉篇》又以『[虫尃]蝜』爲句。

蜚

綜　述

《爾雅·釋蟲》蜚，蠦蜰。注：蜰即負盤，臭蟲。音義：蜚，扶味反。蠦，力胡反。蜰，敷非反，孫甫尾反。盤，字又作螌，蒲安反。《廣雅》云：負盤，蟅也。蟅，音章夜反。臭，昌又反。疏：案《洪範五行傳》云：蜚，負蠜。夷狄之物，越之所生。其爲蟲臭惡，南方淫氣之所生也。《本草》曰：蜚，厲蟲也。然則蜚自臭惡之蟲，害人衣物。故《春秋左氏傳》曰：「有蜚，不爲災，亦不書」也。《春秋》經傳皆云「有蜚」，則此蟲名蜚，一名蠦蜰，而舍人李巡皆云「蜚蠦，一名蜰」，非也。此蟲一名負盤。《漢書》及《左傳》注多作負蠜者，以此下有『草蟲，負蠜』，故相涉誤耳。

漢　許慎《説文》卷一三　蜰，盧蜰也。从虫，肥聲。符非切。[非蟲]，臭蟲，負蠜也。从蟲，非聲。房未切。

唐　丘光庭《兼明書》卷三《蜚蠦蜰》《釋蟲》云：蜚，蠦蜰。郭璞注云：蜰即負盤，臭蟲也。明曰：按《春秋》書『秋有蜚』，杜注云：蜚，負蠜也。然杜預以蟲一名蠦蜰，而郭以此蟲一名蜚蠦，一名蜰。以《春秋》證之，即郭解誤也。

宋　鄭樵《通志》卷七六　蜚，《爾雅》曰：蜚，蠦蜰。郭云：蜰即負盤，臭蟲。按：此亦謂之負蠜，即草蟲也。《春秋》書蜚，以其能害稼。《本草》謂之蜚蝱，亦謂之蜚蠊。

宋　羅願《爾雅翼》卷二七《蜚》　蜚者，負盤，臭蟲也。亦作蜰。似蟅蟲而輕小，能飛，生草中，八月九月知寒，多入人屋裏逃。《春秋》莊公二十九年有蜚，劉歆以爲負蠜也，性不食穀，食穀爲災，介蟲之孽。其父向則以

爲蜚色青，近青眚也，非中國所有。南越盛暑，男女同川淫風所生，爲蟲臭惡。莊公將取齊淫女爲夫人，故蜚至，天戒以爲將生臭惡，聞於四方也。説者以爲蜚中國所有，非南越之蟲，未詳。向所説蜚誠臭蟲，今所在有之，草間之物不必皆因男女同濫而生也。向之論似不若歆之篤，然歆言食穀爲災者，亦爲未當。今負盤好以清旦集稻上，食稻花，田家率以畚作掇拾置他所，至日出則皆散去，不可得矣。既食稻花，又其氣臭惡，能熯稻，使不蓄，《春秋》書之，當由此爾。今人謂之蜚盤蟲，亦曰香娘子。《本草》云蜚蠊。

宋　戴侗《六書故》卷二〇　蜚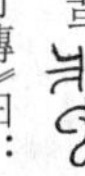，匪微切，又扶貴切。《春秋》書『有蜚』。《爾雅》曰：蜚，蠦蜰。劉氏《五行傳》曰：蜚，負蠜，越地所生，爲蟲臭惡，南方淫氣之所生也。《爾雅》釋曰：蜰即負蠜，臭蟲也。《廣雅》曰：蟅也。《本草圖經》曰：金房人啗之，謂之石薑。按：蜚、蜰、蠜、盤，皆一聲之轉，而《爾雅》乃以蠜爲螽，負蠜爲草蟲。

元　梁益《詩傳旁通》卷九《蜚》　蜚者，負盤，臭蟲也。亦作蜰，似䗪，音拓。蟲而輕小，能飛。《春秋》書蜚，劉向以爲蜚色青，近青眚。眚音生之上聲，災也。劉歆以爲負蠜也，性不食穀，食穀爲災，介蟲之孽。羅端良曰：今負盤好以清旦集穀上，食稻花，田家率以畚作掇拾置他所，至旦日出則皆散去，不可得矣。既食稻花，又其氣臭惡，能熯稻，使不蓄，《春秋》書之，當由此爾。今人謂之蜚盤蟲，亦謂之香娘子。《本草》謂之蜚蠊。羅端良先於晦庵數年，晦庵稱羅豫章。

明　李時珍《本草綱目》卷四一　蜚蠊費廉。《本經》中品　釋名：石薑、《唐本》盧蜰、音肥。負盤、《唐本》滑蟲、《唐本》茶婆蟲、《綱目》香娘子。弘景曰：此有兩三種，以作廉薑氣者爲真，南人啖之，故名。恭曰：此蟲辛臭，漢中人食之，名石薑，亦名盧蜰，一名負盤。南人謂之滑蟲。時珍曰：蜚蠊、行夜、䗇螽三種，西南夷皆食之，混呼爲負盤。俗又訛盤爲婆，而諱稱爲香娘子也。集解：《别録》曰：生晉陽山澤及人家屋間，形似蠶蛾，腹下赤，二月、八月及立秋採。弘景曰：形似䗪蟲而輕小，能飛。本生草中，八、九月知寒，多入人家屋裏逃爾。保昇曰：金州、房州等處有之，多在林樹間，百十爲聚，山人啖之，謂之石薑。郭璞注《爾雅》所謂『蜰即負盤，臭蟲』也。藏器曰：狀如蝗，蜀人食之。《左傳》『蜚不能災』者，即此。時珍曰：今人家壁間、竈下極多，甚者聚至千百。身似蠶蛾，腹背俱赤，兩翅能飛，喜燈火光，其氣甚臭，其屎尤甚。羅願云：此物好以清旦食稻花，日出則散也。水中一種酷似之。

又　行夜《别録》　校正：併入《拾遺》負盤。釋名：負盤、《别録》屭盤蟲、弘景氣蠜。弘景曰：行夜，今小兒呼屭盤蟲，或曰氣蠜，即此也。藏器曰：氣盤有短翅，飛不遠，好夜中行，人觸之即氣出。雖與蜚蠊同名相似，終非一物。戎人食之，味極辛辣，蘓恭所謂『巴人重負蠜』是也。時珍曰：負盤有三：行夜、蜚蠊、䗇螽，皆同名而異類。夷人俱食之，故致混稱也。行夜與蜚蠊形狀相類，但以有廉薑氣味者爲蜚蠊，觸之氣出者爲氣盤，作分别爾。張杲《醫説》載，鮮于叔明好食負盤臭蟲，每使人採取三五升，浮温水上，洩盡臭氣，用酥及五味熬作餠食，云味甚佳。即此物也。

明　方以智《通雅》卷四七　蜚，害苗蟲也。負蠜，則又一蜚也。《山海經》曰『白首之蜚』，又一蜚也。《春秋》書『有蜚』，平去二聲。《爾雅》曰『蜚，蠦蜰』，即負蠜，臭蟲也。《廣雅》則以爲蟅，劉氏《五行傳》以爲負蠜。其實蟅爲土鼈，負蠜，草蟲，螽類也。智以草閒大臭蟲，隨地生之，何關《春秋》之書？《通志》曰『害稼始謂蜚䖟』，則螽類者近是。升庵論『蜚不爲災』，亦引爲負蠜，牽未判耳。《山海經》有獸白首如牛，一目，見則有兵疫，曰蜚。亦引爲一乎？鄧潛谷引論曰：食苗心曰螟，食葉曰蟘，食節曰賊，食根曰蟊，食花曰蜚。此因《爾雅》四種而增一種也。今按：此蟲又有四種：一曰蜚蠊，則滑生、茶婆蟲也；一曰負盤蟲，則屭盤蟲、行夜者也。蟅則簸箕蟲，過街、土鼈也；負蠜則草蟲、螽類也。

清　嵇璜《續通志》卷一七八　行夜，一名負盤，一名屭盤，一名氣蠜。李時珍曰：負盤有三：行夜、蜚蠊、䗇螽，皆同名而異類。又云：行夜與蜚蠊形狀相類，但以有廉薑氣味者爲蜚蠊，觸之氣出者爲屭盤。

清　牟應震《毛詩物名考》卷四　蜚，負盤也。《爾雅》所謂蠦蜰，形員而扁，縮首平背，故名負盤。色黲而斑，氣臭惡，味辛辣，猿喜食之。《左傳》注以爲負蠜誤，而陸佃以阜螽爲蚯蚓，羅願以草蟲爲蚯蚓，則尤誤。

圖表

晉 郭璞《爾雅音圖·釋蟲》

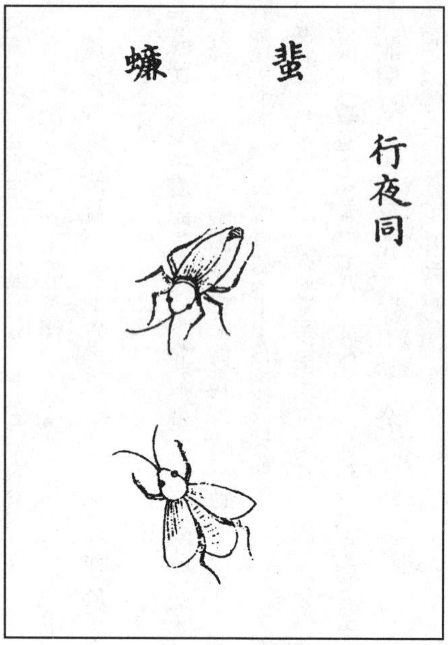

明 李時珍《本草綱目·圖卷》

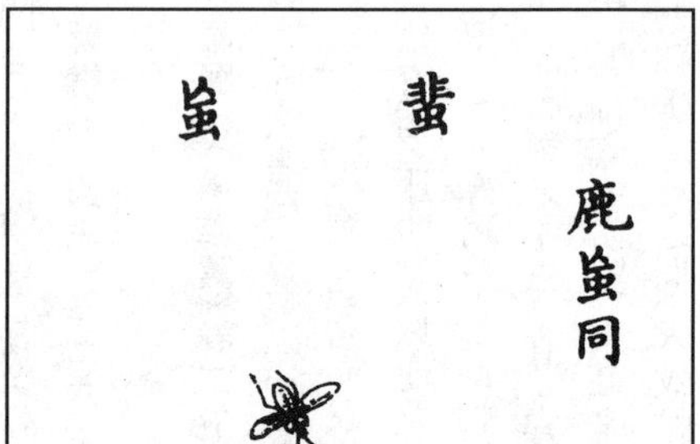

砂俘

綜述

宋 釋贊寧《東坡先生物類相感志》卷一六《砂蝸子》 生沙土作旋，有蟲子形如大頭，背有刺，能倒行，性好睡，亦呼爲睡蟲。宜人夫婦，有取生置枕中，得始終無棄嫌。

宋 唐慎微《證類本草》卷二一 砂挼子，有毒，殺飛禽走獸，合射罔用之。人亦生取置枕，令夫妻相好。生砂石中，作旋孔。有蟲子如大豆，背有刺，能倒行，一名倒行狗子。性好睡，亦呼爲睡蟲。是處有之。蚢蟲汁大寒，主目膚赤熱痛。取大者净洗，斷之，令汁滴目中，三十年膚赤亦至。

明 李時珍《本草綱目》卷四二 砂挼子《拾遺》 釋名：倒行狗子、《拾遺》睡蟲。同上。集解：《藏器》曰：是處有之。生砂石中，作旋孔。大如大豆，背有刺，能倒行。性好睡，亦呼爲睡蟲。

明　陳懋仁《庶物異名疏》卷二九《砂挼》　砂挼奴禾切。子，有毒，殺飛禽走獸，合射罔用之。人亦生取置枕，令夫婦相好。生砂石中，作旋孔。有蟲子如大豆，背有刺，倒行，一名倒行狗子。性好睡，亦呼爲睡蟲。是處有之。

明　曹學佺《蜀中廣記》卷六〇　《北夢瑣言》曰：陳藏器《本草》砂俘，即倒行蚼子也。蜀人號曰俘鬱，旋穴乾土爲孔，常睡不動，取致枕中，令夫妻相悅。愚遊成都，止于逆旅，與賣草藥李山人相熟。見蜀城少年往往欣然而訪李生，仍以禮物酬酢。詰之，人曰：客敬李生媚藥耳。徵其所用，乃砂俘也。

清　嵇璜《續通志》卷一七八　砂俘，一名砂挼子，生砂石中。形如大豆，背有刺，能倒行，旋乾土爲孔，常睡不動，故名睡蟲，又名倒行狗子，蜀人號曰俘鬱，譚埽《雕蟲賦》注名和尚蟲。

清　方旭《蟲薈》卷三《昆蟲·砂挼子》　《本草拾遺》：砂挼子生砂石中，作旋孔，其身如大豆，背有刺，能倒行，一名倒行狗子。其性好睡，又名睡蟲。生取之，置枕中，令夫婦相愛。旭按：砂挼子，又名砂俘，人亦取爲媚藥。

蜻蜓

綜　述

《爾雅·釋蟲》　虰蛵，負勞。注：或曰即蜻蛉也。江東呼狐梨。所未聞。音義：虰，音丁。蛵，虚形反。勞，力刀反。蛉，力丁反。《字林》云：蜻蛉，一名桑根。狐音乎。疏：即蜻蛉，六足四翼蟲也。一名虰蛵，一名負勞，江東呼狐梨。《方言》云：蜻蛉，謂之蝍蛉。淮南人又呼蠊蛜。《字林》云：一名桑根。陶注《本草》云：『一名蜻蜓』是也。郭云『所未聞』者，雖有或人之説，但經典未聞所出，示其無質，故云『所未聞』。

漢　揚雄《方言》卷一一　蜻蛉，謂之蝍蛉。六足四翼蟲也。音靈。江東名爲狐黎，淮南人呼蠊蛜。蠊音康，蛜音伊。案《爾雅》：虰蛵，負勞。郭璞注云：或曰即蜻蛉也，江東呼狐梨。所未聞。梨、黎同。《疏》引《方言》此條文並同。《廣雅》：蜻蛉，蝍蛉，倉蠷也。

漢　許慎《説文》卷一三　蛉，蜻蛉也。从虫，令聲。一名桑根。郎丁切。

晉　崔豹《古今注》卷中　蜻蛉，一名青亭，一名胡蝶，色青而大者是也。小而黄者曰胡梨，一曰胡離。小而赤者曰赤卒，一名絳騶，一名赤衣使者。好集水上，亦名赤弁丈人。

唐　蘇鶚《蘇氏演義》卷下　蜻蛉，一名青亭，一名胡蝶，色青而大者是也。小而黄者曰胡梨，一曰胡離。小而赤者曰赤卒，一名絳騶，一名赤衣使者。好集水上，亦名赤弁丈人。原本脱落，據《古今注》增補。

五代　馬縞《中華古今注》卷下《蜻蛉》　一名青亭，一名蝴蝶，色青而大是也。小而黄者曰胡梨，一曰胡籬。小而赤者曰赤卒，一曰絳騶，一曰赤衣使者。好集大水上，亦名赤弁丈人。

宋　陸佃《埤雅》卷一一《蜻蝏》　蜻蝏飲露，六足四翼，其翅輕薄如蟬，晝取蚊虻食之，遇雨即多，好集水上欻飛，尾端亭午則亭，名之曰蝏，以此。字或作蜓，廷亦直也。一名蜻蛉。《方言》曰：蜻蛉，謂之蝍蛉，淮南又呼蠊蛜，亦曰蟌也。《造化權輿》曰：水蠆爲蟌。《字説》云：蛉，蜻蜓也，動止常廷，故又謂之蛉，令出於廷者也。《古今注》曰：蜻蛉一曰青亭，色青而大者是也。賦云：塗青蚨而還錢，埋蜻蛉而變珠。説者以爲五月五日取其首，正中門埋之，皆成青珠。故《類從》曰：青蛉之首，瘞而爲珠也。

宋　鄭樵《通志》卷七六　蜻蜓，《爾雅》曰：虰蛵，負勞。亦謂之蜻蛉。

宋　羅願《爾雅翼》卷二五《青蛉》　青蛉好飛集水上，有青、赤、黄三種。色青而大者曰青蛉，一曰青亭。小而黄者曰胡黎，一曰胡離。小而赤者曰赤卒，一曰絳騶，一名赤衣使者，亦名赤弁丈人，好集水上。赤卒絳騶者，漢制導卒之服也，故以比之然。揔曰青蛉，則以大者爲主。《呂氏春秋》曰：海上有人好蜻蛉者，每朝居海上從遊，有蜻蛉至者數萬，前後左右盡蜻蛉也，終日翫之不去。其父使取來翫之，明日往之海上，而蜻蛉無至者。言機心存則物不附。又莊辛對楚襄王曰：君王獨不見蜻蛉乎？六足四翼，蜚翔乎天地之間，求蚊虻而食之，待甘露而飲之，自以爲無患，與

民無争也。不知五尺之童子，膠絲竿加之乎四仞之上，而下爲蟲蟻食也。此其情狀。荆莊王命養由基射蜻蛉，曰：吾願生得之。養由基援弓射之，拂左翼。一名蟌。《淮南子》稱蝦蟇爲鶉，水蠆爲蟌莣，皆生非其類，唯聖人知其化。又稱水蠆爲蟌，蟌子爲蟁，免齧爲蠁。物之所爲，出於不意，弗知者驚，知者不怪。詳此類變易，固不足驚。又人皆習知，不待聖人也。彼將因衆人耳目之所見，以極視聽之所不接，蓋發端於此耳。水蠆既化青蛉，青蛉相交還於水上，附物散卵，出復爲水蠆，水蠆復化焉，交相禪無已。郭璞稱江東名爲狐黎，淮南人呼蝀蛜。今鄱陽人呼江雞，蓋蝀蛜之轉。

《說文》：蜻蛉，一名桑根。

宋　戴侗《六書故》卷二〇　蜻蛉　【略】蜻蛉出目，馬吻，六足四翼，飛空而卵於水爲水蠆，水蠆化而爲蜻蛉，亦曰蜻蜓、星蜓。蜓，特丁切。《吕氏春秋》曰：海上有好蜻者。高誘曰：蜻蜓也。一名白宿。《爾雅》曰：虰蛵，負勞。釋曰：負勞，蜻蜓也。江東呼狐梨。《方言》曰：蜻蛉，謂之蝍蛉，淮南人又呼蝀蛜。《字林》云：一名桑根。《說文》曰：蛉，蜻蛉也。一名桑根，又名蟌。

明　李時珍《本草綱目》卷四〇　蜻蛉《別録》下品　釋名：蜻虰、音丁。蜻蝏、亦作蜓。虰蛵、音馨。負勞、《爾雅》蟌、音忽。諸乘、弘景紗羊。《綱目》赤者名赤卒。時珍曰：蜻蟌言其色，青葱也。蛉虰言其狀，伶仃也。或云其尾如丁也，或云其尾如亭而挺，故曰蝏，曰蛵。俗名紗羊，言其翅如紗也。按崔豹《古今注》云：大而色青者曰蜻蜓，小而黄者江東名胡黎，淮南名蝀蛜，鄱陽名江雞。小而赤者名曰赤卒，曰絳綴，曰赤衣使者，曰赤弁丈人。大而玄紺者，遼海名紺蠜，亦曰天雞。陶氏謂胡黎爲蜻蛉，采政此耳。集解：弘景曰：蜻蛉有五六種，惟青色大眼一名諸乘，俗呼謂胡黎者入藥。道家云眼可化爲青珠。其餘黄細及黑者不入藥。保昇曰：所在有之，好飛水際，六足四翼。宗奭曰：蜻蜓中一種最大，汴人呼爲馬大頭者是也。身緑色。其雌者腰間有碧色一遭。入藥用雄者。此物生於水中，故多飛水上。其類眼皆大。陶氏獨言蜻蜓眼大，何也？時珍曰：蜻蛉大頭，露目，短頸，長腰，軃尾，翼薄如紗，食蚊虻，飲露水。《造化權輿》云：水蠆化蟌。羅願云：水蠆化蜻蛉，蜻蛉仍交于水上，附物散卵，復爲水蠆也。張華《博物志》亦言，五月五日埋蜻蛉頭于户内，可化青珠。未知然否？古方惟用大而青者，近時房中術亦有用紅色者。崔豹云：遼海間有紺蠜蟲，如蜻蛉而玄紺色，六七月羣飛闇天，夷人食之，云海中青蝦所化也。《雲南志》云：瀾滄蒲蠻諸地，凡土蜂、蜻蛉、蚱蜢之類，無不食之也。

明　方以智《通雅》卷四七　蜻蜓或作青蛉，又作虰蛵，或曰負勞，曰諸乘，曰胡黎，曰紗羊，曰蟌莣，曰蝀蛜，曰江鷄，曰青卒，曰絳綴，曰青衣使者，曰赤弁丈人，曰紺蠜，曰白宿，曰蝍蛉，一物也。《爾雅》曰負勞，陶氏曰諸乘，崔豹曰小黄，曰胡黎，鄱陽曰江鷄，餘則以色稱之耳。《淮南子》蝦蟆爲鶉，水蠆爲蟌莣，青蛉也。一名白宿。《造化權輿》云：水蠆爲蟌。《本草》作蟌，則蟌爲訛。蟌莣即蟌莣之訛。《異名疏》叙青蜓，引《方言》雌蜻謂之疋，音祖，是重誤矣。《方言》此條言蜩蟬也。(胥)[疋]本音胥。其《詩類考》蟋蟀一名蜻蜓，亦前人之誤也。《方言》『蜻蜓，謂之蝍蛉』，注：六足四翼，江東名狐黎，淮南曰蝀蛜。正蜻蜓也。道家曰：眼可化爲青珠，能止精。

清　徐文靖《管城頭記》卷二三　蛉，注云：蛉字之譌。舊注音鈐，蟹距。又音琴，蟲名。並非。按：《淮南子·説林訓》：昌羊去蚤虱而來蛉窮。誘注曰：昌羊，昌蒲。蛉窮，蝨蜒，入耳之蟲也。

又　蟌，注云：舊注音聰，蜻蛉也。按：《淮南子》：水蠆爲蟌莣。注：音矛務，蜻蛉也。《本草綱目》譌爲蟌，《六書故》『水蠆爲蚼』，並未詳。《淮南》本作『蟌莣』，非獨舊注誤也。按：《淮南子·齊俗訓》『水蠆爲蟌莣』，注音矛務。又《說林訓》：水蠆爲蟌，孑孓爲蟁，免齧爲蠁。注云：蟌音聰，孑音廉，蠁音那，爲蟌爲蟌莣，皆見《淮南子》。

清　翟灝《爾雅補郭》卷下　虰蛵，負勞。郭氏以此四字爲一科，本自《說文》。揚雄《方言》乃云螳螂謂之虰，則虰宜合上『蟷螂，蛑』，而此以『蛵負勞』三字爲科矣。《釋文》本勞字作蟧，《方言》又云：蟪蛄或謂之蛉蛄，自關而東謂之蝭蟧。負蟧、提蟧，一物也，即上云『蜓蚞』也。或以蜻蛉說之，以其有蛉蛄、蜓蚞別稱，訛也。郭氏不信蜻蛉之說，亦未能別定何物，則雖《說文》有讀，但當存疑。乃遽以孫氏依《方言》爲不了，于注《方言》云：《爾雅》虰應下屬，此失指也。其持之過，確不有意與孫氏立異耶？愚謂此閒科別，非惟虰字疑，即上『莫貈』字亦可疑，古字貈與貉同，莫貈即後文國貉，與『蟷螂，蛑』似無關涉。

清　方旭《蟲薈》卷三《昆蟲·蜻蛉》　《博物志》：五月五日埋蜻蛉頭於西向户下，三日化青色之珠。旭按：此即俗所謂蜻蜓也。其狀露目短項，長腰細尾，六足四翼，翼薄如紗，雄色青，雌陰緑色，處處有之。將雨時水邊尤多。其名不一，曰蟌，曰負勞，曰白宿，曰桑根，曰蟌莣，曰紗羊，曰虰蛵，

曰蝍蛉。黄者曰胡梨，曰蝀蛃，曰江雞。赤者曰赤卒，曰絳騶，曰赤衣使者，曰赤弁丈人。絶大者曰諸乘，曰馬大頭。又龍鱗中有蟲亦能化赤色小蜻蛉，名龍甲，又名龍孫，取之者必病瘧。

藝文

唐 韓偓《韓内翰别集・蜻蜓》 碧玉眼睛雲母翅，輕於粉蝶瘦於蜂。坐來迎拂波光久，豈是殷勤爲蓼叢。

宋 楊萬里《誠齋集》卷三二《嘲蜻蜓》 餌花春蝶即花仙，飲露秋蟬怕露寒。只道蜻蜓解飡水，元來照水不曾飡。

元 程鉅夫《雪樓集》卷九《蜻蜓》 蜻蜓飛欸欸，萑葦舞僛僛。欲泊未泊間，漂摇故多疑。甚欲呼與語，小立休嫌疑。枝葉元不動，風波有定時。

明 瞿佑《紅蜻蜓》（引自《佩文齋詠物詩選》卷四八〇） 蝶粉蜂黄氣正驕，愛渠欸欸集蘭苕。翅攢霜葉飛難定，目聚燈花燄未消。偷咀仙霞傳秘訣，戲塗猩血點纖腰。寫生好倩毘陵筆，濃蘸臙脂上軟綃。

清 葉觀國《緑筠書屋詩鈔》卷一《蜻蜓》 赤衣青弁弄妍姿，小苑金籠愛護宜。貼水戴飛情欸欸，舞風勾隊影離離。釣絲立處窺人久，欄角棲來出院遲。輕矯莫誇饒六足，有人園裡正調飴。梅堯臣詩：蜻蜓相戴飛。又詩：蜻蜓出欄角。調飴、膠絲，語見《國策》。

清 曾燠《賞雨茅屋詩集》卷七《蜻蜓》 世方憎白鳥，吾最喜青蜻。淨掃如雷市，涼生過雨庭。水花供點綴，天地信飛停。兒輩休輕薄，荒唐感應經。

清 劉嗣綰《尚絅堂集・詩集》卷三九《竹西後集・秋齋詠草蟲・蜻蜓》 釵影亭亭玉，衣紋薄薄羅。釣絲休便立，所託是風波。

雜録

晉 張華《博物志》卷四 五月五日埋蜻蜓頭于西向户下，埋至三日，不蝕，則化成青真珠。又云埋于正中門。

宋 釋贊寧《東坡先生物類相感志》卷一六《蜻蜓》 若取此蟲頭埋之於西向户土中，至三日，不食則化真珠。

圖表

晉 郭璞《爾雅音圖・釋蟲》

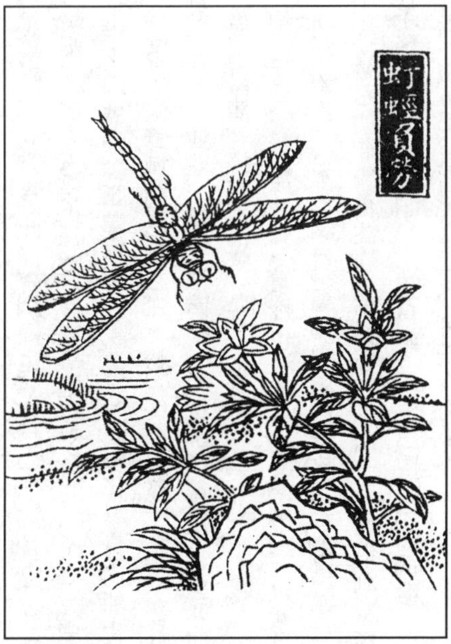

宋　唐慎微《證類本草》卷二二

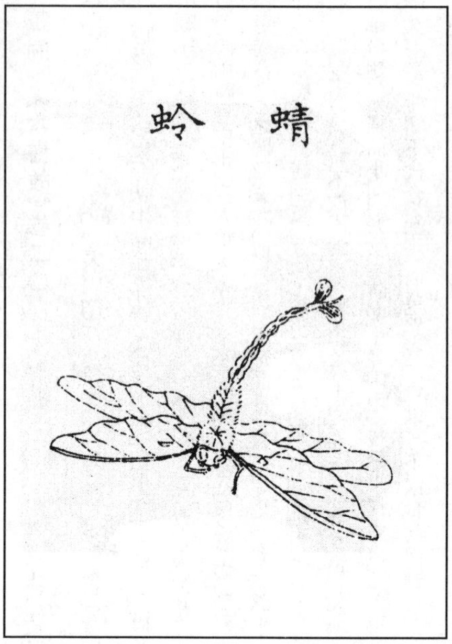

明　李時珍《本草綱目·圖卷》

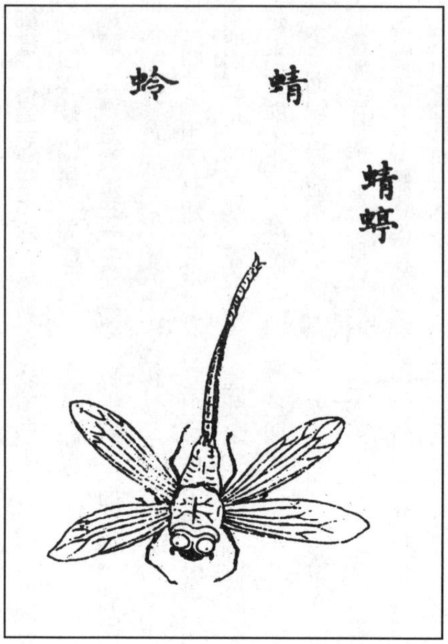

蜉蝣

綜　述

《荀子·大略》 不飲不食者，蜉蝣也。

《爾雅·釋蟲》 蜉蝣，渠略。注：似蛣蜣，身狹而長，有角，黄黑色，叢生糞土中，朝生暮死，豬好啖之。音義：慮本或作蠦，施音驢，一音力據反。相，施音葙，謝息亮反，舍人本作桑。蜉，音孚，又音浮。蝣，郭音由，本又作蝤，謝音流。渠略如字，略或作蠚，音同狹，乎夾反。好，呼報反，下同。疏：舍人曰：蜉蝣，一名渠略，南陽以東曰蜉蝣，梁宋之間曰渠略。似蛣蜣，身狹而長，有角，黄色，叢生糞土中，朝生暮死，豬好啖之。《夏小正》曰：蜉蝣，渠略也。朝生而暮死。《詩·曹風》云：蜉蝣之羽。陸璣《疏》云：蜉蝣，方土語也，通謂之渠略。似甲蟲，有角，大如指，長三四寸，甲下有翅，能飛。夏月陰雨時地中出。今人燒炙噉之，美如蟬也。樊光謂之糞中蝎蟲，隨陰雨時爲之，朝生而夕死。

漢　劉安《淮南子·説林訓》 蜉蝣不食不飲，三日而死。

漢　戴德《大戴禮記·易本命》 蜉蝣不飲不食。

三國吴　陸璣《毛詩草木鳥獸蟲魚疏》卷下《蜉蝣之羽》 蜉蝣，方土語也，通謂之渠畧。似甲蟲，有角，大如指，長三四寸，甲下有翅，能飛。夏月陰雨時地中出。今人燒炙噉之，美如蟬也。樊光曰：是糞中蠋蟲，隨雨而出，朝生而夕死。

宋　蔡卞《毛詩名物解》卷一二《蜉蝣》 蜉蝣，輕也，朝生而暮死，故謂之渠略。生於夏月陰陽氣之卑濕而浮游者，故其爲物不實而小。曹君無篤實之德而從其小體，若此刺其甚矣。

宋　陸佃《埤雅》卷一一《蜉蝣》 蟲似天牛而小，有甲角，長三四寸，黄黑色，甲下有翅，能飛。燒而噉之，美於蟬也。翕然生，覆水上，尋死，隨流。梁宋之間曰渠略。叢生鬱棲中，朝生暮殞，有浮游之義，故曰蜉蝣也。

《詩》曰：蜉蝣掘閱，麻衣如雪。『如雪』以刺其奢，而『掘閱』言掘土使解閱也。《管子》曰：掘閱得玉。蓋言羔裘如膏，則其好絜可知矣；麻衣如雪，則其好奢可知矣。子曰：麻冕，禮也；今也純，儉。《夏小正》云：蜉蝣有殷。殷，衆也，蜉蝣殷之時也。言有，有見也。

宋　鄭樵《通志》卷七六　蜉蝣，似蛣蜣而小，有文彩。《爾雅》曰：蜉蝣，渠畧。又曰：蚑，蟥蛢。郭璞云：江東呼蟥蛢以有金色。

宋　羅願《爾雅翼》卷二五《蜉蝣》　蜉蝣，朝生而暮死。郭氏云：似蛣蜣，身狹而長，有角，黄黑色，聚生糞土中，豬好啖之。陸璣云：似甲蟲，有角，大如指，長三四寸。甲下有翅，能飛。夏月陰雨時，地中出。樊光曰：是糞中蝎蟲，隨雨而出，朝生而夕死。蓋蜉蝣者，速死之物，故以刺曹共公之好奢。言雖衣服楚楚，安能久也。《淮南子》曰：蠶食而不飲，二十二日而化。蟬飲而不食，三十日而蜕。蜉蝣不食不飲，三日而死。又曰：鶴壽千歲以極其游，蜉蝣朝生而暮死盡其樂。蓋以旦暮爲期，遠不過三日爾。蜉蝣出有時，故王褒《頌聖主得賢臣》云：蟋蟀俟秋唫，蜉蝣出以陰。言知時也。又許叔重注《淮南子》言：朝菌者，朝生暮死之蟲也。生水上，狀似蠶蛾，一名孳母，海南謂之蟲邪。則亦蜉蝣之類。按：今水上有蟲，羽甚整，白露節後即羣浮水上，隨水而去，以千百計，宛陵人謂之白露蟲。《夏小正》：五月浮游有殷。

宋　戴侗《六書故》卷二〇　蚍蜉蝣　𧖅，蒲陂切，又作蠶。蜉，縛牟切。又作蠹蚽。蝣，夷周切。《詩》云：蜉蝣之羽，衣裳楚楚。《夏小正》曰：蜉蝣，渠略也，朝生而暮死。《荀子》曰：不飲不食者，蜉蝣也。王褒曰：蜉蝣出以陰。《爾雅》釋曰：蜉蝣通謂渠略，似甲蟲，有角大而指長三四寸，甲下有翅。夏月陰雨時地中出，今人燒炙啗之，美如蟬也。樊光謂之糞中蝎蟲。舍人曰：南陽以東曰蜉蝣，梁宋之間曰渠略，似蛣蜣，身狹而長，有角，黄色，聚生糞土中，朝生莫死，豬好啗之。按《詩》稱蜉蝣羽翼，以興衣服之采采粲粲，甲蟲雖甲下有羽，咏物者不應舍甲而言羽。《荀子》言蜉蝣不飲不食，渠略攻食糞土，亦非不飲食者也。蜉蝣蓋羽蟲，疑即夜蛾。夜蛾粉翅，如蝶而小，四月陰雨時多生麥困中，夜則飛撲燈火。不飲食，類蠶蛾，故其生不能久，近似所謂不飲食，朝生而莫死者。豈以其不飲食而但翾飛，故謂之蜉蝣也邪？

明　李時珍《本草綱目》卷四一　蜉蝣　時珍曰：蜉蝣，一名渠畧，似蛣蜣而小，大如指頭，身狹而長，有角，黄黑色，甲下有翅，能飛。夏月雨後叢生糞土中，朝生暮死，猪好啖之。人取炙食，云美於蟬也。蓋蜣蜋、蜉蝣、腹蛸、天牛，皆蠐螬蠹蝎所化，此亦蜣蜋之一種，不可不知也。或曰：蜉蝣，水蟲也，狀似蠶蛾，朝生暮死。

明　陳懋仁《庶物異名疏》卷二九《渠畧》　《詩》：蜉蝣掘閱。《爾雅》：蜉蝣，渠畧。似天牛而小角。郭璞曰：似蛣蜣，身狹而長，有角，黄黑色，朝生暮死，猪好食之。疏曰：南陽以東曰蜉蝣，梁宋之間曰渠畧。蜉蝣之蟲，掘地而出，皆鮮閱。閱者，悦懌之意。陸璣云：蜉蝣，方語也，通謂之渠畧。似甲蟲，有角大如指，長三四寸，甲下有翅，能飛。夏月陰雨時地中出。燔火炙啗之，美於蟬也。

明　毛晉《陸氏詩疏廣要》卷下之下《蜉蝣之羽》　《爾雅》：蜉蝣，渠略。郭注：似蛣蜣，身狹而長，有角，黄黑色，叢生糞土中，朝生暮死，豬好啖之。舍人曰：南陽以東曰蜉蝣，梁宋之間曰渠略。《夏小正》曰：蜉蝣，渠略也。《詩・曹風》云：蜉蝣之羽。鄭注：似蜣蜋而小者，文彩多青黄色者。【略】《詩緝》疏『掘閱』云：此蟲土裏化生，掘地而出，今曰更閱，謂升騰變化也。毛《傳》、朱《傳》俱云：蜉蝣，渠略也。朝生夕死，猶有羽翼以自修飾。《音義》：渠本或作螶，音同。略本或作蛒，音同。沈云：二字並不施蟲是也，定本亦云渠略，俗本作渠螻者，誤也。

清　徐鼎《毛詩名物圖説》卷三　《爾雅》：蜉蝣，渠畧。孫炎注：《夏小正》：蜉蝣，渠畧也。朝生而暮死。舍人曰：南陽以東曰蜉蝣，梁宋之間曰渠畧。郭璞注：似蛣蜣，身狹而長，有角，黄黑色，叢生糞土中，朝生暮死，豬好啖之。毛《傳》：朝生夕死，猶有羽翼以自修飾。陸璣《疏》：似甲蟲，有角，大如指，長三四寸，甲下有翅，能飛。夏月陰雨時地中出。《名物解》：蜉蝣，輕也。朝生暮死，故謂之渠畧。生于夏月陰陽氣之卑濕而浮游者，故其爲物不實而小。曹君無篤厚之德而從其小體，若此刺其甚矣。《埤雅》：唐儉以勤，曹奢而苟。故《詩》一以蟋蟀，一以蜉蝣刺之。又云：叢生鬱棲中，朝生夕殞，有浮游之義。

清　牟應震《毛詩物名考》卷四　蜉蝣，渠畧也。渠畧，一作渠蜍，與蚼蟓通，音皆謂蟻蛘也。故《漢書》注曰：蚍蠹，蜉蝣，渠畧也。蚍蜉生羽則出遊於外，故名即蠶也。羽長於身，色白，有光，故《詩》取以喻衣裳之有采者。

藝文

晉　傅咸《**蜉蝣賦有序**》（引自《歷代賦彙》卷一三九）　讀《詩》至《蜉蝣》，感其雖朝生暮死而能修其翼，可以有興，遂賦之。有生之薄，是曰蜉蝣。育微微之陋質，羌采采而自修。不識晦朔，無意春秋。取足一日，尚又何求？戲停淹而委餘，何必江湖而是遊。

宋　陸游《**劍南詩稾**》**卷三九**《**蜉蝣行**》　蜉蝣至細能知時，春風磑雨占無遺。蜻蜓滿空乃不知，庭除一出無歸期。樂哉蜻蜓高下飛，蜉蝣未盡何憂饑。簷間蜘蛛亦伺汝，吐絲織網腹如鼓。

圖表

晉　郭璞《**爾雅音圖·釋蟲**》

清　徐鼎《**毛詩名物圖說**》**卷三**

蟅

綜述

漢　許慎《**説文**》**卷一三**　蟅，蟲也。从虫，庶聲。之夜切。

明　李時珍《**本草綱目**》**卷四一**　䗪蟲音蔗。《本經》中品　釋名：地鼈、《本經》土鼈、《別録》地蜱蟲、《綱目》簸箕蟲、《衍義》蚵蚾蟲、《綱目》過街。弘景曰：形扁，扁如鼈，故名土鼈。宗奭曰：今人呼爲簸箕蟲，亦形象也。時珍曰：按陸農師云：䗪逢申日則過街，故名過街。《袖珍方》名蚵蚾蟲，《鮑氏方》名地蜱蟲。集解：《別録》曰：生河東川澤及沙中，人家墻壁下土中濕處。十月采，暴乾。弘景曰：形扁如鼈，有甲不能飛，小有臭氣。恭曰：此物好生鼠壤土中及屋壁下，狀似鼠婦而大者寸餘，形小似鼈，無甲而有鱗，小兒多捕以負物爲戲。時珍曰：處處有之，與燈蛾相牝牡。

明　彭大翼《**山堂肆考**》**卷二二八**《**過街**》　《埤雅》：土鼈，一名䗪，一名過街。言逢申日則過街，殆與鶺鴒忌庚申、燕避戊巳無異也。《本草》：

土鼈生墻壁下土中濕處，狀如鼠婦而大者寸餘，形扁如鼈，有鱗如甲。此物能禁蠹。寇宗奭曰：一名曰簸箕蟲。

明　陳繼儒《虎薈》卷一　土鱉，《本草》謂之䗪蟲，俗呼蚌虎。蚌者，屋蠹也。此物氣能禁蠹，令蠹盡死，故曰蚌虎。

清　嵇璜《續通志》卷一七八　廣蟲，一名地鼈，一名土鼈，一名地蜱蟲，一名簸箕蟲，一名蚵蚾蟲。逢申日則過街，故又名過街。狀如鼠婦而大，與燈蛾相牝牡，小兒多捕以負物爲戲。《虎薈》曰：土鼈俗呼蚌虎。蚌者，屋蠹也。此物氣能禁蠹，令蠹盡死，故曰蚌虎。

清　方旭《蟲薈》卷三《昆蟲・䗪蟲》　《埤雅》：䗪蟲逢申日則過街，又名過街蟲。《本草綱目》：䗪蟲，一名地鼈，一名土鼈，一名地蜱蟲，一名簸箕蟲，一名蚵蚾蟲。處處有之，與燈蛾爲牝牡。旭按：此物多生濕地，狀頗類鼈，前狹而後濶，背有横文蹙起，頭小，六足生腹下。又名蚌虎，以其氣能禁蚌蠹也。

圖表

宋　唐慎微《證類本草》卷二一

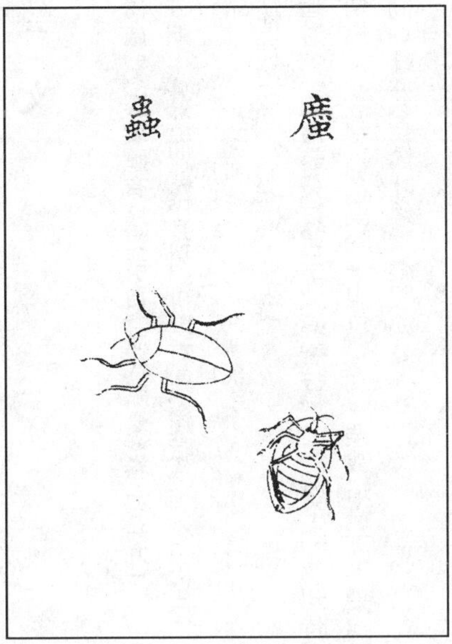

明　李時珍《本草綱目・圖卷》

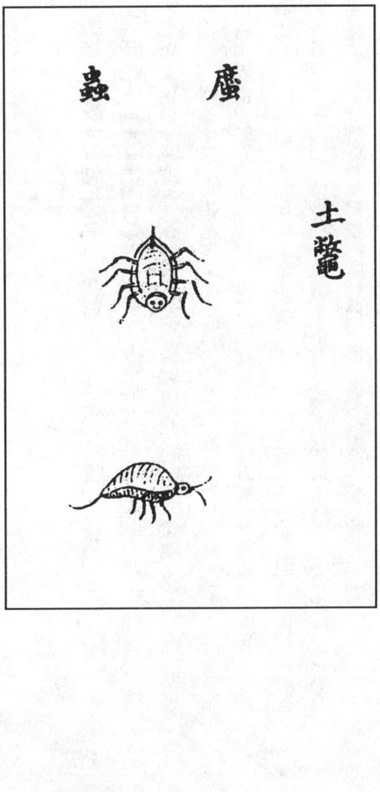

食膠蟲

綜述

唐　段成式《酉陽雜俎》卷一七　食膠蟲，夏月食松膠，前脚傅之，後脚攝之，内之尻中。

明　彭大翼《山堂肆考》卷二二八《食膠蟲》　《雜俎》：夏月食松膠，前脚傅之，後脚聶之，内之尻中。

清　嵇璜《續通志》卷一七八　食膠蟲，夏月食松膠，前脚傅之，後脚聶之，内之尻中。見《酉陽雜俎》。

浮塵子

綜述

宋 朱輔《溪蠻叢笑·鷄末子》 古有細蟲曰焦螟，集於蚊睫。蠻地有蟲極細，拭目難覩，黑點著身，抓搔不可耐，名雞末子。

清 嵇璜《續通志》卷一七八 浮塵子，出蜀中，微不可見，與塵相浮上下，故名。見元稹《長慶集》。《録異記》曰：色白，晝夜害人。又《溪蠻叢笑》云：蠻地有蟲極細，拭目難覩，黑點著身，抓搔不可耐，名鷄末子。此亦浮塵子之類，但色黑耳。

清 方旭《蟲薈》卷三《昆蟲·浮塵子》 《長慶集》：一種微不可見，與塵相浮上下者，名浮塵子。亦伏巴蛇鱗中，能透衣齧人成瘡毒，惟取楸葉搗敷始瘥。旭按《談薈》云：黔南有微塵，其色白，視之不可見，能害人，惟燒粗茶烟如焚香狀則無，否則雖密幃亦不可斷。蓋即此物。又山東野草中有一種小蟲，微不可見，嚙人甚痛，俗名孥不住，亦此類。又蠻地有蟲名雞末子，亦極細而齧人。

藝文

唐 元稹《元氏長慶集》卷四《浮塵子三首并序**》** 浮塵，蟆類也。其實微不可見，與塵相浮而上下。人苦之，往往蒙絮衣自蔽，而浮塵輒能通透，及人肌膚，亦巢巴虵鱗中，故攻之用前術。

可歎浮塵子，纖埃喻此微。寧論隔紗幌，并解透綿衣。有毒能成痏，無聲不見飛。病來雙眼暗，何計辨雰霏。

乍可巢蚊睫，胡爲附蟒鱗。已微於蠢蠢，仍害及人人。動植皆分命，毫芒亦是身。哀哉此幽物，生死敵浮塵。

但覺皮膚憯，安知瑣細來。因風吹薄霧，向日誤輕埃。暗噆堪銷骨，潛飛有禍胎。然無防備處，留待雪霜摧。

龐降

綜述

明 李時珍《本草綱目》卷四〇 龐降 時珍曰：按劉恂《嶺表録異》云：龐降生子嶺南，多在橄欖樹上，形如蜩蟬，腹青而薄，其名自呼，但聞其聲而鮮能得之，人以善價求爲媚藥。按此形狀似蟬，可爲媚藥，與李珣『海藥青蚨雌雄不捨秘精』之説相符，恐亦青蚨之類在木上者也。

清 嵇璜《續通志》卷一七八 龐降生嶺南，多在橄欖樹上，形如蜩蟬，腹青而薄，其鳴自呼，但聞其聲而鮮能得之。

清 方旭《蟲薈》卷三《昆蟲·龐降》 《嶺表録異》：龐降生嶺南橄欖樹上，似蟬，腹青而薄，其鳴自呼，然聞其聲罕能得之，人以善價求爲媚藥。旭按：即青蟬也，狀似橄欖葉。

青腰蟲

綜述

宋 唐慎微《證類本草》卷二二 青腰蟲有大毒，著皮肉腫起，殺癬蟲，食惡瘡瘜肉，剥人面皮，除印字，印骨者亦盡。蟲如中蟻大，赤色，腰中青黑，似狗猲，一尾尖，有短翅，能飛，春夏時有。

明　李時珍《本草綱目》卷四〇　青腰蟲《拾遺》　集解：藏器曰：蟲大如中蟻，赤色，腰中青黑，似狗猲，一尾而尖，有短翅能飛，春夏有之也。

明　彭大翼《山堂肆考》卷二二八《青腰蟲》　《本草》：此蟲如蟻大，赤色，腰中青黑，尾尖，有短翅能飛，春夏有之。性太毒，着皮肉腫起。

清　嵇璜《續通志》卷一七八　青腰蟲，大如中蟻，赤色，一尾而尖，有短翅，能飛。

清　方旭《蟲薈》卷三《昆蟲·青腰蟲》　《本草拾遺》：青腰蟲大如中螘，赤色，腰中青黑，似狗猲，尾尖，有短翅能飛，春夏有之。着人皮肉腫起，剥人皮面，能除印字至骨者。

白蠟蟲

綜　述

漢　許慎《説文》卷一三　蜡，蠅胆也。《周禮》：蜡氏掌除骴。从虫，昔聲。鉏駕切。

明　李時珍《本草綱目》卷三九　蟲白蠟《會編》　集解：機曰：蟲白蠟與蜜蠟之白者不同，乃小蟲所作也。其蟲食冬青樹汁，久而化爲白脂，粘敷樹枝。人謂蟲屎著樹而然，非也。至秋刮取，以水煮溶，濾置冷水中，則凝聚成塊矣。碎之，文理如白石膏而瑩徹。人以和油澆燭，大勝蜜蠟也。時珍曰：唐宋以前，澆燭入藥所用白蠟，皆蜜蠟也。此蟲白蠟則自元以來，人始知之，今則爲日用物矣。四川、湖廣、滇南、閩嶺、吴越東南諸郡皆有之，以川、滇、衡、永産者爲勝。蠟樹枝葉狀類冬青，四時不凋，五月開白花成叢，結實纍纍，大如蔓荆子，生青熟紫。冬青樹子，則紅色也。其蟲大如虮虱，芒種後則延緣樹枝，食汁吐涎，粘於嫩莖，化爲白脂，乃結成蠟，狀如凝霜。處暑後則剥取，謂之蠟渣。若過白露，即粘住難刮矣。其渣煉化濾淨，或甑中蒸化，瀝下器中，待凝成塊，即爲蠟也。其蟲嫩時白色作蠟，及老則赤黑色，乃結苞於樹枝。初若黍米大，入春漸長，大如鷄頭子，紫赤色，纍纍抱枝，宛若樹之結實也。蓋蟲將遺卵作房，正如雀甕、螵蛸之類爾。俗呼爲蠟種，亦曰蠟子。子內皆白卵如細虮，一包數百。次年立夏日摘下，以箬葉包之，分繫各樹。芒種後苞拆卵化，蟲乃延出葉底，復上樹作蠟也。樹下要潔淨，防蟻食其蟲。又有水蠟樹，葉微似榆，亦可放蟲生蠟。甜櫧樹亦可産蠟。

明　彭大翼《山堂肆考》卷二二八《白蠟蟲》　《本草》：金蝙，白蠟蟲，食冬青樹汁，久而化爲白脂，粉敷樹枝。人謂蟲尿着樹而然。至秋刮取，以水煮溶，濾置冷水中，則凝結成塊矣。文理如石膏而瑩徹，可和油作燭。

明　穆希文《蟫史集》卷一〇《白蠟蟲》　《本草會編》云：白臘蟲，食冬青樹汁，久而化爲白脂，粉敷樹枝。人謂蟲屎着樹而然。至秋刮取，以水煮溶，濾置冷水中，則凝聚成塊矣。碎之，文理如石膏而瑩徹，和油灌燭，大勝蜜蠟。蟲有不變蠟者，則結苞樹枝。初如黍米，漸大則負如鷄頭，青紫色，宛若樹之結實也。形類雀甕，土人呼爲蠟種。來年春深，則苞析而蟲出延樹。若欲廣蓄，候苞將析時，連枝折取，繫置他樹，則蟲亦應候而出。其蟲類蟣蝨，有黑、白二種。《蟫史》云：白蠟蟲，冬青樹及水橘樹皆可蓄之，衢、寧、紹皆有之。土人有取苞而賣者，謂之賣蠟。其脂實非其糞，乃氣蒸而然也，絶類竹蝨糞，此蓋禀收斂堅凝之氣，外科之要藥也。

清　郝玉麟　雍正《廣東通志》卷五二《物産志》　白蠟蟲生菁紬樹上，樹如冬青，蟲食樹汁，吐沫成白脂，鎔爲蠟。至秋，結苞如白卵，是爲蠟種。黄蠟成於蜜蜂，白蠟成於此蟲。瓊人多有養畜者，故白蠟出焉。又按《韶州志》云：冬青放蟲，收取白蠟。

清　劉於義　雍正《陝西通志》卷四四《物産》　白蠟蟲，今人不知女貞，但呼爲蠟樹者。立夏前後取蠟蟲之種子，裹置枝上，半月其蟲化，延緣枝上造成白蠟。《本草綱目》白蠟蟲商州有之。《商州志》

清　嵇璜《續通志》卷一七八　白蠟蟲，大如蟣虱，芒種後緣樹枝食汁吐涎，粘於嫩莖，化爲白脂，乃結成蠟。處暑後剥取，以和油澆燭，大勝蜜蠟也。蟲始白色，老則赤黑色，乃結苞於樹枝，俗呼蠟種，亦曰蠟子。

紀事

宋　周密《**癸辛雜識續集**》**卷下**《**白蠟**》　江浙之地，舊無白蠟。十餘年間，有道人自淮間，帶白蠟蟲子來求售。狀如小芡實，價以升計。其法，以盆桎樹，桎字未詳。樹葉類茱萸葉，生水傍，可扦而活，三年成大樹。每以芒種前，以黄草布作小囊，貯蟲子十餘枚，遍挂之樹間。至五月，則每一子中出蟲數百，細若蠛蠓。遺白糞於枝梗間，此即白蠟，則不復見矣。至八月中，始剥而取之，用沸湯煎之，即成蠟矣。其法如煎黄蠟同。又遺子於樹枝間，初甚細，至來春則漸大。二、三月仍收其子，如前法，散育之。或聞細葉冬青樹亦可用。其利甚博，與育蠶之利相上下。白蠟之價，比黄蠟常高數倍也。

藝文

清　吴省欽《**白華前稿**》**卷五二**《**學舍後集三·蠟蟲**》　蠻疆陰候凝，有樹翳冬葉。作花夏至前，如雪綴妥帖。有蟲蟣蝨如，託命效蠶唼。食葉兼食花，覗望逮童妾。模餬交糞涎，在樹委重疊。薄采急相煎，片片手紛拾。亦有冬青枝，散種法逾捷。一蟲散萬蟲，八月收滿篋。論升費搜羅，倚擔輕跋涉。利同割蜜輸，數異壓油劫。《庶物異名疏》：益州有壓油蟲，壓之油盡，投水則油復生，《内典》所云『壓油殃』也。安得攜與歸，似繭孕仙蛺。皓首事明經，更補癸辛牒。種蠟法見周公謹《雜識》。

圖表

明　李時珍《**本草綱目·圖卷**》

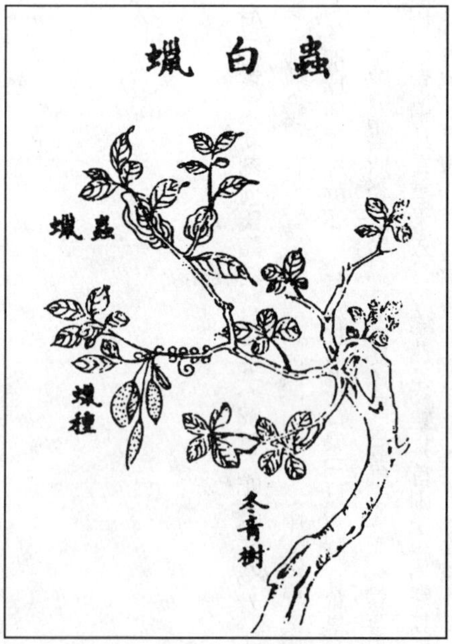

蛷螋

綜述

宋　釋贊寧《**東坡先生物類相感志**》**卷一六**《**蛷螋旋人影**》　《博物志》云：蠼螋溺人影，隨所著處生瘡。《搜神記》云：蛷螋，微蟲也。旋其影，生瘡在首則首瘡，在足則足瘡。

宋　戴侗《**六書故**》**卷二〇**　蠷螋【略】　亦作蛷𧖅。蠷螋似小蜈蚣，色青黑，足長，溺人則瘡熱沸。《説文》：𧖅，多足蟲也。

明 李時珍《本草綱目》卷四二 蠼螋《拾遺》 音瞿搜。藏器曰：狀如小蜈蚣，色青黑，長足。能溺人影，令人發瘡，如熱疿而大，若繞腰匝不可療，山中者溺毒更猛。惟扁豆葉傅之即瘥。諸方大有治法。時珍曰：蠼螋喜伏氍毹之下，故得此名。或作蛷螋。按《周禮》赤茇氏，凡隙屋除其貍蟲、蛷螋之屬，乃求而搜之也。其蟲隱居墻壁及器物下，長不及寸，狀如小蜈蚣，青黑色，二鬚六足，足在腹前，尾有叉岐，能夾人物，俗名搜夾子。其溺射人影，令人生瘡，身作寒熱。古方用犀角汁、雞腸草汁、馬鞭草汁、梨葉汁、茶葉末、紫草末、羊髭灰、鹿角末、燕窠土，但得一品塗之，皆效。孫真人《千金方》云：予曾六月中得此瘡，經五六日治不愈。有人教畫地作蠼螋形，以刀細取腹中土，以唾和塗之，再塗即愈。方知萬物相感，莫曉其由。

明 穆希文《蟫史集》卷一〇《蛷螋》 《本草》云：蛷螋似小蜈蚣，青黑色，長足，能溺人影。一名蠼螋。一種山蛷螋，其溺尤猛，令人發瘡，如熱沸而大，繞腰匝不可療。汪機云：蛷螋長一寸，身有毛如毫毛，長五六分，脚多而甚細，居屋壁間。遇人影輒尿之，尿着即生瘡，如短狐之溺影也。葉子奇曰：蠼螋，短狐，踏影蟲皆中人。古人避影爲此。《造化權輿》曰：短狐射氣，蛷螋溺影。《周官》：凡隙屋除其貍蟲。貍蟲、䗪，蛷螋之屬。《埤雅》云：蛷螋，言搜而去之也，亦言求而去之也，故字从求从搜。

清 嵇璜《續通志》卷一七八 蛷螋，一名蛷蛷，見《廣雅》。狀如小蜈蚣，色青黑，足多而長，能溺人影，令人發瘡如疿。一名蛷螋，一名蠼螋，一名搜夾子，一名磔蛸。《周禮》：赤犮氏，凡隙屋除其貍蟲。鄭康成注曰：貍蟲、䗪，肌蛷之屬。即此。案李時珍曰：蠼螋喜伏氍毹之下，故得此名。考陸德明《經典釋文》云：蛷音求，又音俱。則以蠼爲蛷，乃音之轉，非以伏氍毹而名也。且蛷喜隱居墻壁隙，未嘗伏氍毹，今正之。

蝔

綜　述

宋 李昉《太平御覽》卷九四八《蝔》 《淮南子》曰：蝔知將雨。高（綉）［誘］曰：蝔，蟲也，大如筆管，長三寸餘。蝔音皆。

宋 司馬光《類篇》卷三八 蝔，居諧切，蟲名，猥狗也。知雨則緊葉。又雄皆切，蟲名，得雨輒出。淮南呼爲雨母，文一，重音一。

清 嵇璜《續通志》卷一七八 蝔，音皆。蟲名。《淮南子》曰：蝔知將雨。高誘注曰：蝔大如筆管，長三寸餘，世謂之猥狗，知天雨則預於草木及橋下乾處藏其身矣。

清 方旭《蟲薈》卷三《昆蟲·蝔蟲》 《正字通》：蝔蟲知雨至，預藏草木下，俗呼猥狗。

森林其他動物部

蛇

論　説

明 何三畏《新刻何氏類鎔》卷三五《蛇》 蛇有蛇穴，有蛇淵，有蛇丘，有蛇藪。或雙垂二首，或長至百尋。産深山大澤之中，游密霧層雲之内。草木水土，各别其種。丹黄赤白，各殊其形。吞象三日，而出其骨者，食之已腹心之疾。吞鹿數頭而殺其肉者，食之爲珍異之羞。蝮蛇，螫其手則斬手，螫其足則斬足者，謂其有害于人身。率然蛇，擊其首則尾應，擊其尾則首應者，知其有符于兵律。晉之大蛇横道也，文公見怪而有修政之言。魯之九蛇繞柱也，定公得占而爲立廟之舉。隋侯從溠本側封斷蛇以藥而活之者，乃得夜光之珠。宫人自寶庫中見黄蛇出遊而擊之者，遂失珊瑚之玦。叔敖爲兒時，出殺兩頭蛇而埋之地下，及母聞，而謂陰德活人必有福報，故知其爲叔敖令尹之祥。竇氏産武時，并産一蛇而投之林中，及母死，而來送喪流血若有泣容，故知其爲竇氏家門之慶。馮緄之爲議郎，發綬笥而見二赤蛇，分北分

南而走卜者，以爲官之禎祥。薛濬之爲兒童，戲澗濱而見一黃蛇，有角有足而行占者，以爲兒之吉。應壺頭山百斛之蛇蟠于石窟中，是伏波之餘靈所化。洛陽城百尺之蛇裂于芒山下，是天竺之法呪所除。耳聞之蛇有文章陸離者，蜿蜒于几格之間。蛇有鮮紅金翠者，出入于榕藤之藪。藍蛇之尾可以解毒，靈蛇之珠可以照夜，蚺蛇之牙可以辟不祥，而其肉可以辟蠱，其膽可以療痾。然則蛇者，豈遂謂妖物，而見必擊射之，斫刺之哉！

綜　述

《爾雅·釋魚》 鴃，蜸。注：蝮屬。大眼，最有毒，今淮南人呼蜸子。音義：鴃，大結反。《説文》云：蛇毒長也。蜸，烏洛反。蝮，芳福反。疏：蛇也，蝮虺之屬。大眼，有毒。一名鴃，又名蜸，『淮南人呼蜸子』者，是也。螣，螣蛇。注：龍類也，能興雲霧而遊其中。《淮南》云蟒蛇。音義：螣，直錦反，字又作朕，又作騰，並同，徒登反。《字林》云：神蛇也。《慎子》云：螣蛇遊。疏：蛇似龍者也，名螣，一名螣蛇，能興雲霧而遊其中也。蟒當爲莽。《淮南子·覽冥》篇説女媧云：功烈『上際九天，下契黃壚。名聲被後世，光輝熏萬物。乘雷車，服應龍，驂青虯，援絶瑞，席蘿圖，黃雲絡，前白螭，後奔蛇』。許慎云『奔蛇，馳蛇』是也。或曰淮南人呼此螣爲蟒蛇，義亦通。蟒，王蛇。注：蟒，蛇最大者，故曰王蛇。音義：蟒，音莽，《字林》云：大蛇也。疏：此蛇之最大者也，名蟒，又名王蛇。與上螣蛇異。蝮虺，博三寸，首大如擘。注：身廣三寸，頭大如人擘指。此自一種蛇，名爲蝮虺。音義：蝮，字亦作蝮，芳服反，又亡六反。此蛇色如綬，鼻上有針，大者百餘斤。又一名反鼻，鼻一孔。蟲，即虺字也，虛鬼反。《説文》云：上一名蝮，博三寸，首大如擘。《字林》同。舍人亦云：蝮，一名虺。案：蝮，大蛇也，非虺之類。故郭云：别自一種蛇，名蝮虺。博，廣也，謂身廣三寸。擘，甫革反，劉昌宗音薄歷反。孫云：頭如拇指。郭注《三蒼》云：擘，大指也。案：手足大指俱名擘也。種，章勇反。疏：博，廣也。首，頭也。擘，拇指也。此自一種毒蛇，名蝮虺。身廣三寸，其頭大如人拇指。案郭注，《三蒼》云：『擘，大指也。』《蒼頡篇》以爲足大指，皆得名擘，故注云『頭大如人擘指』，又名拇指。孫炎云：『頭如拇指』是也。案舍人曰：『蝮，一名虺。江淮以南曰蝮，江淮以北曰虺。』孫炎曰：『江淮以南謂虺爲蝮。廣三寸，頭如拇指，有牙，最毒。』郭曰：『此自一種蛇，人自名爲蝮虺。』今蛇細頸大頭，色如艾綬文，文間有毛似豬鬣，鼻上有針，大者長七八寸，一名反鼻，如虺類。足以明此自一種蛇，如郭意。此蛇，人自名蝮虺，非南北之異蛇，實是蟲，以有鱗，故在《釋魚》。且魚亦蟲之屬也。

漢　許慎　《説文》卷一三 蚦，大蛇，可食。从虫，冄聲。人占切。蝮，蟲也。从虫，复聲。芳目切。

隋　巢元方　《巢氏諸病源候總論》卷三六《獸毒病諸候·蛇螫候》 凡中蛇，不應言蛇，皆言蟲，及云地索，勿正言其名也。惡蛇之類甚多，而毒有瘥劇。時四月、五月，中青蛙、三角、蒼虺、白頸、大蜴。六月、七月，中竹狩、艾蝮、黑甲、赤目、黃口、反鉤、白蛙、三角。此皆蛇毒之猛者，中人不即治，多死。又有赤連、黃頷之類，復有六七種，而方不盡記其名。水中黑色者，名公蠣。山中一種亦相似，不常聞螫人。又有鉤蛇，尾如鉤，能倒牽人獸入水，没而食之。又南方有呴蛇，人忽傷之，不死，終身伺覓其主不置，雖百人衆中，亦直來取之，惟遠去出百里乃免耳。又有柂蛇，長七八尺，如船柂狀，毒人必死，即削取船柂，煮汁漬之便瘥。但蛇例雖多，今皆以青條熇尾、白頸艾蝮，其毒尤劇。大者中人，若不即治，一日間舉體洪腫，皮肉坼爛，中者尚可得二三日也。凡被蛇螫，第一禁，第二藥。無此二者，有全劑，雄黃、麝香可預辦。故山居者，宜令知禁法也。又惡蛇螫者，人即頭解散，言此蛇名黑帝，其瘡冷如凍淩，此大毒惡，不治，一日即死。若頭不散，此蛇名赤帝，其毒小輕，瘡上冷，不治，故得七日死。凡蛇瘡未愈，禁熱食。熱食便發，治之依初被螫法也。

又《蝮蛇螫候》 凡蝮中人，不治，一日死。若不早治之，縱不死者，多殘斷人手足。蝮蛇形乃長，頭褊口尖，頸斑，身亦艾斑，色青黑，人犯之，頸腹帖著地者是也。江東諸山甚多，其毒最烈，草行不可不慎。又有一種，狀如蝮而短，有四脚，能跳來嚙人，名曰千歲蝮，中人必死。然其嚙人，竟即跳上樹，作聲云斫木者，但營棺具，不可救。若云擣菽者，猶可治，吴音呼藥爲菽故也。

唐　段成式　《酉陽雜俎》卷一七 冷蛇，申王有肉疾，腹垂至骭，每出，則以白練束之。至暑月，常鼾息不可過。玄宗詔南方取冷蛇二條賜之，蛇長數尺，色白，不螫人，執之冷如握冰。申王腹有數約，夏月置於約中，不復覺

煩暑。矛，蛇頭鼈身，入水緣樹木，生嶺南，南人謂之矛。膏至利，銅瓦器貯浸出，惟雞卵殼盛之不漏，主腫毒。藍蛇，首有大毒，尾能解毒，出梧州陳家洞。南人以首合毒藥，謂之藍藥，藥人立死。取尾爲腊，反解毒藥。蚺蛇，長十丈，常吞鹿，鹿消盡乃繞樹出骨。養創時肪腴甚美。或以婦人衣投之，則蟠而不起。其膽上旬近頭，中旬在心，下旬近尾。

唐　劉恂《嶺表録異》卷中　南土有金虵，亦名蝪虵，又名地鮮，州土出，黔中桂州亦有，即不及黔南者。其虵粗如大指，長一尺許，鱗甲上有金銀，解毒之功不下吉利也。蚺蛇，大者五六丈，圍四五尺，以次者亦不下三四丈，圍亦稱是。身有斑文，如故錦纈。俚人云：春夏多於山林中，等鹿過，則於樹間閣其首，俟鹿壞頭角墜地，鹿身方噍入腹。如此蝮虵極羸弱，及其鹿消，壯俊悦懌，勇徤於未食鹿者。或云：一年則食一鹿。

五代　杜光庭《録異記》卷五《異蛇》　劒利門有蛇長三尺，其大如甕，小者亦如柱焉。兔頭，蛇身，項下白色。欲害人也，出自山上，輪轉而下，以噬行旅，必穴其腋而飲血焉。其名曰坂鼻，每於穴中藏，微出其鼻而鳴，聲若牛呴，聞數里，地爲之震業焉。民有冬燒田者，或燒殺之，但多脂耳。鷄冠蛇，頭如雄鷄有冠，身長尺餘，圍可數寸，中人必死。會稽山下有之。爆身蛇，長一二尺，形如灰色，聞人行聲，林中飛出，狀若枯枝，橫來擊人，中者皆死。南海中有山，高數十里，周圍百里。每年夏月，有巨蛇繳山三四匝，飲海水。如此爲常。一旦，飲海水之次，有大魚自海中來，吞此蛇。天地晦暝，久之不復見。黄頷蛇，長一二尺，色如黄金，居石縫中。欲雨之時，作牛吼聲。中人亦死。四明山有之。

宋　釋贊寧《東坡先生物類相感志》卷一五《巴蛇》　巴中大蛇能啗大象，食之其國骨三年方出。蛇身長大千尋，其色青黄。一曰黑蛇青首，人或得蛇，出蒙服之，無心腹病。

又《錫蛇》　出黔南桂州。其蛇麁如大脂，長尺許，鱗甲上有金銀星，解南士蠱毒矣。

又《千歲蛇》　《搜神記・變化序》曰：千歲之蛇，斷而復續也。

又《蜥蛇》　其蛇出南中，大者長十丈許，常捕鹿食之，入腹消盡，其蛇乃以身繞樹，自蹙其腸以出其骨，每破腹後於池泊中浸其身，以養瘡。當此時多肪腴，食之甚美。見者欲取之，先以婦人下衣投之，即不能去。如取其膽，常以五月五日取則妙之，則不定其處，若上旬即在項，中旬即近心，下旬近肝肺也。又有牙長六七寸者，南人佩之辟邪，宜遠行。出《南越志》。

又《藍蛇》　其蛇出倉梧，人或用爲毒藥，取其頭合藥，令人立死。嶺南人謂之藍藥。解之法，其蛇尾爲脯以食，即愈。其蛇頭毒，尾良，以尾解頭毒，相感而信矣。

又《化蛇》　五月五日，取未嫁女針兩枚，刺蛇頭，懸陰乾百日，取針插頭即成蛇。

又《滕蛇》　其蛇能遊雲霧，雄鳴上風，雌鳴下風，感化成形，精之至也。

又《吊蛇》　出嶺南，蛇頭鱉身，亦水宿，亦上樹棲。俗取蛇脂爲膏，至徑利。若以銅器笎器盛之，皆浸過，唯雞卵盛之不漏。塗摩人身腫，則透入肉。

又《蟑》　蟑爲蟲也，狀若蛇。按《字林》云，蟑即大蛇也，出華回，唯啖小虵及腹，如一張其口，虵蝮而自吸去也。

又《蛇蚗》　蝮蛇秋月毒盛，無所螫，齧草木以洩其氣，草木即死。採樵者或爲此草所傷刺者，亦刹人。毒難治，過於腹齧，謂之蛇蚗焉。

宋　蔡卞《毛詩名物解》卷一一《騰蛇》　騰蛇，龍類也。雄鳴於上風，雌鳴於下風而風化，能興雲霧而游其中。《慎子》曰『騰蛇游霧，飛龍乘雲』是也。《荀子》曰：騰蛇無足而飛，梧鼠五技而窮。言梧鼠之技雖多，不如騰蛇之結於一也，故窮。《墨子》曰：靈龜近灼，神蛇近暴。傳曰：靈蛇棄鱗，神龍解角。以言至人達士超世拔俗，委蜕萬物。

又《蛇》　魚屬連行。《詩》曰委蛇，蓋取諸此。《傳》曰：『退食自公，委蛇委蛇』，謂從者也。衡而委蛇，必折。故《序》言正直。《洪範》三德，一曰正直，中德也。其行委蛇，以其德在剛柔之中。太史公曰：大直若屈，道固委蛇，有是哉！此之謂也。舊説蛇盤向壬，壬，北方也。《周官》曰：龜蛇爲旐。先儒以爲，龜蛇象其扞難避害。蓋龜，甲者也，而蛇擊前則尾應，擊後則首應，自腰擊之則首尾俱應，有兵之象。故龜蛇合體，謂之玄武。《易》曰『一陰一陽之謂道』，而玄朔者，道之所在，陰陽之理具焉。舊説牛以鼻聽，蛇以目聽。語曰『蛇聾虎龘』，其以此乎？

又《虺》 虺狀似蛇而小。《語》曰：爲虺弗摧，爲蛇奈何。以此故也。《正(曰)〔月〕》之詩曰：哀今之人，胡爲虺蜴。虺，一名蝮螟，博三寸，首大如擘。舊説蝮蛇毒在首，螫手則手斷，螫足則足斷，蛇之尤爲毒烈者也。一曰蝮，與虺異。虺如土色，所在有之。蝮蛇鼻反，其上有斜錦文。衆蛇之中，此獨胎産，生輒拆裂母腹。字從蝮，其以此乎？亦有與蛇同色者。

又《蚺蛇》 蚺蛇尾圓無鱗，身有斑文，如故暗錦纈。難死似鼉，行地常俯其首。膽隨日轉，上旬近頭，中旬近心，下旬近尾。南人云：俗取其膽入藥，即以線合其瘡，縱之。後遇捕者，輒自見金瘡，以明無膽，亦其智也。

宋 陸佃《埤雅》卷一〇《螣蛇》 螣蛇，龍類也。雄鳴於上風，雌鳴於下風而風化，能興雲霧而游其中。《慎子》曰：螣蛇游霧，飛龍乘雲，雲罷霧除，與蚯蚓同失其所乘故也。螣蛇能騰，蟲之自勝者也。《荀子》曰：螣蛇無足而飛，梧鼠五枝而窮。言梧鼠之技雖多，不如螣蛇結於一也。《鬼谷子》曰：分威法伏熊，實意法螣蛇。實意，言致一也。螣蛇，一名神蛇，亦曰靈蛇。《墨子》曰：靈龜近灼，神蛇近暴。傳曰：靈蛇棄鱗，神龍解角。以言至人達士，超世拔俗，委蜕萬物之上。《抱朴子》曰：兔不牝牡，螣蛇不交，不可謂貞。今孔雀以影相接而孕，又雌見雄舞而有子，皆物性自然也。《陰陽自然變化論》曰：蟠蛇聽而有孕，白鷺視而有胎。

又《蛇》 魚屬連行，蛇屬紆行。《詩》曰委蛇，蓋取諸此。《左傳》曰：『退食自公，委蛇委蛇』，謂從者也。衡而委蛇，必折。故《序》以言正直。《洪範》三德，一曰正直，中德也。其行委蛇，是以其德在剛柔之中。大史曰：大直若屈，道固委蛇，有是哉！此之謂也。舊説蛇盤常向壬地，壬，北方也。《周官》曰：龜蛇爲旐。先儒以爲，龜蛇象其捍難避害。龜，甲者也，而蛇擊前則尾應，擊後則首應，自腰擊之則首尾俱應，有兵之象。故龜蛇合體，謂之玄武。《易》曰『一陰一陽之謂道』，而玄朔者，道之所在，陰陽之理具焉。故物有玄龜纏蛇，臓有左腎右命，方有朔有北，器有準有繩。其爲卦也，名之曰習坎，習猶重也。舊説牛以鼻聽，蛇以眼聽。語曰『蛇聾虎齆』，其以此乎？《莊子》曰：蛇憐風，風憐目，目憐心。其言蓋展轉輕妙。《述異記》曰：凡珠有龍珠，龍所吐也；蛇珠，蛇所吐也。語曰『蛇珠千枚，不如一玫瑰』，言蛇珠賤也。《變化·序》曰：鵠之爲猿，蛇之爲鼈。一曰：麋鹿易蹄，蛇類易皮，鼈類易殼。《稽聖賦》曰：蛇曉方藥，鴆善禁呪。蓋鴆能禁呪大石使起，取蛇食之。其禁石時，舉翅行前，却如道士禹步，則石起也。按：十二子，辰爲龍，巳爲蛇，巳六陽具，不爲龍而爲蛇者，龍至此而亢故也，宜爲蛇而已。故曰：亢之爲言也，知進而不知退，知存而不知亡，知得而不知喪。

又《虺》 虺狀似蛇而小。《銘》曰『爲虺弗摧，爲蛇奈何』，以此故也。《正月》之詩曰：哀今之人，胡爲虺蜴？虺，一名蝮，博三寸，首大如擘。舊説蝮蛇怒時，毒在頭尾，螫手則斷手，螫足則斷足，蛇之尤毒烈者也。一曰蝮與虺異，虺如土色，所在有之；蝮蛇鼻反，其上有針，錦文，衆蛇之中，此獨胎産，生輒圻副母腹，亦有與地同色者。段氏云：凡禽獸必藏形匿影，同於物類，是以蛇色逐地，茅兔必赤，鷹色隨木。《字説》曰：蛇螫人也，而亦逃人也，是爲有它。蝮，觸之則復，其害人也，人亦復焉。舊云鴆食此類，鳥似鷹而紫，黑喙，長七八寸，作銅色，食蛇，蛇入口即爛，屎溺著石，石亦爲之爛。其轉巨石作法，亦如鸛鳥禹步。然羽翮有毒，以櫟酒飲之殺人，惟犀角可以解，故有鴆處必有犀也。

又《蚺蛇》 大蛇，可食，尾圓，無鱗，身有斑文，如故暗錦纈。難死似鼉，行地常俯其首。膽隨日轉，上旬近頭，中旬在心，下旬近尾。南人云：俗取其膽以充藥材，即以線合其瘡縱之。後遇捕者，輒自見金瘡，以明無膽，亦其知也。《南越志》曰：蚺蛇牙有長五六寸者，土人重之，云辟邪利遠行也。一云：蚺蛇之膽，取而還生。又云：巴蛇吞象，蚺蛇吞鹿。

宋 寇宗奭《本草衍義》卷一七 白花虵，諸虵鼻向下，獨此虵鼻向上。背有方勝花紋，以此得名。用之，去頭尾，换酒浸三日，棄酒不用，火炙，仍盡去皮骨。此物毒甚，不可不防也。烏虵，尾細長，能穿小銅錢一百文者佳。有身長一丈餘者。虵類中，此虵入藥最多。嘗於順安軍塘濼堤上見一烏虵，長一丈餘。有鼠狼嚙虵頭，曳之而去。是亦相畏伏爾。市者多僞以佗蛇，燻黑色貨之，不可不察也。烏虵脊高，世謂之劒脊烏梢。

宋 李石《續博物志》卷八 九真山多大蛇，名曰髯蛇，長十丈，圍七八尺，吞鹿，角骨鑽皮出。夷以大竹籤殺而食之。楊氏《南裔異物志》曰：髯惟大蛇，既洪且長。采色駮犖，其文錦章。食犬吞鹿，腴成養創。賓享嘉燕，是豆是觴。

宋 鄭樵《通志》卷七六 蛇之類多。《爾雅》曰：蚨，蜸。郭云：蝮屬。大眼，最有毒，今淮南人呼蜸子。又曰：螣，螣蛇。螣，音滕。郭云：龍類也，能興雲霧而游其中。《淮南子》云：蟒蛇，螣。又曰：蟒，王蛇。蟒，蛇之大者，謂之王蛇。又曰：蝮虺，博三寸，首大如擘。江淮以南曰蝮，江淮以北曰虺。

宋 周去非《嶺外代答》卷一〇《蟲魚門・蚺蛇》 蚺蛇，能食獐鹿，人見獐鹿驚逸，必知其爲蛇，相與赴之，環而謳歌，呼之曰妚妚，徒架反。謂姊也。蛇聞歌即俛首，人競採野花置蛇首，蛇愈伏，乃投以木株，蛇就枕焉。人掘坎枕側，蛇不顧也。坎成，以利刃一揮，墮首於坎，急壓以土，人乃四散。食頃，蛇身騰擲，一方草木爲摧。既死，則剥其皮以鞔鼓，取其膽以和藥，飽其肉而棄其膏。蓋膏能痿人陽道也。人謂大風油即稱蚺蛇膏，非是。夫蛇之死，可謂愚矣。然天地之間，物理有不可曉者。以蛇之大而甘受制，誠愚。然特其未見水耳，彼一見水，必夭矯其形，不受制伏，起而吞人。雖不遇水，有小兒在側，亦忽吞之。是其死也，殆有機緘者存，非蛇之愚也。

宋 羅願《爾雅翼》卷三二《蛇》 蛇字古但作它耳，從虫而長，象冤曲垂尾形。上古艸居，患它，故相問無它乎。今之字傍加虫而變其音。又蛇行迂曲，《考工記》以爲紆行之屬，故退食委蛇，亦用蛇字。草居常饑，每得食稍飽，輒復蜕殼。冬輒含土入蟄，及春出蟄則吐之，其圓重如鐵石，謂之蛇黄。雖復草居，人家時有之。故諺云：一畝之地，三蛇九鼠也。今貓能禁之。又人家畜鵞者，蛇亦不至。聞捕蛇者云：蛇稍大者則易禁，以其耳目開利，習於禁架也。小者瞢然，則往往難禁。其種類至多，惟烏蛇性善，不噬物，而白花蛇有毒，生於蘄州。今蛇死目皆閉，惟蘄州者目開，若生舒、蘄兩界間者則一開一閉，此理之不可曉者。故人以此爲驗云。後漢南陽郡隨縣古隨國，其西有斷蛇丘，即銜珠之蛇也。蝓，蛇屬，黑色，潛于神淵，能興風雨。或從戾。《淮南子》曰：犧牛粹毛，宜於廟牲。其於以致雨，不若黑蜧。

又《蝮》 蝮，蛇之最毒者，短形，反鼻，錦文，亦有與地同色者。柳子曰：目兼蜂蠆，色混泥塗。著足斷足，著手斷手，不爾合身糜潰。又善伺人，聞人咳喘步驟，輒不勝其毒，捷取巧噬肆其害。七八月毒盛時，齧木以泄其氣，木即死。又吐口中涎沫於草木上，著人身瘇成瘡，卒難主療，名曰蛇漠瘡。衆蛇之中此獨胎産，並陳藏器聞之。《淮南子》曰：蝮蛇不可爲足，虎豹不可使緣木。蝮在母胎時，其毒氣發作，母腹裂乃生。段成式云：凡禽獸必藏匿形影，同於物類也。是以蛇色逐地，茅兔必赤，鷹色隨樹。《淮南王書》曰：蝮蛇蠚生。又一種狀如蝮而短，有四脚，能跳來齧人，名爲千歲蝮。

又《枳首蛇》 中央有枳首蛇。枳首者，岐頭，蓋兩頭也，大如指，一頭無目無口，然兩頭俱能行。一名越王蛇，亦名越王約髮，亦名越王弩弦。舊云見之令人不利，然孫叔敖殺而埋之，亦無他，此未可信也。今生寧國者，黑鱗白章，長盈尺。人家庭檻中動有數十同穴。又予所見，夏月雨後，有蛇如蚓大，但身有鱗，蜿蜒而行，其尾如首，不纖殺，亦號兩頭蛇。則不足爲異，明矣。《天問》曰：中央共牧，后何怒。王逸以爲，牧，草名也。中央之州，有岐首之蛇，爭食牧草之實，自相齕齧，以喻夷狄相與忿爭，君上何故當怒之乎？韓非亦稱，蟲有螝者，一身兩口，爭食相齕，遂相殺也。螝非螝蛹之螝，乃古虺字，蓋謂此蛇耳。然《爾雅》以爲中央之異氣，今東南多有者，蓋彼四方皆極荒遠，此比之爲中爾。又今此蛇皆以越王爲名，則不獨在中央也。《會最》又云：渾夕之山，嚻水出焉，有蛇一首二身，名曰肥遺，見則大旱。《山海經》云：六足四翼。而《管子》亦曰：涸澤之精，名曰蟡，一首兩身，以其名呼之，可使取魚鼈。此兩蛇皆一首二身，又與枳首相反，因類附著之。《嶺表録異》曰：兩頭蛇，嶺外多此類，時有如小指大者，長尺餘，腹下鱗紅，皆錦文，一頭有口眼，一頭似蛇而無口眼。云兩頭俱能進退，謬也。昔孫叔敖見之不祥，乃殺而埋之，南人見之爲常，其禍安在哉！《天問》：雄虺九首。

又《螣蛇》 螣蛇，龍類，有鱗無足，能興雲霧而遊其中。其行千里，因風而化。《淮南子》曰：蛟龍伏寢於淵，而卵剖於陵。螣蛇雄鳴於上風，雌鳴於下風而化成形，精之至也。甘戊曰：螣蛇游於霧露，乘於風雨，而行非千里不止。然則暮託宿鰌鱣之穴，所以然者何也？用心不一也。二説不同。蓋《淮南子》説其風化之時則其感至精，甘戊言其乘游之時則用心不一，各有所主。今卜筮者得螣蛇，輒以爲疑滯不决，蓋亦足以見螣蛇之趣操云。又《淮南子》稱上古聖人，考服駕應龍驂青虬，前白螭，後奔蛇。説者以爲奔蛇即騰蛇，皆瑞應之物，乃知前古蓋嘗爲用矣。郭氏所注『《淮南》云蟒蛇』者，蟒蓋奔字之誤，亦有時以蜕，故仲長統詩云：『飛鳥遺跡，蟬蜕亡殼，騰蛇棄鱗，神

龍喪角』是也。

又《巴蛇》 巴者，食象之蛇。其字象蜿蜒之形，中有一。説者以爲，一，所吞也。其長千尋，青黄赤黑。《海内南經》曰：巴蛇食象，三歲而出其骨，君子服之，無心腹之疾。言取所出象骨而佩服之。在犀牛西。今南方蚺蛇長十丈，亦能吞鹿，鹿消盡，乃自絞於樹，則腹中之骨皆穿鱗甲間出。養瘡時，肪腴甚美。或以婦人衵服投之，則蟠不能起。其膽亦止心腹之痛。又倭國有獸如牛，名山鼠，彼有大蛇亦吞此獸，蛇皮堅不可斫，蓋巴類也。今常蛇啖一黿，輒齟塞宛轉，尋即蜕裂。而巴乃獨吞象，逮三歲始出其骨。巨細之不同，蓋如此。出其骨，當亦自鱗甲中，不須復蜕也。《天問》曰：靈蛇吞象，厥大何如？古稱堯使羿斷脩蛇於洞庭。許叔重以爲，脩蛇，大蛇，吞象之類。洞庭，南方澤名，近巴陵。説巴陵者，以爲巴之死，其骨爲陵。此地至今往往多大蛇，豈其種裔耶？按：今岳陽郡獄之側，巍然而高，草木翳鬱者，人指以爲巴蛇積骨之處。城外嘗有巴蛇廟，已而廢。又有象骨山，以爲象暴骨之所。其旁有湖曰象湖。

宋 范成大《桂海虞衡志·志蟲魚》 蚺蛇，大者如柱，長稱之，其膽入藥。南人腊其皮，刮去其鱗，以鞔鼓。蛇常出逐鹿食，寨兵善捕之，數輩滿頭插花，趨赴蛇。蛇喜花，必駐視，漸近，競拊其首，大呼紅娘子，蛇頭益俛不動，壯士大刀斷其首。衆悉奔散，遠伺之。有頃，蛇身覺，奮迅騰擲，傍小木盡拔，力竭乃斃。數十人舁之，一村飽其肉。

明 戴冠《濯纓亭筆記》卷九 蝮蛇，俗呼地匾，言與地同色而形匾也。鶴最善食蛇，然食蝮則潰腸而死。此蛇不卵，生子齧母腹而出。有鶴食蝮，鶴死，小蛇皆從鶴尻後出。其毒最猛。人被齧者，著手斷手，著足斷足，不爾則周身糜爛矣。古詩云『蝮蛇一螫手，壯士疾解腕』，謂此。《釋典》云『蚖蛇及蝮蠍氣毒烟火然』，亦指言此類之酷烈也。兩頭蛇，諸暨山中有之。其行，頭皆向前，一上一下，如兩枹擊鼓之狀，其疾如風。人多見之，不以爲怪。

明 田藝蘅《留青日札》卷三《白花蛇》 白花蛇，出蘄州，背有白花，出黄州者，雖死，兩目有光，入藥甚效。今臨安於潛山中，亦出此蛇，脊有白花方勝，頭有一小角，云亦能治病也。

明 李時珍《本草綱目》卷四三 蚺蛇蚺，音髯。《别録》下品 釋名：南蛇、《綱目》埋頭蛇。時珍曰：蛇屬紆行，此蛇身大而行更紆徐，冉冉然也，故名蚺蛇。或云：鱗甲有毛如髯也。産於嶺南，以不舉首者爲真，故世稱爲南蛇、埋頭蛇。集解：頌曰：蚺蛇，陶弘景言出晉安，蘇恭言出桂廣以南高、賀等州，今嶺南諸郡皆有之。弘景曰：大者二三圍，在地行不舉頭者是真，舉頭者非真。其膏、膽能相亂。韓保昇曰：大者徑尺，長丈許，若蛇而粗短。恭曰：其形似鱧，頭似鼉，尾圓無鱗，性難死。土人截其肉作膾，謂爲珍味。藏器曰：其膽著醋，能卷人筋，終不可脱，惟以芒草作筋乃可。段成式《酉陽雜俎》云：蚺蛇長十丈，嘗吞鹿，鹿消盡，乃遶樹，則腹中之骨穿鱗而出。養瘡時，肪腴甚美。或以婦人衣投之，則蟠而不起。時珍曰：按劉恂《録異記》云：蚺蛇，大者五六丈，圍四五尺，小者不下三四丈，身有斑紋，如故錦纈。春夏于山林中，伺鹿吞之。蛇遂羸瘦，待鹿消乃肥壯也。或言一年食一鹿也。又顧玠《海槎録》云：蚺蛇吞鹿及山馬，從後脚入，毒氣呵及，角自解脱。其膽以小者爲佳。王濟《手記》云：横州山中多蚺蛇，大者十餘丈，食麞鹿，骨角隨腐。土人採葛藤塞入穴中，蛇嗅之即靡，乃發穴取之。肉極腴美，皮可冒鼓及飾刀劍樂器。范成大《虞衡志》云：寨兵捕蚺蛇，滿頭插花，蛇即注視不動，乃逼而斷其首，待其騰擲力竭，乃斃，舁歸食之。又按《山海經》云：巴蛇食象，三年而出其骨。君子服之，無心腹之疾。郭璞注云：今蚺蛇即其類也。《南裔志·蚺蛇贊》曰：蚺惟大蛇，既洪且長；采色駮映，其文錦章；食馬吞鹿，腴成養瘡；賓饗嘉食，是豆是觴。

又 鱗蛇《綱目》 集解：時珍曰：按《方輿勝覽》云：鱗蛇出安南、雲南鎮康州、臨安、沅江、孟養諸處，巨蟒也。長丈餘，有四足，有黄鱗、黑鱗二色，能食麋鹿。春冬居山，夏秋居水，能傷人。土人殺而食之，取膽治疾。以黄鱗者爲上，甚貴重之。珍按：此亦蚺蛇類，但多足耳。陶氏注蚺蛇分真假，其亦此類與？

又 白花蛇宋《開寶》 釋名：蘄蛇、《綱目》。褰鼻蛇。宗奭：諸蛇鼻向下，獨此鼻向上，背有方勝花文，以此得名。集解：志曰：白花蛇生南地及蜀郡諸山中，九月、十月採捕，火乾，白花者良。頌曰：今黔中及蘄州、鄧州皆有之，其文作方勝白花，喜螫人足。黔人有被螫者，立斷之，續以木脚。此蛇入人室屋中，作爛爪氣者，不可嚮之，須速辟除之。時珍曰：花蛇，湖蜀皆有，今惟以蘄蛇擅名，然蘄地亦不多得。市肆所貨，官司所取者，皆自江南與國州諸山中來。其蛇龍頭虎口，黑質白花，脇有二十四個方勝文，腹有念珠班，口有四長牙，尾上有一佛指甲，長一二分，腸形如連珠。多在石南藤上食其花葉，人以此尋獲。先撒沙土一把，則蟠而不動，以叉取之，用繩懸起，劙刀破腹，去腸物，則反尾洗滌其腹，蓋護創爾。乃以竹支定，屈曲盤起，扎縛炕乾。出蘄地者，雖乾枯而眼光不陷，他處者則否矣。故羅願《爾雅翼》云：蛇死目皆閉，惟蘄州花蛇目開，如生舒、蘄

兩界者，則一開一閉。故人以此驗之。又按元稹《長慶集》云：巴蛇凡百類，惟褰鼻白花蛇，人常不見之。毒人則毛髮竪立，飲於溪澗則泥沙盡沸。鷃鳥能食其小者。巴人亦用禁術制之，熏以雄黄烟，則腦裂也。此説與蘇頌所説黔蛇相合。然今蘄蛇亦不甚毒，則黔、蜀之蛇雖同有白花，而類性不同。故入藥獨取蘄産者也。

又 烏蛇宋《開寶》附　釋名：烏稍蛇、《綱目》黑花蛇。《綱目》集解：志曰：烏蛇生商洛山，背有三稜，色黑如漆，性善，不噬物。江東有黑稍蛇，能纏物至死，亦此類也。頌曰：蘄州、黄州山中有之。《乾寧記》云：此蛇不食生命，亦不害人，多在蘆叢中，吸南風及其花氣。最難採捕，多于蘆枝上得之。其身烏而光，頭圓尾尖，眼有赤光。至枯死眼不陷，如活者，稱之重七錢至一兩者爲上，十兩至一鎰者爲中，粗大者力彌減也。作僞者用他蛇熏黑，亦能亂真，但眼不光耳。宗奭曰：烏蛇脊高，世稱劒脊烏稍，尾細長，能穿小銅錢一百文者佳。有身長丈餘者，其性畏鼠狼，蛇類中惟此入藥最多。斅曰：凡一切蛇，須辨雌雄、州土。蘄州烏蛇，頭上有逆毛二寸一路，可長半分已來，頭尾相對，使之入藥如神，只重一兩以下，彼處得此，多留進供。蛇腹下有白帶子一條，長一寸者，雄也，宜入藥用。採得，去頭及皮鱗、帶子，剉斷，苦酒浸一宿，漉出，柳木炭火炙乾，再以酥炙，於屋下已地上掘坑埋一夜，再炙乾用，或以酒煮乾用，亦可。時珍曰：烏蛇有二種：一種劒脊細尾者爲上；一種長大無劒脊而尾稍粗者，名風稍蛇，亦可治風，而力不及。

又 金蛇宋《開寶》附附銀蛇　釋名：金星地鱔、《圖經》銀蛇，亦名錫蛇。時珍曰：金、銀、錫，以色與功命名也。金星地鱔，以形命名也。集解：頌曰：金蛇生賓州、澄州。大如中指，長尺許，常登木飲露，體作金色，照日有光。白者名銀蛇。近皆少捕。信州上饒縣靈山鄉出一種金星地鱔，酷似此蛇。冬月收捕，亦能解毒。時珍曰：按劉恂《嶺表録異》云：金蛇一名地鱔，白者名錫蛇，出黔州。出桂州者次之。大如拇指，長尺許，鱗甲上分金銀解毒之功。據此，則地鱔即金蛇，非二種矣。

又 水蛇《綱目》　釋名：公蠣蛇。集解：時珍曰：水蛇所在有之，生水中，大如鱓，黄黑色，有纈紋，嚙人不甚毒。陶弘景言公蠣蛇能化鱧者，即此也。水中又有一種泥蛇，黑色，穴居成羣，嚙人有毒，與水蛇不同。張文仲《備急方》言，山中一種蛇，與公蠣相似，亦不嚙人也。

又 蛇婆《拾遺》　集解：藏器曰：蛇婆生東海水中，一如蛇，常自浮游，採取無時。時珍曰：按此所言形狀功用，似是水蛇，然無考證，如各列條。

又 黄頷蛇《綱目》附赤楝蛇　釋名：黄喉蛇、俗名。赤楝蛇，一名桑根蛇。時珍曰：頷，喉下也。以色名赤楝，桑根象形，陶氏作赤煉。集解：時珍曰：按《肘後》、《千金》、《外臺》諸方，多用自死蛇，及蛇吞蛙鼠，並不云是某蛇。惟《本草》有蝮蛇腹中鼠。陶氏注云：術家所用赤煉、黄頷，多在人家屋間，吞鼠子、雀雛，見腹中大者，破取乾之。又『蛇蛻』注云：草間不甚見虺、蝮蛻，多是赤煉、黄頷輩。據此，則古方所用，自死蛇及蛇吞蛙鼠，當是二蛇。雖蛇蛻，亦多用之。赤楝紅黑，節節相間，儼如赤楝、桑根之狀，黄頷黄黑相間，喉下色黄，大者近丈。皆不甚毒，丐兒多養爲戲弄，死即食之。又有竹根蛇，《肘後》謂之青蝰蛇，不入藥用，最毒，喜緣竹木，與竹同色。大者長四五尺，其尾三四寸，有異點者名熇尾蛇，毒尤猛烈。中之者，急炙三四壯，毒即不行，仍以藥傅之。又有菜花蛇，亦長大，黄緑色，方家亦有用之者。

又 蝮蛇《别録》下品　釋名：反鼻蛇。時珍曰：按王介甫《字説》云：蝮，觸之則復。其害人也，人亦復之，故謂之蝮。集解：弘景曰：蝮蛇，黄黑色如土，白斑，黄頷尖口，毒最烈。虺，形短而扁，毒與蚖同。蛇類甚衆，惟此二種及青蝰爲猛。不即療，多死。恭曰：蝮蛇作地色，鼻反，口長，身短，頭尾相似。山南漢、沔間多有之。一名蚖蛇，無二種也。頌曰：蝮蛇形不長，頭扁口尖，頭斑，身赤文斑，亦有青黑色者。人犯之，頭足貼著。東間諸山甚多，草行不可不慎。藏器曰：蝮蛇錦文，亦有與地同色者。衆蛇之中，此獨胎産，著足斷足，著手斷手，不爾合身糜爛。七八月毒盛時，嚙樹以洩其毒，樹便死。又吐涎沫于草木上，著人成瘡身腫，名曰蛇漢瘡，卒難治療，方與蛇螫同。時珍曰：蝮與虺，陶氏言是二種，蘇公言是一種。今按《爾雅》云：蝮虺身博三寸，首大如擘。是以蝮、虺爲一種也。郭璞云：蝮蛇惟南方有之，一名反鼻。細頸，大頭，焦尾，鼻上有鍼，錦文如綬，文間有毛如猪鬛，大者長七八尺。虺則所在有之，俗呼土虺，與地同色。顔師古云：以俗名證之，郭説爲是。又《北史》高道穆云：復用元顥，乃養虺成蛇。是皆以蝮、虺爲二種矣。蓋蝮長大，虺短小，自不難辨。陶説爲是。柳子厚《蝮蛇文》云：目兼蜂蠆，色混泥塗。其頸蹙恧，其腹次且。褰鼻鈎牙，穴出榛居。蓄怒而蟠，銜毒而趨。亦頗盡其狀也。《抱朴子》曰：蛇類最多，惟蝮中人甚急。但即時以刀割去瘡肉投於地，其沸如火炙，須臾焦盡，人乃得活。王充《論衡》云：蝮蛇含太陽火氣而生，故利牙有毒。【略】附録：千歲蝮。頌曰：東間一種千歲蝮，狀如蝮而短，有四脚，能跳來嚙人。人或中之，必死。其嚙已，即跳上木，作聲。云『斫木斫木』者，不可救也。若云『博叔博叔』者，猶可急治之。用細辛、雄黄等分爲末内瘡中，日三四易之。又以栝樓根、桂末著管中，密塞，勿令走氣，佩之。中毒急敷之，緩即不救。時珍曰：按《字林》云：睩聽形如蜥蜴，出魏興，居樹上，見人則跳來嚙之。嚙已還樹，垂頭聽，聞哭聲乃去。即此也。其狀頭尾一般，大如搗衣杵，俗名合木蛇，長一二尺。《談埜翁方》名斫木蛇，又名望板歸。救之，用嫩黄荆葉，搗爛敷之。

又 蚖《别録》　集解：《别録》曰：蚖類一名蚖，短身，土色而無文。時珍曰：蚖

與蝮同類，即虺也。長尺餘，蝮大而虮小，其毒則一。《食經》所謂『虺色如土，小如蝮蛇』者是也。詳見蝮下。舊本作蚖類，一名蚖，誤矣。當作虮，蝮類，一名虮。虮，即虺字。蚖、虮字象相近，傳寫脱誤爾。陶氏注蝮即蚖，亦誤矣。蚖既是蝮，《別録》不應兩出，今並改正。

又 藍蛇《拾遺》 集解：藏器曰：出蒼梧諸縣，狀如蝮，有約，從約斷之，頭毒尾良。嶺南人呼爲藍藥。

又 兩頭蛇《拾遺》 釋名：枳首蛇、《爾雅》越王蛇。時珍曰：枳，兩也。郭璞云：會稽人言是越王弩絃所化，故名越王蛇。江東人名越王約髮。《博物志》云：馬鱉食牛血所化。然亦自有種類，非盡化生也。集解：藏器曰：兩頭蛇，大如指，一頭無口目，兩頭俱能行。云見之不吉，故孫叔敖埋之，恐後人見之必死也。時珍曰：按《爾雅》中央有枳首蛇，中國之異氣也。劉恂《嶺表録》云：嶺外極多，長尺餘，大如小指，背有錦文，腹下鮮紅。人視爲常，不以爲異。羅願《爾雅翼》云：寧國甚多，數十同穴，黑鱗白章。又一種，夏月雨後出，如蚯蚓大，有鱗，其尾如首，亦名兩頭蛇。又張耒《雜志》云：黄州兩頭蛇，一名山蚓。云是老蚓所化，行不類蛇，宛轉甚鈍。此即羅氏所云者也。

又 天蛇《綱目》 集解：時珍曰：按沈存中《筆談》云：天蛇生幽陰之地，遇雨後則出，越人深畏之。其大如箸而匾，長三四尺，色黄赤，澆之以醋則消。或以石灰糁之，亦死。又云：天蛇不知何物，人遭其螫，仍爲露水所濡，則遍身潰爛。或云草間花蜘蛛者，非矣。廣西一吏爲蟲所毒，舉身潰爛。一醫視云：天蛇所螫，不可爲矣。仍以藥傅其一有腫處，以鉗拔出如蛇十餘，而疾終不起。又錢塘一田夫忽病癩，通身潰爛，號呼欲絶。西溪寺僧視之曰：此天蛇毒，非癩也。以秦皮煮汁一斗，令其恣飲。初日減半，三日頓愈。又水蛇治天蛇毒，見前。

又 苟印《拾遺》 集解：藏器曰：苟印一名苟斗，出潮州，如蛇，有四足。

又 諸蛇《綱目》 釋名：時珍曰：蛇字古作它，俗作虵，有佘、移、佗三音。篆文象其宛轉屈曲之形，其行委佗，故名。嶺南人食之，或呼爲訛，或呼爲茅鱓。按《山海經》云：海外西南人以蟲爲蛇，號蛇爲魚。則自古已然矣。集解：時珍曰：蛇類璞語，不可類從者，萃族於左，以便考閲。蛇在禽爲翼火，天文象形，居南方。在卦爲巽風，巳爲蛇。在神爲玄武，北方之神，玄龜、纏蛇相合也。在物爲毒蟲。出《説文》。有水、火、草、木、土五種，出《北户録》。青、黄、赤、白、黑、金、翠、斑、花諸色。見各條。毒蟲也，而有無毒者。金蛇、水蛇無毒。鱗蟲也，而有生毛者。蝮蛇文間有毛。《山海經》云：長蛇毛如彘毫也。卵生也，而有胎産者。蝮蛇胎生。腹行也，而有四足者。鱗蛇、千歲蝮、苟印、蜥蜴皆有足。又有冠者，雞冠蛇頭上有冠，最毒。角者，三角蛇有角。鱗翼者，《西山經》云：太華山有蛇，六足四翼，名曰肥蟥。飛者，《山海經》云：柴桑多飛蛇。《荀子》云：螣蛇無足而飛。獸首者，《大荒經》云：肅慎國有琴蛇，獸首蛇身。人面者，《江湖紀聞》云：嶺表有人面蛇，能呼人姓名，害人，惟畏蜈蚣。兩首者，枳首蛇。兩身者，《北山經》云：渾夕之山，有蛇曰肥遺，一首兩身，見則大旱。《管子》曰：涸水之精，名曰蝺，狀如蛇，一首兩身，長八尺，呼其名可取魚鱉。岐尾者，《廣志》云：出雲南。鉤尾者，張文仲云：鉤蛇尾如鉤，能鉤人獸，入水食之。熇尾者，葛洪云：熇尾蛇似青蝰，其尾三四寸，有異色，最毒。柂形者，張文仲云：柂蛇形似柂，長七八尺，中人必死。削船柂，煮汁浸之。杵形者。即合木蛇。又有青蝰，即竹根蛇。白蝰、蒼虺、文蝮、白頸、黑甲、赤目、黄口之類。張文仲云：惡蛇甚多。四五月，青蝰、蒼虺、白頸、大蜴。六七月，白蝰、文蝮、黑甲、赤目、黄口、反鉤、三角之類。皆毒之猛烈者。又南方有呴蛇，人若傷之不死，終身伺其主，雖百衆人中，亦來取之，惟百里外乃免耳。蛇出以春，出則食物。蛇以春夏爲晝，秋冬爲夜。其蟄以冬，蟄則含土。至春吐出，即蛇黄石。其舌雙，《物理論》云：舌者，心苗火旺于巳，巳爲蛇，故蛇雙舌。其耳聾，《埤雅》云：蛇聾虎鯱。其聽以目，《埤雅》其蟠向壬，《淮南子》其毒在涎，弄蛇，洗淨涎則無毒也。蛇涎着人，生蛇漠瘡。吐涎成絲，能害人目。段成式云：蛇怒時，毒在頭尾。其珠在口，陸佃云：龍珠在頷，蛇珠在口，懷味之蛇，多喜投暗，見人張口，吐氣如爔。其行也紆，《淮南子》云：蛇屬紆行。其食也吞。有牙無齒。皮數解脱，《變化論》云：龍易骨，蛇易皮。性曉方藥。出《稽聖賦》。又《異苑》云：田父見蛇被傷，一蛇銜草傅之，遂去。其人採草治瘡，名曰蛇銜。蛇交蛇，則雄入雌腹。交已即退出也。段成式云：人見蛇交，三年死。李廷飛云：人見蛇交，主有喜。蛇交雉，則生蜃及蟂。詳見蛟龍。魯至剛云：蛇交雉生卵，遇雷入土，久則成蛟，不入土，但爲雉耳。《述異記》云：江淮中，有獸名能，乃蛇精所化也，冬則爲雉，春復爲蛇。蛇以龜、鱉爲雌，《埤雅》云：大要純雌，以蛇爲雄，蛇求於龜、鱉則生龜、鱉，蛇求於雉則生蜃、蛟，物異而感同也。又與鱧、鱓通氣。見本條。入水交石斑魚，見本條。入山與孔雀匹。《禽經》云：鵲見蛇則噪而奔，孔見蛇則喜而躍。竹化蛇，蛇化雉。《異苑》云：大元中，汝南人伐木，見一竹，中央已成蛇形，而枝葉如故。又桐廬民伐竹，見蛇化雉，頭項已就，身猶蛇也。乃知竹化蛇，蛇化雉。夔憐蛇，蛇憐風。出《莊子》。水蛇化鱓，名蛇鱓，有毒。螣蛇化龍。神蛇能乘雲霧而飛游千里。螣蛇聽孕。出《變化論》。又《抱朴子》云：螣蛇不交。蟒蛇目圓，出《述異記》。大蛇曰蟒。巴蛇吞象，《山海經》云：巴蛇食象，三年而出其骨。蚺蛇吞鹿，詳見條本。玄蛇吞麈。大鹿也。出《山海經》。活

褥蛇，能捕鼠；《唐書》云：貞觀中，波斯國獻之，狀同鼠，色正青，能捕鼠。食蛇鼠，能捕蛇。《唐書》云：罽賓國有食蛇鼠，尖喙赤尾，能食蛇。被蛇螫者，以鼠嗅而尿之，立愈。蛇吞鼠，而有嚙蛇之鼠狼。寇曰：嘗見一烏蛇，長丈餘，有鼠狼嚙蛇頭，曳之而去，亦相畏伏耳。蛇吞蛙，而有制蛇之田父。《洽聞記》云：蝦蟇大者名田父，見蛇則銜其尾。良久，蛇死，尾後數寸皮不損，而肉已盡矣。蛇令豹止，而有食蛇之貘。《淮南子》云：蛇令豹止，物相制也。貘乃白豹，食蛇及鐵。黿蛇同氣，而有呷蛇之黿。見攝黿。玄黿食蟒，王起云：以小制大，禽之制在氣也。蝍蛆甘帶。出《莊子》。蝍蛆，蜈蚣也。帶，蛇也。陸佃云：蜈蚣見大蛇，能以氣禁之，啖其腦、眼。蟾蜍食蝍蛆，蝍蛆食蛇，蛇食蟾蜍，物畏其天也。《墨客揮犀》云：蜈蚣逐蛇，蛇即張口，乃入其腹，食之。鴆步則蛇出，鵙鳴則蛇結。出《禽經》。鴆鳥能禹步禁呪，使大石自轉，取蛇食之，蛇入口即麋也。鸛亦然。鵙，伯勞也。鸛、鶴、鷹、鶻、鶩，皆鳥之食蛇者也。蛇鷹，蛇鶻。餘見本條。虎、猴、麂、麝、牛，皆獸之食蛇者也。玃猴食蛇，牛食蛇，則獨肝有毒。蛇所食之蟲，則蛙、鼠、燕、雀、蝙蝠、鳥雛；所食之草，則芹、茄、石楠、茱萸、蛇粟。噇子也。所憎之物，則蘘荷、菴蕳、蛇芮草、鶩糞。所畏之藥，則雄黃、雌黃、羖羊角、蜈蚣。《千金》云：入山佩武都雄黃、雌黃，或燒羖羊角烟，或筒盛蜈蚣，則蛇不敢進。誤觸萵菜，則目不見物。出《續墨客揮犀》。炙以桑薪，則足可立出。藏器曰：蛇有足，見之不佳。惟桑薪火炙之則見，不足怪也。陶弘景曰：五月五日，燒地令熱，以酒沃之，置蛇于上，則足見。蛇蟠人足，淋以熱尿，或沃以熱湯，則自解。蛇入人竅，炙以艾炷，或辣以椒末，則自出。以艾炷炙蛇尾，或割破蛇尾，塞以椒末，即出。內解蛇毒之藥，則雄黃、貝母、大蒜、薤白、蒼耳；外治蛇蠚之藥，則大青、鶴蝨、苦苣、堇菜、射罔、薑黃、乾薑、白礬、黑豆葉、黄荆葉、蛇含草、犬糞、鵝糞、蔡苴機糞。

明 慎懋官《華夷花木鳥獸珍玩考》卷七《蚺蛇》 大者如柱，長稱之，其膽入藥。南人腊其皮，刮去鱗以鞔鼓。蛇常出逐鹿食，寨兵善捕之。數輩滿頭插花，趨赴蛇。蛇喜花，必駐視，漸近，競拊其首，大呼紅娘子。蛇頭益俛不動，壯士大刀斷其首，衆悉奔散，遠伺之。有頃，蛇省覺，奮迅騰擲，傍小木盡拔，力竭乃斃。數十人舁之，一村飽其肉。山中産蚺蛇，大者長十餘丈，能逐鹿食之。土人捕法，採葛藤塞蛇穴，徐入以杖，蛇嗅之即靡。乃發穴出蛇，繫於葛繩，臠而烹之，極腴。售其膽，獲價甚厚。其脂着人，骨輒軟，及能萎陽，終身不舉。食鹿骨角，隨腐。《本草》諸書皆所未載。余甚異之，今江南得其皮以爲樂器、刀劍之飾。

又《白花蛇》 雖有黔土，惟取蘄州。頭長小角鋒，尾生佛指甲，項遶真珠白點，背纏方勝花紋，因而得名。觀之猶異，諸蛇鼻生向下，此獨鼻向上生。一名褰鼻蛇。諸蛇死閉眼睛，是則眼開如活。舒、蘄連界上殺獲，兩眼則一閉一開。驗此可辯僞真，據理誠難解悟。性毒，善螫人足，中者輒自斷之，補養已痊，木接代步。岑樓慎氏曰《乾寧記》，恐非也。

明 穆希文《説原》卷一一 螣蛇，龍類也，能興雲雨。蟒蛇最大，故名王蝮蛇。秋月毒盛，嚙草木以泄其氣，草木即死。帶，小蛇也，蜈公喜食其眼。蚺蛇其膽上旬近頭，中旬在心，下旬在尾。巴蛇食象，三歲而出其骨。率然，巨蛇也，物觸首則尾應，觸尾則首應，觸中則首尾俱應。烏蛇，性不噬物。蝮蛇最毒，短形，反鼻，錦文，亦有與地同色者。蝮蛇在母胎時，毒氣發作，母腹裂而生。又有枳首蛇，兩頭，大如指，一頭無目無口。夏月，蛇能食鼠，以蛇升屋梁得鼠穴而取之。冬月，鼠能食蛇，以蛇蟄故也。燒白芷，則蛇遠去，以白芷烟能壞蛇目也。蛇每草居，常饑，得食稍飽，即蜕殼。冬則含土入蟄，春則出蟄吐之，其土名蛇黄，堅如石。唯畏鶴與鶩聲。

明 王可大《國憲家猷》卷五〇 蚺蛇，大者長十餘丈，圍可七八尺。多在樹上，候麞鹿過者，吸而吞之，至骨消，即纏大樹上，出其頭角，乃不復動。夷人伺之，以竹簽簽煞之，取其膽也。故《南裔異物志》曰：蚺蛇牙長六七寸，土人尤重之，云辟不祥，利遠行，賣一枚直牛數頭。

明 王肯堂《鬱岡齋筆麈》卷四 雲南景東府境内有蛇，大僅如守宫，常緣樹而棲。見人輒墮地，則碎爲數段，人去復續。以爲藥，可以已大風、癧瘍，遠過白花、烏虵之屬。人挾筒而往，見而掇之以入筒，一經人手則不復能續而死矣。然亦難值，其價與金等。名曰脆蛇，亦曰碎蛇。

明 魏濬《嶠南瑣記》卷一 蚺蛇常在樹上伺鹿，鹿過輒垂首下繞之。有頃，鹿死。先濡徧身令濕，便舉口吞之，骨角皆鑽皮而出。

明 李中立《本草原始》卷一一 烏蛇，志曰：生商洛山。頌曰：蘄州、黄州山中有之，背有三稜，世稱劍脊，色黑如漆，頭圓，尾稍細長，能穿小錢一百文。眼有光，至枯死不陷如活者。稱之重七錢及一兩者爲上，十兩至一鎰者次之，粗大者力彌減也。雄者腹下白帶子一條，長一寸，入藥尤佳。今人

多用他蛇熏黑以亂真者，但眼不光耳。時珍曰：其色烏，其行委佗，故名烏蛇。俗見尾稍異於他蛇，每呼爲烏稍蛇。白花蛇，生南地及蜀郡諸山中。今惟以蘄蛇擅名。其蛇龍頭虎口，黑質白花，脇有二十四箇方勝文，項有念珠斑，口有四長牙，尾上有一佛指甲，長一二分。腸形如連珠，鼻孔向上。九月、十月採捕，火乾。出蘄地者，雖乾枯而眼光不陷，背有方勝白花，故名白花蛇。

明　朱國禎《湧幢小品》卷三一　蘄蛇，一名褰鼻蛇。諸蛇鼻向下，獨此向上。龍頭虎口，黑質白花，背有二十四方勝，尾尖，有一佛指甲，腹旁有念珠斑。剖之，置水中，則反尾滌其腹，長尺餘。

明　馮復京《六家詩名物疏》卷三七《蛇》　《爾雅》云：螣，螣蛇。蟒，王蛇。《周易》云：龍蛇之蟄，以存身也。《左傳》云：深山大澤，實生龍蛇。《星經》云：騰蛇二十二星在室北，近河，主蟲蛇。《埤雅》云：魚屬連行，蛇屬紆行。盤常向壬地，以耳聽。《雅翼》云：蛇草居，常饑，得食稍飽，輒蜕殼。冬含土入蟄，及春出蟄，則吐之，其圓重如錫石，謂之蛇黄。種類至多。惟烏蛇性善，不噬物。而白花蛇有毒，生於蘄州。今蛇死目皆閉，惟蘄州者目開，若生舒蘄兩界間者，則一開一閉。此理之不可曉者。陶隱居云：蛇皆有足。五月五日，取燒地令熱，以酒沃之，置中，足出。按：蛇類至多。《爾雅》所載惟螣、蟒、蝮虺三者。《本草》有白花蛇、烏蛇、金蛇、銀蛇、蛇婆、藍蛇、兩頭蛇。《山海經》有肥遺，六足四翼；有巴蛇，吞象三年而出其骨；有長蛇，毛如彘；有鳴蛇，四翼，音如磬。《神異經》有率然，孫武子以譬善用兵者也。《顧渚山記》有緑蛇。《朝野僉載》有報冤蛇。《嶺表録異》、楊氏《南裔異物志》諸書俱有蚺蛇。《録異記》有雞冠蛇、爆身蛇、黄領蛇。《寰宇記》有鈎蛇，《窮神秘苑》有自斷蛇。及諸方志所録，不可勝記。本毒蟲，有無毒者。本鱗蟲，有無鱗者。惟黄喉蛇一種，善啖蝮，額有大王字，爲衆蛇之長。

明　吴之俊《獅山掌録》卷二二《冷蛇》　南方有冷蛇，色白，長數尺，不螫人，執之，冷如握冰。申王腹垂至骭，暑月苦不可過。玄宗詔取賜之，不復覺煩暑。

又《蚺蛇》　蚺蛇長十丈，常吞鹿，消盡乃繞樹出骨。養創時，肪腴甚美。或以婦人衣投之，則蟠而不起。其膽上旬近頭，中旬在心，下旬近尾。

又《矛蛇》　矛蛇，蛇頭鼈身，入水緣木，生嶺南。熬以爲膏，名矛膏，主毒腫。一切銅瓦器貯之津出，唯鷄卵殻盛之不漏。

又《爆身蛇》　爆身蛇，長一二尺，形如灰色。聞人行聲，林中飛出，狀若枯枝，横來擊人，中者立死。

明　鄺露《赤雅》卷三《蛇名》　蛇，一字名者，青蛇、赤蛇、白蛇、烏蛇。青主神，赤主火，白主傷，烏主藥。其他曰藤，曰蚺，曰鱗，曰蝮，曰水，曰縠。二字名者，曰率然、危干、水箭、烏稍、量人、默稱、烏肉、瞎目、雞冠、鱉腦、人頭、馬鬃、笋籜、菜花、寸白、水豹。三字名者，榦壁虎、黄藤蚺、青標竹、師箕押、金角帶、七寸錦、過按容。凡蛇盤者，皆在壬地。

清　顧棟高《毛詩類釋》卷一八《蛇》　《爾雅》：螣，音騰。螣蛇。郭注：龍類，能興雲霧而遊其中。蟒，王蛇。郭注：蟒蛇最大者，故曰王蛇。按《小雅·斯干》詩：維虺維蛇，女子之祥。朱《傳》曰：虺蛇，陰物，穴處，柔弱，陰伏，女子之祥也。

又《虺》　《爾雅》：蝮虺，博三寸，首大如擘。郭注：身廣三寸，頭大如人擘指。邢疏：擘，拇指也。頭如拇指，有牙，最毒。細頸，大頭，色如艾，綬文，文間有毛，似猪鬣。鼻上有針，大者長七八寸。《埤雅》云：虺狀似蛇而小。《銘》云：爲虺弗摧，爲蛇奈何。《史記》田榮曰：蝮螫手則斬手，螫足則斬足，爲其害於身也。則虺之毒更甚。鄭樵曰：江淮以南曰蝮，江淮以北曰虺。

清　杭世駿《訂訛類編續補》卷下《動物訛·蟒》　《棗林雜俎》：《爾雅》蟒者，大蛇也。蟒無足，無角。龍則具角足。今織蟒俱龍，非禮。見弘治元年都察院副都御史邊鎬奏禁。

清　桂馥《札樸》卷五《覽古·蟲蝮》　蟲蝮有數種。《爾雅》：蝮虺，博三寸，首大如擘。此土蟲也。陶注《本草》：蝮蛇黄黑色，廣頷尖口，毒最烈。陳藏器云：蝮蛇形短，鼻反，錦文。《詩·斯干》：維虺維蛇。《正義》云：今蛇細頸大頭，如綬文，文間有毛似豬鬣，鼻上有鍼，大者長七八尺，一名反鼻。《山海經》：猨翼之山多蝮蟲。郭注：蝮蟲色如綬，鼻有鍼，大者百餘斤，一名反鼻。又大咸之山，有長蛇，其毛如彘豪。郭注：今蝮蛇色似艾，綬文，文間有毛如豬鬐。此其類也。《圖讚》云：蛇之殊狀，其名爲虺。其尾似頭，其頭似尾。虎豹可踐，此蛇忌履。《三蒼解詁》：蝮蛇色如綬文，文間有鬣，鼻上有鍼，大者長七八尺，有牙，最毒。鄭司農說《周禮》云：地慝，地

所生惡物害人者，若虺蝮之屬。《楚詞·招魂》『蝮蛇蓁蓁』，王逸注：蝮，大蛇也。《大招》『王虺騫只』，王注：大蛇。《淮南·説林訓》：蝮蛇不可使爲足。高注：蝮蛇有毒，螫人。不可爲足，爲足益甚。《漢書·田儋傳》：蝮蠚手則斬手，蠚足則斬足。何者？爲害於身也。《魏志·陳泰傳》：古人有言，蝮蛇螫手，壯士解其腕。《鹽鐵論》：蝮蛇有螫，人忌而不敢輕。《博物志》：蝮蛇秋月毒盛，無所螫螫。齧草木以泄其氣，草木即死，人樵采，設爲草木所傷刺者，亦殺人。《抱朴子》：蛇種雖多，惟有蝮蛇及青金蛇，中人爲至急，一日不治即死。人若不曉方術而爲此蛇所中，但以刀割瘡肉投地。其肉沸如火炙，須臾燋盡，而人得活也。《論衡·言毒篇》：天下萬物，含太陽氣而生者，皆有毒螫。辰爲龍，巳爲蛇，辰巳之位在東南。龍有毒，蛇有螫。故蝮有利牙，龍有逆鱗。夫毒，陽氣也。故其中人若火灼人。或爲蝮所中，割肉置地焦沸，火氣之驗也。《元和郡縣志》：駱谷中多反鼻蛇、青䘲蛇，一名燋尾蛇。常登竹木上，能十數步䘲人。人中此蛇者，即須斷肌去毒，不然立死。《孔叢子》云：梁丘據遇蟲毒，三旬而後瘳。《搜神記》：阮瑀傷於虺，齅其瘡，而雙虺出鼻中。《郡國志》：馬嶺山嶠多虺蛇，毒殺人，有冷石可以解之。屑著瘡内，即活。《易林》：江南多蝮，螫我手足，寬煩詰屈，痛徹心腹。又云：虺蛇來聚，難以居處，毒螫痛甚，瘡不可愈。此南方所出之大蟲也。《爾雅·釋地》：中有軹首蛇焉。郭注：歧頭蛇也。《楚詞·天問》：中央共牧，后何怒？王注：言中央之州，有歧首之蛇，爭共食牧草之實，自相啄嚙。《顔氏家訓》：吾初讀《莊子》『螝二首』，《韓非子》『蟲有螝者，一身兩口，爭食相齕，遂相殺也』，茫然不識此字何音。後見《古今字譜》，此亦古之虺字，積年疑滯，豁然霧解。此歧首之蟲也。《楚詞·招魂》：雄虺九首，往來儵忽，吞人以益其心些。此九首之蟲也。

清　胡廷光《傷科彙纂》卷一一《蛇蠚傷》　耀山曰：蛇生水草木土之中。陶弘景云：蝮蛇白斑，黄頷尖口。虺形短而扁，毒與蚖同。蛇類甚衆，惟此二種及青蝰爲猛，不即療多死。藏器云：蝮蛇錦文，亦有與地同色者。衆蛇之中，此獨胎産。着足斷足，着手斷手，不爾合身糜爛。七八月毒盛時，嚙樹以洩其毒，樹便死。又呼涎沫於草木上，着人成瘡身腫，名曰蛇漠瘡。【略】王充《論衡》曰：蝮蛇含太陽火氣而生，故利牙有毒。《字説》云：蝮，觸之則復，其害人也，人亦復之，故謂蝮。張文仲云：惡蛇甚多，則五月青蝰、蒼虺、白頸、大蜴，六七月白蝰、文蝮、黑甲、赤目、黄口、反鈎、三角之類，皆毒之猛烈者。又南方有呴蛇，人若傷之不死，終身伺其主，雖百衆人中，亦來取之，惟百里外免耳。《抱朴子》云：蛇類最多，惟蝮中人甚急，但即時以刀割去瘡肉，投於地，其沸如火炙。須臾，焦盡，人乃活。《讀律佩觿》云：黄風蛇尾，入人鼻竅，即死無救。《説鈴》云：圓蛇，形如石卵，班爛可愛。悞持之，得人氣化爲蛇，嚙人即斃，尸不敢收，恐觸其氣而斃。鄭板橋云：粤中有蛇，好與人比較長短，勝則嚙人，不勝則自死。山行者以傘具上冲，蛇不勝而死。蘇頌曰：東間一種千歲蝮，狀如蝮而短，有四脚，能跳來嚙人。人或中之，必死。其嚙已，即跳木作聲。云『斫木斫木者』，不可救也。若云『博叔博叔』，猶可急治之。【略】《字林》云：睩聽，形如蜥蜴，出魏興。居樹上，見人則跳來，嚙已還樹垂聽，聞哭聲乃去。即此也。其狀頭尾一般大，如搗衣杵，俗名合木蛇，長一二尺。又曰斫木蛇，又名望板歸。張文仲云：鈎蛇尾如鈎，能鈎人獸入水食之。柁蛇形似柁，長七八尺，中人必死。削船柁煮浸之，即愈。葛洪云：竹根蛇，謂之青蝰，最毒，喜緣竹木，與竹同色，大者長四五尺，其尾三四寸。有異點者，即熇尾蛇，毒尤猛烈。中之者，急灸艾三四壯，毒即不行，仍以藥傳之。昔圓丘多蛇，廣成子教傳雄黄末，立愈。《綱目》云：鱗蛇、千歲蝮、苟印、蜥蜴皆有足。三角蛇，有角。雞冠蛇，頭上有冠，最毒。

清　鄭光祖《醒世一斑録》卷三　蚺蛇，粤地有之。【略】大者可食鹿，食牛。其肉鮮肥，粤人烹以餉客。脆蛇，滇迤南有之，長不過尺。上樹跌下，寸斷，旋即自聯而去。腊之以治跌打損傷，甚效。響蛇，深山中游行如吹笙。

紀事

漢　司馬遷《史記》卷九四《田儋列傳》　齊曰：蝮螫手則斬手，螫足則斬足。何者？爲害於身也。集解：應劭曰：蝮一名虺，螫人手足，則割去其肉，不然則致死。索隱：蝮，音芳伏反。螫音臛，又音釋。正義：按，蝮，毒蛇，長二三丈，嶺

南北有之。虺長一二尺，頭腹皆一遍。《説文》云：虺博三寸，首大如擘。擘，手大指也，音步歷反。今田假、田角、田閒於楚、趙，非直手足戚也，何故不殺？

南朝宋　劉敬叔《異苑》卷三《蛇》　晉太元中，汝南人入山伐竹，見一竹中蛇形已成，上枝葉如故。又吴郡桐廬人常伐餘一作除字。遺竹，見一竹竿雉頭頸盡就，身猶未變。此亦竹爲蛇，蛇爲雉也。丹陽鍾忠以元嘉冬月晨行，見有一蛇，長二尺許，文色似青琉璃，頭有雙角白如玉。感而畜之，於是貲業日登。經年蛇自亡去，忠及二子相繼殞斃。此蛇來吉去凶，其唯龍乎？

昔有田父耕地，值見傷蛇在焉。有一蛇銜草著瘡上。經日，傷蛇走。田父取其草餘葉以治瘡，皆驗。本不知草名，因以蛇銜爲名。《抱朴子》云『蛇銜能續已斷之指如故』是也。

南朝梁　任昉《述異記》卷下　秦惠王獻五美女於蜀王，王遣五丁迎女。乃見大虵入山穴中，五丁曳蛇，山崩，五女上山，皆化爲石。

唐　張鷟《朝野僉載》卷五　東海有蛇丘，地險多漸洳，衆蛇居之，無人民。蛇或有人頭而蛇身。嶺南有報冤蛇，人觸之，即三五里隨身即至。若打殺一蛇，則百蛇相集。將蜈蚣自防，乃免。顧渚山赬石洞有緑蛇，長可三尺餘，大類小指，好棲樹杪，視之若鞶帶纏於柯葉間，無螫毒，見人則空中飛。山南五溪黔中皆有毒蛇，烏而反鼻，蟠於草中。其牙倒勾，去人數步，直來疾如繳箭，螫人立死。中手即斷手，中足即斷足，不然則全身腫爛，百無一活。謂蝮蛇也。有黄喉蛇，好在舍上，無毒，不害人。唯善食毒蛇，食飽垂頭直下，滴沫地噴起，變爲沙虱，中人爲疾。額上有大王字，衆蛇之長，常食蝮蛇。

【略】隋絳州夏縣樹提家新造宅，欲移之。忽有蛇無數從室中流出門外，其稠如箔上蠶，蓋地皆遍。時有行客，云解符鎮，取桃枝四枝書符，繞宅四面釘之。蛇漸退，符亦移就之。蛇入堂中心，有一孔大如盆口，蛇入並盡，令煎湯一百斛灌之。經宿，以鍫掘之，深尺，得古銅錢二十萬貫。因陳破鑄新錢，遂巨富。蛇乃是古銅之精。開元四年六月，郴州馬嶺山側，有白蛇長六七尺，黑蛇長丈餘。須臾，二蛇鬬。白者吞黑蛇，到粗處，口兩嗌皆裂，血流滂沛。黑蛇頭入，嚙白蛇肋上作孔，頭出二尺餘。俄而兩蛇並死。後十餘日，大雨，山水暴漲，漂破五百餘家，失三百餘人。左補闕畢乾泰，瀛州任丘人。父母年五十，自營生藏訖。至父年八十五，又自造棺，稍高大，嫌藏小，更加磚二萬口。開藏欲修之，有蛇無數。時正月尚寒，蟄未能動。取蛇投一空井中，仍受蛇不盡。其蛇金色。泰自與奴開之，尋病而卒。月餘，父母俱亡。此開之不得其所也。

唐　段成式《酉陽雜俎續集》卷八　南安蠻江蛇，至五六月，有巨蛇泛江岸，首如張帽，萬萬蛇隨之，入越王城。

唐　許嵩《建康實録》卷一七　中大同元年，曲阿縣建陵隧口石壁邪起舞，有大蛇鬬隧中，其一被傷奔走。又青蟲食陵樹葉俱盡。

宋　李昉《太平廣記》卷四五七《宣州江》　宣州鵲頭鎮，天寶七載，江水盛漲，漫三十里。吴俗善泅，皆入水接柴木。江中流有一材，下長十餘丈。泅者往觀之，乃大蛇也，其色黄，爲水所浮中江而下。泅者懼而返，蛇遂開口銜之，泅者正横蛇口，舉其頭去水數尺。泅者猶大呼請救，觀者莫敢救焉。出《紀聞》

宋　釋文瑩《玉壺野史》卷七　唐陸禋《續水經》嘗言，蛇雉遺卵於地，千年而生蛟龍屬。漢武帝元封中，潯陽浮江親射蛟於江中，獲之，乃是也。其破殼之日，害於一方，洪水飄蕩，吴人謂之發洪。余少時嘗游杭州西城縣之伊山，目擊此事。晚春，忽茂草中一雌雉飛起丈餘，翅翼零亂，又復入草中，數四不絶，久而不出。余竊怪之，薙草往觀，果一巨蛇，一雌雉，蟠結纏糾，津沫狼藉，斯須雉驚飛，而蛇亦入草中。始驗禋之説不誣。

宋　朱彧《萍州可談》卷二　孫叔敖殺枳蛇，蓋兩首蛇也。江南山中蛇，兩端皆有頭，口目全具，行相牽挽，腹紅背黑，長大率如箸。相傳是老蚓，兩口無舌，未嘗見其開張，正一大蚓耳。恐叔敖所見不如此。或云枳蛇一頸兩首，故怪。

宋　洪邁《夷堅志·甲志》卷二〇《葵山大蛇》　王履道左丞，葬于泉州之葵山，去城四十餘里。山多蛇，墓人張元者，養羊十餘頭，往往爲所吞噬。元操刈鎌出迹捕，正見大蛇擒一羊，蟠束數匝，先齧膚吮血，已乃噴毒其中。羊漸縮小，軟若無骨，始吞之。元旁立，伺隙奮刃而前，蛇昂其首，高五尺許，摇舌鼓怒，爲搏人之勢。元投以刃，刃墜。元奔歸，呼其子别携刀往。蛇猶在故處未去，迎刺之，斷首而死。尾有兩岐，利如鉤。秤其肉，重六十斤，背皮至闊一尺五寸。守冢僧曰：此特其小者耳。一窟于山者，身麤若

瓮，每出時，大木皆振動云。

又《融州異蛇》　馬擴子充，謫融州，居天寧寺，營厠於竹間。嘗持矛奏溷，聞若有叱之者，周視之則無人焉。復聞再叱聲，乃一蛇在屋角，開口吐舌，頭如斗大。馬椿之以矛，刃入于棟，亟出喚僕共視，蛇已死，但不見其體。注目尋索，僅如細緦纏欀桷數十匝。取以視邦人，雖戴曰之老，亦無有識其爲何等蛇者。

又《夷堅支志·乙》卷三《小隱蛇》　文安公小隱園，在妙淨寺南，其西偏地勢幽僻，久不平治，蔓莽極目。紹熙五年七月二十，圃人徐三以正午酌水放甕，見二犬共擒一蛇，大如柱，其長五六尺，蛇回頭，反齧其領，二犬徑銜蛇頭，吞嚼喉間，滯凝不能伸縮，復爲蛇齧舌，遽吐之，俄頃犬死。其一亦遭毒，不踰時，斃。蛇體黑花，方紋間之，遍身生毛茸茸然，名爲鐵甲五步，蓋蝮也。

又《諸湖僧》　鄱陽諸湖寺僧夜夢人告曰：須用三盌水煮過。言之至，再寤而不能曉。明日，一童持白蕈來，大如桶，曰得於後山樹下。僧喜，即命煮之。初用水一升許，踰時皆乾，蕈偃然如生，又益以水，至于三，不熟。僧忽憶昨夢，疑其異物。喚童負鋤，就所生處。纔二尺，見一菜花蛇蟠穴内已死，而口中猶出氣，正蒸薄于上，遂成蕈。傍有小栟甚多，村民采食之，一日間死者三人。寺僧盡脱此厄，夢之靈如此。

又卷九《宜黄丞廳蛇》　宜黄丞廳，與縣治相連。有大蛇，長二丈，鱗甲青黑，行地有聲。父老傳言，每出游一廳，則主人者必罹禍咎。紹興庚辰春，出於丞舍後東墻蓮池側，隱半身墻内，尾垂于池。丞祝君適以亭午到池上見之，呼乞子能捕者穴墻取之。蛇蟠屈不動，命數健力舁致郭外，過百丈橋數里，縱之莽中，意其已遠，不能復至矣。次日，祝仍以午到昨處，則蛇乃在原穴。欲殺之，而吏士皆不敢承命，曰：此禍至大，寧受杖責。不得已，但令舁去。如是者至于四五，迨祝死，乃絶不見。

又《鄂州總領司蛇》　鄂州總領司，故州治也。後偪城，城下有園，園有大蛇，長數丈許。乾道中，韓總領者欲于東北隅建楚望亭，而築基不成，至于數次。或言此處蛇所穴，儻爲立祠，當可就。韓如其説，作小廟于數十步間，基即成，蛇往來東西，或如教場大井内，或從府倉氣樓中，垂頭下食米，嘗蛻皮於竹林裏。一兵得之，貯以布囊，時出示人。蛻廣長如其身，左肋下有一足。郡民楊八賃租城下壕，種菱芡，就壖地，縛葦舍，母子處之，以察盜摘者。夏夜過半聞聲，母以爲賊也，出視之，見蛇在女墻上而頭在壕中，昂起視母。母駭叫，楊生至，僅能舉手指示，即仆地死。楊懼，捨之去。已而蛇不復出，人疑其入大江云。

又《夷堅支志·丙》卷二《余氏蛇怪》　樂平余六七郎者，妻程氏女才一年。嘗白晝欲登榻，見一蛇蜿蜒于上，僅長尺餘，而匾闊三寸。許程駭怖，呼家人共取仗擊逐之。蛇躍下，徑出房門，遂不見。里俗相傳，山木間有所謂旺神者，魈類也，頗能見妖怪，邀索祭享。然其威靈，亦殊不章赫，雖村巫社覡，亦能去之。甚者化爲人，或爲蛇，與婦人亂。於是余氏疑焉。程意狀罔罔，稍與平日異，亦莫知其遭祟與否也。踰月而死，方斂尸於地，蛇復來，踞其腹，形模全似前所覩者。人攜杖至，亟奔趨而出，不知所在。此蛇蓋名曰猪豚云。是時慶元元年二月也。

又卷六《文迪家蛇》　餘干縣潤陂巡檢寨兵文迪善捕盜，以功積遷都虞候。死後十餘年，妻亦亡。其子百一者，奉喪于家。忽見巨蛇，如人臂，長可丈許，纏其棺，莫如所從來。一家怖懾，不敢近。越兩日乃去，徑入鄰卒張進之室，殺之。甫數日，張死，百一亦繼之。時紹熙四年五月也。

又《夷堅支志·丁》卷三《人魚劍脊烏》　乾道六年，【略】武康山間産一種蛇，名曰劍脊烏，大而善走，逢人則昂首而立，其尾着地不及寸，須急趨避之，乃免其害。

又《夷堅支志·戊》卷三《成俊治蛇》　武功大夫成俊，建康屯駐中軍偏校也。善禁呪之術，尤工治蛇。紹興二十三年，本軍於西門外四望亭晚教，有蛇自竹叢出，其長三尺，而大如杵，生四足，遍身有毛，作聲如豬，行趨甚疾，爲逐人吞噬之勢。衆皆驚擾，不知所爲，適有馬槽在側，忽取覆之。而白統制官遣呼俊，俊至，已能言其狀，且名是名猪豚蛇，囓人立死。即步罡布氣禁之。少頃，令啓槽，則已僵縮不能動。再覆之，仰吸日光，三吹槽上，及啓視之，化爲凝血矣。【略】景陳弟云：鄉里亦曾有猪豚蛇，以身腯而短，不能蜿蜒，故惟直前衝人。遭之者，無活理。蓋虺蝮類也。

元　謝應芳《龜巢集》卷一四《蛇蚓》　五月望，予艤舟城西，見牧豎數輩飲牛于河。俄有走而號者曰：蛇將囓人。豎皆失色。已而聚觀，果伏蛇

草中，咀舌掉尾，吐毒氣，勃勃可畏。羣豎欲殺之，擲块礫如雨。蛇度不能免，乃游於河，猶昂首騰踴，作噬人狀。旁觀有不勝憤者，持短挺涉水擊之，應手而斃。衆懽譟爲快。予既歸，明日過白鶴溪上，時暴雨潦水盈溢，而蚯蚓縱横，于途途之人殆不能容足，先予行者三人，老一壯二，皆擇地而蹈，不蹂踐以殘其生。吾如之回視，吾蒼頭亦然。予因是切有感焉。夫蚓内無筋骨，外無鱗介，苟欲殺之，斯須可累千百。今若此城西之蛇欲害人，而人害之，蚓則無害，而人亦弗爲之害。非有所厚薄也，人而蛇者，可不悟哉！

明　都穆《都公譚纂》卷下　宿州民徐某者，嘗過其州一山，見鵲跳躑草間，近之已不能飛，疑爲蛇傷。取視之，有小蛇蟠草間。其臂不覺被噬，徐知毒甚，即以所佩刀剜去臂肉如錢。急歸，以藥裹之，得無恙。無幾時，復往山中，見剜去肉大如升，心頗怪之，刺以物，感毒氣，回家即死。

明　黄暐《蓬窗類紀》卷五《怪異紀》　七步蛇，囓人，不出七步死。蘇郡學前有之。櫛工楊某，晨詣學，爲髫生束髮。忽草中有物觸其足，如刺，楊意七步蛇也。亟以所挾剃刀剜去之，初墮地如錢，既即如桃，既又氣騰如烟，忽歛縮如桐子。視之，成歲炭矣。噫，可畏哉！

明　陳其力《芸心識餘》卷五《赤蛇》　方孝孺先生未生時，其父將葬其祖。已預擇某日矣，忽夜夢一朱衣前跪曰：聞執事要作尊翁之藏于某山之原，然吾九族居此已數百年，子孫繁衍，不知其數。望執事再緩三日，吾當徙而避之。原以仁恕爲心，俯從所請。言訖辭去。明日啓土，得一穴潤六丈許。中有赤蛇，千金尾共一穴，其長數尺，蓋所夢之朱衣也。先生之父素不信鬼神事。見蛇不顧，亦不憶夢中之言。積薪縱火焚之，有烟一道直指先生之家。是時，母方娠。數日，先生生焉。厥狀甚異，舌能餂入鼻中，幼顯悟甚長。師宋景濂，爲文議論滂沛類蘇東坡，仕至學士。靖難時，遭赤九族，蓋蛇之報云。《傳信録》

又《無睛業蛇復讐》　唐廣州有一縣丞胡亮，從都督周仁軌討獠，得一首領妾，幸之。將至縣，亮向府不在，妻賀氏乃燒釘烙其雙目，妾遂自縊。死後，賀氏産一蛇，兩目無睛。後蛇不見，惟覺有物在衣被中，亮不知也。撥被見蛇，大驚，以刀砍殺之。賀氏兩目俱枯，不復見物，悔無及焉。《勸善書》芸心子曰：賀氏殘忍之至，其報也，亦宜。昔咸淳乙丑年，淮陽李守妻剖殺孕妾。越三年，夢其妾倚窻外花樹，欲進復止。驚覺，見一蛇繞樹，集衆欲殺之，則失矣。嘗夫婦月下對飲，覺杯中有物，如蛇影。燭之，則無。飲竟不快。明日，腹痛不可忍，脹如滿彌月之孕。集醫法僧道作福連日，竟卒。殮訖，棺中有聲。啓視之，見一大蛇出于口而去。可以爲妬害者之戒。

明　王同軌《耳談類增》卷二〇《脞志鱗羽篇・柯山蛇妖》　黄州柯山，在城中。其上皆巨竹，山下民婦就蓐，産一蛇，徑走入竹間。後數年，乃時出，色白，脊有紅鬛，見者必死，人極惡之。崇寧伍年，青社李辯老坐事謫居。嘗拉所厚三友潘仲達、何斯舉、欒正夫，同游此山。或告以蛇怪。未久，果見蟠於竹下，高與人齊。李失聲，三子倉皇散走。李知不免，拾一拳石，祝之曰：我今日與彼，勢不兩全。我勝，蛇死。不勝，我死。祝罷，石正中蛇腦，即疾穿草去，有如風聲，草爲之偃。四客相賀，縱賞，抵暮乃歸。後三日，竹外人家聞臊氣，稍前視之，蛇已死腐。其長五丈。見《夷堅志》。以予郡事，故存之。《明道雜志》謂：郡始饒蛇，色與草同。故東坡有『畏蛇懶下牀』之句。何斯舉，即作雪堂上梁文，所謂『前身化鶴，曾陪赤壁之遊；故事傳鵞，非復黄庭之舊』者也。

明　鄭曉《端簡鄭公文集》卷八《蛇戒》　嘉靖丁酉冬十一月甲申之朝，童子告予曰：庾有蛇，長且尋丈，羣鼠嚙之，潰其腎腸，竟死。余曰：嗟乎，龍蛇之蟄，以存身也。冬仲蟄候，蛇之不蟄，洩氣沮陽，驟遭風雨寒氣，總至蜿蜒弗遂，竟死于羣鼠固宜。先是孟冬之朏，伏雷發聲，氛氣三晨，冥霿苦霧，不辨咫尺。揆之《月令》，陰不固陽，是謂發天地之房。蛇之弗蟄，雷授之殃也。使十月無雷，蛇不啓不死。即有雷，蛇能坯墐内俯，亦不死。蛇即起，遇風雨暴寒，遄反故穴，亦不死。《内典》有言，嗔性成蛇，以故佚躁，羑信厭屈。蟄而雷即起，起即不肯復蟄。其死無足怪者。嗟乎，嗟乎，君子其小懲大忍，以平怒乎？其掩身凝志，以韜靈乎？其齋戒退藏，以儉德避難乎？是故善用冬令者，必厚自葆萃，以待陰陽之所定。余於是乎深省。

明　馮夢龍《古今譚槩》卷三五《千侯入蛇腹》　上虞徐孝廉計偕京師，與一千侯同舍，蜀人也，貌甚偉而鱗文遍體，皴如青赤松皮，面有瘢痕隱起，類三當錢大，狀若賴風者然。訊之，具言少年嗜酒，落魄不羈。一日從所

親會飲野次，時天色漸暮，歸不及城，便醉卧道傍草積間。夜半，宿酲始醒，覺悶甚，首如蒙被，展轉反側，不知身在何所。已而，捫之微温，嗅之腥不可忍，尋思腰間有匕首，急抽而割之，得肉一臠，復嗅之，臊甚，棄去，旋割，旋棄，如此者凡數十臠，漸漸漏明，於是悉力以從事。俄而此竅漸廣，頃之如土穴矣。因踴身躍出，睨之，乃一大蛇也。遂驚仆地。明日，家僮消息至其所，見主人與蛇並死於道，奔告鄰里。急舁歸營救，復甦，而膚間癢不可耐矣。幸遇明醫得不死。三月而癢止。及起，則膚革變色，幾類漆身。

明　徐㶿《榕陰新檢》卷一一《白蛇金穴》　趙生者，宋宗室子也。家苦貧，居閩之深山，業薪以自給。一日，伐木溪上，忽見一白蛇，昂首吐舌，若將噬己。生棄斧斤，奔避得脱。妻問故，具以言，因竊念曰：白鼠、白蛇，豈寶物變幻耶？即拉夫同往，蛇尚宿留未去。見其夫婦來，回首遡流而上。尾之，行數百步，則入一巖穴中。就啓之，得石。石陰刻押字與歲月姓名，乃黄巢手瘞，治爲九穴。中穴置金甲，餘八穴金銀無筭。生捂取畸零，仍舊掩蓋。自是家用日饒，不復事薪。隣家疑其爲盗，告其姊之夫嘗爲吏者。吏詢之嚴，不敢隱，隨餽白金五錠。吏貪求無厭，訟之官。生不獲已，主一巨室，悉以九穴奉巨室，賡行賄賂。有司莫能問。迫帥府特委福州路一官往廉之。巨室私獻金甲，因回申云：具問本根所以，實不曾發掘寶藏。其事遂絶。路官得金甲，珍襲甚。至任滿適，其妻徙置榻下。一夕，聞繞榻風雨聲，頃刻而止，頗怪之，夫婦共取視，鐍鑰如故。啓籠，乃無有也。生無子，夫婦終老巨室。

明　焦周《焦氏説楛》卷四　蔡州宣和間，一士人書屋中忽見小蛇，文章陸離，蜿蜒几格間。每巳時輒至，午乃隱去。士人異之，捕置鐵絲籃中。逮午則堅冷化爲石矣，質巧天成，鬼工不能。加明巳復蠕動，既又復爲石，而屈伸蟠結之狀，日日不同。士人寶攜來京，見中人梁師成。師成嘆曰：此神物造化之所寓。禁中有玉鼠、玉兔，或以時見則其物也。士遂獻之。

清　紀昀《閲微草堂筆記》卷五《灤陽消夏録五》　《左傳》言：深山大澤，實生龍蛇。小奴玉保，烏魯木齊流人子也。初，隸特納格爾軍屯。嘗入谷追亡羊，見大蛇，巨如柱，盤於高岡之頂，向日曬鱗，週身五色，爛然如堆錦繡，頂一角長尺許。有羣雉飛過，張口吸之，相距四五丈，皆翩然而落，如矢投壺。心知羊爲所吞矣，乘其未見，循澗逃歸，恐怖幾失魂魄。軍吏鄔圖麟因言，此蛇至毒，而其角能解毒，即所謂吸毒石也。見此蛇者，携雄黄數斤於上風燒之，即委頓不能動。取其角，鋸爲塊。癰疽初起時，以一塊著瘡頂，即如磁吸鐵，相粘不可脱。待毒氣吸出，乃自落。置人乳中，浸出其毒，仍可再用。毒輕者乳變緑，稍重者變青黯，極重者變黑紫。乳變黑紫者，吸四五次乃可盡，餘一二次愈矣。余記從兄懋園家有吸毒石，治癰疽頗驗。其質非木非石，至是乃知爲蛇角矣。

清　許奉恩《里乘》卷一《辣蟲變蛇》　夏日有蟲長寸許，竟體皆毛，刺人痛於蜂螫，吾鄉呼爲辣蟲。黄稼田司馬家有園，樹木甚多。嘗夏晚納凉，見一辣蟲棲桐樹幹上。以草撥之，不動，遂置之。越日，又一蟲來銜其尾。凡七日，陸續相接，共七蟲，長不及尺。司馬留心以察其異，日見蠕蠕微動，漸自膠續。不十日，竟共化成一蛇，蜿蜒而去。以數蟲化一蟲，奇哉！噫，七日七蟲，次第如有約而至，是果誰使之哉？

又《灤州儒學蛇》　灤州儒學有輿夫，見大成殿外樹下一小蛇，長七八寸，粗裁如筯，竟體紅光耀目，詫爲罕見。以其小也，易之戲，搦其尾，將擕以示人。乃手甫近尾，蛇昂頭直立，身暴長。尾畧一擺，已將輿夫頓踣倒地，暈不能行。間壁一門子聞聲，伏窗窺之。見一大赤蛇，其長不知幾許，蜿蜒入大成殿内去。其身粗鉅，塞門幾滿，踰時始竟。門子駴異，急入殿尋之，杳然無跡。見輿夫卧地呻吟，扶歸，臀股青腫，不良於行。彼此言蛇之異，猜爲神物。命輿夫禳禱之，尋瘥。

又卷三《小蛇》　黄稼田司馬言，其鄉某孝廉禮闈下第南歸，乘一薄笨車。途中天氣暴熱，當午歇凉，車子坐白楊樹下。見一小蛇長尺許，竟體褐灰色，昂頭向上。樹上則蟠一大蛇，身粗如盌，垂頭向下。兩頭相向，見小蛇口中呼吸，大蛇爲氣所攝，漸覺癱軟，不能存身。車子嘿嘿詫異，以小反制大，心頗不平，急起，以足向小蛇頸上極力踏之。小蛇負痛，掉尾鞭其足。昔車子固赤足着屨，足頓腫。小蛇既殪，大蛇屈伸久之，始蜿蜒穿樹而去。乃車子之足不炊許時，已腫過臍，痛徹心髓，尋卒。

清　俞樾《右台仙館筆記》卷一四　沈生祖煒又言，有人曾見一蛇，其形正方，修廣各七八寸，如薄版一片。詢之土人，云此名花版蛇。蛇中

罕見者，其毒尤烈。余按：錢唐趙恕軒學敏著《本草綱目拾遺》言，杭郡山中有蛇，名方勝版。以其徧體花紋如錦，中方勝而形匾如版，故名。豈即此物與？

又《茶香室四鈔》卷二九《菩薩蛇》 國朝《堅瓠集》云：京師西山寺，有二青蛇，大者長五丈餘，小者長四丈餘。有人至，寺僧必呼蛇，以酒肉飼之。二蛇略不畏人。僧令人繞蛇身一過，謂之不絶人身，號曰菩薩蛇。又云：閩三平寺，乃大顛法師闡教之地，有大蛇，不傷人，名曰蛇侍者。凡有祭賽布金不至，蛇侍者詣其家索之，度市越洋，一無畏避。

藝　文

晉　郭璞《肥遺蛇》（引自《漢魏六朝百三家集》卷五七） 肥遺爲物，與災合契。鼓翼陽山，以表亢厲。桑林既禱，倏忽潛逝。

又《長蛇》 長蛇百尋，厥鬣如彘。飛羣走類，靡不吞噬。極物之惡，盡毒之厲。

又《窫窳諸懷獸鱳魚肥遺蛇》 窫窳諸懷，是則害人。鱳之爲狀，羊鱗黑文。肥遺之蛇，一頭兩身。

又《鳴蛇化蛇》 鳴化二蛇，同類異狀。拂翼俱遊，騰波漂浪。見則並災，或淫或亢。

又《飛蛇》 騰蛇配龍，因霧而躍。雖欲登天，雲罷陸莫。材非所任，難以久託。

又《蟒蛇》 蠢蠢萬生，咸以類長。惟蛇之君，是謂巨蟒。小則數尋，大或百丈。

又《枳首蛇》 夔稱一足，蛇則二首。少不知無，多不覺有。雖資天然，無異駢拇。

唐　元稹《元氏長慶集》卷四《巴蛇三首并序》 巴之蛇百類。其大，蟒。其毒，褰鼻。蟒，人常不見。褰鼻，常遭之。毒人則毛髮皆竪起，飲谿澗而泥沙盡沸。驗方云：攻巨蟒，用雄黃煙，被其腦則裂。而鸛鳥能食其小者。巴無是物，其民常用禁術制之，尤効。

巴蛇千種毒，其最鼻褰蛇。掉舌翻紅燄，盤身蹙白花。噴人豎毛髮，飲浪沸泥沙。欲學叔敖瘞，其如多似麻。

越嶺南濱海，武都西陷戎。雄黃假名石，鸛鳥遠難籠。詎有隳腸計，應無破腦功。巴山晝昏黑，妖霧毒濛濛。

漢帝斬蛇劍，晉時燒上天。自兹繁巨蟒，往往壽千年。白晝遮長道，青溪蒸毒煙。戰龍蒼海外，平地血浮船。

宋　王質《雪山集》卷一二《異蛇》 非蛟非龍奚爲耶，杳靄是蛇或非蛇。軀如三丈中廬棟，聲如二尺單夫車。洶湧西來復南去，激碎滿川波浪花。爾等陸産殊水産，亦有水産非其家。平生康莊在菅莽，胡乃出没同魚蝦。無何變化不俄頃，野鴨凌亂揚風沙。向來鱗甲渺烟霧，但見浦溆連蒹葭。立憑石樹踏莎草，隄前隄後聽蝦蟇。南山之趾西湖腹，是日有物横空拏。一爪二角色純黑，亂雲奔走相谽谺。得非此物即此蛇，是否恍惚空喧譁。虹腰餘飛雨脚斷，夕陽半閣西山斜。

元　吴會《吴書山先生遺集》卷三《蛇吞蛇》 竪子至自園報，澗有蛇吞蛇者。予曰：嘗聞蛇之吞蛇，不能消其肉，每亦攬樹而死。當其初吞及目，人或遇者，以刀斷之兩，持而歸，曝乾，髹餙備美袖以博弈賈利，從人所欲，無不得者，以售百金弗輕也。感之，作《蛇吞蛇》。大蛇吞小蛇，小蛇何怨嗟。小蛇雖飽大蛇腹，大蛇難消小蛇肉。小蛇肉未消，大蛇身亦焦。初吞及目人或遇，以刀兩斷寶之固。曝枯髹餙朱上金，懷持取貨從人心。嗚呼，天生陰類懷惡毒，既死空靈資利欲。同類相吞死相屬，胡不相全綿爾族。

明　陶安《陶學士集》卷一《蛇蜕》 平生惡蛇虺，不欲見其形。長蜕忽掛墻，陰風動餘腥。昆蟲乃有此，含毒性不靈。一蜕一長養，速刈積草青。蠶蜕繭盈箔，蟬蜕離汙濁。龍蜕氣乃神，陋爾留殘殼。螫手急解腕，爲害古來惡。劍斷炎漢興，笏擊中丞卓。深山大澤去，慎勿穴城郭。

清　鄭燮《板橋集·詩鈔》卷一《脆蛇》 是蛇易斷，易續，能治病，無毒。土人以竹筒誘入，塞之，焙以爲藥。爲製人間妙藥方，竹筒深鎖掛枯墻。剪屠有毒餐無毒，究竟身從何處藏。

又《比蛇》 粤中有蛇，好與人比較長短。勝則嚙人，不勝則自死。然必

面令人見，不暗比也。山行見者，以傘具上沖，蛇不勝而死。好向人間較短長，截岡要路出林塘。縱然身死猶遺直，不是偷從背後量。

清　法式善《存素堂詩初集録存》卷一〇《庚申・青蛇》　昔聞二龍子，名著大小青。蜿蜒佛殿前，日聽僧誦經。願滿挾風雨，頃刻歸東溟。子孫毓繁衍，寄此秋冷冷。我循梵唄音，餐秀娑羅廳。風散石壇花，殿角猶餘腥。

清　焦和生《連雲書屋存稿》卷二《四足蛇》　每出屋間或墻上，亦好緣樹行。身長五六寸，尾亦如之，四足高寸半，耳目指爪玲瓏無比，行走從容，顧瞻自若。　畫蛇添足原多事，誰識瓊南有此蟲。耳目玲瓏真異樣，步趨徐疾儼持躬。循墻來往輕松鼠，緣木徘徊勝守宮。瓊多松鼠、守宫，行墻間樹上。　應笑天機誇脊脇，憑虚起滅尚憐風。

清　史夢蘭《爾爾書屋詩草》卷五《題張抉旭十二辰書冊・蛇》　入山誰解喚升卿，絶壑風來古木平。虺夢祥占生女兆，荻洲人識寄奴名。感恩不忘啣珠報，無事何須打草驚。多少杯弓成幻影，掃除疑慮寸心清。

清　劉光第《衷聖齋詩集》卷上《榕蟒》　洞風陰呼壞雲擁，斷橋欹側石裂孔。中有老榕欲横飛，半出不出倒嵌空。偏身糾纏子母蛇，小者如槃大如桶。紛紛青黑吸泉乳，不辨巴螣蝮之種。敗葉溜雨鱗甲脱，蒼條攖人魂魄動。砯崖裂澗時一號，潛虬饑蛟應聲涌。可無龍雨洗腥涎，安事蛇醫消瘃腫。驚電飛騰劍影寒，冷月吞吐珠光重。腹空破翠毁熊館，首低瑟縮學蠶蛹。可惜空山壽不材，利害非關止閒冗。燒骨無烟剜肉腐，架梁撐棟愧非勇。安知無用非爲福，龍葅鼉斫屓屭。粵門扃鑰妙連蜷，蜀道崩頽斷荒茸。黑暴有時飛上天，何處芒山鬼母塚。

雜録

漢　東方朔《神異經》　西方山中有蛇，頭尾差大，有色五彩，人物觸之者，中頭則尾至，中尾則頭至，中腰則頭尾並至，名曰率然。張茂先注曰：會稽常山最多此蛇。故《孫子兵法》『三軍勢如率然』者是也。

晉　郭璞《玄中記・蛇邱》　東海有蛇邱之地險多漸洳，衆蛇居之，無人民。蛇或人頭而蛇身。

又《崑崙巨蛇》　崑崙西北有山，周回三萬里。巨蛇繞之得三周，蛇爲長九萬里。蛇居此山，飲食滄海。

晉　張華《博物志》卷三　小山有獸，其形如鼓，一足如蠡。澤有委蛇，狀如轂，長如轅，見之者霸。

又卷四　《莊子》云：地三年種蜀黍，其後七年多蛇。

南朝宋　劉敬叔《異苑》卷三　海曲有物名蛇公，形如覆蓮花，正白。

宋　方勺《泊宅編》卷下　王捷燒金，先用毒蛇，不計多少，煞埋庭中，澆以米泔，令生菌，因取合藥。後造宅築基得一蛇，頭如人形，捷不久卒。

宋　邵博《聞見後録》卷二九　廣西人喜食巨蟒。每見之，即誦紅娘子三字，蟒輒不動。且誦，且以藤蔓繫其首于木，刺殺之。

宋　李石《續博物志》卷二　先提山有鉤蛇，長七八丈，尾末有岐。蛇在山澗水中，以尾鉤岸上人牛食之。水傍瘴氣特惡，氣中有物，不見其形，其作有聲，中木則折，中人則害，名曰鬼彈。郡有罪人，徙之禁防，不過十日死也。【略】呂洞賓謂矦生曰：蛇蝎天地，淘以自然之氣，使之生以遂性，殺此救彼，有損無益。取紙隱語『三口共一室，室畔水偏清』，乃呂洞賓字。

明　姚旅《露書》卷一〇　廣南多蟒精，能知人姓名。山行聞呼，不可答。答之，即夜隨人至旅邸食人。惟是主家多畜蜈蚣以待之，蜈蚣長尺許。昔有山行而答呼者，聞於主家。主家夜覆燈，及聞瓦響，開籠放蜈蚣。次早，蟒長數丈，斃於舍傍。

明　吳之俊《獅山掌録》卷一《金蛇》　陸昭符刺常州。一日，坐廳事，雷雨暴至，電光如金蛇繞案。吏卒皆驚仆，昭符撫案叱之，雷電遽散。舉案得鐵索，重百斤。

又卷二一《高聽》　有蛇名高聽，常闖入巨蜂房中，盡收其毒。出伏叢莽，俟人過而螫。已尾其人，聞哭聲則已，不則憒憒復集毒螫人如初。

又《坂鼻》　劍門有蛇，兔首蛇身，項下白色。每從山輪轉而下，穴人腋而飲其血焉。其名曰坂鼻。

清　查慎行《人海記》卷上《脆蛇》　脆蛇出崑崙山，聞人聲即寸斷。人伺其斷，鉗取之，須寸各異處。待風乾，入藥。若少頃無人聲，寸寸仍續成

蛇。主治色瘮及驚疑、喪膽諸症。本草方書不載。見《玉鏡新談》

清 胡紹瑛《文選箋證》卷三《斬委蛇》 注：善曰：《莊子》：蜲蛇之狀，其大若轂，其長若轅，紫衣而朱冠也。按：委蛇，一名延維。《大荒北經》：有神焉，人首蛇身，左右有首，衣紫衣，冠旃冠，名曰延維。郭璞曰：委蛇。

清 俞樾《茶香室叢鈔》卷二三《蛇呼妋妋》 宋周去非《嶺外代答》云：蚺蛇能食獐鹿。人見獐鹿驚逸，必知其爲蛇，相率赴之，環而謳歌呼之曰妋妋，謂姊也。蛇聞歌，即俯首。按：妋，俗字徒架反，俗呼姊，亦或以呼父之姊妹。乃蚺蛇亦喜聞是，稱奇矣。

圖表

晉 郭璞《爾雅音圖·釋魚》

宋 唐慎微《證類本草》卷二二

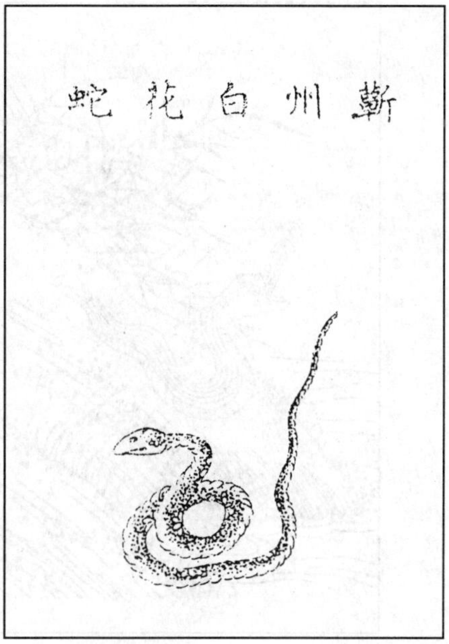

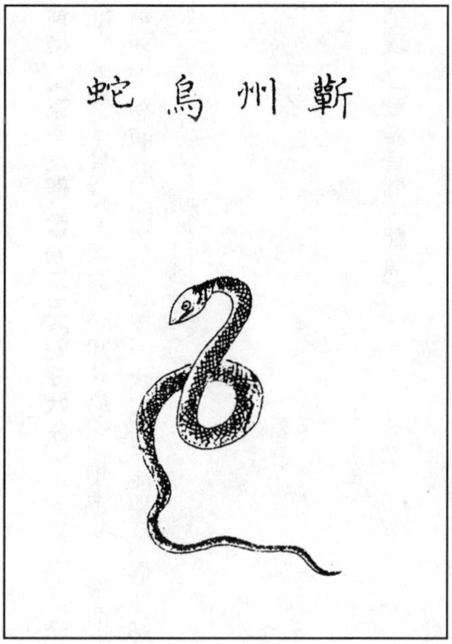

明 李時珍《本草綱目・圖卷》

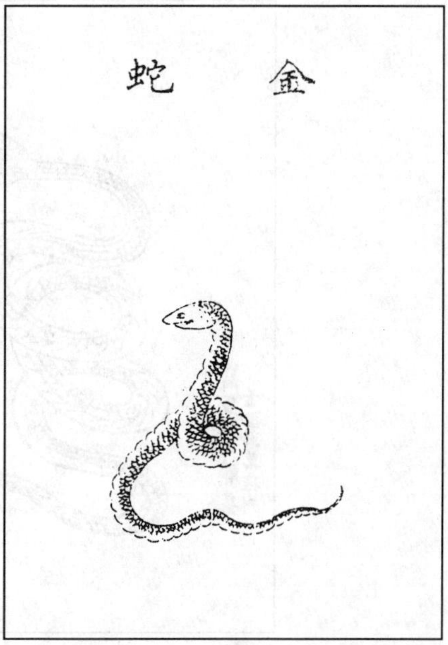

鱗蛇
雲南巨蟒

白花蛇
蘄州二十四方勝

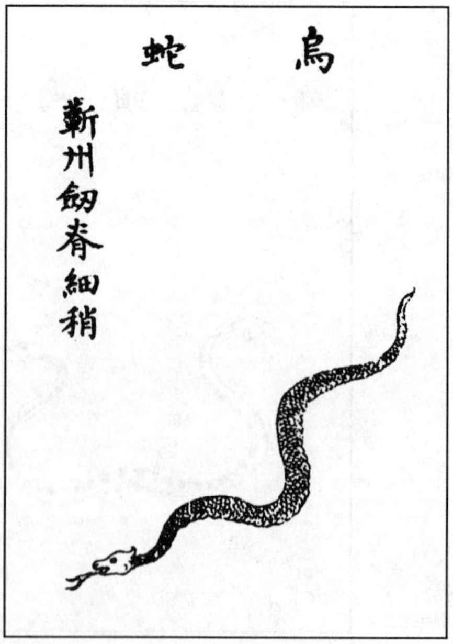
烏蛇
蘄州劒脊細稍

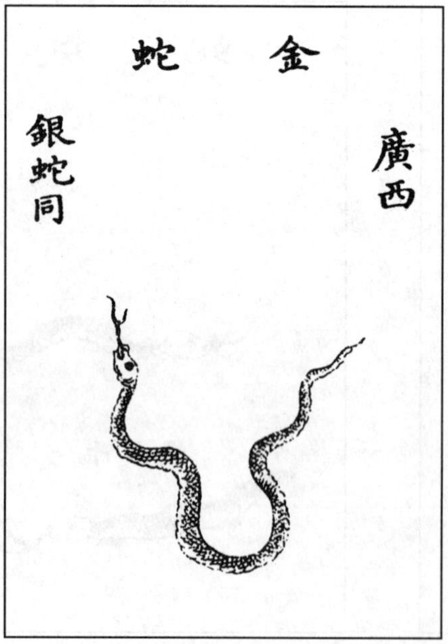
金蛇
廣西
銀蛇同

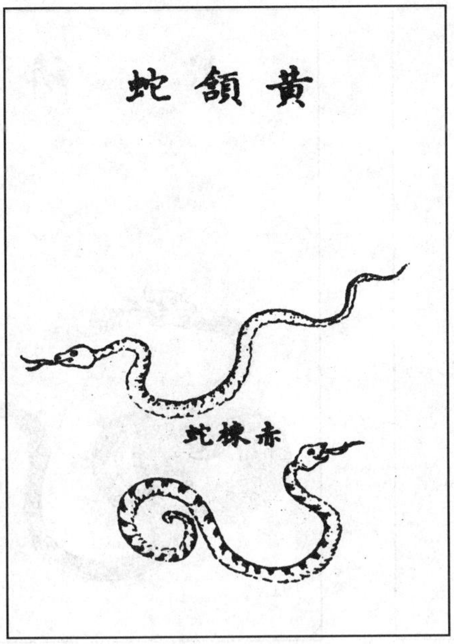
黃頷蛇
赤楝蛇

水蛇

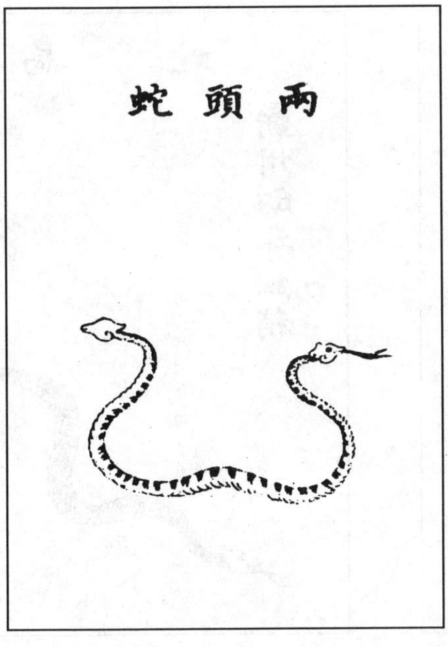
兩頭蛇

蝮蛇
虺同
千歲蝮

蜥蜴

論説

宋 黎靖德《朱子語類》卷二 伊川説：『世間人説雹是蜥蜴做，初恐無是理。』看來亦有之。只謂之全是蜥蜴做，則不可耳。自有是上面結作成底，也有是蜥蜴做底，某少見十九伯説親見如此。記在別録。十九伯誠確人，語必不妄。又，此間王三哥之祖參議者云，嘗登五臺山，山極高寒，盛夏携綿被去。寺僧曰：『官人帶被來少。』王甚怪之。寺僧又爲借得三兩條與之。中夜之間寒甚，擁數牀綿被，猶不煖。蓋山頂皆蜥蜴含水，吐之爲雹。少間，風雨大作，所吐之雹皆不見。明日下山，則見人言，昨夜雹大作。問，皆如寺中所見者。又，《夷堅志》中載劉法師者，後居隆興府西山修道。山多蜥蜴，皆如手臂大。與之餅餌，皆食。一日，忽領無限蜥蜴入菴，井中之水皆爲飲盡。飲乾，即吐爲雹。已而風雨大作，所吐之雹皆不見。明日下山，則人言所下之雹皆如蜥蜴所吐者。蜥蜴形狀亦如龍，是陰屬。是這氣相感應，使作得他如此。正是陰陽交争之時，所以下雹時必寒。今雹之兩頭皆尖，有稜道。疑得初間圓，上面陰陽交争，打得如此碎了。『雹』字從『雨』，從『包』，是這氣包住，所以爲雹也。

清 陳啓源《毛詩稽古編》卷一三 蠑螈、蜥蜴、蝘蜓、守宫，《爾雅》以爲一物。蠑螈，《説文》作榮蚖，云：榮蚖、蛇醫，以注鳴者。又云：在草曰蜥蜴，在壁曰蝘蜓。《本草》又有石龍子，亦得守宫、蜥蜴之名。陶隱居辨之以爲有四種：蛇醫一也，龍子二也，蜥蜴三也，蝘蜓四也。崔豹《古今注》謂蝘蜓、守宫、龍子爲一物。其長細者名蜥蜴，短大者名蠑螈、蛇醫。蘇恭《唐本草注》以龍子、蜥蜴爲一物，蝘蜓、蠑螈爲一物。蘇頌《圖經》以在草澤者爲蠑螈、蜥蜴，在屋壁者爲蝘蜓、守宫。諸説紛紛，皆未得其真。今參以毛《傳》、陸《疏》之説，則蜥蜴即石龍子，其在水者名蠑螈，又名蛇醫。蝘蜓即守宫，在屋壁間也。形皆相類而小異，故《爾雅》合四名爲一物也。分之，則蝘蜓、守宫爲一物，蠑螈、蜥蜴爲一物。石龍子又名蜥蜴、守宫者，又爲一物也。其爲種凡三矣。《説文》之榮蚖，水蜥蜴也。《正月》詩虺蜴，指此在草者，則兼乎水陸焉。毛《傳》云：蜴，螈也。陸《疏》云：虺蜴，一名蠑螈，水蜴也。今本無水字。玩文義又合之。孔《疏》知古本定作水蜴，後人傳寫，誤脱水字。或謂之蛇醫，如蜥蜴，青緑色，大如指，形狀可惡。孔《疏》引之以爲如陸意。蜥蜴與螈形狀相類，水陸異名耳。然則此詩，虺蜴乃一物之名，加虺於蜴，所以别於常蜥蜴也。宋董氏頗疑其非。今案《本草・鱗部》有石龍子，李時珍釋之，以爲生山石間者曰石龍，即蜥蜴也；生草澤間者曰蛇醫，又名蛇師、蛇舅母。水蜥蜴、蠑螈，俗亦呼豬婆蛇，蛇有傷，則銜草以敷之。又能入水與魚合，故得諸名。據此，《本草》之水蜥蜴，即陸《疏》之水蜴，《詩》之虺蜴矣。能入水，故名水蜴。能治蛇傷，故爲虺蜴。虺蜴之得名，與蛇醫同，蛇、虺一物也。《爾雅》名蛇牀，爲虺牀矣。又案《説文》蜥字不引此詩，而於虺字引之。又謂虺以注鳴，與釋榮蚖同。蓋亦以虺蜴爲一物矣。陸《疏》殆不誤，董氏疑之，非是。

綜述

《爾雅・釋魚》 蠑螈，蜥蜴；蜥蜴，蝘蜓；蝘蜓，守宫也。注：轉相解，博異語、别四名也。音義：蠑，音榮，本或作榮。螈，音原，《字林》作蚖，五丸反，云：蠑螈，蛇醫也。《説文》同。蜥，先歷反。蜴，音亦。《説文》、《字林》作易，云：在壁曰蝘蜓，在草曰蜥蜴。案：東方朔云『非守宫即蜥蜴』，是二物也。《方言》云：秦晉西夏謂之守宫，澤中曰蜥蜴，南楚謂之蛇醫，或謂之蠑螈。蝘，烏典反。蜓，徒典反，字或作蟛。疏：《詩・小雅・正月》『胡爲虺蜴』謂此也。蠑螈、蜥蜴、蝘廷、守宫，一物形狀相類而四名也。《字林》云：蠑螈，蛇醫也。《説文》云：在草曰蜥蜴，在壁曰蝘蜓。《方言》云：秦晉西夏謂之守宫，或謂之蠦蠦，或謂之蜥蜴，南陽呼蝘蜓，其在澤中謂之蜥蜴。南楚謂之蛇醫，或謂之蠑螈。又東方朔云：非守宫即蜥蜴。案：此諸文則在草源中者，名蠑螈、蜥蜴；在壁，名蝘蜓、守宫也。《博物志》云：以器養之，食以真朱，體盡赤，重七斤，擣萬杵，以點女人體，終身不滅。耦則落，故號守宫。陸璣《疏》云：『青緑色，大如指，形狀可惡』是也。

漢　揚雄《方言》卷八　守宫，秦晉西夏謂之守宫，或謂之蠦蟺，盧、纏兩音。或謂之蜥易，南陽人又呼蝘蜓。其在澤中者謂之易蜴，音析。南楚謂之蛇醫，或謂之蠑螈，榮、元兩音。東齊海岱謂之螔蜈。似蜤易，大而有鱗，今所在通言蛇醫耳。斯、侯兩音。北燕謂之祝蜓，音延。桂林之中守宫大者而能鳴，謂之蛤解。似蛇醫而短，身有鱗采，江東人呼爲蛤蚧，音頜頷。汝潁人直名爲蛤解，音懈，誤聲也。案：《詩·小雅》『胡爲虺蜴』，毛《傳》：蜴，螈也。《考工記》『以胷鳴者』，鄭注云：胷鳴，榮原屬。疏云：此記本不同。馬融以爲胃鳴，干寶本以爲骨鳴，揚雄以爲蛇醫，或謂之榮原。《鄭語》韋昭注云：黿或爲蚖。蚖，蜥蜴也，象龍。《爾雅》：蠑螈，蜥蜴；蜥蜴，蝘蜓；蝘蜓，守宫也。《疏》引《方言》此條，『易』作『蜴』，『謂之易蜴』作『謂之蜥蜴』，餘並同。《漢書·東方朔傳》：臣以爲龍又無角，謂之爲蛇又有足，跂跂脈脈善緣壁，是非守宫即蜥蜴。顔師古注云：守宫，蟲名也。術家云：以器養之，食以丹砂，滿七斤擣治萬杵，以點女人體，終身不滅。若有房室之事，則滅矣。言可以防閑淫逸，故謂之守宫也。今俗呼爲辟宫，辟亦御扞之義耳。揚雄《方言》云：其在澤中者謂之蜥蜴。故朔曰：是非守宫即蜥蜴也。《字書》以蜴爲易之異體，《方言》以蜴爲蜥之異體，後卷十内脈蜴亦注云音析。據《漢書注》及《爾雅疏》所引易、蜴二字亦倒，當改作蜥易爲正。《説文》云：榮蚖，蛇醫，以注鳴者，在壁曰蝘蜓，在艸曰蜥易。《廣雅》：蛤解，蠦蟺，蜥蜴也。蠑、榮，螈、原，蚖字異，音義同。注内蛤蚧音頜頷，各本訛作蛤蚖，音頭頷。《永樂大典》本訛作音頭額。《廣韻》蛤、頷同音。其頷字注云：頷頷，頤旁。今據以訂正。又直名爲蛤解，音懈，各本訛作直名爲蛤歠，音解，從曹毅之本。

漢　許慎《説文》卷九　易，蜥易，蝘蜓，守宫也。象形。祕書説：日月爲易，象陰陽也。

又卷一三　蜥，蜥易也。从虫，析聲。先擊切。蝘，在壁曰蝘蜓，在草曰蜥易。从虫，匽聲。於殄切。，蝘，或从䖵。蜓，蝘蜓也。从虫，廷聲。一曰螾蜓。徒典切。虺，虺以注鳴。《詩》曰：胡爲虺蜥。从虫，兀聲。臣鉉等曰：兀非聲，未詳，許偉切。蚖，榮蚖，蛇醫，以注鳴者。从虫，元聲。愚袁切

三國吴　陸璣《毛詩草木鳥獸蟲魚疏》卷下《胡爲虺蜴》　虺蜴，一名蠑螈，蜴也。或謂之蛇醫，如蜥蜴，青緑色，大如指，形狀可惡。

唐　蘇鶚《蘇氏演義》卷下　蝘蜓，一曰守宫，一曰龍子。善於樹上捕蟬食之。其五色，長細大者名爲蜥蜴。其短而大者名爲蠑螈，一曰蛇毉。大者長三尺，其色玄紺，善螫人。一曰緑螈，一曰玄螈。

宋　釋贊寧《東坡先生物類相感志》卷一五《守宫》　一名蝘蜓。《博物志》云：以養之，食以真朱，躰盡赤，重七斤，搗杵，以點女人躰，終身不滅。淫則點滅落，故號守宫。漢武帝試之，驗也。未名入内胭脂。

又《十二時蟲》　生南方僚岩樹間，如大蜥蜴，眸子尤精朗。土人呼爲十二時蟲，一日一夜十二時，蟲變其色，乍赤乍黄。亦呼爲離頭望，言此蟲傷人必死，既齧人了，即登籬望死活、親族之哭泣。

宋　彭乘《續墨客揮犀》卷四《守宫》　守宫，其形大槩類蜴蜥，足短而加闊，亦有其色金者。秦始皇時，有人進之。云能守鑰，人不敢竊發鑰，古名之曰守宫由此也。又云致于宫中，宫人之有異志者，守宫即吐血污其衣。或曰以守宫繫宫人臂，守宫吐血污臂者，有淫心也，秦皇則殺之。

宋　蔡卞《毛詩名物解》卷一二《蜴》　蜴，蠑螗也。其類似多，而所生異。蓋在陸者蟲屬，在水者魚屬。蠑螗，在汙澤者也，或謂之蛇醫。守宫、祝蜓，在野者也。蠦蟾、蝘蜓，在室者也。然蜴非常候蛉蚧者也。二者大而能鳴，蜴非能鳴也。《正月》云：哀今之人，胡爲虺蜴。言徒陰伏蕩不平之氣，而不能有聲。

宋　鄭樵《通志》卷七六　蜥蜴之類多。《爾雅》云：蠑螈，蜥蜴，蝘蜓，守宫也。今按：小而青者曰蜥蜴，大而黄者曰蝘蜓，最小在墻間砌下者曰守宫。種類既異，而此釋爲一物，恐亦未審也。又按：《本草》蜥蜴謂之石龍子，一名山龍子，一名石蜴，楚人謂之蛇醫，或謂之蠑螈，青尾，有五彩。蝘蜓似蜥蜴而大，黄色，亦謂之蠦蠦也。守宫似蜥蜴而小，在屋壁間，故名守宫，故東方朔謂非守宫則蜥蜴也。守宫，又名蠍虎，舊云以朱飼之，滿三斤殺之，乾末塗女子身，有交接事便脱，不爾如赤誌，故謂之守宫。

宋　羅願《爾雅翼》卷三二《蜥蜴》　蜥蜴，似蛇而四足，長五六寸，生草澤中。《爾雅》蠑螈、蜥蜴、蝘蜓、守宫，四名轉相解。至陶隱居以爲其類有四種，形大純黄色者名蛇醫；其次似蛇醫而小形，長尾，見人不動者，名龍子；小而五色，尾青碧可愛者，名蜥蜴；形小而黑，喜緣墻壁者，名蝘蜓，則與今所見似同。按《説文》及《字林》及崔豹《古今注》並以蠑螈爲蛇醫，而《説文》又云：在壁曰蝘蜓，在艸曰蜥易。蜥易，守宫也。《方言》亦云：守宫，秦晉、西夏謂之守宫，或謂之蠦蠦，或謂之蜥易。其在澤中者謂之蜥蜴，南楚

謂之蛇醫，或謂之蠑螈。按此諸文，則在草澤者名蠑螈、蜥蜴，在屋壁者名蝘蜓、守宮也。蜥蜴，古語，今人多從《方言》名易。蜥蜴與虺見人則走，故《詩》曰『哀今之人，胡爲虺蜴』也。其狀既如龍，故禱雨用之。古法求雨，坊巷各以大甕貯水，插柳枝，泛蜥蜴，使青衣小兒環繞。呼曰：蜴蜥蜴蜥，興雲吐霧，降雨滂沱，放汝歸去。此亦象龍致雨之義也。曹叔雅《異物志》曰：魚跳躍，則蜥蜴從草中下，稍相依近，便共浮水上而相合。事竟，魚還水底，蜥還草中。云其蛇醫，或曰蛇師，或云蛇舅母。舊説蛇體有傷，此蟲輒銜草傅之，故有醫之號。或曰：口常含雹，蛇若有病，則以雹療之。今蛇遇冬入蟄，含土爲圜，至春出蟄，土堅如鐵石，謂之蛇黄，蓋毒烈之氣聚蓄所爲。蛇醫以雹治蛇病，似協於理。《説文》：榮蚖，以注鳴者。釋《考工記》者，則以爲榮原胸鳴。馬融以爲胃鳴，干寶本以爲骨鳴。揚子曰：龍蟠于泥，蚖其肆矣。

又《蝘蜓》 蝘蜓似蜥蜴，灰褐色，在人家屋壁間。狀雖似龍，人所玩習。故《淮南》云：禹南濟於江，黄龍負舟。禹視龍猶蝘蜓，龍亡而去，比之蝘蜓，言不足畏。揚子云：執蝘蜓嘲龜龍。蓋陋之也。一名守宮，又名壁宮。東方朔《射覆辭》云：臣以爲龍又無角，謂之爲蛇又有足，跂跂脉脉善緣壁，是非守宮即蜥易。蓋言此也。説者以爲飼以朱砂，以其血點宮人如赤誌，終身不滅，交接便脱。漢武帝嘗用之，故名守宮。按《説文》蜥易之易，象形。祕書説：日月爲易，象陰陽也。則經陰陽一交而變易，似有此理。然所謂守宮者，亦以其常在屋壁間，有守之之象。如鳥有澤虞者，常在田中，俗呼爲護田鳥之類，不必塗血而後爲守也。舊説蛇醫、龍子、蜥蜴三者，並不螫人。蝘蜓乃聞螫人必死，然未聞有中之者，特善捕蝎。《春秋考異郵》曰：土勝水，故守宮食蠆。宋均曰：守宮生於土，蠆藏物，屬於坎。坎，水也。俗號蝎虎。又一種，色似此而能入水。按《毛詩正義》名水蜥蜴。

明 戴冠 《濯纓亭筆記》卷九 蜥蜴、蝘蜓、蠍虎，形狀相類，而其實不同。蜥蜴青色，紅吻，生水澤山磵中，長可盈尺而四足蹻絶，夏月善銜水吐雹，噓氣作雲者是也。蝘蜓亦青色，生草中而差小，類蠍虎而體圓。蠍虎則蒼色而善緣墻壁，不能齧人。宋人小説記熙寧中，京師旱禱雨，不能盡得蜥蜴，以蠍虎代之，入水即死。民歌曰：冤苦冤苦，我是蠍虎，似恁昏沈，怎生得雨。以此觀之，則蜥蜴生於水，與蠍虎陸生水死者不同，明矣。又有生竹木陰翳處，長可二尺，而細於指，其尾長於身。此物齧人，立死。越人名五步，吴人名七步，皆甚言其毒人之速也。吴俗又呼望板歸者，謂其齧人則升木望人買棺殮尸。《字林》云：睩聽，似蜥蜴，居樹上，齧人上樹，聞哭聲乃去。疑即此物也。

明 李時珍 《本草綱目》卷四三 石龍子《本經》中品 釋名：山龍子、《別録》泉龍、《繁露》注石蜴、音易。蜥蜴、《別録》豬婆蛇、《綱目》守宮。時珍曰：此物生山石間，能吐雹，可祈雨，故得龍子之名。蜥蜴本作析易。許慎云：易字篆文象形。陸佃云：蜴善變易吐雹，有陰陽析易之義。《周易》之名，蓋取乎此。今俗呼爲豬婆蛇是矣。弘景曰：守宮，蝘蜓也。而此亦名守宮，殊難分別。詳見『守宮』條。集解：《別録》曰：石龍子生平陽川谷，及荆州山石間。五月取，著石上令乾。保昇曰：山南襄、申，處處有之。三、四、八、九月採，去腹中物，熏乾。弘景曰：其類有四種：形大純黄者爲蛇醫母，亦名蛇舅，不入藥用。似蛇醫而形小尾長，見人不動者爲龍子，形小而五色、尾青碧可愛者爲蜥蜴，並不螫人。一種緣籬壁，形小色黑者爲蝘蜓，言螫人必死，亦未聞中之者。恭曰：龍子，即蜥蜴，形細而長，尾與身類，似蛇有四足，去足便是蛇形。以五色者爲雄，入藥良；色不備者，力劣也。蛇師生山谷，頭大尾小而短，色青黄或白斑也。蝘蜓，生人家屋壁間，似蛇師，即守宮也，一名蠑螈。《爾雅》互言之，並非真説。頌曰：《爾雅》以蠑螈、蜥蜴、蝘蜓、守宮爲一物。《方言》以在草澤者爲蠑螈、蜥蜴，在壁爲守宮、蝘蜓。《字林》以蠑螈爲蛇醫。據諸説，當以在草澤者爲蠑螈、蜥蜴，在屋壁者爲蝘蜓、守宮也。入藥以草澤者爲良。時珍曰：諸説不定。大抵是水、旱二種，有山石、草澤、屋壁三者之異。《本經》惟用石龍，後人但稱蜥蜴，實一物也。且生山石間，正與石龍、山龍之名相合，自與草澤之蛇師、屋壁之蝘蜓不同。蘇恭言蛇師生山谷，以守宮爲蠑螈，蘇頌以草澤者入藥，皆與《本經》相戾。術家祈雨以守宮爲蜥蜴，謬誤尤甚。今將三者攷正于左，其義自明矣。生山石間者曰石龍，即蜥蜴，俗呼豬婆蛇；似蛇有四足，頭扁尾長，形細，長七八寸，大者一二尺，有細鱗，金碧色。其五色全者爲雄，入藥尤勝。生草澤間者曰蛇醫，又名蛇師、蛇舅母、水蜥蜴、蠑螈，俗亦呼豬婆蛇；蛇有傷，則啣草以敷之，又能入水與魚合，故得諸名。狀同石龍而頭大尾短，形粗，其色青黄，亦有白斑者，不入藥用。生屋壁間者曰蝘蜓，即守宮也。似蛇醫而短小，灰褐色，並不螫人，詳本條。又按《夷堅志》云：劉居中見山中大蜥蜴百枚，長三四尺，光膩如脂，吐雹如彈丸，俄頃風雷作而雨雹也。宗奭曰：有人見蜥蜴從石罅中出，飲水數十次，石下有冰雹一二升，行未數里，雨雹大作。今人用之祈雨，蓋此取義。

又 守宮《綱目》 釋名：壁宮、蘇恭壁虎、時珍蝎虎、蘇恭蝘蜓。音偃殄。

弘景曰：蝘蜓喜緣籬壁間。以朱飼之，滿三觔殺，乾末以塗女人身，有交接事便脱，不爾如赤誌，故名守宮。而蜥蜴亦名守宮，殊難分別。按東方朔云：『若非守宮則蜥蜴』是矣。恭曰：蝘蜓又名蝎虎，以其常在屋壁，故名守宮，亦名壁宮。飼朱點婦人，謬説也。時珍曰：守宮善捕蝎、蠅，故得虎名。《春秋考異郵》云：守宮食蠆，土勝水也。點臂之説，《淮南萬畢術》、張華《博物志》、彭乘《墨客揮犀》皆有其法，大抵不真。恐別有術，今不傳矣。揚雄《方言》云：秦晉西夏謂之守宮，亦曰蠦蝘。南陽人呼爲蝘蜓，在澤中者謂之蜥蜴，楚人謂之蠑螈。集解：時珍曰：守宮，處處人家墻壁有之。狀如蛇醫而灰黑色，扁首長頸，細鱗四足，長者六七寸，亦不聞噬人。南方有十二時蟲，即守宮之五色者。附見於下。附録：十二時蟲。時珍曰：十二時蟲，一名避役，出容州、交州諸處，生人家籬壁、樹木間，守宮之類也。大小如指，狀同守宮而腦上連背，有肉鬣如冠幘，長頸長足，身青色，大者長尺許，尾與身等，囓人不可療。《嶺南異物志》言，其首隨十二時變色，見者主有喜慶。《博物志》言，其陰多緗緑，日中變易，或青或緑，或丹或紅。《北户録》言，不能變十二色，但黄、褐、青、赤四色而已。竊按：陶弘景言石龍五色者爲蜥蜴，陸佃言蜥蜴能十二時變易，故得易名。若然，則此蟲亦蜥蜴矣，而生籬壁間，蓋五色守宮爾。陶氏所謂守宮螫人必死及點臂成誌者，恐是此物。至若尋常守宮，既不堪點臂，亦未有螫人至死者也。

明 慎懋官《華夷花木鳥獸珍玩考》卷七《蜴》　《詩詁》：守宮、蜥蜴，二物。蜥蜴尾通於身，如蛇而加足，有黑色者，有青緑色者，常居草間。守宮褐色，四足，有尾，偃伏壁間，故名蝘蜓，亦謂守宮，常在屋下也。

明 屠隆《鴻苞》卷一九　守宮，一名蜥蜴，大者能吐雨雹，一名蠑螈，一名玄螈，一名緣螈，總名蝘蜓。以器養蝘蜓，食以硃砂，體盡赤。搗其血，以點女人肢體，終身不滅，有姦事則滅，故古取以守宮。

明 穆希文《説原》卷一一　蜥蜴似蛇而四足，長五六寸，身俱五色，尾青碧。蛇醫形大，純黄色。龍子似蛇醫而小形，長尾，見人不動。蝘蜓形小而黑，喜緣墻壁。或以蛇醫即蠑螈，在壁曰蝘蜓，在草曰蜥蜴。蜥蜴，守宮也。蛇醫口常含雹，蛇有病則以雹療之。蝘蜓，人所玩習者。守宮，以其常守在壁也。

明 謝肇淛《文海披沙》卷二《蜥蜴》　蜥蜴、守宮、蝘蜓、蝎虎，世皆混以爲一，即《爾雅》亦云，然其實非也。在壁曰蝘蜓，常近人，無毒，尾擊之輒斷，在地跳躍不止，兒童多狎之。以其食蝎，故名蝎虎。以其出入宮室中，故名守宮。或以爲血可塗宮人臂，使無異志，謂之守宮。此一種也。在草曰蜥蜴，有毒甚於蛇，又名蛇醫，《毛詩》『胡爲虺蜴』是也。守宮多而蜥蜴少，守宮親人而蜥蜴畏人。俗言蜥蜴與龍爲親家，能致雨。宋熙寧中求雨，按古法，用蜥蜴數十置水甕中。數小兒持柳枝呪曰：蜥蜴蜥蜴，興雲吐霧，降雨滂沱，放汝歸去。時蜥蜴不能盡得，以蝎虎代之，入水即死。小兒更祝曰：冤苦冤苦，我是蝎虎，以恁昏沉，怎得甘雨。則二物之不同，明矣。

明 李中立《本草原始》卷一一　石龍子，即蜥蜴也。生平陽川谷，及荆州山石間。形細而長，尾與身類，似蛇有四足，以五色者爲雄，入藥良。昔有人見此物從石罅中出，飲水數次，石下有水雹一二升。行未數里，雨雹大作。今人用之祈雨，故得龍子之名。蜥蜴本作析易。許慎云：易字篆文象形。陸佃云：蜴善變易吐雹，有陰陽析易之義。《周易》之名，蓋取乎此。

明 吴雨《毛詩鳥獸草木考》卷八《蜴》　《小雅》曰：哀今之人，胡爲虺蜴。《傳》：蜴，螈也。蜴似蛇而四足，長五六寸，生草澤中。其類有四種，形大，純黄色者，名蛇醫；其次似蛇醫而形小，長尾，見人不動者，名龍子；小而五色，尾青碧可愛者，名蜥蜴；形小而黑，喜緣墻壁者，名蝘蜓。《字林》及崔豹《古今注》以蠑螈爲蛇醫。《説文》云：在壁曰蝘蜓，在草曰蜥易也。《方言》云：秦晉西夏謂之守宮，或謂之蠦蝘，或謂之蜥易。其在澤中者，謂之易蜥，南楚謂之蛇醫，或謂之蠑螈。按此諸文，則在草澤者名蠑螈、蜥蜴，在屋壁者名蝘蜓、守宮也。蜥蜴，古語，今人多從《方言》名易。今蜥蜴用以禱雨則驗。其蛇醫或名蛇師，舊説蛇體有傷，此輒銜草傅之，故有醫之號。《釋魚》云：蠑螈，蜥蜴；蜥蜴，蝘蜓；蝘蜓，守宮也。李巡曰：蠑螈一名蜥蜴，蜥蜴名蝘蜓，蝘蜓名守宮。孫炎曰：別四名也。陸璣云：虺蜴一名蠑螈，蜴也，或謂之蛇醫，如蜥蜴，青緑色，大如指，形狀可惡。如陸意，蜥蜴與螈形狀相類，水陸異名耳。董氏曰：陸璣以虺蜴爲蠑螈，鄭康成以虺蜴爲蜥蜴。攷詩書以虺爲蜴者，亦非也。今按：蜴即名蠑螈，小而青者曰蜥蜴，大而黄者曰蝘蜓，最小在壁間砌下者曰守宮。種類既異，而此釋爲一物，恐亦未審也。

明 陳懋仁《庶物異名疏》卷二九《守宮》　守宮，蜥蜴也。《丹鉛録》云：與龍通氣，故能禱雨。與蚪同形，故能嘔泡。陶隱居曰：蝘蜓，以朱砂飼之，滿三斤殺，乾末以塗女人身，有交接事便脱，不爾如赤誌，故名守宮。

而蜥蜴亦名守宮，殊難分別。東方朔謂『若非守宮則蜥蜴』是也。點臂説，亦見《淮南》、《博物》諸書。

明　毛晉《陸氏詩疏廣要》卷下之下《胡爲虺蜴》　《爾雅》：蠑螈，蜥蜴；蜥蜴，蝘蜓；蝘蜓，守宮也。邢疏：《詩·小雅·正月》『胡爲虺蜴』，謂此也。蠑螈、蜥蜴、蝘蜓、守宮，一物形狀相類而四名也。《字林》云：蠑螈，蛇醫也。《説文》云：在草曰蜥蜴，在壁曰蝘蜓。《方言》云：秦晉西夏謂之守宮，或謂之蠦蠝，或謂之蜥蜴，南陽呼蝘蜓。其在澤中謂之蜥蜴，南楚謂之蛇醫，或謂之蠑螈，東齊海岱之間謂之螔𧊅，北燕謂之祝蜓。案此諸文，則在草澤者名蠑螈、蜥蜴，在壁者名蝘蜓、守宮也。鄭注：小而青者曰蜥蜴，大而黄者曰蝘蜓，最小在墻間砌下者曰守宮。種類既異，而此釋爲一物，恐亦未審也。鄭《箋》：虺蜴之性，見人則走。《本草》：石龍子，一名蜥蜴，一名山龍子，一名守宮，一名石蜴。生平陽川谷及荆山石間。陶隱居云：其類有四種，大形純黄色爲蛇醫；次似蛇醫小形，長尾，見人不動，名龍子；次有小形，五色，尾青碧可愛，名蜥蜴，不螫人；一種善緣籬壁，名蝘蜓，形小而黑，乃言螫人必死，而未常中人。《唐本注》云：蛇師生山谷，頭大，尾短小，青黄或白斑者，是蝘蜓。似蛇師，不生山谷，在人家壁間，名守宮，又名蠍虎。其名龍子及五色者，蜇蜴耳，形皆細長，尾與身相類，似蛇，四足。《古今注》云：蝘蜓，一曰守宮，一曰龍子。善于樹上捕蟬食之。其長細五色者名蜥蜴，其短大者名蠑螈，一曰蛇醫。大者長三尺，色玄紺，善魅人。一曰玄螈，一曰綠螈。《詩詁》云：守宮、蜥蜴，二物。蜥蜴尾通于身，如蛇而加足。有黑色者，有青綠色者，常居草間。守宮，褐色，四足，有尾，偃伏壁間，故名蝘蜓，亦謂守宮。《埤雅》：蜥蜴一名蜥易，日十二時變色，故曰易也。舊曰『蜥易嘔雹』，蓋龍善變，蜥善易，故乾以龍況爻，其書謂之易。爻者，言乎其變也。象之義出于象，彖之義出于豕，易之義出于易，皆取諸物也。蜥易一名蛇醫，舊説蛇體有傷，此輒銜草傅之，故有醫之號也。《考工記》注云：脰鳴鼃黽屬，注鳴精列屬，旁鳴蜩蜺屬，翼鳴發皇屬，股鳴蚣蝑屬，胸鳴榮原屬。馬融《周官》作以胃鳴，干寶《周官》作以骨鳴。説者以爲三字相近，雖容有誤，而馬、鄭與干皆前世名儒，或所授師説不同。按《説文》：蠵，大龜也，以胃鳴者。則馬本作以胃鳴，當謂蠵屬。《三教珠英》云：守宮鱗色如蛇而四足，亦與魚合。《爾雅翼》：蝘蜓，似蜥蜴，灰褐色，在人家屋壁間，狀雖似龍，人所玩習。一名守宮，又名壁宮。東方朔《射覆詞》云：臣以爲龍又無角，謂之爲蛇又有足，跂跂脈脈善緣壁，是非守宮即蜥蜴。蓋言此也。《博物志》云：以器養之，食以真朱，體盡赤，所食滿七斤，擣萬杵，以點女人體，終身不滅，偶則落，故號守宮。漢武嘗用之。按《説文》：蜥易之易象形。秘書説：日月爲易，象陰陽也。則經陰陽一交而變易，似有此理。然所謂守宮者，亦以其常在屋壁間，有守之象。如鳥有澤，虞者常在田中，俗呼爲護田鳥之類，不必塗血，而後爲守也。舊説蛇醫、龍子、蜥易三者，並不螫人。蝘蜓乃聞螫人必死，然未聞有中之者，特善捕蝎，俗號蠍虎。又一種，色似此而能入水。按《毛詩正義》名水蜥蜴。《方言》云：桂林之中，守宮大而能鳴謂之蛤解。注：蜥蜴，南陽呼蝘蜓、螔𧊅。斯、侯二音。似蜥易大而有鱗。今所在通言蛇醫，蛤解。似蛇醫而短身有鱗采，江東呼蛤蚖。

清　查慎行《人海記》卷下《蜥蜴》　塞山積雨，草中産蜥蜴，長四寸許，頭以下色如翡翠，有紋匀細如魚鱗，尾作泥金色，吐氣爲雲。喀喇火屯一帶有之，土人呼爲雲虎。

清　顧棟高《毛詩類釋》卷一八《蜴》　《爾雅》：蜥蜴，守宮也。邢疏：《詩·小雅·正月》『哀今之人，胡爲虺蜴』，謂此也。在草澤中者爲蜥蜴，在壁者名守宮。《博物志》云：以器養之，食以硃砂，體盡赤，重七斤，擣萬杵，以點女人體，終身不滅，耦則落，故號守宮。陸璣《疏》『青綠色，大如指，形狀可惡』是也。

清　嵇璜《續通志》卷一七八　蜼，蟲名，似蜥蜴而大。見《説文》。攷《莊子》：唯蟲能蟲，唯蟲能天。《經典釋文》云：一本唯作蜼，疑即指此蜼蟲也。【略】十二時蟲，出容州，狀如守宮。身圓而頸長，頭有冠幘。一日中，隨時變色，青、黄、赤、白、黑未嘗定。囓人，不可療。見《嶺南異物志》。避役，出南方，大如守宮，足長身青，肉鬣赤色。其首隨十二時變，子時鼠，丑時牛，亥時猪。性不傷人，見者有喜慶。見《嶺南異物志》。《酉陽雜俎》謂之十二時辰蟲。

清　徐鼎《毛詩名物圖説》卷三　《爾雅》：蠑螈，蜥蜴；蜥蜴，蝘蜓；蝘蜓，守宮也。孫炎注：别四名也。《説文》：在壁曰蝘蜓，在草曰蜥蜴。《正義》曰：陸璣《疏》云：虺蜴一名蠑螈，蜴也。或謂之蛇醫，如蜥蜴，青絲

色，大如指，形狀可惡。如陸意，蜥蜴與螈形狀相類，水陸異名耳。陶隱居曰：其類四種，大形純黃色爲蛇醫；次似蛇醫，小形，長尾，見人不動，名龍子；次有小形，五色，尾青碧可愛，名蜓蜴，不螫人；一種喜緣籬壁，名蝘蜓，形小而黑，乃言螫人必死，而未嘗中人。《東方朔傳》：《射守宮》曰：以爲龍又無角，謂爲虵又有足，跂跂脉脉善緣壁，若非守宮即蜥蜴。愚按：諸說在草澤中者曰蠑螈、蜥蜴，在壁間者曰蝘蜓，守宮。《埤雅》云：易十二時變色，故曰易也。蜓蜴尾通于身，如蛇而加足，居草澤間。守宮四足，有尾，偃伏壁間，故名蝘蜓。《博物志》云：以器養之，食以朱砂，體盡赤，擣萬杵，以點女人支體，終身不滅，偶則落，故又有守宮之名。《箋》云：虺蜴之性，見人則走。蜴是蠑螈之類，非蝘蜓、守宮也，因說蜴而兼及之焉。

清 郭夢星《午窗隨筆》卷四《守宮九名》 《博物志》：蜥蜴或名蝘蜓，以器養之，食以朱砂，滿七斤，體盡赤，搗萬杵，點女人支體，終身不滅，耦則落，故號守宮。《爾雅疏》云：蠑螈、蜥蜴、蝘蜓、守宮，一物相類而四名也。在草澤中者名蠑螈、蜥蜴，在壁名蝘蜓、守宮。又引《方言》云：秦晉西夏謂之守宮，或謂之蠦蟺，南楚謂之蛇醫，或謂之蠑螈。《輶軒絶代語》又有刺易、蝀蝬之稱，是四名之外復有蠦蟺、蛇醫、刺易、蝀蝬四名，不第此也。《本草》：守宮食蠆，故呼蝎虎。東坡詩有『窗間守宮稱蝎虎』句，蓋一物而九易其名矣。

紀事

宋 李石《續博物志》卷五 蜥蜴求雨法。以土實巨甕，作木蜥蜴。小童探青竹，衣青衣以舞。歌曰：蜥蜴蜥蜴，興雲吐霧，雨若滂沱，放汝歸去。

宋 袁文《甕牖閑評》卷七 蜥蜴、蝍蝛，非冬間所有之物。蘓東坡在廣南，上元夜有詩云：静看月牕盤蜥蜴，卧聞風幔落蝍蝛。豈廣南地暖，而此二物不蟄耶？

宋 洪邁《夷堅志・丙志》卷一二《紅蜥蜴》 豫章新建縣治，乾道四年七月，夜半大雷震，令廳屋瓦皆鳴。家人共聚一室，聞風聲洶洶，窻槅戛然，疑即有覆壓之患，五鼓乃定。及明，眡之圃後，拔出巨柳，其長三丈，大十圍，寸斷如截，偏滿丞主簿舍中。一蜥蜴，色如渥丹，長僅尺，僵死地上。人疑以爲異物云。

清 張能鱗《儒宗理要・二程子本傳》 茅山有池，產龍如蜥蜴而五色。祥符中，嘗取二龍入都，半塗失其一，中使云飛空而逝。民俗嚴奉不懈，顥捕而脯之。

圖表

宋 唐慎微《證類本草》卷二一

石龍子

明 李時珍《本草綱目・圖卷》

清 徐鼎《毛詩名物圖說》卷三

蛤蚧

綜述

唐 劉恂《嶺表録異》卷上 蛤蚧，首如蝦蟇，背有細鱗如蠶子，土黃色，身短尾長，多巢於樹中。端州古墻內，有巢於廳署城樓間者，暮則鳴，案《政和本草》第二十卷云：多巢於榕樹中。較此本多一榕字。又云：旦暮則鳴。較此本多一旦字。自呼蛤蚧。或云鳴一聲是一年者，里人採之，鬻于市爲藥，能治肺疾。醫人云：藥力在尾，不具者無功。

唐 段公路《北户録》卷一《蛤蚧》 蛤蚧，首如蟾蜍，背淺綠色，上有土黃斑點，若古錦文，長尺餘，尾絶短。其族則守宮、《博物志》云：蝘蜓，以器養之，食以朱砂，體盡赤，滿七斤，搗萬杵，以點女人支體，終身不滅，淫則點落，故號守宮。漢武爲之，有驗也。刺蜴、《搜神記》謂之刺蜴。蝘蜓，《證俗音》云：山東謂之蛛蜺，音

七賜，名蔽反。陝以西謂之壁宫。蛛蜆，字見《韻集》。又《説文》曰：在壁曰蝘蜓，在草曰蜥蜴。《古今注》：一曰龍子，善於樹中捕蟬食之，五色曰蜥蜴，短大者爲蠑螈。一曰蛇師，大者長三尺，其色玄紺，善魅人。鄭虔又云：蠑螈、蜥蜴、蝘蜓、守宫，别四名。又蠑螈，蛇醫也。多居古木竅間。自呼其名，聲絶大。或云一年一聲，驗之非也。端州大廳蛤蚧，州吏云有來多年，至今每鳴，或三聲或一聲，不定也。又有十二時蟲，亦其類也。大者一尺，尾長於身，背生鬐鬣，行疾如箭。傳云：自旦至暮，變十二般色，傷人必死。愚嘗獲一枚，閉於籠中翫之，止見變黄、褐、赤、黑四色。一云其首隨時輒作十二屬形，乃言之過也。

宋　釋贊寧　《東坡先生物類相感志》卷一五《蛤蚧》　生嶺南山谷大樹間，或在人垣墉屋瓦間，長二三尺許，小者一尺已下。其狀與守宫不殊，夜行，每鳴自呼。南民云：蛤蚧生一歲每名一聲，二歲每名二聲，有至十聲者，土人以老蛤蚧，尤重之。《方言》云：『桂林之中，守宫謂之蛤蚧』是也。

明　李時珍　《本草綱目》卷四三　蛤蚧宋《開寶》　釋名：蛤蠏、《日華》僊蟾。志曰：一雌一雄，常自呼其名。時珍曰：蛤蚧，因聲而名。僊蟾，因形而名。嶺南人呼蛙爲蛤，又因其首如蛙、蟾也。雷斅以雄爲蛤，以雌爲蚧，亦通。集解：志曰：蛤蚧生嶺南山谷，及城墻或大樹間。形如大守宫，身長四五寸，尾與身等。最惜其尾，見人取之，多自囓斷其尾而去。藥力在尾，尾不全者不效。揚雄《方言》云：桂林之中，守宫能鳴者，俗謂之蛤蚧，蓋相似也。禹錫曰：按《嶺表録異》云：蛤蚧，首如蝦蟇，背有細鱗如蠶子，土黄色，身短尾長，多巢於榕木及城樓間，雌雄相隨，旦暮則鳴。或云鳴一聲是一年者。俚人采鬻，云治肺疾。珣曰：生廣南水中，夜即居於榕樹上。雌雄相隨，投一獲二。近日西路亦有之，其狀雖小，滋力一般。俚人採之割腹，以竹張開，曝乾鬻之。頌曰：人欲得首尾全者，以兩股長柄鐵叉，如黏黐等狀，伺於榕木間，以叉刺之，一股中腦，一股著尾，故不能囓也。入藥須雌雄兩用，或云陽人用雌，陰人用雄。斅曰：雄爲蛤，皮粗口大，身小尾粗；雌爲蚧，皮細口尖，身大尾小。時珍曰：按段公路《北户録》云：其首如蟾蜍，背緑色，上有黄斑點，如古錦紋，長尺許，尾短，其聲最大，多居木竅間，亦守宫、蜥蜴之類也。又顧玠《海槎録》云：廣西横州甚多蛤蚧，牝牡上下相呼，累日情洽乃交，兩相抱負，自墮于地。人往捕之，亦不知覺，以手分劈，雖死不開。乃用熟稿草細纏蒸過，曝乾售之，煉爲房中之藥，甚效。尋常捕者不論牝牡，但可爲雜藥，及獸醫方中之用耳。

明　張鼎思　《琅邪代醉編》卷四〇《蛤蚧》　段公路曰：蛤蚧，首如蟾蜍，背淺緑色，上有土黄斑點，若古錦文，長尺餘，尾絶短。其族則守宫、蜥蜴、蝘蜓，多居古木竅間。自呼其名，聲絶大。又有十二時，亦其類也。大者一尺，尾長於身。傳云：自旦至暮，變十二般色，傷人必死。愚常獲一枚，閉於籠中玩之，止見變黄、褐、赤、黑四色。《北户録》王濟曰：醫家有名蛤蚧者，乃一甲蟲。狀類蜥蜴，多生城垣串樓，及人家墻壁間。其物二者，上下相呼。牡聲蛤，牝聲蚧。累日情洽甚乃交，兩相抱負。自墮於地，人往捕，亦不覺。以手分擘，雖死不開。人得之，以搞埶草細纏定，鍋中蒸過，曝乾，鍊爲房中之藥，甚取效。尋常捕者，不論牝牡，皆可爲醫獸方中之劑。《手鏡》按：蛤蚧二説不同，似一物而所記有詳略也。十二時尤異。

明　姚旅　《露書》卷一〇　蜀中有蛤蚧，形如守宫，長半尺。一在樹上，一在地，而叫叫極下，與地者合抱而死。晒乾，産婦執之，可解難産。

明　李中立　《本草原始》卷一一　蛤蚧，生嶺南山谷，及城墻，或大樹間。形如壁虎，首如蝦蟇，背有鱗甲如蠶子，土黄色，身短尾長，一雄一雌，常自呼其名曰蛤蚧，人遂因其聲而名之。一名僊蟾，廼因其形而名之也。

清　屈大均　《廣東新語》卷二四《蟲語・蛤蚧》　蛤蚧，長五六寸，似蜥蜴，四足，有毛，尾絶短。嘗自呼其名以鳴，一歲則鳴一聲，有鳴至數十聲者，人以爲神。羅浮多有之。《方言》曰：桂林之中，守宫能鳴。即此。一名吉度蛇。吉度者，象其聲也。其背色緑，有黄斑點，若古錦。自旦至暮，常變十二種色。有得其一，閉于籠中玩之，止見變黄、褐、赤、黑四色。多居古木竅間。人以其聲與色之異，喜捕取之。得其雌雄合者益陽。

清　趙翼　《檐曝雜記》卷三《蛤蚧》　蛤蚧，蛇身而四足，形如虢虎，身有瘢，五色俱備，其疥處又似蝦蟇，最醜惡。余初入鎮安，路旁見之，疑爲四足蛇，甚惡之。問土人，乃知爲蛤蚧也。郡衙倚山處處有之，夜輒聞其鳴，一聲曰蛤，一聲曰蚧，能叫至十三聲方止者乃佳。其物每一年一聲，十三聲則年久而有力也。能潤肺，補氣，壯陽。口咬物則至死不釋，故捕者輒以小竹片嬲之使咬，即攜以來，雖已入石縫中，亦可乘其咬而掣出也。遇其雌雄相接時取之，則有用於房中術，然不易遇也。藥肆中所售兩兩成對者，乃取兩身聯屬之耳。其力在尾，而頭足有毒，故用之者必尾全而去其頭足。

清 嵇璜《續通志》卷一七八 蛤蚧，狀類蝘蜓，蟇首，細鱗，長尾，生嶺南，在古墻及榕木間，一雌一雄，行常相隨。《海録》云：蛤蚧，大月三聲，小月兩聲。案《物類相感志》云：蛤蚧，生一歲每鳴一聲，二歲二聲，有至十聲者。考《北户録》云：端州大廳有蛤蚧，州吏云多年矣，至今每鳴，或三聲或一聲不定。據此，則一歲一聲之説非也。惟《海録》「大月三聲，小月二聲」之説得之。

圖表

宋 唐慎微《證類本草》卷二二

明 李時珍《本草綱目·圖卷》

龜鱉

綜述

《爾雅·釋魚》 一曰神龜，注：龜之最神明。二曰靈龜，注：涪陵郡出大龜，甲可以卜，緣中文似瑇瑁，俗呼爲靈龜，即今觜蠵龜。一名靈蠵，能鳴。三曰攝龜，注：小龜也。腹甲曲折，解能自張閉，好食蛇，江東呼爲陵龜。四曰寶龜，注：《書》曰：遺我大寶龜。五曰文龜，注：甲有文彩者。《河圖》曰：靈龜負書，丹甲青文。六曰筮龜，注：常在著叢下潛伏，見《龜策傳》。七曰山龜，八曰澤龜，九曰水龜，十曰火龜。注：此皆説龜生之處所。火龜猶火鼠耳。物有含異氣者，不可以常理推，然亦無所怪。音義：涪，音浮，又音苻。緣，悦絹反。蝳，字又作瑇，音代，或作徒妹反。蝐，字又作瑁，音妹。觜，字又作蟕，子移反，或子隨反。蠵，以規反，又下圭反。《字林》云：大龜似猬也。攝，謝之涉反，郭祛浹反，施之協反。折，之舌反。解，音蟹。好，呼報反。遺，唯季反。筮，舌制反。

著，音尸。叢，才空反。《説文》云：草衆也。見，音現。策，初革反。傳，直戀反。處，昌慮反。疏：《易·損卦》六五爻辭云：十朋之龜，弗克違。馬、鄭皆取此文解之。則此經十龜所以釋《易》也。神龜者，龜之最神明者也。《禮統》曰：『神龜之象，上圓法天，下方法地，背上盤法丘山，玄文交錯以成列宿，長尺二寸，明吉凶，不言而信者』是也。靈龜，龜之有靈、次神龜者。《雒書》曰：靈龜者，玄文五色，神靈之精也。攝龜，龜之小者。腹甲曲折，能自張閉者也。寶龜，傳國所實者。《春秋》經曰：盜竊寶玉大弓。《公羊傳》云：寶者何？龜青純。何休云：『謂之寶者，言世世寶用之辭』是也。文龜，甲有文彩者。筮龜，在蓍叢下者。山龜，生山中者。澤龜，生澤中者。水龜，生水中者。火龜，生火中者。注『《書》曰：「遺我大寶龜。」』此《周書·大誥》文也。注『《河圖》』至『青文』，引之以證龜甲有文彩也。其實《河圖》説靈龜也，非此經之文龜，取其一邊耳。注云『常在』至『《龜策傳》』者。《龜策傳》云：傳曰『上有壽蓍，下有神龜』。又云：『聞蓍滿百莖者，其下必有神龜守之，其上常有青雲覆之。』傳曰：『天下和平，王道得而蓍莖長丈，其叢生滿百』是也。注『云火龜猶火鼠耳』者，嫌龜不生於火，故以火鼠猶之也。郭注《山海經》云：『今去扶南東萬里有耆薄國，復五千里許有火山國。其山雖霖雨，火常燃。火中白鼠時出山邊求食，人捕得之，以毛作布，名之火澣布』是也。

漢　許慎《説文》卷一三　蠵，大龜也，以胃鳴者。从虫，巂聲。户圭切。【略】龜，舊也，外骨內肉者也。从它，龜頭與它頭同。天地之性，廣肩無雄，龜鼈之類以它爲雄。象足甲尾之形。凡龜之屬，皆从龜。居追切。鼈，甲蟲也。从黽，敝聲。并列切【略】黿，大鼈也。从黽，元聲。愚袁切。【略】𪚧，龜名。从龜，夂聲。夂，古文終字。徒冬切。𪚴，龜甲邊也。从龜，冄聲。天子巨𪚴，尺有二寸，諸侯尺，大夫八寸，士六寸。没閻切。

宋　釋贊寧《東坡先生物類相感志》卷一五《巨龜》　滎陽謝沐山有此龜，可長八尺，甲下有文字。其龜行，則前後左右各踏一大龜如三尺許，而行動相合。今越暨陽山中有時有沙門遇見，各奪足下龜，置遠處。他日，再見舊小龜依前定，承足可畏哉！

又《攝龜》　之涉及其龜小，腹甲折解，能自張閉，好食虵。今東人呼爲龜靈。或捕蛇，蛇無論巨細，見則奔走，忙逼上樹，蟠結不動。其龜伏而仰首，鼻端吐氣，其上青烟射蛇，蛇則奮然而落，則以甲腰夾之，蛇則纏龜，龜乃得而食之。

宋　鄭樵《通志》卷七六　龜之類多。《爾雅》：一曰神龜，二曰靈龜，三曰攝龜，四曰寶龜，五曰文龜，六曰筮龜，七曰山龜，八曰澤龜，九曰水龜，十曰火龜。神龜，龜之最神者。靈龜，《本草》謂之秦龜，亦曰蟕蠵。其甲有文，似瑇瑁而差薄耳，故名鼊皮。此龜一名蟕蠵，俗呼靈蠵，能鳴，多出涪陵，其甲可以卜。攝龜，小龜也，一名蠳龜，一名來蛇龜，好食蛇，故亦謂之呷蛇龜。郭云：腹甲曲折，能自張閉，江東呼爲陵龜。或言此龜乃蛇所化，故頭尾似蛇，俗呼𪓰龜即此。寶龜，傳國者所寶。文龜，甲有文彩者。《河圖》曰：靈龜負書，丹甲青文。筮龜，常在蓍叢下者。《龜策傳》曰：蓍滿百莖，其下必有神龜守之。山澤水火之龜，皆其所生之處也。火龜，蓋生於火者，亦猶火山國所出火鼠是也。郭氏謂，物有含異氣者，不可以常理推。龜溺，醫家謂之石腦油，最難得。惟以鑑照之，龜見影則失溺，急以荷葉承之。又法，以紙炷火上，焫熱以點其尾，亦致失溺。

宋　周去非《嶺外代答》卷一〇《六目龜》　聞欽七洞有六目龜，欣然異之，因人求得，乃真目之上有四僞目耳。所謂僞目，即頭上金黄花紋圓長中黑似目也。然僞目與真目排比，正正不偏，無一不然，亦足愛矣。常龜養之不死，是龜旬日即死。是殆不以龜養龜而然歟？

明　田藝蘅《留青日札》卷三〇《龜》　孔子曰：龍食于清游于清，龜食于清游于濁，魚食于濁游于清。丘上不爲龍，下不爲魚，中止其龜與？因考《周禮》言龜四時所生者不同，未聞有五色者。嘉靖四十一年，陝西散官王金表進五色龜，云得之終南山。此又異産也。朝廷告廟，錫之以官。宋衛平曰：龜者，天下之寶，壽蔽天地，四時變色，春蒼夏黄，秋白冬黑。王能寶之，諸侯盡服。王勿遣，以安社稷。故元王卒受之。龜人掌六龜之屬，各有名物。天龜曰靈屬，地龜曰澤屬，東龜曰果屬，西龜曰靁屬，南龜曰獵屬，北龜曰若屬。張平子《思玄賦》『東龜』，注：青色也。《抱朴子》：龜千歲五色具。色如玉，額上兩骨起如角。解人言，浮出蓮葉之上，或在叢蓍之下。《禮》：甲蟲三百六十，神龜爲之長。《爾雅》：一神龜，二靈龜，三攝龜，四寶龜，五文龜，六筮龜，七山龜，八澤龜，九水龜，十火龜。神龜，最神。靈龜，《本草》曰秦龜，亦曰蟕蠵。其甲有文，似瑇瑁而差薄耳，故名鼊皮，能鳴，多出涪陵，其甲可以卜。攝龜，小龜，一名蠳龜，一名來蛇龜，好食蛇，亦曰呷蛇龜。腹甲曲折解，能自張閉，一名陵龜。又云蛇所化，故曰𪓰龜。寶龜，傳國者

所寶。文龜，甲有文彩者。《河圖》曰：靈龜負書，丹甲青文。筮龜，常在蓍叢下。火龜，生于火者，猶火山生火鼠也。龜之中，一行五方勝，以應五行。兩旁左右各四方勝，共八，以應八節。周外左右各一十二方勝，共二十四，以應二十四氣。通共三十七數，以應乾之策三十六，而太極居中，不動之一數。底板下爲地，左右各六，凡十二方勝，以應十二州分野之應。通背上三十七數，計四十九數，即合太極虛一之數。《說苑》曰：千歲五色，背陰面陽，上隆象天，下平象地，轉運應四時。蛇頭，龍頸，左睛象日，右睛象月，知存亡吉凶。二說頗合。《記》曰：能得名龜者，財物歸之家，必大富至千萬。一曰北斗龜，二曰南辰龜，三曰五星龜，四曰八風龜，五曰二十八宿龜，六曰日月龜，七曰九州龜，八曰玉龜。凡八名龜，龜圖各有。文在腹下，不必滿尺二寸。民人得長七八寸，可寶矣。能得百莖蓍，并其下龜以卜者，百言百當。或曰：百歲一尾，千歲十尾。

明　慎懋官《華夷花木鳥獸珍玩考》卷九《緑毛龜》　背有緑毛，浮水中則泛起，歷置壁間數年不死。能辟飛塵。至冬，多悶死。

明　穆希文《説原》卷一一　鱉，卵生，形圓而脊穹，四周有群，外有肉。比龜爲肉骨，名曰神守。龜蛇相爲牝牡，蛇鱉亦相須。鱉名河伯從事。鱉，目白。腹下有王字者，與不入水者，皆太毒，不可食。又有花頭混尾者，有三足者，有三爪者，名青虬，人食之，身癢。入水則化止，餘髮不化。凡鱉與莧同食，則生血鱉。

明　方以智《通雅》卷四七　六目龜者，四目皆斑紋也。《游宦紀聞》曰：東坡謁呂微仲，見緑毛龜，此易得耳。唐莊宗時，有進六目龜。敬新磨獻口號，一覺抵別人三覺。《嶺海禖志》：六目龜出欽州，只兩目，餘四目乃金黄花紋圓長中黑，與真目排比。

紀事

南朝梁　蕭子顯《南齊書》卷一八《祥瑞志》　昇明三年，太祖爲齊王，白毛龜見東府城池中。建元二年，休安陵獲玄龜一頭。永明五年，武騎常侍唐瀦上青毛神龜一頭。七年六月，彭城郡田中獲青毛龜一頭。八月，延陵縣前澤畔獲毫龜一枚。八年四月，長山縣王惠獲六目龜一頭，腹下有『萬歡』字，并有卦兆。六月，建城縣昌城田獲四目龜一頭，下有『萬齊』字。九年五月，長山縣獲神龜一頭，腹下有《巽》、《兑》卦。中興二年正月，邏將潘道蓋於山石穴中獲毛龜一頭。

宋　釋贊寧《東坡先生物類相感志》卷一五《蜀地龜》　秦惠王破蜀之後，張儀挭土築城，隨時頹壞。後有大龜從硎而出，周旋行走。時乃依龜行所築之。乃所掘之地，遂成池。龜常處其中，出則境内有賊。凡刺史吉凶，以之爲候，驗矣。

宋　陶穀《清異録》卷上《平福公》　唐故宫池中有一六目龜，或出曝背，人見其甲上有刻字，微金，髣髴如曰平福公君靈。古老傳是武宗王美人所養。福猶腹也，借音而已。

元　脱脱《宋史》卷六五《五行志》　太平興國三年二月，鑿金明池，既掘地，有龜出，殆踰萬數。大中祥符二年四月，有黑龜甚衆，沿汴水而下。至和元年二月，信州貢緑毛龜。大觀元年閏十月丙戌，都水使者趙霆行河，得兩首龜以爲瑞，蔡京信之，曰：『此齊小白所謂象罔見之而霸者也。』鄭居中曰：『首豈容有二，而京主之，意殆不可測。』帝命棄龜金明池。政和四年，瑞州進六目龜。五年，博州進白龜。紹興八年五月，汴京太康縣大雷雨，下冰龜數十里，隨大小皆龜形，具首足卦文。乾道五年，舒州民獻龜，駢生二首，不能伸縮。郡守張楝縱之灊山，近龜孽也。嘉定十四年春，楚州境上龜大小死者蔽野。

明　田藝蘅《留青日札》卷三〇《龜》　《說苑》曰：龜千歲能與人言。此或解人言也。如今之吳下婦女，教龜筭命者，小龜皆能曉人言語，令行即行，令止即止，不必千歲也。又有烏龜疊塔之戲，甚奇異。至于《洞冥記》乃曰『獻能言之龜』，則未之聞也。

明　馮夢龍《古今譚槩》卷三四《鼈異》　萬曆己卯，嚴州建德縣有漁者獲一鼈，重八觔。一酒家買之，懸室中。夜半，常作人聲。明日，割烹之，腹有老人，長六寸許，五官皆具，首戴皮帽。大異之，以聞於縣與郡。郡守楊公廷誥時入覲，命以木匣盛之，攜至京師，諸貴人傳觀焉。又丁未年，遂昌縣民宋甲剖一鼈，中有比丘端坐，握摩尼珠，衫履嶄然。俱見《邸報》。潁川王

户部在通州時，一日宴客。庖人烹鼈，剖之，有鬼判各一，朱髮藍面，皂帽緑袍，左執簿，右執筆。種種皆具，刻畫所不能及。王自是遂斷兹味。

藝文

晉　陸璣《鼈賦》（引自《藝文類聚》卷九六）　皇太子幸于釣臺，漁人獻鼈，命侍臣作賦。其狀也，穹脊連脅，玄甲四周。遁方圓於規矩，徒廣狹以妨舟。循盈尺而脚寸，又取具於指掌。鼻嘗氣而忌脂，耳無聽而受響。是以棲居多逼，出處寡便。尾不副首，足不運身。於是從容澤畔，肆志汪洋。朝戲蘭渚，夕息中塘。越高波以燕逸，竄洪流而潛藏。咀蕙蘭之芳荄，翳華藕之垂房。

晉　潘尼《鼈賦》（引自《藝文類聚》卷九六）　皇太子遊於玄圃，遂命釣魚，有得鼈而獻之者，令侍臣賦之。翩銜鈎以振掉，吁駭人而可惡。既顛墜於巖岸，方盤跚而雅步。或延首以鶴顧，或頓足而鷹距。或曳尾於塗中，或縮頭於殼裏。若乃秋水暴駭，百川沸流。有東海之巨鼈，乃負山而吞舟。

宋　梅堯臣《宛陵集》卷四八《龜》　玉府有寶龜，名存骨未朽。初爲清江使，因落豫且手。白玉刻佩章，黄金鑄印紐。辭聘彼莊生，曳塗誠自有。

金　李俊明《莊靖集》卷三《龜》　汝殼將自遮，汝腸還自刳。可憐一底板，雖智不如愚。

明　葉盛《菉竹堂稿》卷二《白龜》　八陣規模玉雪摻，魚龍隊裏久同朝。天戈正欲平西寇，靈物來時應不遥。

雜録

晉　葛洪《抱朴子内篇・僊藥》　千歲靈龜五色具焉，其雄額上兩

骨起似角。以羊血浴之，乃剔取其甲，火炙擣服方寸匕，日三，盡一具，壽千歲。

南朝梁　蕭繹《金樓子》卷五　巨龜在沙嶼間，背上生樹木如淵島。嘗有商人依其採薪及作食，龜被灼熱便還海，於是死者數十人。

宋　釋贊寧《東坡先生物類相感志》卷一五《朱鱉》　生南海中山，大如錢，腹亦如血。在水中，着人馬脚，皆令仆倒。刀刃不能傷，令人有媚。

圖表

又《三足鱉》　昔帝極穌于羽山之郊，三年尸不腐，後化爲能。今羽山焉，又所在有者，悉其種也。如從山出從水，其上多此能，食無蠱焉。

晉　郭璞《爾雅音圖・釋魚》

一曰神龜

曰攝龜

五曰文龜

二曰靈龜

四曰寶龜

六曰筮龜

龜俯者靈

前弇諸果

仰者謝

後弇諸獵

七曰山龜

九曰水龜

宋　唐慎微《證類本草》卷二〇

鼁蟾蜍蝦蟆

綜述

《爾雅·釋蟲》 蟼蟆。注：蛙類。音義：蟼，郭驚、景二音，孫音京。蟆，武巴反。蛙，户蝸反。史游《急就》云：蛙蝦蟇。疏：此自一種蝦蟆也。

又《釋魚》 科斗，活東。注：蝦蟆子。音義【略】疏：郭云：蝦蟆子。此蟲一名科斗，一名活東。頭圓大而尾細，古文似之。故孔安國云：『皆科斗文字』是也。【略】鼁䶍，蟾諸。注：似蝦蟆，居陸地。淮南謂之去蚥。在水者黽。注：耿黽也。似青蛙，大腹，一名土鴨。音義：蜪，徒刀反。蚅，於革反。鼁，起攄反。䶍，音秋。蟾，音占。蚥，音甫，又音扶甫反。黽，莫辛反。耿，耕幸反。蛙，户媧反。鴨，於甲反。疏：此有多種，鼁䶍，一名蟾諸。郭云：似蝦蟆，居陸地。淮南謂之去蚥。然蟾諸非蝦蟆，但相似耳。案《本草》『蝦蟆』陶注云：此是腹大、皮上多痱磊者也。蟾諸亦類此。《抱朴子》曰：蟾諸壽三千歲者，頭上有角，頷下有丹書八字。《玄中記》云：『蟾諸生角者，食之壽千歲』是也。其居水者名黽，一名耿黽，一名土鴨。狀似青蛙而腹大爲異。陶注《本草》云：大而青脊者，俗名(上)〔土〕鴨，其鳴甚壯。即此黽也。陶又云『一種小形善鳴』唤名爲鼃者，即郭云『青蛙』者也。

漢 許慎 《説文》卷一三上 蝦，蝦蟆也。从虫，叚聲。乎加切。蟆，蝦蟆也。从虫，莫聲。莫遐切。【略】鼃，蝦蟇也。从黽，圭聲。烏媧切。鼁，先鼁詹諸也。其鳴詹諸，其皮鼁鼁，其行先先。从黽，从先，先亦聲。七宿切。[篆]，鼁或从酋。䵹，䶍䵹，詹諸也。《詩》曰『得此䶍䵹』，言其行䵹䵹。䵹，从黽，爾聲。式支切。黽[篆]，鼃黽也。从它，象形。黽頭與它頭同。臣鉉等曰：色其腹也。凡黽之屬，皆从黽。莫杏切。[篆]，籀文黽。

唐 丘光庭 《兼明書》卷三《禮記·螻蟈》 《月令》：立夏之日，螻蟈鳴。孔穎達曰：螻蟈，蝦蟇也。明曰：非也。按：蝦蟇一名蟾蜍，不能鳴者，蛙也。故闕四字牝鼃殪蛙，然則螻蟈，蛙之類也。《爾雅》云：鼁猶黽，在水者黽。黽即蛙也，蟾蜍即蝦蟆也。郭璞曰蝦蟇，非也。按：蛙形小而長，色青而皮光，春夏居水邊，相對而鳴者也。蝦蟇形闊而短，色黄而皮如砂，鞭之汁出如乳，醫方用之治甘蟲狗毒。是今人悉呼蝦蟇者，相承誤也。按：蛙鳴始于二月，驗立夏而鳴者，其形最小，其色褐黑，好聚淺水而鳴，其聲如自呼爲渴于者，是螻蟈也。

宋 陸佃 《埤雅》卷二《蟾蜍》 蟾蜍，吐生，腹大背黑，皮上多痱磊，跳行舒遲。其肪塗玉則軟，刻削如蠟，《本草》所謂能合玉石者也。又曰：蝦蟆，一名蟾蜍。蓋蝦蟆背有黑點，身小，能跳接百蟲，善鳴，與蟾蜍不類。故《淮南子》以爲，釋大道而任小數，無以異於使蝍捕鼠，蟾蜍捕蚤，不足以禁姦塞邪也。《酉陽雜俎》曰：蝦蟆無腸。又曰：鸖影抱，蝦蟆聲抱。今里俗聞其春鳴，謂之聒子。聒子，即段所謂聲抱。其子謂之科斗，大盡生前兩足，小盡生後兩足。今其一種，似蝦蟆而長踦，瞋目如怒，謂之鼃。越王揖怒蛙而武士歸之，即此是也。蓋其鳴聲哇淫，故曰蛙。傳曰：紫色蛙聲，餘分閏位。《物理論》曰：虛無之談，尚其華藻，此猶春蛙秋蟬聒耳而已。《莊子》曰：言隱於榮華，良有以也。《抱朴子》曰：蟾蜍壽至千歲者，頭上有角，頷下有丹書八字。《自然論》曰：蟾蜍擲糞，自其口出。又俗説蝦蟆懷土，雖取以置遠郊，一夕復還其所。《字説》云：雖或遐之常慕而反。又云：黽善怒，故音猛，而謂怒力爲黽。《詩》曰：黽勉同心。亦蛙善踴，故謂之猛。今蜉蠑一名蚱蜢，蜉蠑長瘦，善跳，言窄而猛也。

宋 鄭樵 《通志》卷七六 蝦蟆之類多，以蟾蜍爲上，曰䶍，曰去甫，曰苦蠪。昔張暢弟收爲猘犬所傷。醫云：宜食蝦蟆鱠。收甚難之，暢含笑先嘗。蓋此物但入藥用，而非可食也。其肪塗玉，刻之如蠟。或不可得，但取肥者剉煎膏以塗玉，亦軟。古玉器有奇特，非雕琢人功者，多是昆吾刀及蝦蟆肪所刻也。《爾雅》：蟼，蟆。有一種生於田中，大者三四枚重一觔，南人名爲水雞，亦名蛤。又一種生山谷中，黑色，肉紅，名石鱗魚。並可食。其小者名鼁，其大於鼁而青色者曰青鼁。凡蝦蟆之類，皆不交合，惟雌雄相對，吐沫漸成魚子，遂變而成科斗。《爾雅》云：科斗，活東。亦曰活師。古人科斗書，蓋取象於此。

宋 羅願 《爾雅翼》卷三〇《蟾蠩》 蟾蠩者，蝦蟇之類。《釋魚》：鼁

䵶，蟾諸。注云：似蝦蟇，居陸地。而《説文》云：圥鼀，詹諸也。《詩》曰『得此䵶鼀』，言其行鼀鼀。《韓詩》薛君亦曰：得此戚施。戚施，蟾蜍，喻醜惡也。則衛宣公之可惡甚矣。今之蚵蚾，背上礧礧，好伏墻陰壁下者，五月五日得之，謂之辟兵。爲物絶壽，乃云有千歲者。古稱月中有蟾蠩，故《春秋運斗樞》曰：紀乖政，則蟾蜍月精，四頭感翔。《河圖》曰：蟾蠩去月，天下大亂。《淮南子》曰：月照天下，食於詹諸。許叔重以爲，詹諸，月中蝦蟇，食月。夫日月之食，莫有知其審者。故聖人書日有食之，言若有物食之者，而不知其名云爾。闕疑之義，謹重之至也。後世詩人，皆祖叔重之説，以爲蝦蟇所食。然按張衡《靈憲》云：羿請不死之藥於西王母，常娥竊之以奔月，遂託身於月，是爲蟾蠩。然則詹諸蓋常娥之别名，非鼃黽之類也。顧無得而考之。《梓人》：以脰鳴者，鼃黽屬。蟈氏去鼃黽，焚牡蘜，以灰洒之則死。以其烟被之，則凡水蟲無聲。齊魯之間謂鼃爲蟈。黽，耿黽也。蟈與耿黽尤怒鳴爲聒人耳，去之。牡蘜，蘜不華者。《月令》云『蘜有黄華』，是牝蘜也。壺涿氏除水蟲，以砲土之鼓毆之，以焚石投之。水蟲，狐蜮之屬。漢元鼎五年秋，鼃蝦蟇鬭。鼃似蝦蟇而長脚，其色青。越勾踐軾怒鼃。漢以鼃供祭宗廟。

宋　施宿《會稽志》卷一七　蝦蟆，背有黑點，身小，能跳食百蟲，善鳴，與蟬蜍不類。《本草》云蝦蟆一名蟾蜍，非也。《酉陽雜俎》云：鸛影抱，蝦蟆聲抱。今里俗聞其春鳴謂之聒子，其子謂之科斗，大盡先生前足，小盡先生後足。蟾蜍，腹大背黑，皮上多痱磊，跳行舒遲。其肪塗玉則軟，刻削如蠟，《本草》所謂能合玉石者也。今其一種，似蝦蟆而長踦，瞋目如怒，謂之鼃。越王揖怒鼃，而武士歸之，即此是也。《周禮·蟈氏》注云：蟈，今御所食蛙也。《漢書》曰：丞相擅減宗廟羔、菟、鼃。此何等物，而漢人以供玉食，及宗廟之薦邪？然則北人未嘗不喜食之。韓文公詩以爲南烹，恐或不然。齊會稽孔稚珪，不樂世務，宅中草没人，春日蛙鳴，僕射王晏鳴笳鼓造之，聞蛙聲曰：『此殊聒人耳。』答曰：『我聽卿鼓吹，殆不及此。』晏有愧色。又有竹蛙，春中能升高而鳴，吐白沫，如斗大，懸竹樹間，沫中皆小黑子。大抵蛙之屬，皆吐生也。又有蛤蚧，亦蛙之屬，或名丰蛤。《本草》云：生嶺南山谷及城墻，或大樹間，長四五寸，尾與身等，形如守宫，一雄一雌，常自呼其名曰蛤蚧。最護惜其尾，或見人欲取之，多自齧斷其尾。首如蝦蟆，背有細鱗，如蠶子，土黄色。今秦望諸暨山谷間皆有之。捕者必以月之上寅日，不然則往往藏穴中不出。

宋　戴侗《六書故》卷二〇　蟈　蟈，古或切。《周官》：蟈氏掌去鼃黽。《月令》：孟夏螻蟈鳴。《説文》又作蜮。鄭氏曰：今御所食鼃也。蔡氏曰：螻，螻蛄。蟈，鼃也。二物同時鳴。伯曰：此説得之。

明　李時珍《本草綱目》卷四二　蟾蜍《别録》下品　釋名：鼀䵶、音蹙秋。䵶鼀、音施。蝌鼀、蹴蹴。苦蠪、音籠。蚵蚾、何皮。癩蝦蟇。時珍曰：蟾蜍，《説文》作詹諸。《詩》：得此䵶鼀。《韓詩》注：戚施，蟾蜍也。後世名苦蠪，其聲也。蚵蚾，其皮礧砢也。集解：《别録》曰：蟾蜍生江湖池澤。五月五日取東行者，陰乾用。弘景曰：此是腹大、皮上多痱磊者。其行汁甚有毒，大嚙之，口皆腫。五月五日取東行者五枚，反縛着密室中閉之。明旦視自解者，取爲術用，能使人縛亦自解。蕭炳曰：腹下有丹書八字，以足畫地者，真蟾蜍也。頌曰：今處處有之。《别録》謂蝦蟇一名蟾蜍，以爲一物，非也。按《爾雅》：鼀䵶，蟾蠩也。郭璞云：似蝦蟇，居陸地。則非一物，明矣。蟾蜍多在人家下濕處，形大，背上多痱磊，行極遲緩，不能跳躍，亦不解鳴。蝦蟇多在陂澤間，形小，皮上多黑斑點，能跳接百蟲，舉動極急。二物雖一類，而功用小别，亦當分而用之。蟾蜍屎，謂之土檳榔，下濕處往往有之，亦能主疾。宗奭曰：世傳三足者爲蟾，人遂爲三足枯蟾以罔衆。但以水沃半日，其僞自見，蓋無三足者也。時珍曰：蟾蜍鋭頭皤腹，促眉濁聲，土形，有大如盤者。《自然論》云：蟾蜍吐生，擲糞自其口出也。《抱朴子》云：蟾蜍千歲，頭上有角，腹下丹書，名曰肉芝，能食山精。人得食之可仙。術家取用以起霧祈雨，辟兵解縛。今有技者聚蟾爲戲，能聽指使。物性有靈，於此可推。許氏《説文》謂三足者爲蟾，而冠氏非之，固是。但龜、鱉皆有三足，則蟾之三足非怪也。若謂入藥必用三足，則謬矣。《岣嶁神書》載蟾寶之法：用大蟾一枚，以長尺鐵釘四箇釘脚，四下以炭火自早炙至午去火，放水一盞於前，當吐物如皂莢子大，有金光，人吞之，可越江湖也。愚謂縱有此術，誰敢吞之？方技誑説，未足深信。漫記於此，以備祛疑。

又　蝦蟇《本經》下品　釋名：螫蟇。螫音驚，又音加。時珍曰：按王荆公《字説》云：俗言蝦蟇懷土，取置遠處，一夕復還其所。雖或遐之，常慕而返，故名蝦蟇。或作蝦蟆，蝦言其聲，蟆言其斑也。《爾雅》作螫蟇。集解：藏器曰：《别録》蝦蟇一名蟾蜍，誤矣。蝦蟇、蟾蜍，二物各别。陶氏以蟾蜍注蝦蟇，遂致混然無别。今藥家亦以蟾蜍當蝦蟇矣。蝦蟇在陂澤中，背有黑點，身小，能跳接百蟲，解作呷呷聲，舉動極急。蟾蜍在人家

濕處，身大，青黑無點，多痱癗，不能跳，不解作聲，行動遲緩。又有鼃蛤、螻蟈、長肱、石榜、蠼子之類，或在水田中，或在溝渠側，未見別功。《周禮》：蟈氏掌去鼃黽，焚牡菊，以灰灑之則死。牡菊乃無花菊也。斅曰：蝦蟇有多般，勿誤用。有黑虎，身小黑，嘴脚小斑。有蚼黃，前脚大，後腿小，斑色，有尾子一條。有黃螁，遍身黄色，腹下有臍帶長五七分，住立處，帶下有自然汁出。有螻蟈，即夜鳴，腰細口大，皮蒼黑色者。有蟾，即黄斑，頭上有肉角。其蝦蟇，皮上腹下有斑點，脚短，即不鳴叫者是也。時珍曰：蝦蟇亦能化鶉，出《淮南子》。蝦蟇、青鼃畏蛇，而制蜈蚣，三物相值，彼此皆不能動。故《關尹子》云：蝍蛆食蛇，蛇食鼃，鼃食蝍蛆。或云：《月令》『螻蟈鳴，反舌無聲』，皆謂蝦蟇也。吴瑞曰：長肱，石雞也，一名錦襖子，六七月山谷間有之，性味同水雞。

又 鼃《別録》下品 釋名：長股、《別録》田雞、《綱目》青雞、同上坐魚、同上蛤魚。宗奭曰：鼃後脚長，故善躍。大其聲則曰鼃，小其聲則曰蛤。時珍曰：鼃好鳴，其聲自呼。南人食之，呼爲田雞，云肉味如雞也。又曰坐魚，其性好坐也。按《爾雅》蟾、鼃俱列魚類，而《東方朔傳》云：長安水多蛙魚，得以家給人足。則古昔關中已常食之如魚，不獨南人也。鼃，亦作蛙字。集解：《別録》曰：鼃生水中，取無時。弘景曰：凡蜂、蟻、鼃、蟬，其類最多。大有青脊者，俗名土鴨，其鳴甚壯。一種黑色者，南人名蛤子，食之至美。一種小形善鳴者，名鼃子，即此也。保昇曰：鼃，蝦蟇之屬，居陸地，青脊善鳴，聲作蛙者，是也。頌曰：今處處有之。似蝦蟇而背青緑色，尖嘴細腹，俗謂之青蛙。亦有背作黄路者，謂之金線鼃。陶氏所謂土鴨，即《爾雅》所謂『在水曰黽』者，是也。俗名石鴨。所謂蛤子，即今水雞是也，閩、蜀、浙東人以爲佳饌。時珍曰：田雞、水雞、土鴨，形稱雖異，功用則一也。四月食之最美，五月漸老，可採入藥。《考工記》云：以脰鳴者，鼃黽之屬。農人占其聲之早晚大小，以卜豐歉。故唐人章孝標詩云：田家無五行，水旱水蛙聲。蛙亦能化爲鴽，見《列子》。

又 蝌斗《拾遺》 釋名：活師、《山海經》活東、《爾雅》玄魚、《古今注》懸針、同上水仙子、俗名蝦蟇臺。時珍曰：蝌斗，一作蛞斗，音濶。按羅願《爾雅翼》云：其狀如魚，其尾如針。又并其頭尾觀之，有似斗形，故有諸名。玄魚言其色，懸針狀其尾也。集解：藏器曰：活師即蝦蟇兒，生水中，有尾如鮧魚，漸大則脚生尾脱。時珍曰：蝌斗生水中，蝦蟇、青鼃之子也。二三月，鼃、蟇曳腸於水際草上，纏繳如索，日見黑點漸[深]，至春水時，鳴以聒之，則蝌斗皆出，謂之聒子，所謂『蝦蟇聲抱』是矣。蝌斗狀如河豚，頭圓，身上青黑色，始出有尾無足，稍大則足生尾脱。崔豹云：聞雷尾脱。亦未必然。陸農師云：月大盡則先生前兩足，小盡則先生後兩足。

又 溪狗《拾遺》 集解：藏器曰：溪狗生南方溪澗中，狀似蝦蟇，尾長三四寸。

又 山蛤宋《圖經》 校正：原附蝦蟇下今分出。集解：頌曰：山蛤在山石中藏蟄，似蝦蟇而大，黄色，能吞氣，飲風露，不食雜蟲，山人亦食之。

明　慎懋官《華夷花木鳥獸珍玩考》卷一一《鼃》 背青緑色，韓昌黎詩云『一夜青鼃鳴到曉』，即此。又有黄文者，謂之金線鼃。

明　穆希文《蟫史集》卷一一《鼃一作蛙》 《蟫史》云：鼃，一名螻蟈，一名長股，一名田鷄，一名水鷄，一名黽，一名土鴨。青者名青蛙，似蝦蟇而小。有蒼色者，有青色者，有班色者。韓文公《答柳柳州食蝦蟇》詩，乃蛙也，非蝦蟇也。故韓詩云：蛤即是蝦蟇，同實浪異名。蓋蛙又名蛤魚也。一種青色極小，天將雨，能上樹木鳴，名上樹青蛙。《格物論》云：螻蟈，腰細口大，皮蒼黧色，俗謂之青蛙。背有黄路者，謂之金線蛙。大腹而脊青者，俗名土鴨，其鳴甚壯。一種長股名石鷄，亦名錦襖子。又有黑色者名蛤子，此即南風蛤也。寇宗奭曰：鼃，色青腹細，觜尖，後脚長，故善跳。大其聲則曰鼃，小其聲則曰蛤。《月令》所謂雀入大水爲蛤者是也。《蟫史》云：《月令》謂雀入大水爲蛤，雉入大水爲蜃。蓋蛤乃蛙蛤之蛤，非螺蛤之蛤，蜃乃龍蜃之蜃，非蛤蜃之蜃。觀《談苑》曰『蝦蟇化鶉』，則雀有化蛙之理。觀《埤雅》『雉好與蛇交』，則雉有化蜃之理。况雀與蛙，雉與蜃，知覺頗類。若螺蛤無口眼面鼻，而豈雀雉之所化哉？《爾雅》曰：在水者黽。郭注云：耿黽也。汲冢《周書》云：立夏之日螻蟈鳴。《月令》曰：孟夏螻蟈鳴。季秋雀入大水爲蛤。《埤雅》曰：蛙似蝦蟇而長踦，瞋目似怒，故俗呼怒蛙。蓋其名聲哇滛，故曰蛙。傳云：紫步蛙聲，餘分閏位。《周禮・秋官》：蟈氏掌去蛙黽，焚牡鞠，以灰洒之則死。以其烟被之，則凡水蟲無聲。《莊子》云：鼃蠙之衣，生於陵屯則爲陵舄。陵舄，車前子也。《侯鯖録》云：水雞，蛙也。水族中厥味可薦。

明　陳懋仁《庶物異名疏》卷二九《戚施》 《詩》：燕婉之求，得此戚施。《詩攷》薛君曰：戚施，蟾蜍，喻醜惡。毛《傳》：戚施，不能仰者。鄭《箋》：戚施，面柔。下人以色，故不能仰也。戚施，《説文》作䵹䵶。

紀事

唐 段成式《酉陽雜俎》卷一 長慶中，有人翫八月十五夜，月光屬于林中如疋布。其人尋視之，見一金背蝦蟇，疑是月中者。工部員外郎周封嘗説此事，忘人姓名。

宋 黃休復《茅亭客話》卷五《食蝦蟇野菌》 頃有一士人好食鱔魚及鱉與蝦蟇。嘗云此三物不可殺，大者有毒殺人。蝦蟇小者亦令人小便秘，臍下憋疼有至死者。宜以生豉一大合，投新汲水半碗中浸，令豉水濃頓服之即差。淳化中，有民支氏，於昭覺寺設齋寺僧，市野菌有黑而斑者，或黄白而赤者，爲齋食。衆僧食訖，悉皆吐瀉，亦有死者。至時，有醫人急告之曰：但掘地作坑，以新汲水投坑中攪之澄清，名曰地漿，每服一小盞，不過再三，其毒即解。當時甚救得人。夫蕈菌之物，皆是屮木變化，生樹者曰蕈，生於地者曰菌，皆溼氣鬱蒸而生。又有生於腐骸毒蛇之上者，大而光明，人誤以爲靈芝，食而速死。故書之，警其誤矣。

明 陳繼儒《太平清話》卷一 正和二年夏四月，新安蟾蜍背生芝之草。時農夫汲水于龍淵之津，覩此。一蟾望日而拱，已而視之，則其背生芝凡十五葉，葉閒有異草，蒙茸蒼翠，歲寒不雕。

藝文

明 顧璘《息園存稿詩》卷一《鳴蛙賦》 嗟余病之眩瞶，閒虚舘而澄神。何汙池之湫隘，聚羣蛙以爲隣。遭暑雨之淫溽，鳴聲沸其聒人。增予懷之煩瞀，竟長夜而達晨。嘗觀夫蛙之爲狀也，蠕動沮澤，化始科斗。匪鱗匪介，形質甚陋。修脛何趨，怒目何詬。囊氣於腹，鼓聲於口。呱呱閣閣，不中音奏。羣喧衆噪，不辨誰某。幽人掩耳，羇旅疾首。矧予卧病，無所避走。將垂餌以斃之，又不足以充君豆。少焉陰曀既澄，皎日初出，烏鳴嚶嚶，蛙聲盡息。予乃策杖臨水，倚嘉木而歎曰：吁嗟，萬物隨氣陶鎔，音量異度，莫可齊同。乾鵲何吉，鴟鳥何凶，鳴雁何拙，鸚鵡何工。故唐虞受禪，舜禹雍和，湯武放伐，伊吕攫拏。七雄虎鬬，頗牧横戈。稷下濫説，百氏諠譁。大化斡以軒輊，雖天地其奈何。星何塞而滅影，雷何侈而轟車。彼衆籟之嗷嘯，吾又何怪乎鳴哇。

雜録

晉 葛洪《抱朴子内篇·僊藥》 肉芝者，謂萬歲蟾蜍，頭上有角，頷下有丹書八字，體重，以五月五日中時取之，陰乾百日，以其左足畫地，即爲流水，帶其左手於身，辟五兵。若敵人射己者，弓弩矢皆反還自向也。

宋 釋贊寧《東坡先生物類相感志》卷一六《蟾蜍》 《抱朴子》云：蟾蜍萬歲者，頭有角，頷下有丹書八字。五月五日取之，陰乾百日，以其足畫地，即流水，帶其左脚，則辟兵也。又云：頭白者，唅下有八字。五日，取懸屋西北角。月蝕時歲，盆覆之，即活。又術者取膏以軟玉塗玉，玉軟如泥。以苦酒消之，尋成玉水也。

宋 李石《續博物志》卷二 《抱朴子》：蟾蜍壽至千歲者，頭上有角，頷下有丹書八字。裴頠《崇有論》曰：鳥無胃肺，蛤蜃無臟。蛭以空中而生，蠶以無胃而育。

明 王可大《國憲家猷》卷四四 肉芝者，萬歲蟾蜍也。頭上有角，目赤，頷下有丹紋，體重而跳捷。以五月五日午時取，陰乾，以左足畫地成泉。帶之群兵，敵人射已弓弩，皆反自傷。今人生吞熟啖，愚之甚也。

明 吴之俊《獅山掌録》卷二四《肉芝》 肉芝是萬歲蝦蟇，頭上有角，頷下有丹書八字。凡行山中，見小人乘馬車，長七八寸者，肉芝生也。取服即仙。

圖表

晉 郭璞《爾雅音圖·釋蟲》

宋 唐慎微《證類本草》卷二二

明 李時珍《本草綱目・圖卷》

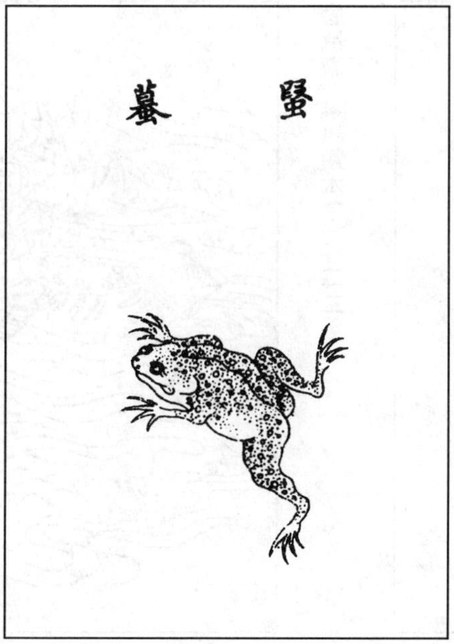

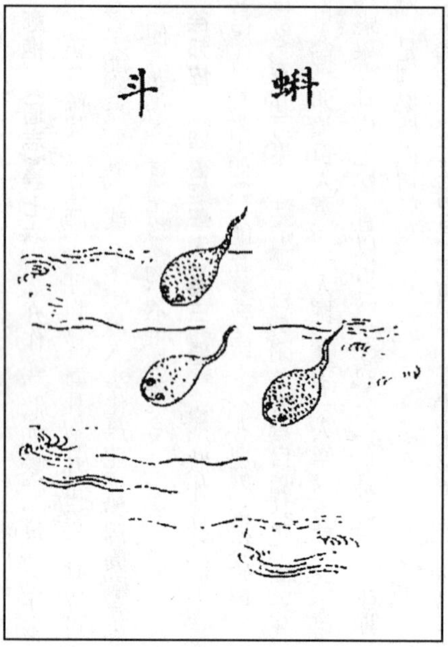

鼉鱷

綜述

漢 許慎《説文》卷一三 鼉，水蟲，似蜥易，長大。从黽，單聲。徒何切。

三國吴 陸璣《毛詩草木鳥獸蟲魚疏》卷下《鼉鼓逢逢》 鼉，形似蜥蜴，四足，長丈餘，生卵大如鵞卵，甲如鎧，今合藥鼉魚甲是也。其皮堅厚，可以冒鼓。

晉 張華《博物志》卷三 南海有鱷魚，狀似鼉，斬其頭而乾之，去齒而更生，如此者三乃止。

宋 釋贊寧《東坡先生物類相感志》卷一七《鼉》 狀若龍，灰五色，形長丈餘，介冑備焉。其類長者，能吐霧致雨。力酋健，能陷坎岸。性嗜睡，目常閉。形大者自齧其尾，極雖死，聲甚可畏。入穴中掘之，如百人掘之，須百人取之；一人掘，即一人索牽取。不然，終不可出。梁周興嗣嘗食其肉，後爲鼉噴，成惡瘡。此物靈，不可食，或能爲妖患害於人也。

又《鰐魚齒》 南海有鰐魚者，其狀若鼉，有四足，土灰色，夭鎬然，見人影則飛躍齧人。今海國人能釣捕取之，臠之，牧其首乾之。啄長六七尺，二邊有齒如劍，啄去其齒而之復生者三。按《博物志》云：以能爲風而也，其齒則生。《志》曰：亦龍之類，不咸亦能以應三再齒者，不亦靈乎？

宋 陸佃《埤雅》卷二《鼉》 鼉具十二少肉，蛇肉最後，在尾。其枕瑩浄，魚枕弗如。皮中冒鼓，《夏小正》曰「剥鼉以爲鼓」也。今狆將風則踴，鼉欲雨則鳴。故里俗以狆識風，以鼉識雨。《詩》曰：鼉鼓逢逢。先儒以爲鼉皮堅厚，取以冒鼓，故曰鼉鼓。蓋鼉鼓非特有取於皮，亦其鼓聲逢逢然，象鼉之鳴，故謂之鼉鼓也。晉安《海物記》曰：鼉宵鳴，如桴鼓。今江淮之間謂鼉鳴爲鼉鼓，亦或謂之鼉更。更則以其聲逢逢然如鼓，而又善

夜鳴，其數應更故也。今鼉象龍形，一名鱓，夜鳴應更，吴越謂之鱓更。蓋如初更輒一鳴而止，二即再鳴也。舊云鼉性嗜睡，目睛常閉，能吐霧致雨，力亦酋健，善頹坎岸。一曰：獨鳴早，鼉鳴夜。趙辟公《雜説》曰：鼉聞鼓聲則鳴。《續博物志》曰：鼉長一丈，一名土龍，鱗甲黑色，能横飛，不能上騰，其聲如鼓。

宋　鄭樵　《通志》卷七六　鼉亦作鮀，狀如鯪鯉，長一二丈者，能吐氣成霧致雨。善攻碕岸，性嗜睡，常閉目，極難死，聲甚可畏。其皮可冒鼓。凡黿鼉之老者，能變爲邪魅。或云多年鼉入水化爲龍。梁周興嗣常食其肉，後爲鼉所噴，便爲惡瘡。實彊靈之物，不可輕殺。

明　徐邦佐　《四書經學考》卷三《鼉》　鼉，狀如守宫而大，長一二丈，灰五色，背尾皆有鱗甲如鎧，能吐霧致雨。力尤酋健，善攻碕岸。夜則出邊岸，人甚畏之，聲亦可畏。性嗜睡，目常閉。大者自嚙其尾，極難死。人于穴中掘之，百人掘，即須百人牽；一人掘，亦須一人牽。不然，終不可出。其老者多能爲魃梁。其皮堅厚，宜以冒鼓。《詩》云：鼉鼓逢逢。李斯亦云：樹靈鼉之鼓。是周秦皆以冒鼓也。

明　李時珍　《本草綱目》卷四三　鼉龍《本經》中品　釋名：鮀魚、《本經》土龍。藏器曰：《本經》鮀魚，合改作鼉。鼉形如龍，聲甚可畏。長一丈者，能吐氣成雲致雨。既是龍類，宜去其魚。時珍：鼉字象其頭、腹、足、尾之形，故名。《博物志》謂之土龍。鮀，乃魚名，非此物也。今依陳氏改正之。集解：《别録》曰：鮀魚甲生南海池澤，取無時。弘景曰：即鼉甲也，皮可冒鼓。性至難死，沸湯沃口，入腹良久乃剥之。藏器曰：鼉性嗜睡，恒閉目。力至猛，能攻江岸。人于穴中掘之，百人掘，須百人牽之；一人掘，亦一人牽之。不然，終不可出。頌曰：今江湖極多。形似守宫、鯪鯉輩，而長一二丈，背尾俱有鱗甲。夜則鳴吼，舟人畏之。時珍曰：鼉穴極深，漁人以篾纜繫餌探之，候其吞鉤，徐徐引出。性能横飛，不能上騰。其聲如鼓，夜鳴應更，謂之鼉鼓，亦曰鼉更，俚人聽之以占雨。其枕瑩淨，勝于魚枕。生卵甚多至百，亦自食之。南人珍其肉，以爲嫁娶之敬。陸佃云：鼉身具十二生肖肉，惟蛇肉在尾最毒也。

明　慎懋官　《華夷花木鳥獸珍玩考》卷七《鼉》　《博物志》云：南海有鼉魚，斬其首乾之，椓去其齒而更復生者三乃已。《南州志》亦云然。又聞廣州人説鰐魚能陸追牛馬，水中覆舟殺人，值網則不敢觸，有如此畏慎。其一孕生卵數百於陸地，及其成形，則有蛇、有黿、有鼈、有魚、有鼉、有爲蛟者，凡十數類。及其被人捕取宰殺之，其靈能爲雷電風雨，比殆神物龍類。

明　穆希文　《説原》卷一一　鼉，形如蜥蜴，四足，長丈餘，鱗如鎧甲，皮堅厚，宜冒鼓。

明　吴之俊　《獅山掌録》卷二二《鱷魚》　鰐魚，即鱷魚也。斬其首乾之，椓去其齒而更生。

又《骨雷》　鰐魚，陸能搏獸，水能覆舟，值網則不敢觸。嘗布卵沙上，大如鵞卵，可食。其别號曰忽雷，一曰骨雷，惟熊能制之，握其嘴至岸，擘而食。

清　顧棟高　《毛詩類釋》卷一九《鼉》　毛《傳》：鼉，魚屬。陸璣《疏》：鼉，形似蜥蜴，四足，長丈餘。甲如鎧甲，皮堅厚，宜冒鼓。《詩·大雅》『鼉鼓逢逢』是也。鄭樵曰：鼉狀如鯪鯉，長一二丈者，能吐氣成霧致雨。善攻碕岸，性嗜睡，常閉目，極難死，聲甚可畏。其皮可冒鼓。

藝　文

唐　張籍　《張司業集》卷二《白鼉鳴》　天欲雨有東風，南谿白鼉鳴窟中。六月人家井無水，夜聞白鼉人盡起。

唐　王起　《黿鼉爲梁賦以王師遠征水族冥感爲韻》（引自《歷代賦彙》卷一三七）　周穆窮轍跡之所經，駕黿鼉而感靈。所以濟浩汗，所以通杳冥。諒人力之不勦，信蝼蝼蜿蜿，以代造舟之利；匪雕匪刻，皆連外國之形。當其師旅闐闐，旌旗肅肅。臨九江而澶汗，駐八駿而踡跼。望既濟於未濟，終歎無梁。思載沉而載浮，孰能刳木。得不乞靈於水府，假道於介族。則黿也不得而深藏，鼉也不得而潛伏。既而擘波有聲，異狀可驚。出層潭而櫛比，駕飛浪而砥平。連足俄維，比浮柱之初立。鏤甲迭映，同板築之相成。齊首而繩墨勿用，曳尾而規模自呈。其利惟博，其安無傾。殊滄海之鼅構，異銀河而鵲征。彼詭類之可覽，實至誠之所感。假贔屓以臨深，託盤跚而習坎。其勢邐迤，其狀參差。無遠不届，惟危具持。

照赫燮之五刃，度張皇之六師。乘以周旋，且異琴高之鯉。載於沉溺，還符毛寶之龜。漁者徒驚，工人有恥。同罛共羅而罔及，晝鵃雄虹而莫擬。題之不可，殊長卿之見書。抱之則難，謝尾生之沉水。是知伐鼉以冒鼓，其用匪良。解黿而染指，其謀匪臧。孰若奮功於舟楫，感聖於君王。昔在深泉，懼屑没於其穴。今符至德，忽結構而成梁。固蹂躪而無害，將騰躍而有光。我皇仁洽道豐，文修武偃。要荒畢服，淳離斯返。何必驅鼉而駕黿，勞師而襲遠。

圖表

明　李時珍《本草綱目·圖卷》

蜈蚣　蝍蛆　馬陸

綜　述

《關尹子·三極篇》　蝍蛆食蛇，蛇食蛙，蛙食蝍蛆，互相食也。

《爾雅·釋蟲》　蒺蔾，蝍蛆。注：似蝗而大腹，長角，能食蛇腦。音義：蒺，音疾，字亦作螏同。蔾，音梨，字亦作蟍。蝍，音即，孫子逸反。蛆，子余反。蝗，華孟反，下同，《字林》音皇，《説文》榮庚反，范宣《禮記音》音横，《聲類韻集》並以蝗協庚韻。腹，音福。腦，奴老反。疏：蒺蔾，一名蝍蛆。《廣雅》云：蝍蛆，蜈蚣也。郭云：似蝗而大腹，長角，能食蛇腦。則非蜈蚣也。《莊子》云：『蝍蛆甘帶』是也。【略】蛝，馬䗃。注：馬蠲，蚐，俗呼馬蠾。音義：蛝，音閑。䗃，郭仕板反，《字林》仕免反，或仕簡反，施仕娩反。蠲，古茱反，《説文》云：『《明堂月令》：腐草爲蠲。』蚐，音均。蠾，丈六反，《字林》云：蠾馬。疏：蛝蟲，一名馬䗃，一名馬蠲、蚐，俗呼馬蠾。《方言》云：『馬蚿，北燕謂之蛆蟝。其大者謂之馬蚰』是也。

晋　張華《博物志》卷四　百足，一名馬蚿，中斷成兩段，各行而去。

隋　巢元方《巢氏諸病源候總論》卷三六《獸毒病諸候·蜈蚣螫候》　此則百足蟲也。雖復有毒而不甚螫人，人誤觸之者，故時有中其毒。

唐　段成式《酉陽雜俎》卷之一七　蜈蚣，綏安縣多蜈蚣，大者兔尋，能以氣吸兔，一云大者能以氣吸兔。小者吸蜥蜴，相去三四尺，骨肉自消。

唐　段公路《北户録》卷一　《南越志》云：開寧縣多蜈蚣，大者皮可以鞔鼓。沈瑩《異物志》云：東南海中蜈蚣，長數丈，噉牛。俚人秋冬間遇之，鳴鼓與春堂驅逐。

唐　劉恂《嶺表録異》卷上　蜈蚣，《南越志》云：大者其皮可以鞔鼓，取其肉曝爲脯，美於牛肉。又云：長數丈，能噉牛。里人或遇之，則鳴鼓燃火炬以驅逐之。

宋　蔡卞《毛詩名物解》卷一一《蝍蛆》　《爾雅》曰：蒺藜，蝍蛆。《廣

雅》曰：蝍蛆，蜈蚣。性能制蛇，卒見大蛇，便緣而啖其腦。《莊子》曰：『蝍蛆甘帶』是也。今俗謂之百足。魯連曰：百足之蟲，斷而不蹶，則其所恃者衆也。一名蚿。《方言》曰：馬蚿，北燕謂之蛆蝶，其大者謂之馬陸。一名商距。《莊子》：使蚊負山，商距馳河。

宋　陸佃《埤雅》卷一〇《蝍蛆》　《爾雅》曰：蒺藜，蝍蛆。《廣雅》曰：蝍蛆，蜈蚣。性能制蛇，卒見大蛇，便緣而啖其腦。《莊子》曰：『蝍蛆甘帶』是也。今俗謂之百足。《魯連子》曰：百足之蟲，三斷不蹶，則其所持者衆也。故曰諸侯有爭臣五人，雖無道，不失其國。一名蚿。《方言》曰：馬蚿，北燕謂之蛆蝶，其大者謂之馬陸。《莊子》曰：夔憐蚿，蚿憐蛇。言夔以少而羨多，蚿以有而羨無。此非造極之言，蓋蛇無足亦足，夔一足亦足，蚿百足亦足，豈容歆羨於其間哉？一名商距。《莊子》曰：使蚉負山，商距馳河。《三教珠英》曰：蜈蚣見蛇，能以氣禁之。蓋土勝水，故蝍蛆搏蛇。舊説蟾蜍食蝍蛆，蝍蛆食蛇，蛇食蟾蜍，三物相值，莫敢先動。是亦騎虎之義，不得下也。

宋　寇宗奭《本草衍義》卷一七　蜈蚣，背光黑緑色，足赤，腹下黄。有中其毒者，以烏鷄屎水稠調塗咬處效，大蒜塗之亦效，復能治丹毒瘤。【略】又畏蛞蝓，不敢過所行之路。觸其身，則蜈蚣死。人故取以治蜈蚣毒，桑汁、白鹽亦效。

宋　鄭樵《通志》卷七六　蜈蚣，《爾雅》曰：蒺蔾，蝍蛆。性能制蛇，見大蛇則噉其腦，蛇不動。而畏蚰蜒，每遇蚰蜒亦不敢動，蚰蜒以涎繞其足，盡落。馬陸，似蜈蚣而小，尤多脚，不能毒人，曰百足，曰馬軸。所謂百足之蟲至死不僵者，此也。

宋　羅願《爾雅翼》卷二六《蝍蛆》　蛇，物之慘毒者。螣蛇，又蛇之神者，而蝍蛆能制之。故曰：螣蛇游霧，而殆於即且。張揖《廣雅》云：蝍蛆，吴公也。《莊子》曰：蝍蛆甘帶。司馬彪曰：帶，小蛇。蝍蛆喜食其眼。《春秋考異郵》曰：土勝水，故蝍蛆搏蛇。宋均曰：蝍蛆生於土，蛇藏物，屬於坎。坎，水也，爲隱伏也。今蝍蛆忽見大蛇，便緣而啖其腦。或曰：蛇虺見之而蟠伏，蝍蛆當其前，以施禁法，蛇即爲之開口，蝍蛆入食其腸，復穴其旁而出。或曰：大蛇過一圍者，蝍蛆以氣禁之，蛇即死矣。蛇或遇之走匿水底，蝍蛆但浮水上禁之，人見有物正青大如綖者，直下入水至蛇處，須臾蛇浮出而死。今南人入山者，皆以竹管藏蝍蛆。蝍蛆知有蛇之地，輒動作於管中，草中蛇虺無不驚竄。又善嗅龍腥，其生深山大枯木中者，遇天將雨，雲穿拂而度，輒成羣争就最高處，作挐空欲奮之狀。今天台大木爲雷所震者，必有蝍蛆爲雷火所燒死，蓋是龍惡此屬。南方乃極有大者，《南越志》云：大者皮可以冒鼓。肉曝爲脯，美於牛肉。又云：長數丈，能噉牛。里人遇之，則鳴鼓然炬以逐之。《嶺南異物志》云：珠崖人每晴明，見海中遠山，羅列如翠屏，而東西不定，悉吴公也。葛洪賦曰：『吴公大者長百步，頭如車箱，可畏惡。屠裂取肉，白如瓠，稱金争買爲羹脯』是也。而説者乃曰：山東人呼蜘蛛爲即且，亦能制蛇。郭璞以爲，即且似蝗，大腹，長角，能食蛇腦。許叔重又以即且爲蟋蟀，上蛇，蛇不能動。皆非也。

宋　戴侗《六書故》卷二〇　蚿　蚿，胡田切。馬陸也，多足，俗名百足蟲。狀如穿百錢，亦謂百錢蟲。死則側卧如刀環，故又謂刀環蟲。莊周曰：夔謂蚿：吾以一足踸踔而行，今子之使萬足獨奈何？《爾雅》曰：蛝，馬蝬。《方言》曰：馬蚿，北方謂之蛆蝶，大者謂之馬軸。軸亦作蝴。《淮南子》曰：若蚈之足衆而不相害。注曰：讀若溪蚈。馬蚈，幽州謂之秦渠。

又　蜈蚣　蜈，五烏切。蚣，古紅切。多足，善啗蛇，食其腦，蛇則死，能螫人，又名即且。《莊子》曰：即且甘帶。《淮南子》曰：螣蛇游霧，而殆于即且。《爾雅》曰：蒺蔾，蝍蛆。《廣雅》曰：蜈蚣也。即且之説不一。《淮南子》注曰：即且，蟋蟀。《爾雅》謂之蜻蛚之腹者也。上蛇，蛇不敢動。郭璞曰：似蝗，大腹，長角，能食蛇腦。侗謂蒺蔾亦以指蜈蚣之形也。惟蜈蚣能制蛇。

明　周祈《名義考》卷一〇《蝍蛆蜈蚣蚿》　《爾雅》：蒺藜，蝍蛆。郭璞云：似蝗而大腹，長角，能食蛇腦。《莊子》：『蝍蛆甘帶』是也。《埤雅》：蝍蛆，蜈蚣。今俗謂之百足。魯連子『百足之蟲，三斷不蹶』是也。《韻會》：馬蚿蟲，百足，似蜈蚣而小，尤多脚，不能毒人。《莊子》『蚿憐蛇』是也。按：蒺藜，茨也。《爾雅》以爲，蝍蛆不可曉，或亦以果蠃爲蒲盧之類。郭璞以蝍蛆似蝗，非。食蛇，唯蜈蚣爲然。《埤雅》以爲，蜈蚣是《廣韻》帶蛇別名，亦非帶腦也。中州人謂頭爲腦帶，《莊子》謂甘带，即郭璞所謂食蛇腦也。蜈蚣謂之百足，蚿亦謂之百足。

明　李時珍　**《本草綱目》卷四二**　蜈蚣《本經》下品　釋名：蝍蛆、《爾雅》蝍蛆、《爾雅》天龍。弘景曰：《莊子》：蝍蛆甘帶。《淮南子》云：螣蛇遊霧而殆於蝍蛆。蝍蛆，蜈蚣也。性能制蛇，見大蛇便緣上噉其腦。恭曰：山東人呼蜘蛛一名蝍蛆，亦能制蛇，而蜘蛛條無制蛇之説。《莊子》、《淮南》並謂蜈蚣也。頌曰：按《爾雅》：蝍蛆也。郭注云：似蝗而大腹角，能食蛇腦。乃别似一物。時珍曰：按張揖《廣雅》及《淮南子》注，皆謂蝍蛆爲蜈蚣，與郭説異。許慎以蝍蛆爲蟋蟀，能制蛇。又以蝍蛆爲馬蚿，因馬蚿有蛆蝶之名，並誤矣。集解：《别録》曰：蜈蚣生大吴川谷及江南，頭、足赤者良。弘景曰：今赤足者，多出京口、長山、高麗山、茅山，於腐爛積草處得之，勿令傷，暴乾。黄足者甚多而不堪用，人以火炙令赤當之，非真也。蜈蚣嚙人，以桑汁、白鹽塗之即愈。《蜀圖》曰：生山南川谷，及出襄、鄧、隨、唐等州土石間，人家屋壁中亦有。形似馬陸，身扁而長。黑頭赤足者良，七八月採之。宗奭曰：蜈蚣背光，黑緑色，足赤腹黄。有被毒者，以烏雞屎，或大蒜塗之，效。性畏蛞蝓，不敢過所行之路，觸其身即死，故蛞蝓能治蜈蚣毒。時珍曰：蜈蚣，西南處處有之。春出冬蟄，節節有足，雙鬚岐尾。性畏蜘蛛，以溺射之，即斷爛也。南方有極大者，而《本草》失載。按段成式《酉陽雜俎》云：綏定縣蜈蚣，大者能以氣吸蛇及蜴蜥，相去三四尺，骨肉自消。沈懷遠《南越志》云：南方晉安有山出蜈蚣，大者長丈餘，能啖牛。俚人然炬遂得，以皮鞔鼓，肉曝爲脯，美於牛肉。葛洪《遐觀賦》云：南方蜈蚣，大者長百步，頭如車箱，肉白如瓠，越人爭買爲羹炙。張(采)[耒]《明道雜志》云：黄州岐亭有拘羅山，出大蜈蚣，袤丈尺。土人捕得燻乾，商人販入北方貨之，有致富者。蔡絛《叢話》云：嶠南蜈蚣，大者二三尺，螫人至死。惟見託胎蟲，則局縮不敢行。蟲乃登首，陷其腦而食之。故被蜈蚣傷者，擣蟲塗之，痛立止也。珍按：託胎蟲即蛞蝓也。蜈蚣能制龍、蛇、蜴蜥，而畏蝦蟇、蛞蝓、蜘蛛，亦《莊子》所謂『物畏其天』，《陰符經》所謂『禽之制在氣』也。

又　馬陸《本經》下品　釋名：百足、《本經》百節、《衍義》千足、《炮炙論》馬蚿、音弦。馬蠸、音拳。馬蠲、郭璞馬軸、《别録》馬蠘、《爾雅》飛蚿蟲、李當之刀環蟲、蕪恭蛩。弘景曰：此蟲甚多，寸寸斷之，亦便寸行。故魯連子云：百足之蟲，死而不僵。《莊子》『蚿憐蛇』是矣。集解：《别録》曰：馬陸生玄菟川谷。弘景曰：李當之云：此蟲長五六寸，狀如大蛩，夏月登樹鳴，冬則入蟄，今人呼爲飛蚿蟲。今有一種細黄蟲，狀如蜈蚣而甚長，俗名土蟲。雞食之，醉悶至死。方家既不復用，市人亦無取者，未詳何者的是。恭曰：此蟲大如細筆管，長三四寸，斑色，亦如蚰蜒。襄陽人名爲馬蚿，亦呼馬軸，又名刀環蟲，以其死側卧，狀如刀環也。有人自毒，服一枚便死也。斅曰：千足蟲頭上有白肉，面赤觜尖。把着，腥臭氣入人頂，能致死也。宗奭曰：百節，身如槎，節節有細蹙文起，紫黑色，光潤，百足。死則側卧如環，長二三寸，大者如小指。古墻壁中甚多，入藥至鮮。時珍曰：馬蚿，處處有之。形大如蚯蚓，紫黑色，其足比比至百，而皮極硬，節節有横大如金線，首尾一般大。觸之即側卧，局縮如環，不必死也。能毒雞犬。陶氏所謂土蟲，乃蚰蜒也，死亦側踡如環，雞喜食之。當以李當之之説爲凖也。正誤：藏器曰：按土蟲無足，如一條衣帶，長四五寸，身扁如韭葉，背上有黄黑襇，頭如鏟子，行處有白涎，生濕地，雞嗅即死。陶云『土蟲似蜈蚣』者，乃蚰蜒，非土蟲，亦非馬陸也。蕪云『馬陸如蚰蜒』，亦誤矣。按：蚰蜒色黄不斑，其足無數。時珍曰：按段成式《酉陽雜俎》云：度古俗呼土蠱，身形似衣帶，色類蚯蚓，長一尺餘，首如鏟，背上有黄黑襇，稍觸即斷。常趂蚓掩之，則蚓化爲水。有毒，雞食之輒死。據此，則陳藏器所謂土蟲者，蓋土蠱也。陶氏誤以蚰蜒爲馬陸，陳氏亦誤以土蠱爲土蟲矣。

明　穆希文　**《蟫史集》卷一〇《蚿》**　《爾雅》曰：蛝，馬蠘。注疏云：俗呼馬蠲。蕪恭曰：馬蠲大如細筆管，長三四寸，班色，一如蚰蜒，又名刀環蟲。《方言》曰：馬蚿，北燕謂之蛆渠，其大者謂之馬蚰。音逐。《蟫史》云：蚿，一名蛆渠，一名馬蚰，一名馬蠘，一名蛝，一名緯骨蟲，以其形似緯骨也，一名百節蟲，一名刀環蟲，一名商距。《莊子》所謂『使蚊負山，商距馳河』，言勢不能也。一名馬軸，一名馬陸。身如槎節，節有細蹙紋起，紫黑色，光潤。百足死即側卧如刀環，故名刀環蟲。長二三寸，有粗如小指者。《魏志》云：百足之蟲，至死不僵。此蟲寸寸斷之，亦便寸行。魯仲連云：百足之蟲，三斷不蹶，則其所恃者衆也。《莊子》云：夔憐蚿，蚿憐蛇。言夔以少而羡多，蚿以有而羡無。蓋蛇無足亦足，夔一足亦足，蚿百足而足，豈容歆羡于其間哉？《草木子》曰：夔一足也，人兩足也，馬四足也，蜘蛛六足也，螃蟹八足也，蝍蛆四十足也，蚿百足也，蛇無足。無者不資于多而後行，多者不見其多而反遲于行。故曰：惟蟲能蟲，惟蟲能天。山蛩，陳藏器云：山蛩蟲大毒，烏班色，長二三寸，生林間，如百足而大，更有大者，亦名馬陸，夏月能登木群吟，冬則蟄。陶隱居云：馬陸形長五六寸，夏月登樹鳴，今人呼爲麗蚿蟲。汪機云：此恐不是，馬陸當另分一條，以俟考。

又《説原》卷一二　蝍蛆善嗅龍腥，又能知蛇處。遇大蛇過，以氣禁之，蛇即死。或蛇入水，蝍蛆但浮水上，禁之入至蛇處，蛇即死。或呼蝍蛆爲蜘蛛，一名蜈蚣。

明　王世貞　**《弇州四部稿》卷一五七**　物之瘦者蜈蚣，輕者蝴蝶。《嶺

南異物志》：見有物如蒲帆，過海將到舟，競以物擊之，破碎墜地。視之，乃蝴蝶也。海人去其翅足，稱肉得八十斤。噉之，極肥美。葛洪《遐觀賦》：蜈蚣大者長百步，頭如車箱。屠裂取肉，白如瓠。《南越志》云：大者其皮可以鞔鼓，其肉暴爲脯，美於牛肉。

明　陳懋仁《庶物異名疏》卷二九《商距　馬軸》　商距，馬蚿也，百足。《莊子》曰：使蚊負山，商距馳河，勢不能也。《方言》：百足蚿之大者，名馬陸。《通志》：百足蟲，名馬軸。

明　屠隆《鴻苞》卷一九　馬蚿，百足蟲也。今俗名百脚。《莊子》曰：夔憐蚿，蚿憐夔。夔一足，蚿多足也。

明　曹學佺《蜀中廣記》卷六〇　《戎州志》：有蟲曰蝍蛆，食蛇，即莊生所謂『即且甘帶』也。噫！蛇之爲物毒矣，其種類亦繁矣，而尚有食之者，此事之不可知也。

明　鄺露《赤雅》卷三《蝍蛆》　蝍蛆，一名蜈蚣，狀若水蝦。小至一寸，大至一丈。其尾閃閃有光。山中修蛇無故而死者，彼蟞也。蛇腐化爲蝍蛆，猶螟蛉之呪子也。儒書：藤蛇遊霧，而死於蝍蛆。

明　方以智《通雅》卷四七　商蚷，秦渠，馮功，馬蚿，百足，刀環蟲也。即且，蜈蚣，蠖，蠼螋一類也。魯連引古語曰：馮功之蟲，三段不僵。《墨子》引作『百足之蟲，三斷不蹶』。則馮功即百足矣。《爾雅》曰：蛽，馬蝬。《方言》曰：馬蚿，北方曰蛆蝶，大曰馬軸。軸亦作蝤。《淮南子》曰：若蚈之足衆。注讀溪，當音汧。幽州曰秦渠，一曰馬陸。其大如指。《莊子》曰『使商蚷馳河』，即刀環蟲也。即且之說不一。《淮南》注即且爲蟋蟀，郭璞以爲似蝗大腹。此皆失矣。《爾雅》曰：蒺藜，即且。《廣雅》曰：蜈蚣也。《日者傳》後曰：即且甘帶。『騰虵游霧，而殆于即且』，此其證也。蒺藜亦狀蜈蚣之形耳。尺蠖烏郭切。似百足，多生桑上，即今蝍蹴，一名步屈。小而多足之毛蟲曰蠼螋，俗呼爲蠚蠚，溺能瘡人。

清　張岱《夜航船》卷一七《四靈部・蟲豸》　蜈蚣，葛洪《遐觀賦》：蜈蚣大者長百步，頭如車箱。屠裂取肉，白如瓠。《南越志》曰：蜈蚣大者，其皮可以鞔鼓，其肉曝爲脯，美於牛肉。

清　屈大均《廣東新語》卷二四《蟲語・蜈蚣》　蜈蚣，短者也。其長者，節節有足，是曰百足。足赤，腹黄，有雙鬚，尾岐，螫人最毒。以醬敷，或以紙錢作撚薰之，或以蛞蝓涎塗，可解。性畏鷄，人見百足，亟唤鷄，鷄未至而百足僵矣。或觸飲食，誤食之，令人腹痛欲死。飲燒酒或鷄肉羹，亦可解。百足，《爾雅》作蝍蛆，能伏蛇，每自口入，食蛇腹。山行筒置蝍蛆，蛇不能近。又能嗅龍腥，天將雨，爭就木最高處，蓋聞龍腥故也。廣中多蝍蛆，而少蜈蚣，絶無蠍。蝍蛆多生古墻中，盛暑輒出，大者有珠，雷常搜而擊之。

清　愛新覺羅・弘曆《清朝通志》卷一二六　馬陸，塞外深山叢樹中有之，斷之能行，觸之則捲。見《盛京通志》。

清　胡廷光《傷科匯纂》卷一一《蜈蚣傷》　耀山曰：蜈蚣，背光黑綠色，身扁而長，黑頭赤足黄腹，性畏蜒蚰螺，不敢過其所行之路，觸之即死。李時珍云：蜈蚣，西南處處有之，春出冬蟄，節節有足，雙鬚岐尾，畏蜘蛛，以溺射之即爛斷也。南方有極大者，《本草》失載。按段成式《酉陽雜俎》云：綏定縣蜈蚣，大者能以氣吸蛇及蜴蜥，相去三四尺，骨肉自消。沈懷遠《南越志》云：南方晉安有山，出蜈蚣，大者長丈餘，能啖牛。葛洪《遐觀賦》云：南方蜈蚣大者長百步，頭如車箱。張采《明道雜志》云：黄州岐亭有拘羅山，出大蜈蚣，袤丈尺。蔡絛《叢話》云：嶠南蜈蚣大者二三尺，螫人至死，惟見託胎蟲則局縮不敢行。蟲乃登首，啗其腦而食之。查託胎蟲，即蜒蚰螺，故人以此蟲搗塗蜈蚣傷，疼痛立止。蜈蚣能制龍、蛇、蜴蜥，而畏蜒蚰、蜘蛛，亦《莊子》所謂『物畏其天』，《陰符經》所謂『禽之制在氣』也。

清　方旭《蟲薈》卷三《昆蟲・馬蚿》　《正字通》：馬蚿，魯連名馬功，《莊子》名商距，《爾雅》名蛝，又名馬蝬。其形如蚯蚓，紫黑色，足多，寸斷之即寸行，觸之即側卧如環，故又名刀環蟲，又名馬陸，又名馬蠸，又名馬蠲，又名馬軸，又名馬蚰，又名馬蛺，又名馬蛆，又名馬蝤，又名截蛆，又名蛆蝶，又名秦渠，又名百節，又名百足，又名千足，又名蚈。旭按：此物多生濕地，其狀類蜈蚣，長寸餘，足尤多而長，背皮極硬，灰黑色，節節有紋如金線。其行如飛，螫人甚毒。置地中，雞不敢食。或又名緯骨蟲，又名梳油蟲。

紀事

宋 彭乘《墨客揮犀》卷三 余伯祖嘗於野外見蜈蚣逐一大蛇甚急，蛇奔過一溪，蜈蚣亦隨之。蛇知力屈不免，乃回身張口向之，蜈蚣遽入其口，俄頃蛇死，乃穴其腹傍而出。折蛇視之，已無腸矣。傳言蝍蛆甘帶。蝍蛆，蜈蚣之別名。蝸牛不特能伏蝎，亦能制蜈蚣。蜈蚣見蝸牛，則不復能去。蝸徐登其背，以涎繞之，其足盡落。

明 陸容《菽園雜記》卷六 《莊子》言，即且甘帶。即且，蜈蚣。帶，蛇也。初不知甘之之義，後聞崑山士子讀書景德寺中，嘗見一蛇出遊，忽有蜈蚣躍至蛇尾，循脊而前，至其首，蛇遂伸直不動。蜈蚣以左右鬚入蛇兩鼻孔，久之而出，蜈蚣既去，蛇已死矣。始知所謂甘者，甘其腦也。聞蜈蚣遇蝸篆，即不能行。蓋物各有所制，如海東青，鷙禽也，而獨畏燕；象，猛獸也，而獨畏鼠，其理亦然。

清 厲鶚《宋詩紀事》卷一〇〇《二吳謠》 大蜈蚣，小蜈蚣，盡是人間業毒蟲。夤緣攀附，有百足。若使飛天，能食龍。《古杭雜記詩集》：吳潛拜相，其兄淵多所攀附，有譏于理宗曰：外間童謠云云。

圖表

晉 郭璞《爾雅音圖・釋蟲》

宋 唐慎微《證類本草》卷二二

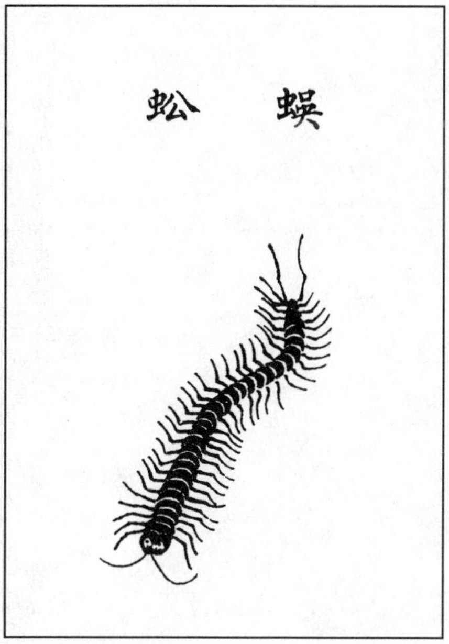

明 李時珍《本草綱目・圖卷》

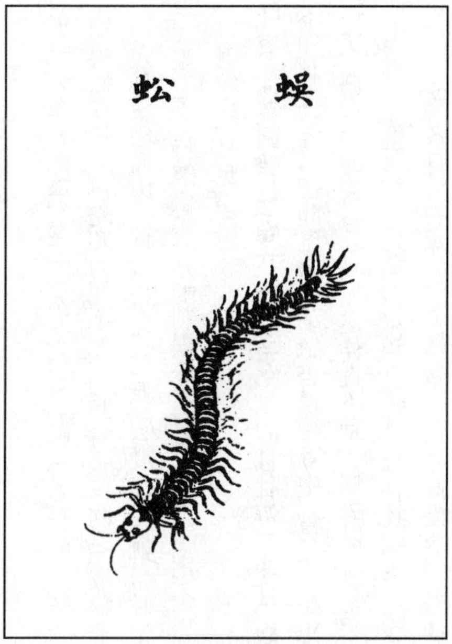

蚰蜒

綜述

《爾雅・釋蟲》 螾衘，入耳。注：蚰蜒。音義：螾，以忍反。衘，以善反，本又作蜒。蚰，音由。蜒，音延。《方言》云：宋魏之間，蚰蜒謂之入耳。《字林》云：北燕人謂蚰蜒爲蚋蚭。上音奴六反，下音女其反。疏：此蟲象蜈蚣，黄色而細長，呼爲吐古。案《方言》云：『蚰蜒，自關而東謂之蚰蜒，或謂之入耳，或謂之蛝蠼。趙魏之間或謂之蚨虷。北燕謂之蚋蚭。』江東人呼蛩。皆今蚰蜒，喜入耳者也。蚰音由，蜒音延，蠼音麗，蚨音扶，虷音于，蚋奴六切，蚭音尼，蛩音鞏。

漢 揚雄《方言》卷一一 蚰蜒，由延二音。自關而東謂之螾蜒，螾音引。或謂之入耳，或謂之蛝蠼。音麗。趙魏之間或謂蚨虷。扶于二音。北燕謂之䖡蚭。䖡，奴六反。蚭，音尼。江東又呼蛩音鞏。案：《爾雅》：螾衘，入耳。郭璞注云：蚰蜒。《釋文》云：衘本又作蜒。《方言》：宋魏之間，蚰蜒謂之入耳。所引有脱誤。又引《字林》云：北燕人謂蚰蜒爲䖡蚭。《疏》全引《方言》此條，文並同。《廣雅》：

蝂蠼，蚟蚭，蚨虷，蚰蜒也。本此。

宋 鄭樵《通志》卷七六 蚰蜑，關東謂之蠙蜑。故《爾雅》曰：蠙蜑，入耳。以此蟲能入人耳，故得入耳之名。

宋 羅願《爾雅翼》卷二四《蚰蜒》 蠙衘，入耳。郭氏曰：蚰蜒，自關而東謂之蠙蜑。方家説蚰蜒，大者如釵股，色正黃，其足無數，如蜈蚣狀。此蟲好脂油香，入人耳及諸竅中，故因以爲名，使人戒焉。古稱昌羊去蚤蝨而來蛉窮。蛉窮，蚰蜒，入耳之蟲。昌羊，今昌蒲，是其氣芬芳所召爾。《梓人》謂此爲卻行之屬。今蝸牛之無殼者，俗呼蜒蚰，又呼蝸牛爲蜒蚰蠃。蝸牛驚則退縮，似應卻行之義。然蝸牛要不能入耳，當以多足者爲是。《楚辭》以此物比讒賊。王逸《九思》云：昇車兮命僕，將馳兮四荒。下堂兮見蠆，出門兮觸蠭。巷有兮蚰蜒，邑多兮螳蜋。睹斯兮嫉賊，心爲兮切傷。蓋蠆之螫人也在下，蠭之逐人也自上，蚰蜒則自側，螳螂則當前，是則上下左右與夫在前者，皆嫉賊矣。欲馳四荒，其可得耶？夫《楚辭》之人，既不容於内而出，出又不容，故君子怨焉。

明 穆希文《蟫史集》卷一〇《蚰蜒》 陶隱居云：此物狀似蜈蚣而甚長，細而黃，鷄食之醉悶至死。《方言》曰：蚰蜒，自關而東謂之蠙蜑，或謂之入耳，或謂之蝂蠼。趙魏之間謂之蚨虷。北燕謂之蚟蚭。《爾雅》云：蠙衘，入耳。注云：蚰蜒也。《蟫史》云：蚰蜒呼百脚蟲，似蜈蚣而高脚，似馬陸而扁身，蓋蜈蚣脚短而馬陸員身也。色正黃，大者如釵股，其足無數。此蟲好脂油香，能入人耳及諸竅中，以驢乳灌之，化爲水。

清 胡廷光《傷科匯纂》卷一一《蚰蜒傷》 耀山曰：蚰蜒非蜒蚰蠃也。狀如蜈蚣，色黃不斑，其足無數，好脂油香，故入人耳及諸竅中，亦百足之類也。李時珍云：處處有之，墻屋爛草中尤多，身圓不扁，尾後秃而無岐，大者長寸餘，觸之蹺屈如環。其入人耳，用龍腦、地龍、硇砂單吹之，皆效。或以驢乳灌之，即化爲水。或以香物引之。《淮南子》云『菖蒲去蚤虱而來蛉蛩』，即此蟲也。楊雄《方言》云：一名入耳。又一種草鞋蟲，形亦相似而身扁，亦能入人耳中。

清 方旭《蟲薈》卷三《昆蟲·蚰蜒》 《方言》：蚰蜒，自關而東曰蠙衘，或曰入耳，或曰蝂蠼。趙魏曰蚨虷。北燕曰蚟蚭。旭按：蚰蜒，即蜒蚰也。長寸餘，無足，背黃黑色，腹色白，其行有涎如銀，能制蜈蚣，相去寸許，其肉自消。今處處有之，名不一，曰涎牛，曰蛉窮，曰陵蠡，曰蛸蚔，曰鼻涕蟲，曰託胎蟲，曰蛞蝓。陳藏器、李時珍並以馬陸之小者爲蚰蜒，另出蛞蝓一條，誤。又或説蝸牛殼爲他蟲寄居，或被雨水漂去則爲蚰蜒，或説蚰蜒能入人耳，皆屬附會，不足信也。

圖表

晉 郭璞《爾雅音圖·釋蟲》

明　李時珍《本草綱目·圖卷》

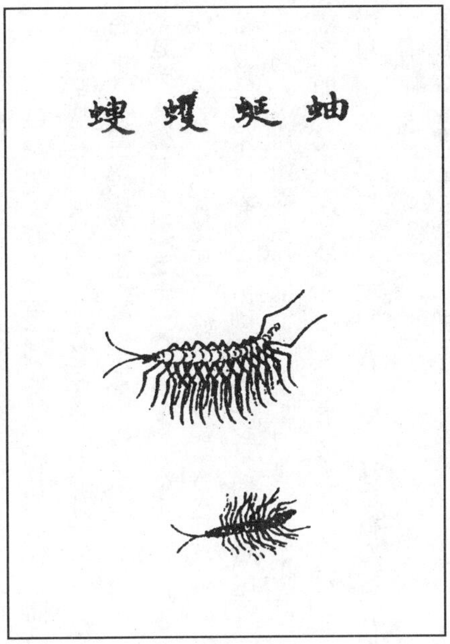

顛當　王蛈蝪　螲蟷

綜　述

《爾雅·釋蟲》　王蛈蝪。注：即螲蟷，似鼅鼄。在穴中，有蓋。今河北人呼蛈蝪。音義：【略】疏：此鼅鼄之一種也，一名螲蟷。穴居布網，穴口有蓋。河北人呼蛈蝪者是也。

唐　段成式《酉陽雜俎》卷一七　顛當，成式書齋前，每雨後多顛當。窠秦人所呼。深知蚓穴，網絲其中，土蓋與地平，大如榆莢。常仰捍其蓋，伺蠅蠖過，輒翻蓋捕之，纔入復閉，與地一色，並無絲隙可尋也。其形似蜘蛛。如墻角亂緺中者。《爾雅》謂之王蛈一作蛛。蝪，《鬼谷子》謂之蛈母。秦中兒童戲曰：顛當顛當牢守門，蠮螉寇汝無處奔。

明　葉子奇《草木子》卷四　顛當，巢深如蚓穴，網絲其中，土蓋與地平，大如榆莢。常仰扞其蓋，伺蠅蠖過，輒翻蓋捕之，纔入復閉，與地一色，並無絲隟可尋也。其形似蜘蛛。

明　楊慎《譚苑醍醐》卷七《王跌踼》　《爾雅》：王跌踼。郭景純注云：即螲蟷，似蜘蛛，在穴中有蓋。邢昺疏曰：此蜘蛛之一種也，穴居，布網穴口。唐劉崇遠《金華子》云：長安閭里中小兒，竟以纖草刺地穴間，戲以手撫地曰：『顛當出來。』既見草動，則釣出赤色小蟲子，形似蜘蛛。江南小兒謂之釣駱駝，其蟲子之背有若駝峯也。搢紳會同時，有以此質疑，衆皆默然，有明經劉寡辭者曰：『此《爾雅》所謂王跌踼也，景純之注可校焉。』證之於書，衆皆折伏。慎按：小兒呼顛當，即跌踼音之反也，螲蟷也。跌踼，顛當也。字不同耳。此可補《爾雅》疏之遺。

明　楊慎《丹鉛續録》卷六《王蛈蝪》　《爾雅》：王蛈蝪。郭景純注云：即螲蟷，似蜘蛛，在穴中有蓋。邢昺疏曰：此蜘蛛之一種也，穴居，布網穴口。唐劉崇遠《金華子》云：長安閭里小兒，競以纖草刺地穴間，戲以手撫地曰：『顛當出來。』既見草動，則釣出赤色小蟲子，形似顛當。《爾雅》謂之王蛈蟷，《鬼谷子》謂之蛈鬼，唐劉崇遠《金華子》謂之釣駱槖。兒童諺云：顛當牢守門，蠮螉寇汝無處奔。范石湖詩：恐妨胡蝶驚夢，笑倩顛當守門。

明　李時珍《本草綱目》卷四〇　螲蟷《拾遺》　釋名：蛈蝪、《爾雅》顛當蟲、《拾遺》蛈母、《綱目》土蜘蛛。藏器曰：螲蟷，音窒當。《爾雅》作蛈蝪，音迭湯。今轉爲顛當蟲，河北人呼爲蛈蟷，音姪唐。《鬼谷子》謂之蛈母。集解：藏器曰：螲蟷是處有之。形似蜘蛛，穴土爲窠，穴上有蓋覆穴口。時珍曰：蛈蝪，即《爾雅》土蜘蛛也，土中布網。按段成式《酉陽雜俎》云：齋前雨後多顛當窠，深如蚓穴，網絲其中，土蓋與地平，大如榆莢。常仰捍其蓋，伺蠅蠖過，輒翻蓋捕之，纔入復閉，與地一色，無隙可尋，而蜂復食之。秦中兒謡云：顛當顛當牢守門，蠮螉寇汝無處奔。

明　彭大翼《山堂肆考》卷二二八《翻蓋》　螲蟷，一名顛當，形似蜘蛛，穴土爲巢。《爾雅》謂之王蛈蝪，《鬼谷子》謂之蛈母。窠深如蚓穴，網絲其中，土蓋與地平，大如榆莢。常仰掀其蓋，伺蠅蠖過，轉蓋捕之，纔入穴，復閉，與地一色，並無絲隟可尋也。秦中兒童戲曰：顛當顛當牢守門，蠮螉寇汝無處奔。段成式謂：蠮螉，好窠于書卷，或在筆管中，祝聲可聽。

明　吴之俊《獅山掌録》卷二四《顛當》　顛當，窩深如蚓穴，網絲其中，土與地平，大如榆莢。常仰捍其蓋，伺蠅蠖過，輒翻蓋捕之，纔入復閉，與地一色，無絲隙可尋也。《爾雅》謂之王蛈蜴，《鬼谷子》謂之蛈母，浙中謂之駝背蟲。故范成大詩曰：恐妨蝴蝶同夢，笑倩顛當守門。

明　陳懋仁《庶物異名疏》卷二九《顛當》　顛當，王蛈蟷，見《爾雅》。《鬼谷子》謂蛈鬼，《金樓子》謂之釣駱橐。《草木子》曰：顛當，巢深如蚓穴，網絲其中，土蓋與地平，大榆如莢。常仰杆其蓋，伺蠅蠖過，輒翻蓋捕之，纔入復閉，與地一色，並無絲隙可尋也。其形似蜘蛛。

明　方以智《通雅》卷四七　顛當，土蜘蛛，蓋蛈蜴之轉語也。《爾雅》：王蛈蜴。郭注：螲蟷也。蛈蜴，音迭湯，聲轉爲顛當。《鬼谷》謂之蛈母，《金樓子》謂之釣臺駼。陳無功本引《爾雅》王蛈蟷，誤此即土中結網之蜘蛛也。段成式曰：顛當，穴土爲蓋，大如榆莢。秦中兒謠曰：顛當顛當牢守門，蠮螉寇汝無處奔。

清　王棠《燕在閣知新録》卷三一《顛當》　顛當，《爾雅》謂之蛈蜴，窩深如蚓穴，有土蓋如地平，大如榆莢。常仰其蓋，有蠅蠖過，輒蓋捕之，纔入復閉。秦中兒童戲曰：顛當顛當牢守門。范成大六言詩曰：恐妨蝴蝶同夢，笑倩顛當守門。浙中謂之駝背蟲。

圖表

晉　郭璞《爾雅音圖·釋蟲》

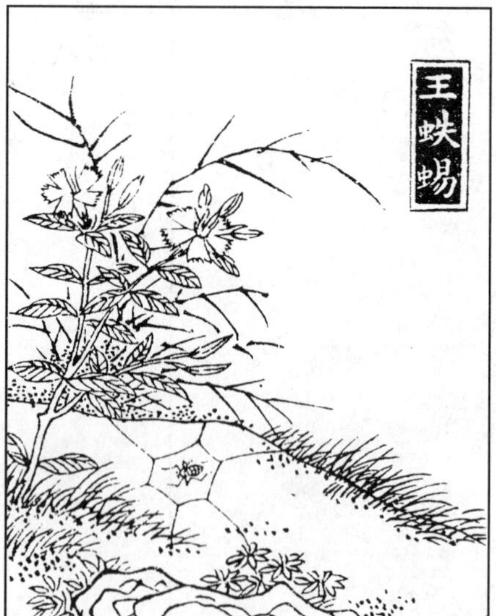

明　李時珍《本草綱目·圖卷》

壁錢　壁鏡

綜述

唐　段成式《酉陽雜俎續集》卷八　壁鏡，一日江楓亭會，衆説單方，成式記治壁鏡用白礬。重訪許君，用桑柴灰汁，三度沸，取汁，白礬爲膏，塗瘡口即差，兼治蛇毒。自商、鄧、襄州多壁鏡，毒人必死。坐客或云，已年不宜殺蛇。

宋　唐慎微《證類本草》卷二二　壁錢，無毒。主鼻衄及金瘡下血不止，捺取蟲汁點瘡上及鼻中，亦療外野雞病下血。其蟲上錢幕，主小兒嘔吐逆，（耳）〔取〕二十煮汁飲之。蟲似蜘蛛，作白幕如錢，在闇壁間，（此）〔北〕土人呼爲壁繭。

明　李時珍《本草綱目》卷四〇　壁錢《拾遺》　釋名：壁鏡。時珍曰：皆以窠形命名也。集解：藏器曰：壁錢蟲似蜘蛛，作白幕如錢，貼墻壁間，北人呼爲壁繭。時珍曰：大如蜘蛛而形扁，斑色，八足而長。亦時蜕殼，其膜色光白如繭。或云：其蟲有毒，咬人至死。惟以桑柴灰煎取汁，調白礬末傅之，妙。

明　彭大翼《山堂肆考》卷二二八《作幕如錢已下附》　壁錢蟲似蜘蛛而身扁，作白幕如錢，著壁間，俗呼爲壁蠒。其抱子隔幕而伏，生子百數，坼幕而出。一名扁蟢，一名壁鏡。

圖表

明　李時珍《本草綱目・圖卷》

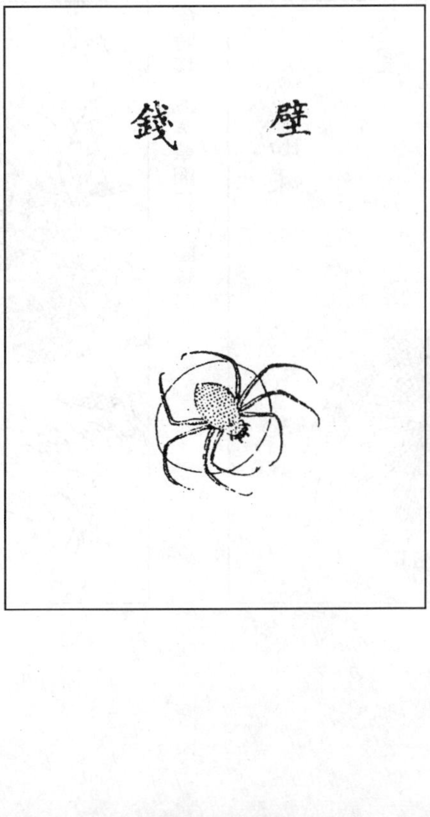

蠅虎

綜述

晉　崔豹《古今注》卷中　蠅虎，蠅狐也。形似蜘蛛而色灰白，善捕蠅。一名蠅蝗，一名蠅豹。一本作豹子。

唐　蘇鶚《蘇氏演義》卷下　蠅虎，一名豹子。按：《古今注》尚有『蠅狐也。形似蜘蛛而色灰白，善捕蠅。一名蠅蝗』，凡十八字，此本當有脱落。

五代　馬縞《中華古今注》卷下《蠅虎》　蠅狐也。形似蜘蛛而色灰

白，善捕蠅蝗。一曰蠅虎子。

明　陳繼儒《虎薈》卷四　蠅虎，一名蠅豹，似蚰蜒而無網絡，身黑色，觜邊有雙肉爪，攫蠅而食之，兩目似虎，炯然有光。《説文》謂之蠅蝗蠨蛸。

明　彭大翼《山堂肆考》卷二二八《蠅虎》　一名蠅豹，似蚰蜒而無網絡，身黑色，觜邊有雙肉爪，攫蠅而食，兩目似虎，炯然有光。《説文》謂之蠅蝗。

清　嵇璜《續通志》卷一七八　蠅虎，一名蠅狐，一名蠅蝗，一名蠅豹，形似蜘蛛而色灰白，善捕蠅。

藝　文

宋　陳師道《後山集》卷三《蠅虎》　物微趣下世不數，隨力捕生得稱虎。匿形注目摇兩股，卒然一擊勢莫禦。十中失一八九取，吻間流血腹如鼓。却行奮臂吾甚武，明日淮南作端午。

宋　楊萬里《誠齋集》卷四一《蠅虎六言》　長有青蠅入夢，初無白額負嵎。傳業羲皇網罟，齊名鬬縠於菟。

宋　衛宗武《秋聲集》卷四《蠅虎》　狀有類蛛蝥，見物常勇投。奮身如虎猛，所得亦蠅頭。

元　戴表元《剡源文集》卷二一《蠅虎賦》　有蟲翼然，既獰孔武，若腹而絲，若臂而距，跳踉振擲，是謂蠅虎。搏蠅甚智，狙伏壁間，群蠅避之，如虎於山。我玩諸掌，以弄以嬉，惴不敢動，蝡蝡蚩蚩。先生忻然，笑而置之。我聞古人，龍猶可豢。惟虎必誅，與民除患。或生得之，用之於戰。蓋與死而爲鄰，嘻其危而敢玩。乃有至人，以道豢虎，居以爲徒，出以爲御。又有人焉，虎至不怖，曰：我不爾惡，爾無我怒。與虎相忘，其道甚昵。嗟爾蠅虎，何爲者耶？謂非虎耶，於蠅不仁；謂誠虎耶，遇我而馴。或曰：搏人所憎，不爲不仁。故見畏於蠅，其所以見狎於人。或曰：是亦虎類，馴之有道。蠅視之大，我視之小。藐然掌中，以馴易暴。亦如彼虎，雄跳躁擾。極衆庶之所驚，纔至人之一笑。嗚呼噫嘻！物之於人，嗜欲血氣，鮮有不同。意兩鋭者必奪，力俱强而乃攻。此其無齒牙而忍，不爪距而凶；搏善良以爲食，朘膏血以自豐。其名爲人，其實有遠愧於爾爾者矣。誠得道以御之，彼雖暴而莫動。故有談笑而儀衍挫謀，拱揖而孟賁失勇。索而言之，理無不然。一日之内，一身之間，陰陽水火，寇奪百端。有道於己，愈攻愈堅。泰山裂車而目不瞬，疾雷破柱而足不遷。四海一航，八荒一席。干戈血肉之區，歌舞腥臊之域。閲千世於須臾，忽微蟲之過隙。謂振古之如斯，復誰喪而誰得。於是先生頽然如醉，嗒然欲默，縱吾意之所如，聊優游而偃息。

清　沙琛《點蒼山人詩鈔》卷四《蠅虎》　斑駁隱陸離，趫足悍蹲舞。青蠅殊可憎，壯爾策名虎。

蜘蛛　蛸蠨

論　説

宋　洪邁《容齋續筆》卷八《蜘蛛結網》　佛經云：蠢動含靈，皆有佛性。《莊子》云：惟蟲能蟲，惟蟲能天。蓋雖昆蟲之微，天機所運，其善巧方便，有非人智慮技解所可及者。蠶之作繭，蜘蛛之結網，蜂之累房，燕之營巢，蟻之築垤，螟蛉之祝子之類是已。雖然，亦各有幸不幸存乎其間。蛛之結網也，布絲引經，捷急上下，其始爲甚難。至於緯而織之，轉盼可就，疏密分寸，未嘗不齊。門檻及花梢竹間，則不終日，必爲人與風所敗。唯閒屋垝垣，人迹罕至，乃可久久而享其安。故燕巢幕上，季子以爲至危。李斯見吏舍厠中鼠食不潔，近人犬，數驚恐之；倉中之鼠食積粟，居大廡之下，不見人犬之面。歎曰：人之賢不肖，譬如鼠矣，在所自處耳。豈不信哉？

元　甘復《山窗餘稿·蠨蛸説》　甘子座隅，蠨蛸網於牖，蠅投而罣

焉。蠨蛸小蠅三之二，蠅鼓以翼，捽以距，蠨蛸罥焉益固。蠅鳴嬰嬰，卒莫自釋。客有憫蠅欲釋之者，有詰之曰：子以何見，舍蠨蛸活蠅也？曰：惡蠨蛸羅物之不知也。曰：子如是，將絶生之道乎？天生物，必有以飼之者。子以蠨蛸爲羅物之不知，比虎兕鷹鸇啖擊比類以自澤者，孰爲優劣也？蠨蛸微有取焉者，夕業以自勤，朝無復而安焉，比捕而獲獵而饗者有間矣。且比卦九五辭以『王用三驅，失前禽』爲不私。而蠨蛸之微羅，不盈尺於天地之間，冀有獲乎？有獲乃千萬之一遇爾。子將千萬之一遇而獲者奪之，且毁其業焉，過矣。遂無以畣。甘子曰：噫！乃著其説。

明　朱有燉《誠齋録》卷四《青蜘蛛説》　予昨偶步園中，有老圃掘地得蟲而殺之者，予憐而詰其故，答曰：所殺者，青色蜘蛛也。夜則食花木之苗，晝則潛藏於穴。恐人見其形也，又高覆其土以固之。僕因踪跡其土，識其穴而獲焉。其爲道也賊，故除之耳。予聞而嘆之曰：此有心以絶其命也。彼方夜食其苗，晝潛於穴，復固之以土，自以爲智識之深、關防之密，有以安其生也。孰不知彼之智識關防，人從而得其計焉。彼之至巧乃至拙，彼之至安乃至危。彼以至得於謀，然而至失於計。彼深潛於形者，實至顯其迹也。於乎人，若此者亦多矣。孰若蜻蛚、蜩螗不害物於夜，亦不必潛形於晝也。直行吾道，平處吾心，樂夫天命，聽其自然，復何虞哉？故爲説。

明　何三畏《新刻何氏類鎔》卷三五《蜘蛛》　有土蜘蛛者結網土中，有草蜘蛛者絡幕草上。或縈羅于三面，或曳繩於四隅。連大廡而接華堂，依高廊而憑廣厦。絲叢漫布，綺錯交張。于是青繩昏歸，蒼蚊夕起。營營羣衆者掛翼而繞足，薨薨亂飛者投罥而觸圍。昔太昊師蜘蛛而結網，成湯祝蛛蝥之作網，義蓋有取爾也。大澤之蜘蛛，布網執豸而食之者，乃來公子駐駟之觀而謂爲人者，曾不如其智巧。未央之蜘蛛，罥羅蟲觸之而死者，乃起龔舍掛冠之念而謂仕宦者，應不入其網羅。陳琅所見之大蜘蛛，懸之床頭者殺之，可以絶鬼魅。裴旻所射之山蜘蛛，收之部下者貼之，可以療金瘡。有蜘蛛於寢門緣絲而上者，張文成則爲吉祥善事而晉秩，得五品之階。有蜘蛛於簷前垂絲而下者，楊苧羅則以聰慧口才而作詩，得五疋之絹。唐時有紅白二蜘蛛，在寺内而化爲妖婦，而許相謂覆地寒食飯，入夏中而悉化爲蜘蛛者，斯亦可異也哉！

綜　述

《爾雅·釋蟲》　次蟗，鼅鼄。鼅鼄，鼄蝥。注：今江東呼蝃蝥。土鼅鼄。注：在地中布網者。草鼅鼄。注：絡幕草上者。音義：蟗，本或作蝵，郭音秋。鼅，音知，或作蜘。鼄，音誅，或作蛛。蝥，音謀，又音無，《説文》作蝥，音茅，云：蠿蟊，作網蛛蟊也。以此亦爲蟊蟊。字蝃或作蚍，音章悦反，本或作掇拾字非。疏：此辨鼅鼄方言及在土、草之名也。蟗即鼅鼄别名也。又一名鼄蝥，今江東呼蝃蝥。《説文》謂之鼄蝥，作網鼄蝥也。《方言》云：自關而西秦晉之間謂之鼄蝥，自關而東趙魏之郊謂之鼅鼄，或謂之蠾蝓。北燕朝鮮洌水之間謂之蝳蜍。郭又云：齊人又呼社公，亦言網公。其在地中布網者名土鼅鼄。其作網絡幕草上者名草鼅鼄也。蠾，音燭。蝓，音臾。蝳，音毒。蜍，音余。【略】蠨蛸，長踦。注：小鼅鼄長脚者，俗呼爲喜子。音義：蠨，悉雕反，或音肅。蛸，所交反。《説文》云：蠨蛸，長股者踦。郭云：音崎嶇之崎，杙宜反，《字林》巨綺反，或居綺反。《廣雅》云：踦脛也。字從足虫旁作者非。疏：此小鼅鼄長脚者，一名蠨蛸，一名長踦，俗呼爲喜子。《詩·東山》云：蠨蛸在户。陸璣《疏》云：『一名長脚，荆州、河内人謂之喜母。此蟲來著人衣，當有親客至，有喜也，幽州人謂之親客。亦如蜘蛛爲羅網居之』是也

漢　許慎《説文》卷一三　蠨，蠨蛸，長股者。从虫，肅聲。穌雕切。【略】鼅，鼅鼄蟊也。从黽，智省聲。陟離切。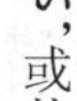，或从虫。鼄，鼅鼄也。从黽，朱聲。陟輸切。鼄，或从虫。

三國吴　陸璣《毛詩草木鳥獸蟲魚疏》卷下《蠨蛸在户》　蠨蛸，長踦，一名長脚，荆州河内人謂之喜母。此蟲來著人衣，當有親客至，有喜也，幽州人謂之親客。亦如蜘蛛爲網羅居之。

晉　崔豹《古今注》卷中　長蚑，蠨蛸也。身小足長，故謂長蚑。

唐　蘇鶚《蘇氏演義》卷下　蝭蚑，蠨蛸也。身小而足長，故謂之蝭蚑。

五代　馬縞《中華古今注》卷下《長跂》　蠨蛸也。身小足長，故謂長跂。小蜘蛛長脚也，俗呼爲蟢子。

宋　釋贊寧《東坡先生物類相感志》卷一六《蠨子》　《詩》云：蠨蛸在户。陸璣《詩義》云：河内謂之蠨子，云此懸絲者，人當有親客至，則有喜也。

宋　蔡卞《毛詩名物解》卷一一《蠨蛸》　《釋蟲》云：蠨蛸，長踦。蕭梢，長踦之貌，故名。郭璞曰：今小蜘蟵長股者，俗呼喜子。亦如蜘蟵布網垂絲，着人衣裳，有親客至。荆州、河内之人謂之喜母。陸子曰：乾鵲噪而行人至，蜘蟵集而百事喜。蓋謂是也。《詩》曰：蠨蛸在户。

宋　陸佃《埤雅》卷一〇《蠨蛸》　《釋蟲》云：蠨蛸，長踦。蕭梢，長踦之貌，因以名云。郭璞曰：今小蜘蛛長股者，俗呼喜子。亦如蜘蛛布網垂絲，著人衣，當有親客至。荆州、河内之人謂之喜母。陸子曰：乾鵲噪而行人至，蜘蛛集而百事喜。蓋謂是也。《詩》曰：蠨蛸在户。

又卷一一《蜘蛛》　《論衡》曰：蜘蛛結絲以網飛蟲，人之用計安能過之，亦掃其網置衣領中，令人知巧辟忘。世云蜘蛛布網如罾，其絲右繞。今摩旋蔓生，皆循右而轉，亦自然之理也。《易》曰：作結繩而爲網罟，以佃以漁，蓋取諸離。重門擊柝，以待暴客，蓋取諸豫。説者又以謂放蜘蛛而結網，法螺蚌而閉户，則古之知者創物，其兼取博矣。蓋昔者聖人之作《易》也，既曰仰觀於天，俯察於地，而又觀鳥獸之文與地之宜，則所謂取才於物，雖非所以先者，然亦豈可少哉？《字説》曰：設一面之網，物觸而後誅之，知誅義者也。

宋　鄭樵《通志》卷七六　鼅鼄之類多。《爾雅》曰：次蟗，鼅鼄。鼅鼄，蝥。土鼅鼄。草鼅鼄。按《方言》云：關西秦晉之間謂之鼄蝥，關東趙魏之郊謂之鼅鼄。在土中者曰土鼅鼄，在草中布網者曰草鼅鼄。土中者能毒人，俗謂天蛇，又曰蠨蛸、長踦。《詩》所謂『蠨蛸在户』，即小鼅鼄長脚者，俗呼喜子。又曰：王蚨蜴，鼅鼄類也。一名螲蟷，穴居布網，穴口有蓋，河北人呼蚨蜴。

宋　李石《續博物志》卷六　小蜘蛛長脚者，一名蠨蛸，一名長蹢，俗名喜子。陸璣《疏詩》名長脚，荆州河内人謂之喜母。

又卷一〇　蜘蛛網纏贅疣，七日消爛，屢有驗。

宋　羅願《爾雅翼》卷二五《蜘蛛》　鼅鼄布網於簷，四隅狀如罾，自處其中。飛蟲有觸網者，輒以足頓網，使不得解。其力大，有甲翅者，纏縛甚急，已乃食之。春秋二時得煖風而生，旋吐游絲，飛颺其身，故春月游絲有長數丈許者，皆鼅鼄所爲也。古人稱太昊師鼅鼄而結網。故張望賦云：吐自然之纖緒，先皇羲以結網。《新序》曰：湯見祝網者，置四面而祝。湯乃解其三面，置其一面，更教之祝曰：昔蜘蛛作網，今之人循序，欲左者左，欲右者右，欲高者高，欲下者下，吾取其犯命者。然則網罟之設，雖取諸離，亦有象於此也。焦贛《易林》曰：蜘蛛作網，以司行旅。又曰：蜘蛛南北，巡行罔罟。《字説》曰：設一面之網，蟲至而獲焉，知誅義者也。考陶弘景云：鼅鼄類十種，《爾雅》載七八種。今草鼅鼄有五色長脚者，作網畢，以大絲向四隅各絡數十折。或云以厭勝諸蟲云。又有土鼅鼄。《大玄》曰：蜘蛛之務，不如蠶之綸。

又《蠨蛸》　蠨蛸，小鼅鼄長脚者，俗呼爲喜子。陸璣《疏》云：蠨蛸，長踦，一名長脚，荆州、河内人謂之喜母。此蟲來著人衣，當有親客至。亦如鼅鼄爲羅網居之。《詩》曰『蠨蛸在户』，言爲網於户也。陸賈曰：目瞤得酒食，燈花得錢財，乾鵲噪行人至，蜘蛛集百事喜。劉子曰：今野人晝見蟢子者，以爲有喜樂之端；夜夢見雀者，爵位之象。然見喜子者未必有喜，夢雀者未必彈冠。而人悦之者，以其利人也。今人以早見爲喜，晚見爲常。又云：在頭則有喜事。蠨蛸既主有喜，而《豳》詩以『在户』言憂思感傷者，蓋果蠃、伊威、蠨蛸、鹿場、熠燿，此五物者，家無人則集，所以令人感思。此自以著衣爲有喜，各以爲義爾。荆楚之俗，七月七日設瓜果於庭中，以乞巧，有喜子網於瓜上，則以爲得巧。

宋　戴侗《六書故》卷二〇　蠨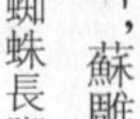，蘇雕切。蠨蛸也。《詩》云：蠨蛸在户。《爾雅》曰：蠨蛸，長踦。釋曰：長踦，小蜘蛛長脚者，俗呼爲喜子。陸氏曰：一名長脚，荆州河内人謂之喜母。此蟲著人衣則有喜，幽州人謂之親客喜。亦作蟢踦，亦作**蟢**。

又　蜘蛛，陟離切。又作䵹鼅。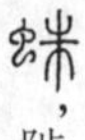，陟余切。又作鼄。蜘蛛，網蟲，其類不一，縣空張網如罾羅，食飛蟲。《爾雅》曰：次蟗，（音秋）鼅鼄。鼅鼄，鼄蝥。土鼅鼄。草鼅鼄。《方言》曰：自關以西秦晉之間謂之鼄蝥，自關以東趙魏之郊謂之鼅鼄，或謂屬臾。北燕朝鮮弱水之間謂之毒餘。郭氏曰：齊人又呼社公，亦云綑公。《爾雅》又曰：王蚨蜴。釋曰：此蜘蛛之一種也。一名螲蟷，穴居布網，穴口有蓋，河北人呼蚨蜴也。

明　周祈《名義考》卷一〇《蟢蟢𧎘音豈》　《廣韻》：𧎘，長足蟲也。《説文》：蠨蛸，長股者，一名長蚑。《詩疏》：長𧎘，河内人謂之喜母。著人衣，當有親客至。今産子墻壁上，護以白膜。亦有足抱子行者，俗謂之喜，喜則𧎘也。《西京雜記》：蜘蛛集而百事喜。陸賈云：蟢子垂而百事喜。李德裕云：人將有喜，兆垂於冠冕。蜘蛛有三種，一種布網簷端；一種絡幕草上，俱蒼黑色；一種小而微紅，謂之蟢蛛，則蟢也。郭璞以小蜘蛛長脚者爲蠨蛸，是猶未辨。

明　李時珍《本草綱目》卷四〇　蜘蛛《别録》下品　釋名：次蠹、秩。《爾雅》蠾蝓、屬俞。《方言》蝳蜍。亦作鼅鼄，音拙謀。時珍曰：按王安石《字説》云：設一面之網，物觸而後誅之。知乎誅義者，故曰蜘蛛。《爾雅》作鼅鼄，從黽，黽者大腹也。楊雄《方言》云：自關而東呼爲蠾蝓，侏儒語轉也。北燕朝鮮之間謂之蝳蜍，齊人又呼爲杜公。蝳蜍見下。集解：弘景曰：蜘蛛數十種，今入藥惟用懸網如魚罾者，亦名蝳蜍。赤斑者名絡新婦，亦入方術家用。其餘並不入藥。頌曰：蜘蛛處處有之，其類極多。《爾雅》云：次蠹，鼅鼄，鼄蝥也。土鼅鼄，草鼅鼄。蠨蛸，長踦。郭璞注云：今江東呼鼅鼄爲鼄蝥，長脚者爲蟢子。則陶云蝳蜍者，即蝃蝥也。藏器曰：蝳蜍，在孔穴中及草木上，陶言即蜘蛛，非矣。斅曰：凡五色者，及大身有刺毛生者，并薄小者，並不入藥。惟身小尻大，腹内有蒼黄膿者爲真。取屋西結網者，去頭、足，研膏用。宗奭曰：蜘蛛品多，皆有毒。今人多用之家簷角、籬頭、陋巷之間，空中作懸網，大腹深灰色者耳。遺尿著人，令人生瘡。恭曰：劒南、山東，爲此蟲所囓，瘡中出絲，屢有死者。時珍曰：蜘蛛布網，其絲右繞。其類甚多，大小顔色不一，《爾雅》但分蜘蛛、草、土及蠨蛸四種而已。蜘蛛囓人甚毒，往往見于典籍。按劉禹錫《傳信方》云：判官張延賞，爲斑蜘蛛咬頸上，一宿有二赤脈繞項下至心前，頭面腫如數斗，幾至不救。一人以大藍汁入麝香、雄黄，取一蛛投入，隨化爲水。遂以點咬處，兩日悉愈。又云：貞元十年，崔從質員外言，有人被蜘蛛咬，腹大如孕婦，有僧教飲羊乳，數日而平。又李絳《兵部手集》云：蜘蛛咬人遍身成瘡者，飲好酒至醉，則蟲於肉中似小米自出也。劉郁《西域記》云：赤水兒城有蟲如蛛，毒中人則煩渴，飲水立死，惟飲葡萄酒至醉吐則解。此與李絳所言蜘蛛毒人，飲酒至醉則愈之意同，蓋亦蜘蛛也。鄭曉《吾學編》云：西域賽藍地方，夏秋間草生小黑蜘蛛，甚毒，囓爲痛聲徹地，土人誦呪，以薄荷枝拂之，或以羊肝遍擦其體，經一日夜痛方止，愈後皮脱如蜕。牛馬被傷輒死也。元稹《長慶集》云：巴中蜘蛛大而毒，甚者身運數寸，踦長數倍，竹木被網皆死。中人，瘡痏痛癢倍常，惟以苦酒調雄黄塗之，仍用鼠負蟲食其絲則愈。不急救之，毒及心，能死人也。段成式《酉陽雜俎》云：深山蜘蛛有大如車輪者，能食人物。若此數説，皆不可不知。《淮南萬畢術》言：赤斑蜘蛛食猪肪百日，殺以塗布，雨不能濡；殺以塗足，可履水上。《抱朴子》言：蜘蛛、水馬，合馮夷水仙丸服，可居水中。皆方士幻誕之談，不足信也。

又　草蜘蛛《拾遺》　正誤：舊標作蝳蜍，今據《爾雅》改作草蜘蛛。見下。集解：藏器曰：蝳蜍，在孔穴中，及草木稠密處，作網如吞絲爲蔕，就中開一門出入，形段微似蜘蛛而斑小。陶言蝳蜍即蜘蛛，誤矣。時珍曰：《爾雅》：鼅鼄，鼄蝥也。草鼅鼄，在草上絡幕者。據此，則陶氏所謂蝳蜍正與《爾雅》相合。而陳氏所謂蝳蜍，即《爾雅》之草蜘蛛也。今改正之。然草上亦有數種，入藥亦取其大者爾。有甚毒者，不可不知。李氏《三元書》云：草上花蜘蛛絲最毒，能纏斷牛尾。有人遺尿，絲纏其陰至斷爛也。又沈存中《筆談》言草上花蜘蛛咬人，爲天蛇毒，則誤矣。詳見《鱗部》「天蛇」下。

明　穆希文《説原》卷一二　蜘蛛布網于簷，以羅飛蟲。春秋二時得煖風而生，旋吐游絲飛揚其身。蠨蛸，其小者也，俗呼爲喜子。

明　李中立《本草原始》卷一一　蜘蛛，弘景曰：蜘蛛數十種，入藥惟用懸網如魚罾者，亦名蝳蜍。赤斑者名絡新婦，亦入方術家用。按王安石《字説》云：設一面之網物，觸而後誅之，知乎誅義者，故曰蜘蛛。

明　吴雨《毛詩鳥獸草木考》卷一七《蠨蛸》　蠨蛸，小鼅鼄也，一名長踦而足長，如蜘蛛結網當户。人觸之，則伸前後足如草，使人不疑爲蟲。今小蜘蛛長膠者，俗呼爲喜子。陸璣云：蠨蛸，長踦，一名長脚，荆州河内人謂之喜母。此蟲來著人衣，當有親客至，幽州人謂之親客。陸子曰：乾鵲噪而行人至，蜘蛛集而百事喜。蓋謂是也。今人以早見爲喜，晚見爲常。又云：在頭則有喜事。蠨蛸既主有喜，而《豳》詩以「在户」言憂思感傷者，蓋果臝、伊威、蠨蛸、鹿場、熠燿，此五物家無人則集，所以令人感思。此自以著衣爲有喜，各以爲義爾。

明　劉侗《名物通》卷一〇　蜘蛛，一曰蝥，小者蠨蛸。又曰尺蠖，又曰蝍蝛。長脚者蟢子，花者名天蛇。牽絲山谷樹木間，觸其毒，秦艽湯解之。又有蛈蝪，似蜘蛛，在穴中者。

明　毛晉《陸氏詩疏廣要》卷下之下《蠨蛸在户》　《爾雅》：蠨蛸，長踦。郭注：小鼅鼄長脚者，俗呼爲喜子。《東山》云「蠨蛸在户」是也。《埤雅·釋蟲》云：【略】《爾雅翼》：【略】陸氏曰：蠨蛸，名長踦，小如蜘蛛而足長，喜結網當户。人觸之，則伸前後足如草，使人不疑爲蟲，故名長踦。崔豹

云：蠨蛸，身小足長。《詩緝傳》曰：蠨蛸，長踦也。踦音欺，脚也。

清　徐鼎《毛詩名物圖説》卷三　《爾雅》：蠨蛸，長踦。郭璞注：小鼅鼄長脚者，俗呼爲喜子。陸璣《疏》：荆州河内人謂之喜母。此蟲來着人衣，當有親客至，有喜也。亦如鼅鼄爲網居之。《古今注》：身小足長，故謂長踦。愚按：王安石《字説》云：設一面之網，物觸而後誅之，知乎誅義者，故曰蜘蛛。而蠨蛸亦蜘蛛類，室無人埽結網當户。

清　胡廷光《傷科匯纂》卷一一《蜘蛛傷》　耀山曰：蜘蛛處處有之，其類甚多，《爾雅》但分四種而已。在簷角籬邊空中作圓網，大腹，灰色，似此蜘蛛可入藥用。在孔穴中，及草木稠蜜處，作網吞絲爲蒂，花斑色，爲之草蜘蛛。在墻壁間作窠如錢，形似蜘蛛而扁，斑色，八足而長，爲之喜子。穴地爲窠，網結其中，仰捍其蓋，待蠅蠖過而捕之，入穴閉與地一色，爲之土蜘蛛。宗奭云：蜘蛛皆有毒，遺尿着人，令人生瘡。蘇恭云：劍南山東爲此所咬，瘡中出絲，屢有死者。段成式云：深山蜘蛛有大如車輪者，能食人物。李時珍云：蜘蛛囓人甚毒，往往見於典籍。元稹《長慶集》云：巴中蜘蛛大而毒，甚者身運數寸，踦長數倍，竹木被網皆死，中人，瘡痏癢倍常。【略】《西域聞見録》云：新疆八叉蟲在在有之，形類土蜘蛛，色褐而圓，八爪微短，紫口，口有四岐，囓鐵有聲，徧身黄緑爲章，皮裏通明如繭蠶，生濕地溝渠及人家多年土壁中。大者如雞子，小者如胡桃。每遇大風則出穴，逐風而行，入人屋宇。行急如飛，怒則八足聳立逐人。尋常於人身上往來，切不可動，聽其自去，亦竟無恙。倘少動，觸之，輒噬人，最爲毒惡，痛徹心髓，須臾不救，通身潰爛而死。如噬人輕，則取其蟲碎之，尚無大害。若噬人時吐白絲於瘡口，或噬人後走向水中呼吸，則人必死矣。或曰茜草搗汁服之，並敷瘡口可愈。究之中其毒而生者，百無一二。回子云：唯求阿渾誦經可活。然吾嘗聞回子有被其毒者，皆請阿渾誦經，乃經未終而其人已死。按：此蟲能吐絲，非蜘蛛而何故附之？《坤輿外紀》云：意大理亞國有蜘蛛類，名大懶，毒辣。凡螫人受其毒，即如風狂，或嬉笑，或跳舞，或仰卧，或奔走。其毒中人，氣血比年必發，療其疾者，以各人本性所喜音樂解之。此亦邊徼誦經之流也。李氏《三元書》云：草上花蜘蛛絲最毒，能纏斷牛尾。有人遺尿，絲纏其陰，至斷爛也。又沈存中《筆談》言草上花蜘蛛爲天蛇毒，則誤矣。《摘玄方》云：花蜘蛛咬人，其毒與毒蛇無異，用野縑絲即道人頭搗汁一盞服，仍以渣傅之。《太平廣記》：漢壁鏡毒人至死，用白礬末塗之，良。按：壁鏡即壁錢，喜子窠也。《彙纂》云：壁錢蟲似蜘蛛，俗名喜子。或云：有毒，咬人必死，惟以桑柴灰煎取汁調白礬末傅之，妙。

紀　事

唐　張讀《宣室志》卷一　有御史韋君，嘗從事江夏。復以奉使至京，既還，道次商於館亭中。忽見亭柱有白蜘蛛曳而下，狀甚微。韋君曰：是爲人之患也。吾聞汝雖小，螫人，良藥無及。因以指殺焉。俄又見一白者下，如前所殺之。且視其上有網爲窟，韋乃命左右挈箒盡爲掃去，且曰：爲人患者，吾爾除矣。明日欲去，因以手撫其柱，忽覺指痛，不可忍，乃是有一白蜘蛛螫其上。韋君驚，即拂去，俄遂腫焉，不數日而盡一臂。由是，肩輿舁到江夏，醫藥無及，竟以左臂潰爲血，血盡而終。先是，韋君先夫人在江夏，夢一白衣人謂曰：我弟兄二人爲汝子所殺，吾告上帝，帝用雪其冤，且遂吾請。言畢，夫人驚寤，甚異之，而不能言。後旬餘而韋君至，具得其狀，方悟所夢，覺爲夢日，果其殺蜘蛛于館亭時也。夫人泣曰：其能久乎？數日而韋君終矣。

宋　周密《癸辛雜識續集》卷下《蜘蛛珠》　蒙古及之在福建省時，有村落小民家一婦人，以織麻爲業，每夜漚麻於大水盎中。忽一日視之，盎中水涸矣。視之初無罅漏，凡數夕皆然。怪其異，至夜俟之。夜過半，果有一物來，徑入盎中飲水，其身通明如月，光熖滿室。婦細視之，乃一白蜘蛛耳，其大如五斗栲栳。其婦遂急以大雞籠罩之，剖其腹内得一珠，如彈丸大，照明一室。是夕，地分軍士皆見其家有火光燭天，疑爲有火。翌日，遂往扣其婦人，以爲無有。軍人之黠者，以言誘之，終不能隱，遂出示之。其卒脅以威，以十五千得之。既而千户知其事，復殺卒以取之。如此轉數手，亦殺數人，最後歸之蒙古。遂以所得福王玉枕併進之，遂得江浙省平章。聞内府一珠向以數千錠得之於海賈，方之此珠，不及其半，蓋絶代之寶也。

明　朱孟震《河上楮談》卷一《睢寧蜘蛛》　《酉陽雜俎》載鵲山蜘蛛，謂能與龍鬬，其絲大如指，可傳金鎗。隆慶壬申歲，余童子師張先生來訪余金陵，云是歲睢寧夜大雨，河溢，有龍五現雲中，雷火霹靂，雨如注。鄉人言有龍爲蛛網所罥，須臾火龍至，焚網，龍乃脱，蛛死山中。就其地視之，其絲尚彌滿山谷，截爲馬鞭，殊勁直可用，不知其能傳金瘡也。張名九州，仕爲夷陵判官，許寄余一鞭，後去，不復相聞矣。

藝文

晉　成公綏《蜘蛛賦》（引自《漢魏六朝百三家集》卷五二）　獨星懸於浮處，遂設網於四隅。南連大廡，北接華堂。左馮廣厦，右依高廊。吐絲屬絡，布網引綱。纖羅絡幕，綺錯交張。於是蒼蚊夕起，青蠅昏歸。營營羣衆，薨薨亂飛。罣翼繞足，罥絲罹罶。衝突必獲，犯者無遺。

唐　敬括《蜘蛛賦》（引自《歷代賦彙》卷一三九）　蠢爾蟰蛸，樂居閒邃。不資毛羽以爲力，不假暉光以爲媚。挺自然之巧，蓄多端之思。託玉堂以謀生，當金牖而得地。得地於中，因而致功。委曲面實，迴環接空。踠長絲於柔指，拖纖網於輕躬。妙技將臨，愛南軒之上月。清心欲就，愁北户之生風。始裔裔而將盡，幾綿綿而不窮。是經是構，既勤既勗。或連延於壁隅，時蒙羃於楹曲。雜花幌而左右交引，緣錦屏而遠近相屬。爾其乾坤務生，運動多情。窈窕前移，有作調梭之勢。逶迤下退，無聞震躡之聲。遠而瞻，籠絡紛披，如罾罟罘罳之結出。迫而察，嬋娟斐亹，似綾紈綺縠之綴成。至如河漢佳人，濮陽美婦，蜀江新製，秦樓妙手。將積功之多塗，固仁智而同壽，且驗以張弛，效其縈紆。踈而不漏，細而勿逾。貼飛花則亂錦，霑皓露則垂珠。彼蒼蠅兮，則營營而見縶；此粉蝶兮，亦栩栩而就拘。則知縶縲絏者，信非其罪。囚羑里者，又匪其辜。韓非所以飲恨，伍子所以捐軀。痛凝脂兮，若爾祝一面而得乎？雖復龍之神兮，深其穴而自全。隼之捷兮，高其巢而取樂。龍竟入於砲醢，隼終嬰於弋繳。彼守道者尚然，況履危而可作。既而倚伏無次，職此之由。應塞而止，從波而流。四皓可以投契，五湖可以泛舟。即松石之堪保，奚名利之足求。子徒羈牵於弋網，期遠害而能無少憂。

唐　元稹《元氏長慶集》卷四《蜘蛛三首并序》　巴蜘蛛大而毒，其甚者身邊數寸，而踦長數倍其身。網羅竹柏盡死。中人，瘡痏潗音集。濕，且痛癢倍常。用雄黄、苦酒塗所嚙，仍用鼠婦蟲食其絲盡，輒愈。療不速，絲及心，而療不及矣。

蜘蛛天下足，巴蜀就中多。縫隙容長踦，虚空織横羅。縈纏傷竹柏，吞噬及蟲蛾。爲送佳人喜，珠櫳無奈何。

網密將求食，絲斜誤著人。因依方託緒，挂罥遂容身。截道蟬冠礙，漫天玉露頻。兒童憐小巧，漸欲及車輪。

稚子憐圓網，佳人祝喜絲。那知緣暗隙，忽復嚙柔肌。毒腠攻猶易，焚心療恐遲。看看長妖緒，和扁欲漣洏。

唐　賈餗《蜘蛛賦》（引自《文苑英華》卷一四二）　凉風起兮秋初，步簷宇兮躊躇。有微蟲之窈窕，挂輕影於空虚。績不待筐，固無求於蟹。結而成網，若有羨於魚。觀其周旋細密，往復輕疾。縷積於纖，綸成若屈。其身也或垂之如墜，其絲也亦動而愈出。成章無札札之聲，不漏得恢恢之質。夜居於外，同熠燿之宵行。日就其功，異蛾子之時術。於是規模既辨，詭麗無儔。纖羅凝日，薄霧含秋。圓影初成，有似毀方而合。輕絲乍吐，還同不茹其柔。塵飛空而罥結，葉下樹而縈留。可以待遊蟲於死地，爲終日之養羞。嗟夫！積少者多，因微者大。始一絲而輕絡，成衆目之交會。言其巧乃織婦不如，語其功孰雕蟲可配。豈徒玩迴文之縹緲，閲浮景之明昧。風乍觸而將紛，露微霑而成纇。實亦愛其組織，憐於琢磨。將懸心而有待，信役力而無他。容有志業未騁，勤勞則多。文章徒緝，職競不羅。靚在户之呈妍，爾功既就。慙閉門而守拙，吾道如何。

唐　羅隱《羅昭諫集》卷一《秋蟲吟并序》　秋蟲，蜘蛛也，致身網羅間，實腹亦網羅間。愚感其理有得喪，因以言賦之。

物之小兮，迎網而斃。物之大兮，兼網而逝。網也者，繩其小而不繩其大。吾不知爾身之危兮，腹之餒兮，吁！

宋　黄裳《演山集》卷五《巧蛛行》　柔絲轉危簷，結網日初卯。條理

滿腹中，萬慮無一攬。紀綱國政强，經緯天理巧。所吐勤如簇上蠶，所織巧如機上婦。婦織一尺長，蠶吐一兩多。輕煖之利爲春和，蜘蛛兼有蠶婦事。蜘蛛獨爲身腹計，此勤不必爲此巧。不可施慮有，無意空中飛。

元　方回《**桐江續集**》**卷一二**《**蟰蛸**》　膍眼蟰蛸粟許微，早能結網伺蟲飛。都來口腹容多少，狼虎操心伏殺機。

明　田藝蘅《**蜘蛛網雀賦**》（**引自**《**歷代賦彙補遺**》**卷一七**）　秋蟲惟中，宅虛爲宫。秋蟲惟智，網羅自莅。秋蟲惟仁，一面以陳。秋蟲惟義，取物自至。爰有黄雀，上下樊籬。其形甚細，而飛則卑。竊我稻粱，何裨於時。鷹隼不擊，矰弋莫施。蛛網之設，雀則離之。剥其毛羽，嚼其膏脂。民食之害，爾其翦夷。除一警百，亦快我私。嗟今之世，法網其滋。文理蜜察，秋毫繭絲。獪者巧避，彊者横披。雖投其羅，而勢不支。凡今之人，經綸者誰。繩其紀綱，以維所司。人不如蟲，吾爲爾悲。天網恢恢，疎而不遺。

清　王庭《**蜘蛛**》（**引自**《**檇李詩系**》**卷二五**）　豈有當門懼，仍來比屋居。牽絲恒罷織，結網不爲漁。近暖縈煙密，零寒著雨虛。殷勤亦生計，朝夕爾何如。

清　葉觀國《**緑筠書屋詩鈔**》**卷一**《**蜘蛛**》　夤緣到處織虛空，供養饞腸有過蟲。廢館凝塵懸疊疊，荒崖篩雨綴濛濛。成絲才比春蠶拙，伺影機同水蜮工。寄語西園採花使，莫爲容易趁香風。

清　趙希璜《**四百三十二峯草堂詩鈔**》**卷二五**《**蜘蛛**》　周旋原細密，絲絡自盤回。亂錦花初貼，垂珠雨乍來。那堪填慾壑，不是網奇才。得地交蒙幕，謀生托囿臺。

清　劉嗣綰《**尚絅堂集・詞集**》**卷一**《**筆船詞・南歌子・蜘蛛**》　繡幙牽愁早，珠櫳送喜遲。畫簷留住幾多時，好待落花風裏網西施。　密意嫌蠶巧，機心笑蜨癡。泥他織女訴相思，乞取玉釵低罥一絲絲。

清　舒位《**瓶水齋詩集**》**卷七**《**蜘蛛蝴蝶篇**》　蜘蛛結網誘青蟲，桃花飛入怨東風。蝴蝶尋花尾花往，打盡桃花同一網。蜘蛛不語蝴蝶愁，絲絲羅織桃花囚。桃花隔霧看蝴蝶，可似天女逢牽牛。瀟瀟春雨當窗入，沾泥花片胭脂濕。蝶粉蜘絲一劫灰，青蟲自向墻根立。

清　和瑛《**易簡齋詩鈔**》**卷三**《**蜘蛛**》　喜子依人巧，垂絲影許長。經綸儲滿腹，何事網羅張。

清　吴仰賢《**小匏庵詩存**》**卷六**《**蜘蛛篇**》　飛蟲晝營營，各自謀果腹。羽翼天所假，翱翔禍已伏。蜘蛛爾何求，狡黠性尤酷。董臍皤且肥，秦腳長而速。羅織藏殺機，高網倚墻屋。大蛛擇要營，經緯貫一軸。小蛛分道張，延緣周四角。虛中避不居，潛身瓦縫伏。以兹逸待勞，竢彼暗相觸。蠅虎豈其朋，託體實一族。跳身罅隙中，搜尋往又復。漏網或偶然，突起被擒捉。助虐太不仁，同類弱之肉。天地洵廣寬，微命一何蹙。蠻觸慣互爭，螳蟬不並宿。萬類含貪瞋，百險起知覺。醯雞醉夢中，甕天樂自足。

雜録

唐　段成式《**酉陽雜俎**》**卷一七**　蜘蛛，道士許象之言，以盆覆寒食飯於暗室地上，入夏悉化爲蜘蛛。

宋　釋贊寧《**東坡先生物類相感志**》**卷一六**《**赤腹蜘蛛**》　七月七日捕之於屋溜頭，陰乾百日，末之以塗足，可行水上身浮。又將水狗猪膏合置甖中，十日(蜜)[密]蓋懸屋，後一日日出之，以塗之，不没也。

又《**蜘蛛生風**》　春秋二時，蜘蛛得煖風而生，旋吐游絲飛颺其身焉。

又《**化蜘蛛**》　有道士許蒙之取寒食飯於暗室中地上，以木盆合之，入夏即盡化爲蜘蛛也。

圖表

晉 郭璞《爾雅音圖・釋蟲》

宋 唐慎微《證類本草》卷二二

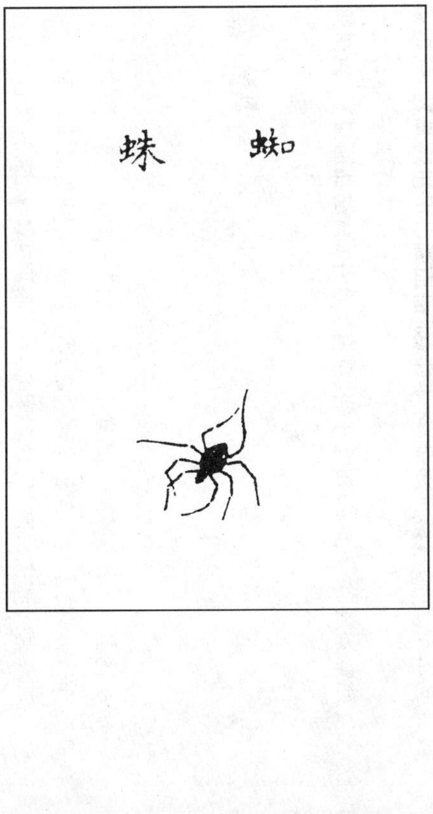

明 李時珍《本草綱目·圖卷》

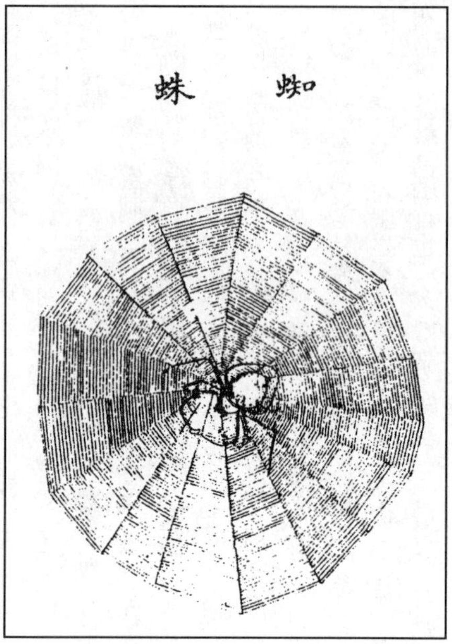

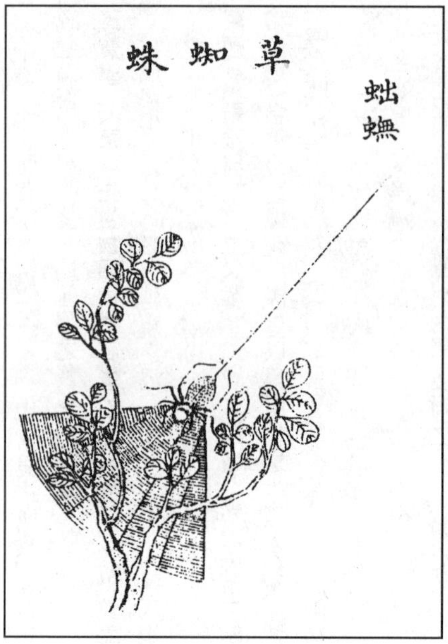

清 徐鼎《毛詩名物圖說》卷三

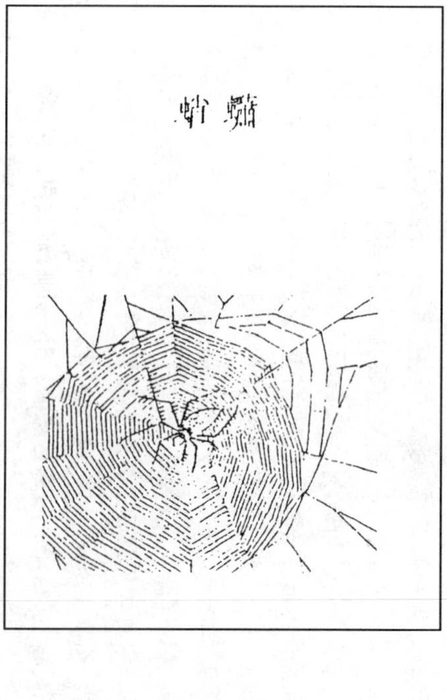

蠆蠍

綜述

漢 許慎《說文》卷一三 蠆，毒蟲也，象形。丑芥切。𧊈蠆，或从蚰。

三國吴 陸璣《毛詩草木鳥獸蟲魚疏》卷下《卷髮如蠆》 蠆，一名杜伯，河内謂之蚊，幽州謂之蠍。

隋 巢元方《巢氏諸病源候總論》卷三六《獸毒病諸候·蠆螫候》 陶隱居云：蠆蟲，方家亦不能的辯正，云是蝘蜓子，或云是小烏蟲尾有兩歧者，然皆恐非也。疑即是蠍，蠍尾歧而曲上。故周《詩》云：彼都人士，拳髮如蠆。

又《蠍螫候》 此蟲五月、六月毒最盛，云有八節、九節者彌甚。螫人，毒勢流行，多至牽引四支皆痛，過一周時始定。

唐 段成式《酉陽雜俎》卷一七 蝎，鼠負蟲巨者多化爲蝎。蝎子多負於背，成式嘗見一蝎負十餘子，子色猶白，纔如稻粒。成式嘗見張希復言，陳州古倉有蝎，形如錢，螫人必死。江南舊無蝎，開元初，嘗有一主簿，竹筒盛過江，至今江南往往而有，俗呼爲主簿蟲。蝎常爲蝸所食，以跡規之，蝎不復去。舊説過滿百，爲蝎所螫。蝎前謂之螫，後謂之蠆。

宋 釋贊寧《東坡先生物類相感志》卷一六《蝎》 大鼠負蟲化也，俗爲主簿蟲。常爲蝸牛所食之，必有延窺之渴，不敢動。令人或爲蝎螫者，取蝸牛涎以塗之，痛立止矣。

宋 羅願《爾雅翼》卷二六《蠆》 《説文》曰：蠆，毒蟲也，象形。，蓋象其奮螫曳尾之形，今之蠍也。説者以爲鼠負之大者多化爲蠍。葛洪方云：蠍，中國多此，江南無也。韓文公詩：照壁喜見蠍。或云：江南舊無蠍，開元初，嘗有主簿，竹筒盛過江，至今江南往往有之，俗呼爲主簿蟲。蜥易能食之，故蜥易一名蠍虎。又爲蝸牛所食，先以跡規之，不復去。今人或爲蠍螫者，以蝸牛涎塗之，痛立止。蠍前謂之螫，後謂之蠆。《通俗文》云：長尾爲蠆，短尾爲蠍。《晉語》申生曰：雖蝎譖焉避之。《左傳》曰：蠭蠆有毒。又曰：已爲蠆尾，以令於國。《莊子》曰：其智憯於蠆蠍之尾，然則爲害甚矣。今醫家謂蠆尾爲蠍稍。蒯通曰：猛虎之猶與，不知蠭蠆之致蠚。嵇含謂諺曰：過滿百爲蠆所螫。唐制：三月上巳日賜侍臣柳棬，云帶之免蠆毒。有處士之名，無爵列於朝者，商君謂之六蝎。《都人士》之詩曰：彼君子女，卷髮如蠆。鄭氏謂，蠆，螫蟲也，尾末揵然似婦人髮末曲上卷然。禮，斂髮無髢而有曲者，以長者皆斂之，不使有餘，鬢傍短者不可斂，則因之以爲飾。故曰：匪伊卷之髮則有旟。先儒以爲，旟，揚也，非故卷之髮，當自有揚起者爾。《淮南子》言，鄭舞者髮若結旌。許氏曰：屈而復舒也。結旌則旟之義，《都人士》所以刺長民者，衣服之不常。次章并及内外命婦之飾，故曰『綢直如髮』。如，而也，言髮甚綢直也。次曰『謂之尹吉』，言髮爲結甚至也。末曰『卷髮如蠆』，言首飾整然矣。世衰禮廢則婦人之飾相尚以奇異。髽，喪禮也。南宮縚之母死，夫子猶誨兄子以毋從毋扈。扈，謂長大垂髻之狀也。況幽王之時，褒姒以男冠化於上，則婦人之髮結可知，其不爲墮馬髻者幾希矣。宜乎，事雖微而思古之長民者也。索靖《草書》名蠆尾。

明 李時珍《本草綱目》卷四〇 蠍《開寶》 釋名：蛜蝌、音伊祁。主簿蟲、《開寶》杜白、《廣雅》蠆尾蟲。志曰：段成式《酉陽雜俎》云：江南舊無蠍，開元初有主簿以竹筒盛過江，至今往往有之，故俗稱爲主簿蟲。時珍曰：按《唐史》云：劒南本無蠍，有主簿將至，遂呼爲主簿蟲。又張揖《廣雅》云：杜白，蠍也。陸璣《詩疏》云：蠆，一名杜白，幽州人謂之蠍。觀此，則主簿乃杜白之訛，而後人遂傅會其説。許慎云：蠍，蠆尾蟲也。長尾爲蠆，短尾爲蠍。葛洪云：蠍，前爲螫，後爲蠆。古語云：蜂、蠆垂芒，其毒在尾。今入藥有全用者，謂之全蠍；有用尾者，謂之蠍梢，其力尤緊。集解：志曰：蠍出全州，形緊小者良。段成式云：鼠負蟲巨者，多化爲蠍。蠍子多負於背，子色白，纔如稻粒。陳州古倉有蠍，形如錢，螫人必死。蝸能食之，先以跡矩之，不復去也。宗奭曰：今青州山中石下捕得，慢火逼之，或烈日中晒，至蠍渴時，食以青泥；既飽，以火逼殺之，故其色多赤，欲其體重而售之也。用者當去其土。頌曰：今汴洛、河陝州郡皆有之。采無時，以火逼乾死之。陶隱居《集驗方》言：蠍有雌雄。雄者螫人痛止一處，用井泥傅之；雌者痛牽諸處，用瓦溝下泥傅之。皆可畫地作十字取土，水服方寸匕，或在手足以冷水漬之，微暖即易，在身以水浸布搨之，皆驗。又有咒禁法，亦驗。時珍曰：蠍形如水黽，八足而長尾，有節色青。今捕者多以鹽泥食之，入藥去足焙用。《古今録驗》云：被蠍螫者，但以水椀合之，神驗不傳之方也。

明 毛晉《陸氏詩疏廣要》卷下之下《卷髮如蠆》 毛《傳》：蠆，螫蟲也。尾末揵然，似婦人髮末曲上卷然。《釋文》：蠆，敕邁反，又敕界反，蠚蟲也。《通俗文》云：長尾爲蠆，短尾爲蠍。《正義》：《左傳》曰『其父死於路，已爲蠆尾』，言蠆尾有毒也。《廣雅》：杜伯，蠚，蠆蠍也。《爾雅翼》：《説文》曰：蠆，毒蟲也，象形。蓋象其奮螫曳尾之形，今之蠍也。説者以爲鼠負之大者多化爲蠍。葛洪方云：蠍，中國多此，江南無也。或云：江南舊無蠍，開元初，嘗有主簿盛過江，至今江南往往有之，俗呼爲主簿蟲。蜥蜴能食之，故蜥蜴一名蠍虎。又爲蝸牛所食，先以跡規之，不復去。今人或爲蠍螫者，以蝸牛涎塗之，痛立止。蠍前謂之螫，後謂之蠆。《晉語》申生曰：雖蠍譖焉避之。《左傳》曰：蠭蠆有毒。又曰：已爲蠆尾，以令于國。《莊子》曰：其智憯于蠆蠍之尾，然則爲害甚矣。今醫家謂蠆尾爲蠍梢。蒯通曰：猛虎之猶與，不如蠭蠆之致蠚。嵇含謂諺曰：過滿百爲蠆所螫。唐制：三

月上巳日賜侍臣柜柳棬，云帶之免蠆毒。索靖《草書》名蠆尾。陶隱居云：蠍有雌雄，雄者螫人痛止在一處，雌者痛牽諸處。

清　嵇璜《續通志》卷一七八　蠆，一名杜伯，一名蠚，一名蠍，見《廣雅》。常爲蝸牛所食，以迹規之，不能去。人以氣呵之，亦不能動。《通俗文》曰：長尾爲蠆，短尾爲蠍。《本草》云：蠍緊小者如蜱蟵。《酉陽雜俎》曰：江南舊無蠍，開元初，有主簿以竹筒盛過江，至今往往有之，爲土氣所蒸，不能螫人。南人不識，呼爲主簿蟲。

清　周廣業《過夏雜録》卷六《蠍》　蠍，一名蠆，螫人蟲也。《莊子》：其智憯于蠆蠍之尾。《通俗文》：長尾爲蠆，短尾爲蠍。《左傳》：蠭蠆有毒。《國語》申生曰：雖蠍譖焉避之。是蠍與蠆小有別。《詩》『卷髮如蠆』，謂其尾曲上揵。《左傳》『子爲蠆尾』，然則蠆尾較長，信也。京師居人多以紙泥窻壁，夜聞其行有聲剔燭去之。舊云鼠婦之大者化爲此蟲，蜥蜴能食之，故蜥蜴亦名蠍虎。又爲蝸牛所食，規之以跡，不能動。今人蠍螫，人以蝸牛涎塗之，立愈。嵇含曰：諺云遇滿百爲蠍所螫。而唐制：三月上巳日賜侍臣柜柳棬帶之，免蠆毒。是教其下怙過也。陶隱居曰：有雌雄，雄者螫人痛止一處，雌者痛牽諸處。入藥用尾，謂之蠍梢。北方生捕之，噓以風，即止不動，取貯筒中聽用。或戲以筳擊其背，輒反其尾，螫之不得，自中其背。如是數四，宛轉而死，死則尾脱，藥力緩矣。

清　牟應震《毛物物名考》卷四　蠆，蠍也，本一字，古書作蠆，今作蠍，誤讀爲二音，猶鱓、鼉本一字而讀爲二音也。二螯八足，尾上卷若束髮，螫蟲也。或云：長尾爲蠆，短尾爲蠍。蠍，北方産，處處有之，未見有短尾者。

清　胡廷光《傷科匯纂》卷一一《歇螫傷》　耀山曰：蠍，毒蟲也。長尾爲蠆，短尾爲蠍，行毒曰螫。葛洪云：蠍前曰螫。陳州古倉有蠍形如錢，螫人必死，蝸能食之。時珍云：蠍形如水黽，八足而長尾，有節，色青。陶隱居《集騐方》言：蠍有雌雄。雄者螫人痛在一處，用井泥傅之；雌者痛牽諸處，用瓦溝下泥傅之。皆可畫地作十字取土，水服方寸匕，或在手足以冷水漬之，微緩即易，在身以水浸布搨之，皆騐。《古今録騐》云：被蠍螫者，但以木椀合之，神騐不傳之方也。

紀　事

唐　李肇《唐國史補》卷下　劒南元無蠍，嘗有人任主簿，將蠍之任而有之，今呼爲主簿蟲也。

唐　《大唐傳載》　潤州金壇縣大曆中，北人爲主簿，以竹筒賫蝎十餘枚，置於廳事之柳樹，後遂孳育至百餘枚，爲土氣所蒸而不能螫人，南民不識，呼爲主簿蟲。

宋　司馬光《傳家集》卷七四《蠆祝》　迂夫夜立於庭，拊樹而蠆螫其手，捧手吟呼，痛徹於心。家人呼祝師祝之。祝師曰：子姑勿以蠆爲慘烈，以爲凡蟲而藐之曰『是惡能苦我哉』，則痛已矣。從之，少選而痛息，迺謝祝師曰：爾何術而能攘蠆之毒如是其速也？祝師曰：蠆不汝毒也，汝自召之；余不汝攘也，汝自攘之。夫召與攘，皆非我術之所能及也，子自爲之也。於是迂夫嘆曰：嘻！利害憂樂之毒人也，豈直蠆尾而已哉！人自召之，人自攘之，亦若是而已矣。

宋　周密《癸辛雜識别集》卷上《火蝎》　北方毒螫，有所謂火蝎者，比之常蝎極小，其毒甚酷。常有客人數輩，夏月小憩磐石，忽覺髀間奇痛徹心，不可忍，遂急起索之，則石面光瑩，初無他物。僅行數步，則通身腫潰而殂。其同行異之，意石之下必有異，遂起視之，見一蝎極小而色黑。一人以竹杖擊之，竹皆爆裂，而執竹之手亦腫潰，不旋踵而死。近得杜真人持咒驅，此害稍息。

清　姚之駰《元明事類鈔》卷四〇《虫豸门》　雨蝎，《嘉靖注畧》：二十九年正月，京師雨土雨蝎。上以問陶仲文，仲文曰：疑有寃獄，得雨方解也。

藝　文

清　釋元璟《完玉堂詩集》卷七《蠍》　幾乎遭毒螫，偶見亦心寒。陰夜防如賊，闒茸喜得官。管寧牀屢徙，蒙叟枕難安。安得齊東子，蒐羅當飽餐。

圖表

宋　唐慎微《證類本草》卷二二

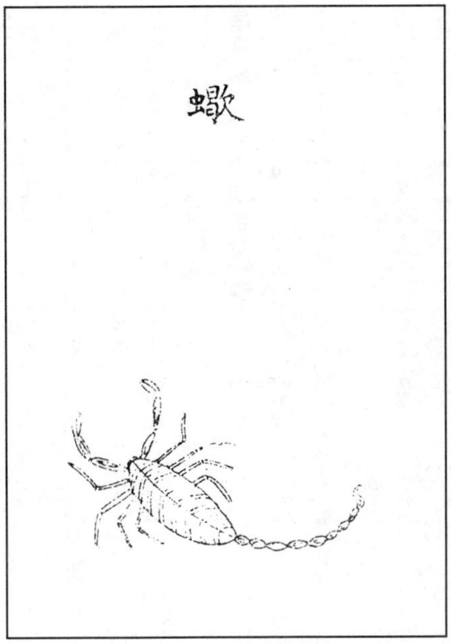

明　李時珍《本草綱目·圖卷》

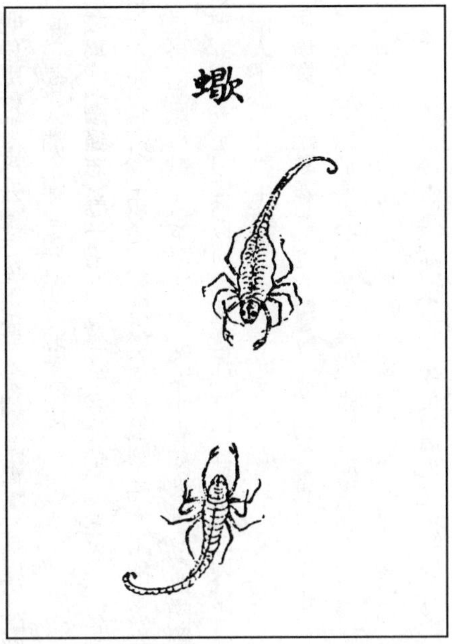

清　徐鼎《毛詩名物圖說》卷三

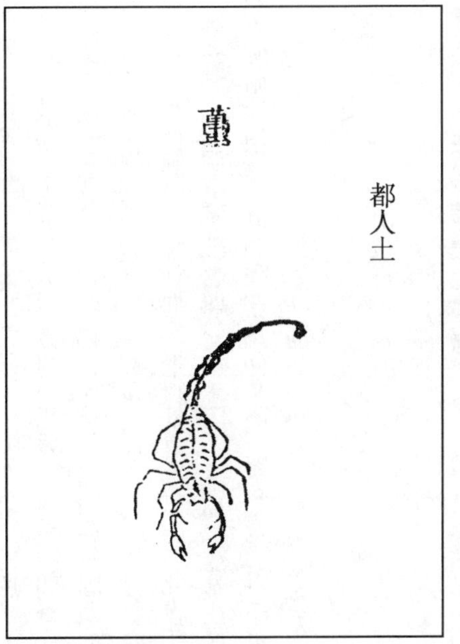

蛭

綜述

《爾雅·釋魚》　蛭，蟣。注：今江東呼水中蛭蟲入人肉者爲蟣。音義：蛭，沈、吕豬秩反，謝豬悌反，一音之逸反。《本草》謂之水蛭。一名蚑，一名至掌。案《説文》：今俗呼爲馬蜞，亦名馬耆，即楚王食寒菹所得而吞之，能去結積也。蚑、蜞同音其。然《釋蟲》已有「蛭蝚，至掌」。郭云：未詳。依《本草》即是水蛭也。蟣，郭音祁。《字林》云：齊人名蛭也。《本草》又作蚑。疏：此水中蟲，喜入人肉者，江東呼爲蟣。《本草》謂之水蛭。一名馬蜞，一名馬耆，即楚王食寒菹得而吞之，能去結積者是也。

隋　巢元方《巢氏諸病源候總論》卷三六《獸毒病諸候·石蛭螫人候》　山中草木及路上石上，石蛭著人，則穿齧肌皮，行人肉中，浸淫起瘡，灸斷其道則愈。凡行山草之中，常以膏和藥塗足脛，則蛭不得著人。

宋 彭乘《墨客揮犀》卷五 水蛭性難死。予同官林承奉常言，少時曾取大水蛭曝爲乾，數月後投水椀中復生，又以爲末散水中，悉化爲小水蛭。有人夜臨溪而溷，蛭入其尻中，數年瘦病而死。其家將殮，蛭自亡者口中擁出，至數升而止。

宋 李石《續博物志》卷二 水蛭亦如魚子，經三年，得水猶活。

宋 鄭樵《通志》卷七六 水蛭曰蚑，曰至掌。

宋 羅願《爾雅翼》卷三〇《蛭》 水中蟲，入人肉者爲蛭。《爾雅》：一名蟣。其讀如祈，今人呼水蛭。大者長尺，呼馬蛭，亦呼爲馬蜞，蜞即古語蟣也。又别其所生，有石蛭、草蛭、泥蛭之異。並能傅著人及牛馬股閒，咂其血，甚者入肉中，産育爲害，耘者尤以爲苦。楚惠王食寒葅而得蛭，因遂吞之，腹有疾而不能食。懼膳夫得罪，有仁人之言。是夕也，惠王之後而蛭出，其久病心腹之疾皆愈。《論衡》曰：蛭，食血之蟲。惠王殆有積血之疾，故食食血之蟲而疾愈也。而陶隱居亦以爲，蛭能去結積。雖曰陰祐，亦物性兼然。古法有以此啗瘡者，卒求之不可得，崔知悌令兩京無處預養之，以備緩急。一名馬蟥。余嘗游野廟，廟中繪后稷母踐巨人跡，及生稷棄之，及岐嶷種樹，長乞穀種於神農，神農使馬皇載穀種賜之，乃畫水蛭無數，爲可嗤也。又有一種細而長，亦入人肉，曳之輒斷，俗呼爛蜞。段成式云。

明 李時珍《本草綱目》卷四〇 水蛭《本經》下品 釋名：蚑、與蜞同。《爾雅》作蟣。至掌。《别録》大者名馬蜞，《唐本》馬蛭，《唐本》馬蟥、《衍義》馬鼈。宗奭曰：汴人謂大者爲馬鼈，腹黄者爲馬蟥。集解：《别録》曰：水蛭生雷澤池澤。五月、六月采，暴乾。弘景曰：處處河池有之。蚑有數種，以水中馬蜞得嚙人、腹中有血者，乾之爲佳。山蚑及諸小者，皆不堪用。恭曰：有水蛭、草蛭，大者長尺許，並能咂牛、馬、人血。今俗多取水中小者，用之大效，不必食人血滿腹者。其草蛭在深山草中，人行即著脛股，不覺入於肉中，産育爲害，山人自有療法。保昇曰：惟采水中小者用之。别有石蛭生石上，泥蛭生泥中，二蛭頭尖腰粗，色赤，誤食之，令人眼中如生烟，漸致枯損。時珍曰：李石《續博物志》云：南方水痴以鼻涕，聞人氣閃閃而動，就人體成瘡，惟以麝香、硃砂塗之即愈。此即草蛭也。

明 彭大翼《山堂肆考》卷二二八《馬蟥》 《本草》：蛭，一名蚑，一名至掌。畏石灰。生水中者名小蛭，亦名馬蟥。生石中者名石蛭。生草中及泥中者名草蛭、泥蛭。並能著人及牛馬身上，齧咂其血，甚者入肉中，産育爲害。大者長尺餘，人呼爲牛馬蟥。人觸之，縮如拳，頃之引伸而縱，如蚯蚓也。此物極難死，火炙後，經年得水猶能活。

清 嵇璜《續通志》卷一七八 草蛭在深山草中，人行即著脛股不覺，入於肉中，産育爲害。石蛭生石上，泥蛭生泥中，二蛭誤食之，令人眼中如烟，漸致枯損。案：《鄭志》止載水蛭一條，而未及草蛭、石蛭、泥蛭諸名，今補輯。

清 翟灝《爾雅補郭》卷下 蛭蝚，至掌。《本草》：水蛭，一名蚑，一名至掌。陸德明曰：依《本草》則『蛭蝚，至掌』即水蛭也。按：蛭有水蛭、泥蛭、草蛭、石蛭諸種，俱别于所生蟣蛭，見《釋蟲》，可知其非生于水矣。今逢土潤溽時，泥草閒多生此物，俗謂之馬蟥，其身細長而柔，引之輒斷，首鋭如鏟，能入人股掌，咂其血。蝚與至掌之名，一一堪實驗也。

蚯蚓

論說

清 張榮《空明子文集》卷上《蚓説》 蚓之爲物，至微也。食槁壤，飲黄泉。晝則伏處，夜則長鳴。日與蜒蚰、鼠婦爲伍，自以爲無求於世，悠然自得天下，莫我若也。俄而陰風生，大雨至。有龍翩然過其上，鱗甲閃爍，爪牙奮發。蚓私訝曰：天下有如此大物乎？因誇於蜒蚰、鼠婦曰：此我友也。於是卑躬屈節，向上而高拱之。而龍方不知也。蜒蚰、鼠婦驚且疑，因相詢曰：龍性至靈也。動則風雲隨，日月失色。駕乎九霄之上，則太山失其高，河海失其大。至於子，不過伏一穴，食一壤，縱百其身，猶不足藏龍一甲之間。欲與較長量短，又何異乎蜉蝣而與鵾鵬頡頏也？子奚可以與龍友？蚓笑曰：子見其一，未見其二也。子亦聞龍之爲物乎大，則涵天地小。則如

蠶蜎，方其爲蠶蜎時，彼唱我和，情意殷渥，彼且師事我，奚云友乎？蜒蝣、鼠婦相顧而驚，畏蚓之心益甚。君子曰：蚓之爲計，愚矣哉！龍自龍耳，於蚓何與？蚓必欲設詭計以欺蜒蝣、鼠婦，吾不知蜒蝣、鼠婦又將欺何物耶？矧天下至大，蛟與蛇尤似乎龍者。竊恐相欺不已，安知不逞奇說以欺蚓乎？即使龍甘下交，而蚓甘附驥，吾知其必不有濟。何則？以其爲體甚微，而所處者下也。拱之如故，不拱亦如故，是率天下而僞者，必蚓之拱也。夫今天下之類乎蚓者衆矣，而蜒蝣、鼠婦無不爲其所惑焉。彼蜒蝣、鼠婦自爲其惑耳，於蚓乎何尤。

清　張必剛《濬元》卷四《蚯蚓出立夏中候》　盈宇宙皆物也，天地日月，星雹風雷，雲雨水火，山川嶽瀆，人物木草，走飛介鱗。一切聲色影象，可覩聞得、智數索者，雖細比毛髮，無名稱，莫非吾性命内事，而不知者顧以爲雜也。周之序官也，三百六十，自公、侯、伯、冢宰、司徒、宗伯、夏、冬、秋、數大臣外，下而鼈人、穴氏、犬人莫不録焉。豈其好繁乎哉？亦聖人贊化育理物之心，不極於是不安耳。《月令》之紀物也尤詳。夫赤子之峻母之肉血也，片楔之竅，大匠之鑿也。大者細之，積細者，大之分也。故蚯蚓爲土之龍，其出之屈曲，如龍之蜿蜒而動。人謂蚯蚓細耳，然則其所以出者，亦細乎哉？系曰：蚯蚓與螻蟈相倡和，坐階除間，但聞其喧亦喧，寂亦寂。亦莫知其孰爲呼，孰爲應也。蚯蚓與阜螽相交接，行草逕間，但見其動亦動，静亦静。亦莫知其孰爲雌，孰爲雄也。凡友朋夫婦之道，以有血肉心知者而成。螻蟈、阜螽，雖無血肉軀體，固有心有知。其自相倡和爲友朋，相交接爲夫婦，固當。若蚯蚓無心與知，亦出而相倡和，相交接，何也？當其出時，蚯蚓不能自言其故。已而有心思知覺如人者，亦能於聞且見。贊曰：出户樂曠郊，羣蟻噬其脰。人行踏作泥，誰識造化候。

綜　述

《爾雅·釋蟲》　螼蚓，蜸蠶。注：即蛩蟺也，江東呼寒蚓。音義：螼，羌引反。蚓，音引，郭餘忍反。《說文》以爲螾字同蜸，苦顯反。蠶，他典反。蛩，於阮反。蟺，音善。《廣雅》云：蛩蟺，蚯蚓也。蚓，郭許謹反，殷仲堪許偃反。疏：螼蚓，一名蜸蠶，即蛩蟺也。《廣雅》云：蛩蟺，蚯蚓也。《月令》四月蚯蚓出，十一月蚯蚓結，是也。江東呼寒蚓。郭云：蚯蚓，土精，無心之蟲，與阜螽交者也。

漢　許慎《說文》卷一三　螼，螾也。从虫，堇聲。弃忍切。螾，側行者。从虫，寅聲。余忍切。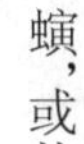螾，或从引。【略】蟺，夗蟺也。从虫，亶聲。常演切。

晉　崔豹《古今注》卷中　蚯蚓，一名蜿蟺，一名曲蟺，善長吟於地中，江東謂之歌女，或謂之鳴砌。

唐　段成式《酉陽雜俎》卷一七　雷蜞，大如蚓，以物觸之乃蹙縮圓轉若鞠。良久引首，鞠形漸小，復如蚓焉。或云齧人毒甚。

五代　馬縞《中華古今注》卷下《蚯蚓》　一名蜜蟺，一名曲蟺，善長吟於地中，江東謂之歌女，或謂鳴砌，亦呼爲蹇蚓。

宋　彭乘《墨客揮犀》卷五　嶺南有異蟲如蚯蚓，長尺餘，觜利如錐。多夜出，半身著地，半指空而行。或有誤觸之者，直入人心腹，食人至死乃出。土人目之爲夜虎，甚畏避之。

宋　陸佃《埤雅》卷一一《蚯蚓》　《考工記》注云：却行，螾屬。蚓，土精也，其爲物不息，引而後伸。蝝，善緣。蚓，善引。蛤，介合。蠏，介解。蚓或从寅。《志》曰：引達於寅。一名蜿蟺，一名曲蟺，一名土龍。善長吟於地中，江東謂之歌女，亦曰鳴砌。《孟子》曰：若仲子者，蚓而後充其操者也。言若仲子之操，則蚓而後可，不可以入仁義之域。《月令》云：蚯蚓結。言蚯蚓穴居，首陽下嚮，陽動則穴而上首，故其身結而屈也。傳曰：魚無耳，蟬無口，蛇無足，蚓無筋。舊說蚯蚓土精，無心之蟲，與阜螽交。有一種白項，是其老者也。

宋　李石《續博物志》卷一〇　蚯蚓，長吟地中，江東謂之歌女。

宋　葉庭珪《海録碎事》卷二二下《朐䏰》　朐䏰，蚯蚓也。夔州多此蟲，故以爲地名。

宋　鄭樵《通志》卷七六　蚯蚓，《爾雅》曰：螼蚓，蝦蠶。亦謂之蛩蟺，江東呼寒蚓。

宋　王楙《野客叢書·附録》　齊地有蟲，類蚯蚓大者，人謂之曲善。

擘地以行，呼之聲也。孟子所謂『吾必以仲子爲巨擘』者，即蚯蚓之大者。蓋先嘗謂蚓，而後充其操。注以爲大指，非也。

宋　羅願《爾雅翼》卷二四《蚓》　蚓無爪牙之利，筋骨之强，上食槁壤，下飲黄泉。勸學者取之，以爲其用心之一。《孟子》又以比陳仲子，以爲徒有飲水食土之操而已。是雖微物，其啓閉有時。故《月令》孟夏螻蟈鳴，後五日而蚯蚓出；冬至之日，蚯蚓結。皆以紀候。結，猶屈也。其始穴則首下向，至是陽動，則穴而上首，故其身結屈也。《周書》曰：蚯蚓不出，嬖奪后。蚯蚓不結，君政不行。一名土蟺，又名曲蟺。夏夜好鳴於草底，故江東謂爲歌女，或曰鳴砌。《周南》詩曰：喓喓草蟲，趯趯阜螽。説草蟲固多端。按張衡云：土蟺鳴則阜螽跳。考是以蚓爲草蟲也。贊寧《物類相感志》亦云：阜螽如蝗，江東人呼名蚱蜢，與蚯蚓異類而爲雌雄。蓋合詩人之説。故郭璞《贊》曰：『蚯蚓土精，無心之蟲。交不以分，淫於阜螽。觸而感物，乃無常雄。』蚓亦龍屬，故星禽龍四物，而此居其一焉。《漢書》：黄帝得土德，黄龍、地螾見。《帝王世紀》曰：黄帝時，螾大如虹。或曰：地螾大五六圍，長十餘丈也。《抱朴子·軍術》曰：蚯蚓見軍中尤多者，軍罷，又宜備反叛。

宋　陳正敏《遯齋閒覽·夜虎》（引自《類説》卷四七）　嶺南有蟲如蚯蚓，長尺餘，觜利如錐，多夜半出，半身着地，半指空而行。或誤觸之者，直入人心腹，食人至死乃出。土人目爲夜虎。

宋　戴侗《六書故》卷二〇　螾，螾，弋忍切。又平聲。又作蚓。丘蚓，土中無足嬴蟲也。側行螇螇。古謂朐䏰。巴郡縣以朐䏰名，以其地多此蟲也。《爾雅》：螼蚓，豎蠶。又名死蟺。《説文》：螼，棄忍切。螾俗又謂曲蟮，又爲康蠵、丘康。朐曲，同聲。螾、䏰、蠦同一聲也。丘別作蝗，曲亦作蛐，螾別作蚓。

又　蟺　蟺，時連切。宛蟺，長而宛曲也。

明　李時珍《本草綱目》卷四二　蚯蚓《本經》下品　釋名：螼螾、音頃引。朐䏰、音蠢閏。堅蠶、音遣忝。蜸蟺、音阮善。曲蟺、土蟺、《綱目》土龍、《別録》地龍子、《藥性》寒蠦、寒蚓、附蚓、吴普歌女。時珍曰：蚓之行也，引而後申，其塿如丘，故名蚯蚓。《爾雅》謂之螼螾，巴人謂之朐䏰，皆方音之轉也。蜸蟺、曲蟺，象其狀也。東方虬賦云：『乍逶迤而鱔曲，或宛轉而蛇行。任性行止，擊物便曲』是矣。術家言蚓可興雲，又知陰晴，故有土龍、龍子之名。其鳴長吟，故曰歌女。大明曰：路上踏殺者，名千人踏，入藥更良。集解：《別録》曰：白頸蚯蚓，生平土。三月取，暴乾。弘景曰：入藥用白頸，是其老者。取得去土鹽之，日暴須臾成水，道術多用。其屎呼爲蚓塿，亦曰六一泥，以其食細泥，無沙石，入合丹泥釜用。時珍曰：今處處平澤膏壤地中有之。孟夏始出，仲冬蟄結。雨則先出，晴則夜鳴。或云結時能化爲百合也。與𧒂螽同穴爲雌雄。故郭璞贊云：『蚯蚓土精，無心之蟲。交不以分，睡于𧒂螽』是矣。今小兒陰腫，多以爲此物所吹。《經驗方》云：蚯蚓咬人，形如大風，眉鬚皆落，惟以石灰水浸之良。昔浙江將軍張韶病此，每夕蚯蚓鳴於體中。有僧教以鹽湯浸之數遍，遂瘥。宗奭曰：此物有毒。崇寧末年，隴州兵士暑月跣足，爲蚯蚓所中，遂不救。後數日，又有人被其毒。或教以鹽湯浸之，并飲一盃，乃愈也。

明　彭大翼《山堂肆考》卷二二七《蚯蚓》　蚯蚓，一名螼蚓，一名蜿蟺，一名土龍，一名地龍，一名螲螾，一名朐䏰，一名寒蠦。能應時而鳴。江東呼爲歌女，又曰鳴砌。有一種白頸者，其老且大者也。尺蠖，亦屈伸，蟲也。一名蝍蝛，又名步屈。孟夏出，《禮·月令》：孟夏之月，螻蟈鳴，蚯蚓出。螻蟈不鳴，水潦淫漫。蚯蚓不出，嬖奪后。仲冬結，《月令》：仲冬之月，荔挺出，蚯蚓結。蚯蚓不結，君政不行。注云：結，屈也。《埤雅》：蚯蚓，穴居，首陽下向，陽動則穴而上首，故其身結而屈也。大如虹，《世紀》：黄帝時，大蚓、大螻如虹。《吕氏春秋》：黄帝時，見大螾，知土氣勝，故其色尚黄。森如箭，《五行記》：陳後主時，隋軍至江。蚯蚓盡出，森如植箭。蓋陳氏，水鄉也。蚯蚓，土蟲象也。又陳氏自稱土德，盡出者，明傾其窟穴，以曲歸直也。是歲，隋平陳。飲泉，《孟子》：夫蚓上食槁壤，下飲黄泉。食土，《本草注》：其屎呼爲蚓塿，食細土，無砂石。卻行，《考工記》注：蚯蚓卻行。《埤雅》：螾，土精也。其爲物不息，引而後伸。猿善緣，蚓善引，蛤介合，蠏介解。長吟，《埤雅》：蚓字一作螾。蓋蚓達于寅，故从寅。善長吟于地下。阜螽同穴，《本草會編》：夏月夜鳴于草底，與阜螽同穴，爲雌雄。五月五日收取，堪爲媚藥。《詩》：喓喓草蟲，趯趯阜螽。注云：草蟲，蝗屬。張衡曰：曲蟺鳴則阜螽跳。是又以蚓爲草蟲也。螻國助聲，梅都官詩：蚯蚓在泥穴，出縮常自盈。龍蟠亦以蟠，龍鳴亦以鳴。自謂與龍比，恨不頭角生。螻蟈似相助，草根無停聲。聒亂我不寐，每夕但欲明。天地且容蓄，憎惡惟人情。無心，舊説：蚯蚓，土精，無心之蟲，與阜蟲交。乏骨，東方虬《蚯蚓賦》：雨

欲垂而乃見，暑既至而先鳴。乍逶迤而鱔屈，或宛轉而蛇行。內乏筋骨，外無手足。任性行止，物擊便曲。徒進退而皓首，竟不知其所欲。又傳曰：魚無耳，蟬無口，蛇無足，蚓無筋。簡易，歐陽公《雜記》：蚓食土而飲泉，其爲生也簡而易足。然仰其穴而鳴，若號，若嘯，若歌，其亦有所求耶？抑其求易足，而自鳴其樂耶？其生之陋，而自悲其不幸耶？將自喜其聲，而鳴其類耶？豈其時至氣作，不自知其所以然，而不能自止耶？清廉，王荊公詩：蒿壤太牢俱有味，可能蚯蚓獨清廉。

明　吴之俊　《獅山掌録》卷二四《無心蟲》　歌女，蚯蚓也。一名鳴砌，一名土精。淫於阜螽，而無常雄，無心蟲也。

明　陳懋仁　《庶物異名疏》卷二九《朐肕　附引》　《爾雅》：螼蚓，蜸蚓。巴人謂之朐肕。音蠢潤。皆方音之轉也。《吴氏本草》：蚯蚓，一名白頸。蝗螾，一名附引。

又　《餘冬序録》云：《孟子》所謂『吾必以仲子爲巨擘』者，蓋齊地有蟲類大蚯蚓，人謂之巨擘，善擘地以行。巨擘即蚯蚓之大者。《孟子》謂『蚓而後充其操』，今注以爲大指，非也。

明　曹學佺　《蜀中廣記》卷六〇　朐肕，音蠢潤。地下濕則多此蟲。劉禹錫《嘉話》云：朐肕，蚯蚓也。常至夜江畔出其身，半跳於空中而鳴。上音屈，下音忍。《説文》曰：朐肕，從肉，句聲。黄朝英云：考其義，當作潤蠢。朐，如順切。肕，尺允切。與禹錫音不同。按：朐肕，漢縣名，今梁萬間是其地。

明　王逵　《蠡海集》　蚯蚓二竅，一前一後，前竅雖一而備五用焉，視、聽、嗅、食、歌，蓋全受土氣以生也。

清　劉堅　《修潔齋閒筆》卷三《朐肕》　朐肕，瓊州地名，是蚯蚓也。上音屈，下音忍，蓋狀其物也。瓊地多此。見《玉潤雜書》。

清　嵇璜　《續通志》卷一七八　夜虎，出嶺南。《墨客揮犀》云：狀如蚯蚓，長尺餘，嘴利如錐，多夜出，半身著地，半身指空而行。或有人誤觸之者，直入人心腹，食人至死乃出。土人甚畏避之。

清　牟應震　《毛詩物名考》卷四　蚯蚓，一名地龍。形圓長，色紫。其大者白頸。有二小足，不能鳴。土中作聲者，皆螻蛄。今謂蚯蚓鳴者，誤也。

清　胡廷光　《傷科匯纂》卷一一《蚯蚓傷》　耀山曰：蚯蚓乃土之精，無心之蟲也。上食槁壤，下飲黄泉。孟夏出穴，仲冬蟄結。晴則夜鳴，雨則先出。《本草衍義》言此物有毒。

清　俞樾　《茶香室叢鈔》卷二二《蚯蚓爲百合》　宋鄭景望《蒙齋筆談》云：余居山中，默觀物變，如蚯蚓爲百合，麥之壞爲蛾。則每見之蚯蚓在土中，方其欲化時，蟠結如球，已有百合之狀。麥蛾一夕而變，紛然如飛塵。按：百合，人喜食之，乃有蚯蚓變者，則亦不盡佳品也。宋錢易《南部新書》云：張周封言，百合花合之，泥其隙，經宿化爲大蝶。是蚯蚓能化百合，百合花又能化蝶也。但未知信否？

藝文

晉　郭璞　《蚯蚓讚》（引自《太平御覽》卷九四七）　蚯蚓土精，無心之蟲。交不以分，婬於阜螽。觸而感物，無乃常雄。

唐　東方虬　《蚯蚓賦》（引自《文苑英華》卷一四二）　惟陰陽之播氣，寔萬類以呈形。有微蟲之禀質，應甲子而濕生。雨欲垂而乃見，暑既至而先鳴。乍逶迤而鱔屈，或宛轉而虵行。內乏筋骨，外無手足。任性行止，物擊便曲。徒進退而皓首，竟不知其所欲。東西詰屈，南北夤緣。上食塵塊，下飲淵泉。應軒轅土德之王，入蔡邕勸學之篇。其體甚微，其用至專。墐泥塗以自保，觸鹽滋而罔全。豈造化之賦命，信歸之於自然。

唐　盧仝　《玉川子詩集》卷三《夏夜聞蚯蚓吟》　夏夜雨欲作，傍砌蚯蚓吟。念爾無筋骨，也應天地心。汝無親朋累，汝無名利侵。孤韻似有説，哀怨何其深。泛泛一作汎汎。輕薄子，旦夕還嘔吟。肝膽異汝輩，熱血徒相侵。

宋　梅堯臣　《宛陵集》卷二五《蚯蚓》　蚯蚓在泥穴，出縮常似盈。龍蟠亦以蟠，龍鳴亦以鳴。自謂與龍比，恨不頭角生。螻蟈似相助，草根無停聲。聒亂我不寐，每夕但欲明。天地且容畜，憎惡唯人情。

清　愛新覺羅・弘曆　《清高宗詩四集》卷五七《蚯蚓出》　食飲泉泥已

足安，忽然出土每僵乾。龍蛇漫喻失其所，騰達由來取自殘。仲子操充亦奚可，歐陽文就頗宜觀。然非雨透初無此，蚯蚓性喜陰濕，常時伏於泥壤，惟雨過土酥，乃乘濕而出。望澤常從蘚砌看。

又《蚯蚓結》 凝冬自不凍黃泉，蚯蚓居之安則然。絶飲已同龍與蟄，伏眠何異兔爲跧。別名豈必巴人辨，《本草》：巴人謂之朐䏰。充操惟應仲子堅。早是一陽生子半，即看啓户荅芳年。

清 趙希璜《四百三十二峯草堂詩鈔》卷二五《蚓》 却行偏善引，無口巧揚聲。詰屈求伸意，夤緣應候鳴。所乘當不失，仰穴自爲生。污蠖能留客，於陵浪得名。

圖表

宋 唐慎微《證類本草》卷二二

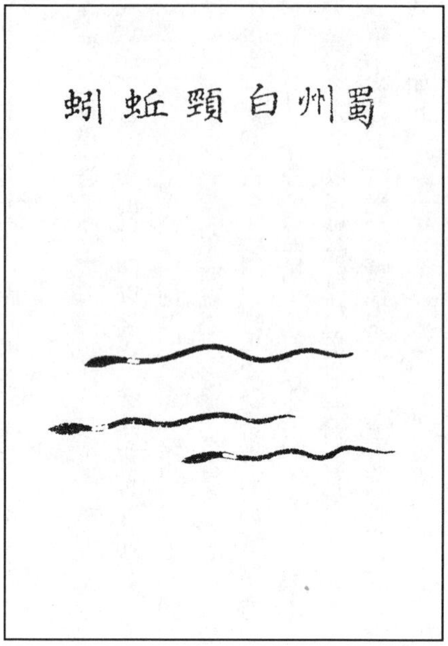

明 李時珍《本草綱目・圖卷》

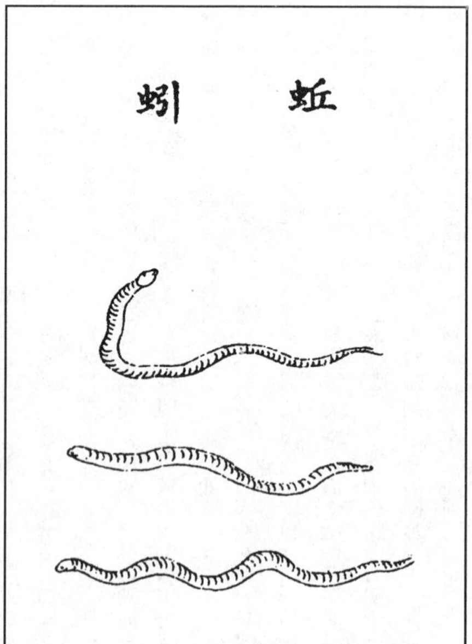

蝸牛 蛞蝓

綜述

《爾雅・釋魚》 蚹蠃，螔蝓。注：即蝸牛也。音義：蚹，音附，一音扶卜反。蠃，力禾反，下同。注作螺字，亦同。螔，余支反，又音斯。蝓，羊朱反。蝸，工花反，或工禾反。疏：蚹蠃，一名螔蝓。郭云：即蝸牛也。案《本草》『蝸牛』陶注云：生山中及人家。頭形似蛞蝓，但背負殼爾。海邊又一種正相似，又火炙殼便走出，食之，益顏色，名寄居。亦可作醢。《周禮》饋食之豆『羹菹蠃醢』是也。

漢 許慎《説文》卷一三 蝸，蝸蠃也。从虫，咼聲。亡華切。

晉 崔豹《古今注》卷中 蝸牛，陵螺也。形如螔蝓，殼如小螺，熱則自懸於葉下。野人結圓舍如蝸牛之殼，故曰蝸舍，亦曰蝸牛之舍也。蝸殼宛轉有文章，絞轉爲結，似螺殼文，名曰螺縛。童子結髮亦爲螺髻，亦謂其形似

螺殼。

五代　馬縞《中華古今注》卷下《蝸牛》　陵螺也。形如蛞蝓，殼如小螺，熱則自懸葉下。野人爲圓舍如蝸牛，故曰蝸舍，亦曰蝸牛之子舍。蝸殼婉轉有文章，絞縛爲結，似螺殼文，故曰螺縛。童子結髮，亦曰結髻，亦謂其形似螺殼也。

宋　陸佃《埤雅》卷二《蝸》　《釋魚》曰：蚹蠃，螔蝓。璞云：即蝸牛也。孫炎《正義》以爲負螺而行，因以名之。蓋蝸背負殼，狀如小螺，驚則縮入殼中，如螺閉户。其肉中醢，《内則》曰『蝸醢』是也。頭有小角，故又一名蝸牛，《莊子》所謂『戰於蝸角』。舊説蝸涎規蝎，每爲蝸牛所食，先以涎畫地規之，蝎不復去。崔豹《古今注》曰：蝸牛，陵螺也。形如螔蝓，殼如小螺，熱則自縣於葉下。野人爲圓舍，如蝸牛之殼，故曰蝸舍，亦曰蝸牛之舍。然則螔蝓與蝸牛異矣。先儒以爲螔蝓無殼，蝸似螔蝓而有殼。今亦有一種，生於卑濕，大於蝸牛，無殼而有角，蓋螔蝓之類也。南方積雨，蝸涎書畫屋壁，悉成銀迹，其卑濕如此。

宋　寇宗奭《本草衍義》卷一七　蛞蝓、蝸牛，二物矣。蛞蝓其身肉止一段，蝸牛背上別有肉以負殼行，顯然異矣。若爲一物，經中焉得分爲二條也。其治療亦大同小異，故知別類。又謂蛞蝓是蝸牛之老者，甚無謂。蛞蝓有二角，蝸牛四角，兼背有附殼肉，豈得爲一物也？

宋　鄭樵《通志》卷七六　蝸牛，曰蛞蝓，曰陵蠡，曰土蝸，曰附蝸。《爾雅》：蚹蠃，螔蝓。凡蠃之類皆負殼，惟此能脱殼而行。頭有兩角，故曰蝸牛。

宋　羅願《爾雅翼》卷三〇《蝸牛》　蝸牛似小蠃，白色，生池澤草木間。頭有兩角，行則出，驚則縮，首尾俱能藏入殼中。盛夏日中，則自懸樹葉下，往往升高，涎沫既盡，隨即槁死。一名蝸蟲，以其有兩角，故以牛名。《三蒼》云：蝸，小牛螺也。俗謂之蝸牛。又蝸字有瓜戈二音，故魏隱者焦先自作一瓜牛廬。瓜即蝸也，爲廬舍圓而小如蝸牛之殼。云蝸牛之殼，乃是區量中之最小者。故戴晉人説梁王，以國於蝸之左右角者，曰蠻氏、觸氏，怒而相攻，伏尸百萬，逐北旬有五日而後反。以梁王無以異於蠻氏。蠻，傷也。爲觸所傷，此所以極區內大小之見也。一名螔蝓，音移臾。一名陵蠡，一名土蝸，一名附蝸。螔蝓入三十六禽，又是四種角之例，營室之精云。《尚書大傳》曰：鉅定螺。鄭玄曰：鉅，定澤也。螺，蝸牛也。今按：《内則》『蝸醢而苽食』，豈謂是耶？《中山經》曰：青要之山，實惟帝之密都，北望河曲，禹父所化也，是多僕纍蒲盧。僕纍者，蝸牛也。又有一種無殼者，其形稍大，人家濕處多有之，云是蝸牛之老者。

宋　戴侗《六書故》卷二〇　蝸　，烏華切。蝸、蠃同類，其種不一。水産之別尤多，皆旋殼弇口，大者如斗。陸生者謂之土蝸、土蠃。以其善緣，又謂附蝸、附蠃。陵蠃以有肉角，又謂蝸牛、蠡牛、土蝸。亦有蠃而不殼者，又名虒蝓。

明　戴冠《濯纓亭筆記》卷九　蝸牛，螔蝓也。似蛞蝓而背負圓殼，人驚動之，則縮入殼中。蝸牛負殼而四角，蛞蝓無殼而兩角，二物皆生墻壁陰濕處。或謂蝸牛爲老蛞蝓，非也。

明　李時珍《本草綱目》卷四二　蝸牛瓜、媧、渦三音　《別録》中品　釋名：蠡牛、蠡，音螺。《藥性》蚹蠃、《爾雅》音附螺。螔蝓、《爾雅》　音移俞。山蝸、弘景蝸蠃、《山海經》作僕纍。蜒蚰蠃、俗名土牛兒。弘景曰：蝸牛，山蝸也。形似瓜字，有角如牛，故名。《莊子》所謂『戰於蝸角』是矣。時珍曰：其頭偏戾如蝸，其形盤旋如渦，故有媧、渦二者，不獨如瓜字而已。其行延引，故曰蜒蚰。《爾雅》謂之蚹蠃。孫炎注云：以其負蠃殼而行，故名蚹蠃。集解：弘景曰：蝸牛生山中及人家。頭形如蛞蝓，但背負殼耳。大明曰：此即負殼蜒蚰也。保昇曰：蝸牛生池澤草樹間。形似小螺，白色。頭有四黑角，行則頭出，驚則首尾俱縮入殼中。頌曰：凡用蝸牛，以形圓而大者爲勝。久雨乍晴，竹林池沼間多有之。其城墻陰處，一種扁而小者，無力，不堪用。時珍曰：蝸身有涎，能制蜈、蝎。夏熱則自懸葉下，往往升高，涎枯則自死也。

又　蛞蝓音濶俞。《本經》中品　釋名：陵蠡、音螺。《本經》附蝸、《別録》土蝸、同托胎蟲、俗鼻涕蟲、俗蜒蚰螺。詳下文。集解：《別録》曰：蛞蝓生太山池澤及陰地沙石垣下。八月取之。弘景曰：蛞蝓無殼，不應有蝸名。附蝸，即蝸牛也。豈以其頭形似蝸牛，故亦名蝸與？保昇曰：蛞蝓即蝸牛也，而《別録》復有蝸牛一條。雖數字不同，而主療無別，是後人誤出。正如《草部》有雞腸，而復出蘩蔞也。按《爾雅》云：附蠃，螔蝓。郭注云：蝸牛也。《玉篇》亦云：螔蝓，蝸牛也。此則一物明矣。形似小螺，白色，生池澤草樹間。頭有四角，行則角出，驚之則縮，首尾俱能藏入殼中。蘊恭以蛞蝓爲無殼蝸牛，非矣。今《本經》一名陵蠡，《別録》又有土蝸(馬)[之]名。蝸蠡皆蠃殼之屬，不

應無殼也。今下濕處有一種蟲，大(黃)[於]蝸牛，無殼而有角者，云是蝸牛之老者也。宗奭曰：蛞蝓、蝸牛，二物也。蛞蝓二角，身肉止一段。蝸牛四角，背上別有肉，以負殼行。若爲一物，《經》中焉得分爲二條？《蜀本》又謂蛞蝓爲蝸牛之老者，甚無謂也。時珍曰：按《爾雅》無蛞蝓，止云：蚹蠃，螔蝓。郭注云：蝸牛也。《別録》無螔蝓，止云：蛞蝓，一名蚹蝸。據此，則螔蝓是蚹蠃，蛞蝓是蚹蝸。蓋一類二種，如蝦蟇與鼃。故其主治功用相似，而皆制蜈、蠍。名謂稱呼相通，而俱曰蝸與蜒蚰螺也。或以爲一物，或以爲二物者，皆失深攷。惟許慎《説文》云：蚹蠃背負殼者曰蝸牛，無殼者曰蛞蝓。一言決矣。正誤：弘景曰：蛞蝓入三十六禽限，又是四種角蟲之類，營室星之精。方家無復用者。恭曰：陶説誤矣。三十六禽亥上有壁水貐，乃毫猪，毛如蝟簪。《山海經》云：貐，彘身人面，音如嬰兒。《爾雅》云：貗貐類貙，迅走食人。三者並非蛞蝓。蛞蝓乃無殼蝸蠡也。

明　吳楚材《疆識略》卷三二　蝸牛　按《釋文》小螺與《爾雅》所謂附蠃者是也。有四角，背上有肉，負圓殼以行，頭有小角，故名蝸牛。又螔蝓，又寄居，又緣桑螺，又天水牛。

明　李中立《本草原始》卷一一　蝸牛生山中及人家墻垣陰處，頭形如蛞蝓，但背負殼耳，色白，頭有二角，行則頭出，驚則首尾俱縮入殼中，涎畫屋壁，悉成銀迹。弘景曰：山蝸也。形似瓜字，有角如牛，故名。《莊子》所謂『戰於蝸角』是矣。《爾雅》謂之蚹蠃，以其負蠃殼而行。蛞蝓生太山池澤及陰地沙石垣下，似蝸牛無殼，有二角。故許慎《説文》云：蚹蠃，背負殼者曰蝸牛，無殼者曰蛞蝓。俗呼托胎蟲。

明　陳懋仁《庶物異名疏》卷二九《僕纍》　僕纍，見《山海經》。郭璞注：蝸牛也。

明　彭大翼《山堂肆考》卷二二五《負螺已下蝸牛》　《爾雅》：蚹蠃，螔蝓。注云：即蝸牛。孫炎《正義》以爲，負螺而行，因以名之。蓋蝸背負殼，狀如小螺，驚則縮入殼中，如螺閉户也。頭有小角，故又名蝸牛。崔豹《古今注》：蝸牛，陵螺也。形如螔蝓，殼如小螺，熱則自懸于葉下。野人爲圓舍，如蝸牛之殼，故曰蝸舍。觀崔説，則螔蝓與蝸牛異矣。先儒以爲螔蝓無殼，蝸牛似螔蝓而有殼。

清　徐文靖《管城碩記》卷二八　楊氏曰：李淳風引《詩緯・十五國星野》云：邶國當螔蝓之宿。注：螔蝓，蝸牛也。《玉篇》：蝸與蜾同。而解爲蠮螉，細腰蜂，又不可曉，名物之難辨如此。按：《爾雅》：蚹蠃，螔蝓。螔音移。注云：即蝸牛也。《開元占經》引《地軸占》曰：營室一名鮧鰫，或作蛦蝓，即螔蝓也。營室東壁爲娵訾衛之分野，故邶國當螔蝓之宿也。《説文》引《詩》曰：蝸蠃負之。《玉篇》：蝸與蜾同。《埤雅》曰：蜾蠃即今細腰蜂也，一名蒲盧，一名蠮螉。《化書》曰：蜂毒在尾，垂穎如鋒，故謂之蜂。今書家以書法匾者，號藏鋒法曰蝸匾。《書史》唐徐季海江南李楚金皆工小篆，號蠣匾法。《湘山野録》：江南徐騎省鉉善小篆，嘗自謂晚年始得蝸匾法。元吴觀穎《詩》『楚金蠣匾猶躇蹈』是也。《山堂肆考》、《正字通》皆云：蝸與融同。其譌舛甚矣。

清　吴玉搢《別雅》卷二　瓜牛，蝸牛也。《三國志・魏・楊沛傳》：起瓜牛廬，止其中。又《管寧傳》：焦先自作一瓜牛廬。裴松之云：瓜當作蝸。先等作圜舍，形如蝸牛蔽，故謂之蝸牛廬。瓜、蝸聲近，故相借用。

清　桂馥《札樸》卷九《鄉里舊聞・牛牛》　蝸蠃呼爲牛牛，或曰其角似牛，故名。馥案：《士冠禮》釋文云：螔蝓，劉音由然。則鄉語當是蝓牛，非重言牛也。

藝　文

唐　馬吉甫《蝸牛并序》(引自《文苑英華》卷一四二)　甲辰歲夏五月，余寓居官舍。時雨初止，有蝸牛蠢蠢緣堂砌而上。恐致踐履之禍，因命稚子移於墻陰。乃潛角縮殼，而有自衛之意。退爲賦云：蕤賓仲月，逆旅孤亭。薄官春罷，閒門晝扃。雲漫漫兮雨冥冥，荷蕖紅兮苔蘚青。卷陰風於北幌，閒疑皓月於南櫺。觀蝸牛之蕃育，何詭錯之殊形。若乃順陰而起，背陽而化。夤緣於草木，縈委於臺榭。傍庭廡以徐廻，循墻隅而亂下。纖角内奮，寧交觸氏之兵。堅殼外圖，疑終結野人之舍。闞爪牙兮自達，無羽翼兮相借。本忘情於蚌守，亦何憚於鴟嚇。故其投迹多閒，冥心寡欲。進不奔競，退非飲啄。吸大道之淳精，體中庸之止足。匪徇一作同。物而天疑悔，恒居沖而守樸。昇清流兮不爲寵，頓黄汙兮不爲辱。豈蜾識之可量，何蜆量疑之能較。借如海蛤無脛，江黿有靈。懷珠胎以自伐，韜玉兆以先形。蜋之捕

也，後黄雀而寧懼；魚之貪也，前翠竿而不驚。觀萬夫而恕己，會千載而作程。乃知無用之爲用，求生而喪生。

宋　蘇軾《東坡全集》卷一四《蝸牛》　腥涎不滿殼，聊足以自濡。升高不知回，竟作粘壁枯。

宋　陳仁子《牧萊脞語》卷一《蝸牛賦》　大塊噫氣，嘘萬形兮。蜿盤蠉動，具各靈兮。云何濕化，毓凌陰兮。不齧不餐，滿殼津兮。光瑩以滑，鮫背明兮。蕭森以矗，曆居履切。角觜兮。謂爾爲牛，匪犢耕兮。謂爾爲蝸，匪蛙鳴兮。族阬濯穢，種蔓盈兮。緣階升瓮，乘冥冥兮。書墻篆壁，空自熒兮。寸涎不給，竟殞身兮。勗哉世人，其亟懲兮。微潤自活，盍隱淪兮。一捏幾何，毋誇矜兮。灑鹽而斃，餘臭腥兮。有老媪言，以微鹽洒蝸牛背上，即化爲水蓊腐而斃。試之，果然。蓋蝸生於水，而鹽亦出於水，其相化如此，物固各有所畏也。

元　王義山《稼村類藁》卷九《蝸牛賦》　余代庖京庠，夏雨生緑，校文之暇，寓目齋壁，見蝸牛焉，有感而賦。天地之間，生物何夥？至微弗靈，無若蚹蠃。背負而殼形，不類乎裼裸。涎界而字識，亦幾乎細瑣。夫何肆交戰於蠻觸，倚兩角於右左。歎服箱之罔功，竟粘壁而莫墮。顧爾力兮弗量，欲脱身而不可。嗟乎蝸牛，殆類乎人之升高而不知休者之自禍也。

清　劉嗣綰《尚絅堂集・詩集》卷三九《竹西後集・秋齋詠草蟲・蝸牛》　亦知粘壁死，方苦循墻行。結廬何處好，蠻觸自相爭。

清　沈赤然《五研齋詩鈔》卷一五《寄愁集・蝸》　頭角峥嶸也是奇，弓腰屈曲雨中移。銀泥滿壁從人看，且到涎窮力竭時。

清　樂鈞《青芝山館集・詩集》卷一七《草蟲八咏・蝸牛》　戴廬何處歸，篆壁行且止。陰雨有時晴，溼生乃乾死。蠻觸在兩角，戰爭猶未已。

清　成書《多歲堂詩集》卷一《乾隆乙未・蝸牛》　蝸牛全其天，屈伸復突兀。角上無功名，壺中有日月。

圖表

晉　郭璞《爾雅音圖・釋魚》

明　李時珍《本草綱目・圖卷》

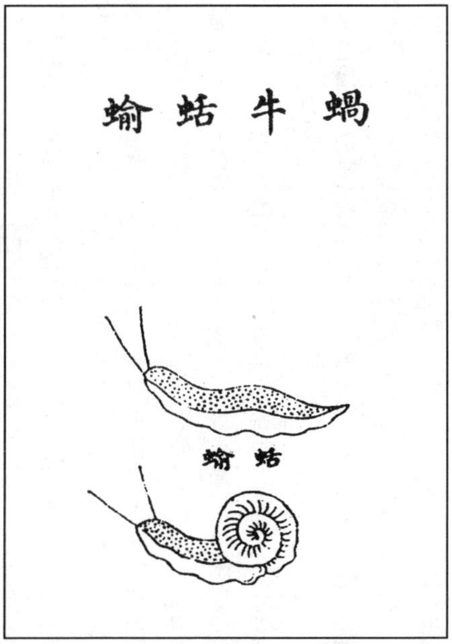

蜮

綜述

漢 許愼《説文》卷一三 蜮，短狐也。似鼈，三足。以氣射害人。从虫，或聲。于逼切。，蜮，又从國。臣鉉等曰：今俗作古獲切，以爲蝦蟆之别名。

三國吴 陸璣《毛詩草木鳥獸蟲魚疏》卷下《爲鬼爲蜮》 蜮，短狐也，一名射影。如鼀，二足，江淮水濱皆有之。人在岸上，影見水中，投人影則殺之，故曰射影也。南方人將入水，先以瓦石投水中，令水濁，然後入。或曰含細沙射人，入人肌，其創如疥。

隋 巢元方《巢氏諸病源候總論》卷二五《射工候》 江南有射工，毒蟲，一名短狐，一名蜮，常在山澗水内。此蟲口内有横骨，狀如角弓，其蟲形正黑，狀如肉鸞，生翳髮，而有雌雄者，口邊兩角，角端有椏，能屈伸。冬月並在土内蟄，其上氣蒸休休，冬月有雪，落其上不凝。夏月在水内，人行水上，及以水洗浴，或因大雨潦時，仍逐水便流入人家，或遇道上牛馬等跡内，即停住。其含沙射人影，便病。初得時，或如傷寒，或似中惡，或口不能語，或身體苦强，或惡寒熱，四支拘急，頭痛骨悁，屈伸張口欠㰦，或清朝小蘇，晡夕則劇。劇者不過三日，則齒間有血出，不即治，殺人。又云：初始證候，先寒熱，惡冷，欠㰦，筋急，頭痛，目疼，狀如傷寒，亦如中尸，便不能語。朝旦小蘇，晡夕輒劇，寒熱悶亂是也。始得三四日，可治。急者，七日皆死。緩者二七日，遠不過三七日，皆死。其毒中人，初未有瘡，但惡見瘮瘭寒熱，或如針刺。及其成瘡，初如豆粒黑子，或如火燒，或如蠼螋尿瘡，皆肉内有穿空，如大針孔也。其射中人頭面尤急，腰以上去人心近者多死。中人腰以下者小寬，不治，亦死。雖不死，皆百日内，乃可保瘥。又云：瘡有數種。其一種，中人瘡，正黑如黶子狀，或周徧悉赤，衣被犯之，如有芒刺痛。其一種，作瘡久即穿陷，或鎮寒熱。其一種，如火炙人肉，熛起作瘡，此最急，數日殺人。其一種，突起如石癤狀。俱能殺人，但有遲速耳。大都此病多令人寒熱欠伸，張口閉眼。此蟲冬月蟄在土内，人有識之者，取帶之溪邊行，亦佳。若得此病毒，仍以爲屑，漸服之。夏月在水中者，則不可用。

宋 陸佃《埤雅》卷一一《蜮》 蜮，短狐也，似鼈，三足，含水射人，一曰含沙。射人之影，其瘡如疥，《稽聖賦》所謂『蛷旋於影，蜮射於光』是也。一名射工，一名溪毒。有長角横在口前，如弩檐臨其角端，曲如上弩，以氣爲矢，因水勢以射人，故俗呼水弩。《春秋》曰『秋有蜮』，即此是也。然畏鵝，鵝能食之，《禽經》所謂『鵝飛則蜮沉，鵙鳴則蛇結』。《詩》曰『爲鬼爲蜮，則不可得』，言鬼無形而蜮性陰害，射人之影，則皆莫可究矣。《五行傳》曰：南越淫惑之氣生蜮。蜮之猶言『惑』也。《字説》曰：蜮不可得也，故或之。今蛷螋溺人之影，亦是類爾。《造化權輿》曰：短狐射氣，蛷螋遺溺，中影則疾，人氣數感之故也。《周官》曰：凡隙屋，除其貍蟲。貍蟲，䗪、蛷螋之屬。蛷螋言搜而去之也，亦言求而去之也。

宋 羅願《爾雅翼》卷三〇《蜮》 蜮，一名短弧，一名射工，一名谿毒。生江南山溪水中，甲蟲之類也。長一二寸，有翼能飛。口中有横物如角弩，如聞人聲，以氣爲矢，激水以射人，隨所著處發瘡。中影者亦病，而瘡不即發，病如大傷寒，不治，殺人。或曰：見人則以氣射人，去二三步即射，所中什六七死。冬月蟄澗谷間，大雪時索之。此蟲所在，其雪不積，氣起如蒸。掘之，不過入地一尺，則得也。《詩》曰『爲鬼爲蜮，則不可得』，以況陰中人者。《春秋・魯莊公十八年》：秋，有蜮。《穀梁傳》曰：一有一亡曰有。蜮，射人者也。劉向以爲，蜮生南越，越地多婦人，男女同川，淫女爲主，亂氣所生，故聖人名之曰蜮。蜮，猶惑也。在水旁能射人，近射妖也。天戒莊公勿取齊女，將生淫惑篡弑之禍。劉歆則以爲，蜮盛暑所生，非自越來。説者又言水弩狀如蜣蜋，尾長四寸，即弩也。見人影則射。《南越志》云：水弩，四月一日上弩射人影，至八月卸弩。此云弩在口，彼云弩在尾，差不同。顔師古以爲，短狐即射工，亦呼水弩，當是一物。而《説文》稱，蜮似鼈，三足，以氣射害人。孫愐亦稱，蜮，短狐，狀似鼈，含沙射人。陸璣《毛詩疏》亦云：蜮，短狐，一名射影，如鼀，三足，江淮水皆有之。在岸，影見水中，投人影則殺

人，故曰射影。南方人欲入水，先以瓦石投水中，令濁乃入。或含細沙射人，入人肌，其瘡如疥。則蜮乃是三足鼈，鯀所化爲能者與？甲蟲有異，姑兩存之。

宋　戴侗《六書故》卷二〇　蜮　蜮　于逼切。《詩》云：爲鬼爲域，則不可得。《春秋》書『有蜮』。劉向曰：在水旁，能射人，甚者至死，南方謂之短狐。《洪範五行傳》曰：如鼈，三足。陸璣曰：一名射景，江淮水中皆有之。人行岸上，景在水中，投人景則殺之。或曰：含沙射人皮肌，其瘡如疥。《埤雅》曰：一名溪毒，有長角横口前如弩，簷以氣爲矢，因水勢以射人，故俗呼水弩。鳧鴨能食之。一名射工。按《楚辭・大招》：『鰅鱅短狐』，『蜮傷躬只』。短狐與蜮乃似二物。

明　楊慎《升庵集》卷八一《鴛央食射工》　《春秋經》書『有蜮』，《傳》云：南方淫女氣所生，一名短狐，狀如鼈，含沙射人，又名射工。《玄中記》云：長三四寸，鴛央、鸂鷘、蟾蜍悉食之。

明　李時珍《本草綱目》卷四二　溪鬼蟲《拾遺》　釋名：射工《拾遺》射影、《詩疏》水弩、同抱槍、《雜俎》含沙、《詩》注短狐、《廣雅》水狐、《玄記》蜮。音或。時珍曰：此蟲足角如弩，以氣爲矢，因水勢含沙以射人影，成病，故有射弩諸名。《酉陽雜俎》謂之抱槍，云：大如蛣蜣，腹下足刺似槍，螫人有毒也。《玄中記》云：視其形，蟲也。見其氣，鬼也。其頭、喙如狐也。《五行傳》云：南方淫惑之氣所生，故謂之蜮。《詩》云：如鬼如蜮，則不可得。即此物也。集解：藏器曰：射工出南方，有溪毒處山林間。大如雞子，形似蛣蜣。頭有一角，長寸餘，角上有四岐，黑甲下有翅能飛。六七月取之。沙氣多，短狐則生。鸐鳿、鸂鶒之屬治之。慎微曰：《玄中記》云：水狐蟲長三四寸，其色黑，廣寸許，背上有甲厚三分。其口有角，向前如弩，以氣射人，去二三步即中人，十死六七也。《博物志》云：射工，江南山溪水中甲蟲也。長一二寸，口有弩形，以氣射人影，令人發瘡，不治殺人。《周禮》：壺涿氏掌除水蟲，以抱土之鼓驅之，以禁石投之。即此物也。時珍曰：射工長二三寸，廣寸許，形扁，前濶後狹，頗似蟬狀，故《抱朴子》言其狀如鳴蜩也。腹軟背硬，如鱉負甲，黑色，故陸機言其形如鱉也。六七月，甲下有翅能飛，作鉍鉍聲，濶頭尖喙，有二骨眼。其頭目醜黑，如狐如鬼，喙頭有尖角如爪，長一二分。有六足如蟹足，二足在喙下，大而一爪，四足在腹下，小而岐爪。或時雙屈前足，抱拱其喙，正如横弩上矢之狀。冬則蟄於谷間。所居之處，大雪不積，氣起如蒸。掘下一尺可得，陰乾，留用。蟾蜍、鴛鴦能食之，鵞、鴨能辟之。故《禽經》云：鵞飛則蜮沉。又有水虎，亦水狐之類。有鬼彈，乃溪毒之類。葛洪所謂『溪毒似射工而無物』者，皆此屬也。並附之。

明　穆希文《説原》卷一二　蜮，名短弧，又名射弓，又名射影。長一二寸，有翼，能飛。如聞人聲，以氣爲矢，激水以射，着人即發瘡，中影者病如傷寒。

明　陳懋仁《庶物異名疏》卷二九《射工》　《説楛》：蜮，射人者。生於南方，曰短狐。故南越多蜮，淫女惑亂之所生也。一名射工。鴛鴦、鸂鷘、蟾蜍悉食之。鮑照詩：含沙射流影，吹蠱痛行暉。

明　鄺露《赤雅》卷三《短狐》　短狐，人所生也。《詩》曰蜮，《書》曰射工，《騷》曰短狐。斑衣山子，插青銜弩，裸體獸交，遺精降于草木，嵐蒸嶂結，盎然化生。狐長三寸，狀若黃熊，口銜毒弩，巧伺人影，胎性使然。予南海有水鬭蟲，四月一日上弩，八月一日卸弩，亦(然)〔能〕射人，與此不同。予遊六磨，影落澗水，爲短狐所射，毒中左手，適欲朴殺，有大蟾皷腹踴躍，搤其喉而食之。未幾，痛入骨髓，始如蟻卵，乍如蜂房，乍如盤渦，乍如蛇菌。一日一夜，其變百出，其大二寸，聞過三寸則死，毒大如狐則死，對時則死。遍走羣醫，命在呼吸。蘧然省，蟾能食之，必能制之。適有八字丹蟾，跳躍草際，取向毒處，一吸，支體立運，毒口出涎，滴石石爛。魂魄潮復，如坐冰壺。其口兩月方合。聞鴛鴦、鸂皆能食之。腦可止痛，使我求之，恐爲枯魚所笑。

明　毛晉《陸氏詩疏廣要》卷下之下《爲鬼爲蜮坊刻『如鬼如蜮』，非**》**　蜮，短狐也，一名射影。如鼀，一作鼈。三足，江淮水濱皆有之。人在岸上，影見水中，投人影則殺之，故曰射影也。南方人將入水，先以瓦石投水中，令水濁，然後入。或曰：含細沙射人，入人肌，其瘡一作創。如疥。《廣雅》：射工，短狐，蜮也。毛《傳》：蜮，短狐也。陸氏云：狀如鼈，三足，一名射工，俗呼之水弩。在水中，含沙射人。一云射人影。《正義》曰：《洪範五行傳》云：蜮如鼈，三足，生于南越。南越婦人多淫，故其地多蜮，淫女惑亂之氣所生也。《埤雅》：蜮含水射人，一曰含沙射人之影。《稽聖賦》所謂『蜮旋于影，蜮射于光』是也。一名射工，一名溪毒。有長角，横在口前，如弩檐臨。其角端曲，如上弩。以氣爲矢，用水勢以射人，故俗呼水弩。《春秋》曰『秋有蜮』，即此是也。然畏鵞，鵞能食之，《禽經》所謂『鵞飛則蜮沈，鵙鳴則蛇結』。《詩》曰『爲鬼爲蜮，則不可得』，言鬼無形而蜮性陰

害，射人之影，則皆莫可究矣。《五行傳》曰：南越淫惑之氣生蜮。蜮之言『惑』也。《字説》曰：蜮不可得也，故或之。今蛷螋溺人之影，亦是類。《造化權輿》曰：短狐射氣，蛷螋遺溺，中影則疾，人氣數感之故也。《爾雅翼》：【略】朱注：蜮，短狐也。江淮水皆有之。皆含沙以射水中人影，其人輒病，而不見其形也。《周禮》：壺涿氏掌除水蟲。注：狐，蜮之屬。《韓詩外傳》云：短狐，水神也。《抱朴子》云：蜮，水蟲也。狀如鳴蜩，有翼能飛。《玄中記》云：水狐者，視其形蟲也，其氣乃鬼也。長三四寸，色黑，廣寸許。背上有甲，厚三分許。其頭有角。去二三步則氣射人，中十人六七人死。鴛鴦、鸂鶒、蟾蜍悉食之。《東方朔傳》：人主之大蜮。師古云：魅也。按：諸家之説不一。惟《玄中記》云『其形蟲也，其氣乃鬼也』，二語盡之矣。較之蟯蜋，鳴蜩，恐太不倫。彼有翼能飛者，或又一種，非師曠所云『鶩飛則沈』者也。

清　顧棟高《毛詩類釋》卷一八《蜮》　毛《傳》：蜮，短狐。孔《疏》：《洪範五行傳》云：蜮如鼈，三足，生於南越。南越婦人多淫，故其地多蜮，淫女惑亂之氣所生也。陸璣云：一名射影。江淮水中皆有之。人在岸上，影在水中，投人影則殺人，故曰射影。南人將入水，先以瓦石投水中，令水濁，然後入。或曰：含沙射人皮肌，其瘡如疥是也。《詩·小雅》：爲鬼爲蜮，則不可得。言其潛伏，人不得而見也。

清　牟應震《毛詩物名考》卷二　蜮，妖狐也。《春秋》作蜮。《公羊傳》：蜮之爲言惑也。又曰：螟何以書？記災也。蜮何以書，記異也。《詩》與鬼並舉，而曰『則不可得』，其即今之妖狐鬼人者與？

紀事

《左傳·莊公十八年》　秋，有蜮。注：蜮，短弧也。蓋以含沙射人爲災。音義：蜮，本又作蜮，音或，短狐也。《本草》謂之射工、短弧。本又作斷，同，丁管反。弧又作狐，音胡，射人，食亦反。疏：注：《正義》曰：《穀梁傳》曰：蜮，射人者也。《洪範五行傳》曰：蜮如鼈，三足，生於南越。南越婦人多滛，故其地多蜮，滛女惑亂之氣所生也。陸璣《毛詩義疏》云：蜮，短狐也，一名射景，如鼈，三足，在江淮水中，人在岸上，景見水中，投人景則殺之，故曰射景。或謂含沙射人，入皮肌，其創如疥。服虔云：偏身濩濩，或或故爲災。沈氏云：此有蜮，《傳》重發例者，以螟螽與蜚同是害禾稼，此蜮則害人，故《傳》特發之。

圖表

明　李時珍《本草綱目·圖卷》

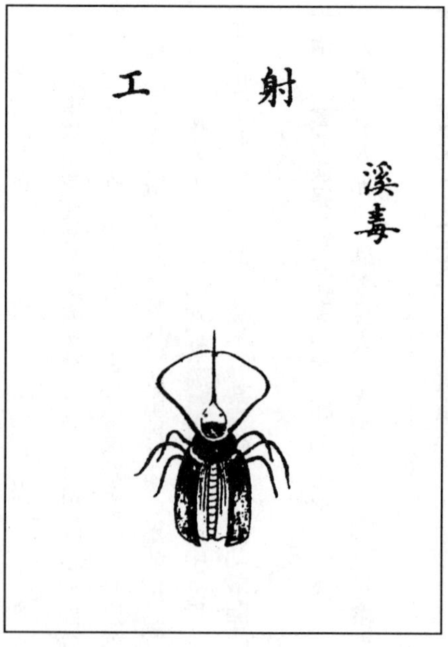

度古

綜述

唐　段成式《酉陽雜俎》卷一七　度古，似書帶，色類蚓，長二尺餘，首如鏟，背上有黑黄襴，稍觸則斷。常趁蚓，蚓不復動，乃上蚓掩之。良久蚓

化，惟腹泥如涎，有毒，雞喫輒死，俗呼土蟲。

明　葉子奇《草木子》卷四　度古，似書帶，色類蚓，長二尺餘，首如鏟，背上有黑黃欄，稍觸則斷。常趂蚓，蚓不復動，乃上蚓掩之。良久蚓化，惟腹泥如綖，有毒，雞喫輒死，俗呼土蟲。

明　吴之俊《獅山掌録》卷二四《度古》　度古，似書帶，長二尺餘，首如鏟，背上有黑黃襴，稍觸則斷。嘗趂蚓，蚓不復動，乃上蚓掩之。良久蚓化，惟餘腹泥，鷄吃輒死，俗呼土蠱。

明　陳懋仁《庶物異名疏》卷二九《度古》　度古，見《草木子》。似書帶，色類蚓，長二尺餘，首如鏟，背上有黑黃襴，稍觸則斷。常趂蚓，蚓不復動，乃上蚓掩之。良久蚓化，惟腹泥如綖，有毒，雞喫輒死，俗呼土蠱。

清　嵇璜《續通志》卷一七八　度古，一名土蠱，類蚓，長二尺許，稍觸則斷。常趂蚓，蚓化，唯腹泥如涎，有毒，鷄食輒死。見《酉陽雜俎》。

腆顆蟲

綜　述

宋　唐慎微《證類本草》卷二一　腆顆蟲，一作顒。功用同前，人取帶之。似屭盤，褐色，身扁。出嶺南，人重之也。

明　李時珍《本草綱目》卷四一　腆顆蟲《拾遺》　藏器曰：出嶺南。狀似屭盤，褐色，身扁。帶之令人相愛也，彼人重之。

清　嵇璜《續通志》卷一七八　腆顆蟲出嶺南，狀如行夜，褐色，身扁，帶之令人相愛。

謝豹

綜　述

唐　段成式《酉陽雜俎》卷一七　謝豹，虢州有蟲名謝豹，常在深土中，司馬裴沈子常治坑獲之。小類蝦蟆而圓如毬，見人，以前兩脚交覆首，如羞狀。能穴地如鼢鼠，頃刻深數尺。或出地聽謝豹鳥聲，則腦裂而死，俗因名之。

宋　高承《事物紀原》卷五〇《謝豹》　《酉陽雜俎》曰：虢郡有蟲名謝豹，常在深土中，司馬裴沈子掘地獲之。小類蝦蟇間如毬，見人，以前脚交覆首，如羞狀。能穴地如粉鼠，頃刻深數尺。或出地聽謝豹鳥聲，則腦裂而死，俗因名之。或曰：謝豹，人也，抱恥死，其魄爲蟲，潛行地中，羞見人故也。或掘出之，猶以足覆面，作忍恥狀。然不詳其何時人也。幼歲聞故老言如此也。

明　木增《雲薖淡墨》卷四《謝豹》　謝豹，蟲名。本人之姓名也。抱恥而死化爲蟲，潛入地中，猶羞見人。人掘地出之，以足覆面，作忍恥狀。

清　嵇璜《續通志》卷一七八　謝豹蟲出虢州。《酉陽雜俎》云：常在深土中。小類蝦蟇而圓如毬，見人，以前兩脚交覆首，如羞狀。能穴地如鼢鼠，頃刻深數尺。或出地聽謝豹鳥聲，則腦裂而死，俗因名之。或曰：謝豹，人也，抱恥死，其魄爲蟲，潛行地中，羞見人。掘出之，猶以足覆面，作忍恥狀。

蜆

綜述

《爾雅·釋蟲》 蜆，縊女。注：小黑蟲，赤頭，喜自經死，故曰縊女。音義：蜆，下顯反，《字林》下研反，孫音俔。案：俔字下顯、苦見二反。縊，一賜反，一音翳是反。喜，許記反。經，古刑反。疏：蜆，小黑蟲也，赤頭，喜自縊，故又名縊女。《說文》云『蛻爲蝶』是也。經即縊也。《晉語》申生使猛足辭於狐突，乃雉經於新城廟。僖四年《左氏傳》云：十二月戊申，縊於新城。是謂縊爲經也。

漢 許慎 《說文》卷一三 蜆[篆]，縊女也。从虫，見聲。胡典切。

宋 釋贊寧 《東坡先生物類相感志》卷一六《蜆》 《爾雅》云：蜆，縊女。黑蟲，赤頭，吐絲自經懸於樹木之杪。此蟲或多，則人多縊卒。

清 嵇璜 《續通志》卷一七八 蜆，一名縊女，見《爾雅》。郭璞注曰：小黑蟲，赤頭，喜自經死，故曰縊女。《異苑》以爲齊東郭姜所化。

清 方旭 《蟲薈》卷三《昆蟲·蜆》 《爾雅》：蜆，縊女。注：小黑蟲，赤頭，喜自經死。旭按：此物好吐絲自懸，故名縊女。其背有黑甲。

雜録

南朝宋 劉敬叔 《異苑》卷三 縊女，蟲也，一名蜆，長寸許，頭赤，身黑，恒吐絲自懸。昔齊東郭姜既亂崔杼之室，慶封殺其二子，姜亦自經。俗傳此婦骸化爲蟲，故以縊女名蟲。

明 陸容 《菽園雜記》卷八 成化十三年，福建長樂縣平地長起一山，長三日而止，度之高二丈餘，横廣八丈。其旁一池忽生大蜆，民取食之，味甚美，乃爭取食，食者不數日患痢，死者千餘人。

圖表

晉 郭璞 《爾雅音圖·釋蟲》

竹虱

綜述

明 李時珍 《本草綱目》卷四一 竹蝨《綱目》 釋名：竹佛子、《綱目》天厭子。集解：時珍曰：竹蝨生諸竹及草木上，皆有之。初生如粉點，久便能動，百十成簇，形大如蝨，蒼灰色。或云濕熱氣化，或云蟲卵所化。古方未有用者。惟南宮從《峋嶁神書》云：江南、巴邛、吴越、荊楚之間，春秋竹內有蟲，似蝨而蒼，取之陰乾，可治中風。即此也。

清　嵇璜《續通志》卷一七八　竹蝨，一名竹佛子，一名天厭子，生諸竹及草木上。初如粉點，久便能動，百十成簇，形大如蝨，蒼灰色。《蟫史》云：其矢成團，如粟飯懸竹籬間，人取而洗烹食之，甚益人。

圖表

明　李時珍《本草綱目·圖卷》

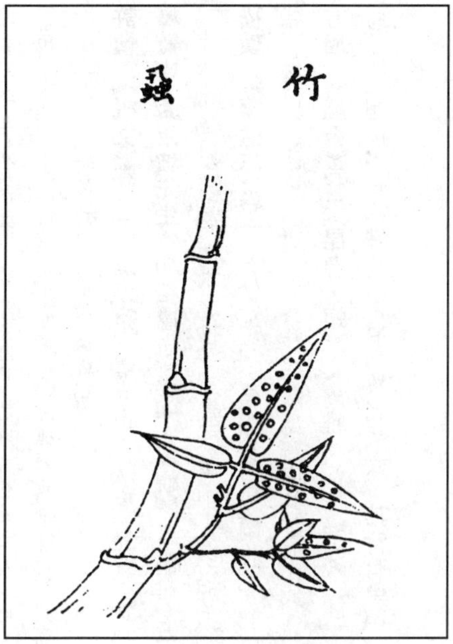

中華大典·林業典

森林資源與生態分典　引用書目

引用書目

書名　朝代　作者　版本　備注

尚書　漢　孔安國傳、唐　孔穎達　疏　中華書局一九八零年版十三經注疏，下同　書、書經
周易　魏　王弼、晉　韓康伯　注、唐　孔穎達　疏　十三經注疏　易、易經
詩經　漢　毛亨　傳、鄭玄　箋、唐　孔穎達　疏　十三經注疏　詩
左傳　晉　杜預　注、唐　孔穎達　疏　十三經注疏　春秋左氏傳
周禮　漢　鄭玄　注、唐　賈公彦　疏　十三經注疏　周官、周官經
禮記　漢　鄭玄　注、唐　孔穎達　疏　十三經注疏　小戴禮、小戴禮記
爾雅　晉　郭璞　注、宋　邢昺　疏　十三經注疏
論語　魏　何晏　集解、宋　邢昺　疏　十三經注疏
孟子　漢　趙岐　注、宋　孫奭　疏　十三經注疏
逸周書　上海古籍出版社一九八七年版文淵閣四庫全書，下同
國語　四庫全書
山海經　晉　郭璞　注　四庫全書
穆天子傳　四庫全書
竹書紀年　南朝宋　沈約　注　四庫全書
禽經　師曠　撰、晉　張華　注　四庫全書
管子　四庫全書
晏子春秋　四庫全書
商君書　四庫全書　商子
莊子　四庫全書
列子　四庫全書
文子　四庫全書
關尹子　四庫全書
荀子　四庫全書
韓非子　四庫全書
呂氏春秋　呂不韋　四庫全書
孔叢子　漢　孔鮒　四庫全書
新語　漢　陸賈　四庫全書
淮南子　漢　劉安　四庫全書　淮南鴻烈
新書　漢　賈誼　四庫全書
春秋繁露　漢　董仲舒　四庫全書
神異經　漢　東方朔　四庫全書
海内十洲記　漢　東方朔　四庫全書
史記　漢　司馬遷　中華書局一九五九年點校本
鹽鐵論　漢　桓寬　四庫全書
大戴禮記　漢　戴德　四庫全書
戰國策　漢　劉向　四庫全書
説苑　漢　劉向　四庫全書
方言　漢　揚雄　四庫全書　輶軒使者絶代語釋别國方言
揚子雲集　漢　揚雄　四庫全書
論衡　漢　王充　四庫全書
漢書　漢　班固　中華書局一九六二年點校本
説文　漢　許慎　中華書局據同治十二年陳昌治刻本影印　説文解字
蔡中郎集　漢　蔡邕　四庫全書
洞冥記　漢　郭憲　四庫全書
釋名　漢　劉熙　四庫全書
曹子建集　三國魏　曹植　四庫全書
廣雅　三國魏　張揖　四庫全書
毛詩草木鳥獸蟲魚疏　三國吴　陸璣　四庫全書
三國志　晉　陳壽　中華書局一九七二年點校本
博物志　晉　張華　四庫全書
爾雅音圖　晉　郭璞　清嘉慶六年影宋繪圖本
玄中記　晉　郭璞　上海古籍出版社二零零二年版續修四庫全書，下同

古今注　晉　崔豹　四庫全書
拾遺記　晉　王嘉　四庫全書
抱朴子　晉　葛洪　四庫全書
西京雜記　晉　葛洪　四庫全書
南方草木狀　晉　嵇含　四庫全書
搜神記　晉　干寶　四庫全書
華陽國志　晉　常璩　四庫全書
竹譜　晉　戴凱之　四庫全書
鄴中記　晉　陸翽　四庫全書
鮑明遠集　南朝宋　鮑照　四庫全書
後漢書　南朝宋　范曄　中華書局一九六五年點校本
異苑　南朝宋　劉敬叔　四庫全書
世說新語　南朝宋　劉義慶　撰、劉孝標　注　四庫全書
謝宣城集　南朝齊　謝朓　四庫全書
續齊諧記　南朝梁　吴均　四庫全書
昭明太子集　南朝梁　蕭統　四庫全書
文選　南朝梁　蕭統　中華書局一九七七年點校本　昭明文選
江文通集　南朝梁　江淹　四庫全書
金樓子　南朝梁　蕭繹　四庫全書
宋書　南朝梁　沈約　中華書局一九七四年點校本
述異記　南朝梁　任昉　四庫全書
南齊書　南朝梁　蕭子顯　中華書局一九七二年點校本
十六國春秋　北魏　崔鴻　四庫全書
齊民要術　北魏　賈思勰　農業出版社一九八二年校釋本
水經注　北魏　酈道元　四庫全書
魏書　北齊　魏收　中華書局一九七四年點校本
庾子山集　北周　庾信　四庫全書
巢氏諸病源候總論　隋　巢元方　四庫全書
晉書　唐　房玄齡　中華書局一九七四年點校本
梁書　唐　姚思廉　中華書局一九七三年點校本
陳書　唐　姚思廉　中華書局一九七二年點校本
南史　唐　李延壽　中華書局一九七五年點校本
北齊書　唐　李百藥　中華書局一九七二年點校本
隋書　唐　魏徵　中華書局一九七三年點校本
周書　唐　令狐德棻　中華書局一九七一年點校本
藝文類聚　唐　歐陽詢　四庫全書
華陽集　唐　顧況　四庫全書
李北海集　唐　李邕　四庫全書
駱丞集　唐　駱賓王　四庫全書
盧昇之集　唐　盧照鄰　四庫全書
陳拾遺集　唐　陳子昂　四庫全書
盈川集　唐　楊炯　四庫全書
王子安集　唐　王勃　四庫全書
張燕公集　唐　張說　四庫全書
朝野僉載　唐　張鷟　中華書局一九七九年點校本
長短經　唐　趙蕤　四庫全書
曲江集　唐　張九齡　四庫全書
孟浩然集　唐　孟浩然　四庫全書
李嶠雜詠　唐　李嶠　續修四庫全書
李太白文集　唐　李白　四庫全書
儲光羲詩集　唐　儲光羲　四庫全書
杜工部集　唐　杜甫　續修四庫全書
高常侍集　唐　高適　四庫全書
杼山集　唐　釋皎然　四庫全書
劉隨州集　唐　劉長卿　四庫全書
通典　唐　杜佑　四庫全書
柳河東集　唐　柳宗元　四庫全書
五百家注昌黎文集　唐　韓愈　撰、宋　魏仲舉　編　四庫全書
孟東野詩集　唐　孟郊　四庫全書
張司業集　唐　張籍　四庫全書

韋蘇州集　唐　韋應物　四庫全書
劉賓客文集　唐　劉禹錫　四庫全書
白香山詩集　唐　白居易　四庫全書
白氏長慶集　唐　白居易　四庫全書
白孔六帖　唐　白居易　四庫全書
元氏長慶集　唐　元稹　四庫全書
李文公集　唐　李翺　四庫全書
會昌一品集　唐　李德裕　四庫全書
李衛公別集　唐　李德裕　四庫全書
建康實録　唐　許嵩　四庫全書
錢仲文集　唐　錢起　四庫全書
封氏聞見記　唐　封演　四庫全書
長江集　唐　賈島　四庫全書
元和郡縣志　唐　李吉甫　四庫全書
宗玄集　唐　吴筠　四庫全書
追昔遊集　唐　李紳　四庫全書
西陽雜俎　唐　段成式　四庫全書
王司馬集　唐　王建　四庫全書
李義山詩集　唐　李商隱　四庫全書
唐國史補　唐　李肇　四庫全書
北户録　唐　段公路　撰、龜圖　注　四庫全書
浣花集　唐　韋莊　四庫全書
松陵集　唐　皮日休、陸龜蒙　四庫全書
甫里集　唐　陸龜蒙　四庫全書
笠澤叢書　唐　陸龜蒙　四庫全書
唐風集　唐　杜荀鶴　四庫全書
資暇集　唐　李匡乂　四庫全書
丁卯詩集　唐　許渾　四庫全書
雲臺編　唐　鄭谷　四庫全書
羅昭諫集　唐　羅隱　四庫全書
姚少監詩集　唐　姚合　四庫全書
白蓮集　唐　釋齊己　四庫全書
唐英歌詩　唐　吴融　四庫全書
禪月集　唐　釋貫休　四庫全書
嶺表録異　唐　劉恂　四庫全書
宣室志　唐　張讀　四庫全書
韓内翰別集　唐　韓偓　四庫全書
黄御史集　唐　黄滔　四庫全書
張承吉集　唐　張祜　續修四庫全書
集異記　唐　薛用弱　四庫全書
渚宫舊事　唐　余知古　四庫全書
李羣玉詩集　唐　李羣玉　四庫全書
玄英集　唐　方干　四庫全書
雲谿友議　唐　范攄　四庫全書
蠻書　唐　樊綽　四庫全書
唐新語　唐　劉肅　四庫全書
蘇氏演義　唐　蘇鶚　四庫全書
杜陽雜編　唐　蘇鶚　四庫全書
北夢瑣言　唐　孫光憲　四庫全書
雲仙雜記　唐　馮贄　四庫全書
徐正字詩賦　唐　徐寅　四庫全書
劉賓客嘉話録　唐　韋絢　四庫全書
兼明書　唐　丘光庭　四庫全書
才調集　唐　韋縠　四庫全書
碧雲集　唐　李中　續修四庫全書
大唐傳載　唐　佚名　四庫全書
開元天寶遺事　五代　王仁裕　四庫全書
舊唐書　五代　劉昫　中華書局一九七五年點校本
録異記　五代　杜光庭　四庫全書
中華古今注　五代　馬縞　四庫全書

化書　五代　譚峭　四庫全書
筆法記　五代　荊浩　四庫全書
清異録　宋　陶穀　四庫全書
稽神録　宋　徐鉉　四庫全書
舊五代史　宋　薛居正　中華書局一九七六年點校本
事類賦　宋吴淑　四庫全書
筍譜　宋　釋贊寧　四庫全書
東坡先生物類相感志　宋　釋贊寧　齊魯書社一九九七年版四庫全書存目叢
書，下同　本
文苑英華　宋　李昉　中華書局一九六六年版
太平御覽　宋　李昉　四庫全書
太平廣記　宋　李昉　四庫全書
太平寰宇記　宋　樂史　四庫全書
西崑詶唱集　宋　楊億　四庫全書
茅亭客話　宋　黄休復　四庫全書
東觀集　宋　魏野　四庫全書
咸平集　宋　田錫　四庫全書
冊府元龜　宋　王欽若　四庫全書
華陽集　宋　王珪　四庫全書
高昌行紀　宋　王廷德　四庫全書
墨客揮犀　宋　彭乘　四庫全書
新唐書　宋　歐陽修、宋祁　中華書局一九七五年點校本
新五代史　宋　歐陽修　中華書局一九七四年點校本
文忠集　宋　歐陽修　四庫全書
詩本義　宋　歐陽修　四庫全書
湘山野録　宋　釋文瑩　四庫全書
玉壺野史　宋　釋文瑩　四庫全書
崇文總目　宋　王堯臣　四庫全書
武溪集　宋　余靖　四庫全書
宛陵集　宋　梅堯臣　四庫全書
嘉祐雜志　宋　江休復　四庫全書
分門瑣碎録　宋　溫革　續修四庫全書
安陽集　宋　韓琦　四庫全書
清獻集　宋　趙抃　四庫全書
潏水集　宋　李復　四庫全書
淨德集　宋　吕陶　四庫全書
古靈集　宋　陳襄　四庫全書
文昌雜録　宋　龐元英　四庫全書
丹淵集　宋　文同　四庫全書
公是集　宋　劉敞　四庫全書
彭城集　宋　劉攽　四庫全書
小畜集　宋　王禹偁　四庫全書
忠愍集　宋　寇準　四庫全書
林和靖集　宋　林逋　四庫全書
春卿遺稿　宋　蔣堂　四庫全書
南部新書　宋　錢易　四庫全書
桐譜　宋　陈翥　四庫全書
金氏文集　宋　金君卿　四庫全書
文莊集　宋　夏竦　四庫全書
樂章集　宋　柳永　四庫全書
范文正集　宋　范仲淹　四庫全書
景文集　宋　宋祁　四庫全書
益部方物略記　宋　宋祁　四庫全書
元豐類稿　宋　曾鞏　四庫全書
灌園集　宋　吕南公　四庫全書
墨池編　宋　朱長文　四庫全書
吴郡圖經續記　宋　朱長文　四庫全書
端明集　宋　蔡襄　四庫全書
荔枝譜　宋　蔡襄　四庫全書
證類本草　宋　唐慎微　四庫全書

傳家集　宋　司馬光　四庫全書
資治通鑑　宋　司馬光　四庫全書
張子全書　宋　張載　四庫全書
橫渠易說　宋　張載　四庫全書
蘇魏公文集　宋　蘇頌　四庫全書
盱江集　宋　李覯　四庫全書
臨川文集　宋　王安石　四庫全書
鄖溪集　宋　鄭獬　四庫全書
節孝集　宋　徐積　四庫全書
蜀檮杌　宋　張唐英　四庫全書
忠肅集　宋　劉摯　四庫全書
夢溪筆談　宋　沈括　四庫全書
補筆談　宋　沈括　四庫全書
廣陵集　宋　王令　四庫全書
雲溪居士集　宋　華鎮　四庫全書
錢塘集　宋　韋驤　四庫全書
二程文集　宋　程顥、程頤　四庫全書
二程集　宋　程顥、程頤　中華書局一九八一年點校本
談苑　宋　孔平仲　四庫全書
畫墁錄　宋　張舜民　四庫全書
青山集　宋　郭祥正　四庫全書
東坡全集　宋　蘇軾　四庫全書
欒城集　宋　蘇轍　四庫全書
詩集傳　宋　蘇轍　四庫全書
侯鯖錄　宋　趙令時　四庫全書
後山談叢　宋　陳師道　四庫全書
後山集　宋　陳師道　四庫全書
北山集　宋　鄭剛中　四庫全書
毛詩名物解　宋　蔡卞　四庫全書
盧溪文集　宋　王庭珪　四庫全書
簡齋集　宋　陳與義　四庫全書
類說　宋　曾慥　四庫全書
北窗炙輠錄　宋　施德操　四庫全書
橫浦集　宋　張九成　四庫全書
相山集　宋　王之道　四庫全書
鐵圍山叢談　宋　蔡絛　四庫全書
范太史集　宋　范祖禹　四庫全書
樂府詩集　宋　郭茂倩　四庫全書
萍洲可談　宋　朱彧　四庫全書
埤雅　宋　陸佃　四庫全書
倚松詩集　宋　饒節　四庫全書
宗忠簡集　宋　宗澤　四庫全書
山谷集　宋　黃庭堅　四庫全書
龜山集　宋　楊時　四庫全書
淮海集　宋　秦觀　四庫全書
無為集　宋　楊傑　四庫全書
示兒編　宋　孫奕　四庫全書
事實類苑　宋　江少虞　四庫全書
晁無咎詞　宋　晁補之　四庫全書
聞見錄　宋　邵伯溫　四庫全書
道鄉集　宋　鄒浩　四庫全書
柯山集　宋　張耒　四庫全書
岳陽風土記　宋　范致明　四庫全書
陶朱新錄　宋　馬純　四庫全書
溪堂集　宋　謝逸　四庫全書
眉山詩集　宋　唐庚　四庫全書
冷齋夜話　宋　釋惠洪　四庫全書
墨莊漫錄　宋　張邦基　四庫全書
誠齋集　宋　楊萬里　四庫全書
盤洲文集　宋　洪适　四庫全書

夷堅志　宋　洪邁　四庫全書
甕牖閑評　宋　袁文　四庫全書
演繁露　宋　程大昌　四庫全書
雞肋編　宋　莊綽　四庫全書
陵陽集　宋　韓駒　四庫全書
學林　宋　王觀國　四庫全書
頤堂先生文集　宋　王灼　四部叢刊
鴻慶居士集　宋　孫覿　四庫全書
紺珠集　宋　朱勝非　四庫全書
太倉稊米集　宋　周紫芝　四庫全書
竹坡詩話　宋　周紫芝　四庫全書
梁谿集　宋　李綱　四庫全書
漱玉詞　宋　李清照　四庫全書
曲洧舊聞　宋　朱弁　四庫全書
禹貢指南　宋　毛晃　四庫全書
茶山集　宋　曾幾　四庫全書
海陵集　宋　周麟之　四庫全書
海録碎事　宋　葉庭珪　四庫全書
鼅溪集　宋　沈與求　四庫全書
三餘集　宋　黄彦平　四庫全書
東京夢華録　宋　孟元老　四庫全書
嵩山集　宋　晁公遡　四庫全書
澹齋集　宋　李流謙　四庫全書
松漠紀聞　宋　洪皓　四庫全書
栟櫚集　宋　鄧肅　四庫全書
尚書講義　宋　史浩　四庫全書
獨醒雜志　宋　曾敏行　四庫全書
崧庵集　宋　李處權　四庫全書
雲溪集　宋　郭印　四庫全書
詩話總龜　宋　阮閲　四庫全書
見聞後録　宋　邵博　四庫全書
南湖集　宋　張鎡　四庫全書
通志　宋　鄭樵　四庫全書
西溪叢語　宋　姚寬　四庫全書
韻語陽秋　宋　葛立方　四庫全書
湖山集　宋　吴芾　四庫全書
東牟集　宋　王洋　四庫全書
晦庵集　宋　朱熹　四庫全書
朱子語類　宋　黎靖德　中華書局一九八六年點校本
龍洲集　宋　劉過　四庫全書
紹陶録　宋　王質　四庫全書
雪山集　宋　王質　四庫全書
詩總聞　宋　王質　四庫全書
雲麓漫鈔　宋　趙彦衛　四庫全書
燕堂詩稿　宋　趙公豫　四庫全書
爾雅翼　宋　羅願　四庫全書
新安志　宋　羅願　四庫全書
野客叢書　宋　王楙　四庫全書
竹友集　宋　謝邁　四庫全書
初寮集　宋　王安中　四庫全書
春渚紀聞　宋　何薳　四庫全書
避暑録話　宋　葉夢得　四庫全書
苕溪集　宋　劉一止　四庫全書
靖康緗素雜記　宋　黄朝英　四庫全書
三朝北盟會編　宋　徐夢莘　四庫全書
本草衍義　宋　寇宗奭　續修四庫全書
郡齋讀書志　宋　晁公武　四庫全書
續博物志　宋　李石　四庫全書
梅溪集　宋　王十朋　四庫全書
尚書全解　宋　林之奇　四庫全書

雲莊集　宋　曾協　四庫全書
續資治通鑑長編　宋　李燾　中華書局一九七九年點校本
竹齋詩集　宋　裘萬頃　四庫全書
雲泉詩　宋　薛嵎　四庫全書
澗泉集　宋　韓淲　四庫全書
緯略　宋　高似孫　四庫全書
剡錄　宋　高似孫　四庫全書
檆溪居士集　宋　劉才邵　四庫全書
紫微集　宋　張嵲　四庫全書
韋齋集　宋　朱松　四庫全書
猗覺寮雜記　宋　朱翌　四庫全書
松隱集　宋　曹勛　四庫全書
屏山集　宋　劉子翬　四庫全書
香溪集　宋　范浚　四庫全書
能改齋漫錄　宋　吴曾　四庫全書
邕州小集　宋　陶弼　四庫全書
兩漢博聞　宋　楊侃　四庫全書
梅山續稾　宋　姜特立　四庫全書
橘錄　宋　韓彦直　四庫全書
方是閒居士小稿　宋　劉學箕　四庫全書
南軒集　宋　張栻　四庫全書
江湖長翁集　宋　陳造　四庫全書
涉齋集　宋　許綸　四庫全書
嶺外代答　宋　周去非　四庫全書
禹貢說斷　宋　傅寅　四庫全書
乾道臨安志　宋　周淙　四庫全書
會稽志　宋　施宿　四庫全書
金陵百詠　宋　曾極　四庫全書
容齋隨筆　宋　洪邁　四庫全書
老學庵筆記　宋　陸遊　四庫全書
入蜀記　宋　陸遊　四庫全書
劍南詩稾　宋　陸遊　四庫全書
桂海虞衡志　宋　范成大　四庫全書
吴郡志　宋　范成大　四庫全書
石湖詩集　宋　范成大　四庫全書
范村梅譜　宋　范成大　四庫全書
文忠集　宋　周必大　四庫全書
淳熙三山志　宋　梁克家　四庫全書
六朝事蹟編類　宋　張敦頤　四庫全書
睽車志　宋　郭彖　四庫全書
困學紀聞　宋　王應麟　四庫全書
齊東野語　宋　周密　四庫全書
癸辛雜識　宋　周密　四庫全書
鼠璞　宋　戴埴　四庫全書
桯史　宋　岳珂　四庫全書
玉楮集　宋　岳珂　四庫全書
竹溪鬳齋十一藁續集　宋　林希逸　四庫全書
考工記解　宋　林希逸　四庫全書
重訂大金國志　宋　宇文懋昭　四庫全書
菌譜　宋　陳仁玉　四庫全書
攻媿集　宋　樓鑰　四庫全書
雙溪類稾　宋　王炎　四庫全書
冷然齋詩集　宋　蘇泂　四庫全書
東塘集　宋　袁說友　四庫全書
定齋集　宋　蔡戡　四庫全書
尚書詳解　宋　夏僎　四庫全書
習學記言　宋　葉適　四庫全書
水心集　宋　葉適　四庫全書
芳蘭軒集　宋　徐照　四庫全書
燭湖集　宋　孫應時　四庫全書

白石道人詩集　宋　姜夔　四庫全書
蒙齋集　宋　袁甫　四庫全書
霽山文集　宋　林景熙　四庫全書
方泉詩集　宋　周文璞　四庫全書
雲谷雜紀　宋　張淏　四庫全書
會稽續志　宋　張淏　四庫全書
六書故　宋　戴侗　四庫全書
方輿勝覽　宋　祝穆　四庫全書
古今事文類聚　宋　祝穆　四庫全書
景定建康志　宋　周應合　四庫全書
浪語集　宋　薛季宣　四庫全書
離騷草木疏　宋　吴仁傑　四庫全書
翠微南征錄　宋　華岳　四庫全書
鶴林集　宋　吴泳　四庫全書
洺水集　宋　程珌　四庫全書
可齋續稿　宋　李曾伯　四庫全書
梁谿遺稿　宋　尤袤　四庫全書
詩緝　宋　嚴粲　四庫全書
清獻集　宋　杜範　四庫全書
直齋書錄解題　宋　陳振孫　四庫全書
四明它山水利備覽　宋　魏峴　四庫全書
後村集　宋　劉克莊　四庫全書
事物紀原　宋　高承　四庫全書
五燈會元　宋　釋普濟　四庫全書
平塘陶先生詩　宋　陶夢桂　續修四庫全書
端平詩雋　宋　周弼　四庫全書
鶴林玉露　宋　羅大經　四庫全書
黄氏日抄　宋　黄震　四庫全書
蘭臯集　宋　吴錫疇　四庫全書
閬風集　宋　舒岳祥　四庫全書
牧萊脞語二稿　宋　陳仁子　續修四庫全書
富山遺稿　宋　方夔　四庫全書
石堂先生遺集　宋　陳普　續修四庫全書
花外集　宋　王沂孫　續修四庫全書
秋聲集　宋　衛宗武　四庫全書
玉井樵唱　宋　尹廷高　四庫全書
須溪集　宋　劉辰翁　四庫全書
釣磯詩集　宋　邱葵　續修四庫全書
竹山詞　宋　蔣捷　四庫全書
翠寒集　宋　宋無　四庫全書
雪坡集　宋　姚勉　四庫全書
陳氏香譜　宋　陳敬　四庫全書
寒松閣集　宋　詹初　四庫全書
佩韋齋集　宋　俞德鄰　四庫全書
江湖小集　宋　陳起　四庫全書
游宦紀聞　宋　張世南　中華書局一九九一年點校本
密齋筆記　宋　謝采伯　四庫全書
溪蠻叢笑　宋　朱輔　四庫全書
兩宋名賢小集　宋　陳思　四庫全書
晞髮集　宋　謝翱　四庫全書
赤城志　宋　陳耆卿　四庫全書
寶慶四明志　宋　羅濬　四庫全書
咸淳臨安志　宋　潛說友　四庫全書
廬山集　宋　董嗣杲　四庫全書
資治通鑑前編　宋　金履祥　四庫全書
江南餘載　宋　佚名　四庫全書
滏水集　金　趙秉文　四庫全書
莊靖集　金　李俊民　四庫全書
續夷堅志　金　元好問　續修四庫全書
遺山集　金　元好問　四庫全書

中州集　金　元好問　四庫全書
二妙集　金　段克己、段成己　四庫全書
拙軒集　金　王寂　四庫全書
至元嘉禾志　元　徐碩　四庫全書
歸潛志　元　劉祁　四庫全書
桐江續集　元　方回　四庫全書
瀛奎律髓　元　方回　四庫全書
不繫舟漁集　元　陳高　四庫全書
秋澗集　元　王惲　四庫全書
竹譜　元　李衎　四庫全書
秋岩詩集　元　陳宜甫　四庫全書
竹素山房詩集　元　吾衍　四庫全書
谷響集　元　釋善住　四庫全書
松雪齋集　元　趙孟頫　四庫全書
文獻通考　元　馬端臨　四庫全書
龜巢集　元　謝應芳　四庫全書
遼史　元　脱脱　中華書局一九七四年點校本
宋史　元　脱脱　中華書局一九七七年點校本
金史　元　脱脱　中華書局一九七五年點校本
春秋屬辭　元　趙方　四庫全書
詩傳旁通　元　梁益　四庫全書
湛然居士集　元　耶律楚材　四庫全書
雙溪醉隱集　元　耶律鑄　四庫全書
藏春集　元　劉秉忠　四庫全書
陵川集　元　郝經　四庫全書
艮齋詩集　元　侯克中　四庫全書
淮陽集　元　張宏範　四庫全書
金淵集　元　仇遠　四庫全書
山村遺集　元　仇遠　四庫全書
文忠集　元　王結　四庫全書
山房隨筆　元　蔣正子　四庫全書
松鄉集　元　任士林　四庫全書
知非堂稿　元　何中　四庫全書
清容居士集　元　袁桷　四庫全書
延祐四明志　元　袁桷　四庫全書
歸田類稿　元　張養浩　四庫全書
霞外詩集　元　馬臻　四庫全書
白雲集　元　許謙　四庫全書
農書　元　王禎　四庫全書
貞一齋詩文稿　元　朱思本　續修四庫全書
安南志略　元　黎崱　四庫全書
子淵詩集　元　張仲深　四庫全書
純白齋類稿　元　胡助　四庫全書
月屋漫稿　元　黄庚　四庫全書
書林外集　元　袁士元　續修四庫全書
性情集　元　周巽　四庫全書
續軒渠集　元　洪希文　四庫全書
惟實集　元　劉鶚　四庫全書
伊濱集　元　王沂　四庫全書
圭齋集　元　歐陽玄　四庫全書
栲栳山人詩集　元　岑安卿　四庫全書
至正集　元　許有壬　四庫全書
玩齋集　元　貢師泰　四庫全書
冀越集記　元　熊太古　續修四庫全書
夷白齋稿　元　陳基　四庫全書
稼村類藁　元　王義山　四庫全書
鶴年詩集　元　丁鶴年　四庫全書
通鑑續編　元　陳桱　四庫全書
昌國州圖志　元　馮福京　四庫全書
庶齋老學叢談　元　盛如梓　四庫全書

吴書山先生遺集 元 吴會 續修四庫全書

山窻餘稿 元 甘復 四庫全書

説郛 元 陶宗儀 四庫全書

輟耕録 元 陶宗儀 四庫全書

竹齋集 元 王冕 四庫全書

扈從集 元 周伯琦 四庫全書

東南紀聞 元 佚名 四庫全書

明太祖文集 明 朱元璋 四庫全書

誠意伯文集 明 劉基 四庫全書

全室外集 明 宗泐 四庫全書

槎翁詩集 明 劉嵩 四庫全書

王忠文集 明 王禕 四庫全書

鳳池吟稿 明 汪廣洋 四庫全書

格古要論 明 曹昭 四庫全書

詩演義 明 梁寅 四庫全書

三華集 明 錢子正 四庫全書

西隱集 明 宋訥 四庫全書

文憲集 明 宋濂 四庫全書

元史 明 宋濂 中華書局一九七六年點校本

浦陽人物記 明 宋濂 四庫全書

陶學士集 明 陶安 四庫全書

斗南老人集 明 胡奎 四庫全書

大全集 明 高啟 四庫全書

鳧藻集 明 高啟 四庫全書

西村詩集 明 朱樸 四庫全書

易齋稾 明 劉璟 續修四庫全書

海叟集 明 袁凱 四庫全書

白雲樵唱集 明 王恭 四庫全書

草澤狂歌 明 王恭 四庫全書

西郊笑端集 明 董紀 四庫全書

林登州集 明 林弼 四庫全書

遜志齋集 明 方孝孺 四庫全書

救荒本草 明 朱橚 四庫全書

草木子 明 葉子奇 四庫全書

蚓竅集 明 管時敏 四庫全書

東里續集 明 楊士奇 四庫全書

金文靖集 明 金幼孜 四庫全書

楊文定公詩集 明 楊溥 續修四庫全書

文敏集 明 楊榮 四庫全書

運甓漫稿 明 李昌祺 四庫全書

神隱 明 朱權 四庫全書存目叢書

誠齋録 明 朱有燉 續修四庫全書

素軒集 明 沐昂 續修四庫全書

河汾詩集 明 薛瑄 四庫全書存目叢書

敬軒文集 明 薛瑄 四庫全書

石淙詩稿 明 楊一清 四庫全書存目叢書

康齋集 明 吴與弼 四庫全書

古廉文集 明 李時勉 四庫全書

澹然集 明 陳敬宗 四庫全書

武功集 明 徐有貞 四庫全書

歲寒集 明 孫瑀 四庫全書存目叢書

增修埤雅廣要 明 牛衷 續修四庫全書

倪文僖集 明 倪謙 四庫全書

類博稿 明 岳正 四庫全書

水東日記 明 葉盛 四庫全書

菉竹堂稿 明 葉盛 四庫全書存目叢書

少谷集 明 鄭善夫 四庫全書

方齋存稿 明 林文俊 四庫全書

石田詩選 明 沈周 四庫全書

椒邱文集 明 何喬新 四庫全書

謙齋文錄　明　徐溥　四庫全書
陳白沙集　明　陳獻章　四庫全書
未軒文集　明　黃仲昭　四庫全書
菽園雜記　明　陸容　四庫全書
端肅奏議　明　馬文升　四庫全書
空同集　明　李夢陽　四庫全書
便民圖纂　明　鄺璠　續修四庫全書
濯纓亭筆記　明　戴冠　續修四庫全書
平橋藁　明　鄭文康　四庫全書
文溫州集　明　文林　四庫全書存目叢書
方洲集　明　張甯　四庫全書
文氏五家集　明　文洪　四庫全書
甫田集　明　文徵明　四庫全書
家藏集　明　吳寬　四庫全書
懷麓堂集　明　李東陽　四庫全書
都公譚纂　明　都穆　續修四庫全書
本草品匯精要　明　劉文泰　續修四庫全書
小鳴稿　明　朱承泳　四庫全書
容春堂集　明　邵寶　四庫全書
祝子志怪錄　明　祝允明　續修四庫全書
懷星堂集　明　祝允明　四庫全書
楮記室　明　潘塤　四庫全書存目叢書
芝園定集　明　張時徹　四庫全書存目叢書
執齋先生文集　明　劉玉　四庫全書存目叢書
菲泉先生存稿　明　來汝賢　四庫全書存目叢書
襪線集　明　蕭儀　四庫全書存目叢書
息園存稿詩　明　顧璘　四庫全書
憑几集　明　顧璘　四庫全書
儼山集　明　陸深　四庫全書
蔣南泠集　明　蔣山卿　四庫全書存目叢書
藍侍御集　明　藍田　四庫全書存目叢書
東嶠先生集　明　李承芳　四庫全書存目叢書補編
八厓集　明　周廷用　四庫全書存目叢書補編
大復集　明　何景明　四庫全書
文簡集　明　孫承恩　四庫全書
詩說解頤　明　季本　四庫全書
七修類稿　明　郎瑛　續修四庫全書
蓬窗類紀　明　黃暐　續修四庫全書
丹鉛總錄　明　楊慎　四庫全書
丹鉛餘錄　明　楊慎　四庫全書
丹鉛摘錄　明　楊慎　四庫全書
升庵集　明　楊慎　四庫全書
南詔野史　明　楊慎　四庫全書存目叢書
考功集　明　薛蕙　四庫全書
獸經　明　黃省曾　叢書集成續編
四溟集　明　謝榛　四庫全書
天遠樓集　明　徐顯卿　四庫全書存目叢書
皇甫少玄集　明　皇甫涍　四庫全書
皇甫司勳集　明　皇甫汸　四庫全書
端簡鄭公文集　明　鄭曉　四庫全書存目叢書
飛鴻亭集　明　吳鵬　四庫全書存目叢書
具茨詩集　明　王立道　四庫全書
西湖遊覽志餘　明　田汝成　四庫全書
六研齋筆記　明　李日華　四庫全書
芸心識餘　明　陳其力　四庫全書存目叢書
遵生八牋　明　高濂　四庫全書
掌中宇宙　明　盧翰　續修四庫全書
琅邪代醉編　明　張鼎思　四庫全書存目叢書
蓬窗日錄　明　陳全之　續修四庫全書
河上楮談　明　朱孟震　續修四庫全書

汾上續談　明　朱孟震　四庫全書存目叢書
朱秉器詩集　明　朱孟震　四庫全書存目叢書補編
戒庵老人漫筆　明　李詡　北京圖書館藏珍本叢刊
何氏語林　明　何良俊　四庫全書
趙浚谷詩集　明　趙時春　四庫全書存目叢書
本語　明　高拱　四庫全書
古詩紀　明　馮惟訥　四庫全書
瑤石山人稿　明　黎民表　四庫全書
古今說海　明　陸楫　四庫全書
宋布衣集　明　宋登春　四庫全書
山海漫談　明　任環　四庫全書
本草綱目　明　李時珍　四庫全書　人民衛生出版社一九七五年版
徐文長逸稿　明　徐渭　續修四庫全書
徐文長文集　明　徐渭　續修四庫全書
少墟集　明　馮從吾　四庫全書
新刻張太岳先生文集　明　張居正　續修四庫全書
松窗夢語　明　張瀚　續修四庫全書
華泉集　明　邊貢　四庫全書
弇州四部稿　明　王世貞　四庫全書
弇州續稿　明　王世貞　四庫全書
異物彙苑　明　王世貞　四庫全書存目叢書
滄漚集　明　張重華　四庫全書存目叢書
來瞿唐先生日錄　明　來知德　四庫全書存目叢書
禽蟲述　明　袁達　續修四庫全書
處實堂集　明　張鳳翼　四庫全書存目叢書
稗史彙編　明　王圻　四庫全書存目叢書
虎苑　明　王穉登　續修四庫全書
學圃雜疏　明　王世懋　四庫全書存目叢書
閩部疏　明　王世懋　四庫全書存目叢書
說頤　明　余懋學　四庫全書存目叢書
離騷草木疏補　明　屠本畯　四庫全書存目叢書
穀城山館文集　明　于慎行　四庫全書存目叢書
穀山筆麈　明　于慎行　四庫全書存目叢書
太乙詩集　明　張鍊　四庫全書存目叢書補編
海壑吟稿　明　趙完璧　四庫全書
伐檀齋集　明　張元凱　四庫全書
東川劉文簡公集　明　劉春　續修四庫全書
薜荔園詩集　明　佘翔　四庫全書
焦氏筆乘　明　焦竑　續修四庫全書
鴻苞　明　屠隆　四庫全書存目叢書
黃玄龍先生小品　明　黃奐　四庫全書存目叢書
天中記　明　陳耀文　四庫全書
正楊　明　陳耀文　四庫全書
疆識略　明　吴楚材　四庫全書存目叢書
五雜俎　明　謝肇淛　續修四庫全書
滇略　明　謝肇淛　四庫全書
小草齋集　明　謝肇淛　續修四庫全書
袁中郎全集　明　袁宏道　四庫全書存目叢書
說儲　明　陳禹謨　四庫全書存目叢書
嶠南瑣記　明　魏濬　四庫全書存目叢書
梅花草堂集　明　張大復　四庫全書存目叢書
陸簣齋文集　明　陸垹　四庫全書存目叢書補編
留青日札　明　田藝衡　四庫全書存目叢書
香宇集　明　田藝衡　續修四庫全書
竇子紀聞類編　明　竇文照　四庫全書存目叢書
華夷花木鳥獸珍玩考　明　慎懋官　續修四庫全書
疑耀　明　張萱　四庫全書
新纂事詞類奇　明　徐常吉　四庫全書存目叢書
太平清話　明　陳繼儒　四庫全書存目叢書
虎薈　明　陳繼儒　四庫全書存目叢書

古今韻史　明　陳繼儒　四庫全書存目叢書
農政全書　明　徐光啟　四庫全書
高陽集　明　孫承宗　續修四庫全書
客座贅語　明　顧起元　四庫全書存目叢書
閩書　明　何喬遠　四庫全書存目叢書嵩書
嵩書　明　傅梅　續修四庫全書
小窻自紀　明　吴從先　四庫全書存目叢書
儼山外集　明　陸深　四庫全書
王恭毅公駁稿　明　王槩　續修四庫全書
雅述　明　王廷相　續修四庫全書
全蜀藝文志　明　周復俊　四庫全書
涇林雜紀　明　周復俊　續修四庫全書
説郛續　明　陶珽　續修四庫全書
函史　明　鄧元錫　四庫全書存目叢書
新鐫古今事物原始全書　明　徐炬　四庫全書存目叢書
禪寄筆談　明　陳師　四庫全書存目叢書
雨航雜録　明　馮時可　四庫全書
山堂肆考　明　彭大翼　四庫全書
説原　明　穆希文　四庫全書存目叢書
蟫史集　明　穆希文　四庫全書存目叢書
駢雅　明　朱謀㙔　四庫全書
石盂集　明　汪坦　四庫全書存目叢書補編
國憲家猷　明　王可大　四庫全書存目叢書
居來先生集　明　張佳胤　四庫全書存目叢書補編
露書　明　姚旅　四庫全書存目叢書
刻曾西墅先生集　明　曾棨　四庫全書存目叢書
六家詩名物疏　明　馮復京　四庫全書
湘煙録　明　閔元京　四庫全書存目叢書
朱太復乙集　明　朱長春　續修四庫全書
本草原始　明　李中立　續修四庫全書
花史左編　明　王路　續修四庫全書
百花藏譜　明　江之源　萬曆刻本
毛詩鳥獸草木考　明　吴雨　續修四庫全書
薛荔山房藏稿　明　敖文禎　續修四庫全書
劉氏鴻書　明　劉仲達　四庫全書存目叢書
新刻何氏類鎔　明　何三畏　四庫全書存目叢書
玉芝堂談薈　明　徐應秋　四庫全書
長物志　明　文震亨　四庫全書
徐霞客遊記　明　徐弘祖　四庫全書
廣博物志　明　董斯張　四庫全書
武備志　明　茅元儀　續修四庫全書
説圃識餘　明　王兆雲　四庫全書存目叢書
新刻徐比部燕山叢錄　明　徐昌祚　四庫全書存目叢書
鐫五侯鯖　明　彭儼　四庫全書存目叢書
梁園風雅　明　趙彦復　續修四庫全書
湧幢小品　明　朱國禎　續修四庫全書
明一統名勝志　明　曹學佺　四庫全書存目叢書
西峰字説　明　曹學佺　四庫全書存目叢書
蜀中廣記　明　曹學佺　四庫全書
石倉歷代詩選　明　曹學佺　四庫全書
古今譚槩　明　馮夢龍　四庫全書存目叢書
翠娱閣評選鍾伯敬先生合集　明　鍾惺　續修四庫全書
雲薖淡墨　明　木增　續修四庫全書
徐氏筆精　明　徐𤊹　四庫全書
榕陰新檢　明　徐𤊹　四庫全書
鼇峰集　明　徐𤊹　續修四庫全書
野菜博録　明　鮑山　四庫全書
玉茗堂全集　明　湯顯祖　四庫全書存目叢書
名物通　明　劉侗　四庫全書存目叢書
益部談資　明　何宇度　四庫全書

蟲天志　明　沈弘正　四庫全書存目叢書
汝南圃史　明　周文華　四庫全書存目叢書
焦氏說楛　明　焦周　四庫全書存目叢書
耳談類增　明　王同軌　續修四庫全書
赤雅　明　鄺露　四庫全書
十可篇　明　馬嘉松　四庫全書存目叢書
本草乘雅半偈　明　盧之頤　四庫全書
珊瑚網　明　汪砢玉　四庫全書
忠貞錄　明　李維樾　四庫全書
增定雅俗稽言　明　張存紳　四庫全書存目叢書
少泉詩集　明　王格　四庫全存目叢書
漢魏六朝百三家集　明　張溥　四庫全書
庶物異名疏　明　陳懋仁　四庫全書存目叢書
博物要覽　明　谷泰　四庫全書存目叢書
陸氏詩疏廣要　明　毛晉　四庫全書
獅山掌錄　明　吴之俊　四庫全書存目叢書
耳新　明　鄭仲夔　四庫全書存目叢書
帝京景物略　明　劉侗　續修四庫全書
名義考　明　周祈　四庫全書
通雅　明　方以智　四庫全書
物理小識　明　方以智　四庫全書
灌園草木識　明　陳正學　續修四庫全書
明一統志　明　李賢　四庫全書
名山勝槩記　明　佚名　四庫全書存目叢書
石湖志　明　盧襄　四庫全書存目叢書
峴山志　明　張睿卿　四庫全書存目叢書
天台山方外志　明　釋無盡　四庫全書存目叢書
武夷山志　明　衷仲孺　四庫全書存目叢書
牛首山志　明　盛時泰　四庫全書存目叢書
廣輿記　明　陸應陽　四庫全書存目叢書
廬山紀事　明　桑喬　四庫全書存目叢書
[成化]山西通志　明　李侃　四庫全書存目叢書
[弘治]徽州府志　明　彭澤　四庫全書存目叢書
[弘治]寧夏新志　明　胡汝礪　四庫全書存目叢書
[弘治]湖州府志　明　王珣　四庫全書存目叢書
[正德]大同府志　明　張欽　四庫全書存目叢書
[正德]松江府志　明　陳威　四庫全書存目叢書
[正德]姑蘇志　明　王鏊　四庫全書
[嘉靖]廣西通志　明　林富　四庫全書存目叢書
[嘉靖]貴州通志　明　謝東山　四庫全書存目叢書
[嘉靖]藁城縣志　明　李正儒　四庫全書存目叢書
[嘉靖]河間府志　明　郜相　四庫全書存目叢書
[嘉靖]吴邑志　明　蘇祐　四庫全書存目叢書
[嘉靖]定遠縣志　明　高鶴　四庫全書存目叢書
[嘉靖]沔陽州志　明　童承敘　四庫全書存目叢書
[嘉靖]羅田縣志　明　祝翊　中國方志叢書台北成文出版社，下同
[嘉靖]秦安志　明　胡纘宗　中國方志叢書
[嘉靖]衡嶽志　明　胡纘宗　四庫全書存目叢書
[嘉靖]廣信府志　明　張士鎬　四庫全書存目叢書
[隆慶]豐潤縣志　明　王納言　四庫全書存目叢書
[嘉靖]全遼志　明　李輔　遼海叢書
[隆慶]永州府志　明　史朝富　四庫全書存目叢書
[萬曆]嘉定縣志　明　韓浚　四庫全書存目叢書
[萬曆]金華府志　明　王懋德　四庫全書存目叢書
[萬曆]紹興府志　明　蕭良幹　四庫全書存目叢書
[萬曆]溫州府志　明　湯日昭　四庫全書存目叢書
[萬曆]天目山志　明　徐嘉泰　四庫全書存目叢書
[萬曆]餘杭縣志　明　戴日强　四庫全書存目叢書
[萬曆]泰安州志　明　任弘烈　四庫全書存目叢書
[萬曆]居庸關志　明　張紹魁　中國方志叢書

[萬曆]湖州府志　明　栗祁　四庫全書存目叢書
[萬曆]順天府志　明　沈應文　四庫全書存目叢書
[萬曆]續修嚴州府志　明　楊守仁　四庫全書存目叢書
[萬曆]續朝邑縣志　明　王學謨　四庫全書存目叢書
[天啟]海鹽縣圖經　明　樊維城　四庫全書存目叢書
[崇禎]泰州志　明　李自滋　四庫全書存目叢書
[崇禎]杭州上天竺講寺志　明　釋廣賓　中國方志叢書
[崇禎]清江縣志　明　秦鏞　四庫全書存目叢書
國榷　清　談遷　續修四庫全書
棗林雜俎　清　談遷　續修四庫全書
海昌外志　清　談遷　中國方志叢書
霜紅龕集　清　傅山　續修四庫全書
四憶堂詩集　清　侯方域　續修四庫全書
倚雉堂集　清　竇遴奇　四庫全書存目叢書
夜航船　清　張岱　續修四庫全書
倘湖樵書　清　來集之　續修四庫全書
含經堂集　清　徐元文　續修四庫全書
梅村集　清　吳偉業　四庫全書
明文海　清　黃宗羲　四庫全書
庸言　清　魏象樞　續修四庫全書
吳蕈譜　清　吳林　續修四庫全書
寒松堂集　清　魏象樞　叢書集成初編
巢氏詩集　清　冒襄　續修四庫全書
析疑待正　清　陸次雲　四庫全書存目叢書
事文標異　清　陸次雲　四庫全書存目叢書
古今疏　清　朱虛　四庫全書存目叢書
劉繼莊先生廣陽雜記　清　劉獻廷　續修四庫全書
萬山樓詩集　清　許虬　四庫全書存目叢書
乙未亭詩集　清　徐昂發　四庫全書存目叢書補編
安雅堂未刻稿　清　宋琬　續修四庫全書
空明子詩集　清　張榮　四庫全書存目叢書
田間詩集　清　錢澄之　續修四庫全書
續詩傳鳥名卷　清　毛奇齡　四庫全書
元明事類鈔　清　姚之駰　四庫全書
千頃堂書目　清　黃虞稷　四庫全書
檇李詩繫　清　沈季友　四庫全書
名家詞鈔　清　聶先　四庫全書存目叢書
詩觀二集　清　鄧漢儀　四庫全書存目叢書
詩觀三集　清　鄧漢儀　四庫全書存目叢書
于野集　清　王原　四庫全書存目叢書
芙蓉集　清　宗元鼎　四庫全書存目叢書
且園近詩　清　王岱　四庫全書存目叢書
鶴嶺山人詩集　清　王澤弘　四庫全書存目叢書
嶺南風物記　清　吳綺　四庫全書
龍沙紀略　清　方式濟　四庫全書
詩經稗疏　清　王夫之　四庫全書
寶綸堂稿　清　許纘曾　四庫全書存目叢書
詩疑辨證　清　黃中松　四庫全書
金文通公集　清　金之俊　四庫全書存目叢書
志壑堂詩集　清　唐夢賚　四庫全書存目叢書
受祺堂詩　清　李因篤　四庫全書存目叢書
世恩堂詩集　清　王頊齡　四庫全書存目叢書補編
柳亭詩話　清　宋長白　續修四庫全書
遂初堂詩集　清　潘耒　續修四庫全書
明詩綜　清　朱彝尊　四庫全書
詞綜　清　朱彝尊　四庫全書
洛如詩鈔　清　朱彝尊　四庫全書存目叢書
曝書亭集　清　朱彝尊　四庫全書
迦陵詞全集　清　陳維崧　四庫全書存目叢書
甬上耆舊詩　清　胡文學　四庫全書

枝語　清　孫之騄　四庫全書存目叢書
廣東新語　清　屈大均　續修四庫全書
翁山詩外　清　屈大均　續修四庫全書
豐草庵詩集　清　董説　續修四庫全書
叢碧山房詩集　清　龐塏　四庫全書存目叢書補編
山海經廣注　清　吳任臣　四庫全書
十國春秋　清　吳任臣　四庫全書
池北偶談　清　王士禛　四庫全書
居易録　清　王士禛　四庫全書
帶經堂集　清　王士禛　續修四庫全書
別雅　清　吳玉搢　四庫全書
懷舫詩集　清　魏荔彤　四庫全書存目叢書補編
四書釋地　清　閻若璩　四庫全書
皇清文穎　清　陳廷敬　四庫全書
北墅抱甕録　清　高士奇　續修四庫全書
溉堂文集　清　孫枝蔚　續修四庫全書
敬業堂詩集　清　查慎行　四庫全書
人海記　清　查慎行　續修四庫全書
懷清堂集　清　湯右曾　四庫全書
今詞初集　清　納蘭性德　續修四庫全書
瑶華集　清　蔣景祁　續修四庫全書
金匱要略廣注　清　李彣　續修四庫全書
歷代詩話　清　吳景旭　四庫全書
聊園續集　清　孔貞瑄　四庫全書存目叢書
學源堂詩集　清　郭棻　四庫全書存目叢書
觚賸　清　鈕琇　四庫全書存目叢書
江泠閣詩集　清　冷士嵋　四庫全書存目叢書
瞿山詩略　清　梅清　四庫全書存目叢書
容菴辛卯集　清　孫爽　四庫全書存目叢書
宋金元明四朝詩　清　張豫章　四庫全書　御選宋金元明四朝詩
清聖祖文集　清　愛新覺羅・玄燁　四庫全書　聖祖仁皇帝御製文集
江湖閑吟　清　王道　四庫全書存目叢書補編
史傳三編　清　朱軾　四庫全書
明史　清　張廷玉　中華書局一九七四年標點本
澄懷園文存　清　張廷玉　四庫全書存目叢書
松桂堂全集　清　彭孫遹　四庫全書
竹葉庵文集　清　張塤　續修四庫全書
春明夢餘録　清　孫承澤　四庫全書
管城碩記　清　徐文靖　四庫全書
臺海使槎録　清　黄叔璥　四庫全書
説蛇　清　趙彪詔　續修四庫全書
修潔齋閒筆　清　劉堅　四庫全書存目叢書
小蘭陔詩集　清　謝道承　四庫全書存目叢書補編
集虚堂餘草　清　郭雍　四庫全書存目叢書
咫聞録　清　慵訥居士　續修四庫全書
㢈堂集　清　黄之雋　四庫全書存目叢書
今有堂詩集　清　程夢星　四庫全書存目叢書
戒山詩存　清　邵遠平　四庫全書存目叢書
蒼梧詞　清　董元愷　續修四庫全書
大谷山堂集　清　夢麟　續修四庫全書
詠歸亭詩鈔　清　李果　四庫全書存目叢書補編
杏村詩集　清　謝重輝　四庫全書存目叢書
裨海紀遊　清　郁永河　臺灣文獻叢刊，臺灣大通書局出版，下同
在園雜志　清　劉廷璣　四庫全書存目叢書
藝林彙考　清　沈自南　四庫全書
桴亭先生詩集　清　陸世儀　續修四庫全書
鄮署雜鈔　清　汪為熹　四庫全書存目叢書
白田草堂存稿　清　王懋竑　四庫全書存目叢書
佩文齋詠物詩選　清　張玉書　四庫全書
穆堂初稿　清　李紱　續修四庫全書

斫桂山房詩存　清　薛雪　續修四庫全書
一瓢齋詩存　清　薛雪　續修四庫全書
裘文達公詩集　清　裘日修　續修四庫全書
樓邨詩集　清　王式丹　四庫全書存目叢書補編
研山十詠　清　周彝　四庫全書存目叢書補編
清世宗文集　清　愛新覺羅·胤禛　四庫全書　世宗憲皇帝御製文集
宋稗類鈔　清　潘永因　四庫全書
古歡堂集　清　田雯　四庫全書
午亭文編　清　陳廷敬　四庫全書
心遠堂詩集　清　李蔚　四庫全書存目叢書
黃山志　清　閔麟嗣　續修四庫全書
野香亭集　清　李孚青　四庫全書存目叢書補編
毛詩類釋　清　顧棟高　四庫全書
訂訛類編　清　杭世駿　續修四庫全書
毛詩稽古編　清　陳啟源　四庫全書
虛受堂文集　清　王先謙　續修四庫全書
范伯子詩集　清　范當世　續修四庫全書
帶耕堂遺詩　清　蒯德模　續修四庫全書
埽垢山房詩鈔　清　黃文暘　續修四庫全書
佩文齋廣群芳譜　清　張逸少　四庫全書　御定佩文齋廣群芳譜
全唐詩　清　曹寅、彭定求　四庫全書　御定全唐詩
玉壺山房詞選　清　改琦　續修四庫全書
詩識名解　清　姚炳　四庫全書
後漢書補逸　清　姚之駰　四庫全書
强恕齋文鈔　清　張庚　四庫全書存目叢書
經義齋集　清　熊賜履　四庫全書存目叢書
粵西叢載　清　汪森　四庫全書
退谷文集　清　黃越　四庫全存目叢書
格致鏡原　清　陳元龍　四庫全書
歷代賦彙　清　陳元龍　四庫全書　御定歷代賦彙

愛日堂詩集　清　陳元龍　四庫全書存目叢書
南村隨筆　清　陸廷燦　四庫全書存目叢書
類書纂要　清　周魯　四庫全書存目叢書
隙光亭雜識　清　揆敘　續修四庫全書
草亭先生集　清　周篆　續修四庫全書
因樹屋書影　清　周亮工　續修四庫全書
憨休和尚敲空遺響　清　僧如乾　四庫全書存目叢書
欣然堂集　清　陶孚尹　四庫全書存目叢書補編
學文堂集　清　陳玉璂　四庫全書存目叢書
沅湘耆舊集　清　鄧顯鶴　續修四庫全書
退菴詩存　清　梁章鉅　續修四庫全書
浪迹叢談　清　梁章鉅　續修四庫全書
板橋集　清　鄭燮　續脩四庫全書
棕亭詩鈔　清　金兆燕　續修四庫全書
月滿樓詩集　清　顧宗泰　續修四庫全書
五禮通考　清　秦蕙田　四庫全書
赤嵌集　清　孫元衡　四庫全書存目叢書補編
秋江集　清　黃任　四庫全書存目叢書
無腔村笛　清　吴振棫　續修四庫全書
虹孫鑑　清　朱從延　續修四庫全書
畫眉筆談　清　陳均　續修四庫全書
龍城札記　清　盧文弨　續修四庫全書
鍾山札記　清　盧文弨　續修四庫全書
劉文清公遺集　清　劉墉　續修四庫全書
清高宗詩集　清　愛新覺羅·弘曆　四庫全書　御製詩集
清朝通志　清　愛新覺羅·弘曆　四庫全書　皇朝通志
滿洲源流考　清　阿桂　四庫全書　欽定滿洲源流考
日下舊聞考　清　于敏中　四庫全書　欽定日下舊聞考
補繪蕭雲從離騷全圖　清　蕭雲從　四庫全書　蕭雲從原圖并注，乾隆四十七年敕補繪

康濟録　清　陸會禹　四庫全書　欽定康濟録
訂訛雜錄　清　胡鳴玉　四庫全書
七十二峰足徵集　清　吴定璋　四庫全書存目叢書
本草綱目拾遺　清　趙學敏　續修四庫全書
草木疏校正　清　趙佑　續修四庫全書
質園詩集　清　商盤　四庫全書存目叢書補編
閱微草堂筆記　清　紀昀　續修四庫全書
紀文達公遺集　清　紀昀　續修四庫全書
四庫全書總目　清　永瑢　中華書局一九六五年版
揚州畫舫録　清　李斗　續修四庫全書
補勤詩存　清　陳錦　續修四庫全書
複初齋詩集　清　翁方綱　續修四庫全書
陸堂詩集　清　陸奎勛　四庫全書存目叢書
陔餘叢考　清　趙翼　續修四庫全書
簷曝雜記　清　趙翼　續修四庫全書
雙樹堂詩鈔　清　僧湛性　四庫全書存目叢書
點蒼山人詩鈔　清　沙琛　續修四庫全書
緑天書舍存草　清　錢楷　續修四庫全書
娵隅集　清　趙文哲　續修四庫全書
小倉山房詩集　清　袁枚　續修四庫全書
續子不語　清　袁枚　續修四庫全書
續新齊諧　清　袁枚　續修四庫全書
隨園隨筆　清　袁枚　續修四庫全書
考槃集文録　清　方東樹　續修四庫全書
竹初詩鈔　清　錢維喬　續修四庫全書
荷塘詩集　清　張五典　續修四庫全書
求是堂詩集　清　胡承珙　續修四庫全書
悦親樓詩集　清　祝德麟　續修四庫全書
景文堂詩集　清　戚學標　續修四庫全書
榮性堂集　清　吴俊　續修四庫全書
楙花盦詩　清　葉廷琯　續修四庫全書
濬元　清　張必剛　四庫全書存目叢書
隴蜀餘聞　清　王士禛　四庫全書存目叢書
香祖筆記　清　王士禛　四庫全書
詞綜　清　王昶　續修四庫全書　國朝詞綜
憶雲詞　清　項廷紀　续修四库全书
三農紀　清　張宗法　續修四庫全書
花木小志　清　謝堃　續修四庫全書
南屏山人集　清　任端書　續修四庫全書
秋燈叢語　清　王椷　續修四庫全書
蠡勺編　清　凌揚藻　續修四庫全書
瀟湘聽雨錄　清　江昱　四庫全書存目叢書
續通志　清　嵇璜　四庫全書　欽定續通志
勉行堂詩集　清　程晉芳　續修四庫全書
容齋詩集　清　茹綸常　續修四庫全書
簡松草堂詩集　清　張雲璈　續修四庫全書
泊鷗山房集　清　陶元藻　續修四庫全書
四百三十二峯草堂詩鈔　清　趙希璜　續修四庫全書
崇百藥齋文集　清　陸繼輅　續修四庫全書
笏庵詩　清　吴清鵬　續修四庫全書
更生齋集　清　洪亮吉　續修四庫全書
卷施閣集　清　洪亮吉　續修四庫全書
邃雅堂集　清　姚文田　續修四庫全書
爾雅補郭　清　翟灝　續修四庫全書
無不宜齋未定稿　清　翟灝　續修四庫全書
有蘭書屋存稿　清　石球　四庫全書存目叢書補編
静厓詩初稿　清　汪學金　續修四庫全書
述職吟　清　劉秉恬　續修四庫全書
天香閣文集　清　唐之鳳　四庫全書存目叢書
硯北雜錄　清　黄叔琳　四庫全書存目叢書

燕在閣知新録　清　王棠　續修四庫全書
白華前稿　清　吴省欽　續修四庫全書
小謨觴館詩文集　清　彭兆蓀　續修四庫全書
惟清齋全集　清　鐵保　續修四庫全書
獨學廬二稿　清　石韞玉　續修四庫全書
駢雅訓纂　清　魏茂林　續修四庫全書
宛鄰集　清　張琦　續修四庫全書
思伯子堂詩集　清　張際亮　續修四庫全書
毛詩名物圖說　清　徐鼎　續修四庫全書
瓶水齋詩集　清　舒位　續修四庫全書
幼學堂詩稿　清　沈欽韓　續修四庫全書
峨眉山志　清　蔣超　續修四庫全書
爾雅郭注補正　清　戴鎣　續修四庫全書
太乙舟詩集　清　陳用光　續修四庫全書
與稽齋叢稿　清　吴翌鳳　續修四庫全書
寄庵詩文鈔　清　劉大紳　續修四庫全書
瑞竹亭合藁　清　王愈擴、王愈融　四庫全書存目叢書
札樸　清　桂馥　續修四庫全書
尚絅堂集　清　劉嗣綰　續修四庫全書
頤道堂詩外集　清　陳文述　續修四庫全書
校經廎文稾　清　李富孫　續修四庫全書
陶山詩録　清　唐仲冕　續修四庫全書
天真閣集　清　孫原湘　續修四庫全書
五研齋詩鈔　清　沈赤然　續修四庫全書
有正味齋詩集　清　吴錫麒　續修四庫全書
青芝山館集　清　樂鈞　續修四庫全書
蜀典　清　張澍　續修四庫全書
滇系　清　師範　叢書集成續編
淮海英靈集　清　阮元　續修四庫全書
揅經室集　清　阮元　續修四庫全書

連雲書屋存稿　清　焦和生　續修四庫全書
悔翁詩鈔　清　汪士鐸　續修四庫全書
二知軒詩鈔　清　方濬頤　續修四庫全書
多歲堂詩集　清　成書　續修四庫全書
詒安堂二集　清　王慶勳　續修四庫全書
𧸘𣢾亭後集　清　祁寯藻　續修四庫全書
拾雅　清　夏味堂　續修四庫全書
清畿輔詩傳　清　陶樑　續修四庫全書　國朝畿輔詩傳
詞綜補　清　黄燮　續修四庫全書　國朝詞綜補
小匏庵詩存　清　吴仰賢　續修四庫全書
薜箖吟館鈔存　清　柏葰　續修四庫全書
桂留山房詩集　清　沈學淵　續修四庫全書
衣讔山房詩集　清　林昌彝　續修四庫全書
野語　清　程岱葊　續修四庫全書
湖雅　清　汪曰楨　光緒庚辰刻本
續黔書　清　張澍　續修四庫全書
植物名實圖考　清　吴其濬　續修四庫全書
賞雨茅屋詩集　清　曾燠　續修四庫全書
江西詩徵　清　曾燠　續修四庫全書
讀白華草堂詩苜蓿集　清　黄釗　續修四庫全書
松風閣詩鈔　清　彭蘊章　續修四庫全書
歸樸龕叢稿　清　彭蘊章　續修四庫全書
傷科彙纂　清　胡廷光　續修四庫全書
過夏雜録　清　周廣業　續修四庫全書
群書札記　清　朱亦棟　續修四庫全書
午窗隨筆　清　郭夢星　續修四庫全書
船山詩草　清　張問陶　續修四庫全書
崇雅堂詩鈔　清　胡敬　續修四庫全書
崇雅堂駢體文鈔　清　胡敬　續修四庫全書
仙屏書屋初集　清　黄爵滋　續修四庫全書

心知堂詩稿　清　汪仲洋　續修四庫全書
明善堂詩集　清　弘曉　續修四庫全書
緑筠書屋詩鈔　清　葉觀國　續修四庫全書
錢文敏公全集　清　錢維城　續修四庫全書
淵雅堂全集　清　王芑孫　續修四庫全書
考工記鳥獸蟲魚釋　清　陳宗起　續修四庫全書
邃懷堂全集　清　袁翼　續修四庫全書
石笥山房集　清　胡天游　續修四庫全書
鳥譜　清　佚名　續修四庫全書　欽定鳥譜
廣雅疏證　清　王念孫　續修四庫全書
壹齋集　清　黄鉞　續修四庫全書
東洲草堂詩鈔　清　何紹基　續修四庫全書
倦圃蒔植記　清　曹溶　四庫全書存目叢書
王孫經補遺　清　秦偶僧　續修四庫全書
蟲薈　清　方旭　續修四庫全書
選雅　清　程先甲　北京出版社二零零零年版四庫未收書輯刊
偶齋詩草　清　寶廷　續修四庫全書
秘傳花鏡　清　陳淏子　續修四庫全書
寄園寄所寄　清　趙吉士　續修四庫全書
蛾術編　清　王鳴盛　續修四庫全書
兩浙輶軒録　清　阮元　續修四庫全書
頻羅庵遺集　清　梁同書　續修四庫全書
掃紅亭吟稿　清　馮雲鵬　續修四庫全書
石雲山人詩集　清　吴榮光　續修四庫全書
銅梁山人詩集　清　王汝璧　續修四庫全書
獨漉堂詩集　清　陳恭尹　續修四庫全書
詒晉齋集　清　永瑆　續修四庫全書
嶺南詩集　清　李文藻　續修四庫全書
靈岩山人詩集　清　畢沅　續修四庫全書
五百四峰堂詩鈔　清　黎簡　續修四庫全書
毛詩物名考　清　牟應震　續修四庫全書
留春草堂詩鈔　清　伊秉綬　續修四庫全書
雙硯齋詩鈔　清　鄧廷楨　續修四庫全書
懷古田舍詩節鈔　清　徐榮　續修四庫全書
習苦齋詩集　清　戴熙　續修四庫全書
遂初草廬詩集　清　杜堮　續修四庫全書
芙蓉山館全集　清　楊芳燦　續修四庫全書
漸西村人初集　清　袁昶　續修四庫全書
爾雅校議　清　劉玉麐　續修四庫全書
爾雅義疏　清　郝懿行　中國書店一九八二年版
曬書堂集　清　郝懿行　續修四庫全書
石蓮闇詩　清　吴重憙　續修四庫全書
夢幻居畫學簡明　清　鄭績　續修四庫全書
養默山房詩稿　清　謝元淮　續修四庫全書
竹譜　清　陳鼎　續修四庫全書
茶香室叢鈔　清　俞樾　續修四庫全書
右台仙館筆記　清　俞樾　續修四庫全書
醒世一斑録　清　鄭光祖　續修四庫全書
樂志堂文集　清　譚瑩　續修四庫全書
里乘　清　許奉恩　續修四庫全書
野蠶録　清　王元綎　續修四庫全書
天游閣集　清　顧春　續修四庫全書
湘綺樓全集　清　王闓運　續修四庫全書
黄鵠山人詩初鈔　清　林壽圖　續修四庫全書
養知書屋詩集　清　郭嵩燾　續修四庫全書
兩浙輶軒續録　清　潘衍桐　續修四庫全書
秋蟪吟館詩鈔　清　金和　續修四庫全書
奇觚廎詩集　清　葉昌熾　續修四庫全書
衷聖齋詩集　清　劉光第　續修四庫全書
晚晴簃詩匯　清　徐世昌　續修四庫全書

静庵文集　清　王國維　續修四庫全書
羅浮山志彙編　清　宋廣業　續修四庫全書
柳邊紀略　清　楊賓　續修四庫全書
甯古塔山水記　清　張縉彥　續修四庫全書
甯古塔紀略　清　吴桭臣　續修四庫全書
朔方備乘　清　何秋濤　續修四庫全書
乍浦九山補志　清　李確　續修四庫全書
青海志　清　康敷鎔　中國方志叢書
歸綏識略　清　張曾　國家圖書館藏本
[康熙]懷柔縣新志　清　吴景果　中國方志叢書
[順治]恒岳志　清　張崇德　四庫存目叢書
[順治]肅鎮志　清　高彌高　中國方志叢書
[康熙]靜海縣志　清　閻甲胤　康熙十二年刊本
[康熙]文水縣志　清　傅星　中國方志叢書
[康熙]保德州志　清　王克昌　中國方志叢書
[康熙]太平府志　清　黄桂　中國方志叢書
[康熙]新鄭縣志　清　朱廷獻　中國方志叢書
[康熙]慶都縣志　清　李天璣　中國方志叢書
[康熙]汝陽縣志　清　邱天英　中國方志叢書
[康熙]甌寧縣志　清　鄧其文　中國方志叢書
[康熙]新城縣志　清　崔懋　中國方志叢書
[康熙]遼陽州志　清　楊鑣　康熙二十一年刊本
[康熙]錦州府志　清　劉源浦　遼海叢書
[康熙]江南通志　清　趙弘恩　四庫全書
[康熙]蕭山縣志　清　鄒勷　中國方志叢書
[康熙]會稽縣志　清　董欽德　中國方志叢書
[康熙]南海普陀山志　清　裘璉　四庫全書存目叢書
[康熙]衢州府志　清　楊廷望　中國地方志集成
[康熙]黄山志定本　清　閔麟嗣　四庫全書存目叢書
[康熙]壽寧縣志　清　趙廷機　中國地方志集成
[康熙]平和縣志　清　王柏　中國方志叢書
[康熙]利津縣新志　清　韓文焜　中國方志叢書
[康熙]堂邑縣志　清　盧承琰　中國方志叢書
[康熙]上蔡縣志　清　楊廷望　中國方志叢書
[康熙]孟津縣志　清　徐元燦　中國方志叢書
[康熙]登封縣志　清　張聖誥　四庫全書存目叢書
[康熙]峨眉山志　清　蔣超　續修四庫全書
[康熙]雲南府志　清　范承勛　中國方志叢書
[康熙]師宗州志　清　管棆　四庫全書存目叢書
[康熙]西藏志　清　焦應旂　中國方志叢書
[康熙]隴州志　清　羅彰彝　中國方志叢書
[康熙]金縣志　清　耿喻　中國方志叢書
[康熙]隆德縣志　清　常星景　中國方志叢書
[康熙]臺灣府志　清　蔣毓英　續修四庫全書
[康熙]鳳山縣志　清　陳文達　臺灣文獻叢刊
[康熙]台灣紀略　清　林光謙　臺灣文獻叢刊
[雍正]畿輔通志　清　唐執玉　四庫全書
[雍正]山西通志　清　覺羅石麟　四庫全書
[雍正]河南通志　清　田文鏡　四庫全書
[雍正]湖廣通志　清　邁柱　四庫全書
[雍正]廣東通志　清　郝玉麟　四庫全書
[雍正]廣西通志　清　金鉷　四庫全書
[雍正]四川通志　清　黄廷桂　四庫全書
[雍正]雲南通志　清　鄂爾泰　四庫全書
[雍正]陝西通志　清　劉於義　四庫全書
[雍正]江西通志　清　謝旻　四庫全書
[雍正]直隸完縣志　清　朱懋德　中國方志叢書
[雍正]阜城縣志　清　陸福宜　中國方志叢書
[雍正]猗氏縣志　清　宋之樹　中國方志叢書
[雍正]井陘縣志　清　鍾文英　中國方志叢書

[雍正]陽高縣志　清　房裔兰　中國方志叢書
[雍正]遼州志　清　徐三俊　中國方志叢書
[雍正]朔州志　清　汪嗣圣　中國方志叢書
[雍正]寧波府志　清　曹秉仁　中國方志叢書
[雍正]西湖志　清　傅王露　中國方志叢書
[雍正]建水縣志　清　祝宏　中國方志叢書
[乾隆]皇輿西域圖志　清　劉統勳　四庫全書　欽定皇輿西域圖志
[乾隆]清一統志　清　和珅　四庫全書　大清一統志
[乾隆]熱河志　清　和珅　四庫全書　欽定熱河志
[乾隆]盤山志　清　蔣溥　四庫全書　欽定盤山志
[乾隆]寶坻縣志　清　洪肇楙　中國方志叢書
[乾隆]滄州志　清　胡淦　中國方志叢書
[乾隆]長沙府志　清　呂肅高　中國方志叢書
[乾隆]吴江縣志　清　倪師孟　中國方志叢書
[乾隆]淮安府志　清　衛哲治　中國方志叢書
[乾隆]南和縣志　清　周章煥　中國方志叢書
[乾隆]平原縣志　清　黄懷祖　中國方志叢書
[乾隆]武夷山志　清　董天工　中國方志叢書
[乾隆]蒲縣志　清　巫慧　中國方志叢書
[乾隆]福州府志　清　徐景熹　中國方志叢書
[乾隆]婺源縣志　清　俞雲耕　中國方志叢書
[乾隆]東明縣志　清　儲元升　中國方志叢書
[乾隆]銅陵縣志　清　朱成阿　中國方志叢書
[乾隆]濟源縣志　清　蕭應植　中國方志叢書
[乾隆]龍溪縣志　清　吴宜燮　中國方志叢書
[乾隆]海澄縣志　清　陳瑛　中國方志叢書
[乾隆]福寧府志　清　朱珪　中國方志叢書
[乾隆]解州安邑縣志　清　言如泗　中國方志叢書
[乾隆]濟陽縣志　清　胡德琳　中國方志叢書
[乾隆]雞澤縣志　清　王錦林　中國方志叢書
[乾隆]歙縣志　清　張佩芳　中國方志叢書
[乾隆]邱縣志　清　黄景曾　中國方志叢書
[乾隆]安福縣志　清　張繡中　中國方志叢書
[乾隆]潮州府志　清　周碩勳　中國方志叢書
[乾隆]竹山縣志　清　常丹葵　中國方志叢書
[乾隆]新蔡縣志　清　莫璽章　中國方志叢書
[乾隆]儀封縣志　清　紀黄中　中國方志叢書
[乾隆]武清縣志　清　吴翀　乾隆七年刊本
[乾隆]宣化府志　清　吴廷華　中國方志叢書
[乾隆]赤城縣志　清　孟思誼　中國方志叢書
[乾隆]唐縣志　清　吴泰來　中國方志叢書
[乾隆]廣靈縣志　清　郭磊　中國方志叢書
[乾隆]汾州府志　清　孫和相　續修四庫全書
[乾隆]武鄉縣志　清　白鶴　中國方志叢書
[乾隆]太谷縣志　清　郭晉總　中國方志叢書
[乾隆]盛京通志　清　阿桂　四庫全書
[乾隆]塔子溝紀略　清　哈達清格素齋　遼海叢書
[乾隆]石城縣志　清　楊柏年　中國地方志集成
[乾隆]信豐縣志　清　游法珠　中国地方志集成
[乾隆]廣豐縣志　清　連柱　中國方志叢書
[乾隆]句容縣志　清　曹襲先　中國方志叢書
[乾隆]太湖備考　清　金友理　中國方志叢書
[乾隆]浙江通志　清　嵇曾筠　四庫全書
[乾隆]寧志餘聞　清　周廣業　中國方志叢書
[乾隆]紹興府志　清　李亨特　中國方志叢書
[乾隆]古田縣志　清　章竟可　中國方志叢書
[乾隆]汀州府志　清　曾曰瑛　中國方志叢書
[乾隆]晉江縣志　清　方鼎　中國方志叢書
[乾隆]延平府志　清　傅爾泰　中國方志叢書
[乾隆]馬巷廳志　清　萬友正　中國方志叢書

[乾隆]永春州志　清　鄭一崧　中國方志叢書
[乾隆]莆田縣志　清　廖必琦　中國方志叢書
[乾隆]夏津縣志新編　清　方學成　中國方志叢書
[乾隆]掖縣志　清　張思勉　中國方志叢書
[乾隆]樂陵縣志　清　王謙益　中國方志叢書
[乾隆]濰縣志　清　張耀璧　中國方志叢書
[乾隆]郯城縣志　清　王植　中國方志叢書
[乾隆]諸城縣志　清　宮懋讓　中國方志叢書
[乾隆]裕州志　清　董學禮　中國方志叢書
[乾隆]南召县志　清　陳之熉　中國方志叢書
[乾隆]新野縣志　清　徐金位　中國方志叢書
[乾隆]鄧州志　清　姚子琅　中國方志叢書
[乾隆]嵩縣志　清　康基淵　中國方志叢書
[乾隆]杞縣志　清　周璣　中國方志叢書
[乾隆]偃師縣志　清　湯毓倬　中國方志叢書
[乾隆]湖南通志　清　陳宏謀　四庫全書存目叢書
[乾隆]梧州府志　清　吴九齡　中國方志叢書
[乾隆]瓊州府志　清　蕭應植　續修四庫全書
[乾隆]雅州府志　清　曹掄彬　中國方志叢書
[乾隆]貴州通志　清　鄂爾泰　中國方志叢書
[乾隆]石屏州志　清　管學宣　中國方志叢書
[乾隆]蒙自縣志　清　李焜　中國方志叢書
[乾隆]騰越州志　清　屠述濂　中國方志叢書
[乾隆]衛藏通志　清　佚名　西藏人民出版社一九八二年版
[乾隆]重修鳳翔府志　清　達靈阿　中國方志叢書
[乾隆]宜川縣志　清　吴炳　中國方志叢書
[乾隆]臨潼縣志　清　史傳遠　中國方志叢書
[乾隆]甘肅通志　清　許容　中國方志叢書
[乾隆]成縣新志　清　黄泳第　中國方志叢書
[乾隆]静寧州志　清　王烜　中國方志叢書
[乾隆]涇州志　清　張延福　中國方志叢書
[乾隆]合水縣志　清　陶奕曾　中國方志叢書
[乾隆]狄道州志　清　呼延華國　中國方志叢書
[乾隆]莊浪縣志　清　邵陸　中國方志叢書
[乾隆]甘州府志　清　鍾庚起　中國方志叢書
[乾隆]西和縣志　清　邱大英　中國方志叢書
[乾隆]循化廳志　清　龔景瀚　中國方志叢書
[乾隆]永福縣志　清　陳焱　中國方志叢書
[乾隆]澳門記畧　清　印光任　中國方志叢書
[乾隆]新疆輿圖風土考　清　長白椿園氏　中國方志叢書
[乾隆]回疆志　清　佚名　中國方志叢書
[嘉慶]宜興縣志　清　阮升基　中國方志叢書
[嘉慶]寧夏府志　清　張金城　中國方志叢書
[嘉慶]涇縣志　清　李德淦　中國方志叢書
[嘉慶]平陰縣志　清　喻春林　中國方志叢書
[嘉慶]揚州府志　清　阿克當阿　中國方志叢書
[嘉慶]雲霄廳志　清　薛凝度　中國方志叢書
[嘉慶]廣西通志　清　謝啓昆　續修四庫全書
[嘉慶]瓊東縣志　清　陳述芹　中國方志叢書
[嘉慶]清溪縣志　清　劉傳經　中國方志叢書
[嘉慶]漢州志　清　劉長庚　中國方志叢書
[嘉慶]宜賓縣志　清　劉元熙　中國方志叢書
[嘉慶]羅江縣志　清　李桂林　中國方志叢書
[嘉慶]長垣縣志　清　李于垣　中國方志叢書
[嘉慶]裡塘志略　清　陳登龍　中國方志叢書
[嘉慶]納谿縣志　清　趙炳然　中國方志叢書
[嘉慶]延安府志　清　洪蕙　中國方志叢書
[嘉慶]西安縣志　清　姚寶煃　中國方志叢書
[嘉慶]徽縣志　清　張伯魁　中國方志叢書
[嘉慶]崆峒山志　清　張伯魁　中國方志叢書

[嘉慶]介休縣志　清　徐品山　中國方志叢書
[嘉慶]松江府志　清　宋如林　中國方志叢書
[嘉慶]山陰縣志　清　徐元梅　中國方志叢書
[嘉慶]旌德縣志　清　陳炳德　中國方志叢書
[嘉慶]繁昌縣志書　清　曹德贊　中國方志叢書
[嘉慶]鳳臺縣志　清　李兆洛　中國方志叢書
[嘉慶]福鼎縣志　清　譚掄　中國方志叢書
[嘉慶]莒州志　清　許紹錦　中國方志叢書
[嘉慶]長沙縣志　清　趙文在　中國方志叢書
[嘉慶]寧遠縣志　清　曾鈺　中國方志叢書
[嘉慶]新田縣志　清　黄應培　中國方志叢書
[道光]直隸南雄州志　清　余保純　中國方志叢書
[道光]廣寧縣志　清　黄思藻　中國方志叢書
[道光]晃州廳志　清　張映蛟　中國方志叢書
[道光]太原縣志　清　楊國泰　中國方志叢書
[道光]續修桐城縣志　清　廖大聞　中國方志叢書
[道光]武陟縣志　清　王榮陛　中國方志叢書
[道光]西寧縣志　清　諸豫宗　中國方志叢書
[道光]順昌縣志　清　賈懋功　中國方志叢書
[道光]山丹縣志　清　黄璟　中國方志叢書
[道光]長清縣志　清　舒化民　中國方志叢書
[道光]龍巖州志　清　彭衍堂　中國方志叢書
[道光]蒲圻縣志　清　勞光泰　中國方志叢書
[道光]博興縣志　清　周壬福　中國方志叢書
[道光]寶慶府志　清　黄宅中　中國方志叢書
[道光]觀城縣志　清　孫觀　中國方志叢書
[道光]膠州志　清　張同聲　中國方志叢書
[道光]河内縣志　清　袁通　中國方志叢書
[道光]葉縣志　清　歐陽霖　中國方志叢書
[道光]伊陽縣志　清　張道超　中國方志叢書
[道光]建始縣志　清　袁景暉　中國方志叢書
[道光]安陸縣志　清　王履謙　中國方志叢書
[道光]廣東通志　清　阮元　續修四庫全書
[道光]肇慶府志　清　屠英　中國方志叢書
[道光]歸順直隸州志　清　何福祥　中國方志叢書
[道光]宣威州志　清　劉沛霖　中國方志叢書
[道光]廣南府志　清　林則徐　中國方志叢書
[道光]賓縣志　清　劉元熙　中國方志叢書
[道光]蘭州府志　清　陳士楨　中國方志叢書
[道光]靖遠縣志　清　陳之驥　中國方志叢書
[道光]兩當縣志　清　德俊　中國方志叢書
[道光]哈密志　清　鍾方　中國方志叢書
[道光]彰化縣志　清　李廷璧　中國方志叢書
[道光]承德府志　清　海忠修　中國方志叢書
[道光]武强縣新志　清　翟慎行　中國方志叢書
[道光]直隸定州志　清　寶琳　中國方志叢書
[道光]陽曲縣志　清　李培謙　中國方志叢書
[道光]德興縣志　清　蔣啓歔　中國方志叢書
[道光]江陰縣志　清　陳延恩　中國方志叢書
[道光]重修寶應縣志　清　孟毓蘭　中國方志叢書
[道光]寶應縣圖經　清　劉寶楠　中國方志叢書
[道光]武康縣志　清　疏筤　中國方志叢書
[道光]漳平縣志　清　蔡世鈸　中國方志叢書
[道光]廈門志　清　周凱　中國方志叢書
[道光]東阿縣志　清　李賢書　中國方志叢書
[道光]遵義府志　清　平翰　中國方志叢書
[咸豐]固安縣志　清　陳崇砥　中國方志叢書
[咸豐]深澤縣志　清　王肇晉　中國方志叢書
[咸豐]瓊山縣志　清　李元恒　中國方志叢書
[咸豐]濱州志　清　李熙齡　中國方志叢書

[咸豐]開縣志　清　李肇奎　中國方志叢書
[咸豐]梓潼縣志　清　張香海　中國方志叢書
[咸豐]鄧川州志　清　侯允欽　中國方志叢書
[咸豐]南寧縣志　清　毛玉成　中國方志叢書
[同治]東湖縣志　清　金大鏞　中國方志叢書
[同治]房縣志　清　楊廷烈　中國方志叢書
[同治]巴東縣志　清　廖恩樹　中國方志叢書
[同治]枝江縣志　清　查子庚　中國方志叢書
[同治]桂東縣志　清　劉華邦　中國方志叢書
[同治]宜城縣志　清　程啟安　中國方志叢書
[同治]南安縣志　清　黄鳴珂　中國方志叢書
[同治]龍山縣志　清　符為霖　中國方志叢書
[同治]祁陽縣志　清　陳玉祥　中國方志叢書
[同治]黄陂縣志　清　劉昌緒　中國方志叢書
[同治]番禺縣志　清　李福泰　中國方志叢書
[同治]贛縣志　清　黄德溥　中國方志叢書
[同治]新化縣志　清　關培鈞　中國方志叢書
[同治]衡陽縣志　清　彭玉麟　中國方志叢書
[同治]興國縣志　清　崔國榜　中國方志叢書
[同治]即墨縣志　清　林溥　中國方志叢書
[同治]桑植縣志　清　周來賀　中國方志叢書
[同治]鉛山縣志　清　張廷珩　中國方志叢書
[同治]靈壽縣志　清　劉賡年　中國方志叢書
[同治]武邑縣志　清　彭美　中國方志叢書
[同治]上海縣志　清　應寶時　中國方志叢書
[同治]武甯縣志　清　何慶朝　中國方志叢書
[同治]臨川縣　清　童範儼　中國方志叢書
[同治]泰和縣志　清　宋瑛　中國地方志集成
[同治]彭澤縣志　清　趙宗耀　中國地方志集成
[同治]南昌府志　清　許應鑅　中國地方志集成

[同治]貴溪縣志　清　楊長杰　中國方志叢書
[同治]廬陵縣志　清　陳汝禎　中國方志叢書
[同治]新淦縣志　清　王肇賜　中國方志叢書
[同治]南城縣志　清　李人鏡　中國方志叢書
[同治]義甯州志　清　王維新　中國方志叢書
[同治]南潯鎮志　清　汪曰楨　中國地方志集成
[同治]湖州府志　清　宗源瀚　中國方志叢書
[同治]德化縣志　清　陳鼒　中國方志叢書
[同治]金鄉縣志　清　李壘　中國方志叢書
[同治]恩施縣志　清　多壽　中國方志叢書
[同治]宜昌府志　清　聶光鑾　中國方志叢書
[同治]鄖陽縣志　清　吴葆儀　中國方志叢書
[同治]施南府志　清　松林　中國方志叢書
[同治]歸州志　清　余思訓　中國方志叢書
[同治]宜都縣志　清　崔培元　中國方志叢書
[同治]保康縣志　清　林讓昆　中國方志叢書
[同治]城步縣志　清　盛鎰源　中國方志叢書
[同治]清泉縣志　清　王開運　中國方志叢書
[同治]江華縣志　清　劉華邦　中國方志叢書
[同治]醴陵縣志　清　徐淦　中國方志叢書
[同治]酃縣志　清　唐榮邦　中國方志叢書
[同治]石門縣志　清　林葆元　中國方志叢書
[同治]象州志　清　李世椿　中國方志叢書
[同治]萬縣志　清　張琴　中國方志叢書
[同治]高縣志　清　敖立榜　中國方志叢書
[同治]會理州志　清　鄧仁垣　中國方志叢書
[同治]章谷屯志略　清　吴德煦　中國方志叢書
[同治]淡水廳志　清　陳培桂　中國地方志集成
[同治]茶陵縣志　清　梁葆頤　中國方志叢書
[光緒]曲江縣志　清　張希京　中國方志叢書

[光緒]會同縣志　清　孫炳煜　中國方志叢書
[光緒]蠡縣志　清　韓志超　中國方志叢書
[光緒]樂亭縣志　清　游智開　中國方志叢書
[光緒]彭縣志　清　張龍甲　中國方志叢書
[光緒]唐縣志　清　陳詠　中國方志叢書
[光緒]長汀縣志　清　劉國光　中國方志叢書
[光緒]宜陽縣志　清　謝應起　中國方志叢書
[光緒]榆社縣志　清　王家坊　中國方志叢書
[光緒]華容縣志　清　孫炳煜　中國方志叢書
[光緒]咸寧縣志　清　陳樹楠　中國方志叢書
[光緒]壽陽縣志　清　馬家鼎　中國方志叢書
[光緒]珙縣志　清　羅度　中國方志叢書
[光緒]蘇州府志　清　李銘皖　中國方志叢書
[光緒]福安縣志　清　張景祁　中國方志叢書
[光緒]新樂縣志　清　雷鶴鳴　中國方志叢書
[光緒]襄陽府志　清　恩聯　中國方志叢書
[光緒]奉化縣志　清　錢聞震　中國方志叢書
[光緒]光州志　清　楊修田　中國方志叢書
[光緒]興文縣志　清　江亦顯　中國方志叢書
[光緒]高州府志　清　楊霽　中國方志叢書
[光緒]臨高縣志　清　聶緝慶　中國方志叢書
[光緒]灤州志　清　楊文鼎　中國方志叢書
[光緒]嘉應縣志　清　吴宗焯　中國方志叢書
[光緒]南樂縣志　清　施有方　中國方志叢書
[光緒]順寧府志　清　朱占科　中國方志叢書
[光緒]南陽縣志　清　潘守廉　中國方志叢書
[光緒]邢臺縣志　清　戚朝卿　中國方志叢書
[光緒]雄縣鄉土志　清　劉崇本　中國方志叢書
[光緒]邵陽縣鄉土志　清　上官廉　中國方志叢書
[光緒]昌平州志　清　吴履福　中國方志叢書
[光緒]延慶州志　清　屠秉懿　中國方志叢書
[光緒]順天府志　清　周家楣　續修四庫全書
[光緒]寧河縣誌　清　丁符九　光緒六年刻本
[光緒]吴橋縣志　清　倪昌燮　中國方志叢書
[光緒]蔚州志　清　慶之金　中國方志叢書
[光緒]撫寧縣志　清　張上龢　中國方志叢書
[光緒]懷來縣志　清　朱乃恭　中國方志叢書
[光緒]畿輔通志　清　李鴻章　續修四庫全書
[光緒]續修故城縣志　清　丁燦　中國方志叢書
[光緒]定興縣志　清　張主敬　中國方志叢書
[光緒]束鹿縣志　清　李中桂　中國方志叢書
[光緒]館陶縣鄉土志　清　宋金鏡　中國方志叢書
[光緒]吉縣志　清　吴葵之　中國方志叢書
[光緒]榮河縣志　清　馬鑑　中國方志叢書
[光緒]天鎮縣志　清　洪汝霖　中國方志叢書
[光緒]續修隰州志　清　崔澄寰　中國方志叢書
[光緒]稷山縣志　清　沈鳳翔　中國方志叢書
[光緒]安東縣志　清　金元烺　中國地方志集成
[光緒]廣寧縣鄉土志　清　蕭雨春　中國地方志集成
[光緒]鐵嶺縣鄉土志　清　都林布　中國地方志集成
[光緒]彰武縣鄉土志　清　唐宗源　中國地方志集成
[光緒]靖安縣鄉土志　清　趙炳南　中國地方志集成
[光緒]吉林外紀　清　薩英額　中國方志叢書
[光緒]川沙廳志　清　陳方瀛　中國方志叢書
[光緒]龍江述略　清　徐宗亮　中國方志叢書
[光緒]黑龍江外記　清　西清　中國方志叢書
[光緒]廣昌縣志　清　劉榮　中國方志叢書
[光緒]撫州府志　清　許應鑅　中國方志叢書
[光緒]江西通志　清　劉坤一　續修四庫全書
[光緒]靖江縣志　清　葉滋森　中國方志叢書

[光緒]無錫金匱縣志　清　裴大中　中國方志叢書
[光緒]周莊鎮志　清　陶煦　中國方志叢書
[光緒]宜興荆谿縣志　清　吴景墻　中國方志叢書
[光緒]光福志　清　徐傅　中國方志叢書
[光緒]增修甘泉縣志　清　洪汝奎　中國方志叢書
[光緒]金陵鎖志　清　陳作霖　中國方志叢書
[光緒]黄巖縣志　清　陳鍾英　中國方志叢書
[光緒]處州府志　清　潘紹詒　中國方志叢書
[光緒]宣平縣志　清　皮樹棠　中國方志叢書
[光緒]嘉興府志　清　許瑶光　中國方志叢書
[光緒]縉雲縣志　清　何乃容　中國方志叢書
[光緒]永嘉縣志　清　張寶琳　中國方志叢書
[光緒]嚴州府志　清　吴士進　中國方志叢書
[光緒]平湖縣志　清　彭潤章　中國方志叢書
[光緒]嘉善縣志　清　江峰青　中國方志叢書
[光緒]上虞縣志　清　唐煦春　中國方志叢書
[光緒]上虞縣志校續　清　儲家藻　中國方志叢書
[光緒]慈谿縣志　清　馮可鏞　中國方志叢書
[光緒]杭州府志　清　龔嘉儁　中國方志叢書
[光緒]樂清縣志　清　李登雲　中國方志叢書
[光緒]孝豐縣志　清　劉濬　中國方志叢書
[光緒]分水縣志　清　陳常鏵　中國方志叢書
[光緒]奉化縣志　清　李前泮　中國方志叢書
[光緒]五河縣志　清　賴同宴　中國方志叢書
[光緒]重修安徽通志　清　吴坤　續修四庫全書
[光緒]邵武府志　清　王琛　中國方志叢書
[光緒]續修浦城縣志　清　翁天祜　中國方志叢書
[光緒]臨朐縣志　清　姚延福　中國方志叢書
[光緒]日照縣志　清　陳懋　中國方志叢書
[光緒]霑化縣志　清　聯印　中國方志叢書
[光緒]德平縣志　清　凌錫祺　中國方志叢書
[光緒]文登縣志　清　李祖年　中國方志叢書
[光緒]壽張縣志　清　劉文煃　中國方志叢書
[光緒]恩縣志　清　汪鴻孫　中國方志叢書
[光緒]鄒縣續志　清　吴若灝　中國方志叢書
[光緒]盧氏縣志　清　郭光澍　中國方志叢書
[光緒]虞城縣志　清　李淇　中國方志叢書
[光緒]鹿邑縣志　清　于滄瀾　中國方志叢書
[光緒]潛江縣志　清　劉焕原　中國方志叢書
[光緒]孝感縣志　清　朱希白　中國方志叢書
[光緒]黄州府志　清　英啓　中國方志叢書
[光緒]光化縣志　清　鍾桐山　中國方志叢書
[光緒]武昌縣志　清　鍾桐山　中國方志叢書
[光緒]興山縣志　清　黄世崇　中國方志叢書
[光緒]利川縣志　清　黄世崇　中國方志叢書
[光緒]德安府志　清　賡音布　中國方志叢書
[光緒]零陵縣志　清　嵇有慶　中國方志叢書
[光緒]道州志　清　李鏡蓉　中國方志叢書
[光緒]桃源縣志　清　余良棟　中國方志叢書
[光緒]湖南通志　清　汴寶第　續修四庫全書
[光緒]廣州府志　清　瑞麟　中國方志叢書
[光緒]東安縣志　清　黄心菊　中國方志叢書
[光緒]惠州府志　清　劉溎年　中國方志叢書
[光緒]重修天津府志　清　沈家本　中國方志叢書
[光緒]化州志　清　彭貽孫　中國方志叢書
[光緒]新甯州志　清　戴焕南　中國方志叢書
[光緒]北流縣志　清　徐作梅　中國方志叢書
[光緒]寧明州志　清　黎申產　中國方志叢書
[光緒]平樂縣志　清　全文炳　中國方志叢書
[光緒]恭城縣志　清　陶壿　中國方志叢書

［宣統］盤山廳鄉土志　清　楊紹宗　中國地方志集成
［宣統］撫順縣志略　清　趙宇航　中國地方志集成
［宣統］通化縣鄉土志　清　潘德荃　中國地方志集成
［光緒］百色廳志　清　陳如金　中國方志叢書
［光緒］鎮安府志　清　羊復禮　中國方志叢書
［光緒］鬱林州志　清　馮德材　中國方志叢書
［光緒］越雋廳志　清　馬忠良　中國方志叢書
［光緒］荔波縣志　清　蘇忠廷　中國方志叢書
［光緒］普安直隸廳志　清　王粵麟　中國方志叢書
［光緒］湄潭縣志　清　吳宗周　中國方志叢書
［光緒］霑益州志　清　陳燕　中國方志叢書
［光緒］永昌府志　清　劉毓珂　中國方志叢書
［光緒］雲南縣志　清　項聯普　中國方志叢書
［光緒］鎮南州志略　清　李毓蘭　中國方志叢書
［光緒］浪穹縣志略　清　羅瀛美　中國方志叢書
［光緒］華嶽志　清　李榕蔭　中國方志叢書
［光緒］甯羌州志　清　馬毓華　中國方志叢書
［光緒］綏德直隸州志　清　孔繁撲　中國方志叢書
［光緒］澎湖廳志　清　林豪　臺灣文獻叢刊
［光緒］恒春縣志　清　陳文緯　臺灣文獻叢刊
［光緒］土默特志　清　佚名　中國方志叢書
［光緒］蒙古志　清　姚明煇　中國方志叢書
［光緒］温宿府鄉土志　清　佚名　中國方志叢書
［光緒］藤縣志　清　陳仲賓　中國方志叢書
［宣統］呼蘭府志　清　黄維瀚　中國方志叢書
［宣統］項城縣志　清　施景舜　中國方志叢書
［宣統］楚雄縣志　清　崇謙　中國方志叢書
［宣統］郿縣志　清　沈錫榮　中國方志叢書
［宣統］海城縣志　清　管鳳龢　中國方志叢書
［宣統］臨安縣志　清　彭循堯　中國方志叢書
［宣統］新疆山脈圖志　清　王樹枬　中國方志叢書
［宣統］長白彙徵録　清　張鳳台　中國方志叢書
［宣統］懷仁縣志　清　馬俊顯　中國地方志集成

《中華大典·林業典·森林資源與生態分典》編纂委員會

主　　編：張連偉

副 主 編：樊寶敏　李傳印　趙　亮　李　明　李　飛

編　　委：仲亞東　李　明　李　飛　李傳印　周景勇　徐清祥　張文濤　張　超　張連偉　趙　亮　樊寶敏　劉雪梅　劉金華　羅美雲（以姓氏筆劃為序）

參加編纂人員：馮尕才　吴　平　白曉飛　劉一弘　劉偉華　黄國輝　李　凱　翟勝利　吴欣欣　李文靜　張紅梅　張　琳　童　琪　關　音　高　倩　姜　臘

《中華大典》辦公室

主　任：于永湛

副主任：伍　傑

姜學中

編　審：趙含坤

崔望雲

秘　書：宋　陽

裝幀設計：章耀達

《中華大典·林業典·森林資源與生態分典》

責任編輯：韓鳳冉

圖書在版編目（ＣＩＰ）數據

中華大典．林業典．森林資源與生態分典 / 《中華大典》工作委員會，《中華大典》編纂委員會編纂．-- 南京 : 鳳凰出版社，2014.12
ISBN 978-7-5506-2044-5

Ⅰ．①中… Ⅱ．①中… ②中… Ⅲ．①百科全書－中國②森林資源－中國③森林生態學－中國 Ⅳ．①Z227 ②F326.2

中國版本圖書館CIP數據核字(2014)第227350號

中華大典·林業典·森林資源與生態分典

編　　纂:《中華大典》工作委員會
《中華大典》編纂委員會
出版發行:鳳凰出版傳媒股份有限公司
鳳凰出版社(原江蘇古籍出版社)
發行部電話 025-83223462
南京市湖南路1號A樓,郵編:210009
出版社地址:南京市中央路165號,郵編:210009
出版社網址:http://www.fhcbs.com
經　　銷:鳳凰出版傳媒股份有限公司
照　　排:江蘇鳳凰製版有限公司
印　　刷:南京愛德印刷有限公司
南京市江寧區東善橋秣周中路99號,郵編:211153
開　　本:787×1092　1/16
印　　張:140.5
字　　數:4316千字
版　　次:2014年12月第1版　2014年12月第1次印刷
標準書號:ISBN 978-7-5506-2044-5
定　　價:1690.00圓(全二册)

ISBN 978-7-5506-2044-5
9 787550 620445 >
定價：1690.00圓（全二册）